共同通信文化部編

書評大全

A Collection of Book Reviews

三省堂

デザイン
松田行正＋杉本聖士

はじめに

1. 知性と感性の軌跡

新聞に掲載される書評の第一の役割は、現代社会に流通する多数の書籍を厳選し、内容と評価をいち早く伝えることにある。読者が時代の潮流を感じ取り、この本を読むべきかどうか考える材料を提示する。本書は1998年3月から2014年3月までの16年間に共同通信が全国の加盟新聞社に配信した約5,000編の書評から成り、執筆した評者は約1,600人に上る。また、書名、著者、訳者、出版社、評者、キーワードなどのデータを抽出して索引にまとめ、読者の便に供した。

新聞の読者層は幅広く、多岐にわたる興味や関心とともに日々を送っている。そのことを反映して、書評の対象となる本は文学、美術、歴史、科学、芸能、スポーツ、政治、経済、社会問題などあらゆるジャンルから選ばれる。評者も同様で、各分野の第一人者はもちろん、テーマを問わない読み巧者にも依頼する。書評の中では絶えず著者と評者の対話が繰り広げられ、読者の知的好奇心を刺激する。

2,500ページを超える本書「書評大全」は、20世紀末から21世紀初めにかけての書評から見る文化史事典でもある。どんな本が私たちの前に現れ、どう読まれたのか。私たちはこの時代に何を思考し、何によって感情を揺さぶられたのか。知性、感性がほとばしるさまを、膨大な文字で刻んだ約5,000編の書評は、言葉の力を信じる全ての読者に向けた記念碑であり、本の著者、書評の筆者が思考した軌跡を描くフィールドノートでもある。

読むことの冒険に挑む人たちに、「書評大全」という広大なフィールドを縦横に歩いてほしい。

2. 共同通信の書評

共同通信は原則として毎週6冊分の書評を、年間を通じて配信している。文化部の記者とデスクが新刊書から選書し、1冊ずつ評者を決めて執筆を依頼する。専門家に書評委員を委嘱する新聞社もあるが、私たちはその方法をとっていない。理由は大きく言って二つある。一つは記者が読者の関心と社会情勢を踏まえて選書することを重視するからだ。また、選書から書評執筆依頼、編集、配信という一連の流れを機動的、迅速に進めるため、記者が全面的に関わる仕組みにしておくという理由もある。的確な原稿を速く配信することが通信社には求められており、書評も例外ではない。

共同通信は正式には「一般社団法人共同通信社」といい、全国の新聞社、放送局が加盟社、契約社となって運営される報道機関である。政治、経済、社会保障、地方自治、国際、事件事故、裁判、科学、スポーツ、文化などの記事を24時間配信する。書評は文化部学芸班が担当し、以下のような手順で進行する。

まず、学芸班に所属する記者たちが手分けして、おおむね1カ月以内に刊行された新刊書の中から書評候補を選ぶ。新刊書を手にするために書店は大切な現場の一つだ。知らない新刊書が出ていないか、棚はどう配列されているか。いわゆる「リアル書店」でなければ気付かないことは多い。学芸班の記者には書評以外に文芸、美術、論壇、出版の担務があり、それぞれの分野の最新動向を日々取材し、記事を書く仕事と並行してさまざまな新刊書をひたすら読む。

選書に当たっては、書評の配信先が日刊の一般紙であることを踏まえ、幅広い読者が関心を持てる本を選ぶよう心掛けている。特定分野に知悉した専門家にとっては取り上げるべき重要な本であっても、知識がないと読み進めることが難しい本は原則として対象から外れる。また、本体価格が1,000〜2,000円台の本が中心で、高額になると、やはり一般の読者に伝える対象にはしにくい。

次に、学芸班が週1回開く会議で、書評候補となった本の読みどころや社会的な注目度などを各記者がプレゼンテーションして、最終的に6冊に絞り込む。

プレゼンをした本が書評に選ばれた記者は、評者に書評執筆を依頼し、全体を統括するデスクとともに編集から配信までを担当する。書評の字数は時期によって多少の増減があるが、1編当たり800字程度。配信を受けた書評をいつ掲載するかは加盟新聞社の判断によるが、同じ週に配信する6編は、ジャンルや版元の重複がないよう調整する。

新聞社が多様な読書面を組めるよう、学芸班からは書評以外にたくさんの記事を配信している。例えば著者インタビュー、出版業界の話題、文庫の刊行情報、記者が書く新刊紹介など。後述するが、書評とインタビューが同じ本にならないようにするなど、ここでも重複を避ける。

3. 書評から見る文化史

本書に収録した書評は1998年3月26日から2014年3月27日の16年間に配信されたもので、評者から転載許諾を得た書評を配信日順に掲載した。同一日の掲載は順不同。基本的に同じ日に6編を配信している。

起点を1998年3月26日に設定したのは、共同通信が書評に評者名を明記して配信し始めたのがこの日だからである。誰がどういう評価をしているかを示し、読者にとってより魅力的な書評にすることが署名化の目的だった。署名のある書評が当たり前の現在から考えると違和感を抱く人もいるだろうが、新聞書評はかつて、多くの社が無署名だった。本書が署名化の日からスタートすることは、新聞史の一面を記録することになるだろう。

記録性の高さは本書の特徴の一つと言える。収録した書評本文は配信時のままとした。中には常識が異なっていることがあるかもしれないが、書評配信時の形で記録することには大きな意味がある。例えば、インターネットなど情報技術をめぐる認識は、1998年と2014年では相当な開きがあるが、当時の文章からは1998年の人たちがその問題をどう考えていたのかが伝わってくる。技術だけでなく、政治や経済、科学、芸術、教育などあらゆるテーマでこの16年間を比較することができる。過去と現在の差を測ることは、私たちの未来を見通すことにつながるはずだ。

以上の目的のため、本書収録の書評に加筆修正は施されていない。これは、配信時のままの転載を許諾してくださった評者の方たちの理解によるもので、あらためて感謝したい。

なお、共同通信が2009年6月に本文中の数字を漢数字から洋数字に変更したことや、2010年の常用漢字改定に伴う漢字表記の一部変更に関しても、配信時の本文を生かし、現時点からの表記統一はしていない。

本書の読み方、楽しみ方、活用の仕方は、もとより読者一人一人の自由だ。ただし、道案内として著者、評者、出版社などの書誌データおよび書評本文に記されたキーワードの索引を整えた。作成は三省堂出版局による。特定の書き手の変遷を確かめたり、キーワードごとに書評を分析したりと、膨大なテキストを自らの視点で編み直すことができる。この16年間の森羅万象を捉えた「書評から見る文化史」のデータベースとして、長く活用されることを期待したい。

もともと新聞書評は、掲載され読者に読まれた時点で、本来の役割を果たしたとも言える。本企画がなければ、おそらく過去の書評は縮刷版や切り抜きで保存され、あくまで過去の文献として個別に扱われていただろう。しかし本書のように1冊に集約されたことで、ばらばらに存在していた書評がこれから先、いつの時代の読者であっても、それぞれの積極的な読み方を導き出す素材になる。文献として新たな可能性を持つことになった。

「書評大全」の読者は、どこから入っても、どこから出てもいい。ページをあちらこちらと逍遥することもあるだろう。気がつけば同じ場所にとどまり、追憶をめぐらせているかもしれない。一方で膨大な書評の関係性を発見するアクティブな読み方もできる。

4. 出版状況の変化

本書がカバーする1998年から2014年とは、奇しくもパソコン、インターネット、スマートフォンが私たちの暮らしに深く入り込み、「読む」こと、「書く」ことがかつてないほど急激に変わっていく時代でもあった。

20世紀末以降、日本の出版物の売り上げはほぼ一環して減少している。出版科学研究所によると、2014年の紙の書籍と雑誌を合わせた出版物の推定販売金額は、前年比4.5%減の1兆6065億円と、10年連続のマイナス。しかも過去最大の落ち込みとなった。書籍は8年連続のマイナスになり、ピークだった1996年の1兆931億円より3,000億円以上の減少となった。

市場の縮小は2014年の他のデータでも裏付けられている。書籍の推定販売部数は過去2番目の落ち込み。新刊点数を見ると7万6465点で前年比1.9%減だった。一部の人気作家らによるベストセラーと、そうでない本の二極化が進み、しかもベストセラーになる点数や発行部数は減っている。

紙の書籍と雑誌を合わせた出版物全体が過去最大の落ち込みとなったのは、情報技術の普及や消費税率が引き上げられた影響が大きい。特に雑誌は推定販売金額が17年連続のマイナスという深刻な状態にある。書籍にしても低落傾向を食い止める決め手は見つかっていない。

人々の時間は、ネット上にあふれる玉石混淆の情報やゲームなどのエンターテインメントに費やされるようになった。時間とお金を使って紙の本を読みたいと思わせるだけの魅力をどのように打ち出せるのか。本稿の本来の目的からは外れるが、出版社のみならず新聞社と通信社も同様の悩みを抱えており、若い世代が紙のメディアから離れていることに危機感は強い。

一方、電子出版の市場は2014年時点で拡大傾向にあり、出版科学研究所は「新しい需要を掘り起こして、紙の出版市場の減少を補完している」と分析する。このような時代を背景に本書が成立したことを記しておきたい。

減少傾向にあるとはいえ、今も新刊書はとても全体をつかみきれないほどの点数が出版されている。書評の対象がなくなる事態になるとは考えにくい。同時に、それ以前に刊行された本の品切れや絶版は避けられない。現在では入手困難な本の書評が本書の多くを占めている。その意味で、ある本がどのような主題を持っていたのかを記録することも、本書を刊行する意義の一つと言える。

新刊を世に問う著者と編集者の気持ちは、少しでも読者を得たいということだろう。だが、版を重ねて長く残る本は多くない。消えていった無数の言葉が本書によって何らかの形で後世に伝わるのではないか。

著者の思考を活字として世の中に送り出すメディアの主流が、紙から電子に移ることがあったとしても、その主張を書評という形で批評することは、出版状況の変化にかかわらず必要だ。もちろん、戦後70年を迎え、現代社会のあらゆる局面で過去と違う発想が求められる中、書評だけが不変であるはずがない。来るべき変化にふさわしい書評のあり方を絶えず考えることが必要だと認識している。

5. ニュースとしての書評

あらためて共同通信の書評の特徴を述べておきたい。通信社の基本は社会で起こる事象を的確かつ迅速に報じ、それぞれの事象の影響、意味、背景を分析して、将来への展望を示すことだ。通信社の新人記者は速報がいかに重要であるかを徹底して教えられる。実際、日々のニュースの現場では分秒を争う作業が繰り広げられている。事実を掘り下げる記事、読者を引きつけるフィーチャー記事を書くためにも、記者たちは昼夜を問わず駆け回っている。

それでは書評はどうか。配信に分秒を争うわけではない。しかし、硬軟織り交ぜて世の中にあまたある本の中から、世間の耳目を集める話題の新刊など新聞に掲載されるべきものを厳選し、内容と評価を伝えている。これは、事象を的確に報じ、意味や背景を分析して将来展望を示すという通信社の基本と一致する。新刊書という事象を通じて時代の特徴を読者に伝えるという意味において、書評はまぎれもなくニュースである。

さらに、新聞の紙面作りを意識して配信内容の重複を避ける方針がある。前述したように、記者が新刊について著者にインタビューをしたり、別企画で特定の新刊書を扱ったりしたときは、その本は書評に選ばないという考え方だ。ある年を代表する小説など注目を集めた本が本書に入っていないことがわずかながらある。大半が紙面上の重複を避けるため書評の対象にしなかったケースで、特に作家はインタビュー記事が多い。話題作であればなおさら著者の生の言葉を配信することが少なくない。幾つか例を挙げると「大河の一滴」（五木寛之、1998年）、「五体不満足」（乙武洋匡、1998年）、「沈まぬ太陽」（山崎豊子、1999年）、「博士の愛した数式」（小川洋子、2003年）、「夜のピクニック」（恩田陸、2004年）、「さようなら、私の本よ！」（大江健三郎、2005年）、「決壊」（平野啓一郎、2008年）、「『フクシマ』論」（開沼博、2011年）、「聞く力」（阿川佐和子、2012年）などは、書評ではなくインタビュー記事を配信している。新聞紙面の多様性を意識してのことだ。

書評であろうがなかろうが、本をめぐる記事は常に、読むという行為を前提にしている。記者は書斎で一人静かに本を読むのではない。雑多な社会の中で常にその本の位置を測りながら読み、著者や編集者、評論家などあらゆる人に会い、何がニュースになるのかを考え続ける。

本を読む。言葉を紡ぐ。読者に届ける。書評の集大成である本書は、読書という行為が開拓した「文化の広場」と言っていい。さまざまな知性と感性が行き交う広場に、書物を仲立ちにした分厚い連帯が生まれた。誰もが参加できる。本とともに生きる人間の記録をじっくり味わってほしい。

6. 謝辞―言葉のリレー

共同通信文化部が配信する書評の執筆を引き受けてくださった全ての評者の皆様にお礼を申し上げます。書評の対象となった本の著者、翻訳者、出版社の方々にも感謝いたします。全国の加盟新聞社、そして新聞を支える読者の皆様にも謝意を捧げます。

本企画の立案者である三省堂出版局の飛鳥勝幸部長には、転載許諾や索引作成をはじめとする膨大かつ煩雑な作業を、プロの熱意と冷静さで進めていただきました。ありがとうございました。

「書評大全」の著者、評者索引を見ていると、物故された方々のお名前が目に留まります。16年という歳月の長さを感じると同時に、人は文章を書くことによって、思考や感性を世の中に残していけるのだということを厳粛な気持ちでかみしめています。

1編の書評は1冊の本から始まる言葉のリレーです。著者、評者はもとより、書籍と新聞の編集、製作、流通に関わる人々、書店員、図書館員、そして読者一人一人の存在によって成り立っています。この思いを、本書を通じて多くの人たちと共有できれば幸いです。

共同通信文化部は書評というリレーの伴走者として、今日も選書と編集を続けています。

2015年1月　共同通信文化部長　杉本新

追記＝収録した約5,000編については、約1,600人の評者から転載許諾を得ました。全書評の評者および著作権継承者に転載の諾否を確認するため努力を重ねましたが、一部の方については転居、未回答などの事情で意思確認に至らず、本書への収録を見合わせたことを、おわびとともに申し添えます。これらの方と、転載を許諾されないご意向を示された方の書評に関しては、本文と評者名以外の本のデータを「本書未収録書評リスト」に記載しました。

凡例

1. 本書の構成

共同通信文化部の署名入り配信がスタートした1998年3月から2014年3月末まで、16年間の「書評データ」を年別・配信月日順に配列した。収録書約5,000点、評者約1,600人となる。

「書評データ」は、①書評見出し、②書名、③著者・編者、訳者・監訳者、写真家ほか、④書評本文、⑤評者・所属ほか、⑥出版社名・定価、⑦配信年月日・配信番号から成る。

［例］

①書評見出し　②書名　③著者･編者、訳者･監訳者、写真家ほか

ジャンル横断の熱気　「『芸術』の予言!!」（**フィルムアート社編**）

1968年10月、映画を中心に幅広い文化を論ずる一つの雑誌が創刊された。「季刊フィルム」。といってもいまや手に取るのは難しく、「幻の雑誌」と言ってもいい。

その「季刊フィルム」（～72年）と後続の「芸術倶楽部」（73～74年、いずれもフィルムアート社刊）から、主立った論考や座談会をセレクトし、再録したのが本書だ。

68年といえば、パリで五月革命が起こり、各地で学生たちが体制に「ノン」を突きつけていた。高まるベトナム反戦運動の中で、米国は北爆停止を発表した。政治の季節であったと同時に、情報化時代と言われ、芸術はテクノロジーとの新たな関係構築を迫られていた。表現は近代という分厚い壁にぶつかり、行き場を失っていたのである。

その閉塞（へいそく）感の中で集結したのが7人の編集委員だった。映画監督の勅使河原宏、作曲家の武満徹、グラフィックデザイナーの粟津潔、美術評論家の中原佑介―。彼らは芸術ジャンルの境界破壊と、芸術による世界再生を掲げ、創刊号ではフランスの映画革新運動「ヌーベルバーグ」の旗手、ゴダールの特集を組んだ。

「千円札裁判」で有罪が確定した後の赤瀬川原平が複製芸術論を展開し、森山大道が写真を撮る根拠としての記憶を語る。実験映画の飯村隆彦は視覚と知覚の問題を提出。そして「天井桟敷」を主宰した演劇の寺山修司は「作者は世界の半分を創造する。あとの半分を補完するのが、受け手側の創造というものである」と観客論の重要性を指摘している。それらは今も現在的な主題だ。

ことに面白いのはそうした面々が集う座談会。ジャンル横断の熱気とともに時代の逡巡（しゅんじゅん）が伝わってくる。出会い、日常性、物語性の復権というキーワードが既にここで語られている。

「革命」「ラジカル」といった言葉が生きていた時代を懐かしむ人も多いだろう。しかし、これは回顧というより、現在に向けて発言する本である。

（井手和子・共同通信編集委員）

（フィルムアート社・2835円）＝2009年6月18日❷配信

④書評本文　⑤評者･所属ほか　⑥出版社名･定価　⑦配信年月日･配信番号

【追補】

本書の頁確定後、転載の了解を得た書評を配信年月日順に配列した。

＊【索引】での「追補」該当箇所は書体をオールドスタイル（[例]98/04/25①）に変えた。

【本書未収録書評リスト】

未収録の書評リストを配信年月日順に掲げた。

【索引】

・書名索引／著者・編者索引／訳者・監訳者索引／写真家ほか索引／評者索引／出版社索引／キーワード索引から成る。
・長音は直前の母音に置き換えた五十音配列とした。
・外国語・外来語の原音における「V」音は原則としてバビブベボであらわした。

2. 配列について

年扉を設け、配信年月日順に1頁に2書評を配列した。同日の書評には便宜的に配信番号を①②③……と表示したが、ないものもある。

3. 本文表記について

・書評本文は、原則として配信時の内容と同じとした。難解な人名・用語・書名・難読語などに（　）で振り仮名を付けているものや、数字の漢数字と洋数字の混在もある。外国人名等の表記についてもそのままとした。

4. 書評本文について

・評者の所属、職業等も配信時のままとした。よって、現在での所属や職業が変わっている場合がある。
・「用語」に関する語義や実例、「事件」等の背景や影響、また歴史的事実が今日的観点からそぐわない箇所もある。なお、実名表示に関しても、配信時のままとした。
・定価は2004年4月以降、消費税を含めた総額表示とした。

総目次

1998

民主主義をむしばむメディア 「アメリカ人はなぜメディアを信用しないのか」(ジェイムズ・ファローズ著、池上千寿子訳)

本のタイトルとしてはいささか長い。が、さらに「拝金主義と無責任さが渦巻くアメリカ・ジャーナリズムの実態」との副題がついている。このなかに、著者の言わんとするところがほぼ凝縮されている。

米国のメディアが、クリントン大統領と若い女性の「セックス・スキャンダル」を大々的に伝えたのはつい先ごろのこと。普段は権威ある新聞までが、不確かなうわさや憶測をまじえた、声に出して読むのをはばかられるような話を、臆面(おくめん)もなく書き立てた。

しかし世論調査に表れた大統領の人気は落ちなかった。メディアの騒ぎとは裏腹に、国民はさめていたのである。メディアがあまり信用されていないことが、ここにも読み取れる。

信用されない理由はいろいろある。ゴシップやスキャンダルに走りがちな報道もその一つ。途方もなく高額の収入を得ているテレビ・キャスターや解説者。ニュースを伝えることより自分を売り込むことに熱心な一部の記者たち。対立、競争の構図にしかニュースの価値を見出さないゆがんだ視点。

著者は具体的な事例、人物を名指ししながら、現在の米国のジャーナリズムが抱える偽善や退廃を痛烈に指摘している。

米国のジャーナリズムは四半世紀前、ベトナム秘密文書報道やウォーターゲート事件報道で、輝かしい足跡を残している。しかし利益優先主義にむしばまれたメディアはジャーナリズム本来の能力を弱めてしまった、と著者は憂慮する。

振り返って日本のメディアはどうか。事例や人物は異なっても、ここに指摘された点はほとんどそのまま、日本のメディアの問題に置き換えられる。

原著の副題には「いかにメディアが米国の民主主義をむしばんでいるか」とある。米国の民主主義が病に侵されているとすれば、日本のそれもまた危うさをはらんでいると考えねばなるまい。(藤田博司・上智大教授)

(はまの出版・2200円)＝1998年3月26日①配信

環境ホルモンに警鐘鳴らす 「メス化する自然」(デボラ・キャドバリー著、古草秀子訳)

著者はイギリスの著名なサイエンス・ジャーナリスト。女性である。本書には、たくさんの女性科学者、研究者が登場する。日本での出版を担当する編集者も女性。翻訳者も女性。その本が、自然のメス化に警鐘を鳴らしている、という構図には、ほろ苦い思いを抱かずにはいられない。

この数十年の間に、野生生物やヒトの先天的な生殖器異常、精子数減少、生殖器のがんなどが激増した。一方、この十年ほどの間に、いわゆる環境ホルモンが、自然環境のなかに次々と発見された。

環境ホルモンとは、人間が作り出した化学合成物質で、女性ホルモンとそっくりの働きをするものの総称だ。

ホルモンとはおよそ関係ないもの、たとえば殺虫剤、合成洗剤の界面活性剤、缶詰の内側のビニールコーティング、ペットボトル、水道パイプの部品、各種プラスチック製品など、ありとあらゆる便利なものに含まれており、それがなんらかの経路で自然環境に放出され、空気や水や食物に入る。

本書は、この二つ、つまりヒトを含む生物の生殖の危機と、環境ホルモンとの関係をめぐる緻(ち)密なリポートだ。同時に、驚くべき発見が相次ぐ研究状況の追跡にはミステリーの趣があり、描き出される自然環境の現状や社会の対応にはホラーめいたSFの趣がある。

だから、筋書きにかかわることは言わぬが華だが、どうしても一つ言いたい。

日本の警察や検察や裁判官は、疑わしきは罰する姿勢である。ところが厚生省や環境庁は、疑わしきは極力、許す姿勢である(これは諸外国でも同じらしい)。どうか逆にしてほしい。

確証を待って手を打ったのでは間に合わない。まして環境ホルモンのようなモサは、どう攻めても確実な自白などしないだろう。

疑わしい製品を極力、許すのは、間違いなく金のためである。してみると、人類を滅ぼそうとしている真犯人は金であり、金の亡者と化した人間たちなのだ。(中山千夏・作家)

(集英社・2000円)＝1998年3月26日②配信

明治20年代の思想史ドラマ

「〈青年〉の誕生」(木村直恵著)

青年は常にあれども「青年」は常にはあらず。

この若々しい著作が力いっぱいに書き上げているのは、明治二十年代初頭の数年間という決定的な時期に、時代の若者たちの中からいかに「青年」が形成されてきたかの思想史のドラマである。

自由民権運動の挫折から日清戦争のナショナリズム高揚期までの間に位置するこの「悲憤慷慨(こうがい)」の時期は、これまで「政治から文学へ」の過渡期として語られる通念があった。

著者はそうした枠組みを大胆に読み替えていくのだが、その際でも飛鳥井雅道・色川大吉・前田愛などの定説を論破というかたちでなく、スタンスの差異としてひっくりかえしてゆくあたり、いかにも現代青年を感じさせる。

徳富蘇峰の「国民之友」を待って生まれた「青年」的言説は、みごとな観念操作によって「老人」を退場させ、「壮士」を反面教師として「青年」を引き立てた。それは「『青年』を自称した一世代限りの運動」だったとするというのが本書の主張であり、説得力がある。

何よりも対象時期を「明治二十年代初頭の数年間という一瞬」にプロットして、そこへ集中的にデータ検索の投入をしたのが利いている。

青年とか壮士とかおよそ「言説」化できるものと言説化しきれないものとを区別し、その境界と連続に目配りする用語法も周到である。

そしてそのサイクルは「青年」から完全な非政治的存在としての「少年」が分化してゆくと論じられる地点で完了する。

三宅雪嶺らの国粋主義から幸徳秋水の無政府主義にいたるまでの幅がある一世代を、その思想的な内容を問わず、ひたすら「青年」的実践(プラクティス)のみを問題にしてゆく方法的一貫性はかなり徹底している。

意識してかせずしてか「壮士」の振る舞いの政治言語性を語るあたりには、全共闘運動が連想されて、思想史のサイクルを感じさせられる。(野口武彦・文芸評論家)

(新曜社・3500円)=1998年3月26日③配信

米、農業の再生の道を示唆

「オリザの環」(河北新報社編集局取材団著)

多くの全国紙が、その紙面からほとんど農業問題を撤退させて、おざなりな「評論」をたまに書くだけになってから久しい。

その中にあって、この東北の地方紙である「河北新報」が農業と農村に向ける視線は本物だと思ってきた。すでに「むらの日本人」、「耕土荒廃」などのすぐれたルポルタージュを連載(後日に刊行)して、東北地方の農村の実状を私たちに伝えてきたことへの評価は高い。

その編集局の取材団が目を広く世界に向けた記録が一書になった。

「オリザの環」のオリザとは植物分類学上の稲属を意味する言葉である。アジアの栽培稲だけでなくアフリカの栽培稲も含まれるし、ここでは取りあげていないがインドの貧民たちが採集して食べることのある野生稲も含まれる。当然のことながらインディカの稲も浮き稲もだ。

いろいろな稲の存在と、それを栽培する村々と農民を視野にいれて、世界二十四カ国を駆けまわった精力的な取材である。河北新報創刊百年の記念連載企画だそうだが、その壮大な意図と勇気ある行動に敬意を表したい。

はるかな古代、東アジアを出発した稲はアジア各地をはじめ、世界中をめぐり伝わって別の大陸にまで広がり、それぞれの土地に豊かな稔(みの)りをもたらしていることがリポートされている。

それを誇らしげに語る農民の声がはずんでいる。この作物が、ますます増加する彼らの子孫の生命を支えることになるだろう。

それに比べて、今、日本の稲、米、農村、そして農民たちのことを考えるのは心楽しいことでなく、正直いって気がふさがる気持ちになることが多い。

しかし、この書物で示された世界の動きの中に、新しい再生の道が示唆されているのではないだろうか。日本の未来を展望する場合に、どう考えても稲すなわち「オリザ」への期待が小さいはずがないと思われるからである。(渡部忠世・京都大名誉教授)

(日本評論社・2300円)=1998年3月26日④配信

生まれ変わったサッカー 「決戦前夜」(金子達仁著)

この間現れた最も有望な、新しい質をもつスポーツライターの手になる昨年のサッカーW杯(ワールドカップ)アジア地区予選の観戦記である。

著者金子は本書に先立つ第一作「28年目のハーフタイム」で、二年前のアトランタ五輪における日本サッカーチームの内幕を、当時十九歳の新人中田と監督西野のサッカー観の衝突の劇として描き、注目された。この第二作でも、中田、川口といったアトランタ組の若い選手との交友を軸に、W杯初出場をめざした日本チームの七十一日間の戦いを、抑制のきいた筆致で高度な批評的な観点から描いている。

金子のサッカー論を読んで感じるのは、ここに描かれた七十一日間の経験を通じて日本のサッカーがいわば物語から批評へ、すっかり様変わりしたということだ。その転機をなす決定的瞬間は間違いなくあのマレーシア・ジョホールバルでの「カズの交代」である。しかし興味深いのは、この日本サッカー界の生まれ変わりの劇が、そのままサッカーのスポーツジャーナリズム界の地滑り的な意識変革を伴ったと見えることだろう。

僕のようなにわかファンを含め、サッカー愛好者たちは、日本の代表チームがカズ中心から中田中心のサッカーに変わってみると、これまでの浪花節的な人物本位の、各方面に目配りした、あたりさわりのない提灯(ちょうちん)記事では、自分たちの知りたい欲求に全く情報としてもこたえ得ないこと、また、加茂(監督)でW杯に行けないなら辞任すると公約しながら居座る協会会長を批判できないようななれあい批評では、とてもW杯のクールで熱い激闘などを伝えられるはずもないことに、突然気づいたのである。

つまりW杯アジア地区予選は、その七回の試合を通じて新しいサッカーの魅力にとどまらない、ある新しい生き方の息吹を人々に伝えた。

組織とも選手とも対等に向き合うこのクールなスポーツライターの登場は、何よりその一例証なのである。(加藤典洋・文芸評論家)

(新潮社・1300円)＝1998年3月26日⑤配信

川柳による近代日本生態史 「道頓堀の雨に別れて以来なり(上·下)」(田辺聖子著)

作家田辺聖子が「中央公論」誌上に六年にわたる連載、二千五百枚をもって、川柳作家・岸本水府(一八九二―一九六五年)の生涯を描き切った。

この書物はもちろん小説ではない。しかし岸本水府の生涯を描く評伝ともいいにくい。著者は水府の生涯を軸に立ててはいるが、彼が生活した大阪の町の描写にどこまでも深入りしていく。周辺の川柳作家の誰彼(だれかれ)についても、饒舌(じょうぜつ)に語ってやまない。明治、大正、昭和という長い時代に次つぎと起こる出来事も生きいきと写し出される。

しかしそれらは雑然と同居しているのではない。すべては統合され、大河のような流れを作る。しいていえば近代日本の生態史といったものが、この書物の正体である。

田辺は各章を水府の川柳によって名づけながら、水府に託して近代日本の生態史を書いた。

さて、この見事な生態史が可能だった秘密は川柳にある。まさに、川柳こそ人間、社会、自然そして国家に至るまで、あらゆるものにコミットする文芸だからである。

騒然と人間がうごめいている、坩堝(るつぼ)のような大阪という都会。戦争へとひた走り、「御破算で願ひましては民主主義」(凡柳)となる猥(わい)雑な時代。その中で人間の本音を短詩形に求めようとする人びと。これらの融合体を表現するものは川柳しかないではないか。

詳細をきわめる大逆事件のくだりは圧巻である。一方、グリコのコピーを書く水府とその周辺も読みごたえがある。徳川夢声との対談を描くところも皮肉がきいている。

そうしたさわりをちりばめながら、今まで誰も書けなかった近代日本の生態史が新しく田辺聖子によって書かれた。別の言い方をすれば、田辺が川柳とは何かを十分に知り、川柳を通して人間を見たということだ。川柳への愛情と作家の目の合体だということもできる。(中西進・大阪女子大学長)

(中央公論社・上2400円、下2700円)＝1998年3月26日⑥配信

影響の大きさと想像力欠如

「クローン羊ドリー」（ジーナ・コラータ著、中俣真知子訳）

ヒトラーの複製人間たちが全員集合、といったおどろおどろしいイラストとともに、クローン羊ドリーをめぐる大騒ぎがマスコミを駆け巡ったのは、ほぼ一年前のことだ。

むろん、ヒトラーの世代違いの一卵性双生児がいま生まれたとしても、絵のへたくそな画学生になる可能性こそあれ、ドイツ第三帝国を再興することなどありえないことは、少し冷静に考えてみればすぐわかる。

けれども、精子と卵子の受精によらず、いわば単為生殖のかたちで子供をつくる技術（クローニング）が、ヒトを含むほ乳動物で可能になったことの衝撃は、やはり計り知れないほど大きい。

一過性の騒ぎが過ぎたいま、私たちはあらためて問題をじっくり考えてみるべき時期にきている。本書は、そのための適切な判断材料を与えてくれる好著であり、時宜にかなった出版といえよう。

ニューヨーク・タイムズ紙のベテラン科学記者である著者は、ドリー誕生に至る発生生物学の長い歴史から、時代によって大きく揺れ動いた生命科学に対する社会の受けとめ方の変遷、畜産ベンチャーの盛衰、ドリーの一件に対する生命倫理学者や宗教家、政治家、さらには不妊クリニックの医師たちの反応まで、幅広い背景をたんねんに取材し、紹介している。

本書を読んで痛感するのは、クローン技術の影響の大きさに対し、私たちの想像力がいかに不足しているかということだ。例えば、クローン技術の人間への適用は、それが個人のアイデンティティーを脅かしかねないという直感から、いまは拒絶反応が強い。しかし、スペア人間の臓器を切り取って移植するといったSFホラーふう悪夢をすぐ思い浮かべてしまうのは、むしろ想像力の欠如を物語るものだろう。

クローン技術の応用は、社会の価値観（生命倫理）と両立する範囲で徐々に浸透してゆくと考えておいたほうがいい。その展開は、だれにも予想がつかないのだが。（沼田寛・サイエンスライター）

（アスキー出版局・1800円）＝1998年4月2日①配信

ロクでもない愛が大出世

「『色』と『愛』の比較文化史」（佐伯順子著）

何しろ明治文学の研究書だけでも、ビルの五、六軒は優に押しつぶされそうな重みがあります。みつを集めるチョウのように軽々と、ハチのように丹念に、ビルの内外を駆けめぐる著者の離れ業にはただあきれ返るばかり。

第一級の学術書であります。しかも文学に肝要な余情と余韻をすくうという芸もあり。堪能して巻をおき、嘆息これを久しうしました。これでオシマイ―といってしまうとあんまり愛想がないので、蛇足に二、三。

色恋といういい日本語があったのに、明治開化期、どうして愛というヘンなことばが割り込んできたのでしょうね。愛欲、愛玩（がん）、愛撫（ぶ）…ロクでもない「愛」が大出世して、文学者の内面まで浸透、拡大していった。

何しろ日本は、もはや「世間」なく「社会」ばかり、攘夷（じょうい＝自立）でなく開国ばやり、一夜で大転向してケロリとしていたんだから。牛を馬にのりかえて、馬上から「自由」とか「恋愛」とかの大号令、耳と良心とを引き裂いてしまった半世紀。花柳界という見捨てられた「牛」は隅っこで、もーええ加減にせんか。

慶応三年からちょうど半世紀、大正五（一九一六）年、夏目漱石は「明暗」半ば五十歳にして死んだ。「自由結婚」をとげた津田とお延との夫婦間は「苛酷な権力闘争」の趣があった。津田は（漱石は）「自由」そのものに疑いを持つ。まぼろしの恋人清子を求めて箱根へ向かう、宙づりの「途上での思考」、それが「明暗」の恋愛観であり人生観、明治半世紀の結論、といえば、ま、結論なんですね。

も一つ、本書でスルドイと思ったのは樋口一葉の「にごりえ」（明治二十八年）論です。お力と源七、お力と結城との「恋」そのものがあやふやな語りの中、宙づりにされている。お力は源七に殺されたのか心中か、それもうやむや霧の中。恋愛という近代的観念の波涛（はとう）の中で「神話的感性」を守った天才、一葉への共感。そこに著者は立っているようです。（多田道太郎・京都大名誉教授）

（岩波書店・4000円）＝1998年4月2日②配信

死を招く行為の本質に迫る

「死者は還らず」(丸山直樹著)

かつて北アルプスの岩場で、ある大学山岳部が大量遭難を引き起こしたことがあった。生還できた若いリーダーは取材記者に「不可抗力な遭難ではなかった」と一切の弁解をしなかった。その結果責任を引き受ける精神力の強さが記憶に残っている。

しかしそうではあっても、穏やかとはいかない自然との関係に潜んでいる落とし穴に人間ははまってしまうのだ。なぜか。

矛盾のようだが、死に遭遇する確率の高いスポーツである登山の世界で、遭難について批評することはタブーに近い。因果関係の究明が難しいという理屈もあるが、遺族への配慮や組織の防衛的態度から、遭難死を甘く悲しい追憶に閉じ込めてしまうことが多い。だがこの本はあえて実名を出しながら、死を招く行為の本質に迫っている。

経験の未熟さが生んだ早大山岳部の「剣を知らず」、道に迷うのは自分を失う心理であるという「道迷い」など、リツ然とするような人の判断の危うさ。実力、強さを測り得ない組織のあいまいな人間関係を分析する「なぜオツルミズへ」と「監督」。ここから遭難に作用する、ある精神状態が読み取れる。緊張感と平常心の欠落である。自分を見失うな、という著者のメッセージは登山という行為を超えても大きな意味を持つ。

昔、登山の出発点ともいえた“冒険の精神”という言葉は聞かれなくなって久しい。スポーツとしては厳し過ぎる冬山でさえ、装備の軽量化などで楽しく軽い気持ちで出掛ける。公募登山でヒマラヤに行く時代だ。登山者の思考と行動は簡単に試練にさらされる。そこで自分を客観視できる強さを鍛えていたかどうかが問われるのだ。辛口な批評の真意はそこにある。

著者は、さらに遺族からの聞き取りで、彼らの喪失感が死への過程をみとれない唐突さから生まれると知る。「好きだったのだから」と考えるのは逃避であり、隠し立てのない事実の提供こそが心をいやすという洞察は鋭い。山での死は美化しえない。(中村輝子・立正大客員教授)

(山と渓谷社・1500円)＝1998年4月2日③配信

家対「個人」の戦いの歴史

「悲しい嘘」(キョウコ・モリ著、部谷真奈実訳)

二十歳のときにアメリカに渡り、以後二十年ほどアメリカに住み続けている日本人女性のエッセーである。

正直なところ、「だからこの曖昧な日本に私は住めない」という本のオビの文句を見て食欲がわかなかった。外国にしばらく住んだ人間が“あちら”の色に染まったところで“こちら”の色を批判するという、よくあるタイプの文化論かと思ったからだ。

しかし、十二のエッセーの一つひとつを読んでいくうちにだんだんと中に引き込まれていった。理由は三つある。

一つは物語性があることだ。目次を見ると、言葉、家族、隠しごと、儀式など、十二の項目がばらばらに見えるのだが、著者が十二歳のときの母親の自殺と、近年の父親の死とが中心にあり、この二つの事件をめぐっての人びととのかかわり、その都度の心の動きが全体の流れをつくっていく。そしてところどころに、アメリカ人の夫との暮らしの歴史が語られたかと思うと、その夫との離婚へと話が展開されていく。

もう一つは、“あちら”の色になかば以上染まりながらも(この本は英語で書かれた本の翻訳だ)、染まってしまった自分をしっかり見つめているもう一つの目が感じられることだ。これを欠いたときの日本文化批判は、ナショナリズムの裏返しの、単なるうわごとになってしまうのだ。

最後に、この本の中で著者は徹頭徹尾自分と自分の家族について語っているのだが、社会的な広がりを持つ書き方がされている。彼女一家の物語は特殊なようであって特殊ではなく、戦後五十年の歴史の最も重要な部分は「家」対「個人」の戦いの歴史だ、ということを、この本はあらためて思い出させてくれる。

といった具合にこのエッセー集は、文化論、家族論、自己史、さらには旅行記としてさえ読むことができる。そして、そのどこにも気どりなく自分をさらしている著者の姿があり、それはきっと読者に好感を与えるに違いない。翻訳の文章もとてもいい。(海老坂武・関西学院大教授)

(青山出版社・1700円)＝1998年4月2日④配信

悪の魅力と権力の関係語る

「座頭市　勝新太郎全体論」（**平岡正明著**）

破天荒な「座頭市」論である。強引で荒っぽいが、迫力満点で、もうメチャメチャ面白い。ああ、勝新太郎に読ませたかったなあ、と思う。

第一章の冒頭に「不知火検校」論がある。一九六〇年の映画で、悪行の限りを尽くして権力の座をめざす盲人を勝新太郎が好演し、二年後、その延長線上に座頭市が誕生するのだが、この論でまず度肝を抜かれる。映画の面白さを語って宇野信夫の原作へ、さらに河竹黙阿弥や鶴屋南北へ向かうと思うや、大島渚やアラン・ドロンや足立正生の映画と重ね、カミュや団鬼六やトロツキーまで呼び出す。あれよあれよと思ううち、悪の魅力と権力の関係が論じられて、一気に革命論へ。

これが座頭市原論で、以下第二部では「座頭市」シリーズが一本ずつ論じられる。武装した不知火検校こそ座頭市だという断定のもとに。

論じるというより、語るというべきか。シリーズ全作品を一本一本味わってゆく小気味いい文体は、ジャズ講談と名づけたくなる。いうまでもなく著者はジャズ評論の出身で、座頭市＝アート・ブレイキー説も飛び出す。勝新太郎もジャズがうまかった。

とにかく連想の疾走力がものすごい。勝新座頭市の魅惑的な細部にふれるや、浪曲講談、歌舞伎、大衆演劇、長谷川伸や夢野久作や山田風太郎の世界、さらにはブルース・リー、ジャッキー・チェンまで、どんどん走ってゆく。

視点はふらつかない。ここが本書の核心だが、目玉は座頭市独特の剣法・逆手斬（き）りにぴたりと定められている。武装した不知火検校＝座頭市がなぜ下層庶民にとってのヒーローなのかが、逆手斬りで解き明かされるのだ。極真カラテを修めた著者ならではの座頭市論であろう。

「座頭市」シリーズは一九六〇年代の産物だった。その全体を壮大な神話宇宙として縦横に読み込む。その意味から、本書は、映画論という以上に挑発的な六〇年代論であり、ジャズ講談による大衆文化論＝革命論である。（山根貞男・映画評論家）

（河出書房新社・3000円）＝1998年4月2日⑤配信

小さな役者の表現が巨木に

「仲蔵狂乱」（**松井今朝子著**）

「稲荷町」という歌舞伎社会の底辺から、実力で千両役者にのし上がった男。その苦心談は落語でもおなじみの初世中村仲蔵の一代記である。

悲惨と言うも更な下積み時代のエピソードは、自伝「月雪花寝物語」によりながら、「世間はいざ知らず、この役者という稼業ばかりは、腕しだいで身分が上がりもすれば下がりもする」という、色子（少年男娼＝だんしょう）上がりの錦治こと四世松本幸四郎の言葉通りに、仲蔵は疑似身分制度たる歌舞伎社会を血まみれになってよじ登る。

不思議な縁やヒイキとの人間関係を含めて、この世界にとどまらない「人生の戦い」が、潤いのある筆致で描かれている。歌舞伎の社会学的側面も豊かだから、時代史としても薦められる好著。

冒頭「夕涼みの群衆で賑わった両国橋も」の「群衆」のルビが「くんじゅ」なる中世読みになっている所もソレ者の読者はうれしくなる。こうした「通」の遊び心が、冷酷な競争社会の厳しさを和らげ、人間をいとおしみで包む。

人間的に問題のあった前記松本幸四郎をはじめ、策謀家作家・金井三笑、下回り時代の仲蔵をいじめ抜いた七五郎の落ちぶれ姿など、鮮明でありつつそれが特異な例ではなく、人間一般のありようだったと感じさせるのもうまい。

時代背景は政治的にも激動した宝暦から寛政期だが、そうした下界は全く感じられない。これは閉鎖社会歌舞伎民の感性の表現でもあろう。

晩年がかの田沼時代だが、田沼の家来三浦が「役者は見物に身をさらして媚（こ）びを売る。ゆえに卑しい稼業と世間はいうが、なら上に媚びへつらうのが、人として卑しいわざではないというのか」と自ちょうする時、小さな役者の表現たる媚びが、政治の上にそそり立つ巨木となる。

身体が不自由になっても舞台に出、「老いぼれ引っ込め」の罵声（ばせい）と、共に生きてきた古いヒイキの「仲坊しっかり」の声援をこもごもに聞く仲蔵。ここに「時代小説大賞」の重みが一気に凝縮する。（堂本正樹・演劇評論・劇作家）

（講談社・1500円）＝1998年4月2日⑥配信

黄表紙を凝視した江戸論

「大江戸視覚革命」（T・スクリーチ著、田中優子・高山宏訳）

長崎オランダ商館を通じて、西洋の機器が入ってくる。六分儀。望遠鏡。時計。それらは「奇器」とよばれ普及した。しかし、まず機能は無視された。懐中時計は根付け時計とよばれたが、ただ「奇工を愛すべし」とされた。不定時法をとる江戸では、定時法が生んだ機械時計は、必ず「狂う」のである。

バカにしたわけではない。機能は無視したが、それは人間の道理を考える心学の対象となった。戯作（げさく）者・山東京伝の黄表紙「人心鏡写絵」の挿絵に登場する人物群は、腹に窓があいている。

窓にはその人物の実体が描かれている。綺麗（きれい）な花魁（おいらん）の窓には鬼、夜鷹の窓には貴女。仕掛けはそっくり、内部のからくりがのぞける時計の構図だ。この勝手にとりこまれた西洋を、著者は「蘭学」と区別して「蘭」とよぶ。

ひどいものだと怒っているか。かつて紅毛人よばわりされた末裔（まつえい）として、無礼誤解もきわまると。全然！ 「蘭」が江戸にとっての西洋なら、ロンドンにとっての日本は「桜」だった。それが異文化と接触した人間のグローバル・スタンダードだろうと。

「腹内窺機関」、ハラノウチノゾキカラクリという黄表紙がある。絵師・英笑は、これに顕微鏡をあしらった扉絵をつけた。この紅毛人は、そこでハタと膝（ひざ）をたたいて快笑するのだ。「顕微鏡が実にうまく心理をあばくのぞきからくりの着想とドッキングしているものだから、科学と機械興行が一緒になって、内なるものをあばく」と。

連想をつないで趣向に偏奇する黄表紙は、これまでまともに扱われなかった。その黄表紙を凝視することで誕生した、刺激的に新鮮、精密な連想で展開して愉快な江戸論。

「凝視」するための機器は、眼鏡すら持たなかった江戸人に視覚革命をもたらした。それがいま、私たちにどんな形でのこっているか。黄表紙の主人公さながら、腹内窺機関を臍（へそ）にあてて、とっくりのぞく気分だ。（倉本四郎・作家）

（作品社・4800円）＝1998年4月9日①配信

アジアと世界につながる道

「ビッグバン　岐路に立つ日本マネー」（中尾茂夫著）

大時代な言い回しをあえて使いたい。この本は金融ビッグバン（以下、BBと略称する）について、市民の覚せいを促す警世の大文章である。

BBはこれまでの日本型金融システムを解体する。それは必然であり、必要なことなのだ。だから、BBを恐れるな。鎖国思想に逃げるな。著者は、そう説く。

その主張を支える考察の枠組みは、スケールが大きく、細部はち密で、その論理は読みやすい文章で展開されている。

本書の構成を紹介しよう。

第一章はバブルが金融機関に残した傷の深さをえぐり、不良債権とヤクザ＝マフィア問題にも論及する。第二章は大蔵省の裁量権の根拠と実態の分析。そして第三章で日本円の国際化、第四章でアジア・マネーの可能性と、著者の最も得意の問題を論じて、最後の第五章で提言を示す。

類書を圧する本書の意義を二点だけ指摘したい。

第一に、BBの日米対比である。アメリカのBBは、民間金融機関が通貨当局相手の訴訟を積み重ね、みずから勝ち取った。言うなれば「権利の所産」である。だが日本版のBBは、大蔵省のシナリオで進み、お上の主導下にある。BBさえ日本型金融システムを脱してはいない。この指摘は、われわれに厳しい自覚を迫らずにはおかない。

第二には、日本版BBを主導するその大蔵省が「戦略も知恵も」持っていないと著者は言う。日本版BBは、円の国際化をあきらめて、日本市場、日本経済のドル化を容認することを示している。このことの指摘が、本書のハイライトである。

そのコースに著者は反対し、世界の基軸通貨が米ドルとユーロに二極化していく動きの中で、円はどうするのかと問い詰めていく。鎖国思考におちいるなという主張は、この点にかかわる。

そのためには「序列の階層構造」という日本の「古層」を解凍しなくてはならない。その作業にアジアと世界につながる日本の道を期待するのが著者の立場だ。共感。（岸本重陳・横浜国大教授）

（NHK出版・2000円）＝1998年4月9日③配信

自由の主体は他者との関係

「自由論」(内山節著)

二十世紀がもう少しで終わろうとしている。世紀末にふさわしく、ソ連・東欧の消滅、冷戦構造の解体というできごとが、世界秩序の崩壊を導いた。その背景には、あらゆる価値とイデオロギーの破産ということがあるだろう。日本もその例外ではない。

著者は価値混乱の中から、私たちがどこに行こうとしているのかを問おうとする。この問いに迫るために引いた補助線は「自由」。著者は、人々がその幻想にしがみついている近代的自由の発想を洗い直し、組み替えようとする。

私たちが追い求めている自由は、近代西欧産の、とても狭い自由だ。自由を実現する理想の秩序づくりが課題とされてきた。理想の秩序とは、たとえば、自由主義や社会主義、市民社会や国民国家などだ。ポイントは、秩序づくりの主体、自由の主体が、近代的個人だったことだ。

自由が「個人の自由」でしかないことから、私たちが自由を失うという逆説が生まれる、と著者はいう。自由は個人の安楽に風化することに終わらない。自由を個人が所有する権利に限定する問題の立て方が、環境破壊に見るように自然、人間、社会を追いつめたのではないか。

近代的自由を検証するために著者が提起した問いは面白い。「木の自由はどのようにしてなりたつか」。木は動けないから、自由に生きるためには、微生物、虫、鳥、小動物たち、他の植物などを呼び寄せる必要がある。つまり、他の生き物が自由に生きられる環境が木には必要だ。

ここから、著者はだれもが見落としてきた重大な問題を提起する。それは自分の自由のために他者の自由が必要だということ。自由の主体は関係なのだ。

自由を育てるためには、他者との共同の場所が必要であり、場所に即して自由は多元的で重層的になるのが自然だと著者は考える。

この本は山里に暮らす哲学者の画期的な自由論の発信。しなやかな考察が清冽(せいれつ)な泉のようにあふれている。(栗原彬・立教大教授)

(岩波書店・2000円)＝1998年4月9日④配信

目の前にある最も遠い日本

「段ボールハウスで見る夢」(中村智志著)

世界の大都市部には必ずホームレスの生活圏がある。しかし、東京・新宿西口の地下歩道に形成されたホームレスたちの「段ボールハウス」ほど家らしいものが建てられた生活圏は世界にも類がない。

わたしたちは西新宿のその全景を何回も見ている。しかし、その内部でどんな人間が暮らし、何が語られているのかだれも知らない。通行人にとって、彼らは臭く、不潔でしかない。他方、彼らにとって、通行人の足音は、床に眠る耳元に金属音として響き、安眠の敵でしかない。目の前にありながら最も遠い日本であった。

これまで、ホームレス見聞記は多く書かれているが、本書ほど、内部を克明にリポートしたものはない。おとっつぁんと呼ばれる男、アニキ、ジローさん、ゲイのサッチ、ホームレスの街にサロンを建てたケンさん、小政という愛称の老人、外国人…。

これら段ボール街の住人たちによって語られる彼らの食べ物や生活品の集め方。収入を得るための駅での古雑誌拾い。ホテルのトイレに通い、顔を洗い首のあかを落とす者。デパートに通って試食品を食べ歩く者。寒い夜に行き倒れ死する者。家族に捨てられた者。人生の縮図がわずか百メートル四方のホームレスの館に裸形として凝縮されている。

この魅力的な本書を読み終えると、ホームレスになってみたいと考えるかもしれないが、そういう読者にはホームレス体験のために住み込んだマルさんに対するケンさんの次の手紙を引いておきたい。

—マルさんは帰る所、住む所があってのホームレス体験という、遊び的楽しむ野宿です。しかし、私達ホームレスは困窮の末、転落せざるをえなかった社会から肉親からドロップアウトした者達です。行き場が無い、選択の自由が無い激痛と復讐と苦悩しているホームレスです。彼の様に嬉々として楽しめたら、人生どんなに楽でしょうか。それは、富める者が、普通の人々がより弱い者の貧者のまね事をして幸福に酔いしれているのと同じ認識です。(石川好・ノンフィクション作家)

(草思社・1800円)＝1998年4月9日⑤配信

世界像を相対化する心意気　「境界」（藤沢周著）

最も現代的な言葉とスタンスを所有する若手による野心作。「客観的で正しい」現実の姿として公認されている世界像と、そんな「制約」を超えて自由に活動する知覚・想像作用の奔流が啓示する別種の「世界像」との争いが、緊迫感と“ゲス感”の漂う雰囲気の中で描かれている。

主人公の三橋は神経の疲れから病院を訪れるが、帰路、クラチキミコと名のる女につきまとわれる。彼女はその病院の精神科医で、治療のため当分一緒にいる必要があるというのだ。三橋はうんざりしてクラチを振り切り、翌日診療のいきすぎを非難しに再び病院へ行くのだが、現れたクラチキミコはまるで知らぬ女だった。

しかし、クラチから聞いた彼女の個人的情報を確認すると、これが全部あっている。一体どうなっているのか？

一般的な世界観にしたがえば、昨日の女はにせ者で二人をからかっているとか、三橋が精神科医クラチキミコの情報を調べたあげく、その作業だけをすっかり忘れているとか、もっと端的に彼が完全に狂っているとかの解釈が妥当だろう。本書ではそれに抗し、純粋な知覚・想像作用の権利が対置、強調されている。

すなわち、まず知覚や連想の自由な流れが存在するのであって、「客観的」な世界像とは、その流れのひとつの解釈が固定化したものにすぎない。幾通りかの「クラチキミコ」を知覚したのなら、知覚した以上、すべて「現実」であるというわけだ。

神秘主義？　いや、逆に社会派と言ってくれ。現在、自由主義史観とか心の教育とかの名のもとに、さまざまなもっともらしい世界像が形成されつつある。

これらに限らず、完結した世界像は常に独善的、洗脳的でいかがわしいが、つまり藤沢の純粋知覚に対する執着とは、どんな「真実」の世界像も安易に受け入れぬ、必ず相対化してやろうという政治的・社会的な心意気にほかならない。本書は娯楽性に満ちながらも、極めてラディカルな作品だといえるだろう。（石川忠司・文芸評論家）

（講談社・1600円）＝1998年4月9日⑥配信

庭づくりは思索の楽しみも「わが庭に幸いあれ」（ヒース・ロビンソン画、K・R・G・ブラウン著、中尾真理訳）

庭づくりの楽しみは、多分に思索の楽しみを含んでいる。

著者によると「少しばかりの土地を連続して使用する権利と、古いズボンを一着、それに哲学的な気質と、余分の現金少々を持ちあわせていれば、だれでもつつましい楽しみくらいは工夫することができる」という。

とはいうものの、庭づくり—土を耕し、植物の世話をするという一連の作業には、その気質がなかった人までも哲学者にする作用がある。地面にはいつくばり、黙々と草をむしるとき、心は日常から解放され、存分に思索をめぐらせることができる。

そしてこの本の魅力は、たまたま作家と画家でもあった二人のガーデナーが、庭づくりの入門書という形を借りて、土いじりの副産物であるところの思索を、あますことなく披露している点にあるのだろう。

もっとも著者は、画家も自分も「本書でとりあげた花や野菜のうち、どれひとつとして育てたことがない」と言っている。

しかし、それは本全体にちりばめられた冗談のひとつであり、読者は自分の経験が深まるにつれて、ああ、ここも冗談だったのか、と苦笑する個所を増やしてゆくことになる。

挿絵を描いたヒース・ロビンソンは、第一次世界大戦の前後に、イギリスで絶大なる人気を博していた風刺画家である。

その手になるペン画の数々には、じつに奇想天外な機械や工夫が盛り込まれているが、それが決して荒唐無稽（むけい）になっていないのは、ガーデナーならだれしも思い当たる、ささやかな悩みに着想を得ているためだ。

最後にもうひとつ、この本のすごいところは、書かれたのが一九三八年—つまり六十年前のイギリスだというのに、まったく古さを感じさせないことである。洋の東西、あるいは時代を問わず、かくも普遍的な庭づくりのだいご味を、たっぷりとお楽しみあれ。（澤口たまみ・エッセイスト）

（筑摩書房・1800円）＝1998年4月16日①配信

人間存在の絶望と希望の書 「潜水服は蝶の夢を見る」（ジャンドミニック・ボービー著、河野万里子訳）

働き盛りに脳出血で倒れ、全身がまひした。自力で呼吸することすらできない。そんな男が、一冊の本を書いた。どうやって？　唯一動かせる左目を使って。二十万回まばたきをくりかえして。

アルファベットの書かれたボードを、書き取り役の女性が一文字ずつ読み上げる。表したい文字にきたら、まばたきをする。そうしてひとつひとつ単語にし、二十九の文章に仕立てた。いずれも痛切で、美しく、見事な文章だ。それらは人間が遭遇する、たぶん最も残酷なシーンを鮮明に切り取っていく。男は、男をみまった災難が、すなわち私たちをおそう災難であると感じさせるだけの、威力をそなえた言葉の持ち主なのだ。

開巻十四ページめ、はやくも私たちは、その言葉の威力にふれるだろう。二十日間の昏睡（こんすい）からさめた男が、はじめて、ガラクタになったじぶんの体の現実に直面するくだりだ。

「この体はもう、僕のものであって、僕のものではない。そして僕のものだと感じる瞬間は、苦痛を感じる時だった」

意識は完璧（かんぺき）なのに、じぶんでじぶんの尻（しり）の始末もできないなら、死んだほうがましだ。私たちは、だれでも、どこかで、そうした思いを抱いているはずだ。しかし、尻の始末もできない者には、じぶんでじぶんの命の始末をつけることもできない。男はそういっている。もしかすると、人間として存在することじたいが、残酷なのではないのかと。

噛（か）みしめるべき言葉に満ちている。とはいえ、けして暗く重くもつれたりはしない。むしろかろやかで、ときに機知がひらめく。かろやかさや機知は、存在することの最も残酷なシーンにあっても、私たちはディグニティー（品位）やエレガンスを失わずにいられる存在である、と語ってもいるようだ。

絶望の書である。そっくり希望の書である。倒れる前まで、かのファッション誌「ELLE」の名編集長だった男が、これを書いた。（倉本四郎・作家）

（講談社・1600円）＝1998年4月16日②配信

家父長制と国民国家の結合 「ナショナリズムとジェンダー」（上野千鶴子著）

フェミニズムはきわめて戦闘的でイデオロギー性の強い学問である。少なくとも「家父長制」「セクシュアリティー」「ジェンダー」といった女性学のキー概念は、そういう性格を色濃く伴っている。

著者は当代きってのフェミニズムの理論家であり、多面体のような華やかな執筆活動を展開してきた。というか、家父長制と資本主義を結びつけて論じるときの文体と、セクシュアリティーを挑発的に語るときの文体とをあざやかに使い分けてきた。

その著者がこの本では、家父長制と資本主義を結びつけてとらえる従来の視角の延長上に、新たに家父長制と国民国家の結合を視野に入れようとしている。フェミニストとしてのもっとも戦闘的な部分をむき出しにした本であるとも言える。

そのテーマは、太平洋戦争における女性の戦争協力と従軍慰安婦問題。この二つの極限的な問題を切り口として、近代国民国家が持つ「家父長制」的な性格がさらけだされる。

戦争中、女性には参政権すら与えられていなかった。女子の徴用について政府は、家族制度を破壊するとの理由ではなはだ消極的だった。これに対して当時の女性リーダーたちの戦争協力の根底には、「女性の国民化」をめざすという動機があった。そういう動機をどのように評価するべきか。

極東裁判で連合国は従軍慰安婦問題を裁く視点を持っていなかった。それは戦後半世紀を経て、被害者である韓国人女性の告発によってはじめて国家の個人に対する犯罪として認知された。それはどういう意味を持っているか。

ちょうど資本主義が家父長制をその外側に必要とするように、近代国民国家も家父長制を必要とするのだと著者は主張する。

目配りの行き届いた精緻（せいち）な議論はさすがだが、極限的な事例を題材にしたのは成功だったかどうか。この上は、もっと一般的な理論化を待ち望む読者が多いのではないかと思われる。（広岡守穂・中央大教授）

（青土社・1900円）＝1998年4月16日③配信

警察腐敗の根源は不正経理

「日本警察の現在」(小林道雄著)

十六年前、私は大阪府警の担当記者だった。その時、明るみに出たのが賭博(とばく)ゲーム機汚職である。ゲーム機業者に取り締まり情報を流して賄賂(わいろ)をもらっていた現職・OB警官らが次々逮捕され、前府警本部長が「申し訳ない」という遺書を残して自殺した。

事件の背景を探っていくと警察組織の「身分制」にぶつかった。警察庁から派遣されるキャリアと、地方採用の警官の間にはひどい待遇格差がある。まるで殿様に仕える家臣のようにキャリアに奉仕しなければならない。そうした下積み警官の不満が組織のひずみを生み、腐敗の土壌をつくっていると思った。

本書を読んでそれが間違いでなかったことを知った。同時に、私の取材がいかに中途半端だったかを痛感させられた。警察の厚い「保秘」の壁の向こうにこれほど歪(ゆが)んだ経理システムが潜んでいるとは当時は思いもよらなかった。

警察取材で定評のある著者は、長崎、愛知両県警などの例を挙げながら、全国の警察が「それなくしては一日として組織が動かぬ」不正経理システムの全容を明らかにしていく。一線警官たちが強制的に作成させられるカラ出張やカラ会合の偽領収書。そこから生まれる多額の裏金…。

ここまでは各自治体で発覚した公費乱用と同じ手口だ。違うのは、その裏金の多くが上に吸い取られることだ。プールされた裏金はキャリアたちの飲食・ゴルフ代のほか、二年ほどで異動する彼らが互いにやりとりする、けた外れのせんべつに消えていく。つまり「公金を使っての相互扶助的な臨時所得」システムがキャリアの懐を膨らませ、警察内部の差別と腐敗を生む。

著者は「警察社会の腐敗や不祥事はすべて不正経理に根ざしている」と言う。そしてキャリア支配こそが「警察を歪め、国民の『安全』と『自由』を脅かしている」と結論づける。もし警察が本当に国民のための組織づくりを目指すのなら、著者の指摘に真剣に耳を傾けるべきだろう。(魚住昭・ノンフィクション作家)

(岩波書店・2100円)=1998年4月16日④配信

日本人の死生観を解剖

「死神」(清水義範著)

テレビのワイドショーの葬儀シーンを見るたびに、悲運のヒロインの死に涙したり、いんぎん無礼なリポーターに義憤を覚えたり、無軌道な人生に天罰だと留飲をさげたりするのは、だれでも覚えがあるところだろう。ちょっぴり人生のはかなさを感じたりもする。清水はこの極めて現代的な現象を題材に、日本人の死生観をワイドショーの手法にならって解剖してみせる。

斎藤昌平は下り坂にかかった中堅どころの俳優である。妻の兼子も昔のお姫様役だ。斎藤が夢の中で死神を見るところから小説は始まる。

寓話(ぐうわ)的な導入が一転、ピストル密輸事件の前科のある大物俳優の臨終にたちあったことから、二人はテレビの葬式コメントの常連になっていく。登場人物も破滅型漫才師や手慣れたインタビュアーなど、日ごろ読者が画面で接しているような人物が次々と登場しておかしい。

大物の葬儀には必ずしゃしゃり出る新人女優あり、逆に死ねばピストルも帳消しか、と世論の無責任さをつく法学者あり、清水得意の文体模写(コメント模写と言うべきか)がさえる。作者もなかなかにワイドショーにハマッテいると見える。

夫婦はおかげで新しい役もつき、葬式サマサマだ。そして夫婦の会話は日本人の弔い方に至る。

「祟(たた)る、という字は、出て示す、と書く。そんなものに出られて示されてはたまらないので、人々は死者に烙印(らくいん)を押して安心しようとするのだ」。さらに有名な御霊信仰へと考察はすすむ。菅原道真のように不遇に死んだ人の霊を慰めてまつるのが日本の文化だというのだ。

死神とは生きているものを死の世界に引きずり込むものではない。「死んだ者を、なぐさめ、しずめて、あの世へと導くものなのではないか。だとしたら、おれたちは死神でなければならない」。これが斎藤の皮肉な結論である。

鈴木正道の装丁が香典袋をそのまま原寸大に引き延ばしたようで、作も装丁もタブーを打ち破るブラックユーモア。(小中陽太郎・作家)

(ベネッセ・1400円)=1998年4月16日⑤配信

博物学と歴史意識の交差点

「カムイの食卓」「三平の食堂」（白土三平著）

アメフラシを食べることができるとは、知らなかった。

さっそく海岸を散歩したときに、砂浜に打ち上げられたのを何匹か採集して、手を紫色に染めながら汚れを落とすと、調理をしてみた。内臓（わた）を捨て弱火で煮る。水洗いをしたあと、できるだけ細く切ってみそにあえると、なるほど韓国料理のセンマイのような歯ごたえがあって、ビールのさかなによかった。

アメフラシは学問的にいうと貝殻亜門無楯目に属している。簡単にいえば、巻き貝の殻のないやつだと思えばいいが、まさかこんなブヨブヨした気味の悪いものが食用になるとは考えてもいなかっただけに、ちょっとした発見をした気になった。と同時に、こんなものまで、なんとか工夫して食用にすることを考えついたかつての漁民の生活の貧しさに、思い当たった。

「忍者武芸帳」や「カムイ伝」で名高い漫画家の白土三平が東京を離れ、房総の漁師町に居を構えるようになって、もう三十年ほどになる。彼は漁師たちと親しげに交わり、その物語に耳を傾けたり、磯辺での即興的な料理をじっと観察してきた。

アメフラシの料理法は、今回の二冊の書物に記されていたのである。物心ついたころから「サスケ」や「ガロ」が身近にあったわたしにとって、この二冊はまたとない白土漫画の解説書でもある。

たとえば忍者漫画の名作「スガルの死」の背景にある川魚の寄生虫について、これではっきりと理屈をのみこめることができた。採集者として、また語り手としての白土三平はさながら現代の南方熊楠であるかのようだ。

白土の父親が日本プロレタリア絵画運動の中心人物であった岡本唐貴であったことは、それほど知られているわけではない。つい数年前に物故したこの父親をめぐって、食物に託して貴重な思い出がつづられていることも、この二冊の魅力だ。わたしはいつか博物学と歴史意識の交差する地点で漫画を書き続けてきた白土をめぐって、一冊の書物を献（ささ）げたいと思う。（四方田犬彦・映画評論家）

（小学館・各1600円）＝1998年4月16日⑥配信

大統領の素顔をあけすけに

「ロシアは今日も荒れ模様」（米原万里著）

米原さんといえば、ロシア語通訳界はもちろん、わが国の同時通訳の世界における第一人者として知られる。あいまいな物言いでもしようものなら、相手をどやしつけかねないほどのすごみと迫力を持った訳者だ。

いや、かのロシア大統領エリツィンを手玉にとってしまうあたり、大した役者というべきかもしれない。最近ではテレビの報道番組や教養番組での露出も多く、その見識のある米原節に接した読者も多いことだろう。

本書でも米原節は絶好調だ。ロシアの酒飲みの因縁話にうんちくを傾け、ペレストロイカ期の反飲酒キャンペーンがいかにしてほごにされたかをユーモアたっぷりに描き、ペレストロイカ前夜の病めるロシアをリポートし、国破れたポスト・ソビエト社会の一端を紹介する。通訳の現場を通して、ロシアの今を伝えてくれる。

同時通訳という戦場をくぐり抜けてきたつわものだけに口八丁手八丁であることは言うまでもない。だが、この才人はそれに加えて筆八丁の人だ。すでに二冊のエッセー集をものし、それぞれ文学賞を受賞。文才も相当なものである。試しに「スベルドロフスクという名のウォトカ」という一節を読んでみていただきたい。筒井康隆もかくやとばかりの笑いの渦、米原的小説世界がさく裂している。

エッセーとしてめっぽう面白いのは、エリツィンやロストロポービッチなど著名な人たちの素顔だ。世界の音楽界のマエストロであるロストロポービッチがあこがれの千代の富士の前に出るとふ抜けのファンになってしまう様子がたまらなくおかしい。

また、エリツィンが何かというとドタキャンをちらつかせる駄々っ子であり、しかもいかに酒に目がない飲んべえであるかがあけすけに語られている。歯切れのいい米原節にのせられて読まされるうちに、これほどわが国で不人気なエリツィンが、ロシアでどうして人気があるのか、そのなぞが氷解してくるから不思議だ。（浦雅春・東大教授）

（日本経済新聞社・1500円）＝1998年4月23日①配信

自然と共生する人間の知恵

「集落の教え100」(原広司著)

刺激的な本である。著者は現代日本を代表する建築家。新京都駅の設計などで知られるが、一九七〇年代から世界の集落の調査を持続的に行ってきたことでも有名だ。本書はその過程で学んだことを要約したもの。集落の多様な魅力を、一般の読者に向けて分かりやすく語っている。

「教え」と題されているが、堅苦しくはない。たとえば25の教えは「訪れてくる人のために工夫せよ」だが、旅人を迎え入れる広場と侵入者を防ぐ迷路の意味が記されている。28の教えは「旅のように建築をつくれ」、36の教えは「空気を設計せよ」、83の教えは「空中を歩け」。解説と写真が、これらの集落は確かにそういうことを教えたに違いないと思わせる。

建築の本というよりは、むしろ散文詩集だ。29の教えは「死者とともに生きよ」。解説に、いま「〈社会時計〉はあらゆる場所に置かれているが、私たちは〈個人時計〉の置き場を見失っている。〈死者とともに生きよ〉は、〈個人時計〉を見据えることと重なっている」とある。歴史に残る建物や都市計画にのみ注意を払い、集落などほとんど顧みなかったこれまでの建築家に対する痛烈な批判だ。

砂漠の集落、山の集落、海の集落。世界中の集落を訪ねて教えられた最大のことは、自然と共生してゆく人間の知恵。「今日の建築もまた新しいかたちで自然と向き合う仕組みを考案しなくてはならない」と著者はいう。

和辻哲郎の「風土」を思わせるが、ある意味ではそれを凌(しの)ぐと言っていい。和辻は自然と人間の営みを体系的に記述しようとして、結果的に国粋イデオロギーに加担した。本書の著者は逆に、調査の過程で体系化そのものに疑問を持つようになったのである。結論の書ではなく、考えるヒントにあふれる出発の書になった理由だ。

人間の暮らしをグローバルに眺める視点が、社会学者や人類学者ではなく、建築家から提示されたことに、強く注意を促したい。多くの人に読んでほしい本だ。(三浦雅士・評論家)

(彰国社・2500円)=1998年4月23日②配信

植民地から照らす近代文学

「国境」(黒川創著)

著者はこの何年か「外地」で書かれた日本語の文学作品を集め、世に出す作業を続けてきた。この本もまた「満州文学」「台湾文学」「半島文学」「樺太文学」といった植民地文学の輪郭を描きだしながら、おびただしい数の、私たちにあまりなじみのない「外地」の作家・詩人たちを紹介する。するとそれを背景として、こんどは漱石、虚子、鏡花から井伏鱒二にいたる「日本」の作家たちが、これまでとはまったく違った姿で現れてくるのである。

「あらゆる場所が植民地で、あらゆる文学が植民地文学である」というのは本書中の印象深い言葉だが、アメリカ、サラエヴォから南米にまで広がる「コロニア」の網の目のなかで、日本近代文学の全体が、一つの「植民地文学」として浮かび上がってくるのを見て、読者はめまいのような感覚を味わうだろう。

たとえば鴎外の「うた日記」のなかの、自殺した中国人少女を歌った「罌粟、人糞(けし、ひとくそ)」という詩。著者はこの作品の背後に、彼女を凌辱(りょうじょく)した日本人従軍記者の存在を察知する。そして作者鴎外が、作中その少女の目になりかわって、日本人である自分を「他者」として眺めるという、トポロジカルな視線の反転の構造をさぐりあてる。

佐藤春夫の小説「魔鳥」についてもそうだ。ここにあるのは、呪術(じゅじゅつ)が支配する台湾少数民族社会と「文明国」日本との間の、重層とねじれの力学である。だが著者はここに、大逆事件から関東大震災時における朝鮮人・社会主義者の虐殺にいたる寓意(ぐうい)を、読み取ってみせるのである。

「植民地文学」という境界領域のなかへ日本文学をほどいてやり、それを世界文学への開放系として描きだすこと。この本がそれに成功しているのは、文学研究でも批評でもなく、文学作品から取材するルポルタージュとでもいうべき文体で、作品にはらまれた国境を、そのつど著者が、素足で歩いて通過しているからである。(瀬尾育生・詩人)

(メタローグ・2800円)=1998年4月23日③配信

苦難の在日生活を軽妙に

「『アボジ』を踏む」（小田実著）

「アボジ」とは韓国語で「父さん」であり、表題作では語り手の〈私〉を「オダ君」と呼ぶ、〈私〉の結婚相手の父親、つまり普通にいえば婿（むこ）に対しての「義父」ということだ。

「アボジ」には七人の娘がいて、〈私〉はその末娘の「人生の同行者」であり、「アボジ」にとってはかわいい末娘をたぶらかす日本人の「ヤクジャ（ヤクザ）」のような男に見えたらしい。

初対面の開口一番、「金あるか。なかったらやるで」という「アボジ」のセリフは、〈私〉に男のダンディズムを感じさせる。いわば、典型的な朝鮮人男の意地と見栄を持った「アボジ」なのである。

川端賞を受賞した短編の成功要因は、何と言ってもこの「アボジ」のキャラクターの造形と、そのセリフにある。「オダ君、ぼくはもうとつかれて、とつかれてな。ヒザの上に棒入れられて、ひっくりかえされたり何して、いまだに、オダ君、ぼくはここが痛いんだョ」。闇（やみ）屋のアメ売りをしていて、朝鮮独立運動の闘士と見込まれ、警察で拷問を受けた時の話だ。

苦難と苦闘の在日生活をさらりと語るその語り口は、坦々（たんたん）としているだけに逆に迫力を感じさせる。数万言の言葉を費やしても、言い尽くすことのできない「恨（ハン）」を軽妙な「アボジ語」で語らせる効果は、単に作者の技量ということだけでなく、「アボジ」という人間の存在感の確かさに因るもののように思える。

その「アボジ」を「踏む」というのは、阪神大震災の避難所から出てすぐに、故郷の済州島で死んでしまった「アボジ」の墓の土固めをするということだが、親族一同で土踏みをする〈私〉の耳に響いてくる「オダ君、そんなに強う踏むな。ぼくは痛いんだョ。ぼくはもうどこにも行かん。ぼくの長田の家はもうつぶれてないョ」という「アボジ」の声は限りなく哀切であり、また滑けいでもある。四十年かけた短編集の中でも、とりわけ凝縮された一語として、読者の心に残るのである。（川村湊・文芸評論家）

（講談社・2200円）＝1998年4月23日④配信

俗物性と芳醇な詩的宇宙

「茂吉晩年」（北杜夫著）

北杜夫氏の書く茂吉像には、心にしみるものがある。山形の方言を自在に語る老茂吉に、読者は思わずひきこまれ親しみをおぼえる。大歌人・茂吉の脈拍に、その息子として息苦しく反響している気配が全体をつらぬいている。

「茂吉晩年」は、昭和二十年に故郷山形へ疎開し、歌集「小園」「白き山」のあまたの佳品を詠み、二十二年に帰京し、二十八年入寂するまでの、茂吉の身辺をめぐる評伝である。

茂吉の人間像の混沌（こんとん）たる奇怪さやおかしみについては、じつに多くの人によってさまざまに語られてきた。それらを超える新資料の提示といったものはないが、さすがに文章の細部に生動するものがあり、茂吉の肉声のかたわらへ読者をいざなう力がある。

この本の今一つの特色は、著者に対する父としての茂吉のこまごまとした配慮である。「愛する宗吉よ　速達便貰つた　○父を買ひかぶつてはならない。父の歌などはたいしたものではない。父の歌など読むな」と、医家になるよう努力せよと忠告する書信は、全集にも収録されているが、感動をおぼえる。

「友達の来訪は、どしどしことわつてかまはないし、邪魔されぬやうに前以て警告を与へて置く方がよい」とか、「万年床はいかんぞ。去年の夏訓へたとほり、布団を空気に当て、かげぼしにすることが、養生の一法だといふこと…」など、この上なくありふれた一人の父がいる。

その俗物性の分厚い月並みの地盤の上に、芳醇（ほうじゅん）きわまりない詩的宇宙が開示される面白さ。

茂吉の奇行の数々はよく知られているが、苦心して揮毫（きごう）した短冊を、郵便屋さんや風呂修理の職人に二枚もあげたりしたという。晩年の茂吉は老耄（ろうもう）と共に飄逸（ひょういつ）でもあったが、生涯の憤怒の日常は衰えることがなかったらしい。「茂吉の才能の秘密のかなりの部分は、あの怒りっぽさの中にあるのかもしれない」と、著者はつぶやく。（前登志夫・歌人）

（岩波書店・1900円）＝1998年4月23日⑤配信

人間に向けられた好奇心　「ポール・セローの大地中海旅行」（ポール・セロー著、中野恵津子訳）

旅行記作家で小説も書いているポール・セローが、一九九三年秋のある日、地中海の西はずれであるジブラルタルを出発点として、地中海を一周する旅に出かけた。地中海北岸を東へ行き、東端にたどりついたら今度は南岸を西へ移動して、最後はジブラルタル海峡のアフリカ側に帰ってくるという旅だ。

飛行機には乗らない。列車とバスと船を乗り継ぎながらの、方向だけは決めてあるものの、行きあたりばったりの旅で、旅を終えたのは九五年の春だった。

途中で四カ月の中断があるのだが、正味で一年三カ月ものあいだ、着いた土地で安ホテルをさがし、そこが気に入ったり彼の好奇心をそそったりすれば何日でも泊まっているという放浪に近い旅をしている。

若者ならこんな旅はめずらしくない。だが、セローは五十を過ぎた男だ。二段組み七百八ページもあるこの旅行記を読みながら、ぼくはかなりあきれていた。

旅行中は毎晩その日にあったことを克明なメモにしていたという、その根気にもあきれたのだが、それよりも、四百数十日もの長い日々、好奇心を持続させたことにあきれた。すごいエネルギーである。肉を食べないベジタリアンでありながら、どこからそんな持続するエネルギーが出てくるのだろう。

名所旧跡にも立ち寄るが、彼の好奇心の大半は人間に向けられている。旅で出会うさまざまの人びとに、そして人びとの生きている場のありように、セローの目が向けられる。闘牛への嫌悪感をたしかめるためにあちこちの闘牛場に足を運びもすれば、長く閉ざされてきたアルバニアへは脱出不可能になる危険もおかして入っていき、そのあまりの荒廃ぶりに暗然とする。

正直なところ、セローには面白くても読者のぼくには退屈なページも少なくはない。しかし、闘牛批判に共鳴したり、砲撃で破壊されたボスニアの町での心にしみるエピソードに胸をうたれたりして、とうとう全ページ読んでいた。（高田宏・作家）

（NTT出版・2500円）＝1998年4月23日⑥配信

21世紀の民主主義の可能性　「権力の系譜学」（杉田敦著）

このところ「近代」はすこぶる評判が悪い。繁栄と安定をもたらしたはずの近代は、反面、破壊と殺戮（さつりく）の時代といわれる。政治の世界では、近代の代名詞として批判を浴びるのが民主主義である。

個人の自由、平等な政治参加など近代民主主義の輝かしい原理は、実は、人間を管理の枠に自発的に同調するようにしむける新しい支配や管理を生み出したのだという逆説を、フランスの思想家、ミシェル・フーコーが説き明かした。それ以後、ポストモダンと呼ばれる思想がはやることとなる。本書は、フーコーを中心に政治理論のポストモダンを追跡した研究である。

近代（民主主義）の問題性はよく分かる。民主主義の近代的公理を唱えることで現代社会が直面する問題が解決すると考えるのは、能天気である。ただ、重要なのはその後の反応である。だから近代は虚妄だと、悪態をついて結果的に前近代的野蛮に荷担するのか。それとも、近代の限界をわきまえた上で、それをより豊かにするために鍛える努力を払うのか。

われわれは近代の遺産―生産、消費、教育、政治など多くの局面における制度―から自由ではあり得ない。本書は、そのような認識に立って、後者の立場から民主主義の可能性について論じている。

全体として学説整理が中心ではあるが、リベラルデモクラシーの再構築における共同性の回復、他者性をふまえた新たな寛容の必要性など、二十一世紀の民主主義を展望する上での重要な手がかりが提起されている。

ポストモダンの思想を研究する学者といえば、近代を否定することで能事終われりとするこざかしい輩（やから）が多いというのが評者の印象であるが、ここまで明晰（めいせき）に、かつ批判的にポストモダン思想を読み解いた本に初めて出合った。

フーコーの恐ろしく悲観的な近代批判を受け止めた民主主義論を構築するという著者の意欲的な姿勢に、心よりの賛辞を贈りたい。（山口二郎・北海道大教授）

（岩波書店・2500円）＝1998年4月30日②配信

戦後の「階級」の手ざわり　「先に抜け、撃つのは俺だ」（李鳳宇·四方田犬彦著）

のっけから誤解を恐れず言うが、ずいぶんとまあ、思いきってずさんな造りの本である。

いや、けなしているのではない。認めているのだ。映画評論家の四方田犬彦と映画プロデューサーの李鳳宇という、かたや東京教育大学付属駒場中・高出身、こなた朝鮮中高級学校出身のふたりが、おそらくは数時間以上にわたって語り倒した、喧嘩（けんか）や映画にまつわる若気の至りの対話を、このように、どちらかといえば玄人筋に読ませる商品にしてしまった、その、すてきにずさんな造りをだ。

おそらくは昨今、出版界で売れ筋になってきているノスタルジック硬派ネタに近いところで企画されたものと邪推するけれども、こりゃ違うかな。でも、そのへんの意図からは、ちみっとずれた角度からの読み方がおいしい本だと、大月は思う。

映画についてのマニアックな知識がない身にしてみりゃほぼ何のことやらわからないさまざまな思い出やディテールは、申し訳ないがこの際どうでもいい。かつてのような重みを失って久しい「階級」という言葉が、このふたりの対話者の間には明らかに横たわっている。

それらの背後の地模様をつむいでいるのが日本と朝鮮をめぐる「民族」という縦糸と、映画というサブカルチュアを媒介にした「同時代」という横糸の組み合わせだ。

このようなふたりが共に場を持つことで期せずして切開された、すでに忘れられたような「階級」というもの言いのもたらす歴史と空間の広がりこそが、僕にはごちそうだった。

かつての朝鮮学校のツッパリたちの喧嘩の仕方の荒っぽさの来歴についての李の証言などは、四方田の聞き書きによる民俗資料みたいなものだ。折った割りばしを相手の鼻の穴に突っ込む戦法が現実に行われていたあたりのことなどは、単なるノスタルジック硬派ネタを超えた、日本の戦後の懐に宿った「階級」の手ざわりをあらためて実感した。（大月隆寛・民俗学者）

（アスペクト・1800円）＝1998年4月30日③配信

和田移植の沈黙の壁を検証　「凍れる心臓」（共同通信社社会部移植取材班編著）

出発の不幸—。日本における臓器移植の混迷が語られるさい、常に指摘されることである。

出発とは一九六八年、札幌医大で行われた和田心臓移植を、不幸とは臓器提供者の死の判定および患者の移植適応に明りょうな納得性が欠けていた点を指している。本書は共同通信社社会部移植取材班による和田移植三十年目の検証ノンフィクションである。

これ以前、評者自身、和田移植の跡をたどったことがある。そのさい、積み残した取材先がいくつかあったが、本書はその部分を含め、丁寧な追跡取材がされている。

たとえば、病理学者が亡くなった患者の大動脈弁がすり替えられているとの疑念を抱いた点があるが、事実、血液型が一致しなかったとの法医学者の証言が記されている。本書ではじめて明らかにされた事実であろう。

和田移植を不透明にした背景には、関係者の徹底した証言拒否の姿勢がある。厚い壁はいまも存在している。和田寿郎氏は何度か登場しているが、肝心な問いには答えていない。当時、和田チームのナンバーツーであった富田房芳講師はすべてを知る人であると思われるが、評者の取材のさいも、また本書の取材班に対しても堅く口を閉ざしたままである。

三十年の歳月を経てなお彼らに沈黙を強いるものはなんなのか。灰色のベールは晴れないままである。

心臓移植はすでに治療として確立されている。移植鎖国・日本においてもようやく遅い臨床がはじまろうとしている。問題は、和田移植を至近距離で見詰めた麻酔医が指摘するように、「負の財産」をにがい教訓として今後に生かすことである。そのためには、事実が事実として提示されなければならない。

本書は、ジャーナリズムの側が、厚いベールを突破しつつ、あたう限り事実に肉薄した労作である。おそらく和田移植にかかわる最後の検証の書でもあろう。今後のための遺産のひとつになってほしいと思う。（後藤正治・ノンフィクション作家）

（共同通信社・1700円）＝1998年4月30日④配信

生きるための詩文への情熱

「艶隠者（えんのいんじゃ）」（中薗英助著）

「隠遁（いんとん）」とは途方もないエネルギーを要することだ。ふつうに世に棲（す）み暮らすほうがよほど楽かもしれない。三十三歳でこつ然と家康股肱（ここう）の勇将の地位を捨て、漢詩人として世間から退隠した石川丈山は五十九歳の時、詩仙堂を建てる。漢晋唐宋の詩人三十六人の肖像と詩を四方の壁に掲げた。だれを選ぶか？　丈山は友であり、また師でもあった林羅山の強く推す王安石、北宋の神宗に仕え王安石の新法としていまも歴史に残る大宰相を断固として採らなかった。

羅山との長い交友がこれによって疎遠になることもいとわなかった。その詩がいかにすぐれていようと、彼の政治手法は汚れている、詩が政治に従属している、これを許すことはできない。

「艶隠者」のこのくだりを読むと、そのやりとりの激越なエネルギーに目を見張る。この本は丈山の、若くしての致仕から九十歳の長寿を終えるまで一貫した、自己の美学をつらぬき、その隠者の生活を守るために戦い費やした膨大なエネルギーのことを書いている。

このエネルギーはどこから来るのか。それは中国の詩文、特に漢詩への情熱だった。

丈山が朝鮮通信使権侙（ごんちょく）と丁々発止の筆談による「文戦」をかわし、ああこれは日本の李白・杜甫だと感嘆させる個所は息詰まるような迫力で本書の白眉（はくび）だが、双方博引傍証をつくし美文麗句を飾る中に、まさに白刃がきらめくようで、当時の人にあって詩文が趣味・教養でなく全人格的な生き方そのものだったことがよくわかる。

文学はかつてそのようなものであったし、実はいまもそうあるべきものであろう。

丈山と同じく中国にひかれてかの地に渡り、文学者となった著者は自らの軌跡に重ねてこの本を書いた。日本のスパイミステリーの開拓者であり、その後の骨太な作品を愛する読者は本書で、丈山に仮託した著者の心事を読むことになる。（鴨下信一・演出家）

（新潮社・1700円）＝1998年4月30日⑤配信

日本人への痛憤に近い警告

「南洲残影」（江藤淳著）

江藤淳氏の批評文には、いわゆる評論臭さが無い。語り口が巧妙で、小気味よい。言葉が琴線によく触れる。史料を多く用いた本書のような仕事でもそれは変わらない。

明治維新第一の功臣でありながら、薩摩に下った南洲西郷隆盛はなぜ挙兵したのか。

明治政府は士族の禄（ろく）を奪って貧窮につき落とし、国を守るどころか津々浦々に黒船を導き入れて国を売ろうとした。維新の初志を果たしておらず、いま守らねばやがて国は滅びる。挙兵は人民の怒りを共有した「報国」の行為だった。

江藤氏はこう解釈する。現在までを見通した日本及び日本人への痛憤に近い警告をしたと見るのである。

だから、国粋主義でも排外主義でもない。近代以降、日本人が熱中した西欧思想のすべてを超えていると言う。日本人はかつて、南洲以上に強力な思想を持ったことが無いとまで絶賛する。並々ならぬ惚（ほ）れこみようだ。いきおい語りにも熱が入り、南洲は歴史的偉人というより同時代人のような雰囲気を帯びるわけである。

もちろん史実を細かく検討すれば、南洲はそんなに純粋だったかとの異論も出よう。また私は、江藤氏ほど西洋を過小評価しない。しかしそれでも、「逆賊」の汚名をかぶって滅亡にひた走るように戦って死んだ南洲の、徹底した姿勢と絶望の深さについては、さまざまな解釈の余地があり、“江藤南洲”としての迫力と説得力は十分に感じる。

はっとする指摘が多い。たとえば、洋式帝国陸軍の士気を高める軍歌である「抜刀隊」に、官軍側よりも南洲と薩軍を讃（たた）えるような哀（かな）しさがあると言う。つまり国軍は敗北と滅亡に憧（あこが）れ、正規軍が反逆者に優越するエトスを持ち得ないと告白しているようなものだ。

敗北の美しさ。これは日本人論としてさまざまな連想に誘う刺激的な見解だろう。南洲の死に至る戦闘を、ふくらみのある文体でたどる後半の面白さも忘れがたい。（小笠原賢二・文芸評論家）

（文芸春秋・1524円）＝1998年4月30日⑥配信

万人に語りかける愛の物語

「奇跡」（ノーマン・メイラー著、斉藤健一訳）

メイラーの異色の作品である。戦後「裸者と死者」で世界的ベストセラー作家になり、一九六七年にはベトナム反戦運動に参加して自ら警察に逮捕され、そのドキュメント作品「夜の軍隊」を書き、あるいはアポロ11号を扱った名作「月にともる火」によって、メイラーは時代の寵児（ちょうじ）となっていた。そして「死刑執行人の歌」へと続き、いま七十四歳の老躯（ろうく）は光輝を放つ。

今回の「奇跡」はイエス・キリスト伝である。キリスト伝にはブリュックベルジュの「キリスト伝」をはじめ、パール・バックの「聖書物語」その他、枚挙にいとまがない。

メイラーの作品が異色なのは、キリスト自身が語り手となって、十二人の弟子たちの表情を描きつつ、自分が神の力を借りて行った奇跡、婚礼の席で水をブドウ酒に変えたこと、多くの病人を治したこと、海の上を歩いたことなどを「真実」だと語っていることである。

従来は、マタイ、マルコ、ルカ、ヨハネによる四福音書からのキリストイメージであるが、メイラーは「キリストによる福音書」（これが本書の原名）として、前記福音書の内容を敷延したり、訂正したりして、メイラーによるキリスト像を創りあげたのである。 本書のクライマックスは、エルサレムにおける律法学者との対話であり、安息日といえども「盲人から目のかすみをとり、足の不自由な人間の足を治してやる」というキリストの愛にメイラーは共感する。

そして神は全能ではなく、これまでも恐ろしい戦争、悲惨な大虐殺、悪疫に敗れてきたとキリストに語らせ、それでも苦難の道の最後には不滅の〈愛〉が待っている。

この本はたんなるキリスト伝ではない。キリストを通して、人間はいかに立派に生きるべきかを、自分の九人の娘や息子に伝えつつ、さらに万人に語りかける〈愛の物語〉である。（佐渡谷重信・西南学院大学教授）

（角川春樹事務所・2000円）＝1998年5月7日①配信

がんを超えた病と医療の旅

「病院からはなれて自由になる」（高橋ユリカ著）

三十五歳で大腸がんになった経験を通して、新しい形の「病む」という生き方を模索した前著『キャンサー・ギフト』（新潮社）の最後に、高橋ユリカさんは記す。

「動かない樹木と大地への尊敬と憧れを抱きながら、動けるときには、動く存在であり続けたい」

本書は、その言葉をみごとに引き継いだ病と治療をめぐる「旅」の労作である。

しかし、これは闘病記ではない。自ら抗がん剤治療に苦しんだ経験から、現在の病院では時として「不要な医療」が行われているのではないかという疑問を抱き、医療の原点を問い続けた真摯（しんし）な旅のリポートである。

最初は、がんをめぐる旅から始まった。がん患者の「心のケア」とは何か、告知が自明のアメリカ的自己決定を支えるもの、国立がんセンターでの臨床試験への疑問、緩和ケア病棟の意味。

“がん患者になる”ことで知った現代医療における弱者の立場と、ジャーナリストとしての社会的視座の確かさが、こういった最先端の問題を分かりやすく解きほぐしていく。

そして、高橋さんがゆっくりと追い究めていくのは「病院からはなれて自由になる」という、目からうろこが落ちるような生き方だ。

それは、抗がん剤は効かないという事実を明らかにした近藤誠医師の光と影を見つめる冷静な視線になり、ホスピスやターミナルケアを実践している人たちへの深い共感となって語られる。

そこまでであったらこの本は、がん治療の限界を指摘するものにとどまったかもしれない。だが、ある時点で彼女の旅は「がん」を超えた。

治癒するものではない「老い」や、「水俣病」という近代のシステムそのものの汚染が生み出した病をいかにしていやすか、大いなる受容の旅は深まっていく。

医療とは医学的治療以上のものであり、病む人とともに歩む力である―という確信がここにある。（宮迫千鶴・エッセイスト）

（新潮社・1700円）＝1998年5月7日②配信

風土に根ざした合理主義

「アフリカでケチを考えた」（篠原徹著）

不景気である。減税も内需拡大も、大いに結構。しかし何か、無駄遣いを奨励されているような気がしないではない。古くさい大衆消費批判みたいで言うのも気恥ずかしいが、私たちは無駄遣いに支えられた社会に生きているようだ。

その意味で、このタイトルはいい。アフリカの小さな村の生活から「ケチ」について考えようというのだから。

著者が出会ったのは、エチオピア南部のコンソという有畜農耕民たち。日本人のアフリカ・イメージからすると、森やサバンナの中の、のんきで陽気な生活を思い浮かべるところだろう。ところが著者が出会ったのは、徹底した合理主義者たちだった。

村人たちの生活は、風土に根ざしたさまざまな技術と、合理主義に支えられている。家の中や周囲、道ばたにわずかでも土があると、そこには必ず役に立つ植物が植わっている。役に立たない植物は、すぐに抜かれてしまうのだ。食用に殺した家畜も、体内に残されたフンに至るまで見事に活用される。

しかも村人たちは交渉術にたけ、何かスキを見つけては人から金を巻き上げようと狙っている。何かと理由を付けて値段をつり上げ、自分の飲んだ酒代まで支払わせる。著者は幾度となくカモにされ、今度こそは負けないぞと身構えながら、結局は屈服させられてしまうのだ。

敗北感を味わいながら、著者は考える。自分は彼らをケチだと思う。しかしその時、自分は日本の文化を基準に彼らの行動を判断しているのだ。自分の「気前のよさ」とその弱さに直面した著者は「この野郎」とつぶやきながら、これからも村人たちとつき合っていきたいという。

異文化の「ケチ」について考えようというのだから、金を巻き上げられた経験よりは、生活の仕組みそのものの中の「ケチ」について、もっと語ってほしかった気はする。しかし、こんな小さな「文化摩擦」から日本の社会を考え直してみるのも悪くない。（橋本健二・静岡大助教授）

（ちくまプリマーブックス・1100円）＝1998年5月7日③配信

地形図を読みながら夢登山

「机上登山」（西丸震哉著）

「机上登山」とは、食生態学者で登山家、冒険家でもある著者が前書きで記したように、造語である。

地形図を読みながら山行する。本書はその夢登山の紀行文ということになり、たぶん僕もこのような架空登山の紀行文を読むのは初めてに違いない。

しかし読み始めれば違和感はない。登山歴六十年以上のキャリアを持つ西丸さんの、辛口エッセー集としても読むことができるのだし、読者が山好きというのであれば、なおさら一緒に旅する気分になるかもしれない。

山へ入れば人と出会わないような場所（特に湿地や湖沼がお気に入り）にテントを張りたがるくせに、クマや幽霊が好きで「今度出てきたらハチミツなめさせてやる」とか「赤外線フィルムで写してやろう」と子供みたいにはしゃぐ西丸さんである。

また酒やブランデーを飲みながら、無人の黒谷川源流、丸山岳ではオモチャの花火を打ち上げて、孤独に興じたりする様子は、目に見えるようで華やかなのに、ほのかに哀（かな）しい。

ガンコ親父である西丸さんは「日本は狭いだと？　何言うか。好きでゴチャゴチャまとまって生きているだけじゃないか。人が多すぎて息苦しいのなら、人がまったくいないところがあると教えてあげるから行ったらどうだ」と、少し酒の勢いもあってけんか腰にもなる。

その「教えてやる」と言って書かれたのが、この本の“静かな山々”といっていいのだろう。

択捉（エトロフ）島から西表島まで二十カ所の山や湿原。西丸さんがもう絶対登らないという苗場山があるかと思えば、「さいごにもう一度だけでも行っておきたいよね」という白馬の蓮華温泉。うーん、僕みたいな山登りのヒヨコでも「その時はぜひ御一緒に！」と心の中で叫んでしまったなあ。

ともあれ、ブームとは無縁の西丸さん流登山学を、じっくり味わっていただきたい。（みなみらんぼう・シンガー・ソングライター）

（博品社・1800円）＝1998年5月7日④配信

なぞは人間の存在そのもの

「グランド・ミステリー」（奥泉光著）

奥泉光の「葦と百合」は、哲学とミステリーを合体させたような作品としてたいへん印象深いものであったが、今回の「グランド・ミステリー」も、太平洋戦争の時期を背景にしたミステリー・ロマンとして、小説の魅力を存分に味わうことができる。

プロローグは、昭和九年の水雷艇「夕鶴」の爆発事故からはじまる。火災の原因は当時不明であるとされた。そして、舞台は一転して七年後の昭和十六年十二月の日米開戦真珠湾攻撃へとうつる。

空母「蒼龍」の榊原大尉は、この攻撃に参加し、戦果をあげて帰艦するが、彼は操縦席で服毒死を遂げていた。榊原の友人である伊号潜水艦の将校、加多瀬大尉は、この奇妙な戦場での自殺に疑問をいだき、未亡人となった志津子の依頼をうけて、その真相をさぐる。

死がほとんど自明となっている戦争の現実のただなかに、一つのなぞめいた海軍パイロットの「死」が、ブラックホールのようにしだいに大きく広がっていく。未来を予知する能力をもつ男や、死を宣教する右翼団体なども登場する。

この作家の芥川賞受賞作「石の来歴」も太平洋戦争に、物語の発端を置いた作品であったが、今度の長編では、文字通り戦争（真珠湾、ミッドウェーその他）が描かれている。とりわけ前半のハワイへとむかう機動部隊の緊張にみちた描写は、すぐれた戦記物を読む興奮を感じる。

しかし、これはいわゆる戦争小説でも、また推理小説でもない。広大な歴史をドラマとして展開しつつ、その内側にあって、人間の心の奥底にひそむ神秘的な存在の力とも言うべきものを捉（とら）えている。内面的なもの、意識と無意識の葛藤（かっとう）のドラマと呼んでもいいかもしれない。

つまり、なぞは、ミステリーは、悪夢にも似た戦争と殺りくをくりかえす、人間という存在そのものなのだ。小説の多様な可能性を使って、作家はこのなぞを解く。（富岡幸一郎・作家）

（角川書店・2400円）＝1998年5月7日⑤配信

歌の漂泊の歴史ととらえる

「読みなおし日本文学史」（高橋睦郎著）

詩人は黒いマントを纏（まと）って風のように私たちの前に現れた。「落ちる　かぎりなく落ちる／闇から闇へ　奈落から奈落へ／落ちる　つぶてのように　燃えさしのように落ちる／…風は　叫びながら　落ちる」

高橋睦郎詩集「眠りと犯しと落下と」を手にし体が震えた。いまだ落下しうるほどには浮上していない私に、この詩は痛かった。学園闘争の暗たんを内側に抱えていた私は（婦人雑誌のグラビアから抜け出してきたような華やいだ男の詩に）口惜しいけれど、泣かされていた。そうか「叫び」さえもが、また空を落ちてゆくのか。

以来三十五年。そのかみ堕天使を気取った気鋭の詩人も、野ざらしを覚悟し「旅に病んで夢は枯野をかけ廻る」と吟じた芭蕉の没年をはるかに過ぎ「年たけてまた越ゆべしと思ひきや命なりけり小夜の中山」と詠じた西行の切々たる心情を会悟する齢（よわい）にさしかからんとしている。

詩人はまず、歌の原郷を問うところから日本文学史を問い直そうとする。「なぜ、歌びとより歌か」。「その発生において歌は神から人間への託宣だった」。そしてこう推断するのだ。

「わが国の文学史は、歌、連歌、俳諧を中心に、歌の運命の歴史、さらにはっきりいえば歌の漂泊の歴史、さすらいの歴史と捉えることができる。もちろん、歌に従って歌びとも漂泊した。その漂泊は歌を表に立てての読人しらずとしての、無名者としての漂泊だった」

三十五年の昔に私が出会った高橋睦郎は、アベルとカインの物語を歌った無辜（むこ）の詩人であった。その人がいま、詩歌の命運に自身（詩人）の来歴を重ね合わせるかのように、日本の文学の行き着く先を、漂泊流浪の「無名性」の中に位置づけようとしている。

どこから読み始めても、またどこを輪切りにしても血が滴ってくるような一冊を手にし、詩人であることの栄光と悲惨、詩人がなめてきたその人生の辛酸なども思っていた。（福島泰樹・歌人）

（岩波新書・640円）＝1998年5月7日⑥配信

読者ねじ伏せる腕力と才能

「デスペレーション」（スティーブン・キング著、山田順子訳）
「レギュレイターズ」（リチャード・バックマン著、山田順子訳）

二冊は、名義は異なるが同じ作者による。

別々の場所で、同じ登場人物が、異なった事件に巻き込まれるという内容の二冊の本が同時に発表されるのは、思えばまことに実験的な試みである。これまでの小説の成り立ちや小説世界の骨組みを根底から崩すことではないか。さらにそれが通俗的なホラー小説であるというのも、うなる。すごい時代である。

中身はスティーブン・キングならではの世界。すなわちアメリカ現代社会を舞台に、テレビ番組やコーラ、菓子など大衆文化・大量消費財が、これでもかとあきれるくらいあしらわれる。

作者キングは世界で最も本を売っている作家の一人だ。これは若い読者が圧倒的に多いことを示すものだろう。しかし、キングがしつこくこだわる一九五〇年代や六〇年代のアメリカの風物は、異邦人である日本人それも若い読者には、なじみの薄いもののはず。それなのに、日本の読者は平気で読み進む。これは、まあ、不思議なことと言わねばなるまい。

キングの狙った世界と日本人読者の読んでいる（はずの）世界との乖離（かいり）を、どう自分たちでクリアしているのか。わかって読んでいるのだろうか。キングと同世代の当方などは首をかしげてしまうのである。

だがこれを逆に言うならキングの小説世界、ここでは約百五十年前に起こった忌まわしい落盤事故が今日もたらす厄災を描いた「デスペレーション」と、ほぼ同じ登場人物による、しかし全く別の地点で起こる恐怖事件のてん末「レギュレイターズ」は、そういう時代のにおいを作者と共有していなくとも読める、ということになる。これこそがキングのキングたるゆえんだろう。要するに、読者をねじ伏せてしまう腕力と才能だ。

どちらか一冊だけ買って読んでもスティーブン・キング的世界にはまることは、だから可能。そういう本である。そしてキングとはそういうしたたかな作家なのである。（馬場啓一・作家）

（新潮社・「デ…」2800円、「レ…」2300円）＝1998年5月14日①配信

生きるための積極的な工夫

「植物の私生活」（デービッド・アッテンボロー著、門田裕一監訳）

ラフレシアは知っていたけど、スマトラオオコンニャクなるものは知らなかった。本書の写真を見ても、あまりに珍妙なので合成写真ではなかろうかと思うくらいだ。その生活史も、姿に劣らず珍しい。

しかし、本書のおもしろさは、ただ珍しい植物が、豊富なカラー写真でもって、たくさん紹介されていることだけではない。重要なのは植物を見る見方、植物の生態を解釈するそのやり方だ。

植物は言うまでもなく生き物である。しかし、植物には口も目も手足もない。そして、農耕や林業や園芸によって、広範囲に「家畜化」してきたために、人間は植物をごく受動的な存在として扱ってきた。

しかし最近、科学雑誌などを見ていると、新しい研究者たちは、生き物としての植物の積極性、能動性に注目している。ドキュメンタリー作家アッテンボローは、そうした傾向に意識的に同調してBBCテレビのドキュメンタリー番組を作った。本書はそれを本にしたものだ。

だから本書では、たとえば「風によって種を運ばれる」植物ではなく、「風を利用して種をばらまく」植物たちがあり、「昆虫に花粉を運ばれて受粉される」植物ではなく、「昆虫を誘い、だまし、はたまたギブ・アンド・テイクの手法を用いて生き残りにかける」植物たちが活躍する。

いかにも強欲そうな食中花ウツボカズラやモウセンゴケのみならず、ごくやさしいサクラソウやマツヨイグサの花でさえもが、生きるための積極的な工夫をこらしているのだ、ということを、この本は絵ときして見せる。植物は、まさに生き物だ、と実感できる。

緑を守ろう、なんて人間が言うのはおこがましい。これだけがんばっている植物が生き残れないような世界では、人間などひとたまりもない、というのが事実だろう。（中山千夏・作家）

（山と渓谷社・3200円）＝1998年5月14日②配信

大洋を最下位から日本一に

「三原脩（おさむ）の昭和三十五年」（富永俊治著）

一九九五年に野茂英雄が受賞した菊池寛賞は、むろん野球人への褒賞ではない。広く社会的に影響を与える活動をした人物に贈られるものである。

その野茂より三十五年も前に同じ賞を受けた野球人が、三原脩。万年最下位の弱小チーム、大洋ホエールズを、就任一年目で日本一に導いたそのさい配は、安保闘争で揺れた激動の年の「英雄」と呼ぶにふさわしい劇的なものだった。

三原といえば、まず頭に浮かぶのは、中西、稲尾、豊田といった「野武士」たちを従えてジャイアンツを破り、日本シリーズに三連覇した西鉄ライオンズ時代である。

それに比べて大洋時代の三原に関する言及は意外なほど少ない。しかし、監督の功績という点では、タイトルホルダーをそろえた西鉄の日本一より、目立たない選手ばかりだった大洋の日本一の方がはるかに大きいといえる。その大洋における三原の仕事ぶりを掘り起こしたのが本書だ。

チームにはびこる負け犬根性を一掃し、自分たちは二流とうなだれていた選手たちに、個性に合わせた起用法で自信を与え、時には怒り、時には巧みにおだてながら日本一に導いた手腕が、当時の選手たちの回想を通していきいきと語られている。

とりわけ印象的なのは、日本シリーズ第一戦で、先発の鈴木隆をわずか打者三人で交代させた選手起用で、今や伝説となったこの戦略も、実は相手打線に対して周到な研究を重ね、そして味方選手の個性と性格も見極めたものだったことがよくわかる。

現在のプロ野球を見ると、「仰木マジック」と称される仰木彬の相手チームに合わせて目まぐるしく選手を入れ替える起用法は三原直伝といえるし、野村克也の「再生工場」にしても、二十八連敗を記録した投手、権藤正利をみごとによみがえらせた三原の再生法に通じるものがある。

つまりは、三原魔術は今も脈打っているわけで、そのルーツを知る上でも貴重な一冊だろう。（阿部珠樹・スポーツライター）

（洋泉社・1700円）＝1998年5月14日③配信

死をもってあがなう快楽

「中国的大快楽主義」（井波律子著）

修身斉家治国平天下。漢代以来、支配的だった儒家思想に、道家老荘思想をもって対抗する。「勤勉」を説くなら「無為」を説く。もてる知力と情熱を、ひたすら蕩尽（とうじん）し、そうやって硬直した状況をゆさぶり、風穴をあける。そんな一群の人物像が、中国史のなかから快楽主義者としてすくいとられる。

たとえば四世紀、東晋の畢卓（ひったく）は高言した。「片手に蟹のハサミを持ち、酒の池のなかでバタバタ浮かんでいれば、一生満足だ」。どーんとくだって明朝末期、張燕客（ちょうえんかく）は骨董（こっとう）の収集と造園にうつつをぬかし、相続した遺産数万両を二、三カ月で使い尽くし、スッテンテンとなった。

斉家も修身もあるものか。額に汗する美徳など、美酒の一滴にもおよばぬ。治国といい平天下というも、なんの庭園の造営がもたらすよろこびにまさるものか。みよ。天下国家など、せいぜい人間世界の事柄にすぎない。きけ。庭園は万物宇宙のいとなみの写しであるぞ。壷中天（こちゅうのてん）とはこれをいうのだ。

万事がこの調子である。読んでいると、こちらまで気宇壮大になってくる。何が国家だ。経済危機だ。アメリカ主導の地球管理など儒家の唱えたお題目の変形新種。自然宇宙のいとなみからすれば、壷中のゴマ粒にしかすぎない。そんな気分になってくる。

やはり明末期に、祁彪佳（きひょうか）という監察畑のエリートがいた。この人物は官職を捨てて田園にくだり、ひと山をそっくり庭園となしたが、明滅亡とともに、おのが快楽の所産であるミクロコスモス、庭園の池に入水して果てた。一巻随一の劇的人物とうつる。一流のエピキュリアンとは、おのがめざす快楽を、死をもってあがなう存在であるといえようか。

この筆者に固有の、骨太で、しかしながらふくらみを失することのない言い切りの文体が、快楽主義者たちの、ある種いさぎのよい生きざまに、まことによく似合っている。（倉本四郎・作家）

（作品社・2100円）＝1998年5月14日④配信

古典文学に読む父娘の関係

「日本ファザコン文学史」（田中貴子著）

「ファザコンという視点を文学に持ち込むことに対する賛否はいろいろあるだろう。西洋の用語で日本の文学を語ることに対する拒否反応は、フェミニズム批評などの場合で私にも充分わかっている。だけれども、私はあえてこの言葉を使ってみた」と著者は「あとがき」に記している。

しかし国文学者でない一般の読者は「無名草子」「とはずがたり」がファザコンの視点から分析されると、逆にこれを面白く身近に感じるのではないだろうか。

確かに著者の指摘する通り、私たちの国の現在の状況は、「マザコン」男は批判、嘲笑（ちょうしょう）されるが「ファザコン」女は「いっこうに批判を浴びる気配がない」！

よって「ファザコン」女は「年上の強い男に庇護される弱く可愛い女」という男社会の「男女関係の図式からはみ出ることがな」く「未成熟なまま、ぬくぬくと生き続けるのだ」という批判は、現代の女性の生き方や、それにかかわる文学に当てはめても、直ちに幾つかの例を挙げることができるほど鋭いものだ。

もちろん著者の専門は中世なので、とりあげられている古典は前記二著のほか、「庭の訓」（にわのおしへ）や「お伽草子」（おとぎぞうし）などであるが、「源氏物語」や「伊勢物語」にも広がりを持たせ、日本文学成立の上に「ファザコン」的発想がいかに深く根を下ろしてきたかが語られているのも興味深い。

そう言われれば、紫式部も清少納言も実母と早く死別し、父の手で育成された才女たちであった。これは本著でもっとも力作である「第三章　はみ出す女『とはずがたり』」の、二条が早くに母を亡くしていることとも無縁ではないだろう。

むろん著者は父に育てられたから「ファザコン」という単純な関係でこの問題をとらえているのではない。母とか乳母とかが家父長社会の原理の代弁者になる構造をも踏まえて、一筋縄ではいかない女性文学を解明しているのである。（三枝和子・作家）

（紀伊国屋書店・1600円）＝1998年5月14日⑤配信

陰謀と裏切りの歴史を語る

「ラ・ロシュフーコー公爵傳説」（堀田善衛著）

“利己的な遺伝子（セルフィッシュ・ジーン）”という言葉が流行し、定着した。二十世紀も末になって登場した科学用語である。十七世紀のラ・ロシュフーコー公爵は、“自己愛（アムール・プロプル）”を人間研究の中心に据えた。陰謀と裏切りが渦巻くフランス宮廷に生きた公爵の自然な選択だ。

家系図が十世紀まで鮮明にたどれる大貴族である。ルイ十三世以降の中央集権路線とは、ぶつからざるをえなかった。ルイ十三世と宰相リシュリュウ、ルイ十四世と摂政アンヌ・ドートリッシュ、宰相マザラン、そのすべてと公爵は対立した。

反王権のフロンドの乱にはとくに深入りし、顔に重傷を負って、あやうく失明するところだった。（アンヌ・ドートリッシュは不遇時代には公爵に頼りきっていたのに、摂政になったとたん、てのひらを返した）。

粛清されずにすんだのが不思議なくらいである。公爵はともかくも宮廷に復帰し、サブレ侯爵夫人らの文芸サロンに出入りして文筆の人となっていった。「回想録」も世に出しているが、彼の名を不朽にしたのはやはり「箴言（しんげん）集」だろう。

「太陽も死もじっと見詰めることはできない」―ジョルジュ・バタイユが好んで引用するこの一句などは、すでに永遠の相を獲得している。

「何人も悪意の人となりうる強さを持たない限り、善良さを称えられるに値しない。それ以外のあらゆる善良さは、殆どつねに怠惰か、さもなければ意志の無力にすぎない」―こうしたたぐいの明察に満ちた辛口の一巻だ。

堀田氏はこの公爵に、一人称で家系の物語とフランス歴代王家の裏面史を語らせ、やがて“自分史”を語らせた。単調になるのを嫌って、ときどき三人称に切り替えてあるが、公爵の内面に入り込む手法は一貫している。その上で、ころ合いをはかりながらつぎつぎに適切な箴言を引用して話を進めている。読み手を飽きさせない妙手というべきだろう。（出口裕弘・フランス文学者）

（集英社・2800円）＝1998年5月14日⑥配信

日常にひそむ猫たちの存在

「季節のしっぽ」（武田花著）

猫が主役の写真集でこれまでわたしのお気に入りは、イーラの「85枚の猫」とハンス・シルベスターの「Cats of the Greek Islands」だった。どちらも作り物的なカワイらしさを売り物にせず、リアルな猫を鮮やかにとらえているものだからだ。

武田花さんのお名前と、猫好きであられるらしいという情報はかすかに頭をかすめていたけれど、実際どんな写真をお撮りになるのか、今日まで少しも知らなかった。

すみません。食わず嫌いでした。

こんなにステキにハードボイルドな女流作家がわが国にいま、おられたなんて。さっそく他の作品も注文してとりよせたいと思っています。

武田さんの猫たちは、ひだまりの中に溶け込んでいる。猫のために演出されたデキスギの風景の中にではなく、フツーの人間が気にもとめずに通りすぎてしまいそうな日常の一瞬に、だまし絵のようにひそんでいる。猫が映っていない絵にすら、猫の影が、あるいはまなざしが、ありありと感じられるような気がする。それはまさに、猫たちのいかにも猫らしい生き方、存在のしかただ。

ピントや露出をちゃんと合わせられないわたしは、写真には「好き嫌い」しかいえないが、これでも二十年小説書きをやっている、日本語にはちょっとウルサイつもり。

だが、この本の文章の独特のテイストには、最初からガツンとやられてしまった。簡素で、明朗で、それでいて不思議。先の展開が読めない、ほかのだれにも似ていない、タイトでカッコいい文章たち。たった一ページでドラマひとつ、みごとに完結させてしまう思い切りのよさ。先にハードボイルドと言ったのはこのためだ。

わたし含め、女性は普通これが苦手だ。なのに、この本ではそこにさらに、影のように、余韻のように、チェシャキャットの笑いのように、モノクローム映像がぴたりと寄り添っている。…すごい。

（久美沙織・作家）

（角川春樹事務所・1500円）＝1998年5月21日①配信

思考の型を批判的に分析

「思考のための文章読本」（長沼行太郎著）

この本では、文芸批評、哲学、歴史学、数学、自然科学に至るまでのあらゆるジャンルから素材がとられて、そこに含まれる「思考」の在り方が分析されている。

例えば「外在的なイデオロギーを通して作品を読むのでは、読んだことにはならない。作品の外にはどんな哲学も作者の意図も前提しないで読むこと、それが読むことだ」という柄谷行人の文章を、著者は「語義縮小」の思考と呼ぶ。この「小林秀雄以来の評論家に共通する思考のタイプは、語義の誤用を断罪することによって強いインパクトを与える」が、「誇張的な断定的表現と裏腹でもある」。

このように一つの思考の型を取り出しつつ、その利点や豊かさと同時に、それが陥りやすい罠（わな）や危険をも指摘していくのが、著者のやり方である。読者はさまざまな種類の文章を楽しみながら、思考の型にあらためて注意を向けて批判的に捉（とら）え返す作業へと、誘われていくことになるだろう。

著者は、唯一絶対の思考法をあらかじめ設定して、そこから引用文をランクづけしたりはしない。宇宙や生物を人間になぞらえる「擬人法の思考」や、原子と宇宙が同じ構造をもっているという「入れ子の思考」のような、神話的とみられる思考法についても、バッサリ切り捨てない。

むしろそれらが最新の学説にも生きていること、その危険性と同時にそれが新たな発見の可能性をはらむことを指摘する。著者によれば、擬人法や入れ子の思考は、もともと見えない世界（宇宙や素粒子）を見えるものにしようとする、人間の思考の必然から生まれてきたものなのである。

だとすると、そのような思考の型をつくりださずにはおれない「人間の必然」についても、さらに「時代や状況との関わり」についても、ききたくなる。その上で「思考はどうあるべきか」についての著者の積極的な答えもききたくなる。著者はそこをあえて禁欲したのかもしれないが、次の著作ではぜひ、語ってもらいたいと思う。（西研・哲学者）

（ちくま新書・660円）＝1998年5月21日③配信

官僚支配から国民主権へ

「政治・行政の考え方」(松下圭一著)

今の日本の政治・行政をひとことで表現する言葉は閉塞(へいそく)である。改革という言葉がすっかり手あかにまみれ、私を含めた政治学者も元気がない。そんな中で、政治学会の大家、松下圭一はとても元気で、楽観的である。この本を読んでも、行間から松下先生の元気が発散してくるような気がする。

なぜそんなに元気でいられるのか。元気と能天気は違う。日本政治のこれからに対する著者の楽観には、根拠がある。元気の秘訣(ひけつ)を私なりに理解すれば、時間の幅をうんと長くとって、政治の変化を巨視的に捉(とら)えることにほかならない。現在の政策の失敗、官僚の腐敗を著者は「行政の劣化」と表現する。

明治以来の官僚支配システムがいよいよ末期的症状を呈しているのである。本来、戦後改革の時に官僚支配に代わる国民主権の仕組みを確立しておかなければならなかったのであるが、はじめに国民ではなく国家ありきの憲法学説がそのまま戦後にも受け継がれた。

そして憲法の「国会は国権の最高機関」という文言は「政治的美称」と解されてきた。戦後五十年以上たって、ようやく官僚支配体制が自壊しようとしているのだ。これを国民主権を具体化するための大きな好機と捉える著者の視点こそ、政治を論じる人間に共有されるべきである。

官僚支配の自壊の後にくるものは何か。著者は、中央政府の政治・行政制度の再設計、市民自身による新たな政策開発という二つの側面から次のシステムの構想を描いている。特に「国会内閣制」という新しい概念は、日本の行政制度を国民主権の観点から組み替える果敢な問題提起である。

私は去年、英国に住んで、政権交代の過程を見ていたが、新政権のもとでさまざまな政策が転換されるのを見て、日本との対照に目を見張った。しかし、それこそが政党政治というものである。本書は、日本の政治を縛っている鎖を断ち切るための鋭利な刃物である。(山口二郎・北海道大学教授)

(岩波新書・640円)＝1998年5月21日④配信

隣人のような哲学者の素顔

「午睡のあとプラトーンと」(三枝和子著)

古代ギリシアの研究のため、十年間アテネに住んだ著者が、この地で「知」を育(はぐく)んだ哲学者たちを、まるで隣人を描くように描いたのが本書である。哲学者の素顔といっても、小むつかしい理論が並べられているわけではない。プラトーンの著作「饗宴」「国家」「ソクラテスの弁明」などを手がかりに、アゴラやアカデミアにたむろするソフィスト(賢者)たちの姿を親しみやすくあぶり出している。

まず話は、主人公の“カズゥコ”と若い女友だち“ソフィア”がプラトーンに会うため、彼が創設したアカデミアへとタイムスリップするところから始まる。

ここで彼女たちは十七歳のアリストテレスと出会うのを皮切りに、哲学者たちのシンポシオン(饗宴)の場にもぐりこんだり、居酒屋にまでプラトーンをおっかけたり、ソクラテスの裁判や、彼の処刑を見届けたり、最後はプラトーンの葬儀をのぞき見たりと、古代アテナイと現代を自在に行き来し、彼らの生の息吹に触れていく。

巻頭に、本書に登場する町の手書きの地図が、巻末にはプラトーンの年譜があるため、読者は“カズゥコ”と“ソフィア”が、いまどの時代のどの町にまぎれこんでいるか一目瞭(りょう)然。

しかもプラトーンたちが交わすイデア論や結婚・恋愛論、女性論を考察してみようとするふたりの旺(おう)盛な好奇心に引きずられ、いつしか一緒にタイムスリップさせられている。

この探検が案外楽しいのは、プラトーンをはじめ、登場する学究者たちのそれぞれに、体温と肉感が感じられる点にある。プラトーンの著作に敬意を表してか、“カズゥコ”と“ソフィア”の間に対話形式のやりとりを多く取り入れているのも、わかりやすく親しみやすい。

一方で当時の女性たちのイキのいい自由恋愛の形がそれとなく知れるところや、プラトーンに「教育の力で“しがない夫”を作らないようにするのが理想」と言わせているあたり、ピリッときいた辛みもある。(稲葉真弓・作家)

(新潮社・1600円)＝1998年5月21日⑤配信

老いを甘受する男の哀しみ

「夜明けの家」（古井由吉著）

人はいつから死を見つめ対峙（たいじ）するようになるのか。仏教では寿命のことを定命というが、当然のごとく生には限りがある。感情の安定しない若い時分よりも、老いを甘受しだす年齢から、死というものを強く見据えるのではないか。

死を意識してはじめて生を意識する。一本の細い糸を伝って行く虫のように、立ち止まり戸惑い歩く。行きつ戻りつしながら、どこで切れるかわからない糸筋を進む図に人生は似ている。切れたところが成仏する時だ。そう考えると生への渇望は、年を重ねるほど増幅するように感じられてくる。

どの作品にも死を見つめる「目」がある。死というものが立ちはだかったと認識した人間のおそれやおびえが描かれている。

作品には多くの鳥が出現し、その鳥たちのざわめきが生の焦燥として伝播（でんぱ）してくる。過去や幻想が幾重にも絡み合い、それが作品の深度となり、登場人物の不安がゆっくりと襲う。生が死、死が生という境界を行き来する人間の哀（かな）しみが紡ぎ上げられていく。

たとえば「クレーンクレーン」は、頸椎（けいつい）を手術した男が工事現場を眺めながら、起重機が鶴（つる）を見立ててできたものだとつぶやくが、鶴の細くながい首と、自分の壊れた首が重なり、生への漠然とした戸惑いがこちら側に浸透してくる。

そこには還暦をむかえようとする男の憐憫（れんびん）と、それを甘受しようとする男の、内面の静かな哀しみが得体の知れないざわめきとして立ち上がってくる。

今日、文学は「日常性」よりも「非日常性」のほうに目が向けられ、それがもてはやされている傾向にあるが、実は「日常」を書くことのほうがはるかに難しい。

著者はこの作品で、ふだんわたしたちが意識したくない、日常の畏怖（いふ）や心の奥底に潜む深い闇（やみ）をつかみ取ろうとしているのだ。文学はあらためて人生の孤独を描くことだと感じた。

（佐藤洋二郎・作家）

（講談社・1900円）＝1998年5月21日⑥配信

人間よく眺めると奇人変人

「ママは決心したよ！」（ベイリー・ホワイト著、柴田裕之訳）

人間、よくよく眺めると、みんな、なかなかに奇人変人なものである。

奇人変人に見られたくて、しょうもないことをわざわざやるやからもいるが、それは別な話。じぶんでは普通だと思っている、つまり、この世の多くのひとが、じつは、何気なく変なことをやっていて、まわりの人間をとまどわせている。

本書を読んであらためてそう思った。アメリカは南部の田舎の小さな町。小学校教師の女性の著者が、一緒に暮らしている年老いた母の様子をスケッチ風に描いていく本なのだが、すこぶる元気なその母親はわが道を行く人で、何事にも聞く耳をもたず、我流を通す。

たとえば—。娘がどんなにいやがっていても、ハイウエーで車にひかれたウズラやハトを拾ってきては料理する。買ったふろおけが家の中に入らないというので、ベランダに置いて使う。食べたいメニューがあると、そこが男のたまり場の酒場だろうが、ぜんぜん気にしないで出かける。

娘は、いったいなにやってんのよ、とほとんどあきれて眺めているが、母親は気にかけない。長年住んできた家のなかは、娘に言わせるなら、ゴミがいっぱいだが、母親にはどれも思い出の品ばかりだから、けっして捨てない。

とはいえ、それらは、たとえば、もう十五年も前に死んだ犬の毛のついたブラシだったり、ひいおばあさんがクギにかけたままにしたコートだったりするのだ。ノミも、ノミ殺しの薬を開発中なので、飼っている。

しかし、そういう母親を、なんなの、てな顔で眺めている娘のほうも、じつは、なかなかの奇人なのだ。速度計の壊れた、文字通り床に穴のあいた車に乗り、速度は、穴をとおして見える地面の模様から判断しているという具合なのだから。まさに、人間、よくよく眺めると、みんな、なかなかに奇人変人なものである。

不気味だが、怖くはない、笑えるが、ひとを笑い物にはしない、出色のエッセー集。（青山南・翻訳家）

（白水社・1800円）＝1998年5月28日①配信

自由を獲得するための問い 「世界でいちばん美しい物語」（ユベール・リーヴズほか著、木村恵一訳）

人類を主役に、宇宙の誕生から今日までの進化を、三幕ものの劇に仕立てて語る、オシャレな科学書。当然ながら内容は壮大だが、短く、形式も簡潔だ。登場人物の多い大仕掛けではなく、質問者と語りべとの対談形式である。

と言っても、日本でよく見かける学者の対談集とはぜんぜん違う。むしろ、ソクラテスとの問答形式で書かれたプラトンの著作に似ている。実際の対談をもとにしたのかもしれないが、まるでベルサイユ宮殿の庭木みたいに計画的に配置し、刈り込んであって、すこぶる見通しがいい。

それもそのはず、これはフランスの書物なのだ。質問役のドミニク・シモネは、有名な週刊誌「レクスプレス」の副編集長。第一幕「宇宙」の語りべは、宇宙物理学者のユベール・リーヴズ。第二幕「生命」は分子生物学者のジョエル・ド・ロネー。第三幕「人類」は古生物学者のイヴ・コパンス。いずれも高名な学者らしい。

小粋（いき）な口上が幕あいに添えられていて、これがまたフランスの香りそのものだ。「久しく孤独のうちに生きてきた細胞たちが連帯し始め、色鮮やかな世界が花開く」「いまだヒトでもなく、もはやサルとも言えず、わが祖先たちは、しかし両後脚で立って世界を見下ろし、愛のことばを交わし、カタツムリを食べる」といった調子。

先行人類を「父祖」、ネアンデルタール人を「眉庇（まゆびさし）をもつ男」と呼んではばからないフェミニズム感覚の無さもまた、いたってフランス的だ。最も有名な先行人類はルーシーと名付けられた「母」だし、眉庇をもつ「女」もいたのに！しかし、その失点を補って余りあるコパンスのことばが、またもやフランス的なのだ。

いわく「今日私たちの尊厳ともなり責務ともなっている、このもろく崩れやすい自由を獲得するまでには、宇宙、生命、人類の進化の全過程が必要でした。私たちが今宇宙や生命や人類の起源を問うのは、それらからもっと自由になるためなのです」。（中山千夏・作家）

（筑摩書房・1600円）＝1998年5月28日②配信

繊細な感覚で世界に感応 「映像論」（港千尋著）

映像（イメージ）とはそれだけ切り離して扱える対象である前に、まずは人間にとっての映像体験である。だから映像を考えるということは、見るということ、人間と世界との関係、身体とイメージとの関係、そしてイメージの虜（とりこ）となった意識と人間の行動との関係を問うことになる。

そのとき必要なのは、たとえば写真がなかったころの経験世界に対する想像力だろう。イメージは簡単には手に入らないし、持ち運びも保存もできない。人は自分が見たものを記憶として身体に刻み込むだけだったはずだ。

写真の発明以来、映像は物質化され処理可能なものとなった。それが今では、デジタル信号の集積としてサイバー空間のなかで非物質化しようとしている。

この変化で、人間の世界経験はどのような変ぼうにさらされているのか、それをグローバルに問うたのがこの本である。

もし世界大のスクリーンがあったら、人は自分の見ているものが映像だとは気付かないだろう。けれども誇張なしに、現代の世界は映像に覆いつくされている。だからこそ映像はいま「発見」されねばならないのだ。

港千尋はこの「映像の時代」をもっとも自覚的に生きる新しい知性である。けれどもそれはハイパー・モダンのサイボーク的知性ではない。むしろ繊細な身体感覚を保持し、記号と物質と想像力からなる世界に機敏に感応する。

あるときは科学的論議に踏み込み、あるときは文学的直感をきらめかせ、またあるときは写真家の見る本能を、そして観察者の動物的感覚を働かせる。

ひとつひとつ実例をあげる余裕がないのが残念だが、イメージにとりつかれた発明家たちの夢想や、現代の実験映像作家たちの冒険の意味が、そして最後にはある特異な写真家の驚くべき営みが、あざやかに語り出されている。久しぶりに知的興奮と感動を味わった一冊である。（西谷修・明治学院大教授）

（NHKブックス・1070円）＝1998年5月28日③配信

14歳のラディカルな内面

「君が壊れてしまう前に」（島田雅彦著）

十四歳の男子中学生「ぼく」が一年間書きつづった日記という趣向の小説。「ぼく」の周囲には息苦しい学校生活があり、壊れかかった家庭生活がある。一方「ぼく」の内面には、死や性や暴力への衝動が渦巻いている。

こう書けば、これは一年前に神戸で起きた少年による連続殺傷事件に対する島田雅彦のいち早い応答だろう、と思いたくなる。むろんそれはまちがってはいない。しかし実際にはこの小説は一九九六年から雑誌に連載されたものだ（その後加筆された）。連載は事件に先立っている。

作者は、十四歳の少年に、島田文学のテーマとしての「青二才」の原型を見いだしている。

「青二才」とは、世間的にいえば、未成熟な「ガキ」と呼ばれるものたちのことだ。彼らは社会的なものへの入り口に立ちながら、社会的なものへの参入を拒んでいる。それは時に「甘え」にみえる。

だが、彼らの思考も行動もラディカルである。なぜなら、半ば社会的なものの外側にいる彼らは、自分の無知も無力も承知しつつ、社会的なものをラディカルに、つまり、過激に、そして根底的に、疑わざるをえないからだ。

本書は紛失した二十年前の日記を書き直したものだという設定になっている。だれも十四歳の少年の内面をそのまま再現したりはできない。

もっとも、この設定は、結果的に、重要な問題を微妙に隠蔽（いんぺい）してしまうことになったかもしれない。ほんとうは、十四歳の少年はこんなになめらかには言葉を記述できないのであり、そして、ラディカルな内面の振幅に比べて貧しい言葉しかもたないことこそ、十四歳が十四歳であるゆえんなのだから。

著者は、ヒトに進化しようとして生き急ぐピノッキオと怠惰を決めこむクマのプーさんとの対話に託してこういっている。ピノッキオとプーとはいつもいっしょにいるべきだ、と。十四歳に贈るべきよいメッセージだと私は思う。（井口時男・文芸評論家）

（角川書店・1500円）＝1998年5月28日⑤配信

共同体存亡にかかわる騒動

「龍秘御天歌（りゅうひぎょてんか）」（村田喜代子著）

徳川の世が定まって五十年。北九州・黒川藩は陶工の村、皿山で、大物の陶工が死ぬ。登り窯の技術で、皿山を有数の窯産地に押し上げ、藩の財政を支えた。その功により、渡来人ながら苗字（みょうじ）帯刀を許された。朝鮮名を張成徹、日本名を辛島十兵衛という。

その十兵衛の葬式が主題の小説である。亡骸（なきがら）をはさんで突発した、にらみあい、引っ張りあい、だましあい、の騒動劇である。

葬式はクニの式で出す。十兵衛の妻がそういいだしたのが、はじまりだ。クニの式とは朝鮮の式である。髪ふり乱し、粗末な麻の貫頭衣をひっかぶり、哭（こく）をする。亡骸は焼かない。埋葬する。

違反である。檀家（だんか）制がとられて以来、葬式供養の権限は、檀那（だんな）寺がにぎっている。渡来人も例外ではなく、辛島家は浄土真宗願正寺に属する。とうぜん葬式は真宗式であり、火葬である。これに反すれば、宗門人別帳から名前が消される。つまり無宿人となって、翌日からは、窯場を失った流浪の民だ。

そうとわかっていながら、妻はクニの式をやるといって譲らない。もともと慶長の役で、豊臣軍にむりむり、半島から列島に連行されたのだ。死ぬときくらい、じぶんのクニの式で死んで何が悪い。

妻は小さな虎（とら）である。十兵衛の片腕としてらつ腕をふるい、窯ぐれたちからは、おそれの念をこめて「百婆」と呼ばれる。その虎がほえたのだから、跡取り息子をはじめ、一族郎党のやめてくれという懇願も、その未来同様に風前のともしび。さて、皿山に活路はあるか？

身内の騒動が、共同体の存亡にかかわる騒動になる。そのしだいを朝鮮式の葬式作法にかさねながら、物語は、奇想天外よりきたるおもむきで展開する。滑稽（こっけい）。深刻。悲痛。また滑稽。起伏にも色彩にも富む展開のうちに、葬式という儀式がはらむ、私たちにとって避けがたい難題である死が、春夜の頭上で、にんまり笑う満月さながら浮かぶようだ。（倉本四郎・作家）

（文芸春秋・1524円）＝1998年5月28日⑥配信

老いて現れる熟した価値

「わたしは老いる…あなたは?」(メリリー・ワイズボード著、辻信一訳)

「老年期には今まで知らずにいた新しい価値が現れてくる可能性があることもわかりかけた」—中年の著者が最後に記す感想に、素直にうなずいてしまう本だ。北米を東に西にかけ回って集めてきた高齢者(インテリから自分の父親まで)の声は、知的に刺激的で、楽しく、かつ率直。

老いと死を拒否する、若さ万能の米国社会の偏見にも負けず、老いていく事実を受け入れ、性の魅力を深める人たちは多い。みな「老い」の経験から何かをつかみ、新しい自由な人生を、魂の躍動を、つかもうとしている。

肉体的な苦痛や愛する人との死別といった問題をかかえていても、「しわだらけの赤ん坊」のような依存人間にならない工夫をして、最後まで自分のための人生を手放さないのは、個の強さなのか。

何といっても感心するのは性と愛についての、突っ込んだ会話だ。「今が性的にいちばんパワフル」という八十代の女性に著者も圧倒され、言葉を失うこともある。

若さという新品崇拝の美意識は、豊かであるはずの人間の性の泉を汚染する偏見だ、とだれかが言うように、老いても人が性的存在であることの意味は限りなく深い。

性愛の領域はこれまでになく広がり、触れ合い、抱よう、満ち足りた気分といった、からだの感覚と心が孤独を超えて、人を生かす。さまざまな体験が語られる。

妻に死なれた父親との会話もほのぼのと楽しい。それでも著者はまだ、老いをめぐるこうした問題を語り、考える言葉をこの社会は持っていないと思うのだ。

「老い」の問題というと、痴ほうや寝たきりなど衰退する人間のイメージが前面に出てくるわたしたちの社会では、残る人生に対して防御的なのだろうか。

老いの魅力と言えば「若さ」の再現ばかりに目がいく。生き方においても性においても熟した価値が現れるというとらえ方は希薄だ。中年、老年を問わず、老いから生まれる可能性を再考させ、励ましてくれる本だ。(中村輝子・立正大客員教授)

(新宿書房・2600円)=1998年6月4日①配信

自分について何も知らない

「午後四時の男」(アメリー・ノートン著、柴田都志子訳)

主人公は六十五歳で定年退職を迎えたギリシャ語・ラテン語の教師である。愛する妻と二人きりで静かな老後を過ごすために、彼は田舎に一軒家を買い、そこに移り住む。初めは順調にスタートした理想の生活だったが、ある日の午後四時、隣人の医者が主人公夫妻の家を訪ねてくる。

自分から訪ねてきたわりには、隣人は無口で、ほとんど会話がなりたたない。隣人と過ごした二時間は、主人公にとって苦行に等しかった。だが、儀礼の訪問が苦手な男かと思いきや、隣人は毎日午後四時にやって来ては、主人公の居間にわがもの顔に居座るようになる。一計を案じた主人公は、隣人の妻も招待するが、その妻は…。

一見、どんな家庭にも起こりそうな隣人とのトラブルの話である。そして、主人公がマナーを重んじる良識人であればあるほど、事態は悪化してゆく。最後に重大な決意をもって臨もうとしたときには、もう手遅れなのである。

この小説は、フランス的な心理小説に即して、主人公と隣人の関係の変化をこまやかに書きこみ、そこに、例えばカトリーヌ・アルレーを連想させる意外性のサスペンスと、ブラックユーモアの効果を巧みに交えていく。

だが、この小説の真のテーマは哲学的といってもよい。隣人に対抗する主人公の心理と行動を通して「人は自分について何も知らない」という冒頭の一行に象徴されるソクラテス的な主題を、浮き彫りにしているからだ。

そして読者は、技巧とエスプリのたっぷり効いた物語の面白さを堪能しながら、冒頭の一行と結末の一行が完ぺきに結びつく瞬間、うすうす予期していたオチにもかかわらず、この小説のうまさにうならされるだろう。この作家、じつに老成した達者ぶりを示しているのである。

だが、著者はベルギー人の若い女性で、神戸で生まれ、五歳まで日本で育ったという経歴をもつ。そのせいか、本書のなかにも、ちらりと日本の習慣への言及がある。(中条省平・フランス文学者)

(文芸春秋・2000円)=1998年6月4日②配信

ロマンと社会問題が融合

「樹縛」（永井するみ著）

米作りをテーマにした前作「枯れ蔵」で第一回新潮ミステリー倶楽部賞を受賞、史上初の農業ミステリーとして話題を集めた永井するみが、今度は杉をテーマにした林業ミステリーを書いた。社会的な問題提起小説としては前作以上に密度の濃い力作である。

「地球にやさしい針葉樹の家」として売り出された東京の新築マンションで、杉花粉症に似たシックハウス症候群があらわれた。建設会社で調べたところ、室内の大気から杉花粉症と同じポリペプチドが検出された。症状の出た部屋にはすべて秋田杉の床材が使用されていたが、はっきりした因果関係はつかめない。

一方、十二年前に失そうした男女の白骨死体が秋田の杉林で発見された。男は東京の材木問屋の副社長、遠見修三。女は秋田県木材協会理事の後妻、扇原結里。警察は不倫の末の心中事件として処理するが、不審な点が多い。

修三の兄貴分で材木問屋社長の八田勲と、結里の妹で秋田の建材研究所に勤める坂本直里が、それぞれの立場から心中事件の真相解明に乗り出すと、秋田杉の生産と流通にからむ疑惑が浮かび上がり、それはやがて室内杉花粉症事件とも結びついていく。

新建材とシックハウス症候群、地球環境と熱帯雨林、自然林と人工林、輸入材と国産材、日本杉と中国杉など、ここには現代の林業をめぐるさまざまな問題が手際よく整理紹介されていて、情報小説としても大変おもしろい。

特に国産材は価格面で外材にまったく太刀打ちできず、製材所の隣に生えている木よりシベリアから切り出してきた木のほうが安いという現状を描いた場面などは、今後の日本林業を考える上で見逃せない指摘を含んでいる。

とはいえ、そうした情報小説的な側面は、この作品のほんのおまけにすぎない。ミステリーとしての主眼は、あくまでも心中事件の背後に隠された二組の男女の愛の悲劇に置かれており、その部分に最も説得力がある。ロマンと社会性が理想的に融合した秀作である。（郷原宏・ミステリー評論家）

（新潮社・1700円）＝1998年6月4日⑤配信

新しい倫理の誕生の可能性

「アフリカ的段階について」（吉本隆明著）

アフリカには、都市部においては西欧社会と同様に超現代的な生活を享受しているごく一部の人たちがいるかと思うと、他方、私たちが未開社会と呼びならわしている世界を生きている人たちがその周辺に厳然と存在している。

発展段階説は、そうした未開社会も条件さえ整えば、やがて未開段階を離陸し、遅かれ早かれ近代社会に到達するだろうと説く。それができないとしたら、そこには先進資本主義国家の搾取が障害となっていると。

これに対し、未開社会には未開社会の独自な構造があるのであって、西欧的な発想にもとづく発展段階を歩むという必然性はないと説く構造主義的歴史理論がある。

吉本隆明のこの本は、これらどちらとも異なる歴史観を提示した点で画期的であると思う。アフリカ的段階―アフリカ大陸にのみ固有のものではない―にある社会は文明史的には未開を脱することを課題とすることは間違いない。

しかし同時に精神史的には人間の原型を保存しているゆえに、私たちの歴史にとって未知の、ということは私たちが目指すべき未来の姿なのであるというのだ。

原型的なものとは何か。歴史がそこに基礎を置き、そこから発展し、また汚染されていないゆえに、そこへと不断に惹（ひ）きつけられていくものだ。吉本隆明は、発達し進化しないからいいのだという精神性の一側面と書く。

たとえばアイヌ民族が動物生とさして違わないような生活の仕方をしていながらも、人格的に威厳にあふれ、親身で正直で、老人を思いやり、敬けん的に振る舞う姿を記述した明治初期の紀行文を評して、そうした精神の美質が「原型としてそうなっていること」を指摘するのである。こういう精神の原型は、日本人からは文明の発達にともない失われてしまったものだ。

新しい倫理の誕生の可能性はこのアフリカ的段階という概念の導入が端緒をひらく、そんなふうに思えてくるほど二十一世紀への確かな手ごたえを感じさせる書物である。（芹沢俊介・評論家）

（春秋社・1600円）＝1998年6月6日配信

犯罪組織が欧州連合に先行

「ユーロマフィア」(ブライアン・フリーマントル著、新庄哲夫訳)

来年の年頭に、EU(欧州連合)は単一通貨の発行を開始し、「ひとつのヨーロッパ」に向けてさらに前進する。だから二十一世紀はヨーロッパの時代、とはいかないことを、この本はいや応なく告げている。

その理由は簡単で、各国政府がそれぞれのメンツにこだわりながら交渉を重ねているすきに、「裏ヨーロッパ」のほうが一歩も二歩も先に行っているからである。犯罪組織が、この国家連合をすでに食いものにしている。麻薬、武器密輸、売春とポルノ、臓器売買など、さまざまなたぐいの犯罪が、まるでタコのようにヨーロッパを覆う。

原題の「ジ・オクトパス」はタコを意味する英語で、八方に勢力を拡大する不気味な怪物のイメージである。核物質も売買するし、少年少女を誘拐して倒錯ポルノも制作する。そんな悪事のかぎりをつくすユーロマフィアは、異様なタコの頭である。

最大の魅力はジャーナリスト出身である著者のフットワークにある。これまで犯罪コネクションをテーマにした著作を多く手がける間に培った豊富な人脈をフルに活用し、ヨーロッパ全域に足を運ぶ。

その間尾行もされた。身売りされた女たちとのインタビューは困難をきわめた。現場感覚を裏打ちするのが、不死身のフリーメーソン団をはじめとする闇(やみ)の世界への深い造けいである。こうして「大ダコ」の実体を執ように暴露するルポは生まれた。

日本人にとって、この現実はひとごとではないらしい。日本の組織暴力団も世界中の犯罪者にまじりヨーロッパにはせ参じているという。そこは、かっこうの実力養成の場なのである。切磋琢磨(せっさたくま)しあった末に？　不吉な予感がする。

英国人の著者は、自国の政府に対する嫌悪をあらわにする一方で、フランスとドイツには疑念を抱き、イタリアを明らかに軽べつしている。そんな英国気質を感じとると、なにかほっとさせられる。フリーマントルらしさが、そこに出るからである。(枝川公一・作家)

(新潮社・2800円)＝1998年6月11日②配信

あなたは脱走兵を助けるか

「となりに脱走兵がいた時代」(関谷滋・坂元良江編)

ベトナムに向かうため、横須賀に投錨(びょう)する米海軍航空母艦・イントレピッド号から、ある日、四人の若き兵士が脱走した。日本語をしゃべれず、土地勘も金もない兵士たちは進退極まり、東京・新宿の路上で同世代の日本人大学生に声をかける。

「安く泊まれるところはないか？」

大海に小石を投げたような出会いはすぐに波紋となって広がり、やがて無数の人々を巻き込んで大きなうねりとなってゆく…。

そのことにかかわった人々の記憶を集め、整理することで、つまらぬ冒険小説やサスペンス小説の想像力をはるかに超えた「物語」の、始まりから終わりまでを再現したのが本書である。

ダイナミックでスリリングな「物語」だが、しかしもちろん、これはフィクションではない。ほんの三十一年前の一九六七年、この国の街の隅で、路上で、だれかの部屋の中で、息を潜めてあたりの気配をうかがいながら、しかし無数の人々が確信を持って紡いだ歴史なのである。

若きアメリカ人脱走兵。彼らの逃避行を助ける日本の青年たち。彼らをかくまい、国外脱出の道を探る日本の大人たち…。「物語」の真の主人公は、無数の市井の人々だった。

そのうねりとネットワークは、やがて「JATEC(ジャテック＝反戦脱走米兵援助日本技術委員会)」という名の市民運動体へと組み上げられてゆく。そして「JATEC」は伝説となった。

この種の「物語」は、それを知らない者たちこそが読むべきだし、読まれてこそ意味がある。つまり、三十一年後の「若造」たちにこそ読まれるべき「物語」なのだ。

帯に、こう書かれてある。

ある日あなたが、街角で、駅で、喫茶店で、／ひとりのアメリカ兵から／「僕は軍を脱走して来たんだ。助けてくれないか」／と話しかけられたら、どうしますか？

この問いが、届くべき者たちへ届けばいいのだが。(戸井十月・作家)

(思想の科学社・5700円)＝1998年6月11日③配信

二つの世界往還する豊かさ

「週末陶芸のすすめ」(林寧彦著)

「趣味」とは「職業」以外の好きなことを指すが、ある会社で社員に「趣味はなにか」を尋ねるアンケートを募ったところ、「特別なし」の答えが少なくなかったという。これは好きなことが何もないのではなく、趣味と呼べるほど、のめり込んでいるものがないということらしい。

実際、仕事の余暇に何かまとまったことをするには情熱とエネルギーとプライベートな時間の確保が必要になるが、これが意外と難しい。本書は広告代理店に勤める著者が三十代の後半になって、仕事以外に楽しみを持っていないことに気がつき、陶芸の道を歩みはじめる奮闘記である。

陶芸をはじめるということは、何よりも土になじみ、土に対する基礎的な修練が必要で、どのような表現をするかという創造の悩みはとりあえず後のことだ。はじめは創意が希薄でも、ともかく手を動かし、作業の形を繰り返し続けているうちに、次第に創造力に目覚めてくるということが手仕事にはよくある。それゆえ陶芸は、やりだすと夢中になる人が多い。

この本には、ある日、陶芸教室の門をたたき、修業の道を歩みはじめた著者がついに「日本伝統工芸展」に入選するようになるまでがドキュメントされている。そこにはサラリーマンの悲喜劇と苦労がにじんでいる。

特に空いたスペースなどどこにもない3LDKのマンションで、妻と娘に気がねをしながらロクロや土練り台を運び込み、次第にエスカレートしていく様子などは家庭の崩壊を予測させる。しかし転勤による単身赴任という運命が彼に味方した。赴任先のマンションが全面的に工房となったのである。

だが陶芸がいくら発展しても仕事にはしない、仕事と趣味の両方をやるから楽しいという著者は「壷中の天地」という逸話を引いて、一つの世界に生きるのではなく二つの世界を往還する豊かさを説いている。

本書は陶芸のすすめであるが、同時に楽しき二重人生のすすめでもある。(谷川晃一・画家)

(晶文社・2100円)＝1998年6月11日④配信

名編集長の大衆メディア史

「『奇』の発想」(内田勝著)

マンガや劇画が、活字よりはるか下に見られていた時代に、高らかに「一枚の絵は一万字に勝る」と劇画宣言をぶち上げ、「少年マガジン」を百万部へと導いた編集長がいた。MOOKという形式を定着させ、「HOT-DOG PRESS」をヒットさせ、「DAYS JAPAN」を創刊させたのも同じ編集長だった。

彼の名は内田勝。本来、裏方でしかない編集の仕事ながら、内田勝編集長の名は伝説として語られ、その知名度は高い。最前線でメディアをつくり続けてきた本人によって「伝説」が明らかにされる—。

かつて「マガジン」に熱狂し、マンガの大いなる変革の時代を生きたものにとって、それは長く待たれていたことでもあった。内田勝の自伝とは、ドラマチックな物語性を持つ熱い歴史の証言とイコールなのだ。

だが、たんたんと語られていくこの三十六章に分かれたノンフィクションは、力んだこちらに肩すかしを食わせ、生身の人間たちのさりげないドラマを展開していく。手塚治虫、梶原一騎、水木しげる、大伴昌司など多くの人々が入れ替わり登場し、伝説が生まれていくさまは奇妙に静かだ。

たぶんにそれが真実というものなのだろう。しかも、彼は冷静に分析し、位置付け、整理していこうという視点を持ち続ける。

これは有名編集長の自伝、裏話を含む証言の形をとった大衆メディア論であり、普遍化を意図した戦後出版史だ。彼が持ち続けた好奇の心と思考ゲームは、大衆がパトロンであることの自覚の上で戦略的有効性を持ち、それが出版の兵法書的意味も付け加える。

この本には、過去を振り返って決着をつけようという老いの潔さはない。今も何かを仕掛けようとしている現役の熱さが、それこそ星飛雄馬の目の中の炎のように、読みとれるのである。マンガ・編集・出版に興味を持つ人だけでなく、あらゆる人に示唆を与えてくれる、そんな一冊である。(米澤嘉博・評論家)

(三五館・1800円)＝1998年6月11日⑤配信

いかに生きるかを強く示唆

「死を求める人びと」(ベルト・カイゼル著、畔上司訳)

本書は、著者の母国オランダのみならず、欧米諸国に大きな衝撃を与えた本である。この本を手にした人々は、ユーモアを絶やさず、和やかな雰囲気で淡々と語る、彼の療養院勤務医師としての生活の内容に、驚きを禁じ得ないだろう。

さまざまな死が描かれている。それは、涅槃(ねはん)に入るといったような、安らかな死の対極にある末期であり、ここまでこなければ人は死ねないのかと思わせる死のあり方である。こうした病人たちが行き着く手段として「安楽死」がある。オランダは安楽死が、条件付きで法的に認められている国なのだ。

読者は、機知あふれる筆致に引き込まれる。だが、そのうち、医師が煩もんしながら手渡した劇薬を、飲み干して死んでいく人のそばにいるような気がしてくるかもしれない。

医師になる前、英国の大学で哲学を学んだ著者は、西洋医学の盲点を突きながら、製薬会社の行き過ぎや民間療法にも触れる。さらに、死を眼前にした人々がそれぞれに見せる反応、脳と心の結びつきにまで言及している。

「死神の領域に向かう単独飛行」「人生という名のコンサート」といった各章の項目にもひかれるものがある。

ただし、この本は死を論じるのがテーマでもなければ、安楽死の是非を問うものでもない。体験を通し、そうした大きな問題を前面に出しながら、本質は「いかに生きるか」を強く示唆する本である。

これだけ悲惨な死を伝えながら、読者が生きることに希望を見いだすのは、著者の「まなざし」にある。彼は毎日出会うことを、善悪で裁くのではなく、あるがままに見つめ、あるがままに受け入れつづけている。その姿勢は、東洋の禅の境地に相通じる。

本心をさらけ出す徹底した正直さと、自分の選択に責任をとりつづける誠実な姿勢、終始一貫する「温かみに満ちた自然体」。それが一体化したところに、この本のすばらしさはある。(鈴木秀子・聖心女子大教授)

(角川春樹事務所・2200円)=1998年6月18日①配信

天才監督の知られざる真実

「ルーカス帝国の興亡」(ゲリー・ジェンキンズ著、野田昌宏訳)

すべては「スター・ウォーズ(SW)」からはじまった。SWなかりせば「ブレードランナー」も「エイリアン」も「E・T」も「フィフス・エレメント」もなかっただろう。過去二十年のSF映画黄金時代は、SWがほとんど独力で切り開いたのである。

さて、SWとジョージ・ルーカスについて書かれた本は無数に存在するけれど、ヒューマン・ドキュメンタリーに関するかぎり、おそらく本書の右に出るものはない。圧倒的なスリルと人間ドラマの魅力で、四百ページの分量を一気に読ませる。

「『スター・ウォーズ』知られざる真実」の副題は、看板に偽りなし。本書は、ルーカス・フィルム公認のオフィシャル本ではなく、ルーカス本人への取材も拒否されたらしい。しかし、ロンドン在住の著者、ゲリー・ジェンキンズは、周辺の証言を集めることで、今まで表に出てこなかった新しいルーカス像を鮮やかに浮かび上がらせてゆく。

映画の天才でありながら「監督」には向かなかった男。独創的なアイデアと驚くべきバイタリティーを持ちながら、人づきあいが苦手で、キャストやスタッフとのコミュニケーションが下手だった完璧(かんぺき)主義者…。

頭の中に理想の映像を持つルーカスにとって、自分の思い通りに動かない「人間」という存在こそ、もっとも我慢のならないものだったかもしれない。

アラン・ラッド・ジュニア、ゲーリー・カーツ、アーヴィン・カーシュナー、マーク・ハミル、ハリソン・フォードなど、ルーカス帝国にかかわった多彩な人々も、さながら大河ドラマの登場人物のように生き生きと描き出されている。

いま大流行のアクション・フィギュアやトレーディングカードのブームに先鞭(せんべん)をつけたSWの商品戦略について詳述するなど、視野の広さも魅力のひとつ。SWおたくならずとも楽しめるノンフィクションの名著。巻末には、訳者による好エッセーが収録されている。(大森望・評論家)

(扶桑社・1810円)=1998年6月18日②配信

コンセプトを変える旅行記
「アジア風来坊」(小池英文著)

ひたむきな旅、という形容がこの時代にフィットするかどうかは分からない。

今、書かれているポスト「地球の歩き方」的旅行記の多くは、たいていが予定調和的なフェイク=まがいものといってもいい。インターネットなどでリアルタイムで入ってくる情報をもとにネツ造(ねつぞう)される異国のイメージ、それと似ている旅が売りだったりする。

つまりコロニアリズム(植民地主義)的な発想だ。われわれ日本人が思い描く外国、そして、その先入観を打ち砕いてくれる国というイメージもまたしかりなのだ。

「見聞を広める」と表現される旅はこの時代においてももちろん、未知なる他者との遭遇も確実にあるだろうが、本書はその他者が結局自分であることを確認した貴重かつ真摯(しんし)な旅行記である。

中国、インド、ネパール、チベット、タイとさまよう旅の記録は、初めのうち、文章化の時点でやはりフィクション的な操作が確実にあって、におう。たとえば「遠くシルクロードに吹き荒ぶ砂塵が風に乗り、揚子江を漂い、悠久の時を流離いながらこの河口にたどり着いたに違いない」と上海港について書き、インド・ガンガで「朝日は血の色をしている」と書く。

だが、著者自身が「箱庭の青年」と表現しているように、日本でのモノと情報にまみれ身につけたフィクションやフェイクな形容が、しだいに実際に見たもの、聞いたものと格闘し始めるのだ。

「これはウソを書いている。これは違う」という声が行間から漏れ聞こえ始め、やがて、本当の自分の欲望がストレートに飛び出す。そして、たとえば小鳥の鳴き声を聞いて、触ってみたいと書いたりする。作為的な旅物語よりも、これが「旅」かと思わせるような何でもない発見こそが逆にリアルで迫力なのだ。

かつて藤原新也が世に問うた旅の書物群から育った著者だが、そのコンセプトをまた一つ変える旅行記を著した。(藤沢周・作家)

(ミリオン書房・1400円)=1998年6月18日③配信

貴重な自由の体験と出会い
「裕仁皇太子ヨーロッパ外遊記」(波多野勝著)

私どもの学生時代になくて、今ある一つが海外への卒業旅行だが、昭和天皇の“卒業旅行”を扱って成功したのがこの本である。ヨーロッパ旅行は、皇太子時代の大正十年に実現する。飛行機もなく、「国際化」などといった、便利だが正体不明の流行ことばもない、八十年近くも昔のことである。天皇の国内巡幸すら明治になっての発明で、世間も関係者も大騒ぎしていた。

こんなご時世に「皇太子様」の洋行だから、とんでもないと言う人が続出して当然で、母親の皇后を含め、宮中の危ぐと抵抗は大きかった。

それを承知で、史上初の卒業旅行を実現したのは、今までの宮中保守派による「箱入り皇太子教育」に業を煮やした明治人である。旅行を機に欧米にも通用する一人前の天皇に脱皮させようと考える点で、「平民宰相」と慕われた原敬も、長州閥の巨頭、官僚政治の権化とみなされた山県有朋も、思いは一つだった。

万一のことがあれば、文字通り腹を切る覚悟でことに臨んだ関係者の気迫と視野の広さを、多くの史料を駆使して生き生きと描いたのが、この本の第一の収穫である。

では成果はあがったのか。リベラルで知られた側近の牧野伸顕すら、帰国後の皇太子に接し、開明薬が効きすぎたかと心配したくらいだから、十分だろう。

なによりご当人が満足された。この時味わった自由な体験がどれほど貴重だったか、後年の回想が雄弁だが、たぶん最大の収穫は、英国王ジョージ五世との出会いだろう。

王様は厄介な職業で、国内には参考となる同業者がいない。側近やご教育係の助言も結局は当て推量で、実体験から割り出したものではない。

昭和天皇の場合、祖父の実例は伝聞が大半で、父は病気がちだった。若さもあり、君主の役柄に戸惑いも強かったに違いない。そこに、傑出した“凡人王”との出会いである。感受性豊かな青年皇太子にとって、ジョージ五世との出会いは、長く尾を引く卒業旅行の思い出となった。(水谷三公・国学院大教授)

(草思社・1800円)=1998年6月18日④配信

日米双方の文化的な閉鎖性　「ファミリー・ビジネス」（米谷ふみ子著）

ひところアメリカに渡った日本人女性たちの異文化体験を描いた小説がはんらんしていたが、最近その手の小説がめっきり少なくなった。その中で、米谷ふみ子だけは一貫してアメリカを舞台に小説を書き続けてきた作家である。

米谷は大学卒業後、一九六〇年に絵の勉強で渡米し、ユダヤ系アメリカ人と結婚。以後四十年近くそのままアメリカ社会で生活してきた。

八五年、突如日本の文芸誌の新人賞を総なめにして作家としてデビューしたが、彼女の小説に描かれるアメリカは表層的アメリカではなかった。二、三年のアメリカ体験から生まれたものとは決定的に違っていた。

今回の「ファミリー・ビジネス」は、日米双方の生活体験を描いた二編の短編小説からなっている。表題作は、アメリカから帰国した日本人女性が、久しぶりに老母をはじめとした「親戚・親類づきあい（ファミリービジネス）」に参加し、激しい嫌悪と反発を感じ、カルチャーショックを受ける話である。

彼女はアメリカ的生活を基準に単純に日本社会を批判しているわけではない。その証拠にもう一つの短編「千一本の火柱」では、九二年に白人警官による黒人殴打事件に端を発したロスアンジェルス暴動を描いている。

そこで米谷は、人種差別や男女差別のない自由な社会をめざしたはずのアメリカ社会がいまだに深く秘めている病巣を鋭くえぐりだしている。

むろん米谷は、安易に差別のない新しい理想社会の出現を期待しているのではなかろう。しかし少なくとも、ここに国籍喪失状態の日本人女性が一人いることだけは確かである。彼女の目には、あらゆる国家や言説空間の偽善と欺瞞（ぎまん）が、明りょうに見えている。

米谷はこの小説で、日本社会からもアメリカ社会からも排除された、いわば国籍喪失状態の日本人女性の視点から、日本、アメリカ双方の文化的閉鎖性を指摘し、それを厳しく告発している。（山崎行太郎・文芸評論家）

（新潮社・1500円）＝1998年6月18日⑥配信

芸術と教育に人生かけ戦う「悪魔と呼ばれたコレクター」（ハワード・グリーンフェルド著、藤野邦夫訳）

世界中の人々を魅了したバーンズ・コレクション。一九九四年、東京・上野の国立西洋美術館で開催された展覧会には百七万人の観客が押し寄せた。

アルバート・クームズ・バーンズは、約二百点のルノワールや百点近いセザンヌをはじめ、世界でもっとも重要な印象派を含む二千点以上の作品を収集したアメリカのビッグコレクター。

だが、かつてフィラデルフィア郊外メリオンのすばらしい作品群を見ることができたのは、バーンズ財団で美術教育プログラムを受講する一部の学生などに限られていた。

巨万を投じて幻のコレクションをつくり、それを完ぺきなまでに支配した男。バーンズは郵便集配人の子供から立身出世をして、医薬品の製造販売によるばく大な利益を手にした。美術史家、芸術家、ヨーロッパのディーラーなどとの数奇な出会いを通して、急速にコレクターとして成長する。

マチス、モディリアニ、パスキン、ドランといった当時の現代美術を、一九二〇年代に保守的なフィラデルフィアで展示したとき、果敢なるコレクターは無理解と悪意に満ちた反発にあう。

バーンズは革新的な芸術を擁護し、ブルジョアや知識人など特権階級の独占から芸術を守るために、ときには美術館の権力にはむかって徹底的な攻撃をしかける。ビビッドに描写された挑発や激怒や応酬が刺激的だ。

バーンズ財団は、美術の普及と発展に役立てる教育機関として発足した。終生、ジョン・デューイの友人として教育哲学論を信奉し、独自の実践においてもつねに黒人など社会のマイノリティーへの関心をもち続けた。そのバーンズの姿は感動的だ。

芸術と教育に人生をかけて戦うバーンズは、後半になると排他的で偏執狂的なイメージが強くなるが、現代にこれほど真摯（しんし）で断固としたコレクターが存在するだろうか、という思いにとらわれる。（岡部あおみ・美術評論家）

（小学館・2300円）＝1998年6月25日①配信

ピアノに託した愛の言葉

「ピアノレッスンズ」（ノア・アダムス著、大島直子訳）

人が何故ピアノを弾きたいと願うかと言えば、やはり、それがとてもロマンチックなことに思われるからだろう。

たとえば、男たちにとって、この世でどんなに大切にしても大切にし過ぎるということはない、と言えるものは、わが妻である。ところが二人の結婚に際しては確かにそう誓ったはずが、長い年月の中でその気持ちはいつか薄れていく。十年、二十年…、そしてある季節の変わり目など、ふと妻の顔の上に刻まれた小さなしわに気付くと、ああ申し訳ないことをした、おれは妻の人生を台無しにしたのではないか、自分の愛はあのころと少しも変わっていないのに、という思いに痛切にとらわれる。しかし、それを言葉にするのは至難の業だ。

そんな時、人は願う。もしもピアノが弾けたなら、この愛を、どんなにかうまく伝えることができるだろう…。

本書の著者は、五十一歳にして突然そう思い立ち、実際にピアノのレッスンを始めてしまった。

ところが、いざ始めてみれば、とてもロマンチックなんてものじゃない。巨大なピアノはわが家の居間を占領してしまうし、その音は家中に鳴り響くし、練習に時間を割けば仕事やそれに伴う収入にも影響を及ぼすし、第一自分には才能がない。

こんな高価で、暴力的で、途方もなく無駄なものを買い込んで、ああこれでは、またまた妻の顔のしわを増やす結果にしかなるまい！

夫はノア・アダムス。北米で最も人気のあるラジオパーソナリティー。彼はこの男たちの冒険とも呼ぶべきドタバタ交じりのロマンチックストーリーを、持ち前のウイットと、自身に対する覚めた目と、とめどない好奇心による博識と、人間大好きのインタビューによってつづっていく。

そして一年後のクリスマスの夜、彼は妻ニーナの前でタキシードに身を包み、トロイメライを演奏する。弾き損じたどの音までもが、とても大切なものに思われる。ニーナは泣き、彼も泣き、読者のぼくも泣いている。（大林宣彦・映画監督）

（中央公論社・2200円）＝1998年6月25日②配信

映画の物語性と文法を否定

「小津安二郎の反映画」（吉田喜重著）

最近では珍しく、読み終えて温かい気持ちにさせられる著書である。

著者の吉田喜重といえば、大島渚らとともに、当時の松竹を代表していた小津安二郎を否定することによって新しい映画を作ろうとした松竹ヌーベル・バーグの旗手の一人でもあった。

だが、著者が小津が亡くなった年齢に近づき、松竹に入社した時からの大きな壁だった小津について、やっと距離を持って考えることができたのだろう。小津と直接話した二度の強烈な体験を振り返り、その意味を問い直す形で、映画史に残る小津安二郎作品と、映画に対する小津の考え方を解こうとしたのである。

ここでは小津の初期作品から、最後の「秋刀魚の味」まで取り上げながらも、代表作「晩春」「東京物語」に焦点を定め、「反復とずれ」というキーワードを用いて、小津論としては極めて明せきな分析をしている。

小津の揺るぎない定理は「人間が生きることが限りない反復であり、そこに見出されるわずかなずれが人生のうつろいゆく時間である」というものであり、そこから「小津さんの作品は決してなにかを物語ろうとするものではなかった」ことが導き出される。

小津にとって「映画を作ることは、あるがままの現実を無残に傷つけ、切断し、死体と化したこの世界をなおも生命あるかのように作為する、まやかしの表現でしかなかった」といい、映画における物語性、文法を否定した。それを具体的な作品を通して著者は示しているのだが、同じ映画監督であるだけに強い説得力を持って迫ってくる。

明らかに新しい小津論ではありながらも、著者は論としてまとめようとせず、小津に対して、あくまで「小津さん」と、深い愛情を隠さない。それは結びで書いているように、小津作品を「いつまでも語りつづけたい」からであろうし、そこに論を拒絶するこの著作の特異さがある。

だが、読む側にとっては小津作品に浸るような気分にさせられる。（山口猛・映画評論家）

（岩波書店・2800円）＝1998年6月25日③配信

鋭いフランス批評と敬意

「『とってもジュテーム』にご用心！」（飛幡祐規著）

昔、フランスを旅した時、最も不親切で感じが悪かったのは、航空会社の窓口や観光案内などをしているパリ暮らしの日本人だった。自分もガイジンのくせに、フランス人以上に外国人を見下しているように見えた。以来、パリ暮らしの日本人は敬遠している。

だから、この本はおそるおそる開いた。著者は一九七四年に渡仏、パリの大学でタイ語や東南アジア文明を専攻し、今もパリに住んで翻訳などしているというではないか。これは危ない。パリ暮らしの上にもと留学生の翻訳家なんて、もう、どのくらい鼻持ちならないか計り知れないというものだ。

しかし、先入観は人類の敵であり、例外のない事象はない、という真理を、私は再確認することになった。フランス語の面白い言いまわしをとおして、複雑で独特なフランス文化、フランス気質に迫ろう、というのがこの本の狙い。そんな書物は数多いのだろうけれど、本書のように親切で感じのいい人、いや本は少ないのではないかと思う。

特に、評論としてのよさに私はひかれた。何よりいいのは著者の視点だ。副題に「ふだん着のフランス語」とあるとおり、高尚な文学のことばではなく、街角で聞こえるフランス語を、著者は意識してとりあげる。

そして、外国人としてではなく、むろんフランス人としてでもなく、パリの一市井人としてフランスを観察し批評する。しかもその批評には、お家元の欧米にも勝る民主主義精神、人権感覚があふれているのだから気分がいい。

鋭くフランスを批評しながら、フランスへの敬意や親愛を十分感じさせるのは、短く愉快な評論のかげに、長くて生まじめな勉強が隠れているからに違いない。薄いカミソリを手早く振り回して、なんでもかんでも浅く切り裂くような批評が現代の流行みたいだが、さわやかなのはやっぱり、本書のような、ずしっと重く狙いの確かな槌（つち）である。前作「ふだん着のパリ案内」「素顔のフランス通信」も読んでみたくなった。（中山千夏・作家）

（晶文社・1800円）＝1998年6月25日⑤配信

複雑で微妙に揺れる気持ち

「ちいさな衝動」（白石公子著）

身体に洋服を着せているのか、それとも気持ちに洋服を着せているのか。気持ちに洋服を着せる時、ちょっと気分が整い、もやもやしたものが少し形になる心地良さをたいていの人は知っている。「ちいさな衝動」に収められた四つの短編はそういう感情を軸に、四人の女たちの気持ちが描かれている。

姉から父親の世話を押し付けられたように感じている澄子は、気持ちに洋服を着せそこなったのか、新調した服の背中のボタンがあいているのを一日気付かずに過ごしてしまう。

妻子ある男との別れ話が進んでいる麻子は、スナックでバイトをしていた時とは雰囲気のちがうリクルートスーツで話をつけに行く。

日和の場合は、父親の余命の少ないことを知って母親が夏の喪服の支度をしている。ともだちの結婚式に出る衣装も手に入れたい。別れた恋人は彼女からの借金を返済し続けていて、それももうすぐ終わりになる。これも洋服を買いたくなる衝動のひとつだ。

ここまで、描かれた女たちの肖像はどこかぼやけていて、いまひとつもの足りない。世の中には内気な人もいて、自分で自分の命を引き受けかねているような様子だ。服を買う時のインスピレーションが、辛うじて彼女たちの命に華やぎを与えている。

ところが、最後の「どこにでもいる女のひとり」の一編は、ブティック「LITTLE IMPULSE」の店員だった和江の物語になると、がぜん精彩を帯びてくる。いつもは女たちの衝動に付き合っている和江が、職場の後輩への手紙で、結婚に至るまでのいきさつと、結婚後の微妙な心理を告白する。

告白というスタイルが作者を自由にしていて、女の内気さがそのまま大胆さにつながっていくところがおもしろい。でも、こんな手紙を実際にもらったらこわいだろうなという気がする。

こんなに複雑で微妙に揺れ動く気持ちに着せる服なんてあるのだろうか。（中沢けい・作家）

（新潮社・1500円）＝1998年6月25日⑥配信

豊かに深い暮らしの原形

「心ふるわせ種まきて」（宇土巻子著）

ここ数年間で六人の友人が都会での生活に終止符を打った。三人は帰郷し、あとの三人は全く未知の地で家族と共に有機農法を始めた。

一方私は都会の一隅、わずかな空間に種子をまき球根を植え、有機栽培の野菜を日々のテーブルにのせることで、ささやか過ぎる自然とのつきあいを続けているだけだ。これでいいのか？　と時にため息をつきながら。

だから本書のような本に出合うと、深呼吸の時間を贈られたような気持ちになる。そうして「いつかはきっと私も」と夢見つつ、本書のフレーズにゆったりと心泳がせるのだ。

「陽当たりのよくない雑木林には、季節は一拍遅れて巡ってくる」「クリの木は動物たちに大きな日陰を提供する。（略）私も少しわけてもらって、小さいながら甘くてホクホクした実を楽しむ」「Kさんが突然、木の幹に耳を押し当てた。ほら、樹液の音が聞こえるよ」etc.

北海道余市で、家具、染織、農業牧畜、食品加工などの専門家グループとして活動を続けている著者。家族をはじめ、隣人たちとの親密にして、ほどよい距離のある関係性はそのまま、自然と向かい合う時の著者の姿勢でもあるようだ。その距離感が凛々（りり）しくも美しい。

「いつかはきっと」組の私は、うっとり読み進みながらも、ふと不安になったりもする。白馬のフジコや子牛のペレと友だちになることはできても、豚や羊を解体できるだろうか、と。それをだれかに任せている限りは、著者のような確かな暮らしはできない。

それにしても、なんと豊かに深い日々だろう。暮らしの原形とも言うべきものが、そこにはある。

「より多く、より早く」から、より少なく、より分かち合うことに価値を置いた日々。本書を私は、敬愛するメイ・サートンの「夢見つつ深く植えよ」と、レイチェル・カーソンの「センス・オブ・ワンダー」の間に並べた。（落合恵子・作家）

（平凡社・1800円）＝1998年7月2日③配信

執着する自我を捨て自由に

「癒（いや）されて生きる」（柳澤桂子著）

人は、どうやって苦しみの深いふちから生き抜く力を得るのだろうか。支えのつえとなるのは、友人であったり、信仰であったり、人さまざまだろう。

名前の付かない難病に、医者から見放され、社会的生命を絶たれた著者は、三十年後のいま、「心を癒され、満ち足りた時を過ごしている」という。それが強がりでもあきらめでもないことは、選ばれた言葉で精神的豊かさの境地を語る、ここに収められたエッセーを読めばじゅうぶんに納得できる。

激しい症状を伴いながらも、病気であることを認められない心の苦しみは想像を超える。

怒りより深い悲しみにとらわれた著者が支えのつえとするのは、思想家のエックハルトであり、詩人のタゴールであり、「般若心経」である。その思想に共感して得たことは、執着からの自由だった。

ものに執着する自我を捨てれば、苦悩から自由で、安らかになる、という発見は、一言で言えばそれまでだが、生きることへの絶望の中でつかんだ真実である。著者は書物に、音楽に、絵画に、寝たきりでいる自分の感覚をとぎすまされて、幸福感を味わう。

生命科学者らしく、生きがい感を脳の神経回路や神経伝達物質などで考えるのも愉快だ。

しかし、理性脳のせせこましい論理にしばられなくなった著者が、生きがいを求める心も執着ではないか、というあたり、人生を成熟させること、老いることの本質を突いているような気がする。

病気は悪化するものの、幸い優れた医者との出会いがあって、心は癒される。その病床から、人間に無理解な医療を告発し、安楽死や臓器移植のありかたを考えるのだが、根底で欠けているのは「他者への思いやり」。経験から生まれた言葉は説得力がある。

すべて人は死に向かう。けれどすべての人が死を思うわけではない。病の果ての死を見つめる著者が、他者をも癒すとは何という不思議だろう。（中村輝子・立正大学客員教授）

（岩波書店・1400円）＝1998年7月2日④配信

自己形成過程を暴力で語る

「黄金時代」(椎名誠著)

どうしても、ケンカから逃れられない。自分からのぞんでいるわけではないのに、いつでも、頭突きや蹴(け)りが飛んでくる。そんな場面に引き出される。呼び出されてしまう。まるで自分が肉体をもって、ここに、いま、存在することじたいが、殴り殴られる局面を招き寄せてしまうというふうだ。

こんなティーンズの「おれ」が主人公の、青春小説である。青春を自己形成にあたってくぐりぬけねばならないイザコザの、途方に暮れるほどのテンコ盛りの季節だとすれば、その自己形成の過程を、暴力をコアに語るビルドゥングス・ロマン、教養小説といってもよい。

ケンカは、ここでは、自己形成に不可欠の通過儀礼、いってみれば肝試しのような様相を呈しているのだ。

中学三年に進級したばかりの春、副番長に呼び出され、油工場の跡地で決闘したのがはじまりだった。以後、高校を卒業して写真大学に籍を置くまで、呼び出しはつづく。

作品はそれぞれのケンカの場面を描くが、それらは、肝試しがさまざまな恐怖のしかけを用意しているように、色合いの異なる恐怖を準備して、「おれ」を招き寄せる。恐怖を克服することが、「おとな」として脱皮する関門だといわんばかりに。

教養小説としては、マッチョである。しかし、マッチョにふさわしからぬ屈託の、微細な描写もある。

高校卒業後、助手として務めた工業高校の夜の宿直室で、迷い込んだ蛇を前に、「おれ」はつぶやく。「お前のいけるところなんていっぱいあるだろう」と。迷い蛇は、イザコザのテンコ盛りのなかで混乱する「おれ」の行方の写しでもあるのだ。

乾いた感傷=叙情といった手ざわりの文体が、青春を懐旧し、「黄金時代」として語りがちな唇を、角材の一撃をもって黙らせる。それはマッチョでない少年に共通する屈託にも触って、切実だ。火薬のにおいを帯びた教養小説、と推奨しておきたい。(倉本四郎・作家)

(文芸春秋・1333円)=1998年7月2日⑤配信

「いま」を照らす家族小説

「火の山(上·下)」(津島佑子著)

津島佑子氏の新作長編を手にとって、とりあえず「目次」を眺めたとき、豊かな読書の時間への予感に、ぼくはわくわくしないわけにはいかなかった。

そこに散りばめられた言葉からは、この小説は断然おもしろいのですと、ひそかに宣言する作者の自信が伝わってきて、実に頼もしく思いながら、ページをめくれば、予感は裏切られることなく、たくみに構築された虚構の宇宙を、快楽のうちにぼくは旅したのであった。

富士山を間近に仰ぐ甲州の地に生まれ育った男は、太平洋戦争ののちまもなく、日本を捨てアメリカへ渡る。そうして数十年の時間を経て、男はすでに日本語を理解しない娘に向かって、彼の家族の歴史を日本語で書きはじめる。

男の「手記」を中心にすえて構成された小説は、だから、近代日本の一地方に生きた一族の物語、家族小説の体裁をとる。作者は家族小説の手法を存分に生かし、きわめて哀切で甘美な、ときに残酷な物語を通じて、失われた過去の時間を鮮やかに印象づける。

けれども、これは単なる家族小説ではない。男の「手記」自体が、一人称、三人称のふたつのスタイルを混在させるばかりか、後半には「登場人物」の声がそのままテキストに流れ込んでくるような多層的構造を持ち、また男の「手記」は、他の資料とともに、彼の姪(めい)の手で編集され、さらに日本語を母国語としない彼の孫によって注釈を加えられたテキストとして読者の前におかれる。

こうした複雑な手続きが、小説に多声的な色彩感を与えるとともに、テキストそのものが、時間のなかを生き、これからも生き続けていくであろうことが示される。読者が失われた過去へ向かってノスタルジックに感情移入するのではなく、むしろ「過去」が読者が生きる「いま」を照らし出すのだ。

津島氏は十九世紀のファミリー・ロマンを、現代文学の地平に見事に連れ出した。(奥泉光・作家)

(講談社・上下各2200円)=1998年7月2日⑥配信

死生観や人間観の豊かさ

「幽霊はなぜ出るか」（石井明著）

この本の主題は「幽霊は存在するか」ではない。「幽霊はなぜ出るか」という問いは、幽霊の存在を前提として成り立つ。それでは著者は幽霊なるアヤシイものが存在することを証明して、その出現理由を論ずるのであろうか。

否。本書は幽霊の存在については判断を中止しつつ、上代、中世の説話や近世の怪談・奇談類などでの幽霊譚（たん）を現代語訳でわかりやすく紹介するものである。

本書の特色の一つは、幽霊出現の要因として、異性、子、金、物、食、髪といった妄執の項目を設定、おのおのについていくつかの幽霊譚を配置し、幽霊がさまざまな目的によって出現する個性的な存在であることを示した点である。

現代人は幽霊について「人にたたる恐ろしいもの」としか思わないが、昔の日本人は幽霊はもっと多様で複雑な性格を持つものと想像していたのである。金に執着して成仏できない幽霊のあさましさや、子どもへの愛ゆえに出現する幽霊など、物語それぞれが味わい深い。幽霊観の豊かさは、まさに死生観や人間観の豊かさである。

第二は、幽霊譚のなかで特に落語を重視している点である。江戸時代には怪談のグロテスク化がすすむとともに、そのパロディーも好まれた。

滑稽（こっけい）を旨とする落語で幽霊が素材となることは、幽霊が人間を恐ろしがらせる存在から、笑いの対象にも移行したことを意味し、そこには近世社会の人間優位の発想がみてとれる。

落語の効果的な引用により、日本人が歴史的に、幽霊を単なる恐怖の対象としてとらえるのではなく、いろいろな次元で親しんできたことが理解できる。

文献の紹介に重きが置かれているため、全体を貫く議論の主張に乏しい感もある。だが、夏を迎えて怪談でも読んでみようと思う読者にとっては、そのよき道案内となる本だ。原典をさがす作業の負担を軽減してくれるのは言うまでもなく、巻末の作品解題も充実している。（横山泰子・江戸東京博物館専門研究員）

（平凡社・1800円）＝1998年7月9日①配信

航空事故の背景に人的要因

「ブラック・ボックス」（ニコラス・フェイス著、小路浩史訳）

「ブラック・ボックス」は航空事故のたびに、その発見・回収・解読が話題になる装置だ。具体的にはフライトレコーダーとコックピット・ボイスレコーダーを指している。事故原因を解明するために不可欠のものである。

実際には黒い箱ではなく、事故現場で発見しやすいようにオレンジ色に塗られているのが普通だ。そのブラック・ボックスを解読し、事故原因を究明するのが事故調査官の仕事だが、その実態は一般にはあまり知られていない。

どのような人が、どのように考え、どのような作業をするのか、本書ではそれをつぶさに知ることができる。しかしこれは、ブラック・ボックスと事故調査官だけを描いたドキュメントではない。

航空事故の原因は実にさまざまだ。機体、整備、天候、パイロットの四大要素に加えて、航空会社、空港、航空管制官、さらにはメーカーや監督行政当局、乗客も事故原因をつくり得る。最先端のテクノロジーが無残に崩壊するのが航空事故だが、その背景にはたいていヒューマンファクター（人的要因）が、何らかの形で関係している。

しかも、実際の事故は、単一原因ではなく、幾つかの要因が複合して起こることが多い。事故調査官がブラック・ボックスから事故原因を突き止めたとしても、それがただちに明日からの安全につながるというほど、航空事故の構造は単純ではないのである。

英国のジャーナリストによる本書は、多彩な事故の主原因を分析し相互に関連づけるとともに、事故調査官をはじめ、さまざまな意味で事故に関連した当事者（告発者も含む）自身の証言を中心に構成しているのが特徴だ。

手法としては、テレビの調査報道番組に似ており、一般の読者にも理解しやすい。

昨今の乗客の関心は安売りチケットに向いているようだが、航空会社を選択するときに実はもっと重要な要素があることを、本書で知ってほしいものだ。安全は偶然によって保たれているのではない。（中村浩美・航空宇宙ジャーナリスト）

（原書房・1800円）＝1998年7月9日②配信

最後の前衛的な心境小説

「タイムクエイク」（カート・ヴォネガット著、浅倉久志訳）

「紙とインクを使う物語作者は、スイスイ型か、ゴリゴリ型のどちらかである」と本書でヴォネガットは述べる。思いつくままに最後まで書き終えてから推敲（すいこう）に入るのがスイスイ型。ワンセンテンスごとに吟味しながら完成にたどりつくのがゴリゴリ型なのだとか。

著者はみずからを後者のタイプであると言明しているが、思うに、こうした分類は作家の晩節についても当てはまるのではなかろうか。

最後まで淡々と、同じスタイル、同じ水準の作品を書き継いでゆくスイスイ型に対して、最後の最後まで、新たなスタイルと可能性を模索し続けるゴリゴリ型。この点においても、ヴォネガットは紛れもなく後者のタイプに属する作家であることを、本書は感慨とともに教えてくれる。

昨年十一月に七十五歳となった著者の七年ぶりの新作長編小説である本書は、数年前にいったん書き上げられながら、その出来に得心ゆかない作者の手で解体→再構築されるという経緯を経て、ようやく我々のもとへ届けられることになったのだから。

二〇〇一年二月十三日、時空連続体に発生した「時震」によって、地球上の万物が、一九九一年二月十七日の時点へと逆戻りしてしまった。全人類は、時震の瞬間に帰りつくまで、ロボットのように自分の過去の再演を続けなくてはならない…。

いかにもSF的な奇想天外さと、いかにもヴォネガット的なアイロニーと寓意（ぐうい）性、けん怠感をにじませた設定である。著者の分身たる三文SF作家キルゴア・トラウトが、疲弊した世界に新たな希望をもたらすべく活躍する一方で、本書には著者の半生と過去の作品をめぐる驚くほど率直な言及が随所に登場。「わたしの全作品、全仕事」の「最終章」という自作コメントを裏付けている。

前衛的心境小説とでも形容できそうな、物語とエッセーが混然一体となったスタイルは、本書においてますます融通無碍（むげ）の境地に至った観があるといえよう。（東雅夫・文芸評論家）

（早川書房・1900円）＝1998年7月9日③配信

異文化と衝突する東京の街

「街は国境を越える」（枝川公一著）

ちかごろは街を歩き、乗り物にのれば、ほぼ必ず異国語が耳に入る。何語ともわからぬことが多い。東京とかぎらず日本各地がこんな具合なのだろう。これを国際化というのか。それでどうなるのか。あれこれ統計や論説をくりだす前に、路上でそですりあう異国語の人に、いきなりつきあってみたらどうなのか。

それを実践したのが、本書である。傍題して「東京在住外国人18の証言」。

いや面白い。中国、インド、イタリア、ヴェトナム、韓国、エチオピア、フィリピン、ハンガリー、タイ、パラグアイ、イラン、スペイン、デンマーク…。地球上のあちこちから到来した人々が、東京のあちこちに散らばって、ヒッピーや料理店主や店員やジャーナリストや創意工夫で食いながら、それぞれの家庭や独身の事情を生きている。十人十色に独特で具体的な、そのダイナミズムが壮観だ。

彼らの体験に、それぞれの東京がある。18の鏡にうつる東京は、やや意外な相貌（そうぼう）をうきあがらせる。一言で申せば東京も、まんざら奥行きの浅い街ではないのだ。

隅田川の水はテムズ川に通じると、江戸時代の先人は言ったらしいが。「すべての都市は、ストリートでつながっている」と現代の枝川公一は言う。いかにも。

ストリートの普遍性をたどって、18のケースが東京へ来た。18万または何百万のケースの、これは任意のサンプルだろう。彼らの運命は、ときに過酷で、ときに優雅で。つまり多様にドラマチックな生き方を、この街は現に包み込んでいるのである。

その街を、たとえば山手と下町の二分法や、路線価値の高下に自足しているらしい東京人は、なんと単調な観念に閉ざされていることか。

18のケースは、18の具体の文化が、この土地の文化と衝突する花火の数でもある。いうならばこれが今日の川開きか。こうして頑固な単調さから我らが幾分でも身軽になれるならば、東京の明日にも希望がないわけでもない。（小沢信男・作家）

（都市出版・1800円）＝1998年7月9日⑤配信

日常性からの飛躍がテーマ

「カブキの日」（小林恭二著）

この小説の舞台は、琵琶湖にうかぶ「世界座」という水上劇場である。

水の上での演劇、いわゆる船舞台は、怨霊（おんりょう）をしずめるための儀式という伝説が昔からあったという。崇徳院の怨霊伝説が、作品の冒頭で語られるのも、そのためである。

しかし、作品はそうした古い伝説や歌舞伎の歴史をたどったものではない。たしかに実際の歌舞伎の舞台のようすが、ここでは見事に言葉によって再現され、まさにその場で見物しているような気分にすらなるが、作品の主眼はそうした日本の伝統的なものの再評価ではない。

むしろ、カタカナで「カブキの日」と記されているように、ここでは規制の枠組みからの逸脱としての「傾（かぶ）き」、すなわち日常性からの飛躍こそが描かれているように思われる。

「世界座」というひとつの虚構の世界のなかで、美少女の蕪と、お下げ髪の美少年月彦の二人が出会い、その迷宮のような世界をさまよいながら運命の時をむかえるという、異世界への道行きが、さまざまな枠組みのうちにある人間の情念を解き放ち、飛躍させるところがあざやかにストーリーの糸を織りなす。

小林恭二はデビュー作「電話男」以来、一九八〇年代のポストモダンの文学の代表者ともみなされてきた。また、俳句や短歌といった伝統的な文芸への関心も示してきた作家である。

今回の長編では、歌舞伎という伝統芸能を素材にしているために、ポストモダン的な文学からの変化、転向を指摘するむきもある。しかし、それは表面的な見方であろう。「カブキの日」は決して伝統的なものへの回帰ではない。

この作品は、歌舞伎そのものさえも異化するような散文のエネルギーをはらむ。そして、その力は、近代小説そのものを乗りこえているという意味で、まさに文字通りポストモダニズムの「小説」なのだ。小林氏の方法的実験が、ついにこの圧倒的な成果をもたらした。（富岡幸一郎・文芸評論家）

（講談社・1600円）＝1998年7月9日⑥配信

痛みと意味の出合いを問う

「痛みの文化史」（デイヴィド・B・モリス著、渡辺勉・鈴木牧彦訳）

全世界で一年間に消費される鎮痛剤は、今や三万トンを超えるという。それほどに現代人は痛みを感じ、しかもそれを恐れているわけだ。ところが、その痛みが何であるかということになると、実のところよく分かっていない。普通の人は、痛みが神経や神経伝達物質の問題であり、一連の生化学的インパルスの結果にすぎないと考えている。

だが、慢性の痛みをこうした通常の考え方で解決することはできないと著者は言う。そして著者によれば、慢性の痛みこそ、現代に特有な病気の一つなのである。

痛みは、意味を与えられ解決されることを求めている。ちょうど神とサタンのかけの対象になって次から次へと罰を加えられたヨブが、痛みからの解放ではなく、その説明を、意味を切望したように。痛みと意味との出合い、それが本書の主題である。

宗教から文学、芸術まで、あるいはヒステリーからセックスまで、著者はこの出合いを求めて縦横無尽に駆ける。痛みの百科事典と言ってもいいほどである。

芸術史の解釈の上でも興味深い視点がある。たとえば喜劇を痛みに対する古代人の治療法ととらえるような視点だ。喜劇の中に快楽と痛みとの混合を見たプラトンの議論が再評価される。

もっと面白いのは、著者がエドマンド・バークの「崇高と美についての我々の観念の起源の哲学的研究」（一七五七年）を、近代を象徴する一つの契機としていることである。バークは「崇高なもの」と「美しいもの」を区別した上で、崇高を痛みと死に結びつけて称揚し、一方で美を矮小（わいしょう）なもの、陳腐なものとしておとしめた。

こうした考え方によって、本当に美しいものが見えなくなったと著者は言う。美の復興は、痛みとの結びつきによらなければならないというのである。痛みというものを問い直す特異な試み。ちょっと分量が多すぎるきらいもあるが、訳はこなれていて読みやすい。（谷川渥・国学院大教授＝美学）

（紀伊国屋書店・5800円）＝1998年7月16日①配信

筆に身体全体の動勢が凝集

「書と『共通感覚』」（大滝昭一郎著）

本を開けると、左手に紙片を持ち、手首を立てて宙で字を書く老人の写真が飛び込んでくる。そして、孫娘にもらった年賀状の字体の話とともに本文が始まる。彼女がじぶんで編みだした丸文字系の書法、それが双鉤（そうく）法とよばれる筆の持ち方とたまたま同じで、しかも横書きにしているその美意識に、著者はつくづく感心する…。

この出だしは秀逸で、そこから一気に、この著者の、一徹でありつつどこか軽みのある世界が広がる。

「書」が字を書く人の身体から分離して、筆先だけの技巧に走り、そうして視覚芸術的な造形作品へと「流れて」いくことに強く抵抗するこの著者は、じつは中年になって賞状を書くという仕事上の必要から通信教育ではじめて書を習い、落胆し、還暦を迎えてこんどは書道教室に通いだしたという異色のキャリアをもつ。その過程での「書」への武骨ともいえる熱い自問自答が、この本ではいわば同時中継的に語りだされる。

著者が出合った中国式執筆法、人さし指を鉤（かぎ）のように曲げる筆の持ち方だと、手首を紙面につけずに、しかも太い筆で小さな字まで書ける。そのなぞを解いていくうちに、「書」の核心が、緊張と弛緩（しかん）をゆっくりとくりかえすその動勢にあることに気づく。筆の動きのなかに身体全体の動きが内蔵されている。書の力は線の力であり、身体全体の動勢が凝集したものなのである。

「書」をこのようにとらえる議論がまるでルフランのように反復される。世阿弥からポランニーまで、会津八一や良寛からバウハウスまで諸説を動員しつつ、あるいは諸「先生」を訪ねて自己の思考をぶつけつつ、である。

ときに問いの熱が、視覚的な西洋の芸術対、触覚的・体性感覚的な東洋の芸術という図式的な枠を固めすぎるきらいはあるが、それでもそこからは学ぶことの楽しさ、考えつめることの緊迫感がぐっと伝わってくる。それじたいが力強い「書」のように、気迫のみなぎる書物である。（鷲田清一・大阪大教授）

（西田書店・2000円）＝1998年7月16日②配信

御召し列車が変えた意識

「『民都』大阪対『帝都』東京」（原武史著）

不況になると阪急・東宝の創設者、小林一三が見直されるという説がある。雑誌「東京人」でも最近、小林一三を特集したが、彼のいもづる式アイデア商法や“健全”な経営理念が不況に強いという点で注目されるわけであろう。

本書も副題が「思想としての関西私鉄」となっているが、主にとりあげられているのは「阪急文化圏」の成立とその後の歩みについてであり、小林一三の「民都」大阪における経営戦略の分析である。

ただし、本書の特色は鉄道史と思想史という複眼的視角から「私鉄にあらわれた『民都』大阪の発展過程を通して、反対に『帝都』東京を中心に広がる『帝国』の支配秩序を浮き彫りにしようとした」点にあるという。

大阪はかつては「新聞王国」といわれ「朝日」「毎日」「産経」など日本を代表する全国紙を育て、また、南海、阪神、阪急、京阪、近鉄など五大私鉄を中心に「私鉄王国」とも呼ばれた独自な文化圏を形成してきた。

少なくとも一九三〇年代までは、商都としての繁栄を誇り、郊外に広がるそれぞれの私鉄沿線文化の展開は「帝都」東京にはみられぬ私鉄中心の個性的な「市民の文化」風土をつくり出した。

とりわけ、小林一三による「宝塚戦略」は「郊外ユートピア」の理想を掲げた沿線住宅地開発やターミナルデパートの創設などをとおして都市中流層の新しいライフスタイルを生み出し、その後の私鉄経営のモデルを提供した。

しかし、二九年の昭和天皇の大阪行幸は「私鉄王国」に対する国鉄の優位と巻き返しを進行させた。例えば阪急は御召し列車が阪急高架線の下を通過する前に、梅田に発着する電車の運転をストップさせられた。

また三二年の行幸では、東京から直通の御召し列車が乗り入れることができない大軌（近鉄）や南海は特別車両を新調し国策に奉公した。御召し列車の「民都」への乗り入れは人々の意識をも大きく変えていったのである。（津金沢聡広・関西学院大教授）

（講談社選書メチエ・1500円）＝1998年7月16日③配信

東京の笑いの名人聞く達人

「笑うふたり」(高田文夫著)

これほどタメにならないことをタメになることにしてしまう読み物にはそうそうお目にかかれない。さらに言えばこれほどスキだらけに見せたスキのない対談集にもめったに出逢(あ)えない。

伊東四朗、三木のり平、イッセー尾形、萩本欽一、谷啓、春風亭小朝、青島幸男、三宅裕司、立川談志という「自分の一番好きな」笑いの名人たちの人選がいい。「これが我がベストナインです」と言われると、実にいいところを押さえていると納得してしまう一方で、その他の笑いの芸人たちはなぜ高田文夫に名人から外されたのか詮策(せんさく)してしまう。

外された一人、北野たけしのカバー画での参加も高田流「粋(いき)」である。イッセーを除いた八人はすべて東京生まれだ。東京生まれと東京の笑いにこだわる—それが高田文夫の真髄でもある。

伊東四朗の昭和三十三年のテレビのギャラが八百円。一緒に出たセントバーナードが三万円。そこで、

伊東 「イトウちゃんも早く犬並みにならないとね」って言ったプロデューサーがいた。

高田 犬並みかあ。馬並みっつうのは知ってるけど。

伊東 犬並み家の人々。

高田 それが出るとは思わなかったなあ。

副題の「語る名人、聞く達人」は看板に偽りなし。達人は相手を気持ちよくさせておいて、とんでもない発言を引き出す。リアクションがいいから、対談に軽快なリズムと心地よいテンポがある。

達人ご幼少のみぎりから尊敬する笑いの名人六人の対談は、東京っ子特有の照れと遠慮と恥じらいと礼儀正しさが行間に滲(にじ)む。

笑いの世界では高田文夫の後輩になる残り三人—イッセー、小朝、三宅の対談には、先輩に接したときほどの緊張感と興奮度がない。だが、そこに聞く達人と語る名人の役割が逆転してゆくスリルとサスペンスを生む。

と、これだけヨイショしたぼくは「笑うふたり」の読む達人に違いない。(髙平哲郎・演出家・編集者)

(中央公論社・1500円)=1998年7月16日④配信

芸道越え朝鮮の現代史描く

「風に抱かれた鳥(上・下)」(奈良美那著)

「風の丘を越えて—西便制(ソピョンジェ)」という韓国映画の上映で、日本にもある程度知られるようになった韓国の民間の伝統芸能「パンソリ」の名唱の物語である。確かに今の日本小説の中では珍しい題材の小説であり、特異な主題の作品といえるだろう。だが、読者はそんなに違和感を持たないのではないだろうか。

巫堂(ムーダン=みこ)の私生児として生まれた玉順が、妓生(キーセン)の蓮紅となり、さらに"父さん"の願い通りにパンソリの唱(うた)い手・沈芝仙となるまでの前半は、日本にもある芸道小説のパターンであり、厳しい師匠についたり、山に篭(こ)もって修業をしたりするというのも、日本の桃中軒雲右衛門などの「芸道」修業にもありそうな話だ。

不遇な環境に生まれついた主人公が、さまざまな苦難を経て、ようやく一つの道を究める。日本で好まれる、まさに浪花節的な「芸道一代」の物語といってよい。

だが、単に戦前の植民地時代から現在までの韓国を舞台とした「芸道小説」というには、作者がこの作品にかけた情熱は大きすぎるような気がする。大煥と花枝という人物を登場させ、芝仙と「三角関係」になるのだが、そこには植民地時代の「親日文学」の問題が浮かび上がる。

また、総督府政府によるパンソリなどの伝統芸能に対する理不尽な弾圧が語られる。作品の後半は芝仙という名唱の「芸道一代」の物語を越え、植民地支配から解放、動乱、分断という朝鮮半島の「現代史」そのものが描かれるのだ。

こうした企図は壮大であり、またかなりの程度それは達成されているのだが、時代を現代にまで引き伸ばし、韓国の「新世代」まで作品世界に取り込めようとしたのは、やや欲張りすぎといわざるをえない。芝仙をみとる現代娘ミアの物語はしり切れトンボであり、その「恋愛観」もよくわからない。芝仙の「戦後(解放後)」をもう少し丁寧に語ってほしかった。(川村湊・文芸評論家)

(新幹社・上下各1600円)=1998年7月16日⑤配信

恋人と自分を探し続ける旅

「ベルリン発プラハ」(ドリアン助川著)

金髪先生、ドリアン助川。深夜にＴＶをつけると、ミュージシャンについて熱く語る彼をたびたび見かける。波乱万丈の人生を歩むミュージシャンたち。その生き方を若者に解説する彼の言葉には、まさしく愛があふれている。たまたまチャンネルを合わせただけの私さえ、ぐいぐい引きこんでしまう。

そのドリアン助川の初めての小説が出版された。タイトルは「ベルリン発プラハ」。いなくなってしまった恋人を捜し続ける旅の物語だ。そしていまどき珍しいくらい、ストレートな純愛小説である。

プノンペンの将校クラブで歌う日本人シンガー・サオリと、フリージャーナリストのテツヤ。二人はたちまち恋に落ちる。

だがテツヤは「自分は人を愛せない」というコンプレックスを抱えていた。サオリはそんな彼にぬくもりを与え続けるが、ついに二人はある出来事をきっかけに別れてしまう。

一年後、テツヤはヨーロッパへ旅立つ。失ったサオリを取り戻すために…。

コペンハーゲン、ハンブルク、ベルリン、そしてプラハ。サオリを捜す長い旅のあいだに、テツヤはさまざまな人と出会い、それぞれの人生をかいま見る(このヨーロッパの人々の描写が実にいい)。サオリ捜しの旅は、そのままテツヤの、自分探しの旅でもある。

サオリの居場所のカギを握るのは、オペラの名曲「ダリボール」。この演出が、小説にいっそうの深みをもたらしている。

それにしても、あの愛のパワーに満ち満ちたように見えるドリアン助川が「愛せない」コンプレックスの主人公を描くとは。「愛する」ことに立ち向かう彼の真摯(しんし)さは、やっぱり本物だったのだなあ、とつくづく思った。

どこか開高健の「夏の闇」を彷彿(ほうふつ)させる、ひとりの男のさまよう魂が心に残る小説だ。衝撃的な「あとがき」まで含めて、一つの作品として読んでいただきたい。(林あまり・歌人)

(幻冬舎・1500円)＝1998年7月16日⑥配信

冷戦後の多極的世界を予告

「文明の衝突」(サミュエル・ハンチントン著、鈴木主税訳)

超大国として圧倒的な覇権を誇りながら、常にどこかに「敵」を想定しなければ安心できないのが米国の生理なのだろうか。冷戦が終わり、旧ソ連邦が崩壊したにもかかわらず、米国は今度は異文明間の戦争の悪夢に苛(さいな)まされるかもしれない。

この予告をセンセーショナルなタイトルでぶち上げた本書は、一九九三年夏号の「フォーリン・アフェアーズ」に掲載された同名の論文が下敷きになっている。

冷戦以後の世界が文明の断層線(フォルト・ライン)に沿って、それこそ生死を賭(か)けた紛争や対立に覆われるという悲観的な未来図は、(フランシス・)フクヤマ的な「歴史の終焉」の退屈な平和のイメージを真っ向から否定してさまざまな物議をかもすことになった。

冷戦後の世界が多極的な多文明の秩序へと移行していくに違いないという本書の見通しは、冷戦下のイデオロギー対立に代わって、文化およびその総体としての文明の間の衝突を前面に押し出した点でわかりやすく、そして新鮮であった。それは、冷戦の終わりによってもたらされたイデオロギー的な空白のなかで新たな「敵」を求めていた米国にとって、冷戦以後の地政学的な見取り図を示してくれたのだ。

だが「イスラーム―儒教コネクション」を西欧文明の最大の脅威とみなす「新冷戦」的な思考は、金融や資本、情報やメディアのグローバル化の形をとったアメリカニズムの覇権的な優位を考えると、今となっては大幅な修正が必要である。

にもかかわらず、グローバリズムが世界を単一の文明によって覆ってしまうのではなく、逆に文化的なアイデンティティーへの欲求をより増幅させることを考えると、本書の大胆な国際政治の地図作成は、依然として米国の「敵」のイメージを知るうえで一読に値する話題の書であることは間違いない。「日本文明」と固定されている日本が、米国にどう映っているのか、この点でも面白いかもしれない。(姜尚中・東大教授)

(集英社・2800円)＝1998年7月23日①配信

厳に存在し続けた呪縛空間

「昭和天皇とその時代」(升味準之輔著)

昭和天皇逝(い)きて十年。この間、昭和天皇に関するさまざまの資料が相次いで公刊された。いずれも折々に話題とはなったものの、それらによって昭和天皇のイメージがどう変わったのかが、いまひとつはっきりしなかった。

名著「日本政党史論」で学界に近代政治史の独自の道しるべを確立した著者による本書は、格好の「昭和天皇を読む」テキストである。著者は例によって史料の海にたゆとう快感を味わいながら、昭和天皇自身の発言を精査し紡いでいく。とりわけ中心になるのが、占領統治時代における天皇のオーラルヒストリーとも言うべき「独白録」だ。

「独白録」における昭和天皇の回想と弁明を著者の眼で再度検証し直す形で、昭和戦前期における天皇の決断の歴史をたどる。満州某重大事件と田中義一内閣の総辞職、二・二六事件、開戦、そして終戦。昭和天皇は「立憲君主」の論理によって、これら一連の決断に一貫性を示そうと考えた。だが著者はこう見る。

「最小抵抗線を辿るうちについに軍部と開戦派に押し切られ、対米戦争を承諾することになってしまった。これが実態であろう。この最後に押し切られた瞬間を弁明する論理が『立憲君主』だったのではなかろうか」

さらに著者は問う。天皇は避戦論者であると共に帝国主義的平和主義者であったと。かくて著者は「昭和天皇を読む」に際して、時代の精神を読み誤ってはならぬとくり返し示唆する。しかし同時に、戦前・戦後の時代区分をこえて継続するものもあった。それは昭和天皇の存在そのものが作り出す「呪縛(じゅばく)空間」にほかならない。

戦前は政治の世界全体に拡大をとげ、戦後は象徴として宮中に限定されながらも、厳然として存在し続けた「呪縛空間」。自らもその中にあり続けた著者は、最晩年の天皇が「独白録」の加筆訂正を十年にわたって続けた事実に、深い感慨を覚えている。「天皇もまた孤立した皇居の奥で戦争の回顧と弁明を反芻していた」のかと。(御厨貴・東京都立大教授)

(山川出版社・2600円)＝1998年7月23日②配信

政治を動かせとメッセージ

「日本はなぜ戦争に二度負けたか」(大森実著)

わが国は今、みぞうの経済危機に直面している。だが、一向に打開策を打ち出せない官僚主導型の政治に、国民は大きな不満を抱いている。

こうした構造的な欠陥はすべて、太平洋戦争の敗北とその戦後処理の誤りの中にあると著者は指摘する。そして自らがこれまでインタビューで収録した豊富な証言などを駆使しながら、開戦から戦後の講和条約締結までの出来事を克明に追っている。

ウォール街から始まった世界大恐慌で日本も深刻な経済不況に陥り、暴走した軍部は大陸侵略にその突破口を見いだそうとして悲惨な結果を招いた。

問題なのは、当時の国民が軍部の「一億玉砕」という自虐的な政策に、抵抗を示すことができないほどに去勢されてしまっていたことである。さらに真実は完全に隠蔽(いんぺい)されていた。

「敗戦」や「無条件降伏」も「終戦」や「国体護持」に置き換えられ、その後も指導者や国民は敗戦の真実を直視してこなかった。そして戦後の混乱期に発生した昭和電工事件で政財界人のすべてが無罪、炭管疑獄で逮捕された田中角栄も無罪となり、いわゆる政官財の構造汚職の源が出来上がった。

結局、GHQが付与した現行憲法と核の傘の下で再出発したわが国は、今度は経済戦争で米国やアジアに膨大な投機をした結果、巨額の不良債権を抱えて立ち往生し、世界の厄介者になっている。

わが国で民主主義が育たなかったから、同じ失敗を繰り返したのだと著者は直言する。日米安保体制や不良債権問題にしても、真実は国民に伝えられていないとも言う。だが、肝心の民主主義が育たなかった経緯については、ほとんど言及されていない。

ともあれ、本書は戦後史を総括しながら、数多くの問いを読者に投げ掛ける。"戦後新聞界の鬼才"として鳴らした著者が、カリフォルニアから祖国に送ったメッセージは「政治を動かすだけの国民意識の目覚め」であり「国民よ政治を動かせ」である。(江上能義・琉球大教授)

(中央公論社・1700円)＝1998年7月23日③配信

消された闊達な女たちの姿

「イザナミの伝言」（中山千夏著）

テレビの仕事で、四国八十八カ所の霊場と番外お札所のいくつかの寺を訪れた。徳島の番外で、二人の尼僧が守っている星谷寺という寺は素敵（すてき）だった。崖（がけ）の途中の滝と小さな御堂という景観もさることながら、寺守の女性たちが実に爽（さわ）やかであった。と感じた途端、他の男僧たちが守る寺が色あせてしまった。

何が違うのか。男たちが守る寺には政治のにおいがどうしてもつきまとう。女性の寺にはそれが皆無であった。女性のやることだって十分に政治的でありうるだろうけれど、男のそれとは違うようだ。

少なくとも、尼僧ごときになにができるかという男の体制の声の大きさに埋もれて、女たちの（あるいはそれだって見方を変えれば政治的といえるのかもしれない）さわやかな声は世の中に届きにくい。

そんなことを思っていたら、男の声が大きくて女の声がかきけされてしまう近代の男社会は「日本書紀」のあたりから始まっているのだということが、この「イザナミの伝言」に書いてあった。

著者は、古代はもっと女が活躍し、世の中もそれを受け入れていたという。男の都合で作られた常識をとっぱらって「古事記」を読み直してみると、「日本書紀」において（たとえば陰陽や仏教の男性優位思想の影響上）神話、伝承のなかに消された闊達（かったつ）な女たちの姿が浮かびあがってくることを、著者は見事に検証してみせる。

「ヒバスヒメは非常に高い確率で一妻多夫だった、と私は思う。それが時差的な多夫でなく、同時多夫だったとしても、私は驚かない」などと著者に読み解かれる「古事記」や「日本書紀」は「目からウロコもの」である。

見当はずれを承知で話を飛躍させるが、最近、ぼくの知人で愛する夫を失ったその未亡人が、夫の死を悲しみつつも、心おきなく風邪がひける解放感について語るのを聞くとき、男と女（女と男）のその図式は古代に端を発していたのだと本書を読んで知るのだった。（小室等・シンガー・ソングライター）

（築地書館・2400円）＝1998年7月23日④配信

生き物に対する畏怖と熟練

「ドキュメント　屠場」（鎌田慧著）

人間が生きていくために、ほかの生き物を殺さなくてはいけないという、その生存の根本条件に日常的に接触しつづける場所、それが屠場（とじょう）である。これまであまり知られることのなかったこの仕事場と働く人々の姿を浮き彫りにしたのが本書だ。

著者は、日本一の東京・芝浦や、歴史の古い横浜、一九八四年に移転した大阪・南港市場などの現場を歩く。

本書が優れた作品となっているのは、著者が日本の基幹産業であった鉄鋼、自動車、炭坑などの労働現場の記録作業で発見し、ルポルタージュに結実させた視点がここでも貫徹しているからである。

その視点が、屠場を「いきものの解体工場」として素直に認識させる。工場といっても、物を作るのではなく「物を取り出していく過程」であり「職人技が大量生産をささえている生産現場」なのだ。そこで働く人々は熟練した労働に誇りを持ち、職能集団として豊かな人間関係を保っている。そこから著者は「魔法の工場」という宝石のような言葉を紡ぎだしている。

さらに著者は、いわれない差別との闘いについて「外からの差別と内側のプライド。このふたつのすれちがいを解決していくのが、労働者運動なのであろう」と指摘する。

私も記録映画の撮影で屠場を訪れたことがあるが、その際の労働者の言葉が忘れられない。「毎年、正月明けの第一発目を牛のみけんに撃ち込むときは手がふるえる」と。この言葉には、いのちを絶つ仕事に従事している人の生き物の魂に対する畏怖（いふ）がある。その心根の震えは労働の分析だけでは触診できないのかもしれない。中上健次は「屠殺とは神人の業である、と思う」と書いた。屠場の片隅に建つ獣魂碑と刻まれた石碑が記憶によみがえる。

著者は歴史書を引用し、労働者との対話に参加し、柔軟でしかも鋭い視線を向けながら、見たこと聞いたことを、鍛えられた言葉で私たちに語ってくれる。新書という形で出版されたことに、著者や出版人の志を感じる。（小池征人・記録映画作家）

（岩波新書・640円）＝1998年7月23日⑤配信

晶子の豊かさと俵の確かさ

「チョコレート語訳　みだれ髪」（俵万智・与謝野晶子著）

思えば俵万智は不思議な歌人で、これだけ人口に膾炙（かいしゃ）した短歌を詠みながら、その個人としての資質について語られることはほとんどない。つまり俵万智はよきにつけあしきにつけ「現代の若い女性」の代表であり、常に「現代の若い女性が短歌に取り組むとこうなる」的な批評のされ方をする。

ちなみにそういう評者はたいがいにおいて俵万智より年長であり、ただそうであるという理由をもって、自分の方が短歌及び日本の古典文学について詳しいという意味のない自負を抱いている。

彼らはときに苦笑を交えながら「俵万智は新しい短歌の担い手である」と持ち上げてみせ、ときに真顔になって「しかしこんな作品で短歌の未来は果たして大丈夫なのだろうか」と心配してみせる。しかしながら、絶対に現代短歌における俵万智の位置や、彼女の独自性を測定してはくれない。すべて怪しげな一般論ですませてしまう。

俵万智の才能、それは「言葉を粒だてる才能」である。あるいは「言葉を正確に作動させる才能」と言ってもいい。俵万智の短歌作品はどれもきわめて理解しやすいが、それをわかりやすい言葉や表現を使っているからだと考えるのは間違っている。

どのような表現を使おうと、わかりにくい短歌は存在する。いみじくも俵万智が本歌集でとりあげた与謝野晶子などその代表選手で、ひとつひとつの言葉は平易だが、つながりがいつのまにか消えていたり、飛んだり跳ねたり、意味を逐（お）うのはきわめて難しい。その分、イメージが豊穣（ほうじょう）なのも事実だが、人口に膾炙した歌以外は完成度に難がある。

本歌集であらためて確認されるべきは、晶子の豊かさと俵万智の確かさである。晶子の豊かさをスポイルせず、しかもかくまでクリアな解釈を与えたこの俵万智は、ひとつの仕事をしとげたとみるべきだろう。晶子を知る上でも俵万智を知る上でも意味ある歌集と言える。（小林恭二・作家）

（河出書房新社・1000円）＝1998年7月23日⑥配信

中国の今が生き生き伝わる

「そして中国は変わった」（葉千栄著）

本書は、日本の大学で教える上海生まれの研究者が、自らの中国での生活体験や最近の視察などをまじえながら、中国の現在と未来をどう描くかというテーマに果敢にチャレンジした力作である。

現状認識に関する著者のモチーフは、改革開放以来の中国は「表面も本質もひっくるめて、基底から変わった」「もっとも大きな地殻変動」である。その基軸をなすものが各レベルでの国民の国家からの自立化であるという点であった。

農民の生産、販売、企業活動、出稼ぎの「四つの自由」、都市住民の「市民」化、地域住民運動の芽生えや、村民が主体的に参加した村長選挙の広がりなどがその事例だ。

著者は、そうした変化を推し進める核心として朱鎔基首相を高く評価している。朱への思い入れは、朱を「豪壮な重さ」を持った毛沢東に匹敵させるほどに半端ではない。

中国は現在、巨大な就労人口圧力の中で、経済成長の持続、インフレ抑制、人民元切り下げ回避を保持しつつ、国有企業・金融・行政の三大改革に取り組むという至難の課題に直面している。それだけに朱に対する期待値は高い。

そして、その先に見える二十一世紀の中国に対して、上と下からの民主化を漸進的に進め、「法治」と準「三権分立」を強め、政治・経済・文化のあらゆる面でよりグローバル・スタンダードに近づいた「肯定的・楽観的」なイメージを提示している。

評者はしばしば「変わる中国」と同時に「変わりにくい中国」をしっかり認識すべきだと力説してきた。中華人民共和国建国時期も文化大革命期も、当時、中国の根底を覆す大変化といわれた。しかし、時をおいてみるとそこには容易に変わりにくい歴史の連続性が脈打っていた。

今日が大変化の時期であることは認めるが、そんなにきっぱりと変わったと言えるのか。こんな読後感が残りながらも、興味深い具体な事例、各地の描写には中国の「今」が生き生きと伝わってきた。（天児慧・青山学院大教授）

（KKベストセラーズ・1495円）＝1998年7月30日①配信

自己回復に数多くのヒント

「豊かな社会の透明な家族」（鳥山敏子・上田紀行著）

対話という形式は、抽象的にならざるを得ない読者のずっと手前のところに対話相手を設定するために、内容が具体的、経験的、個別的、実感的になる傾向が強い。

いつの場合でもそれが最良というのではないが、混迷を深める現代日本の社会状況を、子どもというキー・ポイントから読みとこうとするこの本の主題には、うってつけのものだったといえる。

神戸の少年が提起した「透明な存在」をめぐる討論から本書ははじまる。「現代社会の病いは、ひとことで言ってしまえば存在の病い」だと上田さんは言う。

子どもたちは、なぜ自らを透明な存在にしなければ生きていけないのか、という「存在の病い」の背後関係の追究は、家庭や学校や社会全体に及び、抑圧され解体された存在（自己）の悲劇と、そこからの回復の手がかりが示されもする。

とりわけ鳥山さんの「賢治の学校」での経験は、体系だった紹介ではないけれども、子どものみならずおとなの自己回復に数多くのヒントを与えてくれていると思う。子どもの危機をおとなが救うという思い上がった善意にうんざりしている人は、この本を読むことによって、問題はほかならぬ自分自身なのだ、ということに気づくだろう。

そう気づくことは、一条の光であると同時に、あらためて時代のしんどさを担い直すことでもあるのだが、少なくともぼくは、著者たちと共に担い直そうと思った。

重たい内容だし相当のボリュームでもあるが、随所にお二人の隠された自分史が語られていて（例えば上田さんは幼少のみぎり、NHKの「お母さんといっしょ」に出て、ただうろうろしていたとか）、不思議な「癒（いや）し」の効果をあげている。

ことばというものの根源的な用い方に、お二人がたけているせいだと思う。つまり、語られる内実を、語り方において実践しているという感じなのだ。ちょっと長めの二本の「あとがき」も読みごたえがある。（斎藤次郎・教育評論家）

（法蔵館・1800円）＝1998年7月30日②配信

個性的な男どもの海の活劇

「海賊モア船長の遍歴」（多島斗志之著）

海賊の話である。粗野で、下品で、鈍感で、身勝手で、狡猾（こうかつ）で、無節操で、無教養で、困り果てた男どもの話である。全員の表決によって選ばれる船長は戦闘下における指揮官ではあっても、主従関係になく、不適任とみなされた場合は航海途中の解任もありえるという、公平で合理的な掟（おきて）を持つ海の男たちの話である。

多島斗志之「海賊モア船長の遍歴」だ。時代は十七世紀末から十八世紀初頭。モア船長率いるアドヴェンチャー・ギャレー号の冒険がかくて始まっていく。個性豊かな男たちが次々に登場し、海の活劇が迫力満点に活写される。

つまり、ここにあるのは冒険譚（たん）の原型といっていい。問題は、原型のまま提示することの現代的な意味だろう。

冒険譚の原型は十七世紀のイギリス読者が競って読んだ航海者たちの実録である。まだ見ぬ遠い異国の地に対する夢とあこがれと驚きが最初の出発であり、そういう海の実録が十九世紀に入って物語の体裁を整え、やがて娯楽としての冒険小説が成立する。

当然ながら時代が変化すると、原型のままでは「夢と憧れと驚き」をかきたてることは不可能になってくるので、現代作家たちはその時代に合った衣装を次々に付け替えていく。

舞台がジャングルから都会に変わり、政治的陰謀を背景にするのはその一つの衣装といっていい。冒険物語の成立と変化はこのように理解される。ということを一方に置くと、「海賊モア船長の遍歴」の、のびやかな冒険譚には複雑な気持ちになる。これでは、これまでの現代作家たちの悪戦苦闘に何の意味があったのかと。

しかし、現代冒険小説がいきづまっているからこそ、こういう原型の楽しさを再確認する意味があるのかもしれない、という気もしてくる。というのは実に愉（たの）しい小説なのだ。行間から立ち上がる懐かしい香りを味わいながら、私はその複雑な思いを持て余しているのである。（北上次郎・文芸評論家）

（中央公論社・2300円）＝1998年7月30日③配信

米国の日本人社会との接点

「謎の森に棲む古賀政男」(**下嶋哲朗著**)

一読して、ウーンとうなった。「古賀メロディー」とまで呼ばれたあの国民的歌謡曲の作曲家・古賀政男が、これほど謎(なぞ)めいていた男なのか。そして、これほど俗物だったのか、と思い知らされたのである。

「豚と沖縄独立」「アメリカ国家反逆罪」といった傑作をものした著者は、日系人社会の歴史にも詳しく、本書は古賀政男の棲(す)む、暗い謎の森の中に勇敢に入り込んで、知られざる古賀像を暴いていく。

古賀が棲んでいた謎の森とは、アメリカの日系人社会のことであった。この発見が読者をして「まさか」と思わせることだろう。

私事になるが、今から三十三年前、私はロサンゼルスの日系人社会の一員であった。そのころ、本書で取り上げられた古賀が作曲した「二世行進曲」を何度も聞いたことがある。その歌を作ったのは古賀政男であると伝え聞いていた。日系人たちが、日本の有名な作曲家に頼んで作ってもらったくらいにしか考えていなかったが、本書を読んで初めて、その背景を知ることができた。

古賀政男が渡米してロサンゼルスの日系人社会とかかわりを持つのは、日米間に風雲急を告げる一九三八年の年の瀬である。

古賀の足跡をたどると、すでに日系人社会に存在していた外務省のスパイ組織との接点や、この社会に組織されていた右翼団体との交流が浮かび上がる。古賀はある目的を持って渡米し、日系人社会に出現した、と思われるのである。

古賀は、戦後になっても何度も日系人社会に足を運ぶ。そして、そこで多くの日系人たちとかかわりを持つ。日系人社会は、うら寂しい社会であった。

古賀メロディーは、日本よりも日系人社会でこそ、歌詞もメロディーもよく理解されやすい。あらためて本書を読んで、そう感じる。意識的に伝説を作らせた古賀は、日系人社会に隠れてしまいたかったのかもしれない。(石川好・作家)

(講談社・1900円)=1998年7月30日④配信

生命の匂いと秘密をかぐ

「ナージャの村」(**本橋成一著**)

夏近い村の家。木洩(も)れ日の踊る裏庭に、洗濯物がずらりと干してある。美しい朝の光に浮かれて、家中のタンスの中身を、ぶちまけたようなにぎわいぶりだ。

ベラルーシ。チェルノブイリの原発事故以来、立ち入り禁止となったドゥヂチ村。事故のあとも、村を離れなかった住民、六家族十五人のいとなみを記録した写真集の、冒頭に置かれた光景である。

おどろいてしまう。予備知識なしに見れば、それは、いまに残る牧歌的な暮らしの姿としか思われない。どこからか、桃の花が薫ってくるような。ほろほろリンゴの花びらでもこぼれてきそうな。その印象は、つづく数ページが語る畑仕事の光景で、決定的になる。

馬が使われている。馬に鋤(すき)を引かせ、土を耕している。畑仕事を終えた家族が、馬が引く荷車に乗り、家路をたどっているのである。そのつど風が匂(にお)い雨が匂う。朝と夕暮れが匂うといったふうだ。

一日は、朝と昼と夜とでできている。それは宇宙自然の原理ともいうべきものだが、この村では、その生の原理が生きられているともいえる。

思えば異様なことだ。人間はずっと、一日が一日として実感できる世界像を求めてきた。ユートピアも桃源郷も、その夢想の産物である。

マルクス主義の体制下でも実現されなかったその世界が、あろうことか、種を絶滅に誘うはずの、放射能に汚染された土地で実現している。存在することの幸福を語ってやまないのだ。私たちにとっては、実存的に深刻な皮肉というべきであろう。

写真集は、肥沃(ひよく)なベラルーシの大地を、地平線にむかって伸びる泥の道を写して、閉じられる。それを再生の未来とみるか、絶滅の予感をはらんだ光景とみなすか。写真家は、どちらともいわない。ただ、ここに、この汚染の土地にあってすら漂ってくる、生命の匂いとその秘密を、ひたすら嗅(か)ぎとろうとしている。見事に思索的な写真集というべきだ。(倉本四郎・作家)

(平凡社・2980円)=1998年7月30日⑤配信

企業の盛衰でたどる戦後史

「カリスマ」（佐野眞一著）

六百ページに余る大作である。ダイエーという一企業の盛衰をたどった経営ドキュメントなのだが、著者の狙いは一企業の浮沈の歴史ではなく、中内功というたぐいまれな経済人を通して日本の五十余年の戦後を描き切ることだった。

敗戦の壊滅から復興、そして成長の果てのバブルとその崩壊。戦後の消費生活の変遷は、ダイエーのたどってきた道を遡及（そきゅう）して取材する過程で見事なまでに明確に浮かび上がってくる。

そのために著者は、中内個人の頭脳や精神の奥底にまで容赦なく入り込んでいく。その証言者として三百数十人を取材しているので、データその他、信憑（しんぴょう）性に欠けるところはない。

中内はフィリピンの飢餓戦線から辛うじて生き延びて復員、神戸の闇（やみ）市から戦後のスタートを切った。それが年商一兆円を超す巨大小売商となり、数多くの業種への進出で日本有数のマンモス企業を率いることになった。

しかしバブルの崩壊した現在のダイエーは、消費の行き渡った平成社会で、のたうちまわっている恐竜のようだ。

著者はいつ絶命するかわからないとまで言うが、太平洋戦争で軍曹で敗れた中内は、いま流通界のリーダーとして第二の敗戦を前にしているという著者の分析を敷衍（ふえん）すれば、たしかに、ダイエーの総帥としてミッドウェーが過ぎガダルカナルが過ぎても戦うことをやめなかったかつての連合艦隊司令官に擬せられる存在である。

しかし企業家として天才的な素質を持ちながら、このカリスマ（超人間的資質者）が陥った失敗はひどく人間的である。弟たちとの相克にも見られるが、自分以外の人間を信じず、自分を脅かす人間をつぎつぎに切り捨てていく。

そして絶望的なほどの有利子負債の増大と平行して個人と一族の資産を膨大なものにしてきた。しかし、どれほどの恒産ができても、恒心というにほど遠いカリスマはしょせん、多くの人から尊敬されないのが悲しい。（黒田清・黒田「ジャーナル」代表）

（日経BP出版センター・1900円）＝1998年7月30日⑥配信

戦後日米関係の虚妄を暗示

「ゴジラとは何か」（ピーター・ミュソッフ著、小野耕世訳）

この本は読み始めたらやめられない。ハリウッド版ゴジラの便乗本じゃないのかと決め込んだ人も、だまされたと思ってページをめくってみてほしい。わが国の生んだこの国際的ヒーローが太平洋両岸で何度となくリメークされてきた歩みを見るだけで、いかに戦後日米関係のみならず、東洋や西洋という基本的概念の虚妄さえも明らかになるかを、本書はそれこそゴジラなみに爽（そう）快な知的一撃によって実感させてくれる。

最初の二章は、一九五四年の誕生当初こそ、日本人には核兵器ないし外敵の脅威そのものだった悪神ゴジラが、やがて米国では六〇年代対抗文化の煽（あお）りで新たなる自由の女神と化し、一方では皮肉にも日本の脅威の兆しにも転じていく過程を、豊富なエピソードをまじえて語る。

米国のゴジラおたくの生態報告や、ゴジラに夢中で巨大な刺青（いれずみ）までしてしまった男の話、それに、そもそもゴジラの米国式つづりGodzillaが、God（神）とlizard（トカゲ）とgorilla（ゴリラ）という三つの単語の融合のように聞こえるために「人間には制御できない邪悪の根源」を連想させるという記号論的分析まで、著者がゴジラ文化をとことん楽しんでいるのが手に取るようにわかる。

けれども、そうしたゴジラ熱が読者にまで感染してくるような迫力をおぼえるのは、やはり第三章で六二年製作の「キングコング対ゴジラ」の中に日米安保闘争の余波を喝破する姿勢だろう。俗流鎖国論や俗流伝統文化論を一切退ける著者は、何と「三島由紀夫がなろうとしていたのは、いうなればミニチュア版キングコングなのだ」という驚くべき、しかしその論脈の限りでは説得力十分の断定さえ下すのだから、たまらない。

この創造的批評は、第四章で、ディズニーランドにゴジラが出現したらというスリリングな設定による批評的創作へと、みごとに変貌（ぼう）する。著者はドイツ文化研究から出発した米国の比較文学者。ポップな翻訳にも脱帽。（巽孝之・慶応大教授）

（講談社・1800円）＝1998年8月6日①配信

内省的で毅然とした精神

「私は不死鳥を見た」（メイ・サートン著、武田尚子訳）

「独り居の日記」「今かくあれども」などの作品で、この孤高の女性作家が紡ぎだす世界にすっかりとりことなった読者は多い。森の静けさ、荘厳さにも似た内省的で、自律した精神は、率直な人間関係ゆえに世間の偏見にさらされたこともあったが、晩年、とりわけ女性たちに愛され、深く浸透していったようだ。

本書は副題に、自伝のためのスケッチとある。この稀有（けう）な作家の生の源を訪ねて時間と空間をさかのぼる旅は何と魅力的なことか。

時代は今世紀初頭から戦争期まで。ベルギー・ゲントで科学史を書く情熱を燃やす若い父、英国生まれの母はデザインの仕事で自活していた。機知、良識、理想、そして自然に包まれてはぐくまれるロマンチシズム。香気と光に満ちた文化がこの家族にはあった。

しかし、第一次大戦でドイツ軍がベルギーに侵攻。一家は米国に亡命し、彼女はシェイディ・ヒル・スクールに通う。小さな一種のフリー・スクール。「幼い、反抗的な野蛮人たち」は、心広い教師たちによって個人として育てられながら、お互いの差異（才能）を尊敬し、関係を大切に意識するという数年を過ごすのだ。ほとんど詩の朗読や歴史劇、自然の観察ばかりで過ぎるけた外れな教育だったが、「生きた子供時代」として回想されるこの章は、感動的ですらある。

両親の反対を押しきって演劇に熱中し、苦闘しながら、やがて詩人として出発する二十代半ばまでの自己発見の物語は、大人たちの寛容と幼くして至上の充足感を味わった者の自信に彩られている。

彼女はのちに「人びとを隔てる壁にたいする率直な攻撃」を小説で行い、無理解の闇（やみ）に突き落とされるが、不死鳥のように再生した。たとえ社会の外れ者であっても、毅然（きぜん）として頭をあげて歩く高貴さを、このような過去の人びとにも見いだしていたからだろう。たぐいまれな気品とユーモアは、彼女の文章に限りないきらめきを与えている。（中村輝子・立正大客員教授）

（みすず書房・2400円）＝1998年8月6日②配信

幼い命を救う懸命の努力

「いのちの遺伝子」（中部博著）

先端技術の遺伝子治療をルポルタージュした本書だが、読みやすく臨場感も十分だ。それでいて抑制の利いた取材と筆致が、この種の本にまつわりがちな、生命操作へのおう歌を遠ざけている。

事実、ここに描かれたのは、なくもがなの遺伝子いじりではない。致命的な病気に脅かされている幼い子どもを救うための懸命な努力なのだ。

その病気は、重症複合免疫不全症の一種。アデノシンデアミナーゼという免疫の働きに不可欠な酵素を作る遺伝子の欠損による。これに対しては骨髄移植という方法が最も有効なのだが、この子の場合は、それにふさわしい骨髄の提供者がいなかった。

そこでアデノシンデアミナーゼを注射で補充する方法が取られたが、それでは一生注射を続けなければならず、効果が落ちて死に至る危険も大きかった。しかも、学校に通うなど普通の生活は望みようもない。

ことここに至って、北大・小児科の医師たちが、アデノシンデアミナーゼ遺伝子そのものを体内に入れて根治をはかる方法に踏み切ったのは、無理からぬことだったろう。

だが、それは遺伝子治療臨床研究と呼ばれ、文字通り「研究」の性質を持つもの。確立された「治療」ではなかった。遺伝子治療はがんやエイズなどに試みられているが、まだ世界を通じて成功例はない。かろうじてアメリカで開発されたアデノシンデアミナーゼ遺伝子治療の一例だけが、成功に近い成績を見せているにすぎなかった。

そこに北大の「治療研究」は、幸いにも同様の良い成績をもたらしてくれたのではあった。しかし、酵素の補充療法を併用せざるをえない事情もあって、効果のほどは、はっきりとはしていない。ベクターと呼ばれるウイルスに遺伝子を担わせて体内に入れることの安全性も問題だ。

結局のところ、遺伝子治療は緊急避難として行われてもよいが、それにしても自然は手強いという認識を捨ててはならない。そういうことを、この本は教えている。（毛利子来・小児科医）

（集英社・1500円）＝1998年8月6日③配信

自らの意志と選択で自立へ

「回生を生きる」(鶴見和子・上田敏・大川弥生著)

口幅ったい申し分ながら、鶴見和子さんの社会学は単なる翻訳の学ではない。柳田国男流の、日本の民俗への行き届いた目くばりと共感とがたゆたっている。たとえば彼女の南方熊楠研究…。

またその昔、小生が厳父鶴見祐輔氏について何回か物をしたためお送りすると、お父さまを今に想(おも)って下さる方のものよ、と仏壇に供え合掌されたとも伺った。

「山川草木、動物や昆虫、石ころにも、すべてに魂があり、切り捨てることはできない」というそのまなざしと無縁ではない。

しかもこの人は二十歳で花柳流の名取になったほか、ほぼ同じころ最初の歌集を出して以来、表現形式としての短歌にも心を寄せてきた。二つの道楽、とご本人は笑うが、並のハイカラなお嬢さん学者とはどだい異質なのである。

その鶴見さんが脳卒中で倒れ二年半が過ぎた。「生きているあかしに何か表現しなくちゃ」と作歌をやめず、彼女のいう「回生(リハビリ)の花道」を懸命に歩みつづけている。いみじくも「回生を生きる」と題された本書は、旧来の軍隊式なリハビリとは一味も二味も違う、目標指向的で積極的なプログラムを一緒になってつくり上げていった担当医師、上田敏、大川弥生両氏との「リハビリ歴程」ともいえる対談記録である。

今年二月のNHK教育テレビは「倒れてのちはじまる」と題されていたが、リハビリ療法の切所切所で「いつとは知らずよく死なむため」というご本人の覚悟のほどが、その作歌ともども伝えられ、感興を喚(よ)び感銘を誘う。

何しろこの人は幼時から自らの意志や選択を自在に表現するよう、しつけられてきた。そのことが自立心をもつ人格を育て、リハビリにとっての模範的な患者に仕立て上げた。リハビリとは人生そのものという感懐はその点を指すのであろう。

いまの彼女は従来通りに着物を着る人生を取り戻し、海外講演を望んでいるという。そのもくろみはきっと適(かな)うに違いない。(國弘正雄・エジンバラ大客員教授)

(三輪書店・2000円)=1998年8月6日④配信

たぎり落ちる青春の潔さ

「滝ゆけば」(永瀬嘉平著)

「瀧、と聞いただけで、心おどるものがある。単に風景が美しいというだけでなく、悠久の昔から落ち続ける水音と、その造化の妙に打たれるからであろう」。本書に引かれる作家白洲正子さんの言葉である。

著者は少年時より歩くことがむしょうに好きで谷歩きを楽しむ。そのうちいつか滝に魅せられ、滝を歩いて三十年になるという。三十年という年月、ひたすら滝見行をつづける。それだけでも驚くほかない。

しかしなぜ滝であるのか？　著者は言う。「ただ一途の直情をむき出しにして滾(たぎ)り落ちる滝の潔さが好きだ。それはもう青春そのものの姿というしか形容できない。半ばまどろみながら大海へと注ぐ川にも、あれほど奔放な一時があったのか、そう思うと、つい激しくも短い場面を覗いてみずにはいられなくなるのである」。滝は青春だ。その潔さが好きだ。ここに滝見の旅ははじまる。

それにしてもなんと剣呑(けんのん)な行脚ではあるだろう。北は知床半島のオシンコシンの滝、南は西表島のピナイサーラの滝まで。ときに厳寒の凍結した滝つぼに落ちたり、また三日三晩谷間をさまよったり、遭難しかけたこと数知れず。それでもなお滝をめざしてやまない。この間に訪れた滝は五百あまり(ちなみに日本には落差五メートル以上の滝が二千四百八十八あるとか)。それも四輪駆動を駆ってではない。すべてマイカーを使わず自分の脚で歩いてという。まったく頭がさがる。

巻末に同好の士、画家横尾忠則との対談が付されている。そこで画家はいう。「僕は永瀬さんは普通じゃないと思いますよ。やっぱり滝に関して、もちろん滝も愛しているし、滝の側からも愛されているという…」

滝を愛することながく、ついに滝に愛されるにいたった、ナチュラリストの滝エッセー。そう快である。この夏も多くの人が釣りにキャンプに渓流をめざすだろう。そのさい、この一書を携えられてはいかが。(正津勉・詩人)

(舞字社発行、星雲社発売・1700円)=1998年8月6日⑤配信

倫理を破壊した上での創造　「ぢん・ぢん・ぢん」（花村萬月著）

吉川英治文学新人賞に続いて今期芥川賞を受賞し、ただいま最も注目を浴びている作者の最新長編である。しかしそれにしても「ぢん・ぢん・ぢん」とはまた何とも奇抜なタイトルだが、その分量（および本の重量）と内容もおよそ尋常なものではない。

物語は、ひょんなことから新宿のウラ社会の一員となった二十歳の青年が、ヒモ稼業を目指して、さまざまな男女と遭遇しながら、次第に成長を遂げていくという、言ってみればただそれだけの話である。だが、これが途方もない—現代ならではの教養小説となっている。

教養小説とはつまり、主人公が幼年期の幸福な眠りからさめ、自我に目覚めて、友情や恋愛を経験し、社会の現実と闘って傷つきながら、やがて自己形成をしていくというその過程を描いた小説だ。しかしながら、そこで〈核〉となるのは、主人公が自己を形成していく過程において、現実社会の矛盾といかに切り結んでいくかということだ。

実際に作者は、そうした世界の矛盾が集約する大都会、新宿を舞台にこれでもかとばかり、主人公に次々と無理難題を浴びせかけていく。

彼が出会うことになる人々は、オカマの格好をした女好きのバー経営者、哲学的なホームレス、醜く太った女編集者、編集者願望の女子大生、在日朝鮮人のヤクザ、隠れホモの流行作家、性転換した美女、携帯電話だけを友とするソープ嬢…などである。

そこで彼は、性を知り、差別を知り、孤独を知り、世の中の矛盾を知っていく。そんな彼が最終的に突き当たる問題が「自分は、なぜここにいるのか」「私はなぜ在るのか」という、人間にとっての永遠のテーマであったのだ。

ほぼ全編が性と暴力、および思索の描写に費やされるこの作品は、作者自身が「小説の中で、新しい倫理を作りたい」と語っているように、従来の日本文学にはない活力がみなぎっている。既成のモラル、倫理を破壊した上での創造なのである。けだし傑作、異色作というよりない。（関口苑生・文芸評論家）

（祥伝社・2800円）＝1998年8月6日⑥配信

20世紀米国のドラマを記録　「エドワード・エリスの日記」（エドワード・ロブ・エリス著、川生枝実訳）

一九二七年、暇つぶしにだれが一番長く日記を書き続けられるか、と競争した十六歳の少年たちがいた。一人は二週間、もう一人は三カ月、そして著者は七十一年たった今もそれを書き続けている。

ギネスブックに世界最長日記として登録された、この驚異的な日記を抜粋した本書は、実にエキサイティングな読み物になっている。アメリカの歴史の、三分の一近くの記録である。エリスはその内の三十五年間を、UP通信、「ニューヨーク・ワールド・テレグラム」などの記者をして過ごした。

アメリカという国が大恐慌や世界大戦を乗り越え、頂点をきわめるまでの大河ドラマを、いわば最前席で見ていたことになる。フルシチョフ訪米の歓迎ディナーの描写などは実に秀逸である。

マッカーシズムの狂気を著者が冷ややかな目で見ている時に、父親がマッカーシー本人に賞賛の電報を打ってしまうところなど、たくまざるユーモアも随所に見られる。

一方で著者は、真珠湾攻撃に愛国心をかきたてられ、徴兵による妻との離別に涙し、原爆には好奇心しか示さない平均的アメリカ市民でもあった。

さらに、この書は失われつつあるアメリカ風俗、過ぎ去ろうとする二十世紀の生活がいっぱいにつまったおもちゃ箱だ。何度も繰り返されるすその広いズボンの流行、ニューヨークの街の熱気。

取材した多くの人たちは故人となった。トーマス・マン、グレース・ケリー、ケネディ元大統領…。事件が発生すると、銀行でまず電話連絡用の小銭を大量に用意して現場に急行し、四枚連写のシートに記事をタイプしたエリスのような新聞記者も、急速なメディアの変化のなかでは、過ぎ去ろうとする世紀に属するものかもしれない。

ピート・ハミルは、この日記をアンドレ・ジードや永井荷風にも比すべきと絶賛している。「時を止めたい」と願って日記をつける人間の営みと、一つの時代を描き得た好著である。（有沢蛍・文芸評論家）

（講談社・4500円）＝1998年8月13日①配信

当時の支配層の動きを理解

「日本植民地探訪」（大江志乃夫著）

この本を読んで考えさせられたのは、日本の植民地時代を知っているものと、敗戦のころから物心がつきはじめたものとの、意識のちがいというようなことだった。サハリン、南洋群島、満州（中国東北部）、台湾、韓国、北朝鮮（朝鮮民主主義人民共和国）など、旧植民地を歩いた著者の文章を読みながら、わたしは自分の無知さ加減をよく知らされた。

もちろん著者は歴史家であり、それも「岩波講座　近代日本と植民地」の編集委員であるから、歩いて行く先々での記述に歴史的素養が深くにじんでいるのは当たり前なのだが、台湾以外、ほぼおなじところを歩きながらも、わたしの場合、敗戦後の混乱の話のほうがよりなじみが深い。

それは、だれに会ってなにを聞いたかにもよるのだが、著者は別段、取材のために訪問しているわけではない。テーマは、かねてからの問題意識というようなものの反映である。この本の特徴は、著者が歩く道筋を追いながら、当時の日本の支配層の動きを理解できることにある。

たとえば、内地や台湾の憲兵がもっぱら軍事警察を任務としていたのとちがって、韓国の憲兵は政治警察を任務としていた、と紹介。その後、陸軍大臣・寺内正毅は、韓国駐箚（ちゅうさつ）憲兵隊長に、対露謀略工作に従事していた明石元二郎を任命し、その補佐役として憲兵中佐・山形閑を推薦した。山形はその後、少将まで出世したが、なぞの人物だった、という。

そのあたりを読むと、関東大震災のときの憲兵隊幹部たちが、韓国の三・一運動を弾圧して帰ってきていたことと大量虐殺との関係が類推される。

講座「近代日本と植民地」の編集委員でありながら、旧植民地の現地を歩いていなかった、との負い目から、七十ちかくになってから「探訪」しはじめた著者の心意気は壮とすべきである。書き出しが岡田嘉子と杉本良吉の樺太（サハリン）越境からはじまっているように、文章はやわらかく流露感にあふれている。（鎌田慧・ルポライター）

（新潮社・1600円）＝1998年8月13日②配信

変容する顔の社会的な役割

「顔学への招待」（原島博著）

三年前に「日本顔学会」が設立された。ことし一月現在で、会員数は約六百人、歯科医や美容関係から工学、心理学、医学、芸術、人類学、社会科学などの研究者に加え、「そのほか」の会員が二五％もいるのが特徴という。

このことからも、「顔学」が、さまざまな角度から顔を研究する学問らしいということはわかる。と同時に、ちょっと趣味的な学問というイメージもつきまとう。

本書は小冊子ながら、顔学がどんな学問であり、何をめざそうとしているのかを、簡単明りょうに教えてくれる。

顔学会のまとめ役的な中心研究者の一人である著者は、この学問の奥行きの深さを語り、また二十一世紀の科学技術や文化・社会を先取りする性格をもつものだと説く。

では、なぜ、いま顔学なのか？　人間の顔が大きく変容しつつあるからだ。たとえばアムロ系の小顔ブーム。食事や生活の変化に伴って、日本人の顔が変わってきているというのは事実だという。とはいえ、ヒトの顔が解剖学的に、そんなに急激に変化するわけではあるまい。大きく変容しつつあるのは、顔が果たす社会的な機能や役割であり、その背景にメディア技術の急速な進歩がある。マルチメディア時代とは、顔が見えすぎるとともに、顔が見えにくくなる時代だともいえる。著者は、テレビ電話をめぐるコミュニケーション工学の研究から、「顔」の一筋縄ではゆかないデリケートな役割に気づいたという。最も複雑微妙な、究極のインターフェースこそ、とりもなおさず人間の顔なのであった。

顔を科学する難しさ面白さは、主観と客観を分離して研究できない点にある。素粒子や惑星を相手にするのとは違って、感覚的な印象とか表情や意図の解釈を排除したら、顔の科学は成り立たない。

そこには、生物学的なヒトの顔に加えて、社会的・文化的・芸術的・メディア的な価値判断も重なってくる。学際的な、新しい方法論が期待されるゆえんである。（沼田寛・サイエンスライター）

（岩波科学ライブラリー・1000円）＝1998年8月13日③配信

2万通の履歴書を送る悲劇

「大量リストラ時代」(吉弘香苗著)

「ニューヨークタイムズ」の調査によれば、失業の経験者と未経験者では歴然たる差がある。「もし次のことによって仕事を続けることができるなら…」という仮定で、幾つかの設問が続く。

「休暇を減らす」七一%と八〇%。「手当の減少」五三%と六九%。「上司に逆らわない」四九%と六六%。「給料の減少」四四%と五九%。いずれも後者の数字の高い方が、失業経験者の「イエス」のパーセントである。実に哀(かな)しいではないか。

この数字を紹介しながら、著者は「意見の主張が美徳であったアメリカ人の思考法を変化させてしまうほど、過酷なダウンサイジングがアメリカ社会に及ぼした影響は大きい」という。

本書には二万通を超える履歴書を送った事例が出てくるが、失業の恐怖はサラリーマンをして会社へのたくさんの譲歩を同意させるのである。

平均株価が九千ドルを超えることに象徴される近年の米国は、その好況のかげで、富める者と貧しい者との途方もない格差の拡大をもたらしていることは、わが国でもひろく知られている。

程度の差はあるにしても先進諸国のサラリーマンの職場生活は似たような条件のなかにある。

終身雇用や年功賃金が日本の特徴といわれるが、労働経済の専門家の調査によると、実は普通のサラリーマンの場合は、どこの国でも同じ会社に長く勤め、経験と技能の向上によって賃金が上がるのであって、それは世界に共通したことである。だからどの国もリストラのターゲットを、賃金の高い中高年にしぼる。

著者は、会社の「ダウンサイジング」によるサラリーマンの受難の日々を中心とした米国の出来事を「日本でも起こりうること」として、そのさまざまな「経験」と「事例」を紹介しながら「警告」を発する。そして同時に新しい生き方を選び直す強さをもつことを呼びかける。

著者がいうように、会社と自分の人生を重ね過ぎないほうがよいのだ。(中沢孝夫・経済評論家)

(現代書館・1500円) = 1998年8月13日④配信

おじさんの理想の女性像

「紅一点論」(斎藤美奈子著)

子供のころ、よく男の子と一緒に遊んだ。だが「ウルトラマンごっこ」に私は入れてもらえず、女の子の輪に入って縄跳びをした。隣ではアンヌ隊員の役をふられた女の子がうれしそうに笑っていた。席は一つしかなかったのだ。「世界は、たくさんの男性と少しの女性でできている」

本書は、日常のあらゆる場面でおなじみになっているこの構造を、男女別に色分けされたテレビアニメ(著者はこれを「男の子の国」「女の子の国」と呼ぶ)、それに女性の偉人伝をテキストにして読み解いていったものである。

のっけから笑ってしまうほど明快な分析が並ぶ。例えば著者は、女の子の国のヒロインを、ペットをつれた「魔法少女」と、ただ一人男に交じって闘う「紅の戦士」に大別しているのだが、そのどちらも結局は、おじさんの目から見た理想の女性像にすぎないことを、鮮やかに喝破する。

いわく「魔法少女は父親から見た理想の娘である」。いわく「紅の戦士は“職場の花”である」。そして「結婚もせず、子どもも産まない、セクシーな大人の女は、すなわち『悪の女王』である」。

なかでも極め付けはこれ。「男の子の国では変身とは、ずばり武装の別名だった。女の子の国は違う。変身とは武装ではなく化粧、パワーアップではなくメイクアップのこと。別言すれば、女の子の国でいう変身とはシンデレラの変身と同じ着替えである」

その通り!　いったい、これほどまでに男の子と女の子との〈力〉の質の差を端的に表した言葉があるだろうか。男の子にとって勝利とは、文字通り力で相手を圧倒すること。しかし女の子にとっての勝利とは、自分の魅力で相手を引きつけ、相手の心の扉を開かせることなのだ。男の子の国の武器は「科学技術」だが女の子の国の武器は「魔法」だというのも、あまりに的確すぎて力が抜けてしまう。

知ることは、変わること。そのための強力な援護射撃になる一冊である。(藤本由香里・編集者、評論家)

(ビレッジセンター出版局・1700円) = 1998年8月13日⑤配信

親愛に満ち繊細に事実語る

「評伝　中上健次」(高澤秀次著)

中上健次が四十六歳の、あまりに短い生涯を終えてから、はや六年の歳月が経（た）った。その間に作家論が次々と刊行され、全集が完結した。毎年八月には故郷の新宮でシンポジウムが開催されたりもしている。

作家というものは洋の東西を問わず、死んだのちひとたび忘れ去られ、しかるのちに華々しく再評価されるというのがこれまで定石であった。

もっとも中上の場合にはこれが稀有（けう）の例外で、生前からの周囲の熱い眼差（まなざ）しが、死後もいっこうに衰えることなく、いやそれ以上のものとなって現在に至っているといえる。

高澤秀次による本書は、故人と生前に親交のあった人物による、中上健次最初の評伝である。戦後まもない新宮で、複雑な家系のもとに生まれた中上が、どのようにして文学にめざめたか。上京して職業作家となったのちも、韓国からニューヨークまで、どのように世界中を回りながら書き続けたか。

著者は故郷を足しげく訪問し、関係者に面会を重ねることで、本書を上梓（じょうし）した。この企てが細心の注意を払う大変な作業であったことは、想像に足る。なぜならば、中上は生前みずからも明確に語っていたことであったが、被差別部落の出身であったからであり、作家となったのちの行動についても、関係者の大半がまだ生存しているため、プライバシー問題に抵触するからである。

高澤の筆遣いは繊細にして故人への親愛の情に満ちているが、それは眼差しが客観的に事実を押さえていることと矛盾していない。

一九六〇年代中ごろを新宿ですごした中上が、建設業の会社を経営する養父から、当時としては破格の仕送りを受けていたこと。大変な甘えっこで、内気な少年時代を過ごしたこと。従来の中上神話とは正反対の事実が次々と登場するので、読者は驚きの連続かもしれない。おそらくこの書物の出現をもって、中上研究は第一期を終えたといえるだろう。(四方田犬彦・明治学院大教授)

(集英社・2000円) = 1998年8月13日⑥配信

平凡な人の感情を浮き彫り

「岬」(チャールズ・ダンブロジオ著、古屋美登里訳)

ミニマリスト的でありながら、スケールが大きい—新鋭ダンブロジオの第一短編集「岬」が与えたのは、こんな矛盾した印象だった。

ミニマリストとは、もちろん一九八〇年代後半にアメリカ文壇を席巻（せっけん）した、日常の題材を細やかに語る作風の短編作家たちを指す。たいていは大学の創作科出身で、授業を通して細かな観察と描写を仕込まれたがゆえの作風である。

著者も創作科出身。リアリスティックにアメリカの現代生活を扱いつつ、上手すぎるほどのテクニックを随所に見せる。しかしスケールの大きさをも感じさせるのは、その語りの声や題材の幅広さと、喚起する感情の幅広さゆえと言えるのではないか。

たとえば少年が一人称で語る短編が二編ある。「岬」では、パーティーで飲んだくれる大人たちを少年の目から描き、若さに似合わない諦観（ていかん）すら感じさせる。「ウシガエル」は、少年の初体験の物語だが、背伸びした少年の姿がユーモラスで、何とも懐かしい。

あるいは、夫婦関係の亀裂を扱う短編がある。「ジェイシンタ」は子供を亡くして以後、すっかりうまく行かなくなった若い夫婦の物語を、主に妻の目から描く。「リリシズム」は、全く違った季節と場所による二つのエピソードを夫側の視点から語り、彼の孤独感がまわりの風景や季節と重なっていく。

このようにどの短編の主人公も異なる個性と背景を持ちながら、それぞれに存在感を感じさせる。そして見事に情感を盛り上げてくれる印象的なシーンの数々、特に自然描写が効果的だ。「彼女の名前」において、山火事を背景に愛する女性を海に沈める水葬のシーンは、この短編集の中でも特に忘れがたい。

平凡な人々の感情に深く踏み込んでいること、しかも舞台が主にワシントン州であることからも、著者にはレイモンド・カーヴァーを彷彿（ほうふつ）とさせるものがある。久々に「本物」を予感させる短編作家の誕生である。(上岡伸雄・明治大助教授)

(早川書房・2300円) = 1998年8月20日①配信

デジタル社会のあるべき姿

「未来地球からのメール」（エスター・ダイソン著、吉岡正晴訳）

この本は、コンピューター、インターネットについての著名なジャーナリストであり、有力なビジネス・コンサルタントでもある米国のエスター・ダイソンが昨年出版した「リリース二・〇」の邦訳である。

二〇〇四年という近未来のデジタル社会をリアルに描きながら、インターネットにおけるコミュニケーションやコミュニティー、ビジネスや法制度のあるべき姿をわかりやすく説いている。

この本の眼目は、インターネットにおける管理、知的財産、コンテンツ管理、プライバシー、匿名性などを論じた真ん中の部分だろう。これまでもこの種の課題は繰り返し議論されてはきたが、専門家やビジネス関係者が狭い業界の土俵の中で密談するようなものが多かった。

しかし、ダイソンの話は、一般の人々にわかりやすいと同時に、業界の慣習などにとらわれず、インターネットをめぐる多様な実践の経験に即し、基本的な枠組みから再検討をしているという意味で、革新的だ。

たとえば、デジタル社会の発達とともに知的財産という商品で稼ぐということは徐々にできなくなっていくだろうとか、今後は個人やプライバシーという概念自体が変化していくだろうといった指摘は、とても説得力がある。

私は、著者が冒頭で記しているとおり、この本を「アメリカ的」だと感じた。それは、デジタル情報技術が生み出したサイバースペースという広大な情報空間において、人々が自由と民主主義を重んじながら活動していくための組織や規則を自らの手でデザインし、失敗したらまたやりなおし、未来の航路を決して見失わないフロンティア精神に満ちているからである。

ダイソンはデジタル社会のデザインに、読者自身が参画すべきだと繰り返し言う。この本はインターネットに関心があるかないかを超えて、今自分が生きている社会を変えていかなければならないと感じている、より多くの人々に読んでもらいたい一冊である。（水越伸・東大助教授）

（集英社・2800円）＝1998年8月20日②配信

自由の縮小と管理の強化へ

「精神病院の起源」（小俣和一郎著）

本書は、臨床精神科医であると同時に「ナチスもう一つの大罪」「精神医学とナチズム」の著者でもある小俣氏による、日本の精神病院の系譜を本格的に論じた、おそらく日本でも初の書物である。

資料分析ならびに実地検分という地道な作業によって明らかにされる歴史的事実もさることながら、本書の魅力の一つは明治以降、精神病院に転化する各種施設の系譜を、その背景にある医療哲学、文化、社会構造に照らしながら大きく五つに類型化している点である。

その第一は、平安中期にまでさかのぼることができる密教系寺院であり、そこでは疾患を悪霊などの馮依（ひょうい）と見なし、これを水によって洗い清める滝治療が主であった。

第二は、鎌倉期の宗教改革から生まれる浄土真宗系の寺院である。そこでは呪術（じゅじゅつ）を否定した真宗の「神鬼不拝」の教えに呼応しながら、滝治療のような多分に呪術的治療ではなく、より経験科学的な漢方薬治療が主となる。第三は、同じく鎌倉期に生まれる日蓮宗系の寺院である。ここでは読経が治療の中心を占めていたが、筆者はここに現代精神医学でも採用されている「生活療法」の原型を見いだしている。

第四は、江戸期（十八世紀初頭）に大都市の江戸と大阪で設立された、漢方医による精神病専門の私設診療所である。その特徴の一つは今日で言う「保護室」の出現であり、その背景に筆者は近代化、都市化の加速を見ている。

第五は、一八七九年設立の東京府癲（てん）狂院の遠い前身がその典型だが、社会の周縁に追いやられた人びとの閉じ込め先である社会空間に誕生する施設である。

筆者は、これらの各種施設が明治以降、近代的な精神病院に転化していく道程を「アジール（一般社会から逃れてきた人びとを保護する場所）」の変容、すなわち、そこでの自由の縮小と管理・拘束の強化としてとらえる。この変容を扱うと予告された続巻も力作となるだろう。（市野川容孝・東大大学院助教授）

（太田出版・2800円）＝1998年8月20日③配信

奔放で残酷な自由な感性

「子どもの替え歌傑作集」（鳥越信著）

大学で教える。その授業時、ときおり学生にアンケートをとることがある。項目はいつも決まっている。子ども時代に読んだマンガは、いままで一番怖かった話は、いまでも覚えている替え歌は…などなど。

なかでも、替え歌についての回答が格段におもしろい。バラエティーに富んでいて、心底笑える。日本人のユーモア感覚はなかなかのもの。

そうした替え歌について、百三十九編を収録したのが本書だ。明治以降の子どもの替え歌を幅広く採集していて、子ども文化にとどまらず、社会学的観点からみても、その価値は高い。

著者は、ジャンルごとに具体例を示す。唱歌、童謡、歌謡曲、軍歌、その他、およびエッチな歌という六つの分野の順に。

たとえば童謡ではこうだ。「あかりをつけましょ　爆弾に　どかんと一発…」ではじまる「うれしいひな祭り」、「メリーさんは健康、けんけん健康…メリけんこ」と歌われる「メリーさんの羊」など、愉快でちょっぴり残酷な替え歌が、多数記録されている。

歌詞を読む。小声で口ずさむ。すると、歌の響きとともに、忘れ去られた過去が、読者の心のなかに、ふっとよみがえってくる。あの奔放で、また残酷でもあった、子ども時代の自由な感性が。

パロディーは、オリジナルを笑い飛ばしたり風刺したりする、いたって自由な精神活動の所産だ。しかし、オリジナル信仰の強い日本では、独自の文化として認知されにくい。この本が、その偏りを打開するきっかけになればと願う。

読後、やや不満に思ったのは、時代や世代の変化があいまいな点。時代のなかでの変化と、今日の平面でのありさまとが、より以上にクリアになれば、なおいっそうパロディーの普遍的側面や流行性がはっきりしたのではと惜しまれる。

とはいえ、子どもの替え歌を存分に楽しめる本だ。（竹内オサム・大阪国際女子大教授）

（平凡社・1900円）＝1998年8月20日④配信

哲学的考察をわかりやすく

「『ファウスト第2部』を読む」（柴田翔編著）

ゲーテを知ったのは「若きウェルテルの悩み」を読んだ十六歳のころだ。青春というものが決して希望にみちている時代ではなく、むしろ憂鬱（ゆううつ）で悶々（もんもん）としている時期だと気づきもしなかったころだ。

人は不安を抱いているときこそ、なにかに心を合わせたいと願う。同じように悩んでいる者がいる。そう感じるだけで心は解放される。

そして「ファウスト」を読んだ。第一部のはじめに「人間は向上する限り悩むものだ」という言葉を見つけ、くぎづけになった。

それは、わたしにとって「神の声」だった。言葉こそが魂をゆさぶる。そこからリルケ、カロッサ、ブレヒト、トラークルなどを知ることができた。

不安と焦燥の人生が、永遠に続くのではないかと呻吟（しんぎん）していたわたしは「ファウスト」の言葉（声）に救われた。

「詩」こそがもっとも古い芸術だ。「神の声」を伝達しようとする奉仕者たちから芸術は派生した。

本書は人間の生きていく根幹を探ろうとする「ファウスト」の哲学的考察を、わかりやすく説明解釈したものだ。時代背景やキリスト教想念の在処（ありか）を示し、奥行きの深い「ファウスト」を読みやすく開示している。

著者の、ファウストがドイツ近世、ゲルマン中世、古典ギリシャの歴史と国境を自由自在に越境する空間を堪能できるようにとの心配りは、ていねいな解釈で難解な部分も立ち止まらずに読み進むことができる。

今日の荒廃し混沌（こんとん）とした時代に、精神社会の高揚を問う本書のような書物が世に出されていく意義は大きい。時代が要求しているのではないか。そして小説の中にも「詩」がなければいけないと痛感した。

「ファウスト」をあらためて読みかえすとき、そばに置き並行して読みたい書物だ。（佐藤洋二郎・作家）

（白水社・2400円）＝1998年8月20日⑤配信

通俗と前衛との幸福な結合

「ブエノスアイレス午前零時」（藤沢周著）

日本文学の文体を変えつつある野心家・藤沢周が初めて手がけた「人情小説」の傑作であり、そして第百十九回芥川賞受賞作。

ダンスホールだけが売り物の、地方のうらぶれた温泉旅館で働くカザマは、団体のダンス・ツアーに加わって来ていた上品な老女・ミツコに出会った。彼女は盲目で、そのうえ時おり精神が混乱し、自分が南米のブエノスアイレスにいると錯覚して少々奇きょうな振るまいをすることがある。表題作ではこの二人の文字どおりささやかな交歓が、思わず泣けるいい話として本当に美しく描かれている。

藤沢周といえば、これまで文学の最前衛を走るラジカルな作風とダーティーな味わいで知られていた。

つまり、過去から未来へとつながっていく意味ある大きな流れ＝「物語」に個人を位置づけることは不可能だ、という認識が現代文学の特色だとすれば、まさに藤沢はその極北をいっていた。彼は一貫して「物語」の流れから切り離され断片化した「現在」だけを追求してきたのだった。

こうした「現在」へのこだわりが、今この瞬間に世界はどのように見えているか、という知覚作用への興味に結びついたし、また「現在」だけをせつな的に生きるチンピラやアウトローへの共感もかたちづくった。

表題作は、心身の障害をかかえ、若いころは横浜の売春婦だったとうわさもあるミツコが確かに過去、すなわち歴史＝「物語」を背負っている点において、しかもそんな彼女が実に魅力的に描かれている点において、藤沢の新境地といえるだろう。

もちろん感情移入のしやすい伝統的な小説へのたんなる後退ではない。藤沢の典型的な“チンピラ・キャラ”がカザマとして相変わらず健在なことからもわかるように、伝統的＝通俗的と前衛的との、一般に相反する二つの傾向がここでは幸福な結合をとげているのであって、いわばハイパー人情小説と呼ぶべきものに仕上がっているのである。（石川忠司・文芸評論家）

（河出書房新社・1000円）＝1998年8月20日⑥配信

強制収容所からの帰還の旅

「休戦」（プリーモ・レーヴィ著、竹山博英訳）

人間そのものと人間らしさの抹殺が徹底的に行われたアウシュヴィッツ。そこでの体験は、著者に理解できない、理解してはいけない極限の状況だった。それは「普通の人間」が、世界の胎内深く巣くう決定的な悪の種をまいた、最初の行為だったのだ。

彼はその悪夢を人々に知らしめる意志だけで生き延びたイタリアの化学者であった。前著「アウシュヴィッツは終わらない」で、「夜と霧」と並ぶ、ファシズムの本性をえぐる記録を残している。「休戦」は一九四五年一月、ドイツ軍が敗走した後、強制収容所に病気のため放置された囚人たちが帰還する長い旅の物語である。帰還とは、死の世界から普通の生の世界へ、魂を打ち砕かれた者が再び人間へ、と戻っていく過程を意味する。

実際には八カ月に及ぶ、ポーランド、ロシアから中欧の国々を経てイタリアに至る、あらゆる意味での飢えを必死で満たそうとする人間たちの、悲しくも魅力的な混沌（こんとん）の旅であった。

ロシア人の官僚組織にほんろうされて見通しの立たない旅とはいえ、終戦の喜び、新たな自由に酔う彼らに好感を持つのは、ドイツ人の機械的組織との差からか。まだ冷戦前の休戦期間だったからだろうか。多民族、多言語の旅の中にあっても、心を通わせあう方法はさまざまあり、人それぞれの個性は、死を免れた目にいっそう鮮やかで、ユーモアすら交えて描かれる。

「いつも戦争だ」という冷酷なエゴイスト、ギリシャ人のモルドや、天才的な詐欺師で夢想家のチェーザレ、あるいは生と死の薄い皮膜の間で口もきけずに生き、そして死んだ三歳のフルビネク、そのほか彼の周辺の人間は、どんな人間であっても意味を持たない者はいない。

人間的接触という良質の好奇心が、彼に生きる意味を取り戻させる。かくも人生の休戦は幸せな冒険だったのだ。しかし収容所以外の現実は夢だという深い不安から解放されることはなかったのだろう。六十八歳で自殺した。（中村輝子・立正大客員教授）

（朝日新聞社・2400円）＝1998年8月27日①配信

時間なく決定迫られる危険　「情報革命という神話」（ジョアンナ・ヌーマン著、北山節郎訳）

原著には「メディア技術は国際政治を動かしているか」との副題がついている。地球上、いつでもどこからでもテレビの現場中継が可能になった現在、メディアは国際政治や外交を動かすだけの影響力を持ち始めた、とだれもが考えている。

しかし著者は、そんな常識を「神話」だといい、それに「一撃を加えること」がこの本の最終目標だ、と書いている。

著者にいわせれば、政治や外交にメディアが介入し、影響を与えるようになったといった指摘は、これまで繰り返し行われてきたこと。メディアが国際政治を振り回すほどの力を持つとすれば、それは政治指導者が十分な指導力を発揮できないときのこと、と断じている。

その主張を裏付けるために、著者は南北戦争から一九九〇年代のソマリア介入やボスニア紛争に至るメディアの歴史を振り返り、政治や外交とメディアのかかわりを跡付けている。

著者のいう通り、電話やラジオが発明された時代に、それぞれ新しいメディアの持つ影響力が過大評価されたことは確かだろう。テレビ、電子メディアに対する評価に共通点を見つけることもできる。

しかし現代の問題は、メディアがメディアそのものの影響力を超えた力を持ち得るところにあるのではないか。情報の伝達速度が極限まで速まり、政治家や政策決定者は熟慮する時間もなく決定を迫られる。そこにメディアの予測できない危うさがある。

むろん政治指導者が十分な指導力、見識、信念、ビジョンを持ちあわせていれば、テレビ報道にあおられることは少なくて済む。しかしすべての指導者にそれを期待はできない。だからこそ、単に「神話」として片づけられない問題が、ここには含まれているように思われる。

一世紀半にわたる米国のメディアと戦争や外交とのかかわりがエピソード中心にまとめられていてわかりやすい。著者は「USAトゥデイ」紙の外交担当記者。（藤田博司・上智大教授）

（柏書房・2800円）＝1998年8月27日②配信

平凡を守る戦後の価値問う　「大人のための教科書の歌」（川崎洋著）

戦後の音楽教科書に掲載された代表的な六十六編の歌の詞と楽譜に、思いのこもったエッセーが添えられる。戦後教育のなかで育ったものには、実に楽しく懐かしい一冊なのだが、楽しいだけで終わらせていない。

戦後民主主義を否定する声も上がりつつある現在、民主主義教育を支え続けてきた教科書の歌にスポットを当てる意味は大きい。「軍国少年」だった音楽好きの詩人、川崎洋を通して、子供たちの戦後がゆったりと浮き彫りにされる。著者にとっての「戦後」は、「敗戦」による価値の転換がもたらした、日々の平凡を守ろうとする新しい戦いに等しい。

「夕焼け小焼け」の項で、戦時中の替え歌が紹介されている。〈夕焼け小焼けで　日が暮れない／山のお寺の　鐘鳴らない／戦争なかなか　終らない／烏もお家へ　帰れない〉。この〈夕焼け小焼けで日が暮れない〉は、空襲で燃えあがり、赤い夕焼けのようになったままの街空を指したという。したたかでもの悲しい、子供たちの歌声の響く反戦歌として紹介している。

対照的な項に「ふしぎなポケット」があった。〈ポケットの　なかには／ビスケットが　ひとつ…〉。まど・みちおの作詞である。

まどの詩については、北原白秋ら明治の詩人の興趣に遠く、短詩型文学の伝統とはおのずと離れて生じたもので、そのうえ現代詩臭がなく、童謡の枠もするりと抜けた詩の手ざわり、と評している。ライト・ヴァースとしてとらえたまど評には、戦後の、浮遊してやまない言葉のありようが象徴される。

著者は、その優しい言語空間をふたたび押し殺そうとする、時代の動きを危ぶんでいるようだ。

〈夕焼け小焼け〉の替え歌を、戦時中の反戦歌と受けとめる著者は、豊かで自由な空気を吸って育った大人たちに、大切な故郷である「戦後」を忘れるなと呼びかける。それが、懐かしいメロディーに乗った呼びかけゆえに、ふと足を止めて耳を傾けていた。（佐伯裕子・歌人）

（いそっぷ社・1600円）＝1998年8月27日④配信

情報の格差と弱者に目配り

「インターネット2」（村井純著）

「Mr・インターネット」「Webの伝道師」として知られる“ムラジュン”氏によって三年前に書かれた「インターネット」の続編。副題に「次世代への扉」とあるように、二十一世紀に向けた問題解決指針を掲げた応用編である。論点が明確で、視点にブレがない点は、前作と同じ。教科書っぽい印象が強かった前作に比べて、今回はアクチュアルな関心を強くそそられる好読み物となっている。

まず、インターネットをめぐるビジネスや犯罪実態を具体的なケースに沿って明らかにしつつ（一〜五章）、家庭や学校の情報化に有効な次世代インターネットの可能性を問い（六章）、最後に「すべての人に」（第七章）と銘打って「情報格差」をなくすべく、理想を語る。

しかしながら、いったい「情報格差」とは何か？情報面でのハンディキャップを負う「情報弱者」とはだれか？

この難問に対して、ムラジュン氏の目配りは、なかなかに行き届いている。視覚障害者・高齢者・被災者など、双方向通信する「見えないライン」のどこかを寸断された人々が、主体的にブレイクスルーをはかることが、最優先課題なのだ、と。

すでに過疎の村、富山県山田村では、パソコンと回線を全希望家庭に無料配布し、ネットを基盤にした村づくりを推進している。インターネット導入をきっかけに、全国から多くの大学生ボランティア「パソコンお助け隊」が集まり、村民との交流イベント「電脳村ふれあい祭」を成功させてきている。若者と村民とが定期的にオンライン・オフライン双方で交わる魅力は、利権バラマキ型土建事業に百倍する波及効果をもつ。

まさに、これまで機械音痴・メカ音痴と呼ばれてきた無関心層こそ、インターネットを駆使することで、大きく変身する可能性を秘めているのだから。それは、若者におけるポケベルや携帯電話以上の「楽しみながらのメディア革命」を、すべての「情報弱者」たちに、もたらすはずだ。（藤本憲一・武庫川女子大助教授）

（岩波新書・640円）＝1998年8月27日⑤配信

帝の呪縛を解いた革命家

「太公望（全三巻）」（宮城谷昌光著）

太公望、本姓は羌氏、名は呂尚。殷王朝の支配力ようやくゆるみ、周が台頭してきた紀元前十一世紀、渭河のほとりで釣りをしていたところを周の西伯（のちの文王）に請われて軍師となった。そのとき七十歳余。西伯の子・武王の代になって、殷の紂王を討ち、天下をとって斉の国を領した。川柳にも「釣れますかなどと文王そばへ寄り」とある。日本では太公望、そのように知られている。が、それは伝説。

宮城谷昌光の太公望は、異民族・羌の族長の子。商王・帝乙の遺骸（いがい）に仕えさせるために、商王の子・受（のちの紂王）が行った「人狩り」をのがれ、女児を背に左右の手で男の幼児の手をつかみ、燃える林のなかを逃げる十五歳の少年時代から、物語が始まる。

復しゅうを誓って二十三年、文字を知り軍略をわがものとして、苦難のはてに周の文王と武王、二代をたすけて、「帝は神のなかの神、宇宙の支配者」とする商王朝を倒す。人を支配しつづけてきた神の呪縛（じゅばく）を解いた最初の人、「中国史の原点」となる「革命」をなし遂げた不屈の人である。

商の神々の頂点にいる帝を討てば、神々は力を失い、商王朝も倒れる。神力に縛られた人民は解放される。正義とは常に解放でなければならないとする太公望を支えるのは、上空に神々はおらず、世を治めるのは人であり、全世界を治める人にのみ天は命を下す、という思想。

著者は、悪女・妲己を愛して酒池肉林、中国史上の代表的暴君とされる紂王の「天帝」思想に、太公望の思想を対抗させ、断片的な史料と史料の間にあいた巨大な空間を想像力と構想力でうずめる。

うずめて太公望を「平和とはあるものではなく創るもの、多民族が寄り集まり、協力しあって理想の邦づくりに邁進する」たくましい行動者、魅力的な「男」に仕立てあげるのである。その「歴史講談」の妙は、司馬遼太郎のそれに匹敵するといっても過言ではあるまい。（井家上隆幸・文芸評論家）

（文芸春秋・各1762円）＝1998年8月27日⑥配信

平凡な外交官の非凡な相貌

「千畝(ちうね)」(ヒレル・レビン著、諏訪澄・篠輝久訳)

第二次世界大戦下、複雑な欧州情勢のなかで、目立たぬながら卓抜な動きをみせた二人の日本人外交官が存在したことを、われわれは戦後長いこと気づかずにきた。ストックホルム駐在武官の小野寺信と、リトアニア領事代理の杉原千畝。

とりわけ杉原については、ナチスのポーランド侵攻、ソ連のリトアニア併合の前後、彼の発行したビザで救われた多くのユダヤ人のあいだで早くから顕彰が進んでいたというのに、かつまた彼は一九八六年まで存命していたというのに、祖国日本では顕彰はおろか、その名も存在も周知されることはなかった。

杉原千畝の名が夫人の回想で知られるようになったのは彼の死後。そしてハリウッド映画の余光で「もう一人のシンドラー」とよばれるようになったのはごく最近のこと。

とはいえ、杉原がなぜ、祖国外務省の方針に大きく抵触しながら、数千のビザを来る日も来る日も発行しつづけたのか？　その疑問はその来歴とともに霧のかなたの感が残った。舞台がリトアニアという遠隔の地だったことも、杉原の実像をとらえにくくしていた。

だが、意外な場所で、しかし必然の糸で、杉原の正伝は紡ぎだされていった。著者は戦後生まれのアメリカを代表する歴史家の一人、ボストン大学教授、ユダヤ学研究所長とあれば、これ以上の伝記作者はないというほかはない。

杉原の生まれ育った日本をはじめその足跡を世界各地に追い、杉原の最初の夫人であった白系露人の老女と豪州の老人ホームでめぐりあい、杉原ビザで生きのびて各地に散ったユダヤ人たちの証言を探訪する著者の旅には、老齢化していく同胞になり代わっての献身の香りがたちこめる。

ワシントンなど各地に凍結されていた機密資料を解凍して読みとっていく歴史家としての冷徹で柔らかな視線とが相まって、二十世紀の混沌(こんとん)とした国際関係のなかを生きつづけた平凡な一外交官の非凡な相貌(そうぼう)がみごとに描きだされた力作。(井出孫六・作家)

(清水書院・2200円)＝1998年9月3日①配信

地上に存在した確かな印

「1941年。パリの尋ね人」(パトリック・モディアノ著、白井成雄訳)

一九八八年の十二月、著者のパトリック・モディアノは、一九四一年十二月三十一日付の新聞を読んでいて、ドラ・ブリュデールという名の十五歳の少女の尋ね人広告を見つけ、何カ月も考え込む。これが、発端である。

いったい、この日付や名前にどんな意味があるのか。ドラという少女は、有名な人なのか。それとも、著者と何らかの関係があるのか。

いずれも、答えはノーである。ドラは有名人でもなければ、著者と関係があったわけでもない。ただ、著者には、このとき、ドラ・ブリュデールに関して、もう一つ知っていることがあった。

一九四二年九月十八日に、パリのドランシー収容所からアウシュヴィッツに送られた人のリストのなかに、彼女の名前があったのだ。

この二つの日付と一つの名前。それを、たんなる記号と見なせば、そこで終わりだ。われわれの日常は、ほぼそのようにして、多くの日付と名前を過去に押しやっていく。

少し敏感な人は、この少女が、ヒトラーのユダヤ人絶滅計画の犠牲者だったことに気づき、嘆息をもらすかもしれない。しかし、モディアノの場合は、そこにとどまらず、名前と日付の背後に、かつてこの地上に存在した人の確かなしるしをとらえようとするのだ。

ここで決定的に重要なのは、ドラ・ブリュデールという固有名であり、彼女が、両親とともに生活していたホテルや、彼女がいたキリスト教系寄宿学校の場所である。

モディアノは、それらの場所を歩き、それらの場所にかかわる彼自身の記憶を呼び起こし、それを通して一九四一年から四二年という時間を呼び起こすのだ。そこから名と日付しか残さなかったドラの存在が浮かびあがってくる。

そして一人のドラの背後には、数え切れないほどの固有の名と生があったことにあらためて思い至る。ここには、歴史を決して数量の問題に還元しまいとする強い姿勢があるが、それこそが真に文学的な姿勢というべきだろう。(上野昂志・評論家)

(作品社・1800円)＝1998年9月3日②配信

幽霊に身体を求めたのは脳

「I KNOW YOU 脳」（養老孟司著）

幽霊は身体に由来する。幽霊には体がないというのが通説だが、じつは私たちの身体を理解する方法である。そんなことが書いてある。

人が死ぬ。体は残るが機能は消える。それが納得できないので、死体とは別に、機能だけ残そうとした。「それが幽霊である」

しかし、機能＝はたらきには本来形がない。「それに無理に形を与えたものが幽霊である」というぐあいだ。

鋭い指摘だ。幽霊を描いた図像には足がない。足があるばあいでも逆立ちの姿で描かれる。なぜ足なしで逆立ちなのかも、これで説明がつく。それらは、形（身体）なきものに形（身体）を与えようとした苦肉の結果なのだ。

こうもいっている。幽霊を発明したのは脳だが、幽霊に身体を求めたのも脳である。なぜ脳は、そんなにも体にこだわったか。理由はひとつ、脳が体の一部だからだ。「身体の一部である脳は、しょせんは身体を無視することはできない」というわけだ。

これまた、大いに納得できる。幽霊は個人的な存在である。カッパなどの妖怪（ようかい）は、共同体のだれにも見えるが、お岩さんの幽霊は、伊右衛門にしか見えない。しかし、だれもが、その出現に戦慄（せんりつ）する。こんなことも、幽霊が万人共通の身体的な現象であればこそ、生じるにちがいないのだ。

「唯脳論」などの著作で、新鮮な人間観を連発してきた解剖学者のエッセー集である。人間存在のややこしさを平易に語り、舌鋒（ぜっぽう）いよいよ快調である。「脳は、その中にないものを、ないと見なす臓器である」といった猛毒をはらんだ一行が、ちょいとしのばせてある。

人を殺してなぜ悪い？　テレビで、そう発言した若者がいたものだ。唯脳論的にいえば、彼は死体に接したことがなく、その脳味噌（みそ）には、殺人という行為はあるが、死あるいは死体という現実はなかったということになるかもしれない。いずれ幽霊よりも恐ろしいことであった。（倉本四郎・作家）

（かまくら春秋社・1400円）＝1998年9月3日③配信

生物学者の愉快な研究遍歴

「目玉かかしの秘密」（城田安幸著）

ひところ日本中の田畑や団地のベランダに、目玉模様のついた黄色いビーチボールのような不思議な物体がたくさんぶら下がっていたことを覚えているだろうか。あれが「目玉かかし」だ。鳥たちが大きな目玉模様を恐れることを利用して、鳥を追い払う仕掛けである。

本書はこの目玉かかしを発明した、ちょっと変わった、いやかなり変わった生物学者が、その愉快な研究遍歴をつづったものだ。

不思議なことに、チョウやガの幼虫の体や成虫の翅（はね）、熱帯魚の体、クジャクの尾羽根など、生物の世界には意外なほどたくさんの目玉模様が見られる。

著者によると、昆虫や魚の目玉模様は、捕食者を脅かして食べられないようにするために進化したものらしい。捕食者である鳥やけものが、目玉模様を見ると「驚かずにはいられない」ようにできているからだ。でも、どうして？

「どうして病」にかかった著者は、目玉模様の進化の研究にのめり込み、ついには何年もかかって本来白いカイコの幼虫に人工的に目玉模様を進化させてしまう。最近は化石からDNAを抽出する研究にも手を染めているらしい。

しかし、本書の「目玉」は何と言っても目玉かかしの開発にまつわるエピソードだろう。鳥たちが目玉模様を特に怖がることを発見した著者は鳥を殺さず環境を汚さない防鳥法に利用できると考えた。

そして乏しい予算と施設のなかで、自由な発想と行動力を武器に、しかも楽しく研究を進めて行く。その成果が目玉かかしだったのだ。

「どうして？」から始まった「役に立たない研究」が、実は大いに役に立った良い例である。常に鳥の立場に立って考え、鳥との共生を目指す著者の姿勢にも教えられるものがある。

それにしても、この目玉かかしが著者の知らないうちに製品化され、世界中で使われるようになったのに、著者の懐には何も入らなかった事実には驚かされる。世の中ってそんなものなのかしら？（幸島司郎・東京工大助教授）

（筑摩書房・1100円）＝1998年9月3日④配信

観念のひきつりとして把握

「ダイエットの歴史」(海野弘著)

やせたい、スリムでいたい。思春期の少女から年配の女性まで、現代女性にこうした願望はなぜ強いのか。女性雑誌を開いてみて驚くのは、ダイエットと痩(そう)身術の広告の多さである。ふっくらとした豊満な女性が長く男性によって愛(め)でられてきたのに、それが現在ではなぜそうであることがまるで罪のように語られるのか。

肥満になってはいけない、もっとスリムにならなければという強迫観念にひとがなぜこうもきつく金縛りになってきたのかを、いろいろな歴史資料によって分析したはてに著者が見いだしたのは、〈モダン〉と〈女性〉と〈アメリカ文化〉という三つの契機の折り重なる地点である。

そのなかで、十九世紀末まではダイエットが男性のものであったことが示される。男性は自分の意志で太ったりやせたりできるが、女性は身体に対して受け身で、自分の身体をコントロールできないのだというイデオロギーが長く人びとを支配してきたのだ。あるいは、超スレンダーなモデル(トウィッギー)の登場とピルの出現との時期的な一致が、性的対象としての自己成形から自由になるために脱セックス化しようというウーマンリブの運動を背景に解釈される。

ほかにも、栄養学、とりわけヴィタミンへの関心やケロッグに代表されるシリアル食品のブームとの関連、服飾の流行との共犯関係、さらには身体の膨らんだ部分へのオカルト的嫌悪やニューエージの精神世界との結びつきなど、たいへんに興味深い論点が次々と出てくる。

そして最後に、カレン・カーペンターの拒食症やジェーン・フォンダの攻撃型ダイエットにふれながら、過食や拒食を女性の存在の社会的コンテクストのなかでとらえず、個人の心のトラブルとみなすセラピストたちの視線を批判している。

ダイエットを人間の観念のひきつりとして文明史的にとらえたこの書物の背を飾るのは、「魂と体重計」という傑作な言葉である。(鷲田清一・大阪大教授)

(新書館・2400円)=1998年9月3日⑤配信

夢魔として定着された殺人

「光の雨」(立松和平著)

連合赤軍をモデルした小説であると、巻末に付記されてあるので、私は、当然のことながら、あの武装集団のリンチ殺人事件を思い出し、それをどのように小説化したかというフィクションの仕掛けに興味を持った。

仕掛けはなかなか凝っている。一九七〇年代の出来事を武装集団の幹部の一人が六十年後、つまり二〇三〇年になって回想するというのである。彼は八十歳の老人になっていて、死にかかっている。が、遠い過去の殺人は悔恨と夢魔となって彼を苦しめ安穏な死を与えてくれない。

アパートの隣りの部屋にいた青年とその友人の娘に向かって、彼は語り始める。すると、語ることが彼の慰めになり強迫となってくる。この辺り、巧みに読者を異常な話に導入して行く小説家の手腕はさえている。

「革命」のための同志を、「総括」という名目で、十数人も次々に殺害して行く凄惨(せいさん)な話は、平板なリアリズム描写で書かれたら、とても読めたものではなかったろう。もう感情移入ができない古びた過去の悪夢として語られたがゆえに、拷問も絞殺も刺殺も死体の陵辱も、読めるのだ。こういう事実を読める小説に仕上げたところに作者の手柄がある。

集団の長である青年とその恋人である女性の特異な性格が鮮やかに描かれているために、殺されていく人々の恐怖と屈服が、納得がいく結果として提示され得た。

連合赤軍事件を発生させた当時の社会的・思想的状況については、まったく述べられていない。「革命」はきわめて抽象的なものとして若者たちの心に巣くっている。

それは、すべての国や民族における「聖戦」が、平然と人を殺してきた歴史の象徴としてあるかのようだ。連合赤軍事件という日本の出来事が、一種普遍の意味を持ってくるところが、この小説の面白さである。(加賀乙彦・作家)

(新潮社・1900円)=1998年9月3日⑥配信

ナチスとの関係を明らかに 「ヴァーグナー家の黄昏」（ゴットフリート・ヴァーグナー著、岩淵達治・狩野智洋訳）

リヒャルト・ワーグナー（一八一三―八三年）は、言うまでもなくヴェルディと並んで十九世紀最大のオペラ作曲家である。彼の楽劇は後世に非常な影響を与え、今でも世界中に熱狂的なワグネリアンと反ワーグナー派がいる。

何しろ、彼は音楽論のほかに社会問題についても数多くの論文、論争を残したが、特にすさまじいのが一八五〇年の論文「音楽におけるユダヤ性」で、メンデルスゾーンをはじめとするユダヤ人音楽家をこき下ろしたものである。

さて、彼のひ孫、一九四七年生まれのゴットフリートの自伝の邦訳が出版された。

苦渋と反抗心に満ちた作品で、曽祖父（そうそふ）の音楽と思想はナチズムやホロコーストと深い関係があると考え、父や伯父や祖母たちがヒトラーと深い交友関係を結んでいたことを暴露し、しかもワーグナー一族がこの事実を戦後は見事に隠し続けていると糾弾する。

自分の肉と骨をも削るこの自覚と事実の追求を、いかにもドイツ的というか、ワーグナー的な徹底性で進めていく。これがワーグナー家の御曹司の自伝なのだ。

いわゆる父と子の世代間の相克などという生易しいものではない。戦後ドイツの徹底的罪責の告白と事実の追求である。バイロイトとアウシュヴィッツの関係を感じ取り、曽祖父自身がホロコーストの元凶の一人ではないかと考え出す少年期、青年期の潔癖さは、抑圧されてかえって鋭く研ぎ澄まされ、熱度を増す。

ワーグナー家とヒトラーとの厚い交友も、薄皮を一枚一枚はぐように明らかになる。反逆児はしかし、一族から追放され、ドイツ社会では食っていけなくされる。

しかし、著者ゴットフリートは負けない。驚いたことに、より深い愛とキリスト教信仰に生き、ユダヤ人全体との和解の実践を今、現在も行っている。自己主張も強烈で、息をのむような記録だ。著者と訳者とは「心を許す友」の間柄の由。周到極まりない訳文は見事である。（小塩節・フェリス女学院院長）

（平凡社・3200円）＝1998年9月10日①配信

論争呼ぶ男女の差異の分析 「セックスウォッチング」（デズモンド・モリス著、羽田節子訳）

本書を読みながら、ふと思った。著者がこの本の中でかなりのページ数を割いて言及している男女の「差異」について、どれほどの人が「厳密なる見極め」を求めているのか、と。多くは今もって差異は当たり前と考えているだろう。「差異」と呼ばれているものの中には、文化的に作られ、利用されてきたものも少なからずあるはずなのだが。

一方、差異を厳密に見極めようとする側であっても、動機は大ざっぱに言って二つに分けられる。差異を強調するためにそれを見極めようとするか、あるいは、共通性を見極めることによって、「差異」と信じられてきた「差別」をなくそうとしているかによって。また、そのどちらに立つかによって、本書の「読まれ方」も大きく違うだろう。

差異を強調する側は、男女は「平等だが異なる」という著者の考え方の後半部分を証明する調査・記述にスポットを当てるだろう。小さな子どものころから、男か女かによって遊び方が「異なる」というような。

他方、共通性を求める側は、差異を強調するために利用されてきた奇妙で残酷な通過儀礼についての著者の調査や記述にスポットを当てるはずだ。差異の多くは「何世紀にもわたって女が男に不当に支配された社会にくらしているので、生物学的なものと文化的なものとをわけるのがむずかしい」のだから。

著者は「裸のサル」や「マンウォッチング」などで知られる動物行動学出身のジャーナリストであり、影響力も大きい。それゆえにわたしは、本書についての「厳密なる見極め」を今は控えたい。

そうして、次のように提案したい。「新たな形の男女平等を求めて努力する人間の物語」として本書は書かれたと言うが、願わくば、全く同じ趣旨で女性が調査し、書いたものを読みたい、と。そうなってはじめて、わたしたちは両性から提示された差異と共通性についての「平等な」資料を手にしたことになるのだから。そう言った意味でも、論争を呼ぶ刺激的な一冊である。（落合恵子・作家）

（小学館・3800円）＝1998年9月10日②配信

塩ビごみの焼却禁止を提言

「検証・ダイオキシン汚染」（川名英之著）

東京・新宿の大気中のダイオキシン濃度はスウェーデンの都市の七十倍―。日本は環境、人体とも「世界最悪のダイオキシン汚染国」という現実にりつ然とする。汚染の実態や厚生省の怠慢、対策を求める市民運動の展開などを検証し、先進的なドイツを手本に、あるべき廃棄物対策を提言したのが本書である。

「史上最強・最悪の毒物」とされるダイオキシンは、発がん性、催奇形性、生殖毒性、免疫毒性を持ち、がんや死産・流産、子宮内膜症、精子数減少、アトピー性皮膚炎などの原因になると疑われている。母乳も汚染され、ごみ焼却場の周辺住民の血液から高濃度のダイオキシンが検出された…。日本にはこのような激甚汚染地が多いという。

なぜ、このような絶望的な状況になったのか。

ポリ塩化ビニールなどを使ったビニールやプラスチック類の生産・消費が激増し、大量の廃棄物が焼却されるためである。一般ごみ焼却炉からダイオキシンが発生することが分かった後、欧米諸国は一九八〇年代半ばから塩ビ類などを極力燃やさないよう対策をとってきたのに対し、厚生省は「無為無策で十三年間を空費した」と指摘する。

「できるだけ何もしない」行政の姿勢は薬害エイズそっくり。役人の「認識の貧困、勉強不足、使命感の欠如」に著者はがく然とし「日本人はダイオキシンによって滅亡の危機にある」と本書を執筆。

厚生省は大型ごみ焼却炉を広域的に整備し、二十四時間運転で焼却する計画を進めているが、著者は何でも燃やす廃棄物行政を大転換すべきだと強く主張。塩ビ類の焼却を原則禁止したドイツは、ダイオキシン発生量を年わずか四グラムに減らすことに成功した。 本書が緊急提案する塩ビ類の生産・使用・焼却の原則禁止、さらに包装容器ごみの大幅削減など、十二項目の対策は重要だ。手本となる循環型社会を目指すドイツの実践リポートも貴重で、ち密な取材と膨大な情報量には圧倒される。ダイオキシン告発の決定版である。（船瀬俊介・環境問題評論家）

（緑風出版・2500円）＝1998年9月10日③配信

悲しむ力を取り戻す重要性

「戦争と罪責」（野田正彰著）

本に巻かれた帯に、「悲しむ力をとりもどすために」とある。「戦争と罪責」という、きまじめで少し堅い表題をやわらげるかのようなやさしさだ。そして、このきまじめさとやさしさの組み合わせが、本書にたぐいまれな輝きを与えることになった。

精神医学者である著者が行ったのは、主に中国大陸で軍に従事し、戦争犯罪を犯した人々からの聞き取り調査である。軍医、憲兵、職業軍人、徴兵された人々。軍の中での位置はさまざまだが、筆舌に尽くせぬ戦争犯罪を犯した点では共通している。彼らのうち、ある人々は心から自分の犯罪を悔い、中国の人たちに謝罪しているが、他の人々はなかなか自分の罪に向き合うことができずにきた。

それらの証言を著者は、専門家らしく主観をまじえずに淡々と記述していく。だが、その淡々とした記述の、なんと感動的なことだろう。

自分になぶり殺しにされた中国人たちの悲しみを、勇気をふるって感じとれるようになった元日本兵がいる。また、捕虜となった元日本兵が「悲しむ力」を回復するまで、辛抱強く人間的な処遇を与え続けた多くの中国人がいる。証言のむごたらしさにしばしば本を閉じ、しかしまたすぐに開いて、結局一気に読み終えてしまったのも、こういう人間群像が私たちに深い希望を与えるからだろう。

基本的に「事実をもって語らしめる」手法をとっているが、精神医学的な分析としても秀逸である。虐殺を犯しても傷つかぬ精神を育てたこの国の文化を、著者は「権威的で暴力的」だと言い、「攻撃的」だと言う。それが他国との平和に通ずるはずはない。「他者の悲しみにやさしい文化を創らなければ、平和はない」からである。

きっぱりとした認識だ。それに比べ、「自虐史観」などという言葉のいかに薄っぺらなことか。悲しむべきを悲しみ、謝罪すべきを謝罪できてこそ、私たち日本人は自分に誇りを感じることができる―それを静かに伝える名著だ。（最上敏樹・国際基督教大教授）

（岩波書店・2300円）＝1998年9月10日④配信

百年前の視線を生きる試み

「アジェのパリ」(大島洋著)

百年前、ウジェーヌ・アジェが撮影したパリを、現代の写真家が歩く。写真集に残る建物や街角、広場や路地や運河に立つ。

撮られた場所を確認するだけでない。35ミリのカメラを構え、アジェが使用した大型カメラのレンズの深度を計算し、写真と対照しつつ位置を変え、そっくりのフレーミングを手に入れようとする。いわば、百年前の他人の視線を生きようと試みる。

無謀にみえる。視線は、ひとに固有のものだ。アジェの視線はアジェの視線、写真家の視線は写真家の視線だろう。そうでなくては、「私」と「あなた」の区別もつかないというものである。

ところが、ちがった。やってきたのは、まことに身体的・官能的な反応だった。歩き疲れて、理工科学校正門前のベンチで休む。写真集を開く。すると、当の風景のただなかに座っている。アジェを見て歩いていたはずが、いつかアジェが見た者になっている。百年前の視線に捕まってしまっているのだ。

「写真は定置網であったか」と、写真家は、みずからをマヌケな雑魚になぞらえ、書きつけている。この包囲から抜け出すには、写真を見ている位置まで移動すればよい。つまりカメラが据(す)えられた場所に。すると、「奇妙な感情はサーッと退く」と。

魔法みたいなものだ。呪縛(じゅばく)がとけたら、カエルは王子様だった。そんなことが、妄想ではなく生じるのである。写真家は、これらの体験を、身体感覚にふさわしい粘りのある文章で、微細に書きとめた。

視線の仕事としての写真と、写真にひそむ私たちの視線の不可思議な劇とを、定置網をしかける漁師さながらとらえてみせ、つぶやいている。ぜんたい「私」に固有な視線などあるものか?

かかった魚が雑魚ではないことは、いうまでもなかろう。これまでアジェの写真になじみのなかった者でも、パリの街歩きの楽しみを味わいながら、そう思うはずだ。(倉本四郎・作家)

(みすず書房・2800円)=1998年9月10日⑤配信

家族や自然への回帰願望

「啓太の選択」(坂上弘著)

戦後このかた、日本の家族は縮小する一方だった。高度経済成長の都市化の時代には、核家族が普通になった。国際化時代になると、さらに分散化の傾向を強める。

その過程で経済的には豊かになったが、失ったものも大きかったのではないか。国際的ビジネスマンの自己回復を題材にしたこの長編小説からは、そんな問いがくり返し聞こえてくるようだ。

まず、主人公・啓太の孤立がずしんとこたえる。長い海外駐在生活を終えて帰国すると、会社の事情が大きく変わっていて、次の仕事がないのである。定年も遠い先のことではない。いったい何のために働いてきたのか、と空疎で混迷した気分に陥るのだ。

その上、娘は外国に残しており、妻には妻の生があり、一人暮らしの父親との間もよそよそしい。家族はばらばらである。啓太はさながら「精神のあらしに遭って立ちつくしている病人」だった。このよるべなさは、昨今の日本人が多かれ少なかれ感じていることではなかろうか。

そんな啓太の救いが、同時入社組との山歩きである。特に父の郷里付近の東北の「胸刺村」に強く引かれ、信仰によって固く結びついた桃源郷のようなその小村を訪ねるのである。風の音や鳥の声を思わせる原自然的な音の出る石笛にも夢中になり、今まで「家族の和楽」を欠き「自分」がなかったと痛感する。

もうそんな状態になりたくないと考えた啓太は、アメリカ駐在の仕事を断ってしまう。会社よりも「この世で最もつながりの深い故郷」が大事だと思うのである。

この自然回帰や遁世(とんせい)願望は、型にはまり過ぎて通俗的な印象も与えかねない。しかし逆に言えば、会社と仕事一筋のために啓太の生活はあまりにも片寄り過ぎていたのであり、その分、性急に精神の平安を求めた結果だろう。

むしろ、人間関係や家族意識を切実に問い直すべき時期が来ているのであり、この小説はそれを説得力十分に描き切っている。(小笠原賢二・文芸評論家)

(講談社・3500円)=1998年9月10日⑥配信

現生動物との比較で推論

「恐竜解剖」(クリストファー・マクガワン著、月川和雄訳)

一片の化石骨から生きていた恐竜の生活を思い描くことは至難のことである。しかし著者は、恐竜と魚竜、翼竜などを現生動物に結びつく存在として、形態から生態まで現生動物との比較で肉付けしつつ、恐竜の骨格、視覚、聴覚、大きさと寿命、脳と知力などのさまざまな角度から検証している。

著者は魚竜の化石研究で多くの業績がある。魚竜の地道な研究は「現生生物を理解することによってはじめて絶滅した動物も理解することができる」という強い信念に関係しているようだ。想像による論理の飛躍がなく、理詰めで、まさに訳書名の“解剖”にふさわしい。

後段は魚竜と翼竜に多くのページを割き、魚竜の遊泳方法を現生のマグロやサメから推論。コウモリや戦闘機まで引き合いに出し、翼のある怪物「プテラノドン」の飛行と比較している。

つまり、海と空という特殊な環境に適応した魚竜、翼竜と同じ生態的地位にある現生動物を例に取り、絶滅した恐竜全体の生活を推論するのだが、説得力が強まるにつれて仮説は現実味を帯び、恐竜と現生動物の行動とのギャップが埋まっていく。

そして、終章は白亜紀末の恐竜の大破局のシナリオ。著者は、劇的な破局よりもむしろ生物絶滅の一般論を採用し、恐竜が全体として衰退期にあったこと、地球規模の火山活動と寒冷化などの環境の激変を挙げている。

エピローグでは始祖鳥と現生鳥類の類縁に触れ、「鳥類が獣脚恐竜の直系の子孫であることに、疑問の余地はない」と力強く結ぶ。

おりしも六月二十三日夕刊各紙は、中国東北部の遼寧省で、小型肉食恐竜「ベロキラプトル」と始祖鳥の間をつなぐ二種の羽毛を持つ恐竜の化石を発見したと報じた。記事も「恐竜は六千五百万年前に絶滅したのではなく、一万種類の鳥類に進化した」としていた。

嫌われ者のカラスも恐竜の末えい“カラスサウルス”となれば実に楽しいではないか。(安部義孝・上野動物園長)

(工作舎・4800円)＝1998年9月17日①配信

滑稽で素直な老いらくの恋

「埋(うず)み火」(ソール・ベロウ著、真野明裕訳)

ノーベル賞やピュリツァー賞を得た作家が八十二歳で書いた四十年にわたる初恋物語だが、甘さはみじんもない。大きな活字でわずか百八十ページの小説なのに、長編を読むような気にさせられるのは、それだけコクがあるからだろう。

簡潔にして的確な表現で半ダースばかりの登場人物をあざやかに描きわけ、笑いと含蓄に富んだ警句がちりばめられている。たとえば「隠居暮らしなんて幻想さ。努力の報酬ではなく危険な罠(わな)だ。死への近道だよ。ゴルフ・コースはあまりにも墓地に似過ぎてるじゃないか」。

ひとりの女を思いつづけてきた骨董(こっとう)商の主人公「わたし」もほかの登場人物たちと同じく、ひとすじなわではいかない。いくつもの影を持っていて、姿が日本人に似ている。脚は「北斎の入浴図から抜け出たよう」に日本人的だ。

「経歴とはつまるところ流浪のことなのだから」と信じる主人公は「別の文明に乗り換え」て、ビルマでの事業で一生食うに困らないほどの収入を手にすると、シカゴにもどり、高校のころにデートしたエイミとつきあいはじめる。この女もまた複雑な過去を持つ、魅力的なくせ者だ。

主人公の回想では「エイミの口紅のつけ方のつたなさも個性の一つだった。それこそ力そのもの一生身のはかない人間の美しさだった」。彼女の夫は女たらしで故人だが、主人公の親友だった。

作者は説明を省き、物語の流れや時間的な脈絡にとらわれることなく、登場人物たちのあいだを、過去と現在を自由に往(ゆ)き来して、滑稽(こっけい)でもあり、ときに素直でもある老いらくの恋を、無駄のない言葉で練りあげてゆく。さすがである。ベロウはアメリカでいまも最も注目すべき作家の一人であることを「埋み火」は証明している。

翻訳もまたこの傑作にふさわしく、じつに見事だ。一行一行に訳者の神経が行き届いている。(常盤新平・作家)

(角川春樹事務所・1800円)＝1998年9月17日②配信

日本型雇用の内実を分析

「雇用不安」（野村正實著）

大型倒産が相次ぎ、失業率が戦後最悪といった事態を迎えると、なんとなく不安が高まり、人々は財布のヒモを固く締める。そのことがまた個人消費を湿らせ、景気を一段と後退させる。それがまた…と悪循環にいたるのだ。

しかし数字は落ち着いて見る必要がある。倒産企業の負債総額は増えているが、ここ数年の倒産件数は一九七〇年代後半や八四年前後と比べると低く、倒産企業の従業員数も少ないのである。失業率も四％を超えてはいるが、景気は絶好調と評価される米国の失業率は日本よりまだ高く、欧州諸国ともなると一〇％近い失業率も普通である。

にもかかわらず日本はなぜかくも「深刻」なのか—。労使関係や雇用問題などの第一人者である著者は「先進諸国のなかで例外的に失業率の低かった」日本の雇用構造を分析しながら、現在の「雇用不安」の内実を、正社員を減らしたりする大企業の動きや規制緩和の動向などを通して丁寧に解きあかしている。

著者は「雇用・失業問題はたんに働いている人だけの問題ではなく、経済全体の要であり、社会の安定の基礎である。人びとが働いて生活を成り立たせていくという平凡な、しかし決定的に重要な営みは、あらゆる社会生活の前提である」としているが、まったくそうなのだ。

仕事の中身や賃金に必ずしも満足せずとも、さしあたって就労意思のある人間に職がある状態を「全部雇用」（完全雇用ではない）と定義するとのことだが、これまでの日本はその全部雇用だった。

その全部雇用を支えていた条件の一つは、景気の波によって労働市場に入退出をする低賃金の「縁辺労働力」としての女性労働力の存在であり、あるいは賃金をはじめとする大企業と中小企業の「処遇格差」であったりした。それに家族総出で働く自営業の存在も大きかった。

しかし最近の動きは全部雇用の条件を変えつつあると著者は言う。地味だが落ち着いて問題の所在を考えさせる書である。（中沢孝夫・経済評論家）

（岩波新書・640円）＝1998年9月17日③配信

システムとの闘争と逃走

「ファッションの20世紀」（柏木博著）

微妙なことだが、モードとファッションとは少し違う。モードは一般的に装いとか様態とかいうことだが、ファッションははっきり流行のモードである。だからファッションは時代やその社会の条件や人びとの欲望のかたちと直に結びついている。

産業社会が発達して人の集まる都市が栄え、生産者というより消費者が生まれ、大量生産がもたらす「数と凡庸」の世界のなかで、見知らぬ人びとの視線が意識され、それだけに新しさや違いが求められ、それが記号としてひとつの商品となるような、そういう時代の条件とファッションは不可分なのだ。

この本が「20世紀ファッション史」ではなく「ファッションの20世紀」と題されているのは、それがファッションというきわめて現代的な現象の多角的な検証を通して、二十世紀という時代のありように迫ろうとしているからだ。

まずファッションの生まれた消費都市パリが論じられ、ついで戦争から生まれた「標準服」や「国民服」が装いの意識にもたらした効果が論じられる。ファッションの本に戦争の話は似合わないが、指摘されるこのことは、衣服の社会的・主観的機能について多くのことをあらためて考えさせる。

後半は戦後のアメリカの消費文化のスタイルや、ドラッグ・カルチャー、そしてミニスカートの社会的意味や性表現の意識変化がとりあげられ、最後に川久保玲と三宅一生の仕事を通して、消費社会の市場システムの中で、システムとの闘争あるいは逃走を演じながらも、それによってシステムを稼働させずにいないファッションの、両義的なありようが示される。

それはたぶん、今世紀の文化ばかりか人間の基本的な運命だとも思われる。ベンヤミンやアドルノらの消費社会の批判を基本的には継承しながら、ファッションのポジティブな意味を保持しようとする、真摯（しんし）な批評性に貫かれた一書である。（西谷修・明治学院大教授）

（NHKブックス・1160円）＝1998年9月17日④配信

生き方の豊かさへの回路

「隣人記」(鶴見俊輔著)

大きな状況から発想しない。大物の動向に目を奪われない。日常から、自分の問題から考える。これが著者の思想の流儀である。しかし「自分から」の発想は、視野の狭さや自己中心性にもつながりやすい。どうすればよいか。

手がかりは、他者に、ただし身近な他者に求められる。隣人だ。隣人とのつきあいが生き方の豊かさへの回路を保ってくれる。

近所に新しくできた図書館について著者は言う。「自分のところにあるのと、ちがう本があっておもしろい」

自分と違うものに出合って、それを面白いと受け止める感覚。この本は全編、そういう面白さについて語られている。

でも、隣人って、本当にそんなに面白いものだろうかという読後感は残る。旅に出て、見知らぬ土地で体験されるようなスリリングな面白さを期待できないのは当然だとしても。

「私は自分の過剰な語り口を好きではない」と言う著者の文章は、簡潔で淡々としたものだ。それが、味わい深く感じられることもあれば、物足りなさ、突き放されたような気分が残ることもある。

京都に住み、京都好き・東京嫌いを自認する著者が物語る隣人の話に登場するのは、いきおい、京都の人が多い。今の住まいに越してきてから二十一年、道のゆききに言葉をかわす人は二十人をこえるようになったのだという。

実は、私は一年半ほど前に京都から東京に越してきた。京都に優しく東京に厳しい著者の言葉を、ただ痛快な気持ちで読むことは、以前のようにはできない。わが身を振り返れば、たしかに、道のゆききに言葉をかわす隣人は一人もいないのではあるが。

でも、近所にとても良いたこ焼き屋がある。熊谷真菜「たこやき」を紹介しつつ著者が言うところによると、「平成の真実はたこやきの中にあり」なのだそうだ。なるほどと説得力を感じて喜んだのは私だけだろうか。(藤野寛・高崎経済大講師)

(晶文社・2300円)＝1998年9月17日⑤配信

物語の奥に満ちている光

「ハシッシ・ギャング」(小川国夫著)

久しぶりの短編集には、三つのブロックに分けられて十一編の小説が入っている。

小説「悲しみの港」あたりからの、親しみのある、ですます調の文体は、作者に話しかけられているような感じを持たされるので、作者の生い立ちや、それにまつわることがらが語られると、素直に小説の中へ入ってしまう。

はじめの〈生徒会長〉の中の短編「若木さえ」は、小学二年生の「私」と、同じ組の女生徒と、その兄との、幼い者同士の心の通じあいを描いたもので、幼いながら、大人以上の思いが往(ゆ)き来する。

「私」は、時を異にして、その兄と妹の死に遭遇する。「私」の死に対する複雑な思いは、幼くして刻まれたのだ。兄妹は「妾(めかけ)」の子で、控えめな存在だけれど、「私」に影響を与え、彼に、絵描(か)きか小説家になりたいという「私」の意志を伝えることになる。

その彼との手紙のやりとりで、「私」の文学が芽生えていく情景は感動的だ。また、目立たない形で、「私」の母と、兄妹の母との肌合いの違いが描かれる。

後半の〈あの夕焼け、倒産の家〉の五編を読むと、連作短編ではないのに、作者の母親像が音楽的に広がって、音楽堂全体に響き渡るような印象を持たされ、「私」の命を救うことになる著名な医師の二重人格を見抜く少年像は心を打つ。

静かに、あまり変化もなく進行する物語の奥にそうした光が満ちている。

「小川国夫全集9」(小沢書店)に収められた、「或る過程」「遊子随想」に見る家族の肖像が小説化されることによって、内面深く負の部分まで曝(さら)け出されているのを感じる。

短編集の最後にある「求道者」に、ぼくは一番惹(ひ)かれて読んだ。そこには、小川文学の初期からの主人公名「柚木」が、唯一使われていた。(司修・画家、作家)

(文芸春秋・1619円)＝1998年9月17日⑥配信

天才の秘められた私生活 「ダリ」（メレディス・イスリントン・スミス著、野中邦子訳）

愛妻ガラの死（一九八二年）以後のダリは、ほとんど絵筆を絶ち、プボルの塔にこもって死をみつめる哲人となった。この時から世界の美術ジャーナリズムはダリとガラの伝記、総カタログ、回顧展の準備に入った。

八九年のダリの死を境として、すでに数種の伝記的著作が世に送られたが、九二年に出版された本著もその一つである。ダリの伝記は根本的には「わが秘められた生涯」をはじめとする、ダリ自身の著作に負っている。

伝記作者の仕事はまず、ダリの著作の真実と文学的神話化の部分を見分け、客観的事実をつなぎ合わせ、不明部分を独自に調査する。しかし、これは非常に困難な事業だ。

なぜならシュールレアリストの画家として高名なダリは一流の作家でもあり、その豊かな技巧的文体から事実と文学的表現を区別すること自体が難しい。さらにスペイン語、カタルーニャ語、フランス語、英語を混合したダリの文章を読み解かねばならない。彼の活動の場はヨーロッパとアメリカの広域にわたり、ガラの足跡はロシアのカザンの十九世紀末に始まるのだ。

もう生前の全ぼうを知る生存者はいない。一部を知る人々の証言は常に偏りがちだ。その困難を乗り越え大著を完成した著者の労をまずたたえよう。

亡兄の身代わりとしての出生、甘やかされた少年時代、詩人ロルカとの友情と別れ、なぞの女性ガラとの出会い、家族との葛藤（かっとう）、パトロンとの関係、栄光の日々と老衰の悲劇が淡々と語られる。しかし読後感は必ずしも晴れやかなものではない。

天才の私生活はすべて暴かれるべきものなのか。確かな証拠もなしに同性愛、近親相姦（かん）、不倫などが語られ過ぎる。翻訳は読みやすく、ダリの生涯への入門書として適切であるが、本書に興味を引かれた読者には、併せてぜひともダリの作品を自分の目で鑑賞することをすすめたい。芸術家の本質はなによりも作品によって理解すべきであると思うから。（新関公子・美術史家）

（文芸春秋・4268円）＝1998年9月24日①配信

資料駆使し林政史をたどる「日本人はどのように森をつくってきたのか」（コンラッド・タットマン著、熊崎実訳）

とても読みやすい本です。この本は「日本の森林は古代、中世と伐採が続く〈採取林業の千年〉を経て、近世の木材枯渇期を迎える。その木材が枯渇した近世では利用制限が行われる一方、造林技術の理論と実践が進み、人工林林業が起こり、土地利用制度も変化し、〈近世の育成林業の台頭〉の時期へ移る」。

簡単にいえばこんな筋立てで、とても分かりやすいし、訳文も流暢（りゅうちょう）だし、難しい単語もないなど、すらすら読める本です。

著者のコンラッド・タットマン氏は、日本近世史を専門とする学者で、つい先ごろまでエール大学の歴史学教授のポストにあった方です。

一九八一年から八二年までの一年間は日本に留学し、徳川林政史研究所に在籍して研究し、「日本林政史の基礎を学ぶことができた」と言われている、まことに熱心で謙虚な研究者です。

しかもこの本の訳者も極めて真摯（しんし）な研究者で、適切な訳語を探すため「タットマン氏が参考にした原典に一つ一つ当たった」ということです。

ただ私自身は最後の「なぜ日本では森林が残ったのか」（結論）のところで「江戸期の森林保全策が効果的であった理由を検討するに先立ってやや間違った通念を正しくしておくのが適当であろう」と指摘されている点に、疑念をもちました。

タットマン氏は、日本人の自然を愛する性向が森林回復の基礎にあったとする説に反対の意向を示されていますが、私はむしろ森林（自然）を畏（おそ）れ、敬い、親しみ、愛し、恵みに感謝する、といった古くからの日本人の心情が二千年にわたる日本の森の歴史の基礎にあるのでないかと考えています。

ここで自説を展開するのは場違いですから、この辺で止めておきますが、違和感は残ります。しかしそれはともかく、この本は淡々として読みやすく、論旨も簡明で分かりやすいので、皆さんの御一読を勧めます。（筒井迪夫・東京大名誉教授）

（築地書館・2900円）＝1998年9月24日②配信

強い非合理的なエネルギー

「生殖革命」(石原理著)

近年、試験管ベビーに代表される生殖技術の発達は著しい。本書は、実際に不妊治療に携わる臨床医学者によって書かれた数少ない啓もう書である。本書の最大の特徴は、臨床家らしいバランス感覚である。科学技術の発展を無条件に礼賛するのでもなく、生殖技術を危険視する人々の意見にも配慮しながら、議論を注意深く展開する。

クライアントの視点に立ち、妊娠の仕組みから不妊治療の過去と現実、先端技術を使った治療の実際、治療に際して体にかかる負担の強弱まで分かりやすく解説される。

さらに医療機関の問題点、法規制から日本人の宗教感覚まで、臨床医学者の目から見た生殖革命下にある社会の現状と将来像が描かれる。

著者が革命と呼ぶのは、生殖技術の発展により「人々の生殖に関する幻想が徹底的に破壊されてしまった」からだという。

しかし評者が感じるのは、多額の費用や労力、身体的負担というコストを払ってまでも「自分の遺伝子を持った子どもをもちたい」「出産体験したい」という非合理的なエネルギーの強さである。

近年、未成年の養子縁組が急減している。子どもを育てたいという欲求だけなら、養子でも満たされる。生殖技術を用いて産もうとするカップルは、ただ子どもを育てたいのではなく「自分の遺伝子」「出産体験」という神秘的価値にこだわっている。個人的な幻想によって集合的な幻想が破壊されるというパラドックスがここに見られるのだ。

著者は「個人の幸福を追求する自由」を強調し、生殖技術の発展を基本的に肯定している。医者は、個人の幸福実現を手助けするため、プラグマティックに対応すべしという立場は理解できる。

しかし「遺伝子を残したい」という欲望と「クローン人間を作りたい」という欲望の間に、果たして線が引けるのだろうか。出産に関する常識が揺らいでいる今、プラグマティズムだけでは通用しない時代になりつつあることを予感させる一冊である。(山田昌弘・東京学芸大助教授)

(ちくま新書・660円)＝1998年9月24日③配信

現代史研究の緊張が伝わる

「女が学者になるとき」(倉沢愛子著)

一気呵成(かせい)に読んだ。これは五十歳を過ぎたばかりの一人の女性学者の自伝である。この人の人生は書くだけの値打ちがあると思った。とにかく面白かった。

インドネシア、ベトナム、アメリカ、オランダ、そしてまたインドネシアを舞台に、研究の苦労話と外国事情と私生活とが縦横にからまりあい、息もつかせない面白さなのだ。

著者はインドネシア現代史の研究家である。大学院の一年目が修了したとき結婚し、それからインドネシアへ留学した。日本軍政の研究のため、毎日ジャカルタの国立博物館に足を運び、図書館で南京虫に太ももを刺されながら資料を読みあさった。

「けっこう優雅な毎日だった」と著者は書いているが、これは外国で研究生活を送った経験がある者には思い当たる節のある言葉だろう。

一九七三年、戦火のサイゴンで、日本語教師の口を見つけた夫といっしょに生活をはじめる。しかし一年半後、サイゴンは陥落。夫妻はその直前にサイゴンを脱出した。

三十歳のとき、アメリカの東南アジア研究のメッカであるコーネル大学の大学院に留学し、毎週数百ページの本を読まされるという厳しい訓練を受けた。著者は後年ここで、大きなおなかをかかえて博士論文を完成させることになる。

その博士論文の材料となったインドネシアでの調査の苦労話がまた興味深い。第二次大戦中、ジャワからシンガポールへ「ロームシャ(労務者)」として駆り出された老人に話を聞くくだりなど、現代史研究の緊張がひしひしと伝わってくる。

ところで個人的なことで恐縮だが、著者は私より少しばかり年上である。六八年の夏、大学二年生だった著者がはじめて中国を旅したとき、私は高校二年生で、全共闘や文化大革命に並々ならぬ関心をもっていた。自分の人生の軌跡をちょっと平行移動したら、この人の人生に重なり合う点がいくつもできたかもしれないなと思う。(広岡守穂・中央大教授)

(草思社・2000円)＝1998年9月24日④配信

米国人の美意識を浮き彫り

「ベースボール創世記」（佐伯泰樹著）

アメリカ人の土地に対する美意識がもっともよく表れているのは、地方都市にある州立大学のキャンパスかもしれない。広大な敷地の中に川が流れ、湖が広がる。リスや野ウサギの駆け回る木立が点在し、中心部には創立当時の校舎がそびえる。

「人工的な自然の楽園」とも言うべき設計は、かつて新大陸に渡った開拓者たちが夢に見たハートランドを体現しようとしているのだろうか。

本書が、前世紀ニュージャージー州に存在した人工の楽園イリジャン・フィールズに一章を割いているのは象徴的である。著者はそこでベースボールの試合が行われたことを重視する。

記録上あるいはルール上、特に歴史的な節目となる試合があったわけではない。この選択は、クーパーズタウンで野球が生まれたという創作神話がなぜ、世に広く受け入れられてしまったかについての考察と対を成している。

合衆国の中で人々が何を夢見たのか。本書は野球の誕生と伝播（でんぱ）を記しているが、いわゆる「野球の本」ではない。だれがアメリカン・ベースボールを考え出したかではなく、何がアメリカン・ベースボールを生み育てていったかを論じている。それはヒーローの物語ではなく、またアンチヒーローの物語でもない。

浮かび上がってくるのは、さまざまな論理とともに繰り返し語られてきた自由とか民主主義とかいう価値意識ではなく、そのもっと奥底にある人々の美意識とでもいったものだろうか。アメリカの精神史が野球を手がかりにたどられていく。従って野球に関する蘊蓄（うんちく）を期待して本書を手にとった人は、やや肩透かしを食らうだろう。

アメリカ文学研究者である著者の論述は当時の文学者やジャーナリスト、実業家の動向にまで及ぶ。専門家以外は耳にしたことのない名前も少なくない。予備知識のない読者にとっては記号の羅列に見えてしまう場合もあるだろう。その辺にはもう少し配慮があっても良かったと思う。（吉目木晴彦・作家）

（新潮選書・1100円）＝1998年9月24日⑤配信

戦争と革命の20世紀の苦渋

「青春の夢」（小中陽太郎著）

四百字詰め原稿用紙で千三百枚という物語をつらぬくのは、ひとことで言ってしまえば、明治の小説家、小栗風葉と、そのおいで、ヒトラー台頭期のベルリンでドイツ共産党員となり、治安維持法下の日本を生き抜いた小栗喬太郎、この二人の生涯ということになるだろう。明治、大正、昭和の三代にわたる青春とその挫折の物語である、と。

風葉はなまめかしい風俗描写で一世を風靡（ふうび）したが、やがて近代的自我に無自覚だとして文壇から葬り去られた。だが、著者は、迷いながらも自立へと向かう当時の女たちの姿を書きとめた風葉に光を当て、男中心の出世物語か、その反対の不平物語をこそ文学と考えた日本近代文学のゆがんだ根性をあぶり出していく。

まなざしを低くし市井の日常感覚から世界を見る、という姿勢は、おいの喬太郎に引き継がれたようだ。ベルリンの旧居を訪ね歩き、愛知県半田の親類縁者の聞き書きをし、残された日記や証言から喬太郎の足跡をたどっていく物語の後半は、戦争と革命の二十世紀の苦渋に満ちた絵物語だが、それがけっして散漫な羅列にならないのは、空理空論や大言壮語に陥らなかった喬太郎の抑制が、著者の胸にも響いたからかもしれない。

それにしてもなぜ著者、小中陽太郎は二十余年もかけて本書に取り組んだのか。著者の妻が喬太郎の異母妹だったという事情はあった。だが、それだけではあるまい。

本書のもうひとつの魅力は、NHKディレクターからコラムニストに転じ、ベトナム反戦運動にかかわりながら小説家となり、その後も作家の国際連帯運動に参加している著者の思想的歩みが率直に記されている点である。

先の、日本近代文学の男優位主義への反発もそうなら、喬太郎とその同時代人の「情熱の根源を見極めたいと思った」と本書執筆の動機を語りながら、「（歴史への）参加の実感こそ世にある証」であると書き記すあたりに、小中陽太郎という作家の心根がにじんでいる。（吉岡忍・ノンフィクション作家）

（平原社・5000円）＝1998年9月24日⑥配信

束縛の裏をかく女たち 「ハーレムの少女ファティマ」(ファティマ・メルニーシー著、ラトクリフ川政祥子訳)

モロッコの古都フェズを舞台にした、八歳の少女の目で見た女たちの日常生活の物語だ。そう書くと、おそらく読者はなんとなくわかったような気になるかもしれない。だが、読み進むうちに、そんな思い込みは小気味よく裏切られる。

むしろ読み手である私たちのなかには、いまだにイスラム世界の内側、ベールに隠された暮らし、といったイメージとして、彼女たちを「未知の世界」に閉じ込めておきたい欲望が、意識されないまま眠っているのではないか。この本を読んでから、私はそんな疑問にとらわれている。

過去百年以上にわたって西欧キリスト教世界を通して見た世界観をいや応なく学ばされてきた日本人にとって、これは新鮮な驚きや発見が随所にちりばめられている本だ。

「ハーレム」ということばひとつとっても、私たちが抱いているのは「権力を握った一人の男が多くの女性を囲っている後宮」といったイメージだが、そんな思い込みはさらりとくつがえされる。

イスラム世界では決しておろそかにされてはならないフドゥード(神聖な境界線)によって多くの不自由を余儀なくされながらも、女たちは束縛の裏をかく術を見事に発達させ、したたかに賢明に生きてきたこと、そして、いまも生きていることが少女の目を通して活写されていくのだ。

なかでも私を爽快(そうかい)な思いにさせてくれたのは、主人公ファティマの母方の祖母、農場に住むヤースミーナだ。町中に住む女たちよりずっと行動範囲が広く、馬を乗りまわしたり、自然のなかで生き生きと暮らす場面が、じつに印象的だ。とくに、大勢の女たちが川で競争しながら皿や鍋(なべ)を洗う場面は圧巻。

著者ファティマ・メルニーシーは一九四〇年ごろの生まれだろうか、著名な社会学者で、モロッコ、フランス、アメリカで学び、海外で初めて博士号を取得したモロッコ女性だという。目からウロコの好書。(くぼたのぞみ・翻訳家、詩人)

(未来社・2400円)=1998年10月1日①配信

強烈な自由への希求と不安 「自由へのスパイラル・ダンス」(洪信子著、兪澄子訳)

「自分探し」という言葉がもてはやされるようになって久しい。しかし、人が宿命的にまとわされる幾重ものエゴの層を一枚一枚はぎとっていき、自分の「本質」と呼べるようなものを体得しようとする作業が、ときに命すら奪われかねない実存的な危機と葛藤(かっとう)を伴うものだということを、これだけあからさまに著者自身の言葉で体験的に解きあかしてくれる本は少ない。

封建制のしきたりがいまだに強く残る韓国の片田舎で生まれ育った著者は、二十代の後半、自由をもとめてニューヨークに旅立ち、八年間の舞踏家としての鍛錬の末、はなばなしいデビューを飾る。

しかし、前衛舞踏家としての名声は彼女を真に満足させるにはいたらず、人生の意味を解明すべく、すべてを捨てて彼女はインドへと旅立っていく。彼女の旅は単に「俗」を捨てて「聖」に向かう巡礼の旅ではなく「聖」と「俗」との往復運動である。そこに私は現代性を見る。

とくにインドでのラジニーシやニサガダタ・マハラジといった精神的な師を通して、東洋的な「無我」の境地に「生きる」ことや「踊る」ことの神髄を見いだした彼女が、ふたたび世俗に戻り、結婚して子どもを産むくだりは、世俗にまぎれて暮らしている読者には興味深いものがある。

本書は韓国でベストセラーになったと伝えられているが、それは急速な近代化を推し進めた韓国人の魂の底で進行しているにちがいない、強烈な自由への希求と、アイデンティティーの喪失から生じる不安との葛藤のドラマを、著者のいわゆるスピリチュアル・ジャーニーが象徴的に浮き彫りにして見せているからにほかならない。そして、このドラマは日本人の魂の中でもいまだに進行している事態である。

著者は現在、ソウル近郊の村に住んでいるが、ビッグ・アイランド(ハワイ)の活火山の近くにも自分を見つめるための拠点をもち、世界各地で踊り続けている。(菅靖彦・翻訳家)

(フィルムアート社・2500円)=1998年10月1日②配信

土地と人々へのいとおしみ

「チェルノブイリ診療記」（菅谷昭著）

チェルノブイリ原発事故による、ベラルーシ共和国の放射能汚染地域に向けてのNGO（非政府組織）、日本チェルノブイリ連帯基金（JCF）が、長野県松本市に発足したのが一九九一年。

翌九二年、誘われるままに、私はJCFの派遣現場に数日遅れておじゃましていた。日本から二日がかりで到着した現地の病院では、信州大学医学部の先生方が寝食の時間を割いて検診に当たられていた。その中心に居られたのが、医学部第二外科助教授の菅谷昭先生であった。

チェルノブイリ事故で噴出したはずの放射性ヨード131の影響で、この事故は今後おそらく甲状せん障害（甲状せんがんなど）の著しい増加をもたらすだろう。そのことに「（甲状せん疾患の専門医としての）私の知識が、少しは役立つかもしれない」と直感していた菅谷先生は、JCF発足のニュースを聞いてすぐさま協力を申し出ていた。

その後、ベラルーシ行きを繰り返す中で先生は、ご自身の長期滞在による医療支援形態を模索し、九五年にとうとう、大学の職を辞し、翌年一月からボランティアとして、ベラルーシ共和国の首都ミンスクにある国立甲状せんがんセンターで被ばく者の治療に当たられ、少しどころか大いに役立ち歓迎されている。

日本と比べて、甘く見積もっても二十年遅れているというベラルーシの医療現場で、「このメスが日本でのようによく切れてくれれば、（自分の技術で）この子の手術跡を残さないでやれるのに」と菅谷先生はいとおしむ。そのいとおしみが菅谷先生の長期滞在を決心させたのかもしれない。

本書は菅谷先生の、ベラルーシという土地と人々に対する優しさに満ちた滞在奮戦記であるが、いとおしみだけの本じゃない。

読者は読み進めるうちに、見知らぬ国ベラルーシに行って、菅谷先生の友人たちとウオツカを飲んでみたくなっている自分に気づくだろう。（小室等・シンガー・ソングライター）

（晶文社・1900円）＝1998年10月1日④配信

無残に変質した革命の夢

「宿命」（高沢皓司著）

「われわれは“明日（あした）のジョー”である」

二十八年前、日航機よど号をハイジャックして朝鮮民主主義人民共和国（北朝鮮）に亡命した男たちが残した鮮烈なメッセージは、今も私の脳裏に刻み込まれている。ベトナム戦争、全共闘、バリケード、ゲバ棒…。あのころ多くの若者たちが社会の不合理に憤り、体制の変革を夢見ていた。そんな時「世界同時革命」を目指して三八度線の向こうに消えた赤軍派の九人はある種のヒーローだった。

本書は、そのヒーローたちの後日談だ。しかし単なる後日談ではない。彼らと同じ時代の空気を吸った私たちを打ちのめさずにおかない、戦慄（せんりつ）と悲哀と苦渋に満ちた物語である。私は最近これほど衝撃的なノンフィクションを読んだことがない。

恥ずかしい話だが、私はついこの間までさしたる根拠もなく北朝鮮での彼らの生活をこう想像していた。「赤軍派の連中はやっかい者扱いされているに違いない。乏しい食料に悩まされながら、幽閉同然の窮屈な暮らしを続けているのだろう」。その想像がこうも見事に裏切られるとは。

著者の徹底した取材で浮かび上がったのは、彼らの王族のような優雅な暮らしぶりだった。そして、その代償のように続くブレーン・ウオッシング（洗脳）。いつの間にか“明日のジョー”たちは、独裁者の意のままに動く忠実な戦士に生まれ変わっていた。

それだけならまだ救いがあったかもしれない。だが彼らが新たな対日工作要員獲得のため、ヨーロッパで日本人留学生たちを「誘拐」していたこと、九人のメンバーとその妻たちのうち三人が「粛清」されていたことなど、次々と明らかにされる事実の前にはもう絶句するしかない。

彼らが追いかけた革命の夢は無残に変質してしまったのである。この人間性の急激な喪失という点でオウム事件や連合赤軍事件との類似性に読者は気付かされるだろう。それは体制破壊を目指す集団の暗い宿命なのか。突きつけられた問いは計り知れず重い。（魚住昭・ジャーナリスト）

（新潮社・2300円）＝1998年10月1日⑤配信

現代語で描く洒落の世界

「猫の似づら絵師」（出久根達郎著）

文政時代といえばまさに江戸文化の爛熟（らんじゅく）期で、作者のあとがきによれば、「ありとあらゆる職種の花ざかり」の時代だった。世にも奇妙な商売として、作者は“耳垢（あか）取り”“猫のノミ取り”を紹介するが、欠けた瀬戸物、歯の欠けたげた、破れ傘、ちびたホウキなども修繕する業者やそれらを引き取って二次使用に回す商人がいたことも記している。

さて、文政期を背景とするこの連作小説に登場する人物は「猫の似づら絵師」の銀太郎と「貧乏神売り」の丹三郎だ。彼らはかつて貸本屋に住み込みで働き、「南総里見八犬伝」の筆写をし、さし絵をかいていたが、主人がバクチに入れあげ賃金を払わなくなったのでそこをやめ、貸本屋の顧客だった男に誘われ男の住む金時長屋の住人となる。

この男、垢だらけなので二人は垢餓鬼源蔵と呼んでいるが、うどんが大好きで夜中もうどん粉をこねている。

源蔵の入れ知恵で銀太郎は“猫画人・玉弥”という旗を掲げ、半紙と矢立を身につけて、猫の似顔絵かきを開業。丹三郎は、貧乏神の画像を家に貸し、二十二日目に厄払いの文句をとなえて画像を引き取るという貧乏神売りの商いを始める。

丹三郎の方はなかなか商売にありつけないが、銀太郎は浅草寺境内で行方不明の猫の絵五十枚を「きの」といういきな女から頼まれたのを手始めに、猫にまつわる珍妙な出来事にぶつかるようになる。

やがて「きの」も源蔵の家に住み込み、この四人がチームとなって、町の事件に次々にまきこまれていく―。

この四人は貧しく、のんびりした気のいい人たち。商売そのものが世間を洒落（しゃれ）のめしているように、彼らの言動もどこか滑稽（こっけい）で洒落ている。江戸後期の洒落本は会話に特長があるとされるが、現代語で描く洒落に作者の苦心が読みとれる。江戸気質で喧伝（けんでん）される「いなせ」と「きおい」よりこの小説に流れる「ぐず」と「とぼけ」の方がかえって表現し難いだろう。（寺田博・エッセイスト）

（文芸春秋・1429円）＝1998年10月1日⑥配信

勇気と賢さの知恵の果実

「アンジェラの灰」（フランク・マコート著、土屋政雄訳）

ジェームズ・キャグニーの映画というものがあった。人間はどんな環境にあっても賢く、優しく、威厳を持って生きることができるのだ、という主題による映画群だった。

けれども彼が生まれ育った環境はいつも極貧で、愛する家族や仲間に一杯の温かいスープを飲ませてやるために、あるいは自らの生きる誇りのために、結局は凶賊となって非業の死を遂げる。

それはいまの言葉で言えば、とびきり格好良く、世界中がまだまだ貧しく、しかしだれもが一生懸命生きれば幸福になることができるという夢を信じていた、そんな時代の、だから彼はヒーローだった。

この物語の主人公、フランク・マコート少年もキャグニーの映画が大好きだ。その当時の、お父さんが働いている子ならみんなそうであったように、彼もまた週末になれば、ママから金曜日の一ペニーをもらって、近所のリリックシネマに行って、キャグニーの映画を見たいと願う。だが彼は、キャグニーの映画をまだ一度も見たことがない。パパには仕事がなく、たまにあっても一週間分のお給料をみんな飲んでしまうからだ。

パパは酔っぱらうとアイルランド独立の闘士たちの歌を歌い、この国のために死ねと子どもたちに約束させる。でも幼い妹や双子の弟たちが死んでいくのはそんな立派なことのためじゃない。栄養失調やちょっとした風邪のためだ。家の中には共同便所のにおいが立ち込め、年中雨漏りのする部屋の中でママはコートで口を覆って泣いている。

でもパパはヒーローだ。赤ん坊が風邪で鼻を詰まらせればちゅっと口で吸って元気にさせ、ぼくのボロボロのズックの穴を大きなゴムタイヤを切ってふさいでくれる。キャグニーと違ってちょっとだけ勇気が足りないが、そんなパパがぼくは大好きだ。

この物語は懐かしい。歌がいっぱいで、ミュージカルのように楽しい。これは人間の勇気と賢さについての知恵の果実であり、人間って素晴らしいなと素直に信じさせてくれるうれしい書物である。（大林宣彦・映画監督）

（新潮社・2700円）＝1998年10月8日①配信

身体論から少年事件を分析

「『少年』事件ブック」（山崎哲著）

少年事件は学校事件、家庭での出来事、性をめぐる風景など実に多彩である。ここには一九九五年の阪神大震災およびオウム真理教事件を挟んで、それ以前、それ以後、現在までに起きた、たくさんの大小さまざまな少年事件が、山崎哲一流の角度から独特な刻みを入れられている。

山崎一流の角度とは、身体を視点としていることである。犯罪や出来事を身体論的に読み解いていく。いまや堂に入ったそうした手法が、当節はやりの心理的分析とはひと味違った批評性をこの本に与えている。他のどこよりもそこに注目したいと思う。

たとえば女子高生のブルセラ、援助交際について、彼女たちの心とからだに起こっている状況を、自分（自己意識）と身体の分離、つまり心身二元論的な分離状態の出現という観点でとらえようとしているのである。思わず立ち止まらざるを得なかった。

山崎は言う。彼女たちは、自己意識をからだの内側深くに退行させているのではないか。それゆえに彼女たちは、着けている下着を自分のからだの延長上にあるものとして感じられなくなっているに違いない。自分の性的身体をあっさりと商品として物化できるのもそのせいではないか。

こういう解釈は、実は少年少女たちが私たちに向ける、驚くほど無表情なまなざしのなぞを解くヒントを与えてくれるのである。私たちはあるとき知った。彼らの表層の無表情は、必ずしも内部の無表情の表れではない。内心は活発に動いているのであるということを。外見はちっとも内面の表れではないのだ。繰り返しこのような事態に出合ってきた者にとって、山崎の仮説は極めて魅惑的であることが分かるはずだ。

少年事件は少なくとも子どもたちに生じているこのような心とからだの関係性の変容（乖離＝かいり＝状態）を踏まえないでは、もはや分析不能である。劇作家および演出家として常に若い人たちの演劇的な身体とかかわってきた山崎哲の久しぶりの少年犯罪論を読者は存分に堪能するがいい。（芹沢俊介・評論家）

（春秋社・2100円）＝1998年10月8日②配信

芸術家として生きる権利

「ニューヨーク」（塩谷陽子著）

日本の芸術関係者の会議で海外の事例報告があると、「そういうやり方はわが国の生活風習になじまない」とか、「日本人にそんな考えが受け入れられるわけがない」という話になりがちである。

非営利の芸術団体への民間からの寄付に税控除を認めさせようとしたときも、高騰する美術展保険の負担金額を減らすために、国家補償制度を導入しようという提案がなされたときも、議論はひたすら「そんなことができるはずはない」という方向へながれ、「試しにやってみようではないか」という展開にはなっていない。

本書はアメリカ社会に実在する数々の芸術助成制度のあり方をわかりやすく解説しているが、それらはまさに「日本人の生活風習になじむはずのない」と決めつけられかねない、多くの示唆に富んだ、ダイナミックで臨機応変な、「プロ」の芸術家が必要とする助成制度の例ばかりだ。

著者はこれらの制度が「芸術は人間の心を豊かにするから大切だ」という、抽象的な美辞麗句によって支えられているのではなく、「芸術家は、現代社会の中で芸術家として生きる権利がある。だからその権利を守る必要がある」という、根元的なデモクラシー理念に裏打ちされていると主張する。

本書は芸術家が生き残るため、あるいは、社会が将来有望な芸術家を育てていくために必要なシステムを構築する上で、参考となる知恵の数々を紹介しているので、わが国においては、芸術助成制度制定のための具体的な参考書として読まれる可能性が大いにある。

そのとき忘れてならないのは、なぜこうした助成制度がアメリカ社会の中で成り立ち得たのかという問いかけであり、表面的にシステムをそっくりまねて、都合悪いところだけ日本式にした制度を作るようでは、著者の労作に報いることにはならないということだ。（岩渕潤子・美術館運営管理研究者）

（丸善ライブラリー・740円）＝1998年10月8日③配信

日本人の体に刻まれた歴史

「素晴らしきラジオ体操」（高橋秀実著）

先だって、私の住んでいる町の運動会に、五年ぶりぐらいで参加した。開会式直後のプログラム第一番は「ラジオ体操第一」のはずが、ラップに乗せた妙な屈伸運動。リズム感のよくない田舎のおっさん連中が無理してつきあわされている風景はつらかった。ラジオ体操を返せ、と思わずいいたくなった。

ラジオ体操。

あのメロディーがかかると、なぜか私たち日本人の身体は即座に反応してしまう。これっていったい何？　著者はそこを出発点として、ラジオ体操の歴史を追う。

アメリカの保険会社が広告戦略として始めたラジオ体操が、日本でも放送開始されたのが、昭和三年。保険思想の普及や死亡率の低下といった当初の目的は表むき姿を消し、新たに掲げられたのは、昭和天皇の即位御大典を記念して、集団的精神を培養することであった。

著者はラジオ体操に、神道のみそぎにつながる流れを見いだす。しかし、同時に、ラジオ体操は、人から命令されてするのではなく、自分から進んでできる感じがする、ある種の自発性をかもし出すものでもあった。やがて、非常時であるからこそ「愉快」な気分として、ラジオ体操は増殖してゆく。コタツ体操、満州国建国体操、農業増産体操、大日本国民体操…。

戦後、ラジオ体操もご多分にもれず、民主主義のふりかけをまぶして作り直される。新しいラジオ体操は、動作を転換するときにできるつなぎの一瞬の「間」が絶妙で、メロディーがかかると自然に身体が動きだし、終わるとなぜかすっきりしてしまう秘密はそこらあたりにあるらしい。

ともすれば、ありがちな近代批判の物語に収斂（れん）してしまうところを、著者が朝四時に起きて都内各地のラジオ体操会場を巡り歩いて集めた「ラジオ体操人」たちの生の声が救っている。

「ラジオ体操は毎朝するものだからするんです」

この循環的論理には、なかなかあなどれないものがある。（鵜飼正樹・京都文教大講師）

（小学館・1500円）＝1998年10月8日④配信

悪徳の果てに現れる本質

「ゲルマニウムの夜」（花村萬月著）

この小説は、人を殺し、かつて育てられた場所である修道院兼教護院に舞い戻った青年の、暴力と背徳の日々を描いた物語である。

青年・朧は、暴力と冒涜（ぼうとく）のかぎりをつくし、修道女を犯す。偽善と虚偽の殿堂と化しているカトリック系修道院兼教護院で青年がめざすのは、暴力と冒涜の果てに現れるであろう「僕の王国」である。つまり悪徳の果てに現れるかもしれない人間の本質との遭遇である。

ここには文学の原点とも言うべき「人間とは何か」という問題の追求がある、と私は思う。こういう一見、やぼな問題意識を持つことを現代の純文学作家は避けてきたが、やはりここに文学の原点があることは否定できない。

この暴力的な背徳小説が、昨今の純文学小説に欠けている物語的な要素と文学的エネルギーを兼ね備えた力強い作品であることは間違いない。そしてこの小説が、最近の貧血気味の純文学を活性化するものとして高く評価されたのも当然であろう。

ところで、第百十九回芥川賞を受賞したこの「ゲルマニウムの夜」という小説の出現は、著者・花村萬月がもともと大衆文学系の流行作家として知られていたこともあって、文壇的常識を覆す大事件となった。いまだに「純文学と大衆文学」という日本の文壇常識に安住していた人々は、これで純文学の牙城（がじょう）も大衆文学に切り崩されるのか…と錯覚した人も多かったに違いない。

むろん、これですぐに純文学が大衆文学化し、純文学という概念そのものが消滅し、やがて大衆文学こそが文学であるという時代がくる…と思うのは錯覚以外の何物でもない。著者・花村萬月は、大方の予想に反し、純文学を否定するのではなく、むしろ大衆文学作家の安易な文章感覚、文体感覚を批判している。

この小説が高く評価されたのも、言葉や文体、あるいは細部へのこだわりにある。この小説もある意味では物語的ではあるが、いわゆる大衆小説的な物語ではない。（山崎行太郎・文芸評論家）

（文芸春秋・1238円）＝1998年10月8日⑤配信

維新の暗部のすごみに迫る　「当てはずれの面々」(杉浦明平著)

人間、古希をこえると遠慮会釈なく物を言うようになるというが、この著者も快刀乱麻で、小異にこだわらず、臆(おく)することなく、直感を語り、独自の見解を述べているので実に気持ちがよい。

対象とした人物も「当てはずれ」の人びと、時代に入れられなかった翳(かげ)の人、奇人のたぐいで、それらを人を見る目の肥えた著者があざやかに描く。世に歴史を扱った書物は五万とあっても、これだけ濃い内容を楽しめる本は、そんなになかろう。

七編のうち、徳川慶勝、土方歳三、中江兆民の三人で、明治維新の舞台裏を縦横に活写している。

著者はこれらを「歴史文学」といって歴史叙述と区別しているが、森鴎外以来のテーマである「歴史其侭(そのまま)」でなく「歴史離れ」をしすぎるでもなく、極力史実をおさえながらも想像力を駆使して成功している。

漢文調の一次史料を文学的香気の高い現代文で紹介し、寺門静軒の「江戸繁昌記」の記述の訳など、原文より良いのではないか。時折はさんだ現代への風刺も利いている。吉原の情景描写などには敬服した。千島探検家の近藤重蔵の強烈な個性とその生涯もユーモラスだし、なぞの旅人菅江真澄の消息や交友などの描写は優しい。

尾張藩主で歴史の激流に翻弄(ほんろう)された徳川慶勝の叙述には詩情さえ感じられた。とくに謀略家岩倉具視らに手玉にとられ、多くの重臣を殺して維新の主役から転落する所など圧巻である。

歴史は非情で残酷だが、その急所は土方歳三の章でもくり返し描かれている。甘ったるい司馬遼太郎の「燃えよ剣」など問題ではない。杉浦氏の土方像は維新の暗部のすごみを出す手前まで迫っている。

中江兆民についてはその通りであろうが、史実の誤認もある。板垣退助は伯爵を一度拒否したが、それは憲法発布の二年前のこと。民主主義を日本に根づかせようと孤独な闘いをつづけたのは「兆民一人きり」ではないことなど、歴史家として蛇足をつけたい。(色川大吉・歴史家)

(岩波書店・1900円)＝1998年10月8日⑥配信

共産主義崩壊後の生を記録　「カフェ・ヨーロッパ」(スラヴェンカ・ドラクリッチ著、長場真砂子訳)

最近の激動のユーゴ情勢について書いている数多くの著者の中でも、特に光っている二人の作家がいる。その一人は、「バルカン・ブルース」(未来社)の著者ウグレシッチ。そしてもう一人が、本書の著者ドラクリッチである。どちらもクロアチアの戦後生まれの女性だ。

ドラクリッチには、以前にも「バルカン・エクスプレス」(三省堂)という著書があり、今回の「カフェ・ヨーロッパ」の場合もほぼ同様なスタイルの、主として現代バルカン情勢をめぐる評論集となっている。本のタイトルだけ見ると、ずいぶんしゃれた感じがするかもしれない。

実際しなやかな個人的スタイルは著者の繊細な感性を深く印象づけるものであり、一編一編がよくできた文学的エッセーか短編小説のように読める。しかし同時に、その内容は重くて手ごたえがある。

著者は旧ユーゴ圏の現状を見すえながら、ファシズムや共産主義の遺産といったイデオロギー的な問題を避けることなく、現代政治と文化のさまざまな局面に切り込んで行く。

取り上げられる話題は幅広い。ブルガリアのカフェに始まり、旧ユーゴ人の対ソ連・対ドイツ感情、クロアチアの独裁的大統領トゥジマンに対する辛らつな批判、共産主義独裁政権崩壊後のルーマニアやアルバニアの状況、虫歯に対する東西の態度の違い、北欧で暮らすボスニア難民の姿、農村社会から抜け出し切っていない旧東欧の「ぬかるみ」など、さまざまである。

しかし、その多くに共通して響いているのは、原著の副題ともなっている「共産主義以後の生」というテーマにほかならない。これは「死後の生」をもじった言い方だが、まさに旧東欧圏の人々は、共産主義崩壊後、一度死んでから生まれ変わるようにして、あらたな生を模索しているところだとも言えるだろう。

ドラクリッチは持ち前の行動力と文学的な感性によって、こういった状況を鮮やかなスナップショットのように記録することに成功している。(沼野充義・東大助教授)

(恒文社・2400円)＝1998年10月15日①配信

情報という新貨幣が流通

「シェアウェア」(金子郁容監修)

コンピューターの世界にはシェアウェアという形態のソフトがある。まったくの無料で使えるフリーウェアとも、金を払わなければ入手できないパッケージソフトとも違う。「気に入ったら代金を下さい」ないしは「払っていただけることを希望します」という作者の態度が最大特徴である。

著者らはこのシェアウェアこそが“もうひとつの経済システム”を象徴すると考え、二十人の日本人シェアウェア作者にインタビューし、アメリカの代表的な作者を一人紹介してくれる。

この本から聞こえてくる肉声はどれも二十一世紀的な新しい価値観の誕生をよく示している。経済効果優先の企業的な売買は頭打ちであり、むしろシェアウェア作者たちのように“つながり”を求めてソフトを公開し、積極的にお金を払う“優良なユーザー”の絶え間ない示唆を受けながらその“商品”のバージョンアップを行う方が、より刺激的でなおかつ未来的なのだ。

ユーザーはいわばソフトをよりよく育てるための参加料として代金を払う。作者はその自発的な支払いを意気に感じ、せっせと“商品”を作り直す。いやユーザーもまたパソコン通信上などで意見を交わしあい、ブラッシュアップのための労力を惜しまない。

ひとつの物を大勢の知恵で作っていくこの過程には西洋的な個人権利の観念が希薄である。少なくとも権利の対価は金銭に集中せず、作者への励ましや次のステップへのヒントとしても支払われるのだ。つまり情報が情報によってあがなわれているのである。

著者はその情報の“つながり”を連歌といい、その自発性を有料ボランティアと比較する。だが、最も喧伝(けんでん)されるべきは「情報が情報によってあがなわれる」ことにあるだろう。情報という新しい貨幣が流通しあう通路を開くためにこそ、旧貨幣が使われているのだとしたら…。

ネットワーク上で生まれ育っていくシェアウェアは、確かに“もうひとつの経済システム”につながっている。(いとうせいこう・作家)

(NTT出版・1800円)＝1998年10月15日②配信

早期目標設定型か自然流か

「晩年の研究」(保阪正康著)

人間、一生を全うするということは、考えようによってはなかなか容易ならぬことだ。特に、人生の締めくくりである晩年を全うすることはむずかしいといわれる。

ところで著者は「晩年とは人生の終末を意味するのではなく、人生の新たな段階で、何かを求めつつある姿を指す語である」とサミュエル・ウルマンばりの定義を下す。

そして「自分はなにを目標に、どのような考えでのこりの人生を生きぬこうとするのか、それがはっきりしていない人は、脳をもたない下等動物のようなものだ」として、「五十七歳は新たな人生の計画表を持つためのタイムリミットである」という。

著者はそうした“新人生発見”の十人を紹介している。これは迫力があり感動的だ。本書は五十七歳前の人にとって必読の書といえる。

ただ「経済生活の計画なくして、晩年の人生計画は成りたたない。どれほどの金額が必要なのかということになるが、最低でも五千万円」という。これはかなりきついハードルだ。それも年金がもらえることを大前提にしている。

日本はいま、欧米の四倍のテンポで世界一の超高齢社会へ突入しており、二十一世紀に入ると、嫌でも正真正銘の「老人大国」になる。しかも二〇五〇年には、一人の年寄りを働き手二人で支える社会が到来する。

これでは年金制度は崩壊し年金はもらえなくなる。単なる精神論でなく、厚生省の最新の人口推計や社会保障の給付・負担見通しなどに踏み込んで論を進めてほしかった。

それに、人生、なかなか設計図通りにはいかない。人間の知恵などタカが知れている。予期せざる外生要因の激変で見通しがすべて裏目に出ること、最近のバブル崩壊現象がその好例だ。

人生、あまり構えが過ぎると、肩が凝る。著者が否定する、川の流れのように生きていく生き方も、あっていいのではないか。それはサイレント・マジョリティーから圧倒的な支持を得ている山本周五郎や藤沢周平の世界である。(松本和男・経済評論家)

(講談社・1500円)＝1998年10月15日③配信

豊富な資料で満洲国を語る

「満洲鉄道まぼろし旅行」(川村湊著)

日本の軍人、官僚、政治家などの操り人形として満洲国が生まれたのは昭和七（一九三二）年のこと。その五年後の昭和十二年の夏休みに、小学六年生のサツキくんと、四年生のヤヨイちゃんが、おじさんに連れられて、特急「あじあ」号に乗るなど、満洲大旅行をした。その架空旅行記が本書である。

と言っても、完全な作り話というのではない。また、在りし日の華やかな栄光を懐かしむノスタルジックな夢物語でもない。「案内人」と名乗る著者の川村湊さんは、以前から多くの実証的資料を駆使して、戦前、戦中の日本の植民地の文学・文化を研究してきた文芸評論家である。

「異郷の昭和文学」や「文学から見る『満洲』」などの著作は、その豊富な資料が強みで、この種の文学をどう評価する人でも、また川村氏のアプローチに賛同、批判のどちらの立場にある人も、収められてある事実には敬意を払わずにはいられない。

本書についても同じことが言える。ちょっとした記述、あるいは全体の半分くらいのスペースを埋める写真、図版などについても、すべてはっきりした典拠がある。

子どもの満洲旅行というアイデアは、当時の教科書や雑誌などで、さんざん使い古された手であった。日本人の新天地「王道楽土」に対する関心を高め、若者を開拓者として呼び寄せるためのPR作戦であった。

わたし自身も小学校（当時は「国民学校」と呼ばれた）五年生の国語の教科書で「あじあに乗りて」というのを読んで、大いにあこがれた体験を持っている。

「案内人」の川村氏は決して声高に自分の主義主張を文中で語るわけではない。ただ資料のみに事実を語らせ、読み手のわたしたちに、それをどう解釈するかをゆだねる（その中には、おじさんが誘惑される夜の歓楽街についての細かいデータもある）。

満洲国について、教科書などから概念的な知識だけを得た戦後生まれの人々は、ぜひ一読すると良い。（小池滋・東京女子大教授）

（ネスコ・1900円）＝1998年10月15日④配信

娘に妻の人格が宿った混乱

「秘密」(東野圭吾著)

一九八五年に「放課後」で江戸川乱歩賞を受賞してデビューして以来十三年、一作ごとに斬新（ざんしん）な趣向をこらして読者を楽しませてきた東野圭吾が、またまた鮮やかなヒットを放った。今回のテーマは、人間にとって究極のなぞとも言うべき「人格」である。

スキーバスが崖（がけ）下に転落して多数の死傷者が出た。そのなかに杉田直子と藻奈美という母子が含まれていた。母は病院で息を引き取り、娘は一命を取り留めた。そして母の葬儀の日、奇跡的に意識を回復した娘の肉体には母の人格が宿っていた。

つまり、三十代の主婦の心を持った小学六年生の女の子が生還したのである。その秘密を知っているのは、自動車部品メーカーに勤める夫（父）の平介だけ。

こうして始まった父と娘（夫と妻）の奇妙な二重生活を、著者はさながらホームドラマのように淡々と描き出していく。なにしろ娘の肉体に妻が宿っているのだから、混乱は避けられない。夫婦の性生活、藻奈美の進学問題など、次々に難問が持ち上がるが、二人は力を合わせてそれを乗り越えていく。

だが、高校に進学した藻奈美にボーイフレンドができたとき、この関係に微妙な変化が生じる。そしてついに、悲しくも感動的な別れの日がやってくる。

念のために断っておけば、これはホラーでもなければオカルト小説でもない。魅力的ななぞ、論理的な展開、意外な結末の三要素をきちんと踏まえた推理小説である。

だから、ここで物語の仕掛けをばらしてしまうわけにはいかないのだが、この奇抜なプロットには一定のリアリティーがあり、結末のなぞ解き部分にも、大抵の読者を納得させてしまうだけの説得力がある。

それというのも、「秘密」を共有する父と娘（夫と妻）の関係の描き方が絶妙だからで、その境遇と心情の切なさに、私はしばしば感涙を禁じえなかった。内容、形式ともに読みどころの多い秀作である。（郷原宏・文芸評論家）

（文芸春秋・1905円）＝1998年10月15日⑤配信

自立に踏み出す女の衝迫

「江戸の女俳諧師『奥の細道』を行く」（金森敦子著）

山に囲われ、袋の奥で眠るような村がある。西の一部だけが、袋の口みたいに開いている。口を横切る光の帯は、川だ。川の向こうからは、未知の文物をたずさえて人が渡ってくる。こちらから渡っていく者は少ない。まして女は皆無だ。筑後国竹野郡中原はそんな村だった。

寛保三（一七四三）年夏のころあい。朝まだき。女がひとり村を抜けた。眼下の筑後川にむかって走りくだる。番所の目を盗み、渡しの小舟に身をひそめた。欠落（かけおち）ち。重大な違反である。

なみ。二十九歳。庄屋永松万右衛門の妻だった。欠落ち後、京に流れ俳諧師として自立、諸九（しょきゅう）と号し、俳諧だけで生計を立てた。女性としてはマレな例だ。その出発のくだりである。

自立を語る評伝としては、申し分ない冒頭というべきだろう。違反を犯してでも自分を生きたい。生き通したい。そんな女の内心の衝迫が、ひしひし伝わってくる。

地形の描写が効いているのだ。川は行く手をさえぎる。同時に未知・自由へむかう衝動をかきたてやまない自然の誘惑の装置である。袋の奥からながめるとなると、なおのことだ。評伝は、川を前に私たちが抱く、そんな根深いイメージにさりげなく、しかし、したたかに触ってくる。

じつは、なみは不義密通の違反も犯していた。欠落ちした先には、男が待っていた。俳諧の師匠でもあった湖白（こはく）。その湖白にしろ、川の向こうから村にやってきて、俳諧の指導をしていたのだ。

諸九尼となってからも、なみは「川を渡る女」でありつづけたようだ。表題となった「奥の細道」をたどる旅に出立したときは、とうに五十の坂を越えていた。長旅は命取りになる年齢だったのに、反対を押し切り、決行した。

欠落ちをうながした衝迫は「命よみがえらせたい情熱」だったと評伝はいっている。「人形の家」を捨て、自立へむかって踏み出したノーラのおもむきが、ちょいとある。（倉本四郎・作家）

（晶文社・1900円）＝1998年10月15日⑥配信

日本の英雄の虚像を暴く

「天下人の条件」（鈴木眞哉著）

不況、倒産、失業、相次ぐ凶悪事件―。なんか国運衰える感のあるときは、人びとは強いリーダーシップを持つ「英雄」の出現を待ち望み始める。この“乱世”を切り抜けて、自分たちを“安心の国”へ導いてくれる指導者よ、早く出てくれと―。このとき、人びとはその英雄を過去の歴史の中に求める。

たとえば、織田信長のような人がいたら、いや、徳川家康のような人がいてくれたら…。日本人がどんな英雄を待望するかは、それだけで優れた日本人解剖になるのだが、しばしば英雄はつくられた虚像として、私たちの前に提出されていることが多いのだ。

それは日本人の気質にもよるが、多くの歴史家や作家たちで造形されたことが多い。本書は、見るに日本の「英雄」たちの虚像を暴いて、痛快ですらある。

日本人が歴史の中に見る虚妄、イリュージョンは、いつも再生産されて日本をむしばんでいくと、私は思っている。かねがね私は、日本人の三大イリュージョンとして、元寇、忠臣蔵、太閤秀吉を挙げている。

元寇にみる神風伝説、忠臣蔵にみる“忠義の格闘技”、太閤秀吉にみるジャパンドリーム。神風はついこの間の太平洋戦争に再生産され、忠臣蔵は復しゅうの美学を日本人の心に定着させ、太閤記は戦後に今太閤と呼ばれる総理大臣を再生産している。

日本の英雄である「天下人」たちが、いずれも極めて運のいい、ややグロテスクな普通人であることを、本書は実証的に描いてくれる。まさに英雄を待望することは愚かだと笑っているのだ。

天下人というのは、しかし日本独特の英雄ということを忘れてはいけない。本書も指摘しているように、日本の天下人は常に頭の上に「天皇」の存在を頂いていた。

外国から奇怪視されるこの「二重構造」を日本国の都合のいい“柔構造”と見るか、無責任な“欠陥構造”と見るかも、だれ一人として「真の天下人」たらんとしなかった日本の天下人を知って、考えてみたい。（早坂暁・作家）

（洋泉社・2000円）＝1998年10月22日②配信

現実感のない「敵」の存在

「兵士を見よ」（杉山隆男著）

杉山は前著「兵士に聞け」で海陸の自衛隊で勤務している兵士たちの現場の声を丹念に聞き書きし、軍隊として認知されないあいまいな地位のまま巨大な軍事力をもつようになるに至った組織の建前と現実とのギャップを隊員の声を通じて描き出してみせた。

続編にあたる本書では、対象を航空自衛隊、なかでもエリート集団である戦闘機パイロットを中心に据えている。

自分でジェット戦闘機に乗りこむ機会を与えられてパイロットの日常を経験するとともに、パイロットや家族の心理、戦闘部隊を支援する組織の構成員、あるいは戦闘機乗務不適格と判断されてヘリコプター操縦士に転じた者の失意、戦闘能力向上のために仮想敵を演じる高度な技術集団に抜てきされた者のあせり、民間航空会社に移籍した者の郷愁など、この戦闘集団のなかにも当然ながら含まれているさまざまな人生を切り取ってみせる。この著者ならではの目配りのよさであり語り口の巧みさである。

しかし新鋭戦闘機の高度の技術的な側面への関心と、自衛隊を対象としつづけたことによるある種の慣れが、あいまいな存在としての自衛隊という視点を前作より希薄にした。イデオロギー的な含みでいうわけではない。対象に密着取材をしながら、対象を相対化することがどの程度可能なのか—というノンフィクション固有のジレンマを問題にしたいのだ。

ここに描かれた著者の体験によって、現実の空中戦闘がトム・クランシーの小説や映画「トップガン」のようなものではないことはわかった。「敵」はほとんど現実感のない存在である。その意味で映画や小説とは別の次元でゲームめいている。

たしかに航空自衛隊のパイロットたちは「この職業が好きでたまらない」のだろう。彼らは高速で空にかけあがり、命令があれば「敵」を撃墜するだろう。しかし、自衛隊の政治的地位さえ不明確な国で、敵がだれであるのかを決めるのは、いったいだれなのだろうか？（春名徹・ノンフクション作家）

（新潮社・2200円）＝1998年10月22日③配信

深い洞察に満ちた入門書

「ファンタジーの冒険」（小谷真理著）

ファンタジーという言葉は古くからあるが、わが国でよく耳にするようになったのは、テレビゲームが普及した、この十年ぐらいのこと。とはいえ、あらためて「ファンタジーとは？」と問われると、一般の人は「魔法使いや妖精（ようせい）などが登場する、絵空事、子供だまし」などと答えるにちがいない。

そんな偏見に満ちた答えが返ってくるのも、不思議なことに、これまでファンタジーの歴史を概観しながら、その機能を真摯（しんし）に見つめた日本の評論が皆無だったからである。

だが、ようやくわが国でも「女性状無意識〈テクノガイネーシス〉」で日本SF大賞を受賞した才女の手によってファンタジーに関する統一感のある批評が執筆された。

その“本邦初”のファンタジー通史・批評書「ファンタジーの冒険」は、今日流行のモダン・ファンタジーの源流である英国ビクトリア朝の作家から、今世紀初頭アメリカのパルプ雑誌の作家や、第二次世界大戦後のオックスフォード大学系の作家を経て、一九六〇年代対抗文化の中から生まれたペーパーバック系の作家、そして今日のハイテク文化の申し子たる作家たちの主要作品、および日本の現在のファンタジー事情までを、過不足なく手ぎわよく紹介した良書である。

特に読みごたえのあるのは、中盤から後半にかけて…六〇年代から現在にいたるまでの部分で、アーサー王伝説に各時代の政治学を透視する視点や七〇年代以降の女性ファンタジー作家の台頭を「魔女／女神カルチャー」から考察しているところが興味深い。

また、ファンタジーを西欧近代合理主義によって排除された他者の文学としてとらえ、その他者（虚構）を理解することによって、主体（現実）を逆照射することにもなるといった著者の主張は、ファンタジーとは何かという問題を考えているすべての人にとって、非常に啓発的である。

新書というコンパクトな作りではあるが、深い洞察に満ちたファンタジー入門書だ。（風間賢二・評論家）

（ちくま新書・660円）＝1998年10月22日④配信

書き手としての体力に脱帽

「弥勒（みろく）」（篠田節子著）

篠田節子の「弥勒」を読み終えて、言葉もない。しばらくは動くこともできなかった。

こちらも同業だから、物語の展開の先を想像しながら読み進めてゆくのだが、そのことごとくが裏切られてゆく。

ああ、これはこういう話かとわかったつもりになっていると、そのたびに、そうではないよと、ぼくの想像とはまったく別のベクトルが示されてゆく。

物語では、ヒマラヤの山中に、パスキムという仮空の王国が設定されている。

物語の始めに、このパスキムの仏教美術の素晴らしさが何度もかたられ、読者は、あたかもユートピアに近い仏教王国がヒマラヤのどこかにあるような気分にさせられる。

そのパスキムで、内戦がおこったらしい。パスキム美術に心を奪われている主人公の永岡英彰は、インドからパスキムに潜入してゆく。

ここから先は、悪夢である。

無人の街カター。僧院の、おびただしい尼僧の死体。

「死体はすべて同じ方法で殺されていた。地面に引き倒し、衣の胸の部分を開き、上腹の皮膚をナイフで切り裂き、そこから手を入れ、肺に穴を開ける。その時苦しんで舌を出すので、末期の水をその舌にかけてやる。チベットなどで家畜を屠（ほふ）るときの作法のひとつだ」

少女が崖（がけ）から無造作に捨てられるシーンに至って、もはや、読み手としては無駄な抵抗はあきらめるしかなかった。

著者の篠田節子が、どのようなやり方で、どこまで読み手を運んでゆこうとしているかはわからないが、著者は、確信犯として、強い意志をもってそれをやろうとしていることがわかったからである。

もう、どうにでもして。

夜半に読み始めて朝までのいっき読みであった。篠田節子の書き手としての並々ならぬ体力はただごとではない。

脱帽。（夢枕獏・作家）

（講談社・2100円）＝1998年10月22日⑤配信

沖縄の弾けるような明るさ

「波の上のマリア」（又吉栄喜著）

沖縄島各地に広がる米軍基地のフェンスにへばりつくようにして特飲街があった。一九七二年に米軍統治から「脱却」するまでの間、米軍による厳しい許可制度の、Aサインという特異なバーが存在していた。舞台は、沖縄が日本でなかったころの那覇市の「ナンミン（波の上）」という歓楽街。

娘や父親を養うためにAサインバーに働くミチ、その娘マリアは黒人兵にレイプされて生まれてきた子。父親が沖縄で母親が台湾のタケシは、ミチの元恋人で用心棒兼務のバーテンダー。この三人を軸に、金亡者のママ、それにホステスや店に入りびたる不良米兵たちが縦横にからむ。

物語は、けばけばしい原色をホリゾントに、したたかさと愛憎が織りなす一幕二十八場。屈折したなかにも、沖縄ならではの奇妙に弾（はじ）けるような明るさが、この物語の底を流れている。

タケシはマリアなどの力を借りながら、米軍が行う灯火管制に合わせて照明弾を打ち上げる準備を進める。相次ぐ米軍人による虫けら扱いに対する沖縄民衆の怒りは、コザ騒動という形で米軍人車両を片っ端から燃やして飽和点に達した。だがその時の民衆の動きにも、悲壮感とは異なる妙な明るい光があった。

著者の又吉栄喜は、うっせきしたタケシに語らせる。「照明弾は二通りの使用方法がある。人を殺すか、喜ばすかだ」と。又吉は、今日に至るまでの沖縄の庶民のうごめきをとらえ続ける。同じ沖縄の人間からも疎まれ、ねたまれたホステスたちの、実は懸命に生きる姿を、ややもするとこぶしを振り上げがちなところを、時に哀（かな）しく、時にあっけらかんとおさえつつ描いている。

今日でも、懲りない軍人たちは、酔って人をはね、基地内に逃げ込む。相変わらず日米地位協定という前近代的な代物に地団駄（じだんだ）を踏む沖縄。マリアも、マリアそのものの沖縄も、本当は真のパートナーシップを求めているのだが。その前に真の平等というのが前提、だよね。（宮里千里・エッセイスト）

（角川書店・1600円）＝1998年10月22日⑥配信

強靭な精神で細部まで記録　「山谷ブルース」(エドワード・ファウラー著、川島めぐみ訳)

大東京の寄せ場、山谷をめぐるノンフィクションである。それ自体珍しくはないが、本書の色合いはひと味違う。著者はアメリカ人。交換留学生として来日し、近代日本文学を専攻してきた新進の研究者である。妻は日本人。日本語はペラペラだ。自身、日雇い労働者として、この街に住み働く。日本社会の「底辺」を子細にリポートしつつ「もうひとつの日本」をあぶり出している。なまはんかな“ガイジン探訪記”ではない。

五章より成り立っている。「舞台」では山谷の歴史と仕組みを、「生活」では労働者たちの聞き書きを、「活動」では組合やボランティア団体の活動を、「儀式」では祭りや忘年会などを記しているが、自身の労働体験をつづった「仕事」の章が圧倒的な印象を残す。

「ガイジン」は「ドヤ」(簡易宿泊所)に住み、朝四時に起き、手配師の車に乗って仕事先に向かう。あるいはあぶれる。食堂で粗末な夕食を取り、チューハイを飲み、銭湯の湯に漬かる。カラオケバーで歌うのは「山谷ブルース」である。疲れと物憂さにとりつかれつつ、その日暮らしの労働者と化していく。

仕事の帰り道、ふと故郷ノースカロライナの自宅を思い浮かべる。帰国を促すカミサンの言がよぎりながら、気ままなその日暮らしに未練を残す。故郷を離れ、家族と別れ、単独者として生きるこの街の住人と心境が重なっていくのである。

理念や価値観を押し出さず、多くはその日の出来事を淡々と記すことに費やしている。組合の活動に共感を寄せてはいるが、その視点から山谷をとらえていない。全編を貫くのは、細部をきちんと視野に収めて見逃さない強靭(きょうじん)な記録する精神ともいうべきものである。

著者の山谷リポートは「ニューヨーク・タイムズ」にも掲載され、翻訳されて本書となった。大都市の「寄せ場」を多少は知る日本人からしても、違和感を抱かせるところはほとんどない。〈記録の精神〉ゆえであろう。(後藤正治・ノンフィクション作家)

(洋泉社・2600円)＝1998年10月29日①配信

喪失と模索に彩られた短編　「バビロン行きの夜行列車」(レイ・ブラッドベリ著、金原瑞人・野沢佳織訳)

一九二〇年生まれのレイ・ブラッドベリの新作短編集である。「火星年代記」以来、彼の作品を読んできたファンにとっては、甘さと冷たさを同時に味わわせる独特の語り口に安どするだろう。ストーリーテラーとしての力量は衰えていない点も含めて、幻想の世界をつくり上げるブラッドベリの想像力・構築力の健在ぶりをうかがわせる、うれしい内容の濃さである。

二十一編がおさめられた短編集を一言に要約するのは困難だし、するべきでもないのだが、あえていえば喪失と模索が全編を彩っている。

盗まれた過去のラブレターが毎日配達されたことから、忘れ去った恋を探す年老いた女性が主人公の「窃盗犯」。高校の卒業年鑑に自分と生き写しの少年を見つけ会いに行き、初めて人生で失ったものに気づく中年男性の涙を描いた「なにも変わらず」。隣に越してきた独り暮らしの不思議な女性に、結婚生活で失われた愛を教えられる「時計のなかから出てくる小鳥」。

登場人物が喪失に気づいて模索のための行動を起こすわけではないし、模索したからといって何かを見つけるわけでもない。結末はいつもほろ苦く、そして静謐(せいひつ)である。

ブラッドベリの以前の短編集では「恐怖」がテーマの一つだったが、新作で直接的な恐怖を感じさせるのは娘婿に殺されるおばあさんの恐怖を描いた「くん、くん、くん、くん」くらいだ。それさえもユーモアに包まれ残酷さは薄められている。ところが読者はきっと、別の種類の深い恐怖にとらわれるはずである。

自分が支配していたはずの双子の妹の結婚式を見守る姉の真っ暗なやみに吸い込まれていきそうな「孤独」という恐怖(「鏡」)。永遠に生き続けなくてはならないと宣告された人の、底なしのやみにひきずりこまれそうな恐怖(「ミスター・ペイル」)。こういう虚無的で逃げ場のない恐怖を描くようになったところが、八十歳近いブラッドベリの新しい境地なのかもしれない。(実川元子・翻訳家)

(角川春樹事務所・2600円)＝1998年10月29日②配信

ケシ栽培の村の生活に没入　「ビルマ・アヘン王国潜入記」（高野秀行著）

「アヘン王国潜入記」などと聞くと、どこか怪しく、またいかがわしい感じを受ける。インドシナ半島の密林で精製されるヘロインや、その利権をめぐる私兵軍団の血なまぐさい戦いといったイメージだ。麻薬王クンサーが"黄金の三角地帯"を牛耳っていたことはよく知られている。

このルポは、その怪しい麻薬地帯に敢然と潜入し、長期滞在してその実態を暴き出した稀有（けう）の記録である—などと書くと、本の帯のコピーになってしまうのだが、この本の面白さは、著者が「実態を暴き出す」といったセンセーショナルな態度から意識的に距離を置いている点である。

著者の第一の目的は、ビルマ辺境の地・ワ州で、アヘンの元となるケシを栽培することにあった。ケシ栽培を通して、アヘンに依存する人々の生活を知ることが潜入の主たる目的だったのだ。

ケシ栽培とはどのようなものか、秘密のテクニックでもあるのかと見守ると、肥料もやらず、農薬もまかず、水さえやらない。技も秘密も何もない、単調でつらいただの雑草取りであることを著者は知る。もちろん彼も女たちに交じって毎日その草むしりに励むのだ。

そうやって、アヘン生産に依存するワ族の村で、著者は村の一員として生活していく。酔っぱらいの司祭や気むずかしい郷長といった村人との付き合いは、文字通り生活そのものであり、当局から情報を収集し、それを分析して俯瞰（ふかん）的な記事にするという方法とは無縁だ。

無縁すぎて、村の生活に極度に没入してしまう著者の人間性が、この本をさらに面白くしているともいえる。

例えば彼はケシ栽培の末に収穫したアヘンに手を出し、結局自らもアヘン中毒者になってしまうのだ。そのありさまさえも詳細に描いており、これがまた実に興味深い記事となっている。

すべてがそこに生き生きと存在することを伝える、素晴らしいリポートである。お勧めの本だ。

（蔵前仁一・「旅行人」編集長、作家）

（草思社・1900円）＝1998年10月29日③配信

占領軍内部で芸術性を擁護　「歌舞伎を救った男」（岡本嗣郎著）

オビに現松本幸四郎の「私は泣けた。私はこのアメリカ人の恩人のことを決して忘れない」との感動の言葉がある。彼は三歳の初舞台の時、父白鸚と一人の口ヒゲのアメリカ軍人のひざに抱かれた写真を撮った。この外国人こそ、当時マッカーサーの副官だったフォービアン・バワーズ。

敗戦日本を占領したマッカーサー司令部は、日本人の軍国主義・封建制度一掃の一環として、歌舞伎の演目の三分の二を禁止した。この処置に憤慨して声を上げたのは、日本人ではなくアメリカ青年だったのである。

「ヒトラーが勝ってイギリスでシェークスピアを禁止したらどうなるか」と歌舞伎の芸術性を擁護するアメリカ人。占領軍の内部にありながら、その方針に背いた「フタマタもの」。封建悪に虐げられる歌舞伎の主人公が、その良心によって個人的に体制を裏切るような。

これにより世論や司令部の風は変わり、やがて彼の巧みな誘導と努力によって、ついに歌舞伎の全作品は解禁になる。それを見届けてバワーズは日本を去った。

このいきさつが、マッカーサーの対日姿勢の原因、司令部の芸術への無知などとともに、丁寧に描かれる。日本側にも千田是也などの、「歌舞伎は進歩の敵」として廃滅を願っていた人たちがいた。

激動の時代に、危うく中絶しかけた歌舞伎。これは「便利を追求するアメリカの『文明』より、人間の感性の豊かさが『文化』だ」と信じ、日本の古典芸能と、自国アメリカを「文化破壊者」の汚名から救った青年の物語だ。エピローグで河竹繁俊が日本人を代表して送った「惜別の手紙」は、かくて今もわれわれをジンとさせ、泣かせる。

「歌舞伎の恩人」バワーズは今、八十一歳の独身をニューヨークの古アパートに寄せ、「僕はゲイだよ」と淡々と語る。ここで岡本嗣郎のこの本も、伝記や戦後秘話を超え、重層的な運命の扉を示すことになった。一人の芸術愛好家の精神の水位を、著者は豊かに指し示している。（堂本正樹・演劇評論家）

（集英社・1800円）＝1998年10月29日④配信

元気ある企業を数多く紹介

「中小企業新時代」（中沢孝夫著）

一九九三年から九五年にかけて一ドル＝一〇〇円を切る円高が進行した際、生産の海外シフトや空洞化を懸念する向きも多かった。では、実際に日本経済は空洞化したかと言えば、必ずしもそうならなかったという感覚の方が現実に近いのではないだろうか。

原因はいろいろ考えられよう。経営者はいつも「辛目の見通しを立てて」いるのだという側面もある。しかし、少なくとも原因のひとつは、中小企業が意外に元気なせいではないか、と著者は考える。

中小企業については、廃業率が開業率を上回り、東京都大田区などの伝統的な工業集積が失われつつあるという問題も存在する。この点についても著者は悲観的に考えていない。五〇—六〇年代の高度成長期に大量供給された中高卒労働力は、大企業内部での昇進を求める大卒労働力とは異なり、初めから将来何らかの形で独立することを夢見る人たちであり、高度成長という時代も彼らのトライ・アンド・エラーを許容した。

その意味では、出生率が安定し、人口構成が逆転する段階へと社会が進めば、開業率が落ちるのは「自然なこと」でもあるのである。

それでは、同じ中小企業でも、どのような企業が廃業していき、どのような企業が生き残っているのであろうか。

本書は、著者が大田区や東大阪市で訪ね歩いた調査の事例の中から「元気のある企業」を数多く紹介しているが、特に興味深いのは、大田区などから移転や分工場設立で山形や室蘭などに進出しているケースであろう。

これらの中小企業群は、単に生き残るのみならず、地域の製品出荷額を増加させている。もちろん、他方で転廃業していく零細な中小企業が増えている現実もある。

中小企業をめぐる状況は「勝ち組と負け組がはっきりする」段階を迎えているようだが、中小企業も企業であり、新しい市場や取引相手、新しい技術を求め続ける経営者がいる限り企業は生き残る、というメッセージは意味するところ大であろう。（藤野哲也・長崎大教授）

（岩波新書・640円）＝1998年10月29日⑤配信

真率な生のポートレート

「秋桜（コスモス）子」（荒木経惟著）

表紙裏から、六月の都市の光景がつづく。ずっと人影はない。まるで死者の都市、真昼の霊園を行くようだ。

十一カットめ。やっと、子連れの若い母親が姿をみせる。臨月。腹がまるい。つづいて橋。橋を渡る。妊婦の腹の印象のせいか。橋は、死者の都市から生者の都市へ抜ける、生殖の回路のように感じられる。

そうして、いきなり少女が出現する。きっと、つよい星の加護にめぐまれている。そう思わせる、輝く少女だ。

瞬間、都市は生き返る。ひきずってきた霊園、死者の都市の影は、少女の出現とともに吹きはらわれる。十七歳。写真家は少女を「秋桜子」とよび、以後八年間、おりあるごとに、かの女を撮りつづけた。

快調なオープニングだ。写真集を手にする楽しみは、めくる楽しみである。一見ばらばらな映像が、ページをくるにつれ、共通の時間を生きはじめる。ひとつの物語を立ちあげてくる。その物語の生成に立ち会う快楽を、刺激するつくりになっている。

写真のサイズは、橋のたもとに出現した妊婦の腹が、新月から満月にむかってふくらんでいくように、ベタ焼きから、しだいに拡大していく。フル・サイズになったとき、かぐや姫が生まれるように、輝く「秋桜子」が出現するというぐあいなのだ。

起きあがってくるのは、凛（りん）とした生の物語である。死者の都市の頭上にきざまれた、真率な生のポートレートである。その印象は、ラブ・ホテルで、少女が毛の房飾りをした下腹をさらしても、ついに、淫（みだら）にゆるむことはない。

少女とめぐりあう一年前、写真家は、最愛最高のモデルであった妻、ヨーコさんを、がんで失っている。輝く少女は、深刻な死の影につかまった写真家を、生の淵にみちびく存在であったかもしれない。秋桜＝コスモスには、宇宙という意味もあるのだった。（倉本四郎・作家）

（小学館・2700円）＝1998年10月29日⑥配信

新技術で生き残りをかける

「トヨタVSベンツ」（前間孝則著）

国境を越えた自動車メーカーの提携や合併のニュースがあいついでいる。それぞれが生き残りをかけた試行錯誤の一環だ。

生き残りの方向は大きく分けて二つある。一つは世界の市場が一体化されるなかで、国際的な場所での競争力の獲得であり、もう一つは「安全」や「地球環境」を「商品」として取り込むための技術革新だ。

ベンツやBMWに象徴されるドイツの高級車イメージや、米国に象徴される大型車、そして日本の小型のベーシックカーといった棲（す）み分けが崩壊したのは一九八〇年代の後半からである。

日本の大型車への参入と、米国の小型車への進出、そしてベンツのCクラスや最近のAクラスの市場への投入は、かつての「差別化」の否定である。

もう一つの競争は、三リッターで百キロ走れるとか、産業廃棄物とはならないリサイクル可能なものとか、徹底した安全性が確保されたもの、といったクルマの開発である。

著者は百年を超える自動車製造の歴史のなかで「生き残った主役たちは、アメリカ、ドイツ、日本の三カ国に絞られた」として、そのなかでも九〇年代にはいってから、トヨタとベンツが来世紀に備えて、いちはやく方向を大きく転換しはじめていることに注目している。

電池とガソリンエンジンを状況に応じて使い分けることで、きわだった燃費のよさと有害物質の排出を抑えるハイブリッドカーである「プリウス」（トヨタ）の登場は、来世紀の競争の主役の先駆けといってもよいだろう。

そうした五百億円、一千億円といった巨額な開発費用を必要とする新しい技術（製品）をめぐる世界競争は、中堅メーカーの存続を難しいものとしており、それが現在の業界再編の底流なのだが、著者の分かりやすい「自動車競争」の解説は、そのまま文明史の転換の解説にもなっている。（中沢孝夫・経済評論家）

（講談社・2000円）＝1998年11月5日③配信

興趣が深まる歌舞伎の知識

「落語と歌舞伎　粋な仲」（太田博著）

江戸落語中興の祖・烏亭焉馬は五代目市川団十郎の熱烈なファンで、自ら立川談洲楼と号したのは知られるところだ。落語はそもそもの成り立ちから歌舞伎と縁が深い。何しろ焉馬は、あの四世鶴屋南北と歌舞伎狂言を合作したほどだった。本書は、そんな落語と歌舞伎の密接な関係を、現代にも生きる落語の演目の中に探ったもの。古典落語への入門編としても楽しい。

扱われる落語は、歌舞伎三大名作「忠臣蔵」「千本桜」「菅原」をはじめ、曽我狂言、黙阿弥物、岡本綺堂、宇野信夫、長谷川伸らの新歌舞伎まで。逆に落語から歌舞伎に移入された円朝の「怪談牡丹灯篭」や「真景累ケ淵」、人情噺（ばなし）の「文七元結」や「芝浜」を含める。その中には江戸・上方の古典もあれば、柳家金語楼が書いた“新作”もある。

歌舞伎からの題材の取り方も多種多様である。「田舎芝居」や「質屋芝居」のように芝居の素人たちが巻き起こす滑稽譚（こっけいたん）もあれば、「中村仲蔵」のような立派な「芸談」もある。パロディー（もじり）や単なる駄ジャレ・地口の類もあれば、役名をとっただけの当て込みもある。“バレ噺（エロチックな落語）”という一種のお座敷芸もあれば、故彦六（正蔵）から正雀へと伝えられた道具入りの本格的な芝居噺もあるといった具合なのだ。こうして挙げられた演目は、ざっと数えて百以上にもなる。

むろん江戸時代の風俗や人情の機微からあまりにも遠く隔たった今日では、こうした演目に取り組む噺家の数は限られてくるし、マクラにふられるだけの小噺に化してしまった例も多い。それだけに歌舞伎の知識をもって落語を聞けば興趣が一層深まる、と本書は述べる。だからまた芝居通いに熱心な文治、歌丸、小朝、馬桜といった噺家たちに対する著者の愛着も一入（ひとしお）のものがあるようだ。

本書に収載された噺家たちの肖像写真とともに、古典への造けいが深かった故円生を筆頭とするこれら噺家たちの列伝めいた紹介が味わい深い。（七字英輔・演劇評論家）

（平凡社・1600円）＝1998年11月5日④配信

役者が作り出す幻想の世界

「芸の秘密」（渡辺保著）

ユニークな書である。内容は、歌舞伎役者の芸談を手掛かりに、歌舞伎の芸を考えるというもの。

それがなぜユニークかといえば、芸談は歌舞伎狂言の内容や型を考察したり、役者の個性や芸風を明らかにする資料として価値を認められ、利用されてきた。しかし本書のように、芸談によって芸そのものを考える書物は、今までなかったからである。芸談を、芸談として読み取る、その当たり前のことが、非常にユニークなのである。

渡辺保は、五十人の役者の芸談を選び出し、解説する。役者の生年順に並んでいるから、およそ歌舞伎史の展開と見合っているが、どこから読み始めても面白い。

たとえば、二代目関三十郎が、若き日の河竹黙阿弥に、柝（き）の打ち方でダメを出す話。傘を三十郎がパラリと開くと、柝をチョンと打つ。三十郎の動きを見て打つと、間がずれる。三十郎を見ずに、三十郎の扮（ふん）した役の気持ちになって柝を打った時、イキが合う。生きた間が生まれる。

この話を記して、柝を打つのも手ではなく身体で打つのだ、と渡辺はいう。それぞれの芸談だけでなく、渡辺の読み取りがまた深く面白い。

この章の中で渡辺は、語られる関三十郎の代数の誤りを何気なく指摘し、三十郎の得意芸や逸話を示すが、それを行うための調査の量を考えると、本書の重さが知れる。

五十人の芸談を通して浮かび上がってくるのは、芸のいきいきとした面白さである。そしてその芸そのものが、近代社会の中で崩壊してしまったという実感である。今われわれは役者の演技というが、芸は演技という言葉では置き換えられない、役者の人生を含み込んだもの、役者が作り出す幻想の世界なのである。

江戸時代の役者の芸談だけが集められ、明治以降の九代目団十郎や五代目菊五郎の芸談でさえ、一つとして選ばれていないのは、今の歌舞伎には芸が失われてしまっているのだ、という渡辺の考えが示されているのだろう。（近藤瑞男・共立女子大教授）

（角川選書・1600円）＝1998年11月5日⑤配信

文学と人生を的確にたどる

「評伝中野重治」（松下裕著）

著者は、長く中野重治の身辺にあって、数次にわたる全集の編さんも手がけた。中野自身、死のまぎわに、「自分は生涯の総括をまだしていないがもう無理だ。全集編集の松下裕君に頼もうと思うが…」といいのこしたという。そういう人の手になる評伝である。

中野重治は詩人であり評論家であり小説家だった。のみならず彼は、戦前、戦後を通じて社会主義の理想を信じる社会運動家であり、敗戦直後には三年間、参議院議員を務めた政治家でもあった。

しかし、戦前戦後を通じて革命の「前衛」たらんとした彼は、同時に、福井県の農村出身者として、先走りする近代日本文化の諸問題を、遅れた「後衛」の人々の目で吟味することの重要性を知っていた数少ない思想家でもあった。

中野は、漱石と鴎外について、彼らが偉かったのは、彼らが人生と社会の大きな広がりの中で文学の仕事をしたからだ、と述べている。

だが、それは中野自身にも当てはまるだろう。中野もまた、漱石や鴎外とは違った形で、文学を、普通の人間が生きていく上でぶつかる問題のすべてと関連させて考えた人だったからだ。

こういう作家の文学は、その人柄や実生活への関心を誘う。中野にはいくつもの自伝的文章があるが、しかし、中野重治独特の濃厚な主観性を帯びた文章によってはよくわからない事実が多々あった。

本書は、生い立ちから、文学による自己形成、戦前の非合法活動、転向、執筆禁止、戦後の国会議員としての活動、党からの除名等々、節目節目を際だたせながら、多くの証言をちりばめて、中野の文学と人生を的確に具体的にたどってくれる。本書を読むと、なぜ中野重治が多くの人々に信頼されたのかがよくわかる。

中野重治の文章を深く読んでいる人にも、ただばくぜんと中野重治に関心をもっているだけの人にも、多くのことを教えてくれる評伝である。（井口時男・文芸評論家）

（筑摩書房・4900円）＝1998年11月5日⑥配信

20世紀科学を象徴する天才　「フォン・ノイマンの生涯」（ノーマン・マクレイ著、渡辺正・芦田みどり訳）

フォン・ノイマン（一九〇三―五七）は、二十世紀科学技術を象徴する天才だ。一般に意外と名前を知られていないのは、ノーベル賞をもらっていないせいだろうか。受賞四回分ぐらいの仕事をしたのだが、彼の研究と活動の範囲は、やや十九世紀的なノーベル賞の部門分けには、とうてい収まり切らなかった。

いちばん有名な業績は、現在どのコンピューターでも採用されているプログラム内蔵方式の設計原理（フォン・ノイマン型アーキテクチャー）。二十代前半に公理論的集合論や量子力学の数学的基礎づけで頭角を現し、作用素環、ゲームの理論、オートマトン理論など数々の新分野を開拓した数理科学の天才である。

その一方で、第二次世界大戦中から戦後にかけては、弾道や爆発衝撃波の解析といった応用数学を皮切りに、米国の原水爆やミサイル開発で中心的な役割を果たす。ペンタゴン中枢の絶大な信頼を得て、核軍拡のレールを敷いた親玉がノイマンだった。

天使のようにエレガントな数学的知性と、悪魔のような軍事研究。両極端の評価が付きまとうフォン・ノイマンとは何者か？

本書は、ハンガリーの裕福なユダヤ人家庭に生まれ、のちにアメリカに移住した、この天才の評伝である。多数の資料や関係者への取材をもとに、よく調べて書かれているが、ノイマン賛美の姿勢で際立っている。

ノイマンは戦争屋なんかではなかったと著者は言うが、その通り感じのいい常識人だったろうと思う。抜群に頭が切れる天才でありながら、気さくでだれからも好かれる社交性、加えて実務能力にたけた彼の資質が、ブルドーザーのように多産な業績に開花してゆく成功物語は圧巻だ。

しかし、学際的ないしプロジェクト型研究の時代にぴったりの彼の資質が、ハイテク軍事研究にもよくフィットしたという両義性は、深く問われぬままだ。ウィーナーら別の資質をもつ科学者を、著者が一方的に毛嫌いするだけなのも残念だ。（沼田寛・サイエンスライター）

（朝日選書・1900円）＝1998年11月12日①配信

記憶漏出は存在理由の死滅　「兄とアルツハイマー病」（ナディーヌ・トランティニャン著、佐藤潔訳）

脳が萎（しな）びていく。神経細胞が、急速に死滅にむかう。同時に、記憶が漏れ出す。町で迷い、部屋で迷う。やがて、じぶんの生年月日はおろか、名前すら思い出せなくなってしまう。

とめようとしても、ムダだ。いったん死滅がはじまれば、漏れは、頭蓋（ずがい）の内部が、干上がったダムみたいに、空っぽになるまでつづく。現代医学では、防ぎようがない。

兄がアルツハイマーにつかまった。脳内のペストというべきこの病は、みるみる兄を食いつくしていく。その過程を、兄を愛してやまない妹が、書きとめた。

悲嘆に満ちた記録である。兄さんは、どこに行ってしまったのか。ぜったい嘘（うそ）よ、これは、わたしの兄さんじゃない！　そんな悲痛な叫びが、随所にひびく。しかし、いまや、妹の顔すらわからなくなった兄は、くちづけする妹にむかっていうのだ。

「なんてお優しいお方でしょう」

兄は、一九六〇年代の仏映画界に君臨した二枚目スター、クリスチャン・マルカン、妹は名優トランティニャン夫人で、映画監督。とうぜんながら、記録に登場する人物は、マーロン・ブランド、ジャン・ジュネといった大物ばかり。兄をめぐる記憶は、その美しい容姿にふさわしく華やかだ。

華やかなだけに、脳内のペストがもたらす無惨（むざん）が、いっそうきわだつ。妹の悲嘆が、胸にこたえる。悲嘆は、私たち人間は記憶の存在であり、記憶の漏出は、すなわち存在理由の死滅だと語ってやまない。それは、霜夜さながら、しんしんとしみわたってくる恐怖をともなう。

悲嘆きわまった妹は、兄殺しまでもかんがえる。輝いていた時代の兄に、もっとも似合っていた地中海で、眠るように溺（でき）死させることはできないか？　記憶の漏出は、私たちには、かくも、おそろしいのである。（倉本四郎・作家）

（晶文社・1900円）＝1998年11月12日②配信

事件のなぞを徹底的に解明

「ボイスレコーダー撃墜の証言」(小山巌著)

サハリン沖で大韓航空機撃墜事件が起きたのは一九八三年九月だった。ソ連戦闘機のミサイルに撃ち落とされ、二百六十九人が死亡するという惨劇が世界中を震撼(しんかん)させた。稚内駐在のNHK記者だった著者は「口の中がシューと渇いてゆく驚きと衝撃を、いまも忘れることができない」と書いている。

そう、戦後の平和と繁栄をおう歌してきた私たちは、米ソ冷戦の非情な現実をいきなり目の前に突きつけられ、あわてふためいたのである。

それから十五年たった。連日紙面を飾っていた続報はいつの間にか消え、生々しかった事件の記憶も薄れた。そして大きななぞだけが残った。

なぜ、大韓航空007便は定められた航路を大きくそれ、ソ連領空を侵犯したか。

十五年の歳月をかけた取材の末、著者はカナダにあるICAO(国際民間航空機関)にたどり着く。そこには007便のボイスレコーダーと飛行記録計のデータに基づき撃墜の瞬間を再現したシミュレーションビデオがあった。世界のジャーナリストで初めて007便の「最後の肉声」を聴いた著者の驚き。そして墜落直前のパイロットたちの言葉が物語る予想外の真実…。

もし、この本が書かれなかったら、私は事件の真相を知ることがなかったろう。いや、もしかしたら「米国がソ連の軍事情報を得るため007便をおとりに使った」という、荒唐無稽(むけい)なスパイ飛行説を信じ込んでいたかもしれない。

「パイロットのヒューマンエラー」という本書の結論には、いささかも予断や憶測が含まれていない。こつこつと取材を続け、「事実に一センチでも五ミリでも迫る」真摯(しんし)な姿勢と、物的証拠の積み重ね。それが圧倒的な説得力となって読む者の心をとらえて離さない。

ジャーナリストが本当に果たすべき役割は何か。この作品にはその答えが見事に示されている。なぞに満ちた事件の真実をここまで徹底的に明らかにした著者の努力に最大限の敬意を表したい。

(魚住昭・ジャーナリスト)

(講談社・1700円)=1998年11月12日③配信

倫理の根幹問題を論じ合う

「なぜ人を殺してはいけないのか?」(永井均・小泉義之著)

書名からも推察されるように、神戸の「酒鬼薔薇」事件を背景として、殺人の禁止という倫理の根幹にまつわる問題を、気鋭の哲学者二人が論じた本である。

全体は三章からなり、最初は「道徳は殺人を止められるか?」について二人が対話する。これを受けて「きみは人を殺してもよい、だから私はきみを殺してはいけない」「なんで殺(や)ったらいけないのかだって? 殺ってもイケルしイケテルのに」という挑発的な表題のもと、著者それぞれが書き下ろしている。

永井は、問題の前提を必要最小限に切りつめつつ、「殺(や)られるのがいやなら、殺るな」という道徳の相互性原理が成り立たなくなる場合があることを、論証していく。その論理の切れ味は鋭い。

一方、小泉は、書名となった問いが発せられる社会的背景や条件そのものに、楔(くさび)を入れようとする。立場の違いは明白であるが、道徳の根拠付け不可能性という点では、両人は一致する。

その上で、永井は、問いを哲学的に誠実に考え抜くことの重要性を訴え、小泉は、殺人は絶対悪だという根拠なき「信仰」に従いつつ、「殺してはいけない」ようにする実践によって、問題に答えてゆくべきだという。

正直に言って、第一章は議論がうまくかみ合っていない。実際、永井も第二章で、対話時に理解できなかったという小泉の発言を逐一挙げている。確かに、小泉の議論は難解であり、この点、書物にまとめる段階で、もう少し著者間ですりあわせはできなかったものかと思う。

とはいえ、無能力の事実が「頑張れない」という価値概念に変換されてゆく教育現場の問題性(永井)とか、「なぜ殺してはいけないのか」という問い自体、殺さずにやっていける強者の「余裕」を示すものだ(小泉)という指摘などは刺激的であって、そういう個々の論点にこそ、本書の面目は躍如としている。(須藤訓任・大谷大助教授)

(河出書房新社・1400円)=1998年11月12日④配信

課題は欧米からの一方通行

「翻訳と日本の近代」(丸山眞男·加藤周一著)

欧米の学問の最新の動向の後追いにうつつを抜かす日本の学問の病弊をあからさまに示す現象が、翻訳である。今や翻訳は、若手研究者の業績作りの手段と化し、欧米で評判になった作品は競って邦訳され、消費され、消化されることなく忘れ去られてゆく。

どうしてこんなありさまになったのかと問う者は、日本近代の歴史に目を向けざるをえなくなる。明治以降の西洋文化の受容のあり方のどこかに問題点があるのではないか、との予感を抱きつつ。

たしかに「西洋社会を規範とする近代化の前提の一つは、広汎な西洋の文献の翻訳」だった。ところが、すでに明治十六年には「訳書読法」という本が出版され、翻訳洪水の中で何からどう読んでいくべきかをガイドしているのだという。明治時代とは、始まりから「すでに翻訳文化の時代だった」のである。

こうして問いはさらに時をさかのぼらずにすまなくなる。というのも「驚くべき短期間に、文化のほとんどあらゆる領域にわたって、高度に洗練された翻訳をなし遂げるためには、日本社会の側にしかるべき歴史的な経験と、言語学的手段と、さらには知的能力がなければならな」かったからである。

そして、加藤周一は「徳川時代の文化の大きな部分は翻訳文化であった」というテーゼで読者の意表を突く。

丸山真男が熱意をこめて語るところによれば、荻生徂徠は、自らが中国語という異質のものを翻訳で読んでいることを自覚し、その意味を問い、翻訳文化には困難のみならず有利な点もあることさえ認識していたのだという。

日本文化が翻訳文化であること自体ではなく、そのことの意味が問われないままに翻訳が量産されている事態こそ問題なのだ。翻訳文化は必ずしも独創を排除せず、その国の文化的自立を脅かすものでもない、と加藤は言う。

たしかに、今日の課題は、むしろ、欧米から日本への翻訳の「一方通行」状況を破ることにこそあるようだ。(藤野寛・高崎経済大講師)

(岩波新書・640円)＝1998年11月12日⑤配信

消滅で気付く本当の意味

「山河との日々」(竹西寛子著)

話の前後を断ち切ってしまうようだが「うるかの話」なる一章中に「そこにある物だけでなく、無い物のことをもあわせて考えてみると、土地の特色はよりはっきりする」ということばがあって、トンと胸を突かれたような思いであった。今は既に無いものによってかえって有ったもの、有った事の本当の意味が見えてくると、こうした発想は考えてみればこの書一冊を貫いた基本的な姿勢なのである。

本書は、二十七編の短章からなっているが、それらはすべて著者の生い育った広島の家、土地にまつわるさまざまな情景、風物、人々への回想を話の基点とし、あるいは回帰点としている。たとえば冒頭の一章「採石場の音」。

毎朝人々の眠りを破った僧坊の木魚の音。一日中町の屋根の上をはねていた山の石切り場の音。日に数度、町中に土ぼこりを浴びせながら通る石運びのトラック。そのたびに苦情も言わずにハタキを掛けている雑貨店の老主人。あるいは夜明けの靄(もや)を突いてエンジンの音も高く港を出て行く漁船等々。

今は絶えたこれらの風物は、それを牧歌的にも広重風にも染め上げて言えたはずだが、ここで著者はそうした感傷を自分に許していない。それはこれらの世界がすべて昭和二十年八月六日の、あの一瞬の光線とともに消滅してしまったものだからだ。

そして消されてしまったことによって初めて、それらの奥に有った本当の姿に気付いたという悔恨が、著者にあるからだ。それ故、これらの風物を描く著者の筆は次のようなものとなってゆく。「このような平穏は、孤独や忍耐、危険や恐怖の表面張力であろうと思う」と。そして「平穏の激しさと勁(つよ)さ、心長さに、私はなかなか気づくことが出来なかった」と。

人は生きているなかでたくさんの“忘れ得ぬ人々”、忘れ得ぬ光景に出会い、胸に溜(た)め込んで行くものらしい。だが、その光景、人々、生活の、本当の意味に気付くためには、人はたくさんのものを失わなければならないようだ。(勝又浩・文芸評論家)

(新潮社・1600円)＝1998年11月12日⑥配信

柔らか頭で禁欲主義を批判 「フローリアの『告白』」(ヨースタイン・ゴルデル著、須田朗監修、池田香代子訳)

著者のヨースタイン・ゴルデル氏は、かの「ソフィーの世界」で日本中に「哲学」の種を撒(ま)きちらした人、訳者も同じ池田香代子さんである。コチコチの哲学者先生方からは批判もあったに違いないが、あんなにすんなりと哲学の流れ―哲学史が一般読者の頭のなかに入る本はめったにあるものではない。

今度の本も、その意味では難解、というよりも煩瑣(はんさ)な聖アウグスティヌスの哲学の本質が、この一種愛の書簡めいた小説によって、すらりと納得できるから不思議だ。

その上、仕組みは「ソフィーの世界」のように複雑ではない。アウグスティヌスの昔の恋人フローリアが、彼女と別れて司教になり「告白」を書いたアウグスティヌスに手紙を送った。その手紙の写しをゴルデル氏がブエノスアイレスの蚤(のみ)の市で手に入れたと言うのである。

もちろんフィクションだろうが、手紙の真贋(しんがん)なぞせんさくする必要はない。捨てられた女性の口を通してアウグスティヌスの哲学が批判されるという形で、ゴルデル氏がキリスト教神学とフェミニズムの問題に楔(くさび)を打ちこんでいるのが読みどころである。

と言っても小難しい理屈があるわけではない。巻末に須田朗氏が、この本を「ひと言で解説すれば、与謝野晶子のこの一首がぴったりだろう」「やは肌のあつき血潮に触れも見でさびしからずや道を説く君」と述べている。

つまりキリスト教の禁欲主義に対する批判である。もう少し言えば女性を蔑視(べっし)する形でしか禁欲を可能にすることのできなかった男の精神構造への批判である。

若いときアウグスティヌスの「告白」に形の無いいらだちを覚えた経験を持つ評者は、いまそのいらだちに形が与えられた気がする。フローリアの手紙を読むうち大発見をしたのだ。何と聖アウグスティヌスはひどいマザコンではないか！　柔らかアタマのゴルデル氏の愉(たの)しい哲学第二弾である。(三枝和子・作家)

(NHK出版・1600円)＝1998年11月19日①配信

統一に至るドイツの精神史 「ヴァイツゼッカー回想録」(リヒャルト・F・ヴァイツゼッカー著、永井清彦訳)

本書は、ドイツの前大統領リヒャルト・フォン・ヴァイツゼッカーの生い立ち(第一部「ヴァイマル共和国」)、青春時代(第二部「ヒトラーと世界戦争」)、政治活動期(第三部「二極時代のヨーロッパとドイツの分裂」、第四部「統一」)からなる自伝「四つの時代」の翻訳である。

教養市民の目から見た激動のドイツ現代史としても読めるが、全体の六割が第三部の冷戦期の東方外交の叙述にあてられているように、本書は統一に至るドイツ政界の知的風景を描いた精神史である。

ドイツ連邦共和国大統領ヴァイツゼッカーは、一九八五年五月八日(ナチズムからの「解放」記念日、すなわちドイツの敗戦記念日)に連邦議会で行った演説「荒れ野の四十年」において、わが国でも一躍有名になった「言葉の政治家」である。そこで彼が述べた「過去に目を閉ざす者は、現在にも盲目となる」や「救いの秘密は心に刻むことにこそ」というフレーズは、今では戦争責任を論じる際のまくら言葉となっている。

そのため、日本の論壇でも左右両陣営から毀誉褒貶(きよほうへん)が続いている。もっとも、その所属政党が国民保守主義のキリスト教民主同盟であることもあって、「あとがき」にあるように最近では進歩派からも批判されている(例えば、西川長夫「国民国家論の射程」)。

だが、本書を読了して感じたことは、その演説を「政治家の発言」としてとらえることの違和感である。もちろん、祖父はヴュルテンベルク王国首相、父は第三帝国外務次官である政治エリートの伝統的教養は、そのレトリックに色濃く反映している。しかし、ドイツ福音主義教会や世界教会協議会の指導的メンバーである彼の言葉は、政治的である前に宗教的である。

むしろ「宗教家の発言」と理解すべきヴァイツゼッカー演説を引いて、日本の政治言語の貧困を指摘することは容易すぎる。忘れてはならないのは、キリスト教という共通宗教言語を持たない日本外交の困難さではなかろうか。(佐藤卓己・同志社大助教授)

(岩波書店・2500円)＝1998年11月19日②配信

自然の慈愛に満ちた温かさ

「鳥のように、川のように」（長倉洋海著）

一九八七年九月のこと、ブラジル国会の演壇上で一人の青年が無言で顔に墨を塗り始めた。白いスーツと対照的な黒い墨は数百年にわたって虐待されてきたインディオの死の象徴。そして沈黙する国会議員に対してインディオの窮状を訴え始めた。

この強烈な印象は翌八八年の、前文にインディオの土地権利保障を盛り込んだ憲法案の国会通過という成果を生んだ。きっかけとなった国会でのパフォーマンスを演じた青年は現在四十五歳になった。インディオ自立のプロジェクトでブラジル中を駆けめぐる「森の哲人」アユトン・クレナックである。

本書は、フリーのフォトジャーナリストとして八〇年から世界の紛争地を訪れ、取材を重ねてきた著者が、この国会で顔に墨を塗って抗議する報道写真をきっかけにアユトンと出会い、ともにアマゾンの自然と共生している人々を訪ね歩いた過去五年間の記録である。

だが通常のルポものとして読み始めると読者はある種のとまどいを覚えるだろう。著者を介して伝えられるアユトンの言葉を読んでいたはずなのに、やがて川音や森のざわめき、吹き抜ける風の音が聞こえ、自然の持つ懐かしい慈愛に満ちた大きな手の温かみを感じてくるのだ。

著者は、アユトンの世界が近代のめざしてきた世界とは違った哲学を持っており、人間存在の前提そのものが違うが、それなりの内的論理をもっていることを、アユトンとの生活の中で味わった豊かで強烈な体験の内側から説明しようとした。

著者の努力によって、日本の生活とは関係が薄いように思われるアマゾンのインディオの問題に直面するアユトンの世界と、私たちの世界に橋がかけられたと言えよう。

アユトンの知恵と、記録者としての著者の技によって、現在私たちに求められている人類共生と地球に優しい生き方の現実ビジョンが与えられる。人間として大事なものは何だったかをあらためて思いださせてくれる一書である。（加藤薫・神奈川大教授）

（徳間書店・1600円）＝1998年11月19日③配信

変わりつつある米国主流派

「ワスプ（WASP）」（越智道雄著）

米国は人種の「るつぼ」とも「サラダボウル」とも呼ばれる多人種社会。「白人」といってもラテン系、東欧系、北欧系、ユダヤ系と種々雑多だ。その白人種（W）のなかでもアングロサクソン系（AS）でプロテスタント（P）を信じる人たちが「ワスプ」と称されるグループだ。

米国への初期の移民のなかで多数を占めた彼らは、米国社会で多数派を構成し、さまざまな分野で主流をなしてきた。が、二十世紀後半以降、アフリカ系、アジア系人種などを含めた非ワスプ系が急増し、来世紀中には少数派に転落しそうな運命にある。

彼ら「ワスプ」がこれまで米国社会のなかでどのような役割を果たしてきたか、著者は、とくにその上質のエリート層に焦点を当てて、読み解いて見せる。

目立つことを嫌い、自己抑制を重んじる。子どもをプレップスクール（全寮制私立校）に送り、ハーバード大学、エール大学などでの最高の教育を受けさせる。

社会に出ては「ノブリス・オブリージ」を信じて、他者に寛容と博愛を施す半面、仲間内だけの閉鎖的なクラブなどを作って異分子を排除もする。

しかし、彼らが米国社会の中枢を支配できたのも今世紀前半まで。非ワスプの白人種や有色人種少数派が増えるにつれ、かつて米国社会主流の規範と見なされた考え方や行動原理が挑戦を受ける。ワスプもいまや、いや応なく多元主義的な米国を受け入れざるを得なくなりつつある。

先の中間選挙で、ブッシュ前大統領の息子二人が、それぞれテキサスとフロリダの州知事に当選した。ブッシュ家も典型的なワスプだ。その二人の息子が非ワスプ的色彩の濃い南部二州の知事に選出されたことに、ワスプ自身のなかに大きな変化の起きつつあることが読み取れる。

それにしても、多人種社会に生きるには、これほどまで自分の出自を意識しなければならないのかと、ちとしんどい思いを禁じえない。（藤田博司・上智大教授）

（中公新書・740円）＝1998年11月19日④配信

創作術明かしリアルを問う

「演劇入門」（平田オリザ著）

最初にいっておきたい。

一九九〇年代の演劇を代表する劇作家であり、演出家であり、「静かな演劇」の旗手である著者の作品を、私は舞台で見たこともないし、戯曲として読んだこともない。

私がなじんできたのは大衆演劇の世界だ。演出家はおろか、台本とてないワンパターンの義理人情の芝居。それでもそれなりに納得している観客と、それに見合うだけの芸とサービス精神で世渡りしてきた役者たち。

大衆演劇では、どん帳が上がると「あぁ、久しぶりに帰ってきたふるさとはなつかしいなぁ」なんて台詞（せりふ）で芝居が始まることが少なくない。これは著者が本書の冒頭で批判する、説明的で「ダメな台詞」の典型である。

いきなり「ダメな台詞」と決めつけられて、私はちょっとムッとしながらページをめくっていったのだった。

しかし、これが、おもしろい。ぐいぐいと引きずり込まれていく。著者は、自分自身の創作の手のうちを明かしながら、演劇における「リアル」とは何かと問う。その問いのときほぐし方が、実に平易にして、具体的にして、明晰（めいせき）にして、刺激的にして、実践的。

「遠いイメージから入る」「セミパブリックな空間を場所として設定する」「各登場人物が持っている情報量に差があることが重要である」「演ずるとは、自分のコンテクストと、演ずべき対象のコンテクストをすり合わせることだ」など、なるほど、さすがと、ひざを打ちたくなるところが何カ所もあった。

以下は想像である。

もしも著者が大衆演劇の一座に戯曲を書き、それを演出したとしたら、座長はじめ一座の面々はとてつもない混乱におちいるだろう。著者もあまりの勝手のちがいに当惑するにちがいない。それでも、ぜひその芝居を見てみたいと思う。そんな想像をかきたてられたこと自体、著者の術中にはまった証拠か。「演劇入門」、看板に偽りなしである。（鵜飼正樹・京都文教大講師）

（講談社現代新書・640円）＝1998年11月19日⑤配信

言葉の魔術で構築した世界

「日蝕」（平野啓一郎著）

この小説は、中味もさることながら、一九七五年生まれの大学生の投稿原稿が雑誌「新潮」に一挙掲載されるということもあって、文壇の話題になった。新人賞でデビューするのではなく、伝統ある文芸誌が、このような無名の新人を発掘したのは久しぶりのことでもある。

「三島由紀夫の再来」などというコピーが発表誌の目次に記されていたが、ペダンチックな教養や古風な語彙（ごい）を使っているこの作品は、これまでのポスト・モダンといわれた“軽さ”のブンガクにくらべて、たしかにある種の本格派の登場を思わせるところがある。

作品は十五世紀末のフランスが舞台になっており、パリ大学で神学を学ぶ青年修道僧が、ヘルメス選集という異端文書を手に入れるための旅に出る。そしてリヨンで錬金術師と出会い、村の森の中の鍾乳洞で、奇怪な両性具有の「人間」を目撃する。

それは「男であるとも、女であるとも、又、人であるとも、動物であるとも、悪魔であるとも、神の御遣いであるとも」わからない生きている石筍（せきじゅん）であった。作品は、この両性具有の存在と魔女狩りのなかで、幻想的な火刑へと展開されていく。

三島由紀夫というよりも、澁澤龍彦などの紹介する異端信仰や悪魔学を思い起こさせるところがあり、西洋の怪奇小説を連想させもする。

むろん、こうした物語を現実ばなれした虚構としてしりぞけてしまうこともできるが、ここには錬金術ならぬ言葉の魔術による、ひとつの明せきな人工的に構築された世界があり、それは相も変わらぬ私小説的な文学が尊重される日本の文学風土に、ひとつの戦いをいどんでいる。

ときに古くさいほどのその文体は、今日の情報だけを伝達するコミュニケーション言語にたいする、若い世代の反動とでもいうべきだろうか。（富岡幸一郎・文芸評論家）

（新潮社・1300円）＝1998年11月19日⑥配信

信頼にもとづく秩序を説く　「ラディカル・デモクラシー」（C・ダグラス・ラミス著、加地永都子訳）

冷戦後の世界には、不思議と閉そく感がただよっている。果てしなく続きそうな紛争がいくつかあり、不況はますます深みにはまりそうな気配を見せ、開発の問題にも展望は開けてこない。世界全体についても、日本を含む国々の国内状況についても、何やら不安感がつきまとう。

不思議というのは、冷戦が終わった時、これで何もかもうまくいくかのような見通しが語られたからである。加えて、冷戦の終えんはすなわち民主主義の勝利、という言説もかなりあったからである。

冷戦後世界が前より良くなるという見通しがはずれたことはともかく、民主主義の勝利という表面的な言説のほうは、今も後遺症を残しているように思う。何より、世界各地の政治システムにはもう改良の余地がない、という誤解を生んだ点においてである。

現実にはしかし、かりに冷戦の終えんが民主主義の勝利だったとしても、それは最小限の原理的勝利でしかなかった。国々の政治システムが、民主主義的に完成したわけではないのである。

本書は、民主主義の現況に関する誤解と正面から取り組み、民主主義が完結したどころか、今なお思考の課題を突きつけていることを説く。ラディカルな民主主義とは、装飾も修飾もなく、民衆が権力の担い手であることだけを手がかりとする、いわば「本物の」民主主義、とでも理解すればよいだろう。

簡単に読める本ではないし、翻訳にももう一工夫ほしい点はあるが、第4章（「民主主義の傷だらけの伝統」）や第5章（「民主主義の徳」）などは大いに示唆に富む。民主主義は「信頼にもとづく秩序」であり、それを働かせる究極の要因は「徳」である、とする視点が新しい。

結論的に著者は、「民主的信頼に立つ世界は可能だと信じる決意」こそが民主主義を信ずることだ、と言う。異論もあるだろうが、民主主義追求の現場を数多く踏んできた、この著者ならではの迫力に満ちた言明である。（最上敏樹・国際基督教大教授）

（岩波書店・2600円）＝1998年11月26日①配信

大切な話し言葉の人間関係　「本が死ぬところ暴力が生まれる」（バリー・サンダース著、杉本卓訳）

日本の教育が基盤から揺らいでいる。たとえば学級崩壊。子どもたちが突然切れ、荒れ出す。中学校でではない。小学校、それも低学年での話だ。なぜこんな事態が生じているのか。どうしたらいいのか。アメリカ教育の現状を背景とする本書は、この問題に一つの見方を提供する。

アメリカでは学校から大量のドロップアウトが生じている。彼らは街に出てギャング集団をつくり、犯罪に手を染める。大量の青少年が社会的に疎外されていく。この原因を、著者はまず識字、文字を読み書きする能力が失われていることに求める。

文字の読み書きは人に自分の自己のあり方を見つめ直すことを要求する。読み書きの長い歴史が人の自己を作り出した。読み書きの能力が失われることで人から自己が失われ、そこにむきだしの暴力が噴き出す。

これだけなら教育熱心な親たちと学校制度によって小さなときから大量の文字を浴びせかけられている日本の子どもたちには無縁な話だ。だが著者の眼目はその先にある。

文字は話し言葉の世界に支えられてはじめて実感あるものとなる。母親が幼児に語りかける一見無意味な、しかし愛情のこもった言葉。遊ぶ中で子ども同士が身体をぶつけ合いながら交わす言葉。そんな話し言葉の世界が失われてしまったことが子どもから識字能力、そして自己が奪われていく根本的な理由だ。

となると話はまさに日本にこそ当てはまるではないか。教育“熱心”な私たちは、いまや小学校にパソコンを導入し、インターネットで知識を大量に与えることで、いろいろな教育問題を解決できるという信仰にすがるところまでに至っている。だがそんなことはむしろ逆効果なのではないか。大切なのは響きあう声を仲立ちとする生身の人間同士のかかわりの復興だ。

著者の主張は日本の教育の現状に真正面からぶつかってくる。ではどうしたら声が響きあえるようになるのか、具体的な答えは著者も提示できないでいるのだけれども。（宮崎清孝・早稲田大助教授）

（新曜社・2850円）＝1998年11月26日②配信

「血」の中に燃える作家魂

「火夜（ひや）」（増田みず子著）

作家が強く意識するもののひとつに、自分の中に流れている「血」のことを書きたいという衝動がある。なぜ小説を書くのか。小説を書き続けている「血」はどこにあるのか。そういうことを考える作家は多いはずだ。

ところが、そのことを書くにはなかなかに勇気がいる。いまさら出自を書いたところでどうなるという思いもあるし、さらけ出してなにになるという気持ちもどこかにある。

しかし、絶えず意識し、葛藤（かっとう）がある気がする。原稿用紙に向かえば、みな「創作」だという作家もいるが、一概にそうとは思いにくい。書くということは自分のひざにできた傷のかさぶたを、おそるおそるめくって見るようなもどかしさと戸惑いがある。

まして「家族」や「血」のことを書くのは難儀でしんどい。書くほうが意識するし、たかが小説のために、なぜそこまでという思いがこちらに内在しているからだ。書かなくても生きていけるし、見つめなくても生きていけるが、こだわり続ける「業」というものがある。この「業」というものが作家には強い。

わたしは書いてしまおうと思うタイプだが、著者の増田みず子氏もどうやらそうらしい。そして突き進んでいる。本書を読み終えると、こういう作品を描いた氏をうらやましいなと思うと同時に、「血」の中に作家魂が燃えているなと深く感じた。

「火夜」は江戸時代、葛飾の新宿の名主をやっていた増田一族の流転を描いたものだ。どの家にもそれぞれの歴史があるが、本書の登場人物たちはどこにでもいる市井の人々だが、濃密な世界をひとりひとりが抱え込んでいる。

一家が断罪になったといううわさ話や、次々に女たちが早世する話は、読むほうをどきりとさせ作品の中に引きずり込む。現在の自分の生い立ちを遠い過去の「血」にさかのぼらせている筆先は、重く迫力がある。著者の未来を担う魅力的な長編小説だ。（佐藤洋二郎・作家）

（新潮社・1700円）＝1998年11月26日④配信

孤独や違いを恐れずに成長

「那珂川青春記」（森詠著）

青春小説というのは、思春期の真っただ中にいる人物が、次第に大人になっていく過程を描いた成長物語である。いわば小説の王道をいくジャンルで、だれもが一度は書いてみたくなる小説でもある。

ことに男性の場合は、見かけよりも精神的な問題が大きなウエートを占める。そのことを、勇気や友情や自己犠牲などを通して描いていくわけだ。つまり、肉体的にいかに強かろうが、精神がついていかなければ克己心はおろか、生きていく資格すらないことを悟らせるのである。

もちろんそれは幻想であるかもしれない。が、少年が男になっていく物語には、なぜか、どこかしら永遠なる郷愁を誘うものがある。

森詠の「那珂川青春記」もまた同様だ。

時代は昭和三十四年から三十五年にかけての、栃木県黒磯町周辺が舞台である。おそらくは作者の分身であろう主人公・大山茂を中心とした、五人の高校生が恋に悩み、将来を憂い、人生を語り、喧嘩（けんか）に明け暮れながらやがて自我に目覚めていく。

言ってみれば、よくありがちなストーリーが展開していくのだが、しかし、これが何とも爽（さわ）やかなのである。実に感動的なのである。

なぜならば、ここには現代の少年たちのみならず、大人たちすらも忘れ去ってしまった「規矩（きく）」の心があるからだ。彼らは時に群れて行動することもあるが、基本的には独りで難関を切り抜けようとする、大いなる意思がある。他人と違うことに恐れを抱かず、孤独であることにも恐怖を感じまいと必死で立ち向かっていくのだ。

その立ち向かう〈何か〉は必ずしも同じものではない。時には喧嘩相手の顔となったり、また時にはもっと大きな「社会」そのものであったりもする。だが、本書の少年たちはそれに対して逃げることなく、正々堂々と闘って一汗を流し、涙を流し、そしてまた血を見ることもありながら、成長していくのである。これぞ青春小説の王道、傑作ということができるだろう。（関口苑生・文芸評論家）

（小学館・1700円）＝1998年11月26日⑤配信

現代に必要な意志する宗教

「法然対明恵」（町田宗鳳著）

日本人の霊性が特別に高まったと言われる鎌倉時代に、対立的な姿勢を極めて鮮明に示す二人の僧があった。法然と明恵である。法然は鎌倉時代の新仏教の創始者の一人として、絶対他力の専修念仏を主張したのに対し、明恵は、あくまで自力による修行を重要とし、法然を激しく論難した。

本書において、著者はこの両者を、あくまで彼岸に生きようとする法然を「死の座標軸」、あくまで現世における生き方を大切とする明恵を「生の座標軸」によって生きようとするものとしてとらえ、両者の差を詳しく比較検討する。そして、両者を理想主義（明恵）、現実主義（法然）の対立として見ることもできるという。

このように対立する両者も生活史を比較すると、あんがい共通の部分も多い。両者ともに下級武士の家に生まれ、両親の愛に恵まれて育つが、少年時代に親と死に別れている。そして法然も明恵も己の仕事に生命を投げ打つ武士の気概をもつ点も共通である。

両者に何よりも共通していたことは、当時の僧侶（りょ）たちが、自分の位階のあがることや、加持祈とうなどによって利益をあげることに心を奪われ、本来の宗教性を失っていたのに対する激しい怒りと改革への意志である。

ただ、改革の方向としては、法然は著者がルターにも比しているような改革であるのに対して、明恵はむしろ、釈迦への回帰であった。

しかし両者をよく比較するとその座標軸は意外に重なり合うのだ。一見対立的に見える両者が、その深い宗教体験の方に目を向けると交差し、重なり合うことを明らかにする点に本書の特色がある。

かくして、両者に共通に見られる「意志する宗教」の姿が、最も重要なこととして浮上してくる。ここで著者はそれが現代に生きる者にとって痛切な問題であることを提起してくる。宗教が古い時代の比較問題でなく現代のこととして語られるところに、本書の意義があると感じられる。（河合隼雄・臨床心理学者）

（講談社選書メチエ・1500円）＝1998年11月26日⑥配信

東西の文化と生活のエキス

「江戸のこころ・上方の知恵」（藤本義一・杉浦日向子著）

「いろはカルタ」は、いろは四十七字に京を加えた四十八字を頭文字として、格言や諺（ことわざ）をよんだカルタ。絵札をばらまいてとる「ちらし」と、二組に分かれて争う「源平」とがある。子供の時分、正月などに一家でにぎやかに遊んだ思い出を持っているのは五十代以上か。いまごろとんと耳にしなくなった。そこにこの本がでた。これがおもしろい。

いまは懐かしい「いろはカルタ」といえば、江戸と京・大阪地方とでは札の文言が異なる。名古屋には両者の混在した「中京いろは」がある。

本書では「江戸いろは」と「上方いろは」を取り上げ、その解釈を東西の代表、江戸風俗研究家の杉浦日向子氏と、生まれも育ちも上方の作家の藤本義一氏が、それぞれ書き下ろしている。長い年月、多くの人々に口ずさまれてきたその一枚いちまいは、まさに文化と生活のエキスだ。

たとえば「み」の一枚、江戸「身から出た錆（さび）」、上方「身は身で通る」。あきらめのよさと、どっこいしぶとさと。江戸のあそびにんの気風と、上方のあきんどんの算段と。もう一枚「せ」は江戸「背に腹はかえられぬ」、上方「せんち（雪隠）で饅頭食う」。このちがいはなに、これはおかしい。

それぞれ「犬も歩けば棒にあたる」「一寸さきはやみの夜」にはじまって、おしまい「京の夢大阪の夢」「京に田舎あり」のあがりまで。江戸・上方の人々の心意気、生きていく上での知恵におもいをはせ、あわせて不正と拝金の現代の世相にまでおよんでいる。それも小言っぽくならず、カルタをかたって、じつに心得たいいかたで。

それにつけても合計九十六枚あるなかで東西に共通の札は、ただ一句「月夜に釜（かま）を抜く」の謎句（めいく）とは。なんとも笑えてくる。

「いろはガルタは日常生活の中に生きていた。現在も少しは生きているように思う。そういう日本であって欲しいと思う」（藤本義一）。もうすぐ新年である。正月は一家で「いろはカルタ」をしよう！（正津勉・詩人）

（小学館・1200円）＝1998年12月3日②配信

平等に存在し合うのが理想

「男と女の家」（宮脇檀著）

著書は優れた住宅設計者として、またそれ以上に数多くの著作による住意識の啓もう家として知られていたが、去る十月、惜しまれつつ帰らぬ人となった。遺著にあたる本書は他の著書と内容が重複する点もあるが、連続講演会の記録に加筆したものなので、おしゃべり口調が生き生きとしていて読みやすい。

題名の「男と女」は当然セックスの問題を含み、家庭内のセックスの場としての寝室の作り方について実践的な教えも記されている。しかしながら著者が考える男と女は決して性行為だけでつながっているわけではない。

著者は今の日本の住宅が「女の家」になってしまったことを嘆くことから語りだし、女の役割について辛らつに批判する。住宅に無教養な〈雑知識だけの主婦たち〉が〈花模様のカバーがかかっている電話機とか、ティッシュペーパーが花模様の箱から出ているみたいな家〉をつくってしまった、と著者は言う。

このあたりを読むとカリカリしてしまう女性もいるに違いない。でもまぁちょっとお待ちを。著者は〈知識のない女にすべてを任せたことから始まったことですから、会社に逃げてしまった男が悪い〉と、返す刀で男もバッサリ斬（き）っているのである。

大型冷蔵庫をはじめとする家電製品を次々買い込んでも使いこなせない主婦たちもきつく皮肉られ、とくに大型冷蔵庫の実態についての記述は爆笑ものだが、その後で〈設備というものの本来持っていた意味というのは力の代行で、それはべつに女の力の代行ではなかったのです。…もっと男もモーターを使うべきだと思います〉と、男の家事に対する無関心と怠惰が批判される。

男も女も、それぞれの立場で憤慨したり共感したり、笑ったり反省したりしながらスイスイ読める本であり、読み終えたとき「男と女というのが平等に存在し合っているところが家ではないでしょうか」という結論に目覚めのようなものを感じるのではないか。（渡辺武信・建築家）

（新潮社・1100円）＝1998年12月3日③配信

家から近代日本を読み解く

「借家と持ち家の文学史」（西川祐子著）

おや？　と思わせる書名である。

読み始めると、一ページ目からたちまち引きつけられる。これはなんと「近代日本文学の歴史とは、自分の身の置き場所を求めて、引っ越しや移築を絶えずくりかえす物語だった！」（帯文）という視点に立って、藤村の「家」から吉本ばななに至るまで、「近代百三十年のあいだに日本語で書かれた大量の文学作品を一つのテキスト、集団制作による大河小説として連続して読む」という壮大な試みなのだった。

言われてみれば、いままでの日本文学は、時代によって移り変わる「家」と「家族」の物語を、飽きもせず繰り返し描き続けてきたということに気づく。

著者は言う。しかもそれは「家」／「家庭」という当初の二重構造が、「家庭」／「個人」という新しい二重構造に取って代わられる過程であり、それぞれ「いろり端のある家」／「茶の間のある家」、「リビングのある家」／「ワンルーム」という器の変化に対応しているのだと。

しかも、男性作家が「家」を建てたらなぜか不幸になったという物語を紡いでいる間、女性作家たちはもっぱら「家出小説」ばかりを書いていた。しかしここ十年、「家つくり」小説の担い手はもっぱら女性であり、しかもそれは従来の家族の形にとらわれない実験小説である、という。

してみると、私が小著の中で分析した少女マンガの変形家族の実験も、たしかにこの近代文学百三十年の歴史に呼応し、その中で位置づけられるものなのだ。

そのことに私は感慨を覚え、本書が近代日本の精神史を、こういう方法で、丁寧に、しかも鮮やかに跡付けてくれたことの意義をかみしめる。

そして、“居場所”が「家庭」や「家族」を離れて浮遊し始めている今、これからの“私の器”の物語がどのようなものになるかを夢想する。これは、読者によって続きを書かれることを待っている、未完の物語なのである。（藤本由香里・評論家）

（三省堂・2700円）＝1998年12月3日⑤配信

凄味に満ちた語りの手腕

「結ぶ」(皆川博子著)

むずむずする。ぞわぞわする。からだじゅうの毛穴という毛穴に、悪い風が吹き込まれる。じわじわじくじく毒がまわる。怖い。恐ろしい。叫びたくなる。

「そこは縫わないでと頼んだのに、縫われてしまった。昨日も一昨日も、縫われた。こんなに縫われると、見た目もよくないと思う」

表題作、「結ぶ」の書き出しからしてこうなのである。語り手は、完璧(かんぺき)な球形をめざす縫い師によって、ふくらはぎを縫われ、腕をかがられ、耳の縁を縫い縮められている。

縫われる理由は、まったくあきらかにされない。ただ、語り手が展開する存在論が、書きつけられるだけだ。

縫い師がめざす球形は、存在の究極の形である。完璧な球形は、すなわち宇宙モデルの写しである。太陽だって球形なのだ。逆に、アジのひらきを作るみたいに、かぎりなく開いていったら、いかがな事態が生じるものであるか、といったぐあいだ。

この空っとぼけが、いよいよ怖い。いうまでもないが、そんな宇宙論的・存在論的アイディアをいじりまわしているうちにも、縫製は進んでいるのである。そこはいや、と訴える声をききながら、敏感にやわらかい腋(わき)の下に、木綿針は進んでいるのである。

十四編からなる短編集である。頭から尻尾(しっぽ)まで、ずっとこの調子である。

分類すれば、幻想怪奇小説ということになる。しかし、泉鏡花をはじめ、男の作家によって書きつがれてきた幻想譚(たん)とは、まったく異質だ。男の語る幻想譚は、アイディア=理念の化身だが、皆川氏は、アイディアを笑うためにアイディアを駆使し、それを怪奇に仕立てている。

男の理念=頭を、大鍋(なべ)でぐつぐつ煮込み、女だけの宴会のスープに仕立てた。そのしだいを、メンスを迎えるみたいに天然自然な態度で、さまざまに語りきった。この語りの手腕の凄味(すごみ)、ただただあきれるばかりだ。(倉本四郎・作家)

(文芸春秋・1762円)=1998年12月3日⑥配信

高水準の野球に驚きと疑問

「ドキュメント　横浜VS・PL学園」(アサヒグラフ特別取材班著)

監督も経験したある野球評論家と会ったとき「最近は戦評を書ける人が少なくなった」という話がでた。スポーツ新聞を中心とする最近のスポーツ報道が、どんどん芸能化し、野球そのものの内容に対する目配りがおろそかになってきているというのである。

そういう不満を抱く人が読めば、この本はかなりの満足感が得られるはずだ。対象は今年の夏の甲子園の準々決勝、延長17回で決着がついた横浜とPL学園の試合である。勝ち越しと同点を六度繰り返し、七度目に横浜が勝ち越して決まった熱戦だけに、その試合の経過を丹念にたどるだけでも十分に面白い。

著書はひとりではなく、四人のライターグループだが、複数の取材者という利点を生かし、両チームの選手、指導者の声を丹念に拾い、勝負を分けたプレーの背景にあるものを明らかにしていく。手法としては、オーソドックスすぎるほどだが、こうした本道がともすれば忘れられがちになっているときだけに、かえって新鮮に映る。

しかし、読後そう快なカタルシスが得られるかと考え込んでしまう。例えばこの本は、PL学園の三塁コーチャーが横浜の松坂投手の投球モーションから球種を盗み、打者に教える場面からはじまる。

そうした能力を高校生が持つのがまず驚きだし、盗まれた横浜のほうも、すぐそれに対応していく能力があって、さらに驚かされるのだが、そうした「高い水準」の野球を高校生がやってのけたということに、感心すると同時に、疑問を感じないわけにはいかないのだ。

選手たちの能力の高さ、必死さ、そして戦いの中でも野球の楽しみを忘れない姿などに心を動かされる一方で、なにか野球の本質から外れたところで、必死の努力が行われている気がぬぐえないのだ。

こうした不満は、水準は高いが、いびつといえないこともない選手たちを生む構造への疑問であり、また、その構造に視線が向かない著者たちへの個人的ないら立ちかもしれないのだが。(阿部珠樹・スポーツライター)

(朝日新聞社・1300円)=1998年12月10日①配信

実例を通した豊かな歴史観　「歴史の中で語られてこなかったこと」(網野善彦・宮田登著)

歴史学者の網野善彦と民俗学者の宮田登の共通点は、それぞれの分野の大家でありながら、同時に異端だというところにある。

どの辺が異端かというと、かつての日本人は、その多くが稲作に従事する農民であり、村落共同体のなかで古代以来連綿と同じようなことを繰り返して、生き、そして死んでいった—という神話を、根底から覆すスリリングな対話を、あっさりと繰り広げてしまうような柔軟性においてである。それも宮崎駿の映画「もののけ姫」や坂東眞砂子の小説「山妣(やまはは)」などを引きながら。

そもそも歴史学者と民俗学者が、これほど幅広い話題について、きちんとかみ合う対談をしていること自体、日本では異例のことだろう。

本書には、明治以来の国史教育によって、日本人に深く浸透している日本史に関する誤った固定観念を払い落とし、真実に対する柔軟な思考を回復するための示唆にあふれている。

たとえば百姓という言葉は本来、農民を指すものではなく、文字通り百通りものさまざまな職に従事する人々(常民)を意味した。その実態を具体的に、たとえば荘園ごとの桑の台帳の多さから機織りの経営実態を推定したり、耕作地を持っていないことから「水呑み」に分類されている人物が実は廻船を複数所有している裕福な商人であった、といった実例を通して、読者は新しくて豊かな歴史観・日本観へと導かれていく。

かと思うと、そうした「歴史観」を踏まえて、ポケモン騒動や官官接待といった現代の事象へのかなり大胆な発言などもある。これも、歴史観というものが、今現在を生きるわれわれの自己認識に直結しているとする話者の信念を示すものといえるだろう。

歴史は決して過去のことではない。われわれもその中で生きているのだ。歴史観とは自分の生き方、考え方でもあるだろう。「私はすべての歴史家が通史を書くべきだと思います」という網野氏の発言は印象的だ。(長山靖生・歯科医、思想史研究家)

(洋泉社・1900円)＝1998年12月10日②配信

大衆消費文化の象徴に変身　「サンタクロースの大旅行」(葛野浩昭著)

トナカイのひくソリに乗った、赤い服、白いおひげのおじいさん。そんなイメージをもって、口絵の古いクリスマスカードを見ると、びっくりする。緑の服のサンタクロースあり、ブタのひくソリに乗ったサンタクロースあり…。では今日私たちにおなじみのサンタクロース像は、どのようにして誕生したのだろう。

サンタクロースのモデルとされる聖ニコラウスは、四世紀ごろトルコに実在した司教。だが、現在も中部ヨーロッパで行われている聖ニコラウス祭には、キリスト教以前の土着の民俗信仰の影が濃い。

もともとは聖ニコラウスが仮面仮装の神々を連れて現れ、翌年の豊穣(ほうじょう)を祈るという、エロチックな要素を持った「村の祭り」で、日本のなまはげとも共通する点が多いという。

しかし十七世紀ごろから、宗教改革や家庭や子どもを大切にする時代の風潮により、「村の祭り」は「家庭的行事」へと変容していく。

そして聖ニコラウスは、移民と共に新大陸へ。一八二二年にクレメント・ムーアが書いた「聖ニコラスの訪問」という詩は、民主的な家族の楽しいクリスマスをうたいあげ“子どもたちに楽しいプレゼント届けてくれるやさしいおじいさん”のイメージを広く定着させた。このアメリカン・サンタクロースは、大衆消費文化の象徴となり、戦後日本にも上陸する…。

著者は文化人類学者。トルコ、ヨーロッパ、アメリカ、日本、北欧と、サンタクロースがたどった変ぼうのあとをたどりながら、その背景となった歴史や民族の文化に触れる。「日本人とクリスマス・サンタクロース」という章もある。

最後に新しいサンタクロース像として、サンタクロース村を作り、サンタクロースを平和外交の使者として世界中に派遣しているフィンランドの例が紹介されているのも興味深い。

“話の種”に終わらず、読者の知的好奇心に働きかける、冬の夜におすすめの一冊。(根岸貴子・産能短大兼任講師、児童図書館学)

(岩波新書・660円)＝1998年12月10日③配信

静かな虚無感のはらむ謎

「屍鬼(しき)(上・下)」(**小野不由美著**)

かつて愛した者が、死してなお生前と変わらぬ姿で、棺に横たわっている。そして日が沈むと人を襲い、仲間を増やしていく。少年は杭(くい)を握りしめながら、傍らの神父に問う。「彼らにも世界はあるのか?」「ある」「彼らは永遠の命を持つのか?」「持つ」「それでは彼らに愛はあるのか」「それはない」

意を決して、少年は杭を死者の胸に打ち込む。こんな場面が、ある翻訳モダンホラーにあったように記憶している。

吸血鬼物においてモダンホラーが圧倒的な力で描き出したのは、死によって永遠の別れを告げたはずの愛する者への断ち切れぬ思いであり、彼らが戻ってきたとき、それを邪(よこしま)なものとして、神の秩序の下に排除しなければならない苦悩であった。

「屍鬼」はそうした明快な正邪の区別の上に人間ドラマを展開するキリスト教文化圏における吸血鬼物とは一線を画す。ここに登場する村は、土俗的でリアルな農村社会ではなく、極めて観念的に作られた閉じた宇宙であり、その中で秩序と反秩序の相克の物語が展開される。

生から死への不可逆的変化、食物連鎖、罪と罰、あらゆる約束事を覆す無自覚な何かが、増殖し、正常な世界を侵略していくとき、閉じられた世界の中で、不合理な存在である人間は何を思い、どう行動していくのか。

物語の前半で、登場人物の一人である医師が、村人を襲う死の原因を究明していくが、読者にとってはすでに答えは出ている。むしろ僧侶(そうりょ)にして小説家である副主人公の書く作中作と、彼の抱えた静かな虚無感のはらむ謎(なぞ)こそが、この大作を貫く柱になっている。

閉じられた架空世界で起こる闘いと、その世界の崩壊を、生の意味やこの世の秩序への疑問を投げかけつつ描いた、一大叙事詩であり、優れたファンタジーである。なお、積み重ねられた多くのエピソードの中で、少年少女の描写は特に生き生きとして、際立った筆の冴(さ)えを見せている。(篠田節子・作家)

(新潮社・上2200円、下2500円)=1998年12月10日④配信

聖杯をめぐるきわどい闘争

「旅涯ての地」(**坂東眞砂子著**)

キリストの血を受けたと伝えられる、聖杯をめぐり、ローマ教会派と異端のカタリ派とが、闘争をくりひろげる。血と陰謀が渦巻くなか、神の存在が問われ、霊と肉が問われる。未決の人間の課題が、複雑にからみあい、至福のときをめざして対立する。龍の尻尾(しっぽ)さながらうねり、のたうつ。そのダイナミズムを描きとめようとした長編小説である。

時は十三世紀。舞台はヴェネツィアと北の山岳地方。前者は教会派が占める都であり、後者は異端派がひそかに根拠地とする村をかかえる。闘争は山と平地、都市と村という対立をもはらんでいる。

物語の語り手たる「私」がまた、否応(いやおう)なくうねりを増幅する。かのマルコ・ポーロが、ヴェネツィア帰還のおり、中国・泉州で買った奴隷という設定だが、これが一筋縄ではいかない男なのだ。

混血児である。宋国の商人と倭国の女とのあいだに生まれた。奴隷に落ちる前は、父親同様、裕福な商人だった。つまり、地理的には大陸と列島の、文化的には東と西の、階級的には富裕層と貧困層の混血であり、かつそのいずれにも属さない。みずから「私は境を歩く者だ」とうそぶく。

信仰についてもホームレスだ。異端も正統もない。天国も地獄もない。「そんな区分けは必要ない」といい、「死んだ男の血を受けた器ばかり探している奴には、死骸こそが似合っている」といってのける。

こともあろうに、こんな男の手に、聖杯が握られる。正統と異端の闘争は、ここに、主人マルコをも巻き込みながら、境界に張られた綱を渡るようにも、きわどい展開をみせることになる。

浅からぬイタリア体験と、歴史・民俗・風俗にわたる入念な下調べが、波乱の物語を、がっしり支えている。それら史・資料に関する咀嚼(そしゃく)力は直木賞を受賞した「山妣(やまはは)」で、作家はとうに証明済みだ。(倉本四郎・作家)

(角川書店・1900円)=1998年12月10日⑤配信

滅びの芸への愛を芸で語る　「ものがたり　芸能と社会」（小沢昭一著）

これはもう愛である。日本全国にかつてあり、しかしじき確実に消えてしまう芸能に対する愛。あるいはすでに消えてしまったそれへの愛。

小沢昭一という語り手はその愛を存分にあふれ出させつつ、ひたすらに愛そのものを語る。「ものがたり　芸能と社会」はそういう本である。著者が放送大学で行った講義を繊細に再現したのが本書なのだが、その語り自体がすでにして芸である。ぐんぐん引き込まれる。時には突き放される。つまり芸能的に芸能が語られるのだ。

愛に満ちて愛自体を語る。

芸をもって芸自体を語る。

自己言及的に見えるこの語りの構図は、当然小沢昭一という稀有（けう）な語り手にしか扱えないものだろうと思う。思って感動する。中世以来の芸能を社会学的に見ていきながら、われわれはそこにいまや切れかかった語りの伝統を実際垣間みる。

こういった至芸は著者の個人的な問いにこそ支えられている。“現代の四条河原—芸能界の最前線で、私は、やっていけるのか”と講義が話者にはね返ってくるからこそ、クールなフィールドワークの結果発表にはない切実さと誠意が文中からあらわれ出る。

考えてみれば語り芸はまずそうやって客に語り手の身の上をしらせるのである。さて、いかにして生きるべきか。生者必滅とはいえ、生きている間はなんとかしなければならない。その意味では皆境遇が一緒である。

だからこそ身を乗り出す。乗り出した瞬間に、語り手は個人を超えて物語を差し出し始める。すると宇宙が広がり出す。著者が駆使するのは学者にはなまなかに出来ぬそうした芸に違いない。

誠実な語りとユーモア。それがいつの間にか身にしみる。猿回しを語り、漫才の歴史を語り、落語や歌舞伎、カラオケを語る。その声がわれわれの奥底で眠ってしまった芸能の心をぶるりと揺るがせる。

そして、残るのは愛。なくしてしまいそうなもの、なくしてしまったものへの愛。これじゃ、お代が安過ぎます。（いとうせいこう・作家）

（白水社・5500円）＝1998年12月10日⑥配信

自分の姿を整える貴重な鏡　「帰ってきた星の王子さま」（ジャン・ピエール・ダヴィッド著、矢川澄子訳）

私たちは何のために生きてるのか。どう生きたら良いのか。そんなことが、もう分からない時代に私たちは生きてるような気がします。もちろん、人にはそれぞれ固有の感想があって、それで自分の人生を律しているでしょう。でも、その意見が本当に間違っていないかどうか。

そんなとき、サン・テグジュペリの「星の王子さま」は、とても貴重な「考えるヒント」になってくれます。

世界中のだれもが知っている「星の王子さま」は、やさしいように見えて、実は意外と難しい。かと思うと、案外、単純だったりして、読む側はその都度、虚を突かれて己を知ることになる。だから若返りにはもってこいの本なのでしょうが、時には歯が立たないほど難しくて、読むことをあきらめてしまう。

本書は、同じ精神で書かれ、問題の深さは変わりませんが、とても分かりやすい。自分の姿を整える貴重な鏡がもう一枚増えた気がします。

本書では王子さまが、サーカスから逃げたトラからヒツジを守るため、ハンターを探して旅に出る。しかしトラを退治すべきかどうかと王子さまは悩む。他方、弱いが美しいバラとヒツジを守るには、一体どうしたら良いのか…。

自然と共生する、世紀末から地球を救う。そんな呼び声が世界中で叫ばれ始めています。でも、私たち人間の精神は、まだまだそんな“ルネサンス”とはほど遠いところにあると思います。政治、文化、教育、生活のありさまが平和を生み出すには、このあと何世紀かかるのでしょうか。

かつてロマン・ロランは、彼の戯曲「ジャンヌ・ド・ピエンヌ」の中で、「少なくとも、故意に小さなアリを踏みつぶすことは、もうやめよう。それでなくても、これまでに数え切れないほどのアリを踏み続けてきたのだから」と主人公に語らせました。

そして「自分自身も人間として努力できる限界はこのあたりかと思っていた」とも。本書は、そうした消極性からもう一歩先に進もうとしています。（野沢那智・演出家）

（メディアファクトリー・1500円）＝1998年12月17日①配信

贋作ならではの楽しい趣向　「シャーロック・ホームズ　クリスマスの依頼人」（レジナルド・ヒルほか著、日暮雅通訳）

コナン・ドイルが残したシャーロック・ホームズの物語は、四作の長編と五十作を超える短編に及ぶ。シャーロッキアンと呼ばれる熱烈なホームズのファンは、残されたそれらの物語を敬愛の念をこめて"聖典"と呼ぶ。ホームズ譚（たん）が連載された「ストランド」誌は大幅に部数を伸ばし、後にまとめられた短編集は大成功をおさめた。

ホームズの奇矯な人物設定と卓抜した推理力、十九世紀末のロンドンの生き生きとした描写力などがあいまったところに、このシリーズが人気を博した理由があるだろう。

ともあれホームズ物語の及ぼした影響は多大なものがあり、すぐさま"シャーロック・ホームズのライバルたち"と呼ばれる似たような作品群が出現した。そして同時に、ホームズを主人公にしたパスティーシュ（贋作＝がんさく）やパロディーも登場し、"聖典"の数百倍を超す作品が現代に至るまで書き継がれている。

本書はエドワード・D・ホック、レジナルド・ヒル、ビル・クライダーなど、現代有名作家十四人によるホームズのパスティーシュのアンソロジーである。しかもキリスト教徒にとって一番大切なクリスマスシーズンを物語の背景に据えた点がミソ。

なぜなら合理主義者のホームズとクリスマスは取りあわせが悪いらしく、"聖典"中にもクリスマスを扱った話は「青いガーネット」がみうけられる程度だという。書かれざるホームズ譚ということが、作家の創作魂を刺激したのか、好作ぞろいのアンソロジーになっている。

ホームズとワトソンは、ロンドンのみならず、アルプス山中やイタリアまでも足を延ばす。また宿敵モリアーティ教授はもちろん、実在の有名人物や、ホームズが生涯愛したただ一人の女性が意外な形で登場するなど、贋作ならではの楽しい趣向がちりばめられている。"聖典"に詳しいほど楽しみは深いけれど、ホームズ初心者にとってもうれしいクリスマスプレゼントであることは間違いない。（西上心太・ミステリー評論家）

（原書房・1800円）＝1998年12月17日②配信

国全体に広がる幻想の崩壊　「あなたはもう幻想の女しか抱けない」（速水由紀子著）

都会に生きる若い女性といえば、とかく「元気で自由」といわれる。中には「わがままでぜいたく」と批判の目が向けられることもある。しかし本当にそうなのだろうか。

今、神経科クリニックや民間のセラピールームには、疲れて心のいやしを求める女性が、大勢訪れる。皆、人一倍努力家で向上心にあふれた女性たちである。「がんばっても幸せになれない」「心にぽっかり穴が開いているよう」と彼女たちは口々に訴える。

本書は、そういう女性たちの赤裸々なケースリポート集である。恵まれた生活を送っているのに売春に走るOL、安寧でも変化のない生活にイヤ気がさし離婚を申し出る妻、自己評価の低さから援助交際に走る少女。従来の価値観で考えれば、彼女たちは理解不能、自分勝手な人たち、と片づけられたかもしれない。

しかし著者は、こういった女性の出現の裏に、わが国全体に広がるより重大な変化を見ようとする。

それは「幻想の崩壊」である。会社幻想、規格幻想、聖母・聖少女幻想といった幻想が総崩れする中で、今までにない振る舞いをする女性たちが現れだした。たとえば、話題になった「東電OL殺人事件」の女性も、聖少女幻想や会社幻想の残骸（ざんがい）に巻き込まれたのではなかったか、と考える。

新たな問題を抱える女性たちをリポートしながらも、著者はこの変化じたいを悪いこととはとらえていない。むしろ、すべての人が幻想に頼って生きてきた今までが間違っていたと考えて、こう訴える。

「なぜ『幻想』から目覚め、個人へと立ち戻って、『私は今、私自身をこう思っている』という一人称で語れないのだろうか」

女性たちのことを含めた社会の変容を「病理」としてではなく、「個として生きるチャンス」ととらえる。この前向きな姿勢こそが本書の最大の持ち味である。著者のこの投げかけに男性たちは、そして当の女性たちは、どう答えていくだろうか。（香山リカ・精神科医）

（筑摩書房・1700円）＝1998年12月17日③配信

単一通貨にこめられた思想

「ユーロ生誕」（山本武信著）

一九九九年一月一日、欧州経済通貨同盟（EMU）が発足する。三年後の二〇〇二年からは、単一通貨たるユーロも流通し始める。

その複雑精妙な出来事をわかりやすく解説したのが本書である—表題だけからは多くの人がそう考えるだろう。しかしそれは大きな誤り。ユーロとは、本書の博覧強記な著者が、人類の来し方・行く末を見極めるために用いる、一つの足がかりにすぎないのだ。

たしかにこの本は、欧州統合の歴史に関するすぐれた入門書でもある。国際通貨問題の解説書としても実に手際がよい。だがそれは、あくまで出発点にすぎず、この本の本当の狙いはもっと深いところにある。一口に言うなら、それは、単一通貨の創設という営みに人間のどういう思想がこめられているか、という問題関心である。

たかが一つの地域通貨の誕生くらいで、などと言ってはならない。国家主権の何より大きな象徴だった、自国の通貨を放棄しようという試みである。そこには何かしら深い思想的きっかけがあったに違いない、と考えるほうが自然なのだ。

著者によればそれは、まずは欧州諸国の共生関係の樹立だった。だが掘り下げはそこにとどまらず、著者は市場主義批判、競争至上主義批判へと議論を展開していく。マネー・ゲームやギャンブル経済への警鐘も鋭い。世紀末の世界経済につきまとう、これら負の要素を乗りこえようとするのが通貨統一の試み、というのが著者の理解である。

おそらく「ユーロという思想」の探究とは、資本主義そのものの問い直しなのだろう。市場にすべてを任せてはいけない、経済運営に人道主義と共生の要素がなければいけない。著者のそういう思想がここで一気に鮮明になる。

入り口は時事的だが、奥行きは歴史的で哲学的という、深みのある好著。お金には興味がないという人にも、お金にしか興味がないという人にも、ぜひ一読をすすめたい。（最上敏樹・国際基督教大教授）

（共同通信社・1700円）＝1998年12月17日④配信

最も先鋭化した日本の心性

「ゴールドラッシュ」（柳美里著）

柳美里の小説を読むとき、記憶のふちで気になっていることがある。それは去年彼女の身に起こった例のサイン会中止事件の報道のされ方である。露骨な脅迫が彼女を襲ったわけだが、日本の新聞の記述をほとんど覚えていない。

私が覚えているのは、フランスの新聞「リベラシオン」が、日本に女性のサルマン・ラシュディが現れた、と評していたことだ。そうか、柳美里はラシュディだったのだ。たとえ、事実そうであると納得しなくとも、日本の外からはそう見えたのである。

つまり、書くことによって理不尽な差別と脅迫にさらされる作家、柳美里—。

そこで話題作「ゴールドラッシュ」。出版社側の思惑もあるのだろうが、三島由紀夫や大江健三郎、村上龍といった日本文学史的な文脈の延長線上にこの小説を位置づけたいという欲望がほの見える。

おまけに主人公は、横浜黄金町で手広くパチンコ店を経営する地元名士の次男で、ゆくゆくはワンマン社長から経営をすべて任せられることになっている十四歳の少年。キレる、ムカツクとやたらに評判の悪い中学生だ。家族の愛情から切断され、娼婦や怪しげなヤクザのかっ歩する町に出入りする彼は、小説の半ばで父親を日本刀で殺害する。

前半は殺害に至るまでの助走、後半は地下の金庫室に父親の死体を抱えてさまよう少年の心の闇（やみ）を描く。

道具立ては十分だ。父殺し、十四歳という年齢…。物語の要素だけ考えればかなり平凡でさえある。だが平凡さしか感じないとすれば、それは日本という国家を内向きにしか考えていないからだ。

日本にいて日本の凡庸さを痛感するという構図はもういい。日本のラシュディとして柳が描いて見せているのは、最も先鋭化した日本の心性である。十四歳という年齢はその言い換えにすぎない。だからこそ父殺しは最後ではなく、物語の途中で起こらなければならなかった。小説の成否は、後半の少年の心の闇の記述にかかる。読後、しかしやはりカタルシスは、ない。（陣野俊史・評論家）

（新潮社・1700円）＝1998年12月17日⑤配信

第3の性への理解と鎮魂

「蝶（ちょう）のかたみ」（福島次郎著）

この春出版された「三島由紀夫―剣と寒紅」の話題はまだその余熱が続いているが、その著者の中編小説二編を収録したのがこの「蝶のかたみ」である。「三島由紀夫」は三島の同性愛の相手だったという刺激的な話題のために、文学作品としては誤解されたところが多かったようだが、著者の自伝的な性格の強いこの二編を合わせ読めば、不要な誤解は解けるのではないだろうか。

二編のうちの「バスタオル」は著者のいわば文壇デビュー作で、一昨年の芥川賞候補作となったものだから記憶する読者も多いと思う。

若い高校教師が苦学する生徒を下宿に泊めてやり、そこから同性愛の関係が芽生えるが、少年はやがて卒業し、遠いところへ就職して行く。去った少年への恋しさに耐えかねた教師が学校を休んで少年を訪ねるという話だ。

立場を十分承知する教師がおずおずと、しかし次第に禁を越えて行くことで始まる二人の恋がいかにも純で美しい。また、寂しさのあまり、住所もはっきりしない少年を訪ねて行く教師の姿も、古典的と言いたいような美しさだ。

標題作「蝶のかたみ」は、特異な生涯を生きた弟を兄の立場から描いたものだが、その弟というのは、十五歳のとき文金高島田の花嫁姿になって、好きな板前と祝言を挙げるような大胆な人物。つまり自分の同性愛資質を隠さず押し出して、後には女装芸者、ホモの幇間（ほうかん）として、その世界では知られた存在となった。

一方、自分が同性愛者であることに苦悩していた兄の方は、そんな弟を恥じ、恨みさえして、二人は疎遠に暮らす。晩年になって親交が開けるが、間もなく弟は亡くなる。そんな経過を通して同性愛者二人の対照的な生き方が示されているが、話題の性質から想像しがちな風俗的小説などではないことを、特に断っておきたい。いわば、第三の性を大胆に生きた弟への深い理解と鎮魂の思いが、この小説を純度の高い作品にしているのだと思う。（勝又浩・文芸評論家、法政大教授）

（文芸春秋・1429円）＝1998年12月17日⑥配信

人種の融和を願う愛の賛歌

「ブラジル」（ジョン・アップダイク著、寺門泰彦訳）

アップダイクは現代アメリカばかりでなく、外国を題材にした小説も書いている。「ブラジル」もその一つで、現代ブラジルを舞台に中世のトリスタンとイズー伝説を下敷きにした悲恋の物語である。

トリスタンは売春婦を母にもつ貧しい黒人青年で、精霊を信じ、上流階級にあこがれている。相手のイザベルは白人上流階級に属する政府高官の娘で、窮屈な家庭に反抗している。二人はリオの歓楽地コパカバーナ海岸で顔を合わせ、たちまち恋に落ちる。

しかし、寛大なブラジル社会であっても、人種が異なるうえに、階級の違いはあまりにも大きく、周囲は二人の結婚を許さない。ことに、イザベルの父親はかつて売春婦に生ませた子がトリスタンではないかという恐れを抱き、結婚を阻止しようと、殺し屋を雇って、彼を殺そうとする。

二人は追跡者を逃れ、リオからサンパウロ、ブラジリア、マット・グロッソの熱帯雨林を転々とし、苦難にみちた逃避行をつづけるが、結局トリスタンは殺されてしまう。イザベルは恋人の遺体にとりすがって死を願うが、奇跡は起こらず家に連れ戻される。

この小説が愛の賛歌であることはいうまでもないが、二十世紀の重要問題である人種という要素が加わり、複雑な内容になっている。

「黒は濃い褐色。よく見ると白は淡い褐色だ」という冒頭の言葉が示すように、肌の色の違いによる差別を問い、さらに人種混交からくる近親相姦（かん）の可能性を暗示し、人種融和への期待を示唆していることが注目される。

といっても、堅苦しい人種小説とはほど遠い。コミカルなユーモアがあり、独特の詩的文体と細密な官能描写によって二人のエロスの世界を語る一方、リアリズムとファンタジーを交錯させ、都会と奥地、文明と原始の入り混じったブラジルの風土と社会をあざやかに描き出している。

フィクションとノンフィクションが融和した読み物として面白く、著者の才能が十分に生かされた佳作であることはまちがいない。（井上謙治・桜美林大教授）

（新潮社・2500円）＝1998年12月24日②配信

産地の新たな可能性を探る

「山に暮らす海に生きる」(結城登美雄著)

読了してもたれが残った。それは、ゴッタ煮の田舎料理を腹いっぱい食べさせられたあとの膨満感に似ている。

東北各地の小さな集落を訪ね歩き、そこに暮らす人びとの生の声を集める。それが本書の意図したところのようだが、著者自身が正直に述べているように、そのねらいは残念ながら、十分には伝わってこなかった。それはたぶん、新聞連載の短いスケッチを、ほとんど手を加えずにそのまま一冊の本としてまとめてしまったせいだろう。

民俗学者の宮本常一をかなり意識しているらしいことから推察して、著者は本来なら、東北の海辺や山間で日々の生計を立てる人びととじっくり膝(ひざ)をつきあわせ、長い熟成期間をかけて、東北でしかできない吟醸のワインをつくろうと思ったに違いない。だが、いまあげた理由によって、せっかくの素材を手に入れながら、熟成を待てず、ワインならぬブドウジュースを出荷してしまったのではあるまいか。そのことが何よりも残念に思われた。

「東北むら紀行」というサブタイトル通り、東北各地の生活点描集だけに終わりかねないところを、辛うじて救っているのは、「市から始まる」という最終章である。ここには、都市＝消費、農村＝生産という、われわれをずっととらえてきた固定観念と、それに支えられた流通システムを打ち破る可能性が語られていて、新鮮だった。

東北の各地ではいま、都会に住む消費者たちの都合にあわせて作物を作るのはやめた、段ボール箱代やガソリン代をかけて遠くまで運ぶのはもうやめた、という動きが急速に広がっているという。大消費地へ向けての生産は、貴重な資源を徒(いたずら)に乱獲するばかりか、生産価格をひき下げ、農民や漁民たちの生活を圧迫するだけだ、ということに当の生産者たちが遅まきながら気がついたからである。

著者には、この視座に身を据えて東北の「視えない村」の実相をあらためてわれわれにみせてもらいたい。(佐野眞一・ノンフィクション作家)

(無明舎出版・2500円)＝1998年12月24日③配信

現代文明と宗教現象の習合

「神さま仏さま」(藤田庄市著)

現代日本の宗教現象の最前線を、おう盛な好奇心によって駆けめぐり取材している著者のエッセー集である。「祈る」「救う」「悼む」「脅す」の四章に分けられているが、こうしたテーマに収まりきらない多くの話題がちりばめられており、読む人を飽きさせない。どこからこんな話題を入手するのか、感度のいいアンテナを有した人である。

「祈る」の章は「現代の聖域を歩く」が副題であり、現代的な聖域のさまざまな姿が紹介されている。自動車の茅輪(ちのわ)くぐり、金色のコイを抱いた巨大エビス像。コンピューターでの神社参拝。現代文明と伝統宗教の奇妙な習合には、ことさら著者の関心がそそられるようである。

現代の新たな聖地の成立には、それなりの理由もある。たとえば、茨城県石岡市の巨大獅子頭は「ふるさと創生一億円」で建てられたものという。村おこし、町おこしの一環として、宗教的装いの施設ができた例がいくつか出てくる。また、外国人とくにアジア系の人々の増加とともに、彼らが寄り集まる宗教施設が増えたことが分かる。

「救う」の「救済者の素顔」では、ちまたの霊能者の活動ぶりが紹介される。しかしそれは旧態依然の霊能者ではなく、「こっくりさん」遊びの洗礼を受けた世代への感性をもった霊能者たちである。ニューエージの大衆版とでもいうべき姿が紹介される。

「悼む」の「供養の現場」では死をめぐる現代的な場面が取りあげられている。沖縄戦没者の供養、日航ジャンボ機墜落現場での供養、企業の供養墓、ペットの墓…。形態や感覚は世につれという側面が確実にあることが分かる。

最後の章で、オウム事件以後のサティアンの様子、ほかの宗教被害の様相が紹介される。人を救うべき宗教が、人を悩まし苦しめる事態への怒りが、その根底にはある。

著者は写真家であり、それぞれの記述に添えられた一枚の写真が、語りをリアルなものにしている。筆の力と撮影の技と、両者を兼ね備えた強みが各所に発揮されている。(井上順孝・国学院大教授)

(アスキー・2800円)＝1998年12月24日④配信

武力よりも協力による安保

「同盟を考える」(船橋洋一著)

「米国の一極構造は、今後…各国…の反発を招く可能性が強い。その中で、英国は危機の際、米国の旗の下にいち早く馳せ参ずる姿を誇示するだろう。それによって英米同盟に対する付加価値を高めようとするだろう」

十二月の、米英両国によるイラク空爆に先立って書かれた文章である。見事な予言だ。むろん、大切なのは予言の当たり外れではなく、綿密な取材をすじみち立てて煮つめると、ある一定の結論が得られる、という点である。本書の著者はこの鉄則をきちんと守っているにすぎない。

とはいえ、そうして基本を守ることの、いかに困難であることか。いくつもの同盟に関して無数の事実をおさえておかなくてはならないし、当事者にインタビューして裏付けも取らなければいけない。同盟の歴史に関する勉強も必要になるだろう。

大著「同盟漂流」(一九九七年)で同盟のゆらぎを活写した著者は、この本でもまた、綿密な取材と豊富な勉強をもとに、ずっしりとした同盟の同時代史を展開した。ヨーロッパから南太平洋まで、対象となる同盟は地球上ほとんどすべての地域にわたる。

単純な「同盟のススメ」ではないが、同盟という制度からの「逃れがたさ」は強く印象づけられる。それほどに逃れがたいものであるなら、残る課題は、いかにしてそれを世界の秩序構築に役立てるかだろう。目配りのよい本書の著者が、この建設的論点を見落とすはずがない。

同盟が内に持つ、相互抑制・紛争予防機能を高めるべきだ、と著者は言う。今や武力による攻めと守りが要点なのではなく、国々の協力を強めて安全保障に資する方式が不可欠なのだ、と。

もっとも著者は、この点を単なる「べき論」で済ましたりはしない。同盟をめぐる国々の駆け引きの中に、こうした協力的安保の萌芽(ほうが)を見いだし、あくまで実証的に語るのだ。「事実をもって語らしめる」骨太な議論。気のきいたレトリックも楽しめる。(最上敏樹・国際基督教大教授)

(岩波新書・640円)=1998年12月24日⑤配信

官能的な死や喪失の予感

「ワイン　一杯だけの真実」(村上龍著)

異色の短編集だ。「シャトー・マルゴー」「ラ・ターシュ」「ロス・ヴァスコス」などのタイトルからわかる通り、ワインからインスパイアされたという八つの短編が収められている。そのすべての主人公が「わたし」で語る女性たちである。

あとがきに「主人公には、自分自身や人生に違和感を持っている女性を選んだ。つまり普遍的な女性である」とあるが、共通して描かれているのは、どこか虚(むな)しさを感じている「わたし」のゆらぎ、ふるえ、うつろい、そして居場所を求めて漂い続けなければならない孤独な姿である。

そして彼女たちは、時に残酷に、時に悲痛なまでに「わたし」の輪郭をなぞろうと試みるのだ。

心を病んでハワイにやって来た人妻は、遠く離れた「あなた」に語りかけることで、あるいは夜に売春をしているOLは、取材をうけるというカタチで、おぼろげな自己をさぐろうとする。

そんなふうに少し離れた他者によって、浮かび上がってくる「わたし」の輪郭があるのだが、それがあらわになってくると、あわてて消そうとする。「わたし」をつきはなしては「わたし」にうずくまる。そんな矛盾だらけの女たちの心情が、心地よいリズムと、甘美な詩的な言葉で語られるのだ。

「あなた」と「わたし」、過去と現在、あっちの世界とこっちの世界の行きつ戻りつに、身をゆだねている彼女たちの話を聞いているうちに、やはり酔わされる、という身体感覚が残る。

そして酔いの揺れの振幅が大きくなるにつれて、不思議な空間性も生まれる。しかし最後には、なにか冷たく荒涼としたものが見えてくるのだ。それは死や喪失の予感だ。彼女たちが漂いながら、それを見据えているとき、はっとするような真実が語られる。そして、その死に魅了されているときは、読後の余韻までもが官能を帯びてしまうのである。(白石公子・詩人)

(幻冬舎・1400円)=1998年12月24日⑥配信

1999

恐怖・怪奇もの文化の深さ

「モンスター・ショー」（デイヴィッド・J・スカル著、栩木玲子訳）

「恐怖・怪奇もの」は、俗悪とか有害といった批判を受けつつも、映画をはじめとする二十世紀アメリカの大衆文化に確固たる地位を築いた。本書はその歴史をたどりながら、「恐怖」を楽しむことの社会的な意義を分析する。

前半では吸血鬼、フランケンシュタイン、オオカミ男、フリークスといった古典的な怪物が、一九三〇年代から次々と映画化されることで「恐怖・怪奇もの」というジャンルを形成してゆく過程が、また後半では第二次大戦以後、このジャンルがアメリカ社会に広く浸透する過程が扱われている。

日本語版の副題は「怪奇映画の文化史」だが、本書の視野は、小説、テレビ、漫画、演劇などにまで及ぶ。著者の基本姿勢も、分析や考察を前面に出した「評論家」的なものではなく、「怪物たち」の歴史をめぐる逸話を、ていねいに語ろうとする「伝記作者」的なものに近い。

本書の最大の魅力は、写真もふんだんに用いた豊富な情報量により、アメリカにおける「恐怖・怪奇もの」文化の深みと広がりを直接的に実感させることにある。わけてもジェイムズ・ディーンが、高校時代にフランケンシュタインの怪物を演じ、その際に味わった「奇妙な万能感」を後々まで忘れなかったという事実は、ディーン自身の持つ強い文化的影響力とも関連して、じつに興味深かった。

このジャンルの社会的な意義に関する論考は、類似の分析がすでに少なからずなされているため、紋切り型の印象もなくはない。とはいえ二度の世界大戦や、ベトナム戦争の体験が、いかに「恐怖・怪奇もの」の内容に影響しているかに関する記述は、かつてなく具体的であり、ざん新な説得力をもっている。

日本語版の訳文は全体にこなれておらず、「生フィルム」を「映画」と訳したり、「自慰」を「自体愛」と訳すなど、誤訳や不適切訳も散見された。この種の本の翻訳としては、そう悪いできではないのだが、本自体の内容が魅力的なだけに残念である。（佐藤健志・評論家）

（国書刊行会・5000円）＝1999年1月7日①配信

偉大な失敗から学び再挑戦

「エンデュアランス号漂流」（アルフレッド・ランシング著、山本光伸訳）

英国人の知人から「一番尊敬するのは探検家のシャクルトン」と聞かされたことがある。すぐに本を買い求めて、本当にこんなすごい男がいたのかと驚いたものだ。そして、なぜこれほどの探検家が、日本でほとんど知られていないのかと。本書は彼の南極探検の記録を日本に本格的に紹介する初めての本であり「サバイバルのバイブル」だ。

シャクルトンが二十七人の隊員と共に南極大陸横断の探検に向かったのは一九一四年十月。彼らを南極大陸まで運ぶのは、帆船「エンデュアランス（不屈の精神）号」だ。

大西洋から南極圏ウェッデル海に入り、十二月中には南極大陸に接岸する予定だった。しかし見渡す限りの流氷帯に行く手を阻まれ、氷の世界に閉じこめられてしまう。氷盤はエンデュアランス号の木製の船体を絞め上げ、翌年十一月、愛船は南極大陸に触れることなく、悲鳴を上げながら氷海に沈没してしまう。

以前、僕はアラスカ沖の北極海の流氷域に約二週間閉じこめられたことがある。氷の怖さ、漂流することの不安…。僕の側に一点でも不備があれば、自然はそこを容赦なく突いてくるのだ。

二十八人の終わりの見えない氷上の漂流生活が続く。常に死と隣り合わせの苦難の連続。厳寒、食料不足、病気、仲間割れの危機。キャンプ中の氷盤が突然割れ、寝袋ごと海中に投げ出されたことも。

それにしても、二十八人は終始、ユーモアを忘れなかった。絶望的な限界状況の中で、シャクルトンの傑出したリーダーシップの下、針の先のような小さな生存の可能性を探し求め、必至にたぐり寄せながら命をつなぐ。そして、助けを求めるための信じられないような航海の果てに、ついに二十八人全員が生還するという奇跡を起こすのだ。

不況の中で日本人は自信を失い、何かに挑戦する気概を失っている。すばらしい失敗から学んで再び挑戦しなければ、わくわくするような奇跡や未来を手にすることはできまい。偉大な失敗の記録である本書がそれを教えてくれる。（堀江謙一・ヨットマン）

（新潮社・2200円）＝1999年1月7日②配信

芝居支える「もの」に焦点

「歌舞伎をつくる」(服部幸雄編)

ひとことでいうと、じつにくやしい本だ。

歌舞伎俳優の坂東三津五郎、実川延若、小道具の藤波与兵衛、大道具の長谷川勘兵衛、絵師の鳥居清忠らによる、九回にわたる座談会をまとめたもので、毎回のテーマは「東海道四谷怪談」「仮名手本忠臣蔵」「白浪五人男」など、歌舞伎の定番の出しもの。それぞれのテーマに即して、歌舞伎の芝居づくりを、それを支える「もの」に焦点を当てながら、語り合う。

この「もの」に焦点を当てるという視角が、新鮮で、おもしろい。わかったようなわからないような言い回しでケムにまく芸談ではなく、話が具体的なのだ。戸板返しに提灯(ちょうちん)抜け、水槽などの仕掛けの種明かしと、それらを使うことで生まれる芸の妙味。歌舞伎が生き生きしていた時代の楽しさが伝わってくる。

ただ、私自身が、歌舞伎をまったく知らないわけではないけれど、よく知っているわけでもない半端ものなので、わかりそうで、わからないところがある。まず、それがくやしい。

そして、話に興じる出席者たちがいかにも楽しそうなのも、くやしい。仲間外れにしないでくれよ、といいたくなるほどだ。

それから、この人たちの「語り」がいいのだ。なんというか、地に足がついているようなことば。ところどころに出てくる「…でさアね」なんて、私には使えないのが、やっぱりくやしい。

さらに、歌舞伎界の大物を相手に、これほどの発言を引き出せた編者の座談の取り仕切りもお見事。しかも、当時、まだ編者は三十代。くやしいけれど、かなわない。

じつは、この本のもとになった座談会は、三十年ほど前に雑誌に連載されたものだ。だから、出席者の多くは、すでにこの世にない。今、歌舞伎を見に行っても、かれらがつくる舞台は見ることができない。

それが、なにより、くやしくてたまらない。(鵜飼正樹・京都文教大講師)

(青土社・2800円)=1999年1月7日③配信

香具師を追い行動的に記録

「インドネシアの寅さん」(沖浦和光著)

日本にテキ屋がいるようにインドネシアにもテキ屋がいるという。そのテキ屋を追いかけて、はるばるとインドネシアに何度も出掛けていった旅の記録が本書である。

著者は比較文化論を研究する学者である。「史料を読むだけでは本当の意味での東西文化の比較研究はできない。その地方の地誌や歴史を調べながら、文化の現状を自分の身体で実感するために、中国を中心に東アジア、さらに東南アジアの各地を旅して回った」という行動の人なのだ。

テキ屋、つまり香具師(やし)を追い求めて、インドネシアの相当な田舎へも足を踏み入れた著者は、ある島で空を飛ぶニワトリを見たと報告している。ニワトリが空をぱたぱたと飛んでいたら、専門外といえども記録しておきたくなるのであろう。

インドネシアの香具師も、日本とほとんど同じで、口上を述べ、身ぶり手ぶりで商品の効能を説明するスタイルであるらしい。商品で最も多いのが薬で、これも日本と似ている。著者が買ったことのある薬は四つに大別され、「ガマのアブラ」に類したアブラ薬、強精剤や催淫(さいいん)剤、ほれ薬に育毛薬。どれもかなり怪しげな薬ばかりだが、今はインドネシアでも(特に西洋医科学の普及した都市部では)あまり売れなくなっているそうである。

日本の香具師は一九六〇年代の高度成長時代に入って急速に消えていったのだそうだが、日本がそうであったように、インドネシアの香具師の数も次第に減りつつあるという。地元の人の話によれば、その数およそ三千。近いうちに消えていく商売の一つと言ってよいだろう。

著者が比較文化論の学者だからだろうが、本書では日本の香具師の説明にも多くのページを割いている。さらにインドネシアの歴史や文化の概説が随所に記されていて、分かりやすい講義のような本に仕上がっている。そのせいで幾分散漫になっているきらいはあるが、インドネシアの香具師文化を知るための本として貴重である。(蔵前仁一・月刊「旅行人」編集長)

(岩波書店・2300円)=1999年1月7日⑤配信

精巧な細工で描く女の魔性

「逃げ水半次無用帖」(久世光彦著)

台北の故宮博物院のひときわ人気の高い展示物に「多宝格」がある。豪華な装飾のほどこされた箱をあけると、中にまた小さな箱がいくつかある。その中にまた無数の格子が切ってあって、それぞれに驚くほど精巧に作られた小さな細工物が入っている。

玉器のような中国製のものばかりではない、西洋の小さな懐中時計や人形もある。清朝歴代皇帝の大人のオモチャ箱といっていい。「珍玩(ちんがん)」という。

「逃げ水半次無用帖」を読んで、思わずこの多宝格を連想した。似ている。

この捕物帳、久世光彦独特の官能的で映像的な美文がまず美術品のようだ。多宝格の小さな箱にあたるのは七つの事件だが、これがすべて〈女の魔性〉から起こっているというのもこの作者ごのみだろう。

主人公の半次には、三つのとき満開の桜の枝で縊(くび)れて死んだ母親への思慕と謎(なぞ)がとりついて離れない。七つの事件と母親の話は、ちょうど多宝格の小さな箱と大きな箱のように入れ子の構造になっている。

不思議なことに探偵役は半次ではない。十手捕縄を預かるのは娘目明かしのお小夜、実際の推理はその父親で体が動かない佐助がするのだから、これはベッド・ディテクティブである。

この奇妙な人物配置が実は大きなトリックになっていて、最後の事件で大きな箱のほうの謎もいっきょに解ける。おそらくオルツィの「隅の老人」やクイーンのドルリー・レーン・シリーズあたりがヒントだろうが、この捕物帳はパズラーあり、アリバイ崩しあり、ダイイング・メッセージ、暗号解読と外国ミステリーのにおいがとても強い。

これが春夏秋冬の季節感、風俗行事、俳句、歌舞伎といった日本的な意匠とない交ぜになって一つの世界を作っている。多宝格の細工物の洋の東西の混交ぶりとそっくりではないか。読者はこれらのアイテムを、中国皇帝のように愛玩しながらこの本を読むといい。(鴨下信一・演出家)

(文芸春秋・1762円)=1999年1月7日⑥配信

知性と肉感とワルが混在

「三文オペラに恋して」(エレーヌ・ファインスタイン著、池田香代子訳)

歴史上の人物が出てくる小説はそれこそ無数にある。これもその一つではあるが、極めて不思議な臨場感のある恋愛小説であった。

ブレヒトが死んだのは一九五六年であって、私が高校一年生の時であった。そのころはもちろんブレヒトなぞ知らなかった。時間的にはブレヒトはまだまだ生乾きの死を死んでいるのだ。

この本の好きなところは、仮空のヒロインであるフリーダがブレヒトに出会うまでの悲しくやるせない子供時代から娘時代だ。彼女がどのようにしてブレヒトと出会うことになるのか、興味津々で読んだ。そして、若き日のブレヒトの登場となるわけである。

この登場の描かれ方はわるくない。映画のようだ。とっぽくて、知的で、不潔で、でもダンディー。うまいこと言うし。フリーダとの物語の進行もいい。ほかにも続々と実在した人物がこれから登場してくることになる。ロッテ・レーニャ、ヘレーネ・ヴァイゲル、ハウプトマン、クルト・ヴァイルと。のだけれど、話が駆け足で進んで行ってしまうものだから、軽快感必ずしも読書の醍醐(だいご)味に到らなかった。

フリーダのはじめての男ヴィルヘルムが図式的な造形の域を出なかったことも、大変に面白いキャラクターゆえ物足りなかった。

ま、これだけの時代と人間の量を物語るには原稿用紙が足りなかったと言うべきかもしれない。が、私ぐらいの頭の人間にはこのくらいの長さで三〇年代、四〇年代、五〇年代のヨーロッパ、アメリカを、フリーダとブレヒトと共に歩めたことで充分啓蒙されたけれども。あまり深入りされちゃうと、きっと途方に暮れただろう。この短さがこの小説の長所なのだろう。

天性の女たらしブレヒトが女性作家によって再現されると、知性と肉感とワルが混在して、まったく、ドン・ジョヴァンニのようであった。(斎藤晴彦・俳優)

(晶文社・2300円)=1999年1月14日②配信

刻印された文明の悪を告発

「冒される日本人の脳」（白木博次著）

世紀末的な現象がわたしたちの心をざわつかせているなか、「日本人の唯一の資源」である脳の運命を憂える本が出た。日本にとっての「周辺事態」がこれほど緊急事態であることを語って説得力のある本は、ほとんどない。

神経病理学者である著者は、いわば人間の脳に刻印された科学技術文明の悪の告発者である。その歴史は長い。

本書は戦後、帝銀事件が平沢貞通の狂犬病ワクチン禍による刑事事件であることを主張して以来、キノホルムの大量投与によるスモン病、ワクチン接種が原因の脳神経障害というワクチン禍、三次に及ぶ水俣病、の三大疫学裁判の原告側の証人として闘った記録に基づく。そして、自然科学と企業・行政双方の落とし穴を見た。

公害とくに疫学裁判の難しさは因果関係の立証にあるが、原告側、つまり被害者たちに立証責任を課した過酷さは言うまでもないだろう。著者は患者家族の孤立無援の戦いに、医学者としての責任を実感する。聞き取り調査から障害の研究まで、「それ自体一つの創造性を持つ学問をしているように」取り組んだ。

そこで痛感した落とし穴の一つは、医学が数値化、客観化できない問題、実験では証明されない問題、つまり人間の痛み、心の病などを不当に軽視してきたことだ。患者の自覚症は魂の訴えであり、科学に人間学の必要を強調する。

一つは、行政や大学が水俣病の全容を解明する意思を持たない問題。結果、各種の有機塩素化合物の複合汚染については、具体的な対策がおろそかなまま、日本は人工化学物質の人体実験場と化したと言う。

神経病理といい、裁判といい、いずれも事実、論理の組み立てに正確を期する分野だけに読みやすいとは言えないが、環境ホルモンなど次世代、次々世代に必ず影響が及ぶ現実を人々に知らせたいとの著者の熱意は並ではない。

八十一歳の「遺言」というゆえんである。医者の魂の原点に触れる感動がある。（中村輝子・立正大客員教授）

（藤原書店・3000円）＝1999年1月14日③配信

旧国鉄の栄光と地獄を回顧

「新幹線がなかったら」（山之内秀一郎著）

JR東日本の会長が自らの体験にもとづいて書いた、興味深い鉄道論である。

著者が東大工学部を出て国鉄に入社したのは、一九五六年。東海道新幹線の計画が正式にスタートした年である。ようやく戦後復興をとげた日本が、高度経済成長に向かう時代、その希望を象徴するプロジェクトが新幹線の建設だった。著者は、運転局列車課補佐という新型車両の試運転や性能試験を行うポストにあって、若くして世界に冠たる新幹線プロジェクトの誇らしい成功に立ち合う。

わずか十年後、累積赤字と組織の硬直化、険悪な労使関係で、国鉄の経営は地に落ちた。そして、分割民営化。

「私は鉄道生活四十余年の間に栄光と地獄を経験した」と、著者は記している。

二十八歳で、ディーゼル特急用に新設された車両基地に赴任したときの体験談が面白い。各部門のセクショナリズムや、処分撤回を激しく迫る労組員たちに手を焼くキャリア組の若い区長（著者）。ところが、労使双方に顔の利くボスがいて、裏で組合と話をつけたり、各部門の対立を巧みに収めてしまう。そのボスも含め、みんな仕事への愛着をもっていた、当時の現場の雰囲気が伝わってくる。

数々のエピソードを、淡々と回顧する控えめな口調が、ある率直さを感じさせる。著者の、鉄道への並々ならぬ愛着がなせる業だろう。

と同時に、著者はなかなかの理論派でもある。フランスのTGVなど欧州の高速鉄道と新幹線を比較しつつ、地理的条件や歴史的経緯、社会経済構造の違いを無視してスピードだけで技術の優劣を語れないことを、理路整然と論じている。島秀雄の「新幹線はこれから未知の領域に入る」という言葉を引いて、何十年というタイムスケールで鉄道技術をみる必要性を説く。

新幹線の技術革新と国鉄民営化がなければ、日本の鉄道は完全に衰亡していたろうと著者は言う。旧国鉄の「栄光と地獄」は、苦くも貴重なケーススタディーである。（沼田寛・サイエンスライター）

（東京新聞出版局・1500円）＝1999年1月14日④配信

戦争に転用された広告技術

「『撃ちてし止まむ』」（難波功士著）

通常、わたしたちは「宣伝」と「広告」をほとんど同義としてとらえており、このふたつの言葉を区別して使ってはいない。しかし、このふたつの言葉は異なった表現をさしている。あえて言うなら、宣伝がイデオロギーや政治にかかわるメッセージであるとすれば、広告は消費にかかわるメッセージであると言える。

他方では、「大衆」にむけられるメッセージであるという点においては、どちらも近代社会で急速にその形式を整えていった表現としての共通性を持っている。したがって、それらの差異と共通性に目をむけるなら、近代の歴史の中で、それらふたつがどのような関係にあったかが問われることになろう。

日本の広告史の記述には、これまで一種のパターンがあったと著者は指摘している。それは「大正から昭和期にかけての『モダニズム』の思潮のもと、日本に花開きかけた広告も、戦争中には跡形もなく消え去り、戦後豊かなアメリカを手本とした再スタートを余儀なくされた」というものである。

そして、このパターン化された広告史に著者は疑問を持ち、実は戦時下においては広告表現は宣伝という表現に変化していたのであり、戦後、その宣伝は再び広告表現に転化したのだという経緯を実証的に記述している。

そうした広告の歴史を、著者は、一九四〇年、国家宣伝を制作するために、デザイナーやコピーライターによって結成された「報道技術研究会」（報研）を中心において、その前史と後史をつなぐかたちでとらえている。

報研には、新井静一郎、今泉武治、山名文夫といった人々をはじめとして、その周辺には、戦前、戦後をとおして広告界を主導した人々のネットワークが形成されていた。

多くの技術がそうであったように、広告の技術も戦時下においては戦争のための技術に転用された。本書は、その事実を丹念にたどっており、日本の近代広告史として興味深いものがある。（柏木博・武蔵野美大教授）

（講談社選書メチエ・1600円）＝1999年1月14日⑤配信

日常の光景に現れるゆがみ

「箱の夫」（吉田知子著）

たとえば、私たちの目に日常を映して何ごともなく差し込んで来ている光が、ある時、前触れもなくふと折れ曲がり、奇妙な具合に屈曲した時、私たちを取り囲むこの世の風景は、どのように変形し、どのような光景のゆがみを現し出して来るのだろうか。

この作品集は、読む者をそういう想（おも）いに誘いこむような、ある種の、不可解の引力を底流にたたえている。

表題作「箱の夫」には、実際に、はちみつの箱の中に入ってしまうほど小さな、ネズミのような「夫」が登場する。その「夫」はふとした事故で幼児めいた振る舞いをするようになるのだが、母親（妻である「私」の姑＝しゅうとめ）は、「私」には未知の「馬絹」という所へ帰れば治ると言って平然としている。

これは確かに現実離れしたファンタジーの設定にちがいないのだが、しかしそれがファンタジーにありがちのアイデアの感触を超えているのは、その底に、妻と姑との心理の綾（あや）が微妙に流れていること、「夫」が同じような微妙さの中に、女と女の間ではついに得体（えたい）を知られることがないであろう、「男」という一個の象徴的な存在として描き出されているためである。

また「箱の夫」にとどまらず、ここに収められた八編の作中には、例えば、古橋広之進の水泳世界新記録や、車の暖房を何気なく消す女の手つきなど、きわめて具体的で細かな描写が随所にこめられていて、そのことがかえって一層、光景の幻視的なゆがみをきわだたせている。

どの作品にも伏線らしい伏線もなく、普段の日常に不意に小さな事件が起こる。それは特徴的には、話者「私」の戸口に立つ「突然の訪問者」によって起こされ、その闖入（ちんにゅう）によって、ふっと日常に亀裂が走るという形だが、その亀裂した光景こそが、実はわれわれにとっての実像なのかもしれない。

「箱の夫」は、そういう意味で、光のゆがみによるオムニバスとも言うべき作品集であろう。（辻章・作家）

（中央公論社・1750円）＝1999年1月14日⑥配信

冷戦支えた核抑止論は無力　「核のボタンに手をかけた男たち」（ジョナサン・シェル著、川上洸訳）

インド、パキスタン両国の核実験が世界に与えた衝撃は記憶に新しい。この衝撃は、核不拡散戦略に大きな風穴を開け、核戦争の悪夢をよみがえらせた。

著者は、冷戦終結という絶好のチャンスが訪れたのに、旧態依然の核抑止策から脱しきれない核保有国、とりわけ米国・クリントン政権の無策ぶりを痛烈に批判する。

だが希望はある。最近、有力な核政策の当事者たちが核廃絶、あるいは大幅な核軍縮を声高に主張し始めたからだ。本書は、冷戦時代に核戦略を形成し、実行してきた当の軍人、政治家たちとの対話を通して、その実態と内幕をさらした貴重な著書である。

そして、著者はこれらの証言から、人類の未来と核兵器は両立しないこと、したがって核兵器は廃絶するしかないことを訴える。なぜならば、冷戦構造を支えた核抑止論には、現実的には致命的な欠陥があり、核兵器を使用する「ならず者」国家に対して無力なことが明らかになったからだ。

人間のエラーと核兵器が結びつく危険も到底払しょくできない。まして警報即発射態勢下では、米ソ両大統領は決定のためにわずか三分間しか与えられていなかったという証言は、核戦略の不条理を浮き彫りにしている。

米国が率先して従来の核抑止論に立つ政策を抜本的に転換しない限り、核廃絶は実現できないことを多くの論者が指摘している。そして彼らはその核廃絶に至る具体的な手法やプロセスについて提言している。

垂直的軍縮や水平的軍縮および仮想兵器ストックやグローバル・ゼロ・アラートなどの説明も分かりやすいし、浅井基文氏の解説も理解を助けてくれる。

極東最大の米軍基地を抱える沖縄は、半世紀にわたって核戦争の危険と隣り合わせの生活を強いられてきた。今なお、基地内には核があると考える人は少なくない。

人間の英知で一日も早く、核や基地のない日が来ることを願わずにはいられない。（江上能義・琉球大教授）

（大月書店・2600円）＝1999年1月21日①配信

幻視者が見たバブルの夢　「偶然の音楽」（ポール・オースター著、柴田元幸訳）

読み終えた気分を何と言ったらよいのだろう。かっこ付きの「不思議」譚（たん）から逃れ出た、とでも呼べばよいか。ともかく、のっけから本書のテーマは奈辺にあるのか、探しあぐねてしまったのだ。いや、読者をそんな迷路に投げ込むことこそ著者の計算だったのかもしれない。その位ナゾと仕掛けと「必然」に満ちた小説なのだ、これは。

物語の主人公は「まる一年、車を走らせている」ジム・ナッシュ。「十三か月目に入って三日目」にナゾの若者ポッツィと出会う。「望みのないものにしか興味が持て」ず、まるで「架空の舞台に立つ役者」のようなジムであるが、博打（ばくち）の天才ポッツィを知って、車での旅の終わりを決意する。

そして、妙ちきりんな大富豪フラワーとストーンを相手に、賭（かけ）ポーカーの大勝負に出る。金もうけの天才フラワーと〈世界の街〉なる博物館を建設中のストーン。この二人、名うての博徒であっても、実は―。

筋はこのように運ぶのだが、筋にさほどの意味はない。全編を通じてのモチーフの不在にこそ、むしろ著者の計算が働いているのだ。ロードノベルの形を借りた巻き込まれ型の幻想譚。けれどそう言い切ってしまっては、モチーフの不在を主題に選んだ、著者の仕掛けを読み解いたことにはならないだろう。

賭に負けたジムとポッツィが築くことになる「壁」、これが恐らくテーマなのだ。米国で本書が刊行されたバブルの末期、人はまさに無意味な壁の構築に血道を上げていたのではなかったか。その泡の時代の象徴として、著者はおそらくこの壁を見た。

それにしても、ここに描き込まれた世界の空虚さはどうだ。生きる意味を失った主人公が遭遇する、意味そのものが欠落した事件。本書は、希代の幻視者が見たバブル時代の夢の跡と読めば、さらに味わいを増すのではないか。主人公の抱える不全感は今の私たちの病でもある。幻想と批評性に満ちた物語だ。（安岡真・翻訳家）

（新潮社・2200円）＝1999年1月21日②配信

身体に生じる精妙な術理

「古武術からの発想」（甲野善紀著）

江戸の剣客に関するエピソードは、大方信じがたい。無住心剣術の剣客、駿州・田中藩の小山宇八郎は、試合を望む相手がくると、扇子一本で立ち会った。傍（はた）目には、しずしずと進んでいくだけに見えるのに、相手は背中にまわられ、マゲのあたりを叩（たた）かれていたというたぐいだ。

うさんくさい。剣豪小説の世界の出来事だとしか思われない。しかし、ほんとうにデッチあげられた伝説なのか？

ちがうようだ、と著者の古武術研究家はいっている。うさんくさいと思うのは、私たちが、西洋の身体観になじみ、それを疑うことをしなかったからではないのかと。

西洋の身体観は、解剖・分析に基礎をおいている。いわば脳が中心である。一方、東洋・日本の身体観は、下腹＝丹田を重視する感覚的なものだ。この丹田は、解剖学では見いだすことができない。

見えないものは存在しない。明治以降、西欧近代科学を摂取する過程で、私たちは、こうした身体観にならされてきた。体の使い方も、いきおい脳中心になった。脳だって身体の一部であるという、まことに素朴な事実を忘れたのだ。

そうだとして、かりに丹田を中心とした身体観にもとづき、剣客伝説を検討しなおしたら、どうか。ホラ話がホラ話でなくなるような瞬間を、会得できる。そういうことが起こりはしまいか。

現在では、武道家でさえホラ話だと思っている伝書の記述を確かめるために、骨太・痩（そう）身の身を投げ出した武術家の、情熱と思索に満ちた対話集である。その言葉は、私たちの脳と身体とのあいだで、気づかぬうちに交わされている存在の秘儀を、身体に生じる精妙な術理の現実として、語っている。

それが、おのずと世紀末の、バーチャルな生の現在に対する批判となっているところが、なんとも、どうも、ただ物ではない。（倉本四郎・作家）

（PHP研究所・1476円）＝1999年1月21日③配信

映画とテレビの逆転の歴史

「実録テレビ時代劇史」（能村庸一著）

昭和二十八年のテレビ放送開始から現在まで、ブラウン管に登場した時代劇を年代ごとに追った労作である。「風小僧」「とんま天狗」「文吾捕物絵図」「子連れ狼」…。あ、あんな番組、あったあった、見た見た、と次々に現れる懐かしの時代劇を確認することは、まるで自分の青春グラフティーをたどる思いだ。

著者は「鬼平犯科帳」を手掛けたフジテレビの現役プロデューサー。それだけに辛酸をくぐり抜けたテレビプロデューサー列伝という意味合いも強い。また制作秘話というべきエピソード主体の文章と、三百三十七枚の写真が掲載されているのは、さすが業界人の本だと納得してしまう。

大ヒット作「木枯し紋次郎」も、制作開始の時は母体である大映がつぶれ難産したこと、「必殺仕置人」の主人公の姓は、最も一般的な名字の「中村」に、名前はジェームズ・ボンドからとって「主水（もんど）」となった話など興味はつきない。

一貫しているのは、映画界との関係を見つめる視点である。テレビのチャンバラは、初期のころ映画人から電気紙芝居とさげすまれ、スターも機材も貸してくれなかった。それが今は京都撮影所に働く人たちのほとんどがテレビの仕事に携わっている現実。この本は、映画とテレビが逆転するそんな歴史をたどった本といえるかもしれない。

VTRの出現によって新時代が始まる。それは映画スターたちが、16ミリフィルムのテレビ映画に出演することは嫌だが、全く新しい媒体にチャレンジするならいいという論理だったからだ。テレビに出演することは都落ちという屈折した思いがあったのだ。

後半には、その制作過程も詳細に語られるが、特に前半が面白いのは、テレビ創成期のころの話だからだろう。金もない、技術もない。昔のスタッフは、それを試行錯誤しながら“知恵”で克服したのだ。その元気のいい時代を振り返ることは、安易な企画に流れがちな現在のテレビ界への警鐘となるに違いない。（西村雄一郎・映画評論家）

（東京新聞出版局・3000円）＝1999年1月21日④配信

不毛な世界の生と性を紡ぐ
「五番寺の滝」（岩松了著）

劇作家、演出家岩松了氏のつくり上げる芝居は、どれも饒舌（じょうぜつ）で、もの悲しい。淡々とした時間の流れのなかで、突如、精神の均衡を失い、堰（せき）を切ったように意味のない言葉を語り始める登場人物たちの空虚な雄弁が、見る者を不可思議な世界へといざなう。

氏の初めての小説である「五番寺の滝」も、まさに饒舌な作品である。彼の舞台と同様に、その饒舌に意味はなく、観客あるいは読者は宙に突き放されるように、岩松氏の世界をさまようことになる。

小説の主人公黒木は、ほとんど動機のない殺人を犯す。彼はその殺人の際、目撃者に向かって、こう宣言するつもりでいた。「刑務所で十五年間暮らす。それがオレの今後の人生設計だ。オレの望む人生だ」。もちろん動機の釈明についても、何日も考えていた。「タクシーの運転手に横柄な口をきく奴だから」あるいは「携帯電話の声が大きすぎる奴だから」。

だが予想に反して、目撃者はだれもいなかった。動機なき殺人、逮捕されることを希望していながら捕まらない主人公、その主人公を理由なくかばう新たな登場人物。やがて黒木は、そして読者は、だれが虚言を吐き、だれが真実を語っているのか、いっこうに分からない虚構の迷宮へと連れ去られる。

岩松作品が魅力的なのは、現実と非現実、加害者と被害者、犯罪と平穏な生活といった明りょうな区別を失ってしまった現代社会の風景を直接的に描写する点にある。「五番寺の滝」もまた、この不毛で不安定な世界に生きざるをえない私たちの生と性を、ねばり強く丹念に紡ぎだしている。犯罪や正義の判定が無根拠であることはもちろん、私たちの存在自体がすでに何の根拠も失っていることを、この小説は、氏の戯曲以上に雄弁に語ろうとしている。

かつて、唐十郎氏は、岩松戯曲を評して「下町のチェーホフ」と名付けた。その伝にならえば、この小説の作者は、「下町のカミュ」と呼べるかもしれない。（平田オリザ・劇作家）

（ベネッセ・1500円）＝1999年1月21日⑤配信

古代東北のおおらかな物語
「ワガネ沢水祭りと黄金人（アーマス）」（伊達一行著）

東北は物語の宝庫だといえば、ことふりたいい方になってしまうが、宮沢賢治や「遠野物語」や太宰治などを思い起こしてもらえば、確かに日本の中でも有数の「物語」の現場といえるだろう。東北からは物語の作り手が続々と登場する。井上ひさし、三浦哲郎、高橋克彦、そして本書の作者、伊達一行など。

「ヒョドロ穴」と「ワガネ沢水祭りと黄金人」という二編の短編が収められているが、いずれも「東北新幹線から内陸部に入る在来線に乗り換え、さらにバスで一時間あまりかかって」到着する「カムロ村」が主要な舞台である。

その村の蛭児集落にはヒョドロ穴があり、そこにはヒョドロという怪物が棲（す）んでいるという伝説があった。語り手の学生時代の知り合いだった朱鷺子は、ヒョドロ穴は「あらゆる物語をひとつにした物語そのもの」だという。

ここで読者は、自分たちがヒョドロ穴という「物語」を読もうとしているのではなく、そうした伝説、神話、小説といった「物語」についての物語、メタ物語というか、物語論そのものがそこで展開されていることに気がつくのである。

「ワガネ沢水祭りと黄金人」は、東北によくある（たぶん）奇祭をテーマとしたものであり、カムロ村を東西に貫流するカムロ川の支流がワガネ沢で、そこで少年少女たちが自分たちの排せつ物をぶつけあう昼の行事と、大人たちの歌垣に似た夜の行事とからなる「ワガネ沢水祭り」がある。古代の東北人のおおらかな性の儀式という物語だ。

しかし、この物語についての物語は手が込んでいる。物語作者であるジミーという老人と、研究所で同僚だった志奈との奇妙な「恋愛」のてん末が語られ、そこに日本語とアイヌ語との入り混じった東北の物語的な歴史が重ねられる。幸福な複数の物語ではなく、ひとつの「魂の物語」を物語ること。新しい物語、いや、新しい反・物語の誕生である。（川村湊・文芸評論家）

（集英社・1900円）＝1999年1月21日⑥配信

自尊心を削り取られて成長

「少年漂流記」（西山明編）

一九九七年から去年にかけ、共同通信社会部が配信した同名の連載ルポの単行本化である。連載中も、どきどきするような内容に目が離せなかったけれど、大幅に加筆された一冊をあらためて通読して真っ先に伝わってきたのは、執筆者たちの少年事件に向かい合うときの感度の良さである。

たとえば酒鬼薔薇聖斗の語った「生まれてこなければ良かった。自分の人生は無価値だと思った」という言葉に執筆者たちは注目している。その言葉は次のような現実と対応している。

ある調査（九七年）によると、小学校の三年生の時点で、すでに三人に一人が生まれてこなければ良かった、という気持ちにしばしばとらえられるという。別の調査によると、中学生男子の三人に一人以上が、この家に生まれて良かったという経験を全くか、あまりもっていないと答えている。

だとすれば酒鬼薔薇聖斗は突然変異的に出現したのではなく、少年たちのこうした寄る辺ない心の状況から不可避的に誕生したということになるだろう。ぎくりとするものがある。執筆者たちは、このように事態に鋭く、的確な取材のまなざしを向けている。

東京・本郷で父親の振り下ろす金属バットで頭をつぶされた少年、けん銃を盗もうとして警官を襲った少年、人でも殺しに行くかと独り言をつぶやきながらスーパーマーケットで主婦を襲い重傷を負わせてしまった少年…。

あちこちで同時多発的に動き出した彼らに共通して見いだせるものがある。それは、自分を好きになるための基盤が欠如していたという一点である。執筆者たちは個々に事例を踏み、自尊心を繰り返し削り取られる経験を幼少時から家庭や学校で強いられ、成長した少年たちの姿をあぶり出していく。

彼らの漂流する姿は、喜劇的なまでにもの悲しい。いったいだれが彼らの漂流を抱きとめるのか？　そう考えると、おかしさは一瞬のうちに凍り付いてしまうのである。（芹沢俊介・評論家）

（共同通信社・1500円）＝1999年1月28日①配信

広大な空間と多彩な文化

「アフリカ（赤道編・南部編）」（船尾修著）

日本のメディアが私たちに供給しているアフリカ像は、いまのところ二つしかない。ゾウとキリンのアフリカか、さもなければ内戦と飢餓のアフリカである。

テレビの動物ものがアフリカ理解に果たしている負の役割については、あらためていうまでもなかろう。では内戦・飢餓報道はどうなのか。先日、CNNのトーク番組のなかで、在米のアフリカ人留学生がこう問いかけるのを聞いて、私は虚をつかれる思いがした。

「ボスニア・ヘルツェゴビナは民族紛争なのに、ルワンダはなぜ部族紛争なのか？」

アフリカ情報なるものは、ことほどさように危うい。では、こうしたメディアのバイアスから身を避けるにはどうしたらいいのか。

さしあたりは、私たちがそれぞれで防護のシステムを構築してゆくしかないが、この長大な現地ルポは、そのための高性能な防護ソフトになりうる。

「赤道編」「南部編」で約五百四十ページ。なにしろ長いので、おしまいまでつきあうにはなかなか根気がいる。

しかし、アフリカの広大な空間と多彩な文化を記述し、映像に切り取る（著者による写真多数を収録）には、どうしてもこの長さが必要なのだということに、読者はすぐ気がつくだろう。

著者は、アフリカの全体像を、その目でみきわめ、その体で感知するために、ひたすら歩く。「何百人、何千人と言葉を交わしながら、都会からひなびた農村まで、標高五〇〇〇メートルを超える氷点下の高山から熱風が吹きすさぶ砂漠まで」（赤道編・序）ひたすら歩き回る。そして、こういうのである。

「実のところ私には、アフリカはこういうところだ、とひと口で言い表せる自信がいまだにない」

おそらくそうだろう。著者は私たちにそのことを伝えるために、旅をしたのである。（山口文憲・ルポライター）

（山と渓谷社・各1800円）＝1999年1月28日②配信

見え隠れする作る男の意志

「広告のヒロインたち」(島森路子著)

この本は、時代を象徴する広告の中の女たちの在り方に、戦後日本の女の変遷を見る“もうひとつのおんな史”である。広告制作の現場に非常に近いところにいる「広告批評」誌の編集長の内部からの目によって、広告の女たちが鮮やかに描かれている。

原節子の「新しい女の出発」から「かわいい悪魔」の加賀まりこ、桃井かおり、宮崎美子、松田聖子、そして「走る少女」広末涼子まで、名前を挙げればイメージが浮かんでくるような“時代の女”が、三十九通り取り上げられている。そしてその戦後広告の傾向を、著者は四期に分けている。

一九四六年から六五年までの第一期を「女たちがまがりなりにも自分の存在を主張し始めた時代」。第二期の六六年から七九年を「ファッショナブルで個性的でセクシーであるという三つの命題に向かって走り続ける」時代。第三期の八〇年から八九年までを「あるがままの自分の全面肯定へ向かった」時代。そして最後の第四期である現在までを「自らの新しいモデルを作れぬままに混沌(こんとん)とした動きを続けている」とする。

秀逸な分析である。

戦後、女たちは確かに「造形美から表情美」へ、「見られる存在から見る存在」へ、さらには「静から動へ、顔からからだへ、戦前の人形から戦後の人間へ」と脱皮した。

そうした基本的な流れはあるけれども、そこにはやはり、わり切れない女たちの混沌とした表情を垣間見ることができる。

そうした分析に納得しながらも、広告に描かれた女の像が、あたかもモデルとなった女優の意志や、彼女たちを支持し、影響を受ける“女”たちの意志としてだけで描かれているのには違和感が残る。

広告の女たちには、それを作る“男”たちの意志が見え隠れする。そしてそれこそが、広告のヒロインたちを混沌としてあいまいなものにしている一因なのではないか。それともそれは過大評価だろうか。(笠原美智子・東京都写真美術館学芸員)

(岩波新書・640円)=1999年1月28日③配信

閉塞した日本文学への異議

「快楽と救済」(梁石日・高村薫著)

「血と骨」で、あらゆる規範にあらがって戦中戦後を生きた在日朝鮮人のすさまじい〈生〉をえがいた梁石日。「レディ・ジョーカー」で、繁栄から置き去りにされた男たちによる企業“誘拐”事件を通して戦後史の〈光と闇(やみ)〉の総体をえがいた高村薫──。

〈純文学〉と〈エンターテインメント小説〉といった領域を超えて、広範な読者を獲得している二人の作家の対話は「内面をあえて書かない、感情をあえて書かない、その行動をひたすら積み重ねることによって、何かしらここに主人公・金俊平の絶対的な核があるわけですね」という、高村薫の問いかけからはじまる。

その問いかけに、梁石日は〈身体性〉という言葉で答える。民衆とは身体そのものだ、しかし現実にはそれは空洞化し、ゆがんでいる。「血と骨」はそういう現実に対するアンチテーゼである、と。

そして「戦後文学には、企業の問題を組織の問題として、あるいは組織と個人の問題として、置き換える発想はほとんどなかった。(中略)ところが、圧倒的多数がサラリーマンであったり、勤労者である社会の問題がここでは徹底的に描かれた」と「レディ・ジョーカー」を評価する。

近代という枷(かせ)にとらわれた身体の復権をめざす梁石日と、組織社会のなかで存在の確かさを確認できず空っぽになっている圧倒的多数の日本人の姿をえがく高村薫の対話を貫いている基調音は「世界と真っ向から斬り結ぼう」とする意志だ。

なぜ小説を書くのか。それは「現実の経験とかいろんな規範といったものを凌駕(りょうが)していく」〈言葉〉の力へのこだわりであり、内面の問題は世界に向かって開いていく、世界との関係をつくっていくのが文学だからだ、それが小説の快楽である、という結論をひきだして終わる二人の対話は、そのまま閉塞(へいそく)した日本の文学状況への痛烈な異議申し立てでもあり、実にスリリングではあった。(井家上隆幸・文芸評論家)

(NHK出版・1500円)=1999年1月28日④配信

帰郷した男の古里再発見

「川筋物語」(佐伯一麦著)

面白山、作並、盤司、秋保、定義、愛子、牛越橋、鹿落坂、閖上──順に、おもしろやま、さくなみ、ばんじ、あきう、じょうげ、あやし、うしごえばし、ししおちざか、ゆりあげ、と読む。本書の目次から任意に拾ったが、いずれも宮城県内、仙台近郊の地名である。作並、秋保は温泉地だから知られていようが、他は初めて聞くという人も多いであろう。

これらの字を見るだけでも、あるいは、ひと味違うその読み方を聞くだけでも、そこにはさぞかし故事来歴伝説のたぐいがあるのだろうなと想像させる。そして、こんな地名をたくさん持ち、残しているところに住む人が、何か由緒ある家の人でもあるかのように見えるから不思議だ。

本書「川筋物語」は、まず宮城県内の旧跡を訪ね歩いた紀行文である。と言うとカメラをさげた旅行者のイメージが浮かぶかもしれないが、実は、仙台は著者の故郷であるから、いわゆる旅行者の紀行文ではない。言ってみれば帰郷者の古里再発見である。

一九五九年の生まれだという著者が、ごく自然に「藩政の頃は」などと書いているが、一面では歴史がそんなふうに身近に生きているのであろう。子供のころ、何の不思議も有り難味も知らず無邪気に過ごしてきた故郷の山河を、いま作家となった一人の中年「男」があらためて訪ね、対話し、考えている。

彼は高校を中退して始まった都会生活の中で結婚し、子供もできたが、やがて家庭は破綻(はたん)し、彼自身も病気にかかって、いま古里の自然にその治癒をかけている。しかし、期待した家庭の再建は思い通り行かず、そのために新築した家の借金だけが残ってしまう。彼は、故郷の山河に癒(いや)されもするが、あらためて傷もうけることになる。

この帰郷者、そして紀行者には、およそこんな背景がある。現代の都市社会の生活に疲れた一人の「男」の歴史と、故郷の自然伝説歴史、二つの「川筋」の交差する「物語」である。(勝又浩・文芸評論家)

(朝日新聞社・1900円)=1999年1月28日⑤配信

水の道から文明の基層問う

「川舟考」(樋口覚著)

現代人にとって川は、橋をかけ、そこを直角に横切るところだ。陸上交通を中心にみれば、ただ自然の障壁のひとつでしかない。

しかし、近代以前にあってはまったく違った。障壁である以上にはるかに水路であり、自然が与えてくれた水の道であった。北海道の開拓ひとつを思ってみても明らかである。まず海を伝い、それから河口から川をさかのぼって人間と物資は運ばれ、次々に新しい土地と出合っていった。道路でつながるのはずっとその後のことである。

こういう水の道の様相は、今日まったくみえないものになってしまった。水の道は、現代の高速道路網を頂点とする陸上交通ネットワークと、空間的にも心理的にも直角にまじわる、喪(うしな)われたまぼろしの道である。

本著は、その喪われたまぼろしの道の様相を生き生きと描くことによって、現代文明の基層を問うことを試みている。といっても過剰に専門的な学術研究報告ではない。奔放、自在に古今東西の文学や文献を引用しながら、水の文化をめぐる知的彷徨(ほうこう)をゆたかに巡らす思索の水路こそ特色だ。

古今集の和歌一首の読解にはじまり、鯨を追うことで世界の海がはじめてひとつに結ばれたこと、黒船による日本の開国はそのひとつの結集であったこと、宮沢賢治による「イーハトヴ」という「陸」の発見、さらには信長時代のポルトガル宣教師フロイスの和船の観察の見事さ…というふうに章ごとに知的好奇心の対象は風をはらむ帆のようにふくらみ、進んでゆく。

とりわけ「土佐日記」をわが国最古の海洋文学と位置づけ、海の文化の側から陸の文化を眺める視点を読み解くところはユニークだ。こういうふうに平安文学を読んだ例を知らない。

著者は先に三味線が日本文学に与えた基調音を尋ねて「三絃の誘惑」の一冊を著し、三島賞を受賞した。三味線から川舟まで守備範囲が実にひろい。「知」のたのしみを誘う、格好の一冊である。(小池光・歌人)

(五柳書院・2200円)=1999年2月4日①配信

新しい知性観との折り合い　「接続された心」（シェリー・タークル著、日暮雅通訳）

この本（原題「画面の上の〈生〉」）のキーワードはヴァーチャルである。

日本語で「仮想」という訳語が定着したために、ヴァーチャル、すなわちニセモノ、ウソごと、という意味が強調されがちである。しかし、実は英語のヴァーチャルは「（表面／名目上はそうは見えないが）実質上、事実上の」という意味を持つ。このヴァーチャルという言葉の理解の揺れは、そのままこの本のテーマ「コンピューターとネットワークを前にして、今私たちが感じている自己認識の揺れ」に通じている。

そう、ヴァーチャルという概念を日常に持ち込んだのはなんといってもコンピューターとネットワークである。そこで本書は三部構成をとる。

第一部では、ヴァーチャルな世界を提供するコンピューターというモノを、私たち人間がどのように受け止め、その結果、私たちの「世界の見方」がどう変わってきたのかをたどる。第二部は、コンピューター上に作り上げられたヴァーチャルな「知性」「生命」を人間はどう受け止めているのか、第三部では、ネットワーク上のヴァーチャルな世界に足を踏み入れた人々が、ヴァーチャルな自分に出合ったとき何が起こったかが描かれる。

これらの複雑な対象に対して、著者はさまざまな人々がインタビューで語った「ことば」を、ポストモダン時代の精神分析の立場から切りさばき、そこにある大きな流れをみせてくれる。特にここ十数年、私たちの知性観・生命観、そして人間観が大きく揺さぶられ、しかし人々はなんとかそこに折り合いをつけようとしている様子は胸に迫る。

これらに比べ、インターネットとアイデンティティーの問題は、著者の考察もまだ緒についたばかりの感がある。それだけに「今私たちが立ち向かわざるをえない問題」の深さ・大きさを思い知らされる。なお著者の前著も邦訳されている（西和彦訳「インティメイト・マシン」講談社）。本書で興味をもたれた方には、ご一読を勧めたい。（原田悦子・法政大教授）

（早川書房・3600円）＝1999年2月4日②配信

背後に権力内部のかっとう　「源氏物語絵巻の謎（なぞ）を読み解く」（三谷邦明・三田村雅子著）

「源氏物語」は平安末から繰り返し「源氏絵」と呼ばれる絵に描かれてきた。国宝の源氏物語絵巻だけでなく、十三世紀の後堀河院の絵巻、鎌倉六代将軍宗尊親王の屏風（びょうぶ）絵、十五世紀の後花園天皇の絵巻、十七世紀の後陽成天皇の源氏物語画帖、江戸末期の復古大和絵の源氏絵、そして現代のマンガ「あさきゆめみし」と続いていく。

仏教やキリスト教などの宗教画ならこういうことがあるが、一物語にすぎない源氏物語が、なぜこのように連綿と絵に描かれ続けるのだろうか。本書は絵巻の読み方を示すと同時に、このようななぞに果敢に挑戦した書物である。

著者は、国宝の源氏絵のうち、物語本文とはいささか異なる画面を持つ「柏木から御法（みのり）まで」を取り上げ、その制作グループに、天皇への道を閉ざされた皇族の怨念（おんねん）があることを指摘する。

しかし、一方で時の権力者もその怨念を鎮めるべく、全体の企画に関与した。以降の源氏絵も、このような権力との関係の中で作られたことを本書は明らかにしていく。

「源氏物語絵の享受の歴史には、華やかな恋物語の背後に潜む王権簒奪（さんだつ）への意志と、獲得した権力を雅（みやび）やかな文化装置のうちに維持していこうという二つの意志が渦巻いている」というのだ。

源氏物語の研究者として実績をあげてきた著者が、このような論理に思い至るには、精緻（せいち）にそしてますます細部に向かいながら、社会とのかかわりを希薄にしていく現在の源氏物語の読みと流行に対する不満があるに違いない。本書は、源氏物語にかかわることは権力とかかわることになる、と主張しているように思えるほどだ。

その意味で、「あさきゆめみし」の解読がなされていないことが惜しまれる。現代においてリアルさを失いつつある「権力とは何か」ということが明らかになったかもしれない。源氏物語の享受の歴史として、考えさせられる書物である。（古橋信孝・武蔵大教授）

（角川書店・1600円）＝1999年2月4日③配信

ノラクラすることへの情熱

「姿の消し方」(池内紀著)

のっけから、十九世紀初めのウィーンの落書き魔などという、奇妙な情熱の持ち主につきあわされる。

以下、行った先の悪口しか書かない大紀行作家、ロングセラーのヘッポコ詩人…形容矛盾のオンパレードのような、有名無名の人びと。そして、だれそれの何それ、と片づけられてしまう運命の、どことなく影のうすい人びとが続く。いわく、モーツァルトの息子、カフカの恋人。

作家によれば、落書き魔はノラクラしていたという。でも、ノラクラしていたら、帝国中に落書きを残すなんて偉業は遂げられない。同時代の作曲家シューベルトもノラクラしていた、と作家は言うけれど、五百点近い楽譜を出版し、それに倍する曲を書いて若死にした作曲家が、ノラクラしていたはずはない。

でも、やっぱりノラクラしていたのだ。本人はどんなに忙しく何かをしているつもりでも、生身の彼(女)を間近に見ていた人びと、あるいは迷惑にもつきあわされた人びとの目には、ノラクラしているように見えた。

つまり彼(女)らは、余人には気の知れない、功利主義からすれば割に合わないことで突出していたのだ。この本の中にいるのは、あの人もあんなことさえしなければねえ、などと言われるような人がほとんどなのだ。

この本は、私が生きてやるしかない私の生を生ききることのトホホな味わいを、謙虚な不遜(ふそん)を、歴史の中から発掘し、ていねいに土を払って破片を継ぎ合わせ、ほらね、けっこういいでしょう、とさりげなく手渡してくれる。読み終わって、こういう情熱が過去にこんなにごっそりとあったと知って、なぜかじわっと元気になった。

今さらながら思うことだが、こういう人びとに関心をもつ作家のユニークさは、取り上げられた人びとと、いい勝負だ。ほんの数ページの、さまざまな人物クロッキーを集めたこの本には、ノラクラするという極上の元手がたっぷりとかかっている。(池田香代子・翻訳家)

(集英社・1900円)=1999年2月4日④配信

天才音楽家の数奇な運命

「オルガニスト」(山之口洋著)

バッハは、ルター派に属するプロテスタントであり、教会のためにさまざまなカンタータや受難曲を残している。そうした宗教音楽とは無縁な評者でも、このバロック音楽の巨匠の曲が荘厳なパイプオルガンで奏でられるのを生で耳にしたときは、なにやら敬虔(けいけん)な気持ちと陶酔感を味わった。

いったい、バッハひとりにかぎらぬが、音楽の何が人の情念を揺さぶるのだろうか。本書は、音楽、それも特にバッハに魅了された青年の数奇な運命を語った長編である。

物語は二十一世紀初頭のドイツを舞台に展開する。ある日、ブエノスアイレスの教会になぞの天才オルガニストが出現する。ドイツの音楽大学の助教授テオは、その人物をかつて神童オルガニストと言われた級友のヨーゼフではないかと疑う。

ヨーゼフは、九年前にテオが起こした事故のために右半身不随となって音楽家の道を絶たれ、それ以降失そうしていた。もし、正体不明のオルガニストがヨーゼフなら、長い歳月、どこで何をしていたのか? また、どうやって治癒不可能と宣告された半身まひを克服したのか? やがて、世界的なバッハ研究者であり、同時に、かつてのヨーゼフの指導教授だった老人が爆死する。しかも、教会のオルガンでバッハの曲を演奏中に。はたして、この事件はなぞの天才オルガニストの出現と関係があるのだろうか…。

物語がミステリー仕立てになっているために、ネタ割れしないように言えば、本書はレアンダーの童話「ふしぎなオルガン」とホフマンの幻想短編「自動人形」を想起させる。バロック音楽を素材にしてはいるが、本書はきわめてロマン派的だ。

音楽の美のひとつが純粋に幾何学的なことにあり、楽譜は一種の設計図でもあることを思うと、不運な青年音楽家の究極の選択(それが何かは本書を読んでのお楽しみ)は、かならずしも邪道だとは言えない。「音楽になりたい」と願った青年の悲しくも美しい、そしてミステリアスな作品だ。(風間賢二・評論家)

(新潮社・1600円)=1999年2月4日⑤配信

生と死の瞬間を鮮烈に描く　「望潮」（村田喜代子著）

人生の深い深い部分へと降りていき、そこに流れる時間をどう切り取るか。作家の中には常に生死の切り取りに関する根源的な問いが横たわっているが、この作品集に描かれているのは、まさに「人生の深い部分」から差す光芒（こうぼう）の数々である。

著者には、老女を描いた傑作が何編もあるが、川端康成文学賞を受賞した「望潮」もまた、見事な老人小説だ。

物語は、玄界灘にある簑島という小さな島をめぐる「先生」の話から始まる。その島には、観光客の車めがけて路地から次々と「身投げ」に飛び出してくる老女たちがいるという。この自殺の形にまずドキッとさせられるが、老女たちのいでたちもまた、絵を見るように鮮やかだ。

彼女たちはまるで、えびそっくりの“つ”の字の体で手製の箱車を押し、車に体当たりするのだという。老いて子に面倒をかけたくない、できれば「当たり屋行為」で補償金を得て死にたいという奇想天外な願望が、島の老女たちをつき動かしているのだ。

棄老伝説を逆手にとった老女たちの、ひたむきな生と死への執着ぶりだが、残酷でありながら深々とした余韻をもたらすのは、その島の浜にいるおびただしい「望潮＝シオマネキ」というカニの姿に、死んでいった老女たちの姿が重ねられているからだろう。

老いの不条理と、潮に向かってうち振られる無数のカニたちのハサミ。著者はそれを「海恋いの儀式」のようだと表現している。海に帰っていく老女たちの姿がいつまでも脳裏に残る鮮烈な作品である。

本書にはほかに、マンションで投身自殺した若い母親の、疲れきった白い顔が、落下していったときのまま、そこここの窓に張りついているさまを描いた「浮かぶ女」、羽毛の舞う不思議議なトイレを題材にした「白鳥便所」など五つの短編が収められているが、いずれも生と死の瞬間を鮮やかに切り取った秀作。どこか怖くて、美しいものを見たような読後感が残った。（稲葉真弓・作家）

（文芸春秋・1762円）＝1999年2月4日⑥配信

生きることの尊さを教える　「チェルノブイリの祈り」（スベトラーナ・アレクシエービッチ著、松本妙子訳）

「発電所が火事なんだ。すぐに戻るよ」。消防士の夫は出掛けていった。普通の火事だった。夫がそのまま家へ帰って来なかったこと以外は。

妻が病院に駆けつけて会ったのは、高濃度に汚染された放射性物体。「ご主人は人間じゃないの、原子炉なのよ。いっしょに死んじゃうわよ」

でもそれは「ぜんぶ私のもの。私の大好きな人」。「私は彼を愛していた。でもどんなに愛しているかまだわかっていなかった。結婚したばかりでしたから」「放射線症病棟での一四日…。一四日で人が死ぬんです」

二カ月後、妻は女の子を出産する。「ナターシャちゃん、パパがナターシャって名前をつけてくれたのよ」。四時間後、その子は死ぬ。「たくさんの人があっけなく死んでいく。ベンチにすわったまま たおれる。家をでて、バスを待ちながら、たおれる。彼らは死んでいきますが、だれも彼らの話を真剣に聞いてみようとしません。私たちが体験したことや、死については、人々は耳を傾けるのをいやがる。恐ろしいことについては」

一九八六年四月二十六日に発生したチェルノブイリの原発事故について、私たちはどれほど多くのことを知っていただろうか。あるいはそれを知らないまま忘れてしまっただろうか。この書物で語られる人々の声、証言、告白、心の記録が、いまを生きる私たちに切実に呼び掛けてくるものは何か？

「私があなたにお話ししたのは愛について。私がどんなに愛していたか」。これはその愛する人が、暮らしが、祖国が、ある日突然、失われてしまった物語。

ベラルーシは緑の大地が広がる美しい国。樹々にたわわに実るリンゴは太陽に映えて黄金色。でもそれを食べることはもうできず、子供たちはいつも、死について考えている。

「でも、これは人生の終わりにじっくりと考えること、はじめに考えることじゃありません」

生きることの尊さを教えてくれる、必読の書である。（大林宣彦・映画監督）

（岩波書店・2000円）＝1999年2月10日①配信

根底には自己確認への渇望

「『空虚な自己』の時代」（影山任佐著）

急増する少年犯罪やオウム事件、失楽園ブームなど世紀末的とも思える現象の根底には、「空虚な自己」を埋める自己確認への渇望がある。そんな社会精神医学の立場から、個々の事例に沿って綿密に分析した、自己探求の手助けともなる一冊だ。

「空虚な自己」を生む土壌には過保護による自己愛過剰で「幼児的万能感」にとらわれ、真の人間関係が希薄となるなどの点が挙げられている。評者はここに「空虚な親や社会」に育てられる輪廻（りんね）の不幸をも見いだす。

時代の特徴的な文学として紹介されるのが、「ノルウェイの森」や「失楽園」だ。前者の主人公が「空虚な自己」に悩む境界性人格障害の傾向を持ち、ペルソナの仮面劇を演じているという分析は興味深い。本著は社会現象としての「空虚さ」を、こうしたカルチャーや事件から平易に解説すると同時に、「解離性同一性障害」など、近年、わが国でも増えてきた病理を専門的な視点で紹介している。

個人の米国型個人主義化と社会の古い一体主義のギャップが「空虚さ」を先鋭化し、こうした病理増加の一因になっているという指摘は鋭い。それゆえ著者は東洋と西欧の融合から成る「統合型」個人主義の可能性を提言する。過渡期的近代の今、学校や組織に生じている亀裂を、この側面から見直す必要があろう。

評者もかつて「空虚な自己」と折り合いをつけた時期があった。今は直面した空虚さを病理ではなく、時代や環境の偏向フィルターから脱却する、ゼロの出発点だったと希望的に考えている。

個人主義の自己決定で自分が何を背負い、神のまなざしなき国で何をバックボーンとしたらいいのか。こうした内面の問題は、子供たちにいまだ伝達されていない。未来の自己像への選択的プログラムにより、「空虚さ」の上に実存を築く支援こそ、偏差値に代わる教育の要（かなめ）ではないのか？　読後、日本の直面する最大の課題が鮮やかに浮かび上がる。（速水由紀子・フリージャーナリスト）

（NHKブックス・870円）＝1999年2月10日②配信

国民総背番号制に強く警告

「プライバシー・クライシス」（斎藤貴男著）

評者の友人に、才能は抜群だが収入は少ないアーティストがいる。その彼の自宅へある日、利用したこともないサラ金業者からDMが届いた。バカにしていると彼は憤慨していたが、きっと、どこかの名簿屋が保持する「お金のない人リスト」に彼の名前が載っていて、それがサラ金業者に流れたのだろう。

企業が個人のプライバシーに踏み込んでいる実態は、たびたび問題になってきた。その侵入が官民合体のものとなったとき、私たちの生活はどう変ぼうするのか。ICカードを使った「国民総背番号制度」が本書のテーマである。

政府は制度導入の布石を着々と打っており、詰め将棋は「いつの間にか最終局面を迎えようとしている」と著者は言う。大蔵省は納税者番号制を進め、自治省は国民に住民票番号を割り当てようとしている。民間では個人情報の上に成り立つDMが隆盛を誇り、そして、大きな記憶容量を持つICカードの技術革新はすさまじい勢いで進む。

これらはバラバラに進行しているから、国民には起きようとしていることの全体が見えない。著者はそのことに強い危機感を抱き、細部を丹念に検証しながら、一見脈絡なく進行しているそれらがドッキングした場合、どんな社会がやってくるかを描き出す。

現在の動きを放置しておけば、国民はひとりひとり番号を割り振られ、自分専用のICカードを持たされ、何をするにもそのカードが必要という時代が到来する。そうなれば個人の生活はコンピューターで一元管理され、どこで何を食べたか、どんな本を買ったか、どの公衆電話でだれに電話をかけたかなど、つまりは一挙手一投足まで政府に把握されることになる。

そうなってしまったときに「国民の、人間としての尊厳は守れるのか」…これが、本書の問いかけの根本である。

技術が人の思惑を超えてしまう時代だ。「このままでは、わが国の二十一世紀は牢獄社会」という著者の警告も、現実感をもって迫ってくる。（島本慈子・ノンフィクションライター）

（文春新書・720円）＝1999年2月10日③配信

心的な古層を掘り起こす

「女と蛇」（高田衛著）

タイトルを目にしただけで、背筋にぞくりときたものだ。凄（すご）い美女にからみつかれたような。ふりほどいて逃げたいような。快楽のうちに溺（おぼ）れ死んでもいいような。女の白くぬめる肌と蛇腹との境が朦朧（もうろう）として、背筋には粟（あわ）粒がびっしり。

安珍・清姫説話や上田秋成の「蛇婬（じゃいん）の性」を、連想したわけではない。説話・文芸の世界では、女と蛇は二形一体として語られるが、二形一体は、はなから成就していた。けして目覚めない眠りについていたはずの心的な古層を、一気に掘りおこされたぐあいだ。

収録された十三編の論考がまた、心的な古層を刺激してやまない。「蛇婬の性」をはじめ近世文芸を中心に、女と蛇の二形一体の諸相を、精緻（せいち）にかきとめた文学誌だが、その叙述は、私たちが蛇を目にしたときのおののきの感覚から、片時も離れることはない。

なぜ、蛇を見るとぞっとするのか。穢（けが）れと感じ忌避しながら、なぜ一方で、聖女とみまがう美女の姿を、ダブらせてしまうのか。叙述じたい、蛇＝美女さながらまつわりついて、朦朧すなわち入眠状態に誘い込む。

森鴎外の名作「雁」のなかの蛇殺しと、江戸の戯作者・柳亭種彦の「霜夜星」の蛇殺しとを比較するくだりでは、一転、覚醒（かくせい）する思いにうたれるだろう。種彦の蛇殺しには、女殺しのアニミズムが走る。鴎外は、何の造作もなくさばいてしまう。その手つきに、近代の合理主義の影響をみるというぐあいだ。

もとより、近代合理主義をもってしても、蛇を前に、私たちが抱くおののきを消し去ることはできなかった。蛇は、いぜん、生命の秘奥を青白い腹に秘めた女の自然のようにして、男の内心にとぐろを巻いている。

カバーの絵は歌麿の描く蛇である。歌麿が男と女の性愛図に天才を発揮したことを思うとき、この一巻、趣向としても、蛇的に凄いつくりになっている。（倉本四郎・作家）

（筑摩書房・4800円）＝1999年2月10日④配信

迷い揺れつつ成長する14歳

「エイジ」（重松清著）

十四歳は危険な年齢、そう世間はみなしている。少年法の「改正」案は十四歳をおとなと同様に扱おうとしている。では作者は実際にこの時代の十四歳を生きざるをえない少年たちをどう受けとめようとしているのだろうか、そういう観点から作品を読んでみた。

主人公はエイジ。教員の父と専業主婦の母、姉の四人暮らし。温かく懐の深い家族に囲まれ、どこからみても幸福そのものである。目下の関心は成績と好きな女子ができたこと。

そうしたありふれた十四歳の日常生活の水面が、頻発していた通り魔事件の犯行者がエイジの同じクラスの男子であったことをきっかけにして、大きく波立ちはじめる。エイジだけでなく、エイジのクラス全体、さらに学校全体が動揺をきたすのである。

だが彼についてエイジたちが知っていることといえば、一人っ子で、父親が銀行員、母親は専業主婦ということくらいだ。それゆえ最初は皆、どこか他人事である。にもかかわらず他方で彼がマスコミ報道の中で、少年一般つまり十四歳でありさえすれば、だれでもいい存在として抽出されてしまっていることにいらだちをおぼえもする。

この宙ぶらりんな時期を過ぎると、しだいにエイジたちの心身に事件に対する本質的な反応が現れ出す。エイジは彼が通行人を襲ったあと、どんな顔をして家族に「ただいま」と言ったのかを知りたいと思う。また自分のなかにも通行人を襲おうと思う「その気」があることに思いいたる。性に突き上げられ、母親に対してキレそうになったりもする。

昨日まですぐそばに座っていた級友が罪を犯し教室から消えた。そして再び戻ってくる彼をどんな顔をして迎えたらいいのか。迷い、揺れつつ十四歳たちは大きく成長していく。この素敵な長編小説を通して見えてくる十四歳は、世間の紋切り型の理解を超えて複雑で繊細で、正義感に富み、友情に厚い。少年たちの実像に迫っていると思った。（芹沢俊介・評論家）

（朝日新聞社・1600円）＝1999年2月10日⑤配信

政争を離れ親王を守る女　「薬子の京（くすこのみやこ）（上・下）」（三枝和子著）

平城京から長岡京、そして平安京へと至る歴史は王権略奪の抗争史でもある。女の視点から歴史を読み直してきた三枝和子は、平城上皇を色香で唆して平城遷都を画策し、さらに「薬子の変」をも招いた悪名高い女性、薬子に抗争の〈真実〉を語らせていく。

物語は桓武天皇の寵（ちょう）臣で、薬子の父、藤原種継の暗殺から始まり、謀反人とされた早良親王の憤死とその怨霊（おんりょう）の出没という有名な歴史的事件をふまえながら展開する。怨霊の出現は圧巻で、ホラーミステリーの趣と、三枝独特の怨霊解釈が楽しめる。

桓武の死まで二十年も続く怨霊の祟（たた）りを三枝は、桓武が同母の弟である早良を殺してまでも、自分の子安殿親王（のち平城天皇・上皇）をまず天皇に立てて、天皇位を父系でつなごうとする野望への、母系側からの激しい抵抗と見なしている。

同母の弟の罪は兄の罪ともされていた当時、それは兄弟を産んだ母の罪ともなった。崇道天皇と号を追称された後も呪詛（じゅそ）する怨霊に対して、霊を鎮めようと遷都を図り、読経を命ずる桓武の霊的攻防は、母系の血と父系の血の争いと重なりながら、その後の藤原家と天皇家の政権闘争をも暗示する。

三枝のユニークな点は、安殿親王と薬子との関係にも見られる。娘を入内させながら、自分をいちずに求める親王を拒めなかった彼女は、政争を離れて最後まで親王を守った一人の女として造形されている。希代の悪女は上皇を謀反人にもせず、その息子高丘親王を死に至らしめることもない。自身が謀反の汚名を受け、自殺する。愛する男たちを生きながらえさせることを、最後の使命としたのだ。

家持の歌に魅せられ、歌を詠んで暮らす生活に憧（あこが）れていた上皇。仏道を極めたいと願った高丘親王。王権掌握の夢とは別の論理で動こうとした者たちの夢の場、それが薬子の「京（みやこ）」といえようか。歴史の醍醐（だいご）味が味わえる大作だ。（与那覇恵子・東洋英和女学院大助教授）

（講談社・上下各1900円）＝1999年2月10日⑥配信

秘密社会の寒々とした光景　「金正日への宣戦布告」（黄長燁著、萩原遼訳）

二年前の二月、北京発のニュースは衝撃的だった。朝鮮民主主義人民共和国（北朝鮮）の幹部で、この国の基本である主体（チュチェ）思想を体系化した黄長燁とその部下の亡命である。飢餓の国から人々の脱出が続くなか、この知識人の亡命とその発言は朝鮮半島に複雑な状況をつくり出した。

彼の切迫した使命感は「偉大な指導者」への権力委譲に伴い、強力になった軍部が戦争を仕掛けかねない危険性と国民の大量餓死を防ぐことにある。同時に韓国の軍事力強化を訴えて世論を驚かせたが、この本を読むと、「個人偶像化が権力偶像化に転移し、国民が奴隷化し、統治者自身も自己幻想に陥った」状態にいた人にとって、政治的理性をどう維持するかは至難のことなのだ、と思わざるをえないのである。

哲学研究のためソ連にも留学した著者は、階級闘争史観から脱却して人間中心の歴史観をつくろうとした、いわば代表的な知識人。公職は金日成の演説草稿を書くことから始まり、最後は主体思想の国際宣伝担当として要職にあった。二人の最高指導者に一応重用された立場にあるが、それだけに「裸の王様」を見たときの絶望感、無力感は深い。

この回顧録で、米国の歴史家のいう「集団国家であり家族国家」である組織の中枢にいる人間たちが、思想よりは追従一筋で生きざるをえないありさまがよくわかる。独裁国家の精髄がそこにある。

著者は政治に関心はなかったというが、組織間の闘争をかいくぐって生き延びることができた政治性がなかったとはいえない。

一九九〇年代に入って改革開放の道を探る著者の金正日への批判は増し、良心の呵責（かしゃく）にも耐えかねるようになる。しかし、思想と現実のギャップに苦悩するインテリの現実認識はなぜか希薄だ。家族にも自由に心を開けない秘密社会の習性の結果か。唯一無二の思想しかない人間世界の、寒々とした光景がこの人を通して透けて見える。（中村輝子・立正大客員教授）

（文芸春秋・1714円）＝1999年2月18日①配信

松竹築いた城戸四郎の生涯

「日本映画を創った男」(小林久三著)

城戸賞という新人発掘の賞がある。シナリオライターの登竜門であるこの賞は、もと松竹会長の城戸四郎によって制定されたものだ。この本は小津安二郎から山田洋次まで“蒲田調”“大船調”と呼ばれたホームドラマを基調とする松竹路線を築いた城戸四郎の生涯を描いている。

城戸は西洋料理の元祖・精養軒に生まれ、東京帝大を卒業後、松竹に入社。関東大震災の翌年、三十歳で蒲田撮影所長に就任し、エリートコースを突っ走る。スター優勢だった当時の状況を一変させ、特に脚本家の育成に情熱を傾ける。城戸賞とは彼の根本理念を反映させた賞だったのだ。

撮影所が大船に移転してからも所長として君臨し、「愛染かつら」を大ヒットさせ、映画製作の陣頭指揮を続けていく。

話は松竹や日本映画史を俯瞰(ふかん)する視点で進行するが、城戸の戦前の立志伝的な話よりも、守りの立場をとる戦後編の方が面白い。大部屋の俳優、監督を経た後、プロデューサーに転向した長島豊次郎という人物が登場する。城戸と相性がよくなかったこの人物が、城戸の大嫌いだった裸を扱った「白日夢」をプロデュースして、不況の松竹に大ヒットをもたらす。

また大島渚、吉田喜重といった若手監督たちが喝さいを受けた“松竹ヌーベルバーグ”への反発、喜劇的な才能を期待したが、違うとわかるや森崎東監督を解任してしまう非情さに触れた時、著者の筆は熱を帯びる。それは強固な“城戸イズム”の枠からはみ出して、松竹を去った人々に対する筆者の鎮魂歌のようにも思えてくる。

著者は、松竹に入社し、助監督やプロデューサーを経て作家となった生粋の松竹人。それだけに同僚に対する思いも強かったのだろう。ただし、そうした立場にいながら、本文の中で著者自身は一切登場しない。読み終えて、どこか第三者的な覚めた視線を感じるのは、そんな理由にもよるのだろう。(西村雄一郎・映画評論家)

(新人物往来社・2800円)=1999年2月18日③配信

体験的に男性学の盲点突く

「もてない男」(小谷野敦著)

待望の書である。

前著「男であることの困難」(新曜社)で予告を目にしたときから、出たら即買いだと決めていた。フェミニズムや男性学の盲点ともいえる「もてない男」。この着眼点がいいし、なにより、私自身も彼女いない歴の長い「もてない男」だからである。

最初に誤解のないようにいっておかなければならないが、東大卒、留学経験と博士号をもつ大学助教授という、バブルのころにもてはやされた三高のうちの一つは確実にクリアしている著者が「もてない男」について書くなんて反則だ、と怒ってはいけない。

著書のいう「もてない男」とは、容姿にいささか問題のある男でもなければ、女を遠ざけてしまう逆フェロモンを漂わせた男でもない。好きな女性から相手にしてもらえない恋愛下手な男のことである。そして、著者自身がまさにそんな「もてない男」であるというのだ。

童貞喪失、オナニー、求愛、しっと、愛人、強姦(かん)、恋愛不要論。「もてない男」の視点から俎(そ)上にのせられるのは、こういった、これまでまともに論じてこられなかったテーマである。素材はおもに文学作品やマンガ、映画などだが、ところどころにはさまれる著書自身の体験談が、妙にねちっこい文体で展開される明快な論旨と鋭い指摘というアンバランスさとあいまって、独特の味をかもしだしている。

だが、ここまで書いてきてふと思う。「もてない男」が「もてない男」を論じる。その原点には「もてたい」という、ほとばしる情熱があったはずなのに、これでは肝心の女から「そんなことしているからもてないのよ」と軽くあしらわれ、ますますもてなくなるだけではないかと。

著書は、恋愛はだれでも可能であり、それができないものは不健全だとする近代の恋愛観こそデマゴギーである、もてないことは恥ずべきことでないと主張する。けれどもやっぱり「もてたい私」は残る。(鵜飼正樹・京都文教大講師)

(ちくま新書・660円)=1999年2月18日④配信

他者の内面への理解が重要

「ことばが紡ぐ羽衣」（水田宗子著）

先日、ある情報番組を見ていた時のことである。“美少年狩り”をする女性たちの実態について、各ゲストがコメントをしている最中、女性ゲストと男性ゲストがテーマを離れ、おのおのの個人的な考えに対して言い争いを繰り広げた末、女性ゲストが番組途中で退席してしまった。

女性がキレるほど主張していることに対しても、多くの男性たちはその上澄みしかくみ上げようとしない。現代社会の縮図のように思え、女性を取り巻く現在の環境に疑問を感じた。

本書には、その答えがある。女性にとっての近代化とは、その内面と葛藤（かっとう）は解決されないまま、常に仕事か家庭かというような二者択一を迫られ「ジェンダー＝性差別文化」を維持する役割を負わされることだった。

そして歴史の中で作られたジェンダーに深く根付く男女の違和感は、男女は平等であるという建前の現代社会の中でさえ発生はむしろ当然であり、解決は容易でないことを、著者は国内外の文学作品を中心に海外の風俗と文化を織り交ぜながら語っている。

さらに本書は、一見個人的な領域を自らの意志で自由に生きているように見える現代の若者に正対する。

目に見えるものだけが世界のすべてと錯覚できるのは短い時間だけであり、やがて広く複雑に変化した世界の中で、男女に限らず他者への違和感を持った時、その本質がどこにあるのかを知ろうという姿勢がなければ、コミュニケーションは決して生まれないであろうという、著者の不安がうずいている。

カッコイイ女、優しい男を目指し、雑誌の特集を読んで理想の断片を持つのも良い。しかし、他者とのかかわりに本当に必要なことは、相手の内面にある自己表現をいかに理解していくのかである。

ぜひ本書を通読し、近代女性文学に託された、女性たちの内面と葛藤を知り、生きていく以上、切り離せない他者の秘めている内面に目を向け、真のコミュニケーションを持つことに挑戦してほしい。（森岡みか・作詞家）

（思潮社・2400円）＝1999年2月18日⑤配信

不安や心の飢えを共に体験

「ヴァイブレータ」（赤坂真理著）

現代文学の極北でひとり苦闘を続ける女コマンド・赤坂真理による芥川賞候補作。

むかし教師や母親に受けた虐待で精神を病んだジャーナリストの玲がある雪の日、暴力団上がりのトラック運転手と出会う。トラックの中でセックスし、そのまま彼の仕事について行って、一時的にせよ、それで自分を回復するプロセスが描かれている。

しかし赤坂の作品、とくにこの「ヴァイブレータ」の場合、こうしてストーリーを紹介したところで何も言ったことにはならない。ここで重要なのはとにかく読者を圧倒する主人公の迫力だ。

玲は「あたしは…」と語りかけてくるのだが、その調子が秘める切実さ、本気さは尋常ではない。いわゆる「告白」などは超えている。もはや赤坂＝玲はこっちに向けて話しているのではなく、「あたし」と語りかけられた瞬間、読者は一気に彼女にのみ込まれてその暗くゆがんで生々しい「内側」を見ている、といった感じなのだ。

こうして読者は、玲と同じレベルにおいて、人間が日常的に「人間」でいるためにはいかに多くのハードルをクリアしなければならないかを思い知らされることになる。

すなわち赤坂＝玲の不安、心の飢え、他者への強烈な甘えとその裏返しの保護欲、さらに言語の喪失などを彼女とともに体験するわけである。

この作品はまさに本気の産物だ。作中ではジョイスばりの「意識の流れ」が駆使されているのだが、しかしそれは決してたんなる手法やテクニックのたぐいではない。

赤坂の場合、こうしたものすべては、ほかならぬ自分自身の肉のうずき、神経のふるえ、そして精神の暴走の具現化だ。本書はこの意味で「小説」というより、彼女の「分身」もしくは「分泌物」といった方があたってる。

要するにハダカの自分そのままが現代文学の高度な手法に匹敵してしまうのであって、本書は成立していること自体が奇跡的な作品なのである。

（石川忠司・文芸評論家）

（講談社・1200円）＝1999年2月18日⑥配信

美術界の権威に猛然と攻撃

「お騒がせ絵師自伝」（エリック・ヘボーン著、立原宏要訳）

過去にみずから名乗り出た贋作（がんさく）者はいることはいるが、本を書いたという例は、ほとんどない。

一九七六年に明らかにされたトム・キーティングという先例に関しては、一冊の本が書かれたが、ジャーナリストによるものだった。今度は、贋作者自身が本を、それも、日本版では六百ページ近い大著を半ば自伝として、堂々と書いたのである。

それほど、ヘボーンという一人の贋作者は、自信家ということであり、同じイギリス人ということから、このキーティングに関心を示してはいるが、こと贋作に関しては、ズブの素人である、と一蹴（いっしゅう）している。

それでは、玄人を自負するこの贋作者にどのような「業績」があったかというと、世に出した何百点中、専門家と称する人々が見破ったのは、たったの二十五点にすぎないと、それらを所蔵する大美術館を明示し、もっとほかにもあるぞ、と暗示する。

美術界の権威をあざ笑う彼が、ひたすら攻撃するのは、学者的素養のない鑑定家であり、その反対に、鑑定力のない学者であり、両者を兼ね備えた上、さらに手仕事としての美術に通じて初めて専門家と言える、と定義して、その弱点を突いた自分の素描力を誇るのをためらわない。

猛然たる攻撃の半面で、失敗例を認めることもしてはいるが、終始、不敵な面構えを変えないのが印象的である。

しかし、たとえその一部とはいえ、間もなく、彼が軽べつする専門家たちによってすら、彼の贋作は判別されたのであり、それらの類型から、ほかのものを類推することはそれほど難しくはない。

人間にはどこかに盲点があるということは、専門家でも同じで、その基調は、贋作者にも共通する。

完ぺきな贋作者もなければ、完ぺきな贋作もない、という峻厳（しゅんげん）な事実を、この大著が証明する結果となっているように読める。（瀬木慎一・美術評論家）

（朝日新聞社・4200円）＝1999年2月25日①配信

京都時代劇の伝統上に成立

「仮面ライダー　本郷猛の真実」（藤岡弘著）

マンガやアニメといった二十世紀出自の「後発サブカルチャー」も、商業ベースに乗ってからすでに三十年あまりの歴史を持った。映画やSFなどの先発組ジャンルと同様、それらをあとづける仕事も当然出てくるわけで、近年そのような出版物は目につくようになっている。

ただ、実態はいまだ玉石混交。研究というには基本的な資料の整理もいまだしといった状況だが、それでも、まずは当事者の証言や回想だけでも活字として蓄積されるようになってきたのはありがたい。活字の世間に載らない「歴史」は見えないままだ。

本書は一九七〇年代に一世を風靡（ふうび）した「仮面ライダー」の初代演者の回想録。「変身！」のかけ声とともにバッタ様の超人に変身するヒーローにあこがれた子供たちも今は三十代。原作者の石ノ森章太郎も先年他界した。

同じテレビドラマでも円谷プロ系の特撮ものにまつわる出版物が数多く出されているが、当時、山ほど作られたそのほかのドラマについての記録はそれほど多くない中、これは貴重な証言のひとつと言っていい。その後、アクションスターとして海外でも大活躍することになる著者だが、当時は松竹の「本編」のニューフェースの座をけって、東映制作のテレビ番組「仮面ライダー」に出演するというかわった経緯をたどっている。

そのほか、衣装まで自前だったという低予算での現場のありさま、制作母体が大阪毎日放送だった事情、過酷なロケスケジュールによるシリーズ当初での大けがと、それからの復活など、興味深いエピソードも多い。

何より、アクションを担当した大野剣友会の話がいい。そう、「仮面ライダー」は東映京都時代劇の「伝統」の上に成り立っていたドラマだったのだ。七〇年代のテレビ時代劇が斜陽の「本編」スタッフのスキルの上に質の高いものを作りだしていたように。ライバルはウルトラマンではなく、むしろプロレスだったという述懐も納得できる。巻末の放映資料も親切だ。（大月隆寛・民俗学者）

（ぶんか社・1500円）＝1999年2月25日②配信

息子、娘の声を率直に聞く

「ダメ母に苦しめられて」（中国新聞文化部編）

親を、とりわけ母親を非難することが許されない雰囲気が緩んできたのは、一九九〇年代に入ってからである。立役者はAC（アダルト・チルドレン）という概念である。ACが、こういう息苦しい社会に風穴を空けるために日本に登場してきたのは八九年であった。

本書は、それと意識せずにこうした新しく吹いてきた風に乗っている。乗っていながら、しかし、確実に十年の歳月の中で何かが変わってきたことをも伝えてくる。

何かとは、ダメ母を語る息子、娘たちの声を、聞き手（編者）が実に率直に耳を傾けることができるようになっていることである。彼らの声を異様なものと見なさなければ、虚偽ではないかとも疑わない。判断を抑制し、母親に向けてまず息子、娘の声を受け止めるよう促している。その促し方は温かく、押しつけがましさがないのがいい。

嫉妬（しっと）母、絶対君主母、見栄（みえ）っぱり母、空っぽ母、ヒステリー母、侵入母、ほったらかし母、愛情差別母、お涙ちょうだい母、きまじめ母、不機嫌母、拒絶母、すがりつき母。これが本書が息子、娘たちの声をもとに分類した「ダメ母」の目録である。

それぞれの目録に付された具体例は、吐き気を催すほどあさましいものが少なくない。同時に、それにしてもよく長い年月にわたって、息子や娘たちは「ダメ母」の仕打ちに耐えてきたなとも思う。

息子、娘の声を受け止めることは、多くの母にとって簡単なことではない。それができれば、「ダメ母」をいつまでもやっていなかったろうから。

母親に常にいい子であることを求められ、その要求にこたえ続けてきた息子（十四歳）がついにキレて、手ではたたかなかったけれど、いつも心では、たたいていたじゃないか、と声をあげる。

心でたたく、すごい言葉だ。その息子の叫び声を受け止め、内省に転じた母親。この話は本書の白眉（はくび）だと思った。（芹沢俊介・評論家）

（ネスコ・1500円）＝1999年2月25日③配信

土の上に立つ俳句観を語る

「俳句専念」（金子兜太著）

肉声で書かれた書、というのが金子兜太の「俳句専念」の読後感である。内容が講演録や自伝であること、文章が平易で読みやすいこと、コートのポケットに入る新書判であることなど、読者に負担がかからないのだ。

まず俳句を高濱虚子のつくった俳句の〈かたち〉、つまり「季題」を重視した有季定型でつくるか、〈かたち〉にとらわれない五・七・五という最短定型でつくるか、これを提起する。そのうえで、自身が後者を選んだ経緯や俳句観を平易に語る。この語り口がいい。虚子のつくった〈かたち〉を排斥するというのではなく、それを認知しつつ自分は違う方向をゆくという姿勢である。

加えて、金子兜太の俳句の根拠が「土がたわれ」と「古き良きもの」にあるというところを随所に披瀝（ひれき）しており、戦後の昭和を牽（けん）引してきた日本人の感慨としての説得力がある。存在の基本を土におき、俳句を日本文化の中に位置するものだとする思いは、俳句の埒外（らちがい）の人にも理解されるところであろう。

戦後俳句の担い手であったこの世代の人たちが、傘寿を迎えてなお矍鑠（かくしゃく）としている原動力は、体質的に共通する「土がたわれ」の強さであろうか。金子兜太が俳句の補完要素に、技法とか美意識を挙げずに「いのち」の問題を挙げていることもこれに通底している。

金子兜太には、自作の「夏の山国母居てわれを与太という」の通り、ヒロイックな悲壮感がない。人生の後半をどこに住むかを定める際にも、俳人でもある夫人に「あなたは土に立っていないと希薄になる」と言われて産土（うぶすな）秩父に近いところに落ち着いたと述懐しているのも、けだし「土がたわれは」の金子兜太を知り尽くした人の助言であろう。

講演録「茂吉と中也」も「わたしの履歴書」も、同視点で語られており、おもしろい。全編に俳句専念のこころもちが溢（あふ）れていて退屈することのない一冊である。（宇多喜代子・俳人）

（ちくま新書・660円）＝1999年2月25日④配信

魅力あふれる中世戦争絵巻

「双頭の鷲」（佐藤賢一著）

まったく、すごい小説だ。大デュマの興奮と、司馬遼太郎の面白さを兼ね備えた大長編だから、読み始めるとやめられない。波瀾（はらん）万丈の歴史大ロマンだ。

なによりもいいのは、主人公ベルトラン・デュ・ゲクランの造形が際立っていることだろう。粗暴で、醜（ぶ）男で、常識外れで、とんでもない男なのである。そのわりに次々に友達が増えていくのは、この男が底抜けに明るいからで、このデュ・ゲクランの魅力を造形し得たことが本書の成功の第一の因となっている。

次に中世戦争絵巻が群を抜いて面白いこと。このデュ・ゲクランはとんでもない男ではあるけれど、実は戦争の天才なのである。次々に奇手を編み出し、敵を破っていくのである。ようするに、中世に近代戦を持ち込んだ男であるのだ。その戦争の様子が克明に描かれて、まるで司馬遼太郎の戦国小説を読んでいるかのような興奮がある。

次に、貧乏騎士から身を起こし、最後は大元帥にまでのぼりつめる騎士物語が、大デュマの物語に通底する面白さを感じさせる。

さらに背景にあるのは、百年戦争の敵であるイングランドとの戦いと、国内を統一して近代国家を成立せんとするシャルル五世の政治であり、つまり激動の時代を背景にするのだから、物語がスリリングに、波瀾万丈になるのも当然といっていい。

佐藤賢一は「ジャガーになった男」で小説すばる新人賞を受賞してデビューした作家で、フランス中世史を舞台に「傭兵ピエール」「王妃の離婚」と書き続けていて、本書もまたその路線上の作品だが、ある意味では集大成的な作品でもある。

まったく特異な才能といっていい。その完成度と物語の興奮は、中国古代史を舞台に特異な物語を書き続けている宮城谷昌光と双璧（へき）をなすといってもいい。まだ若い作家だが、その作品にはすでに風格がある。すごい作家がいたものだ。今年度のベスト1と自信を持って断言する。（北上次郎・文芸評論家）

（新潮社・2400円）＝1999年2月25日⑤配信

暴力をめぐる悲喜劇が展開

「無情の世界」（阿部和重著）

表題作のほかに「トライアングルズ」と「鏖（みなごろし）」の二作を収めている。

なかでは「鏖」が面白い。

オオタという主人公が不倫の関係にある人妻と待ち合わせるためにファミリーレストランにいくと、さえない中年男と偶然相席になる。この男は、注文した料理も食べずに持ってきた小型の液晶テレビを凝視している。

男は自分の妻が浮気しているのではないかと思い、それを確かめるために、近所の自分の家に隠しカメラをセットして、レストランから部屋の中をリアルタイムで観察していた。

実際に妻の浮気の現場が映ると、小型テレビをオオタに渡して「見ててよ。俺、やって来るから」「だから！　こいつらをぶっ殺すんだよ！」と言い捨て店を出る。

まもなく、オオタの不正を追及する仕事先の仲間が店にやってきて乱暴しようとするのだが、そこに金属バットを持って全身返り血を浴びた中年男が戻ってきたために、店内は騒然となる。

店を脱出したオオタは、部活帰りの中学校の野球部員の金属バットを奪おうとして、逆にバットで殴打され、意識がもうろうとなっていく。

劇画調ではあるが、暴力をめぐっての悲喜劇が、スピード感あふれる文体で展開されている。最近のいわゆる「キレる」若者を連想させるし、現代の社会の状況もここにはたしかに反映されている。

しかし、それだけではなく、人間が追いつめられて突然攻撃的になったりする、そんな心理が、状況的というよりも、むしろ普遍的な感情と情念としてとらえられている。ドストエフスキーの初期短編を思わせるようなカーニバル的なファルス（笑劇）に近いものがある。

携帯電話、液晶テレビ、パソコン、ファミリーレストランなどなど、現代生活の道具立てを用いながら、暴力というものの日常性と非日常性を巧みに描いた作品世界である。（富岡幸一郎・文芸評論家）

（講談社・1400円）＝1999年2月25日⑥配信

もう一つの英国の生活文化

「モンティ・パイソン大全」（須田泰成著）

一九六九年に英国のテレビに登場し、コメディー史を転換させた六人組の番組がモンティ・パイソンだ。日本でも七六年に放映され、少なからぬ人の記憶に鮮烈に残っている。このシリーズを愛する人は今もいて、レンタル・ビデオでも結構人気があることをあらためて知った。

著者は六八年生まれ。ロンドン大学でコメディー創作を学び、英国在住経験がある。九〇年代に、ビデオでモンティ・パイソンに出会った世代が、はやくも「大全」をものしたのだ。

メンバー紹介もいきとどき、作品すべての概略をまとめ、見どころを記している。のみならず、英国社会や歴史の文脈、コメディーの枠組みでモンティ・パイソンを総括している。力作だ。

おまけに、披露されるうんちくの数々が傾聴に値する。たとえば、昨年度話題の男性ストリップ映画「フル・モンティ」のモンティとは語源が同じだなんて、ほかの人にも教えたくなる。この本に刺激されて「モンティ・パイソンにおけるホモ・ネタの背景」などという卒論が、近々いかにも現れそうだ。

著者は、あるロンドンのガイドブックに、すでにモンティ・パイソン論を発表していた。その時、ほかに紹介していたのは、ドッグレースとばくやホームレスが街頭で販売する雑誌など。

こぎれいな英国伝統文化であるガーデニングやアフタヌーンティーとは趣の違う、少々がらは悪いが面白い生活文化の目利きなのだ。

モンティ・パイソン放映開始から三十周年の今年、著者は、もう一度ブームを仕掛けているように見える。巻末の目録にあるように、ビデオもほとんど廃盤という日本の現状にあきたらず、挽回（ばんかい）しようとするひたむきさにうたれる。

モンティ・パイソンを血とし肉とし、自分の仕事に能動的に転化できるテンションの高さ、国境や言葉の壁を越えて生活し楽しむ軽やかさがまぶしい。（岩田託子・中京大助教授）

（洋泉社・2800円）＝1999年3月4日①配信

カリスマ支配の不安定性

「ヒトラー　権力の本質」（イアン・カーショー著、石田勇治訳）

三十歳まで何者でもなかった「落ちこぼれ」が、世界中を巻き込んで人類史上空前の破壊と殺りくを引き起こした。ヒトラーはいかにして可能だったのか？　この問いに見事に答えて定評のあるヒトラー研究、待望の翻訳である。

第二次世界大戦への突入やユダヤ人絶滅政策の実施において、ヒトラー個人の「悪魔的」資質を認めるかどうかについて、研究者の間では対立する解釈が存在する。つまり、強力な独裁者個人の世界観の一貫性を重視する「意図派」と、ナチ体制の多頭支配が生み出す累進的急進化の構造を重視する「機能派」である。

著者は「個人」と「構造」を統合した「カリスマ的支配」というM・ウェーバーの概念を使うことで、ナチズムの運動と体制を貫いたダイナミズムの分析に成功している。

合理的な統治システムが機能しない社会的危機状況の下で、ヒトラーを核とするカリスマ的共同体は支持者を広げていった。第三帝国はカリスマ的指導者に対するドイツ社会の幅広い合意に基づいており、国民に支えられた権力の象徴として総統神話があった。

神の恩寵（おんちょう）、カリスマのあかしを立てるために政治的英雄は未来への突破を続けねばならず、カリスマ支配は不安定性を構造化していた。その推進力を維持するためには自己破壊さえも避けえず、戦争と破局は必然であった。

本書は、閉そく感と危機状況を突破してくれる指導者への期待が広がる世紀末のわが国でこそ広く読まれるべきだろう。だが、カリスマは世俗の善悪を超越しており、理性的なヒトラー批判がそのまま巨大な非合理への帰依に転じる可能性は絶えずある。

実際、落ちこぼれ青年の目を見張る出世の痛快、国民的団結を演出したナチ宣伝の高揚、機甲化師団の無機的な美…を再確認する読者もいるはずである。糾弾が憧憬（しょうけい）に反転する、そうした逆説が成り立つところに、優れたヒトラー研究の抱える難問がある。（佐藤卓己・同志社大助教授）

（白水社・2500円）＝1999年3月4日②配信

現代の不幸への警鐘を聴く

「折口信夫　独身漂流」(**持田叙子著**)

折口信夫が食べることにたいへん執着したことはよく知られている。実は折口のきゅう覚は、コカインの常用によってほぼ完全にそこなわれていた。風邪で鼻がきかない時など、食物がまずく感じられるのはだれでも覚えのあるところ。となれば、折口の食への執着が、近年のグルメブームなどとまったく無縁な性格のものなのは当然であろう。

折口は自らを「餓鬼」になぞらえることが多かった。そう、異様に細い手足と突き出た腹をしたあの「餓鬼」である。同じように「餓鬼」としての自画像をしばしば描いたひとに正岡子規がいる。本書の冒頭で著者は、共通点の多い子規と折口を比べつつ、彼らの食への執着に「自らの癒(いや)されぬ欠損に対する意識」がうかがえることを指摘する。さらに二人には「〈大人〉への峻拒(しゅんきょ)」があるともいう。

未熟な人間として彼らを批判するのではない。「大人」の「男」として自足することから自己を解放し、他者との新たな関係性を開く出発点として積極的に評価するのである。新たな関係性は、折口において同性愛というかたちで現れることもあったわけだが、より重要なのは、そのような不定形な人間関係への志向が、折口の文学や思想と深く結びついていることだ。

折口における自己と他者は、西欧的な「対立葛藤(かっとう)」する関係などではない。憑依(ひょうい)し憑依されるあいだがらなのだ。それどころか日本の文化そのものが「他者に侵され生きる文化」なのである。そのありさまが「伝承」「奴隷」「水への郷愁」といったさまざまな角度から論じられる。

折口の説く日本の文化や社会は前近代的なものである。一応は過去のものということだ。著者は折口の学説を、過去のものとして扱わない。肥大する一方の「自分」のもたらす現代の不幸への警鐘を聴き取るから。と同時に、今を生きる一人の女性として、人を「浮遊させる」折口の声に、慰めと力を得るのである。(山田富士郎・歌人)

(人文書院・2300円)＝1999年3月4日④配信

被植民者の苦悩描く大長編

「足跡」(**プラムディヤ・アナンタ・トゥール著、押川典昭訳**)

「人間の大地」「すべての民族の子」という既刊の第一部、第二部に続いて邦訳が刊行された現代インドネシア文学を代表する大長編小説の第三部である。「プリブミ」すなわちオランダ領東インドの現地民であるミンケを主人公としたこの作品は、次の第四部「ガラスの家」で完結する。

本書は、一九〇一年から一二年にかけての出来事を中心に、主人公ミンケがバタビア(ジャカルタ)、バンドンなどに移動するにつれ舞台は移り変わる。ミンケは医学校の学生となるためにバタビアを訪れる。そこで彼は一つの屈辱を味わうことになる。

西洋風の服装を改め、デスタル(かぶり物)、詰め襟服、バティックの腰衣、そしてはだしという「ジャワ人」のスタイルをしなければならないのだ。被植民者として強要される民族衣装、もちろんそれは民族主義を奨励するものではなく、植民者オランダ人との差異性を際立たせるためのものなのである。

しかし、第一部、第二部と同様に、ここでもミンケはその優秀な頭脳と能力を発揮し、「プリブミ」としては例外的に、上流の植民者層と対等に議論し、交流するという、いわば「貴種」として活動する。彼は医学校を退学し、日刊紙「メダン(広場)」を創刊し、民族主義派のジャーナリストとして、ナショナリズムの大きなうねりの中で活躍するのである。

中国人の安山梅や、パリから手紙を送ってくるメイサロなど、彼の周囲には女性たちの姿が途切れずに現れる。しかし、最初の妻アンネリースとの結婚が不幸に終わったように、植民地において「プリブミ」のナショナリストであるという条件下で、個人としても彼は決して本当に幸福にはなれないのだ、すべての被植民者たちと同じように。

ハビビ政権が誕生して、三十年ぶりに著者の国外出国が認められたが、著作の発禁という措置は依然として続いている。作者プラムディヤにとっても、主人公ミンケにとっても、激動の一世紀の苦悩は続くのである。(川村湊・文芸評論家)

(めこん・4200円)＝1999年3月4日⑤配信

映画にささげる哀悼歌

「高らかな挽歌」（高井有一著）

入水した母を描いた出世作「北の河」以来、著者はさまざまな挽歌（ばんか）を書きつづけてきたが、本書は映画と映画に熱狂した時代にささげられた壮麗な哀悼歌である。

戦後娯楽の王者だった映画は一九六〇年代後半テレビに押されて衰退の兆しをみせ始めるが、その退潮のわびしさを著者は丁寧にとらえていく。現在不況のどん底であえいでいるわれわれにとってこの衰退の悲喜劇はひとつひとつ心をうつ風景で、いずれも忘れがたい場面をなす。

他方、六〇年代後半はヌーベルバーグをはじめとして新しい映画表現が確立して、映画が芸術として評価された時代だが、ここに登場する映画人たちはあくまで大衆の夢を実現した娯楽映画を作ることに専心し、映像理論などにまったく関心を示さない。こうした旧弊な映画職人を描くことによって、著者は日本が高度成長によってぬぐい去った泥臭さを懐かしんでいるように思われる。

ダルマストーブがころがった赤土むき出しの映画スタジオ。トイレのにおいが漂い、すき間風が足元を吹き抜ける映画館。義理人情、私利私欲がまかり通る不透明なギルド結社。わい雑だが、エネルギッシュな人間関係が展開し、人の心の温かさとおぞましさを赤裸々にみせてくれる。

著者は「昭和の歌　私の昭和」で「昭和万葉集」を読み解きながら庶民の情を明らかにしたが、この物語では映画に夢をたくした戦後庶民の熱気をすくいあげた。したがって、この物語のヒロインは銀幕の高根の花、女優ではなく、自分が売り出したスターを育てることに腐心する、母性的な女プロデューサーである。

彼女は豊潤な感性と鋭い知性とで男たちを支えるが、高度成長時の日本はこうした恵み深い母性とゆったりとした自然とをひたすら汚しつづけてきた気がする。「高らかな挽歌」はそうした根源的な喪失を、がっしりした構成と古風な語り口とで、嘆き、告発し、同時に失われた青春をしっとりと喚起した絶唱である。（古屋健三・文芸評論家）

（新潮社・2500円）＝1999年3月4日⑥配信

心揺する大歌手の評伝

「島倉千代子という人生」（田勢康弘著）

美空ひばりと人気を二分した大歌手である。その歌の人生を哀感をこめてうたいあげ、その苦難の歩みを深い陰影の中に描き出している。美空ひばりについてはじつに多くのことが語られてきたが、島倉千代子についてはまともな論を立てる人はいなかったのではないだろうか。

著者は「豊かな国の貧しい政治」などで知られる練達の政治ジャーナリストだが、中学生時代から島倉に寄せたあこがれをふくらませ、丹念な密着取材を重ねてユニークな人物評論に仕立てあげた。

島倉千代子とは何者か。著者がかの女に会ったときのシーンが印象的だ。約束の場所に一番先に到着して、玄関で待っていた。上から下まで目立たない黒ずくめの服、眼鏡をかけ居心地悪そうに席についた。みると膝（ひざ）が震えている。気の毒なほど緊張していたのである。

やがて著者は、志のある誠実な人間をそこに発見する。自分を「何も知らない人間」といい切り、堕胎した三人の子どもたちに「忍」という名を与え、つぐないの意識をもちつづける一途な女にひかれていく。東京は品川区の出身、小学一年のとき左手に四十七針も縫う大けがをしている。十六歳でデビュー、家族の反対に我を通した結婚、そして離婚。声の自信を失い紅白歌合戦を辞退した事件、巨額の借金、そのあげくの乳がんの宣告と手術—とてもとても「人生いろいろ」どころの話ではなかったことがわかる。

母との確執、長姉の自殺、弟との絶交が追い打ちをかける。ほとんど一家離散の状況だったといっていいだろう。まさにその点でも、美空ひばりと天下の不幸を二分する双璧（そうへき）であったというほかはない。それもこれも歌に賭（か）ける強烈な情熱とプライドがもたらした結果だった。

むろん本書の各所に、かの女のヒット曲の数々がなつかしく回想され、その歌声の美しい清澄な調べの特質がしみじみと語られていく。それが、読む者の心を揺するような基調低音になっている。

（山折哲雄・白鳳女子短期大学長）

（新潮社・1800円）＝1999年3月11日①配信

サリン事件を医師が証言

「緊急招集」(奥村徹著)

「災害は忘れたころにやってくる」と言われている。雲仙・普賢岳の噴火や阪神大震災、そのような自然災害でなくとも、地下鉄サリン事件のような大事件がある。地方に住んでいても、大都市に暮らしていたにしても、いつ、どこで、どんな災禍に遭遇しないとも限らない。

この本は、一九九五年三月二十日朝、オウム真理教による「地下鉄サリン事件」の発生当時、現場の近くにあったために六百四十人もの被害者を収容することになった病院にいて、あたかも野戦病院と化した院内で大奮闘した、若い救急医の記録である。

朝八時すぎ、二人のサラリーマンと一人の女性が、病院の受付に歩いてやって来た。それが事件の始まりだった。間もなく、重症患者が担ぎ込まれるようになり、「スタット・コール」(緊急招集)が発せられる。

第一章は、病院側から見た大事件の発生と救急態勢がつくられるまでの貴重な記録だが、この本はドキュメントで終わっているわけではない。第二章、第三章と続くのは、このたぐいまれな経験をもとにして、これからまた発生しかねない災害のとき、いったい何が必要か、医者の立場からの考察である。

苦しむ被害者が死んでいくのに立ち会った著者は、その後、「強迫神経症」になって、地下鉄で通勤するとき、カバンの中に「ガスマスク」を忍ばせるようになったという。

この本で強調されているのは、「PTSD」(心的外傷後ストレス症候群)に対するカウンセリングの普及である。強い不安に襲われている人たちの話をよく聞いて、それが異状ではない、と安心させる。そのケアは、被害者を救助する側にも必要という。

国や行政に、国民の命を救うという確固たる信念がない。報道機関にも災害発生時にどんな報道が有効かのノウハウがない、という指摘も考えさせられる。戦争ばかりか災害に対しても、日本人はリアルな感覚を失っていることを痛感させられた。(鎌田慧・ルポライター)

(河出書房新社・1600円)＝1999年3月11日②配信

銀行の暴走を実証的に描く

「拓銀はなぜ消滅したか」(北海道新聞社編)

一九九四年九月十四日、札幌市内の高級マンションの管理人が屋上から転落死した。カブトデコムの社長、佐藤茂が盗聴器を仕掛けられていたとして記者会見して六日後である。さらに、同月二十九日、札幌地検で佐藤茂の事件を担当する四十六歳の検事が、執務室で首つり自殺を遂げているのが発見された。

推理小説なら、身を乗り出させる導入である。しかし、これは小説ではない。

拓銀破たんに伴うこうした悲劇(もしくは惨劇)をも拾いながら、記者たちはその大きな構図を明らかにしていく。私は常々、バブルは「銀行のヤクザ化とヤクザの銀行化」を進行させたと言ってきたが、それを具体的に実証してもらった感じである。

崩壊した拓銀と、その多くを引き受けることになった北洋銀行にからんで、非常に象徴的な場面がある。今度逮捕されたテルメグループの中村揚一は最初、北洋銀行をメーンバンクとしていた。ところが、「急激な多店舗展開など、あまりに積極的な中村の経営方針に北洋側が難色を示し始め」た時、拓銀が「自ら歩み寄って」来る。そして、北洋が手を引いたテルメに拓銀が深入りしていくのである。

頭取の鈴木茂をはじめ、佐藤安彦、海道弘司という“SSKトリオ”がその推進者だった。今度逮捕された山内宏や河谷禎昌というその後の頭取は、もちろん責任は免れないが、鈴木らよりは罪が軽いと思われるだけに、SSKの責任がこれからどう追及されることになるのか注目したい。

また、“重要参考人”とも言うべき大阪のタニマチ、中岡信栄が大蔵官僚や政治家にカネをばらまき、拓銀からの融資を継続させていたことはもっともっと掘り下げなければなるまい。その一人のタカリ官僚、中島義雄は京セラに入ったが、できれば中島にもインタビューしてほしかった。

なかなか良くできたカルテだが、北海道新聞だけでなくマスコミがバブルをどう報道してきたかも検証されなければならないだろう。(佐高信・評論家)

(北海道新聞社・1500円)＝1999年3月11日③配信

迫力あふれる抗争の叙述

「政官攻防史」（金子仁洋著）

「官」と「政」、すなわち官僚制と政党との「私闘」の跡が近代日本の歴史である—本書のテーマは明快であり、叙述は一貫してこの対立を浮き彫りにしていく。

明治維新によって権力を握った藩閥官僚勢力は、天皇の権威をバックに、介入を許さぬ「超然主義」によって政党に臨む。これに対して政党は、議会での多数議席によって、その堅塁を一つ一つ切り崩して官を追い詰める。

高級官僚のポストを政党員に開放しようとする文官任用令の改正や、軍官僚の権力の源であった陸海軍大臣現役制の廃止をめぐる闘争が、官と政との間で「賽（さい）の河原」の石積みのように繰り返される。

星亨や原敬は、この闘争における政の側のすぐれた戦略家であり、リーダーであった。彼らがいよいよ官を追い詰めると、どうなるか。官は政の「金権腐敗」ぶりを宣伝し、新聞はセンセーショナルに書きたてる。国民も人ごとのように面白がり、テロリストが政のリーダーをたおす。政たたきの「無間地獄」はやまなかった。

これが政官抗争のパターン化した成り行きだった。新聞や国民は、政の勢力拡大を猟官、利権と弾劾した。が、結局それは政治的成熟が足りなかったのだというのが著者の見解である。その結果、官によって日本は奈落（ならく）の底に引きずり込まれたではないか、と。

そして戦後はどうか。自民党は政官の複合体を形成して、長期政権を維持した。それだけではなく、官公労を代表した革新勢力は、国対政治のやみ取引の陰で、これも政官複合体政治をやってのけたのだ。著者は、官僚出身の研究者であり、内側からの告発にはリアリティーがあふれている。文章にも迫力があり、並みの「通史」をしのぐ。

著者はまた、無党派層による棄権は結局、官を利することになるという。さらに、浅野史郎宮城県知事の脱政党選挙は官の側に立つものというが、評者としては、ここは疑問を呈しておきたい。（五十嵐暁郎・立教大教授）

（文春新書・700円）＝1999年3月11日④配信

タブーを破る圧倒的な力

「永遠の仔（上下）」（天童荒太著）

なぜ、作家は読者の血を凍らすような作品を書かねばならないのか。なぜ、タブーを破って“親殺し”のような素材をとりあげねばならないのか。

天童荒太は山本周五郎賞を受賞した前作の「家族狩り」で、現代でもっとも恐ろしい小説を書き、タブーを大胆に踏みこえる作家であることを示した。

三年の沈黙を破って発表したこの本は、霧につつまれた“霊峰”を一人の少女が登ってゆくところからはじまる。少女には、まるでそれを守護するように二人の少年がつき添っている。三人はアダルト・チルドレン、親の虐待を受けて心を病んだ子供たちである。

三人は少女の父親を殺そうとしているのだ。

十七年後、三人はそれぞれ看護婦、弁護士、刑事となって再会する。そしてあたかも審判のように事件が起こる。

本当に父を殺したのか、なぜ父を殺そうとしたのか、これから起こるすべてを破滅させる雷火のような事件とは何か。この作品は、現代の小説のほとんどすべてがその形式を借りているミステリーだから、これ以上は書けない。

だが、少女と少年たちが収容されている「動物園」と呼ばれる治療施設での生活と十七年後をカットバックしながら、このぶ厚い上下二冊で語られる現代の地獄めぐりの物語は、圧倒的な力で迫ってくる。それは人間がどうしてもそこから逃れられない、親子・兄弟姉妹の〈血の絆（きずな）〉という根源的なものが小説の強固な軸となっているからだ。

ここに救済はないのか。救済はないが、素晴らしく感動的な個所がいくつもある。冒頭にたちかえれば、恐怖の物語はこうした感動のシーンを産み出すために必要なのだ。

作者に三年の沈黙を強いたのは、前作にはないこの感動を描くための準備の時だったといっていいだろう。（鴨下信一・演出家）

（幻冬舎・上1800円、下1900円）＝1999年3月11日⑤配信

大人との境界を大胆に提案

「13歳論」(村瀬学著)

子どもと大人の境界があいまいな時代を生きているということは、今日だれもが感じている。何が子どもを大人にするのか、いろいろな条件を考えてみてもぴったりした答えが見つからない。そんななかで、うろうろ、ふらふらする「大人子ども」「子ども大人」が大量に発生している。それはいいことだ、いや悪いことだといった倫理的な観点からの議論が決着を見ないままに横行する。

村瀬学は、この状況にたいして、個人的な努力や発達だけが子どもを大人にするのではなく、「社会の機構」そのものがその人を「大人にする」のだ、という言い方に大胆に賭(か)けた。この大胆さは、二重の構造になっている。そう言い切ることで、これからの大人の共同性のあるべき姿を具体的に提出する必要を訴えること。その上で、その初めの節目を十三歳という一点にあえて絞ること。

なぜ十三歳にこだわるかについては、いろいろな説得の仕方をしている。その説得力のいかんは措(お)くとして、重要なことは、この主張が、既成の心理学的な発想や教育論的な発想を超えて、人類史の無意識の部分に蓄積された「自然」や「生命」への感応の様式から導いた「理念」として設定されていることだ。決めるのは私たちみんななのである。

村瀬は、社会が、十三歳を大人への「仮免許」を与える年齢として見直し、名や性や親や国籍を選びなおさせる新しい「通過儀礼」の機会とすべきことを提唱する。それは、子どもたちが「心情の世界」から「法の世界」に入門する意味を持つから、当然、大人社会そのもののイメージを新たに組み替える営みとして反映する。これはたいへん本質的な提案である。教育のシステム、親のあり方などもすべて連動せざるを得ないだろう。

十三歳周辺をめぐる「物語」論やいじめについてのユニークな切り込みなども豊富に盛られ、低い目線から広く自由に人間論的視野を取り込んだ、この著者ならではの力作である。(小浜逸郎・評論家)

(洋泉社・2400円)=1999年3月11日⑥配信

オーダーメードのだいご味

「わが家の新築奮闘記」(池内了著)

家を手に入れようと思っている人は、まずこの本を手に入れた方がいい。例えば、三十坪ばかりの土地があって、プレハブの中から選ぼうか、棟りょうにまかそうか、それとも建築士(建築家)に設計を頼んで大工さんに建ててもらおうか、とスタート地点で迷っているなら、この本を読むと方向が決まる。

人生に一度あるかどうかの一大事、展示場巡りやカタログから選ぶのはさびしいではないか。自分たちの人生設計に合わせて設計してもらい、大工さんにつくってもらうのが一番いい。家づくりはだれにとっても慣れないことで不安はつきものだが、この本を一読すると、漠とした不安は心地よい緊張と安心に変わる。

著者は日本を代表する宇宙物理学者で、このたび太陽光発電などを備えた自宅新築に挑戦した。夫人ともども体験した設計士との“お見合い”から完成の日までのプロセスが淡々と描かれているのだが、オッと思ったのは柿渋(かきしぶ)のこと。著者が通りがかりの店で柿渋を見つけ、それをベランダの木製手すりに耐水材として塗ってもらう。

「ほんのりした、しかしどこか記憶にある香りである。そういえば、柿が熟して地に落ち、それが腐ったときの匂(にお)いらしいことに気がついた。幼い頃(ころ)の匂いの記憶は、どこかに刷り込まれているのだろう」

ベランダの手すりの塗装なんて、工事の全体の中ではごくごく小さなことだが、小さくとも自分の判断が生かせるのは、やはり設計士と大工さんに頼んだからなのだ。

屋根の上の太陽発電機で起こした電気を電力会社と売買できることは知っていたが、そうとう面白いことらしい。

買うメーター(普通の家庭にもある)と売るメーターの動きを並べて眺めると、太陽の様子によって収支が刻々と変わってゆく。カンカン照ればプラス、かげればマイナスへ。私個人は美観上あれは好きではないけれど、メーターは付けてみたい。自家のエネルギー消費に著しく敏感になるそうだ。(藤森照信・東大教授)

(晶文社・1900円)=1999年3月18日①配信

殺人犯との内面的対話

「死と生きる」（池田晶子・陸田真志著）

「哲学をバカにするのが真に哲学することだ」（パスカル）というのは私の大好きなことばである。が、わが国の場合、とくに〈哲学ブーム〉になってからは、哲学〈学〉が哲学にとって代わることが多かった。そのため、哲学の本来の姿が二重の意味で分かりにくくなった。

池田晶子さんは、ソクラテス＝プラトン的な意味での、哲学の原初のかたちに立ち戻ろうとし、「帰ってきたソクラテス」（一九九四年）以来、「悪妻に訊け」「さよならソクラテス」等々、を書き続けてきた。それらを通して現代の日本の支配的な言論や知識人たちの思考の歪（ゆが）みを歯切れのいいことばで批判してきた人である。

ある日、池田さんのもとに、「新潮45」の編集部を通し、殺人犯として獄中にある陸田真志さんから、一通の手紙が届けられた。残り少ない人生にあって無性に自分を見つめたくなり、著作を読んでかねがね感じてきた池田さんに対して、忌憚（きたん）のない意見と自分をよりよく見つめるための助言を得たいという趣旨のものであった。

最初はさすがに池田さんもたじろいだ。しかし、チャレンジ精神の旺盛（おうせい）な池田さんは、これをソクラテス的な意味での〈哲学〉を実践しておのれを鍛える絶好な機会と見なし、そのような陸田さんの願いを聴き入れた。それがこの往復書簡の発端である。この本は、十三通の陸田さんからの手紙と、それに対する十通の池田さんの返信から成っている。

獄中の陸田さんはひどく不安定な立場にあり、しかも公表する文章を書き慣れていないので、ときに〈理解者〉池田さんに甘えすぎたり、ときに哲学の〈勉強〉があだになって自己を見る目や心のしなやかさを失ったりする。それに対し池田さんは相手を信頼するに値する人間と判断した上で、ときにほとんど相手と一体化して考えたり、ときに歯に衣（きぬ）を着せぬきびしさで相手をたしなめる。みごとな対応であり、貴重な「内面的対話」の記録になっている。（中村雄二郎・哲学者）

（新潮社・1500円）＝1999年3月18日②配信

国民の移動を監視する

「電子検問システムを暴く」（浜島望著）

車に乗る人なら、ちょっと気になっていたはずだ。道路をまたいで建つ鉄柱の上にカメラらしき物が仕込まれている。じっと通行する車をにらんで、夜など赤外線フラッシュなのか赤い光を発したりする。車の前席に座る者はバッチリ顔を撮られかねない。警察がやっていることだろうが一体あれは何のためなのか。単にスピード違反の取り締まりのためとは思えない。

通称Nシステムという。「自動車ナンバー自動読取システム」の略である。警察の発表では「盗難車両自動発見システム」にすぎないはずだが、いつの間にか実態は「国民移動監視システム」に変質していた。公安警察は録画した車のナンバーと顔の電子画像をため込んで、だれが何日、何時にどこを通過したか、いつでも検索できるシステムを確立していた—。

この本は国民の目から隠されたNシステムの真の狙いは何かを追及した非常な労作である。Nシステムがスタートしてすでに十三年がたっている。その間、著者は疑問を持ち続け、全国に足を運んで問題意識を同じくする仲間とネットも組み、全国四百カ所に設置されたNシステムをしらみつぶしに見て回った。

設置個所周辺にはどのような施設があるのか。米軍、自衛隊の基地や原発、飛行場などがあるわけだが、文字通り状況証拠を山積みにして、Nシステムの本質が国民支配のための監視網にあることを浮き彫りにしていく。

折しも国会ではガイドライン法案の審議が始まった。別名「戦争法案」の呼称が本質を射抜いていると思うが、国が二十一世紀をにらんで軍事的な胎動を始めた今、著者の持つ問題意識と執拗（しつよう）な取材法はきわめて示唆的である。

欲を言えば、Nシステムのメカについて一般的な技術情報がいま少しあれば、さらに説得的だったろう。オーウェル「1984年」の現代版だけに、読者としては管理する側が情報をどう検索にかけるか、仕掛けを知りたいところである。（溝口敦・ノンフィクション作家）

（技術と人間・2500円）＝1999年3月18日③配信

都市の日常から紡ぐ物語

「図鑑少年」(大竹昭子著)

写真と文章による都市の定点観測を繰り返してきた著者が、二十四枚撮りフィルムの機動性をもって、しかしどこまでも繊細に世界を映し出した掌篇(しょうへん)小説風エッセー。街全体が孤独の膜に包まれていくときのかすかな音をとらえる鋭い聴覚と、見えない画像を読み取る曇りのない視覚が際立つ一書だ。

子供時代の思い出を交えながら、いくつもの偶然が織りなす出会いの時空を横切る「私」は、しずかに方位を変えていかなる状況にも敏感に反応し、絶えず更新される「いま」がばらけてしまわないよう、丁寧な言葉のレンズでそれを束ねてゆく。

ファクスの送り間違いがもたらした、未知の外国人との沈黙を絞り出すような電話での会話。同姓の女の人に誤配された郷里の母からの荷物と、転送されてきた箱のなかの見慣れぬナイフ。

図鑑ばかり集めていた少年の思い出と二十年後の訃報(ふほう)をつなぐ鉛筆の、遺骨を連想させる乾いた音。川に落ちたサッカーボールを汚水にまみれながら必死で拾いあげようとする母親の、日本語ではない言葉のたくましさ。ニューヨークのアパートに住んでいたころ、友人から聞いたという、上階の靴音をめぐるO・ヘンリー風のエピソード。目隠し用にベランダを覆った白いシーツが、どこかで見えない糸を引く旧友との再会。

予想もできない展開のなかで、語り手は周囲の人間や事物を冷静に見つめ、都市という限定された湾内を漂流するブイのように揺れながら、その時々の潮に乗って物語を紡いでゆく。

しかしこの「私」は、さまざまな邂逅(かいこう)の中心であると同時に、それらの出来事の連鎖によってしか存在し得ないホログラフィーでもあるのだ。

切り取られた風景に、伸ばした手がすり抜けてしまうようなはかない三次元の立体像が浮かびあがった瞬間、「私」も読者も、東京という街の言い知れぬさみしさと、不思議なぬくもりに触れるだろう。(堀江敏幸・明治大講師)

(小学館・1700円)=1999年3月18日④配信

文芸的ねらいと面白さ合致

「後日の話」(河野多恵子著)

「面白かった?」「面白かった!」。文芸誌にこの小説が出た時、こんな電話のやりとりが飛び交った。最近、文芸作品で面白いという感想が真っ先に出るのは珍しい。

思えばこれまで私たちは小説読み人口の扉を、われとわが手で閉ざしてきた趣がある。きっと私もその一人だ。文芸的ねらいと、面白さは、合致しにくい運命にある。

「後日の話」はだれもがあきらめていたその二つの重要な要素を、何とも見事に合体させた小説である。いや、むしろ、作者の創作意図は合体という困難への挑戦に、的が絞られていたに違いない。

まず本のページをひらくと、冒頭に短い前置きの文章が書かれている。

―十七世紀のトスカーナ地方のさる小都市国家で、結婚生活二年にして、思いもかけぬ出来事から処刑されることになった夫に、最後の別れで鼻を噛み切られ、その後を人々の口の端にのぼりながら生きた、一女性についての話である―

これは鼻の物語だ。鼻は顔面の中央に隆起して容ぼうを決定づけ、また生殖と精力のシンボルとなって、一抹のおかしみを持つ。そんな鼻という題材に、女主人公を選んだ作者の思惑がある。

私は前書きだけで、作品の成功を予感した。作家が今どき外国物の、それも何百年も前の話を書く以上、よほどの意図があったはずだ。しかも、前置きは作中でそれ以上の期待にこたえねばならない。

果たして期待は十分にこたえられた。何事であれ事件の「当日」は衝撃に満ちている。それを引き継ぐ「後日」が、小説では質量を落とさず鮮やかに描かれて、なまなましい。

娘時代から何かと人の口にのぼる蠱惑(こわく)的な美ぼうの女。結婚後、若い夫の刹那(せつな)の愛のほとばしりで、不本意な余生を送ることになった主人公の欠けた鼻から、十七世紀の蝋燭(ろうそく)の火明かりがともり、トスカーナ地方のにぎわいと、皮相な事件の終始が浮かび上がる。(村田喜代子・作家)

(文芸春秋・1905円)=1999年3月18日⑤配信

文学主義から解き放つ視点

「坪内稔典の俳句の授業」(坪内稔典著)

国語の授業で教えられる俳句とはおおむね退屈なもので、いま俳句をやっている人たちに聞いても、これを契機に俳句が大好きになったという人はまずない。だが、本書にあるような坪内稔典先生の授業を受けたら、もしかしたらだれでも俳句が好きになってしまいそうである。

たとえ子供であろうと俳句入門は大人と同じで、例えば句会とか鍛錬会とかにまぎれこんで大人のまねをしたり、背伸びをしたりして少しずつ会得してゆくのが一般的な俳句修業だと心得ている私など、俳句を教室で教えるということにまずびっくりする。

それも「俳句は感動から出発する表現ではありません」「俳句とは表現して感動を探すものです」というのが先生の第一声である。教材として取り上げられる句は芭蕉とか虚子とかではなく、先生の自作〈三月の甘納豆のうふふふふ〉〈たんぽぽのぽぽのあたりが火事ですよ〉や、教室の生徒たちの作品なので、だれもが、これなら自分にもできそうだと思ってしまう。そう思わせたところで、この授業は八割方成功だと言えそうである。

飯田龍太、森澄雄、金子兜太など、現代の俳人の作品世界を述べた「現代俳句の世界」も、スタンダードな作家論でわかりやすい。俳句が、教育の現場でどのように扱われているかがよくわかる。本書に一貫しているのは、俳句の言葉を大層なものとした固定観念や、文学主義から解き放って、もっと「言葉遊び」のレベルで楽しもうという著者の俳句観である。実際、私たちの口をついて出る古今の佳句はおのずと大仰な堅苦しさから解放されており、いずれもさりげない。生来的にそうしたセンスをもったものでなければ、俳句定型を表現の手だてとして選びはしなかったろう。

かしこまった俳論ではなく、平明な例えや話題を引いて、あくまでも俳句を楽しい詩ととらえた視点が生き生きしている。(宇多喜代子・俳人)

(黎明書房・1700円)=1999年3月18日⑥配信

大衆文化ささえた英雄

「フーディーニ!!!」(ケネス・シルバーマン著、高井宏子ほか訳)

ひとりの若い奇術師が、四百人の警官たちのみまもるなかで、四つの手錠と二つの足かせから見事に抜けだしてみせた。ちょうど百年前、一八九九年のサンフランシスコ。ハンガリー生まれの移民ユダヤ人、ハリー・フーディーニの脱出伝説のはじまりだ。

私は子どものころ、やはりユダヤ系の美男俳優、トニー・カーティスが主演した伝記映画で、はじめてフーディーニの名をおぼえた。

といっても、よくある「脱出マジック」の元祖(正確にはちがうのだが)という程度の知識しかないままに、今度、この大著を読んで、かれが二十世紀初頭のアメリカにおいて、チャプリンやベーブ・ルースと肩を並べる文化英雄のひとりだったという事実を知った。

その自己顕示欲のしつこさ、金にあかせた奇術文献の収集(いまはアメリカ議会図書館におさめられている)などをもふくめて、いやはや、なんともすさまじい男だったらしい。

もう一つ、びっくりさせられたのが奇術と心霊主義との切っても切れない関係の深さである。フーディーニ自身、最初のうちは田舎まわりの心霊術師として生計をたてていたらしい。いわばかれはユリ・ゲラーのご先祖だったのである。

しかし、タネもシカケもある脱出術のプロに出世したことで、うさんくさい世界と手を切り、以後は、みずからを健全な知的市民として社会にみとめさせようと懸命に生きつづける。

その熱意のあまり、ついに反心霊主義十字軍の親玉と化したフーディーニと、シャーロック・ホームズを捨てて心霊主義の布教家となったコナン・ドイル卿との、虚々実々の闘争の記録が本書の後半を占める。

二十世紀の大衆文化の途方もない明るさを、なにか暗いものが底からささえていた。きっと二十一世紀もそうなんだろうな。(津野海太郎・「本とコンピュータ」編集長)

(アスペクト・3500円)=1999年3月25日①配信

SFとフェミニズムの共振

「男たちの知らない女」（マーリーン・S・バー著、小谷真理ほか訳）

恐ろしい未来社会図や、現実社会の矛盾が解決されたユートピアを描くサイエンス・フィクションは、その方法がリアリズムを逸脱したファンタジーに依拠しているために、純文学からはずれた亜流文学、また文化の主流ではなく周縁を形づくる表現として位置付けられてきた。しかし、それだからこそ、フェミニストにとっては、新しい性差や生殖、男と女の在り方などを模索する格好のジャンルともなってきた。

つい最近までは女性の入り込めないジャンルだったSFは、いまやマージ・ピアシー、ジョアナ・ラスをはじめとする多くの作家がフェミニズム思想の先端を切り開く実験の場となっている。リアリズム文学が現実の性差文化の構造に縛られている間に、フェミニストSFは未知の性差領域を、両性具有からエイリアンの世界まで、大胆な実験的言語と空想空間の中に展開してきたのである。

本書は、SFとフェミニズムの、その幸運な出会いの必然性を論じるのだが、この論評の狙いはさらに、SFを利用して展開してきたフェミニズム思想と想像力を、ポストモダンやポスト・コロニアル文学と共有する広い表象の場に連れ出して、互いの類似性と共通性のなかで批評する空間をつくり出すことにある。

そこではハーマン・メルヴィルからサルマン・ラシュディ、ソウル・ベローから村上春樹までが、抑圧と略奪、暴力と支配によってゆがめられてきた人種や性に苦悩し、性差や人種の混合、異文化への越境と未知の関係を思索する想像力をフェミニストと共有していることが、鋭い批評の目で明らかにされている。

周縁化されてきた人種や民族、そして被植民地の男たちの性と存在が、フェミニズムとともに論じられる新しい批評空間の設定は刺激的で、女性のエイリアン性や沈黙させられた思春期、生殖とテクノロジーなど、フェミニズムの課題が広い文学表現の場で思索される本格的な文学批評となっている。（水田宗子・城西国際大学長）

（勁草書房・4200円）＝1999年3月25日②配信

心の全体像に迫る野心作

「〈意識〉とは何だろうか」（下條信輔著）

冒険の書であり、自省の書である。

自省の書というわけは、認知科学の最先端に従事する著者が、高度に専門化され細分化された科学の現状に危機感を抱き、科学的知見を総動員して人間の心の全体像を明らかにし、その上で、現代社会の問題に切り込む必要性を強く自覚しているからである。

そこにはまた、脳を環境から孤立させて研究する、従来の認知科学の方法に対する反省も示される。

冒険の書であるゆえんも、そこから直結してくる。心、すなわち意識と無意識の全体像を描くためには、脳生理学や認知神経学にとどまらず、哲学的考察にまで踏み込まねばならない。なぜなら、脳とは、身体や環境とのつながりを抜きにしては、その機能が理解されえないものだからである。その具体相を詳述するところに、本書の意図がある。

自己意識の発生は他者からの促しによるという論点や、刺激反応図式による脳研究では、人間の「能動性」「主体性」は雲散霧消せざるをえないという指摘などに、そうした著者の姿勢は明りょうである。だからといって、実証を無視した思弁に走るわけではなく、科学的精神の順守の重要性も強調される。

知覚や認知における「錯誤」の規則性を起点として、脳の働きの具体的内実を形成する「来歴」を問い、「自由意志」の可能性を論じ、意識と無意識の境界のあいまいさへと説き進められる本書は、内容盛りだくさんで、素人には少々雑然とした印象も残る。

しかし、脳―身体―環境の連続性を主要テーゼとする本書は、認知科学の最新成果を踏まえつつ、科学的思考の新たなパラダイムを提起しようとする、まぎれもない野心作である。

特に、その主要テーゼが、最終章において、最近の医薬がもたらす倫理問題の根は自然と人工の区別の困難に、つまり両者の連続性にある―という形で再出現するにいたって、その感を強くする。一読をお薦めしたい。（須藤訓任・大谷大助教授）

（講談社現代新書・680円）＝1999年3月25日③配信

歴史をふまえた知性とは

「20世紀との訣別」(蓮實重彦、山内昌之著)

この世紀末、私たちは何を考え、何をなすべきか。

かつて大江健三郎氏は、こういう悲劇的な世界でどう主体的に責任をとり、どう奮闘するかだ、と述べた。本書の対談者の一人、蓮實重彦氏は、どう二十世紀を肯定するかだ、と言う。

蓮實氏の言う「肯定」とは、「戦争肯定論者たちの季節はずれの合唱」との唱和ではない。そうではなく、ニヒリズムを拒絶し、そのために「現在という瞬間への好奇心」を高めることなのだ。

本書はこの蓮實氏と、歴史学者・山内昌之氏との対談をまとめたものである。「肯定の文脈をつくる」ことが基調である点において、対論はあらかじめ単なる「訣別(けつべつ)」を超えている。むしろ、不承不承ではなしに二十一世紀を迎えることこそがその眼目であろう。そのために歴史を踏まえた知性をどうはぐくむか、それが両者の関心事である。

論題はフランスの歴史学や文学、中国史、日本史や日本文学、世界の映画事情、はては日米安保にまで及ぶ。対談者たちの博学ぶりには脱帽するほかない。むろん、なれ合いの対談などではなく、明らかに両者の思考には違いがある。というより、対談の終盤、特に日米安保や戦後民主主義といった論点を発端として、両者の違いが急速に鮮明になっていくことに注意すべきだろう。その点こそが本書の醍醐味(だいごみ)なのだ。

両氏は喜ばないかもしれないが、こうして充実した対談を読んでいると、林達夫氏と久野収氏によるこの分野の傑作、「思想のドラマトゥルギー」を思い浮かべてしまう。もっとも、この大先達たちの座談のほうが非論文的であり、予習のあとを感じさせず、その分だけ闊達(かったつ)な談論風発の趣が強かった。

そこにかもし出されていた寛容や笑いや余裕は、「肯定の文脈」をつくるうえでも、「憎悪の哲学」を忌避する(山内氏)うえでも、本質的な要素であろう。この上質な本には、それが無いよりあるほうが似合う。(最上敏樹・国際基督教大教授)

(岩波書店・2200円)＝1999年3月25日④配信

自分という鏡像への愛憎

「家族」(南木佳士著)

「家族」「井戸の神様」「風鐸」「さとうきび畑」の四編が収録された短編集である。「家族」と「さとうきび畑」がやや長く、中編程度で、表題作以降すべてが信州の総合病院の勤務医で、小説家でもあるという主人公(語り手)となっており、それは著者自身の立場とも重なるもので、「私小説」という見方も成立するかもしれない。

しかし、「家族」は、そうした主人公だけではなく、医者兼作家という人物の姉や妻や義母、そして死にかけている彼の父親などの一人称によるそれぞれの「語り」であり、互いに矛盾したり、相互に食い違う「証言」によって浮かび出されるのは、主人公の人物に対する容赦のない批判や性格解剖といえるものだ。

そして、それはまた、親子や夫婦や姉弟といった「家族」や「血族」の絆(きずな)が、現代の平均的な家族においてどんな危うい状況にあるかということを、それぞれの成員の内面の「語り」によって表現してみせたものといえるだろう。

寝たきり老人を介護し、その最期をみとるということがどんなに大変かは、いまさら強調しても始まらないが、その「介護」という事実を中心に、「家族」たちの思いは、同床異夢といっていいほど乖離(かいり)しているのだ。しかし、そうした乖離があっても(あるからこそ)「家族」というものの紐帯(ちゅうたい)がそこで結ばれているという逆説的な現象がある。

要介護の老父を自分の家に引き取り、身辺の世話を行うということは、義務でも打算でもなく、冷酷さにも似た愛憎二つの交じりあったものといわざるをえない。家族愛や家庭の倫理や道徳的規範が壊れてしまったといわれるようになってから久しい。しかし、「家族間」の愛憎は、自分という鏡像に対する愛憎でもあるだろう。これらの短編の中から、そうした愛と憎しみのドラマを感じる。(川村湊・文芸評論家)

(文芸春秋・1333円)＝1999年3月25日⑤配信

障害者の青春すがすがしく

「スパークリング」（彩永真司著）

ぼくは青春小説とはビルドゥングス・ロマン（教養小説）であると思っている。主人公がさまざまな経験を経て、精神的にオトナに成長していく。いわば再生と復活の物語だ。

その意味で、本書はすがすがしい青春小説の佳作である。おそらくほとんど著者の体験に基づく自伝的小説なのだろうが、交通事故にあって、突然に障害者になってしまった主人公の悲しみや将来への不安などの心の揺れが、気負わず淡々とした筆致で書かれている。

主人公はリハビリ病棟の同室者で、同じような障害を持った若者たちと暮らす。彼ら若者たちの、健常者とまったく変わらない青春の鬱屈（うっくつ）とエネルギーの爆発を、著者は同じ立場にいる人間の目線で温かく描いている。

主人公は、そこで職業リハビリセンターに通う、生まれつき障害者だった一人の少年に出会う。少年は障害者であることを少しも負い目に持たず、車椅子（いす）を自在に操り、つむじ風のように走り回っている。

その少年と知り合い、少年の希望に満ちた生き方に触れて、主人公は自分が持っていた障害者への憐（あわ）れみの視点の誤りに気が付かされる。主人公はそこで一人の人間として立ち直り、自らも障害者であることを正面から見据えて、再出発していこうと決意する。

正直にいって、ぼく自身も、主人公のように、障害者たちに対して、知らず知らずのうちに、気の毒な障害者という憐愍（れんびん）の目で見ていたのに違いない。本書を読みながら、そのことに、ぼくは気が付かされた。

本書は、日ごろわれわれが気付かない障害者の視点から描かれた、非常に良質な青春小説である。

著者が彼ら障害者の若者たちの心の鬱屈や欲望を、温かいが冷静な目で、あまり感情的にならず、素直に物語っている点が小説を成功させている。（森詠・作家）

（集英社・1300円）＝1999年3月25日⑥配信

夢求めた女たちの存在感

「昭和不良伝」（斎藤憐著）

なんと魅力的な女たちだろうか。本書は戦前の昭和期に安定した居場所をぽーんと飛び出し、新たな場を目指した五人の女たちの列伝である。

新橋の芸者から作家永井荷風の妻となるも結局は家を出て、日本舞踊の革新をはかる道を選んだ藤蔭静枝。「お嬢さま」の場から自由に憧（あこが）れ渡米した石垣綾子。デカダンな詩人金子光晴とパリで「この世の修羅場」を体験した森三千代。日本初の流行歌手となりながら、人気の絶頂期に歌謡曲を捨てイタリアに留学した佐藤千夜子。人気女優の道を捨て杉本良吉とともにソビエトに亡命した岡田嘉子。

五人の女性の「自分の力で金と男を手に入れ、一つの夢のためには、せっかく獲得したそれらを気前よく捨て去り、築き上げた自分から越境」していく存在感は圧倒的である。もちろんそれは並大抵のことではない。

静枝の結婚制度と家元制度との闘い。綾子の「自由の国であるはずのアメリカ」の人種偏見に対抗する行動。三千代の自分の人生を切りひらくための文字通り体を張った闘い。夢を追って転落していった千夜子にも、著者の親愛のまなざしは向けられている。

ドキュメンタリー制作で岡田嘉子と親交のあった著者に、彼女の死後に判明した収容所での新たな事実は凄絶（せいぜつ）である。

「働く者たちの国」を夢見てサハリンの国境を自分の足で越えて亡命者となった岡田嘉子が最後まで語らなかった「事実」を見極めようとする著者の文章は重く鮮烈だ。

彼女たちとかかわった男たちも畏敬（いけい）の念を持って描かれ、かたや「男の不良伝」にもなっている。

五人の足跡を通して浮かび上がってくるのは、西欧の文化や思想の受容によって変容を遂げてきた二十世紀の日本の姿である。資本主義と社会主義の拮抗（きっこう）した二十世紀の歴史をこのように語ることもできるのかと、目をひらかれる思いがした。読みごたえのある一冊である。（与那覇恵子・東洋英和女学院大助教授）

（岩波書店・1800円）＝1999年4月1日①配信

死もまた人の絆

「告知」（熊沢健一著）

夫婦の間に別れがあるのはつらいことだ。長年どんなに寄り添って暮らしてきても、死んでいくときはひとり、ひとり。いっそあの遠い昔の、あんなに幸福だった結婚の誓いの日のように、ふたり並んで一緒に死んでいけたらどんなに良いだろうと思っても、そうはいかない。そうはいかない関係の中で、共に永遠を信じて生きていくのが夫婦。送る側と送られる側との間で、お互いの運命を知り、愛の形をつくっていくのが夫婦だ。

「末期癌（がん）患者にその家族がどう対応したら良いのか」と著者は言う。「思い悩んでいる家族を私は何人も見てきました。その人たちに私の気持ちを伝えたい、私たち家族の別れを伝えたい。それは癌専門医としての使命のように思われました。生前、そのことを妻に伝えたところ、『あなたが役立てようと言うのならモデルになってもいいわ』と快諾してくれました」

しかしこれは「あとがき」の中の一文である。妻を見送り、いくつかの心の整理も済ませ、自らが癌専門医であり妻の主治医であり、しかも妻を愛するひとりの夫であったという立場から、この書物を草する役割を自覚していった、ある静けさの中にある言葉である。

それに対して本文の方は、ある日突然、妻が余命三カ月の末期癌であると知った夫の錯乱、怒り、絶望、悲嘆。そしてその妻とこれからどう生きていくか、あるいはこの妻と生きてきた日々の意味は？

さらにはふたりの間に生まれた子どもたちは。妻の血族である老いた両親や兄弟は。そういう大切なことを妻と一緒に考えよう。妻にもきっちり考えさせてあげよう。

告知とは知の領域だ。そして知らせたくないのはひとの情だろう。その知と情とがせめぎ合って、人間としての幸福をまさぐっていく。「私はかぐや姫」と妻は言う。別れのときを知っていたから、愛するひとたちにきちんと「さようなら」を言えました。ありがとう。…死もまた、ひとつの絆（きずな）なのだ。妻は天国に、いまも生きている。（大林宣彦・映画監督）

（マガジンハウス・1500円）＝1999年4月1日②配信

風景から読む近代の物語

「瀬戸内海の発見」（西田正憲著）

おだやかな春の瀬戸内海を行く船のデッキに立つ。みかん畑や樹林のあやなす島じまが現れては、背後に消えていく。とおく山の緑にかすむ桜の開花に、快く気分がなごむ。

だが、わずか二百年前の日本人が同じ気分に浸ったかどうか。彼らが心を奪われたのは「万葉集」以来の歌まくら、「源氏物語」の舞台の須磨・明石など、由緒因縁・故事来歴に彩られた名所旧跡の「意味のある風景」でしかなかった。

しかも、その少し前まで日本に「瀬戸内海はなかった」。むろん地殻変動のせいではない。「瀬戸内海」は播磨灘など「複数の灘の集まり」ととらえられていたからである。

それが近世から近代に劇的に変化する。写実・観察・記録など、合理精神の影響で「意味はなくとも目で見て美しい風景」が、日本人自身の目で「発見」されていく。さらに明治時代には、そこに地理学はじめ、西洋近代科学の影響が重なる。こうして「内海の多島海」である瀬戸内海の全体が、エーゲ海をもしのぐ普遍的な美しさに恵まれた「風景として発見」される。

それは、欧米に追いつくことをめざした当時のナショナリズムに結びつく。「日本には、欧米よりも美しい風景がある。そこに外国人観光客が来れば外貨が稼げもする。ならば瀬戸内海を国立公園に」—昭和九年のことであった。

ただ「普遍的な空間」となった瀬戸内海は、そのために高度成長期に近代的工業化の大波をかぶり、環境汚染や景観破壊にさらされる。そのはての瀬戸内海を次代につなぐには、場所ごとに特有の「風土性」をあらためて思いだす必要があろうと著者は問いかける。

それは、ときに疲れを催しかねないち密な論文を読みおえて、なお「気分がなごむ」まれな経験であった。本書が、瀬戸内海への慈しみを込めて、著者の人生と混然一体となったその来し方行く末を、風景という風穴から、近代という時代の「壮大な物語」として描きだしているからである。（高田公理・武庫川女子大教授）

（中公新書・820円）＝1999年4月1日③配信

市場破綻を防ぐ仕組みとは

「反経済学」(金子勝著)

題からすると、ポスト・モダンな飛んでいる内容を想像するが、中身は堅実である。題だけにひかれて本書を手にすると、戸惑うことになる。

著者はここ一年間ほど、政府や経済戦略会議の方針への批判者として、しばしばメディアに登場している。いままさに旬な経済学者のひとりなのである。その著者が、一九九六年から最近まで雑誌や新聞に書いてきたエッセーをまとめたのが本書である。

全体は三部からなっている。第一部では、政府の財政構造改革法を批判し、財政学者としての著者の政策を提言している。エッセー集ということもあって、のっけから財政の専門用語がならび、準備なしに題だけで本書を手にした読者は、早速ここで苦しむ。

第二部と第三部で従来の経済学を批判する。第二部でマルクス経済学をとりあげる。講座派、宇野派、市民社会派と、日本のマルクス経済学は層の厚さを誇ってきたが、その活躍が期待される混迷の現代で、いずれの学派も現状分析の道具を見失っている、と著者は指摘する。

第三部で現代の主流である新古典派の経済学を批判する。市場が資源を最適に配分するという原理に基づくこの経済学は、貧弱な人間観と単純な社会観にのっかってしまっている。さらには複雑系経済学も批判の対象にしている。

こうして著者は徹底的に批判経済学を展開するが、その立場は鮮明である。資本主義という経済体制は、労働、土地、資本を市場化することで成立するが、同時にそれらは市場化になじまない本性を持っている。

そのために市場の破綻(はたん)を防ぐ仕組みとして、社会保障制度、都市計画、預金保険機構など、さまざまなセーフティーネットが不可欠になる。いま必要なのは規制緩和といっそうの市場化でなくて、セーフティーネットの張り替えである。

本書全体を通して、この主張がくり返される。しかしそれはまだ、いくぶん抽象的である。セーフティーネットの理論の具体化を期待したい。(西山賢一・埼玉大教授)

(新書館・2400円)=1999年4月1日④配信

虚実の交錯する現在映す

「あ·だ·る·と」(高橋源一郎著)

人々がアダルトビデオに求めるものは、「本物」なのか、「本物っぽさ」なのか。

一般的には「女子高校生もの」を消費するユーザーは、その作品に「本物の女子高校生」の登場を求めていると考えるのが妥当だろう。

しかし、いまどきのユーザーには、AVに登場する「女子高校生」のすべてが「本物」ではなく、ほとんどが「本物っぽい女子高校生」であることくらい周知の事実だ。そのことが織り込み済みで「女子高校生もの」が消費されている、としたら、すでに「本物の女子高校生」の向こう側に、それとは異なる「女子高校生」への欲望が胚胎(はいたい)してるとは言えまいか。

高橋源一郎の描くAVの世界は、作り手にとっても消費者にとっても、「本物」と「本物っぽさ」、あるいは虚と実が交錯する地点である。

「レイプもの」の作品を撮ろうとして、「本物のレイプ犯」を連れてきて使う製作者。「女優」には事前にそれを伝え、「撮影の時にはちゃんと本気で抵抗するように指示も出して」おく。

製作者いわく「だから一応抵抗もしてるんですが、そもそもこれがビデオの撮影なのかそうじゃないのかわからないんで反応が変…」。結局、「女優」は「レイプ犯」に“中出し”されてしまうが、製作者が後で「迫力のあるシーンを撮りたかったんで、黙ってたんだ。おかげで、すごく良かった。最高」とフォローすると、彼女は機嫌を直す…。

作り物でありながら、本番という「真実」が可能にならないと成り立たないAVという営為の本質が、「本当の自分」を、個々の生のどの断片に設定すればよいのか定かでなくなった現在という時代を、まさに象徴する。

そして、この小説もまた、純文学の作家が描いた小説が「あ・だ・る・と」か、アダルトを描いた純文学がこれなのかの循環の中にある。高橋源一郎という監督兼男優による、この虚実の間の自作自演こそが、現在という状況の構造を映し出している。(伏見憲明・評論家)

(主婦と生活社・1500円)=1999年4月1日⑤配信

深い余韻残す短編集

「巡礼者たち」（エリザベス・ギルバート著・岩本正恵訳）

明日はもう少し広い場所へ、いつかはきっといまよりましなところへ。しかし、生の不条理は、人を同じ場所で足踏みさせたり、ときに大きな失意を味わわせたりする。そんな中でも出会いはあり、喜びと希望がつかの間の光のように差し込んでくる。

この短編集は、そうした生の不条理の中に浮き沈みする喜びと悲しみ、出会いの驚きや容赦なくめぐる歳月、あるいは、それぞれの人が生きる場所で繰り広げられるやさしくも切ない関係を切り取った物語集である。

一編一編が、極めて巧緻（こうち）な、きらきら輝くような細部によって織り上げられ、上質な風景画を見たときのように胸に焼き付けられる。描かれている人々の、なんと生き生きしていることか。

ワイオミングの牧場にふらりと現れた女カウボーイと、そこで働く若者との淡い心の触れ合いを描いた表題作。森の生き物の声に耳を澄ましながら暮らしてきた家族の心が、新しくやってきた隣人のぶしつけな行為で傷つく瞬間を描いた「エルクの言葉」。

十五歳の少年に芽生えた恋が、相手の少女の中に善意とやさしさを伴ってしみこんでいく経緯を音楽的文体で描きだした「デニー・ブラウン（十五歳）の知らなかったこと」。場末のナイトクラブの踊り子に心を奪われた男の、純粋で無垢（むく）な思いが印象的な「花の名前と女の子の名前」など、おさめられている十二編のどれもが小さな宝石のようだ。

みな短い物語なのに（しかも処女作品集！）、それぞれが深い余韻を残すのは、作者の人間を見る目が、深いところに届いていることと、人の聖性を信じる疑いのない姿勢のせいだろう。

選ばれている場所の多くが、都会から離れた辺境であることもまたこの短編集の特質だが、そこに流れる無名の人々のつつましい生の時間の豊かさ！　一編読んで余韻にひたり、また一編読んで余韻を味わう。こんなぜいたくな短編集を読んだのは、久しぶりだった。（稲葉真弓・作家）

（新潮クレスト・ブックス・2000円）＝1999年4月1日⑥配信

人と自然の未来を考える

「動物園にできること」（川端裕人著）

幼い日の休日、両親と動物園を訪れ、大きなゾウや恐ろしいライオン、愛きょうのあるチンパンジーなどの姿に夢中になった思い出をもつ人は多いだろう。動物園はわれわれにとって親しみ深い場所だ。しかし今、その動物園が大きく変わろうとしていることに、どれだけの日本人が気付いているだろうか。

本書は、変わりつつある動物園の現状と未来への展望を、先進地である米国の動物園を徹底取材することによって描き出したものである。

動物園のクマなどの異常行動に心を痛める著者は、人間が野生動物を飼う行為、つまり動物園の存在は本当に正当化できるのか？　という疑問を胸に米国に渡る。そして三十五カ所もの動物園を訪れ、百二十人以上の人々と対話しながら、自らの動物園に対する複雑な感情を整理していく。

著者が見たのは、動物福祉団体や環境保護団体の圧力によって、動物を見せ物にする単なる娯楽施設から、環境教育と野生生物保護のための活動中心へと急速に生まれ変わった動物園の姿だった。

そこでは、本来の生息環境を再現する大規模な展示や、動物の精神的健康を改善する試み、動物園を「種の方舟（はこぶね）」に見立て、ハイテクを駆使して希少生物種を絶滅から救おうとする種の保存計画、生息環境の保護活動までが、専門家集団によって精力的に進められていた。

その現状は、日本人の動物園に対するイメージをはるかに超えるものだ。著者は詳細な現場取材によって、これらの活動がどの程度環境保護に貢献し、動物園の存在を正当化するものなのか、その可能性と限界を検証していく。

動物園の正当性について明確な答えは出されていない。けれども、本来の生息環境が寸断され、人間の介入無しには存続困難な野生生物が増えている現在は、世界が巨大動物園化しつつある時代である、という著者の指摘は重要である。つまり動物園の在り方を考えることは、これからの人間と自然との関係を考えることなのだ。（幸島司郎・東工大助教授）

（文芸春秋・1619円）＝1999年4月8日①配信

患者支援に歩いた青春日記

「水俣巡礼」（岩瀬政夫著）

今ごろ、こんな奇跡的な記録というか、全共闘世代の学生がひとり巡礼旅姿で東北地方、北海道の東部まで歩いたという、当時のナマの記録である。水俣研究者、歴史家ですら知る人はまれな、当時の北日本各地の運動の記録である。訪ね先は労組、教組、市民団体。そこでの混迷ぶりが今は懐かしく想像される。

何せ白装束である。駅のベンチの老人たちには目でもの言われるという経験などの私的ノート。そして一生を伊豆大島の夜間高校教師で送り、定年近くになって限られた仲間に見せたのが縁で本になるというのも異色ではないか。

有名な水俣巡礼の創案者は俳優の故砂田明であることは知られた話だ。その影の話でもある。もし一九七〇年代の私の映画「水俣」などをご覧になっていれば、患者と支援の原風景といわれる初の交流シーンで、学生巡礼を代表してカンパ報告をするのが彼。

おえつと涙で総額まで語り終えるのがやっとという、あの青年のナマ日記というだけで、水俣あるいは三里塚の、あの時代へ思いをはせる人が万といよう。東京から万博会場前、ヒロシマと喜捨を求めている一行の目撃者も少なくないはずだ。「水俣」の文字がエリにあり、それだけで一瞬にして民衆に理解された。

その透けた袋に、アルミ貨から千円札、そしてアメリカのセント貨まで。当時の患者には全く想像の域を超えた。ただ黙然と、めい想するようにすら私には見えた。この三十年、世界で映画を見たひとびとの反響も「理解できる」ものだった。その主人公が今の著者なのである。

俳優砂田明でさえ自作の詩をトチり、おえつし、叫び、役者かナマ身か名状しがたかった。一方、患者はみな打ち合わせたかのようにシーンと静かだった。お金が聖（ひじり）のように見えたのだ。患者は後々まで語りぐさにし、今も鮮明に記憶している。支援の原点が巡礼であり、その感動を胸にした放浪記だが、社会観察も独特である。半世紀に一冊の青春日記かもしれない、と私には思える。（土本典昭・記録映画作家）

（現代書館・2800円）＝1999年4月8日②配信

先端技術と医の仁術

「脳外科の話」（神保実著）

頭を剃（そ）りあげ、消毒をする。馬てい形にメスを入れる。頭皮の厚さは、ほぼ一センチ。これを反転する。露出した頭蓋（ずがい）骨に、ドリルでいくつか穴をあける。穴と穴の間をノコギリで切り、骨をこじあける。硬膜がのぞく。硬膜の下がくも膜である。ここからは顕微鏡を使いつつ患部をめざす。

著者がしるす脳外科の手術の手順の、要約である。書き写していると、気分が悪くなってきた。そもそも、脳の病気ときいただけで、絶望的に気がめいるのだ。脳梗塞（こうそく）。くも膜下出血。脳腫瘍（しゅよう）。家族にそんな病人が出る事態など、想像したくもない。

しかし、著者のような脳外科医なら、ノコギリだろうとノミだろうと、入れられてもいいかと思う。説明がていねいで、わかりやすい。硬い頭蓋骨に保護された脳を、電車と乗客にたとえていっている。

くも膜下出血は、電車に一度に乗客を詰め込むようなものだ。パニックが起きる。対応のいとまもなく、脳圧は限界をこえ、脳は壊れる。一方、脳腫瘍は各駅停車で乗客をのせるようなものだ。脳圧の上昇はゆるやかで、異常に気づくのも遅れがちになると。

なにより哲学がある。まだ破裂していない動脈瘤（りゅう）を手術するのは、気がすすまないと明言している。「将来起こるかもしれない出血の根を断つことは悪いことではない。しかし、それはうまくいった場合である」と。

動脈瘤の出血の危険率は、三％以下だ。そうであれば、「手術による死亡および後遺症の危険率は、ゼロパーセントでなくてはならない」と。

こんなくだりが、随所に読みとれる。インフォームド・コンセントというが、著者となら、それがうまくいきそうな気がする。

仁術としての医が、ドリルやノコギリを駆使する、一見野蛮にもみえる脳外科の、先端技術からみえてくる。そこがおもしろい。（倉本四郎・作家）

（ちくま新書・660円）＝1999年4月8日③配信

国家を超えた精神の軌跡

「十字架とダビデの星」（小岸昭著）

「マラーノ」という語は、「スペインを追われたユダヤ人」以来の著者のこれまでの仕事で日本でも知られるようになった。それはただのユダヤ人ではない。コロンブスが新大陸に航海した一四九二年、カトリック・スペインによって「追放か改宗か」を迫られ、やむなく父祖の信仰を捨てたユダヤ人のことだ。

かれらは異端審問の火に脅かされながら、ひそかにユダヤ教の習慣を守ったり、あるいは改宗者ゆえの複雑な心情を抱えて不安な生を送ったりした。だがかれらのアイデンティティーの複合化は、逆に国家や民族への統合から自由な生存感覚を生み出し、近代ヨーロッパ精神の形成の隠れた原動力となった。

哲学者スピノザはその代表的事例だが、著者はこれまで書物と土地との往還から、近代の歴史の裏面に隠れたマラーノ精神の系譜を掘り起こしてきた。その作業はユダヤ人という概念を、人種的なカテゴリーからむしろ生存の構造的なカテゴリーへと移し変え、近代精神史に新たな光を投げかけるものだった。

だがマラーノは、ヨーロッパの歴史の裏面にみずからを織り込んで消えただけではない。かれらは自由の天地を求めて、ヨーロッパの世界進出とともに、アメリカや遠くインド、さらには日本にまで足を延ばしていたのである。今度の本で著者は、ブラジルやインドを旅し、ラテン・アメリカの混血の彩りにマラーノ精神の遠いこだまを見、インドの異端審問所に、カトリック世界の一元化の不正と過酷さをしのぶ。

こうしてマラーノの軌跡の探訪は、近年脚光を浴びているクレオール性やポスト・コロニアルのテーマにであうことになり、広く現代のアイデンティティーの問題にも深い示唆を与えている。また、「インド夜想曲」のアントニオ・タブッキや、近年世界的に再評価の機運のあるポルトガル作家フェルナンド・ペソアのマラーノ性なども、この本で彩り豊かに語られている。（西谷修・明治学院大教授）

（NHKブックス・1070円）＝1999年4月8日④配信

愛の共有描くミステリー

「東京大學殺人事件」（佐藤亜有子著）

話題作「ボディ・レンタル」でデビューした佐藤亜有子の初めての書き下ろしは、その名も「東京大學殺人事件」で、ミステリー仕立てになっている。まずタイトルだが、これが早稲田大学や慶応義塾大学ではやはりちょっと緊迫度に欠ける、か。東大の迫力、いまだ衰えずである。

道具立ては十分だ。有閑マダムのアイドル的存在（でもちょっと格好よく描きすぎじゃないか？）の探偵、桂木圭太、それに彼の友人で東大の駒場で助手を任されている長津健次がホームズ&ワトスンを演じる。

赤い腰ひもによる首つり死体が東大の本郷キャンパスで発見される。死んでいたのは東大医学部教授の牧野宗一。牧野の前妻はやはり十六年前に赤い腰ひもで首をくくって死んでいた…。事件はこの夫婦の一人娘、牧野香奈をめぐる七人の結社めいた共同体の存在を徐々に浮上させつつ、執ように東大の周辺を現場に選びながら展開する。

ミステリーなので後は読んでもらうしかないのだけれど、一読して、ちょっと複雑な感想を抱いた。右に述べたように長い長いミステリーの伝統をおさえたうえで小説を書こうとした佐藤の意志はとても潔いものである。これは評価したい。

いわゆる非ミステリー作家が、気まぐれにミステリーに挑戦した、というたぐいの小説ではないことは確かだ。ただ一方で、小説の各要素に奥行きが与えられずやや平板に流れてしまっていることも否めない。探偵&助手は、人物を描くところまで至っていない。いわゆるキャラが立っていないのだ。

そう、読後感は坂口安吾の「不連続殺人事件」に似ているだろうか。コンセプトも筆力も十分にある。だがやや加速しすぎの気味もある。四百ページ強の小説だが、もっと長くてもよかった。ただデビュー作以来の佐藤ファンに一言付け加えておくと「愛の共有」という彼女に一貫したテーマは今回もきちんと小説の中心に据えられています。（陣野俊史・文芸評論家）

（河出書房新社・1700円）＝1999年4月8日⑤配信

ごみ焼却の削減などを提案

「ダイオキシン」(宮田秀明著)

強い毒性を持つダイオキシンがごみ焼却場から発生することは、一九七七年にオランダで明らかになった。欧米諸国の対応は早かったが、日本のごみ焼却場におけるダイオキシン発生抑止対策は九七年一月に緒についたばかりで、諸外国に比べて非常に遅れている、と本書は指摘する。

業者によって産業廃棄物が大量に不法投棄され、野焼きも行われた香川県の豊島(てしま)、産業廃棄物の小型焼却炉が約五十も密集した埼玉県の所沢市と狭山市の境界付近…。住民からの度重なる苦情にもかかわらず、行政側の腰は重かった。

日本は今や年間約三千七百万トンのごみが焼却される世界一のごみ焼却大国になってしまった。日本の大気のダイオキシン汚染は欧米諸国の約十倍。ここまで行政の対策が遅れた背景には、「ダイオキシンの人体への発がん性はみとめられない」という米国のモンサント社の疫学データなどがあり、これらのデータも実は細工されていたという。

著者は日本のダイオキシン研究の第一人者。ごみ焼却場周辺の土壌分析や住民の血液検査、あるいはクロマツの針葉やムラサキガイが取り込んだダイオキシン濃度を全国規模で測定するなどして、汚染の実態を明らかにしてきた。

そのような地道で誠実な研究に基づき、ダイオキシンが発生する仕組みや人体への影響、急がれる対策などについて解説したのが本書である。

耳を傾けるべきは、著者の提案する緊急「対策」だ。

特に「産官民一体となった協力のもとに廃棄物の排出削減と再利用を促進し、廃棄物焼却量を減らすことが大事」として、産業界に対しては簡易包装化とリターナブル容器の開発、行政に対しては「燃やすことは毒をつくることである」というドイツ流の環境教育の重要性などを指摘。

個人レベルでも、ごみになるものを入手しない工夫やリサイクル、生ごみのたい肥化や、ごみの分別の徹底などを呼びかけているのも説得力があり、この問題を理解するための決定版といえる。

(船瀬俊介・環境問題評論家)

(岩波新書・700円)=1999年4月15日①配信

崩壊体験から発見する地平

「教師」(森口秀志編)

子どもは変わった、それも悪く変わった。そういうことを、教員という職業につきながら恥じらいもなく口にする「教師」がいる。わざわざ活字にして触れまわるやからさえいる。「おまえが悪くしたんだよ、おまえが」と言いたくなる。

ここに集められた北海道から沖縄まで、各地の小学校、中学校、高校などに勤める(勤めたことのある)八十七人の「教師」の語る膨大な言葉に耳を澄ませてみた。自分を棚上げして他を責める言葉は皆無ではなかったが、実に少なかった。その点が四百七十ページの分厚いインタビュー集を気持ちのいいものにしている第一の要因だと思った。

いま「教師」であることで直面している最大の問題はどこにあるか。これまでの学校像、教室像が崩壊してしまったということ。こうありたい、あるいはこうあるべきだという自己の「教師」像を、いまを多様に生きはじめた子どもたちの姿に直面し、なすすべなく無残にも打ち砕かれてしまったという現実である。それを「教師」自身の言葉で明らかにしたのがこの本だと言ってもいい。

ところがそこが終着点ではなかった。むしろ出発点でさえあった。自己の崩壊体験のなかから、子どもたちとのかかわりの新しい地平を発見しつつあることを感じさせてくれる教員たちの言葉が幾つも聞こえてきたのである。一人ひとりが自らの「教師性」を問い直しているのだ。これには思わず身を乗り出してしまった。

子どもたちがちゃんと見えていれば、そこにいるだけでいいんじゃないかという女性教諭の言葉。教師ってホント、子どもになにかさせたがるんだよね。でも私たちの仕事って、子どもになにかをさせるんじゃなくて、むしろ「しなくていいよ」っていうことじゃないか、と語る養護教諭の言葉。日本の学校教育が二十一世紀へ生き延びられるとしたら、その可能性はとりわけこうした珠玉のような自己解体的な姿勢の中にしかない、そんな希望を感じたのだった。(芹沢俊介・評論家)

(晶文社・2600円)=1999年4月15日②配信

現代日本人が忘れた風土

「風の文化誌」(市川健夫著)

風は単なる自然の気象ではなく、いろいろな面で人間と切っても切れない関係にある。風は古代から歴史と地理と交差して複雑な文化の織物を形成してきた。

幸田露伴は「音幻論」の中で風の呼称について論じ、民俗学者の柳田国男は日本各地の風の名称を収録して「風位考」を著した。福岡県柳川生まれの北原白秋には「白南風」という詩集がある。東風(こち)、嵐(あらし)、疾風、旋(つむじ)風など、風の名は風まかせというほどとりとめがなく、風にまつわる地名も多彩である。風の中にある「虫」の字は、中国では蛇竜を意味する。

本書は、人文地理学者として長年にわたりフィールドワークを重ねてきた著者が、現代と過去の日本の風土と風景を対象に、「風」にまつわるほとんどすべての「文化」について分かりやすく、懇切にエッセンスを書いたものである。風がその土地の「風景」や「風光」はむろん、そこに住む人の「風格」にまで深い陰影を施すことは驚くほどである。

とりわけ日本は変化に富む土地の形状と四季があり、その折々の風の変化を表現した多様な「天気俚言(りげん)」や風にちなむ和歌などとともに具体的に論じている。

風はその土地の食や暮らしや住居に深くかかわっており、また海や山にも関係して、日々の天気を左右する。船が帆に風を受けて航行するように恵みをもたらすこともあれば、台風のように人に甚大な危害を与えることもある。風は人に禍福吉兆を呼び起こす「風神」であり、そのために「風祭」という神事が昔からあった。

こうした消息を現代人は忘れかけているが、著者は目に見えない風の由来と歴史をつぶさに掘り起こしている。

著者は信州の小布施出身であり、信州の土地と「風物」に詳しいが、信州はかつて三沢勝衛という地理学者と藤原咲平という気象学者を生み、長野測候所に登って風と雲を観察した島崎藤村を生んだ「風土」であったことを付け加えておこう。(樋口覚・文芸評論家)

(雄山閣出版・2300円)=1999年4月15日③配信

芸術のヒエラルキーを解体

「アート・アクティヴィズム」(北原恵著)

西欧美術をフェミニズムの視点からとらえなおす試みは、これまでもアメリカの美術史家メアリー・ガラードなどによってなされてきた。しかし著者は、フェミニズムに軸足をおきながらもそれにとどまらず、人種や家族、環境問題にまで広範囲なテーマで活動しているアーティストを取り上げて、白人男性を頂点に据えた芸術世界のヒエラルキーをいったん解体し、読み直していこうともくろむ。

資本家によって支えられた美術館や画廊に展示され、「教養ある」インテリ層によって鑑賞・称賛されてこそ意味を持つという現代のアートの状況が、視点を変えるといかに単眼的かが見えてくる。

取り上げられた作品の共通点は、著者によれば「抵抗/転覆/浮浪の表現」であること。ステレオタイプのアジア像への批判と転覆の視点を打ち出すアジア系アーティスト。強姦(ごうかん)神話や家庭内暴力への抵抗を訴える写真家。ジェンダーから環境問題までをからめたテーマで撮る自称「デジタル版浮浪労働者」の映画監督といった人たちの作品は、アート活動を通して社会とダイナミックにかかわっていくアクティヴィスト=活動家の姿勢を示す。

冒頭で紹介されている「ゲリラ・ガールズ」は、有名美術館に展示されている作品のほとんどが白人男性芸術家によるものだとして、芸術界のセクシズムとレイシズムをポスター張りやビラ配りといったゲリラ戦術で告発する集団である。ゴリラのお面をかぶって匿名で活動する彼女たちは、まさにアート・アクティヴィストだ。

しかしあとがきで著者が自戒をこめて指摘しているとおり、二項対立や既存の流れに沿った図式の中に単純に作品を還元していくことは、作品を読み誤る危険性を招く。

活動全体を複合・重層的にとらえることによって、アート・アクティヴィズムは芸術のみならず、社会の閉塞(へいそく)状況を打破する力を持ちうるかもしれない。そんな予感を与えてくれる力作である。(実川元子・翻訳家)

(発行・インパクト出版会、発売・イザラ書房・2300円)=1999年4月15日④配信

言葉から読む大阪人感覚　「大阪ことば学」(尾上圭介著)

著者は一九四七年生まれの大阪人である。私より六歳年長ということになるから、古き良き大阪を知る“オッサン仲”と言うことができる。

大阪のオッサンが書いた本を大阪のオッサンが読む。

東京大学の先生をオッサンと書いて大丈夫なのか、とお思いの諸賢は本書をお読みいただきたい。

ぜんぜんかまへん、のである。それしきのことで「怒髪天ヲ衝（つ）ク」のなら大阪人ではないということが、大阪弁の構造を切り口におもしろおかしく書かれているのが本書の最大の特徴である。

目次にもあるように「なんなと言わな、おもしろない」というのが大阪人気質であるから、偉いセンセをつかまえて、オッサンと書きたくなるのもやむを得ない。やむを得なければ仕方がない。

私事で恐縮だが、私はうた詠みでもある。深刻なことほど軽く、軽いことほど大げさに読むというのが持論であるが、「暗い話をただ暗く話しても仕方がないではないかという感覚が、この地域の人々にはある」という著者の言葉を読んで驚いた。

私が奥義だと大切にしていたモノが、単なる大阪人（広い意味では関西人）の感覚であるというのであるから、本書を読んで損バコイタの心境である。あのねオッサン、わしゃかなわんよ、あるいは、わてほんまによう言わんわの心境でもある。

「方言の研究者でも社会学者でもない」と仰せの割には、この人、その論旨のいちいち正鵠（せいこく）を得ること、ただのオッサンである私なんか、ただただ肝銘（かんめい）するよりほかはない。

「地域のことばがある限り、その社会は健全である。それは、単語やアクセントの問題ではない。そこに生活する人の他人に対する接触のしかたの問題であり、自己表現の様式の問題なのである」

と著者は言っている。著者の本意は案外この辺りにあるのかもしれない。すなわち、方言は文化そのものであるのである。一読裨益（ひえき）するところ大なり。（寒川猫持・文士）

（創元社・1000円）＝1999年4月15日⑤配信

江戸、明治のすき間描く　「東京（とうけい）城残影」(平山壽三郎著)

江戸が東京になった時、街の人々はどのように生きていたのか。政体が変わり、近代化の波が押し寄せるという激しい変化の中で、江戸の生活人がどのように変わったか、教科書的な歴史書ではなかなか知ることができない。これこそ小説で書かれるべきとかねがね思っていたが、第九回時代小説大賞受賞作、平山壽三郎の「東京城残影」は、まさにこの光景を正面から描いた長編小説である。

まず登場人物の配置に、武士と商人が逆転する構図が読みとれる。明治三年秋、幕府歩兵奉行・大鳥圭介にしたがって奥羽、箱館と転戦して敗れ、拘留され放免された幕臣・向井信一郎が、東京となった江戸へ帰ってくる。

夫の姿を見て、その夜、妻のお篠は大川へ身を投げたが、柳橋芸者の屋根舟に助けられ、旦那（だんな）の茂平の家に引き取られる。顔を合わせてあっと驚くお篠と茂平。

代々五百石取りの旗本だった信一郎の父が病で倒れ、番町の屋敷を明け渡して深川の長屋に越してきたお篠は、しゅうとめと針をつかう賃仕事で貧しい生計を支えていたが、針仕事の仲介をよそおういかがわしい女の奸計（かんけい）で、唐物屋の旦那と称する男の世話になるようになっていた。その男が茂平で元は材木商。大名が国元に帰った空き屋敷から骨とう品を引き取り、横浜の外国人に売りさばいて財をなし、今は大伝馬町に「ランプ石油卸問屋」の看板をかかげる。

茂平はお篠から夫が信一郎と聞いて驚く。向井家は父の代から出入りしている旗本だった。ある時、茂平は車引きになった信一郎と出会い、お篠との関係を隠したまま、資金を提供して信一郎に俥宿（くるまやど）の親方になってもらう。茂平の向井家への償いのための助力がつづく―。

男女関係の描き方は通り一ぺんだが、江戸の六割五分を占めた武家屋敷跡の空き地が茶畑になったり、文明開化の乗り物として出現した人力車がすぐに五千台を越えたりする叙述には、歴史のすき間を埋めて読みごたえがある。（寺田博・文芸評論家）

（講談社・1500円）＝1999年4月15日⑥配信

まぬけな日本人の自画像

「ニッポン秘境館の謎」（田中聡著）

どことなく気になるが、気になるその理由が言葉でうまくすくいとれなくて欲求不満を感じるものごとは少なくない。ところが、そこにぴったりと沿う言葉が見つかると、今までのもやもやは一気に晴れて見通しがつき、気分もすっきりする。著者のいう「秘境」は、私にとってそういう言葉である。

たとえば、昭和三十年代に創刊された「秘境」雑誌。「恐怖と謎（なぞ）に満ちた野獣地帯」「魔境に挑む探検隊の記録」といった特集が毎号組まれ、世界各地のセンセーショナルで怪奇趣味に満ちた記事が満載されていた。私はといえば、こうした雑誌をときおり古書店で見つけると、わくわくしながらページをめくっては、最後には棚に戻すのが常だった。

あるいは、秘宝館。関西に住む私には「〽その名も国際秘宝館、来てね、来てね」というコブシをきかせたCMソングが今も耳に残る。「秘宝」の意味するところもわからない中学生のころ、これを口ずさんでいて教師に怒られたのだが、その後、性のテーマパークともいえる実態を知るに及んで、ますます私の気にかかる存在となった。

ほかに、著者が「秘境」という言葉のもとに探訪・探究するのは、常磐ハワイアンセンター、目黒寄生虫館、ムー大陸博物館、奇怪な性病のうわさ、自称天皇など。

これらのラインアップから感じるのは、しかし、未知の怪奇性より、あっけらかんとしたまぬけさである。

高度成長期、征服さるべき未踏の地、隠された神秘的領域として輝いていた秘境は、バブル経済期をへて、消費しつくされ、陳腐化した。結局のところ秘境とは、高度成長期の日本人の欲望の外部への投影であり、日本人のいびつな自画像の反転でもあったことが思い知られる。

だが、欲望や自画像はしょせんいびつなものだ。それを承知したうえで、秘境なき現代をどう生きるか。軽いノリで書かれている本書の提出する課題は、実は重い。（鵜飼正樹・京都文教大講師）

（晶文社・2300円）＝1999年4月22日①配信

現代文明の持つ甘えを摘出

「無垢の誘惑」（パスカル・ブリュックネール著、小倉孝誠・下澤和義訳）

本書は、現代の先進国の文明がもつ虚偽、偽善、衰弱を、独自の観点から摘出しようとしたものだ。読者は納得するにせよ、反発するにせよ、われわれの生きているこの時代の精神について深く考え込まざるをえないだろう。

ここで著者が取り出す問題は、貧困や搾取や抑圧や自由の弾圧といったお定まりのテーマではない。著者は二つのことを取り上げる。「幼児症」と「犠牲者根性」である。

「幼児症」とは、いわば面倒は見てもらいたいが、どんなささいな義務も負いたくないという幼児的精神だ。保護と安全への要求と、これと対になった、義務や責任の回避である。ありとあらゆる便利なモノの消費とレジャーとメディアの中に投げ込まれた現代人は、私の欲求や快楽は当然満足させられるはずだと考え、それが手に入らないと子供のようにいらだつ。かつてオルテガが述べた「甘やかされた坊ちゃん」である。

一方「犠牲者根性」は、もっと偽善に満ちたもので、さらに深刻だ。自分をマイノリティーだと感じている集団や民族は、自分たちが「犠牲者」だということで一切が許されると考え、ことさら自分が犠牲者であり抑圧されていることを特権化する。また、世界に悲惨な目にあっている人々を見いだして同情する「ヒューマニスト」たちもまた、この「犠牲者の聖別化」に手を貸す。

そして「犠牲者根性」は、ある種のフェミニズムから始まり、イスラエルとパレスチナの争い、そして今日のセルビアの心象を支配していると著者はいう。とりわけ、セルビアの残虐の告発は興味深い。

これは、ニーチェからホイジンガー、オルテガなどの系譜に属する文明批判で、西欧思想の中に確実に受け継がれているものだ。フランスの五月革命の世代（日本でいえば全共闘世代）の中からこのような論評が生まれ、しかもそれが大きな評判を呼ぶところに、西欧の知的風土の懐の深さを見る思いもあるが、だがこれは決して他国の話ではない。（佐伯啓思・京大教授）

（法政大学出版局・3500円）＝1999年4月22日②配信

孤独な少女が見いだす家族

「絵の中の人生」(太田治子著)

自分の好きな絵を集めて、空想美術館をつくり、一枚一枚の絵をめぐっていきながら、それらと対話する。ここには古今東西のさまざまな絵がコレクトされている。それらの絵には一見、脈絡がないようにも思えるが、実は一つの態度が貫かれていて、それがこの本をユニークなものとしている。

そのユニークな態度、絵の見方というのは、それぞれの絵を、家族の一人のように眺め、呼び掛けるものである。著者にとって、すべての絵は家族なのであり、家族こそ一番大事なものなのだ。この本はまず、ダヴィンチの「聖アンナと聖母子」からはじまる。それぞれの絵につけられた見出し、ふっと拾うと、おかあさん、祖母、おとうさん、おじさんといった家族でいっぱいだ。

つまり、絵に、おかあさん、おとうさんと話しかけることによって、それぞれの絵になんともいえない親しさをかもしだすのが、この本の魅力なのだ。

そのような絵の中の家族へのやさしい情愛は、逆に著者の青春の孤独から来るものなのだろう。失われた大いなる父への追憶が、絵の中の父をさがさせるのだ。

この本は五年にわたって連載されたものをまとめたものであるという。絵の遍歴のうちに、その年月を感じることができる。絵の中の父や母について語ってきた著者が、妻となり、母となって、絵の中の子どもに向かって話しはじめるとき、私はこの人になんのゆかりもないのにかかわらず、なんだかよかったと思えてくる。

ダヴィンチ、ベラスケスから、ロートレック、ルノワール、そして関根正二から長谷川利行まで、あきれるほど、多様で、異なった国、異なった時代の作品を、すべて、父や母、子といった親しい家族にしてしまうこの人のやさしげな想像力に私は感動する。孤独な少女は絵の中で幸せな家族を見いだすのだ。(海野弘・評論家)

(新潮選書・1300円)＝1999年4月22日③配信

時代の先端と相渉る覚悟

「中野重治」(小田切秀雄著)

中野重治が去ってから早くも二十年になる。この書にも言われているが、その間には中野研究を中心にした団体が全国に一、二ならず誕生してさまざまな活動を続けているし、全集の刊行や大部な評伝の出版をはじめ、研究書や批評のたぐいが次々と書かれ、刊行されて絶えることがない。

鴎外や漱石が明治という時代を代表するように、中野重治も昭和を代表する一人の文学者であることが、逝きて後、ますますはっきり見えてきたということだろう。

著者は旧制中学生のころ中野重治のとりこになり、やがて二十代の初めに中野家を訪ねるようになった。以来、戦争を挟んで中野重治の没するまで半世紀余の交誼(こうぎ)が続いたが、そういう関係の中から本書は生まれた。

著者が中野重治について書いたものは、すべてを集めれば本書の二倍にも三倍にもなるはずだが、それらが「気にいらぬものが多」いと、ほとんどを捨て、結局書き下ろし新稿一編を含むこの一冊分だけを選んだと「あとがき」に記している。

激動する時代の中で、中野重治は終始潔癖に一貫した面と大きく揺れた面と両極を持っていたが、同時代を生きた批評家小田切秀雄も、人ごとでなくそれに付き添わざるを得なかった。そういう事情が右あとがきの意味であるだろう。

著者は、中野重治の自伝的長編「むらぎも」にかねて違和感があったとして、そこでの作者が、奇妙に達観の人生訓めいたことばを振りまいている事実を指摘している。著者に言わせれば、どんな時にも時代と社会と人間の病根に鋭く立ち向かっているのが、本来の中野重治でなければならないのだ。

だがこれは、常に時代の先端と相渉(わた)っている著者自身の問題意識、批評家としての覚悟でもある。読者は、いわゆる円熟などということを拒否した、本年八十二歳の現役批評家の、柔軟ななかにも鮮烈な文章に、さわやかな感動を覚えるに違いない。(勝又浩・文芸評論家)

(講談社・2500円)＝1999年4月22日④配信

したたかな人生の演技者　「エリア・カザン自伝（上・下）」（エリア・カザン著、佐々田英則・村川英訳）

正義一筋できたと称賛される人生に比べて、不可思議な才能に恵まれて振幅激しく、葛藤（かっとう）の多い人生の物語は、わたしたちを深い思索の淵（ふち）にひきずりこむ。現代米国の演劇・映画史に残るすぐれた演出家ながら、赤狩り時代の密告者としての傷から今も解放されず、今回のアカデミーの名誉賞受賞でも論議を呼んだ、エリア・カザン監督の自伝はまさにそれにあたる。

あの「エデンの東」ではジェームズ・ディーンの、父に軽べつされながらも愛を請う上目遣いの視線を、権力の前にひざまずいたカザンの後ろめたさの表れだと解釈した日本の評論家がいたが、彼ははるかにしたたかな、屈折した反逆者だ。

ギリシャ系移民の「狡猾（こうかつ）さ」と劣等感を逆手に、社会の深層や人間の心理的抑圧を表現しながら、「波止場」や「草原の輝き」、「欲望という名の電車」や「熱いトタン屋根の猫」など、多くのアメリカの物語をつくった。その演技論は示唆に富み、人物批評は洞察力と同時に、人を操る力の巧みさをも率直に示している。

一方、彼は自分の二面性をつねに意識せずにはいられない。社会に受け入れられたいという欲望ゆえの仮面と混乱を好んで追い求める衝動と。そして、その表れの一つが、女性の問題だった。

最初の妻モリーは東部インテリ家庭の出身で、米国の神髄を象徴するような女性。異邦人の彼にとってのお守りだが、この性的冒険者はあくことなく女優たちとの情事を重ねる。マリリン・モンローもその一人。愛が失われても、それぞれにまれな美質をもつ女性たちの肖像は、いまは抑圧から解き放たれた彼の筆によって鮮やかな輪郭を得た。

演劇の面白さは、人生を一つのセンテンスで言いきらないこと、理解を拒む矛盾に驚嘆することだ、と彼は言う。激動期を生き抜いたカザンという人生の演技者が残す余韻に浸ってしまう一書である。（中村輝子・立正大客員教授）

（朝日新聞社・上下各5000円）＝1999年4月22日⑤配信

力強い文章と個性的な人物　「童話物語」（向山貴彦著）

ヒロインのペチカがとにかく魅力的だ。わがままで意地悪で自己中心的でうたぐり深い。児童文学ファンタジーの世界に、かつてこんなに性格の悪い主人公がいただろうか。パンをねだる子猫をけとばし、「世界を滅ぼして」と妖精（ようせい）に願い事をする十三歳の少女。対する妖精のフィツも、思考回路がやたら単純でひたすら食い意地が張っている。

舞台こそ異世界だが、血の通った登場人物たちのおかげで、“しょせんはどこか遠い国の出来事”という距離感とは無縁。異世界ファンタジーが苦手な人でも、第一章を一読するだけでペチカと友だちになれるだろう。

物語の前半は、ペチカとフィツの凸凹道中物。ふたりの旅のエピソードを通じて、背景となる世界の姿がくっきり立ち上がってくる。

ハイファンタジー（現実世界との接点を持たない異世界物）ではあるにせよ、小説の舞台は魔法やドラゴンが当たり前のファンタジー世界ではなく、“ありうべきもう一つのヨーロッパ”という印象が強い。社会の成り立ちやテクノロジー的な側面が描かれる後半は、たとえば劇場アニメ「オネアミスの翼」の異世界にも通じる雰囲気がある。

したがって本書はむしろ、日常的な世界に非日常的な要素（本書の場合なら妖精）が同居するエブリデイマジック物のバリエーションとして読むべきかもしれない。

冒頭に対応した予定調和の結末や、「迷いの森」まで登場するいかにもファンタジーRPG的な展開は小説的な弱点だが（「ゼルダの伝説」次回作の原作に選ばれても不思議はない―というか、もしゲームになったら真っ先に遊んでみたい）、そもそもオリジナリティーを強く主張する小説ではないことを題名で宣言している以上、必ずしも欠陥ではないだろう。

新人離れした力強い文章と、個性的な登場人物たち。ノスタルジーの対象ではなく、いま現在のアクチュアルな小説として楽しめる、児童文学ファンタジーの貴重な収穫だ。（大森望・翻訳家）

（幻冬舎・2000円）＝1999年4月22日⑥配信

ダイナミックな試合の記述

「フットボール·エクスプロージョン!」(陣野俊史著)

フットボール(サッカー)が爆発する? この「爆発」の概念は、フランスの作家ブランショに由来している。

彼によると、五月革命では、前触れも計画もなしに突然、あらゆる習慣をくつがえすような「爆発的コミュニケーション」が起き、「初対面の人とあたかもすでに愛している人を相手にしているようにつきあう」ような事態が奇跡的に生まれた。普通は社会を分断している境界線が、あの時には消え、だれもが他者に向かって無償で自らを開いていくようなユートピア。ちょうどワールドカップ優勝のフランス混血チームのように。

サッカー本は近年、驚くほど多い。その中では「知的な」部類に属する本書だが、著者はサッカーをタネに暴力や政治を語る「高踏主義」を拒否する。まずボールの軌跡、人の運動を見なくてはならない。競技場であれ、テレビであれ、ゲームを「見る」ことから始めなくてはならない。

ここで彼が見るのはワールドカップのフランス、インテル対ACミラン、柏レイソル対清水エスパルス。試合の記述は活劇といってよいほどダイナミックだ。進行の事後確認でも技術論でもない。走る選手の一瞬の目くばせ、かかとから跳ねる泥、スライディングをかわす幻惑的なステップが見えてくるようだ。

サッカー観戦記が、文章のジャンルとして確立していない日本語にあって、これは異例のことだ。それは著者がジダンの不在やストイチコフの怒りのような特異点にしぼって描いているからだろう。

特に面白く読んだのは、不在についての洞察だ。どれほど完ぺきな布陣を組んでも、必ずそこにいたらどうなっていたか気になる選手というのがいる。「控え」とはそのような可能世界の中のプレーヤーのことで、複数の同時進行する試合を想像するのが、サッカー観戦の楽しみだ。

だから私は今でもあの決勝戦でロナウドを外していたら、フランスびいきの著者にこんな楽観的な本は書かせなかったのに、とくやしく思うのだ。

(細川周平・東京工大助教授)

(白水社・1800円)=1999年4月28日①配信

つまみ食い批判への再批判

「丸山眞男」(間宮陽介著)

丸山眞男の著作には、どれも一種独特の質量感がある。事実を踏まえた実証性の手がたさ、文献解読の確かさ、緻密(ちみつ)で明せきな論理展開。福沢諭吉を論ずる場合であれ、日本の超国家主義を分析する場合であれ、そうした特質をいつでも備えているのだ。

物事にひそむ逆説のえぐり出し方も見事だった。「実感信仰」と「理論信仰」など、本来は反義語であるはずの二つの言葉が日本社会では同義語になってしまう、といった例を私たちはいくつ見せられたことだろう。まさに、「批判的センスにすべてを賭(か)ける人間」(E・サイード)という意味での、知識人の典型だったと言ってよい。

本書は、この傑出した社会科学者、丸山眞男の仕事を跡づけたもの。と同時に、丸山の没後よく見られるようになった、「つまみ食い的」丸山批判に再批判を加えるものでもある。したがって内容もやさしくはない。十六巻にも及ぶ丸山の仕事のエッセンスを抽出し、それに対する批判の何が皮相的であるかを指摘しようというのだから、やさしかろうはずがないのだ。

にもかかわらず、これは耐えるに値するむずかしさである。自分(たち)を正しく認識することの知的充足感を伝えてくれる本である。丸山が生涯を賭けて取り組んでいた日本社会の問題を、著者が自身の課題として受け止めていて、それが本書の議論に借り物でない重みを与える。

例えば著者は言う。丸山的なものに対する生理的反発においては、右翼も左翼もないのではないか。丸山が日本人の中に潜む「同一化願望」を引きはがそうとしていたので、だれもがそれを恐れていたのではないか。

そのとおりである。それにしても、こういう論じ方のなんと丸山的なことだろう。皮相な丸山批判が丸山の「論じた内容」ではなく「論じ方」を批判している、と再批判する著者も、丸山の論じ方の巧みさだけはきちんと受け継いだ。あらためて丸山のすごさを思う。(最上敏樹・国際基督教大教授)

(筑摩書房・2100円)=1999年4月28日②配信

人間の純粋さとおぞましさ　「がん研究レース」(ロバート・A・ワインバーグ著、野田亮・野田洋子訳)

病原体を追求する医学の物語は、顕微鏡による「微生物の狩人」(ポール・ド・クライフ著)に始まり、電子顕微鏡でしか見えないウイルスから巨大分子の遺伝子DNAにまで到達した。

これら三者の順番には、単一のもの(病原体)をとらえて苦闘した研究の跡が示される。がんこそは原因と治療をめぐって、諸学説の紛々とする病気の最たるものであった。本書は、混沌(こんとん)の泥沼から洗練された見事なDNAの結晶が姿を現すまでのストーリーであるから、読む人をひきずりこまずにはおかない。

そのほとんどを占める紆余(うよ)曲折で疾風怒涛(どとう)の現代史を書けるのは、豊かな視野をもって研究をリードする著者しかいなかった。初めに、ふつうあまり触れられない生化学の巨匠のワールブルクや、日本の病理学者、山極勝三郎の業績を的確に位置づける。

ついでながら、本書は六カ所も日本人学者の研究を引き、「第二次世界大戦は、ヨーロッパと日本の科学に大打撃を与え、そこから流出した多くの頭脳が戦後に合衆国で起こった基礎医学生物学研究の爆発的発展の原動力となった」という。

著者は、がんを「善良なる協同体のメンバーであった一個の正常細胞が、反逆者へと変化し、腫瘍の創始者となる」さまに見、発がん化学物質や喫煙からウイルスへと巧みに誘いながら、次なる山場を暗示して研究の道程を示す。面倒なウイルスやDNAの錯綜(さくそう)も、著者の卓見によって流れがよく整理される。がん研究はいつしかウイルス学や分子生物学のフロンティアと化してゆく。

当然のように国の威信をかけた大プロジェクトとなり、ばくだいな研究費が流れるとあって、成功と失敗どころか、科学者の研究競争と不正を招く。著者の優れた筆は、がんの征服や知的営為の純粋さに人間のおぞましさを伝え、期せずして世紀末を描写することになった。(岡部昭彦・科学ジャーナリスト)

(岩波書店・2800円)=1999年4月28日③配信

無意識描く「リアル」　「〈私〉という演算」(保坂和志著)

保坂和志は常に何てことのない日常とそこで生きる人たちを、淡々とそして気持ちよく描いてきた。

「〈私〉という演算」もまた本質的にはその作風の延長といえるだろう。しかしこれまで日常のなかの人々や猫などを視覚的・具体的に造形していたのに対し、本書はそうした存在を純粋で抽象的な思考の力だけで考えよう、とらえようと試みているのである。

ここで保坂が向き合っている日常とは、人目をひく「事件」のたぐいでないのはもちろん、「素朴」で「飾り気のない」いわゆる「日常」とも違う。そんな文学的な情景は「事件」と同様、主体の意識=内面による操作を受けていて、結局内面の都合のいい表現になっているにすぎない。

反対に保坂の日常はそうした「事件=日常」の外にこそ存在する。それは意識・内面が必然的にとりこぼす無意識の部分であり、意識が文学的なトピックとして一部を切りとってくる以前の生活全体の流れである。またかつてベンヤミンがアウラと呼んだナチュラルな歴史の持続であり、要するに本当にただの「人々」や「現象」だ。

本書で保坂は昔の写真に写っていた猫、「死」、自分の祖母などについて考えようとしているが、彼はそれらをまさに日常として了解している。ヒューマニズムやその他の意味づけなしで「人々」や「動物」に対面しかつ肯定できるのが保坂的思考の美しさ、そして強さだろう。

もちろんこの思考は、世界の無意識的部分を意識=思考によってとらえようとしているのだから、当然矛盾を抱え込んでいる。こうして保坂の試みは最終的な結論に至らず迂回(うかい)を繰り返すわけだが、しかし「リアル」な文学と呼べるのは、今や逆にこういった思考だけなのだ。

論文と異なり、整合性や体系性にこだわらずものを考えるという小説の神髄をつきつめた本書は、まさに“小説の中の小説”といっていい。(石川忠司・文芸評論家)

(新書館・1800円)=1999年4月28日④配信

強くなりゆく女たちの愛

「いよよ華やぐ（上・下）」（瀬戸内寂聴著）

エピグラフに表題のこころを示す岡本かの子の歌が記されている。

年々にわが悲しみは深くしてい
よよ華やぐ命なりけり

悲しみの深さと命の華やぎとが相乗する女の生きかたの不思議が、瀬戸内さんの艶麗（えんれい）な筆によって展開され、俳人で小料理屋のおかみ藤木阿紗九十二歳の一生が折々の句とともに振り返られる構想の作品である。

阿紗の女友達、きもの研究家ゆき八十四歳、スナックのママ珠子七十二歳もそれぞれの愛と生を繰り広げる。加えて阿紗の娘、薫六十四歳の生い立ちと現在の恋のてんまつが、阿紗の生きかたの姿勢をからめて、物語に時の流れを与える。

この物語の横の広がりと縦の流れに、私は長年瀬戸内さんが取り組んできて、最近その現代訳を完成させた「源氏物語」の構図を連想しないわけにはいかなかった。瀬戸内さんは紫式部がのりうつった状態でこの小説を書いたのではないか。そんな気さえしてきた。

「源氏物語」にモデルがあったと言われるように、この小説にもモデルはある。もちろん完全なフィクションだから、モデルの存在は知らなくてもいいことだが、しかし作品のなかにあって作品を展開していく重要な力となっている俳句が鈴木真砂女のそれであることを心得て読むと、味わいがまた一段とちがってくる。

さらに先月末「九十二歳鈴木さん蛇笏賞」の記事が紙面をにぎわせている。真砂女の第七句集「紫木蓮（しもくれん）」での受賞で、この賞の受賞者としては最高齢らしい。「いよよ華やぐ命」である。

「源氏物語」の女たちの愛は悲しく哀れだったけれども瀬戸内さんに勇気づけられる平成の女たちの愛は、たくましく強くなりゆくだろうと、そんな予感さえ与えられる作品だ。（三枝和子・作家）

（新潮社・上下各1600円）＝1999年4月28日⑤配信

自殺願望者たちの声すくう

「Dr.キリコの贈り物」（矢幡洋著）

昨年十二月に起こった宅配青酸カリ自殺事件の背後を取材し、自殺願望者たちの声をすくいとった衝撃的なノンフィクションである。

青酸を宅配し事件発覚後に自殺した草壁竜次（Dr.キリコ）と、協力したホームページ開設者の女性。そして彼に青酸を求める悲惨な家庭の少女。三人の人間像は死への衝動の強さと、ネットでの「受容」を求めるあがきの対比が、痛ましくやるせない。

草壁は「正義の物語」を信じる主観性の強い人間で、世間と折り合えず、鬱（うつ）症状から自殺未遂体験を持つ。青酸カリの携帯で自殺衝動から逃れられた体験から、相談者に「お守り」として青酸を送っていたのだ。

読後、胸に突き刺さったのは、あふれる「死」の情報の中で、自殺願望者が感覚を相対化する作業からいかに隔絶されているか、という点だった。多くの自殺ホームページに影響を与えた「完全自殺マニュアル」の著者、鶴見済氏は薬物所持による拘禁後、花の色や雲の形や風に感動し、この気持ちがずっと続くなら「自分はただもう生きてるだけで十分満足だ」と「檻の中のダンス」に記した。

氏は以前、自殺願望者だったが、今は「踊り」が救いだと明言している。草壁から青酸を買い死のうとした女性も、最後に「やっぱり死ねない」と感情の激変を味わう。独裁者に見える「鬱」の苦悩も脳内環境の一形態にすぎず、状況で感覚は変わり得るのだ。

本来は人間への深い洞察力を持つ専門家が、この作業を支援すべきだろう。が、草壁自身、信頼できる医療に出合えなかったため、毒物所持という逆説的な方法を過信した。臨床心理士の著者が貧困な医療とネットの人間関係の特異性を関連づけた七章は、深い示唆に富む。社会的な問題提起力を持つ本だけに、メール取材による一人称の部分がどこまで登場人物の主観なのか、知りたい気持ちが残った。

心を軽視した薬物偏重の精神医療。その裏返しの悲劇は、まだ水面下に数多く潜む。（速水由紀子・フリージャーナリスト）

（河出書房新社・1300円）＝1999年4月28日⑥配信

美しい孤独、濃密な闇

「スプートニクの恋人」（村上春樹著）

本の帯には、二十二歳のすみれが十七歳年上の人妻ミュウに対し、激しい恋に落ちてゆく場面が引用されている。ぼくはすみれを愛し、すみれはミュウを愛し、ミュウは抜け殻のような自分を愛せずにもがいている—こう書くと、同性愛をからめた三角関係の物語と思われるかもしれないが、実際は違う。

三人は互いに深い力で求め合っているが、安直な線で結ばれた三角形に収まってはいない。彼らは闇（やみ）の中でそれぞれの軌道を循環する、衛星なのだ。

閉じられた空間をぐるぐる回るという、絶対的な閉塞（へいそく）感は、小説を読んでいる間中ずっと消えずにあった。このイメージはサーキットや観覧車や金属の塊である人工衛星などに置き換えられ、繰り返し登場する。ページをめくるたび、密度の濃い、ひんやりとした闇が立ち上ってくるような気さえする。

物語は中盤以降、すみれとミュウがヨーロッパへ出掛けてから急速に動き始める。ぼくはすみれの引っ越しを手伝った日、“熱風”のような性欲を感じ、現実よりもっと生々しい妄想の中で彼女の身体に触れる。その感覚は鏡をすり抜けた自分が、向こう側の世界で味わったもののように彼の皮膚に残る。

一方ミュウは、十四年前、スイスの観覧車の中で自分があちら側とこちら側に引き裂かれた記憶について、すみれに語る。そしてすみれは、ギリシャの小さな島で不意に姿を消してしまう。

三人の軌道はほんの一瞬すれ違ったとしても、決して一つに溶け合うことはない。どこにも脱出口が見つけられない。わずかな希望として、こちら側からあちら側への扉の気配が示されるが（たぶん扉を開ければすみれはそこにいるのだろう）、たとえもう一つの世界にたどり着いたとしても、相変わらず闇は濃密だし、人々は皆それぞれの回路を巡っている。そのなまはんかでない孤独は、喪失感を通り越し、恍惚（こうこつ）とさせる美しささえたたえている。（小川洋子・作家）

（講談社・1600円）＝1999年5月6日①配信

人工知能の最前線を易しく

「鉄腕アトムは実現できるか？」（松原仁著）

人工知能やロボット工学の最新研究テーマを一般向けに紹介した本である。著者は第一線の研究者だが、各章ごとにツボを心得たインタビューが入っているのが効果的。読みやすく、楽しい書物に仕上がっている。かなり突っ込んだ、奥の深い議論もある。

チェスの世界チャンピオンにIBMのコンピューターが勝ったのは一昨年。これをひと区切りとして、人工知能研究は転換期に入っている。

次なる挑戦として、いま提案されているのが、サッカーをする知能ロボットだ。数十年後を目標にヒューマノイド型（つまり人間そっくりの）ロボットを開発、サッカーW杯優勝チーム（もちろん人間の）と対戦して勝利するのが夢だという。ジェット・エンジンで空を飛んだりはしないが、鉄腕アトムの世界とかなり近い話になってくる。

それにしても、なぜサッカーなのか？　それが本書の大きなテーマであり、とりわけ含蓄のある議論が展開される部分でもある。知能とは、灰色の脳細胞（シリコンチップ）が黙思長考してち密な論理をたどることで成り立つのではない、と人工知能研究者たちは考えはじめたのだ。

むしろ、サッカーの巧妙なパスワーク、相手の動きを出し抜くドリブル突破、めまぐるしい場面展開の中でとっさにシュートするタイミングを見つける「ひらめき」、ああいうものこそ知能だったのではないか、と。

人工知能研究が、こうした「知の身体性」を再認識するに至った流れを、本書は興味深く解説している。とても面白い。人工知能は、理数系（計算と論理）から出発して、少し文系にシフト（フレーム問題等の議論）した末に、体育会系に行き着いてロボット工学とドッキングした。

さらに、動機づけによる行動判断ができるよう、ロボットに「感情」を持たせる試みもあるという。となると、人間とロボットとの関係は？

新しい研究は、この古典的テーマにも直面するようだ。（沼田寛・サイエンスライター）

（河出書房新社・1500円）＝1999年5月6日②配信

間近に死を感じる若者の姿　「カンボジア」(後藤勝著)

「横で、一人の兵士が仰向けになり、倒れ込んだ…ああ、血だ…僕は気が狂いそうだった」—。映画の一シーンのような錯覚を覚えるが、それはつい二年前、一九九七年のカンボジア内戦の一シーンだ。そして、それはコソボやアフガニスタンの戦場でいまも繰り返されている光景だ。

本書は、戦場カメラマンの生き方にあこがれた青年が、カメラを手にカンボジア内戦を一年にわたって取材した記録だ。「僕の戦場日記」というサブタイトルは一見、不謹慎なようにも響くが、「何人が死亡しました」「背景は…と言われています」とよそ事のように伝えるテレビや新聞の報道からは決して感じられない戦争のリアルさが行間からあふれてくる。

「どうして来たのか」と問う兵士に「怖いけど来てしまった。戦闘の写真が撮りたい」と答え、砲撃の中で塹壕(ざんごう)に身を伏せ、「死にたくはない。明日の朝帰ろう」と決心しながらも、翌日には戦場に向かっていく。また、カメラを向けた負傷兵に、「俺の写真をいくらで売るんだ」と怒鳴られたことも正直に記されている。「客観性」や「中立」をうたい、現地の人々と距離を置いた「報道」ではなく、一人の若者が、間近に死を感じ、逡巡(しゅんじゅん)する姿がある。

そして、何よりも本書に収められた写真が、戦争の真実を表している。体をまるめ銃弾におびえる兵士、狂ったように逃げまどう少女…。戦う兵士たちの心にも触れている。塹壕で「故郷に帰りたい」とつぶやく兵士や支給されたわずかのビタミン剤を「田舎に帰ったら子供に飲ませるつもりだ」という兵士がいた。

大手メディアの報道に比べると、本書は極めて私的な記録といえるかもしれない。が、確実に「人の姿」を伝え、今の時代を浮かび上がらせる。情報があふれる中で、私たちは本来の肉声や感情をマヒさせられ、管理されている。そんな時代に、「人との出会い」によって真摯(しんし)に自分に向き合おうとする著者の生き方に、同じように世界の紛争地を訪れてきた私は強い共感を覚える。

(長倉洋海・写真家)

(めこん・2500円)＝1999年5月6日③配信

夢のような都市の空気　「ダマセーノ・モンテイロの失われた首」(アントニオ・タブッキ著、草皆伸子訳)

甘くとろみのある高級ワインで知られるポルトガルの小都市、ポルト。穏やかな小丘がドーロ川のまわりにすそ野をひろげているこの町のはずれで、ある朝、首のない死体が発見された。センセーショナルな紙面作りで読者を獲得しているリスボンの新聞社が早速その情報を入手し、真相を解明すべく現地に若い記者を派遣する。

アントニオ・タブッキの新作は、そんなふうに明らかなミステリー・タッチで幕をあける。いくらか型にはまった人物たちの演出にも、このジャンルへの愛と好奇心と、さらには野心が感じられる。遺体発見者のジプシー、部数をのばすことしか眼中にない新聞社、底辺にうごめく連中に不思議な人脈をもつ宿の女主人、そして圧倒的な存在感を放つ、チャールズ・ロートンばりの巨漢弁護士。

とりわけこの弁護士ドン・フェルナンドのキャラクターは、本書の収穫である。年齢は六十なかば、肥満体にしてはげ頭、おまけにひげもきれいにそってあるから、ぜんたいに「つるりとした印象」を与えるこの弁護士は、若手記者フィルミーノを相手に、一見したところ殺人事件とは関係のなさそうな議論を次々に展開し、ほとんどアームチェア・ディテクティヴ(安楽いすの探偵)のパロディーを演じているかのようだ。

しかし文学作品の引用をちりばめた冗舌やその非活動的な姿とは裏腹に、彼こそは、抽象的にすぎる理論や社会的偏見、あるいは権力をかさにきた暴力と闘うための、じみで執拗(しつよう)な「現実重視の原則」を貫く信念の男なのである。個々の夢に遊ぶ世界を踏み出して社会と相対そうとする近年のタブッキの声は、ドン・フェルナンドに代弁されているだろう。

もうひとつ、本書の大きな魅力は、夢のような都市の空気にある。ポルトが大嫌いだという設定の記者を中心に据えて徐々に改心させてゆくあたり、いかにもタブッキらしい、都市に対する手の込んだ愛の表明ではあるまいか。(堀江敏幸・フランス文学者)

(白水社・2200円)＝1999年5月6日④配信

アザと闘う自分探しの旅

「顔面漂流記」（石井政之著）

衝撃的な本である。そして、名著として評価されるべき内容の作品でもある。

衝撃的というのは、顔にアザを持って生まれた一人の青年が、そのことによってどれほど心に深い傷を受けてきたかを赤裸々につづったという意味で、これまでにあまり類のない告白であるということ。

著者は単純性血管腫（しゅ）という病気で、幼児のときにドライアイス療法を受けるが、アザは消えることなく残った。

そして顔面に「障害」を持つものの多くが「体験」するように、子供時代にはイジメを受ける。思春期以後、コンプレックスに打ち勝とうと勉強に専念したり、身体を鍛えたり、アザを隠すメークを施してみたりと、さまざまなことを試みるが、心の平安はやってこなかった。成人してさえ、見知らぬ子供たちにも侮蔑（ぶべつ）的な言葉を投げ付けられる人生。

本書はそういう「ハンディ」を抱えた著者の切実な自分探しの旅であり、闘いの記録でもある。

また、著者は同じ「障害」を抱えた人たちを国境を越えて訪ね対話し、歴史と書物の中でアザを持つ人々がどのように扱われてきたのか取り上げ、ハンセン病の人たちと問題を共有しようと四国遍路に身を投じ…それこそあらゆる角度から、顔にアザがある人生の意味を検証する。

そして、この本が確かに名著だと言えるのは、筆者が自分の問題を「ふつう」の人々の問題意識に接続することに成功している点である。人間にとって顔は何を意味しているのか、美醜とはなにか、あるいは美という価値観自体が危険なものではないか。読み手は自分自身の価値観を揺さぶられながら、答えの出ないところで自問させられる。

そのとまどいや揺らぎの中でのみ、マジョリティーはマイノリティーとつながることができるだろう。そしてそうした瞬間を可能にした著者は、すでにアザに支配された人生ではなく、アザを沃土（よくど）にした人生を歩んでいると断言できる。（伏見憲明・評論家）

（かもがわ出版・1900円）＝1999年5月6日⑤配信

柔和さの陰に深淵のぞく

「詩歌の近代」（岡井隆著）

岡井隆は、いつまでも若々しく、しかも老練な歌人である。その岡井が、近現代の詩歌の来し方行く末を淡々と語った。「詩歌の近代」がその本である。

この本では、近代以後の詩、短歌、俳句が共通の土俵に乗せられる。ことに詩歌のリズムについて述べたくだりは、さまざまな実例を丹念に分析しながら、時代の変化とか文化の状況とか詩人の成熟とかいったことと、作品のリズムの相関を調べていく。詩は島崎藤村から茨木のり子、短歌は斎藤茂吉から辰巳泰子、俳句は与謝蕪村から藤田湘子と扱う範囲が広く、また、全体を柔らかな統一感をもって料理してゆく手法にも感心させられる。

岡井の文章の魅力的なところは、薄味の膳（ぜん）を食べている中に、とつぜん核となる味が姿をあらわし、小さな感動にわれわれを導くのに似ている。これはリズム論にとどまらない。日記文学を多面的に論じる文章の中で、佐佐木幸綱の日録歌がライトヴァースへの反発である、と言ってみる。近代以後に決定版のアンソロジーがないことを嘆きつつ、その嘆きに著者自身の孤独な面ざしを重ねてみる、などなど。

こうした個々の「核」は、どれもかすかに苦い触感をまとってたちあらわれる。吉岡実の詩に感嘆しつつ、他方で戦争を生みオウムを生んだ時代の貧しさを見つめざるをえない、そういう苦々しさが、この本を貫流しているのだ。今、詩歌にたずさわる何人かは、多く見えつつ静かに物言い、けっきょく良き文化の潮流をなすことがない。その寂しさ！

本に表情というものがあるとすれば、この本は実に柔和で優しい表情をしている。しかし鋭敏な読者は、その柔和さの陰に暗く深い深淵（しんえん）が顔をのぞかせていることを感じとることだろう。それは、歌人岡井隆の深淵であるとともに、まさに近代詩歌の深淵としか呼びようもないものなのではないか。この二つは、微妙にずれながら重なりあい、この本にふしぎな脈動を与えているようだ。（坂井修一・歌人）

（岩波書店・2300円）＝1999年5月6日⑥配信

W杯権力の構図を明らかに　「盗まれたワールドカップ」(デヴィッド・ヤロップ著、小林令子訳)

四百億人、地球上の人口の約六倍—昨年のワールドカップ(W杯)フランス大会をテレビ観戦した視聴者の、のべ人数である。この世界最大の祭典を仕切るFIFA(国際サッカー連盟)の頂点に、ジョアン・アベランジェは四半世紀にわたって君臨してきた。アベランジェ王朝の勃興(ぼっこう)の歴史は、そのまま現代サッカー史に重なる。

その裏面史を描き出すのに、著者は世界中で分厚い取材を積み重ね、四百字詰め原稿用紙にして九百枚を費やした。

「わたしはどこの大統領とも話ができる。彼らは、大統領に話すのと同じように私と話をする」と、アベランジェは同書の中で豪語する。

「わたしはわたしの力を手に入れた。それはサッカーの力、世界最大の力だ」と—。

W杯の利権をめぐって動く政治のスケールは、われわれの想像をはるかに超える。アベランジェの後継者を決める選挙に、各国の元首クラスが票集めに動く。仏大統領のシラクまでが、欧州諸国やアフリカの仏語圏諸国の支配者に働きかけて回るのである。

腐敗の程度もすさまじい。アベランジェは母国ブラジルや南米各国の軍事独裁政権と緊密な関係を築き、彼と彼の仲間の経営する私企業は、武器や麻薬にまで手を伸ばすという。

本書に一筋の光明があるとすれば、ペレの存在であろう。輝ける才能と謙虚な人柄で、世界中を魅了してきたこの二十世紀最大のスポーツヒーローが、十七歳の年にW杯にデビューすることができたのは、実はほかならぬアベランジェの後押しがあったからであり、それこそは「最大のパラドックス」だと著者は述べる。

アベランジェはペレを最大限に利用し続けるが、やがてペレは“ゴッドファーザー”に愛想をつかして反旗を翻す。矛盾をはらんだ、この大いなる「父と子」の対立劇こそは、本書をまっすぐ縦に貫く背骨である。救いのない、凡庸な暴露本とは一線を画す気品を本書にもたらしているものは、まさしくその「背骨」にほかならない。(岩上安身・ノンフィクション作家)

(アーティストハウス・1800円)＝1999年5月13日①配信

指導者はどう形成されたか　「日本の近代12　学歴貴族の栄光と挫折」(竹内洋著)

学歴貴族とは聞きなれない日本語だが、高い教育を身につけることによって社会の指導的地位に就いた人々のことだといったらよいであろう。

従って本書は、旧制高等学校・大学などの高等教育機関を通して、どのように指導的人材が形成されていったのかを、近代日本の歴史に即して明らかにした書物だということになる。

その意味では本書は、かつて同じようなテーマで、「日本型『教養』の運命」(岩波書店)を著した私としては、見逃すことのできない一冊なのである。

本書はそうした私の期待を裏切らぬ、十分読みごたえのある力作であった。そのおもしろさの主な原因は、豊富なエピソードに彩られているところにあるのだが、統計的データによって新しい視点が種々出されていることも忘れられてはならない。

例えば、旧制高校の学生たちが享受していた文化が思想や歴史・文学を中心にした人文的教養にあったことはよく知られていることなのだが、授業内容・カリキュラムはそうした教養主義的なものではなかったという説を唱えている人もいるのである。しかし、著者はあらためて統計をとり、全授業時間数中、文系では八割、理系では五割が人文的教養科目であったことを明らかにしている。

これほどの教養の芳香に包まれていたからこそ、かつての日本の指導的地位にあった人々には(今日に比するとだが)、文化を尊重する気風を強く感じさせるところがあったのである。また逆にいうと、今日の日本の文化行政の貧困ぶりは、こうした教養主義の衰退によるところが大きいといってよいであろう。

その教養主義の衰退は、一九六〇年代末から本格化していった。それは「既存の大学体制の中に安住」して権力を振るいながら、言説世界では権力批判を行う、といった知識人の偽善性が暴露されたからなのだが、繰り返されがちな、この問題に対する著者の処方せんがさらに聞きたかったように思う。(筒井清忠・京大教授)

(中央公論新社・2400円)＝1999年5月13日②配信

若者が生きるための指標　「建築家たちの20代」（東京大学工学部建築学科安藤忠雄研究室編）

昨年、建築家の安藤忠雄氏に会った時、氏からいま自分が勤めている東京大学の建築学科で、世界的に活躍中の建築家たちを講演に呼んでいる、という話を聞いた。レンゾ・ピアノやジャン・ヌーヴェルといったメンバーで、しかも彼らから最近作のことを聞くのではなく、彼らが二十代をいかに過ごしたのか、それを話してもらっているということだった。

講演を聞く側が、いままさに建築を学ぼうとしている学生だから、そうした話は彼らにとって、現在をどう生きればいいのかの一つの指標になる。私自身も、建築家を夢見ていた二十代のころ、どのようにすれば建築家というものになれるのか、毎日不安にかられた思い出があったので、その話を安藤氏から聞いた時には、東大の学生たちが少しうらやましい気さえしたものだ。

それから一年ほどたって、その講演の記録が一冊の本になった。それが本書「建築家たちの20代」である。ここには先のピアノやヌーヴェル以外に、リカルド・レゴレッタやフランク・ゲーリー、I・M・ペイ、ドミニク・ペローといった人々の名前がある。世界の建築界をリードするそうそうたる面々といえるが、中身は二十代に限らず、彼らの生い立ちや原風景、青年期の葛藤（かっとう）なども含んだ、実に広がりのある内容となっている。

なかでも私が面白いと思ったのは、代々建設業を営む家に生まれたピアノが、コンクリートという重い素材を使う父たちのやり方に反発して、軽くて変化するものにあこがれた話や、スペインのビルバオに新しいグッゲンハイム美術館を手掛けたゲーリーが、トラックの運転手をしながら夜学に通っていた話などであった。

このように、本書は私にとってもはじめて耳にする内容もあり、興味は尽きないのである。講演録ということもあって、文章も平明で読みやすい。建築家を志す若い人々に、ぜひ一読をすすめたい一冊だ。（飯島洋一・建築評論家）

（TOTO出版・1381円）＝1999年5月13日④配信

作品の言葉で現実に迫る　「世紀末の予言者・夏目漱石」（小森陽一著）

近代日本の文学者で、夏目漱石ほどくりかえし論じられ、問題にされてきた人はいないのではないか。それは漱石の文学が、つねにその時代の現実、その時代の社会にかかわってくるからである。日本の近代文学史のなかに整理され、おさまってしまうことなく、進行するこの現在のなかで、刻々に、読者との応答のなかで、新しい可能性を示す文学であるからにほかならない。

本書もまた「世紀末の予言者」といういささか刺激的なタイトルからもあきらかなように、漱石の作品の言葉によって、今日の現実に迫ろうとしたものである。

「漱石の残した言葉が、予言として、そして預言のように読めてしまう理由は、彼が、一九世紀から二〇世紀にかけて、世界を覆っていた、社会進化論的な『進歩』のイデオロギーを拒絶し、かつ批判しつづけたところにある。科学技術は連続的に革新されるかもしれないが、それを要請している世界資本主義システムそれ自体は変わらない、という漱石の認識が彼を予言者のように感じさせるのだ」

二十世紀初頭のわずか十年にすぎないのに、漱石の文学は、二十世紀の全体と世紀末の今日のさまざまな問題にかかわる。社会主義のイデオロギーが崩壊したといわれる現在、世界を覆っているのは、世界資本主義のシステムである。

個人の「自由」ということも、反国家主義や反体制といった次元では、すでに十分には議論できない。個人の成立も、「自由」の概念も、近代国民国家との相互関係のなかにあり、そして今日生じているのは、経済のグローバリズム化による、そのような近代「国家」そのものの相対化であるからだ。漱石の文学は、こうした問題に、直接あるいは間接にかかわっている。

著者は「漱石を生きる」ということをしばしば本書でくりかえしているが、それはとりもなおさず漱石の作品の多様性を、現代の視点から読み直すことであろう。（富岡幸一郎・文芸評論家）

（講談社・2000円）＝1999年5月13日⑤配信

永遠の現在のかがやき

「裸足と貝殻」(三木卓著)

三木卓は、幼少期を旧満州(現中国東北部)で過ごし敗戦で帰国した、いわゆる“外地引き揚げ派”である。これは、その体験を題材にした自伝的長編小説だ。

小学五年の豊三は、祖父と母と中二の兄の三人とともに引き揚げ船に乗る。父は伝染病で死に、祖母も引き揚げ途中で急死した。国家の防壁が崩れた大混乱の中で、かろうじて“内地”にたどり着くというのが引き揚げ者一般の姿だった。

しかも帰国しても、家や土地や食料の保証はない。とりあえず静岡県の親類に身を寄せた「浮浪家族」が力を合わせながら、その困難を徐々に克服する一連の過程が生々しく描き出されるのである。

特に、豊三にとっての“内地”は、初めて出会う人間ばかりの見知らぬ土地にすぎなかった。事あるごとに失われた大連の家に帰りたいと思う。“外地引き揚げ派”に特有の、痛々しいアイデンティティーの分裂である。

しかし、こうした緊迫した宙づり状態はかえって、純白のスクリーンのように世界を細かく鮮明に映し出すことになる。豊三は、貧しく不安な生活や、足に不治の障害を持つ悩みにもかかわらず、初めてみる日本の自然や人間に対していっぱいに心を開き新鮮な感動を受け取り続ける。

どん底状態にある豊三には、ちょっとした環境の向上が、かけがえのない充実と至福をもたらす。その生の喜びがひしひしと伝わって、読者を勇気づけるのだ。

それぞれの挿話が、細部の描写が、永遠の現在のようにきらきら輝いている。三木卓にとっての少年期の記憶は半世紀を経ても風化しないどころか、いよいよ純粋に結晶化しているようだ。

後半の、文学に深入りする豊三の中学時代になると、米軍占領下の出来事がさまざまに交錯して社会的に広く視野が開かれる。この辺は、時代の証言としても興味深い。中学以後の豊三は、どのように生きるのだろうか。いずれ書かれるであろう続編が今から楽しみだ。(小笠原賢二・文芸評論家)

(集英社・2200円)=1999年5月13日⑥配信

経験生かしたポップス論

「考えるヒット2」(近田春夫著)

コンビニに流れていた曲のフレーズが一日中頭から離れない、という経験はだれにもある。そして不思議なことに翌日には、まったくそれとは無関係の曲、たとえば二十年前の曲のこれまた一部分が、脳細胞のサウンドトラックになっている。「考えるヒット」にも、忘れられない決めの文句が、いくつもある。

たとえばサザンのファンの中核は「披露宴の二次会でしかディスコにいかないような人種」である。「若者らしさ」が、願望の中にしかなく、同世代で群れた時にだけ、それを発散できる人種ということだ。川中美幸は「うしろ向き加減のポジティブさ」を聴かせてくれる。だから「それ(演歌)が存在している時はバカにしていても、なくなったらきっと後悔する。どこかで我々は演歌を失いたくないのだと思う」。

なぜ「考えるヒット」はおもしろいのか。第一に曲選び。ヒット曲が中心なのは当然だが、そのほかに最高位七十位、ランクインせず、というような目立たない佳曲がよく拾い上げられている。この場合、近田は例外なくごみためのの中の宝石の第一発見者になっている。

第二に曲の仕組みがわかっていること。このため単に聴き上手、事情通の音楽評論家とは違う「ちょっとプロっぽい」角度を読者に提供している。この「ちょっと」がくせものだ。そして曲の仕組みと、制作の仕組みと流行の仕組みという三つをうまく交ぜて論じている。

曲の仕組みは専門の知識があれば説明がつくが、制作については芸能界の経験則がものをいう。本書では特に歌手と作曲家(プロデューサー)についての説が鋭い。流行は通常、結果論、世相論になりがちだが、近田は一様でない聴き手のニーズをカンどころよく押さえている。

奥田民生について、読みごたえのある長いバージョンが収録されているが、こういうアルバム・ミックス(?)をもっと読みたい。(細川周平・音楽評論家)

(文芸春秋・1429円)=1999年5月20日①配信

遺伝子操作に問題提起

「バイテク・センチュリー」（ジェレミー・リフキン著、鈴木主税訳）

遺伝子操作の問題について、日本ではほとんど議論が進んでいないと思っていたが、米国でも同様らしい。

「現在のバイオテクノロジーの研究は、一九四〇年代から五〇年代にかけての原子力の分野における初期の研究に匹敵している」という設定は、いままで考えたことがなかったが、実に的確な視点である。

確かに当時の核開発は、原子力エネルギーと核兵器という二つのベクトルを持っていた。そのどちらに力点をおいても、力は両方に作用した。

遺伝子操作も、まったく同じ関係にある。急増する人口の生活水準を維持するためには、農業や牧畜が自然の生産ペースであっては間に合わない。効率とスピードを上げるためには、植物や動物の遺伝子を操作しなければならなくなる。それはとりもなおさず、生物兵器開発へのデータベース構築につながる。

人類は、品種改良という技術により生産性を上げてきたが、種の違いという制約があったために、まだ自然の範囲にあった。それが遺伝子にまで手を加えることにより、さまざまな問題がもたらされる。米ネブラスカ大学の研究では、遺伝子操作で生産された大豆に対しアレルギー反応を示す被験者の例が報告されている。

また一方で、デジタル信号にそっくりな構造をもつDNAを利用して、コンピューターチップも作られている。このDNAチップを活用することで、人の遺伝情報が確認でき、将来かかりうる病気を見つけ出すこともできる。

しかしそこには、もう一つの側面がある。かかりうる病気が確認されれば、それが差別を生む引き金となる。医療費と心身障害補償費用がかさむ米国で、こうした遺伝情報の確認は、雇用拒否をはじめとする社会的差別を生むだろうという。

われわれは、遺伝子操作と社会問題について真剣に考えねばならない時期にきている。本書は、その問題を提起するためのものである。（中野不二男・ノンフィクション作家）

（集英社・2000円）＝1999年5月20日②配信

心と他者の関係論じる

「哲学・航海日誌」（野矢茂樹著）

野矢茂樹の哲学には、村上春樹の小説と共通する点が少なくない。まず、猫がよく登場する。家事、特に料理が話題になることが多い。

村上春樹の登場人物がよく口にするせりふに、例えば「わかるよ」というのがある。ひとの「心の中」に立ち入らない姿勢には好感がもてるが、本当にわかっているのか、相手を理解することへの断念が表明されているにすぎないのではないか、という疑念も残る。

しかし、「ひと（他者）の心がわかる」というのは一体どういうことだろう。ひとの感じる痛み、ひとの語る言葉の意味、また、ひとの行為の意図がわかるとはどういうことなのか。そもそも「心」とは何か。野矢にとっての問いは、ここからはじまる。

哲学には、「常識の内に未整理のまま混在するさまざまな考え方の一つだけを取り出し、それだけをつきつめてみる」という嗜好（しこう）があり「そのため、ときに常識的には思ってもみなかった地点へと連れて行かれる」ケースがあるのだという。

そういう非常識の一例が、「心など存在しない」とか、逆に「心しか存在しない」といった主張だが、野矢にとって、これらの哲学的非常識を批判する作業は、「心とは私の内側に世界や他者から独立に存在するなにものかだ」という常識を斥（しりぞ）ける作業と別のことではない。

「心」とは、あるものの性質を述べた言葉ではなく、他との関係の在り方を述べた言葉だ、と野矢は言う。「心」という概念と「心ある他者」という概念は本質的に結びついている、と。

この主張に説得力を感じるか否かを確かめるためには、哲学という航海を著者と共にしてみるしかないだろう。ちなみに、野矢にとって、最初の、一番大切な読者は、村上春樹の場合と同様、奥さんであるらしい。この本は、哲学の専門家ではない人にむけて書かれている。（藤野寛・高崎経済大講師）

（春秋社・2500円）＝1999年5月20日③配信

街の記憶と人生の断面

「神戸　歩いて100景」（神戸新聞社編）

六千余の人命を奪った阪神大震災で、灘五郷の白壁・木造の酒蔵、独特の形の塔をいただいた三宮の阪急会館、ハイカラな異国情緒を伝える北野の異人館などが倒壊した。それから三年余り、本書のもとになる百回の新聞連載は始まった。「立ち直るのに十年はかかる」と思われた街が「驚くような早さで装いを整えた。その光景を見ながら、震災を経ても失ってはいけない良さを探そう」と。

記者たちはひたすら歩く。と、震災前の神戸が見えてくる。闇（やみ）市の空気を残す高架下には、特有の赤、青、黄など原色「神戸色」の生地が健在である。旧居留地には欧風建築があり、福原に料亭が残る。酒蔵のデザインを引用した新築が試みられ、異人館の修復が進む。そしてそれを「神の力」が支える。灘五郷なら魚崎八幡宮、新開地なら金刀比羅宮、三宮・元町なら生田神社—倒壊した神社の再建に寄進した市民は少なくない。

多数の写真をおさめた本書は新しい型の観光案内ともなっている。先に触れた場所のほか、とれたての魚がはねる垂水漁港の昼市、新しい芸能と芸術が育つ新開地、おしゃれな店が軒を並べる高級住宅街、そうかと思うと下町の泊の、薪を燃やして焼くお好み焼き屋…あらためて訪れてみれば面白そうな場所がたくさん紹介されている。

ただ、バブル時代に構想・建設された人工島のビルは閑散とし、巨大遊園地には夏草が茂る。と思っていると、そんな建物をも子供たちは「えんぴつ、ぼうし、ノッポ」とあだ名で呼ぶ。それが街の記憶となって蓄積されていく。

そんな「記憶」を失った街は、たぶん住むに値しない。そういえば本書に、阪急会館の記憶に導かれて建築家になった人の話がある。白砂青松（せいしょう）の舞子浜が、松の木の鉢植えを並べた舗装に姿を変えた写真もある。こうした多様なまなざしが交錯する本書は、街に託して人生の断面を考えさせてもくれる。（高田公理・武庫川女子大教授）

（神戸新聞総合出版センター・1800円）＝1999年5月20日④配信

来るべき文学の理想像示す

「カルヴィーノの文学講義」（イタロ・カルヴィーノ著、米川良夫訳）

前衛的な作風で知られたイタリアの作家イタロ・カルヴィーノは、あるインタビューで「私は、極度に自己表現の苦手な人間で、それゆえ作家になりました」と答えている。実に逆説と諧謔（かいぎゃく）に満ちた発言だと思う。

本書は、そうしたパラドックスとアイロニーの精神に満ちた著者が、一九八五年から八六年にかけて米国の大学で講義を行ったときの草稿である。副題に「新たな千年紀のための六つのメモ」と記されているが、実際には五つのメモしか収録されていない。というのも、著者の急逝によって、最終講義は幻の授業となってしまったからだ。

いわば本書は、今世紀後半の世界文学を代表する著者が、この先、新世紀を生きる人々のために文学の価値と“来るべき文学”の理想像を提示した文学的遺書である。

著者は、二十一世紀文学に必要なものとして、「軽さ」「速さ」「正確さ」「視覚性」「多様性」を提唱する。これらの文学的価値は、それぞれ別個に説明されるが、全体を通して読むと、互いに密接な関係があることがわかる。

つまり、「軽さ」は必然的に「速さ」を含み、「正確さ」がそれらに安定感と一種の重み（著者は、「軽さ」を説明するのにヴァレリーの言葉を引用し、「鳥のように軽くあらねばならぬ、羽のようではなく」と説明する）を与え、その三つの要素から「視覚性」が生じ、結果として「多様性」の文学が誕生するというわけだ。ちなみに、これら五つの文学的価値を備えた作家として、カルヴィーノはボルヘスの名をあげている。

もちろん、本書で触れられる作家はボルヘスだけではない。オウィディウス、ダンテ、シェークスピア、バルザック、フロベール、プルーストなど多くの作家・作品が論じられ、比較文学の書としても斬新（ざんしん）な視点に満ちている。いうまでもなく、著者自身の作品の意図、創作方法やアイデアの源泉、文学観を知りたい読者には、この上なく有益な一冊である。（風間賢二・文芸評論家）

（朝日新聞社・1900円）＝1999年5月20日⑤配信

漂流する人間の見果てぬ夢

「柔らかな頬」(桐野夏生著)

北海道、支笏湖近くの別荘から、五歳の娘有香が失跡して四年が過ぎた。夫をはじめまわりはみな、有香のいない現実を受け入れたが、カスミには受け入れられない。

北海道の灰色の海べりの寒村を十八歳で家出して二十年、家族という檻(おり)から脱出しようと男を愛した、それが有香を失跡させたのだもの。有香の行方をつきとめなければ、どうしても折り合いのつけられない現実からの脱出はない。

正義感ではなくただ勝者になるために、道警一課刑事への道を一直線に走ってきたが、がんで余命半年と宣告され、本当の時間を生きようとする内海とともに、カスミは有香の行方を捜して―。

桐野夏生は、不可解な事件の真実を追求する母と元刑事というミステリー的結構で、世間と折り合いがつけられず、自分が自分であろう、本当の時間を生きようとして漂流する人間をえがいている。

あらゆる現実にあらがい脱出したがるカスミ、競争好きでカッコつけることしか考えなかった内海、何不自由ない生活からとことんはずれるカスミの愛人石山。登場する人間たちは自分勝手に見えるが、それはひととひとの絆(きずな)といった幻想をすっぱりと断ち切って、絶対に実現せぬことを承知で“見果てぬ夢”を夢見るものだけがもちうる自由なのだ。

「OUT」で、ひとをがっちりととらえている日常の壁をつきくずし、逸脱していく女をえがいて論議を呼んだ桐野夏生は、それから二年。この「柔らかな頬」で、カスミが、内海が、有香の失跡のシーンを想像する“薮(やぶ)の中”的な想像力にミステリアスな興趣を横溢(おういつ)させながら、ひとが心の奥深くに秘めているだろう欲求を激しく挑発してみせた。

現代を正面からとらえようとするミステリーとは、こういう作品をいうのである。(井家上隆幸・評論家)

(講談社・1800円)＝1999年5月20日⑥配信

知的酩酊誘う論考集

「酒の文明学」(山崎正和監修、サントリー不易流行研究所編)

人は酒について語るとき、なぜか酔いからさめて熱っぽくなるものだ。専門の異なる五人の研究者による酒に関する論考集で、「会議用の机を囲んだ瞬間から精神の微醺をおびていたような気がする」「言葉の最高の意味において遊びであった」(はしがき)討論の所産であるということだが、マジメで力の入った論考がほとんどだ。そして、酒そのものの専門家が一人もいないことが、全体としての視野の広がりと考察の意外性をもたらしている。

「酒の文化、酒場の文化」(鷲田清一)は宴(うたげ)、コンパ、一人酒、それにバー、酒場など飲酒文化の場について軽妙に論じたうえで、少し本気で、アルコールによって感覚のセッティングが変わって、現実の生活の夢からさめ、われに返るのだ、といっているのが逆説的でおもしろい。

「酒と社交」(熊倉功夫)はこれと視点が異なり、日本人が酒を飲む場面を、神と飲む、人と飲む、一人飲む、に分類し、専門の茶と酒、巡杯などの作法についての考察が興味を引く。中世の「酒飯論」、桃山時代の「酒茶論」、近世の「酒餅論」の三つの戯文のなかの酒と対立するものについて触れて、現代の辛党、甘党の対立に至る。

「ボルドー・ワインとナポレオン三世」(鹿島茂)はワインをめぐるヨーロッパ中世史、「酒と経済」(宮本又郎)は日本の酒の生産、消費の経済史で、前者ではナポレオン三世の生い立ちと政治的計略によるボルドー・ワインの世界的飛躍、後者では日本の社会の変動と酒類消費の変遷が語られて、私たちは酒と一緒に人の歴史を味わっているとの感を深くする。

「酔いの現象学」(山崎正和)は飲酒意識の細密な分析で、酒による陶酔と麻薬の「きき」との違いを、酒の酔いは味覚や社交という喜びの「結果」であるのに反して、麻薬にはそれらがなく、「結果」だけだ、と明快に解説する。

一つ一つの論文がおもしろく、知的酩酊(めいてい)を誘って読後感が快い。(大塚滋・元武庫川女子大教授)

(中央公論新社・1900円)＝1999年5月27日①配信

日本を映し出す話芸の総体　「のり平のパーッといきましょう」（三木のり平、小田豊二著）

三木のり平熱はいやがおうにも高まっていた。あちらこちらから「のり平コール」がわき起こり始めていた。別役実さんのようなわが国随一の戯曲家から中堅役者、そして若い芸人にいたるまで、ふと気づくとひと癖あるような連中の皆が皆、のり平さんに教えを乞（こ）おうとしており、また何かの形で自分たちの舞台に出てもらおうと狙っていたのである。突然の訃報（ふほう）でショックを受けたのは、つまり私だけではない。

なぜそのようなのり平熱がひそかに温度を上げ続けていたのだろうか。そのこと自体が、おそらくひとつの研究書となるべき不思議な現象である。単なる昔の日本喜劇映画へのノスタルジーであるなら他の役者の名とともに挙がっていたはずなのだが、聞くのは必ず三木のり平という名前のみ。

確かにのり平さんには動く百科事典の印象があり、そのような技を“若い人に伝授して惜しまない”という伝聞がそこここに行き交っていた。したがって、のり平熱の中核にはどこか集合無意識的な「われわれが引き継がなければならない」という切迫した思いが働いていたような気がする。

しかし、そう考えたからといって先の不思議さは解決しない。一体「今」になって「何」を引き継ごうと人々は欲したのだろうか。そもそも、引き継がなければと焦る以上、人は現在に欠けている「何か」に感づいていなければならない。明らかに欠けており、しかし三木のり平だけが持ち得ている「何か」。それを言い当てなければ、われわれは結局ノスタルジーにひたりたいだけだったという不名誉なことになる。

この「何か」を析出することはおそらく二十世紀の舞台、笑い、映画、テレビ、いや日本そのものの質の変遷を正確にとらえる作業になるだろう。本書に現れる三木のり平の語りは、すべてその析出のための優れた資料であり、析出をすでに想定して見事に身をかわす大喜劇役者の話芸の総体なのである。（いとうせいこう・作家）

（小学館・2000円）＝1999年5月27日②配信

人間を「解体」する技術　「グラモフォン・フィルム・タイプライター」（フリードリヒ・キットラー著、石光泰夫ほか訳）

二十世紀の前夜に蓄音機と映画とタイプライターという新しいメディア技術が登場した。蓄音機は音を、映画はイメージを、それぞれ記録し、流れる時間を保存できるようにした。これは文字がどう転んでもできなかったことだ。その上タイプライターが、書字に技術のレベルを導入して、文字の魔術的効果を解消してしまった。

聴覚と視覚を分解し、書くことを精神から分離したこれらの技術は、人間の経験の質を変えただけでなく、端的に「人間」というものを解体してしまう。

文字を読むことで、人は声もイメージも喚起し、書かれたものの背後に著者の「魂」を、全体的な「人間」を受け取っていた。だがもはやそうした幻想はなりたたず、音とイメージと記号は「人格」の外皮を素通りして中枢神経まで浸透する。グーテンベルクの「文字の独裁」は終わり、「人間」は生理学と情報工学に解体されるというわけだ。

「文化は、映像や文字や数のことで、身体ではない」と断言する著者は、その大胆な立場から、われわれが日々接しているメディア技術の意識されない諸効果を明るみに出し、フーコーとは違った観点から「人間の終焉（しゅうえん）」を宣言する。

だが、この解体に対する「恐怖」の調書を当時の文学から作成する、その博学多彩でウイット飛び散る饒舌（じょうぜつ）な論述は、社会科学の論文よりもはるかに文学に近い。それに文字支配の解体を主張するこの本が、やはり本として書かれてしまうという自家撞着（どうちゃく）をこの著者は避けられない。だがそれがこの本の異様な魅力になっている。そこに、なぞがあるのだ。

ニーチェがタイプライターの先駆的使用者だとか、この器械が書字を女性に解放したなど、たくみなユーモアを交えた思いがけない記述も楽しめる。翻訳するにはいかにも難儀そうなこの本を、十分に楽しめるまでにほとんど書き換えた訳者たちの努力も特筆しておきたい。（西谷修・明治学院大教授）

（筑摩書房・5800円）＝1999年5月27日③配信

産廃めぐる闘争史

「ゴミが降る島」（曽根英二著）

瀬戸内海に浮かぶ豊島（てしま）に、産業廃棄物がもちこまれるようになったのは十六年ほど前のことである。住民の反対を押し切って、香川県が許可したからである。それは全国いたるところで見受けられた光景だった。

香川県の異常さは、県の担当者が業者に法の抜け道を教えていたことである。のちにこの職員は警察の取り調べにたいして、「業者から脅かされていた」と供述している。

真相はいまひとつ分からないところがあるのだが、島の一角にブチまけられた、五十万トンといわれる産廃のたい積の上を歩くと、住民に強く業者に弱い、お役所の無責任さに腹立たしくなる。

不法投棄がやんだのは、「管轄外」ともいえる兵庫県警が、「廃棄物処理法違反」の疑いで強制捜査に入ってからだった。それまでは野放しだったから、いかにもひどい。これから、その撤去のために膨大な国費が使われることになっている。

この本は、九年前に豊島の産廃問題をはじめてテレビで報道した記者の記録である。番組は豊島にもちこまれる産廃が、東京や横浜から運ばれていることを明らかにしたのだが、本は五十万トンの有毒物を撤去させることに成功した、住民の運動の歴史をテーマにしている。それは、所沢など反産廃の運動に激励を与えている。

たしかに、住民の困難な闘争は実を結んだ。とはいえ、全面撤去には、これから十年の歳月が必要とされている。そのほとんどが、自動車のシュレッダーダスト（破砕くず）である。えたいの知れない有毒物が多く、島の環境はひどく汚染された。

メーカーは売るだけ。産廃処理業者は、よりコストが低い場所を狙って捨てる。それを引き受ける業者がいる。行政は、住民の訴えを無視している。全国どこでもおなじ構造である。つまりは企業のもうけのために、住民が犠牲にされている。

いまなお日本は、公害大国なのである。（鎌田慧・ルポライター）

（日本経済新聞社・1700円）＝1999年5月27日④配信

古美術世界の化かし合い

「文福茶釜」（黒川博行著）

ニセモノの制作を依頼された。市場では一千万円の値がつく水墨画。紙に描いてある。とたん、ひらめいた。贋作（がんさく）は、ふつう拡大写真をもとに作る。理屈をならべて説得し、現物を借りだした。

紙に描かれた水墨画は、裏写りがする。凄（すご）腕の表具師なら二枚にはがし、裏写りのほうを、真本みたいに仕立てられる。相剥（あいはぎ）という。真本の二割ほどの値段で売れる。それを狙った。

いや、いっそ真本をいただく。依頼主には相剥本のほうを返すというのはどうか。どうせ敵はシロウトだ。相剥と真本の区別はおろか、贋作と真作の見分けだってつけられまい。そこがつけめと唇をなめた。

食えないことを考えるものだ。しかし、食えないといえば、古美術の世界そのものが、そもそも食えない。真贋入り乱れてカエル合戦し、間を札束が飛びかっている。芸術的・審美的情熱など、物欲・金欲に圧倒されて、カエルの面のオシッコにひとしい。

そんな食えない世界に住む、食えない男たちの、食えない日々を描く短編集である。真贋入り乱れているから、油断もスキもない。うまうまと、相剥本を真本がわりにつかませた。しかし、当の真本が贋作だったということもありうる。贋作なら、相剥もへったくれもない。ただの化けの皮だ。

古美術世界の食えなさが、そっくり、虚実皮膜を渡る作品のサスペンスともユーモアともなる。表題作の「文福茶釜（がま）」ではホンモノの高価な芦屋茶釜を、ただ同然に道具屋にだましとられた持ち主が、高名な漫画家のニセモノの色紙や原画を使って報復する。見事、茶釜に狸（たぬき）の足を生やしてみせる。

著者の前身は美術教師。すべて手のうちといった感じで、気持ちよさげに狸の毛を使っている。あんた、ホンマモノのヒトですかいな？　そんな存在論的ネコイラズも、さりげなく仕掛けてある。いかさま油断がならない。（倉本四郎・作家）

（文芸春秋・1619円）＝1999年5月27日⑥配信

漫画史をめぐる貴重な証言

「貸本屋のぼくはマンガに夢中だった」(長谷川裕著)

心強い本が出た。だれかにいつかは書いてほしいと、長い間待っていた本が、しっかりとした実証的裏付けと、戦前からの大きな時間的スパンをもって、思いもよらぬ形で刊行された。

著者は東京の住宅地に貸本屋の息子として成長し、幼少時から神田の漫画問屋に行かされ、親の仕入れの手伝いをさせられたという人物である。貸本屋のピークは一九五八年。これは日本映画の産業としてのピークとぴったり重なっている。テレビの急速な普及が、このふたつの文化を衰退させた。

やがて貸本漫画のスターたちは大手の出版社の漫画雑誌のお抱えとなり、現在の漫画ブームの基礎を築き上げた。手塚治虫しかり、白土三平しかり。けれどもこうした出世コースに乗らなかった無名の作家たちは、どこへ行ってしまったのだろうと、著者は思いをめぐらす。

実は評者は、六〇年代にこの本の舞台となった池尻大橋の隣町、三軒茶屋にあるアテナ書房という貸本屋に足しげく通っていた。そこで「忍者武芸帳」を皮切りに、片っ端から貸本漫画を読みまくったという体験をもっている。

それが今日、自分がモノを書くときの原動力となっていることを、ある同時代的な感動のもとに再確認できたというのが、この貸本屋回想録を読み終わったときの最初の感想だった。

だが個人的な感慨など、どうでもよろしい。文学や映画の世界では八〇年代以降、作られた作品だけを律義に分析するという方法が行き詰まり、それを補う形で、作品がその時代にどのように、だれによって受けとられ、理解されてきたかという研究が盛んになってきている。

貸本漫画については、すでに制作者の側から桜井昌一の回想録があったが、読み手の側からのものはなかった。長谷川裕による本書は、その意味で日本漫画史をめぐる貴重な証言だと言える。(四方田犬彦・映画評論家)

(草思社・1600円)＝1999年6月3日①配信

絵画に封じ込めた虚無性

「シャボン玉の図像学」(森洋子著)

シャボン玉には、さまざまなイメージが張りついている。水と空気が作り出すはかない形、それでいて完全な球体をめざしてふくらむ様子は、子供ならずとも人の心を引きつけてきたものと思われる。

たしかに日本的な感性からいえば、はかなさ、むなしさ、一瞬の生命、たまさかの美しさなどが連想されてくるけれども、本書によれば、西欧の十六世紀に始まるシャボン玉の図像群にも似たような意味がこめられていたらしい。

すなわち人間という存在も「生まれてきたと思えば、死ぬときが迫り、徳の証しを何ひとつ示しえなかった」(旧約聖書)ものであり、それを如実に表すイメージがシャボン玉であった。エラスムスの「格言集」にあることば「人間は泡沫(ほうまつ)なり」からルネサンス期ヨーロッパにこのイメージが広がったが、エラスムスは古代ローマの格言としてこの語を引き、さらにそれはギリシャ神話にまでさかのぼるそうだから、これは人間の文化の奥底にまでさかのぼるものなのだろう。

本書の図像群を一覧すると、画家たちは実に徹底して泡沫としての人間を描いていたことがわかる。このシャボン玉というむなしさ(ヴァニタス)の象徴は、やがて「束の間の人生」のみならず「地上の富、名誉、地位、人の寵愛、美、快楽などの虚無性」を暗示する寓意(ぐうい)性を帯びることになり、画題としてのヴァニタスが下火になってからも、シャボン玉は描き続けられることになる。

十六世紀から十九世紀にいたる西欧絵画の流れにシャボン玉を追った本書は、このイメージがいかに深く人々に浸透していたかを教えてくれているし、ますます膨らみ続けていたことを納得させてくれる。またとりわけ、補遺として収められている「日本のシャボン玉の寓意表現」は興味深く、広く議論を巻き起こしてよい。

はかない泡沫を時代を超えて生き延びる絵画のなかに封じ込めようとした試みは、画家なるものの本質をとらえているのではあるまいか。(松枝到・和光大教授)

(未来社・5800円)＝1999年6月3日②配信

政治力学がつくる国民文学

「創造された古典」（ハルオ・シラネ、鈴木登美編）

「古典」とはいったい何だろうか。多くの読者に読まれてきたからといって、その作品がそのまま「古典」となるわけではない。数限りない作品のなかで、その社会の根源的価値を表現しているとみなされた作品のみが、古典の地位を勝ち取ることができる。

しかし、そうした古典の価値は、もともとその作品に備わっていたのではなく、特定の歴史的状況のなかで、社会あるいは特定の読者層の要求によって作り出されたものではなかろうか。だから、ほとんど注目されたことのない、いわば日かげの作品が、ある日突然スカウトされ、「古典」の座を獲得するということも起こりうるかもしれない。それでは、こうして「古典」が「創造」される過程のなかには、どのような力が働いているのだろうか。

以上が本書に収められた諸論文を貫く基本的なモチーフである。その視点から、古事記、万葉集、源氏物語、芭蕉や西鶴の作品などが「古典」となっていく過程は、明治以降の日本の国民国家形成と密接に結びついていることが明らかにされる。「古典」は一種の政治的力学のなかで「創造」されたのであり、それは「『日本文学』あるいは『日本』というカテゴリーの構築そのものと重なり合う歴史的過程」なのである。

このように、本書では「古典」の価値が歴史的コンテクストのなかで徹底的に相対化される。そのことにとまどいやむなしさを覚える読者もいるかもしれない。「脱構築」的な営みの果てに、いったい何がのこるのかと。しかし、こうした作業には「古典」を国民国家の価値づけの枠組みから解放し、新たなコンテクストのもとに置き直そうという積極的な意義も見いだされると思われる。

このような研究は、日本ばかりでなく他の国の文学についてもおこなうことができるだろう。いかなる国であれ、「国民文学」というものが要請されるときには、必ず「国民的古典」の神話がつくりだされるからである。本書につづく研究が期待される。（イ・ヨンスク・一橋大助教授）

（新曜社・4000円）＝1999年6月3日④配信

なぜ芸術が必要なのか

「エッフェル塔の黒猫」（新井満著）

われわれは、今、「芸術」や「宗教」の存在意義を否定することを常識とする文化状況の中にある。しかし、われわれは、依然として芸術や宗教を必要としている。いや、今こそ社会学や心理学のような素朴な物の見方から脱し、哲学や宗教をも含みこんだ文学的・芸術的な物の見方を必要とする時代ではないか。

たとえば、最近、「オウム真理教事件」や「酒鬼薔薇事件」のような不可解な事件が頻発しているが、それは文学や芸術を排除した、あまりにも世俗的な底の浅い現代文明への抵抗ではないのか。彼ら、反社会的・反倫理的な人物や集団が突き付けた問題は決して社会学や心理学で解決できる問題ではない。彼らの心の闇（やみ）に対応できるのは、文学や芸術だけだ…と私は思う。

さて、新井満のこの長編小説は、長い間忘れられていたが、今では作曲家として知られ、世界中の人々に愛されている純粋な芸術家エリック・サティの青春と恋愛、そして失恋と挫折を描いている。サティは、十九世紀末のパリで、有名な画家や音楽家たちに囲まれながらも、生涯独身で、孤独な一生を送った地味なピアニスト、作曲家である。

それにしても、今、なぜ、サティなのか。実は作家・新井満にとっては、サティこそはその文学的・芸術的な原体験を形成した、思い出の芸術家であるらしい。つまり、サティの伝記を書くことは、ある意味では、自らの文学的・芸術的な原体験とその秘密を描くことなのである。その意味で、この小説は単なる平凡な伝記ではない。サティ伝を通して新井満は、「文学とは何か」「芸術とは何か」を語ろうとしているのだ。

もっと具体的に言えば、それは芸術家の「孤独」であり「不安」であり「絶望」である。つまり、新井満は、現代人が排除し、忘却した「芸術」と「芸術家」の存在意義を再発見しようとしているのだ。おそらく、新井満はこう言いたいのであろう、芸術こそが人間を救うはずだ…と。（山崎行太郎・文芸評論家）

（講談社・2800円）＝1999年6月3日⑤配信

本心失った二重思考を突く 「日本の無思想」（加藤典洋著）

「敗戦後論」に続いて著者は二十一世紀へ向けての大きな問題提起を行った。この労作を読んでなるほどと得心したことがある。それは、なぜ日本人は自分に自信がもてないのか、その理由の本質的な部分についてである。著者の答えは無思想だからというものである。無思想とは本心がない、本心の感覚を失っているということである。

こう記すとそれはおかしい。本心はあるのではないか。日本人の場合、タテマエとホンネというように本心はタテマエの背後にいつも隠れているのではないか、という異論が出るかもしれない。

けれど著者は、ホンネと個人のものである本心は違うという。ホンネを失言として恥ずかしげもなく前言撤回する政治家たちの例を引きながら、ホンネとタテマエは立場の違いからくる相対的な差異でしかなく、突き詰めるとどちらも彼の帰属する団体の考えに解消されてしまう。従ってこの二重思考の本質は、どちらでもいいというニヒリズム、本心の喪失だと述べる。「ほう」という吐息が出る。

だが心底、がく然とするのはホンネとタテマエという二重思考が戦後のものであるという指摘である。でも表と裏、顔と腹というように思考の二重性は昔からの日本人の本性ではないのか。著者はこうした異論をも解きほぐす。

ホンネとタテマエはそうした二元論的な思考とは異なること。二重思考の誕生するきっかけは敗戦の全面屈服であった。この屈辱的な体験を日本人は、例えば敗戦を終戦と言い換えることで、隠ぺいするという自己欺瞞（ぎまん）を犯したのだ。ここに本心の感覚を失った二重思考が現れてきたと述べる。

この問題は実は公と私の問題である。戦後日本に公（公共性）の思想が生まれなかった最大の理由は思想におけるニヒリズムである。ではそれをいかにしたら獲得できるか、その契機を探って東西の公と私の関係を古代からたどり直し、一つの重要な結論（仮説）に達するまでの壮大な思想のプロセスは、わくわくするほど刺激的である。（芹沢俊介・評論家）

（平凡社新書・740円）＝1999年6月3日⑥配信

フェルマー問題の解決劇 「天才数学者たちが挑んだ最大の難問」（アミール・D・アクゼル著、吉永良正訳）

数学の世界には、古くからの未解決問題がたくさんある。中でも、四色問題、フェルマーの問題、リーマンの問題は三大難問と呼ばれ、今世紀中の解決は不可能と考えられていた。ところが、米国の二人の数学者アッペルとハーケンによって、四色問題は一九七六年に解決された。コンピューターの支援による解決で、当時は大変な話題を呼んだ。

一方、フェルマーの問題とリーマンの問題は難問中の難問で、今世紀はおろか、二十一世紀でも困難と考えられていた。これが、イギリスの数学者ワイルズの七年間の努力によって、ついにフェルマーの問題も九五年に解かれた。こうして、三大難問中の二問に決着がつけられた。

この本は、超難問のフェルマーの問題がどのような経緯で解かれたかを克明に紹介している。これを読むと、最大の栄誉はワイルズに与えられたが、それまでに貢献した多くの数学者たちの努力も無視できないことが分かる。

といっても、単なる数学の解説書ではなく、さまざまなエピソードを交えたドキュメント風の読み物である。このため、数学を知らない人にも楽しく読める。難しい数式は一切使わず、むしろ、この難問にかかわった数学者たちの人物像に焦点を合わせている。それでいて、フェルマーの問題がどういうものかとか、解決の途上で生まれた数学上のさまざまな成果にも、さらりと触れている。

このため、前世紀までに活躍した大数学者がほとんど登場し、その中にはディオファントス、フェルマー、オイラー、ルジャンドル、ガウス、クンマー、デデキント、リーマン、アーベル、クラインが含まれている。

また、この難問の解決に直接の貢献をした現代の数学者として、志村五郎、谷山豊、メイザー、フライ、リベットらの生き生きとした会話が紹介され、特に志村と谷山の業績が高く評価されている。

なお、訳者は優れた科学評論家。数学に無縁な読者にも自信を持って推薦できる見事な翻訳である。（秋山仁・東海大教授）

（早川書房・1800円）＝1999年6月10日①配信

脳の違いで決まる人格

「シャドー・シンドローム」(J・レイティ、C・ジョンソン著、山下篤子訳)

本書は、古典的なカテゴリーにあてはまらない軽症を含む不完全型の精神障害を「シャドー・シンドローム」と名付け、脳の神経科学の立場から光をあてた知的にスリリングな著作である。

一つの職場にとどまれず転職を繰り返す人、男女関係が長続きしない人などについて、これまで子供時代の家庭環境や育てられ方に原因があると見られてきたが、本書はそのかなりの部分が脳の遺伝的要因や構造、つまり脳の生物学的要素によって大きな影響を受けてきたと指摘する。

胃腸や肝臓などの働きが、ひとりひとり異なっているように、最も複雑な器官である脳は個人により違いがある。いわゆる悪い性格、魅力のない人格とみなされるものの多くは生物学的な差異であるという。

このあたりの議論は一歩間違えばナチズムの優生思想につながりかねず、人権問題にもかかわってくる。だが、本書は悩みながら生きる人々への深い共感とそれを理解しようとする姿勢に貫かれ、脳に存在するわずかな差異が、人生を決定してしまうこともあることを知ることで、どのようにそれと向き合えばよいかが理解できるとする。

病者だけの世界にとどまらず、人間の幸福とは何か、物質的な成功や富といった面でははかれない、個人個人の性格や才能、人生の悩みといった問題を理解する上でも有益だろう。脳が違っているということは生き方も違って当然だという認識は、ある種の救いにつながるからだ。

全編にわたり、最新の神経生理学の研究を基に、さまざまな患者の具体例が紹介されており、夫婦関係や社会生活にうまく適応できない人々の内的世界を描いたノンフィクションとしても興味深く読める。

フロイトの精神分析以降、二十世紀は心理療法が主流だったが、今後、本書のような精神神経医学に基づいた薬物療法が大きな位置を占めていくことが予想される。(麻生結・著述業)

(河出書房新社・2800円)＝1999年6月10日②配信

人間臭い魅力味わう楽しさ

「一茶俳句と遊ぶ」(半藤一利著)

江戸時代の俳諧師で不断の人気を保っているのは、まず芭蕉、蕪村、ついで一茶であろう。人間を書くことにおいて共通している人たちだが、芭蕉に対する関心のあり方と一茶のそれとの間にはかなりの距離がある。

まず、俳聖芭蕉とはいっても俳聖一茶とはだれもいわない。どうしてなんだろう、というなぞを解いてくれるのが本書である。読んでゆくほどに一茶という人の卑俗なところ、算用癖、滑稽(こっけい)な行いなどがそこここに見られ、俳聖という二字はますます遠のく。遠のくほどに一茶の句の人間臭い魅力が見えてくる。

一ページに一茶の一句とその句を軸にしたエッセーが年代順に収められているので、一ページごとに完結する読み切りの楽しさと、一茶の人生が通覧できる楽しさをともに味わうことができる。引かれている一茶の句もさることながら、文章が軽妙ですっきりしているので読者に負担がかからないのがいい。

肉親との不和、妻子との死別など、一茶の人生をロクでもないことが襲う。そんな不幸を「六十年踊る夜もなく過しけり」「骸骨の笛吹くやうに枯野かな」と独りごちる。一方で「なの花も猫の通ひぢ吹きとぢよ」「悠然として山を見る蛙かな」などの本歌取りや、俗謡やことわざを用いた「春風や牛に引かれて善光寺」「鴫の声かんにん袋切れたりな」などで楽しみ、「けふからは日本の雁ぞ楽に寝よ」「おらが世やそこらの草も餅になる」と小さいものへ慈眼をそそぐ。

ページを繰りながら、ついついそんな一茶俳句と遊ぶ著者に誘導されて遊んでしまい、「あとがき」の「笑って、そして、そのうしろに涙をみる」という一行の真意を納得するのである。

「うつくしや障子の穴の天の川」「淋しさに飯をくふなり秋の風」などの佳句もあまた引かれており、おのずと一茶俳句の幅の広さを堪能させられる。俳諧の滑稽、卑俗のエネルギー、人情の機微を知った人ならではの好著である。(宇多喜代子・俳人)

(PHP新書・657円)＝1999年6月10日③配信

現代人の心象風景を照らす　「尾崎豊　魂の波動」(山下悦子·芹沢俊介·児玉由美子著)

わずか二十六歳での死から七年、すでに五十冊を超える関連書が発行されている尾崎豊というロック歌手の存在は、社会現象と言ってもよい静かな波紋を広げ続けてきた。

かつては十代の反抗の象徴とみなされた尾崎が、いまでは、倦(う)み疲れたこころを癒(いや)す「寄る辺」として、若者から中年の女性層にいたるまで支持を集めている。それはなぜなのか。尾崎の曲、詩、声にこめられたメッセージをていねいにたどることでこの疑問に答えようとしたのが本書である。

語り合う三人はもちろん熱心な聴き手だが、尾崎よりもずっと上の世代。しかも音楽業界とは無縁で、評論家、女性史研究家、環境造形作家と分野が異なり、尾崎をみる視点も動機も少しずつちがう。その取り合わせが、早世のロック歌手がもつ魅力を探るのに効果をあげている。

たとえば、hideとは異なる尾崎の声の厚み、肉体性。あるいは、井上陽水などにはみられないというフェミニンな感覚。てい談の随所で出くわすこれらの指摘は、尾崎の歌一つひとつについての作品論であるとともに、彼の曲と詩を受けとめる側の心象風景を照らす試みにもなっている。

尾崎に惹(ひ)かれるこころのありさまからは時代の病とも言うべき状況が浮かび上がる。外見は能面のように無表情でいて、びっしりと心の内側に書きこまれている孤独。家族というきずなが親子や夫婦を支えきれなくなり、一番近しい人間関係のなかで一人ぼっちで居続ける、やりきれない感情。―この凍えるような疎外感を癒し、包みこんでくれるのが尾崎の存在だという本書の観察は鋭い。

尾崎の歌は「おまえはどうするんだ」と責めたててこない。そのやさしさが尾崎を一九九〇年代の癒し手にした。けれども、「だれも責めるわけじゃないが、つらいんだよ」という心情は、考えようによっては救いがない。尾崎が支持されるいまの日本は、つまりそれほどしんどい時代だということなのである。(中西新太郎・横浜市立大教授)

(春秋社・1900円)=1999年6月10日④配信

多様なコトバのざわめき　「ドゥードゥル」(清水博子著)

「ドゥードゥル」は、大学の創作科を卒業した「わたし」が、同級生の結婚披露宴に出かけ、そこでミワコという友人に、自分の半生について小説を書いてくれと頼まれる話である。ワープロで書いてミワコへ小説を送ると、真っ黒に添削されて返されてくる。ミワコの要求から逃れるために外国旅行をしているあいだに、同級生に「わたし」が書いたとされる小説の草稿がファクシミリによって回覧されている。

この作品のひとつのテーマは、小説を「書く」ことについての物語であり、小説をめぐるメタ小説ということであろう。しかし、それだけならば、すでに二十世紀の文学がくりかえしてきた「小説」のパロディーにすぎない。

むしろ、この作品の面白さ、ユニークなところは、ミワコによって語られた言葉と、「わたし」によって文字として記された言葉の落差、ずれを描き出そうとしている点にある。話される言葉(パロール)は、さまざまな多様な意味のざわめきに満ちている。しかし、書かれた言葉(エクリチュール)は、その言葉のざわめきにくらべれば、はるかに安定した、それゆえに果てしない音の織物としてのパロールのひとつの側面でしかない。

もちろん、「ドゥードゥル」はそれ自体小説であり、あくまでも書かれたテキストとしてある。だが、その書き言葉のなかに、コトバのざわめきを、意味のふるえと多様性の面白さとを、垣間見ることは十分にできるだろう。

これは出張中の夫と、退屈な日常のなかにある主婦の電子メールでのやりとり、すなわち電子によるコトバのおしゃべり、ざわめきを描いたもう一編の収録作「空言」のモチーフにも重なる。いずれにしても、この作品集の絵空事めいて、しかもあるリアリティーを感じさせる力は、われわれを取り巻く現代の言語状況そのものを、作者が概念的にではなく、鋭く感性的にとらえているからだ。(富岡幸一郎・文芸評論家)

(集英社・1400円)=1999年6月10日⑤配信

熱狂的な人間の行為を考察

「面白すぎる日記たち」（鴨下信一著）

日記をつける行為は熱狂・狂熱にちかい。喜劇王・古川ロッパは、戦後の不遇の日々を前に書いた。〈日記ほどたのしきものがあるか。俺は、これを書くために生きている〉

この日記がテーマである。たとえば、かくも熱狂的な行為が、なぜ、共通して、天候の記述にはじまるか？

治承四年二月十四日、藤原定家は、かの「明月記」に書きつけた。この日、父・俊成の屋敷が焼けたにもかかわらず、〈十四日。天晴る。明月片雲なし〉と。明治二十六年五月二十九日、樋口一葉は書いた。〈廿九日　曇天　窮甚（はなはだ）し〉

なるほどふしぎなことだ。災難も骨噛（か）む困窮も、天候ぬきでは語れぬといわんばかり。げんに、また私たちはそうしている。

この着眼が、まずすてきだ。疑いを抱かないほどなじんでいる事実に、光があたる。心底をはたかれた気にさせる。

受ける言葉が、またいい。日記の書き手の無意識に、鋭く、繊細にふれる。天候の記述は筆の運びを楽にする。心事を述べやすいといい、一葉の日記をこう読む。「『廿九日　窮甚し』といきなり書くのは堪（た）えられないことだ」

または、天候の記述は日記に堅固なフレームを与える。それは「生活そのものに強力なフレームを与えることと同じだ」と。不意に、天候の記述が脱落する日記があるが、そのときは、きまって書き手の生活のフレームそのものが壊れていると。

炯眼（けいがん）というものだろう。日常の経営にあたっては、じつに煩瑣（はんさ）な事柄をしのがねばならない。そうしてやっと、私たちはフレームを確保している。それは日記をつけるのと同様の、熱狂・狂熱を動力としているのだ。

多様な日記を引用しつつ、日常現象としての人間を考察して飽きない。じたい、大した熱狂・狂熱の所産といわねばならない。（倉本四郎・作家）

（文春新書・690円）＝1999年6月10日⑥配信

香るような暮らしをつづる

「明日も林檎（りんご）の樹の下で」（片山良子著）

どの窓からもりんごの樹が見える。手をのばすと、りんごに届く。津軽。岩木山のふもと。その香るようなりんご園の暮らしと時間を、女主人がこまやかにつづった。

花をください、と横浜から染織家が訪ねてくる。ふたりで園の花を摘む。りんごの花で染めた織物は、薄紅色に香るだろう。秋に染めあがった織物は、しかし、黄色だった。淡く、甘やかな。りんごの魔法を見るような。「あ、りんごの涙色」。感動しつつそう呼んだ。以後、ずっとそう呼んでいる。

少女趣味で命名したのではないようだ。響きはいかにもセンチメンタルだが、女主人は感傷に足をとられるほどヤワではない。自然のいとなみの豊饒（ほうじょう）も残酷も、とうに承知の錬磨の女性とみえる。黄色の命名だって、忘れがたい記憶と結んでいるのだ。

ある春先、季節外れの寒波が襲った。りんごは冬眠を終え、芽吹いたばかりだった。旺盛（おうせい）に水を吸いあげていた幹は、たまらず裂けた。明くる朝、したたった樹液で、園をおおう雪が黄色に染まっていた。

凍裂というのだそうだ。なじみのない言葉だが、女主人は、そんなことが起こる世界を生きているのである。

こんなことも書いてある。夏の雹（ひょう）にえぐられたりんごが、収穫時までには、自力で傷を癒（いや）した。そんなりんごほど糖度も高く、味もよかったと。

書きつけられた日々が香るようなのは、ひとの手ではおさまらない過酷と隣り合わせに生きているからだ。過酷を知る者こそが、生命を養うのに手をぬかず、こまやかに工夫をかさねて暮らす。女主人の文章は、そう主張しているように感じられる。

りんごを輪切りにすると、核に五芒（ごぼう）星形があらわれる。古く生命をつかさどる女神の象徴とみなされ、小宇宙としての人間の模型とも魔法の星ともなった。念頭においていて、悪くないはずだ。（倉本四郎・作家）

（暮しの手帖社・1524円）＝1999年6月17日①配信

効率よく社会の断面を分析　「マクドナルド化する社会」（ジョージ・リッツア著、正岡寛司監訳）

本書は、現代社会に向かってよくできた額縁をかざし、その枠の内に進行する社会現象を見事に切り取ってくれている。題して「マクドナルド化」。やや古典趣味の額縁の枠はマックス・ウェーバーの合理化理論—効率化、計算可能性、予測可能性、制御力の増大、そして合理化の結果としての非合理性—である。

マクドナルドの成功は、消費者が空腹から満腹へ移行するための最短で最良の方法を追求したこと（効率）、商品の量と費用とサービスの時間を重視したこと（計算可能）、商品とサービスがいつでも、どこでも同一であるという保証（予測可能）、そして人間技能の人間によらない技術体系への置き換え（制御）にあるという。

こうして消費者に「早く食べてすぐ出ていく」ことに快楽を感じさせ、それを条件付けることに成功した。

そこで、著者はマクドナルド化という概念を使って、他のファストフード、大学教育、ヘルスケア（チェーン診療所）、旅行、建売住宅、ショッピングモール、葬儀などのパック化を簡潔に分析していく。

もちろん著者の好みは、マクドナルド化にいかに対処するか、である。

提案はほほえましい。毎日違ったやり方で、できる限り多くのことを自分自身でしなさい。各種サービスはなるべくフランチャイズ制でないところで受けなさい。自動車整備、健康管理、メガネ、美容院などすべて同様。教育では、コンピューター採点のある授業は避け、小規模のクラスを探して教授と知り合いになりなさい、と続く。

読みやすく、思わず笑ってしまう良質の社会評論だが、この本もどこかマクドナルド化によって書かれているような気がする。店の詳しい調査、各国ごとのマック店の差異の分析はない。

分かりやすい理論によって、効率よく社会の一断面を切り取ってくれる。社会学者のマック化も進行しているようで、おかしい。（野田正彰・評論家）

（早稲田大学出版部・3500円）＝1999年6月17日②配信

美容整形から見る米国社会　「プラスチック・ビューティー」（エリザベス・ハイケン著、野中邦子訳）

マイケル・ジャクソンの顔は、日本の女性誌や写真誌の格好のネタでもある。たび重なる整形のため、彼の顔は今や崩壊しはじめているとか。

多少ぶさいくでも、もって生まれた自分の顔なんだから仕方がないと割り切っている私には、マイケルの整形好きはまったくもって不可解だった。しかし、本書を読んでその疑問が氷解した。

マイケルの整形は、アメリカ社会の人種問題の反映であると著者はいう。つまり「黒人らしさ」をなくそうとするためのものだったというのだ。

アメリカ社会では、今世紀初頭から「人種や民族性のしるしのないこと」が、美しさの条件だとされてきた。しかし、ここでいう「人種や民族性のしるしのないこと」には、例外がある。白人、とりわけ、最初にアメリカに移り住んだ、アングロサクソンである。逆にいえば、アングロサクソン的な容ぼうは、アメリカ社会の美しさのスタンダードなのである。

だからこそ、顕著な人種や民族性のしるしは、美容整形によって修整されなければならなかった。マイケルの顔もそうだったというのだ。

本書は、アメリカにおける美容整形の歴史をひもといたものである。第一次世界大戦でひどい損傷を受けた兵士の顔面修復に始まり、うさんくさい業界と見られた時代を経て、気軽に整形する人が珍しくなくなった現代にいたるまでを、豊富な資料と巧みなストーリーテリングで、一気に読ませる。

醜さ、老い、人種問題、貧弱なバスト、これらは「ポジティブであること」の足を引っ張るものとして、美容整形のターゲットとなってきた。すすんで自らの身体にメスを入れ、改造することで、劣等感は克服されるのだ。

しかし、そこに居心地の悪さを感じるのは私だけではあるまい。

美しさとは？　健全さとは？　そして、幸せとは？　本書は、こうした問題を再考する手がかりになるだろう。（鵜飼正樹・京都文教大講師）

（平凡社・2800円）＝1999年6月17日③配信

21世紀への人間像を提示

「使徒的人間」（富岡幸一郎著）

カール・バルトは、一八八六年にスイスに生まれ、一九六八年に死んだ、二十世紀最大のプロテスタント神学者である。

第一次世界大戦後、いわゆる「西欧の没落」の精神的、文化的混迷の中、パウロの「ローマ書」を新たに読み直した、画期的な第一作「ローマ書」を出版して、キリスト教神学の世界にコペルニクス的転回をひき起こした。

その後、死ぬまで「教会教義学」を書きつづけ、その影響は、キリスト教神学の世界にとどまらず、広くヨーロッパの精神世界に及んだ。

本書は、このバルトに、その言葉に深く心打たれた、一人の文芸評論家の、「信仰告白」が底流にある、力作評論である。

「私自身もまたパウロの誰（だれ）であるかさえ知らずに、カール・バルトの『ローマ書』を読んだ。神学の専門家としてではなく、その本を読み、そして感動した。さらに膨大（ぼうだい）な『教会教義学』を読みはじめた。原書で九千ページをこえる、カルヴァンの『キリスト教綱要』の九倍、トマス・アクィナスの『神学大全』の二倍の分量にもなる、この広大な世界に踏み入った。それは未聞の体験の連続であった」と著者は書いている。

この「未聞の体験」から、著者がひき出してきたものの一つが、「使徒的人間」という人間像であった。バルトは、いうまでもなく「使徒的人間」の典型なのである。

使徒と天才の区別は、かつてキルケゴールが意味深く行ったものであり、それは本書の中にも引用されている。「天才は自分自身によって、すなわち、自分自身の内にあるものによって、その在るところのものである。使徒は神からの権能によってその在るところのものである」

近代とは「天才」の時代であった。近代の終末をむかえつつある、この世紀末に、著者は「使徒的人間」という人間像を提出した。それは、今日の日本人が慣れている「人間観」を打ち砕くであろう。（新保祐司・都留文科大教授）

（講談社・2600円）＝1999年6月17日④配信

忘却の意味を考えさせる

「創世紀コケコ」（薄井ゆうじ著）

あまりに眠りが深かったのか、夢から覚めてみると一瞬自分がどこにいるのか、自分がだれだったか忘れていることがある。要するにこれは「寝ぼけている」状態なのであるが、さて、本書はそんな一瞬の忘却に入り込むような物語。深い夜の森の中で「僕」は鶏のコケコとして突然覚醒（かくせい）する。以前の記憶がないまま、周囲の動物たちから君は「コケコ」だよと教えられる。いきなり、鶏として自己を認識するなんて、それだけでも十分に「そんなバカな！」と思ってしまうような展開だが、なぜか不自然な感じはしない。

それどころか、心の森にすべりこむような、ユーモラスで幻想的な会話が登場するため、読者は何の違和感もなく世界を受け止めることができる。この著者ならではのやさしく包み込むような文体が圧倒的だ。流れるように自然な語り口なので、ファンタスティックな森のみならず、観覧車での少女との出会いの場面やサラリーマン生活の断片など現実世界へと風景が続いていっても、まるで抵抗がない。森の動物たちや魔法使いは、現実の同僚や上司や恋人として再登場する。

ロジカルではないけれど、そう不思議にも思わない。これはまさに夢の世界を旅するようなファンタジーである。現代の青年の日常の心の動きを、夢の世界から眺めているようなニュアンスがある。

さまざまな場面をくぐり抜けながら、コケコは物事の因果関係を問い直し、あるときは煩わしいそれらの思考から逃避しようとする。現実の世界を整理するというよりは、その過程で派生する「忘れること」への興味がうかがわれる。面倒なことすべてを闇（やみ）の向こう側に押しやり、とりあえずすべてを新しく始めてみたい。これを現在の世紀末を襲うリセット症候群だとするならば、本書は個人のリセット願望に託された心の機微をつづっているのかもしれない。リセットに付随する忘却の意味を考えさせる、非常に魅力的な内容である。（小谷真理・文芸評論家）

（マガジンハウス・1600円）＝1999年6月17日⑤配信

老いを乗り越えた名女形

「歌右衛門伝説」（渡辺保著）

戦後多くの個人が「歴史」と重なってきたが、名女形中村歌右衛門のそれほど苛酷（かこく）で、しかも見事なものは少ない。そこに着目した著者が、観客たる自己の「印象」を「経験」として信じることで、歌右衛門の役者人生の起伏と意義を描こうとする。

敗戦により従来の価値観が崩壊し、歌舞伎も何度かの「危機」をむかえる。女形の技術は他への変換がきかない。特に歌右衛門は「真女形（まおんながた）」、つまり女役だけを演じる役者だった。

天性の素質に人一倍の努力。それに自己を歌舞伎社会の第一人者に押し上げようとする政治的目くばり。第一部の「動乱と暗黒」の中で、十一代目団十郎の襲名と、彼の劇界への覇権失敗に対置された歌右衛門の世間知は、人間関係の劇としてもヒドく面白い。

しかしさらに、女形の人気の条件たる容ぼうと肢体の美のおとろえへの孤独な戦いとなると、能の世阿弥以来、肉体を資本とする俳優全員の普遍的宿命であった。歌右衛門はこの暗黒をどう脱したのか。

こうなると、ことは歌右衛門という個人にとどまらず、あらゆる人間の問題となる。プライベートな人間関係の一切を捨てて、舞台に演ぜられた役と成果だけに絞りつつ、著者は歌右衛門の表現の変転に、「昭和」のうつりかわり、成熟の質を見つめる。

戦後半世紀、歌右衛門七十八歳で演じた「建礼門院」。それは戦争犠牲者たる女院と、戦争を起こさせた義父後白河法皇の対決の劇だった。一時は時の権威の絶頂にのぼりつめた国母は、いまや中央から忘れられた尼にすぎない。そこで起こる恨みの爆発と、悟りへの道すじ。著者はフト、歌右衛門の真の当たり役は、八ツ橋でも道成寺でもなく、この建礼門院ではないか、と思う。

敗戦後の日本の歴史、その屈折した深層を、歌右衛門は老い、苦しみ、そして乗り越えてきたのだ。（堂本正樹・演劇評論家）

（新潮社・1700円）＝1999年6月17日⑥配信

日常の延長線上にある恐怖

「ピリオド」（乃南アサ著）

この数年、ミステリーが限りなく普通小説に近づいている。もともと一口にミステリーといってもこれで結構間口が広く、（殺人）事件すら起こらないものや、かりに事件があっても、犯人がだれであるかを求めるのが目的ではない作品も数多く見られる。それよりもむしろ、登場人物たちの心理やキャラクターを入念に描写していく上で、人間という存在そのものがなぞなのだとする場合もある。

つまり犯罪を描くのではなく、犯罪の周囲にいる人間の内面に深く分け入りながら、どこにでもある日常の風景、生活の延長線上の中に、いつしか目に見えないゆがみが生じてくる恐怖、いら立ち等を描くのである。たとえばそれは、意識せざる悪意であったり、おだやかな口調の裏に隠された傲慢（ごうまん）さであったりすることもある。

そうなると、これはもうほとんどミステリーという範囲を超えた、普通小説と称しても差し支えないだろう。

本書「ピリオド」の場合も劇的な事件らしい事件はほとんど起こらない。離婚歴のある四十歳の女性カメラマンのもとに、次々と彼女の生活を乱す人物が現れては、彼女の平穏を奪っていくさまが淡々と描かれていくのだ。

長野にいる兄夫婦とその子供たち、離婚してから不倫の関係を続けている編集者、仕事仲間であるライター…そうした人々が、それぞれ自分勝手な都合で彼女の日常に土足で踏み込んでくる。

しかしそれにしても、これらの人物たちがまあ、それは見事なほどに全員が「嫌な」人間として描かれているのである。おのれの都合、自分の正義をかたくなに主張するだけの、他者をおもんぱからない人物なのである。まさにこれは現代人をそのまま具象化していると言えようか。

だが、そこからが作者の腕の見せどころでもある。こうした勝手な人々を、ヒロインがいかに突き放し、いやしていくか…読者はいつの間にか引き込まれていくことだろう。（関口苑生・文芸評論家）

（双葉社・1800円）＝1999年6月24日①配信

情報の共有による問題解決

「コミュニティ・ソリューション」(金子郁容著)

このところ“労働問題”に漬かっている。先日も、リストラ企業の社員いじめを続けて取材したばかり。標的にした社員をいびり出す手口には驚くが、それ以上に寒々としたものを感じさせられるのは、上意下達の組織のなかで、多くの社員が上司の命令に従い、同僚いじめに加担しているということだ。そんな冷え冷えとした光景を、多くの日本人が現実に生きている。

それだけに、この本を開き、一ページ目の言葉にはっとした。「中枢司令塔がいる組織は、インターネット社会の組織モデルとしてはいささか古くさい」

著者は阪神・淡路大震災の直後、被災者とボランティアをつなぐ情報共有の場をインターネット上に作ろうと、大奮闘した経験がある。

そういった作業を通じて「インターネットが社会に対して発している自発性や関係性についての巨大なメッセージ」を実感し、「相互性、自発性、関係性、相互編集性が、今後の社会や経済に決定的に重要な役割を果たすと確信するようになった」のだという。そして行き着いたのが、“コミュニティ・ソリューション”という考え方らしい。

それは問題解決の方法であるが、権限と強制力による解決ではない。多くの人が情報を共有し、共有した情報を共同資源と化し、それぞれが自発的な意志で関与することで問題を解決していく。上からの命令という縛りがかからない分、当然弱さはつきまとう。

しかしその弱さを補うものは、一人一人の誇りと責任感であり、肝心なときには「稲妻のような素早さで」一致が起き得るという。それは机上の論理ではなく、海外で、日本で、実際に見られるコミュニティ・ソリューションの先駆けといえる例がつづられている。

インターネットの普及は速い。日本でも昨年、利用者が一千万人を超え「一般家庭への普及」が始まったという。インターネット時代の本格的到来で、社会は変ぼうを遂げていくのか。読み終えて新鮮な思いにさせられる組織論。(島本慈子・ノンフィクションライター)

(岩波書店・1700円)=1999年6月24日②配信

実存としての漂泊者イエス

「イエス　逆説の生涯」(笠原芳光著)

イエスはキリストではない。このような大胆なイエス像を彫り出していくのが、やさしく簡潔に記されたイエス伝における著者の姿勢である。

キリスト教信者の目、あるいはもっと広くあらゆる宗教教団に属している人たちの目に、こういう観点は、信仰の放棄と映るに違いない。だが反対にすべての宗教教団に無縁でありながら、宗教とはなにかということに関心を寄せる(私のような)ものにとって、信についてより深い理解に誘ってくれるのである。

著者はイエスを実存的にとらえる。イエスに仰ぐべき要素つまり超越性があるとすれば、それは客観的に存在するのではなく、自己との実存的な関係においてあると考える。イエスとの出会いが、自己を超える新しい自己を発見する契機となるということ、ここに真の救済があると説く。ところがキリスト教はこうした本来の救済の意味を逆転させてしまったというのだ。イエスを神が遣わしたキリスト=救済者と同一視したというのである。

著者のイエス像は、同一視されたイエスをキリストから切り離すという、とてつもなく面倒な、しかし読者にとってはスリリングな作業の過程に姿を現してくる。

当然、イエスはキリスト教から自由である。そればかりか聖書からも自由である。著者は、福音書を資料として読み込み、教団が作った教義、神話、伝説からイエスを解き放していく。いくつものびっくりするような指摘がなされるが、その最大のものは、イエスの本質は漂泊者であり、イエスは律法を守らず一個の主体として自由に生きたために殺されたという単純で力強い認識である。

ここから著者はたとえば、福音書の中のユダの裏切りについて疑義を呈するのだ。あれは弟子たちの一人を悪者に仕立てて、教団の免罪をはかろうとした結果ではなかったかと。体に震えのくるような仮説である。(芹沢俊介・評論家)

(春秋社・2000円)=1999年6月24日③配信

西郷が体現した維新の精神

「草花の匂ふ国家」（桶谷秀昭著）

「草花の匂ふ国家」とは、維新によって成立した明治国家のことである。

「明治元年戊辰三月十四日、一八六八年の世界史の中に生きる意思を宣言した極東のこの国家には、アジアの草花の匂ひがした」

そして、この「草花の匂ひ」の源泉の最大のものが、西郷隆盛という維新革命の精神を一身に体現した人物なのである。

だから、「草花の匂ふ国家」は、明治十年の西南戦争での西郷の死によって終わるのであり、本書はこの十年間の明治国家、あるいはその「香気」が挽歌（ばんか）のようなトーンで叙された作品である。

西郷隆盛、大久保利通、木戸孝允などの維新革命の第一世代と彼らよりほぼひとまわり年下の世代、伊藤博文や大隈重信との間には、精神的雰囲気において、大きな断絶があったことを桶谷氏は強調している。

「大隈には西郷の精神に感応する絃がなかつた。それは伊藤にしてもおなじで、近代日本の国家組織をつくつた彼らひとまはり年下の政治家にとつて、西郷はほとんど無意味な存在に映つたであらう」「西郷にすれば大隈の如きは、小才のきく小僧にすぎなかつた」

それ故に、「近代日本の国家組織」はすでに「草花の匂ひ」を失っていたのであり、その喪失の根本には、「文明」に対する考え方の相違があるであろう。

西郷の「文明とは道の普（あまね）く行はるゝを賛称せる言にして、宮室の荘厳、衣服の美麗、外観の浮華を言ふには非ず」という思想は、近代国家日本の精神史的動向を主導しなかった。勝利したのは、福沢諭吉の文明観であった。

しかし、西郷の文明観は、在野の思想家、例えば内村鑑三や岡倉天心にひきつがれた。「そして鑑三も天心も文明開化日本とたたかつて偉大なる敗北の道を生きた」

維新革命の精神の「偉大なる敗北」への美しく、哀切なレクイエムが鳴っている。（新保祐司・文芸評論家）

（文芸春秋・1905円）＝1999年6月24日④配信

世紀末日本人の姿を模索

「草原の椅子（上·下）」（宮本輝著）

この小説は、パキスタンのカラコルム渓谷の中にあるというフンザから始まる。五十歳になった遠間憲太郎は、いまだ自分は何のために生まれてきたのか、その答えが見つからない。フンザに来た彼は、予言者のような老人に、お前の瞳（ひとみ）には三つの青い星がある、それは〈潔癖〉〈淫蕩〉そして〈使命〉という星だと言われる。

憲太郎はなぜ離婚しなければならないか分からないまま妻と別れ、娘弥生と暮らす元技術屋で今は営業マンである。彼には友人富樫重蔵がいる。学歴のない彼は一代でカメラ機材の量販店を興したやり手の人物だった。この二人の固い友情を軸にして、物語は彼らの係累そして偶然に出会った人々の群像によって構成されてゆく。人間が人間を呼び込み、人間の渦が彼らの運命の扉をこじ開けて、物語を奔騰させる。

二人の男たちは、生まれて生き、創造し絶え間ない生命活動を行い、そして老いて死んでゆく人間の宿命に突き動かされている。彼らは今、馬車馬のように働いてきた自分たちの足跡に瞳を凝らして慄然（りつぜん）としているのである。それは計測し難い悔恨に見える。その悔恨ゆえに二人は結びついている。夫の不倫のため一人で生き抜く女性、親の不仲のために捨て子同然となった五歳の男の子が、この物語をさらに色付けしてゆく。

それぞれ自身の宿命を背負って、まるで四つの星が新しい家族のように輝きつつ宿命の手綱を引いて日本を飛び出してゆく。彼らは、中国とパキスタンとインドの挟みうちになったようなフンザに赴いてゆくのだ。

宮本輝は、解き放たれた草原のかなたに腰を落ち着ける一つの椅子（いす）を幻視しながら、世紀末日本人の真に生きる姿を模索しようとしている。主人公たちは、日本脱出をはからねばならないほどに現在の日本に憤怒を感じ自ら傷ついている。それは私たち日本人そのものの姿でもあると思わせる。（栗坪良樹・青山学院女子短期大学長）

（毎日新聞社・上下各1500円）＝1999年6月24日⑤配信

人間くさく真摯なプロたち

「マグナム」（ラッセル・ミラー著、木下哲夫訳）

写真ジャーナリストの国際的な組織、マグナムは、全体主義の狂気からさめた第二次大戦後にニューヨークで誕生し、以来、高い水準の報道写真を世界のメディアに送り続けた他に例を見ない非営利の協同組合である。会員になるためのバーは高い。報道写真家の容易に手にできない栄誉だが、この半世紀の歴史を顧みた本書を読むと、被写体の決定的瞬間に肉薄する目の持ち主は、何と人間くさくて、我が強く、また真摯（しんし）で理想主義的なプロたちかと感心させられる。

一九三〇年代半ばに起きたスペイン市民戦争での人民戦線の台頭が、表現メディアとしての報道写真の地位を確かなものにした。自由を求める人間の生死を凝視する写真家の目が、世界の心をゆさぶったからだ。この時期小型カメラと高感度フィルムの一般化、写真雑誌の創刊がこうした報道を職業として可能にした。

東欧出身のロバート・キャパやデビッド・シーモア、パリの左翼青年アンリ・カルティエブレッソンの名がそこに登場する。やがて彼らは「編集者の偏見から解放され、興味ある事柄を取材」する自由と写真の著作権を確保するためにマグナムを組織した。

快活なキャパの力で集まった人材は、相次ぐ戦争や内紛の最前線で九死に一生のスクープをしたり、多くの国際規模の企画で忘れ難いヒューマンな報道をしたり、例えばレーガン大統領の狙撃事件のような突発事件にでくわしたり、といった歴史的エピソードの当事者ばかり。臨場感あふれる証言は戦後の裏面史を語る。

金銭面でだらしなく、組織を破産寸前に追い込んだユージン・スミス（有名な水俣の母子の写真）に一章が割かれるのは、大異才だからだ。

志の高さ、まねのできない作風、知性と詩情の合体一人を感動させる報道写真の頂点を彼らは極めたけれど、いまのビデオ時代で写真は衰退の危機にある。これは現実に対し、人間が熱い心と謙虚さをもっていた時代の記録といえるだろう。

（中村輝子・立正大客員教授）

（白水社・3800円）＝1999年6月24日⑥配信

英雄の実像を丹念に描く

「百年目の帰郷」（鈴木洋史著）

稀有（けう）なテーマに遭遇したとき、ノンフィクションの書き手は人知れずその僥倖（ぎょうこう）をかみしめるものである。きっと著者もそうだったろう。なにしろ主人公は、史上最高のホームラン王にして、現在パ・リーグの首位を走るダイエーの監督・王貞治。だれもが知っているこの人物について、実は私たちがほとんど何も知らなかったということを、著者は次々に明らかにしていく。

本書に描かれる王は、単なるスポーツヒーローでも、巷間（こうかん）ささやかれる「いい人だが、面白みのない人」でもない。中国人の父と日本人の母を持ち、日本の単一民族幻想や中国、台湾の政治的綱引きといった東アジアの権力構造にいや応なく巻き込まれながらも、賢明に忍耐強く生きてきた一人の孤独な男の姿が、ここには浮き彫りにされている。

私は、ずいぶん前に読んだ張本勲の評伝を思い起こしたのだが、日本社会からの差別に全身でぶつかっていった張本に対し、王はときに順応的と見えるほど慎重な姿勢を崩さない。同じ在日二世でも、中国人と韓国・朝鮮人とでは日本人のまなざしがかくも異なることを、あらためて思い知らされた。その張本を王は「僕の実像を知るわずかなうちの一人」と評する。

だが、本当の主人公は別にいる。王の父・王仕福こそがその人で、物語は王がホームランの世界記録を塗りかえる756号を放った直後のグラウンドで、息子とともにスポットライトを浴びた仕福の胸に、家族にすら死ぬまで告げなかった、あるひそかな計画が宿っていたというところから始まる。ミステリー仕立てで話は進み、スーパースターとなった息子の影のようにして登場しながら、次第に存在感を増していく父・仕福の姿が、しみじみと胸に残る。

仕福の秘密は最後の最後に明かされるのだが、そのことを初めて著者から聞かされたときの、王のまったく意外な反応が、ノンフィクションならではの面白さを際立たせている。（野村進・ノンフィクションライター）

（小学館・1500円）＝1999年7月1日①配信

未来への意識が紡ぐ神話 「人類はなぜUFOと遭遇するのか」（カーティス・ピーブルズ著、皆神龍太郎訳）

ひとたび新世紀を迎えたらいやおうなしに未来への意識がよみがえってくるだろう。だが、それは必ずしも可能性への夢ではなく、むしろ根深い閉塞（へいそく）感ゆえにもたらされるのかもしれない。

アメリカを代表する航空史学の権威が一九九四年に出版したこのUFO学の決定版を読んで、評者はそう思った。戦後、四〇年代から五〇年代にかけて英米SFは黄金時代を迎え、これほどに人類の未来が思索された期間はない。

英国作家アーサー・C・クラークは、「異星人類」すなわちエイリアンが地球人を家畜化し「超人類」へと変容させる物語群を書き、その成果はスタンリー・キューブリック監督との共作映画「2001年宇宙の旅」（六八年）へ結実している。

けれど、そうしたエイリアンが搭乗するとされる未確認飛行物体つまりUFOは、必ずしも人類の救世主願望の反映ではなく、むしろ米ソ冷戦時代のソ連封じ込め政策やマッカーシイズムや「憎悪とパラノイアが跋扈（ばっこ）するファシストの陰謀理論」に根ざす他者恐怖の反映であることを、ピーブルズは雄弁に説く。

そもそもUFO神話は、四〇年代半ば、SF作家レーモンド・パーマーが一通の手紙を元に「発明」したものだが、以来、きわめて悪趣味なハリウッドB級映画の脚本と自分こそUFOを目撃し異星人にさらわれたと公言する人々の体験談とがいかに相互影響しあってきたかを、本書はわかりやすく示す。

だが、これは単なる狂言の歴史ではない。UFO映画とUFO体験、物語と事実が密接に絡まりあっているからこそ、UFOは現代の神話たりうるのだし、だからこそこの神話の内包する真実めざして多くの人々が殺到するのだ。

本書に触発された娯楽映画や現代小説も数多い。UFO神話は冷戦解消以後の新たな政治的仮想敵への意識とともに、人類の限界を突破せんとする未来への意識から織り紡がれていることを、本書はあらためて実感させてくれる。（巽孝之・慶大教授）

（ダイヤモンド社・2900円）＝1999年7月1日③配信

多面性持つ支配の構造 「ナチ独裁下の子どもたち」（原田一美著）

一方での民衆たちの熱狂的な信奉。他方でのゲシュタポによるテロの助けをかりた監視や統制、そして、それを可能にした一枚岩の支配構造。こうした全体主義論の描きだしたナチ社会のイメージは、すでに過去のものになった。

ナチの組織活動は多くの矛盾と対立をかかえた不完全なもので、民衆の行動形態も実に多様だった。本書は、ヒトラー・ユーゲントを中心とする青少年組織に焦点を絞り、多面性をもった「ナチ化」の様相を浮き彫りにする。それは同時に、なぜナチ支配は機能したのか、という問いの答えでもある。

青少年のナチ化推進に、排除や圧力の行使など、強制的手段が使われたのは言うまでもない。最大の難関だったカトリック教会に対しても、当初は政教分離の原則にしたがって宗教面での団体活動を容認するという姿勢を見せながら、結局は禁止に追い込んだ。

だが著者は、抑圧とは逆のヒトラー・ユーゲントの「魅力」を重視する。キャンプでの仲間意識の伸長。さまざまな文化・スポーツ活動プログラムへの参加。テニスやスキーなど、労働者の子どもにとっては高根の花だった遊びすら体験できた。

ヒトラー・ユーゲントは学校教育のかく乱要因となり、学力低下をおそれる教師と対立した。だが、学校嫌いの生徒たちは組織の権威を背景に教師に反抗できた。子どもたちの心をとらえたのは、ナチの理念より、こうした「解放感」や「魅力」だったのだ。

ナチによる青少年の組織的独占は「逸脱」集団も生みだし、ナチ組織との暴力的衝突すらあった。しかし、彼らはナチ体制そのものを拒否したわけではなく、戦時には自発的に兵役を志願し、人種主義的な態度もとっている。

ナチ体制は、こうした多面性に支えられた。恐ろしいのは、ナチ・イデオロギーに魅了されなくても、組織活動には「魅力」を感じた子どもたちが、まじめな学習と忠実な義務の履行によって戦争遂行に貢献したことだ。（姫岡とし子・立命館大教授）

（講談社選書メチエ・1600円）＝1999年7月1日④配信

「事実」もまた一つのうそ

「前日島」(ウンベルト・エーコ著、藤村昌昭訳)

著者のウンベルト・エーコは、イタリアを代表する記号学者・哲学者であり、一九八〇年代に「薔薇の名前」と「フーコーの振り子」を出版してからは小説家としても広く知られている。

前二作を読まれた方も多いと思うが、この小説家の魅力は、博学に支えられた時代設定の緻密(ちみつ)さと、その緻密さのなかに徐々に「うそ」を忍び込ませていく手ぎわの見事さにある。とはいえ彼は、巧みなうそをまことしやかに語る歴史小説では満足しない。中世ヨーロッパを舞台とした物語を通し、エーコは読者を、史実を支える言葉の膨大なネットワークのなかに導き、「事実」もまたひとつのうそでしかないと思わせる地点に至らせようと試みる。

しかしこのような試みは実は、「記号はうそをつく」という記号学の教えをそのまま実践したものでもある。だからときに、全体としては単純な構造の小説を生み出しかねない。本作「前日島」は、残念ながら、そのような批判を免れえないと思われた。

舞台は十七世紀。主人公ロベルトは海上で遭難し、無人船に漂着する。助かったかと思いきや、その船中にはだれか別人の気配がある。しかしロベルトには実は、かねてより実在しない兄を夢想するくせがあった。ここから小説の語りは、その兄をめぐる架空の記憶、少年時に経験した三十年戦争の話へと移る。

そして小説は船上と三十年戦争のあいだを行き来しながら進むのだが、実は後者は、船上のロベルトが書き記した日記ということにもなっており、ここに入れ子構造が現れる。さらにエーコ自身のものと思われる語りも挿入され、読者は何が「事実」なのかますます分からなくなる…。

このように小説全体の仕掛けがあまりに明確で、「薔薇の名前」のような迷宮感は感じられない。とはいえ、エーコの小説にはつねに膨大な知識とパロディーが詰め込まれている。本作でもその力技は存分に発揮されているので、そちらを楽しむべきだろう。(東浩紀・評論家)

(文芸春秋・2286円)＝1999年7月1日⑤配信

“難解”だから面白い

「優柔不断術」(赤瀬川原平著)

エッセーと分類するのが適当かわからないが、数あるそうした文章のなかでも、赤瀬川原平と別役実の二人が、私にとっては特別な位置にあり、二人の文章には常にやられたという気持ちにさせられる。

共通したなにかがあるだろうか。文体や、書かれる内容や質はもちろん異なり、しかし、何かあると考えるなら、それはもう、ただただ、身体の震えのように微細で、あいまいな空気、ただそこにいる、その姿が魅力的だという以外に言葉が思いつかない。

本書は「優柔不断術」という言葉を使い、それへの言及のうまさと、豊富なエピソードを語る筆致に酔わされているうち、気がつけば「表現」の問題へとたどり、赤瀬川原平という人の、ものを作る位置や、少し大げさに書けば、「表現論」「芸術論」、あるいは「美術論」が展開されてゆく。気がついたときには、「またやられた」と感じるしかないわけで、いつのまにこんな場所まで来てしまったのかと驚かされる。

しばしば「平易なタッチ」とか「軽い筆致」という言葉がたやすく使われ、ことによると本書もそうして評される可能性があると想像するが、本書に書かれているのはかなり難解な文章だ。それは、「赤瀬川原平的難解」とでもいうべきもの、本書で本人が「卒業した」と書く、「芸術」の分野の、一九六〇年代に制作された赤瀬川作品と同じ性質の難解だ。

だいたい優柔不断はかなり難解である。ずばり決断されたほうがずっとわかりやすい。難解にもさまざまな姿がある。ことによると、最初に書いた、赤瀬川さんと別役さんに共通するのは、この、「難解の形の魅力」かもしれず、それは難解のくせになぜか面白いから始末が悪い。いやむしろ、難解だから面白い。

「真面目に考えれば考えるほど、一言では言い切れなくなる。何かを正しく言おうとすればするほど、あいまいになる」

これを正しく理解しようとすれば難解だが、これほど魅力的な日本語はめったにない。(宮沢章夫・劇作家)

(毎日新聞社・1400円)＝1999年7月1日⑥配信

自然の輝かしい生命の輪　「萌木の国」（今森光彦著）

雑木林のオーナーになることにした。二ヘクタール。琵琶湖の北、四季の変化にめぐまれ、冬にはかなりな積雪もある土地だ。

所有欲からではない。写真を撮るためだ。自然のいとなむ生命の輪に、加わりたかったのだといってもよい。雑木林は熱帯雨林に劣らず豊饒（ほうじょう）な、身近なコスモスである。そんな思いが、写真家にはつよくある。

雑木林は、手入れをなまけると、たちまち荒れる。三年放置しただけで、背丈を越すほどのブッシュにのみこまれる。オーナーになるとは、そんなにも旺盛（おうせい）な植物の生命力に、じかにかかわることでもある。

そのかかわりの現場を、四季ごとに、カラー写真と文章で語った。下草を刈られ、しっとりと明るくなった林に、ノアザミが咲く。ヒメオドリコソウが群落する。花をねらって虫がくる。ベニシジミが舞い、アマドコロの蜜（みつ）をトラマルハナバチが吸う。落ち葉の上で踏ん張るヒキガエル。ヘビにしてはおくびょうなヒバカリ。それから鳥。

フクロウがウロに巣をつくる「やまおやじ」の姿が、とりわけて印象的だ。

何代にもわたって切られ、巨大化したクヌギの幹である。雑木は十五年から十八年ごとに、切る。のこされたコブ状の幹から、新たな芽生えをうながす。「やまおやじ」は、この死と再生の劇を、神話の巨人族さながらのスケールで演じている。

輝かしい新芽が、いっぱいに吹き出した一年めの「やまおやじ」がいる。それは、生命の戴冠（たいかん）とよびたいほどの歓喜にあふれている。

割り木が家庭燃料としての役目を終えてから、雑木林は放置され、消滅していく一方である。写真家は、その人間専制の時代を嘆くよりさきに、ひとりで、できるかぎりの手をうった。そんな印象もある。悲傷はあるが、声高に自然保護を叫ぶ人間の傲慢（ごうまん）は、みじんも感じられない。

（倉本四郎・作家）

（世界文化社・2800円）＝1999年7月8日①配信

大人の見事な言葉がある　「マンネリズムのすすめ」（丘沢静也著）

「年をとるということは旗色が悪い」と著者は言う。ぼくは思わず、はははと笑った。足元をふいに払われて、見事にしりもちついた感じ。なるほど、ぼくは旗色が悪い。あっさり認めてそう快な気分。「近頃では『老い』とか『加齢』を積極的に見直そうという動きもあるが、見直しや注釈が必要だということは、基本的には旗色が悪いということ」とさらに念を押す。

「中年になって女狂いをはじめたように」「からだの喜びに目覚めた」著者は、「けっして無理をせず、がんばらない」ことをモットーに、日々「だらだらと走り、だらだらと泳ぐ」。「身のほどをわきまえて、からだを動かす」と「自分は、世界のなかで呼吸をしているのだと感じることができる。世界に対立するわけでもなく、世界のなかに溶けてしまうわけでもない」。

すると「競争社会の競争原理」が「馬鹿ばかしく」なり、「この国の学校や社会の異常さ」がはっきり分かってくる。「からだにも教養が必要」であり、「がんばらないことが、教養なのだ」と著者は言う。そしてその教養こそがマンネリズムであり、「マンネリズムの要諦もまた、力を抜くことである」と。

したがって、これは普通の人間の小さな幸福や快適に暮らすための「技術」を示唆してくれるありがたい本であり、単に健康バカのための運動の勧めの本でもなければ、もちろん女狂いを勧める本でもない。いきなりバッハが出て来るわ、ケストナーは出て来るわ、わが林光や橋本治やニーチェまでが登場して来てマンネリズムの勧めを説く。ここいらはもう百花りょう乱の面白さと言うべきか。

中でも、十四歳の中学生に「なぜ人を殺してはいけないの？」と聞かれたら—という一文における、著者の答えっぷりに感動する。子どもがこういう質問をするのは自然なことであり、その質問におびえ、返答できない大人ばかりになっちまったことが現代の日本のいちばんの不幸だとぼくは思うのだが、ここには見事な大人の役割としての「言葉」があるのだ。（大林宣彦・映画監督）

（平凡社新書・660円）＝1999年7月8日②配信

建築をめぐる痛快な冒険記

「タンポポ・ハウスのできるまで」（藤森照信著）

建築探偵として知られる近代建築史家が、屋根や壁にタンポポを植え込んだ自邸をつくった。その経緯を記したのが本書である。これは、例えはおかしいけれど、重病にかかってしまった名医が、自分の病気について書いた闘病記に似ている。建築探偵は、建築設計という病にとりつかれてしまった。それも並みでないとりつかれ方だ。

著者は自邸を建てるために原木を製材所で板にひかせ、鉄平石を切り出させ、しっくいやセメントをこね、家具をつくり、そして屋根や壁にタンポポを植え込んだ。そんな話が伝わってくればだれでも「なぜだ」と聞きたくなる。

著者は信州は諏訪大社の氏子であり、それ以前からそこに住みついていた一族の末えいとして、自分の生活のルーツを縄文時代に定めている。その彼が自邸をつくるのであれば、自然との関係をもった家を建てるのは当然だ。

けれども著者は昨今はやりの「自然との共生」に疑義をはさみ、「自然の寄生」をもってよしとする。そこから、天才的な思考の回路を経て、家にはタンポポを植え付けなければならないという結論に達したのだった。なぜそうなんだとしつこく聞くひとには「本書を読んでくれ」としか答えようがない。

著者はこれまで、建築の成立のなぞを解明しつづけてきた。だから自邸が完成したところで、自作について克明な記述と分析を開始した。ここにはめったに生まれないタイプの建築が生まれるまでの記録が、めったに生まれない質をもった分析によって定着している。自分の試みが、成功だけでなく失敗も含めて記されているのだ。名医による闘病記たるゆえんである。

わたしはこの名建築の完成にあたって、最初に正客として招かれた建築関係者という栄誉を担っているので（そのことも本書のなかには書いてある）、書評者としては客観性を欠く立場にあるが、本書は建築を建てようと思っているひと、建築とは何だろうかと思うひとには、ぜひ一読をすすめたい痛快な冒険記である。（鈴木博之・東大教授）

（朝日新聞社・2400円）＝1999年7月8日③配信

新世紀の知のモデルケース

「こころの情報学」（西垣通著）

二十一世紀を目前にしたわれわれが近未来に対して感じる希望と不安には、未曽有（みぞう）のものがある。言うまでもなく、不可避的に加速するコンピューター社会、情報化社会のもたらす可能性があまりにも法外であって、もはやその射程に見通しがきかないように思われるからだ。本書は、その困難な見通しを現時点で与えようとする試みである。

要約不可能なくらいに豊かな内容が盛り込まれた本書は、最新の理系の知と文系の知を縦横無尽に渉猟して、交差、統合させる。この「知的冒険」は、新世紀の知のモデルケースともなるだろう。

著者によれば、情報化の本質とは、情報の意味を一義的に固定化するところにある。ヒトの言葉は、その場の状況から独立したフィクションにも対応できるだけの、高度に抽象的な文法体系と豊かな語いを備えている。そのために、言葉の意味は多義的に浮遊し、意味はヒトの生存の必要上、神話などの権威によって一義的に固定化されねばならないことになる。ほんらい動物と地続きであるヒトの心が、ヒト固有の心となるのは、この「権威づけられた言語システム」においてである。

文字や印刷技術の発明など、言語と心の歴史にとって画期的な出来事もすべて、意味の固定化を推進する役割を果たしており、情報化社会もその延長線上にある。マルチメディアにしても、コンピューターによって処理される映像などのイメージ情報は、明確に計算し尽くされている。

問題は、インターネットその他によって、洪水のように浴びせられる情報が、紋切り型に一元化され断片化された機械情報だという点である。こうした情報のはんらんの中、ヒトの心は〈現実〉への足場を喪失する危険に陥る。著者はそれに対して、〈周縁〉からの一義性への揺さぶり、刷新を提唱する。そこに見据えられているのは、〈ポストコロニアル〉とも形容される、歴史のあるべき動向にほかならない。（須藤訓任・大谷大教授）

（ちくま新書・660円）＝1999年7月8日④配信

愛すべき人柄と音楽性語る

「翼のはえた指」(青柳いづみこ著)

目を近づけすぎれば、像がゆがむ。距離をとりすぎれば、細部があいまいになる。評伝の難しさはそこにある。さらに、評伝の作者にはテーマにした人物の業績を正しく判断して、それをだれにでも理解できる平易な言葉で記述できるだけの専門的な知識が必要になる。

「翼のはえた指」でピアニスト安川加壽子について語る青柳いづみこは、評伝作者に求められているすべてのものをきわめてバランスよくそなえている。しかも、作者自身がピアニストということもあって、その達意の文章で語られる言葉はピアノによる演奏をより深く感じ取るための示唆にもとんでいる。

安川加壽子は第二次世界大戦前夜に帰国して、戦後日本のピアノ界に大きな足跡を残したピアニストであり、教育者である。古くからのファンにとって、安川加壽子はひときわ懐かしい名前にちがいない。本書ではその安川の愛すべき人柄と日本では正しく評価されにくかった音楽性が、安川に師事した作者によって丁寧にふりかえられている。

作者の語り口に師の近くに身をおいた弟子のおちいりがちな甘えや感傷はいささかも感じられず、筆致に濁りはない。お辞儀をした六歳の作者の目線が安川加壽子のひざのあたりにいって、「やけに太い足だなあ…」と思った最初のレッスンの折の記憶がさりげなく披露されたりもしていて、記述は心情のあふれたものとなっている。対象を十分に愛せている作者によって書かれた評伝ならではの説得力というべきである。

しかし、作者は安川の人柄と音楽性を愛情をもって語りつつ、「日本のピアノ界が頭打ちになっているのは、安川加壽子が足りないからである。日本は、安川加壽子の活かし方を誤ったのである」と日本のピアノ界に対して苦言を呈することも忘れていない。すぐれた評伝の多くがそうであるように、本書も過去をふりかえるところでとどまらず、バックミラーに明日を見ようとしている。(黒田恭一・音楽評論家)

(白水社・2400円)＝1999年7月8日⑤配信

性差超えた“両生類”描く

「超少年」(長野まゆみ著)

「少年」というモチーフを手がかりに、少女文化の知性と美学と誇りをつきつめ、それを壮大な体系にまで発展させている作家の、待ちに待った新作である。

この著者の意図する「少年」は現実世界に存在する「少年」というより、別世界の生き物の様相を示し、おそらくは現代女性が感じているであろう窮屈な文明世界の約束事からの「逸脱」を体現する存在として現れる。

本書ではこれまでの「少年」のコンセプトをさらに超越する「超少年」の姿が植物進化に関する想像と重ね合わされるかたちで模索されており、興味深かった。

環境汚染が深刻化し、地球が植物の保護区として立ち入り禁止になり、全人類が居住衛星に移り住んでから膨大な時間が過ぎた超未来。地球でも居住衛星でも奇妙な生命進化が起こっていて、その中心をなすのが、植物と共生する少年という両生類(アンフィビアン)の存在だ。

彼らは王子とピエロの二種類に分化し、王子は絶滅した植物を培養するための苗床となり、ピエロはそのシステムから産出される養分を摂取しながらシステムを守っている。

物語は行方不明の王子をつれあいのピエロが探しにいくというものであるから、すわラブロマンスかというと、そうでもないらしい。王子とピエロは性差をかぎりなくほうふつとさせるが、かならずしも性差そのものではないからだ。

また苗床になる少年という発想はよく考えるとたいへん残酷でおそろしいものだが、物語のなかでは、むしろ体中から草花をはやし、まきひげをのばしていくというイメージは繊細で美しく、時としてユーモラスでさえあり、動物と植物の相互連関の豊かさを象徴する神話的な印象がある。

超少年と絶滅植物という、ともに文明から逸脱した存在の組み合わせは、グロテスクだけれどファンタスティック。男女の異性愛とは異なった形の種の進化を思考した本書を、私は大いに楽しんだ。(小谷真理・SF評論家)

(河出書房新社・1000円)＝1999年7月8日⑥配信

過ぎ去った時代への郷愁

「私の濹東綺譚」（安岡章太郎著）

永井荷風の名作「濹東綺譚」が「朝日新聞」に連載されたのは日中戦争の始まる直前の昭和十二年の四月から六月にかけて。

そのころ思春期の青年だった安岡章太郎はこの、はかない私娼（ししょう）を描いた佳品にひかれ、舞台となった向島の玉の井にまで出かけたりしたという。その青春時代のことは「悪い仲間」などに書かれている。

今年は荷風生誕百二十年、没後四十年になる。風狂の作家が亡くなったのは七十九歳だが、期せずして安岡章太郎も今年、七十九歳になる。老いを迎えた作家が、いま再び、若いころに愛読した「濹東綺譚」を想（おも）いを込めて語る。小品だが、想いの深さに胸打たれる。

とくに一戦争末期、兵隊に取られ、胸部疾患で内地送還となった安岡青年が、大阪の小さな病院の図書室で、岩波書店から発行された単行本の「濹東綺譚」を見つけて感動するところは、荷風好きにとっては涙なしには読めない。

戦争中、意外なことに「濹東綺譚」は兵隊たちに読まれたという事実がある。「艶本（えんぽん）」扱いされたことが大きな原因だろうが、それとは別に、日中戦争が始まる直前の最後の平和な時代に対する兵隊たちの郷愁も一因ではないかと思う。

安岡章太郎がいうように、この佳品は「わがくにに辛うじて戦前の平和が残されていたギリギリの時期に発表された」小説なのである。そして、玉の井という場末の私娼町を詩的に描いた荷風の心の底には、過ぎ去った時代への郷愁という「切実な思い」があった。

「朝日」で「濹東綺譚」が連載されていたとき「毎日」では横光利一の「旅愁」が連載されていた。それが中断、未完に終わったのは、横光がとても荷風にかなわないと思ったからだという指摘も文学史的に興味深い。

昭和十二年に岩波書店から出版された「濹東綺譚」は箱入り本だった。本書も最近では珍しい瀟洒（しょうしゃ）な箱入り本である。（川本三郎・評論家）

（新潮社・2300円）＝1999年7月15日①配信

黄金の卵を生む抜群の才能

「ジョーダン」（デイヴィッド・ハルバースタム著、鈴木主税訳）

ジョーダンとハルバースタム。NBAの実況アナウンス風にいうと「ワクワクするマッチアップ」といったところだろうか。

そして出来上がったものは、スポーツ選手の伝記としては間然するところのないものになった。しかし、この六百ページを超える大作はヒーローの素顔を描く内幕物にとどまっていない。

ハルバースタムはジョーダンだけでなく、彼とかかわりを持つ人物たちの肖像にもかなりのスペースを割いている。ジョーダンがもっとも影響を受けたと思われる大学時代のコーチ、現代のスポーツ資本主義の権化のようなチームのオーナーとゼネラルマネジャー、NBAで一番信頼を寄せていたと思われるヘッドコーチなど。

そうした人物たちの個性と経歴にもたっぷり目を配ることで、単なるスポーツ選手の伝記という枠を超え、抜きんでた才能と、それに向き合うさまざまな個性という普遍的な劇を描き出すのに成功している。これが成果の一つ。

もう一つの成果は、巨大な金を生み出す鶏としてのジョーダンをも詳細に描き出したこと。

ジョーダンは何十年に一度という優れたバスケットボール選手だったが、それと同時に膨大な量のスニーカーやソフトドリンクを売ることに貢献した史上最大のCMタレントだった。

また生まれたばかりのスポーツ専門局を巨大ビジネスに変え、メディアとスポーツの結びつきに新しい局面をもたらした先駆者でもあった。その黄金の卵を生む鶏としてのジョーダンにも十分に目を配ることで、メディアと商業主義の影響力が強まる中でスポーツはどのように変質せざるを得ないかを描き出した。

手法はエピソードを積み重ねて大壁画に至るというきわめてオーソドックスなものだが、こうした古典的手法を選ぶのは、自分の取材力と筆力によほど自信があるからなのだろう。（阿部珠樹・ノンフィクション作家）

（集英社・2200円）＝1999年7月15日②配信

外国人スポーツマンの目

「俺たちのニッポン」（エバレット・ブラウン著、稲垣收訳）

日本とは何か。日本人とはだれか。そんな質問を日本人にしても、明確な答えを得るのは難しい。自分で自分のことを問いただすようなものだからだ。自分で自分のことは答えにくいように、日本人にも日本人のことは答えにくい。答えを出してくれる人がいるとしたら、それは日本人という枠の外から日本を眺めている人たちだろう。

「俺たちのニッポン」は、そんな人たちへのインタビューをまとめた本だ。取り上げられているのは、サッカーでは元ジュビロ磐田のドゥンガや日本代表の呂比須ワグナー、K1のアンディ・フグ、野球では横浜のローズや、元ヤクルトのホージーなど、スポーツの世界で「ガイジン」として日本にやってきて活躍している人々。

著者もまた米国人であり、現在日本を仕事の場としているフォトジャーナリストだ。質問するのも答えるのも日本と密接な関係を持つ外国人。日本論を繰り広げるには絶好の組み合わせだろう。

だがこの本、実は、外国人による日本論だけを主眼にしたものではない。もちろん、それぞれの人たちの、日本や日本人に対する考え方はきちんと書かれているし、ラグビーのラトゥやヨットのギルモアの発言は、組織論としても示唆に富んでいる。

しかしそれより面白いのは、日本ではないどこかで生まれ育ちながら、異なった理由でこの島へと流れ着き、仕事をするに至った彼らの人間像だ。

巻末には、著者が日本語で書いた章が置かれている。ここでの著者は、日本や日本人に対する発言をほとんどしない。語られるのは、彼のこれまでの物語だ。ここが、著者の意図を象徴してはいないだろうか。

それぞれの経緯で、それぞれの意志で、日本という国にやってきて、仕事をし、それぞれの理由でとどまったり去っていったりしたスポーツ選手たち。そんな彼らの向こうにうっすらと、日本や日本人の像が立ち上がってくる。（森田義信・翻訳家）

（小学館・1600円）＝1999年7月15日③配信

しなやかな哲学の語り口

「『聴く』ことの力」（鷲田清一著）

明治以後の近代百三十年間に、日本人の聴く力はおとろえた。読む力、見る力にくらべて、聴く力のおとろえはいちじるしい。

学生は、体内にテレビ時間を内蔵しており、二十分ほどするとコマーシャルが入ることになれており、それ以上には緊張が持続しない。明治・大正の大学教授のもっていた聴かせる力をもはや教授といえどももっていないようだ。

しかし臨床体験として教室をとらえる著者は、自分のはなしかける力が、聴く力をひきだすことを知っている。自分のまなざしが聴く力をひきだし、学生のまなざしが自分から予想外のことばをひきだす。それをあかしするのは、この本のしなやかな哲学の語り口であり、論旨をはずして別のところから光をあてる植田正治の写真「小さい伝記」「童歴」「砂丘モード」の引用である。

「たがいをまなざしあうという出来事のなかでは、自他の視線は否（いや）応もなくひとつの磁力圏へと引き入れられ、相互にシンクロナイズさせられるのであって、自他はともにおなじひとつの共通の〈現在〉につなぎとめられ、そこから任意に退去することはできない。他者と目がかちあったときに、じぶんの視線がひきつったり、凍りついたりするような感じがともなうのは、他者の視線がじぶんの意識の内部閉鎖を不可能にしてしまうからである。他者と目がかちあうとき、わたしは現在から過去へと流れるみずからの内在的な体験時間の持続のうちに引きこもることを禁じられ、先が見えないままひとつの〈共同の現在〉へとじぶんの存在が引きずりだされ、そうしてその現在という場に身をさらしつづけることを強いられる」

カントも、メルロポンティも、デリダも、レヴィナスも、著者の臨床体験の中で自由に語りなおされて、読者の耳に向かう。「共同の現在」が聴く力を復活させる。（鶴見俊輔・哲学者）

（TBSブリタニカ・2000円）＝1999年7月15日④配信

私探しブームの世代的総括

「〈じぶん〉を愛するということ」（香山リカ著）

一九八〇年代末から、「AC（アダルトチルドレン）」「多重人格者」「ストーカー」など、さまざまな心理学的キーワードが、一種の流行語となっている。「私探し」の一環として知識を求める人も多いが、こうした概念を取り扱う「手つき」は、世代ごとに大きく異なっていた。

実年世代が新たな心の病を自分と切り離した「あちら側」の問題としがちなのに対し、新人類世代は「私の中にもある一要素」としてサブカルチャー的なモードにのみ込んだのだ。後者の最終形態は恐らく大量に出版されたムックやアニメなどだろう。二者の境界に立つ専門家として、数多くのコメントやインタビューをこなしたのが著者である。

本著も自己愛人格やACなどについて、D・キースの「アルジャーノンに花束を」やTOSHIの洗脳など、サブカル的な例をふんだんに引いて分かりやすく説明している。

が、もっとも興味深いのは、新人類世代の著者が自分をも俎上（そじょう）に載せて分析する、二重構造の部分だ。なぜ両世代のはざまの言説を精力的に発表していたのか？　なぜリボンを髪に巻いた「リカちゃん」としてメディアに登場したのか？

著者はニューアカデミズム全盛期に医大生だったため、フーコーやラカンの本をむさぼり読み、当時、花形だった精神分析の道を志す。が、サブカル新人類的な手つきで、精神分析を語る顔と、医者として一般患者を診る顔に、ギャップが生じていく。

そして九〇年代の「私探し」ブームや、新人類のヒーロー浅田彰氏の変化（？）に戸惑った著者は、この方法論に懐疑的になり、「私もついに『自分探し』を始めなければならないのでしょうか？」と締めくくる。「八〇年代文化はだれも幸せにしなかった」という嘆息まじりの総括は、真摯（しんし）な心理的世代論でもある。「私探し」ブームを時代の放熱に乗せられた単なる「気分」で終わらないためにも、こうした世代の収支決算はもっと語られるべきだ。（速水由紀子・フリージャーナリスト）

（講談社現代新書・660円）＝1999年7月15日⑤配信

渡来者貫く強じんな意志

「航海者（上・下）」（白石一郎著）

日本に来た最初のイギリス人がウイリアム・アダムスであることは知られているが、慶長五（一六〇〇）年の当時、どのようにして渡来したかは漠然としか知られていないだろう。マゼラン海峡を通過してきたと聞いても、想像の糸口をつかむこともむずかしい。だが、この長編小説を読むと、暴風雨と食糧難と闘いつつ、命がけの難所をくぐり抜け、一年五カ月をかけ日本をめざして航海してきたアダムスの強じんな意志がわかり、まず感嘆する。

この作品は、のちに徳川家康に二百五十石の旗本として抱えられ、三浦按針（あんじん）と名のることになるアダムスの生涯を描く長編だが、臼杵湾にアダムスの乗った幽霊船のようなリーフデ号が漂着するまでの経緯のなかで、読者はアダムスの目で日本を見るように慣らされていく。

まずアダムスの目に入ったのは、全員が衣服をまとい、ちょんまげを結った姿だ。アフリカ沿岸や太平洋の島々で見た多くの人たちとは明らかに違う。彼は「かるく見て接してはいけない人達だ。舐（な）めてかかると、ひどいめにあうぞ」と考える。結局、この慎重で謙虚な日本人観を貫いて、アダムスは家康の側近となり、かみしも姿に両刀をたばさみ、江戸小田原町の屋敷と相模国三浦郡逸見（へみ）の領地をもらう。

家康は海外情勢の知識や天文学、幾何学などをアダムスから学び、先に渡来したスペイン、ポルトガルが布教を通商交易の条件としたのにひきかえ、宗旨を広める気はないというアダムスらの新教国、イギリスとオランダに好意を持つ。さらに、東洋に進出をはかる西洋諸国の国情の違いを、アダムスの話を通して理解できるように作品は展開する。

しかし、慶長十八年、待ちに待ったイギリス船が平戸に来航しても、アダムスは司令官と対立し、帰国の機会を逸してしまうのは運命的だ。

海洋小説に定評のある作者が、これはその集大成とのべているのもうなずける労作。（寺田博・文芸評論家）

（幻冬舎・上下各1700円）＝1999年7月15日⑥配信

絵画返還訴訟を丹念に追う

「仮死法廷」(軒上泊著)

本書は、バルビゾン派の画家トロワイヨンの名画を画商に詐取されたとするさる素封家が、絵は買い取ったのだというY県立美術館を相手に、実際に起こした絵の返還訴訟をノンフィクション風にまとめたものである。双方の弁護士の主張と立証の仕方を準備書面や証言を詳しく引用しながら、丹念に追っている。

原告(返還を求めた側)の主張によれば、美術館長の借用の求めに応じて絵を出品しただけで、売る意思はなかった。相談もなく画商に勝手に絵を売られ、Y美術館側の「持って出たら画商のもの、それが商慣習だ」という返答は奇っ怪そのもの、犯罪行為への加担になる。

しかし、著者の心情は原告側の取材に偏っていることから、原告びいきにならざるを得ず、原告に代わって証言する夫人の思いこみに引きずられている感はいなめない。事件の方向を最初から断定せず、客観的に記して不合理な事実を浮かびあがらせたほうが話の展開としては面白く、知的興奮も誘ったであろう。

本書を読む限り、担当弁護士の事件に取り組む姿勢は真剣さに欠け、中途半端でなすべき尋問もしていない。双方弁護士の能力の差や裁判官の社会常識の欠如など、現実の裁判とはこのようなものだと描きだしたところに一読の価値はあるが、それらの肝心な点に著者の評価は記されていない。

結局、一審から控訴審、上告審ともみな敗訴してしまうが、原告本人の尋問を欠き、なぜ弁護士が説得できなかったのか理解に苦しむ。小切手は受け取るべきではなく、画商に不安を感じたのなら、代金ではなく担保とするむね一札入れておくべきであった。

証人尋問の内容と方法について、実務に携わる法曹関係者は身につまされる個所が多くあるだろう。当事者たる依頼人が、弁護士も裁判官もいいかげんなものと感じ、司法への信頼感を失い、裁判に幻滅を感じたのもむりはない。専門家のいう法律的な落ち着きや構成などより、裁判に求められるのは市民の常識なのである。(伊佐千尋・作家)

(国書刊行会・2000円)＝1999年7月22日①配信

生きていく苦悩と尊厳

「妻と私」(江藤淳著)

七月二十二日の朝、目覚めると、妻が、江藤淳さんが亡くなられたみたいですよと言った。わたしはあわてて朝刊を広げたが、千葉の私の家に来る新聞には報道されていなかったので突然のことだったのだなと放心した。

あるいはそういうこともありうるのではないかという気持ちがどこかにあった。不謹慎ながらも知人たちとそのことを話し合い、心配していたことだった。江藤氏は去年の晩秋に、ながく連れ添った愛妻をがんで失った。著者自身も軽い脳血栓を患い、その上、急性前立腺(せん)炎を発症して、生死の境をさまよいながら愛妻を看護したのちみとられた。

数日前、脳梗塞(こうそく)で倒れすべての公職を退いたという話も耳にしていた。心配だなとうわさし合っていた矢先のできごとだった。したがって「妻と私」は最後の著書というよりも、遺書のような気がしてならない。

本書は文学者の夫が末期がんの妻を献身的に看護する日々をつづったものであるが、人間の生きていく苦悩と尊厳を描いている。妻を気づかう著者の目は全編に慈愛に満ちていて、四十数年のながき時代をともに生きてきた同胞を看病するという趣がある。無我の境地で寄りそう著者の行動は分身を失うという恐れにも似ている。著書が妻の心身の痛みをわが痛みとして受けとめ痛哭(つうこく)する姿や、自分の死さえいとわないいたわりと配慮には深い感動と哀切がある。

生と死。万物は生まれ落ちたときから死にむかって進む。それが病死であろうと自裁であろうと、ただひとつの例外もない。だから人は畏怖(いふ)するし慈しみ合う。

そして人は病にふしたときこそ孤独を強く意識する。それがいやされないと感じたとき、有限の死を意識する。江藤氏の自死はまた、これからやってくる日本の老齢化問題を暗示しているようにも思える。著者の最後の書物になるのがまた哀(かな)しい。文学界は小林秀雄以降の大きな文芸評論家を失った。(佐藤洋二郎・作家)

(文芸春秋・1000円)＝1999年7月22日②配信

歴史の知識を手がかりに

「『ユリシーズ』の謎を歩く」（結城英雄著）

イギリスで三年ほど前に行われた愛読書調査によると、トールキン「指輪物語」、オーウェル「一九八四年」「動物農場」についで、ジェイムズ・ジョイス「ユリシーズ」は四位であったが、「この大部の小説に票を投じた人のほとんどが、読み通してはいないだろう」とコメントがつけられた。

「ユリシーズ」は、いわゆる愛読者ではないにしろ、一度はきっちり読んでみたいというあこがれを抱かせる名作、ということだろう。

一九〇四年六月十六日にダブリンで交錯する人々を描いているだけではない。ギリシャ神話を下敷きにし、さまざまな引用から成る難解な書物である。英文学専攻の大学院生が、膨大な注釈を参照しつつ英語と格闘しながら読書会で読み進める、というたぐいの本だ。

その難しさは、詳細な脚注つきの日本語訳で読んでも消えない。となると日本語でもほしい注釈本。本書は、その役割をはたす。

ジョイスは、ダブリンが消滅しても自作をもとに復元できると自負しながらも、たくさんのなぞやパズルをわざと埋め込んで後世の議論を誘う、という絶妙のスタンスをとった。本書の著者は「『ユリシーズ』は歴史世界からの抜粋であり、歴史世界の知識がその解読の手がかりとなっている」との信念のもと数々のなぞにいどみ、そのような知識のない読者が「地雷」を踏んでとんだ目に遭うことから救おうとしている。

たとえば、当日の郵便船の出航時間まで調べあげられ、語句は解読されていく。売春宿の料金表から、主人公たちの遊びの具合が明らかになり、それが当時の一大売春地帯ダブリンの文脈でとらえなおされると、そういうことなのかと納得することができた。

一日の出来事を書いた「ユリシーズ」は一日で読めるようにうまくできている、という説がある。見取り図を本書から得たら、あとは、自分のスケジュールを一日あけて、試すのみだ。（岩田託子・中京大助教授）

（集英社・2800円）＝1999年7月22日③配信

魔境に見いだす世界の深層

「〈狂い〉と信仰」（町田宗鳳著）

宗教をめぐる視点は今まさに混乱の極致である。オウム真理教に見られるような暴力性は、厳しく指弾されてしかるべきだが、一方でそうした闇（やみ）の部分を「邪教」と決めつけるような既成の宗教は、文字通り毒にも薬にもならず、われわれの魂の深部には届いてこない。その中で宗教にはいかなる可能性が残されているのか。

本書は、宗教の本質は苦悩にあり、「狂い」という日常を逸脱した体験こそが宗教体験の根底に存在することを、古今東西の宗教の例示とともに説得的に示すことで、行き詰まった宗教を、そして現代の閉塞（へいそく）状況を切り拓（ひら）こうという極めて意欲的な取り組みである。

著者はまず宗教体験に着目し、そこで「悟り」と「狂い」は紙一重であることを描き出す。日常性にがんじがらめになった現実原則からは悟りは得られず、日常性の解体からこそ宗教体験は生まれ得るが、それ故「解脱」と「魔境」は隣接する体験とならざるを得ない。なぜなら、宗教体験は日常の理性を超えた、無意識に存在するマグマのような生命感情にこそ、その根源を持つものであるからだ。

祭りの爆発的活力、踊り念仏の狂乱、シャーマンの恍惚（こうこつ）を見よ。それは狂いでもあり、全体的人間の回復でもある。そして狂うのは人間のみではなく、神々もまた狂い、荒ぶるのだ。キリスト教のねたみの神、イスラム教の怒りの神、血なまぐさいヒンズーの神々、愚行を繰り返す日本神話の神々…。善と悪のせめぎ合い、暴力と救済の根源的なドラマこそが、世界の深層を照らし出すのだ。

善と悪に、日常と非日常に、絶望と歓喜に引き裂かれる「狂い」の体験なしには「救い」もまた存在しない。それどころか「狂い」が排除された、底の浅い「明るく」「理性的な」社会こそ、抑圧された「闇」が最も暴力的に噴出する社会なのではないか。宗教論にしてその訴えかけは現代日本の総体に及ぶ。気力充実した、必読の一冊である。

（上田紀行・東京工業大助教授）

（PHP新書・657円）＝1999年7月22日④配信

奇想天外、大まじめな小説

「日光」(松山巌著)

本のオビに「前代未聞の長編小説!」とある。どこが前代未聞なのか。まず、本文印刷が黒インキではなく、青っぽい(何色というのか?)。登場人物がX+C子とか、見ザル、言わザル、聞かザルとかいった類で、変であり、フランケンシュタインが藤村操になり、X+C子がX子とC子に分裂(分身)し、舞台が日光の「太郎杉」の根元に突然ワープしたりする展開も異様である。

主人公で語り手の〈私〉は、坪内逍遥訳のハムレットのセリフをしばしば口にする。「夢は影ぢや。くるくる廻る傘の列の影。揺れる傘の影の群れ。影は夢ぢや」といったものだが、「夢」と「影」とが折り重なり、それがくるくると互いに追いかけ回っているというのが、この小説の構造を語ることになるだろうか。

評論家としては「前代未聞」などといわれると、いや、昔の文学作品にその典拠、先行テキストがあったはずだなどとなまはんかな知識をひけらかしたくなる。評者が思い付いたのは、幸田露伴だ。その「新浦島」や「観画談」に、この「日光」という小説の東洋的な幻術世界の根拠が仕組まれているような気がする。

もっとも、逍遥にも「役行者」や「新曲浦島」といった幻妙な作品があるのだから、別に露伴に限ったわけでもない。内田百閒、牧野信一、吉田健一、藤枝静男のあたりも隠し味となっている気がする。そういう意味ではこの小説は必ずしも「前代未聞」ではない。荒唐無稽(むけい)、支離滅裂、幻妖(よう)怪異であっても古今東西において、空前絶後、前代未聞、唯我独尊の小説ではないのである。

というよりも、とても懐かしい香りのする作品であり、古き良き時代には、藤村操の買った五本の羊羹(かん)にこだわる、こんな奇想天外な小説をそれほど奇妙きてれつと思わずに読んだ心のゆとりがあったはずだ。心の余裕のない現代人には、ナンセンスなドグラマグラ(面妖)な小説と見えてしまうかもしれないが、存外、これは大まじめな小説なのではないか。(川村湊・文芸評論家)

(朝日新聞社・1800円)=1999年7月22日⑥配信

裁判経過の問題点を明確に

「死刑事件弁護人」(大谷恭子著)

副題に「永山則夫とともに」とある。読むのは気が重かった。一九六八年十月から十一月にかけて、東京、京都、函館、名古屋でガードマンやタクシー運転手四人が次々にわけもなく射殺された「連続射殺魔事件」は世のなかを震撼(しんかん)させた。翌年四月、逮捕された永山則夫はまだ十九歳、中学を出て就職のために上京して間もない若者だった。

後、永山が自己の犯罪についての猛烈な反省、分析をとおして、獄中の革命思想家、運動家として成長し、小説家としても高い評価を得たことは、まだ記憶に新しいだろう。おそらくもっと新しい記憶は、一審死刑(七九年)、控訴審無期(八一年)、異例の最高裁差し戻しで再び死刑(八七年。九〇年確定)、と量刑が生殺の間を転々し、そしてこれまた異例の素早さで執行がおこなわれたことだろう。一九九七年、永山は四十八歳だった。

同じ年齢の者として、それにほんのわずかなしかも不調なものではあったが交流をもったことのある者として、そして何より死刑廃止論者として、私はこの経過を苦く味わった。だから読むのは気が重かった。

しかし読み始めるやいなや、たちまち私はがっしりつかまれ、最後まで息もつかずに一気に読んだ。異例な裁判経過の問題点が明確に見えた。事実のリポートと裁判記録で固めた重い話を、ここまで読ませるのは、ひとえに著者の書き手としての力量だろう。

いや、それだけではない。本書によれば、大谷は、誠実な弁護士としてのみならず、「永山君」を気づかう者として彼と付き合い抜いた。その体験で受けた人間としての衝撃が、冷静な法律家としての問題提起に熱い情熱を与えている。だから本書は読者を引き込むのだ。若者の凶悪犯罪がありふれている時代だからこそ、裁判による正義とはなにか、刑罰とはなにか、死刑は果たして正義なのか、被害者のために社会はなにをなすべきなのか、じっくり考えるために読んでほしい一冊だ。(中山千夏・作家)

(悠々社・1900円)=1999年7月29日①配信

革命に至る近代思想の歴史　「フィンランド駅へ（上・下）」（エドマンド・ウィルソン著、岡本正明訳）

この一九四〇年に世に出た、アメリカ合州国の批評家ウィルソンの高名な本は（欧米での高名にかかわらず、日本では今やっと翻訳が出た）、社会主義思想史、革命運動史、ましてレーニンの伝記ではない。十月（ソビエト）革命に至る近代思想の発展の歴史を、レーニンの祖国帰還、革命の開始に収斂（しゅうれん）させるかたちで書いた本だ。

フィンランド駅は、レーニンが亡命先から列車で着いたペテルブルクの駅の名だが、その「フィンランド駅へ」さまざまな近代思想が収斂する。マルクスが始まりではない。フランス革命の衰退、崩壊のなかで「フランス革命史」を書いたミシュレ、さらにはミシュレが尊敬した十八世紀前半のイタリアの無名の思想家ヴィーコにまで、ウィルソンは「フィンランド駅へ」の近代思想の動きをさかのぼらせた。

大づかみにして言えば、ヴィーコは歴史の主体は人間だと説いた。そこから、人間は歴史を変えられる、変えてもいい、変えるべきだ―に思想は発展する。経済力をもった人間がなぜ政治力をもたせられないでいるのか、自由がないのか―その認識、思考はフランス革命の原動力となった。

では貧乏人は放り出されたままでいいのか。この認識、思考はついには「フィンランド駅へ」の思想の動きを形成する。この動きは、歴史を書くことから歴史を変えることへ、思想から行動への動きを必至にし必然にする。この本の原文での副題は「歴史を書くことと行うことの研究」だ。

しかし、七一年版の後記で、ウィルソンは、アメリカ合州国の社会主義者や自由主義者（ウィルソンもそのひとりだ）は、フィンランド駅にレーニンが着いた以後の革命の展開に楽観的すぎた、この書は革命家たちが「より良き世界」をつくるためと信じて動いた、その努力の記述として読まれるべきだと書いた。

この彼のことばは、旧ソビエトをはじめとして社会主義諸国が崩壊した今、まさにあたっている。（小田実・作家）

（みすず書房・上下各4500円）＝1999年7月29日②配信

生成と革新に尽くした人々　「モダンダンスの歴史」（海野弘著）

本書はモダンダンスの発生と現在までの流れを、その生成と革新に力を尽くした人々を取り上げることで、描き出そうとしている。その試みは二つの点で成功している。

一つは、発生の解明と流れの筋の探索において。著者は通常、イサドラ・ダンカンからとされるモダンダンスの歴史を、その彼女の「モダン」がいかにして成立したか、の前史を明らかにするところから説き起こす。このことによって、モダンダンスを、単にクラシックに対抗するジャンルとしてではなく、近代体操、神秘主義、フェミニズム、精神的共同体、等々の二十世紀の試行を生み出す運動としてとらえることが可能となった。

また、モダンダンスの発展の跡を、これまで、アメリカの新しいダンサーのヨーロッパでの活躍を追うことによって説く傾きがあったところを、とりわけ第二次大戦後、見過ごされがちになっていたドイツを中心とするヨーロッパのモダンダンスの歴史を幾筋も探ることで、その歴史全体を補正することができた。

もうひとつの成功は、モダンダンスを創始、発展させた人々の歴史的な位置を確定し、相互の影響関係を指摘したことであるが、それが、それぞれの人々の個性の輝き、情熱、時には失意のうちに活写されているところに本書の手柄はある。

すなわちモダンダンスとモダンデザインの関係、モダンダンスが、病と健康、ヒーリングなどと共有する問題性、などが、今となっては神話的にも思える、モンテ・ヴェリタ（真実の山）と呼ばれたスイスのアスコナでの、人々の精神的な出会いを詳述することで考察されるのである。

ただ、これらの魅力的な群像を提出することが、必ずしもダンスという表現の「歴史」としての論理を示すことになっていないうらみはあるが、それは、著者にとって本書が今後の研究の見取り図としての意味があることを思えば、かえって期待は膨らむ。（船曳建夫・東大教授）

（新書館・3800円）＝1999年7月29日③配信

女同士の困難とすばらしさ

「なぜ女は女が嫌いなのか」（シェア・ハイト著、石渡利康訳）

女の敵は女だ、という言い方がある。確かに男性優位の社会構造によって、女たちはひきさかれている。女はその体制の中にいる者、外にいる者に分断される。結婚している女、していない女、仕事を持つ女、家庭を守る女、また、男の視線と評価を意識して女同士はライバルにもなる。

そう、女同士はやっかいだ。血縁という宿命を背負った母と娘、姉と妹、女性の上司と部下、女友だちなどなど。そんな女たちのリレーションシップを取りあげて、その困難な状況と女性同士ならではのすばらしさを、あのハイト・リポートで世界中にセンセーションを巻き起こしたシェア・ハイトが書いている。

彼女の考察を支えているのは世界十一カ国の女性六千三百五十人の調査から得た具体的な声だ。そこには女たちの実感があふれている。ただ、調査に日本は含まれていないので、背景となる文化の違いからわかりづらいことも少なくないが、異文化に生きる女性たちの声を聞きながら、この日本ではどうなのか考えてみるのもおもしろいのではないだろうか。うーむ、確かに女同士も悪くない。

「女（または男）はこうあるべき」「女（男）はこれをしてはいけない」という、子ども時代に受けた刷り込みが、見えない大きなかせとなってわたしたちの生き方を制限している。この本は、そのかせをといて、生き方の間口をもっと広げようと呼びかけているのだ。

現代社会を厚く覆う異性愛カップル信仰は、それ以外の選択を許さないかのようだが、セックスのない女性同士の共同体、同性愛で子どもを持つ方法、女性同士のセックスの素晴らしさまで、その魅力とともにさまざまな生き方が語られる。選択肢はたくさんあるのだ。

自らの意志で生き方を選択できること、それこそがフェミニズムの闘いであり主張なのだという著者の言葉は、生きることに悩む多くの人の心に響くだろう。（いずみ凛・脚本家）

（祥伝社・1700円）＝1999年7月29日④配信

物語批判の物語

「ヴィトゲンシュタインの箒」（D・F・ウォレス著、宮崎尊訳）

北米の現在文学のなかでも、前衛と通俗の混沌（こんとん）地帯を最も果敢に探求し続ける若手アヴァン・ポップ作家デイヴィッド・フォスター・ウォレス。彼が一九八七年に発表したデビュー長編「ヴィトゲンシュタインの箒」が、とうとう日本に上陸した。

中心舞台は一九九〇年のオハイオ州クリーブランド近郊。ここは六〇年代に、ストーンサイファー・ビーズマン二世によって計画・開発された町で、彼はそこでベビーフード会社を成長させる。

主人公は、彼の二十四歳になる孫娘で、とある出版社の電話交換手を務めるレノア。彼女の母は家業の犠牲となり精神を病み事故に遭い、そのため弟は生まれた時から片脚に欠損を持ち悪魔そっくりの容ぼうをもつ。親友は、神学的な想像力にあふれ人間と対等に会話する天才オカメインコ〈ウラード串（くし）刺し公〉で、このペットはのちにテレビタレントへの道を歩み出す。

そんなレノアが、心理学者ジェイの診療所で季刊の文芸雑誌を編集する四十二歳バツイチの中年男性リックと知り合い、恋に落ちる。

折も折、老人ホームに入っていたレノアの曽祖母（そうそぼ）が行方不明になった。曽祖母はケンブリッジ大学時代の指導教授だった論理哲学者ヴィトゲンシュタインゆずりの「箒（ほうき）の本質は柄にあるか先端にあるか」という議論を好み、世界のメカニズムはすべて言葉に起因していると信じ、息子以下の企業家たちにも多大な影響を与えた人物である。

はたして世界は言葉で修復できるか、人間は物語で治癒できるのか。本書は最終的にレノアを恋の三角関係へたたき落とすが、その過程において、物語と現実を一致させたいという欲望と、そうした予定調和幻想から逃げ出したいという欲望が正面衝突し、精神治療自体への本質的なアイロニーを投げかけていく。

心を病む人々が増大してやまない二十世紀末北米スモールタウンならではの、最もヴィヴィッドな物語批判の物語が、ここにある。（巽孝之・慶大教授）

（講談社・3800円）＝1999年7月29日⑤配信

人間の存在をめぐる狂想曲

「自由死刑」（島田雅彦著）

中年にさしかかった三十代半ばの男がある日、自殺を決意する。彼は独身で妻子も兄弟もいない。父は四年前に亡くなり、一人暮らしの母はぼけ始めている。自殺を決意した理由はあまりはっきりしない。主人公の名前は、皮肉なことに喜多善男という。

「自由死刑」、つまり自殺の決行は、一週間後の金曜日と決めた。所持金は働いてためた百万円あまり。死までに残された時間をどのように過ごすか。そう考える主人公の前にあやしげな会社社長が現れ、彼の運命に介入し、彼の自殺さえも利用して金もうけの材料にしようとする。

こうして、一週間にわたる歓楽とサスペンスに満ちた死出の旅路が始まるのだ。生命保険や臓器売買のかけひき、ホテルでの酒池肉林、自分を裏切った昔の恋人との再会、そしてあこがれのアイドル歌手とのデート。

主人公が欲望のおもむくままに貴重な時を過ごしていくうちに、事態はアイドル歌手をさらっての逃避行にまで発展し、誘拐犯となった主人公と、彼を殺すために差し向けられた元外科医の刺客の間で、アクション映画にも似た立ち回りが演じられる。

自殺を思い立っても、それすら自由にはできない人間の存在をめぐる、世紀末の狂想曲といったところだろうか。主人公の欲望はたぶんに紋切り型のもので、死に直面したときの行動でさえも、人はその時代の想像力の制約から自由になれないものだということを考えさせられる。

しかし、その一方で、物語は次第にある種の倫理的な色彩を帯び始め、自殺についてというよりは、むしろ人間の自由について、そして生きることについての考察が深まっていく。

その背後には、中年にさしかかった作家自身の成熟があると言えるだろう。彼はもはや「青二才」ではないのだ。人間の生と死について徹底的に悩み、考え抜いたトルストイやドストエフスキーといった十九世紀ロシアの作家たちの、はるかなこだまが聞こえてくる。（沼野充義・ロシア文学者）

（集英社・1500円）＝1999年7月29日⑥配信

色とりどりの豊かな世界

「もうひとつの手話」（斉藤道雄著）

手話は独立した言語だ。音声言語とはべつの単語・文法・概念をもつ視覚言語である。アメリカ手話はABCをなぞっているのではないし、日本手話はイロハを身ぶりしているのではない。ろう（聾）者とは、つまり、固有の言語と文化をもつ少数民族なのである。私たちがテレビでなじみの手話は、ろう者のネイティブな手話ではない。

そんなことが、のっけから語られる。

正直、面食らう。しかし、やがて、わかってくる。面食らうのは聴者だからだと。音声言語の世界になじみ、それ以外の世界像を想定したことがないせいであると。

聴者はろう者を「聴覚障害者」とよぶが、大半のろう者は、耳がきこえないことを障害だとは思っていない。ろう者の両親は、生まれてくる子もろうであるように願うという。こんな人間の親が存在することすら、聴者は知らないのではなかったか？

やりきれないのは、この私たち聴者の想像力の貧困ぶりである。貧困を貧困と認めようとしない傲慢（ごうまん）である。

ここ四十年の研究で、手話が独立した言語であることは、言語学の定説になった。それでも文部省は、口話主義をあらためない。ろう学校は手話を禁じ、日本語を発声するよう強制している。口話主義は、世界的にも破産同然の惨めな成果しかあげていないのに。

かつて大日本帝国は、朝鮮半島でネイティブな言語を強奪した。性懲りもなく、同じ愚をくりかえすのか。そんな著者の痛切がきこえる。著者も聴者だ。

「そこらじゅうでめまぐるしく動く手の先からは、まるでことばが色とりどりの、大小のリボンや花吹雪になって絶え間なく投げ放たれているかのようだ」

ろう者の最高学府、ワシントンのギャローデット大学を最初に見学したときのおどろきを書きとめた一節である。この美しい一節に、本のモチーフも、具体的で新鮮な展開も凝縮されている。味は複雑に、苦い。（倉本四郎・作家）

（晶文社・1900円）＝1999年8月5日①配信

多重人格からの奇跡の生還

「ブロークンチャイルド」（マーシャ・キャメロン著、桃井健司訳）

ブロークンチャイルドとは、乳幼児期からの母親の虐待に、自己をいくつもの人格に多重化することによって耐え、生き延びてきた人のことだ。生き延びた結果、今度はその多重化（多重に解離）した人格がそれぞれ自己主張し始めるため、現実社会に適応することに極めて困難を感じている人のことだ。

自己の被虐待体験と解離体験を見つめるという作業の刻苦に耐えることによってしか、壊滅的になった自己を修復することが不可能な人のことだと言い換えてもいい。

しかも、この修復作業には、その過程を支え、励ます存在が不可欠である。だが長期にわたるこの作業に立ち会える力量を備えている人は実に少ない。

アーリア人の血統を強く意識するドイツ人である母は、夫がユダヤ人と知ってショックを受ける。彼女はなぜか兄や弟ではなく、同性のマーシャだけを憎み、憎むだけでなく、何年にもわたって信じ難い虐待を続けたのだった。

それればかりではない。兄弟、叔母、教師ら、優しかった父でさえマーシャの現実を知りつつ、十分な救いの手を伸べてくれなかったのだ。このような虐待と孤独の中でマーシャは、六人の人格に解離したのだった。

マーシャの僥倖（ぎょうこう）は、一人の精神科医に出会ったことであった。

彼は、これまでの精神科医と違い、彼女のブロークンチャイルドとしての表出を逃げることなく受け止め、生還までの過程に寄り添ってくれた。彼との五年間のセラピーによって、マーシャは、解離した人格が発生した被虐待の過去を一つひとつ明らかにし、統合していくことができたのである。

ブロークンチャイルドが癒（い）えるということは、ろくな武器も持たされずに激戦地に投入された一兵卒が生還するのと同様、ほとんど奇跡に近い出来事である。

この手記の主人公マーシャは、そうした奇跡の生還を成し遂げた、いうなら英雄なのである。（芹沢俊介・評論家）

（共同通信社・2300円）＝1999年8月5日②配信

巨大市場の転変と現在

「パチンコの歴史」（溝上憲文著）

まず、表題が潔い。何のケレンもない直球一本。その心意気にまず座布団一枚だ。パチンコの業界誌に連載されていた原稿をまとめた一冊。

戦後日本の代表的大衆文化であるパチンコの誕生からその変遷、現在までを手堅い資料と取材によって描き出してゆく。特に華のある文体でもなければヤマも仕掛けも乏しい。章ごとに語り口も不安定だし、正直言って読み物としては物足りないところがある。

とは言え、概括的な仕事としてはまず水準以上。何より、これくらいコンパクトにパチンコの歴史についてまとめてくれた仕事は、非売品の業界史などを別にすればこれまでもほとんどない。

戦後の復興から高度成長へと日本社会が変ぼうしてゆく過程で、パチンコが競馬と並んで社会資本を吸い上げる手段としてシステム化されてゆく過程が浮き彫りにされる。正村ゲージの正村竹一など、業界黎明（れいめい）期の豪傑たちのエピソードがいい。

昭和二十八年段階ですでに競輪の六倍、当時の国家予算と比べても約三分の一という巨大なものになっていたパチンコ産業が、その後警察と暴力団というふたつの「力」の間で引き裂かれながら戦後日本のやみの部分を支えてゆき、ついには十兆円ともいわれるとんでもない市場を獲得するに至るまでの転変。

〈いま・ここ〉のリアルタイムな問題であるプリペイドカードの導入とその後の破たんなども含めて、警察官僚による風俗営業＝「玄人の稼業」に対する管理が肥大していった歴史を考える上でも興味深い素材がちりばめられている。もっとも、だれもが知りたいはずの朝鮮民主主義人民共和国（北朝鮮）とのかかわりなどについては突っ込み不足の感は否めないが、しかしまあ、これは求める方が無理スジかもしれない。

大文字の文化論でない立ち位置からパチンコを考えるときの入門用文献のひとつとして読まれることだろう。書き手のイデオロギーのせいか若干偏向のきつい印象も、仕上がりに免じて割り引いていい。（大月隆寛・民俗学者）

（晩声社・2400円）＝1999年8月5日③配信

先入観覆す手堅い検証

「日本人の経済観念」(武田晴人著)

カルロス・クライバーという、伝説的な名指揮者がいる。伝説的というのはめったに指揮をしないからで、その一因は彼の完ぺき主義にあるが、実はあまり働きたがらない人なのだ、とも言われている。お金があり余っている様子でもないが、けっして必要以上に働こうとはしない。「冷蔵庫も満杯なのに、なぜ指揮なんかしなければいけないんだい」というのは、これまた伝説的な彼のセリフ。

まさしくファン泣かせの人生観だが、時おり傑出した仕事をして、あとは食べられさえすればよいという経済観念は、洋の東西を問わずあるものらしい。日本でもかつて、例えば職人の世界ではそうだった。昔からエコノミック・アニマルで滅私奉公だったわけではない—そういう「脱先入観」の作業を本書はコツコツと積み重ねていく。

もっとも、職人は必要以上にあくせく働かなかった、という卑近な例だけで済ましては本書に失礼だろう。後に財閥となる三井家などで奉公人が経営の実権を握っていた事例や、奉公人の世界でも苛烈(かれつ)な淘汰(とうた)が働く一方、実はそこからの敗者を救済する仕組みも巧みに用意されていた事例など、興味深い史実が数多く紹介されている。

史実を検証する手法は手堅い。検討課題も、狭い意味の経済観念だけでなく、日本人の労働観や紛争観、宗教観や国家観にまでわたる。徹底して日常的な経済生活を素材としたため、議論が抽象的になり過ぎていないのがよい。

ただ、その分、議論がやや拡散気味になったとは言えるだろう。著者自身が認めているように、取引に関する「信頼」と「ごまかし」など、相矛盾する二つの傾向が両方とも存在していた、というたぐいの記述もやや過多に思われる。両方あったのは事実としても、何が執拗(しつよう)に持続し、日本の「いま」を形作っているのか。これだけ内容豊かな本に読者が期待するのも、その点への大胆な肉薄だろう。(最上敏樹・国際基督教大教授)

(岩波書店・2300円)=1999年8月5日④配信

理念なき日本の戦時指導者

「ソ連が満洲に侵攻した夏」(半藤一利著)

戦争末期のソ連軍による満州侵攻は、日本国民にとってきわめて不快な歴史的事実として語られてきた。ソ連軍兵士の日本人居留民への行為、シベリア抑留問題など確かに感情的にならざるを得ない面がある。

しかし、こうした感情論だけでは歴史的事実を客観化することはできない。本書は昭和二十年八月九日未明のソ連軍の軍事行動を軸に、日ソ間の当時の背景やそれぞれの指導者の歴史意思を冷静に、多角的に分析し、歴史をひとまず感情から解放する貴重な意味をもつ。先鞭(せんべん)になる書ともいえるだろう。

幾つかの新しい視点も感じられる。スターリンは、もし日本がソ連参戦前に降伏してしまったらなんの権益も確保できないことを焦る。八月十一日に予定した対日宣戦を九日に早めるのは、アメリカの原爆投下が引き金になっている。戦争で失ったものは戦争で取り返さなければ国民の信も得られないとの苦悩もある。スターリンの分析を通して、今世紀前半を動かした指導者の実像が浮かぶ。

だが本書の価値を高からしめるのは、日本の戦時指導者たちの理念なき具体像がえがきだされているところにある。敗戦を直視しえない弱さといってもよい。

ソ連を仲介として米英との和平工作に期待をかける甘さ、それは自らの願望だけを根拠にしたもので、つまりは「ソ連を頼り裏切られる」ことになる。ソ連軍と関東軍との“停戦交渉”でも、主張すべきことは主張していないと本書では指摘している。

読者の理解を深めるために注記があるのだが、この部分にしばしば著者の歴史観が凝縮されている。例えばソ連の侵攻を日ソ中立条約侵犯というが、日本も関東軍特殊演習などではこの条約を考慮にいれていないのだから、ソ連だけに責を負わせるのはおかしいとの指摘は、実は客観化への第一歩なのである。

本書は、日本の自省も含めて、「八月」を回顧するときの歴史的教訓を含んだ書というべきだろう。(保阪正康・ノンフィクション作家)

(文芸春秋・1524円)=1999年8月5日⑤配信

漂流する母娘の繊細な物語

「神様のボート」(江國香織著)

九年間も旅をしつづけている母親と娘が登場してくる。物語のはじまりにおいて、二人は東京近郊の街に住んでいて、母親の葉子は昼間ピアノを教え、夜は近所のバーで働き、生計を立てていて、娘の草子はもうすぐ十歳になるという設定だ。母親はそろそろ次に住む場所を考えはじめている。

引っ越しのたびに、転校を余儀なくされる草子が、どうして旅をつづけなければならないのか、と聞くと、

「ママも草子も神様のボートにのってしまったから」

と答えるだけだ。この表題にもなっている「神様のボート」とは、あらがうことのできない力で流されてしまうこと、あるいは宿命ととらえていい。それは葉子にとって、草子のパパと出会ってしまったことだ。そして娘は母親から「骨ごと溶けるような恋」のロマンチックな話を聞かされて育つのだ。わかっていることは、パパに会うまでこの旅は終わらない、ということ。

本書の読みどころは、母と娘のそれぞれの立場から語られる二人の独白の交差にある。やがて不倫だった宿命の恋のいきさつや、別れて旅をつづけなければならない本当の理由などが、少しずつ明らかになっていく。

同時に母親のロマンチックな話を信じていた娘の視線が、成長とともに現実的になり、母親の世界を危ういものにしていくあたりは、残酷だ。すべてはつくり話ではないかと思ったりする。それでも移動する風景のなかに、ひとりの人を思いつづける、という母親の内向する世界は、狂気にも似た甘美さと透明感を増しながら、息苦しいほどに閉じられていくのだ。

このロマンと現実、甘美さと残酷さの匙(さじ)加減が絶妙だ。それらを二人の独白のなかでないまぜにして、ていねいに耕した繊細な物語である。漂流するボートのように傷つきやすく、もろさを秘めていた母親が、最後には強く確かな存在感を残していて、そのすくい方もすがすがしい。(白石公子・詩人)

(新潮社・1400円)＝1999年8月5日⑥配信

男の正しい服装を説く

「ファッションは政治である」(落合正勝著)

日本男性の服装は国際社会で通用するのか。そんな歯がゆさから書かれた本である。スーツが西欧社会で完成されていった過程を知り、「正しいスーツ」を着ることが「公的な場」つまりは「政治的な場」で必要不可欠だと認識すべきだと著者は説く。

本書の主張は大きく三つ。第一にスーツは西欧社会で戦争と革命によって権力を握った階層が生んだ服装であることだ。貴族の乗馬服、宗教家の祭服、そして軍服がスーツの基礎となり、機能性、合理性をそなえ、かつ権威と威厳の象徴となったスーツがやがて世界標準服となる。

第二に男の服とファッションとの関係だ。デザイナーたちは毎年二回新作を発表するが、男の服にめまぐるしく変わる流行は必要なのかと疑問を投げかける。公の場で本当に必要とされるのは「ビジネスのための自己の情報発信が行いやすく、交渉ごとや礼節に適し、かつ上品で実用的、さらに外観に時間の経過が現れないスーツ」つまりは英国貴族に源流を発する「クラシックスーツ」だと著者は断言。

そして第三には、日本が海外とくに西欧の精神性までも含めた「服装」の輸入に失敗し、そのために何を着ていいのかとまどう男性たちが増えたと指摘する。著者はまず南蛮渡来の衣服を、織田信長や徳川家康が政治的に利用してきたことに着目。明治維新で洋装を受け入れる土壌が出来上がっていたこと、ただ日本では土着性ゆえに西欧各国の文化を混合した「多国籍スーツ」を導入し、戦後アメリカの既製服が大量に流れ込んでくるにいたって混乱のきわみに達したとする。

服をモノとして使い捨て、個人のアイデンティティーを表現する「服装」として考えなかったところが、現代の日本男性の外見の問題となっているわけだ。

交渉事の場に臨んだとき、相手にまず自分を認めさせるためには外見が重要。それに気づいた男性たちは「おしゃれなんて」と逃げずに、アイデンティティー表現としてのスーツに挑戦すべきだろう。(実川元子・翻訳家)

(はまの出版・1800円)＝1999年8月12日①配信

日常の虚構性を確認する場　「東京ディズニーランドの神話学」(桂英史著)

この本は、ディズニーランドそのものの意味を論じた本ではない。東京ディズニーランドという現象から解読される文化論を構築しようとしているのである。筆者は、われわれの日常生活を包囲する虚構について思考をめぐらせようとして、その虚構の最も過激な表現であるところのディズニーランドに着目する。

家族も国家も都市も、小さな虚構が集まった大きな虚構でしかないとして、規格化される家族、労働を補うものとして「発明」された余暇、戦後日本の永遠の復興経済、ロマンス革命、沿線郊外型家族などを取り上げて、それらがみな虚構をつくり上げてきたものとして詳細に検証される。いずれも、多岐にわたる分野の既存研究を下敷きにしており、説得力がある。

私が住む京都では、最近、明治時代に建てられたれんが造りの銀行が解体され、れんがのタイルを張った、全く同じ形態をした鉄筋コンクリート造りの建物が建設されようとしている。いわゆる景観行政による指導によるものだ。こうした奇妙な現象も、本書を読めば納得がいく。

つまり、虚構を基礎とする日常では、風景はあるものではなく、「どのように見えるか」という他者のまなざしに導かれつくられるものなのだ。そして、そうした世の中の虚構性を、あらためて確認する場所としてディズニーランドがあるというわけだ。

しかし、そうした虚構としての日常生活に、われわれはどう対処すべきなのだろうか。それについて本書では、われわれに唯一残された現実は「死」しかないとして、東京ディズニーランドも「巨大な死」のシミュレーションであるとするペシミスティックな結論を用意する。確かに、この指摘は的を射たものだ。ただ日常生活の中には、もう少し現実的な処方せんも発見できそうな気もするのである。

しかし、いずれにせよ、虚構と現実の区別がつかなくなった、といったステレオタイプな認識を乗り越えるためにも、本書の提示する切り口は重要である。(中川理・京都工芸繊維大助教授)

(青弓社・1600円)＝1999年8月12日②配信

不能解消のための性文化　「性的唯幻論序説」(岸田秀著)

フロイト派心理学者岸田秀は言う。人間は本能の壊れた動物であり、人間文化は本能の代替物としてつくられたものであると。二十年ばかり前に岸田がこの説をひっさげて登場した時は、多くの若い読者が岸田唯幻論に魅了された。

その岸田の新著は、あらためてその理論をもって文化としての「性」を解剖していこうという試みである。けれど、この二十年の間、性に関してはおもにフェミニスト学者などによって詳細な研究がなされてきており、しかも彼らはたいてい岸田理論を知っていたから、皮肉にも、今さら岸田自身が「性」を語ってもさほど新味がない、ということになってしまっている。

それでも、人間の本能は壊れているから、男は基本的に不能であり、この不能を解消し人類の滅亡を防ぐために、女をさまざまな幻想で欲望の対象とする性文化が生まれ、それは性差別的なものだった、そしてもし性差別を解消しようとすれば、男は性交を欲しなくなるだろうし、人工授精のような手段によらなければ人類は滅亡するだろう、という主張自体は、初学者にとっては十分衝撃的だろう。

しかし、だからといってこの本を入門書として全面的に推薦するのはためらわれる。というのは、本書後半で展開される、日本と西洋、近代と前近代の比較文化論が、かなりずさんだからである。もっともこれは一人岸田の責任ではなく、現在多くの「有名学者」が、この種のずさんな比較文化論を流通させているのである。

つまり、西洋はキリスト教のために性に対して厳しく、これに対して前近代日本は性に関しておおらかだったが、明治期の西洋文化の輸入で厳しくなった、といった類で、図式的に過ぎるし、前近代日本を美化しすぎている。その一例として、岸田は、「性欲を満足させるだけのために好きでもない女とでも寝る男」は、「近代化以前の日本には存在していなかった」などという珍説を唱えている。眉(まゆ)に唾(つば)して読むべき本である。

(小谷野敦・明治大講師)

(文春新書・770円)＝1999年8月12日③配信

日本的経営が発するSOS

「家族が自殺に追い込まれるとき」(鎌田慧著)

過労死、過労自殺に関する本は、すでに多く出版されている。しかし読みながら涙を抑えられなかったのは、これが初めてだった。異国で自殺した息子の死を労災認定させるために、十二年、国と大企業を相手に闘い続けた父親に著者は問いかける。

「どうして、こんなに長いあいだ、がんばりつづけられたのでしょうか」

父は静かに答える。

「息子の名誉のためでした」

哀切に切り取られた言葉が全編にちりばめられていて、それが何よりも問題の大きさを伝えてくると同時に、遺族とたしかに向き合い、それらの言葉を引きだしている著者の力量を感じさせる。

本書で紹介されている過労自殺、職務上の自殺のケースは十四。職業は公務員、会社員、下請けの自営業者、保母、そして「日の丸・君が代問題」で自殺した校長とさまざまだが、衝撃を受けたのは、その人たちの死の方法があまりに確信に満ちていることだった。首つり、飛び降り、焼身自殺。死へ向かう足取りはまっすぐで躊躇(ちゅうちょ)がない。そのことが死の瞬間の苦悩の深さを語っている。

過剰な仕事、それによってむしばまれていく心身の健康、しかし手を差し伸べようとはしない周囲の無理解。うつ病になった社員が、朝からじいっと机に向かっている。しかし周囲も忙しく、その人に構っていられない。その様子を「放置」と表現しているくだりにはりつ然とさせられた。

著者は過労自殺を「日本的経営の内部からついに発せられたSOS」だという。とどのつまり、これは「組織とは何か」の問題だろう。組織を構成する一人一人の魂を大切にできない組織なんて、本来は維持に値しないはずだ。

娘を失った母は著者に語る。「朝、でかけていくときに、『お母さん、押しだして』といったときのことが、いまだに忘れられなくて…。『押しだして』っていったんです」

人間の視線から「組織」を見つめ直すために、ぜひ一読をすすめたい本である。(島本慈子・ノンフィクションライター)

(講談社・1700円)＝1999年8月12日④配信

本ものの生と死を学ぶ

「机の上で飼える小さな生き物」(木村義志著)

「人間を英知へと導く方法は、自然のものに目を見はり、自然の発する言葉に予感に満ちて耳を傾けることだ」

このヘルマン・ヘッセの言葉を実践する最もよい方法は昆虫や生物の採集・飼育だと私は思っている。

この夏、身近な生き物を飼ってみたいと思う大人にも子どもにも絶好の指南書が出た。著者は「物心ついたころから今日まで、だれが何をいおうと、絶えず何かを飼ってきた」という飼育の達人である。

第一部は、大阪の下町に育った著者の少年時代のユーモアあふれる採集・飼育体験記で、セミ、トンボ、コオロギ、タマムシ捕りや、魚捕りに熱中した話、そして、ありとあらゆる生き物を飼いまくって、両親を悩ませる話。これらがじつにおもしろい。

随所に書かれている採集や飼育についてのジャーナリズムや世間の誤解に対する辛らつな批判・反論も傾聴に値する。センチメンタルな自然保護論など一蹴(いっしゅう)する説得力がある。

第二部は実践編である。机の上で飼えるカブト、クワガタ、チョウ、トンボ、コオロギ、ゲンゴロウなどの昆虫から、カエル、カメ、ヘビ、トカゲなどの小動物の飼い方が、容器、えさ、日々の世話、繁殖の方法まで、生物に詳しい二人の画家の精密なイラスト入りで詳しく説明されている。しかも、生物学や飼育に関する知識不足のために生き物を虐待してしまうことがないように、著者の実体験を通した貴重なコツが伝授される。

「死んだらかわいそう」という理由で採集や飼育を避けることは、自然への門を自ら閉ざすに等しい。何度でも生き返るコンピューターゲームなどではなく、一度死んだら二度と生き返らない本ものの生き物の生と死を学んでこそ、命の尊さや自然のすばらしさが理解できるのだ。

この意味から、私はとくに自然に接する機会の少ない子どもたちに、またそのご家族に、生き物を飼ってみることを強く勧めたい。そしてそのためのまたとない参考書として本書を推薦する次第である。(岡田朝雄・東洋大教授)

(草思社・1800円)＝1999年8月12日⑤配信

カタログ社会さまよう精神

「光と祈りのメビウス」(松本侑子著)

現在の日本では結婚も離婚も、恋愛することも自由である。そしてパリ、東京、大阪のどこに住むのか、一流レストランの料理か自然食か、ブランド洋品かエスニックのモンペか、生活様式もさまざまなレベルの選択が可能である。

制約するもののない自由な世界。現在の日本はそんな〈自由な選択〉が広がっている、といってもよいだろう。しかしそれはカタログ的でもあって、本当に気に入ったものはなかなか見つからない。そのような状況を、生きることの選択と重ねて描いたのがこの小説である。

主人公の作家・治美も、消費社会にどっぷり漬かってきた一人である。彼女は弟の突然の事故死をきっかけに、自分の生活を見直し、生きていくということの意味を問おうとする。だがそんな彼女の方向性を決定していくのが、占い師やヨガの先生の言葉なのである。彼女らの言葉に促されるようにして治美はアメリカ人の夫を東京に残し、関西の山里の生活に入る。

山里で知り合った男との恋愛に夫との離婚、男の突然死と彼の子供の出産と、小説は治美のビルドゥングスロマンの形で展開していく。しかし存在していることの根拠を欠いたままの彼女の生の軌跡は、まさにカタログ商品の中に多様な世界を錯覚して見ていた一九八〇・九〇年代の日本の状況そのものでもある。

松本侑子は、カーソンの「沈黙の春」からコルボーンらの「奪われし未来」に至るエコロジー思想に、めい想、ヨガ、チャネリングといった精神世界、そしてオウム事件や阪神大震災という社会的な情報を網羅して、自分のよるべき場所、生と死の意味を求めてさまよう治美の精神を紡ぐ。

一見すべてが自由に見えながら、何を基準にそのものが選択されているのか、さらに基準自体の選択も迫る世界は自由の牢獄(ろうごく)ともいえるだろう。最後の子供との関係に確かな生をつかみ取ろうとする治美の選択も、一つの賭(か)けでしかない。(与那覇恵子・文芸評論家)

(筑摩書房・1500円)＝1999年8月12日⑥配信

シナトラの歌声の真実

「ザ・ヴォイス」(ピート・ハミル著、馬場啓一訳)

一九六〇年代以降に育った日本人にとって、フランク・シナトラは遠い存在だろう。ぼくらが物心ついたとき、既にシナトラはギャングとの結びつきを感じさせる保守アメリカの象徴だったし、それこそ、ヒッピー文化に代表される変化や革新とは対極の位置にいる「古い」男だった。

六〇、七〇年代の世代にしてそうなのだから、八〇—九〇年代、グランジやヒップホップ以降の若者にしてみれば、シナトラなんて名前を聞いたことのある大昔の人、ぐらいのイメージにちがいない。

しかしそんなぼくらは、たぶん、歌い手としてのシナトラも、ひとりのアメリカ人としてのシナトラも、きちんと考えたことがない。作家でありジャーナリストであるピート・ハミルが書いた本書は、シナトラという歌い手と、彼を生んだアメリカの時代背景を知るには、もってこいの本だ。

シナトラがもともと、政治信条的にはリベラルであったこと。イタリア系アメリカ人がどんな差別にさらされていたか。そして何より、シナトラの歌声がなぜすばらしいのか。この本に教えられたことは、たくさんある。

ハミルの描くシナトラは、クールで優美だ。デビュー当時、イタリア系であることがわからないように改名を勧められ「俺はフランク・クソったれ・シナトラだ」と答えるところなんて、実にカッコいい。またハミルは、シナトラの歌声についてこんなふうに書いている。「歌詞がめそめそしたものである場合、彼はそれをめそめそしたものとしてしっかり伝えた。めそめそしたもののなかにも、一片の真実があると思うからだ」

考えてみれば、シナトラ以降のすばらしいロックシンガーも、ポップシンガーも、みんなそうだった。彼らが歌うのは、人間の感情の持ちうる真実だ。この本を読んで初めて、フランク・シナトラという人の歌声に耳を澄ませたくなった。(森田義信・翻訳家)

(日之出出版・1800円)＝1999年8月19日①配信

人間軽視の炭鉱経営を指弾

「三池炭鉱」(森弘太、原田正純著)

この人のいる限り、日本に絶望することは許されない。今度、熊本大から熊本学園大に移った原田正純教授は、私にとってそういう人である。原田さんは水俣病の原因究明に驚異的な努力を傾注してきたが、また、三池炭鉱のCO(一酸化炭素)中毒症にも深くかかわってきた。

氏によれば、この二つには「発生のメカニズムは全く異なるが、忌まわしいまでに共通したところがある」という。すなわち、「人を人と思わない状況、差別の構造」がそれを生んだ最大の原因だということである。

つまりは「人のいのちがいかに安いか」を徹底的に知らされながら、しかし、原田さんは屈することなく、怒りをもってその構造にノーと言い続けてきた。

この本は、その原田教授と、テレビドキュメンタリーで三池炭鉱閉山を追った映画監督の森弘太さんという異色のコンビでつくられた。

森さんは、テレビのインタビューでの原田さんの次の言葉に、深い絶望感をもってうなずく。

「CO中毒とは、炭じん爆発によって人間がつくり出した病気だ。水俣病もダイオキシンも環境ホルモンも自然界の病気ではなく、人間社会がつくり出した病気だ」

「1　炭鉱災害の世紀」の第二章「挫折した炭鉱保安」で、森さんは、自らも当時の風潮に乗って、元通産省工業技術試験所九州支所長の荒木忍氏が三池炭鉱爆発についてつづったメモを批判する側に回った、と告白する。その率直な姿勢が、このドキュメントをより生彩あるものにしている。

その荒木氏が、政府が増産奨励金まで出して石炭を掘らせたことが、三井をひたすら補助金をもうけるために大量に掘る方向に走らせ、安全などそっちのけの結果を招いたと言う。

そして、「公的資金の補助金がなければとっくの昔に閉山していますよ。政府と企業の結びつきはどの産業でもあるでしょうが、石炭業界はとくに露骨です」と指弾している。(佐高信・評論家)

(NHK出版・2500円)＝1999年8月19日②配信

戦後の激変に大人が不適応

「変貌する子ども世界」(本田和子著)

いじめ死や殺人など衝撃的事件が起きるたびに、「変わった」と言われる子どもたち。しかし層としての子ども全体の何が変わったのか、私たちは本当にわかっているのだろうか。

戦後という範囲を区切ってこの問いに答えようとしたのが本書である。子ども人口、出生率、学校教育を概観した序章に続いて、著者が取り出すトピックは、子どもの身体、メディア社会、漫画週刊誌、食品。子どもたちの変容を探る視点として、よく考えられた適切な選択といえる。

傾聴すべき新鮮な指摘が随所にある。子どもが天からの授かりものではなく親の制作物に変わったこと、祖父母からの電話に幼児を出させる延長に、「おしゃべり」としての電話コミュニケーション文化が広がってきたこと、ドラえもんの超能力をのび太が使うという関係に象徴される、何かを操作して「ことがらを成就する」間接行動の優位…。

戦後日本の五十年がもたらした環境世界の激変に子どもたちが適応して生きたのに対して、むしろ大人たちの子ども受容・支援システムの方が適応できなかったのだ、と著者は言う。「保護・愛育」と「教育」を柱とする「子ども—大人関係」が、その結果破たんにひんしている。それだから問題は、家族観や成長観を見直し、子どもと大人の関係をどう組みかえてゆくかだ、というのが著者の結論である。

評者もこの結論には賛成であるが、子ども—大人関係の変化にかんする知見を豊富にしてゆくためには、戦後子ども史の一層の蓄積が必要だろう。たとえば、戦後っ子、現代っ子、新人類という、高度成長をはさんだ各段階での子ども像の意味と位相とをあきらかにする作業など。

なお、ジェンダー別の子ども論が必要だという意味では、少女論の先駆けであり大家である著者には、本書で行われている少女漫画の分析に続けて、少女小説の変遷についても検討をお願いしたい。(中西新太郎・横浜市立大教授)

(中公新書・840円)＝1999年8月19日③配信

スケール大きな昭和秘史

「夢顔（ゆめがお）さんによろしく」（**西木正明著**）

近衛文麿は終戦後まもなく自裁した首相として記憶に刻まれている。ただ彼の長男、文隆の名を知る人はいまや多くはないだろう。評者自身、シベリアの収容所で亡くなった名門の嫡男という程度の知識しかなかったが、本書を読んで、大戦前夜、戦中、敗戦にかけて時代の奔流に巻き込まれつつ、ひとつの志をもって生きた日本人の肖像をはじめて知ることができた。

登場人物には、文麿をはじめゾルゲ、尾崎秀実、吉田茂、牛場友彦、西園寺公一、風見章、細川護貞など、この時代に活躍した群像が登場する。戦後ソ連の対日政策のおぞましさも生々しい。それが帰国間近にして文隆を客死させたものでもあった。

標題となっている「夢顔さん」は、文隆が収容所から妻にあてた手紙のなかに登場する人名の当て字である。それがだれであるかは最後に明らかにされるが、その解明のなかに、文隆の生きた時代の悲劇性が込められている。

本書は、ノンフィクションでも小説でも評伝でもなく、「ドキュメンタリー・ノベル」である。登場人物のほとんどは実在であり、時代考証も綿密に積み上げられている。ただ、細部の情景描写や心理描写はフィクションである。事実のだいご味、また小説のおもしろさをともに生かそうとする新しいジャンルである。もしこの素材を厳密なノンフィクションとして成立させようとすれば、物語はずっとやせたものになっていたろう。

ノンフィクション屋からすれば、使える弾の豊富さをうらやましく思いつつ、制限された自由のなかで創作を問われる作業はきついだろうなとも思う。虚実を問うことにあまり意味はないが、ついこの部分は資料からの、ここは想像力の、と思いながら読んだりした。

もとよりスケールの大きい昭和秘史として読まれるのもよし、過酷な時代に奔放に生きた一青年のロマンとして読まれるのもよし、である。（後藤正治・ノンフィクション作家）

（文芸春秋・2095円）＝1999年8月19日④配信

現代の目で見据えた共同体

「魂込め（まぶいぐみ）」（**目取真俊著**）

沖縄では、なんらかの衝撃で肉体からマブイ（魂）が、遊離してしまうと信じられている。魂を落とすと人は気力をなくし、ふぬけた状態になる。

本書には、六つの短編が収められているが、そのうちの一つ「魂込め」は、魂を落とし、ふぬけになった身体に大きなヤドカリが住み着いてしまった男の話である。幸太郎の母は戦争の時、ムラの浜で、父はガマ（洞穴）から連れ去られ死亡した。

ウタは以来幸太郎の親がわりであり、ムラのシャーマン的な役割も担っている。その落ちた魂にウタはもとの身体にもどるように必死に諭すのだが、幸太郎の魂は海を見つめたまま放心している。これまでたくさんの「魂込め」をしてきたのに、今度ばかりはうまくいかない。

これが物語の大筋である。私は読み進めていくうちにある種の衝撃を受けた。沖縄にはまだまだ不可視な世界が生きているが、そのことに衝撃を受けたのではない。単に魂を落とした男の話で終わったのなら、マジカルな物語と片付けてしまうこともできたが、そうはならないところに作者のすごさがある。共同体を現代の視点からしっかり見据える作者のすごさである。

いっけんこっけいなほどにのどかなムラの暮らしを襲う戦争、戦後五十年以上経ても幸太郎もウタも戦争を引きずったままなのだ。しかも現代社会はこの静かなムラをさまざまな形でいたぶる。最後にウタの必死の祈りにもかかわらず幸太郎の魂は戻らず、死に至る。その結末の意味にはとても大きなものがある。シマ（共同体）の力はもう失われてしまったのだろうかと。

本書には、ほかに「ブラジルおじいの酒」など少年のみずみずしいまなざしを通してみたムラの出来事が描かれている。いずれの作品にも暴力やレイプ、天皇制など現代的なテーマがしっかりと描かれている。目取真の作品のダイナミズムは作品の背景にある伝統的共同体とそれをとりまく現代的課題を対比させる力にある。（安里英子・フリーライター）

（朝日新聞社・1400円）＝1999年8月19日⑤配信

“ブレンド家族”を描く

「風の姿」（常盤新平著）

家族とは本来、血縁で固く結びついた集合体のことだが、近年、その拘束力は次第にゆるくなっているようだ。しかしそれは必ずしも、秩序の解体や崩壊を意味しない。むしろ新しい柔軟な家族関係や人間関係を見いだすきっかけにすることも可能ではないか。

静岡と東京の二つの家族の交流を描いたこの小説から、そんな印象を抱かせられた。

生き方が不器用で周囲から孤立していた野村京子という若い女性がいる。彼女はふとしたことから、静岡市郊外でわさび田を営む小津悠造・路子夫妻と知り合いになり、居ごこちのよさから小津家に入りびたりになる。

実は、京子の両親の信夫と令子は別居中だった。信夫には愛人がいて子供までできる。また令子はキャリアウーマンとして活発に生き、夫の行状を知っても動揺したり怒ったりしない。居場所が無く、祖父（信夫の父）の達夫と暮らしている京子にとって小津家は一種の避難所だった。独立した二人の息子が家に寄りつこうとしない小津夫妻も、その欠を補うように京子を実の娘のようにかわいがるのだ。

要するにこの二家族は、関係が流動化し枝分かれした“分散家族”であり、京子が加わった小津家は“ブレンド家族”でもあるわけだ。こうした変則的な家族関係を自然に受け入れる登場人物たちは、血縁だけで家族がなりたつという固定的考えからかなり自由になっているかのようだ。

後半ではもっと面白い動きが生じる。立ち直った京子が小津家の親せきの青年と恋愛結婚すると母令子は、二人に住居を明け渡して、京子と入れ替わるように達夫と同居するのである。既成の家族意識にしばられて人間関係がもつれ、泥沼化することはない。

スマートにスムーズに離合集散が進行して、彼らは再スタートへと導かれて行く。つまり、ここでの“分散家族”と“ブレンド家族”は、他人を活性剤にした新たな人間関係の現れなのだと言えよう。

（小笠原賢二・文芸評論家）

（講談社・2200円）＝1999年8月19日⑥配信

エッチの場所の変遷探る

「愛の空間」（井上章一著）

「外からだけでも見たいので、ぜひ連れていってくれ」

海外の友人が来日すると、よくそうせがまれる。ラブホテルは、彼らがこぞって興味を示す“日本文化”である。

わが国の男女はどこで「エッチをして」きたのか。本書は、近代日本における性愛空間の変遷を探る建築史である。「霊柩車の誕生」「美人論」などのユニークな著作で知られる建築史と意匠論の専門家が、刊行までに十余年を費やしたという労作だ。

冒頭でまず驚くのは、終戦直後には住宅難も手伝って、なんと皇居前広場での屋外性交が大人気だったということ。戦前にも「アウトドア派」は盛んで、「屋内派」は、遊郭や待合など、いわゆるくろうとさん相手の売買春が中心であったという。

そば屋などの二階、一室一円の「円宿」時代などを経て、次第に一般男女も郊外の連れ込み宿に足を運ぶようになる。そして戦後の「温泉マーク」から、「外国人もビックリ」な、現在のラブホテル群にいたるまで。著者は、過去の文学作品や新聞・雑誌記事などを繰りつつ、空間という切り口からニッポンの性愛史に迫っていく。

著者は、いまのラブホテルに連なる建築の出自は、遊郭や花柳界だったという。それが一九八〇年代以降、一般の建築デザイン業界ともつながっていく。そして「公娼から私娼、集娼から散娼へ」（本文より）、日本近代の売春史の止まらぬ勢いが、拡散の果てに、テーマパーク的発達を遂げたわが国のラブホテルのありように行き着くのだと、著者は考える。

もはや、しろうとと、くろうとの判別も不可能なエンコー天国ニッポン。ライト＆カジュアルに「ラブホ」と略される性愛専門の空間がかくも膨張を続けてきたのは、やはり世界的にも珍しいことなのだと、読後、あらためて気づかされる。海外の友人の事前学習のためにもぜひ、翻訳出版されることを望む。（島村麻里・フリーライター）

（角川選書・2000円）＝1999年8月26日①配信

孤高を支えた安定した経済

「『斷腸亭』の経済学」（吉野俊彦著）

長く一人暮らしを続けた永井荷風がだれにも看取（みと）られずに死去したとき、その死の床に、敬愛する森鷗外の史伝「澁江抽斎」が開かれていたことはよく知られている。そのことを語る人は多い。

しかし、最後の日、荷風はもうひとつ印象的なことをしている。その日、新潮社から届いた印税約二万六千円の領収書を認（したた）めているのである。受け取った印税に即座に領収書を書く。そこに著者は、終生、経済生活を律した荷風のみごとな生き方を見る。

著者は、日本銀行に長く勤務したエコノミストである。それだけに文人、永井荷風を語るときに、その経済生活に着目する。膨大な日記「斷腸亭日乗」を丹念に読みこむことで、荷風はいかに経済観念がしっかりしていた近代人であったかを明らかにしていく。

この視点は興味深い。荷風は、孤高の文士として生きた。社会との関係を最小限にとどめ、都市のなかの隠者になった。その孤高を支えていたのは何か。安定した経済生活である。一人で生きていくためには、金銭的基盤を確かなものにしなければならない。

お金にルーズな文士が多かった時代に、荷風は、いくつも優良な株を買い、つねに資産の運用に心をくだいた。「日乗」には、株の売買の記述が多いし、印税や原稿料も細かく記してある。

世捨て人のような一人暮らしの文士は、意外なことに経済の人だったのである。他人に関（かか）わることをしないかわりに、他人の世話にもならない。そういうクールな個人主義を徹底するには、何よりも経済的な自立がなければならない。荷風はそのために印税をつねに計算し、預金の残高に心を配ったのである。

「日乗」には時代が変わるごとに日用品の物価も微細に記され、期せずして、貴重な昭和経済変動史になっている。もっとも孤高な文士は、実は、もっとも世俗の動きに敏感な経済の人だったという逆説が面白い。（川本三郎・評論家）

（NHK出版・2300円）＝1999年8月26日②配信

幻想をはらむ現実描く

「幽（かすか）」（松浦寿輝著）

表題作のタイトルは「幽」一文字で「かすか」とよむ。実に不思議な味わいの小説だ。

かつてはバブルの最前線みたいな業種で活動していたが、ここ数年、幼い娘の事故死、離婚、（おそらくはがんによる）入退院、と立てつづけの不幸に打ちひしがれて、いまはもう会社もやめ、江戸川沿いの古びた一軒家で暮らしている男。小説は、早すぎる余生ともいうべきこの男のぼんやりとした日常を叙していく。

だが、この日常は微妙に遠近法がゆがんでいる。家がいつのまにか間取りを変えたり、離れて建つ隣家と棟続きになったり、男自身も、ある朝、川面を見下ろしながら河口まで飛行したりと、現実がときどき、非現実に浸食されるのだ。生命力の薄れた男の意識が、しばしば、生命が生きているこちら側の現実とあちら側の非現実との明瞭（めいりょう）な境界を失うのである。

幽明界（さかい）を異にする、という言葉があって、それは生と死の決定的な区別を指して使われる言葉だが、裏返せばそれはまた、幽（死、非現実）と明（生、現実）との隔ては薄くて透明な膜一枚にすぎないということでもあるだろう。

作者がこの奇妙な設定の小説で描こうとしたのは、まさしくその「幽（かすか）」な、あるかなきかの境界をたゆたう意識に映る世界の姿なのだといえばよいだろうか。この「幽（かすか）」な世界を描き出す作者の繊細な文章は見事である。

ほかに、「無縁」「ふるえる水滴の奏でるカデンツァ」「シャンチーの宵」の三編を収める。それらはエロチシズムや暴力に焦点を定めているが、いずれも、現実というものが幻想性をはらむ様相をとらえようとしている。もちろん、現実が幻想をはらむのは、その現実が言葉という非現実のもので書かれた現実だからであって、つまりそれらがまぎれもない「小説」の中の現実だからである。

（井口時男・文芸評論家）

（講談社・1500円）＝1999年8月26日③配信

少数者への遠慮の構造暴く

「『弱者』とはだれか」（小浜逸郎著）

これは、被差別者でもマイノリティーでもない、「私」としての著者が、「弱者」を取り巻く問題に正面から向かい合った一冊である。

小浜はこの本の主題を「いわゆる『弱者』や『マイノリティ』への配慮のあり方について」だとしている。そしてそういった社会的な認知を受けた人々が「自分たちの問題について語る『聖なる特権』を得……逆に、その認知を受けない他の人々は、その領域に踏み込むことに対して、不要な恐れ（畏れ）を抱くようになる」構造に、鋭く批判のメスを入れる。

この問題はまさに、現在という時代にその種の「運動」がぶつかっている壁であり、「運動」を停滞させている原因だとも言える。

差別問題として認知されることと引き換えに、その領域が「アンタッチャブル」なものとなり、かえって当事者と他者との溝を深めてしまう。そして差別・抑圧の枠組みはそのままに、過剰な報道の自主規制や「ことさらな言挙げ」だけが、繰り返されていく。「弱者」の側もそれに寄り掛かることで、甘ったれた気分にすくわれてしまう。

小浜はそういった「遠慮の構造」がどのような心理から生みだされるのかを具体的な事例から分析し、差別のメカニズムを論理的に、個別的につまびらかにしていく。そして、それらを乗り越えていくための視点をも提示する。

私は本書を被差別者の「運動」にかかわってきたひとりとして読んだが、率直に言って、学ぶ点が多かった。もっと言って、「運動」の当事者として、小浜の思索にかなう言葉を紡ぎだす努力を怠ってきた自分を恥じた。

いま「運動」がすべきことは、この議論を無視したり、小浜を意味もなく「多数派」のレッテルとともに排撃することではないだろう。ここで与えられた緊張を自分たちの生と試みに生かすこと。それだけが、勇気をもって「向こう側」から言葉を投げ掛けている著者に対する、誠実な応答というものではないか。（伏見憲明・評論家）

（PHP新書・657円）＝1999年8月26日④配信

学者の炯眼が光る

「われら北極観測隊」（伊藤一著）

海の上を歩くには、右足が沈まないうちに左足を進めればよいのだが、もちろん実際にはできない。しかし、北極までいけば、海は凍っているのだから、簡単に歩くことができる。

北極での海氷の調査をおこなった日々の、思索と身辺雑記の記録である。伊藤さんの研究は、氷にマークをつけて移動を追跡し、どういう力が働いた時にどんな変形をするかという地味なテーマだ。

「それが何の役に立つのかと問われると、簡単に答えるのがむずかしい。これがわかれば、誰かが儲（もう）かるわけではない。直ちに万人の生活が楽になるわけではない。純粋の学術調査である」

海氷の力学を専攻している研究者の、万人の理解を拒んだ論文ではない。研究をしている著者の日常生活や、身辺を取り囲む森羅万象を、やや戯画化して描いている。本書にあるのは自己韜晦（とうかい）であり、なかなかにしたたかな批判精神である。言葉の運びが生き生きとしていて、飽きさせない。早い話、おもしろい本である。

だが決して軽みに流されているわけではない。いたるところに学者の炯眼（けいがん）が光る。

「完成していた食物連鎖に突如ヒトが介入した。シロクマのさらに上に立つと同時に、はるか離れて下位の食物をも直接摂取して、体系を乱している。ヒトはまた、他の生物（の死体）を食物以外の目的としても利用している。…クマの肉を食べるかと思えば、毛皮でズボンを作る。生物界に衣服連鎖を構築せんという勢いである」

衣服連鎖という言葉を読んで、私は思わず笑ってしまった。食物連鎖があるのだから、衣服連鎖があってもいいはずである。ヒト以外の動物は、ミノムシやヤドカリを除いて、真っ裸で生きている。着衣の習慣がないので衣服連鎖など成立するはずはないのだが、極地研究所助教授の本なので、もしやと思ってしまったりする。これが自己韜晦だ。

衣服連鎖などという言葉はないですよね、伊藤さん！（立松和平・作家）

（出窓社・1600円）＝1999年8月26日⑤配信

生涯を発見していく物語

「父」（小林恭二著）

子供にとって父親というものが意識されるのは、父親が死んだ時である。それまでは父親の問題は母親の問題ほどは深く意識されない。

たとえば、フロイトは、四十歳で体験した「父親の死」を契機に、はじめて「エディプス・コンプレックス」という問題を発見し、それが「精神分析学」の誕生のきっかけとなった、と言われている。フロイトの精神分析理論によると、父親の死は、子供に「自分が父親の死を待ち望んでいたのではないか…」という「父親殺し」の願望と罪悪感の葛藤（かっとう）をもたらす。フロイト自身そうだったらしい。

小林恭二の長編小説「父」は、まさしくその「父親の死」という問題に正面から取り組んだ問題作である。

小林恭二の父親・小林俊夫が死んだのは、一九九三年だった。作家・小林恭二はその時、はじめて自分にとって「父親とは何であったか」を考え始めた。そして、手始めに父親をモデルに私小説を書く。しかし小林は、それだけでは満足せず、さらに本格的に、父親の生涯とは何であったか…を探ろうとする。

この「父」という小説は、父親の死を契機に、父親の生涯を探求し、発見していく物語である、と言っていい。

小林の父親は、満州（現中国東北部）の奉天（現瀋陽）で生まれ、釜山中学を経て、一高に進学した自他共に認める秀才であった。のちに東大法学部を経て、神戸製鋼に入社、ナンバーツーにまで上りつめる。一見、順風満帆の人生のように見えるが、しかしこの父親は少し変人タイプで、人付き合いが悪く、いつも自分の人生に不満を持っていた。退職後は仏教書や哲学書に読みふけっていた、という。

小林は、小説を書こうとして、自分がこの奇怪な父親の人生について何も知らないことに気付く。そこで、親類や父親の友人たちを訪ね歩く。

作家には、早く父を亡くした人が少なくない。この小説も、作家・小林恭二の誕生の秘密を探る小説であると言っていい、と私は思う。（山崎行太郎・文芸評論家）

（新潮社・1600円）＝1999年8月26日⑥配信

悲劇として描かれた原爆

「ヒバクシャ・シネマ」（ミック・ブロデリック編著、柴崎昭則・和波雅子訳）

本書は、戦後半世紀にわたって日本映画が原爆の問題をどのように描いてきたかという問題を取り扱っている。英語圏の論者が十人、さまざまな立場のもとに寄稿しているのが興味深い。

ドナルド・リチーは一九五〇年代の日本の原爆映画を概観して、西洋がそこに残虐行為を見ていたのに対して、日本側が不可抗力の悲劇としてまず被爆を受けとめたことを強調する。

「原爆の鐘」にせよ、「原爆の子」にせよ、アメリカ占領下の日本映画は「もののあわれ」の感傷の域を出ず、そうでないものは政治的プロパガンダの手段でしかなかったと主張する。

阿部・マーク・ノーネスは、敗戦直後に日本人の手によって製作された科学ドキュメンタリー映画が占領軍によって没収されるときに、岩崎昶をはじめとするスタッフが、沖縄での重労働を覚悟のうえで、あえて占領軍の命令に背き、こっそりとコピーを保存したという出来事と、その後の結末を語っている。

映画史とは名作だけを語ることではなく、こうした見えない次元での事件を記憶してゆくシステムであることが、如実にわかるような論文である。

取りあげられているのは、何も直接に広島と長崎を描いたフィルムとは限らない。日本映画最大のスターである「ゴジラ」も、「AKIRA」のように近未来を舞台としたアニメも、この文脈ではきわめて重大な意味をもっている。黒沢明の「八月の狂詩曲」が批判され、「黒い雨」の消極性に危惧（きぐ）が抱かれる。

こうした書物がオーストラリアを中心とする、英語圏の真摯（しんし）な映画史家たちによって執筆されたことの意味とは何だろう。

それは日本人の映画評論家がいかに歴史から顔を背け、いたずらに自分の趣味的世界に閉じこもっていることへの、間接的な批判ではないだろうか。（四方田犬彦・映画評論家）

（現代書館・3000円）＝1999年9月2日①配信

現代中国の青年像を描く

「北京芸術村」（麻生晴一郎著）

北京市街から二十キロほど離れたところに通県という農村がある。そこに多くの若いアーティストが住みついている。

彼らは中国の正統的な美術界から逸脱したものたちだ。世界的に著名なものもいれば、生活苦のなかで自らの芸術をもとめてもがいているものもいる。

本書はそこで暮らす著者と同年代の若いアーティストたちを通じて現代の中国の青年たちの姿を描き出したルポルタージュである。

三十歳を少し過ぎた彼らは、文化大革命にも天安門事件にも直接関与せずに、つまり芸術の社会性を求めた時代とは無関係に現代中国での自己表現を模索している。その生きざまは不器用であり、自己解放としての芸術表現と社会的認知、金銭的欲求のあいだで揺れ動いている。

著者は、彼らのそうした生活のなかに現代日本に欠けている自由があると感じ、その理由を知るために通県に通ったのだった。何人かのアーティストについて生い立ちから日常生活、そして芸術観にいたるまでたんねんに取材しており、アーティストの肉声を記しているところは新鮮である。

しかし結局は、これまでの中国像の多くがそうであるように、不自由な中国というステレオタイプが全体を支配している。中国の不自由さを説明するために、体制に抵抗する美術のイメージが使われてしまったとの感もいなめない。

平和ボケした日本から見れば、中国の若いアーティストの自由とのかかわり方は魅力的だろう。しかし彼らのアウトロー的な生き方からだけでは、よりニュアンスに富んだ中国の全体は見えてこない。

日本の中国美術研究は決定的に遅れている。本書の著者のような若い世代が多くの研究調査をすすめることで中国理解にさまざまな陰影がつくことを期待したい。（清水敏男・美術評論家）

（社会評論社・2200円）＝1999年9月2日②配信

個人の意識と歴史の関係

「子規の近代」（秋尾敏著）

本書は「死はいやぞ其きさらぎの二日灸」という子規の句を冒頭に掲げる。喀血（かっけつ）した子規は、西行の歌のパロディーによって死をこっけい化しつつ、「死はいやぞ」という近代的な死生観を告白した。その後の結核の進行と句境の深化を経て、子規は死の直前に「糸瓜咲て痰のつまりし仏かな」という絶唱に到達する。

今日、子規というと、糸瓜（へちま）の句や「病牀六尺」などからうかがわれる晩年の透徹した境地が思い浮かぶ。病苦に明け暮れながら、現実に対する明晰（せき）な関心を保ち続けた子規の姿は鮮烈である。

だが本書が描くのは、傑出した個性としての子規ではなく、近代国家の黎明（れいめい）期に生まれ合わせ、言葉を通して日本の近代化とかかわった社会的な存在としての子規である。

その背景には、「個人というものの非力さばかりが浮き彫りになるこの世紀末の日本にあって、個人の意識が歴史にどれほどの力を持ちうるのか」という問題意識がある。

本書は、子規自身の意識と文学をめぐる当時の社会情勢を絡み合わせながら、子規と俳句と近代との関係を掘りさげる。素っ気ない文学史の記述になりかねない内容だが、子規という主人公を得て生き生きと記述されている。

たとえば、子規が幸田露伴に自作の小説の批評を求めた経緯と、小説を断念して俳句へ傾斜してゆく心情に対する洞察は興味深い。

「旧派」を含めた明治の俳諧を詳述した点も、本書の特色である。子規以前の明治の俳諧は俳句史の死角と思われるが、本書は当時の俳句のすそ野の広がりを描き出した。

このほか、身辺の自然を写実的に詠む「写生」という句法が、近代人の癒（いや）しだとする着眼も鋭い。

近代日本語と俳句とのかかわりを扱った最終章では、子規自身が近代言語と社会を媒介する「メディア」として生きたという。この見解は個人と歴史の関係への問いかけに対する筆者の回答であろう。（岸本尚毅・俳人）

（新曜社・2800円）＝1999年9月2日③配信

細菌戦めぐる日米の隠ぺい

「死の工場」(シェルダン・H・ハリス著、近藤昭二訳)

著者は米カリフォルニア州立大名誉教授で、今年七十歳の歴史学者である。十四年前、彼は中国での旧日本軍細菌戦部隊の「死の工場」跡地を訪れ、大きな衝撃を受けた。以来、この戦争犯罪の全容を明らかにすることがライフワークになった。

中国各地の数々の「死の工場」廃虚を何度も現地調査し、米国立公文書館等からも無数の関連文書を発見した。それらに基づく「死の工場」のおぞましい全容は否定できない。事実を積極的に明らかにしない日本政府の責任が問われる。

著者は、細菌戦争犯罪にがく然としたが、それ以上に驚いたのは、米軍が犯罪の責任者と取引し、免罪した事実である。そこで、彼の弾劾は自国政府による隠ぺい政策にも向けられる。

著者を動かす精神は、米国の国益ではない。だれであれ、人体実験等、医学の倫理に背いた者は許されないという人類的立場である。

米日両国政府による「死の工場」犯罪の隠ぺい政策はどこへゆくか。第一に、医学界、ワクチン・血液製剤業界での「人体実験」体質の継承である。その結果、戦後は日本国民自身が被害者になった。

第二に、米軍の生物戦争研究の発展と拡大である。たとえば、一九六〇年代初め、米軍が沖縄で穀物への細菌野外実験を行ったとの疑惑がある。六二年、自衛隊幹部が米軍の極秘生物兵器工場で研修を受けていたともされる。「七三一部隊」は生きている。著者が「最後の皮肉」という言葉で本書を結ぶ理由である。

著者はすべての叙述を膨大な文書と調査で論証しており、その手堅い手法によって、本書は現代史についての第一級の学術書にもなっている。

なお「日本語版まえがき」は、戦後五十四年、なお責任が完全に清算されず、国家主義的潮流が台頭していることを批判する独立論文である。訳者のあとがき、補注、文献リストの追加により、英語版以上に価値のある著作になった。戦争犯罪研究の新段階を画しているといえよう。(芝田進午・広島大名誉教授)

(柏書房・3800円)=1999年9月2日④配信

モノクロームの哀切な時間

「白夜行」(東野圭吾著)

人は草木とひとしく春に咲き、夏みどり萌(も)え、秋は末枯(すが)れて、モノクロームの冬を迎える—と、大方の人は疑うことなく受け入れているようだが、はたしてそうか。

本書は、モノクロームの冬をしか生きられぬ者の哀切な二十年の時間を、複雑な人間模様として織り上げる。

物語は、一九七三年、大阪の近鉄布施駅近くにある七階建ての空きビルで男の死体が発見されるところから始まる。それから二十年、時間の流れとともに新しい場所と新しい人間が次々と登場し、そこに過去の登場人物たちがまた現れ、物語の奥行きを広げていく。この事件の真相解明に退職してもなお執念を燃やす刑事が、ついに真犯人をつきとめるというミステリーだ。

だが、これはそこそこのなぞを探偵役がそれなりに解決するといったものでもなければ、激情に駆り立てられて罪を犯す者と追う者のドラマでもない。といって、犯罪者の心理ドラマでもない。

公害、オイルショック、地価高騰、バブル崩壊、コンピューターと、めまぐるしく移り変わる時代にそって花咲く春、みどり萌える夏、末枯れた秋、それぞれの季節を生きようとする者と、それを拒否してモノクロームの夜を生きるしかない者がいる。彼らが二十年にわたってつくり、こわしていく人間関係のなかに、現代人が心のなかにおしこめている孤独感や愛憎のかたち、虚無を浮かび上がらせていく、見事な“社会派ミステリー”である。

現世は極楽と思えば極楽、地獄と思えば地獄。モノクロームの冬に花を咲かせようと白夜を行く者の哀切さは、時代の陰にはりついた虚無を実感させる。

東野圭吾は、ミステリーの骨格はきっちりとおさえつつ、登場人物たちの心模様をくっきりとえがいて、静かだが力強い物語をつくりあげ、前作「秘密」につづいてミステリーの可能性を大きくおしひろげたのだ。(井家上隆幸・評論家)

(集英社・1900円)=1999年9月2日⑤配信

とっぷりと幻想的な匂い

「溺レる」（川上弘美著）

一つの言葉にじっと見入り、凝視しつづけていると、言葉が、言葉自身の意味を失い、ゆらゆらと、水や大気に溶けて、まるでいく筋もの光線や、匂（にお）いのかたまりのようなものに変わっていく。言葉というものには、そういう変成の性質が、たしかに存在している。

「溺レる」は、八編の、ごく短い、掌編とも言うべき小説から成っている。いや、小説というよりも、それらはいずれも、散文詩に近い空気を漂わせている。

「さやさや」、「溺レる」、「可哀相」というふうな、一編一編のタイトル、その言葉の選び方も、詩の領域を思わせる。

言葉の持つ意味よりも、書き手の視線によって変形を受けた、その形こそが、各編のモチーフであり、主題であるとも言えるだろう。「溺レる」というタイトルを、漢字、片カナ、平がなによって組み合わせる、その方法は、作品集全体のモチーフを表している。

いずれの作品にも、一人の男と、「私」という女を軸に、その心と体とのからみ合うさまが映し出される。男の名前は、たとえば「メザキさん」とか「モウリ」とか、すべて片カナで呼ばれるのだが、片カナの持つ、その特有の抽象性が、男と女との生理的で、感覚的な匂いを、一層きわだたせる。

「可哀相」にはビワの汁を畳にこぼした「わたし」が、「ナカザワさん」から言われて、その汁を舐（な）める場面があるが、「ビワの汁」、「ナカザワさん」、「舐める」という、言葉のモザイクめいた配置が、そのためにかえって、男女の性そのもののありようを、皮膚で触るように、生々しく伝えてくる。

そしてまた、どの作品にも幼年への思いが、幻のように流れていて、その幻が、幼年とは実は性そのものの匂いをいつも孕（はら）んでいる、ということを思い起こさせる。

幻想的な匂いをとっぷりとたたえた、この作品集は、人が性に重なって行く心の状態、それ自体を濃密に描き留めている。（辻章・作家）

（文芸春秋・1238円）＝1999年9月2日⑥配信

実際に足でたどった紀行文

「遣唐使が歩いた道」（曹復著、「人民中国」翻訳部訳）

洛陽郊外、伊河の両岸に展開する竜門石窟（せっくつ）を一度訪ねたことがある。すばらしかった。

東西約一キロの両岸のがけに、四百年以上かけて二千三百四十五個の仏龕（ぶつがん）と二千八百の碑刻塑像、仏像十万体が彫刻された。最高傑作は高さ約一七・一四メートルの盧遮那仏（るしゃなぶつ）で、則天武后が私財を投げ出して彫らせたという。

本書は、日本の遣唐使が中国に上陸してから、洛陽、長安に着くまでを実際に足でたどってみたその記録を、「人民中国」という中国政府の日本向け宣伝誌に連載したのを一冊にまとめたものだ。

われわれ日本人ですら遣唐使たちが何をどのように見、考えたか、想像すらつかないものを、遣唐使を受け入れた唐の、その末えいの中国人が親切にも成り代わってやってくれた。そのあたりが、この本のミソと言えるかもしれない。

ミソの一例。著者はこんなふうに記す。則天武后は、盧遮那仏を自分の顔をモデルにして彫らせた。奈良の大仏は、この盧遮那仏をまねて造られた。高さ十六メートル、名前も同じ盧遮那仏。つまり、われわれは、奈良で則天武后の顔を拝んでいるというわけで、こんなことをさりげなく教えてくれた日本人はいなかった。

ところがそのあとすぐ著者は、七五二年の藤原清河を大使とする第十一回遣唐使の主な任務は、東大寺の大仏に必要な金粉の金を仕入れることだったと記すが、大仏の開眼会は同年の四月、遣唐使の奈良出立も同じ四月だから、ちょっとおかしくないだろうか（金粉説もあるにはあるが…）。

実は当時、日本と中国と朝鮮半島は非常に緊迫した状況にあり、あのころの為政者は戦争を真剣に考えていた。そういうときの遣唐使の派遣だった。だから、寧波に上陸してから長安までの旅も、そう悠長なものではなかっただろう。

そのように、裏に政治的緊迫があったことを想起しながら読むと、「中日友好」一色のこの紀行文もまた、別のおもしろさが出てくるかもしれない。（辻原登・作家）

（二玄社・2000円）＝1999年9月9日①配信

モダンの清少納言目指して

「ぼけとはモダニズムのこっちゃ」(森毅著)

「枕草子」に似ているな—この本におさめられている「季節のなかで」という文章を読んで、そう感じた。体言止めの多い短い文が、そう感じさせるのか。例えば、こんな調子だ。

「人生の季節がいりまじっているところが、世間のおもしろいところ。無理にシーズンレスの理想を求めるよりは、季節感をたのしむのがよい。もっとも、季節ごとのしきたりに、縛られるのはつまらない。夏だって、涼しい日まで無理して夏姿をすることはない。世間が騒がしいときには落ちついてみるのがいい。若者がときに老人風に生きてみるのも悪くない」

「枕草子」が、今から千年ほど前、京都の宮廷に生きた三十路(みそじ)の女性によって書かれた随想集なのに対して、こちらは現代に生き、長らく京都の大学で数学を教え、古希も過ぎた男性によるエッセー集だ。ともに、著書の表現によれば「予測と管理」に生きる働き盛りの男の口からは聞くことのできない言葉だ、ということか。ちなみに、桃尻語訳「枕草子」には「結局その時その時でさ、一年中が素敵なのよ」とある。

本書の話題は「老い」に始まって縦横無尽に散らばっていくが、やはり、お得意の教育論に心憎いものが多い。

ただ、著者の批評の物差しが、「おもしろい」と「たのしい」に偏りがちで、やや単調、の印象が残る。規格をはずれ一義性におさまりきらない多義性の豊かさこそ、横並びの画一化に流れがちな戦後日本の学校文化に著者が対置する価値なのだから、この点、少し物足りない。

そもそも「多義性」と「豊穣(ほうじょう)さ」こそは、共通項として「ぼけ」と「モダニズム」をつなぐ、この本のキーワードだ。「ぼけることこそ人間の豊穣のあかし」だという。

だとすれば、著者はまだぼけ方が足りないのだ、ということだろうか。「現代(モダン)の清少納言」の芸域を目指して、次回は、さらなる大ぼけをかましてください。(藤野寛・高崎経済大講師)

(青土社・1600円)=1999年9月9日②配信

性の枠からの解放唱える

「はじめて語るメンズリブ批評」(蔦森樹編)

日本の社会には、ちゃんとした生き方というものがある。例えば、ちゃんと就職して結婚する(もちろん異性と!)。男は家族のために働き続け、子育てや家事は主に女が背負う。男と女のちゃんとした生き方は当たり前に存在する。

そんな「ちゃんと」から外れた人、規格の中にいながらも居心地の悪い人が、当たり前のことを疑い、言葉にしはじめたのが、フェミニズムでありメンズリブなのだと思う。既成の枠を超えた自分自身の生き方を模索する中で、また人と向き合う中で、いや応なく行き当たってしまったこと。性の問題は生き方の問題なのだ。だから、切実で難しくておもしろい。この本の魅力は、まさにそこにある。

男らしさの呪縛(じゅばく)から自由になろうという男性の当事者運動メンズリブが日本で認知されて十年になるという。この本では、男性だけで自己完結するのではなく、あらゆる人の「性の制限からの解放」を意識している。執筆者も一般的な男性以外に、女性、ゲイの男性、男性でも女性でもある二元論では語りきれない人、と多様な性のあり方を反映している。

スタンスや切り口もそれぞれだ。自分の生き方を厳しく見つめた迫力ある文章もあれば、楽しい男の子育て体験もある。フェミニズムとのかかわり、メンズリブの日本での活動、ジェンダーだけでなくセクシュアリティーも視野に入れ、時に俯瞰(ふかん)し時に掘り下げて語られている。巻末にある座談会も含め、読みごたえのある一冊だ。

人々の意識はこの二十年でずいぶん変わり、生き方も多様化してきた。若い世代はいとも軽やかにジェンダーを越えているかのようだ。しかし、意識や自覚もなく越えられたジェンダーは、またいとも軽やかにちゃんとした男や女に回帰していく。大きな枠組みは相変わらず揺るがない。

見えにくいことを言葉にし、こうして活字にしていく作業こそが、人々の意識や自覚の基盤をつくり、これからの思想と運動を鍛えていくのだろう。(いずみ凛・脚本家)

(東京書籍・2000円)=1999年9月9日③配信

飛行士たちの素顔に迫る　「人類、月に立つ（上・下）」（アンドルー・チェイキン著、亀井よし子訳）

地球を離れ、宇宙を旅した人の数は四百人を超えているが、丸い地球を実際に見ているのは、このうちアポロ宇宙船で月までの旅をした二十四人だけ。

本書は、この二十四人と、それを支えたNASA（米航空宇宙局）というシステムの話だ。

こう言ってしまえば「また新たなアポロ宇宙船本か」ということになるが、チェイキンの著作の特長は、アポロ1号の火災事故から17号の最後の月旅行までを、膨大な量の交信記録、船内会話のテープ、そして二十四人中二十三人の“月”経験者とのインタビュー取材を基に、アポロ計画全体を再構成していることだ。

米国が「国家の威信」をかけて取り組んだ巨大プロジェクトを担う、宇宙飛行士たちの素顔に迫ろうとする著者の努力は、臨場感あふれる描写になって展開している。時にカッコ良すぎる印象も受けるが、これは目をつぶれる範囲。

人類で最初に月面に降り立ったアポロ11号のニール・アームストロング船長をはじめ、自負心が強く自信家ぞろいの宇宙飛行士たち相互の極めて人間くさい激しい競争の姿は、大変リアルで、宇宙飛行士を英雄視する必要がなくなった現在なればこそ可能な記述なのだろう。

興味深いのは、それぞれ“一匹おおかみ”ともいわれる個性的な宇宙飛行士たちの“月旅行”後の姿も記録されていることだ。各人が、現在何をしているのか、何を考えているのか、それは何故なのか、どんなインパクトがあったのかにも踏み込んでいる。

同時に、月へのミッションが繰り返され、“冒険”から“科学”へと専門度が増すにつれ、テレビ局や政治家、そして大衆の関心が薄くなる米国の当時の雰囲気もかいま見える。

八年かけて取材、組み立て、確認を繰り返すという正統的な取材による記録は、アポロ計画を後世が語る上での重要な基本文献となっている。（秋山豊寛・宇宙飛行士）

（NHK出版・上下各2300円）＝1999年9月9日④配信

一気に読ませる快作　「T・R・Y・」（井上尚登著）

井上尚登「T・R・Y・」は、わが国のエンターテインメント界では珍しいコンゲーム小説である。だまし合いの面白さで読ませるこの手の小説がまったくなかったわけではないが、人生の哀感やテーマ性を上位に取るわが国のエンターテインメント界では、この手のしゃれたストーリーはきわめて少ない。

明治の東京と上海を舞台に実在の人物を巧みに織りまぜながら、詐欺師の主人公が軍と軍閥を手玉に取る様子を新人離れした筆致で描いていく長編である。第十九回の横溝正史賞受賞作だが、新人にしては達者な筆遣いで、一気に読ませる快作となっている。読み始めるとやめられない面白さだ。

主人公を取り巻くわき役たちの造形も、芸者屋のおかみをはじめとしてなかなかにいいし、頼りない犬が登場して大活躍するなど、コミカルな味つけもいい。最近のミステリー系新人賞の受賞作としては大健闘ものといっていいだろう。これほど読ませる小説も少ない。つまり、人物造形がよく、構成がよく、波乱万丈のストーリー展開もいいという作品なのだ。これだけそろえば文句のつけようがない。

したがって、ここから先はぜいたくな注文ということになる。これだけ楽しませてくれれば十分ではないかという気がしないでもないが、問題は、読ませるという点では感服ものであっても、どこかに既読感があることだ。それが私には少し気になるのである。同じ話が既にあるということではない。新鮮味ということで物足りないものを感じてしまうということだ。

それはコンゲーム小説につきまとう宿命なのか、それともまだディテールが足りないのか、性急な判断は控えるけれど、その既読感が全体の高揚をそいでいることは否めない。

これだけ筆力のある作家なのだから、違う素材を得ればそれはすぐにもばん回できることだとは思う。次作を楽しみに待ちたい。（北上次郎・評論家）

（角川書店・1500円）＝1999年9月9日⑤配信

躍動する子供たちの光景

「ぼくたちの(俎板のような)拳銃」(辻征夫著)

著者はこれまで詩人として活躍し、高見順賞や萩原朔太郎賞を受賞してきた人である。詩人が小説を書くということは決してめずらしくはないが、本書の後記を読むと、著者にとって、小説を書くことは長いためらいと決断の時を要したようである。

「遠ざかる島」「ぼくたちの(俎板のような)拳銃」「黒い塀」の三編を収めた作品集である。

表題作は、戦後の東京向島周辺で生活する少年少女の姿を描いている。短い断章を重ねるかたちで、旧満州(現中国東北部)から引き揚げてきた子供や、下町にいて昭和二十年三月十日の大空襲を経験した子供など、戦争の記憶を持っている子供たちが、戦後の新しい小学校で生き生きと遊ぶ、その躍動があざやかにとらえられている。

隅田川東岸の一帯には、いわゆる花街があり、料亭や待合などが軒を並べ、また商店街や町工場の一角もあった。子供たちにとって遊び場は学校だけではなく、そんな街のいたるところにあった。

鉄鋼会社の工場の敷地には大小さまざまの鉄パイプが野積みにされており、そのパイプに子供たちは鑢(やすり)をかけて、がん具の鉄砲を作った。敗戦直後の物のない時代、子供たちにとって、しかしあらゆる場所とあらゆる物が、自分たちのための遊び道具となった。

著者はこの小説の冒頭に「プルタルコス英雄伝」の一節を引いている。〈それよりも古い時代については、「これより先は不可思議と神秘に満ち、詩人と神話作者の住むところにして、信用もおけず、明確でもない」と言ってもかまわないだろう〉。

日本の戦後もすでに歴史としてさまざまに語られてきた。そして、いつもそうだが通念というものによって、戦後の歴史も固められてきた。だが、そうした歴史と、「詩人と神話作者」の描く過去の伝説とはたしてどちらが真実に近いのか、この小説集が描く子供たちの光景はそんなことを考えさせる。(富岡幸一郎・文芸評論家)

(新潮社・1700円)=1999年9月16日②配信

存在の謎に迫る

「大野一雄　魂の糧」(大野慶人ほか編著)

大野一雄は現代の謎(なぞ)である。

その舞台を見れば、いや、この本の写真を見れば、それはわかるだろう。踊りが謎なのではない。存在そのものが謎なのである。

大野一雄、舞踏家、九十二歳。その舞台を見て泣く人がいる。私もまた泣いたことがあるが、悲しかったからではない。それなのになぜ泣くのか。人間の根源に触れるからだろうが、それならば、なぜほかの舞踊家と違って大野一雄だけが、その根源的なものを手にできるのか。

これが私のいう謎である。

この本を読むと、その謎が解ける。

四千枚から選ばれた写真と、大野一雄の二男であり、その舞台を支え続けてきた大野慶人の語りによる本書は、全体が四つの部分から成り立つ。第一部は、その身体について、第二部は、その踊りの動きについて、第三部は個人史、そして第四部は代表作「ラ・アルヘンチーナ頌」が出来るまで。

私は、これを読んで、ほとんど目からうろこが落ちる思いがした。舞台を見て漠然と感じていたことが、ここではきわめて論理的かつ明せきに語られている。むろん言葉と写真には語り尽くせないものがある。しかし限界ギリギリまで秘密が語られている。

たとえば大野一雄は「目が足の裏まで降りていかなければならない」という。足が目なのである。同じように手も目になる。花が枝の先まで咲くように、手もまた花を咲かせなければならない。「生きるってことは木を見ればわかる」。こうして大野一雄の身体は一つの宇宙になる。身体の秘密が目の当たり。その秘密を通って謎の核心に迫る。

その意味で、この本は、大野一雄を知り、舞踏がなんであるかを知り、そして人間がなぜ舞踊を必要としたかを知るための、書物だといってもいい。

舞踊に縁のない読者にとっても、生きる勇気を与えてくれる本である。(渡辺保・演劇評論家)

(フィルムアート社・2200円)=1999年9月16日③配信

日米関係の意外な舞台裏

「大統領宛　日本国首相の極秘ファイル」（加瀬みき著）

戦後日本の保護者であり続けた米国は、歴代の首相たちをどのように評価し、わが国をどのような方向に導こうとしたのか。本書に駆使された、主として米国務省の極秘文書は、実に生々しくその意外な舞台裏を解き明かしている。

米国と親密であることを政治力としたはずの吉田茂は、国際情勢分析の甘さを指摘されて米政府から一定の距離を置かれ、渡米しても期待した“おみやげ”はもらえず、帰国後すぐに退陣した。

鳩山一郎内閣は、独自の路線を歩みそうな問題政権と映った。米国は反共体制を整えるために、親米的で安定した保守政権を望んでいた。したがって、保守合同推進派の急先ぽうであった岸信介に注目した。

岸は首相に就任してすぐ、マッカーサー米国大使と会談した。渡米前のあいさつと受け取られて、わが国ではだれも気にもとめなかったこの会談で、岸は準備した政策方針に沿って、日本人の立場、日本人の考え方、米国への不信感の原因を細かく説明した。その上で対等な日米関係を目指し、日本も義務を履行する考えがあることを述べ、安保改定を提案した。

岸のこうした積極的なアプローチはすぐに米国務省に伝えられ、米政府は岸政権を全面的に支援する決意をした。「ここまでアメリカが賭（か）けた日本の首相は、前にも後にもいないのではないだろうか」と著者は述べている。

核軍備論者、非核三原則の平和論者、核密約と、核兵器に関して三つの顔を見せた佐藤栄作の複雑な態度は、米秘密文書を介しても依然としてつかみにくい。

ともあれ、西側世界の一員に育てるために、米国は必死に情報を収集、分析して日本を知ろうとしてきた。それが米国の国益にかなうことだから。日本側は果たして国益のためにそれだけの努力をこれまでしてきたのだろうか。

迫力ある外交資料を、楽しみながら読めるように工夫されている。気配りの書でもある。（江上能義・琉球大教授）

（毎日新聞社・1600円）＝1999年9月16日④配信

相対化される自己決定権

「脳死・クローン・遺伝子治療」（加藤尚武著）

仮に、自分の娘が性風俗店で働いていると知り、やめさせようとしたら、「他人に迷惑かけなきゃ、自分の体をどうしようと勝手でしょ」と開き直られたとする。さあ、あなたはどんな理屈で彼女に応じるか。

「売春は違法だからダメ」とはいえない。売防法では性交類似行為で代償を得ることは売春とみなされない。従って「本番禁止」の風俗バイトは違法ではない。

法に触れない限り、人には自分の身体を自由にする権利があるという自己決定権は、一九九〇年代に浮上してきた最も重要なキーコンセプトである。その中心にあるのは、他人に危害を加えない限り他者からの制約を受けないという他者危害原則である。

そうは言ったって風俗バイトなど問題外だと怒る人でも、自己決定権そのものまで頭ごなしに否定することはできないだろう。なぜなら、医療の分野などでは、インフォームドコンセントの例のように当事者（患者）の自己決定権がますます重視されるようになってきているからだ。

問題は、分子生物学や医療技術の急速な発展により、他者危害原則の限界が見えてきたことにある。哲学者の加藤尚武は、本書において、生活習慣病から遺伝病へと医療の中心が移行すると、家族主義的な倫理が重視されるようになり、個人の自己決定が相対化されると指摘する。私たちは自己決定の重要性を受け入れつつ、同時にその限界をも見きわめなくてはならないのだ。

本書はクローン人間や遺伝子治療、代理母や男女の産み分け、選択的人工妊娠中絶、性転換手術、精子および卵子売買、安楽死、脳死と臓器移植など、多岐にわたる問題群を手際よく整理しながら、医療行為の許容基準の見直しをはかるバイオエシックス（生命倫理学）について平易に解説している。性の問題に言及していないのは残念であるが、生と死および生殖の倫理を再考する上で、同書は格好のたたき台となるだろう。（岩上安身・ノンフィクションライター）

（PHP新書・657円）＝1999年9月16日⑤配信

幻想の共同体を暴く文化　「クレオール事始」（西成彦著）

冒頭の「『クレオール』と発熱の言語」は、本書の核となる短文だ。石に刻みつけられたようなこの文章は、私たちの今に、逆説とも響く問いをつきつける。「『おれはクレオールだ』と、いったい誰が口にできるのか？」と。

クレオールとは、ヨーロッパ系の植民者が、先住民族やアフリカからつれてこられた人びとの文化と接触して生まれた諸文化であり、クレオール語は、この文化的融合の中から生まれた諸言語のことである。

クレオール語があれば、クレオール文学があり、音楽があり、文化がある。ある、などとのんきなことを言ってはいけない。それを聞き分ける耳がなければ、それはいつまでたっても奴隷の片言であり、くだらないおしゃべりであり、耳ざわりな太鼓の音であり、愚まいな因習なのだった。

そのクレオールに、国民国家の縛りから逃れるカギがあるという。なぜなら、この近代の共同体が幻想であることを、そのはざまでいかがわしさという泥をかぶっているクレオールほど、狡猾（こうかつ）に暴くものはないからだ。

著者は、クレオール現象が、とくに女性の身体に記憶された痛みと不可分であるとする。女性たちは、支配と被支配のはざまで、双方を裏切りつつ文化を媒介し、培養した。そんな著者の先達は、女声に耳ざといラフカディオ・ハーン。彼の指の先に浮上するマルチニーク島なら、同島出身のマッチョな革命家、フランツ・ファノンの影はささないはずだ。

これを書いていたら、テレビが金嬉老氏の帰国を取り上げていた。彼ら「在日」というハイブリッドな存在を抱えた私たち「在日日本人」こそが、ハイブリッドなクレオールを僭称（せんしょう）すべきなのだ。

歴史的に正統とされる言語があって「私」がいるのではなく、わい雑な歴史を背負った「私」がいて生の言語がかりそめにある。こう主張する著者は、ひそやかな世紀末の革命を用意する、紛れもない、過激派である。（池田香代子・作家）

（紀伊国屋書店・1800円）＝1999年9月22日①配信

人間心理の感傷淡々と描く　「ボーダーライン」（真保裕一著）

いまさらあらためて指摘するまでもないだろうが、日本において私立探偵という職業、存在はきわめてあいまいなものである。それでも、小説（ミステリー）のなかでは、かろうじて少しは認知されるようにもなってきたが、現実社会とのギャップはまだまだ相当に深いものがある。

そのことを念頭に置いたのかどうかは分からないが、本書は日本では成立しにくい本格的な〈私立探偵〉を活躍させるべく、舞台をアメリカに設定して物語が始まる。それでいて主要登場人物は日本人なのである。

主人公は、日本に本社がある信販会社のロサンゼルス支店に籍を置く探偵だ。もちろん正式なライセンスを持ち、けん銃の携帯も許可されている探偵である。その信販会社のカードを所有する日本人旅行者がトラブルを起こしたときに駆けつけ、手助けをするのが主な仕事であった。

そんな彼のもとに、ある日、本社経由で失そう人捜しの依頼が舞い込む。不法滞在している日本人青年の居所を突き止めてほしいというのである。探偵は、丹念な捜査を積み重ねて、ようやくメキシコとの国境近くの町で青年を見つけ出す。ところが、男は初めて会う探偵にさわやかな笑顔を向けながら、いきなり銃を発砲してきたのであった…。

さて、ここから物語は核心部分に向けて動きだす。もともと探偵という存在は、事件の依頼があって初めて動きだすものだ。だが、そこから彼は―たとえば失そう人の過去や家庭環境、愛憎劇などをいやおうなく暴き出すことになる。

もちろん、本書においてもその通りに進んでいくのだが、加えて同時に探偵本人の問題についても、彼がなぜ日本を捨て、アメリカへと渡ってくる羽目になったのかを、ほどよい緊張感と、読みやすい文章で淡々と語っていくのである。その語り口がなんとも素晴らしいのだ。そして圧巻のクライマックス。これは人間心理の感傷を叙事する、稀有（けう）な作品である。（関口苑生・文芸評論家）

（集英社・1700円）＝1999年9月22日②配信

情報戦争の懸念と戦略　「21世紀の戦争」（ジェイムズ・アダムズ著、伊佐木圭訳）

二〇〇五年。中国新疆ウイグル自治区の油田地帯で大爆発が起きる。イランの仕業と見なした中国は、軍事的報復に出る。米国は世界戦争を避けるため、コンピューター操作を通じて中国の情報通信システムを大混乱に陥れ、中国に軍事行動を思いとどまらせる。近い将来の戦争は、ミサイルの発射ボタンを押す前に勝負がつくことになるらしい。

先進国は外国に輸出するコンピューターに特殊なマイクロチップを埋め込み、ソフトウエアにもバグやウイルスを組み込む。いざというとき遠隔地からこれを操作し、相手国の軍事システムや社会のインフラ機能をマヒ、混乱させて優位に立つ。こうして二十一世紀の戦争は、情報操作や電子ネットワークの支配をめぐって戦われる「情報戦争」になるだろう、と著者はいう。

確かにその兆しは、先のコソボ紛争での北大西洋条約機構（NATO）軍による軍事作戦にも現れていた。人的犠牲を最小限にとどめるため、NATOは地上軍の投入を避け空からの攻撃に限定した。無人機をはじめとして情報収集のために電子機器が多用された。十年前ならSFの世界でしかなかった兵器の開発が、現実に進められ、あるいは検討されているという。

「情報戦争」が大量の破壊や流血の回避に役立つというのなら、それなりに意味があるかもしれない。しかし一方で、それに備えるために、市民社会が想像をはるかに超える犠牲を強いられるのではないか、との不安がある。米国の国家安全保障局（NSA）や中央情報局（CIA）は、これまでも海外拠点も含めてさまざまな盗聴活動を続けてきた。将来、これら情報機関の活動が市民の生活を脅かさない保証はない。

「情報戦争」となれば、米国の圧倒的優位は揺るがない。ロシアでは米国による「情報帝国主義」を懸念する声もあるという。本書に書かれた米国の「情報戦争」戦略を読むと、日本にとってもロシアの心配が人ごととは思えなくなる。（藤田博司・上智大教授）

（日本経済新聞社・2400円）＝1999年9月22日③配信

脚本家が見た巨匠の素顔　「アイズ　ワイド　オープン」（フレデリック・ラファエル著、鈴木玲子訳）

今年三月七日、「アイズ　ワイド　シャット」の公開前に急死したスタンリー・キューブリック。製作から宣伝に至るまで徹底した完全主義で自分の思うように映画を作り、しかも社会的な影響力の大きさにおいては他の追随を許さない偉大な映画監督だった。

だからこそ、その創造の秘密をのぞきたくなるのだが、これまで彼に関する研究書、作品の解説では、本人がインタビュー嫌いであるため、その肉声が聞こえてくることはほとんどなかった。

彼が亡くなったからこそ生まれた著書ではあるが、これまでにうかがい知れなかった巨匠の素顔や仕事の進め方が明らかにされる。

著者は「ダーリング」でアカデミー賞を受賞した屈指の脚本家だが、その彼でさえ胸を躍らせ、無償労働でもかまわないと思わせるキューブリック。

だが、二人は映画を作るための同志、仲間でありながらも、同時に互いの才能を見極めあう敵でもある。

キューブリックとの仕事は、すべての時間を彼にささげることを意味する。そればかりか、彼は著者のアイデアを次々に消し去っては、とことん骨の髄、エキスを絞り出し尽くすまで納得しない。

電話やファクスで、褒め、無視し、あるいは嫌悪感をみせることで、著者をじりじり追い詰めていくさまはゾッとするほどのすごみがあり、まるで独房にいる気分だというのは何ともリアリティーがある。

しかもさんざんプライドを傷つけられるため、著者は共同作業の喜びと同時に憎悪の念がわいてくることさえ隠さない。

にもかかわらず、最後に二年近くをかけた自分の脚本でキューブリックが新作を作ることを素直に喜び、受け入れる姿は、感動的でさえある。

決して客観的な描写ではなく、著者のレンズによる偏見は強いが、隠とん者のような生活をしながらも、世俗に興味を持ち、あらゆる好奇心を持つキューブリックの描写は優れた脚本家ならではのものであろう。（山口猛・映画評論家）

（徳間書店・1800円）＝1999年9月22日④配信

現代女性への励まし

「ダイエット破り！」（夏目祭子著）

ダイエットは「自分が女性であること」を受け入れられない人、自己実現ができない人だけが陥るもの—。こんな“迷信”をまだ信じている人がいたら、この本を読んでみてもらいたい。著者は「学校始まって以来の英才児」で、早稲田大学にもラクラク合格、いくつかの仕事を経て、結婚して二児の母に。表面的には、だれもがうらやむサクセス人生と言える。

しかしそれにもかかわらず、著者の頭のほとんどは、十一歳のころから「体重・体型・ダイエット」のことで占められっぱなし。これは、彼女のあまりに激しい「拒食と過食のダイエット人生」の記録なのである。

カロリー制限や運動だけでは「やせにくい体質」と気づいた著者は、ありとあらゆるダイエット法を試し、痩（そう）身器具を買い、やせて見える着こなしに執着し、エステに通う。そして体重のわずかな増減に一喜一憂するのだ。

ダイエットに関心のない読者は、不思議に思うだろう。「どうして彼女のような優秀な女性が、これほど外見にこだわるの？」と。著者は言う。「あたしは母に、頭じゃなくて顔を誉（ほ）めて欲しかったんだ」

「優秀」「ユニーク」といった長所は、努力をやめれば失われるかもしれない。それに比べて、「顔がかわいい、スタイルがいい」という特徴は絶対的。母よ、その「絶対」の部分で自分を受け入れて！　という叫びが、苦行にも似た過酷なダイエットを通じて聞こえてくる。

著者は、「ダイエットは自分の本当の欲求をねじ伏せるため」「過食は寂しさの感情のすり替え」とひとつひとつ気づくことで、苦行の道から自らを解放する。そして、たどり着くのは「ダイエットをやめたらやせた」という意外な結末…。

ドロドロしがちなテーマだが、著者一流の突き抜けた文体により、むしろ明るいトーンの本になっている。胸の中に小さな違和感を抱えながら走り続ける多くの現代女性には、大きな励ましになろう。（香山リカ・精神科医）

（河出書房新社・1600円）＝1999年9月22日⑤配信

パリに生きた青春群像

「マロニエの花が言った（上・下）」（清岡卓行著）

十九世紀末の文化的雰囲気がまだ残されていた、いわゆるベルエポックの時代から、第一次世界大戦を経て第二次世界大戦へといたるまでのパリは、国際芸術都市というにふさわしい、きらびやかなイメージに満ちあふれていた。多少のずれはあるものの、数多くの芸術家たちがヨーロッパの首都を目指し、進むべき道を模索しながら、厳しくも実りある闘いに乗り出していった。

上下二巻、数千枚におよぶ清岡卓行の「マロニエの花が言った」は、岡鹿之助、藤田嗣治、金子光晴、ロベール・デスノスという、著者がこれまでにも折に触れて敬愛の念を示してきた画家や詩人たちの青春を、不思議な縁で結ばれた同時代の群像のなかに定着しようとする、雄大な「大河小説」である。

本書の最大の魅力は、若年のころからフランスの詩や絵画や映画に強いあこがれを抱きつつも、さまざまな事情が重なって六十歳を過ぎるまで渡仏の機会を持たなかった著者自身の、パリに対する熱く澄んだ想（おも）いが、全編に塗り込められていることだろう。それが手放しのフランス礼賛に堕さないのは、中途半端な感情移入を避けるべく、記述の対象との間に節度ある距離が保たれているからだ。

とはいえ、情理をかねそなえたその冷静な行文には、突然、絵巻の水平軸を垂直に引き裂く陽性のエロスがただよう。生涯独身を貫いた岡鹿之助を除いて、先の三人には、それぞれ芸術の質を決するほど重要な、個性的な女性との出会いがあった。

藤田ならユキ、金子なら森三千代、デスノスならイヴォンヌ・ジョルジュ。創作の根底にかかわる彼女らの役割をたどるとき、著者の目はまるでみずからの女神を前にしたかのごとく輝き出し、その瞬間、言葉は詩の強度を、性愛の色を獲得する。

ホテルの窓から花盛りのマロニエを眺める序章は、ため息がでるほどに美しい。（堀江敏幸・文芸評論家）

（新潮社・上下各3500円）＝1999年9月22日⑥配信

主人公の型破りな個性

「カエサルを撃て」（佐藤賢一著）

先ごろ「王妃の離婚」で第百二十一回直木賞を受賞した著者が、大学院での専攻を生かし、西洋史に題材を求めた歴史小説を発表し続けてきたことは、よく知られている。受賞作をはじめ「傭兵ピエール」や「双頭の鷲」などその多くは、中世フランスを舞台にしたものだった。が、受賞後第一作の本書では、ぐっと時代をさかのぼり、紀元前のヨーロッパが舞台。これは新たな試みと言っていい。

題材となっているのは、ラテン文学の傑作として有名なカエサルの「ガリア戦記」。本書は、その視点を逆転させ、征服されるガリア人の側からローマの英雄を描いた異色の歴史小説である。いわば、“反ガリア戦記”とも言うべき作品だ。

主人公はガリア王ヴェルチンジェトリクス。物語は紀元前六三年、アルヴェルニア族の首長ケルティルの死からはじまる。権力闘争に端を発したこの暗殺劇により、息子のヴェルチンは国を追放され、放浪の旅を余儀なくされる。命が救われたのは、母親が、かねてから懸想する権力者に身を投げ出したからであった。

そして十年後。内にたぎる思いを胸に故郷に戻ったヴェルチンは、同志とともに復讐（ふくしゅう）を果たし、またたく間に国を制圧、ガリアの王となる。父親の遺志を継ぎ、目指すは打倒ローマ—。

まず注目すべきは、主人公ヴェルチンの強烈な個性だろう。好色、豪胆にして残虐かつ非情。野性的というにはあまりに型破りなそのキャラクターは、著者のほかの作品の主人公と同様にきわめて印象的だ。

一方のカエサルは、従来のイメージを覆すかのような非英雄的人物として描かれている。孤独で内省的で、薄毛ばかりを気にする劣等感の塊のような中年男として登場しているのだ。この対比がまずは鮮やか。ガリアの英雄との戦いを通して、カエサルが変貌（へんぼう）する過程が、本書の最大の読ませどころだろう。

期待にたがわぬ受賞後第一作である。（茶木則雄・書評家）

（中央公論新社・1900円）＝1999年9月30日①配信

偏見は過去の遺物か

「黄禍論とは何か」（ハインツ・ゴルヴィツァー著、瀬野文教訳）

本書は「黄禍」という、十九世紀欧米列強で唱えられた世界政策の大衆的スローガンを手がかりに、帝国主義の本性と思考方法を比較史的に解明しようとした研究である。確かに、黄禍言説から反中国あるいは反日的な世論形成の断面を切り取って見せた著者の分析は見事である。

だが、そこから「帝国主義の功罪」を論じる発想に対しては評者個人、正直言って、隔世の感を抱かざるをえない。しかし同時に、この本が翻訳されたことの、今日的意味をも思わずにはいられなかった。

黄禍論とは、黄色人種が白人世界に災禍をもたらすだろうという人種的偏見である。わが国では、ドイツ皇帝ウィルヘルム二世がこれを唱えた三国干渉後、あるいはアメリカで日系移民排斥運動が盛んになった日露戦争後に、その存在が知られるようになった。

だが、黄禍論そのものの歴史はさらに古く、十九世紀半ばに急増する中国人移民に対して、東南アジアを植民地支配した英仏、あるいは苦力に職を奪われるのではないかと恐れた白人労働者の多いアメリカで喧伝（けんでん）された。

どの国でも高級な論壇やまじめな外交文書で黄禍論が採用されたわけでなく、排外熱をあおる三文雑誌がその中心舞台であり、第一次大戦後に日中の対立が表面化すると国際政治の表面からは姿を消していった。

しかし、はたして黄禍論は過去の遺物なのだろうか。昨今の論壇で話題となった「文明の衝突」（S・ハンチントン）や「だれが中国を養うのか？」（L・ブラウン）といった世界政策論の根底にも、案外同じ発想が存在しないだろうか。

実際、著者自身、人道的使命感に燃えて普遍的文明をアジアに広げた西欧人に世界史的正当性も見いだしている。帝国主義の功績を弁明できたのは、原著刊行が四十年の昔だからである、と、はたして言えるだろうか。同じ発想が「人権」を強要しつつ「空爆」を強行するNATOの正当性として、健在であることを目の当たりにしながら。（佐藤卓己・同志社大助教授）

（草思社・1900円）＝1999年9月30日②配信

個人的な戦後大衆音楽史

「読むJ-POP」(田家秀樹著)

ポップ・カルチャーという言葉がある。日本語に訳すとそのまま、大衆文化。

大衆文化はさまざまな側面を持っている。テレビ、映画、漫画、スポーツ。日本においても、それぞれの分野で歴史が語られてきた。しかし、音楽はどうだろう。音楽好きなら、ポップ・カルチャーという言葉を聞くと、まずポップスやロックを連想するはずだ。なのにこれまで、日本戦後ポップスの通史は存在していなかった。本書は、そんな「通史」を作ろうとした初めての試みだ。

語りはじめられるのはまず戦後から。笠置シヅ子や美空ひばりをとりあげ、三人娘から和製ポップス、そして一九六〇年代のGS、七〇年代のニューミュージック、八〇年代のビート・バンドと来て、九〇年代のビジュアル系や宇多田ヒカルまで。著者はそんな通史を、個人的な視点から描いてみせようとする。そこが、いい。

ポップ・カルチャーを語るのはむずかしい。すべてを一望するような客観的な視点を持ちにくいからだ。だったら逆に個人的な立場に立って、流れの内側から書くしかない。著者は戦後すぐの生まれ。音楽の現場でずっと活躍してきたライターだ。その意味では、日本戦後音楽の通史を書くのにうってつけの人物だろう。

資料を駆使した前半部分も労作だが、文章が生き生きとしてくるのは、やはり著者自身が体験した後半部分。とくに八〇年代以降を描くときの筆致には勢いがある。

しかし、本書はあくまで戦後日本における「メジャー」な大衆音楽の通史だと思う。あえてロックとポップスを分ければ、著者の指針はポップスのほうに傾いている。それこそ六〇年代的に言えば、もっとカウンター・カルチャー的なものへの言及があってもよかったとは思うが、そこまでやれば本の厚さは軽く倍になったはず。

帯には「スーパーカルト・エッセイ」なんてあるが、とんでもない。これは、日本戦後大衆音楽を真正面からとらえた、王道の通史だ。(森田義信・翻訳家)

(徳間書店・1700円)=1999年9月30日③配信

意識研究に傾く受賞者たち

「ノーベル賞科学者のアタマの中」(青野由利著)

三年前、複雑系という言葉が話題になった。日本ではもっぱら経済分野で注目されたようだが、もとはといえば米サンタフェ研究所を舞台に政治、経済から生命現象まで、研究領域を超えたところに共通するシステムを解明しようした一連の自然科学の流れだ。

そんな日本のブームからさかのぼること五年、著者はサンタフェへ取材に出かけている。そして、そこで感じた複雑系って本当に科学なのかという素朴な疑問が本書執筆の動機だ。

なぜなら、それまで対象を細かい要素に分解する還元主義に徹しノーベル賞まで受賞した人が、ここではいとも簡単に学問の壁を乗り越え、従来の信念を覆すように複雑系の混沌(こんとん)にゆらゆらと身を浸しているからだ。部分を見れば全体がわかるといっていた人が、部分を総和しても全体になるわけがない、世の中は複雑だ、と開き直っている。

それが本当に科学なのか。著者は科学者になりたかった科学記者だ。科学と名のつくもの、論理的かつ明快に説明できなければ科学ではないと考えていた。

そんなもやもやを抱えた著者はさらに本書を貫く切り口となる重要な事実にぶつかる。複雑系科学者のみならず正統派科学者の多くが、ノーベル賞受賞後にこれまでタブー視されてきた脳と心、意識の研究に次々と移行しているという現象だ。ともすればオカルトになりかねない分野になぜ彼らはのめりこむのか。

インタビューを交えた思索の旅は、次第に今世紀の科学の流れとその限界を浮き彫りにする。二重らせんで有名なクリック博士もまた意識研究に傾倒する一人だが、その素顔に迫るあたりは特に興味深い。

実は、日々の科学記事から研究全体の流れをつかむことは至難の業で、専門家と読者をつなぐ仕事を続けてきた著者だからこそ書き得た本だろう。日本ではいい翻訳書が出ても宝の持ち腐れになることが多いが、本書はそんな科学書のよき指南書にもなっている。(最相葉月・ノンフィクションライター)

(築地書館・1800円)=1999年9月30日④配信

投句を例によろしさ考える　「男の俳句、女の俳句」（藤田湘子著）

本書は、俳句総合誌「俳句研究」が開設している投句欄の、藤田湘子の選評をまとめて一冊にしたものである。

投句者が選者の選をうけるということは、作句の技法を知り、自作の方針を定める一つの有効な学習方法である。ただし、かなえばマル、だめであればバツ、この印だけで終わるのが普通で、なぜバツだったのかについて選者の説明をうけることは、きわめてまれだ。

そこを自分で探求するというのも俳句の上達法の一つだが、選にちょっとした一言があれば、不明を解くカギとしておおいに役立つことになる。本書の場合、投句例をあげての具体的な句評なので、指摘個所がわかりやすく、指導者の一方的な押しつけ入門書とはおもむきを異にしている。

たとえば、俳句の「切れ」について、〈炎の色をたしかめてをり初仕事　青城みつを〉に〈中七の「をり」が大切。「ゐる」では散文になってしまう。ここも“切れ”の要だ〉と簡潔にして的を射た選評を付している。

投句者の作品を挙げて、定型、切れ字、省略、季語、擬人法、など技術について述べ、さらにこっけい、吟味、詩心などのスパイスを加え、結論として著者自身の俳句に対する思想を打ち出した読み物としているのである。

よくあるテキストにかならず取り上げられる古今の名句はついぞ姿をみせず、かなり難しい問題もすべて投句者の作品でこなしているという、まことにユニークな内容である。

読者すなわち作者といわれている俳句では、普通の愛好者のつくった一句が、名だたる作家の句をしのいで衝撃的に心をうつようなことがある。どのページの句も、雑誌掲載中はたしかに投句欄の投句にすぎなかったのだが、本書ではそれらが藤田湘子の俳句観を述べる際の引例句として見事に再生している。

文章が平易で読みやすく、俳句をしない人にも「俳句のよろしさ」を伝え、親しんでもらえる一書である。（宇多喜代子・俳人）

（角川書店・1900円）＝1999年9月30日⑤配信

個を超えた生への想像力　「ソング・オブ・ザ・リバー（上・下）」（スー・ハリソン著、河島弘美訳）

紀元前七〇〇〇年などという先史時代を文学にしてしまう発想はとてつもなく壮大だ。SFの世界は時空を超えて自由な舞台設定をするが、これは氷河時代のアリューシャン列島に狩猟民たちが現実に生きた痕跡を手がかりにした物語。

「生存」という根源的な問題がリアルに彼らの精神世界に結びついていて、過剰な意味にあふれる現代に、素朴な描線で描かれたような人間の原型の発見がある。

本書の前に「母なる大地　父なる空」に始まる三部作があって、世界的なベストセラーになったのも、生と死が紙一重の世界での多様な人間像が多様なドラマをつくり、まさに物語の豊かさが味わえたからだろう。

ある部族の語り部となった授かり子〈ラッコ〉を主人公にしたこの作品は、ミステリアスな興趣に富み、人間に内在する心の闇（やみ）の部分に入り込んでいく。

考えてみれば、わたしたちが生きている現実はいつもミステリアス。空想の物語もその要素で、生き生きと動き出してくる。なぞの殺人や狩猟に欠かせない犬の死という共同体の災いを背景に、復しゅうと憎しみがあぶりだされる。部族間に戦いを仕掛ける者、それに追従する者に、支配と隷属の関係が生まれる。

狩猟民たちの陰謀、愚かさ、所有欲、支配欲を照射するのは、老女たちの知恵の力であり、語り部が蓄積された集団の記憶を言葉にして、苦難を乗り切ろうとするときの力である。

そして愛。生存のための夫婦関係、合理的な意味のある男と女の交渉と並行して存在する真の愛のかたちが、静かな底流となり、そこにもっとも強い作者のモチーフが感じられる。

アーシュラ・ルグウィンの「ゲド戦記」は、内なる闇と向かい合い、戦っていく人間形成の空想叙事詩であったが、この作品は、個を超えて類につながる生き方をつくることへ想像力を働かせた雄大な物語といえるだろう。（中村輝子・立正大客員教授）

（晶文社・上下各1900円）＝1999年9月30日⑥配信

大衆が愛する偉大なイコン　「人はなぜ傑作に夢中になるの」（アメリア・アレナス著、木下哲夫訳）

日本でもすっかりおなじみとなった美術鑑賞の名ガイド、アメリア・アレナスによる、まさにかゆい所に手が届くような一冊だ。まず、アルタミラの洞くつ絵画をはじめとして、ダビンチ、ゴッホ、モネ、ムンク、ピカソといった、本書に取り上げられている作家たちの名前が、日本人にとって親しみ深いものばかりであることに驚かされる。

それもそのはずで、本書は米国で出版された単行本を翻訳したのではなく、「なごみ」という茶道雑誌に「傑作という幻影」というタイトルで彼女が連載した読み物十二編に、書き下ろし二編と序文を新たに付け加えて一冊としたものだという。

本書の各章では、一人の作家、あるいは、作品をめぐる社会背景や歴史、エピソードが適度に専門的な内容を交えて紹介され、そこにアレナスらしい、独自の視点による見解がさりげなく添えられている。

私たち庶民と美術との付き合いは、「王侯貴族が断頭台の露と消え、宮殿の扉が民衆に対して開かれた」近代に入ってからのことにすぎない。日本人には思いもよらぬことだが、美術館へ入る権利を手にするために人々は革命を起こし、あまたの血が流された。

その一方で、アレナスが指摘するように、学者や評論家たちは、へ理屈をこねくり回すことによって、せっかく開かれた美術館の周りに、再び高い塀を張り巡らせて、私たちと隔ててしまった。いつの時代も「大衆」が愛する偉大なイコンだけはやすやすとこの壁を乗り越えて私たちのもとまで降りてくる。かくして人々は傑作に夢中になるわけだ。

本書は、あくまでも著者アレナス個人の視点を色濃く反映しているということを忘れてはならないが、ルーブルやプラドで数時間を楽しく過ごすための十分な基礎知識を授けてくれること間違いなしである。（岩渕潤子・美術館運営・管理学研究者）

（淡交社・2000円）＝1999年10月7日①配信

具体的事例で苦闘を追う　「金融監督庁」（金融再生研究会著）

大蔵省はこれまで銀行などを右手で保護し、左手で検査するということをやってきた。検査の結果、アウトと判定しなければならないようなことを発見しても、保護という名目でそれを見逃すといった“不法行為”を繰り返してきたのである。そして、貸しをつくり、大蔵官僚は銀行にタカるだけでなく天下ってもきた。

その結果、銀行等の金融機関には、自らの経営判断で責任ある行動をとるトップがほとんど育たず、あのバブルの際には、とりわけ悲惨な結果を招いた。それを反省して、財政と金融の分離が叫ばれ、大蔵省の抵抗によって、一部、企画部門が大蔵省に残ったが、検査・監督部門が独立して「金融監督庁」が発足したのである。

この本の第二章は「“鬼っ子”監督庁の誕生」だが、そうした経緯の中で、同庁は必然的に“親”である大蔵省と対決せざるをえなかった。それを具体的事例で追う本書は、まず、日本債券信用銀行の崩壊から始まる。

“永田町の隠し金庫”とか、“竹下銀行”とか呼ばれた日債銀は、近年で言えば、とくに金丸信、安倍晋太郎、竹下登といった政治家の影響力が強く、“大蔵省管理銀行”となったこともあって、容易に破たんさせられなかった。安倍から派閥を引き継いだ三塚博など、大蔵大臣になって、わざわざ記者会見で日債銀の名を挙げ、大丈夫だという始末である。

金融監督庁が何と闘わなければならなかったかが、この例からもわかるだろう。

ただ、北海道拓殖銀行や山一証券はつぶしたのに、なぜ、長銀や日債銀はつぶさずに、一時国有化したのか。私は長銀や日債銀がまさに政治家の“隠し金庫”だったからだと思うのだが、本書にはできればその区分けにも踏み込んでほしかった。しかし、それは同庁発足前の話だから、ないものねだりなのだろう。

第五章は「“ハイエナ”外資―カモられる日本企業」である。弱体邦銀をかばいつつ、ハイエナ外資を監督するという仕事も同庁にはある。（佐高信・評論家）

（宝島社新書・660円）＝1999年10月7日②配信

近代史映す賛美歌由来の曲

「日韓唱歌の源流」（安田寛著）

本書の題名からまず思い出されるのは、一昔前の「演歌の源流」論争だ。本書の著者はそれよりも昔にさかのぼり、日韓の学校唱歌のつながりを検証する。

日本が韓国併合をした時に、植民地教育の一環として持っていったのが唱歌だった。日本でも明治の唱歌をもとに、大正以降の流行歌が書かれたように、韓国でも学校の歌は、さまざまな歌の母胎となった。その中には反日歌も含まれているから、関係は見かけ以上に錯綜（さくそう）している。

日本の唱歌制度は、明治半ば、信心深いお雇い外国人の助けで整備され、かなりの部分を賛美歌に負っている。学校という隠れみのをかぶった布教活動だったともいえる。

韓国でも十九世紀末以来、教会は西洋音楽の窓口で、朝鮮語の賛美歌を生み、日帝時代には抗日運動の支えとなった。同じ賛美歌由来の曲が、総督府の教材になったり、人々の愛国歌になるカメレオンのような歴史を、著者は簡潔にまとめている。

私が一番おもしろく読んだのは、三拍子の系譜だった。総督府の関与しなかった唱歌集に、日本人の監視下で編さんされた曲にはない三拍子が含まれているのを発見した著者は、そこに三拍子の民謡のない国（日本）と、ある国（韓国）の違いが、集約されていると見る。

ある種の三拍子は、日本人の知らぬうちに、韓国の民族的アイデンティティーを表明していた。この考えは、流行歌や戦後の唱歌で確かめられると、もっと強い理論になるだろう。

教会ネットワークと植民地主義は、中国、台湾、ミクロネシアのような、旧植民地の唱歌も縫い合わせている。それぞれの地域で言語や歴史に即した発展を遂げ、それぞれのやりかたで流行歌の近代化に影響を与えた。この宗教と政治という二つ近代化の原動力を押さえた、東アジアの音楽文化の形成の研究の必要性を本書は示唆している。（細川周平・評論家）

（音楽之友社・1900円）＝1999年10月7日④配信

よみがえる妖怪の物語

「巷説百物語」（京極夏彦著）

勧善懲悪の物語と推理小説がドッキングしているような作品で、しかも妖怪（ようかい）・怪談仕立ての展開は、その種の噺（はなし）が好きな読者にはこたえられないだろう。

ネタになっているのは、江戸後期の竹原春泉が描いた「絵本百物語―桃山人夜話」。もちろん、これを知らなくとも十分楽しめるが、知っていれば、もっと作品を楽しむことができる。しかも、手回しよく、京極夏彦たちによって図画と現代語訳が国書刊行会から刊行されている。

江戸の中期ころまで、「百物語怪談」と呼ばれる形式の説話集がたくさん刊行されていた。数人の者が集まって一晩で怪談を語り合い、それが百話に至ると怪異が生じるという伝承があるが、この形式を借りて、たくさんの怪談を集めたものである。

ところが江戸も後期に入るとそれが廃れて、逆にたくさんの種類の妖怪の絵のほうが人気を博するようになる。鳥山石燕の一連の妖怪図絵がその代表である。

だが、この種の図絵はいったいいかなる妖怪なのか、どうしてそのような名がついたのかといったことが、ほとんど記されていない。そこで、研究者があれこれとその素性を調べることになる。ところが、京極はこうした調査成果を読むだけでは満足せず、その絵に合うような新たな物語を彼の想像力で作り上げようという野心を抱いたのだ。

つまり、妖怪絵の背後に許しがたい残虐な殺人事件を幻想し、山猫廻（まわ）しのおぎんとか行者の又市、百物語の収集家の百介たちが、次々に解決するわけである。その解決法が手が込んでいて面白い。

古い百物語が、京極夏彦という作家に出会うことで、また新たな百物語が紡ぎ出される。ここに、「小豆洗い」「白蔵主」「舞首」など、七つの妖怪が語り直された。これからも次々に妖怪たちがよみがえってくるだろう。京極版百物語は、まだ語り始められたばかりである。（小松和彦・国際日本文化研究センター教授）

（角川書店・1900円）＝1999年10月7日⑤配信

退職老人と女子高生の接点

「女学生の友」（柳美里著）

今、もっとも刺激的な若手作家の一人である柳美里の新作「女学生の友」は、渋谷センター街にたむろする女子高生たち（あるいは「コギャル」）の「援助交際」をテーマにしている。典型的な風俗小説の一種と言っていいが、しかしそれにとどまるものではない。

柳美里はこの女子高生の援助交際という風俗問題に、定年退職した初老の男（六十五歳）をからませることによって、この作品を単なる風俗小説から一種の芸術作品としての小説に作り替えることに成功している。

柳美里の独創は、女子高生と初老の退職老人を、ともに現代社会から脱落し、生きる目標や存在の場所をなくした「存在喪失人間」としてとらえた点にある。

つまり、女子高生の援助交際という問題は、単なる現代社会の流行の風俗現象の一つとしてではなく、現代社会の暗黒部を象徴的にあらわした病理現象の典型としてとらえられている。老人も女子高生も、現代消費社会の中で、居場所を失い、結果的に盛り場を徘徊（はいかい）するようになった…というわけである。

この小説に登場する老人は、息子夫婦と同居し、経済的にも困らない、一見何不自由ない老人である。しかし、自殺を考えるほどに絶望している。そこで孫娘の友達を通じて、家庭崩壊のあげく援助交際をしようとしている高校生と知り合い、その女子高校生の仲間たちと共謀して、援助交際をネタに売春脅迫事件を引き起こす…というものだ。

いかにも今風な材料とテーマだが、やはり、この小説の本当のテーマは、女子高校生も、老人も、ともに現代社会のもっとも「弱い部分」であり、社会からはじき出され、社会や学校や家庭でもその存在の場所を失っている…という状況認識にある。

最近、宇都宮で、この小説を連想させるような脅迫事件が起きたが、すぐれた芸術作品は「現実を追う」というより、むしろ「現実を先取り」するものなのだ。この小説も例外ではない。（山崎行太郎・東工大講師）

（文芸春秋・1286円）＝1999年10月7日⑥配信

自己崩壊ギリギリの孤独感

「Piss（ピス）」（室井佑月著）

六つの短編で編まれている。そのなかの表題作「Piss」の主人公は、もうすぐ二十歳になろうとしているホテトル嬢だ。板前の恋人と一緒になり、いつかは小さな店を持ちたいと、ささやかな夢を持っていて、その資金稼ぎのためと割り切りながらも、内部で育っていくむなしさをどうすることもできないまま、恋人に裏切られ、自分を失っていく。

あるいは、ホームレスの男を拾ってきて、自分の部屋に囲い、その生活費かせぎのために売春をする「ぎんの雨」の主人公も、自分の孤独感をどうすることもできないまま、その孤独に追いつめられていく。

本書に描かれるのは、今の生活から抜け出したい、とあがいている人たちばかりだ。そしてみんな、そのやりきれない生活を、どうすることもできないまま流されている。

できることといえば、昨日と同じ今日にうんざりして、つばを吐きかけるように悪態をつき、開き直ること。ときには自虐的になって自分を卑下したり、まわりの人たちを口汚くののしったりすること。あるいは孤独感やむなしさを埋めるためにセックスと暴力に明け暮れる。そんなドロドロの世界で、のたうちまわる人たちを、作者は絶えず突き放しながら、簡潔な文章で直接的に描く。徹底してリアルに。

リアルだからこそ、登場人物の暗部はグロテスクなまでに浮きぼりにされることとなる。そして、物語はときどき暴力的なほど極端な展開を見せるのだ。彼女（彼）たちは自己崩壊ギリギリで、何かを壊さなければ、次に進むことができない、という状態だ。やり場のないエネルギーは、破壊にだけ向けられているようだ。

そのうえ結末において、作者は主人公をさらに絶望的におとしめている。まったく救われない結末。しかし自己破壊のあとの不思議な解放感に包まれていて、そこがこの短編集の魅力だ。（白石公子・詩人）

（講談社・1500円）＝1999年10月14日①配信

英国の良きユーモアの系譜

「哲学的フットボール」（マーク・ペリマン著、見田豊訳）

史上最強のイレブンはだれか。サッカーファンは、この話題をめぐって何日でもしゃべり続ける。本書もそうした話の一つだが、著者のドリームチームはGKカミュ、DFニーチェとウィトゲンシュタイン、MF孫子とシェークスピア、FWエーコとグラムシらを集めた布陣で、十一の知性を、サッカーになぞらえて、空想豊かに描いている。

くまのプーさんを哲学者や老荘思想家として解釈したり、フロイト思想でテニスを読み解いた本を思い出したが、イギリスの良き知的ユーモアの系譜に属している。インテリが日曜の夕方、試合の後にパブに集まって、激論している様子が目に浮かんでくる。

著者は、アルジェの二部リーグでキーパーをやっていたカミュ論を書いたのを手始めに、自称教養人のためのスポーツウエアというコンセプトで、十一の文章を矢継ぎ早に書いたそうだ。出来不出来はあるが、なるほどスピード感に満ちている。

それぞれの業績が巧みに折り込まれていて、それを熟知していればいるほど、ニヤリとさせられるだろう。またサッカー選手の浮沈、タイプ、哲学に詳しいほど、連想の翼は広がるだろう。オスカー・ワイルドはなぜかジョージ・ベストとガリンシャを思わせ、孫子はロベルト・バッジョとフリットに通じているようだ。

イギリス人らしいのは、選手の個性だけでなく、監督の「哲学」を小咄（こばなし）の端々にちりばめていることだ。サッカーは、ラインの内側で動いている選手の瞬間的なひらめきと、ラインの外側にいて、彼らの可能性を最大限引き出すために、ある種の統計学的なバクチをしている監督の拮抗（きっこう）から成り立っているのだ。

念頭にはイングランドが置かれ、チームカラーや、歴史的なゴールや失敗の記憶が、国民に共有されていることが前提になっている。それがどれだけ日本の読者に伝わるか疑わしいが、通常の技術論や英雄物語に飽きた人にすすめたい。（細川周平・東工大助教授）

（日経BP社・1500円）＝1999年10月14日②配信

原子力の危険性など指摘

「市民科学者として生きる」（高木仁三郎著）

幼い子を持つお母さんと共に歩む雑誌「母の友」で私が高木さんと核と原発について対談したのは一九八五年だった。事前に「プルトニウムの恐怖」は読んだものの、何もわかっていない私に核分裂のことなどやさしく丁寧に高木さんは説明してくれた。おかげでお母さんたちから「よくわかった」と喜ばれた。

以来私は原子力資料情報室をたいへん頼りにしている。が高木さん個人にかんしては宮沢賢治に傾倒しているくらいしか知らず、がん治療中のベッドで書き上げたという本書で初めて、生い立ちや市民科学者に至るまでの艱難（かんなん）辛苦の道のりを知った。

三八年、前橋市に生まれた著者は、戦後の混乱した社会を子どもの直感で心に深く留め、見る・考えるの原点とした。ゆえに大人になっても決して優等生の枠におさまらない。そして好奇心おう盛、感受性豊かな少年時代を恵まれた自然の中でのびのびと過ごす。

見る前に跳ぶ、歩きながら考えるという性格は秀才であればこそ！　と私は思う。その結果が市民活動家であり専門の科学者である「市民科学者」として生きることになったのだから。

九七年十二月、ストックホルムで著者は、環境、平和、人権の分野ではもう一つのノーベル賞と称されるライト・ライブリフッド賞を受けた。「プルトニウムの危険性を世界の人々に知らせ、また情報公開を政府に迫って一定の効果をあげるなど市民の立場に立つ科学者として功績があった」のが授賞理由だ。

核化学を専攻した著者が日本原子力事業、東大原子核研究所などを経て民間の原子力資料情報室の設立に参加した経緯はそのまま日本における原子力開発、原子力産業巨大化への実録でもある。そもそも原子力に安全性のあるはずがない。

今や市民の側が賢くなり世論が脱原発、核兵器の抑止など企業や技術を動かす時代。その中心となるのが世界各国の人間的にも専門的にも優れた第一級の市民科学者たちなのだ。多くの人に読んでほしい。（中川李枝子・児童文学作家）

（岩波新書・700円）＝1999年10月14日④配信

著者の理念を熱く語る評伝　「ゆめはるか吉屋信子(上·下)」(田辺聖子著)

感動的な評伝である。吉屋信子という一人の女性作家の生涯と作品とその生きた時代が間然するところなく一つになって展開され、底流に著者田辺聖子の文学的理念が熱く語られている。

女が「男から選ばれる」立場でしかなかった当時の結婚を否定して独身だった信子を「あとがき」に著者はこう記している。

「近時、信子はフェミニストの先進者として論じられることも多い。信子の思想は理論から入ったのではなく実人生の手重い実感から生れ、血肉となったものである。男権主義思潮が世を掩うなかで、その反動として信子は"女人讃歌"を、一管の筆に托し」たのである、と。

信子は明治二十九年一月十二日に生まれた。「内面はご一新以前の丁髷時代に変らないのに、うわべはネクタイや八字髭の近代紳士という、奇妙な二重構造のまま、日本の近代化は進む」という時代である。

著者は丁寧な筆遣いで信子の幼年期、少女期からの人間形成に取り組んで行く。信子の父のかかわった「谷中村立退き事件」に「足尾銅山鉱毒問題」をからめてまず、広い視野からの書き出しである。

明治末年女学校を卒業するがその前後の生活が「花物語」などの作品を紹介する形で描かれているのも心憎い。

やがて上京し、流行作家になっていくあたりは当時の文壇史(特に著者がいう「女流作家史」)を読む味わいがある。大正リベラリズムの良き時代が過ぎ、軍国主義の昭和に突入、敗戦、戦後という激動の時代を生きて昭和四十八年七月十一日、七十七歳喜寿の年に死んだ信子。

「女人平家」「徳川の夫人たち」など、晩年になるほど佳作を送り出した信子の力量を、著者は心から感嘆し、畏敬(いけい)の念とともに筆をおいている。その著者の心が直接響いてきて、読後感がさわやかである。(三枝和子・作家)

(朝日新聞社・上下各2200円)＝1999年10月14日⑤配信

古本探しのおもしろさ「古書店めぐりは夫婦で」(ローレンス&ナンシー·ゴールドストーン著、浅倉久志訳)

著者二人はウォール街の証券会社に一緒に勤めていて結婚、その後それぞれ独立して作家になったおしどり夫婦。誕生日のプレゼントのことで口論になった末に、トルストイの「戦争と平和」の上製本を探すために古書店に出かけて行ったのが、そもそものはじまりだった。

古本探しのおもしろさにはまってしまった二人が、アメリカ東部の地方の町の古書店から、シカゴ、ニューヨークなどの大都会の古書店—それもなみの店から、稀覯本(きこうぼん)専門の店(電話で予約した客しか迎えてくれない、店らしからぬ店だ)へ、さらに古書市やオークションにまで挑戦する。

二人とも大学で歴史を学んだとのことだから、いちおうの教養の持ち主だが、古書についてはずぶのしろうとである。なめられまいと、業界の用語などをときに使って、はったりをきかせるおかしさもあるし、一般読者のためにやさしい解説をつけ加えてくれるサービス精神もたっぷりある。

文学に関心をもつ人なら、芸術的価値とは無関係な本の市場価値の盛衰を教えられて興味を覚えるだろう。

例えば、初期にはヘミングウエイ以上の人気を持ったドス・パソス(「マンハッタン乗換駅」「U・S・A」の著者)が、なぜその後影が薄くなったのか、など。

ひとくせもふたくせもある古書店員を何人も登場させて、その個性を鋭く、ユーモラスに描くあたりも、本書の魅力である。書店名などは実名も出て来るが、実録よりはむしろ小説として読む方が楽しかろう。

日本でも古書収集家にはおもしろい人物(ときにはオタク)が多い。アメリカのプロの古書店員だけでなく、そうした客がもっと登場してくれたら、本書はさらに魅力を増したであろうに。二人の著者は本書の好評に気をよくして、続編も書いているそうだから、次にはそうした方面に筆を伸ばしてくれるよう期待する。(小池滋・東京女子大教授)

(ハヤカワ文庫・680円)＝1999年10月14日⑥配信

歴史の大きなうねり描く

「盟約(上·下)」(C·W·ニコル著、村上博基訳)

壮大破天荒な物語が展開してゆく。作者のC・W・ニコルの父はロイヤルネービーの一水兵だったという。著者はこれより先江戸時代の鯨捕りの〈銛一甚助(もりいちじんすけ)〉を主人公とする「勇魚(いさな)」を書いていた。この物語はそれを継いで甚助の息子〈銛一三郎〉を主人公に、時代は日露戦争を頂点として、明治時代を貫いてゆく。三郎は、日本人の父と東洋人の血の混じるカナダ人の母との間にバンクーバーに生まれる。

父の血を引く三郎は、海を母の懐のように感じとる海の男として育ち、日本に渡って迷わず海軍兵学校に入った。富国強兵を国是とする近代日本は、カナダ人として育った三郎を確実に日本人に育て上げてゆく。

グラスゴーの学校で造船技術を学んだ三郎は、日本海軍の数々の軍艦の誕生にも立ち合い、東郷平八郎や伊藤博文の謦咳(けいがい)にも接する立場にあって日本近代の歴史の中心を歩み続けていった。

時あたかも、一九〇二年の日英同盟の調印があり、対ロシア外交は風雲急を告げてゆく。しかし、ロシアと戦うには日本政府は、あまりに貧しかった。黒龍会系の大陸浪人が、清国、満州、蒙古に暗躍しアジアを巻き込んで戦争の機運は着々と醸成されてゆく。

三郎は、日本兵二万人そして同数のロシア兵が死んだ二〇三高地に立っていた。二人の従兄(いとこ)たちもここで死んだのだった。死者を思う三郎の気持ちの内に大きなうねりが呼びさまされてゆく。人間とは何か、歴史とは何か。

三郎は、父の郷里和歌山の太地に思いをはせ、かつ日本武道の奥義に触れようとして道場の門をたたく。日本男児三郎の歩みは日本近代とともにあった。この物語は、トルストイの「戦争と平和」を連想させる大河歴史物語でもある。(栗坪良樹・青山学院短大学長)

(文芸春秋・上下各1905円)=1999年10月21日①配信

都市生活者の生き方を問う

「不眠な人々」(矢崎葉子著)

食欲不振、便秘、月経痛、頭痛、入浴できないこと…、いずれも日常の生理にかかわる不調はつらいが、とりわけ長引く不眠ほどつらいものはない。

若いときの不眠は心因がはっきりしている場合が多いが、中年の不眠は生活の形からくるもの、老年の不眠は加齢に伴うものが多い。それ故に中年は、「眠れないと仕事ができない」「一日全部を失った」と焦る。老人は眠れないと、老後の楽しみをすべて奪われたように感じる。

本書は中年にさしかかった女性が不眠症をいかに克服していったか、体験記であるとともに、眠れない数人の人々の面接を加えて、不眠と都市生活者の生き方を問いかけている。つまり、仕事へのこだわりと生活習慣と不眠がセットになった不眠症の場合についての体験記である。

まず精神科への偏見から始まり、心療内科さがし、精神安定剤や睡眠導入剤への不安、彼女にあった入眠剤およびその量と飲み方が決まっていくまでが、紆余(うよ)曲折を経ながら述べられていく。

半年後には、診療所の医師から自律訓練法を習い、入眠剤を上手に使いながら、それなりに眠れるようになり、理想の睡眠への執着から抜けだしている。この経過は、医師への突っぱった構えから、「医者に通っている安心感は大きかった」と言うようになるまでの、患者―医師関係の変化からも来ている。

日本中、いずれの精神科、神経科、心療内科でも繰り返されている、不眠症とその治療の物語である。眠れない三十歳代、四十歳代、とりわけ女性は、この本を通して不眠もまたうまく飼いならしていけることを知るだろう。

ただし、うつ病や他の精神症状について、理解していない記述がいくつかある。著者の不眠と性格や生活習慣についての分析も行われていない。それも含め、眠れない人のあるタイプを伝えている。(野田正彰・京都造形芸術大教授)

(太田出版・1500円)=1999年10月21日②配信

最先端技術の姿明らかに

「異種移植」（山内一也著）

今年初めの日本の脳死移植の大騒動に米タイム誌は、今ごろなにを騒いでいるのだとあきれた調子で、「ちょっと待て。今は一九九九年だよ」と皮肉った。最先端の移植医療はすでに次のステージに移っている。

慢性的な臓器不足に悩まされる移植先進国は、人間以外の動物の臓器に注目している。過去、異種移植の試みはことごとく失敗してきたが、最近、特有の超急性拒絶反応の仕組みが明らかになり、これが遺伝子組み換え技術で克服されつつある。クローン技術を利用して、人間に移植しても拒絶反応を起こしにくい臓器を持った動物を大量生産できる可能性も出てきた。

ブタはその切り札。本書は、異種移植に関する技術的問題を詳細に検討している。一見不気味なこの技術の真相が、にわかに現実的な姿で立ち現れてくる。

獣医学出身の著者は、ブタに同情的だ。「豚の貢献を理解してほしい」と、ブタの起源と家畜化の歴史から始まり、人との類似点、そして本題の異種移植研究の現状まで解説していく。

ブタは臓器の大きさや生理機能が人に近く、ウイルス感染も避けられる。チンパンジーのように絶滅の危険性もなければ、イヌやネコをかわいそうに思うような心情的な抵抗感も少ない。

実用化されれば、臓器不足を解消でき、やっかいな脳死問題も回避できる。細胞移植という方法でパーキンソン病や糖尿病などの治療も可能になるという。

だが、ヒヒの骨髄を移植されたエイズ患者は他人からバナナを差し出されて笑われ、以来決して人前でバナナを食べなくなったという。

動物の臓器を移植することへの生理的嫌悪感をどう解決するのか。移植臓器に潜む未知のウイルスが潜在的な伝染病をまん延させる恐れはないのか。人から、動物から臓器をどう分配していくのか。移植のために動物に苦痛を与えることは正当化できるのか。

克服しなければならない倫理的、社会的課題もまた多い。（大島寿美子・科学ジャーナリスト）

（河出書房新社・1800円）＝1999年10月21日③配信

背筋伸びた人間主義

「政治と知識人」（加藤節著）

「進歩的文化人」の総退場―敗戦後五十年を超えたこの日本の国の知的状況を、本書の著者はそう性格づける。時流に迎合し、あざけりを浴びせるためにではない。むしろ、安直に退場したりはすまいという意志の表明としてである。あるいは、そういう知的状況にあっても「知性や知識人の果たすべき役割そのものが消滅したわけではない」と考えるからである。

穏やかだがはっきりとしたこの決意表明を土台に、著者は、民主主義、自由、民族、国家など、政治学の基本概念をことごとく再検討していく。

どの概念もみごとなまでに古典的である。しかしその何に不思議があるだろう。現実主義という名の実感信仰がはびこり、思想の課題が（洗い直されるのではなく）置き去りにされているだけであるなら、古典的な概念を丹念に再検討することから始めるほかないのではないか。

著者が旧来の信条体系に拘泥しているということではない。信条体系も国家も文明も、一応はすべて相対化されている。しかし著者は、単なる相対化に甘んじたりはせず、その果てに普遍的な価値を追い求める。著者にとって普遍的な価値とは、相対化されるもろもろのものから「人間そのもの」を取りだし、その尊厳を保障することである。

「人間そのもの」を取りだし、「人間の自己実現の場」を展望しようとする著者の姿勢を、新しい人間主義と呼んでも誤りではあるまい。ただそれは、情緒的なヒューマニズムなどではなく、最終的には制度の問題に変換しうる、まさに政治思想としての人間主義である。沖縄問題を通じて日本の民主主義を考える章で、「多数の専制」を防ぐ条件を模索していることなどは、その好例と言えよう。

学術論文と一般向けエッセーの混在など、もう一工夫ほしかった点もなくはない。にもかかわらずこれは、踏みとどまるべき所に踏みとどまろうとする、最近では珍しく背筋の伸びた本である。

（最上敏樹・国際基督教大教授）

（岩波書店・2400円）＝1999年10月21日④配信

亡命や離散の現代的な意味

「パレスチナへ帰る」(エドワード・サイード著、四方田犬彦訳)

祖国とは何だろうか。日本に生まれた在日韓国人二世のわたしはいつもそのことを自問している。そしてきまって「祖国」という言葉にざらざらした感じを抱き、同時にそれにすっきりとなじめない自分のなかに寂寥(せきりょう)感のようなものが広がっているのに気づくことがある。

本書を読みながら、いつの間にかわたしのささやかな体験を思い出していた。二十歳の年にはじめてソウルの土を踏む体験をしたときの記憶である。はじめて「祖国」を飛行機の眼下に眺めたとき、わたしは極度の興奮でわれを忘れるほどであった。

しかしその高揚は一挙に冷めてしまった。ほかでもない出入国管理の無機質で横柄な検査に射すくめられるような威圧感を強いられたからだ。もちろん、ノンポリの極楽トンボの学生が、独裁体制の網の目にひっかかるような心配は最初からありえなかった。にもかかわらず、わたしは不安におののき、国家というものの底知れない不気味さにたじろがずにはいられなかった。

本書を読んでまず感じさせられたのは、その冒頭でサイードを待ちかまえていた出入国管理の事務的な「品定め」の不気味さである。そこにはパレスチナ/イスラエルの現在が凝縮されてあらわれているように思える。

学者として、また知識人として世界的な名声を得、パレスチナ民族評議会(PNC)メンバーとしてパレスチナ支持をハッキリと打ち出していたサイードにとって「敵国」のイスラエルがどんな仕打ちをもって彼を迎えるのか、悪夢のような不安が彼の脳裏をかすめたのではないか。

この第一級の自伝的なルポルタージュが、そうした光景からはじまっているのは象徴的である。本書を読みながら、きっと亡命や離散状態のなかにあることの現代的な意味が浮かび上がってくるはずだ。国家の甲羅を宿命のように背負い続けている日本の読者にこそ、本書は熟読する価値があるのかもしれない。(姜尚中・東大教授)

(作品社・2000円)=1999年10月21日⑤配信

ここち良い解放感

「俺、南進して。」(荒木経惟・町田康著)

大阪の街をさまよう町田康を主役に荒木経惟が写真を撮り、その写真から触発されて町田が小説を書き下ろしたのだという。大阪の各所に町田はたたずみ、電車に乗り、風俗営業の店や某女性の部屋やホテルに出没する。女性たちのかなりなヌードもあり、そのそばで原稿を書く町田がいたりする。

人物のほとんどは、夕暮れ以降の夜の時空でうごめいている。作家は写真家の前で、もう一つの職業である俳優になりきっているようだ。荒木は男を撮ってもすごい。

さてそれで小説の方では、作家の「俺」が、かつて同せいしていた岸子を捜して大阪へ行く。「俺」の重大な秘密を握っているとの手紙を彼女からもらったからだ。他人の書いた小説で売れっ子になり、岸子ら昔の仲間をモデルに連載小説を書く後ろめたい「俺」へのゆすりであり、筆の勢いは止まる。なんとかしなければならない。

岸子がかかわる性風俗の店は探すが、なかなか出合えない。そんな中で「俺」と岸子らしき男女の恋愛と別離を描く連載小説は、無秩序で迷路じみた大阪のたたずまいから活力を得たように進み始める。ただ、モデルと小説中の人物が重なりすぎてはまずい。「俺」は岸子を捜しつつ、大阪の風景を借りながら右往左往するように筋書きを模索する…。

「俺」が主人公の小説と、「俺」が書き続ける作中小説が反発し交じり合うさまは見事で、迷路に連れ込まれたようなスリルがある。

そんなわけで写真の方の主役もまた、一体だれなのか分からなくなるのだ。小説を書く作家・町田康自身なのか、あるいはそれを演じる俳優・町田康なのか。さらには、小説中の「俺」にも、作中小説の男にも見えてしまう。この幾重もの時空の融合はむしろここち良い解放感を与える。単なる共作・競作の次元を超えた、作家と写真家の濃密な交錯と言えよう。(小笠原賢二・文芸評論家)

(新潮社・1900円)=1999年10月21日⑥配信

住民参加で発想の転換提言　「図書館の明日をひらく」（菅原峻著）

本書の中で繰り返し強調されている提言がある。それは「図書館をはじめる」こと。

一年間に百前後の公共図書館が誕生しているにもかかわらず、建物という“器”にしか目が向けられない。資料や職員といった中身がおろそかにされているのではないか、という。

こうした疑問を解くべく、著者自身が独自に尺度を設けて、評価が高い三十九カ所の公共図書館を調査したところ、次のような事実が明らかになったという。

図書館長で本のコーディネーターである司書の資格を持つのは、半数以下の十五人、専任職員のうち司書が占める比率が六〇％を超えるのは二十四館にとどまった。

一方、住民がどれだけ図書館を利用しているかを知るために、一人当たりの年間貸し出し冊数を検証したところ、八冊を超えるのはわずか十一館。住民の図書館離れとも言える状況だ。

もちろん、図書館側にも苦しい内情がある。なにしろ図書館の台所は火の車。年間の資料購入費を住民一人当たりに換算した場合、どうにか七百円を超えるのは実に八館にとどまった。

優れた図書館にしてこれだ。もはや「図書館をつくる」などと悠長なことは言っていられないほど危機的状況なのだ。大胆に発想を転換して「図書館をはじめる」としなければだめだ、というのだ。

図書館サービスをはじめる、と言い直すべきだろうか。建物はもちろん必要だが、生活に役立つ豊富な資料群と住民をしっかりと結び付ける仲介役、すなわち司書がいなければならないことを、読者は痛切に感じるはずだ。

「図書館の主人公は住民」という意識で、ひとりひとりの住民が図書館を十分に知り、どんな図書館が欲しいのかという意見をもって参加する―著者が指摘する最重要の課題だ。

図書館を取り巻く環境が一段と厳しさを増している現在、公共図書館のあるべき姿をどう考えたらいいのか。本書にはその示唆が詰まっている。

（金平聖之助・大妻女子大教授）

（晶文社・2200円）＝1999年10月28日①配信

大富豪が語る波乱の人生　「ロスチャイルド自伝」（エドマンド・デ・ロスチャイルド著、古川修訳）

ロスチャイルド。ユダヤ人の国際金融資本家の家名。十八世紀末、フランクフルトで「赤い盾」の屋号で両替業を始め、家業の基礎を築いたマイヤー・アムシェルは、五人の息子に、フランクフルト、ウィーン、ロンドン、ナポリ、パリの各支店をまかせ、ヨーロッパ随一の金融網を確立した。

今日、ロンドンのシティーのロスチャイルド銀行の正面を飾っている「五本の矢」は、五人の兄弟を象徴する家紋である。

本書は、ロンドン・ロスチャイルド家の五代目の当主、エドマンド（一九一六年生まれ）の自伝である。

ロンドン・ロスチャイルド家に関するエピソードを一つだけ挙げるなら、一八七五年、ディズレーリ首相がスエズ運河の株を買うために四百万ポンドの融資をロスチャイルド家に申し込み、その担保として「イギリス帝国」と言ったという。

世界一富豪の御曹司、エドマンドの幼・少時代は夢のような生活。だが、大学卒業後一年半にわたる世界周遊の旅から戻った直後に、ヒトラーによるユダヤ人の迫害と第二次大戦の勃発（ぼっぱつ）。父と一緒にユダヤ人の救援に専心し、やがて砲兵将校としてイタリア上陸作戦に従軍し、少佐に昇任する。その後創設された「ユダヤ人戦闘部隊」に転属し、退却中のドイツ軍の追撃を指揮する。

戦後の復興のために、まさに東奔西走の毎日が続く。これには、日本の復興の援助も含まれていた。日中戦争期の上海で、日本軍はドイツ系ユダヤ人を丁重に扱ったためであった。

こうした八面六臂（ろっぴ）の大活躍のかたわら、たとえば、日本の皇居庭園で見つけたツバキの種をいくつか拾って持ち帰り、十七年間もかけて花を咲かせるといった大の園芸マニアであり、交配種作りはまさにプロ並みである。

「人と出会い、その国のことを学び、美しさをめでる」は、若き日エドモンドが心に刻んだ父の言葉であった。（川成洋・法政大教授）

（中央公論新社・2000円）＝1999年10月28日②配信

持続する張りつめた緊張感

「てのひらの闇（やみ）」（藤原伊織著）

読みはじめてしばらくは企業ミステリーかと思った。主人公の堀江が勤めるのは東証一部上場の大手飲料食品会社。商品企画と宣伝制作、マーケティングなどが丹念に書かれていて、なるほど、企業はこういうふうに戦略をたてて製品を売るのかと首肯させられるところがたくさんある。それが、堀江が恩義を感じている会長の自殺を機に一転してハードボイルドタッチになり、あとは終結まで息もつかせぬ展開がつづく。

登場人物一人ひとりのキャラクターが際立っている。せりふ、文章、語り口、無駄な装飾がそぎおとされて、なんともいえないしゃれた味がある。とにかくうまい。わたしも実作者だから、いかに丁寧に推敲（すいこう）をしたかが分かる。こんな心理描写、情景描写を自分も書いてみたいと思わせるうまさに流し読みができない。

ストーリーは輻輳（ふくそう）し、いたるところに伏線が張ってあるから油断がならない。舞台はどんどん広がって、経済界から政界、企業舎弟、暴力団まで巻き込んでいく。それらが堀江の過去とつながり、少しずつ解きほぐされて伏線が一本に収束されるのだが、その収束のしかたにまた感心させられる。無理なこじつけがなく、張りつめた緊張感が持続してリアリティーをそこなうことがない。堀江はなぜ二十年間の平穏を捨てて戦うことを選んだのか。

〈ベッドに腰かけ、手の甲に残る火傷の痕に目をおとした。それから表を返し、てのひらをそっと開いた。そこに小さな闇がうずくまっている。じっと眺めているうち、やがて幻のようにうかびあがってくるものが闇のなかにかたちを結んだ。なにかの傷に似た赤い糸クズだった。〉

“てのひらの闇”は重低音となって作品の底を流れている。主人公の意志と行動がここに凝縮されている。

久々に中身のずっしり詰まった正統派ハードボイルドを読んだ。ハードボイルドすなわち文体であると、あらためて確認した。すばらしい。（黒川博行・作家）

（文芸春秋・1667円）＝1999年10月28日③配信

無意味な世界どう生きるか

「美しき少年の理由なき自殺」（藤井誠二・宮台真司著）

「宮台真司」に心酔した二十二歳の「S少年」が自殺した。執筆者のひとりである藤井氏は、S少年の家族や友人、恋人への綿密な取材を重ね、取材に同行した宮台氏の苦渋に満ちたつぶやきをていねいに聞き取った。さらに宮台氏がなかば以上は問いかけのような解釈部分を加筆して、本書がまとめられた。

このような少年が存在したという事実に、まず驚かされる。掲載されたS少年の写真の凛然（りんぜん）たるたたずまいには、いかなる不幸の刻印を見いだすことも困難である。

睡眠薬と排ガスによる死を選んだ少年の日記は、私がこれまでに読んだ、どんな自殺者の手記とも異なっている。そこにあるのは現実的な疎外や喪失の物語ではない。あらかじめ意味を喪失した世界をどのように生きるべきか、それこそが少年を苦しめた大きな問いにほかならない。

本書では宮台氏一流のパフォーマティブな語り口は抑制され、S少年の生と宮台氏の個人史とが、率直かつ真摯（しんし）に比較検討される。宮台氏はS少年の問いかけを「意味と強度」というキーワードのもとで考え抜こうとする。

少年とその親友は「世界が無意味だ」という認識において一致していたが、そこから先が違っていた。「無意味だけど、そこそこ楽しい」と感ずる友人は生き残り、「そこそこ楽しい、しかし無意味」と感じていた少年は死に至った。世界の無意味に耐え、強度を享受しつつ生きる能力において、明暗が分かれたのだ。

表面的には社交上手な少年が、実は内面を開示できない「ひきこもり」を生きていたのであり、そこでは自己信頼と自己承認こそが問題なのだとする宮台氏の指摘には説得力がある。

最後に私の連想を記しておく。おそらく「なんのために生きるか」という設問自体が、偽の問題なのだ。その疑問、その分析そのものが、ひとを自殺へと動機づける。あるいはより良く生きるとは、「動機の忘却」の上に築かれる幻想にほかならないのかもしれない。（斎藤環・精神科医）

（メディアファクトリー・1300円）＝1999年10月28日⑤配信

神意と人間の深い葛藤

「女龍王神功皇后（上·下）」（黒岩重吾著）

天下が動くのは何も戦国や幕末だけのことではない。大和の王権が衰退化し、次期王位をめぐって水面下で抗争相次ぎ、北九州に独立の気運が高まった四世紀後半を舞台に、黒岩重吾は神話と歴史の接点をうがつことで、その覇権の推移を活写してみせた。

その軸となるのが神功皇后―学界では架空の人物とされつつも、「記・紀」に登場、生まれながらにして龍神の加護を受け、ヤマトタケルの子タラシナカツヒコ王の妻となるものの、神の子＝後の応神天皇を産むことになる女性である。

本作は一方で前述した権謀渦巻く抗争劇としての体裁を持ちつつも、一方で、神の意志をつかさどる巫女（みこ）的存在である神功皇后と己の力のみを信じ神を否定するタラシナカツヒコ王という対照的な夫婦の葛藤（かっとう）劇として読めるのが特色であろう。

この作品で神の意志は強固なくさびとして人々の心に打ち込まれるが、ラスト近く、死せるタラシナカツヒコ王が、なぜ、あれほど熊襲（くまそ）討伐に固執したのかと神功皇后が考える場面は印象的だ。皇后は「王を駆り立てたのは孤立感ではなかったか」と思い当たるのだが、これは夫婦間の問題というよりは、神意と人間の意志との間に横たわるへだたりとしてとらえた方がよさそうだ。

ある意味で本作のもう一人の主役は神に仕える女を妻とした悲劇の王タラシナカツヒコといえなくもない。そして、翻って考えれば世紀末の今日、神や宗教が絡んだ事件は後を絶たない。哀れをとどめる王の最期は、実は、神から解放されたがっている人間の象徴ではないのか。

さらにそこから、祭祀（さいし）の政治から武力の政治へという四世紀から五世紀への歴史の流れを、神の意志から人間の意志への転換の時代ととらえる史観も生まれて来るのだ。

作者のファンタジーを思わせる想像力の飛翔（ひしょう）を楽しみつつも、同時に神と人間という今日でも解決し得ないテーマの深さがうかがえる力作である。（縄田一男・文芸評論家）

（新潮社・上下各1700円）＝1999年10月28日⑥配信

世紀末がゆすり出す奇態

「江戸のヨブ」（野口武彦著）

幕末。安政二年十月二日。地がゆるぐ。とてつもない激震が、夜の市中を見舞う。わずか煙草（たばこ）ひと吹きほどのうちに、世界が崩れ落ちる。同時にがれきの原から、何かがゆすり出される。

ゆすり出されるように、本書もはじまる。地震のあと何が顔を出し、どこへいったか。その行方を、七つの話にそって語る。

まずは、美談である。震災のあと、壊滅した吉原の遊女が、櫛（くし）かんざしをかたに大枚三十両を工面し、被災者がひしめく御救（おすくい）小屋に、行平鍋（なべ）千百六十枚を差し入れた。ついで五年後の富士参りのしだい。この年は、六十年ぶりに女性の登頂が許された。お山にくりだした女たちは、つれの男たちと性的らんちきをかさねた。こちらは、およそ猥談（わいだん）である。

やってくるのは、何かが崩れかけているという感じだ。崩れかけていると知っていながら、知らないふりでながめているような、奇態な崩壊の感覚である。遊女の清純な善行も、ひとゆすりされると、下腹に貪欲（どんよく）な毛を逆立てる。「春には江戸のテロ。夏には富士山のエロ」と、著者も浮かぬ顔だ。そのはずで、富士女人開帳の年の春には、桜田門外で、大老暗殺という天下の大事があった。

この奇態な気分にこそ、幕末すなわち世紀末というものの正体がひそんでいる。世紀末は百年区切りでやってくる。歴史をみれば、そのつど、なぜだか私たちは、ネジが狂ったようになっている。幕末から百年おくれの世紀末を前に、一巻は、その奇態を人間の宿命として語りたかったようだ。

「東海道四谷怪談」の、戸板返しの行方を問う章がある。一巻の白眉（はくび）だ。そこでは、お岩と小者を張り付けた戸板が、くるりくるりと反転しながら、江戸の夜の水路を漂う。地震にゆすり出された戸板は、その反転しつつ漂流する運動のうちに、私たちの宿命の象徴として立ち上がってくる。（倉本四郎・作家）

（中央公論新社・1900円）＝1999年11月4日①配信

帝国の秘密を明らかに　「ジョージ・ルーカス」(ジョン・バクスター著、奥田祐士訳)

単純明快に解説するなら、本作は映画監督ジョージ・ルーカスの半生を描いたもの。演出中もほぼ何も指示を出さないほどシャイで無口、当時の若者を熱狂させた「アメリカン・グラフィティ」や、映画の流れを変えた「スター・ウォーズ」を監督し注目を集めながらも、今年公開の「スター・ウォーズ　エピソード1」まで二十年以上も監督業から遠ざかっていた男…。

そんなミステリアスなルーカスの素顔をさらけ出そうと、本書では過去のルーカスのインタビューを洗いざらいにし、さらに仲が良かったジョン・ミリアス監督や、かかわったスタッフなどからも話を聞き出し、ルーカスの素顔を紹介している。

驚くべき点はその資料の細かさだ。ルーカスにまつわるエピソードはもちろんだが、当時の社会状況や、ルーカスが通った大学の歴史、はてはミリアス監督のバイオグラフィーやベストフレンドのスティーブン・スピルバーグの知られざる裏話まで盛り込まれている。

木に例えるなら幹もガッシリしているが、枝葉まで青々と茂っているという感じ。しかも他の本ではカットされた都合の悪い話(ルーカスが学生時代に交通事故を起こした時の逸話など)も取り入れられていて興味深い。

それだけの膨大なエピソードを邦訳書にして二段組、約四百五十ページでつづっているのだが、つらつら読めてしまう。情報過多でわかりにくくなりがちな内容なのに、よくこれだけスッキリとまとめあげたと感心した。ルーカスがなぜ「スター・ウォーズ」や「インディ・ジョーンズ」シリーズを撮影するに至ったか、そしてルーカス帝国とも呼ぶべきシステムがいかにして形成されていったかが、手に取るようにわかるのだ。

「スター・ウォーズ」およびジョージ・ルーカスのファンのみならず、米国映画界全体の流れを知りたいという人にも貴重な本。読みごたえのある、久々に面白い映画関連本の登場だ。(横森文・映画ライター)

(ソニー・マガジンズ・2600円)＝1999年11月4日②配信

芸能人が映す戦後日本　「スター誕生」(吉田司著)

スターは私たち大衆には欠かすことのできない存在である。外側から風を送り込み、硬直しかねない私たちの日常を活性化してくれる存在だからである。私たちの無意識や、その時々の社会深層が刻印された存在だからである。

にもかかわらず、これまでなぜかスター(芸能者)が私たちの生活や社会とともに高い批評意識をもって論じられることはほとんどなかった。その意味で本書はきわめて画期的な、かつ重要な論考だといえよう。

本書で取り上げられているスターは、美空ひばり、中村錦之助(萬屋錦之介)、石原裕次郎、渥美清だが、著者が「龍」と呼ぶこの四人が選ばれた理由はたぶんひとつである。四人の登退場に著者が、敗戦から、復興、高度成長、バブル(泡)経済へと上りつめた戦後日本の軌跡を重ね合わせながら読んでいるからである。

その批評に従えば、ひばりは焼け野原のなかで日本人の戦争トラウマ(心的外傷)をいやし、歌舞伎の因習世界に決別した錦之助は復興期の精神をリードし、湘南の海からあらわれたタフガイ・裕次郎は、高度成長期の破壊と建設の荒々しいエネルギーを体現し、フーテンの男・渥美清は、管理社会の外へさまよい出たバブル(土地神話)期の日本人の心象風景を映しだしたということになる。

そして著者はこう提言する。バブルの崩壊は経済大国日本の「第二の敗戦」であり、「私たちは再び敗戦後の、あるいは高度成長期以前の〈リアルな精神〉に立ち返らなければならない」と。

ひばりから渥美清へという戦後スターの歴史がスターの「神話化」だったとすれば、著者はタブーとされてきたかれらの出生や私生活の領域へと果敢に足を踏みいれ、その神話性を解体した。神話性を解体することでかれらスターの「リアルな精神」を敗戦期である現在にみごとよみがえらせたのである。(山崎哲・劇作家)

(講談社・1800円)＝1999年11月4日③配信

純造形的な視点から鑑賞　「絵本はいかに描かれるか」(藤本朝巳著)

「絵本を芸術家の目で見ていこうとする方法がある。そういう見方を学ぶと、絵本の絵を専門的に見ることができるようになる」と芸術性に視点を向けて絵本の見方を具体的に教えてくれる本書は、絵本の魅力を探るために新しい視座を提供して、刺激的である。

著者は、絵本における物語の構造、語りのリズム、絵の構造と、順に実例を挙げ、絵本を読むための決まり(絵本のコード)に従い、的確に、平易に論じていく。

例えば、先ごろ八十九歳で惜しくも他界したレオ・レオーニの代表作「あおくんときいろちゃん」を、カンディンスキーの〈点〉についての理論と、モービアスの「絵本のコード」理論の、〈事物の位置のコード〉論を使って分析してみせてくれる。

この作品は、正方形の白い紙面の中央に丸くちぎったあおい紙片を一つ、「あおくんです」のテキストとともに配したページからはじまる。が、正確に見ると、あおくんの〈点〉は実は紙面の中心よりわずかに上に置かれていて、視覚的バランスが微妙に考慮されており、そのためにあおくんは落ち着いて見えている。

また、カンディンスキーのいう〈緊張〉を思わせる力をみなぎらせた〈点〉としても表されている。

この〈点〉は大きさを変え、形を変え、位置を変え、ついには色まで変えて、物語を展開するのだが、それらの〈点〉のグラフィックな提示と変化は、「まるでカンディンスキーの理論を基にこの絵本が作られたのではないか」と言う著者の指摘は説得力に富む。

有名なこの作品についてはすでに、保育の現場における受容や、作品の背後にある思想など、これまでに十分すぎるほど論じられてきたが、形の純造形的な視点による鑑賞は、本書がおそらくはじめてであろう。

絵本の構図と、視点の動きについて、クリス・バン・オールズバーグのファンタジー絵本を中心に論じた二つの章も読みごたえがある。(吉田新一・立教大名誉教授)

(日本エディタースクール出版部・1800円)＝1999年11月4日④配信

私的映画史の試み　「グレタ・ガルボの眼」(マヌエル・プイグ著、堤康徳訳)

本書には、一九九〇年三月に来日し、その四カ月後に惜しくも亡くなったプイグが、イタリアの雑誌のために死の直前まで書きつづった短編が収められている。

作者がナレーターとして登場せず、手紙、対話、独白というスタイルを使い分け、七編すべてにおいて映画について語っているあたりはいかにもプイグらしいが、読み進めるうちにこれが通常の小説ではないことが分かってくる。

彼がいつもやるように、映画を語らせることで登場人物の性格を分析するのではなく、語られる映画と女優と監督そのものを俎上(そじょう)に載せているのだ。つまりこれは、ポリフォニーによるプイグ版私的映画史の試みなのである。

七編中六編でイタリア映画が扱われているのは、発表媒体のほかに、プイグが監督になることを夢見て五〇年代にローマに留学したことと無関係ではない。

作中、アルゼンチンに移住した老イタリア人が、ロッセリーニ、デシーカ、ヴィスコンティ、パゾリーニらの作品をいろいろ挙げたあとで言う。ビデオを一本だけ送ってくれるなら、迷うけれどロッセリーニの「戦火のかなた」だと。この選び方は、プイグをローマで挫折させた原因の一つであるネオレアリズモの教条主義化に対する批判ともなっている。

彼は批評家に対して、いい作品をいいとは認めないからという理由で懐疑的だった。グレタ・ガルボの登場する短編には彼のそんな思いがうかがえる。その背後には、エリート文学とはことなる独特の作風が祖国アルゼンチンでは低く見られたことへの不満もあるのだろう。だから彼は既成の評価にとらわれない。そしてイタリア人にさえ忘れられていた映画に光をあてるのだ。本書の魅力の一つはそこにある。

亡命者だった彼は、異国にあっても自分のビデオルームで母親と古い映画を見ることに安らぎを感じていたようだ。それは幼いころに故郷の映画館で過ごした至福の時間の再現だったのではないだろうか。(野谷文昭・立教大教授)

(青土社・1900円)＝1999年11月4日⑤配信

不気味でものがなしい人間

「鳥少年」(皆川博子著)

どんな小説でも人間が描かれていないとおもしろくない。複合的な思考と多様な感情を持つ人間ほどなぞに満ちている。その深いなぞを文章で表すのが小説家の使命だ。

わたしたちがいい小説を読むのは、そこにいい人間が書かれているからではない。むしろ逆で、作中で人を陥れたり、裏切ったり、あるいは強欲な人間が登場したりするからこそ興味を持つのである。そのほうが、実は人間らしいのであって、それがわたしたちの琴線にふれるのだ。

本書にはその人間のいやらしさや卑小さ、狂気を抱えた人物が多く登場する。十三の短編からなる作品集だが、それぞれに不気味でものがなしい。人間らしい人間が現れては消える。

たとえば、「血浴み」の中では、つぎつぎに違う男の子供をはらみ、産み落としていく女が描かれている。人の目も気にしない。容ぼうも頓着(とんちゃく)しない。ただ本能のままに生きているような女が登場する。孤高に生きているが、人に寄り添おうとしたところから孤独が現れ、狂気がにじみ出てくる。

人はなぜ生きるのか。なぜ生きようとするのか。どんな環境にいても、まだ対峙(たいじ)するものがあるかぎり、生をまっとうしようと考える。孤独の中には生きられないが、孤高の中では生きられる。その狭間でゆれ動く人間こそが狂気を知る。そんなことを考えさせられる密度の濃い作品だ。

あるいは「火焔樹の下で」では、精神に異常をきたした若者を好きになる、女医と看護婦の葛藤(かっとう)を、画家への手紙文として書いているが、画家の姿は作中には現れてこない。見えない相手にふたりの女は、自分の思いを述べていく。若い男をはさんで、狂いくずれていく女たちをじっと見ている画家の目は冷たく不気味だ。

そのほか、みな孤独で狂気を抱いて生きている人間が描かれているが、いずれも読んだあとに、感情にとげが刺さってくるような気持ちになる短編集だ。(佐藤洋二郎・作家)

(徳間書店・1600円)=1999年11月4日⑥配信

刺激的な動物学入門書

「文明とカサガイ」(マーティン・ウェルズ著、長野敬・野村尚子訳)

大学で生物学を専攻した私は、海洋実習には苦い思い出がある。海岸で生物を採集し、来る日も来る日もスケッチざんまい。生物学の基本となるち密な観察をするための訓練だとはいえ、絵の苦手な私は同級生の描く美しいウミウシやゴカイの細密画に心の中でため息をつくばかりだった。

そのころこんなエッセーがあったら、そんなちっぽけな劣等感など吹き飛ばしてくれただろう。頭足類の研究で著名な英ケンブリッジ大の海洋生物学者であり、なおかつダイバーでヨットマンの著者は、海の生物との実に楽しい知的なつきあい方を教えてくれている。

バケツの中のウニを鉛筆でつつきながら、ほとんど筋肉のないこの生物が姿勢を保つ仕組みに驚嘆する。いくら邪魔してもすみかにちゃんと戻ってくる岩場のカサガイを眺めながら、著者は、関節の進化が人間に文明をもたらしたことを確信しつつ、その弊害に思いをはせる。

海は、人間や陸の生物にはない多様な進化を可能にした。もしもウニのコラーゲン制御が人間にあれば、動脈硬化やしわなどの老化現象に悩まなくてすむ。アザラシの血液循環システムを使えば、いつまでも潜水していられるだろう。しかし海の生物たちは、それを進化の産物だと誇張してうぬぼれることはない。

著者は、人間を基準とした進化の序列に反対する。イルカやクジラの大きな脳を知能の発達と結び付ける短絡的な保護論者には、脳の進化の方向性がまったく違うと諭し、蚊をたたきつぶしながら動物の「権利」を声高に叫ぶのは偽善だと批判する。

生物は、進化の程度が高いから貴重なのではない。「動物は動物であるだけで保存するに値する、美しくかけがえのない存在」なのだ。

よく見ること、そして知ることでわれわれの世界が格段に面白くなることを痛感させてくれる。ヒトという「高等生物」を進化の頂点に置く系統樹的な発想の相対化を促す刺激的な動物学の入門書だ。(大島寿美子・科学ジャーナリスト)

(青土社・2200円)=1999年11月11日①配信

生誕百年の本格的な作家論

「映画監督　溝口健二」（四方田犬彦編）

本書は、溝口健二生誕百年を記念して、日本で唯一行われたシンポジウムの記録である。

「雨月物語」「山椒大夫」などの名作の監督として溝口の名は不滅のはずだが、国内での記念の催しがこれ一つしかなかったというのも寂しい思いがしてくる。関連出版書籍の点数で端的に示される、黒沢明・小津安二郎への賛美の集中と他の監督への等閑視というグロテスクな状況はそろそろ変えていかねばならないだろう。本書はそのような意味からも大変評価される企図である。

本書の企画の一つの柱は、従来あまり注目され論じられることのなかった溝口作品に光をあてようとしていることである。

「満蒙建国の黎明」「元禄忠臣蔵」「宮本武蔵」や女性解放映画三部作などは本書ではじめて本格的に論じられたといっても過言ではないのである。

また、向島新派映画時代の溝口の動向やショットにおける「溝口的スタイル」についての新たな詳細な検討など他の多くの新しい知見も示されている。

その意味では、溝口は生誕百年にふさわしい処遇を本書によってはじめてうけたといってもよいであろう。

もっとも、望蜀の感の個所があったことも事実ではある。

「満蒙建国の黎明」の場合、この映画の企画に関して「陸軍大将杉山元の要請による」という叙述しかなく、軍との関連が詳細に述べられていないし、溝口も加わった戦争映画「必勝歌」の中のどの部分が溝口の手になるものなのかの考察が行われていないのも気になる。

総じて、溝口の戦争・皇室観の重要性について問題提起が行われながら、それらが思想的問題として本格的に論じられていないことが私の不満の根本的原因なのかもしれない。しかし、そのことは、既に述べた本書の高い意義を減じるものではない。（筒井清忠・京大教授）

（新曜社・4200円）＝1999年11月11日②配信

キャリア制度の見直し説く

「警察官の『世間』」（久保博司著）

女子大生脅迫事件や元警部補の覚せい剤使用を組織ぐるみで隠ぺいした事件など、神奈川県警で相次ぐ不祥事に怒りを覚えておられる方は多いだろう。一体、今の警察はどうなっているのか。どこに病巣が潜んでいるのか。そんな疑問に答えるため書かれたのがこの本である。著者は警察取材に定評のあるベテランのノンフィクション作家だ。

著者によると、一連の事件の背景には「キャリア制度というフィクション」を土台に君臨する県警トップへの、現場警察官たちの反感がある。人望や実績とは無関係に警察庁から二年の年限で送り込まれるキャリアが、自分の出世のために部下をこき使っているという強烈な不満が爆発し、内部告発となって現れたのが今回のケースだという。

そのキャリア制度自体が曲がり角に差しかかっていると著者は指摘する。と言うのも、現場警察官の高学歴化が進んでいるからだ。かつて彼らの大半は高卒だった。それが今は新規採用者の七割が大卒で、東大など有名大学出身も増えているという。キャリアとノンキャリアの学歴格差がなくなった分だけ制度への不満がうっ積し、組織の根幹が揺らぎ始めているのである。

もともと一度だけの試験の結果で「殿様」と「家来」のような待遇格差が一生ついて回る組織が健全なはずがない。警察が内部告発だけでなく不祥事そのものを根絶したいのなら、キャリア制度の見直しを始めるべきだろう。

本書で書かれているのは、こうした制度上の問題だけではない。著者は多くの警察官から日ごろの苦労や悩みを聞き出し、警察社会の喜怒哀楽を描いている。家庭を顧みずに妻に愛想を尽かされそうになる刑事、性犯罪の被害者と一緒に泣く女性警察官、上司にゴマをすれず欠陥人間といわれた一途な警察官…。

長年警察取材をしてきた著者の、彼らへの共感がじわりと伝わってくる。そういう意味では本書は、一線で激務に耐える警察官への応援歌と言っていいかもしれない。（魚住昭・ジャーナリスト）

（宝島社新書・660円）＝1999年11月11日③配信

奇想天外な音のタネあかし

「〈キムラ式〉音の作り方」（木村哲人著）

映画「ラヂオの時間」で効果音が見つからず、生放送番組のスタッフたちが大騒ぎするシーンがあった。彼らは、もと音響効果マンだったガードマンに頼んで、ありあわせの品物で急きょ音を作ってもらうのだ。

この撮影の時、「監修」という立場でアドバイスしたのが著者である。著者は東映東京撮影所を経て、テレビの音響ディレクターになった音の達人だ。八年前、現場を離れてから、長年培ってきた効果音作りのノウハウを「音を作る」という本で披露した。今回は、話題を呼んだその本の続編といえる。

著者によれば、音作りの歴史は歌舞伎から始まったという。例えば怪談のドロドロと鳴る太鼓などは、世界の演劇に先駆けて使った心理的効果音だった。

そしてマイクを使うラジオの時代、その音を録音加工する映画やテレビの時代という二大変革期を迎える。未来はコンピューターでどんな音でも作れる時代が来るといわれるが、素材となる基本の音はあくまで手作りと工夫によるものだと著者は強調する。

音のタネあかしは、意外性の連続だ。建物がメリメリッと崩壊する音は、乾めんと卵の殻をコップに入れて、マイクで押しつぶす。雪の降る音はパラフィン紙にパン粉をふりかける…。そんな奇想天外な音作りが写真で詳細に説明してあるだけに、一度やってみたいと思わせるネタが満載だ。

現場の人間にとっては、絶好の教科書となるだろう。またこうした本によってファンが音に興味をもてば、スタッフも更なる音作りに目覚めるに違いない。

ただし気になったのは「映画評論で飯を食っている専門家は、画面と同時に音を聞いてない」と断じている点だ。著者は「黒澤明監督と音」という一章を割き、黒澤組の効果マンである三縄一郎氏を称賛している。

しかし三縄氏の仕事ぶりに早くから注目し、九年前に「黒澤明　音と映像」という本を出版した評者としては、そんな発言を聞くと胸中複雑な思いがするのだが。（西村雄一郎・映画評論家）

（筑摩書房・1900円）＝1999年11月11日④配信

死と夢のイメージ展開

「短篇歳時記」（森内俊雄著）

鮮やかな短編小説に出会うと、作者の発想のルーツをたずねてみたくなる。どんなイメージ、いかなる場面に触発されて、これは書かれたのか。映画の一シーン、一枚の絵、別の物語の一節。それらを、種明かしするかのように先にもってきて、表題にしてしまったのが、本短編小説集だ。

表題となるのは、すべて現代俳句、遠藤若狭男選。「母の死や枝の先まで梅の花」（永田耕衣）「初夢の盲となりて泣きにけり」（秋元不死男）といった喚起力の強い句、百句に、百編の短編が付けられている。そうなると、一句のイメージの展開をたずねて、読者は、また違ったおもむきの探索へ誘われるのである。

生命科学者の柳澤桂子によると、俳句や短歌の短い言葉から鮮烈なイメージを受け取るとき、まず、私たちのなかの特定の神経細胞が興奮する。興奮は、その言葉に関連したイメージを記憶している他の神経細胞に伝わって、つぎつぎにイメージが広がっていく。

たしかに、ここでは、表題の俳句がもたらすイメージの広がりを、思いがけない仕方で深め、時にはちみつにあとづけていく短編小説独特の手法が、神経繊維の伝達システムのようにはたらいているのがわかる。だが、肝心の作者のモチーフはとなると、反対に暗がりへと溶けていき、容易なことではとらえることができない。

そこに引かれ、やみの中を手探りでたどっていくと、砂利をまいたように雀（すずめ）が飛び立ち、どこからともなく声明（しょうみょう）の幻聴。金木犀（きんもくせい）の強い香りに誘われて、瞬く間に、四十年の過去にさかのぼる。扇風機が首振りをやめず、ベランダの向こうから動かないガラス玉の目で、灰色の鳩（はと）がこちらを見ている。

そんな場面の奥に、作者のモチーフが、見え隠れする。死と夢にかかわるイメージが、特にこちらの神経細胞を興奮させてやまないのは、そのせいだろうか。（神山睦美・文芸評論家）

（講談社・2500円）＝1999年11月11日⑤配信

テロリストの心情深く追究

「暗殺者（上・下）」（中野孝次著）

昭和初年の右翼テロリストを扱った、この長編小説は、実は今から十七年前の作品である。雑誌「世界」の一九八一年正月号から八二年十二月号まで連載された。

当初、作者は敗戦までの昭和という時代を小説の形で書こうと思い、小説全体の名を「逆流」としていた。前編「暗殺者」で右翼テロリストの誕生を、後編でそういう時代に抵抗する人物を描く予定であった。

しかし、結局、後編は手をつけられることなく、前編だけで終わった。それが、今年になって単行本化されたのは、連載されていた八〇年代初頭と現在との、状況の大変化による。

平成大不況下、就職難、減給、リストラが日常化し、社会不安と不満が増大しつつあり、自殺者の急増や発作的殺人の頻発などをもたらしている。「このままではどうにもならぬ、どのようにか世直しをせねばならぬ、という不満気圧の高まっている点では、昭和初年の貧困と現在の富裕の差はあっても、気分の上で相通じるものがあると言えるのではないか」というのが、作者の時代認識である。

農村の疲弊を憂える純粋な志の青年が、なぜ右翼テロリストになったのかという問題意識から、一九一一（明治四十四）年、北関東の平凡な農家に五番目の子として生まれた水沼吉五が、二十一歳で前蔵相井上準之助を暗殺するまでの生涯を、「心情」を深く追究しながら、作者は描ききっている。

作者は、右翼テロリストを敵として、断罪するつもりで描きだしたが、描くうち「彼らが抱えた問題はわたしの問題であり、彼らが衝き当った社会矛盾はわたしの状況でもあって、わたしが彼らになった可能性さえあると認めねばならなかった」と告白している。

この告白にたどりついた作者の誠実さが、後編の「抵抗」の執筆を断念させた根本の理由であろう。しかし、それは前編だけの本書を断罪の書に終わらせず、「文学」として完成させることになったのである。（新保祐司・文芸評論家）

（岩波書店・上下各1700円）＝1999年11月11日⑥配信

日本の空白期の解明に期待

「指輪の文化史」（浜本隆志著）

現代の若者たちは男女をとわず指輪をはめる。女性雑誌では頻繁に高級指輪の特集が組まれる。今、日本で指輪への熱は高まるばかりだ。そんな流行とは無縁という人も、婚約指輪、結婚指輪についてならその意味を深く考えもせず「そういうもの」とあいまいな理由で、贈り贈られた経験をお持ちではないか。

指輪の文化論的な考察はこれまで見過ごされてきたという著者の指摘はまさにその通り。だから指にはめる小さな輪から、その背後に広がる文化をのぞいてみようという本書の狙いは心をくすぐる。

というわけで「指輪の謎、空白の一一〇〇年」という序章ではじまる本書を読み進む。もちろん謎（なぞ）解きは最終章までお預けで、まずは古代ギリシャの時代から現代まで、西洋で使われた指輪の多様な意味、形態などが紹介される。

この小さな装飾品には婚約・結婚指輪がその典型とも言える契約と拘束の意味がある。魔よけ、おまじない、政治的・宗教的権威の象徴でもあった。

その小ささの中に金や高価な宝石が仕込まれているのだから、持ち運ぶ財産として、はめられたことは想像に難くない。契約社会の西洋では印章としても機能した。優雅な豪華さの裏で毒入り指輪、武器としての指輪など相手を害する恐ろしさを隠し持つこともあった。

さて、終章は日欧の指輪文化比較。日本でなぜ奈良時代から江戸時代まで指輪の空白期間が生まれたかという問題を取り上げる。（1）土地に定住する農耕民族は指輪のようなポータブルな財産を身につける必要がなかった（2）印章指輪のような機能を必要とする契約社会ではなかった（3）手を清め洗う習慣がある日本人には指輪はじゃまだった―という説にはうなずける。

だが華美を嫌った（とばかりは言えないと思うのだが）日本の美意識によって排除されたという考察は性急すぎ、今後の綿密な裏付けを期待したい。（深井晃子・服飾研究家）

（白水社・2200円）＝1999年11月18日①配信

文学に見る女性の自意識

「少女領域」(高原英理著)

「少女」とは、今やトキのように絶滅にひんした種だ。私自身は、文学や男の妄想の中で少女が救済の象徴とされてきたため、メリットから「演じる」偽少女はいたものの、本物の天然少女など「最初からいるわけないじゃん」と思っている。

本書は川端康成、室生犀星から森瑶子、大原まり子まで、近代日本文学に登場する少女像や、男の少女幻想を巧妙に演じたり拒絶する女性の自意識の変遷を論じた評論的エッセーだ。

ヒロインのほとんどが「幻想」演技によって、特権的なポジションを獲得できる女性たちである。当然、ガングロ雄たけびギャルの先祖なぞ、一切顔を出さない。「文学的」な「少女」は、その時代の美意識にかなう必要があるから。

セクシュアリティーのコアとして、著者は中森明夫「オシャレ泥棒」から「カワイイ」を、松浦理英子「ナチュナル・ウーマン」では性制度の解体を、大原まり子「ハイブリッド・チャイルド」からは身体的な限界超越を鮮やかな手並みで抽出してみせた。

これはそのままアイドル―「キューティー」系、フェミニスト―「自立」系、摂食障害―「非性」系と、特徴的な女性の自意識の三タイプにつながる。

読後、少女的自意識のモデルとしてあげられていた、「自由と高慢」が、同時に少女的存在の限界を示す矛盾が見事に浮かび上がる。常に女に幻想を課して来た男社会への反動形成の不自由さから、逃れられなかった結果だ。

今や自意識の表出(演技)が文学的な、「ハイソな美少女」はどこにもいない。最後の残がいすら、自意識の葛藤(かっとう)打破を志す、摂食障害や風俗の女の子たちがけ飛ばして抹殺した。現実の「アンチ自意識系」ギャルも、オヤジの少女幻想を演じていた援助交際世代から、男の視線を黙殺する光り物化粧の「先住民族系」(ヤマンバギャル)に一変してしまった。

現実認識のため、この「幻想解体の書」を、ぜひ男性にも読んでいただきたい。(速水由紀子・フリージャーナリスト)

(国書刊行会・2800円)=1999年11月18日②配信

事故再発を防ぐ願い

「墜落の背景(上・下)」(山本善明著)

一九六〇年に日本航空に入社し、三十四年間勤務して健康管理室副室長で退社した著者が実際に体験した、事故処理や社内の安全対策などが克明に記されている。在職中に著者がかかわった事故処理は、社内の訓練飛行なども含めて二十三件に上り、ほとんどのジェット旅客機定期便による大事故が含まれている。

八二年二月九日の羽田空港着陸直前の事故は、乗員の健康問題が大きな要因であり、事故後の社内の健康管理改善に著者がかかわり、そのため事故に至る過程も詳しく調査した。本書では多くが、この事故に関連した記述に割かれているが、六〇年代から七〇年代を通じて起きた同社の航空事故についても、処理実務に携わった人間ならではの、多くの事実を伝えている。

その中には、遺族との交渉に際しての賠償金額の算出の仕方や、将来日本航空に就職を希望すれば無条件で採用する、などこれまではうわさでしか伝わっていなかったことが、事実として記されている。また、外国と日本の習慣や制度の違いによる、過去の事故における外国人への賠償の具体例など、多くのエピソードが盛り込まれている。

しかし本書は、そうしたことを興味本位で伝える暴露本ではない。著者があえて本書を記したのは、悲惨な航空機事故の再発を防ぐことを願ってのことだ。あとがきの「もう航空事故はまっぴらだ」という心からの叫びが、本全体からひしひしと伝わってくる。

幸い日本の航空会社は、八五年八月の日航ジャンボの御巣鷹山墜落事故以降、大きな死亡事故は起こしていない。全損事故は一件あったが幸いにも死者はゼロで、また不幸にも乱気流などから乗務中の客室乗務員一人が重傷を負いその後亡くなる事故はあったが、十五年近くにわたって大きな墜落事故などはない。

誇ることのできる実績ではあるが、それを続けるには乗客も含めて旅客機の運航にかかわる全員が、絶対安全を心にとどめ続けていなければならないのである。(青木謙知・航空評論家)

(講談社・上下各1600円)=1999年11月18日③配信

オンラインで米国宗教巡り

「インターネットの中の神々」(生駒孝彰著)

目に見えぬ糸によって結ばれ、自宅の書斎や茶の間に遠く離れた世界が侵入してくるインターネット。コンピューターを通した外部の情報なのに、ある時はそれが自己の内奥をさらけ出す場となり、ネット恋愛などのエロス的体験ももたらすインターネット。それは明らかに宗教とある部分を共有していそうだ。

だから「インターネットの中の神々―21世紀の宗教空間」という書名を見て、その両者の本質的な関係が明らかにされるのではないかと、心騒ぐものを感じる人は少なくないはずだ。

しかし本書はそんな期待とはまったく違ったアプローチを取っている。対象は一部の日本の例を除いては、ほとんどすべてアメリカの宗教教団。キリスト教団から新宗教教団に至るまで、数多くの教団が提供するホームページを網羅的に閲覧し、その内容を紹介するという、「アメリカ宗教教団HP(ホームページ) イエロー・ページズ」のような体裁なのである。その数は六十以上。

そして、分析や考察よりも、具体的な記述が圧倒的に多く、いわば「アメリカ宗教インターネット巡り」が一冊の本でできてしまうというところに、本書の面白さがある。

だから、読み終わっても「インターネットと宗教の本質的関係」については、新たな知見はあまり見いだせないのだが、期待しなかった副産物は、数あるアメリカの宗教教団の位置づけが明快に説明され、またアメリカの宗教界が女性、同性愛、中絶といった社会問題に対しての自教団の立場を明らかにする情報公開にいかに積極的であるかが明らかになることだろう。

一般の人々も、教会に出向いたり、手に入れにくい出版物に頼ることなく、瞬時に問題の所在にアクセスできる。そうした情報のあり方は日本の宗教界も学ぶべきだと思わせる。

巻末には取り上げたHPのアドレス入り。自分でツアーを楽しみたい人はここからどうぞという趣向。読後に思わず宗教巡りをしてしまいそうだ。

(上田紀行・東京工業大助教授)

(平凡社新書・660円)＝1999年11月18日④配信

写真の意外な可能性示す

「音のない記憶」(黒岩比佐子著)

一九一九年に福岡に生まれた井上孝治は、三歳のときの事故で聴覚を失った。しかし十代のころから写真撮影に熱中し、戦後「井上カメラ店」を経営しながら、アマチュア写真家として数々のコンテストに入賞するなどして名前を知られるようになる。七三年には「全日本ろうあ写真連盟」を設立し初代会長に就任した。

その運命が急転するのは八九年、福岡のデパート、岩田屋のキャンペーン広告に、彼が昭和三十年代に撮りためていたスナップショットが使われたことによる。この「想い出の街」キャンペーンの大成功によって、写真集が出版され、パリの写真展に作品が出品されるなど大きな反響があった。しかし、それもつかの間、九三年に七十四歳で肺がんのため死去する。

フリーライターの黒岩比佐子は、偶然のきっかけから生前の井上を知り、その人柄と写真に魅せられて取材を開始した。それから十年かけて、家族や交友関係に丹念なインタビューを積み重ねて、彼の伝記「音のない記憶」が刊行されたのである。

この「ろうあの天才写真家」の伝記を読む者は、写真という表現メディアが、一人の男の人生を豊かなものにするとともに、結果的に彼に撮られた人たち、写真を見た人たちに歓(よろこ)びと感動を与えていったことを知るだろう。それは彼の写真が実にいきいきとその時代の雰囲気をとらえており、だれもが自分の記憶の中の一場面と重ねあわせることができるからである。

その意味では、井上はたしかに写真の「天才」なのだが、それがむしろ彼の聴覚障害に起因するという黒岩の説が興味深い。つまり聴こえないことによって、逆により深く、より広く現実世界を「見る」ことができるようになるということである。

たしかに井上の写真には、常人が気づかないような、微妙な一瞬の気配が写りこんでいることが多い。彼の仕事は写真の意外な可能性を示唆しているのではないだろうか。(飯沢耕太郎・写真評論家)

(文芸春秋・2190円)＝1999年11月18日⑤配信

言葉切り口に探る旅の意味　「東京ゲスト・ハウス」（角田光代著）

ゲスト・ハウス。アジアを旅した、あるいは旅物語は読んだ人なら、タイやネパールあたりの安宿を思い出すだろう。移動に飽いた長期旅行者がたむろする、居心地は悪くない、けれどもどこかけん怠感の漂う宿。

半年間の放浪から、成田に着いた「ぼく」は、ガールフレンドにふられ、カトマンズで知り合った人の家に居つく。帰って行くところがなかったら一晩三百円で泊めてあげる、と言われたのを思い出して。そこに次々バックパッカーが転がり込み、旅の時間に「ぼく」は引き戻されていく。

登場人物がリアルだ。ゆるみきった服装、乾燥した髪にまつわりつく、暑くほこりっぽい場所のにおい。とめどもなくしゃべり、はしゃぐ彼らに「ぼく」は流されかけつつも、心の中の違和感の正体をつかみかね、もがく。

日常と非日常、アジアとニッポン・トウキョウのギャップを描くものかと、読みはじめは思った。けれどもしだいに、主人公の問いが「言葉」の問題に収れんしていくことに気づく。

「自分のまえにもう一人よく似たやつがひっついている」。その男は「ぼく」が何かを考えようとする前に、条件反射的に話をつなぎ、冗談を言い、笑う。そいつを黙らせるため、「ぼく」は働きはじめる。そいつが冗舌をやめない限り、旅は終わらず、自分は旅だつ前と同じに、退屈から逃れようとしているだけだと、知ったから。

結びで、元ガールフレンドの口からも、このテーマは再度確認される。ストーリー運びとしては硬さを感じさせるが、著者にとって必然であることはわかる。「旅と青春」をモチーフとする系譜は、昔からあったけれど、旅にでることそのものが簡単になったこの時代、何か別の切り口が要る。それが「言葉」であることを、著者はもう一度示したかった。

言葉が上滑りしているような今の若者たちの思いを、旅を通してとらえようとする著者の試みが、伝わってくる。（岸本葉子・エッセイスト）

（河出書房新社・1400円）＝1999年11月18日⑥配信

少年に芽生える殺意の正体　「青の炎」（貴志祐介著）

〈殺意〉とは一体いつ、どのようにして芽生えるものなのだろう。もっとも、新聞紙面などを見ると、多くの場合はいわゆる瞬間的にキレてしまう衝動殺人が主なようだが、それ以外に、人はだれでも一度や二度は憎い相手を殺してやりたいと心の中で思ったことはないだろうか。そうした殺意の正体とは一体何なのか。

しかしながら、その思いを実際に行動に移すということはまた別次元の問題となる。たとえその憎い相手が、道義的にも社会的にも抹殺されてしかるべき人間であると認められたとしても、殺人だけは決して侵してはならない領域だろうからだ。それが人間の尊厳であり、理性でもある。

本書の主人公、十七歳の高校生・櫛森秀一も当初はそう考えていたに違いない。彼が殺意を抱いた人物は、母の再婚相手で十年前に離婚した男であった。男は怠け者で酒乱、しかもギャンブル中毒で女癖も悪いという、最悪の男だった。

しばしば仕事もさぼり、給料が出ても家にはお金を入れず、昼間から酒を飲んで暴れたあげく、母や幼い自分にも暴力をふるう外道（げどう）だったのだ。離婚調停も困難をきわめたあげく、ようやく別れることができたそんな男が、十年後のある日突然、再び彼らの前に現れ、家に居ついてしまったのである。

母はなぜか男を追い出そうとはせず、妹はおびえ、そして秀一はいつしか男に殺意を抱くようになる。その殺意は、やがて次第に明確なものとなって彼の心に定着し、秀一は完全犯罪を計画していくのだった…。

少年の殺意は、ひとつには家族を守るためという目的もあった。だが、若者らしい潔癖さと、未知なることへの冒険心もどこかになかっただろうか。彼の殺人計画のあいまに、同級生たちとの友情を描いた青春小説的側面もある本書は、現代版「罪と罰」と称しても差しつかえないかもしれない。（関口苑生・文芸評論家）

（角川書店・1400円）＝1999年11月25日①配信

迷い悩み、傷つく青春群像

「フラジャイル・タイム」(大塚千野著)

著者は十歳でイギリスの寄宿制学校に留学。現在、ロンドンで写真家として活躍している。十六歳のときに両親が離婚。怒りと悲しみで「飲めない酒を飲んで、トイレにしがみつきながら一晩中吐きまくり、友人の前で目が開かなくなるまで泣きじゃくった」体験を持つ。

そんな彼女がロンドンで知り合った同世代の若者たちの声を紹介していく。国籍・職業は違うが、彼らには共通点がある。若いということ、そして不安な心を抱えこんでしまっていること。

働くのが大好きで世界じゅうを飛びまわっていたエンジニアはある日、うつ病で入院、会社をクビになってしまう。ポルトガルからやってきた女性は、夢がかなって学校の先生になったのに、突然、不安にかられて仕事をやめてしまう。

ギリシャから来たゲイのスタイリストは仕事に恋に、毎日がパーティーのような華やかな暮らしをしている。しかし、一年後に会うと生気がなくなっていて、ぽつりと「ギリシャに一度戻って頭を冷やしてくるよ」とつぶやく。

自分の居場所が見つからない。将来の姿が見えてこない。だれもが青春のただなかで迷い、悩み、傷ついている。題名のフラジャイルは「こわれものに注意」の意味だが、確かにこの青春群像はこわれやすい。

「二十代は、なんだか過酷だね」という女性の言葉が印象に残る。あるいは繰り返される「このままではいけない」「なんか、もっと、たしかなものを感じたかった」。

なぜ彼らはこんなに不安なのか。ロンドンがきびしい競争社会だからか。いつも走り続けていないといけないからか。こうも思う。彼らは「自分探し」とか「ほんとうの居場所」といった神話にとらわれすぎているのではないかと。

終章に登場する、長い内戦の続いたアフリカのエリトリアの若者たちがいちばん輝いてみえるのはなんだか皮肉だ。(川本三郎・文芸評論家)

(洋泉社・1400円)＝1999年11月25日②配信

最新科学の現場のにおい

「知の創造」(ネイチャー編、竹内薫訳)

科学専門誌「ネイチャー」の定評ある解説欄「ニューズ・アンド・ヴューズ」から、最新記事六十数編を選んで翻訳したもの。現在進行形の科学の「なまの香り」を、一般の人たちに伝えようとする試みとして高く評価したい。

世に出回る科学解説書の多くは、どうしても話をわかりやすくするため、ストーリーを整理して伝えることになりがちだ。評価の定着した科学的成果の紹介が中心となるので、いきおい科学の「旬の香り」が失われてしまう。レトルト食品の、それも妙な甘口の「お子さま向け味付け」をしたようなものを、人びとは食べさせられるはめになる。

そういう書物にあきたらない人は、ぜひ本書を開いてみてほしい。最新の科学の現場のにおい、雰囲気が味わえるはずだ。そこでは海千山千のプロたちが、新しく届いた旬の食材を相手に、ときに危なっかしく見える鮮やかな手さばきで、包丁をふるっている。本書は「料理の鉄人」の科学版なのである。

ただし、記事の内容はかなり高度である。はっきり言って、一般の人にとって大半の記事は難しいだろう。専門家向けではないといっても、専門分野外の科学者にとっての「平易な解説」として書かれたのが、ここに収録された記事群なのである。

でも、プロの科学者だって、本書の全部を理解できるわけではあるまい。難しい記事があっても、メゲる必要はない。バイキング形式の豪華立食パーティーに、まぎれ込んだと思えばいいのだ。さまざまなテーブルに、ぜいたくな料理の数々が並んでいる。自分の口に合いそうなテーストの料理を選んで、適当につまみ食いして歩けばいい。

ちなみに本書では、「科学一般、トピックス」「バイオテクノロジー、医学」「生物」「生物の進化」「エレクトロニクスと技術」「物理、マテリアル」「数学」「天文と宇宙」「地球、環境」の各テーブルに料理が並んでおり、翻訳の質も高い。新鮮なうちに、ご賞味あれ。(沼田寛・サイエンスライター)

(徳間書店・4200円)＝1999年11月25日③配信

足もとから巨人に迫る

「花のピカソと呼ばれ」（勅使河原純著）

著者は世田谷美術館の学芸部長で、すでに美術の著作が数冊ある。名前をなのると、いつも草月流創始者との関係をたずねられる、積年のコンプレックスにひと区切りつけるため、一度も会ったことのない勅使河原蒼風の評伝にいどんだという。

蒼風といえば、オブジェ、ヌードいけばな、アンフォルメルの花形と、いけばなを前衛芸術の最先端に近づけながら、多額の収益のあがる家元制のピラミッドを維持したことが、まず矛盾として映りやすい。とりわけ戦後には「怪物」「山師」「希代の演出家」などと、反発もつよかった。

著者は自分の生いたちや経歴と対比しながら、あくまでやじ馬風にこれらのスキャンダルから蒼風に近づき、多くの興味深いエピソードをほりおこすとともに、書画、花器や花材、彫刻・オブジェなどにわたり作品を子細に検討する。こうして本書は、この巨人をやたらに神格化もわい小化もせず、等身大の生きざまとしてたどり直す、評伝というより読みやすい物語となった。

だが、わたしのように著者のいう「草月アート・サロン」に出入りして、何度か蒼風と対談したり、蒼風論を書いたりしたこともあるものがいだく最大のなぞ—あらゆるジャンルを苦もなくこえてしまう、彼の呪術（じゅじゅつ）的な創造力がどこからくるかは、かならずしも解明されない。

著者はあらゆるものを「いけ」、花も切り刻んで殺し、ふたたび生き返らせる「神の代行者」と名づけて、その一端にふれてはいる。それは伝統芸術のなかでおのれをすてて「造化」に身をゆだねるものが、前衛芸術によって「個我」をのりこえる方向と一致する、興味深い地点だ。

いわば足もとから蒼風にアプローチした本書のなかで、この部分はとってつけたように異質で、神とはどんな神か、仏とはどう違うかなど、もっとほりさげないと説得力がない。結局、本書は蒼風入門としては、いい出来ばえである。（針生一郎・美術評論家）

（フィルムアート社・2000円）＝1999年11月25日④配信

密度の高い政治分析

「日本政治の対立軸」（大嶽秀夫著）

熱い期待とともに細川内閣が誕生したのはわずか六年前のことだが、その後のめまぐるしい政党の離合集散とともに、政治に対する熱気は雲散霧消し、気がついてみると小渕自民党政権にともかくも景気回復を、というのが昨今の政治への期待になっている。それでは過去六年間は、自民党一党優位の一時的な逸脱にすぎなかったのだろうか。

著者によれば、戦後日本の政党政治の中心的対立軸であった防衛問題が風化する一方で、それに代わって規制緩和と自己責任に基礎を置く新自由主義をめぐる立場も、容易に政党間対立の主軸とはなりそうもなく、それが政党間の対立軸の混乱を招いている。

そしてその混乱こそが、無節操とも見える政党の離合集散と、政治家のスタイルやパーソナリティーが政策の内容より、ものをいう今日の政治状況をもたらしている、というのである。

新自由主義対「第三の道」という欧米での対立図式は、自社による旧来の利権政治がそれなりの社会的安定を保つのに成功しているため、日本では実現しにくいという主張は興味深い。

いわば日本の政策論は、欧米から一周遅れの状態にあるということだが、その点は防衛問題も同じで、防衛問題の風化の実態も、「非武装・中立」という原理主義を唱える政党が周辺的な存在になったというのにすぎない。だがそれは、ようやくにして対外政策が政党政治のまともな争点になる条件が整いつつあることだとは言えまいか。

また、景気回復という当面の目的を達成した後には、小さな政府（歳出削減）か大きな政府（増税）かという選択が早晩政治家の決断を迫りそうである。これは政党の編成にどのように影響するのだろうか。密度の高い学問的分析を展開している著者だけに、将来の展望もと欲張りたくなるのだが。

草野厚「連立政権」（文春新書）などと読み比べると、本書の理解にも有益だろう。（田所昌幸・防衛大教授）

（中公新書・760円）＝1999年11月25日⑤配信

現代の希望とは?

「嬲　嬲（なぶりあい）」（星野智幸著）

第三十四回文芸賞を受けた星野智幸の第二作品集。

とりわけ表題作は出色の仕上がりであり、それは抽象、観念、理想、理念、言葉などと現実の関係について、明らかに刺激的な認識に達している。

語り手の「私」は男性翻訳家。しかし彼は自分の現実の性別に強い違和感をもち、かといって別に同性愛者でもなく、妙に抽象的で浮世離れした存在だ。

そんな「私」は仕事で二人の同業者の女性と偶然に出会う。彼女らもまた自己の性別など、現実的な枠組みからはみ出そうとする観念的人間であって、三人は大いに盛り上がり、この奇跡的な一体感に具体的で永遠のかたちを与えるため、家族や恋人同士や友人同士とも違った新たな共同生活を開始するのである。

そして三人は「抽象や架空こそ生きる力だ」と宣言し、味気ない現実に対して銀行強盗の逆の「銀行強与」など架空めいた攻撃をくり返しては高揚感を味わう。しかし次第に抽象＝架空のマジックは消え、気分はいきづまり、結局共同体は解散してしまうのだった。

要するに星野がいいたいのは、抽象や理想は生きるための輝かしい力だが、そこから意図的に現実化・具体化されたものはすべてむなしい、ということだ。

現在は共産主義など、抽象的な青写真＝理想をそのまま現実化した運動が自滅した時代である。そんな中星野は、相変わらず理念の実現に努力し続けるのでなく、何やってもダメだと悲観的になるのでもなく、別の道を真剣に考えようとしている。

抽象の重要性、これは疑えないだろう。言葉の力によって高揚する瞬間は本物だ。しかし抽象が意図のとおり具体化するとしたら結果は絶対に裏目に出る。

星野は理念や理想が「思いがけない」場所とかたちで現実化されるチャンスに賭（か）けているのではないか。今やその可能性だけが希望である。本書は悲劇的な結末にもかかわらず、現代の希望の書のひとつだといっていい。（石川忠司・文芸評論家）

（河出書房新社・1600円）＝1999年11月25日⑥配信

秘密侵害を手段ごとに分析

「プライバシーのドラマトゥルギー」（阪本俊生著）

プライバシーを侵害される側の視点からではなく、いかにして、他者が侵害するか、その形式について分析した大変魅力的な著作である。ここでは人間の相互行為の分析に熱中した社会学者ゴフマンの「フレーム」の概念や、文化人類学者ベイトソンの「ノンコミュニケーション」の概念が縦横に使われている。

フレームの概念とは、認識している状況やできごとに一定の解釈をもたらす基盤のことである。フレームの共有が他者とのコミュニケーションを成り立たせているが、写真、覗（のぞ）き、盗聴、フィクション化（小説などのモデルにすること）は、ある行為や情報を一方的に記録し、移動させ、別の文脈に置き換えることを可能にする。

プライバシーの侵害のまなざしは、距離化、文脈の変更、イメージの再構成にある。情報の暴露や暴露によるダメージよりもむしろ、個人の記号の文脈を無断で変更したり、新しいイメージへ再構成されたりすることに問題がある、という。

また、ベイトソンのノンコミュニケーションの概念は、ある状況で何かをコミュニケートしないこと。見ることのタブーという神話の中でノンコミュニケーション、つまりフレーム化を拒否している。これらの概念を駆使しながら、近代社会のプライバシー侵害をその手段ごとに説明している。

大変おもしろい。しかし読了して、それだけだろうか、はたして暴露された情報の内容よりも形式の分析が重要と言いきれるか、疑問が残る。

著者の述べるフレーム化とは、自己表現や自己認識の能動性のはく奪と言ってもいいだろう。だが、不快は能動性を奪われるだけでなく、その内容、何を奪われるかにも大きくかかわっている。

近代の学問は内容の分析を捨て、形式の分析によって専門性を主張してきた。内容を捨てる研究は多様な社会現象の観察に欠ける。この本も才知にたけているが、社会学者の病の内にあると私には思える。（野田正彰・評論家）

（世界思想社・2200円）＝1999年12月2日①配信

先端技術と貧困が支え合う

「人体部品ビジネス」(粟屋剛著)

現実、その一。

「臓器移植」と聞くと、脳死患者からのものが脚光を浴びているため、病院から病院に運ばれるもの、という印象がある。しかし、「それは単に、腎臓(じんぞう)やその他の臓器については長期の保存技術が開発されていないからにすぎない」と著者は言う。

それに対して、角膜や心臓弁、血管などの身体組織については、長期保存技術が開発されており、保存状態の良しあしによって「品質」が問題にされ、値段がつく。人間の体はすでに「商品」化されているのだ。アメリカには人体部品ビジネスに成功したベンチャー企業がいくつも存在する。

現実、その二。

「腎臓を売って三百万円工面しろ」―この言葉には、単なる脅し文句にとどまらないリアリティーがある。フィリピンでは、受刑者の臓器が組織的に売買されている刑務所があるという。インドでは、借金返済のために腎臓を売るのは少しも珍しいことではなく、多くの腎臓ドナーがいることで有名な村さえあるという。最先端の医療技術と前近代的な貧困が支え合っている光景だ。

問題は、この「現実」をどう評価するか、にある。著者も「おぞましい」という言葉を口にし、「なぜ臓器売買は悪いことなのか」という問いを繰り返し立てている。ところが、「泥沼的概念考察は専門の哲学者に譲った方が賢明であろう」と、そこからあっさり手を引いてしまう。

するとどうなるか。

実態調査を重ねるにつれて、そして「合理的思考をすればするほど臓器売買になぜ反対すべきなのかわからなくなる」と告白する著者の論述は、結局、臓器売買や臓器商品化の現実を追認するものでしかなくなってゆく。

現実の力はそれほどにも圧倒的だ、ということだろうか。だとすれば、なおのこと、人体をめぐる倫理的考察は専門家にまかせておくわけにはゆかない、というのが本書から得られる教訓なのではないか。(藤野寛・高崎経済大講師)

(講談社選書メチエ・1600円)=1999年12月2日③配信

日本近代思想に見る陽明学

「良心と至誠の精神史」(大橋健二著)

「日本陽明学の近現代」と副題された本書は、近代日本の精神史における陽明学の意義に、あらためて光をあてたものである。

江戸初期の中江藤樹から始まる「日本陽明学」は、江戸封建制を支えた儒学の本流である朱子学に対立しながら受けつがれ、幕末には志士たちの多くが深く親しんだ思想である。「良心」と「至誠」を重んじる。

明治維新以後、儒学が批判され捨てられたというのは正確な言い方ではなくて、それは朱子学について言えることである。

陽明学は、明治になってからも深い影響を与えつづけたのであり、それを著者は、代表的思想家や文学者を例としてあげて明らかにしている。

明治のキリスト教では、海老名弾正、松村介石、内村鑑三、植村正久、新渡戸稲造、明治のキリスト教文学者としては、北村透谷と国木田独歩があげられている。

自由民権思想では、中江兆民と植木枝盛、リベラル・ナショナリストとして、岡倉天心、陸羯南、三宅雪嶺、作家の中からは、森鴎外と夏目漱石、哲学者では西田幾多郎といった顔触れである。

これらの思想家、知識人の精神の中に、陽明学との思想的かかわりを見ようとする著者の目は、広くかつ細やかに行き届き、引用されている文章群は、その「かかわり」について十分な説得力を持っている。

近代以降、特に戦後になって「戦後民主主義」の敵として排除された陽明学が、実はキリスト教や自由民権、近代文学や哲学などを西洋から受け入れるために必要な「土壌」であったという逆説は、「戦後民主主義」の浅薄さを暴露する。

この逆説が、いわゆる「明治の精神」の骨格の確かさを生んだものであり、著者は今日の日本の「ゆらぎ」の原因を、この「土壌」の消失、あるいは遺産を食い潰(つぶ)してしまったところに、見ている。この精神的「土壌」の回復こそ、喫緊の課題であろう。(新保祐司・都留文科大教授)

(勉誠出版・2500円)=1999年12月2日④配信

変奏し循環する母娘の物語

「落花流水」（山本文緒著）

現代に生きる女性たちの愛や結婚、仕事の世界を描いて若い女性読者の圧倒的な支持を得ているのが山本文緒である。

彼女は光と闇（やみ）をあわせもつ女の心をさまざまな角度から紡ぎだす。吉川英治文学新人賞を受賞した「恋愛中毒」では、理性的で仕事のできる女性の愛の一途さを、男の娘を監禁して男の愛情を得ようとするゆがんだ行為としてとらえていたし、「群青の夜の羽毛布」では母と娘の愛と絆（きずな）は、母親を絶対とみなすよう育てる、虐待という形をとっていた。

男女の愛、夫婦の愛、親子の愛、と呼ばれる関係に著者はとても懐疑的である。彼女は愛と憎しみが交錯する境界線をあぶり出す。しかも憎悪と恐怖のなかに、かすかな愛の存在をも描く。娘を監禁された男も、母に虐待された娘も、相手との関係をすっぱりと切ることができない。憎い相手であるはずなのに、何か惹（ひ）きつけられてしまう、そんな人の心の在りように著者は注目する。

「落花流水」は母を姉と、祖父母を両親として育てられた女性の六十年間のエピソードが、描かれている。父が違うらしい子供や、異母兄妹の恋愛など、多様な家族関係を挿入しながら彼女を包む環境と人の変容がつづられていく。

戦前の家族関係を思わせる設定でもあるけれど、義父や異母妹を愛することに、登場人物たちが何ら良心の呵責（かしゃく）を抱いてない点は大きな違いであろう。とくに子供を産んだ女（母）が、自らの内に娘や子供たちの行為をとがめる倫理的規範を持っていないのは、この小説の大きな特色である。

家族を捨て男をかえながら放浪する母から生まれた娘は、愛を感じた男に出会うたびに家族を捨て、新たな家庭をつくり子供を生む。微妙に変奏し循環する母と娘の物語は、男と同じように家庭や家族も、取り換え可能なものとしつつ存続していることを感じさせる。（与那覇恵子・文芸評論家）

（集英社・1400円）＝1999年12月2日⑤配信

戦中戦後の祇園精妙に描く

「さゆり（上・下）」（アーサー・ゴールデン著、小川高義訳）

祇園の舞妓（まいこ）や芸妓（げいぎ）の世界を日本人がどれほど知っているだろうか。一般にはもう京都の観光的な文化財として知られるだけかもしれないが、このアメリカの作家が書いた小説は、みがかれた翻訳の力もあって、その世界が息づかいの聞こえるほど精妙に描かれ日本人としてまず驚かされる。

冒頭に序文があり、日本史専攻のアメリカの大学教授が今ニューヨーク在住の老妓から聞き書きをとった回想録とあるので、何気なく読みすすめていくと、一人称の手記の文体にのせられて、まるで老妓の告白的体験談を聞いているような気分になる。

ところが、実は戦中戦後の祇園を舞台に、少女が名うての芸妓に成長していく虚構の小説だ。日本海沿岸の小さな町の漁師の娘が、重病の母親を助けるために、祇園の置き屋に売られる。京都まで同行した姉は、離されて宮川町の娼妓（しょうぎ）となるが、九歳の女主人公は澄んだ灰色のひとみが珍重され、置き屋の下働きになる。

昭和九年、十四歳になる女主人公は、豆葉という祇園随一の美人を姉芸妓として、新田さゆり、という舞妓となり、十五歳で新記録の高額で水揚げされ、昭和十三年に十八歳で芸妓となる。さらに企業の社長と軍需品調達の責任者である少将との競り合いの末、少将が旦那（だんな）となるが、戦局が悪化し、祇園は閉鎖、少将は失脚し、さゆりは疎開してパラシュート縫いに従事、敗戦から三年後に祇園に復帰するのである。

終章は、秘めた恋心を持続させたさゆりが、企業の会長と結ばれ、昭和三十一年に会長に連れられて渡米し、ニューヨークにささやかなお茶屋を開業して後半生を送ることになる。

芸妓同士の反目・かっとう、旦那衆に潜在する競争心や義理立てなど、この世界を成立させている要素は、芸妓の意識を通して細部まで描かれ、物語を盛りあげる。ただ、制度としての芸妓がどこまでも容認されるので、日本人としてはやや戸惑うところもある。（寺田博・文芸評論家）

（文芸春秋・上下各1524円）＝1999年12月2日⑥配信

暗い情念のドラマ

「金輪際」(車谷長吉著)

「鹽壷の匙」で三島賞を受賞し、「赤目四十八瀧心中未遂」で直木賞を受賞、現在その文学的密度のもっとも濃厚な作家として、「文学復活の先導役」が期待されている車谷長吉は、人間の心の底に潜む暗い情念の世界を、「自己欺瞞(ぎまん)」や「自己劇化」の衝動を排除しながら、執拗(しつよう)に描いてきた作家である。

新作「金輪際」も、そういう車谷長吉の作家的特質がもっともよく表れた優れた短編小説集である。

たとえば冒頭の「静かな家」は、小学校時代に「一ト口食べて、机の抽出しに仕舞ったチョコレートが、そのまま抽出しの中に保存してあった」「囓った歯形もそのままなんだ」という友人に関するうわさ話を聞くところから始まる。

「私」は今は精神科医になっているこの友人「東川氏」の中に「冷静な生の狂気」や「不気味な人間存在への、敬虔な恐れ」を感じ取る。そして「人はそれぞれに、己が心の暗がりに何事かを秘し、その何事かに堪えて生きて行く」ものであることを確認する。

やがて、このうわさ話を契機に「私」は、「私」の中の「己が心の暗がり」の世界へ入っていく。東京で身を持ち崩し、無一物で故郷へ逃げ帰った「私」は、小学生のころ、「いぼ」だらけでみんなから「あっちへ行け」と毛嫌いされ、差別されていた醜悪な少女と、その少女と同じバラック建ての貧しい家に隣り合わせて住んでいた少年のことを思い出す。

「私」は、彼らが住んでいた河原の貧しい家を訪ねていく。今は廃屋となった家に「東川氏」の家で見いだしたのと同じような、「不気味な生への恐れが隠された、静かな家」を発見し、がく然とする。その「静かな家」は、今や身を持ち崩した「私」自身の家でもあったからだ。

ここには七編の短編小説が収録されているが、どの作品も、小さな宝石のように底光りしている。作者の厳しい自己批判・自己批評の眼(め)がこの短編集を貫いている。(山崎行太郎・東工大講師)

(文芸春秋・1524円)=1999年12月9日①配信

オートバイで5大陸走破へ

「世界で一番贅沢な旅」(戸井十月著)

本書は十万キロに及ぶ旅の記録だ。著者は七年かけてオートバイによる五大陸走破を敢行するのである。彼の旅行記が面白いのは、ただの冒険野郎とは違う研ぎ澄まされた作家の目と耳で観察しているからだと思う。

地べたを十万キロもオートバイで移動していく者にしかわからない空気の振動、におい、湿度や乾き、また激しい風雨、うんざりするほどの自然の気まぐれ、あるいは、目の前に待ち受けている悪路など、たとえ信じられないようなことが起こっても、何があっても、書いてやるぞという気迫がこもっているようだ。

五十男の年期と熟練にどこかやぶれかぶれの気分さえにじませて、オートバイは走り続ける。ツンドラから茫漠(ぼうばく)たる平原、砂漠、町を越え寒村を走り抜け、地球の果てまで旅は続く。

当然、さまざまな人との出会いがある。マニラのポン引き、モンゴルの売春婦、クマのような大男の釣り人、南アの黒人警官、アボリジニの吝嗇(りんしょく)なおばさん等々。そして、あらゆる土地に日本人が住んでいる。著者がとりわけ関心をよせるのは、“単なる経済的な成功を超えた充実の人生”を探して日本を脱出した「新越境者」である。

ブラジル、ボリビア、パラグアイの国境に広がる世界最大の湿地に挑む若い日本人のカメラマンや「どこにいったって死ぬ時は死ぬ時ですよ」とペルーのゲリラ組織のテロにおびえる町で実験農場を営む男。アジェンデ、ピノチェトと政権が激しく変わったチリで波乱万丈の日々を送り、深田祐介氏の小説「革命商人」のモデルになった男。読んでいると知らぬうちに気分が大きくなるのだ。

五大陸走破の旅はまだ続く。なぜそんなに旅に出るのか？　と聞いても、せんなきこと。

著者はこう書いている。「…悪路を行き、安宿を探す毎日。それ以前に旅の資金集めから悪戦苦闘する。しかし、これもまた私自身が選んだ“贅沢”である」と。(永倉萬治・作家)

(小学館・1300円)=1999年12月9日②配信

民主化の英雄4人のその後

「『天安門』十年の夢」(譚璐美著)

一九八九年天安門事件。戦車の前に立ちはだかった市民の姿は、全世界に衝撃的に伝えられた。しかし「譲歩は後を引く」ことを知りつくす中国政府の鎮圧はすさまじく、民主化の風は勢いを失った。運動の指導者たちの中には投獄された者もいれば、海外への亡命を果たした者もいる。

あれから十年、民主化のヒーローたちはどのような人生を歩んでいたのか。本書は、革命家だった中国人の父を持ち日本で育った著者が、運動の中心にいた四人を十年間の取材により丹念に迫ったルポである。

ノンフィクション作家だった蘇暁康。彼の作品が政治的に取りざたされたためにパリへの亡命を余儀なくされる。さらにアメリカへ渡ったとき、悲劇は起こった。妻が、亡命者の仲間が運転する車で事故にあうのだ。そして彼に手を差し伸べる者はいなくなった。 北京大学の作家クラスにいた張伯笠。二年にわたる国内での潜伏生活を経てアメリカへ脱出。彼は現在キリスト教の宣教師となっている。「スピーチの天才」は、今も多くの聴衆の前で天安門を語り続ける。

労働者出身の岳武。パリに亡命したものの知識人の仲間には疎外された。中国国外で民主化運動が組織されたが、役職や支援金のことでもめた。「共産党は四十年で腐敗したが、民主化運動組織はたった四カ月で腐敗したんだ！」。岳武は似顔絵かきで生計を立てている。

さらに衝撃的なのは、民主化の女神ともてはやされた柴玲の姿だ。愛らしい彼女に世界的なメディアが取材に殺到した。しかし伝えられる彼女は実像とはかけ離れていたようだ。著者は四人に問いかける。あなたにとって天安門とは何かを。その答えはさまざまだ。

天安門事件で中国は変化したのだろうか。四人が悲劇の英雄とならず、中国では忘れさられていること、それが豊かになりつつある中国の変ぼうだとは悲劇的である。事件が歴史に埋もれつつあっても、人生は続く。著者のまなざしは深い。

(与那原恵・ノンフィクションライター)

(新潮社・1600円)＝1999年12月9日③配信

危険を隠す国の体質

「毒」(常石敬一著)

サブタイトルは「社会を騒がせた謎(なぞ)に迫る」で、序章に「結論から先にいうなら自己防衛しかない。要するに個人で、毒物についての情報をもつことなのだ」とある。

しかし、一九九八年七月の「和歌山カレー事件」のように、町内の親ぼく会で出された食べ物を、危険視して口にしないのが“自己防衛”といえるだろうか？ そんなことを考えながら、読み進むうちに、著者のメッセージは、社会の本質に迫るものとわかった。

五五年六月から被害が出た「森永ヒ素ミルク事件」では、乳幼児が百人以上死亡している。これは徳島工場で古い牛乳を使い、その安定剤のために、産業廃棄物の第二燐(りん)酸ソーダを混入したからだ。コスト低減のために、こんなムチャなことがなされ、厚生省は被害者の救済ではなく、加害企業を救済したと、常石教授はわかりやすく説明する。

ヒ素の怖さを最も知る立場の国が、きちんと管理していれば、四十三年後の和歌山事件は防げたかもしれない。わたしは“自己防衛”の意味が、ようやく納得できた。

六八年十月から“奇病”として知られた「カネミ油症事件」は、実はダイオキシン被害だった。六八年二月から西日本でニワトリ二百万羽が発病し、七十万羽が死んだのは、カネミライスオイルの副産物の「ダーク油」が飼料だったからだ。しかし、農林省(当時)はニワトリだからと軽視し、人間がモルモットにされていることに気づかなかった。

もちろん、後に確認されたことだから、国の責任を論じてもはじまらない。しかし、被害が拡大した後で、自己の保身ばかり考える役人が、多くの情報を隠したことは、むしろ犯罪的である。

毒物を用いた犯罪は、凶器の特定がむつかしく、難事件になることが多い。科学捜査に期待するしかないが、毒物の危険を隠す国の体質には、厳しい目を向けるべきだろう。(佐木隆三・作家)

(講談社・1600円)＝1999年12月9日④配信

もうひとつの日本近代史

「日光鱒釣紳士物語」(福田和美著)

活字を追い、貴重で豊富な古い写真を見ながら、よい本にめぐり会ったと感動している。こんな歴史を知らずに私はこれまで日光を語ってきたのかと、恥ずかしい気持ちにもなった。

もともと奥日光は魚のいないところであった。大谷川をさかのぼっていくと、華厳の滝に行く手をはばまれるからである。中禅寺湖あたりではウナギはあの大きな滝を登るのだと伝説めかして語る人もあるが、もちろん不可能なことである。中禅寺湖は幸の湖と呼ばれ、人のおかせない二荒山神社の神域であったのだ。

「明治六年(一八七三)、男体山の麓(ふもと)にある細尾村の戸長(名主)をつとめていた星野定五郎が、華厳滝下流の大谷川から嘉魚(イワナ)をはるばる中禅寺湖まで運び上げ放流した。(略)定五郎が捕まえたイワナの数はおおよそ二二〇〇尾といわれている。魚を入れた樽(たる)を背に、木の幹や藤蔓(づる)につかまりながら険しい山道を登る定五郎の一途な姿は、当時の人びとに奇人変人を思わせたことだろう」

福田和美氏の文体は、年号一行ですませられるところを土地勘や総合的情報の豊富さにより、生き生きとふくらませていることに特徴がある。日光に暮らしながら膨大な時間をかけて調べ上げた執念と、自分が生活する土地への愛情が、本書には心地よくみなぎっている。

長崎にグラバー邸として名を残す武器商人トーマス・グラバーや、奥日光に中心メンバーとして東京アングリング・エンド・カンツリー倶楽部をつくったハンス・ハンターの少年のように屈託のない釣り師としての姿が活写されていて、今まで語られることのなかったもうひとつの日本近代史になっている。

今後、日光を語る場合には、本書をぬきにはできないだろう。福田氏の労作に称賛をささげたい。(立松和平・作家)

(山と渓谷社・1800円)=1999年12月9日⑤配信

身体の奥底に封印した記憶

「さかしま」(梁石日著)

理性や思考で密閉し、忘却してしまったようでいても、身体の奥深くにわだかまっている〈記憶〉は、突然噴き出してくる。

「血と骨」で、みずからの身体にきざみつけられた父親の強烈な個性と肉体の〈記憶〉を鮮烈にえがいた梁石日は、今回の新作短編集でも、みずからの〈記憶〉をえがく。

敗戦直後の大阪。朝鮮人長屋と日本人長屋の路地で、少年の〈私〉が出合ったおぞましい出来事。警察の裏庭で解剖されていた親友だった少年とその父の死体、洋館で進駐軍兵士に抱かれていた中年女を盗みみて自慰をした記憶。自転車でリヤカーを引くうちいつのまにか紙芝居屋になり、ついにゴミ箱をあさる浮浪者となった男のすえた異様なにおいと白濁した左目。

「夢の回廊」で、くりかえし夢にあらわれてくる〈私〉のおぞましい記憶は、表題作「さかしま」では反転して南方戦線で捕虜になり復員してきた〈西岡洋次〉の記憶となる。

復員してみれば空襲で家族全員は死んでいた。親友だった質屋にリヤカーと自転車を借りて運び屋をはじめた日に、肉体を餌(えさ)にした女にたのまれ、老婆を運河に投げ捨ててから、紙芝居屋、拾い屋、なにをやってもうまくいかない。ついに質屋親子を殺し、盗みに入った洋館で老いさらばえた男と、進駐軍兵士と寝ていたその妻を殺し、浮浪者となってのたれ死にする男の白濁した左目。

五十数年封印してきたはずなのに、悪夢となって〈私〉を追ってくる記憶をまさぐることで、梁石日は、日本の〈現実〉をくるりと「さかしま」にしてみせる。これはあなたの記憶でもあると読むものの心をゆさぶる。

事業に失敗した男の記憶が真っ白になってしまう虚脱感をえがいた「蜃気楼」、それにタクシー運転手を主人公とした書きおろし四編も、現実のある瞬間を「さかしま」にしてみせ、人の生の根源にあるものを凝視してたじろがぬ作家梁石日の面目躍如たる短編集ではあった。(井家上隆幸・評論家)

(アートン・1300円)=1999年12月9日⑥配信

意識改革の手掛かり示す

「介護のあした」（信濃毎日新聞社編）

「老い」の問題を意識するようになったのは、もちろん、自分が年を取ったせいだが、問題が深刻になったのは、主観のせいばかりではない。

介護保険の導入と実施をめぐる混乱は、つまりは拙速にすぎたからだが、それでも、介護を社会的に支えよう、という考えが強まったことと、在宅で老後を送る生活が支援される方向は、大事なことである。

だがそれが、老人の地域からの排除にむかうのか、それとも尊厳をまもられる方向にむかうのかは、これからの人間的な視点による、施行にあたってのきめ細かい修正によるしかない。

そのためには、介護するものと介護をうけるもの、その両者の介護にたいする意識改革が必要になるのだが、その手がかりがこの本にふくまれている。

長野県下伊那郡泰阜（やすおか）村は、福祉の村としてよく知られている。老人福祉を無料にして、診療所を中心にしたサポートシステムをつくったので、老人たちは手当てをされながら「在宅死」できる。

しかし、介護保険がこのまま実施されると、保険料を払えず、応分の負担を強いられる老人があらわれる。新制度が老人の福祉を豊かにするのか、切り捨てにつながるのかが、最大の判断基準となる。

「貧しい年寄りが大きな負担をしなくても介護を受けられる国の制度にならないのか。何もかも国でみてほしいといっているのではない。市町村が（老人福祉の）どの部分に重きを置くかは、それぞれの個性。それを支える仕組みに改善してほしい」

松島貞治村長の声は、先進的に実践してきた責任者のものだけに、説得力がある。恵まれない老人に負担がかからず、自治体が独自に福祉ができるため、国がどう支援するのか、の問題である。

記者たちが討論しながら、手さぐりで取材した成果が、全編にあらわれている。いま、各地でもっと声をだす必要がある。（鎌田慧・ノンフィクションライター）

（紀伊国屋書店・1700円）＝1999年12月16日①配信

漂流する日本の影像

「地霊」（立松和平著）

立松和平の「遠雷」から二十年、「春雷」「性的黙示録」を経て「地霊」に至り、四部作がこれで完結ということになった。二十年間、立松和平は何を見続けてきたのであったろうか。一言にして言えば、漂流し続ける日本を見続けてきたというべきであろうか。 北関東のある地域、歴史の根付いた農村地帯にある日突然都市化の波が押し寄せてきて、見わたせば住宅団地と工業団地のために土地は買収され、漂流はそこから始まったのだった。高度経済成長とは名ばかりのことであって一時的に土地成り金になった人々は、働く意欲をなくして自堕落をきめこんでゆく。

「遠雷」以来の二人の人物〈和田満夫〉と〈中森広次〉が双曲線を描くように交錯しながら物語は進んでゆく。土地が崩壊し、家が崩壊し人心が崩壊してゆくさ中、広次は心の内に煮えたぎる形のない怒りをおさえかねて人を殺してしまったのだった。

その彼は十年の刑期を終えて再び自分の土地に戻り、悔悟の念をバネにして、人々の救済を口走る新興宗教の教祖まがいの人物になっている。満夫は満夫で、広次の怒りを追体験するかのように殺人を犯し、仮出所して郷里へ帰り保護観察をうけることになる。

立松和平は、二人の人物の原罪とも見られる罪の背後に、まさしく彼らの身体をくぐっていった漂流する日本の影像を見ている。それは二十年たってもなおとどまるところを知らない。広次をとり囲む信仰心のかたまりのような人々と、彼らが集合する御聖堂とが二十年前の農村地帯の郷愁を引きずり続ける。

求めても求めきれない青年時代の郷愁をかこちながら、中年となった広次や満夫は果たして救済されるのであろうか。御聖堂と対照的に学校が描き出され、自殺願望の少年が二人の過去をさらに増幅させ続ける。中年たちの未来、子どもたちの未来は、彼らの思惑とは別に、日本漂流の波涛（はとう）に漂い続けているようだ。（栗坪良樹・文芸評論家）

（河出書房新社・2200円）＝1999年12月16日③配信

身体化された世界像を解読

「宇宙を呑（の）む」（杉浦康平著）

圧倒的に大きい。神威みなぎる童子像だ。

世界終末の豪雨のさなか、いましも雷鳴とともに、天空の斧（おの）が大地を割いた。その裂け目から生まれ出たような。それが、赤い荒れ野にぬっきりと立つ。からだは漆黒をおび、エメラルドに輝く。

インドの創世神話にかかわるクリシュナ＝ヴィシュヌ神を描いた細密画だという。なるほど、童子の体は頭のてっぺんからつま先まで、地下から地上・天空に至る世界要素で、くまなくおおわれている。巨神の左目は月で、右目は太陽なのだ。

そんなにも輝く像を読み解いた。おだやかな語り口ながら、展開は図像に劣らず刺激に満ちている。なじみの薄い神の姿だ。なのに、どんどん身近になってくる。おなじような世界像を、いつか描いたことがなかったか。気づくと、下腹の奥を、しきりにまさぐる気分になっている。

秘密は、巨神像に描かれた世界像を、一巻が「呑みこまれた」景観と読みとったことにある。像は皮膚に刻まれているのではなく、内部に呑みこまれている。そう読み切った。この視点が、大巨神を、身近な存在として、たちあがらせる動力となった。

「呑む」とは、呼吸に劣らず身体的な行為である。インド人ならずとも、人間ならだれでも呑む。食い物や水を呑まずには、生きられない。世界＝宇宙は、ここに、抽象でも夢想の対象でもなく、私たちの口やのど、肺や腹など器官の運動として身体化される。そこでは「世界」が「私」の身体になる。

思うに、世界＝宇宙との一体感は、私たちが望む究極の快楽であり夢だ。私たちの苦痛は、いつでも、世界と折り合えないところで生じる。輝く大巨神像を前にして、一巻は、そんな私たちの存在の夢、願望の現在と行方にもふれる。ヨーガの行者が息を呑み吐く。その呼吸さながらのテンポでアジアの身体を語り、澄んでいる。（倉本四郎・作家）

（講談社・3800円）＝1999年12月16日④配信

忘れ去った時代へ熱い思い

「諫早少年記」（浦野興治著）

わたしは大人よりも子どものほうが緊張して生きていると考えている。世の中が大人社会である以上子どもの立場は弱い。あるいは青春時代という多感な時期ほどつらく苦しいものだと思っている。

あれをしてはいけない、これをしてはいけない、勉強をしなさいと大人に抑制させられる。好きな異性にもふられる。偏差値や内申書も気になる。人生に対して免疫が少ないので悩む。動揺する。世間を知った大人だと到底耐えられないことを忍んでいる。生きにくいのは親よりも子どものほうだ。

しかし年齢を重ねてくればくるほど遠い昔が鮮やかによみがえってくる。「苦中楽」という言葉があるが、青少年時代というものはそういう時期ではないかと思い返すことがある。苦しい時期にこそたのしみもある。アミエルという哲学者は「幸福の真の名前は満足だ」と言ったが、決してそういうことを得られないのが多感なころだ。

本書はそんな年代を描いている短編集だ。物語は日本がまだ貧しく、だれもがまだ豊かさを享受できないでいる、昭和三十年代初頭の長崎の諫早が舞台だ。こままわし、メジロ捕り、野イチゴ採り、村祭り、なつかしい光景が少年の目で描かれている。

けんかがある。友情がある。子どもゆえの残酷さがある。それはみな大人への通過点ではあるが、ことさらに郷愁をいだくのはわたしもまた著者と同じ団塊世代だからか。苦い思い出のほうが時とともに豊かな思い出に変わる。世の中はぜい沢になり当時とは隔世の感があるが、わたしたちの心は逆に細っているのではないかと考えさせられた。

個人的には少年が少女の目をけがさせる「弓矢」、いじめっ子の上級生がいじめた子の矛で足を切断することになる「廿日（はつか）えべっさん」が心に残った。いずれにせよ短編のどれもに忘れ去った時代への著者の熱い思いがにじみ出ている。（佐藤洋二郎・作家）

（風媒社・1500円）＝1999年12月16日⑤配信

移民たちが詠む二つの祖国

「北米万葉集」(大岡信著)

伝統詩の短歌は、近代以降の歴史の荒波をかぶって、一層複雑で多様な展開を見せることになった。たとえば「台湾万葉集」は、日本統治下で強制的に日本語教育を施された台湾人による短歌である。そして本書は、明治から大正期にかけて北米各地に移住した日本人たちの短歌であり、このような形でまとめられたのは初めてのことだ。

多くは生活の貧しさから新天地を求めた移民たちは、一旗あげたら帰国するつもりだったが、事はそう容易ではなかった。東洋人蔑視(べっし)が著しく、土地所有権も与えられない。ことに太平洋戦争下には財産をすべて没収され、十一万以上の日系人が強制立ち退きで各地の集合所に収容された。

「入所手続き済みて入り来しバラツクの粗床(あらどこ)の上に涙おちたり」はその折の嘆きである。さらに、国籍取得の許されない一世は"非国民"扱いされ、市民権のある二世は徴兵されて米軍へ入隊せざるを得なくなる。

「アメリカに忠誠なれと子に言へど我は日本をまた忘れ得ず」。この一見冷静な言葉の裏側には、わが身が引き裂かれるようなつらさが感じられよう。また、「墳墓の地カナダときめて宣誓紙に署名するわが手はふるへたり」は、一世の国籍取得が認められた戦後の歌。やむなく祖国と決別することへの無量の思いが手のふるえになっているのである。

本書には、こうした昭和初期から戦後にかけて詠まれた歌が年代順に五百首並べられており、"激動の昭和"が海外の日本人にどんな苦難をもたらしたかが手に取るように分かる。歌の解釈はもちろん、時代背景の手際よい解説や写真も理解の大きな助けになる。 埋もれていた近現代史の一面を明らかにした貴重な集成であることはもちろんだが、同時にまたこの"移民哀歌"は、新たな国際化の途上にある現在の日本と日本人にも大きな教訓と示唆を与えるだろう。(小笠原賢二・文芸評論家)

(集英社新書・700円)=1999年12月16日⑥配信

2000

日本軍の「本質」描く

「フーコン戦記」（古山高麗雄著）

インパール作戦の悲惨さは戦記や小説などでよく知られているが、北ビルマ（現ミャンマー）のフーコンで展開された日本軍の敗北、壊走行についてはあまり知られていない。これが著者が戦記三部作（「断作戦」「龍陵会戦」「フーコン戦記」）の完結作として本書を書いた動機である。

だが、インパールにしろフーコンにしろ、ある程度の客観性と全体性を見通した記録を残せたのは参謀や軍医、将校といった立場の人であり、まったくの「下級兵士」の立場からのものは、いずこの戦場にしてもほとんどありえないのである。

彼らはそもそも記録する手段（紙や筆記具）や能力（識字力、文章力）を欠いていたし、またもっとも悲惨な目にあった者は生き残ることができなかったし、さらに記憶や思い出を語りたくなるような余裕のある「戦後」をも持たなかった。

「戦記」や「戦史」はおおむね「参謀」的な鳥瞰（ちょうかん）的な視点で書かれているのであり、そこには「自慢話」めいたもの、事後の「言い訳」めいたものがにじんでくるのも無理からぬのである。

本書は徹底的に「下級兵士」の視点によって書かれている。七十歳を過ぎて「戦争未亡人」を相手に「助平」な空想をする、このきわめて平凡で庶民的な元日本軍兵士は、自分の片腕をなくしたフーコンでの戦場と敗走の道筋を白地図にしるしづけてゆくのである。

自分とはまったく関係のないところで「作戦」が立てられ「死守」を命ぜられ、一転して「脱出」を命令される。大本営や司令部といったものは、ほしいままに徴兵（人間狩り）をし、戦場に送り込んだ「国民」を見殺しにし、そしてその責任など一切感じないような組織（や人間）なのだ。

白骨街道と呼ばれた死屍（しし）累々の山道を、師団長の通過のために“清掃する”（死体を隠し、敗残兵をどかす）下士官がいる。日本軍の「本質」をこれほど明らかにしたエピソードは少ないだろう。（川村湊・文芸評論家）

（文芸春秋・1714円）＝2000年1月6日①配信

近代化と対立した大衆芸

「芸能の文明開化」（倉田喜弘著）

「国家に益なき遊芸」。

著者によれば、明治の初め、外務省の公文書には、このような慣用句が使われていたという。殖産興業・富国強兵の時代にあって、芸能は無用視されたのである。劇場や寄席、芸人には重税が課され、行政は芸能の取り締まりを強化する。

前近代の芝居（＝歌舞伎）の観客層は一般庶民だった。指導者層が見に行くことはまったくなく、低俗化がいちじるしかった。しかも、客は役者に注目するばかりで、作品を鑑賞しようとしない。役者の魅力を発揮させることが第一という時代であった。

そのような芝居を質的に向上させようとする動きが行政側から起こる。歴史的事実に基づき、知識進歩の一助となるような芝居、勧善懲悪を旨とし、淫風（いんぷう）を排除した芝居が要請される。

その後、曲折はあったが、明治十九年八月に演劇改良会が名乗りをあげ、続いて二十年四月には天覧演劇がもよおされる。しかし、数年のうちに「改良」「嬌（きょう）風」の熱もすっかり冷めてしまう。上からの改良は興行界の体質を変えることがなかったのである。

一方、川上音二郎は、自由民権思想を背景に、みずからの手で「主義を肝銘」させる芝居を作り上げ、評判を呼ぶ。いわば下からの改良であった。彼の確立した「新演劇」は、東京の演劇界に地殻変動をもたらすにいたる。

以上は、芝居の近代化の大まかな流れを紹介したにすぎない。本書では、芝居以外にも、能、盲僧から、手品、唱歌、サーカスまで、さまざまな芸能が、近代という時代といかに対峙（たいじ）したのかに関して、丹念に収集した資料をもとに、興味深い事実が掘り起こされていく。

ただ、歴史の大きな流れがつかみにくいきらいがある。資料の森の中でどちらを向いて歩いているのか迷うことも少なくなかった。近代化が芸能に与えた影響を、もう少し見通しよく整理したうえで、記述してあればと思う。（鵜飼正樹・京都文教大講師）

（平凡社・2600円）＝2000年1月6日②配信

極私的に描く冥府の現実

「あまりにロシア的な。」（**亀山郁夫著**）

「甦（よみが）えるフレーブニコフ」などの著作を持つ第一線のロシア研究者で、プラトーノフの小説やショスターコーヴィチ伝などの訳者としても知られる著者が、一九九四—九五年にロシアに滞在した際の記録である。だが単なるロシア滞在記ではない。

冒頭、「ロシアにおいては、決断した者だけが、何かを見ることができる」というベンヤミンの言葉を引き、モスクワ行きを「冥府下降」になぞらえているが、冥府（めいふ）の現実に押しつぶされそうになりながら、その現実にくさびを打ち込む試みでもある。

著者の滞在当時のロシアは混乱の極にあった。チェチェン紛争、ルーブルの暴落、ねずみ講まがいのMMM事件、相次ぐ政治テロ…まさに地獄絵図、外国人である著者をも呑（の）み込むブラックホールの現実だ。あふれかえる事実を前に想像力は機能しない。ロシア人に「決定的に欠如しているのは、メタファーの力じゃないか」と、著者は絶望的に記している。

ならば著者にできることは、メタファーの力を借りてこの現実を切り裂くことだ。そこから「コラージュ」の手法が生まれる。日誌風のメモ、ロシア各地の旅行記、日本の友人にあてた手紙、ロシアの研究者との濃密な交流の記録、著者に深い傷を残すスパイ嫌疑の取り調べの模様…。

こうした手法から浮かび上がるのは、さまつな欲望を圧倒するロシアの精神性、文化的厚みというべきものだ。肉体の復活を唱えた思想家フョードロフからフレーブニコフの宇宙論、全体主義の犠牲となった作家プラトーノフや詩人マヤコフスキー、ソビエト版ポップアート、スカトロジー的黙示録の現代作家ソローキンまで、読者はめくるめくロシア文化の万華鏡をのぞき込むことになる。

表題をもじって言えば、これは「あまりに感傷的なロシア論」ではある。だが、今のロシアのささくれだった現実に立ち向かうには、一般論でなくこうした「極私的視点」が有効であることを本書は示している。（浦雅春・東大教授）

（青土社・2200円）＝2000年1月6日③配信

失われた不思議な世界

「旅の図書館」（**高田宏著**）

登山が人に勇気、忍耐、持久力、不屈の精神をもたらす、というお説教も、幾度も聞かされてきました。数ある旅の本の半分はそれが決まり文句のように繰り返され、いいかげんうんざりです。

「旅の図書館」ではそんなうっとうしさの無い、河口慧海「チベット旅行記」、タゴール「日本紀行」、永井荷風「あめりか物語」といった、旅の面白さが楽しめる本を羅列しています。中には蛮勇自慢のつまらない本も選ばれているけれど、当たり前にして、教科書に載っても無難な高田宏の文体と語り口は、とても安定していて、少し退屈も感じるのですが、際物ばかりが目につく最近の書棚には、むしろ貴重かもしれません。

文体にゆらぎのないその一本調子は古典的な薫りさえ放つほどです。

旅と人生の違いは、世間のしがらみが濃縮していくか否かなのだろうとも思うのですが、流浪と旅の違いも気になったりしました。

本書の宮本常一という民俗学者の「忘れられた日本人」について書かれたところへくると、山頭火、林芙美子、金子光晴のことなどが頭に浮かびました。それらは、旅というよりも人生そのものについてであり、人生は旅のようであるという反証になるのでしょう。

猪谷六合雄の「雪に生きる」についての話も面白く、これは旅と人生が混ざり合った不思議な生き方です。

旅は歩くことにあるのだ、と、当たり前の感想を抱きました。そして、いかに多くの世界が失われたかも、知りました。読み進むうちにもう一度読み返したい本が幾つもできてしまいました。知らなかった本はどうにか探して読んでみたくなりました。不思議な世界があるものだと、つくづく感心しました。

いいえ、私が暮らしている周囲の現実も、なんだか面白い旅の世界の一部のように思えてきました。（島尾伸三・写真家）

（白水社・2000円）＝2000年1月6日④配信

日本医療の旧弊を指摘

「病院沈没」(丹羽幸一、杉浦啓太著)

スーパーの入り口近くにある「医療ショップ」で診察券を出し、買い物の最中にポケベルで呼び出し。診察を受け処方せんをもらうと、また買い物の続きへ。お支払いはレジで一緒に…。

こんな話が日本でもすでに真剣に検討されている。「医療ビッグバン」がまもなくやってくるからだ。

アメリカの医療コンサルタントたちは自国で蓄積した病院経営のノウハウをひっさげて、三十兆円の日本の病院市場に参入しようとしている。保険会社も医療費の削減につながる管理医療を健保組合に売り込み始めた。高い商品開発力を持った製薬企業、医療機器メーカー、医薬品卸など外資の狙いは日本の医療業界のすみずみにまで及ぶ。

彼らは、閉鎖的な医療市場を開放するよう相当な圧力を日本政府にかけてきている。営利資本の病院経営への参入を禁止した医療法がいつWTO(世界貿易機関)でやり玉にあげられてもおかしくない。著者いわく、このままいけば「日本の市場は外国資本に蹂躙(じゅうりん)されることは必至である」。

穏やかならぬ警告は刺激的なタイトルとともに、「惰眠をむさぼり続けてきた」日本の医療界への著者たちのいらだちを表している。医療ジャーナリストである彼らは、多くの問題を抱えながら自己改革できない関係者にこれまで何度となくがっかりさせられてきたのだろう。確かに、昨今の医療保険制度改革をめぐる日本医師会と自民党のどたばた劇を見ていても、とても変革への熱意やうねりがあるようには見えない。

外資は、患者を医療サービスの消費者として位置付けているし、情報公開も徹底している。患者本位の医療を実現するには、もう医療ビッグバンに頼るしかない…それが本書の結論だ。

無駄な投薬や検査、矛盾に満ちた医療保険制度、父権的な医師患者関係に辟易(へきえき)してきた多くの患者も共感を覚えるに違いない。ち密な取材によって医療界の大変動時代を先取りした労作だ。(大島寿美子・科学ジャーナリスト)

(宝島社・1714円)=2000年1月6日⑤配信

敗戦体験から近代の先へ

「戦後的思考」(加藤典洋著)

二十世紀という時代は、正義の名のもとに世界大の殺りくと破壊をもたらした。その意味を考えるためには、自分自身の信じる「正しさ」をもう一人の自分が問う、というような特別な精神の深さが必要だろう。

同じ著者の前著「敗戦後論」は大きな議論をまきおこした。だが批判者たちの言葉が少しも核心に届かないのは、彼らがいまなお左翼的な、あるいは保守的な、「正しさ」の古い遠近法にとらわれているからだ。

それに対し加藤の論は、敗戦によって私たちの「正しさ」自体がどのような「ねじれた」形を強いられたのかを語り、そこにまったく新たな展望を開いて見せた。新著「戦後的思考」は、この主題をはるかに遠く、近代のなりたちそのものへまでおし進めている。

たとえば「正しさ」の従来の観念からすれば、「正義」と私たちの「欲望」とは、つねに対立関係におかれる。これを公共性か私利私欲か、国家か市民社会か、という対立に置き換えれば、それは近代を動かす力学そのものだ。ここで著者の問いは次のような形をとる―これらの両極の間にあるのは二者択一ではなく、むしろ「公共性は私利私欲のうえにこそ築かれる」という「ねじれた」連続性なのではないか。それこそが近代というものの、本来の意味ではないだろうか、と。

ルソー、ヘーゲル、マルクスにまでさかのぼって、このことが執ように論証される。これが本書のスリリングな核心部だ。なぜこのような問いが必要なのか？　その論理がとりだせなければ、社会は自らの欲望を発見せず、欲望への内的誠実である私たちの文学もまたいつまでも世界にきっ抗する強さを持てないからだ。

敗戦という「ねじれた」体験がもたらした精神の深さは、それを真正面から受けとめるなら、近代そのものを問い、さらにその先へゆく可能性を秘めている。吉田満、鮎川信夫、吉本隆明らの中に、著者はそれを見いだす。本書が「戦後的思考」と呼ぶのは、この、かつて語られたことのない可能性のことである。(瀬尾育生・詩人)

(講談社・2700円)=2000年1月6日⑥配信

底光りのする短編集

「われは蝸牛に似て」（八木義徳著）

八木義徳という小説家は二十代の半ばに知った。当時、毎月「風景」という雑誌を書店でもらい読んでいた。文学的な香りのするいい雑誌だなと思っていた。あこがれもあった。そこからいろんな文学者の名前と作品を覚えた。同人だった八木義徳氏も知った。いまでもその影響か私小説作家が好きだ。

そして偶然にもそのときの女性編集者とアテネ・フランセで知り合った。彼女は、あなた、小説が書けるわよと言ってくれた。その言葉に触発されてはじめて書いた小説を「三田文学」に送った。それが採用された。いまでも「風景」とあの編集者には感謝している。

そんな思いがあったし八木義徳という作家は愛読していたので、今回この作品集が出たのは大変うれしい。

本書には文学に生を託した人間の研ぎ澄まされた感情が流れている。氏は文学という「関所」を越えられるものは、老若、男女、身分、階級、年齢、美醜、善悪の差別はまったくない。差別するのは才能だけだという。その才能を開花させるのは忍耐だけではないかと自問する。

また才能を発見するのは機械ではなくて、あくまでも人間の「目」だという。超凡な眼力こそが必要だと言っている。後輩であるわたしたちには耳が痛くなる声ではあるが、深く考えさせられ返す言葉がない。

本書はその模範となる七編の短編と氏の文学に対する静かな思いが流れ、人間の奥底に持つ毒やあわれさが短い文章の中に巧みに抽出されている。私小説をとやかくいう人間もいるが、文学の王道はやはりこちらにあるのだと納得させられる、底光りのする作品集だ。

文学者のものの見方と生き方がみごとに集約されている。私小説を書く作家がだんだんと少なくなってくるのがさびしいと思うと同時に、孤独ではなく孤高の小説家がいたのだなとあらためて感じさせられた一冊だ。（佐藤洋二郎・作家）

（作品社・1800円）＝2000年1月13日①配信

先端の現場を誠実に紹介

「苦悩する『科学』」（田近伸和著）

先端的な研究をしている二十二人の日本の科学者たちへのインタビューをまとめた本である。現代科学はいま解体期にあり、科学者たちは生みの苦しみを味わっている、という見方が本の題に結びついている。

ところがこの題と対照的に、登場するほとんどの研究者たちは、自らの分野に自信を持って、喜んでインタビューに答えている。だから読んだ後には、苦悩よりも現代科学は面白い、という印象が強い。

現代科学が解体期だと位置づけるのは、生命や現実世界の複雑さに取り組み出し、これまでの基盤を自ら掘りくずしている、と著者が考えるからである。そのことを確かめるために、現代科学を広くカバーし、生命科学から、医学、複雑系、脳科学、人工生命、仮想現実、極微技術、宇宙科学、核融合、超伝導にまで及んでいる。著者の好奇心に敬意を表したい。

各インタビューの前に解説文を付けていて、科学が苦手な人にもなんとか理解してもらおう、という意気込みを感じる。細かくみていくと、誤解を生じさせる説明（1／fゆらぎ、絶対温度など）もあるが、全体として文科系の人にも分かるように工夫されている。

著者のまじめさと誠実さが、科学者たちの話をていねいに紹介しようとする姿勢にも現れている。そのため、科学者の間の見方や意見の違いもそのまま表現されている。

一方で、人のアイデンティティーを細胞のゲノムから基礎付けようという主張があり、他方で、六十兆の細胞全体のシステムで人を考えようという主張がある。また人の代わりを目指した知能ロボットの研究とならんで、人を主役にしてロボットに支援させる研究が紹介される。

科学研究の現場ではいつも、対立し矛盾する考えが飛び交っている。その現場を垣間見られるのも、この本の魅力である。そのためには読者も、批判精神を持って読むことが求められる。（西山賢一・埼玉大教授）

（ぶんか社・1800円）＝2000年1月13日②配信

男を救うフェミニズム

「おこげノススメ」（小谷真理著）

小谷真理は、男性を含めた読者に「ヤオイスト」や「おこげ」の視点を持ち「男性社会のつくる権力構造」をズラし、脱構築することを勧める。

「ヤオイスト」とは、映像や本に登場する男性たちに、原作にはない同性愛を見て、ポルノへと改作する、女性のアマチュア小説家や漫画家のことである。「おこげ」とは、男性の同性愛者にまとわりつく、女性たちのことである。

小谷はヤオイストやおこげの視点に立って、クローネンバーグや北野武の映画、ディックや島田雅彦の小説などを読解し、「女になりたい男たち」が世界同時的に多発していることを浮かびあがらせる。

女性が社会に進出したとはいうものの、依然として男性が中心となっている、資本主義の競争社会は、男たちを経済的勝ち組と負け組とに選別したがる。

そして、男性社員たちは、自分の会社を生き残り組に入れようと、一丸となって他社と闘うのだが、同性愛的な「男のきずな」が、この闘争に介入してくることを認めない男性は、一人もいないだろう。

こういった同性愛的な情緒をはっきりと自覚した上で、さらなる愛を抱いて男の闘争にのめりこんでいくのか、“女々しく”男の闘争から降りるのか、選択する方が、無自覚に闘争に巻きこまれるよりも健康的だ。

のめりこむのも降りるのも、男が「女になること」であり、そのとき、経済的勝敗のマッチョな「権力構造」は揺らぎはじめる。

男性がヤオイストやおこげの視点を持てば、サラリーマン社会で権力闘争に血道をあげる自分を、相対化して見ることができ、明るく笑い飛ばすこともできるだろう。敗者になっても、深刻がらずにすむだろう。

小谷は、「フェミニズムは基本的には女性のための思想」だが、「男性との対話なしにはフェミニズムの真の目的を達成することなどできない」と述べている。ここに、男性をも救ってくれる、新たなフェミニズムが誕生したのである。（川端隆之・詩人）

（青土社・1900円）＝2000年1月13日③配信

スケール大きな空想

「官能の夢」（マリオ・バルガス・リョサ著、西村英一郎訳）

リマの富豪でやもめのリゴベルトが天使のような息子フォンチートと暮らす屋敷に嫁いだルクレシア。ところが息子は悪魔性を発揮し、見事な肉体の持ち主である後妻を誘惑する。そのため一家は崩壊というのが「継母礼讃」だった。

本作はその続編で、別居した夫婦を寄宿生となった息子が和解させる話だ。

リゴベルトが妻の肉体を古今の名画のイメージに重ね合わせ、想像の中で玩味（がんみ）したり、嫉妬（しっと）したりするのは前作と同じだが、スケールははるかに大きい。

圧巻はその想像から生まれる視姦（しかん）、レズビアン、フェチシズム、放尿など、性愛のありとあらゆる形が読者の前で繰り広げられるところだ。

ただしリゴベルトはその手帳で、「肉体的な愛を知的、感覚的に人間化する」エロチシズムと、「その低下、堕落である」ポルノグラフィーとを区別している。これは作者の考えでもあるだろう。

読者にフランス風官能小説を楽しませ、美術や文学について論じる一方で、たえず社会批判を差し挟むあたりがこの作者らしいところだが、ことによると性の画一化や集団主義を批判するあたりに本音があるのかもしれない。ここには作者の政治思想もうかがえる。

早熟な息子が今回も危険なトリックスターを演じている。偽の手紙で、人の間を取り持つのだ。

しかし、自分をエゴン・シーレの生まれ変わりと信じる彼は、シーレの伝記や作品の成立過程を語りながら継母を誘惑しているようでもあり、そのあいまい性が一つの魅力となって強い印象を残す。

作中で言われるように、たとえ「一時的な治療」にすぎないとしても、フィクションが「人生を埋め合わせる空想への逃避」であるならば、この官能小説はその優れた例と言えるだろう。（野谷文昭・立教大教授）

（マガジンハウス・2400円）＝2000年1月13日⑤配信

女たちのしたたかな存在感

「第4の神話」（篠田節子著）

自分らしく生きることのしんどさをかかえながら、さまよう女性たちの気持ちを、移り変わりの激しい時代の流れのなか、両手ですくい上げるように描いている。大事なものを捜すかのように。

なにはさておき、登場してくる女性たちのしたたかな存在感ったらない。特にかつてのバブル期、時代のヒロインとなった作家、夏木柚香の人物設定は興味深い。美しい人妻、芸大声楽科卒という彼女は時代を駆け抜けるように作品を量産し、病に倒れ、愛人に手を握られながら四十二歳で亡くなったという。よって華やかな神話に彩られるのだが、読み捨てのバブル作家と呼ばれたとおり、あっという間に忘れられてしまうのだ。

そんな彼女のブームをもう一度、とたくらむ元担当編集者、藤堂喜代子から伝記を書くように頼まれたフリーライターの小山田万智子。重役になっても野心を抱きつづける編集者と、若い人と合わない、という理由で雑誌記者を辞めさせられた三十九歳の独身ライター。そのはじまりにおいて、出版業に携わる二人の立場の違いが、極端なほど描き分けられている。

物語は、作家を調べていくにつれて、表向きの華やかさとは別の顔が現れ、神話が少しずつ崩れていく、という展開だ。なぜそこまでしてうそを生きなければならなかったのか。それほど強烈に人に愛されたかったのか。虚飾に満ちた作家を追いかけながら、ライターは自分の生き方を問い、成長していく。

どんな矛盾も平気で受け入れ、なおも新しい神話で売り出そうとするしたたかな編集者との攻防戦も読みごたえたっぷりだ。

三人の女性たちの苦悩や葛藤（かっとう）や弱さ、そして愛されたいと思う病理は、だれの胸にも思い当たる普遍性を持っていて、そのまま読者に問いかけてくる。流されるままに、やりすごしてきたことを両手ですくい、目の前に差し出されたような、そんな気持ちになる。（白石公子・詩人）

（角川書店・1600円）＝2000年1月13日⑥配信

輝く顔に固有の存在感

「自転車のある風景」（金沢靖著）

自転車に乗っている人間は、こんなに美しいのか。きっと、だれもが、目をみはる。おどろく。あらためて、自転車に頼っている暮らしの時間を見返り、クルマに乗っているじぶんの顔は、こんなにも輝いていないと思うだろう。そんな写真集だ。

自転車専用道路が整備された北欧の諸都市の街角や海辺で、自転車のある風景だけを撮影した。結果は、モータリゼーションがもたらした人間の顔の画一化、平準化を、そっくりひっくり返す仕事になった。

スパッツをはいた、胸キュン・ブロンドの若い女性が、クルマの列を縫う。若い父親が幼い息子を乗せた自転車をこぐかたわら、前部にくっつけた乳母車のほろのなかを、ペダルを踏みつけながらのぞく母親の姿がある。シャツぬぎの半裸姿で、サドルの上で休息する老人がいる。

どの顔もどの姿も、文句なく美しい。固有の存在感をともなって粒立っている。それぞれの人生を、年齢に応じた仕方で、深く哲学している。そんなようすがうかがえる。ここでは、私たちの列島では、いまや余計者あつかいされている子どもや老人が、胸キュンの美女に劣らず輝いているのである。

老人や子どもを余計者あつかいする社会はゆがんでいる。それが獲得した繁栄は、人間の考察を、途中で放棄した結果にすぎない。写真はそう語るようだ。神童といい長老と敬愛するように、列島の歴史では、じつに童子や翁（おきな）は畏怖（いふ）に値する存在だったのである。

自転車は、エンジンやガソリンという他力を頼りに動くものではない。ひとが、めんめんのからだのバランス感覚をかけて、はじめて疾走する。この写真集には、モータリゼーションのもたらす便利と引き換えに、私たちが失った、生にとって貴重なものが記録されている。それは、もしかしたら、生きる「品格」といったものかもしれなかった。（倉本四郎・作家）

（ソシム・1500円）＝2000年1月20日①配信

聖と俗をひっくくる腕力

「王国記」（花村萬月著）

花村萬月の小説を読んでいると、どうにも俗に思えるフレーズがある。たとえば、主人公の朧（ろう）は修道院で牛を育てているが、その飼料が不足したため、厳冬の季節に地面にはいつくばってまだ生育していない丈低い緑草を刈り取る場面がある。

朧はつらい作業とは別に奇妙なほど思弁的だ。彼は独白する。「偽善。なんだ、それは。砂糖をまぶすとおいしいらしい。いや、最初から甘い味がついているらしい。世界でもっともおいしいものだよね」

何なのだろう、これは。気の利いたセリフを言おうというのではない。偽善を徹底して哲学的に考えようというのでもない。「偽善」なら「偽善」についてひどく俗悪に考えて見せているのだ、と思う。

つまり花村萬月という作家は、聖なるものと俗なるものを強引にひっくくり、それらが同じものであることを有無を言わさず提示する腕力の作家なのだ。

それは最新作「王国記」にあっても同じだ。「ブエナ・ビスタ」と「刈生の春」の二編が収録される。これらを貫いているのは、主人公たちが暮らす修道院での過酷な農作業と、神父やシスターを含めた複雑な人間関係である。加えてそこにあるのは背徳的行為ばかりで、実に淡々と描かれている。

先回りして言えば朧はこの後、彼の「王国」を夢見るようになる。つまり新興宗教の教祖として生きることになるのだが、この「王国記」ではその一端がうかがえるのみだ。いまはまだ、信仰とは苛烈（かれつ）な疑義を呈すること、と考え、神に、目上の者に誠実に思いの丈をぶつけるだけの純真な犬のような存在でしかない。

花村氏の筆が生み出す力強い聖と俗の同一性をめいっぱい引き受けて、朧がこの先どのように成長していくのか。宗教を議論することの困難さだけが埃（ほこり）のようにたい積している今のこの国で、長い長い宗教をめぐる小説の誕生を告げる、記念すべき連作集。（陣野俊史・文芸評論家）

（文芸春秋・1238円）＝2000年1月20日②配信

敗者という賢者の贈り物

「敗因の研究」（日本経済新聞運動部編）

―敗者は愚者か？　と帯に付されている。反語である。「勝者は必ずしも賢き者の証（あかし）とならず、敗者は愚か者の別称でもない」と巻末にある。これが真意であろう。

まずは、いわゆる世に知られた負け戦の数々の記録である所が興味を引くが、本書がさらにユニークなのは、ここに参加した複数のスポーツライターが、それぞれの視点で当の敗者たちにインタビューし、そのさまざまな負け戦の記憶を呼び起こしている点である。

記憶という本来は甘美であるはずのものが、ここでは苦渋に満ちた心の痛みとして自覚される。それがつい常日ごろ忘れがちの“我”なるものを見詰め直す力となり、そこから人は多くのことを学び取る。著者たちは実は「敗者こそが人生における真の賢者である」と言いたかったのだろう。

さらにまた、ここには現在の日本人のすべてが敗者であるという視点がある。高度経済成長を成し遂げ、文明社会の利便性を追求し続け、世界の勝者となったはずのわが日本は、実は文化を支える豊かな“心”をいかに育て得たかという点においては、決定的に敗北を喫したのではないか。

では勝負に勝つ上で、真に役立つものとは何か？　それは勝つための効率を求めるのではなく、そこでどのようにして自身が幸福になるかを知る力である。その力を失ったとき、人は敗北する。

ゆえに敗因の研究こそが、現在われわれ日本人が失った、真に勝者として生きるための“何か”大切なものを取り戻すべき力となるのではないか。そういう願いの強さが、本書で語られた敗者たちの心の痛みを、“賢者の贈り物”として私たち読者に伝えてくれる。

勝負の世界は孤独なものであるがゆえに“ほうれんそう”が欠かせないという。それはつまり報告・連絡・相談であるというなど、これは決してまた敗者の精神論にとどまらない、実用の書である。だから愉快だし、元気も出る。“負けるが勝ち”の余裕を持ち得る、日本人でありたいものだ。（大林宣彦・映画監督）

（日本経済新聞社・1500円）＝2000年1月20日③配信

大国の関係史を詳細に分析

「米中奔流」（ジェームズ・マン著、鈴木主税訳）

最精鋭の外交担当記者が三年かけて完成させた本書は、膨大な事実を徹底的に集積して書かれている。ニクソン元大統領の手記メモなど「生の話」や新事実をふんだんに盛り込み、「わかりやすく」と「深く」に留意しているので、最後まで飽きさせない。

また大きな視点から的を絞って両大国間の奔流を把握しているので、大作だが求心力を失わない。特にニクソンとキッシンジャーが中国との関係改善に向けて進めた秘密外交や、クリントン対中外交の曲折の部分は興味深い。例えば、米中両政府が初めて接触したのは、ワルシャワの文化科学宮殿で開かれたファッションショーだった。

一九七〇年代以降の米中現代史を独自の手法で再現した著者は、八九年を米中関係史の分水れいとみなす。そして九〇年代の米国の矛盾に満ちた米中外交は、冷戦時代の後半、すなわちニクソン政権の時代から天安門事件までの出来事と密接に関連する。一方の時代を理解するカギは、もう一方の時代にあるのだという。

米国にとって中国は、冷戦時代の七〇—八〇年代には、ソ連に敵対してともに戦うパートナーだった。だが、流血事件以降、かつてのパートナーシップを取り戻すのは不可能になった。国際情勢も根本的に変わった。冷戦が終結し、ソ連が崩壊した。中国政府に対する米国世論は急激に悪化し、対応の手ぬるいブッシュ政権は厳しく批判された。

冷戦時代ではさほど問題にならなかった人権問題が、米中関係の緊急課題になり、中国の態度を硬化させた。だが結局、米国産業界の圧力には抗しきれず、人権よりも経済を優先して米国政府は中国政府との関係修復を図っていく。

こうした内情を、著者が訴訟で公開に持ち込んだCIAの機密研究論文をはじめ、機密扱いを解かれたばかりの公文書や数多くのインタビューなどを通して、詳細に検討している。

わが国の進路を考える上でも、本書は示唆に富む内容となっている。（江上能義・琉球大教授）

（共同通信社・2800円）＝2000年1月20日④配信

忘れられた細部ほりおこす

「日本の前衛　1945—1999」（瀬木慎一著）

前衛芸術のゆきづまりと崩壊が語られて久しい。だから「日本の前衛　1945—1999」と題する本書は、前衛観念のたて直し論が中心かと思ったら、そうではない。

多くの埋もれた資料を使って客観的に歴史を見直したもので、扱われるのは前衛芸術家だけでなく、帯にある「私が見た戦後美術」、むしろその落ち穂拾いという方がふさわしい。

第一章は占領軍司令部発行の英文「太平洋星条旗」紙の調査報告で、米人スタッフの異国趣味からか浮世絵、民芸、木版画の記事のほか、上村松園、朝倉文夫、魯山人らの大家との会見記がめだつ。

ただ敗戦の年の秋、「日本の有力画家数人の百点以上の傑作展」という短い報道が、戦争画家の節操論争をよびおこしたものに当たるとの推測、押収戦争画が翌年夏、占領軍関係者にだけ公開された事実、著者もつとめていた占領軍用アーニー・パイル劇場のギャラリー責任者が、大正期前衛の普門暁だったという記述など興味深い。

第二章以下の戦争画再検討、二科九室会、美術文化、自由美術などの変容と分裂、「アート・クラブ」の消長なども、一方的裁断を避け、忘れられた細部を精細にたどって説得力がある。

わたし自身「夜の会」に集まる若手による「世紀の会」結成、ついでほかの文学グループも結集した「二十代文学者の会」に参加したので、「二十代の会」と「世紀」は同一で「夜の会」に先行する、という著者の主張はうなずけないが、わたしが離れたのちの「世紀」の動向はよくわかる。

五〇年代末以降、著者は新聞社事業部の仕事やピカソ展そのほかの折衝に当たったから、わたしの知らないその分野の実情はよくわかる。それと関連して、戦後美術の裏方というべき新聞の美術記者、事業部の美術担当者、百貨店美術部の責任者、画廊の経営者とマネジャーらの退職後までほりおこしたのは貴重である。（針生一郎・美術評論家）

（生活の友社・3000円）＝2000年1月20日⑤配信

豊富な事例で先入観覆す　「若者と現代宗教」（井上順孝著）

「宗教ブーム」と言われ、「カルト」に入信した若者の姿が繰り返しメディアから流される。しかし、ほんとうに若者は宗教に引き寄せられているのだろうか。

長年の調査統計から、著者は答えはNOだという。この二十年間、宗教を信ずる若者も、宗教への関心も減少し続けている。そしてオウム事件も宗教のイメージをさらに悪化させた。

しかし、一方でオカルトや臨死体験、死後の世界への関心は高い。だがそれらへの関心はテレビなどのメディアでの取り上げられ方に大きく左右されている。

「神社とお寺って違うのですか？」。大学での講義の後で著者は学生からこんな質問を受けて驚く。伝統宗教が「風景」でしかなくなって、力を失っている。

若者は日常を超える未知なる世界には関心を持つのだが、伝統宗教はそれを支えられず、マスコミやゲームといったメディアがその代替となっているのである。

後半は若者の問題を離れて、宗教の現在を総覧する、現代宗教論となる。国境を越えて広がる宗教のグローバル化や、伝統の枠を超えて無国籍化する「ハイパー宗教」の姿が描き出される。

しかし、同時に現代は伝統に執拗（しつよう）に回帰しようとする原理主義の時代でもある。宗教も「相対化」と「絶対化」の間を大きく揺れ動いている。

となると、若者が、宗教が今後どうなっていくのか、どうなるべきかなのを聞きたくなるが、そこで安易なご託宣を述べて自ら「宗教家」にならないところが、この著者の持ち味だ。宗教に対しては相対的だが、実証的学問の原理主義者だといえよう。

統計を含む豊富な事例（さまざまな宗教についての知識も身に付く！）に基づき、マスコミ等で流される宗教への誤った先入観をうち砕く、バランスの取れた現代宗教状況論の好著である。（上田紀行・東工大助教授）

（ちくま新書・660円）＝2000年1月20日⑥配信

読後に残る重い問い　「2000年間で最大の発明は何か」（ジョン・ブロックマン著、高橋健次訳）

人間は特に文明をつくってからは、いろいろな新しい「物」を作り出してきた。正確に言うと、このことは人間だけに限らない。また作る生きものがアリなどの昆虫に多く、いわゆる「高等」な生物とは限らない。

それでも、人間はこの仕事に「発明」という名を与えて、特殊視してきた。二十一世紀という歴史の大きな転換点にあたって、「発明」と人間の関係を見直すのは、なかなかに意義の深いところである。

この本は、インターネットに寄せられた、科学者、ジャーナリスト、哲学者、企業家の多くの意見をまとめて作られた。

ゼロという存在しないものを組み入れて計数の体系を作りあげた「インド・アラビア計数法」から「コンピュータ」「原爆」「馬のあぶみと首当て」「都市」などが「発明が生活を変えた」として第一部に集められ、「民主主義」「教育という概念」「進歩しつづけるという認識」などは「発明が思考を変えた」として第二部に分けられている。

僕が面白いと思ったのは、第二部の冒頭にかかげられた「超自然現象を信じないこと」である。この文章を書いたマレイ・ゲルマン（理論物理学者、一九六九年ノーベル賞）の願いにもかかわらず、この「発明」は、大衆によって支持されていない。毎日の新聞は、宗教をめぐる紛争が世界中で起こっているのを伝えているのである。

多くの人が誤解しているが、発明はルネサンス以後、急速に発達したわけではない。すでに古代ヘレニズム（ギリシャ・ローマ）時代にもさまざまな発明がなされている。しかし、その成果（オートドア、自動水出機）は多く宗教神殿などに神秘的に用いられていた。近代以後の資本主義は「発明」の成果を大衆化したが、「発明の思考」は大衆化されなかった。

「発明する人」と「発明を利用する人」の大きな溝は果たして埋められる日が来るのだろうか。この本を読んだ後に重い問いが残った。（羽仁進・映画監督）

（草思社・1500円）＝2000年1月20日⑦配信

英語と対比し問題提起

「日本語で生きるとは」(片岡義男著)

本書は「英語で生きる人」「立ちふさがるいくつもの壁」「日本語で生きる」の三章構成で、後の計二章が八一九編構成であるのに、第一章は見出しの一編だけである。著者の「英語で生きる」姿勢の重さを受け入れる必要がある。

第一章は、すっかり場に依存する言語である日本語を対比的に扱いながら、「機能」に徹する英語の特性を明らかにしようとしている。その英語は「アメリカやイギリスの文化や国内文脈に引きずられることのない、そのようなものと基本的にはなんの関係もない、したがってその意味では純粋英語と呼んでいい種類」の「世界の共通語」である。

しかし、純粋英語、多国籍すなわち無国籍英語が可能か、という疑問が残る。

第二章では、日本人の英語学習の問題点について「単純に置き換えた英語」「日本語の発想による英語」などの見出しを掲げて、日本の英語教育が単語ごとに「ひとつだけの日本語による意味への置き換え」を無意味に行っている。「言いたいことを過不足なく伝えることの出来る、正しい英語の習得」が必要だという。

本書の題名に採られている第三章は「対話をしない人」「より良き日本語の人」といった見出しを掲げて、日本語に対する批判を加えている。その評価の基準に純粋英語がすえられている。

私は、英語に見られない日本語独自の良いところを外国に輸出できまいか、英語なども日本語の美点を取り入れたらどうか、日本人の話し方についての理解を外国に求めるべきだ、という本書と対極にある見方をとっている。それで、かなり批判的に読んでしまった。

本書は、書名「…とは」に如実に示されているように、日本語の本来抱えもつ問題点や純粋英語の特性などを指摘しつつも、現状としての日本語の弱点が戦後五十年間の政治や経済にかかわる日本人の生き方に起因することを指摘した書である。日本語に対する著者の強い愛情をくみ取るべきであろう。(甲斐睦朗・国立国語研究所所長)

(筑摩書房・2200円)=2000年1月27日②配信

目撃証言の不正確さ考察

「嘘をつく記憶」(菊野春雄著)

「君は確かにあの現場にいた」などと他人から名指しで断言されたらどうしたらいいのだろうか。しかもこれが重大な犯罪に関することであれば、人の一生を左右しかねない重要な証言となる。

目撃証言の信ぴょう性、これは古くから「供述心理学」として知られる学問が追究してきた課題の一つである。ウンドイッチ、トランケルなどの先駆的労作「証言のなかの真実」などがよく知られている。

わが国でも古くは三億円事件の犯人モンタージュ写真が有名であり、最近ようやく無罪で決着のついた「甲山事件」でも園児の目撃証言をめぐって、えん罪かどうか論争がなされてきた。神戸の「酒鬼薔薇」少年の事件でも、加害者、被害者についての誤ったさまざまな目撃情報がマスコミをにぎわせた。

実を言えば、多くの研究や事例から、人間の目撃記憶はあいまいで不正確であり、この目撃記憶による証言をうのみにする危険性は専門家の間では早くから指摘されていた。

本書は、認知発達心理学を専門とする著者による、目撃記憶のうそと真実についての最近の情報処理理論の研究成果をわかりやすくまとめたものである。

「なぜ外国人の顔がみな同じに見えてしまうのか」「なぜ目前で見た少年の顔が大人として記憶されるのか」「知覚しやすい顔、しにくい顔」などについて考察。数多くの事例もまた示唆に富み、興味深い。

警察の過酷な取り調べが生み出す知覚のゆがみや、拘束という絶望感、感覚のはく奪など、いかにして偽証自白が生じるかという、えん罪発生のメカニズムについても、啓もうするところが大きい。

犯罪は「人類最古の社会問題」であるという(シェイファー)。犯罪とは人間関係をめぐる問題である限り、本質的には人間の目を通してしか目撃されないものである。その問題性をあらためて考えさせられる。(影山任佐・東工大教授)

(講談社選書メチエ・1600円)=2000年1月27日④配信

女性芸術家の苦悩つづる

「炎の画家　三岸節子」(吉武輝子著)

昨年四月十八日、九十四歳で逝去した洋画家、三岸節子の伝記。「とかく矮(わい)小化されがちであった女性表現者の実像をなんとかして浮き彫りにしたいと願い、女性表現者の伝記をライフワークとするようになってから、かれこれ二十年近くなる」(「あとがき」)という著者の、九年がかりの力投である。

才能に恵まれた。長寿にも恵まれた。晩年には文化功労者となり、故郷に三岸と名を冠する美術館もできた。少なくとも二十九歳以降は、望みのままに絵筆を握り、その結果はことごとく世に受け入れられ、芸術三昧(ざんまい)の人生をまっとうした。その上、子や孫の愛にも恵まれ、彼らに見守られて生涯を終えた。

というふうに光のあたるところばかり見れば、三岸節子は幸福な画家だった。しかし、もちろん、ゴッホに通じる「炎の画家」という表題が示唆しているとおり、輝かしい人生は、血と涙とうめきで裏打ちされている。彼女の苦悩の半分は、ゴッホ同様、自分自身の芸術家気質のなせるわざだ。

しかし残りは、ゴッホと違って、女性の芸術家に特有の苦悩だ。世間は女に自我を折って暮らせと言う。だが芸術は自我の屹立(きつりつ)なしには成らぬ。画家としてのスタートと同時に、期せずして母かつ妻になってしまった三岸は、長年、女性と芸術家の間できしみ続けた。その経緯が豊富な資料とインタビューをもとに、克明につづられている。

元気のいいとき、読んだほうがいい。特に女性は。三岸の超人的な努力、闘志、まじめ、頑張りに、私は何度も舌を巻いた。めげてるときに読んだら、自分のだらしなさが目立って、よけい落ち込んでしまうだろう。

思えば私の知る著者自身、数々の苦悩を経てきた非常にまじめな努力家だ。伝記はたぶんに、他人の身を借りて自分を描くものである。別の目が見れば、この偉大な女性にも、ちょっとはイイカゲンなとこがあったかもしれないよ、と私は自分をなぐさめた。(中山千夏・作家)

(文芸春秋・2478円)＝2000年1月27日⑤配信

劇的で詩情豊かな短編集

「詩小説」(阿久悠著)

一つの物語をイメージあざやかに、ぎりぎりまで煮つめ凝縮させながらほどよい味わいを作り出す職人芸。作詞家が一つの歌詞を完成する過程には、そのような細心の手腕が要求されるだろう。

たぶんそこには、おびただしい取材ノートや創作メモが残されるに違いない。そしてそれらは、作詞が完成した後でも、抜け殻としてではなく、物語の原形質としての存在感を新たに主張し続けるに違いない。だから、著名な作詞家である著者によって、このような短編小説が書かれるのは、しごく自然のことに思われもするのである。

二十八編入っているが、すべてヒット曲と同じタイトルがついている。「青春時代」「時の過ぎゆくままに」「北の宿から」「また逢う日まで」「五番街のマリーへ」「ワインカラーのときめき」…。これらの題名を聞くなり、即座に歌を口ずさみたくなる人も多いのではないだろうか。

メロディーをBGM風に思い浮かべながら読めば、味わいも一層深くなることうけ合いである。が、もちろんこれらは、独立した作品として独特の情感をたたえていることは言うまでもない。

たとえば「青春時代」は、若き日に一人の女性をめぐって三角関係にあった三人の男女の話だ。その中の一人の男ががんで死ぬのを契機にかつて夫婦だった男女が再会し、青春を火葬にしている気分になる。対立しながらも深い友情で結ばれた三人の過去と現在が自然に浮かび上がって来る。

また「北の蛍(ほたる)」は、いずれも複雑な過去を引きずった写真家と居酒屋の女主人の一夜の交情の物語だ。かつて男に切りつけられた時、傷口から赤い蛍が飛び出したという女主人の話が強い印象を残すのである。

これらの例からも分かるように、総じてどの作品も、構成がたいへん劇的であり、また、イメージ性が豊かである。作詞家なればこその詩情の深さも忘れがたい。(小笠原賢二・文芸評論家)

(中央公論新社・1700円)＝2000年1月27日⑥配信

表現者の内面を照らし出す　「写真家　東松照明」（上野昂志著）

「東松照明とは誰（だれ）か」という自問に答えるかたちで書き始められるこの一冊の「東松照明論」は読みごたえがある。学生のころの初めて写真を撮ったというところから写真家としての現在に至るまでの営為が、二百ページあまりにわたって語られていくのだが、著者は絶えず「写真とは何か」「写真家とは何か」という問いを繰り返すことによって、変転する写真と写真家像をとらえていく。その時間の軸は半世紀に及ぶ。

写真家は対象とかかわるだけでなく、発表する社会ともかかわる。そのかかわりが語られることで、この半世紀の日本の表現者の意識と彼を取り巻く状況の推移が跡づけられている。一人の写真家が語られ、一つの時代が語られている。そこに読みごたえがある。

写真が芸術的表現として成立するためには、撮影者の内面によって支えられたイメージを体現してなくてはならないという写真論を、著者は東松照明の写真を見て、それを詳しく語るところから組み立てていく。

東松照明は、ある時代には「長崎」や「基地」を、さらに「沖縄」を、そして「桜」を、また「プラスチック」を撮影の対象に選んだ。それは、一見社会的な問題として取り上げたように見えるが、実はもともと彼の内部に記憶としてあったものが、現実から失われていく事態になったため、それをイメージとして回復しようとする欲求がもとになっているという。

写真家を内部を持った人間として語り出し、写真は、そういう人間の内部と対象となる現実である外部との境界線上に生まれてくるものだという。東松照明が一九九〇年代に至って、潮の満ち干が重なる「潮間帯」に着目して、そこで見たものを撮影するようになったのは、そこに写真の本質を見たからだという。

一枚一枚の写真について語る著者の言葉によって、写真家の内部に導かれて、その深部にいたり、読み終えたとき、写真に生きている一人の表現者東松照明の全体像と新たな出会いを持つことができた。（鈴木志郎康・詩人、映像作家）

（青土社・3200円）＝2000年2月3日①配信

時代を思考する力強い知性　「ハンナ・アーレント伝」（エリザベス・ヤングブルーエル著、荒川幾男ほか訳）

現代史のもっとも暗い時代を生きた高名な政治哲学者、ハンナ・アーレントの業績が読み直され、その生涯の秘めた恋までが小説になっているいま、刊行当初から高い評価を得た彼女の評伝が、ようやく邦訳された。いいめぐり合わせというべきだろう。

時代を「思考する」という人間のいとなみとはどのようなものか—それを徹底的に行った力強い知性は、論争にもまれた生前よりもいっそう輝きを放って見える。人生を根こそぎにしたナチスの悪の追究に始まり、「世界への愛」と呼ぶ、時代を理解しようとする諸問題への真摯（しんし）な精神に貫かれた活動は、非凡としか言いようがない。

ユダヤ系ドイツ人の亡命者アーレントは、運命としても自ら選んだ者としてもアウトサイダーであり、真の自由を求めていた。

国籍を喪失していた時期に、新しい言語（英語）で「全体主義の起源」を書いたのは、四十五歳。人間性に対する全体主義国家の罪を考察し、ナチ体制とスターリン体制を本質的に同じとした部分が、左翼から批判された。

「イェルサレムのアイヒマン」では、彼を凡庸な悪人と見、一方高潔な殉教者であるユダヤ人のイメージがおとしめられたと、ユダヤ人社会から敵視される。戦後からユダヤ・アラブ共同体を唱えてシオニズム運動から身を引いてもいた。数々の論争を巻き起こした政治学者だが、その洞察力と予見性は世紀末にきて実証されているのである。

彼女の思索は、生涯の師であるヤスパースや同族仲間と呼ぶ多様な友人たちとの「対話」を支えにしているが、何よりも夫ブリュッヒャーとの学び合いの関係はただものではない。独学の思索者である夫に、彼女は「民衆についての本当の理解」を見ていた。

十代の時の恋人は哲学者ハイデッガー。死の直前まで哲学上の批判を準備しながらも、愛情も持ち続けたという。喪失から世界愛へとどのように人生をつくり上げたか、これは一つの意志の書である。（中村輝子・立正大客員教授）

（晶文社・6600円）＝2000年2月3日②配信

「感動産業」の描く夢

「笑いの経済学」(木村政雄著)

お笑い産業の、ではない。吉本興業の経営術、構想力はここまで到達していたのか、と感嘆させて新書ながら大著の中身。

経済学者・中谷巌さんの「時代はトラディショナル・エコノミー(伝統的経済)からEエコノミー(エレクトリカル経済)へと移行している」のEを「エンターテインメント、もしくはエモーショナル」ととらえる筆者は、すでにお笑い産業に身をおいているのではない。人びとに「夢と元気を与える」産業、すなわち、「感動産業」の仕掛け人、推進者を自任するのだ。

吉本興業、平成十年度の売り上げは二百四十六億五千万円、経常利益二十四億五千万円。これを五年後には五百億円の売り上げに伸ばす。が、演芸業界の市場規模はおよそ三百億。この業界にとどまっていては達成不可能だから、放送、音楽、映画も含めた五兆円規模のエンターテインメント産業に参入する。

そのために、お笑い産業の枠を取り払い、カテゴリーを再編する。まずエリアを開拓して「全国吉本化計画」を進める。カテゴリーを広げれば、教育、文化、スポーツ、医療も視野に入る。遠景に、世界を制覇した、年間二兆五千億円を売り上げるディズニー・エンタープライズを見据える。

吉本にかかわる従来の記述、論考は、多くが創業者物語かタレント論、外から眺めた吉本観に尽きた。お笑い産業、ではもはやない、感動産業がどこに向かうか、注目されていたところ、初めて明らかにされた吉本中枢部からの中・長距離目標である。

名将・中邨秀雄会長をサポートする智将の趣。まことに企業は人なりを裏づけて、経営全般に有効な方法論的手引書となった。

明快な筆致、ユニークな発想の赴くところ、国内総生産より幸福総生産へ。ディズニーに倣えば家族を相手にする視点も必要だ。吉本の目線は老人産業、健康産業にも向かい、マーケットはアジアに広がる。

感動産業の描く"ヨシモト・ドリーム"が花開くか、今後の展開が興味深い。(木津川計・立命館大教授)

(集英社新書・640円)＝2000年2月3日③配信

巨匠の息づかいが聞こえる

「パパ、黒澤明」(黒澤和子著)

映画「乱」の登場人物になぞらえて、著者がこんな説明をしている。主人公の老将・秀虎はもちろん黒澤明自身だが、おやじに進言する三郎が息子の黒澤久雄プロデューサー、周りでウロチョロしながら面倒をみている狂阿弥が、著者自身だというのだ。

著者は「七人の侍」の打ち上げの日に生まれた黒澤の長女。その娘が父の思い出を語った。「乱」以降、亡くなった喜代夫人に代わって、最も近い場所で世話した人だけに、晩年の黒澤の好みや行動が細かに活写され、家庭人としての黒澤の姿が浮かび上がる。

映画のことしか頭になく、家の経済状態も娘の学校の名前も、娘が離婚したことも知らなかった父。酒とうまいものを愛した父。その父を「いい気分のまま現場に送り込む」ことが黒澤家の共通のテーマだった。

著者は「夢」以後は黒澤組のスタッフとなって、衣装も担当。父と共に仕事をし、語り合う機会はふえ、娘としての幸せをかみしめる。そして「父の傍に何時もいた私は"必要とされることの幸せ"を失うことがずっと怖かった」と告白している。

その時がやって来る。黒澤は京都の宿舎で転倒し、身体の自由を奪われる。著者は二十五キロもやせ、焦燥する。父の老いは深まり、やがて死の瞬間を迎える。

家族の思い出はきれい事で終始する場合が多いが、本書からは書くことによってケジメをつけ、前向きに生きようとする著者の覚悟が感じられ、読後感はさわやかだ。同時にそれは「一生懸命に、真正直に、本気で」と教えた父の言葉を実践したためでもあったのだろう。

そんな黒澤の残したいい言葉がたくさん出てくる。「葬式には人間の本質が出る」「死んだ人より生きている人間のために働くことだ」といった人生の知恵にあふれた簡潔な言葉が…。

巨匠の死後に出版された黒澤本は記事を寄せ集めたパッチワーク本がほとんどだ。しかし本書は黒澤の息づかいが聞こえるという点で一線を画している。(西村雄一郎・映画評論家)

(文芸春秋・1571円)＝2000年2月3日④配信

山村舞台に描く人間の連鎖

「道祖土家（さいどけ）の猿嫁」（坂東眞砂子著）

さまざまな伝承を織り込み、あたかもその土地の歴史であるかのような錯覚を読者に起こさせる、坂東眞砂子はそんな物語の紡ぎ手といえるだろう。

「死国」の黄泉（よみ）の国、「桃色浄土」の補陀落（ふだらく）渡海、「山妣（やまはは）」の山妣など、土地にまつわる伝説は共同体のきずなが強力な場所に生まれているが、伝承の背後にあるのは異なった文化をもつ者との交流の痕跡である。作者は民俗学でいうところの異人交渉譚（たん）を豊かなイメージでふくらませ、現在の日本人のルーツを異人との関係に見ようとしている。

本書は、平家の血につながるといわれる土佐火振村の名家道祖土家が舞台である。村を揺るがす明治の自由民権運動から世界恐慌、太平洋戦争、高度経済成長という歴史的事件を盛り込みながら道祖土家の変遷がつづられていく。さらに土地の方言を駆使した民話や歌謡がその土地の雰囲気を盛り上げている。山村の描写の精密さは土佐出身の坂東ならではのものであろう。

話は道祖土家に嫁いだ蕗（ふき）を中心に展開される。彼女は猿に似た顔のため猿嫁と呼ばれるが、道祖土家には戦国時代に先祖が戦に恐れをなして山に逃げ、白い猿に助けられたという言い伝えが残っている。しかもその子孫には猿の血が混じっていると。「憶病者の子孫」は「猿」の助けによって再び土地に舞い戻ることができたのである。

蕗の存在自体が道祖土家の伝承に確信を与え繁栄の根拠となる。こうしてこの小説は憶病ゆえに別の世界とかかわり生き延びた男たちの物語ともなる。

最後は一九九六年。蕗の三十三回忌の場面で、百年以上続いた母屋も取り壊されることになり家の崩壊が暗示される。その一方で、これは読んでのお楽しみだが、道祖土家の憶病者の血が予想もつかない結果を現出させてもいる。土佐の小さな山村を舞台にしながら日本人の歴史と、人間の連鎖の大きな広がりを感じさせる一冊である。（与那覇恵子・文芸評論家）

（講談社・1800円）＝2000年2月3日⑤配信

忘れがたい青春の日々

「瑠璃色の石」（津村節子著）

どのような人にも忘れがたい青春の日々があり、そこにはその人の「固有の生」を決定づけるなにがしかの種が潜んでいる。

津村節子氏は、同人雑誌を出発点として志をなしとげた作家だが、本書は、彼女が生活を背負いつつ文学をあきらめず、多くの作家と出会いながら、自分の場所を確立していくさまを描いた自伝的小説である。

物語は、戦争に翻弄（ほんろう）され高等女学校を繰り上げ卒業せねばならなかった「私」が、二十三歳で学習院短期大学に入学、最初の春を迎えるところから始まっている。幼時から本を読むこと、物を書くことが好きだった「私」は、学習院短期大学を「知」の磁場として、大学部の同人雑誌や短大の同人誌に少しずつ作品を発表していく。この短大時代の青春群像がすばらしい。

のちに彼女の夫となる大学部の文芸部委員長高沢圭介（吉村昭）との出会いや、文芸部の資金集めのために古典落語会を催すエピソードのほか、三島由紀夫との交流などが生き生きと描かれている。

後半は、高沢と結婚した「私」の、生活と文学を両立させるための苦悩や、生計のために少女小説を書きながら夫と同時に芥川賞候補になるまでの文学的成熟が描かれているが、同時にこの作品は、寄り添いながら生きてきた三人姉妹の自立の物語も含んでいる。

九歳で母を、十六歳で父を、十九歳で祖母を亡くした姉妹が生活を支えあい、やがて伴りょを得てそれぞれの幸福を築いていく姿は、敗戦社会の中で女性たちがめざした自立への過程そのものといっていいだろう。

本書には、同志だった小田仁二郎、瀬戸内晴美（寂聴）なども登場するが、同人雑誌に発表された作品を資料から丹念に拾い、彼らがどう文学と向き合い、闘ってきたかも伝えている。若き日の文学者たちの姿に、畏怖（いふ）と羨望（せんぼう）を覚えるのは私だけではないはずだ。（稲葉真弓・作家）

（新潮社・1400円）＝2000年2月3日⑥配信

自由を求める男たちの夢

「始祖鳥記」（飯嶋和一著）

号が天明にあらたまった一七八一年のころあい、備前岡山でのことだ。うわさが走る。鵺（ぬえ）のうわさだ。源頼政が紫宸殿（ししんでん）で射殺したはずの、かの伝説の化け鳥が、城下の京橋かいわいを暗夜に飛んでいる。「イツマデイツマデ」と裏声で鳴く。

糞侍（ぶさ）と大商人だけが甘い汁をすすり、民衆は飢えと疫病にあえぐ。ながびく藩の失政を、うわさはあらためてあぶり出すようだ。民衆にとっては、化け鳥は世直しをもたらす瑞鳥（ずいちょう）だった。

うわさの増殖をおそれて、藩は鵺の正体の探索にかかる。備前屋幸吉が捕縛される。城下でも名の通った表具師だ。幸吉は、小鳥の羽と体重の比を測り、その比にしたがって畳十五枚ほどの大凧（だこ）をつくり、みずから鳥のからだとなって大凧を背負い、夜ごと空を飛ぶ実験をくりかえしていた。じしんはまるで藩政を批判するつもりなどなかった。

ひとりの酔狂が、意味をちがえて飛び火することはあるものだ。物語は、ここから、所払いの刑を受けた幸吉と、なぜか幸吉に集まる男たちとの関係を語っていくが、それは、ことごとく、幕藩体制への反抗へとつながっていく。

海路に通じた回船の船頭も、塩の自由な製造販売を求める塩問屋も。かれらは陸路も海路も封鎖・統制された窮屈な時代を生きながら、なお封鎖の手のおよばぬ空に生きる回路を求めた幸吉を、達成すべき夢のようにして、現に生き抜いていく。

この展開がダイナミックに魅力的だ。言葉は骨太く、品を失わない。幸吉と似た状況下にありながら、ブッチホンなんぞとダジャレている私たちの現在が、生き物としてもいかに下品であるかも、大なたの一撃をくらったようにもわかるだろう。かの伝説の相撲、雷電を書いた小説で、私たちの民俗のからだの力を掘りおこした小説家は、ここに、また、濁りのない存在に至る一里塚を、しっかりと打ち立てた。（倉本四郎・作家）

（小学館・1700円）＝2000年2月10日①配信

悲哀とペーソス色濃く

「昭和時代回想」（関川夏央著）

生きてきた自分を俎（そ）の上にのせて、「昭和」という時代は何であったかをとらえかえそうとする試みである。

西暦二〇〇〇年はすなわち昭和七十五年である。そのものさしから現在も離れられない著者は、「昭和」という長かった時代を振りかえる。なぜなら、それは明治に匹敵する激動の時代で、その三分の二を自分は生きてきたという実感が強いからである。そこからみると、「平成」という暦は冗漫で、どこか希薄である。

かつて中村草田男は、「降る雪や明治は遠くなりにけり」の一句を作って、偉大な「明治」を偲（しの）んだ。それに匹敵するものを「昭和」という時代はもてたか。こういう問いから、自己の幼年時代にまで遡行（そこう）する筆先には、悲哀とペーソスが色濃くにじみ出ている。

「昭和」は戦争によって鋭く分断されるが、戦後生まれの著者はまさに「戦後民主主義」の落とし子で、それら有形無形の空気の中で時代の風波を受けて生きてきた。

昭和の終焉（しゅうえん）とともに、今までの枠組みが一気に破たんし、今まで抑圧、忌避してきたさまざまな問題が、内と外から噴出してやまないのが現在である。著者の内心たるや複雑である。「去る者は日々に疎し」ではなく、思いは日々に新しい。

「溶明する民主主義」から始まり、三島由紀夫の自決を扱った「市ケ谷台の桜」まで数十本の小品で構成された本書は、戦後の家族の規範から一人それて、独身者として生き、中年にさしかかった著者の、老いと死をめぐる省察でもある。

山田風太郎の日記論と、江戸川乱歩、藤沢周平の素描がよい。なかんずく、長谷川町子の「サザエさん」と向田邦子の小説を論じ、そこに共通した戦前の理想的な中流家庭を見る視点が鮮やかである。彼女たちも著者と同じく、いろいろな理由からシングルで通した。（樋口覚・文芸評論家）

（NHK出版・1600円）＝2000年2月10日③配信

可塑性めぐる20世紀の神話

「プラスチックの文化史」（遠藤徹著）

能評家の故戸井田道三に、意外にもプラスチックに関する印象的な文がある。旅先の砂浜に打ち寄せられたプラスチック容器の残がいを見た彼は、そこに生命の終えんのイメージを透視する。ゴミ捨て場とはちがった、砂に洗われた清潔で、しかし冷酷なプラスチック片の印象が、彼に生命以前と以後とをむすびあわせ、黙示録的な世界のイメージを連想させたのだ。

あるいはすでに、私たちは写真家東松照明による「プラスチックス」の連作も知っている。そこでは、浜辺の黒砂に半ば埋もれながら、海鳥の死がいやゴム手袋とともに姿を現すプラスチック容器のひしゃげたリアリティーが、不思議に私たちの現実感覚を刺激し、のっぺりした日常の流動のなかにひそむとげのある死の断片を予感させた。

本書は表題通り、プラスチックというモノの誕生と展開をめぐる歴史的データに裏付けられた技術文明論の実証的な著作ではある。だが著者が正しく見据えているように、プラスチックという二十世紀に発明された人工的な合成物質は、その素材としての複雑多様な化学的組成や無数の種類とは裏腹に、たった一つの強固な「神話」として二十世紀の人間の想像力を支配したことによって特別の存在となった。

本書はこの「プラスチック」という、模造品のいかがわしさと陽気なポップさとを兼ね備えた可塑性物質をめぐる「神話」を、思想史的な切り口から精緻（ち）に脱神話化してみせる。

同時に、モノにまつわるエピソードも面白い。世紀初頭、自然素材の代用品として発明されたセルロイドやベークライトのさまざまな用途。レコード盤、プラモデル、バービー人形といったかたちで大衆文化のなかに具現化した欲望の戦後史。

そして、いまやクレジットカード、ペットボトル、はては環境ホルモンから人工臓器にいたるプラスチックの遍在性…。神話を暴きつつ、神話に可能性を見ようとするバランスある視点もいい。

（今福龍太・札幌大教授）

（水声社・3500円）＝2000年2月10日④配信

ざん新な伝統詩の活用法

「癒しの連句会」（浅野欣也著）

短歌は五七五七七だが、五七五と七七の間に切れ目がある。五七五VS七七という構造をしている。この非シンメトリーの上下句は絶妙で、さながら寺院の塔と講堂の配置のように、拮抗（きっこう）しつつアンサンブルをかもし出し、奥行きある表現を可能にしてきた。

五七五と七七から成っているのであれば、ときにそれぞれを別の人間が作ってみたくなるのは自然のなりゆきというべきである。中世には連歌が盛んに行われ、発句が自立して俳諧、俳句が生まれた。

近代に入って連歌、連句は廃れた。あまりに複雑なルールが伴うようになったのも原因のひとつだが、近代の短歌や俳句がなにより個の表現を目指して再生したことが大きい。ひとりの人間が、ひとつの世界を作る。連歌、連句のようなものは、近代の基本的精神に照らして、本流とはなりえなかった。

最近、こういう傾向に少しずつ変化が見られる。歌会、題詠、歌合わせ、連歌など「座」を共有して作り合うことに、ただの遊びでない積極的な意義を見いだす。言葉をもってつながりを求める人々の渇望がそれだけ切実になっているのだろう。

その形式の機能をさらに生かして、こころを病む人々への治癒の一方法として連句を実践したのが本著だ。著者は長いキャリアをもつ連句愛好家であるとともに、ベテランの精神科医である。治療者と非治療者が一対一で、またときには家族やグループで、五七五を詠み、それに七七を付け合わせ、一連の共同作品に仕上げてゆく。その作業の中でしだいにこころに平静が呼び込まれてゆくさまが豊富な実例をもって紹介されている。

こういう伝統詩の活用の仕方があった。「文学」意識にとらわれている歌人、俳人にとって盲点をつかれる発想であり、実践である。「癒（いや）しの方法の決定版が連句なのだ」という著者の実感は、こころの治療の問題だけでなく、すぐれて定型の本質を考えさせる。（小池光・歌人）

（日本評論社・1800円）＝2000年2月10日⑤配信

失った人間性の回復描く　「一瞬の光」（白石一文著）

本書の主人公は、三十八歳という若さで日本を代表する財閥大企業の人事課長に抜てきされた、超エリートサラリーマンである。周囲からは社長の懐刀と目され、仕事も生活も何ひとつ不自由のない、完ぺきな人生を送っている人物だった。ただひとつ、彼だけが知る、自己の内部の凍りつくような孤独感を除けばだ。そんな男が、十九歳の短大生と知り合ったことで、すべてが一変していく。

といっても、そこからふたりの恋愛話が始まるわけではない。女は、幼いころから現在にいたるまで、母親と兄に暴力をふるわれ続け、その恐怖に塗りつぶされた過去におびえながら生きている存在だったのだ。

幼児期に肉親から虐待を受けた人間は、その虐待に抵抗するだけの自我をまだ身につけていないために、深い精神的外傷を負ってしまう。彼らは虐待にあうたびに、その理由を見つけようとし、結局、自分自身が親にせめられる素地を持って生まれてきたからなのだと結論づけてしまうのだ。

そして彼らはそんな自分自身を憎み、のろうようになる。その結果、やがて彼らは愛されることのなかった自分に嫌悪を抱き、自己を愛せない人間として成長する。男が知り合ったのは、そんな過去を持つ女であった。

さて物語はここから、社内で起きつつある反社長派との抗争と、女の身を案ずる男の日々を描く形で進行していく。虐待を受けている短大生と積極的にかかわり合いを持つことで、男は仕事に明け暮れているうちに次第に自分の内部で失っていた〈人間性〉—それはとりもなおさず自分の孤独感からくるものだ—を思い出し、取り戻していこうとする。

だが、あえてそこでひとつの不満を述べておくと、ここに描かれるすべての登場人物たちが、どこか自分勝手なわがままな存在で、読後のさわやかさがないことを記しておく。がしかし、これは新人のデビュー作としては秀逸な作品だろう。（関口苑生・評論家）

（角川書店・1800円）＝2000年2月10日⑥配信

近代ファンタジーの傑作　「世界のはての泉（上・下）」（ウィリアム・モリス著、川端康雄・兼松誠一訳）

ウィリアム・モリスは十九世紀末イギリスの工芸家・装飾デザイナー・社会主義思想家として、日本でもよく知られている。柳宗悦など民芸運動家に大きな影響を与えた。モリスの代表的作品のひとつ「ユートピアだより」は、明治三十七（一九〇四）年に早くも堺利彦によって訳されていた。第二次世界大戦後は小野二郎の著作によって、モリスの芸術や思想は一般にかなり親しまれるようになった。

ところが、モリスの文学作品、とくにその中心となるロマンス物語は、残念ながらわが国でそれほど広く知られていない。というわけで彼の後期のロマンス物語の傑作である「世界のはての泉」が、「ウィリアム・モリス・コレクション」のトップを切って邦訳刊行されたのは、大いに喜ばしい。

架空の国の王の末子ラルフが、恋人のアーシュラとともに、世界のはてにある、永遠の若さと愛をもたらしてくれる泉を求めて遍歴の旅に出る—と筋を紹介すると、ギリシャ神話や北欧伝説などによくある、ありきたりのテーマの二番せんじのように見えるかもしれない。だが、モリス独自の新しい要素にみちた近代的ファンタジーの物語であることが、全巻を読めばわかって来る。

中世のロマンス物語とは違って、主人公の勇敢な戦士はただ主君に忠誠を尽くすのではなく、民衆の連帯による幸福を求める。故国に戻って王位についたラルフの妃となるアーシュラは、お姫さまではなく自由農民（ヨーマン）の娘であった。二十世紀のファンタジー作家トルキーンやC・S・ルイスがモリスのロマンス物語に感銘を受けたのも無理はない。

この長大な作品の初訳に挑戦した二人の訳者に拍手を送りたい。まさにモリスの装飾デザインのような古風だが素朴な魅力を持つ原文を、わかりやすい日本語に変えた努力を高く評価する。なお、バーン・ジョーンズによる初版の挿絵がいくつか紹介されている。（小池滋・東京女子大教授）

（晶文社・上下各2300円）＝2000年2月17日①配信

日本文化のありよう浮かぶ

「翻訳百年」(原卓也・西永良成編)

文学の翻訳とは苦しくむなしい営為であり、「義侠心(ぎきょうしん)」がなければとてもできない、とイタリア文学者の河島英昭は述べている。

本書は、大いなる「義侠心」をもってこれにとりくんできた外国文学者たち、河島を含む十四人が、先達の残した仕事を紹介し、自らの体験や苦労を(ときには誤訳まで!)披露しながら、翻訳をめぐるさまざまな問題点を指摘した、示唆に富む論集である。

もとになっているのは東京外国語大学総合文化研究所の主催で行われた連続公開講座。同大学で教える米国、アラブ、ギリシャ・ローマ、中国、ドイツ、フランス、ベトナム、ポーランドなど各地域の専門家が、それぞれの文学の翻訳について熱っぽく語っている。

かといって、単に翻訳事情が羅列されているだけではない。全体を眺めると、外国文学の翻訳というプリズムを通した日本近代文化のありようが(そのゆがみ具合も含めて)おのずと浮かび上がってくる。

たとえば明治時代、二葉亭四迷らによって翻訳されたロシア文学から、日本の作家たちがいかに大きな影響を受けたかということ。植民地として見下していたためか、日本人が朝鮮文学を外国文学として主体的に受容するのをいかに怠ったかということ。編者のひとり西永良成が述べるように、「わが国の近現代と同じく、欧米偏重—近年はとりわけアメリカ偏重—の外国文学翻訳の歴史が、今日わが国における世界文学像をいかに貧弱、矮小(わいしょう)にしているかということ」等々。

外国文学に対する関心が全般的に低下している現状にあって、今後、翻訳家は日本の読者に何を提供するべきなのか。質の高い翻訳で世界のすぐれた文学作品をバランスよく紹介していくには、各国語の枠にとらわれず縦横に情報を交換し合える環境が必要だろう。

本書が、そうした風通しのいい環境を整えるための重要な布石となることは間違いない。(沼野恭子・ロシア文学者)

(大修館書店・2300円)＝2000年2月17日②配信

既成の親鸞像への挑戦状

「悪と往生」(山折哲雄著)

親鸞がおりふしに語った言葉を弟子の唯円が書きとめた「歎異抄」と、親鸞が自ら筆をとった、経典の注釈ノートともいうべき「教行信証」の、どちらに親鸞の真意が現れているか。

従来は「歎異抄」にこそ親鸞の生き生きとした思いが述べられているといわれてきた。だが、この「悪と往生」によれば、唯円は恭順な弟子でありながら、師の死後に現れた異説を正そうとするあまり、自分の考えに親鸞を引き寄せているという。

「歎異抄」の親鸞は悪人こそ救われるとか、すべての人に殺人の可能性があるなどと説く。

しかし「教行信証」における「重大なテーマはただ一つ、父殺しの罪を犯した悪人ははたして宗教的に救われるのか」だとして、「父殺しが救われるためには、『善知識』と『懺悔(ざんげ)』の二条件が決定的に必要である」という。善知識とは善き教師である。

「端的に告白しよう。『歎異抄』と親鸞のあいだには絶対の距離がある」と著者はいう。「善人なをもちて往生をとぐ、いはんや悪人をや」といった観念的な逆説ではなく、具体的な救済の条件を提示する「教行信証」こそ親鸞の真意なのである。

そして唯円はユダに似ているという。太宰治の「駈け込み訴へ」におけるユダは愛情と憎悪の二重の思念をイエスにぶっつけ、ついには師を裏切る。

唯円も親鸞への信従と、他の弟子への批判の二つの気持ちを抱いていた。そして師の精神を誤って伝えている弟子たちの異端を嘆いて「歎異抄」を書いた。

そこから唯円の自己正当化が始まる。「歎異抄」こそ、親鸞の真相だという思い込みが、逆に師を裏切ることになった。

そこで「教行信証」によって親鸞の思想を明らかにしたい、というのが本書の趣旨であろう。

これは近代以降の親鸞理解に対する挑戦状である。ここから新たなる論戦が始まることを期待したい。(笠原芳光・京都精華大名誉教授)

(中公新書・780円)＝2000年2月17日③配信

死に向き合った思索

「薔薇の沈黙」（辻邦生著）

本書は辻邦生の遺著である。それがリルケ論であることが、不思議といえば不思議だ。典雅な歴史小説の書き手として知られた現代日本の作家と、今世紀前半のドイツ語圏における最高の叙情詩人の取り合わせ。だが、読みすすむにつれて、その不思議さはある必然の相のあらわれとともに解消し、静謐（せいひつ）な感動をさえ呼び起こす。そんな書物だ。

作家は、ひたすらリルケに寄り添う。具体的には、「マルテの手記」から「ドゥイノの悲歌」へと、詩人の精神の変化を丹念にたどる。それは、近代のニヒリズムが生んだ「誰（だれ）のでもない死」の確認から、その乗り越えとしての「世界内面空間」の希求への変化である。

では、「世界内面空間」とはなにか。辻氏の読み取りによれば、人間が自己を超え出て外へと向かうその開かれであり、そこでは「自己の内面は純粋に透明化することによって、外面世界に一体化する」。

だとすれば、「世界内面空間」とは、もうひとつの死ではないか。死は、ある意味で「私」が消滅し、かわって石や空気が「私」となることにも等しいだろうからだ。「世界内面空間」は、もちろん死によってその可能性を奪われてしまうのだが、同時にその凍りついたような成就をも実現してしまうかのごとくに。

作家はこうして、この書物を書きながらリルケにだけ向き合っていたのではない。むしろ正確には、リルケを通して死に向き合っていたのであり、迫り来るおのれの死の予感のなかで、それをもうひとつの「開かれた世界」へと重ねるべく思索を集中させていたのである。

その意味で、「『薔薇の沈黙』は七月二九日の午前（作家の死の時刻、筆者注）に完成し、成就したのだと思いたい」というあとがきでの夫人の言葉は、胸をうつとともに、ある種異様なリアリティーを伝えているような気がしてならない。（野村喜和夫・詩人）

（筑摩書房・2200円）＝2000年2月17日④配信

“小さな批評”の威力

「夏の約束」（藤野千夜著）

時代は刻々と変化してゆく。経済政策を揺り動かす大変化もあれば、これぞと示し難い人の心の微細なる変化もあってひととおりではない。小説は、その一様ならざる時代の変化変幻を自在に写しとって喜々としている。藤野千夜「夏の約束」を読んで思う感想がそれだ。昔、〈一読三嘆〉を能書きとする小説があった。一回読むと三回分驚くぞ、といった気分であったろうか。

新芥川賞作家藤野千夜は、まずその存在が人々をびっくりさせた。その作品「夏の約束」の内容、性別を超越した袖（そで）すり合わせる若い人々の描かれ方が微苦笑させる。読者の世代によって受けとめ方は異なるにしても、〈マルオ〉と〈ヒカル〉を中心とした青年群像が淡々としかも生き生きと活写されている。

不良債権、赤字国債、不景気、リストラ、世紀末。何もいいことのないわが国だが、ここに登場する青年たちは、大言壮語せず、しかるべき職業ももって毎日をすがすがしく生きている。

〈ホモ〉と名指しされれば、これまたびっくりだが、彼と彼女（彼女と彼）の関係は、共生の極致、人と人とが手をとり合って生き抜いてゆく際立って当然の関係を描き出してゆく。女性が嫌いというわけではなくして、ただ男が好きなだけだから、〈マルオ〉と〈ヒカル〉の関係は成り立っている。彼らの究極の目標は、周囲の友達を誘い合って、夏になったら〈キャンプ〉に行こうという約束をしているそれだけのこと。

小さくたたみ込まれた彼ら〈ゲイ・カップル〉の日常生活の傍らを進学塾の同一リュックを背負った小学生たちが過ぎてゆく。そのガキどもに白眼視される彼らが言うせりふが面白い。〈あのうち八割はそのまま大人になって、一生だれかを笑っていくんだね〉

せいぜい水鉄砲ていどの威力しか持たないせりふながら、彼らカップルの存在自体が世紀末日本の小さな批評の威力と化して笑わせてくれる。果たして夏のキャンプは実現されるだろうか。（栗坪良樹・青山学院女子短大学長）

（講談社・1200円）＝2000年2月17日⑤配信

辛口の「非国民」宣言

「日本人への遺書」（天本英世著）

天本さんは、二十世紀スペインが生んだ最大の詩人ガルシア・ロルカの詩を吟唱する数少ない日本人の一人である。それも、スペイン語で。

私も、何回か、天本さんのロルカを聴いたことがある。

“ぼくが死んだ時は／埋めて下さい　ぼくのギターとともに／砂の下に…”

「第二次大戦の導火線」ともいわれたスペイン内戦期に、故郷のグラナダ郊外でファシストに虐殺されたロルカ。ロルカの悲しみ、恐怖、絶望、怒りを、天本さんは、ときに静かに、ときに悲憤慷慨（こうがい）して、語りかけるのである。

「平和呆（ぼ）け」した「居眠り民族」の日本人のなかにも、天本さんのロルカを聴いて、感動する人は多かったに違いない。

ロルカの詩の吟唱は、現在の「言論の不自由」的状況にむとんちゃくで「自分の意見を持たない」日本人に、これでいいのか、このままでいいのか、と問いかけるメッセージなのだ。このままでは、ロルカを虐殺した時代に、換言すれば、「一億一心」となって突入した太平洋戦争の時代に戻ってしまう、そう警鐘を鳴らしているのである。

本書は、天本さんの自伝であり、本人自身も含めて日本人への辛口の決別の書である。

これほどまでスペイン、ロルカ、そしてフラメンコへのめり込んだのかは、彼の「完ぺきな劣等兵」としての軍隊体験であろう。旧制七高在学中に久留米の兵営に入営した日、窓から外をじっと見ていると、カランコロンカランコロンとげたを履いた男が歩いてくるのを見て、自分はもう自由ではないと思ったという。そう、天本さんの生きる原点は「自由」を奪い取ろうとする者に対する仮借なき闘い、だったのである。

“ぼくが死んだ時は／埋めて下さい　オレンジの木と／薄荷の茂みの間に…”

自らを「非国民」と公言してはばからない天本さんのロルカの絶唱が聞こえてくるような本である。（川成洋・法政大教授）

（徳間書店・1600円）＝2000年2月18日配信

独学で理論と技術を獲得

「東大で上野千鶴子にケンカを学ぶ」（遙洋子著）

もしかすると女性の友情の物語かもしれない。

短大を出てテレビタレントになった遥洋子はスタジオでオヤジのセクハラに近いギャグを切り返せない。「女は黙れ」「行かず後家のねたみ」、そういうとき他の女性タレントは「私たちかわいいもーん」と知らんぷり。くやしがりの遥は東大でジェンダー論を教える上野千鶴子に乞（こ）うてゼミに入れてもらう。

「勝ちたいんです。それも瞬時にとどめをさすやり方で」。すると上野はいった。「とどめを刺しちゃいけません。相手をもてあそぶやり方を覚えて帰りなさい」

遥は多忙なスケジュールを縫って新幹線で本郷に通い、徹夜して膨大な論文、レジュメを読む。まわりの学生に専門用語を教えてもらう。化粧法と交換で。質問できない、質問されて答えられない、という修羅場をくぐる。文献は読めば読むほどわからなくなった。

「わかったことはただひとつ、物事は一概に言えない、ということくらい」。すると上野はいった。「それがわかればしめたものよ」

本能、真理、そういった固定観念を疑え。多彩な切り口、発想の枠組み、発見のしかたを遥は学んでゆく。

一九八〇年代、上野はフェミニズムの旗手として大活躍した。東大に行ったら上野さんもオトナシクなった、とのやっかみ半分の声もなくはなかったが、上野はここで教育に壮絶な努力を払っている。「私にしゃべらせないで」が口癖、議論の管理が教授の仕事だ。この応答の緊迫感だけでも本書を読む価値はある。レジャーランド化した大学のイメージが（そうでないのはここくらいかもしれないが）くずれていく。

三年の修業を積んだ遥の文章はじつに明晰（めいせき）だ。これはタレントが東大に入りましたの成功譚（たん）でなく、「使えてなんぼ」の理論と技術を身につける熾烈（しれつ）な努力譚である。つらくて泣く遥に上野はいう。「私たちは皆、独学できたのよ」。ケンカのしかた十カ条付き。（森まゆみ・作家）

（筑摩書房・1400円）＝2000年2月24日①配信

カラー写真で時代も映す

「20世紀おもちゃ博物館」（高山英男監修、日本玩具文化財団編）

私はグリコのオマケで育った世代である。当時、おもちゃなど買ってもらえなかった私は、時々買ってくれるグリコのオマケをブリキの缶に集めていた。そのオマケの小さなおもちゃが、いつも私を空想の世界に誘ってくれた。

もし、まだあのオマケがここにあれば、すぐにあのころの空想の世界に戻れるような気がする。おもちゃが、こんなにいとしい物であると、この本を開くまで気がつかなかったのは、うかつだった。

「20世紀おもちゃ博物館」と題されたこの本には、明治・大正期から現代までのおもちゃが、カラー写真で紹介されている。この百年間、日本のおもちゃ産業は、大きな発展と変化を遂げてきた。その様子を実際のおもちゃを見ながら理解することができるのだ。

時代ごとに、挿入された解説も実に分かりやすくまとめられている。おもちゃに関心を持っている人はもちろんのこと、一般の読者も楽しめるはず。私などは、百年分のおもちゃがこの一冊に収められていると思うと、それだけでワクワクする。

明治から今日までの日本の歴史を、おもちゃを見ながら振り返ることもできる。「歌は世につれ、世は歌につれ」と言われるが、おもちゃの方が時代状況をより鮮明に映しだしているのかもしれない。歴史の授業に利用すれば、子どもたちも目を輝かせるだろう。

自宅で子どもと一緒にページをめくり、お母さんの幼いころに遊んだおもちゃを教えながら、当時の時代を話して聞かせるのも楽しいだろう。おもちゃについての話なら、子どもたちを退屈させることはない。また、ブリキのおもちゃからハイテクがん具まで、すべてを解説できるお父さんは尊敬されるはずだ。

「百年分のおもちゃがこの一冊に大集合！　子どもの頃のなつかしい記憶のページをめくってみませんか？」（本書の帯より）。この本は、私にとって宝物の一冊になりそうだ。（富田英典・仏教大教授）

（同文書院・2000円）＝2000年2月24日②配信

科学を対象に絶妙な味

「わかってきました。」（赤瀬川原平著）

赤瀬川さんの本は面白い。そもそもおかしくて、笑う。ばか笑いするようなものはないし、冷笑でもない。健康な笑いである。

トマソンと称する、要するに、もうだれの役にも立たなくなったけれども、なんとなくそこにある。そういうものを写真にとって解説する。そうすると独特の、絶妙な味が出る。そういえば老人力も、それによく似ている。昔は役に立っていたらしいんだが。

今度は役に立たないわけではないが、どういう役に立っているか、そこがよくわからないという、科学が対象である。ここでも似たような味が出る。

私にも科学者としての才能がないわけではなかろう。赤瀬川さんはそう思う。でも藤森照信さんにたしなめられる。科学者は数学ができなければならない。

藤森さんは建築つまり工学だから、数学がいる。しかし理科系でも数学の不要な領域はたくさんある。赤瀬川さんは論理的な人だから、むろん科学ができるはずである。その論理は、実はたいへん緻密（ちみつ）なのである。

文章がそうだが、どこに句読点を入れるか、それが人によって違う。論理も似たところがある。赤瀬川さんの論理の句読点は、たいへん緻密である。それを丹念にたどっていくと、ふつうとはずいぶん違った方に行き着く。間を飛ばしてしまうと、赤瀬川さんのような思考はできない。

トマソンが典型だが、野外の仕事に向いた目である。私にとっては、赤瀬川さんの目はいつも参考になる。私は慌て者で、赤瀬川さんの見ているところを飛ばしてしまうらしいのである。

むずかしいことを考えなくても、実際に本を読めば、面白いとわかる。そして笑う。たとえば、赤瀬川さんの最初の訪問先はペット探偵である。行方不明のペットを探すのが専門の白澤実氏。そうかと思うと地球物理学の松井孝典氏。アフォーダンスの心理学者、佐々木正人氏。ずいぶんむずかしい科学も追いかけるわけである。そのあとで独り言をブツブツいう。そこがなんとも面白い。（養老孟司・解剖学者）

（講談社・1600円）＝2000年2月24日③配信

柳田国男の魅力的な伴走者

「橋浦泰雄伝」（鶴見太郎著）

柳田国男の身辺には、じつにたくさんの弟子たちがいた。南方熊楠や折口信夫のような不敵なライバルもいた。だがもう一人、逸すべからざる大いなる伴走者がいた。それが橋浦泰雄だった。この伴走者は誠実な共産主義者であり、わが国最初の真の生活協同組合運動家であり、綿密な民俗調査者であり、そしてさらに民俗学という学問領域のすぐれた組織者であった。以上が橋浦泰雄という人間にたいする本書の著者の変わらざる視点である。

民俗学という学問の世界で、柳田国男はつねにシテの舞を舞っていた。その晴れ姿の真に意味ある実質を保証したのは、ひょっとするとこのようなすぐれた伴走者の舞がワキをしっかりかためていたからではないか。それが本書を読んでの第一の印象である。

戦前から戦後にかけての波乱にみちた時代の中で、橋浦の誕生と活動が起伏豊かに語られていく。橋浦個人にまつわる資料、運動や調査、旅や交友にかんする資料が重ねられていく。評伝という形式がそのような方法をとらせたのだろう。性急な判断や意義づけを極力避けているのがいい。不思議なのはそのような客観的な叙述の中で、橋浦の人間的魅力が自然に浮かびあがってくることである。

橋浦は鳥取県の出身だが、郷党の仲間たちとの、文学や絵を通しての細やかな交友が生涯つづけられていった。かれは民俗調査者であるとともに詩文の人であり、いくどとなく個展をひらいた画家でもあった。運動の組織者としても有能だった。社会主義者と文学者と民俗学者をつなぐ結節点に立ちながら、政治運動と民俗研究のあいだに慎重な一線を引いていた。とりわけ一九三〇年代以降の暗い時代に、柳田を中心に「民間伝承の会」が誕生し、それを支えつづけた橋浦の姿を浮き彫りにしていくところは、けだし本書の圧巻といっていい。

この本に接して、橋浦泰雄という人間にあらたに敬愛の念を抱く読者は多いのではないか。（山折哲雄・白鳳女子短大学長）

（晶文社・2600円）＝2000年2月24日④配信

かなしく官能的な武士の姿

「一十郎とお蘭さま」（南條範夫著）

かつて井伏鱒二氏は八十六歳で連載小説を書かれたが、この著者は九十歳を越えて書き下ろしの長編小説を完成させた。それも一剣客のいちずな恋物語で、その集中力には敬意を表せざるを得ない。

時は文久三年から明治二十九年にかけて。まさに激動の時代だ。舞台は越後国蒲原郡で三万石を領する村松藩。

主人公はこの小藩の藩主堀右京亮直賀（なおよし）に仕える欅一十郎。祖父の代から江戸詰で、著名な剣客桃井春蔵門下の五指に入る遣い手だったが、のちに機迅流の依田新八郎の門に移った。

元治二（四月から慶応）年に一十郎ははじめて越後村松に帰国すると、直賀の側室お蘭の方が生んだ千代丸君の誕生祝賀会で、機迅流の畳返しの秘伝を披露して大いに面目をほどこす。そして試技ののち、直賀の傍らにいたお蘭の方に視線を定着させるや、とりこになってしまった。

一カ月後、お蘭の住む御殿警備の役につくことになる。一十郎は近くから藩主とお蘭のむつまじい姿を目にして楽しむ。つまり、一十郎はお蘭に全思考力を吸いとられるほどあこがれ、思い込んでも、彼女はあくまで雲の上の人だった。

折から戊辰戦争が始まり、村松藩は勤皇側と反政府側に分裂、反政府側は奥羽越列藩同盟に加盟、勤皇側は世子直弘を擁立して新政府軍に降（くだ）った。一十郎は直賀の命令で四歳の千代丸とお蘭を含む七人と脱出し、大坂に逃避、結局、一十郎とお蘭母子の三人だけで暮らすようになる。

明治五年、窮乏した一十郎は、お蘭母子と上京、車夫となって仕えつづけるのだが、伊藤博文の腹心となった元家老の出現で、三人の運命は急変する―。

男の欲望に自然にこたえてしまう女に、あくまで武士の節度を守る剣客の姿は、自虐的でかなしく官能的でさえある。史実にもとづく小藩の崩壊に重ねて、武士の戒律と淪落（りんらく）のせめぎあいが描かれるのは、近代が支払った代償と読める。（寺田博・文芸評論家）

（文芸春秋・1714円）＝2000年2月24日⑥配信

世界の巨人との充実の日々

「ネェネェ馬場さん」（馬場元子著）

昨年の一月のジャイアント馬場さん死去のニュースは、プロレスファンのみならず多くの人たちにショックを与えた。生涯現役を宣言していた「心やさしき世界の巨人」に、高度成長や終身雇用制に象徴される昭和の日本の姿、あるいは「男は黙って…」的な古き良き日本人のイメージを重ね合わせていた人が多かったからではないか。

その馬場さんにいつも影のように寄り添うパートナーがいたことは、ファンの間ではよく知られた事実だった。本書はその女性・元子夫人が最愛の夫の死後、足かけ三十四年の結婚生活を振り返って書き下ろした手記である。もちろん、ファンなら帯にもあるように「ジャイアント馬場の素顔」を知るための貴重な資料として本書を読むのが自然なのだが、それ以外に「新しい女性の生き方論」として読んでみてもなかなか面白い。

古風な日本人であった馬場さんとは対照的に、元子夫人は自立心おう盛で活発な女性である。自分の意志をはっきり主張して妥協は許さない、反省はしても落ち込まず前向きに受け止める、といった点などは、むしろアメリカのキャリアウーマンを連想させる。

元子さんと馬場さんはまだ十代のときに出会い、恋に落ち、初志を貫いて結婚。自由を愛する少女はその性格を少しも変えることなく、その後、自ら「最高の人生」と称するほどの充実した生活を夫とともに送っていくことになるのだ。

家庭を持つと、若いときに持っていた可能性や夢が失われてしまう…。今、そう考えて結婚や出産に対して憶病になっている女性も多いが、結婚生活の中で自らを大きく開花させた元子夫人の半生は、そういう人たちにとってひとつの救いやモデルにもなるのではないか。もちろん、そこにはパートナーである馬場さんの協力や度量が不可欠だったのだが。

悲しみ以上に、二人の充実した生活の喜びが伝わってくる。プロレスが苦手な若い世代にもおすすめする。（香山リカ・精神科医）

（講談社・1600円）＝2000年3月2日①配信

遺稿を通して生涯をたどる

「失われた森」（レイチェル・カーソン著、リンダ・リア編、古草秀子訳）

「とりわけ心に強く残ったのは、まるで見えない力に引き寄せられるように、西へ向かって一羽、また一羽とゆっくり飛んでいくオオカバマダラの姿でした。…蝶たちにとって、それは生命の終わりへの旅立ちでした」

カーソンが死ぬ半年前に友人に送った手紙の一節だ。この手紙から、彼女はその時もはや自分の死が近いことを予測し、それを静かに受け入れようとしていたことが十分に読み取れる。また同時に「人間は自然の摂理と調和しなければいけない」と言っていたエコロジストとしての彼女の面目躍如たる姿も読み取れる。

この本のタイトル「失われた森」は、生前彼女が心ひかれて残しておきたいと思った森の名から取っているが、表紙にオオカバマダラを配したのは前記の件を意識してのことだろう。

レイチェル・カーソンと聞けば、「沈黙の春」で農薬散布による環境破壊を厳しく告発した女性闘士というイメージが強い。

しかし、海洋三部作と呼ばれる「潮風の下で」「われらをめぐる海」「海辺」を読めば、ベストセラーであった彼女の自然にかんする観察力と表現力が、政治闘争とはほど遠い豊かさに満ちていることがわかる。特にその科学性と文学性の絶妙のバランスは称賛してあまりある域に達している。

この本は、カーソンが子どものころから何を考え、どう成長し、やがて現在騒がれている「環境ホルモン」までをも見据えた洞察力を身につけ、そして志半ばで病魔に倒れざるを得なかったかを追い、その生涯を彼女が書き残した遺稿を通して、だれもが理解しやすいようにうまく組み立ててある。

カーソンのことをまだよく知らない人、また「沈黙の春」だけでしか知らない人はぜひ、この本を読んでほしい。特にカーソンが晩年、子どもの感性を大切にしたいと思って書いた「センス・オブ・ワンダー」とともにこの本を読めば、カーソンという星が、もっともっと輝いて見えてくるだろう。（稲本正・工芸作家）

（集英社・2100円）＝2000年3月2日②配信

自然体生んだ目線の確かさ

「蔭の棲みか」(玄月著)

芥川賞を受賞した表題作を巻頭に据えて、前候補作と「文学界」の同人雑誌優秀作に選ばれた初期の作品が遡行(そこう)的に収められている、新鋭の第一短編集である。書き手の足取りと変化がおのずと明らかになる、読者には親切な構成だ。

しかしそれをあえて逆からたどってみよう。「舞台役者の孤独」は、集中もっとも熱気にあふれた作品である。「更生した」元不良少年の主人公とかつての子分たち、そしてそれを統括する差配の男たちの体臭が、濃くにおい立つ。幼かった義弟の死にとらわれている主人公の迷いを、「かれ」という三人称単数のごつごつした繰り返しが、巧みに表現している。

真ん中に収められた「おっぱい」の言葉は、題名どおり大変に柔らかい。子どものない共働き夫婦の家に、妻の恩師で生活に窮した老人と、目の不自由なその娘が、乳飲み子を連れて、いわば無言のおねだりにやってくる。母親となった彼女の豊満な乳房が、夫婦の関係に、一瞬、みずみずしい変化を及ぼす。このあたりの展開が良い意味で技巧的な、転換期の作品だ。

表題作は二作の長所、つまり登場人物に対する親近感と冷静な「引き」をほどよく調和させている。狭い路地が縦横に走るバラック集落に七十年近く住み着いている、右腕のない主人公ソバン老人の、したたかでどこかいいかげんな、愛すべき弱さが印象深い。

いま私は、収録作の登場人物がみな「在日」の血と歴史を抱えているという事実を、あえて省いてみた。作品にそなわっている物語の骨格と軽快なリズムは、出自を見据えつつ、それだけに頼らない力をあかしているからだ。

日本軍として戦った韓国人兵士への補償問題に対するソバン老人の反応は、たしかに本書の核であり、「在日」への新しい光ともなるだろう。だがこの自然体を生んだのは、書き手の目線の確かさなのだ。それを忘れてはならない。(堀江敏幸・文芸評論家)

(文芸春秋・1238円)=2000年3月2日③配信

絵画成立の背景を探る

「夢と光の画家たち」(坂上桂子著)

点描画で知られるスーラが描いた完成直前のエッフェル塔のすがた、ドガが描いたオペラ座のバレエダンサーたち、こうした絵画は何を描いたのか。「エッフェル塔と踊り子を描いた」というだけでは答えにならない。画家は何になぜ引きつけられ、何をどう描き、そのことによっていかなる立場の自分をさらけだしているのか、それを明らかにすることによって、はじめて「絵画が描き出したもの」の意味があらわになる。

この書物は十九世紀のフランス印象派の絵画を中心に、ピサロ、モリゾ、ボナール、シェレなど十人の画家の十の作品を説き明かしたものである。

当時のパリはオスマン男爵による都市改造が現実の都市景観の変化をもたらし、新しい街路、オペラ座、鉄道などが都市の主役に加わりはじめていた。そのような都市文化の本質の証人として、また社会の変容の証人として、十人の画家とその作品は解読されてゆく。

カイユボットが描いた「ヨーロッパ橋」という作品がある。鉄橋の上を歩く人々や犬を描いたものである。

だがその構図は広角レンズでとらえた視野をもつこと、この鉄橋は当時パリに侵入してきた鉄道線路をまたぐものであること、橋上を歩く人々は、よく見ると連れではなく、別々に歩いていること、そうすると女性が一人で街路を歩くことは当時一般的ではなかったから、この女性は娼婦(しょうふ)かもしれない。するとそれを描く画家の目が意味するものは何なのか。

著者はこのようにして、絵画を成立させる背景を社会的に相対化してみせる。描かれたものの本質がそこに見事に浮かびあがる。これは名画鑑賞を抜け出た新しい美術史の成果であろう。

「新しい美術史(ニュー・アートヒストリー)」といわれる方法はすでに確実に定着している。それは芸術作品を社会的な構造を含めて解釈し直そうという方法である。こうした方法を示したR・ハーバートやL・ノックリンに詳しい著者らしい好著である。(鈴木博之・東大教授)

(スカイドア・2800円)=2000年3月2日⑤配信

さわやかな戦いぶり

「服部さんの幸福な日」（伊井直行著）

阪神大震災や地下鉄サリン事件以来、事後のストレスに苦しむ人間の心が、さまざまな分野で問題となっている。この小説の主人公、服部さんもまた、多くの犠牲者を出した飛行機事故からの奇跡の生還者。これは、そのような服部さんの内面を丹念に描いて、事故後の心的外傷から癒（い）えていく人間の姿に、照明を当てた作品といえる。

だが、その展開はといえば複雑、多岐にわたる。

服部さんの内には、妻と子ども二人の家族の日常と有能な営業マンとしての生活に、一日も早く帰還したいという強い回復願望がある。が、服部さんと妻との間には、事故以前から微細なひびが入っていて、服部さんの奇跡の生還もその修復には役立たない。第一線の営業の仕事も、みえない恐怖症のため壁にぶつかり、何度も挫折の憂き目にあう。

服部さんの受けた心的外傷は癒えるどころか、無意識の底に眠っていた不安やおそれを噴出させ、ボディーブローのようにダメージを与え続けるのだ。

そういう服部さんの内面を推し量ることができず、彼を、日常の幸福に戻ることしか頭にない人物とみて断罪する勢力が現れる。一方には、たまたま服部さんと一緒に奇跡の生還を遂げ、強い心的外傷から逃れるために、あらゆる策を講じて結局は挫折する人物。このあたり、魅力的なキャラクターが何人も登場し、プロットの運びもミステリー仕立てで、この作者のエンターテイナーとしての実力をうかがわせるに十分だ。

ということで、この後服部さんはというと、ただ自分のためだけに不安やおそれと徹底抗戦する。実際には、彼を偽善者と決めつける勢力と戦うのだが、その戦いぶりが何ともいえずさわやかなのだ。結構手前勝手で、いいかげんなところのある服部さんの戦いぶりを、嫌みなくそう快に描き切ったところに、この作者の美質が現れている。近ごろまれに見る輪郭鮮やかな小説だ。（神山睦美・文芸評論家）

（新潮社・1700円）＝2000年3月2日⑥配信

天を恐れる生き方を貫く

「華栄の丘」（宮城谷昌光著）

中国春秋時代、晋と楚にはさまれ、圧迫に苦しみながら、晋楚の和睦（わぼく）を実現させた宋。その偉業をなしとげた、出目で太鼓腹の男がいた。名を華元。鬼才であった。つかえていた君主・文公は英邁（えいまい）だったが、華元ぬきで名君たりえていたかどうか疑わしい。

この華元が小説の主役である。というより、その鬼才そのものが、といったほうがいいかもしれない。なにせ、戦乱の時代だというのに、武力を頼まなかった。国内に謀反がきざし、君主弑逆（しぎゃく）の密事がこらされる。それを察知しても、賊徒弾圧に動かない。むしろ君主を亡命させ、復位させる道をさぐるふうだった。「戦いは遅れて立つ者が、結局は勝ち、そこに正義はたつ」と、小説は華元にいわせている。あるいは、じぶんを殺そうとしている者を殺して、生きるのを好まず、殺そうとしている者に、殺されないように生きるのを好んだ。それが天を恐れる生き方であると。

逃げるが勝ち。へたすれば、憶病者の自己弁護におちいりかねない論理だ。華元の鬼才は、それを、憶病にも卑怯（ひきょう）にも堕さず、生き通してしまうところにあった。

文公は、暗殺された先代から王位を奪っている。直接は手をくだしていないが、弑逆の意思はあった。盟主国の晋が軍を寄せ、問責にくる。このとき申しひらきにおもむいた華元は、常識はずれにも、まことに陽気に車を乗り入れた。逮捕されるおそれがあったにもかかわらず。そうして問責をかわし、軍をあっけなく解散させてしまうのである。

小説の発端を飾るこのエピソードには、満開の桃の林を春風がわたっていくような、なつかしい色と香りがある。その色と香りは、以後、華元が鬼才を発するたびに漂う。私たちがひそかににぎりしめている、人間の願望のありかに、やんわり触れるように。文体の力というものであった。（倉本四郎・作家）

（文芸春秋・1429円）＝2000年3月9日①配信

まといつく四・三事件の影

「海の底から、地の底から」(金石範著)

火山島の地の揺れは続いている。もちろん、「火山島」とは金石範氏の大長編小説の題名だ。済州島四・三事件の全体を描いたこの長編は全七巻で完結したのだが、作者にとってはそれは一つの里程標にしかすぎなかったのかもしれない。

一九四八年四月三日、南北朝鮮の分断固定化につながる南朝鮮の単独選挙に反対して、済州島の人民が決起した。パルチザン・島民・警察・軍・テロ団の抗争は多くの人民の死によって終息した。その八万人ともいわれる犠牲者に対する慰霊祭が、四・三事件五十周年記念行事の一つとして大阪であり、〈私〉はそれに参加するために東京からやってきたのだ。

巫女(みこ)が憑霊(ひょうれい)して歌い、踊り、激しく体を動かすと、見物客の中からも、死者の霊が憑依した女性が死者の言葉を語り出す。そんな場面を目撃した〈私〉は、その会場で「韓」という名前の男を見かける。彼は済州島の四・三事件の現場から逃れて、日本へやってきた男だった。彼といっしょに対馬に渡ってきたのは、四・三事件で乳房をえぐり取られた女性だった。

執拗(しつよう)に〈私〉にまといつき、離れることのない四・三事件の影。しかし、小説家である〈私〉に、長年の友人でやはり在日朝鮮人の詩人であるイムジョは、「あの恐ろしい膨大な犠牲を出してまで、いったい、四・三に何の意味がありますか?」と突きつけるのだ。

記憶を風化させ、記録を隠滅させてゆく五十年の歳月。しかし、四・三事件を忘れることは、現在も生き残る虐殺者や、その後継者たちを免罪することになってしまうのではないか。

四・三事件から徹底的に逃げようとした「遠山」こと「韓」は、飛び降り自殺した。それは半世紀が過ぎても結果的に彼が四・三事件から逃げ切れなかったことを意味しているのではないか。火山島は今も地の底、海の底でたぎり続けているのである。(川村湊・文芸評論家)

(講談社・2200円)=2000年3月9日②配信

単身者をシリアスにルポ

「トーキョー・キッチン」(小林キユウ著)

本書は、この春、東京で独り暮らしすることになるであろう多くの若者たちのためのタイムリーな自炊指南書と誤解を誘うような体裁をとっている。

写真家が同世代の若い都内在住の単身者のキッチンを訪ね、得意な料理を作らせ、ごちそうになるプロセスを写真と文章でルポする。作り方も写真入りで解説されていて、一見、実用書。しかし、内容は、シリアスなドキュメントである。

故郷を離れ東京に独り身を浸し、首尾よく都市に土着を計ろうする若き単身者たちの食生活を通じて、メンタリティーとおかれている状況を解読しようとする体験ルポルタージュである。

本人も、長野県諏訪出身。自分に似た彼たちの食のあり方、小林の言葉を借りれば「東京で自分の人生を前進させていくには、まずキッチンの道具を整えておきたい」という“食観”を果たせない現実、そんな己の東京での生活の方法論の是非、不安を等身大の他者のそれを通して検証している。

カップめん、コンビニ弁当に抵抗しながらも、この便利で安い「ほどほどの健康、ほどほどの不健康」を当面受け入れる覚悟へと至るのである。この簡便さは今、若者だけのものではない。「独りで食べることの」せつなさから抜け出す方法・手段として、共に食する他者の出現、家族への願望へと発展する。単身をめざして失ったものの大きさを知ることになるのである。

小林自身、東京の大学を卒業と同時に故郷で就職、再び東京へと揺れ動く自分を他人の食の姿を通して独白。と同時に多くの写真―独り食事をとる姿、料理する姿、扉を開けた冷蔵庫の中身―がもたらす膨大な情報量が、小林のとつとつとした語り口を実証する働きをして効果的に生かされている。

食を共にする他者の不在感をつのらせた小林は、次に他者との関係性がダイレクトに現れる力学、性、愛の問題にとりかからねばならなくなるだろう。

次のステップ、期待したい。(土田ヒロミ・写真家)

(リトル・モア・1300円)=2000年3月9日③配信

錬金術的な思索を可能に

「燃える図書館」(エドマンド・ホワイト著、柿沼瑛子訳)

二〇〇〇年二月は、女性として生きる男性作家・藤野千夜氏が「夏の約束」で芥川賞に輝くという朗報とともに、同性愛者が集まるとされる夢の島公園で、少年たちが恐喝や強盗を行い、その延長で殺人まで犯していたという悲報がそろいぶみした皮肉によって、記憶にとどめられるだろう。

米国ではかつて一九六九年、ニューヨークのゲイバーであるストーンウォール・インの一斉取り締まりが行われ、それが引き金となってゲイたちが一斉に解放運動を組織し、九二年には増大しつつある同性愛者や両性愛者、性転換者たちが一丸となってクリントン政権を成立させるほどに影響力を発揮した。

ところが他方、わが国では、この動きを抑える最も保守的な差別的暴力が官憲ならぬ少年たちの手でなされる。この事件が重要なのは、子どもの暴力はいつの世にも、大人の暴力の縮図であるからだ。

ストーンウォール騒動の体験者であり米国を代表するゲイ作家の手になるこのエッセー集では、まさにゲイ作家ならではの視点で、映画や写真、美術におよぶ現代文化はもちろん、カポーティやナボコフ、テネシー・ウィリアムズ、エルヴェ・ギベールらの現代文学について、最も洞察にあふれる批評が展開されている。

そのエッセンスは、このように逸脱したセクシュアリティーの可能性をほんの少しでも考えてみることで、ひとはだれでも最も深い哲学者になりうるのだ、という主張に尽きる。なるほど男女の「夫婦」を中心とした異性愛社会は一見「生産的」かもしれない。だが他方、同性愛者のみならずすべての本質的な「独身者」にとっては、異性間の出産を前提にしないからこそ、無から有を創造する錬金術的な思索が可能になる。

生理的に受け付けない？　ならば、わたしたちが「生理」と呼び「愛」と呼ぶものすら、何らかの支配的な物語すなわち「常識」の所産かもしれないことを思い出そう。本書は、読む者すべてに惜しみなく批評の勇気を与えてやまない。(巽孝之・慶大教授)

(河出書房新社・3800円)=2000年3月9日④配信

希望の時代の全体像詳述

「日本の近代7　経済成長の果実」(猪木武徳著)

高度成長期というのは日本国民にとって将来に希望を抱き無心に活動しえたまれなほど幸せな時期であった。所得こそ低かったが空は青く、まだ今ほど電線など張り巡らされておらず、世界の軍事的・経済的秩序の構想などにかかわりあうこともなく目先の仕事に打ち込むと、予想を超える見返りのある日々であった。

けれども本書のようなまとまった形で振り返ると、その日々があまりにも短期間だったことには驚かされる。たった十七年ほどの間に国中に重化学コンビナートが配備され、自動車はあふれ返り、東京・名古屋・大阪近辺では千五百万人もの人口増を記録した。経済が奇跡的に絶好調だったことよりも、そんな短期間の経済の膨張に社会が耐えたことに驚くのである。

本書はそんな高度成長の時代について、経済の変化を中心に据え、政治や社会がどのように展開したかを見通しよく詳述してくれる。政治については国内では左右の対立、国際的には冷戦の中の日本と米国やアジア、中ソとの関係が描かれる。社会についてはテレビや住宅がいかに人間関係を均質化したかを論じる。けれども類書にない特徴として、経済についての記述が従来の見方を覆す点がある。

従来、戦後日本には大企業と中小企業の二重構造があり、後者は非合理な遅れた部門であり、労働者にしても学歴で大別され、大企業も欧米の技術を模倣的に導入するだけの受動的な存在だったとされてきた。

けれども著者は、中小企業のベンチャー精神と学歴を問わない現場の能力主義、そして戦前・戦中からの技術の遺産こそが高度成長を現出したのだという。これは日本特殊論でも文化決定論でもない、現実に即した大胆な見直し論である。

この時期の女性の就労率が主要五カ国の中で他を圧して大きく、その後次第に減少し専業主婦化していったというデータも、偏見を裏切ってくれている。(松原隆一郎・東大助教授)

(中央公論新社・2400円)=2000年3月9日⑤配信

ユーモアの原点を明らかに

「漱石の夏やすみ」（高島俊男著）

小説家夏目漱石は詩人としてもなかなかのものであった。漱石は正岡子規に学んで多くの俳句を残した一方で、実存的不安を英詩に託して書いた。また、絶筆の「明暗」を執筆していた時には毎日、漢詩を書くことでそのうつを晴らしていたことはよく知られている。

本書は、漱石の多彩な詩的彷徨（ほうこう）の最初期の漢文紀行「木屑録（ぼくせつろく）」に初めて本格的な光を当てた論で、漱石ファンにとって待望の書といってよいだろう。

明治二十二年、漱石は友人たちと房総に旅行したが、その時の経験を書いたものが木屑録で、その中には漢文と漢詩が相互に組み込まれていた。“漢詩人”漱石の誕生である。木屑録は紀行文だが、松山にいた子規あての手紙でもあるところに特色がある。

文章を一字一句点検し、それこそ舌なめずりするように鑑賞し、初期漱石の秘密を順次解明してゆく手さばきは見事である。たった一夏の紀行文から、明治という時代の総体、「英語」と「漢語」のたたかい、近代学校制度の有為転変、とりわけ漱石と子規の友情と、創作者としての相互刺激の様相があざやかに浮かび上がる。

論点は新鮮で豊富、文体は適度に漱石的で機知と諧謔（かいぎゃく）にあふれている。特に木屑録の全訳は上質で、井伏鱒二の漢詩訳「厄除け詩集」の天衣無縫を思わせるできである。

木屑録は、負けず嫌いの子規がこれを読んで珍しく脱帽したという、いわくつきのものだが、もし漱石が生きていて本書を読んだら、さぞかし脱帽したのではあるまいか。

本書のもう一つの特色は、日本人が古代以来、拝跪（はいき）してきた中国から学んだ「漢文」なるものを、一種異様な翻訳であると喝破したことで、それに帰依してきた「珍文漢文（ちんぷんかんぷん）」の学者たちの演じた悲惨とこっけいをあますところなく論じている。

その意味では、本書は翻訳論でもあり、文章表現における壮大な日中論でもある。（樋口覚・文芸評論家）

（朔北社・2000円）＝2000年3月9日⑥配信

地層の重なりが語る真実

「ロッキー・クルーズ」（藤原新也著）

藤原新也は、半年間にわたって毎月一冊ずつ刊行するシリーズを始めた。写真集、エッセーなど、そのスタイルはさまざまで、本書は「自伝的小説」と銘打たれている。

小説の舞台は熱い砂と鉱物的静寂におおわれたロッキー山脈。「私」が若き日に一瞬交差した人物が二十数年を経て、ひからびた遺体となって発見された土地だ。新聞記事で知った死に場所。なぜ男はそこで自殺したのか。すべてが乾燥した世界でそれを問う。かなしみとかすかな希望のクルーズ。

二十世紀は、「アメリカの世紀」でもあった。ちょうど十年前、藤原はアメリカ全土を七カ月かけて旅をし「アメリカ」という一冊にまとめている。このイミテーションの国は「重い現実」を駆逐したが、アメリカは著者自身のルーツでもあったと記していたことを思い出す。アメリカの巨大な自然は、「人間の孤立や寂しさを誘発する」とも書いていたが、それは本書のモチーフに通じる。

死んだ男は、有能な壮年のサラリーマン。ほころびた繭のなかで身をひそめているような若者にいとしい視線を向け、かつては自分も鉱物の研究に没頭した日々があったこと、しかし会社勤めのなかで「消しゴムのように消された」と語る。

「本当の自分」という、ややもすると陳腐な所在を求めているかのようである。やがて男は「かわいた遠い昔の生の記憶だけの世界」に向かって行く。生物のかなしみが閉じこめられた鉱物の風景に身を投じる。だが、死の前に男は数万年の時をたばねる彼だけの虚構の世界をつくっていた。

しょせん人間のたどり着く先は、死でしかない。どのようにそこへ向かって行くのか。その道程は、実はイミテーションであり、それもまた真実なのだと、地層の重なりは語っている。

二十世紀の終わり。藤原新也の長年の「旅」を知る読者ならば、この小説の意味するところを深く受けとめるだろう。（与那原恵・フリーライター）

（新潮社・1400円）＝2000年3月16日①配信

生と死の問題みつめる　「脳治療革命の朝(あした)」(柳田邦男著)

著者である柳田さんの姿と熱意が、目の前に迫ってくる。全力を傾注して人間の生と死の問題に取り組む柳田さんが、本当に目の前で語りかけているようだった。

交通事故などにより致命的な損傷を受けた患者は、時として生と死の間をさまよう。稜線(りょうせん)の向こう側は死、こちらは生である。脳低温療法は、その境界線を少しずつ変えようとしている。

水冷ブランケットで脳の温度を低温に維持しつつ、稜線上の患者をこちら側に引き寄せてゆく医師と看護婦たちの努力。そして熱意。絶望的と思われた患者たちが、その努力と熱意でよみがえってゆく。しかし、ひきかえに脳低温療法は、脳死判定や臓器移植の問題と向き合うことになる。

評者がノンフィクションというジャンルにあこがれ、「ガン回廊の朝」を手にしたときの感動を思い出す。あのとき柳田さんは、がん治療に立ち向かう研究者を前面に出し、自らは黒子に徹しようとしていた。しかしこの本では、医師たちの熱意と柳田さんの熱意がいっしょになって、そしてついに行動を起こしている。

境界線が、“これまでの生”から、じわじわと離れつつある中で、脳死をもって「人の死」として臓器移植を推進しようとする法案が提出され、柳田さんは公聴会の席で参考人として意見を述べる。「脳死判定の拒否権」の提案だ。

それが“クーデター”のはじまりだった。移植を待つ患者団体までも「脳死を認めない患者・家族に脳死を強制してまで臓器提供を受けることは望まない」と声明を出すなどして、法案はついに修正された。

「この本は、天に翔けた私の息子が私の魂をゆさぶって書かせたような気がしている」

あとがきには、そう記されている。しかし私には、この一文を読むより先に、行間から迫ってくる柳田さんの熱意の向こうに、息子さんの洋二郎さんの姿が見え隠れしていた。(中野不二男・ノンフィクション作家)

(文芸春秋・1857円)＝2000年3月16日②配信

起源と行方を探す旅　「性(セックス)とはなにか」(リン・マーギュリス、ドリオン・セーガン著、石川統訳)

本書は、ミトコンドリアの起源を解き明かす共生説で知られる著者がジャーナリストの息子とともに書いた科学読本。生命が生まれてまもない太古の昔から未来まで、読む者を性の起源と行方を探す旅に誘う。

著者によれば、性とは別々の起源を持つ遺伝子を組み合わせて新しい個体をつくることである。その定義に従えば、細菌や原生動物にも性はある。互いにくっつき合って、遺伝子をやりとりしたり、強く結びつき、そのまま共生してしまったり。ストレスがたまると融合して休眠し、環境が好転するとそれぞれが元の生活に戻っていくものもある。

むしろ、彼らの方が自由に性をおう歌しているのかもしれない。動物や植物が生まれるよりはるか何億年も前、地球上には彼らしかいなかった。そのころの性は、子供をつくるためではなく、自分を維持するためのものだった。読み進むうち、性別や生殖器にしばられずに性を楽しむ「下等な」彼らが、なんだかうらやましくなってくる。

時がたち、肉体や組織を発達させた動物や植物にとってセックスは生殖に不可欠なものとなった。ヒトは愛や結婚や家族という装置でそれをさらに強固なものにした。だが著者によれば、それもこれもみな、進化の生んだ「偶然の副産物」。今、性と生殖のきずなが再び失われつつあるのも、不思議でもなんでもない。

進化生物学的予言によれば、この先、有性生殖は失われ、子供は限られた人間が生殖技術でつくるようになるという。そしてヒトの性欲の対象はコンピューターに向けられ、コンピューターネットワークによって高度に組織化された「超生物」を形づくるようになる。

ちょっと行き過ぎという気がしないでもない。しかし、われわれのセックスなんてしょせん、進化の過程にある特殊な条件下で成立した、極めて限定的な性のあり方にすぎないとすれば、かつての細胞とミトコンドリアのように人間とコンピューターがこの先永遠の契りを結ばないとだれがいえるだろう。(大島寿美子・科学ジャーナリスト)

(せりか書房・3000円)＝2000年3月16日③配信

かけがえない芸術への愛

「よみがえる最後の晩餐」(片桐頼継、アメリア・アレナス著)

レオナルド・ダビンチが五百年ほど前に描いた「最後の晩餐(ばんさん)」は、すぐに傷みはじめ、数多くの修復や補筆が繰り返された壁画である。

一九七九年、イタリア文化庁ミラノ史跡美術監督局は修復をピニン・ブランビッラさんに依頼した。完成に至るまで、心魂込めて壁画の洗浄修復にたずさわった彼女はすでに七十歳。華やかな世界的文化遺産の陰で、地味な努力を続ける人たちがいる。

かつて「最後の晩餐」を求めて、サンタ・マリア・デッレ・グラツィエ修道院まで歩いた。ちょうど修復が開始した時期で、修道院の食堂で足場のすきまから壁画と対面した。いつ終わるのか心配されていた困難きわまりない修復が、去年ひとまず完成にしたことはなによりも喜ばしい。

修復作業でのさまざまな発見、昔の模写、レオナルドの習作素描をもとに、コンピューターグラフィックス(CG)を駆使して色鮮やかな画像が復元された。この本は、洗浄修復のドラマとCG画像によるなぞ解きをテーマにした興味深い二つのテレビ番組を下地にしている。

ダビンチ研究家の片桐氏によって、詳細な図像学的解釈が加味され、第二部では教育プログラムの専門家アメリア・アレナスさんが、ニューヨークの公園で原寸大のパネルを前に、十二人の若者たちと「最後の晩餐」のイメージを探求する会話が楽しい。

朽ち果てた幻の名画が息を吹き返す感触。修復後も無数の剥落(はくらく)のために茫洋(ぼうよう)とはしているものの、レオナルドならではの世界が立ち現れる。その感動の波が伝わる。

修復のだいご味と筆舌につくしがたい現場の苦労。この世紀のプロジェクトは、かけがえのない芸術への愛をよみがえらせた。人類の文化財を守る使命感が、先端技術の成果と見事にクロスオーバーして、新たな修復の地平を開いてゆく。(岡部あおみ・武蔵野美術大教授)

(NHK出版・1900円)=2000年3月16日④配信

怪力童子の実像を明らかに

「新・桃太郎の誕生」(野村純一著)

桃太郎の話を日本の代表的昔話とみることは、大方の承認するところだろう。歌や絵本で知っている話は、桃から生まれた桃太郎が犬、キジ、サルを従えて鬼退治に行くというストーリーだった。しかし著者は、その内実がびっくりするほど多様であったことを語ってやまない。中国の洛陽や遠野のブロンズ像設置にはじまり、内外の桃太郎事情はまことに複雑であった。

かつて明治の時代、巖谷小波は桃太郎の話を、文飾を凝らしたおとぎばなしに仕立てて、子どもたちに提供した。大正になっても、そうした流れをくんだ童話が盛んに書かれた。しかし、昭和に入って、柳田国男はそうした創作的態度を批判し、民間の話に着目して「桃太郎の誕生」を著した。

柳田は、この話は本来、小さな姿で誕生した桃太郎が、妻を求めるストーリーだったのではないかと考えていた。だが、そうした話は結局、岩手の事例ぐらいしか見つからなかった。その後の報告も、柳田の期待を裏切るかたちでしか現れなかった。

例えば福島や北陸には、爺(じじい)が便所の屋根ふき中に落下し、汚れた着物を婆(ばあ)が川に洗いに行く設定が付いていた。人の移住に伴って、話も北へと移動したらしい。また、四国や中国の桃太郎は、怠けたあげく大小便をし、大木を引き抜いて持ち帰る話になっている。在地の桃太郎の話には、怪力の童子の面影が見え隠れする。日本各地には、時にわいざつな要素を含みつつも、実におもしろい話が語り継がれてきたのである。

振り返ってみれば、児童文学では、桃太郎に皇国、階級、侵略、民衆といったイメージを付与してきた歴史が分析されていた。だが、民俗学では「桃太郎の誕生」以来、本書は久しぶりの桃太郎研究だ。そうした点から言っても、これは「新」を冠するにふさわしい一冊だろう。

二十一世紀の昔話研究はきっと、新しい読者を獲得して、ここから始まるに違いない。(石井正己・東京学芸大助教授)

(吉川弘文館・1700円)=2000年3月16日⑤配信

光り放つ魂のスケール感

「不倫と南米」（吉本ばなな著）

ミラノに暮らしていたころ、街中の書店のウインドーが白い服を着た日本人の女の子のポスターで埋まってしまったことがあった。「キッチン」が翻訳された時のことである。血の濃いラテン人が、なぜこれほどまでに熱狂するのか不思議だった。静かな美しさに満ちた小説の世界と、イタリア人の気質とが当時の私の中では結びつかなかったからだ。

今回「不倫と南米」を読み、そのなぞが少し解けたような気がした。吉本ばななの小説には、生きる力と、それを得る方法が描かれているのである。

「人が心の奥の暗さをむき出しにしためったにない瞬間だった。目をそむけるのは簡単だが、そのまた奥には、赤子みたいなかわいいものが潜んでいる」

「プラタナス」と題されたこの一編は、年の離れた夫と結婚した主人公が、その結婚をあまり快く思っていない夫の姉と二人で祭りへ行く場面が印象的だ。屋台のたこ焼きを買って食べながら主人公は、「私はこの人たちの子供でもあり、親でもあるのだ」と思い、「この人たちが人生に置いてきてしまったなにかをこれからも生活のなかでわかちあっていくのだ」と思う。

家族を描くときの、著者の魂のスケール感は健在だ。それは、生と死が一つの円環の中でゆるやかに繰り返される営みであることを、熟知しているからだろう。本書では、それがさらに深く鋭い光を放ち、「人生」と「家族」という言葉がほぼ同義語であるイタリアの人々のことを、私は懐かしく思いだした。

吉本ばななの小説を読むと、無性に何か食べたくなる。本書でも、清涼な水と塩味のパンが欲しくなった。それはただの食い気とは違う。涙の下からいやがおうでもあふれ出てくる食欲といったものだ。寂しい川を渡りながら、ふと気づくといのちの背中に手が触れている―若かったころにはわからなかったその感触を、ひっそりとたのしんだ。（光野桃・作家）

（幻冬舎・1400円）＝2000年3月16日⑥配信

鋭敏な感受性で心の闇描く

「ミューズ」（赤坂真理著）

新しい時代を切り開くのは理論や理性ではない。感受性である。感受性こそが来るべき新しい時代の本質をつかむことができる。つまり合理的思考や常識的理屈で新しい時代の本質をとらえることはできない。そこで登場するのが小説であり、作家である。

むろん、すべての作家が、新しい時代の感性を身につけているわけではない。しかし、鋭敏な感受性の持ち主でなければ、少なくとも「純文学作家」はつとまらない。私は赤坂真理は、そういう鋭敏な作家であり、注目に値する新鋭作家であると思っている。

新作「ミューズ」も、そういう鋭敏な感受性によって、現代人の「心の闇（やみ）」を描いた小説だと言っていいと思う。この小説は、母親が新興宗教を主宰し、「天子様」を祭る神殿があるような家庭の女子高生の話である。彼女も、かつてはその宗教的世界の「選ばれし子供」であったが、今は巫女（みこ）になりそこね、「下賎（げせん）なもの」におちて、タレントの仕事をしている。すでに母親の愛情も薄れ、父親も家を出て別居している。

この孤独な少女の心を癒（いや）してくれる相手は、成城の台地の上に住む矯正歯科医である。彼女は歯科医の手についた「薬用ミューズ」のにおいに異常に執着し、やがて歯科医とセクシュアルな関係になっていく。その歯科医の手の「薬用ミューズ」のにおいに、母親からの自立と自己分裂からの回復の予感を感じている。

赤坂真理は、この小説で歯列矯正の話を実に克明に描写している。またテレクラ、援助交際、あるいはさまざまな商品等、要するに今風の都会の女子高生の日常生活の細部を詳細に描写している。つまりモノの描写に異常に固執している。

これは、この小説が、「モノ」への固執によってしか精神のバランスを保持しえない現代人の精神病理を描いているということである。「こころ」ではなく、「モノ」を執拗（しつよう）に描く作家・赤坂真理の感受性は新鮮である。（山崎行太郎・東工大講師）

（文芸春秋・1143円）＝2000年3月23日①配信

語られる女優の生きざま

「太地喜和子伝説」（大下英治著）

一九九二年十月、そのニュースを聞いたときのことは今も覚えている—太地喜和子、公演先の海で水死。

スターを夢見て女優になった少女は、十代で三國連太郎と激しい恋に落ちた。二十代を迎え、杉村春子の「欲望という名の電車」に魅せられ、文学座に入団。木村光一演出の舞台をはじめ、「近松心中物語」などすばらしい演技で人々を魅了した女優・太地喜和子。

芝居を通して、または恋をして、愛することによって、もしくは肉体を通じて、太地喜和子という人間と向き合った有名無名の人々が彼女と共に生きた時間を語っていく。

そこから浮かびあがるのは、自由奔放、大胆不敵。繊細でかいがいしい、かわいい女。豪放磊落（らいらく）で男勝りの酒豪。肉感的な色っぽさと少女のような肢体。そして、人なつこい明るさとむさぼるような激情を抱えた役者の姿。

丹念に描かれた出来事がモザイクのように張りあわされ、相矛盾したいくつもの顔が分裂することなくひとつになって現れる。

世の中と折り合いをつけて、欲望を上手になだめ、抑えこんで生きていくことができなかったひとりの女優。中村勘九郎との恋をはじめ、たくさんの男たちとのかかわりとその激しさは、彼女の逃れようのない孤独の深さにも見える。

役者としての彼女の向こうには常に大きくそびえ立つ杉村春子という存在があった。杉村が彼女のことをどう思っていたかはここではわからない。しかし、男は次々変わっても、「お春にほれ」た太地はまるで少女のいちずな片思いのように「欲望という名の電車」を夢見続けた。かなわぬ思いがせつなく、胸をつく。

平幹二朗、北大路欣也、勝新太郎などが、彼女とのかかわりの中で展開する演技論もちりばめられている。

役者とはいったいなんなのだろう。

伝説というには生々しい、痛快な人間「太地喜和子」の役者としての面白さと悲しみ、生きることへのいとおしさがここにある。（いずみ凛・脚本家）

（河出書房新社・1800円）＝2000年3月23日②配信

都市計画の視点で調査

「子どもはどこで犯罪にあっているか」（中村攻著）

子どもたちが日常の生活空間の中のどのような場所で「犯罪」にあっているのかを、都市計画の立場からひとまず律義に調査・分析してみせた本である。

都市計画屋と民俗学者は相性がよくない。日々の暮らしの速度の中、話し言葉の間尺で意味づけられて初めて立ち上がる、濃淡入り交じった「場」の視点が希薄で、均質な「空間」ですべてばっさり始末しようとするあたり、同じ〈いま・ここ〉を相手取っても初手から流儀が違う。

もっともその分「闇（やみ）」だの「異界」だのと口走るあやしげなのもいないのだが、とにかくそういう都市計画屋の律義さが、ある一定の手ごたえを獲得している仕事だ。

区画整理という政策が生活空間をどのように変えたか、そして駅周辺や集合住宅、一般市街地からいわゆる公園に至るまで、だれもが接している〈いま・ここ〉の生活空間で子どもたちがどのような「犯罪」体験をしているかについて、実地調査に基づいた事例としてひとつずつ示してゆく。写真や図版を加えたファイル形式にしているのもなじみやすい。

ただ、子どもが「いやな目にあった」ことを語る、その語りの向こう側のリアリティーはどのようなものか、といった、民俗学的な批判力は当然ながら欠落している。たとえば、ここで「犯罪」とひとくくりにされている「公園で見知らぬ男に追いかけられたこと」の語り口ひとつとっても、それ自体また別の「歴史」が重層的に介在しているはずなのだ。

危ぐすべきは、だから公園は危ないのよ、いや駅のまわりだって、といった方向にのみ、マニュアル的にこれを読もうとする今どきの読者の読解力の方だろう。末尾の「既存の公園を地域住民の手でつくり直していく国民的運動を」といった律義さゆえの提言が、そういう「読み」とうっかり共鳴してゆく事態も含めて、読み手側の〈いま・ここ〉に対する想像力が試される内容にもなっている。（大月隆寛・民俗学者）

（晶文社・1900円）＝2000年3月23日⑤配信

倒錯的で甘美な情感

「桃」（久世光彦著）

久世光彦は、大正から昭和初期の時代をとりわけ好むようだ。八つの連作から成る本書にもその傾向が著しい。

いずれの作品も、尼港（ニコライエフスク）事件、関東大震災、芥川竜之介の自殺、血盟団事件等の政治テロ、太平洋戦争といったこの時期の不穏な、血なまぐさい出来事を背景としている。登場人物はこうした時代にもまれて困難な生を強いられるわけで、普通なら作風はひたすら暗く深刻になるところだろう。

ところが久世光彦は違う。過酷な現実の力をむしろバネにするように、濃厚なロマンチシズムや耽美（たんび）的なエロチシズムの色彩を強めていく。

その象徴として桃のイメージの執拗（しつよう）な変奏がある。桃は、桃色の着物、薄桃色の便せんなどの色をあらわし、桃井、桃子という人名にも使われる。桃色の子守歌、桃色がかった悲鳴、のような音声にもなる。「背中や腹の桃色」とか、「桃を抱くというのは、桃を食べるということ」などの女体や性の形容や比喩（ひゆ）にまで拡大する。

こうした多用なイメージはさらに、「桃が腐っていく甘い匂（にお）い」に象徴される退廃の次元にまで昇華される。「匂い」一般へのきゅう覚はまことに鋭敏で、「日陰の匂い」「濃い汗の匂い」等々、全編におびただしくちりばめられているが、これらも結局は桃の退廃的な「甘い匂い」におおいつくされてしまう。

極端な例は「尼港の桃」という作品だろう。おびただしい日本人の犠牲者の「血の匂い」が、「腐りかけた桃の匂い」を喚起するのだ。大きく崩れる流血の時代の雰囲気はことごとく退廃的な臭気に包みこまれて、倒錯的で甘美な情感に転化する。徹底した美意識というほかはない。

激動の時代への広い政治的社会的な視野の欠落を批判しても、しょせん無いものねだりになってしまうのだろう。それほどに久世光彦のスタイルは徹底している。（小笠原賢二・文芸評論家）

（新潮社・1800円）＝2000年3月23日⑥配信

濃密で求心的な誘い

「短歌という爆弾」（穂村弘著）

十年前に「シンジケート」という永遠の少年のひとり遊びめいた不思議な味わいの歌集を出し、一気に注目された歌人の短歌入門書である。また、この個性的な歌人の強烈なバイアスのかかった現代短歌論としても無類におもしろい。

著者にとって短歌とは「世界と自分とを決定的に変えられるような何か」であり、「絶望的に重くて堅い世界の扉を開く鍵（かぎ）、あるいは呪文（じゅもん）、いっそのこと扉ごと吹っ飛ばしてしまうような爆弾」である。ここには現実との違和感、自己同一性の不安定に苦しんだという著者の切実な短歌への思いがこもり、従来の類書にはない濃密で求心的な短歌への誘いが展開される。

では、どうして短歌が世界と自分とを変えられる爆弾なのか。短歌には〈私〉の補強作用があるからだと著者は説く。短歌定型のもつ〈私性〉〈定量性〉〈定型性〉〈歴史性〉が言葉の自由さを縛り、かえってそれらが定型内部での表現主体の自由なふるまいを可能とするからだ。この認識は古典和歌をも含めて、短歌と歌人との関係の本質を的確に突いており、著者の短歌へのスタンスがきわめて正統的であることにむしろ驚く。

こうした確かな短歌観を基点に、論述はあくまでも著者の私的体験を軸として自在に展開される。電子メールによる実践的短歌レッスンの章などは、若い初心者とのカジュアルな対話を通したカウンセリング風の添削実例が示され、見事な説得力がある。

短歌の不可欠な要素として挙げる共感と脅威、〈私〉への愛着、〈私〉の構築、心を一点に張る力、自他の実存感覚の共有性への信頼といったキーワードも、引用歌の明晰（めいせき）な読みに支えられて納得させられる。

それは濃密な穂村的バイアスがかかってはいるが、ここからまた現代短歌の新たな風景と構図が展開していく予感をも感じさせる。ニューウエーブ歌人の言挙げの一冊ともいえるようだ。（島田修三・歌人）

（小学館・1500円）＝2000年3月30日①配信

富をもたらす有利な稼業

「ギリシア・ローマ盗賊綺譚（きたん）」（塚田孝雄著）

「人間の本性が変わらぬ限り、盗賊は決してなくならない」と喝破したのは、ローマ時代の歴史家ディオン・カシウスであった。これこそ、まさに千古不易の名言であったのだ。というのも、カシウスよりはるか数百年前、マケドニアのアレクサンドロス大王が、盗賊の頭目を捕らえて詰問したところ、「天下を盗む者は陛下のように王と言われ、わずかな財宝のおこぼれに与る私のような者は盗人と呼ばれます」と返答されたという。

ことほどさように、ギリシャ・ローマ時代の盗賊たちは罪の意識はほとんどなく、農耕、漁労、狩猟と同様の産業であり、しかもたっぷりと富をもたらす有利な稼業と考えていた。

ホメロスの大海洋叙事詩「オデュッセイア」のオデュッセウスを、海賊や冒険野郎の典型として、ギリシャ人の多くは尊敬し、子弟教育の手本としたのもむべなるかなであろう。

もちろん、盗賊が官憲の手に落ちれば、厳罰必定であり、ざん首、はりつけ、ガレー船のこぎ手、鉱山奴隷などが待ち受けていた。

それにしても、地中海を「われらの海」としたローマ時代には、ユーモラスなエピソードが伝えられている。たとえば、ローマ最大の政治家で武人のユリウス・カエサルが、若き日、ギリシャ留学の途中で海賊に捕らえられ、要求された身代金に対して「この俺をそんなに安く値ぶみする気か」とすごんで、増額を申し出たのだった。

海賊のカエサル青年に対する扱いは寛大であった。その感謝の印としてカエサルは、釈放後に、海賊どもを追跡して一網打尽に捕らえ、彼らの手足を十字架にくぎで打ちつける前に、のどをかき切って楽にしてやったとのことであった。

本書は、澄み切った青空のもと、まばゆいばかりの日の光をあびていたギリシャ・ローマの文化の「闇（やみ）」の部分を、想像力に足をすくわれず、史実に基づいてつまびらかにした、実に博覧強記でユニークな「裏面史」である。（川成洋・法政大教授）

（中央公論新社・1800円）＝2000年3月30日②配信

日本文化に見る異種の共存

「神と仏の精神史」（鎌田東二著）

時代に対して現在もっとも鋭敏な感覚を持ち、社会的な活動を繰り広げている宗教哲学者といえば、この鎌田東二氏であろう。日本のみならず世界各地の古層の宗教、芸術をクロスオーバーした祭りを各地で主催し、新時代の魂の創造を目指す東京自由大学の創設者のひとりであり、「神道ソングライター」として歌手デビューもしてしまった。

その奔放な活動スタイルは一見個人的な嗜好（しこう）だと思われがちだが、本書を読めばそれが氏の学問的な立場の反映であることが理解されるだろう。それがこの「神神習合論」である。

この聞き慣れない言葉は、「神仏」習合論に対する造語である。本居宣長をはじめとする国学者たちによって、日本文化における神道と仏教の混淆（こんこう）は最大限の嫌悪をもって語られてきた。外部から伝来した仏教という漢意（からごころ）によって日本古来の大和心（やまとごころ）が汚されたのであり、漢意を捨てよという主張である。

しかし著者はこの見解に真っ向から反論する。そもそも日本文化の根本そのものが多くの神々が対立や闘争を経て、ある時は融合し、ある時は共存する、「神神習合」文化なのであり、仏もひとつの神として受け入れられたのではないかという。

著者はその視点を記紀における神々のかっとうから説き起こし、聖徳太子像の再定義、自ら滞在したアイルランドのケルト文化との比較などから、縦横無尽に展開する。そして、あらゆるものに神の宿りとはたらきを見いだすアニミスティックなまなざし、異種のものが混淆し、並び立つ、融通無碍（むげ）たる多様性こそが、むしろ日本文化の美点ではないかというのである。

ことさらに純化した日本像を提示しようとするナショナリズムへの批判とも読める本書は、グローバリズムかナショナリズムかといった不毛な二分法を打ち破る、画期的な日本文化論だと言えるだろう。（上田紀行・東京工業大助教授）

（春秋社・2200円）＝2000年3月30日③配信

人々に触れて紡ぐ言葉「バディ・ボールデンを覚えているか」（マイケル・オンダーチェ著、畑中佳樹訳）

本書の主人公バディ・ボールデンは、百年ほど前、ニューオーリンズで天才ジャズ奏者として人々を魅了しながらも、後半生を精神病院で過ごした人物。オンダーチェの作家魂をゆさぶるにはじゅうぶんだ。

というのは「凍りついたように記憶の中に立ちつくしたままの人々に触れて言葉にしたいから」書くのだ、と語っていたからだ。「触れて言葉にしたい」人物との出会いがオンダーチェの創作欲をかきたててきた。それは、スリランカの自分の家族史であったり、ビリー・ザ・キッドであったりした。おおいに読まれた「イングリッシュ・ペイシェント」は一ひねりあって、「触れて言葉にしたい凍りついたような記憶」にさいなまれて戦後を生きる人々を書いたといえる。

このような文学の醍醐味（だいごみ）を主調に、オンダーチェは作品ごとに変奏を披露する。散文に詩がまじるとかコラージュ風であるとかは表層の技巧ではなく、書くことに挑戦を重ねた結果なのである。

本書は、日本での紹介は前後したが、出版は四半世紀も前、作家初期の三十代の作品であり、まだまだ荒削りな魅力があふれている。

全編に二十世紀に入るころのアメリカ南部のわい雑な雰囲気が漂い堪能できる。なにしろ主人公をとりまく周辺環境が、性産業界である。

評伝の体裁をとってはいるが、フィクションの強みで、時に人物のなかにわけ入っていく。たとえば、パレード演奏中に発狂する時の、文字どおり血を噴く激しさは、とても客観描写ではあらわせない。

最後にもう一ひねり。われわれはなぜオンダーチェを読むのか。

それは、われわれが「触れて言葉にしたい」思いを痛切にいだきながら、挫折し日々うちひしがれている身だからだ。それゆえに、この思いを昇華し結晶化しているオンダーチェ作品に、あたかも鎮痛剤のごとく手をのばすことになる。（岩田託子・中京大助教授）

（新潮社・1800円）＝2000年3月30日④配信

深く豊かな時空の贈り物「ものがたりの余白」（ミヒャエル・エンデ著、田村都志夫編訳）

ひどく前のめりになっている時、心に一枚の皮膚のような薄い仮面をかぶっているように思える時、エンデの作品を読み返す。と、それが何度目であろうと、読み終えた時、心のどこか遠いところが心地よく揺さぶられ、サックリと耕されるのを意識する。「ジム・ボタン」でも「はてしない物語」でも「モモ」でもそうだった。 本書はエンデが亡くなる直前まで行われたインタビューをまとめたもので、聞き手は彼の作品の翻訳を手がけ、親交があった田村都志夫さん。全編を通して、深く豊かな「いのちの森・ことばの森」を、あてもなく素足で歩くような深い時空を贈られた…。そんな感じがする。ある時は芽吹きの春の森、緑滴る夏のそれ、枯れ葉が降り積もる晩秋の、裸木がいっぱいの光を浴びる真冬の森の、なんと豊かなことだろう。

エンデは言う。作家とは、難破した船の遭難者である、と。「敗北」を味わったことがなければ、芸術の道に通じることもない、と。また、彼の作品の大きな特徴である包みこむようなユーモアについて、彼は次のように述べている。

「ユーモアは、人間に弱みがあってはならないとは絶対に思わない」ものであり、むしろ「人間には間違いがあるからこそ愛すべき存在なのだ」というまなざしから生まれるものである、と。

次のようなエピソードも、読者を大いに楽しませてくれる。ある時、「モモ」にセミコロンが使われていないことに気づいた学生が、その理由を理論だてて論じ、それが正しいかどうかエンデに聞いたという。彼の答えは…。「そのころ使っていたタイプライターにはセミコロンがなかったのです」

個人的には「遊びについて」「死について」の彼の「語り」により心ひかれた。

少々気が早いが、ゴールデンウイークにまた読もう。エンデの言う、わたしの中の「永遠の子ども」と再会するために。また、「余白」に、新しい樹木や草を発見するためにも。（落合恵子・作家）

（岩波書店・2000円）＝2000年3月30日⑤配信

伝統的とらえ方覆す魅力

「二十一世紀の資本主義論」（**岩井克人著**）

かつてマルクスが資本論を書いたとき、その主張に批判的な人でも、内容の面白さを評価していた。つまらないと思われていた経済学を面白くした、というわけである。本書の著者も、経済学を魅力的に描くことではマルクスに肩を並べる。すでに一九八五年に「ヴェニスの商人の資本論」、九三年に「貨幣論」が出ているので、ファンになっている読者も多いだろう。本書では、八五年から今まで折にふれて書いた二十三のエッセーをまとめた。

著者のテーマは一貫していて、資本主義と貨幣である。そして伝統的なとらえ方をひっくり返していく。経済学の学祖とされるアダム・スミスは、規制がない自由放任のもと、「見えざる手」の働きで社会は安定になり均衡するといった。これはいまでも多くの経済学者のよりどころになっている。ところが貨幣を使うために、社会は不安定になってしまう、というのが著者の視点である。

あらためて貨幣というものを考えてみると、「みんなが貨幣として通用すると思っている」ことが貨幣の根拠になっている。株式や債券といった金融資産を考えれば、このことはさらにはっきりする。会社の実績や将来性よりも、みんながどう予想しているかで価格が決まってしまう。

ここでは「予想の無限の連鎖」がかぎになっている。これでは経済は不安定になってしまうだろう。実際に私たちは九〇年代を通して、その不安定さを肌身で知ってしまった。

さながらラベルの名曲ボレロのように、くりかえし資本主義と貨幣の主題を響かせながら、著者はその曲を変調させていく。西鶴の描いた大みそかの借金取りの風景などを取りあげて、貨幣論で読み解く。タネがわかっている手品が生み出されていく舞台裏を、読者は楽しむことになる。

貨幣の新たな分野として、利子のない地域通貨が注目されだしているので、次の本では、著者の視点でこの新たな貨幣が論じられることを期待したい。（西山賢一・埼玉大教授）

（筑摩書房・2200円）＝2000年3月30日⑥配信

土地改良事業の実態を追う

「ムラの欲望」（**石堂徹生著**）

土地改良事業（農業基盤整備事業）といっても、普通の人にはなじみが薄い。だが、国内を旅行すると、田んぼや畑で大きな機械が動き、土を掘り返している風景を随所で見るのもその事業の一つで、全国の農家三百数十万戸の大半が、何らかの形で参加している。

しかも、農家が国や県に「事業をやりたい」と頼んで始まる申請事業なのに、実際は農水省や県は農家へ内容をロクに説明をせずに、予算を消化するために押しつけているのだという。また、建設省が国道を造るのと同じ公共事業なのに、その一部を農家に負担させ、二十年にわたり償還金として支払わせている。

さらに、工期が延びて工事費が四―六倍に増えるのがざらで、償還金がうなぎのぼりに増加し、その返済ができずに土地を手放す農家も多いという。本書は、福島県会津坂下町の御池田集落で起きている土地改良事業をめぐる「十年戦争」を詳しく追い、事業の実態を明らかにしている。

この事業を始めるとき、農家は土地改良区という組合をつくり、国や県と農民の意見を調整する役割をになう。だが、土地改良事業の有資格者の農家三分の二が同意しないと事業に着手できない。すると改良区などは未同意者の意見も聞かず、つぶしにかかる。

御池田集落では男は伊勢講から、女は観音講から締めだされ、日常のあいさつもしない制裁が公然とやられているという。村八分をされると、現在でも小さな集落での暮らしは難しい。土地改良が行われ、「人間関係がズタズタになり、ムラは壊された」と、農民は叫ぶ。

では、なぜこれほどまでに「ムラを不幸」にする事業がやらされているのか。約一兆五千億円の土地改良事業の予算を握るのが農水省構造改善局。土建業者に多くの天下りを送り、省OBを国会議員にする資金源で、局益を守る特殊集団なのだ。最近、その温床に捜査の手が入ったが、それが健全な農村社会の育成につながることを、本書が知らせてくれる。（野添憲治・ノンフィクション作家）

（現代書館・2200円）＝2000年4月6日①配信

広い視野で日本文化を再考

「花見と桜」（白幡洋三郎著）

うららかな花見の季節、桜が咲きほこる下で、日本人は車座になって宴（うたげ）をもよおす。その横を通りぬける人々もどこか楽しげだ。このような「群桜・飲食・群集」からなる花見は「日本以外にない」と、ドイツ、英国留学や長年の海外旅行をかさねた著者は確信する。庶民は「桜の群植によって、貴族性と宗教性を脱した群集の楽しみを見つけだしたのだ」。

一見軽く見られがちな「花見」文化について、古文、旅行記、民俗学、文学などの引用を駆使して、広範に論じている。

つくられた桜観を批判し、外国人の日本観察を紹介し、花見と強く結びついていた文芸を追う。貴族的なものと農民的なものが融合した花見史をたどり、鷹（たか）狩りが花見名所を生みだしたことを説く。桜にかかわるさまざまな人物の登場も面白い。

職場である国際日本文化研究センターでの国際交流から、世界の花見事情にもふれる。そして、花見を日本独特の「贈与」と「貴賤（せん）群集」から読み解いていく。縦糸と横糸を見事に織りなす造けいの深さと、素直に桜と心を通わせる感性の確かさがある。

西行、本居宣長、大和魂などの桜の意味について語る「桜」論は、これまでにもあった。しかし、本書のような庶民の遊びや心について語る「花見」論はなかった。従来軽視されがちだった遊び文化を見つめることで、日本文化の再考をうながしている。それは既成の学問のあり方を問うことでもある。

著者の一貫した姿勢は、広い視野から総合的に文化をとらえることにある。広闊（こうかつ）な目と柔軟な頭で、東西の文化を鋭く切り取ってみせる。庭園、博覧会、都市、プラントハンター、旅行、カラオケ、映像資料と著者の研究は縦横無尽に広がってきたが、その底流では常に、内外の文化の関係を問うている。日本文化論の系譜に新たな好著が加わった。

読後、花見に出かけ素直に感嘆の声を放ちたくなった。（西田正憲・奈良県立商科大教授）

（PHP新書・660円）＝2000年4月6日②配信

戦後野球の異色オーナー

「球団消滅」（中野晴行著）

日本初の大リーグ公式戦メッツ対カブスに沸いた東京ドーム、その一隅に野球体育博物館がある。プロ、アマを問わず日本野球の発展に尽くした人々が野球の殿堂の一室にレリーフによって飾られている。

本書の主人公田村駒治郎も名誉ある殿堂入りを果たした一人である。大阪の繊維商社田村駒株式会社の御曹司として生まれた田村は、スポーツ特に野球を愛し、一九三七年に職業野球チーム大東京を買収してライオンと改称。戦争が激化する中、最後までプロ野球の存続を主張し続けた。戦後野球の復活とともに田村は再びチームの経営に情熱を燃やす。

彼にとってのハイライトは駒治郎の駒鳥からニックネームを付けた自分のチーム松竹ロビンスが、二リーグ分裂直後のセ・リーグの優勝を成し遂げたことであった。身長は一六〇センチながら一〇〇キロを超す巨漢田村が優勝トロフィーを前に小柄な小西得郎監督と握手する姿は観客の注目の的となった。

だがこの名物オーナーをめぐる状況はきびしかった。戦時中の選手の応召、物資の不足、戦後の混乱に伴う選手と審判の引き抜きの泥仕合、二リーグ分裂をめぐる各球団の思惑など、田村は何度も裏切られたり、苦杯をなめたりしながらも、愛する野球からなかなか逃げようとはしない。

本書は、戦前から戦後にかけてのプロ野球界の興亡を田村という異色のオーナーを軸に追ったノンフィクションの力作である。各種資料を丁寧に参照し、関係者へのインタビューを活用し、時代の背景を見事に再現している。

「オーナーの夢と日本的プロ野球経営という現実のはざまで消滅していったひとつの球団の歴史の中から、スポーツを選手とファンの手に取り戻すヒントが見つかれば」という著者の願いは果たしてかなえられるのであろうか。現在のプロ野球界には、教訓を生かす環境も人物もいないような気がしてならない。（池井優・慶大名誉教授）

（筑摩書房・1800円）＝2000年4月6日③配信

住宅史の常識外した入門書

「住宅巡礼」（中村好文著）

二十世紀につくられた住宅のなかでも、とくに名作をえりぬいて現地に訪ね、それを専門外の読者にもわかりやすく解説した、建築家による住宅入門書。

と、紹介してもまちがいではないだろう。だが一方、まったく違うともいえる。

著者が訪ねた家は九軒。フランク・ロイド・ライト、ル・コルビュジエ、アルバ・アアルト、ルイス・カーンなど、よく知られた巨匠の手になるものばかりだが、二十世紀住宅のベストナインとしては少し意外なラインアップなのだ。つまり住宅史の常識をちょっと外している。だれでも納得する評価というよりは、自分が長く心にとめていた、大好きな住宅に絞っている。

その微妙な偏りが決定的なのだ。それらの住宅を愛しているから、という視点で、自分が観察し発見した部分をとことん引き出している。その語り口もそして自分なりに描いた図面やイラストレーションもじつに明快でだれにでも楽しめるのだが、同時にそれは徹底して専門的な考察であり図解になっているのだ。

たとえばこのなかでももっとも高名なライトの「落水荘」について、その見せ場である跳ね出しのテラスに、むしろ「衒（てら）いとハッタリのかすかな匂（にお）い」を感じとり、重要なのはむしろ、岩盤に「直角に噛（か）み合うように築かれ」た構造壁ではないかと指摘する。

この構造壁は四つの暖炉の煙突、給排水、電気、ガスの配管配線も組み込んだ設備コアでもあるというのだ。これだけの指摘で、ただ見た目にまず格好よかった「落水荘」の印象が一変する。造形作品というよりよく考えられた生活の器としての住宅がはっきり見えてくる。

中村好文は、建築そのものをつくる目と生活を見る目の視力を同じように保つことで、住宅建築の距離感を得ようとする建築家だ。余計なテツガクやケイモウを建築から取り除くためにどれほど努力してきたか、その成果が彼の文体となり図法となっている。（植田実・建築評論家）

（新潮社・2800円）＝2000年4月6日④配信

戦争賛美をも導く装置

「作文のなかの大日本帝国」（川村湊著）

近代の戦争は「国民」のあらゆるエネルギーをくみつくそうとする。とりわけ教育の場では、強制によってではなく、内面から自発的に戦争に参加させるような装置が求められる。著者によれば、近代日本の作文教育は、まさにそのような目的に奉仕してきたのである。

著者は「生活綴（つづ）り方運動」もその例外ではないという。たしかに「生活綴り方運動」は、戦前の天皇制教育に対するアンチテーゼであり、激しい弾圧をこうむった。しかし著者は、その運動が作文教育の原理として掲げた「心に思い浮かんだことを自由に書く」という指針が、戦争下においては、こどもたちに帝国意識を植え付けることに役立ったとみる。それゆえ、「戦時中の慰問文や戦争翼賛や必勝の決意の綴り方なども、生活綴り方の一つの帰着点」なのである。

「思ったことを書く」ことを作文の唯一の原理にすることは、個人の内面の意識に無垢（むく）の表現主体を見いだすことを意味する。ところが、そうすることでかえって、主体のおかれた歴史的・社会的状況は問われないままになる。そして、内面の秘められた声を響かせるのではなく、他者の声をなぞる結果を生む。

これは作文教育にかぎらず、私小説的伝統が主流となっている日本文学全体にもあてはまる重大な問題であろう。戦争を賛美した多くの文学者は、学校の生徒と同様に、けっして当局の圧力に負けて筆を曲げたのではなく、やはり「思ったことを書いた」のではなかろうか。その意味でこの本は、近代日本の精神史理解への貴重な入り口ともなっている。

ひとつだけ疑問を述べておきたい。この本で朝鮮人作家の名前が漢字の日本語読みで呼ばれているのはなぜだろうか。たとえば、金達寿（キム・タルス）には、わざわざ「きんたつじゅ」という振り仮名がつけられてある。このことがどのような社会的意味を帯びるかを、著者が気づかないはずはないだけに、不思議である。（イ・ヨンスク・一橋大助教授）

（岩波書店・2400円）＝2000年4月6日⑤配信

ネットとの距離感覚描く

「共生虫」(村上龍著)

この小説には二つの大切な要素がある。インターネットと「ひきこもり」だ。インターネットについては説明は不要だろうが、「ひきこもり」については少し説明しておかなければならないだろう。不登校になり、部屋に引きこもったまま、病院に通う以外、外界と接触することもない、そんな主人公が設定されている。ウエハラという名だ。

ウエハラはニュースキャスターのサカガミヨシコが微生物に詳しいことを知り、彼女のホームページにアクセスして、秘密を打ち明ける。祖父が死んだとき、その身体から白くて長い糸のような生物がはい出てきて、自分の中に入ったと告白する。そして返信が来る。それは「共生虫」と呼ばれているのだ、と。

だがインターバイオという、返信をくれたグループが何なのか、ウエハラにはわからない。ただ、彼は「共生虫」の実在を他人の言葉で初めて確認できたことで、外へと踏み出す…。

あとは小説を読んでもらうしかないけれど、私が面白いと思ったのは、インターネットに対するウエハラの距離の感覚だ。ネットに対して過大な希望を抱くことも、絶望的な否定の感情を持つこともない。描かれてあるのは、ネットへのごく淡々とした接し方だ。

自分に対してすごく攻撃的なことを書いてくる人間がいる。“あなたに関心がある”と奇妙な好意をチラつかせるやからも存在する。それらにウエハラは同じ温度で接している。インターネットなんて、鉛筆や辞書以上の存在ではない、そんな感覚がウエハラにはある。そしてそれは村上龍までつながっている。

村上は「共生虫」をインターネットを通じたオンデマンドでも販売した。限定版で三千円。単行本の二倍の金額だ。電子出版に希少性を持たせるという発想は、単に逆転しただけ、ではなく、ネットが旧来の出版ツールと何ら変わらないことを表明している。それがこの小説の骨格をつくっている。(陣野俊史・文芸評論家)

(講談社・1500円)=2000年4月6日⑥配信

混乱とミスを丹念に検証

「脳死移植」(高知新聞社会部「脳死移植」取材班著)

かつて、生と死の間にはくっきりとした境界線が引かれていた。呼吸が止まる。心臓が停止する。瞳孔(どうこう)が散大する。この三つの徴候がそろえば、臨終とみなされる。人の死という事実は、きわめてシンプルなものだった。

今は違う。人工呼吸器の発明によって、脳機能が失われても、機械的に呼吸を続けることが可能となり、心臓停止までの間にタイムラグが生じた。「脳死」の出現である。

脳死から心臓死に至るまでの過程は、患者をみとる家族にとって、大切な人との別れを受け入れてゆく貴重な時間である。そうした静謐(せいひつ)な時間を、不作法な第三者がかき乱すことがあってはならない。

ところが、その「あってはならない」ことが、起きた。一九九九年二月末、日本初の臓器移植法にもとづく脳死判定と、移植のための臓器摘出が行われた高知赤十字病院に、多数の報道陣が押しかけ、大混乱を招いたのである。

騒動の後に、こうしたマスコミの過熱報道を振り返り、自己批判をまじえながら検証作業を行ったのは、地元メディアの高知新聞である。同紙社会部の「脳死移植」取材班は、混乱の原因を丹念に追ってゆき、リポートをまとめた。

問題はメディアだけにあったのではない。密室で事態が進行すれば、「脳死」患者の人権が損なわれる恐れがあり、リアルタイムでの情報開示は不可欠だとするメディアの論理をはねのけた病院側も、脳死判定手続きにおいて、再三ミスを重ねた。騒動の責任は、臓器移植コーディネーターや厚生省にもある。脳死という事態に、私たちの社会はまだ十分な備えができていないのだ。

しかし脳死は、死の自明性が失われた時代に生きる私たちすべてに降りかかる問題なのである。死の尊厳を取り戻すために、私たちは何をなすべきなのか。本書は、そうした重い問いを私たちに投げかける。(岩上安身・ノンフィクション作家)

(河出書房新社・1500円)=2000年4月13日①配信

今までにない戦国ロマン

「義元謀殺(上・下)」(鈴木英治著)

戦国時代・織田信長・今川義元で、連想するものといえば、まず“桶狭間の戦い”である。だから、第一回角川春樹小説賞特別賞を受賞した本書も、タイトルを見て、定番の戦国物かなと思ってしまった。

ところがこれが大間違い。たしかに桶狭間の戦いも描かれているが、ストーリーの中心は、尾張への侵攻を半年後に控えた今川家に、織田家中の策士・簗田弥次右衛門が仕掛けた謀略にあるのだ。おなじみの題材を使いながら、新人作家ならではの情熱で、今までにない戦国ロマンが創造されたのである。

本書の最大の楽しみは、やはり謀略の内容だろう。弥次右衛門の命を受けた忍者は、今川義元に恨みを抱く一族を使嗾(しそう)して、今川家の有力な家臣たちを、次々と家族もろとも皆殺しにしていく。実は、そこには真の目的が隠されているのだが、これが意外性抜群で面白い。

シャーロック・ホームズ物語の有名な短編を想起させるが、そのアイデアを戦国時代の中で上手に使いこなしたのは、作者の手柄であろう。そのほかにも、さまざまな仕掛けが施されており、ラストまで興味深く読ませてくれるのだ。

また、今川義元が支配する駿河を舞台にしているのも珍しい試みだ。謀略に対抗する今川侍の多賀宗十郎を実質的な主人公に据えて、桶狭間の敗死でイメージが悪くなった義元と今川侍に、別の角度から光を当てている点にも注目したい。彼の視線を通じて、今川家の独特の気風や、そこに生きる人々の心情が、しっかりと活写されているのだ。

もちろん本書に欠点がないわけではない。登場人物の行動を均等に書き込みすぎて、宗十郎のキャラクターが、やや弱く感じられる。同じ理由で、物語の流れが停滞した部分があるのも惜しまれる。しかしこれらは、新人作家らしい気負いの結果であり、さほど気にすることもないだろう。戦国物に新風を吹き込んだ、パワフルなデビュー作として、評価したいのである。(細谷正充・文芸評論家)

(角川春樹事務所・上下各1900円)=2000年4月13日②配信

洋食をめぐる人間ドラマ

「とんかつの誕生」(岡田哲著)

東京生まれ下町育ち、それも上野と浅草の中間にある永住町(現元浅草)にわが家のあったわたしは、人後に落ちぬとんかつ大好き少年だった。その下町の子供たちを虜(とりこ)にした“とんかつ”という一大傑作料理の生まれるまでのいきさつを丹念に記したのが本書である。

「明治維新は料理維新」という視点から食べもの、料理をとらえ直し、膨大な資料を渉猟しながら、一八七二(明治五)年明治天皇が肉食をはじめて文明開化の扉を開けたところから、約六十年後に“とんかつ”が誕生するまでを追っているのだが、そこに幾つもの人間ドラマがあって、ワクワクするような気分で読んだ。

新鮮だったのは、“あんパン”も洋食のひとつという指摘で、洋食が和洋折衷の料理とすると、“とんかつ”に先がけてパンが日本人の味覚になじんでいったきっかけが“あんパン”だったというのである。木村安兵衛(銀座「木村屋」創業者)のあんパン作りのエピソードがまことに面白い。

また、“カツレツ”と“とんかつ”の違いを明言している点も、説得力があり極めて興味深かった。西洋料理はお上から洋食は庶民の間から生まれたものであり、それぞれを代表する豚肉料理が“カツレツ”“とんかつ”というわけである。そして、“カツレツ”ではなく“とんかつ”となって、はじめて日本人が肉食を自分のものにしたというのだ。これは著者の卓見である。

いまからちょうど百年ほどまえ、「和洋折衷料理」という言葉が流行したらしい。そこから生まれたのが“とんかつ”だった。いままたフュージョンと呼ばれる異種の食文化を混合させた料理が、世界のあちこちで支持されている。その流れの中から日本ではどんな料理が生まれるか、二十一世紀を迎えるにあたり、豚肉料理を見直すきっかけともなる、まことに示唆に富む一冊といってよい。(山本益博・料理評論家)

(講談社選書メチエ・1500円)=2000年4月13日③配信

「元日本人」の波乱の半生

「異境」（韓瑞穂著）

平山瑞子は大正十一（一九二二）年生まれ。生みの親の複雑な事情で十年生まれとして平山家に育った。貧しさを勤勉で克服し、その時代、娘を女子大の国文科に学ばせた育ての親の愛情は、自分の責任で人生を選ぶ力をこの女性に与えた。

日中戦争下に中国人留学生・韓向辰と結婚、“敵国”中国に渡ったとき、瑞穂の国を忘れまい、と韓瑞穂に改名した。だが、一人の人間として生きる気構えは国が支えてくれるものではなかっただろう。

大資産家ながら共産党シンパの韓家の一員となった彼女の、波乱に満ちた半生が戦火の異境で始まる。抗日戦争を続ける八路軍に協力する家が、日本人を受け入れるのだ。排除されない不思議から、彼女は日本にいたときの自らのさまざまな偏見に気づく。

一九四六年から幼児をかかえて解放区（共産党支配地域）入りし、八路軍で何と軍医の修業をしながら三年以上も遊撃戦を繰り返し、転戦する。そのすさまじい内戦経験をへて、解放にかけた人々の希望が実現した五〇年代は、幸せもつかの間、後半になって急激な社会主義化の闘争と運動に巻き込まれるのだ。

毛沢東は五六年までは正しかった、と今日いわれるが、著者は五五年に共産党員になっている。しかし、反右派闘争に始まる批判と下放という一家の受難は、文化大革命が終わるまで続く。味方や隣人の中の敵探しとなった残酷な統治は、深い傷を歴史に残した。著者は政治に抹殺されたくない一念で生き抜くが、一時は精神に異常を来した夫でも党への評価はまだ甘い。

結局日本人に中国のことは分からない、という夫の言葉をはね返す腰のすわり方は、日本人であると同時に中国人の立場に属しているだけで、そのいずれをも信じる対象としているわけではない彼女の独立性を感じさせる。

中国人の書いた類書は多々あるが、今も母語によって中国で日本文学を講じる著者の体験は、急速に歴史が遠ざかる時代の貴重な一書である。（中村輝子・立正大客員教授）

（新潮社・1700円）＝2000年4月13日④配信

目からウロコの解説

「ブッダとは誰か」（高尾利数著）

ご縁があって、という言い方を、ガングロの女子高生がするとは思えない。使えば年齢のバレる、手あかにまみれた表現である。

縁に因で因縁なら、より古めかしい。仏教で「因」とは元来「事物のうちにもともと宿っている力（内在的原因）」であり、「縁」は「その力が実際に発動するのを外から促す力（触発的原因）」のこと。因縁の「相互作用」により「万物が生起し複雑な姿を呈する」のを「縁起」という。

すっきり説明されてみると、われわれが多くの仏教用語を訳の分からぬまま誤用し、ひいては仏教そのものをあいまいなイメージのもやで包んできたと、目からウロコの思いがする。

著者は元来神学を学び、「キリスト教の批判的継承」を目指す過程で仏教が視野に入った。私事ながら当方もキリスト教徒として教育を受け、西欧のユマニスムを学んだ人間である。最近仏教関係者と対話の機会を得、仏教にもユマニスト的な側面があるのかもしれないと、興味を持ち始めたところで本書に出会った。内なる「因」に、本の「縁」が重なったわけだ。

欧米の教養から入った初心者にとっては、かんで含める作りになっている。なぜ日本の現状が「葬式仏教」なのか、歴史から説き起こし、ブッダの人間像から思想へと筆を進めていくのであるが、随所でユダヤ・キリスト教や哲学、心理学、生物学などとの対比が繰り返される。

例えば「諸行無常」は単なるむなしさの表現ではなく、関係性の編み目としての現象をよりダイナミックにとらえようとする姿勢であり、特定の概念への執着がもたらす硬化をほぐす作用がある。マックス・ウェーバー的な表現なら非呪術（じゅじゅつ）化と言われて、あらためて納得してしまう自分が半分悲しい。

主要な用語には英訳を添え、表から方程式まで駆使する一方、個人的な体験談を交える柔軟な戦術で、仏教という古い酒は新しい革袋に入った。今を前向きに生きるための、即戦力の一冊である。（荻野アンナ・作家）

（柏書房・2000円）＝2000年4月13日⑤配信

現代のゆがんだ縮図描く

「サイレント・ボーダー」(永瀬隼介著)

天童荒太「永遠の仔」、東野圭吾「白夜行」、馳星周「虚の王」など、これまで社会通念として共有されていた倫理観念では理解できない犯罪を犯す少年が登場する小説が目立つ。彼らはみな成長過程で受けた暴力や虐待で心身に傷を負い、やがて被害者から加害者へと転化していく。

人気作家たちの感性が、この問題をもっとも今日的なテーマとしてとらえていることは間違いないし、それに呼応するかのように、現実の社会でも、ゆがんだ心の持ち主による異様な事件が次々と引き起こされている。

本書もまた同テーマを扱った作品であるが、さまざまな病理を抱えた人物がかかわりあうすご味のあるプロットにその特徴がある。

渋谷で“シティ・ガード”という自警団を統率する、強いカリスマ性を持った十八歳の少年・三枝航。彼の中学時代の同級生で、いじめ相手を刺し殺し、少年院から戻った気弱な性格の友田勇志。突然家庭内暴力をふるいはじめ、別れた妻に重傷を負わせた息子を引き取った敏腕フリーライターの仙元麒一。

三枝は過剰な正義感を持つがゆえに、いつしかその行動が暴走をはじめ、また友田は贖罪(しょくざい)の念を抱えながら、鬱屈(うっくつ)した日々を送っている。そしてようやく息子と心を通いあわせかけた仙元は、その息子が何者かに惨殺されたことを知る。

三者三様の物語が並行して描かれるうち、徐々に各自が心に抱えた病理が浮かび上がり、やがてそれぞれのストーリーが交錯し、衝撃的なラストへとつながっていく。特に最悪な虐待を経験し、「わたしたちの概念でいう心」が欠如した人物が浮き彫りにされていく過程には慄然(りつぜん)とせざるをえない。

作者は犯罪ノンフィクションライターからの転身らしいが、現代のゆがんだ縮図を描き出し、単なるサイコサスペンス以上の作品に昇華させた。出色のデビュー作といえるだろう。(西上心太・文芸評論家)

(文芸春秋・2000円)＝2000年4月13日⑥配信

不確定な性の奇妙な感覚

「サマー・キャンプ」(長野まゆみ著)

時は近未来。場所は日本、風景は東京湾岸地帯のようだ。長野まゆみが描く主人公は少年だった。新作でも“少年”のように見える。しかし、見当識を失っているような、奇妙な感覚がずっとつきまとう。

主人公の温は、文字どおり女性アレルギーをもっており、女性に近づきすぎると発疹(はっしん)や発熱に襲われる。そのため、母や家族とも隔離されて成長してきた。温の一人称で話は進むが、自分は性的には異性にしか興味がないといいながら、家に出入りする男性の獣医師から性的ないたずらをされたりする。自己の不確定な感じとともに、異様なまでの受容性を感じさせるのだ。

正直いうと、とてもではないが「男」とは思えない。べつに人は性別が男だから「男」だとは限らないし、そもそも「男」でも「女」でもない未分化な状態というのもあり得る。セクシュアリティーなどと一言でいうが、六十歳を過ぎても何に欲望を感じるのか自分でもわからない人もいる。

確固たる「男」ではないからこそ、温の口からは「女」への手厳しい批判が出てくるようでもある。「女とは顔と自己とを無自覚に同一視する生き物だ。彼女たちの内面は顔であり、ほかは何も存在しない」といった紋切り型の批判は、妙に当たっている気がしてしまうのだが、本書においては生物学的に微妙にずらされてしまう。

なぜなら彼が批判する「女」だと思っていた叔母が、実は、両性の特徴を併せ持つ身体の持ち主であることが明らかになるからだ。

我は何か―なぜここに生きて在るのか。生きるとはどういうことなのか。作品の問いかけは明確だ。

人を人たらしめるものとして、遺伝子のほかに、個人が生きる「記憶」についてチラと触れられているのが興味深い。子を持たない私には、個人的に最も興味のあるところだ。個人が、個人的な欲望を追い求めることが「記憶」に結実する。「記憶」という人類特有のもう一つの“遺伝子”は、生物学的な「性」からははるかに遠いのかもしれない。(大原まり子・作家)

(文芸春秋・1048円)＝2000年4月20日①配信

広い視野と豊かな細部

「秘密のファイル(上・下)」(春名幹男著)

日本人の大多数にとり、アメリカは現在、最も親しみの持てる国であろう。だが国と国との関係には、いかんせんキレイゴトではすまない、陰の部分がつきまとう。

本書は、太平洋戦争当時から現在に至るまで、アメリカが日本に対して行った情報工作や秘密活動—つまり対日工作を追ったものである。日本を舞台に展開された、中国など第三国への工作も扱われている。

「日米関係の裏面史の決定版」を書きたかったという著者の視野の広さと、膨大な資料に基づくディテールの豊かさが、本書の大きな魅力をなす。半世紀以上にわたり、歴史の舞台裏で活動したさまざまな人々の姿が、小説さながらのリアリティーで描かれるのだ。

著者の意気込みのほどは、文中、いくつもの事柄について「(今回の取材で)初めて発見された」「初めて確認できた」と特筆したことにもうかがえる。ただし勢いあまってか、いささか強引な展開や、妙な思わせぶりも見受けられるものの、本書は貴重な労作であり、十分な注目に値しよう。文章も平易で、上下二巻を一気に読ませる。

題名こそ「秘密のファイル」と暴露本ふうだが、本書の目的はアメリカへの告発や批判とは異なる。いかに友好国同士でも、国家間で情報工作や秘密活動が行われるのは当たり前のことなのだ。ましてや戦後日本が、アメリカの思い通りに操られてきたなどと考えるのは、自己の主体性のなさを相手のせいにする点で、甘えた八つ当たりにすぎまい。

かかる甘えから脱却し、国際社会の現実を冷静に直視できるようになることこそ、本書にこめられた著者の願いだと信じる。「対日工作」だの「スパイ」だのと聞いただけで衝撃を受けるような、ナイーブに過ぎる感性を、そろそろ私たちは改めねばならない。このための一助として、本書が広く読まれ、活発な議論を引き起こすことを期待する。(佐藤健志・評論家)

(共同通信社・上下各1800円)＝2000年4月20日②配信

無言のマグマ感じさせる

「現代日本人の意識構造」(NHK放送文化研究所編)

日本人の政治意識や生活意識がどのように変化しているのか。現代社会における大きな関心事である。

NHK放送文化研究所の意識調査は、一九七三年から五年ごとにおこなわれているものだが、九八年に行われた調査の結果が、この本である。対象は約五千人。すくないとはいえ、長い継続は貴重である。

政治が取り組まなければならない課題の項目では、これまでトップをしめていた「福祉の向上」が、「経済の発展」に逆転された。これはいまの大不況が、またもや、経済第一主義の意識にもどしたことをしめしていて、日本人の権利意識が定着していないことのあらわれのようだ。

仕事の条件が、これまでの「健康」や「仲間」という理想よりも、「失業の不安」や「専門を生かせる」に変化していることとも見あっている。いわば、職場での生き残りが最大のモチーフになっていて、福祉の拡大よりも、経済成長で解決する、という競争原理から脱却できていない。

世論が国政に反映しているかどうか、との項目では、まったく反映していない、との回答が急激にふえている。それも四十代以上になるにしたがって多い。

政治が国民の生活にとって、まだそれなりに機能していた時代を知っているかどうか、あるべき政治のイメージがあるかどうかによって、現状への失望感の強弱がちがう。理想がなくなれば、政治批判も弱まる。

デモ、陳情、請願などの大衆的なはたらきかけの有効性の意識は、年齢がさがるほどに減っている。地域の問題にたいしても、「静観する」がふえ、「活動する」が減っているとはいえ、政治家にはたらきかける「依頼」がふえているのは、闘争心が低下したとはいえ、主張は明確にあることをあらわしている。

それは無党派層がふえていることにもつながっているのだが、受け皿さえあれば、政治的な力が発揮される、という無言のマグマを感じさせる。(鎌田慧・ノンフィクションライター)

(NHKブックス・970円)＝2000年4月20日③配信

国際的視点で語る

「尺八オデッセイ」（クリストファー遙盟著）

尺八は、日本を代表する音楽である。尺八人口は、世界的にかなりの数にのぼる。人気の理由は、いくつかある。ひとつは、尺八が禅などの精神世界と密接にかかわる楽器であること。二つめは、この楽器がソロで楽しめるということ。これは普及にとって重要な要素である。そして三つめは、本書の著者のような、尺八に心酔している国際人が存在するということだ。

著者は米国に育ち一九七二年に留学生として来日した。豊かな感性が彼を尺八の音色につなぎとめた。その後約三十年間、尺八の修業・演奏・普及活動を続けている。伝統音楽の世界に深く入り込む一方、あるときは外国からの視点をもってその世界に対峙（たいじ）する。その両極の間で、長い期間バランスよく失速せずにいることは、だれにでもできることではない。

本書の記述は、尺八との出会い、先生らとの出会い、海外の演奏旅行での経験や見聞という順に進む。記述のクライマックスは、九八年、彼自身の主宰で開催された国際尺八音楽フェスティバルの様子を伝える、第五章にある。尺八が日本を離れ、さまざまな文脈で演じられ語られる様子が、活写される。

これらの記述の合間に、尺八の歴史や伝統的な学習方法、日本の音楽教育への批判へと話が向かう。穏当な歴史説明そして常識にもとづいた批判から、人との出会いを大切にする、著者の基本姿勢がうかがえる。

肩のこらない読み物であるが、本書は同時に、伝統音楽を紹介する「技術書」として扱われてもよい。海外に滞在すると、日本の伝統音楽の説明をもとめられたりするものだ。そのとき、何をどこから話せばよいのか、われわれはしばしば途方にくれる。氏によれば、ポイントのひとつは「楽器の材料」にまず目を向けさせることである。

こういった知識は先人の受け売りではない。経験にもとづく独自の知識である。われわれはこれらを積極的に盗むべきであろう。（藤田隆則・大阪国際女子大助教授）

（河出書房新社・1600円）＝2000年4月20日④配信

知の壮大な万華鏡

「ジョン·ランプリエールの辞書」（ローレンス·ノーフォーク著、青木純子訳）

傑作である。ひさかたぶりに小説らしい小説、語りの巧みな物語の饗宴（きょうえん）を堪能させてもらった。

今日の欧米では歴史を素材とした作品が数多く創作されているが、それというのも歴史もまた、もっともらしいフィクションにすぎないといった、近年の定説による。つまり、歴史小説を創作するということは必然的に、ポストモダンな社会にもっとも適した小説様式…虚構について書かれた虚構、メタフィクションとなるわけだ。十八世紀末の英国とフランスを舞台にした本書も例外ではない。

青年学者ジョン・ランプリエールは父親が無残な死をとげたことを契機にロンドンにやってくる。父が残した大量の書類のなぞを解きあかすためである。そうした古びた文書の中に契約書らしきものがあった。法律家によれば、どうやらその書類には、ランプリエール家は東インド会社の利益の九割を得ることになっていることが記されている。だが、ジョンがロンドンに現れたことによって次々と不可解な殺人事件が起こり、しだいに彼は領土や覇権をめぐる陰謀の渦に巻き込まれていく…。

主人公のジョン・ランプリエールは実在した学者で、ギリシャ・ローマ時代の神話や古典文学の人名・地名を詳説した「古典籍固有名詞辞典」の著者として知られるが、本書そのものが、まさに百科事典的な博識に満ちている小説である。

知の壮大な万華鏡、あるいは過度の博覧強記もまた、幻想となりえることを例証した作品といってもよい。語り口はサッカレーやディケンズを模倣しているが、物語の随所に神話を下敷きにしているあたりはジョイスやエリオットなどのモダニズムを想起させ、しかも歴史小説、ミステリー、SF、メロドラマといったジャンルを越境した様式は、まぎれもなくピンチョンを代表とするポストモダン小説である。これで作者が二十八歳のときのデビュー作というのだから、驚愕（きょうがく）の一言だ。（風間賢二・評論家）

（東京創元社・5000円）＝2000年4月20日⑤配信

俳句という器の深さ

「小林一茶」(宗左近著)

いままで一茶の句について書かれたものを多々見てきたが、読み方によってかくもちがった味わいの一茶になるのかと感じ入ったのが本書である。

大方が関心を寄せるのは、波乱と苦悩にみちた一茶の境涯であり、並ならぬ境涯があったがゆえに、一茶には人間味にあふれた句があるのだという結論である。本書はその道順をふまずに、ひたすら作品を読むことでその境涯を浮き彫りにするという方法を取っている。読んでいるうちに、作品のなかに一茶の肉体をみている著者の目の位置がわかり、読者の自分もその隣に並んでしまっていることに気がつく。

その過程で、ことに印象的だったのが、今後外国にひろがってゆく俳句で、「諸外国の俳人が師と仰ぐのは、芭蕉や蕪村ではなくて一茶ではないか」という予測と、「一茶の開いた俳句の道が、昭和以降の川柳とつながり、自由律俳句に流れて新しい伝統となった」という指摘である。

思想が深刻でないこと、裸の人間が出ていること、どこのだれにでも通じる即物的リアリズム。そんな一茶の作品の普遍性と通俗性を、平易な口調で読者にわかりやすく語りかけていて、おもわず返事をしてしまうような気分にさせられる。わたしはこう思うけどあなたはどう、という口調である。

〈活て居る人をかぞへて花見哉〉の自己疎外感や、〈花の雨ことしも罪を作りけり〉にうかがえる軽い罪意識から、一茶を近代人だと見てゆくくだりや、〈日本と砂へ書たる時雨哉〉の「日本」と書かれた句への言及など、説得力があっておもしろい。

文中に引例される芭蕉、蕪村をともに視野に入れてひらける深い詩の世界に、俳句という小さい器の深さ、おおきさをあらためて思い知らされるのである。

〈露の世は露の世ながらさりながら〉〈手拭のねぢつたまゝの氷哉〉などに愛惜のおもいをつづった終章の最後の一行は「有難う、小林一茶」。まことにいい一行である。(宇多喜代子・俳人)

(集英社新書・740円)=2000年4月20日⑥配信

アクチュアルな問題提議

「江戸前」(平岡正明著)

江戸学が最近、もめている。一方に徳川三百年をユートピア的に理想化し、遊女こそは最先端の知的女性であったと肯定するロマンティックな立場がある。そしてもう一方に、こうした理想化は今日の立場から逆投影されたノスタルジアであって、遊女の平均寿命が二十四歳であったという社会の悲惨にこそ目を向けなければならないと批判する、よりリアリスティックな立場がある。

若い研究家はこのどちらの陣営に属するかで、決断を迫られているようだ。だがこうした対立を越えたところで、山口昌男の「敗者学のすすめ」(平凡社)のように、江戸時代の文化的遺産が明治以後の近代に何を遺(のこ)しえたのかをめぐって、より達観した視点からなされた書物も、最近出現している。

本書も、その系譜に属するエッセー集だといえるだろう。この人、明治の東京には薬局は仁星堂か芳生堂かと喧伝(けんでん)された、その芳生堂の三代目に当たるらしい。湯島の坂を語るにも、斎藤緑雨の短編を語るにも、身体の記憶が感じられる。グラムシだったら「文化の腐植土」というところだろう。江戸前とは「苦味走って勇み肌で粋」であることに、財力、権力、社会的地位より高い価値をもつことだと、端的に定義している。

本書の内容は露伴、荷風から長谷川伸まで多岐にわたっている。ひとつだけ述べるならば、岡本綺堂の「半七捕物帳」と野村胡堂の「銭形平次捕物控」の間には、大震災による江戸の第二の崩壊が横たわっているという指摘がある。

前者は遠慮を知る町人の文化的成熟がまだまだ残っていた一九一〇年代に執筆されたが、後者はすべてが灰じんに帰した後に、大正モダニズム文化のなかで書かれた。同じ捕物帳といっても、江戸をめぐるまなざしが全く異なっているという。一見先祖の文化的足跡をたどるノスタルジックなもののように見えて、実は極めてアクチュアルな問題提議をもった好著である。(四方田犬彦・明治学院大教授)

(ビレッジセンター出版局・2400円)=2000年4月27日①配信

歴史の「もし」を自問

「我々はなぜ戦争をしたのか」（東大作著）

一九六〇年代末から七〇年代初頭にかけて青春時代を過ごした者にとり、ベトナム戦争という言葉には、独特の、もの悲しい高揚がある。

戦争の現況を伝えるニュース音声を背景に、サイモン&ガーファンクルが歌った「7時のニュース／きよしこの夜」、民衆の自信を高らかな叙情で歌い上げた、ジョーン・バエズの「勝利を我等に」、戦争停止を期待されながら暗殺されたロバート・ケネディ。米国の戦争を批判しながら、米国からのメッセージに希望を託す、不思議な時代だった。

だれもが深く考えずにはいられなかったこの戦争について、その当事者たちが、二十年以上もたってから直接に対話した。九七年、ハノイでのこと。その模様がNHKのドキュメンタリー番組となり、さらに補足して本の形になった。それが本書である。テレビ番組のときもそうだったが、こうして本にまとめられても、当時の政策担当者たちが真実を見極めようとする対話には、やはり作り物を寄せつけない迫力がある。

例えば、北爆であれほど多くの国民を死なせながら、なぜ北ベトナムは和平交渉に応じなかったのか、と詰問するマクナマラ国防長官（戦争当時）に対し、そんな「奴隷の平和」を受け入れられるわけがないではないか、と懸命に反論するベトナム側当事者。

誠実な迫真の議論を読み返していると、歴史に「もし」はない、という言い方がいかに誤っているかを思い知らされる。「すべて仕方がなかった」とだけ言っていたのでは、歴史の進歩などない。いくつもの「あの時、もし」を自問することによってしか、正確な歴史認識は得られないのではないか。

戦争当時、北ベトナムの最高司令官だったボー・グエン・ザップの、「ベトナム人民だけでなく、平和を求めたアメリカ人民の勝利でもあった」という言葉がいい。安手の自己正当化ではない、重厚な歴史観というものが、そこにはある。

（最上敏樹・国際基督教大学教授）

（岩波書店・1800円）＝2000年4月27日②配信

生の哀しみ紡ぐ

「イギリス山」（佐藤洋二郎著）

この著者の小説には、土のにおいがある。たとえば日本の「田舎」の、まだ俗化する前のつつましいにおい、あるいは、切り崩されていく山や土地の、工事現場から立ち上がる勢いのある土のにおい。ときにその土のにおいは、やせていく現在の漁港や岬の風景に置きかえられるが、消えていく「昔」と営みとが交錯しあいながら、苦みのある生の哀しみを紡いでいく。

ふてぶてしく、何事かを変えるものは果たして時間だろうか。あるいは消えないものを持ち続けながら、人はどのようにして人生の落とし前をつけて生きるのか。そうした問いと苦さが、この作品集にも色濃く漂っている。

表題作「イギリス山」は、二十年一緒に暮らす妻の心に、消えない男の存在を感じつつ、自らの罪を問う男の心情が描かれている。三十五年前に捨てた九州の炭鉱町で、青春をわけあった金舜臣。「わたし」は後に東京に出て金と会い、彼が勤めていた土木会社で一緒に働く決意をする。

絆（きずな）は、金が韓国に帰国した後にも続くが、すでにそのとき、「わたし」の心中には、拭（ぬぐ）いがたいわだかまりが生まれている。金がつきあっていたのは遥子。その遥子を奪う形で妻にした自分は許されるのか。

遥子もまた、金の戻るのを静かに待ち続けているのではないか。金へのうとましさと疑いは、年月の中でいつしか消えることのない贖罪（しょくざい）の意味を持ち始める。

作中、炭鉱町の教会での祈りのシーンが、何度か描かれるが、併録作品「彼岸祭」にも、言葉にならない沈黙の場面が登場する。

土地を開墾し酪農に従事してきた老人が眺める土地や人の姿は変ぼうしていく。唯一彼を慰めるのは年に一度の小さな市。来年は来られるとは限らない、そんな市に、彼岸から現れたように姿を見せる老婦人。

この場面、まるで“生のごほうび”といいたくなるようなシーンである。（稲葉真弓・作家）

（集英社・1700円）＝2000年4月27日③配信

聖と俗、ポップな味付け

「レギオンの花嫁」(鹿島田真希著)

文芸賞を受賞したデビュー作『二匹』は、いじめられる男子高校生を主人公にした青春小説だった。ところが受賞後第一作となる本書を読んでたまげた。文体もテーマも、『二匹』とは全く違う。これは神話、伝説、あるいはそのパロディーである。最近の若手作家に多い、社会風俗を題材にしたリアリズム小説ではない。妄想小説である。

この小説の魅力は、その読み方の多様性につきる。読み手の欲求に従って、いかようにも読めるのだ。

父親が十三人兄弟の末息子に語って聞かせる予言、という形で物語は進行する。末の息子には何も与えないことになっている、と父親は冷たく言い放つ。

父の予言によると、息子はやがて女に出会う。女はレギオンというクズ遺伝子を持った娘だ。こちらの世界の言葉を使わない異民族の娘であって、レギオンという言葉が、この民族や言語をも指し示す多重な意味合いを帯びている。息子はレギオンの娘に名前を与え、言葉を教える。しかし、レギオンの娘とは、実は父親の花嫁だった……と小説はさらに進行していく。

この小説は父と息子の物語としても読めるし、息子とレギオンの娘の恋物語としても読める。父を男性の、娘を女性の象徴とも読めるし、大国と小国の政治的物語としても読める。言葉と物語についてのメタフィクションでもある。旧約聖書のパロディーのようでもあるし、前衛ポルノのようでもある。

記述のしかたも、父親が語って聞かせる物語に、レギオンの娘の独白が頻繁にそう入されて、まるで二声が絡み合うようでもある。しかも息子とレギオンの娘はときどき溶け合う。父が語る物語だけを読んでも、娘の独白だけを読んでもいい。いかようにも読めるし、何度でも読める。

荘厳な神話スタイルで語りながら、いきなり「食を分かち合おう/湯豆腐を」なんて文章が飛び込む。聖と俗のごった煮に、ポップな味付け。それが鹿島田真希のスタイルだ。(永江朗・フリーライター)

(河出書房新社・1200円)=2000年4月27日④配信

大衆向けサービスで大成功

「AOL」(カーラ・スウィッシャー著、山崎理仁訳)

インターネットという新しいコミュニケーションメディアの登場により、IT(情報技術)産業といわれる新しい巨大なビジネス領域が生まれている。AOL(アメリカ・オンライン)は、現在この領域でもっとも有力と目される企業のひとつだ。

AOLの知名度は日本ではまだそれほど高くない。しかし、同社がこれまでに支配下におさめた企業を見ればその重要度は一目瞭然(りょうぜん)だ。パソコン通信の最大手コンピュサーブ、最初のウェブブラウザーを開発したネットスケープといった一時代を画した企業も、いまやAOLの一部門でしかない。

今年の初めには放送・出版界の巨人タイム・ワーナーと合併を発表し、各界に衝撃を与えたばかりだ。

なぜ、このような成功が可能だったのか?一九八〇年代までのAOLは、パソコン通信サービスにおける、比較的目立たない後発企業でしかなかった。マイクロソフト、アップルという二大パソコン企業の間で微妙なかじ取りをしながら生き延び、買収される瀬戸際を何度も踏みとどまる。そして九〇年代半ばのインターネット時代の到来が、AOLに驚異的な発展をもたらすのだ。

端的に言えば、AOLの成功は技術エリートではなく一般大衆をコンピューター・ネットワーク上に大量に導き入れたことによるものだ。西海岸の技術エリートたちからたえず冷笑の的にされながらも、あくまで平均的な米国市民を対象にビジネスを続けたこの企業が、最終的には最も大きな成果をあげることになる。米国のビジネス史では何度も繰り返された真実がここでも反復される。

したがって本書は、企業のサクセスストーリーとしては少々退屈である。むしろ本書の真価は、米国のごく平均的な大衆がコンピューター・ネットワークに何を求めてきたか、という視点から語られた、ここ十五年ほどの激動する業界小史としての側面にあるのではないか。(仲俣暁生・フリー編集者)

(早川書房・2000円)=2000年4月27日⑤配信

具体的で有意義な提案「21世紀の『医』はどこに向かうか」(村上陽一郎、NTTデータシステム科学研究所編)

重い病気かも、という不安を抱いたとき、あなたはどう行動するだろう。同じ疾患でも、病院の設備や主治医の専門や考え方により、検査や治療が違う。A病院では「入院・手術が必要」とされ、Bでは「通院・長期的服薬」と診断されることもある。

一般の利用者(患者)には、医師の詳しい専門領域やその病院の手術成績も、薬の副作用情報を入手するにも限界がある。医師の患者への姿勢、看護の質、病院のアメニティは、かかってみなければわからない。

本書では、医療の臨床や政策に関係してきた七名の執筆者が、現在の医療情報に関するさまざまなレベルの不備を指摘し、今後の改革を展望している。

医療への不信を解消するにはEBM(ある治療法の有効性の証拠を臨床疫学データから得て実施される医療)を普及させ、病院間の技術格差を解消するための治療ガイドライン作成の必要性が強調される。また、利用者が自分の状態を理解し治療を選択するためのインフォームドコンセントとカルテ開示の必要性も説明される。

さらに、医療者から利用者への一方通行の情報ではなく、例えばインターネットによる双方向性の情報を確保し、それによって利用者の疑問や体験を医療者が入手し、診療に生かすという可能性が描かれる。

情報開示によって危ぐされるのは、利用者の選択とその結果の責任が利用者に帰せられることである。そこで、専門家への「おまかせ」医療を批判するのではなく、自己決定するかどうかの選択をも可能にしよう、という興味深い提案がなされる。ただし、利用者が「おまかせ」を好む理由を「文化」として済ましてしまわず、その理由を探った上での新たな提案が期待される。

このように医療情報についての具体的で有意義な提案がなされるが、欲を言うと、利用者が医療を変革するための情報利用についてもっと検討してほしかった。(柘植あづみ・明治学院大助教授)

(NTT出版・2800円)=2000年4月27日⑥配信

かくも過酷で繊細な仕事「俳優のノート」(山崎努著)

山崎努に対するイメージは、鮮烈なデビューで驚かされた黒沢明監督「天国と地獄」での犯人役から始まり、伊丹十三作品やテレビでもあくの強い役を演ずる個性的な俳優といったものだろう。となると、本人もそうした人間であると思いがちである。

しかしながら、優れた俳優がスクリーンやテレビの画面で見せる姿はあくまで仮象である。実際には役とははるかにかけ離れ、むしろ女性的ともいえるほど繊細で、また自分の感情に忠実な人間であることをこの本は教えてくれるし、役のイメージと現実の山崎努との落差に驚くであろう。

ここでは新国立劇場でのこけら落とし公演、鵜山仁演出「リア王」のリアを演ずる仕事を受けてから、稽古(けいこ)に至るまでの準備期間、四十日ほどの稽古、そして本番までをどう迎えるのかを著者自らが日記に書き記したものをまとめたものである。

長い準備の間にリアをどう演じたらよいのかを日常生活を送りながらも思い悩み、またノートを付けながら役への試行錯誤を繰り返し、その都度演出家に電話や直接会って意見を述べあう。その悩み方、感じ方にこそ、著者のきまじめで傷つきやすい人間性が最もよく現れている。

もちろん、著名な俳優であるから、「リア王」のみに専念するわけにもいかず、間にインタビューもあれば、テレビや映画の仕事も入る。また思いがけずに、親しかった伊丹監督の自殺という事件にもあい、週刊誌やワイドショーの記者にも追われる。

しかし「リア王」を引き受けてからというもの、著者の念頭からそれが一刻も離れることはない。演出家からの電話の有無、海外の俳優との比較、どう他者の目に映るのか、稽古で実際に演じてみて自分自身がどう感じたか。たえずアンテナを張り巡らせ、それに過剰とも思えるほど反応する。

俳優とはかくも過酷で繊細な仕事であることを、この本は実感として感じさせてくれる。(山口猛・映画評論家)

(メディアファクトリー・2300円)=2000年5月2日①配信

人材追放の歴史
「戦後史のなかの日本社会党」（原彬久著）

著者によれば、「日本社会党とは何であったか」を問うことは、「戦後日本とは何であったか」を問いかけることでもあるという。

敗戦の年の一九四五年十一月、日本社会党は結党されたが、荒畑寒村はその結成懇談会に出た時の驚きを次のように語っている。

「およそ社会主義とは縁もゆかりもない人間が顔を並べ、これが事実上の結党式かと疑われるような言辞がのべられたことだ。たとえば、後に社会党から衆議院に出てパージとなった名古屋の『忠孝労働組合』の山崎某もいれば、右翼の津久井某もいる。浅沼稲次郎君は開会の挨拶のなかでヌケヌケと国体擁護を唱えるし、最後には賀川豊彦君が天皇陛下万歳の音頭をとるなど、私にはあまりの沙汰にただ呆れるばかりであった」

そして、それからおよそ五十年後に誕生した村山富市社会党首班内閣は、それまでの党是を捨て、自衛隊を「憲法の定めるもの」とし、「日米安保体制」の堅持を言明する。

その変化は、その誕生に原因があったというべきなのだろうか。

ともあれ、社会党の歴史は、ある意味で有為の人材の追放の歴史である。たとえば、田中角栄に「社会党では江田が一番恐い。江田を委員長に立ててきたときは、もしかすると自民党は負けるかもしれない」と言わせた江田三郎は、委員長になることなく、いびり出された。反江田の闘士が江田追及は間違いだった、社会党が構造改革論を取り入れていたら、社会党の凋落（ちょうらく）はなかったかもしれない、と悔やんでも、まさに後の祭りである。

その江田が田英夫とワシントンでゴルフを楽しんだとき、これを知った米国国務次官補のハビブが「えっ！　社会党もゴルフをやるのか」と驚きの声を発したというエピソードが引いてある。

江田は「進みすぎていた」のかもしれないし、社会党はあまりに「遅れていた」のかもしれない。（佐高信・評論家）

（中公新書・980円）＝2000年5月2日②配信

愚直な“義”の心の輝き
「壬生義士伝（上·下）」（浅田次郎著）

幕末の京で勤王派の人々を粛清した新選組は、屯所のあった場所にちなんで壬生の浪士、すなわち“壬生浪”と呼ばれ恐れられていた。本書の主人公・吉村貫一郎は、その新選組の一員でありながら、浪士ではなく義士として生き、そして死んだ、稀有（けう）な人物である。

鳥羽伏見の負け戦の後で、かつて脱藩した南部藩の大坂蔵屋敷で切腹を命じられた吉村貫一郎の胸中をつづったモノローグ。大正になってから新聞記者が、貫一郎の関係者から得た聞き書き。物語は、ふたつのパートを、交互に描きながら、進行していく。

元新選組隊士など、さまざまな人が語る、貫一郎と家族のエピソードは、どれも感動的で、読みごたえあり、読者の涙を誘わずにはいられない“浅田節”が、堪能できるのである。

さらに注目したいのが、個々のエピソードから浮かび上がる、吉村貫一郎と三人の子供の生き方だ。愛する家族を守るため新選組に身を投じ、理不尽な世の中に“義”をもって立ち向かいながら、ついに力尽きて倒れた父親と、その“義”の心を受け継ぐ子供たち。時代の激流の中で、彼らの人生は悲しいまでにちっぽけだ。しかしその姿には、永遠の輝きがある。

愚直なまでに真っすぐな彼らの軌跡は、人が人として生きる意味と意義を、熱く指し示しているのだ。

もうひとつ、聞き書きをする新聞記者にもチェックを入れたい。黒子に徹していて名前も出てこないが、新選組ファンならば、彼がだれかはすぐに分かる。だがそれは、さしたる問題ではない。真に大切なのは、歴史を知った者の果たすべき役割である。歴史を知った者は、歴史を築いた人々の命や志を、受け止めなければならない。聞き書きをする彼の存在を通じて、作者はそう訴えているのだ。

だから私たちも、心して本書を開かなければなるまい。なぜならば作者は、吉村貫一郎の“義”の魂を、この物語を読むすべての日本人に、託したのだから。（細谷正充・文芸評論家）

（文芸春秋・上下各1524円）＝2000年5月2日④配信

サムライ精神で解く日本

「名誉と順応」(池上英子著、森本醇訳)

たいへん内容の充実した書物である。この充実感は、内容の密度や分量からくるというだけではなく、ここに「日本の精神」の核心が、歴史を通じる一本の筋として見事に描き出されていることによる。

「サムライ精神」は、戦前は天皇に対する無条件の忠誠と結び付けられ、戦後はその反動で一種のタブーとなった。だが、軍国主義の復活などという言い方とは全く関係なく、サムライ精神(武士道)がわが国のエリート層の精神文化の核を作る遺産であることにはかわりはない。とすれば、日本の精神文化を理解する上で「サムライ精神」を無視することはできない。

そして本書はまさにこの期待を満たしてくれる書物であった。著者のきわめて確かな手法とていねいな論述は、名誉文化としての「サムライ精神」の意味とその歴史的変遷を説得力をもって明らかにした。

ひとつのポイントは、名誉観念を決定的なものとするサムライ精神は本来、きわめて個人主義的で自立性に富んだものだという点にある。中世において、土地所有と結び付いた戦士としての自立を軸とするサムライ文化は、徳川幕府の成立によって、官僚的枠組みに編成され、個人中心の名誉の文化は統治階級の道徳へと「飼いならされて」ゆく。

だがそうすればするほど、君臣制度によって秩序を維持するという要請と、戦士としてのサムライの名誉文化の間の矛盾は深刻なものとなるのである。その結果、一方で「葉隠」が書かれると同時に、他方では新儒教によるサムライ精神の制度化が行われるのだ。

ベネディクトから今日広く流布する日本論に至る、個人の自立できない日本、市民社会に到達しない後進日本という通俗的イメージを、著者は「名誉型個人主義」という観念で一蹴(いっしゅう)する。著者はアメリカで活躍する日本人社会学者。今後、日本文化を論じる者は本書を無視できない。欧米人のみならず、われわれ日本人にとっても必読の書である。(佐伯啓思・京大教授)

(NTT出版・3900円)=2000年5月2日⑤配信

アニメ愛するおたくの実像

「戦闘美少女の精神分析」(斎藤環著)

「おたく」という社会的異物の存在を強烈に印象づけたM君事件から約十年、この言葉は日常語としてすっかり定着した感がある。精神科医・斎藤環氏のこの著書は、この「おたく」たちについて、「現実逃避」「対人関係下手」「ロリコン」といった通俗的見解を退け、彼らが愛好するアニメやゲームに欠かせない登場人物としての「戦闘美少女」の精神分析を通じて、おたくの実像に迫ろうとする野心作である。

問題設定は極めて魅力的だ。著者はまず、ナウシカ、セーラームーンといったアニメでおなじみの「戦う美少女たち」が、実は欧米文化圏にみられないわが国固有の人物造形である点に注目する。ジャンヌ・ダルクという歴史的例外はあるが、欧米ではそもそも「少女性」というものが重視されないことからも、この指摘は卓見であろう。

さらに「現実/虚構」の配置における西欧的空間と日本的空間という大胆な仮説が導入される。常に現実が優位に置かれ、虚構世界に対して厳しい検閲が働く欧米社会と異なり、日本では虚構が「もう一つの現実」として自律性をもつことが許容される。

そして両性具有的な「戦闘美少女」のセクシュアリティーは、その逸脱性のゆえにこそ、この「虚構のリアリティー」を支える。すなわち、おたくが一般的にロリコンなどでは全くなく、ごく健全な異性愛者であるからこそ、この日常性を「乗り越え」る異形のイメージが必要とされる、というのだ。

この反転的な仮説は非常に面白いが、論証が薄弱であるように感じる。むしろ社会性をもつロマンチックラブ・イデオロギーの規範性が極めて強い欧米に対し、日本では倒錯的なセクシュアリティーへの抑圧性が低いことが「戦闘美少女」を可能にしているとも考えられるのではないだろうか。いずれにせよ「おたく=現実逃避」といった単純な俗論を覆し、さまざまな思考実験へと誘ってくれる、極めて知的刺激にみちた論考である。
(大塚明子・社会学者)

(太田出版・2000円)=2000年5月11日①配信

“人間ポンプ”の語る芸　「見世物稼業」（鵜飼正樹著）

たびたび声を出して笑いながら私は読んだ。「人間ポンプ」「胃袋魔人」「女ターザン情熱娘」といった見せ物小屋におけるネーミングもいちいちすごいが、おそらく、文字として記録された言葉そのものより、「最後の見せ物小屋芸人・安田里美」の語る姿を、文字のあいだから想像することができたからではないか。

一九九五年に亡くなられた安田を相手に聞き書きした著者の、ねばり強いというか、しつこいほどに食いさがる格闘の記録だ。安田の「人間ポンプ」は、たとえば飲みこんだ碁石を再び口から出す芸だが、はじめけいこをするにあたって腹にきつくさらしを巻くように人から教えられる。そうすれば出るようになると。

「だけど、それがあながちほんとうかうそかわからんわな。さらしで巻いてでけるというからやったらなるほど、出てくるようになったけど、さらしで巻いたために、ラムネの玉でも何でもでけるようになったのか、どこまでほんとうで、どこまでがあれか、疑問なもんだよね、これは、うん」

これがなんだかおかしい。あまり人がやらない修練だが、それをいまさら疑う。疑うその語り口がなんともおかしいのである。

だが、安田の語る話がほんとうかどうか疑問に感じる部分も多い。私もかつて古い芸人さんから話を聞いたことがたびたびあったが、彼らと同様のにおいを安田の語りにも感じる。話を誇張したり、自分に都合よく解釈したり…。

だが、本書は安田の話の矛盾や疑問点もそのまま記録したという。著者は書く。「そのような作り話の中にも、安田さんの芸人としての生きざまが反映していると考えられるからである。そして、安田さんの話は、その内容が歴史的な事実であるかどうかよりも、その『語り口』のなかにこそ、リアリティーが宿っていると思うからである」

つまりそれは、「語り＝騙（かた）り」に対する正しい接し方だ。うそだとわかっていてもそれを楽しむ。これはそのよろこびにみちた本である。

（宮沢章夫・劇作家）

（新宿書房・3000円）＝2000年5月11日②配信

一枚の写真が広げる想像　「舞踏会へ向かう三人の農夫」（リチャード・パワーズ著、柴田元幸訳）

写真とは過去のある一瞬の情景を固定化するもの。そこに過ぎ去った人々、今はない建物、消滅した自然を懐かしく見いだす—などと考えていたら、本書を読んでがつんと一撃を食らう。ここでは一枚の写真が立体化していき、被写体の人物が動き出すばかりでなく、写真を見ている「私」が時空を越えて語り出す。小説であり文化論なのだ。

「私」は自動車が苦手で汽車の旅を好むのだが、汽車を待つ間に訪れた美術館で一枚の写真に出会う。「舞踏会へ向かう三人の農夫、一九一四年」とキャプションが付けられていた。この書き出しは、作家の個人的な体験をきわめてリアリスティックに描き出そうとしている印象を与える。そして語り手は謎（なぞ）を解くように、写真のモデルになった三人の男たちの背景を調べはじめる。

男たちには名前が付けられ、五月の祭りの晴れ着姿で舞踏会へ行く、純朴な田舎の男たちの物語が展開する。やがて偶然にも語り手の勤める会社の高齢の掃除婦が、写真の男たちと同郷でドイツ人であることがわかる。まるであったようなこの掃除婦の話に、読み手は釣り込まれてしまう。

一九一四年という日付が作家の想像力を刺激したのは確かだろう。「大戦争」の始まる前夜、ドイツ人の写真家アウグスト・ザンダーによって撮られたとなれば、敗北するドイツが予測され、アメリカでは理想に燃えた若者が欧州戦線に参加し、すぐに幻滅したあの「ロスト・ジェネレーション」の時代を記憶に呼び起こす。当時、自動車王フォードが提案した戦争終結を願う平和船の話が紹介され、アメリカ文化論が展開する。

さまざまなより糸で織られた本書は、とにかく面白い。時間をかけた訳文のすばらしさでもあるのだろう。正装してステッキを持った田舎の若者が泥んこ道を行く写真から、このような想像の世界を楽しむことができるという事実に驚嘆する。

（荒このみ・東京外大教授）

（みすず書房・3200円）＝2000年5月11日③配信

台湾民主化の歴史

「陳水扁の時代」（丸山勝著）

三月十八日の「台湾変天」。世界中が注目した総統選でついに野党の民主進歩党（民進党）が、半世紀以上にわたって強大な権限をふるってきた国民党を打破した。陳水扁の勝利は、一九四七年の二・二八事件以来続いてきた在野の民主化運動の結実であり、九〇年代における李登輝の民主化と“台湾化”の帰結でもあったと著者は述べる。

しかし近隣国で戦前から関係の深いわが国では、戦後の台湾の動静についてほとんど知られていない。本書は、民進党と民主化運動を主軸にして、これまで闇（やみ）に閉ざされていた戦後の事件も、コンパクトにわかりやすく解説した格好の入門書になっている。

台湾では四九年、共産党に敗れて大陸から撤退した国民党軍やその二世たちの外省人と、はるか以前から住みついていた本省人との間で、長年にわたる確執がある。人口では約一五％の外省人が、政治や経済の実権を握り続けてきたからである。だから台湾の民主化運動は、外省人の国民党一党支配を打ち破ろうとする、本省人の差別撤廃のための戦いだった。

国民党政府は、こうした一連の民主化運動を繰り返し弾圧してきた。だが、蒋経国時代の美麗島事件（八〇年）以降、力で制圧するのが困難になり、八七年に戒厳令が解除され、そして八八年には本省人の李登輝が総統に就任、民主化運動は加速化していき、ついに民進党次期総統の誕生をもたらした。それにしても壮絶な闘争の歴史である。

本書には言及されていないが、この変革が先住少数民族にも恩恵をもたらすことを期待したい。

確かに台中関係をはじめ、その前途は険しいかもしれないが、地方自治を強力に推進し、「台湾の前途は台湾の全住民によって決定する」という陳水扁の主張には共感できる点が多い。

一衣帯水の台湾と沖縄は、昔から親密な関係を保ってきた。彼が語るように、「これからの新世紀は、和解と協力とさらには平和の時代である」ことを沖縄の人々も心から願っている。（江上能義・琉球大教授）

（藤原書店・1800円）＝2000年5月11日④配信

人間の業を温かく描く

「ぼんくら」（宮部みゆき著）

掘割が縦横に走る江戸の新開地、深川。その小名木川と大横川が交わる一角にあるのが表店六軒、裏店十軒の鉄瓶長屋である。

兄が殺し屋に殺されたと、表店の八百屋の娘が差配人の久兵衛の元に駆け込んだのが一連の事件の始まりだった。事件の思わぬ余波を受け、久兵衛は姿を隠し、長屋の地主、大店の湊屋総右衛門は、年若い佐吉を新しい差配人に送り込む。

世故にたけていなければならない差配人として、佐吉は二十七歳という異例の若さだった。周囲の危ぶむ声にもかかわらず、佐吉は長屋の住人の信望を集めていく。ところが佐吉の努力をあざ笑うかのように、ばくちにはまったおけ職人、わが子を遺棄したことが露見した通い番頭、妙な信心にはまった一家など、くしの歯が欠けるように、長屋を離れる者があいついだ。

長屋の中心的人物である煮売屋のお徳が作る煮しめ目当てに、毎日立ち寄る八丁堀同心、井筒平四郎は、一連の事件の裏で糸を引く者の存在に気づき、重い腰を上げるのだった。

巻頭の「殺し屋」から「拝む男」までの五短編は、長屋に住むさまざまな人間を列伝的に描いた人情話で大いに読ませる。そして、なぞ解きに平四郎が動き出す優に一冊分の分量がある「長い影」まで読み進むと、動機探索（ホワイダニット）をメーンにすえた、連作時代ミステリーという構成と、先の短編が全体のプロローグを兼ねていたことが明らかになってくる。

この長丁場を持たせるには肝心のなぞがやや弱いのが残念である。だが細部に目をやれば、適度にいいかげんな平四郎や、現実を見すえて精いっぱい生きるお徳など、庶民の姿が手を伸ばせば届くように生き生きと活写されている。人間が持つ業を温かい視点で肯定的に描く、宮部作品の真骨頂が色濃くにじみ出ているといえるだろう。

また平四郎のおいや、記憶力抜群の少年など、魅力的なわき役が多く登場し、続編の期待を抱かせてくれるのもファンにとってうれしいところだ。（西上心太・文芸評論家）

（講談社・1800円）＝2000年5月11日⑤配信

日本の技術の大河ドラマ

「新幹線をつくった男」（高橋団吉著）

女の子が黙々と女の子の絵を描いている。その横で男の子は黙々と新幹線の絵を描いている。女の子が一番なりたいのはお嫁さん。男の子は新幹線の運転士。

そんな時代があった。一番速いものがインターネットではなくて新幹線だった時代。東京オリンピックから大阪万博へと向かう日本の未来は、無邪気に輝いていた。その古きよき時代の代表「シンカンセン」をつくった男、島秀雄にスポットを当て、夢の超特急誕生の秘密を掘り起こすのがこの本だ。

がしかし、物語は蒸気機関車からゆっくり始まる。本の半分まで読み進めてもまだ新幹線開発の話にならず、家康の天下取りのようにじれったい。いよいよかと思うと、小田急ロマンスカーの話になってしまう。ああ早く、シュワー、シュワーっと新幹線を登場させてくれ、と思っているうちにしかし、そのじれったさがおもしろくなってくる。

そして、新幹線のかなめは車両ではなく線路であって、新しい線路の上に既存の技術を乗せて走らせたら夢の超特急になったのだということが、じわじわとわかってきて、じわじわと驚く。

確かに、一世をふうびしたのは新しい電車「ひかり号」ではなく、新しい線「シンカンセン」だ。だが、ちょっと線路を変えるだけのことがなかなかできない。いよいよできそうになっても、島秀雄は機が熟しきるのをのんびり待つ。

用意周到なエンジニア、島秀雄は、周到に用意したからこそ、たいへんな曲折の末、ついに新幹線をつくることができた。だがそれは臥薪嘗胆（がしんしょうたん）ではなく、楽しい回り道だったに違いないということは、この本を読めばよくわかる。

テレビ的に考えれば、蒸気機関車の話でなく、ひかり1号の出発式のシーンから話を始めてくれたほうがいい。だが、新幹線誕生までのじれったくおもしろい歴史を追体験するには、蒸気機関車からでいい。これは、しおりの位置を少しずつ動かしながら、じりじりと読む本なのだ。（中野純・構想作家）

（小学館・1800円）＝2000年5月11日⑥配信

20世紀の産業と文化を読解

「ブランドの世紀」（山田登世子著）

なぜ女性たちは給料数カ月分をはたいてエルメスのバッグを買うのか？　プラダの靴のどこがいいのか？　おじさんたちのそんな素朴な疑問に答えると同時に、「ブランド」という切り口で二十世紀の産業と文化を読み解いた書である。

ブランドの誕生と発展は「贅沢（ぜいたく）の大衆化」と密接に関係している。著者は市民階級が贅沢を求め始める二十世紀初頭の英国から「ブランド前史」をスタートさせる。

ブランドが誕生するのは、当時のヨーロッパの文化の中心地パリ。希少性、高級イメージ、豊かさの記号というブランドの価値と魅力は、ルイ・ヴィトンやエルメスといった先見の明のあった老舗（しにせ）の「メイド・イン・パリ」の商品によって作られる。

ヨーロッパでは上流社会のものである高級ブランドが、大衆に広がって巨大な産業に成長するのがアメリカだ。それはマスメディアの力によるところが大きい。アメリカで生まれた「ヴォーグ」誌は「パリ・モードを世界のブランドに仕立てあげた夢の装置だった」。

そして現代日本のブランドブーム。ブランドが、本来持っているはずの選良性や永続性と真っ向から対立するはずの大衆性や流行と「おかしな」関係を結んでいる日本。その特異な現象を読み解くカギは、若い女性たちの「カワイイ」という感性である。

女の子が「カワイー」と叫ぶ対象は、実は自分の身体の延長、つまりイメージだけで成り立つメディア的身体。女の子たちはブランドものでメディア的身体に変身し、メディアが作りあげた渋谷の109やセンター街といった、バーチャルな街を群れ歩くのである。

オースティンから林真理子まで、シャネルからキティちゃんまでを縦横自在に取り上げた本著は、初の本格的な「ブランド論」として刺激的。軽くおもしろく読めるが内容は濃密で、ファッション以外の商品分野のマーケティングのヒントもいっぱい詰まっている。（実川元子・翻訳家）

（マガジンハウス・1800円）＝2000年5月18日①配信

俊敏な言語意識のひらめき

「言葉の風景」(野呂希一・写真、荒井和生・文)

失われつつある美しい言葉を、それが本当に闇(やみ)の奥に消えてしまう前に書きとどめる。言葉を愛(め)でるだれもが一度は思いたつ行為かもしれない。

けれどここには、それほどの切羽詰まった危機感はない。微細な季節の移りゆきをあらわす貴重な日本語を記録して後世に伝えようとすることさらの使命感もない。あるのは、ただ作者たちの日常のなかの風景と自然物のこまやかな変化と流れの兆しを読みとるすみきった感覚であり、その感覚を日々の言葉づかいのなかに受けとめようとする俊敏な言語意識のひらめきである。

春のフキノトウやツクシの「ほほえみ」からはじまって「このめおこし」「たけなわ」、夏の「草いきれ」「たまゆら」、秋の「ひとしお」「うらがれ」、そして冬の「ゆきぐれ」「はるとなり」。俳句の歳時記にも似て、とりあげられる言葉はいずれも豊かな季節感を示しているが、それ以上に、ここでは言葉がものごとの微細な「変化」を表現する技を示していて、はっと驚かされる。網羅的ではないが、風物の変化の相に託した言語表現の事典として、本書は独特の立場を主張しうるだろう。

しかも写真である。文章の解説としての図版ではない。北海道を舞台に年月をかけて撮りためられたと思われる写真自体が、うつろう時の様相を見事に映しだしている。言葉の伝える繊細な情感と、写真が描き出すシャープな図像的感興とが拮抗(きっこう)している。

読者はただ写真を眺めながら、自分の眼の季節感を測る遊戯にひたることもできるし、文章を追いながらその行間にひとりだけの大切な景色を幻視することもできる。過度の自己主張を抑えた写真と文章の絶妙のバランスが、そうした豊かでくつろいだ「読み」を可能にする。

所々に挟まれる、全国各地の桜の開花平年値、年間降水量、ススキ開花平年値、積雪最深記録といったデータが、詩情におぼれない、列島の季節的リアリティーを伝えている。(今福龍太・札幌大教授)

(青菁社・2800円)=2000年5月18日②配信

ダイナミックに潮流描く

「疾走する女性歌人」(篠弘著)

近代短歌百年の大半は男の歌と歌論の歴史である。新詩社が自在な想像力と熱い官能性を帯びた与謝野晶子ら女性の歌を生むのは明治三十年代だが、同時期に正岡子規が登場、彼の写実リアリズムが近代短歌史を決定づける。以来、明治末の自然主義をも含めて現実主義的な方法・表現が作歌や作歌態度の強い規範となり、晶子らの開いた地平は暗く閉ざされていく。

一九五四年、相も変わらぬ男性主導型の戦後歌壇に大きな波紋が広がった。中城ふみ子の登場である。彼女のデビュー作「乳房喪失」が本書の描く現代女性短歌史の起点となる。かつてない奔放な性愛表現や劇的なポーズにとまどう歌壇の動揺が豊富な資料で示され、中城の「女歌」を生んだ当時の短歌情況がつぶさに解き明かされていく。

彼女が所属した「女人短歌」主要同人、森岡貞香・葛原妙子・斎藤史の開いた歌境—鋭い官能性やエロチシズムの表現から中城の受けた影響が克明に分析される。「魔性」として抑圧されてきた女の「性」の心理や美意識の表現が、森岡ら一群の歌人を経て中城に開花したプロセスが鮮やかに論じられるのである。

こうして表舞台に登場した、男性的現実主義にとらわれぬ「女歌」への既製歌壇の動きを資料に語らせ、「女歌」の方法をより強化する前衛短歌との遭遇が山中智恵子・大西民子・馬場あき子らの歌を通して端的に論じられる。

さらに、母性を歌う河野裕子、政治闘争を歌う道浦母都子、フェミニズムを歌う阿木津英らの七〇年代の試行が中城以来の「女歌」の蓄積を踏まえながら解読される。

口語調のライトバース文体も沖ななも、らの試行を視野に置き、フェミニズムなどと共に八〇年代「女歌」を代表する俵万智に豊かに結実したとする分析にもうなずかされる。全編、短歌史家ならではの目配りと説得力にみち、現代女性短歌のひとすじの潮流がダイナミックに描きだされた。(島田修三・歌人)

(集英社新書・680円)=2000年5月18日④配信

生の哀しみにじます　「月曜日はいつもブルー（上・下）」（アルノン・フルンベルク著、村松潔訳）

自我という言葉がある。自分はどうして酒飲みの男親やだらしない母親から生まれたのか。なぜいまここにいるのか。どう生きればいいのか、と自問したり苦悩するのが自我の目覚めだと思えば、親への反抗やルーズソックスをはいたり、ガングロにするのは大人への道のりととれなくもない。

小説家はこの自我を問いかけるのが大切だし、勉強よりも見ること、知ること、感じることが重要だと思えば経験よりまさるものはない。本書の主人公はそういう意味では、立派に自我に目覚め、早くから作家としての資質に芽生えていたということになる。

教科書を売り払って酒を浴びるように飲む。ガールフレンドともセックスをする。高校を退学させられても「人生をどうにかするとは、どういう意味なのか。どうすればどうにかなるのか。だれか教えてくれないか」と冷ややかな目で自問する。ひんぱんに売春婦をも買う。なにも渇望しないし期待もしない。

一般的に考えれば不良少年ということになるが、主人公にはそのことを感じさせない。広がっているのは荒涼とした心の風景が、そこにはやわらかなまなざしがある。叫びもしないし呻吟（しんぎん）もしない。だからといって退廃的で投げやりというわけでもない。作品には自分の居場所を探して、早々と人生を彷徨（ほうこう）している人間の姿が見える。

描くことによって隠れるものがあるし、隠すことによって描かれるものがあるというのが、文章の奥底に潜む魔力だが、著者はその力を自然に身につけている。無軌道とも思える生活を描くことによって生の哀（かな）しみをにじます。

本書には老いの哀しみを知ったような人間の目が一貫して流れている。「人は自分は特別でかけがえのない存在だと信じているが、そう信じているのは自分たちだけなのだ」。本書を読めば確かにそういう思いを持つ。いい青春小説に出合ったという気持ちだ。（佐藤洋二郎・作家）

（草思社・上下各1600円）＝2000年5月18日⑤配信

記憶でつづる喜劇人伝　「おかしな男　渥美清」（小林信彦著）

「金がほしいねえ…」

一九六一年夏、NHKのスタジオで、初めて会った著者に渥美清はこう声をかけたという。これは、あいさつというより、初対面の相手の様子を見るためにコメディアンたちが発することばで、もの書きである著者はそれに反応しなかった。当時、渥美清、三十三歳、著者、二十八歳。

やがて著者は、渥美のアパートを訪れ、夜を徹して喜劇を語り合うまでに親しくなる。自分のアパートに他人を近づけたがらない渥美にとっては例外的なつきあいであったが、それでも著者が頻繁に渥美のもとに足を運んだのは、六二年の春から秋にかけての四回ばかりだった。

著者は渥美を「才能のある努力家」と評する。映画の斜陽化とテレビの勃興（ぼっこう）という時期に、自分は本質的にはわき役なのだと自覚しながらも、試行錯誤をくりかえしつつ、主役をめざした渥美の軌跡が、たんねんに描かれる。渥美の下品さ、上昇志向を体質的に受けつけない一方で、たぐいまれな見巧者ぶり、天才的な話術に脱帽する「ぼく」。著者自身と渥美との微妙な距離までが描き込まれている。

全体としては、著者との出会い後間もない第一次渥美清ブームから、迷いとバッシングの時期を経て、「男はつらいよ」のヒットとシリーズ化、九六年の死にいたるまでの、渥美の伝記として読むのが一般的だろう。しかし、著者によれば本書は渥美についての記憶の集大成、メモワールであり、「ぼく」の目で見た渥美清という私小説としても読める。

本書を執筆するにあたっての著者のポリシーは、「自分が実際に見聞きしたことだけを書」き、「一切、取材をしないこと」であったという。当時の日記、ノート、スクラップブック、そして抜群の記憶力があってのことだ。と同時に、愛するがゆえに、著者は今は亡き渥美清との間に「取材」という行為を介在させたくなかったのではないかと、私には思えてならない。（鵜飼正樹・京都文教大専任講師）

（新潮社・1800円）＝2000年5月18日⑥配信

社会派イメージ覆す伝記

「オリバー・ストーン」(ジェームズ・リオーダン著、遠藤利国訳)

オリバー・ストーンという映画監督をイメージで表すとすれば、きっと「社会派」ということになるだろう。ベトナム戦争を描いた「プラトーン」、ケネディ暗殺をとりあげた「JFK」、現代の荒廃を描いた「ナチュラル・ボーン・キラーズ」。どれも、いわゆる社会的な視点を持つ作品だった。

しかし、この伝記に描かれているオリバー・ストーンの実像は、「社会派」などというイメージとは程遠いものだ。イェール大に入学しながらすぐに中退し、ベトナム戦争に志願してしまうという破天荒な青春時代。戦地から帰ってくると、今度は売れない脚本を書きつづけ、酒とドラッグまみれの生活を送る。

熱中できるテーマが見つかると、それに向かって一直線。周囲があきれるほどのタフネスぶりを見せ、寝食を忘れて映画作りに没頭し、そして、高名な監督になってからも、酒やドラッグをやりつづける。

本書に描かれたストーンは、表現しなければいられない何かを心のなかに抱え、興味の対象にとことんのめりこんでいく情熱の人だ。子供のオムツさえうまく替えられず、インスタントコーヒーでさえ満足に作れない—そんな芸術家肌の人間としてのストーンが、くっきりと浮かびあがってくる。

著者は、ストーンが撮った作品ごとに章を分け、映画にかかわった多くの人たちに分け隔てなく取材を行っている。だから、興味深いエピソードには事欠かない。おまけに、現場の裏話にまできっちり踏みこみつつ、芸能リポート的なスキャンダリズムに流れることもない。

ジャーナリストとしての視点をしっかり確保しながら、タテ・ヨコ・ナナメと、この監督の断面図を描きだしてくれる。多くの時間と手間をかけた労作だ。

ファンはもちろん、オリバー・ストーンという監督にあまり興味のなかった人でも、十分楽しめる伝記だろう。(森田義信・翻訳家)

(小学館・4960円)=2000年5月25日①配信

伝奇SFの手法で沖縄像

「レキオス」(池上永一著)

新しい沖縄の風を感じさせる一冊である。

沖縄は霊能者であるノロやユタへの信仰が存続する霊的現実と、中国や日本、アメリカの支配を経てきた政治的現実が複雑に絡みあった地である。さまざまな異文化を取り込みつつ生き延びてきた沖縄の地に、時間と空間を支配する力〈レキオス〉が潜在していた。という奇想天外な設定のもとに、その力をめぐる軍事・情報戦が伝奇SF的手法で展開する。

レキオスとは十六世紀の大航海時代にポルトガル人トメ・ピレスによって著された『東方諸国記』に登場する琉球人のことを指す。しかし著者はレキオスに二十一世紀的解釈をほどこす。多くの矛盾を抱えながらも「太平洋の要石(かなめいし=キーストン)」と見なされてきた基地の島。その島を「要のもの(レキオス)」と変換することで、世界制覇の中軸に置くという発想が楽しい。

ユタのオバァ、金髪の天才人類学者、めい想するインド人、怪しげな中国人、日系三世の軍人、米国と琉球の二つのアイデンティティーを併せもつアメレジアンの高校生たちは、多義的な沖縄の状況を体現する。彼らは強烈な個性を発揮しつつ人種、性別を超えて沖縄の空気をかもし出す。

しかもウチナーグチ(沖縄言葉)に米軍占領下のウチナー英語、最近のウチナーコギャル言葉、そしてラテン語に聖書や沖縄の古文書『おもろさうし』からの引用と、異言語の混交によって構築された文章世界は、霊的現実と政治的現実が混然一体となった沖縄の時空と呼応して違和感がない。

沖縄の文化や歴史に加えて現代の難解な物理学理論も、ユーモラスに説いてくれるのでとても読みやすい。現在の状況を含めた沖縄の歴史も、いつの間にかすんなり頭に入っている。マルケスの『百年の孤独』に匹敵する傑作だと言ってみたくなる。沖縄のアイデンティティーと多文化とが見事に融合したファンタスティックな作品といえる。(与那覇恵子・文芸評論家)

(文芸春秋・2000円)=2000年5月25日②配信

推理小説より面白い

「新説　鴎外の恋人エリス」（植木哲著）

軍医森鴎外は二十二歳の時、第一回陸軍派遣官費留学生として、四年間ドイツに留学した。その折ベルリンでドイツ女性と親しくなる。留学仲間の石黒忠悳の日記や鴎外関係者の証言によると、この女性は鴎外を追って日本に来たという。「舞姫」に登場する踊り子エリスのモデルである。

ところが鴎外はこの一件を隠したため、長年のモデル探しが始まることになった。

現在一応の通説となっているのは、ユダヤ系毛皮商会シュナイダー社の社長夫人エリーゼ・ワイゲルトなる女性である。当時の横浜の英字紙に掲載されていた降船者名簿の中にも、同一人物と思われる名前が見つかっている。鴎外が最初に留学したライプチヒ大学の衛生学者カール・ワイゲルトの姪（めい）に当たり、二人の子持ちで五歳年上になる。

この通説に本書の著者は異議を唱えた。「舞姫」では「年は十六、七」となっているのに、五歳年上では開きがあり過ぎる。また当時、ドイツの富裕な商会の社長夫人が四歳と二歳半の幼子を残し、日本人を追って往復四カ月の船旅を決行したとは考えにくい。

そこで著者はエリーゼ・ワイゲルトの身元周辺を再調査する。通常資料として使う戸籍簿や古い住所録・古地図に加えて、登記簿と遺産分割協議書に着目したところが民法学者らしい。これが多くの新事実発見につながった。その徹底した調査ぶりは犯罪捜査顔負けで、推理小説を読むより面白い。

そして最後に、ベルリンの仕立屋フェルディナンド・ヴィーゲルトの娘で、当時十五歳のルイーゼにたどり着くのである。

ただ、この新説にも泣きどころはある。なぜ横浜の降船者名簿がルイーゼではなくエリーゼであり、またなぜ鴎外はこの女性のことを「其源ノ清カラザル」と評したのかが、いまひとつ説得的に解明されていないからである。

もっともエリスのモデルが、完全に判明してしまっては寂しい。（井上修一・筑波大教授）

（新潮選書・1100円）＝2000年5月25日③配信

感情の商業化と自己疎外

「管理される心」（A・R・ホックシールド著、石川准・室伏亜希訳）

人の感情を科学でどう扱うか、という問題は、科学の定義自体の問い直しを必要とするほど、今世紀における難題であったように思える。つい二十年ほど前まで、心理学においても米国では行動主義が全盛で、「この人が好き」かどうかを瞳孔（どうこう）が開く大きさで「測定」するのが最先端の研究だった。

著者は、社会学の分野に感情という主題を正面から取り入れた勇敢な先駆者で、本書は感情社会学のバイブルとも評されている。彼女にこの研究動機をもたらしたのは十二歳のころ、国務省役人の親に伴われて海外で出会った各国の要人たちの、演技された「笑顔」のインパクトだったという。

だれしも仕事上で出会う、そんな張り付いた笑顔の一つ二つは思い浮かべることができるだろう。ファストフードショップの店員が見せるマニュアル通りの笑顔もそう。それらは巧みな感情の管理により作り出された労働の一部であり、貨幣交換価値を有するものなのだ。

著者の関心は、感情が商業化され、感情の管理が過度に要求される現代において、人々がこうむる自己疎外に向けられている。また、感情労働を強いられるのが主に女性であるというジェンダーの視点も忘れない。典型例として飛行機の客室乗務員を取り上げ、その訓練生から、多くの不適応者を診たセックスセラピストまで丹念なインタビューを行った事例研究は、彼女の真骨頂を示すといえる。

意識的にせよ無意識的にせよ、怒りや憎しみの感情を過剰に管理し演技するうちに、人は本来の自分の感情とのつながりを失い、生きる実感が薄れていく。彼女の分析は、「（本当の）自分探し」の流行や、「人を殺す経験をしてみたかった」に代表されるような少年犯罪の傾向を読み解く手がかりをも与えてくれるのではなかろうか。

決して情緒的ではない文体だけに、なかなか一気に読み進むのは難しいが、女性先駆者の気迫を感じさせる好著である。（高石恭子・甲南大助教授）

（世界思想社・2900円）＝2000年5月25日④配信

独自の想像力持つ新鋭

「目かくし」（シリ・ハストヴェット著、斎藤英治訳）

ニューヨークの名門コロンビア大学大学院で英文学を専攻する女子大生アイリスが、この巨大都市空間で、現実とも幻想ともつかぬさまざまな事件をくぐりぬけていく。

たとえば、彼女をアルバイトに雇ったミスター・モーニングは、とある女性の遺品に異様な執着を示し、彼女にそれらの特徴をつづりテープに録音するよう命じるが、ひょっとしたら彼こそは直接の殺害者なのかもしれないし、そうでないかもしれない。

また、友人のジョージがアイリスの美しさを記録したいといって撮った写真は、彼女本人にとってはあまりにも醜いできだったのに、なぜか不特定多数の目にふれ悪いうわさすら流れ始めるのだが、それもまただれかの謀略かもしれず、彼女の錯覚かもしれない。

そしてさらには、指導教授ローズとともに、ドイツ人作家クルーゲルの中編小説「残忍な少年」を共訳しながら、彼女は次第に、残虐なる妄想にかられ夜な夜な都市の暗部をさまよう主人公クラウス自身と化し、とうとう教授と性的関係すら結ぶ。本書表題は、まさに以後のアイリスと教授が行う「賭（か）け」を指す。

以前ならばモラトリアムといわれた良き時代を送る大学院生が、今日では存外に境界例的な病に悩む事態を扱った、何ともカルト的にして、猟奇殺人だけが欠落したサイコホラーといえるだろうか。作者は一九五五年生まれで、この第一長編を九二年に出版した。現代アメリカ文学を代表するポール・オースターの妻であるが、この新鋭作家は十二分に独自な魅力をたたえている。

むしろ、本書第三章（短編として九一年に発表）で象徴的に扱われる今世紀初頭の奇術師フーディーニが、続くオースター本人の九四年の長編「ミスター・ヴァーティゴ」には歴史的人物として登場することを知れば、才能豊かな作家夫妻がいかに各人独自の想像力を育てていったか、その秘密の一端にもふれることができるという、何ともぜいたくな一冊なのである（巽孝之・慶応大学教授）

（白水社・2200円）＝2000年5月25日⑥配信

哲学することへの切実さ

「アドルノ／ホルクハイマーの問題圏」（藤野寛著）

「アウシュビッツ以降、詩を書くことは野蛮だ」という格言で有名な哲学者アドルノ。彼はまた、思想の難解、文体の晦渋（かいじゅう）によって名をとどろかせた。本書は「批判理論」の両雄、アドルノとその師ホルクハイマーの哲学について「現時点で存在するに値する、日本語で書かれた、基本的二次文献」たらんとする。それは著者にとって、二人の「ように哲学すること」の試みの第一歩でもある。

「アドルノのように」とは、その思想を正確に祖述することでもなければ、難解な文章をそのままに模倣することでもなく、彼の思想がわき出し息づいている「問題圏」に、自ら身をさらして追体験し、そこから自己の思想を紡ぎだしてくることであろう。本書が、アドルノ／ホルクハイマーに「いたるコンテクスト」と、彼ら「からはじまるコンテクスト」という二部構成になっているのは、そのゆえである。

第一部は、彼らの思想内容を丁寧に腑（ふ）分けしつつ、それが西洋の歴史や社会の、いかなる問題と格闘していたのかを明らかにし、第二部は、二人が提示した論点が、しかし、現在に至る展開のうちで、いかなる変容を遂げざるをえないのかを、多元文化主義や家族といったすぐれて現代的な問題について批判を辞さず論じる。

著者は性急に解答を求めない。むしろ、読者を問題の共有に誘うかのように、その本質を明確化することに努める。注目すべきは、論述には、いま日本で哲学することに対する、切実な問題意識がみなぎっていることである。アドルノの文体が晦渋になる理由を十二分に洞察しながら、あたう限り透明な日本語が目指されているのも、そのことの一証左にほかならない。

西洋との単純な同一視も対比も許されない現代日本にあって、個人はほぼ全面的に社会的規定を被るとしても、なおかつ主体的であるべき哲学的思索の、本書は、一つのモデルケース足り得ていよう。批判理論「一家」のしゃれたカバーイラストの解説がほしかった。（須藤訓任・大谷大教授）

（勁草書房・3500円）＝2000年6月1日①配信

豊かな文脈与える

「インターネット術語集」(矢野直明著)

携帯電話やインターネットの急速な普及に、「全然ついていけない!」と感じる人がいる。

他方で、毎日楽しくネットサーフィンしつつ、「コレって、どういう意味があるの?」と考えあぐねて、急に立往生する人もいる。

何を隠そう。大学のなかだって、同僚どうし専門用語が通じないことが多い。

文系対理系、大型電算機世代対iモード世代など、各人の文化背景が、微妙にズレているためだ。

その点、「サイバースペースを生きるために」という実践的課題をサブタイトルに掲げたこの本は、きわめてバランスがいい。

ジャーナリストの視点から世相を切り取った、「読むキーワード事典」として秀逸なできになっている。

新書判でありながら、過去に起きた「事件」「犯罪」「流行」現象の分析から、激動するインターネット最前線の息吹まで、過不足なく伝えるコンパクトな一冊だ。

たとえば、「プロバイダー」の項では、電報や伝統的な出版文化と比較することで、より鮮明に本質を浮き彫りにする。

「匿名(アノニマス)」の項では、「土佐日記」「ガリバー旅行記」といった匿名文学の伝統を指摘すると同時に、「青酸カリ事件」を引き合いに出して、是々非々を論じていく。

「スパム」は、「豚肉の缶詰」から転じて「迷惑な一方的メール」の意味となった。「クッキー」は、「おいしくもあれば、苦くもある」。すなわち、個人情報の便利な自動登録にもなれば、危険な流出にもなる。

なるほど! 俗語にも目配りがきいている。

「幸福=しあわせ」という具合に、ことばを言い換え、置き換えるだけのマニュアル本が目立つ中、無味乾燥なカタカナ用語に、豊かな文脈を与えてくれる。

前から後から、パラパラめくりつつ、拾い読みしているうち、しらずしらず物知りになった気がする。

なんだ! この本じたい、インターネットみたいじゃないか。(藤本憲一・武庫川女子大助教授)

(岩波新書・660円)=2000年6月1日②配信

大人のナンセンス童話

「恋する潜水艦」(ピエール・マッコルラン著、大野多加志など訳)

二十一世紀を目前に控え、これからは一九二〇年代に隆盛を迎えたモダニズムが再評価されるのではないかと個人的に思っている。

そのモダニズムの時代にフランスで人気を博した作家ピエール・マッコルランの中編集「恋する潜水艦」が訳出された。収録作品は三編。わが国独自の編さんによるもので、いずれも本邦初訳である。三編に共通する素材は"海賊"、そしていずれも一種の冒険小説のスタイルがとられている。

だが、冒険小説といっても、波乱万丈の物語と軽快な語り口で、単純な勧善懲悪を語る英米産のエンターテインメント系のそれとは、だいぶ趣を異にする。たとえば、スティーブンスンの「宝島」の伝統に連なる「海賊の唄」。

この話は、騎士道ロマンスを読みすぎたために現実感覚を喪失して自分を騎士と思い込むようになったドン・キホーテよろしく、海賊の物語に惑できするあまり、性悪な青年が偽造した海賊の宝の地図にだまされる富豪の初老の悲喜劇である。そこで語られるのは、痛快無比なストーリーより、現実から逃れて冒険にあこがれるアウトサイダーたちの希望と失意と後悔、そして人生の皮肉である。

「金星号航海記」も同様に、一貫したストーリーよりも個々の海賊の血なまぐさい言動をエピソードの集積体として提出することで、世界に対する不安や恐怖、絶望が表現されている。

マッコルランは、特異な冒険小説作家であると同時に、一級のユーモリストでもあった。その本領が発揮されている作品が表題作の「恋する潜水艦」である。

ヒトラーを想起させる超人カール大佐を主人公にした航海記スタイルのこの作品は、有機体と機械が合体した未来派的な奇妙きてれつな小道具・大道具が読みどころのひとつ。とりわけ、自意識を持つ潜水艦という設定がおもしろい。全体としては、大人のためのナンセンス童話といったところで、多数の挿絵がまた、この奇想天外な話に、より深い味わいを加味している。(風間賢二・評論家)

(国書刊行会・2800円)=2000年6月1日③配信

世界的演出家の内的探求　「ピーター・ブルック回想録」（ピーター・ブルック著、河合祥一郎訳）

この人は魔法を使う、と思った。一九九一年の京都賞受賞のワークショップで、ピーター・ブルックは参加者の女性に、シェークスピアの「あらし」の一場面を即興で演じさせた。見る間に劇中のミランダが出現したのには、ぼう然とした。

二十一歳でブルックはシェークスピア記念劇場の史上最年少演出家になった。中国の曲技にヒントをえた「夏の夜の夢」で世界を魅了し、七〇年からはパリを本拠に、多国籍の俳優集団を率いて「マハーバーラタ」などを発表。文化の根本にある見えないものに、肉体を通して形を与えてきた。

本書の第一部では、二十代半ばまでが語られる。オックスフォード時代に大学当局に反逆して映画を撮ったり、映画では芽がでず仕方なく芝居をした、という逸話が面白い。第二部には、ブレヒト、ダリ、ローレンス・オリビエ、ジャンヌ・モローらが登場する。第三部では、四十代半ばでパリに国際演劇センターを創設して、二十年閉鎖されていた劇場をよみがえらせたり、アフリカを巡演するくだりにわくわくする。

しかし、この本の本当の魅力は、ブルックの内的探求と演劇観の推移とが、分かちがたく結びついているところにある。そこに象徴的なイメージがよりあわされ、深みを加えている。

たとえば客席と舞台は二つの部屋であって、カーテンごしにステキなものをのぞくのがよいと、若いブルックは思っている。しかしやがて、観客と演技者は一つの〈何もない空間〉で、荒々しさを共有すべきだと考えるようになる。

丸木橋を渡るとき、つりあいをとるために近くの葉っぱをつかみ、それが放せなかったという回想も印象深い。そこから学んだのは、既成の価値にしがみつかず、手放すこと。つねに生き生き覚せいしていること。この思想は、既存の決まりや技法を捨てた演技、そして役者を主体にした即興の演劇につながる。

あのワークショップは、手際がよいのではなく、彼の生き方が鮮やかに表れたものだったのである。（太田耕人・京都教育大助教授）

（白水社・2800円）＝2000年6月1日④配信

住まいの本質を指摘　「図面を引かない住まいの設計術」（山口昌伴著）

家を建てるのは大変だ。けれどその大変さは、ほとんどが資金繰りだ。土地を確保し、ローンを組み、なけなしの自己資金をやり繰りして建てるのが住宅建設だからだ。けれどいまでは、これはほとんど不可能な事業になりつつある。

仮にようやくここまで事業が成立したとしても、その時には、もう家の内実などはどうでもよくなってきて、建て売りのなかから良いものを選ぶか、商品化住宅といわれるプレハブメーカーのモデルのなかから適当なものを選ぶくらいの精神的余力しか残らない。

それでも勇気を奮い起こして、どんなタイプの住宅がいいだろうかと間取りの図面を描き始めると、本書の著者が現れて「図面を引くのはまだハヤい」と叫ぶ。

図面は描くのではなくて、引くものなのかと、素人がおどおどしていると、著者は住まいの本質について、根本に立ち返った指摘をしてくれる。

玄関の意味を考え直せ、洗濯から家を考えてみろ、明かりから間取りを見直せばどうなるか、風の通り道を見直せ、雨どいの無い軒の美しさを知っているかなどと、老人型冗舌体の文章でまくしたてられると、読者は住宅の本質が見えたような見えなくなってしまったような、混乱のなかにたたき込まれる。それをしり目に著者は悠然と立ち去って行くのである。

住宅の各種の部屋の本質、住宅全体を支配する音や光や空気についての指摘、そして住宅の心構えにまで話は進み、最後に住宅は三代住んで初めて文化になるとの結論が現れる。「そういう居城（いじろ）がナイんで、人間みな生き方が刹那（せつな）的になっちゃってるんですよネ」。これが本書の最後の言葉である。

うーむ、読者はうなったまま住宅について考え込む。そして気づくのは、住宅像には正解というものはないという事実である。自分たちにとって大切なものを中心に考え、それを実現可能なかたちにしたものが住宅なのだ。本書は、住宅の資金繰りがつく前に読んだ方が精神衛生上良いだろう。

（鈴木博之・東大教授）

（王国社・1800円）＝2000年6月1日⑤配信

潔さと諦念

「消えさりゆく物語」（北杜夫著）

万物は朽ちるし人間も必ず老いる。時間の差こそあれ、ただひとつの例外もない。その限られた時間の中で、わたしたちは泣いたり笑ったり、あるいは苦しんだり喜んだりしながら、生をつないでいく。

感情というものがあるから、喜怒哀楽の多い豊かな生活を送ることができるが、ときとして自分の思いとは別の感情に支配されることもある。魔が差すということもそうだし、人に恋い焦がれるということもそうだろう。

なにかに取り憑（つ）かれたときこそ不安なものはない。万物の霊長である人間ほど多種多様な感情を持っているが、また多くの煩悩にも悩まされるということにもなる。そこにそれらをいやす宗教や芸術が存在するようになってくる。

本書の主人公はほとんど老境の身である。作者の分身と言ってもさしつかえないだろう。

その主人公がやがて「消滅」する自分を前にしての日常を描いているが、一筋縄ではいかないこわさと畏（おそ）れがある。南国で日本兵の蛮行を見る幻覚。アリがたかったミミズを食うぼけた老婆。あるいはたえず耳鳴りがする死へのおびえ。

作品の中には「私の生命も、あとわずかなことは間違いなかった」「以前は、私が死んでも、私という存在のいくらかは、子供から孫へ、更にその子へと伝わってゆくのではないかと考えていたが、そんなものは迷妄にすぎなかった」と自問する姿が見えるが、「夕日というものはいいものだな。なにか寂しいけれど」と老いの中にいる自分も肯定する。

ここにはやがて「消えていく」男の潔さと諦（てい）念が同居しているが、それがまた人間の証（あかし）だという思いが、厳しい文章の中から立ち上がってくる。

都会の雑踏。静かな公園。孫が遊ぶ光景。淡々と見据えた風景が作者の心境として広がってくる。著者二十年ぶりの好短編集。（佐藤洋二郎・作家）

（新潮社・1300円）＝2000年6月6日配信

日本の恋愛詩の起源明かす

「詩の起原」（辰巳正明著）

国文学、比較文学者である辰巳正明は、日本の恋愛詩の起源を、東アジアに分布する歌垣の歌路（かろ）に見る。

「歌垣」とは、男と女が山や海辺に集まり、恋の歌を掛け合いで歌う習俗である。日本では古代に行われ、中国南部の少数民族の間では今も残存している。源流は、その中国南部やインドシナ北部である。

「歌路」とは、歌垣における、恋歌の歌詞の展開の仕方である。中国では、出会いの詞の歌から始まり、愛情を深める詞の歌を経て、婚約や駆け落ちの詞の歌へと展開していき、性的な詞が混入することも多い。そして、同様な歌路が、日本の古代の「万葉集」や現在の「奄美の歌遊び」にも発見できるのである。

文学の起源は、神話や神を祭る儀礼の視点から研究される傾向が強かった。辰巳は、歌垣の歌路という画期的な視点から、日本の恋愛詩の起源が中国南部辺りにあることを具体的に明らかにしてくれたのである。

また、「歌垣」というと、“自由な性的交わりの場”と記している辞書があるように、私たちは、フリーセックスの場という卑俗なイメージを抱きやすい。

しかし、辰巳は、こういう安易な先入観も小気味よく壊してくれる。歌垣では、男女が性的な詞や駆け落ちの詞を歌いながら、性や激しい熱愛を“バーチャルに”体験することによって、現実の日常では思い通りにならない恋愛や結婚への不満を晴らしたのである。辰巳は例証をあげながら、性的交渉や自由恋愛を“実際に”したわけではないと、解き明かしてくれる。

しかも、その例証の歌詞が、詩作品としても面白いのである。たとえば、雲南省のナシ族に伝承されている、「夢は不吉なものばかり、私の心は吊（つ）るされて梁（はり）にあります」という素朴な比喩（ひゆ）表現は、日本の現代詩詩人である私には、とても新鮮に響く。自作の詩の中に、いつか引用してみたいと思ってしまった。（川端隆之・詩人）

（笠間書院・7800円）＝2000年6月8日①配信

安易な議論への警鐘　「『頭の良いユダヤ人』はいかにつくられたか」（サンダー・L・ギルマン著、佐川和茂・佐川愛子訳）

ユダヤ人は優秀だ、ユダヤ人には天才が多い、というイメージは日本でもかなり広く受け入れられている。さしずめアインシュタインがそんな「ユダヤ的知性」を代表しているといえよう。実際、ノーベル賞を受賞したユダヤ人も枚挙にいとまがない。

著者ギルマンは優秀なユダヤ人というイメージがどのように形成されたのかを十九世紀のヨーロッパから二十世紀の現代アメリカに至るまで代表的なユダヤ知識人を俎上（そじょう）にのせて分析している。フロイト、ホフマンスタール、ヴィトゲンシュタイン、アルバン・ベルク、スピルバーグといった面々である。

そもそも、ユダヤ人は他の民族より賢いのか？ギルマンはむろん「否」とこたえる。「頭が良い」という言説は両義的である。だからこそ、「ベニスの商人」のシャイロックに代表される「ずるがしこい」「貪欲（どんよく）な」「金に汚い」ユダヤ人イメージと「頭の良いユダヤ人」イメージは共存しうる。

ユダヤ人は非ユダヤ人側の都合によって「頭が良い」ともてはやされてきた。そうすることで、ユダヤ人は他の民族とは異質であり、生物学的に単一の人種の範疇（はんちゅう）に押し込まれてきた。

ユダヤ人が生物学的に一枚岩であるはずがない。しかし、十九世紀の反ユダヤ主義者は科学的人種主義の名のもとにユダヤ人は単一の人種集団と規定した。

十九世紀末に優生学を提唱したゴールトンのような「科学」的人種が動員されて、新たなユダヤ人論が登場した。優秀な知能をもつユダヤ人という神話の起源はこのような人種主義の言説の裏返しなのである。

ステレオタイプ化された画一的なユダヤ人イメージは日本では「ユダヤがわかれば…」といった素朴な反ユダヤ主義と結びついてしまう。本書は、「頭が良い」とみなされているにもかかわらず、国際的には孤立しているユダヤ人と日本人を安易に比較するような議論への警鐘としても読むことができよう。（臼杵陽・国立民族学博物館助教授）

（三交社・2300円）＝2000年6月8日②配信

心の闇に肉薄　「東電OL殺人事件」（佐野眞一著）

三年前に起きた東電OL殺人事件は、被害者の女性が昼は一流企業のキャリアウーマン、夜は夜鷹（よたか）と二重の顔をもっていたその驚くべきコントラストで世間をあ然とさせた。また現場の隣に住むネパールの男性が容疑者として逮捕・起訴されたが、確実な物的証拠はなく、結局今年の四月に無罪判決がおりた。

この本は、事件から判決までの過程を克明に追いかけて警察や検察の欺瞞（ぎまん）性を暴くとともに、被害者の女性の行動のなぞと心の闇（やみ）に文字通り肉薄した力作である。著者はネパールをはじめあらゆる関連個所を自らの足で歩き、裁判をすべて傍聴し、この事件が象徴する世紀末日本の価値崩落の状況をあぶりだしている。

その一貫したジャーナリスト魂と問題を生々しく浮かび上がらせる力量には、ただただ圧倒されるというほかない。なまなかの推理小説などよりはるかにスリリングで現実のすごさに読者をくぎ付けにしてしまう。

被害者の女性は二十歳の時、尊敬する父親の死に出合って拒食症を経験し、以後あたかも父親の挫折をすすぐかのようにキャリアの道にまい進していた。だがちょうどバブルが崩壊の兆しを見せ始めたころに夜の仕事に手を染めたらしい。

この事例が耳目を引く点は、この女性がただ淪落（りんらく）の淵（ふち）に沈んでいったのではなく、正負両面を日常の中で往復していたその極端な振幅の大きさにある。著者はそこに、隠された女性性の恐ろしさと、ぶよぶよと太って身動きの取れない日本社会という巨体が「等高線」を失って大きな土石流に襲われているありさまとを見事に重ね写しにしている。

一言違和感を述べさせていただく。著者は自らこの本のモチーフを「亡き彼女の無念を晴らし、その魂を鎮める」ためと書いているが、いささかうそくさい。むしろこの本を書かせたのは「人間の奇怪さへの興味」と開き直るべきではなかろうか。文学もノンフィクションも、そこからこそエネルギーをくみ取るのだ。（小浜逸郎・評論家）

（新潮社・1800円）＝2000年6月8日③配信

大胆で実験的な試み　「負けた戦争の記憶」（生井英考著）

アメリカ史家、映像史家である生井英考が、ヴェトナム戦争の歴史と記憶についての本を出した。これは一九八〇年代後半に書かれた「ジャングル・クルーズにうってつけの日―ヴェトナム戦争の文化とイメージ」に続く、生井の二冊目の単著になる。

「ジャングル・クルーズにうってつけの日」が、ヴェトナム戦争をめぐるアメリカ文化のダイナミズムを、とくにメディアに媒介された戦争イメージに焦点を当てて取り上げていたのに対して、この本はもっと個人の記憶に注目し、アメリカ人が普段信じている歴史との対比のなかで、その紆余(うよ)曲折に立ち入っていく。

物語は、九四年にトバイアス・ウルフが書いた「ファラオの軍隊で」という本の副題、「負けいくさの思い出」を著者が目にした驚きからはじまる。

アメリカはヴェトナム戦争を、失敗した、あるいは誤った戦争だった、とは言っていても、ついぞ負けた戦争だったとはいわないできた。それが九〇年代半ばにいたって変わってきたのだ。

歴史研究が、政治や国家といった大文字の歴史学から民衆の小文字の歴史に目を向ける社会史へと重心が移ってから久しい。しかしアメリカにおけるヴェトナム戦争は、そうした社会史的検討からも慎重に遠ざけられてきた。

筆者はこうした歴史認識の負の遺産が、九〇年代に入ってからアメリカで噴出した、極右・極左勢力の事件、新興宗教集団の集団自殺、民族差別、人種対立となって現れているとする。

生井の手法は、まるで彼が研究する写真や映画の技法のように、繊細な映像性をもっている。しかしその手法をもって生井が取り組む事柄は、ヴェトナム戦争の公式の歴史を、個人や社会の記憶の流れからたどり直すという、大胆で、実験的な試みだ。

生井は一言も触れないが、それは日本の戦争の記憶についても試みられるべき、深くて重い課題でもある。（水越伸・東大助教授）

（三省堂・2000円）＝2000年6月8日④配信

パリの祝祭と官能を体現　「キキ　裸の回想」（ビリー・クルーヴァー、ジュリー・マーティン編、北代美和子訳）

二十世紀前半のパリでは異なった文化が混じりあう無数の星雲がかたちづくられ、その渦のなかへ多くの芸術家たちが引きずり込まれた。ヘミングウェーやコクトー、ピカソやブラック、そしてその周辺の詩人や小説家、女優や踊り子といった人々のボヘミアン的生活に関してはこれまでもたびたび語られてきた。

このエコール・ド・パリの活動で見逃してはならないのは、何らかの形で故郷を離れざるをえなかった二十世紀精神の化身とも言うべき異邦人のアーティストたちがパリという光と闇(やみ)をさまざまな方向へ横切ってゆき、その横断と交差から数多くまばゆい感性がつむぎだされていったということだろう。

その故郷を喪失した異邦人たちにとっての母のような存在が"モンパルナスのキキ"という、ブルゴーニュの田舎から出てきた肉感的で生き生きとした美しい娘だった。

そのキキの自伝が本書であり、そこには十九世紀的なモデルの概念を次々とくつがえしてゆき、素材や意匠としてではなく、生きた感情を持った自立する女の肉体としての存在を強烈に主張していった彼女の軌跡が独特の語り口で印象深く記されている。

キキの陽気で、みずみずしい裸体はモンパルナスの救いであり、太陽であり、それゆえにこそ彼女はマン・レイからキスリングまで、あれほど多くの画家や写真家たちにもてはやされ、ついには今世紀最高のモデルにまで祭りあげられることになったのだ。

ある意味でキキは異邦人の供宴の場であり、自由と創造の都であった両大戦間のパリを特徴づけた祝祭性と官能性を体現し続けることを自らの使命とした。

その時代は本当にあっというまに過ぎ去ってしまったが、今なお二十世紀の歴史のなかで特別な神話のような時と場として不思議なメッセージを送り出している。本書はその光輝く星雲の内部から放たれたミューズの肉声のドキュマンである。

（伊藤俊治・美術史家）

（白水社・2600円）＝2000年6月8日⑤配信

章ごとに句のイメージ

「命あまさず　小説石田波郷」（辻井喬著）

本書はその副題が示す通り小説である。しかし主人公、山田秋幸が石田波郷その人であることは、多少俳句にかかわりを持つ読者なら、冒頭のところで、すでに分かるであろう。

著者は「あとがき」のはじめに「この作品を書く際、一篇一篇を短篇としてまとまったものにすることと、作品の中に俳句を使わないようにすることに留意した。小説というジャンルの独立性を明確にしておきたかったからである」と記している。これは各章に映画の手法のフラッシュバックを使い、一部の人間以外は仮名を当てていることでも著作の意図はよく分かる。つまり決して評伝ではないのである。

また事実、俳句は一句たりとも使っていないが、十六章に分かれる目次一つ一つに、そしてその内容に、それぞれ波郷の代表句一句がイメージとして浮かび上がってくる構成になっており、その一句を解き明かす愉（たの）しみも本書の大きな魅力となっている。

これは、優れた俳句は一編の短編小説に匹敵するという私の持論と見事合致し、しかもプロットではそのメカニズムを逆に生かす仕組みになっている点が巧みであると思った。かくて、波郷没まで末端の弟子であった私にとってはもって瞑（めい）すべき一書でもある。

私は目下別のところに西東三鬼について書いているが、新興俳句の雄であった三鬼と、あれほど親密であった波郷が、ついに伝統を離れることなく、自らの感性を貫き通した心の葛藤（かっとう）も克明に描かれていて興味がある。さらに師秋桜子との決別、そして戦後、荒川の網舟の上での劇的な再会等々は、小説ならではの臨場感があり、胸を熱くさせられる。

最後の章「命あまさず」には「柿食ふや命あまさず生きよの語」の一句がまざまざとよみがえり、入退院を繰り返す晩年が、波郷夫人の献身的看護とともにしみじみと描きつくされている。（鈴木鷹夫・俳人）

（角川春樹事務所・2000円）＝2000年6月8日⑥配信

異常な事件の普遍的教訓

「窒息する母親たち」（矢幡洋著）

東京都文京区音羽の幼稚園に通う女の子が、同じ幼稚園児の母親に殺害された事件は、理解困難な出来事だった。初めのころ「お受験殺人事件」として報道されたことにも、解釈が難しかった背景が表れている。

自分の子どもが受験に失敗した腹いせに、合格したよその子どもを殺害する、とマスコミが考え、その考え方が支持されたのは、この著者の言うように、現代日本人のねたみ深さと無関係ではない。

臨床心理士である著者は、被告の主婦を「分裂気質」と性格づけている。分裂気質は、精神分裂病ばかりでなく、健康な人にもみられるタイプで、「怖がって委縮している傾向」がある。その半面、ひとの愛情に感激し、他人に尽くすタイプでもある、という。

被告と被害者の母親との関係を心理学的に分析すれば、そのようになる。著者も被告と似たタイプということで、自分の体験と取材とを重ね合わせた記述には、説得力がある。

しかし、性格の分析はあたっていたにしても、「性格」で殺害されては、被害者も被害者の家族もたまったものではない。問題は、殺意の増殖を防ぐ方法がなかったかどうか、である。

被害者の母親の加害者へのいじめが取りざたされたりしたが、それでは被害者の母親が哀れというものである。確かに母親集団から疎外された苦悩はあったにしても、被害者の母親の天真らんまんな言い方が、加害者を傷つけたにしても、いわば異常な反応をつくり出すようになった、「神経衰弱状態」を招いた原因は、ほかにある。

その原因の一つに著者は踏み込んで、夫の愛情不足を指摘している。妻の苦悩を受けとめることができなかった、夫のいいかげんさがやり玉にあげられる。著者は、夫婦の問題にまで言及することによって、日本の家族のありようと、それをとりまく「世間」の病状を摘出している。その大胆さが、この異常な事件を通して、母親たちを救う普遍的な教訓を引き出している。（鎌田慧・ルポライター）

（毎日新聞社・1500円）＝2000年6月15日②配信

体験を受け止める言葉

「祖母のくに」（ノーマ・フィールド著、大島かおり訳）

ここには日米の、異なる土地で生きて年老いた身内ふたりの話がある。一人は幼い著者を昔ながらの女のしぐさで見守りはぐくんだ祖母。病に倒れわずかな会話でつながる祖母と、孫はかつての東京の暮らしの思い出と行き来する穏やかなみとりの時を過ごす（「祖母のくに」）。

一人は生まれ故郷のニューイングランドで死を迎えた義理の父。著者は日米混血で、大学生以後は米国で暮らす学者だ。一九六〇年代の文化に生きた彼女は、古典的なモラルの持ち主である保険業者の義父の生き方と微妙に対立しながらも、その「つましい紳士ぶり」を懐かしみ、異国育ちが経験した家族の肖像を描く（「嫁ならざる嫁」）。

他の二編とともに初めて日本語で書いたエッセーには、日常のこまごましたことにも真を見いだし、内面の意味を理解しようとする著者の資質がよくうかがわれる。二国に生きる著者は、体験と言葉の関係―それを不可能性もふくめて、開かれた位相の下において考える努力をしていると思う。

その意味で、論文「戦争と謝罪」で、前著「天皇の逝く国で」が書かれて以後、この国であふれ出した言葉―先の戦争の加害責任、侵略行為、謝罪、そしてその否定（失言や言い換え）という混迷状況に、回避せず向き合ったのは当然の道筋であっただろう。

謝罪が謝罪にならない社会を、戦争直後の意識から考察していく。戦争の罪と死への痛みに対する内省が（国家の利益のために）性急に回避され、戦争犠牲者が「平和と繁栄」に寄与した英雄とされていく構図は、現実に戦争健忘症を生み出した。

数十年後の、国外からの証言と歴史的罪過への追及に対する謝罪の言葉は、矛盾だらけにならざるをえない。著者は被害者と謝罪者の対話的経験が、つまり証言と痛みへの悔恨の結合が、過去に対する感受性を鋭くさせるという。人間の具体的な細部に耳を傾ける―問題への根源的な示唆を読み取る思いがする。（中村輝子・立正大客員教授）

（みすず書房・2000円）＝2000年6月15日③配信

目標としての男らしさ

「こういう男になりたい」（勢古浩爾著）

近ごろ男は分が悪い。若い男たちは女たちに相手にされないと、「性的弱者」を名乗るはめになる。年を取れば威厳が身に付くどころか、若い世代から「オヤジ」と嘲笑（ちょうしょう）される。

そうした状況において男が「男である」ということがどういう意味を持つのかを追究したのが本書である。著者は「メンズリブ」などの、「男らしさ」から「自分らしさ」「人間らしさ」へという考え方を支持しつつも、「男」である根拠をすべて放棄してしまうことを潔しとはしない。一方で格闘技やヤクザへの憧憬（どうけい）に見られる「力」の獲得を男の理想型とする立場にもくみしない。

著者は、フェミニズムの時代を通過した男として、あらたな「男らしさ」をつくりだすことを志向してやまないのだ。「わたしが獲得したいのは、他人を抑圧しない自律的な『男らしさ』である」。

なぜ著者は「男らしさ」といったものにこだわるのか。それは「男らしさ」が「他律的にして自律的な行動規範（倫理原則）を意味している」からである。それに対して、「自分らしさ」は「欲望の解放しか意味しない」とする。ここでは「男らしさ」は男の本質ではなく、目標として語られるのだ。そこが新しい。

けれども本書において、人がなぜに行動規範をジェンダーにおいて設定せざるをえないかという問いは、結局、著者の意気込み以上には深められていない。男は男でしかない、というトートロジーが少し物悲しくもある。その「男」へのこだわりに、著者の世代感覚が多分に反映されているのもたしかだろう。

しかし、われわれが「自分」や「人間」といった曖昧模糊（あいまいもこ）な切り口より、「男」「女」といったジェンダーを手掛かりとするほうが、自己と、そして他者と了解を通じやすいというのは、いまのところの現実である。そういった実存を、思弁的になりがちなジェンダー論に繰り込もうとしたところに本書の大きな意義がある。（伏見憲明・評論家）

（ちくま新書・660円）＝2000年6月15日④配信

「私」への探究

「書かれる手」（堀江敏幸著）

まず「書かれる手」という、その標題に引かれる。〈書かれる手〉という表現が新しくて奇異でなかなか魅力的であるというのではない。巻頭を飾る批評「書かれる手」は文学と哲学を架橋したフランスの作家マルグリット・ユルスナールの論であり、それはどうやら学部の卒業論文にその基があるらしく、リルケを介在させながらユルスナールに接近してゆくこと自体が、三島賞作家である著者の書く行為への真率な証明として好もしいのである。

批評・研究の文章は、読む人になぜこのような文章を書いているのかと思わせてしまえば、いくら作者が尊大で堂々としていても、入り口のところで彼は失敗してしまっている。書きながら理由づけをし、理由づけしながら書くことを増幅し、水増ししてゆく批評・研究はやりきれない。

著者は、書くことの初めにユルスナールを対象に据えて、書く行為を控え目に進めつつ、自動的に動いてゆく自分の手元を見詰めながら表現する人の深い懐を想定し、自身もまた表現する存在になろうとしている。それは身の丈が日を追って伸びていく子どものエネルギーにも似て、不思議な存在としての〈私〉への無意識の探究に思えてくるところだ。

おそらく、著者は「書かれる手」という論文でどうにも曲げることのできない批評の方法を手にしてしまったようだ。

私の意識が書くのではなく、ペンを持った手が書いていくのだろう。対象をなぞってゆくのではなくて、対象によって自分が〈書かれる手〉になっていくのだろう。竹西寛子の古典の文章になかなか明確にならない表現の揺れを読みとり、そのことに固有のエロスの発生を感じとっている。さらにまた著者は、一人だから孤独なのではなくて、対象が存在するからこそ孤独になるのだとも言う。

批評することとは、荒野に転がっている大理石の内にモーゼが眠っていることを知っている人の行為、とあらためて知るのだった。（栗坪良樹・文芸評論家）

（平凡社・2000円）＝2000年6月15日⑤配信

大物マフィアが暴く内実

「名誉を汚した男たち」（ピーノ・アルラッキ著、和田忠彦訳）

本書のタイトルである「名誉を汚した男たち」とはどういう者を指すのか。

知られるようにマフィアの本家本元はシチリアだが、シチリア・マフィアは移住先のアメリカと同様、彼らの所属する組織をコーサ・ノストラと呼び、メンバーは「名誉ある男」と自称している。だが実態は人として名誉も誇りも汚している。人を殺し、隣人を憎み、だれも信用せず、親しい人たちにうそをつき、しらばくれて、裏切る…。よって苦い思いをこめて、シチリア・マフィアを「名誉を汚した男たち」と呼ぶのが本書の立場である。

著者はマフィア研究の第一人者として知られるが、彼がシチリア島東部の都市、カターニアの元マフィア大幹部であるアントニーノ・カルデローネとの対話を材料に、独白体でつづったのが本書である。マフィアから転向し、改しゅんした大幹部が赤裸かつ詳細にマフィアの内幕を暴いている。これまでマフィアについて書かれた書物は多いが、本書ほど内部に立ち入ったノンフィクションはあるまい。

カルデローネはカターニア地区の副代表だった。しかも実兄はシチリア全島のマフィアを束ねる「地方評議委員会」の議長的な役職だったから、個人的な知見と合わせ、鳥観図的にマフィアを見ることを可能にした。

マフィアは企業家とどういうつき合いをしているのか。国会議員や州議員とはどうか。選挙ではどの程度票を集められるのか。憲兵や検察庁、裁判所にはどれほど食い込んでいるのか。日本の暴力団汚染も端倪（たんげい）すべからざるものだが、シチリアのマフィア汚染は真の恐怖である。

カルデローネ自身も七件の殺人事件に責任があると自己告発している。敬愛する兄を新興勢力に殺された上、いつ自分が殺されても不思議はなかった。告発することで「死は死を呼び、血は血を呼ぶ」悪循環から逃れた独白者の思いは痛切である。（溝口敦・ノンフィクション作家）

（新潮社・2800円）＝2000年6月15日⑥配信

根底から問う

「自然農」（川口由一、鳥山敏子著）

川口由一さんの自然農は、うわさには聞いていた。奇想天外な農法だ。まったく耕さず、草もほとんどむしらず、肥料も農薬も使わない。農の常識からいって、そんなことが可能だとは、とても思えなかった。

ある時、私は神戸でおこなわれた映画「自然農―川口由一の世界」の上映会に招かれ、映画を見て、川口さんと会い、また自然農の実施者たちと会話をし、大きな衝撃を受けた。奇想天外と思っていたことが、私の無知によっていたとわかったからだ。

本書は、川口さんと、映画をプロデュースした鳥山敏子さんの間で交わされた映画の中の言葉を、丹念に書き上げ補足しつつ編んでいった対話記録である。ここにはひたすら自分を問うてきた求道と、その過程でつくられてきた自然観が、無駄のない自然な言葉で語られている。宗教的な透明な情感が漂ってもいる。

「耕さず、肥料、農薬を用いず、草や虫を敵としない自然農は、いつの時代にも、総ての人々に、そして地球上の何処においても通じて変わることのない普遍のものであります」

哲学者が頭脳のみで考えたことではない。川口さんは野の実施者として、一粒の米をつくるために思考し試行錯誤をくり返し、そのつど自然を見詰め、自己を問うてきた。

米や野菜をつくるため、もともとそこに生きていた草や虫を殺してもよいのか。その命題はまさに私たちの存在を根底から問うているのだが、その問いは人類の自殺行為につながると思われたために、思考は回避されてきた。

川口さんはこの問いにラディカルに立ち向かい、たじろぐことなく実施者として具体的な方法と解答を導きだす。行為がすべての答えなのだ。米も野菜も見事に実るのである。

自然の法則に寄り添って生きればいいのだから、いわれてみたらあまりにも自然なことではないか。まるでコロンブスの卵のようなものだ。本書を命あるすべてのものにすすめたい。（立松和平・作家）

（晩成書房・2800円）＝2000年6月22日①配信

秘剣「恋心」でオペラ賛歌

「オペラ道場入門」（玉木正之著）

なんといっても「恋心」をもった者は強い。なにひとつ迷うことなく、恋する対象に向かって一直線に進んでいきさえすればいいのだから。

「オペラにハマリ」、オペラに大いなる「恋心」を抱き続ける著者にとって、もう怖いものはない。オペラに対する熱き想（おも）いの丈を、ときに関西弁を効果的に用いながら、雄弁の限りを尽くして、これでもか、これでもか、と勇ましく語り続けていく。その勇士ぶりには、秘剣ノートゥンクを手にしたジークフリートのよう、と大向こうから声がかかっても不思議はないだろう。

「恋心」という秘剣を手にした著者は、まさに、寄らば切るゾ、という感じだ。その語り口たるや、実にエネルギッシュ。数多いオペラの名作に対し、次から次へと固有の切り口を示していく。その際、著者が常に意識して、通奏低音のように流しているのは「『オペラ＝クラシック音楽』とは、けっしていえないのです」という確信だ。これをキーワードにして、熱弁は続く。

いわく、オペラはアホクサイ。いわく、マリア・カラスのテクニックの凄（すご）さ、表情の凄さ。いわく、小林幸子、美川憲一のルーツはバロック・オペラ…等々。なかには、オペラはまずR・シュトラウスから始めよう、という大胆な提案もある。

著者が言うように、もし「オペラは難しい」と思っている人がいるとするなら、こうした提言は、既成観念を乗り越えるのに役立つのかもしれない。

一方で、「恋心」を持つ者は、その想いが強ければ強いほど、視野が限定されがちになるという危険性も持つことになる。著者はそうならぬよう、何かと工夫を凝らしているものの、つい単純化しすぎるための問題も生じがちだ（例えば、ワーグナー・B級映画音楽説など）。

このあたり、もっと綿密に書き込んだ方が、オペラへのより強力な愛情表現になったことだろう。（吉井亜彦・音楽評論家）

（小学館・1600円）＝2000年6月22日②配信

共感と敬愛に澄みわたる　「日本人の魂の原郷　沖縄久高島」(比嘉康雄著)

沖縄本島の東にある久高島は十二年に一度の祭り「イザイホー」で名高い。琉球開闢(かいびゃく)の地とされるこの島では、明治以来沖縄に過酷な受難を強いてきた「皇民化政策」や、米軍統治の時代をくぐり抜けて、神々とともに生きる古い習俗がごく最近まで伝えられてきた。

三十歳を越えた女性は神女となり、家族や島の暮らしの守護の役目をおう。「男は海人(ウミンチュ)、女は神人(カミンチュ)」というのが、ひたすら海と空に抱かれたこの島の習いだ。だがここにも近代化の波は及び、母性原理の祭祀(さいし)を中心にした島の生活も徐々に崩壊して、一九七八年を最後にイザイホーもできなくなった。

比嘉康雄は長くこの島に通い続け、神女たちの話を全身で受けとめながら、その最良の理解者として消えゆく祭りの写真を撮り続けた人である。

比嘉はフィリピン生まれの沖縄人(ウチナーンチュ)、はじめ警察官だったが、六〇年代の基地闘争の経験から職を辞し、自分と沖縄を見つめ直すために写真家になった。そして宮古島で古い祭祀に震撼(しんかん)されて以来、つかれたように南島の祭祀を記録するようになる。

この本は、彼がもっとも愛着をもった久高島の宇宙と祭祀を、ひとつの世界の臨終に立ち会うようにしてまとめ上げたものである。死者の魂は海を隔てて東の空に帰り、そこで再生するか、守護力をもつ母神として島の聖域に立ち返る。その循環のうちに彼は、生けるものの「魂の原郷」を見いだしていた。

島の宇宙が深い共感にみちた折り目正しい文章で語られ、被写体への敬愛に澄みわたるような写真もすばらしく、新書ながらライフワークの風格をにじませている。ただ、一度も「日本人」などに触れていないこの本が「日本人の…」と題されていることには疑念が残る。

くしくも著者は五月半ばに不帰の人となり、この本は遺作ともなった。東の空でのめい福を祈りたい。(西谷修・東京外大教授)

(集英社新書・660円)＝2000年6月22日③配信

教育現場の壁を問う　「おばけになりたい！」(田村文著)

現在、日本社会における子どもたちの問題を語ることはおそろしく困難なことだ。社会の仕組み、親たちの個人的な事情をも含めて、なにが子どもを追い詰め、荒れさせているのか。公的な報告や報道だけでは、問題の根源が見えないことがある。そこにいらだちをおぼえることが少なくないが、本書は「学校」というぬきさしならぬ現場、しかも、唯一救いを求められる場所「保健室」を中心に、そこに集まる子どもたちの心の混乱と、教師たちの孤独な戦いを描いたリアルなドキュメントである。

登場するのは、複雑な家庭環境から家出や自傷行為を繰り返す金髪の少女・マリー、規律的なものへのおびえと反発から保健室登校を続ける少女・理香など、大人たちの勝手な都合から居場所をなくした子どもたちと、それを守ろうとする中学校の保健室の養護教諭・竹田美紀や、家庭科教諭の中島千恵などである。

著者の目は、この養護教諭・竹田美紀に寄り添いつつ、それぞれの子どもたちの心の混乱を追っていく。なにが彼らを圧迫しているのか。あと少しのところで救えるかもしれないのに、立ちふさがるいくつもの壁。

この壁のもどかしさ。読みながら、何度か怒りを覚えずにはいられなかった。教育の現場がいかに組織的であるかを思い知らされるからだ。ほかの部署との連携プレーを嫌がる教師は管理職試験を前にして問題をひたすら避け、中には家庭のプライバシーばかりを気にして子どもの心に入らないようにしている教師もいる。本書は子どもの心を見据えつつ、組織につきまとう“その場主義”が、子どもたちをさらに追い詰めている現状も見逃していない。

ここに登場する子どもたちは、日本の多くの子どものほんの一握りにすぎない。が、自分を消すために「おばけになりたい」と書く子どもたちがいる社会は、果たして健全といえるだろうか。

保健室を通して本書が問いかけている意味は重い。(稲葉真弓・作家)

(河出書房新社・1600円)＝2000年6月22日④配信

「芸」を通し人間描く

「黒田辰秋　木工の先達に学ぶ」（早川謙之輔著）

「芸」というのは技術のことだが、個人的には一芸に秀でて、それで家族を養っている人間が一番立派だと考えている。しかし自らの才能に一切をかける世界ほど困難な世界はない。

本書は木工芸の第一人者で、人間国宝だった黒田辰秋と、弟子である著者の交流を通して、職人としての「芸」を高めていく人間を描いたものである。そしていちずに生きている人間の言葉ほど、ときとしてわたしたちの心をゆさぶる。

黒田は、くりきんとんの菓子を前にして、侮ったような言い方をした著者に「ちょっと良い物を作るためには、とんでもない努力がいる。人のしない努力をして、やっとほんのちょっとだけ良い物になるのじゃないか。そんなこともわからんで、ちょっとうまいなんぞと人ごとのように言う者に何ができる。ちょっとの差が実は大変なことだとわからん者は、たった今、仕事を辞めてしまえ」と言う。

きびしい目を持っている人間は、きびしい生き方をしている。この言葉の中には職人の「芸」に対する取り組み方と生き方が見える。日々をどうして生きるかということは、実は大変にやっかいだ。日常に流されて生きているようでも、心の襞（ひだ）に波立つものがある。それを解決するひとつの手段が決心するということだろうが、「芸」を追求する人々が一家言をもち、飄々（ひょうひょう）と生きているように見えたり、なにげなくつぶやく言葉に琴線がふれるのは、そこに物事を見極め、自己を見つめる目があるからだと感じるときがある。

先の会話は、自分の思いを極言まで突き詰めねば出てこない声だが、たったひとつの肉声に出合うだけで、こちらは心洗われるものがある。弟子の著者は師と衝突し反発もするが、「それでも書きたかった。理由は他でもない、私は先生が好きだった。それだけである」とささやく。本書には多くの含蓄のある言葉とともに、芸を通してのあたたかい人間群も描かれている。（佐藤洋二郎・作家）

（新潮社・1400円）＝2000年6月22日⑤配信

普遍的な心理浮き彫り

「きみは誤解している」（佐藤正午著）

競輪の周囲にうごめくさまざまな人間模様を描き出した計六編の短編小説を収録した作品集だが、競輪小説に一括してしまえるといった単純なものではない。

勝負の微妙な綾（あや）や競輪選手たちの思惑など、競輪レースの模様を扱った作品もあれば、競輪のギャンブル性にのめり込んでいく人間の心理、そこから派生してくる男女関係や家族関係の変化のさまなど見つめた作品もある。

分量としては後者の方が多く、競輪がからんだ出会いと別れの人間模様、登場人物たちの心理の変容のありようが、俯瞰（ふかん）の視線ではなく、ギャンブルにのめり込む者と同じ地平に立った視線から描き出されていくところに大きな特色がある。

表題作では、JRの勤勉な職員である主人公が、亡父の競輪への積年の情熱を受け継いで競輪にのめり込んでいく。

表題の言葉は、恋人に対する主人公の弁解なのだが、恋人との結婚を控え、「ギャンブルには理屈では説明のつかぬ何かがあるのだろうか」と自問し、「人は空しさを和らげる慰めのために結婚するのだろうか」とも思うのだった。主人公の人生の選択に大きな要因としてかぶさってくるギャンブルの魅力、魔力の描写に存在感がある。

ほかに、ギャンブルにのめり込む男と関係を続けてきた女性が、自分も競輪をおぼえたことで男と別れる決意を固める「遠くへ」、五年も連れ添った夫婦が離婚する奇妙なプロセスをたどって、ギャンブルが人生を狂わすのか、それとも人生がもともと狂っているのかを問いかけた「女房はくれてやる」、競輪が生きがいなのに車券は買わない弟と競輪の深みにはまった兄のギャンブル談義が面白い「人間の屑」、などの五編。

競輪のレースに詳しくなくても、競輪の周囲にうごめく人間模様や競輪にかかわった男女の複雑な心情を楽しむことができるのは、ギャンブルを通して普遍的な人間心理を浮き彫りにしているからだ。（清原康正・文芸評論家）

（岩波書店・1700円）＝2000年6月22日⑥配信

味覚をめぐる悲喜劇

「中国料理の迷宮」(勝見洋一著)

二十世紀の六〇年代なかばから七〇年代なかばにかけて、中華人民共和国では、権力闘争が発端となって、伝統文化を破壊しようという運動が広がり、十年間にわたる混乱状態を招いた。いわゆる「文化大革命」である。

この時期のことはよくわからない。あまたの人命財産が失われるという悲劇が繰り返されたというのも、事実であろう。また、少年期を過ごした中国の友人に言わせるならば、学校にも行かず結構楽しかったという。これまた事実だろう。

著者は、まさにその文革時期、北京文物研究所に招かれて、美術品の鑑定にあたっていた。本書では、歴史好きの方々の言い方を借りるならば、「激動の」現代中国の諸事情が、アツアツの料理の「味覚」によって語られている。

それが、最下層の庶民が通う下町の食堂だけではなく、特権階級による秘密の宴席にも出没する著者であってみれば、そのクールな筆致による報告は、単なる食通のリポートを超えて、なかなかのリアリティーをもって迫ってくるのだ。

当時、だれに、何がどう食えたか、だれに、何が食えなかったかを、政治経済の社会的背景をもわかりやすく紹介しつつ分析してみせるその手腕は、舌に備わった生来の鑑定眼によるものであろう。みごとというほかない。

著者によれば、文革という時期には、中国全土で味が画一化され、素材と調理技術において貧しくなった。要するに「まずく」なったという。しかしその一方で、最も洗練された料理もまた、あるところには存在した。著者はその両方を味わっているのである。著者が体験した、味覚をめぐる喜劇と悲劇は、それだけでおもしろい。

総じてその視線は鋭く、容赦のない批評をマシンガンのようにつづるが、中国料理の味わいを読者に伝えてくれることだけは、いずれのページにおいても、絶対に忘れていない。中国料理のユニークな通史ともなっている。(武田雅哉・北海道大助教授)

(講談社現代新書・700円)=2000年6月29日①配信

三味線極めた高橋竹山

「魂の音色」(松林拓司著)

本書を読み終わってすぐCDショップに走った。津軽三味線奏者、初代高橋竹山の存命中、演奏に接する機会がなかったのが残念でならない。

一九一〇年に青森県東津軽郡の貧しい農家に生まれ、二歳の時に視力を失った竹山は、生活のために三味線と唄(うた)を習い、門付けをして歩いた。のちに民謡の伴奏者として名をあげた竹山が、五十歳を過ぎて、独奏楽器としての三味線を極めていく姿を、本書は多くの関係者の証言に基づいて描いている(「東奥日報」夕刊に長期連載したものに加筆)。

竹山のおおらかかつ強靱(きょうじん)な精神と、演奏家としての卓越した技量のほか、特に印象に残ったのは、竹山という「原石」を見いだし、育て上げた労音関係者の存在である。西洋音楽中心の労音の聴衆との出会いが、竹山に刺激と緊張感をもたらし、独奏曲の創造へと駆り立てる。そして竹山の創造の養分となるように、二千枚ものレコードを購入して世界の音楽を聴かせ続けたのが、青森芸術鑑賞協会事務局長を務めた佐藤貞樹氏であった。

韓国のパンソリ、ベトナムの農民の唄、バッハやモーツァルト、ショパンまで、竹山が吸収したものは驚くほど幅広い。この柔軟性こそが、郷土色の強い楽器であった津軽三味線を、世界の聴衆の心に響くものに発展させたのだった。

アメリカやパリでの華々しい成功を経て、九八年に病気で亡くなる間際まで、「だめになった竹山も聴いてくれ」と舞台に上がった。虚飾を排し、一芸人として生を全うした姿は壮絶である。

さて、CDを聴いた。幸いなことに、その絶妙な話芸も一部収録されている。初めてまともに聴いた津軽三味線は、凛(りん)として強い楽器であった。鋭い撥(ばち)さばきのもと、弦がうねる。竹山の集大成といわれる「即興曲岩木」を聴けば、唄うことを忘れた現代人も、情念が「じゃわめいで来る」のをきっと感じるに違いない。(榎本泰子・同志社大学専任講師)

(東奥日報社・2600円)=2000年6月29日②配信

世界を確実に変えつつある　「イスラム潮流」（NHKスペシャル「イスラム」プロジェクト著）

イスラムに関して具体的なイメージを結ぶことのできる日本人はどのくらいいるだろうか。イラン革命のホメイニ師の顔を思い出す人もあるだろう。あるいはイスラム教徒のテロリストによる「ジハード」を想起する人もあるかもしれない。しかし、イスラムに関しては断片的な情報をもっているだけという人が大半ではなかろうか。

困ったことに、イスラム報道は欧米経由でわい曲されて伝えられることが多々ある。本書を手にとった読者は、ハンチントン流の「文明の衝突」論に基づく「イスラムの脅威」といった見方がいかに欧米的な偏見に満ちているかを痛感するだろう。日常生活に深く根ざしたイスラム教徒の姿はじつに多様だからだ。

本書は、NHKで四回にわたって放送されたシリーズをもとに出版されたものだが、その叙述からテレビ番組では見えてこなかった取材スタッフの確固たる姿勢を知ることができる。

取材スタッフはこれまでの欧米のイスラム報道がステレオタイプに陥ったことを踏まえて、「まず普通の人々の暮らしに入り、その肌で感じる現実から出発」しているからだ。そんなイスラム潮流は意外な姿で読者の前に立ち現れる。

「マンハッタンにコーランが流れる」という章では、アメリカ社会に静かに拡大するイスラムを描いている。ニューヨーク名物、イエローキャブをつかまえると、運転手のほとんどがイスラム教徒なのだ。時代を映すタクシー運転手に、イスラム教徒の移民が急増していることを知ることができる。

「人も金も神が作った」の章では、無利子銀行が世界金融の中心地ロンドンで起こした波紋を紹介する。利息を追ってマネーが世界をめぐるグローバル・スタンダードに対して、コーランに基づく銀行経営が異議申し立てをしたのだ。

イスラム潮流は世界を確実に変えつつある。そんな新たな現実を感知するための貴重な一冊である。（臼杵陽・国立民族学博物館助教授）

（NHK出版・1900円）＝2000年6月29日③配信

映像的で官能的な密室劇　「目覚めよと人魚は歌う」（星野智幸著）

読みながら、一つ一つのシーンが鮮やかな映像となって浮かんでくる。まるで良質な映画を見ているようだと思った。そういっては小説家に失礼だろうか。

夫婦と息子の三人家族が、伊豆の高原で暮らしている。そこに若い男女が逃げ込んでくる。男は暴走族と抗争したあげく、相手を殺してしまったらしい。女はその恋人だ。しかし平和な家族とそこへの闖入（ちんにゅう）者、といった物語ではない。

家族は若い二人以上に問題を抱えている。妻は十三年も前にいなくなった男の幻影を抱いているし、その男との間にできた息子は学校にうまく適応できない。図書館に勤める夫とは疑似家族を形づくっている。

まるで密室劇のように進行する物語は官能的だ。とりわけ、夜ごと男の幻影と濃密な愛を交わす妻・糖子がいい。色っぽくて、可愛らしくて、しかし当人はそんなことに気づいておらず、崩壊すれすれの心を抱えている。

息子の名前は失った男と一字違いで読みは同じ。なにやら近親相姦（そうかん）的においを感じさせる。闖入者を加えて五人となった家族は、糖子を軸に危ういバランスを保っている。

物語をさらに効果的にしているのが闖入者の男ヒヨヒトで、彼は在日日系ペルー人である。MDウォークマンを持ち歩いていて、それにはサルサが録音されている。伊豆に吹くアンデスの風、BGMはサルサのリズム。湿っぽくなりがちな密室劇に、乾いた風を吹き込んでいく。なんだか日本人が日本語で書いた小説とは思えない。気持ちいい。

まるで遠い世界の物語のようでいて、しかし私たちの生活世界とのつながりを失っていない。ベースにあるのは、在日外国人労働者がおかれている状況、たとえば子どもの教育問題や地域社会での軋轢（あつれき）など。リアリズムは貫かれている。こんな小説を書く作家は、いままで日本にいなかった。まさに三島由紀夫賞にふさわしい才能の登場だ。（永江朗・フリーライター）

（新潮社・1300円）＝2000年6月29日⑤配信

不意をつくリアリティー

「天国までぶらり酒」(田中小実昌著)

今年の二月に田中小実昌は七十四歳で亡くなった。

本書は彼が一九九二年から今年にかけて「週刊小説」に発表し、絶筆となった「むらさき」も含め、これまで単行本化されていなかった作品を集めた短編集である。とくに九五年以前のものについては、できるかぎり正確に世界を見ようとする目が異様で不意をつくリアリティーを生みだしているといっていい。

しかし普通なら正確さとは、論理的だったり、つじつまがあっていたり、あるいは端的に事実だったりすることを意味しているだろう。田中小実昌の場合はまったく反対だ。彼にとって論理性、事実らしい口あたりのよさやもっともらしさ、そしてリニアに矛盾なく展開される物語のたぐいはまさにただの「おはなし」、よりきつくいうなら甘ったるい「ウソ」にすぎない。

たとえば、そっけないタイトルのつけ方がかっこいい「フグにあたった女」では、女友達から「わたし、フグの毒にあたったの」と言われた「ぼく」は、そのいかにもできすぎた小話ふうのセリフを聞き流すことなく、具体的な細部にこだわってみせる。また「裏庭のクジャク」は、夫の命日以来、残された妻の家に二羽の白いクジャクがくるようになったという話で、「ぼく」は自分の目で確かめて、それが本当だと確認したあとも、何となく違和感を感じつづけている。

田中小実昌の作品は、起伏あるドラマ性はもちろん、事実らしさにも、いわゆる「深い文学性」にも頼っていないが、女がただフグの毒にあたること、二羽のクジャクが家のそばにやってくること、さらには新宿やシアトルの町を飲み歩くことなどが、それ自体でなぜか妙に感動的なのだ。ここでは、日々の出来事のいちいちが「祝福されている」というほかないだろう。

九五年以降、確かに少しずつ精彩を欠き始めている。しかしどんなものであれ、もう彼の新作を読むことは絶対にできなくなってしまった。(石川忠司・文芸評論家)

(実業之日本社・1700円)＝2000年6月29日⑥配信

淡水魚の味わいの文化

「魚々食紀」(川那部浩哉著)

食にたずさわって二十年近くになるが、恥ずかしながら本当においしいニゴロブナの鮒鮓(ふなずし)に出合ったことがない。阪神大震災を機に、実家が安土城を見上げる琵琶湖の内湖、西の湖のほとりに移り、ウナギ、ナマズ、ザリガニ、ブラックバスからブルーギルまで賞味するのは可能になったが、相変わらず鮒鮓の存在は遠い。

同じ鮒鮓の材料でも、ニゴロブナとゲンゴロウブナでは味が格段に違うらしい。埋め立てや干拓が進み、ニゴロブナが成長する環境そのものをつぶしてしまったツケで、本物の鮒鮓もオアズケになってしまった。

滋賀県立琵琶湖博物館の館長さんが、動物学や生態学をベースに繰り広げる日本人と魚食の歴史は、単なる食の文化論にとどまらない。専門知識と古今の書物をひもときながら、フナに始まり、スズキ、マス、サケ、エツ、タツノオトシゴ、タウナギ、ハモ、フグ、アユ、モロコといった魚々と日本人のかかわりをつづる。

タイトルのユニークさもあって、著者は料理人か文科系の先生ではないかと思えてくるほど、うまそうに楽しそうに、魚々たちの味わいの文化が語られる。

登場する魚々もひと味違うものばかり。たとえばナマズの章では、かまぼこの素材としての紹介から、現在はアメリカナマズのフライがダイエット食として人気だけれど、「私の趣味ではこれは、空揚げのほうが味は数段上だ」というところまで押さえた上で、イワトコナマズの沖すきが推薦されているのがうれしい。

いずれにしても、遠洋の魚々が当たり前になるまでは、今ではかなりシブめの淡水魚たちの方が、日常的になじみある食材だったことがよく分かる。

生後しばらくして行われるお食い初めの儀式を「真魚(まな)の祝い」として今も続けている日本人にとって、魚々のいろんな味わい方を教えてくれる一冊。食材にかかわるテーマを研究する者は食いしん坊でなくてはならない、ということも強く思わせる。(熊谷真菜・生活文化研究家)

(平凡社新書・680円)＝2000年7月6日①配信

江戸前の芸への愛惜

「浮かれ三亀松」(吉川潮著)

東京は深川に生まれた柳家三亀松である。“辰巳の侠(きょう)骨”で知られた、小粋(こいき)でおきゃんな深川芸者の故郷である。いなせで粋で伝法な芸人に三亀松が育ったのもうなずける。それに女以上の色っぽさがこの人の身上だった。

三味線を合わせながら「調子、高かありません?」と女の声音、澄んだ音色の三味線に乗って三亀松が都々逸を唄(うた)う。

明けの鐘　ゴンと鳴るころ(はあっ)仲直りしたら　すねた(はあっ)時間が惜しくなる

「はあっ」の合いの手が絶妙だった。まねしようにもできない音遣い、纏綿(てんめん)の花柳情緒、三亀松の独壇場だった。

宵(よい)越しの銭をもたねえ江戸っ子の気概はこの人に生き、金遣いに見境がなかった。戦前、東京に進出した吉本興業に所属、一番高い月給をもらいながら残らなかった。三十代で使用人が三人、それに本妻公認の愛人へのお手当、行く先ざきでばらまくチップや祝儀、つまみ食いのように関係する多くの女性への贈り物…。いくらかせいでも足りない道理だった。そんな生き方に追随したのは藤山寛美と勝新太郎しかいなかった。

先年、「江戸前の男」で春風亭柳朝を、「江戸っ子だってねえ」で広沢虎造を活写した著者の江戸っ子芸人伝、その三作目である。

安藤鶴夫、戸板康二、江国滋を不在にした芸能評伝界を埋めて小林信彦、矢野誠一、そしていま吉川潮の働きが著しい。自身チャキチャキの江戸っ子、歯に衣(きぬ)着せぬ芸能(人)・テレビ評に憂さを晴らすファンは多い。

急速に薄れてゆく江戸前風の芸、それ以上に衰弱した端唄や小唄や俗曲の世界。三味線をわきにのどを競っただんな衆の退場とともに三亀松ワールドの時代も終わった。また再び、三亀松をほうふつさせる芸人の登場もおそらくない。

遠い日への愛惜である。柳朝、虎造に次ぎ、いままた泉下の三亀松に贈る長く温かい鎮魂譜である。(木津川計・立命館大教授)

(新潮社・1800円)=2000年7月6日②配信

「戦後」的な生を先取り

「アウトローと呼ばれた画家」(吉田和正著)

太平洋戦争がはじまる直前、ひとりの中年の画家が東京下町で行き倒れた。みとる人もなく、寂しく息をひきとった。家族もなく、アトリエもなく、浅草、荒川周辺をさまよい、簡易宿泊所をすみかに、創作と酒に明け暮れた末のことだった。

戦後、急激に評価を受け、その破天荒な人生も含めて、「天才」の伝説に包まれることになる長谷川利行である。この不遇な画家は、いわば日本のゴッホとして、日本の暗い時代をあがなうために芸術家伝説という聖衣につつまれたのだった。

いま、「戦後」という言葉を、実感を込めて口にするひとが少なくなりはじめたとき、戦後的な生を先取りしていたかのように思える長谷川利行の輪郭が、その作品を受け取る側の過剰な思い入れを越えて、歴史の地平にはっきりと浮かび上がりつつあるように思える。

本書の効用は、この画家伝説の形成を、画家を取り巻くひとびとにもていねいな照明を当ててたどった点にある。画家に劣らず個性的な群像がその周囲に魅惑的に配置される。

歌人の前田夕暮はいうまでもなく、無頼派文士に徹した矢野文夫、画家を世に送り出すために手段を選ばなかった画商高崎正男、簡易宿泊所で出会った年若い画家手塚一夫。いずれもが、利行との出会いによって忘れがたいスパークを暗い時代にきらめかせた。

評伝が、ある優れた個性を生み出し、またそれによって生み出された精神の圏域を示すものとするなら、本書は、それに成功している。

ただ、最晩年の利行作品が生活に見合うように荒れているという従来の見方を筆者は一部引き継いでいるが、それが正しいかどうかは、このほど巡回が始まった、生誕百年を記念する充実した回顧展の会場で作品と直に対面することによって、これから答えが出されるべき問いであるように思われる。(水沢勉・神奈川県立近代美術館学芸員)

(小学館・1800円)=2000年7月6日③配信

立ち上がる戦場の記憶

「沖縄の旅・アブチラガマと轟の壕」（石原昌家著）

西暦二千年という記念すべき年の夏に、沖縄サミットが開催され、この地に世界の耳目が集まる。この歴史の巡り合わせを、私たちはよくかみしめておくべきだろう。もとより沖縄は、単なる南方のリゾート地などではない。日本にとっての沖縄とは、半世紀前の戦争で唯一地上戦のあった場所であり、県民の四人に一人ともいわれる戦没者を出し、返還後も在日米軍の集中する問題の地である。

さらにいっそう悲惨なのは、沖縄戦の末期において自国軍による自国民の殺害、すなわち「住民虐殺」と、皇民化教育の最もゆがんだ帰結としての「集団自決」が、例外的にこの島で起こったことである。

また、近世・近代にさかのぼると、薩摩軍の琉球侵攻（一六〇九年）、さらには明治政府による琉球王朝の最終的解体＝琉球処分（一八七九年）と、日本史の結節点で沖縄は絶えず煮え湯を飲まされてきた。

敗戦から五十五年目を迎え、サミット開催地となった沖縄から、本書のような声高な告発とはほど遠い、戦場の記憶が立ち上がってきたことの意義は大きい。

沖縄本島南部にある「アブチラガマ（糸数壕＝ごう）」と「轟（とどろき）の壕」、南島的風土の特徴を備えたこうした自然洞くつ（島内に無数に点在する）は、地上戦の最中に一般住民の格好の避難所となった。だがそこはまた、「住民虐殺」や「集団自決」の悲劇的な舞台ともなった特異な場所だったのである。

四半世紀に及ぶ著者自身の持続的な聞き取り調査は、沖縄国際大学のゼミナールの学生との協同作業による徹底した実地調査、壕内の見取り図作製等によって、着実に戦後世代の追体験を可能にする重層的資料としての厚みを加えるようになった。

同時にここから、米軍の本島上陸によって露呈する日本軍の根本的な住民不信、反沖縄的な本性が具体的に検証される。「軍官民共生共死の一体化」の理念崩壊が、生々しく暴露されるのだ。（高澤秀次・文芸評論家）

（集英社新書・700円）＝2000年7月6日⑤配信

今までとは違う太宰兄弟像

「津軽・斜陽の家」（鎌田慧著）

生誕祭（旧桜桃忌）の前日、久しぶりに津軽鉄道に乗って青森県金木町に出かけた。斜陽館を見るためだった。本書の中心には太宰の生家、斜陽館がある。いや正確には制度としての「家」と、建築物としての「家」のふたつがあるというべきだろう。

二階の廊下から空を見上げると、背後から空を隔てるようにして重厚な庇（ひさし）が張り出している。邸宅を囲む高さ四メートルの煉瓦（れんが）塀から、ついに太宰は解放されることはなかった、という著者の感慨は、実際にそこに立ってみればよくわかる。

津島家の家長だった三男、文治の死から始まる本書には、世界に普遍性を与えた太宰の「心情」はほとんど出てこない。いかにして新興地主階級の津島家が、財力と政治力を広げていったのか、「家」という制度を揺るぎなくしていったのかが淡々と記述されていくのみである。

その淡々とした渉猟が見せるものは、太宰と津島家三男、文治の驚くべき相似形である。従来の印象では、文治は津島家の家長として太宰を抑圧する存在だった。しかし、本書での文治はむしろ斜陽館という「家」にほんろうされる存在である。

演劇を志した文治が、父の死去と長男、二男の早世から家長となり、金木町長時代、三十代の時に書いた短いエッセー「めし」と、その内容を下品であるとして認めなかった太宰。

「現にこの俺（おれ）は（略）自殺もせず、泣き崩れもせず生きて居る。それは俺は毎日めしを食つて居るからだ。俺の云（い）ふ『めし』とは狭い意味のめしの事で口にめしを入れて嚙む瞬間の感じの事だ」

著者はこう記す。「文治の断念と苦い咀嚼（そしゃく）が、その虚無な実存の哲学が、太宰には理解されていなかった」。

太宰と著者は、金木と弘前の生まれである。出身は別でも故郷は同じ太宰へのアンビバレントな思いが、「家」を媒介にすることによって、今までとは全く違う兄弟像を結ばせるルポルタージュである。（長谷川孝治・劇作家）

（祥伝社・1700円）＝2000年7月6日⑥配信

自然をめぐる深い思索

「野性の実践」(ゲーリー・スナイダー著、原成吉ほか訳)

ゲーリー・スナイダーは、数年前に他界したアレン・ギンズバーグらとともに、物質的な豊かさより内面の自由を重視したビート世代を代表する詩人の一人だ。

一九五〇年代の半ばから六〇年代の末にかけて、京都の大徳寺で禅の修業を積んだスナイダーは、その後、シエラネバダ山ろくに家を構え、エコロジカルな生活をしながら、「野性との共生」の必要性を訴えつづけている。

彼の言う「野性」とは、道教の「道」や仏教の「仏法」に近く、物事の背後に働いている大きな力のようなものを指しており、「内側からしかアプローチできない」ものである。したがって彼が「野性との共生」と言うとき、それは単なる「自然との共存」だけではなく、自分の中の自然を生きることをも表している。

自然を科学の対象としてではなく、自分をも生かしている大きな秩序の生成の場としてみるこうした姿勢は、現在、ディープ・エコロジストと呼ばれる人たちだけではなく、人間の全人格的な成長を目指すホリスティック医学やトランスパーソナル心理学に携わる人々にも共通するものになっている。

しかし、本書の魅力は、彼の考え方の先端性にあるというより、二十世紀後半の激動する社会を真摯(しんし)に生き抜いてきた一人の思索家の、心の中で展開してきたダイナミックなプロセスが一望の下に見渡せる点にあると言っていいかもしれない。

自らの実践に裏打ちされた仏教に対する深い洞察、自分の足と人々の話と膨大な文献を通して養われた自然への鋭い観察眼、長年の自然の中での生活で培われた場所と人間との関係についての考察、鍛え抜かれた心をもってしてはじめて明らかになる聖なるものの意味…。

それらがまさに原生林のように錯綜(さくそう)しながら重厚な意味の世界を作り上げているのを目のあたりにすると、口あたりの良い本では味わえない読書の渋い快感がよみがえってくる。(菅靖彦・翻訳家)

(山と渓谷社・2000円)=2000年7月13日①配信

こころを求めた軌跡

「CM殿堂」(日本シーエム放送連盟編)

一九六〇年代は“ドリーム・エイジ”と呼ばれ、この日本という国がその歴史の中で初めて、豊かな“もの”というものを手に入れることになった時期である。

それまで“もの”よりは“こころ”というものを大切にしてきたこの国の人間にとって、それは大変な価値観の逆転であった。このときから二十年にわたって日本の古来の文化は根こそぎ消滅していくことになる。

文化という名のもので、この六〇年代に進歩したのは、CMだけである。だが、そのころは、CMが文化であるなどとはだれも考えなかった。CMはおトイレタイムの別称であり、とてもまっとうに見られるべき存在ではなかった。

それでも六〇年代、それまで伝統的にあった大学の映画研究部がCM研究部に塗り替えられていくなど、殊に若い世代にとってCMは人気の的になっていった。

それにはCM草創期のクリエイターたちの、夢と努力と、あるいは挫折の跡を忘れることができない。まことに多くの青春が、あの六〇年代、CMの地を通り過ぎていったのだ。

“黄金の夢”を描くことは、日本のクリエイターにとっては、伝統的に自己矛盾の作業であり、その中でおのれの“こころ”とのバランスを見失い、自己死していった仲間の数も多い。

今度出版された「CM殿堂」なる大部の書物をひもとくと、あの日本国中が“もの”の魔力にまみれていた時代、“もの”を売るためのものでしかなかったCMこそが、実は切実に“こころ”を求め、その在りかをまさぐっていたことがよくわかる。

CMに代表作はない。その生涯の集積が作品であると定めた無名のCM戦士たちの、これは誠実さの成果、人生の勝利だろう。CMはこうして時代のアートとなり、ジャーナリズムにも文化にも育っていった。

いまの目から見れば、語り手の記憶違いも多いが、それはもはやあの時代のCMが伝説となったからだろう。それに比べ、現代のCMは“こころ”よりも“もの”に寄りがちに見え、自恃(じじ)を失っているように思われる。(大林宣彦・映画監督)

(宣伝会議・2800円)=2000年7月13日③配信

お薦めの物語世界

「器用な痛み」(アンドリュー・ミラー著、鴻巣友季子訳)

前近代のやみを啓蒙(もう)の光が照らす十八世紀英国で、生まれながらに痛覚が欠落していることから敏腕外科医として名声をほしいままにした主人公が、癒(いや)しの力を持つなぞの女性との出会いをきっかけに、痛みの感覚を取り戻すとともに執刀の腕は落ちて…という物語。

河の水まで凍った一七三九年厳冬に始まり、猛威をふるう天然痘に対抗する先端技術として種痘がロシア女帝によって導入されるなど、スケールの大きい展開は史実をふまえてのことだという。

設定は過去だが、「病」「痛み」「科学技術」「癒し」という現代的な問題が扱われ、読後には、十八世紀小説を読んだときとは違う味わいが残る。

さきごろ封切られた、同じく十八世紀の英国を舞台にする泥棒の冒険活劇映画「プランケット&マクレーン」のあと味が、不思議に今を感じさせるのに似ている。両作品ともに、十九世紀ではなく十八世紀に、現代の人間が読み込みたいものがすくいあげられている。男がまだまだ野放図に生きえた時代への憧憬(しょうけい)といえるだろうか。女とのからみも、ロマンティックとかエロティックというよりも、同志的なのも両者に共通する。

過去を舞台にした面白いイギリス小説として、ジョン・ファウルズ「フランス軍中尉の女」を引き合いにだすレビューも出た。だが、ファウルズが現在と過去との往還を得意げに披露するのに主眼をおいたのに対して、ミラーは小ざかしいことはしない。どっぷり十八世紀である。現在時制〈歴史的現在〉で畳みこむように書かれ(翻訳は原文に忠実である)、まるで当事者として事件に居合わせているように感じさせられる。

本書は作者にとっては第一作で、四十歳目前に、高額の賞金が与えられるIMPACダブリン文学賞の第四回受賞者となった。この賞の推薦権は、世界各国の参加図書館が持っているらしい。本に囲まれて生きる人々が浸りきってお薦めする物語世界である。(岩田託子・中京大助教授)

(白水社・2400円)=2000年7月13日④配信

メルヘン収集の本当の理由

「グリム兄弟とその時代」(橋本孝著)

グリム兄弟の評伝としてはすでに高橋健二の「グリム兄弟」などがあるが、本書はそれを越える本格的な評伝であり、卓越した研究書でもある。童話集「子どもと家庭のメルヘン」の仕事にとどまらず、言語学、民俗学、法律学、歴史学におよぶ業績までも詳しく取り上げ、グリム兄弟が生きた時代と、その時代に彼らがどうかかわってきたかを明らかにしようとしている。

そもそも彼らはなぜ、メルヘンを収集しようとしたのか。

「当時ロマン派の人たちは自然こそは理性であり、情感だというのである。そんな中でシェリングはその自然観を論理的に解明し、新しく自然哲学に生気を吹き込む。グリム兄弟はこのような自然哲学の影響を受け、自然文学の優位を考え、自然文学は自然に民衆の中から生れ、育まれたものであり、このようにして出来たものが真の民衆文学であると考えた」

また、彼らはどうして「ドイツ語文法」を書き上げることができたのか。

「当時小さな国に分裂していたドイツ民族は、実はゲルマン民族に属し、一つの民族であることが言語の上から証明されたのである。だから、同じ言語を話すものは同じ国家を持つべきであり、ドイツは一つの国家となるべきだというグリム兄弟の信念が確立していったのである」

さらには、激動する政治の中でアイデンティティーを求め続けた生き方や、学者としての生活も興味深く、グリム兄弟に寄せる著者の熱い思いが伝わってくる。

したがって、今日のグリム童話の残酷さやセックス面を強調した解釈に対する批判も説得力を持つ。小さな活字の四百ページ近い本だが、著者自らグリム兄弟の足跡をたどり、何度も現地を訪れて書き上げられたものだけに、新しく教えられることが少なくない。

「彼は決してノスタルジーを追い求めたのではない。自分たちの生きた時代精神の本質を求めたのだ」という著者の言葉にうそはない。(西本鶏介・昭和女子大教授)

(パロル舎・2700円)=2000年7月13日⑤配信

深い悲しみ秘めた批評

「昭和精神史　戦後篇」（桶谷秀昭著）

平成四年に刊行された大作「昭和精神史」には、昭和改元から敗戦期までの日本人の心の歴史が描かれていた。

本書は、その戦後篇（へん）であるが、昭和四十五年の「三島由紀夫の死をもつて、私の昭和精神史は終る」と「あとがき」に書かれている。

桶谷氏は、「昭和の精神」の「歴史」を書くことを企図されているので、ただ昭和の元号がついた期間をとり扱うのではない。

夏目漱石が名づけた「明治の精神」が明治四十五年までのことではなく、日露戦争までの精神過程を指すのと同じく、桶谷氏のいう「昭和の精神」とは、厳密には昭和二十年までの精神過程であり、敗戦までの二十年間を描いた前作に「昭和精神史」と、戦後の四十余年の昭和を黙殺した題名をつけたのには、鋭く厳しい「批評」がこめられていた。

そして、この戦後篇を書き出す気になかなかなれなかったのは、「異国軍隊の進駐と占領といふ未曽有の事態をもつて始まる敗戦国日本の歴史、その精神過程を書くといふ仕事が、どう考へても愉快なものであるはずがないからである」と同じく「あとがき」の中で、桶谷氏は率直に心情をもらされている。

しかし、「昭和の精神」は敗戦を経たのちもさらに持続し、昭和四十五年の三島の死において最後の光芒（こうぼう）を放った。「どう考へても愉快なものであるはずがない」戦後篇を忍耐して書きつづけたのも、ここまでであった。この擱筆（かくひつ）にも深い悲しみを秘めた「批評」がある。

その「批評」は、戦後文学に対して敗戦文学というほそぼそとした流れを重んずるところに鮮やかにあらわれている。「それは亡国の悲しみを歌ふ挽歌の声調を根柢にもつ文学である。その系統の文学は、抑圧からの解放を叫ぶ戦後文学の影の中で、あるかなきかの声をひくく語つた」

本書は、この敗戦文学の「系統」の最後の光芒であり、「昭和」への「挽歌」である。（新保祐司・文芸評論家）

（文芸春秋・3238円）＝2000年7月13日⑥配信

不動の場所の魅力探る

「聖地の想像力」（植島啓司著）

聖地や霊場を巡る人に理由を尋ねてもあまり「宗教的な」答えは返ってこない。著者はいう、聖地の力は、宗教よりもさらに古い何ものかにさかのぼるのだ。したがって、どんな教義の、何教の聖地なのかといったことは、実は問題にならないのだと。

たとえばエルサレムはユダヤ教、キリスト教、イスラム教それぞれの聖地である。三者の確執の歴史を思えば、異教の聖地など無視して別の聖地を定めればよさそうなものだ。

ところが、宗教がしばしば人間的な事情に左右される一方、聖地は不動。むしろ人間の方がそこへ足を運ぶように苦労させられることになる。そこがどんな場所なのか知らぬまま目を楽しませるつもりで観光客は訪れるが、彼を引きつけているものこそ、こうした聖地の力なのだ。

著者によればそのような聖地の力の源泉は石にある。巨大な岩の上に教会や神殿を建てる意図は？　ネイティヴ・アメリカンが石切り場を聖なるものと定めたわけは？

そこに石があるから。特別な石、つまりいん石や地質学的な活動の痕跡があるところでは、地磁気の微妙な変化があり、それが人間のもっと繊細だった感覚に働きかけていたのだ。だれかが定めたから聖地なのではなく、そもそもそれ以前から聖なる場所だったのを人間が発見したのである。

聖地の仕掛けを探る視線は、ガウディのサグラダ・ファミリアのような宗教建築から、世俗の建築物や公園にも向く。特別なことが起こる仕掛けを施しつつも、それを見届ける僥倖（ぎょうこう）は年に一度の数分間だけ。ただ、こういうものをありがたがるのは、目新しいものを求める現代文化だからか。

諸聖地を踏破する著者の軽やかな語りと写真に導かれ、重要な指摘に驚きつつ、一気に本書は読める。著者が強調する「情報」「移動」についての説明はやや物足りないが、それでも本書は十二分に面白く、すでに準備中らしい次作まで楽しみにさせてくれる。（葛西賢太・上越教育大助手）

（集英社新書・680円）＝2000年7月19日①配信

鮮やかなまでの老年

「ギリシア通りは夢夢と」(中薗英助著)

老年にさしかかった夫と妻の日常を丹念に描いた連作小説集。陰影に富んだその色調は漱石の「門」を思わせる。といっても、日の当たらないがけ下の貸家に住む宗助とお米のそれと違って、この夫婦の日常は、郊外の高層マンションに移り住んだ時から始まる。ギリシア通りとは彼らの住む街のメインストリート。穏やかだが、しんきろうに映る街並のような明るさだ。

向日性の性格の妻帖子と、同じ大陸の植民地からの引揚者でありながら、本土の陰湿なシニシズムに半分染まった夫の中本。この夫婦の和合は、二人の微妙なボタンの掛け違いから培われたものといえる。で、その屈託のなさはといえば、ほとんど類を見ない。

そんな彼らの日常にも、老いと病と死の影は、例外なくしのびよる。だが、彼らはいたずらにとまどい恐れるのではなく、むしろそれらを、希有(けう)な贈り物としていとおしんでいるようにみえる。とりわけ、童女のようにイノセントな妻帖子によって、老いと病と死は、彼女が丹精こめたベランダのガーデニングのように彩られる。

なかでも、印象深いのはこんな場面だ。

高層マンションの修繕工事のため、疎開生活を余儀なくされた高原の町を再訪した時のこと。丘の上のカフェで、退職した元機長と、夫の中本が、荘厳な夕陽を眺めながら言葉を交わしている。「オーロラが、天国の光だとすると、夕陽は何と呼べばいいんでしょうか」「あれはこれまで燃えつきた地球上のすべての生命の残照だ、などと考えるようになりましてね」

その傍らで、老いゆえに降りかかる災厄をカフェのマダム相手に話している妻の帖子。背中と腰、腕と足とがばらばらになったその症状を、身ぶり手ぶり交えて説明しているうちに、流れてきた軽快な音楽に合わせて、ピノッキオ人形よろしく踊りだしてしまう。

そんな場面に描かれたむくな華やぎが、生と死を分ける一瞬の光を感じさせる。鮮やかなまでの老年というべきであろうか。(神山睦美・文芸評論家)

(講談社・2200円)=2000年7月19日②配信

カツラ常用者の心のうち

「カツラーの秘密」(小林信也著)

軽口や冗談がだれかを深く傷つけていることがある。

「そのこと」を笑いの文脈に置くことの了解が一般になされている場合、話し手には、さしたる悪意などない。しかしだからこそ、笑いの対象にされた側は怒ることもできず、その痛みを自分の中に抱え込むことになる。

相手に悪意がないにもかかわらず、不快をあらわにすることが、むしろ大人げないこととされ、むきになることで、かえって周囲の笑いを誘うことにもなるからである。したがって、笑われている当事者が、自ら傷ついていることをカミングアウト(表明)しないかぎり、その痛みが相手に理解されることはない。

本書「カツラーの秘密」は、そうしたカミングアウトを成す一冊である。無邪気な笑いの対象とされてきたカツラ常用の「ハゲ」男性の心のうちを、これほどまでに赤裸々に語ったものはなかった。

二十代で頭髪が心細くなった著者は、やむなく男性用カツラを使用するが、それを隠し通すためにさまざまな労苦を重ねる。

移動するたびにトイレで頭に異変が起きていないか確認し、空港のエックス線チェックでカツラの金具に警報が反応し絶体絶命のピンチに陥ったり、温泉に入っても楽しむこともできず……エピソードの数々は抱腹絶倒である。しかし、著者はそうした積み重ねで、スポーツライターとして仕事の幅まで狭めることになり、消極的な人間になってしまう。

そんなありようを反転させるために、この本は笑う側の文脈を利用しながら、「ハゲ」とカツラ使用にまつわる問題を諧謔(かいぎゃく)の中に浮かび上がらせていく。

そして最後には、その批判の矛先が、当事者の秘密主義に付け込んだ商売を展開している大手カツラ企業の体質にまで向けられる。そういう意味で、ジャーナリズムとしても気骨のあるリポートにもなっている。

それにしてもなぜ人は「ハゲ」を隠そうとするのか。そこをもっと知りたかった。(伏見憲明・評論家)

(草思社・1400円)=2000年7月19日③配信

中上熊野山脈の人々

「中上健次と熊野」(柄谷行人・渡部直己編)

本を開くと、熊野の空気が立ちのぼってくるようだ。一粒一粒の水蒸気に樹木の精がやどっているような、あの濃密な空気が…。私も何度か参加した「熊野大学」の熱い記憶が、それからそれへと甦(よみがえ)ってくる。

本書は三部構成になっている。「第一部中上健次、〈熊野〉を語る」では、中上健次本人が「部落青年文化会連続公開講座」と「熊野大学」で、「熊野」それ自体について語った言葉が収められている。

「第二部〈熊野〉と〈物語〉断章」は、遺存ノートから抜粋された断章によって構成されている。そして「第三部シンポジウム〈中上健次の世界〉」は、一九九三年から九五年の、三年分の夏のシンポジウムの記録である。

中上自身の講演録からは、あのすぐれた耳の感覚の持ち主であった作家の、生々しい肉声が聞こえてくる。そこで中上は繰り返し、差別と物語と言葉の関係を問いただしていく。

「ほとんどの日本の文学思想、文化思想っての は、差別―非差別というこの大きなものをもとにして展開してきてるっていう気がするわけです」

渡部直己が校訂した「遺存ノート」からは広義の「交通」をめぐる、中上の特異な思考過程が、彼の手が書いた文字の軌跡としてわき出してくるようだ。

第三部のシンポジウムには、「中上健次」という作家と深くかかわった人々の、やはり熱い声がざわめき立っている。それぞれの発言者が、中上の問いを自分のこととして引き受けて声を発していることが実感できる。

漱石の周囲の人々を「漱石山房の人々」と言うことがある。さしずめ本書からは「中上熊野山脈の人々」が立ちあらわれてくるといえよう。

しかし、そこには師と弟子の差別はない。中上が世界を交通しながら、決してとどまらない複数性を生き抜いたように、「中上熊野山脈の人々」は、それぞれ対等に移動しつづけている。その強度が伝わってくる一冊である。(小森陽一・東大教授)

(太田出版・2200円)=2000年7月19日④配信

将来のオウム研究の古典

「終末と救済の幻想」(ロバート・J・リフトン著、渡辺学訳)

オウムと聞くと、もはや多くの人は食傷気味の感があるかもしれない。しかし数十年後にまだ読むに値する優れたルポ、ましてや本格的な研究書となると実はそう多くない。

本書は日本でも名前の知られたアメリカ人精神医学者リフトンが、三年にわたってたびたび来日し、元信者を中心にインタビューを繰り返して書き上げた、渾身(こんしん)のオウム論である。

同時にオウム問題から見たアメリカのカルト状況にも大きく紙幅がさかれており、グローバルな視点が提起されている。

著者の関心は、原題「世界救済のための破壊」の通り、この教団の黙示録的暴力—人類の浄化や刷新のために世界を破壊する暴力—にある。

この点から本書では、俗物丸出しの指導者に対する特異なグル信仰や、医療に携わる者の殺人者への転化、宗教と科学や大量破壊兵器との奇妙な同居など、オウムが示したパラドキシカルな構造が解明されていく。

しかもそこには、かつて中国共産党の洗脳の研究で昨今のマインドコントロール論の端緒を切り拓(ひら)き、またナチスの医師を題材に、医療による大量殺人のメカニズムにメスを入れた著者ならではの論考が光る。

また、広島の被爆者の聞き取りなど、著者が一貫して取り組んできたインタビューによる歴史的問題に対する心理学的アプローチがここでもいかされている。

元信者の内面に踏み込むと、オウムの錯誤や非合理とは、そもそも人間の内面の奥深いところに横たわっているものにほかならないと考えさせられる。

冒頭に述べたように優れたオウム研究は少ない。これは明らか日本の研究者の怠慢と意識の低さを示している。

宗教研究者の末端にいる評者は本書を前にこの点を恥じ入るとともに、七十歳を越えた著者のこの本がオウム研究の古典となるべき数少ない研究の一つになるものと確信している。(弓山達也・大正大学講師)

(岩波書店・3200円)=2000年7月27日①配信

苦痛を凝視して考察

「ひとを〈嫌う〉ということ」(中島義道著)

「あなたが嫌いです」

このせりふを正面切って口に出せる人が世間にどれだけいるだろう。いや、口に出さずとも、自分の心の中にある「嫌い」の感情を認めることですら、できないという人も少なくないのではないか。

それほどに、嫌う、嫌われるということには、なにがしかの苦痛が伴うものなのであるが、これは、その苦痛から目をそらすことなく、徹頭徹尾「嫌う」ということを考察した一冊である。

「私はこれまでの長い人生において、むやみやたらに他人を嫌うことがあり(中略)私を厭な奴だと思った人は膨大な数にのぼるでしょう」と自ら認める著者が、繰り返し述べるのは、人を嫌うことの自然性。

人を好きになるのと同様、人を嫌うのはごく自然なこと。ならば、「他人を正確に嫌い、自分が他人に嫌われることを正確に受け止める修行をするしかない」。

こうして、「すべての人を好きにはなれない」(これは、第一章のタイトル)ことを前提に嫌いの諸段階について考察し、その原因を探り分類していく。読者にとっては、どのページをめくっても手痛い事例が続くキビシイ本なのだが、それにしても著者はなぜこの本を書くにいたったか。

「突如『嫌い』が私の人生最大のテーマとなったのは、私がそれまでもなんとなく嫌われていた妻や息子から、(中略)ある日を境に激しく嫌われるハメに陥ったからです」

それを発端とした「嫌い」の感情の追跡は、後半、対象が自分自身となる自己嫌悪にまで及ぶのだが、他者についてだけでなく、著者が自身の勝手さ、理不尽さ、自己愛を凝視する時、この手厳しい本に不思議な感動が生まれる。

それは、嫌う嫌われるという苦しい体験を味わい尽くすことによってのみ学び得た、〈孤独〉の豊かさが切実に語られているからだろう。(藤田千恵子・フリーライター)

(角川書店・1000円)=2000年7月27日②配信

中年期女性たちの危機描く

「ダイアナ・クライシス」(本岡典子著)

三年前の八月三十一日、暑い夏の夜、英国の元皇太子妃ダイアナはパリで恋人と不慮の事故死を遂げた。享年三十六歳。その衝撃は世界中を駆け巡り、とりわけ彼女と同世代の女性たちにとっては決定的な悲劇として共有された。

それは、結婚がゴールのシンデレラ物語や、空のかなたや海のもくずへと消し去られる(夕鶴や人魚姫のような)自己犠牲の物語によりどころを見いだせなくなった現代女性に、彼女が「戦うお姫さま」という新しい物語を提供し、そして未完のまま姿を消してしまったからである。

本書は、おそらくは自らもその衝撃と向き合う必然性のあったルポルタージュ作家による、女性の物語の熱い再構築の試みである。

ニュースキャスターの経歴をもち、女性を題材にした作品を多数上梓(じょうし)する著者は、前作のための更年期取材を通して、五十歳ごろの中年夫婦の危機の布石が、実はさかのぼってすでに十年前に置かれていることに気づく。

四十は「不惑」の歳といわれたのは戦前の、しかも男性に限ってのことだ。現代女性の三十代後半～四十代前半は、子育てが一段落し、再び女としての自分に戻り、再就職を含めて今後の生き方に迷い、しかも夫は仕事で忙しく、夫婦が大きくすれ違う最初の危機なのである。

著者は、ダイアナ・クライシスという命名によって、この中年期の入り口を真摯(しんし)に生きることの重要性を説く。

恋愛もまた、夫婦が生き直すために必要な、ひとつの苦悩のプロセスではないか。臨床心理学や家族社会学の知見を随所に盛り込んだ前半の世代分析と、ルポによる後半の女性たちのなまの言葉がバランスよく配置され、説得力をもって迫ってくる。

ひるむな。自らの内なる炎を信頼し、直面せよ。ただ、ダイアナのように急いではいけない—。今まさに渦中にいる女性たちに、そして本当はそのパートナーの男性たちに、ぜひ読んでほしい一冊である。(高石恭子・甲南大助教授)

(三五館・1400円)=2000年7月27日③配信

現代的な精進の形

「果てなき渇望」（増田晶文著）

鍛え上げられすぎたムキムキの体。「どうだ」と言わんばかりにそれを誇示するポーズ。この本は、そんな、筋肉に取りつかれた人たちのノンフィクションドラマ集になっている。

ボディビルの世界という一種の秘境に住まう人たちのドラマ群を、好奇の目で読み始めることを著者は嫌わないだろう。実際、常軌を逸したすさまじい世界が描かれている。

ところが、読むうちにだんだん体がムズムズしてきて、ふと気づくと読みながら腕立て伏せをやってしまっている。ボディビルに対して、拒絶的な気持ちが少しもわいてこない。

著者は、ドーピングを強く肯定する男性ビルダーや、老いてなおムキムキの老人ビルダー、新しい女らしさをつくる女性ビルダーなど、日本の多様なボディビルダーにじっくり取材し、彼らの筋肉の表情から心の奥までを見事に描写した。

ボディビルダーひとりひとりの個性的な発言がおもしろい。彼らの言葉の中から浮かび上がってくるのは、ピューリタンと禅僧を足して二で割って日焼けさせたようなユニークな精神世界で、いわば赤裸々な禅だ。終わりのない、孤独で純粋な修行。その精進の結果が、はっきりとした形になって表れる。

日本のボディビルダーにとって、トレーニングが重要なのは言うまでもないが、同じくらい重要なのが極度のダイエットだというのも、雲水修行を連想させる。筋肉を求め続ける欲の深さは、ストイックさと抱き合わせなのだ。

著者は「筋肉との対話」という表現で話を結ぶが、これも実に禅的だ。

人間、時には静かに自分を見つめ直すことが大切だが、ボディビルの場合、それは鏡に自分の体を映せばいいわけで、とても具体的でわかりやすい。そしてその方が、底が浅いくせにもったいぶって深淵（しんえん）に見せかけるエセ哲学者たちよりずっといい。この本は、ボディビルの日本的発展から現代的な精進の形を知る具体的思想書として、必読と言えるかもしれない。（中野純・構想作家）

（草思社・1800円）＝2000年7月27日④配信

言葉の力の源泉知らせる

「江藤淳という人」（福田和也著）

昨年の七月二十一日の夕刻、鎌倉はそれまでの青空がうそのように暗雲に覆われ豪雨となった。江藤淳が西御門の自宅で自らの命を絶ったのはその時刻だったという。

江藤淳の死後、多くの追悼文が書かれたが、福田和也の何本かの文章はとくに印象深いものがあった。

本書は「江藤淳氏と文学の悪」と題された本格的な江藤論や、江藤氏本人との対談「小林秀雄の不在」も収められているが、後半はそのときの追悼の文章である。

印象的であるというのは、福田氏が文芸批評家の後輩として、江藤淳という存在をいかに深く重いものとして受けとめてきたかという、その思いが哀悼の言葉として真率に語られているからであるが、そればかりではない。

江藤淳という、戦後の文壇および論壇を代表する批評家として、その鋭い論理と言論を展開してきた人物が、実のところ深い喪失感と弱さをもっていたことを、あきらかにしているからにほかならない。

江藤氏の自裁の翌日のある新聞に、福田氏はこう書いている。

「江藤淳氏は、『弱さ』の文人であった、と今思う。その『弱さ』故に、『弱さ』を抱えながら、背筋を伸ばし、胸を張り、誰もが自分の任ではないとする責務を、どのような勇者も尻ごみするような責務を引き受けてきたのが、江藤淳という人だった、と。」

この点で、江藤淳は小林秀雄とはある意味で対照的な批評家であった。そして、福田氏が「江藤淳氏と文学の悪」で指摘するように、この「責務」こそが、江藤淳の批評を「驚く程健全で堅実なもの」にした。

その個人史と時代の両面において、戦後を喪失として受けとめ、それを嘆くのではなく、むしろ宿命として対峙（たいじ）した力。

本書は、その江藤淳という生身の「人」の言葉の力の源泉をはっきりと知らせている。（富岡幸一郎・文芸評論家）

（新潮社・1400円）＝2000年7月27日⑤配信

日本の全く異なった一面

「日本数寄」(松岡正剛著)

まずあとがきを開くと、「数寄とは『何かで何かを漉く』」という一文が目に飛び込んでくる。「漉(す)く」とは、換言すればフィルターをかけることであるが、一般に言われている悪い意味のフィルターではない。

この本は、「日本」のあらゆるファクターを、氏独自の感性というフィルターで「漉いて」みせたものである。そうして読者の前にあらわれる「日本」は、今までとはまったく異なった一面を見せることになる。

「日本数寄」とは「日本好き」でもある。氏は、生まれ故郷の京都での思い出を枕(まくら)として、「日本」の「好き」なものについて思いをめぐらせて行く。意匠、神仏、数寄、そして江戸と、四章に分かたれた本書には、氏の思想のエッセンスが散りばめられている。

一つ一つの文章は比較的短く、論理よりも感性を重視して記された感があり、氏の著作のなかでは手にとりやすいものとなっているようだ。今まで京都への郷愁をあまり描かなかった氏のスタンスが、ここでは和らいでいるのが私などには好もしい。少年セイゴウの京都は、「日本好き」の原点を知らしめてくれるからである。

驚くべきことに、本書に収載された文章はほとんど別々のメディアに発表されたものであるが、それが氏の編集能力にかかると、まるではじめから意図されたごとく整然と並べられ、読んでいても違和感がまったくないのである。

さすが、編集工学の生みの親というべき力量であろう。しかも、ぱらぱらと拾い読みしても、これがまた愉(たの)しいのだ。

ただ、国文畑の私にとって一つだけ苦言を呈したいのは、桜と日本人に関する個所である。桜に無常を見るという美学は、国文学ではすでに語り尽くされて古びたものとなっているのだ。だから、私は氏に「もっと過激に国文学へも越境してきてほしい」と願うのである。常に個々の分野を越境し続ける氏ほど魅力的な人はいないのだから。(田中貴子・京都精華大助教授)

(春秋社・2500円)＝2000年7月27日⑥配信

「私」という存在のなぞ

「私写真論」(飯沢耕太郎著)

写真に魅せられ、危険な深みにまで降りていった者の生きざまはここまですさまじいのか。本著の印象はまさにこれに尽きるのではないだろうか。

一九七〇年代ごろから現れた「私写真」という言葉は、写真表現における「私小説」的な意味合いで用いられ始め、最近の写真ブームにおいても、極めて個人的でのぞき見感覚的に使われている印象がある。

しかし著者は一見スキャンダラスな表現を連想させる「私写真」が、単なる一時的な現象ではなく、写真に潜む根源的な問題にまで到達することを証明する。

それは「写真家」と「被写体」の間に「カメラ」が必ず介在するという写真特有の問題、つまり「私」とカメラの向こう側の「世界」との関係には、あいまいで矛盾に満ちた境界線が常に存在するということである。そこには新しい表現の可能性があると同時に、写真家自身の存在の意味や生きざまに密接にかかわる危険な要素も潜んでいるのだ。

本著は「私写真」の歴史的流れをとらえた後、中平卓馬、深瀬昌久、荒木経惟、牛腸茂雄の4人の写真家を取り上げ、彼らの生きざまと写真表現、テーマの移り変わりなどを丁寧に追っている。「私写真」を観念論的に展開するのではなく、あくまでも実在する写真家の考察から「私写真」の性質を浮かび上がらせようとする構成は成功しており、難解で複雑なテーマであるにもかかわらず、無理なく読み進められた。

取り上げられた四人は視点やテーマ、表現方法などが異なる写真家であるが、写真を撮り続けることで、肉体的にも精神的にもギリギリのところまで自らを追い込み、「私」という存在のなぞを解き明かそうとする。それは文字どおり「生と死」に密接に結びつく実に危険な作業であった。

著者が長年考察してきた「私写真論」から、写真はカメラが機械的に撮るものではなく、人間たちが実に生々しく生みだすものだと実感させられるだろう。(三橋純予・東京都写真美術館学芸員)

(筑摩書房・2600円)＝2000年8月3日①配信

闇から描く現代日本の縮図　「東京アンダーワールド」(ロバート・ホワイティング著、松井みどり訳)

ニコラ・ザペッティはニューヨーク生まれ。殺し屋や酒の密売人がすぐ隣に住んでいるような環境で育つ。占領軍の下士官として焼け跡の東京にやってきて、ヤミ市で荒っぽい商売をし、ひと財産つくる。悪事と金もうけに目のないこのイタリア系アメリカ人はいったん国に帰るが、彼にとっての天国、トウキョウが忘れられずに再びやってきて、いんちき商売でもうける。

けちな強盗事件の片棒を担ぎ、臭い飯も食った。もちろんそれでくじけるタマじゃない。魚と米じゃ腹の足しにならん—刑務所を出ると、六本木にイタリア料理のレストランを開く。

日本最初といっていい本格的なイタ飯屋は大当たりし、ザペッティは大金持ちに。それだけではない。店は皇太子からやくざまでが訪れるトウキョウ名所となり、華麗な社交の花が開く。

アンダーワールドから出発して成功者となった外国人の栄枯盛衰の記録。もちろん、それだけでも十分に面白い。しかし、この陽気で怒りっぽく、悪事と金が大好きな、四人も妻をとりかえた六本木のマフィア・ボスは、実は狂言回しにすぎない。主人公は、彼の店に集まってくる、闇(やみ)世界の紳士たちである。

朝鮮半島出身という出自を隠して、戦後日本のヒーローになった力道山、その力道山の兄弟分にしてビジネスパートナーの暴力団組長、国士にしてアメリカ多国籍企業の代理人たる大物右翼、小指のない命知らずの若者たち…ザペッティの店はさながら戦後裏社会の迎賓館といった趣である。その意外なつながりの面白さ。

しかし、この本は、腕と度胸が金と成功を生み、その一方で悲惨な末路にもつながった「戦後」へのノスタルジーではない。

ザペッティの栄光と悲惨は、闇の世界が戦後的繁栄を享受したのち、やがて表の世界に飲み込まれ、光と闇の区別がつかなくなっていった日本の現代の縮図である。ちょっと面白い「不良ガイジン」の一代記などでは、決してない。(阿部珠樹・ノンフィクション作家)

(角川書店・1900円)＝2000年8月3日②配信

自己回復の試み　「未亡人の一年(上・下)」(ジョン・アーヴィング著、都甲幸治・中川千帆訳)

この長編小説は、現代アメリカ文学を代表する作家の一人、ジョン・アーヴィングの新作である。テーマは家族の崩壊と再生。というと平凡な、現代的家族小説を連想するかもしれないが、この小説は決して平凡ではない。技法的にもさまざまな工夫が凝らされ、話の内容も新鮮である。

この小説は、主人公ルースが、四歳の時、母親とアルバイトの高校生エディとのセックス現場を偶然目撃するという衝撃的な場面から始まる。しかも、その後、母親は家族も恋人も捨て家出する。母親に捨てられたルースは深く傷つき、母親をうらみ続ける。つまりルースの人生は母親の浮気と家出から始まっている。

ではルースの母親は、なぜ幼い娘を捨て、家を出たのか。この母親も決して悪い母親ではない。女たらしの絵本作家の夫に悩まされ、しかも二人の息子を事故で失っている。最愛の息子たちの思い出から脱け出せない母親は、娘を素直に愛することができない。心に深い傷を負っているこの母親にとって、家出こそが自己回復の道であったのだ。

不思議なことに、この小説の登場人物たちは、ほとんどが「小説家」である。むろん、ルースもやがて「小説家」になるが、実は家出した母親も「小説家」として成功している。この母と娘はやがて再会し、和解するのだが、それにしても、なぜ「小説家」なのだろうか。人は「小説」によって、さまざまなトラウマ(心的外傷)から解放されるというのだろうか。おそらく、作者のアーヴィングはそう言いたかったに違いない。

この小説のポイントは「小説による自己回復の試み」にある。この小説が現代小説としての新しい力を持ち得ているのもそこに根拠がある。つまりこの小説は、「人は何のために小説を書くのか」を追求した「小説の小説」である。言い換えれば、この小説は作家・アーヴィング自身をモデルにした自伝的小説と言うこともできる。(山崎行太郎・東工大講師)

(新潮社・上下各2300円)＝2000年8月3日③配信

女性の内面の成長描く

「アレグリア」（デビット・ゾペティ著）

日本画にあこがれ京都に住んで画家となったイヤンは、ニューヨークのブルックリン生まれでポーランド系移民の息子であった。十四歳の時、カナダの名門バレエ学校に留学し、バレリーナの道を歩いてきた陽子は、かつてイヤンに英会話を教わったことがあった。その二人が六年余を経て再会する。陽子は彼にカナダでの生活を語り出す。

この小説は、普通の女の子が一級のバレリーナとして成長する物語（ビルドゥングスロマン）と読める。彼女の内面の格闘と激しい訓練は、舞踊を通して国際社会に乗り出してゆく日本人を描いた作品であり、若い人の未来を暗示してもいる。

彼女はカナダのトロントで勉強を続けたのだった。日本人二世のヒラオカ先生について、中国人移民の多い環境の中でヨウコと呼ばれて努力を重ねてゆく。作者は、この小説の中でまるで国籍を解体するかのようにヨウコを人種のるつぼに投げ込んでいる。

彼女は藻にからまった一匹の若いアユのように時によっては煩もんし苦しみもするが、そこをするりとくぐり抜けて真っすぐに目的に向かって泳ぎ出す。それがすがすがしい。

バレリーナのヨウコは、ふとしたきっかけでフラメンコのギタリストでスペイン人のホルヘに出会い導かれてフラメンコに熱中する。ヨウコの身体の中にこれまで知らなかった血が湧（わ）き立ってゆく。ホルヘと彼の妻のアニタ、ギタリストと女性舞踊手とは、ヨウコの目には熱狂するただならぬ男と女に映ってゆくのだった。バレエとフラメンコがヨウコの中で衝突する。

ヨウコは、スペイン南部で生まれた〈アレグリア〉という形式の曲でソロを踊る。生きる喜び、鮮やかで快活な一時という意味のこの曲を踊るヨウコは自身の感性、感受性を身体ごと表現してゆく。

作者はスイス生まれで京都で大学を卒（お）えた。「いちげんさん」で「すばる文学賞」を受賞し、日本語を駆使する外国人作家としても注目されている。（栗坪良樹・文芸評論家）

（集英社・1200円）＝2000年8月3日④配信

対決回避するユーモア

「古都」（朱天心著、清水賢一郎訳）

一九四九年、国民党政府に従って台湾に渡った人々を外省人、戦前から台湾に住んでいた人々を本省人と呼ぶ。朱天心は、外省人の父と本省人の母の間に生まれ育ったいわゆる「外省人第二世代」に属し、血縁上の祖国である大陸をつねに架空の「故郷」として受けとめ、自己のよって立つ場所をたえず探し求めなければならない「はざま」の世代の書き手である。

本書には、表題作を含めて五編の中短編が収められている。香水の香りに自身の記憶とアイデンティティーを重ねる男の彷徨（ほうこう）を描いた「ハンガリー水」、ダイヤモンドを買うまでの主人公の心の動きと台北の歴史をかすかに同調させていく「ティファニーで朝食を」、自分が死ぬための準備をユーモラスに語る「ラ・マンチャの騎士」、執筆現場における作家の虚実を、諧謔（かいぎゃく）をこめて語る「ヴェニスに死す」。どの短編にも、歴史を背負った現在との直接対決を軽やかに回避する上質のユーモアがある。

最も完成度が高いのは、やはり「古都」だろう。この作品が書かれたのは九六年。本省人李登輝が選挙で総統に再選され、台湾の本土化すなわちナショナリズムの動きが台頭してきたころである。台湾語の復権に台湾の正史という「共同の記憶」の創設。物語はそうした背景を取り込みながら、自己同一性を微妙にゆさぶる二人称単数による語りかけを用いて時空を混乱させてゆく。「あなた」と呼ばれる女性は、限りなく著者自身に近いようだ。

台北で過ごした彼女の記憶に娘の成長が重なり、親友だったAとの、双子のように親密なつきあいとあっけない別れが本歌ともいえる川端康成の「古都」の主人公たちと像を結び、彼女にとって大切な台北の地図が日本占領下時代のそれに読み改められる。記憶の消去でも入れ替えでもなく、羊皮紙を思わせるアナログ的な重ね塗りの痕跡を残すこと。本書がたんなる二都物語に収束しなかった理由は、そこにこそある。（堀江敏幸・作家）

（国書刊行会・2400円）＝2000年8月3日⑤配信

多彩な人脈図

「大正美人伝」（森まゆみ著）

「美人薄命」は、もはや死語であろう。いや、「美人」なる語が、死語かもしれない。美人がいなくなったのでなく、美人ばかりになったのである。平均寿命ののびた今日、「薄命」は昔の話である。

美人が珍重される時代が、良い時代かどうかわからぬ。そもそも美人に生まれることは、しあわせか、ふしあわせであるか。

「大正三美人」とうたわれた女性が、いた。柳原白蓮、九条武子、それに林きむ子である。

いずれも現代では耳遠い名前である。特に、林きむ子は、初めて聞く方が多いだろう。

すっかり忘れられた彼女の一生を、丹念に掘り起こしたのが、本書である。私たちは本書によって初めて、美人であるがゆえに、常人と違う人生を送った女性の苦楽を、身近に知ることができる。

義太夫語りの子として東京・柳橋に生まれ、新橋の一流料亭「浜の家」の養女となる。彼女は幼い時は男装させられていた。友だちは男の子ばかり、彼女を男の子と思っていたのである。

生いたちからして、すでに小説の人である。養家の「浜の家」には、玄洋社の頭山満、頭山の懐刀、杉山茂丸が出入りしていた。きむ子は杉山にかわいがられる。杉山は、作家夢野久作の父である。

きむ子には、異父弟が二人いる。二人とも役者になった。一人は映画俳優に転向し、栗島すみ子と共演する。この人の息子が、藤田まこと。きむ子は代議士夫人となり、小説を書き、女性解放運動に参加し、美容液を開発販売し、童謡舞踊を創作する。八十二歳で逝った。

薄命ではない。美人の余得というべきか、この人には、私たちが知っている大抵の有名人がつきまとう。本書には、多彩な人脈図を読む、もう一つの楽しみがある。素朴な読者としては、読後、こう考える。「美人は日ごろ、どんな物を食べているのだろう？　何が好きで何が嫌いなのか」（出久根達郎・作家）

（文芸春秋・1810円）＝2000年8月3日⑥配信

極限状態に対峙する知の力

「山谷崖っぷち日記」（大山史朗著）

東京の労働者街である、山谷での生活のなかから生まれた、静かで内省的な作品である。

日本が、過剰な「適応」を強いる社会であるのは、いつの時代でもそうだったのかもしれない。が、「一億一心」の戦時中ならいざしらず、最近、ますます閉塞（へいそく）感が強まっていて、著者のような鋭敏な感性では耐えがたいものになっている。

釜ケ崎（あいりん地区）や山谷での生活は、けっして快適なものとはいえないはずだが、著者の関心は、不幸と不満の表白にはない。

過剰な「適応」に耐えられない著者にとって、「あんなところ（会社や社会）が私の生きる場所であるわけはない」との思いがある。自由な山谷があったからこそ、いま生きていられる、との感謝の念である。

ここにいてこそ、自分の肉体だけに依拠して、自分の生活を手にすることができる、という強靭（きょうじん）な自立の精神が、さわやかな自足と静謐（せいひつ）さをつくりだしている。それが「寄せ場」と呼ばれてきた街からのこれまでの報告とのちがいだ。

といって、著者は狷介（けんかい）な人間嫌いというわけではない。むしろ人間好きだからこそ、描写が明快なのだ。仲間にたいする批判がないわけではないが、嫌みはない。

山谷や釜ケ崎など、いわゆる底辺労働者の収容機関が、産業社会の矛盾の産物であり、企業がそれを逆手に利用してきたのは論をまたない。強制収容所ではないにしても、不器用な男たちの吹きだまりである。

一人のインテリゲンチアのきわめて冷静な観察と内省の記録である。読みすすむと、たとえば、フランクルの「夜と霧」やソルジェニーツィンの「イワン・デニーソヴィチの一日」などにあらわれている、一種の極限状況に対峙（たいじ）する、知の力というようなものを感じさせられる。

文章を書くとは、そのようなものだ、とあらためて考えさせられる一書である。（鎌田慧・ルポライター）

（TBSブリタニカ・1300円）＝2000年8月10日①配信

胸おどらせ目見張る世界

「江戸の見世物」（川添裕著）

昭和三十年代の後半、地方都市の八幡宮の秋祭りに、毎年見世物が出ていたのを思い出す。どぎつい絵看板と独特の節回しの呼び込みが、恐怖心と好奇心をかきたてた。一度見てしまうと、なあんだという、だまされたような思いにもかられたものだった。

本書「江戸の見世物」は、そんな近代の見世物に対する偏った先入観をぬぐい去るために書かれたといえよう。著者によれば、見世物最盛期の江戸時代後期は、竹・貝・瀬戸物といった日常的な素材で人目を驚かす「物」を作って見せた細工物が、半数近くを占めていた。

次いで曲芸・演芸という優れた技芸を見せるもの、外国渡来の珍獣などを見せるものとつづく。残りのわずか一割弱が「熊女・蛇女・福助」といった、負のイメージでとらえられる見世物であったという。

著者は最後の一割弱には、あえてふれることなく、見世物を代表した四つの興行を、当時の資料にもとづいて再現しようとした。大阪のかご職人一田庄七郎が浅草寺で興行したかご細工の「三国志」の関羽は、なんと七、八メートルもあったと伝える。三代目中村歌右衛門は得意の変化舞踊の中に、この関羽をとりあげ、衣装にかご目をつけて見世物の当て込みであることを表していた。見世物と他の芸能との交流をうかがうには最適の例であろう。

長崎に入った駱駝（らくだ）の見世物は全国を回った。動物見世物には、見ると「疱瘡（ほうそう）」が軽くなる、夫婦円満になるといった“ご利益”が説かれており、江戸時代の民間信仰とつながることをも教えてくれる。

維新直前の慶応三年にアメリカ公演を行った軽業師早竹虎吉の曲芸、松本喜三郎の作った生人形（いきにんぎょう）と呼ばれる生き写しの人形。著者はこれらを、当時の観客と同じように、胸おどらせ目を見張り、くいいるように見つめていた。（荻田清・梅花女子大学教授）

（岩波新書・700円）＝2000年8月10日②配信

冷徹でユーモラスな観察

「ハワイ通信」（マーク・トウェイン著、吉岡栄一ほか訳）

本書は、「トム・ソーヤーの冒険」や「ハックルベリー・フィンの冒険」で有名なアメリカの作家、マーク・トウェインが三十一歳のとき、新聞の依頼で書いたハワイ旅行記だ。時代は一八六〇年代。今から百三十年ちょっと前。

とりあえず、読んで楽しい旅行記だった。この旅行記がすばらしいのは、何より、マーク・トウェインの「目くばり」がすばらしいからだ。トウェインは、新聞社から送りこまれた特派員として、見るものも聞くものも新しいハワイ諸島（当時の呼び名ではサンドイッチ諸島）の様子を活写してみせる。

対象は実に雑多だ。人々の生活様式、宮殿の様子、王女の葬儀、ハワイ島の風景、入植した白人、とくに宗教者たちのあり方、偶然に起きた船舶遭難事故のドキュメント。

ご存じの方もあるかと思うが、実はトウェインは、かなり保守的なアメリカ至上主義者でもあった。実際この本でも、ハワイ人（当時はカナカ人）の「野蛮ぶり」をあげつらって見せたりする。しかしなぜか、そこに嫌みは感じない。

それはきっと、彼がキリスト教徒としてでもアメリカ人としてでもなく、マーク・トウェイン個人としての視線で、ハワイとその住人に対峙（たいじ）したからだろう。

彼は衆を恃（たの）まない。ハワイを批判するにしても、アメリカやキリスト教を隠れみのにしたり、自分がそれらの代表者であるかのような尊大さを見せたりはせず、率直に、自分の価値基準で裁断していく。また同時に、そこにはたくまざるユーモアがある。

ともすれば冷徹になりがちな視線を、なんともあたたかい笑いがゆるやかに覆っている。狂言回しとしてあちこちに登場する同行者ブラウンとのやりとりなど、まるで漫才だ。

冷徹さとユーモア。そんな視線で当時のハワイを浮き彫りにするトウェインは、やはりすばらしい書き手だ。（森田義信・翻訳家）

（彩流社・2800円）＝2000年8月10日③配信

社交のメディアとして発達

「電話するアメリカ」（クロード･S･フィッシャー著、吉見俊哉ほか訳）

生活密着型の先端テクノロジーは、一方で社会を便利で快適にするとして喝さいされ、他方で人間を軟弱にし社会秩序を脅かす侵入物として警戒されてきた。自動車しかり、テレビしかり。情報通信技術も、楽観論者は二十一世紀の社会を大変革すると持ち上げ、悲観論者は携帯電話が少年犯罪や家族崩壊をもたらすと心配する。テクノロジーをめぐる悲観と楽観の交錯を解きほぐすのは容易ではないが、一つのカギを与えてくれそうなのが本書だ。

舞台は米国。取り上げたのは電話。一八七〇―一九四〇年代にかけ、空間を超えるテクノロジーが米社会にどのように浸透していったか探る社会史の労作だ。憶測を避け、電話の所有世帯割合から地元商店の新聞広告数まで厚みのあるデータを駆使して浮き彫りにしたのは、開発者の思惑を裏切り、電話が社交のメディアとして発達していく姿。

電話を歓迎した理由は、ビジネスの効率化でも出前の注文でもなく、友人との気軽なおしゃべりだった。人々は友人や親せきと以前より頻繁に連絡を取り合うようになり、既存の人間関係は希薄になるどころか強化された。しかもこの魅力的な用途を「発見」したのは、電話会社が目もくれなかった女性たちだった。

興味深いのは、男たちが社交的な電話の利用に難色を示した事実だ。妻が密通したり娘が悪い男にたぶらかされるのではないかと心配し、近所付き合いが希薄になりコミュニティーが崩壊するのではと危ぐした。

実際にその証拠があったというよりも、電話を社交に利用していたのが「女」だったから。このあたり今の若者のケータイ文化に対する大人たちのバッシングにも似ている。

テクノロジーは科学者や企業家だけのものではない。むしろ、消費者が輪郭を与え、そのありさまを規定していくのである。テクノロジーに対する軽率な予断をしりぞけ、社会に与える影響を客観的に実証した本書は、同時に出色の科学技術論にもなっている。（大島寿美子・ジャーナリスト）

（NTT出版・4800円）＝2000年8月10日④配信

生の存在を確かめていく

「羽根と翼」（黒井千次著）

歴史はありふれた日常を記さない。異端なことや特異なことを残す。つまりそれまで「常識」と考えられていたことが覆されたときの「異常」な出来事ゆえ記憶される。戦争もそうだろうし改革もそうだ。その節目が歴史として認識される。

そして私たちの人生もまたよく似ている。平凡な生活よりも思いもしなかった事柄のほうが記憶に刻まれる。それがその時代の渦中のことであれば一層深く脳裏に焼き付く。対峙（たいじ）してもあるいは同化しても、自らの存在の証（あかし）として消すことができない。

本著の登場人物たちもみな重い記憶を抱えている。敗戦後の政治は確固たるものではなく、高度成長へ向かう変革の時代に大学を出た彼らも、不安と戸惑いの中にあった。それを心の傷と感じる者もいれば、容認する者でも漠とした諦（てい）念感が漂う。その異質なものにかかわればかかわるほど記憶の底に残る。

六十半ばをすぎた主人公もまた例外ではない。いまはそれらの時代をすぎて社会とのつながりは少ない。ある日、主人公は近くに引っ越してきた大学の同級生と出会い、遠い昔のことを掘り起こされる危惧（ぐ）とうっとおしさを感じながらも、男に連れられて新宿の「歌声喫茶」に行く。

そこではまだ反戦歌や労働歌、ロシア民謡が歌われていたが、その店で一人の女性に自分たちの仲間だったらしい男と勘違いされる。そのことが気になり記憶をたどっていく小説だが、一人の男の生の存在を確かめていく作品でもある。

老後の家庭を捨て一人で暮らす男。病に伏す幼なじみ。通りすぎた「社会主義運動」に埋没する女闘士。ここには叫びはしないが、あらがうことのできない、人生の終末を迎えようとする人間たちの孤独がある。そして著者は「どこに帰っても同じよね」と言う女に、「帰っても帰らなくても似たようなものだ」と主人公につぶやかせる。生きるということを問わされる作品と同時に、最後まで読み手を離さない、文章に緊張感がある長編小説だ。（佐藤洋二郎・作家）

（講談社・2000円）＝2000年8月10日⑤配信

若者の生々しい肉声　「私がひきこもった理由」（田辺裕著）

「ひきこもり」の第一人者である精神科医、斎藤環が本書のあとがきで、当事者が自らを語る初めての証言集としている。

確かに、収録された十五人の若者の肉声は生々しい。生きていることの価値を知りたいと思って入学した京大哲学科に失望し、ひきこもった女性。芥川賞を目指してドストエフスキーを読みふける青年。

学生結婚して子供が生まれ、プレッシャーからバイトに行けなくなり、今は主夫業にいそしんでいる、という男性。そして、家庭内暴力で家族が避難し、一時は「人と話す感覚すらなくなってしまった」という男性が、家族とのきずなを取り戻す感動的な過程。

私は、彼らの方が、携帯電話で始終触れ合うことを必要とする今風の若者たちよりもはるかに一人ひとりが個性的なのではないか、とすら思った。

彼らの多くは、ひきこもり体験を必ずしも絶対悪としてはとらえていない。ひとつのことに打ち込める時期であったり、初めて自分自身に率直になる体験でもありうるようだ。

ひきこもる以前、「一流大学に入って一流企業に入る」というような狭い人生航路しか生きるモデルがなかった、とする生育歴が多いように思った。ひきこもりとは、自分と社会との新しい折り合いを探る調整期間なのかもしれない。

彼らが皆、インターネットをかけがえのない道具としているのは示唆に富む。また、彼らの中の何人かが、ひきこもりのためのホームページを運営したり、自助グループを結成するなど、同じひきこもりの状態にある人々を援助しようとする強い意欲を持っていることも印象的である。

ひきこもりに対する視点をもう少し打ち出してほしいという不満が残らないわけではないが、徹底的に彼らに語らせるという虚心の取材姿勢が、彼らの素顔を浮かび上がらせることに成功している。（矢幡洋・臨床心理士）

（ブックマン社・1300円）＝2000年8月10日⑥配信

率直に語られた家族への愛　「ネルと子供たちにキスを」（E・ウィレム・リンダイヤ著、村岡崇光監訳）

先の大戦では英米や中国とだけでなく、日本はオランダとも戦争した。このことは、ほとんど忘れられているのではないか。終戦当時、ジャワ島の収容所には七万人のオランダ人が抑留されていた。軍人と民間人を含めて二万四千人の犠牲者が出たといわれる。

衛生兵として従軍していたひとりのオランダ人が、開戦まもなく捕虜となり、日本に連れて来られた。終戦までの三年近くを岩手県内の捕虜収容所で過ごし、鉱山労働に従事し、終戦を迎えた。エヴェルト・ウィレム・リンダイヤという若い化学教師である。愛妻と小さい四人の子供たちにむけて地球の裏側の、しかも岩手という鄙（ひな）の地から、連日のように書き続けた、手紙の体裁をとった日記が本書である。

その収容所は正式には「函館俘虜（ふりょ）収容所第二分所大橋俘虜収容所」という。英国人、米国人、オーストラリア人、そしてオランダ人が計二百―三百人収容されていた。

収容所での記録は、V・E・フランクルの「夜と霧」をはじめたくさんあり、二十世紀の記録文学として大切な遺産となっている。本書もその中の一冊だが、日本における欧州人の幽閉記録としてまず貴重だ。

そして、家族へのいたわり、思いやり、再会への熱烈な意志と希望で貫かれている点、他著とはまた違った純粋な輪郭を持つ。「愛」がこれくらい率直に語られる書物も、戦争という背景の中ではめずらしい。

愛する者への書簡であれば、筆は悲惨な現実に終始しないような配慮があったのだろうけれども、語られる収容所生活は思いのほか「自由」である。英国人から英語を習い、自分は化学の講義をし、微積分の教科書を入手して問題を解くことを慰めにしている。ノルマンディー上陸など戦況の情報もちゃんとつかんでいる。

管理監督のおよばぬところで、個々の日本人はじゅうぶんに人間らしく、親切であった。そう思われるのが救いである。（小池光・歌人）

（みすず書房・1800円）＝2000年8月17日①配信

猫の生態、感情を細やかに

「あたしの一生」(ディー・レディー著、江國香織訳)

動物との理想的な関係を描いた本は多々あるが、本書は猫の目線を通して猫の生き方、人間との交流を描いた愛の物語である。

主人公は、白と黒の毛皮を着たメス猫のダルシーと、ダルシーが「あたしの人間」と呼ぶ飼い主の女性。この飼い主は本文中には名前がないが、著者のディー・レディー自身だ。

猫好きの人ならつい共感を覚えずにはいられない猫の生態、感情が細やかに描きだされた本書は、十七年四カ月と一日を「あたしの人間」とともに生きたダルシーの、決して平たんとは言えない一生の記録である。

ディー・レディーと出会い、愛情をいっぱい受けながらも、してほしいこと、してほしくないことがある。それらを「人間」に教え込もうとするダルシーの姿のひたむきさ。同時に、愛撫(あいぶ)されるときの幸福感や独占欲、新しい猫が来たときのしっとや怒り、置き去りにされることの寂しさや車での旅の不快感など、十七年余にわたる日常のシーンから、猫の持つ情感の豊かさを教えられもする。

擬人化や人間社会への批評を避け、ありのままの猫の視線で描かれている点も特徴的だ。たとえばこんな場面がある。老いと病気で聴力を失ったダルシーは、ある雨の日、植込みの中から家に戻れなくなってしまう。うずくまっている猫の前にいきなり「あたしの人間」の靴が見える。迎えにきてくれたのだ!

そう、まず猫が見るのは顔ではなく靴なのだ。こうした低い視線のつつましさこそが、人間との濃密でうそのない交流をよりリアルに浮かびあがらせている。

淡々とした日常の中にやがて忍び寄る死の影。後半はダルシーと飼い主が一体となって病と闘う日々が描かれていく。最後はつい涙ぐまずにはいられないが、死の瞬間まで愛に包まれ、「あたしの人間」と一緒に生きられたダルシーはなんと幸福な猫だろう。

江國香織の訳文の涼しさも含め、猫本の名著である。(稲葉真弓・作家)

(飛鳥新社・1300円)=2000年8月17日②配信

夢の園をささえる人々

「虹色の記憶」(岸香織著)

日舞だけは出稽古(でげいこ)をつけてもらっていたものの、バレエもダンスも声楽もまるでダメな少女が、難関で知られる宝塚音楽学校を受験。

最近読んだ本について話すという口頭試問の席上で、パール・バック「大地」の王龍の生涯をとうとうと語りはじめたら、講釈師でもあるまいに、そのしゃべくりのおもしろさで審査員は抱腹絶倒、なぜか合格してしまった。

タカラジェンヌ岸香織の誕生である。

岸香織は歌劇団きっての名わき役にして、ご意見番、驚くべき読書家で教養人としても知られた。

歌劇団機関誌のほか婦人雑誌などに永くエッセイを連載した実績もある。舞台と書くことの二足の草鞋(わらじ)の生活が、著者の心理のバランスをとってきたと、あとがきにはある。四百人近い演技者をかかえる宝塚歌劇団では、そういう生き方もあるのだ。

岸香織は四十年ものあいだ宝塚に在団し、昨年惜しまれながらも卒業した。

著者の記憶は一九五八年四月一日、舞台に立って一週間目のできごとにさかのぼる。

この日、公演中の舞台では、セリのシャフトにひとりの生徒のドレスの裾(すそ)がからまり、そのままからだごとセリにまきこまれて切断死するという、むごい事件が起こった。

まだ芸名ももたない宝塚音楽学校本科実習生としてその場に立ち会った著者は、「舞台は戦場」と胸に刻む。

それからの幾星霜、夢を売る舞台の裏で積み重ねられるきびしい芸の修業、大スターの秘話、暮らしのこぼれ話をつづる著者の回想は、阪神淡路大震災の衝撃におよぶ。

岸の才筆はユーモアあふれ、ときに辛らつに、夢の園をささえる人々の生の断片を描出する。

舞台を職場にした生活者の回想としても興味深く、宝塚初心者にもおすすめの一冊だ。(川崎賢子・文芸評論家)

(中央公論新社・1600円)=2000年8月17日③配信

読んで愉しい哲学とは

「哲学を読む」(大浦康介ほか編)

哲学するとは、読むことではなく考えることだ、というのは、たしかに正論だが、しかし、哲学書が、読者を待ち受けている言語表現であることも事実だ。

実は、私は、哲学を読むのがとても愉(たの)しい。もちろん、すべての哲学書がわかるわけではないが、幸いなことに、この世にはおびただしい数の哲学書があり、読んで愉しいものを捜し出すことは、難しくはない。

ただし、正直に言うと、私は職業柄、哲学の本はもっぱらドイツ語で読んでいる。日本語で書かれたおもしろい哲学書は、増えつつあるとはいえ、依然として多くはないし、西洋語で書かれた作品の場合、翻訳の問題が立ちはだかってくる。

必要以上に疎遠で深遠、従って難解な日本語への翻訳が、哲学の翻訳書の多くをおそろしく近寄りがたいものにしている。

哲学を読み愉しむ上で、翻訳に由来するこの障壁を少しでも低くしたいという思いが、本書の執筆者たちを動かしたのに違いない。古代ギリシャのヘラクレイトスから、今なお現役であるレヴィストロースにいたる三十五人の西洋哲学者の作品のエッセンスが新しく翻訳され、それぞれにコンパクトな解説が付されている。

編者の専門領域の影響もあってか、フランスの哲学者が多く選ばれているのが新鮮だ。その一方で、昨今、哲学の世界でも中心の位置を占めつつあるアメリカ合衆国の哲学者がほとんど採用されていないのは、保守的な印象を与える。

そんな中にあって、「意識の届かない心の深みを支配する、大いなる〈理〉に目を向ける」グレゴリー・ベイトソンが採録されているのは、断然異彩を放っている。

その「精神の生態学」は「大胆に編集しながら訳」されていることもあって、読みごたえがある。この「大胆さ」が三十五人の哲学者すべてに適用されていたら、という感想が残った。(藤野寛・高崎経済大助教授)

(人文書院・2000円)=2000年8月17日④配信

ふたりの女優の時代を照射

「日本の女優」(四方田犬彦著)

原節子と山口淑子はおなじ時代に女優として活躍した。しかしふたりの共通点は、当時の日本を代表する美人女優であったということだけであり、それ以外においては、すべてまったく対照的だった。

原と山口それぞれの資質の形成過程に光を当てると、異なったふたとおりの資質が可能にした、ふたりの女優が浮かび上がる。そしてその作業は、ふたりの女優たちが周辺に持っていた彼女たちの時代というものを、異なったふたつの拠点から、さまざまに照射する。

ふたりの対照的な美人女優という、興味深い謎(なぞ)がまず解かれていく。それに続いて、ふたりが身を置いていた時代の状況が、充分な陰影のある立体の俯瞰(ふかん)として、何条もの照射光のなかに立ち上がってくる。スリルに満ちたその様子を、自分の理解力のペースに合わせて読み進むのは、すぐれた本をめぐって読者が手に入れる幸せというものだ。

山口淑子と原節子。彼女たちに関する一般的な理解は、かつてたいへんに人気のあった美人女優、ということでしかないだろう。彼女たちふたりを解き明かす作業をとおして、戦前、戦中、そして戦後の日本の本質という謎が見事に解かれ得る事実を、いまじつに多くの人がまるで知らないはずだ。

その謎解きは、たとえば原節子がなぜ永遠の処女とされたり、彼女の顔だちが日本人ばなれした美貌(ぼう)と規定されたのはなぜであったか、というようなところから始まっていく。

処女よりも堂々たる百戦錬磨の人を演じたなら最高であったはずだし、たしかに美しいけれども日本人ばなれした西欧を感じさせる顔ではないのにと、かねてより不思議に思っていた私は、この本をいっきに読了して、得るところたいへんに大きかった。

この本を読まずにいることによってこうむる損失は、自分の国の核心にかかわる謎に無関心でいる人としての損失なのだ、と私は言っておきたい。(片岡義男・作家)

(岩波書店・2800円)=2000年8月17日⑤配信

作曲と小説の手法重ねる

「地球交響曲」（阿部牧郎著）

阿部牧郎は長編作「それぞれの終楽章」で、昭和六十三（一九八八）年に直木賞を受賞した。昭和二十年代前半の自らの中学・高校時代を題材に、昭和ヒトケタ世代の男たちが背負ってきた戦後の人生の哀歓と陰影をリリカルなタッチで描き出したこの受賞作には、主人公のクラシック音楽への思いも描かれていた。

この思いは、戦中から戦後すぐにかけての時期に青春期を過ごした世代であり、五十すぎからオーボエを習い始めた作者の熱い思いとも重なるものである。

そんな作者とベートーヴェンとのなれそめは、疎開して戦後も住みついた秋田県大館市の中学三年のころで、作家となってからは、ベートーヴェンとはどんな男だったのか、という疑問が捨てられなかったという。こうしたクラシック音楽とベートーヴェンへの思いが、足かけ四年にわたる連載でその生涯を描き出すという情熱につながっている。

物語は、ボンの宮廷で第二オルガン奏者をつとめていたルートヴィヒ・ヴァン・ベートーヴェンが一七九二年にウィーンへ留学するところから始まる。三年前に起こったフランス革命で全ヨーロッパが揺れ動いていた激動の時代で、ベートーヴェンは二十一歳であった。その後のナポレオンの帝政時代など複雑なヨーロッパ情勢に翻ろうされ、難聴というハンディを背負いながら、ベートーヴェンはひたすら至高の音楽を求めた。

芸術への野心、健康への不安、貴族の保護に頼ることへの屈辱感、肉親への愛憎、純愛と情欲など、さまざまな矛盾がベートーヴェンの心をずたずたに切り裂く。ウィーンで没するまで、ベートーヴェンの音楽が年代とともに変化していくさまとその折々の内面、苦渋に満ちた恋愛遍歴がたどられていく。

人間ベートーヴェンの魅力とともに、作曲の手法と小説の手法が重なり合って伝わってくるところに、専門の研究書や音楽評論とは異なる魅力がある。（清原康正・文芸評論家）

（文芸春秋・2762円）＝2000年8月17日⑥配信

本質的な戦後日本人論

「観光の哀しみ」（酒井順子著）

現代ニッポンに暮らす人々やそこで生じるさまざまなできごとを、突き放すでもなく巻き込まれるでもなく、独特の距離感でサラリと描き続けてきたコラムニストの酒井順子。その最新作は、タイトルからして「観光の哀（かな）しみ」というくらいで、いつもより少しだけウエット。そして、その味付けにより面白さは倍増している。

著者は言う。「観光は、哀しさに満ちています」。団体で出かける観光ツアーはもちろんのこと、性のにおいを隠蔽（いんぺい）して恋人と出かけるテーマパークへの旅、放浪者を気取った一人旅、「楽しい」と確認するために出かける家族旅行、どれもこれもが客観的に見ると気恥ずかしくなるくらい自己満足的で不自然だ。

しかし、いくらそうわかっていても、著者自身もかなりの旅好き。旅先での触れ合いとか京都の神髄に触れるとかいった幻想を求めてまた出かけずにはいられない。そして、地元のおばあさんに話しかけては、けんもホロロの扱いを受けて哀しくなったりするのだ。この種の間抜けなエピソードは枚挙にいとまがない。

著者は、この「旅の哀しさ」の原因を「呼ばれてもいない場所にノコノコ行くこと」に求めようとするが、実は根はもう少し深いのかもしれない。

高度成長期以降、私たちは観光や旅行を経済的・心理的豊かさの象徴と考え、かなり無理をしながら旅を続けてきた。そして、そういう私、そういう日本もなかなかやるな、とひそかに悦に入っていた。

ところがそんなことを思っているのは自分たちだけで、日本は一向に“世界の一流国”になっていないのはサミットなどを見ても明らかだ。そういう意味で、これはとても本質的な戦後日本人論なのだと思う。

もちろん、そんなカタイこと考えずに「成田ファッションが異様なのは『オフ』にして『ハレ』だからか！」とひざを打って大笑いした後で、「でも、私もそうだ」とちょっぴり哀しくなれば、それでいいのだが。（香山リカ・精神科医）

（新潮社・1300円）＝2000年8月24日①配信

時空を超えた「住む」旅

「東京育ちの京町家暮らし」(麻生圭子著)

玄関から奥の庭まで、途中に井戸や「走り」と呼ばれる台所のある通り庭が続き、片側に居室が並ぶ京都の下町の家で、ぼくは生まれ育った。盆地特有の底冷えは厳しく、東向きのわが家の夏は暑かった。暑さに弱い母が、南北に向けて建つ風通しの良い商家へ買い物に行っては「油を売っていた」のを思いだす。

たぶん「夫が京都育ち」という縁からだろう、繰り返し京都を取材しているうち、そんな京町家の暮らしにあこがれた東京育ちの女性エッセイストが、それを実現するまでの苦労の過程を楽しんだ記録が本書。

まず、都心の空き家の家主を訪ね「町家を貸してほしい」と頼むと、返ってきたのは「民家か町家か知らんけど、京都の人間はね、そんなことば、使いませんな」の一言—そこには千年以上、権力の興亡を目の当たりにしてきたが故に、容易に見知らぬ他人となれ合えない京都人の資質が映しだされている。

しかし著者は、年を経て黒光りする柱や建具、ちりや風になじんだ土壁、水を打てば涼風が立ちそうな座敷庭など、一種の骨とうである町家に住みたい。

で、ようやく契約にこぎつけ、信州のたる職人にふろおけまで発注するが、京都にありがちな「アクシデント」で、話は振り出しに…。それでも挑戦を再開。ついに自らも床板の「漆塗り」など、改修工事に参加しながら、ステンレス流しやエアコンのない簡素な町家暮らしをはじめる。

そうした「むかし暮らし」を著者は、未来的な「引き算の美学」だと言いたそうである。しかし、つねに「新しさの実験場」でもあった京都という都市全体が「むかし暮らし」だけで生きていくことはできない、といった疑問は残るが、本書が「日常生活を楽しむ術」と、いまどきの忙しい観光旅行を突き抜ける「新しい旅のかたち」を提案していることは確かである。

そして、それを読む読者は「時間と空間を超越した京町家」に「住んでみる旅」をバーチャルに体験することができる。(高田公理・武庫川女子大教授)

(文芸春秋・1429円)=2000年8月24日②配信

米国移民の悲劇

「アコーディオンの罪」(E・アニー・プルー著、上岡伸雄訳)

十九世紀末にシチリア島から米国南部ニューオーリンズに移民として渡った一人のイタリア人が、緑色のボタンアコーディオンを作って演奏した。それは名器で聞く人を酔わせたが、その製作者はイタリア人リンチの犠牲者の一人として死んだ。

その後、このアコーディオンは、ドイツ系移民、ポーランド系移民、フランス系移民、メキシコ系移民、アフリカ系移民、アイルランド系移民、ノルウェー系移民など、次々に違った手に渡ってアメリカ合衆国の各地を転々として、約百年後にガタが来て捨てられるが、最後に思いがけないことが…。

小説の形としては、よくある仕掛けだが、本書がユニークなのは、そこに歴史上の事実や人間が巧みにからみつけられているからである。一八九一年ニューオーリンズでのイタリア移民リンチ事件は現実にあったことだった。ファクト(事実)とフィクション(虚構)が混然一体となってファクションを作る。

楽器はさまざまな民族音楽、大衆音楽を奏で、それらの曲名も著者の熱心な調査によって発掘された現実のものである。歌詞、広告の文句、商品の銘柄なども事実と虚構が交錯する。読者はスリリングな物語に酔いつつ、過去百年の米国の移民の民衆文化史の網の目の中にとらえられる。

アコーディオンの魅惑にかかった登場人物の多くは、悲劇的な最期をとげるが、それはアコーディオンの罪ではない。アメリカという社会の性格に原因があるのだろう。ある章に「出生地で異邦人」というタイトルがついているが、自分のアイデンティティーに不安を持つ移民やその子孫が背負わざるを得なかった悲劇なのであろう。

訳文はよくこなれているし、頻出する罵倒(ばとう)語もいきがいい。事実関係についても訳者は丹念に調査の手を広げて、読者のために十分な情報を提供してくれている。(小池滋・英文学者)

(集英社・2500円)=2000年8月24日③配信

市民活動先進地の最前線　「サンフランシスコ発：社会変革NPO」（岡部一明著）

NPO（非営利団体）という言葉もだいぶ浸透してきた。NPOとは、営利を目的とせずに公益活動をおこなう自発的な市民活動団体のことである。

NPOは二十一世紀の社会システムをつくることができるだろうか。この本は、市民活動の先進地であるサンフランシスコのNPO事情を、さまざまな側面から多角的に紹介しながら、この問題にじっくり取り組んでいる。

それにしても、なんと日本と違うことだろうか。NPOを生み出すNPO、さかんにおこなわれる個人の寄付、起業としてのNPO、行政の役割、情報化、そしてNPOがつくる新しい公共性…、エッと驚くような事実が次から次へと目の前にあらわれる。

環境NPO「ベイキーパー」は自前の巡視船でサンフランシスコ湾をパトロールしている。汚染を見つけたら、その責任者に通告して改善を求める。無視されたら訴訟を起こす。

こうした訴訟で「ベイキーパー」は、多額の懲罰的拠出金を違反者から吐き出させてきた。このお金はサンフランシスコ財団などに供託され、そこから湾を守る各種のNPO活動に助成金として配分される。

つまるところ、罰金でNPO活動を助成するという図式である。こういう仕組みは日本では考えられないが、アメリカでは珍しくない。

それが可能なのは、だれでも違反者に対して、自分自身で民事訴訟を起こせるしくみになっているからだ。

サンフランシスコは変革と挑戦のまちである。自然保護団体の草分けである「シエラ・クラブ」は前世紀末にこの地で生まれた。一九六〇年代の学生運動もここから全世界に広がった。

長年このまちに住んできた著者だから書けるNPO最前線。NPOや起業に関心のある人にぜひすすめたい、いち押しの本である。（広岡守穂・中央大教授）

（御茶の水書房・2600円）＝2000年8月24日④配信

先住民への二重の収奪　「辺境から眺める　アイヌが経験する近代」（テッサ・モーリス＝鈴木著）

帝国は中心から周縁にむけて膨張する。そして、膨張の果てに向こう側の帝国と衝突し、戦争や外交によって国境が引かれ、領土が確定する。しかしそれは同時に、帝国の支配以前からそこに住み、広範なネットワークをつくりだしてきたさまざまな先住民族を「異なるもの」「野蛮なもの」として排除しつつ、国家的／国民的な枠組みに同化するプロセスでもあった。

このようにして近代国家は世界全体をおおいつくした。著者はこれと逆のコースを、日本とロシアがアイヌを同化、差別化してきた歴史を詳細に追うことで、たどり直そうとする。それは「『奥地』の心臓部から、外に向かい、国家／国民的およびグローバルな帝都にまでいたり、帝都型思考様式を新たに問い直す方法を持ち帰る、そのような旅路」である。

しかし、この旅路が困難であることを著者は十分自覚している。近代国家による支配は、物理的暴力による収奪だけではない。ふかん的な視点から事物を分類し、普遍妥当的な真理を求めようとする近代科学の視線そのものが、民族固有の実践知に「現在のなかの過去」というレッテルを張り、知の材料として収奪していったのだった。

この「二重の収奪」が、先住民族にとっての「近代の経験」だった。つまりこの本で問われているのは、「進歩と文明」を至上の価値とする「近代性」そのものの枠組みなのである。

こうしてわたしたちは、いやおうなく、国民とは何か、国家とは何か、「近代」という特異な時空間はいったいわたしたちに何をもたらしたのか、そして、そもそも近代を語ることのできる「わたしたち」とは何者か、という終わることのない問いかけに導かれる。

しかしそれはけっして苦痛なだけの問いではない。著者の知的誠実さとみずみずしい感性は、その問いかけを通じて、かならず読者に新たな発見の喜びをもたらしてくれるはずである。（イ・ヨンスク、一橋大助教授）

（みすず書房・3000円）＝2000年8月24日⑤配信

情報化時代の硬派の思考

「反オブジェクト」（隈研吾著）

「建築を溶かし、砕く」という冒頭のメッセージからして刺激的である。二十世紀の偉大なる所産である近代建築に対して、距離をとり、その否定の上に自身の方法論を築こうとするきわめて野心的な試みといえそうだ。

このところ、わが国のリーディング・アーキテクトとして斬新（ざんしん）な提案を続けてきた隈研吾が、思考の実験として自身の作品を位置づけ、その論理的基盤を明らかにしたものである。日ごろの発言で硬派軟派を使い分けてきた隈研吾としては、徹底して硬派を目指した著作といえよう。

磯崎新や原広司という大先輩たちを意識したのだろうか、近代批判を前提に哲学的な言説が多くちりばめられ、プラトンから現代思想にいたる知の領域を渉猟する。と同時に、新しもの好きの建築家がよく口にするうわついた身体論や表象論は注意深く退けられ、かといって伝統的なコミュニティー論や空間論にも戻らない姿勢が小気味よい。

読んでいて面白かったのは、建築界の先端を走っているように見受けられた隈が、ブルーノ・タウトや吉坂隆正という近代建築史の中では傍系と見られる建築家を高く評価している点である。

実際の仕事が、これらの建築家の作品にかかわらざるをえなかったという事情があるにしても、その死後忘れ去られていた建築家を、みずからの思考の出発点と位置づけ、そこに「接続」や「線へほどく」といった概念を与えているのは注目に値する。

近代建築をメディアの上に成立した方法と喝破し、ル・コルビュジエの戦略を批判的に分析している点もユニークである。メディアの落とし子の世代に生まれ、情報の何たるかを知り抜いた隈ならではの鋭い切り口といえよう。雑文が目立つ建築書の中で、久方ぶりに読みごたえのある本であった。（三宅理一・慶応大教授）

（筑摩書房・2200円）＝2000年8月24日⑥配信

食の文化を取り戻す

「スローフードな人生！」（島村菜津著）

雪印乳業事件では、日々口にしている食品がいかにいいかげんに作られているかに気づいて震撼（しんかん）とさせられた人も多いはず。食は今、日本だけでなく、世界中で危機にひんしている。農薬、遺伝子組み換え、効率重視の大量生産という問題にとどまらない。生活の変化によって、家族で食卓を囲むという習慣は、都市でも、農村でさえも失われつつある。

イタリアと日本を往復して過ごす食いしん坊の著者は、あるとき「スローフード運動」を展開している非営利団体を知る。ファストフードの反対語ではあるが、おいしいものをゆっくり食べようというグルメの会ではない。世界中どこにいっても味が均一になることに異を唱え、地方で味わえる食材や料理を大事にして、共食の大切さを訴え、食の文化を取り戻そうとする運動である。

一九八六年にイタリアで発足したスローフード協会はたちまち世界中に広がり、現在は六万人もの会員がいる組織に成長した。核となっているのは地方ごとの「試食会食」によって埋もれている零細生産業者と消費者を結びつけること、そして出版活動だ。

著者は小さな村でワインやチーズを作っている農家や神父を取材し、ロシアに援助食料物資を運ぶボランティアに参加し、シチリアの民宿農家で農業の活路を探りながら、生産・流通・消費のそれぞれの場面で、食を取り巻く問題を多角的に考える。

そしてスローフード運動が、突き詰めれば生き方の提案であることに気づく。食べるために働いていたはずが、ファストフードをかきこんで家庭を顧みず働かざるをえない矛盾。家庭の味を知らずに育つ子供の問題。運動は食を通じて、生きることを自分の手に取り戻すための試みでもある。

スローフード哲学は、実はとてもシンプルだ。心からおいしいと思えるものを、親しい人と囲んだ食卓で味わうこと。だが今それがいかにむずかしくなっているかを、この本は教えている。（実川元子・翻訳家、ライター）

（新潮社・1600円）＝2000年8月31日②配信

遊びの精神に神髄見る

「闊歩する漱石」（丸谷才一著）

漱石にはふたつの面がある。ひとつは「吾輩は猫である」「坊つちゃん」といった滑稽（こっけい）小説を書いた漱石。もうひとつは「こころ」「明暗」などの近代的自我に悩むメランコリックな小説を書いた漱石。かつて文芸批評家の花田清輝は「猫」から「明暗」へではなく、「明暗」から「猫」へと順序を逆にして漱石を考え直すべきだといったことがある。

本書はまさにその試み。通常の漱石論と違って「こころ」や「明暗」より、「猫」や「坊つちゃん」のほうを重視する。なぜならそこには写実主義とは違った、より自由な新しい文学の型を作ろうとする創造の意欲があふれているから。

ふつう「猫」や「坊つちゃん」は漱石が手慰みで書いた遊びの小説と軽く考えがちだ。しかし、丸谷才一はその遊びの精神のなかにこそ漱石の神髄があると見る。世の常識につねに異論を立てる文芸批評家、丸谷才一の真骨頂（しんこっちょう）である。

「坊つちゃん」の面白さのひとつに、ののしり言葉の羅列がある。例の「ハイカラ野郎の、ペテン師の、イカサマ師の、猫被（ねこっかぶ）りの、香具師（やし）の、モヽンガーの（略）」である。

こういう言葉の羅列（遊び）は実は「古事記」から歌舞伎にいたるまで日本文芸の伝統的手法だという。漱石は昔からある古い手法を新しくよみがえらせた。古典の再生である。

神話を使う。パロディーに興じる。引用に頼る。漱石は「猫」や「坊つちゃん」で当時のきまじめな自然主義の作家たちが考えもしなかった手法を使った。

これには理由があった。漱石がロンドンに留学していたころ、イギリスやフランスでは十九世紀の写実主義の文学にかわって、モダニズム文学が台頭し、前衛性と古典の再生（伝統の継承）によって新しい文学を作ろうとしていた。漱石はこの影響を受けたというのである。だから漱石とジョイスが同列で論じられる。実におおらかな漱石論である。（川本三郎・評論家）

（講談社・1600円）＝2000年8月31日③配信

過激に現代の核心に迫る

「だいたいで、いいじゃない。」（吉本隆明、大塚英志著）

戦後五十五年、「知識人」のキレイゴトにひそむインチキをあばき、つねに同時代現象の共通文脈に目を配ってきた思想界の巨人が、吉本隆明である。若い世代には、「人気作家・吉本ばななのパパ」といったほうが早いかもしれない。

吉本は、ファッションから哲学まで、つねに自前の視点から「同時代文化」をつぶさに観察し、独自の解剖をおこなってきた。

こうした吉本のクリティックに賛同して対話を挑んだのが、「おたく」世代を代表するマンガ原作者・批評家の大塚英志。彼は青少年犯罪など社会現象と、その背後に脈打つ思想とが合流する地下水脈を追ううち、吉本にたどりついたのだ。

両者三年間の断続的討議の末、生まれたこの本。話題は、アニメ「新世紀エヴァンゲリオン」の読解にはじまり、連続幼女殺人犯・宮崎勤の心象風景、さきごろ自殺した江藤淳の人物評価、オウム真理教と「脳内革命」の共通点、プロレスとK1の違いなど多岐にわたり、一見脈絡がない。

が、万事キレイゴトでは終わらない二人は、お互いに得意技を繰り出しつつ、同時代現象の核心に迫ろうとする。とくに二〇〇〇年現在の文壇・論壇を毒するキレイゴト文化人（吉本が「知の三馬鹿」と呼ぶ蓮実重彦・柄谷行人・浅田彰ら）への批判はまったく痛快なまでに、歯切れよい。

導き出された結論も「知識人」言説を真っ向から論破して小気味よい。「サブカルチャーこそ、思想である」「個人消費こそ、生産である」「オウム現象や自殺マニュアルこそ、精神世界の即物化である」

こうしたパラドックス状況が、今の日本で当たり前のごとく成立する点がよく納得できる。力の抜けたタイトルどおり、親子が仲良くダベるような語り口は読みやすいが、中身は過激で現代のツボを突いている。

なにより「重層的非決定」「アフリカ的段階」といった難解な吉本用語群が、大塚の繰り出す多様で身近な事例と出合い、ある種の和音を奏でているのが、不思議だ。（藤本憲一・武庫川女子大助教授）

（文芸春秋・1238円）＝2000年8月31日④配信

先入観捨て客観的に分析

「こんなに困った北朝鮮」（橋爪大三郎著）

著者は社会学の大家だが、朝鮮民主主義人民共和国（北朝鮮）の専門家ではない。しかし一九九六年に初めて訪朝した際、「とてももたない」と直観しながら「なかなか崩れそうにない」金正日体制に矛盾を感じ、足掛け五年をかけて、この本を完成させたという。

ややもすれば衝撃的な内容ばかりを取り上げ、嫌悪感や恐怖感をあおる傾向の強い北朝鮮関係本の多い中で、本書は先入観を捨てて客観的に分析し、できるだけ読者に分かりやすく解説しようと努力している。

この国を理解するには不透明な部分が多いだけに、限られた資料や体験談から産業・経済・国家・官僚主義などが抱える問題を整理し、社会学的に再検証していく過程は興味深い。今後の分野別、個別研究がいかに興味深いテーマとなりうるかが示唆されている。

著者は、北朝鮮が遠くない将来に必ず「崩壊」するとの結論に達しているが、そのことをきちんと理解し、責任ある議論をしようとする日本人が少ないと嘆く。執筆の動機も、一人でも多くの日本人が北朝鮮に関心を持ち、よく考え行動してほしいからだ、という。

日朝交渉や南北統一問題が今後さらに具体化してくれば、北朝鮮の諸問題は日本人にとって身近なものとなるのは間違いない。日本人に多大な影響を与えるだろう北朝鮮という国の将来を正しく予測するために、国内の体制や国際情勢をきちんと理解すべきだろう。

巻末のゲーム理論を使った外交戦略分析で、日本や諸外国は北朝鮮に対して支配戦略を持てず、北朝鮮の出方に左右される立場にしかない、という結論が出るのも面白い。

欲を言えば、エズラ・ヴォーゲル氏との対談で、米国政府が朝鮮半島問題について日本に何を期待しているのかについて、突っ込んだ議論がなされていたら、と感じた。そうであれば、われわれにとって、こんなに「困っている」北朝鮮の問題が他人事ではないと、より深く実感できたのではないか。（阪堂千津子・東海大非常勤講師）

（メタローグ・1500円）＝2000年8月31日⑤配信

封印された女性の歴史

「わが心、南溟に消ゆ」（西木正明著）

戦後、日本が復興をめざし懸命になっていた昭和三十年代前半、南溟（なんめい）インドネシアの大統領に嫁いだもう一人の女性の生涯を、「実在した事件を背景に」描いた物語である。

主人公・咲子は、医大生の恋人・繁が経済的に窮し、学業を断念しかけたとき、自らが生活の面倒を見ることを決意。周りから切望されていた大学進学をやめ家を出て、すぐにお金が稼げる高級クラブ「紅馬車」のホステスになった。しかし、咲子の全身全霊を傾けて愛した男は、卒業が決まると、郷里で育ちの良い女性と結納を交わしてしまう。

失望し別離を決めた咲子は、スカルノ大統領に見初められ嫁ぐが、わずか九カ月余りでスカルノは別の日本女性、デヴィをそばに置くようになる。またしても咲子の愛は裏切られ、女性としての誇りから…。

洋の東西を問わず女性は、男性の性のはけ口として、また力ある者に人身御供として利用されることがしばしばあった。咲子はまさにそういう女性だった。それ自体、同じ女性として腹立たしいのだが、社会があっさりと、彼女の無念ごと事実を封印しようとする姿に、「またか」と感じるのは私だけではないはず。

物欲にかられ自らを“商品”に替える少女たちや、咲子を「昔のこと」と安易に思ってしまう人たちは、自分あるいは自分を生んでくれた母親と同じ性を持つ女性の本当の歴史を知らされていない。だから、咲子の身に起きた悲劇は繰り返される。

「蝶（ちょう）よ／お前はわたしの翼／風に乗り／海を越えて／伝えてほしい／遥かな人に／わが心／南溟に消ゆと」

咲子が残したこの詩は、平凡な女の幸せを願いながら、国際的政略に巻き込まれていった彼女のけなげさと哀（かな）しさと無念さのレクイエムである。

著者は「（本書は）創作である」と明記しているが…。咲子に出合うことで、現実の社会に張り巡らされた封印が次々と解かれることを読者に期待したい。（森岡みか・作詞家）

（中央公論新社・2300円）＝2000年8月31日⑥配信

継承される記憶の集合体

「みんな家族」（清水義範著）

他人にはさしたる起伏があるように見えなくても、人の一生は、当人にとっては波乱万丈である。

百瀬貴久雄は、明治の終わりの生まれで、昭和がはじまった時は満十六歳、信州松本で代々米屋を家業としてきた裕福な旧家の跡取り息子だったが、父が相場に手を出して失敗。実家の没落に大学進学をあきらめ、母と六人の弟妹、それに結婚し再婚して子ども五人という大家族の家父長として昭和の六十四年をただただ家族のために生きてきた。

清水義範は、その百瀬貴久雄を軸とした四家族四十二人の生きかた（小状況）を、昭和史年表の記述（大状況）の行間に投げこむことで、昭和の記憶をよみがえらせようとする。

四家族は、百瀬家、倉石家（亡妻、寿美可の実家）、荒木家（現妻、早苗の実家）、それに豊川家（貴久雄の長男で作家の昭範の妻初美の実家）。それぞれの家長は、貴久雄が運送会社員、荒木健一郎は機械職人、豊川平太郎は陸軍軍人、それに初美の母方の祖父は電力会社のサラリーマンで、みな、政治や社会に関係なく生きているように見える。だが、実のところ彼らは、あれこれ考えているゆとりもなく、運命に流されていたのである。

戦争と平和の六十四年を国民の大部分は多かれ少なかれ国家によりそって生きてきた。しかし国家を本当に信じていた人はきわめて少数だったし、徹底的にあらがった人もまたきわめて少数だった。その中間には広範な灰色の地帯が広がっていた。

清水義範は、そのグレーゾーンにいた名もない庶民の昭和の記憶を、年表の行間に浮かびあがらせることで、先行する世代の記憶を継承しようとする。協力であれ抵抗であれ、積極的であった人の姿がないぶん、流れ流された人びとの記憶は大状況のなかにうもれがちなのが惜しいが、しかし、歴史とはこうして継承される記憶の集合体なのだろうというメッセージは十分に伝わってくる。（井家上隆幸・文芸評論家）

（文芸春秋・1762円）＝2000年9月7日①配信

壊れていく人間を端正に

「花腐し」（松浦寿輝著）

芥川賞受賞作である。これを機に小説家・松浦寿輝が広く読まれるといいなと思う。だが一方で少し戸惑いがある。

十五年ほど前、松浦氏は『うさぎのダンス』の詩人として私たちの前にいた。この詩集を読んで何だか明るい気分になった。そして『口唇論』のエッセイストとして、『エッフェル塔試論』のフランス文学者として、『ゴダール』の映画評論家として、あるいは『折口信夫論』の三島賞批評家として、彼は次々に姿を変えて私たちの前に現れた。

吉岡実や吉田健一、蓮実重彦といった先達の名前も踏まえながら、それでも氏の中で形を成しつつあった美学に、常に重大な関心を寄せてきた。その美学とは、十九世紀末のただれたようなけん怠と、新しいテクノロジーへの無邪気な期待がないまぜになった不思議な世紀末の気分を前提にして、百年という時間をまたぎつつ、それでも新しい何ごとかを書き加えてゆく、という態度である。

「花腐（くた）し」は、そのけん怠を全面展開して書かれた小説だ。友人と小さいながら会社を経営してきた主人公は、経営が破たんし年来の友人が雲隠れした事実に直面して、ノンバンクから少なからぬ額の借金をしたけれど焼け石に水で、来週には破産申告をしなければと思いながら、あるアパートに居座っている男のもとへ立ち退き要求に出かける。男は不思議な人なつこさで主人公につきまとい、部屋には所狭しと繁殖した怪しげなキノコと正体不明の若い女・アスカがいた…。

小説は、すべてを失った主人公が、アスカとのセックスの中で自他の境界さえ失ってゆくクライマックスの描写に力点がある。自壊してゆく人間を、端正な筆づかいで写し取っている。

著者の文章の完成度に魅了されながらも、ふとそこに描かれているのが崩壊のプロセスだけであることを不思議に思ったりもする。もしかすると著者は小説というメディアそのものをそうとらえているのかもしれない。（陣野俊史・文芸評論家）

（講談社・1300円）＝2000年9月7日②配信

NYで開花したパンク

「パティ・スミス」（ニック・ジョンストン著、鳥井賀句訳）

あるミュージシャンについて考えるとき、真っ先に浮かぶのはアルバムのジャケットだ。たとえばパティ・スミス、今の僕には「ホーセス」のジャケットが浮かんでいる。

一九七五年に発表されたそのデビュー作は、ニューヨークのクラブで週に四、五回のペースで九週間にわたって連続出演し、その後ビルの屋上におけるリハーサルを経て吹き込まれたものだ。それはなによりもまず、ジャケットが印象的だった。まるで男性のような容姿、なにかを凝視しているようでなにも見ていないような視線。撮影は、当時パティと共同生活をおくっていたロバート・メイプルソープ。

そしてそのジャケットを突き破って飛び込んできたのは、詩の朗読にロックンロールの熱狂をぶちまけたようなサウンド。それは確実に新しい、この新人にしか表現できないものだった。この瞬間に、パンクロックはストリートからメジャーに躍り出た。

本書はそのパティ・スミスの軌跡を追った評伝だが、まずは六〇年代から七〇年代前半にかけてのニューヨークが、いかに刺激に満ちていたか、あらためて痛感させられる。

舞台はチェルシー・ホテル。その昔はマーク・トウェーンやディラン・トーマスら文学者が住み、六〇年代にはロックスターの隠れ家、そして明日を夢見る若き芸術家たちの拠点として人気を集める。

そんな若者の一人がパティであり、著者は、メイプルソープをはじめ、ボブ・ディランやアンディ・ウォーホルらとの出会い、ランボーやジャン・ジュネといった詩人からの影響によって、パティが何を求め、詩からロックへと表現領域を拡大していったかを、リアルに描く。

いまなお表現者として第一線にあり続ける「生きる伝説」は、本書の取材を一切拒否したという。パティ・スミス、五十三歳。パンクなスピリットは健在だ。（中山康樹・音楽ライター）

（筑摩書房・2500円）＝2000年9月7日③配信

日本初女性飛行家の勇気

「兵頭精、空を飛びます！」（中村英利子著）

飛行機とかけて、せっけんと解く、そのココロは「よく落ちる」。そんな黎（れい）明期に空を飛びたくて飛行家になった日本で初めての女性の物語です。

飛行家はヒーロー（ヒロイン）だった。ヒーローになりすぎて墜落死して永遠のヒーローになってしまう若者が後を絶たなかった。飛行機輸送はまだビジネスになっておらず、大金を払って操縦士免許を取っても、曲芸飛行で稼ぐしかない。まあ、まっとうな世界ではなかったのです。だから、夢があった。

でも、明治三十二年に四国のいなかに、ごく普通の農家の末娘として生まれてきたら、あなたはそんな人生を選択しますか。

勇気だけじゃ済まない。「がんばります！」だけじゃ通用しない。なのに兵頭精はその二つだけをカバンに入れて、危険で夢のある世界に飛びこんだ。その代償を彼女はその後の人生で痛いほど払わされました。時代は女には過酷だったのです。これを読むあなたが女性だったら腹が立つかも。私も切なくなりました。

精の父親代わりで一家の大黒柱だった長女は、工事現場の監督で、精に期待をかけ、自分の身を切り刻んで援助した。なのに最期は病院で「家族はいない」と言い張って独りで死んだ。二番目の姉は、気のきつい長女に黙って精を連れ、家出してくれた。

兵頭家の娘たちは、だれもがよほどに思い詰めていました。また、そんな持続力のある勇気がなければ、女には新しいことなど何もできなかったのです。精はできちゃった結婚のせいで社会的に葬られた。今なら考えられないことです。

翼がポッキリ折れてしまった精のその後の人生が私としてはもっと詳しく知りたかったな。大事なのは夢の翼が折れてしまった時に、どうやって新しい羽を背中に生やすかだと思うから。栄養ドリンク代わりの本ではない。が、夢を持っていて、でも、うまくいかないって時に読んでくださいな。静かな、持続力のある勇気が出ますよ。（種ともこ・ミュージシャン）

（アトラス出版・1600円）＝2000年9月7日⑤配信

まなざしの力

「ガーデン・ガーデン」（稲葉真弓著）

稲葉真弓は、都会で暮らす女たちの孤独のなかに生起する強じんな生感覚を描く作家である。それはまた女が一人で暮らすことを可能にする空間をつづった都市小説ともいえる。

表題作の「ガーデン・ガーデン」は、古い「路地」の雰囲気を残していた東京・恵比寿が、超高層ビル街「恵比寿ガーデンプレイス」へのかすかな変容を見せ始めていた一九八〇年代を時代設定としている。この小説には夫婦交換斡旋（あっせん）雑誌で働く、離婚した女三人が登場する。

夫婦交換の希望者が送ってくる写真の中のヘアや性器を花や果物のシートを張って隠したり、固有性を消すために顔や背景を修正したりする仕事をする「私」は、作者自身をモデルにしているらしい。作者はあとがきで「十数年前、不思議な仕事にかかわったことがある」と語っている。

結婚生活だけは絶対に壊したくないと考え、安定した日常生活のけん怠感や夫婦の危機を、他人の視線や性を介して解消させようと意図する夫と妻。伴りょの身体を他者の視線にさらし、さらに他者と交わる肉体を見る夫婦。夫と妻の直接的な関係ではなく他者を媒介に濃密なエロスを紡ぎ、「夫婦の快楽と絆（きずな）」を手にするのだ。

いっぽう結婚生活の一切の幻想から解き放たれて黙々と仕事をこなし「観察者」を任じている三人も、写真や送られてくるメッセージによって妙なエロスを喚起させられもする。そこには現実感覚の間接的な変容が認められる。

「クリア・ゾーン」の、閉鎖された都会のビルの窓からマンションに住む見知らぬ女性を見つめる失業した若者の視線。「春の亡霊」の、家を捨てた母が娘の命日に高級ホテルの窓からかつての家を見つめる視線。

三作品ともに直接的な関係性の喪（うしな）われた世界が、まなざしによって再活性される瞬間がとらえられている。オシャレだが無機質とも思える都市空間に、孤独だが匿名の快楽を可能にする場が見えてくる。（与那覇恵子・文芸評論家）

（講談社・1700円）＝2000年9月7日⑥配信

壁画で米国のトイレを再生

「トイレのお仕事」（松永はつ子著）

著者は、二十六年のキャリアを持つトイレ壁画デザイナー。「感動を与えるトイレを作る」をモットーに、御茶ノ水駅のトイレ、臨海副都心・有明プロムナードのトイレなどを、独特の森や林の空間に変えてきた。その人が、ニューヨークの「公衆トイレ再生」に挑み、水族館のトイレに大壁画を描いて、海のかなたの排せつの箱を「グリーンオアシス」（著者の命名）に変えてしまった…という物語。

そもそも「なんでニューヨークか」というところが笑える。著者によると、この海外雄飛は以下の発想から誕生した。

一九四〇年代のニューヨークには、地下鉄駅だけで千六百カ所も公衆トイレがあった→しかし、市の財政難と犯罪の多発によって、九二年には使用可能なトイレが二十六カ所になってしまった→このまま他国の問題として眺めているだけでは気がすまない→私がトイレ改善の道筋をつけよう！

「早い話が大きなお世話なのかもしれないが」と著者自身が書いているが、まさに大きなお世話のこんな発想が自然にわいてくるということ自体、「ひとつのアート」である。

そして発想を現実に変える過程が、このうえなくパワフル。壁画を描くことが決まったニューヨーク水族館は、維持管理費用も寄付金でまかなわれている公共教育機関で、壁画制作費はまったく出ない。材料費、人件費などをねん出するためのスポンサー探しが、折からの不況で大難航する逆境のなかで、著者は希望を捨てず、強気に居直る。

「景気が上々の時期にだってすこしも恩恵を受けられなかった私である。なんで不景気の影響だけ受けなくちゃならないんだ」

使う人が快適と感じる壁画を描くには、現場での感覚が重要で、トイレ壁画制作は「ジャズのライブ演奏と同じ」と著者は言う。そういえば、この一冊丸ごとが著者のライブ。頭と体が合体した哲学が生き生きと噴出し、たぐいまれな明るさが、読者を励ましてくれる。（島本慈子・ノンフィクションライター）

（集英社新書・680円）＝2000年9月14日①配信

人々の中に生きる仏たち

「仏像が語る知られざるドラマ」(田中貴子著)

京都は東山。もみじで有名な永観堂禅林寺にある阿弥陀(あみだ)如来像は、左後方を振り返るように首を傾(かし)げているために「見返り阿弥陀」とも呼ばれる。

―平安後期、禅林寺の住持となった永観は、東大寺宝蔵に押し込められていた阿弥陀像を見つけ、それを赤子のようにおぶって京に帰った。一晩中、阿弥陀像のまわりを歩きながら一心に念仏を唱える永観。いつの間にやら彼の前を先導してくれる者がいる。見るとそれは、壇上に安置したはずの阿弥陀像だ。驚き立ち止まる永観に、阿弥陀像が首を左に傾けて、

「永観、遅いがな」

「禅林寺縁起」が語る、人と仏の結縁(けちえん)の物語だ。

近代、フェノロサ以来の価値観は仏像を拝むものから「美術品」に変え、さらに「哲学」や「思想」の高みにも押し上げてしまった感がある。もとの寺院を離れて博物館や美術館に展示されているのはそのためだ。

否。仏像は拝むものだ! というのが著者である。冒頭に出したような荒唐無稽(むけい)な物語縁起こそが―その話が本当であろうがうそであろうが―「この仏は、こうしてここにいらっしゃったのだ」と信じようとした人びとの切実な気持ちの存在を物語っている。この本は、そういった気持ちのたい積を大切にして書かれた、仏像入門書だ。

浄瑠璃寺(京都府加茂町)の吉祥天、三十三間堂(京都市東山区)の千手観音、鞍馬寺(京都市左京区)の毘沙門天など、全十五の仏像をめぐる縁起物語が語られ、人びとが仏像に引かれてきた理由を解説する。

映画のインディ・ジョーンズ博士が盗掘者に対して叫ぶ「これは博物館に置かれるべきものだ」という決まり文句。違うだろ、そこに置いておくべきものだろ、と思いながら…しかし、自国の仏像に関してはフェノロサのじゅばくから自由でなかった我々を、本書は解放してくれる。

季節もいい。そうだ、(仏像をじっくりとながめるために)京都へ行こう。(春日和夫・フリーライター)

(講談社・880円)=2000年9月14日②配信

百年後に誉められる仕事

「宮大工千年の知恵」(松浦昭次著)

国宝や重要文化財の寺社建築の解体修理を手がけてきた、宮大工の世界が語られている。著者は中世の建物が素晴らしいと、実際に建物に触れて、解体修理し、そう確信する。日本の建物の強さと美しさが最高点で調和していたのが、鎌倉と室町時代であるという。

日本建築の最高美は、軒反(のきぞ)りである。この微妙な曲線は美的センスと技術を要し、昔の工人の魂が込められている。

私たちは科学技術は現代が最高水準だと思いたい。今生きている時代が歴史の到達点であると、確信したいのである。コンピューター等のハイテクノロジーはもちろん日進月歩であるに違いないのだが、人間にはやはり許容量というものがあって、捨てていかなければ新しいものは得られないのである。

そうではあるのだが、昔のものの素晴らしさも忘れたくない。宮大工は長大な流れの時間の中に生きている。宮大工の仕事は今の人が誉(ほ)めてくれなくてもいいとして、著者はこのように語る。

「百年、二百年たってから誉めてもらえればいい。昔の大工さんは、俺(おれ)が建てたものは、俺が死んだ後も、ちゃんともってくれなくちゃ困る、何代ももたせるんだという気概を持って仕事をしていたんですよ。百年、二百年後の人を意識していた。だから、腕と知恵の限りを尽くして造った」

現実にたくさんの中世建築が存在していて、わかる人だけに語りかけている。著者はそのことをよく知っていて、できるだけ多くの人に語って聞かせなければ気がすまないのである。

職人話を聞くのは気持ちがよい。一言一言が体験と技術とに裏打ちされているから、話に厚みがある。自分の腕をちょっぴり自慢するのも、話に弾みがつく。

文化財を専門に修理する宮大工は、絶滅危ぐ種だと著者はいう。生息する環境がどんどん失われているからだ。それもまた、現代の寂しいかぎりの話ではないか。(立松和平・作家)

(祥伝社・1600円)=2000年9月14日③配信

人間の本質を描く

「きれぎれ」（町田康著）

かつて小説の多くは、病人や社会的敗残者を主人公にしていた。しかし一九七〇年、八〇年代にまん延したポスト・モダン以降、小説は病人や敗残者を描かなくなった。それは、小説が知識人や文化人の高等趣味に堕落してしまったからだろう。それと同時に、文学の地盤沈下や小説の危機が叫ばれ始めたのは偶然ではない。つまり、そのころから小説は、人間の本質を描く、という大きな目標を見失ったのだ。

町田康は、この「きれぎれ」という作品で、今回の芥川賞を受賞したわけだが、デビュー作「くっすん大黒」以来、すでに新人作家としては異例なほどに高い評価を得ており、芥川賞受賞も遅かったと言っていい。

さて、町田文学の魅力は何か。それは、敗残者や挫折者を主人公に据え、その喜劇と悲哀を、斬新（ざんしん）な文体やレトリックを駆使して、大胆に、かつ徹底的に描きつくすところにある。「きれぎれ」も例外ではない。この小説は、何の取りえもない愚かな放蕩（ほうとう）息子を主人公にしている。

父の死後、母が切り盛りする陶器店を、いやいやながら受け継いだ跡取り息子の「私」（「俺」）は、仕事に身が入らず遊び暮らしている。世間の常識を軽べつし、母親がセットした見合い話もぶちこわす。そのあげく、「ランパブ」の愚鈍な女と結婚するはめになる。そうしているうちに、予想どおり店は倒産、一文無しに…。すると男は、今度は、画家として成功し、派手な生活を送っている旧友に張り合って、自分も一流の画家になることを妄想しはじめる。

失敗と挫折を繰り返す、この軽薄な男の絶望と悲哀を自虐的に描きながら、町田が目指しているのは、「人間とは何か」という根本問題である。つまり敗残者こそ人間の本質をさらけ出して生きているのだ…というのが町田の人間観なのであろう。町田文学が、今、高く評価されるとすれば、その根拠がこの人間観にあることは言うまでもない。（山崎行太郎・東工大講師）

（文芸春秋・1143円）＝2000年9月14日④配信

昭和史を彩る名曲

「小沢昭一的　流行歌・昭和のこころ」（小沢昭一・大倉徹也著）

詩情が昔の流行歌にはあった。楠木繁夫の「緑の地平線」は「なぜか忘れぬ人故に」涙を隠して踊る麗人を歌った。当世風なら「忘レラレナイ人ダカラ」の浅薄になろう。

それに、慰めや励ましも昔の流行歌にはあった。住む家を焼かれ、衣食に事欠いた戦後、藤山一郎は「夢淡き東京」で「はるかに朝の虹も出た」春がすみの青空を爽（さわ）やかに歌った。遠くはディック・ミネの「人生の並木路」がそうだった。故郷をすてた貧しい兄妹に「生きて行こうよ　希望に燃えて…」。ミネの低音が胸にしみた。

無論、軽快なリズムもあったが、名曲の多くは小声になじんだ。「大声で歌う歌に、文化的な香りのするものはありませんな」、著者の述懐である。

大声で歌う軍歌が十五年戦争の時代に量産された。悪貨は良貨を、ではない、悪歌が良歌を駆逐した。

灰田勝彦が「燦めく星座」で歌い上げた男の心、「男純情の愛の星の色…思いこんだら命がけ男の心…」。が、「愛の星」がいけないと星をマークにする陸軍が怒鳴った。たかが女ひとりに命をかけるとは何事か！　とも。戦中、「マジメなバカ」の軍国少年だったのが、つらくてたまらないから小沢昭一は「軍歌ばかりは歌わないように心掛けている」

昭和歌謡史に燦然（さんぜん）だった懐かしのスターたち。「ああそれなのに」の美ち奴、「パピプペ〜〜パピプペポ」の杉狂児、「花もあらしも踏みこえて」直立不動の霧島昇、そして「巨人軍より永遠の存在」美空ひばり…。まこと、昭和史を彩る名曲はスターたちの長い長い墓碑銘なのだ。

人知れず埋葬される日本の放浪芸に、なお余命を与え、脱帽して評価した小沢昭一である。今またこの人は、鉱脈ともいうべき昭和の流行歌に行き当たり、その心を歌い、楽しみ、泣きながら甦（よみがえ）らせている。（木津川計・立命館大教授）

（新潮社・1700円）＝2000年9月14日⑤配信

研ぎつづけてきた詩魂　「明るき寂寥」(前登志夫著)

かつて著者は、「歌という抒情詩は、どこまでも已れの気息をはなれては、ついに成り立たない形式である。この自覚は、今日の文学として多くの断念を強いられる。この断念の深さこそ、已れの詩魂をすこやかに守る砦（とりで）だ」(「山河慟哭」昭和五十一年）と記した。本書をつらぬくモチーフも「已れの気息」と「断念の深さ」に支えられた「詩魂」への研ぎすまされた深いまなざしである。

「気息」とは現代の合理主義的な機械文明にあらがう「内面の思想」であり、「人間としての生の流れ」である。著者はそこに歴史と自然がひとつとなった人間存在の根源的な場所を想定し、そこにこそ合理主義によって衰弱した現代詩歌の回復の場があるとする。

さらに、「断念」とは日常の時間や断片的な人生の場を「絶対的な無の視線」によって断ちきり、世界全体に強いテンションとともに立ち向かうことである。

われわれの命が世界全体を感受することによって、はじめて日常にも永遠がのぞき、真に生のリアリティーをとらえ得る「詩魂」が回復されるのだ。それは古人が天体の不可思議を読み解きながら自身の存在の意味を問いつづけた行為と同じことだ、と著者は記す。

著者のこうした深々とした認識をはぐくんだものは山深い吉野の風土である。「山人」たちの古来の生活史をはらみ、豊かな想像力の所産としての「他界」をかかえた吉野山中にみずからを閉ざした著者は、この反文明的な風土との緊張関係によって「詩魂」をひとり研ぎつづけてきたのだ。

吉野山中の住人たちとの交流、年中行事、山川草木の精霊との交感などを楽しげにつづった随筆も重く求心的な詩歌論とともに収録されているが、古代歌謡や和歌、西行、自作などの引用が含蓄を添える。「自然のなかに再び人間を樹（た）てる」(「宇宙駅」昭和三十一年）とかつて記した著者の重厚な志の深まりを見せてくれる一書である。(島田修三・歌人)

(岩波書店・2000円)＝2000年9月14日⑥配信

感情を伝え合う動物の姿　「犬たちの礼節ある社会生活」(エリザベス・M・トーマス著、木村博江訳)

人間が五人、犬七頭、猫九匹、オウムが五羽。

種の異なるものどうしが一つの家に住むとき、そこにどのような暮らしの流儀が生じるのか。本書は、そのにぎやかな家に築かれていった「社会生活」の様子を書きしるした動物読み物である。

著者は五十年にもわたり、自分の飼い犬たちの表情や行動をつぶさにながめ、記録してきた稀有（けう）の観察者といえるだろう。

彼女は、ごく微妙なしぐさやサインに敏感であり、自分の感覚を信頼し、解釈にあたって経験に問いかけ、感情移入による飛躍を恐れない。

人間と分かち合うために、ポップコーンやアイスクリームを食べる犬。道に迷って車に戻れなくなった著者を助ける犬。そして、子猫の死を悼む猫たちの後ろ姿。

そこには、言葉をもたなくても、自分たちの感情を表現し、伝え合う動物たちの姿が生き生きと描かれている。

きびしく排せつのしつけがなされているはずの新入りの犬が、最初の朝、台所のドアに放尿したのはなぜか。朝食は立って、夕食は寝そべって食べる習慣はどうして生じたのか。猛烈に序列争いをしかけてくる新入りに対してとった、リーダーの女らしい解決方法はどのようなものか。

社会的な交わりを求め、集団に帰属したいと願う生き物たちの性向が、時にユーモラスに、時に切なくさえある。

人類学者でもある著者は、さらに、犬がなぜ人間をリーダーとみなすことがあるのか、深い洞察を示してみせる。キッチンで食事をねだる犬と、ナミビアのカラハリ砂漠で現地の部族と生きる犬と、十万年前の人間と暮らし始めたばかりの原始の犬を、同じ俎上（そじょう）に載せ、人間とのかかわりを解きほぐしていく。

自分の家の犬しか見えなくなってしまいがちな読者の目を開かせてくれる好著だ。(河合敦子・フリーライター)

(草思社・1900円)＝2000年9月21日①配信

言葉のアラベスク

「光とゼラチンのライプチッヒ」(多和田葉子著)

「言葉」というもの、その基本はむろん、「意味」と「音」である。だが、われわれはしばしば、伝達手段としての言葉に慣れ過ぎ、言葉の意味についてしか考えようとしない。

しかし実は、「言葉の音」とは、その「意味」のさらに底部に、「意味」のいわば土台として存在しているのではないだろうか。

この作品集に収められた十編の作品に共通するものは、言葉それ自体への執拗(しつよう)なこだわりであり、言葉の持つ多種多様な性格、性質への探究の営為である。それは時に、実験的な色合いも、濃く帯びもする。

「胞子」と題された作品の冒頭は「きのこさんは、『ききちがえた』というところを『きちがえた』と言う」という一節から始まる。ここでは「きのこ」「ききちがえた」「きちがえた」と、「き」の韻が踏まれ、更に「きちがえ」という音が「きちがい」という、不意の連想を引き起こす。

あるいは「ちゅうりっひ」という作品。その冒頭の一行も「じめん」「むごん」「いく、くうき」というふうに、語の音の連続、連鎖によって成立している。

筒型の万華鏡をくるくると回すと、目の前に何の形とも取れぬ、さまざまな形象が現れる。それをのぞき見ることは、いわば、意味とは無縁の、純粋快楽であろう。その快楽とどこか共通するように、私たちはこの作品集に、言葉と言葉、その音と音とがぶつかり合い、さまざまの化学変化を起こす、そのアラベスクを見るのである。その意味で、これは「読む」というよりも、「聞く」作品集、といえるかもしれない。

各編とも、その最終の一節に「意味」の剥落(はくらく)、その結果に表白されたような独特の乾いた叙情を漂わせている。「砂漠の歓楽街」の「ところが、ごみ箱を並べたような家並み、電線にかき乱された空には、夕日など見えない。遠くに低く連なる山脈または高層住宅が、玄武岩の怒り、白雲石の誇りを忘れて、つかみようのない砂の色をしている」などはその典型であろう。(辻章・作家)

(講談社・1700円)＝2000年9月21日②配信

家族のハーモニー奏でる

「ビタミンF」(重松清著)

読み終わって本をパタンと閉じたら、ぽっと暖かい湯気が立ったような気がした。人生は理不尽で残酷だけど、そう悪いものではないかもしれない。家族ってときにはお互いを息苦しくさせるものだけど、やっぱりいいものだなと素直に思った。

現代の家族を描いて定評のある著者による七編の物語である。思春期の息子、娘と父、妻と夫、老父と息子。さまざまな家族の日常にひそむ疵(きず)や悲しみや怒り、そして救いを丁寧なディテールで読ませていく。

「三十八年も生きて、じゅうぶんにおとなになって、幽霊が怖かったこどもの頃よりもずっと心細い思いで夜道を歩かなければ」ならないサラリーマン。「おやじ狩り」の少年たちに立ち向かう姿は、決してかっこよくはない。彼を支えるのは幼いときにくちずさんだ「仮面ライダー」のテーマソングだ。

四十歳ちかくなった父親から遠く離れてゆく娘や息子たち。ほんとうに、もうわかりあえないところにこどもたちはいるのだろうか。大人になった親は思い出す。自分にだって不安におびえた思春期があったこと。親がうっとうしく情けなく思ったことを。

十代の若者たちが変わってしまったと、したり顔で嘆くのは簡単だ。かつて私が取材したこどもの家庭内暴力やひきこもりに悩む親に共通したのは、言葉の貧困さだった。精神医学用語をふんだんに使うけれど、こどもにたいする生身の感覚を感じることがない。どうしてだろうと思っていたら、両親のあいだに会話らしい会話がないままに年月を重ねたケースが目立った。家族のなかに言葉がない、それを自覚していないことこそが問題なのだと感じたのだ。

この小説は、不器用な家族がしだいに言葉を得てゆく物語かもしれない。「(話す) きっかけがつかめない。歌でいうなら、歌い出しの音の高さを決められない」家族たち。この物語は家族というハーモニーを奏でている。(与那原恵・ノンフィクションライター)

(新潮社・1500円)＝2000年9月21日③配信

権威と自由の葛藤を描く　「小説『聖書』使徒行伝」(ウォルター・ワンゲリン著、仲村明子訳)

小説「聖書」旧約篇・新約篇を著したワンゲリンが、初期の教会を取り巻く出来事に焦点を当てたのが本書である。

前作の新約篇は主としてイエスの誕生から十字架上の死に至るまでの生涯を描いているが、実際、新約聖書にはイエスの生涯を主題とする四つの福音書のほかに、二十一の手紙が含まれている。そして、その手紙の多くの著者であり、また他の新約文書に多大な影響を与えたパウロという人物が、本書の主人公である。

「使徒行伝」の筋書きを用いながら、激動するローマ世界を背景に多様な人間模様の中で、パウロの生涯を演出する著者の文学的力量は秀逸である。聖書中のパウロの手紙は、時として難解な神学論争を含み、決して容易に読めるものではない。たとえば、後に信仰義認論と名付けられるようになった事柄もその一つである。しかし、そのような堅苦しいイメージを解きほぐすかのように、「信仰」という行為の中に、著者は生々しい人間の生き様を多重に織り込んでいく。

「正典」としてできあがってしまった聖書はある種の宗教的権威を帯びている。しかし、聖書という書物ができあがるはるか以前、まさに種々の権威(ローマの政治的権威やユダヤ教の宗教的権威など)との戦いの中で、「自由」への希求が繰り広げられた。

聖書の読者であれば、そのような原初的な情景へと一気に引き戻されていく「なつかしさ」を感じることだろう。小説「聖書」がキリスト教文化圏の国々で広く読者を獲得しているのは偶然ではない。

本書はまた「ユダヤ的なもの」が歴史の中で持つ独特の重みを知る上でも貴重な素材を提供している。ユダヤ人のユダヤ人性に対する認識と、後のヨーロッパの歴史は無関係ではない。

「日本的なもの」に対する前時代的憧憬(しょうけい)が奇妙にも横行しがちな世紀末において、二千年近く前の世界史の葛藤(かっとう)をつぶさに見つめてみるのも悪くはないだろう。(小原克博・同志社大助教授)

(徳間書店・1900円)＝2000年9月21日④配信

実践的な創造　「最後の国境への旅」(リービ英雄著)

ボーダーレス、すなわち「国境」のなくなる時代ということが、ちょっと前にいわれていた。いや、まだインターネットの発達や国際化時代ということで、この言葉は現代のキーワードとなっているのかもしれない。しかし、いくらインターネットや国際金融や多国籍企業が発展したところで、「国境」や民族の差異はなくならない。むしろ、国境紛争や民族間紛争は激化しているというのが、世界の大方の人々の実感ではないだろうか。

ユダヤ系アメリカ人の日本語作家が、日本の東北地方、そして中国の東北部を旅をした。それだけでも、彼は既に幾つもの「国境」を越えている。ユダヤ系アメリカ人であり、現在は日本の大学教師であり、「日本語人」として日本語の小説を書いている。

そうした彼が、近世以前は「みちのく(道の奥)」であり、非日本であった東北の地を旅し、さらに「満州」という、漢民族にとって異民族が支配し、一時は「満州国」という独立国だった(それ以前にもここには金国や渤海国があった)中国の東北部を旅する。そこで彼は豆満江、鴨緑江という「国境」の川を隔てて「朝鮮」を見るのである。

国境、すなわちボーダーが、目の前に見えている川の流れや海の面(時には地上を走る一本の線)であると同時に、それは彼の身体や言語や精神文化そのものを分割するように走っている。台湾、中国(大陸)、日本、アメリカ、韓国に居住(旅行)経験のある彼は、これらの国や地域と文化的、政治的に関係の深い「朝鮮」の土地を初めて眺望した。所収の一章「『朝鮮』を見た日」は、まるで一編の短編小説のようである。

その「朝鮮」が見える場所に来るまでに、彼は幾つの言葉、人種、民族、国民、文化の境界線(ボーダー)を越えなければならなかったことか。その経験は「物語」のようにしか紡ぎ出すことはできない。本書は、そのまま幾つもの「国境」を越える文化的越境の実践的な創造なのである。(川村湊・文芸評論家)

(中央公論新社・1900円)＝2000年9月21日⑤配信

壮絶なドキュメント

「最初に父が殺された」(ルオン・ウン著、小林千枝子訳)

一九七五年の日本の街角。レコード店から「シクラメンのかほり」や「ルージュの伝言」が流れ、書店には「複合汚染」や横溝正史のミステリーが並んでいた。同じころ、カンボジアは「二十世紀最後のホロコースト」、ポル・ポトの恐怖政治の時代を迎え虐殺、飢餓、レイプ、強制労働、家族離散が繰り返されていた。

その年、著者ルオン・ウンは五歳。政府の高官であり、深い知性と寛大さを持った父と優しい母、六人の兄姉妹たちと、なに不自由ない日々を送っていた子ども時代は無残にも破壊される。都市住民の農村強制移住政策によって家を離れ、村から村へと移り住むことになったからだ。ルオンが当初追い込まれた不安や不満、空腹や疲労は、その後に続く果てしない恐怖の体験の前兆でしかなかった。

彼女たち「新人民」を待っていたのは、厳重な監視の下での絶対服従と強制労働だった。

ある日、姉は赤痢で死亡する。名ばかりの病院で、汚物にまみれながら。すべてが「ある日、突然」だった。そしてある日突然、兵士が父を連れに来た。「おまえはダイヤモンドの原石だよ」と言っていた父は、彼女をしっかりと抱きしめてから、震えながら見送る家族を一度も振り返らず「赤と金色の地平線へと消えて」、二度と帰らなかった。

母はルオンたちに、遠くに逃げ、名前を変え、孤児と偽り労働キャンプに入れと命じる。助かるためにはそれしかない、と。それは父の遺志でもあった。

わずか四年余で二百万人を虐殺、餓死させたポル・ポト時代を生き抜いたルオンは兄夫婦と渡米し、現在は、地雷廃絶キャンペーンのスポークスパーソンを務めている。

自分が目撃し、体験してしまったことを、語り続けること。それが、体験してしまった自分の責任のとりかたなのだ、と信じて。幼い女の子の視線でつづったこの壮絶なドキュメントが、一人でも多くの人を「無関心」という名の心の牢(ろう)獄から解き放すことを願わずにはいられない。(落合恵子・作家)

(無名舎・1900円)=2000年9月21日⑥配信

旅の体験と自己への視線

「地球を抱いて眠る」(駒沢敏器著)

タイトルのロマンチックかつエコロジカルなにおいになんとはなしに抵抗感を感じる人がいるなら、そういう人こそ楽しめる本だ。

著者はさまざまな土地を旅する。屋久島、バリ島、三宅島、オーストラリア…。さまざまな体験もする。年齢退行催眠。天地人一体法という「大地にうつ伏せになる癒(いや)し」。めい想。イルカと泳ぐ。禅寺を訪れる。

となると、癒しを求め、ニューエージにかぶれる、いささか極端で単純な人間像が浮かんでしまうかもしれない。確かに年齢退行催眠では六カ月の胎児になって号泣し、天地人一体法では「地球を丸ごと抱いているような気が」して「最後は宇宙に浮かんでいるような気も」したと書く。

その一方で、サンフランシスコの修行僧たちは「数学を専攻している優秀な大学院生みたい」で、彼らがこもる禅寺は「仏教的サナトリウムのようだ」と違和感を抱く。めい想によって特別な能力が引き出されたと信じこむ友人には危うさを直感する。イルカは人間を癒すとうのみにする者たちに対しては「結局のところ、それは、自分だけよければいいということと同じことなのだ」と思い至る。

こうした冷静な視点が保たれているからこそ、ハワイの石伝説も、目に見えないものの力の存在も、すんなり入ってくる。

「どうして僕はこんなところで、そしていったい何をしているのだろう」というブルース・チャトウィンの言葉を前書きで引いた著者は、しかし、いわゆる「自分探し」のために“辺境”に行き、目新しい体験に飛びつくのではない。今の自分を否定して眠れる能力を求めているのではない。

「そこで目にするものは、いつもの自分の姿なのだった。その自分の姿を、普段はあまり見ていないだけであることに気づかされた」。そう後書きに記す。だからこそ時に日常から少し離れた空間あるいは時間に身を置くのだ、と。地球を抱いて眠る、それも一度ぜひやってみたいと思わせるのだ。(片岡真由美・ライター)

(NTT出版・1700円)=2000年9月28日①配信

各国の取り組みを紹介

「メディア・リテラシー」(菅谷明子著)

メディア・リテラシーとは日本ではまだ耳慣れない言葉だが、メディアを批判的に理解してゆく学習のことだ、と著者はいう。では、その学習とは実際にどんなふうにすすめられているのか、世界を駆けめぐり数年間に及ぶ実地調査の成果をまとめたのが本書である。

メディア・リテラシーの先進例といわれるイギリス、カナダ、アメリカでの多様な活動を生き生きと紹介していることがこの本の最大の魅力だ。

国語教育のなかでメディアや映像のはたらきについて学習させるイギリスの例、カナダの教師たちによる「メディア研究」授業の実際、メディア・リテラシー活動を支援する世界初のカナダのテレビ局の活動、ニュースやCMにたいするアメリカ市民の創意に満ちた監視・批評活動など、出てくるエピソードはどれも新鮮で興味深い。

メディアの批判的理解とは、たんに「俗悪番組」の発見や非難ではない。ニュースやCMの制作を実地に経験することでメディアの提供する情報がどのように組み立てられているか理解する—そんな活動もメディア・リテラシーにはふくまれているからだ。

著者の行き届いた目はそんな活動全体をバランスよくとらえ、「テレビの見方が変わった」といった子どもたちの反応をよくつたえている。ときには自らも飛び入りで学習活動に参加し、現場の取材をじっくりつみ重ねてきた成果だろう。

残念ながら、日本ではまだ、メディア・リテラシーの意義や役割がよく理解されていない。「FCT市民のメディア・フォーラム」などを除くと、活動の実際例も数少ない。青少年にたいする各種メディアの影響力が世界でもきわだって強いことを考えれば、この状況は異常だ。

最近の少年事件報道についても、メディア・リテラシーの観点からの検証がぜひとも必要だと思うのだが。IT革命とやらに踊らされる前に、メディアを読みとく私たちの眼力こそが必要だと本書は教えてくれる。(中西新太郎・横浜市立大教授)

(岩波新書・660円)=2000年9月28日②配信

醸成された上質の語り

「現代の民話」(松谷みよ子著)

松谷みよ子は、希有(けう)な語り手である。児童文学から小説・エッセイまで、耳を傾けるひとを引きつけてやまない。

本書も、その魅力を存分にいかす構成となっている。艶笑譚(えんしょうたん)「上下ふたつの口」に始まり「きつね話」「神隠し」、そして「夢の知らせ」「あの世」「幽霊」と続き、「軍隊」「学校」から笑い話「爺(じい)と婆(ばあ)」で語りおさめる。

話にはたいがい報告者がいて、松谷は編者にすぎないのだが、いかにも上質の語りに醸成されている。「お豆腐をつくる時、最後にニガリを足すときゅっとしまる。話もそれとおなじ」というが、本書の出来はまさにそれである。

「現代の民話」に関する松谷の研究上の面目は大きくいって二つある。

ひとつは、膨大な話群を資料化し、民話研究の新しいジャンルを確立したこと。「民話といえば、昔、あるところに、であり、遠い祖先の物語と思っていた視点を抜け出すと、何と奥深い世界が見渡せることだろう」という指摘は鋭い。

「遠野物語」から出発した日本の民話研究は、民俗学という学問になったとたんに「民話」をうさんくさいものだと思い始めたふしがある。語りは遠くまで調査旅行をしなくても、身近に聞ける。子供たちの語る「口裂け女」や「トイレの花子さん」などの「学校の怪談」がよい例である。夢や怪談の根をたどれば、たちまち江戸や室町にいたるのだ。

ふたつ目は、「軍隊」「公害」「学校」などという新しい語りを「現代の民話」に加えたことである。広島・長崎の被爆の語り、七三一部隊や南京虐殺の語り、足尾・水俣のような公害や「いじめ」の語りは「あったこと」であり、事実を語る人がいる。これを、どう継承するか。

松谷はこれを記録し、さらに「まちんと」や「わたしのいもうと」のような作品に昇華してきた。重いテーマだが、本書にはそのエッセンスもギッシリつまっている。(樋口淳・専修大教授)

(中公新書・700円)=2000年9月28日③配信

失った時間への慈しみ　「奇蹟のようなこと」(藤沢周著)

ここのところ、次々と意欲作を発表している藤沢周氏の新作は、新潟市内の高校に通う少年の内なるもがきを、鮮やかにつづった連作短編集である。

ゲンと呼ばれている主人公の「私」は先輩から譲り受けた、裏地に竜の金刺繍(ししゅう)のある学ランを着て、ボンタンという幅広ズボンをはき、つぶしたかばんを脇にかかえ足をひきずるようにして歩いている。そのいでたちからわかる通り、時代は一九七〇年代後半、著者の青春時代が反映されていると見ていい。

十七歳の「私」は柔道部に所属していて、それなりに活躍しているが、クラシックギターも習っている。柔道の試合の前、ギターのためにひそかに伸ばしていたつめを切るか切らないかで五時間も悩むような、どこにでもいる少年だ。時々、授業をサボっては屋上や喫茶店で、いつもの仲間たちとタバコを吸いけんかもするが、不良というわけでもない。

その中途半端さ加減へのいらだちと焦燥、将来への不安と脈絡のない妄想、そして狂おしいほどの性的衝動とむなしさ。父親への屈折した思いと、仲間たちとの不器用ながらも温かいやりとりなど、たくさんの矛盾をかかえエネルギーを持て余す少年の心の消耗が、いたたまれなくなるほど、ひとつひとつていねいに描かれている。

いたたまれなくなるのは、時々「今にして思えば」という、現在の「私」の視線が登場するせいもあるだろう。あのころわからなかったことが、今になってはっきりわかるという回想には、もう取りもどせないという喪失感がつきまとい、やはり哀(かな)しい。

それでも作者は、あの奇跡のような青春の日々、忘れかけていた胸がかきむしられるような感覚を、新潟の風景のなかに追い求め、その一瞬一瞬を思い出し、よみがえらせようとしている。そこに気負いもてらいもない。そして失った時間への限りない慈しみがある。だからこそ、少年の心の動きが普遍性を持つにいたったのだと思う。(白石公子・詩人)

(幻冬舎・1500円)＝2000年9月28日④配信

自分の死と向き合う　「ただマイヨ・ジョーヌのためでなく」(ランス・アームストロング著、安次嶺佳子訳)

ランス・アームストロングは、栄光の絶頂を目指す急な坂を駆け上がっていた。世界の自転車競技界のトップ選手となった彼は、二十五歳とまだ若く、成績は右肩上がり。真の王座は目前だった。その彼を突然、悲劇が襲う。悪性の睾丸(こうがん)癌(がん)。生存率はきわめて低い。

本書は、癌によって栄光へのレースから“落車”したレーサーが、病魔と正面から立ち向かい、奇跡の生還を果たしたばかりか、選手としてカムバックして、世界一過酷なツール・ド・フランスで優勝するまでを、本人自らがつづった感動的なノンフィクションである。

奇跡は続いた。ランスはカムバック後、キークという女性と結婚。睾丸切除手術の前に精子バンクに預けておいたランスの精子を用いて、体外受精に挑み、子供まで授かるのである。

「死の恐怖を前にした時、人は一人一人、異なった対処の仕方をする。あるものは否定し、あるものは祈り、あるものはテキーラで紛らわそうとする。だが、僕たちは死に対し、正面から向き合うべきではないだろうか。勇気だけを武器にして」

勝利者だけが口にできる言葉である。だが、彼はいったい何に勝ったのか。

ランスは「ツール・ド・フランス優勝者といわれるよりは、癌生還者の肩書きの方を選ぶ」と書く。「それは癌が、人間として、男として、夫として、息子として、父親としての僕に、かけがえのないものを与えてくれたからだ」と。

題名のマイヨ・ジョーヌとは、ツール・ド・フランスの各ステージで、それまでの総合タイムがもっとも速い選手が着る、栄光の黄色いジャージーのこと。原題は「イッツ・ノット・アバウト・ザ・バイク(これは自転車についての話ではない)」。その通り、これは狭義のスポーツノンフィクションではない。人はだれであれ、いずれ自分の死と向き合う。そのときどう覚悟を定め、生きるのか。それこそが本書の主題なのである。(岩上安身・ノンフィクション作家)

(講談社・1700円)＝2000年9月28日⑤配信

ロマネスクな小説

「沈黙博物館」（小川洋子著）

メディア・テクノロジーや電子コミュニケーションの発達の中で、私たちの記憶の質は未知の領域に入りつつある。パソコンのデスクトップの中で語られる手触りや温度のない言葉や、取り引きされる物たち。

著者は、そうした私たちの逃れようもない「現在」あるいは「未来」の記憶の質に一線を引くように、死んだ人々が残した品に光をあて、生の痕跡をまさぐりだそうとしている。

物語は、若い博物館専門技師"僕"が、無名の小さな村にたどりつくところから始まる。依頼主は広大な屋敷に住む「老婆」。彼女は、死んだ村人たちのそこに存在していた証拠である形見の品をコレクションし、人々の生を風化させない博物館を作ろうとしている。

この小説の中で目を引くのは、人物たちにいずれも名前がないことだろう。登場するのは「僕」と依頼主の「老婆」、「僕」の仕事を手伝う「老婆」の娘や庭師の若者、さらに沈黙の行にとりつかれた伝道師たち。

人々から周到に名前が消されているのは、「老婆」によって収集され、沈黙を守ったままの形見の品々こそが主人公だからだ。物たちが息を吹き返し、記録というスポットライトを浴びていくのとは逆に、少しずつ村に閉じ込められ、出口を失っていく「僕」。

「娼婦（しょうふ）」の体の中から発見された避妊リング、百九歳で死んだ外科医の残した耳縮小専用手術用のメス、売れない女画家の残した三十六本の絵の具。

この小説の中ではどんながらくたも、形見として選ばれた時から豊かな過去を与えられ、永遠を生きる親密なものとして描かれる。

同時に著者は、コレクターと呼ばれる人の狂気の本質を「乳首切り取り猟奇殺人事件」としてさしはさみ、物と人との間にあるミステリアスで不可解な情熱を暗示することも忘れない。

世界という広大無限の場からこぼれおちていく、物と記憶をとどめようとしたロマネスクな小説である。（稲葉真弓・作家）

（筑摩書房・1800円）＝2000年9月28日⑥配信

時代が「未来」を追い越す

「パスト・フューチュラマ」（長澤均著）

垂直から水平へ。このメタファーこそが、本書のカギとなる。

まず、SF映画にしばしば登場する中央にそびえる塔状の巨大なコンピューターのイメージを思い浮かべて見てほしい。この巨大な装置は空間的には垂直に屹立（きつりつ）することによって、上下関係という極めてわかりやすい権力構造を表現している。また直線的に進みゆく、つまりは過去から未来へと進行する時間を肯定することになる。

対するは、個々人の所有物として拡散してしまった現代のコンピューターたち。この状況は空間的には、水平化ということになるであろう。時間的にも、それは平面状に拡散するイメージととらえられるのではないだろうか。

この二つのコンピューターの様態は本書の中で描かれるアメリカにおける二つの事象とぴったりシンクロしている。まず持てる者と持たざる者との権力関係を如実に反映するものでもあった、高さを志向した一九二〇年代高層ビルの建築競争。これに対し、第二次世界大戦終了後に始まった郊外生活。そこではテレビや雑誌によって情報が均質化し、かつてない規模での国民の平均化が進行した。

こうした社会の変容の中で時間イメージも垂直から水平へと移行した。進歩と前進が信じられていたモダンの時代には、テクノロジーは新しい「未来」像を製品やデザインを通して追い求め、万博やSF映画は奇妙な「未来」像を提示した。けれども、一九七三年前後に、テクノロジーの発達速度がとうとうSF的想像力を追い越してしまった。

つまり、時代は「未来」を追い越してしまったわけだ。その途端、時間イメージも破たんし、あとには方向性を欠いた平面だけが残された。そこでは、「未来」と「過去」の間にもはやさしたる区別は無く、そんな中で、「過去」が「未来」として提示されるレトロな未来イメージが横行するに至るというわけだ。

見ごたえのあるパノラマである。（遠藤徹・同志社大専任講師）

（フィルムアート社・2400円）＝2000年10月5日①配信

なにかに心打ち込むこと

「すばらしい新世界」（池澤夏樹著）

人間として生まれ、自分がどう生きるかと、かんがえない人は少ないとおもうが、そのことを追い求めて生きるのが、逆にわたしたちの一生だと、感じるときもある。こうありたいと強くおもう人、またなにもかんがえずに生きていると言う人も、そのことを意識しているからだという逆説も生まれてくる。

来世までの永遠を祈る人も、現世の幸福を願う人も、みな生きる基準は違うが、それぞれの幸福をおもわない人は稀（まれ）だろう。

どこに価値基準をおくかで、生き方や生活はずいぶんと異なってくる。家族。趣味。あるいは政治や宗教。それぞれのことをより所にして、わたしたちは生きているが、多くの煩悩（ぼんのう）の中で、悟るということはなかなかにない。

欲望を押さえ込むことができたとしても、別のおもいが芽生えるか、またなにかに心を添えようとする。さまざまな感情を持っている人間が、実はほかの動物よりも、いちばん弱く、迷う動物ということにもなる。

著者は本書でそのことを巧みにとらえていて、たとえば、夢を持つには、知識と技術が必要だと書き、宗教は永遠と無限を求めると説く。小説はヒマラヤの奥地に風力発電を設置しようとする男の物語。そこで出会うチベット宗教や、農業支援をする老日本人、あるいは文明から、いちばん遠くにいる人々の日常を見て、生きるということや家族愛が、どういうことかと問うた作品だ。

電子メールや携帯電話で、自分のおもいが時空を越えて即座に伝わる。物事の処理も短時間でできる。多大な利便性を手に入れたが、ゆったりとした時間に身をおくことも、心静かに生きることも少なくなった。

現代社会は、利便性を追求するわたしたちの英知でもあるが、逆に人間性の喪失でもある。生き方や環境は違え、なにかに心打ち込むことが、幸福なのではないか。その問いかけが本書には強くある。（佐藤洋二郎・作家）

（中央公論新社・2300円）＝2000年10月5日②配信

私とは何か、問う

「体は全部知っている」（吉本ばなな著）

私とは何なのだろう、私はいったいだれなのだろう。私はどうしてここにいるのだろう、私はこれからどこへ行くのだろう…。

十三の短編小説がそれぞれに響きあってそんな問いかけが伝わってくるようだ。ふりかぶって問いかけてくるのではない。磨かれて単純化された文体の行間から主人公のつぶやきのようにそれが聴こえてくるのだ。あるいはそれは幻聴かもしれない。

いずれにしても私たちの目の前に十三の短編があって若い女性がそれぞれに語り続ける。みな同じ〈私〉と考えるも良し、みな別々の〈私〉と考えるのも間違っていない。あれこれせんさくしない方がいい。十三の短編そして十三の〈私〉は個々別々に描かれ、響きあいながら跳躍しているようだ。

もし彼女たちをつなぐものがあるとしたら、この短編集の標題がそれだといえようか。〈体は全部知っている〉とさらりと言ってのけた〈体〉が十三のみんなを一つにしている。父や母や姉や妹や男友達が彼女たちをとり囲んでいる。家族とか血のつながりという考えればやっかいな問題を頭で解決しようというのではなくて、〈体〉が知っているという気分であろうか。

〈人間がずっとくりかえしてきた営みに参加している自分〉を〈奇妙に遠くから眺める気持ち〉を知っている若い女性の主人公。よく見るとそこに存在しているが、彼女の〈体〉は透明で素通しのようだ。目の前にひきつけられる山や樹木あるいは人を意識したときにだけ〈きれいなもの〉あるいは〈魂の色〉を感じる彼女が在る。

〈体〉は、感じとったものを映し出すキャンバスかスクリーンにたとえてもいい。

〈体〉は十三の話の内に人と人、私の変化や成長を映しとって見せてくれる。そこから伝わってくるひとたちの営みが、心に響いて安らぎを与えてくれる。一人の〈私〉が大勢の人間の中でくっきりと輝いているのだ。（栗坪良樹・文芸評論家）

（文芸春秋・1143円）＝2000年10月5日③配信

熱い思いで資料や秘話

「駅弁学講座」(林順信、小林しのぶ著)

季節は秋、いっぱいに開けられた車窓から、さわやかな風。蛇行する川沿いを飾る紅葉。列車はゆったりと駅に入っていく。プラットホームでは、待ちかまえたように駅弁の立ち売りの声。早速窓から顔を出して売り子を呼ぶ。発車時間になって列車が静かに動き出しても、売り子は全然あわてない。さすがプロ、ホームのぎりぎりまでやりとりをしている。

「駅弁」と聞いて浮かぶシーン。

実は、昭和三十六(一九六一)年生まれの私にこんなドキドキの体験はない。映画の見すぎかもしれないが、駅弁の掛け紙をはずすとき、こんな光景が"よみがえって"くるのだ。

本書には、駅弁のきちんとした発祥の説から、「いかめし」「鯛(たい)めし」といった名物駅弁の誕生物語、駅弁の歌から現代の駅弁の新しい形まで、ぎっしりとおいしいおかずが並んでいる。ダンディーだった駅弁売りのいでたちの記録、明治三十九(一九〇六)年には表示内容が指定されていた駅弁ラベルなどが資料として登場していて、決して映画の世界に終わらない実感がもてる。

「エー弁当いかが。エーサンドイッチいかが。エー新聞にマッチいかが」

「弁当にすし―、パンに玉子」

明治三十五年、前者は大船駅、後者は実利的な大阪駅の呼び売りの声。関東の笹切りと関西のバラン。地域の色は、呼び売りだけでなく随所に現れている。おてふきの元祖は横浜の崎陽軒で昭和三十年から。そんな秘話も、片隅にピリッと添えられたわさび漬けみたいで、ご飯がすすむ。

二千―三千種もある駅弁だから、これまでにも本は数多くあった。掛け紙のコレクターも多い。デパートの駅弁フェアは日本人特有の趣味の世界でもある。

駅弁のどこがそんなにおいしいのか。小学校三年生から駅弁に親しんできた著者、林順信さんならではの熱い思いが、「駅弁学」として結実している。(熊谷真菜・生活文化研究家)

(集英社新書・695円)=2000年10月5日④配信

ほれぼれするセリフの数々

「20世紀最後の戯曲集」(野田秀樹著)

一九九八年から二〇〇〇年にかけて、上演された三本の戯曲が収められている。いずれも、世紀末の日本の演劇界を、力強くリードした作品たちだ。どの芝居も、私は三回以上見た。そうせざるを得ないほど、魅力的なものだった。

劇場では、俳優としての野田秀樹、そして演出家としての野田秀樹に、目を奪われがちだ。今回、あらためて戯曲という形で読んでみて、劇作家としての野田秀樹も、ただいま絶好調だなあと感じた。

「Right Eye」は、野田自身の右目失明という体験に基づいて書かれた。そのことを明確に押し出している点、野田作品としては異色といえる。が、そこはクセモノの劇作家。体験や事実であることを巧みに強調しつつ、実在した報道写真家を登場させ、野田自身がパパラッチに追い回された経験なども生かし、そのことを楽しみながら、結局は「見る」ことの本質に迫る、みごとなフィクションを作り上げている。

「パンドラの鐘」は、長崎を舞台に、なぞの古代王国と、その発掘事業の現場との物語が、交互に展開しつつ、やがて交わり重なり、「頭の上でもう一つの太陽が爆発する日」へと収れんしてゆく。王とは何か？　戦争とは？…スケールの大きな問いに、女王と葬式屋の男との、切ない恋愛がからむ。

この作品は、野田秀樹自身の演出と同時に、蜷川幸雄による演出でも上演され、話題となった。好対照を見せる二つの芝居は、野田戯曲の豊かな可能性を示していた。

「カノン」は、「原風景としてのあさま山荘事件」をモチーフとして、集団の論理、自由と思想…といったハードなテーマを扱った力作だ。この眉間(みけん)にしわが寄りそうな主題を、芥川の「偸盗」を下敷きにして、実に楽しく、ちゃんばらのように、わくわく描く。

三作品とも、ほれぼれするようなセリフがあって、それを活字で味わえるのも戯曲集を読む喜びだ。(俵万智・歌人)

(新潮社・1500円)=2000年10月5日⑤配信

自分のことを決められるか

「スポーツ倫理を問う」（友添秀則・近藤良享著）

「スポーツ倫理を問う」とタイトルは真っ向上段に振りかぶっているが、中身はかみ砕いていて分かりやすい。これからスポーツ指導者やスポーツライターを目指す若者には、ぜひ一読を勧めたい好著である。

ここでは第三章「個人と自律の倫理学」の中から「辰吉丈一郎選手の問題を考える—自分のことは自分で決められるか」を取り上げてみたい。

元バンタム級世界王者の辰吉丈一郎は一九九三年、左目の網膜剥離（はくり）の手術を受けたことが原因で、日本ボクシングコミッション（JBC）からライセンスを停止された。「網膜剥離の選手にはライセンスを発行しない」との内規があったためだ。

しかし、これを不服とする辰吉は、眼疾は完治したとして、JBCルールの及ばない米ネバダ州で試合を強行、既成事実をつくった上で「特例」として日本でタイトルマッチを行った。

辰吉の一連の行動は「ゴリ押し」「当然の権利」と業界を二分する騒ぎになったが、著者は①判断力のある年齢である②失明の危機があっても主体的に挑むのは本人の個性・人格—などを理由にボクシングの継続を支持する。「職業選択の自由」「幸福追求権」も付け加えた。要するに自分の身の振り方は自分で決定すべきだという考え方だ。

基本的には私も同意見だ。判例もある。八一年、WBC世界王者モーリス・ホープは網膜剥離の手術が成功したにもかかわらず、復帰が認められなかったため、ロンドンの裁判所に提訴。そこでは「生活権」が争点となったが、勝訴したのはボクサーだった。

しかし、それでも私は傷病を抱えたボクサーには引退を勧める。「最後はキミの自由だ。キミが判断すればいい」と告げるのが正しいのだろうが、深刻なダメージを背負って第二の人生を歩む姿を何度も目の当たりにするにつけ、もうきれい事は言っていられない。見解の相違は学者と取材者の違いによるものだと理解していただきたい。（二宮清純・スポーツジャーナリスト）

（大修館書店・1800円）＝2000年10月5日⑥配信

迫真のドキュメント

「ぼくは『奴隷』じゃない」（中日新聞社会部編）

息つくのも忘れて、一気に最後まで読み終えた。本書は、今年四月初めに発覚した名古屋の中学生による五千万円恐喝事件の取材班が、新聞連載をもとに書き下ろした迫真のドキュメントである。

まじめなどこにでもいる少年が、ふとしたきっかけで同級生から金銭を要求され、従わないと暴行を受けるようになる。父を亡くして間もない母子は、学校にも警察にも型どおりの対応しかしてもらえず、命さえ助かるならと、恐怖と無力感でまひした心で巨額を払い続ける。少年をひん死のふちから救ったのは、入院先で出会った、暴力団組長の息子という経歴の青年とその入院仲間だった。

それにしても、日本人は、何と悲劇から学ぶところの乏しい人間なのだろう。六年前、愛知県内で大河内清輝君のいじめ自殺事件が起こったとき、やはり同社社会部が出した「清輝君がのこしてくれたもの」を再読してみたが、経過も対応もあまりに似ている事実に悄然（しょうぜん）とする。

さらに今回は、加害者もまた被害者だという三重恐喝の構図が浮かび上がったのだ。今度こそ本音で論議し合えば…という記者の楽観的コメントは、さすがにもう、どこにも見えない。取材体験から立ち現れてきた底深い疑問を、生のまま読者に投げかけてくる。

とくに後半の加害少年の家族への取材は圧巻だ。郊外の新興住宅街、進学校、それぞれに一生懸命働き、子どもを思う親たち。これまでの悲惨な少年事件に共通して語られる背景が、ここでもかいま見える。現代の子育てが、いかに薄氷の上に成り立っているか。親子でさえ、心通じ合わせるのにどんな代償を払わねばならないか。

そして、もう一歩を踏み込まず、見えないふりをする「あなた」も、この事件を生み出した責任ある大人の一人だ—というメッセージは痛烈だ。本書を開いた後で、近所のコンビニ前で喫煙してたむろする少年たちの横を、もはや平静な心で通りすぎることはできないだろう。（高石恭子・甲南大助教授）

（風媒社・1600円）＝2000年10月12日①配信

胸をつく事実の描写　「ヒト・クローン無法地帯」（ローリー・B・アンドルーズ著、望月弘子訳）

邦題は無法地帯となっているが、事件簿といった方がいいかもしれない。著者は長年にわたり、生殖技術が引き起こす数々の社会問題に第一線でかかわってきた法律家。自分の体験に、収集してきた膨大な資料を加え、日本には断片的にしか伝わっていないさまざまな出来事を鮮やかに再構成して、とても読みごたえのある本に仕上がっている。

扱うテーマは体外受精や代理母、精子バンクからヒトゲノム計画、クローンまで幅広いが、なんといっても圧巻なのが生殖医療の現実を描いた前半部分だ。

洗浄が不十分な器具で精子を扱ったため別の男性の子供が生まれてしまったり、黒毛に目が茶色の精子ドナーを頼んだはずが、赤毛で緑色の目の子供ができてしまったり、遺伝病の素因を持つ学生の精子で人工授精したために生まれた女児が発病してしまったりと、不妊クリニックの現場は悲劇的な事件に事欠かない。

著者は、生殖医療が不妊の女性たちの福音になると信じてきた。だが、数々の訴訟を手がけるうち、医者も研究者も実際は金もうけしか頭にないことに気づく。中には経費を節約しようと患者の胚（はい）や卵を無断で他人に移植したり、好みに合った精子を使うと約束しながら自分の精子で何十人もの子供をつくったとんでもない医師もいる。

一方法律はというと、いつも問題が起き裁判になってあわてて議会が動くというていたらく。その時にはすでに子供は生まれてしまっているのに、だれも責任を取ろうとしない。

中絶胎児を冷凍保存するサービスも、ドナー精子からできた子供がテレビ番組で「パパに会いたい」と訴えているのも、クローン作成を教義にするカルト教団も、みんな今この地球上で起きている現実の出来事だ。

生殖医療というと大仰な評論も多いが、著者の体験に基づいた本書の淡々とした事実の描写はかえって深く胸をつく。その谷間からは、科学者のモラルに頼る無力さを痛感した著者のため息が聞こえてくる。（大島寿美子・ジャーナリスト）

（紀伊国屋書店・2300円）＝2000年10月12日②配信

経済学上の盲点つく　「消費資本主義のゆくえ」（松原隆一郎著）

この間の不況の長期化の一因として、消費の低迷がしばしば主張される。規制緩和などが進行する中で、価格は低下し、外国製品も身近になり、選択の範囲も広がった。にもかかわらず消費は低迷している。

だが、そもそも、景気を押し上げるために消費を量的に拡大せよという、数字合わせの政策的な発想の方に無理があるのではないだろうか。オーソドックスな経済学は、消費者主権などという割には、消費には重要な関心を払っていないし、せいぜいモノの価格が下がれば、全体としての消費水準は増大するというぐらいの位置づけでしかない。

だが、この巨大な消費社会で一体、消費者はどのように行動しているのか。このほとんど経済学上の盲点をついたのが本書である。

本書の中心となるのは、戦後の日本の消費社会史とでもいうべき部分で、著者は、戦後日本を四期に分けて消費の意味の変遷を描き出している。

スタンダード・パッケージが確立した高度成長期はまた、ダイエーに見られる低価格・量販のスーパー方式が確立した時代であった。だが、この「流通革命」も、一九八〇年代の多様化の時代をへて今や苦戦を強いられている。ダイエー方式に取って代わったのは、「死に筋管理」によって徹底して無駄を省いたコンビニであった。ここでの著者の分析は、さまざまな文献の適切な整理にもとづいた説得力のあるものだ。

だが、そうであればあるほど、日本経済の到達点が「コンビニ」であったという事実には、とまどいを禁じ得ない（これは著者も表明している）。コンビニ、ファミコン、インスタント食品、アニメなどを生み出した日本の消費経済とは一体何だったのだろうか。

日本の消費文化が、長期雇用などの日本的経営と結びついていたという著者の指摘も適切である。それが変化しつつある今、日本が生み出した「文化」としての消費の意味をあらためて論じる必要があることはまちがいない。本書はその適切な手引きとなるだろう。（佐伯啓思・京大教授）

（ちくま新書・660円）＝2000年10月12日④配信

事実を刻み込む教育 「21世紀の子どもたちに、アウシュヴィッツをいかに教えるか?」(ジャン・フランソワ・フォルジュ著、高橋武智訳)

「アウシュヴィッツを繰り返すな」というテーマの書物は、枚挙にいとまがない。その多くは、惨劇がなぜ起こったのかという問いに回答を出そうとした。しかし、本書の出発点は「なぜ」ではなく、アウシュヴィッツが実際に起こった、その事実をみつめることにある。

本書は、フランスの高校の歴史教育担当者による、はじめての本格的な実践報告書である。教育現場での課題は、事実を子どもたちの意識レベルにきちんと刻み込まれるように教えること。一見シンプルだが、内実は深い。アウシュヴィッツをいかに教えるかという問いに、どんな人間教育が必要かという答えを返してくれる。その意味で本書は、教育哲学の本でもある。

歴史は、平然とわい曲されている。その先頭は、アウシュヴィッツや南京虐殺を否定する「歴史修正主義」。しかし、著者は、悪の告発のために悲劇を誇張するような歴史記述も断固として退ける。ゆがめられた事実は、「修正主義」につけ入るすきを与えてしまう。

その誤りを指摘し、対抗できるのは、厳密な事実だけだ。そして何よりも著者は、事実しか子どもたちの信頼を獲得することはできないと言う。そのためには、自国の誤りを認める痛みも引き受けなければならない。教育とは何かが、この言葉に凝縮されている。

映画「ショアー」は、著者の推薦教材の一つ。経験者にしかわからない事実が語られているからだ。教師に求められるのは、適切な説明や補助教材の準備など、事実を事実として認識させるためのおぜん立て。本書は、その方法を詳しく解説してくれる。

自己流の解釈や犠牲者の気持ちの代弁などは無用。重要なのは、子どもたち自身が、その意味を理解し、犠牲者の気持ちを想像すること。著者の言葉では「共感共苦」。心に刻み込まれて、はじめて歴史は記憶される。そして、暴力を許さず、人間の尊厳を守る気持ちをはぐくむのも、この心の対話である。(姫岡とし子・立命館大教授)

(作品社・2400円)=2000年10月12日⑤配信

通念への言葉による挑戦 「聖耳」(古井由吉著)

表題作をふくめて十二の短編小説からなるこの作品は、病いと老い、そして死の感覚を、微細な描写のなかにとらえている。

「聖耳」(せいじ)という最後におかれた短編のタイトルが象徴するように、目の手術をしたことをきっかけに、視覚と聴覚のバランスのずれが、日常生活のなかでは隠されていたものを明るみに出す。

そこにあらわれて来るのは、外の風景なのか、主人公の内面の、その心象なのかわからないような微妙なあわいである。

「晴れた眼」という短編の冒頭はこうである。

「さわさわと鳴る音が林をつつんで、行く手に葉が降りはじめた。初冬の薄曇りの風のない正午前、雲間から陽が洩れて、わずかに残る黄葉が芽吹きのように照ったのと同時だった。それほど頻りな降りようでもなかった。」

「今年は季節の巡りが早く、雑木林の楢も櫟もあらかた裸木になっている。見渡した時には止んでいた。しかし葉の鳴る音は地面に続いて、目を瞑るとさらに降りしきり、身体(からだ)の内に林がひろがった。目を上げて変わらぬ林の風景を訝る姿が径の背後に見えた。」

見えないものが見えはじめ、聞こえなかったものが聞こえる。ひとが身体の老いと衰えのうちに体験するものは、健康や力のみなぎりにおいては感覚されなかった世界である。

衰弱は感覚の衰えを意味しない。むしろ反対に、そこでは感覚は鋭さをまし、これまで通りすぎていた生のあらゆる断面に光をあてる。

この作者の代表作「仮往生伝試文」もそうであったが、衰滅と死にたいする表現の可能性はこの作品でもいかんなく発揮されている。

老いや死ということが、現代社会の問題として一般化され、そのことによって形がい化されている今日、ここにはそうした通念にたいする文学の言葉による挑戦がある。(富岡幸一郎・文芸評論家)

(講談社・2200円)=2000年10月12日⑥配信

住宅とは何かを知る入門書

「箱の家に住みたい」（難波和彦著）

一九九四年夏、建築家・難波和彦の事務所に住宅設計の依頼がきた。ところが彼が日ごろ定めている住宅性能の最低基準を確保することさえできないほどの低予算である。考えた末に、いつものように依頼客の要望を聞いてまとめるのとは逆に、まず自分がこの予算でできる住宅案をつくり、それを提示することにした。

依頼客はそれがまるで住宅らしくないことに驚く。しかし先入観を振り切って家族で検討した結果、実現させる道を選ぶ。住み始めてみると、それは新しい快適さをそなえた家だった。難波にとっても、それまでの設計手法を一新する意識革命となった。私はこの家を訪ねたとき、迷うことなく「難波さんの最高傑作！」と叫んだ記憶がある。

この住宅に対する反響は大きかった。同じ考え方での低予算住宅の依頼も多く、現在までに五十戸近くが実現した。その一連の住宅は「箱の家」と名づけられ、ナンバーを付された。本書はその全体を見渡す報告であり、住宅とは何かを知る格好の入門書である。

住宅について分かりやすく説き、設計の依頼があれば専門家としてできるだけ低予算で建てましょうという程度の入門書ではない。「外形が単純な箱形で、内部は一室空間に近く、外部に開かれ、構造・工法・材料・設備が標準化されたローコスト高性能の住宅」と、そのモデルが具体的に示されている「箱の家」は住み手の意識改革をせまり、同時に建築家の手の内も率直に見せている。

たとえば、寸法体系、構造設計、内装の選択などに対する考え方が明快に説明されているが、こうした建築計画の基本を知らずして、住むことの基本は確立できないと、著者は言っているようだ。

つまり、現代の家がつくられる条件は多様であるように見えるが、結局は、ある標準化に向かう。それを、民家やハウスメーカーの商品住宅や建売住宅の規格を超えた、その先の新しい住宅の原形に求めることを主張しているのだ。（植田実・建築評論家）

（王国社・1800円）＝2000年10月19日①配信

おもしろくてほろ苦い

「なにぶん老人は初めてなもので」（中沢正夫著）

なんと、腑（ふ）に落ちるタイトルであろうか。人間、だれしも生まれたときから、老人だったわけではない。著者は「老いは誰にとっても初めての体験である」と本の冒頭で、まず述べている。そして老いと老人（高齢者）は違うということに気づいた、とも。一人一人の人生が異なっているのに、世間には「老いを一律に、しかも否定的に論じてしまう傾向がある」。

あるいはその逆に、理想の老いの姿として次々と紹介される、きらめくような定年後の生活。しかし、そこにもまた語り尽くせない別の闘いや煩悶（はんもん）があるのではないか。

精神科医である著者は、六十三歳。老いとはどんなものであるか、自分にもよくわからないという正直な前提の下、「そうか、これが老いなのか、しめしめ」と自分自身を対象に、したたかに老いを科学していく。

憎まれ役を平気で買えるようになる「直言する能力」や、「潮目を読む力」など、年齢を重ねることによってこそ訪れる老いの結晶能力について、あるいは、おしゃれな「パパス」の洋服とゾンビのような格好の間で揺れる老人ファッションの問題、ついの栖（すみか）を求め奔走するも諸事情で挫折にいたる住宅問題、「モンゴルとチベットでは、老人はものすごく元気」だと語る椎名誠を招いての座談会など、本の前半は、くすくす笑いの連続だ。

が、後半では、病院で長年かかわりを持った患者たちの人生が語られる。弱者にまで、いや弱者だからこそ、もろに被ることになる不況の波、長く生きてきた老人の体験にも英知にも価値を認めない現在の社会、次々と起こる子供の犯罪、社会全体を覆う閉そく感。

胸ふさがれるような状況が続く中、かつて、十七歳の時に敢行した元旦登山を、高校の同窓生たちと四十六年ぶりに復活させる二千年元旦の登山のくだりは、感動的だ。おもろうて、やがて、ほろ苦きという本だが、そのほろ苦さの元がなんであるのかを考えることは、老人ならずとも必要な作業であろう。（藤田千恵子・フリーライター）

（柏書房・1800円）＝2000年10月19日②配信

最強の女性の心のなぞ

「ヒラリーとビルの物語」（ゲイル・シーヒー著、櫻井よしこ訳）

題名が表すように、この本は米国大統領よりも、その妻ヒラリー・クリントンのほうに力点を置く。現在、果敢にニューヨーク州上院議員選挙戦を戦い、さらに人生の到達点を初の女性大統領に定めているように思える女性に。

ヒラリーは父親から常に完全を求められ、決してその優秀な成果が認められなかったガリ勉タイプ。ビルは家庭内暴力の中でウソをつくほうが楽という習慣を身につけた才気ある子供。

この傷ついた心と能力を備えた二人が、超ド級の政治的野心と権力志向で共生関係をつくり、数々のスキャンダルにもめげず、アーカンソー州知事から八年の大統領の職を終えるに至る。その軌跡は、まさに「変化と緊張の病理」の米国を象徴する。

精神分析的な手法で描かれるヒラリーは「だれとも違う存在になりたい」アイデンティティーの探求に熱烈な女性だ。指導者としても女たらしとしても一流のビルが直面する危機を、冷静な自己演出と裏の政治戦略でねじ伏せていく。それにしても何と性的にビョーキなビルだろうか。

しかし、伝統的なファーストレディーの役割を超えて「女性の選択権」を主張し、白人男性に嫌われてきたのは「個人ではなく私に象徴される変化だ」と言い切るヒラリーの自信と行動力はすごい。強さ、不正直、マネービジネスというかつてのイメージを、勇気、忠実、善良というイメージに変えてしまうのである。

選挙も経ず、公的ポストも持たない彼女が、なぜ政治権力を行使するのか、と言われ続けてきた。モニカ事件では自滅的行為を続ける夫をかばうことはできず、絶望を乗り越え、戦闘モードに入った。自分のキャリア作りを目指すのだ。カップルの主役交代は、この政権は二人がつくったことの証明になるだろう。

公共に尽くすという大義を掲げ、子供と教育の大切さを語り、家族の愛を説く彼女は、決して自分の心の内は明かさない。最強の女性の心はなぞである。（中村輝子・立正大学客員教授）

（飛鳥新社・2200円）＝2000年10月19日③配信

俳句に生きるアニミズム

「カミを詠んだ一茶の俳句」（山尾三省著）

近代の合理主義的な社会は、理性による自由と平等の実現を目標にかかげ、古い因習や宗教からの脱却を推し進めてきた。日本も、戦後の民主主義の普及により、近代社会の仲間入りを果たし、めざましい経済の発展を通して、世界有数の経済大国にのしあがった。

しかし、経済的な発展とは裏腹に、多くの人が心のよりどころを失い、殺伐とした社会の中で、孤独にあえいでいるのも事実だ。その原因の一端を広い意味での宗教心の喪失としてとらえ、これからの時代の宗教心のあり方を探ろうというのが著者の狙いである。

著者の山尾氏は経済至上主義に現代人のニヒリズムの原因を見ているが、個人主義を一概に否定しようとしているのではない。

古い因習や宗教性から脱して自由になった個人を尊重し、一人ひとりの個性や多様性を生かしながら、万物に宿るカミ（従来の神と区別するために著者はあえてカタカナ表記を使っている）と対話する、アニミズム的な宗教心こそ、これからの時代に必須（ひっす）なものだと説いているのだ。

そして、そのようなアニミズム的な宗教を生涯かけて実践した先達として、俳人の小林一茶に着目し、独特の観点から、一茶の生き方や俳句に迫っている。

最近、多数の犠牲者を出した聖地エルサレムをめぐるイスラエルとパレスチナの長年の対立からも分かるように、宗教は人々の結束を固める基盤になる力をもっている半面、他者を排除するという矛盾した側面ももっている。

宗教の原型ともいうべきアニミズムに、普遍的な宗教の可能性を探ろうとする山尾氏の観点は、集団主義的な宗教に内在する矛盾を乗り越える一つの方策としても、注目に値すると言っていいだろう。

本書が単なる文献学にはない透明な「清涼感」をもっているとすれば、著者の山尾氏自身が、圧倒的な屋久島の自然の中で暮らすアニミズムの体現者であるというところからきているのだろう。

（菅靖彦・翻訳家）

（地湧社・2800円）＝2000年10月19日④配信

思想司法の実態

「思想検事」(荻野富士夫著)

一九二〇年代末、戦前の治安体制の中核を担うべく「思想検事」は誕生した。

共産党や新興宗教などに対する、戦前、戦中の思想弾圧や宗教統制の主役として悪名高いのは「特高警察」だが、著者によると、「特高警察は思想検察があって、はじめてその本領が発揮できた」という。

本書は、特高の影に隠れてこれまであまり光を当てられてこなかった思想検事を真正面から取り上げることによって、「思想犯」の検挙から起訴、処分、その後の保護観察、予防拘禁という一連の「思想司法」体制を明らかにした近年まれにみる労作である。

だが、本書の面白さと社会的意義は、戦前の治安体制の詳述にとどまらない。

オウム真理教事件で一般によく知られることになった公安調査庁や破壊活動防止法が、思想検察や治安維持法の戦後版であり、戦前治安体制が、GHQによる占領期の「民主化」を生き延びて、戦後の治安体制として再生していることを、鋭くえぐり出している。

その主役がまさに思想検事だったのである。

GHQの「人権指令」は、日本政府に、治安維持法・思想犯保護観察法などの廃止や思想犯の釈放、そして特高警察の廃止などを命じ、思想司法を解体しようとした。しかし、思想検察は見逃されており、その結果、終戦後に公職追放された中心的な思想検事たちは、占領終結を前に徐々に復帰してきた、という。

こうして、戦前の思想検察は戦後の公安検察へとすんなり移行した。

著者は、復帰後、公安検察の要職を占めた思想検事歴任者が何の自省もないことを厳しく批判している。

本書を読んで背筋が寒くなったのは、現在確かに戦前と同じ抑圧状況はないものの、「銃後の思想国防」や「国体護持」という戦前治安体制の「思想」がいまなおこの国の体制に連綿と底流していることだ。

本書は、人権、自由・平等、民主主義のさらなる確立に精進せよと呼びかける。(樫尾直樹・慶応大助教授)

(岩波新書・660円)＝2000年10月19日⑤配信

哲学的で淡々とした語り

「緑ノ鳥」(大鋸一正著)

大鋸一正の文体は淡々としている。読み手を驚かそうとか泣かせようというあざとい小説が多い中、かえってこの淡々とした文章が目立つ。魅力的だ。ときおり出てくる箴言(しんげん)めいた言葉が、読んでいる私の心に染みてくる。淡々と語ることで、なんだか哲学に一歩近づくような気分だ。

実験用動物を配達している「僕」は、そのかたわら、水子の写真作成という奇妙な仕事を始める。水子供養に寺院を訪れる人のために、もしも彼らの子どもが生まれていたらこんな姿だったろうという写真を合成するのだ。

いささか悪趣味なこの仕事には、目に見えない水子を見えるようにするという意味がある。「僕」は友人の部屋でパウル・クレーの画集を開く。解説には「芸術の本質は見えるものを再現するのではなく、見えるようにすることである」というクレーの言葉。もちろん「僕」は自分の行為をクレーの芸術になぞらえているわけではないけれども。

この小説にはあまり幸福な人は登場しない。「僕」の父は商売がうまくいかず、借金を抱えたまま姿を消してしまうし、その保証人になった伯父一家は住居まで奪われそうになっている。

「僕」の友人の早川も膨大な借金を抱えて失跡する。幼なじみの蓑田君はうつ病で、ときどき「僕」が訪問するのを楽しみにしている。「僕」は台所で捕まえたネズミを前に、妊娠をきっかけに別れてしまった恋人のことを考えている。だれひとり泣こうとも叫ぼうともせず、淡々とその不幸を生きている。

蓑田君の言葉が印象的だ。「別々に見ているとどっちでもいいようなものが、当てはめてみると、それでしかなくなって、もう、どちらでもいいようなものには戻れなくなる。少しずつ変わっていくんじゃなくてね、突然、気がついたらそこにいる。何だってそうだよね」

淡々として不幸に向き合えば、人はだれでも哲学者になれるのだろうか。(永江朗・フリーライター)

(河出書房新社・1400円)＝2000年10月19日⑥配信

寄り添い合えるメディア

「杉紀彦のラジオ村」（杉紀彦編著）

「ラジオ村」という表題がまず懐かしい。そしてこの懐かしさとはいったい何だろう？　と考える。

かつてこの自分が体験したこと、一確かにそれは強い懐かしさを誘うものではあるが、ここではそういう個人的体験に止まらず、その同じ体験を自分以外のだれもがしたであろうという体験の共有、その一種の一体感がもたらす人間同士の温（ぬく）もり、安心感が、懐かしさの根幹となっている。

それが「村」の良さである。そしてその「村」を、「ラジオ」が作った。そこが、うれしい。

ぼくもテレビやラジオに出演する機会が多いが、同じネクタイ着用にしてもテレビでは画面映りも気になるなど、あらゆる対応がどこかよそ行きになる。

しかしラジオでは、これは自身の気持ちの問題であり、むしろその気持ちをどう言葉で表そうかと一所懸命になるから、普段より自分らしい自分を発見し得る、よい機会ともなる。

そういう意味でも、テレビは競争社会のメディアであり、ラジオは人間同士が互いに寄り添い合えるメディアであると思う。

本書は、「杉紀彦のラジオ村」なる、ラジオの人気長寿番組に寄せられたリスナーからの手紙を中心に構成されたものだが、ここではそのもっと寄り添い合いたいという気持ちが集って、よりラジオ的世界を形成している。

一人一人の体験には別れがあり、死があり、挫折もあって、決して懐かしさに浸ってばかりはいられない、悲しい痛みが伴うものも多いのだが、それがひとつに寄り添い合うことで、かけがえのない温もりを生み出している。

「村長」杉紀彦さんの個性も含め、これはラジオの幸福というべきだろう。

そしてここにある懐かしさとは、決して過去にばかりは向いていない。来るべき明日に向かってはなはだ元気であり、そこにこそ真の意味での、懐かしさの「力」があるのだと思う。「中高年の熱中電波」と呼ばれるその一所懸命が、美しい。（大林宣彦・映画監督）

（一季出版・1714円）＝2000年10月26日①配信

取材とデータで記す不平等

「男女摩擦」（鹿嶋敬著）

一九八六年、「男女雇用機会均等法」が施行された。この法律が目指したものは、女性が性による差別を受けることなく、能力を発揮できる社会…だったはずである。その目的は達成されたのだろうか。本書を読むと答えは「ノー」である。

報告は、鳴りもの入りで登場した女性総合職の「その後」から始まる。著者の調査によれば、八〇年代に入社した総合職の女性たちは、すでに多くが職場を去っている。ある大手銀行の退職率は七割、ある保険関連会社の退職率は八割。新しい時代を開くはずだった彼女たちはなぜ、早々と退職したのか。退職した女性たちの声が圧巻である。

「退社時間は午後九時、遅いと十一時ごろ。男性社員は朝は九時出勤だったが、女性は総合職もお茶当番があったので出勤が早かった」

家庭だけでなく、職場においても、「女房役」を期待される女性たち。

均等法は当初、平等法と呼ばれていた。その「平等」が「均等」に化けて誕生した裏には、「産業界の平等アレルギー」があったという。建前として機会を与えられても、家事・育児を専ら女性が背負う現実があるかぎり、結果の平等がやってくるわけはない。男女摩擦の原因をたどっていけば、「性別役割分業という名の太い根っこが見え隠れする」という指摘は重い。

現在リストラ旋風のなかで、企業は人件費を削ることに懸命である。そのためパート・派遣労働者が増加しているが、前者の七割、後者の八割は女性。不安定就労の大半を片方の性が受け持つという現実は、やはりおかしい。そんな現実のおかしさを、著者は豊富な取材とデータに基づき、労働、教育、セックスなど多方位から描きだす。

著者は日経論説委員だが、主張には「自分も共働きだった」という裏打ちがある。「保育園に子どもを預けていると、毎日定時に迎えにいくことができることがいかに大切かを実感する」。この視点があればこそ生まれた深い問題提起の一冊。（島本慈子・ノンフィクションライター）

（岩波書店・1800円）＝2000年10月26日②配信

途絶えた信仰の歌声聞く

「キリシタンと西洋音楽」(横田庄一郎著)

教会の扉からオルガンの妙(たえ)なる調べが流れ、少年少女が聖歌を口ずさみながら吸い込まれていく。こんな風景が、十六世紀の日本には存在した。キリシタンにとって、音楽は神をたたえ、教えを受け継ぐために不可欠であった。その歌声は、のちの禁教政策のもとで全く途絶え、現代には何の影響も残さなかったように見える。

しかし著者は、膨大な資料からキリシタンたちのかすかな歌声を聞き取り、その歓喜や悲哀に思いをめぐらすことで、人間と音楽のかかわりを見つめ直そうとした。

天正遣欧少年使節の一人として知られる千々石ミゲルは、愛らしい顔立ちと巧みな楽器演奏でヨーロッパ人の注目を集めた。少年使節たちはクラヴォ(けん盤楽器の一種)などの演奏に習熟し、帰国後は豊臣秀吉の前でも演奏して喜ばれた。しかし弾圧が始まると、ミゲルは一人、信仰を捨てる。その知られざる胸中を、著者は音楽に託して以下のように推し量る。

「キリスト教の教会から離れたとしても、千々石ミゲル自身の中から生涯を通じて音楽がわき起こっていたのだと、私は思いたい。悲惨な状況、孤独な境遇におかれたとき、疲れて迷える魂は音楽を欲し、音楽は鳴り響くのである。その音楽はヨーロッパの聖堂やセミナリヨの日課で奏されたときより、はるかに真実のものとしてミゲルを捉えていたにちがいない」。この一段は本書の白眉(はくび)と言ってよいだろう。

長崎県の生月島では、四百年の時を超え、隠れキリシタンの間でオラショ(祈とう)が伝えられてきた。その一つは、宣教師の出身地スペインでも、もはや歌われていないマリア賛歌だという。素朴な祈りと結びついた音楽の生命はかくも長く、神ならぬ人の子の精神はかくも強い。

信仰を持たない著者の一つの確信が、読む者の胸にも響いてくる。クラシック音楽は今や人類の文化であり、それは魂の領域に通じる扉である、と。(榎本泰子・同志社大専任講師)

(朔北社・2400円)=2000年10月26日④配信

ポスト「原爆」の反核小説

「長い時間をかけた人間の経験」(林京子著)

原爆は多くのすぐれた小説や詩作品を生みだしてきた。むろん、それは原爆が人類史でもみぞうの残酷な悲劇・犯罪だったからだろう。

林京子も、長崎で被爆した体験をもとにデビュー作「祭りの場」以来一貫して被爆体験に基づいて反核小説を書いてきた作家である。今回の作品も例外ではない。しかし今回の作品集に収録された二つの小説は、従来の反核小説とは少し違っている。それは、原爆に対する考え方、感じ方が、人により国によって違うという現実の発見と自覚が濃厚に反映している点だ。

たとえば、「一九九八年、インド、パキスタンが前後して核爆発実験を行ったときのことである。テレビニュースで報道される現地の、一般の人びとが喜ぶ表情を見て、私は絶望した」と林京子は書く。むろん、インドやパキスタンだけではない。いまだに世界中で核実験が繰り返されている。

「長い時間をかけた人間の経験」という小説も、そういう絶望的な場面から始まる。そこにはもう宗教しか残されていない。被爆者である「私」は「遍路」の旅に出る。

今回の小説のもう一つの魅力は、アメリカという原爆を製造し、投下した当事者(加害者)に正面から向き合い、対決したところにある。

「トリニティからトリニティへ」は、世界最初の核爆発実験の行われた場所ニューメキシコ州のトリニティを訪れる小説である。「私」は、アトミック・ミュージアムで、アメリカの老人たちが見せた視線に、「核兵器廃絶は人類の良識」とうのみに信じていた神話をうち砕かれる。つまり、そこでは、広島や長崎への原爆投下が「老人たちの世代が勝ち取った栄光」として理解されているからだ。反原爆や反核という「正義」がもはや通用しない現実がそこにある。

この小説集は、被爆者の「私」が直面したそういう絶望的現実を直視するところから始まる。苦渋に満ちた反核小説の試みとして評価したい。(山崎行太郎・東工大講師)

(講談社・1600円)=2000年10月26日⑤配信

ナチ占領下の屈折した心理

「密告」(ピエール・アスリーヌ著、白井成雄訳)

本書は、伝記作家として定評のある著者が、小説という形でしか表現できなかったナチ占領下パリ(ビシー時代)の物語である。物語は、戦争中の史料に当たっていた著者が偶然見つけた密告文書から始まる。

密告されたのは、妻のいとこ筋にあたる親せきで、パリで毛皮商を営む東欧からの帰化ユダヤ人。密告者は、毛皮商の向かいに住む花屋の新妻。たしかに戦争中密告や告発は多かった。思想的理由や私怨(しえん)、金銭目当てなど、その動機はさまざまだ。花屋の本当の密告動機をここでは明かさないが、新妻の「愛国的密告」は「国民革命の原理に従って」行われた。

ビシーの「国民革命」とは、「非国民」である外国人の排除政策であった。こうした外国人や「危険人物」の排除は、実はフランス革命にさかのぼる。革命以降、パスポートや国籍法(一八八九年)によって国民と外国人が法的に区別され「国民性」が強調された。

「国民性」の強調は「同化」圧力として作用し、身分証を持たない移民は取り締まりの対象となる。第三共和政期に、すでに外国人の登録監視制度が存在した。ビシーが行った「好ましからざる者」の排除は、こうした行政的連続性の上に登場する。

ビシーが「国民性」というエスニックな基準で「国家への帰属」要求を強めたことこそが、密告による外国人迫害の原因となり、それは今日の移民問題まで通底しているのである。

このような外国人排除の歴史を念頭におくとき、本書はいっそう価値あるものとなる。著者は、密告の動機の解明を通して、「凡人に潜む悪」や「悪の陳腐さ」に迫り、迫害・粛清という戦時下の複雑な状況や善悪二元論で割り切れないあいまいな世界と屈折したフランス人の心理を描く。

同時にユダヤ人迫害を反ユダヤ主義のみでとらえることの不十分さと、外国人が遭遇した悲劇の普遍性を明らかにしたのである。(渡辺和行・奈良女子大教授)

(作品社・1800円)=2000年10月26日⑥配信

等身大の評伝

「ヒトラーの建築家」(東秀紀著)

成りそこねの画家だったヒトラーは、途方もない建築マニアであった。彼にとって、建築は「力と秩序のシンボル」を具現化するものであり、その究極的な目標は、「ゲルマニア」と称する壮大なベルリン都市改造計画であった。

ヒトラーはこの夢想の実現のために、アルベルト・シュペーア(一九〇五—八一年)という無名の青年を起用した。

シュペーアとはだれか。

本書によると、当時シュペーアはベルリン工科大学助手だったが、思いがけず「総統の建築家」となり、三四年のニュルンベルクのナチス党大会を約百三十基のサーチライトで照射し、ナチスの建築神話を天文学的スケールでイメージした「光の大聖堂」を演出した。

これ以降、ヒトラーのさらなる熱烈な後ろだてもあって、やがてシュペーアは、名実ともにナチス・ドイツの第一級の建築家にのし上がる。

さらに大戦中、軍需大臣に任命されると、合理的管理組織改革をはかり、軍需品の生産性を飛躍的に向上させた。

ドイツの敗北が秒読み段階になると、ヒトラーはドイツ全土に「焦土作戦」を厳命する。シュペーアは、東奔西走し、辛くも「焦土作戦」を阻止する。「ドイツの未来に責任がある」が、彼の弁だった。戦後ドイツの急速な復興は彼の勇敢な行動に負っている、と言っても過言ではない。

戦後、戦犯として「二十年の禁固刑」を宣告され、満期を服役後、妻と六人の子供たちとの再出発は、残念ながら、うまくいかず、さらに回想録の出版が旧友たちの離反を招いたのだった。彼は八一年にロンドンで客死するまで、常に孤独のふちに立たされていた。

これこそ、彼が生涯をかけて背負わねばならないナチス高官という十字架だった。

本書は、ナチス・ドイツの真っただ中で、天国と地獄の体験を余儀なくされた一建築家の、リアリズムに基づく等身大の評伝である。(川成洋・法政大教授)

(NHK出版・1700円)=2000年11月2日①配信

一人称のフィクション

「アイ・ラヴ・ディック」(クリス・クラウス著、落石八月月訳)

アイ・ラヴ・ディック?

何とも突拍子もないタイトルである。著者であるクリスは実験映画製作者。その才気のほとばしりはとどまるところを知らない。

ディックという著名な評論家と出会った彼女はすぐさま彼に一目ぼれ、大学教授である夫と共にディックにラブレターを書き始め、その数は二百通にのぼる。内容は、芸術、フェミニズム、分裂症にまで及ぶ。はたしてこれは正気のさただろうか?

一方、クリスの夫はフランス哲学理論家、文化評論家で、コロンビア大で教えているシルヴェア・ロトリンガー。クリスの肩書には常に夫の名前が顔を出す。つまり、何をしようとも大学教授の妻でしかないクリス。しかし、「わたしは誰でもない。そして言いたいことはたくさんある」。

この本を、単なる事実として読み進めるのはかなりつらい作業になるだろう。事実としたら、まるでうわ言、難解な文字の羅列。全く訳が分からない。夫とつづる二百通にのぼるラブレター。延々と続く独白。

これが正気のさたかどうかなど、もはや関係のないことだ。これは、一人称のフィクションである。その情報が特定なものであるほど、範例になりうる。どんな特例も特例ではなく、実は似たりよったりであるが、それぞれは個別の状況から発生する。そこで何が起こったかを理解することができれば、すべてのことが納得できる。

一人称であるがゆえに断片的。あらゆる人間の存在は断片的でしかない。つまり、一人称で書くことにより「本当」に近くなることができる。クリスは才気ある女性の置かれた状況を見事に描き切ってみせる。

クリスの言動は過激であるが、実は冷静。本書は、狂気(現実はいつも狂気だ)の渦にあえて自分を投げ込み、その渦にのみ込まれながらも、とことん客観的に眺めた末の結果生まれたものであるといえるだろう。これは、一人称のフィクションである。人生はすべて実験。事例研究、アイ・ラヴ・ディック。(貞奴・詩人)

(新潮社・2100円)=2000年11月2日②配信

神様になった毛沢東

「中国のプロパガンダ芸術」(牧陽一、松浦恆雄、川田進著)

なにしろ毛沢東さんは、亡くなってからも偉いのである。地方に行くと、毛沢東、周恩来、朱徳の開国の元勲三人の塑像を並べた祠廟(しびょう)が建てられているところがある。人びとは線香と花を絶やさず、三体の神像の前でおうかがいをたてるのだ。

いっぽう都会の娘たちは、毛沢東バッジをスカートのはしっこに着け、いまこれがオシャレなのよと笑う。また、各地にある「文革レストラン」では、紅衛兵の軍装に身を包んだウエートレスが客を迎える。年配の客には懐かしく、若者にはオシャレなのである。

太陽のように輝かしく大きく描かれた毛沢東。彼を囲む、満面に笑みをたたえた労働者。赤色を基調としたプロパガンダポスター。社会主義をたたえる新作の歌劇…。半世紀を迎えた中華人民共和国の歴史を思い起こすとき、それらの造形は、まだわれわれの記憶に新しい。毛沢東様式は、彼が世を去り、時代も変わった後も、形を変えてうごめいている。まさしく毛沢東は神様になったのだ。

本書は、あらゆる芸術が毛沢東信仰という一つの宗教によって稼働させられていた時代の光と影を、二十世紀初頭の美術史から掘り起こし、近年のアバンギャルドアートまで、多くの図版とともに浮かび上がらせたユニークな意欲作である。

著者は現代中国の文学・芸術に深くかかわる三人の優れた研究者だが、おのおのの論文の羅列ではなく、有機的に絡み合いながら読み進めてゆける仕掛けだ。図像や事実の紹介もさることながら、「身体論」をはじめとする表象文化論をテーマに三人がかりで構築していった、むしろ思索の書であるといえよう。

中国のプロパガンダ芸術については、欧米では、すでに一九七〇年代から画集がいくつも編まれ、優れた論著も刊行されているので、それらについても多少の言及や紹介はほしかった。いずれにしても本書は、わが国における、このジャンルに関する最初のまとまった論考であるといえるだろう。(武田雅哉・北海道大助教授)

(岩波書店・3600円)=2000年11月2日③配信

ウソっぽさの確かな歩み

「日本の遊園地」（橋爪紳也著）

メリーゴーラウンドはもともと、実用的な装置だったということを知っているだろうか。デパートの屋上遊園と避妊具の自動販売機の関係を知っているだろうか。夫婦で利用するには、戸籍謄本と写真が必要だったという遊園地的施設を知っているだろうか。

本書は世界の遊園地の起源から始めて、日本の遊園地の歴史を概観していく。そこには楽しい事実や珍しい過去がちりばめられ、興味をかき立てられる。といっても、その語り口は静かで控えめなのだが、それは「遊園地学」の基礎作りという立場から書かれているからだ。「遊園地学」だなんて、さまつな学問に思えるかもしれない。が、しかし遊園地を考えることは都市を考えることに直結する。

遊園地は、何もなかった場所に突然、ハリボテ的建築で架空の世界を作り出す。廃れれば簡単に取り壊し、あっという間に夢の跡だ。日本の都市もまた、天災、人災などでよく燃え、よく壊され、よく造り直されてきた。だから日本の都市には昔から、遊園地のようなウソっぽさ、仮設性があった。ウソっぽさは日本の伝統と言っていい。

だがそれにしても、今の東京湾岸の光景はすごい。湾岸全体がまるでひとつの巨大な遊園地のようで、しかも落ち着きがある。バブル的なウソっぽさが、はじけて消えずにしっとりと根付いていて、そのウソっぽさには早くも浅草的な風格すら感じられるのだ。

この本の著者は、そんな東京湾岸が、世界に先駆けて日本が提示した新種の都市ではないかと指摘し、インターネットがさらに普及しても、人はやはり都市に集まり、都市はさらに遊園地化するだろうと見通す。遊園地を学ぶことは、今後の社会を考える上で重要極まりないことなのだ。

と、コブシに気合を入れて読んでもいいが、気軽に読み飛ばしてみても、久しぶりに遊園地へ行こうという気になる。そうして読後に足を運んでみれば、今までと違う遊園地の楽しみ方を発見するだろう。（中野純・構想作家）

（講談社現代新書・660円）＝2000年11月2日④配信

鋭い警句

「奴隷の国家」（ヒレア・ベロック著、関曠野訳）

「教会のいかなる教義も、奴隷制は不道徳であるとか、人間の売り買いは罪であるとか、キリスト教徒に強制労働を課すことは人権侵害であるとか宣言することはなかった」

熱心なカトリック信者でありながら、著者はこうした辛らつな指摘をちりばめつつ、「奴隷の国家」の必然を説く。それを「あってはならない」とする「べき」論で隠すのではなく、冷厳な事実として認識し、そこから脱出する道を探せ、と主張するのである。

資本主義は解放や安定をもたらすどころか、違った意味の隷属と不安を結果させた。訳者が指摘しているように、「自由から支配が生じる」という近代社会の核心にあるパラドックスそのままである。しかし、一方、社会主義も解放と安定をもたらしはしなかった。

その両翼を見据えつつ、著者が資本主義の不安定性を克服する方策として挙げるのが、

①「集産主義」、もしくはだれも財産を持たない社会主義

②できるだけ多くの市民が財産や生産手段を持つ分配主義

③少数の所有者の特権を維持したまま、大衆に強制労働の代償に最低限の生活を保障する奴隷制

—の三つである。

われわれは奴隷制から脱却して近代社会にいるのだという幻想に浸っている人たちに、著者は次のような提案をする。

「我々の新しい法律の一つの中の“従業員”という用語を“農奴”という語に置き換え、“雇用者”という用語を“主人”という伝統的な用語に置き換えるという程度の穏当なことをやってみよ」

中堅スーパー「サミット」社長、荒井伸也（筆名・安土敏）がつくった“社畜”というコトバがある。飼われる自由しかもっていない彼らが、満ち足りた顔をしている日本の現状にこそ、この本はピッタリかもしれない。詩人としてまず世に知られたという著者らしく、その警句は鋭く、読んでいて楽しくさえなる。（佐高信・評論家）

（太田出版・2000円）＝2000年11月2日⑤配信

詩人の怖さと潔さ

「北園町九十三番地」（山田稔著）

副題を「天野忠さんのこと」という。天野忠といえば、永井出版企画、編集工房ノア、そして永瀬清子に大野新と、七〇年代半ば、京都・寺町二条をほんの少し北に上がった大好きな書店で購(あがな)った詩の本の表情が、あれこれ浮かんでくる。明治生まれの詩人の、さっぱり、きっぱりと、削りに削られた短い詩句を追っていると、二十歳過ぎの若造にも、「おもしろうてやがてかなしく」という心の推移がわかるような気がしたものだ。

京都・下鴨の北のはずれ、北園町。その九十三番地に建つ小さな平屋に、詩人は暮らしていた。そこから南にちょっと下がれば山田稔の家がある。

二人がこんな近くに住んでいて、十数年間こんなにすてきな行き来を続けていたなんて、この本を読むまで知らなかった。たがいの本や原稿を、そっと郵便受けに入れて立ち去っても、暖かなきずながしっかり結ばれているから、顔を合わさなくたって、気持ちは通じ合う。うらやましいな。

買ったまま、読まずに大切にしていた金子光晴の詩集を、四半世紀もたってから読んでみて、「紙虫に食わし放題に、天地黄変して、こっちだけが至極おとなしく日常的に年月を食いすぎた。(…)大事なものは、やっぱり宵に食うべきである」（「天野忠詩集」から）と、加齢のもたらす恵みと反省をあっさり口にしてみせる詩人の怖さと潔さには、だれだって気後れしてしまうに違いない。

この本を読んで、山田さんも例外ではなかったと知って、ぼくら凡人はほっと胸をなでおろす。

けれど山田さんだって、相当に怖くて潔いのだ。なにしろ大学を定年退官した後、詩人のすすめに従ってきっぱりお務め生活にさようならして、体をいといつつ、糺の森を散歩しながら「私のうしろにも積もりはじめた、あたたかい灰のような、おだやかな、いろいろなむかし」を、一人の詩人との出会いの記憶に託し、身を削るように、ぼくらに語ってくれるのだから。（和田忠彦・東京外大教授）

（編集工房ノア・1995円）＝2000年11月2日⑥配信

学校銃撃事件の真相

「そしてぼくは銃口を向けた」（飯塚真紀子著）

現代の少年を理解できなくなったという嘆きを聞くようになって久しい。アメリカでは一九九〇年代に入ってから学校での銃撃事件が多発し全米を震かんさせているが、銃を手にするその方法を別にすれば、これは遠い世界の事件ではない。

本書はアメリカ滞在十三年におよぶ著者が、全米各地に学校銃撃事件の犯人と関係者に接触して事件の本質に迫ろうとしたルポルタージュである。犯人自身がインタビューに答えるというのもアメリカ的であるが、事件の背後にあるものも階級や差別のあるアメリカ社会を浮き彫りにしている。

事件の多くは一見のどかに見える地方都市で起こった。半数はイヌイットという人口五千人の村。発砲事件を起こし収監中の父とアルコール中毒の母を持つ少年は養家を転々として過ごす。学校でいじめられ、その苦しみを終えるために銃撃した。少年の内部に蓄積された他者への憎しみ。

テネシー州の事件は草をはむ牛のいるなだらかな緑の丘が続く田舎町で起きた。全身を黒の洋服で固めた少年は、毎朝のお祈りの場で銃弾を放った。神に祈る一方で自分をいじめる偽善的な生徒たちが許せないというのが理由だった。

日本での衝撃的な少年犯罪の舞台とよく似ている。メディアの発達によって情報は多様化し都会と変わりはないのに、目の前の「のどかな」風景は少年にとっては閉そく感をもたらす。

彼らの少ない居場所のひとつである学校では、友人との距離に心を砕いていなければ生き延びることができない。本書に登場する少年たちも「ひとからどう見られているのか」に、神経のすべてを注いでいるようである。その複雑な友人関係のなかであえて個性的な自分を演じ、自己の存在を確認したのだろう。

著者は親の愛情を十分に伝えることの必要性を提起している。しかし親も完全な人間ではなく、子とさほど変わりない社会の苦しみのなかにいることも痛切に感じるのだ。（与那原恵・ノンフィクションライター）

（草思社・1600円）＝2000年11月9日①配信

社会革命で見た夢

「ロシア･アヴァンギャルドのデザイン」(海野弘著)

ロシア革命とともに浮上した前衛的な芸術運動であるロシア・アヴァンギャルドはただ単にアートやデザインの新しい動向だったのではない。それは革命の思想と共振し、旧来の世界を変え、ユートピア社会をつくりだそうとする激しい衝動を秘めていた。いやそればかりではなくロシア・アヴァンギャルドは人間の知覚や感覚を根底から変え、人間存在の形式を変容させようとする野望を持っていたのだ。

例えばロシア・アヴァンギャルドの代表的なアーティストであるアレクサンドル・ロトチェンコやウラジーミル・タトリンは知覚の再構成の方法として対角線構図、垂直線の多用、不安定なアングル、仰角や俯瞰(ふかん)、クローズアップやモンタージュといったさまざまな視覚表現を開拓していった。

このようなビジョンによって古い世界が崩壊し、新しい世界が浮かび上がってくる。機械や技術がめまぐるしく進展し、都市の構造が大きく変わり、革命や戦争で社会が流動する中、日常の光景をまったく新しい視点からとらえ直そうとするロシア・アヴァンギャルドの思想は、世界に対する姿勢や世界を見るスタイルを変えてしまったのだ。

本書はそうした生や感覚の革命としてロシア・アヴァンギャルドをとらえてゆくという一貫したまなざしを保持し、ロシア革命という根源的な社会革命の中でデザインがどのような夢を見続けたのか、そしてそのユートピアの理想はなぜ挫折せざるをえなかったのかを、グラフィック・デザインから写真、映画、街路や都市計画に至る幅広い領域をカバーしながら平易な言葉で解き明かそうとしている。

今や幕を引こうとする二十世紀の歴史のやみの中をさまよい歩きながら、そのやみの手ごたえを伝えようとする著者のスタンスは、実はその夢がまだ生き続けていることを暗示している。これまで難解すぎて敬遠されがちだったロシア・アヴァンギャルドの核心を指し示す好著である。(伊藤俊治・美術史家)

(新曜社・2200円)＝2000年11月9日②配信

英国で武道を伝えるには

「吾輩は『黒帯』である」(林信吾著)

一九八三年の夏、英国の首都ロンドンに一人の日本人青年がやってきた。

彼は語学目的の留学生であるが、英語はまだおぼつかない。少林寺拳法(けんぽう)の「ブラックベルト(黒帯)」の持ち主であるが、入門後、一年半しか経ていない。

せっかく初段になったんだからロンドンに来ても練習を続けようといった軽い気持ちで、七四年に結成されていた英国少林寺拳法連盟の道場の一つを訪れただけだった。

本書は、英語を学びにいった先で、期せずして拳法を教える側に立ってしまった著者による、十年にわたる英国滞在およびヨーロッパ諸国での体験記である。

「黒帯」と分かるといきなり力試しといわんばかりにかかってこられるのはなぜなのか。道場に入る際の一礼は何に対しての振る舞いなのか。「道着の乱れは心の乱れ」という言葉を論理的にどう説明すればよいのか。

当時、二十五歳であった著者が、武道の技術の先にある精神性を自分なりに考え、伝えようと、文字どおり体を使って相手にぶつかっていく、痛快な姿が楽しい。

大なり小なり文化摩擦の生じる現場において、誠実に何かを伝えようとする行為は、相手の文化や歴史をより深く知る努力を必要とするだろうし、同時に、自分の国のありようや、自分自身の立脚点を見直し、掘り起こす作業とも結びついてくるだろう。

日本では当たり前に胸についてくる「卍」のマークが、どういった波紋を引き起こすのか。英国のメディアは日本の武道をどのようにとらえているのか。

新しく生じた流派の正当性はどのようにして測るべきなのか。過去において日英が戦争の対戦国であったという歴史を知らない留学生がやってくるのは何が原因なのか。

個人的な体験の現場を手放さずに、日々問題と向き合う視点が、本書の軽やかな批判精神を生み出している。(河合敦子・フリーライター)

(小学館・1500円)＝2000年11月9日③配信

説得力あるエピソード

「がんをつくる社会」（ロバート・N・プロクター著、平澤正夫訳）

原題はそのものズバリの「CANCER WARS」、つまりがん戦争である。

ウィルヘルム・レントゲンがエックス線を発見したのは一八九五年である。現代社会では、エックス線は医療診断や機器の非破壊検査などに不可欠であっても、人体にとって好ましくないことは常識となっている。

しかし、当時は「タムシやニキビの治療に用いられ、犯罪行為や性的不能や暴飲暴食の治療に処方された」ほか、「顔の脱毛に人気の（かつ破滅的な）療法になった」という。一方で科学者や医師は、健康上の副作用に気づき始めていたようだ。エックス線の持つ商業的利用の可能性が、その危険性を上回っていた。

そして翌九六年、トマス・エジソンがニューヨークの電灯協会展で、エックス線透視装置を発表する。装置を通して自分の手や足をのぞくというものだった。ニュージャージー州にあったエジソンの研究所では、エックス線白熱電球の作業中に、ガラス吹き工員が異常を訴えていた。両手に「かいよう」ができ、頭髪が抜けたのだ。エジソンは、電球の販売が大当たりをすると期待していたものの、怖くなって中止したのだった。

現代社会は、発がん性の物質に取り囲まれているといってよい。そうした物質によってがん細胞が発生しても、それが死をもたらすまでには十年、二十年という時間がかかる。この時間が、例えば喫煙とがんとの因果関係をあいまいにしてきた。同時に製造にかかわる企業に、逃げ道を与える結果となっていた。

だが、現代ではがん発生の因果関係は、ほとんど明らかになりつつある。にもかかわらず製造業者は、エジソンのように中止の決断はしないし、国もそれを求めない。ということは、がんをつくっているのは社会である。

このたぐいの本は山のように出版されている。しかし詳細なエピソードは説得力があり、ついつい最後まで読んでしまった。（中野不二男・ノンフィクション作家）

（共同通信社・2900円）＝2000年11月9日④配信

未来を生きる女性の生き方

「四季・亜紀子（上・下）」（五木寛之著）

四人姉妹の物語が本書をもって完結した。四人姉妹の小説として谷崎潤一郎の「細雪」がある。「源氏物語」に登場する女性たちに想を得て四人四様の生き方をする姉妹を昭和に蘇生（そせい）させた感があった。

五木寛之の〈四季〉それぞれ春夏秋冬になぞらえられた姉妹たちは谷崎の姉妹をのり超えて現代を生き、そして未来に生きようとしている。これは、新世紀を生きる女性の生き方を、五木流の人生論を投影させた教養小説とも理解される。

長女の小峰波留子は、その美しさを望まれて結婚するが、一児を残して離別、リサイクル事業を起こして自立している。ひそかに一人の医師にひかれつつ彼の求愛を受け入れ結婚することに迷い続けている。二女の奈津子は自由ほん放な性格で、生まれ故郷の九州の恋人をふり切って上京し女優を目指していたが、東京にもあきたりず米国に渡る。そこで出会った老富豪と結婚し、ばく大な遺産をわがものにしてさらに自由をおう歌している。

三女の亜紀子、本小説では彼女が主人公だ。姉妹のうち一番行動派で論理性の勝った彼女は、大学病院に勤めていたが、改革運動に乗り出し挫折、環境保護雑誌の編集に携わりながら社会悪に立ち向かおうとしている。彼女の正義派ぶりに目をつけて、保守党の政治家が彼女を新人政治家に押し出そうとするが、これを断ち切りわが道を進む。

四女の布由子は、感受性に富む内向的な女性で十代にうつ病を経験し、それが彼女を際立った文学性に導き、ロシアの詩人エセーニンを愛し、彼の詩句〈ボスホラスへは行ったことがない／ボスホラスのことは／君　きいてくれるな／でも
ぼくは海を見たんだ　君の目に〉にあこがれている。

四人姉妹は、九州、東京、米国、イスタンブールなど世界を駆け回って未来を拓（ひら）こうとしている。その四重奏のようなそれぞれが求める人生の緊張の中から未来を生きる女性の生き方がゆらゆらと立ち上ってくる。（栗坪良樹・文芸評論家）

（集英社・上下各1200円）＝2000年11月9日⑤配信

探偵業のノンフィクション

「追跡者」（福本博文著）

本書は探偵業に携わる実在の人物の生き方を描いたノンフィクションである。探偵フィクションは数あれど、ノンフィクションは探偵の「企業秘密」、依頼人のプライバシーの問題もあり、刊行は無理と思われていたが、その壁は破られた。

本書の主人公は、テレビの探偵ドキュメント番組に「ジーパン探偵」としての出演で知られ、都内でGK探偵事務所を主宰する三十代の伊藤博重氏。

あとがきによると、著者はテレビで伊藤氏を知り、執筆の意図を電子メールと電話で伝えた。当初は断った伊藤氏も「テレビで取り上げられた人なら、プライバシーの問題は緩和されるのでは」と著者に示す。二年間の信頼を醸成した付き合いから本書は誕生した。

依頼を受けてからの糸口のつかみ方、捜索対象者のあらゆる逃亡法を思案する想像力、そして、実際の捜索から解決へ持ってゆく体力、ときには海をも渡る行動力…を冷静な筆致で描く。

本書によれば、失そう者は年間十万人にも上るとか。警察に捜索願を出しても、刑事事件に巻き込まれない限り捜索されない。家族は探偵を頼るしかない。

社会に必要な職だが、タレントや女子アナウンサーの住所の調査というストーカー行為まがいの引き受けられぬ依頼もあるとか。別れた肉親を捜し、依頼者の子との再会を演出するときは、探偵職みょうりにつきるという。

九章よりなる本書。伊藤氏がいじめにも遭った子供時代、探偵を志した過程、探偵として生き、家族を養う軌跡は、現代日本の世相を見事に反映している。

たたき上げでアパレル業を興した父親はバブル経済で巨利を得るが、バブル崩壊後は巨額な債権の回収が難しくなった。伊藤氏は債権の取り立てをしながら、同じくバブルで果てた多様な人生を直視する。金に不自由せぬ自己を客観視し、幼少の夢の「探偵」に転身。だが、夢と精神的満足がなかなか得られぬ現実の浮き彫りは、人生とは何か、という根源的な問い掛けにもなっている。（小林照幸・ノンフィクション作家）

（新潮社・1700円）＝2000年11月16日①配信

台湾社会を熱くリポート

「台湾革命」（柳本通彦著）

台湾は、いわば虚構の国家だ。きちんと国家の機構をそなえ、目覚ましい経済発展を続けているのに、国際的には国とは認められていない。そんな台湾に魅せられてしまう人がしばしばいる。なぜかといえばそれは多分、日本とはあまりに異質だからだ。

まず第一に、多文化多言語多民族の複雑な構成を持つ社会。そして戦前戦後を通じて外来者に支配され、厳しく抑圧されてきたのに、近年になって驚くような速度とやり方で見事に主権を取り戻した人々。

以前は台湾といえば、その歴史の悲劇的な側面が語られることが多かった。

日本の統治時代に日本兵あるいは従軍看護婦や慰安婦として戦場に駆り出されながら、いまだに給与さえも払われず、何の補償も受けていない人たち。あるいは戦後の長期にわたる思想弾圧の受難者たち。かと思うと、終戦直後に国民党軍とともに渡台してきて、いま悲惨な生活を強いられている元下級兵士たち。そして日本統治時代から戦後まで、一貫して最下層に置かれてきた先住少数民族。

けれど彼らをも含めて、台湾社会はうねるように変化をとげている。一九八七年、三十八年ぶりに戒厳令が解除されてから、さまざまな政治闘争が繰り広げられ民主化が一気に進んだ。そして今年三月には、野党所属で台湾南部の農家出身という若い総統を、直接選挙で選ぶまでになる。

本書は、この十三年間台湾に在住して社会の動きをつぶさに見てきた一日本人の、熱いリポートだ。さまざまな現場にまめに足を運び、庶民の素顔をとらえた記録は貴重だ。ただ八〇年代初頭から、台湾ニューシネマ誕生の過程および台湾映画の状況を見てきた私には、映画に関する記述についてはいささかの異論なしとはいえない。

だが著者は従来、ねばり強く台湾人元日本兵のその後を追い、従軍慰安婦の実態を明らかにしてきた。それだけに本書は、日本に厳しく態度の取り方を迫るものとなっている。（田村志津枝・ノンフィクション作家）

（集英社新書・680円）＝2000年11月16日③配信

軽妙な笑いの近代史

「嗚呼、懐かしの金語楼」(山下武著)

軍隊生活をちゃかした新作「兵隊落語」で人気を博した昭和期の落語家。のちに、ほとんど高座に出なくなり、舞台・映画の喜劇俳優に。テレビタレントとしても活躍した…柳家金語楼(やなぎや・きんごろう)。

こんな通り一遍のプロフィルで彼を思い浮かべられる人は、ある程度は年齢のいった人だろう。

それは本の作り手も百も承知。だからか、表紙にデカデカとハゲ頭の顔写真を持ってきた。「ああ、この人、知ってる」となる。忘れられたようでいて、彼を直接知らない世代にさえ、名と顔が不思議と記憶されている芸人だ。そんな金語楼の逸話を集めた評伝。

「天才少年」として、明治四十年、六歳で初高座を経験した金語楼。小学校へ上がっても、級友たちに「噺(はなし)をやれよ」と言われ一席やってしまうので、わずか四日で学校側から登校拒否を食らう。

少年落語家に戻った彼にとって、軍隊での集団生活が学校のようなものだった。頭がハゲだしたのも応召中の奇病が原因だし、「後備召集」で赤坂の陸軍歩兵第一連隊に入隊したときでさえ、彼の“軍務”は“一席お笑い献上”だった。

こんな経緯から「兵隊落語」が出来上がるのだが、彼は軍隊びいきで、戦後もA級戦犯慰問に忙しかったという。

現在の東京で、乃木坂から外苑東通りを六本木方面に歩くと左手に防衛庁跡地の長い塀が続いているが、そこがかつての陸軍歩兵第一連隊跡だ。“笑い”という点から見た近代の東京の風景が本書には満ちている。

著者は、実は金語楼の長男。エノケンやエンタツ・アチャコなど同時代のコメディアンたちとの交遊録も織り交ぜて、近代を生きた日本人がどんな笑いを求めてきたかを知る、“笑いの近代史”に仕上げた。

…と硬く書評してしまったが、著者の筆致も親譲りか、ユーモラス。これからの季節、笑った拍子にはなも出るから、風邪をひいているときには読まないほうがいいかもしれない。(春日和夫・フリーライター)

(小学館・1400円)=2000年11月16日④配信

凝った技巧の大正ロマン

「腐りゆく天使」(夢枕獏著)

萩原朔太郎は文学史上、口語自由詩の完成者で、高村光太郎とともに大正期を代表する詩人と称されている。本書は、この詩人の大正三年ごろの私生活をモチーフにした幻想的な大正ロマン小説だが、序章と終章のほか九章からなる構成にさまざまな凝った技巧がこらされており、読む者を一種官能的なまでの「あやしの世界」へと誘っていく。

物語は、三人の人物の独白や手紙の形で展開されていく。まず登場してくるのは、土中に埋められたなぞの死体である。七年もの間、だれが埋めたのかを考え続けている死体、記憶を喪失した魂が、「わたし」あるいは「ぼく」の人称で、存在論についての想念をこねくりまわす。朔太郎の処女詩集「月に吠える」の中の詩「地面の底の病気の顔」をヒントに、朔太郎の嗜虐(しぎゃく)的な雰囲気をよくすくい取っている。

次に登場してくるのは、鎌倉の海辺の教会の神父である。教会の一室に浮遊する白い天使に心を奪われている、という設定で、幻想性がいっそう増していく。

そして、第三の登場者が人妻に恋する「狂ほしき詩人」の朔太郎である。結核を病んだ人妻エレナ、えれなとも表記される女性への恋愛感情が、激烈な虚無的想念を内に秘めた言葉でつづられている。

この三人を軸に物語が展開されていく。神父とえれなとの仲を朔太郎が疑い、朔太郎とえれなのなかを神父が疑うという構図の中で、妄想やしっとの炎のさまが描き出されていき、土中の死体が語る真実と驚愕(きょうがく)の結末が用意されている。

「あとがき」によると、作者は十代のころから朔太郎の詩に、その言葉の持つあやしい魅力に感応してしまったという。章タイトルに朔太郎の詩集のそれを用いるなど、作者の傾倒の深さが分かる。朔太郎の詩について知らなくても、詩人の苦悩と葛藤(かっとう)のさまが伝わってくる。生命、存在、意識、所有とは何か。読み手の感性に直截(ちょくせつ)的に訴えかけてくる迫力がある。(清原康正・文芸評論家)

(文芸春秋・1905円)=2000年11月16日⑤配信

商用と危険のせめぎあい 「経済成長がなければ私たちは豊かになれないのだろうか」(C・ダグラス・ラミス著)

この本は、「タイタニック現実主義」から説きおこされている。船はやがて、氷山に衝突する。しかし、だれも、エンジンを止めろ、とはいわない。経済のスピードを落とすな、との命令にしたがって、それぞれが自分の持ち場でよく働いている。

経済成長は常識である。“地球号タイタニック”の中では、成長第一が現実主義として幅をきかせている。ところが、先進工業国の資源消費量を、いまよりも九〇％も減らさなければ、人類の前には破局としての氷山が待ちかまえている(国連報告書)。それもひとつの常識である。

どっちの常識(価値観)を選択するのか。この問題提起にたいして、本書は歴史的、かつ国際的な広い視野から書かれていて説得的だ。といって、環境問題だけがテーマではない。最近、日本には、このような社会全般にわたる啓蒙(けいもう)的で明晰(めいせき)な著書がすくなくなっている。その精神の衰弱をあらためて感じさせた。

開発援助、発展途上国、未開発国などの言葉は、わたしにもとても抵抗のある言葉である。これは、一九四九年一月のトルーマン・アメリカ大統領就任演説で、アメリカの国策、よその国を「発展させる」政策として、はじめて使われた、という。

自動詞の「発展する」を、他動詞の「発展させる」に変えたのは、いまでいう、グローバリゼーションである。

著者はそれにたいして、「対抗発展」を提起している。「共生」の「共」を使った「共動詞」でもある。搾取や収奪ではない、対話的な関係である。

アメリカの海兵隊を除隊したあと、日本に残った著者の平和への思考は、柔軟で定評がある。日本国憲法第九条が、日本の「平和常識」をつくりだして、犯罪をすくなくしているとの指摘は、戦争大国のアメリカとの比較で語られていて、さらにユニークである。

わたしたちの常識は、いかにアメリカ政府の常識に影響されていることか。(鎌田慧・ルポライター)

(平凡社・1300円)＝2000年11月16日⑥配信

息づく「政治」のドラマ 「住民投票」(今井一著)

米国の大統領選挙は大混戦となったが、同時に各州や市町村ごとに多くの住民投票が行われた。

これらの住民投票は、それぞれの地域で問題となっている教育や福祉などさまざまな課題について投じられ、あたりまえの風景になっている。米国だけでなく、欧米の先進諸国においても同様である。

しかし、日本においては、住民投票の実行は困難をきわめる。住民投票の制定をめざす直接請求のための署名を集めた住民の前に、地方議会が大きく立ちふさがっているからである。今も、一九九八年一月の岡山県吉永町で可決されたのを最後に、四十件連続で否決されている。

九〇年代の後半になって、困難を乗り越えて十の県市町で住民投票が実現した。それらの運動の現場につねに立ち会ってきた著者は、この矛盾の実態をつぶさに見てきた。

その中から本書では、新潟県巻町・岐阜県御嵩町・沖縄県・沖縄県名護市・神戸市・徳島市などを取り上げているが、とりわけ住民投票を実現するために運動に取り組んだ人々のエピソードが胸を打つ。

日本で初めて条例に基づく住民投票を実現した巻町の運動を担った人々の前に立ちふさがった既成の権力と、それを乗り越えて行く人々の不屈の精神。暴力団の襲撃に備えて防弾チョッキを着て運動した御嵩町の人々の勇気。

雪が降る中で震えながらプラカードを持って立ちつづける運動員のもとに、市民から「胸を打たれた」「運転していて涙が止まらなかった」というメールが届いたという話。

ここには、中央政治では失われた政治のドラマがある。

最後に、主権者である住民が重要な課題を自分たちの意志で決める住民投票があたりまえに行われ、その決定が尊重されるための法制化案が示されている。コンパクトにまとまった、この問題についての絶好の手引書である。(五十嵐暁郎・立教大教授)

(岩波新書・660円)＝2000年11月22日①配信

時空を超える旅の話

「遠心力」（港千尋著）

批評家にして写真家の、しかし、その港千尋という素晴らしい名からは、知と地球の深みを進む冒険者、と呼ぶのが最もふさわしいと思われる著者は、いまだ続けられているその探索のただ中から、私たちに一冊の旅行記を送ってくれた。

この本は、海と赤道を、パリの街を走る子午線と石器時代の洞くつ壁画を、旅が持つ秘密への求心力とあこがれの遠心力を糧に、この星と人間とのかかわりの歴史の中で、綿密に語ってくれる。

その細かさは、一見「地球の歩き方」に似ていながら、悔しいことに、これをガイドブックとしてその跡をたどることは、私たち、ふつうの旅行好きにはとうていかなえられない。

私たちにはおそらく、旅行は休日と結びついていて、それは心のストレスを解きほぐすものであるのに、著者にとって、旅は、生涯の仕事であり、ふとした疑問を長くからだの奥に潜ませておいて、それが十分に熟成したときに一気に立ち向かう、緊張をはらんだ行為なのだ。

たとえば子午線。それは一八八九年、イギリスのグリニッジ天文台上に移る前まで、パリの上を走っていたのだが、それを記念する百三十五個の円盤を求めて、ある日、この探索者はパリを縦断する。

「パリ・リピーターにお勧めする、知られざる芸術モニュメント」とでも題するこのミニマル旅行記は、しかし、著者のこれまでの、世界各地、アメリカ、アフリカ、アジアにおける「赤道」の思い出と、地球上で十字に結び合わされて初めて意味を持つ。

私たち、休暇の旅行者は、この本を片手にパリを歩くよりは、著者に導かれて、この本の中で時空を超えて次々と展開される旅の話に、魅惑されるだけの方が得策である。

この本とであれば宇宙にまで旅をし、地球を撮った衛星写真がもたらす、軍事基地の探査といったことを超える新しい意味についてさえ、私たちは知ることができるのだから。（船曳建夫・東大教授）

（白水社・2200円）＝2000年11月22日②配信

行間から立ち上る酒の香り

「にっぽん蔵元名人記」（勝谷誠彦著）

酒の味、香りを表現するのは難しい。

「清冽（れつ）な」「ふくいくたる」「切れのいい」…。手あかのついた修飾語をいくら並べたところで、酒の本質は伝わらない。その酒をはぐくんだ人や自然を重層的に書き込んで初めて、芳純な液体を口に含んだ錯覚すら読者に起こさせることができるのだ。

著者は蔵元や杜氏（とうじ）から酒造りにかける情熱を聞き取り、蔵の周囲の山や森、水を描くことで、酒が醸す香りを行間から立ち上らせることに成功した。

例えば、鳥取県の深山にある蔵の酒はこう記す。「美林に降った雨が、樹々に磨かれ、杉のダシとなって湧き出る。その名（「杉の雫」）を聞き、その酒を呑んだとき、人々ははるか樹々の梢に宿る露にまで、その思いを馳せることだろう」

紀行家として知られる著者は、酒を通して、この国に残る美をもすくい取ってみせる。訪れた福井県や秋田県の町では、庭に鉄管を打ち込めば豊富な水がわき出るため上水道がないことを知り、「背筋が震えるような喜びが襲った」と感動を書き留めた。

紀行文の良しあしは「自分」をどう登場させるかで決まる。新聞のルポのように筆者がまるで出てこない「客観報道」では味気ないし、逆に「私はこう思う。こう感じた」を連発すれば嫌みである。

その点、本書は全編「私」のモノローグでありながら、出会った人々や自然に反応する目や耳がすぐれているため、切り取った会話や風景描写が実に鮮やかだ。アマゾンやネパールなど世界中を旅してきた著者ならではの資質だろう。観察眼の確かさは、英国の紀行作家ブルース・チャトウィンをほうふつとさせる。

困ったことが一つ。体調が悪く禁酒しようと思っていても「まるで絹のように舌を包む。繊細。それでいて食中酒として肴を引き立てる」といった記述がいたるところにあるので、つい一杯ひっかけ酔っぱらってしまった。いや、それとも飲む前から、既に文章に酔っていたのかもしれない。（大川渉・エッセイスト）

（講談社・1600円）＝2000年11月22日③配信

少子化は成熟社会の必然

「ウェルカム・人口減少社会」(藤正巖、古川俊之著)

平成元年(一九八九年)の「一・五七ショック」以来、毎年のように史上最低を更新する合計特殊出生率の低下=少子化に、危機感をあおる議論は多い。そうした中で本書は逆に、少子化による近未来の人口減少を成熟社会の到来として歓迎しようとする。

議論のポイントは、①「少子化は高齢社会の必然的かつ不可避の結果である」、および②「少子化による人口減少は社会的危機ではない」という二点に集約されよう。

①について、著者たちは、総人口に占める六十五歳以上の比率が一四%を超える高齢社会では、人口を維持するに足る二・〇以上の合計特殊出生率を示す国が一つもないことに注目する。

そしてこの事実から、こうした先進国では、一人の女性は平均して二人以上の子供を持とうとはしないと推定。そこから生涯未婚などで出産しない一割をさらに引いて、現在北欧諸国が示している一・八程度が出生率の上限ではないかという仮説を導いている。

興味深いのは、この出生力の低下を、よくいわれる女性の高学歴化などに加えて、全年齢における死亡率の低下、すなわち平均寿命の伸長に伴う必然的な結果としてとらえる視点である。

現在の日本の平均寿命は男性七十七歳・女性八十三歳を超えているが、「このような状況では、若い人たちは自分の子供のことよりも、将来の自分自身のことを考えなければならず、子供の数をむやみに増やすことは考えられなくなった」という指摘は、三十代である私の実感にも極めて近い。

定年後に二十年も余命があるんだから、扶養家族が既に一人いるのと同じに考えて準備しとかないと怖いな—今の若い世代には、無意識のうちにもこうした感覚が行き渡っているように思う。

②についても、少子化が必然的に労働力不足や消費収縮をもたらすとはいえないという指摘には、同感できる点が多い。今後さらに社会的に論議が深まることを期待したい。(大塚明子・文教大学専任講師)

(文春新書・660円)=2000年11月22日④配信

著者初の長編小説

「血の味」(沢木耕太郎著)

一九七〇年代、ニュージャーナリズムの旗手とうたわれた沢木耕太郎の登場は、衝撃的だった。時代の人物に伴走する意志と徹底した取材、練られた構成。そして叙情に走らないスタイリッシュな言語表現は、ノンフィクションの世界を変え多くの書き手に影響を与えた。

しかしここ十年、沢木作品は変化している。それは伝記など作品方法の多様化だけではない。いちばんの変化は沢木の立つ位置だろう。彼はその作品に「現在」をテーマにすることが少なくなった。

本書は著者初の長編小説だ。テーマは十五歳の殺人である。しかしこの現代的なテーマに沢木らしいジャーナリスティックな切れ味を期待しても裏切られる。

走り幅跳びの選手である少年は、あるとき突然、跳べなくなってしまう。その彼をとりまく人間がいる。神に近づこうとする来歴の分からぬ父。教師や友人、「あなたはいつか遠くへ行ってしまう」と彼に告げる少女。そして、殺人の発端となる女装の元ボクサー。

この個性的な登場人物が、いつの時代、どこの都市に生きているのか具体的でないため、彼らの姿が立ち上がってこないことがもどかしい。

また、違和感を抱くのは、主人公の思考と行動である。少年と女装の男との会話は非現実的だし、この少年のモノローグは、どう深く読んでも十五歳ではない。人生の落日を意識する中年の男の声だ。

小説なのだからリアリティーにこだわるべきではないかもしれない。たしかにファンタジーとしてならこの小説は素直に読めるのだ。

ノンフィクションのすべては「事実」であるが、それは書き手の身をしばるカセでもある。それでも読者が沢木のノンフィクションを愛したのは、事実にストイックなまでに従う、その姿勢だった。

物語の少年は、永遠や絶対への恐怖を抱き、「跳べなくなっ」た。それは絶対的な「事実」と格闘した沢木の姿だったのだろうか。(与那原恵・フリーライター)

(新潮社・1600円)=2000年11月22日⑤配信

住民とともにつくる医療

「がんばらない」(鎌田實著)

現代人は数字に呪縛(じゅばく)されて生きている。こどもは偏差値、若い女性は体重とカロリー値、中年なら健康診断の諸数値、預金通帳の残高はもちろんだ。寿命というのもまたひとつの数字だ。

こういうものの考え方には、あらゆる現象を数字に分解、還元して理解し、諸数値の集合が全体をなすというデカルト的思考が根底にある。近代的思考とは極言すればつまりそういうものである。

医学は、近代科学のエッセンスだ。現代医学は、おびただしい数字が渦巻く学問と技術であり、そのことは、わたしたちが体調を崩して病院に行き、検査、検査にさらされるとき、いや応なしに実感させられる。

しかし、医学は数字に還元できるか? ひとのいのちとはそういうものか。

「医」の旧字「醫」は、「医」と「殳」と「酉」の三つの部分からできている。それぞれ「技術」「奉仕」「祈り」を字義に含むという。「醫」が「医」になったとき、医学は数字を追求する技術学になった。医学でなく「醫学」を回復し、医師でなく「醫師」であろうとする、あふれるような熱意が本書を貫く。

著者は、全共闘運動の闘士という青春をもつ。運動の終息後、諏訪中央病院の医師として地方に赴き、今日まで「住民とともにつくる医療」のため実にみごとな実践活動を展開してきた。

治療する側と、治療される側との共生のなかに、現代医学が見失った真のいのちの再生を願う。たんに医療のあり方に一石を投ずるだけでなく、ひろく文明批評の視点を含むさまざまな問いかけが、熱い。じぶんにいよいよの運命が迫ったとき、こういう病院と医師にかかりたいとだれもが思うだろう。

エピソードのことごとくが感動的である。ややもすれば「美談」にすぎるのでないかという印象は一方にないことはないが、しかし、ささやかな傷と思わなくてはならない。医療の根源がはげましにあり、生きるよろこびのあらたな発見にあるからである。(小池光・歌人)

(集英社・1600円)=2000年11月30日①配信

迷惑をかけて生きる権利

「弱くある自由へ」(立岩真也著)

少量の血液から遺伝子情報がわかる時代だ。その情報からは、ある種の病気の発症確率がわかる。もし、その病気の予防法や治療法が確立されていないなら、さらにその検査が就職や保険加入に関連するとしたら、あなたはそれを知りたいだろうか。

医療技術の進展によって、さまざまなことを選択せざるをえない社会になり、価値観が多様化したとされる社会では「自己決定」が最後の切り札とされる。ただし、自己決定するには強くなければならない、と思われている。なぜなら、自己決定の際には、十分に情報を理解し、決断し、その結果の責任を負わなければならない、と考えられているからだ。そのような自己決定の既成概念に対して、著者は疑問をなげかける。

各章ごとに独立した主題、つまり遺伝子診断、出生前診断(胎児の先天的な障害や病気の有無などを検査して「産む」かどうかの選択をするための診断)、安楽死における自己決定の是非、障害者運動が医療や福祉における「優生思想」を批判して要求してきた自立生活、そして介護保険法施行後の福祉などが、ち密に論じられていく。

これらの多岐にわたる主題において「国家と個人」、「専門家と素人」、「患者・障害者・高齢者とそれを介助する人」との間に生じる力(権力)関係を確認しつつ、著者が言わんとするのは、「弱い」個人が、したいことを「自由」に決定できる社会のあり方だろう。

本の帯に「自己決定という幻想」とあるが、私は、著者のいう「互いに『迷惑』をかけながら生きる権利」、「『他者』に自分を決められない権利」、「『弱くある自由』を保障する社会」を達成するには、やはり自己決定は万能ではないが有効である、と考える。

すなわち、「弱い」存在である人が自己決定できるように、互いに支えあう社会関係やシステムとはどのようなものかについての、理論と実践を積み上げるしかない、と思うのである。(柘植あづみ・明治学院大助教授)

(青土社・2800円)=2000年11月30日②配信

生態調査にかける情熱

「ニタリクジラの自然誌」(加藤秀弘編著)

土佐湾のニタリクジラを題材に、クジラ研究の第一人者が書くクジラ学の入門書。豊富なエピソードから、クジラの生態調査にかけられた情熱が伝わってくる。

著者らが「ニタリ」と愛情を込めて呼ぶこのクジラはホエールウオッチャーに人気の高知県沿岸に定住する。ユニークな名前の由来はニタニタしているからではなく、ナガスクジラに「似ている」から。上あごの三本のりょう線が特徴だ。

最も読みこたえがあるのは、高知県などが過去十年に行ってきた大規模な生態調査の記録だろう。実際どこに、どのぐらい生息しているのか?動物生態学者にとっては腕の見せ所となる生息数調査に悪戦苦闘する姿がいきいきと描かれる。

著者たちは調査船やホエールウオッチング船、さらにはヘリコプターまで駆使して、海上を横一列に併走したり、升目に分けたり、上空から観察したりと、ありとあらゆる方法を試みる。しかしクジラはなかなか姿を見せない。その度に「殺気が強すぎてクジラが逃げてしまった」と反省する。国際捕鯨委員会でもいつも議論になるが、生息数の正確な把握がいかに難しいかよく分かる。

土佐湾では漁業者みずからがホエールウオッチングを推進している世界的にも珍しい場所だ。漁業者も個体調査やクジラを驚かさないための自主規制に協力し、ニタリの雄姿を一人でも多くの人に見てもらおうと努力してきた。もちろん彼らにとってホエールウオッチングは衰退する漁業の代替産業であり、自然保護の手段ではない。調査や規制も客が確実にクジラを見られるように、自分たちの「メシのたね」が逃げないようにとの配慮から来ている。

しかしクジラの背びれのくびれや背中の傷を観察し、一頭一頭に番号をつける識別作業を研究者と共に担っている事実に変わりはない。捕鯨をめぐる議論は泥沼化の様相を見せているが、こうした地道な努力が日本にあることを世界に知らせることも、不毛な対立の打開に役立つのではないだろうか。(大島寿美子・ジャーナリスト)

(平凡社・2400円)=2000年11月30日⑤配信

外交への具体的提案

「ワード·ポリティクス」(田中明彦著)

来世紀の世界情勢は、どう見通すべきだろうか。冷戦後のこの十年に出版された、「歴史の終わり」にせよ「文明の衝突」にせよ、立場こそ異なるものの、この問いへの回答として書かれた。

著者一九九六年の前作もまた、そうした試みの一つだったが、経済のグローバリゼーションと政治における民主化が進み、活動主体が多様化しそれらの関係が複雑化して、(書名に当たる)「新しい『中世』」が出現するという斬新(ざんしん)な世界像は、抽象論や憶断にとどまらぬ論理構成が高い評価を得た。

本書ではさらに、東アジアにおける今後の日本外交が「ワード・ポリティックス(言力政治)」の様相を呈すると予告され、政府にそれに備える人材育成を求めている。

「新しい『中世』」の国際政治は、多国間会合と二国間会合の「社交場」を思わせる複雑な絡み合いにおいてなされる、米国がその全体の動きに決定的な影響を持つものの、その行動は予断を許さず、そのうえ武力行使が困難になったため、経済力や権力のみならず「シンボル操作」が重要性を増した—というのである。時々に「反射的に」つづられた論文や論壇レビューから成るが、多くの事例から具体的な提案が導かれ、前著の壮大な構想に一層の肉付けが施されている。

ただ、著者は国家を、領域に住む人々の利益の代理人と定義しているが、こと経済にかんしてはどう代理するのかが示されていない。経済には国や地域により異なる制度がありそれが市場を安定させるというのに、昨今の国際政治は各国の経済制度に同調圧力をかけ、市場を不安定化させているように見える。

日本では雇用の流動化が将来所得への不安を招き、消費不況から脱することができないでいる。コソボの例を挙げ紛争処理には制度を多元的に活用すべきとされるのだから、経済制度についても「言力」による外交で制度の多様性が保持されると解しておきたい。(松原隆一郎・東大助教授)

(筑摩書房・2400円)=2000年11月30日⑥配信

過渡期の親子を再考

「家族新生」（今一生著）

私たちには郷愁の中に普遍を見いだしたがる傾向がある。ほんの少し前の過去の状態が、本来あるべき姿なのだという思いを抱きやすい。たかだかここ百年くらいの間につくりだされたものが、通史的な伝統や、人間の本来性を兼ね備えていると錯覚されている例もままある。

ここで問題にされる家族にしてもそうである。多くが婚姻関係を国家に届け出るようになったのは案外最近のことだし、かつて農業が中心だった社会では、女性も労働の重要な担い手であり、職を持っていない「専業主婦」という存在は、きわめて近代的な女性役割にすぎない…。

現在、家族は、メディアの発達や経済状況の変化によって、それを支えてきた基盤そのものを崩されつつある。過去のイメージと、現実の関係との齟齬（そご）で、援助交際、家出、家庭内暴力など、さまざまな問題が噴出しているのだ。「家族新生」は、そうした時代の過渡期において、親と子の関係を再考しようという提案の書である。

著者は「日本一醜い親への手紙」というベストセラーの編集を手掛けたフリーライターで、本書は「家族・親子に関して、これまで多くの人に支持されている考え方を根本的に疑い…家族のイメージがどうやって作られたかをハッキリさせ、それにとって代わる『新しい考え方』を紹介し…」というスタンスで書かれている。

理論的な背景や、データとしての信ぴょう性がはっきりしないので説得力には若干欠けるが、ほころびかけている家族への処方せんが、伝統や過去への回帰にはありえないことは十分納得させられる。

インターネットなどの情報環境の激変によって、家族空間が外部に開かれたものとなっている今日、親はただ親だという権威によって底上げされることはない。親と子供との関係性は、相互のコミュニケーションによってしか成立しえないという著者の認識は、しごく現実的である。（伏見憲明・評論家）

（ワニブックス・1500円）＝2000年12月7日①配信

知識と体験を埋める作業

「日本風景論」（切通理作・丸田祥三著）

昭和三十九年、東京都区部生まれで、高校の三年間をクラスメートとしてすごした二人の対話である。かたや「怪獣おたく」にして、ウルトラマンの作家たちを追った「怪獣使いと少年」で知られるライター。かたや「鉄道おたく」にして、廃虚をモチーフとした「棄景」シリーズで知られる写真家。帯には「すべての世代に呼びかける」と書かれている。

昭和三十九年は、東京オリンピックが開催され、東海道新幹線が開業した年である。高度経済成長のまっただ中に生まれ、オイルショック後の不況期に少年時代をすごし、バブル経済期に成人した二人の東京っ子が、バブル崩壊後の現在、「すべての世代に呼びかける」こととは？

新幹線、SL、ニュータウン、宮崎勤事件、ちんちん電車…。取り上げられる話題のラインアップを見て、「オタッキー」と引いてしまっては、二人の対話の射程を見誤る。というのも、失われたものへのノスタルジーや些細（ささい）なものごとの記憶をめぐる対話は、趣味を同じくする者同士や同世代の輪の中に閉じてしまうものではないからだ。

人は、生まれる前のことを、知識として知ることはできても、体験することはできない。だが、だれしも生まれる前と現在とが地続きであるという実感はもっている。

その実感を現在から過去へと延長し、知ることと体験することの間を埋める作業に二人は十分意識的である。そのことは、戦争体験の継承を問いなおした本書の第三部にはっきり読みとれる。だからこそ、「すべての世代に呼びかける」のだ。

さて、私は昭和三十三年生まれで、二人より少し上の世代である。田舎生まれの田舎育ちで、東京やその近郊に住んだことはない。「おたく」といえるほど、のめり込める対象も持てなかった。

二人の呼びかけに私はどうこたえるべきか。大きな宿題をしょい込まされたように感じる。（鵜飼正樹・京都文教大助教授）

（春秋社・2000円）＝2000年12月7日②配信

勤続型内部告発のすすめ

「科学者として」(新井秀雄著)

この本は、まず第一に、バイオハザード(生物災害)の危険を伝える本だ。東京都新宿区の人口密集地で、多量のウイルスや細菌を使った実験を続ける国立感染症研究所(感染研)が、恐ろしいバイオハザードを引き起こす危険を警告する。だがこの本は、バイオハザードについての本というよりもむしろ、内部告発についての本だ。

感染研の現役研究官でありクリスチャンでもある著者は、感染研を内部から告発し、自身の内面を告白する。そして、感染研の恐るべき過去と実態を語ることよりも、自分が感染研内でどうふるまってきたか、何を思い、どう覚悟し、どう感じてきたかを語ることに力点が置かれている。

この本に書かれた危険な話には慄然(りつぜん)とする。だがしかし、日本人は最近、慄然とするネタに事欠かない。それは、内部告発が日常化してきているからだ。

アメリカ的価値観をもった戦後世代が台頭し、女性の社会進出も本格化し、つぶれないと思っていた大企業の相次ぐ経営破たん、外資系企業の進出が続いて、旧来の終身雇用型で組織に忠誠を誓う社会が崩れていった。それが内部告発の日常化をもたらしたのかもしれない。

とはいえ、内部告発をする時はふつう覆面、匿名だ。あるいは、その組織を出てから告発する。ところがこの本の著者は、長年組織の内部にとどまりながら、単身で告発してきた。だから感染研内には、ヘタなことをするとすぐ告発されるかもしれないという緊張感がある、と著者は言う。

腐敗しないようにと外から監視させたところで、その"外部機関"と癒着して仲良く腐敗し合うのがオチだ。組織の中にとどまりつつ堂々と内部告発をする人が増え、内部告発型自浄システムとでもいうべきものができあがったほうが、もっとマシな世の中になる。

そう考えれば、この本は、内部告発をもっと身近にし、勤続型内部告発をすすめる、内部告発ガイドブックと見ていいし、そういう本として読みたい。(中野純・構想作家)

(幻冬舎・1500円)=2000年12月7日③配信

幻の歌人を研究

「評伝　石上露子」(松本和男著)

明星派の歌人であり、「小板橋」などの絶唱で知られる石上露子(いそのかみ・つゆこ、本名杉山孝子)は、大阪・富田林の旧家であり大阪府有数の大地主、杉山家の最後の当主であった。彼女は先の作品を残して夫から文学活動を禁じられ、長く秘められた人となっていたが、近年、松村緑の「石上露子集」や山崎豊子の小説「花紋」などによって注目されるようになった。

著者は、露子に対する深い敬愛の念をもって、「石上露子研究」という冊子を刊行されてきたが、本書はその決定版ともいえる。丹念な調査に基づき、彼女の文学活動の全ぼうだけでなく、恋人長田正平の生涯や、杉山家とその婚姻関係を含む生活環境などを広く明らかにされている。

露子は一八八二年六月生まれ。長男死亡のため家を守り、複雑な家庭に苦しみつつも、戦前戦後の変動期を毅然(きぜん)として生き、一九五九年十月に没した。

実は孝子さんは私にとっても思い出の人である。五二年の夏、京都大学の学生だった私は、初めて杉山家を訪れて所蔵の古文書を拝見した。そして戦国期の富田林が自治都市で、住民により建設されたことを明らかにした論文を記した。

そのころ孝子さんは、文化財級のお宅に、お付きの老女とともにひっそりとお住まいであった。そして自分が死ぬとこの家もどうなるか分からないからと、大学に古文書を寄贈していただいたのである。本書によって、私は多くのことを教えられ、あらためて往時をしのんだ。

本書は「才色双絶の歌人」石上露子を知る上で絶好の手引書であり、今後の研究の礎石となるものである。これで露子研究は新たな水準に立ったともいえる。

私は、感動とともに、孝子さんの知遇を得た者として感謝の気持ちすら禁じ得なかった。大正期の文学や、近世・近代における地主の生活、文化的土壌を探るためにも不可欠の書物となろう。(脇田修・大阪大名誉教授)

(中央公論新社・5500円)=2000年12月7日④配信

活字での見事な“口説き”

「狂言じゃ、狂言じゃ！」（茂山千之丞著）

狂言がブームだ。若い演者に若い観客がついて、今までにない盛りあがりを見せている。メディアにもさかんに取り上げられ、新世紀の到来を目前に、今、わが国最古の舞台芸能は注目を集めている。

そんな時期だからこそ、並みの入門書とは違う形で世に問われたのがこの一書。ブームの渦中にある当事者が、狂言本来の魅力を力説しつつ、一方で、古典の地位に安住して、芸能としての活力を失ってしまうことのないようにと、内部から警鐘を発する。

芸能とは口説くことである、と著者は言う。舞台に立つ人間は、目の前にいる観客に向かって、虚構の世界に生き、ウソの人生を見せながら、あたかも現実であるように錯覚させる。

見物している側もまた、そのすべてを理解していながら、気持ちよく騙（だま）され、酔わされる。それが同時に実現されたとき、演者と観客はともにエクスタシーを味わうことができる。

であればこそ、狂言も今を生きる芸能であり、今の観客を喜ばせる努力を怠ってはならない。そのために著者は、二つのことを提唱する。

まず、狂言の形で構成された現代劇の新作。そして、古典狂言の新解釈による演出。つまり、あくまでも狂言の持つエスプリを生かした再創造である。

茂山千之丞は、戦後の狂言界をリードしてきた役者のひとり。早くから歌舞伎や前衛劇といった能楽外部への出演を果たすなど、それまでのタブーを破る革新的な行動家として知られてきた。

けれど、この人の心底には常に狂言への強い愛着があり、身体には、幼少から鍛えあげられ、磨き上げてきた確かな技術が宿っている。その二つがあいまって、エンターテイナーとしての知（あえて血でなく）がわき、肉が躍るのだろう。著作を通してそのことをあらためて感じた。

千之丞、このたびは活字で口説きましてござる。

（森西真弓・池坊短大助教授）

（晶文社・1800円）＝2000年12月7日⑤配信

歴史と闘う主人公

「風の生涯（上·下）」（辻井喬著）

人間はどこから来てどこへ行くのだろう。〈風の生涯〉という標題のこの作品は、一陣の風のような生涯を終えた人物をていねいに描いて読ませる。人それぞれその人の一生が定められていると思わせる。しかし、その定められた一生を糸を紡ぎ出すようにして格闘を重ねていかねばならない。この物語の主人公は、まるでふりかかる火の粉をはらい続けるように、歴史との闘争に明け暮れていった。

本書は、矢野重也という非凡なる人物の生涯を描いた評伝的小説だが、一面作者の歴史をみる目の生かされた昭和史とも見える。主人公は、大正から昭和そして戦後を貫く歴史に生かされ続けた人物だった。東大新人会に集合した俊秀たちと共にマルクス主義の洗礼をうけた矢野は共産党に入る。労働者と闘うことを究めようとして、党の主流派と確執をかもす。

一九二八年のいわゆる「三・一五事件」の共産党員一斉検挙の折、矢野は逮捕され投獄された。二年有余を経て孤独の淵（ふち）より帰還した矢野は、妻や恋人、さらに文学的僚友によって魂の真実の下に生きようとする。刻苦精励の人である矢野は、やがて起業家として立ち上がり、中国に渡って毛沢東や周恩来とも出会う。

この小説は、やがて新聞社の総帥としてそのグループを率いる矢野の二つの人生を描き分けてゆく。戦後の日本経済発展に身を粉にする一面と、多くの文学者の友人をもち自身翻訳家でもあった一面とが混交して稀有（けう）な人物像を浮き彫りにしているのだ。

矢野の周辺には、吉田茂、池田勇人、永野重雄、桜田武、郷司浩平、白洲次郎など政財界人が配されている。その一方で、生涯の友人浅野晃、他に尾崎士郎、林房雄、尾崎一雄、中谷孝雄、中野重治などの文学者、さらに辰野隆、鈴木信太郎、渡辺一夫ら仏文学者が実名で登場する。

矢野重也（水野成夫がモデル）は、まさしく人の間（ジンカン）に生き続けた人間そのものであった。（栗坪良樹・文芸評論家）

（新潮社・上下各1800円）＝2000年12月7日⑥配信

江戸人の精神世界に挑む

「浮世絵春画を読む（上・下）」（白倉敬彦ほか著）

本書は、これまでアカデミックな領域で語られることが少なかった、浮世絵春画の本格的論考である。

「春画と覗（のぞ）き」「春画と遊女」など、気鋭の研究者四人が、膨大な図版を交えて江戸人の精神世界に多角的に挑む。上下巻、計六百ページ余りの労作だ。

覗き、自慰、夜這（よば）い、子連れに男色、となんでもあり。いま風にいえば「3P」だってやり放題…。

一見すれば、これぞポルノ大国ニッポンのルーツ！　と納得しないでもない。が、読むほどにズレが生じた。春画はそもそもポルノなのか？　これは、著者らに共通する問題意識でもある。

春画は、「笑い画」とも呼ばれていた。「つるつると入ったからかめかめと抜こう」。絵に書き込まれる登場人物の「セリフ」は実際、洒落（しゃれ）やおちゃらけに満ちている。

江戸の男女は、春画を何人かで一緒に眺め、笑いながら楽しんでいたらしい。「江戸時代の文化環境において『好色』とは一種の『洒落』のようなものであった」（文中より）。西欧のポルノグラフィーとの大きな違いのひとつがここにあると、著者らは考える。

明治以降、西欧近代の「好色」観が大量輸入されても、春画に根ざした日本人の「色好み」は現在も、この国の文化から消え去ったわけではない、と。

歴史は記憶で作られるともいう。世界に冠たるフーゾク産業、援交、レディースコミックの興隆。現代日本の性文化は、「色好み」の江戸とどう連なり、いかに変わったのか。日本人のアイデンティティーを紹介する意味で、海外でも幅広く読まれることを望む。

現代女性の性的ファンタジーについて関心を寄せる私のような者にも、極めて示唆に富んだ一冊。性犯罪やストーカーが横行する現状にゲンナリな昨今、春画の放つ「おおらかな色好み」具合に、まずは驚くほどなごませられたのもたしかであった。（島村麻里・フリーライター）

（中央公論新社・上下各1800円）＝2000年12月14日①配信

巷説覆して描く実像

「大正天皇」（原武史著）

明治天皇、昭和天皇に比して、大正天皇の存在感は希薄である。著者も指摘しているように、その評伝は極めて少ない。本格的な作品は皆無といっていい。

大正天皇にかんしては、あやふやな巷説（こうせつ）がひそかに流布していた。帝国議会の開院式で詔書を丸めて議員席を見回した、という類の話である。あるいは脳に障害があるかのような説もささやかれていた。こうした巷説は、軍事の大権をもつ大元帥としてふさわしくないとの根拠になっていて、軍事主導の国家の「力強い元首」のイメージを損なう、という形で利用された。

しかし、大正天皇の実像はどうだったのか。本書は、誕生から崩御までを丹念に追いかけた評伝で、著者の「近代天皇制を明治と昭和の二人の天皇だけで語ることは許されるのか」という問いは重い意味を持つ。

本書で解きほぐされていく幼年期・少年期の姿は、まさに人間味あふれる姿そのものである。

御学問所での詰め込み教育への反発、東宮輔導（ほどう）となった有栖川宮との感情の交流、皇太子時代の全国巡幸、国民と接するときの感受性に富む質問、漢詩への深い理解、そして韓国訪問を機に学んだ朝鮮語への関心…次々と示されていく軌跡を理解すればするほど、大正天皇その人の存在から、近代日本の軍事主導とは別の、もう一つの日本の姿が見えてくる。

明治天皇の崩御後に、天皇としての過重な責務に健康を害していったその心中を思うとき、明治期から大正期にかけての、天皇を取り巻く指導層の冷酷さを見ることもできる。

宮廷官僚や軍事指導者たちにとって、望ましい天皇像とは言い難いその文人肌の性格を、大正天皇は改めようとしなかった。本書によってその悲劇を、「人間・天皇」の先駆者として理解することが可能である。

大正天皇を新しい目で見つめるとき、近代天皇制の功罪が浮かび上がってくる。本書はその意味で貴重であると同時に、読者へも鋭い問いを発している。（保阪正康・評論家）

（朝日選書・1300円）＝2000年12月14日②配信

生命の体験

「バレエ入門」(三浦雅士著)

「入門」、しかも「バレエ」である。あまりにもシンプルなタイトルだが、自分には縁がないと決めこまないでいただきたい。これは単なるバレエ入門書ではない。バレエが好きな人だけではなく、西欧文化に興味のある人、舞台芸術にかかわる人、生きることを考える人にも勧めたい。

イタリアに生まれ、フランスで育ち、ロシアで成人したバレエは、国境を超え、さまざまな民族舞踊や思想をとり入れて変化していく。そこには音楽、美術、演劇とあらゆるジャンルの著名な芸術家の名前が登場し、バレエが総合芸術であることをあらためて思い知る。

その歴史を知ることはとりもなおさず西欧の文化・芸術思潮を知ることにもなるのだ。女性の衣装の変化、性表現のあり方なども、まさに時代を映しだす。

バレエの歴史とその世界が著者の言葉で語られると、舞踊と生命のつながりを感じずにはいられない。ダンスには必ずコスモロジー、宇宙論、死生観があるという。身体の芸術である舞踊は、振付師もダンサーも観客も含め、そこにいる人間すべてによってつくられる生命の体験なのだ。その時、その場かぎりの感動。「今」だけのもの。

革新的な技術の進歩で人間は「今」を保存する方法をつくりあげた。保存さえできれば、いつでも自分だけの個室で「今」を楽しめる。それはすばらしいことだ。が、生身の身体を持ったダンサーと観客たちのまなざしや息遣いの中で生まれる生命力までは保存できない。それだけは覚えておきたい。

自然と人間、意識と身体、人と人、ダンスはそのかかわりを表現すると著者は言う。かかわりを拒絶する中では決して成立しないのだ。ダンスが、生きた人間の生身の身体でのみ行われるということは、人が身体を通してわかりあえるということだ。人間にとって決定的に重要なのは身体という次元ではないか。著者の問いかけには、芸術が培う生命力と人間への信頼がある。生きる勇気がわいてきた。(いずみ凛・脚本家)

(新書館・1600円)=2000年12月14日③配信

目からウロコの答え示す

「近代家族の曲がり角」(落合恵美子著)

世紀の変わり目ということもあってか、現代人は「失われたもの」や「失われつつあるもの」に敏感になっている。豊かな自然、安全な社会、思いやる心。「家族」についても同様である。しかし、家族の崩壊を憂え、古き良き時代をセンチメンタルに懐かしもうとするとき、そこに思い描かれる家族(外で働く父、優しい専業主婦の母、二、三人のかわいい子ども)とは、一体いつの時代に、どんな文化において実在した像なのであろうか。

著者は家族社会学と家族史の立場から、その像の正体を近代家族と規定し、人口学的な分析手法を用いて、わが国においては昭和一ケタ生まれから団塊の世代までが創出した戦後特有の在り方だったことを明らかにする。本書は、著者がここ十年に発表した近代家族に関する論考の集積であり、家族の来し方行く末を問うという一貫したテーマをさまざまな側面からち密に掘り下げた労作だ。

第一章は定義論であり、読み進むのには多少時間を要するが、続く各章は、社会的ネットワーク調査、宗門人別改帳、戦後の女性雑誌、テレビのホームドラマなどが材料にされていてビジュアルにもおもしろい。なぜ六〇年代の核家族はうまくいって(いるように見え)、八〇年代の核家族は育児不安にさいなまれ始めたか、なぜ家事労働は割り切れない気持ちにさせるのか等々、本書を読めば「目からウロコ」の明快な答えが返ってくる。

そのそう快な気分は実際に読んで味わっていただくとして、著者の功績の一つは、夫婦の情愛を基礎とする欧米の近代核家族観とわが国のイエを照合し、私たちの抱く家族像の二重構造を指摘したことであろう。意識では欧米の個人主義へ向かい、もう戻れない曲がり角を過ぎつつ、いまなお無意識では家族の情緒的きずなに引き留められる、若い世代の苦悩もよりよく理解されてくる。その意味で、本書は教育、福祉、心理など家族を扱うあらゆる分野の人に有益な思考の枠組を提供してくれる一冊だ。(高石恭子・甲南大助教授)

(角川書店・2800円)=2000年12月14日④配信

女のかなしさと強さ描く

「女帝・氷高皇女」(三枝和子著)

「女帝」と「氷高皇女」をなぜ「・」でつなげるのか。まず、なぞ解きの興味にそそられる。「日本根子高瑞日清足姫天皇(やまとねこたかみづひきよたらしひめのすめらみこと)」という長ったらしい名で呼ばれた、日本に八人存在した女帝の一人、第四十四代元正天皇である。万葉集には退位後の宴での挨拶(あいさつ)歌が多いが八首(異説あり)収められている。

母元明天皇から譲位されたのは皇太子の首皇子がまだ幼かったことと、氷高皇女が落ち着いた人柄でしかも三十六歳と若く、りりしさをもつ際だった美人だったからといわれているが、皇子はすでに十五歳になっていて、父文武天皇が即位した年齢。皇子の母は藤原不比等の娘宮子である。

皇族ではない母を持つ皇子を天皇にすることは壬申の乱の先例から騒動が起こりかねない。不比等の策略から権力掌握のために孫を皇位につかせる体制固めの準備期間の中継ぎとして女帝にされた、いわば傀儡(かいらい)だった。

皇位継承権は皇孫にあるとして母の出自を絶対視する皇親派に対し、実権獲得にじゃま者は殺せ的にしのぎを削る藤原氏の皇親派との葛藤(かっとう)に犠牲とされた女性であるが、負けきってはいない。

作者は、皇女、天皇、不比等の奸計(かんけい)に勝てず不比等の孫の首皇子に譲位せざるを得なくなった後の太上天皇、と、それぞれの時代の彼女に愛情深く密着して、女のかなしさと強さを描いている。その人柄の立派さから政権抗争における利用価値を認められてしまったために、恋愛も結婚もできず、壮絶な闘争の渦中を生きなければならなかったこの女性を元正天皇とせず、氷高皇女としたところに女の生への作者の思いが読みとれる。

今の世で、なお口にされる嫡男世襲とか万世一系の神の国とかの欺瞞(ぎまん)性を皮肉った作者の思惑がちらりとのぞく。三枝和子の小説は断然、現代小説と思いこんでいたのに、私はいつしかのめりこんでしまっていた。(渡辺澄子・大東文化大教授)

(講談社・1800円)=2000年12月14日⑤配信

オシャレを開花させた黒船

「MG5物語」(資生堂企業文化部+前田和男著)

僕がはじめて「MG5」に触れたのは、確か中学一年生、一九六九年のことだった。入学した私立中学にマセた男がいて、彼のセッティングで“グループデート”をすることになった。

男女三対三で映画を見る計画だったのだが、最初男ばかりで待ち合わせした渋谷の喫茶店で、とっぽい坊ちゃん刈りをした僕を、彼は強引にトイレへ引き込んだ。そしてMG5のキットセットを取り出して、リキッドと銀のクシを使って、僕の頭はムリヤリ“七三分け”に改造されたのである。

彼には兄貴がいたというから、借りものだったのかもしれない。ともかく、あの黒と銀の大人びたパッケージがとても印象的だった。

ところで実際僕の世代(五六年生まれ)にとっては、MG5よりも後発商品のMG5ギャラックの方がなじみ深い。ビートルズと同じように、MG5の旬にはやや乗り遅れた世代、なのである。

黒銀パッケージのMG5が発売されたのは六七年。まだ小学生だった僕は、ウルトラ怪獣とグループサウンズに夢中だった。この年は“七〇年安保”前の学生運動が盛んになっていった時期でもあり、中学進学塾へ通う道すがら、学生の騒乱でよく電車が止まった。一方、古物の象徴の一つ、銀座通りの都電が廃止されたのもこの年で、塗り替わっていく時代の雰囲気は小学生の僕らにもひしひしと伝わってきた。

本書を読んで、MG5という商品は一化粧品を超えた、一種“幕末の黒船”的な新時代の記号だった、ということがよく分かった。三十余年たって、いまだ古びた感のないネーミング、パッケージのセンスから広告、マーチャンダイジングに至るまで、すべて一貫して若い職人たちが新しい手法にトライし、それが形になった。まだ畑が耕されていない時代にいたクリエーターたちのエネルギッシュな仕事ぶりに感心しつつ、後世代の僕には、そんないろいろな分野に空き地があった時代がうらやましくも思える。(泉麻人・コラムニスト)

(求龍堂・1500円)=2000年12月14日⑥配信

モノなき時代の子供の夢

「『少年』のふろく」（串間努著）

三十年前、私は幼児向け雑誌の付録についた、紙製「着せ替え」のオタクであった。切り取った服を人形の肩に引っかけては着せ替える単純な遊びだが、服を自分でも作り数を集めれば、楽しみは限りなく膨らんだ。

本書は、昭和三十年代後半生まれ、私と同世代の作家の手になる“昭和少年付録慕情”である。

中でも、昭和二、三十年代、主に紙製「組み立て付録」により少年たちの心をとらえ続けた、月刊誌「少年」の付録に焦点を当てる。「とてもよくとぶヘリコプター」「少年タイプライター」「忍者ピストル」など、名前だけでも笑える付録、そそられる付録の数々を、実につまびらかに解説している。

併せて紹介される予告コピーとの懸隔もおかしく、例えば予告で「特別の動力」と宣伝された「とてもよくとぶヘリコプター」の実際の動力は輪ゴムであった。

本書の大きな特徴は、「付録規制史」に深く踏み込んでいる点、そして、当時付録作成にかかわった、現場の人々の証言を多数収録している点だ。

昭和三十二年、大阪鉄道管理局は付録の材料を「原則として紙に限る」と制限した。輪ゴムは二個まで、針金は十五センチ以内等々。

がんじがらめの規制の中で、どうやって子供を喜ばせるかに腐心した、業者や編集者の姿が、証言を通じて浮き彫りになる。

付録は、モノがなかった時代の子供たちの「夢」であった。「いま、腕時計は千円も出さないで買える時代だ。…携帯電話が『0円』で手に入る時代である。モノが安くなることはいいことなのか、子どもが描く『夢』という点では、果たしてそれが幸せなのか」。テレビゲームに押されて付録文化が衰退する現代、著者の問い掛けは極めて重要だ。

独立した商品たり得ない、添え物にすぎないからこその「付録」の魅力を、本書は余すことなく伝えている。コンピューター世代の若者も、読めば間違いなく紙製「組み立て付録」が欲しくなるはずの本である。（塔島ひろみ・詩人）

（光文社・1500円）＝2000年12月21日①配信

戦争がもたらした統合

「二次大戦下の『アメリカ民主主義』」（上杉忍著）

戦争はときとして社会の平等化をすすめる。

たとえば紀元前五世紀のペルシャ戦争で、ギリシャに勝利をもたらしたのはアテネ海軍だった。軍艦の漕手（そうしゅ）は下層の民衆だったから、つまり民衆が戦勝の立役者だった。そこでペルシャ戦争後のアテネでは民衆の発言力が強くなり、民主主義が花開くことになる。

二次にわたる世界大戦で欧米社会におこったのも、広い意味ではよく似た性格のできごとだった。二つの大戦は総力戦だった。高揚するナショナリズムの圧力の下で、国家は総力戦を遂行するために、すべての国民に戦争目的への協力を要求し、その代償として国民の権利の拡大を約束した。

こうして総力戦体制は、戦勝国にも戦敗国にも巨大な政治変動をもたらした。帝政の崩壊、労働者の権利拡大、女性参政権の実現などなど、である。

さてこの本の対象は第二次大戦中のアメリカである。戦争を通じて、アメリカは多様な人種集団を包摂する多元的な社会に向けて踏み出した。その過程を本書は、日系人と黒人という二つのマイノリティーの視点から追いかけている。

日系人は強制収容された。司法長官らは憲法上の疑義があることを認識しており消極的だったが、一九四二年、ルーズベルト大統領は強制収容に踏み切った。

ほとんどの日系人はおとなしくこれに従った。彼らはアメリカに忠誠を誓い、前線に志願し、勇敢に戦った。そのため日系人は戦後マイノリティーの模範とされ、アメリカ社会内に地歩を築くことになる。

他方、黒人は戦争への協力を取引材料にして政府から人種差別撤廃の方向を引き出した。一部の白人はそれに反対してストや暴動を起こしたが、たとえば同一労働同一賃金の原則で黒人は軍需工場に動員された。

戦争という高度の圧力の中での人種統合。たしかにそれは、二十世紀の民主主義がもつ一つの相貌（そうぼう）である。本書はその評価のあり方を問いかけている。（広岡守穂・中央大教授）

（講談社メチエ選書・1500円）＝2000年12月21日③配信

音楽と交わる思考　「サウンド・エシックス」（小沼純一著）

大学という場で「音楽」は、たいへん不遇な扱いを受けていた。クラシック音楽と民族音楽を専門的に学ぶ場はあっても、私たちの生活に溶け込んだふつうの音楽に耳を傾けながら教養を開いていくような授業は、ほとんどなかった。

「学力崩壊」をうんぬんされる一方で、音楽的素養は一世代前とは比べものにならないくらい高い学生を、広い視野から知的に導いていく本が必要だった。そんな一冊が、意外にも新書として登場した。

副題を「これからの『音楽文化論』入門」という。これからの活躍を期待される著者が、大学の講義を準備しながら考えたことを、疑問を並べる形で述べていくというスタイルがよい。「作品」とは何なのだろう？　音楽は、視覚や身体、文化制度、メディアおよびテクノロジーと、どんな絡まり方を見せてきたか？　なぜ私たちは音楽するのか？

大上段に論じることはしない。むしろ、ポイントとなる面白い例を、地球の広範な領域と雑多なジャンルから引いてきながら、次々と問いを設定し、再び具体例に論を流していく。

そのスタイルは、二十世紀のポピュラー・ミュージックで鍛えられた知性にとってごく自然なものなのだろう。音楽と交わる思考は観念のみの思考と違って、固着しない。瞬間瞬間の期待と充足、刺激といやし、じらし、盛り上げ、肩すかしの連続が音楽である。

高いところにある知識を、一般人にも流してあげる—などというのとはかけ離れたところに音楽の倫理があるのだとすれば、この本のアマチュア性は、これでよいはず。情報の時代を生きながら探索している著者の姿勢に共鳴する学生たちも、少なくあるまい。

授業と違って音が聞けないのが残念だが、十の章のそれぞれについている「注および作品ガイド」が楽しい。二百に近い紹介は、音源情報と音楽論を超えて、小説、現代思想、映画、漫画に及ぶ。今年出たばかりの書物もずいぶんあって新鮮だ。（佐藤良明・東大教授）

（平凡社新書・760円）＝2000年12月21日④配信

紛争の真相を究明「グアテマラ　虐殺の記憶」（歴史的記憶の回復プロジェクト編、飯島みどり、ほか訳）

カリブ海と太平洋に挟まれた中米の「常春の国」グアテマラ。紀元前二十五世紀にさかのぼるといわれる、ピラミッド型神殿群。なぞめいた石碑、色彩豊かな絵文書、マヤ暦と天文学などのマヤ文明発祥の地であるグアテマラ。

だが、地上の楽園のように思われるグアテマラの現実は、いかに。

国民の八〇％が貧困ライン以下の生活を強いられ、一〇％ほどがこの国の富を占有するといった世界有数の不平等がまかり通っている。しかも、総人口の約六〇％が、スペイン語を使えないマヤ民族である。

一九六一年、軍事独裁政権に対する左翼ゲリラの武装ほう起がきっかけとなり、実に三十六年間も武力紛争が続いた。

当初は、キューバ革命の影響があって、政治イデオロギー的対立であったが、左翼ゲリラと関係あるとの理由でマヤ民族に対する大規模な殺りくへと変わっていった。国連の推計によると、結局、人口約一千万のうち、一割以上が殺害されたり、国外逃亡を余儀なくされた犠牲者となったことこそ、ジェノサイドである。

本書はグアテマラのカトリック教会関係者の「歴史的記憶の回復プロジェクト」が、長く沈黙を強いられてきた六千五百人におよぶ被害者の証言をもとに、紛争の真相究明、加害者の謝罪による被害者との和解、自由と正義に立脚した社会の再生など、実に難しい問題をつまびらかにしている。

ようやく、九六年の「恒久的和平協定」の調印。しかし、その二年後の、軍部による人権侵害を糾弾してきたヘラルディ司教の惨殺、また九九年の憲法改正案の否決など、「和平」と「和解」の実現に大きな影を投げかけたのだった。

「ポスト軍政」の指導者たちは、この三十六年間の悲惨な紛争から、何を学んだのだろうか。現在、最大の援助国である日本は、「和平協定」の実質のある履行をグアテマラ政府に強く要請すべきではないか。（川成洋・法政大教授）

（岩波書店・2800円）＝2000年12月21日⑤配信

したたかな実像

「ピカレスク　太宰治伝」（猪瀬直樹著）

なるほど、太宰治はこんなしたたかな作家だったのか、と目からウロコが落ちた。

太宰ファン以外の者にとって太宰のイメージといえば、おそらく「人間失格」や「生まれて、すみません」と言った言葉に代表される気の弱い、甘えたような自意識を持った男ということになろうか。そのイメージから小説読まずの太宰嫌いも多いのではないかと思う。著者は太宰の自殺未遂遍歴を追いつつ、その行動の結果とそこから生まれた作品の微妙な差異に注目して、太宰が仮構しようとした太宰像、天性のフィクションライターをあぶりだしていく。

初めの自殺未遂は弘前高校在学中の二十歳のころ、社会科学研究会にかかわっていたメンバーが逮捕される前であった。二度目と三度目は実家からの仕送りが打ち切られそうになった時。四度目は内妻の不倫を知った時である。

著者は、知人や友人の前で悩み、うめく太宰を描写しながら、その根底に自己の生き延びる方策を冷静に計算しつくす顔をとらえる。最後の心中は計算外であったのか。

この評伝のもう一つの面白さは、最後の心中事件でくずかごから発見された「みんな、いやしい慾張りばかり。井伏さんは悪人です」と書かれた遺書の下書きらしき文面をめぐるなぞの解明である。井伏鱒二は太宰の媒酌人であり、二人の師弟愛は伝説化されていたといってよい。にもかかわらず最後のセリフは「悪人」である。

周到な調査をもとにつづられる井伏と太宰の心理的確執。名作「山椒魚」や「黒い雨」に隠された創作の秘密。おうように見える風ぼうを生んだ小心な意識。神話化された井伏鱒二像をくつがえすエピソードの数々。井伏は太宰の鏡ともなって微妙な相似性を映す。

とくに太田静子の日記をもとに執筆された「斜陽」はこの師にしてこの弟子と思わせつつも、師より一枚上手の悪漢太宰治を鮮やかに浮き彫りにして、猪瀬の筆致は見事である。（与那覇恵子・文芸評論家）

（小学館・1600円）＝2000年12月21日⑥配信

壮大なイメージの旅

「日本人の帽子」（樋口覚著）

「蛙が殺された、／子供がまるくなつて手をあげた、」と始まる萩原朔太郎の詩編「蛙の死」は、「月が出た、／丘の上に人が立つてゐる。」と続く。残酷な遊戯に熱中する子供たちを黙って見下ろしているなぞめいた大人が登場するのだが、その風貌（ふうぼう）を描写するために朔太郎が書きつけた一行は、いかにも不気味である―「帽子の下に顔がある。」

顔の上に帽子、ではなくその逆。「ある」と書かれているものの、むしろここから受ける印象は、「顔はない」と言われているのに等しい。目につくのはただ、マグリットの絵に頻出するような山高帽の儀式張った存在感ばかりで、そのつばの影に隠れている顔の方はと言えば、目鼻立ちが消え、それとともに人格も個性も消えて、グロテスクなのっぺらぼうになってしまっているのだ。

樋口覚はこの一行のうちに、「帽子」と「人間の顔」との関係の本質を見てとった。帽子は人間の付属品ではない。むしろ、帽子こそが人格を決定する。

たとえば中原中也と言えばだれでも思い浮かべる肖像写真があるけれど、あの写真がこんなに広く人口に膾炙（かいしゃ）した大きな理由の一つは、中也が目深に被（かぶ）っているあの奇妙な「お釜帽子」にあるに違いない。樋口氏はこの写真が撮影された写真館を調査し、撮影者の子孫にインタビューし、繊細な想像力を働かせながら当時の中也の心理状態を再構成してゆく。

そこから出発して、樋口氏は古今東西に文学や美術に現れた「帽子の表象」をめぐる、壮大なイメージの旅に向かって出帆する。カーライル、スウィフト、漱石、百閒、マネ、ボードレール…。

帽子から帽子へと渡り歩きながら著者が問いつづけているのは、今日の日本人はいったいなぜ帽子を被らなくなってしまったのかという問題だ。興味の尽きないこの博識な「帽子大全」を読み進めるうちに、「顔の上に帽子がない」われわれの服装の方が、むしろ異様なもののように思われてくる。（松浦寿輝・作家）

（講談社・3400円）＝2000年12月27日①配信

映画好きの熱気伝わる

「ぼくの青春映画物語」（大林宣彦）

どんな分野にも熱狂的なファンがいる。そのような人々は、部外者から見れば正気のさたとは思われないことを言ったり、行動するケースが多々ある。こういう人々がいるからこそ、たとえば映画や野球やサッカーや、といったように、種々のゲームや娯楽が生き延びるのである。

本書は、大林宣彦という、骨の髄まで映画がしみこんだ人の告白的映画論は、この人がいかに映画に触れ、映像とは何を求める表現方法なのか、を徹底して体験にこだわって書かれたものだ。

映画が好きで好きでたまらない人間であることが、どこを読んでも感じられる。こういう人が製作現場にいればこそ、映画は命を保っているのだな、と得心した。と同時に、あまりに自分の映画観にこだわりすぎて、映画表現の可能性にしり込みするきらいがある。

著者は、アメリカ映画の変質をベトナム戦争以後とし、ジョージ・ルーカスやスティーブン・スピルバーグの作品を例にとって説明する。この二人の天才に対する評価は、著者の映画論ともからんで、きわめて暗示的である。二人の作品のもつ娯楽性や技術を高く評価しながらも、本来映画がもつべきぬくもりの欠如を批判する。これは鋭い。

これは、尊敬してやまない映画監督の黒沢明や映画評論家の淀川長治らの言葉が、著者の映画論に深い影響を与えているからだ。黒沢も淀川も、前者は何のために映画を作り、後者は何のために映画を見るのかを実行した人たちだった。

その二人に共通しているのは、人を幸福にするために映画にかかわる、ということだった。著者はこの言葉を大事にして映像を作っていると告白している。とても正直な人だ。

著者が、黒沢や淀川の言葉を率直に受け入れる素地は、彼の生まれた町や家族のうちに、すでにできあがっていたらしい。それは映画「時をかける少女」などの「尾道三部作」として残されている。映画好きの熱気が伝わる本だ。（石川好・評論家）

（集英社新書・700円）＝2000年12月27日③配信

失われた日本人像

「サムライとカリフォルニア」（下嶋哲朗著）

大いなる足跡を残したのにこちらが未知であるという人物の評伝を読むのは、心楽しいことである。小圃千浦（おばた・ちうら）は、まさにそんな人物なのだ。

小圃は十代で日本画家として華々しく世にでた。才能豊かなゆえに日本画壇の狭さにあきたりなくなり、前途の目算もないままアメリカに渡る。

エネルギーにあふれてはいるのだが、直情径行でまわりと衝突せずにいられない。そんなタイプの男は今日の日本ではほとんど絶えてしまった。この男に身を寄せれば寄せるほど、失われた日本人像もあぶり出されてくるのである。

作者下嶋氏の丹念でち密な取材態度には頭が下がる。異国で生きて死んだ人物を調べるのに、困難がないはずがない。もちろんたくさんの人の協力があったのだろうが、すべては下嶋氏の情熱と執念があればこその話である。

幼い時には奇妙な肉親関係の中にあり、単身渡米し、サンフランシスコ大地震にあい、第二次大戦では強制収容所にいれられ、収容所では美術学校をつくり、と、たえず不屈な行動をとる。

この男の生涯を、ある時期空白にするというのではなく、連続して追っていく。そこに下嶋氏のすぐれた資質を見る。

真珠湾攻撃から日本人たちがアメリカ社会で追い詰められ、敵の中から味方が、味方の中から敵がはっきりと姿を現してくる。

どんなすぐれた画家でも、日本人はすべてを捨てさせられて、全員が強制収容所にいれられる。このあたりの記述は圧巻だ。

「かつて異国・白い大陸へ出稼ぎ移民した日本人の、異人・白い人々との摩擦の体験が、いま新しい世紀を迎えるにあたり、この国の人に役立とうとしている」

過去の人物を掘り起こすばかりでなく、下嶋氏の思いはこんなところにもある。かつて日本人がアメリカ社会にしたように、日本国内に小さな異国がたくさんつくられている。（立松和平・作家）

（小学館・2380円）＝2000年12月27日④配信

新時代を生きる処方せん

「サイファ　覚醒せよ！」（宮台真司、速水由紀子著）

多発する少年犯罪。それは「金ほしさ」「グループ抗争」などが原因の従来型の非行少年が起こす犯罪とは、まったく質を異にする。憎しみや殺す理由を欠いたように見えるふつうの少年の殺人を、この本の著者のひとりである宮台氏は「まったり殺人」と名づける。さらにその根底にあるのは、犯罪少年だけではなくて現代に生きるあらゆる人間が直面している「底が抜けた」という事態だとも言う。

この冒頭の畳みかけに、まず読者はぎょっとさせられる。そして、どうやら自分自身にも迫っているらしいこの「底が抜けた事態」とはいったい何か、とせかされるようにページをめくることになろう。

「底が抜ける」とはつまり、一九八〇年代以降、急激に進んだ社会の「情報化・コンビニ化・学校化」により、だれもが社会や他者との関係やコミュニケーション抜きで生活したりさらには個を確立したりできるようになった一方で、同時にこれまで現実世界の基盤になっていた共通感覚までが消え去りつつある。その結果、「私はだれなのか」という自己同一性の感覚も「他人とモノは違うもの」という他者感覚のよりどころもなくなり、「まったり殺人」に走る若者が出てきたというのだ。

しかし、この本が最も画期的なのは現状分析にあるのではなく、実はそれらに続いて提示される新しい時代の処方せんにある。その鍵（かぎ）概念が「サイファ＝暗号」。世界は本質的に未規定なものだが、それを「サイファ」によってひとつの特異点に集めることはできる。それは「本当の自分」などのように実体としてそこにあるものではないが、自分が「サイファ」だと自覚できた人間は名状しがたい自己のかけがえのなさを実感できるはず…。

本書の後半に凝縮されたこの「サイファ論」は率直に言ってすんなり受け入れられるわかりやすいものではない。ただ、これが時代の扉を開ける「新しい鍵」だという予感に胸躍る。そんな“21世紀の書物”である。（香山リカ・精神科医）

（筑摩書房・1600円）＝2000年12月27日⑤配信

女性の不安とらえた戯曲

「萩家の三姉妹」（永井愛著）

自分は今、最高に幸せだ。そう断言できる人は、世の中に一体何人くらいいるのだろうか。確かに恋愛の魔力というものはある。恋愛の絶頂期には、目に映るものすべてがバラ色に見えるはずだ。だが、それ以外の日常の時間の多くは、何らかの心の空漠を抱えているのが常だと思えるのだが。

比較的恵まれた境遇にいても、生の実感が希薄で幸せだと信じ切れない自分。そんな現代日本人、特に女性の抱えるあいまいな不安をこの戯曲はよくとらえている。しかも人物の性格付けやせりふの妙により、大笑いしながら読むことができる。

内容はチェーホフの「三人姉妹」の物語の骨格を借りた現代劇で、舞台は地方都市の旧家、萩家の邸宅。長女は容姿端麗な大学の助教授だが、なぜか恋に縁がなく、やっとできた恋人にも妻がいた。妻の妊娠を機に破局を迎え、長女は極端なフェミニストに変ぼうする。次女は夫との関係に物足りなさを感じ、また専業主婦の自分を卑下している。三女は何をやっても長続きせず、パラサイトシングルに甘んじている。ほかに「男は男らしくあらねば」という呪縛（じゅばく）に捕らわれた、かなしくもこっけいな男たちが登場する。

家族や恋人とのさまざまなかっとうを経て、姉妹はそれぞれ新しい人生へと歩み出そうとするのだが、結局何も決断できず、何も変われない。主人公が成長し、変質し、何かを発見する様を描く古典的ドラマツルギーとは異なる展開が、かえって身近で共感できる。

戯曲を読む楽しみは、せりふの奥にあるものを読み取り、想像することだ。人間はうそをつく生き物であり、従ってせりふもすべてが人物の本音とは限らない。何が本音で何がうそで、何がうそに見せかけた本当の気持ちか。隠された真実を探りながら読むのもだいご味である。

頭の中に舞台を想定し、人物を生き生きと立ち上がらせながら読む、いわば“脳内劇場”を築き上げるのも、戯曲を読む楽しみと言えよう。（九鬼葉子・大阪芸大短期大学部助教授）

（白水社・1900円）＝2000年12月27日⑥配信

2001

柳田の旅を旅した成果

「海の精神史　柳田国男の発生」（赤坂憲雄著）

「山の精神史」「漂白の精神史」と続いた連作が、いよいよ本書をもって完結した。

戦後間もない座談会の席で、柳田国男は折口信夫を前に、まず直観から古代人の深層に分け入っていく折口の技量を認めつつ、何とかその技がだれにでも使える方法となっていく可能性はないものか、と期待と若干の危ぐを込めて語りかけている。民俗学が卓越した個人の技としてではなく、志のある者に対して広く継承可能な学であることを柳田は望んでいた。

では、その柳田が個人として身に付けていた技法とは一体何だったか。著者はそれを、早くから柳田の内に芽生えた南島の情景であり、そこから醸成された仮説を、やがてその地を訪れることによって再確認していく、いわば仮説検証のための旅にあったと考える。

そして自らも、青年時代の柳田が流れ着いたヤシの実から後に「海上への道」につながる着想を得た伊良湖岬を皮切りに、柳田ゆかりの地を踏査する一方、かつて同地で柳田が見落とした事象も見逃さない。その点において旅する柳田自身もまた外側から検証される。

その過程で浮かび上がってくるのは、大正期の沖縄紀行を契機として均質な日本像を得るべく、かつてあれだけ魅力をもって描いてみせた「遠野物語」に代表される複合民族的な世界、アイヌとの接点を自らの手で切り捨て、「一国民俗学」の確立に向けて呻吟（しんぎん）する柳田の姿である。ただし、微動をはらみながらも柳田は、自らに課した技法を変えることはなかった。

戦時中の柳田が、植民地下の民族研究に一定の距離をとることができたのも、もともと国家・民族の尺度では収まりきらない海と島々の民俗を追った記憶を、体内に持続させていたからではないか。

「旅をしてほしい」というのが、執筆に当たって編集者から著者に付された唯一の条件だった。そこから得られた豊かな成果を喜びたい。（鶴見太郎・京都文教大助手）

（小学館・4400円）＝2001年1月11日①配信

滑ってゆく世界

「うろんな客」（エドワード・ゴーリー著、柴田元幸訳）

何しろ、「うろん」な客である。

私は、気に入りの本に出合うとその本を手当たりしだい買いあさり、多くの友人に贈呈する、という押し付けがましい癖（へき）を持つモノであるが、ほとんどすべての友人に「うろんとはどういう意味なのか？」と問われた。

もちろん、読み進んでゆけば「うろん」の意味はおぼろげにせよ分かってくるが、先に申し上げてしまうと、それは、怪しげで不審なさまを意味する。とにかく客はうろんなのだ。

ある日、突然その奇妙な風体—鼻はアリクイのように長く、胴体はペンギンのよう、しま模様のマフラー着用。当然正体不明—で現れ、家に入るや壁に鼻つけ直立不動、だれにも耳を貸さず家に居ついてしまう。

客（と呼んでもよいものかどうか。だって招待されてもいないのに勝手にやって来て居座っているだけなのだから）は、その後もさまざま珍妙な行動を取る。気に入ったものがあると池に沈めてしまったり、やっといなくなった！　と思ったら鉢の中に隠れていたり。

それにしても、この家族ときたら、一体何なのだろう。この客を一向に追い出そうとはしない。「というような奴がやって来たのが十七年前のことで、今日に至ってもいっこうにいなくなる気配はないのです」

彼らのまるで無気力、どこか諦観（ていかん）し切ってしまっている様子を、著者独特のモノクローム線画はこの上なく洒脱（しゃだつ）、忠実に表現する。

一連の奇妙な事柄を描く文章力、挿画（そうが）力は秀逸。文字数が少なく、それゆえに想像の入り込む余地がある。「うろんな客」を子供という存在だと読解することも可能だ。シュール、といってしまっても面白くないし、ゴーリーの世界を何と呼ぼう。いわば、肩透かしを食わされたような。しかし、いずれにせよ気がつけば読者は、手の中からするりするり、逃げてゆくように滑ってゆくゴーリーの世界に、いつの間にかすっぽり入り込んでいるはずだ。（貞奴・詩人）

（河出書房新社・1000円）＝2001年1月11日②配信

美しさの背景

「光の教会　安藤忠雄の現場」(平松剛著)

安藤忠雄の名を耳にして何を思い起こすだろうか。

建築学科卒の学歴を持たずに東京大学教授となった、稀有(けう)な建築家。京都・高瀬川ほとりにある「タイムズ」ビル。もっと大がかりな「サントリーミュージアム天保山」や「兵庫県立こどもの館」といった公共性の高い建物を訪れ、知る人も多いだろうか。建築を学ぶ若者ならば、作家の名を広く知らしめた初期の名作「住吉の長屋」(大阪)を口にするかもしれない。

しかし、兵庫・六甲山の「風の教会」、北海道・トマムの「水の教会」、そして大阪・茨木の「光の教会」と呼ばれる教会建築群は、実物はもちろん、テレビの映像や写真で一見したことがある人ならば、記憶に焼きついて思い出さずにはいられない強い喚起力を持っているのではないだろうか。

本書は、一九八九年五月、茨木春日丘の地に、安藤忠雄設計の「光の教会」が誕生するまでの約二年間のプロセスを丹念に描いたノンフィクションである。

建築の現場に携わった経歴を持つ著者は、施主である牧師さんをはじめ多くの関係者の話を取材し、また分かりやすい図面や写真を用いて詳細かつ軽妙に、一つの建築物が出来上がるまでのドラマを浮き彫りにすることに成功している。

「お金がない」という施主側の依頼に、「それはいいものができるかもしれん」と向き合う設計者。原価近くの予算で工事を引き受けた施工会社の社長の人となり。教会の簡素な美しさをつくりだした背景が見えてくる。

現場で生じる具体的な諸問題も興味深い。「木を切るな」という命題が作業やコストにどう跳ね返るのか。美しいコンクリートの質感のためにどのような技術が要求されるのか。

すでに神話化されつつある安藤の魅力が、一度解きほぐされ、より深く広い、新たな物語となって立ち現れてくる。(河合敦子・フリーライター)

(建築資料研究社・1900円)＝2001年1月11日③配信

人間を見る確かな「目」

「白痴群」(車谷長吉著)

小説家にとって必要なものはなにか。筆力は当然のことだが、物事を見つめる「目」のほうが、重要なのではないかと感じるときがある。

「書く」芸と「見る」芸。芸が技術ならば修練しかない。修練は経験ということになるが、小説家の経験は「見る」ことと「書く」ということになる。

そしてそこから習得された言葉に、わたしたちは喚起される。そこに書き手の「魂」が注入されていると感じれば、感銘も受けるし、その言葉の前で立ち止まりもする。

冗舌な文章もいらないし、まして巧言令色の言葉もいらない。書き手の独白に似た、たった一言の言葉に心が動かされる。

著者の車谷長吉氏はその生身の「言葉」を持っている。たとえば氏は本書の中でも、「文士なんて、人間の屑である」あるいは小説を書こうとした動機を、「私が私であることの不快」に迷って書きだしたと述べているが、その言葉を目にしたときに、同業者であるこちらも考えさせられるものがあった。

家族や己のことをあばき、はたまた友人や知人のことを筆先で揶揄(やゆ)し愚弄(ぐろう)する。小説家ほど因果なものはない。

本書はその「人間の屑」が書いた「私小説」である。「白痴群」ではエロチックな伯母を、「狂」では高校時代の異風者の恩師を、「武蔵丸」ではカブトムシに熱中する晩婚の夫婦を、「一番寒い場所」では焦燥感を抱くけったいな若い男女を描いているが、どの作品もいびつな人間が登場し、その人物たちが、自分こそがもっとも人間なんだぞと訴えている。

表題作の「白痴群」から「一番寒い場所」まで執筆に二十数年の年月と、主人公も六歳から五十五歳までの年齢の差があるが、作品にぶれがなく、小説家の人間を見る確かな「目」が行き届いている。他者にも己にも等間隔のまなざしがあり、人間の心のやみ底をのぞくぶきみな作品集でもある。(佐藤洋二郎・作家)

(新潮社・1700円)＝2001年1月11日⑤配信

フィクションによる挑発

「あやまちの夜」(ターハル・ベンジェルーン著、菊地有子訳)

マジック・リアリズムという言葉がある。南米の作家たちや、北米ではスティーヴ・エリクソンのような作家、日本でいうと、目取真俊のような小説家に対して、しばしば用いられる言葉である。誤解されやすい言葉だと思う。民話や口承文芸に類する語りの伝統の中で熟成されるような、濃密な物語空間を有していて、自在な語り口は複数の時空を越えた世界を容易に往復してしまう人物を造形する…。

そんな思い込みは、しかしベンジェルーンという作家には迷惑だろう。彼の近著「あやまちの夜」を読めば、たしかに「現代のアラビアンナイト」と評されるだけの物語作家としての力量はすぐに理解される。

モロッコに生まれ、アラブやイスラム圏の乾いた独特の風土を十二分に吸収した筆は稀有(けう)のものだ。この小説でもタンジールに生まれ育ったジーナという美少女は、物語が進展するにつれ、登場人物として物語に関与することをやめ、「ジーナの物語」として語られるだけの存在になっていく。つまり物語は語られる内部の物語を含み、さらに深く構造化されている。

さすがの手腕とうなるのだが、さて、感心するだけでいいのか？　何よりベンジェルーンといえば「社会派」。「歓迎されない人々」や大ベストセラーの「娘に語る人種差別」を通じて、彼は移民問題に積極的にコミットしてきた。この姿勢は物語作者としての彼とどうつながっているのか？

じつはこれが私の中でひっかかっていた。だがこの本で、ベンジェルーンは唐突に、サルマン・ラシュディに手紙を書いている。彼はそこで「言葉の中に移行し、フィクションによって語られる現実」がどれほど現実を隠ぺいしようとする人々を挑発するか、述べる。彼のリアリズムはあくびの出るような物語に自閉するものではない。現実をフィクションとしてどう語るか、血のほとばしるような挑戦が物語に結晶しているのである。(陣野俊史・仏文学者)

(紀伊国屋書店・2200円)＝2001年1月11日⑥配信

珍しい美点に恵まれた傑作

「恥辱」(J・M・クッツェー著、鴻巣友季子訳)

一九九九年にイギリスのブッカー賞を受賞した長編小説である。クッツェーは現代南アフリカを代表する作家の一人。小説の舞台も、人種間の対立や犯罪の横行といった社会問題を抱えた現代の南アになっている。

主人公は五十二歳の大学教師。離婚歴が二回あり、現在は独り暮らしだが、売春婦を金で買い、「セックスの面はかなり上手く処理してきた」。ところが、ある日、美しい女子学生に抑え難い欲望を抱いたために、転落の道が始まる。

教え子に告発された彼は、申し開きをせずに大学を辞め、田舎で自作農園を営む娘のもとに身を寄せるのだ。これだけなら、大学を舞台としたいまどきよくありそうな「セクハラ小説」といったところだろうか。しかし、この先の意外な展開を通じて、小説はがぜん深みを増す。

主人公の娘は同性愛者で、田舎で独り暮らしをしながら、農業を通じて土地に根をおろそうと努力している。彼女には彼女なりの主義や原則があって、父親にはそれがなかなか理解できない。

セクハラゆえの「恥辱」を罰として受けた父が転がり込んでから、父娘のぎくしゃくした同居生活が始まるのだが、やがてある日、思いがけず恐ろしい事件が二人の身に降りかかる。そして悲劇の結果、意固地なほどの自尊心を抱え、それぞれ孤独のうちに生き方を模索する二人の姿が浮き彫りにされていく。

主人公が文学の教授であるだけに、全編がさまざまな詩の引用に彩られているのも、この作品の大きな特徴である。小説は南アフリカの現状に正面から取り組みながらも、同時に、ロマン派の詩人たちの世界に想像力を広げて行く。

きなくさい現代を直視しながらも、昔の文学の世界に遊び、精妙な純文学の文体でつづられながらも、一度読み始めたら止められないほど面白いプロットで読者を引き込む。そんな珍しい美点に恵まれた傑作である。訳もこなれていて、原作に見合った見事なものだ。(沼野充義・ロシア文学者)

(早川書房・2000円)＝2001年1月18日①配信

常識のゆがみ問い直す

「教育言説の歴史社会学」(広田照幸著)

最近の子どもはどうしちゃったんだろうという不安や恐れは、ともすれば情緒的な教育論議を生みやすい。本書はそうした風潮が陥りがちな、教育といういとなみへの思いこみを批判し、「教育問題」が日本社会で取り扱われるかたちを、歴史に照らして見事に浮き彫りにしている。

たとえば、「教育的配慮」などというときの、独特のニュアンスを帯びた「教育的」という言葉が、絶対的に善きものとして大正期に定着し、教育のいとなみをいわば聖域化したこと。昭和初期以降、職業指導言説として流布された「個性尊重」が「性能」や「適性」と言い換えられ、戦時の動員体制につながっていったこと。「家庭の教育力」は低下したのではなく、近代化にともない、増加した中産階級の家庭でこそ、むしろ、しつけや教育への意識が拡大したこと…。

これらの実証的でち密な検証作業は、そのどれをとっても、現在の教育論議や改革論議にたいする鮮明な批判意識に裏打ちされている。少年犯罪の凶悪化という印象論に説得力ある批判を行い反響を呼んだ論考「〈青少年の凶悪化〉言説の再検討」をはじめ、早期選抜をめぐる教育論、学校にたいする社会の視線の変化などなど、いずれも、いま焦眉(しょうび)の論点となっている問題群にぴたりと照準が合っている。

本書について「多様なトピックを扱った短編集」だと著者は謙そんしているが、その議論の密度は濃く、読者の発想法や視点の転換を迫る刺激に満ちている。

ガツンと一発鍛えなくちゃいまの子どもは身勝手でどうにもならない、といった類の教育改革論議が横行し、現在の青少年の「異常さ」がさしたる証拠もなく安易に語られ、一般化される風潮のなかで、教育を問題にする視線や常識のもつゆがみ、かたよりを問い直す本書の試みは大変に貴重だ。情緒的でエキセントリックな教育論議にたいする有効な解毒剤として教育問題に関心を寄せるすべての人々に本書を勧めたい。(中西新太郎・横浜市大教授)

(名古屋大学出版会・3800円) = 2001年1月18日②配信

愛情あふれる世界観

「ポケモン・ストーリー」(畠山けんじ・久保雅一著)

愛情にあふれた本である。著者二人の、ポケモンおよびポケモンの生みの親、育ての親たちに対する愛情はもちろんのこと、かかわったすべての人たちがポケモンに注いだ深い愛情が文面からにじみでている。ピカチュウはまちがいなくミッキーやスヌーピーと並ぶ世界的キャラクターに育ちつつあるが、それはこういう人たちの深い愛情にはぐくまれてのことだとよくわかる。

ゲームボーイソフト「ポケットモンスター」は一九九六年二月に任天堂から発売された。制作の中心はゲームクリエーターの田尻智。田尻を母親とすると、企画や販売・営業に父親的にかかわったのがプロデューサーの石原恒和。

そして発売と同時期に、小学館の別冊「コロコロコミック」でポケモン・コミックの連載が始まった。このとき編集を担当したのが本著者の一人の久保雅一。彼はその後、イベント開催、テレビアニメや映画の企画プロデュースによって、ポケモン大ブレークの下地を築く一人となる。

発売当初はさほど期待されていなかった「ポケモン」は、半年以上たって爆発的に売れ始め、ピカチュウは人気キャラクターとなった。そして九七年暮れに、テレビアニメ「ポケットモンスター」を見ていた子どもたちがバタバタ倒れて救急車で運ばれる事故が起きる。その検証も本書に詳しいが、それはさておき、この事故は皮肉なことにポケモンを大人にも、そして世界中の人たちに認知させるきっかけとなった。

二〇〇〇年六月時点で、ゲームソフト「ポケモン」の世界の累計販売本数は六千四百三十五万本、カードゲームの累計販売枚数は四十二・五億枚、テレビアニメは五十一カ国で放映されている。ポケモンはいまや、日本が世界に誇る文化である。そのやさしく愛情にあふれた世界観が世界中で受け入れられたことは、日本人の一人として素直にうれしい。その意味で、読者にポケモンへの愛情を抱かせてくれる本だといっていい。(実川元子・翻訳家)

(日経BP社・1400円) = 2001年1月18日③配信

恋愛絶対視を論ばく

「恋愛の超克」(小谷野敦著)

私は、昨今話題の「セックスレス」や「ED(ぼっ起障害)」の傾向が、人々の生物学的な変異に原因があるとは思っていない。それらはセックスの大衆化と、マスコミによる性的快楽の礼賛の結果としてあぶり出された現象であると考える。

かつて、セックスが日常的なコミュニケーションではなく、また、そこからすばらしい体験が得られるという考えが広まっていなかった時代には、夫婦間での交わりがさほどなくとも、それが「病理」として問題視されることはなかった。

今日、恋愛にも似たところがある。クリスマスなどのイベントには恋人を同伴するのが当然とされ、パートナーがいない期間は「恋人いない歴」としてマイナスに語られるようになった。そこに恋愛をできない人々の問題が浮上した。

そうした恋愛を絶対視する風潮を怒るのが、小谷野敦である。「もてない男」という著作をベストセラーにした張本人だ。

彼は言う。「『恋愛』と言われるような行為、あるいは『男女交際』と言われるような行為は、誰にでもできるものではないのだ…そうである以上、いくら『性の解放』を行っても、利益を受けられない層というのは残るのである」

小谷野はこれまでも、フェミニズムなどが、男女の差別構造については問題視しながらも、性的弱者の存在は視野に入れてこなかったことを執ように批判してきた。この本では、さまざまな論者の言説を俎上(そじょう)に乗せ、それらの多くが、恋愛の肯定を疑いえない前提としていると批判する。

相手を論ばくする小谷野の物言いはいささかとがっているが、その主張は至極まっとうである。

「恋愛をしてはいけないというのではない。『恋愛は誰にでもできる』という近代思想を超えよ」

理念や理論に偏りすぎた振り子を、もう一度現実に引き戻すというのが、この人の時代的な役割なのだろう。(伏見憲明・評論家)

(角川書店・1300円)=2001年1月18日④配信

歴史を忘れていく日本

「M/世界の、憂鬱な先端」(吉岡忍著)

この本は主にMすなわち四人の少女を連続して誘拐し、殺害してしまった宮崎勤の犯罪を扱ったノンフィクションである。

読者はページをくりはじめるとすぐ、見慣れたノンフィクションの文体ではないことに気づく。

社会正義を背負ったノンフィクションの文体は臭くてほとほと嫌気がさすけれど、著者のそれは、モノローグ(独白)とMとのダイアローグ(対話)が交錯する独特なものだ。

そこからただよってくる気分はまさに憂鬱(ゆううつ)としか言い表しようがない。

何が著者を憂鬱にさせるのか。歴史あるいは記憶を忘れていく過程を日本という国が確実に進んでいるからだ。

「いま、ここ、というだけの社会」と著者は書く。著者が憂鬱になるのは日本という国がその「いま、ここ、というだけの社会」という点で世界の先端にあるという認識による。

この国を二十世紀のまんなかで陥没させた狂信や残酷さや激しい暴力を思い起こす記憶力を、この社会は持っていない、と著者は述べる。Mはそうした社会が生みだした。Mは憂鬱そのものである。

この憂鬱に著者は分け入ろうとする。Mのなかに漠然とした危機感のようなものがうっすら芽生え、それがしだいにかたちを整え、ついには彼の精神を決壊させてしまうほどにふくれ上がってしまった、その道程を著者はMとのダイアローグを重ねることでていねいにたどっていく。

ゆっくりと、ジグザグに。歩きては立ちどまるということを頻繁に繰り返しながら。

ここでMとのダイアローグという場合のMは、法廷でのMであり、精神鑑定書のなかのMであり、彼の周囲にいた人たちの語るMであり、著者と書簡を交わすMである。

憂鬱という時代気分を丸抱えにしてみせようとした力作である。(芹沢俊介・評論家)

(文芸春秋・2000円)=2001年1月18日⑤配信

興味深いエピソード 「ゲノムが語る23の物語」（マット・リドレー著、中村桂子、斉藤隆央訳）

遺伝子やDNAはしばしば隠喩（メタファー）によって語られる。デオキシリボ核酸という化学物質は細胞の中では「遺伝子の本体」に例えられ、「遺伝暗号」である塩基配列を「解読」するのがヒトゲノムプロジェクトといった調子である。同じく遺伝子は「生命の設計図」で、ゲノムは「生命のレシピ」となる。

本書もまた隠喩に満ちている。ゲノムは「生命の本」にもたとえられるが、それを逆手に取って一冊の本をヒトの染色体に従って二十三章に分け、それぞれの章には染色体番号がつけてある。各章ではその染色体上にある遺伝子を端緒に、「生命」「種」「進化」などテーマに沿って議論が展開され、著者によれば、「ヒトゲノムの自伝」が紡ぎだされていく。

手に取ったときには、それぞれの染色体と、その染色体上に見つかった遺伝子を面白おかしく紹介する解説本かと思った。実際は染色体も遺伝子も読者の興味を引きつけるための装置にすぎず、中身は著者の知識と豊富な資料に支えられた遺伝子研究の歴史書である。

遺伝学の歴史から優生学、ヒトの進化、さらには遺伝子ハンティングの舞台裏や遺伝子組み換え食品までが興味をそそるエピソードとともに語られる。事実に目新しさはないが、ベテラン科学ライターらしく問題提起も含め、公平な視点から過不足なくまとめられている。大学の科学の教科書に載っている囲み記事にも似て、読みごたえのある副読本といった感じだ。

本書を読んであらためて気付かされたのは、遺伝か環境かという命題があらゆる遺伝子研究に顔を出してくる事実だ。生命を遺伝子だけに還元する決定論に著者は慎重な見方を繰り返しているものの、全体を通してみれば遺伝子や核のタンパク質や細胞質に対する優位性に疑問を抱いていないように見える。隠喩の変更を迫るポストゲノムの生命観に関する記述は少ないが、ここは読者がもっとも関心のあるところではないか。（大島寿美子・ジャーナリスト）

（紀伊国屋書店・2400円）＝2001年1月18日⑥配信

行間から伝わる無垢の魂 「天気待ち」（野上照代著）

「羅生門」以来、長年黒沢明監督のスクリプター（撮影記録係）であり、晩年には監督補佐をつとめて黒沢から最も信頼されているスタッフだと知られてきた著者の、回想録的なエッセー集である。それだけに、故人のこれまで知られていなかった面を深い思いやりをこめて描き出している文章が多くて、深く心にしみるものがある。

読んでいてなによりも心をうたれたのは、シベリアで「デルス・ウザーラ」を撮影していたときのこと。悪条件と疲労と、ソビエト映画なので四人の日本人以外は思うようには動いてくれないことのいらだちなどが重なったうえで、ロシアの現像所から無神経な取り扱いを受けたラッシュプリントが送られてくる。怒り心頭に発した黒沢がそこでついに涙を流したという。

黒沢でも泣くことがあるのか、とびっくりするが、この仕事のときには黒沢があまりにいらだって野上さんにまで当たるので、彼女も怒り、それを聞いた中井朝一カメラマンまでが手放しで泣きだしたという。黒沢が翌朝あやまって仲直りしたと書かれているのにホッとする。

黒沢は当時、「トラ　トラ　トラ！」の失敗や「どですかでん」の興行的不振、その後の自殺未遂などで危機的な立場にあった。それに必死に耐えている様子がここにはくっきりと描き出されている。

著者は黒沢を美化してはいない。どんなに難しい人だったかということが具体的なエピソードを重ねて書かれている。しかし同時に、この巨匠の無垢（むく）の魂と呼ぶべきところも、まさにその行間からひしひしと伝わってくる。

この難しいダダっ子のような巨人を、厳しい状況の中で全力で支えようとしている著者自身や中井カメラマン、そして結構人の良さそうなロシア人スタッフたちの姿も、淡々と書かれているのが印象的であって、このあたりは映画製作について書かれた最も美しい文章のひとつに数えられると思う。（佐藤忠男・映画評論家）

（文芸春秋・1857円）＝2001年1月25日①配信

衰えぬ筆さばきで50作

「ラスト・ダンス」（エド・マクベイン著、山本博訳）

本書の作者エド・マクベインは、パルプマガジンと呼ばれる通俗読物雑誌に多くの筆名で大量の作品を発表した後、エヴァン・ハンター名義で「暴力教室」を出版（一九五四年）、一躍その名を高めた。その二年後、マクベイン名義で書き始めたのが87分署シリーズの第一作「警官嫌い」だった。以来圧倒的な人気を博し、約半世紀に渡ろうかという長大なシリーズに成長、ついに本書で五十作目を数えるに至ったのである。

このシリーズの特徴は、ニューヨークを模したアイソラという架空の都市を舞台に、平凡な刑事たちのドラマを描いたところにある。当然事件だけではなく、さまざまな問題で一喜一憂する刑事たちの私生活にも筆が割かれており、中には恋人や肉親が犯罪の犠牲者になる作品まで用意されているほどだ。

また一つの事件だけを描くのではなく、現実同様、同時多発的に起こるさまざまな事件を並行して描くという、いわゆるモジュラー型と呼ばれる警察小説のスタイルを定着させた功績も見逃せない。さらにその折々の社会現象を物語に取り込む努力も怠っておらず、アイソラが常に現実と対じする都市であり続けていることも、長く人気を保っている原因であろう。

本書にもそれらの特徴がすべて込められているといってよい。自然死を偽装した老人を始めとする複数の殺人は、いわゆるミッシングリンク（犠牲者たちを結びつける共通点をめぐるなぞ）の趣向に彩られている。このメーンプロットに、シリーズの中心的な刑事が長らく使っていた密告屋の射殺事件や、レイプ犯罪などのサブプロットが絡み合い、スピーディーに展開されていくのだ。

作者の軽妙な筆さばきは闊達（かったつ）の域に達しており、しかもプロットの構成力は堅牢（けんろう）で、全く衰えを感じさせない。枯れるという言葉はマクベインの辞書にはないのだろう。読者は当分の間、このシリーズを楽しむことができるに違いない。（西上心太・ミステリー評論家）

（早川書房・1100円）＝2001年1月25日③配信

近代女性が夢見た人生

「モダンガール論」（斎藤美奈子著）

めでたく学校を卒業した女の子たちは、大抵もう歴史のことなんて考えない。「新しい歴史をつくる」の「自虐史観」のと騒ぐオヤジたちなど、知ったこっちゃないだろう。お得なことと気持ちいいこと以外で、振り向かせるのは難しい。

でも、もし、仮にだ。彼女たちがぜひとも手に入れたいものがあって、それを得るには「日本女性の二十世紀・野望の歴史」というお題でリポートを書かなきゃならないとする。そこで「仕方ない。やったるか」と、思った女の子の強い味方こそが本書なのだ。

二十世紀なんてつい先日のことなのに、調べるとなれば百年は膨大、資料検索はパソコンでできても、読解となるとお手上げだ。だれかさくさく読めて要点がすぐわかるノート持ってないの？…そうだ、美奈子姉さんがいるじゃないよ！

著者は女の子の欲望優先を責めない。お説教一切なしで、完ペキなノートを見せてくれる。引用文献は読み物としても面白いものばかりだし、「ここ大事！」という個所は話し言葉でかみ砕いてくれるし、巻末にお手製の関連年表までついた、感涙の親切設計だ。

読み進むとわかるのは、「無学でよし」と言われていた百年前の「有産階級」娘たちが、どんな智略で進学を果たしたか。また、学問どころか一生涯重労働の「無産階級」娘たちが、どんな生活を夢見ていたか。

両者の懸案だった「性差別」と「階級差別」が、撤廃されたかのように錯覚した戦時下の高揚感と「戦争責任」。さらには両者が求めた理想の究極が、「専業主婦！」という、今となってはあまりにベタな地平へ到達してしまう、ややイタい筋書きである。

企業社会の右肩上がり幻想や、終身雇用制が崩れた現在、「消費の女王様」の居直り「永久就職」も頭打ちだ。新世紀を腐らず生き抜くために、これからの女の子がぜひとも手に入れたいものがあるとしたら、それって何？…美奈子姉さんのノートからなら、たぶん、ヒントを拾えるはずだよ。

（片倉美登・文筆業）

（マガジンハウス・1600円）＝2001年1月25日④配信

新しいファミリー像を示す

「サルに学ぼう、自然な子育て」(岡安直比著)

本書のタイトルを最初、「サルでもできる子育て」と聞き間違えてしまい、育児のマニュアル化もここまで来たかー、なんて思ってしまった(どんな耳しとんじゃ)。

しかし、著者はアフリカで孤児になったゴリラを育てながら、それといっしょくたに自分の娘も育ててきたヒトである。しかもゴリラの子育て法を「サルまねで」自分の娘に応用してきたという。

そんな彼女と娘のアフリカでの生活ぶりや、そこに住む人々の子育ても交えながら、サル流育児を提言するこの本のテーマはズバリ「サルの振りみて我が振り直せ」。

しかし「サルでもできる子育て」、人間様にも簡単とはいかないようだ。

ゴリラにも離乳期、反抗期、思春期、独り立ちという成長の節目があって、その都度親子の関係は変化してゆくらしい。人間の人生はゴリラの一・五倍だそうで、ゴリラの節目を人間に当てはめると、人間が親から独立すべき年齢は十六—十八歳となるそうだ。

そこを最終ゴールに据えた育児がなされていないから昨今の少年犯罪などのゆがみが生じている、と著者は言う。育児の勘を失った現代人は妙な感傷や価値観をコドモに押しつけて、子供の成長のジャマをしている。だからちょっと同じ祖先を持つ同士、「サル知恵」を拝借して見ませんかというわけである。

全編を通じて著者の明るいエネルギーに満ちていて、一人で悩んでいるお母さんをまず笑かしてくれる。これ大事なポイント。良い意味でイイカゲン。それに子育て経験者の言うことなので現実に即している。

コドモ二人抱えて仕事してるワタシは何度も「そーなんだよ!」と声を出しながら読んでしまった。

ゴールをしっかり頭に入れて走れば息切れしない。いくつになってもコドモはコドモ、じゃなくて、いつお互い対等な他人になるか測りながらそれまでを楽しく暮らす。これからのサル的人間的ファミリー像の理想がある。おすすめ。(種ともこ・ミュージシャン)

(草思社・1400円)=2001年1月25日⑤配信

テロル担うカオス的人格

「死は炎のごとく」(梁石日著)

一九七四年八月、大阪在住の韓国人である文世光が渡韓、八・一五光復節記念式典が開かれていたソウルの国立劇場に潜入して、朴正熙大統領を狙撃した。だが弾丸はそれ、朴大統領は無傷、かたわらの大統領夫人陸英修に頭部貫通銃傷を負わせて死亡させた。文はその場で逮捕され、同年十二月死刑を執行された…。

梁石日はこうした「文世光事件」に材を取り、いわば「私の文世光」としてテロリスト宋義哲を創造した。宋義哲は梁の前著『血と骨』の主人公、金俊平の後身といってもいい。

同様に偉丈夫で生活力おう盛、酒飲みで精力絶倫、没倫理で破滅指向、他を顧みず押し通す永遠の異議申し立てといったカオス的人格である。おそらくテロルの狂気はこうした人間にしか担えまいと思わせる点で、本書は成功している。

だが、文世光事件はどのような組織が文を支援し、狙撃の舞台を調えたのかなど、背後関係に多くのなぞを残したまま、文の処刑で幕を引いた。

本書は巻末に断り書きがある通り純然たるフィクションだが、文世光事件が引きずるなぞに影響されてか、宋義哲と組織の関係部分では記述が渋滞してあいまいになる。

当然、作中には韓国系や北朝鮮系の在日組織、その反主流・反体制の青年組織、スパイ、米大使館、KCIA、日本の公安や刑事警察、極左といった、分かりにくさでは名うての組織と、組織に属する人間たちが登場する。

まさしくアジア・ノワールの世界だが、読者として梁に欲をいえば、宋義哲の造形で振るった力業を、魑魅魍魎(ちみもうりょう)の組織と組織人たちに対しても振るってほしかった。

おそらく歴史に対する畏敬(いけい)と良識が梁にそうした恣意(しい)を許さなかったのだろうが、組織への恨みつらみと、殺し殺される相克が、本書をさらにすご味あるノワールに仕立てたはずなのだ。(溝口敦・ノンフィクション作家)

(毎日新聞社・1800円)=2001年2月1日①配信

女たちが語る性の変化

「モア・リポートの20年」（小形桜子著）

ついこの間終わったばかりの二十世紀は、振り返ると「性愛の時代」だったといえる。

女性について「性欲不在の神話」が語られ、「貞淑な妻」と「みだらな娼婦（しょうふ）」が厳密に分けられたビクトリア時代。これから一転して、第一次世界大戦後、女性が性的快楽を追求することを肯定し、夫婦の愛はセックスにおいてこそ最高度に実現されるとする新しい思想が登場する。男女のオーガズムの一致を目指し、そのために前戯や後戯の重要性とテクニックを説くヴェルデの「完全なる結婚」は国際的ベストセラーとなった。

日本でも戦後、特に謝国権の「性生活の知恵」などが出版された高度成長期以降、こうした欧米的な性愛観が定着する。婦人雑誌では袋とじでセックス特集が組まれ、妻たちはオーガズムへの渇望や、自らの性生活に関する不満を率直に声にし始める。さらに七〇年代には処女規範が最終的に解体し、性愛は結婚内に閉じこめられなくなった。

本書が取り扱う「モア・リポート」の第一回が実施された一九八〇年は、まさにこうした性愛の自由化の本格的なスタート時点に当たる。その後も八七年、九九年と二回調査が行われた。

筆者がもっとも注目するのは、「セックスには愛情が必要」だと答える人が減るなど、この十数年で愛と性の結びつきが以前より緩みつつあることである。この調査は若い女性向けファッション誌を母胎としているため、そのまま平均的な性意識の反映とはいえないが、この変化はおそらく全社会的にも妥当することだろう。排他的ペアにおける性愛一致の要請という二十世紀の思想は、もしかしたら今後「抑圧的な神話」として語られるようになるのかもしれない。

しかし、本書のリポートをみる限り、女性が自らの性的充足を追求し、かつ男性の性的対象であり続けることに「女」としてのアイデンティティーをかけるという、もう一つの二十世紀的な性意識はますます安泰のようだ。（大塚明子・社会学者）

（集英社新書・720円）＝2001年2月1日②配信

すさまじい仏教者の生

「破天」（山際素男著）

どうにもおさまらない魂というものがある。そのような魂の持ち主は、安住の地を求めて彷徨（さまよ）うが、どこにいっても安住できず、絶えず過酷な挑戦にさらされていなければ気がすまない。本書の主人公、ナーガルジュナ佐々井秀嶺はまさにそうした魂の持ち主だ。

一九九八年五月十一日、インド人民党政府は突如、“地下核実験成功”を発表した。インド中がその報に喝采（かっさい）し、わきかえったが、一カ月後の六月十日、デリーの目抜き通りを、国会議事堂に向かって行進してゆく数千人のインド仏教徒の集団があった。

その先頭のトラックに立ち、拡声器を通してばかでかい声で政府の核実験の愚かさを批判していた人物こそ、日本人の帰化僧、佐々井秀嶺だった。彼は現在、インド仏教復興の最先端に立つ仏教徒の大指導者として慕われている人物である。

佐々井氏と懇意の山際素男氏によって、徹底したインタビューを下に書かれた本書は、岡山の寒村に生まれた彷徨える魂が、さまざまな挫折を繰り返しながら、宗教家として成長していく姿を実にダイナミックに描き出すことに成功している。わたしたちはまるで桟敷席にいるかのように、一人の宗教家の生々しい実存的な軌跡を目の当たりにすることができる。

私たちにとって仏教はどちらかというと「静」のイメージと結びつきやすいが、佐々井氏の熾烈（しれつ）な生きざまを通して、著者がここに描きだしている仏教は、徹底して「動」のイメージに彩られている。

というのも、宗教が人々の生活の中に深く根を下ろしているインドという地にあっては、人間の平等性を主張する仏教を広めること自体、長い間、カースト制度に苦しめられてきた「不可触民」と呼ばれる最下層の人々を解放するという社会変革的なベクトルを担っているからである。

そのような意味で、本書はもう一つのインド現代史としても読める内容になっている。（菅靖彦・翻訳家）

（南風社・2800円）＝2001年2月1日③配信

ラディカルに思考を問う

「世界史の臨界」（西谷修著）

ヨーロッパ中心史観が批判されて久しい。サイードによるオリエンタリズム批判もその一つだ。しかし、ヨーロッパとオリエントという二項対立を前提の批判も〈ヨーロッパ的世界化〉の役割を相対化するだけのためならば不適格だ。現在では世界史そのものが変容してしまう臨界、つまり「危機的状態」を迎えているからだ。では何が必要か。

この五百年でその世界化運動を通して世界性を獲得した〈ヨーロッパ〉という近代の巨大なプロジェクトを改めてとらえなおす必要がある。かっこつきの〈ヨーロッパ〉は自らの内部の異質なるものの重層的な複合をまとめ、さらに世界史を形成して自己同一的な主体になってきた経緯がある。

キリスト教の物差しで区切られた新たなミレニアムである二十一世紀を迎えたわれわれが〈ヨーロッパ〉の世界史という大きな物語の終えんの後に新しい物語が見えてこない現在において当然問わねばならぬ課題だ。だが展望はあるのか？

〈ヨーロッパ〉が構築してきた世界史が解体しようとする現在、〈ヨーロッパ〉はありとあらゆる世界の地域に偏在し複合的状況を作り上げている。日本も例外ではなく、〈ヨーロッパ〉的世界性からは逃れようがない。ところが、世界化に対して内閉的回帰によって固有性を求める「イスラム原理主義」のような方向性は西洋的歴史の固定性に囚（とら）われることになるだけだと著者は考える。

むしろ各地域の複合化の差異を世界性の構成要素として積極的に分有することによって囚われからの出口を見いだすべきと提言する。〈ヨーロッパ〉の世界性を承認した上でクレオール的世界を分かち合うことだ。

著者は、西インド諸島のマルチニックから、宮沢賢治から、そして宮古島からその世界性を食い破る可能性を模索する。辺境が辺境でなくなるような世界化が国民国家の枠をも切り崩しつつ進行しているからだ。われわれの〈世界〉の思考枠組みをラディカルに問う問題の書である。（臼杵陽・国立民族学博物館助教授）

（岩波書店・2500円）＝2001年2月1日④配信

国民的疑問吹き飛ばす

「長嶋はバカじゃない」（小林信也著）

「あのお方はひょっとして××なのでは」

これは、日本国民が頭の隅からどうしてもぬぐい去ることのできない疑問である。素人でも首を傾（かし）げざるを得ないさい配、圧倒的な戦力にもかかわらず、ペナントレースも日本シリーズも、圧勝どころか危機の連続。コメントを求められれば、反地上的言語感覚で聞くものをあぜんとさせ、日常生活の信じられない逸話については、何冊もの本が書かれてきた。

だが、安心せよ。ここに一人のスポーツライターが蛮勇をふるい、国民的疑問を見事に吹き飛ばして見せた。それにしても、このタイトル、大胆というか、直球勝負というか。いずれにしてもあのお方は××ではなかったのだ。

その論証はいささか力技の気配がないではないが、決して暴論や皮肉をこめた逆説の類（たぐい）ではない。例えば、あのお方は去年のシーズン前、「開幕三十試合を二十勝十敗で行く」と宣言した。もちろん、そううまく行くはずはなく、その「大ボラ」は、「長嶋××派」の格好の攻撃材料になった。しかし、著者によると、かの予言は「『今季はジャイアンツで決まり』といった楽観論を逆手にとって、あえて暴論を吐いて戦いを有利に展開した」ものだという。

他チームを挑発して序盤に白熱した戦いを集中させ、後半は無理がたたった他チームをしり目に戦力豊富な自チームが勝ちを収める。そうした深慮遠謀があったというわけだ。

ほかにも、一見何の考えもなしに行われているようなかの人の言動は、多くの場合、極めて論理的でなおかつ的確な判断から導き出されたものであることを、著者はあくまでも直球勝負で証明してゆく。なるほどね。よかった。「疑うものはダビデを見よ」ではないが「疑うものは長嶋を見よ」というわけだ。極めて痛快。野球に関心がなくても十分面白い。

願わくは、本書が、この国に広く存在する長嶋屋（かのお人をメシの種にする連中）に悪用されないことを。（阿部珠樹・ノンフィクション作家）

（草思社・1400円）＝2001年2月1日⑤配信

暗殺実行犯の数奇な運命

「ヒットマン」（中保喜代春著）

山菱の代紋を仰ぎ、数々の事件史を経て二万人余という空前の組員数を誇る日本最大のヤクザ、山口組。

一九九七年八月二十八日、神戸市のホテルの喫茶ラウンジで白昼、ヒットマン四人で実行された山口組ナンバー2の宅見勝若頭暗殺は、流れ弾で歯科医が死亡したこともあり、衝撃を与えた。本書は宅見事件のヒットマンの一人で今年五十一歳の著者が大阪拘置所で事件の顛末（てんまつ）、自らの半生、妻子への思いをつづった。著者は懲役二十年の判決を受けている。

市民の犠牲を考慮すれば本書の評価は難しいが、著者の人生は数奇なあやを感じさせて余りある。

著者は水商売生活を二十五年経て、四十六歳で山口組直系中野会の傘下組織に入る。水商売時代に培った債権回収などでシノギを削り、武闘と無縁な渡世を送るも…事件一カ月前、宅見の実務能力に不満を抱く中野会幹部にかわいがられていたことが縁となり、けん銃に一度も触れたことがない著者が、生きて帰れる保証はないヒットマンの一人に勝手に選抜される。

宅見事件は用意周到に決行されたと思われるが、意外にも無謀だった。著者も含めヒットマンは「なぜおれたちが？」と自問自答し中止を願うも、幹部からの携帯電話での連絡には常におびえ、逃げられぬ極限状態に一カ月間置かれていたのは気の毒ですらある。

犯行後は十三カ月の逃亡生活を送り、郷里の富山・氷見市に父の墓参もする。高岡市で偶然入ったクラブで妻となる亜由美と知り合い、亜由美は罪に気づきながらも覚悟の上で逃亡先の仙台で長男の航太を出産。著者はその一週間後の九八年十月二日、逮捕された。

本書の登場人物名、店名の多くは仮名だが、事件関与の人物は実名である。当然だろう。妻子の名は著者略歴にもあり、実名のようだ。妻や子供の将来を考え堕胎を考慮するも、生涯孤独を覚悟した中で得た喜びの記述は、ヒットマンになったから授かった生命、と数奇な運命の象徴を感じさせる。（小林照幸・ノンフィクション作家）

（講談社・1500円）＝2001年2月8日①配信

美しい水の風景

「屋久島水讃歌」（星川淳著）

九州本土の最南端から六十キロ南に浮かぶ急峻（きゅうしゅん）な山岳島、屋久島。ところで、私は、学生時代に屋久島を縦走したことがあった。夏とはいえ、降水量が多いために、凍死する場合もあると現地で忠告されたとき、道産子（どさんこ）の私はわが耳を疑ったものだった。ともあれ、急こう配の山、また山、という印象であった。

屋久島をめぐるエッセー集である本書の著者は、若いころにインド、北米にそれぞれ数年ずつ過ごし、国内でも数カ所を転々としたあげく、ついに定住の地と定めたのが屋久島であった。それも「水の縁（えにし）」だという。

つまり、屋久島は、著者にとって「水の島」なのである。降った雨がたちまち沢を駆けおり、一挙に海へ注ぐ、それが雨雲となり、森を潤す―これこそ、凝縮された水の循環。まさに、自足した生命の循環と言い換えてもいい。「こんな美しい水の風景は現在の地球上でめったに見られるものではない」と本書は掛け値なしで絶賛している。

さらに屋久島は日本で初めて、ユネスコの「世界遺産」に登録される。もちろん、これによって千古の森の島に、観光客の増大、造成・建設ラッシュなど環境保護ムードをけん制するような事態を引き起こすが、それより座視しがたいのは、中国からと思われる強い酸性雨である。ここ十年で、マツはほぼ全滅し、モミは衰弱し、山腹には白骨樹が激増しているからである。

そして、もう一つ。隣の種子島か馬毛島に「核廃棄物の中間貯蔵施設」設置の動き。屋久島では住民と町議会が結束して国内初の包括的非核条例を制定し、これに対抗している。屋久島を、人類と地球の関係のあるべきモデルとするために。

「未来のために手つかずの自然を残すことを、われわれの文明の記念碑にしようではないか」という、現代のH・D・ソロー的詩人であり、禅僧のゲーリー・スナイダーの著者あてのメッセージは実に重い。（川成洋・法政大教授）

（南日本新聞社・2381円）＝2001年2月8日②配信

日本的なゆがみへの抵抗

「キミは他人に鼻毛が出てますよと言えるか」(北尾トロ著)

本書が問題にしているのは「とるに足らない普遍的なる勇気」だ。

それに焦点をあて、あえて実行することで構造を明らかにしていこうとする姿は、それぞ「勇気」というにふさわしいが、このスリリングはただごとではない。「鼻毛が出ている他人にそれを指摘する」もそうだし「車いすの友人と障害について率直に語り合う」もまた身につまされ、ことに後者は、行為の勇気もさることながら、あえて問題にする勇気をもたたえたいばかりか、文体の軽快さ以上のより強い力を感じた。

だが、なによりスリリングなのは「知らない人に話しかける」という恐ろしい行為だ。先を読むのが怖かった。

なにしろ、電車で見かけた人や、お台場で一人でいる見ず知らずの男に、男が声を掛ける。相手は女ではない。女だったら、「ナンパ」ということでプログラム化され、うまくいかなければ「ナンパに失敗した」ですむが、「男が男に声を掛けて失敗する」には想像を絶する結果が待っているとしか考えられないのだ。ゲイだと思われるか、犯罪のにおいがつきまとうか。

かつて私は「罰ゲームを考える」という遊びをやったことがある。「母親に電話して、ありがとうと言う」。これは恥ずかしい。親孝行かもしれないが人はそんな勇気を出せない。

しかし重要なのは、著者である北尾トロ氏の困難への挑戦は罰ゲームなんかではないことだ。

すすんで自ら困難の渦中に飛び込む。なによりの勇気はそれだ。突き動かすのはおそらく日本的な制度への違和だろう。意識しているかそうでないかはわからないが、行動の根底にはどうしたって些細(ささい)な疑問と違和があり、本書に痛快さを感じるのは、たびたび語られる「小心さ」そのものに、「日本的なゆがみへの抵抗」を見るからだろう。

本書からの引用で最後は締めくくろう。私はその一節に声を出して笑った。「これは、勇気を出せなかった人間たちの物語である」(宮沢章夫・演出家)

(鉄人社・1238円)=2001年2月8日③配信

戦時情報宣伝の実態

「新聞は戦争を美化せよ!」(山中恒著)

「ボクラ少国民」「御民ワレ」「撃チテシ止マム」「欲シガリマセン勝ツマデハ」「勝利ノ日マデ」…、山中恒の作品を、私は学生時代にむさぼり読んだ。自らの少国民体験を軸に戦時教育関係の資料を捜索した執念に、寝食を忘れひきこまれたものだ。

さらに一昨年刊行された大著「間違いだらけの少年H」は、間違いなく、ベストセラー「少年H」を超える銃後生活史の傑作である。そして、今回の「新聞は戦争を美化せよ!」は、なんと九百五十ページを超える戦時情報宣伝史、まさしく「書キテシ止マム!」の超ど級である。

本書は満州事変から敗戦に至るまで国家宣伝機構の発展とその新聞統制の実態を、膨大な資料で再構成した歴史作品である。朝日新聞査閲部の部内秘「記事差止事項」など、貴重な同時代資料もふんだんに使って戦時検閲の実態を明らかにしている。

戦争責任問題や「日の丸」論争など今日的関心にこたえる記述も散見される。また、日満支「円ブロック」構想を破たんせしめた日中通貨戦争のカラクリなど面白いエピソードも山盛りだ。

惜しむらくは、包括的なメディア統制史を目指したためか、少国民シリーズで展開された叙述の躍動感、すなわち自己言及から国民社会へ歴史を開いていくあの感動は本書ではあまり味わえなかった。

また、「間違いだらけの…」後書きで示唆されていた戦後神話、つまり「新聞は軍部の走狗となって、うそばかり書きまくった」という戦時報道神話を解体する作業は、本書では必ずしも達成されていない。日本人の戦争を単純に「悪」あるいは「必要悪」として記号化せず、その実体にひだ深くメスを入れるためには、これほどのページ数でもまだ不十分だったのだろう。

それにしても、次の結語には私も大いに励まされた。「あらかじめ類型化された歴史概念をインプットされていない若い世代の旺盛な好奇心や探求心に支えられた研究家に期待したい」(佐藤卓己・同志社大助教授)

(小学館・4600円)=2001年2月8日⑥配信

必要なのは魂と体の解放

「思春期の危機を生きる子どもたち」(中西新太郎著)

どこにでもいる普通の子が、ある日キレて重大事件の加害者になる。少年事件が続発する今日、マスコミでは、盛んにキレやすい子供の性向や家庭環境をあげつらう記事が報じられる。

それら「魔女狩り」のような記事は、親たちをいたずらに圧すだけで、何の解決策も導かない。現に問題にしている「子供たち」に向けて発信されてはいないからだ。

本書は、子供社会から寸断された場だけで成り立っているそれらの子供論とは一線を画す。この生きにくい時代を生き抜いている若者たちの姿と心理を、彼らの立場に立ち、敬意と愛情を持って描ききる。

「消費文化世界」の浸透が、青少年の危機的状況の主たる原因だと、筆者は指摘する。それは、「それに従っていなかったからといってだれも文句なんか言わない、つかみどころのないモノサシ」を基準にして、人間関係を形成しなければならない世界である。

しかもコンビニ等の普及で人との接触場面が狭まり、「私という生身の存在が愛されていないどころか、だれからも注目されず、配慮も関心も払われていないという手ひどい現実を」たびたびつきつけられる彼らにとり、友人からの承認は死活問題なのである。

犯罪の根にある、猛烈な孤独と生き難さ。しかし現実にその困難を生きる彼らのエネルギー、そしてそんな彼らが暮らす家庭の自然な「ほころび」にこそ、打開の可能性があることを、著者は示す。

本書を読みながら、私は何度も、いつかテレビでKONISHIKI氏が語った、「つらいことがあっても、僕には故郷ハワイの海があった」という言葉を思い出した。子供たちに、そして大人にとっても、必要なのは張りつめた魂と体を解放してゆだねられる、海なのだ。罰することや縛ることでは断じてない。

変化した子供への危機感から、少年法を改めたり奉仕活動を義務化しようとする大人たちの短絡の方に、本書は警鐘を鳴らしている。(塔島ひろみ・詩人)

(発行・はるか書房、発売・星雲社、1700円)=2001年2月15日①配信

驚くべき哲学者の書

「現代語訳　清沢満之語録」(今村仁司編訳)

清沢満之(きよざわ・まんし)という名前を聞いて、すぐに理解できるのは、真宗大谷派(東本願寺)の人々だけかもしれない。人名辞典などでは真宗大谷派の近代教学を確立した人物としか記されていない。二十世紀初めに四十歳で早世した人物であり、全集はあるが、明治期の文体で書かれたものだけに一般に読まれてきたとは言いがたい。

編訳者今村仁司は「宗門内ではウルトラ有名人、宗門外ではほとんど忘れられた思想家という清沢満之のイメージのずれ」を何とか是正したいという思いで本書の編訳を思い立ったという。はたからみれば、西欧現代思想研究の第一人者である編訳者と真宗大谷派の学僧とが、どこでつながるのか不審に思われるかもしれない。

しかし、今村は、哲学者清沢満之の思想の現代性を鋭く指摘する。現代フランスの重要な思想家エマニュエル・レヴィナスの倫理思想との連関さえ指摘しているほどである。

実は、私もこの現代語訳された清沢満之の文章を読むまで、恥ずかしながら彼の思想についてほとんど知らなかった。それだけに本書を一読して仰天した。これほど重要な思想家が長い間ほとんど忘れ去られていたのは、なぜだったのか。

一つには、今村も指摘しているように、「宗教哲学骸骨」という著作タイトルなどからもわかるように、骸骨(スケルトン)、すなわち凝縮された骨格だけを述べる、一切の飾りのない文体にも原因があったのかもしれない。言いかえるなら、彼は、ウィトゲンシュタインと同様の文体を用いていたということになるだろう。

本書の刊行は、近代日本思想史の常識を覆す一大事件だと言ってもいい。今後、近現代思想研究者なら、清沢満之抜きに日本の近代思想史を語ることはできなくなるだろう。百年前のテキストで、彼は現代哲学の近代主体批判の立場をすでに鮮明にしていたのだ。実に二十一世紀最初の大発見の書である。(桜井哲夫・東京経済大教授)

(岩波現代文庫・1400円)=2001年2月15日②配信

未来永劫の命への賛歌

「リセット」(**北村薫著**)

時間はどのように流れるのだろう。現在、ここにある時間は消えるのではなく、「だれか」や「何か」に引き継がれていく。父母が生きた場所や言葉を、子が記憶の中に留めて生きることもあれば、古い書物の思想や言葉が、「今」を生きる読者の中に再生される場合もある。

本書の言葉を借りれば「いつも自分を軸として流れている時というものが、実は、遙かな別の人の周りにも流れている」のであり、時には輪廻転生(りんねてんしょう)の軌跡を運ぶ、不思議な力を持つ場合もある。

三部構成の本書の第一部の主人公は、水原真澄。物語は彼女が幼いころ見た獅子座流星群をめぐる描写から始まる。この章では、戦前の真澄の青春と、結城修一という少年との間に芽生えた運命的な恋が語られているが、三十三年ごとに繰り返される流れ星の、宇宙の摂理に基づく「輪廻」の形は、修一が戦争によって命を奪われた後も、第二部の主人公・村上和彦へと引き継がれていく。

死んだはずの結城修一の「再生」が、村上和彦を通じてすんなりと真澄に納得されるのは、第一部に描かれた短い青春の清冽(せいれつ)さと、その後も「永遠」を生きようとするものの思いの強さのせいだろう。やがて真澄も、三河島事故とおぼしき列車衝突事故に巻きこまれていくのだが、この作品の中で死は、“消滅”ではなく、転生のための重要な磁場となっているのだ。

戦前戦後の子どもたちの風俗、社会的事件を巧みに配しながら、二重三重に張り巡らされていく「死」と「転生」。理不尽にも死の世界へと引きずり込まれた少年と、少年を思う少女の命の輝きを時間のねじれに縫いこんで、作者は「ただ会いたい」「会わねばならない」という想念へと物語を昇華させていく。

結城修一と水原真澄が、「輪廻」を経て現代によみがえり、失われた人生を「リセット」させる終章には、未来永劫(えいごう)の命への賛歌に満ちている。(稲葉真弓・作家)

(新潮社・1800円)=2001年2月15日③配信

日本の自然と文化史への目

「花鳥風月の日本史」(**高橋千劔破著**)

こういう本は複数の執筆者で書かれることが多い。花の専門家が「花の日本史」の章を、鳥の専門家が「鳥の日本史」の章を、といった分担執筆にすればとりあえず安心できるからだ。

専門家の書くことが常に正しいというわけでもないが、書かれている範囲では信頼度は高い。しかし、一冊の本全体となると、どうだろうか。言ってみれば一軒の家を建てるのに、てんでんばらばらの材料を持ち寄り、てんでんばらばらの技術をふるうのに似ている。柱なり床なりの部分部分は上等でも、家全体としてはおかしなものになりがちだ。

大工の棟梁(とうりょう)にあたる人が必要だ。本の場合は編集者がその役をつとめる。スペシャリスト群を案配するゼネラリストの役割だ。

著者は、三十年にわたって、主に日本の歴史に関する編集にたずさわってきた人だ。優れたゼネラリストの目を持っているだけでなく、多方面でスペシャリストと並ぶ知識も蓄えてきた。

大工の棟梁が頼まれ仕事ではなく自分自身の家を建てるように、思うぞんぶん腕をふるったのがこの一冊だ。日本列島の自然の特性に目を注ぎ、この列島に暮らしてきた人びとの生みだした文化の歴史をゼネラリストの視点でとらえている。それゆえ、花の歴史は鳥の歴史や風の歴史とおのずから呼応する。木の歴史は虫の歴史と無縁ではない。

高橋千劔破さんは、名前からは峻厳(しゅんげん)で近寄りがたい印象があるが、初めて会ったときに拍子抜けさせられた。背が高く偉丈夫ではあるが、実に優しい目をしておられる。山や川や鳥獣などの自然への深い関心とつながっている目なのだろう。浦和郊外に住み、近くの見沼田圃(たんぼ)の自然を大事にしている人でもある。

行動力にあふれる人でもある。諫早湾の干拓を自分の目で見る。宮大工の技術を結集した堂建築の現場に通いつづける。それらの体験も生かされている大著である。(高田宏・作家)

(黙出版・2800円)=2001年2月15日④配信

父の実体求める旅

「ホラ吹きアンリの冒険」（荻野アンナ著）

船乗りとして世界中を駆け巡っていた男アンリ・ガイヤールが、神戸で日本人女性キヌコと出会い、横浜で所帯をもった。その二人の間に生れたのが、この本の語り手であり作者荻野アンナとも重なる「私」である。

「アンリから皺を取り、髪を増やし、性器を女性のそれと差し替えれば私」というほど酷似した娘に対し、この「ガイジン」は生れた当初「誰の子か、わからん」とのたまったそうな。

フランスで生れアメリカで育ったアンリは根っからの旅好きというか、放浪人というべきか、自由気ままに半生を過ごした後、家に落ち着いた。だが八十代を迎えて優しいキューピッドの顔の反面になお悪魔メフィストフェレスの顔も浮かべる。そのような顔を持つ父に、四十代の娘は好奇心を押さえられなくなる。

父のルーツと「父であって父でなかった」航海中のアンリ、不在の父を実体化させるべく、父の記憶と古い写真を携えて〈父親探しの旅〉に出るのだ。

父親の故郷フランスのサントの町をたずね、さらに父の母の国アメリカを訪れる。サンフランシスコでは三十七年ぶりに、父と母の家庭内離婚の原因になった異母姉アンヌ＝マリーと、感動的な再会を果たす。姉をはじめ伯父も伯母もとてもエキセントリックで、彼らが語る生涯の物語は父の昔話と同じように奇想天外、波乱万丈である。

三歳の子供のようなピュアな心で動きまわるガイヤール家の資質は、どうやら「私」にも受け継がれているらしく、とうとう父の初恋の女性を求めてパプアニューギニアの島々にも渡る。

父の記憶と「私」の旅でつむがれていく〈父の実体〉は、旅の地のように苦さをふくんだ魅力できらめいている。二十世紀前半の世界漫遊を体験しつつ、ユニークな現在にも出会えるこの物語は、自らを「はったり屋かもしらんな」と語る父の娘の面目躍如たるものがある。（与那覇恵子・文芸評論家）

（文芸春秋・1762円）＝2001年2月15日⑤配信

海に開く日本の未来像

「海洋連邦論」（川勝平太著）

本書の著者、国際日本文化研究センター教授の川勝平太氏は、以前より「海に生きるアジア」に着目し、その多様な文化の連なりの可能性を広く訴えてきた。著者はアジアのネットワークを中国などの大陸を中心としたものではなく、海に浮かぶ小国との結びつきこそが重要だと指摘する。

近代ヨーロッパにとっては「取り残されたアジア」というイメージでしかなかったが、著者によれば事実はむしろ逆で、十五世紀から十七世紀にかけて世界貿易の中心であった海洋アジアとの交流によって近代ヨーロッパは誕生したという。

また、ヨーロッパとアジアという二項対立で語られた「世界史」の枠組みを解き放ち、グローバル・ヒストリー（地球史）の観点でとらえ直すことを強調している。大陸ヨーロッパでさえ地球に浮かぶ「島」のひとつでしかなく、地球という全体としてわれわれの歴史を見直そうとするダイナミズムは興味深い。

本書はこうした視点に立つ著者が日本の将来像について具体的に提言する。

幕末、ヨーロッパ人が日本を訪れて驚嘆したのは、その国土の美しさだったという。緑広がる稲田も彼らにはまるでガーデン（庭園）のように映った。それは、当時の日本人の美意識であると同時に資源を無駄にしないリサイクル型の経済体制であったことも示している。ヨーロッパ人がフロンティア精神のもと開拓を善とし自然破壊をしたことと大きな違いがあったのだ。

著者は地球全体が再び美しい景観を持つガーデンアイランズになるには、人々が暮らす島（国・地域）の多様な文化を互いに尊重することだという。日本国内においても、地方の独自性の発揮や自立を訴える。

イギリスでの留学体験、司馬遼太郎の思想、故小渕首相との交流の思い出をつづりながら、著者の提言は、留学生の受け入れ態勢、日本の大学のあり方にまで及ぶ。アジアの「美の文明」を力とする、海に開かれた日本の未来像を示唆している。（与那原恵・ノンフィクション作家）

（PHP研究所・1600円）＝2001年2月15日⑥配信

他者と時代に向きあう

「ある朝、セカイは死んでいた」（切通理作著）

「問いに対して答を出そうとするリアクションよりも、なぜその問いが成立するか」に関心を向けるようになったという著者の、「一九九五年以降」をまとめたユニークな批評集である。

あの阪神大震災とオウムの年以来、この国の社会はどんなふうであったか。去年の一連の十七歳による事件が記憶に新しいが、今までになかったような事件が次々に起こり、総合雑誌が「『なぜ人を殺してはいけないか』と子供に聞かれたら」という特集をおこなう。本書は、そんな現在と向き合っている。

コミック、映画、小説、そして現実に起こった事件や出来事を語りながら、著者は対象をただ外から見た批評を書こうとはしない。作者、当事者、犯人たちの考えていることを、かれらと一緒に考えようとする。現在の孤立する心への、独特のシンパシーの回路をもって、他者のいる場所を了解しようとするのだ。

ここにある文章は必ずしもなめらかには進まない。むしろ言いたいことをまとめきれずに口ごもったり、ただ事実を確かめるだけだったりしながら、根気よく対象につきあう。それがいい。他者に出会い、時代と向き合い、そこで自分が一歩でも二歩でも動くという仕事になっている。

著者の前の批評集が「お前がセカイを殺したいなら」で、今回が「ある朝、セカイは死んでいた」。この「セカイ」とは、生きる場所としての世界を、友人や恋人や家族のような、共に生きる相手として意識した言い方であろう。その「セカイ」を殺すというのも、死んでいたというのも、大変なことであるが、いまの時代のいちばん追いつめられた心はそんな感じ方をしているのではないか。

私たちひとりひとりがどう「セカイ」を取り戻すのか。それを考えさせると同時に、「命」の作家柳美里や「新世紀エヴァンゲリオン」の監督庵野秀明をはじめとする表現者たちの作品世界への、すぐれた案内になっている。（福間健二・詩人）

（文芸春秋・1762円）＝2001年2月22日①配信

冷めた視線で語る自分

「余生」（北野武著）

北野武がビートたけしを語っているのか、ビートたけしが北野武を論じているのか、その掛け合いの陰影が微妙に交錯した、無類の読み物になっている。それにしても、それがどうして「余生」なのか。

氏は「フライデー」事件で講談社になぐりこみをかけた。そのあと芸人復帰をしたが、ふたたびバイク事故をおこし、命拾いをして奇跡的に芸能界に返り咲いた。それで現在が「余生」であるというのかもしれないが、しかし本当のところはそうではないだろう。

いってみれば、自分の背中にけん銃を向け、眉根（まゆね）一つ動かさずに弾丸を発射してしまうようなところが、彼にはある。自分の全身が眼下にみえている。世間と自分との距離をいつも意識している。正面にのぞく凶暴な表情と背面にはりついた冷めきった表情が、いつも頭から離れない。そのあまりの落差にいらだち、その落差をつつき出すことで笑いをまきおこす。自分を二重人格、多重人格といいくるめながら、人工的な笑い、乾いた笑いの製造に精を出してきた。

子供のころから、オレの人生かならず失敗すると思いつづけ、「カミさん」と「おねえちゃん」（彼女）のあいだを漂流し、舞台、テレビ、映画の世界をめまぐるしく駆けめぐるなかでも、自分の背中を遠くから射すくめているまなざしは微動だにしない。役者であり、ネタ探しの達人であるのも、そして演出家でありプロデューサーの才能を発揮しつづけているのも、みなそのためなのであろう。

酒や事故など、彼の体力の不死身の強さにも驚かされるが、そのうえ寝ることが好きじゃないという。幸せなんか大嫌い、不幸せなときの方が安心するとつぶやき、「このまんまずーっと齢とって、植木等みたいないいおじさんのタレントになったらイヤだ」といい切る。

「その男、凶暴につき」の映画監督は、ひょっとすると含羞（がんしゅう）の人なのかもしれない。

（山折哲雄・京都造形芸術大学大学院長）

（ロッキング・オン・1500円）＝2001年2月22日②配信

文明圏を一つに　「世界史を変貌させたモンゴル」(杉山正明)

未来の答えを過去に求めるべきではない、と優れた歴史学者は謙虚に語る。しかし、優れた歴史書は未来への指針を与えずにはおかない。「世界認識」を切り口に歴史をひもとく本書は、過去と未来をつなぎたいと欲する、知的に成熟した人々のための書である。

いわゆる「大航海時代」よりも約二世紀も前に、東北アジアの高原に依拠して覇をとなえたモンゴルは、それまでばらばらに存在していた文明圏を一つにつなぎとめた。その意味で、「世界史」というまとまりは、「モンゴル時代」の到来によって出現したといっても過言ではない。著者の従来の主張が、本書ではタイトルとして鮮明に結実している。

第一部では、朝鮮半島で十五世紀初頭に作成された『混一疆理歴代国都之図』(こんいつきょうりれきだいこくとのず)の模写などが、カラー図版付きで紹介されている。明らかにユーラシアとアフリカが一枚に示された壮大な世界地図であり、実態として世界のまとまりが認識されていたことを如実に示している。「混一」とは、決して画一的な統一ではない。多様性が混在しながら、ある種のまとまりをもって存在させること、と言い換えてもよいだろう。

「地図」と「都市」によって、当時の人々がどのような世界認識を獲得していたかという観点から「モンゴル時代」が論じられた後、続く第三部では「モンゴル時代」に対して、どのような認識が獲得されてきたかという研究史が解説される。単なる過去と現在だけではなく、将来も顕示されており、後進への配慮が誠に行き届いている。無論、著者の示す研究の道をたどる読者は、大勢の一部にすぎまい。

しかし、地域という部分と世界という全体をたて糸とよこ糸にして、世界認識という布に織り上げていく思考そのものは、分野を問わず、職種を問わず、二十一世紀の「混一」すなわち「多元的共生」をつくるべき私たちにとって、おそらく最も必要な知的技術であると思われる。(小長谷有紀・国立民族学博物館助教授)

(角川書店・2700円)＝2001年2月22日③配信

世界的作家がつづる旅　「イスラム再訪(上・下)」(V・S・ナイポール著、斎藤兆史訳)

飛行機の中で自分の旅に思いをめぐらすうち、人の旅が気になることがある。そこで空港の書店で旅行記のコーナーをのぞくと、V・S・ナイポールの本が目に飛び込んでくる。イギリス文学という枠を脱し、境界のない世界を描く文学の担い手として注目されているナイポールの本を手にすると、いつの間にか目の前の旅をわきに押しやり、彼の旅に同行している気分になる。「イスラム再訪」もそうした本の一冊だ。

本書は、インドネシア、イラン、パキスタン、マレーシアの旅を克明に描く。しかしただの旅の記録ではない。

ナイポールはこう考える。社会の情報とそこに生きる人々の内面を描き出すという十九世紀小説が担った役割を、二十世紀においては旅行記が担う。その視点から彼は各国の指導者たちと精力的に再会する。二度目の訪問で見えた個人の変化から、彼らの生きる国家の変ぼうが明らかになる。

この本に描かれる個人と国の関係、指導者と弟子の関係、一般的な父子関係は、インド叙事詩や西洋古典の知識の駆使、自分と父との関係についての内省といったナイポール独特の手法で濾過(ろか)されている。そして時に誤解の危険をはらみつつも、普遍的な問題として読者に迫ってくる。

ナイポールは十四世紀の大旅行家イブン・バトゥータに触れ「何気ない文章から、当時の田園風景や、デリーのスルタンと地元の役人たちの繁栄を支えた農奴制が浮かび上がる」と書く。

このことは通訳を介し、ノートをもとに会見を再構成する彼の手法にも当てはまる。とはいえ、当然、現代の旅行家ナイポールが足を運ぶ地域は、バトゥータのそれと異なり、ほとんど世界のすべてを覆っている。

ナイポールはインド系三世としてトリニダード島に生まれ、後にイギリスに帰化した。彼の語るイスラム世界の人々の生き方は、グローバル化する世界で幾多の人々との共存を模索する日本人に、じつに多くのことを教えてくれる。(栂正行・中京大教授)

(岩波書店・上3300円、下2900円)＝2001年2月22日④配信

聖から俗まで

「極彩色メキシコ巡礼」（小野一郎著）

ここ数年、メキシコを素材とした出版物が大分目につくようになってきた。政治経済を分析する硬派ものからマヤ、アステカといった古代文明に想（おも）いをはせるもの、あるいは自分探しの契機にたまたまメキシコがあった、というものまでさまざまあるが実にいいことだ。

西欧流オリエンタリズムの視線を習得したことを誇るたぐいのものには辟易（へきえき）させられるが、そもそも心底からメキシコに魅せられた人の大半は、自分なりの、あるいは日本人なりのオリジナルなまなざしを確立したいと願う人だから、よくぞ見て語ってくれたというものが多い。本書もそのひとつである。

建築設計を生業（なりわい）としてきた著者の興味の対象は当然建築。それもウルトラ・バロック様式と呼ばれる土着色と過剰な装飾に覆われた建造物である。著者はメキシコ植民地文化が頂点に達した十七世紀後半に登場するウルトラ・バロックを脱西洋の創造的表象ととらえ、建築家の確かな目で確認した西欧バロックとウルトラバロックの根本的な違いや面白さを、建造物に真正面から対峙（たいじ）した写真で語る。

しかし著者は十五年に及ぶウルトラ・バロック建築探究の旅を重ねるにつれ、いつしかウルトラ・バロック菌に侵され、ついにはウルトラ・バロックの強い毒気をばらまくキャリアーとなってしまった。

そしてウルトラ・バロックの根底にある「メキシコ的なもの」の本質に達しようと先住民子孫の墓所を訪れ、「死者の日」の行事に参加し、市場をのぞき、猥雑（わいざつ）さを求める。

本書は聖なるものから俗なるものまですべて身体に注入しようとする恐るべきメキシコ・ジャンキーによって書かれた、ウルトラ・バロック菌充満の一書である。とはいっても著者の抗体も完ぺきではなく、時々変調をきたして頭痛や発熱を訴える日本人らしさを残している。口絵や挿絵として使われた写真がまた魅力いっぱいで楽しめる。

（加藤薫・神奈川大教授）

（晶文社・2400円）＝2001年2月22日⑤配信

家族再生の道指し示す

「魂」（柳美里著）

それは奇妙な家族の写真だ。赤ん坊のお宮参りの記念写真なのだが、子供の名前は柳丈陽（やなぎ・たけはる）、和服姿の母親は柳美里（ユウ・ミリ）、やはり和服姿の祖母・梁栄姫（ヤン・ヨンヒ）、そして毛糸の帽子にコート姿の父親か、祖父のような男性が東（ひがし）由多加だ。つまり、この「家族」四人は、それぞれ姓が違うのである。

本の口絵としての家族写真。「魂」は、この四つの姓（やなぎ・ユウ・ヤン・ひがし）を持つ「家族」の来歴と、それがまさに「魂」を共にする血族であり、いわば「聖家族」であることを読者に納得させる。

末期がんに侵された男と、未婚の物慣れない母親との育児（授乳、もく浴、おしめの取り換えなど）は、こっけいなほどあぶなっかしいものでありながら、とても厳粛で、真剣なものだった。子供を出産することは、作者にとってある意味では男を生き永らえさせることであり、出産、育児と闘病と延命とは「家族」となるための通過儀礼であり、また「家族」を結びつける重要な紐帯（ちゅうたい）にほかならないのである。

柳美里はこれまで「家族」の崩壊、あるいは崩壊し、解散してしまった家族の「その後」の物語を書き続けてきた。しかし、いったん個々バラバラとなった「家族」の分子が、もう一度凝縮して「家族」になろうとする。しかし、それは血のつながりや、親子関係や夫婦関係という「民法」や「家族法」に拠（よ）らない、いわば「命」と「魂」においてつながった家族関係の復活であり再生である。

もちろん、それは東由多加という家族の一員の死によって現実的には壊れてしまうのだが、しかしまた、それは単に血縁や夫婦や親子といった関係に拠らない「家族再生」の道を指し示すものでもあるのだ。

「魂」のノンフィクション。しかし、それはもちろんフィクション（虚構＝小説）であってもかまわない。「魂」に触れる言葉による作品は、そうしたジャンル分けを越え、普遍的な価値を持つからである。（川村湊・文芸評論家）

（小学館・1238円）＝2001年2月22日⑥配信

珍しい資料や秘話満載　「浅草フランス座の時間」（井上ひさし／こまつ座編著）

本書の奥付を見て驚いた。ちょうど初版が発行されたその日、私は京都市内のあるストリップ劇場にいたからである。奇妙な因縁に胸をときめかせながら、私はページを繰った。

踊り子の肉体が輝くのは、演出や振り付けといった束縛と協調しつつ、個性を生かしながらゆらいでみせる一瞬であり、彼女たちの肉体がやがて衰えていくことを知っているがゆえに、その一瞬はいとおしい。

冒頭、井上ひさしはこう書く。

踊り子自身の証言がないのは残念だが、額縁ショウ、踊り子名鑑、台本など、珍しい資料や秘話が満載だ。なかでも興味深いのは、コメディアンの話である。

ストリップ劇場はコメディアンの登竜門でもあった。とりわけ、渥美清、谷幹一、ビートたけしらの人材を輩出した浅草フランス座は「ストリップ界の東京大学」だった。

井上は、昭和三十一年、浅草フランス座に文芸部員として入った。入社試験で提出した台本の主演が渥美清。ある回は大河内伝次郎、ある回はエノケンと、一本の芝居をすべて物まねで通す渥美の珍芸に、共演者が応酬する、すさまじいまでの演技の食い合い。女の裸を見に来たはずの観客たちも、弁当をつつくのを忘れたという。

「『浅草の小屋に間に合った』のは、つくづく幸運でした」

それから四十五年後、浅草フランス座のストリップが幕を閉じた現在—。

私が見た日、出演した踊り子はわずか六人。コメディアンはいない。ポラロイド撮影にタッチ、花電車。井上のことばを借りて「およそえげつない見世物」と切って捨てたくもなる。

それでも、踊り子たちはからだひとつで観客の視線に対峙（たいじ）しているのである。「浅草の小屋に間に合」わなかった私は、現在のストリップにも「束縛を飼い馴して」「自分の個性をゆらがせてみせる」踊り子の肉体の可能性を信じたい。

（鵜飼正樹・京都文教大助教授）

（文春ネスコ・1700円）＝2001年3月1日①配信

楽しんで知る英国政治　「英国議会政治に学べ」（林信吾著）

イギリスの選挙は静かできれいだ。連呼もない。候補者が使える選挙資金はたったの二百万円にも満たない。

政党中心の、そしてボランティアと戸別訪問による選挙である。政治家の資質も、はっきりいって日本とは比べものにならない。

さすがイギリス、議会主義発祥の地だ、と思うかもしれないが、イギリスの選挙とて、その昔はとてつもない金権腐敗ぶりだった。候補者は湯水のごとく金をばらまいた。選挙区内のパブを何十カ所も借り切って選挙事務所とし、有権者にたらふく飲み食いさせた。

パブはたいてい旅館をかねていて、一階で飲み食いさせたあと、二階で買収金額の交渉を行ったという。脅迫も日常茶飯事だった。

そんなありさまだったのが、十九世紀後半から時間をかけて、選挙浄化がすすんだ。まず一八八三年に腐敗防止法が成立したが、そのときにも「他人の家を訪問するときに手みやげを持っていかないほうが非常識ではないか」という反対討論が行われたそうである。

政治の本というと、堅苦しくて読むのに苦労しそうだが、この本はご安心。わかりやすいたとえと興味深いエピソードをうまく使って、読者をどんどん引き込んでくれる。

たとえば、サッチャー元首相は織田信長だ、と著者はいう。彼女はコンセンサス（合意）を重視するイギリス政治の伝統をばっさりと断ち切った。その大胆な伝統破壊のリーダーシップが信長そっくりだというわけである。

それ以上のことは、ぜひご自分で読んでいただきたいが、ああ、なるほど、そうなのかと思わされるに違いない。

また随所に日本との比較が述べられていて、日本の政治についても考えさせられる。

十三世紀のマグナ・カルタからブレア政権まで、七百年に及ぶイギリス議会の歴史と現在を平易な文章で語っている。楽しく読めるイギリス議会の本だ。（広岡守穂・中央大教授）

（新潮選書・1100円）＝2001年3月1日②配信

知られざる韓国現代史　「朴正熙と金大中」（文明子著、阪堂博之訳）

序文の冒頭、「朴正熙を記念しようという人たちへ」と記されている。ここ数年、韓国では、かつての独裁者、朴正熙崇拝がマスコミによって唱えられ、多くの国民も共鳴している。この機運に、朴正熙によって殺されかけた金大中大統領さえも朴正熙記念事業会名誉会長に就任することを承諾した。

著者は在米韓国系ジャーナリストで、七三年の金大中拉致（らち）事件の際には身の危険を感じて米国に亡命した経験がある。本書は、ジャーナリストとして朴独裁体制を目の当たりにした著者による、上記のような“朴正熙シンドローム”に対する警告の書である。

著者が間近で見て、会話した朴正熙は、「内向的でありながらも、この上ないあくどさ」を持つ人物だった。その独裁者と取り巻きは周囲の者を脅し、堕落させた。本書には、彼らが使った巨額の金や卑劣な手段の数々が暴露されている。

「清廉潔白」だったはずの朴自身も巨額の金を懐にしていた。ジャーナリストも例外ではなく腐っていた。妥協しないジャーナリストで民主化運動を手助けしたがゆえに、著者は付け狙われた。

彼らが使った金はガルフ、カルテックスなどの米国企業や三菱、日商岩井、三井、丸紅などの日本企業が独裁者に支払っていた。企業だけではなく、人権を強調し独裁体制を批判した米国政府が、裏では情報機関を通じて独裁体制とつながっていた。

日本人として聞き逃せないのは、田中角栄首相が三億円で金大中事件のもみ消しを請け合ったことや、キッシンジャーがロッキード事件を裏から糸を引いていたという事実である。

これらの事実は、本書が韓国で出版されたときに、これまで独裁時代の事実を知らされなかった国民の間に大きな驚きを呼び起こした。著者は、かつて危機を救った金大中大統領が「民族史が要求する課題」を果たすことができるのか注視している、と本書を結んでいる。（五十嵐暁郎・立教大教授）

（共同通信社・2300円）＝2001年3月1日④配信

「科学鑑定」を痛烈に批判　「幼稚園バス運転手は幼女を殺したか」（小林篤著）

いまからおよそ十一年まえ、栃木県足利市で発生した、幼女殺人事件のルポルタージュである。

父親に連れられていったパチンコ店の前で、ひとり遊んでいた四歳の女の子が誘拐され、翌日、渡良瀬川の河川敷で、全裸の遺体となって発見された。目撃者も証拠もない。捜査は空転し、一年半たって、重要参考人として事情聴取された幼稚園のバス運転手が、その日のうちに犯行を認めた。それればかりか、迷宮入りになっていた、おなじような手口の幼女誘拐殺人の二件についても自供した。

ところが、あとの二件については、証拠不十分で不起訴となり、本件についても、公判がはじまって半年もすぎてから、被告は自供をひるがえし、全面否認する。

それでも、二〇〇〇年八月、最高裁で無期懲役が確定、あとは被告側の再審請求が認められるかどうか、という段階にある。

この本は、被害者の幼女を自転車の荷台に乗せ、夕暮れとはいえまだ明るい公園を通っていった、という自供にもかかわらず、目撃者がいないなど、十四の疑問点を提起して、冤罪（えんざい）を証明する構成になっている。

有罪のキメ手になったのは、当時、「近代医学の粋」と喧伝（けんでん）されはじめたDNA鑑定だった。「精神薄弱境界域」と精神科医に診断され「恵まれない知能」といわれた被告が、「科学鑑定」の権威と死刑にされるとの脅しに迎合して、虚偽の自供をした、と論証する。

著者は、「警察庁は、足利事件をDNA鑑定導入のダメ押しに使った」と書いている。その効能の発表は、予算獲得のアドバルーンで、被告はその生けにえということになる。

冤罪は社会的背景に包まれているのが常だが、著者は、マスコミを動員した科学万能主義を痛烈に批判している。後半に紹介されている、対話が不得手な被告を、虚偽の自供に誘導したプロセスをあとづけた、心理学者たちの報告書は、貴重だ。
（鎌田慧・ルポライター）

（草思社・2200円）＝2001年3月1日⑤配信

生身の人間の圧倒的パワー

「そんなアジアに騙されて」（浜なつ子著）

二十世紀の前半まで、日本はアジアで唯一近代化に成功した国だった。そこからさまざまなやっかいな問題が生まれる。アジア諸国に対する優越感、家父長意識、そうしてまた罪の意識などなど。アジアの国々に迷惑をかけた、申し訳ないことをしたという感覚が日本人の心にいまもなお漠然と張りついている。

こうした意識から眺められるアジアは、どこまでいっても貧しく、「気の毒」な存在だ。恵まれた者が恵まれない者に対して援助、救済の手を差し伸べる。そういう善意の、正義の行動意識が常にともなう。戦前のアジアへの優越感がひっくりかえっただけの対アジア意識から、なかなか抜け出せない。

しかし、そんなあたまでっかちの発想から自由になって、じぶん一個の肉体だけを信じてアジアに活動する日本人がでてきた。この本はそういう無名の行動者たちを直接取材した、痛快なルポルタージュである。ここでアジアは、生身の人間が圧倒的パワーを発散してうごめく、ごく端的な「生」の現場という表情を貫徹する。

アジアに住み着くに至った六人の中年男のインタビューから構成される。ベトナムで公安警察のバレーボール監督をする清水サン、サイゴン下町で金貸しになった香西サン、カンボジアで印刷業を営む田中サンなどなど。

動機やいきさつはそれぞれ違っても、今日の日本社会からは排除されてしまったなまなましい「生」の実感にはまってしまった人々という点で共通している。罪の意識などという観念性とはまるで無縁のところで、こんなふうになまなましく中年を生きている男たちもいるのだ。まこと活力を与えられる。

それぞれの「生」がわい雑であるように、文体も荒っぽい。ルポルタージュといっても精密に設計されたそれと違う。東南アジアの雑踏をオートバイでぶっとばすようなスリルにあふれていて、ふと著者が女性であることを忘れてしまった。（小池光・歌人）

（角川書店・1500円）＝2001年3月1日⑥配信

皮肉の裏の温かさ

「ワイルダーならどうする?」（キャメロン・クロウ著、宮本高晴訳）

ビリー・ワイルダー監督と言えば「麗しのサブリナ」「お熱いのがお好き」などの巨匠として知られているが、性格もその作風同様、なかなか一筋縄ではいかない。

九十歳を過ぎてもなお矍鑠（かくしゃく）とした「意地悪爺（じい）」に対して、ジャーナリスト出身で、「ザ・エージェント」の映画監督キャメロン・クロウが、終始尊敬の念を失わずに聞き出したのが、この著書である。

というと、ヌーベルバーグの旗手トリュフォーとヒチコックの「映画術」を思い出すが、著者は通例の映画関係書と違って、作品ごとに順を追って整理して聞くという方法は取らない。自分がワイルダーに初めて会ってから、最後に本としてまとまるまでを一種のドキュメンタリー風に構成している。

だから通例なら不要な会話の途中での電話や食事の様子なども平気で挿入される。内容も、「Shall we ダンス？」に至るまで実によく見ている最近の映画、あるいは俳優、例えばジャック・レモン、オードリー・ヘプバーンのことを繰り返し聞くことになる。

こうした手法はともすれば煩雑になって分かりにくい原因になるが、そういうリスクをあえて冒してでも、著者はワイルダーの語り口、その皮肉の妙も知らせようとしている。何しろ、巨匠の最後の言葉は、ゲラを見ない理由として「あいつがだいなしにしたんだ」と著者にいつでも言えるからだというから筋金入りである。

だがワイルダーは胸襟を開くにつれ、演出上の注意をさりげなく教え、さらに撮影では苦労させられたと言いながらも、マリリン・モンローに対する深い愛情、よく比較された同時代の名監督ウィリアム・ワイラーに対する畏敬（いけい）の念も隠さない。読むほどに皮肉の裏にあるこの巨匠の温かさが響いてくるのは、著者との厚い信頼によるものだろう。（山口猛・映画評論家）

（キネマ旬報社・4700円）＝2001年3月8日①配信

深い味わい

「熊の敷石」(堀江敏幸著)

堀江敏幸は、散文の大切さをよく知っている作家だ。いい散文には、節度があって、おのずからマナーが感じられるのだが、ここではそれが、小説のテーマにもなっている。

パリの安ホテルに滞在して、翻訳の下調べに精を出していた「私」は、急に人に会いたくなる。旧知のヤンに連絡を取って、彼の住むノルマンディー地方の小さな村にやって来る。そこから、この話は始まる。

といっても、特別、話らしい話に発展するわけではない。フリーの写真家らしきヤンが、久しぶりに会ってみると、近くて遠い存在であったことに気がついて、新鮮な驚きを感じていく。その驚きに対する距離の取り方が、いい。

ヤンの住む村は、伝記の下調べをしていた辞典編さん者リトレの出身地、アヴランシュの続きの地だった。海を望むその町の先には、ベネディクト派のゴシック式僧院モン・サン・ミシェルがそびえている。砂州に囲まれた僧院が、夕陽に染められる光景を、がけの突端から、並んで眺めながら、「私」は、ヤンが、ユダヤ人の血を引く人間であったことに、思いをはせる。

二人の間では、「絶滅収容所」を体験して自殺したプリモ・レーヴィやベテルハイムの話題が交わされたりもする。ヤンの祖母が話していたという言語イディッシュについても。だが、「私」は決して、相手の心の鋭敏な部分にはふれない。節度とマナーは、ここでもごく自然なかたちでまもられる。

それから、「熊の敷石」という題名の由来にかかわる挿話が、たまたま知り合ったヤンの隣人の母子に託して語られる。両眼に光を与えられることなくこの世に生を受けたダヴィッドと、若い母親のカトリーヌ。彼らの心の痛みは、「私」の歯痛にくらべて、何ほどのものであろうか。

そんなメッセージが、どこからともなく届けられる。味わいの深さは、芥川賞受賞作のなかでも、指折りのものだ。(神山睦美・文芸評論家)

(講談社・1400円)=2001年3月8日②配信

輝く豊かな感性

「熱帯魚」(吉田修一著)

小説はだれにむかって書くか。自分のために書くと言うなら、日記のように書きとどめればいいし、仲間に読ませるためだと言うなら、交換日記でも同人雑誌でもいい。

また事実をありのままに書いたと言う人間がいたとしても、「創作」というくらいだから、書いている間におのずから虚構性が生まれる。

そこには読んでもらう「芸」が必要だし、あきることなく読ませる筆力も必要だ。そういう意味では小説家は、作品が流通されるということにおいては「新人」も「大家」もない。

感性もさることながら書くという「技術」が備わっていなければ、なかなかに書き続けることはしんどい。そしてどういう読者を想定するかということを考えれば、若い小説家はおなじ世代の人間像を書いたほうが受け入れやすいし、同世代への感受性にも訴えやすい。

本書を読んでそういうことを考えたが、収録されている三作とも、著者の実年齢に近いせいか、のびのびと書かれていて豊かな感性が光り輝いている。

作品は子持ちの女性と、以前は連れ子同士の兄弟だったという男たちの、奇妙な疑似の同居生活を描いた表題作の「熱帯魚」、寝たきりの祖父の年金で暮らし、若い女性と半同せい生活を送っている男の話の「グリンピース」、会社の休暇に外房の民宿でアルバイトをする若い会社員を描いた「突風」の三編から成り立っているが、そのどれもにみずみずしさがある。

作品のできばえは表題作の「熱帯魚」がいい。ほかの二作はやや主人公の目線の高さが気になる。

それは「熱帯魚」の主人公のように、はっきりとした生活の磁場を持っておらず、浮遊しながら生きているように思えるところが割を食っている気もするが、文章の細部に才気が感じられ、素直な筆致は大変好感を持ったし、よくものが見えている若い小説家が台頭してきたという感じを抱いた。(佐藤洋二郎・作家)

(文芸春秋・1429円)=2001年3月8日③配信

植物めぐる熱血冒険記

「ラン熱中症」(エリック・ハンセン著、屋代通子訳)

知的で仕事もできる男性が、花の話題になった時、名前や種類をほとんど知らず、絶句したことがある。出てきたのはせいぜい「チューリップ、ばら、ひまわり、朝顔、桜、タンポポ」という幼稚園児なみの知識で、恐らく「男は花なんか知らなくてもいいっ!」というジェンダー的刷り込みが、初等教育の場で徹底していたためと思われる。

たぶん花に関する本も、多くの男性に素通りされることだろう。園芸好きの男性は、マニュアル本を読むようだが、実用書以外に食指が動かないようでは、正直、かなりもったいない。

本書はランという植物をめぐって、探索・採集・研究・栽培・加工・審査・商売・規制・保護などに血道を上げる人間たちを、それぞれ現地で肉薄取材した、文字通り血わき肉おどるスリリングな冒険記である。

著者のエリック・ハンセンは、アメリカの冒険旅行作家で、ラン愛好家でも研究者でもない。彼は、かつて仕事に協力してくれたインドネシア先住民の経済的自立支援策として、ランの栽培事業を思い立つ。が、それが国際法に阻まれ不可能であることを知り、持ち前の探究心に火をつける。

本書の面白さに一番近いのは、「インディ・ジョーンズ」のような冒険活劇だろう。密林の奥に潜む神秘のお宝、立ちふさがるのは自然の驚異と、なぞの組織による陰謀や妨害工作だ。

法律に隠れた不正や独占取引を、丹念に追及してゆく章には法廷映画の趣もあるし、「ラン警察」による個人収集家の「温室狩り」は、スパイ映画やホロコーストの悪夢を思わせる。

ラン道楽の麻薬マフィアや、パリの天才青年(彼はランの害虫駆除のためサリンを浴びている!)は、さながらミニシアター系のクセ者映画だし、ある種のランの地中部分を粉末にし、砂糖や乳を加えて作るトルコのアイスクリーム(引き伸ばして縄跳びに使えるほどの弾力!)に至っては、コメディーも吹っ飛ぶ楽しさだ。無関心より「熱中症」で、人生に予測不能の花開く。(片倉美登・文筆業)

(NHK出版・2000円)=2001年3月8日④配信

冷静かつ客観的な英国論

「前代未聞のイングランド」(ジェレミー・パクスマン著、小林章夫訳)

英国人による「英国人論」は、ときに辛辣(しんらつ)である。例えば、英国人について「ロビンソン・クルーソー」の著者ダニエル・デフォーは「史上もっとも悪辣な国民」と断罪し、「動物農場」の著者ジョージ・オーウェルは「芸術的天分が乏しく、知的水準も低い」とこき下ろしている。

本書は、イングランド人(つまり、スコットランド人、ウェールズ人、北アイルランド人を除く)による「イングランド人論」であるが、従来の「英国人論」と異なり、冷静かつ客観的であり、その民族性・国民性を推し量る基準も多種多様である。

例えば、彼らの「フランス人大嫌い」はつとに有名であり、およそ道理に反したひどいふるまいはことごとくフランス人のせいにする。

「イングランドとフランスの間にあって一番いいものは海である」とは、その極めつきかもしれない。そういえば、英仏海峡地下トンネル建設をめぐって、イングランド側の狂おしいほどの反対運動は反フランス感情からだったのである。

想像もつかない男尊女卑の事例として、アングロ・サクソン時代から十九世紀中葉まで、「妻を売る」習慣があったという。このあしき習慣を、女性参政権運動の発祥の国、女王陛下の国というイメージと、どう整合させるべきなのだろうか。

イングランドには、ファシズムも共産主義も根付かず、常に中道路線が定着しているのは、国家の統治能力に対する国民の健全な懐疑主義が横溢(おういつ)しているからだという。説得力のある説明ではあるまいか。

たしかに、イングランド人という存在は永遠になぞである。それにしても、「個人主義」「プラグマティズム」「言葉への愛」、そしてなかんずく「かの栄光ある基本的につむじ曲がりの精神」などは、イングランド人の不変の精神態度である、と本書は結んでいる。(川成洋・法政大教授)

(筑摩書房・2600円)=2001年3月8日⑤配信

智恵と工夫の物語

「音作り半世紀」（大和定次著）

「針一本、落ちる音が聞こえる」というのが「静けさ」の表現だ。映画やテレビドラマの音の表現は、文学に似ている。それは想像力の世界なのだ。録音スタジオの薄明かりの中で、深夜一人の男の声がする。「しんしん、しんしん」。効果さんが、雪の降り積む音を作っているのである。雪の音は実際に耳に聞こえはしないが、これを無音にすると、ドラマは死ぬ。心の中では確かに「しんしん」と聞こえているのだから。

けれども自分で「しんしん」とつぶやいてみても、それがそのまま雪の音になるわけもない。後でテープをいろいろ操作して、心に響く「しんしん」を創（つく）り出すのである。

ある時、ワニが水面に顔を出す、そのがばっという音の表現に苦労したある効果さん、やけくそになって、やにわにマイクロホンに向かい「ワニッ」と叫んだ。後でその録音テープを逆回転させてみたら、見事なワニの登場シーンとなったというおかしな逸話もある。

音作りとは、かくも面白い。その面白さが満載なのだから、この本の面白さはもう途方もない。著者はこの道五十年。波瀾（はらん）万丈の音作り半世紀だ。

現代はドラマの世界も効率主義。利便性が求められ、デジタル処理等によるリアリズム志向が、作品をますます「情報」化し、ドラマからハラハラドキドキや、わくわくしんみりの「物語」性が失われていく。

だからこそ、この智恵と工夫の物語を語り、伝えたかったのだと著者は言う。

これはまた、人間が汗をかいて来た歴史の書でもある。身の回りが便利になり過ぎて、躰（からだ）も心も冷え切ったぼくらにとって、この書物の中の効果さんたちの獅子（しし）奮迅の活躍ぶりは、まことに身も心も温まる、幸福感に満ちている。

人も自然も、生きていれば音を出す。その音がどうか穏やかで、平和なものであってほしい。音作りとは、そういう願いをもって日日を生き抜く人生の達人たちによる、職人魂の表現でもあると思う。（大林宣彦・映画監督）

（春秋社・2300円）＝2001年3月8日⑥配信

宗教的危機意識描く

「聖水」（青来有一著）

この小説集は、第124回の芥川賞受賞作「聖水」を含む短編集である。いずれの小説も原爆と隠れキリシタンの「受難の地・長崎」を舞台に展開する。

「聖水」の主人公たちは、長崎の浦上に住む隠れキリシタンの末えいである。しかも彼らの先祖は、一度、隠れキリシタンを裏切り、逆にキリシタン弾圧に協力した背教者で、「ウノスケの末裔」と言われている。

この屈折した信仰を持つ一族の一人、語り手の「ぼく」の「父親」を中心に物語は展開する。スーパーの経営者としてらつ腕をふるっていた父親は、がんで死を宣告されるや実業の世界を捨て、信仰に生きようとする。

そして家族全員を引き連れて浦上の生家へ帰っていく。そこに現れるのが、この父親の幼なじみでいとこにあたる人物。この男は母親の胎内で被爆した体験を持ち、今は地下水を神のお告げで発見した「聖水」と称して売り出している。しかも一族を中心に「聖水会」というミニ教団まで率い、教祖に納まっている。

父親も母親もこのあやしげな男を信じこむ。しかも、会社の経営権までをこの男に譲ろうと画策する。しかし社員たちの反発は強く、結局、この男は社長就任の役員会で裏切られ、逆に会社から追放される。

死の床で、社員たちの裏切りを知り怒り狂う父親。うろたえる家族。しかしその父親の怒りを鎮めたのは、あやしげな聖水会の会員たちの唱和するオラショ（祈り）と聖水だった。父親は静かに息を引き取る。

この父親は、カルト教団にすべてをささげ、そしてすべてを失うことによって救われたと言える。しかし、一部始終を見ていた「ぼく」は、このカルト教団から離れることを決意する。

この小説は「受難の地・長崎」を舞台に、既成宗教に絶望した現代人の宗教的危機意識を描いている。人は信仰なしに死ねるか…と問い掛ける、一種の過激なカルト的宗教小説である。（山崎行太郎・東工大講師）

（文芸春秋・1333円）＝2001年3月15日①配信

複雑な刻印受けた人間像　「遠い場所の記憶　自伝」（エドワード・W・サイード著、中野真紀子訳）

第二次大戦後、イスラエル国家の成立と同時に難民と化したパレスチナ人は、父祖の地から追放された無念と怒りの民として、この半世紀以上を生き続けてきた。それは、根こぎにされた民を無視してかまわないという、人々の意識の外に放り出された、見えにくい人間たちとなることをも意味したのだった。あるいはテロという形でしか、現れない人間たちとして。

「オリエンタリズム」その他の文化論で知られる米国屈指の学者・知識人であると同時に、パレスチナ人の声をその政治活動で代弁してきたサイードは、この自伝で、歴史によって複雑な刻印を受けた生身の人間像を一編の小説のように描いて見せてくれた。

エルサレムで生まれながら、父親の帰化で米国籍を持ち、パレスチナ、カイロ、レバノンで育ち、裕福な実業家一家はプロテスタントと雑多な要素の組み合わせだ。母語はアラビア語、教育はすべて英語と植民地の名残濃い英国流のシステムという分裂。一九三五年生まれのサイードは、中東動乱のまっただなかを、そうした足場の定まらない感覚、疎外感を持ちながら成長していく。

彼の反抗的な行状と知的好奇心、それを強烈な父権で威圧し、統制する父、親密な愛を示しながら息子を操作してやまない母、感情的に隔たる妹たち。その一家の周りに、難民救済に身を削るおばをはじめ、多くの親族、友人、教師らが織り成す過去のドラマは、パレスチナ人たちの顔、彼らに対応する欧米人たちの顔を愛憎こもごもに浮かび上がらせる。

この回想記は“異質な者”意識を持ち続けて米国の知識人社会へ足を踏み込む青年の物語だが、人間の同化とは何か、世界で異質であることはどんな意味を持つか、深い示唆に富み、心打たれる。いくつもの孤独な旅と別離を経験した結果、鋭い知性と感性で過去から現在へ橋を懸けて見せた仕事には、不治の病に冒されたことも動機になっている。（中村輝子・立正大客員教授）

（みすず書房・4300円）＝2001年3月15日②配信

問題ぶつけ合う教師と生徒　「高校生と正法眼蔵随聞記」（飯田利行著）

高校二年生の夏休みに入る前、漢文の授業の宿題が出る。「ショウボウゲンゾウズイモンキ」と読むのだと、黒板の文字が指し示される。それからひと夏の間、生徒たちは、決して読みやすいとはいえないその一冊の薄い本を、何とか読み切ろうと力を傾ける。

約四十年前、東京都立田園調布高校で教職に就いていた著者は、生徒たちの精神のありようと向き合うことをめざして、読書感想文の指導をおこなっていた。

一年生に幸田露伴の「運命」と夏目漱石の「草枕」、二年生の春に岡倉天心の「茶の本」を。そして、二年の夏には、曹洞宗の開祖、道元の教えを、弟子懐奘（えじょう）が書きとめた「正法眼蔵随聞記」を課題として与えたという。

本書はその「随聞記」を通して、教師と生徒が、人生や生死といった問題をぶつけ合った実験的な教育の記録と言える。

しかし、本当に、現代語訳や用語解説のない岩波文庫版を読み通せるのか、「随聞記」の内容である禅の思想をどこまで理解できるのか、疑問がわいてくる。

道元の言葉はかがみのようだと、自分自身をうつし出してみる生徒。僧りょが教えのために猫をきる話に、興味と親近感を持ったという女子生徒。詩のように張りつめた美しい一文を書き写す生徒。この本を読んで人生を考えたために、不安でたまらなくなった、というふるえるような告白。難解さゆえに征服欲にかられ、内容の分析一覧表に取り組んだ者もいる。

道元や宗教への批判や懐疑を直截（ちょくさい）にぶつける者もあり、著者ならずとも、その真摯（しんし）さが心地よく楽しい。

白紙の状態で一冊の本に向き合い、核心部分を手づかみで取り出す、そんな読書こそが「随聞記」のような古典にふさわしい。この二十数編の感想文を読めば、そう思えてくる。

また、彼らの文章に添えられた著者の感想と批評は、禅の知識のない者への簡明な手引きとしても読むことができる。（河合敦子・フリーライター）

（邑心文庫・1900円）＝2001年3月15日③配信

人間性をめぐる寓話

「白の闇」(ジョゼ・サラマーゴ著、雨沢泰訳)

「白い悪魔」が猛威を振るう。突然人を襲い、視力を奪うなぞの伝染病だ。かかると目の前が真っ白になる。車を運転中の男に始まり、その妻、車泥棒、患者を診た眼科医、彼の患者たちが相次いで犠牲になる。事態を重く見た政府は彼らを廃屋になっていた精神病院に隔離する。しかし犠牲者は増えるばかりだ。ポルトガルのノーベル賞作家の長編「白の闇(やみ)」は、あっという間に読者をこのミステリーに引き込む。

密室、病院、監獄、孤島などの閉鎖空間に閉じ込められた人々が、極限状況に置かれたことにより普段見せない心理や人格を現すというのは、文学や映画が好む設定だ。そこでは理性と本能の葛藤(かっとう)劇が生じ、人間性がリトマス試験紙でためされる。飢餓、利己主義、性欲、忍耐、裏切り、悔恨…。だが本書の特異なところは、このドラマを演じるのが視力を失った人々であることだろう。

ならばだれがドラマの目撃者となるのだろう。それは医者の妻だ。彼女だけは奇跡的に疫病を免れるのだが、夫と離れたくないために、失明したとうそをつくのである。しかも彼女は視力を武器に、あとからきて暴力を振るうならず者の集団との壮絶な戦いでジャンヌダルクのごとく先頭に立ち、敵の首領をハサミで倒す。彼女は言う。「わたしたちは善と悪に関してはみんな平等よ」と。

炎上した病院から出ると、町中の人間が失明していた。ふん尿にまみれた黙示録的光景が描写される。こう書くと、凄惨(せいさん)そのものと思われそうだが、最後に救いがあるし、作者のご都合主義を語り手がかばったり、ことわざが連発されたり、「ドン・キホーテ」的ユーモアにあちこちで笑わされる。

作者が言うように、これは理性を失った人間が暴力に満ちた世界をもたらすということの寓話(ぐうわ)だろう。だがそれは人間性と希望をめぐる寓話にもなっている。ためされているのはほかならぬ読者の精神でもあるのだ。(野谷文昭・立教大学教授)

(NHK出版・2300円)=2001年3月15日④配信

壮大な歴史民俗学の試み

「ネイティブ・タイム」(北山耕平著)

地に足のついた、腹に力の入った生き方をしたい。本気でそう考え実践したい人にこの本はお薦めだ。

そんな生き方をするには、まず「自分」の来歴を知る必要がある。「自分が誰であるかを知り、そのうえで自分の魂をもう一度母なる地球につなぐためには、あらかじめ消されていた自分たちの歴史を自発的に学びなおす作業がどうしても不可欠である」

筆者は、迫害され支配されてきた先住民のまなざしから「日本人」のルーツの大胆な仮説を神話にも踏み込んで提起し、「私たち」の時の系譜をたどり直した。

本書は、現在の朝鮮半島、中国、台湾、ロシア、北南米、南太平洋の島しょなど、環太平洋的視座から日本列島を見て、紀元前二百万年から二千年に至る私たちの「歴史」をここで起こった先住民と外来者との異種交配と移動の歴史として読み直す作業を通して、書物に直接書かれなかったネイティブの生を敏感なきゅう覚で収集した、壮大な歴史民俗学の試みである。

「私たち」はどこから来てどこへ行くべきか。この大問題を解くかぎが「ネイティブ」という言葉である。

「ネイティブ」とは、ずっとここで生活してきた人々が培ってきた、支配・従属を嫌い、「富」をもので計らない、「自然」と共生した自由な生き方=価値のことだ。私たちは長い混血の果て、とうの昔に純粋な「先住民」ではないし、原始生活には戻れないけれど、この大切な価値をシェアすることはできるし、シェアしなければ「私たち」は「私たち」ではありえない。重要なのは「血の問題ではなくて、生き方の問題である」。

「アメリカ・インディアン」のライフスタイルは、地球環境や精神性の危機意識から注目されてきたが、筆者に本書を書くようドライブをかけたのは、まさに彼らの生き方だった。本書は、私たち「日本列島人」が、彼らの生き方と魂で共振して、モードや思い出としてではなく固有の生=歴史を生きるための貴重な触媒になるだろう。(樫尾直樹・慶応大助教授)

(地湧社・4800円)=2001年3月15日⑤配信

ニュータイプのミステリー

「天国への階段(上・下)」(白川道著)

これはニュータイプのミステリーだ。

そういうと、この小説のどこが、といわれるだろう。美しい牧場、恋人、家族、何もかも失った主人公が、暗いやみの中でつかんだ金銭を武器に復讐(しゅう)するといった、クラシックなストーリー、そして登場人物の定番のキャラクター…。

しかし、すこし読むとわかる。ふつうこうした復讐のミステリーでは、その動機や復讐の手段のどちらかが隠されていて、それがストーリーをひっぱっていくものだ。ところが、ここではいとも簡単に最初から、これらのことはわかってしまう。上下二冊の大作の牽引(けんいん)力は別のところにある。

主人公が埋没しそうなほど、重要な登場人物がみるみる増えていくのも異様だ。ページをくるにしたがって、この数多い人物たちがじつはそれぞれ自分たち個々の復讐のため生きていることがわかる。

その復讐の姿は全部異なっている。つまりこの小説は復讐のカタログなので、ストーリーがクラシックなのはカタログ化がしやすいためらしい。このカタログ化というのが、とても新しい印象をあたえる。

人物たちはおたがい妙な関係だ。Aの知っていることはBは知らない。Bの知っていることをCは知らない。そのかわりCはAの知らないことを知っている。ここから生まれるサスペンスがストーリーの牽引力で、つまりこれはゲームの小説なのだ。

ゲームの中のキャラなら最初は定番化している方がいい。ところがこの人物たちはストーリーが進むにつれて、今まで知らなかったことを知ってゆく。つまり得点をあげる。知るにつれて各自の考え方、行動が変わる。ゲームと同じでバージョンアップするのだ。

登場人物が皆、バージョンアップして人生の高いところに昇ってゆく。この感覚がこのミステリーをひどく気持ちいいものにしている。なるほど、ゲーム化はこのための仕掛けだったのか。(鴨下信一・演出家)

(幻冬舎・上下各1700円)=2001年3月15日⑥配信

ライフスタイル転換の記録

「脱サラ帰農者たち」(田澤拓也著)

暮らしの拠点を都会から農村地帯に移すことは、ライフスタイルの大きな転換だ。この本は、ここ十年ほどのあいだに都会の勤め人暮らしから「農」の世界に身を移すというライフスタイルの転換をした人々の「なぜ」と「現在」をスケッチした記録である。

最近急増したと伝えられる「定年帰農」に分類される人もいれば、もっと若い世代もいる。本格的な農業をしている人もいれば「農的生活」を楽しむ人もいる。

人間の数だけ人生があることを思うと、ここに登場する二十九人は、現在「農」にかかわっているという共通点を除けば、実にさまざま。あえて共通項として付け加えるなら、システムの中で役割を果たし続けることをどこかでむなしいと感じる感性があり、その感性を大切にする気分を持ち続けることができた人々と言うこともできるだろう。

米国や英国では昔から、アーリーリタイアメントと言って、都会でそこそこの蓄えをして、さっさと田園生活を楽しむことを決め込む人々は決して珍しくない。あるいはフランスなどでは、職業として農業を選択することが容易なように条件整備が進められていることもあり、農村に足場のない若者が「農」の世界に新規参入することは日本よりはるかに多い。

ライフスタイルの転換を計画的に実施できるほどに今の日本の社会が成熟してきたことのあかしが、こうした人々の存在なのだろう。

著者は「あとがき」の中で「田舎に帰りたいということは昔に帰りたいということでもある…」と書いているが、私が読んだ限り、二十九人の軌跡は「昔」ではなく、むしろ「未来」を先取りしたいというきっぱりとした意志を表明しているように見える。

田園での暮らしを選択する人々を「田舎に帰る」ととらえる視点そのものに、大都市中心の発想に著者自身がとらえられているような感じが透けて興味深い。

ライフスタイルの転換を志す人々にとって、大企業をも含む大都市は、すでに一望の荒野でもあるのだ。(秋山豊寛・宇宙飛行士、農業)

(文芸春秋・1571円)=2001年3月22日①配信

失われぬアマチュア精神

「ビアトリクス・ポター」（ジュディ・テイラー著、吉田新一訳）

青い服を着て二本足で立っている「ピーターラビット」など、身近な動物を主人公にしたイギリスの絵本作家ビアトリクス・ポターの絵本は、イギリスではこの百年だれもが親しむ「文化伝統」となり、子どもが自然や動物に親しむ心を養ってきた。

刺激の強いものが求められる現代ではやや力が衰えたと伝えられる時もあったが、逆に日本ではナショナル・トラストなどの自然保護運動とも結びついて、その人気は近年ますます高まっている。

ジュディ・テイラーのこの本は、写真や絵を豊富にちりばめながら作者の生涯を浮き彫りにしている。

ポター研究は、まず娘時代に暗号で書いていた日記が解読されたことが大きな転機になった。その後も彼女が数多く書いた手紙などが次々と見つかっており、そういう資料探索の中心になってきたテイラーは、この書ではもっぱらその種の資料を並べていくことで作者の生涯をたどっている。

常に事実に基づく書き方は、どの動物の主人公にも身近なモデルがある作家ポターの伝記にふさわしいと言える。ただ、絵本の評価基準をポターにおくというテイラーだが、絵そのものの解釈にはあまり踏み込んでいない。

産業革命のころに財をなした一家に生まれ、当時の中産階級に特有の「子ども部屋」で育ったポターは、日ごろ小動物を飼い、綿密なスケッチをしていたが、やがて成功した絵本作家となると、広大な農地を買い、堅実な農場経営者（具体的には羊などの牧畜）となる。都会に生まれながら田舎に愛着を示したポターは、出版社とのやりとりは厳しいが、いつも身近な者へのプレゼントとして作品を書いたように、アマチュア精神を失うこともなかった。そのありかたは、一つのイギリス的な生き方を思わせる。

ポターファン必読の本書は、旧版の写真などを入れ替え、ことに晩年の記述が詳しく、訳者の解説にも教えられるところが多い。（谷本誠剛・関東学院大教授）

（福音館書店・3800円）＝2001年3月22日②配信

言葉が世界を構築

「構築主義とは何か」（上野千鶴子編）

本格的な学術書であるにもかかわらず、「構築主義とは何か」は、SF小説を読んだときのような刺激的なビジョンを、脳に想起させてくれる。

現在、哲学や思想の先端では「世界が言葉で表現されているというよりも、言葉が世界を構成している」という了解があるとのこと。「私」というのは、自由な意志を持って世界と向かい合っているようなフリーハンドの存在ではなく、言葉を介してしか事物を認識したり、自ら存在したりすることができない「エイジェンシー」と呼ばれしもの。しかしどうしたわけか、その「エイジェンシー」は、言語の宇宙から言葉を選択する自由だけは与えられているらしい。

そして、本書の構築主義が闘っているのは、本質主義という巨悪。なぜなら、世界がそのように言語によって構築されているにもかかわらず、本質主義は言語以前に物の本質があるかのような虚妄を人々に植え付けるからである。

例えば、「ホモセクシュアル」という言葉ができる前には、自らを「ホモセクシュアル」だと思う人は存在せず、ただ慣習的な行為があっただけだと、セクシュアリティーとアイデンティティーの結びつきを撃破する。

構築主義の戦士たちは、「病気」も「身体」も「女性」も「歴史」もすべて構築されたものとして、その実体としての特権を剥奪（はくだつ）し、構築を策謀した「権力」に光線を照射する。

カテゴリーの無根拠と、その背後に作動するパワーの陰謀を暴いていった果てに何がビジョンされるのか。構築主義によって、あらゆるカテゴリーや同一性は破壊されるだろう。最後には「人類」というカテゴリーでさえ、そのカテゴリー化に伴う暴力やうそが明らかにされることによって、さまざまな特権を他の生命体に明け渡さなければならない、といった結末になったりするのだろうか。

構築主義の理路の行方に、SF的な想像力は果てしなく広がっていく。（伏見憲明・評論家）

（勁草書房・2800円）＝2001年3月22日③配信

生きた面影が浮かぶ

「一葉の四季」（森まゆみ著）

人の一生ははかない。その一生が短ければ、もっと恋愛をさせてやりたかった、たのしいことも教えたかったと、不びんにおもう気持ちが生まれる。まして才能があったりいい人間であったりすると、わたしたちはそのおもいを一層強くする。

つらいこともうれしいことも、みなひっくるめての人生だとすれば、夭折（ようせつ）した人間には哀切感が募るし、ほかに手だてはなかったかと同情したりもする。

明治の半ばを女流文人として駆けた樋口一葉も、才気を惜しむゆえ、逆に心に深く刻まれるということになる。和田芳恵や瀬戸内寂聴氏など、その才能に恋い慕っていた人々は多く、著者の森まゆみ氏も同じ感慨を抱いている。

言文一致の小説形態とは違い、文語体と口語体の折衷体と呼ばれる手法で書いた作品は、今日では読みにくく敬遠されがちだが、彼女の才気と文学にかける熱情が、時代を超えていまなお文人たちをひきつけ魅了している。

本書では、樋口一葉が二十四歳で生を終えるまで移り住んだ土地から、彼女の人間像に光を当てている。繰り返す借金。ひんぱんに引っ越す住居。

そこには一家の戸主となった若い女性の、悪戦苦闘が書かずともにじんでくるが、家族が没落していく姿とあり余る文才を武器に、それにあらがうように作品をものにしていく姿には、一方では明治女の気骨とけなげさも見えてくる。

そしてこの作品が、樋口一葉の生活に臨場感を与えているのは、著者が、一葉が呼吸していた場所に土地勘があったからだろう。時代の変容と推移がわかり、現在と比較して読むたのしみがある。また当時の文壇人の人間模様や金銭価値、歳時記も描かれ、市井の人として生きた一葉の面影が浮かぶ。

力強く生き、密度の濃い人生を走り抜けた、明治の天才女流文人に親しみを持たせる手引書ともいえるし、やさしい研究書ともいえる。（佐藤洋二郎・作家）

（岩波新書・700円）＝2001年3月22日④配信

過去への意味づけを検証

「戦争を記憶する」（藤原帰一著）

人はなぜ、いかに戦争を記憶し、どのような意味づけを与えるのか。それが本書のテーマである。

わざわざそういう問いを立てるのは、例えば日本と米国の間に「戦争の記憶の、絶望的な距離」があるからである。にもかかわらず、それぞれが正しい「国民の物語」となり、時にはそのことが「異なる社会の間での和解と赦（ゆる）しの可能性」を妨げるからである。

このテーマに沿って著者は、広島の平和記念資料館とワシントンのホロコースト（ユダヤ人大量虐殺）博物館の比較から始め、欧米の正戦思想と戦後日本の反戦思想の対比、日本における平和主義とナショナリズムの関係の分析へと議論を進めていく。

手法はすこぶる重層的である。理論的な論点にはさみこまれて、戦争や記憶に関する文学作品や映画がいくつも紹介される。著者は、この本自体を戦争の記憶に関する博物館にしようと意図していたのではないか、とさえ思う。

日本の来し方、行く末への視点はきびしい。一方で、戦後民主主義の担い手たる知識人に対しては、「普通の生活から離れたものだった」と批判する。

他方で最近の、小林よしのりや西尾幹二らによる議論については、「論敵を戯画化することによって自説を主張する歴史は間違っている」と、明快にしりぞける。

論争を挑むかのような鋭い筆致で本書は進むのだが、著者の真骨頂は、末尾近くで紹介される、シンガポール在住の中国人劇作家、郭宝崑の戯曲「霊戯」への言及にうかがわれる。

亡霊たちが登場し、中国人のそれは、戦争の犠牲となったことを嘆いている。だが、日本人の亡霊も登場し、彼らもまた、戦争による喪失を嘆くのだ。

犠牲者を悼む人々が、加害者の霊にも思いをはせる。この、「虚飾やウソを離れて死者を見つめる、静かな視線だけ」の世界が、著者の理念でもあるのだろう。よい締めくくりだ。（最上敏樹・国際基督教大教授）

（講談社現代新書・660円）＝2001年3月22日⑤配信

言葉と世界との関係問う

「世界を肯定する哲学」（保坂和志著）

「電話番号を覚えるのが得意で、血液型占いや星座占いが嫌いで、一日二、三時間しか仕事をしない芥川賞作家」保坂和志による哲学の本である。

ただしこれは、現代哲学についての解説書ではなく、作家保坂和志による哲学実演の書になっている。中心にある問題は、言葉と世界のリアリティとの関係だ。

出発点となるのは「人間はまず肉体のレベルで存在していて、そこに言語が上書きされることで『人間』となる」という認識だ。その際「人間の肉体が言語に微差で先行している」という点が肝心なのだ、と著者は言う。そのために世界は「言語というシステムによって考える私の処理能力」を逸脱することになるからだ。

この処理能力を超える事態を、著者は「リアリティ」と呼ぶ。世界のリアリティに到達することこそ、本書の題名にある「世界を肯定する」ことの中身にほかならない。

言葉は、世界のリアリティを覆い隠す障害であるわけだが、そこに届くための唯一の通路でもあるのだろう。言語を通して言語を超えるものに至ろうとする、ハイデガーやヴィトゲンシュタインの課題が、この本にも共有されていることがわかる。

「リアリティ」にふれる可能性は、「宇宙」や「死」をめぐる思考を通して「私が存在することの自明性」が揺らぐことにかかっているわけだが、その際回路となるのは、言語と並んで肉体だ。言語には「人間の肉体の感受性の濃淡が影を落としている」のだという。

「感受性の濃淡」という表現は示唆的だ。その微妙な濃淡に、あくまでも言葉に即しつつ耳を澄まし目をこらそうとするのが、著者の文学的営為の意味でもあるのだろうか。それは「鳥の飛行のメカニズムを解析する言葉ではなくて、鳥が飛ぶのをのんびりと眺める言葉だ」とも言い表されるのだが。

エッセーという形式と哲学的に考えることの相性の良さが感じられ、成功した試みになっている。（藤野寛・高崎経済大助教授）

（ちくま新書・680円）＝2001年3月22日⑥配信

身体から見えるインド文明

「喪失の国、日本」（M·K·シャルマ著、山田和訳）

日本人がインドに行って「考える」のはよくあること。インド人が日本に来ると何を考えるのだろう。本書のアイデアのざん新さはそこにあるのだが、著者のシャルマさんは「日本人が考えるインド人」が考えそうなことしか考えない。

例えば、彼は日本をカーストで言えばクシャトリア階級（武士）が代表する、礼節の国、としてとらえるのだが、そんな先入観がもたらす誤解のエピソードは多分に月並みである。

また「湯豆腐」を記述して、だしの昆布が「底に敷かれた黒山羊（ヤギ）の耳のよう」に見える、と書いても、黒山羊の耳についての情報は増すが、湯豆腐のさらに深い理解には結びつかない。ことが「公園デビュー」やカラオケなどの、文化・社会システムについての文明批評となっても、この本から得るものは新聞の解説以上のものではない。

しかし、私はこの本を通じて、ある一つの重要なことを知った。それは、インド人と日本人の身体の違い、そうした身体による行為を通しての、世界の見え方の違いである。

著者は、インド人にとっての日本食のみならず、日本人にとってのインド料理を取り上げ、その味や香り、それらの配膳（ぜん）、そして、それをはしやスプーン、また手によってどう食べるか、を対照的に描写し、インドと日本で、食を通して世界がどう立ち現れてくるかを教えてくれる。

また、二つの文化で肉体がどのように処理され、意味されているかを、排便とシャワーとふろにおいて、ダンスとカラオケに関して活写する。そこにはインド哲学ではなく、もっと広いインド文明が見えてくる。

さらに、体が細く腕の長いインド人が日本でセーターを買うエピソードは、単に体形の違いにとどまらず、文化との相互作用を経てつくられる身体の違いが、私たち人間のあいだの深い「違い」を生み出していることをよく指し示している。

こんなシャルマさんはどんな人だろう？　きっと訳者の、山田さんによく似た人だろう。（船曳建夫・東大教授）

（文芸春秋・1762円）＝2001年3月29日①配信

女性作家への性差別　「テクスチュアル・ハラスメント」（ジョアナ・ラス著、小谷真理編・訳）

女には傑作が書けず、傑作が書けるとしたら女ではない。文章に対して行われる性差別を、セクハラをもじってテクハラことテクスチュアル・ハラスメントと名づけたのはSF作家で批評家、英文学者のジョアナ・ラス。近代の女性作家が男性批評家からうけたさんざんな差別を、博覧強記を背景に、これでもかこれでもか、と示してみせる。

こんな逆風を受けながらでなければ生き延びてこれなかったとしたら、「なぜ女のシェークスピアはいないのか」という問いに対する答はかんたんだ。あんたたち男どもがよってたかって足をひっぱったからよ。

本書を訳したのは小谷真理さん。「小谷真理ってさぁ、SF評論でおもしろいこと書いてる女なんだけど、あれってパートナーの巽孝之のペンネームじゃないのぉ」って翻訳家の山形浩生から言われた小谷さんは、怒り心頭に発して告訴にふみきった。山形さんは「親しみ」からの冗談だって言うけど、差別はいつも善意と無自覚をつれてくる。

この小谷さんの付論がとってもおもしろいのね。一世紀前のテクハラ事件、富山県在住の俳人沢田はぎ女が頭角をあらわし、仲間の男性のしっとをうけて、夫の岳樓の「女装」説を流されたことをもとに、「夫と姑（しゅうとめ）の懇請を受けて」句作をぷっつりとやめたいきさつをほりおこした。女殺すにゃ、やいばはいらぬ。できが悪ければ「やっぱり女」、それでもむりなら「ほんとは男（夫）がやった」と言えばよい。かくして、はぎ女は表現者として殺されたのよ。

この後日談がもっとすごい。戦後、はぎ女を発掘した女性がいて生きているはぎ女にインタビューしてるの。「俳壇に生き埋めにされた女」が復活する話、SFよりおもしろくなくて？

女の発言が女言葉に訳されてて気になったんだけど、でもね、いっそのこと女言葉で書評も書いてみようかって思ったの。え、女言葉じゃまともなことは言えない、って？　それをテクハラって言うのよ。（上野千鶴子・東大教授）

（インスクリプト・3600円）＝2001年3月29日②配信

辛らつなメスさばきで解剖　「大使館なんかいらない」（久家義之著）

外務省機密費ネコババ事件で、ようやく当該の元室長が逮捕された。

なぜ、もっと早く逮捕されなかったのか。警視庁も外務省に“借り”があるからだ等のうわさが流れたが、ここまで延び延びになると、さもありなんと思うばかりである。

また、元室長は外務省主流派に属し、それをすべてバラされては困るから、いろいろと口止め工作がされたのだという話もあった。

一方では、外務省に食い込み始めたロシア通のクセモノ代議士が、さらなる利権の拡大をねらって、外務省主流派を揺さぶっているのだという説もあった。

こうしたもろもろの情報がとびかう舞台としての外務省、およびその出先機関としての大使館を、この本は内側から描く。元外務省医務官である著者は医者らしくそのメスさばきは辛らつで、ユーモアさえ満ちている。

役人の厚かましさ、無責任さには、私たちも少しく慣らされてしまった感じがあるが、外務省の役人のそれは格別である。

その「恥ずかしい」話の数々を、目次から拾えばこうなる。

「不祥事の温床」「ペルーの強行突入で顔に泥を塗られた」「インドのカースト制にも負けない厳しい序列」「25円を出し惜しむ大使」「記者会見もできない外務大臣」「無駄になった百個の半熟卵」「年間二カ月の『超』長期休暇」「『在勤俸』という名の免税所得」「『外交官として恥ずかしくない程度』という名の贅沢（ぜいたく）」「現地のマスコミには口止め接待」「『外交機密』という名の隠れミノ」

そして、「実態を公表すれば待っているのは懲罰ポスト」なのである。

なかなかに「成果」が見えにくいものであるだけに、彼らが何をやっているかはわからない。しかし、これを読むと、何もやっていないことがよくわかる。

それなのに、問題の機密費を含む予算は、ろくな審議も行われずに通してしまった。国会議員にこれを読ませたかった。（佐高信・評論家）

（幻冬舎・1600円）＝2001年3月29日③配信

解放後の社会描く　「この道を行く人なしに」（ナディン・ゴーディマ著、福島富士男訳）

ナディン・ゴーディマを読むとき、私はいつも背筋が伸びる。竹のようにまっすぐな人たちに会えるからだ。同時に、この作家の強靱（きょうじん）な力に圧倒される。フェミニズムやイデオロギーを超えた「個」の持つ輝きが、読むものをぐいぐいと引きつけるからだ。

ノーベル文学賞を受賞した彼女の作品の背景には、アパルトヘイト社会の歴史が色濃く刻まれている。四年前に出版された「バーガーの娘」は、アパルトヘイトの嵐（あらし）の真っただ中で生きる娘の愛と葛藤（かっとう）を描いていたが、今回の作品は、二十七年間獄中に幽閉されていたネルソン・マンデラが解放された、一九九〇年以後の社会を背景にしている。

黒人差別政治の崩壊は、白人側にも黒人側にも、過去と現在との距離感がとれない混乱をもたらすが、この小説の底部に流れているのは、差別の歴史に翻ろうされ、解放された後の社会の“立ちくらみ”のようなものといっていいだろう。

主人公は白人の女性弁護士ヴェラ。黒人コミュニティーを支援するために設立された法律協会で働いている。同時に彼女は、理想的な夫との間に、息子と娘を持つ母親でもある。

私が共感を覚えたのは、アパルトヘイト以後の混とんとした社会の中で、黒人の権利を守るために闘う毅然（きぜん）とした“女弁護士”の部分ではなく、ひたむきに自分の生をむさぼろうとする女としてのヴェラの姿にあった。どんなに社会的に恵まれていようが、やみがたく首をもたげる性への衝動は、むしろ率直すぎて目がくらむ。彼女にとってセクシュアリティーの解放は、自分自身の解放でもあるのだ。

本書は、かつて活動家であった黒人夫婦の家族の危機やヴェラ一家の崩壊にも触れているが、結末は衝撃的だ。夫を捨て新しい場を選ぶヴェラ。そこには古い体制や古い個人的な生き方を捨てようとする女の意志が貫かれているが、白人と黒人の未来もまた、あざやかに暗示されている。（稲葉真弓・作家）

（みすず書房・3500円）＝2001年3月29日④配信

遺伝情報めぐる熾烈な闘い　「ゲノムが世界を支配する」（中村祐輔・中村雅美著）

刺激的なタイトルの示す通り、生物の遺伝情報を解き明かすゲノム研究は、今世紀の重要な産業基盤として世界中で熾烈（しれつ）な先陣争いが繰り広げられている。まさに産業革命前夜。私たちはいやが応でもそのあらしに巻きこまれる。

昨年六月、ヒトゲノムの大まかなマッピングを終えたとクリントン米大統領とブレア英首相らが発表したとき、日本人の姿はなかった。

「国の将来を根幹から支える研究分野として生命科学があり、その中核がゲノムである」と理解するリーダーのいない日本は、欧米に大きく水をあけられた。

日本のヒトゲノム研究第一人者である中村祐輔・東京大学ヒトゲノム解析センター長は、なぜ日本がおくれをとったのかを自らの経験から指摘する。

新しい技術には常に光と影がある。ゲノム研究にも医療や食糧問題に風穴をあける可能性がある一方、遺伝情報の流出や差別、安易な遺伝子診断、企業による農業の支配などの「影」がある。

「臭いものに蓋（ふた）」をして、遺伝カウンセリングや法律を整える議論をしてこなかったツケが、無理解と混乱を生んだ。

「プロメテウスの火」のように、ゲノムを上手に扱わなければ、逆に私たちが支配される事態になりかねない。「ゲノムの世紀を生きる術」を身につけなくてはならない時代なのだ。

「それは遺伝子の違いによる差別をなくす社会であり、互いに遺伝的な違いを認め合ってそれぞれの意見を尊重し、必要なら助け合う社会である。人々の意識の変革が求められるし、法律を含めた新たなルール作りが必要だろう」

中村祐輔氏の言葉は、米国での研究を経て日本のプロジェクトを引っ張る者ならではの苦渋に満ちる。真摯（しんし）に耳を傾けたい。

中村雅美・日本経済新聞編集委員との共著で、ゲノム研究の場で何が起こっているかを展望台から見渡すように、易しく読める。（東嶋和子・ジャーナリスト）

（講談社・1600円）＝2001年3月29日⑤配信

日常生活を数学で解明

「確率で言えば」（ジョン・A・パウロス著、松浦俊輔訳）

ちらっとタイトルを眺め「文系の私には関係ない世界のこと」と今この欄を読み飛ばそうとしているアナタ、ちょっと待って。宝くじを一回でも買ったことがあるなら、いつも探している靴下が片方しか見つからないと思っているなら、スーパーのレジで自分の行列がいつも一番遅いと思っているなら、これはあなたのためにある本です。

文系と理系の間には深い溝が横たわっている。どちらも相手をうらやみつつ、一方で小ばかにしているところがある。数学者である著者は、それぞれが属する二つの文化、文学と科学のギャップを埋めようと、新聞にエッセーを書き、本を出し続けてきた。本書は確率を題材に、日常生活を数学の理論で解き明かした労作。嫌われ者の確率や統計も、小説やうわさ話と同じ身近な物語であることを教えてくれる。

例えば冒頭の靴下。十足（二十本）の靴下があり、そのうち六本がなくなったと仮定してみよう。なくなった六本がみんな別のペアの片方で、両方そろっているのは四足しかない場合の確率は三五％。一方、なくなった六本が三足のペアで、七足が無事に残っている確率はその百分の一以下の〇・三％である。たんすの靴下はそろわなくて当たり前。確率でいえば、そろうほうがおかしいのだ。

去年活躍したルーキーが今年はパッとしないように見えるのも、多くの人が被害者意識をもちやすい、著者から見れば「自然」の結果。特に成績が落ち込んでいるわけでも、あなただけ人より災いが多く降りかかったり損をしているわけでもないのである。

細かい計算はともかく、数学で説明がつくって思うだけで、片方だけの靴下を前にため息をつくことも少なくなり、お気に入りの選手の調子が悪くても許せる気がしてくるから不思議だ。

翻訳であることも手伝いとっつきにくいのは否めないが、読めば文系理系の枠を超え、世界が一つ大きく広がること間違いなし。自分の身に生じる不幸にも寛容になれるかも。（大島寿美子・ジャーナリスト）

（青土社・2400円）＝2001年3月29日⑥配信

「やさしさ」の哲学的絵本

「はじめて考えるときのように」（文・野矢茂樹、絵・植田真）

特に「ソフィーの世界」が一大ベストセラーになって以来のことだと思うが、思想関係の入門書が陸続と出版されるようになった。現代社会には哲学的なものに対する根深い欲求が潜んでいるということだろうか。

しかし、評者の知る限り、「ソフィーの世界」も、途中で挫折する読者が少なくないようだ。哲学的欲求とやらも、決して飢餓感などではなく、むしろ淡く口当たりのよさが求められているのかもしれない。

本書はそうした現代的な世相をそれ自身柔らかく受けとめながら、「考える」ということの生態や規範を解き明かそうとする。特徴的なのは、いかにも肩の力の抜けた静謐（せいひつ）な筆致である。

「考えるとは何かをすることではない」とか「論理とは考えないためにある」とか「頭の外で考える」という、一見逆説的な論題が、はにかんだユーモアを交え、どこかためらいがちな文体のもと、優しく、そして易しく、語り説かれていく。本書はその意味で、「やさしさ」の哲学的「絵本」である。

「絵本」というのは、文字通りの意味である。本書はその三分の一ほどが、「挿絵」のスペースとなっている。そして本書の「やさしさ」は、「挿絵」に関してもそのまま当てはまるだろう。それは決して、単なるイラストではない。それ自体独立した世界を繰り広げている植田の「絵」は、日常的にして牧歌的な、なつかしい雰囲気をかもし出すことによって、これまた「やさしく」野矢の文章を確実につつみこんでいる。

おそらく、本書のなによりもの特徴とは、「文」と「絵」との、この交響にあるというべきだろう。余韻の静寂さに、思わず耳をそばだてたくなるような、哲学書として類の少ない書物である。

とても心惹（ひ）かれる本のタイトル。それだけに「はじめて」ということの不安とときめきが、「考えること」とどのように関連するのか、もう少し具体的な論述がほしかったと思う。（須藤訓任・大谷大教授）

（PHP研究所・1550円）＝2001年4月5日①配信

神格化された生涯の実像

「メイプルソープ」(パトリシア・モリズロー著、田中樹里訳)

ロバート・メイプルソープは、紛れもなく一つの時代を代表するアーティストといえる。彼は「二流のアート」だった写真作品が美術館やギャラリーの壁に掛けられ、数万ドルという値段で取引されるような状況を切り開いたパイオニアだった。

またSMやゲイ・カルチャーのような、それまで異端であり、反社会的とされていた嗜好(しこう)を大胆に取り入れ、お上品な高級芸術(ハイ・アート)の世界に大きな衝撃を与えた。一九八九年、まだ四十二歳という若さでの逝去は、その死因がまさに時代の病というべきエイズだったこともあって、彼の作品と彼自身を記念碑的なものに祭り上げるのに一役買った。

このような、「神話」の霧の中にかすんでいるような人物にスポットを当て、「伝記」を書くのはそう簡単ではないはずだ。しかも、メイプルソープ自身が、自らの生涯を神格化することに全精力を傾け、そのことを心から楽しんでいた。

彼が死の直前まで撮影し続けたおびただしい数のセルフポートレートは、もっぱら自分をミステリアスな虚構のキャラクターとして生き延びさせることをもくろんで、制作されているようにも思える。

アート関係のジャーナリストである著者は、極めてオーソドックスなやり方で、この「矛盾した時間の象徴」の実像に迫ろうとした。メイプルソープの友人、関係者二百人近くにインタビューし、その証言を丁寧に再構成したのである。

結果としてこの伝記は、あらかじめ用意された答えをなぞるのではなく、断片や矛盾はそのまま投げ出し、手探りで霧の中を進んでいくような、スリリングな作業の集積となった。

謹厳実直なカトリックの家庭で育った一人の少年が、「ある画一性から別の画一性へ」、つまりハード・ゲイの厳格な美学へと「移動」していく過程が、鮮やかに浮かび上がってくる。また、未発表のものを含む写真図版が、記述に生き生きとした彩りを添えている。(飯沢耕太郎・写真評論家)

(新潮社・3200円)=2001年4月5日②配信

信仰と伝統芸能に生きる

「琵琶盲僧　永田法順」(川野楠己著)

日本古来の芸能は、人びとの祈りや願いを神仏に伝達する手段として発生し、それぞれ発展を遂げてきた。けれども、ほとんどの芸能は、娯楽性が増すに連れて宗教性を後退させ、今日に至っている。

そんな中で、信仰と密接なつながりを失わないまま現代に伝えられてきたのが、宮崎県延岡市に現存する琵琶盲僧である。

浄満寺の十五世住職、永田法順は、現在も檀家(だんか)を回り、地鎮の行を行っているただひとりの琵琶盲僧だ。本書は、その法順の暮らしぶりを綿密に追う。

法順は昭和十年生まれ。四歳で緑内障を発症し、やがて失明。十二歳の時、浄満寺の先代住職、児玉定法に入門。その導きで経典と琵琶を学び、十六歳で正式な僧りょとなった。

檀家で経文に続けて奏されるのが、琵琶を伴奏楽器とする釈文(しゃくもん)。これは、仏の教えや逸話をやさしく解説する説話である。檀家の人たちは、神仏への祈りを仲立ちし、琵琶入りの法話を聴かせてくれる法順を、日常の心の支えにしている。

芸能の中でも音楽は、古くから目の不自由な人たちによって、その多くが伝承されてきた。

著者は、長年NHKで盲人向けの番組制作に携わってきた。退職後も、視覚障害者が担った芸の真髄と、生きる姿を後世に伝えることを、ライフワークとしている。放送に携わってきた人らしく、ドキュメンタリータッチの筆致が、読む者に臨場感を与える。

正確な取材や描写力は言うに及ばないが、法順と年代夫人との仲むつまじさに触れた部分は、人間性にあふれ、出色。

幸い、著者を中心に〈永田法順を記録する会〉が発足し、演奏会やその記録、さらには学術調査も進んでいるという。

「太く渋い声と哀切な余韻を響かせる琵琶の絃の震え」と表された永田法順の芸に、ぜひ一度、触れてみたくなった。(森西真弓・池坊短大助教授)

(NHK出版・1600円)=2001年4月5日③配信

猫のいる日本文学史

「鈴の音が聞こえる」（田中貴子著）

世に猫好きは数えきれないし、古今東西にわたって記録も残っている。古代エジプトでは飼い猫が死ぬと家族全員が髪をそって喪に服したというし、イスラムの創始者ムハンマド（マホメット）は大の猫好きで、その妻は猫の食べたあとの器で食事したといわれる。

東洋もまた猫の王国で、大陸から仏典が渡ってくるときは、鼠（ねずみ）から経典を守るために猫を同道し、それが日本に猫がすむ始まりだとの伝説もある（その詳細は本書を読めば知れる）。猫は神にも扱いがたい自尊心の高さを誇り、それをボードレールは高らかにうたった。また小説の世界でも猫は主人公であり、ホフマンや夏目漱石の名をあげれば十分だ。

さて本書は、そうした猫好きの読者のために編まれた猫のいる日本文学史であり、副題に「古典文学史」といいはするものの、対象は江戸時代にまで下り、そこここに現代の猫も顔を出す。過去に類書は多いにしても、本人が大の猫好きときているから、専門の日本中世文学のみならず、猫の姿を求めての探索は微にいり細にわたる。

例えば豊臣秀吉の起こした朝鮮出兵のおり、猫の目で時間を計ろうと連れていったとの話やらの探求がある。これは奇妙な話だが、どうも源泉は中国にあるらしい。この戦役の当否はともかく、猫を織りまぜねばやりきれない伝説ではあろうか。

事例を引けないのが本当に残念なのだが、本書の魅力には、さまざまに引かれている図版の力もある。中国や日本の伝統的な絵画のなかの猫もあれば、絵巻物の片隅に隠れた猫や庶民の読む本やら浮世絵やらに見える猫の描写もある。

例えば歌川国芳の描いた「鼠よけの猫」なる絵には、この絵を張れば鼠よけになるとの説明とともに猫が絵のなかに座りこむ。いま私たちは鼠よけに猫を飼うことは少ないが、昔の人々がそんな意味だけでこの絵を買ったとは思えない。猫好きならば、まずは本書を手にお取りあれ。読後にあなたはニャアというだろう。（松枝到・和光大教授）

（淡交社・2000円）＝2001年4月5日④配信

文学の「犯罪」

「LIES　嘘」（チャン・ジョンイル著、大北章二訳）

Jは三十九歳の彫刻家（崩れ）、Yは十八歳の女子高生。二人は昼間からラブ・ホテルに入り、そこでありとあらゆるセックス・プレイを行う。

日本ならば過激な「援助交際」の話ということになるだろうが、これは韓国の話であり、作者は「淫乱文書の配布」として裁判にかけられ、執行猶予ながら懲役六カ月の有罪が確定したという。むろん、実際に未成年者とハードな性行為をしたわけではない（と思うが）。ただ、それを想像力によって、小説として書いたことが有罪とされたのだ。

韓国はつくづく日本よりも「文学」や「言葉」が大事にされている国だなと思う。日本では実行はともかく、言葉表現のレベルでどんな「異性交遊」をしようと、もはやとがめられることはないだろう。しかし、韓国ではそれは現実の倫理や道徳を破壊するような、重大な犯罪行為として、作者チャン・ジョンイルを罰しようとするのである。

これは一九九四、五年の話だから、今からもう五、六年前の話だ。安東、大邱といった地方都市でこんなに先端的な性風俗がありえたのだろうかと、ちょっと疑問に思った。女子高生Yと「ウリ（私たちという意味）」という二人の女性の関係や、ロリ・コンであり、ファザ・コンでもあるJという存在も、そのリアリティーは希薄だ。

そういう意味ではこの作品は、実験小説としての強みと弱みの両方をそなえている。性的ファンタジーとしてはまあまあ、SM小説としては理屈っぽく、観念小説としてはちょっと不消化だ。

つまるところ、「女子高生」というブランドによって、世間は騒ぎ、作者は糾弾された。韓国社会は健全である。少なくとも「父権」は、まだSMや淫乱（いんらん）という悪徳を監視・矯正しようとしてるのだから。

苦心の翻訳で、ご苦労さまといいたいが、ギャル言葉、セックス用語など、やはりちょっとした違和感を否めなかった。（川村湊・文芸評論家）

（講談社・1600円）＝2001年4月5日⑤配信

「音」の民俗学的資料

「戦争歌が映す近代」(**堀雅昭著**)

本書は戦後の日本においてタブー視されていた「戦争歌」について、戦後生まれの著者が書き下ろしたユニークな音楽論であり、近代批判の書である。

表題の「戦争歌」は「いくさうた」と読み、古代の久米歌から始まり、近代百年と密接な関係のある日清、日露戦争から先の戦争までに歌われた「軍歌」をはじめとする八十四曲について論じている。

本書の特徴は、「戦争歌」を単に戦争を鼓舞したものとする閉鎖的な視点から解放し、これらの歌の作詞、作曲がいついかなる状況でだれによってなされ、それがどのように大衆に迎えられたか、また、戦後は一転して衰微し、ついに記憶から消し去られるようになったかを丹念に追っていることである。それほど近年までの「戦争歌」への処遇はひどく、すさまじいものであった。

著者の聞き書きと資料の探索は、民俗学者のフィールドワークに似ていて、机上の空想的な理論とは異なり、その矛先は、日本の地理と歴史全体にさしむけられている。過去の音の風景を奪還し、その記憶を鮮明に取り戻す作業には、知的脚力というものが必要である。

日本的情調の極北といえる大伴家持作詞、信時潔作曲「海ゆかば」、西南戦争を回顧した外山正一作詞、ルルー作曲「抜刀隊」、それに世界三大マーチの一つといわれる鳥山啓作詞、瀬戸口藤吉・田中穂積作曲の「軍艦行進曲」以外に、戦地に赴いた看護婦や軍馬に関する歌にまで触れ、そこに現代の殺戮(さつりく)戦争にはみじんも感じることのできない、敵兵士の尊厳を認めるアジア的道義を見いだしている。

「軍艦行進曲」をパチンコ店の曲としてしか知らない戦後の常識から目を覚まし、洋楽一辺倒の感受性の基盤を一度疑うためにも本書は役立つことであろう。

これら「戦争歌」の多くが日本の西南地域で作られたこともあり、山口・宇部出身の著者が地の利を存分に生かして発掘した「音」の民俗学的資料といえよう。(樋口覚・文芸評論家)

(葦書房・2800円)=2001年4月5日⑥配信

人間の交流の根本

「語りかける身体」(**西村ユミ著**)

病院で不思議な風景を見たことはないだろうか。「植物状態」と呼ばれる患者さんに対して家族や看護の人たちが親しそうに声をかけている。一見すると患者さんには何の反応もなく、他の人との交流はできそうもないのだが、そこには確かにコミュニケーションが成立しているようなのだ。

看護者は患者と交流していると実感している。患者のちょっとした口の端の動きとか体の緊張とか瞬きとかに意味を見いだし、「会話」を行う。しかし「植物状態」とは、医学的には外界への認識活動がなく、コミュニケーションを取ることができない状態である。とすれば、それは単なる看護者の思いこみなのだろうか。もしそうでないとすると、それはいかなるコミュニケーションなのだろうか。

自ら看護者でもある著者が他の看護者への聞き取り調査を踏まえて、この難問に挑んだのが本書である。患者のまぶたに測定器械を付けるような、自然科学的方法では解明され得ないこの現象に対して、著者はメルロポンティの現象学的身体論を手がかりに論を進めていく。自然科学では、観察する私と観察される患者の「主体/客体」の分断は明確だ。しかし、私もまた患者さんの目に映じている存在だという、主客を分離しない感覚がコミュニケーションの第一歩となる。

さらに私は患者さんに一方的に触れているのではなく、触れられつつ触れているのだという感覚。これらは自他の観念が発生する以前の、原初的、始源的な意識形態であり、そこでは身体を介してのコミュニケーション、世界の意味づけが行われているわけだが、その次元こそが肝要なのだ。

頭で対象を理解するのではなく、時間をかけて互いの存在をなじませていくプロセスこそが深い共感と交流をもたらすという本書の視点は、実は植物状態の患者さんのみに限らず、看護、ケアの原点であり、人間の交流の根本であろう。医療関係者のみならず、教育関係者等にもひろく勧めたい労作である。(上田紀行・東京工業大助教授)

(ゆみる出版・2200円)=2001年4月12日①配信

犯罪軸に壮大な全体小説

「模倣犯（上·下）」（宮部みゆき著）

東京下町の公園のゴミ箱から発見された女性の右腕、それが事件の発端だった。同時に見つかったバッグは、別の失そう女性の持ち物と判明し、やがてその家族やテレビ局に、犯人から犯行をほのめかす電話がかかってきた。そして犯人が言った通りに失そう女性の白骨が発見される。複数の女性を拉致（らち）監禁し、殺害するという残虐な犯罪が明らかになったのだ。

被害者の祖父、家族を殺された経験を持つ発見者の少年、失そう女性のルポに取り組んでいた女性ライター、事件に携わる警察官など、被害者及び捜査側からの視点で描かれる第一部、快楽殺人を繰り返す犯人側の視点で描かれる第二部、さらなる展開と悲劇が繰り広げられる第三部、合わせて三千五百枚という畢生（ひっせい）の大作である。

宮部みゆきは悪人を描かないという声があった。確かにこれまでの宮部作品は善人が多く登場し、犯罪者といっても痛ましい経験や人間的な弱さを有する同情すべき人物が多かったように思う。

だが本作ではその風評に挑戦するように、快楽のために人を支配し、虫けらのように殺していく連続殺人者を登場させていることにまず注目したい。

特に第二部は、彼らの視点で描かれるだけに、身勝手な特権意識や残虐な犯行が余すところなく語られており、その邪悪さが醸し出す重苦しい雰囲気に、しばし読む手が止まるほどであった。また読者におもねることなく、善意の人物にも過酷な運命を用意している点も見逃せない。

さらに、投げ込まれた小石の波紋が池全体に広がるように、この劇場型犯罪が、当事者だけでなく、残された家族、発見者、興味本位で群がるマスコミと大衆など、社会全体に及ぼす影響を余すところなく描ききっているのだ。

作者は、犯罪を通して現代社会のありさまを描く壮大な全体小説を構想したのに違いない。そしてそのもくろみは、時代と真っ向から切り結んだ重厚な傑作となって結実した。（西上心太・文芸評論家）

（小学館・上下各1900円）＝2001年4月12日②配信

アクがなくて味がある

「装丁」（南伸坊著）

南さんの事務所に行けば分かりますが、南さんはスッキリしたことが好きです。

この本の冒頭で、「装丁家と名乗ると、ちょっと立派すぎる」ということで「家」を取って、「私は単に『装丁』ということにする」と、やはり自分の立場をスッキリさせています。

「装丁」は、「馬丁、園丁みたいでちょっと職人ぽくていい」と本人が言っている以前に、僕は南さんが職人ぽいなあと思っていたので「装丁の伸さん」と呼んでもいいぐらいです。

本の装丁と同様、南さんの描くイラストも、シンプルでいて、いつも楽しい感じですが、そのタッチは安定した揺るぎないものがあります。

たまたま、今読んでいる三遊亭円朝の「指物師名人長二」に、長二は「何でも不器用に造る」けど、「十百年（とっぴゃくねん）の後までこわれないようにこしらえる」というのがあって、これは「装丁の伸さん」のシッカリとした飽きのこない仕事にも通じます。

本当の南さんが不器用かどうか、どういうところで苦労しているのかは知りません。ただ、南さんのアクのない仕事は、そのアクをこすための時間をたっぷりかけているのが想像できます。

あの大きな顔と反比例して意外なほどちっちゃな手も、妙に気になります。ケーキ作りの職人が、生クリームを搾り袋を使って自在に絶妙な形を生み出すような……大きな要素を集約する機能とでもいいましょうか。

このところ、南さんも私もメンバーである路上観察学会では、芭蕉の「奥の細道」をたどって慣れない俳句をひねっていますが、素人目に見ても、南さんが一番安定して「趣のある、いい感じ」の句をひねっています。この場合、南さんは「俳丁」なんでしょう。

アクがなくて味がある。複雑な要素を単純に的確に表現する。これほど難しいことはありません。そこらへんの秘密を、この「装丁」でスッキリと、楽しく見せてもらえます。（林丈二・デザイナー）

（フレーベル館・2300円）＝2001年4月12日③配信

人間と自然との通底

「ディープ・エコロジー」（アラン・ドレングソン、井上有一共編、井上有一監訳）

環境問題を考えるときのひとつの発想として、「私が変われば世界は変わる」という思想がある。これをもっと強く言い直せば、「この私の生き方や、感受性が変わらない限り、環境問題はけっして解決しない」ということになるだろうか。

自然に向かうときの人間の内面性。何を幸福と感じ、何を豊かだと考えるのか。これらが、実は、環境問題の根本にあるのだ、ということを一九七〇年代初頭に言い放ったのが、ノルウェーの哲学者、アルネ・ネスであった。彼が提唱した自然の哲学のことを、ディープ・エコロジーと呼ぶ。表面的な自然保護というのではなくて、真に深い意味合いをもったエコロジー思想というわけだ。

いま必要なのは、自然に対する人間のかかわり方それ自体を根本から変えること、すなわち、人間の存在の仕方そのものを大転換することだとネスは考えた。

本書の編者である井上有一は、ディープ・エコロジーの思想を、以下のように簡潔にまとめている。まず、われわれの自然環境がカタストロフィーに陥ることなく、持続的であるようにすること。次に、貧富の差や南北格差が是正され、社会的な公正が保たれるようにすること。第三に、われわれ自身が豊かな生を生きられるようにすること。

とくに第三点のことを、井上は「存在の豊かさ」と呼んでいるが、まさにこの点を強調するのが、ディープ・エコロジーの大きな特徴である。

ネスは、ヨーロッパ思想や、アジア思想を深く学んで、人間と自然が通底しているとする考え方を吸収した。ディープ・エコロジーは、一九七〇年代から八〇年代にかけて、主に北米を中心に支持者を広げてゆくことになる。

本書は、ディープ・エコロジー思想の主要論文を集大成したものだ。フェミニズムやエコフォレストリー（エコロジカルな森林経営）などとの関連もきちんと押さえられている。ディープ・エコロジーの展開を、一望のもとに見渡すことのできる好著である。（森岡正博・大阪府立大教授）

（昭和堂・2800円）＝2001年4月12日④配信

創造の「文章」

「批評の時」（新保祐司著）

この本の書名とおなじ題名の文章が巻末にあって、その中に、次のような一節がある。

「二十世紀は、作曲の時代ではなく、演奏の時代であった。文学の世界で、二十世紀が小説の時代ではなく、『批評』の時代であったのと、アナロジーがある。」

著者は、客観的な認識を語っているのではなく、二十一世紀のはじまりにおいて、絶望からの決意を述べているのである。

「批評」（クリティク）の時とは「危機」（クリティカル）の時なのであり、「時」とは、瞬間が永遠に接する「契機」なのである。

そういう「契機」を孕（はら）む文章こそが、二十一世紀の文学を担うであろうと。

この文学的決意と予見のもとに、小林秀雄、内村鑑三、鉄斎、岡倉天心、保田與重郎、北村透谷、大佛次郎、壺井栄、島木健作について語った文章から、この本は成りたっている。

右のレパートリーが暗示するように、著者は世の通念の文芸批評を書いているのではない。創造を希求する文学者が、強いられて目を過去にむけ、「追創造」の実践としての「文章」を書いているのである。

そして、これらの文章を通じて読者が感得するのは、著者が「晩年の人」と呼んでいるブラームスの、男性的な、悲劇的な創造態度に抱く共鳴音であり、あるいは、シューベルトの即興曲第六番変イ長調の、崇高でありつつはかなく消える、永遠に接した瞬間の残響音である。

今日、文学を代表するのは、小説でも詩でもない。十九世紀の文学を代表した小説は、二十世紀に衰退の一途をたどり、二十一世紀にはほろびるであろう。小説もどきの文章と、文学的「野心」の露出する文章が氾濫（はんらん）している。

かつて「文明開化」の行進曲であった詩は、二十世紀末には唐人の寝言になった。しかし、人の魂を太くする創造の「文章」あるかぎり、文学はほろびないであろう。（桶谷秀昭・文芸評論家）

（構想社・1800円）＝2001年4月12日⑤配信

米国料理学校の体験ルポ

「料理人誕生」(マイケル・ルールマン著、渡辺葉訳)

アメリカでの食事と聞くと、瞬間的に大皿の上の大味なステーキとフライドポテトの付け合わせを思い出す。またはハンバーガー。味の繊細さや色彩感より、量とサイズのビッグさがアメリカ的な料理というイメージは、世界中に定着しているのではないか。

しかし近年、それも変わりつつある。長い好景気のもとにニューリッチによって美食が追求され、高級フランスワインも大量に米国へ流れる。とくに大都市ニューヨークではすさまじい。予約が一年先までいっぱいの有名レストランさえある。

料理学校といえば、従来だったら伝統あるフランスのコルドン・ブルーに人々の興味は集まった。

しかし本書の舞台は、ニューヨークにほど近い米国最大の料理学校CIA(米国料理学院)だ。ここへ入学して一年間を過ごしたジャーナリストが生き生きと描いたノンフィクション、それが本書である。

全米から一流の料理人をめざして集まる「レストラン教育の殿堂」CIAは、論と実践を段階的に教授するシステムを取り始めてまだ四半世紀の学校である。

それが「食に関する知識と経験が、地球上の他のどこよりも、豊富」と著者に断言させるのは、二十一カ国、百人を超える実力ある講師陣を抱えていることや、卒業生たちが料理やマネージメントを含む食の現場で大きな影響力を発揮していることによる。

そして、これを知る生徒たちが将来を夢見て毎年二千人も入学することもそれを裏付けているのである。

本書の面白さは、教師たちの豊かな個性と人間的な魅力、また生徒たちがハードなカリキュラムをこなす中で見いだす自らの資質や悲喜こもごもの体験が、分析力に富んださわやかな文体で語られているところにある。

もちろん著者自身が料理に強い興味をもっていたからこその取り組みが底辺を支える。訳者渡辺葉の食と食文化への関心が引き寄せた新鮮さあふれる好著である。(松平盟子・歌人)

(集英社・2300円)=2001年4月12日⑥配信

性のミステリー

「片想い」(東野圭吾著)

現代社会に生きる人々のさまざまな「生」の問題を、丹念な人物造形とち密なプロットで描き定評のある東野圭吾の待望の一冊だ。今回は〈性のミステリー〉に迫る。

大学時代アメフト部に所属していた哲朗は、自分が男であることを当然だと思ってきた。だが十年ぶりに再会した女子マネジャー美月は、女としての自分に以前から違和感を持っており、現在は「男」として生きていると語る。

実感はわかないもののショックを受ける哲朗。しかも美月は殺人を犯しており、ずっと思いを寄せていた理沙子(今は哲朗の妻)に最後の別れに来た、と言うのである。

ホルモン注射を打ち性転換途中にある美月をマスコミや世間の目から守るため、哲朗らは美月の逃亡を画策する。うまくいくように思えた計画は、アメフト仲間で今は新聞記者の早田の出現によって意外な展開となる。

事件の真相解明は、そのまま美月の「性」のありようとクロスしつつ、複雑な心と多様な性意識をもつ人々の存在を浮き彫りにしていく。

ところで、人を男と女に分ける決定的要因とは何だろうか。精巣や卵巣の有無であろうか。それともXX・XYといった性染色体であろうか。しかし半陰陽の人もおり、美月のように体は女だが、気持ちは男という「性同一性障害」の人たちもいる。

男でも女でもないし、男でもあり女でもある、と考える者も登場する。男/女という境界は、はっきりしているようでつきつめていくと限りなくあいまいになってゆく。

ジェンダー・トラブルを素材にしながら人は男性的部分と女性的部分から成り立っていると考える作者のメッセージは強く伝わってくる。

ミステリアスな人物たちとスリリングななぞ解きを堪能しつつ、この世界が新しく見えてくるぜいたくな本である。(与那覇恵子・文芸評論家)

(文芸春秋・1714円)=2001年4月19日①配信

映画大国への愉快な旅

「インド待ち」(周防正行著)

インド映画といえば、ヒットした「ムトゥ　踊るマハラジャ」が思い出される。あの映画が見せつけてくれた豪勢なミュージカルシーン、荒唐無稽(むけい)なうえ喜怒哀楽すべてを投げ込んだストーリー展開などは、近年の日本やハリウッド映画にないものだった。

おそらく多くの日本人が圧倒され、同時に濃厚そのものの味つけに少々ウンザリしたのではなかろうか。「Shall we ダンス?」で知られる映画監督・周防正行もまた、本書で「ムトゥ」に導かれるようにインドへ渡り、インド映画の本質を求めて旅をした。

映画が最大の娯楽として君臨するインドでは、二十を超える言語で作品が作られ、年間に百本以上みるファンも少なくない。娯楽映画の上映時間は休憩入りの三時間超えが鉄則で、必ず「ムトゥ」なみのミュージカルシーンが、ストーリーに関係なくても挿入される。

ボリウッド(ボンベイのハリウッドの意)、プネー、チェンナイ、映画館、ロケ現場、映画好き一家、世界最大の撮影所…行く先々で出会った人々は、映画関係者であろうがなかろうが、老若男女を問わず「音楽と踊りの入ったインド映画には魂がある」と胸を張った。だがインド映画の魂とは何か?　著者は戸惑いと驚きの渦に巻き込まれる。

もちろん本書で活写されるのは、映画にまつわることばかりではない。インドの町並み、貧者、日々の食事内容やホテルの様子など、目に映るものを徹底的に伝えようとする姿勢は映像的で、映画監督という著者の出自を雄弁に物語っている。

本書の著名が、ころころと変わるスケジュール、アポの有無など問答無用、とばかりに待たされる毎日から生まれた経緯も笑いを誘う。

旅の終わりが近づくころ、“インド映画の魂”をめぐる回答が意外に身近な所から導き出される。いささか手前ミソで紋切り型の感がなくもないが、それでいて納得できるのは「ムトゥ」のラストシーンそのものだった。(増田晶文・作家)

(集英社・1700円)=2001年4月19日②配信

見えないものを探る

「映画とは何か」(加藤幹郎著)

映画の歴史研究、作品分析などの水準は、近年、どんどん上がっている。これは世界でも日本でも同様である。有名な作品がテキストとして精緻(せいち)に分析され、映画を見るという体験がさまざまな角度から検証され、長く「正史」に出てくることがなかった映画作家が語られる。

本書は、まさにそうした世界の映画研究の傾向の先端に触れながら、世界から得た知識をじっくりと咀嚼(そしゃく)し消化して、自分の言葉で書き記したという印象の強い好著である。

そこでは、例えば、ヒチコックが古典「サイコ」に結び込んだ演出上のさまざまな秘密が鮮やかにひもとかれ、列車と映画の長く本質的で奥ゆかしくもある不可分の関係にメスが入れられ、黒人映画作家オスカー・ミショーがD・W・グリフィスに対置されて本格的に論じられている(私事ながら、一九九三年にミショー作品を日本で初めて公開上映した身としては、こうした論文がきちんと書かれるのは本当にうれしい)。

映画研究にも国際化と細分化の波が押し寄せていて、単に海外で得た知見の紹介などではすぐに時代遅れになってしまう昨今だが、この本がそうならないだろう理由は「映画とは何か」という問いが常に文章に反映されているからである。

「映画研究家の仕事は、それを見たにもかかわらず、そこで何ものかが不可視にとどまっていたことを指摘し、それがなぜ見えていなかったのか、その原因をテクストと歴史の双方に探ることにある」という著者は、本書の全編を通じてそれを真摯(しんし)に実践している。

個人的には「列車と映画」について書いた第Ⅳ章が一番面白かった。「列車が視覚的メディアムであるのと同程度に、映画は移動メディアムなのである」という主張は、前世紀初頭に現れた疑似列車旅行体験装置「ヘイルズ・ツアーズ」への言及を含むその見事な分析によって十分に説得的である。(岡島尚志・東京国立近代美術館フィルムセンター主任研究官)

(みすず書房・3200円)=2001年4月19日③配信

名著を手玉に歴史絵巻

「二人のガスコン（上·中·下）」（佐藤賢一著）

アレクサンドル・デュマの“ダルタニャン物語”の主人公である、好漢ダルタニャン。エドモン・ロスタンの戯曲「シラノ・ド・ベルジュラック」により、永遠の生命を与えられた大鼻のシラノ。

日本人にもなじみの深い快男児ふたりがチームを組み、ブルボン王朝の、いや、フランス史最大のミステリーともいうべき「鉄仮面伝説」に挑む。

この基本設定だけで、心が震えるではないか。しかも作者が、西洋歴史小説の旗手・佐藤賢一なのだ。波瀾（らん）万丈の歴史絵巻が読みたい人ならば、無条件で本書を手に取るべきである。

十七世紀中ごろのフランスを舞台に繰り広げられる、起伏に富んだストーリーは、見どころ読みどころが満載。ダルタニャンとシラノが出会う冒頭から、ラストの大活劇まで、一気呵成（かせい）の面白さ。歴史の虚実を巧妙に織り交ぜた、「鉄仮面伝説」の大胆な真相もお楽しみだ。

しかも本書の魅力は、それにとどまらない。もっとも注目すべきは、ふたりの主人公の人物造形であろう。

かつて宰相リシュリューを相手に大暴れした銃士隊のダルタニャンも、今や、新宰相マザランの密偵。大人の分別で世渡りをしながらも、そんな自分にじくじたる感情を抱いていた。一方のシラノも、多芸多才と大言壮語の裏で、半端者の鬱屈（うっくつ）を持て余している。

そう、ここにいるのは、猪突（ちょとつ）猛進の正義漢や、恋の道化師ではない。デュマとロスタンの描いた人物像を本歌取りしながら、作者はディープな精神の陰影を、ふたりの主人公に与えているのだ。そして現代人が感情移入できる、人間くさいヒーローとして再生したのである。

フランスの名著と歴史を、手玉にとっての大芝居。それを成功に導いたのは、歴史と人間に対する作者の見識と情熱があったればこそだろう。本書を書くために作家になったといっても過言ではないという、作者の言葉が素直に納得できる、まさに渾身（こんしん）の力作なのである。（細谷正充・文芸評論家）

（講談社・各1800円）＝2001年4月19日④配信

活力あふれる自営業の声

「変わる商店街」（中沢孝夫著）

日本中で商店街が衰退の一途をたどっている。大型安売店、コンビニの出現、規制緩和の波が個性に富んだ小売店を次々につぶす。さびしい限りだ…。

と、常日ごろ私は思っていた。ところが、それは必ずしも事実ではないようだ。衰退の理由も、また衰退しているという認識さえも。

本書は、経済評論家である著者が、各地での聞き取りをもとに、商店街復活の方向性を考察したものだ。

「政治・行政が手をさしのべるほど、衰退は加速した」、逆に「自立の意志」を失わせた、というのが著者の指摘だ。

が、だからこそ自立の意志を持った商店街は滅びない。

「商売の不振をまちのせいにしたり、他人のせいにしたりしてもはじまらない。人が通らないから商売がだめという考え方ではなく、美味しいものや美味しいお酒があれば人はきます」。本書で紹介されている「前橋活性化の会」我孫子さんの言葉である。

もちろん、データ的に見て日本の小売店は確かに減少を続けている。

しかし著者は、そのデータを、即、商店の敗北とはとらえない。「数が多ければよいという根拠はどこにもない。検討されなければならないのは、こうした数字を読み取る姿勢である」

通常「老齢化」という表現でネガティブに解釈されがちな、小売店経営者に関するデータも、著者は「七〇歳以上の経営者が約九パーセントもいるということはすばらしい」と読む。

「自営業者は強いのである。健康や体力あるいは事業の継続への意思など、基本的には自分の決定権に属するのである」と。

本書の前向きな主張は、著者が取材した商店主たちの、活力あふれる生の声々に支えられる。その声々は、まちをつくるのは行政ではなく住民自身であることを、私たちに今さらのように思い出させる。

そして補助への依存が自らの衰退を招くのは、あらゆる業種に通じる人間の真理だということも。（塔島ひろみ・詩人）

（岩波新書・700円）＝2001年4月19日⑤配信

骨格標本作りの冒険

「骨の学校」（盛口満、安田守著）

骨については全く無学だが、この本に関してなら多少は発言できる。学生のころ、門外漢なのにある洞くつ探査に参加し、洞内で見つかる骨を古生物学のS先生が「あ、これは○○の××骨、それは△△の□骨」と即座に同定されるのを見てモノの世界の広大無辺、学問の深遠に深く感じ入った経験があるからだ。

これは一九八五年、埼玉県に開校した中・高一貫制私立校の理科の先生二人の共著。教材にと骨格標本の製作に打ちこむ先生に生徒たちが引き込まれてゆき、中には先生も驚く創意工夫を示したり、骨を求めて途方もない冒険を実行してしまう生徒も現れる。

はじめはブタやウサギをなべで煮て骨取りをしていた先生たちも、やがて交通事故死したタヌキや、窓ガラスに突っ込んで死んだ鳥、浜辺で拾った海鳥やイルカの骨に手を染め、ついにはクジラやトドの骨を求めて全国を旅するまでに至る。

生徒たちも負けてはいない。本をヒントに「フライドチキン」何ピースで一羽のニワトリの骨格が復元できるか追試する生徒もいれば、入れ歯洗浄剤（つまりタンパク質分解酵素剤）を利用した骨取りを思いつく生徒も出てくるわけだ。

一貫して叙述が「発見」の現場に密着しているのが好ましい。克明な骨のスケッチや、巻末の実践編「骨格標本のつくり方」も、この本の性格をよく物語る。

「女房学校」式の題名をもつ書物は数多いが、その場合、女房は教育の対象である。「骨の学校」では、骨は教育の主体だ。つまり骨がわれわれに何を教えてくれるかを書いた本である。

モノは、こうしろとは教えてくれない。こうしても駄目だ、と教えてくれるだけである。そこから、ではこうしたら、という工夫が生まれる。生徒たちは、骨の学校で実に多くのものを学んだはずだ。

とはいえ、もっと多くを学んだのは、もちろん二人の先生だろう。でなければこんな愉快な本が生まれるはずはない。（冨永明夫・フランス文学者）

（木魂社・1700円）＝2001年4月19日⑥配信

協力隊という生き方

「地球市民をめざして」（栗木千恵子著）

青年海外協力隊がスタートして三十数年、最初の隊員の年長者はもう七十歳に手が届く年ごろになっている。

帰国後の再適応に苦労する者が多いだの、もともと組織社会からのハミ出し者が多いだのという突き放した評価も一方ではあるが、彼らは既に一つの新しい日本人のタイプをあらわす存在になっていると思う。

その輪郭を、一人一人のOB・OGの生き方を追いかけながら、なぞっているのが本書である。協力隊からNGO活動に進み出ていった星野昌子さん、彼女をおいては協力隊という生き方を語ることはできないだろう。星野さんはじめ、数十人の協力隊OB・OGの生き方が紹介されている。

個人的な思い出で恐縮だが、わたしはこの本を読んでいて、十一年前、在学研究で一年間、中国長春市に滞在していたときのことがしきりに思い出されて、なつかしかった。

当時長春市にいた日本人は三十人くらいで、その半数が留学生、残りが仕事で来ている人たちだった。その中に協力隊員が四人いた。

その四人とつき合っていると、彼らはみんな、第三世界の発展に貢献しようという志と、青春の一時期を外国でエンジョイしようという気分が、矛盾なく心の中に同居しているような印象だった。そしてわたしは四人のことが、何となしにうらやましかった。

日本語教師をしている隊員の呼びかけで、日本人たちが協力して日本文化祭を開いたことがあった。また臨床検査技師の隊員は、外国人仲間を誘って大勢で献血を行った。わたしも加わった。忘れられない思い出である。

本書のネーミングでは「地球市民」だが、協力隊という生き方のすそ野はもっと広いのじゃないかと思う。「地球庶民」という方がいいのではないだろうか。

そしてこの「庶民」は一昔前に高度成長を一所懸命にささえた「日本的庶民」とは、やはりひと味違う人たちなのである。（広岡守穂・中央大教授）

（中央公論新社・1900円）＝2001年4月26日①配信

巨視的に問うIT社会

「文明の進化と情報化」（公文俊平著）

産業経済、社会にとって「IT」「情報化」とはいったい何か。それを長期的視点で問い直す時期に差し掛かっている。その意味で本書は、多くの情報社会に関する議論とは、全く異質な視点を私たちに提起してくれる稀有（けう）な本だ。

著者は数百年単位という巨視的視点から、文明の歴史的進化における「情報化」をとらえようと試みる。

まず近代化、産業化を位置づける社会システム進化論の枠組を構築した上で、情報化が三つの異なる位相をもっているとの仮説を提起する。すなわち①近代文明が終わり、新たな「智識文明」が生起するその端緒②軍事化、産業化、情報化という三つの波から成り立つ近代文明の第三波③軽工業、重化学工業に次ぐ、IT産業を基軸とした第三次産業革命。そして主として②③の側面における情報化のもつ歴史社会的意味を広い視野で展開していく。

著者は、一九九〇年代初頭から日本の社会科学者としては例外的にインターネットの重要性を喝破していた第一人者だ。九四年の大著「情報文明論」のエッセンスが洗練されて盛り込まれ、同著以降のネット社会に関する思索を簡潔に伝えてくれる本書は、“公文文明論”への格好の入門書となるだろう。

近代化、産業化の分析と、そこで情報化を位置づける展開は、読者の想像力を大いに刺激し、示唆に富む。ただ、巨視的視点におけるエレガントさ、見事な体系化に比べ、具体的な情報ネットワーク社会のあり方に関する議論は、今後深める余地を残している。P2P（対等な個人間の情報交換）やコミュニティーを基盤としたネット社会の構想も大いに共感できるが、その具体性や実現可能性はまだ暗中模索の感があり、今後高める必要があろう。

具体的にいかなる情報社会を構想するか？　これは著者のみならず、私たち一人ひとりにとっての課題でもある。本書は長期的視点から、この問いを考え直す優れた思考の道具といえよう。（木村忠正・東京都立科学技術大助教授）

（NTT出版・2300円）＝2001年4月26日②配信

沖縄突き抜けた普遍世界

「群蝶の木」（目取真俊著）

目取真俊の中編四本をまとめた本書を読んで、「沖縄文学」というくくりとは何かを考えさせられた。この新作もすべて沖縄を舞台に沖縄人が描かれており、沖縄に生まれ育った作家でこその小説ではある。それゆえに、沖縄という土地が現代の日本文学のなかでは特異な位置にあることもあらためて痛感する。

しかし目取真によって、沖縄文学はすでに「沖縄」をつき抜けたというべきだろう。沖縄の作家たちが格闘した本土への「同化」と「異化」の苦悩は、すでにない。むしろ本土が沖縄に向ける視線に対して、目取真は強い意志を持ち、普遍的な物語世界を構築した。

都会の公園の片隅で、亡き夫を古来の風習に従って風葬にふす老女との出会いを描いた「帰郷」。そこで描かれるのは、沖縄の宗教が語られがちないやしや救いなどではなく、地層に重なる死者と、生きている者との交わりだ。

骨となった老人は、生前に村の海に面したがけの下に積み重なった骨のことを語っていた。あれはみな私たちの先祖だ、何も恐ろしくないよ、と。

二編目は、しだいに精神をおかされていく妻の姿から自分をとりまく視線の影をあぶりだす「剥離」。学校という場の醜さがあらわになる。

さらに「署名」は、好意と正義を装った隣人の内面にひそむ悪意が迫ってくる。この二作品は著者ならではの身体表現のディテールが際立つ。

そして、表題作の「群蝶の木」は、かつて従軍慰安婦だった女と、島の共同体からはずれた男との語りがつづられる。

共同体とは美しいだけの社会ではないことを淡々と訴える女と男のまっすぐな愛は、聖なるものを感じさせる。だからこそ、ふたりの安住の地は生きている時間にはなく、魂になる瞬間を待つのだ。

人間関係が崩壊してゆく都市も、昔ながらの地域共同体も恐ろしい。それなのに淡い光のような悲しみが残る。（与那原恵・フリーライター）

（朝日新聞社・1400円）＝2001年4月26日③配信

百科全書的な鏡論

「鏡という謎」(リチャード・グレゴリー著、鳥居修晃ほか訳)

かつて私はユルギス・バルトルシャイティスの「鏡」を邦訳刊行して、もうこれ以上の鏡論はありえまいと感じたものだが、いや、なかなかどうして、本書はこれに勝るとも劣らぬ大著である。

しかし内容はずいぶん違う。バルトルシャイティスの著書が鏡の「科学的伝説」を扱っていたとすれば、本書は、イギリスの視知覚研究の第一人者といわれる著者の手になるものだけあって、比重は「心」や「知覚」の問題に傾いている。

とはいえ、「芸術のなかの鏡」とか「鏡の歴史と神秘」といった章も設けられていて、およそ鏡に関するありとあらゆる話題、ありとあらゆる視点が網羅された百科全書といった様相を帯びている。光学、物理学、化学、量子物理学、量子電磁力学、大脳生理学の分野にまで議論は広がり、その鏡論の地平にいささかぼうぜんとするが、著者の面目がやはり心理学的側面にあることは否めない。

その点で、もっともおもしろかったのは、鏡のなかの像はすべて左右が反転するのに、上下が逆転しないのはなぜかという古来の謎(なぞ)に対する著者の回答だ。

著者は、鏡の左右逆像性に関する古代ギリシャから現代にいたるまでのあらゆる「説明」を逐一検討したあげく、それらをすべて退け、そしてみずからこう答えている。

「鏡がわれわれ自身の姿を左右反転させて示す(他者がわれわれを鏡なしで見る際に見えるのとは左右が逆になる)のは、それに対面するにはぐるりと回転しなくてはならないからである」

お分かりだろうか。著者は、鏡像の左右反転は、対象(自分自身)の物理的な回転によると主張しているのである。

この問題については、読者にあらためてじっくり考えていただくほかはない。本書にはこうした「謎」がたくさん詰まっている。あまたある鏡論のなかでも、まことに特色のある一冊であることは間違いない。(谷川渥・国学院大教授)

(新曜社・4500円)＝2001年4月26日④配信

今を生きる棄郷者の物語

「無知」(ミラン・クンデラ著、西永良成訳)

「ソ連・東欧」という言葉は今や死語に近い。今後ポーランド、チェコ、ハンガリーといった国々がEUに加盟することになれば、ヨーロッパには西も東もないことになる。

同じく、ロシアや「東欧」からの亡命者が亡命者の模範例であった時代も過去のものとなった。亡命者という言葉は古めかしく、難民という言葉の方が今ははるかにリアルだ。

パリ在住のチェコ語作家クンデラは、長い間、亡命作家として位置づけられてきた。しかし、ビロード革命後も帰還を拒みつづけるクンデラは、「元」亡命者ではあっても、亡命者ではない。

一九六八年のチェコ事件の後、パリに、コペンハーゲンにそれぞれ亡命した女と男が「解放」後のプラハで壮年の性愛にふける。二人にとって二十余年の亡命生活とは何であったのか？　帰郷とは何だったのか？

西洋における帰郷文学の古典「オデュッセイア」の読み直しを通じて、クンデラは亡命と帰郷について語りうる限りをすべて書ききったといった感じだ。

しかも、クンデラは二人のチェコ人の究極の愛の物語をあえてフランス語で書いている。二十年ぶりにチェコ語で卑猥(ひわい)な言葉を口にしたのをきっかけに燃え上がる女と男の物語を、クンデラはチェコ語では書かない。チェコ人の物語としてではなく、ありとあらゆる棄郷者たちの「母語」を介した出会いの輝きとやるせなさを、単なるチェコ人の物語として読ませるだけでは物足りないと言わんばかりに。

だから、これを「解放」後のチェコ人の生態を知る手だてとして読むのは自由だが、たとえば中国で台湾で朝鮮半島で日本で、あるいはフィリピンで生きられたかもしれない、これから生きられるかもしれない恋の物語として読むことが私たちには求められている。

棄郷と帰郷、母語喪失と母語回復の積み重ねの中で、男と女は離合を続ける。それを亡命として語りうる確かな経験があろうとなかろうと。(西成彦・比較文学者)

(集英社・1900円)＝2001年4月26日⑤配信

あらたな小説空間の神秘

「君の中の見知らぬ女」（高橋たか子著）

EUによってヨーロッパは今、新しい世紀に入って新たな展開を見せはじめている。この作品の「私」は、そんな国境という概念が消えつつあるヨーロッパを旅して、自分の洗礼名であるマリア・マグダレナにちなんで、フランス人にすすめられたラ・サント・ボームを訪れようとする。

そこには、マリア・マグダレナの遺骨があるといわれているからだ。そして、これをきっかけに「私」はヨーロッパ地域全般にわたる聖遺骨崇拝の歴史に関心を寄せる。

EUという新しい空間と、ヨーロッパの古層のようにある信仰と巡礼の体験。この小説の特徴は、まずこの時空間の広がりと深さの魅力である。

古代ローマ帝国、いやローマ以前からの諸民族の無数の人種的な血のつながり。現在の、ヨーロッパを旅しながら、「私」はまたはるかなる過去の歴史をも旅している。それを可能にするのは、「私」が神の存在を通して、西洋の根底を透視しているからであろう。

もうひとつは、ベネディクト会修道院で出会った一人の老女を通して知るアントワーヌという息子の話である。無神論者であった彼は、妻の事故死をきっかけに突然修道士となってしまう。

タイトルの「君の中の見知らぬ女」とは、アントワーヌが妻マリ・クレールにあてた詩の一節であるが、彼女は「わたしって、成っていく者なのよ」と不思議な言葉を投げかけたまま他界する。

アントワーヌの物語は、この妻との愛の関係をたどりつつ、人間のこころの最深部にある超越的な神とのかかわりを照らし出す。

一人の男の無神論から信仰へのこころの旅、その内的時間を巡る物語は、個人の出来事や回心といったことだけではなく、実はヨーロッパのはるかな時空間と結びつく。

作者自身の西洋体験、修道院の経験の深みが、新しい西洋の時に接し、あらたな小説空間の神秘を顕（あら）わしている。（富岡幸一郎・文芸評論家）

（講談社・1800円）＝2001年4月26日⑥配信

言葉の最前線

「明解物語」（武藤康史編）

私の書斎の机の上には何冊かの国語辞典が置いてあるのだが、その一冊が「新明解国語辞典」である。「明解さん」は、私にとっては最も親しい友である。「明解さん」がいなかったら、私は道に迷ってしまうだろう。

私は、コンピューターやワープロを使って執筆はしていない。万年筆の先で文字をころころ転がしながら、かながいいか漢字がいいか、頭の中で言葉を選んだりそろえたり、時には捨てたりして、文章を書いていく。

漢字もしばしば忘れるので、よく辞書を引く。そんなときに意外な新鮮な言葉と出合い、思いもかけぬふうに文章が流れていく。その際の導きの主が、「明解さん」なのである。

本書を読んで、私は友人の出自に立ち会った気がした。それまで文語体で記述されていた「小辞林」や「言苑」などの辞書を、だれでもが読める口語体に直す作業にはいったのだ。同時に新しい言葉を採集して加える。

それをはじめたのが東大を卒業して大学院に在籍していた見坊豪紀さんで、同潤会江戸川アパートの独身用部屋に住み、玄米のおにぎりを食べて執筆に没頭した。それを一年と数カ月かかって完成させる。

ゲラを校正したのが、当時岩手県師範学校にいた同級生の山田忠雄さんだった。校正は六校か七校までとり、金田一京助さんが監修し、金田一春彦さんがアクセントをつけ、「明解国語辞典」が刊行されるまで、企画段階から四年近い歳月がたっている。

言葉は変遷する。言葉は生きた人間が使うものだから、新語などもどんどん生まれていく。昭和十八年という戦争の真っ最中に生まれた「明解さん」が今も生き生きとして言葉の最前線にあるのは、たえず自己革新してきたからである。新聞、雑誌、テレビから毎日新語を採集する努力などは、傾聴に値する。

私は「明解さん」に会えて、本当によかったと思うのである。（立松和平・作家）

（三省堂・3400円）＝2001年5月2日①配信

香りそのものの小説「ゼルダ・フィッツジェラルド全作品」（マシュー・J・ブラッコリ編、青山南、篠目清美訳）

きらきらとちりばめられた…甘い香りのする風をはらんでわけもなく回転するふわふわしたドレス…

さて、ゼルダの世界を、一体どう説明したらよいものか。ゼルダは、あるひとつの匂（にお）いそのものだ。香りについて本当のホントウにすべてを説明し尽くすことが不可能なように、ゼルダは説明を拒絶する。匂いは、嗅（か）いでみるしかない。

いつ果てるともしれないざわめき…ボウルの中で冷めてゆくスフレ…人生におけるあらゆる事柄は、断章に収束する。時は、断片の積み重ねにすぎず、私たちはそれらがつながっていると勘違いしているだけ。

彼女は、それを、だれよりもよく知っている。というよりも、それを、じっと、眺めている。スコット・フィッツジェラルド「の妻」として、優雅にしてダイナミック、つまり、振れ幅の大きい生活にぴったりと密着しながら、それでもしっかりと距離を置いてみている。いつだって彼女は、二種類の人間を同時に演じ分け続けていた。

「でもね、デイヴィッド、いちどに二種類の単純な人間になるのって、すごくむずかしい」

そして、おもむろにバッグの中からナニカを取りだし、私たちの前に差し出してみせる。

「ゲイのことで真っ先に目につくのは、まるで自分自身に変装しているかのような身のこなしだった」

「マダム、セックスと気候、これこそがわれわれ人間のコミュニケーションの唯一の基盤でございます」

まるで気まぐれのように差し出されるそれは、輪郭があまりにはっきりしていて、私たちはその鮮やかさに驚く。鮮やかなのは、切り立てのその輪郭と、彼女の手つき。

小説トイウモノにおいて書かれなくてはならない退屈な描写—例えば、風景。例えば、状況の説明—は、ゼルダにおいて、薫り高く、色あせない花になる。

「なんて幸運な人なんだろう—何もかも手に入れてしまって」「そうね、でもカクテルがないわ。飲みに行かない？」（貞奴・詩人）

（新潮社・7800円）＝2001年5月2日②配信

親子の在り方問い掛ける「黄昏の詩人」（工藤美代子著）

名訳「私の耳は貝のから／海の響をなつかしむ」で知られる堀口大學。いわゆるモダンでハイカラなフランス文化は、このひとの手によってこの国にもたらされたといっていい。だが、大學の父親・九萬一（くまいち）は、息子を超えた器量と面白さをもつ人物だったのは、知る人ぞ知るだろう。

はじめ大學を中心に伝記を書こうとしていた著者は、調査を進めてゆくうちに九萬一にひかれ、とうとう半分はこの人物に充ててしまった。

戊辰（ぼしん）戦争の折、三歳で父を失い、母の手ひとつで育てられた堀口九萬一。抜群に優秀だったこと、教育熱心で知られる長岡藩の土地柄であったことも重なり、三年に一度の司法省法学校の試験には一番で合格、さらに第一回目の外交官及領事官試験合格も果たし、朝鮮赴任を命じられる。外交官としての手腕はなかなかのものだったが、それが晩年目を曇らせることもあったらしい。

一方大學はといえば、母を早くに失い、気丈な祖母に育てられたものの、文学への情熱ばかりが先に立つ多感な少年だった。外国にいたために身近に息子を見ることもなかった九萬一は、自分と同じ外交官になることを望んだものの、紆余（うよ）曲折の後、文学を志す大學の面倒をみてやることになるのだった。

離れていた親子がどのようにして近づき、共感を抱くようになったか。お互いに尊重しながら、相手を心配したり、さめたまなざしで見たりしたか。筆者は優しいまなざしで、近づき、離れ、重なる二人の軌跡を描きだす。

本書はもちろん堀口親子の伝記、「二人で一個の才能」を描いた伝記にまちがいない。だが、時の経過とともに二人の関係が微妙に変化してゆくさまをたどってゆくと、もっと別のこと、そう、いまの世に親子の関係の在り方を、問い掛けていることに、いつしか気づかされる。堀口大學に興味を持つひとはもちろん、親子を考えたいひとにも手にとってほしい本だ。（小沼純一・音楽評論家、詩人）

（マガジンハウス・1800円）＝2001年5月2日③配信

波瀾万丈の半世紀　「悪タレ極道　いのちやりなおし」（中島哲夫著）

人生に、やりなおしはきくのだろうか。人間は、変われるのだろうか。

この命題に体を張って「イエス」と大声で答えたのが本書である。なにせ、著者はやくざ渡世に身を浸すこと二十年、バブル全盛期には「飲みに行くとき、財布の中に二百万円入っていなければ落ち着かなかった」「ポケットに小銭が入っていたら、重くて邪魔だと言って道端に捨てて歩いていた」という経済やくざとして数十億の金を右へ左へ動かしながら、酒と女と覚せい剤ざんまい。

妻の影響で現役やくざのクリスチャンとなった後にも、覚せい剤による妄想、禁断症状の中で生き地獄を体験し、そこから生還したという回心の人なのである。

身を置く場所がどこであれ、そもそもが人にも神にも愛されるチャーミングな人物なのであろう。極道現役時代のエピソードや政治家、銀行家、企業家との絡みは、不謹慎かもしれぬが、一大エンターテインメントとしてもおもしろいし、何を語っても「聞かせる」、いやさ、読ませる魅力に満ちている。

いれずみクリスチャンとして神の愛を説き、清貧を生きる今と、現役やくざ時代との激しい落差を語る回想は、痛快であっても哀感が漂い、かと思えば悲惨を語ってもどこかユーモラス、そして温かみがある。壮絶な覚せい剤との闘い、そこから抜け出すまでの苦痛、崩壊しつつある家庭生活の中で祈り続ける妻との和解のくだりは感動的だ。

聖書の中には「あなたがたが私を選んだのではない。私があなたがたを選んだのである」という神の言葉があるが、まさに神から選ばれた人の波瀾（らん）万丈の半世紀だ。神は、細部に宿る、という。地獄の中にいる男を待ち続け、祈り続ける妻の存在が、すでに神の愛を証している。

海が割れたり、天から神聖な食物のマナが降ってくることばかりが奇跡なのではない。この本を読むと、人生にやりなおしのチャンスがたえず与えられていることこそが奇跡に思えてくる。（藤田千恵子・ライター）

（講談社・1500円）＝2001年5月2日⑤配信

敗者によって成された文化　「はみ出しの文法」（山口昌男著）

東京の昔が好きで、知りたくて、ついつい昔の本ばかり読んでしまう。と言っても、漢文も変体がなも読めないから、せいぜいが明治の、あるいはその時代を想（おも）う随筆あたりということになる。

ところで、昨今手に入れられるその種の文庫本なら、一応知っている名前が並んでいるので、どうにかわかるが、さて、今回の「はみ出しの文法」は、そのタイトル通り、はみ出し者のオンパレード。しかも、対談だから、対話の途中にぽんぽんと知らない名前が登場する。

むろん、知らないのは私ばかりで、対談のお二人には周知の人である。それにしても、読書人の知識の深さには恐れいり、先（ま）ずその方への感心が先にたつ。

敗者学をめぐって—とサブタイトルのついた山口昌男をめぐる対談集は、その対談相手だけでも、池内紀、谷沢永一、中村彰彦、松岡正剛、佐高信、坪内祐三、磯崎新、林光、多木浩二、天野祐吉と凄（すご）いメンバーである。

敗者、根がヘソ曲がりだから、勝者よりは敗者の方がよほど興味を惹（ひ）かれるが、この国の文化が敗者によって成されてきたとは知らなかった。つまり—戊辰戦争において亡国の臣となった旧幕臣らのもうひとつの日本を求める心の動き—の結果ということ。敗者の方が面白いなぞと言っていた若輩者は、先ず始まりから頭を一つたたかれた。

むろん、その幕臣たちの読書術や文化ばかりではなく、対談の項は企業社会、起業家から池袋モンパルナス、宮沢賢治、戦争まで展開していくが、個人的にはやはり明治につながる幕臣たちの項が興味深く読めた。と言っても、今さらその時代までさかのぼる余裕はない。

余裕がないと言えば、登場する人物索引を数えれば、四百八十人と少し。その多くは注として下段に掲出されているが、これを見ながら読むと、対談のリズムがくずれる。で、先ず一回目は、注を飛ばして読むことをオススメしたい。（矢吹申彦・イラストレーター）

（平凡社・1800円）＝2001年5月2日⑥配信

祭り上げられた関西の盟主

「阪神タイガースの正体」(井上章一著)

阪神タイガースは「関西」を代表する球団である。しかし、本書は、それに若干の異議を唱えている。「阪神人気は最近のもの。大阪を代表する球団は『南海ホークス』でおました」。そう言っているのだ。実は、大阪生まれでキャリア四十年以上の阪神ファンなら、それは自明のことだが。

その阪神が巨人に代表される中央や権威に反抗する象徴的存在であることにも疑念を向ける。権威への抵抗、それが幻想であり、例えば二リーグ分裂時の裏切りや、江川事件のときの電撃トレードなど、阪神が常に巨人のしり馬に乗って利益を得てきたと説く。

にもかかわらず、なぜ阪神が関西を代表する球団として祭り上げられていったのかを明らかにしようとするのが本書のねらいである。中央や権威と戦う阪神というイメージがなぜ強化されたのか。文化人や芸能人がどうしてその戦略に乗ったのか。そして阪神がどうして関西の盟主となったのか、などを、関西メディアの戦略に第一の原因を求めて井上流に解釈していく。

本書のほとんどが、週刊誌や新聞の引用からなっているが、「阪神」言説についての社会史であれば、それはそれでおもしろい読み物である。

ただ、例えばあの巨人の九連覇を阻止できたはずの一九七三年の中日戦で、阪神経営陣が江夏に八百長的なものを持ちかけたという記事を引用しているが、阪神ファンならずともそれは見過ごせない。「正体」というテーマに取り組んだ以上、この問題を伝聞と推測で料理してよいのだろうか。関係者へのインタビューをはじめ徹底した調査が必要な事柄ではないだろうか。

そうでなければ「阪神」言説を総括した上で、また新たな「阪神」風説を生み出す本となってしまう危険もある。

とは言え、甲子園で騒ぐファンたちの頭を冷やすためにも、彼らに一読を薦めたい。もちろん、彼らにとってはどうでもいいことかもしれない。「正体」が何であれ「幻想」に踊っているのだから。(黒田勇・関西大教授)

(太田出版・1700円)＝2001年5月10日①配信

生き抜いていく最大の武器

「自立のスタイルブック」(共同通信社経済部編)

いまは「不安」の時代。終身雇用は崩壊し、実力主義の時代が来たというけれど、その実力とは何なのか、どうもはっきりしない。

さらにいまは「矛盾」の時代。長引く不況から抜け出すには、個人消費の回復が必要だというけれど、みんながこれ以上モノを買ったら、廃棄物は増える一方、ごみ処理に際して発生する有害物質も増える一方。

まさに「混迷」の時代である今、多くの人は漠然とした不安を抱え、確かな生き方を探し求めている。

本書は、そんな人のために作られた本。タイトルにある「自立」とは、単なる「起業」や「自営」の勧めではない。ここには「自らのうちに」揺るぎないものを持って生きる四十五人の男女が紹介されている。

退職勧告をする会社と、敢然と闘った男性。頭から火薬で真っ黒になりながら、花火作りに挑む女性。売り上げ規模の拡大は追わないと「決めた」会社。ある人は組織を変革し、ある人は地方議会に乗り出し、ある人は夢の実現を求めて海外へ飛び、ある人は漁師となって日本の海に生きる。その姿は一つ一つきらきらとまぶしく、「夢や理想」、あるいは「譲れない一線」をちゃんと持っていさえすれば、確かな人生を送れるのだと、あらためて教えてくれる。

これは共同通信社が全国の新聞に配信し、好評を博した連載をまとめたものだが、単行本化に際し、記者の「追録」がつけられている。これが、実におもしろかった。記者の生の声を読むと、記者自身が自らに「問い」を投げかけながら、この取材を続けたことがわかる。

その「問い」とは、「人は何のために生きるのか？」ということだろう。そして、一生よりかかれる組織などありえない今、この一見「青臭い」問題を真摯(しんし)に考えることこそが、たくましく生き抜いていく最大の武器になるようだ。

全章にミニコミ情報(関連書の紹介や、もっと詳しく知りたいときの連絡先など)がついていて、実用ガイドとしても役立つ一冊。(島本慈子・ノンフィクション作家)

(共同通信社・1700円)＝2001年5月10日②配信

真実は細部に表れる

「ふつうのファッション」（大田垣晴子著）

この人のイラストにはどこか、一度見たら忘れられない味わいがある。

ひょうひょう、のほほん、それでいて緻密（ちみつ）。本書は、そんな画風と手書き文字のコメントで知られる筆者による、「ふつうの人々」の路上観察記である。

「ラーメンに行列する人」「渋谷センター街プリクラの人」「恋人のバランス」「夏休みラジオ体操の子供」…。

筆者が分け入るのは、ざっと五十項目。一見、「ふつう」な人びとの群れが、この人の目と筆にかかるや、「考現学」の一大フィールドと化す。

それぞれの服装、髪形、持ち物、はたまた「眼鏡率」。まさしく頭のてっぺんからつま先まで、なめるがごとく観察しては図解する。「そうよ、いるいる、こんな人！」。気づかなかった「一般ピープル」の愉快さ加減に、読む側は思わずひざを打つ。

筆者のまなざしは、着目点が細部に及ぶほどさえる。

「銭湯でみる女性の下着」「雨の日の傘」「自信ある足元」「吊（つ）り革の握り方」…。観察しながら、筆者はいくつもの「発見」をする。中高年女性のブラジャー着脱法に一定の共通点があること、吊り革の握り方ひとつでその人の性格や体調がみえる気がすること、などなど。

一見「ふつう」の光景にこそ、じつはそれぞれの人となりが如実に表れているのだと、筆者は伝えたいのかもしれない。傘のさし方などといった、細部であればあるほど。それは一方で、「ふつう」の解体作業であるともいえよう。

神は細部に宿る、というが、本書は「真実は細部に表れる」を地でいく好著である。

「あなたもマンガになっているかも」

ところで本書の帯には、こう書かれている。そう、今日も街のどこかで私の一部始終がつぶさに観察されているとしたら…？

本書のいちばんの面白さと、恐ろしさがここにある。（島村麻里・フリーライター）

（メディアファクトリー・1000円）＝2001年5月10日③配信

記憶の恣意性

「わたしたちが孤児だったころ」（カズオ・イシグロ著、入江真佐子訳）

イシグロのテーマは、記憶の恣意（しい）性。人は過去のできごとをつごうよく解釈し、わい曲した記憶を残す。客観的事実や歴史的事実と照らしあわせ、個人の記憶に潜むこっけいな悲喜劇をあぶりだし、小説は進む。

手の内は見えたはずが、新作が出ると読む。それも、一気に読んでしまう。同じテーマを装い新たに書く技量にいつも驚いてきた。ディテールが読ませるのだ。

新作「わたしたちが孤児だったころ」は、二十世紀初め、何かと不穏な上海租界で暮らした英国の少年が主人公。長じて探偵になり、二十年も前に蒸発してしまった両親を捜す気でいる。

もちろん、アイデンティティーを探求する倫理的な寓話（ぐうわ）である。孤児だった「わたしたち」とは、「消えてしまった両親の影を何年も追いかけている孤児」のように「世界に立ち向かう」人間をいう。

「ブラインドの羽根板を束ねている撚り糸」のように、ばらばらになりそうなものを束ねることを使命と感じる者をいうのだ。ただ、人の善意が、力と力のぶつかりあう政治にふみにじられてしまい、切ない。

カフカに似ている。ヘンリー・ジェイムズだ。いやハロルド・ピンターだ。と、大作家たちにたとえられるイシグロ。たしかに、イシグロ・ワールドが構築された感がある。

しかし、次なる作品となると、舞台設定も主人公も装いを新たにするはずだ。ならば一度、恋愛小説にしてほしい。恋愛も（こそ？）、記憶のわい曲と自己欺まんのドラマなのに、イシグロは正面きっては扱わない。唯一心を動かした女性との出奔未遂なども、主人公の心ここにあらずを描き出しただけのようで、イシグロの苦手を発見した気がした。

結末、主人公をかわいがっていたフィリップおじが、母への秘められた屈折した暗い感情を吐露するくだりを読んで、このあたりを得意な筆さばきで描いた、いまだかつてない恋愛小説を読んでみたいと思った。（岩田託子・中京大教授）

（早川書房・1800円）＝2001年5月10日④配信

乙女の「型」描く

「鱗姫」（嶽本野ばら著）

歌舞伎役者・中村歌右衛門の追悼番組を見た。晩年の彼の女形は、ゾクゾクするほど美しかった。

歌右衛門はもうおじいさんなのに、女より女らしかった。だが、もしも若い女優が歌右衛門と同じしぐさをしたら、それはきっと女には見えないだろう。歌右衛門が演じたのは女の「型」だ。

こんなことを考えたのは、そのとき私は嶽本野ばらの「鱗姫」を読んでいたからだ。

嶽本野ばらは「乙女のカリスマ」と呼ばれている。とはいえ、嶽本は男。しかも今年三十三歳になる、もうけっして若いとはいえない男だ。その彼が「乙女のカリスマ」などと呼ばれるのは、彼がエッセーなどで一貫して「正しい乙女」を追求してきたからである。

デビュー作「ミシン」に続く、彼の二冊目となる本書の主人公は、正しい乙女たらんとする女子高生、龍烏楼子（たつおたかこ）。乙女にとっては何よりも白い肌が大切、日焼けは肌の大敵、と考える彼女は、校則にあらがってでも日傘を差して登校する。

楼子は自分を女子高生ではなく「女学生」などと呼ぶし、日傘だなんていったいいつの時代の話なのかと思うが、舞台は現代だ。

楼子をつけ回し、脅迫するなぞの男がいたり、彼女には人に言えぬ悩みがあったり、ということで物語はさながら江戸川乱歩か楳図かずおか、という展開になる。しかしそれをここで明かすのは野暮というもの。ぜひご自分の目で確かめていただきたい。

スタイルは怪奇小説か探偵小説であるが、主題は「乙女」である。しかし、現実にはもう乙女は存在しない。だから嶽本は乙女の「型」を描く。するとあら不思議、われわれが無意識のうちに虚構としての乙女に託していたさまざまな幻想が見えてくる。

たんなるノスタルジーでもキッチュでもない。その意味でこの小説は、空前の女性文化の批判／擁護なのである。（永江朗・フリーライター）

（小学館・1260円）＝2001年5月10日⑥配信

新しい自伝のスタイル

「威風堂々うかれ昭和史」（小松左京著）

「日本沈没」などで有名な著者が、昭和六年大阪に生まれてから作家としてデビューする三十年代半ばまでの「自分史」を語ったのが、本書である。著者が「小松左京」になる前の小松実という一人の庶民の生活から、時代を読む「自分時代史」である。

最も面白いのは、「昭和」を、第二次大戦による支配と統制の暗い時代から戦後の民主化の明るい時代へという凡庸な政治史の視座からとらえるのではなく、大衆文化史、社会史の視座からとらえ直そうした点だ。歌謡曲、唱歌、そして軍歌に至るまでのさまざまな歌や映画、ラジオ、飛行機などに関するエピソードを通して、庶民の生活の変化をトレースしている。

少年期には、メンコやビー玉で遊び、ラジオを聴き、親に隠れて映画を見に行く。旧制高校時代には、たばこを吸い、酒を飲み、遊郭に通う。漫画を描き、経済雑誌の編集をし、小説を書くマルチな著者の語る話には驚かされっぱなしだが、戦時中に神戸ではまだアメリカ映画が見られたというのには特に驚いた。

本書を魅力的にしているのは、記述のスタイルでもある。編集者が著者にインタビューする対話形式で話が進んでいく。だから歴史学の本と違って読みやすく、万華鏡のようにちりばめられたエピソードにぐいぐい引き込まれていく。「自分」の中に聞き手と話し手という距離をつくりだすことで、自分と世界を客観的にかつダイナミックに書く、新しい自伝のスタイルだ。

本書を読むもう一つの楽しみは、著者と同年代の各界の魅力的な人々との対談である。女優の中村メイコ、漫画家の杉浦幸雄、作家の佐野洋、映画評論家の白井佳夫、落語家の桂米朝、テレビ・ディレクターの沢田隆治、文化人類学者の石毛直道、女優の山本富士子の各氏との対話が、著者の話と絡まり合いながら、戦前、戦後の昭和のいろいろな表情が見えてくる。豪華絢爛（けんらん）。いや、やはり、タイトル通り「威風堂々」と言うべきか。（樫尾直樹・慶応大助教授）

（中央公論新社・2800円）＝2001年5月17日①配信

食の文化を守る運動　「地球は売り物じゃない！」（ジョゼ・ボヴェ、フランソワ・デュフール著、新谷淳一訳）

ニューヨーク・タイムズ紙の一面を飾り、シアトルでは全世界のNGOを率いて世界貿易機関を混乱に陥れたフランス人がいる。小さな農村の一農民でありながら次の仏大統領選への出馬がささやかれ、反グローバリゼーションの象徴的存在として世界に知られる男、ジョゼ・ボヴェ。

ボヴェが一躍有名になったのは二年前のマクドナルド事件だ。欧州連合（EU）が成長ホルモン剤で育てた米国の牛肉の輸入を禁止したことに対し、米国が報復措置として欧州の輸出品に高い関税をかけた。その中には、ワイン好きにはたまらない仏の名産品ロックフォールチーズが含まれていた。ボヴェはこれに抗議して南仏で建築中のマクドナルドを壊し、逮捕される。

フランスと米国、二つの国の食文化を代表するチーズとハンバーガー。ボヴェの行動は、フランス人の嫌米感情を大いにくすぐった。仏大統領までが行動を支持、ボヴェは法を犯したにもかかわらずマスコミの寵児（ちょうじ）となった。

一見、二つの国の低レベルな文化摩擦に見えないこともない。しかし、本書を読むとボヴェらの行動は人間の基本である食べるという行為の主体性を取り戻そうという理念に裏打ちされていることが分かってくる。それは食がもつ本来の意味の「文化」を守ろうとする運動である。マクドナルドは米国ではなく工業化された食品の象徴なのだ。

昨年、マクドナルド事件の初公判には四万人が裁判所前を埋め尽くした。ボヴェの支援者の輪は今や世界中の消費者団体や環境保護団体に広がっている。安心できる物を食べたいという人々の素朴な欲求に訴えかけるものがあるからだ。

米国や欧州でこれほど話題になりながら、不思議なことに日本のメディアはボヴェについてほとんど取り上げてこなかった。そんな日本において本書は彼の素顔を知ることができる貴重な一冊。農業専門ジャーナリストによるインタビューを通して、等身大のボヴェの姿が伝わってくる。（大島寿美子・ジャーナリスト）

（紀伊国屋書店・2200円）＝2001年5月17日②配信

イタリア的なるもの活写　「みんなイタリア語で話していた」（岡本太郎著）

イタリアでの日常生活や映画、音楽で耳にした印象深い表現を取り上げて、イタリア的なるものを浮き彫りにしたエッセーである。

著者は旅・映画・音楽を中心とするライターで翻訳家。イタリア在住歴も長い。日本人が持っているイタリア人のイメージ—陽気、おしゃれ、女性を見ればすぐ口説く、働かない—を否定や助長するようなイタリア文化論エッセーではなく、自分が見たこと、聞いたこと、考えたことだけを基軸にしてイタリアを語っているところが新鮮だ。

たとえばイタリアのテレビでマカロニウエスタンとアメリカの西部劇映画の両方を見て感じたこと。「英語はまじめな言語だ。かちっと硬質で、きびきびと鋭角的で、アングロサクソン族のリズムの刻み方に基づいていて妙な隙がない」「イタリア語はもっと曲線的で、英語に較べれば硬度もずっと低い。しかも、いろいろと微妙な隙がある」

そして著者は自国の歴史をまじめに再現しようとする西部劇に比較すると、マカロニウエスタンはうさんくさいと気づき、そこが日本のチャンバラのでたらめさに通じると看破する。「男はつらいよ」シリーズのイタリア語吹き替えがまったく違和感なく聞こえるのも、日本とイタリアが「人情」という共通点を持っているからだ、という指摘も楽しい。

今年は日本におけるイタリア年で、物産展や映画祭が開かれちょっとしたイタリア・ブームだ。別にそれに乗じたわけではないが、私も今年からイタリア語を始めた。学んでみると、イタリア語は楽しく奥深い言語だ。本書にも紹介されている、「そうだったらいいんだけれど……」をひと言で表現したmagariのような、簡単ながら含蓄のある表現が多くて、これは一度ぜひ本場で使ってみなくてはという気持ちになっている。

いつかイタリアに行き、片言のイタリア語で話して、イタリア的なるものにふれてみたい。そう思わせてくれる本である。（実川元子・フリーライター、翻訳家）

（晶文社・1800円）＝2001年5月17日③配信

人生の透視図

「世界の中心で、愛をさけぶ」(片山恭一著)

人間が一回限りの人生を生きているということはどういうことなのか。逆にその人生を終えて死んでしまうということは何なのか。

果てしなき問いかけが、この小説には反響し続けている。中学時代からひそかに想(おも)いあっていた一組の高校生が、彼らの素朴で淡いことばをもって、人間の生と死の根源をさぐり出そうとしている。

時代の流れに乗って流されてゆくだけの若者とはまったく異質の〈ぼく〉と〈アキ〉は、まじめにかなたに存在する自分たちの姿を想い描こうとしている。恐る恐るキスをするその初々しさが、目下の彼らの存在証明であって、その先は頭の中で空転するだけだ。だから四六時中一緒にくっついていたい、互いを大切にしたいと思い続ける。

しかし、人生には皮肉がつきまとい思いどおりにはいかない。〈アキ〉が重い白血病になり、余命いくばくもないというところに追い込まれ、〈ぼく〉は彼女にそれをさとられまいとしてますます優しく煩悶(はんもん)し続ける。

彼女が死んでしまえば、もう彼女の感触は消えてなくなってしまう。それが死というものなのか。彼女が彼の前からいなくなったとしても、彼女の感触がずっと残り続ければ、それは彼女が彼の内に生きていることになるのではないか。〈生〉とは何か、そして〈死〉とは何か。

作者は際立って低姿勢をとりながら、若い男女に人間本来の大いなる主題を語らせ、そして苦悩させてゆく。

人間の積み重ねてきた知恵や叡智(えいち)にそっぽを向いているような傾きにあるこの時代、彼と彼女の淡き恋と苦悩はまるで珠玉のように思えてくる。

〈ぼく〉の祖父は、とっくに妻を失っているのだが、添うことのなかった初恋の人を想い続けて、その人の骨をひそかに携帯している。〈ぼく〉は祖父が死んだら二人の骨を散布する約束をしている。

人生の透視図、人が人を愛する究極がそこに見える。(栗坪良樹・文芸評論家)

(小学館・1400円)=2001年5月17日⑤配信

「出逢い」の不思議考察

「偶然性と運命」(木田元著)

「出会い系」とは、パソコンや携帯電話ネット上における社交恋愛用サイト(広場)のこと。このダイレクトな言い回しの流行語が、世間一般へ急速に普及しつつある。

だれかに紹介されるのでなく、「偶然」に出逢(あ)いたい! 「運命」の赤い糸で結ばれた未知のだれかと、ある日突然、めぐり逢いたい! 恋愛行為以前の「出逢い」に、なぜ、そこまで恋い焦がれるのか?

きわめて身近な難問に、哲学・思想の次元から、誠実に答えたのが、本書である。

筆者は、プラトン、ニーチェ、九鬼周造らを手がかりに、知的探索を開始する。元をたどれば、「偶然」という抽象概念は、現実の「出逢い」からしか定義できない。「遇(あう)」は、「偶(たまたま)」に先立つ、基本概念らしい。

では、その「偶然」を「運命の出逢い」と感じるのは、なぜ? そもそも「運命」という概念じたいに、「未来に開かれた選択のチャンス」と、「過去に定められた宿命」という、矛盾が含まれている。

この矛盾こそが、私たちを魅(ひ)きつける。人間が過去・現在・未来に生きる、矛盾した「時間的存在」(ハイデガー)だからこそ、出逢いの一瞬が、「特権的瞬間」として、インパクトを生むのだ。

探索をふまえ、筆者は、ドストエフスキー「悪霊」「カラマーゾフの兄弟」から、二つの例をとりあげ、「運命的な出逢い」を展望していく。

運命の出逢いは、男女の間にだけ、起こるのではない。現象学研究の第一人者たる筆者は、社会思想史の故・生松敬三氏との名コンビで、名著を世に送り出してきた。何よりも本書には、二人の運命的な出逢いから生まれた、魂の交遊の楽しさが、調べゆたかに響いている。

今、一瞬の刹那(せつな)的な出逢いをもとめ、日々焦りまくっているアナタへ、おすすめしたい。(藤本憲一・武庫川女子大助教授)

(岩波新書・680円)=2001年5月17日⑥配信

ヒトもサルも一つの環に 「大型類人猿の権利宣言」(ピーター・シンガーら編、山内友三郎、西田利貞監訳)

サルとヒトは生物として親類である。サルはヒトのように生活し、ヒトもサルに似た行動をする。そのくらいのことはこれまでもいわれてきた。サルの行動を擬人化したり、ヒトの猿真似(まね)をあげつらったりする言葉遊びのたぐいも、けっして珍しいことではなかった。

けれどもこんど満を持して公刊された本書のいわんとするところは、そんな生やさしいものではない。なぜならヒトに人権があるように、サルにも侵しがたい権利がそなわっていると主張しようとしているからだ。人権にたいするサル権なのではない。そのサルの権利はかぎりなく人権に近いものだという認識である。

サル族のうちでもとくにチンパンジー、ゴリラ、オランウータンなどの大型類人猿はそう主張する権利をもつはずだ。かれらをわれわれ人類の「平等の共同体」に組み入れることに反対する理由は全くないというのである。

監訳者の一人である西田利貞氏の言葉をかりれば、人類の歴史においてこれは一八四八年の「共産党宣言」以来の大事件であるということになる。なぜなら「共産党宣言」はヒトという単一種内の問題だったが、本書にある「大型類人猿についての宣言」は種を越えて適用されるものだからである。

通読して、なるほどと納得しないわけにはいかなかった。何しろ大型類人猿研究の分野で世界をリードするジェーン・グドールやリチャード・ドーキンスのような動物行動学者をはじめ、生理学や哲学そして環境倫理の専門家たちがこぞってこの企てに参加し、その真に迫った研究成果のエッセンスをひれきしているからである。

最後に一言。西欧近代の進化論の立場からすればサルとヒトのあいだには一線が引かれていたが、東洋的な輪廻(りんね)転生の思想からすればヒトもサルも一つの環(わ)につながっていた、一そんな感想もわくのである。(山折哲雄・国際日本文化研究センター所長)

(昭和堂・2400円) = 2001年5月24日①配信

「最小限住居」への挑戦 「9坪ハウス狂騒曲」(萩原百合著)

それまで賃貸住居で暮らすことの気軽さを主張していた夫が、ある日突然家を建てたいと妻に相談をもちかけた。しかも家の骨組みは、夫の勤務先であるリビングデザインセンターの展示品として、すでにこの世に存在しているのだという。家づくりのドラマはこうして突然幕を開けた。

それは建築家増沢洵が五十年前に建てた「最小限住居」を再現したもので、建築面積は九坪、二階の床面積を入れても合計十五坪という広さ。吹き抜けが一階と二階を結び、個室は浴室とトイレだけというほとんどプライバシーのない生活。一家四人が暮らすには不安になる狭さといってよいだろう。

本書は家造りを決断し、資金計画、土地探し、不動産屋との契約交渉、家の大きさの決定、建築家との打ち合わせ、家具の処分、引っ越し、そして新居での生活の数々の発見を、一家の主婦が自ら語ったエッセーである。

設計過程では、これまであいまいなままでやり過ごしていた自分の生活のあらゆる細部を考え直し、ひとつひとつ決断していかなくてはならない。本書が単なる苦労話を超えて素晴らしいのは、普通の生活感覚を建築家という専門家にぶつけて、自分自身で納得していくそのプロセスにある。

それまで住宅は広ければ広いほど良いと信じていた主婦が、次第に考え方を変えていく。最初は機能一点張りで自己の要望を通すことだけを考えていた女施主は、設計者の過去の作品を見学することで、次第に機能を超えた空間やディテールの魅力に目覚めていく。そのウイットに富んだ語り口は読むものを引きつける。

日々の生活を楽しむというあたりまえのことがとても新鮮に見えてくる。生活という日常が、実は考え方次第できわめてクリエーティブになりうるのだ。

これから家を建てようとしている人、そしてハウスメーカーの住宅を購入することへの違和感を少しでも感じている方に、ぜひお勧めしたい一冊だ。(中村研一・建築家)

(マガジンハウス・1400円) = 2001年5月24日②配信

表現者と読者の共同体

「ほぼ日刊イトイ新聞の本」(糸井重里著)

今、インターネットの世界で最も目を離せない存在と言えば糸井重里だろう。その主宰するホームページ「ほぼ日刊イトイ新聞」は一日三十五万のアクセスを稼ぐ。コラム中心ページとしてこれは奇跡的な数字だ。

そんな大人気ホームページがどうして作られたのか—。その経緯を書き下ろした本書を読むと、糸井のホームページへのかかわりの真剣さが痛いほど伝わって来る。

コピーライターとして自分がもてはやされたのは、経済に余力があったから。資金が不足すれば真っ先にクリエーティブの部分がカットされる—。そう見切るリアリズムから、経済や流行に左右されずにクリエーターが表現する場が作れないかという模索が始まる。

そこで見いだされたのがホームページというメディアだった。確かに「ほぼ日」は見るのも無料だが、書き手もノーギャラ。書きたいから書く、読みたいから読む。純粋に面白さだけでつながった表現者と読者の共同体がホームページを舞台に作られ、育って行く。

もちろん糸井の人脈で著名人が執筆するから話題を呼ぶ、彼らは正業で多くの収入があるからギャラなしでも書けるのだ—、そんなうがった見方も可能だろう。

しかし今の「ほぼ日」はそんな横やりをはね返す。そこでの掲載記事のいくつかはまとめられて書籍化されたが、皆ベストセラーに輝いて来た。一日三十五万アクセスの告知力は圧倒的で、著名人の本でなくとも面白ければ売れ、ノーギャラだった書き手に経済的見返りがあり得る。そこでは、まさに表現者が経済を従えて活動するシステムが確立されているのだ。

本書はそこまで育った「ほぼ日」の経過報告だ。しかし、副産物の本が売れるようになることが糸井の最終目的でない。クリエーターが不動の中心に位置する新しい表現メディアはどこまで進化し得るのか。その未来を糸井は切実に見たがっている。本書の読者もまたその夢に共感し、希望を共有できるはずだ。(武田徹・ジャーナリスト)

(講談社・1700円)＝2001年5月24日③配信

ビートの精神求める旅

「オン・ザ・ロード、アゲイン」(久信田浩之著)

ウイリアム・バロウズやジャック・ケルアックなど、ビート派の作家の人気は根強いものがある。最近も、ビートの時代を紹介する映画の上映会や、ビート派詩人の詩の朗読会などが盛んに行われているようだ。

まだ四十歳の著者の手になる本書においても、ビートにはじまる現代のサブ・カルチャーの流れ(著者はそれをオルタナティブ・シーンと呼んでいる)が、さまざまなエピソードをまじえながら、実に丁寧に紹介されている。

ほとんど亡くなってしまったビート派の作家たちが、いまだに根強い人気を保っているのは、既成の概念にとらわれないラディカルなライフスタイルを貫いたその生き方が、世代を超えた若者に共感を覚えさせるからだろう。

しかし、人間の心を探求するためにはドラッグを使うことも辞さず、西洋の近代文明が拡大の一途をたどっていた一九五〇年代の後半に、東洋の精神性の歴史的意義を西洋社会に知らしめる役割を果たした彼らの実践的な芸術活動が、当時だけの一時的な流行に終わっていたなら、これほどまでに時代を超えた共感を彼らが得ることはなかったにちがいない。

精神性を重視するビートの精神は、ヒッピー・カルチャーやさまざまなニューエージ運動を経由して環境保護運動やサイバー・カルチャーの一部に確実に引き継がれ、久信田氏の言葉を借りればスピリチャル・レボルーションと呼べるような大きな文化潮流を生み出しているという著者の主張は、現代の若者たちが無意識に享受し、消費している文化の出自を探る上で、貴重なパースペクティブを提供するものになっている。

本書はまた、単なる情報の羅列ではなく、著者自身が自らの足を使って、ビートやヒッピーの文化が発祥した現地を訪れ、取材するというスタイルで書かれている。そうした現場感覚を大切にする姿勢こそ、ビートの精神の中核にあるものだということを、著者は確実に理解しているようだ。(菅靖彦・翻訳家)

(水声社・2800円)＝2001年5月24日④配信

まさに旅は人なり

「それでも私は旅に出る」(金纓著)

未知の白地図の上に、自分自身の地図を描いて歩く―アラスカの自然と人の営みに分け入って旅を続け、そして非業の死をとげた若い写真家は、自分をそう表現したことがある。

自分自身の地図をどのように描いたか、旅する人の心はつまるところ、そこに見えてくるだろう。あふれるほどの世界旅行記があるが、ジグソーパズルを埋めるように、九十七の国や地域を訪ね歩いた金纓(キム・ヨン)の場合は、「どのように」のところに、その本領が発揮されている。

本人に物語の要素が多いといったらいいのか。韓日辞典をつくった著名な詩人の父、勤勉、厳格なクリスチャンの母のもと韓国に生まれた著者は、若くして日本人牧師と結婚。主婦業に飽き足らず、牧師の資格を取り、スイスで仕事に就くや、夫をがんで失う。

数年教会を任されるが、年来の放浪好きから辞職して、ひたすら未知の国を歩く。やがて乳がんに。その術後の治療もほうって旅に出る―。

気ままな放浪と矛盾するような、その一生懸命、無我夢中、勤勉ぶりは、「旅」という目的を生きる著者の、生き方そのもの。さまざまな国でのちょっとしたエピソードからは、「やりたいことは何でもやってしまう」性格がにじむ。

どこへいっても人々の胸にするりと入り込み、好意に満ちた出会いを楽しむのも、ひとつの才能でもあろう。

まさに旅は人なり、である。偶然の、心に残る出会いをいっぱい引き寄せている。素晴らしい経験だ。女性で牧師、「チマチョゴリの日本人」という、複雑系の人間、さらにがんをかかえて、死を思う旅人。そうした人であればこその歩き方であり、随所に表れる人々の対しようが、印象深い。

しかし、著者はかなり急ぎ足だった。地図の白い部分を消してきた足取りを緩め、ゆっくり体験を熟成させる時間をかけたとき、自分自身の貴重な地図は鮮やかに浮かび上がるのではないだろうか。(中村輝子・立正大客員教授)

(岩波書店・2300円)=2001年5月24日⑤配信

世界を秩序づけた宇宙樹

「神樹」(萩原秀三郎著)

樹木が宗教にかかわる事例は、われわれの周辺に少なくない。日本の場合、暮れのクリスマスツリーから新年の門松へとあわただしく、舞台装置がかわる。

本書は東アジアの民俗や考古学的視点から、樹木が宗教祭祀(さいし)の中で果たす意味を探りあてようとしたもので、著者自身の現地調査による記述と、みごとにとらえた民俗写真で、まるで樹木のまわりを回って祭りに参加しているような気持ちになる。

樹木が、なぜ人間の心性にひびくのであろうか。著者によれば、「垂直的なものが、世界を創造した超越的なものを呼び出し天神との通路の役を果たす。垂直的なものは巨大であればあるほど、天との交流に適している」という。垂直な樹木が宇宙の中心であると認識されるとき、それは宇宙樹とよばれる。

中国の少数民族であるミャオ族は、水たまりに稲籾(もみ)を落とし、籾が沈下した場所を居住地とし、広場をつくり一本の柱を立て、それを中心にして集落ができていったという。柱あるいは樹木を介して天空と集落が対話するとき、人々は宇宙に生きているという実感をもつ。

本書は、現代の生活空間が失った宇宙意識を一本の樹木をめぐる宗教祭祀からよみがえらせてくれる。伊勢神宮の心の御柱(しんのみはしら)はよく知られているが、その原像も世界を秩序づけた宇宙樹であるという。弥生時代の銅鐸(どうたく)も、宇宙樹の意味がこめられた神樹につるされて、神霊をよんだと解釈する。

民俗的行事と神話的空間、あるいは考古学的世界を行き来しながら、樹木の神事が原始の時代から現代まで継承されてきたことを知るが、それは樹木の垂直性とともに、植物という「生き物」の力もあずかっているはずだ。

その力によって、われわれの精神が宇宙に開くならば、植物に生かされている存在としての人間をみつめなおさねばならない。(千田稔・国際日本文化研究センター教授)

(小学館・2800円)=2001年5月24日⑥配信

天才飛行家の生涯

「空飛ぶ男サントス・デュモン」（ナンシー・ウィンターズ著、忠平美幸訳）

有史以来人類の夢であった、鳥のように自在に空を飛ぶという夢を、初めて実現したのはだれだったろう。十八世紀にモンゴルフィエが気球で空を飛んだが、それは風まかせの代物であって操縦できるものではなかった。自分で可導式飛行船を設計し、それを操縦してパリっ子を驚かせた人物、それはアルベルト・サントス・デュモンである。

「空飛ぶ男サントス・デュモン」は、ロンドン在住のアメリカ人作家、ナンシー・ウィンターズによる「とびきりお洒落で、ちょっとおかしな天才飛行家」（同書の帯のことば）の伝記だ。

ブラジルの大コーヒー園経営者の子供として生まれ、莫大（ばくだい）な財産を得た青年が花の都パリに暮らしながら、子供時代からの夢であった自由自在に空を飛ぶことにかけた生涯を、さまざまなエピソードと共につづった一冊である。

読み進むうちに、このサントス・デュモンこそが、ひょっとするとアメリカのライト兄弟よりも早くに、翼を持つ自作の飛行機で、空を飛んでいたかも知れないという事実に驚いたのだった。

サントス・デュモンはそんなことを気にもかけず、淡々とわが空の道をゆく不思議な人だったようだ。生涯独身をつらぬき、パリ社交界の人気者として生きながらも、どこか孤独の影を持った人物、サントス・デュモン。

それは自分たち空のパイオニアが、命を張って発明した夢の乗り物が、戦争の道具として使われることへの悲しみであったらしい。

気球の実験をしていて、記録を計るのに、当時のポケットウオッチは、いちいちポケットから取り出さねばならず、それを友人の宝飾品商ルイ・カルティエに言うと、カルティエが当時は珍しかった男性用腕時計を開発してくれたという。

科学と人間のナイーブで良好だった時代のエピソードがいっぱいの本だ。空になれるため、背の高い食卓といすで食事をしたという、ユニークな男の物語である。（松山猛・エッセイスト）

（草思社・1600円）＝2001年5月31日①配信

混沌の絵巻物語

「真夜中に海がやってきた」（スティーヴ・エリクソン著、越川芳明訳）

本書に登場する人物のひとりが、「この世に欠けているのは何？」と何度も口にする。けっきょく、その人物は、この問いに対する答えを耳にすることはない。だが、考えるに、その答えは、「信仰」や「信念」、あるいは個人が生きるさいによりどころとする「統一原理」や「真実」であるにちがいない。

思えば、フランスの思想家リオタールは、ポストモダンの特色として、「大きな物語の失墜」を指摘していたのだから。ちなみに「大きな物語」とは、自由や革命、精神的な生、あるいは、上は国家から下は家族まで、西欧近代社会がねつ造した理念のことである。

本書は、そうした「大きな物語」―アイデンティティーの準拠枠を喪失した今日の人々の魂の彷徨（ほうこう）を語っている。

五人の主要登場人物たちの疎外された生が出会い、複雑にからみあう本書の物語を要約するのは困難だ。ここでは、その五人のユニークな経歴のみ紹介しておこう。まずは、アメリカから新宿の歌舞伎町にやってきて、客と記憶を交換する「メモリー嬢」の少女クリスティン、その彼女がアメリカにいたときに出会ったのが、酒鬼薔薇事件やジョン・レノン殺害事件などで構成された「黙示録のカレンダー」を制作している中年男性「居住者」である。

その男の失跡した妻アンジーは、核実験にかかわった日本人を父親に持つ。彼女が少女時代に知り合った女性ルイーズは暴力的なポルノ映画の製作者であり、クリスティンの未婚の母親でもある。また、「居住者」の分身のような老人カールは、空間的混沌（こんとん）に秩序を与えようとして「狂気の地図」を制作しているといったぐあい。

もちろん、彼らのほかにも多彩なわき役が数多く登場し、それにともない時間と空間、そして語りの視点が変化し、偶然と運命の支配する混沌の絵巻物語が展開されてゆく。まさにポストモダンな二十世紀後半の社会を浮遊するわれわれの姿そのものを活写した傑作だ。（風間賢二・評論家）

（筑摩書房・2300円）＝2001年5月31日②配信

精神の軌跡、迷いの記録

「成層圏紳士」(松本隆著)

松本隆は甘い。ペパーミント・キャンディのようにヒリヒリ甘い。それはそれは爽快(そうかい)な気分。でも、食べ過ぎは禁物。だれもが彼のように、いつまでも「地上一〇センチくらい浮かんで」いるわけにはいかないから。

一九八一年から現在までに書かれた散文集だから、ちょうど三十二歳、「ルビーの指環」でレコード大賞作詞賞を受賞した年から書かれたものを集めたことになる。細野晴臣、鈴木茂、大滝詠一と組み、ニューミュージックの先駆けといわれた「はっぴいえんど」を発展解消し、すでに松田聖子や薬師丸ひろ子に詞を提供して時代の頂点をきわめていたころ。当時の言葉の数々は生意気この上ない。

たとえば、ニューミュージックの女王ユーミンが「微熱少年」を出す前の松本に、なぜ小説を書くのかと聞くシーンがある。

「失敗したら、ナンバーワンの作詞家っていうステイタスとアイデンティティーを失うじゃない」「失ったっていいよ。ぼくは守りにまわりたくないんだ」

自分の才能を信じ、自分の「美のものさし」を信じて詩を紡ぎ続ける「微熱少年」の意地、ためらい、自信。そして、取り戻せない時間への悲しみと、過剰消費社会のその中心で生きなければならない者の生きにくさが時折顔をのぞかせる。

あるとき、若き松本は滔々(とうとう)と世代論をぶつ。人生の最も多感な時期にビートルズに出会い、黄金の六〇年代を知る自分たち団塊の世代が最も美しい世代だと。すると、詩人・吉原幸子はまるでポール・ニザンのごとく、こう告げた。「誰でも自分の世代を一番美しいとおもってるのよ」

鋭利な言葉のナイフは松本の胸を深くえぐる。だが、その後二十年間、その傷はむしろ宝物となって少年を突き動かし続けたのだろう。五百ページを超える精神の軌跡、迷いの記録は甘く、重い。生半可(なまはんか)な覚悟では少年でいられない。食べ過ぎに注意とは、そういうわけである。(最相葉月・ノンフィクションライター)

(東京書籍・1900円)＝2001年5月31日③配信

高等遊民の生と文学

「蕭々館日録」(久世光彦著)

かつての作家たちは自分の住居に、庵(あん)や亭や堂や館といった屋号・雅号をしきりに用いた。それは確固たる美意識の城の意味であり、濃密な文壇的交流の場の象徴でもあった。

この小説の蕭々館(しょうしょうかん)は、大正末期に東京の本郷にあった児島(小島政二郎)の屋号である。ここを根城に九鬼(芥川龍之介)と蒲池(菊池寛)という三人の作家をモデルとした文学的交流が描かれるのである。

大正期は反自然主義の潮流が興隆して近代文学の成熟期に入ったが、その中の耽美(たんび)的な「高等遊民」の生と文学に焦点を合わせているところがいかにも著者らしい。

五歳になる児島の娘の麗子を語り手としている構成も注目される。岸田劉生の名画「麗子像」さながらに赤い着物を着たオカッパ頭のこの幼女があまりにもマセており、もの知りで人情の機微に通じているのは不自然と言わざるをえない。

けれどもこれは、無垢(むく)な女性性に一種の超越的な能力を見いだそうとする、女性崇拝者としての著者一流の美意識の表れと見なすべきなのであろう。

実際、この館の宴席に集う人々に「酌婦」のようにふるまう麗子の気質は浮世離れしている。父の児島の文章や趣味を嫌い、その他の誰(だれ)彼にも冷静に対する半面、ひとり九鬼だけには異様な関心を抱き続ける。細い体で苦しみながら矢つぎばやに作品を書く九鬼に対して、母でも恋人でもあるように寄り添おうとするのだ。

二人は狂気と死とエロスの領域で激しく交錯する。この交感ぶりは際立っている。そして麗子は九鬼の死を短かった大正という時代への「殉死」のように感じるのである。

大正期への並外れたノスタルジーといい、均衡を崩すほどの芸術観の現れ方といい、ここは、“久世美学”の骨格が今までにも増して鮮烈に現れていると見なすことも可能だろう。(小笠原賢二・文芸評論家)

(中央公論新社・2200円)＝2001年5月31日④配信

チンパンジーの子育て記録

「おかあさんになったアイ」（松沢哲郎著）

進化の隣人。これが、人間とチンパンジーの関係なのだそうだ。共通の祖先を持っていたヒトとニホンザルが分化したのが三千万年前。類人猿として同じ進化をたどっていたヒトとチンパンジーが、さらに分化したのは、五百万年前のことだ。

この、途中までは同じ生き物だったチンパンジーの研究は「必然的に人間を研究することにつながる」。こう語る著者は、京都大学霊長類研究所で、チンパンジーのアイと二十四年間生活を共にしてきた研究者。ゲノムとして人に近いものを持つチンパンジーが人間の環境で育つと、人が本来覚えるような言葉や数字をある程度まで覚えることができる、ということをアイの知性で証明した人である。

このアイが、こどもを生んだ。計画的な人工授精による妊娠出産である。さて、アイは、どんな子育てを始めるのか。本書は、それについての記録を含め、チンパンジーの教育と文化について広域的に語られる。子育ては、単に本能のなせる技なのではない。親の代から引き継ぐ知識や技術といった側面もある。現に飼育下のチンパンジーには、二例に一例の割合で、子育て拒否が起こるという。

子育ての拒否。これこそ、今の人間社会の問題ではないか。興味深いのは、チンパンジーの場合でも、子育ての能力は、経験の豊かさがものをいうことである。野生のチンパンジーの場合、大家族制で、常に複数の大人とこどもが共存しているため、子育ての様子を日常的に見聞きすることができる。

つまり、子育ては、生きることに直結しており、その知恵と文化は経験によって綿々と継承されていく。ところが、経験値の乏しい人工飼育下のチンパンジーだと、出産自体に大パニックを起こす例も少なくない。本能だけでは、子育ては不可能なのだ。

子育てが、母親の孤独な作業であってはならない。母の本能だけでは、すべてを担いきれない。チンパンジーの育児は、そう教えてくれているのである。（藤田千恵子・ライター）

（講談社・1500円）＝2001年5月31日⑤配信

ルール壊したさわやかさ

「アクロバット前夜」（福永信著）

小説にはいくつか暗黙のルールがある。例えば一人称を使う場合、語り手自身がとっぴな振るまいをしてはならず、客観的な観察と記述の役割を引き受け、地の文としての信用を保証せねばならない。

またフィクションである以上、魔術などの非現実性、想像の飛躍は許されるが、しかし登場人物が言ったことはまさに「言ったこと」、見たことは「見たこと」として論理的な整合性は厳守する、などである。

本書はそんなルールを暴力的に、さわやかに、しかもどんな実験的な意匠とも無縁でぶち壊してしまった恐るべき作品だといっていい。例えばリトルモアのストリートノベル大賞を受賞した「読み終えて」では、語り手の「僕」は「君をやつらがねらっている」と警告するが、しかし実際に「君」を殴って傷つけるのは当の「僕」なのであり、彼の言うことはいまひとつ信用が置けない。

また表題作では「私」はリッチャンの寝室に日記を盗み見るべく侵入し、「振り向くと、リッチャンは私のすぐ後ろにいた。窓の外へ逃れる余裕などなかったので、やむを得ず、私は机の下に隠れた。／リッチャンは机に近寄ると車輪付きのイスを引いて座った」

リッチャンは確かに「私」を見たのになぜ平然と無視するのか。本書にはさまざまな奇行が散見するのだが、彼らは決して不注意だったり錯乱していたりするのではない。そうした理由づけなど一切せず堂々と端的に「奇行」を描いたことが素晴らしいのであって、本書は何にも還元できない小説ならではの新たな「リアリティー」の創造に成功しているといっていい。

なお装丁は変わり種。横に組まれた文の一ページ一行目が二ページの一行目に続き、最後までいって一ページの二行目に戻る仕掛けになっている。振り返ってストーリーの自然な流れを確認するには不向きであり、なるほど「不自然」な内容にこそふさわしいものだろう。いわゆる「文学的」な余韻などは当然残らない。（石川忠司・文芸評論家）

（リトルモア・1300円）＝2001年5月31日⑥配信

アートとアートでないもの

「アートレス」（川俣正著）

本書は、約二十年もの間、国内外の各地で特異な美術活動を続けてきたアーティスト・川俣正の活動記録とその制作ノートである。 著者はこの間、垂木や廃材を使用して、あたかも工事中の建設現場や仮小屋を思わせるインスタレーション（仮設の空間設置）作品を発表してきた。いずれも、解体されることを前提とした、その特定の場所の環境や歴史的記憶を取り込んだ一過性の仕事である。

この書名の「アートレス」とは、アートではないもの、と訳せる。しかしここでは、現代において、アートとは何なのか、またアートではないものとは何か、という問いがまずあり、著者は結論を迂回（うかい）しながら、それを考える行為として作業を続けてきた。

四章にわたる、カナダやアメリカ、オランダやブラジルでの代表的なプロジェクトの記録が中心となっており、そこでは、企業基金や企画者との関係、共同作業者や場所の確定をめぐる交渉のほか、公的機関の許諾や現地住民とのやりとり、災害や損害賠償の保険加入、そして予算の確定などの諸条件が記載されている。

本来ならそれは、作家や作品外の実務レベルに置かれるものである。著者は、その交渉をひとつひとつこなしながらプロジェクトの完成にこぎ着ける。

なぜならその手続き自体が仕事の内容に反映されていくからである。いわば、アートとアートでないものに、新たな関係を組み立てることに重心があって、その問いそのものが著者の制作動機となり、長年の活動の根拠にもなってきた。

著者は、その「作品」をプロジェクトと呼んでいるように、つねに著者ないし共同者との集団的な計画と実行の対象としてあり、そのエンドレスの作業過程を振り返るものとして一冊にまとめられた。

人と人との共同の関係性の中で体験しうる、アート行為のもうひとつの価値を問いかける、貴重な自己検証の書。（高島直之・美術評論家）

（フィルムアート社・2400円）＝2001年6月7日①配信

騙される心地よさ

「さんずいづくし」（別役実著）

これは、「さんずい」が偏（へん）にある漢字と、そこから生まれる、「落ちる」「流れる」「溶ける」といった四十七の動詞について書かれた油断のならない文章をまとめた本だ。

「油断のならない」というのは、これはほんとうなのかと疑っていないとすぐにだまされる恐れがあるからで、騙（だま）しの手つきのうまさは、著者ならではのものだろう。

「『よく泣く客と、よく笑う客がいたら、よく泣く客のほうに金を貸せ』と、ある高名な高利貸しも言っている」

ほんとうなのかそれは。その「高名な高利貸し」とはだれのことだ。高利貸しのくせに高名とはけしからん。

しかし、「よく泣く客のほうに貸す」がいかにも高利貸しが口にしそうな言葉なので、ついつい騙される。悪いわけではない。そこに心地よさが見いだされるかどうか。「よく騙される客と、よく疑う客がいたら、騙される客のほうに向かって芝居しろ」と、ある高名な劇作家も言っている。

私は進んで騙されたい。

「『腹が減る』ことを物理的に解消させる工夫については、これ以外にもいくつかあった。私見によれば、『帯』『バンド』の類いも、そのひとつである」

著者はもちろん劇作家として著名だが、これまでにも、『虫づくし』『道具づくし』など、いわば「づくしもの」ともいうべき著書を劇作のかたわら発表している。読むたび騙される心地よさにひたるが、忘れてはならないことがまだほかにもある。「よくもまあ、こうもづくしたな」だ。

「別役実のづくす意志」

ここまで「づくす」を可能にする意志はなにか。裏返せば、そうさせる筆の力、いわば「づくし力」に驚嘆せずにいられないが、それは技術的なことだけでは理解できないだろう。

あとがきで著者は、最近、「デタラメを書く情熱」が薄れてきたと告白している。いつまでも「づくし」てもらうためにも、いい読者として騙され続けなければいけない。（宮澤章夫・劇作家）

（白水社・1600円）＝2001年6月7日②配信

最初のサイボーグマシン

「腕時計の誕生」（永瀬唯著）

腕時計は、私たちの日常生活の中に何げなく溶け込んでいる。

だがその歴史や機械としての意義について、ずっと見過ごしてきたのではないか—青と白を基調にした、この美しい装丁の本は、そう問いかけているかのようだ。

著者はまず、腕時計こそがサイバー・パンク前夜における、義手や義足といった人工補整具を超えた、「人間の本来的な機能を拡張する、しかも身体に密着し、埋め込まれた最初のサイボーグ・マシンだった」という認識を示す。なるほど人類は、腕時計のおかげで機械との密接なインターフェースを果たしたわけだ。

とはいえ本書は、腕時計にまつわる小ムヅカシイ思索や考察だけで構成されているわけではない。諸外国や日本で腕時計が一般化する様子、スポーツの発展との関係など、裏面史を通じて興味深い話題が次々に紹介される。

“世界で最初の腕時計”にまつわる項はその好例だ。実は私も雑学事典から得た知識として、最初の腕時計はボーア戦争時に考案されたと信じていた。ところが著者は「写真の中に写し出された人間の左手首をチェックしつづける」という地道な作業を重ねて、従来の一般常識を覆していく。

明治三十年の新聞に「當世百馬鹿」という漫画があり、腕時計を見せびらかす男が風刺されていることも本書で知った。バブル期に起こった高級腕時計ブームが思い出され、苦笑を誘う。

携帯電話には時計機能が付加しているが、身体に直接装着しないから懐中時計に逆行しているのと同じ、という指摘も鋭い。今の形態のまま携帯が腕時計に取って代わることはないだろう。

IT機器はウェアラブルという方向を目指している。今後モバイル通信デバイス機器はどう展開して行くのか。肌に密着させる機械という観点からひもとけば、腕時計の歩んで来た百年の歴史が、その道を示唆してくれそうだ。（増田晶文・作家）

（廣済堂出版・1000円）＝2001年6月7日④配信

モバイルの病理を分析

「『携帯電話的人間』とは何か」（浅羽通明編著）

新しい道具が行き渡ると、今までと違った出来事がいろいろと起こる。道具の使い方に関するルールができていないからである。電車のなかでケータイを使う若者と、化粧をする女の子とが同列に論じられることがあるが、問題を混同すべきではない。

ケータイやメールについて、いろいろ問題が起きていると感じるのは、従来の習慣やルール、制度では対応できないからである。そこで、いったい何が起きているのか、という問いが立てられる。本書の「この歴史的かもしれぬ心性の変動において、携帯電話は、いったいいかなる鍵を握っているのだろうか？」という言い方はちょっと大仰だが、この問いから、いろいろ興味深いことを論じている。

携帯電話とメールとは、「ただ『つながり』を確認したい欲求だけを直截にかなえてくれる、迂回路を一切介さず即本音だけに応じてくれる商品」であり、この商品にとびつく若者たちは、つながりを確認したいがために使わずにはいられない、孤独な病理におかされた人間たちだということになる。しかもそこに、共同性から逃れられない日本的病理も垣間見られるという。

モバイルの病理は、空間と身体との乖離（かいり）から来るという診断は、本書全体で共通している。それはそうだ。電話も携帯も、離れていてコミュニケーションできる道具だからである。病理の分析は面白いが、わたしの考えでは、ケータイもメールも今までになかった道具だから、このことから生じる逸脱に「病理」というラベルを張るのに先だって、対応するマナーや社会的制度を考えた方がよい。

分析や批判・批評といった知の流通業が、IT革命によって中抜きされていき、戦後の知識人のあり方は終焉（しゅうえん）するというのが、わたしの時代認識である。本が読まれなくなっているという、いわば知の中抜きに、インターネットやケータイやメールが大きな役割を果たしているように思う。（桑子敏雄・東工大大学院教授）

（別冊宝島Real、宝島社・1219円）＝2001年6月7日⑤配信

ヘミングウェイ産業を風刺 「マイケル・ペイリンのヘミングウェイ・アドベンチャー」(M・ペイリン著、月谷真紀訳)

アーネスト・ヘミングウェイは、本人が大嫌いだった大げさな紋切り型でいえば、まがうことなき二十世紀世界文学のスーパースターであり、彼の生涯を写真で追うアルバム本の類も実に多いが、「ヘミングウェイ・アドベンチャー」はその中でも異色の一冊である。

著者マイケル・ペイリンは現在、作家としても活躍中だが、かつての人気テレビコメディー番組「モンティ・パイソン」シリーズの中心メンバーだった英国の代表的喜劇俳優。

実は、この書は一九九九年、ヘミングウェイの生誕百周年をきっかけとし、BBCが制作した同名の連続テレビ番組、ヘミングウェイファンの一人としてのペイリンが、世界中に残るヘミングウェイの足跡を丹念にたどり、この大作家の行動をコミカルなまねで「追体験」してみるという大型ドキュメンタリーの「副産物」である。

番組のラストシーンで、彼が墓前に立ち、殊勝げに「こんな旅をしてみましたが、お気に召しましたか？」とつぶやいて立ち去ろうとすると、地下からヘミングウェイのだみ声がし、「クソみたい！」ときめつける趣向など、ペイリンの面目躍如でふき出してしまう。

本書はこの番組のために、旅、闘牛、狩猟、釣り等々、ヘミングウェイ好みの行動のすべてをなぞってみるペイリンの体当たり的取材の全貌（ぜんぼう）を、見事な写真の数々と共に再録している。（さすがはBBCで、これほど大規模で凝ったヘミングウェイ「幻視行」アルバムが今後はたして可能かどうか？）

しかし番組の裏話に添え、テレビでは語り得ぬ風刺家ペイリンの本音が、本書の至る所に見いだせる。ヘミングウェイは「実体を離れ、伝説を経ていまや陳腐なイメージになってしまった」と彼は嘆く。観光にマスコミに、商品化されたヘミングウェイ。巻頭で著者は、本書が番組と別な「独立した作品」と断っているが、その意図が、この種「ヘミングウェイ産業」風刺にもあることは確かだ。（沼澤洽治・米国文学）

（産業編集センター・2800円）＝2001年6月7日⑥配信

国民の政治参加とは 「デモクラシーの論じ方」(杉田敦著)

デモクラシーとは何ぞや。国民が主権者として政治に参加することである。

それはそうなのだが、かんじんの国民の政治参加をどうとらえるかについて、国民主権が定着した二十世紀になっても、考え方は二つに分かれている。

ひとつは人が公共のことがらに関心を持ち政治に参加することは、その人の人間的成長のためにも社会の進歩のためにも不可欠だという考え方である。

たしかに、抑圧されている人がいたら、その不正を訴え行動する人がいなければならない。そして人々はその訴えによく耳を傾けることだ。活発な討論も必要である。自分さえよければという人間ばかりだったら、社会は良くなるはずがない。

これとは反対に、すべての国民が政治に熱中するのはいいことではないという考え方もある。

現代社会は高度に複雑化している。人々は職業活動に忙しい。みんなが個々の政治問題に自分なりの意見を持とうとしたら相当の努力が必要だ。しかしそんなことは壮大な無駄である。国民は主権者として、信頼の置ける政治家を選挙で選ぶだけで十分ではないか。

こう書くと一見、学者の間の机上の論争のようにみえるかもしれないが、この問題は原発などをめぐる住民投票の位置づけに関連しているし、在日外国人の参政権や女性の政治参画の拡大にも関連している。日々新しい現実的問題なのである。

本書は、こういう二つの考え方をA、B二人の討論というかたちで、いろいろな論点にわたって対比してみせている。

専門家が読むと、これはだれの学説、これはだれの問題提起と、すぐにわかるが、そういう固有名詞を排して平易に書ききったところがみどころであり魅力である。

なお一つだけ直接著者に聞いてみたいことがある。著者は討論が決定的に重要とみているようだが、起業や市民活動が活発に起こされることも重要ではないだろうか。答えを聞きたい。（広岡守穂・中央大教授）

（ちくま新書・680円）＝2001年6月14日②配信

強く生きた女の物語

「赤い月（上・下）」（なかにし礼著）

大正デモクラシーから激動の昭和初期の時代に、恋する男たちへの自由な愛と自己愛に強く生きた一人の女の修羅の物語だ。

主人公の波子は作者の実母がモデルらしいが、彼女の生き方が自由奔放で逞（たくま）しく、魅力に溢（あふ）れている。

波子は北海道・小樽の貧しい家に生まれ、小樽小町に選ばれたこともある美しい娘だ。十四歳のころから平塚らいてうを読み、「青鞜」の同人のような気分の早熟なモダン・ガール。女にとって、一番大事なものは自由だと信じている。

波子は将来を嘱望された青年将校・大杉寛治から求婚された夜、あえて大杉を捨て、馬車屋・森田勇太郎に走る。貞淑な軍人の妻になって不自由な生活を送るより、勇太郎とともに自由な暮らしを選んだのだ。

男尊女卑の風潮が強い時代に、珍しく自分の意志をしっかりと貫いた自己愛の強い女性だ。

勇太郎と波子は大杉の勧めもあって大陸に雄飛し、満州国に夢を紡いだ。関東軍をバックに、牡丹江で酒造業を開き、勇太郎は満州一の造り酒屋になった。波子も三人の子を持つ母親になり、何不自由のない豊かな暮らしを得たのだが…。

日本の敗北が決まるのを見たソ連軍は国境を越えて侵攻し、満州国は一夜にして幻となる。関東軍は敗走し、波子たちは家や財産を捨て逃げ出すことに。

阿鼻（あび）叫喚の生き地獄の中、波子は二人の子供と自分だけのため、ひたすら生き延びようとする。しかし、波子は男たちへの愛は失わない。勇太郎を愛し、年下の保安局員氷室啓介への愛に命を燃やす。

過酷な時代にも、あくまで自分を失わず、自己愛に生きようとする波子の姿は、ある哀れさとともに凄惨（せいさん）な美しささえも私は感じる。

作者は本書を書くことでようやく母親から受けた深いトラウマをいやすことができたのではなかろうか。作者の波子へ厳しいまなざしの中にも優しさが垣間見えるのが快い。（森詠・作家）

（新潮社・上下各1500円）＝2001年6月14日③配信

熱い思いの対談集

「大いなる西部劇」（逢坂剛・川本三郎著）

疾走する駅馬車に飛び込む一本の矢。インディアンの襲撃を迎えうつ騎兵隊の勇者たち。あるいは、血わき肉躍るガンマンたちの銃撃戦。

小説家・逢坂剛と評論家・川本三郎とを夢中にさせているのは、そういった痛快活劇としてだけのシンプルな味つけの西部劇ではない。

本書は、一九五〇年代に公開された作品を中心に、だれもが名を知る大ヒット作から、隠れた名品やB級C級とされる作品まで、その魅力の一端を示そうとする熱い思いに満ちた対談集である。

二人に負けないほどの熱烈なファンでない限り、二百五十本を超える掲出タイトルの多さに読者は、まず驚かされるだろう。また、一口に西部劇といっても、「アダルトウエスタン」「騎兵隊もの」「決闘もの」、あるいは心理ドラマの要素の強いもの、ガンプレイにこだわりのあるもの、さらには「老人ウエスタン」など、提示される特徴の多様さに、興味ひかれるに違いない。

では、二人の話者が強く魅せられているのはどういった作品なのか。

逢坂は、ジョン・フォード監督、ジョン・ウェイン主演のなかで最も好きな作品は「駅馬車」ではなく「捜索者」だと述べる。戦いに敗れた兵士がコマンチ族に連れ去られた姪（めい）を捜索し続ける。そこに、組織のリーダーとして力で押し通そうとするジョン・ウェインにはない陰影ある孤独な男の姿が見えてくる、という。

川本もまた、グループで戦う「リオ・ブラボー」よりも、一人で敵に立ち向かう「シェーン」や「真昼の決闘」により強く心ひかれると記す。

入植者とネーティブ・アメリカン、北部と南部、農民と牧畜家と商人。厳しい自然のなかで対立があらわになり新たな戦いが生じていくといった、西部に通底する大きな物語の存在が、本書からかいまみえる。

また、個性的なわき役など、細部へのまなざしは優しく、そして楽しい。（河合敦子・フリーライター）

（新書館・2300円）＝2001年6月14日④配信

元館主が語る映画の物語

「浪花のラスト・ショー」（杉藤靖美著）

「映画がさびれたら街のにぎわいも、人の心のうるおいも失われていく」。そういうある田舎町とそこで暮らす人たちの姿を思いを込めて描いた、「ラスト・ショー」というアメリカ映画があった。「元活動弁士の映画館主（こやぬし）の娘として生まれ、劇場を揺りかごに育ち、父亡き後は夫とともに映画興行に情熱を傾けてきた」この書物の著者にとって、それはなんとも愛（いと）おしく切ない一本の映画だっただろう。

「浪花のラスト・ショー」と題された本書は、浪花生まれの著者が、二十館を数える映画館主だった亡父の事業を受け継いだが、時代の変遷とともにそれが次々と廃館に。その中で最愛の夫を失い、京都の撮影所をよりどころとする映画人や多くのファンに愛されつつも、ついに劇場経営の幕を引くまでの物語。

「そんな私がペンをとる気になったのは、館主の立場から映画を語ったものがないという寂しさからです」

けれどもこれは感傷的な本ではない。むしろわいわい賑（にぎ）やかで「なにかアツーいものを持っている人」たちによる、まことに喜怒哀楽の表情に満ち満ちた、元気な映画愛の書物。

大スターがちらりと見せるシャイな人間味。たとえスクリーンにその名を留（とど）めなくとも生涯を映画のために尽くそうと励む脇（わき）役俳優たちの心意気。映画の灯を消してはならじと頑張る監督やスタッフ。そして彼らの映画魂を一瞬の狂いも無く上映しようと命を懸ける映写技師。

それら名うての京都映画人に「ママ」と慕われた著者の「奮戦一代」記の中で、少女時代に愛した洋画の数々の思い出がまるで可憐（かれん）な挿絵のよう。

「読んだよ。僕は涙が溜（た）まった」とこの書物に言葉を寄せた東京の大スター池部良も、「靖美はん、気張んなはれや」などと不思議な大阪弁で激励する。そんなとき、ママはひとり「くすくす笑いながら」つぶやく。「そうだ、お酒飲も」。では、ぼくらも「飲も」。（大林宣彦・映画作家）

（発売・恒文社、1600円）＝2001年6月14日⑤配信

大きさとやさしさ

「漱石先生の手紙」（出久根達郎著）

日本の文学者の中で、人気がある人物といえば、芥川龍之介、太宰治、三島由紀夫など多くいるが、もっとも読み慕われているのは夏目漱石ではないか。作品も幅広く、読みやすさやおもしろさもある。作品論や人物論を書いた書物も多くあるが、本書は漱石の手紙から彼の人柄を浮き彫りにしたものだ。

著者の出久根達郎氏は熱狂的なファンだ。

どのくらい思い入れが強いかは、まえがきに「私は漱石先生によって、この世の仕組みを教えられ、文学を教わり、人間の不可思議に目を開かされた。（中略）漱石という文豪は、教師というより総合大学であった。私は漱石大学で、さまざまを学んだ」とあり、小説家としての文章の書き方、社会人としての言葉の使い方、世間常識、お金に対する観念、その他あらゆることを教えられたと語っているが、本書はその言葉にたがわず、文豪の人間性がよく現れている。

漱石は二千数百通の手紙を残したが、著者はそれらを紹介し、人に対するやさしさ、友人や家族をおもう気持ち、あるいは弟子や才能ある人間への純粋な接し方や気配りが、並々ならぬことを紹介しているが、どの手紙もおもいやりにたけていて、漱石がいかに好漢であったかが描きだされている。

また小説家になりたい若者たちへの配慮や、読者のひとりひとりまでにも文章をしたためる丁重さは、文豪という枠組みではかりしれない人間としての大きさがある。大げさに人の道を説くことはないが、漱石の生き方や人への接し方が、気づけば模範となっている。

紹介された手紙のすべてに、穏やかな感情と深い情がある。そこに著者も人間的魅力を感じるとともにひきつけられたのだろうが、漱石好きの人間には彼の心根のやさしさに、「漱石先生万歳」とあらためて快哉（かいさい）を叫びたくなるような心温まる作品だ。（佐藤洋二郎・作家）

（NHK出版・1500円）＝2001年6月14日⑥配信

都市と文学の解読　「浅草十二階」（細馬宏通著）

明治二十三（一八九〇）年に竣工（しゅんこう）した、十階建てのれんが造りの塔に二階分の木造を加えた浅草十二階は、明治期東京のランドマークだった。東京一の高さを誇り、内部には世界でもまだ珍しかったエレベーターを備えた塔だったからである。

正式名称は凌雲閣、設計者は衛生技師として招聘（しょうへい）されたお雇い外国人バルトン。明治時代を生き抜いたこの名所は、関東大震災で真ん中からポッキリと折れ、陸軍工兵隊によって破壊除去された。その寿命三十三年であった。

本書はこの浅草十二階を徹頭徹尾追いかける。名前と簡単な由緒だけを知って、この塔を理解したつもりになっていたわれわれは、本書のなかでさまざまな発見に出会う。たとえばバルトンを招聘した明治政府の担当官僚は、じつはそのころ役所勤めだった永井荷風の父親であったとか。

だが、もっとも大きな発見は、この塔をめぐるまなざしのあり方の構造についてである。塔は遠くから眺められ、また人は遠くや近くを眺めるために塔に登る。そこには都市のパノラマが展開していた。

冒頭で著者がこの塔を「低い高さ」という見方によって解釈しているのはおもしろかった。ここには下にいる人々の表情をうかがえる距離感があったのだ、と。たしかに江戸時代にも、低い丘が山と呼ばれていた。待乳山、飛鳥山、愛宕山などみなそうだ。そこには「低い高さ」があった。

だが、浅草十二階からの視線の交錯は、近代都市の構造につながってゆく。ここに人々は何を見、何を見なかったのか。写真家小川一真、小説家森鴎外や田山花袋、歌人石川啄木、さらには江戸川乱歩、このような人々にとって浅草十二階は何を意味し、何を意味しなかったのか。

この本のなかで語られる相互に交錯する視線の構造は、本書の構造自体にも反映していて、ここには都市を通じて文学を解読する視点と、文学を通じて都市を解読する視点とがせめぎ合う。それがおもしろい。（鈴木博之・東大教授）

（青土社・2400円）＝2001年6月21日①配信

現代の生身信仰から解放　「交叉する身体と遊び」（松田恵示著）

少年事件が起きるたび、マスコミは「仮想現実の中で身体や生命のリアリティーが失われているのが原因」と書きたてる。東洋医学や気功に代表されるような、身体をひとつの全体として扱う医療や施術も相変わらずの人気。どうやら現代人は「生身の身体感覚を取り戻さなければ」という強迫観念にとりつかれているようだ。

しかし、そもそも「生身の身体」とは何なのか。自然の中に身を置いたり、スポーツで汗を流したりすることにしか身体のリアリティーはない、と言い切れるのだろうか。本書は身体性という問題に対するそういう本質的な疑問に答え、私たちを“生身の身体強迫”から解放してくれる一冊だ。

スポーツ社会学を専門とする著者は、「スポーツする身体は生身のものでテレビゲームのそれは虚構」という通念が実は社会的に作られたものでしかないことをまず明らかにする。生身のものではないにせよ、他者性を含んだ身体との出会いは今やゲームの中にしかないかもしれないし、スポーツが称賛されるのはそれが統制され管理された近代社会に都合のよい身体活動だからである。

では、私たち現代人はさしあたってどこにまっとうな身体性を求めればよいのか。著者の答えは「生きるエネルギーにそのまま過不足なく等身大に向き合う身体」に、と明快だ。そしてそれに最も近いのは、「遊びの中にある身体のイメージ」だとする。

しかし、遊びとは本来「あいまい」で「でたらめ」なものであり、それは学問の枠内で論じようとした途端、消え去ってしまうという性質を持つ。そのジレンマに絶えずぶち当たりながら、著者はスポーツや体育教育からマンガやチベタ座りにまでフィールドを広げ、遊びと身体とが交叉（こうさ）する場所に生まれる人間の新たな可能性について論を進める。「身体の復権を」といった主張に抵抗を覚える若者もおおいに元気づけられる、そんな“カラダにいい学術書”である。（香山リカ・精神科医）

（世界思想社・2200円）＝2001年6月21日②配信

先駆者の財産伝える試み

「教養としての〈まんが・アニメ〉」(大塚英志、ササキバラ・ゴウ著)

「うーん、文庫本ならともかく、書店の新書コーナーって、どれっくらい若者が立ち寄るもんかなー」などと、おせっかいにも気をもんでしまう書物である。

というのも、本書は子ども時代に「鉄腕アトム」や「あしたのジョー」を享受した世代向けの懐古趣味本ではないし、「太陽の王子ホルスの大冒険」や「新世紀エヴァンゲリオン」を事細かに分析し、熱烈にウンチクを傾ける、おたく向けの本でもないからである。

大塚英志とササキバラ・ゴウが、本書を出すきっかけとなったのは、まんが家やジュニア小説家志望の若者たちが通う専門学校で、授業を行った経験である。

彼らが創作の基礎技術を伝授するために引用した、先駆者たちの歴史的財産である作品群を、書き手を目指しているはずの生徒たちは、ほとんど知らず、読んでもいなかった。その時系列の断絶状態に、二人は大いに困惑する。

読んでいないのは、手にはいらないからではない。高度情報化社会では、知識や資料の収集自体はさほど難しくない。面倒なのは、膨大な情報の山から、何をいかに選択するかで、方向づけを欠いたままでは、なるほど身動きが取れまい。

そこで二人は「伝える試み」に着手する。子ども時代から現在に至るまで、彼らが愛し、生きる糧ともしてきた作品が、次世代に継承されないのは、自分たちが伝える努力を怠ったためか、という反省のもとに。

彼らはあえて、「作者が作品に込めた〈主題〉とは何か」という泥くさい場所へ踏み込んでゆく。それは、絶対的な価値が消失し、もてはやされる傾向が目まぐるしく変わり、消費につぐ消費に明け暮れる世の中では、愚直な作業に見える。

それでも若き日の手塚治虫が、戦時下で描いた素朴なまんが絵の少年が、不死身の軽さを逸脱し、血を滴らせる瞬間に、「死にゆく身体」の誕生を読み解く言説は刺激的だ。願わくば、本書に詰め込まれた切実さが、オーラを放って若者を新書棚へと引き寄せんことを!(片倉美登・文筆業)

(講談社現代新書・700円)=2001年6月21日③配信

少子化時代の女性の心理

「子どもという価値」(柏木恵子著)

少子化対策、農業後継者対策として結婚を推進しようという動きが全国各地にある。

しかし、少子高齢化は地域の死活問題なのだという切実な声のむこうには、あいもかわらず「(子どもを産み育てる)嫁をもらう」という意識が見え隠れする。古い価値観のまま、単に人口対策として結婚を勧めても成果があがらないのは当然だろう。

なぜ晩婚化・非婚化が起こり、少子化なのか。本書では、背景にある日本の社会状況、産む性である女性の心理の変化が大きくかかわっていることが明らかにされる。

かつて子どもは「授かる」ものだった。乳幼児の死亡率が高かったこともあり、ひとりの女性が何人も産んだ。だが、医療技術の進歩や避妊の普及によって、子どもは「授かる」時代から「つくる」時代へと変わっていく。

また、家庭で子育てを終えると同時に、おおかた人生の終えんをも迎えていた女性たちは、高齢化時代に入って子育て後の人生を手に入れる。そして子育て以外にも生きがいを求め始めたのだ。

先日、女子学生がこんなことを言った。「女性は就職活動しながら、これからどう生きていくかまで考えるんです。子育てしながらそこで働きつづけられるのかということまで」

同じように親になる可能性があっても、子育てを自分のものだと認識していない男子学生は考えもしない。

育児は「母親の手で」と言われ、なおかつ働く母親への支援は少なく、専業主婦は孤立した閉塞(へいそく)感の中で育児不安に襲われる。子育てが楽しいとは言いがたい日本の社会。

そんな従来の性別役割分業による子育ては、もう機能不全に陥っていると著者は言う。

新しい家族のあり方やこれまでとは違う子育ての仕組みが求められているのだ。果たして日本の社会はそれをつくり出せるのか。今、それこそが問われている。(いずみ凛・脚本家)

(中公新書・840円)=2001年6月21日④配信

20世紀を物語で再現　「私の一世紀」（ギュンター・グラス著、林睦實・岩淵達治訳）

大きな人間は途方もないことを思いつくものだ。過ぎ去った二十世紀を百の物語、つまりはもう一つの「デカメロン」で再現しようというのだ。思いついただけでなく、本当にとりかかり、ものみごとにやってのけた。ドイツのノーベル賞作家ギュンター・グラスにしてはじめてできた力業というものだ。

目次からして壮観である。一九〇〇年、一九〇一年、一九〇二年、一九〇三年、一九〇四年、一九〇五年…。この百年を百に区切った数字、それにページを示す数字がずらりと並んでいる。

むろん、意図してのこと。とめどなく並列されるうちに年度がそれぞれの歴史性を失って、現実と夢とが入りまじってくる。事実によって物語をつくるための方法だろう。代表作「ブリキの太鼓」にみてとれる手法が、この小物語集にも一貫している。

読者はめいめい、自分にとって意味深い年から読み出せばいい。たとえば自分がこの世に生まれ出た年、あるいは成人し、いや応なく社会に出ていった年。ためしに一九二七年の書き出し。

「黄金の（二十年代の）十月半ばまでママは私を胎内にかかえていたが、よく観察してみると『黄金』だったのは私の生まれた年だけであった」

ギュンター・グラスは一九二七年の生まれだ。母親の胎内でじっと耳をすましていたかのように、訪れてくるマックスおじさんのおしゃべりを通して、「黄金の二十年代」と呼ばれたものが、実は金メッキの時代であったことを語っていく。

小さな物語のいたるところに作者の分身がいる。風変わりな年代記に託してギュンター・グラスは伝えたいかのようだ。人はそれと知らずに記憶以前の経験を身につけており、それこそ歴史というものだと。大きな、手ごわい本だが、丁寧な訳注と、それぞれの時代背景が簡潔にそえられていて、とても楽しく読める。すぐれた訳書の見本のようだ。（池内紀・ドイツ文学者）

（早稲田大学出版部・4800円）＝2001年6月21日⑤配信

怪人を喪失した少年探偵　「モンスターフルーツの熟れる時」（小林恭二著）

若者のファッショナブルな中心は、都会の中で磁極移動のようにたえず移り変わる。渋谷と代官山に囲まれた猿楽町一帯がいまあたらしい磁極であるらしい。都市の中の都市のおもむきを発散するしゃれたブティックや飲食店、高級マンションが林立するなかに、大使館や外国人専用アパート、また「猿楽古代住居跡公園」や「都立第一商業高校」などが点在する。

過去と現在、日本と外国とが無限定に均（なら）されて、華やかに浮遊した空間をつくりだしていることは、小説の中の固有名詞を眺めているだけでもある程度想像がつく。

この小説はその渋谷区猿楽町を舞台とする。といっても現代若者を描いたたんなる風俗小説ではない。雑誌連載中の原題が「猿楽町サーガ」であったように、喪（うしな）われた神をもとめて彷徨（ほうこう）する軽快な青春の叙事詩というおもむきをもつ。

「君枝」「友子」「千原」「わたし」というそれぞれ自立した四章から成る。彼らは「猿楽小学校」の同級生であった。そうしてそれぞれにコンプレックスを抱き、集団にうまく溶け込めない生徒たちであった。二十年ばかり経て同じ猿楽町で「わたし」は彼らに再会してゆくのだが、彼らはそれぞれに奇怪なモンスターに変容している。

ある者は性と生殖の化身に、ある者は美とダイエットの使徒といった具合に。そのモンスターたちの奇怪でかつ透明なかなしみに揺れるイメージと、人間としての蘇生（そせい）に向かう祈りが、くっきりした輪郭で描かれているのがこの小説だ。

かつて少年は、怪人二十面相を追う少年探偵団に熱中した。少年たちの夢のありどは何も変わらなくても、いま怪人二十面相と特定できる明快な悪の対象を社会は見えなくした。現代の少年探偵団員たちは、同時にまずみずからが怪人二十面相すなわち「モンスター」になることを強いられる。

その意味でこれは怪人二十面相を喪失した、現代の少年探偵団の物語ともいえるだろう。（小池光・歌人）

（新潮社・1400円）＝2001年6月21日⑥配信

一遍の念仏踊りの境地とは

「捨ててこそ生きる」（栗田勇著）

一遍上人語録に載る百利口語（くご）の「独りむまれて独り死す生死の道こそかなしけれ」は、無量寿経の「人、世間の愛欲の中に在りて、独り生まれ独り死し、独り去り独り来る」の生々しい読み替えで、また諸国に興行した踊り念仏は、同経の「この（仏の）光に遇（あ）う者は三垢（く）消滅し、身意柔軟（なん）にして、歓喜踊躍し善心生ず」の実践であろう。

一遍を法然や親鸞らの亜流にすぎないと言う人もいるが、一遍聖絵（ひじりえ）は日本中世の代表的な絵詞（えことば）伝である。

著者は、これに、長年にわたって上人の足跡を尋ねた体験をもとにした伝記を、在俗から出家へ、修行と布教の旅、臨終へと配して余すところがない。なかでも、四国松山の険しい岩屋での修行や各地での踊り念仏の描写は迫力があり、さらにまた「捨てる心も捨てよ」と徹底する捨て聖の思想を手厚く説いている。

時宗が興行した念仏踊りは、念仏とともに踊躍するなかに極楽浄土を現世に生じる集団的エクスタシーであり、舞台の高床を踏み鳴らし陰もあらわにする踊躍は、観衆を巻き込み性的エクスタシーにも高潮する。著者は、これを日本古来の土俗神道の回復であると説いているが、卓見であろう。

また一遍には、南無阿弥陀仏の六字の念仏により、浄土三部経が説くこの世と彼岸の二元性と、往生の自力他力とを消し去ろうとする願望があった、との趣旨を論じている。

評者としては、時宗教団は、初期鎌倉仏教に特徴的な自己省察が薄くなった鎌倉中期に、再び盛行した密教タントリズムの性的宗教が密室の呪（じゅ）法によって浄不浄を超越し、頭と耳をふさいで入る恍惚（こうこつ）に対し、これは融通念仏によって死の陶酔に転じて公界に開いたと考えている。

多色刷りの聖絵が美しく、添えられた絵解きと説明も、巻末に絵詞を活字に翻刻して掲げていることも親切で、好著と言うにふさわしい。（石井恭二・元編集者）

（NHK出版・2800円）＝2001年6月28日①配信

厳しい世界、優しい本質

「将棋の子」（大崎善生著）

プロ棋士の誕生は、多くの棋士の犠牲を要する。

日本将棋連盟には、プロ棋士を目指す奨励会制度がある。関東、関西の二つの奨励会からなり、試験に合格すれば、6級を与えられて、昇格を目指す。三段で東西合わせてのリーグ戦を半年単位で行い、上位二人が四段となり、プロを名乗れる。

過酷なのは満二十三歳、満二十六歳の誕生日までにおのおの初段、四段にならねば退会させられるという年齢制限だ。棋士は初段までの寿命を逆算し、誕生日を恐れ、将棋以外の関心を必然持てない。

札幌出身の著者は、一九八二年に東京・千駄ケ谷の日本将棋連盟に職員として入り、「将棋世界」の編集長も十年歴任した。一九八二年は、わずか一年一カ月後に初段となる羽生善治が奨励会入りした年だ。羽生のような例は稀有（けう）で、多くは年齢制限に泣く。著者は、そんな若者を多数見聞きし、実社会への適応は相当の時間を要することも知る。

著者は十二歳のとき、北海道将棋会館で初めて将棋に触れ、同会館に通う。ここで大人も軽くひねる、一歳年下の天才・成田英二に出会い、将棋連盟時代に再会した。成田は四段になれず、八五年一月に将棋界を去る。挫折から逃れるため、両親の遺産三百万円を新宿で、ゲーム機に投じて二週間で使い果たしもした。

著者は二〇〇〇年四月、古新聞回収業に携わる元天才と札幌で十一年ぶりに再会する。成田の奨励会時代、将棋から離れ、北海道を転々とした成田の半生をたどり、奨励会の世界を浮き彫りにする。

夜逃げもし、家族もなく、三百万円近い借金生活の成田。成田は将棋を憎んでいるはず、と読者は思うが、将棋が強かったことが今は誇りだ、と著者にさわやかに明かすのは救いだ。

将棋好きでも奨励会入りの実力はなかった、と素直に認める著者の棋士への尊敬の念が本書の根底にはあり、「将棋の世界は厳しいが、将棋の本質は優しい」と導くのである。（小林照幸・ノンフィクション作家）

（講談社・1700円）＝2001年6月28日②配信

謎に包まれた画家

「野十郎の炎」（多田茂治著）

手元に一冊の画集、いや、正しくは展覧会のカタログがある。―ひたすら、ろうそくの炎と月の夜を描き続けた画家がいた―という記事に惹（ひ）かれて、没後十三年目の回顧展（東京都目黒区美術館）を訪れた折のものである。

画家の名は高島野十郎。九州の久留米に生まれ、東京帝大の水産学科を首席で卒業しながら画家に転じ、一切の画壇に属さず、一九七五年、八十五歳で没している。同時代、同郷の画家に青木繁、坂本繁二郎、古賀春江がいたことを含め、あらかたの生涯はカタログの解説と年譜でわかるが、画壇に属さず世間的にも無名のままであった五十余年の画業とその間の暮らし方は謎（なぞ）に包まれていたという。

謎を持つ人には惹かれる。そして、惹かれた人の謎は知りたい。しかし、その回顧展のほかに、絵を見る機会も文献もないまま今日まできた。そういう折に、本書の刊行を知った。言ってみれば（私には）待望の書である。

素顔の「野十郎の炎」は、当然、わかっているだけでも三十数点に及ぶ「蝋燭」の炎にかかっているのだろうが、真意は写実に徹した画家の胸中に燃えていたものを指しているに違いない。

それほど清貧無欲のまま描き続けた画家の生き方が、多くの取材と時に筆者の推測によって解き明かされていく。同じころに初めて接し、同じ謎に興味を抱きながら、その謎解きに立ち向かう作家と、その成果を持つだけの読者。人の領分はさまざまである。

やや専門的になるが、絵画における写実とは、また、その先にあるものが何か、例えば夜の月を描くことは、闇（やみ）を描くことにほかならない、ということがわかりやすく書かれていることも、厳しさと同時に限りない優しさ〈慈悲〉を内包していた画家を追った結果ならではのものだろう。

突き詰めれば、芸術もしくは芸術家というものが、今日でもいまだ有効か否かを問う一冊でもある。（矢吹申彦・イラストレーター）

（葦書房・1800円）＝2001年6月28日④配信

原点である破滅的な姿

「仮装」（田久保英夫著）

作家の田久保英夫が四月十四日に食道がんで亡くなった。最後の長編小説となった「仮装」の原稿整理もほぼ終了し、出版を目前にしての突然の死であった。

さて、その最後の作品である本書は、田久保文学の集大成とも言うべき長編小説である。

田久保はデビュー作「解禁」以来、遊郭や料亭、芸者置き屋など、いわゆる下町の歓楽街を舞台に、倫理や良識では割り切れない男女関係の隠微な暗やみを描いてきた。本書もまた例外ではない。

「短大」の教師をしながら小説を書いている男が主人公。男には妻子がおり、九十二歳の老母も同居している。健全な小市民を演じながら、一方では美術学校に通う若い女性「萌子」と三年前から親しくしている。萌子は下町の元「芸者置き屋」だった家の娘で、気性が激しく行動的な女性。

萌子が、下町育ちらしく、物おじすることなく、大学の講義のあと男に話し掛けたことから二人の関係は始まる。浅草や深川の話をしながら、二人はまるで同じ血縁の人間に出会ったような親しみを感じる。実は男の育った実家も向島の料亭であったからだ。

しかし、二人の関係は長くは続かない。老母の死をきっかけにこの「仮装」の関係は破たん。萌子が家に押し掛け、逆に男の妻も萌子の家を訪ねていく。しかしそれでも男は萌子を追い掛ける。そして興奮した萌子が車の中で男を激しく殴りつけ、男は意識を失って路上に転がる。

生死の境をさまよったあげく、男は最後にこうつぶやく。「あの醜さのなかに、ほんとはどこまでも寝ているべきだ」。つまり田久保はその破滅的な醜い姿こそが自分の文学の原点だと言いたいのだ。

この小説は、下町で破天荒に生きた父や祖父を回想しつつ、自分の文学の背景と土壌を明らかにした作品である。田久保文学にも先祖たちの反道徳的な激しい血が流れているのだ。遺作にふさわしい力作である。（山崎行太郎・東工大講師）

（新潮社・2500円）＝2001年6月28日⑤配信

たった一文字の魔力

「巴」(松浦寿輝著)

一九九六年から二〇〇〇年十月まで、計二十四回におよぶ雑誌連載を全面改稿した、著者初の長編小説である。隅田川一帯を舞台とする本書は、東京周辺部を描く薄暮、および薄明の、時間と場所の境界線を扱った過去の諸作とさまざまな部分で響きあっている。

だが、本書ともっとも深いかかわりがあるのは、おそらく左右対称の一文字をタイトルに掲げてめくるめく官能と、いわばうらぶれた形而上学を提示した「幽」だろう。一枚の鏡を、ガラスを介して人が向き合う不思議なこの文字に魅了された著者が、おなじくたった一文字の魔力にひかれていくのは、当然の事態かもしれない。

語り手の大槻は、東大を中退した三十代半ばのインテリ崩れで、寛子という人妻のヒモのようなかっこうで食いつないでいる。一九九四年の夏の夕べ、大槻はかつて「東洋経済研究所」なる職場で同僚だった男と再会し、とある書の大家が、翻訳者を探しているから手伝えと誘われる。

釈然としないまま、差し出された報酬につられて出かけていったその篝山(こうやま)と名乗る老人の家で、彼はポルノと昆虫の記録映画がモンタージュされたような、奇怪な十六ミリ映画をみせられる。そのなかでいかつい男に抱かれ、あられもない声をあげていた少女が、朋絵だった。大槻は篝山から、翻訳ではなく、この少女を使った映画撮影の一部を担当してくれと頼まれる。ここから、朋絵=巴(ともえ)をめぐるミステリーがはじまる。

巴とは何か。完全には閉じていない、左回りの方向性を示す渦である。この物語が円環を、それも逆向きの円環を志しながら、最後の最後まで破たんへのあこがれを失わずにいるのは、円になりえない〈巴〉の一文字のわずかな亀裂のせいなのだ。

いくつもの「今」が渦巻いてつくりあげる時間を、いかに食い破り、外へと逃れ出るか。本書はこの、本来なら左回りの渦を右回りに変えようとする不可能への、果敢な挑戦なのである。(堀江敏幸・作家)

(新書館・1800円)=2001年6月28日⑥配信

子どもの目で見た東宝争議

「映画少年」(伊藤昌洋著)

敗戦の直後、占領軍による奨励もあって日本の労働運動は急速に盛り上がったが、間もなく米ソの冷戦時代に入り、占領軍はこんどは労働運動の抑え込みにかかった。そのころ、最も人目をひいた労働争議が東宝争議だった。

映画界の争議だからマスコミには大きく取り上げられたし、一九四八年八月にスタジオを占拠していた組合員たちを警察が強制排除するときには、米軍は戦車や飛行機まで出して威嚇するというモノモノしさだった。

この本は、当時東宝労働組合の委員長だった伊藤武郎の息子が、まだ小学生だった子どもの目で、父と家庭と争議にかかわった映画人たちの姿を実名で書いた小説である。私など登場人物の多くを知っているので、なるほど、なるほどと思いながら読んだ。

伊藤武郎が晩年に書いたという回想録の一部がところどころに引用されている。占領軍司令部の映画課長で戦後日本映画に大きな影響を与えたデイヴィッド・コンデの人となりとか、黒沢明がなぜ自分を共産党にさそわないのかと伊藤武郎に聞いたという話など、映画史家としての私には非常に興味深いことなので、この回想録があるならぜひぜんぶ、じっくりと読んでみたいものである。

伊藤武郎は戦後独立プロ運動の指導者でもあり、その面で私は多少のおつきあいもあって尊敬していたが、この本であの活動には家族の支えが大きかったことを知って、さもありなんと思った。奥さんが息子たちに、父親の仕事の意義をいちいち分かりやすく教えてくれる。これは素晴らしいことであり、なかなかまねられないことである。

作者がとくに力をこめて書いているのは、いまから五十年余り前の東京は世田谷の東宝撮影所近辺の、まだ雑木林なども多かったあたりのなつかしい世相風俗であり、友だちと撮影所に行ってまだ新人だった三船敏郎の撮影現場を見たりした思い出である。なつかしさがあふれている。(佐藤忠男・映画評論家)

(作品社・1800円)=2001年7月5日①配信

ヒマラヤでの幸福な出会い　「スピティの谷へ」（謝孝浩著、写真・丸山晋一、三原久明）

ひとりの少女との出会いが、著者をスピティへの旅へと駆りたてた。タシ、八歳。カバーの写真が愛くるしい。これは、ヒマラヤの村人との出会いを軸に語られる幸福な旅の記録である。

インド最北端のスピティはチベットと接し、一九九五年まで外国人の入域が許可されなかった秘境。標高三千二百—四千二百メートルの地帯にアラレ、ララ、リダンなどの村々が点在する。夏、山の斜面は放牧地となり、収穫期の段々畑には大麦の穂が黄金色に揺れる。険しい山肌にはチベット仏教の寺が建ち、人々の暮らしは信仰とともにある。

旅人は九七年に初めてこの地を訪れる。はじめ、はにかみながら、やがて時とともにうちとけあう村人との交流は、自然と生きる人々の「呼吸」までも伝える。放牧の仕事が好きな少年。燃料のふんを素手で拾う少女。いくつもの山を越える娘の脚は、風のように速い。彼女は郵便配達人。六歳の少年の母は、息子の出家が誇り。月あかりのもと、祭りが終われば村の暮らしは雪に閉ざされる。

こんな場所にはひっそりと賢者が生きているに違いない、と思ったら高僧の話に出会った。五九年、中国軍の侵攻により命からがらインドに逃げてきたという。しかし、歴史の苦難を背負った老僧の過去も、出家を決意した少年の未来も、巡り巡る季節の流れのように大きな自然の中に溶けこんでいる。数年前、この地にダライ・ラマを迎えて平和を祈願したカーラチャクラの法要も、風景のスパイスとして穏やかな気配を立ち上らせるひとコマに映る。

いくつもの出会いの向こうに見えるのは、近代社会がとうの昔に失った暮らしの手触り。消費と欲望の巨大なシステムに組み込まれない人間の姿。生きている実感と誇りが、ことばにする必要もないほど人々の日常に染みわたっている限り、スピティはヒマラヤの神々が祝福する地として存在するだろう。

私たちが失ったものの大きさを思い、ある痛みを覚えつつ最後のページを閉じた。郷愁ではなく。

（梅野泉・詩人）

（新潮社・2200円）＝2001年7月5日②配信

現代日本の原点を照射　「敗北を抱きしめて（上・下）」（ジョン・ダワー著、三浦陽一ほか訳）

日米両国がし烈な戦争を続け、米国の原爆投下で終結すると、一転してなぜ、緊密な同盟国になったのか—その問いを解こうとした著者は、勝者は敗者を「抱きしめ」、日本人は自己変革の契機となる敗北を「抱きしめ」たという関係を見いだした。擬人化したユニークな比喩（ひゆ）は、この実証的研究に実に具体的なイメージを与える。

敗戦後六年八カ月にわたる占領期に、日本人と占領軍はどのように身を添わせたか、複雑な相互影響から何が生まれたか。すぐれた複眼の歴史家である著者は、他に例を見ないその関係を収集した資料に語らせた。

占領初期の「上からの革命」ではあれ、非軍国主義化と民主主義化という目標に、自ら再出発の夢を見いだしていった民衆と、日本の旧体制の権威を温存し、利用して、自らその理想を変質させていった米政府の行動に象徴されるように、それは可能性と自己矛盾がうずまく時代だった。

矛盾に満ちた日本の民主主義を性格づけたのは、戦争責任のあいまいさとその忘却であり、それは双方の思惑がつくりあげた結果だ。昭和天皇が日本は不変だといい、米最高司令官は戦中・戦後のシステムをつなぐ締め金となった。つまり天皇制の維持、米側から望んだ再軍備、そして新たなタブー作りとなった検閲という複雑で窮屈な民主主義。

著者はまた、日本の経済的繁栄をもたらした、日本モデルの特徴とされたものも、官僚の権威主義を保護し、強化した日米合作の交配型モデルだという。このように、日本の特殊性と見られがちな戦争責任回避の問題や官僚制的資本主義の問題には、米国も大きく関与してきたと指摘する。

占領期の日本民衆の創造性と平和への意識を高く評価する著者の目は温かくあらゆる階層におよび、この時代を屈辱的とする新ナショナリズムの主張を懸念する。現代の原点を照射し、半世紀の道程を再考させる、熱い心の力作である。（中村輝子・立正大客員教授）

（岩波書店・上下各2200円）＝2001年7月5日③配信

わくわくする人間観察

「裸の眼」(デズモンド・モリス著、別宮貞徳訳)

人間は、ごく日常の場面で、どのようにして、相互に影響し合っているのだろうか―あまりにも平凡なテーマなために、今まで本格的な研究対象とはなりえなかった。だが、あの名著「裸のサル」の著者モリスは、あえてこのテーマを選んだ。

本書は、言葉にならない「ボディ・ランゲージ」だけに焦点を絞り、「人間という種」を追求するために、世界中の人間観察の旅をスケッチしたものであり、モリス自身の失敗も含めて、珍しい体験をつづった実に軽妙なエッセー集である。

ときにBBCキャスターとして東奔西走するモリスの人間観察はまことに天衣無縫。所変われば品変わるのことわざではないが、本当に不思議なことがある。例えば、マルタ島の漁船には、赤、黄、黒(黒の場合は漁民の家族の死を示す)の口ひげがつけられ、船首の眼の彫刻は「邪眼」をにらみ返すためについている。いずれも極彩色で。こうして船は「人間」となり、存在感も出てくる。

また、多様な意味の「ボディ・ランゲージ」もある。例えば、親指と人さし指の先を合わせてリングを作れば、オーケー、ゼロ、筒口、おどし、さらに木曜日なども意味している。われわれ日本人には、ズバリ、お金なのだが。

春爛漫(らんまん)の日本での目撃談も面白い。転勤する若い会社員への見送り風景、花見の場所取りと宴会、大相撲見物、ラッシュアワーの体験など。日本人が優美な古いしきたりを守り、近代の人間解放をも合わせ持つなら、世界の主要文化の一つとして生き残れるだろう、と結んでいる。

そのほか「教皇ウォッチング」「暗黒街から急遽(きゅうきょ)撤退」「怒れる去勢者たち」「世界最古の置物」など、実にわくわくする人間観察ではあるまいか。

それにしても、七十代半ばのモリスは若々しい。疑問をもつこと。決して探求を止めないこと。「裸の眼」で見ること。これが若さ維持の秘けつだ、とは本人の弁。(川成洋・法政大教授)

(東洋書林・2500円)=2001年7月5日④配信

隠された文化の復権

「屠場文化」(桜井厚・岸衛編著)

「身近な食肉に対して、あまりにも屠場(とじょう)の現実は遠い」という現状を受けて、日本の文化からなおざりにされてきた「屠場文化」を復権させようという、研究者たちの共同研究の成果である。

編者たちは滋賀県で差別問題に取り組み、その方法として、「近江牛」にかかわる人々からの聞き書きに徹している。隠された文化の復権を、民衆からの聞き書きによって達成しようという目的が明確である。

ここに登場するのは、博労(家畜商)、市営屠場の場長、屠夫長、化製場、洗い子と内蔵屋、食肉卸業などの人たちである。

日本は米食文化の国とされ、「生類憐みの令」などによって肉食は禁制とされたが、イノシシやシカやウサギや犬などは公然と食用にされてきた。たしかに、農耕の生産手段だった牛や馬は大事にあつかわれていたが、それでも彦根藩では、牛が肥育されて牛肉が生産され、献上されていた。

肉食の禁制と仏教的なケガレ観が、肉の生産にたずさわるものにたいしての差別観を植えつけてきた。いまでも、戦場を「屠場」に見たてたり、残忍さと屠場労働をいっしょくたにする差別表現があとをたたないのは、支配的な文化によって刷りこまれた、差別意識の強さをあらわしている。

私も関心のあるテーマなので、本書から学ぶところが多かった。中でも、食肉を取った後の生皮から二キロほどの脂や肉をそぎ落とし、骨からもせっけんに使う脂や肥料にする骨粉以外にも、肉片が回収されていた、という事実を知らされた。

それほど肉が貴重だった、とのエピソードである。今の飽食の風潮を考えれば、職人たちの技術のこまやかさをもったいないと思う。

農業もそうだが、食料を生産する人たちへの感謝の気持ちが強ければ、差別意識は解消にむかうはずだ。それが相手を理解する文化の豊かさでもある。

これから、食料難となりかねない時代を予見すれば、食肉生産にたずさわる人たちにたいして、もっと関心をもって当然である。(鎌田慧・ルポライター)

(創土社・2400円)=2001年7月5日⑤配信

厚みのある恋愛小説

「群蝶の空」（三咲光郎著）

第八回松本清張賞受賞作である本書は、戦時中の思想弾圧事件のひとつである京大俳句事件を背景に、家庭のある男女の恋愛がサスペンスフルに描かれている。

昭和十四年の大阪。保険会社に勤める沖宮忠雄は、俳句が縁になり、女流俳人の神坂久江と出会う。久江の夫の良満は、大蔵商船の専務にして、保守派俳人の中堅。新興俳句の台頭を苦々しく思っている彼は、ひそかに新興俳句圧殺の陰謀を巡らしていた。

夫の思惑こそ知らないものの、その独善的な態度に鬱屈（うっくつ）している久江。家庭に問題のある忠雄。ふたりは俳句の吟行をきっかけに、いつしか愛し合うようになった。しかし、そのタイミングは最悪。ふたりは良満の陰謀の渦中に飛び込んでしまうのだった。

保守派俳句と、新興俳句の対立。当局による俳句弾圧事件。本書の面白さは、こうした歴史上の事実を踏まえながら、一編のフィクションを立ち上げたところにある。

しかも注目すべきは、当時の俳句界の対立状況が、良満ならば国家の動向、久江ならば自分の心情と、それぞれの思想や立場の象徴となっていることだ。このように俳句という題材を、より重奏的に使ったことにより、物語に厚みが生まれているのである。

また、忠雄と久江の恋愛も見逃せない。それぞれの家庭を捨ててまで愛し合う、ふたりの様子が、しっとりと描かれている。要所要所で、心情を託した俳句が挿入されるのも、憎い趣向。恋愛小説としても読みごたえありだ。

各登場人物の人物像や、後半の逃避行など、もう少し書き込んでほしかった部分は、確かにある。だが、枚数規定がある応募原稿であることを考えれば、これは無い物ねだり。むしろ骨太な社会的題材とテーマを、しっかりとまとめたことを評価したい。社会の問題と常に向き合った、社会派の巨匠“松本清張”の名を冠した文学賞を受賞するに、ふさわしい作品といえよう。（細谷正充・文芸評論家）

（文芸春秋・1333円）＝2001年7月5日⑥配信

“個の神話”を問う

「ニコチアナ」（川端裕人著）

一筋縄でいかない一風変わった小説だが、すこぶる脳髄（ずい）を刺激する作品だ。文中、緑の植物群に覆い尽くされる都市のイメージが随所に出てくるが、死と再生を匂（にお）わせるそのイメージに、この物語の強烈なメッセージがこめられている。

物語は「無煙シガレット」を開発した企業の女性社員が、一人の若者と共に、先行特許を申請した人物を探して旅をするという形で展開するが、舞台が現代から近未来へと推移していくにもかかわらず、読者は次第に中南米のある部族が信じる膨大な神話的時間の中へと引きずりこまれて行く。

現代の出来事を神話的な時間の枠組みに投げ込むことによって、黙示録的な意味を浮かび上がらせるという手法は、決して目新しいものではない。しかし、急激な社会の禁煙化に伴って現在、窮地に立たされているタバコをメーンテーマに据えているところに本書のユニークさがある。

本書が凡庸なタバコ教養小説に終わっていないのは、作者がタバコを近代のメタファーとしてとらえ、タバコという切り口から、近代の個の問題に取り組もうとしている姿勢がうかがわれるからだろう。

古い共同体から離脱した個人は、いやおうなく何かに依存（アディクト）せずには生きていけない、という登場人物の指摘は、個の神話にしがみつこうとする近代人にとって、ずしりと重い響きをもっている。

この小説には物語のカギを握る一人のシャーマンが登場する。実はこのシャーマンこそ、神話と現実のはざまに立って、その二つの世界を交響させ、古代の神話を開示することによって、現実の背後に広がる意味の世界を浮かび上がらせる人物なのだ。

ところが、神話による物語のなぞ解きは、また別のなぞを生み出すという宿命を背負わざるをえないところに、この小説の仕掛けの複雑さがある。

読者のバランス感覚が試される書物だ。（菅靖彦・翻訳家）

（文芸春秋・1667円）＝2001年7月12日①配信

白人と有色人種の間で

「日本から救世主（メシア）が来た」（出井康博著）

第二次大戦前夜のアメリカ。北部の工業都市デトロイトで、黒人にたいし「有色人種の国・日本が、アメリカと戦争して勝てば、君たちも差別や貧困から解放される」と説き、反米政治団体を組織しようともくろんだ日本人がいた。

名前は中根中（なかね・なか）。経歴詐称をはじめ、いかがわしい点も目立つかたわら、一部の黒人からは「救世主」のように敬愛された。本書は、そんな人物の生涯を追ったものである。

中根に関する記録が、あまり現存しないこともあって、純粋に伝記として見た場合、本書はやや物足りない。しかしここには、ディテールの薄さを十分に埋め合わせる、刺激的な洞察が見られる。

すなわち著者は、「救い」や「解放」を最も切実に必要としたのは、ほかならぬ中根自身だったと示唆しているのだ。明治初期に生まれた中根は、若くして英語を学び、キリスト教の洗礼も率先して受けるなど、欧米化の道をまい進した。ところが実際に渡米した後は、日本人町で酒とバクチにおぼれ、あげくは妻子まで捨ててしまう。

おそらく中根は、いかに「欧米化」（つまり白人）の仲間入りをめざしても、欧米社会では自分など員数外の存在なのだと気づかされ、深く挫折したのだろう。やがて始めた「救世主」活動とて、黒人解放をダシに「欧米」を見返し、有色人種たる自己のアイデンティティーを回復しようとしたものに違いない。黒人こそいい迷惑ではあるまいか。

欧米へのコンプレックスや、その反動としての黒人趣味が、今でも日本に根強く見られることを思えば、本書はきわめて現代的な意義を持つ。アメリカナイズされた繁華街を、黒人風の格好で練り歩く昨今の若者たちは、いわば中根の末裔（まつえい）なのだ。そして「おためごかしの救世主」中根中は、白人と有色人種の間で、破たんしたアイデンティティーしか持ちえない近代の日本人こそ、真に救われぬ存在だと教えているのである。

（佐藤健志・評論家）

（新潮社・1500円）＝2001年7月12日②配信

風雅で温良な懐疑的精神

「幸福論」（斎藤一郎著）

この「幸福論」は通俗の「どうしたら幸福になれるか」のハウツー本に似るところがない。その皮肉の針を真綿でくるんだような筆致は「幸福になることを切望する人々の七転八倒ぶり」をしずかにわらっているようである。

というのも、斎藤さんが懐疑のまなざしを向けるのは、「幸福はある種の努力によって手に入る」とする発想そのものだからである。斎藤さんは、そもそも「努力」が嫌いな人なのである。

「この『努力』という字、見ただけで嫌悪感をそそる。字柄という語はないらしいが、気の滅入る字体だ」

おのれの運命と決然と対峙（たいじ）する精神の緊張のうちに幸福の淵源（えんげん）を求める西洋式幸福観は、斎藤さんの肯（がえ）んじ得ないところである。

「自分の運命と対決したオイディーポスの尊厳がいま燦然（さんぜん）と輝いている、と西洋人は思うのだ。やれやれ、聞いただけでくたびれる話だとわれわれは思う」

斎藤さんは、全力をもって生きるものが幸福を手に入れるという考え方そのものを「実にくたびれる論理」だと長嘆する。

「人生を無駄にしたくないと念じ、楽しみたいと思い、至るところで祝祭を望む」現代人は、結局のところ、幸福の閾値（いきち）をわざわざ高くしつらえて、いま、ここで味わうことのできる「手近な、つつましい小さな幸福」に気づかず、それを土足で踏みにじっているのではないのか。

おそらくは、ある種の条件さえ満たされれば幸福になれるという発想そのものが幸福になることを妨げている。

だから、「面倒いわず、条件なしに生きる、冗談をとばし、人生を受け入れる。死も受け入れる」ような悟り済ました話でさえ、それが「幸福になる条件」として提示される限り、斎藤さんはまゆに唾（つば）をつけてしまうのである。

風雅でそして温良な懐疑的精神。（内田樹・神戸女学院大学教授）

（平凡社新書・700円）＝2001年7月12日③配信

近代の統治ゲームを活写

「日本の近代3　明治国家の完成」（御厨貴著）

百年前、最初の「新世紀」を日本人はどのように迎えたか。議会開設から日露戦争までの「国民国家」形成期を扱う本書は、「日本の近代」全十六巻の最終回配本である。各巻とも読み切りだが、このシリーズには「近代」日本を対象としながら、読者の思考を「現代」日本に誘う工夫がちりばめられている。それによって、帝国主義時代のグローバル・スタンダードに「死の跳躍」で挑んだ明治の近代化を描く本書は優れた現代政治論となっている。

本書のキーワードは、「統治のゲーム」である。一八九〇年開設された「国会という舞台」に登場した五人の主人公（伊藤博文・星亨・田口卯吉・尾崎三良・近衛篤麿）、舞台を見守り時に介入するゲームの後見人・明治天皇、その連鎖構造が活写されている。

ルール作りを終えた維新世代の主人公たちは二十世紀とともに舞台を去り、桂太郎や小村寿太郎ら第二世代に役を譲る。しかし、明治憲法体制はゲームがルール化できない部分で、明治天皇の人格や元勲など制度外の知恵によってどうにか運営された不安定なシステムであった。

やがて訪れる明治天皇や元勲なき明治憲法体制期、つまり大正・昭和前期の政治的困難さも本書から十分読み取ることができる。「今日の行政改革の文脈で言えば」などと直接の言及もあるが、「統治のゲーム」という設定によって、明治史は百年後の読者にとってもアクチュアルな政治となっている。その意味で本書はいかにも政治学者の歴史叙述である。しかし洋の東西を問わず歴史は「統治の知」として発展してきたのであり、これこそ歴史書の王道なのではあるまいか。

もちろんカルチュラル・スタディーズなどの成果もバランスよく盛り込まれ、日清戦争中に創刊された情報総合雑誌「太陽」が放った大衆メディアの衝撃も豊富な図版によって再現されている。一世紀前の「情報化」がIT革命の未来を逆照射しているように感じられた。（佐藤卓己・国際日本文化研究センター助教授）

（中央公論新社・2400円）＝2001年7月12日④配信

患者、家族を受け止める場

「医療はよみがえるか」（高橋ユリカ著）

末期がん患者は、苦しみぬいて死ぬしかない、こうした“常識”は、いまやくつがえされつつある。痛みや、不快な症状を緩和し、患者や家族が人間らしく快適な生活が送れるようさまざまな専門家がチームを組んでケアを行う「緩和ケア」の登場である。

日本ではようやく一九九〇年に、緩和ケア病棟（ホスピス）を、厚生省が正式に承認した。そしていま、医療の新しい潮流として、急速に増えつつある。

著者は、全国二十カ所の施設を取材し、緩和ケアとは何か、どうあるべきかを本書で問いかけている。

まず、心打たれたのは、生きがいを持って、限りある日々を心豊かに暮らした患者たちの姿である。ある人は農作業にいそしみながら、あるいは美容師としてボランティアをしながら、静かに最期の日を待った。

まだ、そうした場は足りないが、各地にホスピスをつくる市民運動が起こって、その成果としての理想的な施設も誕生した。

たとえば愛知県のある病院の緩和ケア病棟は、ワンルーム・マンションのようで、患者も家族も、ゆったりと過ごせる。訓練されたボランティアが、マッサージやおやつのサービスをする。「これも立派な治療なんだ」という患者の言葉が感動的だ。その半面、緩和ケア病棟がありながら最後まで一般病棟に患者を抱え込む医師も少なくないという現実もある。

私が新鮮な印象を受けたのは、病院での過剰医療に疑問を持って、在宅ホスピスを実践している地域の医師たちの活動だ。がんに限らず、終末期の患者を入院と在宅の両面で引き受ける「看（み）取りの家」の構想、一人暮らしの老人たちの「ついのすみか」となるグループホームの運営など、そうした身近な施設こそ、終末期の患者や家族をやさしく受け止めてくれる場ではないだろうか。

著者は「緩和医療」の定義がまだあいまいであることを指摘しながらも、こうした地域医療に「医療のよみがえり」を見たのではないかと思う。（高見澤たか子・ノンフィクション作家）

（岩波書店・1800円）＝2001年7月12日⑤配信

味わいに満ちる

「雨の名前」（文・高橋順子、写真・佐藤秀明）

今年の雨季は何度か中休みがあって、明るい晴れ間がのぞいた。その晴れ間がうれしいと同時に、せっかくの雨季なのだから、天から降るものを存分に味わいたい気分も働く。それでも何日か、美しいあじさいの雨を堪能することができた。

本書はそんな日々にぴったりだった。外の雨を眺めつつ、ページを繰り、「さて、今日の雨は」とふさわしい雨の名前を捜すのが楽しかった。

それにしても、私たちはなんと美しい、豊かな「雨の名前」とともに生きてきたのだろう。

本書は、「雨」に関する呼称を四季に分けて分類し、解説をつけたものだが、あるわあるわ、圧倒されるほどの量と味わいが満ちている。「雨」が四季のすみずみを彩り、暮らしの襞（ひだ）のひとつとなり、喜びにも悲しみにも恐れにもなり、あるいは超自然へのあこがれをもかきたててきたことがよくわかる。

夏の季節だけを拾ってみても「青梅雨」「女梅雨」「戻り梅雨」「半夏雨（はんげあめ）」とこれらはどれもなじみの深い雨。

一方、静岡県浜名郡で霧雨の意味に使われる「なごの小便（しょんべん）」とか、佐賀県・宮崎県あたりの、柔らかな雨を猫の毛にたとえる「猫毛雨（ねこんけあめ）」という面白い名前も目に飛び込んでくる。冬の雨に「月時雨」という美しい名前があるのを知るのも楽しかった。

同時にこの本は、雨の「顔」も微細に伝えてくれる。随所に配された佐藤秀明の写真がなんともいい味なのだ。

路地を光らせる雨、山の廃屋に降る雨、無人の庭を濡（ぬ）らす雨、古い雨樋（あまどい）からしぶきをあげる雨。四季折々の一瞬の雨の表情を、鮮烈に切り取った写真を見ると、不思議にどこかでこの雨に出会ったようななつかしさを覚える。

「雨の名前」にリズムをつけるように、高橋順子のエッセーと詩が併録されているが、これがどれも“ちょいと雨宿り”といった風情があるのが粋だった。（稲葉真弓・作家）

（小学館・2400円）＝2001年7月12日⑥配信

役者の体格から新解釈

「ハムレットは太っていた！」（河合祥一郎著）

あわいクリーム色の地に大きな、赤い文字。どこかセンセーショナルでスキャンダラスな表紙だ。いや、表紙の見かけだけではない。タイトルそのものが刺激的である。

「ハムレットは太っていた！」

知的で繊細にして弱々しく優柔不断な哲学青年。もちろん体格的にはやせている。そんなハムレットのイメージは本来のものではなかったというのである。

エリザベス朝時代の芝居は、一座が毎日演目を変えて演じるレパートリー・システムをとっていた。このシステムを維持するためには、役者たちの個性を考えに入れて戯曲を書かねばならず、それはシェークスピアとて例外ではなかった。

だとすれば、初演時の配役を知ることは、シェークスピアの作品解釈にも新たな光を当てることになるだろう。

こう考えて、著者はシェークスピアの戯曲を読み込んでいく。戯曲の中にちりばめられた登場人物の肉体的特徴への言及を手がかりとして、役者たちのシルエットを浮かびあがらせる。

一座にはノッポとチビのコンビの少年俳優がいたこと。登場人物になりきることが重視されるようになったため、一座を去ることになった、アドリブ的な笑いを得意とする道化役者。頻繁に笑いものにされる「やせ男」。

フォルスタッフ役者については通説をくつがえし、イアーゴー役者の体格に注目することで「オセロー」に「男らしさの崩壊」というテーマを読みとる。そして、「ハムレットは太っていた」。

おそらくシェークスピア研究としても国際的な水準をいくと思われるが、断片的なせりふから役者像を再編成し、先行研究を批判するばかりでなく、新たな作品解釈までやってのける著者は、さながら難事件をみごとに推理し、解決してみせる名探偵のようで、門外漢にも十分に楽しめるエンターテインメントに仕上がっている。（鵜飼正樹・京都文教大助教授）

（白水社・2800円）＝2001年7月19日①配信

ギリギリッとした自叙伝

「全面自供!」(赤瀬川原平著)

まず、装丁がすごい。カバーには、「全面自供!」「赤瀬川原平」という、同じ書体の五文字が左右にあって、真ん中に、著者の後頭部の写真。つむじがちょっと薄くて、あの特徴的な「エラ」が写り込んでいる。真後ろからでも写るんだ…と変なことに感心する。

聞き書きの自叙伝をつくっている、という話は、著者から直接聞いていたが、宅配便の段ボールを開けたら、いきなりこの後頭部が目に飛び込んできて、「うわっ」と思った。ふろや路上や飲み屋なんかで、この後頭部は幾度となく見ているが、後ろ向きの肖像を表紙にした自叙伝は、史上初ではないか…。

カバーをめくる。本体の表紙には、電気スタンドの写真。これは、刑事ドラマの小道具。「おい、カツ丼でも食うか、故郷のおふくろさんはどうしてるんだい、そろそろ吐いたらどうだ…」という、取調室で顔を照らされるやつなのだった。

刑事は、著者と三十年以上の付き合いがある編集者、松田哲夫氏。的確な調書だ。「弱虫の坊やちゃん」だった戦前の記憶から始まって、前衛芸術への傾斜、千円札裁判の詳細、文筆へのシフト、最近の美術への再接近、趣味への邁進(まいしん)まで、この表現者の軌跡をしっかり伝える。

ここ五年ほど、対談や何かで一緒に仕事してきて、赤瀬川さんのことをそれなりによく知っている気になっていた。だが、この冗談っぽい体裁をとりながら、実は相当ギリギリッとした告白的自叙伝を読んで、かなり驚いた。巻末の自筆年譜を読みながら、ちょっと、涙がちょちょぎれそうになった。

等身大になりきることのすさまじさ、とでも言ったらいいんだろうか。この人の知性と感性と経験が凝縮された一冊を読んで、私自身の薄っぺらさを、思い知らされた。カメラ好きの好々爺(や)だと思っている人、戦後美術史をお勉強して過去のアバンギャルドだと思っている人、その両極に、とくに読んでほしい、赤瀬川理解のための底本である。(山下裕二・明治学院大教授)

(晶文社・2840円)=2001年7月19日②配信

人間の悪と欲望の発露

「薔薇窓」(帚木蓬生著)

時は一九〇〇年春。舞台は万国博覧会でにぎわうパリ市内。警視庁特別医務室に勤める精神科医ジュリアンは、日々の勤めをまじめにこなすかたわら、なじみの娼婦(しょうふ)と適当にたわむれたりもする、優雅な暮らしを送る独身貴族である。

趣味は写真と、日本の美術品を蒐(しゅう)集すること。それだけに、今回の万博は日本趣味の彼にとっては、絶対に見逃すことのできない一大イベントであった。

ところが、そんな彼の周囲で、次々と思いもよらぬ事件が発生する。

まず、パリ市内で若い女性が次々と行方不明となり、どうやら誘拐事件であるらしいことが分かる。それとほとんど時を同じくして、彼自身もなぞの貴婦人につけ回され、交際を迫られるという事態が起こる(現在で言うストーカーだ)。さらには、患者のひとりに言葉を失った日本人らしき女性が現れ、ひょんなことからこの女性の面倒を見ることにもなるのだった。

そうした、いくつかの同時進行する「厄介事」を描きながらも、本書は基本的には当時のパリを見事に再現した、風俗小説の傑作となっている。あの横町の角にこんな店があり、そこでは地元の住人たちがこんな会話を交わしていた……というような、百年前の出来事がそのまま映し出されているような感覚になってくるのである。

そこにもうひとつ。忘れてならないのは、本書が犯罪小説、ミステリーとしての側面をいや応なく持っていることだ。単に風俗を描くだけであったならば、別に小説化する必要はない。それも無理して異国の地のことを、日本人作家である作者が書く必要性もないだろう。

本書で、帚木蓬生が訴えたかったのは、世界の中の日本と、世界の中の日本人という意識であるような気もする。そして、人間の裡(うち)にどうしようもなく存在する悪と欲望の発露だ。こういう作品こそ、あとになってじわりとこちらの感覚を浸食してくる、怖い小説だと思う。(関口苑生・文芸評論家)

(新潮社・2400円)=2001年7月19日⑤配信

生と死と運命を描く　「森のなかの海（上・下）」（宮本輝著）

一九九五年一月十七日早朝のこと、馬の大群が押し寄せてきたかのような夢とうつつの境界におかれた人々が、家具とともに宙に舞い、家人や知人が柱や壁や瓦礫（がれき）の下敷きになるという大震災に遭遇した。宮本輝は阪神大震災をプロローグとして、人間の生と死とその運命を長尺の物語として描いてゆく。

希美子は、二人の小学生の男の子をもつ中年の平凡な主婦であった。しかし、震災を機に彼女の運命は思いもよらぬ方向に転じてゆく。夫が長く背信行為を続けほかの女性のもとへ去っていった。子どもをかかえ苦悩を重ねているさ中、やはり震災後孤独な独居老女として亡くなった毛利カナ江の遺言を得て、希美子は奥飛騨の山林を受け継いだ。

物語は舞台を神戸、東京、松本、奥飛騨、下関、吉野などに転じつつ、希美子をめぐる人の輪を広げ、見えざる人間の運命の究極に迫ってゆく。旧家毛利家の末えいを名のっていた老女はいったいだれなのか。引き継いだ山林は何を意味するのか。老女の数奇な人生の網の目を解きほぐすように物語は進んでゆく。

希美子は奥飛騨の山荘に居を移し、そこへ集ってきた若い女性たちと共同生活を送りながら老女の過去をさぐり当てる。十代の終わりの男女が激しい恋におち、許されざるままに出産したが、その来歴を葬り去るようにして生涯を終えた老女の境涯が震災を契機にして明らかにされてゆく。

宮本文学が得意とする人間の運命とそのなぞに主人公ともども立ちあってゆくところだ。

大海（ターハイ）と呼ばれる森林に震災後人々が肩を寄せ合うように集ってきて共生空間が出来上がってゆく。そこは震災で心の傷を負った人々が互いを認め合い癒（いや）し合い、人間とは何かという大いなる命題を掲げて再生してゆく場所に見えてくる。

宮本輝は、森のなかの大いなる海に私たちを誘い、新世紀の人間たちがどこから来てどこへ行こうとしているのかを問いかけている。（栗坪良樹・文芸評論家）

（光文社・上下各1600円）＝2001年7月19日⑥配信

宗教学の視点から問う労作　「オウム　なぜ宗教はテロリズムを生んだのか」（島田裕巳著）

著者はかつて、オウムを擁護した宗教学者というレッテルを、マスコミにはられた人だ。「麻原彰晃にホーリーネームをもらった信者だ」といったうわさが流されたこともある。同時にオウム問題について、マスコミに最も露出度の高かった宗教学者でもあった。

地下鉄サリン事件から丸六年、その間、著者は自分にはられたそうしたいわれないレッテルをはがそうと苦闘していた。同時にマスコミ露出度ナンバーワンの宗教学者として、麻原彰晃とオウム事件を、宗教学の視点から問う作業を自分に課していたのだった。それが、五百ページに及ぶ労作になって結実した。

大きく分けて、著者の問題意識は三つある。一つ目は、松本及び地下鉄サリン事件はともに計画より、サリン製造が先行していた。この事実を踏まえ、サリン製造の本当の目的は、どこにあったかを問うこと。著者は、クーデターを起こすことであったと推測をしている。

二つ目は、初期オウムにはなかった、グルに対する迷いのない帰依を元にしたヴァジラヤーナの考えがいつ、麻原彰晃の中に出現してきたかという問い。三つ目は、なぜ信者は、仏教者であるのに次々と殺人を重ね、無差別大量殺りくに手を染めてしまったかという問いである。第二、第三の問いはつながっている。

著者の答えは、ヴァジラヤーナの考えとマハー・ムドラーという修行法が同一のものとして結びつけられたことによるというものだ。マハー・ムドラーは、グルが弟子に解脱のために課す試練である。弟子にとって、最大の苦痛に違いないものが課されるのだ。

人を殺せ、この試練が、麻原を頼って現世を離脱し、解脱を願い修行に明け暮れる信者を深い懊悩（おうのう）のふちに突き落とした。そして弟子たちは、人の命よりも自分の解脱を第一義と考えたのだった。

異論は当然多々ある。だがまず、著者のオウム解明への粘り強い姿勢に敬意を表したいと思う。（芹沢俊介・評論家）

（トランスビュー・3800円）＝2001年7月26日②配信

精神史の一つの達成

「愛欲の精神史」(山折哲雄著)

本書は、約八年をかけて連載されたものをまとめた大著である。テーマは、「愛欲と禁欲の相克」と言ってよかろう。インドから始まり、中世の「とはずがたり」に至るまでの広い視野をもって、人間の愛欲の哲学が平易な口調でよどみなく説かれている。題名の、ややセンセーショナルな印象とは全く異なった、氏独自の宗教哲学の大成でもある。

氏の本領が最も発揮されるのは、インドにおける禁欲の哲学と密教におけるエロスについて記された部分である。インドや密教といった、日本人にとってみればいまひとつわかりにくい対象が、広い知識と深い思惟(しい)に裏打ちされた氏の視線によってときほぐされてゆくさまは、あたかもマンダラの世界を遊行するようなめくるめく体験である。

自由に時空を飛び回りつつ、常に人間存在の本質に迫ろうとする氏の筆は、読者をしばし思索に誘うものである。今までになかった精神史の一つの達成が、ここにある。

ただし、後半の「源氏物語」と「とはずがたり」については、大きな問題があると言わざるを得ない。最新の国文学研究の成果を全く踏まえぬ議論は、単に古典作品を哲学のために消費しているとしか思えない。

とくに「とはずがたり」の作者・二条の異性体験を「常軌を逸している」とし、「産む性としての女性」の「豊饒(じょう)さ」を語るくだりには、ステロタイプな近代男性知識人の肖像がくっきりと浮かび上がる。中世における女性の性は「自由」なのではない。自由意志ではない性体験は、常に男性からのレイプとしてあらわれるのだ。

また、避妊の知識がない時代の「産む性」は、見方を変えると「はらまされる性」でもあることを忘れてはならないはずである。ここに、氏の男性としてのジェンダーの限界を見る私は、不遜(ふそん)であろうか。ともあれ、いずれ各界で議論がなされるだろう点で、本書は画期的業績である。

(田中貴子・京都精華大助教授)

(小学館・4700円)=2001年7月26日③配信

日本の政治を見つめ直す

「永田町政治の興亡」(ジェラルド・L・カーティス著、野口やよい訳)

政治家とは国家のまつりごとを行う人間のことだが、今日、わたしたちが、あいつは政治家だからなと揶揄(やゆ)したとき、万事にたくみで、かけひきがうまく、やり手の人間のことを指し、あまりいい意味合いにとられていない。それだけ政治家への尊敬がなく、どうせろくなことをやっていないという意識が、わたしたちの心の底にある。

多額の政党助成金という税金を受け、それをもらうときの取り決めは忘れ、その上いっこうに腐敗は直らず、日常茶飯事化している。政治は古今東西、「言葉」によって民衆を導いていくものだが、彼らが吐く「言葉」は信じられない。やがて政治家と盗人が同義語になるのではないか。

そのくせ選挙になると、「こめつきばった」のように頭を下げる。あるいはひとりの人間が、自分たちの何年もの無策を棚に上げ、国民への「痛み」を訴えると、田んぼのカエルのごとく多くの政治家が連呼する。

「痛み」などという「感情語」を使われても、どんな痛みかどれくらいの痛みかだれもわからない。それなのにわたしたち愚民は、今日までの政治に辟易(へきえき)しなびく。戦争を知らない人間としては、ヒトラーの台頭も戦前の日本の軍国化も、こんな情況ではなかったかと危ぐしてしまう。

本書は知日派のコロンビア大学の政治学者が、与野党にかかわらず政界に深い人脈を持ち、そこからこの国の戦後政治を見つめた、示唆に富んだ書物だ。

五五年体制の崩壊や政党の離合集散、自民党の下野と復帰など、戦後日本の政治家たちのあつれきや暗闘から、小泉内閣の誕生までが詳細に語られている。この国の政治動向は、内側にいるわたしたちより外側から見つめている人間のほうが、いつも的確で正鵠(せいこく)を得ている気にさせられる。

そこにこの国の政治や政治家の脆弱(ぜいじゃく)さと危うさを感じるが、本書はあらためて戦後日本の政治を見つめ直す身近な「歴史書」となっている。(佐藤洋二郎・作家)

(新潮社・1800円)=2001年7月26日④配信

人生を狂わされた男の怒り
「痴漢犯人生産システム」（鈴木健夫著）

ある朝、著者は痴漢呼ばわりされた。誤解をとくため駅の事務所へ向かう彼だったが、ここから現実の、やり切れないドラマが始まる。

正義の味方のはずの警察や検察は、彼を頭から犯人と決めつけていた。あの手この手で自白を強要されるが著者は拒否する。その結果、十四日も拘置された。

勤め先だった一部上場の飲料メーカーも信用してくれない。やがて会社は著者を追い出しにかかる。彼は組織の論理と戦うが、結局は屈せざるをえなかった。

裁判に費やされた期間は一年九カ月にも及んだ。その代償は、無罪判決と国が補償してくれた七十五万円だけだった。

当時四十歳だった著者は今、日雇い労働者として働いている。彼だけでなく妻と娘二人の環境も激変した。

罪を認めれば、前科は残るものの罰金五万円でカタがつく。この現実の前にえん罪を受け入れてしまうケースが圧倒的だというのもうなずける。恐らく多くの男性が無実のまま“痴漢犯人生産システム”によって犯人にされているのだろう。

本書を読んで痛感するのは、公権力の横暴と怠慢だけでなく、被疑者となったときに自己の尊厳と名誉を守ることの困難さだ。同時に明日はわが身かもしれないという、切実な恐怖をも。

その一方で、女性に不快と苦痛を与えた真犯人がいるという事実も浮かび上がる。彼らは、のうのうと生活を送り、今日も獲物を求めて電車に乗り込む。

痴漢は衝動の赴くまま、確信犯として行動する。痴漢行為は昔からあったが、私的、公的な抑止力のハードルは年々低くなっているのではないだろうか。

近年は個人的な欲求ばかりが肥大し、自制心や社会規範のタガは弱まる一方だ。学級崩壊や電車内の化粧といった現象も同根だし、その向こうにはストーカー、幼児虐待、未成年の殺傷事件などが透けて見える。

痴漢に間違われ人生を狂わされた男の怒りは、現代に巣くう宿痾（しゅくあ）について考え直す機会も与えてくれる。（増田晶文・作家）

（太田出版・1500円）＝2001年7月26日⑤配信

書の世界への畏怖と快楽
「真名仮名の記」（森内俊雄著）

表題の「真名」は漢字、「仮名」はかな文字。これは文字というもの、書というものの魅力に憑（つ）かれた男が語る九編の短編連作集である。

五十六歳にして町の塾で小学生たちと席を並べて「手習い」を始めた「私」は、たちまち書の妖（あや）しさ美しさに魅惑されたのだという。「手習い」はその奥深さを自覚するにつれて「書道」となるが、厳粛なはずの「道」は踏み迷うことの快楽をおぼえたとたんに「道楽」となる。

たとえば「いろはにほへと」とはじまるいろは歌を、「ん」も加えて四十八文字、六年間一日も休まず毎日半紙二枚に書きつづけるというのは、もう「手習い」の域を超えた「道」への精進であろう。

だが、この六年のあいだに小筆ばかり八十本買い集めたというのであれば、この精進はすでに物に凝り物に淫（いん）する快楽と見分けがたい。

筆だけにかぎらない。硯（すずり）にも墨にも紙にも、手本にも字書にも、さらには篆刻（てんこく）のための石印材にも、「道」の快楽は「私」を誘ってとどまるところを知らない。

物をもとめて人に会い、人に出会って物を知る。物に淫することの官能は、時になまめかしい女の幻となって「私」の前に立ちあらわれ、物が物であることの厳しさは、時に気も遠くなる永遠の時間へと「私」の思いをみちびいていく。

こうして、「道」の快楽は容易に変じて愛ともなり執ともなり狂ともなるが、愛、執、狂に翻弄（ほんろう）される自分自身を醒（さ）めて見つめるもう一人の自分がいてこそ、小説を書くという営みは成り立っている。連作最後の一編に、「私」の分身たる〈彼〉が登場するのは偶然ではあるまい。

書は文化である。だが、文化というものはおそろしい。文化は、道に踏み迷い、快楽のなかで破滅した無数の魂たちがさまよう場所でもあるのだから。九つの短編には、そういう書の世界への畏怖（いふ）と快楽とが凝結している。（井口時男・文芸評論家）

（講談社・2000円）＝2001年7月26日⑥配信

女性の地位向上の闘い

「わが道を行く」(影山裕子著)

女性の社会進出への闘いはさまざまだが、これは「体制内革新」に徹しながら労働の場で女性の地位向上のために闘った一人のエリート女性の自叙伝である。

著者は、戦後女性に門戸を開いた東大経済学部を卒業、日本電電公社(当時)に幹部候補生としてトップの成績で入社、選ばれて米国留学。帰国後は女性管理職から最後は調査役、と戦後登場したキャリアウーマンの先陣を切って王道を歩んできた。

したがって「ひがみっぽく、犬の遠吠えのように体制批判している」女性活動家や左翼評論家らとは一線を画し、ひたすらこわもての正論で押す。しかも有言実行である。交渉相手には大来佐武郎、田中角栄ら大物政財界人の名前が並ぶ。

著者の目覚ましい闘いのルーツは二十六歳のときの苦い経験である。わずか一年間とはいえ実り多いフルブライト留学から張り切って帰国した著者を待っていたのは、関東通信局職員課でのソロバン片手に足し算と割り算で明け暮れる下積みの毎日だった。

他の男性同期生はみな役付きなのに…との無念の思いの中で、「今に見ろ、日本を職場で男女平等が実現される国に変えてみせるから」と決意を固めたという。ただし、その闘いを「マスコミの応援を得て」やり遂げると心に誓ったとき、著者の視野には電電公社に劣らぬそのマスコミ内部の男女差別は入っていなかったらしいのは皮肉である。

男性社会の中で女性が志をとおすには、男性の協力を得ることが必要である。著者は競争意識を起こしやすい職場の男性を相手にせず、経済界や政界の男性実力者たちに直接働きかけ、数々の法的変革に通じる成果を獲得した。その一つ「男女雇用機会均等法」成立をめぐっては、女性(労働)側と真っ向から対立したのだが。

自称女竜馬にふさわしく豪快で大所高所からの女性論。反発もあろうが、著者が戦後の女性労働史に果たした役割は看過できない。貴重な証言記録でもある。(松本侑壬子・十文字学園大教授)

(学陽書房・2700円)=2001年8月2日①配信

クラブ中心の欧州サッカー

「闘う都市」(杉山茂樹著)

昨年、英国のグラスゴーでは、カトリック系のサッカーチームからプロテスタント系のチームへ移籍した選手が、サポーターから公然と脅迫を受けた。チームへの忠誠は、宗教的な忠誠と同じぐらい絶対的と考えられている。

スペインのサラゴサがヨーロッパのタイトルを取った翌日、街は祝賀会のため、半休となった。選手はまず司教と市長に報告し、市民は地元の民族舞踊と即興の民謡で偉業をたたえた。多国籍軍が割拠するスペイン・リーグで唯一、民族主義を唱え、バスク人だけで構成されているアトレチック・ビルバオの最近の大きな決断は、フランス系バスク人選手を認めるかどうかだった。

ヨーロッパのサッカーは、クラブ中心に動いている。そしてクラブは単なるチームという以上に、宗教や地域や民族を代表している。選手の移籍に合わせて応援チームを変えるのは外国人の態度だ。

本書は最近のチャンピオンズ・リーグ、スペインやイタリアのリーグを中心にリポートしている。優秀選手を育てて金持ちチームに売って、利潤を上げるスペインのクラブ経営や、国際試合ではフランコ主義の権化といわれるレアル・マドリーよりも、別の国のチームを応援する国内の少数民族のサポーター心理については、よく書けている。レアルの競技場から五分のアパートに住んでいた者としては、思い当たることが多い。

しかし試合については、足して十になるフォーメーションの暗号(4—2—3—1、3—4—1—2)を使って、経過や戦術を解説するにとどまり、たとえばマンチェスター・ユナイテッドの奇跡の逆転劇にしても、選手交代の明暗しか伝わってこない。

もとはスポーツ雑誌の連載で、試合直後にはこのような報告が必要でも、二年後に読むものではない。単行本化にあたって、特定のチームや選手に焦点を合わせるような工夫が必要だったのではないだろうか。(細川周平・評論家)

(文芸春秋・1476円)=2001年8月2日②配信

古典の教養が高めた多面性

「宮沢賢治、中国に翔る想い」(王敏著)

賢治作品の主人公たちはどこかをはげしくめざしている。「銀河鉄道の夜」のジョバンニも、「どんぐりと山猫」の一郎も、「よだかの星」のよだかも。彼らが求めた銀河の果てや黄金いろの草地は、「罪や、かなしみでさへ聖くきれいにかゞやいてゐる」地であった。

著者はその〈地〉を仏教発祥の地〈西域〉とし、そこをめざす旅を「西遊記」の玄奘の〈西天取経〉の旅になぞらえた。西域童話と自称した作品の中で、賢治は旅の僧となり、また発掘学者となり、苦しい道行きの果てに天の子供らと出会う。

賢治が三十七歳という短い生涯を閉じるときに残した遺言は、国訳妙法蓮華経千部を知己に配ることであった。二十一歳の時の父あて書簡では、「支那印度にこの経を広め奉るならば」という西域へのあこがれを示している。

賢治を求めて来日して十年を超える著者は、作品中に故郷中国のイメージが頻出しているのに着目し、賢治の源流をさぐる研究の旅に乗り出し、中国古典の教養が賢治の多面性を高め、触媒的な働きで「心象スケッチ」の作を多く生み出したことをつきとめた。

「北守将軍と三人兄弟の医者」は、「唐詩選」を母体とした賢治独特の借景技法で書かれているが、底流する思想は儒教的考え方による中国人の死生観とは異なる。悪や罪さえ救済しようという日本の死生観が作品を貫いている。中国の知識がきら星のごとくちりばめられた賢治の混成文化的性格に著者は限りなくひかれていく。

賢治が故郷岩手県をエスペラント語風に呼んだイーハトーヴ。この地は北緯三九度から四〇度の位置で、中国西部のタクラマカン砂漠と同緯度である。玄奘も歩いたこの地が賢治文学の源泉であることの証左を、著者は作品にあたりながら丹念に読み解いていく。その真摯(しんし)な姿は、玄奘を求めた賢治と同質の透明感が感じられて心地よい。(松田司郎・大阪国際女子大教授)

(岩波書店・2800円)=2001年8月2日③配信

もっとも突出した冒険

「手紙魔まみ、夏の引越し(ウサギ連れ)」(穂村弘著、タカノ綾・絵)

短歌は千三百年続いてきた。短歌を読み書きする者はこの時間の流れのなかの読み書きを意識せざるをえない。先行する作品を何らかのかたちで「受けて」、いま作るじぶんの歌がある。

一人の作者の内側にあってもこの時間意識は同じように繰り返される。おおよその歌人は、数十年の連続する作歌時間、すなわち行く末来し方をすき間なく作品で埋める。青年期を「受けて」壮年期があり、壮年期を「受けて」老境がある。時間に対するゆるぎない信頼が、短歌という小さな詩のかたちをささえてきた。短歌の読み書きはそこに成立した。伝統派であろうと前衛派であろうと。

しかし、このような連続する時間に対する信頼が社会のいろいろなところでほころびをみせはじめた。時間軸があるところで切断され、時間や歴史につながりようのない感覚が若い世代にするどく立ち上がっている。

この歌集はそういう時間への信頼から切れてしまった世代の、もっとも突出した冒険として記念される。これまでのどのようなコードを援用しても読みようがない。短歌を読むことは一首の裏側に張り付いた作者の固有な時間を読むことに等しかったから。

〈海の生き物って考えてることがわかんないのが多い、蛸ほか〉

たとえばこういう〈歌〉は「海の生き・物って考え・てることが・わかんないのが・多い、蛸ほか」と五七五七七に区切れることでのみ、短歌としての自己を主張する。時間から切断されたときどれほどことばが「純粋」になるか、いいかえると「無意味」になるか。この歌集はキラキラしい真夏の砂浜のような透明な空虚さに満ちている。

一冊の「歌集」であるとき「手紙魔まみ、夏の引越し(ウサギ連れ)」なるタイトルが、なにより挑発的だ。こういう発想と感覚で歌集は編まれてこなかった。著者のじゅうぶんな冒険心と、時間を拒否する表現者精神の意気を壮としたい。(小池光・歌人)

(小学館・1600円)=2001年8月2日④配信

言葉を失う核開発の真実「原爆から水爆へ（上·下）」（リチャード·ローズ著、小沢千重子·神沼二真訳）

「科学はすべてではない。しかし、科学はとても美しい」。これは水爆開発を遅らせたとして裁かれたアメリカの科学者・オッペンハイマーの最後の言葉である。この科学の「美しさ」に、ときとして権力はつよくひかれるのだろう。それが原爆・水爆という人類にとって取り返しのつかないものであったとしても。

本書は、第二次世界大戦中に始まった原爆開発、その後のソ連の原爆開発、東西冷戦下における核軍拡競争、さらには水爆開発へとつながる道程を丹念に追ったものである。当時の時代背景もわかりやすく、厚い上下巻ながら一気に読みすすめることができる。

著者はソ連崩壊後に公開された資料、関係者の証言を集めた。核開発を推進した権力者の抗争（とくにソ連内部）、暗躍するスパイたち、科学者たちの葛藤（かっとう）と行動など、その人間ドラマを圧倒的な筆力で描いた。明らかにされた真実の前には言葉を失うばかりだ。

例えば、広島・長崎への原爆投下の決断に際して道徳的な考慮はあったかという問いに、カーチス・ルメイ少将は日本人を殺すことに悩みはなかったと答え、ぶっきらぼうにこうつづけたという。「戦争はすべて道徳に反するものだ」。日本の降伏文書調印式のあとルメイはポーカーをしたことも書き添えられている。

さらに朝鮮戦争、キューバミサイル危機の際にも核兵器使用は一触即発の状況にあったことが詳細に語られている。たしかに「あの時、世界は破滅する寸前だった」のだ。

米ソ両陣営は核抑止をしているといいながらその一方軍拡競争はとどまることを知らなかった。フルシチョフは回想する。「いずれにしても、われわれは備えをしなければならない」。この言葉は、ブッシュ政権が推進するミサイル防衛構想で想定された「ならず者国家」への備えが過去から現在に結ばれていることを物語っている。

人間の愚かさに迫る必読の一冊である。（与那原恵・フリーライター）

（紀伊国屋書店・上下各4800円）＝2001年8月2日⑤配信

文化の境界線浮き彫りに「グローバル·リテラシー」（ロバート·ローゼンら共著、鈴木主税訳）

「国境が消滅すればそれだけ文化的な境界線が浮き出てくる」と著者たちはいう。人々の生活とビジネスがグローバル化することによって、文化をはじめとする地域や国のちがいに関する理解は、意味が無くなるのではなく、むしろその価値を増すのである。

「リテラシー」とは読解力のことだが、ビジネスの場となる地域や国ごとの、人の特徴や、文化やビジネス上の習慣といったビジネスに関連する文脈を読みとり、生かすことが、いや応なくグローバル化する今後のビジネスで成功するためには必要だ。本書は、各国の大企業の経営者七十五人にインタビューを試み、彼らがビジネスを成功させるためにどのようにリテラシーを発揮したのか、その原則を帰納的に探求しようとした労作である。

ドイツ銀行のブロイヤー会長へのインタビューでは「質の高さが強みで、官僚的なところが弱み」というドイツの長所を生かしながら、決断のスピードを上げることでグローバルな競争に立ち向かおうとする彼のアプローチが語られた後に、ドイツのエグゼクティブの意識調査、ドイツという国の国土、歴史、文化などがビジネスの観点からまとめられた解説が続く。本書は、各国ビジネス文化のガイドブックともなっている。

日本の経営者では、トヨタの奥田会長、三菱重工の増田会長、キヤノンの賀来名誉会長＝取材当時。故人＝が登場する。中では「共生」の理念を説得的に語った賀来氏への取材が成功しており、後に続く「柔軟な調和主義者日本」と題する解説と共に興味深い。

この解説では、バブル崩壊後に「名誉ある失敗の方が成功よりもよい」とされている国では問題が直視できなかったこと、一見長期的に行動するように見える日本人が実のところ部外者が気づく以上に短期的な視点でものを見ていることなど、痛いところが的確に指摘されている。本書は、おのれの理解も重要なリテラシーだという。耳を傾けてみてもいいのではなかろうか。（山崎元・三和総研主任研究員）

（光文社・2800円）＝2001年8月2日⑥配信

内へと促す思索の書

「読書からはじまる」(長田弘著)

読書について書かれた本を読書する。それは、まるで劇中劇を見るようでもあるし、脳について書かれた本を読むことにも似ているような気がする。なぜなら、それは、どちらも対象が外側ではなく、自らの中に内包されているという共通点を持っているからだ。

本とは、紙と活字でできた物体ではあるが、それはあくまでも入れ物のこと。著者に言わせれば、本というのは、「本という考え方」であり、読書とは「本によって、本という一つの世界のつくり方を学ぶ」ことであるのだという。

読むことによって、単に情報を集めることが読書なのではない。この本の表紙には、「現実生活に友だちがいない人にも、唯一友人を準備してくれるものがあるとすれば、それは書籍だ」という幸田露伴の言葉が引用されているが、まさにこの本では「本は、もう一人の友人」であるということが、痛みと重みをもって述べられているのである。

と同時にこれは、「言葉というものについて」を、言葉によって語っている本であるともいえる。

「言葉を覚えるというのは、この世で自分は一人ではないと知るということです。言葉というのはつながりだからです」

しかしながら、言葉は万能ではない。毎日の経験を通して、人は言葉を覚えていくが、にもかかわらず、「覚えて終わりでなく、覚えた言葉を自分のものにしてゆくということができないと、自分の言葉にならない本質を、言葉はそなえている」。

言葉をつづる詩人である著者の、これは実感なのだろう。実際、実感としての「自分の言葉」でしか、この本は書かれていないのだが。

本を読むことが、読書なのではない、と著者は繰り返す。そのことを読者は、身をもって知ることになる。なぜならば、これはページごとに内へと向かうことを促す思索の書であるからだ。それだけに、平易な言葉でつづられてはいても、持ち重りのする一冊である。(藤田千恵子・ライター)

(NHK出版・1500円)=2001年8月9日①配信

今に息づくものととらえる

「シャーマニズムの文化学」(岡部隆志、斎藤英喜ほか著)

「シャーマニズム」が新たなブームとなっている。ニューエージ文化の影響を受けたサブカルチャーの分野はもちろん、それ以外の映画や文学などの領域でも、シャーマニズムがにわかに注目を集めだした。

研究者の間でも、一九八〇年代以降、再びシャーマニズム研究が活気づいたことを「シャーマニズムのルネサンス」とよんだりしている。だが、これほど注目されているにもかかわらず、これまでシャーマニズムを多角的、総合的視点から分かりやすく解説した本は、ほとんどみあたらなかったといってよい。

そこへ、本書の登場である。国文学者たちの手による日本のシャーマニズム論なので、国際的、普遍的な視野はみられないのではという予想は裏切られた。国文学はもちろん、宗教学や心理学、民族学や民俗学の視点を取り入れた、良質なシャーマニズム学入門書となっていた。

彼らは「シャーマニズムは宗教なるもののコア」と考え、シャーマニズム研究を既成のディシプリン(学問分野)にとらわれない新たな「文化の学」として立ち上げる必要性を説いているのだから、それも当然といえる。さらに驚いたのは、古典文学から最近のネオシャーマニズム運動までを視野に入れていることである。エリアーデを再評価しつつ、シャーマニズムは過去の遺物ではなく、今に息づくものととらえる広い視点は、とても斬新(ざんしん)である。

著者たちの専門である古代・中世・近現代の説話や芸能、文学などをシャーマニズムの視座から丹念に読み解く点、ノスタルジーに陥らない点、シャーマンの内面性や身体性を重視し、癒(いや)しや救いのあり方を考察する点など、本書から学ぶところは大きい。

シャーマニズムの普遍性をもとに、そこから日本文化の多様な領域を考えていく本書は、シャーマニズム研究を志す人はもちろん、シャーマニズムに興味をもっている多くの人にもぜひ読んでほしい一冊である。(塩月亮子・日本橋学館大講師)

(森話社・2300円)=2001年8月9日②配信

青白い光放つ恋愛小説　「センセイの鞄」（川上弘美著）

クマと散歩に行く短編を書いてデビューした川上弘美の小説世界では、どんなことも起こりうる。ふわふわ漂う、とりとめのない人間たちが現れたり、たえず動き変形し変容する人物たちが現れたりもする。

だが、夢みたいな絵空事めいたその世界においてさえ、小説的リアリティーはつねに濃密である。驚くべき異能の証左だと思う。

しかも、その才能はよどみなく効率よく評価されてきた。幸運な高速度の歩みが、多くの羨望（せんぼう）を誘うこともあるだろう。仮にそうだとして、熱い羨望を慰撫（いぶ）し、得心させるのが本書である。「いとしい」に続く二作目の長編小説は、おかしくつつましくわびしく、しみじみと悲しい恋の名作になっている。

三十七歳のツキコさんと七十歳になろうかというセンセイ。高校時代の国語教師とずっと年下の教え子の間に、おずおずとあわあわと頼りなく愛が息づいてゆく。駅前の一杯飲み屋で隣り合わせたツキコさんとセンセイの交遊は、たいていが飲み屋の喧噪（けんそう）の中で過ぎる。それがいつしか散歩からデートに発展し、風変わりな旅を経験することにもなる。

こっけいでぎこちない二人の関係が、時に妙な情感まで発散させるのだから、不可思議な作品である。全編を浮遊する乾いたさびしい空気からすると、この長編は「いとしい」につながるよりは、恋をめぐる傑作短編集「溺レる」の直系であると言えるはずである。

恋愛には不向きらしい漠としたツキコさんと自分流を崩さないかたくななセンセイ。孤独な両者の心に奇跡のように兆す、愛という名の曲者を追って、ほとんど余すところがない。

十九世紀のロマン主義文学がおそらく苦笑するだろう直截（ちょくせつ）さで、川上弘美は愛の果てしない荒野を探索している。不様（ぶざま）で空虚な表情を見せながら、先のない行き暮れた哀切な二つの恋情は、青白い光を放って消えない。新しい恋愛小説が創出されたのである。（宮田毬栄・エッセイスト）

（平凡社・1400円）＝2001年8月9日④配信

多くのヒント与える「インターネットは未来を変えるか？　科学技術を読み解く」「同　現代社会を読み解く」（歌田明弘著）

情報メディアには「報道型」と「広告型」がある。報道型メディアは受け手の出資で作られ、知りたい情報を引き出すのに使われる。広告型メディアは情報の送り手が情報を広く知らせるために作り、使う。無料で提供されることが多いインターネットのホームページはほとんどが「広告型」だ。管理者が知らせたい情報はそこに掲載されるが、知らせたくない情報は伏せられる。そうである以上、インターネットを駆使すれば知り得ない情報はないと考える「ネット全知全能論」は根本的に間違っている。

それをあえて記したのは、ネットサーフィンでアクセスしたホームページから得られた情報を踏まえて書かれた百二十余のコラムを編み二巻本の大著となった本書には、まさにそうしたネット全知全能論を裏付ける仕事と読まれかねない危険性を感じるからだ。核開発と遺伝子工学の意外な近さが露呈したり、新興宗教団体ページに示される奇怪な世界観など、確かに本書は新知見を多く披露する。

だが本書の魅力は開示された情報それ自体にとどまらない。個々の情報を巧みに関連づける手腕、その情報が担う意味を浮かび上がらせてゆく著者の分厚い教養の下地なくして本書の個々のコラムは成立し得なかった。称賛されるべきは「素材」よりもむしろ「料理人」の手さばきなのだ。

ちなみに本書に登場したホームページの多くは、雑誌掲載時から単行本刊行までの時間差のうちにも消えたり、内容が改変されたはずだ。インターネットの世界は独特に偏るだけでなく、変幻自在でとらえどころもない。本書はそんな危うい情報システムを強引に押さえ込み、使いこなして見せた。

もちろん「知をもって知を制する」方法は万人向けと言えないし、日々巨大化しているインターネットに対していつまで有効かという懸念もあるが、インターネットに支えられた知識社会での処世技術を考える上で多くのヒントを与えてくれることは確かだ。（武田徹・評論家）

（アスキー出版局・各1600円）＝2001年8月9日⑤配信

森茉莉へのオマージュ

「幽界森娘異聞」（笙野頼子著）

笙野頼子は現代作家のなかでも、一作ごとにその作品のスタイル（文体）を変ぼうさせ、自由自在に言葉をあやつる最も実験的な書き手である。彼女のデビュー作となった「極楽」（一九八一年の群像新人文学賞を受賞した）を高く評価したのが、藤枝静男であったのは偶然ではない。

藤枝静男の怪奇的世界にして私小説的な特異な作風は、ほとんど余人にまねできないものであったが、笙野頼子はその流れをくみながら、さらに独自な文学世界をつくり続けている。

その創作の源にあるものは何だろうか、ほかにどんな先行作家に、笙野頼子は影響を受けたのだろうか、と思っていたところ、この「幽界森娘異聞」に接して、なるほどと納得した。

森茉莉である。言うまでもなく、文豪鴎外の娘である。その異才はこれも自由自在の、一種超俗の雰囲気をもつ作風をあらわし、しかもその言葉は見事な結晶体を形成する。

〈彼女、彼女、彼女、この故人のこの活字の世界での名をいきなり「森娘」と命名する。本名森茉莉をそのまま使わないのは、決まってる。私の描いているこの故人が、どう考えても本物の森茉莉とはずれた人物だから。鴎外と志けの娘、では決してないから〉

もちろん、これは森茉莉の評伝ではない。この異色先輩作家の言葉―それは「贅沢貧乏」などの小説であったり、彼女の書簡や、森茉莉についての解説やエピソードであったりする―を、笙野頼子が咀嚼（そしゃく）し、反すうし、再構成するなかに、森茉莉のイメージが作者と合体してよみがえるといった体裁である。

このふたりの作家をつなぐのは、猫とのかかわりであり、また生活の形態であったり、さまざまであるが、森娘はこの作品のなかで、生きている故人として成長し、ほとんど生々しい個性の相貌（そうぼう）を呈するに至る。それは作家が作家にささげる最高のオマージュでもあり、文学という才気の不気味な解体新書のようでもある。（富岡幸一郎・文芸評論家）

（講談社・2000円）＝2001年8月9日⑥配信

視覚的支配のプロセス

「可視化された帝国」（原武史著）

近代日本の天皇制研究は、その制度と支配のシステムの分析が中心であった。そのため基本的な検証がないがしろにされていた。

基本的な検証とは何か。それは天皇が国民に姿を見せることで、視覚的支配をつくりあげようとしたプロセスである。具体的にいえば、天皇の行幸啓の研究となるのだが、本書はその研究の先駆的な意味をもつ書である。タイトルの「可視化された帝国」という語は新しい天皇制研究の代名詞になるかもしれない。

明治、大正、昭和の三代の天皇は、実によく巡幸や行幸を行っている。大正、昭和天皇は皇太子時代も含めると「国民」と接した回数は驚くほど多いのだ。著者はそのコースや行幸啓の内実、そして天皇を見た人たちの感想も含めて、丹念に可視化されていく「大日本帝国」の姿をえがきだしていく。したがって、本書の中で用いられる表現は、天皇制研究の書の中では初めて登場する語が多い。

例えば、「自然的身体をもちながら、時間を超越した政治的身体として十分に抽象化されてしまった明治天皇」とか「自然的身体や、それに伴うさまざまな人間性を強烈に各地の人々にアピールしてきた嘉仁皇太子」、「（昭和）天皇は、自然的身体をはっきりと見せながら、白馬に乗った『現人神』と化している」といった表現は、近代天皇の身体（存在）がどのように受けとめられていったかを端的に示しているのである。

明治政府が、天皇の巡幸を意図的に進めたのは、むろん国民を臣民化せしむる意図があったが、同時にこのプロセスには封建時代からの慣行や宗教観との衝突もあった。天皇に土下座する国民に拝めとしかる巡査、生き仏、生き神という信仰上の役割を担う僧りょなどの光景のなかに、天皇がやがて現人神と化していく将来が予兆されている。

敗戦の日のラジオ放送は、視覚から聴覚へ転じてなお支配の主体になるとの暗示であったと説く著者の指摘は重い意味をもつ。（保阪正康・ノンフィクション作家）

（みすず書房・3200円）＝2001年8月16日①配信

常識や通念を超えて

「ヒトはなぜ絵を描くのか」(中原佑介編著)

旧石器時代の洞くつ壁画をめぐる対談中心にまとめられた本書の根底には、二十一世紀に生きる現代の人類にとってもなお「絵を描くこと」が不可欠なのか、という問いが見え隠れする。幼稚園のころよく絵を描き、大人になって描かなくなった人は多い。二十世紀には「絵は終わった」という声も聞かれた。そこで、絵の始まりにさかのぼって考えてみようというわけだ。

編著者は、サル学者や音響工学者、宗教学者といった美術以外の専門家とも対談し、後日、自分の見解を付け加える。四角い枠で区切られた画面上の図像だけを全体として一度にながめる私たちの絵の「常識」や「通念」を超え、音による表現を含む闇(やみ)の洞くつ内部の総合空間とヒトの脳の働きに基づいて事柄を理解しようとする。

自らの性と死に気づき、闇の奥に潜む「見えない世界」に恐れを抱きながら、それと向き合うことによって逆に、強く生きる力がわき上がる非日常的な仮設の場を形成する。そのために、ヒトは洞くつ画を描いた。各対談相手の多様な言葉遣いに共通するのは、そんな見方だろう。編著者は「絵は創造主へのメッセージ」「絵はヒトの発明」という言葉でそれをくくる。

確かに、本書は「絵を描くこと」の原点に私たちの目を向けさせ、ヒトが人間に成るためのカギとしてのその役割について示唆する。無文字社会では絵がいきいきとしているという指摘は暗示的だ。だが、残された課題も多い。

たとえば、なぜ動物画か。牛や馬などの洞くつ画は獲物を捕る呪(じゅ)術のためか否かという議論があり、本書は呪術に否定的だが、機能主義的な呪術か、「見えない世界」との対話かという二項対立そのものが、超えられるべき「常識」「通念」かもしれない。

翻って、ビデオなどの映像表現には、手の痕跡で「絵を描くこと」と同じ働きが可能か。「絵を描くこと」のどのような仕組みがこれから有効なのか。本書は、そう問いかけてもいる。(中村英樹・美術評論家)

(フィルムアート社・2400円)=2001年8月16日②配信

カビと人間との密接な関係

「カビ博士奮闘記」(宮治誠著)

梅雨は、かつて「黴雨」と表記された。梅雨のある日本は、さしずめ「カビ天国ニッポン」ということになる。

カビの有用性と有害性とは紙一重とはいえ、カビはやはり人間に害をおよぼす微生物、という印象を払しょくできない。

「世界一危険なカビ」は、本書によると、南北アメリカにのみ生息しているコクシジオイデス・イミチスというカビ。気道感染から始まる病気が肺だけでおさまれば治るが、リンパや血液を介して全身に広まると、全身に転移した人の半数は命を落としてしまう。このカビの培養も二次感染の可能性が高く命がけだという。

白血病、がん、免疫疾患などの患者の治療に投与される抗がん剤や免疫抑制剤が、致命的なカビの病気を引き起こすこともある。それゆえ、カビの病気は「先進国の病気」「文明病」などといわれている。われわれにおなじみの水虫やインキンタムシもカビが原因である。

もちろん、カビの有用性も無視できない。

いわずもがな、みそ、しょうゆ、日本酒などの発酵食品やペニシリンなどの抗生物質や、カビがタンパク質やでんぷんを分解するときに出る酵素など、多くの化学工業製品や医薬品がカビによって生産されている。

日本のカビの広範な利用は、諸外国に例をみないほどである。ヨーロッパで始まったチーズもつけ加えねばならないだろう。

現在、カビの有効利用のために各国はしのぎを削っている。「カビは重要な天然資源」であり、国外への持ち出しを禁ずる条約が一九九二年の国連で採用された。日本を含む百五十カ国以上が締結したが、世界最大のカビ立国、アメリカはいまだ署名していない。

さらにカビは、自然界における物質の大循環に必要不可欠な役割を果たしているエコロジカルな側面も無視できない。

カビと人間との密接な関係、ただ驚くばかりである。(川成洋・法政大教授)

(講談社・1600円)=2001年8月16日③配信

ベストメンバーによる刺激

「昭和短歌の再検討」(小池光ほか著)

五人の現代の歌人が、昭和の短歌史の諸問題を五つの章において論じている。

この本を読む前の私の印象は、「ヤレヤレ、小難しそうな本だナ」というもの。題名からして堅い。

だが、読み始めると刺激的で面白い。たとえば、寺山修司の有名な歌「マッチ擦るつかのま海に霧ふかし身捨つるほどの祖国はありや」をめぐる小池光の意見。この歌、「戦後青年の祖国喪失感」の歌として読まれてきたが、実はそうではなく、「霧の埠頭でカッコいいポーズをキメてくれただけ」と小池は断じる。喪失感などにとらわれることよりも、カッコよくポーズをキメることに、寺山の時代を生きる新しさを見いだしているのだ。

さて、五人の論者は、小池のほかに三枝昂之、島田修三、永田和宏、山田富士郎。彼らは今日の短歌界のもっとも先鋭的な論者である。もちろん、歌の実作者としても優れており、いわば現代の短歌を論作の両面においてリードしている歌人たちだ。

その短歌界のベストメンバーが論じる五つの章は、「戦争期」「敗戦期」「前衛期」「昭和戦前」「昭和メディア論」。この章題のもとに五人は各人の関心に沿った論を展開している。

「前衛期」の場合、「安保闘争と歌人」(小池)、「アメリカナイゼーションと短歌」(島田)、「共同制作の光と翳」(永田)、「劇画的空間の誕生」(山田)、「定型表現の変位」(三枝)という具合。このように各章は五人の五つの論で構成されている。ちなみに、「前衛期」で刺激的なのは次のような意見。

岸上大作の「意志表示せまり声なきこえを背にただ掌の中にマッチ擦るのみ」のような歌は「みんなヘタクソである」(小池)。佐佐木幸綱のラグビーの歌などにはアメリカ的な強い力への同化がある(島田)。大学闘争を歌った福島泰樹の短歌などは劇画的短歌だ(山田)。これらの見方は時代の中の短歌の位置や像を見事にとらえている。(坪内稔典・俳人)

(砂子屋書房・3800円)=2001年8月16日④配信

国友忠の芸と生き方描く

「浪曲、女子高へ行く」(新井勝治著)

語り的要素をもった芸能は、テレビ普及率に反比例して衰退したという。相手の語りにじっと耳を澄ませ、頭の中でイメージをふくらませ味わう芸能は、視覚的刺激の強いテレビにかなわなかったのだ。

浪曲、つまり浪花節は、このような意味で時代の流れに添わなくなった日本の古典芸能の一つだ。昭和半ばまでは全盛を誇っていたが、それ以後急速に下火になった。浪曲師が三味線に合わせてドラマチックな活劇と人情の機微を語りうたう浪曲。これを自らが勤務する女子高校で演じてもらおうと企画し、下準備も周到に成功させた高等学校教師の記録が本著である。

だが本著の面白さは、浪曲と女子高校生というミスマッチの現場を盛り上がらせた著者のお手柄を描いたところにあるわけではない。優れた浪曲師で人間的魅力にあふれた国友忠にほれ込んだ著者が、その芸と生き方をなんとか伝えようとした熱意そのものにある。

言い換えれば、日本人に忘れかけられた浪曲が女子高校生に感動を与えるまでの経緯をつづりながら、国友忠がその日のテーマの一つとした中国残留婦人の悲嘆を前面に押し出したことが、本著後半の国友忠という人間像を圧倒的に印象付けることになった。

国友忠は一時、過労で倒れて浪曲界を休業していたが、昭和五十七年に中国残留邦人の存在を知るや、その問題解決のためにまさに私費を投じてのボランティア活動を展開した。厚生省のお役人的非情さに立ち向かい、孤児らを受け入れる施設を用意し、中国へ直接に渡って理解を得た。

全身全霊をかけた活動は国内での大きな支援とマスコミを味方につけ、衆院議員となった田中真紀子の協力申し出に支えられて、「中国残留邦人の帰国促進及び永住自立を『国の責務』で行う」旨の立法化にこぎ着かせた。

著者の目は女子高校生にも国友忠にも同等に温かい。それがこの一冊に気持ち良い後味を揺曳(ようえい)させている。(松平盟子・歌人)

(朝日新聞社・1200円)=2001年8月16日⑤配信

伝説の常識ひっくり返す

「よみがえる浦島伝説」（坂田千鶴子著）

浦島太郎といえば、だれもが知っている。イジメられているところを助けだしたカメに連れられて竜宮城に行った漁師。宴会に飽きて結局故郷に帰ってしまい、その際「ぜったい開けてはいけない」玉手箱を開けるやいなやおじいさんになってしまった男。

だれでも知っている伝説なのに、その起源をさかのぼってみると、びっくりするような操作があった…というのはよくある展開だが、浦島伝説ほど驚天動地なものは少ないだろう。

いわく、浦島伝説が女の恋を尊ぶ文化から描かれていた、浦島は乙姫の恋人だった、そして玉手箱に入っていたのは姫自身だった、なんてハナシ、あなた知ってます？

なぜ、こんなに違ってしまったのだウラシマ？ 筆者は、そのなぞをスリリングに解き明かす。伝説変容の陰には、男性による女性観の押しつけや、「男と女はかくあるべき」という政治的意図による書き換えがあったというのだ。

すぐれて実証的ななぞ解きは、目からウロコというか、わくわくするような推理小説のなぞ解きに似た快感をもたらす。世界観をひっくりかえすような衝撃的読書体験が味わえる一冊である。

国文学を専攻する著者は、浦島伝説をフェミニズム批評の立場から検証しつつ、伝説に描かれた乙姫とは何者か、竜宮城とはいったいどこにあったかという古代地政学的な考察まで手抜かりなく行っていて、それも読みごたえがあるのだが、さらに興味深いのは大学の教室で、生徒たちにくだんの講義をしたあと、「では、キミたちの浦島の伝説を描いてごらんなさい」と言って絵本創作をさせていることだろう。

本書にはその成果も収録されている。現代のウラシマ君、いや若人たちの恋愛観とライフスタイルが躍動感あふれるかたちで展開されている。本当によみがえってしまったのだウラシマ。こんなに楽しい授業なら、わたしも受けてみたいものだ！（小谷真理・評論家）

（新曜社・2000円）＝2001年8月16日⑥配信

感性をよみがえらせる

「闇を歩く」（中野純著）

タイトルからすれば、暗くて怖い本かと思うが、そんなことはない。怖がりの私でも安心な、いわば「闇（やみ）を楽しむ」案内書である。

では、著者がどれぐらいの闇を楽しんでいるかというと、背中に「少しだけ、コナキジジイ」がいるような気がする、その程度のスリルのある闇だとする。

私は小学校の夜間警備を一人でやっていたことがあるが、懐中電灯など使わずに、月明かりや、星明かりだけで校内を歩く快感は知っているので、そのあたりの感覚はよくわかる。

とはいえ、そこまでやるか？　と言いたくなるぐらい、この著者は闇の世界を開拓している。

その闇の世界の主なフィールドは、夜の山。その山に、ほかにだれもいないだろう時間に、二人か三人で入る。一人でないところがいい。それが「コナキジジイ」対策なわけだ。

当然、夜の山は、人込みや喧騒（けんそう）から逃れられる。視覚が制限される分だけ、他の感覚が生かされ、思いがけないような音や、遠くの音まで感じられるし、シカやイタチのような動物によく出合ったり、それなりのにぎにぎしさはあるようだ。

おまけに、尾根のベンチなどで大の字になり、降るような星を浴びたりもできる。

一方、闇は都会にもあって、それもいろいろ紹介してくれている。

梅見のシーズンの深夜の梅の香りがいいという。それは、すごく分かる気がする。

アオバズクの声を聴くなんていうのもいい。夜中は余計な騒音がないのだから、毛穴を開放、きっと全身から音を吸い込めるはずだ。

私好みなのは「真夏の夜に石の声を聴く」というアイデア。これは各地にある「夜泣き石」を訪ねて、その声を聴くという…、こいつはやられたなと思った。

読み始めは酔狂な人だと思っていたが、鈍った感性をよみがえらせるためのヒントが、夜空の星のごとく散らばっている本である。（林丈二・デザイナー）

（アスペクト・1400円）＝2001年8月23日①配信

開発者の悲劇

「エニアック」(スコット・マッカートニー著、日暮雅通訳)

世界初の本格的コンピューター「エニアック」を開発したモークリーとエッカートは、発明者としての名誉をフォン・ノイマンにさん奪され、モークリーの古い友人アタナソフとの係争では、特許をはく奪される。自ら創設した会社も他社に吸収されてしまう。

本書はコンピューター誕生の経過と開発者の失意を追いながら、科学技術が普及する過程での普遍的な命題を浮き彫りにする。

エッカートは連続的かつ自動的な計算処理を行うため、レーダーの計測装置から応用した電子回路を使い、必要な処理手順を装置内に記憶させることを考えつく。これがノイマン型と呼ばれるようになったのは、後からプロジェクトに参加したフォン・ノイマンが、その創意を自分の名で論文発表したためだった。

科学技術が認知されるには「言葉・イデア」と「実装(実製作)」の両方が必要である。

エッカートたちは成果を他人に説明する能力に欠けていた。実物の製作がイデアの展開を押し進める例も多いのだが、往々にして実装は代替可能な一手法と見なされ、下位に位置づけられてしまう。本書は先端分野に偏在する理論家と技術者の相克を描き出している。

もう一つの命題は「社会基盤となる技術」とその「私有」である。

著者は、裁判においてなぜ「エニアック」ではなく、アタナソフの「ABC」が最初のコンピューターと認定されたのか検証する。裁判官は「ABC」が「エニアック」とはまるで異なる機械だと認めながら、エッカートとモークリーの特許を否定した。

その背景には、特許を認めてしまったら、既に二人の権利を押さえている巨大企業が新しい社会基盤を決定的に支配してしまう、という事情があった。一地方裁判所がこの事態を回避するには、特許を無効にするほかなかったのである。

二人の開発者の悲劇は、あまりに偉大な成果物を作り上げてしまったこと自体にあったのかもしれない。(吉目木晴彦・作家)

(パーソナルメディア・1900円)=2001年8月23日②配信

魂のかたち

「森羅万象の中へ」(山尾三省著)

山や森の道を分け入って、野性の懐で聞く自然のささやき—その奥深さにくらべると、山頂に立って風景を眺めわたす喜びは取るに足らないように感じる、と著者はいう。努力の末の山頂の眺めを、社会的に認知された文化というなら、著者は一貫して対抗文化を選んできた人だ。

近代文明の方向を憂慮し、そこに身を添わせられない彼は、原初の自然の色濃い屋久島に暮らし、詩やエッセーを著す。大事なのは、その暮らしのかたちよりも、魂のかたちといえるだろうか。

一九六〇年代から深まった対抗文化の行方は、宇宙的存在としての人間の自覚、自然との親和力を育てることを実践する方へといった。著者の友人、米国の詩人ゲーリー・スナイダーなどもその一人。

顧みれば彼らの思想の根は、米国の先住民族から仏教、とくに禅の思想にも通底している。そういう人たちは、みな「生きる場所」についての物語をもっている。

屋久島から森羅万象の物語をつむいできた著者は、この本でよりはっきりと、「自分の生をどこへ還(かえ)すか」、どう死なせていくかを考えている。

むずかしい話ではない。月の光の染み込んだ砂浜を歩くときの感覚や黄色いイワタイゲキの花が放つ神々しさ、長遠な時間を封じ込めた石に出合ったときの喜びのなかにそれは潜む。いいかえれば、生きる場所への著者の共生の自覚が、死生観を伝える言葉となって示されてくる。

自分の根という言葉をしばしば使う。人は、自分の根を持たないと、深く生きることも、安心して死ぬこともできない生きものだ、というふうに。だれもが屋久島でのような生のかたちを共有できないが、根が実感できる人生は、すべての生命体との共生感覚から生まれるのだ。

このメッセージは静かな共感を呼ぶ。踏みしめるごとに、生きる喜びを伝えてくれる道を歩いているような一書だ。(中村輝子・立正大客員教授)

(山と渓谷社・1800円)=2001年8月23日③配信

平穏な日常への願い

「無事の日」（佐伯一麦著）

一寸先は闇（やみ）だとか、板子一枚下は地獄だとかいわれる。実際、たんたんと何事もなく過ぎる日常はふとした拍子に「闇」や「地獄」へと反転してしまう。日々の事件・事故のニュースを見聞きするにつけ、その思いは強まる。「無事」にはいつも「有事」がはり着いている。綱渡りのような「無事」をわれわれは生きているわけだ。

もの書きの茂崎を主人公としたこの小説の「無事の日」とは、以上のようなニュアンスで使われている。

三人の子がありながら離婚した茂崎は、染色家と再婚し、北欧での生活から帰って茂崎の生家がある東北の町で暮らし始める。その現在の日々と、生活の行きづまりから北関東各地を転々とした過去のあれこれが、ない合わされるようにして話は進んで行く。「無事」と「有事」が交錯し混じり合った様子が、そこから生々しく浮かび上る仕掛けである。

そもそも茂崎自身の体調が良くはない。電気工時代にかかった喘息（ぜんそく）に悩み、うつ病にもなって医者に通う身だ。別れた家族への仕送りなどの経済的負担もある。妻もまた交通事故を起こして示談に手間取り、病気で入院もした。

地方銀行の破たんや中小企業の倒産等のバブル崩壊後の不況は、東北にも押し寄せていた。陰惨な殺人や心中事件も起きる。久しぶりに会った同級生も不況の波をかぶり、死んだ者もいた。そのような現状から引き出されるように、苦境続きの茂崎の過去が思い出されるのである。

こう書くと、いかにも救いのない内容と思われようが、不思議に静かな気分に満たされる。文体は淡々として平明だ。平穏な日常への願いが、とにかく「無事」であることへの喜びがそこはかとなく漂い始める。さまざまな「有事」がむしろ作品に安定感を与えている。動植物など自然への関心もその印象を強めているだろう。

まだ四十代初めの著者とは思えぬほどに年季を感じさせ、成熟した印象を与える作品に仕上がっている。（小笠原賢二・文芸評論家）

（集英社・1600円）＝2001年8月23日④配信

身の回りから世界を見直す

「京の職人衆が語る桂離宮」（笠井一子著）

桂離宮の昭和大修理は、三百五十年前に創建された離宮をいったんすべて解体・調査し、今後少なくとも百年にわたって生き永らえさせるために当時と全く同じ材料・工法を用いて再生させている。

例えば梁（はり）を一本新しい材料に交換するとしよう。梁から削り出された薄片を顕微鏡で調べて樹種を特定し、年輪の密度や部材の長さなどすべての条件を満たした樹木を全国の営林所に依頼して調査し、人の踏み入れたことのない山奥に探しにいく。

ようやく探し当てた木を伐採し、施工後の反りを防ぐために乾燥させるには、少なくとも工事の三年前から準備を始めていなければならない。そうした手続きは、材木だけではなく、畳や塗り壁、そして唐紙や錺（かざり）金具といったあらゆる細部に及んでいく。

なぜ見た目だけではなく、材料や製法まで同じにしなくてはならないのか。それは風土に根ざした建築技術の継承というきわめて大きな文化的使命を担っているからだ。もちろん一部腐食した部分を樹脂による人工木材に置き換えるという最先端の技術も使われているが、それですら漆職人の手によって仕上げられている。

桂離宮という特別な書院建築ではあるが、そこには日本人が住宅に対して抱いていた思想の原点を見ることができる。安価な住宅を大量に供給するという現代のシステムが、これまで日本人がもっていた「家」という思想をどんどん衰退させ、職人たちの生きる世界そのものが消滅しつつある。

この昭和大修理に携わった職人たちが修復にかけた並外れた情熱をインタビュー形式でまとめた本書は、一般に向けて平易に語られており、とても読みやすい。しかしその内容は、失われつつある職人文化に対するノスタルジーではなく、環境問題までも視野に入れた、文化の深層に触れる重要な問題なのだ。細部にこめられた宇宙を思うこと。本書は自分の身の回りから世界を見直す、ひとつの契機を与えてくれる。（中村研一・建築家）

（草思社・1600円）＝2001年8月23日⑤配信

青春のはかなさ、せつなさ

「アンダー・マイ・サム」（伊藤たかみ著）

左手の親指が少し長く、いびつにゆがんでいるのを気にしている十七歳の「僕」が登場する、すがすがしい青春小説。その親指は携帯のメールの早打ちにも役立っている、と思いなおせば、深刻だった悩みもごまかせるような気もしてくる。そんな「僕」をとりまく人間関係は、少し複雑だ。

離婚した父親と暮らしているが、ほとんど会話らしいものはなく、父はひそかに小説らしきものを書いているようだ。バンド活動をしている友人の清春の母親は、新興宗教にのめりこんでいる。そして痴情のもつれとうわさされ、顔に生々しい傷が残っているフリーターのみゆき。

しかし、そんなわけありの境遇も決して特別なことではない、というポーズのもと、淡々と語ろうとするあたりも今どきの十七歳の少年らしい。

そんなある日、マンガ喫茶でうたた寝していた僕は、自分自身から外れてしまうという感覚をはっきりと覚える。まるで幽体離脱したかのように透明になってしまった僕は、そこで寝ている自分を眺めているのだ。

そのまま例の長い左の親指で、レジの女性に触れてみれば、信じられないほどの激しい心の叫びが聞こえてくるのである。これをきっかけに、僕は清春やみゆきの心のやみについて、考えるようになるのだ。

この「外れる」という感覚は、十七歳では受けとめられそうもない現実が降りかかってきたときの処世術であり、自分を客観視しようとする働きかけでもある。

そんなふうに自分から外れたり入ったりして、見方を変えてみる。現実を直視したり、その苦しさをはぐらかしてみたり、自信を持ったりうなだれたりして、そういう心の波紋を自分自身で見詰める。そういう少年を通して、青春のはかなさ、せつなさが浮かび上がってくる。

そこには明らかに少年の成長と、過ぎ去っていく十七歳の時間を、読みとることができるからだ。

（白石公子・詩人）

（青山出版社・1500円）＝2001年8月23日⑥配信

若者の自我像に肉薄

「マイホームレス・チャイルド」（三浦展著）

若者論といえば、ほとんど「追っかけ」に近い解説本か、若者への「義憤」をぶちまける「感情本」が大半だが、これはちがう。

対象にしているのは団塊ジュニア世代で、著者はその出生時期を遅めにとらえ、一九七三年から八〇年という。茶髪、ルーズソックス、プリクラなどの流行をつくりだした世代だ。彼らは消費社会の申し子だから、この本も若者たちの流行を追っかけている。

しかしその目のつけどころがいい。カフェ、浜崎あゆみ、フリマと並べる選択眼のたしかさ。ここがずれていると致命的なのだ。マーケティング誌「アクロス」編集以来、著者が積み重ねてきたデータ収集と観察力とがよく生かされている。

もちろん本書はたんなるデータ集でも観察記録でもない。大人たちには不思議に思える若者たちの振る舞いがなぜ生まれるのか、具体的に検討している。

「自分は自分」と肩ひじはらずに生きる脱力型のライフスタイル、その自分にしても時々に切りかえのきく複数の自分であること、自分がそうなら友人も状況に応じて使い分けてしまうこと—これらの分析は鮮やかで、一つの自分にこだわれないカメレオン・サイボーグのような若者の「新しい自我像」に肉薄している。

「今どきの若者はこうだ」という分析が新鮮であればあるだけ、世間の大人たちはそれを半信半疑でみる。自分たちの育ち方とのあまりの落差に戸惑うからだ。だが、著者のいうように、団塊ジュニア世代は高度成長期のマイホーム主義のくびきから解き放たれてしまった（だからホームレス）はじめての世代。落差はあって当然だろう。

ポケットにケータイ一つしのばせ、居心地のよい場所にたむろする彼らの人生を大人の決めつけで裁断してはいけない。そのことを本書はよく教えてくれる。

注文を一つ。最近（九〇年代末）の青少年文化や社会行動の異変（と、評者は感じる）について、著者はどうとらえているか、ぜひ知りたいところだ。

（中西新太郎・横浜市立大教授）

（クラブハウス・1500円）＝2001年8月30日①配信

格好の住宅入門書　「普請の顛末」（柏木博、中村好文著）

建築家による住宅設計の記事や単行本は少なくないが、近ごろは施主、つまり建て主であり住み手である立場からの報告も、とみに目立つようになってきた。

本書は、そうした住宅本隆盛の波に乗って、今いちばん時代に乗っているデザイン史家と建築家が、一軒の家づくりを通して、施主と設計者双方からの解説を入れ代わり立ち代わり語った格好の住宅入門書だ。

柏木さんは、ある特定の建築家に自宅の設計を依頼するという、だれにとっても難しい課題から始めて、「質素で豪胆」なデザインを通してほしいと注文した理由を、建築の完成まで一貫して述べている。

中村さんは、まず建築設計事務所なるものの実情を読者に親しめるように説きながら、自分はなぜ施主をクライアントと呼ぶのか、それによって家づくりをどのように住み手とつくり手の共同作品としていくかを、かんで含めるように教えてくれる。

その親切さ、おもしろさに読者は意表を突かれるかもしれない。当然、二人はこの専門領域においては例外的ともいえる話巧者なのである。

間取りのこと、構造の考え方、内装材の決定、その他、住宅が完成し引っ越しを終えるまでの一部始終が、過不足なくおさえられている点はまさに住宅入門書と呼ぶにふさわしいが、特に工事進行の現場で二人がそれぞれに、これでいいのかと迷いながら決断を下していく率直な記述に、かえって学ぶところが多い。

もう一つ、類書と違う最大のポイントは、建て主も建築家もお互いをよく知り、礼儀をもって対していることで、家づくりとは何かを、あらためて深く考えさせてくれるのである。

昨今の家づくりに最も欠けているのは、そのことだ。この本は、屈折したそれぞれの自己主張や、出来上がった家に対する不満、でなければ過剰な自己満足などとは無縁だ。押しつけがましくなく、さっぱりと、だから良い家がそこにある。

（植田実・建築評論家）

（岩波書店・2200円）＝2001年8月30日②配信

私自身についての映像示す　「私のからだは世界一すばらしい」（アンドレ・ジオルダン著、遠藤ゆかり訳）

私とは何か。それは、あらゆる哲学、宗教、そして文学の、根源的なテーマであろう。そのテーマから、この世の、この生とは、死とは何か、についての、無数の考察と表現とが、生み出される。

だが一方、私、についての考察は、それを問い詰めていけば、永遠の不快な難問（アポリア）をひき起こさずにはおかない。それは、私についての考察を始めた瞬間、その考察する当の私とは何か、という無限循環の問いが、考察者を襲うからだ。私とは何か、を考える、その私とは何か、を考える、その私とは。…

その不快な循環を一瞬、立ち止まらせる力を持つのは、私のこの体、についての、客観的、科学的な観察、思考であろう。

本書は、その、一瞬、立ち止まった私、という考察者に、実に明晰（めいせき）で新鮮な、私自身についての映像、を示し、与えてくれる。

たとえば、私が今ここにこうして存在していることの確率は、何と、一〇の一四四九乗分の一（祖先までさかのぼって、私、がたまたまここに生をうけている確率）であるということ。

また、たとえば、私の胃は（胃の細胞の世代交代によって）、私の一生の間に七千五百回も入れかわっているということや、私の体の構成原子が、他人の呼吸を吸いこんだり、吸いこまれたりすることによって、移動しつづけているということ。

こういう事柄を具体的で生き生きとした記述で説かれると、それは私たちの単純な、アイデンティティー神話への痛快な一つの答えとして納得させられる。

本書は結局、肉体というものへの考察を通しての「それでは、私はいったい誰（だれ）なのか」という思考の旅の、旅程記とでも呼ぶべきものであろう。

私とは何か、という思考の永遠の旅の中で、本書の読者は、肉体への考察が、その旅中での一本の大切な杖（つえ）であるということを、深い説得力と、上質なユーモアの感覚とともに、発見させられることになるだろう。（辻章・作家）

（東京書籍・1800円）＝2001年8月30日③配信

未来型日本人の精神

「武揚伝（上・下）」（佐々木譲著）

歴史のヒーローたちの物語は、いつでも読み手の心を熱くさせる。今回そこに加わったのは榎本武揚（たけあき）の物語だ。

江戸幕臣の子として生まれ、幕末長崎の海軍伝習所に入り、維新動乱の中でオランダに留学、機関・造船・操船術を学んだ。もともと関心があったのは科学技術だった。この幕末留学生の生態がとても興味深く書けている。

学んだのは技術ばかりではない。当然戦術も学んだ。帰朝して幕府海軍の中心となる。戊辰（ぼしん）戦争の時、官軍に抗して開陽丸をはじめとする艦隊をひきいて脱走、箱館にわたった。

武揚が外国で学んだものには、さらに国際法がある。また共和政体に対する関心がことさら深かった。箱館の地で〈蝦夷ガ島自治州〉をつくり、選挙によってその総裁となり、諸外国にこれを政権として承認させた。

この幻の共和国の実態、とくに外国とのたがいに腹に一物（いちもつ）の交渉が非常に面白い。

事破れて箱館五稜郭が滅び、官軍に降伏する三十三歳のころまでが「武揚伝」上下二冊の大冊になっているが、実際の武揚は七十二歳まで生存し、明治政府に出仕し諸大臣を歴任した。

武揚の写真を見ると、そこにはとても日本人とは思われないような人物が写っている。司馬遼太郎によると、オランダ留学中スペイン人にちがいないと思われていたそうだ。

顔だけでなく、精神が当時の日本人からは大きく離れていた。むしろいまの日本人、あるいはこれからの日本人に近い。日本の歴史小説はいままで〈日本人とは何か〉を追求してきたが、榎本武揚のような人物を描くほどには成熟していなかったように思える。この人物はあきらかに過去よりは未来に属している。

武揚伝が伝記でなく、小説であることがとてもいい。この未来型の日本人を描くには、書き手の情熱が直接表に出る小説というスタイルこそ望ましいのだ。（鴨下信一・演出家）

（中央公論新社・上下各2200円）＝2001年8月30日④配信

大正の恋愛論争を解読

「消費される恋愛論」（菅野聡美著）

電車に乗る。携帯電話は持たないので、もっぱら人間を眺めている。麻酔銃で撃たれたように眠る男性の指にも、スポーツ紙の性風俗欄を熟読する男性の指にも、結婚指輪がはまっていて、妙に感心したりする。

みなさん、恋愛結婚ですかぁ、と、聞いてみたい衝動にかられる。むろん個々に事情は異なるだろうが、親の決めたいいなずけだとか、お家存続のための政略結婚だった、という返事より、はるかに「恋愛結婚」の回答率が高いだろう。

かように「あったり前」になった「恋愛結婚」が、思想家や学者により「論」として熱心に展開され、広く大衆に読まれたのが、大正時代だと、本書は説く。

明治時代に欧米から輸入された「恋愛」という観念が、日本でどのように認識され、流通し、市民権を得て今日に至っているのか。何が理想として掲げられ、何が空論として退けられ、何が大衆に支持されて、何がこぼれ落ち、消費され忘却され、何が残ったのか。それを大正を見つめ直すことで分析する書物である。

大正恋愛論ブームの火付け役となった、英文学者・厨川白村の著書「近代の恋愛観」は、「すべての結婚は恋愛によるべし」「恋愛の完成は、やがてまた人格の完成であり、自我の充実であらねばならぬ。それが制度として現はされたのが結婚だ」というもので、「個人」よりも「家」制度が尊重された時代を批判し、経済的打算を排した純粋な恋愛に基づく結婚と性交を奨励して、大ベストセラーとなった。

だが、彼の功績が後の世まで語り継がれた形跡はなく、恋愛論ブームも一過性の流行で終わったと本書にある。「個人を解放」し、「自由な恋愛を可能にする社会の構築」をうたったはずの論説が、結婚という公的な制度に寄りそい、義務や努力や正しさを強く求めた時、それは新たな抑圧となり、力を失っていった。

出口の見えない不況のトンネルを、少子高齢化社会へ向かって走る電車のお供に、お薦めしたい一冊である。（片倉美登・文筆業）

（青弓社・1600円）＝2001年8月30日⑤配信

“わからないもの”の重要性

「日本異界紀行」（猫柳けいた、広坂朋信、坂梨由美子著）

子どもの時、火の玉を見たり、なぞの叫び声を聞いたことを思い出しながら、この書を読んだ。そして「なぜ今、大人の私はお化けを見ないのか？」と考えて、ひとしきり反省させられた。

「夜中の一時に壁の中から足首が見えた」「廊下の向こう側から白い霧がせまってきた」。都内の某専門学校生たちのこんな体験が、本書第二章で紹介される。「ごく普通の人々が日常のフとした瞬間に垣間見た」異界。

一見、ばかばかしく思える話である。しかし、こうした「怪訝（けげん）な事柄」が、いつでも起こりうる可能性を受容しながら日常生活を送ることは、もしかして、ものすごく重要ではないか。

人間は、森林を伐採し、魑魅魍魎（ちみもうりょう）を排して合理社会を構築した。夜道が怖くて泣いた子どもが大人になり、息子が語る学校の怪談を一笑に付す。私たちは成長と称して“わからないもの”をこの世から、そして自分自身の心から、抹殺した。それはおそらく、人知を超えた大自然が、未知なるものの持つ計り得ない力が「怖い」からだ。

本書の冒頭には、八年前に世間を騒がせた「石神井公園のワニ」が登場する。この事件は、一掃されたはずのブラックゾーンが、東京の真ん中に残っていたことを意味する。人々が、この「ワニ」の可能性に恐怖せず、むしろ期待を抱いたのは、我々が「異界」を、“わからないもの”を本当は必要としているからだ。

「異界」とは、我々の最後の良心であり、決して全能にはなり得ない我々を、静かに見守る大いなる世界だ。

「石や樹木に宿る、山野に息づく神は死穢（え）をいとわない。本来神とは…漠とした、生も死も清も穢（けが）れも包み込むおおらかな存在ではないだろうか」。最終章には、このように記述される。ただの怪談話の列挙に終わらず、“わからないもの”の重要性を情報化した現代社会に提起している。（塔島ひろみ・ライター）

（希林館・1000円）＝2001年8月30日⑥配信

若い日の素顔生き生きと

「林芙美子　巴里の恋」（林芙美子著、今川英子編）

林芙美子がベストセラー「放浪記」の印税でパリに渡った話はよく知られている。昭和六（一九三一）年のことである。芙美子、数えの二十九歳。夫、手塚緑敏（りょくびん）を日本へ置いての一人旅である。

このパリ滞在については、以前から研究者のあいだでさまざまな取りざたがあったようだ。芙美子が、この間の見聞や体験を日記、随筆、紀行文、小説などで虚実とりまぜて発表しているからだ。

男性関係など真実はどうだったのだろう。芙美子の本音はどこにあったのだろう。研究者ならずとも、一般の読者としても知りたいところである。

今年は芙美子没後五十年。本書はこれまで未公開だった「巴里の小遣ひ帳」「一九三二年の日記　巴里・倫敦・東京」「夫への手紙　巴里・倫敦から緑敏へ」を収めたものだ。初公開の事情を編者は次のように記している。

「新進女流作家だった芙美子がこの日記の公表を予想していたとは考えられません。したがって極めて私的な文章としての生々しい主観の発露や率直な人物批判があり、当然ながら御遺族には他人（ひと）様を傷つけては、という迷いもおありになったようですが、私どもの希いをきき入れて、このたび公刊を承知されたのは七十年前の恩も讐も愛も情もおおむね幽界で浄化されたと考えられたからでしょう」

本書刊行の意義は、この編者後記の言葉につきる。「恋の相手」として問題にされてきたSの存在、TやM氏も、読み合わせれば本名が分かる形で登場する。

パリの街角を不安定な気持ちで歩き回ったり、サロンでコニャックを飲んだり…。若い日の芙美子の素顔と生活が生き生きと浮かびあがるのは、やはり実録の迫力か。

手紙、「小遣ひ帳」の写真などをふんだんに採り入れ、今も残る芙美子ゆかりのパリの街角を紹介し、ビジュアルにも愉（たの）しい本となっている。（三枝和子・作家）

（中央公論新社・1900円）＝2001年9月6日①配信

暮らしの細部に宿る文化　「中国庶民生活図引　食」（島尾伸三、潮田登久子著）

中国の、たとえば広州の市場の一角を写真に収める。そして、現像されてきたその一葉をつぶさに見ると、その日常の光景にも、実は食を核とした彼の地の生活文化が満ちあふれている。

冷静に考えてみれば当然のことなのだが、そもそも観光で異国を訪ねた者が、その土地の人々の日常生活にカメラを向けることはめったにない。どうしても、名所旧跡にばかり目が向いてしまいがちだ。

だが、島尾伸三と潮田登久子の二人は、中国で普通の生活を送る人々の暮らしぶりを事細かに撮り続けてきた。その作業は二十年にも及び、市場周辺の光景はもとより、農家や漁民の台所までも網羅している。

その上で、それらの写真に写った人物、食器、食材、什器（じゅうき）類等にいちいち数字を配し、丁寧に解説を添えてみせる。それらが写真全体の解説と絶妙の相乗効果を生み、中国の人々の知らなかった日常が垣間見えてくる。

これが面白い。「路上生活者の台所」と銘打たれた写真を例にすれば、写真の中にたくさん付けられた番号のうち「2」には、〈衣類など全財産の入った布袋をイスにしています〉とある。その解説文を読んで写真に戻ると、道端に腰を下ろしている女性のしりのあたりに、何やら黒い袋が見える。確かに見えるが、教えてもらわなければ、そこに彼女の全財産があると想像するのは難しい。

このように、細部の情報が付加されることで、一葉の写真が持つ情報は急激に豊かなものとなる。それは、下手なCD-ROMよりもはるかに楽しみながら未知の理解を助けてくれる。だから、この一冊に収録された五十余りの写真を眺め、解説を楽しみながら読み進めるだけで、だれもが中国の食文化について詳しくなることだろう。

そして、何よりもこの本が刺激的なのは、どの土地でも、文化は神をも巻き込んで日々の暮らしの細部に宿っていることを、あらためて気づかさせてくれた点だ…さてさて、自分の食生活が妙に気になってきた。（長薗安浩・文筆家）

（弘文堂・1600円）＝2001年9月6日②配信

前衛作家を再評価　「日本のアヴァンギャルド芸術」（五十殿利治著）

五十殿利治は前著「大正期新興美術運動の研究」で、伝説やスキャンダルと化しつつある過去の美術に、新しい照明をあてて実態を浮き彫りにし注目された。本書はその作家別・テーマ別各論にあたるが、当事者の日記、手紙、当時の批評記事、西欧とロシアの源流、内外の研究など綿密に調査して、今日につながる可能性と問題点を示唆する。

とりわけ、ドイツ帰りの村山知義が、カンジンスキー、未来派、ダダなどのヒントをごちゃまぜにした「意識的構成主義」の主張や、シュビタースとオランダのドゥースブルフに近い造形作風よりも、建築と演劇を両極として諸ジャンルを逸脱し総合しつつ大衆につきつける運動方向で、一世を風靡（ふうび）したとみる著者の分析は重要だ。

資本主義商品としての大衆芸術と前衛芸術運動が、未分化のまま共存しえた時代のせいで、村山と前後して木村荘八、東郷青児、関根正二、岡本帰一、柳瀬正夢らが、舞台装置、衣装デザイン、俳優などで演劇に参加したのには驚く。

大正末期前衛は大半が、政治の前衛に屈服してプロレタリア芸術運動に組み込まれ、「芸術大衆化論争」でも諸芸術の総合による大衆芸術創造の方向は発展させなかった。

だから、ドイツや米国の風刺画から大衆性を体得した柳瀬正夢は、弾圧と逮捕拘禁のなかで苦悩し、柳瀬の風刺画研究仲間岩松淳は、渡米して八島太郎名の絵本で再生をはかる。

一方で、バウハウス探訪以来、評論でその理念を鼓吹し、やがてバウハウス留学者や共鳴者とともに「生活構成研究所」を設けた仲田定之助は、一時はモホイ・ナジの影響下に山口文象と共作で色彩、光線、形態、音響を総合する舞台形象、フォトモンタージュや「彫刻写真」も発表し、板垣鷹穂は機械と芸術の交流を中心に、昭和初年モダニズム批評を代表した。

村山知義とこの二人に面識のあった私には、著者が彼らの再評価を求めるのもうなずける。（針生一郎・美術評論家）

（青土社・2800円）＝2001年9月6日③配信

埋もれた夢の跡を発掘　「ニューヨーク黄金時代」（海野弘著）

ニューヨークは「つわものどもが夢の跡」。二つの川に挟まれたマンハッタン島はスペースに限りがある。だから、邸宅は持ち主が次々と代わり、改築され、呼び名が変わり、上へ上へと伸びて摩天楼になった。

二十世紀初頭のニューヨークにひかれた著者は、さらにその下に眠る十九世紀、“金ぴか時代”のニューヨークを本書でとりあげた。

王や皇帝によって築かれた都市は多いが、移民たちが二十四ドル相当の品物と引き換えに土地を買い、自分たちの手で築きあげた大都会はニューヨークくらいのもの。貴族ではなく市民の手でつくられた町なのだ。

ところが、そんなニューヨークにも上流社会があった。ごく初期にこの土地に住み着いた旧家と、その後、新世界を築く過程で財をなした人たちが上流社会を構成した。

しかし旧大陸と違って、そのメンバーは流動的だった。大金を手にし、豪壮な邸宅を建て、芸術品をコレクションして趣味を高めれば、この上流社会のメンバーになることができた。一方、破産して脱落する人々もいた。そのダイナミックな動きこそアメリカの魅力である。

さまざまな夢をもった人びとが登場する。しゅうとめや兄嫁をさしおいて社交界のトップに立とうとしたザ・ミセス・アスター、当時だれからも無視されていたアメリカ美術を支援したホイットニー夫人、商人ゆえに社交界から拒否されつつも現在まで残る豪華な高層ビルを建造したウールワース。自分の夢を財力で実現させた人々がどう生きたか、庶民にとっては興味津々だ。

かつてアスター家の舞踏会に行けなかった庶民も、今では（お金さえ払えば）ウォルドーフ・アストリア・ホテルに泊まれる。美術館やアールデコ建築を見て歩けば夢の名残をたどれる。

ニューヨークへ行くお金がなくても、この本に添えられた美しい写真を見て楽しめばいい。本書は埋もれた夢の跡を発掘した、いわば夢の考古学である。（野中邦子・翻訳家）

（平凡社・2800円）＝2001年9月6日④配信

沖縄出身軍人の全体像　「自決　こころの法廷」（澤地久枝著）

本書は、米戦艦ミズーリ号で日本の降伏文書が調印された直後に、小学四年生と二年生の二人の子供と妻を道づれに自決した親泊朝省（おやどまり・ちょうせい）の本格的な評伝である。

親泊は、沖縄出身の軍人として陸軍幼年・士官学校、大学校専科を出た数少ないエリートで、最終的には大本営陸軍報道部員として大佐まで登りつめた立身出世の人である。本書は、その親泊の全体像を、多くの証言や資料にあたって実証的に明らかにした。

中国戦線やガダルカナル島で行動を共にした当番兵への聞き取りや、大本営報道部員の時の文書を丁寧に分析することで、軍人としての親泊の行動や考え方に迫っている。

著者によると、徹底抗戦を主張して自決した親泊は、けして粗野で蛮勇をよしとする軍人ではなく、神経こまやかでち密であり、やさしくてあたたかい人であった。そして、一度も人生から逃げたことはなく、その自決も自らの言動を自らの「内なる心の法廷」で裁いた選択の結果であり、そこには一つの完結があると論じている。

しかし著者は、この親泊をしても軍人の思考で市民が欠落していたこと、また自決した親泊が死よりもつらい生があるのを理解していた点も同じく指摘している。そこには一家自決という叔父と同じ運命への痛みを思いながら、それを批判的に問いなおして得た著者の確かなメッセージがある。

ところで、軍人としての親泊は、沖縄出身者として自らを語ることはなかったという。親泊にとって立派な軍人になることは、沖縄人から立派な日本人になることと同義だったのではないか。

であるなら、親泊の中で立派な日本人になることと、軍人として自決を選択したあり方との間にどのような関連性があるのか。それは本書で詳しく論じられてないが、著者が沖縄の若い世代のためにあえて積み残した課題と言えよう。

本書は、一家自決という死をとおして、若い人たちに生きることの意義を問う見事な書である。
（屋嘉比収・沖縄国際大講師）

（NHK出版・1400円）＝2001年9月6日⑤配信

政治性おびた国民文学　「『帝国』の文学」（絓秀実著）

このところ著者は、文学史に関する“創造的破壊作業”で、否定すべからざる実績を積み上げている。

前著「日本近代文学の〈誕生〉」が、言文一致運動から「国民作家」夏目漱石の誕生までの詩と散文の形成と、ナショナリズムの関係をめぐる考察だったとするなら、続編ともいえる本書は、日露戦争後の問題に焦点を絞った、その限界的可能性（あるいは不可能性）についての論考である。

ここで中心に据え置かれる作家は、意外にも田山花袋である。そこに、従来の文学史的な常識に反逆を企てる、著者の真骨頂が窺（うかが）える。

例えば島崎藤村の問題作「破戒」の社会性を単独で問うというような凡庸な戦略を、絓氏は決してとらない。そうではなく、「破戒」から「春」へといたる藤村の、ライバル花袋の「蒲団」に対する敗北の原因を、前者の社会性と後者の政治性のコントラストから割り出すのだ。こうした着想は、到底余人のなし得るところではあるまい。

では「蒲団」の政治性とは、いったい何を意味しているのか。

ここに日露戦争後、詩に代わって「国民文学」として登場する小説が、それを隠蔽（いんぺい）しつつも本質的に無縁でありえない、「政治的領域」との関係が浮かび上がってくる。

すなわち著者は、「国民文学」あるいは「国民」概念そのものの限界性を暴露する、「もの」としての「女」に対する花袋のフェティッシュ（物神崇拝的）な欲望への批判的な嗅覚（きゅうかく）から、彼が表象しようとする「女」が、政治性をおびざるを得ないこと、またそれによって逆説的に獲得した自然主義文学内部での花袋の主導権を強調するのだ。

同じく国民化されない「もの」としての「（被差別）部落民」や「天皇」を取り上げる著者は、「大逆事件」という、近代日本の「国民」概念のリミットを照らし出す、新たな“創造的破壊作業”へと赴く。（高澤秀次・文芸評論家）

（以文社・3200円）＝2001年9月6日⑥配信

心と脳の結びつきとは　「意識の〈神秘〉は解明できるか」（コリン・マッギン著、石川幹人、五十嵐靖博訳）

心の哲学の分野で注目を集めるラトガース大学の哲学教授、コリン・マッギンが、現在、もっともホットな話題の一つである心と脳の結びつきの問題に正面から取り組んだ意欲作。

心と脳の問題へのアプローチとして、これまで主流をなしてきたのは、心を脳や神経系の電気化学的活動の過程に還元しようとする科学的な唯物論である。その一方で、心を脳（身体）とは独立した実在とみなす二元論も幅を利かせてきた。身体から切り離された霊魂の存在を認める霊魂実在説などもその中に含まれる。

マッギン教授は上述したいずれの見解にもくみせず、第三の立場を主張する。「意識は、〈ある種〉の脳組織の自然特性を通じて脳に根源をもつが、それはなじみの電気化学的過程では説明できない」とする立場だ。

換言すれば、心と脳はなんらかの相互作用をしているが、その性質は分からない、と言っているのである。

なぜ、分からないのかというと、わたしたちの認識の構造そのものがそういうことを理解するのに適していないからだ、とマッギン教授は指摘する。

教授が「コグニティブ・クロージャー」と呼ぶこうした認識の限界説は、ヴィトゲンシュタインの言語哲学の根幹をなすものなので、とりたてて目新しいものではないが、それを心と脳の問題に適用しようとしているところに、本書の目新しさがあると言っていい。

意識の神秘の源泉が、人間の知能の構造にあることを指摘することで、著者はこの問題を論議することの無益さを主張しようとしているのではない。一方で、なんでも科学的に説明できるとする科学的万能主義に歯止めをかけ、他方で、安易に宗教的な神秘主義を持ち出す愚をけん制しているのである。

ニューヨーク・タイムズで、「これ以上の意識の問題への入門書はない」と評されているだけあって、非常にバランスの取れた議論が展開されており、複雑な心身問題を整理するのに格好の本だと言えるだろう。（菅靖彦・翻訳家）

（青土社・2400円）＝2001年9月13日①配信

江戸の災害史を展望

「お七火事の謎を解く」(黒木喬著)

徳川家康が江戸幕府を開いて以来、幕府の財政は潤沢であった。この豊かな財政状態が一変するきっかけとなったのが、一六五七年の明暦の大火(振りそで火事)、であったと本書は言う。

災害からの復興のために、江戸城天守閣の穴蔵から取り出して改鋳した三百五十七万両を使い切り、非常用の一個四十四貫(百六十五キロ)の分銅(金二十個、銀二百個)にも手をつけざるをえなかったのだ。

出費の増大とは逆に、幕府直轄の金山からの発掘量が激減し、この時期以来徳川幕府は慢性的な財政不足に苦しめられていく。

本書の前半は、明暦の大火後の復興を通し、われわれ素人には比較的なじみが薄い、江戸初期の町の様子を、生き生きと描いて見せる。だがその直後から、財政難に伴う緊縮政策や、綱吉による堅苦しい儒教主義の徹底により、人心が鬱屈(うっくつ)していく。

そのような時期に起きたのが天和二(一六八二)年の大火だった。駒込の寺から出火し、下町一帯を燃やし尽くし、隅田川対岸の本所深川まで燃え広がった。八百屋お七は、この火事で被災し、避難先の寺で会った生田庄之介と恋仲になる。彼と再び会いたいがために、お七は放火を試みるが捕らえられ、火あぶりの刑に処されるのである。

作者はお七事件が詳述されている「天和笑委集」を引き、それに対する三田村鳶魚の批判、さらに鳶魚に対する再批判の後に、お七の事件が隠ぺいされた理由を推理する。

もとより残された資料自体、信ぴょう性に欠けるものであるし、その謎(なぞ)解きで導かれる結論は興味深いものの、そのプロセスがあまりにもあっさりとし過ぎている。このあたりはむしろ大胆なフィクションに仕立てた方が面白そうだ。

だが江戸前期の災害史を展望する副読本としての価値を下げるものではなく、芝居以外のお七の姿を垣間見させてくれる、絶好の読み物といえるだろう。(西上心太・評論家)

(教育出版・1500円)=2001年9月13日②配信

生い立ちや交友語る

「バーボン・ストリート・ブルース」(高田渡著)

一九六〇年代末に登場した関西フォーク。歌謡曲ともうたごえ運動とも異なった直接的で新鮮な反権力への表現は、当時の若者たちの心をとらえ、たちまち社会現象となった。高石友也、岡林信康らがその代表だったが、彼らに続いて「自衛隊に入ろう」で鮮烈なデビューを飾ったのが著者高田渡だった。

風刺の効いた語り、そして人間の生活に根ざした歌を中心としたステージは、高石、岡林とは一味違った雰囲気を醸し出し、固定ファンが増えていった。彼の唄(うた)を聞いて、フォークの道に入っていったアーティストも少なくない。

本書は、初めて明かされた彼の生い立ち、フォーク界に入り込んでいった理由、フォーク仲間の交遊録、ライブ活動で全国を回りながら出会った街と人、趣味とこれからの夢などが、ひょうひょうとした筆致でつづられている。

兄弟四人全員が一人ずつ八畳間を使っていた生活から、一転して、家族五人で2Kのアパートへという波乱の幼少時代。父の影響で培われた反骨精神。文選工を辞めた時に入った失業手当で買いあさったフォークのレコードの数々。高田の現在の下地が興味深く描かれ、次々にエピソードが披露される。

大好きなお酒にまつわるエピソードは、抱腹絶倒ものである。飲みすぎて肝臓をこわし入退院を繰り返すことも、「入院費を稼ぐために歌う」とギャグの題材にしてしまう。この辺のところは本人の言葉だけに重みを感じさせる。

高田は一九四九年生まれだが、その風ぼうはまるで仙人のようで、フォーク界の長老と評されている。デビューしてから三十余年を経た今も、平成の演歌師として東京・武蔵野を拠点に全国を歩き、歌い続ける。デビュー当時と同じスタイルをかたくななまでに守り通して。

読むうちにステージがほうふつとしてくる不思議な本である。(小松喜治・フォーク史研究家)

(山と渓谷社・1500円)=2001年9月13日③配信

魂を考えるよすが

「魔王（上・下）」（ミシェル・トゥルニエ著、植田祐次訳）

主人公のティフォージュは、パリで小さな自動車修理工場を営んでいた。狭量で怒りっぽい性格だが、外面的にはどこにでもいそうな普通の男だ。それが、かつての大戦にナチスの捕虜になるというかたちで巻き込まれ、ついにはドイツの極寒の地で死を迎えることになる…。

と要約することは、実はこの長くて不思議な物語について、何も語ったことにはならないだろう。トゥルニエが書いたのは、一市民に襲いかかった戦争の悲惨の告発ではなく、むしろ戦争によって、奇妙にも救済されていく魂の物語だからだ。

タイトルの「魔王」は、有名なゲーテの詩を踏まえている。父親には見えない魔王の姿が、子供には見える。魔王の誘惑の囁（ささや）きも、子供にははっきりと聞き取れる。その子供がその魂の幼児性を抱えつつ、外見的には大人になったのが主人公という設定だ。

彼はいつか必ず魔王に出会えるという、おのれの運命を信じている。したがって日常生活がいかに過酷であろうとも、逆に彼はその条件を魔王への接近過程ととらえることで、幻想的に救われていくのである。常識から見れば、価値転倒もはなはだしい話だが、トゥルニエの筆はそれを感じさせない。

繰り返し執拗（しつよう）に出てくる民俗的宗教的挿話やドイツの自然の細緻（さいち）で美しい描写が、価値転倒の必然性を語りかけてくる。読み進むうちに読者は、いつしか忘れていた自身の幼児性を呼び覚まされ、主人公と運命を共にしていることに気がつくだろう。

この本は、三十年ほど前に一度、邦訳出版されている。経済が上り坂だったころ、だれも魂のことなど考えなかったころだ。その意味で、当時の共訳者の一人が全面的に改稿した本書が、ここで再度出版された意義は大きい。忘れていた魂のことを思い出し考えるよすがとして、絶好の書と言える。（清水哲男・詩人）

（みすず書房・上下各2300円）＝2001年9月13日④配信

土と漆喰の復活へ

「左官礼讃」（小林澄夫著）

戦後の日本の建築現場から追放された材料があるのをご存じだろうか。

追放といって言いすぎなら、軽視され、すみに追いやられた材料。それが土と漆喰（しっくい）にほかならない。自然素材ゆえ、扱うのにカンと経験を要し、機械化、工業化も難しかったから、各種ボード類や壁紙類に置きかえられていった。

しかし、このところ再生のきざしが著しい。理由の一つは、あまりに工業化、機械化した現代建築への反省で、自然素材の味わい深さを回復するには土と漆喰が一番いいし、手仕事の面白さを復活させるには土と漆喰のプロである左官職人が欠かせない。

もう一つの理由は、工業化した材料から放出される化学物質の問題で、土と漆喰は自ら何も出さないばかりか、ほかから出た化学物質を吸着する力を持つ点が注目されている。

二十一世紀は、もしかしたら、土と漆喰と左官の時代となるかもしれないが、そうした復活劇は一人の雑誌編集者の存在なしには語ることができない。それがこの本の著者の小林澄夫である。

戦後、正確には大阪万博以後に始まった土と漆喰の暗黒時代に、土と漆喰を愛する者にとっての孤島の灯台の役を果たしたのが唯一の専門誌「月刊左官教室」だ。

小林は、この雑誌の編集を担当するかたわら、全国各地の漆喰窯を訪れ、土を手にし、左官をたずね、古今のすぐれた左官仕事を探り、そうして得た知見を巻頭言として書き続けた。それが、各地方に根を下ろして黙々と壁を塗り続ける左官職をどれほど励ましたか分からない。

そうした文を集めたこの一冊は、土と漆喰による日本の建築文化の全体像を知る格好の入門書であり、また、暗黒の時代から復活の世紀への導きの書の役を果たすにちがいない。

左官という日本が誇る職人技術と、土と漆喰という世界共通の自然素材に関心がある人の座右に、ぜひ一冊。（藤森照信・建築史家）

（石風社・2800円）＝2001年9月13日⑤配信

「中国」で遊ぶ

「新千年図像晩会」（武田雅哉著）

本書は、著者の中国に関する豊富な知識から、さまざまな語り方でその国を教えてくれるが、たとえば、「マンゴーを見る人民」という写真の紹介にみるように、学問的な硬さがあるわけではなく、では旅行用のガイドブックになるかといえば、けっしてそんなこともない。

なにしろ、「マンゴーを見る人民」である。

一九六八年の夏、「外国の友人」から贈られたマンゴーを毛沢東が人民にプレゼントしたというエピソードがあり、贈られた人民たちが喜ぶ姿を撮影した写真だ。それはひどく奇妙だ。マンゴーを見やる人々がいる。夢中になってマンゴーを見る。その目つきが奇異だし、なにより奇妙なのは、皆が皆、「毛語録」を手にしていることだろう。

ここにはなにが紹介されているのか。本書が語り出そうとするのはいったいなんだろう。

さまざまなメディアに発表した文章をまとめた本書は、統一したテーマでまとめられているわけではないが、しかしそこに一貫した視線を感じるのは、おそらく著者が書いている次の一文にすべて言い表されているのだろう。

「『中国』をおもちゃにする。『中国』で遊ぶ」

こう書くと誤解される恐れがあるが、続けて著者は、「そしてもちろん中国人は『日本』をおもちゃにし、『日本』で遊ぶという、相互に違和感を楽しむという健全なる遊戯」と書く。

健全なる遊戯だ。本書はどこまでもそれを一貫させ、たとえば「漢字」を中心に書かれた章では、漢字そのものが持つ「遊戯性」に注目し、読む者がこれまで抱いていた漢字へのイメージを変えさせるだろう。

さまざまな例に見る漢字のやわらかさを、「漢字の放蕩（ほうとう）性」と呼ぶのは、そもそも漢字と、漢字に代表される硬直した文化を突き崩す。著者はいうのだ。

「放蕩好きに放蕩を禁じてはいけない。世界がつまらなくなるからだ」

本書を通じて、あらためて漢字の魅力を知った。（宮沢章夫・演出家）

（作品社・3200円）＝2001年9月13日⑥配信

僧の内面率直に示す

「中陰の花」（玄侑宗久著）

日本人の宗教をめぐる意識のひだともいうべきものを、僧侶（そうりょ）でもある作家がとらえようとした小説である。

主人公の則道は、福島県と思われる南東北の、とある町に住む臨済宗の僧侶である。かれには子がなく妻は関西弁を話すが、自分はこの土地の寺で育った。

当然土地の人たちとは親しかった。なかにはウメという、悩みごとを超能力で解決する〈おがみや〉もいた。こういう土俗的な巫女（みこ）は寺とは対立する立場であるはずだが、寺の子の則道が、そこへ遊びにいくことを止められた記憶もなく、ウメからは、「立派な和尚さんになるんだぞ」と激励された記憶すらある。

そのウメも八十九になり危篤状態になる。彼女は〈おがみや〉らしく、自分の死の日を予言し、一度は失敗するが二度目には成就させて医師たちをくやしがらせる。そのとき則道は枕（まくら）元で経を読んでウメを送ってやった。

「あんたは…いつもプラクティカルや」と則道にいうのは、妻の圭子である。

則道は、いわゆる超常現象を信じない。そして禅を〈極めて現実的な生活哲学〉と考えている。そういう僧侶が、人々を慰撫（いぶ）し激励しながら日々をつとめている。そこには流産が心身の傷になっている妻もいる。

そういう場にある僧侶だが、それでもかれらの心霊と自分は共振したか、と思われる体験を幾度か意識する。則道は「世界観とは、所詮は全貌を見せてくれないこの世界を切り取って観るためのナイフ」と考えることでその闇（やみ）の存在を容認することもある。そういうことも含めて全体にいきとどいた認識の腑（ふ）分けをしているところに、書き手の力量を感じさせる。

現実に出会う僧侶から、この人は自己を隠蔽（ぺい）しているのではないか、という印象を受けることがままある。が、ここにはよく感じ考えている僧侶の内面が、率直に示されている。確かな手ごたえがあった。今期芥川賞受賞作。（三木卓・作家、詩人）

（文芸春秋・1238円）＝2001年9月20日①配信

ゴリラ相手に悪戦苦闘

「モモタロウが生まれた！」（黒鳥英俊著）

母親におしりをなめられ楽しそうに身をよじる。上目遣いでオッパイに吸い付く。目を閉じ、日なたぼっこしながら寝転がる足元からは、なんとオシッコが。

昨年夏、上野動物園で初めて誕生したニシローランドゴリラ、モモタロウ。表紙から始まるカラー写真にまずワクワクさせられる。

上野動物園の飼育係である著者が、ゴリラたちとの二十年にわたるつきあいをつづった。繊細なゴリラたちと心を通わせ、飼育下での繁殖に成功するまでが平易な語り口で愛情いっぱいに描かれている。

特にモモタロウの父親ビジュが母親モモコと交尾を繰り返し、二世誕生への期待が高まる中で食べ物をのどにつまらせてあっけなく死亡、飼育係が失意のどん底にいる矢先に妊娠が分かるというくだりは感動もの。児童書の体裁をとってはいるが、「人間的な」ゴリラの生態がよく分かり、大人も楽しめる科学読み物に仕上がっている。

一九八〇年代の終わりごろ、東京都は動物園の新しい理念を検討し、絶滅しそうな種の保存を目的とする「ズーストック」計画をたてた。ゴリラの繁殖が本格化したのもその後だ。ところが、外国の動物園では成功しているのに日本ではなかなかうまくいかない。あの手この手で交尾をさせようと苦戦する飼育員たち。

酒を飲ませてみたり、メスを何頭も入れ替えてもオスはまったく交尾に関心を示さない。そこで飼育係は考える。若いメスを探してきたり、年増のベテランを連れてきたり、幼なじみと一緒にしたり。それでもことごとく失敗する。へとへとになって、最後に態度のでかいずうずうしいメスを連れて来る。すると二日目にいきなり交尾してしまう。「これまでの苦労はなんだったのか」と漏らす著者。

こんな悪戦苦闘の数々があるからこそモモタロウの誕生が読み手の心を打つのだが、それは同時にゴリラの生態に関する人間の解釈がいかに無力であるかも示しているようでもあり、大変興味深かった。（大島寿美子・ジャーナリスト）

（フレーベル館・1400円）＝2001年9月20日②配信

若い女性ひきつける言葉

「あの人の暮らしかた」（津田晴美著）

あの人の「生きかた」ではなく、「暮らしかた」である。もちろん、どちらの言葉を使っても多少気恥ずかしいのだが、著者の職業がインテリア・プランナーである以上、このくらいのことは許される。

エッセーの場合、書き手の職業がこちらの読み方に大きな影響を与えるような気がしてならない。つまり、同じことが書かれていても、共感を覚えるか、それとも「チェッ」などとひがみたくなるかは、書き手の職業次第なのである。たとえば新聞の短いエッセーの場合でも、末尾に記された（詩人）とか（画廊経営）とか（フランス文学者）とかいう「肩書」は多弁な一行になるはずだ。

このエッセー集に登場する、デレク・ジャーマンのガーデニング、ル・コルビュジエの小屋、孤高の猫、小津安二郎の美学、ニューヨークのホテルなどなども、末尾の小さな（インテリア・プランナー）という言葉を思いうかべながら読まれるべきだろう。その時、著者のせりふは心にまっすぐに届いて、すがすがしい。

とりわけ、書物や映画の内容を紹介する文章は、読者を今すぐにでも本屋やビデオ屋に走らせる魅力をもっている。が、そんな安易に買える「物」が紹介されているのではない。

「本に紹介されたものだからって、本屋さんに電話一本してすぐ手に入るなんて、世の中そんなに甘くない。（中略）自分の大切なものに出会いたいと思ったら、人生苦労はつきものなのさ」と、著者は優しく突きはなす。

著者の津田晴美さんは、いまは、背筋のピンと伸びたオバサマという雰囲気だが（「若いころに戻りたいなんて思ったことはない」と津田さんは言う）、やがては、気品と気骨を備えたオバアサマになるのだろうと感じさせる。

若さがいつか失われるものであることを知っている女性たちが、津田さんの言葉にひきつけられる理由は、ここにあるにちがいない。だから、このエッセー集の本当の題名は「あの人の老いかた」なのである。（高田里恵子・ドイツ文学者）

（筑摩書房・1400円）＝2001年9月20日③配信

たじろぐ若者へのエール

「僕らが働く理由、働かない理由、働けない理由」(稲泉連著)

さきごろ、日本の失業率はついに五%を超えたが、この国の若者を見るかぎり、不況の深刻さは感じられない。親とともに住む家はあり、食事も不自由しないからだ。

若者が企業に就職せず「フリーター」として生きることが社会に認知されて久しい。そもそも、若者たちは仕事をし、社会で生きる「大人」という存在にリアリティーを見いだせずにいるようだ。「食う」ために稼ぐ必要がないのに、なぜ働かなければならないのか、就職に積極的な意味を感じられないのだ。

本書は、八人の青年たちが「社会」で「働く」こととは何かを悩む姿を追ったルポである。彼らの言葉からその背景にある、学校という場、家族のありかた、人間関係に戸惑う若者像が浮かび上がる。彼らは一様に繊細で傷つきやすく、他者の視線を気にし、自分の「居場所」を求めつづけているようだ。

「(大人に)納得いく説教をされたい」という旅好きの大学生。自動車販売会社に就職したものの、営業職の上司や先輩たちの働く姿に「あんな人間になりたくない」とつぶやく者。有名私立中高に入学したが挫折し、ミュージシャンを目指す大学生。友人関係に悩むフリーター。三十歳までひきこもった青年…。

著者自身も高校になじめず中退し、大検を経て大学に入学した経験があるという。本書に女性が登場しないのは残念だが、著者は同世代の青年たちの苦しみを自分のものとしてとらえ、言葉を紡いでゆく。

ビル街を無表情に歩くサラリーマンたちにもそれぞれのヒストリーがあり、生きること、仕事や家族、人間関係の悩みは尽きない。大人になるということは、働く一群に紛れることではない。ありふれた「ひとり」に思いを馳(は)せることなのだろう。著者は八人との対話をとおして、それをつかみとったようだ。

本書は「社会」の前にたじろぐ若者へのエールであると同時に、「大人」と若者をつなぐ回路にもなるだろう。(与那原恵・フリーライター)

(文芸春秋・1429円)=2001年9月20日④配信

“すべての夫婦”の物語

「パイロットの妻」(アニータ・シュリーヴ著、高見浩訳)

夫婦の間にある溝が、何かのアクシデントをきっかけに浮上するというパターンは、小説の世界で珍しくない。

そのアクシデントさえなければ、溝があることにも気がつかなかったかもしれないのだが、逆に言えば、そのために主人公たちはそれまで直視することのなかった真実に直面することになる。

この手の小説の意味は、われわれが現実の生活の中でめったに直面することのない真実を、そうやって物語上で突きつけてくるところにある。だから、こういう小説を読み終えると、ふとわが身を振り返るのである。

アニータ・シュリーヴ「パイロットの妻」の場合、そのアクシデントは航空機事故だ。パイロットの夫がその事故で死亡したところからこの物語は始まる。

つまりこの長編は、残された妻の混乱から幕を開ける。彼女が感じるのは、当惑と悲しみと怒りだ。その現実の感情の混乱を描く一方で、そこに回想がどんどん挿入される。娘との交流、夫との蜜(みつ)月と離反。そういう生活の断片が次々によみがえる。

けっしてうまくいっている夫婦ではなかった。しかし仲の悪い夫婦でもなかった。かつての激しさは失われていたものの、世の中のすべての夫婦同様に、「不安を覚えない程度に微かに情熱がさめていく日々」「いわば欲望の穏やかな衰退の日々」を送っていた夫婦である。

どこにでもいるような夫婦といっていい。何もなければ、そのまま死ぬまで夫婦であり続けたに違いない。

ところが、予期せぬアクシデントのために、それまで知ることのなかった夫の生活がゆっくりと明らかになっていく。それがどういう生活であったのか、その夫婦の溝を書いてしまうと読者の興をそぐのでここには紹介しない。

一つだけ気になるのは、死んでしまった夫にも言いたいことはあったはずで、それを聞くことができないのはちょっと気になる。(北上次郎・評論家)

(新潮社・2000円)=2001年9月20日⑤配信

あたらしい連句

「魂のみなもとへ—詩と哲学のデュオ」(谷川俊太郎·長谷川宏著)

他人にうったえかけるとき、哲学と詩は、かけはなれている。

しかし、自ら会得するとき、二つはほとんどおなじであり、おたがいに入れかわることのできる形だった。自得のリズムにおいて。

発生のとき、詩と哲学はおなじである。それぞれをながく自分の心中にたもつにつれて、ちがう形をとる。他人につたえようとするとき、それぞれの用途に応じて、言葉の形がかわる。

もとにもどそうとするならば、詩は哲学について、哲学は詩について、距離がちぢまらぬままに、その距離をいかして、おたがいに付け文をつくることができる。

この書物は、ヘーゲルなどヨーロッパの哲学者の著作を、新しい日本語にした長谷川宏が、哲学者のいる家庭にそだって十代から詩を書きはじめた谷川俊太郎の作品について、その発生の動機への共感から、みじかい文章をつけくわえたものである。

それにしても、両者の言葉の親和性に気づいて、共作を依頼した編集者・桑原芳子は、なんと先見の明をもっていたことか。

わたしの　いちばんすきなひとに
つたえておくれ
わたしは　むかしあなたをすきに
なって
いまも　すきだと
あのよで　つむことのできる
いちばんきれいな　はなを
あなたに　ささげると(「しぬまえにおじいさんのいったこと」=谷川)

「しあわせな死は、やはり、おじいさんかおばあさんかの死だ。(略)少年や青年や壮年の死は、どんなに見事な死でも、なにかしら納得しがたいものが残る。(略)

生きた人でも、あの世のことを考えたり想像したりはできる。(略)そして、それを不しあわせのことだとは思わない。まして、このおじいさんのようにあの世の美しい情景を思いうかべられるのならば。」(「結構な死に方」=長谷川)

これは、あたらしい形の連句といえよう。(鶴見俊輔・哲学者)

(近代出版・1800円)=2001年9月20日⑥配信

道すがら草木に親しむ

「トレッキング in ヒマラヤ」(向一陽、向晶子著)

十八世紀後半に始まる近代登山は、つねに登頂をめざしてきた。一七八六年にモンブラン山頂が征服され、一八六五年にはマッターホルン登頂に成功、アルプスの高山はすべて登りつくされた。そして一九五三年には世界最高峰エベレストの山頂に人間が立った。

現在もさまざまな形で山頂をめざす登山が行われているが、その一方、山頂にはこだわらない山歩きが人々を引きつけだしている。すでに流行と言ってもいいくらいになっている「トレッキング」である。

著者によると、トレッキングの語源は、十九世紀半ば、南アフリカでオランダ系移住者たちが使っていた「trek」という言葉で、難儀しながらのろのろ進んでいくことだそうだが、トレッキングという山歩きが始まるのは二十世紀半ばのヒマラヤ山地でのことだという。

著者はトレッキングを「二十世紀後半が残した、登山とは枝分かれした別種の文化と言えるのかもしれない」と書いている。

著者夫妻は大学山岳部の仲間でもあって、仕事のかたわら南米大陸の登山などに出かけていたのだが、夫が定年を迎えたとき、妻が言う、「ヒマラヤのトレッキングに行こうよ」と。

定年記念のこのトレッキングを皮切りに、著者たちのヒマラヤ高地歩きがくりかえされる。トレッキングは山頂への登山ではないが、それでも上り下りのきびしい山歩きだ。高山病にやられる危険もある。

だが、その道すがら、高地に暮らす人々の生活に触れ、その人たちの心にも触れ、山道や谷間の草木に親しみ、荘厳な山々を見上げる。

本書のなかにたくさん入れてある山々の写真がすばらしい。すべてトレッキングコースから見上げた山だ。

あたりまえのことだが、それらの山に登ってしまったら、その山は見えない。ヒマラヤであれ日本アルプスであれ、山里から見上げる山こそが山だ。山への畏敬(いけい)心をうむ山容が、そこにある。(高田宏・作家)

(中公新書・980円)=2001年9月27日②配信

自立した個としての論理

「武士道　その名誉の掟」(笠谷和比古著)

「主君『押込』の構造」でサントリー学芸賞をうけた著者が、武士の名誉の観念に焦点を当てて本来の「武士道」に迫る、優れた近世武士論である。

日本人の歴史好き＝武士好きは相も変わらないが、就職のために会社訪問に出かけた学生たちによると、社訓にも「武士」とか「侍」の精神を掲げる企業が多いようだ。

こうした発想がとんでもないアナクロニズムであることは、本書「あとがき」に述べられているとおりだと思う。しかも、そこにこめられた理念は「和」と同様に、近代の国家意思によって意図的にゆがめられたものなのである。

著者は、武士道が主君への絶対服従のイメージでとらえられているのは誤りで、名誉の掟(おきて)に裏打ちされた自立した個としての武士の自己決断、自力救済の論理に貫かれたものであることを、「切腹」「敵討ち」などの多くの素材を示して指摘する。

しかし、武士の自立の背後にあるとされる名誉の観念が、「潔さ」とか「直情径行」といったことを「男らしさ」としてもてはやし、短絡的な暴力を肯定する前提になっていないであろうか。そうした意味で、武士の認識はきわめて今日的な課題なのである。

鎌倉幕府も、今風にいえば、すぐ「キレて」集団的な武力闘争にまでエスカレートしてしまう御家人たちを統制するため、世界法制史上例外的な「悪口罪」なる罰則規定を貞永式目に掲げざるを得なかった。そして、東アジアにおいて、日本のみが「文より武を重んずる」社会を構成してしまったことも問題にしなければならないだろう。

近年、中世史の領域でも武士論がさかんである。近世武士の名誉感情は、鎌倉武士以来一貫するものであるという著者の指摘をふまえるならば、中世から近世までを見通した武士論の構築が、日本文化論の大きな課題となるだろう。ただし、男はどうしても武士に肩入れしたくなるから、この仕事は女性研究者にゆだねるのが良策かもしれない。

(野口実・京都女子大教授)

(教育出版・1500円)＝2001年9月27日③配信

共感と畏敬の念

「文士の逸品」(文・矢島裕紀彦、写真・高橋昌嗣)

「文士」という言葉も、「逸品」という言葉も、なかば死語に近い。「文は人なり」といった格言でさえ、めったにつかわれることのない昨今、「文」に、全存在をかけた人士が、何人もいたということ。そういう人間が、特別に珍重した「品」とは、どんなものか。濃い陰影のモノクロ写真と、簡潔な文体をもって語りかけたのが、この本だ。

百年前の留学生夏目漱石の「渡航・滞英日記」から、山田かまちの「ウクレレ」まで。百種以上の「品」が、六つのセクションに並べられる。「気負う」「粋がる」「打ち込む」といった章ごとの見出しは、いまは亡き「文士」たちへの、共感と畏敬(いけい)の念を語っている。

文を書いた矢島裕紀彦と写真を撮った高橋昌嗣だけでなく、これを約十年にわたって連載した「文芸春秋」の編集者、そしてこの本をつくった担当編集者にいたるまで、慈しみの共有されている様子が伝わってくる。

それにしても、ここに登場する百人以上の「文士」が、すべて故人であるのは、どういう理由からだろうか。たとえ死語となろうと、「文士」と呼ばれることを辞さない作家が、いまだっていないわけではないのに。

そう思ってみると、ここにあげられた「逸品」とは、彼らがのこした「遺品」でもあるということに、気がつくのである。

この本をつくった者たちのなかには、そういう品を慈しみながら、あらためて、彼ら「文士」たちへ、哀悼の意を表したいという思いがあったのではないか。「逸品」のなかでも、とりわけ夭折(ようせつ)した「文士」たちの品が、不思議な輝きを放っているのは、そのためである。

北村透谷の「文箱」、樋口一葉の「櫛(くし)」、石川啄木の「歌留多(かるた)」、長塚節の「机」、梶井基次郎の「鞄(かばん)」と、そのくすんだ光を受けて、しばし静謐(せいひつ)な時を過ごすことのできる、この味わいは、格別のものだ。(神山睦美・文芸評論家)

(発行・文春ネスコ、発売・文芸春秋、1800円)＝2001年9月27日④配信

人間の情話並ぶ

「本牧亭の鳶(とんび)」(吉川潮著)

それじゃあ死んでやろうじゃないかと、「カラカン先生」は決心した。八十歳。戦後五十年、百面相ひと筋でやってきた。

寄席でマジックや声帯模写とともに、色物とよばれる芸である。お囃子（はやし）に乗って上着を脱ぐ。冠をかぶってつけひげをはやし、ボール紙の笏（しゃく）を持つ。聖徳太子。模造紙で作った一万円札の穴から顔を出す。「本当は福沢諭吉なんですが」といいわけしつつ、一転カウボーイ。紙の馬の首を駆る。

他愛ないが、そこは芸だ。左半分が女の着物、右半分が学生服、かつらは前が日本髪、後ろが学帽。これで「金色夜叉」のお宮と貫一、熱海の海岸の場をやると、けっこう沸く。そのお宮が足蹴（あしげ）にされ、ばったり倒れるところで、きっちり死んでやる。

かねがね高座で死ぬのが望みだった。高座で死なれちゃ迷惑だ。遺体の処理なんかごめんだぜ。楽屋で落語家連中が、きこえよがしにしゃべっているのを耳にして、腹をすえた。ただでさえ連中は、色物を格下にみてはばからない。

芸人の意気地をみせてやる。さいわい心臓のぐあいが悪い。「金色夜叉」は動きが激しく、とりわけ負担がかかる。念のためバイアグラを飲んでおこう。あれは心臓に悪いときいた。

「カラスの死に場」と題された一篇（へん）である。滑稽（こっけい）で哀切だ。カラカン先生は、用意周到に死に場を定めたにもかかわらず、一世一代の拍手を浴び、面食らいながら、生きて退場することになるのである。

この味のある作品をはじめ、六篇が集められた。いずれも基調音は滑稽と哀切だ。読んでいると、芸人とはこの世のはぐれ者で、はぐれ者ゆえに私たちが抱いている宿命的な暗さや、暗さの底からとどく微光を体現する。だからこそ笑わせも泣かせもするのだと、しみじみとなる。

ずっと日の当たらない色物の芸に関心を寄せてきた作家の作品集だ。その長年の蓄積が生きた人間の情話が並んでいる。（倉本四郎・作家）

（新潮社・1500円）＝2001年9月27日⑤配信

植え付けられた時間意識

「遅刻の誕生」(橋本毅彦・栗山茂久編著)

昨年秋、ドイツのある駅で到着が遅れている電車を待っていると、ドイツ人の日本研究者から、最近電車が遅れることが多くて、と恐縮気味に言われた。むろん彼が、日本の鉄道運行が極め付きに正確であることを知っているからである。

しかし、本書によれば、日本でも鉄道運行が定刻通りに行われるようになったのは、自動連結器取り付け事業と時間管理の徹底が成功した一九三〇年代になってからなのだという。一九〇〇年前後では、十分から二十分の遅れは問題にもならなかったようだ。

さて、わが国でそれまでの天保暦を廃止して、太陽暦にあらためることを決めたのは明治五（一八七二）年のことであり、明治五年十二月三日は、明治六年一月一日と改められた。

以後近代の時間意識が学校や工場などで植え付けられるようになるのだが、人々の意識に定着するまでには長い時間が必要だった。

江戸期には、日の出（明け六ツ）と日の入り（暮れ六ツ）を基準にした不定時法をとっており、人々は半時（1時間）くらいを基準にして暮らしていた。

だいいち時計そのものが普及していなかったのである。柱時計は、明治二十（一八八七）年でも世帯での普及率は、八％にすぎず、七割を超えるのは、ようやくその二十年後のことであった。

私が一番興味をおぼえたのは、政府が、明治四十二（一九〇九）年まで官暦に旧暦併記をしていたという事実である。その理由は、長年の年中行事がすべて旧暦に沿って行われてきていたためなのだ。

お盆は、旧暦七月十五日だが、太陽暦では夏真っ盛りで、地方では農繁期のため先祖供養などは無理であった。そして旧暦併記がなくなると、正確に旧暦の日付を見つけられなくなり、「一か月遅れの八月十五日のお盆」が生まれたのだ。

近代化は、季節感などの感性の領域にまで大きな変化を生じさせたのである。（桜井哲夫・東京経済大学教授）

（三元社・3800円）＝2001年9月27日⑥配信

みずみずしい詩集　「コンクリートに咲いたバラ」（トゥパック·アマル·シャクール著、小野木博子訳）

しゃべくる音楽＝ラップ・ミュージックは、一九七〇年代末期にニューヨークはサウスブロンクスで産声をあげたヒップホップ・カルチャーが生んだ最大の現象である。ヒップホップの三大要素はアクロバティックなダンス、スプレー缶で絵を描くアート、そしてラップだが、音楽業界の利害関係と一致したラップだけが異様なまでに発展した。

一九九六年九月十三日、ラスベガスで何者かに銃殺された著者の故トゥパック・シャクール（享年二十五歳）は、死後五年たった今でもカリスマ的人気を誇るラッパー。ラップがカルチャーからビジネスへと変化したのは、ひたすらヤバいことをまくし立てるギャングスタ・ラップというジャンルが確立されたことと無関係ではないが、トゥパックもまた、それを標ぼうして人気を博した一人だった。

しかしながら、アブナい言葉を機関銃のように連発する一方ではシングルマザーを憂慮するメッセージソングや母親賛歌といった曲ものこしており、意外にも繊細な一面があったことがうかがい知れる。彼が米国各地に点在するゲットーと呼ばれる貧困街の子供たち、ひいてはここ日本のラップ愛好家の若者たちを今なおひきつけてやまないのは、そういう人間くささを併せ持っていたからだろう。

若かりしころのトゥパックがしたためていた約七十編の詩を一冊にまとめた本書は、言葉をリズムに乗せてしゃべる—ラップする—自分自身を想像だにしていなかったころの作品だけに、文章の稚拙さは否めないものの、身近な出来事、例えば友情や恋愛、さらには世界平和という壮大なテーマに至るまで、心の赴くままにつづられたみずみずしい詩集である。しかも彼自身の肉筆原稿がそのまま用いられており、所々に見られるイラストもほほ笑ましい。

トゥパック生存説はいまだに消えないが、もしも彼が生きていたならこの純粋な詩集は日の目をみることはなかっただろうと思うと、複雑な気持ちだ。（泉山真奈美・音楽ライター、訳詞家）

（河出書房新社・1800円）＝2001年10月4日①配信

病根をえぐる討議　「日本経済『出口』あり」（金子勝、木村剛、宮崎哲弥著）

経済がらみの悪いニュースに驚かなくなって久しい。成長率、失業率、不良債権…、何がでてきても、「あ、そう」てな感じ。いちいち驚いてはいられない。どうせしばらくすれば、同じネタでもっと悪い数字を聞かされるのだから。

最近すっかりそんな気分なのは、きっと私一人ではあるまい。そういう人に特にお勧めの本だ。気持ちよく読める。

良いニュースがあるからではない。毎年毎年「今年が不良債権処理の峠」と報じられる。そんな日本のばかばかしさの底を徹底的になめようとしているからだ。断っておくが、これは経済の本で、私の専門ではない。だから、本の内容が真実かどうかは断言できない。

しかし、口当たりのよい解説に堕さないという意志は伝わってくる。討議対談の形で、デフレ、不良債権、IT、雇用、農業、年金と、日本経済の病根を次々とえぐっていく。説明も丁寧で、よく読めばわかりやすい。

危機からの「出口」をめぐっては、著者の一人木村が暮らしを犠牲にしてもルールの確立を訴えるのに対して、金子はルールも暮らしも、あえて二兎（と）を追おうといって、対立する。

にもかかわらず、二人の現状診断が奇妙なほど一致するのは、ルールの不在ゆえの責任の不在、そしてその背後にひそむ、誠実さへの意志の不在という、現在の病巣があまりに深いからだろう。

今やeのイの字もいわなくなったエコノミストたちを見なれた目には、「世の中はもっと複雑なんじゃないの」「IT全部ひっくるめて論じるのはミスリーディング」と語る著者らの良識、いや常識はそう快である。

先ほどのべたように、私には、この本が真実だという保証はできない。だが、買って損はない本だとはいえる。本棚において、五年後、十年後にこの本が本当に正しかったか、検討するのも面白い。

もちろん、その時まで日本なんて国が沈没せずに生き残っていたら、だが。（佐藤俊樹・東大助教授）

（春秋社・1600円）＝2001年10月4日②配信

成長と自己救済の物語

「背く子」（大道珠貴著）

とても魅力的な作家の出現である。大道珠貴は「裸」によって九州芸術祭文学賞を受賞した新人だが､その独特な文章世界は高く評価されている。書き下ろしの本書も、意外な視点から家族を描いて、読ませる。

主人公の春日は、最近人気の高い奈良美智描くところの、キッと目を据えて世界に立ち向かっている、そんな子供をイメージさせる。

彼女は三歳にして大人に、どうしても警戒心をほどけない子供となった。大人は頼れる。大人にすがっていれば、生きてゆける。でも大人たちがいなければどんなにさっぱりするだろう、生きやすいだろうと、感じている。

家では威張り大ボラを吹き、母親を殴り他人の悪口ばかり言う父親。ハンサムで女にもてるが、内実は小心。黙って父親の言いなりになっている母親。父の論理は絶対で、家族三人力を合わせて弟をつくろう、の一言で春日も子づくりを手伝わされる。裸にされた春日は両親の間に挟まれ、父に体をなめられたり、吸われたりする。

幼児虐待ともいえる場面だが、「たのしいらしい」両親に彼女はけなげに付き合う。「父親の尻を押したり、母親の腰を持ちあげたりと、かなりな力仕事」をこなす。大人の身勝手な論理にふりまわされる春日だが、彼女も負けてはいない。文字を覚え、本を読み、一人で生きていけるようになったら父親は捨てる、と決心する。子供を見くびってはいけないのである。

親類や幼稚園の先生をはじめとする周りの理不尽な大人たちや、そんな大人の世界を反映した子供たちと闘い鍛えられていく、春日の成長の記録であり自己救済の物語である。

四歳にして大人の雰囲気を持つ春日の語る言葉は甘たるい幼児言葉ではない。シニカルな大人の言葉を使いながらまぎれもなく子供の心が描かれる。おかしみを誘う博多弁の会話、直截（ちょくせつ）に疑問を語っていく文体も小気味良い。（与那覇恵子・文芸評論家）

（講談社・2200円）＝2001年10月4日③配信

人生は闘いの連続

「連戦連敗」（安藤忠雄著）

建築界に「パールハーバー世代」というのがあるのだそうだ。日本が真珠湾の奇襲をしたのが一九四一年、この年に生まれた建築家たちの一群を指すらしい。

言われてみると、確かにこの年に生まれた何人かが、現在の建築界を大きく支えている。彼らはことし還暦を迎える世代であり、安藤忠雄や伊東豊雄、それに先ごろ亡くなった毛綱毅曠らがこの年生まれである。

六〇年安保の前後に青年期を迎えた彼らは、何よりも人一倍たくましく、かつ我慢強い。「人生は闘いの連続」と、この世代はだれよりも感じているはずだ。このことは、安藤の新著「連戦連敗」を読んでますますそう感じるところとなった。

この本には「記憶」や「環境」という従来からの彼の建築思想も盛り込まれているが、全体の骨格は、たとえば「フォートワース現代美術館」などの内外のコンペ（建築設計競技）にかけたこの建築家の十年の記録である。

実に意外だったのは、ここには「世界のアンドー」と言われる男が、ここまでコンペでどれだけ「負け」を味わってきたかという事実が事細かに記されていたことであった。

コンペにはつねに不透明な要素がつきまとう。政治的な思惑や利害が背後に隠されているのはめずらしくないし、そうでなくとも審査委員が勝ち負けを判断するわけである。ボクシングの判定の後味の悪さを思い出してみるといい。建築コンペには「ダウン」という明確な判定材料がないからなお始末が悪いと言えるかもしれない。

建築コンペでは「二等案が事実上の一等案」とよく言われている理由もそこにある。それでも安藤は、リスクの大きいコンペを続ける。その理由は何だろうか｡いろいろな考え方があると思うが、多分それが「闘い」以外の何ものでもないからだろう。人生は闘いの連続。「パールハーバー世代」と呼ばれるゆえんがここにある。（飯島洋一・建築評論家）

（東京大学出版会・2400円）＝2001年10月4日④配信

知識の宝庫をたずね歩く　「ロンドン（上・下）」（エドワード・ラザファード著、鈴木主税・桃井緑美子訳）

大判二段組み、上下二巻千百ページというボリュームにも、十の家系につらなる百五十人の登場人物が二十一のエピソードでつづる二千年にわたるロンドンの歴史という物量にも、たじろいではいけない。読みはじめればページをめくる手がもどかしくなる。

軽快な読書を保証してくれるのは、ロンドン（というより広くイギリスといっていい）についての百科全書のようなこの本が〈小説〉それも純愛・不倫・陰謀・物欲が渦巻くとびきり小説らしい小説の手法で書かれているからだ。

私たちはさまざまな知識（特に歴史の知識）を、こうした〈読んで面白い小説〉の中から得てきたはずで、小説の重要な機能の一つは、知識を読みやすい形で与えることだった。このところずっと衰弱していた小説のこうした役割が、最近めきめき復活しているのは、ひどくうれしいことだ。

それにしても「ロンドン」には〈知識〉がギッシリとつまっている。読者は小説のストーリー展開にわくわくしながら、キリスト教の伝来も、ケルトの神話も、中世の鎧（よろい）の製法も、複雑な紋章学も、黒死病の恐怖も、売春婦に求婚されれば死刑囚が助命されるという不思議な法制度のことも、アメリカ植民の実態も、ハイ・ティーのはじまりも、婦人参政権の発生も…と楽しい知識の宝庫の中をたずね歩くことになる。

この知の散歩のあいだに、数多くの実在の歴史上の人物に出会うのがまた楽しい。フィクションの人物とこれら実在の人物のからませ方が作者の腕だが、シェークスピアの弟のネッド（役者をやっていたらしい）なんていう聞いたこともない人物が出てきたりする。

こちらは本物らしいが、同じところに出てくるローズとスターンという人物、これは架空で、ハムレットの中の二人組ローゼンクランツとギルデンスターンの名前をもじった作者のいかにも英国人らしいユーモアと見当がついた。読むほうもたいへんなのである。（鴨下信一・演出家）

（集英社・上下各5000円）＝2001年10月4日⑤配信

おもしろすぎる筋立て　「寝盗る女（上・下）」（マーガレット・アトウッド著、佐藤アヤ子・中島裕美訳）

ひと昔前の昼メロにはまったように、はらはらどきどきしながら一気に長編を読んでしまった。訳文が流暢（りゅうちょう）だし、筋立てがおもしろすぎる。

個性も能力も家庭環境も異なる娘たち四人が、一九六〇年代カナダの大学で知り合う。ズィーニアという美しい娘が、人生のいろいろな段階でほかの三人のパートナーを“寝盗る”。のみならず、たかり、ゆすり、持ち逃げ、居候と経済的にも打撃を与える。

ズィーニアは生い立ちすら定かではないなぞの女。相手によって話を変える。白系ロシア人の母親によって亡命先パリで少女売春をさせられていた。母はルーマニア出身で村人に石を投げられ殺された。ベルリンをかろうじて逃れたユダヤ系、などなど。哀れみの情をかきたてる魅力的な物語が次々にあらわれる。

しかし本書は虚言症の性悪女ズィーニアだけを描いているのではない。だまされる側もていねいに三通り語られているのが、この本の厚みである。徐々に明かされる三人の生い立ちも、それぞれが不幸なのだ。親世代は第二次大戦を生き延びるのに辛酸をなめてきただけに、その後の家族関係にひずみを残したからだ。

みな五十歳を過ぎた九〇年秋、再びズィーニア登場。煮え湯をのまされた三人は、断然打たれ強くなっている。ズィーニアにふぬけにされた男を精神的に支えながら、子ども世代にあきれられるほどかたくなに、自分の道を切りひらいてきたのだ。もう惑わされてなるものか…。

昨年、ブッカー賞に決まった時、いままでもらってなかったのかと変な驚き方をしたことを覚えている。達者な小説家で、愛読者も研究者も多い。近未来SFフェミニスト小説「侍女の物語」あたりが肌に合わなかった読者にも、本作は受け入れられそうだ。

ズィーニアはごめんこうむりたいが、カナダの湖や島に身をおいてみたい誘惑にかられた。作者が好む水難のイメージもこの地にあっては宿命のように思える。（岩田託子・中京大教授）

（彩流社・上2500円、下2800円）＝2001年10月4日⑥配信

キーセンの歴史たどる

「妓生」（川村湊著）

春をひさぐ女は世界各地で古い歴史を持っているが、日本の遊女と朝鮮の妓生（キーセン）はともに歌舞音曲の芸能と結びついており、起源が同根であるという説もあって、日韓比較文化史と女性史にまたがる重要な問題といえる。だが、妓生を主題にした本格的な書物は、韓国本国においてもまだ、昭和初期に出された李能和の「朝鮮解語花史」のみであるという。

本書はそうした現状のなか、妓生の歴史を正面から問うた意欲的な一冊。韓国語、日本語にわたる文献を駆使して、高麗時代の「高麗女楽」にさかのぼるという妓生の歴史から説き起こし、李朝時代の著名な妓生の事績の紹介や、小説や絵画の中に表象された妓生の分析をし、さらに日本の植民地支配下の近代の妓生の展開を論じている。

妓生を外交政策や軍隊のために利用した“妓生外交”や“妓生政治”は、男が表向き権力者、支配者となる儒教社会の裏側での女性のゆがんだ役割にメスを入れるものである。

また、抑圧された立場でありながらも、女性が進出できる例外的な職業において、朝鮮最大の女流詩人として名をはせたり、豊臣秀吉の侵略時に愛国の徒として死んだ妓生の事績を見ると、著者も指摘しているように、日本の“遊女”の残した文学における極限の自己表現や、幕末期における芸者の義勇などが連想されるのである。

だが、官妓として宮中で王妃や女官にも仕え、「正三位」等の位官を名乗る者さえいた李朝の妓生は、日本による近代の植民地支配のなかで、日本の遊郭のシステムの影響を受け、より抑圧された立場へと追いやられる。日本人男性と妓生のロマンスを描く小説や、おびただしい妓生の絵はがきのなかに、宗主国／植民地＝支配する性（男）／支配される性（女）という関係を重ねる著者の議論は、好事家的好奇心ではなく、「コロニアリズムとセクシャリティーとジェンダーの歪み」という極めて今日的な問題意識に貫かれている。（佐伯順子・帝塚山学院大教授）

（作品社・2800円）＝2001年10月11日①配信

ことばに生命を吹き込む

「声に出して読みたい日本語」（齋藤孝著）

そういえば、日本語を「声に出して読む」ことがほとんどない。最後に声に出して読んだのはいつだったのか。中学校の国語の教科書に出てきた短歌だったかもしれないと思うと、がくぜんとしてしまった。なにしろ、私が中学校を卒業してから、もう二十五年以上になるのである。

「声に出して読まない」こと、すなわち黙読を身につけることによって、読書のスピードは画期的に速くなる。大学時代の知人に、新書なら一時間で読み通して、的確に内容を理解し、批判できるという男がいた。すごい、と思った。その男に近づくため、私も少々努力し、人より少しは早く読めるようになった。

ただ、引っかかって目がさきに進めないことが、ときどきある。そんなとき、自分が「目」ではなく「声」で文章を追っていることにあらためて気がつく。そこはきまってリズムやテンポのよくないところなのだ。

本書は暗誦（あんしょう）もしくは朗誦することを目的に編まれた名文、名文句のさわり集である。日本語の宝石を身体に埋めるイメージで、声に出して味わってほしいと著者はいう。

「源氏物語」「枕草子」などの古典から、歌舞伎・落語・浪曲などの芸能、俳句や短歌、小説に詩。いずれもよく知られたものばかりだし、活字も大きいから、目で読むだけならあっという間に読めてしまう。

だけど、ここはやはり声に出して読みたい。深く息を吸い込み、肚（はら）に力を入れ、口を動かして、出した声が耳に届く。聴覚や触覚まで動員し、身体全体で味わうことで、ことばに生命が吹き込まれる。同じフレーズでも、リズムやテンポを変えて声に出せば、味わいも変わる。

本書に収録されたのは、明治生まれ以前の作者のものばかりだ。では、「声に出して読みたい日本語」として残せるものが、今の私たちの身の回りにあるだろうか。私たちひとりひとりの、日本語とのつきあい方が問われている。（鵜飼正樹・京都文教大助教授）

（草思社・1200円）＝2001年10月11日②配信

「弱者」からもらう生命力　「〈弱さ〉のちから」(鷲田清一著)

構造改革の名の下に、「強者」と「弱者」をはっきりと色分けするような状況が生まれつつある。また加速度的に高齢社会化が進むことで、「弱者」のケアは今後避けては通れない大きな問題となるだろう。しかしケアとは一方的な施しであり、「弱者」は社会のお荷物なのだろうか。

「『聴く』ことの力」などで既にケア論を展開している著者は、この本で「弱さ」と向かい合い、むしろその「弱さ」との関係性を豊かさに変えている人々十三人の現場を訪ね歩く。

人生の傷の卓越した聴き手のゲイバーのマスター、閉じこもりの若者の身体と心を挑発し開くダンスセラピスト、精神障害者の妄想を「幻覚妄想大会」を開いて聞き合い祝福しあうグループホーム、健康ランドという都会の休息所、お客の攻撃的な男性性を解体して至福に導く性感マッサージ嬢、等々。

はたから見ればその場はつらく苦しいものかもしれない。しかし、そこには何か「底が抜けた」ような明るさがあり、人と人の存在感に満ちあふれている。それは一体なぜなのだろう。

ふつう人は迷惑をかけると申し訳ないと思う。しかし、ケアの本質は「弱い者」がケアする者に生きる力を与えているところではないのか。例えば赤ちゃんの世話もケアだが、何もできない赤ちゃんの世話をすることで、生きがいを感じ、その生命力のおすそ分けをもらって、生きる意味を見いだしている大人は多い。

他者の「弱さ」の声を聴くことで自己が回復されるのは、強くあるために圧殺された自らの内部の「弱さ」もまた受容されるからであり、丸ごとの私が肯定されるきっかけになるからではないか。

「強さ」のほうから人間を見る世界観が横溢(おういつ)しようとしている。しかし人間を「弱さ」のほうからみたらどうだろう。「個人的」な強さに依拠するのではなく、弱さを受け止める「間人間的」なしなやかさと豊かさを提示する本書こそ、いま読まれるべき本だろう。(上田紀行・東京工業大助教授)

(講談社・1600円)=2001年10月11日③配信

米国が抱えた病理との闘い　「モハメド・アリ」(デイビッド・レムニック著、佐々木純子訳)

本書の副題「その闘いのすべて」に込められた意味は深長だ。

ここに描かれているのは、カシアス・クレイという黒人青年が「ほら吹きクレイ」と呼ばれるほどの大言壮語を吐きながら、ボクシング世界ヘビー級王者にのし上がっていく“闘い”だけではない。

王座に就くのと同じころ、アリは黒人至上主義をうたう急進的なイスラム教団への入信を表明、旧名を奴隷名だとして捨て去ってモハメド・アリに改名する。やがて彼はベトナム戦争の兵役を拒否して王座をはく奪された。

アリの半生に仮託されるのは黒人対白人、キリスト教対イスラム教、教団の内部抗争という、人種とイデオロギー、宗教などに根差した闘いの歴史だ。一九六〇年代から七〇年代の米国が抱えていた病理が容赦なくえぐり出される。

あるいは、その時代に生きた黒人の、異なった価値観の闘いと読み取ることも可能だ。本書は四つの章を用意して善人役パターソン、悪役リストンというアリにつながる歴代黒人王者たちの立場と遍歴も紹介する。

それによって私たちは、アリの葬り去りたかったものが、これらのライバルたちだけでなく、白人たちが勝手に作り出した黒人像であったことを知るのだ。

著者の冷静な筆致が導く結論は、「残忍な白人の金持ちが、たくましくて命知らずの黒人を食い物にするという奴隷制度の恥部は、奴隷解放宣言後も消滅しなかった」に収れんされる。

これらの“闘い”を書いたことで、本書は人物評伝またはスポーツノンフィクションという観点だけでなく、アメリカ現代史書としても評価されよう。

それにしても、復帰後よりも二十代のアリにスポットが当てられた意図は興味深い。当時を活写することで、今の米国社会をも照射したかったとは裏読みが過ぎるだろうか。信教や人種の対立の根深さ、やり切れなさは、いやが上にも現在の米国対イスラム過激派の戦争を連想してしまう。(増田晶文・作家)

(TBSブリタニカ・2200円)=2001年10月11日④配信

児童虐待なくす手だて

「母という暴力」（芹沢俊介著）

後を絶たない児童虐待をなくすことが、急務である。虐待において、子どもは一方的被害者であり、幼い子がむごい仕打ちを受けているという現実を、放置しておけるわけがない。著者は、虐待に走る母親を責めることで問題はなくならず、彼女たちの暴力を生み出す「虐待の地平」に目を向けよと説く。本書によれば、児童虐待の背景には、三つの要因があるという。

一つは、自分自身が受けた暴力の「反復」。二つめは、母親を支配している「教育」の概念。そして三つめは「自分」というテーマ。現在の社会には、母となることが、能力の発揮を妨げる側面がある。「育児のせいで自分らしく生きられない」という思いがあれば、子どもへの愛も色あせてしまう。

著者が示すこれらの要因は、取り除くことができるのだろうか。まず「自分」というテーマは、育児と仕事の両立をはかることで改善できるだろう。過剰な「教育」には、「親の最大の役割は、子どもを受けとめること」という指摘が有効である。子どもを虐待死させた親の多くは、その動機を、「いうことをきかなかったから」と説明するという。この言葉は、親たちが子どもを受けとめず、逆に鋳型にはめようとしている現実を、端的に示している。

しかし、親自身が暴力を受けて育った場合はどうか。その深い心の傷に、対処するすべはあるのか。

この点について、本書の視線は温かい。著者は、優しい里親に出会って愛を知った子の例を引き、「暴力を抑止する内的世界の形成に、手遅れということはない」と説く。これはつまり、私たちが虐待の地平を理解し、親にも子にも深い視線を注ぐことができれば、悲劇の連鎖をくいとめられるという可能性を示唆する。

本書の深い内容に比べ、いささか単純に過ぎる解説をした。しかし、いい書物とは、多様な読み方を提供するものである。多くの読者が本書から示唆を得て、児童虐待をなくす手だてを考え始めることを期待する。（島本慈子・ノンフィクションライター）

（春秋社・1600円）＝2001年10月11日⑤配信

放浪俳人の実像に迫る

「井上井月伝説」（江宮隆之著）

芥川龍之介が、かねて親しくして主治医でもあった下島勲と、井上井月（せいげつ）のことで、かなり熱っぽく語り合う。

この導入部が、いままでの井月の伝記と比べて、読者に強い関心を抱かせる。

下島勲については、芥川の周辺の人物として知られてはいるだろうが、井月とのつながりを知る人は少ない。それ以上に、井月と芥川との組み合わせは、おおかたの読者にとって、目新しいことに違いない。

そのことが第一に、本書の導入部の魅力となっていることを書いておきたい。しかも芥川が、下島勲に劣らぬほどの熱心さで、井月のことを深く知ろうとしており、その句業を世に残すことを望んでいるとなれば読者の関心も深まろう。

いままでは、井月の生涯からいきなり書き始めることが多く、種田山頭火にさきがけた放浪俳人としての足跡をたどるにとどまるものがほとんどだった。

その点、本書は新しい試みを工夫しているだけでなく、作品評価の面でも、芭蕉の遺風を直接学ぼうと苦心した跡を、検証しようと努めている。だが、井月の俳句観と作風については、専門的な見地からの説得力がもう一つもどかしい。

さらに、これはだれが書いても困難な点だが、生涯の大半が伊那の周辺での放浪にとどまるため、変化に乏しく、二十余年という永い歳月の経過が実感として迫って来ないうらみがある。

定住の当てもなくその日暮らしで過ごすにしても、当今のホームレスの放浪者とは違っていただろう。学識もあり、書がすぐれていても、良寛ほどの魅力に欠ける。俳句作品にも、山頭火ほどの個性の輝きがない。

そういう人物を、実像に迫るまでに書き上げた筆力の確かさに敬服するが、井月の日々の暮らしの具体的なありようを、さだかに目に思い浮かべることはむずかしい。

とはいえ井月の糞（ふん）尿まみれの最期は、他書よりみごとに表現されており、読み終わって深い感慨を覚える。（倉橋羊村・俳人）

（河出書房新社・2200円）＝2001年10月11日⑥配信

20世紀再発見の最良の対話

「二〇世紀から」（加藤周一、鶴見俊輔著）

本書を読んで驚かされるのは、まるで九月十一日の衝撃的な大事件を予想していたかのようにイスラムと米国の未来について的確な見通しを語っていることだ。

例えば「中東にあるのは絶望的な未来です。やがてそこからアメリカに対する憎悪が噴出し、それをイスラム教が正義づけるかもしれない。南北格差というのは人類にとって恐ろしい問題をはらんでいる」といった鶴見の発言がそれである。

なぜこうも的確にしてツボをえた見通しがふたりには可能なのだろうか。それはふたりが、場合によっては「ひとりで」「自分個人」で戦うことも辞さない「ふつうの人」に二十世紀をみる拠点を定めているからである。

「ふつうの人」から見据えた二十世紀、それが本書のだいご味であるが、とくに興味を覚えたのは、十九世紀が宗教を「合理的、人間的、リベラルな文化の中に」取り込んだのに対して、二十世紀は逆にそれに対する拒絶反応から、宗教性の強調が頭をもたげているという加藤の指摘である。

バルト神学をイスラム原理主義と同列に論じるのは問題があるとしても、「宗教の復しゅう」の時代という予感はだれもが共有しつつあるのではないか。

それではもし宗教的な権威と権力が結びついたとき、どうなるのか。ナチズムからオウム真理教にいたるまで、そこには狂気の殺りく、ジェノサイドやホロコーストが再現されるかもしれないのであり、絶えざる「死」を突きつけられるとき、「ふつうの人」はどうするのか。

それをめぐってふたりの間に微妙な開きがあるところが透けて見えて興味深い。つまり、「私は殺されたくない」をより所とする鶴見と「私は殺したくない」を打ち出そうとする加藤とのニュアンスの違いは、日常の世界に入り込んだテロとそれに対する戦いを考える上で示唆に富んでいる。

そんなことがあったのか、そんな人物がいたのか、驚きの発見の連続とともに二十世紀を再発見することのできた最良の対話の書である。（姜尚中・東大教授）

（潮出版社・1800円）＝2001年10月18日①配信

気持ち良く乾いた少女

「オトナも子供も大嫌い」（群ようこ著）

おやつのマーブルチョコレート、くみ取り式便所に下がった黄色い消臭ボール、八ミリカメラのフジカシングルエイト…。

こうした「あのころ商品」の頻出に、冒頭から欣喜雀躍（きんきじゃくやく）。そう、主人公同様、私も「リンゴ以外のビートルズのメンバーと結婚できるかしら」と「ちらりとだが思ったことのある」、一九六〇年代の少女だからだ。

東京の郊外に暮らす、ごく「中流な」キノシタ家の長女・アケミ。描かれるのは、小学校入学から中学に上がるまでの彼女の生活である。

ピアノのおけいこに通い、漫画に熱中し、栽培が宿題のアサガオやジャガイモをきまって…………枯らす。

「大きくなったら、クレージーキャッツの無責任男みたいになりたいなあ」

と考えるアケミの物語は、だが、彼女と同世代な者の郷愁だけを満足させてはいない。「自分のこれからの人生を考えると、別にジャガイモの芽を出させることができなくても、何の問題もないように思えた」

アケミはニヒルだ。「子供とつきあうのもいやだが、大人とつきあうのも難しい」。親や教師からも、学校の友達からも思いっきりずれている。そして、そんな自分自身に対して「ま、こんなもんだよ」とクールに距離を置く。

「退屈」「面倒くさ」などの多用でつづられる日常風景。大人からすれば一見、えらく面倒なお子さまだ。が、子供時代とは後の述懐においてすら、必ずしも黄金色に輝いてはおらず、とてつもなく長く、面倒で、退屈なものだったりする……ではないか。

感傷や郷愁まみれの「著者の半自伝的作品」が山ほどあるなか、アケミという主人公は、とても気持ち良く「乾いて」いる。そして、大人と子供の間で目いっぱいずれた自分を、次第に「おのれの領域」づくりへと向けてもいくのだ。

六〇年代当時の少女というより、その子供たち世代にこそ、一読をすすめたい。（島村麻里・フリーライター）

（筑摩書房・1300円）＝2001年10月18日②配信

脳科学に新フロンティア

「脳の方程式　いち・たす・いち」(中田力著)

飛行機の中では思った以上に酒に酔うものだ。同様のことが麻酔にも当てはまり、気圧が低いほどかかりも深くなる。これらの現象はニューロン(神経細胞)の電気的活動と神経伝達物質を中心とした現在の脳科学では説明できなかった。

著者は脳表面をおおう薄い層に着目し、この層に含まれるガス状の流体が脳本体の働きを調節しているという仮説に達した。揮発性の高い麻酔剤やアルコールは気化してこの層のガスの流れを妨げることで意識をマヒさせるが、気圧はその気化率に影響を与えているのではないかというのだ。

この仮説が正しければ、脳の見方は大きく変わることになろう。脳が決定論的な機械ではなくゆるぎや自己形成を含んでいる以上、脳の理解にはカオス理論や複雑系からのアプローチが不可欠。著者も、複雑系の科学の登場が二十一世紀の脳科学が進むべき方向を決定づけたと述べている。

それは言葉を換えれば、物理学から脳科学までを統合する統一理論の誕生の可能性が見えてきたということであり、さらには意識や心、芸術や哲学までも科学で解き明かそうという野心だ。その意味で著者は自らの仮説を「統一脳理論」と名づけている。

ちなみに、表題の一足す一には答えが示されていない。その答えが常識的な二なら決定論の立場を、ゼロならコンピューターのデジタル的思考を、三以上なら多なる複雑系の発想を象徴しているといえようか。

統一脳理論の紹介でクライマックスを迎える本書の結びには「ここから、こころが生まれる」という言葉が置かれている。ニューロン一辺倒できたこれまでの研究に軌道修正を迫り、脳科学に新しいフロンティアを拓(ひら)こうという気迫と熱気が伝わってくるようだ。

数学的説明の一部に混乱を招く記述もあるが、脳科学は「すべての人に理解されること」が必要と説く著者が科学のだいご味を平易に語った意欲作である。(吉永良正・サイエンスライター)

(紀伊国屋書店・1800円)＝2001年10月18日③配信

住宅改良家から自然保護へ

「英国住宅物語」(E・モバリー・ベル著、平弘明、松本茂訳)

オクタヴィア・ヒルは「広くていつまでも走り回れる」野原が欲しいという子だった。それに祖父の仕事を手伝う中で、公衆衛生改善の問題にも興味を抱くようになった。

二十歳のころは、むしろ芸術に心をひかれていたが、年を追うにつれて人を助けることに関心を向け始めた。このような時に彼女は英国の芸術思想家ラスキンに会った。彼女が住宅改良家としての歩みをはじめたのは、ラスキンの経済的援助を受けてからである。

本書は彼女がたどった道を詳細に追っている。工業化が進む中、労働者の住環境は劣悪を極めていた。家主と借家人とは相互に自立した存在でなければならないというのが彼女の方針であった。だから彼女が彼らを援助し、教育するときにはこの方針は貫かれた。

そのためには、狭くごみごみしたところに住むのではなく、田園風景になじむとともに、借家にも小さな庭を造り、ツタや木を植えた。オクタヴィアがオープンスペース(自然のままの広い土地)や田園風景の大切さに目覚めるのは必然的であった。

彼女がオープンスペースを守るために立ち上がったときに、親しくなったのが、のちのナショナルトラストの創立者の一人となる入会地保存協会のR・ハンターだった。もう一人の創立者である男性のH・ローンズリーは、既にラスキンを通じて彼女とは知己の間柄にあった。

彼女は当初、オープンスペースを守るのに失敗するが、そのことは、土地を所有する(歴史的建築物も含む)ための法人団体の必要性を痛感させたに違いない。ここではオクタヴィアが住宅改良家として出発しつつ、ついにはナショナルトラストの創立者の一人として成長していく過程という観点から本書を紹介した。

自然環境を守るために土地などを取得するナショナルトラスト運動は、イギリスで一つの大きなうねりを生じつつある。地球の危機が実感される現在、本書を一読する意義は大きい。(四元忠博・埼玉大教授)

(日本経済評論社・2800円)＝2001年10月18日④配信

ぎりぎりの生活史

「ホームレス作家」(松井計著)

著者は松井永人の名で架空戦記ものをかなりたくさん書いていて、評者の本名も永人、戒名に似たこの名は意外にめずらしく、その縁で平和主義者の私がひそかに愛読していた。平和といっても核の傘でのそれ、次にもっと大きな矛盾を生むそれ等があろうし、人類史は血を見るもめごとから離れてきたなどそれこそ一日もなかったのである。戦争は常に視野に入れておくべきことを、これらの戦記ものから学んできた。

今度は、松井計の名で、まるで別の世界のぎりぎりの生活史であるノンフィクションが出た。高次脳機能障害を持つ妻への愛が、逆に妻の体調の崩しを生み、そこいらから借金と住まいの変転がはじまり、ついには公団住宅の家賃を払えずに強制退去させられ、妻子を公的施設に預け、ホームレスとなってしまうのが出発点。

失業率が五%、実質は一〇%といわれている現在、だれもが定住場所を失う可能性は明日にでもある。もしかしたら、一握りの作家を除いて普通の作家はこの先端の道を走っているのではないかと、身につまされる。

腕をへし折られたら筆は握れずワープロも埒(らち)が明かない。今は他人さまのを読むより自ら書く人の方が多い時代で、本は売れず、作家予備軍にすぐ戻される。編集者の機嫌を損ねたら仕事はこない。この危うさをこの生々しい記録は体と心で説き伏せてくれる。路上に寝なくてすみ、職を得るための匂(にお)いの対策まで。

読後に心を打つものをいっぱいくれるのは、ホームレスの暮らしを“楽しむ”とかの偽善的なものがなく、また“売りにする”といういやらしさもまるでなく、必死にはい上がろうとする努力と誇りの絡みあいをごくごく真正直に書いてあるからだ。

ブンガクにまだ夢を託している者には、松井計がこの格闘を生涯続け、こういう良質な作品を書き続けてほしく、従ってホームレスをずっと続けてほしいと願うが、どうか。(小嵐九八郎・作家)

(幻冬舎・1500円)=2001年10月18日⑤配信

アメリカの暗部描く

「アメリカン・デス・トリップ(上・下)」(ジェイムズ・エルロイ著、田村義進訳)

ハードボイルドが、腐敗した社会の汚濁に漬かりながらも、あくまで自らの信じる正義のため悪と闘う男の物語であるとすれば、現代ノワールは欲望や憎悪に負けてほんろうされ、正義や誇りなど捨て去り、悪徳に生きる男の物語であるといえるだろう。

その意味ではノワールの主人公たちは現代的な心情の持ち主であり、いまの時代の人間に通じる生き方をしている。描かれる世界も、ハードボイルドより、さらに緻(ち)密で事実に迫っているかもしれない。

本書はエルロイの六年ぶりの新作長編ノワール。アンダーワールドUSA三部作の第二作になる。

物語はアメリカの希望ケネディ大統領の暗殺事件から、黒人公民権運動の高揚、泥沼化したベトナム戦争を背景にして、キング牧師とJFKの弟ロバート・ケネディ司法長官の暗殺に至る、一九六三—六八年までのアメリカ現代史の暗部に潜むアンダーワールドを描いている。

主人公は三人。白人の黒人差別に反発を抱く理想家肌の刑事ウェイン、キューバ解放の大義のためにマフィアと手を組む殺し屋ピート、ロバート・ケネディに憎悪を抱き、FBIフーバー長官の陰謀工作員として働く、マフィアの顧問弁護士ウォード。

エルロイ独特のリズムの短文で、彼ら三人の悪徳に満ちた行動や陰謀、暴力、殺人が描かれていく。そこで語られる暗黒の現代史には慄(りつ)然とするしかない。

われわれが知っている「アメリカ現代史」は本当にきれいな表だけの顔でしかなく、その背後ではなんとすさまじい憎悪や陰謀が渦巻き、策略や裏切り、血で血を洗う暗闘が行われていたことか。

もちろん、本書はあくまで虚構であり、真相や事実を語るドキュメントではない。そうとは分かっていても、エルロイの書いたノワールが本当は真実なのかもしれない、そんなことを感じるほどリアリティーがある。(森詠・作家)

(文芸春秋・上下各2381円)=2001年10月18日⑥配信

宗教と政治の絡みほぐす

「チベットの少年」(イザベル・ヒルトン著、三浦順子訳)

現代史は、人間の愚かさをのみ込んでよどむ大河のごとくである。この大河では、あらゆる矛盾は強者の集合的エゴイズムによって正当化される。よどみに英知の滴を注いでも、むなしいのであろうか?

英国の女性ジャーナリストである著者は勇敢にも中国とチベットの複雑な関係に分け入り、「最も幼い政治囚」を生み出した歴史に光をあて、国際社会に受け入れられようもない中国最大の矛盾と、それを正当化する経緯を浮き彫りにした。

すなわち、「宗教はアヘンである」とチベットを弾劾しつづけてきた中国政府が、チベット仏教独自の転生ラマ制度を利用し、ダライ・ラマに次ぐ高位ラマ、将来のチベットのリーダーと目されるパンチェン・ラマの生まれ変わりを認定したことである。宗教的権威を政治に取り込み、チベット支配を強化するためにほかならない。

一方、ダライ・ラマがパンチェン・ラマの生まれ変わりと認定した別の六歳の少年は、中国公安に連れ去られ消息は絶たれた。さらに、先代のパンチェン・ラマの死は、毒殺とのうわさも飛び交い、なぞに包まれたままである。

二人のパンチェン・ラマの転生者はどのように認定されたのか。著者は、ダライ・ラマとの取材、関係者の証言を求める旅を通して、宗教と政治との絡みをパズルのように巧みにときほぐしてゆく。チベット密教の秘儀の扉は開かれ、政治的駆け引きの秘密もが、手に汗握るスリリングな展開をもって明かされる。それにしても、歴史にほんろうされつつ、良心を貫こうとしたパンチェン・ラマの苦悩と孤独は、いかほどだっただろうか。

忘れてならないのは、チベットはいまも、苦しみの河にあることだ。ダライ・ラマは、あらゆる機会に「害を与えるものを敵として憎んではならない。本当の敵は私たちの内にある煩悩なのだ」と語る。

よどみの大河を清める智慧(ちえ)が、今ほど求められているときはない。(梅野泉・詩人)

(世界文化社・2200円)=2001年10月25日①配信

奇抜な人生浮き彫りに

「ポール・レオトーの肖像」(菅野賢治著)

ベルエポックから戦後まで文芸評論家、作家として活躍したフランスの奇才の評伝である。ポール・レオトーは日本ではほとんど知名度がないが、仏文学者である著者はその作品と資料を引用しつつ、作家の奇抜な人生を浮き彫りにしていく。それはまさに人間喜劇。大戦をはさんでのパリ文壇や演劇界の模様もいきいきと伝わってきて、一種の文化批評にもなっている。

レオトーは一八七二年パリで生まれた。母は女優、父は舞台の下で俳優たちにせりふを教えるプロンプター。女優をあきらめられない母は、出産後すぐに家を出てしまい、彼は父に育てられた。たまに会いに来る母は、幼い息子の目にはまぶしいほど美しく映る。

そして成人してから伯母の葬式で再会した母と息子は、男女として愛し合う。二人は頻繁に手紙のやりとりをするが、熱烈な愛の言葉は感情の行き違いからやがて罵倒(ばとう)へと変わり、再び決別。だが、レオトーはその危ない関係を逐一作品として残した。

代表作「文学日記」は私事を事細かにメモしたもの。ショッキングな近親相姦(かん)ばかりではなく、他人の目には異常としか映らない動物への偏愛、十歳以上年上の人妻との間で繰り広げられるなまなましい性愛までもが記される。徹底した唯物主義者であるレオトーは、政治的信条、信仰や感情を交えず事実のみを書き連ね、ときにその記述は読者に不快感を引き起こす。

交遊のあった作家たちは、レオトーによって生態をあからさまに暴露されることを恐れて嫌悪する半面、期待もする。彼の「文学日記」に登場することは作家として認められた証(あかし)でもあるから。二十世紀前半のフランス文壇を内側から描いた評論家としてもレオトーの価値は高い。

正直に打ち明けると、ポール・レオトーについて私はほとんど何も知らなかったが、読後この作家に対して奇妙な親近感を覚えた。上質な評伝は、へたな小説よりもおもしろい。それがよくわかった。(実川元子・フリーライター、翻訳家)

(水声社・6000円)=2001年10月25日②配信

人間の業、宿命に迫る　「近松　母と子、女と男のコミュニケーション」（小林千草著）

親子、男女の関係性の本質は時代を越えても変わるものではない。そんなことを実感させる著書である。

著者は日本語学を専攻する研究者。近松門左衛門という約三百年前の浄瑠璃作家の二つの作品を丹念に読み込み、そこから現代にも通じる普遍的テーマを抽出する手業に、まずは感心させられる。

ともすれば手に負えない古典文学を扱いながら、そこで交わされた言葉が含む心情を丁寧にほどき、読みやすい文章に託して人間の業とも宿命ともいえるものに迫っていく。

対象作品は「丹波与作待夜の小室節」を中心に「女殺油地獄」にも焦点を当てる。「丹波」といってわかりにくければ、改作され現在も上演される文楽や歌舞伎の演目「恋女房染分手綱」を思い出してもらいたい。

特に有名なのが「重の井子別れ」の件だが、母と子が身分を違え、立場を異にすることから導かれる悲哀を切々と描いた場面である。

姫君の乳母としての重責を全うしようとする重の井（原作では滋野井）と、生き別れの母を胸にしがない馬子をしている少年三吉の偶然の出会い。そして母子の名乗りをめぐって、自らの立場に従おうとする重の井の条理にもだえる姿と、本来は武士の子である誇りを秘めつつ母親恋しさを直情に訴える三吉の哀れさ。

この場面が今もって上演されるのは、運命にほんろうされた母子がたどる困難と、再修正のききがたい人生を懸命に生きようとする人間の心の葛藤（かっとう）を、観（み）る者が時代テーマに合わせて感じ取ることができるからだろう。

身分制度は失われたが、家族という名の、一見ありふれた共同体をもつ現代人にとってさえ、母と子、父と子の間に生ずる心の擦れ違いは小さくない。

まして一度深いところで起こってしまうと、トラウマになったりする。男女間でも多分それは変わらない。近松作品の現代性を、そこに使われた言葉から見いだす。その功績も、本著からうかがうことができるのだ。（松平盟子・歌人）

（平凡社・2300円）＝2001年10月25日③配信

生きてあるいとおしさ　「猫の客」（平出隆著）

台所の曇りガラスの小窓に、小路を通るひとの姿が逆立ちして、鮮やかな天然色の像を結ぶ。像は小窓にあふれ、足音が遠ざかると、はかなく消える。

暗箱。小窓にさし迫った板塀に節穴があり、それがレンズの役目をしているのだった。小暗い二畳間にすわって、夫婦はその幻をくりかえし待ち望んだ。

ひそやかで内密な気配をたたえてはじまる小説である。雨戸の節穴から差し込む光の幻術を見たことのある者なら、冒頭の数行だけで、夫婦が送る日々の不安やおののき、一瞬かすめる平安やその色彩に感染してしまうだろう。

この暗箱を猫が訪れる。隣家の男の子がひろって飼いはじめた。白に茶の斑点（はんてん）が浮いた玉猫。チビ、と男の子は名づけた。そのチビが垣根を越えてくる。夫婦と遊び、用意した小アジを食べ、押し入れで泊まっていくようになる。

しかし、鳴きもしないし抱かせもしない。よろこびを与えながら、よろこびが幻であるかのようにふるまってやまない。そしてふいに死んでしまう。その交渉史を、暗箱に映る、魅惑的に逆立ちした像をいとおしむように書きとめた。

美しい。言葉はするどく張りつめているのに、息苦しく切迫した感じはない。硬質なのに、水のようにしずかに染み入ってくる。

「勾玉（まがたま）のかたちになってソファに眠りはじめたとき、家そのものがこの光景を夢に見ていると思われるような、深い喜びが来た」

チビが訪れるようになって間なしのくだりだ。生きてあることへのいとおしさのきわまりが玉を結んで、朝の露さながらせつなくふるえるようだ。私たちはきっと、こんな祝福が、たまさかでも訪れるので、悲傷にいろどられても、日に日をついでいるのである。

夫婦は、古い広壮な屋敷の離れを借りている。屋敷は、バブル期の時代の狂熱にのまれて、廃園となる。小説はその行方もみとどけている。（倉本四郎・作家）

（河出書房新社・1400円）＝2001年10月25日④配信

文学糸口に60年代を総括

「青春の終焉」(三浦雅士著)

「青春」という死語をキーワードにしながら、産業資本主義の時代としての近代を支配した、病理にも似た心性を、鮮やかに分析した書物である。

著者によれば「青年および青春は、産業資本主義と軌を一にして全世界に浸透していった」。なぜなら、「青年および青春が、ブルジョワ階級の、それも男子にのみ許された特権だった」からだ。

したがって世界的な規模で女性解放運動が大きな広がりを見せる一九六〇年代から七〇年代に、「青年および青春」の時代は終わるのだ。その意味で本書は一九六〇年代論であると同時に、日本の十九世紀と二十世紀を総括する射程を持っている。

たとえば「青春」の大衆化が一気に進んだ一九三〇年代に登場した太宰治の独特な語りが落語と等質であるとし、文語と口語の葛藤(かっとう)として文学を位置づけ、そこから創作落語が全盛となった十九世紀にさかのぼり、滝沢馬琴の「八犬伝」を「青年および青春」小説として発見しなおしてみせるところなど、実に説得的である。

そしてこの枠組みの中では、文語と口語を交えた講演の文体を確立した小林秀雄も落語家となる。

その小林秀雄が論じつづけたドストエフスキーの小説に、バフチンはカーニヴァルとの深い関連を見いだした。「非日常が日常となる」「祝祭の時空」を、「青年」あるいは「青春」という「ひとつの集団」に託した時代。この時代の申し子として「小説」というジャンルを再発見したのがバフチンであると、著者はとらえ直していく。

バフチンは一九六〇年代にヨーロッパに紹介された。その「思想」は「青年」と「青春」の時代の終焉(しゅうえん)を宣告した構造主義やポスト構造主義と、同質であったのだ。

「思想」は、根源的であると同時に急進的であるとしたドストエフスキーは、マルクスと重ねられていた。この対の構造が崩壊するところで、青春も終焉するのである。(小森陽一・文芸評論家)

(講談社・2800円)=2001年10月25日⑤配信

近代史の見方に変革迫まる

「地ひらく」(福田和也著)

アメリカで起きた同時多発テロ事件は世界を震撼(しんかん)させたが、この事件に対する日本の対応を見ているとあらためてアメリカ追従というほかはない現状である。しかし、それは戦後の日本が日米関係もふくめた世界政治に対する、戦略的な構想やヴィジョンを、全くと言ってよいほど持ちえなかったことの当然の結果であろう。

明治の半ばに東北の寒村に生まれ、陸軍の軍人として満州事変、満州国建国、二・二六事件、支那事変、東京裁判等の昭和史の重要な事件にかかわり、激変する世界状況を常に見すえながら、文明論とも言うべき広い視野から日本の命運を考え、自ら背負った石原莞爾についてのこの大著を読むと、このような人物が現代の日本にいないことの決定的な欠落を痛感せずにはいられない。

このような人物とは、軍人としての戦略の立案者として、世界と歴史の現実を徹底したリアリズムの立場で見るとともに、日蓮の教えの信奉者として「万民の救済」といった大きな理想と信仰の祈りを持った日本人ということである。

石原莞爾という人物について、千八百枚にも及ぶ本を著者に書かしめたのも、今日では見ることのできない、この日本人としてのスケールの大きさ、予言者の風貌(ぼう)さえ備えた思想家としての魅力であろう。本書の面白さは、しかし単に石原という一人物の伝記にとどまらず、彼が生きた時代が、欧米を含む二十世紀の時代史として活写されているところにある。

昭和の歴史が、二十世紀の世界史といかにかかわっていたかが、ダイナミックに実感できるのだ。

これまで昭和前半の歴史は、戦後史観の中で、とかくネガティブにとらえられがちであった。しかし、明治という建国のドラマの後、時代全体が、実は「国や民族よりも大きな価値を求めていた」事実が本書から明瞭(りょう)に読み取れる。その意味では、本書は近代日本史の見方に、一つの変革を迫るものでもある。(富岡幸一郎・文芸評論家)

(文芸春秋・3714円)=2001年10月25日⑥配信

在日台独派の歴史と変容　「台湾／日本―連鎖するコロニアリズム」（森宣雄著）

台湾に多少なりとも真摯（しんし）な関心を寄せてきた人のなかには、このところ戸惑いを感じる向きも多いのではないか。台湾の自由化・民主化を求める闘いの先頭を突っ走ってきたかに見える台湾人と、日本の右派論壇の奇妙な癒着があからさまだからだ。

日本は過去の植民地主義（コロニアリズム）について、本格的に総括したことがほとんどない。一方で台湾では、植民地主義の支配から内面的に脱却するための真剣な取り組みが、戦後ずっと続けられてきた、と著者は言う。いまマスコミ界で日本の保守派との交歓に忙しそうな在日台湾独立運動の闘士グループもまた、かつては外省人も含めた全台湾住民の人間性恢復（かいふく）を目指す、高邁（こうまい）な理想を高らかに打ち出していた。

しかしながら彼らが命がけの人権闘争を繰り広げた六、七〇年代に、日本社会とりわけ「一つの中国」をうたいあげた左翼陣営は、彼らの運動を黙殺し続けた。本書のこの部分の検証を、胸の痛みを感じずに読める日本人は少ないだろう。

ところが国民党が下野していよいよ解放理論の実践が可能になったいま、在日台独派は日本の植民地統治を美化し始め、日本の右派論壇と腕を組んで、自らがかつて苦しめられた排外的国家主義の宣伝に乗り出している。それでも著者は、彼らの運動が必死な解放闘争であったがゆえに、また彼らの現状が日本社会から生み出されたものでもあるがゆえに、そこに埋もれた可能性と戒めを読みとりたいとしている。

歴史に向きあう態度に一石を投じた貴重な本だ。だが欲を言えば、結末部をより深めて台湾で地道に積み重ねられている、実のある思想的営為をもっと紹介してほしかった。在日台独派がいかに困難な状況を生きてきたとはいえ、社会および自分の過去への責任を考えれば、メディアの商業主義に巻き込まれることの許されない領域というものが、やはりあると思うからだ。（田村志津枝・ノンフィクション作家）

（インパクト出版会・2200円）＝2001年11月1日①配信

時代を作る責任　「広告の迷走」（梶祐輔著）

時代が迷走している。故に「広告の迷走」なるこの書物の表題はリアリティーを持つ。広告は常に時代に生き時代をリードもする。今の時代の迷走に、広告はどう責任を持つべきであるか。その切実にして誠実な自問自答が、この書物の核となっている。

例えばニューヨークの世界貿易センタービル破壊の「映像」を現実のものとした責任の一端は「破壊と殺戮（さつりく）」を娯楽としてきたここ三十年の映画作りのありようにもあるとぼくは自覚している。それが人びとの心に影響を与えなかった筈（はず）がない。

同じ目でテレビのCMを見れば、車は暴走、人間は不作法、物は大切にされず、これでは仮に一時的に商品が売れても、企業への信頼は失われ、世を壊し、人の暮しを損じ、自らも滅びるだけ。ではなぜこういうCMが生れてくるのかと不安に思っていたら、この書物が答えてくれた。

すなわち広告＝アドバタイジングとは、本来企業と消費者との間の「信頼関係をつくるもの」であり「商品を売る」のはプロモーションである。だが日本ではこの境界線が曖昧（あいまい）で、CMを作る人間も見る人も「広告は商品を売るためにある」と思いこんでいる。ここに大きな間違いがあった、と著者は言う。物を売るのが「正義」である中で、人間の「正気」が失われていったのだ。

かつてぼくはCMの演出に携わっていて、その際自分が出す「OK」に常に怯（おび）えていた。そこで「物が売れる」という基準ではなく、「それを生み出した人の悦（よろこ）び」に寄り添おうと願った。技術者と常に接触し、その人の笑顔を以（もっ）て「OK」とした。こうしてぼくはその時代を「生き」た。

著者の梶祐輔さんは広告の行く末について「ぼくには、まったくわからない」と締め括（くく）る。この時代の迷走を、広告は果たして押しとどめ得るのか。広告は一つの時代を作るものだという自覚による、我を忘れぬ広告人の、これは責任と願いの書である。（大林宣彦・映画作家）

（宣伝会議・2000円）＝2001年11月1日②配信

日本人のたましい観探る

「神になった人びと」(小松和彦著)

人は、いかにして神になるのか。本書は、人を祀(まつ)った神社などの宗教施設が、実は「たましい」の「記憶装置」であるという視点に基づき、「人神」(ひとがみ)思想のメカニズムとその歴史的変遷を明らかにしている。

とはいえ、堅苦しい専門書ではなく、建立の経緯や「祭神」の人生、社を訪れた様子などがエッセー風につづられて読みやすく、本書を手に、取りあげられた神社仏閣を実際に訪れてみたくもなる。

筆者によれば、人の「たましい」は普通、年忌を経て「個体」としての性格を失い、「先祖」という「集合的なたましい」の中に組み込まれる。

だから、「個体」としての「たましい」を存続させようとすれば、社や祭礼、縁起物語などの「記憶装置」を媒介に、祀り続けてくれる人びとを持たなければならない。このような「人神」思想の古層には、「祟(たた)りを鎮める」という御霊(ごりょう)の観念があった。

そして時代につれ、「祟り神」系の「人神」から、その派生である「顕彰神」系の「人神」へと変化した。為政者たちが「人神」思想に「記念・記憶・支配装置」という機能もあると気づいた結果だという。特に明治初期に、人心を支配するための道具として、「顕彰神」系の神社が国家によって創建された。楠木正成を祀った湊川神社などがそれにあたる。

戦後は、近代天皇制国家が解体されて「人神」の創出はほぼ終息した。しかし、人を神として祀り上げる伝統はもともと民衆から起こったため、その思想は今なおみられるという。近年、その代替物として出てきたのが「人物記念館」であると筆者は指摘する。

靖国神社問題をはじめ、「戦争と記憶」というテーマがクローズアップされている現在だからこそ、人びと、あるいは国家が人を神として祀りあげる「人神」思想のメカニズムを解明し、日本人の「たましい」観を探ろうとした本書は、大変意義深い。(塩月亮子・日本橋学館大学講師)

(淡交社・1800円)=2001年11月1日③配信

壮大な歴史模様描き出す

「桃源郷(上・下)」(陳舜臣著)

十二世紀前半の大遼国。祖国滅亡を予感する遼の皇族・耶律大石は、未来への布石として、陶羽と白中岳という有為の人材を、大食(アラブ)へ派遣する。

本書は主要登場人物だけで五十人近くになるが、この陶羽が実質的な主人公といっていいだろう。長旅を経てたどり着いたペルシャで彼は、各地で弾圧されているマニ教と出合い、自分の家が隠れマニだったことを知る。そしてマニ教の真理に、さらには「まことの信仰」に目覚めていく。

一方、陶羽たちを送り出した大石は、遼の滅亡を見届けて、西方にカラ・キタイ(西遼)という国を樹立。陶羽と仲間たちの信仰を縦糸に、大石の新国家建設を横糸にして、物語は壮大な歴史模様を描き出すのだった。

ユーラシア大陸と、その周辺を視野に収めた、スケールの大きな舞台。二十年以上にわたるタイムスパン。長大な時間と空間のはざまから浮かび上がるのは、宗教の対立・民族衝突・国際情勢の変化—、すなわち二十一世紀初頭を生きる私たちが直面している現実に他ならない。過去と現代を重なり合わせて、歴史と風土の中ではぐくまれてしまった人類の病巣に迫る。ここが本書の、興味深い読みどころといえるだろう。

なお作者が、もっとも力を入れて描いているのは宗教問題である。本来、人を幸せにするための宗教が、争いの原因となるのはなぜか。宗教的対立は、どうすれば解決できるのか。そのひとつの答えが、陶羽たちの導かれていく「まことの信仰」だといえよう。

既存宗教の概念の一歩先をいく、進化した宗教の形を指し示す。そうすることで、より高次な世界が生まれる可能性があることが、表明されているのである。

“桃源郷”というタイトルに込められた、作者の気高き理想に心が震える。同時多発テロに端を発した一連の事件や軍事行動に、世界中が緊張している今だからこそ、ひとりでも多くの人に読んでもらいたい作品なのだ。(細谷正充・文芸評論家)

(集英社・上下各1600円)=2001年11月1日④配信

事件で表現された時代

「フォーカス　スクープの裏側」(フォーカス編集部編)

写真週刊誌のパイオニアだった「フォーカス」は、一九八一年に創刊され、ことし八月に休刊した。ひところは、二百万部を発行し、「フォーカスする」の流行語までつくったが、最近は低迷、大幅赤字だった。

「写真で時代を読む」が、キャッチフレーズだった。時代は事件によって表現される。事件をどう切り取るか、そこにカメラマンの歴史意識があらわれ、その写真をどうあつかうか、に編集者の思想が示される。

創刊当時に連載されていた、藤原新也「東京漂流」にとらえられた「金属バット両親撲殺事件」の現場、秋の昼過ぎの白々した太陽に照らしだされたマイホームの写真は、「一億中流家庭・ニッポン」のエックス線写真のように、確実に病巣を映しだしていた。

田中角栄の法廷写真、日航墜落事故で救助された少女の姿、中川秀直官房長官(当時)の暴力団との会席など、記憶に残るスクープがあった。ジャーナリズムの一角に動きの速い写真報道のジャンルをつくりだした功績は大きい。無名のフリーカメラマンたちがひらいた道でもあった。

が、廃刊まもなく発行された限界もあるが、この本には、なぜ「フォーカス」が読者から見切られたのか、その総括がない。張り込みのエピソードや「秘密兵器」開発などの自慢話や楽屋落ちで終わっているところに、墜落した写真誌の病巣があらわれている。

この本に再録されているのをみるだけでも、精神障害の疑いで鑑定留置された羽田沖墜落事故機の機長の盗撮とか、惨殺された豊田商事会長の血まみれ顔のアップ、ついには神戸の「A少年」の肖像写真など、スキャンダル性とスクープ意識が、読者の欲求を読みちがえ、俗情に迎合するだけになった経過を読みとれる。

まして、ほかの媒体が見送った「A少年」の写真掲載は、部数を伸ばしたい欲望に負けた、自損行為だった。「フォーカスの遺言」などと書かれているが、読者に見捨てられた、曳(ひ)かれものの小唄、といったところか。(鎌田慧・ルポライター)

(新潮社・1100円)＝2001年11月1日⑤配信

「異類の目線」の批評性

「明け方の猫」(保坂和志著)

「明け方見た夢の中で彼は猫になっていた」

異類に想像的に身を移して、その視線から人間たちの世態を叙すというのは物語にだけ許された特権の一つである。文学史によると、この趣向の元祖はモンテスキューの「ペルシャ人の手紙」だと書いてある。

作家たちは「異類憑依(ひょうい)文学」をその批評性のゆえに愛した。別に異類が異他的な価値観に基づいて私たちの営みを断罪するから批評的にはなるわけではない。批評的になるのは、それが私たちの「見落としているもの」を記述するからである。

現象学の教えるところでは、私たちの意識は「何ものかについての意識」である。言い換えると、私たちの意識は「意識されている何ものか」以外のすべてを無視することによって成立している。

「異類の目線」は「私たちが無視しているもの」を選択的に描写することで、私たちが何を意識から構造的に排除しているのかをあらわにする。

例えば、「明け方の猫」の猫は人間たちの会話をそのまま採録する。猫の耳には、人間たちの会話は「意味のやりとり」ではなく「音声のやりとり」として聴こえるからである。だから「早く出せよ」と繰り返す若い女、「おばちゃんがミイちゃんがいなくなって淋しいって言ってかいたんですよ」と延々と繰り返す「老婆」の言葉はその回数分だけ採録される。

私たちはそれを読んで、「ほんとうに、私たちはこんなふうにしゃべっているな」と気づかされて、なんとなく寒々しい気分になる。

ただし、「明け方の猫」の主人公は「猫になった夢を見ている人間」であるので、その意識はときどき人間に戻る。そして、猫的経験の「意味」について説明を試みる。これは私にはちょっと興ざめに思えたが、あるいはこれが漱石も大島弓子もジャック・ロンドンも試みていない保坂さんの新機軸だったのかもしれない。(内田樹・神戸女学院大教授)

(講談社・1500円)＝2001年11月1日⑥配信

異様な戦いの記録

「あしたはうんと遠くへいこう」（角田光代著）

「あしたはうんと遠くへいこう」を一気に読み切ってしまった。この小説は一九八五年から二〇〇〇年までの日本女性の恋愛の記録である。だが、それが、まるで戦場の記録を読むようなのだ。しかもこれでは連戦連敗である。

最も恵まれた国の、最も平和な時代における恋愛が、当事者の、特に女性の視点からはこんなふうになってしまうのか。そのことを、同時代を生きた私はどこかで予想していたものの、やはり驚いてしまった。一回ごとの負けっぷりの鮮やかさにうたれる。男に負けるのではなく、恋愛そのものに敗れるのである。

主人公の性格や行動には普通の男が及ばないほど無頼な印象がある。にもかかわらずそれぞれの恋愛の局面で彼女は簡単に「女の子」になってしまう。

「白いきれいな馬に乗った王子があらわれて、私を何不自由ない場所へ連れていってくれると、まだ信じようとしているのか。白いきれいな馬の王子を見上げて、彼が望むとおりのだれかを私はまだ演じようとし続けるのか」と記される通りである。もちろん、恋の相手は王子などではない。

読んでいるうちに、もう恋なんてやめればいいのに、という気分になる。ところがそれがやめられない。彼女にとって恋愛は、唯一の自己確認の契機であり、同時に〈私〉自身からの脱出の契機でもあるからだ。

この感覚はとてもよくわかる。こうして恋愛に対する期待値がどこまでも増大してゆくのが、この世代の特徴だったことをあらためて思い知らされる。お国のためという意識も経済成長のモチーフも学生運動のドライブ感も幸福な子だくさん家庭のビジョンも持ち得なかった彼らの意識の過剰さが、恋愛を異様な戦いの場に変えてしまったかもしれない。

本書はその戦いの苦さきつさ不毛さどうしようもなさを、そのまま生々しいエンターテインメントに転換し得た秀作である。（穂村弘・歌人）

（マガジンハウス・1400円）＝2001年11月8日①配信

目に見えない権力の自覚を

「紛争の心理学」（アーノルド・ミンデル著、永沢哲監修、青木聡訳）

本書は、民族間の紛争や人種間の対立、さらにはわたしたちの身近で頻繁に起こっている人と人との衝突を、単に否定的な出来事とみなすのではなく、新しいコミュニティーや人間関係を模索するための起爆剤にしようという、大胆な発想で書かれた実践と理論の書である。テロリズムが世界を揺るがせている現在、誠にタイムリーな出版と言えるだろう。

著者のアーノルド・ミンデルは、革命的な臨床心理学者だ。自らが創始した、夢と身体の共時性に着目するプロセスワークの手法を、大人数の社会集団にも適用し、「ワールドワーク」と呼ばれる極めて社会性の強い手法を発展させ、実際に世界各地の紛争の現場で、果敢な実践を押し進めている。

本書は、世界各地で行われたワールドワークのスリリングな現場報告という体裁を取りながら、ワールドワークの基本的な枠組みと考え方を紹介していく筋立てになっている。

現在、問題になっているテロリズムの原因を、ミンデルは抑圧された復しゅう心に関連づけている。抑圧は権力の乱用によって生み出されるが、権力の行使は必ずしも公然となされるわけではない。

たとえば現在、先進的な社会で豊かな物質を消費していること自体が、貧しい国の人々を知らず知らずのうちに周縁に押しやる力に加担し、ますます貧富の差を拡大していくような政治経済的な構造の中に、わたしたちは生きているのだ。そうした目に見えない権力の自覚なくして、対立や衝突の解決はありえないというのが、ミンデルの主張である。

本書においてミンデルが唱えている自覚の政治学は、多様な文化が共存していかなければならないこれからの国際社会にあって、また、コミュニティーの再生を急務としている個人主義的な現代社会にあって、ますますその重要性を増していくものと思われる。テロリズムを身近な問題として考えさせてくれる好著だ。（菅靖彦・翻訳家）

（講談社現代新書・700円）＝2001年11月8日②配信

考えることの楽しさ

「『私が、答えます』」（竹内久美子著）

科学やパソコンや法律のような、なんだか難しそうな世界の知識を楽に得たいと思う時、多くの人がまず手にとってみるのは、Q&A形式の本だろう。だがこれが時として、大ハズレだったりする。答える側が質問をでっち上げるという予定調和的なやり口で、答える側はスッキリするだろうが、読む側は全然スッキリしないというシロモノが、少なくないからだ。

本書も、Q&A形式の本で、動物行動学の立場から疑問に答えるというものなのだが、質問がいい。一般の人から寄せられたイキのいい質問が並ぶ。

どうして大学の理系の先生はサラサラヘアーなのか。赤ん坊をつい左腕で抱いてしまうがそれは変か。「風と共に去りぬ」のいったいどこが名作なのか。カッコウに托卵（たくらん）された鳥は、バカじゃないのか。女1人に男2人のドリカム型トリオは多いのに、男1人に女2人のトリオが珍しいのはなぜか……。

そんな質問に答える著者も、「そうきたか、じゃあこういくぞ」といった感じでイキイキと語る。動物行動学という耳慣れない学問の、おもしろすぎる成果を次々に紹介しながら、薬指の長さで男の価値を決め、自殺は体質だといい、作家は胃がんになりやすいかもとほのめかす。

著者は、冒険的に話を展開することで、なにより考えることの楽しさを伝えようとする。そして、男と女の難しく微妙な問題を、まるで「ネズミもクジャクもそうなんだから、鈴木も同じだ」というような感じで、スッキリ解決してしまう。あまりにスッキリしすぎて、にわかに首肯できないところもある。

だが、両まゆに入念につばを付けながら読んでいても、ふと気づくと、石川啄木のような態勢で、じっと自分の薬指を見ていたりする。「少し伸びないかな」と薬指を引っ張ってみたりもする。「し、しまった」と思ってまた視線を本にもどす。そんなふうに楽しく心を乱してくれる、刺激的な本なのだ。（中野純・体験作家）

（文芸春秋・1333円）＝2001年11月8日③配信

読みごたえのある短編集

「逃げてゆく愛」（ベルンハルト・シュリンク著、松永美穂訳）

昨年読んだ「朗読者」、その衝撃は、いまもなお生々しく僕の中に残っている。続いて翻訳された、「逃げてゆく愛」も、前作同様、読みごたえのある短編集だった。

B・シュリンクの書く物語の特徴を要約して言えば、①理詰めのストーリー、②予想外の展開、③読後に残る重い余韻、といったところだろう。

一連の小説には、かなり異常なシチュエーションが設定されている。作者は、その状況を、簡潔な表現で描写しつつ、読者を物語世界へと巧みに誘っていく。そして、いきなり読者の心臓をわしづかみにするような思いがけない展開がやってくる。

やがて、身も心も凍りつくような、極度に張りつめたドラマも、いつしかその幕を下ろす。しかし、常温に戻ったはずの読者の心には、ズシリと重たい塊が残されているのだ。

この短編集のなかで「脱線」が一番印象に残った。ベルリンの壁崩壊前後の物語。西独の裁判官である主人公と、東独の友人一家との交流を描いている。体制の違う国に所属している両者の間にある親しみと違和感を、作者はさりげない描写のなかであざやかに表現していく。

そして、ある夜、悪夢のような事件が襲いかかる。そのことによって、人々のきずなは切れてしまう。ところが、ある時間を経て再び出会った彼らは、次の世代の力強い言葉によって、再び笑顔を取り戻すのだった。

一見、過去のわだかまりを溶かし去ったかのようなラストシーン。でも、僕たちの心の中には、何があっても氷解しそうにない苦みが残されているのだ。

「脱線」以外では、ドイツ人とユダヤ人との複雑な関係をテーマにした「割礼」「少女とトカゲ」がとりわけ印象深かった。

B・シュリンクは、現代史の重いテーマを正面に据えながら、物語の面白さを堪能させてくれる。見事なエンターテインメント作家だと、僕は思う。（松田哲夫・編集者）

（新潮社・2000円）＝2001年11月8日④配信

上手な世間話のあたたかさ

「老いの復権」(黒岩卓夫編著)

「老いの復権」は地域医療に三十年間もたずさわり、在宅ケアにこだわっている医師の黒岩卓夫氏と論客四人との対談集である。

精神病理学の野田正彰氏、脚本家の山田太一氏、解剖学の養老孟司氏、ルポライターの鎌田慧氏なので、緊張しつつ読み始めた。

ところが読み進むうちに緊張が次第にとけてきた。

五人共にとても世間話が上手なのだ。

男性も六十歳前後になると言動や考え方が女性に近くなるのではないかとうれしくなってしまった。

それぞれ印象に残ったことばを挙げると、野田氏は「楽しめないのは、同時に悲しめないということでしょう。だから、よく楽しめる人はよく悲しめるわけです」。山田氏は「人はいずれ死んでいくんだから、寂しいのもしようがないし、老いていくのもしようがない」。

養老氏は「老人がどう扱われるかということは、もう一つ非常に重要な面があって(中略)社会の価値観の鏡だということ」。鎌田氏は「人間の感情を想像できないのは、病気をしたことがないのと関係がある、とわかってきたんです」。

想像力が豊かで十分女性や老人の立場に立って考えているのが伝わってくる。

鎌田氏は実姉、養老氏は実母、山田氏はおつれ合いの母、黒岩氏は実母と地域の老人たち。それらの人の姿を通して、老いを飾らないことばで語っている。

しかし、この五人の男性たちはちゃんと天下国家も論じている。聞き手の黒岩氏が満州からの引き揚げ者であること、安保闘争に参加したことが根っこにあり、高齢化がもたらす問題を解決する道筋を示す本となっている。

黒岩氏からの対談の依頼状がそのまま載っているが、この真摯(しんし)な内容の手紙だったからこそ、超多忙な四人との対談が実現したのだろう。書きことばではなくて、しゃべりことばなので、よりよく生きようじゃないかと語りかけられているような、読後、心にあたたかさの残る本であった。(今井美沙子・ノンフィクション作家)

(三輪書店・2000円)=2001年11月8日⑥配信

醸造家の苦心や意欲

「2000円前後で買える名人のワイン」(山田健著)

国内に定着しない酒と半ばあきらめられていたワインは、ボジョレ・ヌーボーに沸いたバブル期を経て、ソムリエ世界一の日本人を生み、安価でおいしいチリやオーストラリアのワインが若者をゲットしたあと、赤ワインのポリフェノールが健康薬品めいた効果をもつと信仰されるに及んで、ついに日本人の心を、いや口を占領するに至った。

喜ばしいことである。

残された問題はひとつ。山なすワインの群れからどれを選んだらいいのか。手ごろな値段で、できるだけいろんなタイプの美味かつ良品質のワインを選びたい。その決め手を知りたい。

「では、お教えしましょう」というので書かれたのが、本書である。

以前、著者は「今日からちょっとワイン通」という本で、気取らず騒がずエラぶらずにワインを生活の中で楽しむためのノウハウを開陳した。

今度は、だれがつくったワインを選んだらいいかを具体的に教えてくれる。

ワインは醸造家のポリシーや価値観や美意識が正直に反映する、ナマモノの酒だからだ。タイトルの「名人の酒」とはこれを意味する。

著者は、世界中の果敢な醸造家十二人を挙げ、どういう地勢地質にあってどんなワインがつくられるかを簡潔に説明する。

有機農法にするためにブドウ畑を改造したり、ステンレスでなくフレンチオーク樽(たる)をぜいたくに使ったりといった醸造家の苦心や意欲に、著者自身が敬意を払っているから、読んでて心地よい。いかにおいしいかが口中に攻め寄せてくる。ぜひ飲んでみたくなる。

はたと気がついた。著者は洋酒の最大手サントリーの社員ではないか。よく見れば十二人の醸造家のワインを、この会社はすべて輸入している。

だが、この本にウソはない。ワイン好きの評者も思わずうなずくラインアップの数々だからだ。(松平盟子・歌人)

(草思社・1400円)=2001年11月15日①配信

平和主義に貫かれた扶助　「医者　井戸を掘る」（中村哲著）

いま、世界の最貧国アフガニスタンの地に、欧米諸国の最新鋭軍団が襲いかかっている。九月の、悪夢のような同時テロ事件への報復戦。この小国は、昨年から、異常な大旱魃（かんばつ）、国連制裁で生存の危機にさらされている。そして「自由と民主主義」を守るという戦火の先は見えていない。

この本の著者、中村医師はパキスタン北西辺境州に設立したPMS（ペシャワール会医療サービス）を本拠に、両国の貧民、難民の医療活動を各地で行って十七年。厳しい自然と戦争による荒廃地で、国際社会から忘れられた民の生死をそこで見続けてきた。日本の市民の募金に支えられて。

いまアフガンの苦境を語れる人は彼をおいていないだろう。実態報告ともいうべき本書は、大旱魃で水が枯れ、疫病がはやり、離村が進む昨夏から、「緑化させれば難民化しない」との信念で猛然と取り組んだ井戸掘り苦闘物語だ。

素人集団をまとめる二十代の蓮岡青年、西アフリカから飛んできた井戸掘りプロの中屋氏、さらに数人の日本の若者たちが、現地の職人、村人らと知恵と技を尽くしての掘削作業に当たり、なんと六百近い井戸を新設または再生させた。

ひたすら、命の水を彼らに、の思い。国連や諸外国の官僚的干渉や本腰を入れていない支援との確執をはねのけて、PMSは住民の一部となり、絶対の信頼をかち得ている。

これこそ平和主義に貫かれた無欲の扶助の精神ではないか。バーミヤン仏跡破壊で現政権に憎しみをかき立てている人々に、医師はお互いの心の中に築かれるべき文化遺産は何か、と問う。国際政治を干からびた大地から冷静に見る人の目がそこにある。

ともあれ水源確保は二十万人の難民化を防止した。しかし、拡大する空爆は多くの井戸を破壊したかもしれない。厳冬を控え、国際社会は彼らの難民化を期待しているよう、との医師の言葉は痛烈にひびく。（中村輝子・立正大客員教授）

（石風社・1800円）＝2001年11月15日②配信

新しい趣向や制度を模索　「ハリウッド100年史講義」（北野圭介著）

「ハリウッド」という言葉の、ここ数カ月におけるかなり頻繁な使用例といえば、「まるでハリウッド映画を見ているようだった」ではないだろうか。

そう、二〇〇一年九月十一日に、突然、全世界へ向けて発信された衝撃映像を指して、この言葉は多くの人の口からぽろりと漏れ、直後にいわく言いがたい、皮肉な苦みを舌に残した。

それは、手を替え品を替え、最新の技術と巨額の予算を惜しげもなくつぎ込み、自国を舞台に、見ばえのする危機的状況を創作しては、娯楽というパッケージに詰めて、あらゆる場所へ供給していた米国が、初めて現実に、自国の本土内に手ひどい攻撃を受けた日であり、しかし、その報道映像は、すでに幾度も描かれた虚構に酷似していた。

この出来事は、世界に名だたる映画産業の中心地ハリウッドに、多大な影響を及ぼすだろう。現段階ではテロやハイジャックを扱った作品の自粛や公開延期、という形で現れているが、今後はもっと深い部分で、変化が生じると思われる。

およそ一世紀にわたるハリウッドの歴史においては、今回の事件ほど劇的ではないにせよ、戦争や政治の介入、大恐慌といったいくつもの非常事態があり、観客の意識の変化や、他の娯楽との競争が生み出す試行錯誤があり、そのつど新しい趣向やシステムを模索しながら、映画を作りつづけてきたという自負がある。

その一つ一つを、整理された構成と読みやすい文章で説明してくれるのが本書である。見せ物小屋ののぞき箱のようなものから出発した映画が、やがては興行的に独立し、物語を視覚的につづる文化装置へ、多様なジャンルとスターの殿堂へ、さらには巨大な複合産業へと転換してゆく過程そのものが、テンポの良い読み物として楽しめる。

ハリウッドのしたたかさは、やがて今回の事件をも娯楽作品に仕立ててみせるだろうか。その時、世界はそれにどう反応するだろうか。そんなことを考えながら、著者の次の本を待ちたい。（片倉美登・文筆業）

（平凡社新書・760円）＝2001年11月15日③配信

骨董修行通じた人間観察

「ニセモノ師たち」（中島誠之助著）

世に収集家と呼ばれる人種は多い。だが女性の収集家はまれで、なぜか男性ばかりである。その理由については専門分野の研究があるのだろうが、ともあれ男とはモノを集める性（さが）を持った生き物であることは間違いない。現に少年のころから男はせっせとモノ集めに励む。酒ビンのふた、メンコ、ベーゴマ、切手、コイン…。

おそらく少年時代に、何もモノ集めをしなかった男性は存在しないだろう。そうした少年の何割かが、長じて後も収集家の道を邁進（まいしん）するのである。

数あるモノ集めの中でも、文化・歴史的意義において、他の追随を許さない最高峰に位置するのが骨董（こっとう）品の収集であろう。だが骨董品は取引される金額もまた破格である。あわよくばひともうけという欲心が常につきまとう。

骨董品収集とは、先人が残した最良の美術工芸品と、金銭的欲望という人間の醜い一面が、常に交錯することの多い行為であるということもできるだろう。そしてそこに登場するのが〈ニセモノ師〉なのである。

本書はテレビの鑑定番組でおなじみの著者が、骨董の偽物を作り、欲にかられた人間を手玉に取る人々について、縦横に語った書である。気をひかれた個所をチェックしていたら、付箋（ふせん）だらけになってしまった。それほどに本書は全編にわたり、好奇心を刺激する興味津々な話題に満ちていて、飽きさせない。

たとえば素人がニセモノにひっかかる三法則を列挙する。すなわち、欲が深い、出発点のレベルが低い、適度に小金と教養がある。また自腹を切ることが少ない学者や政治家のコレクターは目が甘い、等々。そして偽物は理知の欲望の結果であると喝破（かっぱ）するのである。

そうして本書は単なる暴露本の範囲を超え、骨董の修行を通じて人間観察の極意をマスターした作者が語る警句・箴言（しんげん）集とも呼べる、面白さ抜群の書となったのである。（西上心太・ミステリー評論家）

（講談社・1600円）＝2001年11月15日④配信

男たちの心にしみる生き方

「日本漂流記」（西山明著）

どういう人生がいいのかとかんがえるのは、わたしたちの永遠の命題であるが、どんな生き方がいいのかと問われれば、即座に答えられる人は少ない。答えたとしても、それが正しいことなのかいいことなのか誰（だれ）もわからない。

本書に登場する五人の男性たちも人生の波にほんろうされている人物たちである。どう生きるかということを、四、五十代の男たちに照準を当て問うた作品だ。

例えば高学歴を隠して、一生を地下鉄の職員として生きる、五十三歳の団塊世代の男は、世俗的な出世を望まず、人々の小さな喜びを自分の喜びとして生きている。ある日、組合の人間関係のこじれから、うつ病にかかり苦しむことになるが、知人や妻のいたわりで少しずつ回復していく。

あるいはエリート証券マンだった四十六歳の男性が、接待汚職の嫌疑をかけられたり、上司が利益供与事件で逮捕されていく姿を見て、組織の中で生きるということがどういうことかと呻吟（しんぎん）する。死を間近にした父親の生き方を見て、やがて地方大学の教師に転身していくが、その間の心の葛藤（かっとう）を描いている。

そのほか、生活保護を受ける人々を手助けする社会福祉主事の生い立ちや、「新人類」として入社した鉄鋼マンが、「これからは人々とつながっている手ごたえや実感を求めて生きたい」と、人とのやさしさをもとめていく職業に就きたいと自立する話などが収録されているが、どの登場人物も「生きる」ことに真剣に取り組んでいる。

戦後の社会システムが変わろうとしている現在、その制度の変化に戸惑ったり、立ち往生している人間は、本書の男性たちとおなじように多くいる。それら中高年の、第二の人生を掬（すく）った作品だが、同世代のこちらとしては心にしみる生き方ばかりだ。生きることはしんどいが、実はやりなおしできる。結局は前向きに生きるしかないのだが、本書はそういう人々の応援歌でもある。（佐藤洋二郎・作家）

（共同通信社・1500円）＝2001年11月15日⑥配信

安倍晴明の痕跡たどる

「陰陽師ロード」(荒俣宏著)

最近の安倍晴明ブームには、二つの側面がある。ひとつは、コミックやドラマで描かれたヒーロー像、超人的な力をもつ美形の貴公子へのあこがれ。もうひとつは、以前からあったオカルトブームの上に立つ、不可思議や神秘を現出させた超能力的呪術(じゅじゅつ)者、陰陽師(おんみょうじ)への興味であろう。

この書は、装丁がターゲットをよく示しているように、そうした若い世代の新しいファン層に向けて作られた、安倍晴明の痕跡をたどる名所案内である。

陰陽師のトップスターである晴明の伝説は、古くは「今昔物語」「大鏡」などに収載され、江戸初期には仮名草子「安倍晴明物語」に集大成され、後の演劇や文芸にとりこまれている。また、各地に残るゆかりの神社や遺跡の由来話として伝えられている。

だが、晴明の伝説や遺跡の多さとは裏腹に、陰陽道とはどんなものであったかを探るのは、成り立ちが複雑怪奇でとても難しい。

著者はまず、陰陽道の成立について概説し、晴明がヒーローとされた背景を解き明かしてくれる。そして二章以下で、名所遺跡をめぐりながら晴明の伝説を紹介し、だんだんと深く陰陽道の歴史と周辺とに言及していく。占術、呪術より天文観測の職務に重点をおいた旅になっている。

後半では、星をポイントにして、稲荷(いなり)や蘇民将来(そみんしょうらい)や修験とのかかわりを拾い上げて推論を展開する。陰陽道と他の信仰との結びつきを探った、独自な着眼の示唆に富んだ論考であるが、論証の粗さに不満が残った。全体として、名所の順番とその地での思考がスムーズにつながり、うまい構成だ。わかりやすく内容の濃いガイドである。

著者は心やさしい取材者である。訪れた先の宮司や関係者から示された由来話や資料を、批判検証せずそのまま受け止めて筆を進めている。本書は伝承の信ぴょう性をあげつらい、安倍晴明の実像を描くものではないから、欠点にならないだろう。(坂梨由美子・紀行ライター)

(平凡社・1400円)＝2001年11月22日①配信

深い感慨いだかせる随筆集

「母の微笑」(三浦哲郎著)

三浦哲郎さんの、文学上の師や友人との交遊や、家族のことを書いた随筆集。中心は生い立ちの記「わたしの履歴書」である。

三浦さんは、東北八戸の呉服屋の息子に生まれ、中学生で終戦を迎えた。文学少年だったのだろうとまず思うが、中学ではバスケットボールの選手で、国体にも出場した体育会系の少年だった。

しかしその少年には、運命的なところがあった。六人兄弟姉妹の末っ子のかれは、兄姉たちのうちの四人までが失そうしたり自ら生命を絶ったりする、ということに出会ったのである。

「ある晩、ふと、それは血の仕業ではないかと思い当たった。私たちきょうだいを流れている共通の血である。(略)二十歳になったばかりの私はそう考えて慄然とした」と、三浦さんは書いている。

それから文学への道が見えてきた。受け直した早稲田の仏文科の面接で、小説を書きたい、とはっきりと答えた。三浦さんがどうしたって文学に行かなければならないこと、それも作家になって徹底的に生きなければならない必然が、そくそくと伝わってくる。

その三浦さんたちを生んだお母さんは、九十すぎまで生きた。本書の題名は、そういう場にいる一人の女の微笑ということで味わっていただきたい。

そして末っ子の三浦さんが、生命という綱をしっかりとつかみ、敏感な感受性をもって仕事をしている第一級の文学者になったことを、心からうれしく思いつつ、自分の人生を肯定することができただろう。

「私の履歴書」は、「十五歳の周囲」で新潮同人雑誌賞を得て作家として出発するところで終わっている。そのころ二学年下で早稲田にいたぼくは、今や話題の人、三浦哲郎を見に仲間とともに大学図書館の屋上まで行った。そこには色白のほっそりとした頬(ほお)の美青年がいて、晴れやかに談笑していた。四十六年前のことだが、昨日のように感じられる。深い感慨をいだかせる一冊である。(三木卓・詩人)

(講談社・2300円)＝2001年11月22日②配信

介入の条件を考察

「人道的介入」（最上敏樹著）

国連体制は侵略や戦争を違法とし、他国への武力介入を原則的に禁止してきた。けれどもどこかの国で極度の迫害や殺戮（さつりく）があるとき、武力介入以外に方法がない場合、国際社会はどうすればよいのか。それがここで言う「人道的介入」の問題である。

近年で言えば、一九九三年のソマリア、九四年のルワンダ内戦、九二年から数年にわたったボスニア内戦、そして九九年のNATO（北大西洋条約機構）によるユーゴ空爆などだ。そのうち「成功」したと言える例はひとつもない。

それでも、現実に悲劇が起こっているとき、「不介入」にとどまることが正義や倫理にもとることがある。「人の苦しみは見た人に義務を負わせる」（哲学者ポール・リクール）とすれば、とりわけ緊密になった国際社会のなかでこの問題は切実になる。

著者はこれらの事例の「不成功」を検討することで、そのような「倫理的要請」が目的を裏切らないで実現しうるのは、どのような条件においてなのかと、突き詰めた考察をする。

加害者を「懲らしめる」のは簡単でも、被害者を「救う」ことは難しい。安易な武力行使はかえってそれを難しくするし、当事者間に「和解」ももたらさない。それに資格のない国ほど「人道」目的を掲げて介入したがるという現実もある。

けれどもニヒリズムに陥らず、国際社会における「責任」も手放さず、ありうべき「介入」について、「市民的介入」のもつ大きな可能性も含めて、原則をできるかぎり明確にしてゆこうというのが、この本のねらいである。

たしかに今、このような努力を一蹴（いっしゅう）するかのように、最大の軍事国家が問答無用の戦争に訴えて、先進国のほとんどがそれぞれの思惑からそれを支援している。だがこの強引な行動によって世界が何を失おうとしているのか、それを振り返って考えるためにはきわめて有益な一冊である。（西谷修・東京外国語大教授）

（岩波新書・700円）＝2001年11月22日③配信

歴史の新たな側面に光

「中世奇人列伝」（今谷明著）

私の好きなテレビ番組に「プロジェクトX」（NHK）と言うのがある。大衆車の開発など、日本の発展を支えた企画などに光を当て、それらを遂行した人々の生き様を再現してみせる。それらの人々は、ともすれば忘れ去られがちだが、それぞれドラマがあって面白い。

本書は、対象とする時代が鎌倉・室町時代という違いはあるにしても、ちょうどプロジェクトXを見るような感じで、一気に読める本だ。

扱われているのは、承久の乱（一二二一年）の黒幕法印尊長（そんちょう）、鎌倉時代に政治的にも大活躍した歌人京極為兼（ためかね）、五山派の詩僧雪村友梅、南北朝期に女性でありながら国政を握った広義門院、室町期にマザー・テレサばりの救済活動をした時宗僧の願阿弥（がんあみ）、二度も将軍位に就いた足利義稙（よしたね）の六人。いずれも、従来さほど注目されなかった人物だが、数奇な波瀾（はらん）万丈の人生ドラマの持ち主である。

個人的には、広義門院と願阿弥の部分がとくに興味深かった。南北朝動乱期の正平一統期に、北朝の上皇らが後村上天皇により、奈良県吉野の賀名生（あのう）に連れ去られる事件が起こり、約半年ほど天皇空位期が出現した。その時代状況と絡めて広義門院の権力掌握が論じられており、示唆に富んでいる。

寛正の大飢饉（ききん）（一四六〇年）にさいして、京都で飢餓に苦しむ人々に救済の手をさしのべ、その後は清水寺の再興に努め、同寺近くに住むハンセン病患者をも救済した願阿弥にも大いに興味を引かれた。こうした僧りょの救済活動といえば、鎌倉時代の忍性（にんしょう）が有名だが、室町時代の願阿弥についても見直しの必要を感じさせられる。

今谷氏といえば、中世の天皇と室町将軍との関係など政治史研究で定評のある研究者だが、本書では、従来の研究で忘れられがちな人物伝の分析を通じて、政治史・仏教史などの新たな側面に光を当てている。（松尾剛次・山形大教授）

（草思社・1600円）＝2001年11月22日④配信

考えることの楽しさ教える

「片耳の話」（秋山駿著）

折に触れて書かれた文章を集めた本だ。正面切った文章では知ることのできない素顔が随所に現れて、楽しく読める。若き日の著者が「群像」新人賞を受けた小林秀雄論の投稿の動機が、いかに不純であったか等々。

表題の「片耳の話」は、幼児期に中耳炎を患ったことから、右耳の聴覚を失った話だ。これも、楽しい。と言うと大いに不謹慎のようだが、文章が楽しさに誘ってくれるのだから、いたしかたない。文章が、聞こえない苦労話や失敗談だけに終わっていないからである。

後段もあと少しのところで、著者は「片耳は弱者の感覚を教えてくれた」と書く。そして「実は、以上は話の枕である」と書く。

本書の楽しさの第一は、それこそこの「感覚」に由来するのだと思った。苦労話や失敗談が楽しいのではなくて、それを「話の枕」としてルソーの「言語起源論」の一節に体感的に共感していく過程が楽しいのだ。

ルソーの空想では、自然が人に厳しい北方で最初に生まれた言葉は「わたしを助けてください」だった。この件（くだり）を読んで、涙がこぼれそうになった。たとえ両耳は聞こえても、私も一人の弱者にすぎないからである。

この本に限らないが、秋山駿の文章の楽しさは、考えることの楽しさを教えてくれるところだ。

書かれていることが結果的に暗かったり重かったりしても、そこに至る考えの波動が生き生きと楽しくも輝いている。あくまでも今ある自分を偽らずに書き、文章に妙な綾（あや）などないからである。このことは、とくに身辺雑事を書こうというときに、大変な難事だと思う。

逆に言えば、平凡な身辺雑事にも、考えることはたくさんあるということであり、それをしないで文学を語るなどちゃんちゃらおかしいということだ。

本書を読んでもなお、何も考えようとしない人がいたら、よほどの「強者」か、もしかすると「人間」ではないのかもしれない。（清水哲男・詩人）

（光芒社・1800円）＝2001年11月22日⑤配信

若者についてリアルに語る

「リリイ・シュシュのすべて」（岩井俊二著）

あるミュージシャンのライブで、ファンの少年が死亡するという事件が起きた。圧死事故なのか殺人なのか、真相は明らかではない。「不吉な女」というレッテルをはられながらも、傷ついた若者たちの心をいやすカリスマ的な存在となっていくそのミュージシャン、リリイ・シュシュのホームページに集まるファンたちは、事件のなぞを解こうと掲示板の上で語り始める。

メールを活用するだけのビジネスマンと、掲示板で心の中をさらけ出しながら語らう若者たちとでは、インターネットの世界が持つ意味はまったく違っている。後者にとってそこは現実以上に大切な人間関係が発生する場であり、同時に憎しみや怒りなどの激しい感情が渦巻く場でもある。

家庭、学校、地域で起きるさまざまな問題に傷ついてネットの世界に逃げ込んで来る思春期の少年少女は、そこで過剰なほどのやさしさや慰めに包まれるが、顔の見えない相手の良い感情はいつどんなきっかけで逆転しないとも限らない。

この作品では、日本の典型的な中都市に住む少年が、現実とネットの世界で直面しなければならなかったさまざまな問題（現代特有のものもあれば思春期の普遍的な問題もある）を、彼ら自身のことばを使いながら、丹念に切り取って行ったものだ。

小説とはいえ、いわゆる地の文はほとんどなく、ほぼすべてがネットの掲示板への書き込みを追うという形で物語が進んで行く。説明も何もなく突然、ネット用語や固有名詞が出てくるので、慣れない人はまったく話が読めないかもしれない。しかし、これは決して“旧時代人”を選別するための踏み絵的な本ではない。

今を代表するクリエーターである著者は、若者についてリアルに語るにはこれしかない、と必然性を感じたからこそこの形式を選んだのだろう。それにしても、この時代、若者たちはこれほどの“痛み”を抱えながら生きているのか、と途方に暮れる思いがする。（香山リカ・精神科医）

（発行・ロックウェルアイズ、発売・角川書店、1600円）＝2001年11月22日⑥配信

私のシアワセ求める女たち

「働く私に究極の花道はあるか?」(速水由紀子著)

シアワセになりたい。だれもが願うこの思い。でも「私のシアワセ」って何?

テレビや雑誌には社会で認められたシアワセな女たちが常に登場する。きれいでスタイルがよくて、実力があって、おまけにいい男までゲットした女たち。

そう、女はいつだってファッショナブルで「イケて」なくちゃいけない。そのうえ、実力もある「キャリアな女」ならなおさらいい。もし社会的にダメなら、せめて男だけでも…。

女の時代だといわれる一方で、気がつくと女たちはマスコミの情報にあおられ、見えないプレッシャーに追いたてられている。

あふれる情報をあびながら、私たちは常に価値観を刷りこまれているのだ。今、自分がしようとしていることは、果たして「私」が選んだことなのか、刷り込まれた価値観や世間の目が選ばせていることなのか。

本書に登場するのはタフでパワフルな女ばかりだ。窮屈な日本を飛び出した女たち、OL人生を選ばず体力で勝負する女たち、世間的な見えよりも自分の欲望全開で実質本位に生きる女たち―、エネルギッシュな女のオンパレードだが、まちがえてはいけない。これは単なるサクセスストーリーではないのだ。

あらかじめ用意されたシアワセなどここにはない。あるのは、だれかのつくった「いい女」像から抜け出して、自分自身のシアワセを求めて今を生きている女たちの姿だ。

女の生き方にモデルのない現代、シアワセの典型なんてありはしない。これまでの常識を軽やかにけとばして、世間や他人がつくったシアワセではない「私のシアワセ」を求めて生きる女たち。時には痛快なまでに思い切りのよさを見せる彼女たちを、著者が目を輝かせて見つめているのがわかる。そんな著者がエールにのせて贈る言葉はきっぱりとすがすがしい。「私の価値は私にしか決められない」(「はじめに」より)。

著者の「あなたはもう幻想の女しか抱けない」(筑摩書房)と併せて読むことをお勧めしたい。(いずみ凛・脚本家)

(小学館・1400円)＝2001年11月29日①配信

カワッテイルということ

「アメリ」(イポリト・ベルナール著)

「カワッテイル」というのは一体どういうことなのでしょう。普通ではないということ? では、よくある設問ではありますが、「普通」って何なのでしょう。何事もなかったかのように日々をやり過ごすことができる、ということなのでしょうか。でも、それってなかなかむつかしそうです。普通でいる、こととは結構大変なことかもしれません。

ところで、「普通」であるという考え方があるとしたら、このアメリという主人公は、ちょっと「カワッテ」います。この世の中は、実にささいなできごとの集積にすぎません。アメリは、そのささいなところが「カワッテ」いる。というよりむしろ、そのささいなところが「カワッテ」いない人などこの世の中にも存在しない。だれしもどこか妙なところを持っている。

例えば、荷造りするときの緩衝材のプチプチをつぶすことだけが楽しみだったり、二十年ものあいだ毎日絵画の模写をして過ごしていたり。一方、アメリの好きなことは、食料品店の豆袋の中にこっそり手を差し入れ、できるだけ深く差し込むこと。お菓子のクレームブリュレの表面の焦げたところをスプーンの先でぱりぱりと割ってしまうこと。まさにささいなことです。

アメリが幼いころ飼っていた金魚は、クジラちゃんという名前でした。アメリが復しゅう心を燃やしたら、その相手はあきらめるほかありません。彼女は、父親が大切にしてた人形を“旅”に出してしまいます。こうしてみると、確かに彼女は「カワッテ」います。

それから、アメリは、人とうまく関係することも不得手。小さいとき、友達と一緒に遊ばなかったせいです。そんな彼女が恋をします。ここでもまた彼女は奇妙な行動に出ます。アメリときたら、とにかく、ひと筋縄ではいかないのです。

易しい文体で書かれているが「大人のメルヘン」の枠にとどまらない。さまざまな人の毎日の生活あり、アメリの妙な行動あり、恋愛あり。読んでいくうちに、いつのまにか深みにはまる。(貞奴・詩人)

(リトル・モア・1300円)＝2001年11月29日②配信

日本の母たる異端の自伝

「ピーコ伝」（ピーコ著）

昨今のピーコ氏は再びタレントとしてのピークを迎えている。それは一九七〇年代後半に、「双子のオカマ」おすぎとピーコとしてメディアをにぎわせた時代をしのぐ持てはやされ方だ。

この本でインタビュアーを務める糸井重里氏は、「昔から、日本には、いつでも『日本のおかあさん』の役割をしている人がいて…その空席に、いちばんぴたっと納まるのは、ピーコさん」だと語る。

たしかにワイドショー等でのピーコ氏の役割は、あたたかい目を持ちながらも厳しくしかってくれる人、ことの善しあしをはっきりと言い切ってくれる人、少しおせっかいでも細かなことまで気にかけてくれる人…。それはまさにかつてこの国に存在した「日本のおかあさん」に他ならない。

人々が郷愁の中に抱える母親像というのは、何を引き換えにしても子供を思いやる人、というイメージだろう。けれどもさまざまな欲望が解放された今日、そうした像を女性に求めるのはかえって難しい。松田聖子に代表されるように、子供を持ちながらも、自分自身の固有の人生をしっかり歩む女性こそが「かっこいい」とされている時代だ。

一方、ピーコ氏は自分の欲望の多くをあきらめた人だ。この自伝によると、彼は女性を好きになる男性しか好きになれないゲイで、セックスも両思いの恋愛も求めてこなかった。「さびしいとか、切ないとか、そういうのは、もうとっくの昔に卒業しました」

また、四十代でガンにかかり、片目を神様に差し出している。「わたしの場合、ガン手術のあとは余生。そう思って、毎日毎日をすごせることをありがたく感じながら生きています」

そういう意味で、彼はかつての母親たちのように、自分の人生を引き換えにして、子供たち＝世間に物申しているようにも見える。

これまで異端とされたゲイが、今やどこにもいなくなってしまった母親を代弁するというのは、なんとも皮肉な、そして面白い状況ではないか。

（伏見憲明・評論家）

（日経BP社・1300円）＝2001年11月29日③配信

個性的な古書店主の生活

「石神井書林日録」（内堀弘著）

東京の石神井で、近代詩専門の古本業を営む著者が、「某月某日」の日記形式でその生活を描いたノンフィクションの書物である。

開業して二十年、それも店売りでなく、個性的な古書目録を作って、全国的に発信してきた。ここに登場するのは、北園克衛、滝口修造、柳瀬正夢、尾形亀之助など、おもに大正から昭和にかけて活躍してきた詩人、前衛雑誌「マヴォ」や南天堂書店に集まった芸術家たち。

「本も人も、なんだか芋蔓（いもづる）のように繋がっている」、と著者は終わりの一行で結ぶ。あれこれの偶然からいろいろの雑誌や紙切れを見つけ出し、それぞれの破片をたどって、独自の目録を作るのが、いちばん楽しいという。しかも今では忘れられかけたアナキストやシュルレアリストたちが書き残した文献を探して、東奔西走し、「目録という魔法の絨毯（じゅうたん）」に乗せて飛ばすことが生きがいだという、今どき珍しい古本屋さんだ。

それかあらぬか、著者はいつもお金に追われている。民謡詩人松村又一が、「なんで、古い詩集を売って食べていけるの」と問うと、「なんとなく、だと思いますよ」と著者は答える。「じゃあ、僕らと同じだ」と詩人。

秋山清、小野十三郎、寺島珠雄など、生前に私が知遇を得た詩人たちの姿も活写されていて、一気に読んでしまった。とくに林芙美子が南天堂時代、友だちと「二人」という同人誌を出していた、と知らされて、「うーん、そうだったのか」とうなった。じつは、いまわたしは友人と同じ題名で、小説の同人誌を出しているからだ。さすがに本書は元手がかかっている。

この本は近代詩書だけでなく、古本業界の最新情報を得るためにも、絶好の手引書である。古書の即売会には、会場初日の午後がよいことなど、教えられることが多い。

山口昌男のカバー絵、カットが、また、この本を一段と引き立てている。（有馬敲・詩人）

（晶文社・2000円）＝2001年11月29日④配信

どっぷりつかって楽しむ
「大江戸歌舞伎はこんなもの」（橋本治著）

六歳のころからむりやり歌舞伎を見に連れて行かれていた私でも、「大江戸歌舞伎」なるものは見たことがない。それは私が上方の人間であるからということではなく、大江戸歌舞伎を見ようにも、それはすでに「ない」からだ。

大江戸歌舞伎という言葉には、「江戸でやっている歌舞伎」のほかに、「江戸時代の歌舞伎」という意味がある。橋本氏は、この今は「ないもの」を「あるもの」として論じてみせる。

その説明は一見初心者向けのような平易な顔をしているが、実は「ないもの」を「あるもの」として語ることについて行ける読者はあまりないかもしれない。

「説明されるより、一体化してしまえ」と氏がいうように、この方法は「ナゴンちゃんになりきって枕草子を書いた人」であり、「光源氏の視点から源氏物語を語った人」である氏の独特のやり方なのだから。

大江戸歌舞伎の世界の人物になりきれる人だけが、その魅力を知ることができるのである。

そうそう、歌舞伎には「世界」というお約束事がある。「忠臣蔵の世界」や「曽我物の世界」などなどだ。そのお約束事のなかでは、たとえ源平合戦の時代にとつぜん鮨（すし）屋がでてきてもかまわないのである。

当時の観客はそれをそのまま受け入れ、ややこしいことはいわずに「世界」にどっぷりつかって楽しむのだ。そこには、氏のいう「近代の（中途半端な）合理性の否定」という大きな前提がある。

本書が、近代というフィルターを通してしかものを見ることができない現代人の歌舞伎研究と大きく違う点は、こういう姿勢の相違にある。

いたずらにさかしらな時代考証をする必要はない。江戸の観客のもののとらえ方がいかに現代人と異なっているか、それをまず実感するところから、大江戸歌舞伎の見物は始まるのである。（田中貴子・京都精華大教授）

（筑摩書房・1800円）＝2001年11月29日⑤配信

孤独な逃亡の思想語る
「ある男の聖書」（高行健著、飯塚容訳）

中国人として初めて昨年ノーベル賞を受賞した高行健は、亡命先のパリで中国という国家、民族からの離脱を自らに使命と課す極北の人である。なぜ彼は究極の逃亡に至ったのか？

「おまえ」（と本書の語り手は現在の自らを呼ぶ）は自作戯曲上演のために招かれた香港で、かつて北京の自宅を訪ねてきた元留学生のドイツ女性と再会し肉の愛におぼれる。やがて彼女は母がユダヤ人であり、自分も十三歳から二年間ある画家にレイプされ続けた経験を「思い出は確実にあったことだから、抹殺できないのよ」と語る。

こうして「おまえ」は人民共和国建国前後の幸せだった幼年期から中国脱出までの半生の記憶をたどり始める。

「彼」（と語り手は過去の自らを呼ぶ）が初めて見た女の裸体は入浴中の母親だが、若く美しかった母も農村での強制労働に従事し飢えによる衰弱で河に落ちて死んだ。息子のためにためた食料切符をあとに残して。建国前には銀行員で護身用に銃を所持していた父が、共産党に提出する履歴書武器所持欄にこれを申告していたため、文革中に「彼」は窮地に立つ。

「生まれつきの罪人」として「彼」は自衛のため造反派の隊列に紛れ込みリーダーとなるが、職場のビルでは五人が飛び降り自殺で、二人が拷問で死んだ。

北京を脱出して小さな町の中学教師となるが、町での職を紹介してもらうため幹部のレイプに甘んじて妊娠堕胎し、やがて炭坑の娼婦（しょうふ）へと転落していく利発で美しい女生徒を「彼」は救うことができない。自らの同僚との不倫の恋も断たれ、文革中の奇遇で結婚した妻は精神を病み「彼」を党の敵と告発する。

文革後にようやく作家となるもののまもなく「精神汚染」と批判され、純真な解放軍看護婦の恋人を棄（す）てるようにしてヨーロッパへ脱出する…。

この自伝的小説は赤裸々な愛と性をめぐる告白により、孤独なエミグラント文学者の逃亡の思想を語った「個人的な聖書」なのである。（藤井省三・東大教授）

（集英社・2600円）＝2001年11月29日⑥配信

「無駄」を尊重する国造り　「芸術立国論」（平田オリザ著）

この国は長いこと、「無駄」を排除することに躍起になった。便利なもの、速いもの、きれいなものを是とし、雑草は抜く。それをこの国は「発展」と呼んだ。

その日本が今、精神と経済の危機に直面し、構造の改革を迫られている。私たちは一体何を間違え、何を改革すべきなのか。

「バブル経済、あるいはそれ以降の不況が、全国一律で起こり、国民の精神を一様に狂乱や沈滞へと巻き込んだ」のは、私たちが「無駄」を否定し、排斥した結果だと、本書は説く。

「経済行為から離れた無駄な空間や時間が、地域の豊かな文化を育んできた。…だが無駄な場所や時間を失った地域は、価値観も画一化し、重層性を失って安定性を欠く」のだと。

そして「失ってしまった何ものかを、別の形で取り返す方策」、それが芸術を基盤とした国造り、「芸術立国」だというのである。

芸術とは著者の言う通り、「常に小さき者の側から出てくる」ものだ。「あらかじめ決まっていることなど何もない」もの、「未来に対する不安と希望を私たちに提示する」もの、そして「経済活動の表層にとっては無駄」でしかないもの。芸術とはまさに、私たちが排除してきた雑草と同じ存在だ。

その芸術の公共性を認め、政府が万人に芸術を「湯水のごとく」与える国。それは種々の草花が生い茂る草むらのように、個々人が他者の生、他者の価値観を異なったままに尊重しあえる、強靱（きょうじん）で柔軟で重層的な国家となろう。

芸術立国とは、一芸術家の単なる夢想ではない。演劇人たる著者が芸術家のしなやかさを持って提言する、断固たる国策だ。

その実現が果たして可能かは、定かではない。が、日本の将来を模索する上での大きなヒントであることは間違いない。

「改革」を叫びながらも、私たちがいまだ支配されている数の論理からは決して生まれない、明らかな先見性が、この書にはある。（塔島ひろみ・詩人）

（集英社新書・660円）＝2001年12月6日①配信

ひとりでいることの大切さ　「孤独であるためのレッスン」（諸富祥彦著）

まず、著者との執筆テーマの共時性に驚いた。私ごとだが「もう、『ひとり』は怖くない」（祥伝社）という「孤独のポジティブな側面に光をあて、それを認識し活性化しラクになろう」という本を偶然、同時期に出版したからである。アプローチは違うものの、問題意識の多くの共通点に、時代の無意識のニーズをみる思いがした。

カウンセラーである著者は「孤独は決して避けるべき否定的なものではなく、現代をタフにしなやかに生きるための“能力”である」と提示している。本書の目的は、そんな「孤独」の価値のリビジョニング（見直し）をおこない、「ひとりでは悪いのか」「みんなと仲良くはそんなに大切か」という問いを投げかけ、ひとりでいる勇気を持つことの大切さを自身の体験も挙げ訴えている。

引きこもりクライアントとのカウンセリング体験や、不登校児童たち、その親とのエピソードを交えながら、社会問題化しているひきこもりについても、周囲の否定的なまなざしこそが彼らを追い詰めていると指摘し、「ひきこもるくらいでちょうどいい」という意見に賛同している。

なぜならば、孤独を積極的に引き受けることにより、自分自身と対話し、より深い大いなる自己と出会う事ができるという。この点は、トランスパーソナル心理学を専門とする著者らしい。

そんな充実した「ひとりの時間」を過ごす基本手法としてフォーカシングに触れているが、実用的なやり方なので、さらに詳しく説明が欲しいところ。

フリーター、パラサイトシングル、中年の独身、離婚、シングルマザー、ランチメイト症候群、多重恋愛など面白い観点が並ぶが、教育学部助教授という立場からか、もうひとつ説明口調が否めない。だれもが興味をもつ現象だけに残念。著者がいうところの社会的・物質的成功だけでは満足できない「魂が欲張りな人」は、共感するところが多いだろう。（津田和壽澄・経営コンサルタント）

（NHKブックス・1020円）＝2001年12月6日②配信

自らの内なる子ども

「児童文学最終講義」（**猪熊葉子著**）

長い教壇生活を終えて大学を去るとき行う〈最終講義〉は、大抵は研究の苦労話など交えて自分史を語り、教え子や同僚など身近な者たちに感銘を残して終わるのが普通で、それが一般向けの本として出版されるのは珍しい。が、これは女子大で教べんを執った著者の、含蓄と示唆に富む名講義で、自らの生い立ちを赤裸々に語り、自分と児童文学の深いつながりを検証し、児童文学の本質に鋭く迫る内容で、このように本にして残す意義と価値は、一読して十分に納得できる。

著者は一九七〇年代初めに既に「児童文学とは何か」という著作を公にしており、それを研究の中心に後進の指導もされてきたが、ここでは確信をもつ一つの結論ないし仮説が語られている。児童文学作品は作者が子ども時代に満たされなかった渇望をばねに、自らの内なる子どもに向けて紡ぎだす〈物語〉にほかならず、児童文学の研究もまた、創作と同様に「自伝を書く」行為であるはず、と論じる。

自身が両親の不和の狭間で苦しみ、また、「言葉の繭を作り、そのなかにたてこもって」しまった前衛歌人葛原妙子なる母との、長女である著者のおん念ともいうべき情念的葛藤（かっとう）など、己の挫折感を率直に吐露しつつ、「猪熊葉子という人間を作ったのは『子どもの文学』」にほかならない、と言いきる。

イギリスのオックスフォード大学で「指輪物語」の作者トールキン教授から直接指導を受け、帰国後も恩師の著作から多くを学び、近・現代の悲観主義に対抗し〈幸せな大詰め〉をもつのが妖精（ようせい）物語の真の姿であるとする思想に共鳴し、「ハッピー・エンドの物語をむさぼり読んだ子ども時代の」自分を肯定的にとらえる。

自らを〈凡庸の権化〉と卑下するが、神の見えざる手の導きを信じるカトリック信者猪熊葉子から、「この世界を取り囲む壁のむこうに存在するあの『喜び』」を確信する同じ信仰者トールキンに通じる児童文学観を、われわれは読みとることができる。（吉田新一・立教大名誉教授）

（すえもりブックス・2500円）＝2001年12月6日③配信

レストランの裏の裏まで

「キッチン・コンフィデンシャル」（**アンソニー・ボーデイン著、野中邦子訳**）

世に事情通という。われわれ一般人の未知なる世界に通じ、聞くと意外の真実を教えてくれたりする。思わずわが目をこすり、ニンマリさせられるのが「普通の事情通」なら、本書の著者、アンソニー・ボーデイン氏などはさしずめ米国レストラン事情の裏面語りとして、まあ右に出るものはいまい、と思わせる一級の事情通であろう。

まず文章が才走っている。少年のころ、初めて仏料理を楽しみ、バイト先ではコックが王様の厨房（ちゅうぼう）を知る。結婚式のキッチンで花嫁と事におよぶシェフを目撃し、その瞬間にシェフになると決めたという著者の語りは、「本当か」と思わせる話もあるが、厨房の裏の裏を描いて、のぞき穴から中をうかがう趣だ。

バイトで薬の売人をやるシェフ、社交性はからきしながら「旨（うま）い」パンを焼ける職人、腕を頼りに階段を上るエクアドル人コック。包丁一本はどこも同じと思わせるエピソードが連発されて、読者は知らず知らずニューヨーク厨房事情の裏側へと案内されるのだ。

ブランチは二流シェフの仕事、魚料理の注文心得、ウェルダンは頼むな等、知って損はない話が続くが、面白かったのはオーナーズ・シンドロームなる症例。勤勉に働いた金で「レストランを開く」夢を持つ小金持ちのいかに多いことか。資金回収の見込みは五つに一つという。映画「カサブランカ」でボギーが演じた役が彼らのあこがれ。ピアノ付きレストランの底は意外に浅い。

店名にシェフの名を付けた店もダメという。なるほど。しかし、どんなシェフがいいか、どんな店が一流か、旨い料理とは何かを語る著者の語りは第一級の説得力がある。読んで損はないのだ。旨い料理と同じ。

日本料理について一章を割いている。これがいい。築地のすごさを知り、本物のすしを食う。食へのすがすがしいまでの純粋さ。旨い料理が好きなら、本書の毒舌と卓見は興味深いだろう。（安岡真・翻訳家）

（新潮社・1600円）＝2001年12月6日④配信

「構造改革」の精神

「シュンペーター」（根井雅弘著）

経済学者にも企業人にもシュンペーターのファンは多い。たとえば、竹中平蔵経財相が「好きな経済学者」としてシュンペーターをあげておられる。じっさい「構造改革」の精神をシュンペーター以上に的確に語った人物はいないだろう。本書はそのシュンペーターを紹介した最新の一冊だ。

シュンペーターの人生は規格外だ。大蔵大臣になり、銀行の頭取にもなり、破産も経験している。生涯に三回結婚し、その外に結婚には至らなかったが公然の愛人がいた。晩年二十余年はハーバード大の教授として多くの才能を育てた。研究者としてだけでなく、教師としても偉大だった。凡人の努力でまねできるのはせいぜい一つまでだろう。

彼は純粋で、辛らつで、たぶんお人よしであり、かつスタイリストだった。教師シュンペーターは、毎回綿密な講義ノートを作りながら、これを教室には持ち込まずに、準備などなしに講義しているかのように振る舞った。そしてハイレベルの講義とは裏腹の甘い成績評価で有名だったという。

しかし、ほほえましい話ばかりではない。特に、二番目の妻と母親を相次いで失ってから、彼は精神的な危機に陥り、また晩年は断続的な鬱（うつ）状態に悩むのだが、亡くなった妻の日記を“写経”することでこれを克服したといったエピソードもある。

学説の紹介は、ライバルであるケインズの考え方の説明も含めて、要領よくコンパクトにまとまっているので、少なくとも本人の著作を読むじゃまをしない。また、ぜひ原著を読んでみたい、という気にさせる点でも、成功している。本書と一緒にシュンペーターの本を買うことはすぐれた「新結合」だ。本書から先に読めば、共にむだになることなく相乗効果がある。

最後にシュンペーターの言葉を一つ紹介しよう。「官僚制とは、規制の生産のためのエンジンである」。竹中大臣には、まず政治家としてシュンペーターを超えることを期待しよう。（山崎元・三和総研主任研究員）

（講談社・1900円）＝2001年12月6日⑥配信

深くかかわりたい思い

「新『親孝行』術」（みうらじゅん著）

「今、仏像が面白い」といったワケ分からん「マイブーム」の数々を提唱してきたみうら氏の、本書は親孝行のすすめ本である。

核家族化などが進み、現代社会は親孝行多難の時代である。そんな中で、著者は「親孝行とはプレイである」と結論する。言うまでもなく○×プレイと同じ意味での、“プレイ”である。

妻の実家では、お姫様プレイを―。帰省時にこそすべき親孝行プレイとは―。このようなさまざまなテクニックが、微妙なおたく加減で披露されていく。重箱の隅をつつくのでなく、人知れず重箱の裏をのぞきながら、「プレイ」の何たるかを語るとでも言おうか。

例えば同伴旅行では、寝る時間になれば部屋に自分の家族を残し、自分は「一人でコンコンと親の部屋をノック」し、上がり込んで自慢話を始めて親を喜ばす。「去年はいくら稼いだ？」と聞かれたら、仮に○円でも「もう少しで一億円いったんだけどなあ」と、優しく答える。

と、そんな重箱の裏側からののぞき見方をする。世間一般では、これを一人よがりのホラ吹きといぅ。しかし、この偏執狂的な見地こそが、みうら節のだいご味なのである。そんな「みうら変化球」を楽しみながら、特に興味深いくだりは次のようなものであった。

「水商売みたいだからやめておけ」としかられるかと思いつつ、ヒョウ柄コートで母親に会ったところ、「お母さんもほしい」とホメられ、ならばと女装してみたら、「似合う。奇麗だ」と、またしてもホメられコケる著者。

このエピソードで、はたと気付いた。思えば全編、親への愛すべき「ちょっかい」のオンパレードであったのだと。「親孝行＝プレイ」の神髄は、親に熱くせまり、深くかかわりたいという思いにあったのだ。

親であっても干渉し合うことをさけ、個々の生活を尊重しようとするあまりに欠落してしまったモノ。それが、ここにはある。書名には「新」が付いているが、妙に、正しい「古」を思い出させてくれる親孝行本なのであった。（高橋章子・エッセイスト）

（宝島社新書・720円）＝2001年12月13日①配信

60年代の青春像映し出す

「御三家歌謡映画の黄金時代」（藤井淑禎著）

むかし、歌謡映画というジャンルが存在した。

むろんミュージカル映画ではなく、歌手が主演したり助演して、劇中で歌うというジャンルである。古いところでは、美空ひばり主演の「一捕物帖」などというものをおぼえているオールドファンもいるかもしれない。

だが、本書が扱うのは、一九六〇年代半ば（昭和四十年前後）、いわゆる「御三家」と呼ばれた橋幸夫、舟木一夫、西郷輝彦が主演ないし助演した歌謡映画である。「新御三家」（郷ひろみ、西城秀樹、野口五郎）なら知っているという人もいるかもしれないが、かつて六〇年代には本家本元の「御三家」は爆発的な人気を保っていた。六五年前後には、御三家は、それぞれ年間五本もの歌謡映画に出演していたのだ。

そして著者によれば、御三家歌謡映画は、今日のテレビの連続ドラマの原型を作り上げたのだという。ハイティーンの若者をターゲットにし、彼らの友情やぎこちない恋、そして両親との葛藤（かっとう）などを描いた当時唯一のジャンルだった、と著者は指摘する。

私も気がつかなかったのだが、「北の国から」の脚本家倉本聡は、歌謡映画の常連脚本家であった。さらに著者は、御三家ブームの時期から「あなたでもスターになれる」という意識が生まれ、それが「スター誕生」（七一年放映開始）のようなスターの公募システムが生まれるきっかけとなってゆくのだ、と指摘している。

御三家歌謡映画を彩った二大女優は、和泉雅子と松原智恵子であったという。吉永小百合も「いつでも夢を」（六三年）などに出ているものの、この二人に比べると数は少ない。

私は、本書の著者と同世代なのだが、著者と違って洋画ばかりみていたし、ボブ・ディランやジョーン・バエズ、PPMが好きなフォーク少年だった。したがって本書で紹介されるマニアックなまでの歌謡映画の分析に、実に新鮮な驚きを感じてしまったのである。（桜井哲夫・東京経済大教授）

（平凡社新書・740円）＝2001年12月13日③配信

知的好奇心震わす中国春画

「肉麻図譜」（中野美代子著）

本書の表題を見て、すぐにその意味のわかる人は少なかろう。せいぜい麻婆（まーぼー）豆腐を連想するくらいのもの。では「肉麻」（ろうまあ）とはなにか。

著者の説明によれば、麻には「しびれる」という意味があり、そこから肉麻は肉体がしびれること、みだらでわいせつな行為によって身体がむずむずする、性的に打ち震えることを暗示する語となったという。つまり本書は、中国の性愛画のきわめて詳細な分析をおこなおうとする試みなのだ。

副題には「中国春画論序説」とあるから、やがて本編も世に現れるかもしれないが、すでにこの序説にしてから、著者の筆は爆走する。実際に本書を手にとってもらえばすぐにわかるはずだが、数多い図版こそ性的に刺激的なもので、十年前なら発禁ものかもしれないと思うほどだが、本論の議論に巻き込まれて図版を見直してみると、たちまちその図は多様な意味を身に帯びて、さまざまに変ぼうしてゆくはずである。

たとえば本書は広々とした庭園での性愛図に注目する。それが屋根のあるあずまやであろうとも、思い切り庭の一画でのことであろうとも、明るい太陽のもとで、男女ともに体も性器もあけっぴろげで、もはやわいせつなどといえるものではない。ましてその身体は、あまり男女の差もなく、わずかに性器そのものの描写で性差がわかるというほどのものである。

著者はこのおおらかな空間を、日本の春画の四畳半的な空間の閉鎖性と比較するのだが、たしかに日本の春画の微細な性描写は、この密室性とかかわるものなのだろう。

むしろ中国の春画は、そのあけっぴろげさのなかに広大な身体観＝宇宙観を内包させているというのが著者の意見である。こうした図像は、単に個人的な肉の震えを誘う仕掛けにとどまらず、空間デザインとしての広がりのなかに性愛をおいてみせたというのだ。そういわれて図版を見直すと、今度は知的好奇心が震えだし、しびれてくる。（松枝到・和光大教授）

（作品社・3800円）＝2001年12月13日④配信

日本人選手の挑戦の歴史

「日米野球史」(波多野勝著)

「日本のプロ野球は沢村(栄治)が投げ、景浦(将)が打って始まったんじゃ。今の監督、選手のうち、何人がそのことに感謝しているんだろう。もっともっと野球を大切にせんと、墓の下の沢村さんに申し訳が立たんよ」。巨人の最古参OB千葉茂氏は口癖のように言う。

三度のノーヒット・ノーラン、ベーブ・ルースやゲーリッグを中心とする全米オールスターチーム相手の奮闘、史上初の永久欠番…。沢村が巨人というより、日本プロ野球史上最高の英雄であることに異を唱える者はいない。歴史に"if"は禁句だが、プロ野球は沢村がいたからここまで発展を遂げることができたのであり、もし彼がいなかったら、ここまでの国民的スポーツになりえたかどうか。

ベースボールのルーツ、アメリカとの関係で見れば、メジャーリーグ関係者が最初に目に留めたのが沢村であり、危うく彼はずさんな契約書にサインさせられるところだった。そのあたりのいきさつは故鈴木惣太郎の「沢村栄治—不滅の大投手」などに詳しい。

アメリカのプロ野球チーム(リーチ・オール・アメリカン)が初めて日本にやってきてから、かれこれ百年近くたつ。

世界最高峰のベースボールリーグであるメジャーに日本人として最初に乗り込んだのはマッシー村上だが、これは野球留学の色を帯びたトレードによるもの。実質的なパイオニアは一九九五年に渡米し、空前のトルネード・フィーバーを巻き起こした野茂英雄だろう。以来、昨年までに十人を超すメジャーリーガーが誕生し、ついに今季はイチローが最高のプレーヤーのあかし、MVPに輝いた。

本書は日本野球のメジャーへの挑戦の軌跡を丹念に追うとともに、その社会的背景にもメスを入れることで「通史」としての役割を担うことに成功している。近年、一部のオーナーが野球をよりドメスティックな方向に導こうとしているが、"鎖国"が発展の足かせになることは本書を読めば明らかである。(二宮清純・スポーツジャーナリスト)

(PHP新書・740円)=2001年12月13日⑤配信

奥深い物語

「虚竹の笛　尺八私考」(水上勉著)

尺八といえば忘れがたい光景がある。深編み笠を被(かぶ)り、首に袈裟(けさ)を掛け、刀を帯し、尺八を吹き、門付けして歩いた虚無僧である。彼らはいずこへ行ってしまったのか。ここにきてその姿をとんと見かけない。いまや尺八演奏をきけるのはNHKの邦楽番組ぐらいか。わたしたちにとって尺八は縁遠いものになっている。

作家の父親は大工職人で、細工仕事が好きでよく尺八をつくった。その姿を見て、若い日、自身もまた見よう見まね、尺八づくりに精出したとか。

尺八は、中国から南宋の時代に伝わったとされる。ときに宋から日本に来て尺八を吹き、普化宗の開祖となった虚竹なる人物がいる。虚竹は、宇治に住み一休禅師とも交友があったらしいが、生涯は不明な部分が多い。いつか正体を明かしたい。

二十余年前、作家は中国杭州を訪ねた折、思いがけなくその消息をきく。虚竹は、当地で日本人の留学僧と中国人女性とのあいだに生まれたという。尺八には望郷の響きがある。虚竹の足跡を追う旅のはじまりだ。

このときから作家は、さまざまな和漢の旧記古書を漁るいっぽう、つごう五度にわたり杭州の地を踏むにいたる。そうはいえ八百年の空白は容易にうめがたい。そこで作家は、「虚言を束し来つて歴史有り」(幸田露伴)の言葉に拠(よ)り、ある仕掛けをほどこす。明末の帰化僧の手になるという「和漢竹簡往来」なる架空の書物の存在である。

まったく心憎いこの装置によって、中国と日本が、一休と虚竹が、しぜんに無理なく出会うしだい。そのさきの名作「一休」以来の趣向だが見事というほかない。

虚竹の言葉にある。「竹は禅境そのものですね。割ればさっぱりしていますし、みごとな箚があります。……あれは、竹の仏性といっていいでしょう」。尺八を吹くことは、仏法を説くことだ。いまはかえりみられない尺八の一管をめぐって、ここにじつに奥深い物語がかたられるのである。(正津勉・詩人)

(集英社・1800円)=2001年12月13日⑥配信

豊かな人生を生きるために　「ライフ・レッスン」（エリザベス・キューブラー・ロスら著、上野圭一訳）

ロス博士の著作「死ぬ瞬間」は、世界中に強い衝撃を与えた。

現代医学において「患者の死」は医療の敗北であり、死を語ることは長くタブーとされてきた。そんな中、精神科医であるロス博士は、死にゆく人々に初めて目を向け、人々が死を受容するまでの変化を、膨大な臨床例に基づいて検証したのである。

その仕事は、死から目をそむけた医療など偽りであるという事実を圧倒的な迫力で突き付けたし、死にゆく人々のケアに大きな転換をもたらした。

そのロス博士が一九九五年、脳卒中で倒れた。それから数年間、半身不随に陥って死を覚悟したロス博士は、今度は「生とその過程」について本を書きたいと願うようになった。それが、ホスピス・ケアの専門家のケスラー氏との共著として出版された本書である。

著者たちは、豊かな人生を生きるために欠かせない心の営みを、十四章の「レッスン」として提示する。

たとえば、自己を見つめること、多様な愛を感じとること、怒りの背後にある恐れを見抜くこと、愉快な遊びの時間を持たなければ鈍い人生になってしまうこと。これらはロス博士の過去の著作と同じく、多くの「事実」に基づいた考察だから、一つ一つのレッスンが悩みを抱えた人に示唆を与えるだろう。

そして、最終レッスンにはこうつづられる。「死の宣告を受けたときに真の生がはじまるのは、死をリアリティとしてみとめたとき、同時に生のリアリティをみとめざるを得なくなるからだ」。そして本書は問いかける。本当に生きるために、死の宣告を待つ必要があるだろうか、と。

はてに「死」があるという自覚を持った時、ただ一度だけ手にした「生」の輝きが見えてくる。これは文学においても繰り返し語られてきた普遍の真理だが、多数の人々が死にゆく心の過程を、だれよりも深く見つめてきた著者からのメッセージだけに、この真理がかつてない重さで胸に迫る。（島本慈子・ノンフィクションライター）

（角川書店・1400円）＝2001年12月20日②配信

物議を醸す書　「IBMとホロコースト」（エドウィン・ブラック著、小川京子訳）

物議を醸す書だ。二月に十カ国で同時翻訳出版されるや、ホロコーストの生存者たちはIBM本社をニューヨーク連邦地裁に訴えた。本書が裁判に与える影響は大きいといわれる。

始まりは一九九三年、ホロコーストの生存者である両親とワシントンのホロコースト記念博物館に出かけた著者が、古いパンチカード機に出合ったことだった。ナチスドイツで人口調査を行ったと説明された機械のネームプレートには「IBM」と記されていた。

それは情報処理コンピューターの起源といわれるホレリスで、一八九〇年にアメリカの国勢調査のために開発された機械だった。この開発者が設立したのが後のIBMで、ホレリスがナチスで使用されたことは周知の事実ではあった。

科学技術はもろ刃の剣だ。コンピューターが人口調査に利用されたことで直ちに開発した企業の責任を問うことは困難だろう。だが、ワシントン・ポストの花形記者だった著者はこの瞬間に本書の構想をもったという。顧客にソリューション（解決）を提供することを標ぼうしているIBMがナチスにホレリスというソリューションを提供した事実がある。それはどこまで提供されたのか。ナチスの最終解決である大量殺りくにまで影響を与えたのか。

七カ国百人以上の協力を得て資料を分析した著者は次々とIBMの実態を明らかにしていく。現地子会社デホマクを通じてナチスに導入されたホレリスは人々に番号をふりユダヤ人を正確に特定した。ガス室へ効率的に送り込むため列車のスケジュール管理も行っていた。

勲章を授与されるほどヒトラーと親密だったワトソン会長はこれらに目をつぶり、一九四〇年にIBMがナチスと公式に決別した後もデホマクの収益を確保し続けたという。

著者はいう。IBMなしでもホロコーストは行われた。だが、IBMなしでは犠牲者は実際よりもはるかに少なかったはずだと。

取材を一切拒否したIBMはどうこたえるのか。六百万の霊はまだ眠りにつけない。（最相葉月・ノンフィクション作家）

（柏書房・3800円）＝2001年12月20日③配信

世の中と時代を見つめる

「手の孤独、手の力」(松山巖著)

木もれ日が澄んだ光の筋をつくって落ちてくる。それが地上のデコボコを、くっきりと映し出す。あざやかな陰影が、目を上げたあとも記憶にしっかり残っている。

読みながら何度もそんな思いを味わった。「松山巖の仕事」Ⅰ・Ⅱの二巻目である。主としてこの五年あまりの、おりおりの機会で書いたものが三十余編。私はつねづね、松山巖をナマケモノだと思っていたが、人の知らぬところで、こんなにちゃんと仕事をしていた。

もの静かな語り口だ。

「あなたは天の川を見たことがあるか。/もし見たことがないとすれば、私たちは奇妙な時代に生きているのではないだろうか」

本当に考える人は静かに話す。透明な記録のように、しばらくは行方がわからない。硬直した観念など、ひとっかけらもないからだ。この人は建築家として出発した。いつもどこか、その目で世の中と時代を見つめている。ものを建てるのと壊すのと。あるいは、ものが生まれ、壊れるところ。それはつまりは文明というものの究極のいとなみでもあるだろう。

自分の仕事を編むためには、あらためて読み返し、自分の思索のあとをたどり直さなくてはならない。つまりは、自分の仕事を壊し、また建て直す。

その点、松山巖はきびしすぎるほど厳正だ。おのずと書かれたものは、キッパリとした美しさをもっている。どの文章も、ある段落の一点から焦点のあったレンズのようにして主題をとらえる。文明の名のもとに、この時代と社会が生み出したグロテスクな風景だ。ついでその病根をえぐっていく。

だからこそ何げない日常を語っただけのエッセーが、まさにいまの世の現状の予言のように読める。それはまた書き手の「孤独」の深さをも示している。

ときに詩が引用されている。絶望をさとられないためのつつしみ。タイトルがそのまま著者の自画像だ。(池内紀・ドイツ文学者)

(中央公論新社・3200円)=2001年12月20日④配信

いまのじぶんを楽しむ

「詩集　老世紀界隈で」(伊藤信吉著)

老人。歯っ欠け。ひとり暮らし。戸口に、九文字。張り出してある。「居ます。すこしツンボ。」

これで通りがよくなった。郵便物も宅配便も。ついでに蒙(もう)もひらかれた。いまどきツンボとはいいません、難聴です。ざっと、そんなおどけ調子で、目かごに一杯。九十五歳の詩人の言葉が、洗い立ての里芋みたいに笑っている。

やたら元気だ。率直、晴朗。こちら若輩、あっけにとられて笑っているよりない感じだ。たとえば、戸口のおどけ調子に釣り出されて、ばったり、出くわすつぎの数行。

「でも。/聾(つんぼ)でも、/難聴でも。//閉じたその耳を開こうとすると。/事が、いささか/重ったるくなる。」

がぜん一転、立ちあがるシーリアスな思索の予兆。いかにも、世界と関係を開くのはしんどいものだ。若輩、その出鼻のサスペンスに触れた思いで入れ込むが、そんなの、つづく一行でぺっしゃんこだ。

「補聴器は小型ほど精密構造だから高価(たか)いんだ。」

いやはや、か。なんと、か。世界はあっさり補聴器の値段に換算された。笑うしかないではないか。

この調子で、死だってやっつける。マーケットの戸口に忌中年賀欠礼はがきのビラ。気づいた。今年、欠礼はがきがさっぱりこない。それでいうのだ。

「数えてみたって。/もう、/来るもんか、死者が絶えたんだ。」

老いの威力か。詩の威力か。死へのおそれなどかけらもない。そんなものさ、といっている。タカをくくるトシではない。イキがるトシでもありやしない。老人が肩身の狭いこの列島世紀の界隈(かいわい)で、苦も痛も丸ごと、ただいまのじぶんを楽しんでいるだけだ。

その姿がとてもうれしい。足よろよろだというが、それも爽快(そうかい)。あれです、足しゃんでも、このごろはみんな不元気。不景気面で、くずれた貿易センタービルを、世界に換算しようとおおわらわである。(倉本四郎・作家)

(集英社・2700円)=2001年12月20日⑥配信

無数の質問を受ける職業

「映画監督という仕事」（ジェレミー・ケイガン編、水原文人訳）

映画監督とは一体どんな人々で、どんな仕事をしているのか。本書は映画にまつわることについて、当の監督たちに語らせた著書であり、映画監督について関心のある人々にとっては格好の本であろう。

何しろ集められた監督の面々は、現代に活躍しているスティーブン・スピルバーグ、オリバー・ストーン、ジェームズ・キャメロン、クエンティン・タランティーノ、クリント・イーストウッドをはじめ二十五人。これ以上望むことはできない豪華な顔ぶれである。

彼らが共通に聞かれる「監督になった経緯」「撮影」「最高なこと、最悪なこと」などについての、それぞれのコメントを読むだけでも面白い。特にスターとして語るときとは逆にメル・ギブソン、バーブラ・ストライサンドなどの素直な語り口、俳優と同時に映画監督としても巨匠と呼べるイーストウッドの、どんなときにもユーモアを欠かさない発言など、一人ひとりの個性が豊かに出ている。

ただし、個性豊かな分、この本を読むことによって、映画監督になるためのメソッドを期待してはいけない。何しろ、リハーサル一つとっても、スピルバーグのように不要と考える監督、逆にタランティーノら演劇出身の監督のように何度もやりたいという映画監督もいて、すべてに対して共通するところは何一つないといっても過言ではない。

ダメ押しが最後のエリア・カザンの講演であり、監督になるためにはありとあらゆることを知らなければならず、揚げ句に「どれだけのクソ野郎にならなくてはいけないのか」ということだから、混乱することは必至だろう。

結局、得られる結論は、映画作りにはセオリーも何もないこと、しかも監督たちがどんなに映画の神髄を語ったところで作品の秘密を語ったことにはならないことである。唯一、映画監督は「アメリカの夜」での監督のように、とにかく一日中、無数の質問を受け、それに答えなければいけないことだけは確かである。（山口猛・映画評論家）

（フィルムアート社・2800円）＝2001年12月27日①配信

さりげなさの中の喜び

「パリ左岸のピアノ工房」（T・E・カーハート著、村松潔訳）

パリはカルティエラタンに住むようになった米国人の「私」は、そのかいわいにあるピアノ工房に興味を抱く。敷居は高い。容易にはよそ者を受け入れないのもこの街の住人の特徴でもある。だが、ふとしたきっかけから出入りを許されるようになると、これまでとは違った生活が現れてくる。

特に大きな出来事があるわけではない。「私」が工房の主と親しくなっていくなかで見いだしてゆくことども—サロン的な環境とか、ピアノの個性についてとか—が淡々と記されてゆく。だが、このさりげなさのなかにこそ、ひとがどんなところに喜びを、幸福感を見いだすのか、想像力が刺激されるのかが、たっぷりと書き込まれている。

ピアノは、ただのモノにすぎないのかもしれない。けれど、そのモノには膨大な量の記憶がたい積している。いつ、だれの手で作られたのか。購入者は、どこで弾いたのか。さらには手放され、他のひとの手に渡ってゆくさまざまな道筋は。

「このアトリエにいると、この百年ちかくのあいだにヨーロッパ大陸を移動した人々の栄枯盛衰を、パリを出発点、到達点、あるいは中継地点として、愛するピアノという厄介な荷物を引きずって移動していった人々の流れを目のあたりにしているようだった」

パリの米国人たる「私」が見るアメリカ人とフランス人との気質の違いも面白い。こうしたところには、グローバリゼーションによって世界を画一化しようとする発想から程遠い、いくらか古風な、失われつつあるヨーロッパを憧憬（しょうけい）する姿勢がほのみえる。

こうしたなかで大切にされているのは、ほかでもない、自分で、自分のためにピアノを弾く「私」の姿勢だ。人前で披露するためではない。だれのためでもない。どこかで役に立つわけでもない。だが、この無償の行為こそが喜びであることを、「私」は大切にする。もろもろの不穏さが、不安が世界を覆っている今日、この本に秘められたひとときの幸福感を大切にすることは不可能なのだろうか。（小沼純一・評論家）

（新潮社・2000円）＝2001年12月27日②配信

臆せず信念明らかに 「9・11　アメリカに報復する資格はない！」（ノーム・チョムスキー著、山崎淳訳）

本書の著者チョムスキーは、過去一世紀をかけて築かれた言語学を根本からくつがえし、普遍主義的な新しい文法理論をうちたてた、現代の最も尖鋭（せんえい）な言語学者として知られている。

尖鋭さは言語理論にとどまらず、政治的態度表明においてもきわだっている。アメリカがかかわった国際政治の大事件が起きるたびに、かれは臆（おく）することなく信念を明らかにする。だから、アメリカの心臓部を突きさしたあの九月十一日の事件について、世界の与論がかれの意見を聞かないですませるわけはないのである。

本書は国内外から寄せられた十三の質問への回答を収めている。ここから日本人が知らなければならないのは、「アメリカこそ世界最大のテロ国家だ」という認識である。

チョムスキーは、世界の各地でアメリカが行ってきた戦争犯罪を列挙し、分析する。ベトナムからはじまってニカラグア、イラク、スーダンなど、それに現在のアフガニスタンが続く。そして、これらアメリカによって爆撃され、殺戮（さつりく）をこうむった国が、一度でもアメリカ本土に報復の爆撃をおこなったことがあるだろうかを問うのである。

こうしたアメリカ国家の悪業は世界に知られていて、すでに一九八六年には国際司法裁判所において、「無法の力の行使」、すなわちテロ行為のかどで有罪判決をうけている。ところがアメリカは、国際法を遵守（じゅんしゅ）せよという国連安保理の決議に対して、ただ一人、拒否権を発動した、今回のアフガニスタンの騒乱に対しても、アメリカは直接、間接に種をばらまいたとチョムスキーは指摘する。

チョムスキーが、他の老練な国際問題の評論家たちと異なるのは、状況をうかがいながらではなく、ただ事実から引き出した結論を、ある種の単純さを一貫させながら、明快に決然と表明する点にある。それはあたかも整然と書かれた文法書を読む爽快（そうかい）さに似ている。（田中克彦・中京大教授）

（文芸春秋・1143円）＝2001年12月27日③配信

警官の心霊事件ファイル 「エクソシストコップ」（ラルフ・サーキ著、楡井浩一訳）

ニューヨーク、南ブロンクス。この犯罪多発地区で生々しい現実と向きあってきたすご腕の警官が、ふとしたきっかけから職務と平行して、エクソシストとしての道を歩むことになる。彼が目にしたものは、人の悪とは比較にならないほどおぞましい悪霊の介在する事件の数々だった。

本書は、その警官ラルフ・サーキ、現ニューヨーク市警巡査部長が、自らのエクソシストとしての体験を詳細につづった手記、リアルな“ニューヨーク心霊事件ファイル”である。

収録されたいくつもの事例は、霊のさまざまな特性をとらえ、それらがいかに巧みに人の世界に侵入し憑依（ひょうい）するのか、神との闘いに敗れた果てに退散するのか、その全プロセスを明らかにし、興味つきない。

いや、ちょっと待てよ、恐怖とは詰まるところ、心の幻影。そこに「悪霊」の仕業というレッテルを張ることで、サタン退散に見せかけた「安心」を売る場合もあるじゃないか、と思われる向きもあるかもしれない。

しかし、著者は敬けんなカトリック。この手の商売がらみのオカルト志向にまゆをひそめ、悪霊に対する世間の認識の低さに警鐘を鳴らす。悪霊に苦しめられている人々の助けになりたい一心で、そしてそれが神の意志に従う「愛の活動」であるとの信念で、エクソシスト・コップ（警官）はボランティアに奔走する。

神と悪魔、天国と地獄、善と悪。対立した二元的世界の図式がある限り、「闘い」はやむことがないだろう。多様なものが混在し、この世と地つづきのように妖怪（ようかい）やお化けが親しみすらもって語られるアジア的風土の中にいると、本書に記される悪魔払いの手引書「ローマ儀式書」に著された断罪の厳しさに驚かされる。悪霊といえども成仏させるお祓（はら）いとは、大きな違いだ。

本書を比較宗教学の目で読んだとしても、保守化するアメリカの一断面として読んだとしても、悪霊はとりつくまい。映画化も進行中と聞く。（梅野泉・詩人）

（講談社・2300円）＝2001年12月27日④配信

社会の液化状況描く

「ロンリー・ハート（上・下）」（久間十義著）

何かが決定的に終わったという虚脱とも徒労ともつかぬ気分が、いまを支配している。人は、老いも若きも、後戻りも前進もかなわぬ閉塞（へいそく）状態のなかに閉じこめられ、詩人飯島耕一のいう「溶解してほとんど液体」のようになっている。モノもメッセージも快楽も、すべて生産しつくした後には、虚無しかない。社会もまた同じだ。

久間十義は、一方の極に女性を車で拉致（らち）してレイプする十八歳の少年三人をおき、対極に犯罪者を追う刑事たちをおいて、その“液化”状況を描こうとする。

検事の父と同じ法曹界に入ることを“期待”されている亮、父の病院を継ぐことを当然とされている博史、何も期待されていない昌樹—、中学三年で燃え尽きたまま私立大学付属高校三年となった彼らは、「クスリ決めて、ナンパして、やりますか、アレ？」と、亮は狡猾（こうかつ）に、昌樹は暴力でレイプする。が、それは、かれらにいわせれば女性の“願望”にこたえているだけだ。オレらは悪くない。博史は揺れながらついていく。

犯罪の続発に休む暇もない綾井北警察署刑事一課強盗犯捜査係の永倉警部補、性犯罪捜査担当の松島巡査部長ら第一線の刑事たちは、社会の“番人”であることを自負しているとはいうものの、事なかれ主義と出世主義のまん延した警察のありように、正義を正義と信じられぬ思いでもいる。

その警察の“液化”を、中国人流氓（りゅうまん）の犯罪に対する幹部の思惑と、永倉の反発でえがきながら、久間十義は、永倉の娘絢子と博史を媒介に二つの極を交差させる。

そこに浮かびあがるのは、悪く思われたくない、非は他人にあるという自分勝手、イイコでいたい—という少年たちの気分であり、それはほかならぬ“大人”の気分でもあるということである。異論はない。ただしこの小説がこの“液化”状況を十全に描きえたというには、少年たちがやや定型的でありすぎるきらいがあるが、だ。（井家上隆幸・文芸評論家）

（幻冬舎・上下各1700円）＝2001年12月27日⑤配信

歴史的建築の魅力

「現代の建築保存論」（鈴木博之著）

だれもが多かれ少なかれ感傷的に、また感情的になっている。日ごろ親しんでいた街なかの建築が、突然姿を消してしまうことに対して。そして安易に建築遺産を壊してしまう所有者や建築関係者や行政や、つまりは日本という国に対して。

この本は、題名どおりにそのあたりの問題を扱っている。だが私的な感慨をこえた、建築のもつ意味を、歴史として都市のありようの現れとして客観的に論じている点で、そして自身が建築遺産の保存に深く関与している点で、どこにも責任転嫁していない。その姿勢がはっきりしている。あの建築は良いからいつまでも残ってほしい、だけですませている本ではない。

つまり、ここ十年ほどのあいだに立ち会ってきたさまざまな事例の現場からの報告を中心としているが、専門書という印象がまるで感じられないのは、建築に対する愛情が半端ではないからだろう。だからこそ、これまでに試みられてきた保存の考え方や手法に対する評価が、どんな細部の妥協も許さぬほどに厳しいのである。

移築復元や形態復元、昔の外壁の一部を新しいビルに張りつけた建築などに対して、その努力を認めながらもどこか釈然としなかった気持ちが、保存の難しさを説く抑制された語り口によって、次第に晴れていく。そのときすでに読者は歴史的建築の魅力に包まれているはずである。

どの建築もそれ自体が独立して存在することはなく、歴史的時間の複雑な関係や土地の持つふしぎな力と絡み合って建築となっている。だから都市が建築を古美術品のように収蔵するのではない。逆に建築のなかに、これから先の生活をつくり出す時間や場所が隠されている。著者はそのような発想を誘い出そうとしている。

歴史的建造物の活用にあたって守るべき判断基準を、国際的には「オーセンティシティ」と呼ぶらしい。著者はそれを「由緒正しさ」と訳している。生き続けるものへの呼び名に違いない。（植田実・建築評論家）

（王国社・1800円）＝2001年12月27日⑥配信

2002

巨大な情報共同体の奇跡

「2ちゃんねる宣言」（井上トシユキ、神宮前.org著）

「2ちゃんねる」とは、時事的な話題から身近な些事（さじ）までカバーする三百もの電子掲示板の集合だ。利用者数は三百万人に及ぶ。

そんな「2ちゃんねる」の特徴を本書は匿名性の高さに見る。本名や身分を伏せて発言できる気安さあってこそ多くの参加が導かれた。もちろん匿名ゆえに無責任な投稿や誹謗（ひぼう）中傷の類も多くなる。そんな「2ちゃんねる」を某有名TVキャスターは「便所の落書き」と揶揄（やゆ）したが、ただの「落書き」では三百万もの人を惹（ひ）きつけられまい。

衆目注視下で発言するスリルを求め、他では口外しない貴重な情報を提供する人も「2ちゃんねる」には参加し、真説・虚報が入り交じる極端な玉石混交状態を呈している。こうして各種の情報が交錯する幻惑的な「場」を守ろうとボランティア・スタッフが名乗り出て、運営者とのしなやかな協力体制を敷いたこともその成長を支えた。

こうして「2ちゃんねる」の軌跡をたどる本書を読むとその「巻き込む」力の強さがあらためて印象的だ。経済的な見返りを求めず、ただ面白さだけに惹かれてつながった人々が世界に例のない巨大な情報共同体を作り上げた。それは確かに「ネット時代の奇跡」と呼ぶべき現象だったと言えよう。

しかし…、その成長が壁に直面しつつあることも本書は伝える。理由は膨大な情報量を処理するコンピューターの負荷が著しく高まり、広告掲載と交換に無償で掲示板スペースを借りる契約の継続が危ぶまれているからだ。ここでも腕に覚えのあるプログラマーが負荷軽減に無償協力してきたが、その方法ではもはや限界らしい。無償契約をあきらめ、有料化に踏み切れば「2ちゃんねる」を支えて来た荒々しいエネルギーは確実に失われるだろう。

このまま「2ちゃんねる」は過去の伝説となってしまうのか。それとも、その徹底した「面白主義」が再び奇跡を起こすか―。本書は読者の関心をその行方にと注がさせずにはいない。（武田徹・ジャーナリスト）

（文芸春秋・1476円）＝2002年1月10日①配信

不思議な読後感もたらす

「MADE IN HEAVEN（二分冊）」（桜井亜美著）

不思議な読後感をもたらしてくれる本だ。今、若者に絶大な支持を得ているという桜井亜美氏の新作「MADE IN HEAVEN」は、女性の立場から書かれた「Juri」編と男性の立場から書かれた「Kazemichi」の二冊から成っている。どちらを先に読んでもいいのだが、私はやはり女性側の「Juri」のほうから読んでいた。

科学警察研究所の心理技官である三谷樹里は、幼いころ父親に暴力を受けたという暗い過去のために心を閉ざしながら、過酷な仕事に身を投じていた。そんな彼女が安らげるのはカゼミチという青年といっしょにいるときだけだったが、彼が突然、姿を消してしまう。同時に謎（なぞ）の爆発事件に遭遇するのだ。

事件の謎を追いかけているうちに、カゼミチが深くかかわっていることや、彼の過去が明らかになっていく。そのひとつ、カゼミチは交通事故で死亡したあと、金目当ての両親の策略により、ある研究所でサイボーグに作り替えられた、という衝撃的なものだった。

簡単に言えば、サイボーグと女性心理技官との恋愛物語なのだが、生命の倫理観を脅かすほどの科学や医学、機械工学の発達ぶりを考えれば、あり得ないことではないかもしれない。そう思わせるほど専門用語を駆使して綿密に描いている。

そして「Kazemichi」の方では、自分がどのようにしてサイボーグに作り替えられたか、なぜ樹里のもとから消えなければならなかったか、複雑な家庭環境と生い立ちとともに、まるで遺書のように語られるのだ。

不思議な読後感といったのは、もし「Kazemichi」のほうから先に読んだら、印象はちょっと変わったものになったかもしれない、と思ってしまったからだ。消えようとする男と失おうとする女、その断末魔に知る本当の気持ち。どちらの哀れみが胸に焼きつけられるだろうか。他の人の感想も聞いてみたい。ちなみに私はカゼミチのほうだった。（白石公子・詩人）

（幻冬舎・各1300円）＝2002年1月10日②配信

精神的価値求めて戦場へ

「傭兵の誇り」（高部正樹著）

年末の不審船事件で、テレビでは突如リアルな戦闘シーンが放映された。アフガンの戦闘に自衛隊をどうかかわらせるかを論じたわれわれが、いかに戦争を抽象的にしかとらえていないか思い知った瞬間である。自衛隊の演習でさえ、敵から本物の襲撃を受けはしない。

ところが日本人でありながら、現実の戦闘を求めて戦場に赴く人々がいる。傭兵（ようへい）である。著者はその一人としてアフガンでムジャヒディン、ボスニアでクロアチア軍、ビルマでカレン民族解放軍に雇用され、砲弾飛び交う最前線を生き延びてきた。本書はその著者が、傭兵の知られざる姿と最前線の情景を生々しく語っている。

意外なのは、報酬の少なさ。「中学生のバイト」並み、戦場での必要経費を引けば赤字になる。日本に帰国しアルバイトで補っては再び戦場に帰る。しかも戦闘中の食事はヤギやネズミなどの野生動物だという。

リアリティーあるのは、酒と女の話。飲むと敵兵の頭がい骨を試し撃ちするなど荒っぽいいたずらもするが、死んだ仲間に一日置く戦友たちがグラスを鳴らし自分たちで名誉をたたえる儀式は忘れない。傭兵には国家は名誉を与えないからだ。戦線から退いても神経の高ぶりは消えない。同衾（どうきん）してくれる女性だけが安らぎを与えてくれるという。

この飽食の時代にあって、彼らは精神的な価値に飢えて戦地に赴いている。著者の場合、夢は最強の人間になることだという。そうした誇り高き彼が繰り返し糾弾するのが、ジャーナリストたちだ。戦地では兵士に保護され足手まといになるくせに、空疎な正義感で軍隊をおとしめるからだ。

「この人間たちはただの傍観者であり、…戦争が悪いと言いながら、その戦争を終わらせようという具体的な努力など何らしていない」。そういえば数年前、PKOで日本の警官はピストルだけ持たされ自動小銃の銃弾の降り注ぐ戦地に放り込まれた。無知な正義感ほど残酷なものはない。（松原隆一郎・東大教授）

（小学館・1500円）＝2002年1月10日④配信

短歌活性化への熱い思い

「拡張される視野」（小笠原賢二著）

敗戦直後の第二芸術論以降、実作者と一線を画した広角的・相対的な視点から現代短歌としての短歌をとらえなおし、その文学的意味を問うというラディカルな批評はほとんど出現しなかった。小笠原賢二はその稀有（けう）な作業に挑む、ほとんど唯一の批評家である。

前著「終焉からの問い」では、ポストモダン状況の中で希薄化した主体や遠近法の解体によってむなしく同義反復を繰りかえす現代短歌の停滞をつぶさに指摘し、現象としての繁栄に反して、実は「恒常的な滅亡」の時代にあるという滅亡論を提起したのだった。

本書に収録された多彩な評論は、その確かな延長線上に書きつがれたものだ。Ⅰ「近現代短歌の諸相」、Ⅱ「歌人たち」、Ⅲ「90年代から新世紀へ」の三部立てで構成されるが、Ⅰは明治以来の滅亡論を克明にたどり、ポストモダンが本格的に訪れた現在の無秩序な短歌状況の病巣を、鋭くえぐる問題意識が鮮明である。

この病的状態からの脱出として「古典的な無名性」への回帰を説く岡井隆を後退と批判、同じく「わがまま感覚」を説く穂村弘に自家中毒への恐れを指摘するなど、歌壇の老若の論客を批判してやまない。

そこには、他ジャンルを豊かに見渡す意識とオウム真理教事件をはじめ現代と敏感につながるアンテナが働き、短歌を特殊な伝統文芸として甘やかす姿勢はない。著者がほとんど唯一の批評家たるゆえんだ。

Ⅱの歌人論では、斎藤茂吉・北杜夫父子における歌の比較が絶妙に面白く、また俵万智の歌における自作自演の「一人芝居」とそのズレを恐れるバランス感覚への批判など辛口の歌人論が小気味よく展開される。

時評を集めたⅢでは、「台湾万葉集」を通して問い返される植民地文学論、オウム事件を避けがちな歌壇への疑問などのアクチュアルな問題提起にあふれる。全巻に小笠原の現代短歌活性化への熱い思いがほとばしる一冊である。（島田修三・歌人）

（ながらみ書房・3500円）＝2002年1月10日⑤配信

せつな的消費的欲求を分析　「動物化するポストモダン」(東浩紀著)

中年世代に突入した評者が、二十歳前後の青少年と話すとき、共通の話題はなにかというと、「機動戦士ガンダム」だったり、「風の谷のナウシカ」だったりする。時代を超えて共通の話題があるのはうれしいが、それでは、ここまで一般的な話題になるアニメ・カルチャーの魅力はいったいどこにあるのだろう。

本書の著者が注目する現象は、今や世界的な注目を浴びるアニメや漫画やゲームを創造し消費し養育してきた「オタク」と呼ばれる人々と彼らの作り出したカルチャーである。

オタクの感性が作り出した文化から、日本のポストモダン現象を読み解く試み。オタクとは何か、なぜオタクに注目するのかを問題提起した第一部、オタク・カルチャーの起源と進化がいかにポストモダン現象とパラレルであるのかを立証した第二部、両者にいかにコンピューター・テクノロジーの発達がかかわっているかを分析した第三部から構成される。

特にオタク・カルチャーのセクシュアリティーに関する分析が秀逸だ。特定のアニメのキャラクターではなく、「猫耳」「触覚」「メイド服」「大きな目」「ルーズソックス」など、今までのアニメから抽出された人気要素から作られた合成キャラクター(デ・ジ・キャラット)に対するファン男性の性現象を、従来の歴史的な背景を持つ「欲望」はなく、せつな的で消費的な、いわゆる動物化した「欲求」である、と喝破した部分がいい。

妙なものをいっぱいくっつけた美形少女キャラに群がる男性心理を、かねがね「?」と思っていた評者には、目の覚めるような分析だ。

筆者は七〇年代生まれの哲学者。若い世代らしく、哲学とアニメという学問的なヒエラルキーに惑わされずに、現代の日本をポップカルチャーから俯瞰(ふかん)し怜悧(れいり)な分析を展開している。時代精神の図式化もわかりやすく、考えさせられるところが多い。(小谷真理・評論家)

(講談社現代新書・660円)＝2002年1月10日⑥配信

柔軟な思考で現実撃つ　「憂国の方程式」(宮崎哲弥著)

新しい年が始まったというのに、気分はスッキリしない。昨年九月以降の「新しい戦争」が今年も暗い影を落とすだろう。そして日本もまだ光を見ることができずにいる。今こそ深く思考すること、ひとつの言説に疑問をもつことの重要性を感じずにはいられない。

宮崎哲弥は「アカデミズムとジャーナリズムをつなぐ」気鋭の評論家と評される。知識と洞察の深さを駆使して現実を撃つという作業を一貫して行っている。格調高い文章のなかに、柔軟な視線と思考がある。

本書は著者が三十代後半から四十歳を迎える数年間に書かれた時評を中心に編まれた。オウム事件に始まり、同時多発テロが起きた「悪しき時代」。このふたつの象徴的な事件は、じつは世界の底で深く結び付いていることを本書を読みあらためて実感する。

最初に取り上げられるのは、NYテロ事件だ。「テロリストたちは、完成途上にあるグローバル・コミュニケーションの諸システムを逆用して、狂信や民族的憎悪を具体化してみせた。人々を隔てている観念の壁は、人々を結び付けるシステムによって崩れることはない」

文明は人を守らない、大切なのは本能に耳を澄ますことだと宮崎は訴える。

いったい「文明」とは何かを思うと、それは「大きな声」にすぎなかったのではないか。

「矛盾や危機を隠ぺいし、物事を単純化しようとする輩の愚鈍さ悪らつさ」を著者は厳しく指弾する。

そして靖国問題で置き去りにされたままの近代の負の遺産、小泉純一郎人気の背景、メディアと世論の暴走、少年犯罪などに鋭く切り込んでいく。

宮崎は自らを「世代論の対象からはずれたはじめての世代」と語る。個々がまったくバラバラな他者である現在を嘆くのではなく、むしろそこからコミュニケーションを開始するという。

宮崎は、世界とは非合理なものであることを冷徹に見すえている。(与那原恵・ノンフィクションライター)

(PHP研究所・1400円)＝2002年1月17日①配信

西洋と同一視した日本

「なぜ太平洋戦争になったのか」（北原惇著）

人間も国家も、エゴイズムで支配されているのであって、平和を希望するならば、エゴイズムをできるだけなくすようにすべきである、と著者はいう。

日本の軍国主義に先行する西洋のエゴイズムと日本との関係から、本書は説きはじめる。

十六世紀のポルトガルによる日本人奴隷の取引、幕末のアメリカによる武力を背景とする強引な開国要求など、「欧米文明」に対抗するすべを持たないまま明治維新を迎えた。

「欧米文明」の力強さを目の当たりにし、日本は「脱亜入欧」を選択した。それは、今日の日本社会にも無反省にはびこっている。

日清戦争は、古い東洋の文明（＝清）と新しい西洋文明（＝日本）の衝突であった。日露戦争での勝利によって日本は、みずからを西洋と同一視するようになる。著者の最も根幹となる指摘はここにある。

西洋と同一視した日本は、西洋と同じように周辺諸国に植民地支配を実行する。ところが、西洋がつきつけてきた刃（やいば）は「黄色人種」に対する差別であった。

日本の軍国主義が肥大化していく過程において、西洋の人種主義によって反転した心理が西洋を極端に嫌い、この怒りが太平洋戦争となったと説く。

日本が西洋の「殖民主義」をまねたのであれば、それを仕向けた西洋にも責任があると著者はいう。

近代という時点だけを断ち切れば、そのように言えないことはない。しかし、時代をさかのぼれば、アジアでは秀吉の朝鮮出兵や、蒙古帝国の拡大戦略などもエゴイズムのなせる業である。そして現代の巨大国家のエゴイズムは増長し続けていることが、われわれに無力感を抱かせる。

それを超えるためには、歴史の底流にある人間という「哀しみ」の存在を地球上に生きる者が互いに凝視し、認識しながら、はるかに遠く、かつ険しい新しい文明への道を模索しつつ歩まねばならない。（千田稔・国際日本文化研究センター教授）

（TBSブリタニカ・1500円）＝2002年1月17日②配信

本物のみが放つ磁力

「素白先生の散歩」（池内紀編）

高校時代、家の本棚に並ぶ「素白集　岩本素白」を目にした記憶がある。それから遥（はる）かな時が過ぎた。手当たり次第に乱読していたのに、なぜあの本を読まなかったのだろう。

世評高い名著、名文には出会えても、自ら誇示しようとしない清々（すがすが）しい文章を知るのは、至難のことだ。素白の随筆からよりすぐりの四十二編を集めた本書は、静謐（せいひつ）な、本物のみが持つ磁力を放っている。読みすすむにつれ、しみじみと幸福感を覚えるのである。

つえを友に独りで出かける気随（きずい）な散歩は、一泊の時もあれば、数時間で終わることもある。騎西、牛堀、関宿、品川宿…。少年時代の記憶につながる「何の奇もない」場所を探して、「遊意の動く」ままに行く散歩である。「寂しい」「静かな」という表現が毎ページに見られるくらい、素白先生の「寂」に対する感覚は鋭敏だ。

水駅（すいえき）、宿駅、心ゆかせ、流寓（りゅうぐう）など、日本語の響きの美しさを伝える言葉がたっぷり語られるが、それらはみな「物寂しさ」に通じる。同時に老いてなお消えない清純さ、「がんぽんち」に表れる皮肉なユーモアも、素白先生に固有の資質だろう。

さらに、散歩が至上の喜びであった素白先生の随筆は、ジャンジャック・ルソーの「孤独な散歩者の夢想」を想起させる。時代や思想や作風が極端に異なるにせよ、散歩をしながら思い出、瞑（めい）想、夢想にふけるという点では遠くない。純なるものへの希求においても、共通している。自然人ルソーが、晩年の失意のなかで残した散歩に関する数章は、甘美な追想でみたされ、素白先生の散歩へのいちずな愛着に、似通っているのである。

国文学者、随筆家としての学識・素養をよそに、少年のような繊細優美な感性を保つ素白先生の文章に、強く心をつかまれる。時間をかけ、残りのページを惜しみつつ読む書物の愉（たの）しみは、何ものにも代えがたい。（宮田毬栄・エッセイスト）

（みすず書房・2400円）＝2002年1月17日③配信

進歩主義を失った現代人

「未来喪失」（佐藤健志著）

「未来喪失」とは、「人類は科学技術の発達などにより無限に向上できる」といった十九世紀以来の近代的な進歩主義が信頼性を失い、結果として人々が自らの位置を見失い「自己喪失」に陥る状態を指す。

先進諸国では一九七〇年代からこうした事態が目立ち始めたという著者の指摘は、「右肩上がりの成長」の終えんにとまどう現在の日本人に広く共感されるだろう。本書はそうした「未来喪失」に伴うさまざまな問題について、映画、漫画、アニメ、ロック、ゲーム、AVに宝塚、直接民主制に少年犯罪、そして人工生命といった、実に幅広い領域を取り上げて論じている。

ところで進歩主義とは、日本では明治以来「近代化＝欧米化」をも意味していた。さらに戦後には、連合国側を絶対的正義とする東京裁判史観のもとで、「いかなる対立やもめ事も話し合いで解決できるという、何とも現実離れした世界」を目指す戦後民主主義が根付いたという。

私的に特に興味深かったのは、こうした「きれいごと」の文化的象徴として、社会的責任を負うがゆえに「手の汚れた」存在となる男性より、弱者ゆえに無垢（むく）でいられる若い女性がふさわしい、という指摘だ。日本のアニメに「世界を救済する美少女」という固有のイメージが浸透することを初めて主題化したのは、斎藤環「戦闘美少女の精神分析」（太田出版）だった。この現象を戦後民主主義と結びつける佐藤の議論は鋭く、さらにさまざまな思索へと導いてくれる。

本書全体を通読すると、例えば日本の漫画文化の隆盛は欧米コンプレックスの表れと解釈するなど、納得しかねる議論も多い。特に「未来の喪失」への不安に抗して、過去を未来像の中に取り込むという「過去化未来」の概念とそれに関連する議論は、目のつけどころが面白い半面、粗雑に過ぎるというのが正直な印象だ。しかし、極めて野心的で知的刺激に満ちた著作であることは間違いない。一読をお勧めしたい。（大塚明子・文教大専任講師）

（東洋経済新報社・3500円）＝2002年1月17日④配信

孤独を極限まで追いつめる

「宮沢賢治『銀河鉄道の夜』精読」（鎌田東二著）

未完の少年小説「銀河鉄道の夜」には、最終形を含む四次に及ぶ草稿群の存在が認められている。全体を貫く不変の「悲願」と変容を重ねてゆく表現をめぐって、鎌田東二さんは「死と再生、絶望と深い気づきと覚悟」の物語の生成と、「息を呑む」ばかりの「断絶と跳躍」なしには実現しなかった推敲（すいこう）過程の秘密に迫ろうとした。

かつて、孤独と彷徨（ほうこう）、そして神道の心身修練によるそこからの回復、いわば仮死と再生の体験によるシャーマン的復活への覚醒（かくせい）が氏の若き日にあったことを伺った記憶がある。

「あとがき」に引かれた「僕は宮沢賢治研究家になりたいのではなく、カマタ・ジョバンニになりたいんだ！」という叫びは、自身の見いだした主人公の運命を自らにおいて生き直したいという意志の表明だが、鎌田さんはその内容を先のような覚醒体験で満たしたとおぼしい。

依存的だった三次稿までのジョバンニが推敲の秘技を経て孤独の自覚を受け入れるに至る変貌（ぼう）を遂げたとする見解は、賢治全集を編んだ小沢俊郎の評価の系譜に連なるものだ。とはいえ、鎌田さん独自の主張は、この孤独を極限にまで追いつめることで、「不可能性への企投」に突き動かされるジョバンニ像を際立たせ、そこに宗教的試練をくぐり抜けた「シャーマン、あるいは菩薩の誕生」を認めたところにある。

そして、絶対の孤独の中でのジョバンニの自立は、そのまま「世界の苦しみを見抜き、それに処方を与えようと秘術の限りを尽くす」という「鳥シャーマン」（著者独自の概念による）としての宮沢賢治その人に重ねられてゆく。そのことは「カマタ・ケンジ」を生きる願いの存在も暗示することになる。

孤独に耐えることと永遠のいのちの呼びかけにこたえようとすること、不可能に見えるこの使命を可能にする神秘。それを表現する試みの軌跡として、鎌田さんは「銀河鉄道の夜」を華麗に読み解いたといっていい。（栗原敦・実践女子大教授）

（岩波現代文庫・1000円）＝2002年1月17日⑤配信

歴史を織りなす人間の営み

「ベートーヴェンの遺髪」（ラッセル・マーティン著、高儀進訳）

ベートーヴェンの肖像画に印象強く描かれている苦悩を射ぬく強いまなざし、そして四方八方に伸びた髪。

木製の額にはめ込まれたガラスのロケットのなかの天才作曲家の一房の遺髪が、一九九四年、サザビーズの競売にかけられた。

この五百八十二本の髪の毛は、そもそも、だれが手に入れ、どのような経緯で売りに出されるにいたったのか。難聴をはじめとし、彼を苦しめた数々の病気の原因を知る手がかりが、遺髪にのこってはいないだろうか。芸術家の遺物を目の前にし、二人の米国人ベートーヴェン愛好家は、そう考えた。

本書は、遺髪に秘められたなぞを解き明かすために、現代の米国から十九世紀欧州までをたどることを試みた、歴史ノンフィクションである。

遺髪をサザビーズに持ち込んだデンマーク人女性の両親と、遺体から髪を切り取ったとされるドイツの音楽家、ヒラーの孫。その両者を結びつけるかぎは、第二次世界大戦中のナチスドイツのユダヤ人迫害にあるのではないか、ということが詳細な調査からわかってくる。シェラン島のデンマーク人らが、対岸のスウェーデンにユダヤ人を送り届ける救援活動をおこなった幾晩かの光景が、冷静な描写を通して浮かびあがる。

そしてまた、本書は、最新の法医学の見地から、百七十年前のベートーヴェンの遺髪を分析し、病気の原因を読み解く科学ノンフィクションでもある。

分析結果は、難聴や胃腸病の原因と考えられる、高濃度の鉛の含有を指し示した。また、モルヒネ投与の形跡がなく、死の床にあってなお明せきに作曲をつづけえた彼の精神の強靱（きょうじん）さを、裏付けている。

ベートーヴェンをめぐる大きな物語のそばに、ユダヤ人の音楽一家、デンマーク人の医者、音楽家の研究に寄与する米国人コレクターなど、小さくとも偉大な人間の営みがつながり、歴史を織りなしていることが、本書からみてとれる。（河合敦子・フリーライター）

（白水社・2000円）＝2002年1月24日①配信

寺子屋形式で自問自答

「大切にしたいものは何?」（鶴見俊輔と中学生たち著）

哲学とは自問自答することだと著者、鶴見俊輔は言う。自問自答される問題は「親問題」。なぜ自分は生きているのか、というのはその一つ。そこからいろいろな「子問題」が派生してくる。

親問題には答えがない。だから、人はやがてそれを考えなくなる。しかし子供たちにとっては、考えずにはおかれない。けれど、答えが出ない。だから、考えをもちこすしかない。でも、もちこして、また考える。それを癖にする。そこが大切、とは鶴見の弁。それこそ大切な指摘である。

自問自答は一人でするとは限らない。「寺子屋」に集まり車座談義でもするように、多人数で互いの言葉に耳を傾けながら、しかし対話を緻密（ちみつ）に論理的に積み重ねてゆくというよりは、余裕をもって言葉を行き交わせる。自問自答としての会話。これはとても新鮮な発想である。

ただし、それにも、考えるヒントを与え道筋をつけてくれる会話の指南役がいるにこしたことはない。ということで今回、総計十三人の中学生（と大人数人）を相手に、指南役を買って出たのが鶴見。

「寺子屋」で自問自答されたのは、「ムカツクこと」「塾」「マンガ」「大切なもの」。どれもこれも、若者にとって親問題に通ずることばかり。しかし、親問題のうちでもとびきりのものは、文字通りの「親問題」。親と、そして先生とどうつきあうか。

親や教師にとって子や生徒の教育が重要なら、子や生徒にとっても「親教育」「先生教育」が大事。でも、親は選べない。先生も多くはそう。それだけに、難しい。哲学の問題。

気持ちの中で自分で親を選んでいる気がする、と答える中学生。選べない親をあえて選び返す。この機微・工夫を大人がどれだけわかっているのか。

南伸坊の味な挿絵がふんだんに盛り込まれて、百三十ページほどのこの小冊子。大人をこそ哲学の自問自答に誘っている、と見た。（須藤訓任・大谷大教授）

（晶文社・1400円）＝2002年1月24日②配信

女性国民の理想像の創出

「皇后の肖像」（若桑みどり著）

近代国家としての日本は、君主である天皇の肖像を国内外に流通させる視覚化政策を推し進めながら、民衆を国民として形成していった。だが、こうした「視線の政治学」の分析は、君主を支えかつ敬う「日本女性最高賛美の権化」としての皇后のイメージが果たした決定的な役割を見逃してきたのではないか、という問題意識から本書は始まる。

「隠された視線」「戦争がつくる女性像」から「象徴としての女性像」へと次々と刺激的な著作を発表してきた希代の論客である著者は、本書でも図像学、フェミニズム、歴史学を横断する豊富な知識と鋭い洞察に加え、先行研究を踏まえながらある一つの重要な問題を解明していく。

それは、国民の母として、また神と国民をつなげるシンボルとしての皇后のイメージを創出することで、いかに明治国家が絶対神聖不可侵の家父長である天皇を支え、民衆が必要とする「女性性への崇敬」を取り込み、女性を統治していったかである。

著者は、美子皇后が明治国家における女性国民の理想像「良妻賢母の鑑」として創出されたかを鮮やかに分析していく。

なぜ皇后の肖像画が和装から洋装に変化し、また使い分けられたか。「一夫一婦制」を象徴する天皇夫妻像がなぜ必要になったか。皇后の肖像に秘められた数々のシンボルは何を意味するか。その緻密（ちみつ）な分析の対象は皇后の御尊影から、錦絵、壁画、紙幣、近代絵画に及ぶ。明らかになるのは伝統が作られていく過程である。

明治国家を家父長制近代帝国主義という世界的なジェンダー・システムの中でとらえなおす歴史観を基底に著者が一貫して主張するのは、家父長制の下で臣民としての男子を産み出し、育て上げる女性を「国民化する」という意識改革なくして近代日本は成り立たなかったという点だ。ジェンダー批評の卓見である。

だが、本書が提起する問題は「過去」ではない。現在を見つめる著者の姿勢に静かな感動を覚える。（斉藤綾子・明治学院大助教授）

（筑摩書房・3800円）＝2002年1月24日③配信

ナショナリズム論議に一石

「民族とは何か」（関曠野著）

ナショナリズム論議ではふつう、フランス型とドイツ型の二つの「国民」概念が対比され、共同意識の形成に果たすメディアの役割を軸にしたB・アンダーソンの「想像の共同体」が参照されることが多い。

著者はこうした風潮とは距離をとり、まず「ネーション」を「民族」としてとらえることを強調する。十七世紀のピューリタン革命によって形成されたイギリスこそが最初の「民族国家」だったとみなし、宗教改革を契機に生まれたその「民族」のモデルが、聖書の「イスラエル」にあることを指摘する。

そしてイギリスとの模倣と対抗とから、フランス、ついでドイツで試みられる「民族」形成の問題点と困難とを解明する。そこからアメリカ的な「自由」を原理にした「民族国家」のあり方を示し、通念のようにナショナリズムがグローバル化に対抗するものではなく、むしろその推進要素だという側面を明らかにしている。この観点は実は今日の世界を考えるうえできわめて重要だと思われる。

著者は「国民国家」という訳語は「ばかげている」として、「ネーション」に「国民」ではなく「民族」という語をあてる。「民族」が集合的枠組みとして否定しがたく存在する以上、「民族なるものについての正当な知見があってこそ、病理的な民族主義の成長を阻止できる」という考えが、その選択にも表明されているのだろう。

けれどもこの「民族」論議は、最後には明治以来「未完の民族」にとどまっている日本が、いわば「自己決定」によって「民族」になるという論議につながってゆく。

だとすると、「日本民族」の自覚的な形成を担うのがこの本のモチーフだということになるが、それがこのユニークな在野の論客の意図だとは思えない。「民族」を政治的概念として用いること自体にすでにわながある。その点を留保すれば、ナショナリズムをめぐる論議にとって資するところの多い労作である。（西谷修・東京外語大教授）

（講談社現代新書・680円）＝2002年1月24日④配信

静かな恋愛の確かな感触

「東京タワー」(江國香織著)

「世の中でいちばんかなしい景色は雨に濡れた東京タワーだ」という文章ではじまる物語。東京タワーには、以前のぼったことがある。中には展望台のほかに、観賞魚の水族館やろう人形館など、浮世ばなれした娯楽施設があったりして、昭和の忘れ形見のようなそれは、東京の真ん中に今も鎮座している。

赤と白に塗り分けられた骨組みをさらしてあかるくそびえ立つ東京タワーがなすすべもなく雨に濡(ぬ)れていたら、たしかにひどく悲しいかもしれない。その東京タワーのふもとで、恋が二つ、しずかに進行していく。十九歳の少年とずっと年上の人妻との恋が。

恋愛の新しい可能性を江国香織は描き続けている。「ありえない」が「あるかもしれない」にかわってゆく確かな感触。主人公の体感を通し、読者が世界を追体験する形で物語はゆっくりふくらんでいく。

年の離れた恋人たちは、飲食と性愛を重ねながら、緊張と安らぎの時間を反復する。その行動をつぶさに観察しているような文章に、特殊な恋のルールをのぞき見ているような妙な心持ちに陥ってしまう。

「一緒に暮らそう」と思わず口に出してしまう少年に、相手の女性は「一緒に暮らしてはいなくても、こうやって一緒に生きてる」とかわす。「所有」ではなく「共有」に喜びを見いだすということだろうか。

さらさらと切り替わるシーンのそのつどの感受性に支配されているこの小説が退廃的なものへと流れていかないのは、登場人物のひとりひとりが自らに課したポリシーのもと、それぞれの行動様式を持っているからだと思う。ただ、その行動様式をおもしろく読む半面、私はだれにも感情移入ができないでいる。

普段離れて暮らす彼らは常に「電話」という通信手段によって空間を共有する時間をつくりだす。電話を断てば、すべてが終わる。そういえば「東京タワー」も通信のための一つの拠点なのだったな、と思いながら冒頭の一文を反すうしてみた。(東直子・歌人)

(マガジンハウス・1400円)＝2002年1月24日⑤配信

領域を横断する異種格闘技

「W文学の世紀へ」(沼野充義著)

日本の文学の世界は、日本のサッカー界を後追いしているのかもしれない。Jリーグが誕生したらと思ったら、今度はW・C(ワールド・カップ)。その間、J文学が生まれ、W文学(ワールド・リテラチュア)の世紀となった。

もちろん、日本文学を単にJ文学と言い換えるだけでは意味がない(J文学のJはジュニアやくずを意味するジャンクのJだとも言われている)。同じようにW文学はこれまでの「世界文学」の言い換えではない。

世界文学全集と日本文学全集、世界文学事典と日本文学事典のように、「世界文学」と「日本文学」は対立する概念であり、普通、世界文学のなかに日本文学は含まれないのである。

著者は、「世界文学」と「日本文学」のバイリンガルである。この本で論じられた文学者たちを見てもそれは一目瞭然(りょうぜん)だ。安部公房、大江健三郎、島田雅彦がいるかと思えば、プーシキンもブロツキーもミウォシュもいる。クンデラもナボコフも登場する。JとWの間を越境し、異種格闘技のように小説、批評、研究、翻訳の領域を横断する。

著者のいうW文学とは、日本文学の含まれた世界文学ということだけでなしに、そこでは日本とかロシアとかクロアチアとかネパールといった国民や民族単位の文学ということが止揚されている。日本語、ロシア語、クロアチア語、ネパール語という言語によって文学作品が書かれていることは確かだが、それは作者や読者の国籍や民族的アイデンティティーなどを拘束してはいないのである。

いかにもち密で、精密な理論展開をする文学理論(あるいはスラブ語文学)の研究者のように思われながら、どうも著者の本質はその「軽妙さ」にあるようだ。大概の人は自分の美質(あるいは欠点)に気づいていない。正直いって、本の後ろの方へいけばいくほど(つまり、エッセー風の文章になっていくほど)、どんどん面白くなっていくことを、評読者としての私は否定できないのである。(川村湊・文芸評論家)

(五柳書院・2200円)＝2002年1月24日⑥配信

先駆現象に目をむける

「コスモロジーの『近世』」（島薗進ほか著）

江戸末期の東下総、長部村では、人心の荒廃がすすんでいた。経済的には、けっこう活況を呈している。しかし、それであおられた住民たちは、酒食や芸事、博打（ばくち）におぼれだす。おかげで、健全な生活設計が、いとなめなくなってしまったのである。

漂白の浪人、大原幽学はそんな村のたてなおしに、協力を依頼された。受諾した幽学は、村の次世代をになう子供たちに、目をつける。そして、彼らに合理的な生活と、共同体への奉仕理念を、おしえこもうとした。学校での村民教育に、村の未来をたくしたのである。

明治の新国家も、理想的な国民をはぐくもうとした。すべての人民に、国民としての自覚を、いだかせなければならない。でなければ、西洋列強に伍（ご）して、国家の舵（かじ）をとることも、できなくなる。以上のような使命感から、学校などをつうじた国民教育に、腐心したのである。

長部村での大原幽学は、明治の国家政策に先行する行動家であったと、みなしうる。江戸期にも、明治国家のさきがけをなす事象は、たくさんあった。この本は、そんな先駆現象に目をむけた論文集である。今、紹介した大原幽学についての復元的な考察も、ここにおさめられている。

学術書なので、けっして読みやすいわけではない。学界各方面への気くばりに言葉をついやしたくだりなどは、うんざりもさせられる。しかし、大原幽学論をはじめとして、歴史好きには読みごたえのある論文も多い。近世都市の聖性を論じた一編などは、あまりのおもしろさに、目を見はらされた。まあ、これは考証ぬきというのが、ざんねんではあるのだが。

江戸時代の京都御所が、今とはまったくちがう姿であったという話にも、興味をそそられる。天皇家が京都をすてた明治期に、あそこは現在の景観を形成していったのだという。今の御所で、幕末史などへ想（おも）いをはせている観光客に、おしえてあげたいものだ。

（井上章一・国際日本文化研究センター教授）

（岩波書店・3200円）＝2002年1月31日①配信

すべては脳で起きている

「心を生みだす脳のシステム」（茂木健一郎著）

私はなぜ私を私だと感ずるのだろう。私はなぜあなたの心を想像してリアクションすることができるのだろう。自然科学はこうした人間の本質にかかわるなぞに着々と踏み込んでいる。

脳科学者である著者の一貫したキーワードはクオリアである。この言葉を理解することが本書の出発点だろう。赤の赤らしさ、バイオリンの音のバイオリンらしさ、バラの花の香りなどの独特の質感をさすクオリアは、脳のどんな物質的なプロセスを経て生みだされるのか。

哲学的な概念だったクオリアを自然科学の俎上（そじょう）にのせて心を理解しようとしてきた著者が、本書では、脳の位置によって役割を規定する機能局在論的な脳研究を方向転換させた、神経科学最大の発見といわれる一九九〇年代初頭のミラー・ニューロンの研究を起点とし、アフォーダンスや心の理論といった新しいキーワードを概観しつつ意識のなぞに迫る。

著者の経験や映画、文学作品を例示されることで読む側がわかりやすく実感できるようになっていて、脳の本を読むとは脳理解の実践なのだという奇妙な感覚に陥ることもあった。つまり、著者の考え方を知る読書という体験と脳研究を理解するプロセスが読者の脳でいつのまにかシンクロしていくのである。

他者の行動を自分の行動に結びつける働きをもつミラー・ニューロン発見以降の脳研究が向かっているのもまさにそのことだ。自分と他者を認識する意識の根本にかかわる情報処理を支える、脳のシステムを探る営みといえるだろう。技術論的な成果の積み重ねこそが脳と心の理解、人間理解につながっていくのである。

脳を知ったとて心がわかるわけはないと思う人は今一度考えてみてほしい。一つ一つはただの神経細胞なのに、それが千億個集まって頭がい骨に囲まれた脳の中で互いに関係性を持って活動を始めたとたん心が生まれる。すべては脳で起きていると。これはまぎれもない事実なのだ。（最相葉月・ノンフィクション作家）

（NHKブックス・1070円）＝2002年1月31日②配信

いにしえ色町風雅の世界

「中国遊里空間」（大木康著）

江戸文化、とりわけ、大阪や江戸など大都市を中心に発達した町人文化に吉原など遊里の世界が大きな役割を果たし、風流とか粋（いき）とかいうような美意識をうみだしたことはよく知られているが、それに照応する（というより、おそらくは、その手本ともなった）中国遊里の世界の代表格とされるのが、南京の秦淮（しんわい）である。

長江下流に位置し、歴代王朝の都として栄えた南京が、とりわけその絶頂期を迎えた明代に、秦淮は、この帝都の雅（みやび）の粋をこらした色町として生まれた。

南京城をめぐる長江の支流、秦淮河に面して建てられた河房（かぼう）とよばれる妓楼（ぎろう）は、いずれも、盆栽など緑をあしらい、香をたきしめ、河に臨む窓からは涼風が吹き込む（南京は夏の暑さで有名という）瀟洒（しょうしゃ）な造りで、そこに乙姫よろしく客人をむかえる妓女は、容色は無論のこと、歌舞音曲に加えて詩文の才も怠りない。というのは、秦淮に隣り合うようにして、科挙受験生など文人の多く集まる文教地区が広がり、彼らがもっぱらの上客となっていたからである。

こうして秦淮は、四季折々の風物を愛（め）で、洗練された社交を楽しむ文化サロンとして発達していった。無論、そのすべては、したたかな金銭計算のもとに動いているわけだが、それでも、このサロンから生み出された風雅の質の高さは、さすが、生きることを楽しむ中国人ならではと思わせるものだ。

明末に爛熟（らんじゅく）期に達した秦淮は、清代に荒廃、復興の盛衰を経て、二十世紀中華民国の時代まで続き、その最後の時期には、日本からも、芥川龍之介、谷崎潤一郎などが訪れて余香を味わった。

秦淮のありさまを記録した史書「板橋雑記」を土台に、綿密な資料調査、現地調査を行い、さらに「水滸伝」「金瓶梅」などの引用を交えながら紹介されるこのいにしえ色町風雅の世界、あらためて中国文明のすそ野の広さを感じさせるものといえる（大久保喬樹・比較文学者）

（青土社・2400円）＝2002年1月31日③配信

美しい謎と人間の肯定

「黒と茶の幻想」（恩田陸著）

美しき謎（なぞ）と過去への思索の旅。登場人物のひとりがいう、このセリフは、本書の内容を端的に表現したものである。

四十代を間近に控えた利枝子・彰彦・蒔生・節子の昔なじみ四人は、太古の森のあるY島へ旅行に出掛けた。「非日常」を旅のテーマとする彼らは、かつて自分たちが体験した“美しい謎”を話題にして、思考ゲームに興じる。だがそれは、忘れていた過去、目を背けていた過去を振り返る切っ掛け。やがて四人は、今の自分へと至った人生を、見つめ直すことになるのだった。

しゃべらない旅行者や、盗まれた表札といった軽いものから、殺人疑惑という重いものまで、物語にはさまざまな謎が詰め込まれている。また、ほとんどの謎は意外な事実を伴って、きっちりと解明される。その意味で本書は、まごうかたなきミステリーだといえよう。ミステリー・ファンが、十分な満足を得ることができる作品なのだ。

その一方で“美しい謎”が、四人の人生と精神風景に踏み込むための、ガジェット（仕掛け）となっているのも、見逃せないポイント。おのおのの問題や焦燥を抱えながら、人生の中間地点に立っている彼らは、旅先の船上で、ホテルで、太古の森の中で、心に翳（かげ）りを落とす謎をぶつけあい、真実を告白する。

そして自分が、今、この場所にいることの意味を、自信をもって受け入れるのだ。旅は人生、森は人間の心。このメタファーに満ちた物語は、人間の歩むもろもろの道程を、力強く肯定しているのである。

なお個人的なことだが、私も登場人物と同年代なので、彼らの言動にうなずくことしきり。三十代後半から、四十代前半の人ならば、四人の会話と思考の端々に、チクチクとした痛みと、多大なる共感を覚えることだろう。もちろん本書は、どのような年齢の読者であろうとも納得できる普遍性をもった内容だが、特にその年代の人にお薦めしたい。（細谷正充・文芸評論家）

（講談社・2000円）＝2002年1月31日④配信

神話の実像探る

「李香蘭と東アジア」(四方田犬彦編)

李香蘭の名前は幅広く知れわたっている。年配の人なら、映画「支那の夜」などに登場したあでやかな中国娘の姿を、その甘い歌声とともに思い出すだろう。日本人青年に切ない恋心を抱く彼女は、続々と作られる国策映画の花形であった。若い世代は、それから半世紀後に彼女の波乱の半生を舞台化したミュージカル「李香蘭」で、その名前を知ったはずだ。李香蘭の自伝を脚色したこのミュージカルは、中国でも評判を呼んだという。

かつてはスクリーンで日本の中国侵略を称揚した李香蘭が、いまは舞台で反戦を叫んで人気を集めていく。いったい李香蘭とは何者なのか。本書は、それを探って行われたシンポジウムでの発表をまとめていて興味深い。

李香蘭を決定づけたのは、何といっても侵略の野望渦巻く「満州」で日本人として生まれ、中国人女優のフリをして日本への恭順を演じる役割を負わされたことだ。この正体のあいまいさが、制作陣のご都合主義な願望を飲み込み、大衆心理と共振して神話を形作っていった。神話を突き崩すべく本書では、「満州国」の文化政策、日中の映画制作事情、オリエンタリズムとファシズム、ジェンダーと映像などがスリリングに論じられる。がしかし神話の核は容易に見えてこず、それはそのままこのテーマの大きさを物語っている。

私事にわたって恐縮だが、私は台湾映画を研究するうちに、台湾人から多くの李香蘭体験を聞いてきた。本書でも触れている「日劇七回り半」事件直前に、李香蘭は巡業先の台湾でそれに劣らぬ狂躁(きょうそう)を引き起こしている。だがどちらかといえば李香蘭にだまされる側にいた台湾人たちの思いは、日本人とは微妙にずれていた。

不思議なことに李香蘭の自伝も本書も、この件には一切触れていない。思うに日本を中心にした文献に基づく考察からは、巨大な李香蘭像の見えざる側面に光をあてるのは難しいのではないだろうか。(田村志津枝・ノンフィクション作家)

(東京大学出版会・4400円)＝2002年1月31日⑤配信

音楽談義の異種格闘技

「音楽㊙講座」(山下洋輔ほか著)

「つぶさではなくて、おおざっぱに掴むところからくる誤解を含む影響というのは、あった方が面白いと思うんですけどね」とご存じジャズ・ピアニスト、エッセイスト山下洋輔が応ずる。すぐにビデオが出回り、音楽家が演奏している場面が「わかってしまう」弊害についてである。「音だけで想像して出現する一種の創造的誤解」だって必要だ、と山下。本書は「クラシックも即興である」「邦楽もジャズである」「音楽は人間である」という三部構成、三人の山下とは違ったジャンルの音楽関係者と対談したもので、いわば異種格闘技。ここで山下は座談の名手ぶりを発揮する。

題名のごとく、「講座」である。なんとなくおしゃべりをするというのではない。山下が、別のジャンルだからこそ疑問に思ったり知らなかったりすることを、多分に「わざと」、そ知らぬ顔で問い掛ける。指揮棒のちょっとした動きでオーケストラの音色が変わるかどうか、落語の出囃子(でばやし)をたたくのは難しいのか、洋楽と邦楽の違いは何か。これに応ずるのは容易ではないが、当意即妙となるのが、さすが実践音楽家ならではの迫力。

対話者―茂木大輔(クラシック音楽家)、仙波清彦(パーカッショニスト・囃子方)、徳丸吉彦(音楽学研究者)が、現在のような仕事をするようになるまでの生い立ちや、音楽の学習についてもかなりページが割かれていて面白い。

どこでどうして、「こう」なったのか、どういう考えを持っていたのか。基本的でありながらなかなか聴くことのできない話を引き出すのは、まさに、山下の腕、共演者のみごとな即興を引き出すのとおなじ資質にほかならない。

文体そのものがジャズのようだといわれる山下洋輔の本は数多いが、このように音楽の実践に肉薄した内容がこれほど語られたことはなかった。その意味で、山下の音楽のみならず、音楽への新たなるアプローチとして、本書はノリはいいけど読みごたえのある本に仕上がっている。(小沼純一・評論家、詩人)

(新潮社・1400円)＝2002年1月31日⑥配信

マゾヒスト像を読み解く

「マゾヒズムの発明」(ジョン・K・ノイズ著、岸田秀ほか訳)

例えば、あなたがだれかにむちで打たれたり、言葉でおとしめられたりすることに性的興奮を覚える傾向があるとする。そうした欲望を抱えたあなたが前近代の西洋社会に生まれ、それを実践していたら、道徳にもとる行為にふけっていると非難されるかもしれない。

近代になると、そんなあなたは精神医学によって「マゾヒズム」という病気に分類され、「マゾヒスト」という負のアイデンティティーを与えられることになるだろう。後天的に、そして先天的に通常の発達から逸脱した人間として、治療の対象とされるのだ。

そして二十世紀も終盤になると、社会はマイナーな性的欲望に対して寛容さを示すようになり、「マゾヒズム」も多様な性のひとつに位置づけられるようになる。精神医学は性をめぐる政治状況の変化によって、異常か正常かのボーダーラインを少しずつ正常の側に広げていく。

さらに、それまで性を支配していた精神医学とは別種の、新しい知の登場により、性を異常か正常かに分類しようとした知そのものの基盤を問いただそうとする動きも生じてくる。本書は、そうした新しい知、すなわちM・フーコー以降の性を近代の社会構築物としてとらえ直そうとする思潮の中で書かれたものだ。

著者は「ヨーロッパのマゾヒストの人物像は、リベラリズムと近代主義の言説における、激しい内的葛藤と矛盾から生まれたもの」、つまり発明されたものであると主張する。そうした文脈を明らかにするために、「マゾヒズム」の命名者であるクラフト・エービングや、象徴的な作品群を残したザッヘル・マゾッホ、他の文学作品などを丁寧に読み解く。

論理の流れは性的し好も社会の産物とみなす社会構築主義による一連のパターンをなぞっている感がないではないが、多彩なテキストを手際よく処理していくさまは、読み手をあきさせない。本書の魅力はそうしたプレゼンテーションの華麗さにある。マゾヒズムをめぐる表象の残像だけは、確実に心に印象づけられる。(伏見憲明・評論家)

(青土社・2800円)=2002年2月7日①配信

近代建築史の空白埋める

「新宗教と巨大建築」(五十嵐太郎著)

重要文化財に指定された神社仏閣は、その修復にどれだけの費用がかけられていたとしても「壮麗」な建築として美の対象とされるのに、なぜ近代以降の新宗教の本殿は巨額の費用がかけられたと批判され、その巨大さゆえに「グロテスク」な模倣(キッチュ)として批判されなければならないのか。

そうした評価は明らかに客観性を欠いてはいないか。われわれは過去の大聖堂について語る言葉を持っていても、現在の宗教建築を語る言葉を持っていないのではないか。

建築史を専攻し、現代建築に対する批評家としても知られる筆者は、そうした疑問から日本の新宗教が生み出した建築空間を自らの目で確かめ、偏見なしに評価を試みている。本書は特に、十九世紀後半に成立した天理教、金光教、大本教に焦点を合わせ、それぞれの教義と教団組織の変遷をたどりながら、宗教空間がどのように成立していったのかを丹念に読み解いている。

なかでも、教義を空間化することに最も成功した天理教に関する記述が興味深い。世界の中心とされた甘露台の四周を礼拝所が囲むという形式が次第に拡張され、百年という時間をかけて都市計画の理念にまで発展して、一辺が八百メートルを超える正方形を基軸とした都市を構想するまでにいたる経緯は、ドラマチックですらある。

こうした空間の読解は、宗教建築というタイプを超えて、数千人規模の人々が集まる場にどのような空間を展開させるか、という公共建築の原点にまでさかのぼる議論すら喚起できる。

新書という読みやすい体裁でありながら、近代建築史の空白を埋めようとするきわめて野心的な著作であり、イデオロギーの対立がなくなり、西欧キリスト教社会対イスラムという対立の図式が顕在化した現代社会において、二十世紀がいかなる宗教建築を生み出してきたかを考える契機を与えてくれる。(中村研一・建築家)

(講談社現代新書・680円)=2002年2月7日②配信

死生観や他界観探る

「古墳の思想」（辰巳和弘著）

旧石器ねつ造事件によって、日本考古学は著しく信用を失墜してしまった。しかし、文字記録が部分的にしかない古墳時代以前の歴史復元は、大地に残された労働の痕跡としての遺跡・遺物に基づく、考古学の方法にたよるしか手段がない。

実際、考古学はさまざまな歴史事象を明らかにしてきた。ところが、こと観念領域の研究に関しては、いささか等閑に付されてきたきらいは否めない。その分野に積極的に取り組んできたのが著者だ。

本書では、ともすれば政治的記念物としての意義が強調されがちな古墳を、宗教的・精神的・思想的な属性を強く具有した工作物とする観点から、人々の死生観や他界観に論究する。

ただ、考察の対象とされた家屋・船・盾・人物をかたどった埴輪（はにわ）や、壺（つぼ）・銅鐸（どうたく）・描かれた絵画や紋様、あるいは古墳壁画などは「沈黙の資料」であって、いっさい自らの故事来歴を語ってはくれない。したがって、同じような文化階梯（かいてい）だとみなしうる民族例や、やや時代の新しい古事記・日本書紀・風土記・万葉集、あるいは古代中国の文献を渉猟し活用して、意味づけをしなければならない。

著者はじつに巧みにそれらを駆使し、墓室・棺・副葬品や墳丘に樹立された埴輪などの、「かたち」のなかにひそむ「こころ」を探っていく。古墳は船や馬によって霊魂が導かれる聖なる他界の王宮で、墓室は霊魂が永久の時を過ごす他界、と著者は言う。古墳時代の人々は永遠の来世を信じたというわけである。しかし、四百五十年間もの長きにわたって築造された古墳が、はたして同一の観念を表象しつづけたのだろうか。

死後世界の説明者としての仏教導入以前の、死の観念や霊肉分離の観念、さらには他界の観念は先験的であったのか、それとも列島に生きつづけた人々が各時代の文化として、歴史的に獲得したものなのか。古墳の「かたち」が大きく変遷しているのだから、「こころ」も変化していたと思うのだが。（広瀬和雄・奈良女子大学大学院教授）

（白水社・2800円）＝2002年2月7日③配信

学際的な視野で論じる

「近親性交とそのタブー」（川田順造編）

装丁の白いカバーに浮かぶ「近親性交」の黒い文字。内臓をわしづかみにされるような不快感がこみ上げる。家族の目にふれるダイニングテーブルには置くのはよそう。このいいようのない嫌悪感は、どこからくるのだろう。

編者の文化人類学者、川田順造氏はそれを「身近な疑問であり、ヒトという生物のあり方の根源にかかわる問題として」提起した。遺伝子にくみこまれた戦略なのか。文化による刷り込みか。だとしたら、なぜ？　こうした疑問にこたえる最新の研究成果をもちよったシンポジウムが昨年四月、京都で開かれた。本書はその成果をまとめたものである。文化人類学やサル学、集団生物学、文学といった学際的な視野でこの問題が論じられるのは世界でもおそらく初めてだという。

フランス構造主義の代表的存在であるレヴィ・ストロースの理論やフロイトのエディプス・コンプレックスなど、この問題を語る上で古典あるいは基礎となってきた理論が紹介され新たな視点で見直されている。

例えば、鳥類やヒト以外のほ乳類、ボノボやゴリラ、チンパンジーといった霊長類はどうか。神話や民話で語られる古代社会ではどうだったのか。現代でも社会によって異なるのか。

十人の視点が重層的にからまり、そこからおぼろげにたちのぼるものは、「己」とは何か、「家族」とは何か、という根源的な問いへの示唆である。

ゴリラの野外研究をする山極寿一氏は、近親性交のタブーは「初期の人類が複数の家族からなる重層的な社会をつくるための不可欠な第一歩」という。「私たちは『己』の拡張された『同類』のうちに、どこまで『他者』を認めて性の交わりを結びうるのか」という川田氏は、狂牛病やテロ事件をひきあいに出し「同類」の範囲を突きつける。

直視できない太陽も、道具を使えばはっきり見えてくる。このタブーから目をそらさないことが、私たちの抱える家族の、そして社会の病理に向き合う力になる。その道具となる一冊である。（東嶋和子・ジャーナリスト）

（藤原書店・2400円）＝2002年2月7日④配信

京劇通し近現代を照射

「京劇　『政治の国』の俳優群像」(加藤徹著)

中国と日本は国交回復から今年で三十年の時を経た。中国に関する情報も関心も増加の一方だが、この三十年の間に両国民がお互いをどれほど知り得たと言えようか。京劇についても、訪日公演も頻繁に行われ、近年入門書や脚本梗概(こうがい)も出版されるなど、一通りの紹介はされてきた。しかし、京劇は近現代中国において単なる演劇を越えたある種「象徴的」な存在であったから、京劇の諸要素や約束事を知り舞台を見る、つまり「舞台の上のドラマ」だけでは、京劇の真の姿に肉薄することはできない。

この著作は、京劇入門的解説はあえてせず、京劇成立以前の清初から現代に至るまでの京劇の流れを、紀伝体風に人物・事例を紹介し論述したノンフィクションである。また「幕間戯」として、各章の間に本文に関連した「女形と女優」「創造的破壊に寛容だった京劇の『流派』」等の解説や私見が配され、京劇の楽器のコンセプトなど、著者の独創に富んだ分析も随所に盛り込まれている。これまでにない、日本の一般の読者が手軽に読め、京劇の流れを追い京劇の実態を知ることのできる画期的な著作であろう。

また、京劇を主題としつつ、ネガとポジのように逆に京劇を通して近現代の中国の姿、日中関係のありようが照射されており、巨視的な視野から深く鋭く京劇をつかみ、近現代史とそこに生きた人々を新たな視角から描き出している。並大抵ではない著者の京劇に傾ける情熱の結晶した労作である。

取り上げられた人物は、皇帝、権力者、役者、作曲家、歴史家、観客、外国人など多岐にわたり、それぞれに実に興味のつきぬドラマを繰り広げるが、中でも上海の役者・蓋叫天、女優・劉喜奎、「海瑞罷官」の作者で文革で無念の死を遂げる歴史家・呉晗などの生きざまは、胸を打つ。京劇の舞台そのものではない「台下戯」(舞台の外のドラマ)を描きながら、むしろ「生きた京劇」がここに刻まれている。(波多野真矢・立教大講師)

(中央公論新社・1850円)＝2002年2月7日⑤配信

非日常で確かめる日常

「ルート225」(藤野千夜著)

稲葉さゆりによる装丁がいい。ピンクのカバーは一部がひょうたん形にくりぬかれていて、黄色い表紙に描かれたイラストがのぞいている。はがすと少女と少年の後ろ姿。たたんだ傘を持った少女は勇ましく、カバンを下げた少年は頼りない。このイラストがリリカルな少女漫画家、さべあのまによるものだと確認した瞬間、私はこの小説の世界に引っ張り込まれてしまった。

かわいらしく、奇妙で、悲しい小説だ。語り手は中学二年生の女の子。一つ下の弟を迎えに行った帰り、二人は知らない町に迷い込んでしまう。引き返し、ようやく家にたどり着いたものの、両親がいない。どうも別の世界に入ってしまったらしい。こちらの世界ではジャイアンツの高橋由伸は少し太っていて、死んだはずの子が生きている。

SF的な面白さうんぬんより何より、この微妙な異常事態のなかでの(ほんと、微妙なのだ)主人公の心の揺れの描き方がとてもいい。泣き叫んで大騒ぎするのではなく、「てゆうか」を連発しながらひょうひょうとしているようでいて、それでもやっぱり悩み、悲しんでいる。

彼女には、「地下鉄のザジ」のようなたくましさと、学校でいじめられているらしい弟を思いやる優しさと、かっこわるいことを何より嫌うおしゃれ感覚が同居している。

日常は非日常によってしか確かめられないことを、この作家はよく知っている。パラレルワールドに迷い込むという非日常によって輪郭をあらわす少女の日常が、なんとも切なく思えるのは、私がすでに人生の折り返し点を曲がってしまった中年男だからだろうか。

いや、そんなことはあるまい。中年男にも少年だった時代はあったのだし、その意味ではヤングアダルト向けに書かれたこの小説は、中年男にも読む資格はあるのだ。

「夏の約束」で芥川賞を受賞してはや二年。これが受賞後第一作となる。ずいぶん待たされたけど、その甲斐はあった。(永江朗・フリーライター)

(理論社・1500円)＝2002年2月7日⑥配信

素直な感性でスケッチ　「猛スピードで母は」(長嶋有著)

第百二十六回芥川賞を受賞した表題作を含む長嶋有の本書は、なるほど時代を画するような大傑作ではなく、また若々しい野心にみちた問題作というにもほど遠い。しかしここにはそれを楽しむためにどんな知識や文脈も必要としない素直な感性の提示、すなわちただ自らの感受性だけで立ち、他の何にも頼らない「たくましさ」がうかがえるのだ。

ストーリー自体には大して語るべきものはない。表題作はバツイチの母と息子の慎との生活のスケッチで、また同時収録の「サイドカーに犬」は、ある夏ダメ人間の父と暮らす姉弟のところに愛人の洋子さんがやってくる。そして姉の薫と気が合ったというだけの話なのだが、しかし長嶋のスケッチする母親や洋子さんの何と魅力的なことか。

長嶋有の努力のすべてはストーリーの構築や文学的な認識の深化ではなく、ひたすら魅力的な女性を描くという作業に向けられている。だが注意しよう。あくまでも「カッコよく素敵な女性」であって、いわゆる「共感できる女性」や「生き生きとしたリアルな女性」では決してない。

実際、長嶋は深刻な内面のたぐいを克明に描写し彼女らを実存的もしくは社会的に意味づけることを慎重に避けていて、その筆致はもっとチャーミングでさりげない。例えば母が息子に絵本を読んでやる場面。「『面白かったね』とか『こんな王子と私なら結婚しないね』という感想に慎は大抵同意した。(略)教訓めいた話は大抵母にうけなかった。(略)そういうのは大抵最初から読まないか、あるいは途中で放り投げてしまった。母はよく物を放る人だった」

つまり長嶋のこだわるのは外面的な発言やちょっとしたしぐさや動作や覚悟なのであって、それが読者にまるで良質の映像作品を見ているかのような、現実に魅力的な女性と接したかのような「具体的」な感動を生じさせるのだ。純文学が忘れがちな「人間のカッコよさ」を取り戻す貴重な試みといっていいだろう。(石川忠司・文芸評論家)

(文芸春秋・1238円)=2002年2月14日①配信

米国の研究者による総括「歴史としての戦後日本(上・下)」(アンドルー・ゴードン編、中村政則監訳)

本書は、アメリカを代表する気鋭のアジア専門家(主として日本専門家)九人が戦後日本を論じた論文集である。「敗北を抱きしめて」で著名なジョン・ダワーや安全保障問題で知られるマイク・モチズキらの名もある。テーマも対外政策と国内対立、世界システムの中の日本といったマクロなものから、都会論、労使関係、知識人論など特殊なものまで、実に多彩である。

その分析手法は歴史的・実証的であると同時に、国際比較と二十世紀史の中の戦後日本史という視点に貫かれている。英語の原著は一九九三年に出版されている。バブル崩壊直後、日本社会につかの間の残光が見えたころである。日本にとっての戦後や昭和を総括するには、適当な時期であったろう。

本書の研究水準はすこぶる高い。ここで四つのことに思い至る。第一は、ほぼ十年前にアメリカの日本研究は既にここまで来ていたという感嘆である。第二は、それに比して、日本のアメリカ研究には独自性や理論化という点で、改善の余地が大きいという自省である。

第三は、アメリカで気鋭の知識人たちが依然として関心をもち続けるだけ、「失われた十年」後の日本が魅力的たりえるかという疑念である。そして第四は、こんなご時世にこうした学術書を堂々と翻訳・出版する訳者と出版社があることへの驚きと、そこから芽生える日本の知的社会への希望である。

著者たちが指摘するように、歴史に「必然の道」はない。戦後の経済成長も昨今の経済的・社会的閉塞(へいそく)状況も、さまざまな可能性の中から「選択された道」だったのであり、決して必然ではない。当然、将来も可変的である。暗い時代だからこそなおさら、われわれは安易な運命論に陥るべきではない。

本書の内容は高度だが、幸い翻訳はこなれている。日本の戦後を外からの視点で再考する、よき機会を与えてくれよう。(村田晃嗣・同志社大助教授)

(みすず書房・上2800円、下2900円)=2002年2月14日②配信

神秘的な営みを再編成

「バリ島芸術をつくった男」(伊藤俊治著)

海外の観光地で先住民のダンスを見せられることがある。「近代」に征服されたものたちは、政治経済だけではなく、精神的にも解体される。自分たちの共同体の神聖な儀式であったダンスを見せ物にすることはそれを象徴する行為である。

バリ島のケチャダンスもまたそうしたダンスの一つといえるだろう。バリ島を訪れる観光客が喜ぶこのいかにもバリ的なダンスは、実はドイツ人が一九三〇年代に考案したものだ。その男ヴァルター・シュピースがアジアのリゾートであるバリ島のイメージをいかにつくり上げたかを、本書は克明に記している。

バリ島では二十世紀はじめにオランダ軍の目前で王族をはじめとする住人が集団自決をし、その後本格的に西欧人向け観光地としての植民地経営がはじまる。そこにロシア生まれのドイツ人シュピースが大きな役割を演じた。

音楽家であり画家であったシュピースはバリ島の絵画や舞踊、音楽など神秘的な営みを西欧人の視点から解体し、西欧人が受容しやすいように再編成する。ケチャダンスも呪術(じゅじゅつ)的なダンスを映画「悪魔の島」のためにアレンジしてつくられたもので、西欧人のためのスペクタクル(見せ物)なのだ。

もちろんシュピースは善意の人であり、バリ島とその文化を愛したためにこうしたことを行うのだが、それが結果としてバリ島を西欧人と西欧化した日本人のためのミュージアムとしてしまうことになり、シュピース自身も悲劇の最期をとげる。

それにしても本書が面白いのは視点が徹底的に西欧に置かれていることだ。本書にはバリ島人の立場からの記述は全くない。バリ島の「ほんとうの」文化の実体というものが本書からは見えてこない。

しかしそれこそが「近代」のマジックなのだ。すでにシュピース出現以前の「ほんとうの」バリ島文化というものは存在せず、近代的ミュージアムの解説文以外にわれわれには読むべきテキストがないのである。(清水敏男・美術評論家)

(平凡社新書・780円)＝2002年2月14日③配信

病理描く思弁的ミステリー

「コカイン・ナイト」(J・G・バラード著、山田和子訳)

もともと文学は人間のなぞを追求するものだから、人間性の極限のなぞである犯罪をその素材にすること、つまりは純文学がミステリーをその型式にすることはしばしばあった。ドストエフスキーは「罪と罰」で加害者を、カフカは「審判」で被害者を主人公に、人間およびその社会とは何かを考えた。

一方で、犯罪をあつかう推理小説も人間性への省察を高めていった。ついには小栗虫太郎の「黒死館殺人事件」やエーコの「薔薇の名前」のように、そうした思索に便利な、人工的に構築された抽象的犯罪を題材とするものも現れた。このスペキュラティヴ(思弁的)ミステリーの分野で、純文学とミステリーはいつもその実りを交換している。

「コカイン・ナイト」はその新しい成果だ。SFという、人間の未来に関心を持つジャンル出身の著者バラードは、この思弁的ミステリーの型を借りて、ごく近い未来におとずれるだろう社会で、犯罪がどんな意味を持つかを探ろうとした。

物語のはじまりは主人公の弟が五人もの人間を焼殺した容疑で逮捕されたことだが、奇妙なのは周囲の全員が無実の罪だと思っているのに、本人だけが自分は有罪だと強固に主張していることだ。この逆説的設定が、この本全体のテイスト(気分)をよくあらわしている。

犯罪自体は本格推理マニアがうれしがりそうな一種の不可能犯罪(有馬頼義の野球ミステリーに同種の設定がある)、犯行が解明されるとこれも本格的トリック(クリスティを思い出させる)で、普通のミステリー・ファンを裏切らない。

暴力・売春・ドラッグなどの犯罪が(もっと言えば犯罪だけが)社会を活性化するという近未来の病理に満ちた世界構造を読者の前にくりひろげ、さまざまのことを考えさせずにはおかない作者の手腕は、なんともしたたかなものだ。

これはたしかに〈「サイコ」のスタイルでリメークされたカフカ〉の世界だ。(鴨下信一・演出家)

(新潮社・2200円)＝2002年2月14日④配信

混ざり合う記憶と現実

「噂の娘」(金井美恵子著)

書物、本を読むとき私たちは書かれた世界に入り込んでしばしの間、その世界を生き、この世界に帰ってくる。こちらの世界でも、あちらの世界でも、強烈な経験は経験として刻みこまれ、私たちのその後に介入してくる。と同時に何を経験し、何が刻みこまれているかは、後の経験によってはじめて明かされるということもある。

こうした〈読書〉すること自体の経験をも組み込んだ小説を読むということは、どんな経験をすることなのだろうか。作者がここで挑戦しているのは、まさにこのことなのである。

遠くの町に入院した父の看護で出かけた母。幼い弟と小学生の少女「私」は、母の知人の女所帯の美容院に預けられる。話は親から離された二人の不安と、美容院での女たちのうわさ話や彼女たちが見た映画や読んだ小説のおしゃべりを中心に展開していく。

時は一九五〇年代。女たちの好みは恋愛小説に恋愛映画。生活している日常の体験と、映画や小説といったバーチャルな体験とが相互に連関しながら女たちは生きている。読むこと、見ること、聞くこと、語ることによって膨らんでいくイメージや妄想も、彼女たちの記憶となり現実と混ざり合っていく。

そんな記憶のメカニズムは親の「秘密」に関する「私」と弟の認識の齟齬(そご)としても描写される。さらにバーネットの「秘密の花園」の読書体験から紡がれたらしい、もう一つの「噂の娘」である孤児の少女の物語〈秘密の花園〉としても描出される。ちりばめられた数々の恋愛映画、小説と、その享受者である女たちの〈感想〉は、〈おんな子供〉の作る〈歴史〉ともいえる。

映像から喚起されたイメージと、書かれた言葉が紡ぎだすイメージの干渉。書くことと読むことの干渉効果を、理論的枠組みを背後に潜ませつつ豊かな物語世界を現出させている。二十一世紀の冒頭にして二十一世紀の古典となりうる小説の登場といえるだろう。(与那覇恵子・東洋英和女学院大教授)

(講談社・2300円)=2002年2月14日⑤配信

医療過誤の土壌徹底分析

「あなたが病院で『殺される』しくみ」(古川利明著)

医療過誤が後を絶たない。その度、マスメディアが大きく取り上げ、医療機関に調査委員会が設置され、警察も介入し、裁判になるケースもある。それでも続発するのは医師の倫理性の欠如もさることながら、構造的欠陥があるのでは、と考えるのは当然だ。

本書は二部構成になっている。一部は国公立大学病院などで生じた「信じられないような」医療過誤の実態を綿密な取材で報告し、二部で医療過誤の土壌を掘り起こす。大学医局の密室性や封建制、医療保険制度が内包する諸問題、医師会と政治の癒着…。

その温床は数限りなくあるが、国民の中にある医療に対する信仰、健康願望も一因になっていると、著者は主張する。そして最後に「殺されないためには病院に近づかないこと」というショッキングな持論が展開される。

医療とは、一歩間違えば患者を傷つけ、死に至らしめる技術だ。当然、医師には、個々の患者の心や体を責任を持って支え抜く姿勢と技量が必要となる。しかし、医学部での教育でも、医局での研修でも「医師は患者のしかばねを乗り越えて一人前になる」と私たちは教えられてきた。

さらに、過誤を引き起こしてしまった時、必ずと言っていいほど「事実を絶対に口外するな」と厳命される。最も人権や人命に抵触する医療の分野で、最も前近代的かつ非論理的なことがまかり通る。筆者が指摘し続けるのもその点だ。

筆者が今後の課題として提唱するいくつかの事項の中で、情報公開は大いに賛成だが、「コスト意識」の導入については再考してほしい。経営の合理化は看護職員などの削減を招き、医療過誤に拍車をかける懸念があるからだ。

本書の意義は医療過誤のシステムの解明を試みたことだ。しかし現代医療の一層の専門化・細分化は、患者の、自らの身体の管理を医師に任せきりにする風潮を助長することも見逃せない。医療過誤は「医療の在り方」そのものを問いかけているのかもしれない。(山口研一郎・医師)

(第三書館・1600円)=2002年2月14日⑥配信

孤独城を築きあげる技術

「カイン」(中島義道著)

私の理解ではアダルト・チルドレン(AC)とは、「人はひとりでは生きてゆけない」という概念を徹底してたたき込まれた人のことだ。ACは必然的に「いい子」である。従順である。

この本は、かつてACであった(いまも脱し切っていないようにみえる)哲学者である「ぼく」が、ひとりで生きる力を獲得できないで苦悩する若きAC青年「きみ」に向けて「生きる技術」を説いたものだ。

著者の言葉によれば「いっさいの他人を遮断して孤独城を築きあげる技術」ということになる。これはすごい。

タイトルのカインは旧約聖書に出てくる人物だ。嫉妬(しっと)から弟のアベルを殺したカインは共同体を追われ、地上を一人さまよう者となった。それと同じように、きみは自分の中の「いい子」を殺さなくてはならない。そうすることによって、ほんとうのカインにならなければならない。つまり孤独であることを引き受けなければならない、とぼくは語る。

どうすればいい? 怒れ、親や周囲の期待にそむけ、人に迷惑をかけろ、ジコチューをつらぬけと説く。確かにどれもACを抜け出すための方法ではある。ぼくはそれを実践した。その結果、強くなった。だがそれには代償もともなった。いっさいの他人を遮断したために、愛されることが耐えがたくなってしまった。ぼくは愛の貧乏人だ、と書くに至る。

思わず吹き出してしまった。こういった巧まざるユーモアにいくつも出合う。著者の持ち味であると思った。

ところで私は、嫉妬のあげく弟を殺してしまったカインに関心を払わない著者に不思議な思いを抱いた。そして多数者と少数者を対立させ、少数者の立場に立って多数者に猛烈な憎悪の言葉を浴びせかけるといった「ぼく」の二分法には、著者の無視した、嫉妬で弟を殺したカインが深く影を落としているように思えてならなかったのである。(芹沢俊介・評論家)

(講談社・1500円)=2002年2月21日①配信

率直に語る思想と技術

「演出術」(蜷川幸雄、長谷部浩著)

二年半、聞き手の長谷部は蜷川のけいこ場に通ったという。けいこ中の作品について、周到に準備しインタビューした。その記録が本書である。

新劇から出発し、アングラ演劇の櫻社をつくった後、商業演劇に転じ、世界のニナガワへと。蜷川をめぐる記述は、どうしてもその稀有(けう)な経歴を追いがちだ。だが長谷部は編年体をとらず、作家ごとの配列を選んだ。ギリシア悲劇、清水邦夫、唐十郎、秋元松代、チェーホフ。一つの戯曲について、初演、再演、新演出に対する言及が並ぶ。演出の推移をたどるうち、作家論、作品論がおのずと浮かびあがってくる。シェークスピア劇の演出意図を述べた章など圧巻だ。

清水や唐十郎との出会いに、蜷川の出発点がみえる。清水戯曲の寓意(ぐうい)を俳優の身体で乗り越えようとし、唐十郎の天才的なことばに拮抗(きっこう)するために、視覚的なイメージを使った。装置や音楽で観客を導く手管、俳優に体をななめに構えさせて舞台に立体感を出す方法など、具体的な演出術の種明かしもある。

しかし、当たり前のことだが、演出は思想と結びついている。群衆ひとりひとりの動きにも理由があると考える演出家が、スペクタクルが目立って俳優が忘れられる大劇場を見限ったのは当然だった。底辺にいる民衆の視角から、蜷川はノイズにみちたわい雑な世界をつくる。ヨーロッパの演出家の洗練に対抗する。

読んでいて蜷川の率直さに心打たれることが幾度もあった。例えば「近松心中物語」は戯曲がだめだと明言し、俳優の演技が型にはまり劣悪化したと断じる。マイクを使って演劇だなんて言っているのは日本だけだと嘆く。自らの失敗を潔く認めながら、歯ぎしりするような口惜しさが伝わってくる。

随所についた注は、それだけ読んでも楽しい。舞台写真がほとんどないのは不親切というより、演出家のことばから上演の様子を立ち上がらせようという心意気にちがいない。(太田耕人・京都教育大学助教授)

(紀伊国屋書店・3000円)=2002年2月21日②配信

心の奥底を繊細な感性で

「源内狂恋」(諸田玲子著)

江戸中期の本草学者、戯作(げさく)者、浄瑠璃作者で、その才人ぶりが現在にも伝わっている平賀源内は、門弟を斬殺(ざんさつ)して牢(ろう)送りになったことでも知られる。

源内が門弟斬殺という禍々(まがまが)しい事件を起こしたのは、安永八(一七七九)年十一月二十一日の午前二時すぎのことで、翌々日には小伝馬牢へ護送された。それから牢内で病死するまでの二十六日間、源内は牢内で回想と妄想にふける。作者は源内の内面を探り出し、繊細な筆さばきで彼の心の奥底にあったものをえぐり出して見せている。

讃岐高松藩の志度浦蔵番という低い身分の家に生まれた源内は、幼いころから虚言癖があり、見えっぱりな性格であった。長崎遊学後の御薬園詰所勤務でのあつれきや婚約者の裏切りなどがあり、宝暦六(一七五六)年の二十九歳の春に、源内は藩の許可を得て江戸に出ることができた。

江戸での活躍は、本草学の研究をはじめ、火浣布(かかんぷ)・寒暖計・エレキテルの製作、武蔵秩父での金山開発と経営、陶器や毛織物の製造・販売、浄瑠璃・芝居・戯作の書き下ろしなど多方面にわたった。

十八も年下の野乃との出会い、それ以後、下女として、愛人としていつも付き添ってくれた彼女への愛憎のありようを、源内は思い返す。そして、野乃との二十年にわたる狂おしい恋の物語を、彼女の目で見、彼女の言葉で書き始めた。

もののはずみで飛び出した言葉が、互いの胸をえぐり、そこから傷口が広がっていく。そんな言葉の恐ろしさを、源内も野乃も気づいていた。源内と野乃の、そして弟子の久五郎の、それぞれの「言わずもがな」の言葉、それがこの三人の運命を狂わせたのだった。

一作ごとに新たな趣向を凝らしてきた作者だが、本書では常人とは違う感性を持った才人の内面、情愛やエゴのありようなどを描き出す手法に意欲がうかがえる。源内乱心の背後に隠された真理が潜んでいるとする視点に、作者の繊細な感性があらわれている。(清原康正・文芸評論家)

(新潮社・1700円)=2002年2月21日③配信

すべてを一般向けに紹介

「ピル」(北村邦夫著)

たった二文字のカタカナが、鋭く目に飛び込んでくる。そして心がなぜかざわついてしまう。使っている人も使っていない人も。賛成の人も反対の人も。男も女も。それがピルである。本書は、その心のざわつきがどこからくるのか教えてくれる。

著者は東京の日本家族計画協会クリニックで、二十年以上も経口避妊薬とつきあってきた産婦人科医。「スポークスマン」としてピルへの偏見や誤解と闘い、もっとも安全で副作用の少ない低用量ピルの早期承認を訴えてきた。その豊富な経験と知識を背景に、ピルのすべてを一般向けに紹介する。過去を総決算し、ピルの普及という第二幕へ踏み出そうという著者の意気込みが感じられる。

内容はピルの妊娠抑制の原理、副作用の正しい理解から、世界での開発の歴史、低用量ピル承認までの経緯、現在の使用実態まで幅広いが、なんといっても興味深いのは、ピルという薬がこれまで負ってきたこっけいなまでの役回りの多様さである。

ピルはあるときは人権尊重や女性解放のシンボルに祭り上げられた。あるときは性病やエイズまん延を引き起こす悪役となった。推進派はピルを女性の性の自己決定権を守る手段とみなす。逆に日本のフェミニストは、避妊に無責任な男を増やす女性抑圧の道具とみる。環境保護団体は女性の尿から流れ出て生物をメス化させる環境ホルモンだと横やりをいれる。

小泉首相も厚生大臣時代、ピルに反対していた。菅直人元厚相も承認に踏み切れなかった。リベラルを自認する人々でさえも、慎重になってしまうのがピルである。

革新対保守、男性優位論者対男女平等論者という単純な図式でとらえきれないのは、裏に「愛」や「家族」という言葉に覆い隠された、個人や社会の生殖への打算があるからだ。性を管理することへの絶ち難い誘惑。それに対する警戒。ピルはこの秘められたものを明るみにする。だからわれわれの心にさざ波を立てるのである。(大島寿美子・ジャーナリスト)

(集英社新書・680円)=2002年2月21日④配信

音と住居をめぐる悲喜劇

「雑音考」(樋口覚著)

本書の著者樋口覚は、三島由紀夫賞作「三絃(さんげん)の誘惑」をはじめとして、わが国の近代の文化史を、音をめぐる主題に焦点をおいて読みなおしてきた人。昨年も、タイトルだけでも人を仰天させかねない「グレン・グールドを聴く夏目漱石」という本を出した。文学の批評や研究の殻を破ろうとする最近の動きのなかでも、とくに目覚ましい仕事をしているひとりである。

その耳のよさ、知識の該博さ、着想の独自性は、「思想としての転居」の副題をもつ本書でも十分に発揮されている。

引っ越しが思想になるとはどういうことか。雑音というものが発生した近代。文人や哲学者は、思索と執筆の邪魔になる雑音から逃れようとして、住居を舞台とする悲喜劇を演じた。ボードレールの「この世のほかならどこへでも」という詩に出てくる「転居の問題」とは、この雑音との闘いのことだ。これが著者の着想の出発点である。

まず、漱石の短編「カーライル博物館」を、単なる見聞記ではなく、音に悩まされてきた漱石がおなじ悩みから屋根裏部屋まで作ったトマス・カーライルその人に肉薄した虚構=小説であると読み解く。

スコットランドから出てきたカーライルのロンドンと、熊本時代と同様に転居をくりかえした留学中の漱石のロンドンが重ねられる。そして、ショーペンハウエル、カント、ルソーといった哲学者の雑音との闘いも引き合いに出される。

本居宣長、鴨長明、岡倉天心へと著者の関心は大きく広がる。さまざまな住居とさまざまな音の表現が、実際に歩いた見聞とテキストのていねいな読みによって興味深く姿をあらわす。

パスカル・キニャールの言葉「耳にはまぶたがない」が示すような音の脅威を語りながら、著者はその一方でよい耳をもった表現者の仕事に触れる楽しみも忘れていない。太宰治や中原中也がそんな表現者として登場する。写真図版が多く入っているのも楽しい。(福間健二・詩人)

(人文書院・2400円)=2002年2月21日⑤配信

〈今〉の教科書

「愛のひだりがわ」(筒井康隆著)

二〇〇二年向けの衝撃的な教科書という印象である。

母の死を契機に行方不明の父親を探す旅に出る少女「愛」の物語。〈今〉を生きるための教科書というと妙に思われるかもしれないが、実際この小説を読むと「理想をもつことの大切さ」「現実をみつめることの大切さ」「大人になるということ」「困難から逃げないこと」「暴力で報復しないこと」「他人を思いやること」「他人を信頼すること」「他人を許すこと」「人間以外の生き物たちへの愛情」「学ぶことの意味」「社会と個人について」「親子の関係について」「リュックサックへの荷物の詰め方」「洗った犬の乾かし方」などが、少女の成長物語の流れのなかで自然に学べるようになっている。

このように理念だけを取り出してながめるとき、それは私たちが戦後の学校教育や家庭の中でさんざん言われてきたのと全く同じ内容(犬の乾かし方などを除く)であることに気づく。

それにもかかわらず、私はこれらをほとんど身につけることができなかったし、われわれの社会もまた同様であるように思われる。理念だけをいくらながめても、暗記するまでそれを唱えても、それだけでは駄目なのだ。

二〇〇二年現在に至っては、これらは完全にお題目と化していて、その裏側に張り付いていたはずの生命を失っている。本作では物語の力を借りることで、そこに新しい命を吹き込むことに成功している。

それにしても、本来正しいはずのこれらの理念を、戦後という時間のなかで、われわれがついにものにすることができなかったのはなぜなのだろう。あるいは、いったんはつかみかけたはずのものが、結局は命を失ってしまったのはなぜなのか。

かつてのはちゃめちゃなSFから本作までを貫く作者の苛烈(かれつ)な精神の一貫性を感じつつ、私は何よりも本書の異様な「まともさ」に衝撃を受けた。筒井康隆が真剣に教科書を書かねばならないほど、〈今〉は悪くなっているのだ。(穂村弘・歌人)

(岩波書店・1800円)=2002年2月21日⑥配信

ポルノ議論に有益な1冊「ポルノグラフィと性差別」(キャサリン・マッキノン、アンドレア・ドウォーキン著、中里見博ほか訳)

小さいときから僕は「風紀委員」的なものが大嫌いだった。「道徳」の押し付けというイメージが、どこか権力行使を感じさせるからだ。とはいっても、人権侵害については、許せないことだと考えてきたし、「人権ファシズム」といわれようとも、なすべきことはきちんと対応するべきだと思っている。

こんな僕にとって、ポルノグラフィーを根底的に批判する本書のような議論は、実は大変対応しにくいものなのだ。「風紀委員」も嫌だし、「表現の自由」は何よりも重要な課題だと思っているし、とはいっても人権は守られるべきだし…。そんなわけで、実は、ちょっと気が進まないまま読み始めた。

しかし、読んでいくと当初抱いていた印象はだんだん変化した。確かに「風紀委員」的な、いささか性急な決め付けを感じないでもないが、著者たちが求めているのは、権力をもってするポルノグラフィーの規制ではなく、ポルノが作り出す被害者の側に、徹底的に寄り添うものであることが分かってきたからだ。

著者たちのいうポルノグラフィーとは「女性を従属的で、性的対象としてのみ描き出す図画や文書のこと」だ。そして、ここで議論されているのは何よりもまず、ポルノの製作過程(出演女優への性暴力はその典型だ)や、さらにその消費を介して生じた性被害(例えば、ポルノに触発されて性暴力を振るうこと)に対して、きちんと対応することなのだ。

実際、本書にも掲載されているアメリカ合衆国の一部自治体での「反ポルノグラフィ公民権条例」などでも、処罰や損害賠償の対象とされるのは、ポルノ製作の場での強制行為や、見たくもないポルノの押し付け、ポルノを原因とする暴行脅迫など、性被害や権利侵害を生み出したという被害者側からの具体的な立証が前提とされている。有害図書規制がしばしば古い「道徳」レベルで語られがちな日本という国におけるポルノをめぐる議論のためにも有益な一冊といえるだろう。(伊藤公雄・大阪大教授)

(青木書店・2900円)=2002年2月28日②配信

勇気ある異議申し立て「戦争とプロパガンダ」(E・W・サイード著、中野真紀子・早尾貴紀訳)

昨年の9・11同時テロ事件後、アフガン報復戦争は正義を証明できないまま、米国の敵捜しのような「終わりのない戦争」に拡大しようとしている。ブッシュ大統領が悪の枢軸と名指ししたテロ支援三国に対し、さらにどんな軍事攻撃、意図的な情報操作をしかけていくのだろうか。

米国の忠誠愛国と主戦論の気運は、9・11事件をそれまでの自国の言説、行動すべての文脈の中で位置づけることを封じたまま、異様に盛り上がっている。そんなときに、「他者」を悪魔にすることを基本にしては、まともな政策も展開できない、と鋭く批判する著者は、少数の勇気ある異議申立人の一人だ。

パレスチナ・アラブ系米国人の一級の思想家として有名な、ニューヨーク在住の著者は、これまでも〈イスラム〉世界について、米政府と一体化したメディアがどんな報道をして真実を隠ぺいし、そして〈負〉のイメージを作り出してきたか、その知と権力の構造を明らかにしている(「イスラム報道」、「文化と帝国主義」など)。

イスラムを「われわれ」とは違う「異人」とし、非人間的な行為で自由世界を攻撃しているという、被害と加害をすりかえたプロパガンダの効果は、テロ直後にその大惨事を利用してイスラエルが軍事弾圧を強化したことでも証明された。

集団的熱狂の現場で書かれた発言を収めた本書で、彼は絶望から奮い立つように、プロパガンダに対抗して、大国が弱小民族におそいかかる現実を分析することをうながす。単純な言説で、政治的犯罪を正当化することを危険視する。

一方、アラブの指導者は、自分たちの目標や手段、道義的な立場をはっきり自覚して、「自分たちの肖像」を世界に知らせるのを怠った、と手厳しい。目的は憎悪ではなく「共生」である。政教分離の立場から、解決法を探そうという動きがわずかに表面化したことに彼は希望を託す。他者への想像力がカギだ。(中村輝子・立正大客員教授)

(みすず書房・1500円)=2002年2月28日③配信

全合戦を客観的に記述　「織田信長合戦全録」（谷口克広著）

戦略や生き方がビジネスマンの手本にされることが多い戦国大名の中で、織田信長は巧みな作戦と斬新な発想、鮮烈な人格によって人気の高い武将の筆頭にあげられるだろう。

圧倒的多数の兵力の今川軍を討ち破った桶狭間の戦いや、浅井・朝倉軍に大打撃を与えた姉川の戦い、武田氏の騎馬軍団を壊滅させた長篠の戦いなどは有名であり、本能寺での死に至るまで、エピソードとともに信長の事跡はよく知られている。

けれども、生涯に行った合戦のすべてを記述した書というのは、なかったのではないだろうか。「織田信長合戦全録」は、書名の通り、信長のかかわった合戦全部を網羅している。

信長は、父の死により十九歳で家督を継いで以来、明智光秀の謀反に倒れるまでの三十年間、東奔西走し戦いに明け暮れた。

尾張一国を掌握することから始まり、隣国美濃の斎藤氏との対決、上洛後の畿内での戦い、叡山の焼き討ち、伊勢や伊賀への侵攻、石山本願寺との闘争、長島、越前などの一向一揆衆のせん滅、武田、上杉、毛利などの大名との戦いなど、甲斐・信濃から因幡・備前まで、信長の指揮下の合戦場は広がっていく。

当時、天下統一を狙う者ならば、合戦につぐ合戦は必然といえるが、信長の息つく暇もない戦線の拡大と転戦ぶりは、それが戦略家としての非凡な才を示すものながら、悲壮でさえある。また、合戦のたびに繰り返される城下への放火、作物の刈り取りに庶民の受難を思った。

とはいえ、本書は小説や人物論ではないから、推測、推論や感情移入は抑えられ、信頼できる資料にもとづく客観的な合戦の記述にとどめられている。

個々の合戦のあった土地、その現在地名、城と城主、武将の名、戦いの推移が簡潔に、かつ手を抜くことなく述べられていて、安心して読める。巻末の年表とともに資料としてありがたい。（坂梨由美子・紀行ライター）

（中公新書・840円）＝2002年2月28日④配信

三島めぐる批評の演劇　「『三島由紀夫』とはなにものだったのか」（橋本治著）

三島由紀夫が一九七〇年に自決したとき、著者は二十二歳であったという。「そして、三島由紀夫の小説を一つも読み通したことがなかった。それまでに読んだのは、三島由紀夫のいくつかの戯曲だけだった。上演された芝居はいくつも見た」

著者と三島との最初の出会いが、戯曲・芝居であったことは、この本の特徴を、ある意味でよく物語っている。

それは「サド侯爵夫人」などの代表作はむろんのこと、「恋の帆影」「喜びの琴」「若人よ蘇れ」など、今日あまり論じられることの少ない三島戯曲にも目が向けられているばかりではなく、三島由紀夫というその存在自体を語るとき、“演劇”というものが、不可欠なものであると著者は確信しているように思われるからだ。実際、三島由紀夫は文学者であると同時に、戦後という時代のスターであった。

「三島由紀夫が生きていた時代は、作家がえらかった最後の時代である」と著者は書いているが、死後三十年以上を経て、いささかも衰えることない、いや、ますますさまざまな関心を呼ぶ“三島伝説”は、彼の生身の人生そのものが、作品という言葉のフィクション（虚構）と張り合うだけの強烈な演劇性を持っているからであろう。

しかし、本書は芝居から入った著者が、その後三島の小説世界に深入りしていったことをうかがわせる。それは「豊饒の海」や「仮面の告白」という、これまでも多く論じられ、ほとんど論じつくされた感もする代表作を徹底的に分析してみせていることからもわかる。

「豊饒の海」は「日本の幻想文学の第一位に遇されるものだと思う」といった意表を突く指摘や、「仮面の告白」における「接吻の失敗」、あるいは三島は「同性愛を書かなかった作家」であるとの見方など、これまでの三島論の枠組みをスリリングに読みかえてみせる。つまり本書自体が、「三島由紀夫」をめぐる批評の演劇なのだ。（富岡幸一郎・文芸評論家）

（新潮社・1800円）＝2002年2月28日⑤配信

法王の死の真相探る 「バチカン・ミステリー」(ジョン・コーンウェル著、林陽訳)

先代のローマ法王、ヨハネ・パウロ一世のことを記憶している日本人は少ないだろう。だが、一九七八年に法王に選ばれながら、わずか三十三日後にバチカン内で突然、死をとげたと聞けば、そこに不穏な気配を感じるのは人情というもの。当時、時を同じくして、バチカンとも取引のあったアンブロシアーノ銀行の頭取がロンドンで変死、その秘書も数日後に転落死、事件の真相を知る黒幕の一人、金融業者ミケーレ・シンドナは獄中で毒殺されるという陰惨な事件が続いただけに、法王の死は暗殺だったのではないか、といううわさが世界を駆けめぐった。

そういう視点に立つ小説もベストセラーとなり、あのフランシス・コッポラさえ、「ゴッドファーザー」シリーズ第三弾に、法王暗殺の場面を練り込んだのだった。以来、現在もなお、ヨハネ・パウロ一世のことを調べたい、とバチカン内で公言することは一種のタブーになっている。

この本は、八八年、それまでのうわさを一掃したいというバチカン要人たちの協力態勢に支えられた著者が、一年もバチカン内の修道院にとどまって執筆したという。もちろん、法王は殺されたのではない、という結論へ行き着くのだろうと高をくくっていると、終えんが近づくにつれて、読み進めるにつれて、冷徹なジャーナリストの裏切りが潜んでいる。

著者は、過去に書かれた書物のずさんさをひとつひとつ指摘し、死の前後のできごとを正確に再構築することによって、一見、バチカンの関係者たちの汚名をそそぐかにみせる。ところが、途中から、読者は、世界中に十億人もの信者を抱えるカトリックの総本山に、慈愛と平和を説く聖域の中に、腐敗、軽べつ、ごう慢、怠惰、どん欲といった大罪の巣くつを見せつけられ、がくぜんとするのである。

この本の真の恐ろしさは、そこにある。さらに、他殺のうわさをぬぐうという意図に反し、読後も、その死にさらなる疑念がわいてきたのは、私だけだろうか。(島村菜津・ノンフィクション作家)

(徳間書店・1900円)=2002年2月28日⑥配信

耳を傾けることの大切さ 「傷ついた物語の語り手」(アーサー・W・フランク著、鈴木智之訳)

アイデンティティーというのは、ひとが自分に語って聞かせるストーリーだと言ったのは精神科医のレインだが、ひとはそのようにいつも自分の人生について納得のいくような物語を自分なりに紡ぎだしつつ生きてきた。が、その物語は、偶発的なことで何度も破たんする。

そのひとつが病だ。突然自分を見舞うことになった病は、これまでの物語を遮断したり無効にしたりする。そこでひとは自分の語りなおしを強いられる。

その語りなおしの構造をめぐって、いきなり根の深い困難が提示される。近代社会では、病の経験はどうしても「語りの譲り渡し」というかたちをとらざるをえないからだ。自分の病についての語りが医学の物語に沿ってなされざるをえず、みずから発する声(アクティヴ・ヴォイス)が奪われる。つまり、ひとは従順な「患者」にさせられてしまう。

このことが倫理的な共同体というものを危うくしているというのが、著者がもっとも力を込めて論じているところだ。というのも、病が身体の故障とされることで、ひとはその身体のなかに閉ざされる。あなたのことを思って、という医療者の言葉がそれに追い打ちをかける。

ひとはさまざまに回復の物語をたぐりよせようとするが、ほんとうに苦しいことにはむしろ物語を拒絶するところがある。ひとは、今という瞬間に閉じ込められ、ぐるぐる傷口をなぞるばかりで、言葉はぶつぶつ途切れ、ついにはへたり込む。

言葉にならないからこそ、しかし、それは聴かれねばならない。整理するのでも分析するのでもなく、受けとめられるのでなければならない。わたしたちを分離してしまう病のその不可能な語りに注意深く耳を傾けることで、他者のその経験の証人になること、そのことがわたしたちの道徳性というものを開くのだと、著者は強く強く訴えている。(鷲田清一・大阪大教授)

(ゆみる出版・2800円)=2002年3月7日①配信

繊細に描く科学の哀しさ　「五人姉妹」（菅浩江著）

本書に収められている九つの短編には、それぞれに近未来に実現しそうな「科学技術」が登場する。クローンに成長型の人工臓器、ネット上人格、バイオ農場、記憶の再生、思考力を有するロボット…。

だが、ここに描かれているのは、無機質な科学ではない。切ないまでに温かい、そんな人間への深い哀（かな）しみが、全編にあふれている。科学への問いとは、つまり人間性の探究なのだと思わせる、そんな繊細な感性の輝きが、ここにはある。

菅さんが描く科学は哀しい。といって、彼女は科学技術の進歩が非人間的な社会をつくるといったたぐいの、紋切り型の批判を込めているのではない。そもそも科学技術の進歩もまた、人間の幸福や利便性を目的にしているのだ。

あきらめとは違う、もっと積極的な健気（けなげ）さで、登場人物たちは、それぞれの生と向き合っている。だが、進まなければならない宿命への寛容と、失わなければならない「時」への惜別の情との、その両方を抱えてひとり立つ孤独な魂は、風に揺れる樹（き）のようにざわめいている。

表題作では、同一の遺伝情報を持ち、年齢差のあるクローンが登場する。彼女らは対話を通して、自分自身の人生を確認し、あり得たかも知れない別の人生の可能性を探しているかのようだ。また、山奥の孤児院で暮らす少年の成長物語「子供の領分」では、よりよいロボットをつくるという思考は、けっきょく、人間性とは何かという問いなのだと思い出させてくれる。

人間は何と豊かな気持ちを持っているのだろう。それでいて、どうしてわれわれは、その内なる思いを見失いやすいのだろう。まだ存在していない架空の科学と人間とのかかわりを描きながら、これらの作品はとてもリアルだ。「リアル」というのは、写実ではなく、切実さのことだ。そういえば、切実という字は「実に切ない」と書くのだな、と思った。（長山靖生・文芸評論家）

（早川書房・1700円）＝2002年3月7日②配信

勝敗を決定付けた気象　「ウェザー・ファクター」（エリック・ドゥルシュミート著、高橋則明訳）

表題は軍事用語である。すなわち戦争において、その勝敗を決定付けたものが気象現象であるとき、それを「ウェザー・ファクター」と呼ぶ。日本の例では、元寇の際の“神風”がその典型だ。

本書は、この弘安の役をはじめ、ナポレオンとヒトラーの野望をくじいたモスクワの冬将軍、天候の偶然の変化が連合軍に味方したノルマンディー上陸作戦、ナチス・ドイツのバルジ大作戦など、名高い戦役を気象の視点から取り上げた異色の戦記物だ。著者はヴェトナム、アフガニスタン、アイルランド、中東などで戦争特派員として取材した筋金入りの従軍記者である。

十年間の従軍中に実体験した戦闘を扱ったヴェトナム戦争の章はさすがに臨場感がある。しかし「米国は共産主義に敗れたのではなく熱帯のウェザー・ファクターという“自然の力”に負けたのだ」という筆者の結論は、いささか短絡的に過ぎはしないだろうか。

この疑問は軍事目的の気象研究を扱った最終章で解ける。米軍の気象学者は今世紀の早い時期に気象をコントロールできるようになると信じているらしい。「未来においては、軍事作戦を立てる際に、現実の気象の制限を受けることもなくなるだろう。自軍に望ましい気象や敵陣に降りかかってほしい気象を考えられるようになる」と著者は言う。もちろん、そうした技術を実現してはならず、「自然を支配しようと試みることは愚行だ」というのが筆者の主張ではあるのだが。

気象はいわゆる複雑系の最たるものであって、科学的には著者や軍が考えているほど甘くはない。結局、両者とも「科学に不可能はない」という幻想を共有しているわけだが、最近の科学は気象の完全な制御には否定的だ。

また、本書は戦局に影響した局地的一時的な気象の激変に関心が集中している。だが歴史の大きな流れを変えるのは長期的な気候変動だろう。人類にとっては今や、地球温暖化の方が戦争よりもはるかに重大な問題であることを忘れてはなるまい。（吉永良正・サイエンスライター）

（東京書籍・2400円）＝2002年3月7日③配信

臨場感たっぷりに描く

「『よど号』事件三十年目の真実」（島田滋敏著）

あれはなんだったのか。事件当時、現地対策本部で陣頭指揮にあたった日航OBが、三十余年を経て「残された謎」に迫った。

富士山上空で赤軍派を名乗る集団に乗っ取られ、福岡経由、ピョンヤンを目指したはずの「よど号」。ところが降り立ったのはなぜか、韓国の金浦空港だった。

駐機中の航空機をすべて離陸させ、地上車両の色を塗り替え、金日成主席の写真を用意する。金浦＝ソウルをピョンヤンに見せかけるため、限られた時間で姑息（こそく）なまでの努力がなされた。

結局、「偽装着陸」は犯人たちにあっさり見破られてしまう。とはいえ、そこまでしてなぜ？　著者は、マクドナルド神父という一米国人乗客こそ、謎を解く鍵だとする。なぜ、彼にだけは、ソウルで三度にも及ぶ身代わりの申し出があったのか。同地での乗客解放後、彼だけが姿を消してしまった理由とは…？

発生から解決まで「緊迫の四日間」が臨場感たっぷりに描かれ、一気に読める。回想録にありがちな「自己英雄化臭」にまみれていない筆致にも好感が持てる。

それにしても、あれから三十余年。本書を通じて振り返る犯人グループの印象は、「お子さまだよなあ」。これに尽きる。

世界同時革命を夢みてハイジャックを企てた彼ら。だが、その多くが飛行機というものに乗ったことがなく、日本語以外の言語をまったく解さぬまま、「一部はおもちゃだった」ともいわれる日本刀などを握って「よど号」に挑んだのだ。

幼さぶりが際だつのは、ジャンボ機ごと高層ビルに突っ込む現代のハイジャッカーについ、比してしまうせいか。それとも、「他文化」や「多様性」にいまイチ弱いこの国の相変わらずの「ドメスティックさ加減」に、私が辟易（へきえき）しているからなのだろうか。

ところで昨今、あさま山荘事件の映画化が相次いだ。そろそろ「よど号」もどうか。ジャニーズタレント総出演！　なんてピッタリだと思うんですが。（島村麻里・フリーライター）

（草思社・1600円）＝2002年3月7日④配信

評伝を超えた労作

「牙」（後藤正治著）

江夏豊のセールスポイントは奪三振だった。デビュー二年目の昭和四十三年には四百一の日本記録を樹立。王貞治との対決はプロ野球の華だった。六年連続奪三振王、一試合最多奪三振数十六、一シーズン三者三振二十、毎回奪三振試合五などの数字が残っている。昭和四十六年オールスターゲームの連続九奪三振のシーンはいまでも私たちの目に焼きついている。

投手生活の前半は快速球で空振り三振をとり、後半リリーフ転向後は絶妙の配球と制球力で見逃し三振をかせいだ。日本中が注目するひのき舞台で、存在をアピールしたかと思えば、なんでもない試合を自身の奮闘で記録上の大試合に昇格させたこともあった。

この本ではそうした数々の試合が、記録と江夏本人の回想をもとに再現される。テレビや球場で私たちの見た試合が多い。読者はそれらをわくわくして追体験し、なるほどあのときの内情はこうだったのかと深く納得するのである。

マウンド上の江夏はふてぶてしかった。一勝につき二十万円の出来高契約を結んでいて、勝ち投手になると札束をポケットにいれて北新地で豪遊した。半面おそろしく研究熱心で、スコアブックを欠かさず持ち帰って綿密な分析をつづけた。ひじ、肩、心臓の故障に苦しみながら巨人の強打線と渡り合い、のちにはリリーフとして一世を風靡（ふうび）した。

著者はかつての江夏の同僚たち、江夏と戦った他球団のOB、もとトラ番記者などおびただしい関係者にそれぞれの「江夏体験」を語らせている。よくもこれだけ取材できたと思わせるほど数多くの人が江夏を語り、自分を語っている。

そのおびただしい証言の積み上げによって昭和四十年代から五十年代にかけてのプロ野球の全体像がうかびあがる。国中が繁栄目ざして突き進んだあの時代、プロ野球は最も熱く愛されていた。以来日本はどう変わり、プロ野球とそれを愛する私たちは何を失い何を得たのか。天才投手の評伝を超えて問い掛けてくる労作だ。（阿部牧郎・作家）

（講談社・1800円）＝2002年3月7日⑤配信

安保問題の批判的検証　「『平和国家』日本の再検討」(古関彰一著)

冷戦時代から今日に至るまで、日本の政党と国民は憲法九条と日米安保条約をめぐる平和や安全保障の問題を、なぜあれほど観念的に論じてきたのか。そのことについては、いわゆるハト派もタカ派も同様である。

著者によれば、それは、敗戦直後から日本の安保政策が米国の世界戦略の枠にはめられてきたことや、アジアの近隣諸国にたいする戦争責任を放置してきたこと、戦禍にあった沖縄を「基地」化することによって再度犠牲にしたこと、といった現実を直視しようとしなかったからだという。自分たちが受けた被害のことしか頭になく、また軍事力の保持や発動の問題しか見ない狭い視野で考えてきたからだという。

その結果、アジアの近隣諸国を戦争に巻き込んでおきながら、米国との同盟関係によって戦争に「巻き込まれたくない」と考えたり、ひたすら米国に追随するのみで戦争責任の問題を考えようとしないために近隣諸国から不信の目で見られたり、いずれにしてもアジアに軸足を置いた平和主義や安保政策は今日まで生まれてこなかった。

著者は、過去五十年間における安保・平和主義の軌跡をたどり、「平和憲法」の成立から、講和・安保体制の成立、憲法と安保の矛盾、再軍備の特殊な構造、日米安保体制下の「平和国家」の変遷、冷戦の終結と新しい安保論と、主要な論点を取り上げて分析し、その意味を汲(く)み上げている。

広範な資料の丹念な分析から浮かび上がってくるのは、世界史的にもまれな平和主義を掲げながら、十分な反省も覚悟も現実感覚もなく現代アジアをふらつく足どりで歩んできた日本の姿である。

辛口の安保論である。また、平和主義の可能性を追及したリベラルな側から、批判的に再検討された日本の安保論である。それだけに、終章で取り上げた包括的安保論や人間の安全保障論など、冷戦後の今日検討されている新しい安保論の展望に説得力がある。(五十嵐暁郎・立教大教授)

(岩波書店・2400円)＝2002年3月7日⑥配信

仮面のルーツを探る　「マスクロード　幻の伎楽再現の旅」(野村万之丞著)

今年の正月、大型の仮面をつけた楽劇をテレビで見た人も多いと思う。私も、その迫力に画面から目が離せなくなったひとりである。演じられていたのは「伎楽」といい、今から千五百年ほど前、シルクロードを経て百済から日本に伝わり、聖徳太子が広めた日本最古の仮面劇である。

しかし、飛鳥時代に隆盛を極めた伎楽は中世初期には滅び、今は正倉院や法隆寺などに、当時の伎楽面が残っているのみという。

著者は、これら仮面のルーツを探るため、自身の狂言師としての経験と知識をもとに、中国の雲南省や貴州省、チベット、ブータン、インドなどアジア各地で十年にわたるフィールドワークをおこなってきた。その最終目的は、失われた「伎楽」の再現であった。テレビで放映されたのは、彼の長年の研究成果をもとに創造された二十一世紀の新たな「真伎楽」であった。

著者の「マスクロード」の旅は、「追儺(ついな)」を追っての旅でもあった。「追儺」または「儺戯(なぎ)」は、悪鬼を払う儀式のことで、日本では節分がそれにあたる。

中国の山地少数民族のシャーマンによる儺戯を見た著者は、日本の古典芸能のルーツの数々をそこに見いだす。たとえば、飛び上がること、足を踏むこと、回転することは、魔を追い出し不安を取り除くためのアジア共通のダンスの基本という。なかでも、特に注目するのは回転であり、それはトランス状態を生み出し、魔を払い、神に近づく身体表現と語る。

このような旅を経て、著者は、仮面が「見えない神と見えない人の心をつなぐ装置として創造され」、伎楽は「自然と共生する人間の叡智を表した、人類が最初に考えた芸術」であるという考えに到達する。

そして、イスラムやプロテスタントなど、仮面を排除し、仮面の心を忘れたために不安の解消法を失った文化が、ニューヨークの同時多発テロ事件を生んだのではないかと指摘する。著者ならではの、鋭い現代批評であろう。(塩月亮子・日本橋学館大講師)

(NHK出版・2200円)＝2002年3月14日①配信

指南書の悪弊を一刀両断　「文章読本さん江」（斎藤美奈子著）

巻末の文献一覧にあきれる。おいおい「文章読本」てこんなにあるのかよー。

執筆者にとっては、自らが印刷言語界のエリート文章家であることを世に示す栄達のあかしとして、読者にとっては、「ちゃんとした文章が書けないのではないか」という漠然とした不安の解消策、あるいはプロの技を知って文章のレベルを上げたいという願いのよりどころとして、「文章読本」は永らえてきた。

指南書の山を特徴ごとに分類し、日本近代史に照らして「実用」か「芸術」か「伝達」か「表現」かで紛糾する「読本」界の構造、執筆者同士の"階級闘争"や、素人作文をも巻き込んだ文章序列主義の悪弊などを斬（き）りまくる著者の筆さばきは、いつもながら鮮やかである。これでは頑迷な「読本」亡者も成仏するしかないかも。

仮に、「自分は文章の書き方に興味ないし、不安もない」から、谷崎潤一郎ら文豪の持論だの、本多勝一らジャーナリズム界の技法だの読む気にならん、という読者にも、こればっかりは身近で共感できるだろうと思われるのが、第三章の「作文教育の暴走」だ。

作文を書かされずに義務教育を終えた日本人はまずいないだろう。「生活つづり方」や「読書感想文コンクール」など、作文教育現場の流行を、著者は「辺境熱血教師の生活体験至上主義」や、「出版事業と結託した商業主義」ってな具合に一刀両断する。

かつて嫌々書いた身辺雑記を不本意に採点され、感想文の強要で本嫌いになったとお嘆きの向きには、ストレス解消効果も期待できる一冊だ。

「文章読本」が絶滅することはないだろうが、文章の変容、「カジュアル化」や「多様化」の流れは止まらない。今後の基本は「対面型の文章」と、いうのが本書の結論だが、別に難しく構えなくてもよかろう。歴史上に登場した、珍妙な文章のコレクションとしても、大いに楽しめる本なのだ。特に明治期の「かッた」体というのが傑作で、筆者は使ってみたくてたまりませんかッた。（片倉美登・文筆業）

（筑摩書房・1700円）＝2002年3月14日②配信

情報社会の未来を握る鍵　「暗号化」（スティーブン・レビー著、斉藤隆央訳）

一九九〇年代の情報技術革命は私たちの生活を大きく変えた。しかしその行く末は不透明であり、未来像も二つに分かれている。一方には、情報技術革命が可能にしたコミュニケーションの拡大を歓迎する楽観論がある。他方には、同じ条件が犯罪組織やテロリストの跋扈（ばっこ）を許し、社会の不安定化を招くと難じる悲観論がある。

このどちらの未来が現実になるのか、それはまだ分からない。しかし、そこで鍵となるのが「自由」と「セキュリティー」のバランスであることは明らかだ。インターネットや携帯電話の出現は各個人にかつてない自由を与えた。それを放置すれば無秩序に陥るが、かといって治安の維持を重視すれば電子化された監視国家の誕生にもつながる。

社会秩序を適正レベルに保ったまま、新しいメディアの自由をどこまで残せるのか、未来社会のデザインはそこに掛かっている。

そしてそこで重要になってくるのが、まさに本書の主題となった暗号である。七〇年代に生まれた「公開鍵暗号」の技術は、インターネットが普及した現在、個人の自由やプライバシーを犯罪者から守りつつ、しかも国家による一極集中型の監視も必要としない新しい社会デザインの基礎として注目を浴びている。本書はその技術がこの三十年間にたどってきた紆余（うよ）曲折を、数多くの関係者への取材を通して浮かび上がらせた労作である。

著者は八四年の「ハッカーズ」以来、コンピューター関係のノンフィクションでは定評のある人物。この一冊を読めば、暗号について知ることがいまなぜ重要なのか、基本的な理解はおおむね得られる。インターネット、というと日本では出会い系サイトのような風俗面ばかりが注目されるが、この新しいメディアが社会の構造をどのように変質させるのか、多少とも真剣に考えるのであれば、技術面の基礎知識は外せない。

情報社会の未来に関心をもつすべての読者に、ぜひ読んでもらいたい。（東浩紀・批評家）

（紀伊国屋書店・2500円）＝2002年3月14日③配信

植民地を生きるたくましさ　「神秘な指圧師」(V・S・ナイポール著、永川玲二、大工原彌太郎訳)

なんとも面白くおかしく騒々しくてほろ苦い小説である。新世紀最初のノーベル文学賞に輝くナイポールが一九五七年に世に問うた第一作であるこの作品は、英文壇に一躍彼の名を知らしめた傑作。

舞台は著者の出身地カリブ海に浮かぶ小島国トリニダード・トバゴのインド系人社会である。英国植民地政策のためにはるばるインドから移住してきた人たちが、この旧英領で繰り広げる人間模様がまことに生き生きと描かれている。

時代は一九四〇年代から五〇年代半ばにかけて。物語の主人公はガネーシュとよばれる指圧師である。この男は変わっていて、村では珍しく首都のポート・オブ・スペインで高等教育を受け、はじめ教師になるが万事田舎者扱いされるのに嫌気がさして村に戻ってぶらぶらしている。唯一の趣味は本を買い集め読むこと、そして「いずれ本を書いて、でかいことをする」というばかり。

そんなガネーシュのところに「雲に殺される」とおびえる少年がつれて来られる。この少年の苦しみに同情した彼は少年の治癒に成功する。これが評判となって「神秘な指圧師」と人々は彼の下に殺到するようになり、トリニダード社会きっての有名人に。ガネーシュは指圧師にとどまらずその名声をもって立法院の議員に当選。民衆政治家として活動するが、共産党に利用されるのを嫌って政府高官に転身。ついには大英帝国下級勲爵士に叙せられる。

こうした主人公を中心に岳父のラムローガンをはじめ妻のリーラ、選挙参謀の少年、政敵ナラヤンなど登場人物はみな一筋縄ではゆかないが、どこか憎めない。植民地社会の制約の中でもたくましく生きてゆく姿は感動的だ。結末の皮肉が効いている。

ここでもインド人はことば過剰、英語と現地語がなまったピジン・イングリッシュでまくしたてる。その翻訳は至難の業だが、天才的な二人の訳者は「尾道・広島弁」に移すという離れ業を披露した。なにはともあれご一読を。(青木保・政策研究大学院大教授)

(草思社・1900円)＝2002年3月14日④配信

女たちを愛情込めて描く　「いつかわたしに会いにきて」(エリカ・クラウス著、古屋美登里訳)

世の中の仕組みを曲がりなりにも知ってしまった現代の女たち。他者との関係をシニカルにしか眺められなくなった彼女たちは、もう恋人や結婚、子どもや仕事に夢や希望を託すことが困難になっている。そのため自分を生の根拠にして頑張ってもみるのだが、そのシニカルさがつまずきの石となってしまう。

本書は、三十歳前後のそんな女たちの心理と現実に立ち向かう姿を、いとしさを込めて描く。著者のエリカ・クラウスは、アメリカ文学界期待の新人で、一九六九年にコロラド州ボルダーで生まれている。二〇〇一年に刊行されたこの短編集は「辛らつさとウイットの妙味。自由と痛みの絶妙なバランス」「たまらなく魅力的なデビュー作」といった多くの賛辞を受けた。

結婚できない女、不妊の女、ドラッグ中毒の男と別れられない女、暴力的な夫からやっと逃げ出したものの仕事にありつけない女など、夢を捨てるにはまだ早い、しかし思い通りにならない人生を知りつつある女たちの、孤独と不安に揺れる心が十三の短編に紡がれている。もっとも彼女たちの人生をすくいとる最後の一文は、哀(かな)しみの中にユーモアがあり、生きていくのも悪くないと思わせる暖かみにあふれている。そこに別の人生の可能性が垣間見える。

「わたしは他人の夫と寝るのが好きだ」という扇情的な言葉で始まる「他人の夫(ザ・ハズバンズ)」。しかも主人公の最初の相手は妹の夫である。自由と自堕落をはき違えた姉が、妹の一言で自分の正体に気づき変容する場面は読ませる。「女装する者」も「自分」と出会う物語で、女を愛したことを認めたくない女の心理を「女装」と表現したなかなかオシャレな作品である。

最後の「身につけていたもの」では、「状況にあわせて正体を変える」つもりの演技がいつしか本質になった女のこっけいさを見事にとらえる。皮肉な視線を放ちつつも全編に流れているのは、著者の女性に対する確かな愛である。(与那覇恵子・東洋英和女学院大教授)

(早川書房・700円)＝2002年3月14日⑤配信

近代日本の物忘れを暴く

「世の途中から隠されていること」（木下直之著）

つまらない。

いや、本の内容のことではない。戦争関係の洋風記念碑や銅像、土産物の貝細工などなど、この本が取り上げる対象自体がつまらないのだ。つまらないものをおもしろがるのが得意な人ですら注目しないものを、著者は次々に紹介する。そんなもので、どれほどの話ができるというのか。

ところが、話がおもしろい。例えば、広島市南区皆実町に「平和塔」という、一見なんの変哲もない塔があるが、実はこれは、日清戦争の凱旋（がいせん）碑だった。著者は、その事実が「世の途中から隠されている」ことを暴いてみせる。そう言われてみればこの「平和塔」、好戦的な造形で、ものすごく変哲がある。

また、著者は、東大構内にあまたある、肖像画や肖像彫刻を見て歩く。そして、日本では台座のほうが主役で、銅像は付け足しに過ぎなかったことや、永久不滅を期待して作られた肖像が、意外に短命だということを、見事に暴く。そうと分かれば、おもしろみのないブロンズの胸像にも愛がわいてくる。

こうして、この本はまず日清、日露戦争という、日本史の秘境のようになってしまった部分にスポットを当て、それから、日本の近現代の中で、隠されていること、忘れ去られていることを幅広く暴いていく…。

などと書くと、告発的な本かと思うかもしれないが、全然そうではなく、むしろ、読みながらニヤニヤと笑ってしまう。当の日本人たちが、隠してきたこと自体を忘れているという、日本人のマヌケぶりが垣間見えるからだ。埋めたこと自体を忘れたため、大切な骨を掘り出せないでいる犬のようではないか。

あとがきの途中で、記念碑が並ぶ公園の写真が登場する。三百七十ページに及ぶ長旅を終えた今、この記念碑たちのおもしろさがよくわかる。もう、街を歩いていて、つまらないと思うものなんて何もないぞ、と、散歩に妙な自信と奥行きを与えてくれる本だ。（中野純・体験作家）

（晶文社・3800円）＝2002年3月14日⑥配信

宗教的な山々での禁制考察

「女人禁制」（鈴木正崇著）

男女平等・男女同権が叫ばれ、女性の社会進出が進んだ現代に、なお、特定の宗教的な行事・場所から女性を排除しようとする“伝統”が存在する。大相撲の表彰式で女性による賜杯授与が認められないのも、神聖な土俵に女性が足を踏み入れてはいけないからである。この「女人禁制」という伝統は、女性差別ではないのか。センシティブな問題に、本書は宗教的な山々で展開された「女人禁制」を主に考察する。

かつて山は神聖な場所とされ、特に僧侶の修行場であった比叡山・高野山・白山・立山・出羽三山などの霊山では「女人結界」がしかれ、「女人禁制」とされていた。明治五（一八七二）年に、ほとんどの山で禁制が解かれ、今や参詣以外の目的でも女性の登山が行われている。

この中で「女人禁制」を守っている代表的な山が、大峰山の山上ケ岳である。度重なる結界突破の試みにも、かたくなに「禁制」を守ろうとする地元の人々の主張からは、信仰や伝統にかかわる慣行をただ一カ所でも、将来に残したいという強い意志が認められる。

ただ、この議論には、近代的な女性運動とのあつれきだけでなく、登山客からの収入を頼りとする経済問題なども絡んでおり、その中で女人禁制という“伝統”が発見されてきた点も見逃してはならないという。

「女人禁制」が起こった理由については、血の穢（けが）れ、仏教の戒律、仏教・儒教の女性蔑視（べっし）思想など、さまざまな説が提示されている。本書後半では山と女性にかかわる伝承、女人結界の成立理由、仏教思想の影響、女性への穢れの属性の付与という視点を設け、それぞれの先行研究や事例を紹介する。

歴史的な展開を十分に整理しないまま、「穢れの理論」という観念的な操作でまとめているのが残念ではある。しかし、男性と女性という性差の問題、さらには日本に残る種々の“伝統”をどう認識し、それらをどうやって維持したらよいのか、そんな現代的な問題をも考えさせる。（三橋正・大正大非常勤講師）

（吉川弘文館・1700円）＝2002年3月20日①配信

古代ギリシャの名案内

「ソクラテスの最後の晩餐」(塚田孝雄著)

正確な基礎的知識を与えてくれて、かつ、毒のない健全なものを、良き入門書と呼ぶのだろう。ただし、毒抜き作業は、毒を入れこむのと同じくらいの、いや時にはそれ以上の力量を必要とする。本書は、古代ギリシャを知るための良き入門書であると同時に、使用されている毒抜き法を見分けられるような、少々意地の悪い視線を訓練するのにも適した一冊である。

ギリシャの都市国家が、われわれの目から見れば、抑圧と差別のうえに成り立っていたことは決して隠されてはいない。しかし、そこから生じる不調和は、昔の人だって「にんげんだもの」(相田みつをの書体でお読みください!) きっと何か人間的な抜け道が用意されていたはずさ、というように描かれるのである。

ソクラテスは不良老人となり、クサンティッペもフツーの妻となるが、それは、退屈すぎる哲人像や悪妻像を得意顔でちょっと引っくりかえしてみせるためではなく、「にんげんだもの」の応用例なのだ。そのような著者の筆致はすがすがしく、読みやすく、感情移入しやすい。

この本の真骨頂は、しかし細部にある。図版や挿絵も豊富で(例えばソクラテスが飲まされた毒ニンジンの絵)、服装、部屋、学校、マツリゴトなどについて本格的に教えてくれて、少年愛や遊女の話題にもさらりと触れられる。

とりわけ古代ギリシャの食事情は詳しく描写されるが、ここでの基調音はエキゾチシズムなので食欲をそそられてしまうこともなく、ダイエット中でも安心して読めるのが助かる。

どうもこの読書の楽しさには覚えがあるぞと思ったら、子供のころに、擬人化されたアリさんの生活を漫画図解付きで読んだときの楽しさであった。

あのときは、すっかり働きアリの気持ちになってしまったが、ここではギリシャの奴隷と自分とが重ねあわされることがないのは、著者の力量のなせるワザにちがいない。(高田里恵子・独文学者)

(筑摩書房・1200円)=2002年3月20日②配信

アングラ・マネーは17兆円

「日本の地下経済」(門倉貴史著)

どんな国の経済にもオモテとウラの顔がある。一見、豊かで清潔そうな国でも裏に回れば、脱税やわいろ、売春、麻薬密売が横行し、途方もない額のアングラ・マネーがうごめいている。

では日本では一体どういう人々が、どのようなアングラ・マネーを手にしているのか。今まで誰も答えられなかった難問に、銀行のシンクタンクの研究員が挑戦した。その結果をまとめたのが本書だ。

著者が推計したアングラ・マネーの総額は高めに見積もって十七兆一千億円。対GDP(国内総生産)比で3・3%に上る。全体の八割が個人や法人の脱税によるものだ。

残り二割の内訳は、麻薬密売などでの暴力団の稼ぎが約一兆九千億円。最近急増している盗難車の売却益が約千百億円。ソープランドなどセックス関連の非合法所得が約一兆二千億円。その中でも「援助交際」で女子中高生らの懐に入るのが約六百三十億円というから驚かされる。

これらの数字は当て推量ではじき出された訳ではない。警察庁の調査結果やインターネットのデータを基に、暴力団の活動実態やソープランドの経営システム、そして「援助交際」の相場まで分析し、統計学の手法で計算したものだ。

多分、読者は読み進むにつれ、裏社会を覆う秘密のベールがはぎ取られていくのを実感するだろう。豊富なデータとち密な論理を武器に、著者は経済の深層にズバリ切り込んでいく。

そうやって導き出されたのは、実に意外な結論だ。世界中で地下経済が膨張しているのに日本でのそれは、今、縮小傾向にあり、対GDP比でも欧米よりかなり小さいというのである。減税の相次ぐ実施で、脱税の動機が弱まったことが主な原因らしい。

だが、財政赤字の増大や高齢化社会の到来で将来の税負担が重くなれば、脱税は一気に深刻な社会問題として浮上する。「我が国の地下経済が肥大化していく時期は近い」という著者の指摘には誰もが深くうなずかざるを得ないだろう。(魚住昭・ジャーナリスト)

(講談社・780円)=2002年3月20日③配信

驚異的な一女性の仕事

「花も嵐も」（古川薫著）

「は〜なも、あらしも〜、ふ〜みこ〜え〜て〜」という歌を母から習ったのは小学生のころだった。母たちの世代は、その映画「愛染かつら」に主演した可憐（かれん）な田中絹代の姿をよく覚えている。

一九〇九年生まれ。十五歳で映画界に入り、以後、清純派スターから演技派女優に成長し、数々の名作、話題作を残した。日本初の女性映画監督の座も獲得している。ベルリン国際映画祭で最優秀女優賞を受けた「サンダカン八番娼館　望郷」での老女の姿はわれわれの目にもまだ残っている。その二年後の七七年、病を得て他界。享年六十七。

映画俳優として生きた時間は五十年を超す。本書で知るところでは、恋狂いもせず子も持たず、少々酒を飲むほかにはこれといって趣味も無く、親兄弟を世話することと、芸道に精進することにすべてをかけて生きた。その生涯を描く試みが映画年鑑の様相を呈するのは当然というものだ。

「一映画ファンという立場に居直っての取り組み」で執筆に当たった、と著者「あとがき」にあるが、多くの部分を占める映画作品についての叙述がいきいきとして興味を保たせるのは、映画ファンとしての著者の息吹がこめられているからだろう。

ただしこれは著者自身が言うとおり、あくまでも小説であって実録ではない。しかし、小説的な部分よりも、実録的な部分でのほうが、田中絹代という人がよく彫刻されているように感じる。おそらくこれは私に原因がある。

私は絹代を知らないが、本書に登場する人々と少なからず面識がある。芸能界は私の古巣だ。つまり芸能界とその住人は私にとって現実この上ない世界なのだ。だから、著者が見たはずもない俳優たちの私事や胸の内を「こうした」「こう思った」と決めつけて書く小説的手法に抵抗を覚えるのだろう。

とまれ、絹代に注がれる著者の視線は温かく快い。まぎれもなく驚異的な一女性の仕事とその時代をよく知るのに格好の書と思う。（中山千夏・作家）

（文芸春秋・2762円）＝2002年3月20日④配信

日本的美意識の一側面描く

「美少年日本史」（須永朝彦著）

放映中のNHK大河ドラマ「利家とまつ」には、少し前まで美少年だった俳優がたくさん登場していて、これだけで楽しみが多い。反町隆史の扮（ふん）する織田信長の身辺には、今のところ美少年森蘭丸は見えないなあ、と思っているところだ。

信長だけでなく、戦国時代、戦地に美少年を随伴させるのは当たり前だった、とは今や通説だが、その抵抗感のなさは日本史の中で特異だったのかどうか。

そんなことに疑問をもたれる向きには、本書はお薦めの一冊といえるだろう。

本書によれば、神話の中の倭建（やまとたける）に始まり、平安朝の在原業平といった実体のよくわからない人物や、光源氏という物語の主人公まで、美少年が女性のみならず男性の心をも強くとらえてきたことがわかる。中世の世阿弥が少年時代に将軍足利義満の寵愛（ちょうあい）を受け、後に数々の謡曲を書いたことは周知のところ。また、近世、島原の乱で殉教したキリシタン天草四郎は、その美しさと摩訶（まか）不思議な妖術によって英雄視、伝説化された。

容姿の美しさはそれゆえにドラマを作り出す。その美の持ち主が少年であり、この少年へ同性が愛をささげることに、古来、日本で違和感の抱かれなかったことが、本書でよくわかる。いや戦国時代の大名・豪族たちにとって「美童を侍らせる事が一つのステータス」になり、逆に「主人が美しいと家来も殉じて死」ぬことが多かった、とさえ書かれているのだ。ここから十七世紀後半の井原西鶴「男色大鑑」までは一連の流れといっていい。

では、少年愛への禁忌の意識はいつごろ生まれたのか。これは明治時代に西欧から輸入された、キリスト教を背景とする罪悪感が元となっていたらしい。「変態」「性的倒錯」という言葉が以後の一世紀を覆ってきたというわけだ。

本書は、豊富な資料を駆使した通覧的美少年録であり、また日本的美意識のにおうばかりの一側面を精細に描いた異色の書である。（松平盟子・歌人）

（国書刊行会・2400円）＝2002年3月20日⑤配信

新宗教を異文化ととらえる 「日本ばちかん巡り」（山口文憲著）

カルトやマインドコントロールなぞという言葉が流布し、今や宗教は奈落の底に堕（お）ちている。そんなご時世で、宗教にとってまことに心強い援軍が現れたものである。

本書は、幕末から一九七〇年代までに成立した新宗教十一教団を中心にしたルポルタージュだ。列挙すれば、天理教、金光教、大本、世界救世教、真如苑、善隣教、崇教真光、天照皇大神宮教、弁天宗、松緑神道大和山、及び沖縄の「いじゅん」が「好意的かつ肯定的」に同時代の存在として描かれている。

マスコミに出るといえば事件かゴシップ、学術的には歴史的存在か教団分析として社会に情報提供される新宗教である。一方、著者の姿勢は、近現代のジャーナリズムが新宗教に対して示した興味本位と淫祠（いんし）邪教観の外に立っており、稀有（けう）な存在である。

筆致は軽やか。いささかの皮肉をこめながら、著者の香港体験を土台に新宗教を「異文化」ととらえ、社会の共通言語に還元してゆく。

例えば、世間ではおなじみの崇教真光の手かざしのシステムはこう解説される。信者が研修後いただく「御（お）み霊（たま）」は碁石ほどの大きさの首からかけるロケットで、「これが手のひらパワーのもとになる。いってみれば、見えない霊波線を伝って神からやってくる光をキャッチする、小型受信機だろうか」。

信者が活動に熱くなる救いの体験も、むろんリアリティー豊かに紹介される。最近、日産跡地を七百三十九億円余で購入した真如苑の場合はこうだ。夫に暴力をふるわれた妻が研さんのなかで霊界から教えられたことは、挫折した先祖が彼を苦しめていること。彼女は夫の身になって接することで、家族みなが幸せになったという。

が、なにより興味深いのは「あとがき」。出版にあたりいくつもの教団から「言論弾圧」があり、それを筆者は楽しんだとか。やはり「新興宗教」なんだなあ。（藤田庄市・フォトジャーナリスト）

（新潮社・1800円）＝2002年3月20日⑥配信

詩の言葉とは何か 「人間に関する断章」（中村稔著）

愛という言葉を使い、愛を主題にした詩を最初に書いたのは、啄木だという。詩集「あこがれ」で描かれた愛は、「性愛をふくみ、性愛を超えて、心も体も自他融合一体の状態」であったが、結婚を経てその愛は枯れてしまった。

「愛という言葉は未熟な日本語であり、はかなく、脆く、いかがわしい観念だということに、晩年の啄木は気付いていたのでは」と著者は言う。いまでも私たちが愛という言葉を使う時、その実態を把握できず、こそばゆい。

智恵子との出会いを、愛という言葉で詩にいきいきと反映させた高村光太郎も、「性愛の讃歌」を過ぎ、智恵子の狂気に至って、愛は破綻（はたん）する。

その理由を、啄木の妻節子の自己犠牲や、智恵子の「内に抑えていた」ものに求める著者の視点が新しい。相手の社会的立場を理解し、あるいは想像力を持ち、共に外界に立ち向かう責任を自ら持たなければ「『愛』という未熟な観念に殉じる」ことになる、それはいまも同じである。

「愛」のほかに、「父」「友情」「母」「青春」「老い」などにまつわる、朔太郎、中也、その他多くの詩を例にとりながら、「人間に関する断章」は「言葉」に集約される。

「『これが手だ』と、『手』といふ名辞を口にする前に感じてゐる手、その手が深く感じられてゐればよい。」という中也の言葉を引き、詩における言葉とは何かの考察を重ねる。

「私たちの日常の中で、言葉に自己と対象との新たな関係を発見し、言葉の魔力をひきだすのが、詩における言葉である」

詩人である著者のいうその発見は、学生時代から、自分の言葉を求めあぐねてきた私にとっても、「見果てぬ夢」である。

言葉は自己表現の手段である。名辞以前の内側で感じ、イメージしたことをあらわせた時の喜び…。だが使う言葉の未熟さは、実態の未熟さを示すという厳しさを知らねばならない。（下重暁子・作家）

（青土社・2200円）＝2002年3月28日①配信

裁判所は誰のために?

「裁判官のかたち」(毛利甚八著)

「裁判所は誰のためにあるのか」。それを考えさせる一冊である。著者は人気漫画「家栽の人」の原作者。温かい裁判官を描いて話題を呼んだ人が、今度は「ホンモノ」の裁判官多数とじっくり話しこんだインタビュー集である。登場する裁判官の所属は家裁から最高裁まで。率直なインタビューによって、裁判官の肉声が引き出されている。

裁判官の仕事は、ライター(記者)と似ている。まず事実を確認し、事実に基づいて判断を下す。成否は事実認定にかかっており、そこを誤れば、ライターは誤報するし、裁判官は誤判する。予断によって目が曇っていないか、自らを内省しつつ事実を確かめ、時には、全く資料のない部分について真実の筋を探す。

これを正確にやるには時間の余裕が必要だが、実際の裁判官には余裕がない。なにしろ地裁民事など、同時に二百件余の審理を抱えているというのだ。いくら優秀なライターでも、同時に二百冊の本を書くことは不可能である。

誰が見たって日本の裁判官は絶対数が不足している。国民に正確で迅速な裁判を保障するため、司法改革の最大のポイントは裁判官の数を増やすことだと私は思っていた。だが本書によれば、裁判官自身の中に、増員には反対の方がいるという。いわく「裁判官の人数を増やし、一人当たりの仕事を減らすということになると当然給料も下がるだろうと考えている人もおられると思います」…。どうやら今の日本でワークシェアリングの思想が最も必要なのは裁判所のようだ。

最高裁が統制色を強め、裁判官がものを言えなくなったという「冬の時代」や、今も続く不透明な査定についてもホンネが語られている。司法改革の裏に財界の規制緩和運動があるらしいことも、期せずして見えてくる。裁判とは、権力に踏みにじられた人が、人生を回復する最後のとりでそ。その在り方は国民の幸せを左右する。ひとりでも多くの人が本書を通じて、裁判所に関心を持つことを望みたい。(島本慈子・ノンフィクション・ライター)

(現代人文社・1700円)=2002年3月28日②配信

転落から再生まで

「代議士になったパリの娼婦」(ニコル・カスティオーニ著、奥光宏訳)

読みながら、数年前に日本でベストセラーになった「だから、あなたも生きぬいて」との共通点を感じた。わが子に共感と理解をどうしても抱くことができない親との生活。子どものころの虐待やいじめの体験。居場所が見つからない学校生活。そこを飛び出して出会うのは、女を利用することしか考えていないヒモの男。お定まりの麻薬中毒や売春という転落。そして正常な世界に戻って再生し、ついには社会的成功を手に入れるところも共通している。

著者はスイス出身。モデルの卵だったときに知り合ったフランス人男性に誘われてパリに行き、麻薬と売春の深みにはまった。だが肝炎にかかったのをきっかけにスイスに逃げ出して治療を受け、職業訓練を受けて就職した。

やがて思うところあって代議士に立候補し、一九九五年に当選。いまは「アスパジー」という娼婦(しょうふ)の人権を守るための活動を展開する非営利団体の会長をつとめ、裁判官として活動している。まず娼婦の生活の安全を確保し、社会的偏見をなくすことで売春につきまとう暴力や堕落から娼婦を救おうという彼女の活動の趣旨は、娼婦としてどん底を経験した人にしかできない提案だろう。

貧しい国からの出稼ぎ娼婦がマフィアに搾取されるヨーロッパの売春事情に対してあまりにも手ぬるいという批判もある。夫も子どももいて、裁判官という公職についているのに、ある意味で汚辱にまみれた過去を公表する「勇気」に対して首をかしげる声も多い。

だが、本書をはじめ女性の転落から成功への告白本に読者が感動しベストセラーになるのは、隠し通して生きていくほうがずっと簡単なはずの過去をあえて公表し、それを他者のために役立てようとする労苦が琴線にふれるからではないか。本書のポイントは、過去の秘密に対する下世話な好奇心ではなく、あえてそんな困難な将来を選んだ「勇気」に共感するところにあるはずだ。(実川元子・翻訳家、ライター)

(草思社・1500円)=2002年3月28日③配信

テロ後の表情と体温

「9・11　セプテンバー・イレブンス」（冷泉彰彦著）

ニューヨーク同時多発テロ。あの衝撃的な事件の映像は、遠く日本にいても言い知れぬ不安をもたらした。アラブ過激派によるテロだと伝えられてからは、間もなく起こるであろう「戦争」におびえた。あの日から半年過ぎた。だが、その「場所」に、カメラやマイクをもつ記者がいなくても、当然のことながら日々はあり、人々に時間は流れている。

本書は在米八年を経た日本人作家が、冷静な筆致で、テロ後の日々とそこに暮らす人間の表情と体温を克明に伝えたリポートである。

著者は〈この困難な状況にあって、少なくとも多様性や少数意見の尊重を理想として掲げて来た社会がどの程度揺らいでいるのか、その中に生きる人々の多様性は確保されているのか〉と問いかけながら、街を歩き、人々の声に耳を澄ませている。同時にそれはアメリカに生きる日本人として、自分はこの国の何者なのかを思考する作業でもあったのだろう。

テロの翌週。犠牲となった消防隊員の追悼行事が行われる。人々は〈どこか優しく人恋しい〉表情を見せた。しだいに街にあふれる星条旗。癒やしの音楽CDが売れる。

アフガン空爆開始。しかし、同時に空爆による民間人の犠牲を憂う声があり、アメリカは〈以前のアメリカではない〉と著者は記す。ベトナム戦争、湾岸戦争の体験がこの国を変えたのだろうか。その二日後。TVは、カブール上空の対空砲火を映し、強硬策への賛否両論の激しいののしり合いを流す。〈そこには911後の不思議な優しさはありませんでした〉。炭疽（たんそ）菌事件。またアラブ系住民への嫌がらせも頻発した。

テロの悲しみから立ち直れない人もいれば、早く日常に戻ろうとする人もいる。また、アメリカ社会の寛容さと同時に不寛容も浮き彫りになってくる。「大国のグローバリズム」とひと言でまとめられるなか、この「ひとり」の視点こそが、対話の始まりであることを本書は静かに語りかけている。（与那原恵・フリーライター）

（小学館・1600円）＝2002年3月28日④配信

死者を身近に生きる青春

「無私の感触」（岡松和夫著）

半世紀前の一九五二年五月一日、東京の皇居前広場でデモ隊と警官隊が激しく衝突し、二千人以上の負傷者と二人の死者を出した。逮捕者は千二百人を超えた。もう覚えている人は少ないかもしれないが、「血のメーデー」と呼ばれた戦後の大事件であった。

この連作短編集の主人公である「志郎」がこのデモに参加している。青年期の著者自身と重なっていると思われる志郎は、大学で学生自治会の活動に加わっていた。だが、この日を境にして、活動から離れてゆく。警官隊の発砲で死傷者の出たことが恐ろしく、また許しがたく、一方デモ隊の一部が停（と）めてあった乗用車につぎつぎ火を放ったことも嫌だった。

本書に収められている九つの短編には、この事件の影がときに濃く、ときに淡く、前後に尾を引いている。

ついでながら当時京都の大学生であったぼくは、翌五月二日の血のメーデーへの抗議デモのなかにいた。武装警官隊に追われ発砲音を耳にしながら京都の町を一目散に走った。両手にげたを持ち、はだしで路地へ逃げ込んだ。志郎がそうしていたように、身元を知られるものを一切身につけないで。

志郎という、戦後を生きた青年の像が、きわめておだやかに描かれている連作ではあるが、そこには博多空襲での千人の死者をはじめ、志郎につながるさまざまな死者たちがいる。志郎は死者たちを身近に生きてゆく。生と死がからまり、もつれていたのが、志郎たちの青年時代であり、そこに生々しい血のにおいを突きつけたのがメーデー事件であった。

同郷の先輩が志郎に言う。「文学者や哲学者は人を殺すことに加担しない。そういう根本原理を研究するために文学部はある」と。「文科の役目」という一編のなかに出てくる言葉だ。メーデー事件から半世紀を経て、著者はこの言葉を文字にして刻みつけている。半世紀、死者たちの記憶と共にかかえつづけてきた言葉であろう。（高田宏・作家）

（講談社・2300円）＝2002年3月28日⑤配信

蔵書家の書庫を訪問

「書斎曼荼羅①②」(磯田和一・絵と文)

日本に住んでいる悩みと言えば、空間の狭さだろう。特に拙宅は、夫が学者、わたしが評論家という職業柄、金はないけど、本ならいくらでもあるよーッてな暮らし。問題は収納である。大好きなんだけど、時々おまえは暮らしを狭くする。ああ、本よ。世の書籍持ちの皆さんは、日々増殖する本の始末を、どうつけていらっしゃるのであろうか。

と、思っていたら、本書である。なんと図解つきで、本の名人(?)十八名が自らの書庫を大公開。あのすばらしいち密な作品はこの資料の山から生まれたのか、という感動と、その背景にあるお片づけの極意が披露されている。こんな書庫訪問企画はありがたい!

印象的なのは、「書籍持ち」のみなさんが、地価の高い都心は無理としても、郊外の広いお家に、人間の住むスペース以上に本にやさしい部屋を設置している、ということ。そう。闘いの教訓は、まず安い場所でスペース確保というわけらしい。

それにしても、なんと魅力的な書斎であろうか。たとえば、京極夏彦氏の二十畳ほどある部屋。天井までびっしりと本が積まれ、中二階には水木しげるコレクションの特別房「水木楼」がある。夜中に妖怪が化けて出そうな、でもぜいたくな造り。一番のぜいたくは、本の持ち主が整理整頓好きなところかな。

ほかにも、本をずっしりしきつめて背表紙の上で暮らしている作家の藤野邦夫氏、イラストでも明らかに垂ぜんモノの蔵書家とお見受けした明石散人氏、資料整理の達人として目を奪われるようなリンボウ先生、テーブル周りの資料の山になぜか親近感を覚える内藤陳氏など、どの書庫も、おもしろい。

本と闘う日々は、「秩序」という美意識からかけ離れたものかと思っていたけど、実は絵になる風景なのだと妙に納得した。著者のイラストに、本と共生生活を送る人々特有の、あのカルチュラルな雰囲気がちゃんととらえられているからでしょうか。(小谷真理・評論家)

(東京創元社・①②各1600円)=2002年3月28日⑥配信

矛盾に身もだえする人生

「介護と恋愛」(遙洋子著)

日本生まれのロバートとの恋。タレントという仕事。そしてウンコにまみれた介護! 新聞で得た情報や病院での対応に期待をかけては失望し、介護と同時進行で進む結婚への準備は父親のボケで大混乱。著者の体験した怒とうのような日々についつい笑ってしまうのだが、本質はいたってまじめで切実である。

少子高齢化の時代を迎え、誰もがいずれは自分も介護と無縁ではいられなくなると覚悟している。しかし、覚悟はしていても、どうすることがベストなのかは親にも子どもにもわからない。

父親が心配で、いてもたってもいられない。なのに、現実の介護の辛さから逃げ出したくなる。そして、そんな自分を後ろめたく思う。親への思い、美徳や倫理と現実のはざまで悩む著者は、恋愛でも、恋という妄想と結婚という現実のはざまで揺れ動く。介護と恋愛の向こう側に、個人を超えた大きな何かが浮かびあがる。

介護を通して、老いを見つめ、死と向かい合うことは、同時に親の生をつきつけられることでもあった。介護する側にとっては、自分自身の生きかたを問われることになる。

人の期待に応えて評価されるのはけっこううれしいものだ。けれど、期待される人間像と自分の望む生き方がいつも一致するとは限らない。つぎつぎ期待に応えているうちに、気づかないまま自分自身を見失っていることもある。

人の期待に応えて生きるのか、「私」を生きるのか。「私」を生きるのなら、まず「私」に気づかなくてはならない。けれど気づいたとたん、期待に応えたい自分と応えられない自分に引き裂かれる。「私」の中の矛盾。それでも「私」を生きたいのなら、おそらくその引き裂かれた矛盾に身を置いて、身もだえしながら選択するほかないのだ。

著者同様、矛盾に満ちた人生を「正しく」生きられない多くの人間は、それでも「私」を捨てずに生きようと格闘する著者の姿にきっと胸が熱くなるだろう。(いずみ凛・脚本家)

(筑摩書房・1300円)=2002年4月4日①配信

作家たちに油断するな

「じつは、わたくしこういうものです」（クラフト・エヴィング商會著）

本が好きという言葉には、「書かれたもの」が好きという以上に、「本」あるいは、「書物」そのものが好きというニュアンスがどこかにこめられており、本書の魅力はまずいちばんに、「本が好きな人たち」がつくったのだなと想像させる造本の美しさがある。手にしているとそれだけで気持ちがよく、部屋から持ち出して、手にしたまま公園にでも行きたい気分になる。

本書の内容をどんなふうに紹介したらいいか少し困る。ここには十八の職業の方が写真入りで紹介されており、それはたとえば「月光密売人」であり「時間管理人」や「冷水塔守」「ひらめきランプ交換人」「コルク・レスキュー隊」「チョッキ食堂」など聞き慣れぬ名前の仕事ばかりだ。

紹介に少し困るというのは本書の仕掛けをばらすことになるからで、つまりこれらすべてが架空の職業だということだ。いや、仕掛けがばれてもいいのだろう。なにより作者たちの手つきを味わうことが、こうしたものを読むとき、あるいは見るときには肝心なところだからだ。

世紀の大発見という仕掛けではない。たとえば、東ヨーロッパのSF作家による架空の書物の書評をまとめた作品もあったし、日本の劇作家による存在しない「道具」や「虫」についての本もある。

油断はならない。ある種の作家たちは読者をだまそうと虎視眈々（こしたんたん）と狙っている。「クラフト・エヴィング商會」にも油断してはならない。そもそも名前からして油断がならないではないか。

チョッキ食堂というレストランがある。その店で食事するためにはチョッキを着なければいけないという。「人は食事のとき何を着ているのが一番よいか？」

それがチョッキ食堂の第一のコンセプトだった。そして導き出されたチョッキ。どんなレストランなのだろう。チョッキを着てする食事はどんな味だろう。着なれぬチョッキ。少しこそばゆい。でも心地よいかもしれない。それはまさに本書を読んだ味わいそのものだ。（宮沢章夫・劇作家）

（平凡社・1900円）＝2002年4月4日②配信

生と死の境を問う

「夕映えの人」（加賀乙彦著）

「私」は超多忙の職務を実直にこなしている私立精神病院の常勤医。妻や弟たちから世間の常識を知らないと言われても、こういう医者になら何でも相談できそうな春風駘蕩（たいとう）の人柄である。

事実、四人兄弟の長兄である「私」には、肉親間のさまざまなもめ事が集まってくる。父親の死とその後の煩瑣（はんさ）な手続き、精神不安に陥った老母の世話、彼女が脳死状態になった際の治療法などをめぐる、周囲の異なる思惑を調整し、まとめねばならない。小説の前半でそれらの過程が、綿密に描かれる。

しかし作者は、だれの身にも起こりうる親子兄弟間の平凡な出来事を通して、先端医療技術とは何か、人間の生と死の境はどこにあるのか、という重い問いを投げかける。人間は「広大無辺な神秘の闇に浮く一点の光明」という医者らしくない哲学さえ「私」に語らせるのだ。

後半、六十歳を迎えた「私」に思いがけぬ事件が次々にふりかかる。自身の手術と入院。勤務先の病院の火事による患者の焼死。初代亡きあと院長を引き継いでいた「私」は、組合から責任を糾弾されて辞職する。そうなって、前よりも身軽な気分になるところがいかにも「私」らしい。

夫婦はおたがいの老後の夢を実現するために、高原村に移住する。美しい自然に触れた「私」の感動が、生き生きと伝わる場面だ。友人である画家の妻の、自然と一体化したような死に方にも考えさせられる。

その後、たたみこむようにドラマが展開する。晩年の父親に愛人と娘がいたことが明らかになったのだ。四人兄弟の鳩首（きゅうしゅ）の結果「私」と長弟が神戸まで話し合いにいく。

やがて阪神大地震が起こり、ボランティアとして駆けつけた「私」の前に父母を失ったその娘が現れる。「私」は彼女の傷心をいやし、新しい旅立ちを見送る。標題は「（六十代は）夕映えの人でありたい」という「私」の言葉からとられているが、その願いにふさわしい晴れやかな終わり方である。（加藤幸子・作家）

（小学館・1900円）＝2002年4月4日③配信

老人の死生観を軽やかに

「十時半睡事件帖　東海道をゆく」（白石一郎著）

福岡藩の名物老人・十時半睡（とときはんすい）を主人公にした、連作シリーズの、最新刊の登場だ。近年のシリーズでは、一冊ごとに違ったテイストが盛り込まれているが、本書も例外ではない。今回の新たなる趣向は、道中記である。

福岡藩江戸総目付の十時半睡のもとに、急報がもたらされた。国元にいる息子が病篤（あつ）く、明日をも知れぬ命だというのだ。息子を見舞うため、帰郷することになった半睡。だが、人の生死は個人のものだと考える彼は、藩の勧める船旅を断り、あえてゆっくりと東海道を歩むのだった。

タイトルに“事件帖”とあるが、このシリーズは捕物帖というわけではない。犯罪事件を扱うこともあるが、各話のメーンとなっているのは、人間社会のなかで生まれるささやかな騒動がほとんどだ。そうした騒動をしなやかに捌（さば）く六十代半ばの老人の、含蓄ある言動を味わうことが、シリーズの面白さとなっているのである。

もちろん本書でも、半睡の含蓄は健在。さまざまな話題に卓見を披露してくれるが、なかでも注目すべきは、彼の心のなかにある“死生観”だ。

十時半睡の死生観。それは「生きる者は生き、死ぬ者は死ぬ」という、命の本質を冷徹に見据えたものであった。しかも驚くべきことに半睡は、本書の後半で、この死生観のさらなる先の境地に到達する。東海道の途中で、あることを知った彼は、それまでの死生観すら内包する、もっと大きな安らぎの心を手にいれるのだ。

作者は二段仕掛けで、半睡の精神を浮き彫りにしながら、人が死と向き合うときの心構えを教えてくれる。ここが物語の、一番の読みどころなのである。

死生観という重い題材を取り上げながら、本書の印象はどこか軽やかだ。これはやはり、主人公の十時半睡が人生の達人だからだろう。厳しさを内に秘めて、飄々（ひょうひょう）とわが道を行く。ひとつの理想の老人像が、ここにあるのだ。（細谷正充・文芸評論家）

（講談社・1700円）＝2002年4月4日④配信

現代日本の「人間悪劇」

「左手首」（黒川博行著）

人間の営みを鳥瞰（ちょうかん）し、それを小説に仕立てて「人間喜劇」と銘打ったのはフランスのバルザックだったが、この作品集で黒川博行は「人間悪劇」ともいうべき悪の実態を克明に描き、現代日本のあぶり出しに成功した。

自動車泥棒、保険金詐欺、賭場荒らし、恐喝、強盗といった悪のオンパレードが、どこの盛り場にもいそうな男女によって提示される。日本推理作家協会賞を得た「カウント・プラン」ではミステリーの作法を色濃く打ちだしていたが、ここでは謎解きには一切手を触れず、淡々とクライム・ノベルを紡ぎ出している。

登場するのは悪人だけで、歌舞伎町や渋谷の雑踏、千日前の人ごみの中でいくらでも出会えるような若い男女が、わずかな金をめぐって悪の本性をあらわにする。人間の本性を悪とする黒川の筆致は容赦がない。

さらに言うなら、それを社会のせいや生まれ育った環境のせいにも、していない。悪人はただもう理由なく悪人なのである。そして世の中には、悪人でものうのうと世間をのし歩いている人間がいることを、暴き出す。常人の仮面をかぶった悪の存在だ。

人間悪劇とはまさにこれで、現代の日本は悪人の世の中に墜（お）ちていることを知らされる。

悪の羅列を続ける果てに見えるのは、むなしさであり、世のはかなさだ。だが、事件の渦中にある男女には、それすら見えない。どのストーリーの登場人物も、そういう内省とは無縁である。その意味で、本作は優れて今日的である。

また「内会」で克明に描かれる盗難自動車の解体に見るように、ディテールを大事にする黒川の筆致により悪の実相はひじょうにわかりやすく読者に伝わる。悪がどこかに持つ爽快（そうかい）さと、これは無縁ではない。

悪とは、その時代の精神性の強弱を押し測るバロメーターなのかもしれない。そして間違いなく今はその悪の強い時代である。（馬場啓一・作家）

（新潮社・1400円）＝2002年4月4日⑤配信

美術館の名画を見つめて

「語る芸術家たち」（マイケル・キメルマン著、木下哲夫訳）

世界の高名な芸術家たちと美術館を訪ねて、名画について語る。そんな夢を実現した本書には、十二組のアーティストが登場する。

ビクトリア・アンド・アルバート美術館で、お目当てのコンスタブルの絵を探して迷子になるフランシス・ベーコン、ポンピドー・センターにあるジャコメッティの素描にくぎ付けになるカルティエブレッソン、拡大した漫画の絵で有名なリキテンスタインは、メトロポリタン美術館を歩きながら遠近法について熱弁をふるう。過去の偉大な芸術を前にした芸術家たちの初々しい素顔が新鮮だ。

美術史をテーマとする写真を手がけるシンディー・シャーマンは意外にも美術館になじみが薄いようだった。一方キキ・スミスは古代エジプトの石造のカニまでセクシーだと言ったりする。何世紀にもわたって、主として男性の芸術家が描いた歴史から解放されている現代女性の視線はじつにおおらかで自由だ。「美術館から外に出ると生まれ変わったような気がする」と語るエリザベス・マレイの言葉も身にしみる。

ニューヨーク・タイムズ紙に連載したインタビューをまとめた文章なので、臨場感があって読みやすい。作家たちのビビッドな言葉が、楽しいエピソードと丁寧な解説に織りこまれている。

スーザン・ローゼンバーグとブルース・ナウマンご夫妻のように、カップルの仲むつまじさに筆が走って、個々の肉声が聞きとりにくいところもあったが、芸術家の愛する作品を知ることで、彼らの創造の源泉に一歩近づける喜びがある。精神分析医のフロイトの孫に当たるルシアン・フロイドが、ロンドンのナショナル・ギャラリーを深夜に訪れる特権をもっていることも驚きだった。

芸術家の目を通すと美術館のイメージも身近なものに変わる。バルテュスなど、すでに故人となった芸術家のオマージュを含めて、本書は芸術と美術館を味わうためのユニークな方法を紹介している。（岡部あおみ・武蔵野美術大教授）

（淡交社・2000円）＝2002年4月4日⑥配信

絶妙な命名と理由

「新しい単位」（世界単位認定協会編）

新しい単位ができたと聞いて、一瞬信じた。世の中、何が起こるか分からない。大いに驚愕（きょうがく）してたら、こいつが立派な冗談なのだった。

この冗談は、計ることのできない心の叫びに与えられる“単位”である。「つまらなさ」「日本人っぽさ」といった、何の重量感もなければ目にも見えない、極めて人間くさい認識に対するモノサシだ。

われわれは通常、重さや長さをグラムやセンチで表して、そのカサに対する共通認識を得る。単位がなければ「部長さんてばカッワイ～」と言われても、どの程度にカワユイのかは不明である。

揚げ句、やけくそ気味に「めっちゃ器用じゃん」「バリせこい」「マジだらしね～」と、その度合いを強調してみせたりもする。なぜ単に「だらしない」ではダメなのかと、その耳障りな冠にいらだちを覚える方も多かろう。

そこで、新しい単位の登場である。「だらしなさ」の基本単位は、将棋の羽生善治氏の寝癖頭のだらしなさ＝1ハブとする。「器用さ」は、漢字の“しんにょう”を奇麗に書きこなす器用さ＝1シンニョーである。

あるいはまた、納豆に入ってるカラシを捨てずに保管する「せこさ」は1カラシ。残り少なくなったシャンプーに水を足して使うせこさを「3カラシだね」などと使うわけだ。単位の導入で、会話はスッキリ洗練される…か？

本書は、BSフジ「宝島の地図」の人気コーナーの単行本化。新しい単位をデッチ上げる際の、独断的な認定理由と単位命名が、絶妙。マジ笑えて、めちゃゴージャス。いや、389パイナポウです。（1パイナポウは、カクテルに生のパイナップルがのっているゴージャスさ）

計ることができるはずがない心の叫びを、“単位”でランクづけるバカバカしさ。あいまいであることは、他人との関係に自信を持てなくなっている現代人にとっては、ひそかな不安要素なのだ。その辺りをくすぐっているアソビ度が、妙に泣ける。（高橋章子・エッセイスト）

（扶桑社・952円）＝2002年4月11日①配信

あふれる激励のメッセージ

「地方紙の研究」（鎌田慧著）

大学の講義で、「地方紙」というものを学生に的確に理解させるのが意外にむずかしいことを、体験してきた。全国的な規模の新聞やテレビの存在の仕方や役割なら、容易にわかった気にさせることができるのとは、対照的である。

ところが、「このなかに熊本の出身者は…」と受講生にたずね、おずおずと手を挙げた学生に向かって、熊本の地方紙の名前を挙げ、そこで実施されたキャンペーンなどについて話しだすと、その学生の目が急に生き生きしだすから、不思議だ。

どうやら地方紙とは、一般的かつ抽象的に理解してもあまり意味のないもののようだ。地域の固有の事情に結びつき、独自の役割を果たす運命に結ばれた地方紙はどれも、ほかの新聞にはない具体的な差異をもつ。そうした違いこそ、地方紙の共通性なのだ。

本書は、このような地方紙の生態を、四十紙の現地を各個に訪ね、それぞれの新聞の地理的・歴史的存立条件の解明や、それらの主要なキャンペーン報道事例などの紹介を通じて、具体的に明らかにする。

日本で発行される新聞、およそ五千四百万部のうち、半分もの部数を占める地方紙の多様な活動の全容が、これまでまとまったかたちで伝えられることがなかったのがおかしかったのだ、と実感させる。貴重な労作である。

バブル崩壊後の不況は、中央の政府や産業界指導層の政策的なリーダーシップや権威を根底から覆し、地域の政治・経済は安んじて中央に依存することができなくなってしまった。筆者は、そのことが明白となった一九九八年から四年をかけ、分権主義的な地域社会の自立の可能性を追求する方向で、みずからも変わっていこうとする地方紙の姿を描きだす。

その筆致には激励のメッセージがあふれている。筆者の期待にどうこたえていくべきかが、地方紙にとってつぎの厳しい課題になる、といえるようだ。（桂敬一・東京情報大教授）

（潮出版社・2800円）＝2002年4月11日②配信

揺らめく人生の影

「花響（はなゆら）」（稲葉真弓著）

花イコール美、というものではないらしい。花も生きものである以上、時に思いがけない表情を見せることがある。曼珠沙華、クチナシ、キンモクセイ、露草、桜、ケシ、昼顔、時計草…。花にまつわる二十三の短編は、作者の記憶に鮮やかに刻印され、大切に培養されてきた花々の物語である。

十代の兄と私が夏休みを過ごした和歌山県の伯母の家では、黄色い花を咲かせるヘチマをたくさん植えていた。奇妙な伯母とヘチマ水の幻覚を描く「天水」。毎夜散歩する私と妹の後をヒタヒタついてくる足音。クチナシのほのかな香りをからませた、不気味な足音の謎に触れる「白い影」など、甘やかな思い出を語る小説の背後には、荒涼とした風景が広がる。

どの物語にも底深い恐怖の感覚がある。作者に特有な水のイメージや花々の猛々（たけだけ）しい生命力、暴力性が喚起する静かな恐怖である。

それは人間の想像力が最も過敏に反応する種類の怖さなのかもしれない。恐ろしい夢から醒（さ）めた時の、ひやりと恐怖にとりまかれた気分である。幸せな夢はすぐうすれるのに、怖い夢にかぎっていつまでも消えずにある。

それでいて、背筋が冷たくなる幻想の流れに浸っていたい願望も半ばは残っている。周到に考えられ、緻密（ちみつ）に描かれた一編一編に人生の影が揺らめいているからだろう。

孤独の極みの澄明な空気を感じさせる短編集「声の娼婦」「猫に満ちる日」を受けつぐ作品群は、いっそうしなやかに撓（たわ）みつつ、高く飛翔する。

ひたすら自身を見つめることで創（つく）るその小説空間は、無機質な都会の白壁の内側で紡がれた儚（はかな）い夢のようだ。儚いけれど、夢は、スミレがぱちぱちはじけて種を飛ばし、「自由に行きたいところに行き、また紫の花を咲かせる」（「夢の椅子」）ように、遠くへ種を飛ばし、実をつけるだろう。

幻想という非現実のなかにさえ、希望の胚芽（はいが）がこぼれ落ちるのである。（宮田毬栄・エッセイスト）

（平凡社・1700円）＝2002年4月11日③配信

大胆で独創的な編集

「事典　哲学の木」（永井均ほか編著）

昨今の日本の出版状況の中で、哲学書出版に対する講談社の貢献度は極めて高い。「現代思想の冒険者たち」や講談社現代新書シリーズの中で、若手・中堅の研究者を大胆に起用して、次々と意欲作を刊行している。かつて、筑摩書房や中央公論社が果たしていた役割を、軽く明るい装いのもとに継承している、と言えば言い過ぎだろうか。

その講談社から、このたび哲学事典が刊行された。売れっ子で実力派の若手・中堅哲学者たちが中心となって、四百の項目について筆をふるっている。

アメリカ、いじめ、好色、指紋、ダンス、泣くといった、哲学事典としては異色の項目が選ばれているのが目を引く。穴、鏡、手、花、母、面、喪というふうに一文字の言葉が多数採用されている点には、日本思想重視の姿勢が表れているだろう。イスラム思想にかかわる言葉にもきちんと目配りがなされている点は、時宜にもかなっている。

四百というのは、この種の事典としては随分絞り込まれた数だ。逆に言えば、一つ一つの項目について、たっぷりと言葉が費やされているということだ。

「ただ単にそれぞれの項目を解説するだけでなく、項目の用語を使って現に哲学をしてみせ」るように、という難しい注文が出されたのだという。その結果、エッセー集の色合いの濃い事典が出来上がることになった。

読み物としてもおもしろいと同時に、辞書として、ある言葉について必要最低限ふまえるべき基本的情報を提供せねばならないという、アクロバットにも似た課題にどれだけ成功しているか─そこに各執筆者の腕の見せどころはある。

日本には、現在、哲学事典の決定版と呼べるものは存在しない。平凡社のものは古びてしまった観が否めないし、岩波書店のものは、多くの説明が難解すぎて専門家にとってすら使いにくい。そこに、大胆かつ独創的に編集された本書が新たに加わったことの意義は、小さくない。（藤野寛・高崎経済大助教授）

（講談社・7800円）＝2002年4月11日④配信

明快な「百科全書」

「文章読本　笑いのセンス」（中村明著）

「笑い」というものは不思議なとらえどころのないものである。それに著者はさまざまな面から接近していく。「笑い」についての百科全書と言っていい。

「笑い」について人間がどう考えてきたかが、アリストテレスから現代まできれいに整理されている。そして、どのようなレトリックが「笑い」を生みだすかも、比喩（ゆ）表現、擬人法などあざやかにまとめられている。「笑い」についての解説が難解であったらしゃれにもならないのであるが、自分のことばで語られて明快である。

引用も洋の東西から幅広いが、そのなかに著者自身が見つけ出してきた例があって、楽しい。たとえば「ふつうには結びつきにくい意外な組み合わせに」よって笑いを生む「異例結合」の例として「ツァラトゥストラふりかけ」などというものを挙げている。現実にCMに流されていたものらしいが、これには絶句した。おもしろいではないか。

「笑いは発見するもの」とあるが、著者のセンスで発見した成果が示されているのだ。

狂歌・川柳、江戸小咄（ばなし）、落語、漫才などから幅広く滑稽（こっけい）の笑いの用例が取られているが、圧巻は日本の近現代小説からのもの。夏目漱石、内田百閒、尾崎一雄、井伏鱒二、井上ひさしらの作品が引用されている。

みごとにおもしろいところが抜き出されているということ、そこがどうしておもしろいかが表現に即して語られているということ、それでいて、解説がやぼに堕していないところがいい。永井龍男の「蚊帳」をはじめ読んでみたくなったものがいくつもあった。

「笑い」がこれらの小説家にとって重要なもので、作品の勝負どころであったということも伝わってきた。みごとな「笑い」のアンソロジーであるとともに、「笑い」という観点から見た文学史が生まれつつあるとも感じた。

ただ、江戸の狂歌・川柳において、あれほど豊かであった「笑い」は近代の短詩型においてどうなってしまったのか。そのあたりも考えてみたくなった。（小澤實・俳人）

（岩波書店・2500円）＝2002年4月11日⑤配信

太宰治の姿を生き生きと

「桜桃とキリスト」（長部日出雄著）

太宰治。本名津島修治は、津軽の富豪の家に生まれ四十歳に至らずこの世を去った。修治が作家とならずにいれば、東大を出たただの放蕩（ほうとう）者であったかもしれない。太宰治は、まさに血で血を洗うような悪戦苦闘を重ねる天才小説家であった。少なくとも長部日出雄はそのように確信しているようだ。

長部は、既に幼年時代から青年時代に至る太宰治を「辻音楽師の唄―もう一つの太宰治伝」に書いていた。本書はその継続として書かれた。太宰治の全体像を描くこと、長部は自身の小説家としての使命をそこに見いだしている。

後に太宰の妻となる石原美知子は、太宰作品を読んでひそかにこの作家を敬愛していた。

太宰治は井伏鱒二を師と仰ぎ自身の結婚を恩師にゆだね、めぐる縁から彼は石原美知子と結婚することになった。誰の目から見ても無頼な新進作家と良家の子女との結婚に見えた。長部日出雄は、太宰治が何人もの女性とかかわりがあり、山崎富栄との心中をもって生涯を終えることを念頭においているから、太宰と美知子の結婚への道までを美しく描いている。

桜桃の季節に亡くなった太宰治は、折々自分をキリストに重ねることがあった。長部は、イエスの〈己れを愛するがごとく、汝の隣人を愛せ〉という言葉を理想の極に見立てていた太宰を重く考えている。その言葉どおりにいかない自身を見つめながら七転八倒する太宰治を、一般のクリスチャンとは異なるキリストに帰依する一人の人間と考えているのだ。

その人間はどうしても小説家ではなくてはならなかった。キリストの教えを全うしようとすればするほど、周囲の人々を犠牲のふちに追いやり、放蕩無頼をつくし、自身を自殺に追いこまざるを得なかった。晩年には、天のように仰いだ師の井伏鱒二をすらあしざまにののしったりした。

誠実に自らを苦しめ、なおかつ家族を苦しめ、誠実に放蕩しつくし、誠実に死んでいった太宰治の姿が生き生きと描かれている。（栗坪良樹・文芸評論家）

（文芸春秋・2190円）＝2002年4月11日⑥配信

都会人荷風に重なる含羞

「荷風好日」（川本三郎著）

いいタイトルだ。書く人と書かれる人とのあいだに、あふれるような敬愛とやさしさがある。ほどのいい目くばりと心づかい。「好日」そのままのやわらぎとあたたかさが伝わってくる。

この数年間に書かれた荷風をめぐるエッセイが三十篇（へん）あまり。私淑する人というのは、どんなに親しんでも、いつも新しいものなのだ。いくら書いても、やはり書きたいことがある。発見と驚きがある。

「最後にちょっとした『発見』のこと」

「もうひとつ驚いたことがある」

「…思わず身を乗り出す場面がある」

読者もまた未知の発見をして驚き、思わず身を乗り出す。たとえば録音に残されている荷風の声のこと。実に若々しく、そして談論風発するその日本語の美しさ。

あるいはまた「アメリカでの荷風」を語って、川本三郎は述べている。若き荷風は明治の青年がしたように勇躍アメリカへ旅立った。そしてその地での体験を「あめりか物語」としてまとめた。そこにしるされている人々と風景に一貫して流れている零落の悲哀と深い詩情。さながらそれは老いた荷風の原風景というものではあるまいか。

「アメリカと濹東の玉の井は、実はつながっていることがわかってくる」

重要な指摘が実にさりげない口調で言われる。

圧巻は荷風のまなざしを論じた一連のエッセイだ。孤独な散歩者の目に映ったものを確かめていく。町や人を見ている人を、丹念に見ていくわけだ。見る人と見られる人。二つのまなざしが一つになる瞬間がある。つまりは見る人が見られていて、見られている人が見ている。そこから数々の警抜な指摘が生まれた。

それもまた、ここではさりげなく、ちょうど散歩の途上に、ふと足をとめたぐあいに告げられる。その含羞（がんしゅう）の味が、生粋の都会人荷風と重なってくる。（池内紀・ドイツ文学者）

（岩波書店・1800円）＝2002年4月18日①配信

「文学法王」の証言　「わがユダヤ・ドイツ・ポーランド」（M・ライヒラニツキ著、西川賢一訳）

この著者なら、この何倍も分厚い「自伝」が書けただろう。凝縮された本書に退屈なページは一ページもない―五百ページ近い分量であるにもかかわらず。

マルセル・ライヒラニツキとは何者か。一九二〇年、ポーランド人の父とドイツ人の母の間に生まれた。両親は共にユダヤ人だったから「半分はポーランド人、半分はドイツ人、そしてまるまるユダヤ人」ということになる。子供時代を過ごしたベルリンから、ナチズムによって追われ、ワルシャワゲットーに生きるも、地下生活を続けてガス室送りを辛くも免れた。五八年には、再びベルリンに戻る。なぜか。

彼にとって「唯一の故郷が文学、それもドイツ文学だった」からだ。その後の四十年、文芸批評家としての彼の名声はドイツで着実に高まり、テレビ番組「文学四重奏」での司会者としての成功も相まって、「ドイツでもっとも愛され、もっとも恐れられる批評家」との世評を獲得するにいたった。別名「文学法王」。

この自伝は、だから、まず、ドイツ文学を愛する人にとって、この上ない贈り物だ。ケストナーやネリー・ザックス、アドルノ、ケッペンらとの交友にまつわる印象深いエピソードがふんだんにちりばめられていて、とても楽しい。

しかし、それだけではない。この本は、二十世紀ドイツの歴史、ナチズム問題、ユダヤ人問題などに関心を抱く読者にとっても、興味の尽きない貴重な証言になっているだろう。

ライヒラニツキの批評の特徴は、その明快な文章にある。ナチズムによって大学で学ぶ機会を奪われた彼の文章は、学問的難解さとはおよそ無縁だ。逆にそれが、日本の独文学界から無視され、翻訳・紹介が遅れた理由でもあるのだろう。

本書の訳文も、大変読みやすい。くだけすぎている、と感じられる個所も少なくないが、しかし、ライヒラニツキを日本語で読める喜びは、そんな不満を帳消しにして余りある。（藤野寛・高崎経済大助教授）

（柏書房・5700円）＝2002年4月18日②配信

味わいのある語り口　「証言・昭和の俳句（上・下）」（桂信子、鈴木六林男、草間時彦、金子兜太ほか著）

書名の「証言・昭和の俳句」がこれほどふさわしい書物はほかにないだろう。昭和の俳句をけん引してきた俳人たちが、自身の俳句の時代を語った上下二巻で、証言者は桂信子に始まり三橋敏雄に終わる十三名。

証言者に共通しているのは、生年が大正前期、俳句開始が昭和十年代ということである。したがってどなたの証言にも、山口誓子、西東三鬼、中村草田男、石田波郷、加藤楸邨など、前世代の俳人たちが登場し、戦争が何らかのかたちで大きくかかわってくる。

男性は全員が出征兵士、もしくは胸部疾患のいずれかの体験者である。この世代の青年たちは暗黙のうちに「戦争で死ぬか、結核で死ぬか」という命題をつきつけられて青春時代を生きてきた。この時代を共有したという現実が、作風や俳句観の違いを越えた精神風土のひろがりを見せており、個別に語られている全員の証言が「昭和という時代の俳句史」という一つのまとまりを見せているのだろう。

黒田杏子のインタビューに答えるという形式で進められた内容だったのを一人語りの形式に編集したこともあって、味わいのあるそれぞれの語り口がたっぷりうかがえるのも魅力的である。文字からは消えている黒田杏子の声は、各人の話の展開の間に十分に聞こえてくる。

戦後の俳誌「天狼」はなぜ生まれたのか、師弟関係はどうであったか、なぜ現代俳句協会と俳人協会は別々にあるのか、前衛俳句は何をもたらしたのか、俳句文学館はどういう経緯で出来たのか、戦後の女性の俳句はどうであったかなどが、各自の俳句の軌跡と重なって語られており、読み始めるとやめられなくなる。証言者それぞれの自選五十句と略歴が付いているのも、証言の証拠品のように思われる。

証言者にはすでに故人になられた方もあり、あたかも遺言のようになってしまった。ことに若い方にお薦めしたい上下二巻である。（宇多喜代子・俳人）

（角川書店・上下各1700円）＝2002年4月18日③配信

希代の名優の生の言葉 「マストロヤンニ自伝 わが映画人生を語る」(マルチェロ・マストロヤンニ著、押場靖志訳)

この本はイタリアを代表するばかりか、世界的な名優として知られるマルチェロ・マストロヤンニの自伝である。といっても、映画作家アンナ＝マリア・タトーのドキュメンタリー作品「マルチェロ、私は忘れない」でマストロヤンニが語った言葉の翻訳である。

そうしたことでは、いささか淡泊過ぎて不満なところもあるが、それは半面、自ら告白しているように、七十歳をすぎても「ラテンラヴァー」(女たらしとか色男の意)のレッテルを張り続けるマスコミに対する抜きがたい不信感があったからだろう。それを考えれば、この希代の名優の生の言葉を聞くことができるだけでも貴重だったといえる。

女性に絶大な人気があったことは確かであり、フェイ・ダナウェイ、カトリーヌ・ドヌーブらと恋愛したが、そこで浮かび上がってくるのは、日常生活でも、また映画、舞台の上でも極めてストイックに取り組んでいる姿である。

そして、イタリアを代表するフェリーニ、デシーカ、スコラといった監督のみならず、ミハルコフ、アンゲロプロスとの仕事を超えた付き合いは、マストロヤンニという俳優を豊かな存在にしたことがよく分かる。そこで展開されるエピソードの数々。どんなエキストラでも名を忘れず、到底俳優には向かない人物でさえ平気で使うフェリーニ。ばくちの負けの返済のために映画を監督することをユーモアたっぷりに話すデシーカ。それはイタリア映画黄金時代の一面でもあった。

マストロヤンニ本人も、ユーモア感覚を忘れることはないし、プルーストやシェークスピア、チェーホフといった作家へのさりげない引用からでも、彼の高い知性を感じることができる。ディドロを引用しながら、俳優が役の中で自分を消し去るのに対し、自分の個性を役に押しつける役者とは区別されていることなど、なるほどと思わせる部分も随所にある。

読みやすい本であり、年表も丁寧に作っているが、索引、事典は便利そうで不便なのが惜しまれる。(山口猛・映画評論家)

(小学館・3048円)＝2002年4月18日④配信

古今東西の暴政を分析 「反『暴君』の思想史」(将基面貴巳著)

本書は、暴政を見事に分析し、暴政への反命題たる共通善の政治について考察している。新書という装丁で読みやすいが、政治思想史関連の読みごたえのある書物である。

著者の将基面(しょうぎめん)氏は、古今東西の政治思想に精通している。またソフォクレス「オイディプス王」、シェークスピア「ジュリアス・シーザー」といった文学作品や、山本常朝「葉隠」などにおける「暴君」論や「暴政」論を取り上げているのも興味深い。

さらに著者自身、現代の日本政治の低迷に一家言を持つ啓発的な政治思想家である。

著者によれば、「暴政」とは、英語の「ティラニー」の訳語であるが、「専制政治」「独裁政治」「暴政」「圧制」「暴虐」など、多様に訳されてきた。「暴政」とは支配者の絶対権の乱用であり、「共通善に反する政治」である。そして、共通善とは、社会構成員「共通」の「善」を意味する。

著者は、「暴君放伐論」の始まりを、西洋においては古代ローマ時代に生きたキケロの「義務論」に見ている。すなわち、キケロは、暴君によって法と秩序が危機に瀕(ひん)した場合、暴政をやめさせるための暴力行使を、自衛と生存のための行為として正当化した。

東アジアでは「暴君放伐論」は、古代中国の古典「孟子」において展開された「湯武(とうぶ)放伐論」が挙げられている。

そこでは「王」の職責に背いて「暴君」と化した人は、「賊」(仁の徳を破棄する人)ないし「残」(正義を破壊する人)となったのであり、「賊」や「残」への反逆は許されるものとされた。

著者の現代日本へのメッセージは、「共通善」の思想によって、健全な「国民社会」を育成せよ、ということのようである。政治家や高級官僚や公務員に読んでもらいたいだけでなく、一般読者にも裨益(ひえき)するところ大なる一書であると思う。(千葉眞・国際基督教大教授)

(平凡社新書・780円)＝2002年4月18日⑤配信

往生に対する枯淡の心境

「イルカと墜落」（沢木耕太郎著）

本書は「死」で貫かれている。だがそこに不安や恐怖の気配は感じられない。

この、人をくったような書名そのままに、著者は死について淡々と、あるいはのんびりとした調子で筆を進める。本人が死と直面するシーンでは、生命の終末という未知なるものに対する旺盛な興味すら示す。

著者は昨年、NHKの取材のため二度にわたってアマゾン奥地に赴いた。イソラドと呼ばれる、まだ文明と接触していないインディオを求めての旅だ。

だが今回は、若かった日に香港からロンドンまで放浪した「深夜特急」のときと事情が異なり、気ままに寄り道をする自由は許されない。決められたスケジュールに従う旅路の中で、闇を走る光から亡父を連想したこと、向田邦子の思い出、9・11のテロ事件、シドニー・ポスエロという人物の名に「死度新」を当てるなど、死に関連したエピソードが次々に語られていく。

ハイライトは搭乗した双発機墜落だ。九死に一生を得た著者が抱いたのは、「死とは、少なくとも僕にとっては、そこにあるだけのもの」という乾いた感想だった。

それどころか、一歩間違えば大惨事に巻き込まれた自分を面白がる様子には、読んでいる側もつい微笑を浮かべてしまう。

往生に対する枯淡の心境は、五十代半ばを迎えようとする著者の達観なのか、それとも彼一流の青くさいポーズなのかは分からない。

ただ、墜落後の後遺症に悩みながらも、そこから新たな人生の指針を得るくだりからは、生きていることの実感と充足が伝わってくる。まさか、それが本書の狙いでもなかろうが…。

読後に不思議な浮遊感が残ったことも印象的だった。内容としてはハードな題材を扱ったノンフィクションにもかかわらず、一片の夢物語を読んだような感触だ。安岡章太郎がいみじくも述べた「文学を、いちいち小説とか随筆とかに分類することにどれほどの意義があるか」を思い出した。（増田晶文・作家）

（文芸春秋・1200円）＝2002年4月18日⑥配信

不思議を自然に受容する

「あべこべ」（久世光彦著）

年を取るにつれて、わかってくることがある。たとえば、こんなことがこんなふうに…。そういうことを書いた短編連作集だ。

主人公は六十代の売れない作家で、交流する人物はみな一風変わっている。月に一度はあの世と行ったり来たりするという初老の女優。博覧強記だが、大酒飲みでどこか間抜けな中年の文芸評論家。店先は古本屋みたいに見えるが、実は骨董（こっとう）を商っている五十代の独身男、など。

それぞれの人物を若返らせれば、漱石の「吾輩は猫である」の登場人物の役回りに似ていなくもない。しかし「猫」と違って、彼らの結びつきにはさしたる必然性がない。なんとなくぼんやりと、ずるずると付き合っている感じなのだ。そのルーズな関係が、やがてお互いに最も必要としあうそれになっていく。このあたりが、本書のいちばんの読みどころだろう。

主人公は、実にしばしば不思議な出来事に遭遇する。見知らぬ人から見知らぬ女の訃報（ふほう）が届いたり、ほとんど付き合いのなかった装丁家が死ぬと、いきなり未亡人が訪ねてきたりするのだ。若ければ、頭がどうかなってしまいそうな出来事ばかりである。

若くない主人公でも、むろんうろたえる。だが、うろたえつつも、出来事を過去の日々にシンクロナイズさせたりしながら、だんだんと自分の腑（ふ）に落としていく。不思議は不思議のままに残されるが、その不思議をそのまま極めて自然に受容していく過程が、読者にも素直に納得できる。それが年輪さと、作者は笑っているようでもあり、泣いているようでもある。

だから、読み進むにつれて、他の人物たちがどんなに変な言動をしようが、変には思えなくなる。むしろ変なほうが自然なのだと思えてしまう。作者の着想と筆力の卓抜さによるものだけれど、老いることも悪くはないなと、主人公と同世代の私はとても豊かな気持ちになることができた。（清水哲男・詩人）

（文芸春秋・1571円）＝2002年4月25日①配信

生きるすべてが芸術

「無限の網」（草間弥生著）

胸がすく思いとはこのことだ。草間弥生「無限の網」の読了感は力がみなぎることおびただしい。芸術に命がけの人間はそう多くは存在しない。この自伝を読めばわかることだが草間は生きるすべてが芸術なのだ。

よくある芸術家的色事の醜聞はすべて外部化表現として昇華されている。といってもなまはんかなものではなくヒッピームーブメント絶頂のニューヨークを舞台にホモ、レズ、サディズム、マゾヒズム、乱交を自身の表現の箱庭で攪拌（かくはん）し、メディアの寵児（ちょうじ）として米国文化に突入し、オノヨーコとは全く違う形で日本人女性のスーパースターとなった記録がつづられている。

それ以上に自身への壮絶な戦いの歴史がこの自伝には詰まっている。幻覚からの逃避手段としてドローイングを描き、セックスへの恐怖克服手段としてペニスをかたどったソフトスカルプチュアを死にもの狂いで造り続け、発表する。

世界をまたに掛け芸術の伝道師として走り続けるさまはあまりに真っすぐ故、奇異に見えつつも素直に感動を呼ぶ。裕福な家庭に育った環境と百八十度違った貧困の極致を味わうニューヨークの生活。そこからの脱出劇は窮地に立たされた人間のサバイバル指南書としても有効だろう。すなわち強靱（きょうじん）な意志力こそ人間に必要不可欠であることを教えてくれる。

「アメリカから帰って来た時、日本は百年遅れていると実感した」。序文における彼女のこの一言がいかに真剣な心の叫びかをわれわれは知るべきだ。日本人の持つ芸術への本質的コンプレックス。それはぬぐえない西洋へのコンプレックスそのものだ。岡本太郎や池田満寿夫をテレビのクイズ解答者やコメディアンのお相手として、いけにえにし続けた日本文化。そこに真っ向から立ち向かい続ける芸術家、草間弥生。

一瞬でも長生きをして日本芸術革命のジャンヌダルクになってください。そして、芸術の本当の力をこの世に現出させてください、と心の奥底から願いたくなった。（村上隆・美術家）

（作品社・1600円）＝2002年4月25日②配信

食の安全を問う

「狂食の時代」（ジョン・ハンフリース著、永井喜久子、西尾ゆう子訳）

遺伝子組み換え作物が原因とみられる病気が発生し、国民の免疫機能が著しく低下する。殺虫剤が原因とみられるガンも増加し、昨日まで野菜を食べろと叫んでいた専門家たちが一転して生鮮食品の摂取に慎重になるよう訴える。裁判所が食品メーカーに、発病した消費者への多額の賠償金の支払いを命じると、政府は食品への警告表示を検討し始めた。「これを食べると、あなたの健康を害する恐れがあります」

「沈黙の春」風に描かれているのは、二〇二〇年の英国の姿である。英国屈指のジャーナリストである著者は、この悪夢のシナリオが妄想ではないことを研究者への取材をもとに実証していく。消費者は一年に四キログラムもの食品添加物を摂取している、フルーツサラダの果物からは五十七種もの殺虫剤が検出されている、など出てくるデータには、りつぜんとするばかりだ。異変の兆しは見え始めている。ぜんそくの子供は増加し、アルツハイマー病の若者は二年で二倍になった。

原題の「The great food gamble」が示すように、われわれの一回一回の食事は、まさに体を張ったばくちである。本書が説得力を持って迫ってくるのはBSE（狂牛病）の恐怖を経験した英国からの声だからだろう。

クロイツフェルト・ヤコブ病患者との関係が明らかになった瞬間、英国人は生産第一主義がどんな悲劇をもたらすかを、身をもって知った。これは単なる始まりにすぎないのかもしれない—。著者は誰もが持つ不安にくっきりとした輪郭を与えたのである。

しかし著者は悲観ばかりはしていない。自ら有機農法を実践しながら、量から質への転換を呼びかける。集約的農業の根拠であった食糧不足の思想は恐怖の産物であり、食の安全を保証するのは科学や技術ではないと指摘する。そして必要なのは農業の方法ではなく、思想を変えること、と結ぶ。食の安全を守るための告発の書であるとともに、二十一世紀の世界に向けた問いかけの書である。（大島寿美子・ジャーナリスト）

（講談社・1900円）＝2002年4月25日③配信

特許ビジネスの本質描く

「キヤノン特許部隊」（丸島儀一著）

一九九二年、日本のカメラメーカー六社が米国のハネウェル社からオートフォーカス（以下、AF）の特許侵害で提訴された。ミノルタが百六十六億円の和解金を支払うなど「特許」の怖さを思い知らされた一件だったが、キヤノンの和解金だけが少なかった。なぜだったのか―。

実は日本メーカーはみなAFを独自開発していた。だがその過程で、ハネウェルの技術を機密保持契約を結んで「見せてもらっていた」経緯があり、そこで得た知識を自社の開発に役立ててはいなかったとの証明は極めて困難だった。その弱みが多額の和解金をむしり取られることにつながる。

だがキヤノンは違った。若くして特許部門の前線に立ち、ゼロックスとの間で熾烈（しれつ）な知的財産権交渉を経験、その難しさを熟知した丸島儀一は、危険を察してハネウェルの技術を事前に見ないよう会社を説得。結果、「弱みのない」キヤノンだけが強気で和解交渉に臨めたのだ。

本書はそんな丸島の四十年にわたる特許ビジネス経験の語り下ろしだ。とはいえ、守秘義務に縦横に縛られた世界ゆえ、描き出されたのはほんの上澄みだろうが、それでも知的財産権ビジネスで何が最も重要かは十分に伝わってくる。

「企業の知的財産部門が数字をあげるのは簡単」と丸島は言う。「自社のいい特許を（ライセンスとして）どんどん売ればいい」。しかしそれは企業の独自性、優位性を希釈する。「そんな知的財産権の利用法は間違い」と考える丸島が好むのはクロスライセンス、つまり特許の使用許可と引き換えに他社の特許も使わせてもらう方法だ。

その結果、今までより優れた商品が楽に開発できる体制を自社に築き、将来の事業拡大に、とつなげていく。

権利で荒稼ぎするビジネスがもてはやされがちな風潮の中で、丸島の発想は慎重さを求め過ぎる感があるかもしれない。だが、実はそこには技術社会全体の未来を見据え、発明や工夫を生かし、育てようとする熱き思いが確かに反映している。そこまで読み取るべき一冊だ。（武田徹・評論家）

（光文社新書・680円）＝2002年4月25日④配信

文学者たちの尊い平凡さ

「愛の手紙」（日本近代文学館編）

受取人以外には封印されているのが、手紙というものの美しさ。だから書簡集を読むときは、差出人と受取人の間に自然、わが身を黒子のように置く。

斎藤茂吉が、永井ふさ子にあてた恋文を読むと、読んではならぬ人の手紙を盗み読んでいるような後ろめたさを感じる。それほどまでに生々しいのである。

「ふさ子さん！　ふさ子さんはなぜこんなにいい女体なのですか。何ともいへない、いい女体なのですか。どうか、大切にして、無理してはいけないとおもひます。玉を大切にするやうにしたいのです。ふさ子さん。なぜそんなにいいのですか。」まぎれもなく、茂吉の命の真ん中から、飛び出してきたような言葉である。

一方、北村透谷が石坂ミナにあてた、情熱的なラブレターには、透谷の恋愛観が吐露されており、ミナを通して、社会に発言しているような趣もある。「ラブするに至りて」などという文語表現が、今読むとあらためて新鮮である。

妻への手紙には、恋文にはない、落ち着きやそっけなさ、甘えや怒り、時には勝手な放言も見受けられるが、それ故に感じるきずなの強さもある。

夏目漱石や芥川龍之介の場合、自分の創作がまず第一であって、自分本位を貫くために、妻には文句や所望がいっぱい。龍之介が文にあてた手紙のなかには、「カステラも、実は不用だが、送つたのなら、やむを得ず食つてやる」などとある。文豪というより、当時の平凡な一夫の風景だ。

自殺する十三日前に、加藤道夫が妻に送ったという最後の書簡も忘れがたい。死の予感はまったく感じられず、妻にわび、妻を気遣うその手紙は、これもまた、どこにでもいるような夫の優しさにあふれたもの。

彼らの作品ほどには、きらめきがなくて、むしろ平凡な手紙が多い。しかしその平凡さが、私にはいっそう、尊いものに思われる。これらの手紙を書いた人々は、文学者などと呼ばれる前に、確かに一人の人間だった。そして確かに、「生きた」のであった。（小池昌代・詩人）

（青土社・2200円）＝2002年4月25日⑥配信

民族共生の道さぐる

「在日コリアンの宗教と祭り」(飯田剛史著)

日韓共催のサッカーワールドカップの影響で今、韓国ブームが起こっている。マスメディアはこぞって韓国のショッピングやグルメ、音楽、観光情報を流す。だが、われわれは韓国に行かなくとも、ごく身近な場所でコリアン文化に触れられる機会に恵まれている。在日コリアンとよばれる人々が、共に生活しているからである。

本書は、そんな在日コリアンの生活世界を、宗教活動の面から明らかにしている。テーマは「民族」の共生、すなわち在日コリアンと日本人の共生の可能性を探ることである。

著者は、大阪と奈良の境にある生駒山地の「朝鮮寺」群や、済州島出身者の多い大阪市生野区の在日社会などの丹念な現地調査をおこない、宗教社会学的観点から、在日コリアンの宗教と社会の研究を進めてきた。

宗教社会学というと何か難しく聞こえるかもしれないが、本書は具体的な事例が多く読みやすい。例えば、ポサル(菩薩)やスニム(僧任)、シンバン(シャーマン)とよばれる民間宗教者が、“神懸かり”状態の繰り返しに苦しんだあげく巫者(ふしゃ)の道を選んだというような、生々しいライフヒストリーが紹介されている。

本書の最も興味深い点は、生駒の「朝鮮寺」で前記のような民間宗教者がおこなっている伝統的な宗教儀礼だけでなく、在日コリアンが最近になって新たに創造した「民族祭」を取りあげていることである。

前者は独自の民族性を経験する場であるが、今や一世にしか重視されない。一方、それ以降の日本文化への同化・平準化が進んだ世代は、一世の出身地にアイデンティファイ(自己同一化)することもできず、新たな祭りを通してコリアンとしての「民族」を模索しはじめている。

「民族」意識を再創造することは、「民族」の分断を深めてしまう危険性もある。それを「民族」共生の実現化に向かう力へと転換するにはどうすればいいのか。それが今われわれに問われているのである。(塩月亮子・日本橋学館大講師)

(世界思想社・3600円)=2002年5月2日②配信

女性関係にも自己愛過剰

「ヒトラーをめぐる女たち」(エーリヒ・シャーケ著、渡辺一男訳)

ヒトラーの女といえば、一九四五年四月にベルリンでヒトラーとともに自殺した愛人エーファ・ブラウンが思い浮かぶ。

しかしヒトラーに心酔したのはエーファだけではなく、多くの女性がその演説に熱狂した。「女は平和が好き」なんていう単純なテーゼは、このことだけでもあやしいと思える。

エーファを始め、母のクララ、映画監督のレニ・リーフェンシュタールやゲッペルス夫人のマグダなど、各章ごとに、有名な女性たち、有名でない女性たちが取り上げられ、ヒトラー像が見えてくる仕組みになっている。著者はドイツ人ジャーナリスト。読みやすくて面白いが、多少解釈が平板で断定的だと思う個所もある。まあ研究論文じゃないんだから十分か。

まめに花束を贈り、気さくに子どもと遊ぶヒトラー。けれども、この優しさは表面的なものである。彼にとって女は結局は一種のアクセサリーにすぎない。手に入れるためには努力を惜しまないが、恋愛関係はほどなく一方的なものとなるか、破たんする。

表面的には派手な女性関係を持っているように見えるが、実際は女性の内面にはほとんど興味がない付き合い方だ。ヒトラーが自己愛過剰な、他者への共感性を欠く人物であることはこれまでもくり返し語られてきたが、女性関係も自己愛のセオリーどおりである。

一時、恋愛関係にあっためいのゲリ・ラウバルのエピソードなどはその典型。ヒトラーは大事にもしていないゲリを強く拘束し、ゲリは結局自殺してしまう。が、自殺後にヒトラーは彼女を理想の「永遠の恋人」に仕立て上げる。感傷的な物語のねつ造や表現はヒトラーの恋愛における得意ワザである。

著者は彼の浅薄さがすぐに見て取れるように書いているが、そんなにことは簡単じゃなかっただろう。少なくとも当時の多くの女性たちはヒトラーの欺まん性が見抜けなかったわけだ。今だってこういう人物には多くの女が—そして男も—だまされそうだ。だからこそ恐ろしいのである。
(小西聖子・武蔵野女子大教授)

(TBSブリタニカ・1800円)=2002年5月2日③配信

生と死の境界の謎

「忿翁（ふんのう）」（古井由吉著）

危機にひんしていると言われる現代小説の世界で、今、もっとも高い評価を得ている小説家・古井由吉の新作小説集である。

古井由吉はデビュー作以来、一貫して合理的な理性では制御しきれない「狂気」や「躁鬱（そううつ）」、あるいは「悪夢」や「因縁」の世界を、執拗（しつよう）な描写力で描いてきた。この小説集では、それをさらに深化させている。

たとえば、これは作者自身の経験であろうが、子供のころから繰り返し見る悪夢を描いている。空襲で父親が死に、あわてて家に戻ると、若い母親が男に犯されている。少年は、男を太い薪（まき）で殴り殺す。茶の間の障子が真っ赤に染まる。「あの家は三人、全員死にました、と声が聞こえる」

この夢は、古井由吉にとって原体験的な意味を持つ夢なのであろう。しかし、この夢に現実的裏付けはない。父も母も戦争や空襲では死なずに、普通に長生きし、その後病気で死んだ。

さらにこんな夢も。「死んだ父親が枕もとに居た」「それで、お母さんは無事だったか、と父親はまたたずねた」「戦がまた始まるのだ、と忿怒の形相を晴れやかに剥いた」

あるいは、こういう話も。ある男が、黙り込むと、「かならず何かが起こる、火事や地震や通り魔や、飛行機が墜ちたり…」。

要するに古井が固執するのは、こういう死や葬式や男女関係にまつわる「業だの前生の因果だの」、あるいは「予知」や「因縁」の世界だ。しかし、古井はそれを執拗に分析はするが、決して合理的に説明はしない。つまり、安易な「答え」を拒絶して、謎を謎のままに残し、それを見たままに執拗に描写する。その強靱（きょうじん）な描写力が、古井の才能の特質であろう。

したがって、決して読みやすい小説ではない。しかし、ここに、評論やエッセーにはない小説本来の危険な魅力が秘められている。あらためて「小説とは何か」を考えさせる小説だ。（山崎行太郎・文芸評論家）

（新潮社・1800円）＝2002年5月2日④配信

リアル求める痛ましい彷徨

「『人を好きになってはいけない』といわれて」（大沼安正著）

著者は現在十九歳。長い人生とはいえないが、彼がこれまで格闘してきたのは、自らの「存在」のありかを確認することだったといえるだろう。自分は何者なのか。この社会に必要とされているのか。その問いは、現代日本社会の若者としては珍しいことではない。

彼の両親は統一教会の信者である。両親は合同結婚式によって出会い、「神の子」と称される彼が生まれた。両親は熱心な信者で、彼自身も日曜学校に通わされたが、彼は教義に子供のころから違和感を抱いていたという。

象徴的なのは、母親が口にした「人を好きになってはいけない」という一言だ。「好き」にならずに結婚した親。その間に生まれた「僕」は、この「僕」でなくてもよかったのではないか。この宗教が彼を苦しめた理由はそのことだったのだろう。

彼は自分という「リアル」を求めつづける。本書はその軌跡を自らつづった自叙伝。ひんぱんに登場するのは「身体」にかんする記述だ。幼稚園のころ手にあったイボを切ったこと。骨折や、右目だけから涙が出た体験。そのたびに彼は「人間の体っておもしろいな」とつぶやいている。彼は身体をとおして、リアルを確認しようとしたのだ。

学校に行けば、ついおどけてしまう性格がいやだ。容姿にも自信がない。セックスの関心が高まり整理がつかない。自分を変えてしまいたいが、うまくいかない。やがて、不登校、ひきこもりとなるが、その苦しみをうまく伝えることができず、彼は孤立していく。

十六歳。パソコンや雑誌で得た情報を頼りにひとり上京し、新宿で男娼（しょう）ナオキとなる。ナオキという自らがつくりあげた「他者」の目をとおして彼がさまざまな人々と出会う部分は、本書のなかでもっとも冗舌だ。そしてナオキは「やっとこの世界が現実だとわかった」という。

痛ましいほどの彷徨（ほうこう）の果てに、彼は自分の全身を映す「鏡」を街角に見つけたのだ。（与那原恵・フリーライター）

（講談社・1500円）＝2002年5月2日⑤配信

正しさの感覚見つめなおす

「『おじさん』的思考」(内田樹著)

いつの世にも殺し文句はある。いい意味ではなく悪い意味で。相手を黙らせ、意味を奪う言葉だ。昔「非国民」、今「おじさん」。多くの男性が「おじさん」とだけは呼ばれたくないと念じている。もちろん私もそうだ。

その「おじさん」を堂々と名乗る本である。著者は今や地におちた「おじさん」的なもの、例えば進歩的文化人や家父長や常識や社会通念や、勤勉や話し合いの意味を見つめなおす。なぜ海外で自衛隊に戦わせるべきではないか。なぜ買売春は良くないと考えるのか。なぜたばこをすうのか。なぜ本を読むべきなのか。なぜ親になった人間には責任があるのか。そして、大人とは何か。

といっても、「てめえらオレが養ってやってんだぞ」的居直りではない。著者は決して大げさな旗をふらない。ユーモアと懐疑とやわらかな言葉に包みながら、正しさの感覚を守ろうとする。その絶妙なバランスは上質の酒のような口当たりと心地よい軽い陶酔を残す。気持ちのささくれだった夜には、特にお勧め。私も一気に最後まで読んだ。

しかし、もう一つ正直にいえば、せつない本でもある。著者のいう「正しいおじさん」とは、孤独に耐え、自らの空虚を熟知し、矛盾から逃げない人だ。そこには、自分(相手)が欲望しているのは本当は相手(自分)ではない、という哀切な自覚がある。実は私は最近同じにおいのする人の本を読んだ。それはフェミニストのJ・バトラーだった!

そう、本当は「おじさん」とは、一人が苦手で、空虚を必死でごまかし、既製品の正義で身を守る。そんな人たちではなかろうか。その意味では、著者はむしろ「おじさん」撲滅派に近い。少なくとも、著者のようなおじさんは殺し文句の標的にならないだろう。それは正しいことであるが、女性に攻め立てられ、同年代の男性にも否定されて、「おじさん」はいよいよ行く場がなくなるなあ…。そんな思いも頭をよぎった。(佐藤俊樹・東大助教授)

(晶文社・1900円)=2002年5月2日⑥配信

田沼意次の通説覆す快作

「魚の棲む城」(平岩弓枝著)

すでに評価の定まった歴史上の人物に対して、新しい解釈を加えるというのは歴史時代小説の大きなテーマのひとつである。といって、まったく突拍子もない説を開陳しても空々しいばかりで、そこに何かしらの説得力がなければ読者はついていかないだろう。

そういう意味では賄賂(わいろ)政治を横行させたとして、今なお江戸期における悪徳政治家の筆頭に名をあげられる田沼意次は、通説を覆すには相当に難しい人物であったに違いない。

ところが、とまず先に結論から述べておくと、本書「魚の棲む城」によって田沼意次は、およそ二百年ぶりに名誉回復—少なくとも、その機運が訪れたと言えるのではなかろうか。

徳川治世において、幕府の財政は米を基調にして構築されていた。武士の給料も米によって支払われている。彼らはその米を売って金に替え生活をたてていたのだ。しかし、新田を開発して米の増産に成功すれば当然のことながら、米の値段は暴落する。米価の下落は低収入につながり、武士は困窮する。逆に凶作となって米が足りなくなると、大商人による買い占めが行われて米価が高騰し、地方では一揆、都市では暴動の恐れがあった。

つまり幕府の米経済は、豊作になっても、凶作が来ても混乱が必至だったのだ。にもかかわらず、九代将軍の治世においては、その対策は皆無であった。

十六の歳から将軍家に奉公してきた意次は、つぶさにそうした実態を目にしていた。だが、政事にかかわらない限り、自分の考えを述べる機会もなく、実行する折などさらにないのが現実であった。

意次が目指したのは、その場限りの対症療法ではなく、はるか先までを見据えた壮大な計画、事業だったのである。本書はこの意次の遠大な構想を一方に置きながら、同時に生涯の恋人となる女性との情愛が描かれていく。真に田沼意次とは、清廉高潔な人物であったのかと感慨を新たにさせる快作である。(関口苑生・文芸評論家)

(新潮社・1900円)=2002年5月9日①配信

情熱あふれる記述

「日本フリージャズ史」(副島輝人著)

アツい本である。これは、「ジャズ」が日本に根づき、新しい発展が生まれ、「フリージャズ」として拡大してゆくさまを、自らの生と密着させてきた筆者だからこそのアツさだ。フリージャズって、一九六〇、七〇年代のものでしょ、もう過去だよ—などという紋切り型は皆無だ。筆者はいまも生き、変化しつづけるフリージャズに伴走しつづけ、そこではじめて発言できることを書きつけている。

ジャズの本場より早く、フリージャズという言葉もないころ、この日本において、時代的な状況に呼応したかたちで沸き上ってきた気運。卓越し、伝説を生んだプレーヤーたち。出会いと離反。舞踏や詩など、異なったジャンルとのコラボレーション。海外への進出とそこでの評価。そうした出来事のなかで、小さなライブハウスの名が、フェスティバルの名が、幾つも幾つも、せん光を発し、消えてゆく。

高柳昌行、吉沢元治といった故人から富樫雅彦、佐藤允彦、山下洋輔が、渡辺貞夫や日野皓正と交叉し、渋さ知らズ・オーケストラ、大友良英が登場してくる。彼らの目指すところに焦点が当てられるのみならず、「音楽の野は広く、どこかで自分のオリジナリティーを確保して歩めばいい」と記す筆者には、つねにプレーヤーへの共感がある。

この共感は、筆者が「フリージャズ」を広く考えていることにも由来していよう。あるミュージシャンをフリージャズにくくっていいのかどうか。別の呼び方のほうが適切なのではないか。そんな批判は容易になされるはずだ。

しかし、「フリージャズ」という呼称にこだわることで見えてくる流れがある。あえて拡大解釈することで見えてくる「歴史」。断絶よりも継続、流れをとらえ、そこに寄り添った自らのアツさを描きだすこと。つまり本書は、ただ客観的な記述ではなく、「フリージャズ」のもつパッションを記述に投影させた物語=歴史にほかならない。(小沼純一・評論家、詩人)

(青土社・2800円)=2002年5月9日②配信

現代の食を問い直す

「美食進化論」(辻芳樹、木村結子著)

グルメ番組の評論家やリポーターが「おいしい!」と叫ぶ場面で毎回腹が立つ。「おいしい」という感覚は個人的なものだ。何をどのようにどうして「おいしい」と感じるのか。言葉でそれをちゃんと伝えてくれないもどかしさが腹立ちにつながり、グルメ番組もグルメ評論家のことも頭から否定していた。

そんな思いをひっくり返す本に出会った。著者(木村)は辻調理師専門学校校長・辻芳樹とハンガリー、フランス、スペイン、アメリカの美食をめぐる旅に出る。高級西洋料理の代名詞であるフランス料理が、それぞれの地の料理文化と出合ってどんな反応を起こしたかを確かめる旅といってよい。

そこで著者たちが見るのは、料理人とそれを食べる客の美食をめぐる闘いである。取り上げられたレストランでは、料理人が二つの相反する要素を融合させようと奮闘している。

一つに普遍性と独自性。その土地独自の素材を使って人々が慣れ親しんだ味を、世界に通用するまでの普遍性を備えた料理にどう洗練して完成させていくか。また歴史と時代性。長くその地で蓄積されてきた食文化に、時代と社会が求める要素をどう出していくか。そして伝統と料理人の個性。体系化されたフランス料理の知識を踏まえた上で、個性を打ち出すことがどこまで可能か。

それぞれ手法や思想はちがうが、登場する料理人たちが供する料理は、誰も経験したことのない味で食べる人の味覚に「侵入」し、理解と共感を得て感動を呼ぶ。そのメカニズムを明快な言葉で分析し解釈する美食家・辻芳樹の切り口の小気味よさに、料理を味わうと同じくらいの快感をおぼえるはずだ。

「おいしい!」というひと言を裏づけるために美食家にはどれだけの深い知識、鋭い感覚、強靭(きょうじん)な体力が必要かも教えてくれる。美食に真っ向から取り組み、現代の食を問い直す痛快な書である。(実川元子・ライター、翻訳家)

(晶文社・1600円)=2002年5月9日③配信

切なさに身をゆだねる

「日本鉄道詩紀行」（きむらけん著）

本書は〈汽車の窓辺は、さながら図画美術館〉という根っからの旅好きが、鉄道詩に深い愛情を注いで書き上げたアンソロジー仕立ての読み物だ。田中冬二、中原中也、立原道造ら二十八人の作家による〈明治、大正、昭和のきらめく鉄道詩〉が収められている。といっても、それらは〈鉄道詩〉と意図してつくられたわけではない。〈いつの間にか「鉄道詩」というジャンルが形成されていた〉のだ。

私は詩に親しむことがほとんどないし、旅の足はもっぱら大型オートバイだ。したがって、この本の評者としてふさわしいとは言いがたい。にもかかわらず、いや、だからというべきか、未知の土地を旅するように楽しかった。詩と虚構と現実が自由に往来する読み物のところどころに著者自身の旅が顔をだす。

たまたま隣り合わせた女性の「気持ちは着いておらんのに体だけが先に着いちゃった」という思い出話などは実に心憎い。宮沢賢治について〈率直に言って、彼の詩がよく分からない〉から〈困ったものだ〉といいながら、〈実に見事だ〉〈来たよ、来ましたよ、賢治さん〉と快調に飛ばす著者である。

収められた詩は、どれも哀愁に満ちている。著者の好みを反映しているのだろうか。それとも、詩というものが哀愁を表現するものなのか。あるいは鉄道詩だからなのか。いずれにしても、その切なさに身をゆだねることの心地よさを存分に味わわせてくれる。

著者は変わりゆく土地の姿に〈規格化された駅につぎつぎに生まれ変わっている。その土地に馴染んだ駅は潰され、よそよそしい駅へと変わっていく。駅の文化も次第に消滅しつつある。懐かしむ他ないのだろうか〉と嘆息する。本書は失われた旅の挽歌（ばんか）でもある。

長旅が終わりに近づくと、満足感とともに「まだ帰りたくない」という思いにとらわれる。読書も同じだ。まだ読み続けていたいと思いつつ、本書の最後のページを閉じた。満足感と共に一抹の寂しさを覚えた。（斎藤純・作家）

（集英社新書・700円）＝2002年5月9日④配信

恋の至福の瞬間

「流砂」（藤田宜永著）

二月末、晩冬の能登半島。灰白色の空から落ちる雪が風に舞い、黒ずんだ青の海から波濤（はとう）が白い爪を立てる外浦に面した集落、神渡の神社近く。道に張った縄のあちらから来た花嫁が、こちらにいる長老にのし袋を渡す。と、縄は取り去られ、女はこちらの人となる―。

その、何十年ぶりという風習に誘われるように、塩野は、鳴き砂で知られる爪弾き浜の見える旅館に車を止めた。東京の新聞社の地方部長である塩野は、五十代になって心筋こうそくを患い、二度までも死と隣り合わせたが、復帰も間近とあって、リハビリをかねてきままなひとり旅に出、三年ぶりにここに来たのだ。

大病のあと、すべては終わった、もうなにもすることがないと、世捨て人のような気分でいる塩野だが、再会した宿のおかみの妹志津子にたちまち惹（ひ）かれ、濃密な激情の虜（とりこ）となってしまう。

が、塩野にとっても志津子にとっても、この〈恋狂い〉は〈縄〉のあちら側では成就しないもの。だからふたりは瞬間に身を焦がそうとするのだが…。

この二人の周辺に、〈縄〉のこちらに生きる者、飛び越えたいと思う者、追放されてなおこの世では成就しない恋に狂うて越えてくる者と、さまざまな人間を登場させ、〈縄〉のこちらでの〈恋狂い〉と、〈縄〉のあちらを思い煩い、ついには恋を殺してしまう男と女の心理を、藤田宜永はくっきりとえがきだしている。

現世のしがらみにがんじがらめの男と女の〈恋狂い〉をえがいて「恋愛小説のニュートップ」となった作者だが、ここでは塩野がまたいだけれど越えられぬ〈縄〉のこちらにこそ、真の至福の瞬間があり、その至福のきわまるところは「空虚」といっているようにみえる。

ふたりが鳴き砂の音にたくした〈恋狂い〉が「空虚」とはと切なくなるか、その「空虚」こそが恋の神髄と感じるか、それはあくまで読者の感応するものであろう。（井家上隆幸・文芸評論家）

（講談社・1700円）＝2002年5月9日⑤配信

バレエファン必読の書

「バレエ誕生」（鈴木晶著）

バレエがトーシューズに薄物のチュチュというおなじみの形になったのは、たかだか十九世紀初頭のことにすぎない。（そして最前線の振り付けはすでにこのスタイルを通り抜けている）

本書は、そのロマンティック期のバレエが成立して、さらに様式化されたクラシック・バレエになるまでを描いたバレエの歴史である。「ラ・シルフィード」に始まり「ジゼル」や「コッペリア」を経て「白鳥の湖」「バヤデルカ」にいたる道筋には有名な古典作品があらかた収まっていて、バレエ好きにとっては宝の山に分け入った気分だ。

それにしても博学にして詳細をきわめた記述である。初演・再演の年代やキャストはもちろん、上演にいたった背後の事情やスターの私生活、家族関係まで、じつに事細かに記されている。一読しただけではとても全部を頭に入れることはできないが、常時手元に置いて、繰り返し参考にすれば便利このうえもない。

最近は批評家顔負けの鋭い判断を下すバレエファンが増えているが、感想だけでなくバレエについてもっと深く知りたい、突っ込んだ議論をしたいという人には必携の書である。

バレエ史では重要とされているデンマークやイタリアについてもこれまで断片的な事実しか紹介されていなかったが、ヨーロッパにおける最新の研究成果をふまえて、分かりやすく筋道を通して解説されていてありがたい。

バレエも舞台芸術一般の例にもれず、常にその時々の社会状況と深く結びついている。ロマンティック・バレエを生んだ十九世紀中葉のフランス、クラシック・バレエが成立した十九世紀末のロシアは、いずれも社会に大きな変動のあった時代である。

その激動の波にもまれるバレエの描写は、バレエへの関心の薄い読者をも引きつけるにちがいない。とりわけ年配のブルジョアたちと若いダンサーの「援助交際」について語る件は筆が熱を帯びているように思うのだが、気のせいだろうか。

（佐々木涼子・舞踊評論家）

（新書館・3200円）＝2002年5月16日①配信

“盗作”の度合いを計測

「現代日本文学『盗作疑惑』の研究」（竹山哲著）

おどろおどろしい題名にだまされてはいけない。これは、ウラのない、実にさっぱりした本である。しかもそのさわやかさが、こちらのほうは見事なウラ（付け）を備えた、谷沢永一氏の解題と絶妙のコンビを組んで本書をいっそう面白くしている。

「ツマラナイ人間はツマラナイ人間しか書けない」という、谷沢氏の鴎外批判を読んで「そうか、谷沢先生は鴎外がお嫌いなのか」なんて単純に考えては、この本をじゅうぶんに楽しむことはできないのである。

ここでは、その鴎外を中心として、ほかに徳冨蘆花、田山花袋、井伏鱒二、太宰治ら「文豪」たちの「盗作」問題が扱われている、いや、作品の「盗作」度がきっちり計られている、と言うべきか。他人の手紙、日記、史料などを基にして書かれた文学作品が、あまり元の「材料」と変わっていないと、「創作性」が低い、と計測されるわけである。

しかし、この「創作性」というのは一種の法律用語であって、文学的価値や、それの有る無しを評価する行為とはひとまず無関係である。だからこそ、本書は、評価という作業から生まれうる党派性を免れた、あのすがすがしさをもっているのだ。

○○（作品名）の「創作性」は××と同程度に低く△△よりやや高い、などと淡々と記してあると、シュールな雰囲気さえ感じさせ、不思議なことに、「盗作」度を計測されている作品を（特に鴎外を）読んでみたくなるのである。これは、ひょっとすると手の込んだ読書のススメなのかもしれない。

著者も最後には、作家たちは「材料」の存在を正々堂々と明かすべきだという意見を提出する。また、著作権とそれにかかわる印税や謝礼の話は、本書がしばしば法律や判例を引きあいに出すことに対応して何度も登場する。つまり、人間性とお金の問題である。してみると、本書はやはり、まことにふさわしい出版社から出ているということか。（高田里恵子・ドイツ文学者）

（PHP研究所・1500円）＝2002年5月16日②配信

文化英雄を複眼的に考察

「魯迅事典」(藤井省三著)

魯迅は「国民作家」である。どこの？　日本の。

冗談のように思えるだろうが、冗談ではない。現在、日本の中学生が学ぶ国語教科書は五種類あるが、そのすべてに魯迅の「故郷」(竹内好訳)が採用されている。「中学国語」の共通教材は、ほかには太宰治「走れメロス」だけだから、魯迅は太宰と並んで日本の中学生全員が読む「国民作家」なのであり、「国民文学」なのである。

そういう日本だからこそ、世界で初めての「魯迅事典」を出すのも可能だったのだ。本書は「このような東アジアの"文化英雄(ヒーロー)"としての魯迅を複眼的に読む事典である」と著者は語る。この「複眼的」という言葉は、平たくいうとあっちからも、こっちからも見る、という意味だ。

中国から、日本から見た魯迅だけではなく、朝鮮の独立運動の闘士だった詩人・李陸史や、台湾の文学者・張我軍、仲の良くなかった実弟の周作人、魯迅を近代中国の「聖人」として持ち上げた毛沢東といった人々から見た魯迅像を、その「魯迅をめぐる人々」や「魯迅の読まれ方」の章で描き出している。

魯迅を中国や日本の枠内にとどめるのではなく、アジアの文化英雄として多角的、複眼的に考察すること(「国民作家」なんて小さい、小さい)。そうした本書の試みは成功しているが、魯迅を文化英雄としていった中国、また日本の歴史的、文化的状況や過程について、もう少し筆を費やしてもらいたかったと考えるのは、評者だけだろうか。

日中国交回復の一九七二年以降、日本の「中学国語」の不滅の定番となった「故郷」の受容史は、教科書問題だけにとどまらない、日本の「アジア観」の問題点が凝縮されている。

「竹内魯迅」「丸山(昇)魯迅」「太宰魯迅」「小田(嶽夫)魯迅」についても詳述が望まれる。これはないものねだりではなく、「あるもの」ねだりであると信じている。(川村湊・文芸評論家)

(三省堂・2800円)＝2002年5月16日③配信

家族崩壊の謎追う幼女

「息をひそめて」(トレッツァ・アッツォパルディ著、川副智子訳)

家庭が「息をひそめて」いなければならない場所なら、子どもにとってそこはどんなにつらい所だろう。

主人公ドロレスは一九六〇年、英国・ウェールズの中心都市カーディフのイタリア系移民地区に住むガウチ家の六女として生まれた。今度こそ男の子と期待されたのに。しかもその日、一家は父の博打(ばくち)で家も蓄えも失う。さらにドロレスは家族の不注意による火事で、生後一カ月にして左手首が蝋(ろう)の滴のようになる。

五年後、まるで彼女がその元凶であるかのように家族は散りぢりになってしまう。蝋の手首を美しいと感じる五歳のドロレスには、そんな家庭でも「欲しいものがいっぱい」ある世界だった。なのに、なぜそうなってしまったのか。

母の葬儀を前に三十五年ぶりに家に戻ったドロレスは、その「謎」を記憶を頼りに紡いでいく。

父の欲望と暴力、母の秘密と焦慮、子どもたちのいじめと葛藤(かっとう)、周りの大人たちの視線、娘たちが父から受ける暴力をモザイク状に配置し、家族の歴史とその崩壊をイメージ豊かに淡々と表現する。ミステリー的要素をちりばめた内容だが、何が起こるのかは予測できる。にもかかわらず、不安をかき立てられつつ引っ張られる。

著者は、ブッカー賞候補にもなったこの作品でデビューした。新人とは思えない筆力である。

ところでこの作品の舞台のカーディフは、現在イギリス人の住んでみたい都市の第三位だそうだ。かつてウェールズ最大の石炭や鉄の積み出し港があったこの街は、一九六〇年代には移民も多く、犯罪のまん延する危険な地域だったというが、今は美しい街に変ぼうした。カーディフ生まれの作者の狙いは、六〇年代の街の記憶を描写することにもあったという。荒廃する家族と都市は見事に交錯し物語空間を形成している。

マルタ島から来た父は家族を捨てて消えた。だが居場所を求めて彷徨(さまよ)い続けていた幼女の魂が、街で「欲しいもの」に出会う最後は、静かな感動に満ちている。(与那覇恵子・東洋英和女学院大教授)

(早川書房・2600円)＝2002年5月16日④配信

主夫をして見えてくる社会

「おやじの世直し」(嶋中労著)

濡(ぬ)れ落ち葉、産業廃棄物、粗大ゴミ…とおやじたちは悪罵(あくば)を投げつけられてきた。おやじはひたすら家族のためにと働き続けてきただけなのに、ひどい言葉の数々だ。

男性から子どもを養育する能力を奪い取り、身辺自立を含めた家事遂行の生活能力をはく奪した社会こそが問題なのだ。男性が夫や父親としての能力を十分に開花できる社会ではなかったことこそが問題だ。

でも、男性がこの性別秩序の仕組みから一度、逸脱すると、見えてくることが多い。高齢者だらけの平日午前中の市民プール、延々としゃべり続けるPTAの母親たち、一日中家事にいそしむ孤独の中に身をおいて見えてくること、つまり、主夫をしている著者が見た社会の姿がこの本には活写されている。

しかし著者は、やりたいことをやっていたら主夫になっていたということなので、男女平等を説くのではない。軟弱になり、公徳心を失い、家族のきずなを見失い、利己主義に満ちた人たちにカツを入れるのが本書だ。よくもここまでと思うくらい真剣に怒る姿はすがすがしい。私事に徹して社会がよく見えてくる。そんな男性からの、世直しを提案する、有言実行型の発言だから重みがある。

機械的な男女平等論が多くてへきえきしていたところ。同じように家事や育児を担っていても、やはり女性と男性、父親と母親では異なる。おとこ気にあふれる著者は、怖いおやじのような雰囲気もうかがえる。

うまいものが食いたい、自分に忠実に暮らしたい、静かに読書をしたい、思い切り遊んでみたい、家族と食卓を囲みたいという、自然な欲望に徹すると、男性も自己解放がかなりすすみ、「男のエプロン姿に究極のマッチョを感じる」ということになる。

要するに、公共心を忘れず、ポリシーを持ち自分らしく生きよというのだ。母子一体化する社会では、男らしい家事と育児が今は必要なのかも。もう濡れ落ち葉とは言わせない。おやじの反逆の書である。万国のおやじよ、団結せよ!(中村正・立命館大教授)

(NHK出版・640円)=2002年5月16日⑤配信

歴史と人間の重厚なロマン

「冬の旅人」(皆川博子著)

ゆっくりと激動の時代へと向かう、黄昏(たそがれ)の帝政ロシア。ペテルブルグの女学院に留学した十七歳の川江環は、そこで聖像画を学んでいた。しかし彼女は、聖像画では魂の充足を得られない。何かに突き動かされるかのように女学院を抜け出した環は、スラム街から流刑地シベリア、そして再びペテルブルグへと、変転極まりない人生を歩むのだった。

暗い情念とひそやかな官能を抱いて、広大なロシアをさすらう環。その原点となっているのは、七歳のときに見た西洋画から受けた“美”の衝撃である。だが彼女の彷徨(ほうこう)を、自分の心の中にある“美”を形にするための旅と、簡単に断定することはできない。なぜなら環自身が、自分が真に求めるものが何であるか、はっきりと分からないでいるのだから。

本書の特色は、環のこうした複雑な精神と、そこから生まれた迷走にあるといっていいだろう。そして、彼女の彷徨の果てから立ち上がってくるのは、自分は何者であるかという、人間の抱える根源的な命題なのだ。精神の彷徨を肉体の彷徨と重ね合わせて、波乱に富んだ女の一生を創造したところに、この物語の面白さが屹立(きつりつ)しているのである。

また環の人生に、怪僧ラスプーチンや皇帝ニコライ二世一家といった、帝政ロシア末期を彩る有名人をからめているのも見逃せない。奇妙な因縁からラスプーチンに崇拝され、さらには悲劇的な結末を迎えるニコライ一家と行動を共にする環は、歴史の証人そのものであるのだ。

異邦人の傍観者的な視線で、社会の上部と下部の両構造を浮き彫りにしながら、帝政ロシアの崩壊を描破する。ここも本書の大きな読みどころといえるだろう。帝政ロシアの断末魔と、日本人女性の数奇な彷徨との、重厚なアンサンブル。歴史と人間が、ガップリと組み合った本書は、まさに“歴史ロマン”の名を冠するのがふさわしい、渾身(こんしん)の大作なのである。(細谷正充・文芸評論家)

(講談社・2300円)=2002年5月16日⑥配信

時間が止まった土地の魔力　「よしわら」（鈴木弘樹著）

小説を読む楽しみは、物語の筋を追うだけでなく、書かれた言葉のひとつひとつを味わうところにもある。本書の重く、長く、行変えの極端に少ない文章を読みながら、そう実感した。

吉原は遊郭が集まる街として知られ、古典落語にもよく登場する。江戸が東京になり、売春防止法が施行されてからも、ソープランドとか特殊浴場などと呼ばれる娼（しょう）館が立ち並ぶ。

実際、昼間この街を歩くと、客引きの男たちが声をかけながら寄ってくる。しかし、たとえば夜の新宿歌舞伎町のような殺気立ったところはない。どこかのんびりしている。ここだけが外の世界とは違う時間が流れているようだ。鈴木はその奇妙な空気を描くことに成功している。

主人公は性風俗店を紹介する情報誌の編集記者。彼は蝦夷（えぞ）御殿という名の特殊浴場に住み着いている。この店の風俗嬢たちは、根室や函館といった北海道の地名を源氏名としている。この地名をまとった女たちが話したり動いたりするのは独特の印象を与え、これもまた本作品が成功した理由のひとつだ。

人々の小さないさかいであるとか、主人公の前任者が撮影機材を盗むといった細かな事件はあるものの、明確な起承転結を持った物語ではない。むしろ小さな出来事をあれこれと並べることによって、吉原の持つ独特の雰囲気を浮かび上がらせている。クライマックスである薄野という少女の死ですら、点景のひとつでしかない。

主人公は編集記者になってまだ半年。吉原に赴任してからもわずか四カ月だというのに、どっぷりとこの土地の空気になじんでしまい、抜け出せそうにない。また、時間が止まっているかと思うほどのんびりしている街なのに、内部にいる人間は急速に老け込んでしまう。これが吉原という土地の魔力だ。その意味では、本当の主人公は「スー」と呼ばれるこの若い記者ではなく、吉原の街そのものである。（永江朗・フリーライター）

（新潮社・1300円）＝2002年5月23日①配信

人間の隠された能力　「共感覚者の驚くべき日常」（リチャード・E・シトーウィック著、山下篤子訳）

共感覚という不思議な現象がある。

音が色彩として「見え」たり、味が「形」として感じられたりする。チキンを食べて「とがり」が足りないな、と思う。この「とがり」というのは、比喩（ひゆ）ではない。ありありとした触覚として、たしかに感じられるものなのだという。

画家のカンディンスキーも、そんな共感覚の持ち主の一人だった。彼は、音楽という聴覚芸術を絵画として表現できないかと考え抽象画を生み出した。

しかし、共感覚などというのは、特殊な人の特殊な感性なのではないか、と考えがちだ。たしかにぼくたちは、音を聞いて「色が見える」などということはない。

この本は、そんな共感覚者の驚くべき日常を追ったものだ。いったい共感覚者というのは、どのような人なのか。著者のリチャード・E・シトーウィックによると、人は誰でも共感覚者なのだという。しかしぼくたち普通の人間では、それは「隠されている」という。

人の脳は、三つの層でできているといわれる。奥から、脳幹などの「は虫類の脳」、辺縁系とよばれる「初期ほ乳類の脳」。そして「霊長類の脳」ともいえる大脳皮質。

理性は大脳皮質に、情動は辺縁系にある。

シトーウィックは、この情動を重視する。人間といえど、理性の動物ではなく「情動の動物」だという。人の行動は、理性ではなく、情動で左右されている、と。たしかに、そんな気もする。政治家や科学者の行動も、しばしば理性的ではない。

じつは共感覚の正体も、この辺縁系にある。ただ多くの人では、それが隠されていて、意識にのぼらない。なにしろそこは「無意識」の世界なのだ。

ぼくたちの中には、まだぼくたちも知らない能力や世界が眠っている。自分の中に隠されている驚くべき現実。それを垣間見ることのできる、ワクワクする本である。（布施英利・作家）

（草思社・1900円）＝2002年5月23日②配信

下着から見た性の現代史

「パンツが見える。」(井上章一著)

昨今、男性の乳首がエロチックなものとして意識されるようになってきた。若い世代の会話の中で、「なんでおまえ、乳首硬くしてんだよ」「あいつ、シャツに乳首浮き立たせている」といった会話が冗談めかして交わされているのを、耳にすることがある。

かつては無用の長物と思われたそれに、羞恥(しゅうち)心が芽生えてきたのだろう。男性の身体も性的な視線を敏感に感じるようになってきた。羞恥心とエロチシズムの関係は裏腹であり、相乗的に人々の性意識を変化させていく。

本書は、そうしたエロチシズムの現代史を、女性の下着から明らかにしようとした労作だ。

まず著者は、火災現場で陰部を見られるのを恥ずかしがった女性たちが墜落死したとされる「白木屋ズロース伝説」に疑問を向ける。風俗史ではこのことによって下着が普及したとされるが、一九三二年当時は、まだ和装で下着をつけていない女性が多く、陰部を見られることは、現在の女性たちほどには耐えがたいことではなかったのではないか、と著者は考える。

それを当時の資料をひもときながら、また、同時代の文学作品を分析しながら、つまびらかにしていく。

が、著者はけっして結論を急がない。近年、性をめぐる歴史については、どうも理論がまずありきで、それに合わせて物語を構築していくような安直な仕事が多い。けれども、著者の作業は、その該博な知識から執拗(しつよう)に事実をかき集め、そこにある矛盾やら反動やらを丁寧に分別し、接ぎ木しながら、一つの流れを浮き上がらせていく。

そうして、女性たちは羞恥心によってパンツをはくようになったというよりは、パンツをはくことによって羞恥心を膨張させ、性的身体を獲得していった歴史が輪郭づけられる。

その過程を記述する著者の文体自体、極めて視姦(しかん)的で、近代的な性の視線をそのまま表している。(伏見憲明・評論家)

(朝日選書・1400円)=2002年5月23日③配信

現場から照射する日本

「見たくない思想的現実を見る」(金子勝、大澤真幸著)

気鋭の経済学者と社会学者という立場を異にする二人が、「現実と思想の往復運動の回復」を目指して、さまざまな現場に足を運び、ともに同じ現場を見て、同じ人々に会い意見を聞き、論じあった。本書の特徴は、共有するものを基盤にしながらも、別々の文章をそれぞれが書いたという点にある。

とりあげられたテーマは、基地の現実と経済的自立に揺れる沖縄、高齢者医療の現場とそれをとりまく人々、将来像を模索する過疎地、韓国の今とナショナリズム、そして日本の雇用とフリーターとして生きる若者たちの声、などだ。

個別の主題のようでいて根底には、グローバリゼーション、アジア、「個」と「他者」の相克などが提起され、世界と、とりわけ日本の現在が照射されており、示唆に富む。

金子は言う。「冷戦が終わって世界中に空隙(くうげき)が残されたように、バブルが終わってみると高度経済成長がかろうじて維持していた問題が全部出てきた」にもかかわらず、「政権やメディアには想像力が働かない」。

大澤は「近代化は、本質的に植民地化なのかもしれない」と記す。

筆者たちは、政治的言説、思想的言説と「社会的現実」との緊張関係を取り戻すことを目的とした。取材する対象を同一とすることは制約ともなりうるが、それぞれが思考する世界はときに、意外なほどの差異を見せた。それは、この試みの刺激的成果だ。

共通するのは「意見の違いをも向き合わせてゆくこと」「相互に刺激しあって世界を広げてゆくこと」であり、巻末の三本の対論では、両者の真摯(しんし)な論議が繰り広げられた。

そこから得られたのは、経済学と社会学の単なる結びつきではなく、それぞれの分析道具、方法論の「交換」だったといえよう。

特に両者が「現実」という皮膚感覚に誠実であることが、論議をより一層深めることにもなり、未来への可能性を示した。(与那原恵・フリーライター)

(岩波書店・1800円)=2002年5月23日④配信

日常の乾いた孤独

「カメラマンと犬」（新井満著）

本書は題名とおなじように、カメラマンと犬が主人公の、五章からなる小説集だ。そのカメラマンは中年で、妻子と別れ、いまはスタジオを改造して犬と暮らしている。そして犬は、ペットショップのケージの中でうずくまっていた売れ残りの犬だ。まもなく一歳になり、じきに処分されようとしていた「真黒けで不細工な」ミニチュア・ダックスフントだ。

犬は擬人化され、あたかも男女が同居しているように描かれて小説は進行していくが、作品の底流に流れているテーマは孤独だ。その孤独感も湿っているのではなく、どこか乾いている。

この作家は野間文芸新人賞を受賞した「ヴェクサシオン」や、芥川賞の「尋ね人の時間」でも、他者を受け入れない日常の、ちょっとした孤独を描くのがたいへん上手だが、本書も例外ではない。

読みやすいのに読後に心騒ぐものが芽生える。それはかんたんに会話で筋書きを運んでいるようでも、ち密に計算されているからだろうが、心のひだをなでるものがある。

たとえば五章の中でも、娘とふたりの孫がいる老女が、まだ会ったこともない婿と勘違いして、主人公にしきりに電話をかけてくる、第二章の「函館」と、妻が再婚しそうで、もう主人公と会いにくくなると訪ねてきた息子と、キャッチボールをして別れる、第五章の「地下鉄六本木駅一番線ホーム」は、読んでいてせつなくなる。

娘（母親）ががんで死のうとする間際の、老女やこどもたちの悲痛な叫び声は胸を打つし、父親に会ってはいけないと決心するこどもの哀切感は、人生を知るのは大人ばかりではなく、こどももおなじなのだと告げている。

本来なら重いテーマであるはずのものが、犬を擬人化することによって、読者が受ける心の重さをやわらかくしている。その書き方は成功し、重苦しさがせつなさへ転化している。（佐藤洋二郎・作家）

（集英社・1800円）＝2002年5月23日⑤配信

サッカーが示す世界

「フットボール都市論」（陣野俊史著）

サッカーはスタジアムと切り離せず、その周囲と隔絶した巨大建築は、どこでも都市の戦略的なランドマークとして機能している。それは都市のどこに位置するのか、サポーターは観客席のどこに陣取り、何に熱狂しているのか。

著者はサッカーを技術やスターに還元するのを拒む。その代わり、スタジアムの中外で、派手に、あるいはこっそりと繰り広げられている超国家主義と国家主義と地域主義の争い、暴力と人種差別の問題などについて論じ、サッカーが示すアメリカ中心ではない世界のありかたを見据える。極端な国家主義や地方主義を排して、その中庸をゆく「いいかげんな」姿勢を評価する。

ヨーロッパでは、EC内の選手が無制限に移動でき、超国家的なチームが生まれたが、その半面、偽造パスポート事件が起きた。サッカー界では「ヨーロッパ人」とはどうやって定義されるのか。またマルセイユのフーリガンが、なぜパリの新興チームを毛嫌いし、パリのほうでは首都の威信は国家の威信とばかり、フランス代表選手を集めようとするのか。そこには地方派と中央派の熾烈（しれつ）な戦いが展開している。

また著者は東京対決（ヴェルディ対FC東京）を今以上にピリピリさせるために、アジア内の選手を無制限に採用できる規則を作って、多民族都市にふさわしい移民チームをつくることを提唱している。

著者は何もチームやサポーターの行動を政治的に理屈づけることで満足しているわけではない。まずはゲームを楽しまなくてはならない。それは試合の流れを変える小さなきっかけに敏感になることだ。

観客席から携帯電話のバッテリーが投げ込まれたり、選手が審判に注意を受けたり、ゴール前でいつもと違うしぐさをするような目立たない瞬間。その時、ピッチの空気が変わる。ヨーロッパ選手権から高校選手権まで、観戦のだいご味はここにあり、といわんばかりだ。（細川周平・評論家）

（青土社・2200円）＝2002年5月23日⑥配信

偏見を超えて得た真の愛

「オンリー・ラブ」(石坂晴海著)

女たちはいつからこんな物知りに、そして考えるようになったのだろう?

あふれるばかりの情報と選択肢。熟慮して選んだ人生のさまざまな場面で繰り返される比較と検証。これが本当に最善かと問えば問うほど、考えるほどに分からなくなり、不幸になる。

本書は、非欧米系外国人と結婚することで、考えることの呪縛(じゅばく)から解き放たれ、深い精神的な満足を得た、六人の日本人女性のリポートである。

「何もなくても彼らは楽しめる。…(夫の)一族で"趣味"と言えるものを持った人は一人も見かけなかった」「のびのびして楽しそうなの、お母さんたちの顔が。それは日本みたいにお母さんが一人で子供を育ててないからなんだよね」

貧しくても心豊かな非欧米諸国の地域社会。そこで育った彼女らの夫は、物質と情報にまみれて私たちが見失った本当の「愛」を知っている。それは相手をそのまま受け入れて包み込む、どんな打算もなく、理由もない、思考を超越した感情、「オンリー・ラブ」だ。彼らと出会うことでその「愛」を、彼女たちは電撃的に悟るのである。

同時に彼女たちに見えてくるもの、それはごう慢と偏見に満ち満ちた日本という国のあさましい姿と、ある当たり前の真実だ。

「社会のもっとも深いところにある差別や偏見…日本社会の中で彼と一緒に生きていくことで、彼女たちの中で持ったことのない疑問が膨らんでくる。国籍、人種、肌の色、宗教などによって、一人の人間の何かが変わるのだろうかと。何も変わらない、彼女たちはその答えを知ってしまった人たちなの」だと、著者は述べる。

本書は、非欧米系外国人との結婚を女性に勧める指南書ではない。本書が私たちに突きつけるもの、それは「誰と結婚するか」ではなく「私たちがどう愛するか」、もっと言えば「私たちは愛しているのか」という問いかけである。

そして私たちは確かに「愛せる」のだ。その明白な事実を本書は示唆する。(塔島ひろみ・詩人)

(現代書林・1500円)=2002年5月30日①配信

近代日本の激動期描く

「陛下をお救いなさいまし」(岡本嗣郎著)

本書は、ボナー・フェラーズと河井道という二人の人生が交差した近代日本の激動期を、同時代の多彩な人間模様を背景に描き出している。フェラーズは、第二次世界大戦中にはマッカーサー直属の軍事秘書として対日心理作戦を指導し、終戦後には昭和天皇の戦争責任が問われる中、マッカーサーに天皇訴追を回避するための意見書を提出した人物である。

対日占領政策に大きな影響を及ぼしたその意見書を記す際、フェラーズが助言を請い、最も信頼した人物が河井道だ。河井は国内外で活躍した当時の代表的クリスチャンの一人であり、また恵泉女学園を設立した教育者でもあった。この二人は、一体どのようにして戦後の日本の命運を決める歴史的な舞台へと引き合わされていったのか。そこに至る経緯が、時代の機微を感じさせる多数のエピソードを織り交ぜられながら語られていく。

河井の人生に大きな影響を与えた人物に米国人宣教師サラ・スミスと新渡戸稲造がいる。この二人から河井はクリスチャンとしての生き方、国際人、教育者としての生き方を学ぶ。著者は、存命している河井の教え子や関係者からの聞き取りを丹念に行うことによって、また資料から対話を「再現」することによって、当時の様子をほうふつとさせることに成功している。

河井の思想や行動には新旧の潮流が流れ込んでいた。すなわち、河井は時代を先駆ける傑出した女性であると同時に、日本的伝統の体現者でもあった。例えば、クリスチャンである河井が学校に御真影を掲げることを拒否しながら、同時に天皇の擁護者であるということは、フェラーズには理解しがたかったようだ。

だが、そうした不可解さにもかかわらず、フェラーズは河井の心理や、彼自身が愛読したラフカディオ・ハーンの著作を通じて、当時の日本人から天皇が特別の敬愛と忠誠を受けていることをくみ取っていく。

象徴天皇制の起源を知る上でも、本書は貴重な材料を提供してくれているといえる。(小原克博・同志社大助教授)

(ホーム社・1700円)=2002年5月30日②配信

21世紀型の“教科書”

「『日本が変わってゆく』の論」(**橋本治著**)

当節の学生は、教科書で「橋本治」に出会えるらしい。「おお、そりゃ、日本も変わってきたよー」などと、死んだおじさんの文章ばっかり読まされて、退屈した記憶しかない、かつての学生は思ってしまう。

著者の小説を国語の時間で、ということらしいが、どうせなら本書のような鮮度の高い評論集を、生きた教材として社会科に使ってほしいものである。昨今の教育課目の立て方はよく知らないが、日本史も世界史も公民も政治経済も倫理もこれ一冊でバッチリだ。そのまんま「総合」学習の授業だってできるだろう。

もちろん実際に導入するとしたら、教師には相当の覚悟と挑戦者魂が必要だとは思う。なぜなら、本書は「二十世紀」型の学習指導要領とは飛躍的にかけ離れた奇抜な中身であるばかりか、規定の路線を堅持しよう、年代物のノートで定年まで板書しよう、という怠け心に「それは退廃だ。おまえはもう死んでいる」との猛省を迫るからである。

「試験に出なきゃ覚えないし、答案出したら全部忘れちゃう」式の勉強法で、「歴史は第二次世界大戦までしか習わなかったから」と言い放ち、平然と現代史を知らずにきた人間(筆者含む)にも、警鐘が鳴る。

外務省に怒っても、「官僚」とはなんなのかを知らず、テロ映像は眺めても、アフガニスタンやパレスチナが地理的歴史的に抱える「現実」に気づけない。将来の不安は募るが、「景気回復」で解消するのか、それが可能な「最優先課題」なのかどうかわからない。

「だれかになんとかしてほしい」と棚上げするやり方は、「二十世紀」まで。不安なら、知らないなら、わからないなら「なぜ調べないの？　わかるところへつなげてみないの？」というのが、よせては返す著者のメッセージである。

しかも旧弊な検定教科書と違い、こめられているのは「どうすれば人のあり方は立て直せるか？」という「作家」の真心である。もう受け身の学生じゃない人は、自分で買えばいいのである。(片倉美登・文筆業)

(マドラ出版・2200円)＝2002年5月30日④配信

近未来の現実を予感

「バカラ」(**服部真澄著**)

香港返還の密約をめぐるデビュー作「龍の契り」、知的所有権とハイテク戦争を描いた「鷲の驕り」など、服部真澄は常に今日的な話題をテーマに、国際的なスケールの謀略小説を書き続けてきた。しかも彼女の小説は単なる絵空事に終わらず、やがて現実が追いついてくるような先見性もあった。その作者が今回選んだテーマはカジノである。

人はなぜこれほどギャンブルに魅せられるのだろうか。しびれるような勝負に身を置くスリルか、はたまた一獲千金の夢か。ギャンブルをテーマにした文学が枚挙にいとまないのも、はかり知れない魅力があるからに違いない。

わが国で公営ギャンブルに費やされる金は七兆円を超すという。ギャンブルに高じる者ばかりでなく、「胴元」である為政者側にとっても座視できない魅力に満ちているのである。

だがその公営ギャンブルも売り上げの落ち込みが激しく、ここにきて公然とささやかれるようになったのが、カジノの建設である。非合法なカジノや、インターネットによるバーチャルカジノによって、国外や裏の世界に流れる金は無視できないほど巨額であるらしい。しかし法律によってカジノを合法とし、きれいな金としてすくいあげれば…。

若き大物実業家、フィクサーとして政界を裏から支えてきた老人、バカラにはまり借金に首までつかりながら矜持(きょうじ)を忘れない雑誌記者…。本書は、カジノ建設とアングラマネーをめぐるプロットに、さまざまな人物たちの現状からの脱却を賭けた勝負を絡ませた物語である。

実業家と老人が仕掛けた一世一代の大勝負の背後にある、現代社会の閉塞(へいそく)感を打ち破ろうとする強い意志と、それに仕組まれたわなの鮮やかさが読みどころだろう。カジノの合法化という目先の目的にとどまらず、この国の腐った体制を一掃する手だてまでもが含まれているのだ。近未来の現実を予感させる一冊である。(西上心太・ミステリー評論家)

(文芸春秋・1905円)＝2002年5月30日⑤配信

シャイな実験精神

「火ダルマ」（高瀬一誌著）

「棺を蓋（おお）いて事定まる」というが、昨年五月、七十一歳で亡くなった歌人高瀬一誌の評価は、生前よりもずっと高くなっている気がする。

〈まじめに歯をつかえば豆腐はしばらく音を聞かせる〉〈中将湯はのみしことなしバスクリンは少しなめしことあり　あはは〉。このような作品は短歌の常識からかなりずれている。破調が多く、散文的で、気分よく朗詠したり、歌いあげることは不可能だからだ。

素材もほとんど身のまわりのもので、自然をめでたり、季節の推移に感動することはない。つまり短歌につきものの詠嘆とは無縁なのである。「けるかも」的短歌は恥ずかしくて仕方がないのだろう。むしろ作者には湿った叙情への拒否感があるのかもしれない。

〈伊良部の馬鹿が伊良部の馬鹿が環状線はつらい電車です〉〈スープ啜る音が聞こえるのはうしろの二つ目の席かららしい〉。不思議におもしろい歌だ。これらの作品のように、機知、批評、皮肉、ユーモア、アイロニーというところに作者の主眼はある。つまり花鳥風月的短歌からどのように逸脱するかという実験精神のなかに、歌人高瀬一誌の一生があったといっても言い過ぎではないのだろう。

軽いけれども、その刃は意外にも鋭い。重々しく、堂々とした物言いに、はす交いから切り込んでいるところがある。短歌を相対化しようというひそかなる意欲を感じるのは私ひとりではないはずだ。遺歌集になってしまった「火ダルマ」にもそれは終始一貫していよう。

もちろん「火ダルマ」の背景には闘病生活があったにちがいない。しかし、作品に気配はほとんどうかがえない。そこに都会人らしいシャイな姿勢がかいま見える。ただ、ときおり漏らしてしまう〈掃きよせられているらしい死後の世界は軽くて楽だ〉〈にんげんは上から壊れてゆくぞしかも音を立てないそれは〉といった感慨は率直だけに余計かなしみを呼ぶ。惜しい歌人を失ったものだとあらためて感じさせた一冊である。（小高賢・歌人）

（砂子屋書房・3500円）＝2002年5月30日⑥配信

ITが変える生活空間

「情報都市論」（西垣通／NTTデータシステム科学研究所編）

住みにくさを訴えるニュータウン住民は少なくない。地域の商店街が育っていないので、大型スーパーで買えない品物は遠くまで出掛けないと入手不能だ。緑の多さが裏目に出て人目の届きにくい木陰が軽犯罪の温床となる等々…。商業施設の誘致も緑豊かな景観設計も住民のために良かれと思って計画されたこと。にもかかわらず予想外の不都合が発生してしまう。そんな事情に都市づくりの難しさをつくづく思う。

しかしこれからは都市づくりに新しい発想を持ち込める。情報化技術の普及を前提とした時、都市はいかに変わり得るか。本書はそんなテーマをめぐる論文集だ。

たとえば従来の都市づくりでは地域の機能分化や、中心から周縁に拡散してゆく階層構造化が不可避で、それが先に挙げたニュータウンの地理的孤立性ゆえの不便さの原因にもなっていた。だがインターネットを利用する都市民は、こうした機能分化や階層化の制限を軽々と超えていく。

隈研吾論文で「地表の再整備」と形容されるこうした生活空間の新しい広がりは都市の在り方を根本から変えよう。なにしろ松葉一清が指摘するように、新しい「地表」は携帯電話の液晶画面を通じて開かれる可能性すらある。カメラ付き携帯電話で誰もが常時つながりつつ暮らすユビキタス（＝遍在型）・コンピューター社会ではニュータウンの死角も闇ではなくなる。

しかしこのユビキタス・コンピューターが一方で管理社会化を導きかねないようにITはもろ刃の剣でもある。本格的な情報都市論の嚆矢（こうし）として十分な手ごたえを感じさせる本書だが、もし続編の予定があれば、人々の思惑を裏切りがちな都市づくりの難しさを真摯（しんし）に踏まえた上でこうしたITの危うさをも扱う、さらに慎重な姿勢を望みたい。

人々の生活の器を用意する都市づくりとは、いわば人が人の「いのち」を扱おうとする作業でもある。畏（おそ）れをもって着手されるべきなのは言うまでもない。（武田徹・評論家）

（NTT出版・2800円）＝2002年6月6日①配信

生が死と向き合う原風景

「落葉　神の小さな庭で」（日野啓三著）

本書は、この十年間に、ガン手術を三回、脳外科手術を一回体験し、その度に「死とは何か」を考えつづけてきた小説家・日野啓三の、「遺書代わり」とでも言うべき私小説的な短編集である。「あとがき」によると、「これを書き終らなければ死ねない」と思いながら、病身を奮い起こし、完成させたという。

日野は、大学卒業後に国際的な事件記者になるが、それに満足できず小説を書きはじめ、芥川賞を受賞して小説家になった。小説家としてはかなり遅い出発である。そして、いよいよこれから作家として晩熟の時期が始まる、と思い始めていたころ、つまり「十年前、六十歳の夏」、突然「腎臓ガンで泌尿器科病棟に入院」する。

やがて、ぼうこうガンと鼻腔ガンが次々と発覚。充実した老後どころではなく、毎日、ガン再発を恐れつつ、不安な気分のまま、暮らさなければならない日々が続く。

ところが、死に直面し、人生の終末を自覚しはじめた小説家の目に、今まで見えなかったものが見え、感じられなかったものが感じられるようになる。名もない雑草に語り掛け、慰め励まし合う。また時には、幼児の手渡してくれたどんぐりに感激することも。「本当に絶望しきって切羽詰まると、生命同志は最低のところでも」気持ちを通じ合うことができる。日野は、それを「思いがけない聖霊的経験」と呼ぶ。つまり一種の宗教的体験である。

人は死んだらどこへ行くのか。「生きている」とはどういうことなのか。自分は一人で生きているのではなく、何か大きなもの、つまり神のようなものによって生かされている、そして「死ぬ」ことは、そういう存在の故郷へ帰っていくことではないか、と小説家・日野啓三は考える。

むろん、日野は信仰を、つまり天国や極楽の存在を説いているのではない。日野が描くのは、あくまでも小説家の側から見た、生が死と向き合う原風景である。（山崎行太郎・文芸評論家）

（集英社・1800円）＝2002年6月6日③配信

制度の揺らぎを丹念に追う

「国語一〇〇年」（倉島長正著）

初めに言葉があった。言葉は神と共にあった―と「聖書」は説く。だが「国語」は初めから「あった」わけではない。それは「国民」「国家」と共に作られた、作られ続けたものであった。

本書は、一九〇〇（明治三十三）年の国語調査会にはじまり、二〇〇〇（平成十二）年に廃止された国語審議会まで、百年にわたって「国語」を形作ってきた制度の揺らぎを、丹念に追ったものだ。基本的には、言文一致や「普通文」の推奨という形で、「国語」は、より分かりやすく、平易な方向へと調えられてきた。だが、その変遷は、幾多の紆余（うよ）曲折を経て、容易に定まらない。

そもそも日本では、漢字を全廃して仮名ないしはローマ字のような音韻文字を専用とするとの目標が、明治三十五年に決定されていた。その斬新さには驚くが、しかし「国語」の平易化要求は、民主化ではなく、国民の規格化・効率化を目指すものだった。そこに能率主義と教養主義、官僚と学者、進歩と保守、合理化と伝統文化など、幾多の次元の異なる対立軸が関与してきたことで、事態は複雑になった。

漢字節減の方向性と、日本語ブームによる「見直し」運動の、寄せては返す波のような反復は、言語文化をめぐる百年戦争だった。

方言や古語的な言い回しやつづりの慣習的用法を、簡潔明りょうで効率のいいものに改良するという「国語」問題は、日本ばかりでなく、近代化を進める過程で、すべての国家が多かれ少なかれ突き当たる壁だった。

ただ、言葉に命を通わすのは、民衆だ。その点、「言葉」は「お金」に似ている。結局は消費者が経済動向を最終決定し、その被害を被るのと同様に、言葉は使うものによって姿を変え、規定をはみ出す。しかし国家は、民衆と国民の違いに目をつぶって、「国語」を作ってきたようだ。

「国語」の必要性と困難さ、作られる言葉のむなしさとかなしみが、淡々とした本書の記述の行間から、にじんでくる。（長山靖生・文芸評論家）

（小学館・2500円）＝2002年6月6日④配信

出版界のウラ話の面白さ　「だれが『本』を殺すのか延長戦」（佐野眞一著）

出版業界本は、せいぜい三千部といわれている中、なんと一、二カ月で五万部という大売れをしてしまったのが、前著「だれが『本』を殺すのか」（以後、「本コロ」）だった。

それほどまでに売れたのは、一般読者をもまきこんだからだ。しかし、見方を変えると、一億三千万人近い日本に住む人たちの中で、本の危機について、事件としてとらえ「本コロ」を読んだ人はあまりにも少ない、ともいえる。

「本コロ」は、「『本』はどこから来て、いまどこに居て、将来どこに行くのか」を、丸二年かけて取材・執筆したものだった。

「本コロ」が出たことは、出版界の事件だった。出たことが、出版界と読者にあらためて本の幸せを考えさせるキッカケをつくった。

昨年二月の「本コロ」刊行後、佐野さんはモテモテになり、あっちこっちからインタビューや講演依頼が殺到した。

本書「延長戦」は、それをまとめている。第一部に「『本』を殺さないために」「出版の未来を探る」ほかの講演集と西河内靖泰、北上次郎（目黒考二）、柏木博、永江朗、田口久美子各氏との対談、インタビュー。第二部に、「『本コロ』は、だれに、どう読まれたか」と題して、書評を。

だれが「本」を殺すのかということについては、「本コロ」で、書店・流通・版元・地方出版・編集者・図書館・書評・電子出版に関して、聞くべき人全員に聞いてしまった観がある。したがって「延長戦」で語られているそれらはおさらいとして読める。

オモシロかったのは、それ以外のウラ話だ。講演が終わって、出版社のエラいさんと酒を飲みにいくと、その重役が酔うほどに「本を殺したのはおまえだ」といい出す。「業界内のことは、すべてバレバレになってしまい、読者も離れていく」というのだ。こういう、役に立たないような話は、なかなか聞けない。出版界を知るのにいい。

「出版のことはオレが一番知っている」、そう思っている人には、絶好のネタ本ともなる。（井狩春男・エッセイスト）

（プレジデント社・1600円）＝2002年6月6日⑥配信

他者に届く優しい言葉　「時代のきしみ」（鷲田清一著）

鷲田さんの書く文章はいつも「優しい」。その「優しさ」はすぐれて知的なものだと私は思う。

私たちが相手になにごとかを伝えようと望むなら、単に有意な情報を明確に語るだけではすまされない。こちらのことばが相手に届いているかどうかをときどき確認することが必要だ。

それは電話で「もしもし」と言うのに似ている。それは「私からのコンタクトは維持されていますか？」という確認の合図である。

本を読んでいるときに、ふと著者の手が伸びてきて、「私の声は届いていますか？」と確かめるように触れられた感覚がするときがある。それをこの本を読んでいるあいだに何度か感じた。

こういう書き方をする哲学者は少ない。

本書におさめられた論考は「わたしはいかにして他者に遇うか」、「翻訳不可能なものの乗り越えがたい他性を縮減することなく、それとの遭遇に身を劈（ひら）く」ためにはどんなふうに語るのか、という問いをめぐっている。

鷲田さん自身がその問いの「一般解」を知っているわけではない（たぶん）。知らないからこそ、この本の中で、「出会い」を実践するという道を選んだのだと私は思う。

他者との出会いについて、異他的なるものへの開かれについて、語る人は多い。ほとんど「常套（じょうとう）句」となっていると言って過言でないほどだ。

けれども、この主題をめぐって語っている当の哲学者のことばが読者の胸に触れる、ということはあまり起こらない。話がむずかしすぎるか、そこに叱責（しっせき）や教化のことばがまじりこむからだ。

でも、そういうことばづかいでは、言いたいことは「他者」になかなか届かないような気がする。

鷲田さんは、静かに優しく語りかける。それは読者が「成熟した知性」であると信じることに賭け金をおいた人だけに許された語法だと私は思う。（内田樹・神戸女学院大教授）

（TBSブリタニカ・1900円）＝2002年6月6日⑦配信

米国有名文学を読み直す

「聖母のいない国」（小谷野敦著）

革新的で刺激に満ちているのに、親しみやすく興味のつきない文学論である。

なにしろ俎上（そじょう）にあげられているのはM・ミッチェル「風と共に去りぬ」、N・ホーソーン「緋文字」、J・アーヴィング「サイダーハウス・ルール」という映画でもおなじみのものから、「トム・ソーヤーの冒険」や「赤毛のアン」の少年少女文学など、近代アメリカを象徴する作家、作品ばかりだ。

誰にでも経験があるのではないかと思う。これらの有名な作品を実際に読んだとき、違和感がよぎったり、そりゃないだろう、とつっこみたくなったり、なじめないまま読み終えたりすることが。

しかし有名すぎるがゆえに評価も定着していて、今さら話題にすることでもないし、時代も文化も違うから、違和感はしかたのないことだと、かたづけてしまうことが多い。

本書では、どんな違和感でも見のがしたりはしない。例えば著者は子供のころから「トム・ソーヤーの冒険」が嫌いだったらしい。それは結局大人たちに愛されるのは、トムのようないたずらをしても元気な男の子（グッド・バッド・ボーイ）だということへの嫌悪なのだという。

同じことがサザエさんの弟カツオや「ケンちゃんシリーズ」のケンちゃんが愛されたことでもわかる。そして、やんちゃなトムにもカツオにもなれない男の子のかなしみを救ってくれる物語が少ないことまで言及していて興味深い。

また「緋文字」を、妻を寝とられたうえに悪玉として描かれた夫の立場から読むという試みも面白かった。すると「真実の愛」という名のもとに不倫に走った主人公の女性の身勝手が浮きぼりにされ、そのまま現代女性の姿と重なる、と言われれば、この名作がぐっと身近に感じるのである。

映画、アニメ、歴史、ワイドショー的ネタまで、あらゆる情報を駆使しながら縦横無尽に語っていて、とにかく楽しく、これらの名作たちをもう一度読み返したくなってしまうほどだ。（白石公子・詩人）

（青土社・1900円）＝2002年6月13日②配信

明日が見えず生きる女性

「燃えつきるまで」（唯川恵著）

女性を取り巻く状況が大きく変わった現代、生き方の選択肢はぐんと広がった。けれど、それはまた、女の生き方に典型がなくなったということでもある。モデルにする生き方も単純な正解ももはやないのだ。

物語は別れから始まる。チーフとして責任ある仕事を任され、そろそろ結婚も考えていた三十一歳の怜子は、五年間つきあった恋人に別れを告げられる。

この喪失感、大切な人間を失うことの耐えがたい痛み。自分が失格のらく印を押されたような屈辱、悲しみ。相手を失いたくない、この状況をくいとめなければ、何とかしなければ─、あがけばあがくほど、なりふりかまわぬ醜い自分をさらすことになる。自分も知らなかった自分の中の修羅が顔を出す。

失恋を体験したことのある者なら多かれ少なかれ、主人公と共通する気持ちを味わったことがあるかもしれない。そこには、理性的な人間でさえ、取り乱し、崩れる瞬間が潜んでいる。

三十一歳という怜子の年齢、恋人と過ごした五年という時間もまた大きな意味を持つだろう。婚外子が非常に少ない日本では、子どもを持つなら当然結婚するという考え方がまだまだ一般的だ。出産にはタイムリミットがある。三十一歳はそろそろそれを意識する時期だ。

結婚、出産は当然するものだと思っているのならなおさら切実である。ともに過ごした五年間、プロポーズもされた怜子が思い描いた人生は、彼との別れによって消えてしまったのだ。

明日の見えないまま、時に無残な姿をさらしつつも、自分を取り巻く状況と格闘している女性がここにもいる。今を生きる女性たちは唯川作品の登場人物に自分と通じる何かを見いだすのではないだろうか。

答えのない明日に向けてじたばたしながら生きていくのも悪くない。読み終わると、そんな気持ちが静かにわいてくるのは、著者の、同時代を生きる者としての共感が、作品の底に流れているせいだろう。（いずみ凛・脚本家）

（幻冬舎・1500円）＝2002年6月13日③配信

誘拐された改革の星　「それでも私は腐敗と闘う」（イングリッド・ベタンクール著、永田千奈訳）

“第二のベトナム化”と米国でささやかれている南米コロンビア共和国は、今日世界で最も治安の劣悪な国の一つだろう。

麻薬産業を支配し、潤沢な資金源を持つ中南米最大の反政府ゲリラ組織FARCや、武装闘争と誘拐が茶飯事というELN、自衛のため資産家が非合法に雇う私兵集団などが横行する。

日本の三倍の国土に約四千二百万人の国民、一人当たりの国民総所得は日本の約十五分の一。二〇〇一年に日本の現地法人社長が誘拐されたように、二〇〇〇年度の誘拐は約四千件。誘拐がビジネスとなる腐敗と汚職が常態の国家だ。

著者は同国の大臣、大使を歴任した最上流階層の子女に生まれ、パリで政治学を学び、三十三歳で下院議員、三十七歳で上院議員に当選。本書は、特に貧しい階層から圧倒的な支持を得る“コロンビアのジャンヌダルク”ベタンクールが四十歳で出版し、フランスでベストセラーになった。

彼女は、政治腐敗の状態にコンドームをかぶせ国家を健康体に構造改革しようとした（実際、彼女は、初陣の下院選では、選挙キャンペーンにコンドームを配るというユーモラスな奇策で所属自由党でトップ当選）。

コロンビアでの腐敗撲滅の政治言論活動がどんなに危険で、命懸けのものか、こんな平和ボケの国でも、構造汚職や政治腐敗を追及してきた私自身へのさまざまな強迫や嫌がらせを体験している実感から、私は、彼女のひたむきな理想主義と火の玉のような情熱とはがねの強い意志に、感銘と共感を覚えた。

彼女の祖国コロンビア改革の志は、去る五月の大統領選立候補まで高められたが、人気抜群の彼女の出馬をねたむ声が政界中枢から漏れる中、二月二十三日、ベタンクールは誘拐された。

大統領候補の誘拐に、国連をはじめ仏、米、EU等は声明を発表したが、例によりGAIMSHOは音さたなし。著者が、腐敗糾弾の異端として葬り去られてしまわぬよう心から無事を祈りたい。（室伏哲郎・作家、評論家）

（草思社・1800円）＝2002年6月13日④配信

関係改変の旅へと誘う　「アメラジアンの子供たち」（S・マーフィ重松著、坂井純子訳）

人はこの世に生まれるとき、親や国籍や性別を選べるわけではない。産む自由はあっても生まれることの自由はない。生まれてくる子供からすれば、他力の極みだとしても、その誕生は祝福されるのが普通であろう。だが「混血」とか「ハーフ」として生まれた一群の子供たちは、その身体的特徴が戦争と占領の記憶を想起させる存在として疎まれる。

「アメラジアン」とは、「Amer（アメ）」と「Asian（アジアン）」、すなわちアメリカ人とアジア人の親から生まれた子供のことであるが、その多くはアメリカがアジア地域に刻んだ軍事的足跡と深くかかわっていた。

第二次大戦後の占領、冷戦下の朝鮮戦争やベトナム戦争に徴兵されたアメリカ兵によるアジア人女性への「支配としての性」を刻印されている場合などは、事態はより複雑だ。

本書は、アメリカ人の父親と日本人の母親を両親に持つ著者のアイデンティティー探しの旅、越境の記録であり、また、アメラジアンと呼ばれたマイノリティー集団の集合的履歴にもなっている。「アメラジアンのディアスポラ」と「沖縄のアメラジアン」の二部から成る。

著者は日本、韓国、フィリピン、タイ、ベトナム、そして沖縄を巡りながら、国や人種や両親のペアの組み方によって異なる内実に向き合い、ボーダーランドの住人の迷いや悩みを解きほぐし、それを新たな文脈のもとに移し替える。

引用されたアメラジアンの声も印象深い。自らのあいまいな立場をイソップ物語のこうもりにたとえる少女、鏡を前にして自問する沖縄の少年。

豊かなフィールドワークと越境的対話から導かれた「複数のアイデンティティー」は、物事を一面的にとらえがちな私たちの認識の枠組みを問い、関係を改変するもう一つの旅へと誘わずにはおれない。〈世界化〉へと向かう私たちの時代を写す鮮度のよい鏡であることに間違いはない。（仲里効・編集者）

（集英社新書・720円）＝2002年6月13日⑤配信

30キロで失速のなぞ

「速すぎたランナー」(増田晶文著)

早田俊幸は、ある時期、間違いなく日本一優れた長距離ランナーだった。駅伝では前を行く走者をことごとく捕らえることから「ハンター」の異名を取り、マラソンでも、国内最高記録を持っていたことがある。

しかし、その早田は十回以上もマラソンを走りながら、一度も先頭でゴールしたことがなく、オリンピックの代表にも選ばれなかった。大事な選考レースでことごとく凡走してしまったからである。

負け方はいつも同じだった。三〇キロを過ぎたあたりで決まって脚が重くなり、動きが精彩を欠いて脱落する。誰に聞いても優れた才能の持ち主と評価されながら、不思議な失速を繰り返す長距離走者のなぞに迫ったのが、本書である。

失速の原因は「白い靄(もや)」だという証言を、著者は早田本人から引き出す。三〇キロ過ぎになると、「白いものが浮かんできて、それが合図のように一歩踏み出すごとに身体がだめになってゆき、気力が削がれる」というのだ。

だが、その白い靄が実体を伴った生理的現象なのか、それとも比ゆ的な感覚表現なのかは、この本を読み通したあとも判然としない。おそらく著者も「白い靄」の正体は完全には把握し切れなかったのではないか。

けんかいな性格から来る指導者との対立、所属チームとのあつれき、日本の陸上競技の中でマラソンが占める特別なポジションなど、著者は広く眼を配り、いたずらに心理分析に頼って失速の理由を理解しようとはしていない。

客観性を保ちながら、なお早田への共感がにじみ出るような筆致は、この作品をよくある「天才の栄光と挫折」のお手軽物語と違ったものにしている。

長距離走者こそゆっくり走らなければならないのに、スピードの誘惑に負けて、スピードを解放させる練習に傾いてしまう早田の肉体的快感への業のようなものを、著者がさらに突き詰めてゆけば、もっと特徴のある作品に仕上がった気がするのだが。(スポーツライター・阿部珠樹)

(小学館・1400円)=2002年6月20日①配信

アニメから見る戦後総体

「戦争と平和」(富野由悠季ほか著)

戦争は戦後社会の禁忌だった。してはいけない、ではない。いけないのかどうか、本当に考えるはるか手前で、「いい」か「いけない」か結論を迫る。その意味で戦争は何より、〈考えてはいけない〉ものだった。否定側でも肯定側でも。

この本は、富野由悠季というアニメの創作者を通じて、その戦争について考えようというものだ。富野は日本のアニメを代表する一人だが、手塚治虫や宮崎駿はもちろん、「エヴァンゲリオン」の庵野秀明にくらべても、知られていない。ロボット戦闘ものというジャンルにとどまりつづけてきたからだ。その意味では、彼の作品自体が禁忌の対象でもあった。

しかし、それだけに富野アニメの内には自由があった。殺す理由、武器の快楽、ジェノサイド、国民と歴史など、戦争にかかわるもろもろが表現されてきた。そして、一九六〇年以降生まれの、少なくとも何割かにとっては、これこそが「戦争体験」なのだ。その疑似性への自覚をふくめて。

その「体験」にふれるだけでも、この本を読む価値はある。それを無視して、今の日本と戦争を論じてもしかたがない。世代論でもあるし、アニメという下位文化(サブカルチャー)の紹介にもなっている。

ただ、手塚や宮崎しか知らない人には、一気に読むのはつらいかもしれない。巻末の年表をみると、私は富野の作品群のほぼ半分を見ているが、それでも何回かしんどくなった。

そのしんどさが下位文化の下位文化たるゆえんだが、それは同時に、下位文化という〈部分〉からしか戦争の〈全体〉を考えられない、という日本の現実でもある。だからそうやって考えさせる、というのがこの本の意図なのだが、私がいちばん考えさせられたのは、その考えられなさの意味だった。

本の序文では、9・11以降の課題としていわれているが、私はむしろ、戦後すべてでそうだったと思う。富野アニメの内と外をつなぐ結び目も、本当はそこにあるのではないか。(佐藤俊樹・東大助教授)

(徳間書店・1600円)=2002年6月20日②配信

女性の視点から悲劇の真相　「ガートルードとクローディアス」（ジョン・アップダイク著、河合祥一郎訳）

これはまた、なんと美しい恋愛小説なのだろう。

主人公ゲルータは、十七歳のころ父親のすすめにしたがって結婚し、一人息子をもうけたものの、結婚生活に満たされぬまま、三十一歳を迎える。さて日々もどかしさだけが募っていく彼女の前に、知的でやさしい男が現れた。

夫の弟である。仕事で不在の夫の空白を埋めるかのように、彼とつきあい始め心引かれていくゲルータ。しかし、その愛情も、やがて夫に知られ、事態は悲劇的な様相を帯びていく。

と、ストーリーの骨格だけ見ると、一見現代にも通底する不倫の構図といえるかもしれない。しかし、この主人公というのは、ハムレットの母ガートルードなのだ。そう、この物語の正体は、シェークスピアの四大悲劇のひとつ「ハムレット」の前日譚（たん）。あまりにも有名なこの戯曲をもとに、著者は、王子の母ガートルードにスポットをあて、彼女の若き日のロマンスとして、ハムレット悲劇の真相を探り出そうとした。

それにしても、世界を女性の視点からながめると、物語の感触はなんと違って見えるものだろう。

重々しく立派な武人である夫は、女ゴコロをいまひとつ理解しない、融通のきかない男に変ぼうし、理知的でハンサムな息子は神経質でカンの強いわがままなひとりっ子として登場する。必ずしも結婚生活が波乱や不穏に満ちたもの、というわけではないのに、なぜ彼女の心に、別の男性の影が入り込んできたのか、その謎を本書はみごとに解き明かす。

妻や母に甘えて、自らの世界構築にきゅうきゅうとする夫や息子。彼らに翻弄（ほんろう）されてしだいに消耗していく女。妻でもなく母でもない女としての部分がじんわりと芽吹くさまを、筆者はおどろくほど細やかな筆致でとらえている。

格調高い訳文も、美しい不倫小説を、女をめぐる普遍的な心理世界にしたてあげるのに、一役買っている。（小谷真理・評論家）

（白水社・2400円）＝2002年6月20日③配信

虚に挑む人、実を重ねる人　「神楽坂ホン書き旅館」（黒川鍾信著）

三日前までパリのホテルで脚本を書いていた。こう書くと赤面するほどキザだけど、共作者がパリ在住なのだからしかたなく、キザなのは共作者のほうだ。そんな二週間から解放されて、この本を手に取った。

東京・神楽坂の旅館「和可菜（わかな）」にこもる脚本家や小説家、監督やプロデューサーたちの、昨今DVDでおなじみのお約束メイキングではけっして写すことができない真剣勝負の場を、ホン書き旅館の人々があたたかく見守っている。次々に登場する映画人たちは大先輩ばかりだけど、お世話になった方も何人かいて、ときに胸が詰まってしまう。彼らの真摯（しんし）さや、笑いを誘う奇行は本書をお読みいただきたい。

作家は詐欺師と同類で、ただ、ウソを紙にぶつけているという違いだけで詐欺師と同程度の収入を合法的に得ている。よく出来たウソは、ときに実話以上に“ホント”に迫る。

虚構に挑む人々を描いた本書で、僕が強くひかれたのは、その対極にいる、おかみの敏子さんや仲居のカズさんだ。この人たちは“虚”ではなく、“実”の人たちだ。お茶をいれ、柱を磨き、打ち水をし、そんな日々を営々、淡々と重ねている。パリのホテルのメイドは、わずかな枕銭に作り笑いを浮かべて、「メルシ・ムッシュ」とは言うけれど、一分でも早く労働から解放されたい様子がありありで、ふつうはそうだ。

しかし敏子さんやカズさんは違う。地道な実の日々を、やがて、「私たちも映画スタッフの一員なのだ」という美しい虚に変えていく。実に迫るために虚と格闘する人々と、実を重ねて虚に至る人々…。

この本を正面から読めば人情噺（ばなし）だが、斜めから読むと、両者のコントラストがシェークスピアのような相克の芽もはらんでいて、そこに興奮してしまう。こんな意地悪な読み方をしてしまう僕は、中途半端に虚に生きていて、敏子さんやカズさんの実に、なかなかかなわない。（一色伸幸・脚本家）

（NHK出版・1700円）＝2002年6月20日④配信

過去に向かって伸びる生命　「晴子情歌（上・下）」（高村薫著）

〈何を書くか〉という確固とした意図があり、〈どう書くか〉という表現方法への確固とした信念があって書かれた本は、とてもすてきなものだ。

昭和五十年、五十五歳になった母・晴子は、遠洋漁業の船に乗った子・彰之にあてて百通以上の手紙を書く。

晴子が語るのは、大正リベラリズムの空気の中での幼児期の生活。戦争の足音が聞こえだす昭和九年、大学教師の職を捨て一介の漁夫となろうと帰郷した父に連れられており立った東北の地。鰊場（にしんば）の飯炊き、子守り奉公の暮らしの中で過ごす思春期。青森選出の代議士の三男の画家との奇（く）しき結婚。ひろく各階層にわたる人物によって描き出される戦前の日本。

一方、手紙を受けとる側では彰之と周囲の乗組員によって、ルソン島での悲惨な日本軍の敗走、三井三池闘争、そして安保と戦中戦後の日本の記憶が語られ、昭和五十一年ロッキード事件の年、晴子が病に倒れるところで、終わる。

注目すべきことがある。背景に日本の状況を大きく構えているものの、登場人物の上に起こる事件は決して特異、異常なものではない。当人たちにとっては重大で予想もつかない事件であっても、私たちの上にいつでも起こり得るいわば等身大のものだ。「マークスの山」「レディ・ジョーカー」と、犯罪という特異な〈事件〉を小説の推進力としてきた高村薫はそれを捨てた。

その代わりに、小説をおそろしいほどの力で進めてゆくのは〈言葉〉である。これはもう実際に体験するほかないが、言葉の積み重ねをたどるだけで、この千三百余枚の上下巻は読み通せる。読者をとらえて離さない。

母の手紙を読むことで、子は（そして読者も）母の〈生＝ライフ〉を、その時代の日本を、自分でも生きることができた。人間の存在は未来に向かってだけ伸びてゆくのではない。人間の存在は、生命（いのち）は、過去に向かっても同じように伸びてゆくのだ。（鴨下信一・演出家）

（新潮社・上下各1800円）＝2002年6月20日⑤配信

危険いっぱいな文学の冒険　「君が代は千代に八千代に」（高橋源一郎著）

本を読むことが、こんなにも危険いっぱいで、ハラハラ、ドキドキさせられるとは。文学イコール冒険、なんて言葉が頭に浮かぶ。

へんな表題だ。歴史小説だろうか、それとも政治小説？　まさか恋愛小説ではあるまい、などと思いつつ中を開くと、ポルノもあれば数学もある、SFもある。というよりも、さまざまなスタイルの実験小説を集めた短編集だ。そのなかには、いつか読んだことがあるような文章も紛れ込んでいて、ときどき妙な懐かしさを感じる。だけど、ノスタルジーに浸っていると、思わぬ落とし穴もある。

実験的だけど感傷的。それが高橋源一郎の特徴で、デビュー作から現在まで変わらない。この短編集では、よりそれが凝縮してあらわれている。しかも題材は私たちの日常に転がっている通俗的なものばかりだ。

私がもっとも感動したのは「素数」という短編だ。少年鑑別所のなかのテルオとノブヒコ。テルオは自立心を持った不良少年で、ノブヒコは数学に関する天才少年だ。誰もがノブヒコを敬遠するのに、テルオだけが近づいていく。

小説の枠組みはよくある不良少年の友情もの。そこに素数をめぐる二人の会話を代入したことで、古くさい話が光を放ちはじめる。素数とは、1とその数自身のほかに約数を持たない自然数だ。少年たちを象徴しているようにも思える。

結末がいい。鑑別所を出たテルオが、渋谷109の前を通りがかる。このビルは、若者風俗の象徴のような存在だ。テルオが同行者に「あれ何だか知ってるか？」と問い、「素数なんだぜ」と言う。私は数学の話で涙がこぼれそうになったのは初めてだ。

頭から順に読まなくてもいいのが短編集のいいところ。自分は保守的な良識人だと思っている方は、冒頭の三編などを読むと気分を悪くするだろう。表題作や「チェンジ」「チェンジ②」あたりから読むのをお薦めする。いや、それでも驚愕（きょうがく）し、腹を立てるかもしれないが。（永江朗・フリーライター）

（文芸春秋・1667円）＝2002年6月20日⑥配信

在日文学の「その先」描く

「偶然にも最悪な少年」（グ　スーヨン著）

本書は在日韓国人の少年の日常と冒険を描いたいわゆる「在日もの」だが、しかしここにはかつてのごとく在日韓国・朝鮮人の問題を悲劇的、文学的に掘り下げようとする明確な意志はもはや見当たらない。

中学生のカネシロは自分が韓国人であることに屈託を感じつつも、渋谷のチンピラと組んで荒稼ぎしたり、昔の同級生の痴情ざたに巻き込まれたり、それなりに日常を生き抜いている。また偶然に知り合った由美から素性を問われ「ただの韓国人」と答えるが「あっそう、それがアンタの武器？」と返されたりもする。

つまり在日であることがすでに渋谷での荒稼ぎ同様、処世上の一つの「武器」でしかないような世界が描かれているわけだが、注目すべきはここで同時に、何かを悲劇的に特権化して問題を構成するあの「文学」自体が無化されている事実であろう。

例えばカネシロと姉とが近親相姦（そうかん）を行うシーンのあっけらかんとした調子はそれを如実に示している。金城一紀の「GO」が「在日にこだわらない」ということをあくまでも文学的に描いたのに対し、グ　スーヨンは「在日」も「文学」も「終わって」しまった「その先」を描いているといっていいかもしれない。

だから結局自殺してしまった姉の死体を祖国へと送るべく、カネシロが死体を乗せた車を西へ走らせ、質屋を襲って密航費を手に入れる行動を「彼の実存をかけた闘争」とか文学的に解釈してはならないだろう。

すでに「在日」など人間を動機づける特権的な必然性が崩壊した世界において、これは確固たる現実感の希薄に由来する蛮勇、もしくは作中の言葉を借りるならたんなる偶然の「ポジティブさ」である。「やっちゃうなんて簡単」と死んだ姉にカネシロはつぶやく。

要するに本書は「在日」をダシに使った優れて普遍的な「ただの」現代文学にほかならない。現実の「軽み」をうまく写した文体は、それゆえかえって重くガツンとくるだろう。（石川忠司・文芸評論家）

（角川春樹事務所・1800円）＝2002年6月27日①配信

本性をあぶり出す考察

「日本語は進化する」（加賀野井秀一著）

明治期の言文一致運動は近年、文芸批評に盛んなテーマの一つである。そのほとんどは、ベネディクト・アンダーソンの「想像の共同体」を念頭に、政治的な仮説を展開していく。一つのはやりものである。

加賀野井秀一の「日本語は進化する」は、言文一致運動を主要な素材としながら、関心は、国民国家の成立といった方面にではなく、歴史的な経緯により分裂してしまった話し言葉と書き言葉が、生身の人間にどう作用したかへと向けられる。言文分離の内実を起点に、論述は、人々がこれをどう自覚したのか、そして何を希求し、いかなる努力を試みたかの検証へ向かう。

そこではさまざまな文章や語り口、当事者たちの証言の、具体的例示と丹念な分析が繰り返される。

瑣末（さまつ）なコミュニケーションの手段へと矮小（わいしょう）化されて思想を語れなくなった話し言葉、形骸（けいがい）化して生活感情の抜け落ちた思想しか書き表せなくなった書き言葉が、維新後の新しい現実に取り組む人々へ、どんな困難をもたらしたか。語る事柄により文体が決定された当時の日本語の中で、文体再現装置としてしか筆をふるえなかった知識人が、新しい思考とのはざまでどんな苦しみを抱えたのか。速記技術の効用にまで広く目を配る例示は説得力を持つ。

特に日本語の骨格を抽出し、その本性をあぶり出した「詞と辞」の考察は圧巻である。

本書は平易な文章で、一般向けに書かれた本の体裁をとっているが、今後、日本語や言文一致運動を論じる場合､無視できないものとなるだろう。

ここのところ、高島俊男「漢字と日本人」など、日本語を論じた本が、広く読まれている。それは今が歴史の激変期であり、そこに生きる私たちが日本語の再発見を必要としているからではないだろうか。

「御仁」や「手合い」などの、意味もなくちゃかした表現、上田万年（かずとし）の根拠不明な振り仮名など、首をひねる記述も散見するが、必読の書だと思う。（吉目木晴彦・作家）

（NHK出版・970円）＝2002年6月27日②配信

人生の全重量かけた思索　「エリック・ホッファー自伝」(エリック・ホッファー著、中本義彦訳)

〈独学者〉という生き方がある—。既存の教育システムに依拠して、いつのまにか効率的に形成されるような、ありきたりの知性ではない。貧困や病苦などによって強いられた条件のもとで、それにあらがい、またその生の経験に照らして、とらわれなく書物を読み、たまたま出合った知を、そのつど自分の全重量をかけて考え通すという生き方である。だからこそ、そこではもっとも純粋なあり方で、知と人生の関係があらわになる。

本書は、こうした〈独学者〉のひとりであり、独創的な沖仲士の哲学者として知られたエリック・ホッファーの自伝である。かれには、すでに「波止場日記」(みすず書房)や「現代という時代の気質」(晶文社)など、数多くの翻訳があるが、本書は、たくさんのエピソードから構成された、実に読みやすいホッファー哲学への手引書になっている。

七歳で失明したかれの、暗闇の中に保存された幼児期の記憶は美しい。原因も定かでないままふたたび視力が回復したあと、孤独な読書と労働の日々が続くのだが、一族がことごとく若死にしているという運命は、かれに人生を終局点の側から考えさせずにはおかない。この限られた今をどのように読み、どのように生きるのかという張りつめた意識が、かれの営みを真正なものにする。

ホッファーが生きるのは、季節労働キャンプであり、砂金掘りや綿花摘みの世界である。社会の底辺をなすこの「適応しえぬ者たち」のあいだに、ホッファーを通じて、たとえばモンテーニュの「エセー」の言葉がいかに染み通っていくことか。その様子はとくに強い印象を与える。

高等教育の意味が足下から揺らいでいる今日、大学から一番遠いところにいるはずのホッファーの生き方のなかに、むしろ大学から失われつつある、内側から成熟してくるような思索がある。それが惰性やらけちな実用性やらに毒された、萎縮(いしゅく)した精神を恥じ入らせるのである。(岩崎稔・東京外語大助教授)

(作品社・2200円)＝2002年6月27日③配信

自分探しのきっかけに　「左利きで行こう!」(リー・W・ラトリッジほか著、丸橋良雄ほか訳)

「左利きの人は、右利きの人より平均寿命が九年も短い。事故にもあいやすく死ぬ確率は右利きの人に比べて六倍も高い!」。左利きの人がこれだけ聞いたら、人間やめたくなるような数字である。

原著出版が一九九二年という本書の著者によると、左利きの人は全人口の10パーセントぐらい。右利き中心の社会に順応しようとするストレスが早死にを招き、右利きの人が作った機器の設計により事故にあいやすいのだと、本書が引用する"研究結果"はいう。

しかし、早死に説などを不遠慮に示す一方で、実は芸術的、直感的なセンスの持ち主なのだと絶賛してみたりもする。身体の左側をコントロールしている右脳は、不可解で芸術的な部分を支配しているからだそうだ。アメとムチである。

この「なるほど納得」と「微妙にいいかげん」な感じのバランスが、いい。強引に論破されてる気がして、だまされまいとしながら読み進む作業が、何やらワイドショー的で面白い。酒場で披露したら、真偽のほどを問うつっこみが入りそうな場面が結構あって、ほど良い緊張感を楽しめる。

"科学的"分析あり、診断ページあり、そして、かなりのボリュームをしめているのが、歴史上の多くのサウスポーの逸話紹介である。アインシュタインからマリリン・モンロー、切り裂きジャックからスポーツ選手まで。

私自身は右利きなのだが、左利きの人に対する認識は「個性的でカッコイイ」であり、他人と違うことができることへのアコガレのようでもある。どっちが利き手であれ、誰だって、私らしく僕らしく生きたいと願って自分探しの旅に出る。左利きなのは、他と比較されることが多いだけに、自分チェックをする良質のキッカケを得ることになるのであります。

タイトル「左利きで行こう!」は、左利きになろうではなくて、世に迎合せずに「自分らしく行こう!」というメッセージに読みとれる。(高橋章子・エッセイスト)

(北星堂書店・1500円)＝2002年6月27日④配信

人口心理学から日本を問う

「子どもという価値」（柏木惠子著）

本書は親にとって子どもにはどんな価値があるのかと問う。ふそんにも思えるが、単刀直入な問いかけ。答えを聞いてみたくなる。

かつては親にとって子どもは老後のための資産、あるいは労働力と思われていた。今は、喜びや生きがい、安らぎ、家庭への活気を与えてくれる存在となった。経済的価値から精神的価値へと変化したのだ。

欲しい子どもの数と現実の子ども数のギャップが著しい日本。子育てに時間の負担を感じ、子どもとは別の時間、空間、世界が欲しいと思う女性が増え、子どもをもたないことの利益を意識するようになった。

著者は、子どもを持つか持たないかを決める時代、子どもを持つことのコストを考える時代が到来し、子どもは授かるものではなくなった、子どもはつくるものとなったと主張する。

このような変化は、女性のエゴイズムだろうか。いや、女性に育児を任せ介護を担わせた、その代償と考えるべきだろう。これまで日本社会は、人間の再生産をめぐる諸事万端を女性に委ね過ぎていた。任せた仕事はすべてケアワーク。ケアとは、他者のための、他者を通しての自己実現だ。

少子社会は、他者のためにではなく、自分のために生きようと決心し始めた女性たちの引き起こした地殻変動である。その影響は社会システム全体に及ぶ。ケアという行為はすぐれて私事的な個別性を持つが、その社会性、共同性、公共性という側面を無視できなくなった。無償で愛情に満ちた、うまくいって当然の、ケアワークの社会的分有が時代の課題となっている。

こうして、子ども虐待、ドメスティックバイオレンス、育児不安、介護保険などケアをめぐる社会的葛とうのすべてが同一線上に並ぶ。つまり家族を中心とした社会の座標軸が揺らぎ出したのだ。だから今、子どもの価値とは何かを問うことの意義は広くて深い。本書は、人口心理学という新たな切り口から、日本社会の構造的変化の動因としての女性の心理が描写されている。骨太いマクロな心理学が私は好きだ。（中村正・立命館大教授）

（中公新書・840円）＝2002年6月27日⑤配信

堅実で良心的な実証研究

「倭国誕生」（白石太一郎編）

本書は、全三十巻からなる「日本の時代史」の第一巻として刊行された。白石太一郎氏の編で七人の研究者が執筆し、旧石器時代から初期ヤマト政権の形成期までを対象としている。

総説ともいうべき「倭国誕生」の章で、白石氏がこれまで蓄積された多くの成果に自説をおりこみながら、一つの道筋をつけているのは読みごたえがある。とりわけ、氏の専門と最も関係する邪馬台国論の部分は、重要な問題を提起する。

近年における出現期の古墳研究では、奈良盆地東南部に邪馬台国の存在を推定させるのだが、それは、畿内・瀬戸内沿岸地域の勢力が、朝鮮半島からの鉄資源の交易ルート支配権を玄界灘勢力から奪取したことによるという仮説を投げかけている。まだ状況証拠からの想定であるのだが、今後、議論を呼ぶであろう。

旧石器文化、縄文文化、弥生文化、考古学からみた漢と倭の関係、環境史、人類学による倭人などのそれぞれの章も、丁寧な叙述で研究の現在における到達点を示している。

例えば、水田稲作の開始に際しての渡来系集団と縄文以来の土着集団の関係や、卑弥呼の鏡に関して三角縁神獣鏡の解釈など、問題点を解明する方法をわかりやすく説明し、東アジアを視野に入れて論じている。ややもすれば、この時代について打ち上げ花火のような雑ぱくな論調がもてはやされる今日、正統な実証的手法の強さをあらためて感じさせる。

そうした堅実な方法のゆるぎない優位性を信じるがゆえに、本書を編むにあたって、旧石器捏（ねつ）造問題は苦渋にみちたものであったことは想像するにあまりある。この異常な事件をもって、考古学を揶揄（やゆ）する向きもなくはないが、むしろきっかけとして、日本の旧石器研究の深化を本書を通して見守ることが、研究者へのはげましになるであろう。

研究者たちのゆるぎない姿勢と良心が、直接的に伝わる好著といってよい。（千田稔・国際日本文化研究センター教授）

（吉川弘文館・2800円）＝2002年7月2日配信

流浪と望郷の旋律追って　「追放の高麗人」（姜信子著、アン・ビクトル写真）

中央アジアのカザフスタン、ウズベキスタンといった国々に、私たちと顔や姿のそっくりな人々が暮らしている。彼らの名は「高麗人（コリョサラム）」。もとは、植民地時代の朝鮮を逃れ、ロシア極東の沿海州に住み着いた人々だった。

しかし一九三七年、日中戦争の勃発（ぼっぱつ）と前後してその存在はソ連側に危険視されるようになる。顔が似ているため「日本のスパイになる恐れがある」と。そしてスターリンは二十万人もの人々を、沿海州から遠く中央アジアへ追放する命令を出したのだった。

著者の旅は、今も彼らが口ずさむ望郷の歌のメロディーを追うことから始まる。日本ではサーカスやチンドン屋が広めたもの悲しいワルツ「天然の美」。それが植民地時代の朝鮮では唱歌集に収められ、いろいろな朝鮮語歌詞をつけて歌われた。「高麗人」が「流浪と追放の旅の道連れ」としたのはこのメロディーである。

「高麗人は生き抜くために、記憶を言葉で語ることはしなかった。でも、たとえ口をつぐんでも、思わずため息のようにこぼれおちる想いはある」。そのおもいが乗せられたのが日本の歌だったとは、歴史の皮肉と言えようか。

朝鮮半島にルーツを持つ著者の、同胞に寄せるまなざしは温かい。イデオロギーに翻弄（ほんろう）された人間の「悲劇」を声高に語るかわりに、埋もれゆく「記憶」を静かに呼び起こそうとしている。

本書の後半は、著者がウズベキスタンで出会った「高麗人」写真家、アン・ビクトルの作品集だ。さびれた農村で唐辛子を干す老人、チマ・チョゴリや、伝統的な食事の風景が銀色の画面に広がる。深いしわの刻まれた顔の一つ一つに、著者は悲しみというより、たくましさと明日への希望を見いだすのだった。

重くなりがちなテーマが、情感のこもった筆致のおかげで誰の胸にも届くようになっている。語り伝えようとする使命感、そして語りの力量は高く称賛されるべきだろう。（榎本泰子・同志社大助教授）

（石風社・2000円）＝2002年7月4日①配信

痛快で強烈な冒険人生　「情熱のノマド（上・下）」（ジェーン・フレッチャー・ジェニス著、白須英子訳）

英国の女性探検家フレイア・スタークは百歳で世を去った。中東地域に向けた、けた外れの好奇心と健脚に赤信号がついたのが彼女が九十歳のころ。その長い冒険人生には、すっぽり二十世紀の戦争と民族と女性の諸相が、スリリングに詰まっている。

百歳のいのちを、時間を超えて生き残る物語とした、著者のすごい力業。きっとこの探検家の勤勉で、負けん気な行動力が乗り移ったにちがいない。

「美人でない」意識をひきずり、不遇な家族関係から脱出したいと願ったフレイアは、まさにオリエンタリズムの娘。ヨーロッパ語はもちろん、アラビア語、ペルシャ語を独習して独り植民地争奪戦の時代、シリア、イラクなどアラブ民族の奥地に旅を重ねる。その間、発表した紀行文や地理調査への貢献が認められて、一九三三年、四十歳の時に王立地理学会の賞を受賞、一躍有名探検家に。

邦訳もある「暗殺教団の谷」にはじまる数多い著作は、イスラム世界の民と自然を描いて比類ない一級の紀行文学と評された。

この本の読みどころは、先進諸国の野心とアラブ民族主義の台頭の渦中を歩き、その後の紛争の根源をすでに見抜いていた慧眼（けいがん）にもあるが、多彩な交友関係をよりどころに不屈な行動を続ける彼女が、実に天真らんまん、痛快無比で、厚かましく、じゅうぶんに才知あふれ、魅力あることだ。

たとえば、アデンの豪商との魅惑的な友情の不思議なゆくえ、女性考古学者との発掘調査行での仲たがい、恋にあこがれた末、五十四歳での結婚は相手が同性愛者だったという不幸な結末。どの場面も並外れた個性的俳優の演技を見ているような強烈な印象を残す。

生彩あるドラマに仕立てた功績は、手紙名人と言われたほどの“語り”の力にあるだろう。八冊の書簡集は、生涯の転変を生な声で伝えるのに役立ったと思われる。情熱の裏にひそむ孤独に、強い母の影を見る。（中村輝子・立正大客員教授）

（共同通信社・上下各1900円）＝2002年7月4日②配信

愛する日本文化を徹底批判

「犬と鬼」(アレックス・カー著)

現代の日本社会を、滞在歴の長い外国人の目から厳しく批判する書である。

「犬」とは身近な現実ゆえに問題解決の困難なもの、「鬼」とは派手な想像物ゆえに描きやすいものの例えだ。

古都・京都の街並みは電線で看板で汚され、それらの地中化や撤去は地味な作業ゆえに進まない。

一方、環境の文脈をまったく無視した巨大モニュメントは一時の人目を引き、建造され続けている。犬よりも鬼に目を注ぐ現代日本人が、古き良き伝統的景観や自然環境をひたすらに破壊し「世界で最も醜いかもしれない国土」にしてしまったというのである。

江戸中期のかやぶき屋根の民家を購入するほど日本文化を愛する著者は、いったん発進するとブレーキのかからぬ官僚機構と、川という川をダムでせき止めねば気が済まぬ土建経済によって、日本は豊かさの中で立ち腐れてしまったと嘆く。

嘆きは時に怒りにもなる。暮らしに息づく文化をみずから破壊することへの怒りは、すでに日本人が忘れてしまったものだ。「電線地中化は都会で完成しない限り田舎には及ばない」と述べるのは厳密には誤認であろうし、“規制と天下り大好き官僚悪人説”はいささか聞き飽きてもいる。

だが、日本人の手になる官僚批判は景気悪化の犯人としてのみ官僚をとらえ、市場効率に基づくハイテクビルの建築推進を唱えたりする。土建産業に寄生する既成勢力も市場活性化を叫ぶ改革派も、文化破壊においては同じ穴のむじななのだ。「失われた十年」を嘆いても経済効率の悪化しか見ていない貧困さこそが論難されねばならないのだ。

技術先進国であらばこそ、美しい伝統家屋をリフォームにより再生させ、護岸設備を撤去すべきだという訴えには賛成だ。景気活性化が必要というのなら、公共投資はその方向に向ければよい。こうした批判さえも外国人によってしかなされないという点にこそ、日本文化の危機の深さを思い知らされる。(松原隆一郎・東大大学院教授)

(講談社・2500円)=2002年7月4日③配信

隣人に触れながら探る生

「ネイバーズ・ホーム・サービス」(前川麻子著)

「ネイバーズ・ホーム・サービス」、つまり、隣人のようにあなたをお手伝いします、というのがうたい文句の家政婦兼便利屋業に従事する二十八歳の女性、サトの奮闘記。

奮闘記といってもねじりはちまきに脂汗、といったたぐいのものではない。サトは、常に冷静かつ丁寧に目の前の出来事と対峙(たいじ)しながら、自分自身のよるべない生を自問自答している。それは、ほこりをしずかにぬぐうときのやさしい指先のように、こちらのこころに触れてくる。

隣人とは、なんだろう。都市が肥大化するに従い、隣人との関係は薄れてゆく。偶然隣り合わせただけの隣人の、ドアのむこうのプライベートルームは、謎にみちている。依頼されてその家の掃除や身の回りの世話を代行する人間は、ドアが隔てていたタブーに触れることになる。うつの女性、同性愛者、マルチ商法の販売員、ぼけ老人など、ドアの内側に押し込められていた事実にじかに触れながら、家庭や幸福について、深く思う。

「家庭の幸福など、幻に過ぎない。幸福は、それぞれが自分の価値観の中で、ぼんやり憧れとして抱えるだけのものだ。なのに、人は、家や、そこで共に暮らす人を求める。(中略)なぜ、自分以上に理解し愛してくれる誰かを、これほど求めてしまうのか。孤独を色濃くするだけなのに」

やるせなく、切ないエピソードの連続なのに、読後はなぜか、ああ、わたしもがんばろう、という前向きな気持ちになっている。自らを「うその隣人」と自覚する人々の視線が常にあたたかいからだろう。間違っていたり、ダメダメだったりしても、とりあえず受け入れ、理解しようとする。金で雇われた関係だからこそできるやさしさもあるのだ。

とにかく家を片づけ、熱いお茶を一杯飲む。そんな些細なことが、芯(しん)からありがたいこともある。何度も書き直された置き手紙は、テーブルの上で輝く。生活の背筋をそっと伸ばしてくれる本である。(東直子・歌人)

(集英社・1600円)=2002年7月4日④配信

悪と毒が充満する救済史

「にぎやかな湾に背負われた船」(小野正嗣著)

二十一世紀を迎え、ひとつの新しい才能が頭角を現した。第十五回三島由紀夫賞を受賞した今回の第二長編は、デビュー作の「水に埋もれる墓」と同じ、架空の「浦」をめぐるサーガ(年代記)に属するが、彼ならではの悪と毒と闇の充満するマジック・リアリズムには、飛躍的な進展が見られる。

ある日、湾に突如、不気味な船がやってくる。それはまぎれもなく、かつて網元である戸高家が所有しながら、沖に消えたまま行方不明になっていた「第十八緑丸」であった。

語り手は中学の社会科教師・吉田先生と恋に落ち、夜な夜な船をのぞみつつ逢瀬(おうせ)をくりかえす少女。彼女の視点を軸に、その船が浦の共同体へ毒をまき散らし、やがて彼らの歴史の暗部に潜む呪(のろ)いが暴かれていく。というのも彼らは、むかし浦に流れ着いた一隻の豪華な異国船を、金品目当てに襲撃し、罪もない異邦人たちを殺りくしてしまった過去を背負っていたのである。

それだけではない。浦を守ろうとする川野格先生に左耳がないのも、冥界(めいかい)の王ともいうべきミツグアザムイが振動病の男であるのも、はたまた彼の実母であり川野先生のいとこにあたるトシコ婆が世にも醜いのも、すべては満州におけるおそろしい体験に根ざす。

過去と現在を巧みに溶接する語りは終盤、いよいよ船の内部を活写する。だが、そこに発見されたのは—ある人はそれを死者だったといい、ある人はそれをハマチだったという。むせかえるような腐敗の美学は、やがて壮大なる共同体の救済史を予感させてやまない。

ちなみに、前掲デビュー作では、カヅコ婆が感じる「自分が何かを思い出せないことの落ちつかなさ」が、彼女の記憶にとって「球形の水平線の彼方に小さく見える船」にたとえられていた。呪いの記憶があるというよりは、記憶そのものがひとつの呪いであることを、小野正嗣の小説は痛感させてくれる。(巽孝之・米文学者)

(朝日新聞社・1200円)=2002年7月4日⑤配信

迫真の描写、ムードの魅力

「アブラムスの夜」(北林優著)

公園で発見された老人の惨殺死体は、残虐無比な連続殺人の始まりだった。現場に残された足跡から、少年グループによる犯行であることが判明したが、今度はその少年たちが次々と殺害されてゆく。目まぐるしく反転する加害者と被害者の立場。死体の背中に刻み込まれた「アブラムス」という謎のメッセージ。ひたすら混迷する難事件と、それに挑む警察官たちの捜査を描いたミステリー長編である。

ヒロインである警視庁鑑識課・松原唯は、十三年前に母を何者かに殺害され、その翌年に父は母の墓前で焼身自殺……という、何ともすさまじい過去を背負っている。鑑識という「縁の下の力持ち」的な立場に身を置く彼女の冷徹な活躍ぶりの描写は、詳細なリサーチをもとにした迫真的なディテールが、まさに圧巻。

一方、鬱屈(うっくつ)した情念を抱えた警部・権藤と、彼と行動をともにする若手警部補・稲葉を主人公とするパートが、唯の登場するパートと交錯しつつ並行して語られてゆく。暴力衝動を抑えきれない問題警官である権藤のキャラクター造形は、唯の存在感を食ってしまうほどである。

物語の理性の部分を唯が、情念の部分を権藤が担当した格好だが、両者がひとつの物語の中で互いを補完し得ているかどうかには疑問が残る。せっかく強烈なインパクトをそなえているふたつの要素が、互いに相殺しあっているような違和感を覚えてしまったのだ。

主語を意図的に省いた独特の文体は、読みなれるまでに時間がかかるし、さまざまな要素を詰め込みすぎて物語の焦点がぼやけてしまった面は否めないけれども(唯の過去にまつわるエピソードはもう少し整理した方がよかったように思える)、全編を重苦しく覆う暗たんたるムードには一読忘れ難い魅力がある。そのあたりにこそ、この著者の本領があるのかもしれない。

まがまがしいイメージが乱舞する、ホラー小説的とさえ言える序章の文章のさえからも、それは明らかではないだろうか。(千街晶之・ミステリー評論家)

(徳間書店・1900円)=2002年7月4日⑥配信

フェルメールの光の下で　「ヒヤシンス・ブルーの少女」(スーザン・ヴリーランド著、長野きよみ訳)

柔らかさと透明な光が織り成すフェルメールの絵は、見る者の心をも優しい光で包む。けれど世界中に三十数点しかないといわれる彼の絵は、その希少価値ゆえに贋作(がんさく)事件や特異な盗難事件に巻き込まれてきた。画家は妻と十一人の子供を残し、四十三年の生涯を終えたという。署名のない絵やパン代の支払いとなった絵は、どこかに存在するのだろうか。

青いスモックを着、窓辺のイスに横向きに座る「少女の絵」は、まさにフェルメールの光と色を放ち、見る者の心をふるわせる。「少女の目にあるあこがれ」は見る者に「生命」を感受させ、生きているように語りかけてくる。

米国の新進女性作家ヴリーランドは、そんなフェルメールが描いたかもしれない知られざる一枚の絵と、その絵に魅了された者たちの人生を静謐(せいひつ)な筆致で八つの連作短編に点綴(てんてい)する。

現代米国が舞台の冒頭作「十分に愛しなさい」で、この絵の所有者となっている、友人付き合いもなくひっそり暮らす数学教師の喜びは、しかし暗いひそかな楽しみでしかない。彼の入手には、ユダヤ人家族をガス室に送った父の、人に語れない秘密が隠されていた。二作目には第二次大戦中のアムステルダムでナチの恐怖に脅えつつも「少女の絵」に魅了され、自分の人生の始まりを予感するユダヤ人少女と家族のつつましい生活が描かれる。

三作目は十九世紀、四作目以降はさらに十八、十七世紀と時代がさかのぼり、絵の流れと画家の生まれたオランダの歴史がつむがれていく。そして最後の謎、絵を描いた画家とモデルの少女との思いにたどり着く。

すぐれた芸術作品は時に人の人生を狂わせもする。だがヴリーランドは、人の生活がパンのみで生きるのでなく、芸術によって慰められ、満たされ、さらに輝きが与えられることを温かなまなざしで描く。人々の生活の一瞬を穏やかな日常の光景の美しさにとらえたフェルメールの絵のように、読む者を静かな感動に引き込む。(与那覇恵子・東洋英和女学院大教授)

(早川書房・1600円)＝2002年7月11日①配信

企業社会の亀裂をルポ　「子会社は叫ぶ」(島本慈子著)

子どもに事件が起きたとき、親は「子どものことは本人に任せていた」とよくいう。それが子どもを個人として尊重していたのならいい。しかし、そういう親にかぎって本当は子どもを見ていない。親の無責任が事件を生んだことに気づいていない。

それは家族だけの問題ではない。企業社会にある、家族と同様、もしくはそれ以上の深刻な「親子」の亀裂を本書は指摘する。タイトルの「子会社は叫ぶ」声とは、子会社で生きる人間の姿や表情を本気でみようとしない親会社とその経営陣への痛切な訴えだ。

会社分割、持ち株会社解禁、派遣労働の普及などを背景に、親会社は、人員の整理や賃金の切り下げを、「子会社」という仕掛けを通じて進めている。その結果、リストラがもたらしたのは、親会社と子会社の間の階層化、つまりは身分社会である。

本書に登場する、親会社から見捨てられた人物は、仕事に誇りを抱いて生きてきた、静かな人々ばかりだ。親会社から突然切り離され、人々は、怒り、戦い、疲れ、喪失感のなかに漂う。

働く本人の自己責任が強調される時代だが、リストラを実施する企業に責任はないのか。リストラとは会社による経営戦略や人事政策の失敗である。結局、会社の失敗のツケを子会社や辞めた人が払っている構造がそこにある。

リストラをするのなら、親会社も、辞める人間一人ひとりと向かい合い、心の声に耳を澄ますことが必要になる。辞めていくのは「労働力」ではない。「人間」なのである。

一方で、構造改革が叫ばれる時代に生きる、親会社以外の大多数の人々は、どうやってその身を守ればいいのだろう。労働組合の復活か、NPOの台頭か。いっそ親会社と子会社を生む企業社会から決別して生きることなのか。いずれにせよ、一番大切なのは、本書に言葉を寄せた人々のような「理不尽に対して沈黙したくない」という信念なのかもしれない。(玄田有史・東大助教授)

(筑摩書房・1800円)＝2002年7月11日②配信

技術革新を阻害するもの

「特許ビジネスはどこへ行くのか」(今野浩著)

人のアイデアはどんなものでも特許の対象にすべきだ。そして、特許権は強ければ強いほどよい。一部で見られるそうした風潮への、熱烈な異議申し立ての書である。

著者の今野氏は、オペレーションズ・リサーチ、金融工学の研究者として名高い。また、コンピューターソフトウエアや金融ビジネスの手法を特許の対象とするすう勢に対して疑義を呈し、数学的な手法に特許を与えたと非難された「カーマーカー特許」に対して無効審判や訴訟を提起するなど、実践的にも活躍してきた。本書は、同氏のそうした実践活動の記録であると同時に、年来の主張を要約したものでもある。

特許制度は、有用な技術の開発とその成果の公開を促すための仕組みである。特許権という強力な独占権は、社会にとって有用な技術を開発した者に、投資を回収する機会を与えるものである。ところが、ソフトウエアの開発には大きな投資は必要でないので、特許制度で保護しなくても十分に速い発展が見込まれる。

むしろ、出願から二十年という特許権の存続期間が研究開発のスピードに比して長すぎるうえ、各国特許庁の審査能力が十分でなく見当はずれの特許権が成立することが多いため、ソフトウエアを特許の対象とすると、かえって技術革新を阻害してしまう。本書を貫く主張は、このように要約できるだろう。

ソフトウエアの研究や開発の実情を踏まえているだけに、そこには大きな説得力がある。「特許権を乱用する米国の陰謀」説的な見方には率直に言って違和感を覚えるものの、制度の基本に立ち返った議論には、非専門家とは思えない研鑽(けんさん)の跡をうかがうことができる。

日本経済を立て直すためには、物財中心の仕組みを知財中心に組み替える必要がある。その戦略を練るにあたっては、さまざまな立場からの発言が欠かせない。読みやすくわかりやすい点でも、本書は白眉(はくび)である。知的財産に関心がある向きには、必読の書であろう。(玉井克哉・東大教授)

(岩波書店・1600円)＝2002年7月11日③配信

都市としての海たどり

「アジア海道紀行」(佐々木幹郎著)

中国東南の沿岸部や、台湾、それに日本の九州を訪れると、そこで思わぬモノに出くわすことがある。その時「アジアは海でつながっているのだ」と思わずにはいられなくなる。

そのことを明せきな事例で示し、豊富な体験とともに紹介するのが、本書である。まさに副題の示す通り「海は都市である」のだ。

それにしても、よくもここまで各地に行ったものだ。その足跡は薩摩の坊津、中国の揚州、普陀山、寧波に及び、いったん長崎へ戻り、さらに韓国の釜山、済州島と渡った後、再び日本に戻り鷹島と平戸へ、そして最後に、また上海へ。

なぜか、自分も行った記憶のある所が多い。しかし、自分の場合は、ある場所である事物に興味を覚えたとしても、「ふうん」で済ませることが多く、とても調査までは思い至らない。

だが、本書の著者の知的興味は尽きることがない。旺盛な探求心は、時に鑑真の足取りや、長崎「ハタ」の由来に向かい、唐辛子の名前の「唐」に向かい、観音の聖地へと向かう。誠に恐れ入った次第である。

本書から多くを教えていただいたことを感謝すると同時に、自らの無知に恥じ入った。韓国の辛いモノ好きは、意外に新しい嗜(し)好とは—。つい同じく辛いモノ好きな中国の四川や湖南とも比べてみたくなった。

それにしても「唐辛子の唐は、なぜ唐か」などという疑問を、普通は思い付くまい。それを本当に調べてしまうのだから、筆者の思い付きの妙こそが「不思議」に思われた。

ただ、ちょっと気が付いた点を一つ。著者が、普陀山で奇異に感じた占いの道具「爻板(こうばん)」は、別に珍しいモノではない。台湾の廟(びょう)に行けば、どこでもころがっているし、多くの人がこれを使い、熱心に神に“お伺い”をたてている。

台湾や中国の福建省では、これを「ポエ」と呼ぶ。華人社会では日常的に見るし、日本の関帝廟でも見かける、それくらいのモノなのだが—。まあ、それは小さなことではある。(二階堂善弘・茨城大助教授)

(みすず書房・2700円)＝2002年7月11日⑤配信

老境に差すほのかな恋心

「月の光」（岩橋邦枝著）

タイトルが暗示するように、激しい日盛りの日々を過ぎ、人生の下り坂を迎えた六十代の「私」が主人公になった連作集。登場する人々の多くは、「私」と青春時代を共に過ごした女子大の寮の友人や、親しいいとこなど。「私」は、十八年前に夫を亡くしたあと、一人娘を育てあげ、東京のマンションと実家のある九州を行き来して一人暮らしをしている。今も校正の仕事はしているが、何が何でもやらなくては死ぬに死ねないというものではない。

その淡々とした日常の中にも、さまざまな事件は襲いかかり、それらはたいてい、昔の恋人の入院、友人の病、あるいは女友だちの急死など、どうにもならないことばかりだ。

全七編とも、「私」の親しい人々の病や死が描かれているが、老いそのものが不動の不条理として認識されているせいだろう、過剰な嘆きや感傷が排除され、逆に今の「私」の生がなまなましくあぶりだされてくる。

がんで死にかけている昔の恋人の風聞を耳にして、彼との恋愛体験を「もう疾うに感情も生理も抜け果てて、干からびた事実」でしかないと思う「私」の心境にしても、夫との二十三年間の結婚生活を振り返り、その年数を「今はただ記録を示す数字のようになっている」と突き放す心にしても、うそ偽りのない女の本音だろう。

一方そうした老境の中に差し込むほのかな恋心を描いた「夕映え」という作品には、ふと触れた男のズボンから、体温と肌触りが伝わってきて、心なくも顔に火照りを覚える女の狼狽（ろうばい）が、ただ老いの中だけにいるわけではない主人公の生の奥行きを伝えてくる。

また、夫ではない男性とのドライブの途中に脳内出血に襲われ急死した女友達との青春を回顧した「花環」という作品にも、幸福な妻の心に芽生える「恋」の影がそれとなく配されている。

だれもが通る老い道…たとえ淡い光の下であれ、まだ流れるものを追おうとする登場人物に、共感する人は少なくないはずだ。（稲葉真弓・作家）

（講談社・1700円）＝2002年7月11日⑥配信

旅の途上の無色透明な時間

「容疑者の夜行列車」（多和田葉子著）

鉄道の発達により、旅は旅程を味わうよりも、目的地への移動となった。高速の車窓から見える遠景は、もはや旅人自身をふくんでいないパノラマにすぎず、車中の時間は読書や睡眠にあてられる。

失われた旅程空間の代わりに生まれたそうした無用な時間に、光をあてたのが本書である。十三の列車の旅での、夢ともうつつともつかない経験が描かれる。

多和田の作品について、前に私は「時間の積分が大きな物語を醸成してゆく多くの小説とは逆に、時間をかぎりなく微分してゆき、そのことで、物語文脈から自由な、純粋な意識の連続性を見い出そうとする小説」というようなことを書いた。

何らかの事件という山を乗り越え、休止し、また事件の山を乗り越え、といったドラマの濃淡をもつ時間ではなく、水のように一定に流れ続ける時間の創出。それはつねに「今、ここ」にあることから生まれる。

旅の途上の無色透明な時間こそはそれである。そこで起きることは目的地に着いてから始まるホントウの物語のもつ重要性を免れていて、それゆえに純粋な経験としてたちあらわれる。

現代芸術のパフォーマーである主人公は「パリへ」では乗り換え列車のストに立ち往生し、「グラーツへ」では密会のカップルらしき男女と出会い、「ベオグラードへ」では駅で怪しい男につきまとわれ、「北京へ」では夜行列車の中で犯罪の匂（にお）いをかぎ、その他、列車の中で尿意をこらえながら変な夢を見たり、自傷癖の子どもに襲われたりするが、それらすべてからは痛みが剥落（はくらく）して、唯一たしかな轍（わだち）の音にのみこまれてゆく。

列車の空間の中では、自分も人も、「足の下から土地を奪われ」、顔を持たず、その瞬間の体験のみに生きる。主人公は爪切りと一緒に「わたし」を売り渡し、「あなた」という二人称と、永遠に列車の旅を続ける特権を得た。全編を貫く二人称に最初は驚いたが、旅の途上の時間の本質は、まことに非・一人称的なのだ。（井辻朱美・白百合女子大助教授）

（青土社・1600円）＝2002年7月18日①配信

アメリカの夢に施す仕掛け 「マーティン・ドレスラーの夢」(スティーヴン・ミルハウザー著、柴田元幸訳)

一九九六年に刊行されピュリツァー賞を受賞したこの小説を読んで、すぐ思い浮かべたのが、オーソン・ウェルズの伝説的な映画「市民ケーン」(一九四一年)である。

この映画のモデルは、新聞王ハーストであり、一八九〇年代に彼と新聞売り上げで競ったのが、ピュリツァーであった。

小説の主人公マーティンは、一八七二年、ニューヨークの葉巻煙草(たばこ)商の息子として生まれた。十四歳でヴァンダリン・ホテルのベルボーイからスタートしてチャンスを逃さず、九〇年代にランチルームやビリヤード・パーラー経営で成功し、夢見たホテル経営の道へと進んでゆくのだ。

原書のサブタイトルが「あるアメリカン・ドリーマーの物語」であることに注意してほしい。「市民ケーン」の主人公と同じく一八九〇年代に新しいアイデアで次々と仕事を成功させてゆくマーティンの姿は、確かに「アメリカの夢」の体現者なのである。何よりも無線電信や映画、センセーショナルなジャーナリズムが始まった一八九〇年代から二〇世紀初めという時代を背景にした点が実に見事というほかない。

しかし、高層ビルが建設され始めた、騒がしい都市文明を駆け抜けてゆく主人公の成長を描く「教養小説」のように見えて、実はこの小説にはいろいろな仕掛けがほどこされている。

一つは、主人公とヴァーノン家母娘三人との複雑な心理関係を描く物語(ある種の「魔性の女(ファム・ファタール)」物語)が組み込まれている点である。さらにもう一点は、主人公が夢想のままに建設するホテルがファンタジーの世界に属するということだ。

ポストモダニストのような建築家アーリングと手を組んで、主人公が生み出す公園や遊園地、博物館、美術館、デパートが組み込まれた広大で不思議なホテル空間。この小説は、一見すると正統的な「教養小説」のように見えながら、実はすぐれたファンタジー小説なのである。(桜井哲夫・東京経済大教授)

(白水社・2000円)=2002年7月18日②配信

殉教者への哀切な思い 「南蛮仏」(中薗英助著)

未完のまま著者の遺作となったこの長編小説は、最終章に〈創作メモ〉が付されたことにより、見事に完結した作品となった。

それというのも、〈創作メモ〉がかえって、構想の発展段階や著者のロマンチシズムと調査・探索した史料との間で揺らいでいる姿を見せてくれるからだ。

いずれにしてもこの小説には、幾つもの部屋に鍵をあけて入っていくような、ふしぎな魅力がある。その部屋には、時には自伝小説、時には歴史小説、さらには朝鮮出兵、島原の乱討伐の大名、キリシタン殉教者などの史料が虚実とりまぜてあり、謎が発生し、考察される。先祖さがしの踏査の過程を見ているうちに、いつのまにか歴史の幽明に導かれることになる。

発端は、〈私〉の筑後の生家に残された通称「痩せ仏」という仏像を調査した亡父のノート「五劫思惟如来　事績調査記録」を読んだことによる。その仏像の由来を追究することは先祖をさぐることでもあった。

先祖埜田仙長は久留米藩郷士で、上妻郡川崎庄に山の庄屋を開いたが、久留米の桜井女が輿(こし)入れのとき、その仏像を持参したと父のノートにはある。さらに父は久留米市主催の「島原役凱旋三百年祭献詠集」に和歌を出していた。〈私〉は先祖が島原の乱で領民を殺したのではと思い悩む。

旧友の郷土史家にも調査協力を依頼し、埜田姓の家臣を記録から拾い出してもらうが、その長文の手紙には、当時の九州の大名勢力図が詳細に書かれ、上妻郡の領主だった筑紫広門に関する重大な仮説が書かれていた。

朝鮮出兵の際、広門が嫡男(ちゃくなん)に洗礼を受けさせ、島原の有馬晴信の息女と結婚をはかったというのだ。しかも、その後広門の山下城は廃絶となり、筑紫一族は一時期、中園姓を名乗ったらしい―。

キリストを思わせる痩せ仏考察もゆき届き、著者のキリシタン殉教者への哀切の思いが惻惻(そくそく)と胸をうつ。(寺田博・文芸評論家)

(新潮社・1900円)=2002年7月18日③配信

新奇な手法で現実暴く

「人骨展示館」(又吉栄喜著)

人骨展示館とはタイトルからして奇妙だが、読みはじめると湿り気を帯びた言葉が、べっとりとまとわりついてくる。沖縄のグスク(城)の石垣の裏から、十二世紀ごろの人柱と思われる若い女性の人骨が発見される。物語はその人骨をめぐって展開する。作者は考古学の研究者をめざす女性を登場させ、グスクの時代考証を行う。

しかし一方で、この人骨こそは自らの祖先だと信じる娘小夜子とその父親を登場させることで、沖縄固有の土俗世界がグロテスクに描かれる。小夜子は、自分をグスクの主の末えいで、発見された人骨は天寿を全うできなかった神女だと疑わず、その骨を民宿の食堂を改造して展示することを思いつく。

物語の中心人物である元予備校教師の明哲は、娘の妖(あや)しい魅力に引かれてその話にのり、同せいをはじめる。明哲は予備校に勤めていたころ、ヤマト出身の同僚にだまされ、住んでいたマンションを失い、そのショックで母親が亡くなるが、三千万円の保険金を残す。明哲はその一部を人骨館に投資する。ここまでが、前段のストーリーだが、物語は後段で急激に転換する。

人骨展示館に、さまざまな人が訪れ、勝手な提案をする。「反戦の拠点に」、「G村平和と人権・人骨資料館」「戦争研究館」に、はては「日本帝国軍人資料館とすべき」というものまで飛び出すが、こうした奇妙な来訪者たちとのやりとりで、沖縄の抱えている現実が暴かれて、はじめて物語が沖縄の政治や社会を鋭く風刺するパロディーだとわかる。

最後に明哲は再びだまされる。小夜子が四百万円をもちだしたまま帰らない。人骨館に一人たたずむ主人公の姿が、心に焼きつく。とりたてて取りえもない小心な男を主人公に仕立て、人骨館をめぐってここまで読者をひきつける作者の新奇な手法に感嘆する。直截(ちょくさい)な表現方法をとってきた作者の初期の作品と比べて、より完成度の高い作品といえよう。(安里英子・フリーライター)

(文芸春秋・1667円)=2002年7月18日⑤配信

写真映像の意外な素朴さ

「時代を喰った顔」(井上和博写真・文)

今、有名人の物まねを芸人がする時、ある日のある時間、あるメディアが切り取った映像のワンシーンを再現することが多い。かつら、衣装、化粧などで、作り込んで登場。セリフはワンフレーズ、「感動した」や「わたくしのね、人権はどうなりますか」や「ソーリ」を繰り返す。面白く思うには、元の映像そのものをセリフ付きで、多くの人が見ていたことが前提となっている。

田中角栄も長嶋茂雄も、そのような物まねはされてこなかった。突出した言葉尻をとらえ、漠然とその人の総体を浮かび上がらせれば良しとされていた。

本書は、一人のカメラマンが一九八〇年代を中心に撮影し、写真雑誌などに掲載された七十余の写真をまとめたものである。政治家、歌手、スポーツ選手、財界人、新興企業の経営者、芸術家など約九十人の有名人が登場。写真それぞれに、撮影のデータやいきさつ、その有名人の当時の立場、さらに現在の状況までが簡単に記され添えられている。

表紙や惹句(じゃっく)の印象では、「のぞき写真」のように思うけれど、違う。自宅を訪ねる。ともに風呂に入る。夫人や家族一緒のところを頼む。こうした多くの写真は「絶対演出・本人了解」の手法で撮影されていて、ある種の肖像画といえる。

発表された当時の記憶では、生々しくきわどくみえた入浴シーンも、お墓参りも、Vサインも、今まとめてみれば、きまじめにポーズを取ったポートレートに見えてくる。そこに映された顔や肉体には、漠然としたその人の総体があらわになっていて、今日的な物まねの元ネタにできない写真映像の意外な素朴さが漂っていると思う。

では、頻繁にテレビ放送される落涙や謝罪のシーンはどうだろう。同質のメディアの短い繰り返しのなかに、人の総体は紛れ、隠れていく。物まねもあっという間に消えていく。暴けば隠れる。なら、メディアの中のあの人の顔・肉体・しぐさ、その向こうにある「何か」をどうやって見ればいいのだろう。(河合敦子・フリーライター)

(中央公論新社・1300円)=2002年7月18日⑥配信

新理論で迫る老化の謎「生命の持ち時間は決まっているのか」(トム・カークウッド著、小沢元彦訳)

英国・ニューカッスル大学教授であり、老化学の理論的リーダーとして知られる著者が「老化はなぜ起きるか」という疑問に答える科学読み物。説かれている内容は専門的でありながら、イギリス風のウイットに富んだ逸話が随所に挿入され、知識階級のサロンにいるような気分で楽しめる。

まず感心するのは「老い」の謎に魅せられた著者の探求心だ。がんと老化の関係から、女性が男性より長生きである理由、不老不死の治療法の真偽まで老化研究の最先端を紹介しつつ、話は単なる科学にとどまらない。発展途上国の高齢化を見通し、世界一の長寿女性の伝説を解き明かし、ヒトの閉経の起源にまでさかのぼっていく。十六章にわたる物語の数々が、ジグソーパズルのピースのように読み手の前にちりばめられる。

老化という大問に多角的に取り組みながら散漫にならないのは、パズルの外枠を独自の理論で固めているからだろう。本書の鍵概念となる「使い捨ての体」理論によれば、老化が起きるのは単位エネルギーあたりに残せる子孫数を最大限にするように進化してきたからである。

著者によれば、生物は個体に与えられた資源を個体自身の持続よりも生殖細胞に有利になるように手厚く分配する。だから親は体細胞が傷ついても、それを修復するための資源を自分で使わず生殖細胞にゆずってしまうのだ。そのため親の体細胞には傷が癒えずに蓄積していき、しわや機能の低下となって現れる。これが老化現象である。

老化は、死のプログラムが働いたからではなく、生のプログラムが足りないためである。著者の理論は、老化が生物にとって必然であり、老化や死が遺伝子に組み込まれているとしてきたこれまでの宿命論的学説を覆す。生のプログラムが足りないなら、個体の修復機構を補う技術を開発すれば、老化を防ぎ、寿命を延ばせるはずだ。不老不死への素朴な楽観論も、理論に裏打ちされるとにわかに現実味を帯びてくる。(大島寿美子・北星学園大講師)

(三交社・2800円)=2002年7月25日①配信

豊潤な作品に漂う静寂「懐かしの庭(上・下)」(黄晳暎著、青柳優子訳)

炎の八〇年代を描きながら、この長編小説は異様な静けさにつつまれている。あるいは、そこに漂う静寂の気配は、あまりに深い悲傷の影なのかもしれない。

黄晳暎(ファン・ソギョン)ほど韓国の現代史を劇的に歩んだ文学者はいないだろう。ベトナム戦争の体験、一九七〇年代の民主化闘争、八〇年の光州抗争とそれにつぐ急進的運動、密入北事件、亡命、獄中生活…。多難な歳月をくぐりぬけた作家が、九八年の釈放後、十三年ぶりに発表したのが本書である。

「韓氏年代記」「客地」「張吉山(チャンギルサン)」で名高い社会派作家は、光州抗争以降の「私と私の友達の人生」を掘り起こし、作品に収れんさせようと試みる。

政治犯として追われる呉賢佑とカルメの里に彼をかくまい、ともに暮らす女子高の美術教師韓潤嬉は、激しく愛しあうようになる。だが、二人の時間は数カ月にもみたなかった。獄中の男に届くあてのない手紙を書き残す女と独房の中に時を封印された男の哀切な恋愛を軸に、岩壁にセミがぶつかるごとく軍事独裁政権に素手でぶつかり、壊れていった若者たちの「無名のまま生きた堂々たる青春」が描かれる。

闘いの高揚の後には、決まって不当な代価が要求される。残酷な年月が横たわるのだ。拷問の果てに、ある者は発狂し、ある者は病死し、ある者は自殺し、ある者は蒸発する。その痛苦の姿が微細にしかも淡々と語られる。

事実を外と内から見極めるすべを教えた「亡命と獄中生活」。経験のすべてを濾過(ろか)した作家の抑制のペンは、悲惨な物語に優美な色調を添え、隔離された二人の愛に、非在の愛ゆえのつややかな現実感を与えている。

エピグラフに揚げられたベルトルト・ブレヒトの晩年の詩「ブコウ悲歌」の一節は、心身のうずきをこえて人生と和解しようとする作品の主題と切実に結びあう。小説の正統性を思い出させる豊潤な名作である。(宮田毬栄・文芸評論家)

(岩波書店・上下各2500円)=2002年7月25日②配信

足で書いた警世の書

「北アルプストイレ事情」（信濃毎日新聞社編）

「花摘みに行く」と、かつては言ったものだ。山に入ってキャンプなどをし、野糞（のぐそ）をすることである。峰峰を眺めながらブッシュにしゃがんでいると、この山全体を自分のものにしたような爽快（そうかい）な気分になったものであった。

だがそれはずっと昔の牧歌である。北アルプス一帯の中部山岳国立公園だけで、登山客と観光客を合わせた利用者は、一九七六年には六百八十二万人、アクセス道が整備された九八年には千二百九十三万人と、二倍近くに増加した。全国規模では大変な人数になるであろう。人間のこの負荷がすべて、美しき繊細な自然に押し寄せる。

本書は日本の屋根と呼ばれる北アルプスの山小屋のトイレ事情を、まさに足で歩いて書きつづった警世の書である。山小屋に一度でも泊まったことがあれば、トイレで自分が出したものの行き先が気になるはずだ。気になることを丹念に追っていった信濃毎日新聞社の取材班に、まず敬意を表したい。この臭い取材に一人一人の記者を駆り立てたのは、このままでは山が糞尿（ふんにょう）のため汚染されるという、笑うに笑えない危機感からであろう。

山小屋の伝統的な屎尿（しにょう）処理方式は「穴への埋めたて」や「がけへの放流」で、とりあえず人の目につかなくさせることである。それではやがて最終的に山は汚染にみまわれ、取り返しがつかなくなるとわかっているのだが、経済的な問題などのために一気に解決することはできない。だが意識の変化や技術の進歩により、どうにかしなければならず、どうにかなりそうだという方向に、山の世界は大きく踏み出そうとしている。

現状をそのまま認めるわけにはいかないのである。山の糞づまりに多くの人が気づいて、動き出した。そのきっかけに、本書は大きな役割を果たすであろう。北アルプスを愛する記者たちが、深い愛のペンを持って書いた本書は、糞のただならぬ臭気がするが、読んで気持ちがよい。（立松和平・作家）

（みすず書房・1800円）＝2002年7月25日③配信

理知と誠実の魅力引き出す

「仁左衛門恋し」（小松成美著）

役者や芸人から話を聞く。魅力的なことだけれど、とてもむずかしい。

かれらが住む世界をまったく知らないでは、要点をついた質問はできない。かといって、マニアックな質問に終始しては、話が狭くなる。有名人であれば、インタビューに応じてもらうこと自体が困難だ。

本書で著者がインタビューしたのは十五代目片岡仁左衛門。襲名して五年目、六十歳手前というのは、「歌舞伎役者一代記」的なものを期待するには、中途半端にも思える。

だが、本書は片岡仁左衛門という役者の魅力を十分に引き出している。

一読して印象的なのは、著者の質問に対する仁左衛門の答えが、じつに誠実で理知的なことである。

客観的に演技を分析して、冷静に組み立てるタイプではなく、「役に没頭し心も体も芝居の中の人物になりきる役者」「肚（はら）から役になりきる役者」だと自分でいう。しかし、一方で、仁左衛門は、きわめて冷静に自分を分析している。

「歌舞伎であるために守らなければならない領域と、今までにない新しい表現。これらのバランスをどう保つかが歌舞伎役者にとってはもっとも大事なことだと思うんですよ」

ところで、インタビューを作品にするときに、聞き手の姿を消したひとり語りにするべきか、聞き手の質問などもそのまま残すべきかは、判断の分かれるところだろう。

本書は、聞き手の質問を残したインタビュー構成になっている。歌舞伎のファンだが、通でもなければ、ミーハーでもない著者のインタビューに、丁々発止のやりとりだとか、無知ゆえの大胆なツッコミだとか、著者でなければ聞き出せなかった内幕話を期待すると、もの足りない。

けれども、そのような著者を前にしてこそ、片岡仁左衛門という役者が自分を語る気になり、理知的な誠実さという魅力が引き出されたといえるかもしれない。（鵜飼正樹・京都文教大助教授）

（世界文化社・2000円）＝2002年7月25日④配信

漂流する人々の哀感

「南無」（佐藤洋二郎著）

佐藤洋二郎の作品集「南無」は、表題作を含む三編の中編小説が収録されている。佐藤洋二郎は人と人との関係の細部を大切にする作家である。

「南無」には、四歳違いの従兄妹（いとこ）同士が描かれているが、二人は同じ故郷福岡に生まれ育ったものの、彼女の結婚式以来会っていない。二十五年の時が二人を隔てているのである。

従妹にあんちゃんと呼ばれた主人公は彼女が東京で一人暮らしをしていると聞いて何とかして彼女をさがし出そうとする。主人公には妻はいるが子供はいない。彼女をさがす彼の心に失われていなかった淡い血のつながりがよみがえっていく。

〈南無阿弥陀仏〉の〈南無〉とは、仏様にわが身のすべてをあずけて自身を浄化することという。彼は二十五年という時空を隔てて彼女によって浄（きよ）められるような場所へ招き寄せられていく。そこに過去が現在に顕現していく細部がある。

「あの夏の日」には、肉体労働によって生き抜く青年群像が描かれている。東南アジアの人々も含め労働に国籍の区別や男女の差などはない。主人公は、〈私〉という存在が集合された人々の間で成り立っていくことを知り抜いていく。集合した個々の人々が一人一人力を得て描かれている。

「蟻の生活」は、バブル経済がはじけてしまい四十七歳にして職を退いてしまった主人公が登場する。妻は家出をしてしまいぼう然とした日々を送る中年男の胸中には、一体自分は何をやってきたのかという問いかけだけがくっきりとしてくる。ホームレスの人々にささやかなあこがれを感じながら、心の負い目から逃げ続けた自分をかみしめて、人生の再構築は果たして可能なのかと思う。

いずれの作品も、私たちが味わっている同時代の感覚からにじみ出た哀感が主人公たちの心のひだを形作っている。時は流れ、人々は誠実に漂流していくようだ。（栗坪良樹・文芸評論家）

（集英社・1800円）＝2002年7月25日⑤配信

大戦前のワルシャワ舞台に

「ショーシャ」（アイザック・B・シンガー著、大崎ふみ子訳）

長らく読みたいと思っていた。第二次世界大戦以前のポーランドのワルシャワ、そこには色濃く東欧系のユダヤ文化が根付いていた。アイザック・シンガーの育ったところ、そして自分たちの言葉である「イディッシュ」で書くことを始めた。民衆ユダヤ語と蔑視（べっし）されながら、イディッシュは独特の活力と表現力と風土性を持っていた。アメリカ移住後も、シンガーはこの言葉を捨てなかった。「ショーシャ」公刊と同じ一九七八年、ノーベル文学賞を授与された。

「私たちはワルシャワのゲットーと呼ばれてもよいようなクロホマルナ通りに暮らしていた」

物語は、二本の糸をより合わせるようにして語られている。一つは、このクロホマルナ通りの住人たちのこと。変人、奇人、奇妙な情熱に憑（つ）かれた者たち。人々の暮らしの中にあって、正統派ユダヤ教の教義が目を光らせ、ひそかに運命観と、この世の見方をささやきかけてくる。おりしも隣国ドイツの雲行きがただならない。ヒトラーが政権を掌握、公然とユダヤ人弾圧に乗り出した。

「ワルシャワはとても静まり返っていたので、自分の足音の反響が聞こえるほどだった」。死滅する世界を予告する静けさでもあった。

これを横糸とすると、少女ショーシャが縦糸に当たる。主人公の幼友達であって、「九歳だったが、六歳のような話しぶり」。目が青く、鼻筋が通り、首が長かった。共に成長し、たえずかたわらで話を聞いてくれる。「君がいる限り、僕の人生にもまだ何らかの意味がある」

精密な描写の一方で、何気ないやり取りの中に時空間を超えて宇宙的な広がりを持つ、ユダヤ的な比喩（ひゆ）に託されたエピソードが美しい。それは本来、伝えられないものを伝える語りなのだ。

訳文、訳注、装丁ともにていねいにつくられている。長らく待っていた本が小さな出版社から、ひっそり出た。（池内紀・ドイツ文学者）

（吉夏社・3000円）＝2002年7月25日⑥配信

アートの可能性示唆　「風の旅人」（新宮晋著）

美術は二十世紀の百年間に、何度もその終わりをとりざたされてきた。写真の広がりが写実絵画を無用にするのではないか。デュシャンのサインを施されただけの便器（題名は「泉」）は、つくることの終わりを示しているのではないか。なるほど次々と現れていた新潮流もパタッと途絶えて、美術界は閉塞（へいそく）感を深めている。

そこに現れたのが新宮晋の「ウインドキャラバン—地球観測の旅」プロジェクトだった。新宮は風や水で動く彫刻で知られるアーティストである。一九八七—八九年には風の野外彫刻展「ウインドサーカス」を欧米九都市で開催したこともある。しかし、今度のプロジェクトはスケールといい質といい従来とは違っていた。

地球上から自然本来の姿をとどめる場所を六カ所。つまり自然の風の吹く場所を入念に選び、二十一の動く作品をそこに設置して、現地の特に子供たちと交流しようというのである。兵庫県にある新宮のアトリエ近くの田んぼを出発地に、ニュージーランド、フィンランド、モロッコ、モンゴル、ブラジル。結果的に先住民の地が多く選ばれた。

ニュージーランドの島では、思いもかけない強風のため新宮自身が腰を痛め、フィンランドの凍った湖ではオーロラに圧倒され、モンゴルの草原では子供たちが初めてのたこ揚げに熱中し、ブラジルでは風車を持った子供たちが砂丘を天使のように降りてくるパフォーマンスが人々を魅了した。

本書は九九年に構想を始めてから二〇〇一年すべての展覧会が終了するまでの奮闘記。風はただ素晴らしく優しいだけでなく、時に暴力的でもあった。この自然と向き合うときアートに何ができるか。新宮は自分の作品を「見えない風や、水のエネルギーを捕らえるアンテナのようなものだ」と書いている。

自然と一体となって初めて成立する作品の在り方だけでなく、それを通して人々をつないでいくアーティストの在り方は、アートの新しい可能性を示唆している。（井手和子・共同通信編集委員）

（扶桑社・1429円）＝2002年8月1日①配信

子どもを愛することとは　「自閉症の息子デーンがくれた贈り物」（ジュニー・ウェイツほか著、小原亜美訳）

生まれてきた子が「自閉症」とわかるまで、母親は自分の子育てが悪いのではないかと自分を責める。治療法を探し幼稚園や研究所の門をたたき、普通の子になる日が来るのではないかと奔走する。しかし専門家の診断は「一生治らない発達障害」。

障害児を持つという重責は時間とともに消えるものではない。とても普通とはいえない行動をする子どもの親としての立場と、企業の幹部としての立場を両立することは私にはできない、と父親は悩む。しかし、夫婦は見事なパートナーシップで、抱かれることを拒否する乳児期、言葉を発しない幼児期のわが子に根気強く向き合う。

この本は、自閉症と診断されたデーンの表に出ない意思や感情を、どのように両親、特に母親が受け止めたかの記録である。

デーンの感覚は異なっている。直線に執着し、信号で止まると泣き叫ぶ。変化を嫌う。成長とともに、自分の不安や欲求を行動で表す「感情的な爆発」はすさまじくなる。半狂乱で庭のベンチや街のショーウインドーをたたき続け、暴れ、物を投げる。

思春期のこの状況、日本では家庭内暴力という言葉でくくられるところだが、驚くことに、この本にはひとことたりともそのような表現はない。デーンは身体に触れられるのを嫌がる。もし、夫妻が抱きしめたり押さえたり、力ずくでデーンの癇癪（かんしゃく）を抑えてきたなら、それを振り払うことで形としてデーンは親に暴力をふるったことになったであろう。

デーンは心理学者や修道女たちとの信頼関係と、「静かな部屋」という他人からの干渉を避けて一人で自分を鎮める場を得て、感情のコントロールができるようになる。

私たちは何事も普通を基準に考える。そこから間違いが起きること。患者と個人的な関係を築いた専門家の存在が必要なこと。そして、子どもを愛するとはどういうことか。デーンからの贈り物は示唆に富んでいる。（見城美枝子・エッセイスト）

（大和書房・2400円）＝2002年8月1日②配信

接客業の情熱とプロ意識

「劇場としての書店」（福嶋聡著）

もちはもち屋。その例を引くまでもなく、本のことは書店人に聞くべし、と思っていたが、うむむ、これは意外。書店がこんなにも劇的な空間であったとは。

著者は、二十年以上のキャリアを持つ書店人であるが、過去に俳優、演出家としての活動経験を持つ演劇人でもある。その彼が、書店＝劇場として舞台を仰ぎ見てみれば〈本、客、書店員という三範疇の登場人物がさまざまな仕方で関係しあい影響しあって、静かなドラマを繰り広げている〉というのである。

著者の言葉を借りれば、〈本という媒体に乗っかっているのは、（中略）森羅万象、おおよそ人間にかかわること、人間の興味の対象になることすべて〉。だからこそ、人は、本を求めずにはいられない。そして、書店で巻き起こるさまざまなドラマは、すでに、客が書店を訪れる前から始まっている。〈極端な例では「こどもが自殺しそうなんです！　それを止めるための本を売ってください、誰か子どもを助けて！」と書店員にすがる客さえいる〉。

ただし、誤解なきよう。これは書店の中で繰り広げられる人間ドラマを拾い上げ、面白おかしくつづった読み物ではない。全編を貫いているのは、書店人としての自負。

演劇的なまなざしを持ちえた書店人が、時に役者、時に演出家として、実に能動的に本とも人ともかかわりあいながら、書店という劇場を検証し、売り場のシステム、接客、人材の育成、図書館との共存共栄など本にかかわる多くの場面でよりよき道を探ろうとする情熱の書なのである。

それは、まさにプロ意識というものであろうが、彼によればプロ意識とは〈プライドを持つような仕事をすることであり、それは謙虚さと同義語である〉。

かーっ、気持ちいい。この気持ちのいい本を、劇場としてのスーパーにもデパートにも魚屋にも八百屋にもレストランにも、つまり、あらゆる接客業に就く人の目に触れるよう置いてもらいたいものだ。ひとつの真摯（しんし）な仕事は万事に通ず、という好例とするためにも。（藤田千恵子・ライター）

（新評論・2000円）＝2002年8月1日③配信

遥かな鎮魂歌

「男装の麗人」（村松友視著）

祖父と孫と二人の作家が、七十年をへだてて、同じ人物を主題に同じ表題で本を出すといった話は、あまり聞いたことがない。

祖父は村松梢風、孫は村松友視、主題にされたのは「男装の麗人」川島芳子。と言われても、もう思いあたる方は少ないだろうが、川島芳子は、清朝末期の王族粛親王（しゅくしんのう）の王女として生まれながら、清朝滅亡後父の意志でいわゆる大陸浪人の川島浪速にあずけられ、日本で日本人として育てられた女性である。

それが、女学校を卒業するころから清朝復辟（ふくへき）による満蒙独立の運動に巻きこまれ、髪を切り男装して中国に渡り、上海事変の前後、日本の特務機関と組んで諜報（ちょうほう）活動に従事した。

そのころ梢風は、上海で二カ月間芳子の家に同居し、本人を身近に観察し談話をとった上で、「婦人公論」に「男装の麗人」という小説を連載した。仮名が使われてはいたが、連載中から話題になり、単行本はベストセラー、水谷八重子主演で舞台にもかけられ、大当たりをとった。川島芳子は「東洋のジャンヌダルク」「上海のマタハリ」と呼ばれて、一時期、時代のスターだった。

だが、第二次大戦終結後、彼女は天津で中国軍に逮捕され、〈漢奸（かんかん）〉として裁かれて一九四八年に銃殺され、四十年の数奇な生涯を閉じた。その裁判で罪状の有力な証拠として使われたのが、梢風の「男装の麗人」だったという。

しかし、もともと虚言癖の強い芳子の冒険談を、さらに梢風が時局に合わせ誇張して書いた小説である。それが裁判の証拠にされたと聞き、梢風の心に深くトゲが刺さったにちがいない。

それを抜いてやろうというわけではなさそうだが、孫の友視は上海を訪れ、芳子の実像をさぐる。少女時代の芳子を犯したらしい養父の川島浪速をはじめ奇怪な人物たちにとりまかれて、それなりに悲劇的な生涯を生きた芳子と祖父梢風への遙（はる）かな鎮魂歌ということになろうか。（木田元・哲学者）

（恒文社・1900円）＝2002年8月1日⑤配信

写生について再考迫る労作　「佐藤紅緑　子規が愛した俳人」（復本一郎著）

本書は、正岡子規について新しい目を開かせてくれる労作である。そもそも私にとっての紅緑は、「あゝ玉杯に花うけて」や「夾竹桃の花咲けば」の作者であり、それ以上の、文学者としての活動について、私はほとんど知らなかった。

本書の筋道立った解説で初めて、佐藤紅緑の俳人としての活躍、特に正岡子規の高弟としての役割について知ることができ、私は認識を大いに改めた。子規の弟子というとどうしても、内藤鳴雪、高浜虚子、河東碧梧桐という伊予派が中心になる。このなかに入らない子規の弟子については、私はあまり詳しく知らなかったのである。

本書によって俳人としての佐藤紅緑のことはもちろん、子規の生前、それ以後の俳壇の動きがよく分かって面白い。詳細に文献を読破した上での論が、明晰（めいせき）な道筋で展開されており、非常に読みやすい本である。

特に私が注目したのは、子規の死後四年たった明治三十九（一九〇六）年に、紅緑が熊本に池松迂巷を訪ね、子規が迂巷に送った手紙を読み、引き写しておいたという事実である。この手紙は「子規全集」に収録されておらず、その引き写しが「紅緑日記」にあることを、復本さんが発見するまで誰も注目しなかった。

子規は、よく知られているように、季語が持っている既成概念を破るために、写生を導入した。この手紙にもこの観点が述べられているが、子規は写生に基づいてすぐに作句しなくても、「目をとめて見て置た景色は他日空想の中に再現して名句となる事もあるなり」、と述べているところが重要である。要するに子規は写生によって得られた記憶に基づくいわば心象風景も許していて、決して写生一辺倒ではないのである。

この手紙の再発見は著者の手柄であり、本書の一頂点となっている。この発見によって、子規の写生について再考の余地があることが明らかにされたのである。

このように本書には、多くの新しい知見が述べられていて、学ぶところが大きい。しかも固い研究書ではなく、読み物として楽しいことを指摘しておきたい。（有馬朗人・元文相、俳人）

（岩波書店・2700円）＝2002年8月1日⑥配信

回復の道筋に不思議な癒し　「冬の水練」（南木佳士著）

著者の生活の縦軸には、勤務医としての長年の経験があり、また横軸には作家としての恵まれた経歴がある。診療時間と執筆時間とを律義に区別して、二足のワラジで歩んできた著者の縦軸と横軸とは、順調な右肩上がりで交差してきた。

第百回の芥川賞受賞、そして医局のマージャン大会での破格の優勝、著者がパニック障害という心の病に襲われたのは、その人生最高のツキの直後のことだった。

病から、立ち直る手がかりとなったのは、「書く」作業だった。ここに集められた二十数編のエッセーは、その回復の道筋を示すものとして、読む者に不思議な癒しをもたらす。

うつ病との熾烈（しれつ）な戦いは、家族の日常を描いたなにげない文章の端々にもふと現れ、胸を打つ。

また多くの末期患者たちの最期のみとりは、医師たちへも常に重いストレスとなっていることに気付かされる。その重圧のために、医師である著者は、患者としての生活を強いられるようになった。

病を得てから、著者は次第に生き方の軌道修正をしていく。それは「マンネリズム」という凡庸の象徴の中にひそむたしかな日常の発見、著者の言葉を借りれば「明日を楽観して生きる力」である。

「太宰治の顔」と題する文章の中で、著者はこう自問自答する。豊かな文学的才能に恵まれた太宰にはなくて、自分にあるものとは何か。善光寺の境内で土産物を売るおばあさんを見て著者は直観する。臨床医として、したたかでたくましい老人たちとのふれあいが、自分にはあった。それが心を病む作家である自分の、頼りになる主治医であったことに気づく。

本のタイトルとなった「冬の水練」には、病との戦いに意欲を燃やす著者の前向きな姿勢が描かれている。そのけん引役を果たしているのが、エッセーの中に見え隠れしている著者の妻である。この伴走者の、明るいイメージは、読後、さわやかな印象を残す。（高見澤たか子・ノンフィクション作家）

（岩波書店・1500円）＝2002年8月8日①配信

写真を介して知る自分

「対話の教室」(橋口譲二、星野博美著)

本書は十代の少年少女を対象にインドと東京でおこなった写真のワークショップを、二人の写真家が記録したものだ。タイトルには、ワークショップの目的が写真の学習ではなく、写真を介しておこなわれる自己と他者との「対話」にあるという意味が込められているが、本書から強く伝わってきたのは、その対話を可能にする写真というメディアの面白さ、大切さである。

インドでは、バンガロール郊外の新興村と、ヒンドゥー教の聖地であるヴァラナシでの様子が記されている。前者にはカメラに触れたこともない、つつましい生活を送っている子供たちが集い、後者にはインド屈指のエリート校に通う裕福な家庭の子供たちが参加した。

両者の社会的格差は、当然ながらワークショップへの意欲、カメラの扱い方、撮影の内容などに歴然とあらわれる。スタッフの戸惑いぶりが印象的だ。

東京のワークショップの参加者は公募を見て自主的に参加した子供たち。通訳を介さずに直接会話ができただけに、写真とかかわることで各自がなにを発見したかがよく伝わってきた。

写真には見知らぬ自分、気付かなかった「私」が写る。これは意識下の世界に降りていくことのできる写真の大きな特徴だ。つまり写真は自己と外界の間に立ち、言葉にならないものを写しだす鏡の役割を果たす。

写真のワークショップが意味をもつのも、まさにこの点だろう。生きることに精いっぱいのバンガロールの子供たちも、親や社会の期待に押しつぶされそうなヴァラナシの子供たちも、手に余るほどの人生の選択肢を持っている日本の子供たちも、それぞれに自分は何者なのかという十代らしい不安を潜ませている。写真を見ながらそれを確認していく作業が尊い。

写真のワークショップが、かつて生活つづり方教室に見られたような高揚をもたらす時代なのかもしれない。言葉を介さずに表現できるから、それが地球的な広がりをもつ可能性がある。(大竹昭子・文筆業)

(平凡社・2200円)=2002年8月8日②配信

懐かしの事物の栄枯盛衰

「昭和遺産な人びと」(泉麻人著)

本書は、ハエ取り紙や赤チンなど、主に昭和三十年代に隆盛した懐かしの事物を「昭和遺産」と名付け、その栄枯盛衰を紹介する。

この時代に幼少期を過ごした著者が、「遺産」にかかわった人を訪ね、その消息や、当時の状況などを聞く。その過程が実に面白い。

例えば「お祭りのフライ屋」と題する第七話。著者は新聞のコラムに、子供のころ露店で味わった「パンカツ」の記憶を書いた。するとそれを読んだ老人から、下谷神社に誘い出され、老人が追っかけをする「フライ屋」なる露店を紹介される。そして「フライ屋」の追っかけになるまでの、老人の来歴を聞かされる。

子供のころから電気いじりが好きで、尋常高等から電気学校に進んで…などと。しかし肝心の「パンカツ」については一向にわからない。大体「フライ」と「パンカツ」は別物なのだ。

こんな、行き当たりばったりで、全く体系的でないところに、本書の魅力の一端がある。

実はパンカツに限らず、「昭和遺産」の鮮明な像は、本書を読んでも見えてはこない。タイトルも示す通り、本書の主眼はモノよりもむしろ「人」、先の老人を含め、個性的で愛すべき「昭和遺産な人びと」だ。彼らの一方向的でしかもけっこうあやふやだったりする記憶をもとに、ぼんやりと浮かび上がる古き良き時代…。

ここそが本書の良書たるゆえんである。懐かしさとは、ぼんやりしているからこそ、懐かしく慕わしいものなのだから。

そしてそのぼんやりした像は終始、泉麻人という一個人の視点でのみ追求され、描かれる。人それぞれに違う懐かしさの記憶は、平均化されることでその美学が台無しとなることを、著者は心得ているのだろう。

“あのころのあれ”は何だったのか？　私たちは自らの記憶と著者のそれを、微妙にだぶらせながら一喜一憂してこの書を読む。

懐かしさを損なうことなく、微妙なバランスで好奇心を満たしてくれる一冊だ。(塔島ひろみ・詩人)

(新潮社・1300円)=2002年8月8日③配信

病床で仕上げた学問と批評　「考古学つれづれ草」(佐原真著)

佐原考古学のエッセンスを凝縮した本である。二〇〇一年からの千年間を指す三千年紀の考古学はどうあるべきかを展望するため、ごみ問題から戦争問題まで、大昔と現代、世界と日本とを比較する。そして終章では、著者自身の研究の歩みを総括する。

こうして著者は、今まで考古学が踏み込まなかった領域へどんどん切り込んで行くが、本書は読者の眉間(みけん)にしわを寄せさせるような難しい本ではない。

著者は、考古学の成果をわかりやすく伝えるよう常に心がけた。本書にも詳しい註(ちゅう)や写真をていねいに配して、論旨は明快。著者の精神がいきわたっている。

そして本書を力強く貫くのは、考古学研究にもとづいた歴史的視点から考えることで、現代社会が直面する諸問題をより深くとらえ、解決の方向を見つけられるという視座である。

だから、縄文時代や弥生時代などのむかしを最新成果によって解き明かすだけでなく、そこから考古学を基礎にした独自の現代批評を縦横に展開する。

日本および日本人、からだ、におい、食生活、食器、壁と柱、環境、トイレ、勤勉さ、絵画と紋様、まじないなど、論点は多岐におよぶ。そして、常識や通説に再検討を迫る。

たとえば世界の考古学研究から、戦争は人類の本能ではなく、一カ所に定住するようになってはじまったことを明らかにする。このことから定住以前を含めた長い人類史の中では、戦争はごく最近のことであったと語りかける。

日本の考古学は、旧石器ねつ造という打撃からまだ立ち直っていない。その中で本書は、考古学の可能性が大きく広がっていること、だれもが歴史的視点から考えはじめることに重要な意義があると説く。

著者は病床にあって文章を修正し、資料を加えるなど本書の完成に努め、できあがった見本刷りを見届けた七月十日に逝去された。くしくも本書の発行日は、「お別れの会」の日となった。(千田嘉博・国立歴史民俗博物館助教授)

(小学館・1800円) = 2002年8月8日④配信

恐るべきネット新人類　「ネクスト」(マイケル・ルイス著、熊谷千寿訳)

インターネットの相談サイトで、どんな難問にも丁寧に答えてくれる人気「弁護士」も、オンライン株取引で八十万ドルを稼ぎ出した辣腕(らつわん)トレーダーもその正体は十五歳の少年だった…。

こうした「ネット新人類」たちの活躍ぶりを報告した本書を読むと、IT革命の本質が、効率化でも、伝達速度の向上でもなく、「機会の平等化」だった事情が改めて理解できる。ネット上では年齢も身分も隠せる。その結果、少年たちは「年齢制限」によって参加の機会が奪われていた世界にも足を踏み入れられるようになった—。

しかし、そんな少年たちの挑戦は逆風にさらされる。若過ぎるトレーダーはSEC(全米証券委員会)に告訴された。容疑は自らが株を所有する会社を褒めちぎる書き込みを電子掲示板に行い、株価を釣り上げて売り逃げたというもの。

だが、考えてみればこれはおかしい。都合の良い情報を流して「株価操作」する作業は今までだってなされていた。しかし少数のプロによってひそかに着手されているうちは良かったが、誰もが、子供までもがそれに手を染めるようになると市場が大混乱する。だから訴訟で「出るくい」を早めに打っておこうとしたわけだが、これは余りにも泥縄的対応だろう。

他にも自分の利権を脅かされると知った時に手のひらを返すようにITの利用制限論へと宗旨変えする元IT礼賛論者の見苦しい転向ぶりも本書は描く。

「恐るべきネット新人類」たちの登場は、かねてよりうたわれて来たバラ色の未来像からIT革命の進捗(しんちょく)状況が隔たり始めていることの象徴だ。

しかし、今こそが踏ん張り時なのだ。たとえば機会平等の進行が、株価操作の黙認のようなわれわれの社会の倫理不在をあぶり出すのだとしたら、それを奇貨として、安易な対症療法ではなく根本的な社会改革にと乗り出すべきなのだろう。そうした方向付けに生かされてこそ価値ある一冊といえる。(武田徹・評論家)

(アスペクト・1900円) = 2002年8月8日⑤配信

静かな筆致で人間の哀感

「見えない橋」(吉村昭著)

わたしは常々文学の世界も「青田買い」で、若い書き手たちの幼い作品が流通しすぎていて、人生の経験を積んだ大人の鑑賞にたえる作品が少ないと感じている。なぜかくも若い人々をターゲットにした作品が多いのかという疑問を払拭(ふっしょく)できない。

小説を読むたのしみは、ひとりの作家が紡ぎだす言葉から深い感動を得られたときに、読んでよかったなと心が満ち足りることだが、最近はなかなかそういう作品に出会わない。

本書は七編からなる作品集だが、そのどれもに人生の哀感がある。

失恋した痛手から刑務所に三十六回も服役しつづける老人の話、医者のひとり息子が投身自殺をする話、がんになりモルヒネを打ち続けて死ぬ母親の話など、自分の思い通りにいかない人生がここに描かれているが、それを見据える保護司、遺体をひきあげる漁師、そして母親の死を見つめる息子や連れ合いが、読者とともに凝視されている。

そこから死が自分だけの死ではないということ、死が生の延長にかならず待っているという怖(おそ)れと諦念(ていねん)は、読んでいる者にするどく突き刺さってくる。

他者やわが身の死に対しても、わたしたちは結局なにもできない。この作品集には、動物が仲間の死を哀(かな)しげにじっと見つめているようなまなざしがあり、人間も彼らとおなじことしかできないのかというつらさと痛みが内在している。

やさしく声をかけたとしても、相手に届かないというもどかしさを抱くが、どう生きてもわたしたちは死の哀しみから逃れることはできない。人間が他の動物よりも、喜怒哀楽の感情を深く受けとめることができる分だけ、また哀しみの感情も深くて重い。

本書は静かな筆致で書かれ、なおかつ人物たちの感情をそいだような描き方が、逆に人間の持つ哀感の陰影をつよく浮き上がらせている。人間とはもの哀しい生き物だと実感させられる作品集だ。(佐藤洋二郎・作家)

(文芸春秋・1333円)=2002年8月8日⑥配信

印パ緊張の背景を密着ルポ

「ヒンドゥー・ナショナリズム」(中島岳志著)

インドとパキスタン間の緊張の背景には、ヒンドゥー・ナショナリズムの高揚がある。インドは、IT革命の波に乗って経済開発にまい進する一方で、排他的・自文化中心主義的な民族意識を高めている。

本書はヒンドゥー・ナショナリズムの代表的団体である民族奉仕団(RSS)の末端に密着し、個々の成員の持つ論理と行動様式を観察して記述した、鮮度の高いルポである。大学院で学ぶ若手研究者によるものであるため、歴史的背景の解説や社会学の視点による分析が適度に織り交ぜられており、概念的な整理も新鮮で的確である。

RSSは、インドの政権党であるインド人民党(BJP)の母体となり、バジパイ首相とも関係が深い。筆者は、全国津々浦々で行われる「シャーカー」と呼ばれるRSSの集会に参加し、整列や行進、時間の厳しい管理といった手段を用いて伝統的な身体技法や時間意識を近代的なものに改変し、各個人の身体に「国民国家インド」への一体感を植え付けようとしていると分析する。

RSSとその過激な分派である世界ヒンドゥー協会(VHP)は、イスラム教徒やキリスト教徒を敵とみなすことで自らのアイデンティティーを確認する傾向が強い。これは、インドに宗教コミュニティー間対立の危機をもたらしている。

昨年末のイスラム教徒によるインド国会議事堂襲撃事件や、今年二月におきたVHPのメンバーが乗る列車へのイスラム教徒の暴徒の放火・殺害事件とその後の大規模な暴動といった事件に、筆者は居合わせる。

本来ならば、社会規範や宇宙と人間の存在を統合的に根拠づけるはずの「ダルマ」の理念が政治的動員のために利用され、他者を敵視して自らの価値を確認する排他的なナショナリズムに回収されてしまう。

自らの価値の普遍性への信念がいつしか他者への強制につながり、暴力的な帰結に至る。これは、宗教回帰の運動が共通して抱える問題なのだろう。(池内恵・アジア経済研究所研究員)

(中公新書ラクレ・780円)=2002年8月15日①配信

国家や資本の乗り越え模索

「日本精神分析」（柄谷行人著）

この本は四つの章からなる。それぞれ、言語や国家、選挙、通貨などについて論じている。とっつきやすいのは、無記名投票と代表制について論じた「入れ札と籤（くじ）引き」と、地域通貨の拡大版である市民通貨を論じた「市民通貨の小さな王国」だろう。前者は菊池寛の「入れ札」を、後者は谷崎潤一郎の「小さな王国」を、それぞれ題材にしていて、これらの短編小説は巻末に掲載されている。

どちらも同じく選挙民に選ばれたはずの議会と首長の意見が真っ向から対立する。そうした状況が、長野をはじめあちこちで起きている。そんないま「入れ札と籤引き」はなかなか刺激的だ。無記名投票で代表を選ぶのがもっとも民主主義的だと信じて疑わない人には、頭にガツンと一発というところか。

著者は無記名投票がはらむ根源的な問題を指摘したうえで、次のような提案をする。まず無記名投票でその職にふさわしいと思う人物をノミネートし、次に候補者間で抽選するというのだ。いいプランだ。少なくとも、現行の選挙制度よりはるかにいい。

世の中に「評論家的な」という言い方がある。「ヒョーロン家的な」と書いた方がニュアンスは伝わるかもしれない。現場の苦労も知らずに机上の空論ばかりこねくり回して、という反感だ。しかし柄谷行人は「NAM」という運動を始めた。他のヒョーロン家とは異なる。NAMは国家と資本を同時に乗り越えようという試みで、市民通貨もそのなかから出てきた。

もちろん、「無記名投票＋抽選」制にしても、市民通貨にしても、いまそれが実現する可能性はほとんどない。NAMで資本や国家が乗り越えられるとは思えない。だけど私は、これをばかげた夢想だと笑う人を軽蔑（けいべつ）する。現実を変えるには、そしてそれを具体的に考えるには、対案となるモデルが必要だ。モデルに不備があれば、少しずつ直していけばいい。重要なのはモデルを作ることだ。（永江朗・フリーライター）

（文芸春秋・1333円）＝2002年8月15日②配信

天性の、修練の措辞

「工藤直子詩集」（工藤直子著）

ずいぶん前のことになるが、近くの図書館で工藤さんの講演会があった。工藤さんは、あの、なんともなじみ深い容姿で壇上に立っていた。私は隅のほうに座っていたと思う。私は工藤さんと面識はあるけれども、なじみ深いというほどの付き合いではないのである。なのに、私はその姿を見、声を聞くと涙腺がゆるむ。もちろん話がいいからだけれど、同時に人として、一匹の生きものとしてのたたずまいがいい。こちらの構えや見えや小利口なところがぱあっとほどける。私も一匹になれる。

講演のあと、うちにひと晩だけ寄られたのだが、少しお酒を飲みながら、工藤さんは突然「杳（よう）として行方が知れずってかっこいいと思わない？」と言った。そうかなあ、とその時は思った。翌朝、布団が畳まれてあって、「ありがと」とのメモを残し、風のように去っていかれていた。

その後、工藤さんは杳として行方が知れなくなったわけではない。が、そんな身軽さ、際どさがある。どっしりしているけど、風のタチの人なのである。

「工藤直子詩集」の、ライオンもゴリラもけやきも風も、その人の一部だ。今回、この自選詩集を読んでなんて工藤直子そのものかと改めて思った。みんなに言いたいことも凝縮されている。「あしたが　ある／ああ　それだけで／とても　いいなあ」と、こんなことに感嘆する人って、それで様になる詩人てほかにいる？　と思う。

この世で一番の人だった父親の死を描いた「葬式」も、拾った子犬を捨てなければならない「なぜ？」も、一度きりのことを、一編ずつ、短い言葉を書き残し、そこから立ち去っている。

たいてい、書き手は、もっと自己主張してしまうものだけれど、読む人の重荷になるのを嫌がっているのだろうか。いや、身に備わった天性の、そして修練の措辞なのだろう。その人のあふれるこころが言葉の後ろに見え隠れしているのがたまらない。（井坂洋子・詩人）

（角川春樹事務所・680円）＝2002年8月15日③配信

大国報道の裏面に切り込む

「中国農民の反乱」（清水美和著）

「農村から都市へ」、これが中国革命つまり毛沢東革命の真髄（しんずい）であった。中国ではマルクス主義革命に本来必要な都市労働者が弱体であり、農村にその基盤を移さざるをえなかった。だがそれゆえに革命は成功した。思えば、中国の歴代王朝の権力交代パターンも農民反乱を契機とすることがしばしばであった。

このところ中国報道の多くが都市の急激な変化の側面に集中している。中華人民共和国もすでに建国五十数年、いまや「都市から農村へ」と変わったのであろうか。

本書はこうした思考傾向に対する痛烈な反論である。足で稼いだジャーナリストとしての豊富な情報と丹念な文献考察にもとづいて、著者は人口の七割といわれる農村社会の抱える複雑で山積みの課題に多面的に切り込んでいる。

農村社会に跋扈（ばっこ）する土着の共産党幹部の存在と、蔓延（まんえん）する腐敗現象と税や経費の無謀な取り立て、またこれらへの反発として頻発する農民反乱の現実と、その指導者評価をめぐる「ならず者」か「英雄」かの論争、まずこうした実態が系統的に紹介される。

つづいて農村での各種取り立てに対する軽減策の試みや、「民工」と呼ばれる都市への流入農民による学校設立の試み、さらにはかれらに対する都市内部での差別・偏見とそれへの異議申し立ての動きや、村長選挙を通した農村の民主化への胎動などもバランスをとって描かれる。しかし著者の見方はいずれも楽観的ではない。

最後の部分では、WTO（世界貿易機関）加盟にともなう農業・農村への影響が分析される。著者は、二億ともいわれる農村の余剰労働力に加えて、国際水準に比べ高い農産物価格のままで世界市場に開放した場合の衝撃の大きさを懸念する。

中国の基本問題に立ち返るうえで格好の良書といえよう。（国分良成・慶応大教授）

（講談社・1700円）＝2002年8月15日⑤配信

鬼才が見た敗戦の混沌

「戦中派焼け跡日記」（山田風太郎著）

昨年の七月二十八日に肺炎のため七十九歳で逝去した山田風太郎は、探偵小説、風太郎忍法帖、明治開化もの、室町ものと、その作品世界を大きく変ぼう、発展させていった。こうしたユニークで芳純な物語世界のほかに、ノンフィクション、エッセー、日記、対談などのジャンルでもその鬼才ぶりを存分に発揮した。

本書は、昭和二十一（一九四六）年一月から十二月までの日記である。風太郎日記としてはすでに、昭和二十年の日記「戦中派不戦日記」（七一年）と昭和十七年から十九年の日記「戦中派虫けら日記―滅失への青春」（七三年）がある。

「戦中派不戦日記」は敗戦前後の一医学生の鋭敏な感性をまざまざと感じさせ、風太郎の存在そのものとその作品群に対する認識を改めさせる強烈な衝撃度があった。その風太郎が、敗戦の翌年、焼け跡闇市の混沌（こんとん）の中で何を見、何を考えていたかを実感することができる。

風太郎は、この年、二十四歳。東京医学専門学校の三年生で、世田谷区三軒茶屋に下宿して、創刊されたばかりの探偵小説雑誌「宝石」の第一回新人賞に「達磨峠の事件」で入選している。昭和二十五年に東京医大を卒業してそのまま作家専業の生活に入ったこともあって、この年は作家・山田風太郎を考察する上で重要な年である。

日記は「一月一日（火）／詔書発布。悲壮の御声。／日本史上空前絶後の暗黒の年明けたり」に始まる。食料難、ギュウギュウ詰めの地獄列車、インフレの進行、行列、配給、停電、占領軍兵士、東京裁判、メチル殺人酒、民主主義などなど、後にこの時代を象徴する語となるものの実態が克明に描き出されていき、その一つ一つを風太郎がどう見ていたか、とらえていたか、その観察眼が面白い。

前二著の日記と同様、ここでも膨大な読書量のあとをうかがうことができ、その読後感想からも、後年の風太郎の原点のいくつかを探ることができる。（清原康正・文芸評論家）

（小学館・2095円）＝2002年8月15日⑥配信

余暇の過ごし方への危機感

「駄菓子屋楽校」（松田道雄著）

昭和三十年代の半ばまで、放課後の子どもは群れて遊んでいた。そうした子どもたちにとって楽しみは紙芝居屋と駄菓子屋で過ごすひとときだった。特に駄菓子屋には安い菓子から簡単な玩具、当てものなどがあり、子ども版コンビニ的な機能を果たしていた。それと同時に、駄菓子屋は、子どもが集まって気楽に雑談したり息抜きできるサロンでもあったのだ。

著者はそうした駄菓子屋の系譜を克明に探るとともに、聞き取り調査などのフィールドワークを通じ、子どもの成長に駄菓子屋が果たした役割を多方面から検証している。

同時に、子どもや学校、メディア、余暇などに関する広範な文献を整理し、「駄菓子屋」をキーワードに、「駄菓子屋文化」の中にそれらの膨大なデータを位置づけている試みを行っている。この方法論のせいか、本書そのものが、良い意味での“駄菓子屋”的な印象も読者に与える。

著者は現職の中学教師で、日常的に子どもに接している。それだけに現代の子どもの余暇の過ごし方への危機感も強い。一人きりの子ども部屋でメカニックなゲーム機に接してばかりいるような余暇では子どもらしさは育たない。“駄菓子屋的文化”の喪失が子どもの無気力を招いたと指摘するのだ。

そして、子どもの健やかな成長のために、駄菓子屋的な世界の再生の必要性を熱っぽく語る。駄菓子屋は子どもの活動拠点だったのだ。それらの指摘は共感できるし、説得力を持つ。

しかし、書名のような駄菓子屋的世界を学校に取り入れようという提唱はひいきの引き倒しであろう。学校と無縁なところに駄菓子屋の魅力があったからだ。

本書には、子どもの成長を考えるための素材が、少々乱雑のきらいはあるが、著者の熱情とともに豊富に盛り込まれている。日常と異なる観点から、子ども問題を考える資料として、教育関係者や親などに一読を薦めたい。（深谷昌志・東京成徳短大教授）

（新評論・3500円）＝2002年8月22日①配信

性淘汰から見た文化の発達

「恋人選びの心（Ⅰ・Ⅱ）」（ジェフリー・F・ミラー著、長谷川真理子訳）

ときどき不思議に思うことがある。どうして女の子たちはあんなに、女性雑誌を片手にファッションやメークに関する情報収集に熱狂しているのだろうか。どうして男の子たちは車やスポーツにあこがれてやまないのだろうか、と。

生きていくということだけを考えるのならば、経済問題や農業技術について日々研究した方が有益なようにも思える。しかし実際には、私たちは、そうした生存を保障するような事柄よりも、生物としてさしたる意味をもたないような、無駄とも思える「価値」の追求に躍起になっている。

そしてそれらは、進化論として語られてきた、自然淘汰（とうた）によって生存に有利なものだけが残されていく、という理論では説明がつかないことでもある。

本書は、ダーウィンの進化論において「最適者の生存」という面に隠されて近年まであまり顧みられてこなかった「性淘汰」、「配偶者選択による淘汰」という理論を基にして書かれた研究書だ。著者のジェフリー・F・ミラーは幅広い知識とユニークな発想力で、人間の文化が発達してきた理由を、私たちが恋人を選ぶときの心に求める議論を展開している。

著者の冗舌はときにいら立ちを覚えるところでもあるが、雄クジャクの無用に派手な尾羽が、その無駄ゆえに自分の適応度を雌に宣伝するものだという仮説やら、人間の男性の精巣の大きさから「祖先の女性は、一カ月にかなりの頻度で複数の男性と交尾していたのだろう」とする推論やら、その解釈や推理は読み手を最後まであきさせない。

それらの説がどこまで真実に近いのかはわからない。が、一般読者にとって重要なのは、こうした日常の外側の事実を想像することで、「私」という固有な存在の「奇跡」を自覚する体験だろう。人間の起源を想像することは、「私」を取り巻く摩訶（まか）不思議な偶然の積み重ねを再認識させ、今の自分を再生する力を与えてくれる。（伏見憲明・評論家）

（岩波書店・Ⅰ Ⅱ各2800円）＝2002年8月22日②配信

医療の闇に迫る情報小説　「震えるメス」（伊野上裕伸著）

いまや病院での医療過誤が毎日のように報道され、医療への信頼はますます失われていく。その過誤の裏には、さらに医者同士の利害が結びついている。本書は、そのあたりを実にうまくストーリー展開させた小説である。

ミステリータッチではあるが、いわゆる情報小説に分類される。病院を舞台にした小説となると、大学病院が多いが、ここでは一般病院が舞台となっている。

交通事故が整形外科ではどのように扱われるか、実に細かく表現される。「損保の範囲で」という表現が出てくるが、交通事故は健康保険で扱わず、損害保険で扱うところが、この小説の重要な点になっている。

交通事故を通じて、整形外科医たちがどのように利益を上げているのか、実態がわかってくる。

しかし、注目すべきは、いままであまり描かれたことのなかった医師会内部のことが、書かれていることだ。残念ながら、医師会の本丸に切り込んでいるとは言えないが、読者にとって、医師会と一般病院、大学病院の微妙な関係を理解するには役立つかもしれない。

さらにいま水面下で起きている病院買収が、実際にはどのようになされるか描かれ、興味深い。医者は開業すれば医師会、大学病院にいれば医局と学会に管理されてしまう。

もしも米国の医療保険制度のように、日本も変わってしまえば、今度は保険会社にコントロールされることになる。自由業のように思われている開業医だが、意外に束縛の多い職業であることもわかってくる。

情報小説はどうしても人物が単調で、パターン化されがちだが、本書も同様で、人物像がちょっと物足りない気もする。しかし、それをカバーするのは、緻密（ちみつ）な取材と経験からくる十分な情報だろう。

これからのミステリーの新しい方向なのかもしれない。少なくともこの小説で、ますます医療不信は深まるだろうが、実態はもっと奥深いのだ。

（米山公啓・作家、医師）

（文芸春秋・1857円）＝2002年8月22日③配信

光彩放つ日本人の精神史　「痴呆老人の歴史」（新村拓著）

高齢者の介護政策は、大きな転換期を迎えている。

痴呆（ちほう）症への人々の不安は依然根強いものの、介護方法を社会的に蓄積し応用することで、安定した終末期を過ごせるのではないかと、期待も高まっている。

だからこそ今この時に、“痴呆老人の歴史”を検証した本書は貴重である。

古代から現代に至るまで、人々は痴呆をどのようにとらえ、それぞれの時代の医学書はいかに理論づけしたのか、介護は誰がどのようにやっていたのか、時の政権はどう家族介護を管理したか、膨大な資料をもとに詳述している。その意味でも本書は、痴呆症状に向き合う日本人の精神史ともいうべき光彩を放つ労作である。

いつの時代にも痴呆老人は存在した。「続日本紀」、紫式部や大伴家持の記述ではマイナス・イメージで登場する。中世、近代においても負の観念はあったが、むしろ自然の摂理、神の属性として考えられ、そこに忠孝道徳と祖霊信仰がかぶさった。明治になってからは病として医学的管理と警察の管理におかれ、家族による保護が強制された。

興味深いのは第七章「醇風美俗とされた近代の老人介護」。家族制度と孝イデオロギーの強調、先祖祭祀（さいし）をテコにした情緒的結合と家族国家観が、家族介護を称揚したのである。「育児と養老とは婦人の天職」とする“斉家”教育が、女学校や女性雑誌で展開され、介護を女性に動機づけた。

今日まで続く家族介護賛美であり、施設福祉が遅れた。介護の内容は昔と大きく変わっているのに、社会通念は変わらなかった。家族は疲弊し、悲劇が多発し、社会的入院による医療費増大を招いた。その結果老後不安が日本中を覆った。

著者は最後に安楽死、尊厳死にも触れ、医療の経済効率・効用主義に警鐘を鳴らしている。痴呆老人もまた時代の子、社会の子、人間存在としての老いや死を受け入れるために、今何が必要か。歴史に学ぼうとする本書の問いかけは深い。（沖藤典子・ノンフィクション作家）

（法政大学出版局・2200円）＝2002年8月22日④配信

岩壁を舞う伝説の女王

「クライミング・フリー」(リン・ヒル著、小西敦子訳)

フリークライミングの第一人者の手になる自伝的半生記である。フリークライミングとはロープなどの道具に頼らずに(まったく使わないわけではなく、危険回避などの補助的用具として使われる)岩壁をよじ登るもので、すでに競技スポーツとして確立している。著者はその若いスポーツの伝説的女王ともいうべき存在で、出場した三十八回の競技会のうち二十六回に優勝し、数々の難ルートを制覇した一種の超人である。

器械体操をやっていた小柄な少女がフリークライミングと出会い、才能に目覚めてその世界の頂点に上り詰めて行く。死と背中合わせの難ルート征服や、競技会でのきびしい勝負の様子などが読みどころであるのはいうまでもない。

しかし、この本は、そのほかにもさまざまな読み方ができる幅の広さを持っている。たとえば、スポーツにおける性差別の問題。歴史が浅く、どんな体格、どんなトレーニングが向いているのかはっきりしていない若い競技なら、古典的スポーツよりも性差は軽視されると思われるのだが、著者は行く先々で男性優位のマッチョ的偏見とぶつかってしまう。筋肉も腕力もない女に何ができるか、といった男性優位の考えは若いジャンルでもほかと変わらない(その鼻を明かすプロセスがまた痛快なのだが)。

フリークライミングが社会的に認知され、商業的価値が高まると、競技者の間に金目当ての過激なパフォーマンスがはびこるようになる過程は、現代のスポーツに共通する病理として注目できる。「全編、これハラハラドキドキの自伝」で終わってはいない。

同じ「登りもの」でも、登山家の伝記にしばしば見られる感傷的な神秘主義はなく、筆致は内省的だがさばさばしている(なぜ登山ではなくフリークライミングを選んだかという話も興味深い)。

特筆すべきは巻頭に収められた写真。目もくらむ岩壁にへばりつく著者を収めた多くの写真は恐ろしくも美しく目を引きつけずにはおかない。(阿部珠樹・スポーツライター)

(光文社・1800円)=2002年8月22日⑤配信

身体性のふしぎなバランス

「第四の手」(ジョン・アーヴィング著、小川高義訳)

気の弱い読者にとって、「外傷性」人間の登場するアーヴィングの世界はつらいのだが、「ガープの世界」と同じように、この作品もまたグロテスクでありながらふしぎなバランスを保っている。若いテレビ・ジャーナリストがインドのサーカス団の取材へ赴き、檻(おり)のなかのライオンに左手を食いちぎられてしまう。題名の「第四の手」の意味が想像できるが、なぜ第三ではないのかというサスペンスがある。

アメリカのテレビはケーブルにつなぐと驚くほど多数のチャンネルを楽しむことができる。一日中法廷場面を映し出すコート・チャンネルや気象情報チャンネルなどがあり、主人公はニュース専門チャンネルに勤めている。大惨事を好んで報道するため世間では「災難チャンネル」と陰口をたたかれていた。そのレポーター自身が災難にあうとプロ根性のカメラマンは食いちぎられた左手を追い、ライオンたちがむさぼり食う場面が放映され続ける。ニュースとしては大ヒットになった。

ライオン男として有名になった主人公は、臓器ならぬ手の移植手術を受ける。夫の死亡により手を提供した妻は、移植先の手に夫の面影を見ますというお涙ちょうだい会見をして、移植後も夫の手に会い、触ることのできる「面会権」を主張する。そうなれば主人公とのラヴ・ロマンスも予測されるし、職場での恋愛をふくめ主人公は複雑な関係に陥る。ところが女たちは怒りながらもどこか毅然(きぜん)とさわやかなのがアーヴィングの人物たちだ。訳者はあとがきで「マッチポンプ文学」と書いているがいい得て妙だ。

移植された手は結局生き延びない。では第四の手とは。それは「面会権」を得た未亡人が育てる手と言っておこうか。身体の一部切断を描きながらアーヴィングの作品が恐ろしくないのは、作者の健康な身体感覚にあるのだろうか。一九九二年に全米レスリングの殿堂入りを勧誘されたという「肉体派」であることと関係しているのか。(荒このみ・東京外大教授)

(新潮社・2200円)=2002年8月22日⑥配信

読む側の自己発見にも

「横尾流現代美術」(**横尾忠則著**)

横尾忠則氏の大規模な展覧会が十月まで、東京都現代美術館で開かれているが、そこで開かれているからといって、横尾氏の作品が「現代美術」なのか、というと、そう言い切ることに戸惑いを覚えざるをえない。横尾氏の作品は、知的で澄ましきった「現代美術」のイメージとはどうも相いれないものがあるからだ。

そこで、この本のタイトルは「横尾流現代美術」。しかも副題は「私の謎を解き明かす」。つまり、横尾氏が現代美術について語ったとしても、それはごく私的な語りとなるのであり、しかも横尾氏自身について語ることになってしまうのである。

本書は、美術に目覚めたころから、奇抜なデザインで注目を集めたデザイナー時代、画家「宣言」をしてから今日までと、彼の人生の軌跡の年代順に、現代美術とのかかわりを述べていく。

そこにはポップアートとの出会いがあり、また新表現主義の美術の潮流とのかかわりがあり、確かにこれはこれで、創造の渦中に身を置いた者ならではの「体験的」現代美術史になっているのだが、同時に横尾氏自身の作品についても、その創造の裏側を大いに語っていく。

巻末には「私の好きなアーティスト」、さらには「横尾忠則への一〇三の質問」という章もあり、「他を語ること＝自己を語ること」の度合いは一段と高まっていく。いっぽうでは美術界への具体的な苦言・提言があり、他方では夢・滝・三島由紀夫など横尾氏がかかわってきた森羅万象への言及もあり、バラエティーに富み、語り口は平明でひじょうに読みやすい。コンパクトな(現代)美術入門であり、横尾忠則入門である、といったところか。

しかし横尾氏の「自己」への言及とは、不必要な執着やこだわりから脱却し、自我を解放させていくプロセスであって、そういう意味で本書は横尾氏の自己発見であると同時に、読者一人一人の自己発見ともなろう。創造的生活への意欲をわかせてくれる。(倉林靖・美術評論家)

(平凡社新書・740円)＝2002年8月29日①配信

すさまじい憎悪の行方は

「『田中真紀子』研究」(**立花隆著**)

田中真紀子は単独では語れない、父角栄とともに語らなければ、真紀子についての肝心なところはわからないだろうと著者は主張している。そのとおりだと思う。

こんな話が出てくる。父は自分の秘書を大事にした。彼らが各自の才能をもって全力で仕事に当たれるように、その身分および生活を保障した。それが政界最強の秘書団となって結実した。娘はどうか。真紀子は秘書を一人前の人格として扱わなかった。驚くべきことに秘書たちは名刺をもたず、名前を聞いても名乗らないのだった。どちらも彼女が禁じていたのである。

著者は真紀子がえらくけちだとも書いている。しかしけちだけでは、秘書給与の流用などということはしないだろう。右の指摘で、彼女がなした政治的不正の人格的背景がわかったと思った。真紀子には現代の政治家に不可欠な個人意識が備わっていなかったのである。

さて、この本でもっともおもしろかったのは、父角栄をめぐる、彼の秘書であり愛人でもあった佐藤昭と真紀子の確執、三角関係の記述である。さらには愛人と父の奪い合いをする過程で噴出してきた真紀子の恐るべき増悪の行方である。ここには人間真紀子の生の姿が大きな魅力となって浮かび上がってきている。

真紀子は病身の父を、娘という位置から強引に目白の角栄私邸に囲い込み、佐藤昭を遠ざけることに成功した。そればかりでなく角栄のえりすぐりの側近たちの出入りをも差し止めたのだった。角栄にもっとも会いたがっており、角栄もまた会いたかったはずの人たちが排除されたのである。彼らは角栄の死に顔さえ見ることができなかったのだ。

すさまじいと思う。同時にここまで憎しみが徹底されると、彼女の憎悪の対象は実は父ではなかったかという疑いがわいてこようというものだ。著者でなくてはかなわぬ一冊であった。(芹沢俊介・評論家)

(文芸春秋・1500円)＝2002年8月29日②配信

白熱の論戦の果ての事件　「耳を切り取った男」(小林英樹著)

私は渾身（こんしん）の芸術論と取ったが、これは評価のむずかしい本である。もっと下世話で言うなら売り方のむずかしい本と言うべきか。ゴッホの有名な耳切り事件の真相を追及するとなると読者はどうしてもミステリー的面白さを期待するだろうし、特定の犯人を得ようとする。だが、残念ながらこの本の展開と結末は、たぶん大方の読者の思惑を外す方向をたどる。

本格的ミステリーであれば、たとえゴッホや、その事件当時の同居人であるゴーギャンになんの知識も興味もなくても謎を追うことで十分に楽しめるはずだが、この本は違う。彼ら二人をどの程度知っているかによって興奮が天と地ほどに異なるのだ。どんな帯を作れば内容がきちんと伝わって、なおかつ読者を多くひき寄せられるか悩んだに違いない。

ノンフィクションと銘打っているが、それも違うだろう。ゴッホとゴーギャンが同居中に議論しただろうことを想像で復元している。つまりは小説に限りなく近い。

しかし、ここで芸術観の極度に異なる二人によって行われる白熱の論戦のすごさ。二人という個を飛び越え、すべての芸術における表現とはなにかという大命題にと昇華させる。現実と想像、接近と望遠、天才と努力、功利主義と芸術主義、そのどちらが是と非であるか、読む者に激しく突き付けてくる。

驚嘆すべきは著者があらゆる対立について双方の利点と欠陥を熟知していることだ。だから論戦が熱い。その論戦の果てがすなわち耳切り事件に結び付いていくのだが、その傍証に持ち出してくる耳切り直後のゴッホの自画像二枚の解釈がまた圧倒的だ。素人には思いもよらない「奇妙さ」を発見し、見事に解き明かして見せる。

犯人捜し的ミステリーが好きな読者は首をひねるかもしれないが、著者の意図は間違いなく達成されている。二人の天才の口を借りて、著者は芸術の目指しているものを追求したかったのである。

（高橋克彦・作家）

（NHK出版・1500円）＝2002年8月29日④配信

自然を人を慈しむ空の旅人　「翼よ、北に」(アン・モロー・リンドバーグ著、中村妙子訳)

アン・モロー・リンドバーグを大西洋横断無着陸飛行を成し遂げた、かのリンドバーグの妻と紹介する必要はないだろう。アンは海辺の小さな生物と自らの人生を静かな文体でつづった名著「海からの贈りもの」の著者として既に名高い。

本書は一九三一年、「乗組員（クルー）」として夫とともにニューヨーク、カナダ、アラスカ、シベリア、千島、日本、中国まで飛行した旅行記であり、作家アンのデビュー作である。

二十五歳、はにかみ屋の彼女は、単葉機から大地を、川を、森を、そして厳しい自然のなかに暮らす人々の姿をダイナミックに、おだやかな筆致で描く。随所にちりばめられたユーモアは、まるで心地よい風が吹く青空のように軽やかだ。

霧に覆われた千島上空。夫妻は「うつくしい川」を頼りに飛ぶ。「霧の中を飛びながら、わたしはその流れをリボンのように大切にし、それをよすがとするうちになんとか危険を脱することができた」

なんと美しい描写だろう。

彼女は操縦席の高みからも、自然へのおそれの気持ちを忘れることはない。また、さまざまな土地に息づく人間の営み、その知恵と勇気に敬愛の念を抱く。

たとえば立ち寄った日本の人々の暮らしぶりへの称賛と文化への深い洞察。彼女が目にしたものをすでに失った私たちは、その貴さを教えられるのだ。

日本語の「サヨナラ」という言葉には「そうならなければならないなら」という意味があるのだと彼女は書く。ここにあるものを受け入れ、そのはかなさを知るからこその慈しむ思い。

その心情は、アン自身が見舞われた悲劇をしのばせる。本書執筆中に彼女は、一歳の長男の誘拐、遺体発見という過酷な出来事と向きあわなければならなかったのだ。彼女は「日本の短い詩」を書き添えている。

「とんぼ釣り　今日はどこまで　行ったやら」

美しく細やかな翻訳に導かれ、空の旅人アンに出会えたことを喜びたい。（与那原恵・ノンフィクションライター）

（みすず書房・2400円）＝2002年8月29日⑤配信

時代の変化に言葉を与える

「後ろ向きで前へ進む」（**坪内祐三著**）

奇妙なタイトルの評論集であるが、収録されている八編のエッセーを読んでいくと、著者の言いたい事柄が、よく伝わってくる。

キーワードになっているのは、「時代」である。いや、もっと具体的に、一九七九年という年である。

「一九七九年、私は二十一歳だった。その頃、私は、時代が大きく変わろうとしていることを、つまり新しい時代に突入しつつあることを、体感していた」（あとがき）

「体感」とは、どういうことだろうか。「一九七九年のバニシング・ポイント」という評論のなかで、著者はこの年に村上春樹の小説「風の歌を聴け」が、「群像」新人文学賞を受賞したことに注目する。

六〇年代後半に巻き起こった、いわゆる全共闘運動に代表される“政治の季節”はとうにすぎ、戦後という言葉も（例えば戦後文学といった）リアリティーをうしないはじめていた、そのときに村上春樹はそれまでの小説とは全く違った文体を持って登場した。

当時、大学生であった著者は、その「一篇の不思議な小説」に出会って、文学の領域で「大きなパラダイム・チェンジ」が起きたことを直観したという。それは小説だけではなく、文芸評論や思想の領域においても、変化のきざしがあきらかになった年であった。

本書は、批評家の福田恒存や日本の伝統的な私小説、さらにはプロレスのジャイアント馬場、靖国神社と日本の首相の参拝についての議論など、一見すると全く異なるテーマについての文章で構成されているが、そこに通底しているのは、この七〇年代の後半に生じた「時代の空気」の、ひとつの決定的な変化に明りょうな言葉を与えようとする、時代批評の試みである。

ここを起点にして、日本の戦後社会、いや近代は新しい未知の世界に入ったのだ。そのことを「後ろ向き」に、振り返って言語化することこそ、袋小路に陥っている現在をとらえ、「前へ進む」ヒントを得られるとのモチーフがここにはある。（富岡幸一郎・文芸評論家）

（晶文社・1600円）＝2002年8月29日⑥配信

究極の博愛持つ男の悲喜劇

「僕のなかの壊れていない部分」（**白石一文著**）

壊れている。この男は壊れている。この男とは、本書の主人公のことである。

松原という三十を間近に控えた、大手出版社の編集者。枝里子という美人の恋人をもちながら、子持ちのスナックのママと付き合い、さらには有閑マダムと不倫関係にある。と書くと、主人公の派手な女性遍歴を期待する読者もいるかもしれないが、本書はそういった方面を楽しむ作品ではない。

三人の女性のほかにも、重要な脇役として松原を慕う若い男女が登場するが、すべてのキャラクターは主人公の強烈な個性を際立たせるための装置といっていいだろう。

では松原とは、いかなる人間なのか。傲岸不遜（ごうがんふそん）な独善野郎。繊細な心をもった、傷つきやすい人。そして、どこかが決定的に壊れた人。おそらくは読者の数だけの、松原直人像ができあがるだろう。それほどに、この主人公の精神は複雑怪奇である。

本書では、大小さまざまなエピソードを積み重ねて、松原がなぜそのような壊れた人間になってしまったのかを、薄皮をはがすようにさらしていく。この過程がスリリングで、読みごたえあり。そしてラストで、ついに松原の言動の核となっている理想―壊れていない部分―が、明らかになるのだ。

ここで出現する理想は、かぎりなく美しい究極の博愛だ。しかし現代で、この理想を実践することは、ほとんど不可能である。なぜならそれは、あまりにも今の社会に生きる人間の心と乖離（かいり）したものだから。ところがそれを、主人公は黙々と実践していた。これが彼の悲喜劇、彼のパラドックス。どうしても壊れていない部分を抱えて生きるが故に、壊れた人に見えてしまうのである。

かなり“痛い”物語だ。だが、その痛みこそが、作者の発したシグナルなのだろう。私たちは、なぜ生きているのか。どこへ向かっているのか。松原の生き方は、大きな問いを、読者に投げかけているのだ。（細谷正充・文芸評論家）

（光文社・1500円）＝2002年9月5日①配信

秀逸で冷静なナチ文化論

「ナチ･ドイツと言語」（宮田光雄著）

ポスト冷戦の二十一世紀を迎えてナチズムへの注目度が最近ますます高まっている。と同時に、とらえ方にもっと新しい視点、多様な視角が必要だ、という共通の認識や関心もじわりと基底に広がってきている。

本書は、五つの表出言語の地平、すなわち①ヒトラー総統の演説②リーフェンシュタール監督によるナチ党全国大会映画③ナチ教育の世界における体制言語と抵抗の言語④政治的ジョーク（地下言語）、さらには⑤「第三帝国」社会の民衆心理の深層を探るため人びとの無意識にまで踏み込んだ（悪）夢解析―から、ナチ時代を意欲的に分析している。

これまでも「ことば」という角度からのナチ体制解読の試みは、ユダヤ系の言語学者クレンペラーの研究はじめ皆無ではなかったが、本書のような多角的広角的でかつローアングルからの平明なナチ期表出言語の社会史はドイツにもそうそうはない。現在のナチ研究全体を見渡せるドイツ政治宗教思想史の泰斗たる著者にしてはじめてなしえた、斬新な複合的ナチ表象文化論といえ、その点にまず本書の大きな意義がある。

「わたしを信じる者は、死んでも生きる。生きていてわたしを信じる者はだれも、決して死ぬことはない」。この有名なヨハネ福音書の一節をヒトラーが、「戦死」した突撃隊隊員ホルスト・ヴェッセルの追悼式に巧妙に転用した例をはじめ、反キリストのナチズムが聖書の文句を宣伝に頻用したケースが実は意想外に多かった、という本書の秀逸な指摘に驚かされる読者も少なくなかろう。

従来、リーフェンシュタールについてはその映像美学が、ことに日本では伝説化されすぎるきらいがあった。作品の可否をめぐる議論も感情論に流れがちであったが、本書は各カットに行き届いた目配りを欠かすことなく「ナチズムがみずからをどう見せたがっていたのか」のドキュメントである、と冷静に手厳しい評価を下している。日本社会の現在を対象化するためにも重要な手がかりを与えてくれる書である。（芝健介・東京女子大教授）

（岩波新書・740円）＝2002年9月5日②配信

最先端医療の負の面を指摘

「人･資源化への危険な坂道」（福本英子著）

生命科学の発展に伴い、高度医療や新薬開発にその成果を応用しようという試みが進んでいる。とりわけ一九九〇年代以降の動きは急速で、現代科学の最先端の用語がお茶の間にも頻繁に登場するようになった。

人の体や健康にかかわることであり気にはなるものの、何が起こっており、これからどうなっていくのか、いまひとつよく分からないというのが、大方の人々のホンネではないだろうか。

本書は、遺伝子診断、遺伝子治療、クローン技術、ES細胞（万能細胞）、人体の組織やヒトゲノムの利用について、九七年から五年間の動きを「科学者でもないジャーナリストでもないただの庶民」の立場から追跡したリポート。膨大な資料を読み込み、医療と行政の現場を直接取材してまとめた力作である。

本書の特色は、これらの動向の負の面があぶり出されている点だ。例えば、遺伝子治療について見れば、米国では既に四千人以上の患者が治療を受けているが、治療効果があったケースは一例もないことが、公的に報告されている。また九九年にはこの治療が原因で患者が死亡した医療事故が起きている。こうした話は報道される機会が少ないだけに貴重だ。

著者は生命科学を人体に応用することに強い危機感を表明している。それは「人体実験」を公認し、新たな優生思想に道を開く。そればかりでなく、人が薬品や医療のための有望な資源という役割を担わされることで、人間のありようが根本から変えられようとしている、というのだ。表題はその意味である。

それでいいのか、と著者は問い、社会の豊かさのために「人・資源化の道」を歩むのか、それを拒否して人間であり続けるのか、の二者択一が迫られていると結論づけている。

これに対してはさまざまな意見があるだろう。そうした議論の材料を提供している点に本書の最大の価値がある。ことは重大だ。著者の言葉を借りれば「急がずにもっと時間をかけて」考えていきたいものだ。（吉永良正・サイエンスライター）

（現代書館・2500円）＝2002年9月5日③配信

改ざんせずリアルな認識を

「『大東亜』戦争を知っていますか」（倉沢愛子著）

母が娘に語る、という形をとった「大東亜」戦争の物語である。史実を大事にし、体験者からの聞き書きを多く盛り込んだ本である。娘に語っているとはいえ、簡単に読み流せる本ではない。

というのは、著者は三十年近くにわたってインドネシアを中心とする東南アジアにおける日本軍の占領を詳細に研究してきた研究者だからだ。著者の手になる大著「日本占領下のジャワ農村の変容」（草思社刊、一九九二年）は、史実を実に丹念に追いかけた研究書である。

安易な本でない、というのは、「新しい歴史教科書をつくる会」の人びとの戦争史観に真っ向から挑戦しているからでもある。あの戦争は侵略戦争だった、と著者は明言する。歴史を自民族のために都合よく解釈したり、あるいは改ざんする人びとの動きに対する「危機感」が、この本を書かせた動機だとも著者は言う。だからこそ娘に語りかけたかったのである。

著者はあえて「太平洋戦争」と呼ばず「大東亜」戦争と呼んでいる。これは戦場が太平洋であったというより、主としてアジアであったため、また当時の日本政府や軍の呼称を用いることで、よりリアルな戦争認識に到達したいためなのだろう。

「大東亜戦争」という呼称を使う人びとは、たいていはあの戦争を侵略戦争でなく、解放の戦争と思いたがる人びとである。その呼称をあえて用いることによって、歴史改ざん派に対して直球勝負を挑んでいる。

改ざん派のいやがる従軍慰安婦問題、ロームシャ問題、連合国捕虜問題、さらには朝鮮人・台湾人軍属の問題、戦後補償問題なども正面から取り上げられており、評者からすれば「正統な歴史教科書」と評価しうる本である。

挑戦を受けた「新しい歴史教科書をつくる会」の人びとは、この著者に自虐史観論者などという不当なレッテルを張らず、事実による反証をしてみてはどうだろうか。（村井吉敬・上智大学教員）

（講談社現代新書・680円）＝2002年9月5日④配信

きらきらとさざめく詩の海

「はにかみの国　石牟礼道子全詩集」（石牟礼道子著）

九州の、天草を浮かべた不知火海は美しい。夕暮れ時の海の美しさとは言葉を失うばかりだ。不知火の海に舟を浮かべる漁師の言葉に、「光凪（なぎ）」という言い方がある。凪の海が一枚の鏡のようになって、天の光にあふれている状態を指す。

この詩集自体が光凪だ。詩の海は、声、うた、息、愛語が、無数の黄金色の細片となって、きらきらとさざめいている。想（おも）いは言葉に分節される前に、まっすぐ声になり、うたになり、舞いの手が出るかのようだ。

意味が先行する言葉なら、頭を素通りしていく。魂の現れとしての声であり、うただから、石牟礼道子の詩は、草の吐息のように肌をなでていき、つぶてのように心を打つ。

地中海が西欧とアフリカの歴史の地層を映し出すように、不知火海の光凪の鏡面も、この「はにかみの国」と東アジアの太古から現代に至るいのちの営み、生と死と再生の劇を復元する。この詩集は、水俣病者をはじめ、この国の受難の人々のまなざしを通して、深々とした時間の海層を透視する企てと言える。

「緑亜紀の蝶」の時間。氷河期の地霊たちの時間。魚の胎内に入る時間。「潮ん満ちてくればな／貝たちがな／口あけていうとばい／みし　みしみし／みし　みしみし」―幼女の磯（いそ）遊びにはしゃぐ時間。一九四五年八月、長崎の「音のない蝉しぐれ」の時間。

聖なる毒魚をコンクリート詰めにする祀（まつ）りの時間。詩の中の「ふさぎの夢見神」の髪の毛に棲（す）む白い蛇のように、石牟礼道子の詩は、振動する海層の「物見」の役目をする「末期の眼」をもっている。

この詩集には、一九五六年から現在に至る詩が収められている。詩は小説の合間に書かれたのではない。初めに詩ありき。むしろ、詩、歌、句、能こそが石牟礼道子の創造の母層である。「苦海浄土」以降の小説群は、詩の広大な海に浮かぶ島であり、詩語で紡がれた魂の物語として読み返すことができる。（栗原彬・政治社会学者）

（石風社・2500円）＝2002年9月5日⑤配信

ドラマ性を断ち切る試み

「パーク・ライフ」（吉田修一著）

本書には今回の芥川賞を受賞した「パーク・ライフ」と、三年前に発表された「flowers」の二編が収められているが、注目すべきはやはり前者だろう。

「flowers」は伝統的ないわゆる「いい小説」である。清涼飲料水の配達をしている「僕」は明確な形になりにくい煩悶（はんもん）を抱え、それは最後に唐突な暴力として爆発する。過去の場面の文学的なフラッシュ・バック。事件をもりあげる際の幻想的な文体―。

つまり人間関係の展開およびその帰結を、ときに前後しながらも、時間に沿って追いかけるという意味で、いかにも「小説らしい」のだが、それに対し「パーク・ライフ」が乗り越えようとするのはまさにそうした小説の線的、イコール「ドラマチック」な性質なのだ。

語り手の「ぼく」は、仕事の合間に日比谷公園で休息し、いつもスターバックスのコーヒーを飲んでいる女や、小さな気球を飛ばそうとしている老人などを知る。しかしここで日比谷公園はそれらの人間が織り成すドラマの「背景」ではまったくなく、むしろ日比谷公園の空間的な「広がり」こそが「主人公」だと言ったほうがいい。

この作品は冒頭の「（日比谷交差点）辺り一帯を」「上空から鋭いナイフで（地下まで）真っ二つに切」るという空想から始まっているが、実際「パーク・ライフ」は物語の時間的かつ線的な展開を真っ二つに断ち切り、その空間的な断面をさらけ出している。

つまり登場人物たちは互いに「知り」合うが、決して「関係／つながり」をもつにはいたらず、したがってドラマも発生しない。

近代小説が常に物語の展開とともに判明する人物間の意外なつながりを描き、そうして潜在的に関係しあっているまとまりとしての「国民」を創出したとすれば、吉田修一は逆に「知人」同士の無関係性を描いているのであって、これは新たなタイプの人間「集団」をデッサンする試みと言っていいだろう。（石川忠司・文芸評論家）

（文芸春秋・1238円）＝2002年9月5日⑥配信

胸の底には絶望か信念か

「特攻」（岩井忠正、岩井忠熊著）

別々に学徒出陣し、そろって特攻隊員となり、同じ基地でめぐり会う体験をした兄弟が著者です。特攻というと飛行機による自爆を思い起こしますが、終戦間際に、浮上するか一定の浅さでしか進めない人間魚雷、ベニヤ板製の体当たりボート、潜水服の兵士による爆雷操作などの、自決戦術を訓練していた実際を伝えています。

作戦の体をなしていない実態への怒りと、しかし遂行しなければならない苦しみを「自分の記憶だけを頼りに」という叙述の仕方で静かに語っています。

作戦とは名のみの思いつきで兵士を送り込む無責任さには、怒りを通り越しあぜんとなります。本書中にもあるように戦艦大和の沖縄出撃が帝国海軍の数千人の犠牲をともなうパフォーマンスとしたら、これらの特攻作戦もパフォーマンスだったのでしょうか。

その中で「日本は必ず負ける」と考え「天皇のためには死なないぞ」と決意しながら、必ず来る死を、未来の日本という架空のものに託し、無理やり受け入れるしかなかった兵士たちの胸の底にあったのは絶望でしょうか、固い信心や信念でしょうか。映画「ホタル」をつくる際にも特攻の兵士たちが残した言葉を読むうちに最後には必ず包まれる疑問の霧でしたが、本書も例外ではなかったようです。

本書で強く印象に残ったのは再会した兄弟が外出時にご両親に送ろうと撮った記念写真です。詳しい事情は書かれていませんが、この時の二人の気持ち、添えた便りに何を記したのか、特攻のことは書いたのかどうか、そして受け取ったご両親は何を思ったか、一読者としては一番聞かせてほしいことです。

しかし、それは言葉では尽くすことのできない万感あふれる思いだったに違いありません。そして今、われわれがその思いを想像して言葉にしてゆくことの中に、迷い込んだ霧から抜け出す道がある、命の意味を国家に埋没させないで復活させることができる道があるのではないかと、もう一度写真を見つめるのです。（降旗康男・映画監督）

（新日本出版社・1800円）＝2002年9月12日①配信

刺激的な米外交の裏面史

「アメリカはなぜヒトラーを必要としたのか」(菅原出著)

悪の帝国ナチス・ドイツと戦う正義の国アメリカ。ハリウッドが好んで映画の題材に取り上げ、世間に定着したイメージだ。しかし、第一次大戦で壊滅したドイツがヒトラー政権の下、わずか十数年で欧州を席巻する軍事大国になった陰に、米国の強力な経済的サポートがあったとすれば話は一変する。

米ウォール街のエリートたちはドイツに莫大(ばくだい)な投資をした。復興を助けドイツが共産化するのを防ぐのが目的だったが、投資活動を通じてドイツの財界と結びつき、ヒトラーを潤し軍拡を手助けすることになった。

「共産主義に対抗するためには独裁者も支援する」。この思考は、ドイツへの投資を裏側で操っていたダレス兄弟が戦後、国務長官、CIA長官として表舞台に出ると、外交戦略として歴代政権に引き継がれた。

レーガン政権時に発覚したイラン・コントラ秘密工作では、イランに武器を売却して得た資金をニカラグアの反政府組織コントラに送った。親ソ連のサンディニスタ政権を転覆させるのが目的だった。

アフガン戦争では、イスラム過激派を世界中から集め、ソ連と戦わせるという作戦を実施。米国内で軍事訓練も行った。このときサウジアラビアのウサマ・ビンラディン氏が世界中からイスラム過激派を徴募したという。

イスラムの戦士はソ連を苦しめたが、戦争が終わると、今度はその矛先が米国に向かい世界各地で反米テロを引き起こす。そして、世界が震撼(しんかん)した「9・11」の同時多発テロへ…。

筆者は米国の国立公文書館などで文献を丹念に調査し、この刺激的な米国裏面史を紡ぎ出した。参考文献を見れば外交文書との「格闘」の一端が分かる。

本書は、刺激的なタイトルと星条旗をバックにしたヒトラーの肖像が描かれた表紙から「トンデモ本」のような印象を受けかねない。骨太のノンフィクションだけに読者の目を引く“厚化粧”は惜しまれる。(大川渉・エッセイスト)

(草思社・1700円)=2002年9月12日②配信

捨てる勇気

「わが屍は野に捨てよ」(佐江衆一著)

「悪党」と呼ばれる海賊の子孫。人を殺した過去を持つ男。二人の妻との愛欲におぼれた男。その男が、すべての欲望を捨て、「捨てようとする心」すらも捨て、「風」のように生きぬいた。その名は一遍。

彼の生きた十三世紀には戦と天災が続発し、死者があふれた。男たちは、武家社会の秩序の中でもがき苦しみ、女たちは、本当の愛が得られずに苦しんだ。

この時代相は、現代とも重なる。太平洋戦争直後の焦土。昨年、九・一一のテロの悪夢。会社組織の中でも、家庭の中でも幸福を見つけられない孤独な群衆。

一遍は、無心に念仏を唱えれば、すべての人は極楽往生できると説いた。彼は、「南無阿弥陀仏・決定往生六十万人」と記した念仏札を民衆の一人一人に配り続けた。

そして、心を見つめた和歌を詠みながら、全国を遊行(ゆぎょう)した。ここに、文学による魂の救済の可能性を、作者は感じ取ったのだろう。二十一世紀もまた、「小説」の使命は無くならない。

作者にとっての執筆とは、書き手自身が無心の境地に達する修行であるばかりか、読者の心を救うための手段でもあった。この小説は、作者の渾身(こんしん)の精神力で書き下ろされた「念仏札」なのだ。この「念仏札」を読者が受け取るも自由、拒否するもまた自由。

有名な「一遍上人絵伝」と比較すると、一遍の妻だった「超一房」という尼僧の役割が強調されている。彼女の生身の肉体の放つ輝きが、観念的な哲学的世界を、一気に人間の文学へと引き戻している。

人間は、偽物の幸福を多く持ちすぎた。それをすべて捨て去ったときに、本当に捨てねばならない「自分」の姿が見えてくる。「自分が自分を捨てる」とはどういうことか、風の音とすらも一体化して生きるとはどういう心境なのか。作者の描く一遍を通して、現代人は「捨てる勇気」を自分のものにできる。(島内景二・電気通信大助教授)

(新潮社・1500円)=2002年9月12日③配信

現代演劇の変化の軌跡

「舞台は語る」（扇田昭彦著）

一九六〇年代から二十世紀末に至る日本の現代演劇の動向を、ミュージカルも含め大きく六つのテーマに整理して紹介し、この間の変化の軌跡や特徴などを多様な視点から論じている。この世界のパースペクティブが、一読して得られる好著である。

例えば、肉体は舞台の上でこの三十数年間にどう変わっていったか。

六〇年代末から七〇年代にかけて「アングラ演劇」が、俳優は戯曲のせりふに従って演じていくという、それまでの近代劇の方法と違って、肉体を前面に押し出して舞台をつくっていったのは周知のことだ。白石加代子らのスターを生んだそういう熱い肉体が、八〇年代に人気を呼んだ野田秀樹や鴻上尚史の舞台では「軽やかに疾走する身体」に変わり、さらに九〇年代の平田オリザになると「温度の低い身体」になっていったと著者は見る。

舞台の上の肉体のそういう特徴や変化の背後に、六〇年代の政治的反逆の季節や八〇年代の金ピカ遊戯感覚を見てもいい。九〇年代には「抑制した身体感覚に基づく演技が増えてきた」と著者は判断するが、それを経済の長期低迷と結びつけることも可能だろう。

そういう生き生きとした時代感覚にあふれる叙述がこの本の特徴の一つで、いま人気の三谷幸喜の「ウェルメードプレイ」や平田の「静かな演劇」も、バブル後の九〇年代という時代相の中に位置づけられる。七〇年代後半以降から目につく女性演劇人の活躍にも、唐十郎、つかこうへいから野田、鴻上を経て三谷、ケラリーノ・サンドロヴィッチに至る「笑い」の変化にも、時代が影を落とす。

著者は元新聞記者で六八年から演劇を担当した。この本は記者時代の末期に長く連載した、書名と同じタイトルの記事に基づく。

その書名からも分かるように、この本の第一の特色は、叙述が基本的に著者の実際に立ち会った舞台という生の現場から発せられていることである。文章を弾ませる時代感覚の魅力も、恐らく同じ理由による。（半田拓司・評論家）

（集英社新書・700円）＝2002年9月12日④配信

“共存”宣言の今日性

「アトピーの女王」（雨宮処凛著）

一歳のときから二十七年間。著者は、現在もアトピー性皮膚炎に苦しんでいる。

とにかく、なにを試みても治らない。努力して報われず、新療法にかけては、そのたび裏切られる。

「職業選択の不自由」「好きなタイプ・目が悪い人」「アトピー患者はゴミ扱い」（目次より）…。世間の無理解やいわれなき差別は数知れず。いいかげんな医者や、怪しいアトピービジネスにも数々振り回される。

「アトピーそのものよりも、アトピーによって精神的に追い詰められることのほうがずっとずっとつらいのだ」

病気を苦に自殺したり、治らぬ子を親が殺す、などの事件が実際起きており、著者自身、死を望んだこともたびたび。アトピーとは抑圧の病気でもあると書く。

いまや、三人に一人がアトピーをはじめとするなんらかのアレルギーを抱えているともいわれるこの国。著者は自身の格闘を通じ、その“今日的病巣”を、乾きかけたかさぶたをも引きはがすような勢いで、次々あらわにしていく。

「ついにアトピーにかった」。そんな、いわゆる闘病記にありがちな勝利宣言などない。「私はかゆいところをかいているときが一番幸せであり、そのときの私はまごうことなき『無』の境地だ」。代わりにあふれるのは、明るい自嘲（じちょう）である。

「アトピー患者は修行せずとも幼いころから『無』を知っている。ある意味、独自の方法で個人的に解脱しているのかもしれない」。病と闘う自分に対して、悲しいほど距離を取っている。そこに引き込まれる。

世の中じたいがなにかと「半壊」状態の生きづらい現代である。「私は…（アトピーと）共存したくないのに共存して生きていくのだろう。そう決めたなら、有効利用しないともったいない」と宣言する筆者の「女王」ぶりは、アトピー患者にかぎらず、現代人全体に突きつけられた、きわめて今日的なメッセージである。（島村麻里・フリーライター）

（太田出版・1300円）＝2002年9月12日⑤配信

学問を美味に料理

「書物耽溺」（谷沢永一著）

かなり前に、縁あって著者の広大な書庫を見せてもらったことがある。図書館なみに多分野の膨大な書籍が整然と並んでいただけでなく、内容見本、パンフレット、チラシのたぐいまで保存されていた。その徹底さに、しばし言葉が出ないほど感動した。

単に巨視的なだけでなく、徹底して微視的でもあること。権威筋や学界や世の常識が無視した本や資料をむしろ重視し、本当に埋もれた意外な事実や人間模様を洗い出すこと。それが鋭い批評となって通念や制度のゆがみをあぶり出すのだ。希代の「書痴」である谷沢の真骨頂と言えよう。

書き下ろしの書物随筆である本書もその例外ではない。専門の日本（近代）文学はもちろんのこと、政治・経済・経営・歴史・各種辞典・叢書（そうしょ）・社史・図書館学・書誌・出版史・性・風俗等々、話題は広大だ。

一朝一夕にはなりがたい目配りである。なにしろ、小学生のころから始まった古書との付き合いは、もう六十年にもなる。その間に出合った貴重本・珍本をよりすぐって博引旁証・博覧強記の限りをつくすのだ。しかも一つの話題を二ページほどで消化する読みやすさである。

例の通り、俗説・通説のたぐいが、争う余地のない証拠によって否定される。文壇が政治的に無視した作家や評論家が見直される半面、小林秀雄のような大家は引きずり下される。

また印象に残るのは塙保己一、内藤湖南、滝本誠一といった独自の信念で古書とつき合った学者たちに触れたくだりである。共感をこめた彼らへの賛辞は、同時に人間の感触を失った昨今の学問への批判にもなっているようだ。批判も賛辞も奥が深い。

保守論客としての著者の発言には必ずしも賛成ではないが、一般人には近寄りがたい学問の世界を、こんなにも面白く料理した手柄は誰も否定しえない。名著の誉れ高い「紙つぶて」以来の辛口コラムの手法は他の追随をゆるさない独創であって、本書はそれをあらためて証明している。（小笠原賢二・文芸評論家）

（講談社・1600円）＝2002年9月12日⑥配信

不条理な暴力渦巻く世界

「海辺のカフカ（上・下）」（村上春樹著）

オウム事件の刻印がいちじるしい作品だ。小説の発端となる、太平洋戦争中に山中で何人もの小学生が気を失って倒れる変事は、サリン事件を強く喚起する。

主人公の一人、ナカタさんは戦時中の集団失神事件で記憶を喪失した老人。作者はこの特異なキャラクターを、地下鉄サリン事件の被害者にインタビューした「アンダーグラウンド」で手に入れたのではないか。市井の人の話に耳を傾けることで、これまでの村上作品とは一味違う老人が創造されたようだ。

この気楽でホノボノとしたナカタさんの、不思議な活躍によって物語は展開する。東京の中野で猫探しを仕事にする彼は、猫狩りのジョニー・ウォーカーなる男を刺し殺し、西へ向かう旅に出る。四国の高松まで老人と同行する運転手のホシノさんがまた、めっぽう気のいい青年だ。二人の珍道中は大いに笑わせる。

もう一人の主人公、十五歳の誕生日に家出する田村カフカは、従来の村上作品の「僕」に輪をかけた、クールでタフな少年だ。中野に住む彼も、ナカタさん同様、高松に向かう。二本のラインがクロスする。こういうパラレル・ワールドは村上作品でおなじみだろう。高松の図書館にある「海辺のカフカ」という謎の絵がカフカ少年を呼び寄せる。

彼は一夜、意識を失い高松の神社の裏に血まみれで倒れている。同じ時刻に東京の中野では、彼の父親が惨殺される。ジョニー・ウォーカーは少年の父だったのだ。

村上はこの作品で人の深層意識の回路をつなごうとする。少年もナカタさんも、無意識の迷宮をさまよい、そこで戦慄（せんりつ）すべき出会いを果たす。

ジョニー・ウォーカーはこの世界に潜む暗黒の暴力の象徴である。「偏見を持って、断固殺すんだ」と彼は言う。エイリアンみたいに生き返ってくるこの怪物に、ホシノ青年も「圧倒的な偏見をもって」死闘を挑む。不条理な暴力渦巻く9・11以後の世界を鮮烈に照らし出す大作だ。（鈴村和成・文芸評論家）

（新潮社・上下各1600円）＝2002年9月19日①配信

幅きかす二元論を相対化

「イラクとアメリカ」（酒井啓子著）

多くの日本人にとって、中東は今なお謎の世界だ。ニュースにはやたら登場するが、どうも「わけがわからない」。

その筆頭がイラクだ。石油で大金持ちのはずなのに、イラン、クウェート、アメリカと、戦争をふっかける。手痛い敗北を喫して、反乱と飢えがひろがっても、政権はしぶとく生き残る。アメリカを挑発しつづけ、今もまた武力制裁の雲行き。まるでもぐらたたきだ。

そんなイラクの「わけがわかる」本である。イラクの現代史とフセイン大統領の個人史を丹念に追うことで、謎めいた動きもだんだん解けてくる。予備知識がない人には少ししんどいかもしれないが、ミステリー小説でも読むつもりで、がんばってほしい。

実際、著者の答えはなかなか意表をつくものだ。いわく、「国民」がなくても国家はできる！

民主主義が未熟だとか、国民が搾取されているとかではない。恣意（しい）的な国境線。税金がなくて富だけが分配される、産油国独特のシステム。そして超大国アメリカの強烈かつ場当たり的な介入。それらがあいまって、「国民」なしでちゃんと動く国家機構ができあがり、「反体制派」も一個の立派なビジネスと化す。

異質性を宗教や文化をもちださずに説明しきる。著者のスタイルは爽快（そうかい）であり、私たちが自分だけの常識にいかにとらわれているかを、あらためて痛感させる。

それがこの本のもう一つの魅力である。イラクを知ることで、世界全体の見え方もかわってくるのだ。例えば、「すべてはアメリカ次第」と考える点で、チョムスキーら良心的知識人の自国批判とブッシュ政権の単独行動主義は通底する。そんなハッとする視点が随所に紹介されている。

反米か親米か。親イスラムか反イスラムか。正か邪か。九・一一以来、「二極対立の図式」がやたら幅をきかせるようになった。著者はそれを見事に脱線させていく。その力強さに正直ちょっと感動さえした。（佐藤俊樹・東大助教授）

（岩波新書・700円）＝2002年9月19日②配信

霊長類の嗅覚味覚の役割

「グルメなサル　香水をつけるサル」（上野吉一著）

「感覚の序列化」と「世界の単純化」にモノ申す。本書の明快な意志である。ヒトというサルも属する、“霊長類の嗅（きゅう）覚・味覚の役割研究”という、まだ新鮮な分野をひもとく書物だ。

古代から近世に至る西洋思想史では、人間の五感のうち、視覚・聴覚を理性や認識に結びついた“上等で崇高な感覚”とみなし、嗅覚・味覚・触覚を身体性や動物性と結びついた“下等で野蛮な感覚”とみなす価値観がまかり通っていた。

また、生物学の研究が進み、進化論が普及した近・現代においても、人間を動物と分かつ理由として、視覚の優位性と嗅覚の退化がことさら強調されてきた。

だが近年の実験や分析によれば、霊長類は感覚のどれかに強く依存するのではなく、複数の感覚を同時に働かせ、多様な情報を並列処理することで、微妙な識別をより効率的に行えるように進化してきたのだと本書は説く。だからこそ旧弊な序列を排し、より豊かな感覚世界を奪回すべしと。

なるほど普段は意識していないが、これら五感の扱われ方を日常生活に当てはめてみると、爆発的に広まった携帯電話やメール文化は、視覚・聴覚偏重以外の何物でもないし、逆に過度の潔癖主義による脱臭・抗菌グッズの乱用は、嗅覚や触覚の抑圧だといえよう。

デパートの地下で買える総菜の多様化など、グルメブームで充実したかに思える味覚も、加工品の濃い味つけや添加物による変調、ダイエット等による障害、簡便さを推し進めたファストフードによる食の軽視といった問題を抱えている。

食行動は栄養摂取のためだけでなく、仲間と共に食を楽しむ文化に連なり、においは危険の察知や識別のためだけでなく、関係形成や固有の文化を特徴づける機能も持つ。さらに記憶の再生、「思い出」の喚起にも影響力を持つらしい。

肉体と結びついた感覚を忌避し、無味無臭な存在となって空間を浮遊する欲望にむしばまれつつある人間社会が呼び戻さねばならないのは何か、を考えさせられる。（片倉美登・文筆業）

（講談社選書メチエ・1500円）＝2002年9月19日③配信

文学に生きた世界の巨人

「ボルヘス伝」(ジェイムズ・ウッダル著、平野幸彦訳)

サッカーワールドカップのアルゼンチンは、意外にも予選リーグで敗退してわれわれをがっかりさせたが、マラドーナの伝説はそのことでかえって神秘性を増したかのようだ。音楽ではピアソラが、タンゴというジャンルを超えて大きなインパクトを与えている。そして文学ではボルヘスがいる。

経済では「世界恐慌の震源地か」ともささやかれているけれども、アルゼンチンという国は一方で、まったく違う分野でこういう世界の巨人を生み出し、実に興味深い。こういうクラスの人間をひとりも日本は生んでこなかった。

そのボルヘスだが、知名度に比べて作品はどれほど読まれているか。訳書自体はたくさん出ているようだけれど、手軽に手に入るのは岩波文庫の「伝奇集」くらいなものだろうか。短編集ではあるが極め付きのこの難解な書きものは、普通のなだらかな小説に慣れた目には逆光のハガネの壁のように映る。

本書は邦訳されるものとしては最初のボルヘスの伝記である。一八九九年に生まれ、一九八六年の死まで、文字通り二十世紀を生きた「世界のボルヘス」の生涯を丹念に追った大冊だ。著者はベルリン在住のジャーナリスト。

詳細な調査に加えて友人知人へのインタビューが随所にちりばめられ、はなはだ多角的である。伝記といっても口当たりのいい一生涯の物語ではない。

「テクストが『彼を書いた』のであって、その逆ではない。テクストが彼を通じて生きたのであって、彼がテクストを通じて生きたのではないのだ」という印象的な一節があるように、筆はボルヘスその人ではなく、絶えずボルヘスというテクストに移って行く。そこにボルヘスの文学が霧の中からあざやかに見えてくる。

時にはこういう重々しい読書と格闘することがなければ。「人間の想像力は、いまなお一生を捧げるに値する」という最後の一行は、生きる力を与えてくれる。(小池光・歌人)

(白水社・3800円)＝2002年9月19日④配信

大島をめぐる通説への異論

「大島渚のすべて」(樋口尚文著)

本書は、すでに定着したかのような大島渚に対する“論”とは違う。これは、樋口尚文の極私的クロニクルであり、大河小説のような骨格と奇異なる面白さすら伴う物語である。

映画監督大島渚の映画をめぐる論者たちの考察、そして大島自身による映画論、ないしは思想と思索のための状況に対する発言の数々は、すでに周知のことだ。

その作風やマスメディアでの存在感に加え、“発言が移ろう時代”への攻撃的な姿勢を示すその風貌(ふうぼう)も影響しているのだろうが、大いなるカリスマとして認識されていることに、著者は異論を唱える。

それは樋口のイタセクスアリスにも似るが、その大島映画への愛は同時代者の偏愛とは違い、存在がすでに“政治的”と認識される“大島の映画＝発言”の一体化論を見事に打ち砕く。もっとも僕自身が、大島の助監督(「愛のコリーダ」)として、また「御法度」の出演者として、折にふれ、そばにいたものだから、面はゆい気持ちがないわけではない。

つまり、人間大島をエロチックな存在と認識する僕としては、異形なる者と物への両性愛的な純粋性を示す大島の次の言葉、「個の人間を最もアナーキーに研ぎ澄ますものは『愛』と『美』であり、人が無条件にそれを肯定して生きることが国家にとっては最高の脅威なのだ」を、屹立(きつりつ)する大島そのものだ、と理解している。

大島は、「愛と希望の街」より「御法度」に至る自らの軌跡によって“優れて時代の写し鏡としての記憶装置＝映画”という概念を疑い、予見の先駆者としての評価を自ら否定する。

では、大島映画の物語とはどのようなものなのか。また、それは、見る者に何を与え、何を奪うのか。樋口は「大島の映画にあっての『美』は、観客を無防備な耽溺に誘うものではなく、このように吃音的に、(中略)あるいはノイズィに観客をとまどわせるものである」と断言する。共鳴しつつ、幻惑もまた人としての自由なのだ、と微笑した。(崔洋一・映画監督)

(キネマ旬報社・3000円)＝2002年9月19日⑥配信

壮大な夢実らせた痛快夫婦　「沢田マンション物語」(古庄弘枝著)

この本を読んで、決めた。高知に行ったら、宿泊先はぜったい沢田マンションの「囲炉裏(いろり)付ウイークリーマンションだ」、と。

JR高知駅から車で十分、小高い山を背にした五階建てのマンションが、沢田マンションである。

全八十五室、ワンルームから7LDKまで豊富にそろった部屋に、ひとつとして同じ間取りのものはない。礼金も更新料もないうえに、家賃は入居時のままで据え置き。おまけに住人が自由に室内を改造してもかまわない。各階のベランダには花壇が取り付けられ、四階には池、屋上には野菜畑と水田まである。

威容をほこるこのマンションは、大家である一組の夫婦が、業者に頼らず、すべて自身の手だけで築きあげたものだ。沢田嘉農(かのう)さんと裕江さん。この夫婦の生き方が、マンション同様に痛快なのである。

小学校五年生のときにアパート経営を決意した嘉農さんは、独学で家を建て、売り始める。そして、三十二歳の時、十三歳の裕江さんと「結婚」。以後、ふたりは高知市内で三百所帯の住宅を建て、一九七一年、ついに四神相応の地をえて、念願だった百所帯のマンション建設にとりかかる。

その後約三十年かけて、沢田マンションは現在の姿となった。それは、どこにでもある金太郎あめのようなマンションではない。世界に一つしかない個性的なマンションである。

著者自身が沢田マンションと嘉農さん・裕江さん夫婦の魅力にとりつかれ、書いていくうちに原稿はどんどんふくらんでいき、予定の七割増しになってしまったという。けれども、長さは感じない。一気に読めてしまう。そして、じわり、元気がわいてくる。

バブルがはじけたあと、縮みっぱなしのこの国に、地に足をつけ、身の丈にあったくらしを精いっぱい生きることの大切さを教えてくれる本だ。もっとも、嘉農さん・裕江さん夫婦はその「身の丈」が途方もなく大きいのだが。(鵜飼正樹・京都文教大助教授)

(情報センター出版局・1700円)=2002年9月26日①配信

愚かという美徳　「いつから私は『対象外の女』」(大塚ひかり著)

大胆で、おかしくて、魅力的で、切ない本である。

著者はこれまで、「源氏物語」を中心とする古典文学に斬新に切り込む「古典エッセー」を書いてきた。今回も、中心となるのは古典エッセーだが、そこに、表題からもうかがえる驚くべき枠がはめられている。

著者の最初の著作は、実は若いころの失恋体験をつづったもので、私は一読深い感銘を受けたが、当時は「かっこ悪い」とも評されたらしい。だからその本のことは、長いこと封印してきたという。けれど、本書で著者はふたたび、自分語りを試みたのである。

著者は失恋後幸いにも結婚し、幸福な結婚生活を送っている。けれど、年月がたち、夫から恋愛の対象として見られなくなってきた、と嘆く。そしてその解決策として、「第二の男」をつくることを考えるのである。けれど、これがそんじょそこらの「不倫のすすめ」だのと一線を画しているのは、著者がこれを他人への無責任な扇動としてではなく、自分自身のこととして書いているからだ。

古典に描かれた女たちを考察し、「もてる女」と「対象外にならない女」の違いを述べた後、どうやって「第二の男」とつきあうべきか、編集者と相談しつつ考えるあたりは、軽快な文章と自分へのツッコミで笑わせつつ、はらはらさせもする。そして、条件を並べたあげく、こんな「第二の男」など見つかるわけがないという、南柯(なんか)の夢のような結論が出てくるところが、おかしくて、切ない。

魅力的なのは、第一に、著者が危険を冒して書いていることだ。家庭のある身でこんな願望を表明して、冗談で済むのか。しかも、若いころはもてたのに、などと読者の反感を予想しつつも書いてしまう正直さ。第二に、普遍的な原理など語ろうとしない姿勢である。大上段に、女も浮気したっていいじゃないかと正義を振りかざすのではなく、悟り済ますのでもなく、老い朽ちたくないとただあがく。読み終えて彷彿(ほうふつ)とするのは、「愚か」という美徳を持ったひとの姿である。(小谷野敦・比較文学者)

(講談社・1600円)=2002年9月26日②配信

青春時代小説に新たな息吹

「夏雲あがれ」(宮本昌孝著)

いつの時代にあっても、“青春”とは社会に対するかかわりを自覚することからまず始まる。そうした社会的覚醒(かくせい)が、他者を思いやる心を生み、同時にまた闘うことの意味を呼び起こし、恋愛感情をおぼえさせ、挫折を経験させる結果となっていく。

本書「夏雲あがれ」は、そんな青春時代を思う存分に謳歌(おうか)しながら試行錯誤を繰り返し、これからの人生に立ち向かっていこうとする、三人の真摯(しんし)な若者の姿が描かれる。

物語の舞台は江戸時代後期、東海地方のとある小藩で、今まさに別れを告げようとする三人の竹馬の友が集う場面から始まる。ひとりは藩主の江戸参覲(さんきん)に御供衆として選ばれ、明日、国を出立する曽根仙之助。ひとりは将軍家台覧の武術大会に、藩を代表して出場する花山太郎左衛門。そしてただひとり城下に残る身となった筧新吾である。

彼らは前作「藩校早春賦」において、藩校創設をめぐる騒動で共にひと暴れした仲であったが、あれから七年を経て、それぞれが巣立ちの季節を迎え、自分の進むべき道を模索していたのだった。ところが、江戸に着いた太郎左が問題を起こし、急きょ新吾が代役として向かうことになる。その一方で藩の実権を握ろうとする御一門が再び暗躍を始め、陰謀の舞台もまた江戸へと移っていく—。

青春時代小説の傑作といっていいだろう。時代小説にはなくてはならない剣戟(けんげき)場面の迫力は申し分なく、闇の組織同士の暗闘や剣客たちの立ち合いは、まさに美の極致にある。生死をかけたぎりぎりの闘い、精神と精神のぶつかり合いを、ただ一太刀の剣の一閃(いっせん)で見事に描破するのである。と同時に、御家の一大事を前にして、三人の若者が無垢(むく)の友情をはぐくみつつ次第に成長していくさまが、ほろ苦さとともに熱く描かれていくのだ。

作者は、青春時代小説の世界に新たな息吹を持ち込んだ本書によって、この分野の第一人者となったのは間違いない。(関口苑生・文芸評論家)

(集英社・2200円)=2002年9月26日③配信

短歌通し近代を問い直す

「短歌—この騒がしき詩型」(岡井隆著)

雑誌連載時の「近代日本人と短歌」というタイトルが示すように、本書は日本人にとっての「近代」を、短歌を通して問い直すものである。

既に言われているように、いわば外圧によって「近代」になだれ込んだ日本にあっては、それゆえの錯綜(さくそう)が今もってある。その錯綜は、短歌という伝統的文芸をめぐる、戦後の議論に象徴的に現れているというのが、本書の基本姿勢である。いわゆる〈戦後の見直し〉論議にもかかわる思想的大問題であり、歌人岡井隆の最後のライフワークという性格を持つ。

本書の副題は、〈「第二芸術論」への最終駁論〉。戦後すぐわき起こった「第二芸術論」は、現在でも短歌にとって、折々うずくのど元のとげである。戦後、短歌もまた外圧によって「前近代性」を攻撃されたのであり、それは日本人全体の心性への自己批判という面をも持つ。叙情詩としての短歌のその叙情の質が、最も端的に「前近代性」を体現していると見なされ、戦争翼賛歌の問題もからめて、否定されたのだった。

つまり短歌は精神的「近代化」の踏み絵として批判されたと言えるが、その批判の論拠は正しかったか。岡井はそれを、批判の前提としての「近代化」および「近代的精神」そのものをも含めて問い、具体的事例に分け入りつつ「すべて一篇の戯画だつたのだ」と論駁(ろんばく)する。

ただ一点、「第二芸術論」がいかに時流に乗った不備の多い論難だったとはいえ、情緒がたやすく制度(例えば戦時体制)に組み込まれ、型として絡め取られてゆくという指摘や、時代の現実とどうリアルに対応してゆくかという一連の問いは、結果的に短歌に自己点検を促した面があったと思う。

岡井も言うように、それに呼応するように短歌内部から、戦後派や、岡井も大きくかかわった前衛短歌運動という形で、短歌否定論を止揚する動きが出たのは、やはり重要だろう。そうした点を含めて、本書の問題提起と、議論のさらなる出発点としての意義は大きい。(谷岡亜紀・歌人)

(短歌研究社・4700円)=2002年9月26日⑤配信

論争をていねいに整理

「学力低下論争」(市川伸一著)

「ゆとり教育」路線がもたらす「学力低下」の危機が叫ばれてから久しい。著者・市川氏は、みずからこの論争に積極的に参加しながら、論争の流れをていねいに追いかけ、その全容を冷静に整理している。

市川氏によれば、この論争にあらわれた立場は、ほぼ三つのグループに分かれる。一つは、和田秀樹氏や西村和雄氏、苅谷剛彦氏らに代表される立場で、学力低下を端的に憂慮し、現行の「ゆとり教育」路線による教育改革が子どもたちの勉強離れを促進し、中間層の下落による階層社会化を生み出すというもの。

もう一つは、この路線の推進者であった寺脇研氏に代表されるもので、教科時間や教科内容の削減と「総合的な学習」の代置が子どもたちを落ちこぼれから救い、自ら考える力や生活に即した学習意欲を養う効果を生むと主張するもの。

そして第三は、市川氏自身らによって代表される「折衷主義」的な立場で、時間や内容の削減が学力低下というよくない結果をもたらすことを認めた上で、知識を生かして活動する場が現在の学校教育では少なすぎることを指摘し、改革の流れをうまく活用して、学校の内と外とに、それが実現できるような関係を作り出すべきであるとするもの、である。

私自身は第一の立場に立つ者で、寺脇路線は根本的に間違った時代認識、子ども認識に基づいていると思っている。だが市川氏の提言の周到さもそれなりにわからなくはない。子どもたちがなぜ勉強意欲をなくしたのかについての時代認識も、行き届いたものとして評価できる。

ただしこの本だけでは、主張がやや弱いという印象が否めない。日本の教育がさまざまな面から見て相当深刻な機能不全に陥っている事態への感度がまだ足りないように思えるのである。

この問題は、単なる「低下論」という「子ども教育」問題ではなく、これからの文明社会システム全体をどう立て直すかという総合的見地からの検討を要する課題であることをもっと明確に打ち出すべきではないだろうか。(小浜逸郎・評論家)

(ちくま新書・740円)=2002年9月26日⑥配信

古代中国めぐり談論風発

「呪の思想」(白川静、梅原猛著)

この本のタイトルを「ノロイの思想」と読んではいけない。そんなおそろしい本ではない。「ジュの思想」が正しい。「ジュの思想」とは、「まじない」のことである。

といっても、この本は「まじない」のことだけがテーマではない。誰もが知る碩(せき)学白川静氏と梅原猛氏が、中国の古代文化を縦横無尽に語り合う。甲骨文の解釈、長江文明、孔子が話題になると思えば、中国最古の詩集「詩経」について談論風発。

白川氏の孔子論も魅力的だ。梅原氏は、孔子の母が巫女(みこ)であったとする白川説に「ショッキングな説ですね、あれは」という。白川氏は「そうですか(笑)。あなたのお株を奪うたような」と応える。屈託のない対談に、中国の古代という深みへ連れられていく。

孔子は、各地を流浪しながら何度もクーデターをやるが失敗する。孔子は理想に走り、かたくなな、つまり「狂狷(きょうけん)」の徒であった。

白川「だからね、孔子を悟った人間にしたらあかんのですわ(笑)」梅原「我々に近くなりましたな。ちょっと書きたくなりますねえ、それは(笑)」

白川氏は、早くから初期万葉に興味をもっていたが、それが「呪」にかかわる。梅原「『呪』という字はどういう意味ですか」白川「(書きながら)左は祝詞で、右は祝詞を頂いておる人です」

白川氏によると初期万葉はほとんど呪歌で、叙景や思いを述べるのではなく、相手に対して内的に働きかける歌であるという。「詩経」の「興」という表現法について、白川氏は、この漢字は地霊を鎮めるために盃(さかずき)に酒をいれて注ぐ象形で、地霊がそれによって目覚める意味だという。「興」的発想をもつのが呪歌であると語る。

この本から、実にさまざまな「興味」が、呼び起こされるというのが、正直な感想だ。本書は「呪書」というべきかもしれない。用語や人物についても詳しい注がつけられていて、編集の行き届いた本である。(千田稔・国際日本文化研究センター教授)

(平凡社・1800円)=2002年10月3日①配信

かなりヘンな愛国ごっこ

「ぷちナショナリズム症候群」(香山リカ著)

ワールドカップでの「ニッポンチャチャチャ」の大合唱、時ならぬ日本語朗読ブーム、必ず売れる、みのもんた推奨「血液さらさら」食品…。「だからどうよ」と何の疑問も抱かない昨今の風潮に、「それってかなりヘンじゃない」という問いを投げかける本書。

君が代歌ってどこがヘン？　とばかり、明るく無邪気なニッポン大好き現象を「ぷちナショナリズム症候群」と呼んで俎上(そじょう)に載せる。語り口軽やかながら切り口鋭く、問題を追うその姿勢は実は真剣そのものだ。

「どこがヘンか」って、そうやって屈託なしに「愛国ごっこ」しちゃってるところがヘン。ひたすら明るくみんなで楽しく盛り上がる不気味さを、著者は、心理学者らしく、「切り離し」という心の操作と結びつけて説明する。不安、躊躇(ちゅうちょ)、葛藤(かっとう)などなど、「しんどいな」と自分が感じることを瞬時に人格から切り離せる技。だからどこまでも明るい。私これ好き、かわいいからいいじゃん、で何でもすませられる。

病理として扱われてきたそんな「切り離し」が普通になった日本の社会は、言われてみればたしかにヘンだ。明るく楽しいところだけみていられるのは、「スマートでクレバーな市民」つまり恵まれた上層だけという著者の指摘は卓見だろう。そういう上層エリートの「現実主義」と、失業あり生活苦ありの下層の憤まんにとって、はけ口になるナショナリズムとの関係も、本書では、簡潔ながら目配りよく検討されている。

「愛国ごっこ」の行方は不透明だが、「ごっこ」だからこその危険があると著者はみる。その通り、ごっこ感覚で戦争ができてしまえそうなのが今という時代だ。みんな楽しんでるのに何深刻ぶってるのとわらわれ、ヘンだと感じる感性の方が身をすくませられる—そんな状況はもうあちこちにある。

ナンシー関や高村薫がそうしたようにヘンをヘンとしっかり言おうよ、本書にこめられた著者の呼びかけが耳に痛い。(中西新太郎・横浜市立大教授)

(中公新書ラクレ・680円)＝2002年10月3日②配信

言葉の無力さからの再生

「7days in BALI」(田口ランディ著)

私たちは時々、言葉では言い表せないような圧倒的な感動に襲われることがある。それは音楽だったり、人間の力が及ばない大自然だったりする。

その興奮を誰かに伝えたくて言葉にしようと試みるが、言葉にしようとすればするほど、感動から遠くなる。だから「言葉にいい表せない」とか「魂がゆさぶられるような」といったきわめて凡庸な常とう句に頼る。そんなとき言葉の無力さを感じずにはいられないのだ。

本書にもバリのむせかえるような自然や、これまでに聞いたことのない音楽に圧倒されるマホという女性が登場してくる。

マホは失そうした友人ミツコを捜してバリにやってきた。手がかりはミツコがマホに送った三枚のハガキだけ。ミツコとマホは音楽大学の同級生でともにピアニストを目指していた。しかしマホはあきらめてしまい、音楽とはまったく関係のない雑誌のライターをしている。

ライターの仕事だって、うまくいっているわけではない。ピアノをあきらめた挫折感と、母親との確執からもたらされた劣等感を抱えながら、バリにきたのである。

マホを支えているのは言葉だけ。そしてバリの独特な熱気にすべてが「負けそうな」感覚を覚えるのだ。

謎めいたオダという日本人を案内役に、ミツコを捜していくうち、バリの神秘的な自然や、霊的な歓喜を呼び覚ます音楽からもたらされる、現実とも夢ともわからない無意識の世界に入り込む。

五感のすべてが解放される。その心はバリのエネルギーを吸収していくようだ。そこからまたあらたに、言葉を紡ぎだそうとするとき、マホは再生にむかっていく。

ミツコはマホの再生の象徴だろう。最後にマホがバリでの日々を小説に書こうと、言葉にもどっていったのは、自分の傷は自分で癒やすしかない、ということを語っているようだ。(白石公子・詩人)

(筑摩書房・1400円)＝2002年10月3日③配信

人間が面白くなる 「奥の細道　俳句でてくてく」（路上観察学会＝赤瀬川原平・藤森照信・南伸坊・林丈二・松田哲夫＝＋杉浦日向子著）

世の中には単独では意味がわからない俳句がある。「ABのいずれか消えて空の青」「ステテコも心配無用の石鳥居」「くいしばる歯にも積もるや吹雪なり」「雨上がり犬フンコマル露地の裏」―不思議に思われるかたはどうぞ「奥の細道・俳句でてくてく」をお読みください。

これらは路上観察学会のメンバーによる見事な写真と一緒にあれば、すぐに分かる。そしてすぐに笑える。全二百三十八句。深川から奥の細道を経て大垣まで、歩きながら「今の生活」のはっとする痕跡（道、もの、看板、建物等々、生き物以外）を写真に収め、それを撮った時のまなざしを句に詠み、少しだけ説明した本だ。

ほんとうはこの本の真骨頂は句ではなく、二百三十八枚の写真である。私はこれらの写真を見ていると、笑うと同時に切なくなり少し涙ぐんでくる。毎日の生活をひたすら懸命に生きるわれわれ人間の、なんとけなげなものか。

「芸術だ」とか「文学だ」などと意識的に表現する人間のことではない。時代に流されどうやらこうやら日々を生きるなかで、その生きている跡を無意識に残してしまうその人間のぬくもりが、「無生物」と限定したその写真から、かわいらしくも生々しく伝わってきてしまうのだ。この本では写真こそが絶品の句である。笑わせながらも、「人間ってすごいもんだな」と思わせる写真集など、そうあるものではない。

一九八六年に始まった路上観察学会はこの五人が中心の学会だが、その、物を見るまなざしは他の追随を許さない。俳句のもとになる「俳諧」という言葉はまさに「滑稽（こっけい）」「ユーモア」という意味で、そのユーモアという言葉は人間という言葉と同根だ。

この本の俳句は「ここですかそうそうそこがきもちいい」てな具合のもんだが、俳諧の根本に立てばそれもよし。彼らのまなざしに同化すると、目を向ける所が違ってきて、人間が面白くなる。
（田中優子・法政大教授）

（太田出版・2200円）＝2002年10月3日④配信

不可視の難民の声 「北朝鮮難民」（石丸次郎著）

中国・瀋陽の日本総領事館で起きた事件が照らし出したのは「匿（かく）されし不可視の難民」と著者が呼ぶ朝鮮民主主義人民共和国（北朝鮮）の難民の存在である。中国には、五万人とも十万人ともいわれる北朝鮮難民が潜伏しているという。

疑問が次々にわいてくる。難民が出てくるようになったのはいつごろからなのか。移動が厳しく制限されている北朝鮮から、どうやって中国に脱出しているのか。在外公館への駆け込みが増えているのはなぜか。難民の中に日本からの帰国者（元在日朝鮮人）はいないのか…。こうした疑問すべてが、豊富な取材に裏打ちされた本書を読み進むにつれて氷解していく。北朝鮮難民を生み出してきた最大の原因は飢餓である。

しかし、北朝鮮には食料がないわけではない。大量にモノが並ぶ闇市場。その前で拾い食いするやせ細った子どもたち。その情景を目の当たりにした著者は、飢餓の主因が民主政治の欠如にあることを痛感する。衝撃的なのは、難民の六〇―七〇％が女性であると推測されていることだ。「性」が越境に有利な条件を作り出すという悲劇。

北朝鮮難民問題は国際社会全体の問題としてとらえられるべき段階に入っている。日本の果たしうる役割は小さくないはずだ。有事になると百万人もの難民が日本にやってくると危機をあおる向きもあるが、著者は冷静な分析により、そうした「勉強不足」の見方をたしなめる。中国、韓国の負担軽減、そして何といっても、隣人として北朝鮮民衆の苦痛を緩和する支援の提供にもっと知恵を絞ってよい。今はまさにその好機といえるのではないか。

本書には、北朝鮮・中国国境に繰り返し足を運び、多くの難民の声に耳を傾け続けたジャーナリストの誠実な営みが映し出されている。それだけに、きちんとした取材もなくゆがんだ北朝鮮像を再生産する者への批判は手厳しくも説得的である。著者には、生身の北朝鮮の人々を克明に描き出した好著「北のサラムたち」（インフォバーン）もある。本書との併読をお薦めする。（阿部浩己・神奈川大学教授）

（講談社現代新書・660円）＝2002年10月3日⑤配信

31通りの31歳を描く　「ファースト・プライオリティー」(山本文緒著)

「プラナリア」で昨年、直木賞を獲得した人気作家の短編集である。若い女性からの支持が高いといわれるだけあって、本書も心憎いばかりにこの世代の心理をとらえている。しかも、三十一編に登場する女性はみな三十一歳という設定である。

例えば同じOLでも、実力で上り詰めようとする女、車の中に寝泊まりする女、不倫を重ねる女、だまされてベンチャー企業に入った女、薬依存症の女など、描かれるどの一人も同じ境遇にはない。

性格も職業も生活環境も美醜さえもまちまちな女たちの三十一通りの生き方。しかし「実際にありそうだな」と、ごく自然に読者を納得させるリアリティー。その手腕こそが作家としての確かさを物語っているといえるのだろう。では、なぜ三十一歳なのか。

「三十出たくらいの女っていいじゃないか。そろそろ迷いが吹っ切れて、腹がくくれてて、でもやり直しもスタートもできる歳だろ」。三度目の結婚、それも歴代そろって三十一歳の妻を迎える男が、息子に問われてこう答える。(「三十一歳」)

三十一歳をひとつの精神的通過儀礼とする発想は、二十歳の成人式よりずっと説得力がある。女性の平均寿命が八十代半ばを超える現代にあっては当然だろう。二十代の未熟さも失敗もひとまず決算し、その先を歩んでいくための仕切り直しのできる年齢が三十一歳であるということ。これに思わずうなずいてしまうのも、私自身がその年齢を過ぎたあたりで人生のかじをぐぐっと取り直した経験があったからだ。

山本文緒の文体には、気持ちのよい湿度と質感がある。ほの温かい穏やかさが文節ごとに漂う。描かれた人物の感情や行動に、ストーリー展開にしたがった必然性が表れ、そうしたすべてによって、読者は共感の磁場に吸い寄せられていくのである。タイトルの意味するところと響き合っていない編もあるが、今、脂の乗っている、話の妙手らしい一冊である。(松平盟子・歌人)

(幻冬舎・1600円)＝2002年10月3日⑥配信

現代史の奥深さ示す評伝　「岡田桑三　映像の世紀」(川崎賢子・原田健一著)

「映像文化を駆け抜けた巨人の生涯」と帯にある。だが、手元の人名事典に岡田桑三は見あたらない。巨人はこれほど軽やかには歩けない。「巨人」というより「スター」だろうか。だが、この忘れられた流星はまさしく「映像の世紀と寝たスター」である。

その生涯はまさに小説より奇である。一九〇三年イギリス人の血を四分の一うけて横浜の裕福でモダンな家庭に生れた岡田桑三は、二〇年代にはベルリンの工芸学校で舞台美術を学び、帰国後は松竹の二枚目スターとして山内光を名乗った。

一方、記録映画「山宣告別式」を撮影するなどプロレタリア映画運動に参加し、二九年にはソビエトに渡ってエイゼンシュテインたちと交流する。しかし、左翼運動が壊滅した満州事変以後は、その知識と人脈を駆使して、国際的孤立を打開すべく外務省が試みた文化宣伝に積極的にかかわっていく。

さらに四一年には参謀本部指導下に東方社を立ち上げ、伝説の宣伝グラフ誌「FRONT」を刊行し、三年後にはカラー映画制作を目指して満州映画協会に赴任する。ソ連軍占領下の満州から帰国すると、GHQ民間情報教育局に接近して日英対訳コミック雑誌「スーパーマン」を創刊する。

また「天皇と生物採集」(五一年)の写真を担当して軍服の大元帥を世界的生物学者にイメージ転換させた。その手腕は五四年に設立した東京シネマの科学映画でも生かされ、国際的な映像プロデューサーの名声を博した。

特に興味深いのは、戦時期の対外宣伝に数多くの共産主義者や国際主義者が参画した経緯である。通常は「転向」「偽装転向」として説明される現象だが、対外的な宣伝や報道は相手が理解できる受け手コードを必要とする。とすれば、彼ら以外に適切な担い手が存在したであろうか。

危機の時代はナショナリズムこそが、コスモポリタンを必要とするのである。現代史の奥の深さを見せてくれる知的評伝である。(佐藤卓己・国際日本文化研究センター助教授)

(平凡社・5800円)＝2002年10月10日①配信

記憶がないことの不安定さ

「世界がはじまる朝」(黒田晶著)

いまあなたに大切な人がいる。いつか自分が、病気か何かで、その人のことをすっかり忘れてしまうとしたらどうだろう。とても恐ろしいことではないか?

主人公は十四歳のアメリカ人少女、ルビー。彼女は記憶を失う病気を患っている。去年の夏の誕生日までの記憶はあるが、それからは覚えていない。昨日のことも、今日になると忘れてしまっている。

たとえば以前のボーイフレンドに電話して、今は誰とつき合っているのか、彼女は元気かと聞く。

「(彼女は) 一昨日おまえんちに行ったんだぜ」と元ボーイフレンドは、気遣いながらも答える。ルビーはそれを思い出せない。

記憶がないことの不安定さが巧みに描かれ、読む者を感傷的にする。それは少女のいささか複雑な家庭環境や、ドラッグとセックスにまみれた日々の描写によって倍加される。

ところが、ルビーが療養のために父親のいる東京にやってくる第二章から、世界はくるりと反転する。言葉の通じない街でおびえて暮らしていた彼女は、新しい恋人と出会う。スケートボードのうまいケイゴだ。そして、いつのまにかルビーの病気は治っている。

日本語がほとんどできない少女と、英語は片言しかわからない少年の不器用な恋愛。若さと恋愛と言葉の関係を、黒田晶は見事に描いている。一九七七年生まれで、今はイギリスの大学に在学中であるという、著者の経験が生かされているのかもしれない。

ルビーの記憶は戻った。今日は昨日の続きであり、明日は今日の続きだ。しかし、記憶は新たな苦しみをもたらす。恋人との仲がぎくしゃくしたり、病気が再発する不安に襲われたり。

小説の最後にあるケイゴの手紙がいい。

「また会おう。毎日、おれとルビーは出会うから。おれのことを思い出さなくても、おれと出会って」

たとえば痴ほうを患う伴侶に向かって、こんな言葉をかけられるだろうか。(永江朗・フリーライター)

(河出書房新社・1400円) =2002年10月10日②配信

戦後への懐疑と魂の救済

「憂い顔の童子」(大江健三郎著)

老境に入った小説家の古義人 (コギト) が、知的な障害を持つ音楽家の息子アカリと、亡くなった母親が遺してくれた土地で生活するため、故郷の「谷間の村」に帰ってくることから物語は始まる。古義人が帰郷したのは、妻が、自殺した映画監督である兄と関係のあった女の、子供の面倒を見るため、ベルリンに行ったからである。

古義人はこれを機会に、四十年にも及ぶ作家生活を省み、かつ、死後は森の中の木の根方に「童子」となって再生を待つ、という村の伝承を考えようと心に決める。

また、併せて、松山の高校生だった時、後に義兄となった親友と経験した「アレ」(国粋主義者たちが米軍基地襲撃を計画し、その過程でアメリカ人将校を殺害したとされる事件) の真相を解明することを思い立つ。

古義人の思索と検証を助けてくれるのは、同居することになったアメリカ人の大学院生で、「ドン・キホーテ」と古義人の文学を研究しているローズさん。物語には「谷間の村」近くに長期滞在型のホテルを建設中のオーナー夫人や、一九六〇年安保の時に古義人も参加した「若い日本の会」(今では「老いたるニホンの会」) のメンバーが絡んでくる。

古義人は彼らとの交わりの中でドン・キホーテと同じように次々と災難に遭う。古義人の「谷間の村」での試みは、「風車」を相手に闘ったドン・キホーテと同じものなのか。

全編「ドン・キホーテ」のパロディーとも読めるこの長編に底流するのは、天皇制を頂点とする前近代とアメリカ的民主主義のせめぎ合いによって形成された戦後 (民主主義社会) への懐疑であり、自殺した友の「鎮魂」を軸とした「魂の救済=和解」の可能性追求である。

これは、前作「取り替え子」から続く作家のテーマでもある。私たちは作家の挑戦をどう受け止めるべきか。作家の問いは重い。(黒古一夫・文芸評論家)

(講談社・2000円) =2002年10月10日③配信

メディア政治の舞台裏

「総理大臣とメディア」(石澤靖治著)

小泉純一郎首相は一年半前、90%近い世論の支持を得て政権の座についた。今年初め、外務省をめぐるごたごたから田中真紀子外相を更迭したあと、世論の支持率はがくんと落ちた。しかしそれでも、歴代首相に比べれば高い人気を保っている。

理由の一つは、小泉首相がメディア向きの政治家だから、という。話の歯切れがいい、中身も分かりやすい、「小泉改革」も新鮮に響いた。が、本当のところは、小泉首相とその周辺の人たちがメディアを巧みに利用する術を心得ていること、日本のこれまでの政治指導者には珍しく、計算ずくのメディア戦略をもっていることだ。

政治家がメディアを操り、政治の過程にメディアが大きな役割を果たす「メディア政治」の時代に日本も入りつつある、と著者は指摘する。この本は、そうした「メディア政治」の舞台裏を、米国の事情とも比較しながら分かりやすく解き明かしている。

選挙に際しての政治広告や政治広報のあり方にも新しい動きが出始めている。政治家と政治記者の関係も大きく変わり始めている。米国に比べると一周遅れだが、日本もこれからいや応なく「メディア政治」に向き合わねばならなくなる。メディアも国民もあまり安閑としてはいられない。

「メディア政治」はとかくスローガンや約束ばかりが先行して、中身の乏しいイメージ本位の政治に陥る危険がある。それを避けるには、政治家のメディア戦略に政策遂行の裏付けが伴わねばならない、と著者は指摘する。「小泉改革」も口先の約束ばかりではいずれ国民に愛想をつかされる。

もう一つ大事なことは、メディアが安易に政治家の情報操作に踊らされないよう目配りすることだろう。政治家のお先棒をうっかり担ぐことのないよう、絶えずニュースの中身を厳しく吟味する必要がある。いまの日本のメディアにそれだけの用意があるかどうか、欲を言えばそのあたりにも踏み込んで論じてほしい気もする。(藤田博司・上智大教授)

(文春新書・690円)=2002年10月10日④配信

ノンポリの愉快な社会批判

「アルマジロジック」(田口犬男著)

一九六〇年代から七〇年代にかけ、ベトナム戦争を背景に、学生“運動”の高揚とその余熱のなかで、政治や経済の体制を批判する詩が少なからず書かれた。そして、日経平均株価が一万、二万、三万と上昇していった八〇年代、そういう社会的な詩はあまり書かれなくなる。

だが、九一年の湾岸戦争を経て、昨年からのアフガニスタン報復攻撃に至る、アメリカが再び紛争に大きくかかわる時代を迎え、政治的な詩が目につくようになってきた。

六七年生まれの詩人、田口犬男の第三詩集「アルマジロジック」から、表題作の一部分を引用してみる。

アルマジロは生っ粋のenvi ronmentalistsであることを、誇りに思っている。
彼らはイサベラ島に工場も誘致しなかったし京都議定書からも離脱しなかった。
だからといって、彼らは名誉を欲している訳ではない。
名誉は人間にだけ与えられるものであることを彼らは熟知しているから。

この詩連は、アルマジロのロジックなるものを想定し、地球温暖化防止などに協力しないアメリカ型資本主義を面白おかしく風刺している。

田口は、あとがきに「勿論わたしたちには…『政治の木』の幹を激しく揺さぶることなんて出来ません」と書いている。環境保護論者を意味する言葉として、一般的な「エコロジスト」ではなく、日本人になじみのない「エンバイロンメンタリスト」を使ったのは、英語の「ecologist」に科学者のニュアンスがあるからというよりも、読者に「エコロジー運動」を連想させたくなかったからであろう。

田口には、既存政党の政治に利用されることもある、一部のエコロジー“運動”への懐疑があるのだ。

いわゆるノンポリでありながら、政治や経済に関心が高く、愉快で読みやすい社会批判の作品も書く。田口たち若い世代の、一つのあり方なのかもしれない。(川端隆之・詩人)

(思潮社・2000円)=2002年10月10日⑥配信

近代日本に重なる人生

「東京駅の建築家　辰野金吾伝」(東秀紀著)

東京駅丸の内口の駅舎は、一九一四(大正三)年の開業当時の面影を残しており、太平洋戦争中に空襲で焼けた丸屋根もこのほど復元されることになった。赤れんがの駅舎に愛着を持つ人々も多い。本書は、この東京駅を設計した建築家、辰野金吾の生涯を描いた評伝である。

唐津藩の下級武士の家に生まれながら東京の工学寮に入り、誰よりも勉強して英国に留学し、東京帝大建築学科の初代教授となり、近代国家であることを内外に示す建物を造ってゆく―。本書を読むと、この建築家の生涯が、極東の一小国から西洋列強と肩を並べる「帝国」へと急速に変貌(へんぼう)する近代日本にそのまま重なるような印象を受ける。

その辰野が、晩年に心血を注いだ作品こそ、東京駅だった。辰野は、中央口を皇室専用の出入り口、南口と北口をそれぞれ一般客の乗車口と降車口とするドイツ人技師バルツァーの案を踏襲しながら、外観や材質は自分の考えにこだわった。そこにはかつて英国で学んだ「国民的様式」を反映させようとする辰野の一貫した思いがあった。

しかし、東京駅の評判は芳しくなかった。乗車口と降車口が離れている駅の構造は不便で、赤れんがへのこだわりも、専門家に時代遅れとたたかれた。辰野の言う「国民的様式」は、決して同時代の人々に理解されたわけではない。

確かにバルツァーの案を踏襲した結果、一般客には不便な駅となった。だが、中央に皇室専用の出入り口があるように、この駅はそもそも天皇のための駅だった。辰野がそこに変更の必要を認めなかったのも、単に鉄道院の方針に従っただけでなく、駅の政治的性格がわかっていたからだろう。

とすれば、主権在民となった戦後になって、なぜかえって東京駅に愛着をもつ人々が増えてゆくのか。それは単なるノスタルジアなのか、それとも、「国民的様式」が体制の変化にもかかわらず受容されるようになったからなのか。この逆説は考察に値しよう。(原武史・明治学院大助教授)

(講談社・2200円)＝2002年10月17日①配信

大衆誌から激動期を解読

「『キング』の時代」(佐藤卓己著)

百万部を売る国民的大衆雑誌「キング」。戦前はおろか戦後の講談社まで含めて、岩波書店や中央公論社(当時)、果ては文芸春秋社(同)とも対比される“講談社文化”の中核に雑誌「キング」はあった。しかし「キング」とは何ときかれると、誰も答えられる者がいなかった。

高級な思想性はなく、何となく面白おかしくて、反動的国是に沿った、低俗な雑誌…。こんなイメージしかない。著者はメディア史、大衆文化論の若き旗手として、どうやら「キング」を心ゆくまで読みあかしたらしい。好きこそものの上手なれとはよく言ったもので、読みごたえのある作品が出来上がった。

著者はまず「キング」の時代、そう一九二五年から一九五七年という二十世紀中葉の時代に着目する。政治的に言えば、十五年戦争と占領改革の時代がピタリとおさまり、なお昭和初期の政党政治、それに戦後復興から高度成長への助走期までが入るのだから、近代日本がめまぐるしい変容をとげた時代であった。

かくて著者は、躍動する時代性を常にとりこもうとした雑誌「キング」の、読者層の開拓から動員への志向を解き明かす。主義主張ではなく実益娯楽へと導く「キング」の媒体としての柔軟性を、「ラジオ的雑誌」および「トーキー的雑誌」と読み解く第Ⅲ部、第Ⅳ部が、本書の白眉(はくび)をなすと言えよう。

今日流に言えば、オーディオ・ビジュアル化。ラジオ・レコード・映画といったAV媒体との積極的な連携を通じて、「キング」は二次元的な単なる活字媒体から、三次元的な立体的文化空間への大衆動員に成功した。こうした参加動員の果てに、戦時動員がきても何ら不思議ではない。

岩波文化対講談社文化という単純な通説を本書はAV的空間文化の実証によって見事に覆した。ではその「キング」は本格的高度成長期を前に、なぜ終刊のやむなきに至ったのか。戦前―戦中―戦後の「キング」の意外な連続性を著者は指摘する。これをヒントに、答えは本書を手にとってご覧あれ。(御厨貴・政策研究大学院大学教授)

(岩波書店・3800円)＝2002年10月17日②配信

奥深い中国文化を代表

「闘蟋（とうしつ）」（瀬川千秋著）

とにかく、中国文化は奥が深い。このコオロギ相撲、すなわち「闘蟋（とうしつ）」も、その奥深さを代表するものであろう。

そもそも、コオロギの鳴き声をめでる。それだけであれば、日本以外の国でも行われることだ。しかし、その習性を利用して闘わせ、それを「文化」にまで高めていくとは、まったくもって異邦人では考えつきもしない。

また闘蟋は、虫を育てる道具の数々が計り知れない価値を持つ骨とう品となるなど、その芸術文化も巻き込んで発展してきた。

中国の映画やドラマをご覧になった方は、必ず一度は、コオロギ相撲の絡む場面を見ているはずだ。それほどポピュラーな存在ながら、これについて一般向けに述べた書籍は少なかったように思える。本書の意義は、まずここにあろう。

それにしても、実際にコオロギを育てる名人に弟子入りしたり、闘蟋の会場に危険を顧みずどんどん乗り込んだりと、著者の行動力には全く恐れ入る。その実体験に裏付けられた記述の数々は興味深い。

むろん本書は、現代の話だけではなく、「コオロギ宰相」と非難された宋の賈似道（かじどう）、有名な禅僧済公のコオロギとのかかわりも詳しく述べており、歴史的な考察にかなりの紙面が割かれている。

虫の文化といえば、自分はまた別に「虫を食べる文化」を想起する。中国人はサソリ、セミ、アリ、ハチなど、とにかく何でも食う、食う。芸術的なまでの繊細さでコオロギを育てる一方、こちらはまた、何とぞんざいに胃袋の欲求に従うことか。この奇妙な併存が、まさに中国文化の特色なのかもしれない。

中国では「およそ考えつく人間の行為は、大体行われている」そうだ。それどころか、「およそ考えもしない」ことすら行われていまいか。それは、ある種の「人の豊かさ」なのかもしれない。本書はまさしく、その豊かな人間性の一端を、われわれに示してくれる。（二階堂善弘・茨城大助教授）

（大修館書店・1800円）＝2002年10月17日④配信

愛情をこめ、肯定の思想

「釈迦（瀬戸内寂聴全集　拾八」所収）」（瀬戸内寂聴著）

釈迦（しゃか）の生涯を小説で書くのは大変なことである。その大変なことを瀬戸内氏は成し遂げた。

本書の価値は長年仏道にはげんできた者の手によって釈迦の生涯が小説化されたところにある。

瀬戸内氏は八十だそうでこの八十という歳は、釈迦が寂滅した歳とおなじである。そして瀬戸内氏が得度してから三十年がたとうとしている。そういう年月を重ねて生涯の大事は成就されるものらしい。

この小説は釈迦五十五歳のときから死の瞬間まで釈迦にしたがった侍者アーナンダの視点から、釈迦の一生を描いている。

釈迦はアーナンダをともなって最後の旅にでた。釈迦は老い、病み、死にとりつかれている。「アーナンダ、私はもう疲れきった」と釈迦はいう。その疲れきった身体を曝（さら）しながら、肉体は滅んでも、その教えと法は永遠であると説く釈迦の最後にいたる日々が詳しく再現される。瀬戸内氏は老い、病み、死んでいく人間釈迦の姿を最大限の愛情をこめて造形する。そこには「この世は美しい。人の命は甘美なものだ」という肯定の思想が結実している。

この肯定の思想は瀬戸内氏が師の釈迦にささげた賛歌であるが、波瀾（はらん）万丈の旅をつづけたわが生涯への賛歌でもあったであろう。

この作品では「渇愛」という言葉が使われている。限度を知らず愛を欲する、人間の煩悩のなかで一番激しいものに女は憑（つ）かれる。その渇愛から女を救うのはすべてを無限大に受容する釈迦という器しかない。

小説「釈迦」のめざましい点は、アーナンダを愛して受けいれられず悶（もだ）え死んだプラクリティ、娼婦アンバパーリー、苦しむために生まれてきたかのようなウッパラヴァンナー、釈迦に捨てられのち帰依した妻ヤソーダラーたち渇愛に生き、渇愛を脱した女たちの声が全編にわたって唱和していることだろう。この唱和のなかで入滅していく釈迦の姿がくっきりと目に刻まれて残るのである。（川西政明・文芸評論家）

（新潮社・6000円）＝2002年10月17日⑤配信

濃密な夢魔に浸された人々　「至福のとき」（莫言著、吉田富夫訳）

中国山東省高密県を舞台にし、映画化もされた小説「紅いコーリャン」の作家莫言の中短編とりまぜ五編からなる小説集である。作家の郷里でもあるこの土地の人々は、小説のなかで濃密な夢魔に半ば浸されているようである。大きな変貌（へんぼう）を見せつつある中国の都市を描いた小説でもこの気質は抜きがたい。

表題作「至福のとき」も同じ張芸謀監督によって映画化された。市の農機具工場が閉鎖になって失業した老熟練工が主人公。蓄えもなく、再就職のあてもなく困り切った老人が、同じく失業したがすでに輪タクで稼いでいる若い弟子に相談すると彼はいう。「市役所の入り口で座り込みするとか、焼身自殺するってのは、どうです？」「なんだと？」

これが基本的な語り口で、読者はいたるところで笑いに誘われる。話はとめどもないように膨（ふく）らむが、しかし必ず土と血の匂（にお）い…強いリアリティが付与される。老人は工場裏に捨てられた廃バスを弟子と改造して、連れ込み部屋の営業を始めるが、作家はここで千差万別の性的男女を描き、老人の困惑や快楽を描き、ふしぎな結末へとみちびいていく。

しかしなんといっても力作は中編「飛蝗（ひこう）」であろう。舞台はあの高密県東北郷。莫言の独壇場である。

「科学は信じるが、鬼神への迷信もあり、史実は信じるが、伝説も大事にしたい」。主人公は街に住んでいるがイナゴの大発生を聞いて故郷へ帰る。この村では五十年前にもイナゴの大襲来があり、農作物を食いつくされた村人は餓死した者も少なくない。現代は蝗虫研究所のスタッフが駆けつけるが研究はできても駆除は困難である。「あれは神虫での、人間に退治はできん」と半世紀前の飛蝗を経験した老人はいう。

小説は超現実に浸食され、歳月を往還し、伝説を経めぐり、干した青草の匂いのする糞（くそ）を「ひりだす」一族を語り尽くす。残酷で温かく、混沌（こんとん）として力強い莫言の魅力あふれる小説集。（財部鳥子・詩人）

（平凡社・2600円）＝2002年10月17日⑥配信

消費の価値観を裏返す　気付かされる本物の豊かさ　「貧乏神髄」（川上卓也著）

経済大国と呼ばれた日本の消費生活の価値観が、ぜーんぶ裏返しになったような痛快な本が出た。単純明快、貧乏は楽しい！

といっても、趣味の楽しさではない。著者は会社を辞め、自らの意志で貧乏であることを選び、筑波山を望む石下町にて貧乏の実践に入る。これをつつましやかに、厳かに「貧乏に降り立つ」と表現するコトバの感覚は独特である。貧乏の中でこそ、人間としての自由と尊厳が保たれる、という味わい深さが感じとれるではないか。

お金やモノがないという世間的な不自由さが、創意工夫という人間本来の自由な喜びを触発してくれることを、二十八歳のこの人はちゃんと見抜いている。いわく、「貧乏は、生きるという本物の遊びなのです」。

たとえば、ご飯。これは土鍋で炊く。肉は塩漬けにして保存。合理的な洗濯計画から、モノの捨て方、さらには両切りたばこをキセルに詰めて吸う楽しみをも披露。都会生活でも試してみたくなるアイデアの宝庫。

いやいや、早合点してはいけない。本書は、単なる貧乏ハウ・トゥ本ではない。不況長引く現代の頼もしい啓もう書である。

本書の帯にある「お金で手に入れた便利で快適な生活の中で、ただ生きるだけでは切ないのです」という、そこはかとない切なさが、生きることへの根源的な力をまひさせる大量消費社会への鋭い批判となって噴き出しているのだ。

喜びのない労働で生活を支え、その生活の中身といえばコンビニ、百円ショップ、ブランド、情報のゴミという、ちぐはぐなパッチワーク。私たちは何を求めて、何を失ったのか？

女の視点から見れば、貧乏にさらに甘美なエキスを注ぎ込みたいところだ。とはいえ、効率と均質化の荒れ地にも、男社会から新しい芽が吹いていることを喜びたい。

「飽してなお貪（どん）す」世間の流れからスルリと身をかわし、「貧すれば潤う」本物の豊かさへと向かうのもひとつの道である。（梅野泉・詩人）

（WAVE出版・1400円）＝2002年10月24日①配信

生を肯定する聞き書き

「記憶すること・記録すること」(香月洋一郎著)

何年か前、日本橋の老舗の副社長に町と店の歴史を聞きに行った。忙しいので二時間、と限定された。彼が話し出したのは、飛行機乗りとしての実戦体験であった。一時間五十分をすぎたころ、彼はやっと「で、何でしたかね、今日のテーマは」といった。

本書は、学生のころから師宮本常一のあとをついて、山や海、村の古老に話を聞きつづけてきた民俗学者の、聞き書きについての心覚え。二十年近く、自分の町の中で同じことをしてきた私には大変考えさせられ、役に立つ本である。

「まず自由に話してもらえ、その人が一番話したいことに耳をかたむけることから始めろ」と宮本常一はいったという。私も、飛行機乗りの話をえんえん聞いて、それで良いと思った。聞き手の側の先入観で話をさえぎったり、質問したりしたくなかった。

人は自分の体験したことを正確にすべて記憶するわけではない。著者も、同じ場に居合わせたのに四人とも証言が食いちがう例を挙げる。私も同じ人が一年たつとちがうことを話すのでとまどうことがある。

「多くの生は強靱な意志のもとにでなく、自分の弱さに向きあい、不安をつみかさねての自己確認の軌跡でもあろう」と著者はいう。そして聞き書きとは「同じような弱さを持った人間が向きあっていくこと」だと。

聞き書きとはだから、実に恣意(しい)的なものである。そのことを知ってなお、公文書に残されない、自分では文章も書かない“ふつうの人の生き死に”は聞き書きによって記録されるしかないと思う。それも語り手と聞き手の質をどう高めるか、双方の関係をどうつくるか、に規定される。

宮本常一が「相性のよい人」に聞けといったというのには笑ってしまった。これも真実だ。あの人は都合のいいことしか話さんでしょう、といわれ「それでいいんです。そうじゃなきゃ人間は生きていけません」と答えたともいう。相手の生をまるごと肯定すること。それが聞き書きの第一歩であり、楽しさだと、数々の例から本書は教えてくれる。(森まゆみ・作家)

(吉川弘文館・1700円)＝2002年10月24日②配信

ハミダシ少女の世界観

「下妻物語」(嶽本野ばら著)

ロリータ少女とヤンキー少女との不思議な友情を軸に展開する、おかしくて、いちずな物語。

真のロリータはロココな精神を宿す、と宣言する竜ケ崎桃子は、事業に行き詰まった父親について、兵庫県尼崎市から祖母のいる茨城県下妻市へ移り住む。それぞれの土地への力の入った考察には笑ってしまう。

下妻での田舎生活にうんざりしていた桃子は、地元のヤンキー少女イチゴと出会う。私はロリータにもヤンキーにも全く縁遠いので、その生活様式や価値観、美意識のありかたに瞠目(どうもく)した。身につけるものへのこだわりはすさまじく、自分の存在意義へと直結する。

人間がすべての洋服をはぎとり、一匹の動物に立ち返ると、髪の毛とわずかな体毛をのぞいては皮膚がむきだしの、とても不安な生き物になる。おかげで常に何かをまとっていなければ生きてゆけないのだが、人は、生存の目的以外の意味を衣服に求め続けてきた。

優雅な少女を演出するロリータ服と戦闘意識を強調するヤンキー服。全く違う方向のセンスだが、イチゴと桃子は、その極端なデフォルメへの過剰な「思い入れ」をお互いが認めあい、意気投合する。

ヤンキーちゃん、ロリータちゃんの着るものは、衣服に対する価値観のたどりついたそれぞれの岸だと思う。桃子が丁寧な手作業で特別な刺しゅうをほどこした特攻服をイチゴがさっそうと羽織ることで、岸がつながる。

イチゴが買おうとしている品物はバッタもの(偽造品)だ、と桃子に説明されても「でも、ベルサーチはベルサーチだろ、偽物でも」と、食い下がる場面がおかしく、しかしその空転する価値観が何だかかなしい。

世界がみえていないということにさえ気づかない、愚かさと純粋さを併せ持つハミダシものの少女たちの望みは、世界への反抗ではなく、オマージュなのかもしれない。「心の声」ふうの文体に畳み込まれた、あてどなき着せ替え人形たちの理想の物語がここにある。(東直子・歌人)

(小学館・1400円)＝2002年10月24日③配信

もうひとつの美術表現

「マネキン　美しい人体の物語」（欠田誠著）

田中耕一さんのノーベル化学賞受賞で、島津製作所の名前は、以前にもまして広く知られるところとなった。日本でマネキンの制作が始まったのは、「島津マネキン」が設立された一九二五年のことだという。同社は四三年まで続いた。

その島津マネキンの名前は、日本のモダンデザインのパイオニアである原弘が三五年にデザインした実に斬新なポスターで以前から知っていた。しかし、この本を読むまで、島津製作所の創業者の長男、島津良蔵が同社を設立したことは知らなかった。それまで島津製作所の標本部は、フランスから輸入されたマネキンの修理などを手がけていたが、その部門を独立させた格好になったのである。

島津マネキンには、東京美術学校（現・東京芸大）卒の良蔵をはじめ向井良吉、村井次郎など、アーティストが参加した。マネキンの原型モデルをつくることは、通常の彫刻とは異なるが、美術の感覚と技術的習熟が必要であり、「創作人形」とも異なる独自の美術的領域の作業であることが、この本を読み進むうちにわかってくる。

島津マネキンに参加していた作家が、戦後設立された七彩工芸、ヤマトマネキン、吉忠マネキンの三社に分散していった後も、実際、そこには有名無名のアーティストがかかわっていた。たとえば、堀内正和、流政之といった作家も抽象的なマネキンを制作している。

現在のマネキンのサイズは、既製服を着せるので、基本的には現実の人間のサイズをはずせない。衣服をいかに魅力的に見せるか、ということがマネキンの機能であるが、それは、身体の骨格とプロポーション、動き、顔の造形と表情、メーク、時代の感覚など複雑な要素がかかわっている。

表現も抽象的なものから超リアルなものまで幅があり、さらに作家の個性が加わっていく。まさに美術表現のもうひとつのジャンルである。日常まったく意識していなかったマネキンという存在が、どのように創作されてきたのかを知ることのできる興味深い現場からの報告である。（柏木博・デザイン評論家）

（晶文社・1900円）＝2002年10月24日④配信

物語としての面白さ

「ある文藝編集者の一生」（大村彦次郎著）

楢崎勤（ならさき・つとむ）は「新潮」の編集者であるとともに、作家として活動した。一九〇一（明治三十四）年に生まれ、七八（昭和五十三）年に七十七歳で病没している。その一生をたどるのが著者の狙いだが、それと同時に著者の得意とする文壇史的話題が多く盛り込まれていて、なかなか面白い本になっている。

楢崎は二五（大正十四）年に新潮社に入社している。当時の出版社は規模も小さく、社員の公募などもなかった。知人の紹介で社長の面接を受けた。同社の「文章倶楽部」の常連投稿者だったことも幸いして採用された。初めは出版部にいたが「新潮」編集部に移動した。これで楢崎は文芸誌の編集という第一の念願を果たした。直属の上司は中村武羅夫（なかむら・むらお）、当時の文壇ではボス的存在の一人である。

楢崎は編集者として大勢の作家たちに会うことができた。著者は楢崎の気持ちになっていろいろの作家たちの印象や消息を記しているが、その視線は一貫して温かい。著者の研究の成果であろうが、自身編集者としての、作家たちと付き合ってきた時の経験が土台にあるに違いない。

しかし、楢崎にはもう一つの願望があった。それは自分自身が作家になることであった。そしてついには自分の編集する「新潮」に小説を発表する。これは編集責任者の中村が目を通して採用したものである。

昭和の文壇史で欠かせないのは戦争中の作家の消息や出版社の動向である。楢崎は家族を千葉県の野田に疎開させたころから、しばらくやめていた日記を付け始め、新潮社に近い東京・牛込の自宅が空襲で焼失したことなどを克明に記している。

また「新潮」の発行は困難になり、昭和二十年三月号をもって休刊した。二十年にわたる楢崎の文芸編集者としての仕事が終わったのである。著者はその後の楢崎の消息も丁寧に追いながら、物語としての面白さを最後まで失わないでいる。（岡松和夫・作家）

（筑摩書房・2500円）＝2002年10月24日⑤配信

うちから湧きでる連想の糸

「読んだ本はどこへいったか」（鶴見俊輔著）

八十歳の老人が、読んだ本はどこへいったか、と自分に問いかける。問いながら来しかたを振りかえり、読んだ本が自分のもとに帰ってきてくれるのをゆったりと待つ。そんな姿勢のもとに、さまざまな本との出会いとつきあいが語られるのがこの「読んだ本はどこへいったか」だ。

まず目を引くのが、読まれた本の幅の広さだ。プラグマティズムの哲学から大衆文学まで、「詩経」「妹の力」「死霊」から「岩窟王」「藤村いろは歌留多」「アンパンマン」まで。しかも、これら硬軟・軽重・難易さまざまの本が、同じように興味深く楽しく読まれ、一つ一つの本の魅力が同じような敬意をもって語られる。つぎに驚くのがそのことだ。

京都新聞の山中英之記者による連載インタビューをまとめてこの本はできあがった。聞き手に人を得たのであろうか、語り手・鶴見俊輔の連想がじつに自在な動きを示して、その動きを追うのが読者にも心地よい。「海外のくにびと」と題する章では、「人間のあらゆる文化は移民の文化である」という翁久允（おきな・きゅういん）にはじまって、明石順三、V・ハミルトン、川上澄生、萩原朔太郎、丸山真男、小田実、開高健、寺山修司、吉田富夫、河合雅雄と連想の糸がつながっていく。

つなげているのはむろん鶴見俊輔だが、読むうちに、思いが思いを呼んで糸がつながり、語り手はうちから湧（わ）きでる思いを喜んでいるだけのように思えてくる。湧きでる思いの見事な一例がこうだ。

「『初めに（正しき）言葉ありき』という聖書の言葉は、自分なら『初めに誤りありき。そしてその誤りが神とされた』と書くのにと思った。間違いの筋道が自分の後ろにあり、その道には自分の今いる場所に導く力があり、さらに私がこれから行く方向を指さしている。そういう感覚がある」

こういう感覚を八十歳になってももちつづける。しあわせな老年だと思った。（長谷川宏・哲学者）

（潮出版社・1800円）＝2002年10月24日⑥配信

渇いた心を潤す視線

「犬隠しの庭」（多田智満子著）

「砂地に水の浸（し）み入るごとく」の言葉のとおりに、この本は渇いた心を潤してくれる。

新しい世紀に入ってからというもの、人の心はことのほか渇いてきたようだ。あちらの国では戦争称揚が声高に叫ばれ、こちらの国では経済優先が金科玉条である。そんな世界でなお生き抜くためには、多くの人はおのれの情感などにかまけている余裕はない。ただひたすらに、大人も子供も、渇いた心で何かに身構えているというのが実情だろう。

とはいえ、人はやはり人である。情感をすべて断ち切ることはできないから、軽便な「癒やし」の方策などを思いついたりする。渇いた心にちょっと水を振りかけては、つかの間、蘇生（そせい）したような気分を味わう。しかし、気分はあくまでも気分でしかない。私たちには、もっと潤沢な潤いが必要である。

このときに本書は、陳腐な比喩（ひゆ）で恐縮だが、砂漠のオアシスのように思えた。というのも、むろん著者もまた同じ世界に生きているわけだが、その世界のつかみ方に、目先のことだけに惑わされるところがないからである。

それぞれのエッセーの素材は、誰にでも見える目先のことである。死んだ犬であったり近隣に出没する猪（イノシシ）であったり、外国で見かけた景観であったりと、ごく普通のことばかりだ。だが、それら平凡な事象が著者の手にかかると、さながら魔法のように潤いを湛（たた）えはじめる。

たとえばそれは巻末の「牡丹狂い」に見られるように、庭の牡丹の花弁の数を数えてみようと思いつき、そこから散り方の差異などを観察し、さらには古代中国での観賞のされ方にまで思いを致しと、時空間を自在に飛び回る視線が滴らせる潤いなのだ。

だから、この本を読んでいると、思わずも辺りを見回したくなってくる。平凡な事象が、潤いをもって見えてくる。簡便な「癒やし」の方法では、決してこういうことは起きないだろう。（清水哲男・詩人）

（平凡社・1800円）＝2002年10月31日①配信

豊穣で懐かしい時空

「聲のさざなみ」（道浦母都子著）

対談集や聞き書きというものは大はやりだが、よいものにめぐりあうことは少ない。聞きっぱなしで編集がおろそかで冗長なものか、明らかにあとで手をいれすぎてつくりものになったもの、そのいずれかのものが多い。

本書は「無援の抒情」で出発した歌人の道浦母都子が数年をかけて丁寧に取材し、まとめた対談集で、それぞれのジャンルで活躍してきた手練（てだれ）十人のふところに飛び込み、現在の「聲（こえ）」を聞き出し、さすがに歌人らしく凝縮したかたちにまとめている。

対談する相手はすべて女性で高齢の人だが、その背筋はすくっと立ち、かぐわしい精神の人ばかりである。同業の歌人は一人しか入っておらず、いっそさわやかな刷新の風が感じられて気持ちがいい。

人の話に一心に耳を傾ける。この生の「聲」に対して、是非こちらから聞き出したいことをそれに折り合わせるようにして差しだし、その反応を待つこと。これが対談の妙だが、それがなかなかむつかしい。

この危険な機微を乗り越えたとき、そこに豊穣（ほうじょう）な、なんとも懐かしい「聲」の時空がかもしだされる。

脳卒中にかかったあとの鶴見和子の端然として気品漂う気骨。また志村ふくみの染色と色彩というものに対する独特の感覚。大庭みな子の童女的でありつつ、母的なものを感じさせるスケールの大きさ。

それぞれのジャンルにはそれに特有なマチエールがあり、表現とその技法にも違いがある。創作工房を直撃しての対談だから、そこにはそれに固有な緊張が流れる。

創作過程の片りんをとらえ、それらに固有な素材とのやむことのない日々の感じが「聲」の波紋として浮き立たせることができれば本書の試みは成功したといってよい。対談に応じた人の大小の波紋が複雑に共鳴しながら聞き手にも確実に伝わったのだから。（樋口覚・文芸評論家）

（文化出版局・1600円）＝2002年10月31日②配信

今読まれるべき昭和前期

「帝国の昭和（日本の歴史23）」（有馬学著）

歴史は現在との対話である。本書はまさに二十一世紀の現在読まれるべき新たな昭和戦前の通史である。

昭和前期は軍国主義化とその帰結である戦争の時代として理解されている。後進的な政治体制において人々の生活は貧しく、言論は抑圧され不自由で息苦しい時代であったと、一般にイメージされてきた。そのため、これまでの通史では都市文化の繁栄や工業化の進展は挿話的に盛り付けられるか、社会構造のゆがみとして病理的に分析されることも多かった。

それに対して本書は、非常時の中の民主主義、戦争の中のモダニズムを多面的に考察し、戦前—戦後を貫く昭和史の道程をみごとに描き出している。戦時中に開始された女性の政治参加や農村の機械化など、戦時体制と戦後民主化は連続していたのである。国防婦人会に関する市川房枝の発言を再引用しておこう。

「かつて自分の時間というものを持った事のない農村の大衆婦人が半日家庭から解放されて講演をきく事だけでも、これ婦人解放である」

著者は「戦争だけしていたわけでない日本人の多様な営みをとらえたい」と冒頭に書いている。この「歴史叙述としてはごく当たり前の目標」を掲げた通史が出現するには、やはり半世紀の時間が必要だったと言うべきであろう。「過去は外国である」と考える異文化的アプローチからの斬新な景色はリアルで実に見ごたえがある。

また、戦後は英雄視された自由主義者・斎藤隆夫の反軍演説（一九四〇年）や、逆に指導者層における判断力欠如の典型とされた近衛上奏文（一九四五年）の論理と機能の読解にはスリリングな感動を覚えた。

著者はすでに、別のシリーズ「日本の近代4『国際化』の中の帝国日本」（中央公論新社）で「大正デモクラシー」の神話を見事に読み直している。本書の前史として併読をお薦めするとともに、この続編となる戦後復興期を扱った有馬史学の次なる一冊を鶴首（かくしゅ）して待ちたい。（佐藤卓己・国際日本文化研究センター助教授）

（講談社・2200円）＝2002年10月31日③配信

背後に偏差値世代の空気

「音羽『お受験』殺人」（歌代幸子著）

一九九九年十一月、東京都文京区音羽通りに住む主婦・山田みつ子被告（当時三十五歳）は、幼稚園に近接した公衆トイレで、二歳の春奈ちゃんを絞殺した。この衝撃的な事件については、すでに何冊も本が出版されているが、本書では、みつ子被告と同じ年生まれの女性ライターが、同世代の女性の視点で、事件の全ぼうを描こうとしている。

この事件は当初、名門幼稚園をめぐる「お受験」殺人と騒がれたが、被告が「母親同士の心のぶつかりあいがあった」と供述するや、報道機関に主婦の投書が殺到した。その多くは「育児ストレス」や「付き合いの難しさ」を訴え、事件に「人ごとではない」という共感を示すものだった。

その反響を見たとき、著者は「怖い」と感じたという。みつ子被告はなぜ幼女を殺したのか？母親たちはなぜ、この事件に関心を寄せるのか？二重の問いを抱いて著者は被告の足跡をたどり、同時に、同世代の女性たちに迫っていく。

みつ子被告は長年、拒食と過食に苦しんだ。同様に摂食障害に苦しむ女性は多い。また被告は、寺の嫁として働き、家事と育児も背負い込んだ。その疲弊が「臨界点」に達したとき、残酷な殺人が生まれたが、同様に、一人で育児のストレスを抱え込む女性は多い。

みつ子被告は常にいい人を演じようとして、言いたいことも口に出さず、その抑制が内面の憎悪を増殖させていった。しかし、そういう被告の背後には、常に偏差値という相対評価で位置をはかられ、揺るがない自分を持たないゆえに他人と適切な関係を結べない「偏差値世代」の空気がある。

昨年十二月、みつ子被告には懲役十四年の一審判決がくだり、裁判所は、春奈ちゃんの母親に落ち度はなかったと指摘した。「心のぶつかりあい」とは被告の主観にすぎず、遺族にとっては「言いがかり」である。

ただ、この事件が女性たちに共通する状況を浮かび上がらせたことは事実なのだ。苦しみながら筆を進める著者の誠実さが、多くの問いを投げかけてくる。（島本慈子・ノンフィクションライター）

（新潮社・1400円）＝2002年10月31日④配信

戦争に翻弄される美術品

「ヨーロッパの略奪」（リン・H・ニコラス著、高橋早苗訳）

戦争のたびに美術品は翻弄（ほんろう）されてきた。ソ連侵攻に始まるアフガニスタンの混乱が、ガンダーラ仏を無数に闇市場に流出させたことは記憶に新しい。その不法な流出は、アフガン戦争を経た現在もなお続いている。美術館で静かにその美を永遠に放っていると思われる傑作が、戦火をかいくぐってきたことが少なくないという事実は、にわかに信じがたいかもしれない。

本書の読者は、二十世紀最大の戦争であった第二次世界大戦が美術品にとっても最悪の受難の季節でもあったことを知ることになる。著者は、特定の政治的な立場からの告発に偏することなく、この美術品の「難民」状態を、あくまでも統計学者を思わせる地道な調査に基づきながら、客観的に報告している。

策謀がめぐらされ、さまざまな粉飾がほどこされている無数の文書を冷静に読み取っていく作業は、気が遠くなるようなものであったにちがいない。そこからは、ヒトラー、ゲーリングらによる、美の殿堂をつくり出そうというナチスの時代錯誤の野望が浮かびあがってくる。

しかし本書のだいご味は、その細部の魅力に宿っている。たとえば、悪名高い偽物作りであったファン・メーヘレンの、フェルメールの贋作（がんさく）が、ヒトラーの計画していたリンツの大美術館に購入されずにオランダに残ることになった事情について、「国宝」を手放したがらなかったオランダの美術館が争って購入したからだと指摘する。そうした事実は歴史の皮肉なめぐり合わせに思いをいたらせずにはおかない。

そして、その背後にうごめいているのは、美術品をめぐる「礼賛」と「排斥」の政治的な力学であることを、本書は説得力をもって教えてくれる。その緊張が残した歴史的なゆがみを私たちは、いまもなお生きている。美術をめぐる大きな負の遺産を自覚することを本書は私たちに訴えているのである。（水沢勉・神奈川県立近代美術館専門学芸員）

（白水社・4800円）＝2002年10月31日⑥配信

ロボット文学の最前線

「あしたのロボット」（瀬名秀明著）

まずタイトルに驚く。わたし自身が七年ほど前、同題のロボット論を書いたことがあったからである。一九九〇年代の人工生命論の爆発をうけ、最初は「ロボットの発見」なる論考を「現代思想」九〇年三月号（ロボット特集号）に、続いて「あしたのロボット」なる論考を同誌九五年十一月号（チャペック特集号）に発表したのだ。

前者では「ロボットは生物的機械でもなければ機械的生物でもない」と断言して旧来の類型を一掃し、後者では「チャペックが本領を発揮するのは多文化的な〈民族固有のロボット〉を紡ぎ出す部分」と規定して、ポストコロニアリズム時代の再解釈を試みている。いずれも、いまだ書かれえぬロボット文学を夢見た思索であった。

したがって、二十一世紀を迎え、人工生命について語らせたら当代随一の物語的才能が、徹底した調査をふまえ、かつてわたしが夢見た以上の精度でロボット文学の最前線を届けてくれたことをうれしく思う。ここではロボット工学三原則の開発者アシモフとSF黄金期の巨匠ハインライン、そしてもちろんわが鉄腕アトム生みの親・手塚治虫らのつくった世界が巧みに共有され継承される。

「亜希への扉」において「ロボットは生物ではない、だが機械でもない」と断じて「新しい存在なんです」と主張するところや、「見護るものたち」においてタイを舞台にした多文化的文脈で「ロボットや地雷の精霊」が想定され、ロボットに「希望と挫折」双方を前提するところなどは、本書全体がロボットの運命にSFの運命を重ねている大枠に照らして、きわめて啓発的だ。

いちばんの衝撃は、かつての神と同じく、ロボットもまた人類を未来へ導きながらもやがては自ら過去へ取り残されていく存在と見直す部分だろう。カトリック作家・遠藤周作の文学にも似た祈りが、ここにはある。誰にでも楽しめる連作でありながら、瀬名は疑いなく「ロボットの沈黙」という前人未到の本質的主題を、ここに掌握したのである。（巽孝之・慶応大教授）

（文芸春秋・1667円）＝2002年11月7日①配信

ウキウキする場に変える

「会議革命」（斎藤孝著）

「今日は会議があると思うとウキウキする」という人がいたら、彼らは怠け者か、うそつきに違いない。今この瞬間にも、日本中の会議室や議事堂でダラダラと空費されているはずの時間とエネルギーを想像するだけで、肩が凝り、あくびが出そうだ。

「会議は踊る」ならまだしも、「会議は眠る」「会議は腐る」という言葉がふさわしいのが、この国の「会議という名の憂うつ」なのだ。

そんな憂うつな場を、本当にウキウキする場に変えてみせよう、というのが本書の大胆不敵なもくろみである。

いきなり「日本経済をダメにしている元凶の一つは会議だ」と宣告した著者は、ありがちな意識革命論をぶち上げるかわりに、実に単純明快なスタイル革命を提唱する。机やいすの並べ方を替える、制限時間を設ける、報告と審議の順序を替える、少人数グループに分割する…。どれもが即、実行できることばかりだ。

それらのルールやメソッドが単なる効率化・合理化ではなく、参加者の身体やエロスをも巻き込んだトータルで有機的なシステム変革であるところが、本書の新機軸だ。

チーム全員が有機的に動くカオスの中に一瞬のゴールへの筋道（コスモス）を見つけていく—といった現代サッカーの比ゆを頻用し、「あるべき会議」が説明されるくだりも、実に新鮮。野球オヤジには不満かもしれないが。

著者の独特の造術語や「です・ます」調が、なにやら自己啓発セミナーを連想させ、当初は、やや身を引いて読み始めたのだった。が、そんなサッカー話に気を許したすきに、いつの間にやら「うんうん、その通りなんだよな」といちいち首肯しながら読み進む自分に気づいた。三色ボールペンこそ使わなかったが、やはり「斎藤メソッド恐るべし」である。

いずれにしても、本書が読まれないよりは多く読まれる方が、確実に「日本が面白くなる」のは確かのようだ。ちょっぴり悔しいけど。（山崎浩一・コラムニスト）

（PHP研究所・1200円）＝2002年11月7日③配信

茶の湯から見える秀吉像

「茶人　豊臣秀吉」（矢部良明著）

このところの「和」の流行で、ちょっとのぞいてみたい茶の世界である。そしてそう思えば、誰でも習いにいける今日の茶道だが、それは利休ではなく秀吉のおかげであるらしい。

利休は茶の湯の革新者であり、その世界での人の平等をうたったが、彼はあくまで堺の一茶人。その思想を理解し推進した天下人、秀吉あっての利休であった。今なお続く、京都・北野天満宮、四民の集う大茶会を敢行したのは、秀吉その人なのである。彼の目は、かつての自分の姿である庶民にも注がれていた。

ともすれば、侘（わ）びの利休、黄金の秀吉と、侘び寂（さ）びの理念を解さぬ印象の秀吉だが、本書はこの対比も打ち崩す。

秀吉のしつらえた黄金の茶室は、利休の説く侘びの思想を理解した上での“破格”、ないしは秀吉ならではの豪放な遊びと著者は説く。なぜならば、かの黄金の茶席も、侘びの基本である三畳間なのだ！

じっさい秀吉は、茶の湯を自由に楽しんだ者だったらしい。茶席の入り口に自慢の道具を飾り、客を驚かせた逸話など、諧謔（かいぎゃく）と機転、即興に満ちた茶会の記録も紹介される。武将としての武勇と知略は、茶の湯にも発揮されたのだ。

こうした逸話には、ほんとうの茶とは、と考えさせられもする。茶道はときに形式に重きがおかれ、茶席は緊張と足の痺（しび）れに終始することがある。

ところで、そんな何ものにもとらわれない秀吉だったが、利休の創作道具を自らの茶席に用いることは、ほとんどなかったという。伝統的な価値観にのっとり、唐物とよばれる中国渡来の高価な茶器を珍重したあたり、彼は決して侘び茶人ではなかったのである。

これを著者は、秀吉の武家累代に自らもつらなっていることの自覚と見る。あるいはプライド、コンプレックス、か。

茶の湯を通じ、秀吉その人が浮かび上がる。天下統一の歴史を読み返してみたくもなる一冊だ。

（有吉玉青・作家）

（角川選書・1600円）＝2002年11月7日④配信

霊長類研究から見る暴力

「男はなぜ暴力をふるうのか」（M・P・ギグリエリ著、松浦俊輔訳）

性をめぐる生物学的研究はフェミニズムの登場以後、苦戦を強いられてきた。それまで宿命だとされてきた男女の性差は、ジェンダーとして、ことごとく歴史や社会によって構築された虚構であると暴き立てられた。

実際、そういう視点が学問に持ち込まれることによって、研究者は相当注意深く議論を展開することになった。それは生物学という学問にとっても前進だったと考えられる。が、それでも社会的構築ということでは割り切れない現象として性があることは、否定しようもなかった。

本書は、女性差別的なイデオロギーに加担しないことを前提としつつも、避けられない問題として生物学的な男女の違い、とくに男性の性の傾向を明らかにした一冊である。

「男の暴力の起源は氏か育ちかの問題ではない。育ちは氏によって遺伝的にプログラムされているのだ。（中略）氏、生物学的性、育ち、社会的性などによって形成される繁殖戦略として現れてくるのである」

著者は霊長類の研究や、人類学の豊富な知見から、周到に人間の性の社会決定論を論駁（ろんばく）していく。例えばテレビの影響が殺人などの暴力を生じさせているとするのなら、なぜ、それは圧倒的に男性に引き起こさせているのか、と。

そうした背景を著者は自らの遺伝子を残そうとする雄の戦略に起因していると考える。そして、人間とほぼ同じDNAを持つチンパンジーなどが、レイプや殺しや戦争をする実態を分析し、その本能の力を人間だけが免れているはずがないと結論づける。

著者の主張は、だからこそ、そういう事実を前提とした問題認識をしなければならない、ということになる。本書のロジックは比較的容易に、銃規制や防衛など現実の政治問題に結び付けられて語られるが、そうした点の評価は別にしても、著者の科学的な見識に学びうることは実に多い。（伏見憲明・評論家）

（朝日新聞社・2300円）＝2002年11月7日⑤配信

足跡を丹念にたどる労作

「荷風とニューヨーク」(末延芳晴著)

「荷風とニューヨーク」は、タイトルどおり、明治生まれの文学者・永井荷風のニューヨークでの足跡を丹念にたどりながら、そのつど、荷風が歩き、生きた場所に関する解説を加えていった本である。巻末には、荷風が残した「あめりか物語」や「西遊日誌抄」などをまとめて作られた、彼の西洋での足取りを詳しくたどった年表も付されている。

著者は評論家で、長くニューヨークに住み、荷風や漱石らの海外体験が、その後の文学展開にどのような意味をもったかを研究・調査してきた人である。荷風に関してはすでにこの本の前に、荷風と娼婦(しょうふ)イデス、純真な村娘ロザリンとの恋の成り行きについて詳しく調査した「永井荷風の見たあめりか」という本を上梓(じょうし)している。

一向に学業が身に付かない様子だった永井荷風は、「実業を身に付けさせよう」という父親の配慮で、一九〇三(明治三十六)年、二十四歳になる年にアメリカへ渡った。はじめはワシントン州のタコマという町で英語を習いながら一年間を過ごし、その後ニューヨークへ出て、横浜正金銀行のニューヨーク出張所で臨時雇いの職員として働いたりしながら、〇七年にフランスに渡るまでの日々をニューヨークで過ごしている。

この本を読むと、荷風のあと百年間にニューヨークを訪れた多くの日本人がしてきたであろうことを、早くも明治の時点で荷風がほとんどすべてしていることがよくわかる。

荷風は街中を隈(くま)なく歩き回るのはもちろんのこと、摩天楼に驚嘆し、メトロポリタン歌劇場でオペラを見、チャイナタウンの酒場に遊び、満員の地下鉄に揺られ、デパートの「ショップ・ガール」と軽口をたたき、今でいうところのエスニック・レストランでさまざまな外国料理に舌鼓を打っていたのである。

そんな荷風のニューヨークでの足跡を詳しくたどった本書は、膨大な荷風研究というパズルのワンピースを埋める労作だといえるだろう。(井上一馬・文筆家)

(青土社・2800円)＝2002年11月7日⑥配信

難解な話をやさしく解説

「見えざる敵ウイルス」(D・H・クローフォード著、寺嶋英志訳)

健康は現代人の最大の関心事だ。「健康なら死んでもいい」という言葉が冗談として通用しないくらい、健康は社会の強迫観念になっている。しかし、健康づくりのためのマニュアルが盛んに喧伝(けんでん)される割には、健康を害するものについての情報は必ずしも十分とは言えない。

その最たるものがウイルスだろう。ウイルスといえば、例えばエイズのように特殊な病気の原因と思われがちだ。ところが実際には、がんを含め実に多くの身近な病気がウイルスに起因している。ウイルスを抜きにして健康は語れないというのが実情なのだ。

本書は、ウイルスに関するメディアの情報が「あまりにも不正確」だと感じた英国のウイルス学者が、一般の人もウイルスについての「正確な情報をもつ権利がある」という立場で書き下ろしたウイルス学の現在。どの章も典型的な症例の紹介から入り、歴史的な発見談から最近の医学スキャンダルまで、エピソードをふんだんに盛り込んで難解なウイルスの話をやさしく解説している。

エピソードの中には日本ではあまり知られていないものもある。例えば、エイズウイルスがエイズの直接の原因ではないと主張し続けた研究者たちがいた事実。科学的にはあり得る仮説だが、もしそれが薬害エイズのまん延に何らかの悪影響を及ぼしていたとすれば問題は大きい。

ウイルスは遺伝子治療の道具としても注目されている。著者は楽観的に「悪者のウイルスは、いまでは役に立つ者になるように訓練され始めている」と述べているが、その是非も将来を待つしかないだろう。結局ウイルスを知ることは、科学と社会との関係をあらためて問い直すことでもあるのだ。

現在、米国を席巻している西ナイルウイルスは日本に「いつ上陸してもおかしくない」と厚生労働省は見ている。インフルエンザの大流行も予測されている。本書はそうしたウイルスの新しい攻撃に対抗するための、いわば知識の“ワクチン”なのである。(吉永良正・サイエンスライター)

(青土社・2400円)＝2002年11月14日①配信

生と死の切ない問いかけ

「往生日和」（倉本四郎著）

九十歳になる老父が、脳梗塞（こうそく）の三度目の発作で生死の境をさまよった。死に行く自分を中空からながめるという不思議な体験の最中に、彼はまた思いがけない光景を目にしたのである。

三男の家に身を寄せて十年、寛容で心やさしい嫁に比べ、息子は気難しく、ときに邪険でさえあった。だが、その息子が自分にとりすがって、泣きじゃくっている。同じ敷地内に住む末娘夫婦も涙にくれている。彼方（かなた）に光り輝く寺の山門があり、招く者がある。しかし、引き戻す力も強い。老父は再び息を吹き返す。

物語は、ここから始まる。にぎやかな三世代同居とはいえ、いわば中途同居の老父は、家族の中で孤立した存在だ。それに九人もの子どもがありながら、みながバラバラに生きている。

父、息子、その妻と、三者の独白をつなぎ合わせながら話が展開していく手法は、登場人物それぞれの心のひだにまで分け入って、物語に深い陰影をつけている。

ひょっくり生き返った父は、言葉を失った代わりに、聴覚を取り戻し、不自由だった右足で文字を書いてみせて家族を驚かす。しかし、死を前にしたこの老父のあふれるような思いを、だれが知ろう。何十年とさかのぼってあぶり出される血を分けた者たちの確執、そして愛や憎しみ。年老いた者たちは、深い諦観（ていかん）に浸って、それぞれの人生を振り返る。

故郷島原のお国言葉で語られる家族の物語、そしていまや消えつつある土地の人情が浮き彫りにされる。

こうした土着の思想に裏打ちされた人間の生と死から、私たちが学ぶものはないのか。著者が切なく問いかけているように思える。

父は、七日後に息を引き取る。その場に居合わせた者たちの気持ちが次第に一体化して、不思議な磁場をつくり出す。それは最後までみんなで支えたという実感の点で、病院で迎える死とは違ったかもしれない。死者はこんどこそ光の彼方へと旅立って行った。（高見澤たか子・ノンフィクション作家）

（講談社・1800円）＝2002年11月14日②配信

待望久しい快男児

「生きて候」（安部龍太郎著）

人々が熱い欲望と高い理想を沸騰させた安土桃山時代。この花のある時代を、信長ゆかりの槍（やり）「敦盛」を振りかざして疾駆した「本物の男」がいた。両親から授かった「命」という宝物を美しく使い切り、「生きて候」とうそぶいた本多政重。生きる意味を発見できない現代人は、「彼のように生きたい」というあこがれを持つことだろう。

その一生たるや、波瀾（はらん）万丈。徳川家康の知恵袋・本多正信を実父として、一向一揆の炎の中で生まれ、倉橋家の養子となり武辺者の道を突き進む。秀吉の無謀な慶長の役の実態に触れて、民を苦しめない「政」の大切さに目覚める。関ケ原では、西軍の宇喜多秀家の先陣として家康の本陣に迫る。その後、加賀前田百万石の家老として民生の安定を図る。命の最も美しい使い方が、見つかったのだ。

初恋の人・豪姫にはプラトニックな純愛をささげ、政重を仇（かたき）と狙う絹江とは、獣のように交わる。それでいて、男からも、女からも愛される果報者。歴史小説ファンの待望久しかった「快男児」が復活した。

この男、剛直なだけの武辺者ではなく、書もよくし、繊細な詩人の魂にも恵まれた。だから、恋と戦と文化論の三拍子そろったオーソドックスな物語が、奇をてらわずに展開される。

脇役では、政重を「大将」と慕う「竹蔵」（後の宮本武蔵）が武芸者として大成するプロセスに、作者の遊び心があふれている。一方で、合戦の描写や馬の交接場面など、リアルな写実も光る。また、関ケ原の合戦で「朝廷」が果たした役割の大胆な解釈は、現代もなお日本文化の根底にある「天皇制」に食らいつく作者の執念を感じさせる。

安部龍太郎はこれまで、歴史小説の未来を担う若武者として扱われてきた。本書を堪能した読者は、彼がすでに群雄割拠する歴史小説界の一角を担う指揮官に成長していることに気づくだろう。
（島内景二・電気通信大助教授）

（集英社・1900円）＝2002年11月14日③配信

おかしみと人間のにおい

「裸」（大道珠貴著）

自分を突き放して誇るつっぱった若さでもなく、身体ごと世間に馴化（じゅんか）しているふてぶてしい若さでもない。傷つきやすい魂を抱えてやみくもにさまよう自虐的な若さとも少しちがって、この短編集に描かれている主人公たちは、それぞれが「生きにくさ」を感じつつも、とりあえず自分の場所をみつめようとあがいている。それが一種さわやかな読後感をもたらしてくれる。

本書には、バイトでホステスをする十九歳の女性の「ここ」にいることの違和感を描いた表題作と、都会の茶舗で働く三十三歳の女性の、周囲の人に感じるズレを描く「スッポン」、中学生の落ちこぼれ少女の切なくもたくましい日常を描いた「ゆううつな苺」の三編が収められている。

どの作品にもバイタリティーが漂っていて、主人公たちの感情にウソっぽさがない。「人」との距離が的確に描かれているせいだろう。

嫌悪を感じつつも、時に相手のほうへと流れていく親密さ、ややこしくからみあった親族へのうっとうしさとなつかしさ、茶舗の仕事で知りあった主婦たちの通俗としかいいようのない存在への反発と恭順。相反する感情がわけのわからないままに同居しているが、そこに生のリアリティーが感じられる。「ゆううつな苺」に登場する中学校の男子同級生の「普通さ」もいい。

どのエピソードにも血の通った人間のにおいがあって、それがこの作品集をいきいきさせている。「なるほど人の関係は、こんなふうに近づいたり離れたり、不快だったり、どうでもいいと思おうとする感情で成り立っているのか」と納得させられる。

伯母と父との不倫や、都会に逃げたあとも親類との切るに切れない関係が続くなど、きれいごとではない日常のざらつきがそれぞれの作品にはあるが、混沌（こんとん）とした中におかしみと人間くささが漂う。

九州弁の効果も絶大。方言っていいなあと、あらためて思うとともに、土地の持つ生命感もまた、この作品集では大切に描かれている。（稲葉真弓・作家）

（文芸春秋・1381円）＝2002年11月14日④配信

鮮やかに70年代読みとる

「どうにもとまらない歌謡曲」（舌津智之著）

ここ数年、歌謡曲やJ-POPといった日本の大衆音楽を論じる出版物が増えており、静かなブームという観がある。一九九〇年代以降、タイアップによるミリオンセラーが連発され、バブル崩壊後も小室哲哉らが大ヒットを次々と仕掛けた。こうした中で産業としての音楽全体が、社会現象として大人の注目を集め出した。

この音楽論ブームは、九〇年代以降のレトロスペクティブ（回顧的）な眼差（まなざ）しの一部ともいえる。経済大国という国家目標が最終達成され、明確な未来像が失われた現代。こうした中で、人々は急ぎ足で通り過ぎた過去をじっくり振り返ることで、現在位置を再確認しようとする。

「磯野家の謎」以来定着した「謎本」のように、サザエさんやウルトラマンといった人気者たちの物語を読み解くことは、いわば足元からの戦後史の検証といえる。

七〇年代の「どうにもとまらない歌謡曲」を主題とする本書は、回顧を通じた現在の見直しという動きに、まさに正しくはまっている。本文でも言われる通り、七五年は、平均初婚年齢の上昇など、さまざまな重要な変化が統計上に初出する戦後史の転換点。つまり「今」への助走の起点という意味で、七〇年代は最大の注目に値する時代なのだ。

筆者は主にフェミニズムの視点から、当時の歌謡曲における恋愛観や男女関係の大きな変動について、さまざまに興味深い考察を行っている。例えば、同せいや人妻の不倫という新しい主題が現れたが、多くの場合は過去形＝解消歌として歌われていることに注目。同時期の結婚至上主義を裏から補強したと論じているが、納得できる指摘だ。

ピンク・レディーに女性の性的主体化への志向を見いだしたり、「ハチのムサシは死んだのさ」にかすかな軍国イメージの響きを読みとる手際なども、鮮やかだ。他方で、七〇年代に焦点を絞るあまり、多少分析が甘い感のある個所も。近代と「時間」という主題などは、より広い時間性の中で論じる必要があろう。（大塚明子・文教女子短大助教授）

（晶文社・1900円）＝2002年11月14日⑤配信

北の国をつくり上げた人々　「海霧（上・下）」（原田康子著）

北海道はどのようにして成り立ったか。本書には、著者の尽きせぬこの問いかけが流れ続けている。

千八百枚という長編大作は、いわゆる歴史小説ではない。そもそも、歴史とは何かなどという上から問いかけるような姿勢は、ここにはない。人々、群像が時を刻み、時を重ねてつくり上げていったもの、名もない人間たちが地をはうようにしてつくり上げていった結果が、ゆるぎのない形となってこの大作に顕現した。

平出幸吉と、さよを太い幹として、この一組の夫婦から枝分かれしていく一族の群像こそが北の国をつくり上げていった。佐賀から流れてきた男とエゾ地に育った女が出会い、石炭掘りから始めて海産物を商い、屈指の商店を築き上げてゆく。

流亡譚（たん）は同時に出世譚でもあり、成功の話は敗北をも招きよせる。あまりに一本気であり過ぎる一族の人々は、あしき計略を重ねる時の権力に謀られ利用される。平出一族の浮沈は三代を貫いて、四代を予感させるところで幕を閉じる。

まだ久寿里と呼称された釧路、そして函館などを舞台に小説は展開する。北海道各地に移民してきた本州の人々が、未開の凍土の地にツルハシやクワを入れ、北の国にふさわしい土地につくっていったのだった。

平出一族は、肥前からやってきた幸吉を一代目としている。この小説は最初から最後までお国ことばがぶつかり合っていて、いわゆる北海道弁に流されないところが生き生きとしており、それが北海道の成り立ちを意味づける。

幸吉の妻さよは、身内の者たちの誕生に立ち会い、そして同世代の者たちをあの世に見送る物語の中心人物として生き永らえてゆく。一族の歴史が女たちによってつくられていったと思わせるほどに、衣食住の細部が女たちの力と労働によって支えられてゆく。

無名の人々、とりわけ女性の大いなる力の共和がつくり上げていった北海道が、くっきりとした姿に描かれた佳篇であった。（栗坪良樹・文芸評論家）

（講談社・上下各2300円）＝2002年11月21日①配信

若者の共感を呼ぶ文体　「太宰治　弱さを演じるということ」（安藤宏著）

太宰治は没後すでに五十年以上になるのに、いまだに多くの読者、とくに若い人に人気のある作家である。漱石や鴎外の作品が国語教科書から消えて、文学というもの自体に縁遠くなりつつあるなかで、なぜ太宰治は今も若い読者を引きつけてやまないのか。

本書はそんな問いから書きおこされている。

もちろん、時代が移れば、その作家の読まれ方が変わるのは当然のことだろう。かつて太宰といえば、坂口安吾や石川淳らとともに、いわゆる"無頼派"の文学として神格化されてきた。自由奔放に薬と酒と女におぼれて、あげくの果てに心中自殺する。そんな作家の生き方が、若者の青春の情念を刺激し、一種のあこがれの対象となっていたのはたしかだろう。

しかし、そうした"無頼派"のイメージには、戦後という時代のにおいが付きまとっていた。廃虚、闇市、配給、メチルアルコール、戦後派のデカダンスは、太宰の作品にはぴったりだった。著者は、そんな太宰像を決して否定してはいない。だが、もしそれだけであるならば、彼の文学はとうの昔に過去のものになっていただろう。

太宰が今日も読まれる秘密—それは太宰が、その作品で描いてみせる「うそ、演技、ポーズ」の大げさな身ぶりが、つねに他者との隔たりを意識し、その距離の取り方のなかでぶつかる「孤独」をあらわにしているのであり、その点に関心が集まる。

それは情報化社会のなかで、ひたすら断片化していくコミュニケーションの間隙（かんげき）で戸惑う現代人、とくに若者の共感を呼ばずにはおかない。つまり、物語の内容よりも、その内容をどう読み手に伝えるかということに集中した太宰作品の文体こそが、現代の「孤独」な状況に受け入れられるのだ。いや、その文体、語りのスタイルこそ、太宰文学の本質であり、真の魅力なのだと著者は言う。

本書はその意味では、太宰文学の入門書であるとともに、現在からの新しい太宰評価を示す本格的な文学論でもある。（富岡幸一郎・文芸評論家）

（ちくま新書・700円）＝2002年11月21日②配信

過激で透徹した人間観　「昭和の劇　映画脚本家笠原和夫」（笠原和夫ほか著）

書評を頼まれたとき、映画脚本家の「笠原和夫」という名前に既視感はあるのだが、急には誰だったか思い出せなかった。

ついこの間「仁義なき戦い」のDVDを全巻買いそろえ、「頂上作戦」のラスト、雪の吹き込む裁判所の廊下で小林旭が菅原文太に言葉少なに語りかける場面で、またまた不覚の涙をこぼしたばかりなのに。

この本がすごい。六百ページのロングインタビュー、重さが一キロ。片手で持って読んでいると、腕がしびれてくる。あまりに内容が濃いので、どう紹介してよいか分からない。

とりあえず一つ言えるのは、笠原の全作品が「人間は曖昧（あいまい）なものだ」という確信に貫かれていることである。

「曖昧な態度というのは、人間にとって一番人間的な道なんだというのが僕の解釈なんだよ。つまり人間というのは、はっきりできるもんじゃないんだと。常に人生は変わってしまうし、曖昧だし、結論が出ない」

だから笠原の描く人物は単純な行動原理で一貫するということがない。迷いつつ決断し、ためらいつつ暴走し、和解するかと思うと殺し合いを始める。でも、人間はそういう相反するものを同時に抱え込んでいるものなのだ。

「日本侠客伝」や「仁義なき戦い」のやくざたちも、「あゝ決戦航空隊」の海軍将兵も、「日本暗殺秘録」のテロリストたちも、笠原が熱い視線を注ぐのは、そのような曖昧さを生き、それによって時代にブレークスルーをもたらすような人間たちである。

笠原はインタビューの中で、大西瀧治郎海軍中将や二・二六事件の磯部浅一のような破格の人物たちへのこだわりを語る。彼らはその天皇主義を徹底させ、ついには現実の天皇を否定するところまでゆきついた。「自分の中の天皇」と「現実の天皇」の乖離（かいり）を抱え込めるような「断固たる曖昧さ」のうちに笠原は人間の最良の美質を見いだす。この過激で透徹した人間観には脱帽するほかない。（内田樹・神戸女学院大教授）

（太田出版・4286円）＝2002年11月21日③配信

米国の病理を内から糾弾　「アホでマヌケなアメリカ白人」（マイケル・ムーア著、松田和也訳）

ブッシュ政権がイラク攻撃への秒読み態勢に入る中、国際社会は日増しに反米色を強めている。こうした中、本書は米国人ジャーナリストが、「内側から米国を糾弾した」少し危ないエッセー集である。

邦訳の表紙帯には「ジョージ・ブッシュとその仲間たちの隠された素顔」とあるが、本書のカバーする範囲はもっと広い。「人種」問題から「教育」「環境」「軍拡」「犯罪」問題まで、現代アメリカの実像を多様な側面から切って見せる。

本書の過激なタイトルが示す通り、「愚かな白人の一極支配が米国社会のさまざまな問題の根幹にある」というのが、白人である著者の自虐的な主張だ。

一九五〇年代以降、活発化した公民権運動と差別撤廃措置によって、米国の人種問題は制度的には解決に向かって歩んで来た。だが制度と実態は常に乖離（かいり）する。人種間の融和はいまだに実現しないのだ。

「俺は（人気テレビドラマの）『フレンズ』に黒人が出てこないことを気に入っているよ。なぜなら、現実世界では、あれに出てくるような（恵まれた階級の）奴らには黒人の友人なんていないんだからさ。あれは正直な、信用できる番組だ」（本書より）

実際、プロスポーツや芸能など特殊な分野を除けば、米国社会の良い席は、いまだに白人で占められている。支配層にある富裕な白人は既得権を守るためにあらゆる策をろうするが、それによるゆがみが米国社会をむしばんでいるようだ。

たとえば本書は、一昨年の大統領選挙における、ブッシュ陣営の選挙妨害工作を克明に記している。その中でゴア候補を支持するフロリダ州の黒人有権者を、巧妙に投票者名簿から削除してしまうくだりがある。米国の指導者を決めるプロセス、いわば民主主義の頂点がこのように汚されている以上、米国社会のさまざまな病理は、必然の結果かもしれない。

白人を「絶対悪」とみなす著者の考えは偏っているが、極論が真実の一面を照らすこともある、というのが読後の感想である。（小林雅一・ジャーナリスト）

（柏書房・1600円）＝2002年11月21日④配信

皇民化教育から見える今

「『君が代少年』を探して」（村上政彦著）

昭和十（一九三五）年に台湾で大地震があった。被害を受けた十二歳の台湾人の少年が、亡くなる間際に、「君が代」を歌って死んだ。のちに彼は「君が代少年」として、日本統治下の外地や、内地の教科書に美化されて掲載されていく。それに疑念を持った著者が真相を明らかにしていくのがこの作品であるが、テーマは重く、教育、歴史、文化、人間形成など、さまざまな問題を読み手に問いかけてくる。

一般に植民地政策をとる国や戦勝国は、まず自国の「国語」教育に力を注ぐといわれている。戦前戦中の日本も例外ではなく、植民地にした国には日本語教育を施していったが、母国語を奪われた民族はどうなるか。歴史は文字によってさかのぼるものだということを考えれば、母国語を奪われるということは、その国の歴史や文化、あるいは民族としての意識も変容させられることになる。

著者は台湾にも渡って、少年を知っている老人や弟に会い、「君が代少年」がどのようにして教科書に取り上げられたかを知ることになる。そこには地震で亡くなった皇国少年を美談に仕立て上げ、なおかつそれを皇民化教育の材料とした日本の姿が見えてくる。

そして作品は重層的、なおかつ複眼的で、読み進むにつれ、戦前や現在の台湾人たちの生活や政治観が現れてくるが、それらは日本人のわたしたちの問題としても立ち上がってくる。

戦前、日本人が台湾人にやった行為は、実はいま、わたしたちが敗戦国としておなじことを受けているのではないかという危ぐも抱く。今日、自国の母国語教育よりも外国語教育に熱心で、国語力はますます落ち、そのうえ欧米の文化が大挙して入って美徳観も変わり、わたしたちが美徳だとおもっていた文化もなくなりつつある。

本書は、植民地時代の台湾人への、日本の皇民化政策を暴いているが、実はこの国の過去と現在の教育を照らす鏡にもなっている。（佐藤洋二郎・作家）

（平凡社新書・760円）＝2002年11月21日⑤配信

謎の解明試みた随想的評論

「三島由紀夫・昭和の迷宮」（出口裕弘著）

三島由紀夫は、三十二年前の十一月二十五日、東京・市谷の自衛隊で、「攘夷（じょうい）」を訴えて自刃した。

だが、その死とそれまでの生を考えてみれば、奇妙なことがいくつもある。

この本の冒頭と巻末で著者は東京・馬込の三島邸を訪ねる。庭にはアポロ像が見える。その洋館の内部には畳の部屋が全くない。そんな家の主が、攘夷を訴えて自決したのだ。その迷宮に分け入り、謎の解明を試みた随想的評論である。

まず、なぜ三島は切腹死したのか。「わたしは凶（まが）ごとを待つてゐる」と、三島、十五歳の詩にある。既にそこに明らかだが、少年時から凶変、流血、自己破壊の願望が三島にはあった。それらは「仮面の告白」「鏡子の家」「憂国」など多くの作品にある。

加えて「仮面の告白」で明確に描かれた同性愛衝動が融合して起きたのが、森田必勝との自刃であると著者は考える。真相は「義」という旗で包み込んだ「公的情死」であると。

だが著者は、自決に向けて絶対的信念を語る三島には同意しない。最後の大作「豊饒の海」も高い評価を与えない。その死にも「いたましい」と記すだけだ。

「われわれは、断乎として相対主義に踏み止まらねばならぬ。宗教および政治における、唯一神教的命題を警戒せねばならぬ」と書いたのはほかならぬ三十歳の三島だ。文楽を楽しみ、フランス美術展を見た足でプロレスに行く。マンボを踊って、茶漬けを食う。そんな日本文化の感受性を相対主義と三島は言う。

著者が愛するのは、そんな相対主義者・三島由紀夫だ。その相対主義宣言のころの「沈める滝」を傑作と考えるのも、そこに「格調高い日本語でヨーロッパの論理と修辞」を堪能させてくれるからだろう。

晩年三島は、死とエロチシズムの思想家ジョルジュ・バタイユに熱中した。バタイユの先駆的紹介者である著者が、三島が感じたものとは異なるバタイユ像も提示していて興味は尽きない。快活な人だった三島の小説を好む者にとって必読の一冊だ。（小山鉄郎・共同通信編集委員）

（新潮社・1800円）＝2002年11月21日⑥配信

だからまだ、読んでいる

「遅読のすすめ」(山村修著)

遅読な人間に「遅読のすすめ」の書評を書けという。「いかがでしょう」と問われたとき、「興味はありますが、なにせ私は遅読なもんで…」と及び腰の姿勢を見せた。すると依頼者は「大丈夫。活字も大きいので一気に読めます!」とおっしゃった。

しかし案の定である。きっと普通の人なら一、二時間で読み切るであろう本書を、私は一週間ほどかけて読んでいる。締切は迫り、もはや猶予はない。でもまだ読み終わらない。なぜか。

文章がわかりにくいわけではない。むしろ教え上手な国語の先生の授業を受けているような心地よさを感じる。著者自身が遅読をすすめているのである。早く食べられない子供に「ゆっくり食べればいいんだよ」と囁(ささや)きながら食事をさせているようなものだ。

著者は言う。「目が文字を追っていくと、それにともないながら、その情景があらわれてくる。目のはたらき、理解のはたらきがそろっている。そのときはおそらく、呼吸も、心拍も、うまくはたらき合っている。それが読むということだ」

早く読まなければ怒られるという強迫観念にさいなまれることなく、落ち着いて読める。その安心感がうれしい。眠くなって本を閉じても誰にもしかられない。「まだ読んでるの?」とあきれられる心配もない。長い間抱えていたコンプレックスから解放された気分だ。

そのうえ著者は、夏目漱石、内田百閒をはじめとする良質の文章をたくさん例にあげている。味わい深い文章というのは、なるほどおもしろいものだと再認識し、その例文をくり返し読んでみる。ときに声に出してみたりもする。「幸福とは、幸福の予感である」という言葉に胸打たれ、確かにそうだと、さまざまなことを思いだし、瞑想(めいそう)にふける。そんなこんなでますます時間がかかる。

本書は、私のような遅読・少読家が出合うべき優れた本や言葉も紹介してくれている。こんな幸せをさっさと手放せるものか。だからまだ、読んでいる。(阿川佐和子・エッセイスト)

(新潮社・1300円)=2002年11月28日①配信

隠されてきた孤児の悲惨

「東京大空襲と戦争孤児」(金田茉莉著)

読了した後、六十七歳の著者にとって、どうしても書き残さなければならなかった仕事だった、との思いが惻々(そくそく)と迫って粛然とさせられる。

一九四五年三月十日、東京大空襲で家族全員を失った著者が、自分の体験を軸に、聞き書きと官庁などの関係資料を渉猟(しょうりょう)して書き上げた。伝えようとする執念が、行間からほとばしり出ている。

「私の場合学校へも通えましたし、親の遺体も見つかり、孤児のなかでは恵まれていたとつくづく思い知らされました」

著者よりも、さらに悲惨な体験がある。彼女とおなじ「戦争孤児」たちのたいがいは、親兄弟の遺体とも対面できず、別れの葬式もないまま、身寄りのない「浮浪児」として、都会の底辺を這(は)いまわった。

後年、著者は「三人の戦災孤児を育てた」という人物と会い、その消息を聞くと、三人とも精神病院に入っている、と答えたという。人間が枯れ葉のように焼き尽くされた空襲から、辛うじて逃れた少年や少女たちでも、餓死、病死、自殺、とついに生き延びられなかったものも多い。

あるいは路上生活者として生き延びたにしても、孤児たちは年少労働や売春を強制させられ、それらの悲惨によって、今なお精神を冒されているものもいる。

戦争の地獄は戦場ばかりのことではない。空襲、一家全滅、みなし子の発生、とストリート・チルドレンは、世界じゅうの現在に続いている。精神的な打撃と重大な喪失感は、これからあとである。

戦死者とその家族もまた不幸だが、それでも補償はあった。軍人恩給は本人が死亡しても、妻に支払われつづけている。ところが、同じ戦争によって一家全滅、あるいは疎開していた子どもだけが生き残ったにしても、なんの補償もない。

それらの悲惨は、伝えられなさすぎた。むしろ隠されてきた。それなのに、今また戦争を煽(あお)るものがいる。その声への返答が、この著者の訴えである。(鎌田慧・ルポライター)

(影書房・2200円)=2002年11月28日②配信

風通しよく差別論対談

「日本の差法」(ビートたけし、ホーキング青山著)

あえて波風を立てようともくろんだ一冊である。本書は「世界の北野」ことビートたけしと、自称「史上初の身障者お笑い芸人」ホーキング青山が、事なかれ主義の世間に向けて放った差別論対談だ。

ホーキング青山は先天性多発性関節拘縮症のために生まれつき両手両足が使えない重度の障害者で、デビューして以来、自らの障害をネタにしてはばからない芸風で勝負してきた。

「とにかく生まれたときに、医者から父親が『死産にしますか?』っていわれて、『うちは育てます』っていうことになった。そこから始まったわけですよ、ボクの人生は」

それにビートたけしはこう応じる。「中学の時に一回グレたの。そん時に、『何でオレを生んだんだ!』っていったら、『堕(お)ろす金がなかった』っていうんだぜ(笑)」

この率直さ、風通しのよさこそが、この対談の最も大きな意義に違いない。昨今の世間の風潮は、差別問題にかかわるような事柄はできるだけアンタッチャブルにしておいて、表面上は自らが差別に加担していないことを証明しようとする、というものだ。

それに抗して、彼らが突きつけたものは、建前なんかよりも実質の対等な関係こそが大切なのだ、ということ。

実際、この対談の中で、ビートたけしはホーキング青山を障害者としてことあげすることはないし、ホーキング青山も自分を障害者ゆえに特権化しようとはしない。彼らは、実に心地よいコミュニケーションを交わしてみせる。それこそが反差別の作法だ。

ただし、議論としては、差別をめぐる今日の閉塞(へいそく)状態を、高度成長期の社会の責任に帰したり、過去の町内会的な人間関係にその解決を求めるだけでは事足りない。やはり過去にも、美化できない厳しい現実があったからこそ、それを変えようとする営為が存在したのだ。今日までの過程を批判的に乗り越えることでしか、突破口は見いだせない。(伏見憲明・評論家)

(新風舎・1300円)=2002年11月28日③配信

奥行きの深い社会史

「笑う戦後史」(高坂文雄著)

“お笑い”の変遷をたどる笑いの戦後史は数多く書かれてきた。が、庶民が何を笑ってきたか、笑い、ではない、動詞をかぶせて意表をつく“笑う”戦後史の誕生である。

何によらず文化の領域で、長い人気の作品は分析の対象になってきたのだ。「寅さん」はやさしさ路線が基調だったし、「サザエさん」ではさざ波の中の家庭の平和が描かれ続けた。来春テレビアニメで復活する「鉄腕アトム」には人類愛の理想が掲げられた。

すると毎日新聞、加藤芳郎の「まっぴら君」は昭和二十九(一九五四)年一月から平成十三(二〇〇一)年六月まで、実に四十七年六カ月に及ぶ四コマ漫画。今まで批評のまともな座に据えられなかったのが不思議といえた。

なぜ据えられなかったのか。一つは「まっぴら君」には「サザエさん」や「鉄腕アトム」のように決まったキャラクターが毎回登場するのではない。だから主人公像を見据えられなかったのだ。

二つに、いいかげんな態度ではない「一寸先の闇に対して謙虚」な加藤芳郎の「場当たり主義」が確たる評価をしづらくさせたことにあったといえよう。

「まっぴら君」は、ほぼ三日以内の新聞紙面の話題を材料にしてきた。事件や人物をストレートに扱うのではなく、漫画世界へ移し変えるために「変換」を、あるいは無関係に見える事件や世相を結びつける「接合」という手法を用いて戦後の政治や人物を批判し、揶揄(やゆ)し続けてきたのである。

加藤芳郎、すなわち「まっぴら君」にあふれる野次馬精神と批判精神は、今日の無党派市民に内在してときに爆発する権力者への“まっぴら御免”の精神と相通じている。両者の精神への著者の共感が「笑う戦後史」をいっそう奥行きの深い社会史に仕立てあげている。

「まっぴら君」の題材は多岐にわたる。この書の方法で「泣く戦後史」「嘆く戦後史」も可能ではないか。さらに期待したい。(木津川計・立命館大教授)

(トランスビュー・2400円)=2002年11月28日④配信

緊張感ある神秘の物語

「月夜見の島」（青来有一著）

昨年、「聖水」で芥川賞を受賞した青来有一氏の受賞後第一作となる本書は、壱岐水道を望む沿岸の小島に伝わる土俗的な信仰に絡めて、現代人の魂の癒やしの問題を描いた作品。長崎を舞台にした作品を数多く発表してきた氏ならではの、郷土色豊かなミステリアスな物語だ。

主人公の永瀬は、福岡で友人とデザイン事務所を構える三十九歳の男。永瀬の妻の春奈は、愛犬の死によりペットロスにかかってしまう。傷心のあまり精神的に不安定になった春奈の元に、「ふくもクラブ」という心の傷を持つ者同士が集い、癒やし合うセミナーから案内状が届く。永瀬は妻に付き添う形で、春奈の曽祖母が生まれたという蓬萊島に赴き、麗芳という三十代半ばの女性が主宰するセミナーで、カウンセリングと浜辺の散策を組み合わせた五日間の心理療法プログラムに参加することになる。

集まったメンバーは、さまざまな理由で愛するものを失い、喪失感から立ち直れずにいる本人と家族を含めた八人。日を追うにつれセミナー参加者に変化の兆しが表れるが、トンビにえさをやる謎の老人、蓬萊島のかつてのリゾート計画にまつわる陰謀、さらには満月ごとに祖霊が帰ってくるという島に伝わるツクヨミ信仰とセミナーの目的がリンクするに至り、物語はミステリーの様相を呈し始める。

タイトルに含まれる「月夜見」は、伊邪那美が生んだ天照大神と須佐之男命の兄弟である月夜見命を指す。蓬萊島に隣接する砂州で隔てられた小島の神社にまつられた月夜見の神をめぐる秘密が本書の中心に置かれるが、島にまつわる伝承が癒やしを求める現代人によって受け継がれていくプロセスは劇的であり、神話＝物語が人間の精神に及ぼす影響を巧みに表現している。

セミナーの目的に疑いを抱き探偵役となって行動する永瀬の視点で、読者は物語を読み進めていく。この趣向が、作品全体に緊張感をもたらしている。人間の心の神秘こそがまさに最大のミステリーであることを証明した作品といえる。（榎本正樹・文芸評論家）

（文芸春秋・1429円）＝2002年11月28日⑤配信

心の深部えぐるたくらみ

「緊縛」（小川内初枝著）

この、いわくありげなタイトルには似つかわしくない、ふつうの感じの女性が登場する。文章も平明。無駄がなく読みやすい。

主人公は三十二歳、独身の会社員で、大阪市内のマンションに両親と離れて暮らしている。二人の妻子持ちの男性とつきあいがあるが、過剰な嫉妬（しっと）心はなく、愛人の位置に甘んじている。

その一人とベッドをともにした時、男が「縛らせて」と言う。それをきっかけにその行為を潜在的に望んでいた自分を知ることになる。縛られることの快感。

確かに彼女を縛るものは何もない。なのに決して自由ではないのだ。

主人公には学生時代からの親友がいて、その女友だちはかつて人と肌を触れあうことのできない心の病をもっていた。主人公は、彼女が突然自殺した後、それを知るが、主人公だって人肌が恋しいくせに「人との暮らしがこわい」のである。

「私は今、自分では何もしようとしないまま、何もできないまま、ただ狼狽（うろた）えている」。冬場に、無用のマフラーを、時間つぶしに何本も編んでしまう女性。正月休みに半ば引きこもりのように暮らしていると、男から「生きてるかぁ」と電話がかかってくるくだりなど、一人の女の存在がリアルに伝わってくる。大阪弁のせいか、気さくな感じすらして、暗い印象はない。

なのに、彼女の内面をのぞくと心もとなく、消極的で希望の光が見えない。対極に、「自称画家」の母の姿も描かれる。彼女は整理べたで、家中よごしながらも絵を描くことに執念を燃やしている。その母のほうがむしろ屈託がありそうだ。

しかし、小説の最後の場面で、読者は、主人公に裏切られる。彼女がどんなことをするのかは、山場だから明かせないが、一見ふつうの、寂しがりやの女性の心の深部をえぐる作者のたくらみに、私だけでなく多くの女性がはまるだろう。

生を切り開くことができず、ただ流れで生きてしまうことの怖さや意味を突きつけられる小説である。第十八回太宰治賞受賞作。（井坂洋子・詩人）

（筑摩書房・1200円）＝2002年11月28日⑥配信

日本人の不安心理の裏返し

「ナショナリズムの克服」（姜尚中、森巣博著）

ナショナリズムを考えるうえで、新鮮な風を吹き込んでくれるのが本書である。在日二世で、日本名を捨てた東大教授の姜尚中さんと、国際的ばくち打ちと自認する作家の森巣博さんとの対談である。

生まれも育ちも、現在の生活も対照的な二人が、率直に“国”とは何かを語り合う。二人は人生五十年、同じ時代の空気を吸い、人生の節目も似ている。

姜さんは日本社会で在日韓国・朝鮮人として育ち、朝鮮民族のナショナリズムを身体化しようと努めたができず、「日本人」にもなりきれなかった半生を語る。森巣さんはあっさりと日本を捨て、三十年前から海外生活を続け、オーストラリアに移住して二十年になる。

二人よりもはるか年長の私も、一九七〇年代、八〇年代は大きな人生の転機であった。その転機に日本でアイデンティティーを見つけようと苦闘した姜さん、日本でのアイデンティティーをさらりと捨てた森巣さんの生き方は、ともに劇的である。ぼんやり生きてきた私は、なんと生ぬるいものかと恥じ入ってしまう。

本書を読んで気づくことは九〇年代以降、日本社会を覆っているナショナリズムの風潮が、日本人の不安心理の裏返しであることだ。ことさら“日本人”であることを強調して、そこに気持ちのよりどころを求めようとする心理は、経済成長による物質的豊かさだけを追い求めてきた結果である。

ナショナルなものを過剰に意識しなくては、先進国の一員として他国と肩を並べることができないという、コンプレックスの表れである。

また、自分中心主義の考え方が日常化してしまったため、日本人としての同質性を普段の生活で感じられなくなったことも、日本人であることを性急に求める心理の基礎にある。

日本人である自分をどう考えたらよいのか、われわれの心はとかく迷いがちである。そのとき、本書は大切なヒントを与えてくれる。（藤竹暁・学習院大教授）

（集英社新書・700円）＝2002年12月5日②配信

躍動感あふれる心の世界

「黄色い目の魚」（佐藤多佳子著）

十年前、大学のゼミで今江祥智、灰谷健次郎編「新潮現代童話館」（新潮文庫）を取り上げ、童話という形を使って現代と切り結ぶ作家たちを読んだことがある。そのとき、主人公のその後をめぐって議論が白熱した作品のひとつが、ここで取り上げる短編連作の表題作「黄色い目の魚」だった。

「黄色い目の魚」は主人公、村田みのりが小学生のときに描いたクレヨン画のタイトルでもある。叔父のイラストレーターがこの絵をもとにツッパリ魚サンカクのマンガを描いた。かんしゃく持ちのみのりは、そのサンカクそのもの。あるとき、そのサンカクが好きだという友だちの心を傷つけてしまったみのりは、せいいっぱいの気持ちとことばをそえて、サンカクの元絵を友だちに送り…。

あらすじを書くと、たわいのない子ども時代のひと幕と片づけられてしまいそうだが、今回の連作では絵で人の心が結びあうというテーマがさらに大きく展開されている。この連作ではもうひとり同年代の少年が登場する。落書き屋を自称する木島悟は、離婚した父とたった一度再会したとき、大切な絵心を伝えられていた。

この二編のプロローグにつづいて、十六歳になった悟とみのりの心の交流が、交互に語り手となるふたりの視点から描かれる。そこで見えてくるのは自分でもわかっている「自分」と、人の目に映るもうひとりの「自分」のぶれ。そのぶれから起こるふたりの心のさざ波はやがてシンクロしていく。

最後の話が「七里ケ浜」という設定がまた秀逸。生命の源でもある海のさざ波ともシンクロしたような、躍動感あふれる心の世界へと読者を誘ってくれる。

デビュー作「サマータイム」（偕成社）では音楽、「しゃべれども　しゃべれども」（新潮社）ではことば、「神さまがくれた指」（新潮社）では指先の感覚が人の心をつないだ。そして今回は絵とまなざし。佐藤多佳子の十年ごしの新境地といえるだろう。（酒寄進一・和光大教授）

（新潮社・1500円）＝2002年12月5日③配信

ユニークで刺激的な絵本論　「子どもはどのように絵本を読むのか」（ヴィクター・ワトソン、モラグ・スタイルズ編、谷本誠剛監訳）

絵本は、もともと「子どもの本」として発達してきたのだが、近年では若者や女性層などにも、幅広く愛好者が広がっている。たびたび絵本の特集を刊行している「別冊太陽」は、先ごろ「絵本の作家たち」を、詩誌「ユリイカ」も「絵本の世界」を二月臨時増刊号で出版した。数年前には、作家や研究者や編集者が中心になって絵本学会が設立され、ビジュアルなメッセージを伝達するメディアとして、あるいはアートとしての絵本研究もにぎやかだ。

本書は、その題名が示すように、絵本をアートとして大人の目で読み解いたものではない。ケンブリッジ大学で唯一教育系のホマトン・カレッジで、児童文学や絵本を講じてきた編者らが中心になって、本来の読者である子どもたちと一緒に、絵本という豊饒（ほうじょう）なメディアの解読を試みたものだ。

日本でもおなじみのバーニンガムの「おじいちゃん」や、アンソニー・ブラウンの「ウィリー」シリーズ、センダックやブリッグズの絵本など、具体的な作品を俎上（そじょう）に載せながら、あくまで子どもの「読み」に寄り添って彼らの視覚表現世界に対する鋭敏な理解能力を読み取ってみせる。

筆者の一人は、絵本の発達史に影響を与えてきた要素として、チャップブックと玩具やゲーム、風刺漫画をあげる。チャップブックというのは、十七、八世紀のイギリスで行商人が売り歩いて庶民に愛好された、木版挿絵付きの粗末な作りの小冊子である。

あらかじめ絵本の芸術的正統性を探るのではなく、庶民の大衆的なメディアからの影響を重視することから、子ども読者との共振性や複雑で多様な絵本の特性が見えてくる。そして、絵と文章が相互に影響しあって全く意味合いの違った世界をも浮上させる、現代絵本に特有で多層構造的な遊戯性に、絵本というメディアのポストモダン性を見るのだ。なかなかユニークで刺激的な絵本論である。（野上暁・児童文学評論家）

（柏書房・3500円）＝2002年12月5日④配信

宿命背負わされた苦悩語る　「母から母へ」（シンディウェ・マゴナ著、峯陽一ほか訳）

母は、もうひとりの「母」にむかって語る。それは重く、つらい、しぼりだすような苦しみの言葉である。母が語りかける相手は、自らの息子がその命を奪った女子学生の母親であった。

一九九三年、南アフリカ。長きにわたってアパルトヘイト（人種隔離）にあった国は、その翌年に史上初の全人種参加の総選挙が実施されることになっていた。ようやく一筋の光が見えたころ、事件は起こった。

アメリカの白人女子学生、エイミー・ビールは黒人の選挙人登録を進める作業を手伝っており、帰国を目前にしていた。しかし彼女は、友人を家に送りとどけるため足を踏み入れた黒人居住区ググレトゥで、黒人青年の暴徒に取り囲まれ殺害される。

現実に起きた事件の背景が加害者の母の視線をとおして浮き彫りになってゆく。南アフリカにおける黒人たちの苦難に満ちた歴史、そして彼女の「息子」とは何者なのか。

「その環境によって、より高邁な人間性の理想のもとで慈しみ育てられることを阻まれ、そのかわりに救いようのない悪意と破壊の被造物へと化してしまった者たちの世界とは、いったいどのようなものだったのか」

著者の人生は、この母の足跡と重なってくる。彼女もググレトゥで育ち、小学校の教員をつとめたが妊娠により離職。その後は白人家庭の召し使いとして働きながら子供を育てた。やがて渡米し、自伝的作品などを発表する作家となるが、著者自身が、事件の「当事者」であったかもしれないという切実な自覚が本書を貫く。

母の語りは息子の殺人を正当化するものでもなければ、アパルトヘイトの糾弾でもない。ひとりの人生がその体制のなかで「悲しき宿命」を背負わされてしまう苦悩を語りつづける。読み終えたあと、はたして私たちは現在の「南アフリカ」をどれほど知っているのかと自問せざるを得ない。
（与那原恵・フリーライター）

（現代企画室・2800円）＝2002年12月5日⑤配信

失われた生存の根幹　「ホームレス人生講座」(風樹茂著)

ホームレスとして生きていく気などまったくなかった、自分の孤立状態に社会的な敗残者を自覚したとき、自殺しようとした。けれど死ねなかった。だからホームレスになった、こういう中高年者たちの話が、この本に出てくる。

読みながら、ホームレスになるまえに自ら死を選んでしまうたくさんの中高年男性の後ろ姿が浮かんでくる。ことによると、ホームレスという新世界に入ることの方が死ぬことよりも怖いという感情があるのかもしれない、などと考えてしまう。

ホームレスは社会的な敗残と地続きではない。ホームレスという境遇を受け入れられるようになるには、一度、死という関門をくぐり抜けてくることが必要なのだ。死という関門をくぐり抜けるとどうなるのか。人間の生地をさらすことに耐えられるようになる。それができるならホームレスになれる。ホームレスが生きていける場所、東京・上野。著者が取材したのはその上野のホームレスたちである。

大企業のサラリーマン、東大大学院出身者、商業デザイナー、元歌手、元女子プロレスラー、元ヤクザ、路上生活を出たり入ったりしているパチンコ依存症の人…ここに登場する多彩な過去をもった人たち。彼らのほとんどがホームレスをついの生活とは考えていない。いつか、かつて自分がいた社会生活の場に戻りたいと考えている。

なかに、自由だしあくせくせずにすむホームレスの境遇が自分に合っていると積極的に受け入れ、ひたすら哲学に打ち込む人もいる。しかしそういう人はここでは例外のようにみえる。

著者はホームレスの大量出現という異様な高度資本主義社会日本の状況から、縁(つながり)の崩壊によって人びとの生存の根幹が失われている現実をみようとしている。こうした仮説に立って、彼らのホームレスにいたる道、いまの生活、希望などについて聞き取りをおこなったのがこの本なのである。(芹沢俊介・評論家)

(中公新書ラクレ・740円)＝2002年12月5日⑥配信

人類の問題を考える意志　「金色の虎」(宮内勝典著)

宮内勝典は、しぶとくねばり強い作家である。容易に解答の出ない人類の問題に、じっくり時間をかけて取り組む。こういう硬派の作家は少ないのである。

この長編を貫く主題も重い。「理想社会をつくろうとする試みは、なぜいつも無残なてん末になるのか」という、日本人のジローの言葉にそれは象徴されているだろう。

ジローは、ヒマラヤの高山の洞くつで禁欲的に暮らす行者たちを次々と訪ねるような青年だ。しかし、脱俗的な宙づり状態で生きる彼らの生は、そのまま受け入れがたい。それで、新興のシヴァ・カルパ教団にも関心を抱くのである。

教祖カルパは行者のような清貧や苦行を否定し、性の自由を肯定する。インチキ・グル、詐欺師と言われながらも、西洋の精神医学と東洋の宗教の融合をはかり、フロイト左派やユング派の精神科医たちも集合していた。世界に四十もの支部を持ち、信者は三十万人にもなっていた。

同教団幹部の女性と知り合いでもあったジローは、アシュラムの本部を訪ね、魔物じみたカルパの正体を見きわめるために側近として働くのである。

そこには確かに堕落や腐敗があった。しかしまた、社会の高度化にともなって増大する神経症や精神障害を癒やす、一定の根拠も持っていた。アカデミックな精神医学界の限界も指摘される。東西の交差点である日本で、心の病はいよいよ増大するという発言もある。

しかし教団への風当たりは強く、カルパは強制捜査を逃れて脱出するものの、欧米各国から入国拒否をされた末に病死してしまう。

教祖の死をみとったジローは、よく闘ったとねぎらわずにいられない。そして再び、ヒマラヤの行者を訪ねるのだ。このジローの行動は不徹底な揺れ動きではなく、人類が直面した難問の前で考え続けようという意志の表れだろう。

民族や国家を超える普遍の場を求める宮内勝典の姿勢と、それは重なる。(小笠原賢二・文芸評論家)

(講談社・2500円)＝2002年12月12日①配信

経済成長が生んだ貧しさ

「失われた景観」(松原隆一郎著)

本書のテーマは「日常景観」。名所旧跡ではなく、普通の人が普通の暮らしで目にする景観の崩壊をテーマとしている。

著者は、散歩の途中で目にする山並みがマンションに侵食されることに憤る。地方に出かければ、郊外の景観が東京と酷似していることに不快を感じ、その東京では電線の過密が進み「沈む夕日は美しいが、電線で半月形に切られるため、私は長らく球形の夕日を拝んでいない」と嘆く。

執筆のエンジンは鋭敏な感性だが、工学と経済学の両方を修めた著者は、ただ嘆くにとどまらず、「景観崩壊の原因に切り込むことで、戦後日本の軌跡を描く」という力技に挑んだ。

「生活圏における景観は、高邁(こうまい)な理想からは漏れるものであるだけに、戦後日本の達成したものが集中的に映し出されている」と著者はいう。具体的に取り上げられているものは、均一的なロードサイドショップが林立する郊外の風景、伝統的な建築が一掃された震災後の神戸、美の条例を作って金太郎アメ化に抵抗している地方自治体、そして、都市の空をクモの巣のように覆いつくす電線の謎。

読み進むうちに、戦後日本の哲学はひたすら「経済成長」にあったこと、それがゆえ、実効性のある都市計画もほとんどなかったという現実に愕然(がくぜん)とする。つまるところ、経済の発展をすべてに優先させるという日本の特異な体質が、先進国のどこよりも醜く、土地の個性を感じさせない景観に結びついてしまった。

その歴史はまた反復されようとしている。現在の構造改革は土地利用規制をいっそう緩和する方向へ進み、その結果、首都東京には巨大な高層ビル群が姿を現わしつつある。この光景を「世紀の初めにあって、すでに世紀末的な景観」とする著者の指摘は重い。

私たちは今、長い不況という試練にある。この試練をチャンスとして、今こそ取り戻すべきものがあることを、「日常景観」という斬新な視点から教えられた。(島本慈子・ノンフィクションライター)

(PHP新書・700円)=2002年12月12日②配信

戦後日本の生活風景

「暮らしの世相史」(加藤秀俊著)

かつて柳田国男は「明治大正史　世相篇」(一九三一年)を書いた際、その冒頭に郊外の画一化された住宅地を俯瞰(ふかん)した写真を掲げ、これを「第二の故郷」と呼んだ。大部分が故郷を遠く離れ、都市に独立した家庭をいとなむようになった日本人の心の行方をすでに当時から柳田は案じていた。

本書の舞台となっているのは、もはやその「第二の故郷」すら持ち得ない現在の日本人である。七十年前の日本人がいまだ、「家」の断絶という事態に直面した時、そこに言いようのない不安を覚えたのに対し、ここに描かれる生活世界においては、その残滓(ざんし)を認めることすらむつかしい。

かつては財産の一部を成した家財としての家具・道具が、急激な消費社会の到来で本来の価値を失い、「物持ち」という存在が消えていったこと、言葉の規制は、以心伝心の寡黙を基調とする伝統社会よりも、むしろ戦後の多弁をよしとする報道世界の中で視聴者への過剰な配慮によって急速に進行しており、その反動はパソコン通信、カラオケなど「潜行する言論」という形をとってあらわれていることなどの指摘は、いずれも示唆に富む。

こうした姿勢からいま一度、戦後大衆社会における日本人の内省が問い直される。

柳田が社会誌を記述する際に駆使した手法は、戦後多くの識者によって取り上げられてきたが、危機意識の高さという点において本書が柳田から受け継いだものは、極めて大きい。

その一方で著者の筆鋒(ひっぽう)が在日外国人に及ぶ時、異民族に対して日本人が絶えず抱く不安の影に、かつて「客人」(まれびと)に持った畏怖(いふ)の感情を読み取る。そこには潜在的に異民族への対し方を回避してきた柳田から自由な視点がある。

叙述の要所要所に著者が参加した戦後日本の綿密な農村・社会調査の成果が配されており、説得性に富む。(鶴見太郎・国立民族学博物館外来研究員)

(中公新書・760円)=2002年12月12日③配信

芳醇な描写のミステリー

「ロンド」(柄澤斉著)

主人公は東京近郊の公立美術館に勤める若き学芸員。公務員である。こういった職業の人が活躍するミステリーは珍しい。

筋立ては日本の芸術の伝統に息づく「見立て」と呼ばれる手法である。かの横溝正史が「獄門島」で用いたことで知られよう。複数の猟奇的な殺人の趣向がすべて見立てによるものと紹介され、物語は進んで行く。

波瀾(はらん)万丈のストーリーに欠かせないのが「お宝」という存在だ。丹下左膳の「こけざるの壺」を思い浮かべればよい。ここでは幻の名画「ロンド」がそれに当たる。その実態は最後にしか明かされない。これも定石通り。よくわからないが相当なものらしい、というのが大事なのだ。

「ロンド」は作者の不慮の死により長くその行方がわからないとされていた。それが発見されたらしいというところから、物語は動き出す。誰でも知っている「モナリザ」をめぐる物語、としてしまえばこの小説の魅力は半減してしまう。あくまで幻の名画でなければならないのだ。だから読者は犯人捜しと同時に、この名画の実像にも興味が向かうことになる。

本書の核は実にここにあり、題名が「ロンド」であるのはそのためだ。果たしてどんな傑作なのか。真犯人捜し以上の興味がわく。

作者の柄澤斉の本業は版画家である。装丁も手掛ける美術人だ。それが、このような大部のミステリーを書いた。もっとも、活字を駆使するエッセーは以前から定評があり、ファンも多いという。ここでは美術の世界を裏側から描き、その方面に疎い読者を感心させ、納得させる。ミステリーであると同時に、美術館対収蔵作品の作家の、一種独特の関係を正面きって描いた内幕小説でもある。

何より、繊細な神経を感じさせる細部の描写が素晴らしい。丹念に彫られた版画を思わせる。大部の物語を支えているのは、そのディテールの芳醇(ほうじゅん)で過不足のない書き込みだ。冬の夜更けに格好の一冊である。(馬場啓一・作家)

(東京創元社・3300円)=2002年12月12日④配信

怪物呼ぶ立身出世の象徴

「エンパイア」(ミッチェル・パーセル著、実川元子訳)

久々にわくわくする「現代の奇譚(きたん)」ノンフィクションだ。だってあのホテル・ニュージャパン火災事故で名をはせた横井英樹が、アメリカの象徴エンパイア・ステート・ビルの所有者だったなんて話、あなた信じられる?

でも実話なんだ。時は一九九〇年代初頭、土地バブルで日本企業がロックフェラーセンターなどの米国不動産を買いあさり、日米経済戦争に勝ち誇っていた時代。欧州に九つの古城を買い占めていた横井が、でき愛していた愛人の娘キイ子に「エンパイアをプレゼントした」という—しかし物語はたちまち暗転。

エンパイアの所有権をめぐって父と娘の骨肉の争い、裏切りと陰謀の“乗っ取り劇”に発展してゆく。キイ子はフランスの牢獄(ろうごく)へ、キイ子の夫はアメリカの刑務所にとらわれの身となり、横井自身も八十歳の病身を医療刑務所に拘束されながら、「あいつらは悪魔だ」と叫び続ける。

その牢獄合戦に、エンパイアの所有権独占をねらう米国不動産王ドナルド・トランプやニューヨーク不動産王の妻レオーナ・ヘルムズリーなどの「怪物」が絡み合い、一体誰がエンパイアの真の支配者なのか、日米欧を股(また)にかけ、全く先の見えない欲望のドラマが延々と展開する。著者のミッチェルは、エンパイアには怪物どもを呼び寄せる「特異な存在感がある」と述べている。

三〇年代世界大恐慌の最中に誕生し、今また世界貿易センタービルの崩壊によって再びニューヨーク最高層の座についた怪物エンパイアの正体とは何か? 貿易センタービルを独占していたのは、コンピューター経済グローバリズムの多国籍大企業や大銀行だった。しかしエンパイアはいまも、何百もの中小企業者のテナントで占められている。

大恐慌の時代から生き抜いてきた貧しき者たちのニューヨーク立身出世の物語=粒々辛苦と涙と笑いの「人間の物語」に支えられているのだ。同じく貧しきアラブの民族主義がどうしてあのビルをテロの標的にできようか。そう思わせる一冊だ。(吉田司・ノンフィクション作家)

(文芸春秋・3000円)=2002年12月12日⑤配信

ミーハー育てた半世紀

「『明星』50年　601枚の表紙」(明星編集部編)

創刊以来、半世紀。本書は雑誌「明星」の表紙、六百一枚でもって丸ごと、世界有数の「ミーハー大国ニッポン」を映し出す。「夢と希望の娯楽雑誌」が創刊当初のキャッチフレーズ。競合誌「平凡」とともに、ミーハー(ミーちゃんハーちゃん)の語源ともなった。

美空ひばりから今井翼まで「明星」のサービス精神は一貫している。グラビアにおいて彼らをもっとも美しく、カッコよく見せてさしあげよう！　印刷や撮影の技術がどう進化しようとも、芸能人に夢と希望を託すミーハーを五十年間、細心に「お世話して」きた。

日本の芸能誌はハイレベル。生来のミーハーである私自身、三十年以上前に気づいていた。当時、米国アイドル誌を苦労して入手すれど、写真の粗悪さと情報の少なさにげんなり。

対して「明星」なら、「みちのく湯煙ひとり旅」(テレビのロケ先でついでに撮影、だと分かってはいても)「お部屋でパーティー」(後年は貸しスタジオが自宅代わり、でも)。そんな具合に毎月工夫を凝らしてファンにこたえてくれる。その姿勢が世界有数のミーハー大国をはぐくみ、支えたことは否みようがない。

いまやロゴは「Myojo」となり、表紙はこの十年、ジャニーズがほぼ独占。「アイドル王道・裸祭り」(二〇〇二年十月号)。見出しもけっこう過激になった。一方、ジャニーズファンにはいまや、四、五十代が多数いる。

「日本人は芸能に関して長い歴史と高い水準を持っていて、視覚芸術に対しても高い独自の発達を見ています」

本書で解題を担当した橋本治氏は、「明星」のような媒体が日本人に供してきた「夢と希望」―それこそが文化だと氏は言う―に、いまこそ未来を与えなければならない、と述べる。

東〜東南アジアからの旅行者が成田空港の書店で買う雑誌中、「Myojo」はトップクラスの売り上げという。ミーハー大国の流れが他文化圏にも及ぶいま、資料としても貴重な一冊である。(島村麻里・フリーライター)

(集英社新書・1000円)＝2002年12月12日⑥配信

考え抜かれただいご味

「誘拐の果実」(真保裕一著)

真保裕一のミステリーの魅力は、さまざまな方面の専門知識に関する精細なリサーチと、とことん考え抜かれた巧みなプロットにある。最新長編である本書は、そんな著者の持ち味を存分に堪能できる力作である。

総合病院院長の孫娘が誘拐された。犯人の要求は金ではなく、入院中の大企業会長の命だった。会長を亡き者にしなければ孫娘は帰ってこないが、医者として、患者の命を奪うようなまねはできるわけがない。院長一家は警察と打ち合わせて、会長が死んだように見せかける偽装工作を実行に移すが…。

二段組み、四百八十ページ以上の大作だが、先の読めない物語は、最後まで一気に読ませるパワーを持っている。特に、病院関係者の大部分やマスコミばかりか、会長の家族にも真実を知らせぬまま、犯人に会長が死んだと思い込ませようとする前半部のスリリングさは圧巻。後半は、この事件が続けて発生したもうひとつの誘拐事件とどのようにつながっているのか、という謎で読者を牽引(けんいん)する。

仮説が構築されるたびに、新たな事実の判明によって仮説の再検討を余儀なくされる複雑な展開は、ミステリーのだいご味、ここにあり―と言いたくなる。

キャラクター描写も魅力的で、特に、義父である院長に頭が上がらない立場でありながら、やがて医師として、そして父親としての自覚と矜持(きょうじ)を取り戻してゆく院長の娘婿がいい。もっとも、最後に明かされる犯人像には、あまりリアリティーを感じられなかったが、このプロットに説得力を持たせるためには、こういうキャラクターにするほかはなかっただろう。

さて、問題は物語の結末である。すべてが収まるべき場所にきれいに収まりすぎた感があり、「本当にこれでいいのか？」と首をかしげたくなる気持ちがわいてきてしまうのだが、そのあたりは、読者ひとりひとりが判断していただきたい。(千街晶之・ミステリー評論家)

(集英社・1900円)＝2002年12月19日①配信

西洋音楽受容の試行錯誤

「日本文化　モダン・ラプソディ」（渡辺裕著）

以前こんな絵を見たことがある。振り袖に袴（はかま）をつけた女性が畳に正座をしてヴァイオリンを弾いている。明治以降、日本に西洋音楽が入って来て間もないころのほほえましい光景である。

が、ちょっと待ってほしい、と著者は言うだろう。なぜ私たちはこの光景を「ほほえましい」と思うのだろうか。その裏には、和装で正座をしてヴァイオリンを弾くことを、いまだ西洋文明に慣れない時代の「幼稚」で「ヘン」な風俗と切り捨てる意識が働いているのではないだろうか。

ところが、当時少なからぬ音楽家が、このような「和洋折衷」の試みを本気で行っていたのだった。それは西洋音楽を一般家庭になじませるためであり、停滞する邦楽の世界に改良の機運を与えるためであり、ひいては新しい日本の音楽文化を創造するためであった。

近代日本のさまざまな音楽シーンにおいて、「日本音楽」あるいは「日本文化」のあり方はどのように考えられていたのか。本書はそれを豊富な資料に基づいて論じた意欲作である。改良された尺八、レコードデビューした「モダン芸者」、「歌舞伎改良」と宝塚など、ページを繰るほどに意外な事実が明らかになる。

それらはいずれも、日本人は近代化の過程で西洋音楽（文化）を必死に「模倣」してきた、とする今日の歴史観から外れるものだ。実はこのような歴史観自体がイデオロギーの産物であり、「われわれの考える『日本文化』が決して一枚岩的なものでなく、複数のヴィジョンによる路線闘争の中から歴史的に形成されてきたものであること」を、著者は熱っぽく説いている。

世界の音楽を吸収し、独自に融合させることこそが日本音楽の優秀性であるという考えが、のちに「大東亜共栄圏」の思想に重なっていく、という指摘は刺激的だ。評者が専門とする中国音楽の場合も、日中戦争が大きな転換点となった。音楽を語るにも「文化」を見、歴史の検証を重ねる著者の姿勢に強い共感を覚えた。（榎本泰子・同志社大助教授）

（春秋社・2800円）＝2002年12月19日③配信

友人が語る誠実な人柄

「名スカウトはなぜ死んだか」（六車護著）

四年前、プロ野球のドラフト会議のあと、指名した選手の入団交渉にあたっていたスカウトが自殺するという出来事があった。自ら命を絶ったのは、オリックスのスカウトとして、高校時代は無名に近かったイチローを見いだし入団させるなど、優れた手腕を発揮してきた人物だった。

ルールに従って選手を指名し、交渉する。交渉はうまくいくこともあれば、いかないこともある。選手の側にも拒否する権利はある。すべてルールにのっとって行われていたはずの交渉の中で、なぜこのスカウト三輪田勝利は命を絶たねばならなかったのか。

その謎と、背景に潜むものを、大学時代からの友人であるスポーツ記者が探ったのがこの一冊である。

プロ野球の入団交渉に関しては、これまでも、裏金だ、密約だ、仲介人だなどと、さまざまな「暗部」が取りざたされており、一般の人間にもその伏魔殿的複雑さはイメージとして伝わって来ている。本書でもスカウトの死の背景には裏金の問題があったことが、かなりはっきり指摘されている。

だが、友人だった著者は、友人の死を糸口に、制度上の問題点を告発しようとする意図はあまりなかったようだ。それよりも、会社にも交渉相手にも誠実に向き合おうとして苦しんだスカウトの人柄のほうを、より伝えたかったのだろう。

だから、読んだほうはドラフトの制度上の問題をえぐる鋭さを期待すると、やや物足りなく感じるかもしれない。イチローとのかかわりにページを割きすぎた感もある。それでも、自分の役割を誠実に果たそうとした一人の人物の姿は確実に伝わってくる。

三輪田スカウトの死から四年。大きな犠牲を払ったにもかかわらず、ドラフト制度は、逆指名、自由獲得枠など、いたずらに我田引水的複雑さを増し、戦力均衡、球界全体の繁栄という当初の理念からは大きく逸脱していくばかりだ。これでは、死を選んだ人も浮かばれないだろう。（阿部珠樹・スポーツライター）

（講談社・1700円）＝2002年12月19日⑤配信

作家と編集者の協働　「松本清張の残像」（藤井康栄著）

私は今、十年がかりで「松本清張事典」を編んでいる。その参考文献リストを作るために関係資料を調べていると、至るところで藤井康栄という名前に出会う。その頻度は多分、清張が敬愛してやまなかった森鷗外や菊池寛よりも多いだろう。

それもそのはず。この人は文芸春秋の編集者として三十年間清張を担当し、「昭和史発掘」の一級資料を発掘し、全集六十六巻を世に送り出し、現在は北九州市立松本清張記念館の館長をつとめるという、「生ける清張事典」ともいうべき女性なのである。

その藤井氏が没後十年にして清張の「残像」を語った本書は、私のような研究者はもとより一般の清張ファンにとっても、まさに待望の一書といえる。そして無論、至近距離から描かれたその人間像は、すべての読者の期待を裏切らない。

第一部「『半生の記』を考える」では、自伝と実生活の間の微妙な落差が論じられる。「半生の記」を読んだ者は、それが貧しい家庭に育った清張の「濁った暗い半生」の記録であることを疑わないが、実はそれほど暗い半生でもなかったらしい。

たとえば清張には写真館で撮った幼児期の写真が三枚残されているが、明治四十年代の写真館は庶民が気軽に立ち寄れる場所ではなかったという指摘には、この筆者ならではの説得力がある。また自筆年譜では八歳の時に小倉へ移住したことになっているが、「半生の記」では小学校高学年まで下関にいたことになっているなど、単なる記憶違いとも思えない矛盾点が指摘されている。

第二部「『昭和史発掘』覚書」では、長期連載の伴走者として資料探索に明け暮れた日々の思い出が語られる。特に二・二六事件の関係者を訪ねて徐々に真相を解明していく過程は圧巻で、この大作が作家と編集者の理想的な協働の所産であったことがよくわかる。その意味で、これはそのまま昭和文学史の一級資料たりえているといっていい。（郷原宏・文芸評論家）

（文春新書・700円）＝2002年12月19日⑥配信

生き生きとした細部つなぐ　「タンノイのエジンバラ」（長嶋有著）

四つの短編を収める「タンノイのエジンバラ」は、作者の芥川賞受賞第一作である。何とも奇妙なタッチがみられる。「風呂釜には点火方法を書いたシールが貼ってあるが、水垢で文字が薄れて読めなくなっている」。何だこれは、と思いつつ、面白いと感じている自分に気づく。誰もが見て知っているものでありながら、一体誰が風呂釜のシールについて書こうなどと思うだろう。しかもその水あかによる文字の「薄れ」を。

こんなのもある。「花の名の書かれたプレートは道に落としてしまった。プレートの刺さっていたところに切れ込みのような穴が残っている」こちらは植木鉢に刺さっていたプレートの「穴」だ。

もちろんこれらは話の本筋とは何の関係もない細部である。にもかかわらず、こんなふうに精密に書かれると、そこに奇妙な引力が生まれてくるようだ。私たちは皆、確かにこの「薄れ」や「穴」を知っている。知っていながら意識の表面にはのぼってこないものなのだ。

あるいは作者は話の本筋というものを信じていないのかもしれない。世界を指さしながら大声でそれを説明しても、説明しきれるものではない。世界のカケラを黙ってじっとながめたとき、初めてそこに何かがみえてくるのではないか。

「バリアフリーとは金庫を盗むのに向いた造りだ」「『風邪をひくと、髪の毛がどこまでもどこまでも伸びていく気がするよね』」ここには確かにその「何か」がある。真理のような冗談のような不思議なカケラたち。生き生きとした細部をつないで物語は進んでゆく。

もう一つの特徴として作中の主体が「俺」「私」「僕」「秋子」と四作ともばらばらなことが挙げられる。性別も二対二だ。だが器用な作家という印象は全くない。これは、手つかずの世界についてゼロから考えてみよう、という意識の反映ではないか。世界を決めつけたり大声で説明することで楽になろうとしない。その息の強さを見事だと思う。（穂村弘・歌人）

（文芸春秋・1333円）＝2002年12月26日②配信

共鳴する人の心の中へ

「対論　人は死んではならない」(小松美彦著)

若者の死が多かった時代、医師は患者の延命に必死であった。生きようともがく患者、それを看(み)取る家族らが一緒になって死に抵抗し、死に対する憎しみや恐れを増幅させていた。

高度経済成長の時期が過ぎて、年間死亡者の八割を六十五歳以上の高齢者が占めるようになった現在、死そのものを恐れる者は少ない。間延びした生をうらめしく思う一方で、恐れは死に至る過程のほうに移動してきている。

ガン末期の痛み、チューブにつながれたままでの病院死、疎外された死、痴呆(ちほう)化した自分、看病に疲れ果てた家族、医療費の重圧。それらに対する恐れと不安が延命よりも尊厳死、安楽死を好ましいと思わせる心性をはぐくんでいる。生きる長さよりも生の質を重視する姿勢への転換といえるが、その背後には老人医療費、終末期医療費の圧縮をねらった政策も見え隠れしている。

このような生と死と医療をめぐる状況の中で、著者は環境哲学者の最首悟氏、作家で評論家の笠井潔氏ら八人の論客と脳死、臓器移植、安楽死、生命倫理、優生学などをテーマに対話を重ねた。

そこにおいて、たとえば抵抗の原理として持ち出されることの多い自己決定権に対して、それは他者排除の理念であり、勝手主義の正当化と呼びうるマイナス面のあることを指摘し、さらにそれは自分の決定に対する他人の介在を阻止する一方で、他人の感情や生き方を暴力的に決定してしまう権利となっていることに言及する。

死は死んだ者にのみ帰属するのではなく、死によって感情を揺すぶられる者たちと共有し共鳴しあうものととらえる著者は、「死んではならない」と言う。なぜなら、人は「死んではならない」と言うとき、具体的な誰かを思い浮かべ、死が単なる生物学的な死、無機質な死とはならないからであると言う。

人は死んだらどこに行くのか。共鳴する人の心の中に行く、と著者のように考えるならば、われわれは今を大事に生きるしかないであろう。(新村拓・北里大教授)

(春秋社・2500円)=2002年12月26日③配信

家族の歴史と裏側の世界

「昏き目の暗殺者」(M・アトウッド著、鴻巣友季子訳)

ミステリアスな物語だ。

冒頭、ひとつの死亡報告から、物語は始まる。若くて美しく才能のある女性の死。のちに彼女は没落したチェイス家の令嬢ローラだと紹介されるのだが、彼女が生前書いていた姦通(かんつう)小説は死後出版されるやいなや、絶大な反響を呼ぶ。どんな小説なのだろう?　本書の中で断片的に紹介されるそれは、いかにもインテリな男が、育ちのよい女に、ある王国の没落を描いたファンタジーを寝物語としてきかせるという情事の光景を映し出す。

ファンタジーは明らかにチェイス家の戯画化された姿だろう。では、この情事の風景は?　そもそもローラはなぜそんな物語を書いていたのか?ここで、本書の中心的な語り手となるローラの姉アイリスが姿をあらわす。

彼女は、チェイス家の没落を救うべく大富豪グリフェン家の当主リチャードと政略結婚し、家族の歴史を長きにわたって、見続けることになる。いまや狷介(けんかい)な老女となったアイリスの口から、今世紀初頭の大恐慌時代から、二つの大戦、そして現代まで、彼女の身辺で起こった家族の歴史とその裏側の世界が紹介されていく。読者は、ローラの小説に隠ぺいされた謎解きの魅力にほんろうされながら、驚愕(きょうがく)の結末まで読み進むことになるだろう。

それにしても、本書の基調となる夢見るような筆致は、圧倒的だ。とくに、アイリスがローラ、義姉ウィニフレッド、娘エミリー、そして家政婦リーニーを語るときのなんとも言えない口調に魅せられた。女が女を語るときの微妙な口調の変化、その繊細な動き。そこには、名状しがたい美しさとおそろしさがにじむ。

本書は、ひょっとすると、どんな家族にも沈殿しているかもしれない秘密のおぞましさを描きながら、その物語に神話的な光輝をまとわせ、わたしたちを普遍的な世界観へと導く。アトウッドならではのファンタスティックな筆致が堪能できる。

(小谷真理・SF評論家)

(早川書房・3400円)=2002年12月26日④配信

リアルな人間ドキュメント

「雷蔵好み」（村松友視著）

日本映画全盛期の昭和二十九（一九五四）年にデビューを果たし、「炎上」「ぼんち」「眠狂四郎」等、幅広い百五十余本もの主演作を残して、昭和四十四年に三十七歳の若さで夭逝（ようせつ）した市川雷蔵。以来三十余年が過ぎても、雷蔵ファンは後を絶たず、定期的に行われる大規模な“雷蔵映画祭”はいつも盛況。そのたびに出版物が刊行され、テレビで主演映画が放映される。

他の映画スターにも例がない、その時代を超えた人気の秘密はいったい何なのか—。多くの人が抱く素朴な疑問を自らに問いかけ、あらためて雷蔵の生涯と向かい合いその人となりをひもとくことに取り組んだのが本書である。

本名を三度も変え、二度の養子縁組で生涯、親と呼ばれた人を六人も持つ謎多き雷蔵の数奇な運命や、スクリーンに燦然（さんぜん）と輝くカリスマ性とは裏腹に、素顔の雷蔵は普通人としての生活を好み実行していたことなどは、これまでにも多くの出版物の中で語られてきたことだが、その魅力のち密な分析となると、作家らしい表現力にあふれた著者の筆致は見事。素直に納得させられてしまうのである。

そして全編にちりばめられた雷蔵自身による珠玉のエッセーからの引用文が、ユーモアあふれる聡明（そうめい）な雷蔵独自のセンスと現代性を生々しく伝えて、よりリアルなドキュメントとしての輝きを本書に与えているのも見逃せない。

あらゆるキャラクターを見事に演じ分けられる雷蔵の多様性、多彩さを、和紙にたとえている著者の「あとがき」の文章が印象的だ。「細かい和紙の繊維をくぐり抜け、やわらかくとどいてくる」「得もいわれぬ“紗（しゃ）”がかかった光」「雷蔵こそ現代の中で和風を本格的に光らせた、最後の花形映画スターだった」

タイトルは、歌舞伎役者好みの着物や浴衣を「菊五郎好み」などといった言い方からきているというが、この著者の粋なセンスこそ、まさに「雷蔵好み」といえるのである。（橋本光恵・アジアンポップスマガジン編集長）

（集英社・1600円）＝2002年12月26日⑤配信

男性性めぐる神話的主題

「受胎告知」（矢川澄子著）

遺作、というものは存在しない。現に生きて呼吸していた作家の死は、作品にとっても書き手にとっても、事故のようなものにすぎないからだ。死の彼方（かなた）でも、書き手は書き続ける。おそらくは読み手が作品を読み解くたび、書き手はよみがり、書き始めるのだ。

「受胎告知」は矢川澄子氏の、書き手にとっても読み手にとっても全く偶然に、“遺作”となってしまった著書だ。ただ、ここに収められた三つの短編小説に感じられるのは、終わりというよりは始まりの予感、再生の気配である。

矢川氏の個人史に照らしてこの三編を読み解き、その死の必然性にしたり顔をするたぐいの、“遺作”となると必ず声高に主張される似非（えせ）文学的解釈は、ここでも当然、無効だ。作者個人の体験など、書き手にとっては、通りすがりに目にとまった見知らぬ人の所作や、小耳に挟んだ印象的な一言と、実は大差がない。展開すべきモチーフを与えてはくれるが、それ以上でも以下でもない。

三編を通じて、神話的な主題は明確である。それは性的な匂（にお）いのない男性性—深窓の令嬢たち（既にこの世から姿を消した、神話的な類型だ）の内にひっそりと息づく男性のイメージであり、容易には輪郭のとらえられない淡い男性性に抱擁されて息を吹き返す少女のイメージ、幸福とは呼びがたいほどほのかな幸福感に包まれて、ゼウスの子ペルセウスを懐胎するギリシャ神話の美女ダナエのイメージだ。

皮肉な言い方をするなら、これほど生身の男にとって屈辱的なイメージもあるまい。ひげの生える男なぞ、そもそもお呼びじゃないのである。同時に、生臭い男どもにすっかりうんざりした御婦人方には、森茉莉の「パッパ」よりさらに抗菌消臭な無色透明の男性性は、イスラームの殉教者に与えられる楽園の乙女たちよりなお、魅惑的に思える瞬間もあるだろう。（佐藤亜紀・作家）

（新潮社・1700円）＝2002年12月26日⑥配信

2003

スター題材に紡いだ戦後

「昭和が明るかった頃」（関川夏央著）

二人の映画スター、石原裕次郎と吉永小百合の歩みに、戦後のある時代を浮き彫りにした本で、書名はその時代を指す。およそ昭和三十年代に当たる。その時期、二人は日活映画で活躍したが、本書のユニークさは、両者を対比しつつ、裕次郎ではなく小百合に重点を置いた点にある。

裕次郎が反逆する戦後青春の"太陽"として輝いた話なら、すでにある。そうではなく「キューポラのある街」くらいしか代表作のない小百合が、短期間とはいえ日活を代表するスターになり、多くの「サユリスト」を生み出したのは、どういうことなのか。

著者は膨大な資料を駆使して、小百合の家庭環境や女優生活の細部を明らかにするとともに、十四、五歳から一家の生計を支えていた「傷だらけのハイティーン労働者」が日活という映画会社の運命や戦後社会の移り行きと、いかにクロスしたかを探っていく。

小百合の"純愛映画"の全盛期は一九六二年〜六四年。五六年に始まる裕次郎の歩みが、敗戦と占領を経た日本のあり方を反映するとすれば、小百合の全盛期は、戦後民主主義と高度経済成長による「戦後日本の頂点」を映している。こうして「吉永小百合という物語」に著者の戦後観が浮かび上がるのである。

細かいエピソードや証言が連続するので、実に読みやすく面白い。だが、資料モンタージュの再現ドラマのようで、肉声が少ししか聞こえない。本人や関係者の証言は必ずしも肉声ではなく、疑ってかかるべきだし、映画の価値は興行成績だけではないから、取り上げた映画に対する著者の考えがもっと展開されてよかろう。それに、ある種のアメリカ映画を指すのに「フランスのフィルム・ノワール」と記されているような間違いも散見する。

だが、あとがきにあるように「これは映画の本ではない」。一九四九年生まれの"物語作家"が映画スターを題材に紡いだ「戦後という物語」なのである。（山根貞男・映画評論家）

（文芸春秋・1900円）＝2003年1月9日①配信

全能感に酔う科学への警鐘

「物理学と神」（池内了著）

世界を動かしているのはいったい誰か？

目の前でリンゴが枝から落ちた。そこに物理学者は重力の働きを見、天体の運行に共通する万有引力の法則を見る。しかし、それは単に自然界にはそのような法則性がありますよ、ということなのか。それとも、そのような法則には誰かの意図を見ることができるのだろうか。

理工系の大学で宗教を講じている経験からいえば、神様と科学なんてまったく関係ないじゃーん、という学生たちの声が聞こえてきそうだが、あに図らんや、物理学の歴史のここかしこには神や悪魔の御姿が見え隠れし、物理学の発展とともに神の性格や居場所までもが変転しているという、まことに刺激的な物理学史が本書である。

例えば天動説の世界では、神は動かぬ地球に存在していた。だから地球が動いてしまっては神の不変性を犯すことになる。だがガリレオは神は宇宙全体を統括する、より偉大な存在だと考えた。しかしいったん地動説が確立されると、神は地上から追放され、無限宇宙を遍歴する存在となってしまう。

神の意図を探求するために科学的研究を進めながら、結果的に科学的領域が拡大し、神の不在を証明してしまうという皮肉の連続。だが面白いのは、科学者は自らが神の領域を縮小させているにもかかわらず、未知の世界に美しい法則性を見いだした自分の発見には神の御技を感じ、後続の科学者の発見には神の冒涜（ぼうとく）を見がちなのだ。あのアインシュタインでさえ、自分が切り開いた量子論がハイゼンベルグの不確定性原理に至るに及んで、粒子のふるまいを確率でしか追跡できないことに腹を立て、「神はサイコロ遊びをしない！」と叫んだという。

人間は「すべてが分かった！」と感じるときに神の働きを感じる、ご都合主義的な存在であるようだ。それには神もご立腹だろう。自然への謙虚さを失い、全能感に酔いしれる現代科学への警鐘を打ち鳴らす、知的興奮に満ちた一冊だ。（上田紀行・東京工業大助教授）

（集英社新書・740円）＝2003年1月9日②配信

エネルギッシュな宣言書

「日本画から世界画へ」(平松礼二、千住博著)

今まさにシュンの日本画壇の人気作家による対談集。まず各個展会場で自作・相手作を語るのに始まり、ついで東京国立博物館・東京国立近代美術館を訪れて古典絵画・近代絵画への思いを吐露し、さらに美術を志す若者たちへのメッセージなどで構成され、二人の多様な会話に引きこむ。

互いの作品を前にするとどうしても相手を褒めあうことになってしまう。だから時に鼻白む。しかし自作を語るときには、作家の自信と苦悩と熱情が率直に語られて、作品よりも、人間そのものを披歴することになる。

ところで画家の眼で見る芸術論はなかなか興味深いものがあるが、平松、千住にも言える。構図はもちろん、絵の具や筆などに対する実作者としての絵画的な関心と、制作過程の分析は、学者や評論家にない新鮮な突っ込みとなっている。

しかしそれのみではない。鋭利な感性をそのまま言葉とする感激性の千住にロマンチストの一面を見る。一方、十七歳年長の平松は、美術大学で後進の指導に情熱を燃やす人らしく、美術の知識も豊富で、時に教師口調にもなる。これは日本を飛び出し自由に制作活動をする千住と、日本にとどまりじっくり構える平松との差なのかもしれない。

おしなべて、優れた作家は古典美術を深いところで把握する。千住が仏画「不動明王像」に関して“輪郭の仕事を徹底的にすることによって、内側から素晴らしいものがわき出る”という意味のことを言っているが、日本美術の本質をついていてさすがと思う。

一方、平松が「新しい発見は新しい試みをしなければでてこない」「休むことは必要だが、止まることは許されない」と言うのは、若者への激励であると同時に、芸術家・平松の生き方そのものである。

随所に見られるのが、現代日本画が世界の土俵に上がれないことへのいら立ちと、無念さである。本書はそのギャップを埋めようと前進するエネルギッシュな画家の宣言書でもある。(草薙奈津子・美術評論家)

(美術年鑑社・1800円)＝2003年1月9日③配信

人間の個の喪失映し出す

「イエティの伝言」(薄井ゆうじ著)

「イエティ(雪男)を見た！」という情報が飛び交う昨今だが、その存在は依然なぞに包まれている。彼らが、ヒマラヤの奥地で独自のコミュニティーを形成し、ある目的をもって、自分たちの「進化の物語」の中に、あなたを招き入れたとしたら…。

これはファンタジーには違いないが、小説の中身はドキッとするほどリアルなのだ。

イエティから人間を逆照射するという巧みな仕掛けによって、「イエティ共同体」という鏡の中には、科学技術と文明、特定の集団とその価値観に依存して生きる人間の、もろさとごう慢さ、過剰な欲望と精神の欠落、個の喪失がくっきりと映し出される。

物語は、ネパールを旅する青年が、ひょんなことからイエティを捕獲することから始まる。が、実はイエティは、自ら進んで捕らわれたのだ。何のために？

それが、この物語の大きな「なぞ」なのだが、この目的が徐々に明らかにされて行く展開には、あやうい恋、商人の謀略、国連を巻き込んでの戦争も絡み、ドキドキ・ハラハラの連続。

しかし、現実と非現実が交錯する物語空間の、この静かな気配はなんだろう。

苦悩と危機の最中にあっても、落ち着きと尊厳を失わないイエティ。「孤独」をこそ愛し、孤高であることを潔しとする精神が森には充満しているのだ。

イエティは問う。「人間は何に飢えているのか？」と。孤独とコミュニケーション、愛と破壊といった根源的な問いかけが暗喩(あんゆ)のようにちりばめられ、人間が構築してきた概念は、イエティのひと言ひと言によってもろくも打ち砕かれる。

この知的なスリルも快感だが、気をつけなくてはいけない。異次元へワープする快感は、自己直面の危機と隣りあわせなのだ。

それ故か、青年の最後の選択は、悲しいほどにドラマチック。孤独を力とする生き方を模索する象徴であろうか、それとも、イエティの伝言をまっすぐに受けとめた結果であろうか。(梅野泉・詩人)

(小学館・1600円)＝2003年1月9日④配信

エロなオレ様音楽を解説

「不思議な国のクラシック」(鈴木淳史著)

クラシックというと、学校の音楽室に麗々しく飾られたバッハやベートーベンの肖像画を思い出すひとは多いだろう。それらの異国の大家をあがめつつ、正しい理解へと生徒を導くというのが、かつての(今も?)音楽教育であった。欧米に追いつき追い越せの一環として音楽教育も行われていたのである。

教室の外でも事情は同じ。クラシックは高級という前提がある一方で、邦楽や日本語によって培われた日本人の耳や感性の問題は、すっぽり抜け落ちていた。

一九七〇年生まれの著者には、そうした欧米文化至上主義や事大主義はかけらもない。欧米と日本の文化の距離を見据えるまなざしはいたって冷静である。

本書のタイトルの「不思議な国」とはもちろん日本のこと。副題には「日本人のための」とある。つまり、日本人がクラシックを聴くとはどういうことかに徹底的にこだわった入門書なのである。必然的に、クラシック音楽を語りながら、日本人や日本の文化について語ることになる。意外なことに、そうした入門書はかつてなかった。

なにやら面倒くさそうな本と思われるかもしれないが、大丈夫。おそろしくわかりやすい表現で「運命」交響曲を解説したり、西洋音楽史をたった一ページで要約したりと、さえた芸を楽しませてくれる。

著者の手にかかると、クラシックとは、「暴力的で誇大で夢見がちでくどすぎる人間の欲望の渦!!」となってしまう。もっと短くいえば「エロなオレ様音楽」である。乱暴なようでいてツボをはずしていないくくり方で、感心してしまう。「エロ」は官能的、「オレ様」は自己主義が強いということ。構成美を重視せず、「川の水の流れのように、どこぞへと去っていく」邦楽とは対極的である。

本書は、クラシック入門書にして一種の日本文化論なのである。それも従来的な入門書を解体しながらの。本書の出現は、もしかしたら、日本人によるクラシック受容が、成熟期に達した証しなのかもしれない。(山田富士郎・歌人)

(青弓社・1600円)=2003年1月9日⑤配信

家族ドラマに社会埋め込む

「コレクションズ」(ジョナサン・フランゼン著、黒原敏行訳)

ホーム・ドラマを軽く見てはいけない。文芸大作がこの形式をとることはよくある。「カラマーゾフの兄弟」「ブッデンブローク家の人々」「人形の家」皆そうだ。

しかしこの「コレクションズ」大判二段組五百ページはもっと〈純粋の〉ホーム・ドラマだ。アメリカの代表的中流家庭。長く勤めた鉄道技師の職をリタイアした夫は痴呆(ちほう)を発症しはじめている。

不安と不満に追いたてられて暮らす妻。家を離れてもどってこない子供たち。長男は銀行のやり手の部長だが妻子とうまくいってない。特に妻と姑(しゅうとめ)の仲は最悪だ。二男は先端の文学理論を講義する大学教授だったが、女子学生と関係して解雇され破産状態、末の妹は新進女性シェフだが性の悩みが解決しない。

この家族の絆(きずな)を修正(コレクション)しようと、母親はクリスマスに一家を集めようとする…。大筋もホーム・ドラマだが小説を構成する素材が、介護・教育・転職・世代の差・性・ローン等すべて「渡る世間は鬼ばかり」であつかわれているような素材に厳密に限られているのが、この小説の特色だろう。

にもかかわらず、読後私たちはアメリカといわず日本にも共通な、現代社会そのものを一望した感じを抱くはずだ。この小説のすてきなところはそこだが、それはホーム・ドラマ的事件の間に〈社会〉が巧妙に埋め込まれているからだ。

この社会は個人に圧力をかける。圧力をかけて個人の生き方を〈社会に適合するように軌道修正しろ〉と迫る。題名の「コレクションズ」はLでなくRのそれで、アメリカ口語では例えば「昨日いや今日のことですが」と自分の言ったことを訂正する時「コレクション!」といって修正する。

この小説の登場人物は全員しじゅう「コレクション!」を連発しながら右往左往している。そしてその修正がかえって次の錯誤を生む。この堂々めぐりが辛辣(しんらつ)に描かれる。コレクションには懲罰の意味もあったと思い出した。(鴨下信一・演出家)

(新潮社・3800円)=2003年1月16日①配信

対話についての対話　「話し言葉の日本語」（井上ひさし、平田オリザ著）

演劇の魅力の一つは、その一回性にあるだろう。演じ手、演目が同じでも、同じ演劇を繰り返すことは決してできない。

同様に、私たちの「話し言葉」もまた、絶対的な一回性を持っている。字で書けば同じ「ありがとう」も、発話においてはすべて、世界に一つきりしかない「ありがとう」だ。

本書は、現代演劇界の二人の旗手、井上ひさしと平田オリザの、日本語についての対論集だ。言葉のプロである劇作家の視点から見た「話し言葉の日本語」。その言葉の特性から見えてくる「日本」という国。その言葉を操って構成される「日本の演劇」。それらをテーマに、軽快に、本質を突いた議論が展開される。

日本人は正しいことやかっこいいことを表現するとき、どうして方言でなく標準語を使ってしまうのか？　植民地問題や日本の戦後責任の問題には、「日本語」の問題が大きくかかわっているのではないか？　などなど。

注目すべきは、本書自体が一回性を持った「話し言葉」でのみ構成されている点、いわば劇中劇のような“対話についての対話”という二重構造を持つ点だ。だから本書中の演劇論は、いちいち二重の意味を持って読者の前に提示される。

しかも議論を定方向に導こうとする司会もない。「最初のせりふが二番目のせりふを引きだし、二番目のせりふが三番目のせりふを連れ出し…というふうにつながって…調子のいいときは、自分が思っていない方向へ、どんどん弾んでいって…」と文中で井上氏が戯曲の書き方について語る通り、本書自体がまさにその方式で、ゴムまりのように展開していく。

「芝居のいちばんおもしろいところは、対話で展開しながら、その対話を超えた何かが出てくることでしょうね」（井上氏の発言）

この二者の組み合わせでしか起こり得ない展開の、一回きりの“対話についての対話”というドラマから、「対話を超えた何」が出てくるか？

ぜひ本書を読んで確かめていただきたい。（塔島ひろみ・詩人）

（小学館・1500円）＝2003年1月16日②配信

乾いた表層に潜む女の熱気　「ビター・メモリー」（サラ・パレツキー著、山本やよい訳）

女性ハードボイルド小説の草分けとして本シリーズが米国でお目見えしたのは一九八二年。衝撃だった。主人公のヴィクことＶ・Ｉ・ウォーショースキーは、単に“おっさん”探偵を女性に変えただけではなく、タフで有能で強いけど、ときおり女っぽい表情も見せ、単なる男女逆転のステレオタイプをくつがえしていたからだ。

以後、倒錯的な魅力をただよわせながらも二十年。熱烈なる読者にささえられて本書は、めでたくシリーズ十作目を迎えている。本書もまた単独作としてなかなか読みごたえのあるミステリーなので、ここから始めてほかの巻へ手をのばしても、大丈夫。話は通じるはずである。

今回は、シリーズ初期から登場し、なにかとヴィクをささえてきた女性外科医ロティの過去が主な話題になっている。彼女はユダヤ人でホロコーストの生き残りであるが、今回ヴィクが担当する「事件」が、意外なところでロティの過去につながっていたのだ

ここで、事件のあらましをのべることはできない。読者は、シカゴで起きたささやかな保険金詐欺事件が、新大陸と旧大陸にまたがって現在も闘争状態の、とある経済をめぐる犯罪へとドラマチックに接続されていく過程を、驚きをもって読み進むことになるだろう。しかも、9・11以降のアメリカにとっては、悪夢のような虐殺をめぐる経済戦争の一端を担う、実に大きな社会問題を扱うことになるのだから、何ともスケールが大きい。

とはいえ評者にとって一番のよみどころは、ヴィクとロティの不思議な友情のあり方だった。パンプスをはいてしぶとくがんばる強気の女探偵と、患者には菩薩（ぼさつ）でも自らには厳しすぎる狷介（けんかい）な女医者。疎遠になることが、実は一番の友情の証しだったという、ふたりの女の絆（きずな）に、どんな秘密のささやきがひそんでいたか。かわいた表層からは想像もつかない女の熱気に心躍らせるのは、たぶんわたしだけではないはずだ。（小谷真理・SF評論家）

（早川書房・2200円）＝2003年1月16日③配信

寄る辺なき世代の背中押す　「トワイライト」（重松清著）

大人になるとはどういうことか。このことに明確な答えを持っている三十代は少ない。オタク世代と呼ばれた若者も、そろそろ四十歳になる。

未来が閉ざされ、人生に展望が持てなくなったとき、人はその輝きに満ちていた過去に、想像のベクトルを伸ばそうとする。時代や世代にかかわりなく、人間とはそんな生き物なのだろう。

物語の主人公たちはともに一九六三年生まれ。同じ団地で育った小学校の同級生たちである。四十歳を間近に控え、過去に埋めたタイムカプセルを掘り出そうと集まる。

物語の発端をこう書けば「友情」の二文字が浮かぶ。しかし、この言葉にシラケた感覚を持つのもこの世代の特徴だ。

作者の視線は、同世代の共有する「寂しさ」に注がれる。リストラ、転職、離婚。家族を持たないということの不確かさ。

「世間は甘くない」。誰もが昔、親に言われた一言も手伝って、向き合うべき現実は日々追いうちをかけてくる。

「鉄腕アトム」や「ドラえもん」に描かれる未来は光り輝いていた。登場人物たちのかつてのあだ名「ジャイアン」や「のび太」が何度も呼び交わされる。しかし、関係の枠組みは既に色あせている。記号としての名前が宙に放り出され、現在と過去をあぶり出す。「あなたたちは今、幸せですか？」

一九七〇年の大阪万国博覧会を、幼い日の体験に持つ世代は、「あさま山荘事件」をテレビで見てはいるが、それを現実のこととして理解するのはずっと後になってからだ。いや、大半の人が理解できずにいるのだろう。そのために社会参加の方法を決められない。

「ノストラダムスの大予言」を教義に取り込み、地下鉄にサリンをまいた宗教の実行犯も、一九六〇年代生まれの者が多い。

本作は、登場人物の内なる「寂しさ」を書きながら寄る辺なき世代の背中をやさしく前へ、押し出そうとする。（岩崎正裕・劇作家）

（文芸春秋・1714円）＝2003年1月16日④配信

年月に鍛えられたモダニズム　「藤森照信の原・現代住宅再見」（藤森照信著・下村純一写真）

この国には何千万戸もの住宅があり、そこで何千万通りの暮らしが営まれている。

そのなかにはごく一部だが、建築家がつけた作品名によってよばれる「特別」な家が存在する。それらはフォトジェニックで美しいし、個性的でもある。けれど一般の住宅とはかけはなれていて、いざ住むとなるとたいていの人は躊躇（ちゅうちょ）せざるをえない。それはパリコレの新作をテレビで目にしながら「ステキだけど私にはとてもムリ」とため息をつく、あの感覚に似ている。

この本はそんな「作品」としてのモダニズム住宅を、著名な建築史家が探訪し解説したものだ。けれど、門外漢が違和感なく興味をもって読み進められるのは、取りあげられている十六戸が、時の流れをへてもなおその「主張」や「価値」を失っていないからだろう。建築されたその時代の最先端をデザインした住宅ばかりだが、長い年月に鍛えられながら「場」に根づき、モダニズムとしての風格すら感じさせる。

大正時代から一九六〇年代までに建てられた家々を、著者は建築史のフィルターを通してよみとく。さらに豊富なカラー写真でその具体像をかいま見ることができる。

とかく狭く粗末と評される日本の住宅だが、これほどすぐれた家もあったのかと驚かされるばかりだ。打ちっ放しコンクリートが「日本の国技」というほど古くから多用されていた、というような発見もまたおもしろい。

青山に建つ「塔の家」では、夫人がキッチンの窓から眺めつづけた六〇年代のストリート風景をいきいきと語る。またその反対にスチールハウス「SH−60」の発注者は「汚い東京の景色など見たくない」と窓の必要を認めなかった。そして、六十二畳の広間をもつ「スカイハウス」では、法事を念頭においてつくられたということが、設計者の育ちにまでさかのぼって解き明かされる。

建築としての視点にくわえて、こうした作り手、住まい手の肉声が盛りこまれているところがいい。（藤原智美・作家）

（TOTO出版・2286円）＝2003年1月16日⑤配信

「大きな夢」の発見

「滑稽な巨人」（津野海太郎著）

わが国最初の文芸評論書「小説神髄」の作者で、シェークスピア全集の単独翻訳者。東京専門学校（早稲田大の前身）の創設者の一人。立派なひげの文化人切手。この偉大な坪内逍遥を、好意的に「滑稽（こっけい）」と呼ぶ点が、著者のユニークさだ。

逍遥を滑稽と見る視点からは、意外なことに、明治日本の屋台骨を作った権威の側の貧しさが見えてくる。著者は、逍遥をめぐる状況を丹念に洗い直し、彼を笑った「近代」の滑稽さを、逆に笑いのめす。

近代日本は、「個人」の確立をめざす西欧派と、「国家」を重視するナショナリズム派との両極端に引き裂かれていた。近代思想の巨人たちは、どちらか一方の極に身を置き、大まじめに単純な主張をして、名声を博した。だが、逍遥は独自の「二十世紀構想」を立案していた。まさに、近代好きの近代嫌いだったのだ。

根津の遊郭の女性との結婚や、晩年の自殺説などのスキャンダルに包まれた逍遥の本当の心を、著者はのぞきこむ。そして、個人や国家ではなく、「社会」を基盤とした「第三の近代の道」を彼が提唱していた先見の明を発見する。

逍遥の求めた社会とは、例えば養子縁組をした「家族」であり、新しい倫理教育を実践する「学校」（早稲田中学）である。自分を含む密度の濃い小人数の「社会」を中核として、演劇革新と教育改革を広範に巻き起こそうとした。しかし養子の離反や、戦争遂行体制に教育機関が組み込まれて、逍遥の夢は無残に砕けた。

現代を生きるわれわれは、ほとんど「今の日本」に満足していない。では、どの時点から「近代日本」をやり直せばよいのか。日本の伝統文化とつながり、「自分が社会の一員である」という充実したシステムは、どこにあるのか。著者は、まず埋もれた「坪内逍遥の大きな夢」を発掘して、現代的な光を当てて見せた。過去の人物を再評価して未来を開く「評伝」の、すぐれた達成である。（島内景二・電気通信大助教授）

（平凡社・2400円）＝2003年1月16日⑥配信

女たちがシェアする物語

「ヴァギナ・モノローグ」（イヴ・エンスラー著、岸本佐知子訳）

「女性たちよ、あなたたちの性器の名をはっきりと口にしよう」「最後のタブーを破る」。こう書かれた本書の帯には正直、暑苦しさを感じてしまった。

「口にしよう」って呼びかけられてもねぇ。え？ 女性器がタブー？　知らなかったよ。フェミニズムが嫌われるとしたら、多分こういった啓蒙（けいもう）的姿勢なのかもしれない。うっとうしい。

本書は、二百人の女性へのインタビューを基にしたヴァギナの物語だ。その語り部は、ある時は性器を見たことのない七十代の女性であり、レイプ被害者の十代の女性であり、セックスを売る女性であり、戦時下でレイプされた女性のものである。時にユーモラスに、時に政治的に、女たちはヴァギナを語る。

ところでヴァギナは本当にタブーなのだろうか？　女がそれを語らないのは、語る内容なんてない、とされてるからじゃないのか。「将来、子どもを産む身体／男に愛される身体」だから自分を大切にね。大人は女の子にそう言い聞かせる。生殖やエロスとも違う「私だけのヴァギナの物語」など、どう持てるというのだろう。

語るべき内容などないとされるヴァギナ。それでも語ってみたらこんなにも言葉があふれてきた。淡々と語られるヴァギナ・モノローグの一つ一つが、「個人的なことは政治的なこと」と掲げたフェミニズムの原点に、いま一度焦点を当てている。

七〇年代のウーマンリブを生きた作者が信じる「私（女）が私（女）を語る」力は、いまだに新鮮な魅力を持つ。目覚めた女から目覚めていない女への啓蒙ではなく、女たちがシェアする物語のために、フェミニズムがある。

戯曲として描かれた本書は、既にアジアの各国で上演されている。ヴァギナを語る誘惑に抗しきれない女たちの手によって、新たなヴァギナ・モノローグがこれからもつくられていくのだろう。（北原みのり・エッセイスト）

（白水社・1500円）＝2003年1月23日①配信

「乗ってもらう」心構え

「天皇の鷹匠」（花見薫著）

私は動物が好きで、犬は特に好きだ。十五年も犬と生活を共にした。その犬が数年前に亡くなって以来、次の犬を飼育していない。犬は私のことば、意思を百パーセント近く理解した。それに匹敵する犬を訓練する自信がないのと、十五年も一緒にいた犬のイメージをひきずっているからだ。

そんな背景があって、本書を読む。宮内庁鷹匠（たかじょう）として伝統的な鷹狩りを継承してきた「諏訪流第十六代鷹師」の聞き書きである。

「鷹は、犬や馬とは動物としての生き方が根本的にちがうのです。（中略）鷹は、仲間の鷹からであれ人間からであれ、命令されてそれに従う習性はまったくない」

犬と違って本質的に人間に迎合しない、飼育されない鷹を鷹匠がどう訓練するのか。どのようにして人間の意のままに鷹を操るのか。

「鷹匠に向かない者は、勘の悪い者、それから気の短い者だと言いきれます。気の短い者は、鷹に無理に何かをやらせようとする、鷹に命令しようとする」

鷹匠として成功した者（著者を含めて）はどんな態度で鷹に接したか。

「人間の側ではなくて、鷹の身になって思いを聴くようにせねばなりません。据えるときも、無理に乗せるのではなく『乗ってもらう』くらいの気持ちでなけりゃだめです」

なるほど。

いま日本の社会は大揺れに揺れている。世の中をつかさどっている中高年世代は、若い世代を十分に使いこなせないケースが多いと聞く。世代間ギャップ、価値観の違い、感性の違い、などなど。

しかし、世の中を変えていくのはいつの世でも若者である。若い世代を使いこなせないのは国家的損失である。彼らを鷹に見立てればいいのではないか。「乗ってもらう」のである。顔と形は日本人、しゃべることばは日本語だが、えたいの知れない若者たちに大人たちは鷹匠の気持ちで接したらいいのだ。

ヒントが見えてきた。鷹匠の世界では“人鷹一体”というそうだ。（軍司貞則・ノンフィクション作家）

（草思社・1600円）＝2003年1月23日②配信

武侠文化、初めて系統的に

「漂泊のヒーロー」（岡崎由美著）

日本は、アジアの一員なのに、アジアに普遍的な現象が、案外知られていなかったりする。

たとえば、中国の武侠（ぶきょう）文化は、今やアジア全域に広まっている。これを題材にした映画やドラマは「グリーン・デスティニー」の例を出すまでもなく、各地で歓迎され、韓国では独自の武侠小説を生み出してきているほどである。

だが、なぜか日本でのみ、ほとんど知られていない。本書は、この武侠文化を、おそらく日本で初めて系統的に紹介した画期的な内容であろう。

武侠ものとは、武芸者たちが互いの技を駆使して戦う物語である。武侠ものは剣術を使うことが多く、素手での格闘が中心のカンフーものとはちょっと違う。さりとて、西洋の騎士道ものや日本の剣豪ものとも異なる。

登場する武侠の士たちは、忍者のごとき軽い身のこなし、神出鬼没の行動、抜群の武芸を誇る。しかし忍者と異なり、彼らは「弱きを助け、強きをくじく」という独自の「侠」の精神で動く。また彼らの活動する世界を「江湖（こうこ）」と称するが、そこでは独自のルールや人間関係が存在している。

こうしたお約束をふまえて、江湖で熱き戦いとロマンが展開される。アジアの青少年たちなら、誰もが有名な金庸（きんよう）の作品などを夢中で読んだはずだ。

武侠文化がいかに形成されたか、本書は資料を博捜して解明する。中国には古来より「侠」と呼ばれるアウトサイダーがおり、「水滸伝」のような英雄豪傑の世界が、江湖のルーツとなる。さらに清代に武侠のジャンルが確立する。

これが底流となり、金庸や古龍（こりゅう）などの新時代の武侠小説の爆発的なヒットに至る。著者の博識に驚くと同時に、軽妙で読みごたえのある「武侠の士」のような文章に、ただ舌を巻くしかない。（二階堂善弘・茨城大助教授）

（大修館書店・1700円）＝2003年1月23日③配信

ラストに凝縮された境地

「冬の標（しるべ）」（乙川優三郎著）

作家のメッセージやテーマが凝縮された、ラストの一行。そこにたどり着くために、読むべき物語というものがある。乙川優三郎の直木賞受賞第一作である本書は、そのような作品といっていいだろう。

幕末。八万石の藩の大番頭の家にうまれた明世は、画業に生きたいと思いながら、社会の仕組みに逆らえず、馬島家に嫁いだ。しかし、夫の急死により婚家は落魄（らくはく）。幼い跡とり息子と姑（しゅうとめ）を抱えて馬島家を支える明世は、その一方で暗い日常を振り切るかのように、画業に情熱を傾けていく。

かつての画塾仲間と書画会を開催した彼女は、やがて仲間のひとり光岡修理と心を通わせ、ふたりの将来を夢見るようになった。だが、それもつかの間、勤皇佐幕の動乱のなかで、修理は非業の死を迎える。節目節目で人生を壊されながらも、絵筆を捨てない明世。そんな彼女は、ついにある決意を固めるのだった。

自分が好きで好きでたまらないことに人生を賭ける。結果はさておき、これほど人間として充実した生き方はない。しかし、家庭の事情や世間の目にはばまれ、多くの人は、一意専心な人生を歩めないでいる。

だからなのだろう。現代とは比べ物にならないほどの困難と障害を抱えながら、それでも画業への情熱を絶やすことのない明世が、クッキリとした輪郭をもって、立ち上がってくるのである。このヒロインの魅力が、本書の大きな読みどころといっていいだろう。

そして明世は、いくつもの通過儀礼の果てに、悟りにも似た境地に到達する。その境地を凝縮したのが、ラストの一行なのだ。決して特殊なことを、いっているわけではない。だが、彼女がいかなる人生を歩んだかを知っている者—すなわち本書の読者には、この一行が胸に響かずにはいられないのだ。作者は明世の人生と、その果ての境地を通じて、人が生きることの意味を問いかけてくるのである。（細谷正充・文芸評論家）

（中央公論新社・1600円）＝2003年1月23日④配信

豊かな図像のざわめき

「天翔（あまがけ）るシンボルたち」（張競著）

中国の幻想的な動物イメージといえば、なにより龍とかを思い浮かべても、それから先となると案外に考えつかないはずである。

だが中国のイメージ世界にもう一歩を踏みこむと、今度はあまりに豊かな図像のざわめきに当惑してしまう。画像石もあれば彫像・書籍や絵画もあり、その奥は深く、ただ道に迷うばかり。龍なぞ中国イメージの一端でしかない。

中国は幻想的な動物イメージの宝庫なのである。羽をもつ馬のイメージは多くの例が世界に見いだせるが、これを中国では天馬とか翼馬と称する。おそらくはシルクロードを越えて伝えられた西方のイメージが元なのだろうが、やがて中国は馬以外のさまざまな動物に翼をつけはじめ、はては魚にまで翼をつけ、それらしき名付けをしている。どうして魚に翼をつけてしまうのか。ここらに、いかにも中国らしさがひそんでいる。

中国といっても、それは歴史的・文化的に一枚岩ではない。農耕を中心とする文明の時代もあったし、遊牧民の文化が国家を支配したこともあった。その文化的なせめぎあいが、この多様な動物イメージの群れに反映している。東西のルートが物産と宗教の交易路であったなら、南北のルートは想像力の交換の場である。そのことを、本書はイメージをとおして具体的に教えてくれる。

それにしても、この豊富な図版には圧倒されるほかはない。しかも、多くの新たに撮影された写真が収録されていて、これは今後ますます貴重な資料となるだろう。なるほど「百聞は一見にしかず」。まいりました。

ぼくには、本書がとても禁欲的に作られていることがよくわかる。筆者としては、あの図も載せたかったろうし、この話も書き足したかったろうな。これほど贅沢（ぜいたく）な本はない。

迷うことはない。わずかでも本書の主題に関心があれば、いますぐ入手すべきである。目の驚きについては保証する。（松枝到・和光大教授）

（農文協・3048円）＝2003年1月23日⑤配信

近代象徴するスポーツの変容

「現代メディアスポーツ論」(橋本純一編)

このところ「メディアスポーツ」という言葉が一般化してきた。昨年のサッカーW杯がグローバル化したメディアのもとで開催され、巨額の放映権問題などで、スポーツイベントがメディアイベントであることを日本人が意識したことも大きい。

共著者たちの問題意識は、努力、成長、発達、達成、合理性などの近代の諸価値を象徴する行為として意味付けられてきたスポーツが、メディアによって大きく変容しているという点で共通している。どう変容したのか、どうゆがめられたのか。幅広い関心からさまざまなテーマを扱っている。

例えば、モダンヒーローからポストモダンヒーローへの変容。ヒーローは今や正義や能力を示すものではなく、両義的な存在だという。

また、電子メディアの発達により、近代スポーツの自明性が失われ、バーチャルなゲームとの本質的差異がなくなりつつあるという指摘。さらに、テレビCMやスポーツ報道、障害者スポーツにおけるジェンダー。例えば、女子選手は女性に付与された価値や社会的役割との関係、つまり家族関係、師弟関係や容姿で評価され、現実社会のジェンダーバイアスを増幅、再生産しているなど。

残念ながら、多くの章が問題のラフなスケッチの域を出ないが、問題へ迫る意欲は評価されていい。なかでも、新聞イベントとして「九州一周駅伝」がどのような物語を提示しまた変容してきたかは、ローカルのメディア言説の分析として興味深い論考である。さらに「実況中継の会話分析」も、まだ精密な分析とはいえないが、新しい分野と方法。スポーツ言説の意味を枠付け、通路付ける発話のミクロな分析は今後の発展が楽しみだ。

メディアスポーツとは、それを生み出すメカニズムと、その内容だけではない。なぜ、私たちはあれほどまでにW杯に熱狂したのか、内なるナショナリズムからなのか、コマーシャリズムに乗せられたからなのか。メディアが描くスポーツとそれを「読む」私たちの関係についての論考もぜひほしいところである。(黒田勇・関西大教授)

(世界思想社・2300円)＝2003年1月23日⑥配信

不運と不幸のはざまで

「嫌われ松子の一生」(山田宗樹著)

読み終わってしばらく、人の不運ということについて考えた。松子の不運とは果たしてどのようなものであったかを。

東京で大学に通う川尻笙はある日突然、骨つぼを抱えた父の訪問を受ける。骨は今まで聞いたこともない川尻松子という伯母のものであり、松子は北千住のアパートで殺され遺体となって発見されたという。

父から部屋の後始末を頼まれた笙は、一族から封印された彼女の生涯に興味を抱く。地元九州で中学校の教師をしていたはずの松子はなぜ失そうし、三十有余年を経た今、東京のアパートで変死体となって発見されなくてはならなかったのか。

松子自身の独白とその一生を追う笙。現在と過去二つの物語が交錯し、やがてひとりの女の悲しくもすさまじい一生が浮かび上がる。

印象的な場面がある。松子が郷里を出奔するきっかけとなった修学旅行先での現金盗難事件のくだりだ。容疑者と目される教え子をかばって松子は、その穴埋めに同僚教師の金を無断で借りる。それがさらなる誤解を生み、返済に窮した松子は宿泊先で、父親から譲られた旅行かばんをひっくり返す。もしかしたらどこかにお金が紛れ込んでいないか。父が昔、もしものときのために潜ませておいたお札はないか。

紛れ込んでいるはずの幸福、潜んでいるはずの何か。そこに人生の出口を探りあてようとする松子の姿は、その後の彼女のすべてを物語っているようで、悲しい。

もちろん、幸福とは誰かがそっと忍ばせてくれているものではない。凄絶(せいぜつ)な人生の果て、やっとそれに気づいたとき、今度こそまぎれもない不運の前に彼女は絶命する。

私たちは現実の中でしばしばおのれの不運を嘆く。けれども実はそれもまた自身が招き選び取った人生そのものではないのか。松子という女の生涯が読者につきつけるのは、不運という言葉で自身の未熟から目を背けたとき、人は自分自身を失うのだという痛みにほかならない。作家の目は徹底して松子に厳しく、それ故、最後の一行が温かい。(宮村優子・シナリオライター)

(幻冬舎・1600円)＝2003年1月30日①配信

風の通り道みつけられる

「迷い道　子育ては、いま」（信濃毎日新聞社編）

子どもと大人は合わせ鏡のような存在だ。どちらかだけが幸福な時代や社会はない。子どもが息苦しさを感じるとき、子どもと向かい合う大人（多くの場合、母親）もまた、息苦しさを痛感している。そういった「迷い道」は、どの時代にもどの社会にもあったことかもしれない。

それでも現在「人間はどうしていつのまにか子どもを育てるということ、つまり次世代育成という営みにこれほど精神的に苦労し始めたのか」（本書、前書きより）。

信濃毎日新聞の連載企画がまとめられた本書の中に、それらに対する絶対無二の「回答」があるということではない。

しかし、きわめて個人的でありながら普遍性をもった「子育ち・子育て」、そして子どもの変化や成長を通しての、大人自身の「育自」。それらを軸に記者が掬（すく）いあげた、「取材される側」の言葉や、いまはまだ言葉にはならない靄（もや）のような揺れに、この閉塞（へいそく）状態をほんの少しでもひらく小さな、しかし確かな「風の通り道」を読者は見つけることができるはずだ。

ある少年は中学二年になると、学校へ行けなくなる。「きっちり育ててきた」（母の言葉）はずの、「学級活動のまとめ役をしてほしい生徒」（中学の担任の言葉）と「期待された」彼である。試行錯誤の末、彼は養護学校に通う。そして、自分と同じように学校に行けず苦しむ友達と知り合う。いま彼は言う。「いろんな人がいる、無理しなくていいってことが分かった」と。

保育園のころから周囲となじまず「普通学級は無理」と校長室で泣き出した母の横で「お母さんは、僕のせいで泣いちゃうんだ」と一緒に泣いた少年。彼はADHD（注意欠陥・多動性障害）と診断される。母は述懐する。「私が無理に『普通』の枠に押し込もうとして親子で苦しんだ。でも、もういいや。人と同じでなくても、この子に合った生き方をしてほしい」

掲載時に寄せられた読者からの投書もまた、切実なものが多く、心に響く。（落合恵子・作家）

（河出書房新社・1600円）＝2003年1月30日②配信

昭和初期の句を鋭利に分析

「俳句のモダン」（仁平勝著）

いつものことながら仁平勝の俳句評論は、実に面白い。よく調べ、よく読み込み、明晰（めいせき）に、鋭利に分析する。面白いゆえんであろう。面白いばかりでなく、多くを教えられる。

当代の俳人は、おしなべて本を読まない。読まないで書くから、誤ったことを書く。それが辞典類に掲載されるから、謬説（びゅうせつ）がまかり通る。石田波郷の「俳句は文学ではない」との言葉は、よく知られている。が、波郷に即して、この言葉の真意を明らかにすることを、俳人たちは誰もしない。

仁平は、波郷がここで言う「文学」とは「創作」の意であることを明らかにし、波郷の「ひとり俳句のみが創作、作為構成その他類似のさういふ言葉の概念をすべてとらない」との言葉を紹介する。まさに「目からうろこが」である。その可否は別にして、創作性を拒絶しての今日の一般的俳句観が、波郷によってスタートすることを確認し得るのである。かかる創見が随所に見られる。それが刺激的。

俎上（そじょう）に載せられている「俳句のモダン」を形成したと、仁平によって評価された俳人は、水原秋桜子、山口誓子、日野草城、石田波郷、西東三鬼、渡辺白泉、三橋鷹女、橋本多佳子の八名。それぞれの俳人にとってエポックメーキングであると思われる個人句集によって、仁平言うところの「モダン」が具体的に探られている。

その「モダン」について、仁平は「秋桜子と誓子が口火を切った新興俳句の運動は、そのモチーフをひとことでいえば、すなわち俳句に主観の表現を持ち込むことであった。そしてその方法は、ひとつの連作であり、もうひとつは詩的な比喩であるということができる。つまりどちらも、俳句の言葉に多義性を与える方法であった」と説明している。

仁平は、八名の俳人によって昭和初期の俳句の「モダン」を見事に解明して見せてくれた。ならば、現代の俳人は、その「モダン」をいかに解釈して、新俳句を創造するのか。俳句は、ますます面白くなる。（復本一郎・神奈川大教授）

（五柳書院・2200円）＝2003年1月30日③配信

世紀のはざま見る小説時評

「徴候としての妄想的暴力」（笠井潔著）

世の中の変化に対して、もっとも敏感に反応するのが娯楽小説の分野だ。ミステリーをはじめとする娯楽小説は、私たちを映す鏡のようなものである。

笠井潔の「徴候としての妄想的暴力」は、文芸誌「鳩よ！」の二〇〇〇年一月号から、同誌が休刊する二〇〇二年五月号まで連載した時評をもとにしている。つまり世紀末から新世紀のはじまりにかけての、私たちを映す鏡だ。

そこで取り上げられているのは、北村薫「盤上の敵」から歌野晶午「世界の終わり、あるいは始まり」まで。しかし、大江健三郎「取り替え子（チェンジリング）」や奥泉光「鳥類学者のファンタジア」などの純文学作品も含まれており、娯楽小説だけに限定したものではない。

それにしても、世紀のかわりめをはさんだこの二年半は、なんと変化の大きい期間だったのだろうとあらためて思う。連載をはじめるにあたって、笠井の問題意識は「われわれはもはや人間とはいえないグロテスクな存在に変質しているのではないか」というところにあった。

だから、そのころベストセラーになっていた「一九世紀的な内面や文学や人間性を疑わないタイプ」の「人間を描いたミステリ」に対しては批判的だった。

ところが、この二年半というわずかな期間のうちに、「人間を描いたミステリ」はたちまち退潮してしまった。犯罪者たちの、せつなく、やむにやまれぬ心情を描き、読者に共感を求める小説は、もはや多数の読者に見向きもされない。それは流行だのなんだのではなく、私たちのほうが変わってしまったのだ。

時評というのは現在進行形の現場リポート的なところがある。それが一定期間分まとまって、少し時間をおいてから読むと、当時は気づかなかったさまざまなものが見えてくる。本書にはそうした醍醐（だいご）味がある。

それにしても、私たちはとんでもないところに来てしまったようだ。（永江朗・フリーライター）

（平凡社・2200円）＝2003年1月30日④配信

暗いイメージを打ち崩す

「〈戦後〉が若かった頃」（海老坂武著）

近ごろ〈戦後〉をめぐって、種々の回想録のたぐいの読み物が、急に増えてきた。〈戦後〉は遠くなりにけり、との歴史的スタンスが定着してきたためであろう。皆、もはや戦後を連続して生きてきた現実を忘れ、遠く化石化した壁画のように、歴史の中にはめ込んだ。

この本は、一九三四年に生まれた主人公の二〇〇〇年に至る間の自伝である。しかし、本書によって初めて開かれ、光を当てられた点がある。

〈戦後〉といえば、暗く、飢えと暴力とアナーキーのるつぼといったイメージだった。そのような異常なカオスには触れていない。本人によれば、ほぼ中流の出身、野球の花形で、高校を出て東大、大学院、フランス留学生試験を苦もなくすいすい通過する、極めて恵まれた、羽目を外さぬ学生である。

このことは、いわゆる〈戦後〉の暗いイメージを粉砕し、少なくとも戦後の日常的な現実を照射した。また、あの戦後にも、フランス文学研究を中心に、映画、音楽などの文化として青春が持続していたことを思い出させた。

主人公は、東大仏文科のクラスを中心に、ひたすら文学の真実を求め、驚くべき数のエリート人脈の中にありながら、同時に「左翼」であると信じて疑わない。ここに、もう一つの戦後のイメージを打ち立てた手柄がある。

第二に、彼はすべてを知的探究の対象とする。だが、少なくとも日記や小説や自分史を書く時、筆者は自由で独裁的な立場に立てる。公平に描くことは不可能である。筆者は、それを可能にする鍵を見つけた。

それは彼の友人のアラン・ジュフロワの言葉として慎重に、しかし決定的に、書く特権的な立場を宣言した「私の伝説（マ・レジャンド）」、つまりレジャンドや神話を書くということだ。自分で伝説化した自分という立場から、森羅万象を書くという魔法は発明である。

公平に温かく人間好きな口調は、鮮やかに一つの新しい「レジャンド」を作り出している。（栗田勇・作家）

（岩波書店・3800円）＝2003年1月30日⑤配信

ネットの市民文化を再構築

「インフォアーツ論」(野村一夫著)

一九九五年にインターネットが一般に普及すると、ホームページでさまざまな情報が公開され、一時的にインターネットに関して楽観的な見方が流布した。ネットで人々が発言を重ねるうちに自由・対等かつ上品に討議するようになり、公的な意義のある問題を解決しうる「市民」に育つというのである。

実際、一部には自分の価値ある著作を無償で公開する人も現れた。本書の著者・野村氏はその代表的な人物で、社会学の高度な内容を平易に語るサイト「ソキウス」をいちはやく公開、その内容は現在に至るまで更新されている。

関連するアカデミックなサイトが稀有(けう)だったこともあり、評者も幾度か参考にしたものだ。こうして、市民文化が定着するかと期待された。

けれどもそうした期待が実現したのはせいぜいインターネット初期、すなわちパソコン通信という、半ば管理された情報空間に慣れた人々が支配的だった時期までであった。

そこに、パソ通文化を共有しない人々が一気かつ大量になだれ込んでくると、事態は暗転する。匿名で無責任な流言を行い、感情のおもむくままに悪態をつく。果ては、マスコミが自主規制して掲載しない少年犯罪の犯人の写真や住所を公開したり、売春や薬物売買の温床ともなった。ネットのダークサイドが膨張していったのである。

本書はそうした状況にあらがい、ネットの市民文化を再構築するための処方せん(著者の造語では「インフォアーツ」)を構想している。

ちょうど今年から高校で始まる「情報科」が理系的な情報処理教育に偏するのとは対照的に、暗黒地帯と化したネットから市民文化の「苗床」を見いだし、参加者がそこで「大人になる」可能性を模索するものだ。指針は具体的で、大学やサークルといった顔見知りの小集団で、同時にネットも立ち上げるのが良いという。

簡潔な本だが、経験にもとづく有益な提言が満載されている。(松原隆一郎・東大大学院教授)

(洋泉社新書・720円)=2003年1月30日⑥配信

古代飛鳥の謎解きへ誘う

「飛鳥を掘る」(河上邦彦著)

飛鳥は発掘のたびに、その歴史が書きかえられていく。長年、奈良県の各地を発掘してきた著者は、大和の考古学の生き字引の一人といってよい。

本書は、調査からえられた成果について、著者のユニークな説があちこちにちりばめられていて、古代飛鳥の謎解きに誘ってくれる。著者の飛鳥への思い入れは、読者に仮説と想像との間を行き来させる。

例えば、飛鳥の二つの亀について。一つは、以前からおなじみの道端におかれたユーモラスな顔の亀石(明日香村)。著者は河内の野中寺の塔心礎(塔の中心の柱を受ける礎石)に刻まれた亀をヒントに、「橘寺の塔心礎の造りかけ」で何らかの理由で放置されたという。

もう一つは、近年出土した酒船石遺跡の亀形石造物。著者によれば、これは亀ではなく「鼈(すっぽん)」であって、鼈を水の神、河伯とみなし、亀形石造物が出土した遺跡一帯を朝廷の水の祭場と解釈する。

だが私は、亀形石造物を鼇(ごう=オオウミガメ)と推定する。中国の古代の詩集「楚辞」には、鼇が背に仙人の住む蓬萊(ほうらい)山を載せるとあるから、東南にある多武峰の天宮と見立てられた仙人の居所との関係もしりぞけられないと、憶測するのだが。

しかし、なんといっても、本書に託した著者のメッセージは、飛鳥が水にかかわる施設をあちこちに配置し、水路を縦横にはりめぐらしている状況を、飛鳥という京のインフラとみなし、水の都として位置づけたことである。飛鳥川の水を上流で取水し、京を網状に流れ、最後に飛鳥川の下流で放水されるというシステムに、飛鳥という都の特異な計画性を読み取ろうとしている。

なぜ、飛鳥がこれほどまでに水にこだわったのかについては、私は「水の王朝」として飛鳥をとりあげたことがある。

古代王族の中でも、飛鳥に人工の川や池を造った斉明天皇の系譜には、水への信仰があったと考えている。(千田稔・国際日本文化研究センター教授)

(講談社選書メチエ・1500円)=2003年2月6日①配信

オタクめぐる新しい言論

「網状言論F改」(東浩紀編著)

本書は、編著者が主催するホームページ上でのオタク系文化をめぐる議論を、一度シンポジウムというかたちで外に開き、再度それを書籍にまとめあげた、それ自体「網状」に生産されたメディアである。実際、本書は読了しても完結しない。ネットに接続したり、ショップに足を運んだり、ゲームをプレーしたり、活発に運動することを迫られる。

だとしたら、編著者のねらいは大きく前進したといってよい。旧来の「評論集」では到底「オタク系批評」という未到の荒野を開拓することはできないからだ。事実、本書は新しい言論の現場が姿を現しつつある臨場感に満ちており、いま最もアクチュアルな批評と評価できる。そのことを十分に認めたうえで気付いた点を記しておきたい。

編著者は一九九五年以降のオタク系文化の特徴を、物語なき情報の集積からなる「データベース消費」と規定する。しかし同時にそれは現社会の大特徴でもある。(携帯電話の着メロを考えてみればよい)。つまりオタク的手法はいまや、かつてなく社会に浸透している。その意味で「データベース消費」をサブカルチャー的とはいいにくい。

にもかかわらず、「データベース消費」が批評性を持つとしたら、物語に憑(つ)かれたメーンカルチャー(あるいはオタク第一世代)に対置されるからである。が、それを欲望しているのは東浩紀そのひとにほかならない。その意味で編著者は「データベース消費」のひとではない。依然、物語(の解体)に憑かれた「サブカルチャー」のひとなのだ。いいかえれば、どんなに巧みに「データベース消費」を語ったとしても、それは最後の一点で編著者と親和しない。

他方、本書が編集された時期のことを考えると不思議に思えるのは、「9・11」という「アメリカの影」の不在である。

あるいは編著者の課題は、明確に「9・11以後」を念頭に置いたうえで「サブカルチャーとしてのデータベース消費」を再定義することにありはしないか。(椹木野衣・美術評論家)

(青土社・1400円)＝2003年2月6日②配信

世界秩序の包括的ビジョン

「〈帝国〉」(A・ネグリ、M・ハート著、水嶋一憲ほか訳)

近年これほど翻訳が待たれた本もないだろう。二〇〇〇年にアメリカで出版された原著は、9・11以後の世界でますます注目を集めている。

それはこの本が、湾岸戦争以後の世界の分析から、やがて「テロとの戦争」として浮上する新たな対立構図の背景にあるグローバル世界の状況について、包括的でダイナミックなビジョンを提示していたからである。

「帝国」とはアメリカのことではない。アメリカを「帝国」と呼んでもアニメ風に事象を単純化する比ゆにしかならないが、ここで言う「帝国」は、グローバル化した世界という、外部のない一元秩序そのものを規定する概念である。グローバル化が従来の国家単位の世界構成を変質させたのなら、一国家を「帝国」と呼んでも意味はなく、問うべきはグローバル秩序そのものなのである。

そこには、独自の法的構成と生産関係、組織様態がある。国家の主権を転位して形成される新たな主権の構造があり、単なるモノの生産を超えて人間の生存そのものを統治の対象とする生―政治の機制がある。そのすべてがグローバル市場の機能に結びついている。

だが、支配や統治があるだけではない。著者たちは「帝国」の生成の力学を「マルチチュード」と総称される多種多様な越境的存在に見ている。そして「帝国」の帰すうを決定するのも、この「帝国の影」のように無規定な「マルチチュード」だと言うのだ。

この本は、国民国家の時代に資本主義のメカニズムを解明して「祖国を持たないプロレタリアート」の歴史的役割を規定したマルクスの仕事を、グローバル化の時代に引き継いだ「資本論」の書き換えとも言えるだろう。だがこれはもはや経済学ではない。あらゆる学の領域を越境するトータルな「生―政治学」であり、そこにフーコーやドゥルーズ＝ガタリの仕事が十分に活用されている。

どのように評価するにせよ、二十一世紀世界を論じるうえでぜひとも参照しなければならない一書である。(西谷修・東京外語大教授)

(以文社・5600円)＝2003年2月6日③配信

2年間の樹上生活軽やかに「一本の樹が遺したもの」（ジュリア・バタフライ・ヒル著、きくちゆみ、河田裕子共訳）

ジュリアは、ちょっと頑固なところがあるものの、敬けんなクリスチャンとして育ったごくありふれた二十三歳の女性だ。その彼女が樹齢千年の木を守るため、その上になんと二年も暮らした。本書はその記録である。

カリフォルニアでは企業による大規模な森林伐採が進行し、古代原生林がつぎつぎと姿を消していた。木を失った山は深刻な土砂崩れをもたらす。こうした事態に危機意識をもつ活動家たちが「万策尽きた」ときに、樹上に座り込みをすることがあるという。

しかしジュリアが木の上に登ったのは、活動家グループの一員としてではなく、あくまで彼女個人の思いからだった。旅のさなかに出合った一本のレッドウッド（アメリカスギ）。彼女はその木に「豊かな精神性」を感じとり、この木を守ろうと決意する。

最初は、五日間いられるかどうか、本人も不安だった。樹高六十メートル、身を横たえるのも五十メートルの地点だ。寝袋と食糧を持ち込む。トイレは小さな壺（つぼ）に用を足した。水をひたしたスポンジで体をふく。

嵐になる。強風にあおられ、雪や雹（ひょう）に見舞われる。ジュリアは、しなる木に身をゆだねた。ハチドリなどさまざまな鳥類が飛んでくる。アメリカモモンガ、ネズミもいる。

しかし、何といっても強敵は人間だ。ヘリコプターやチェーンソーの音におびえながらも伐採業者の警備員、そして企業のトップを相手に彼女は戦いつづける。木の上から携帯電話を使ってメディアに訴えかける。

当初は彼女の行動に異議をとなえた森林保護グループだったが、しだいに支援の輪が広がっていき、全米でジュリアの行動が注目されていく。

彼女はエキセントリックな活動家ではない。伐採業者とユーモアのある対話をするし、ひとり木の上に暮らす不安もつつみ隠さない。その軽やかな筆致が、一本の木にもまさるジュリアのしなやかで強靱（きょうじん）な生命力を伝えている。（与那原恵・フリーライター）

（現代思潮新社・2800円）＝2003年2月6日④配信

名選手をよみがえらせる「巨人軍最強の捕手」（沢宮優著）

二〇〇二年十二月に亡くなった千葉茂氏は、一九三八（昭和十三）年に巨人に入団してプロ野球選手としてのスタートを切った。この十三年入団組には後に「打撃の神様」と呼ばれるようになる川上哲治氏もいて「花の十三年組」と称された。

しかし、十三年組の中で一番期待されて入団したのは千葉でも川上でもなく、川上と同じ熊本工業出身の捕手、吉原正喜だった。吉原はわずか四シーズン活躍しただけで出征し、ビルマ戦線で戦死してしまうが、戦前のプロ野球を代表する逸材だった。その功績をたたえて、七八年には野球殿堂入りも果たしている。

その吉原の、初めての本格的な伝記がこの一冊である。吉原のプレーや人柄は、同時代の選手たちやファンに強い印象を与えたようで、断片的な回想は少なくないが、それを丹念に集め、また関係者に取材してまとまった吉原像を描き出したところが、まず著者の功績の第一である。

捕手といえば、頑健だが鈍重、沈思黙考の策士タイプというのが日本人の大方のイメージだろうが、吉原はそうしたタイプとは正反対の捕手だった。

体は大きくないが、百メートルを十一秒そこそこで駆け抜ける俊足、声あくまでも大きく、陽性で、遊郭から球場入りすることも珍しくなかった。その一方で、戦前の日本では先進的といえるプレーも実践していた。

例えば、吉原はプロ入りした当初から誰に教わるでもなく片手取りを実践し、後輩にも教えてきた。

今日では右手のケガを避けるために捕手が片手で捕球するのは常だが、日本の野球では、長い間、確実性を重く見るあまり、両手での捕球が奨励されてきた。スピードがあり、フットワークがよく、実戦に即した先見性を持ったスマートな捕手が、既に戦前からいたという事実を発掘したのも著者の功績といえる。

歴史を顧みない傾向の強い日本の野球関係者、ファンに読んでほしい一冊だ。（阿部珠樹・スポーツライター）

（晶文社・1600円）＝2003年2月6日⑤配信

優しくも強い人間群像

「あきらめない」（鎌田實著）

多くの人に感動を与えた前著「がんばらない」から二年。

今度は、「がんばらない、でも、あきらめない」人びとの美しさを書いた。

転移したガンとともに生きる患者の話、五十三歳の看護師のたまご、病院コンサートのこと、自らの出生と養父岩次郎さんのこと、前院長今井澄さんとの思い出、お葬式のこと、などなど。

長編の叙事詩のような息づかいで、どんな状況になっても投げ出さず、丁寧に、そしてあるがままに生きる人びとの物語である。

著者は、長野県諏訪の地にあって三十数年、地域医療を実践し、在宅ケアの最先端を歩んできた医師である。描かれているエピソードは、七重八重の山なみのようであり、読み終わった後にそれらが一つのハーモニーとなって、響きあい、うねりあっている。

しばし陶然とした気分となって、読み返してみれば、一つのことに思い当たる。

今井澄さんがいった、「ぼくは鳥の目、鎌ちゃんは虫の目」という、その鎌ちゃんの目の確かさである。

虫の目とはどのような目か。著者は目の前にいる人を支えたいと夢中になる性分と説明しているが、それは、目線を低くして、地をはいながら命というものを見る、複眼で人間というものを見る、その感性でもあるだろう。

そこに、わたしは著者の意志を感じる。患者を地位や性別、障害の有無で差別しない、家父長的な権威を振り回さない、医師と患者を平等な関係にしよう、人間存在を丸ごと受け止めよう。当然といえば当然、しかしもっとも難しいものに挑戦しようじゃないか、そういう静謐（せいひつ）な意志である。

虫の目とは、わたしたち人間が失った“人の目”であるかもしれない。

本書は、虫の目を持つ医師鎌ちゃんが描いた、優しくも強い人間群像である。

生きてこの世にあることを、がんばりはしないけれど、あきらめもしない人びとが発する小さな励まし。わたしたちは、謙虚にそれを受け止めたいと思う。（沖藤典子・ノンフィクション作家）

（集英社・1500円）＝2003年2月6日⑥配信

大人の悲しみの入り口

「ハゴロモ」（よしもとばなな著）

失恋から始まる物語。十八歳から八年間も続いた、つまり青春を貫いた恋の、しかも不倫の果ての失恋である。その失意から回復へのエピソードが淡々と重ねられてゆく。

東京の一人暮らしの部屋で、家庭を持つ「彼」を待っていた日々は、たった一本の電話で終わってしまう。そのあっけなさと、その後の喪失感がリアルで説得力があり、繰り返される自問の言葉とともに主人公のこころのうちにすっかり入り込んでしまう。

物語の舞台は、心と身体をいやすためにもどってきた「川の隙間（すきま）に存在するような」ふるさとの町。雪のたくさん降るというその町の風変わりでなつかしい人々に、「私」は、しずかにゆっくりといやされてゆく。

喫茶店の半分を温室にしてしまった祖母、けやきにとりついた幽霊と交流のあった友人、インスタントラーメンしか出さないラーメン屋の青年…。みな不器用ながらも強引に生きている。

そこで交わされるのは、お互いの痛みを包みあうような会話である。だれも痛みの原因を鋭く突いたりしない。柔らかなつながりが、無関係に思われた人生に不思議な出会いを与え、世界はあたたかく巡る。

よしもとばななは、孤独と友愛の狭間（はざま）の機微を描き続けている。家族愛と恋と友情が微妙に絡まりながら身体にしみてくる世界は、デビュー作「キッチン」を彷彿（ほうふつ）とさせる。

しかし「キッチン」が青春の入り口の物語だったのに対し、「ハゴロモ」の主人公は、「とても若かったとき」を通りすぎたあとの、大人の悲しみの入り口に立っている。過去と現在の想（おも）いが交錯する柔らかな独白文体が、その先に人生を進めるためのなにかを与えてくれる気がする。

今日という日を生きるために生きている。過去のためでもなく、未来のためでもない。回復するということは、意識をそんなふうに単純にすることなのかもしれない、と、清らかな川のそばで、夢のようにやさしい人々が出入りする物語を閉じつつ思った。（東直子・歌人）

（新潮社・1300円）＝2003年2月13日①配信

思い込み戒め、冷静に議論

「教育には何ができないか」(広田照幸著)

意表をつく大胆な書名だ。教育について、「何ができないか」知りたいとは、普通だれも思わないだろうから。およそ教育に関心を持つ人や教育関係者ならばなおさらのことである。

しかしそれだからこそ、教育に携わる人たちにはとくに著者の問いかけを真剣に受けとめてほしい。

問いかけとは、たとえば、教育の力を過信して子どもたちの心の隅々までわかろうとしていないか、家庭にまで子育てへの過剰な配慮を要求していないか、等々のことである。家庭教育や学校のありかた、青少年犯罪のとらえ方など、広い範囲で繰り出されるそうした問いかけは、教育をもっと徹底しなければ子どもがだめになるという思いこみを戒め、昨今のヒステリックな教育改革論議にも冷静にくぎを刺す。

もちろんたんなる思いつきの批判を加えているわけではない。学校教育史や子育て史の領域で著者が積み重ねてきた研究に立っての主張なので説得力がある。

教育に何ができないかわかったとして、だったら、できることはないのか。

「ない」などと本書は言わない。いまの学校が当てにならない、不安だからといって公教育のしくみを壊し、「経済力に応じて分相応に教育サービスを購入する私教育」に代えるなど、もってのほかだという。場合によっては現状の小さな改善をすすめるという選択肢だってあるともいう。

そんな著者の議論は派手な教育改革論に比して地味に映るけれど、現実に根ざしてずっと信頼がおける。

「いまこうしておかないと不利になる」という狭い視野で教育を考えてはだめ、教育は未来と現在をつなぐいとなみだ、という著者の確固とした信念が、実は、教育にできないことを冷静に見定めようとする勇気を支えている。

だからまた、山ほどの困難のなかで生きる青少年へのまなざしも温かい。奉仕訓練で鍛え直せといった発想の愚かしさが本書を読めばつくづくわかるはずだ。(中西新太郎・横浜市立大教授)

(春秋社・2300円)=2003年2月13日②配信

愛すべき書店の“一生”は

「ブックストア」(リン・ティルマン著、宮家あゆみ訳)

かつて、ニューヨークに多くの文化人に愛された書店があった。「ブックス・アンド・カンパニー」という。本書はその一九七八年から九七年までの約二十年間の記録である。

働いていたスタッフや常連客のウディ・アレン、ポール・オースターなど有名無名の人々の証言で構成される。多くの本好きに愛され、継続嘆願の合唱の中で閉店したこの書店の歴史はまた、アメリカの出版と流通の実態を映す鏡でもある。

書店主のジャネット・ワトソンは、アメリカでも有数の富豪の娘なのだが、この書店の経営に金銭と心血を注いだ。「本に囲まれて暮らしたい」という若いころの夢を、売り場に立つことで実現したのだ。

本好きのバイヤーが腕によりをかけて一冊一冊選び並べた書棚。目利きスタッフが見いだした、他の書店では見かけることすらない平積みの新刊書。魅力的な作家による朗読会。つまり全開した“書店チャンネル”を目当てに多くの顧客が詰めかけた。得意ジャンルは文学、哲学、アートであった。

アメリカ文学は六〇年代後半から世界の舞台に登場する。この書店は「世界的な作家」たちと共に成長していった。ここを揺りかごにして、有名作家になった新人もいたらしい。本を媒体とした書店という名の「本愛好者・文化サロン」であったのだ。

この店の二十年はしかし、アメリカ出版流通の変革期でもあった。巨大化する大手チェーン書店、拡大するネット販売、ベストセラー至上主義、ディスカウント商戦、揚げ句忍び寄る「読書離れ」。しわ寄せは中小の書店に。ユニークな書店が次々と閉店していった。

この店も例外ではなく、表向きの華やかさとは裏腹に常時赤字であった。オーナーは、多くの嘆願にもかかわらず経営を断念する。

国民はそのレベルに、資質に合った「文化・システム」を持つ、いや、しか持てない。そんないささか大げさな感慨を持った。日本とて対岸の火事ではない。(田口久美子・書店員)

(晶文社・2500円)=2003年2月13日③配信

痛々しい戦争抑止の声

「戦争倫理学」(加藤尚武著)

世界が戦争に向かって突き進んでいる。国益と打算が衝突するプラグマティックな国際社会の中で、学問的な戦争抑止論はどのような意味を持つのか。それを問いかけたのが本書である。

哲学者である著者は、戦争を冷静に考え、議論するための材料を広範囲に収集した。「同時多発テロと米国の軍事行動」「カントの永久平和論」など、古今東西を網羅した多彩な考察が盛り込まれている。

全体を一読すると、本書が構想されたのは、9・11とこれに続くアフガン空爆の直後だとわかる。本書の真価は、むしろこのタイミングから推し量ることができる。

「連続テロに対する報復戦争の国際法的な正当性は成り立たない」とする著者は、そのアピールを電子メールで「知っている限りの(新聞)論説委員など」に送ったが、応答はなかった。そこで、知人に手当たり次第に発信すると、巡り巡ってさまざまな文化人が反応したという。本書は、これを契機に書かれた。

著者のアピールに、新聞からの応答が皆無だったのは、昨今の国際情勢を反映している。一九九〇年代後半、旧ユーゴにおけるNATO軍空爆成功により、"悪"を武力で鎮圧する行為が正当化された。「国際法がどうの」という「理念」の入り込む余地はない。うまくいけばそれでいい、そんな考えが主流化したのだ。アフガン空爆も「タリバンの弾圧から人民が解放されて万歳!」が、直後の国際世論だった。

だからこそ、あの時点で「第二次大戦以後の『開戦を違法と見なす』国際法がかくもたやすく反故(ほご)にされるとはというのが私の驚きです。開戦には厳しい条件がつくという原則をやっとのことで確立した人類の努力が水泡に帰するという感じです」(アピール文より)と言えた著者には、先見の明があった。

理念を軽視し、プラグマティズム一辺倒に傾く国際政治の流れが、ブッシュ政権の横暴へと結びついた。もはやせき止めようの無い奔流の中で、本書の主張は痛々しい。(小林雅一、ジャーナリスト)

(ちくま新書・700円)=2003年2月13日④配信

グローバルな作家の到達点

「中心の発見」(V・S・ナイポール著、栂正行、山本伸訳)

おととし二〇〇一年、遅すぎた感じでノーベル文学賞を獲得した、V・S・ナイポールの一九八四年のエッセー集。翻訳が流麗で、とくに栂氏の「自伝へのプロローグ」がよく、解説がまたゆきとどいている。著者が作家になるまでの本質的な苦闘を扱ったエッセーと、西アフリカ、コートジボワールの紀行文「ヤムスクロの鰐」という一見意外な二編を組み合わせた本書は、ナイポール文学の原点と到達点を分かりやすく教えてくれよう。

ヤムスクロの鰐(わに)とは、大統領官邸のある都市コートジボワールの池で大量に飼われていた鰐のことで、これに膨大な餌をあたえる儀式がある。これだけでもう、主題も推測できよう。

「中心の発見」という総タイトルの意味も、カリブ海のトリニダード・トバゴへ移住したインド人の子孫として生まれ、トリニダード政府の奨学金でオックスフォードに学んだのち、さまざまな模索をへて作家となったという経歴を知れば、見当がつく。彼はいわばデラシネだったのだ。

そのためか、異常に思えるほど、人の成育環境や教養の性格にこだわる。「ヒンドゥー的な祖母の家にはインド農村部の儀礼と風習がいまだ身近なものとして残っており、そこから、黒人と米兵のいる通りへ、そして、英領植民地の秩序だった学校のあるポート・オブ・スペインへ、さらにオックスフォード、ロンドン、BBCのフリーランサーの部屋へ」と彼の環境は変わる。その変転のなかで自分の価値観または意識そのものの根を見定めることが、作家となる必須条件だった。

われわれには、こんな激動の人生をまず想像しがたい。大抵はこんな人生は不幸と考えるだろう。だがそれが「世界には正義がある」という素朴な信念に達し、現在の世界史では孤立している新たな文化の伝統を築こうとしている、類(たぐい)まれな、グローバルな作家を生んだのである。ただこの作家は、その素朴さで損をしてはいまいか。

(小野寺健・横浜市立大名誉教授)

(草思社・2200円)=2003年2月13日⑥配信

生きる喜びとしての読書

「快楽の本棚」（津島佑子著）

本書には「言葉から自由になるための読書案内」というサブタイトルが添えられている。読書とはそもそも言葉から入っていくもので、そこから自由になる、ということはどういうことなのだろうか。津島さんはこう述べている。

「子どもがなにかを見るとき、『言葉』に頼ったりしない。自分の目に映るものをそのまま受けとめ、びっくりしたり、うっとりしたりする。ひとつひとつのものが絶対的に存在する世界」

確かに子供のころは、見聞きするものからもたらされた世界にどっぷりひたっていたものだ。そのときの読書は、言葉による一般概念と自意識から解放されていて、圧倒的な喜びがあったのではないか。そこには物事の本質があり、命の喜びがあったのでないか、という記述には、十分思い当たり、遠い記憶が呼び覚まされ、胸が熱くなる。

この本は津島さんが子供時代に夢中になった本、思春期、学生時代に出合った本を、思い出の書棚のなかから取り出す、というアルバムのような一冊だ。それは少女小説の「孝女白菊」や母親から与えられた「牧野植物図鑑」だったりする。こわいもの見たさの「怪談」や「雨月物語」、あるいは犬のついた名前に胸躍らせた「南総里見八犬伝」などなど。どちらかと言えばアウトローな本好きの少女だったようだ。

実話ものやこわいものを好んで読むようになったころ、すでに亡くなっていた父、太宰治氏の著作をこっそりのぞいて「がっかりした」というのは興味深い。実像がつかめなかったからだ。このとき事実と小説の複雑な関係を知ったような気がする、と述べている。

思い出の書棚を津島さんは、手入れを中断したままの「小さな庭」と呼ぶ。ふと思い出して一冊、取り出すとき、あのころ閉じていたつぼみが、花開くこともある。当時気づかなかったことに気づく、その喜びこそが快楽の読書であり、生きる喜びだとも語る。その一輪の花が目にしみてくるようだ。（白石公子・詩人）

（中公新書・760円）＝2003年2月20日①配信

ご都合主義の勧め

「ハイブリッド・ウーマン」（遙洋子著）

タイトルと著者名をみれば、ピンとくる人はピンと来るだろう。ベストセラーになった「東大で上野千鶴子にケンカを学ぶ」の著者による女性の生き方論である。

ぼくは仕事のひとつとして「男性学」などを論じている。だから、読者の中には、「なぜぼくが女性の生き方本を」と思う人もいるだろう。でも本書を読めば、その理由は分かってもらえるだろう。というのも、この本は、ある意味で現代男性論でもあるからだ。

実際、「あとがき」を読むと、本書のそもそもの出発点は、「男の危機」について論ずる「男論」だったようだ。しかし、さすがに先を読むことにかけては敏感な遥さんのことだ。編集者の意図した「女から見た男の危機」についての本を、なかなか変化しない男社会の中で生きる女性の生き方本へと転換させてしまった。

視点の基本になるのは当然ジェンダー（社会的に作られた性別）論だ。とはいっても、口角泡を飛ばして男社会を単純に全否定する議論でも、また、「女たちよ、男社会に負けずに頑張れ」とエールを送る本でもない。むしろ、今を生きる女性たちが、ジェンダーの視点を「武器」として用いるためのノウハウが書かれている。

女に負けまいとコケンにこだわる男との正面戦を避け、女同士の足のひっぱりあいを超えて、周囲の男（さらに女）を、自分の「資源」として活用しようというのが、本書の基本的視座なのだ。ご都合主義のハイブリッド（高配合の）ウーマンの勧めというわけだ。

それにしても、女性たちの生き方の変化のなかで、男の方がおいてきぼりをくわされているのは明らかなようだ（そのことも、本書を読めばよくわかるだろう）。ホント、このままで大丈夫か？　男たち。

「阪大で伊藤公雄に男性学を学んだ」（笑）なんてタイトルの本の書き手が、男性タレントのなかから誕生するのはいつのことだろう、なんてちょっと考えてしまった。（伊藤公雄・大阪大大学院教授）

（講談社・1500円）＝2003年2月20日②配信

思想のスリリングな戦い「ポパーとウィトゲンシュタインとのあいだで交わされた世上名高い一〇分間の大激論の謎」（デヴィッド・エドモンズ＆ジョン・エーディナウ著、二木麻里訳）

一九二九年、ウィーンで熱く燃えた科学者集団がある「宣言」を発表した。「ヨーロッパの危機」が、さまざまな場面で語られていたころである。彼らは論理性と実証性とを兼ね備えた「科学的な」哲学を構築し、「観念論」と縁を切ることで、不毛な対立から解放され、世界の平和が得られると信じていた。

この「ウィーン学団」が聖典としてあがめていたのがウィトゲンシュタインの「論理哲学論考」であった。しかし、当のウィトゲンシュタインはウィーン学団にはあまり関心を持っていなかった。他方、学団に入りたがってはいたが、受け入れてもらえなかったのがカール・ポパーであった。この二人の天才と秀才が本書の主人公である。

学団のメンバーは迫りくる戦争とナチの台頭のために、世界に散っていった。学団のメンバーに限らず、同じウィーンに青春時代を送った二人のユダヤ人も同じ運命をたどった。ウィトゲンシュタインはケンブリッジに身を寄せ、ポパーはニュージーランドに亡命した。

四六年十月二十五日のケンブリッジ。この二人が思想上の後見人ラッセルのもとで、モラル・サイエンス・クラブの会合で初めて「出会う」。クラブの議長はウィトゲンシュタイン、講演者はポパーである。テーマは「哲学の諸問題はあるか」。このさりげなさにはある挑発が込められていた。それは実際に火を噴いた。それが「火かき棒事件」と呼ばれているものである。本書はこの事件から始めて、広大な思想絵巻を描き出す。

ウィーン学団の理論も「論理哲学論考」も論破したと信じていたポパーは意気揚々とケンブリッジにやってきた。一方「哲学探究」のウィトゲンシュタインへと自己変革を遂げ、大学に居心地の悪さを感じていたウィトゲンシュタインはこの会合を退屈な仕事、義務としか考えていなかった…。

BBC所属の二人のジャーナリストのドキュメンタリータッチの手法が小気味よく、スリリングな語り口がたまらない。翻訳も達意の訳文で読みやすい。（野崎次郎・神戸女学院大学講師）

（筑摩書房・2900円）＝2003年2月20日③配信

入念な人物造型光る「邪光」（牧村泉著）

社会派サスペンスから現代怪談まで、恐怖小説の可能性にチャレンジするかのように、多彩な受賞作を送りだしているホラーサスペンス大賞から、また一人、たしかな才能のきらめきを感じさせる新進がデビューした。本編で第三回特別賞を受賞した、コピーライター出身の牧村泉である。

舞台は大阪北部の住宅地に建つマンション。主人公の主婦、真琴は、夫の転勤にともない東京から越してきたものの、友人もなくパートの口も見つからず、仕事でいつも帰宅の遅い夫を待つだけの毎日に、けん怠と鬱屈（うっくつ）を感じていた。

そんなとき、真琴は隣室に最近越してきた、黎子という十二歳の少女と知りあいになる。日本人形を思わせる切れ長の目で、人の心を見透かしたような物言いをする黎子は、悪名高い赤光宝霊会教祖の娘だった。

邪悪な人間が発する「邪光」が見えると主張する黎子の母親は、信者たちとともに、粛清と称して七人の犠牲者を、おので惨殺したのだ。

黎子の出現と時を同じくして、マンションの内外で頻発する凶悪事件。なぜかその現場に、いつも黎子が居合わせることに気づいた真琴は…。

愛くるしい子供の周囲で、謎めいた死傷事件が続発するという趣向は、映画「オーメン」の昔から、オカルトや超能力テーマのホラーでは、おなじみのものだ。カルト教団による猟奇事件や近隣住民とのトラブルといった出来事も、現実のニュースとなって、しばしば世間を騒がせている。

そうした意味で、決して目新しいとはいえない題材を扱いながら、作者は常套（とう）に甘んじることなく、入念な人物造型と、女性ならではとも思えるテーマの掘り下げによって、独自色を打ち出すことに成功しているという印象をうけた。

特に、いわゆる「巻き込まれ型」のヒロインかと思われた真琴が、終盤にいたるや一種の汚れ役に転じてゆく意外な展開には思わず引き込まれた。対する黎子も、不気味さと哀れさの両面を感じさせて、苦い余韻を残す。（東雅夫・アンソロジスト）

（幻冬舎・1600円）＝2003年2月20日④配信

人と作品の実像に迫る　「山崎方代のうた」（大下一真著）

放浪の歌人山崎方代。方代は本名でホウダイと読む。戦傷による不自由な視力で戦後の横浜付近を転々としながらかなり無頼に生きた。貧しい中で酒に明け暮れ、時に風太郎の仲間とつきあい、時に新しい文学運動に加わりながら、独特の短歌の文体を作り上げた。しかも破滅型の生き方の中で一種のダンディズムをつらぬいた人である。

〈手のひらに豆腐をのせていそいそといつもの角を曲りて帰る〉

〈夕日の中をへんな男が歩いていった俗名山崎方代である〉

彼の歌はなぜかたのしく、やがてかなしい。その人生も世をはばかって生きる姿勢を保ち、俗人の味と思いやりを失わない。読者は思わずのめりこむ。晩年は鎌倉の草庵（あん）に住み、竹やぶで拾ってきた土瓶を愛用して酒を飲み、水をくみ、茶をいれた。漂泊、無用者、望郷、酒などをキーワードに、多くの人が方代の人と作品を愛し、没後十七年、いまだに愛好者がふえている。

没後忘れられていく人の多い中で、方代の逝去後じきに鎌倉には「方代を語り継ぐ会」が作られ、「鎌倉方代忌」も故郷山梨の「方代忌」も、いつもファンで大入り満員だという。それだけに、次第に「方代伝説」が生まれ、勝手なイメージの“方代さん”が独り歩きするようになった。

この書の著者大下一真氏は鎌倉の名刹（めいさつ）瑞泉寺の現住職、歌人、そして雑誌「方代研究」の編集発行人であり、先代住職のころから方代とは熟知の間柄。方代の人と作品について実像を描くと同時に現在までの正確な資料、研究目録を網羅して、方代に迫るための一つの基盤を提出した、格好の手引書である。方代を知るためには是非必要な一冊といえる。

〈おのずからもれ出る嘘のかなしみがすべてでもあるお許しあれよ〉

晩年は人のもつイメージに合わせた自分像を演じていたという方代の「嘘（うそ）のまこと」のやさしさが、いかにも“方代さん”らしいのである。

（尾崎左永子・歌人）

（短歌新聞社・2381円）＝2003年2月20日⑤配信

特徴的な言葉遣いの考察　「ヴァーチャル日本語　役割語の謎」（金水敏著）

ヘプバーンは映画「マイ・フェア・レディ」で、下町なまりの娘が上品に話す貴婦人になるまでの変化を見事に演じたが、不思議なのは「話し方」が変わっただけで、内容まで違って聞こえることだった。「意味」を持っているのは言葉の内容ばかりではない。「言葉遣い」のほうが、より大きな意味を持つことが、ままある。

キャラクターの立場と結びついた特徴的な言葉遣いを、著者は「役割語」と命名する。卓見だ。日本には「役割語」が満ちている。「○○じゃ」と語る博士に、「～ですことよ」とおっしゃるお嬢さま。そして「ナントカあるよ」を連発する不思議な外国人。現実には存在しないが、誰でもピンと来るステレオタイプな「役割語」世界の人々。

本書では、そうした言葉の起源を探り、作用が考察される。「博士語」である「○○じゃ」が老人キャラが使用する「老人語」でもあり、その起源は江戸期の言語形成史に起因するという指摘は興味深い。

また著者は、「役割語」が刷り込まれることで、読者が無意識にステレオタイプな思考に陥る危険性を指摘している。「ヴァーチャル日本語」が問題なのは、言葉が意味内容ではなく、発声者の社会的位置付けしか相手に伝えないことだ。文法が変形されてピジン化した日本語を話す外国人への偏見は、その典型だ。

ところで著者は、「標準語」は主人公が話す「ヒーロー語」だとする。それは「標準語」もまた、一種の「ヴァーチャル日本語」にすぎないということでもあるだろう。「標準語」は明治期に形成された人工言語だが、そのために「標準語」による言説内容は結局は「ヒーロー語」＝「正義語」という役割語として、われわれの身に染みず上滑りしてしまうのではないか。

バーチャル・リアリティーによる現実社会からの疎外という問題は、映像社会以前の言語社会に、既にあったのかもしれない、と考えさせられた。

（長山靖生・文芸評論家）

（岩波書店・1500円）＝2003年2月20日⑥配信

音楽に人生を賭けた夫婦　「トニーとサリーの小さな小さなオペラハウス」(佐山透著)

ニューヨーク・メトロポリタンオペラを満喫した翌日、下町のイースト・ビレッジを歩いていた著者は、小さなオペラハウスを見つけてレストランに行く予定を変更して入ってみる。

楽屋もないような小さな小屋で、役者は観客席から舞台に上がる。前夜の舞台から一転した場末ぶりに落胆するも、しだいにライブな魅力に引き込まれていく。

無類のオペラ好きが、オペラに対して、ひいては生き方について考え方を変えていく過程が序曲から終曲までオペラ仕立てに語られるが、視点の広がりが内容に深みを与えている。

このオペラハウス「アマト・オペラ」を主宰するトニーとサリーは二十世紀初めに北米に渡ったイタリア移民で、アメリカンドリームを追った世代。だが、社会の階段を上りつめるのではなく、街の人々が気軽に来られるオペラ一座の運営に人生を賭けた。

モップを染めてかつらの代用とするなど、乏しい財政のやりくり、立ち退き問題、演劇組合からの圧力など、継続するのは並大抵のことではない。

だが、著者をなにより感動させたのは、この一座がオペラ本来の魂を持ちつづけていることだった。舞台と観客席との交流、作品への深い解釈、街に根付いた活動。どれもゲイジュツ化したグランド・オペラにはないものばかりだ。

著者は五十歳のときに妻とともに北米に移住し、いまは旅と料理とオペラ三昧(ざんまい)の暮らしをしている。日本脱出を決意した裏には一種の人間嫌いがあったようだ。

だが、人間を信頼し、ひとつことに一生をささげるトニーとサリーの人生を知って心を動かされる。五十をすぎて人生への開眼。人の生き方が教えるものは、なにものにもかえがたい。

アマト・オペラはニューヨークの片隅で今日も幕を上げていることだろう。国家としてのアメリカに幻滅を感じざるを得ないいま、国家の陰に人間がいて、それぞれの持ち場で着実に文化を築き上げていることに、喝さいしたい気持ちになった。
(大竹昭子・文筆家)

(講談社・1700円)＝2003年2月27日①配信

警官の心理を白日の下に　「第三の時効」(横山秀夫著)

警察小説というと、普通は殺人や誘拐など凶悪事件を解決するまでの、捜査当局—刑事たちの活躍を描いたもの、というのが一般的なとらえ方だろう。ところが、そうした“常識”にとらわれず、まったく新しい観点から切り込んだ警察小説がこの数年増えてきた。

これらはまず、警察というある種きわめて特殊な組織を一般の会社と同じ地平で見ることから始まる。警察にも人事や総務、経理に相当する部署はあるし、すべての人間が犯罪捜査にかかわっているわけではない。また大勢の人間が働く場所では、おのずと同僚や上司との人間関係の確執、齟齬(そご)、あるいは競争意識も芽生えてくる。

その意味では彼らも会社人間なのである。でありながら、同時に犯罪を撲滅し、社会の規範を示す役割も担っている。新傾向の警察小説は、そのあたりの特殊性に注目したのだった。なかでも横山秀夫は、そういった「組織の一員」たる警察官たちの人間群像および心理状態を、ほとんど初めて白日の下にさらけ出した作家と言えよう。

たとえば本書に収められた六編は、いずれもF県警の捜査第一課を中心に描かれる。一課には三つの班があり、それぞれが競うように事件解決を目指して活動する、とそこまではいい。

問題はムラ社会である警察組織の中にあって、班は最小単位の「家族」にあたる。だからこそ刑事たちは班長に恥をかかせないよう、いかなる手段を用いても他班よりも実績を上げようと努力する。それがひいては自分の出世にもつながるからだ。しかしながら、ではそういう状態が高じてくるとどうなるか。

一家三人刺殺事件を描いた「モノクロームの反転」がいい例だが、班同士が互いに情報を隠し合って、けんか腰になるほどバラバラの行動をとるのである。とはいえ横山秀夫の眼目は、警察組織のいいかげんさを描くものではない。それどころか、刑事たちのあふれんばかりの人間性、正義感に強烈なシンパシーを感じさせてくれるのだ。これこそが横山秀夫の魅力だろう。(関口苑生・文芸評論家)

(集英社・1700円)＝2003年2月27日②配信

精神分析が照らす現代社会　「博士の奇妙な思春期」（斎藤環著）

カルト映画「博士の異常な愛情」を思わせる、なんともあやしいタイトル。女の子のようになやましい少年ロボットを描いた表紙絵。そして、「ひきこもり、カルト、おたく、境界例…」といった現代の若者文化の病的痕跡を列挙したオビ。

あやしさを前面に押し出した本書の表側の顔に、思わず引いてしまいそうになるけれど、これが「社会的ひきこもり」、「戦闘美少女の精神分析」といった目の覚めるような仕事で知られている精神科医「ドクター・サイトー」の著書であるからには、断じて軽薄な本であるわけがない。

著者の専門は、思春期精神医学。本書のモチーフは、思春期・メディア・セクシュアリティー。したがって、つねに変化し続けてつかみにくい事象に関して、まず臨床医のフィールドワークの成果として、これまでの著者の仕事全般に関する見取り図を紹介しながら、概説している。

話題は多岐にわたるが、身近な話が多く興味深いリサーチの成果が披露されている。とくにカルト集団としてのヤマギシ会のリポートは圧巻だ。

とはいえ、医学系の専門誌での連載をベースにしているためか、一般啓蒙（けいもう）書としてのラインを少し越えた高度な話題も盛り込まれている。それは、本書のかかえるもうひとつの問題系である「精神分析」とはなにか、という問いへ著者がかなり踏み込んでいるためであろう。

しかも、社会問題に取り組む精神分析が、精神分析それ自体の病理をも浮かび上がらせてしまう、と示唆しているのだから刺激的だ。

つまり精神分析は、一方的に病理を決めつけるのではなく、自らの病理を映し出しながら縦横無尽に社会的事象を照らし出していく、きわめてサイバネティック、相互作用的なシステムということか。

精神分析と相性のよい現代を語るのに、自らをマナ板にのせて、自らの身体ごと世界を理解できるような方法をとること。これは、すぐれてパフォーマティブな現代批評と言える。（小谷真理・評論家）

（日本評論社・1800円）＝2003年2月27日④配信

受容ぶりに表れるお国柄「マクドナルドはグローバルか」（ジェームズ・ワトソン編、前川啓治、竹内恵行、岡部曜子訳）

マクドナルドは、世界各国に店をだしている。ハンバーガー、フライドポテト、コカ・コーラのセットを、世界中に広めてきた。アメリカ発の食文化を、グローバルスタンダード化したようにも見える。

とはいえ、どこのマクドナルドもまったく同じなのかというと、そうでもない。たとえば、北京では、それが子供にアメリカを味わわせる、情操教育の場所になっている。ソウルでは、逆に反米感情をかきたてる度合いが高い。

東アジアでは、いっぱんに、幼児や学童の空間として、しばしば利用されている。香港、台湾、ソウルでは、子供の誕生会をそこで見かける機会も多い。そのぶん、ファストフードの店という色彩は、うすめられている。くらべれば、日本の店が、立ち食い蕎麦（そば）めいた性格をいちばん色濃くそなえているようだ。

一見、画一的に映るマクドナルドだが、それぞれのお国ぶりも、うかがえる。北京、香港、台北、ソウル、東京のマクドナルド受容を、一様には語れない。

この本では、その具体的な様子が、五人の人類学者によって報告されている。観念的なグローバル化論ではない。東アジア各地のマクドナルドを素材としたフィールドノートが、あつめられている。

おもしろい共同研究だと思う。私も、こういう仕事をやってみたい。たとえば、世界各地での寿司（すし）受容や柔道理解を、おおぜいの研究者に報告してもらう。そして、それらを相互に比較検討できれば、興味深い成果がだせるだろう。

ざんねんながら、日本の大学では、それがなかなかはたせない。こういう調査をやってのけるアメリカの大学に、脱帽する。

マクドナルドは、なるほど著者たちも言うように、単純なグローバリズムの尖兵（せんぺい）ではないだろう。しかし、調査そのものには、アメリカの大学がもつグローバルな力を強く感じさせられた。（井上章一・国際日本文化研究センター研究員）

（新曜社・2800円）＝2003年2月27日⑤配信

ありふれた日常性を超え

「ことばのたくらみ―実作集」（池澤夏樹編）

活字離れと言われながらも私たちは、新聞、雑誌、メールでと日々、無数の文字列と遭遇し続けている。しかし、そこにある文字との関係は、いつも約束に沿った日常の一部でしかない。現代の文学状況を多様な角度から分析したシリーズ「21世紀　文学の創造」の一書「ことばのたくらみ」は、ありふれた日常性を超えでる言葉の次元をかいま見させてくれる。

村田喜代子や山本昌代の現実とも非現実ともいえない世界に浸り、過去と現在が錯綜（さくそう）する金井美恵子の語りに身をゆだね、藤沢周や平出隆の風景を見、松浦寿輝の幻想空間に身を置き、藤井貞和と高橋睦郎がつづる言葉の持つ歴史・身体性に触れ、池澤夏樹や大城立裕の寓意（ぐうい）に見立てた現代批判に耳を傾ける。

ここに集まった言葉たちは、普段の「読み」「書き」の中におとなしく収まっていた「音」や「文字」「意味」が自己主張をはじめ、互いにぶつかり合うダイナミズムにあふれている。それゆえに魅了されつつ拒絶反応を起こす読者もいるかもしれない。

たとえば多和田葉子の「文章なのかオブジェなのか分からない」言葉の群れや、平野啓一郎の紙面に散乱する言葉たち。言葉たちをつないで読もうとすると、一瞬の時間差が生まれ、身体が躓（つまず）いてしまう。そこでは無意識的で自動化された「読む」という行為を自覚せざるを得ない。

一方、私にとってなじみの琉歌やおもろに連なる高良勉の言葉には快さを感じた。だが、読む機会のなかった下北半島と青森の言葉による向井豊昭と工藤正廣の作品では、身体の揺れる感じを味わった。「恐山だば飾りコでねえにし」とか「たんだ話こ、続げでいだんだおん」とか、文字を目で追っていると言葉が知らず知らずつぶやきとなり、さらにその音を耳が聞く。文字が読者の身体機能を誘発し、未知の領野を幻視させるのである。

こうした力動性を感じさせる作品がこの実作集には満ちている。（与那覇恵子・東洋英和女学院大教授）

（岩波書店・2400円）＝2003年2月27日⑥配信

いのち感じさせる山の体験

「山の霊力」（町田宗鳳著）

人はなぜ山に登るのか。「そこに山があるから」とは、ある登山家の有名な言葉だ。著者によれば、これは挑戦されるモノとして山を対象化しており、力の強いものが弱いものを凌駕（りょうが）するという、物理的な力同士の拮抗（きっこう）関係をもとにした、近代西欧の物理学的コスモロジーの見方だという。

一方、日本人は、西欧人のように山を悪魔のすむ魔界、または征服すべきものとはとらえず、山そのものを人と同じ〈いのち〉でつながる〈原初の生命体〉とみなし、オロチのすむ山、神のいます山、験を修める山などとしてあがめてきた。

そして、山という具体的な神の姿から、すべての生命は誕生、生育、成熟、衰弱、死滅のサイクルを繰り返すが、その変化自体は大きな〈いのち〉の流れに包含されるという、生物学的コスモロジーに至ったという。

ところが日本は、近代西洋文明の受容の中で、物理学的コスモロジーに急速にシフトしようとした。そこに、現代日本の思想的混乱の原因がある、と著者は指摘する。生物学的コスモロジーの喪失は、個々の生命が同じ〈いのち〉を共有するという身体感覚の希薄化や、自己の存在感や他者への共感の喪失へとつながったのだった。

では、われわれは一体どうしたらよいのか。著者は言う。「山に入って、〈いのち〉の充電をする必要がある」と。山の体験は一種の宗教体験であり、濃厚な「山のエロス」ともいうべき産みの力、〈いのち〉を感じさせてくれるからだ。禅修行に励み、幾度となく山々を歩いて身体感覚を開いてきた著者の言葉には、大変説得力がある。

街から山へ、ロゴスからカオスへと帰還し、〈事物化〉されない山の〈いのち〉と対峙（たいじ）し、そこから物理学的・生物学的コスモロジーを補完する第三のコスモロジーを生み出さなければならない。このような本書の主張は、行くべき方向を見失った現在のわれわれへの、一つの指針ともなりうるだろう。（塩月亮子・日本橋学館大講師）

（講談社選書メチエ・1500円）＝2003年3月6日②配信

少女の目が見つめた文革　「父の帽子」（沙柚著）

文化大革命とは何だったのだろう。革命の成功に安住せず、絶え間ない革命をめざす理念は、当時ひとつの理想として外側には映ったのではなかったろうか。

毛沢東によって始動された文革は、中国全土ばかりか世界を震わせた歴史的大事件だった。その苛酷（かこく）な内実について、理念に眩惑（げんわく）されていた私たちは想像すらできなかったのかもしれない。

あれから四半世紀がすぎた。すでに私たちは文革の体験を描いた女性たちの作品を手にしてきた。ユン・チアンの「ワイルド・スワン」、チャン・シンフォンの「中国医師の娘が見た文革」。そしてまた、北京での少女時代を文革の嵐にほんろうされた女性の優れた自伝的小説が生まれた。しかも本書は力強い端正な日本語で書かれている。

〈帽子〉とは、右派のレッテルを意味する比ゆである。知識人の父がこの帽子を被（かぶ）らされたことで一家三人がこうむった苦難はすさまじいものであった。中学教師の母は父の浅慮な行動を責めたて、父の帽子をのろい、保身のために離婚さえする。夫婦、親子、兄弟、友達が相手を排除してでも生き残ろうと赤裸々な闘争を強いられていた。

癖毛を三つ編みにした、勝ち気で自我の強い少女柚（ユウ）が、父と離れ、「人生は薄氷の如（ごと）し」を信条とする母の監視のもと、文革の約十年をどう生きたかが、実にさわやかに冷静に、時にユーモアを交えて語られる。

楡（にれ）の老樹がそびえる路地から路地を駆けぬける少女の底なしの孤独感とそれでも胸を張る幼い矜持（きょうじ）が心を揺さぶる。暴力が支配し、人間のあらわな欲望だけが増殖していった日々を、少女の怒りをこめた目が見つめている。理不尽な悲惨と暗たんの歳月を少女が耐ええたのは、「無視は最大の軽べつ」の姿勢で抗する賢明さを、本能的に学んでいたからだろう。

作者の経歴の詳細はわからない。だが、この作品を書かずには彼女の文革は終わらなかったという思いは痛切に伝わってくる。（宮田毬栄・エッセイスト）

（幻戯書房・1800円）＝2003年3月6日③配信

圧倒的筆力で描く心の風景　「阿修羅ガール」（舞城王太郎著）

映像を喚起するリアルな描写とスピード感あふれる文体によって、舞城王太郎は一貫して現代における暴力の問題を描き続けてきた。ジャンル的定義を無化するかのような表現の地平から繰り出される、“舞城ワールド”としか表現しようのない独自の世界は、多くの読者をひきつけている。

ノベルス系作家としてデビューしながらも、前作「熊の場所」（講談社）によってミステリーの枠組みを軽々と乗り越えただけでなく、新しい小説表現の可能性さえ指し示してみせた舞城だが、本作ではさらに一歩踏み込んだ世界を提出している。

好きでもない同級生の佐野明彦と寝てしまい自尊心を傷つけられた桂愛子は、明彦を残しひとりホテルを出る。翌日、彼の自宅に脅迫状とともに明彦のものと思われる右足の小指が届けられる。時を同じくして、調布の街ではネットの掲示板とリンクする形で「アルマゲドン」と呼ばれる無差別中学生狩りが横行し、三つ子を殺害しバラバラにして多摩川河川敷に遺棄した犯人「グルグル魔人」が出没する。

それらの事件と微妙にかかわりあうことになる愛子であるが、同級生の少女の報復によって瀕死（ひんし）の重傷を負わされてしまう。愛子は三途（さんず）の川から、足踏みヘリコプターに乗ってあの世からの脱出を試み、殺した子供たちのバラバラの体でできている怪物が住む暗い森を経由し、「グルグル魔人」の中に魂として入り込む。愛子は自己の内部で根源的な恐怖を体験することによって、人間の内にひそむ怪物的なるものの本質に、深いレベルからアプローチするのである。

そのような内的体験を経て生還した愛子は、絶対的暴力の中に“善”の本質を見いだす人間へと成長を遂げる。荒唐無稽（むけい）な状況設定やグロテスクなシーンに目を奪われがちだが、作品の中心にあるのは人間存在の絶対的肯定の精神である。思春期小説、青春小説としても優れている。圧倒的筆力で現代人の心の風景を描ききった野心作である。（榎本正樹・文芸評論家）

（新潮社・1400円）＝2003年3月6日④配信

わびしい2人の優雅さ

「しょっぱいドライブ」（大道珠貴著）

「しょっぱいドライブ」は、三十代半ばの、漁師町に住む女性が主人公である。夢を抱いて上京する者とは対極にあるような主人公が、暗さの中にすわり心地のよい座布団を見つけるまでが、読者の負担にならぬような柔らかい、ノンシャランな文体で描かれている。

すわり心地のよい座布団とは、同じ漁師町に住む九十九（つくも）さんという六十代の男性。彼は妻子持ちだが、家庭からは「のけ者」状態であり、二人はいわば「のけ者」同士の結びつきなのだ。

土地持ちで、でも人がよく謙虚。絹のスカーフをなびかせ、女の子走りをするような九十九さんの造形が、この小説の骨格となっているが、そこに焦点はない。彼を好ましく感じながら、かつてあこがれた地方劇団の男優のことも忘れられない主人公の、揺れ動く心理が読ませどころだろう。

それにしても、あんな年よりのなよなよした男とくっつくのは、お金がめあてだろうと他人からは思われる女性を、内側から描き、しかも説得力のある小説には、これまであまりおめにかからなかったと思う。印象に残るのは、二人が海の防波堤に行く場面。釣り人が食べられぬふぐを釣りあげ、ひからびさせているのを見て、主人公は「のけ者」の自分をふぐに重ね合わせ、息苦しくなる。すると九十九さんが、そのふぐを海に落とす。釣り人からしかられても「はあい」とほほえんでいる。

「へなちょこで、腕力はまるでなくったって、いいのだ。こんなふうに平然とした態度ならおもしろくって、それでいい。それでいい、なんて妥協している自分のこともわたしはおもしろい」と書かれている。

主人公は何ら特徴のない女性だが、彼とともにいるということで、わずかに光りだす。この小説は、荒々しい世に、はじかれたわびしい二人の、優雅さをめぐっていると思う。ほんのり高等遊民のにおいすら漂う。

本書には芥川賞を受賞した表題作のほか、二編が収められている。（井坂洋子・詩人）

（文芸春秋・1238円）＝2003年3月6日⑤配信

運命を変える真の意味

「ブレイブ・ストーリー（上・下）」（宮部みゆき著）

主人公の三谷亘は、小学五年生。年のわりに理屈っぽいことを除けば、ゲーム好きのどこにでもいるような少年だ。しかし普通に見えた亘の生活は、急激に揺らぎだす。

幽霊ビルで出会った、心を閉ざした少女。亘に話しかける不思議な声。謎めいた美貌（びぼう）の転校生・芦川美鶴の存在。そして父親の出奔により、いきなり崩壊した家庭。かつての平和な日常を取り戻したいと願う亘は、美鶴に誘われ、運命を変えるために“幻界”と呼ばれる異世界へと旅立つ。

宮部みゆきの新刊は、現実世界から異世界へ行った少年の、冒険と成長を描いた本格的なファンタジー小説である。メーンストーリーは、舞台が異世界に移ってからだが、これがまるでRPGゲームもどき。「勇者の剣」「真実の鏡」といった、それらしい小道具や、五つの宝石を集めて“運命の塔”への道を切り開くというベタベタな展開が愉快である。いきなりキャラクターメーキングが始まる場面は、吹き出してしまった。ゲームの好きな人ならば、終始、ニヤニヤ笑いながら読み進めることができるだろう。いかにもゲーマーの作者らしい設定だ。

ただしこの設定は、単なるお遊びではない。なぜRPGゲームのような世界なのか、ちゃんとした理由があり、しかも本書のテーマを浮き彫りにするための、伏線となっているのだ。その“幻界”で亘は、現実世界よりもさらに厳しい異世界の現実と対峙（たいじ）。さまざまな試練の果てに、運命を変えることの、真の意味に気づくのである。

ミステリー・時代小説・SFと、なんでもありの作者だが、ファンタジー小説は初めてである。したがって本書を、異色作と感じる読者がいるかもしれない。だが、ひとつの事件を体験して少年が成長するという、ストーリーの骨子は、多くの作品と共通している。そして、それこそが最も重要な読みどころなのだ。異色にして王道。これもまた、宮部みゆきの世界なのである。（細谷正充・文芸評論家）

（角川書店・上下各1800円）＝2003年3月6日⑥配信

グローバル時代の新事態

「新戦争論」（メアリー・カルドー著、山本武彦・渡部正樹訳）

戦争というと私たちはふつう、国家と国家の陣取り合戦を考える。敵味方はきれいに分かれ、正規軍が国家主権の発動として戦い合い、主権と領土を守るために戦う、と理解する。

しかし、もはやそうではないと本書の著者はいう。敵味方の区別もあやふやで、戦争というより組織犯罪、ないし大規模人権侵害と呼んだ方がよい場合さえある、それが現代の戦争である、と。

例えば、本書の主な素材であるボスニア・ヘルツェゴビナ紛争の場合だが、「敵対勢力」であったはずのムスリム人勢力司令官とセルビア人勢力司令官が、時々こっそりと「軍事協力」を相談していた、といった事実がそれを物語る。もう一つの「敵」（ときに「味方」）だった、クロアチア人勢力と対抗する必要が生じたときである。

旧来の戦争概念では理解できない事態が進んでいることを説く、著者の分析は明快で深い。そういう「新しい戦争」の出現が、グローバリゼーションの進行と密接に関係しているという指摘も新鮮である。国家が解体し経済的にも周縁化して、「民族」のような不確かなシンボルを利用して権力を確保する者が現れる、というのである。

そのように不透明な種類の戦争が蔓延（まんえん）する世界に対し、打つ手はないのか。ある、と著者はいう。すべての人間の平等と尊厳のために働く、「コスモポリタニズム」の政治を実践し、法的規範を順守する体制をつくることである。

本書中に引用された、政治哲学者ハンナ・アーレントの言葉が重く光る。「暴力的手段のみに依拠する政府は、これまで存続したためしがない。他者からの支持が得られない人間が、暴力を（略）用いるのに十分な権力をもつことは決してない」

本書の要点を浮き彫りにするこの引用は、同時に、現在進行中のイラク情勢への鋭い警鐘にもなっている。「権力の基盤は正統性であり暴力ではない」という著者の言葉に、いま耳を傾けたい。

（最上敏樹・国際基督教大教授）

（岩波書店・3400円）＝2003年3月13日①配信

機密情報ちりばめ臨場感

「ブッシュの戦争」（ボブ・ウッドワード著、伏見威蕃訳）

本書は二〇〇一年九月十一日の同時多発テロからの百日間に焦点を絞り、アフガニスタンとイラク政策をめぐるブッシュ政権のテロとの戦いにおける意思決定や戦略の歩み、さらには米・中央情報局（CIA）潜入工作チーム、および米特殊部隊のアフガン現地での活動を、詳細かつ克明に描いている。

著者は執筆にあたり、国家安全保障会議議事録を含む機密文書、個人の記録、メモなどを入手、ブッシュ大統領との四時間に及ぶ独占インタビューをはじめ百人以上に取材をした。機密情報、生きた情報をちりばめた描写が随所にみられ、読者は大統領執務室で意思決定に参加している錯覚に陥る。

チェイニー副大統領、パウエル国務長官、ライス大統領補佐官、ラムズフェルド国防長官、テネットCIA長官はいずれも強い信念と意見の持ち主で性格的にも強い。クリントン前政権よりはるかに強力な外交・安保チームで、総じて彼らは現実主義者であり米国の国益を見る目においてシビアである。

彼らがいかに協力し一つになるかが重要な課題であったが、それを大きな摩擦なしでまとめるブッシュの手腕が問われることになる。アフガン戦争において、ブッシュは自分の判断に次第に自信を深め、強い指導者へと成長していった。

米国のイラクに対する戦いが現在、大きなヤマ場を迎えている。ブッシュは、フセインがイラクを支配している限り、イラクが地域諸国や米国に与える脅威はなくならないと結論しており、軍事行動ではフセインの排除と大量破壊兵器、および関連施設の破壊を目標とする。

ブッシュの未来像には明らかに世界を作り直すという野望が含まれており、人々の窮状を救い平和をもたらすには、先制攻撃と、必要なら一国のみの行動も辞さないという考えがそこにあった。

読者は、ブッシュのイラクに対する戦いの意思決定の青写真もしくは原型を、アフガンのケースに見いだすことができる。（浅川公紀・東京家政学院筑波女子大教授）

（日本経済新聞社・2200円）＝2003年3月13日②配信

悪意のただ中での「肯定」

「現代文学」（福田和也著）

本書は、確かに日本現代文学を代表するだろう作家（村上春樹、大江健三郎、柄谷行人など）、およびとても代表しはしないだろうと思われる作家（石原慎太郎、島田雅彦）のそれぞれにスポットをあてた文芸評論集である。

福田和也の切り口は独特のもので、彼は一般人なら誰でも感じるに違いない、しかし評論家ならカッコに入れ抑圧してしまうような、例えば大江については、「これって要は内輪向けのサロン小説じゃねえの？」、また柄谷については、「現場で苦しんでいる労働者が消費—生産者協同組合になんて理念に関心もつのか？」などのあたり前の疑問、というか健全な突っ込みから出発する。

しかし福田はその突っ込みをただの突っ込みに留めておかず、あたり前をあたり前とみなす健全な精神は保ったまま、それを一気に「文芸評論」の高みにまで引っ張りあげ、同時にときには論じる作家の長所をもすくいあげても見せるのであって、こうした作業は突っ込み＝悪意のただ中での対象の「肯定」というべきまさに離れ業と言っていい。

この悪意のただ中での「肯定」は大江論においてもっとも成功しているだろう。そこでは結局、先の突っ込みは、ひどく単純化してしまえば、文化の大衆化に対する大江の衒学（げんがく）的な抵抗といったかたちで決着を見る。しかし一方、村上論や石原論で悪意のないストレートな肯定をする段となると、その筆致は少々精彩を欠く。これはつまり福田が一流の教養人のため、村上春樹や石原慎太郎など、無意識的な「馬鹿」に対して負い目を感じ、いまひとつ悪意をもちきれないからではなかろうか。

すると、冒頭で一般人なら感じるはずのあたり前の突っ込みと言ったが、教養人・福田和也にとってこの手の「あたり前」さは生来のものではなく、逆に絶えざる努力によってつかまれた成果と呼んでいいし、こうした緊張においてこそ福田の文芸評論家としての誠実さがある。近年では唯一読むに足る文芸評論集だろう。（石川忠司・文芸評論家）

（文芸春秋・1905円）＝2003年3月13日③配信

少女から「悪女」へ

「黄金の魚（きんのさかな）」（ル・クレジオ著、村野美優訳）

女が大人になるとは、どういうことか？　善行を積んで幸せになりました、というシナリオでは、小説として魅力があるとは思いがたい。「幸せとは、閉ざされた箱庭のようなものである」と喝破した作家がいるが、閉じた世界に物語は生まれない。波乱、すなわち不幸がなくては。言い換えれば、小説とはすべからく不幸せであるべし。

本書「黄金の魚」を手にとると、「幼くして過酷な現実の中に投げ込まれ…健気に生き抜く少女の、愛と哀しみの成長物語」と帯にある。なにやら湿っぽそうだが、そこはル・クレジオだ。あくまでドライなタッチでお話は進行し、じつにあっけらかんと、少女は「悪女」になっていくのである。

モロッコのヒラール族の娘ライラは、六、七歳で人さらいにあい、それを振り出しに世間のいじめと差別を経験し、ありとあらゆる大人たち（義父、教師、庇護＝ひご＝者の女医などなど）に辱めをうける。とはいえ、そこにはアフリカらしいおおらかさとちゃめっ気、不敵な笑いがある。

流浪を重ねてライラは、時には高級娼婦（しょうふ）館のような家で暮らし、貧民窟（くつ）で露命をつなぎ、時には盗み、うそをつき、男をたぶらかし、苦学して勉強する。ジミ・ヘンドリックスやビリー・ホリデイを聴いて異国にあこがれ、モロッコからスペインへ、パリ、ボストン、カリフォルニアへと旅をしながら芸術家たちと出会い、音楽を学んでいく。

つまり、これは一人の女のビルドゥングスロマン（教養小説）であると同時にピカレスクロマン（悪漢小説）でもあるのだ。両者はある意味同じものだということに、読者は気づかされる。

女の半生は、どこかでピカレスクに近づいていかざるをえないという社会構造を、ル・クレジオはシニカルに、ユーモラスに、寓話（ぐうわ）的に描いてみせたのかもしれない。ライラは異郷での歌手としての成功を捨て、故郷での厳しい現実を選び取ることで、ついに自分を見つけだす。力強く美しいラストシーンである。（鴻巣友季子・翻訳家）

（北冬舎・2200円）＝2003年3月13日④配信

武蔵復活の理由を探る

「武蔵と日本人」（磯貝勝太郎ら編著）

武蔵の決闘者としての生涯は、二十代の十年間である。剣の名門吉岡道場、宝蔵院流のやり使いの僧たち、鎖がまの宍戸梅軒、杖（じょう）術の夢想権之助、柳生の四高弟、佐々木小次郎といった人たちとの決闘を軸に武蔵像を組み立てていた者にとっては、それ以後さらに三十年余も生き、六十二歳で畳の上で往生を遂げたという話にはひかれるものがない、これが若いころの私の武蔵観であった。

偏った見方だったと思わざるを得ないが、この本を読み、そうした偏見を抱いた理由がわかった気がした。要するに、殺し合いをしまくらざるを得ない武蔵の精神の暗部に関心があったというより、吉川英治の描く野人から求道者へという人格成長の物語の鋳型にかたどられた武蔵に反発していたのだ。

収録されている桑原武夫らの貴重な研究「宮本武蔵と日本人」によると、吉川英治の描く武蔵は、農村の男の好む人生態度に合致しているという。すなわち家族を愛し、共同体を大切にする。また進んで困難に打ち勝ち、常に労働を通して自己を磨く努力を怠らないという態度。

ところで現代日本は、吉川が武蔵を書き始めた昭和十年代の農村型社会ではない。農村男性は少なく、必然的に吉川武蔵への共感は薄らいだはずである。

だが実際は、再び武蔵はよみがえりつつあるのだ。どうして？

武蔵は幼くして母と離別、父とは相いれず、生涯独身を通し、子をなさず、師を持たず、ひたすら剣の道一筋に生きた。磯貝勝太郎は、この自律自助の生き方が、能力主義を急速に強めている現代の孤独な日本人の支えになりつつあるのではないかと述べている。示唆的である。

武道のたしなみのある作家の津本陽と佐江衆一が、武蔵の剣の技量について、うんちくを傾けている。実に迫力があり、恐るべき武芸者武蔵が浮かび上がってくる。

武蔵を知り、己を知る上で役立つ一冊である。

（芹沢俊介・評論家）

（NHK出版・2000円）＝2003年3月13日⑤配信

著者の力量を堪能

「子どもの中世史」（斉藤研一著）

たとえば、今から七百年前、などといわれても、平板な歴史の教科書的知識しかないし、それとて、受験勉強からすでに四半世紀もへだたってしまったこの身には、おぼつかない。

資料的にも制約されている「中世」という時代の、またさらに資料が乏しそうな「子ども」を、若手の歴史研究者がどのように描いてみせるのか。歴史の門外漢である私は、話についていけるか、ちょっと不安をいだきつつ、ページを繰った。

結論からいおう。大変おもしろかった。第二章「アヤツコ考」を例にあげてみよう。

延慶二（一三〇九）年に春日大社に奉納された「春日権現験記絵」の一場面、母親であろう女性に抱きかかえられて、縁側から小便をしている子どもの額に「犬」の字が書かれていることを、著者は発見する。

ここから、日記などの中世史料や民俗史料や文学史料も援用し、子どもを守るために額に「犬」の字を書く、アヤツコと呼ばれる慣習の実態に迫っていく。

研究者としては当然のことであるが、著者の論の運びは慎重で、確実な石しか積み上げない。アヤツコにしても、記録に残されているのは皇子女に限定されるため、一般の公家や武家、さらには庶民層などについては、広くおこなわれていたのは間違いないと思われるといった推測にとどめている。

したがって、本書を読んでも、「中世の子ども」の全貌（ぜんぼう）が見渡せるわけではない（そんなことが無理なのは、私だってわかっている）。

けれども、ひとつの点から探求をはじめ、断片と断片を相互に関連づけていく地道な作業によって、ある方向から光を当てた「中世の子ども」像を立ち上げる著者の力量は、十分に堪能できる。

本書のタイトルは「子どもの中世史」であって、「中世の子ども史」ではない。おそらく著者も、専門を尋ねられれば「中世史」と答えるだろう。しかし、私個人としては、著者の手による、近・現代にいたるまでの日本の「子ども史」を期待したい。（鵜飼正樹・京都文教大助教授）

（吉川弘文館・2800円）＝2003年3月20日①配信

他国の文芸を自国流に精錬

「日本人の漢詩」（石川忠久著）

先ごろ亡くなった富士川英郎に「江戸後期の詩人たち」という名著がある。詩人といっても、当時の日本で詩といえば漢詩である。富士川はドイツ文学者ながら漢詩にも造詣深く、「菅茶山」のような大著もある。作家の中村真一郎も江戸期漢詩人に関心深く、「蠣崎波響の生涯」「頼山陽とその時代」のような名著がある。だが、日本人の作った漢詩はあまり人気がなく、今あげたものも「蠣崎波響」を除いて品切れである。

本書の著者は、漢詩の専門家である。そして、日本人の漢詩というものは、他国の文芸を訓読という方法で読むことによって自国の文芸として精錬させた、他に類を見ないすごいものである、と言う。しかし明治期にはナショナリズムのために、敗戦後は「時代遅れ」と見られて、これを顧みない人が多い。そこで随筆形式で雑誌に連載したものをまとめたのが本書である。

時期的にはもっぱら江戸期から明治にわたり、たとえば中国の漢詩では海は歌われなかったが江戸期に至って日本では海が歌われるようになったとか、漢字の「さくら」はユスラウメを意味するので、桜花を歌う漢詩は日本独自のものだとか、隅田川を墨江と呼び変えるような技法のこととか、さまざまな話題が展開している。

ただし専門家の随筆なので初心者向けとは言いがたい。私には、石川啄木の有名な「ぢつと手を見る」という表現が、杜甫の詩の影響ではないかという指摘が特に興味深かった。

ただしその「時代遅れ」だが、読んでいくと、ああ漢詩というのは男の世界なのだなあと思わされるのは確かで、女と言えば宴席に侍（はべ）る妓女（ぎじょ）があるばかり。富士川は取り上げていた女性漢詩人・江馬細香もここでは取り上げられておらず、漢詩というジャンルは現代という時代と折り合いが悪いのだと思わせられる。どちらが悪いのかは言わないが…。

江戸期のものを中心にしたためだろうが、菅原道真が出てこないのも残念だ。（小谷野敦・明治大講師）

（大修館書店・2500円）＝2003年3月20日②配信

日本人の食生活再考迫る

「『アメリカ小麦戦略』と日本人の食生活」（鈴木猛夫著）

今は評判のいいラーメン店の前に行列ができる。行列に並んでまで食う物か、と私などは不思議に思うのだが、おそらくファンは並ぶことで徐々に食欲が刺激されていくのだろう。

が、それにしてもグルメあるいはB級グルメに走る前に、日本人が最低限心得ておくべき食い物の政治経済学がある。それを教えてくれるのが本書である。

戦後、なぜパンや麺（めん）などの粉食がこうも盛んになったのか。

一九四五年に第二次世界大戦が終了すると、アメリカはそれまで兵食として海外の戦線で消費してきた農産物が過剰在庫となることに危機感を持った。そのため最初はマーシャル・プラン（欧州復興計画）として、五一年からはMSA法（相互安全保障法）として戦禍で疲弊した国々に食糧援助を行い、自由主義陣営の拡大に努めた。

五四年アイゼンハワー大統領はPL四八〇法（通称、余剰農産物処理法）を成立させた。代金後払い、代金の一部はその国の経済復興と米農産物の市場開拓費に使えるという内容だった。これにより、日本国内をキッチンカーが走り、洋食や中華の調理法を教え、米産の小麦や大豆（油）を使った料理が急速に普及、浸透していく。いわゆるアメリカ小麦戦略であり、日本人の食事は粒食（米）から粉食（小麦）へと大きく軸足を移す。

が、本書の値打ちは食糧安保論にあるのではない。例えば米を玄米で食べるか、分づき米で食べるか、などといった東大閥や陸軍、海軍の間の論争を伝え実に興味深い。

兵食が白米だった結果、日露戦争の戦死者八万五千六百人に対し、かっけ患者二十五万人、うち二万七千八百人が死亡する―などといった数字を突きつけられると、学閥的な研究の害と不毛に言葉を失う。

あるいは牛乳を飲んでカルシウムを摂取するといった常識が逆効果でしかないことの論証など、本書は驚くべき事実をていねいに説いて日本人の食の再考を迫っている。文章は平易で、行列に並びながらでも読める。（溝口敦・フリージャーナリスト）

（藤原書店・2200円）＝2003年3月20日③配信

ケアの関係を家族の定義に　「家族、積みすぎた方舟」（マーサ・A・ファインマン著、上野千鶴子監訳）

たとえば、A国でゲイの二人が結婚式をあげたというニュースをテレビでみたときでもいい。あるいは、B国ではレズビアンのカップルを法的に承認することになった、という記事を新聞で読んだときでもいい。

世の中進んでるなあと思いながらも、こういう疑問にとらわれる人がいるのではないか。なぜゲイやレズビアンまでが、常識的な男女の結婚の型に自分たちをあてはめたがるのか。なぜ国や社会は、彼ら「逸脱者」まで旧来の家族モデルに回収しようとするのか。

この疑問は、もう一歩踏み込むと、たちまち大方の異性愛者の足元をも揺るがすことになる。

たとえば「夫婦別姓」や「男女共同参画」の問題。こうした法的平等化の試みは、みな性的に結ばれたカップルを「自然」とみて、夫婦単位の「近代家族」を自明の前提としている。果たしてこのことに妥当性はあるのか。

いや、妥当性などありはしない。そっちの道は行き止まりだし、ここにいい代案もある、というのが本書の著者、アメリカのフェミニズム法学者のファインマンである。

その立場は「ポスト平等主義のフェミニズム」。いまや「性的家族」（核家族）中心主義は人々の足かせにすぎない。この際「法的制度としての婚姻を廃止せよ」（帯より）という。

たとえていえば、マルクスの資本論の登場にも似たラジカルで刺激的な議論の出現、ということになるだろうか。

とはいえ、決して読みやすい本ではない。まずはエンゲルス役を買って出た監訳者・上野千鶴子の詳細な解説から入るのが、理解の早道になるだろう。

性のきずなにかわる家族原理として著者が提唱するのはケアのきずな。母親と幼い子供、老人とその介護者といった「ケアする者とケアされる者」のユニットを新たに「家族」と定義して、これに法的保護を与えれば足りるという。

コロンブスの卵、あるいは目からウロコの卓説といっていい。（山口文憲・エッセイスト）

（学陽書房・2800円）＝2003年3月20日④配信

文学神話の解体を宣言　「キャラクター小説の作り方」（大塚英志著）

読者がいなくて書きたい人ばかりいる、と言われる昨今の文学状況と見合うように、このところ小説の書き方についての本が売れている。オンライン書店のアマゾン・コムで「文学理論」というコーナーの売り上げランキングを見ると、上位の本はすべてこの手の「小説作法」の本だ。

大塚英志の前著「物語の体操」も、そうした本の一つとして読まれている。でも、大塚がこの本で「誰でもすぐ小説くらい書けるようになる」とうそぶいたのは、膨大な書き手予備軍たちに向けたアジテーションである以上に、「今の文学は誰でも書ける程度の小説しか生んでいないじゃないか」という、既成の文学に向けた挑発的なメッセージでもあった。本書はこの続編にあたる論考であり、おなじく講談社現代新書から出た「教養としての〈まんが・アニメ〉」の文学版でもある。

大塚は、少年少女むけのジュニア小説、いわゆる「キャラクター小説」にかかわる者たちがジャンルとしての自意識を持っていないことの危うさを本書でくりかえし指摘する。マンガやアニメのような他のサブカルチャージャンルは、ジャンルとしての自意識を強くもつことで表現の革新が行われ、結果としてジャンルの壁を乗り越えた「傑作」を生むことができた。

同じように、「キャラクター小説」も自意識をもつべきだ、そうなることで「文学」となることさえも恐れるべきでない、と大塚は主張する。いわば、子供に対して「大人になることを恐れるな」と諭しているのだ。

近代日本文学が生み出した「私」という語り手はもともと架空の「キャラクター」にすぎず、純文学もまた一種のキャラクター小説なのだ、という最終章での指摘は、大塚と同世代の文芸評論家、斎藤美奈子の「妊娠小説」に続く日本近代文学の神話解体宣言だ。

この本は、そうした文学神話が解体したあとに生まれてくる新しい表現への期待の書だ。いわゆる小説作法の本ではないが、書き手を志す人が読んでおいて損はない。（仲俣暁生・フリー編集者）

（講談社現代新書・760円）＝2003年3月20日⑤配信

中国市民層の情念描く

「桃幻記」（辻井喬著）

激動する現代中国は、多くのエミグラント（亡命者・移民）を生み出してきた。文化大革命（一九六六—七六年）は数千万の都市住民や学生に遠方の村での強制労働を強いた。八〇年代以後の改革・開放政策は数百万の留学生を海外に送り出し、九七年返還の香港からは、各界の人々が大陸に進出している。本書に収める八本の短編小説は、このような中国市民層の情念を描いている。

「少年漂泊」はエリート中学入学前の少年が家出して、古代墳墓の盗掘犯である青年と出会い、陝西省の宝鶏市から敦煌へ、さらには砂漠地帯へと放浪していく物語である。「聖なる樹」は、香港でも老舗の出版社を閉じた中年男性の社長が、祖父の故郷である浙江省太湖のほとりの村へ移住し、文革幼時体験によりトラウマに苦しむ女性と愛をはぐくんでいく物語だ。北京、上海、香港のような私たちになじみの大都市は後景へと退き、現代中国文学者である評者も知らぬ村や街が召喚されて、エミグラントたちの人生が語られているのだ。

作者の筆は中国の現実を確かに押さえつつ、時に表題作「桃幻記」のように、文革中に山奥の村に送り込まれた農学部生による幻想的なユートピア体験を物語る。こうして六朝文学で陶淵明が書いた桃源の理想郷が、現代人の心によみがえる様子を描きだすのだ。

もっとも、細かい点で時に中国の現実をとらえ損ねてもいる。たとえば「写真家修業」の主人公である胡裕宝が、父の胡裕福と「裕」の字を共有するという命名法は、中国では兄弟同士ならばともかく、親子のあいだではまずあり得ない。

ところで「あとがき」は文革を「現代の阿Q」がどのように記憶しているか、と問うている。阿Qとは魯迅の代表作「阿Q正伝」の主人公で、かつてロマン・ロランは「哀れな阿Qの姿はそのまま記憶に残る」と語って涙を流したという。本書の作者もまた、現代史にほんろうされて都市を追われあるいは共同体から逃れていく人々の心性に、深い共感を寄せているのであろう。（藤井省三・東大文学部教授）

（集英社・1800円）＝2003年3月20日⑥配信

マリリン像を逆転

「ブロンド（上・下）」（ジョイス・C・オーツ著、古屋美登里訳）

マリリン・モンローについてはたくさんの本が書かれてきた。まだ新しい切り口が残っているだろうか。

これまでの本のほとんどは男によって書かれていたことに注目しなければならない。彼女は男たちの目にさらされてきたのだ。もっとも女性によるマリリン伝もまったくないわけではない。一九八〇年代にグロリア・スタイネムが「マリリン」を書いている。それは女性らしいやさしい目でマリリンを語ったものであった。

おそらくジョイス・キャロル・オーツも、ノーマン・メイラーなどの雄（おす）の視角によるマリリン像に不満を持ち、女の目によって、マリリンを内側からとらえたいと思ったのだろう。

その女の目は、時に男よりも残酷に彼女を切り刻んでゆく。マリリンの悲劇性はより激しく、圧倒的なことばの流れの中で、身もだえしながら浮き沈みしていく。

オーツは、創作力豊かな女性作家で、ことばがいくらでもあふれてくるようだ。あまりに多作すぎて、かえって評価されない、などといわれる。「ブロンド」ではそのような特質が見事な成果を結んでいる。

なぜオーツは、あらためて今、マリリンをとり上げたのだろうか。おそらくマリリンが二十世紀のアメリカの一つの象徴であり、彼女を通して、一つの現代史をふりかえろうとしたのではないだろうか。一九三八年生まれのオーツは、あらためて自分の生きてきた世紀がなんだったかを問うのだ。

この作品において、一九二〇年代から六〇年代のアメリカの歴史のうねりが語られている。それは特に、カリフォルニア、ロサンゼルス、ハリウッドを舞台としていて、アメリカ西海岸が変わっていく様子が浮かんできて、私にも面白かった。

ここでは、これまでのマリリン像が逆転され、彼女の内なる眼（め）から世界が描かれている。ただしその分、彼女の人生にあらわれる男たちの影は薄いのであるが。（海野弘・評論家）

（講談社・上下各2700円）＝2003年3月27日①配信

社員が見た倒産劇の現実感　「内部告発　エンロン」（ブライアン・クルーバー著、水藤真樹太ら訳）

人が企業を作り、企業が人を作る。そして企業は頭（トップ）から腐敗する。この本を読み終えたときの実感だ。

エンロンは、背任的経営やずさんな経理処理が命取りとなって倒産した。しかし、全米中から集まったベスト・アンド・ブライテストと呼ばれるエリートたちがなぜ大きな過ちを犯したのか、なぜ誰も正そうとしなかったのか。

本書は一人の多感で才能あふれる若き社員が見たエンロンの倒産劇である。天才と呼ばれた二人の経営者によってエンロンが独特の企業カルチャーを形成していった背景や、エリート社員たちが自己催眠的にそのカルチャーに身を投じていく様子が悲しいほどの現実感で書き記されている。

そのキーワードは金と知恵だ。富への無限の欲望、優秀であるが故の高度な錬金術の開発、そして業績主義の名のアメとムチの非情な人事。日本のビジネスマンにとっては目くるめく別世界である。

さらに、本書はエンロンが単なる一企業ではなく、いわば現代アメリカの投影だったことも暗示する。エンロンがブッシュ政権、監査法人のアーサー・アンダーセン、コンサルタントのマッキンゼー、投資銀行のゴールドマンサックスなどアメリカのリーダー階級と抜き差しならない深い関係を築いてきたからだ。

このいわばエスタブリッシュ同盟も、金融工学というマネーゲームが共通基盤である。本来リスク回避目的のデリバティブがやがて投機商品に転じ、その対象も電気やガスなどあらゆる資産に拡大してマネーゲームがバブル化した。

一九九〇年代のアメリカ経済の復活は、このマネーゲームによるところが大きい。しかし、九八年の巨大ヘッジファンドLTCMに続くエンロンの破たんは、「アメリカの時代」が大きな曲がり角を迎えたことを意味する。

「エンロンの経営者がどん欲だったことが問題だったのではなく、その金が詐欺や他人を犠牲にして作られたことが問題だった。」という著者の言葉は現代社会へのメッセージでもある。（箭内昇・経営コンサルタント）

（集英社・2200円）＝2003年3月27日②配信

問い―答え形式の変遷史　「クイズ文化の社会学」（石田佐恵子、小川博司編）

本書は、気鋭の社会学者がクイズ番組の歴史的展開を分析し、その国際比較を試みた共同研究の成果である。

「9・11」直後、イスラム圏を特集したテレビ番組がアメリカで放送された。その内容について、本書の編者・石田佐恵子は鋭い指摘をしている。イスラム版「クイズ$ミリオネア」でスカーフをかぶった女性がクイズに挑戦しているシーンが、アメリカニズムを示す映像として使われた。この番組制作者にとって、クイズ番組とはアメリカ文化、すなわち参加を重視する民主主義の象徴なのである。

ちなみに、「クイズ$ミリオネア」はイギリスのテレビ会社がライセンスを持つクイズ番組で、同一形式の番組は現在三十カ国以上で放送されている。映画に起源をもつドラマやニュース番組と異なって、再放送されないクイズ番組は、聴き流されるテレビ文化の中核である。そのため、狭義のクイズ番組だけでなく「クイズ形式の文化」は、ニュースショーや推理ドラマを含めテレビ番組全体を覆っている。

「問い―答え」という単純化した形式で、国民が共有すべき生活知識を提示するクイズ番組は、新たな移民をアメリカ化する啓蒙（けいもう）装置としてアメリカのラジオで生まれた。わが国では戦後アメリカ占領軍がラジオ民主化の一環として、NHKに導入させたのが始まりである。やがてテレビ普及とともに日本のクイズは番組編成に不可欠な人気ジャンルとして独自な発展を遂げた。

特に、一九七〇年代には賞金獲得をめざした知識競争型の視聴者参加番組が黄金時代を迎えたが、それは学歴社会と受験勉強の意義が疑われなかった一億総中流意識の時代と重なる。ゆとり教育の現在では、知っていることは尊敬には値せず、出演者の間違いや失敗を楽しむバラエティー番組へと変化している。

こうした変化を総覧できる巻末資料「日本のラジオクイズ・テレビクイズ」も大変貴重な労作である。これを契機に日本発の新しい文化研究が誕生することを期待したい。（佐藤卓己・国際日本文化研究センター助教授）

（世界思想社・2200円）＝2003年3月27日③配信

われわれにとっての戦争

「戦争の甘い誘惑」(クリス・ヘッジズ著、中谷和男訳)

私たちはいま、戦争についての態度選択を迫られている。ニューヨーク・タイムズ紙の現役の記者である著者は、取材した戦争の実態を報告しつつ「われわれにとって戦争とはなにか」を問う。

著者のヘッジズは特派員として、世界各地の戦争を取材してきた。その戦場はエルサルバドルにはじまって、中南米、パレスチナ、湾岸戦争、ボスニア、コソボ紛争に及ぶ。

彼はこう書いている。「私は凶暴な死を目撃しすぎた。恐怖を味わいすぎた。身を引き裂かれるような苦しい体験は、もう思い出したくない。だがそれが甦ってくる時、私はどうやってその記憶に耐えていけばいいのだろう」

本書では戦場のさまざまな死、出会い、友情が語られる。だが、著者がこの本を執筆した目的は、こうした無残な実態を描いて戦争を思いとどまらせることではなく、戦争を理解することにあった。

私たちはなぜ戦争をやめようとしないのか。それは時の権力者がときにナショナリズムをあおり、神話を動員し(この「ナショナリズム」や「神話」については訳者による適切な注釈が付されている)、それをマスメディアが増幅するからである。

いまや戦争報道は、国家や軍の強い取材制限をうけ、あるいは仕組まれた「現場」を取材させられることもしばしばである。それにもかかわらずこうした現実を隠し、あたかもそれが事実であるかのような報道が行われる。

そしてそれが戦争神話をつくり上げるのに大きな役割をはたす。著者は戦争神話のまやかしをまき散らす元凶は国家と報道だと厳しく糾弾する。

著者のクリス・ヘッジズはハーバード大学神学部で修士号を取得し、十五年におよぶ戦争取材のあと、母校でギリシャ・ラテン文学を研究したのちまた戦場に戻り、二〇〇二年にはピュリツァー賞を受賞した。こうした経歴が本書を単なる従軍記とは別物にしている。(柏倉康夫・放送大学教授)

(河出書房新社・1500円)＝2003年3月27日④配信

ある兄妹の理想と挫折

「日帝時代、わが家は」(羅英均著、小川昌代訳)

「歴史」に翻弄(ほんろう)された過去を持つ国民ほど、自分自身の、あるいは身近な人の歴史を大切にするのかもしれない。

本書は、日韓併合による日本占領下の朝鮮で独立運動に身を投じた著者の父・羅景錫と、韓国初の女性洋画家となった叔母・羅蕙錫の人生を中心として、朝鮮戦争の動乱期までの羅一家の足跡をたどった記録である。

だがこれは、ある家族の単なる私的な回想録では決してない。本書は、景錫が同胞の意識改革と国家独立の難しさを、蕙錫が女性の自立に対する風当たりの厳しさを体現しており、彼らの理想と挫折は普遍的な意味をもって読者に訴えかける。

羅景錫は日本留学時代に大杉栄と知己になり、そこから社会主義運動、抗日運動に入る。その後本国での国産品の使用を推し進める朝鮮物産奨励会で重要な役割を果たすが、工場経営では不運続きだった。

同じく日本留学を経験し、あるいは韓国では早すぎた女性解放を主張した蕙錫は、芸術家として、女性として奔放な生き方を選ぶことで脚光を浴びると同時に、スキャンダルに巻き込まれ画家としての名声は失墜する。

彼らの生活には常に日本への意識があった。知識人であることの責任と誇りが、留学先であり教育を受けた国への親密感と、祖国を支配する国に対する反抗精神との間に冷静な均衡を保たせていたように思われるのだ。つまり日本を憎むだけでもなく、擁護するだけでもない公正な姿勢が見て取れる。

彼らは歴史に名を残す人物であった。だが、本書の登場人物で評者が心を引かれたのは、歴史には決して残らないであろう、一人の女性である。それは景錫が十四歳の時、親に結婚させられた女性・朴富利である。景錫がどうしても愛情を持てず、さりとて離婚など考えられない時代に羅家に嫁いだ十七歳の富利は、その後一生を孤独に暮らすことを余儀なくされている。彼女の人生もまた、大きな歴史の中で翻弄された女性の姿を浮き彫りにする。(大串尚代・慶応大助手)

(みすず書房・2800円)＝2003年3月27日⑤配信

科学と宗教の間の精神史

「〈癒す知〉の系譜」(島薗進著)

本書は、「ニューヒストリー近代日本」シリーズの第五巻である。内容は、近現代日本の〈癒す知〉の担い手たちの、西洋医学に対する受容と葛藤(かっとう)の精神史である。

各章の細部はもちろんだが、まず一読をおすすめしたいのは、巻末の文献案内である。〈癒す知〉を近代科学と宗教との間に置き、その関係を読み解くための論考や、西洋医学と日本の精神文化や治療文化との出会いを歴史的・文化的に理解するための文献が紹介されている。

そこからは、いやしの諸現象に知と信の問題から迫ろうとする著者の宗教学的な視点も、鮮やかに浮かび上がる。

〈癒す知〉とは、「からだ(身体)や心に関わる知、また、からだや心に関わるものとしての自然と社会についての知である」という。

本書で大きくとり上げられているのは、「正食」(マクロビオティック)運動を展開し、食物は人体を養う環境自然であると説いた桜沢如一、科学と宗教との間に、独自の世界観をもつ精神療法をうち立てた森田正馬である。

彼らは、生活のなかで誰もが体験する「食べること」や「痛み、悩み」の意味を、西洋近代科学と対峙(たいじ)しつつ深め、自分たちの〈癒す知〉を作りあげた。

彼らが行ったのは、知によって状態(症状)を分析・把握し、「キット治る」と念じ、あるいは「あるがまま」の事実に即して生きるという信によって知を補強する、知と信の往復運動である。これこそが、科学と宗教の間で独自の世界観を創出する動力となったのである。

近代科学は一見、その技術的な部分だけ採り入れることが可能なように映る。しかし〈癒す知〉の担い手たちは、それと対決する契機をもったことで、代替的な知、代替的な世界観を探求し得たのである。

本書は、〈癒す知〉を、近現代日本の精神史のなかに位置づけた「いやしの時代」の分析として、深くそして豊かな射程をもつ一冊である。(佐藤壮広・大正大非常勤講師)

(吉川弘文館・2600円)=2003年3月27日⑥配信

作家たちの苦悶や恋慕

「文士と姦通」(川西政明著)

近ごろのこの国は援助交際や「出会い系サイト」による男女交際の事件の報道はあとを断たず、日本人のモラルの崩壊にはおどろかされるものがあるが、戦前のように姦通(かんつう)罪というものがあれば、すこしは道徳観も芽生えるのではないかとかんがえるときがある。

しかし現実にそういうものができたとしても、人が人を好きになる気持ちは変わるものではないという気持ちもわく。

本書は明治や大正の文士たちがこの姦通罪というものに悩まされおびえ、なおかつそこに突き進んでいかなければならなかった姿を描いている。

彼らの「恋愛」に対する精神の高揚は、作家ならではという不安や苦悩がありそうだが、その苦悶(くもん)や恋慕の度合いがつよいほどいい作品として反映しているようだ。

北原白秋の姦通罪による投獄、谷崎潤一郎と佐藤春夫の妻譲渡事件、岡本かの子と一平の夫婦関係などはすでに世間には知られているが、本書はそれらの事件が作品にどういうふうに投影されているかと詳細に書かれている。

また芥川竜之介の自殺にもひとりの女性がおおきく関与していたことや、谷崎の妻と佐藤が一緒になる前にも、もうひとりの男性の存在があったということや、宇野浩二がどういうふうにして作家になったかという話などはたいへんに興味深かった。宇野は一に文学、二に母親、三に恋愛と言っていた「文学の鬼」であるが、その母親と「恋愛」相手の女性に悩まされて貧困の中から自分の文学をつかんでいる。

ここに描かれている文士たちの作品の陰には姦通ありである。ある者は情死をし、ある者は精神を病む。罪におびえ、開き直る者もいる。逃避する者もいる。それぞれの作家の人間像も浮かび上がってくるが、しかしその中でも彼らが書き進む文学というものはなにかとかんがえさせられもする。本書は文士と姦通という視点から作品をとらえたおもしろい読み物である。(佐藤洋二郎・作家)

(集英社新書・680円)=2003年4月3日②配信

「竜とは何か」に迫る

「アースシーの風　ゲド戦記V」(ル・グウィン著、清水真砂子訳)

この長大なファンタジー「ゲド戦記」の一巻から三巻までは"英雄の物語"である。彼らは剣や魔法で敵をなぎ倒しながら冒険する蛮人ではない。時に迷い、道を踏み外すこともある。

英雄とは、この物語の主人公ゲドが言うように「自分自身であろうと努めている人びと」であり、彼らのなすべきことは「どうしてもしなければならないことを見分けること」なのだから。

しかし、このような"英雄"になるための通過儀礼としての冒険は、男の子にこそ必要なものとはいえないか。女の子の場合、初潮、結婚、出産、子育てと、人生の中で自然に、深く身体にかかわり痛みを伴う経験を得ることができる。

ゲドに出会うことによって、操り人形のような大巫女(おおみこ)の座を捨て、自分自身の人生を歩み始めるテナーは、学問の道よりも農家のおかみさんとして人生の大半を過ごすことを選んだ。彼女もまた"英雄の物語"の主人公なのだ。

第四巻「帰還」では、大魔法使いとして力の限りを尽くして世界と格闘してきたゲドが、一切の魔法の力を失い、夫に先立たれたテナーと結婚する。そして今一人のヒロイン、強姦(ごうかん)され大やけどを負わされた少女、テハヌーが登場する。彼女は人でありながら、竜を呼び寄せる。最新刊「アースシーの風」へと続く"竜とは何か"という新たなテーマが打ち出される。

この本に出てくる竜たちのなんとエレガントなこと。威厳に満ち、野生と知性の合わさった存在。太古の言葉を話し、風と火をまとう。昔、人と竜は一つの生き物だったが分かたれたのだという。竜は自由を選び人は富を蓄えた。竜とは、人が築いた文明以前からあり今も社会の中に息づく、言葉ではとらえきれない(学問の世界からはこぼれ落ちてしまいがちな)文化という解釈もできる。

本書のサイドストーリー、王と、言葉のわからぬ敵国の王女の、ほほ笑ましい結婚の物語には「人と竜の知」の幸福な結合を願う作者の祈りが込められているように思うが、いかがだろう。(大原まり子・作家)

(岩波書店・1800円)＝2003年4月3日③配信

よみがえる時代のにおい

「昭和ジュークボックス」(森まゆみ著)

「歌は流れるあなたの胸に」。そんなせりふを思い出してしまうエッセー集である。この本に登場する三十数曲のほとんどは、昭和の歌謡曲だが、ほかにも軍歌ありCMソングあり、フォークソングあり。ページをめくるごとに、懐かしい歌と、それに連なる思い出があふれ出してくる。

敗戦記念日になると「同期の桜」や「戦友」を歌いながら泣く、という父親。「水色のワルツ」を好んで口ずさむ、気丈で前向きで合理的な母親。そんな両親を持つ著者は、昭和二十九年生まれ。「アカシアの雨がやむとき」を幼稚園時代に、「こんにちは赤ちゃん」「ウナ・セラ・ディ東京」を小学生のころに聴いていた少女はやがて、「風に吹かれて」や「悲惨な戦争」をラジオにリクエストする中学生になり、小坂明子の「あなた」は「高度資本主義のなれの果て」だと憤る大学生になり、コンパとなれば「人生劇場」が歌われるというバンカラな男社会の中を必死に泳いでいく。

結婚、子育て、仕事、別れを経て「ラヴ・イズ・オーヴァー」や「大阪で生まれた女」を時折カラオケで歌い、ジュークボックスで「八月の濡れた砂」を聞く大人の女に至るまで。昭和という時代のにおいがよみがえる掌編(しょうへん)のひとつひとつには、単なる郷愁だけでなく、甘さ、切なさ、やるせなさ、そして痛みが交じり合う。

数多く収録されたモノクロ写真がまた、時代のつたなさ、いじらしさを伝えてくる。今とは異なる日本で生きていた人たちの、きまじめなまなざし、人なつこさ。

昭和という時代を、その始まりから終えんまで見届けた、著者の父君が平成になってから発したという言葉も、ひときわ印象深い。

「おれはな、七十年近く生きてきてわかったのは人を殺しちゃいけない、というそのことだけだ。(略)おれたちは子どものころ、兵隊さんになって人を殺せ、と教わって育ったんだから。そこから脱け出るのに、戦後五十年かかったわけだ」(藤田千恵子・ライター)

(旬報社・1600円)＝2003年4月3日④配信

子育てと重なる相互的関係

「老人介護とエロス」(三好春樹、芹沢俊介著)

家族や子どもの暴力について鋭く深い論考を発表する評論家・芹沢俊介。老人介護の現場に長く身を置き、実践的介護論を展開する三好春樹。このふたりの講演と対談を編んだ本書は、家族・共同体・個人、そして近代とは何かにまで迫った日本論となった。

読後、ある種のすがすがしさにつつまれた。それは両者の、場と知のゆたかな交換の成果を感じたからだ。

三好は、これほど大きな問題となっている老人たちの現実について「ほんとうのこと」は何も語られなかったという。語られるのは介護家族の悲惨や制度ばかりなのだ。

三好はしかし介護でもっとも大切なのは、ケアする側と老人の「関係」をどう持つかであり、それは子どもに対する課題と通底すると指摘する。

芹沢も痴呆(ちほう)や寝たきり老人が置かれている立場は、引きこもりの子どもたちと重なるという。両者とも、この社会で「何ができるか」を価値とされ、そこからはずれてしまった存在であることに追いつめられている。

しかし尊重すべきことは彼らの存在そのものにあるという。老人にはそれまでの人生の足跡があって現在につながっている。また引きこもりの子どもにも彼らなりの社会への防衛意識があることに気づく。

タイトルにある「エロス」とは、ひとりの人間を受けとめる場の「関係性」をあらわす空気のようなものだろう。

人は生きる過程で「構え」を身につけざるを得ない。老いとは「構え」が解かれ、人生のなかで最も安定した時期に回帰することだという両者の論考は興味深い。

老人が求めている安定した時期とは「受けとめ手」がいる場である。しかしそれは一方的な関係性ではない。老人を受けとめる側にとっても、多様な人生のありようを見つめ、自らの老いと死を思う相互的な関係が生まれる。

介護を技術ではなく、思想からとらえた本書には開かれた希望がある。(与那原恵・ノンフィクションライター)

(雲母書房・1800円)=2003年4月3日⑤配信

人類の記録倉庫の行方

「記憶のゆくたて」(武邑光裕著)

有史以来、西暦二〇〇〇年までに人類が生産した情報の総量はデジタル信号化すれば百五十億ギガバイト—。ごく大ざっぱだが情報論研究者の間では、そんな見積もりがなされているらしい。

一見、膨大なようだが、その数字を地球全人口で割れば、一人あたり二・五ギガバイトにしかならない。これは今や家庭用パソコンのメモリーで十分に収容可能な情報量だ。そして、その記録を相互に利用し合うインターネットの仕組みも整備されてきた。

そうした技術の延長上に著者は、今後、爆発的に増えるであろうデジタルコンテンツ(先の「百五十億ギガバイト」の大半は二十世紀の産物であり、デジタル化が進むにつれて生産情報量は幾何級数的に増えている)をも含めて、人類のあらゆる営みを対象として記録し、同時代の世界や未来に向けて公開する巨大な公開図書館=デジタル・アーカイブ作りを構想する。

とはいえ本書は単純で楽観的なIT礼賛論の類ではない。たとえばITは大量の情報を処理できるが、一方で持続的な記録を不得手とする事情(たとえば基本ソフトや符号化の方式が変わってしまえば過去のデータが解読不能となる)が的確に指摘されている。

そして単に情報が記録できていれば良いということでもない。古今東西のアーカイブ・プロジェクトに幅広く批判的検討を加えた著者は、近未来のデジタル・アーカイブは、情報を巡る個々人の思いをも射程に収めた「文化の記憶」倉庫になってゆくべきだと主張するに至る。それは技術だけで実現できるものではない。

もちろん永続的な記録のために技術の進化をいかに制御するかは一朝一夕に答えが出るものではないし、記録の選別の際に介入しがちな権力や、記憶に張り付いた価値観の偏向の問題をどう扱うか等々の具体的な考察も今後の課題として残されたが、デジタル・アーカイブのあるべき姿を考えて行く上で役に立つ数多くの補助線を本書が引いた点は高く評価できよう。(武田徹・評論家)

(東京大学出版会・3800円)=2003年4月3日⑥配信

東西の魔女の歴史を解説

「魔法と猫と魔女の秘密」（**正木晃著**）

東洋には、「魔女」と呼べるものがいたのか。本書を読むにあたり、一番関心があった点だ。

本書は、宗教学の入門書というコンセプトに合わせて、世界の魔女の基本的な事柄や歴史を、わかりやすく書いてある。

第一章では、ヨーロッパの魔女について述べる。魔女の仕事は元来、薬の調合、占い、助産婦、病気の治療など。特別な知識と経験を持った「賢い女」なのだ。キリスト教の社会では、こうした特別な能力をもつ女性は、排除すべき異端者である。

魔女は悪魔と契約を交わし、人々をのろい、誘惑し、魔女の集会＝サバトを開き、サタンと乱交を繰り広げる、まがまがしいものとされた。

第二章は、専門的な知識が得られて面白くもあり、また、反論の気持ちも起こる読書のだいご味に満ちた内容だ。

「東の世界で魔女の本場」であるインド。ヒンズー教の女神には魔女的な要素が入り込んでいるという。夫のシヴァ神をもおびえさせるドゥルガーやカーリーのこわい性格、破壊力、凶暴さがそうである。

インドの魔女ともいうべきダーキニー。空を飛び、動物たちと話ができる。性的な魅力があり、怒り狂うと男を食い殺す。ダーキニーは想像上の存在にとどまらず、実在した。カーリーやシヴァに仕える巫女（みこ）のような女性グループだ。彼女たちは墓場で集会を開き、参加した密教行者と酒宴を張り交わる。西洋の魔女のサバトとそっくりだ。

西洋の魔女は、神と敵対する絶対的悪として嫌悪されたが、東の魔女は恐れられる一方で、あがめられもした。善や慈愛や恩恵の面ももつ。キリスト教以前の古代西洋の魔女も、そんな存在だったはずだ。

第三章では、日本の「魔女っ子アニメ」を分析する。登場する魔女は、変身したり魔法を使うが、本家の魔女的な要素はかけらもない、かわいい少女たちだ。

第四章では、西洋の猫いじめの風習が魔女への迫害と重なる。東西の文化、宗教を考える上で示唆に富む話である。（坂梨由美子・紀行ライター）

（春秋社・1800円）＝2003年4月10日①配信

多様な主張との対話重視

「『心のケア』を再考する」（**井上芳保編著**）

本書は「『心のケア』を再考する」と題して札幌で開かれた市民講座の担当者七人と、新たに加わった三人による論文集である。テーマはもちろん「心のケアの再考」であるが、個々の執筆者の立場や問題意識は多様で一言では要約しづらい。

たとえば、日常生活での具体的経験や福祉・医療、フェミニストカウンセリング、震災ボランティアでの実践活動を立脚点にして「心のケア」を問う論文もあれば、「心のケア」を受け入れる社会が登場してくる歴史的過程を、社会学や哲学の抽象的な議論をもとに説明する骨太な論文もある。

一方で、「心の専門家」に日常生活での問題解決を求めるような社会になると、人々は問題の原因を個人の心理にだけ見いだそうとし、背景にある社会的・構造的な原因が温存されてしまう—と、ある論者は主張。

反対に別の論者は、そもそも福祉や医療、女性問題の領域では「心のケア」がまだじゅうぶん実現されていないことを問題視する。

この、主張と問題意識の多様性に本書の特徴と意義がある。というのも、全体を読んで感じられるのは、「心のケア」の功罪について確実な一つの解答を出すことよりも、講座受講者や読者と対話しながら「心のケア」問題をねばり強く考えていくことを重視する姿勢だからである。

たとえば本書の姉妹編である「カウンセリング・幻想と現実」（現代書館）への批判や疑問に答えることをも目的としている点、講座受講者の感想を付録として掲載している点などからも、本書が多様な意見や批判を受けとめ、それに答えていくことで、受け手との対話を実現し、思考を深めていこうとしていることがうかがえる。多様性との対話に「心のケア」問題を乗り越える可能性をみているのかもしれない。

執筆者の多くが「現代社会＝病んだ社会」と暗黙のうちに考えているようで、私はそこに違和感があるが、本書は「心のケア」について自分の頭で考えたい人にいろんなヒントと刺激を与えてくれるだろう。（森真一・皇学館大助教授）

（現代書館・3000円）＝2003年4月10日②配信

本当の建築家の言葉を

「石山修武の設計ノート」（石山修武著）

家づくりへの関心がたいそう盛り上がっている。家づくりにとどまらず、建築という領域への好奇心が人々の間で深まりはじめているのがヒシヒシと感じられてうれしい今日このごろなのだが、しかし、一つや二つ家をつくったくらいで書かれたシロートさんの本を読むと、甘さが目について何とかしてほしい。

と思っていたところに、石山修武の建築本が出た。この一冊は、建築や住宅という領域への甘い関心と中途半端な好奇心を何とかしてしまうには効果抜群の内容なのである。

たとえば、本当の建築家の想像力のはばたきとはどのようなものかを、北海道に計画された小美術館の一件に見てみよう。

石山は、視覚障害者の役に立つような施設を北海道の福祉団体から依頼される。「眼が見えぬ人達のための美術館を建てよう。敷地からはまことに雄大な風景が眺められる。日高山系から大雪山系まで、北海道の白い山々が一望のもとだ。眼の見えぬ眼の中に、この風景を映し込む力を持った建築が建てられないか」

この途方もない計画は発注者からなんと受け入れられ、想像力と現実の難儀な二人三脚が始まる。

「言うは易く、行うは難しい。更に、行うは易いが、それをよく実現するのは不可能に近いだろう。でも、決して解くことの出来ぬ問題と対面している喜びがある。これが、こたえられないんだ」

建築という物（ブツ）は、自動車や船とちがって、どんなに大きくても小さくても一つ一つ現場に合わせて個別につくるしかない。ということは建築家という一個人の想像力にすべてまかされるわけで、社会的に有用な物が一個人の想像力にまかされる、現代では例外的な領域なのである。

そうした特権を自分のセコい表現意欲のために使うのがその辺のオシャレな建築デザイナーなのだが、石山は「決して解くことの出来ぬ問題」相手にしか使ってこなかった。本当の建築家の言葉というものをこの一冊から訊（き）いてほしい。（藤森照信・建築史家）

（王国社・1900円）＝2003年4月10日③配信

豊かなエロスを含む死

「ゆらてぃく　ゆりてぃく」（崎山多美著）

世界はせまくなり、やがて、ひとつになると言われる。しかし、人間の魂が住む世界はそう簡単にひとつにはならない。なぜなら魂の住む世界は地理上の世界であるこの世だけではないからだ。あの世というものがある。

あの世は地図の上には描かれていないし、もちろん地球儀の上やその周辺に示すこともできない。航空機などの交通手段やインターネットなどの通信手段の発達でせまくなる地理上の世界のうらに、崩れそうで崩れないあの世とこの世を備えた無数の小さな精神世界がある。われわれはそうした世界を文化という乾いた言葉で総称するが、あの世が肉体の死を前提としたものである限り、文化としてくくってしまうことができない生きた身体的感覚の躍動がある。

崎山多美の「ゆらてぃく　ゆりてぃく」もまた、保多良（ホタラ）ジマという世界を舞台に、この世とあの世が交錯する物語である。

「ヒトが死ぬと、通夜のあと、遺骸は焼いたり埋めたりせずに、イカダカズラを全身に巻きつけ陽の昇る寸前に海へ流す、というのが保多良ジマにおける葬送の儀式である」

「ゆらてぃく　ゆりてぃく」は、このような冒頭の文章で語り出される。死者は水葬になるので島の周囲は人間の魂が満ちあふれている。死が、この世からあの世への回路であれば、誕生はあの世からこの世への回路である。

人の誕生は言うまでもなく男女の交わりに支えられているのだが、保多良ジマでは子どもが生まれなくなっている。島は老人がふえるが、その老人たちは男女の交わりの生きた身体感覚と島の周囲の魂の結び付きを感覚している。この小さな世界の死は豊かなエロスを含んでいる。

沖縄の信仰の習俗をふまえながら、凪（な）いだ日の海のうねりにも似た言葉のリズムを持つ沖縄の言葉をとり入れたこの作品は、あの世とこの世がある小さな世界が崩れようとする時に放つ輝きを描いている。（中沢けい・作家）

（講談社・1600円）＝2003年4月10日④配信

忘却される人々への賛歌

「ベル・カント」(アン・パチェット著、山本やよい訳)

この小説は一九九六年にペルーでおきた日本大使公邸占拠事件に触発されて書かれている。あの事件ではテロリストと人質との間に、外部からはうかがい知れない交流があったと伝えられている。物語はそこに焦点が当てられ、ある時間だけ出現した閉鎖空間での人々の変容を、愛による変容として描き出す。

凍りつき分断された空間を融解させたのは世界的に有名なオペラ歌手ロクサーヌの声だった。ターゲットにしていた大統領の代わりに政府や企業の要人とともに残された彼女は、その声の響きで人質ばかりでなく犯人たちをも魅了してしまう。拘束が長びくにつれ彼女の歌声を聴くことのできる場にいることこそが最高の幸福なのだという意識が双方に芽生えていく。

人質は監視され、自由を奪われた状況であるにもかかわらず、ゆっくりと音楽を味わう時間を得、「自由」についてこれまでとは全く異なる価値を見いだしていく。

革命の大義とは無関係に、生活の糧を得る仕事として襲撃に参加した少年や少女たちに人質たちは親和感を持つようになり、養子にすることや結婚をも考えるようになる。

閉ざされた空間での錯覚であるのかもしれないが、言葉は通じなくとも相手のまなざしや振る舞いを通して敵を理解すること、そして愛することを、作者は鮮やかに表現する。そこには人間への信頼が色濃くにじみ出ている。

この小説は、女性作家によって英語で書かれ英国で出版された優れた作品に与えられるオレンジ小説賞を受けるとともに、米国ではPEN／フォークナー賞も受賞。事件の特異性は普遍性へと高められ、匿名的で冷血なテロリストとして「処分」され忘却されようとする人々へのオマージュともいってよいだろう。

「ペルー事件」はその後の過激なテロ事件とその報復戦争という事態の連続で塗りつぶされそうになっているが、そうしたことの一つとしてしまってよいものかどうか。事件の当事者として関わりを持ったわれわれにも再考を迫る書でもある。(与那覇恵子・文芸評論家)

(早川書房・2600円)＝2003年4月10日⑤配信

「安全」の重層的在り方は

「安全学の現在」(村上陽一郎著)

「How safe is safe enough ?」という言い方がある。「どこまで安全設計を盛り込めば十分なのか」。特に原子力発電関係の技術者がこの言葉を発する時には悲壮感すら口調に漂う。いかに安全設計を盛り込んでも原発＝危険という世間の価値観を覆せない。そんな焦燥感が込められているからだ。

しかし、実はこの設問自体が問題をはらんでいるとも言える。「安全」とは技術的に達成できる物理的状態を指すのではない。「安心」という心理状態と不可分に結びつき、技術そのものやそれを駆使する体制を「信頼」できるかとも関係する。

にもかかわらず技術領域における努力だけで十分な安全を得られると考えるのは実は技術過信の産物だ。本書はそんな過信を制し、「安全」の重層的な在り方を読み解いてゆく。前作「安全学」(青土社)で著者が展開した議論が、本書では医学者、防災学者などさまざまな分野の研究者との対談を通じてさらに磨き上げられていく。

欧米文明に反旗を翻した9・11のテロリストたちがハイテク旅客機を武器に使ったのは象徴的で、今や世界中がひとつの技術文明に収まってしまったと著者は考える。この技術文明は専門家と一般人を乖離(かいり)させ敵対させるなどさまざまな弊害を生んでいる。

それをどう乗り越えて行くか—。均質な技術文明社会の中に多元的な文化の共生を実現させる必要性を著者は訴える。文化が多元的であれば一つ局面で利害が対立する人間関係が別の局面では相互に思いやる関係が築ける場合がありえる。そうした多様な関係性のネットワークの中で安全を確保していくというのが著者が現時点で提示する処方せんだ。

確かに原発をめぐっても推進派の技術者と反対派市民が真っ向から対立し、対話のきっかけすら得られない。そんな硬直した状況の中で、たとえば東海村のJCO臨界事故が起こり犠牲者が出た。不毛な対立の先に、まずは一歩踏み出すうえで必要な知恵と勇気を、本書は確かに与えてくれる。(武田徹・評論家)

(青土社・1800円)＝2003年4月17日①配信

聖なる国土の形、明るみに

「龍の棲む日本」（黒田日出男著）

最近、「日本とはなにか」という単純な問いを聞きあきた。理念や妄想ではない「日本という空間」の実像を知りたいと思う。かつての日本人は、どのように自分たちの足下を具体的にイメージしていたのだろうか。

本書は、この基本的な問いに対する明快な答えを提供してくれる。本書の主題は、はっきりしている。日本と呼ばれている「国土＝空間」とはなにか、それは中世においてどのようにイメージされてきたか。

その問いを、さまざまな地図や空間図から読みこもうとする本書の試みは、日本という空間を支えていたものを名指すのだ。それは「龍」だった、と。

筆者は、中世日本の文献や図像をくわしく調査した末に、かつて人々の想像した日本という「国土」とは、龍のすまう大地、あるいは龍の身体そのものだと見抜いた。

龍というイメージには、中国の陰陽五行思想から来る龍、仏教の伝える龍、日本の蛇という三つの層があった。日本の龍は、これらのイメージが混じりあう複雑な水の神、雷神となり、さまざまな天変地異をもたらすのである。

まず聖なる国土のイメージは、聖なる形、たとえば仏具のような形を取ると本書はいう。そうしたシンボリズムの視点から、金沢文庫所蔵の行基式「日本図」を精緻（せいち）に読みとり、国土＝龍という象徴的なイメージには、「地の奥深くに龍の複雑なネットワークがある」という想像が反映していると考える。たとえば江ノ島や竹生島の龍穴などが、この異形の地下世界に通じる。

国土に危機が生ずる時、どこからともなく龍が現れて暴れ狂い、平安の時にはゆったりと都を守るのだ。この龍体となる神の姿こそ、日本という国土の原像ではないか。

本書には、「日本」という言葉を根本から考え直させる力が満ちている。小さな書物だが、よくあるような概説書ではない。これは問題の書、半端な常識を打ち破り、先祖の培ってきた豊かな想像力を、まざまざと明るみに引き出そうとする力業である。いざ、本書を手にとってみたまえ。（松枝到・和光大教授）

（岩波新書・780円）＝2003年4月17日②配信

記憶から抹殺された惨劇

「蟹の横歩き」（ギュンター・グラス著、池内紀訳）

一九四五年一月三十日、ソ連軍侵攻から逃れてきた大量の避難民や軍関係者を乗せた大型船グストロフ号はソ連の潜水艦の水雷によってバルト海沖で沈没。九千余人の死者を出すという史上最大の海難事故だった。

グストロフとはスイスのナチス党幹部の名前で、三六年にユダヤ人青年ダヴィト・フランクフルターによって暗殺された人物。ナチスがこの暗殺を大々的な反ユダヤ・キャンペーンに利用したのも当然だった。

グストロフ号沈没の悲劇から間もなく降伏したドイツは、やがて東西に分割され、西ドイツではショアー、あのナチスによるユダヤ人大量虐殺のトラウマが長く残る一方、ソ連の植民地と化した東ドイツでも多数の犠牲者を出したソ連軍による水雷攻撃などは口にできなかったために、この未曽有の沈没事故のことは半世紀以上も人々の記憶から抹殺されてきた。

グラスの新作小説はそんな歴史のタブーに果敢に挑み、その真相をできるだけ明らかにして、歴史にとどめようとした力作であり、はじめてこの惨劇のことを知らされる大半の読者は、そのすさまじい迫真性に圧倒される思いがする。

だが、これは記録文学ではなく、あくまで小説として書かれていることを忘れるべきではない。小説家はこの沈没事故のとき救助船で産み落とされた一人の男の子を語り手に仕立て、あくまで現在の時点から諸事実を発掘しつつ自在に物語を展開、ときにみずから介入してみせる。

生き証人である語り手の母親はもちろん、この事件の歴史的意味をめぐってユダヤ人らしき相手とインターネット上で論争する語り手の息子まで登場させる。そして、この息子がやがて論争相手を殺害するという新たな悲劇にまで発展する。

小説家がここで巧妙かつスリリングに語っているのは、戦争の記憶をたちまち記憶の戦争に転化させてしまう、終わりのない歴史の呪（のろ）い、仮借ない復讐（ふくしゅう）のことなのだ。（西永良成・フランス文学者）

（集英社・2100円）＝2003年4月17日③配信

膨大な証言で全容再現

「軍艦武蔵(上・下)」(手塚正己著)

世界で最大の戦艦が、かつて日本にあった。武蔵である。

どれほど大きかったか。初めて目にした乗組員には、こう映った。

「それは無数の鋼鉄を寄せ集めて固めた上に、さらにうず高く鉄塊が起立して、荒々しい姿で横たわっていた」

その四十六サンチ主砲が、一斉に砲撃されるとどうなるのか。

ごう音と爆風圧のため、周りにいる乗組員は「耳の奥がジンジンとなって、頭の中が鉄槌で叩かれたように痺れた。わずかの間ではあったが、思考力が失われた」

テストのとき、モルモットを入れたかごが置かれ、爆風のためモルモットの多くは圧死した。

また、図面を見て武蔵の艦内を毎日歩き回っても、目的の場所に的確にたどり着けるようになるには、一月ほどかかった。

それほど武蔵は大きい。そういった武蔵が、かつての乗組員から、さまざまに語られる。

その威容だけでなく、武蔵での生活も語られる。例えば理髪師が艦内には五人もいたことなど。

武蔵が誕生して既に六十年の月日がたっているが、数多くの証言によって、その全容が手に取るように分かる。そうだ。この本は、膨大な証言と記録を積み重ね、あらためて武蔵を明らかにしようようとしているのだ。

不沈と信じられていた武蔵は、やがてレイテ湾を目指す。

上下巻から成るこのノンフィクションは、レイテの戦いに、その三分の一を割いている。待ち受けるアメリカ軍との戦いが、乗組員の口から語られる。

敵機が突っ込んでくる。魚雷がしぶきを上げて向かってくる。至近弾により巨大な水柱が上がる。ついに魚雷が武蔵の右舷中央部に命中する。

続く第二次の戦闘では、二発の爆弾を受ける。武蔵の速力が落ち始める。首から傾いた船体を立て直すために、注水がされる。

それでも不沈を信じて乗組員は戦う。

圧巻はこれらの部分だ。読者はともに戦っている気分になって読み進めるだろう。(阿羅健一・ノンフィクション作家)

(太田出版・上2300円、下2400円)=2003年4月17日④配信

冴えた逸材へはせるおもい

「市川新之助論」(犬丸治著)

市川新之助は凄(すご)い。NHK大河ドラマ「武蔵」の主演で注目されるこの歌舞伎役者が、これまで繰り広げてきた舞台の数々に何度驚嘆、陶酔させられたことか。彼の清新で卓抜した演技、鋭く冴(さ)えた美しさに魅せられた人は、決して少なくないはずだ。

もちろん「市川新之助論」を書き下ろした演劇評論家・犬丸治氏もその一人。来年五月に十一代目市川海老蔵襲名を控えた二十五歳の若き逸材に、真摯(しんし)に向き合った本格的な評論書は、おそらく本書が初めてだろう。

犬丸氏にとっても最初の著書となるこの本には、新之助が演じた四人の劇中人物の原点を解きほぐしながら、物語や役の本質をわしづかみにしてしまう彼への感嘆と賛美の文字がつづられている。

まるで舞台を再現するかのように詳述されているのは、弁天小僧菊之助、武蔵坊弁慶、花川戸の助六、光源氏という名高い役柄について。確かにどれも新之助を語る上で欠かせない大役だ。

弁天小僧では悪の華を咲かせ、弁慶では「勧進帳」のドラマを明確に浮かび上がらせる。そして助六が持つべき異端性をよみがえらせ、優美な風姿に剛直な精神を内包する強い光の君を誕生させた。

その見事な軌跡を少々の興奮を含む堅実な筆致で解析していて、確かな眼識による劇評としての要素に加え、四つの芝居の解説書としても充実した内容になっている。

ただ諸般の事情からだろうが、舞台写真が添えられていないのは非常に残念。歌舞伎初心者にはイメージしにくい部分もあるとは思うが、新之助が二十一世紀の歌舞伎界で担う役割という未来図にも筆を広げた、歌舞伎への愛情を感じさせる一冊には違いない。

あとがきに「歌舞伎発祥四百年というこの節目の年に、『市川新之助』という異才と同じ空気を吸い、新之助と歌舞伎の将来に想いを馳せる喜び」とあるのは全く同感。

この本を読み終えてから、改めて痛感したことがある。やっぱり、市川新之助は凄い。(坂東亜矢子・演劇ジャーナリスト)

(講談社現代新書・700円)=2003年4月17日⑤配信

話し言葉の面白さ　「会話の日本語読本」（鴨下信一著）

斎藤美奈子さんの「文章読本さん江」を読んで、文章読本のたぐいがこんなに書かれているのかとびっくりさせられたが、鴨下さんのこの本は、書かれた文章ではなく、話し言葉の特質や面白さを説き明かそうというもの。さすがに目のつけどころが違う。

採りあげられるのは、小説の会話部分、映画や演劇のシナリオ、一人ゼリフや落語や漫才や対談やインタビュー。説法や演説まで出てくる。

書かれた文章の規範は〈簡潔・明快〉だろうが、会話はそうはいかない。会話はめったに通じるものではないのだ。その例に挙げられている武者小路実篤と東海林さだおのトンチンカンな会話が実におかしい。

そのうまくいかない会話にはずみをつけ、コミュニケーションを少しでも深めようと、日本人は「あいづち」「合の手」「オウム返し」といった潤滑油になる言葉をいろいろと発明した。

実際の会話は、こうしたリズム感のいい合の手を媒介にえんえんと継続される。それを、落語の「真田小僧」やビートたけしの対談を例に裏づけてみせるのだが、例の引き方がなんともうまい。ながいあいだテレビや演劇の世界で生きてきた著者でなければできないことだろう。

第二章では、「男ことば」と「女ことば」の違いと、戦前戦後のその変遷が示され、第三章では「一人ゼリフ」やうまい説法、演説のもつすごい力が例証される。

だが、私が面白かったのは第四章の「方言こそ日本語のお宝だ」。

「方言による悪態」の例に挙げられているのが、映画「仁義なき戦い」の広島弁でのヤクザの罵詈（ばり）雑言のやりとりと、ご存じ「寅さん」の東京下町言葉での悪態。

「夫婦善哉」と「桂春団治」を例に大阪弁芝居の魅力がたっぷり語られ、井上ひさしの脚本を例に「隠れ方言」の秘密が説き明かされる。鴨下さんの挙げているみごとな例文をお見せできないのがとてもくやしい。（木田元・哲学者）

（文春新書・700円）＝2003年4月17日⑥配信

9・11後の環境被害を告発　「フォールアウト」（フアン・ゴンザレス著、尾崎元訳）

「イラク戦争」の発端をさかのぼると、その一つに二〇〇一年九月十一日の米中枢同時テロがある。世界貿易センタービルの崩落現場はアメリカの“正義”の象徴となり、「テロとの戦い」を正当化する材料となった。

しかし、グラウンド・ゼロにはためく星条旗の裏側で、静かなる殺りくが進んでいたとは、誰が想像しただろう。

ニューヨーク・デーリー・ニューズのコラムニストで全米ヒスパニック記者協会会長も務める著者は、近代的オフィスビルから降った「フォールアウト」（死の灰、副産物、後遺症）に目を向け、有害物質による健康被害を告発した。

大量のアスベストやダイオキシン、水銀、鉛などが、周囲の路上やビルの中、地下鉄網、マンハッタンの地下水路、ハドソン川に流出した。

たとえばコンピューターに含まれる鉛。ごく微量でも粉じんを長期にわたって吸いこめば、脳に障害が生じる。それが最低でも九十トンから百八十トンも飛散したと計算される。

ところが、緊急作業に携わった救助隊員らには、防毒マスクなどの適切な防護策が講じられなかった。「安全宣言」をうのみにして被災地域の家庭や職場に戻った市民の安全も、確保されてはいなかった。

連邦政府機関による環境データの隠ぺいが行われ、マスメディアも愛国報道に流れた。称賛に包まれたジュリアーニ市政の危機管理に一人疑問を投げかけた著者は、政財界からの圧力に屈することなく事実を積みあげていく。

本書で示された現実は、他人事ではない。通信社の記者でもある訳者が指摘するように、阪神淡路大震災における二次災害は検証されたのか、気になるところだ。予測される東海大地震をはじめ、都市災害がもたらす「フォールアウト」を検討する必要を痛感した。

とはいえ、人類最大の環境破壊は、戦争に違いない。アフガンやイラクの“戦後”にも、私たちが目をこらすべき「フォールアウト」がある。（東嶋和子・科学ジャーナリスト）

（岩波書店・1700円）＝2003年4月24日①配信

生き方としての翻訳

「コヨーテ読書」(管啓次郎著)

たくさんの訳書をこの世に送りだしている翻訳家の、本と文学と翻訳作業をめぐるエッセー集だが、そう言ってしまうとぼろぼろとこぼれ落ちるものがある。

自分は「言葉のコヨーテ」だという。母語の環境に慣れ親しむ「犬」でもなく、別の言語の支配する荒野に生命を賭ける「狼(おおかみ)」でもない。異なる言語の境界線上に立って「渡し」の仕事をつづける灰色の生き物。「けれどもぼくには、もし言葉のコヨーテでありうるならば、それはすでに生き方の実験だと思われた」

そう、この本の最大の魅力は、翻訳の仕事を「この言葉をどう訳すか」といった技術論に回収せず、生き方の問題として問いかけているところにある。

当然ながら、登場するのは言語的安定の中で書きつづける作家たちではない。「川底に」のジャメイカ・キンケイド、ハワイ生まれの日系詩人ギャレット・ホンゴー、「生命の樹」のマリーズ・コンデなど、北米のメキシコ系や日系の作家、カリブ海出身の黒人作家などが中心だ。

彼らは「ここはわれわれの土地ではない」「この言葉はわれわれの言語ではない」という違和感をもって創作に船出するが、作品を生むことで「ここもまたわれわれの土地」「これもまたわれわれの言語」という確信を得て帰港する。

「作家とは故郷を喪失し、新たな所属の空間を自分自身の作品の中に切り開くものだ」。境界線上の作家たちの試みは特殊ではなく、物を書こうとする人間すべてに共通する課題なのだと説く。

若いときに海外に暮らした体験が、流浪の文学への関心を拓(ひら)いたようだ。定住する生活よりも、異なる文化、言語、社会を行き来する生き方に惹(ひ)かれた。その体験から、「翻訳」なしに文化の伝達はありえないこと、日本人もまた「翻訳人」だったことを知るに至った。

著者の意志的な情熱が作家たちの声と響きあう。翻訳を語ってこれほど生命感にあふれた本もないだろう。(大竹昭子・文筆家)

(青土社・2400円)=2003年4月24日②配信

愛情こもった幸福の物語

「十一月の少女」(森内俊雄著)

登場人物は一風変わった名前をもっている。少年・谷中ヤと少女・宇土ウは、いとこ同士である。少年・百貨フミューと少女・出納フニューも、いとこ同士。ヤとウ、フニューとフミューは、どちらが男の子でどちらが女の子なのか、こんがらかってしまう記憶力のよろしくない読者を気づかって、本書の中扉裏には主要な登場人物二十五名の姓名と関係の一覧表が載っている。

ところがそれをいちいち確かめていると、文章の快いリズムに乗れないのには困った。男女差別どころか、区別もつきかねる世界に、少年少女らは一切の邪気をもたずに生きている。間違いなく幸福であるはずだ。

舞台は岡町という町である。どこにでもあるような名前の町である。地図も付されている。公園が三つもあり、骨董(こっとう)屋、テニスコートなどもある。特徴的なことは大聖堂と教会があることだ。文中のところどころで聖書の言葉が引かれる。クリスチャンでない評者はそのたびに、この小説の美質をつかめるかどうか危ぶむ。

ある日、ウの母親が大事な指輪を道に落とした。その指輪を拾った人が公園のベンチでなくす。こうして空色の不透明な指輪は町の十人あまりの人びとの手を経めぐるのだが、それはあたかも指輪の意志のようだ。

登場人物の中でただ一人、悪を担う者であるボウは、火傷(やけど)をして息も絶え絶えだが、そのとき左胸ポケットに指輪が入っていた。幼女のかすかな声に導かれて、手を伸ばすと、火傷が消えていたのである。彼の心理にもう少し立ち入ってほしかったが、それは全体の調和を壊すことになるのだろうか。

本書は「奇跡の指輪の物語」、そして「幸福の物語」なのである。

「あとがき」で作者は「あなたの平和と慰め、よろこびと幸福をお約束しましょう、と心から願って…」と書いている。「まことに楽しい気持でこの物語を書きました」とも。作者の幸福感はよく分かる。細部にまで愛情のこもった小説だ。(高橋順子・詩人)

(新潮社・1700円)=2003年4月24日③配信

命託し合った2人の冒険行

「ブルーベア」（リン・スクーラー著、永井淳訳）

「星野道夫に捧ぐ」と帯に記された本書には、多くの美しいカラー写真が収録されている。クマをはじめとする野生動物が、アラスカの大自然を背景に写し取られているのだ。著者自身が撮影したものもあるが、やはり星野の作品が素晴らしい。

クマのみせた一瞬の表情や、豊かな毛並みに隠された筋肉の動きまでが身近に感じられる。このような傑作写真を撮るまでには、どのような手順が必要なのか。一瞬のシャッターチャンスをえるために、写真家はどれほどの手間と時間をかけているのだろう。

そんな点に興味を引かれて、本書を読みすすめた。かつての探検家や登山家を支援した名ガイドたちの物語が、記憶に残っていたせいだ。本書を著したのがアラスカの自然ガイドで、前後六年にわたって星野の撮影をサポートしていたと知ればなおさらだ。

だが読みはじめてすぐに、そんな先入観は打ち砕かれた。本書は単なる撮影行の記録ではなかったのだ。しかも著者は特に優秀なガイドというわけでもない。あまり人づきあいが得意ではなさそうだし、人間的な弱みも抱えている。そしてそれだけに、魅力的な人物でもある。著者の過去が次第に明らかになる部分は、読んでいて息苦しくなるほどだ。むしろ大自然の中にしか身の置き所のない隠者のような人物像が浮かんでくる。

そのような人物だからこそ、彼の目をとおして語られる星野の人となりが際だっている。ある意味で星野は、著者とは正反対の性格だったのかもしれない。誰とでもすぐに友達になれる人懐っこさで著者を驚かせるが、それが逆に二人の結びつきをつよくする。

幻のクマ、ブルーベアを追ってアラスカの原野にわけいる二人の冒険行には、羨望（せんぼう）さえおぼえる。すでに二人は客とガイドの関係ではなく、命さえ託せる仲間になっていたのだ。嵐の船中で星野が眠りこんでしまう場面には、思わず笑ってしまった。そして悲劇的な結末。著者の悲しみは、痛切で胸にせまる。（谷甲州・作家）

（集英社・2400円）＝2003年4月24日④配信

「老い」へのチャレンジ

「百歳時代のリアル」（白石正明編著、企画・資生堂）

日本は、世界に名だたる超高齢国だが、それについて明るい展望はあまり語られていない。要介護者の増加をなげく声のほうが大きい。「老い」というものをもっと肯定的に見ることはできないか。

この本は、そうした観点から六人の専門家たちの話をまとめたものである。医師、心理学者、パフューマー（調香師）、アーティスト、老年学研究者、行動学者が、司会役の超高齢社会研究者である編著者の適切なリードを得て、豊かに、美しく年を重ねるためのヒントを縦横に発信する。

その根底にあるのは「サクセスフルエイジング」というプラス思考の生活哲学だ。「老い」を消極的にとらえるのとは、まったく異なる明るさが見えてくる。

「発達」は決して若者だけのものではない。文化的知識としての知能は、加齢とともに上がっていくという新しい「発達心理学」の見解や、「老人」という意識をまわりから押しつけられることで、人は老いるという行動学者の指摘によって、これまでの「老い」の定義は訂正されるだろう。

リウマチ患者を対象とした専門医の実験で、笑いや涙は、乱れた神経・内分泌系・免疫系を正す力があるということが実証された。そこから脳の中には、脳を休ませるための「リセットメカニズム」があるという結論が引き出された。そのスイッチをオンにするのが笑いや涙や眠りなのだ。心とからだの健康を保つ上で、示唆に富んだ話だ。

また、痴ほう症のグループホームで、アーティストがパフォーマンスを行って、入居者やスタッフの表情までもを生き生きとさせた報告や、ホスピスのがん患者がコンピューターグラフィックスに挑戦したエピソードからは、病者がよりよく生きるための「生活の質」を考えさせられた。

読後、科学の新しい知見と芸術と人とを結ぶ柔軟な発想とに裏付けられたさまざまなアドバイスに私たちは気付く。そして、「老い」という未知の世界にチャレンジする勇気を与えられる。（高見澤たか子・ノンフィクション作家）

（求龍堂・1200円）＝2003年4月24日⑤配信

厚みのある人間像を描出

「童貞としての宮沢賢治」（押野武志著）

生涯童貞で過ごしたといわれる賢治の中に、性への恐怖が存在したことは広く知られている。そこに性欲や性愛を煩悩とみなし、ひたすら克服する修行僧のような姿を重ねる傾向がある。

しかし、押野は性の恐怖は食や対人の恐怖と通底し、根底には人という存在に内包する過剰な暴力の問題が横たわっているのを見逃さない。

本来、生殖という行為は「宇宙の意志」に委ねられる神聖なものだが、自然に背を向けた人は、そこに倒錯した欲望を見いだした。このエロチシズムの炎が身を焦がし、対象への侵犯に向かい、果ては自らの破壊という〈死〉の意識へ結びつく。

賢治が、宇宙が開示するオルガスムスの躍動に身を任せながらも、他者との性的な交わりをあえて避けたのは、「みんながカムパネルラだ」という透明な関係性を尊重するためであった。

確かに賢治の作品には、存在の祭りともいうべき万象との融合・連帯の情感があふれている。言葉はあやしく発光し、豊かな色彩や響きや躍動を帯び、読み手の感覚を根底から揺さぶる。そこには〈個〉を超えたイーハトーヴの豊饒（ほうじょう）な輝きが見える。

押野の筆は、性から食へ、食から贈与論へと、小気味よく突き進む。

賢治童話から自己犠牲の図式を取り出して倫理的な評価を与える傾向があるが、これは交換の原理であり、他者に何らかの利益、ないしは不利益をもたらすものである。それに比べて、「祭の晩」の山男や「虔十公園林」の虔十は、無償の行為、すなわち〈贈与〉の世界にある。

「なめとこ山の熊」の小十郎が、鉄砲という圧倒的な暴力を交換の原理に使うことがなかったところに、賢治が願った人という存在の「ほんたう」の幸福が透けて見えてくる。

押野があえて現代コミュニケーションの病理やトラウマと賢治を結びつけたのは、存在の根源を語り直すことで厚みのある人間賢治像を描出させるためであったのだろう。（松田司郎・大阪国際大教授）

（ちくま新書・700円）＝2003年4月24日⑥配信

文明生活の暗闇

「日本難民」（吉田知子著）

平和で平凡な初老の主婦が「戦争」にいきなり巻き込まれる。「テキ」の「連合軍」の正体はよく分からないが、とにかく逃げた方がよさそうだ。隣の主婦に相談しようとしたら、すでに隣家はもぬけの殻だった。

本書はこのように始まり、いや応なく読者を逃避行へと駆り立てる。

そんな事態がこの日本に起こるわけがないと、われわれの「常識」は判断することだろう。じっさい「戦争」の理由や実態は、読み進んでもいっこうに明らかにされない。その意味でのリアリティーは欠落したままだ。

しかし、本書の怖さは戦争のリアリティーがいっこうにわいてこないまま、難民生活のリアリティーだけがどんどん進行してしまう落差にこそある。

家を捨てているからには、食料の確保と寝る場所の心配を毎日毎晩しつづけなければならない。マッチやライターが、あるいは汁物を受ける容器がなければ死活問題となるような、些細（ささい）だが揺るがせにできないリアリティーの連続である。この日常の細部の堆積（たいせき）に、本書は埋め尽くされている。

イラクの戦争を評論家気取りで観察していたあと本書を読むと、戦争や難民生活というものが頭を素通りして、体にじかに乗り移ってくるのを覚える。そして住居や近親者や知人という生活基盤が崩れ去って、むき出しの荒野に立たされた不安に襲われる。

必要な情報と物資がいつも空気のように周囲に充満した生活に慣れきったわれわれは、じつは生きるということのリアリティーを見失っているのだ。そのことを、逆に本書は思い知らせてくれる。本書の「戦争」とは、文明生活の抱えるすき間の暗闇が、いわば総攻撃をかけてきた事態にほかならない。

吉田知子という作家は、日常というものの恐怖をいつもベースにしてきた作家である。その意味で本書は、戦争の悲惨さを考えさせられる小説というより、むしろ平和な日常の足元をおびやかされる小説なのだ。（清水良典・文芸評論家）

（新潮社・1700円）＝2003年5月1日①配信

悲しくも美しい悪漢たち

「非国民」(森巣博著)

ドイツの詩人エンツェンスベルガーの著書「政治と犯罪」の中に、国家とは暴力の独占体という性格を持ち、犯罪および犯罪者とは、その独占状態を侵略する存在であるという指摘がある。この言葉を敷衍(ふえん)していくと、犯罪者は国を脅かす存在=非国民にほかならないが、同じような“犯罪”行為を犯した場合でも、国家側の人間ならばそれは許されるということになる。

そんなことがあるはずはない…と一般の国民は思われるかもしれないが、実際問題として、いかにこの種のことがまかりとおっているか、何とはなしに感じてもいるはずだ。

本書にはその具体例が詳細に描かれる。政治家や官僚のあくなき汚職と腐敗。犯罪を取り締まる警察権力のおごり、横暴、堕落、そして“合法的”な犯罪の数々。それはもう、目を覆いたくなるどころか、吐き気さえ覚えるほどである。

物語は、東京・中野にある薬物依存からの悔悛(かいしゅん)を志す者たちが共同生活を送る施設「ハーフウエイ・ハウス」を舞台に展開する。

東大法学部卒の元大手証券幹部。武闘派の元ヤクザ。二度にわたって暴走族から暴行された少女。少年院帰りのシンナー中毒少年。オーストラリア人の美人大学院生—。ハウスの住人たちは、それぞれにすさまじい過去を持つ〈非国民〉だった。

しかしそこでは強制的な禁止事項はほとんどなかった。彼らは、どんなことをしても構わない。ただし今日だけは駄目。明日になれば許される。その明日のために、今日だけは、忍ぶ。我慢する。辛抱する。一日一日をそのようにして生きていく。

一晩明ければ、またすべてが許される明日を夢見て、過酷な今日を耐えていく、といった生活を送っていたのである。

だがその施設の運営費が底をつき、彼らは最低最悪の悪徳警察官を相手に、一世一代の大勝負を挑むことになるのだった。彼ら非国民の姿は、あまりに切なく、悲しく、そして美しい。これぞ究極の悪漢小説だろう。(関口苑生・文芸評論家)

(幻冬舎・1800円)=2003年5月1日②配信

米政治機構に潜む危険性

「アメリカ・宗教・戦争」(西谷修・鵜飼哲・宇野邦一著)

イラク戦争の次は「北朝鮮問題」と、国際社会は懸案に事欠かない。「世界の警察官」たる米国は「武力行使」や「外交的解決」に大忙しだが、もとをただせば事を荒立てたのは米国。

そうした点で「二一世紀初頭の世界が直面させられているもっとも大きな問題は、イラク問題でも北朝鮮問題でもなく『アメリカ問題』でしょう」という、本書冒頭の指摘はもっともだ。

本書はこの「アメリカ問題」を軸に、世界の動向や思想的課題について、三人の専門家が議論したのをまとめたものだ。話す中で、多数の著名思想家の業績を紹介しているが、中でも第二次世界大戦後に米国で活躍したハンナ・アーレントを重視する。彼女は「構成的権力」に関して、代表的な政治思想家である。

「構成的権力」とは法体系の外部にあり、その法体系を成立させる力を意味する。しかし法体系の外にある以上、常に暴力として現実化されるしかない。9・11以降の米国の暴走は、この「構成的権力」の表出にほかならないというのが、主たる論点の一つだ。

米国防長官が「(国家主権と内政不干渉を定めた十七世紀の)ウェストファリア条約はもう古い」と言う時、そこには、米国が世界の再組織化を進めて行こうとする意思が現れている。こうした「構成」的な発言は、未来についての「情報」なので、現時点で真偽の確かめようがない。

「『この洗剤で洗えば真っ白』という広告の言葉と同じ。まさにアフガン攻撃の時のニュースは、そんなふうに機能していて情報が製造されてゆく。でもじつは、そこからは(真の)情報なんていっさい出てこない」(本書より)。

米国の権力者が発したフィクションとしての言葉が、暴力によって現実化してゆく恐ろしさが語られている。米政治機構の内側に潜む、こうした「構成的権力」の危険性を、アーレントの慧眼(けいがん)は早くから見抜いていた。彼女の業績がここに来て再評価されるのは、それがいよいよ現実化してきたためだ、と論者はみている。(小林雅一・ジャーナリスト)

(せりか書房・2000円)=2003年5月1日③配信

混迷の時代開く対人関係　「社交する人間」（山崎正和著）

世界を構成する原理に何か大きな異変が起きていると感じる人は多い。ところが対策としては、「自己決定」の推進が関の山であるかに言われている。

医療については患者が情報を得て自分で治療法を決定する「インフォームドコンセント」が進められているが、それで万能かというとそうは言えまい。分かりもしない分野について素人が選択したからといって、何かが解決するわけではない。

確率そのものが計算できない「リスク」の高まりは、医療のみならず環境問題や食品安全においても深刻だ。これが未知の現象だとすれば、グローバル化やIT化、そして欲しいものに「友達」が挙がるさびしい社会もまた未曽有である。こうした問題を解決する導きの糸として、著者は「社交」に注目する。

社交は、ゲマインシャフトのように血縁や共同体で閉じた関係ではない。友人関係のようにもう少し距離を置き、といって顔が見えないほどには離れない。その原理に関心を向けた人には、社会の原点を人の相互作用に求めたジンメルや「遊び」を重視したホイジンガ、職人的なもの作り技術（「アルス」）を哲学的に把握したコリングウッドという思想の系譜があるという。

社交の衰退には、近代的な工業技術の展開がかかわっている。いつでも誰でも同じものが作れるとなれば、作り手個人の個性は無用となり、物作りの職人芸や対人のサービス業は時代遅れとなる。大量生産・大量消費・大量廃棄が社会の趨勢（すうせい）となる。

ところが近代工業の時代にも、くせや勘、感情や共感といった要素は死に絶えなかった、と著者は見る。その証拠に、今になって売れているものは対人サービスであり、職人芸的ブランド品であり、品ぞろえで主人の個性を競う「セレクト・ショップ」である。

時代は一巡したかに見える。では以前とはどこが異なるのか。この点を敷衍（ふえん）することが次の課題であるようだ。（松原隆一郎・東大教授）

（中央公論新社・2200円）＝2003年5月1日⑤配信

円熟の「罪と罰」批評　「神経と夢想」（秋山駿著）

小説でも批評でも書くことの基本は、人間を描くということにある。犬や猫のことを書いてもあるいは自然の描写を描いても、それは人間の複雑な感情の投影にすぎない。そしてその感情は天下国家のことよりも、些細（ささい）なことのほうに神経がむくし、気になる。おおきなことよりも細部にやどる。

その人間という摩訶（まか）不思議な生き物を、自己の文章でつかみとろうとするのが文学だ。書き手はそのことに苦悩し呻吟（しんぎん）する。名作といえるものは、みなこの人間を描ききっているからこそ時空を超えて存在する。また文学者が影響を受けるのも、それらの作品からにほかならない。

著者の秋山駿氏もそうで、少年のときにドストエフスキーの「罪と罰」を古本屋でみつけ文学の道にのめり込んだ。その衝撃と瞠目（どうもく）が今日の氏をつくり上げたことは本書でわかるが、一冊の書物が人の生き方に、おおきく作用するというのもまた事実だ。

秋山氏は文学というものに刮目（かつもく）させられた「罪と罰」をふたたび読み返しながら、「私達は何処から来たのか、私とは何か、そして私達は何処へ往くのか」（パスカル）という問いかけをあらためておこなっている。この言葉も持つ意味は重く、氏は主人公のラスコーリニコフの生き方を、わが身にひきつけひもとくことによって、自己の人の検証を試みている。

そしてある人間にたいする奇妙な熱情とこだわりが文学者の目でもあるが、前作の長編評論「信長」に続き、この「ラスコーリニコフ」をとらえようとする目こそ、失礼ながら、氏が老境にさしかかるにつれ、いよいよ円熟味を増してきた証左でもある。自己を照らし合わせる「私小説」風の独特の文芸批評は、新しいスタイルの作風として定着しそうだ。

本書は人間の細部に神経が行き届いた「罪と罰」論であるが、同時に著者の秋山駿氏の「内部」を知る人間論でもある。（佐藤洋二郎・作家）

（講談社・2800円）＝2003年5月1日⑥配信

原爆から普遍のテーマへ

「灰の庭」(デニス・ボック著、小川高義訳)

広島で被爆した少女と、ナチから逃れ「マンハッタン計画」に加わった科学者と、そのユダヤ人の妻と。この三人が運命の糸に操られるようにして、原爆投下の五十年後に実際に出会うという奇跡に近い物語だ。

しかし、あり得ない出会いではない。まず読者にこう思わせるところで、小説は半分以上成功している。

著者はまだ三十代のカナダ人で、来日経験がないのに、被爆前後の広島や日本の様子を詳しく書いていて、相当に勉強したあとがうかがえる。当時の新聞記事や公式文書などを、徹底的に読み込んだに違いない。

読みながら、私は当時の日本や日本人の描写にほとんど違和感はなかった。著者がこれらの「記録」からのみ誘発された想像力の豊かさには、舌を巻く。

出会った三人がどうなるのか。これから読む人のために書かないでおくが、息詰まるような展開があるとだけ言っておきたい。

そして、もうひとつ。この物語はあくまでも原爆投下の歴史的な事実を中心に動いていくのだが、本当のテーマはもっと一般的で、時代を超えた普遍性のあるものだと思った。

すなわち、どのような人の人生も、ついに個人的な「記憶」や「想像」によってのみ構築されるのであって、このときに「記録」にはさして意味がない。人は「記録」を生きるわけではないからだ。テーマは、これだろう。

原爆は暴力であり悪であり、どんな戦争も必ず悲劇を生む。事実の「記録」は、そのことをはっきりと告げている。が、実際にそのことにかかわった人に言わせれば、どこか違うのだ、ずれているのだ。

それが作品化のために膨大な「記録」を読み、「記録」に矛盾せぬよう三人を会わせた末に得た、もどかしくも悲しいテーマであった。登場人物は、しばしば「記録」を前に口ごもる。むろん、著者自身が口ごもったからなのだ。(清水哲男・詩人)

(河出書房新社・1600円)=2003年5月8日①配信

韓国「民族主義」の光と影

「ソウルで考えたこと」(尹健次著)

韓国では現在、さまざまな分野で世代交代が進んでいる。政治・社会・文化運動の中心的な担い手は、一九六〇年代、七〇年代の民主化を支えた世代から、高度成長の落とし子である世代へと移りつつある。

新世代を中心に新しい価値観が求められるようになり、これまで韓国社会を支えてきたパラダイムは解体の危機にさらされている。本書は、在日朝鮮人二世の著者が、変革期にある韓国の思想界の動きを検証したものだ。

世代交代が進むにつれ、韓国でも欧米から流入したポストモダンやカルチュラルスタディーズが流行し、これまで植民地・半植民地への抵抗として近現代韓国の思想軸であり続けた民族主義は、ポストモダン派から厳しい批判を浴びるようになった。

民族主義が独裁政権など旧体制を支える保守イデオロギーとして機能してきただけでなく、ともすれば自民族中心主義に陥ったり、女性差別に加担してきたというのがその理由だ。脱民族主義者たちは、民族主義のこうした弊害を強調する。

しかし、著者は韓国において民族主義の役割が終わったと考えるのは間違いだと言う。近代化と民主化を遂げたと言われる韓国だが、親日派の清算、済州島での民衆弾圧(四・三事件)の真相究明、民主化運動における被害者救済、南北分断の克服など、依然として民族主義が立ち向かわねばならない「民主化後の民主化」課題が山積しているからである。

とはいえ、「帝国主義と共犯関係」にあった民族主義が体質改善を求められているのもまた事実である。著者が警告するように、韓国の民族主義は、東アジア民衆との連帯や平和的共存という視点を失えば、たちまち排外主義イデオロギーに転落する危険性もある。

韓国での民族主義批判は、かつて日本のナショナリズムの犠牲になった韓国人の反省から生まれた知恵でもある。ナショナリズムとは何かを真剣に考えてこなかった日本人にも、ぜひ読んでもらいたい一冊だ。(朴一・大阪市大教授)

(平凡社・2800円)=2003年5月8日②配信

日本独自の海洋文学

「漂流記の魅力」（吉村昭著）

一気に読んだ。新書がこれほどおもしろいと思ったのは初めてである。日本に漂流記という興味深い記録がのこされていることに注目し、近作の「大黒屋光太夫」を含めてこれまで六編の漂流についての小説を発表してきた著者が、漂流記こそ日本独自の海洋文学という視点にたって書いたドキュメントである。

荷を運ぶ千石船と呼ばれた江戸時代の和船が暴風雨にあって、いきなり外洋にほうりだされたときから壮絶なドラマがはじまる。本書で紹介されているのは、寛政五（一七九三）年に石巻を出航して遭難し、ロシア領に漂着した「若宮丸」の漂流記「環海異聞」である。

ことばも通じない極寒の大地で十年の歳月を耐え、津太夫ら四人の船乗りはロシア船に乗って、日本人初の世界一周の果てに故国に帰った。「ロビンソン・クルーソー」の牧歌的な物語とは違って、想像を絶する史実の迫力に圧倒される。

ロシアは鎖国を続ける日本と国交を結ぶために、漂流民を保護し国策に利用した。かれらを教師に雇い、ロシア人に日本語を教えるための日本語学校まで創設されていたのには驚かされる。故国に帰る望みを断たれたなかで、ペテルブルグにおもむき女帝エカテリナに直訴して、帰国をゆるされた大黒屋光太夫たちは幸運な例外にすぎなかった。

津太夫ら「若宮丸」の漂流民たちはイルクーツクで、光太夫と別れてロシアにとどまった二人の日本人と出会う。凍傷にかかって片足を失った庄蔵と、日本語学校の教師をしていた新蔵はギリシャ正教の洗礼を受けていたため、キリシタン禁令をしく日本への帰国をあきらめたのである。新蔵の説得に応じてロシアにとどまることをきめた善六たちと、あくまで故国にもどりたいと願う津太夫たちとの対立は深まっていく。

ロシア政府は、日本との交渉に利用するため、帰国を希望する四人を使節船に乗せて送還した。国家間の思惑に翻弄（ほんろう）され、自殺未遂にまで追いつめられるかれらの苦悩を描きながら、著者の視線は終始あたたかい。（鈴木由紀子・作家）

（新潮新書・680円）＝2003年5月8日③配信

精神史から読む国王選出

「籤引き将軍足利義教」（今谷明著）

大売り出しの福引からあみだクジ、プロ野球のドラフト制度まで、抽選・クジ引きはいまだに私たちの身近な存在であり続けている。クジはゲーム感覚で現代人に受け入れられており、首相や国会議員の選出ならば、クジ引きで済まそうと思う人はまずいないだろう。

しかし、かつて日本には、クジで選ばれた最高権力者がまぎれもなく実在したのである。

本書ではまず、室町幕府第六代の「籤（くじ）引き将軍」足利義教誕生までの経緯が、臨場感あふれた筆致で詳細に描き出され、「義教選出のクジにいかさまがあった」という説が批判される。

次いで、これ以前にも鳥羽天皇などの皇位継承に際して、卜占（ぼくせん＝うらない）やクジ引きが広く用いられた事実を指摘し、国王位さえもが神意によって決定された点に、中世日本の特色がみられるとする。

クジによる国王選出の伝統があったこと自体、興味深いが、本書の真骨頂はむしろこの先にある。著者は古来からの卜占の歴史や中世の神仏観、世界各地のクジ文化にまで視野を広げ、卜占の世界史の中で、なぜ日本だけに、こうした現象が起こったかを究明しようとするのである。

中世の神仏観に限ってみても「神仏に寄進した土地は取り返せない」という法理や、熱湯に手を入れ主張の真偽をやけどで判定する、室町時代の「湯起請（ゆぎしょう）」など、著者の目配りは驚くほど広範囲にわたる。

著者は、そうした中世固有の諸現象と、それとは一見無関係にみえるクジ引きによる国王選出が、根底において密接に結びついていることを明らかにしていく。

もっぱら政治史や国家史がとりあげてきた王位継承の問題を、その背景にある神仏観やコスモロジーとかかわらせて、いわば精神史の次元で読み解こうとした注目すべき試みである。

それにしても、神意に基づいてクジで選ばれた義教が、その自信を背景として神がかりの恐怖政治を行い、やがて家臣によって暗殺されるという結末は、歴史の皮肉というしかない。（佐藤弘夫・東北大教授）

（講談社選書メチエ・1500円）＝2003年5月8日④配信

一曲の歌がもたらした衝撃 「ビリー・ホリデイと《奇妙な果実》」（デーヴィッド・マーゴリック著、小村公次訳）

「奇妙な果実」はリンチされて木につるされた黒人の死体のことを歌った歌である。二十世紀になってからもアメリカ南部で、なかば日常的に見られた光景だ。それを、人種的緊張の微妙なバランスの上にあったかつての興行界で、歌い続けた歌手がいた。しかも彼女は、魂の深みを表現することにおいては誰の追随も許さない、天才ブルースシンガーだった。

それがどんなに衝撃的なことか、単一民族幻想の強い日本では通じにくい。少数派民族に百年に一人とかいう歌手がいて、その彼女が、国の恥部を、全身全霊をこめてさらけ出したのである。

ビリー・ホリデイはたちまち、伝説的なイメージに包まれた。彼女自身も世渡りのために、みずから架空の話を作って広めた。今も読まれている自伝「奇妙な果実」の力強さが、かなりの部分脚色の産物だということは、後の評伝「月に願いを」を読むとよくわかる。

今回出版されたのは、歌手ではなく、一曲の歌がもたらした衝撃についてのドキュメンタリーである。

この歌の実の作者であるユダヤ系高校教師、ビリーを進歩的知識人サークルと引き合わせたカフェ・ソサエティのオーナー、ビリー以外にこれを歌った少数のシンガー、さまざまな状況でこの歌を聴いたリスナーたち。「時代の証人」たちの言葉を連ねながら、ジャーナリストである著者は、その歌のあまりの力に振り回された人生や、公民権運動発芽期のアメリカの姿について、事実を積み上げていく。

訳注は詳しいが、ある程度は背景の知識がないと楽しみにくい本かもしれない。逆に、意欲的な読者にとっては、開眼の書にもなりうるだろう。

憎しみの塗りたくられた現実を生きる人々の生身の感情や社会意識、それがエンターテインメントビジネスと結びついて生まれた奇妙な果実であるこの曲の、その後の歩みをたどる本書は、コンパクトながら、近過去のアメリカのありさまを淡々と伝えてくれる。（佐藤良明・東大教授）

（大月書店・2000円）＝2003年5月8日⑤配信

やわらかい言葉で議論 「大人にならずに成熟する法」（白幡洋三郎監修、サントリー不易流行研究所編）

学校を卒業しても定職につかない、いわゆるフリーターが増えている。世にも幼稚な犯罪をおかす大人、子どもを虐待する親もいて、「近ごろの若いもんは未熟だ」「大人になってない」という声はいぜん強い。成熟ということ、大人になるということを異なる分野の専門家が集って考えた。

白幡洋三郎（産業技術史）はとりあえず「成熟する」と「大人になる」を分けて考えようという。かつて「大人になる」は「一人前」に労働して自分で食べてゆくことを指した。生産力が高くなった社会では子どもは労働から解放され「子ども時代」が生まれた。

その期間が長くなり、境界があいまいになった今、「未熟」と「成熟」を労働で仕切るのでなく、新しい成熟を考える。白幡流にいうと「モノが溢れていても心は乱れず、社会不安に満ち満ちた中でも、心身ともに安定して生きていける」ということになろうか。

情報人類学の奥野卓司はインターネット社会では「孫のほうが世間のものごとについて、ずっとよく知っている」という。電子メディアを使うことで「身体的年齢にかかわりなく、自由にスイッチングして、そのなかで自分らしく生きていく」ことが成熟社会だという。

モンゴル研究の小長谷有紀は、モンゴルの子どもたちの自立ぶりに感嘆しながらも、「生気維持あるいは活力維持という側面に関しては、いつまでも子どもであることが成熟のための十分条件」と興味深い論点を出す。

人類学の山極寿一は、他者との交わり、情緒的つながりを回復するために「食事にもっと生き生きした多様な社会性を」「五感に響く優美なコミュニケーションを」とよびかける。

哲学者鷲田清一は高齢化社会こそいのちの本質を生産性にみるのでなく、「ただいる」だけで意味があるとするのが成熟ではないか、と心に問う。

「分をわきまえる」「潮時」「塩梅（あんばい）」といったやわらかい言葉をキーワードに進められる議論は、要約不可能なほどに多彩。こうなると他の分野の専門家の意見も聞きたくなる。（森まゆみ・作家）

（中央公論新社・2000円）＝2003年5月8日⑥配信

鋭角的な表情際だつ

「キャッチャー・イン・ザ・ライ」(J・D・サリンジャー著、村上春樹訳)

「ライ麦畑でつかまえて」の村上春樹による新訳である。

以前、この作品を若い人たちと克明に分析したことがある。読んでこの作品が実に周到で堅固な構造を隠し持っていることに驚いた。

話は、クリスマス休暇を境に退学と決まった十六歳の少年ホールデン・コールフィールドが、一足早く学校を抜け出し、帰宅予定の水曜日まで、クリスマス直前のニューヨークの街をまる二日間、彷徨(ほうこう)するというもの。その「地獄巡り」の中、彼はさんざんな目に遭い、最後、誰も知らないところに行って聾唖(ろうあ)者のようになりたい、と考える。

よれよれになり、好きな妹のフィービーに会うが、彼女に、お兄ちゃんは何でも不満、いったい何なら肯定できるの? 肯定できるものを一つでいい、あげてみてちょうだい、と迫られ、ぎくりとするのである。

村上の新訳は、これまでの野崎孝訳を、ややクールな語りに変えている。その結果、野崎訳がもっていた輝きが、いくぶんくすんだものになった。最後のアントリーニ先生との対話の場面など、僕にはドストエフスキーのキリストと大審問官の対話にも似た広がりをもつ個所と思えるが、読者にそういう先走りを許す、野崎訳の勢い、発見、踏み込みは、よりプロらしい堅固さのもとで影をひそめている。一方、作品の鋭角的な表情が、際だっている。

この小説をサリンジャーは、戦争の出てこない「戦争小説」として書いた。第二次世界大戦の激戦のトラウマから、いまの若い人の引きこもりまでをつなぐ長い、細い、回路が、この小説の中に内蔵されている。そういう直観が、村上にこの新訳を思い立たせただろうことは想像に難くない。

僕の推測だが、この小説は、これまで売れ行きと評判ほどには、若い人に読まれていない。語りが少々、いまの人には「濃すぎ」る。読み通すのが骨なのだ。こういうすぐれた作品が、すぐれた訳で若い読者の手に取りやすいものとなったことを、喜んでおきたい。(加藤典洋・文芸評論家)

(白水社・1600円)=2003年5月15日①配信

10代が書く選択肢のヒント

「『私』であるための憲法前文」(大塚英志編・著)

世界情勢の不安定化に伴い、日本でも憲法改正や軍備の是非などがより頻繁に語られるようになった。改憲論者たちはよく、終戦後に占領軍によって与えられた憲法に縛られる護憲論者には「リアリティーがない」と言う。北朝鮮が先制攻撃を仕掛けてきても黙って見ているのか、自由主義国全体がテロと戦う中、日本だけが「軍隊がないから」と知らんぷりを決め込んでよいのか。そこで「もちろん違う」と答えると、「じゃ改憲しか道はない」と説かれる。

しかし、本当にほかに選択肢はないのだろうか。十代の生徒たち百二十三人が書いたこの憲法前文集の中に、答えのヒントがあるような気がする。ごく身近の生活と頭の中の空想がすべて、となりがちな中高生たちは、いずれも極端なリアリストの面と、極端な理想主義者の面とを持っている。

たとえば十四歳の女子中学生は、「気温が氷点下になったら私服で登校すべし」と書いたすぐあとに、「民を見て日本も見て世界も見てみよう」と記す。おそらくそのどちらも、彼女にとっては同じように大切なことなのだろう。この“身近パート”と“理想パート”が乖離(かいり)する傾向は、多数の人の前文に認められる。そして、ほとんどすべての子がその“理想パート”では、平和や愛、多様性の尊重を強く主張しているのだ。

この若きリアリストたちが唱える平和宣言を読んでいると、「国際社会の主要国になるために軍備を」といった改憲論者の主張は、現実的というより、単に世界という“世間”の中で自分たちの立ち位置を相対的に良くするための方便にしかすぎないのではないか、という気さえしてくる。

それにしても、十代のころはこんなにまっとうな意見を持っていた若者が大学生になり社会に出ると、なぜ「利益のためには理想ばかりも言ってられないよ」などと平気で言うようになるのだろうか。少年少女の目を曇らせるもの、それが社会だ、と編者の大塚は示したかったわけではないだろうが。(香山リカ・精神科医)

(角川書店・1300円)=2003年5月15日③配信

エベレスト挑戦の歴史

「テンジン」（ジュディ&タシ・テンジン著、丸田浩・広川弓子訳）

「雪山のタイガー」と呼ばれる男がいた。エベレスト登頂という極限状況の中で、成功のために必要とされる資質をすべて備えていた。

一九五三年五月二十九日、彼はエドモンド・ヒラリーとともに、チョモランマの頂を踏むという世界初の快挙を成し遂げた。このニュースは人々を驚嘆させ、沸きたたせ、彼「テンジン・ノルゲイ」の名はヒマラヤを越え、一挙に世界中に知られることとなった。

報道の過熱は、人々に夢を与えたが、テンジンとヒラリーを傷つけ、この聖なる秘境にも大きな影響を与えた。二人の間に何が起こったか。エベレストという「ブランド」、それをとり囲む世界が、チベット文化圏のシェルパ族を巻きこんでどのように変ぼうしていったか。まるで目前で起きている出来事のように、読む者に迫ってくる。

ここまで踏みこんで数々の知られざるエピソードが明かされるのも、著者が主人公「テンジン」の孫ということもあろう。これは、著者の祖父の時代から始まったエベレスト挑戦の歴史に、シェルパの視点から光をあてた山岳ノンフィクション、名だたる登山家とシェルパの物語である。

「私はシェルパ、東ヒマラヤ地方の山男である」という書き出しの想（おも）いは深い。この一行に込められたシェルパとしての誇り、何ものにも揺り動かしがたいアイデンティティーが筆をとった動機と思えた。事実、彼もまたエベレスト登頂に成功し、その夫人ジュディもヒマラヤ女性登山ガイドの草分けである。

行間に山の魂が香る。ヒマラヤとともに暮らしてきた民族ならではの、山への畏敬（いけい）の念がにじむからだろう。ダライ・ラマの序にあるように「高山は神々の住まい」と信じられている。山を「征服する」という概念とは無縁の心情で生きる人々の、人間味あふれるドラマにひかれる。

そして何より、表紙カバーの写真。人間本来の魂の明るさというほかない笑顔。「雪山のタイガー」の真骨頂はこの微笑にあったのだ。もう、ほれるしかない。（梅野泉・詩人）

（晶文社・2000円）＝2003年5月15日④配信

言葉を立ち上がらせる作業

「菅原克己全詩集」（菅原克己著）

おととし、英字新聞の取材を受けたとき、記者から「もし宇宙に長期滞在することになって、本を一冊だけ持って行っていいといわれたら、どの本を選びますか？」と尋ねられた。「宇宙へは行きたくない」と返したら「無人島なら？」といわれ、そこで少々悩んだ。だれの本にするか。世界中で一番好きな詩人・菅原克己のものを持って行くと、心は決まっていたが、十冊ある彼の詩集のどれにするかが問題だったのだ。

そんなぼくの優柔不断に、まるで応えるかのように今春、「菅原克己全詩集」が出版された。だれよりも現実をひたむきに見据えた詩人のライフワークを、五百余ページのさわやかな装丁の一冊で読めるようになったわけだ。

菅原克己は一九一一年、宮城県亘理町に生まれ、小学時代を仙台で過ごし、二三年に父親が急逝した後、家族で東京に移転。十七歳のころから詩作を始め、七十七歳で亡くなるまで一貫して、権力の顔色をうかがうことなく、透き通る筆致で書き続けた。

随筆で彼はこう語った。「ぼくは言葉は透明であるべきだと思っている。つまり、詩人のむかっているものを、塗って見せるのではなくて、透かして見せるような言葉だ」。彼の詩作は言葉を消費するものではなく、言葉を事物として生き物として立ち上がらせる作業だ。一つ読み終わっても「終わった」と思えず、「知り合った」といった実感がわく。ずっと付き合いたい相手であると。

晩年の詩に、隣家の息子の「とものり」がよく登場するが、世代を超えた詩人と子どもの愉快なやりとりに、人間の存在そのものが光る。「朝になると／おとなりの二つの子が／ぼくの家のドアをたたく。／〈オジチャン、／オジャマシテモイイデスカ〉／それは、すぐとなりなのだけれど／いつもとおくから／ふいにあらわれるようだ。」

菅原さんの詩は、すぐ隣の日常を描き、そうでありながら、はるか遠くまで洞察している。（アーサー・ビナード、詩人）

（西田書店・3800円）＝2003年5月15日⑤配信

「管理」めぐる刺激的議論

「自由を考える」(東浩紀・大澤真幸著)

大澤真幸と東浩紀という、若い二つの世代を代表する論者が、現代社会の状況をめぐって密度の濃い議論を展開している。

二人の共通認識は、現代社会が共通了解の枠組みや意味のより所をもたないということであり、大澤はそれを「第三者の審級の衰退」と言い、東は「大きな物語の消滅」と言う。

大澤は資本主義というシステムがそのような変化を促していると考える。このシステムはさまざまな差異を崩して発展し、人びとを拘束から「解放」する。事実、グローバル化する世界は、障壁を払って「自由」なコミュニケーションを拡大する。けれどもその結果、宗教的原理主義が台頭したり、テロやナショナリズムといった現象も現れる。

かつて政治運動は、権力の抑圧に対する「自由」の要求として展開された。だがいま先進国には過剰な権力はなく、むしろサービスを前面に出す「管理」のネットワークになっている。それが最近では「セキュリティ」の要請のもとに強化される傾向にある。

東はフーコーを参照して、この事態に従来の「規律訓練型」から「環境管理型」への権力の変容を見る。いまや権力は強制せず、自由に選択させながら、動物を飼うように管理するというわけだ。

要するに「神がいなくなったら、もっと強烈な管理のネットワークの時代が出現した」。この逆説をどう理解し、行き届いた管理のなかに溶解する「自由」をどう構想し直すか、それがこの本の提起する課題だ。

社会システムのダイナミズムとコンピューター化する社会の認識を交錯させる二人の論議は、ポスト・コミュニズムとも呼べよう現代社会の、もっとも扱いにくい、それだけに重要な問題点を描き出している。

「自由」などいらない「管理のユートピア」で、人間にとって生きるとはどういうことなのか、著者たちの発想を超えたところまで考えさせる刺激的な対論である。(西谷修・東京外語大教授)

(NHKブックス・1020円)＝2003年5月15日⑥配信

大衆の国民化を見事に描く

「ねじ曲げられた桜」(大貫恵美子著)

9・11を伝えた欧米メディアでは、「カミカゼ・アタック」という表現が数多く見られた。欧米では「カミカゼ」は「理解不能な他者」の表象である。一方で、イスラム教原理主義者による狂信的な自殺攻撃を「カミカゼ」と表現することに違和感を表明した日本人はどれほどいただろうか。

そもそも特攻隊員は、現代の日本人にとって本当に「理解不能な他者」だったろうか。彼らの85%は学徒出陣のエリートであり、その多くは古今東西の哲学や文学を愛読した教養的コスモポリタンであった。本書の付録「特攻隊員四人の読書リスト」は驚異的である。

一体、何がこれほど知的な精神の持ち主たちに、非合理的な死を自発的に選びとらせたのか。米国の文化人類学者である著者は、特攻隊員の美意識を象徴した「桜」のシンボル分析を通じて、近代日本における「大衆の国民化」をみごとに描き出している。

本書の前半では、「桜」に象徴される文化ナショナリズムの形成が古事記、万葉集、源氏物語にまでさかのぼって論じられ、明治維新後に政治的ナショナリズムに転用された過程が教科書、流行歌、あるいは「忠臣蔵」などの戯曲や映画で詳細に跡付けられる。

こうした長期に及ぶ変遷の結果、生と死、男と女の両極を多義的に表現する「桜」は、誰でもが感情移入できるシンボルとなった。共産主義者やキリスト教徒の特攻隊員が「散る桜」に思い描いた理想は、政府が「桜」でシンボル操作しようとした軍国主義のイメージと明らかに異なっている。このように象徴的誤認の幅が大きい「桜」だったからこそ、国民統合のシンボルとして絶大な機能を果たしたのである。

タイトルの「ねじ曲げられた桜」はカントの名言、「人間性は幹の曲がった木のようなもので、真っ直ぐなものは今まで何一つ作られなかった」から採られている。「真っ直ぐな桜」がないように「真っ直ぐな歴史」も存在しない。そうした歴史に真正面から向き合った、シンボル政治史の見事な大作である。(佐藤卓己・国際日本文化研究センター助教授)

(岩波書店・4000円)＝2003年5月22日①配信

食の民の楽しい玉手箱

「中国美味礼讃」（阿堅・車前子・洪燭著、鈴木博訳）

「もっと味にパンチが効いていた方が…」

テレビ番組で女性タレントが、広東料理にそのようなコメントをした。

その一言で、中華料理について、何もご存じないと分かる。誰が、京料理にタイ料理のような刺激がないと文句言うか。

それぞれの料理には、文化的背景があり、お約束がある。それを踏まえないと、批評など恐ろしいことはできない。

中国に初めて行ったのは、二十年ほど前だった。食の面でも、まだ、文革の傷跡が癒えていない時代。以来、行くたびに劇的に変化していることを、舌で実感している。

が、正直に言うと、香港や台湾のいくつかの場所で感じたような至福はまだ、見いだせない。

私もまた、あの女性タレントのように、中華の神髄がまだ分かっていないのか、それとも…。

ところで、この本。中国各地の珍しい食のルポから、歴史上の食にまつわるエピソードまでテーマは多岐にわたる。

ただ、中国の食に対する体系的知識をお求めの読者は、一貫性がないと失望するかもしれない。

が、私はといえば、時に微苦笑しつつ、時にあぜんとしつつ、そして、時にうなりつつ、めちゃくちゃ楽しい玉手箱を手にしたような気分に浸った。分厚い本だが、どこから開いても、食の楽しさ、深さがある。それも、訳者（秀逸。圧倒的な知識）があとがきに述べているように、満漢全席的ハレの料理よりも、日常的な食により情熱を持って述べているので、その意味でも興味深い。

三十代から四十代のエッセーも書く詩人たちが、その著者である。その若さでこの知識、造詣の深さ。さすがに文字と食の民とあきれつつ、時に日本など国外の食文化についての認識のなさ（あるいは中華思想？）にまだまだかと思いつつ、それにしてもこんな本が出る時代になったのだと、その変遷を面白く思う。

私が失望した北京の老舗に的確な批評をしているこの著者だったら、私の「偏見」を改めさせるようなものを食べさせてくれるかしら。さて？（森枝卓士・フォトジャーナリスト）

（青土社・3400円）＝2003年5月22日②配信

時間の慈悲と残酷さ

「人形を捨てる」（藤堂志津子著）

藤堂志津子さんのつむぎだす物語は、キャリアウーマンが登場する大人の恋愛もの、というイメージがあった。しかしここに描かれる「私」を主人公としたこの十三の短編には、キャリアウーマンもしゃれた恋愛も登場しない。

作家である「私」は手術後の検査ミスで右半身不随になってしまった母親の面倒をみながら愛犬と暮らしている。両親は父親の女性問題によって七十代で離婚したばかりなのだが、作家としても書いても書いても報われない、という気持ちを抱えている日々だ。

年老いた両親の離婚により「私」は「四十九年間の人生が白紙にもどされたような感覚」を覚えてしまう。

その白いスクリーンに時々映し出されては消える過去のシーン。家族や長女という呪縛（じゅばく）から解放された「私」はやっとそのシーンとむきあい、今まで封印していたひとつひとつと照らし合わせる。そして今にしてはっきりしてくることを、過去と現在の交錯のなか丹念に描いたものだ。

あのときあいまいだったことが、今にしてはっきりわかるということ、白日のもとにさらして、真正面からむきあうというのは、なんてつらく哀（かな）しく、そして残酷なものだろう。わかったところで過去のことだからだ。

幼いころ突然家にやってきた厚化粧の女性。父親はよく「私」たち三姉妹をその女性宅に連れていったのだが、今にしてはっきりしてくる父親のぞっとするようなたくらみ。あるいは思いがけないところで見かけた昔の男と妻からわかる当時のうそと言い逃れ。そして二十代のころ離婚してはじめてひとり暮らしをしていた貧しい日々のこと。

ここに描かれるのは、時間の経過がもたらす慈悲と残酷さだろうか。時を経て薄れていく傷跡もあれば、反対にはっきりと浮き出てくる傷跡もある。見たくなくてもその傷を直視しなければならないときがある、といった著者の並々ならぬ覚悟が感じられる短編集だ。（白石公子・詩人）

（新潮社・1500円）＝2003年5月22日③配信

音楽ビジネス史の証言集

「熱狂の仕掛け人」（湯川れい子著）

小学生のころ、渡辺プロダクションの渡辺美佐にあこがれた。洋楽に目覚めた中学時代には、将来"呼び屋"になると決めていた。

本書は、戦後から五十余年、音楽という「熱狂」を数々仕掛けてきた業界人の証言集。私などには待望の一冊である。

「ビートルズを呼んだ男」永島達司、「ロカビリー・マダム」渡辺美佐、ホリプロを上場企業に育てた堀威夫、快進撃を続けるエイベックス・グループの依田巽…。計六人の「スーパー仕掛け人」に、音楽評論家の湯川れい子がロングインタビューで迫る。

エルヴィス・プレスリーが来日しなかったのは武道館規模でもキャパが不満足だったため。ビートルズは、実は本人たちが日本に来たがっていた。和田アキ子は米国市場狙いでスカウトされ、レッド・ツェッペリンは機関銃持参でホテルに宿泊…！　有名ミュージシャンの知られざるエピソードが次々と明かされる。

六人の仕掛け人は、主に昭和ひとケタ生まれ。多くが戦後、駐留軍のキャンプ回りからスタートしている。厳しい外貨制限の下、闇ドルでギャラを用立てる。和製アーティストには「洋行帰り」で形ばかりのハクをつけ、洋楽レーベルからレコードを出す。

海の向こうが文字通り札束分遠かった時代、仕掛け人が手探りで音楽ビジネスを開拓していく様子が、濃厚に描かれる。

時は下り、この国の音楽産業はいまだ元気を失ったままである。

「日本が世界に送り出したアンバサダー（大使）」と海外で評された永島達司氏も、数年前に亡くなった時は、その訃報（ふほう）が驚くほど小さかったと、自身も戦後音楽業界の目撃者である著者は嘆く。

欲しい曲はネットからダウンロードしてマイディスクに。私とて、ネットの一九七〇年代チャンネルを聴きながらこの原稿を書いている。欲求がいとも手軽に満たされるぶん、思いは「薄く」なる。本書は、「熱狂」のありかをもう一度探り直す好機、ともなってくれよう。（島村麻里・フリーライター）

（小学館・1800円）＝2003年5月22日④配信

異文化接触地点の冒険活劇

「コンタクト・ゾーン」（篠田節子著）

女性旅行客が海外のリゾートでトラブルに巻き込まれるというと、シャーリー・コンランの十余年前の傑作「悪夢のバカンス」を思い出す人が少なくないだろう。

アメリカの鉱山会社の幹部たちがアラフラ海の島で政変に遭遇、夫人たちだけが助かり、サバイバルしていくお話で、新潮文庫からの復刊が望まれるところだが、幸いコンラン作品にまさるとも劣らぬ女性サバイバル活劇が日本でも生まれた。

本書は三十代半ばの邦人OL三人が東南アジアの架空のアイランドリゾートで内乱に巻き込まれる冒険活劇だ。

といっても、そこは民俗・文化系の主題にこだわりを持つ篠田節子、ロマンス系作家のコンランとはひと味もふた味も作風が異なり、まずはボランティア経験のある日本人青年ガイドの目を通し、買い物や男漁り目当てらしい主役三人の淪落（りんらく）した旅人ぶりをえぐり出してみせる。

なるほど外務省のノンキャリア真央子と大病院のお嬢さまで医師の祝子、そして上司と不倫中の肥満OLありさの三人は現代の三十代独身OLの特徴を凝縮したかのような個性の持ち主。その点、前半で好き嫌いが分かれるかもしれぬが、動乱発生後はそのアクの強さがいきてくる。

物語のほうも、ゲリラの探索から逃れ迷走するうちにとある山村にたどり着くところから、単純なサバイバル活劇を逸脱していく。そう、"異文化接触地点"であるその村を基点に、民族や宗教の異なる山村社会と利権絡みの抗争を繰り広げる反体制ゲリラとの複雑怪奇な敵対関係ぶりが活写されていくのだ。

表面的なマスコミ情報からは知り得ない戦地の現状は恐ろしくも面白い。九・一一テロの後、過激派組織アルカイダが注目されたことで、後半ミステリー仕立てを改めざるを得なかったというのが残念だが、まずは文字通り渾身（こんしん）の力作といえよう。

新型肺炎SARSの騒動も激安ツアーに乗っかる絶好のチャンスなどと思っているのんきなツアーファンは必読！（香山二三郎・コラムニスト）

（毎日新聞社・1900円）＝2003年5月22日⑤配信

新左翼運動の生死をたどる

「蜂起には至らず」（小嵐九八郎著）

地球大で見渡せば急進的な政治運動はいぜんとして大きな力を持っているものの、こと日本において急進主義、とりわけ新左翼の運動はいまどきはやらない。

先進国の仲間入りを果たし、自足して目標喪失に陥ったからなのか、それともソ連邦崩壊に明らかなように、政治的イデオロギーとしての社会主義が時代遅れになったからなのか。理由は置くとして、一九六〇年から七〇年にかけて、運動のうねりの中で生き死にした新左翼の闘士たちが、多くの人々の目に輝いて見えた時代が確かにあった。

本書はその新左翼運動とかかわり、自死を含めて権力や党派間の闘争の果てに亡くなった人々二十七人について、生の軌跡をたどったノンフィクション的随筆である。

樺美智子、岸上大作、奥浩平、高橋和巳といった有名どころにまじって、首相訪米に抗議して焼身自殺したエスペランチスト・由比忠之進や連合赤軍の総括で散った人々。テルアビブ空港乱射事件の赤軍兵士、内ゲバで死んだ党派の大立者たち、三里塚の空港反対同盟委員長・戸村一作、トリにブント書記長・島成郎など多彩な人々が名を連ねる。

著者は四十代で小説に転じた誰もが知る元活動家。「十九世紀半ばの、あまりに過酷に惨（むご）かった労働者と現代は違うし、マルクスは、キャラクターとしては、狭小な人。悲しい」と記す酸いも甘いもかみ分けた剽軽（ひょうきん）な筆さばきの裏側に、死して死せざる人々を語るなみなみならぬ決意が透ける。

活動家たちは真剣であればあるほど死や狂気と隣り合わせに暮らす。今も取り返しようもない傷を負ってひっそりと市井に生きる人も多いに違いなく、おかしな話だが読後ふと、新左翼の側から見た「プロジェクトX」とでも呼びたい切ない感興を本書に覚えた。列伝の無念の勲（いさおし）から遠く離れて私たちはこれからどこへ向かうのだろうか。

〈見つめるなバリなき今日はきずなななきおまえとおれとは同期の科（とが）を〉（九八郎）（久間十義・作家）

（講談社・1900円）＝2003年5月22日⑥配信

黒岩文学本質うかがえる

「役小角仙道剣」（黒岩重吾著）

今年の三月に七十九歳でこの世を去った、黒岩重吾さんの遺作である。

黒岩さんは、人間の裏面に鋭く切り込む社会派推理小説の作家として知られたが、やがて古代へ関心が向かう。一九八〇年に吉川英治文学賞を受賞した「天の川の太陽」の主題は壬申の乱。その後もヤマトタケル・卑弥呼・聖徳太子・藤原不比等など、古代を熱く生きた人々を主人公にした作品が次々に発表された。

その黒岩さんが、今生の最後に描いたのが、役行者と呼ばれる役小角（えんのおづぬ）である。

役小角は七世紀末ごろに大和の葛城山にいた呪術（じゅじゅつ）師で、のちに修験道の祖師と仰がれる。「続日本紀」は、役小角が鬼神を自由に操ったが、讒言（ざんげん）によって伊豆島へ流されたことを記している。

役小角が生きた時代は律令（りつりょう）制が敷かれていく時期で、それに反発する民衆の衆望を集めたのが役小角とされるが、さまざまな説話集や後世に編まれた伝記は、配流の社会背景に触れず、内容も史実とするには無理がある。こうして黒岩さんの出番が来た。

本書の帯には次のようにある。「深山で修行を積んで超人的な力を身につけた小角は、彼を慕う女弟子ヤマメらとともに、律令制の下で苦しむ民衆を救うため、政治の暴虐に敢然と立ち向かう」

架空の人物であるヤマメと狛麻佐がいい。役人に連行されているところを救われたヤマメは、役小角を慕い、師事する。狛麻佐は高句麗からの渡来人で、間者として近づくがやがて弟子になる。

二人に比べると、残念ながら役小角は十分に描き切れていない。ヤマメの中の「女」に動揺する役小角には確かな手応えがなく、役小角に帰依する民衆の描き方もやや浅い。道昭や行基など仏教者への評価が低いのは、「行動を伴わない仏教の慈悲」に黒岩さん自身が批判的だからだろう。

しかし、届くことのない思いを抱いて死んだヤマメや、二重スパイの道を歩まざるを得ない異邦人狛麻佐を、もっとも魅力的に描き出せたところに、黒岩文学の本質がうかがえるように思った。

（西山厚・奈良国立博物館資料管理研究室長）

（新潮社・1900円）＝2003年5月29日①配信

米国の衰退を大胆に予測

「帝国以後」(E・トッド著、石崎晴己訳)

冷戦期から現在に至るまで、アメリカは日本やドイツといった諸国の民主化を支援しながら、その権力基盤を拡大してきた。しかし多くの国が民主化を遂げるならば、世界の支配形態はどのように変化するであろうか。はたして米国は、民主的な国家を服従させるだけの大義と権力を保持し得るであろうか。

なるほどアフガニスタン攻撃に始まる米国の軍事行動は現在、世界に圧倒的なパワーを見せつけている。しかしそうした行為は小国を対象にした演技的誇示にすぎず、早晩不要になる—というのが著者の見方だ。

さらに著者は人口学的視点から、以下のように指摘する。多くの途上国で現在、少子化の傾向が進んでいる。女性は識字率が上昇すると受胎調節を行うようになるからだ。出産率の低下によって女性の社会進出が進めば民主化はさらに進む。(一九七六年にいち早く「最後の転落」で、当時隆盛を誇っていたソ連の崩壊を予測した著者は、その理由を出産率の低下によって説明している)

そして今度はイスラム諸国の少子化傾向を、欧州など現在の先進国がかつて経験したのと同様の、民主化への過渡期と読む。識字率が一定の水準に至れば民主主義は浸透し、米国の軍事的支配は不要になる—と予測するのだ。

著者はまた、米国内の反普遍主義的な傾向も、同国の魅力を損なっていると批判する。それは例えば、イラク攻撃など石油に固執する軍事行動、イスラエルに対する不当な支持、イスラム女性に対する不寛容、諸民族の混交率の後退などであり、「理想的な帝国」が提供すべき普遍的な価値とはかけ離れている—と言う。

“帝国アメリカ”の衰退を大胆に予測した本書は、さまざまな啓発に満ちた好著。これだけの予測をイラク戦争が始まる前に洞察し得たというのは驚きだ。しかし疑問点も残る。著者は米国に替えて欧州こそが普遍主義を提供すべきだと言うが、それは西洋中心主義とどのように異なるのか。次作を待ちたい。(橋本努・北海道大助教授)

(藤原書店・2500円)=2003年5月29日②配信

和製ウエスタン小説の快挙

「帰らざる荒野」(佐々木譲著)

かつて、ミステリーを中心とした一群の志ある作家たちが、わが国にアメリカ固有の文学形式を移植せんものと腐心を重ね、見事に開花させたことがある。すなわち、和製ハードボイルド小説の誕生である。

この分野は先達、大薮春彦や生島治郎の活躍にはじまり、現在の北方謙三や大沢在昌の作品に受け継がれ、今や日本人がハードボイルド小説を書くことの違和感は完全に払拭(ふっしょく)された、といっていい。

しかしながら、アメリカにはそれ以上に日本人が書くには困難と思われる分野があった。それがハードボイルド小説の源流であったとされる、ウエスタン小説である。佐々木譲は「雪よ荒野よ」などをはじめとして、この困難な課題—ウエスタン小説の日本への移植を試み、成功しているほとんど唯一の作家といっていいのではあるまいか。

それも日本人をアメリカ西部へ旅立たせるという安易な手を使うことなく、舞台は明治時代の北海道開拓期。西部の荒野は白一色の雪の原野へと転じ、日本人のみが登場する生粋の和製ウエスタン小説を連打している。これを快挙といわずして何といおうか。

作品の時間軸は、榎本軍と新政府軍が一触即発の時を迎えた明治元年から大正三年にまで及び、その間に北海道・虻田郡で牧場を成功させた友近家父子二代にわたる一家の興亡が描かれていく。

正義のためのガンファイトから、牧場の権利争い、美ぼうの百合をめぐる夏彦・克也兄弟の葛藤(かっとう)、そして克也の流浪から馬泥棒の卑劣なわな。さらにラストでは、ただ一度だけ自分を受け入れてくれた兄嫁—その百合と交わした約束を守るため、おのれの幸福をふり捨てて死地に赴く克也の姿まで、本作はウエスタン小説としての完ぺきな体裁を整えつつも、純然たる和製作品として私たちの眼前にある。

作品は全五話の連作形式が取られているが、前述のラストへの伏線となる第二話「牧場の流儀」は第一級の恋愛小説であり、本書のロマンチシズムの源泉でもあろう。(縄田一男・文芸評論家)

(集英社・1500円)=2003年5月29日③配信

「普通の市民」代表どこに　「〈癒し〉のナショナリズム」（小熊英二・上野陽子著）

本書の共著者の一人である上野は、「新しい歴史教科書をつくる会」と密接な関係にある歴史の勉強会に自ら参加し、そこに集う人々へのインタビューなどを通じて、参加者がどのような意識を持っているかを調査した。それを基にまとめた彼女の卒業論文に、指導教授であった小熊が補足的な分析を加えたというのが、本書の成り立ちである。

そこでは、いくつかの興味深い事情が明らかにされている。

勉強会は、かなりゆるやかな団体であり、参加者の中には「つくる会」中枢部の方針などへの批判もあること。伝統的な保守のやり方には違和感を持っている人が多く、相当部分を占める若い世代は、天皇に対して特別な思い入れがないこと。自分たちは「普通の市民」で、過激で空想的な「サヨク」とは違い、常識に沿っていると思っていること、などである。

小熊はこの中でもとりわけ、「普通の市民」という意識に注目し、それがかつてはベ平連のような左派側によって強調されていたことに注意を促す。会の活動の仕方も、会員の自発的参加を前提とするなど、ネットワーク型の市民運動に似ているというのである。

近著「〈民主〉と〈愛国〉」で、戦後日本の初発においては、「愛国」がむしろ左派の旗印であったこと（もちろん、その意味するところは右派と異なるが）を詳細に跡づけた小熊らしい指摘と言えよう。

しかし、小熊も認めているように、この会が最近の保守運動の全体像を示すサンプルとして適切かどうかは、よくわからない。

さらに言えば、左右を問わず、政治的関心を持って何らかの活動に定期的に参加すること自体が、今の社会では例外的である。「論壇」の市場も、意外に狭い。

「普通の市民」代表を名乗って競い合う「サヨク」と「ウヨク」をよそに、生活保守主義の中に埋没する圧倒的多数派。この溝をどうとらえるかの方が、重要ではないかという気もする。（杉田敦・法政大教授）

（慶應義塾大学出版会・1800円）＝2003年5月29日④配信

戦争の「リアル」描き出す　「拝啓　大統領閣下」（ゲイブ・ハドソン著、浅見昇吾訳）

自らの経験、思想を基にして想像の翼をひろげる。そこに生まれいづる世界は現実主義（リアリズム）ではなく、一人の作家の知覚を通した現実（リアル）である。

本書は湾岸戦争症候群に侵された兵士たちの魂の叫びを、ときにユーモラスに、そして辛らつに描きだした新しい戦争文学である。

表題に取られた短編「ディア・ミスター・プレジデント」は、狂気に陥った元兵士がブッシュ大統領（父）にあてた、ブラックユーモアと悲しみに満ちた手紙。拷問で心が「少女」になり女装する兵士、狂気の中でイラク兵を助けるグリーンベレーなど興味深いストーリーの数々。一気に読み終えた。

ちょっと待て、と思った。米英連合軍による今回のイラク侵攻は圧倒的勝利で終わった。連日の空爆やイラク国内の惨状はブラウン管を通して目にした。ちっちゃな戦車を配したジオラマ、もっともらしい意見を話す軍事評論家、新型兵器の紹介、ブッシュの詭弁（きべん）、小泉の追従…。

居酒屋のテレビでモツ焼きに焼酎片手に見る私。暇つぶしに入った喫茶店ではたばこをくわえて週刊誌を読みふける。「イラク侵攻悪魔のシナリオ」「米戦力徹底検証　私ならこう戦う」…。

時に憤り、時に侮蔑（ぶべつ）し、悲しむ。そう、戦争は滑稽（こっけい）であり、残酷である。安全な私にとって。日曜の家族連れでごった返すファミリーレストランでこの本を読み終えた。

死や争いは身近にあるが、戦争は遠い。戦争で失われた無数の無名の死に思いをはせることはできても、それを実感することはできない。著者は自らの経験、思想を基に戦争の現実（リアル）を描きだした。

そこには決してアナウンサーが読む「イラク側に多数の死傷者が出た模様です」という情報では得られない、聞き流せず、日常に埋没しない人間の不条理と矛盾と、存在に至る悲しみがある。

戦争を支持した全米各紙も、絶賛しているという。その矛盾も含めて一読をお勧めする。（深津篤史・劇作家）

（アンドリュース・クリエイティヴ・1600円）＝2003年5月29日⑤配信

転び伴天連の苦悩と葛藤

「コロビマス」(**山本音也著**)

天文十八(一五四九)年にザビエルによってもたらされたキリスト教は、江戸時代初期の禁教令で歴史の表面から姿を消し、隠れキリシタンの信仰が続いていくことになる。

こうした江戸期の隠れキリシタンの信仰のありようを真正面から描いた時代・歴史小説は意外と少ない。本書は、転び伴天連(ばてれん)の苦悩と葛藤(かっとう)を軸に、神の存在や救済といった宗教的モチーフに加えて、東洋と西洋の自然、文明、信仰心などの違いを見すえて、キリシタンもののジャンルに挑戦した意欲的な歴史長編である。

二十三年間も日本で布教につとめてきたイエズス会の宣教師フェレイラは、伴天連追放令が出た後も潜伏していたが、捕らえられて、拷問の末に棄教、転宗。沢野忠庵を名乗り、隠れキリシタンを摘発する長崎奉行所の目明かしとなった。転宗から十年、六十を過ぎたフェレイラは、棄教、転宗してまでも生きる、醜くかろうと生き抜くことが復活ではないかと思う。

フェレイラ棄教の事実確認のために、島原の乱から五年後に密入国した宣教師キャラも、捕まって獄に入れられ、長崎奉行所の拷問にあって棄教する。この二人に、長崎奉行所の筆頭与力・内村、忠庵の妻ゆい、長崎・丸山の遊女で隠れキリシタンの夢次、江戸から流れて来た博徒で目明かしとなった定松、キャラを売る元キリシタンの丑などがからんでくる。

作者は、井原西鶴が談林派の俳諧師だったころの生活苦と葛藤のさまを描いた長編「ひとは化けもん　われも化けもん」で第九回(昨年度)松本清張賞を受賞してデビューした。接続詞を極力省いた独特の文体も注目されたが、この長編第二作ではそうしたケレンを抑えて、フェレイラとキャラの棄教・転宗の心理とその後の生きざまを解明していく。

堀田善衛の「海鳴りの底から」や遠藤周作の「沈黙」などの先行作とはまた違って、二人の転び伴天連の内面をあぶり出すことで、歴史の謎にも迫る歴史ミステリーの趣がある。(清原康正・文芸評論家)

(文芸春秋・1905円)＝2003年5月29日⑥配信

人間性を揺り動かす

「あのころの未来」(**最相葉月著**)

未来はいったい、いつから暗くなってしまったのだろう。昔だって、未来を思い描くときには、不安もよぎるし疑念もわいた。それでも、負の要素に勝る夢や希望が、未来を明るく見せていた。

一昔前、星新一のショートショートを通して、未来へのビジョンを思い描いた人は多いだろう。人工頭脳、臓器移植、ロボット、バイオテクノロジー、クローン、疑似家族、人工授精、最終戦争、宇宙開発、高度情報化社会、環境破壊、人類滅亡。そこには、辛らつな社会風刺や悲観的な未来予測も少なくなかった。それでも、そうそう甘くはなくても、ほほえましく時には切なく、ぎりぎり「人間の生活」のある未来があった。

だが本書は単純に星ワールドを懐かしみ、その「失われた未来」を取り戻して元気を出そう、といったものではない。

著者は、星新一の作品世界を通して現代科学の最先端の諸分野での問題に触れながら、独自の観点を加えて、科学と幸福の関係を追求する。それは科学に向き合う人間(科学者ばかりでなく、科学を利用するすべての人間)が、ともするとあまりの自明性の故に失念している立地点だ。

そう。すべてのはじまりは幸福への希望と努力にあったはずだ。それなのに、生きやすさのために利便性を求め、その利便性のために幸福をすり減らす人間社会のむなしさ。幸福の手段であるはずの最先端科学が、人間を不安にさせ、人類を滅亡の危険にさえさらしているという矛盾。欠けているのは本当の科学精神であり、本来の人間性なのだ。

もちろんそれらは、他の何より回復が困難なものだ。だが、それがなければ人間も未来も、あり得ない。

今、読み返してみて、ドライなほどに簡明で洗練された星新一の文体が、温かい人間の気配に満ちていたことに、あらためて気づかされた。未来をどうするかは科学ではなく人間が決めるのだ。そんな当たり前のことを忘れている不幸な人間たちを、この本は優しく揺り動かしてくれる。(長山靖生・文芸評論家)

(新潮社・1500円)＝2003年6月5日①配信

自己肯定という現代の貧困　「『愛国』問答」（香山リカ、福田和也著）

「現代の貧窮問答歌」というと、ちょっと大げさかな。でも、そんなフレーズが不思議に似合う対談本である。

著者の一人、香山リカ氏は昨年「ぷちナショナリズム症候群」という本を出した。社会のいろいろな場所に、自覚のないナショナリズムが浸透している。そういう指摘が話題になった。

その香山氏が北朝鮮やイラク戦争で大揺れの世界情勢をうけて、評論家で「右翼」、気鋭の論客、福田和也氏に正面から斬（き）りこむ！　とまあ、「朝まで生テレビ」風な予感ではじまるのだが、議論は意外な方向に展開していく。

香山氏の問いかけに対して、福田氏はいわば「あんなの、右翼じゃない」と答えるのだ。右派論壇誌の活況、女性の保守化、キタナイものの排除、人種主義やDNA決定論、日本語ブーム…。それらは「ナショナリズム」や「右傾化」ではなくて、むしろ単に考えなくなっているだけだ、と。論壇は同人誌化し、国政選挙も「小泉、見栄えがする」「菅、ダサい」で決まってしまう。建前さえでてこない、素朴な自己肯定の群れ。ただそれだけなのだ、と。

その問答が夫婦漫才のつっこみとボケみたいな味わいで、なかなか魅力的なのだが、えぐりだされているのはおそろしく深刻な事態である。福田氏が指摘するように、素朴な自己肯定は自分とちがう意見を面白がったり、説得してみようとしない。思想や言葉をただただ、ただただ貧しくしていくだけである。たしかに「左」もその点には変わりない。

厄介なことに、この種の単純化にはうまい処方せんがみつからない。処方せん自体が一種の単純化なので、貧しさをさらに進めかねないからだ。実際対談の後半になると、現代の「怪物」アメリカの影に包まれるように、二人の会話は次第に散乱し、途切れがちになっていく。

その行間を流れる沈黙に、貴重な手ごたえを感じながら、私もまた「うーむ」と言葉につまっていた。（佐藤俊樹・東大助教授）

（中公新書ラクレ・720円）＝2003年6月5日②配信

美しい貝のような言葉　「ヤポネシアの海辺から」（島尾ミホ、石牟礼道子著）

深く静かな世界だ。それでいてゆたかに広々としている。さざ波が浜辺にたどりついて、やがてゆっくりと海に帰ってゆくように、ふたりの女性作家の語りがつづく。口からこぼれ出る言葉のかずかず。長い時間をかけて海の底からここに届いた美しい貝のようだ。

ふたりの語りは、それぞれの故郷の情景やそこに暮らす人々の姿から始まる。島尾ミホの、奄美大島南西に位置する加計呂麻島。そして石牟礼道子の熊本・水俣。

豊饒（ほうじょう）の自然は美しく恐ろしく、そしてあやしい。

「夜が明けるというのは、鍛冶（かじ）屋さんの音とか、馬のひづめの音とかで明けてゆく町でした」（石牟礼）「海のささやきと申しますか、海のかなでるさまざまな音響は、海のおもてを渡る風の音や、岩に砕け散る波の音」（島尾）

光や音やにおいがあらわれてくる。それは今となっては失われたものであっても、深く慈しむふたりの語りに耳を傾けていると、あたたかい希望が見えてくるのだ。

島尾ミホの夫・敏雄が著した「死の棘（とげ）」について。石牟礼は「大変ユーモラス」と評し、ミホは「うれしゅうございます」と答える。夫の情事で神経を乱し、執拗（しつよう）な嫉妬（しっと）と糾明が繰り返される日々をつづった小説。しかし、描かれたミホ自身は、作家の思考に基づいて作り出された物語であると、客観的なのだ。そして夫の原稿を清書したのは自分であり「創作の妙を十分に堪能させてもらいました」と軽やかな口調だ。

島尾ミホは「海辺の生と死」などで独特の世界を構築する作家であり、石牟礼道子は水俣病によって漁民たちの世界が崩壊していったさまを克明に描いた「苦海浄土」などでよく知られる。

やがて対談はふたりの創作の源へとすすんでゆく。そこにあるのは作家をはぐくんだ土地の繊細な文化が失われたことへの「哀憐（あいれん）ただならない気持ち」。そして書くことを自らの役割とした強い意志だった。（与那原恵・ノンフィクションライター）

（弦書房・1800円）＝2003年6月5日③配信

鼎談の軽妙さで鑑賞

「俳人漱石」(坪内稔典著)

小説のほかに、夏目漱石が俳句を多く残していることはよく知られている。二千五百をこえる漱石の俳句から百句を鑑賞する本書は、漱石自身と、友人の正岡子規、そこに作者坪内稔典が入り、鼎談(ていだん)によって進行させるという大胆な方法がとられている。しかし、これは俳句鑑賞にはピッタリであった。

句会の雰囲気を漂わせる会話体の軽妙・洒脱(しゃだつ)ぶりが、おもしろく、たのしい。単なる想像(フィクション)にとられそうな子規・漱石のコメントにも研究の成果がしっかりと裏うちされている。

「湧くからに流るゝからに春の水」という熊本・水前寺公園を詠んだ句について、漱石にこういわせている。「三保の松原の松は名所の松であり、すでに美が定まっている。だから、三保の松原の松を写生するよりも、たとえば牛小屋の裏の松に美を見つけよ、と君(子規)は言うわけだ。そのようにして、写生は新しい美を見つけてゆく。写生は月並みを破る技法だね」

俳句・短歌における写生論には議論がかまびすしいが、このようにいわれてみると腑(ふ)に落ちる。

漱石は子規に作品をさかんに送り添削を求めている。個人の創作から離れてしまっていいのだろうかといえば、「詩歌というのは、もしかしたら、個人の純粋な創作というものではないね。先達や仲間などの力によって、個人が他者に開かれてゆく。そのような表現が詩歌なのかもしれない」と、答えさせている。

中国の古典を踏まえたり、ファンタジーや伝奇小説のような、体験に固執しない俳句を高く評価するのも同様である。まさに漱石を借りながらの坪内俳句論でもある。

作家以前の漱石は本当に句作に熱中していた。俳句を読み解くなかから小説へと思いをはせるのも、本書のもうひとつのおもしろさであろう。ちなみに、著者の選ぶ漱石俳句のベスト3はつぎの通り。「秋の川真白な石を拾ひけり」「菫(すみれ)程な小さき人に生れたし」「草山に馬放ちけり秋の空」。(小高賢・歌人)

(岩波新書・700円)=2003年6月5日④配信

喪失感はそのままに

「ラブリー・ボーン」(アリス・シーボルド著、片山奈緒美訳)

「わたしはスージー・サーモン。魚と同じ名前よ。一九七三年十二月六日に殺されたとき、まだ十四歳だった」と、本書は始まる。

近所に住む男にレイプされ殺された十四歳の少女が語り手である。彼女は天国にいて、彼女の死を悲しむ家族や友達を見守っている。父親は直感的に犯人に気づくが、それ以上どうすればいいのかわからず混乱してしまう。母親は悲しみを癒やす方法を見つけられず家を出て行く。弟はゆっくりと身近な人の死を理解し、妹は悲しみを受け入れていく。

レイプ被害者が主人公だと聞くと、暗くてヘビーな物語だと先入観を持つ人も多いかもしれない。だが本書は暗鬱(あんうつ)な物語ではない。もちろん明るく陽気な物語ではないが、少女らしいリアルさと、みずみずしい感性に満ちている。

天国にいる少女を記述者にすることで、一人称でありつつ神の視点であるという不思議な語りの構造を持ちえている。母親の情事の場に存在してその様子を語り、友達の少女がこっそり書く日記をのぞき、犯人が証拠を隠滅する場面を描写し、天国では、同じ男に殺された少女たちと出会う。

一人称でありながら、同時刻にまったく離れた場所にいる人物を描写することを可能にし、時にはそれぞれの人の気持ちさえも描写する。類を見ない「天国の視点」による物語とでも言うべき新しい読書体験を味わうことができる。そして、それが単純な文学的実験ではなく、この物語を語る必要性から生まれてきた冒険であることが何よりも素晴らしい。

深い喪失感を抱えた物語は、安易な癒やしに着地しない。生き残った人々が劇的に癒やされるイベントも起こらず、犯人逮捕の大活劇もない。自分がいなくなっても動いていく世界。喪失感はそのままに、それでも生きていく人たちが描かれる。

読後、なつかしいアルバムを何度も眺めるように読み返したくなる。悲しさはいつまでも残るが、それでもいい。そう思わせる不思議な印象を残す幻想青春小説の傑作。(米光一成・ゲームデザイナー)

(アーティストハウス・1600円)=2003年6月5日⑤配信

性意識の変遷に驚き　「日本の童貞」（渋谷知美著）

いちいち思い当たる。私が一九七八年に大学に入ったとき、同級生の多くは童貞で、三年生になる前に初体験できなかったらプロの手を借りようと誓いあっていた。本書で分析されている「やらはた（やらずのはたち）」とか「シロウト童貞は、本当はいやだ」とかいう観念そのままに生きていたことになる。

だが、そうした観念が一般化したのは実は一九八〇年ごろからのものだと知って、さわやかな驚きを感じた。

それどころか、著者によれば、童貞という概念のたかだか百年かそこらの歴史の中で、童貞に負のらく印が押された時期そのものが、この二十年ぐらいであるらしいのだ。童貞だって恥ずかしいことなんて、なーんにもない。

著者は本書の目的を、童貞差別とそれを作り出している社会に、異議申し立てをすることだと書くが、それは成功している。使われている資料も多岐にわたり、ていねいに読み込まれている。

疑問点もある。童貞というのはゲイや障害者のような変えにくいアイデンティティーではない。ほとんどの人は童貞から非童貞に遅かれ早かれ移っていく。

では、だれがだれを差別しているのか。非処女を差別することの根底には女性差別がある。だが、童貞差別を言うとき、ある社会集団が別の集団を差別しているということになるのだろうか。

オタクについて分析がないのはさびしい。通文化的な視座が少ないことももの足りない。「童貞」観念の成立にはキリスト教の役割が大きかったはずだが、その辺の記述はわずかである。「童貞」の語のなりたちについて各種辞書が参照されているが、語源の「バージン」がどう漢字に翻訳されてきたかを、古い「英華辞典」にもあたってみる必要があろう。

だが、そんなこんなを割り引いても、この本は性について考え直してみたい人すべてにオススメである。どの世代の読者もどこかの文章で、自分の性意識のありようそのものを見いだしてドキッとすること請け合いである。（ヨコタ村上孝之・大阪大助教授）

（文春新書・760円）＝2003年6月5日⑥配信

メディア状況が生むうわさ　「隠すマスコミ、騙されるマスコミ」（小林雅一著）

根拠の乏しいうわさ話も、メディアに一斉に取り上げられると、あたかも実在することのように、世の中に受け入れられてしまうことがある。

新聞社や放送局といった既存の大手報道機関には、入ってくる情報の信ぴょう性を確かめる二重三重のチェックシステムがあるものの、インターネットの普及に代表されるメディア環境の変化の中で、そのすべは複雑さを増しつつある。

ゆえに、このようなケースは、増加傾向にあるのではなかろうか。

日本で雑誌記者などをしていた著者が、ボストン大学への留学、その後のフリージャーナリストとしての活動をあわせ、通算九年間の米国滞在中に見聞きした米国メディアの揺らぎを、独特の視点から紡いだのが本書である。

「新しいエネルギー源」による乗り物とのうわさ話が、製品発表前にメディアで増幅してしまい、あらぬ期待を持って発売が待たれた二輪スクーター「ジンジャー」や、CGによって作られた女優が主役をはるとの「ありそうな」前評判ばかりが先行してしまった映画「シモーヌ」など、既存のメディアを巻き込んだうわさ話の数々は、いまのメディア状況が抱える本質的問題を露呈していると言える。

もちろん著者が本書の標題で指摘するように、メディア自身がだまされる場合もあるし、意図的かどうかはさておくとしても、メディアの側も共犯関係となる場合もあろう。

普通の人が、偶然居合わせた現場の状況を、インターネットなどを通じて、社会に発表できる時代である。また、私たちが、ニュースを主体的に比較・検討することで、「真実」を吟味する手段も増えた。

著者のいう、そのような「新しいジャーナリズム」の時代だからこそ、私たちには、ニュースを「相対的に眺められる知性」が求められているのである。

もちろんそこでは、既存のメディアの側も、プロフェッショナルとしての目線が、より一層、問われていくことになるのである。（音好宏・上智大助教授）

（文春新書・700円）＝2003年6月12日①配信

悲しみに満ちた在日の歴史　「鬼哭啾啾（きこくしゅうしゅう）」（辛淑玉著）

アメリカの同時多発テロで、旅客機が高層ビルに激突するシーンをテレビで見た瞬間、著者はこれが北朝鮮の犯行だったら明日から街を歩けないと戦慄（せんりつ）したという。そこまで過敏にならなくてもと思われた読者も、本書の読了後には、まったく別の感想を抱くにちがいない。

新聞やテレビでの歯切れのよいコメンテーターとして知られる著者は、これまで自らの半生や家族の歴史をつまびらかにしたことがなかった。が、今回その禁を破って明らかにしたのは、日本と北朝鮮という二つの国家に引き裂かれた在日朝鮮人一家の、「痛ましい」といった形容では到底表現できぬ生き別れの歴史である。

私は以前、これとよく似た物語を読んだことがある。星雲状の記憶に分け入るうちに、ふと思い出した。インドで最下層のカーストからはい上がり、盗賊とも義賊ともつかぬ群盗に身を投じた末、国会議員にまでなった女性の自叙伝である。

差別と暴力のありようが酷似していて、日本は「カーストなきカースト社会か」と思わせられるほどなのだ。日本の学校と朝鮮学校の双方に通った著者は、差別と暴力が、在日社会にもまん延しており、しかも祖父や叔父たちが「楽園」と信じて渡った北朝鮮社会をも深くむしばんでいた恐ろしさを、悲しみで張り詰めた文章で描く。

本書の後半は、中朝国境を旅して、北朝鮮難民や在日の“脱北者”に出会っていく記録である。やり切れない話ばかりだが、難民の子供たちの姿にかつての自分を重ねて笑いあう場面に、著者のおおらかな本領がかいま見える。

ページを閉じて、表紙を見返す。そこには、著者の両親や、北朝鮮で非業の死を遂げた叔父たちの、若き日の輝くような笑顔の写真が、セピア色で浮き出ている。私は、はからずも、太平洋戦争で死んだ母の兄弟が、少年時代に笑って写っている古いアルバムの一葉を目にしたときの、胸締めつけられる思いにとらわれたのだった。（野村進・ノンフィクションライター）

（解放出版社・1800円）＝2003年6月12日③配信

多民族共生へ転換促す　「多国籍ジパングの主役たち　新開国考」（共同通信社編集委員室編著）

本書は共同通信社が昨年一年間、地方紙に配信した連載企画をまとめたものだ。私も京都で毎週楽しみに読んだ。第一回の、北海道の温泉施設で入浴拒否に遭った日本国籍のアメリカ人と、その浴場主が和解し、一緒に入浴する写真を配した記事が印象に残っている。

連載の四十九話が三章に再編成され、多種多様な外国人、日本人の物語がつづられる。万華鏡のように多彩な人材が登場し、「国境」と「国籍」は、時には障害でなく、新しい飛躍を生み出すことを教えられる。

心に残った話をいくつか拾う。アフリカで飢えの最前線で働く日本人は、退避命令に対し「食料を待つ行列ができている。逃げられますか」と言って残った。米軍の空爆は、日本国籍のアフガニスタン人医師に母国支援の非政府組織（NGO）を立ち上げさせた。

米国人とアジア人の間に生まれたアメラジアンは「わたしたちはハーフじゃなくてダブル、半分じゃなくて二倍の力を持つ」と訴えた。

各話に「メモ」として付されたデータは、日本の内なる国際化が深く静かに進んでいることを雄弁に物語る。たとえば、在日ムスリムのためのモスク（イスラム教寺院）は今や全国で約六十カ所に達し、中東は日本の中にもあるのだ。

序章に登場するイーデス・ハンソンさんは、豊かな多文化社会のたとえには、素材が煮崩れるシチューより、個々の野菜が独立してハーモニーを楽しませるサラダの方がいい、と話す。

「いろんな野菜に合うドレッシングが決め手。政策を決める国民の意識がそれでしょ。新しいドレッシングをみんなで作らないと」とユーモアたっぷりに呼び掛ける。

多くの日本人はこれまで、閉ざされた単一民族的な物差しでしか世界を見てこなかった。しかし、本書に出てくるようなさまざまな人々が身近になれば、世界認識の尺度も変わらざるを得ない。変化には困難も伴うだろうが、地球上の民族や文化、宗教の多様さに日本人の目を開かせるに違いない。（田中宏・龍谷大学教授）

（明石書店・1800円）＝2003年6月12日④配信

歴史のはざまを生きる気迫

「台湾俳句歳時記」（黄霊芝著）

黄霊芝は日本語で育ち日本語で表現する台北在住の台湾の作家である。

一九二八年に生まれ、日本統治下で十七年間過ごし、日本人の学校に通った。

「私は終戦により文盲となった」と、言う。

日本の敗戦により、台湾は中華民国に返還され、政府が日本語を禁止したからだ。しかも、すでに文芸の道を歩むと思い定めていた著者は、表現の手段を禁圧されても、一命を賭して日本語の表現者であり続けた。作家となる夢は絶たれたが、幾多の苦闘の末に、俳句と出会い、一九七〇年に台北俳句会を発足。その活動は今に至るも途切れることなく続いている。

この台北俳句会を土台に、九年の歳月をかけて本書は生まれた。なぜ、こうまで日本語にこだわり通したのか。次の言葉が、その答えであろう。

「日本語でしか自分の世界を展現できなかった数々の台湾の戦前の作家たちの、その後に強いられた唖の無念さが私には堪えられないのである」

その無念さの思いが、「台湾俳句歳時記」に結実されている。その意味で本書は、歳時記の体裁をかりつつ、著者の人生を反映させた文芸作品といえよう。

台湾は九州よりやや面積の小さな島だが、気候風土は多岐にわたっている。本書に一筋つらぬかれているのは、台湾特有の季語、季題である。陽暦十月二十五日に行われる「光復節（クヮンフウチエ）」もその一例。「台湾人が日本の植民統治から解放された記念日。そしてもう一つの植民統治がはじまった」日とも記して、

〈光復をしたかと問はれ嗤ひ合ふ　黄霊芝〉

自作の例句をしのばせる。日台の歴史のはざまを生きねばならなかった著者のほろ苦い諧謔（かいぎゃく）でもあろう。

本書が従来の歳時記と際立って異色なのは、三百九十六の季語の選定ばかりか解説まで一人でなされたこと。その執念と気迫はまさしく、創作と呼ぶに値する。いわば歳時記の創造である。

日本独特の歳時記の形式が、異文化を盛りうる器となることを、黄霊芝は見事に証明した。（辺見じゅん・歌人）

（言叢社・2800円）＝2003年6月12日⑤配信

言葉まみれの世を戯画化

「シンクロナイズド・」（三浦俊彦著）

文字を読んで考えるという行為と、道路を歩くという行為は同時に成立しがたいように思われる。二宮金次郎の銅像も今はさっぱり見かけなくなった。

しかし、今日の社会はいたるところに「読む」ものが遍在しているのである。広告、看板、電光掲示板、標識、伝言板、落書き、自動販売機、等々。しかも歩きながら携帯電話を覗（のぞ）き込んでいる奴（やつ）がいるかと思うと、イヤホンで歌に聴き惚（ほ）れている奴がいる。あるいは、歩きながら何事か呟（つぶや）きつづけて目が据わっている奴もいる。

活字離れなどと言われるが、実は現代は恐ろしいくらい活字まみれ、言語まみれなのである。本書はそういう言語まみれの世の中をシュールに、いやスーパーリアルに戯画化した小説集である。

しかしこれは生易しい風刺やパロディーではない。隠された伝言を追跡しながら街を探訪する短編「伝言板」や、路上で配られるポケットティッシュの広告文を蒐集（しゅうしゅう）して“街とつながる”快楽を描いた「ポケットティッシュ」など、本書の作品を読み進んでいくと、日本語の日常の文脈があやしく狂っていくのを感じるであろう。

路上で偶然に交錯する言葉たちは、まったく任意に組み合わせて解読することが可能である。そのほしいままの解読のエネルギーを極限まで発揮する本書は、言語というシステムに取りつかれた一種のマッド・サイエンティストの様相を呈する。しかも、言葉と意味のズレやきしみや、意表を突いた結合に、どこかエロチックな刺激が潜んでいる。

言葉が人間の欲望の源泉だとすれば、言葉の奇怪なつながり方や秘められた真意の探求が、ある隠微な魅力を帯びてくるのは当然のことかもしれない。

これは言語というシステムに取り巻かれた現代の、誇張された冗談やゲームなどではなく、リアルそのものなのだ、と著者は本気で考えている気がする。（清水良典・文芸評論家）

（岩波書店・1900円）＝2003年6月12日⑥配信

現代の母親が背負う闇

「プルミン」(海月ルイ著)

「母親」という生き物が現代社会を生き抜く中で、どのような影を背負い、どのような闇を抱えるか。それが前作「子盗り」から一貫して、著者の挑んできたテーマのように思う。今回は小学校という、より閉塞(へいそく)感の強い社会を舞台にそれが描かれ、読みだしてたちまち引き込まれた。

ある放課後の公園で遊んでいた男児たちに、見知らぬ女性から乳酸飲料が配られる。「プルミン」と呼ばれるそれを口にした一人がその夜死ぬ。死んだ男児は常軌を逸した凶暴性をもつ「いじめっ子」で、彼と彼の母親に対し、クラスのすべての男児とその母親たちは報復を加えたい衝動と動機を抱えていた。いったい彼にプルミンを与えたのは誰だったのか。彼に与えられた死とは果たして“天罰”だったのか。

ある子どもの死を発端に、事件をとりまく母親たちの日常や微妙な人間関係がじりじりとあぶりだされる。葬式に高く髪を結い上げ、“晴れ姿”で臨む担任教師、孤高を貫こうとして陰口をたたかれる母親、せんさく好きが高じてあちらこちらに情報を流し、そこから起きる混乱を楽しむPTA役員…。どの親も決して子どもを思っていないわけではないのに、生活レベルの高低、子どもの成績や能力の違いなど微妙な差異が影を落として、母親たちは互いに行き違い、事件はますます迷走してゆく。

子どもの葬式の帰り、「あんたが殺したに違いない」と被害者の母親になじられたピアノ教師と、彼女をかばう主婦の間で交わされる会話が抑えた調子で、だが美しい。幼くして逝った命を悼む気持ちとそれでも憎むやりきれなさと。その両方で立ち尽くす二人に、世間で広く言われる強さとか優しさとか、そういう一通りのことばではくくりきれない母親という生き物の怖さがある。

一読して著者をこのテーマにかりたてているものにようやく少しだけ思い至った。つまり著者は憤っているのだ。子どもという存在を盾にとり、日々彼女たちに良き母親たることを強いている「何か」に。(宮村優子・シナリオライター)

(文芸春秋・1500円)=2003年6月19日①配信

地球システムの中の人類

「宇宙人としての生き方」(松井孝典著)

右肩上がりに成長を続けてきた我々が、今「環境問題」という大きな壁にぶつかり、逡巡(しゅんじゅん)している。繁栄の一方で、自然を壊し、資源を使えるだけ使い尽くし、この先一体、どうしたらよいのか?　答えを見つけられないまま、我々は不安とともに刻々と拡大を続ける。

本書は、そんな我々人類とは何かを、宇宙的な視野でとらえ直す。百五十億年前のビッグバンに始まる、宇宙の長い歴史の中で、“我々”という存在が持つ意味を考察する。宇宙、そして地球とは、何か?　そこに我々はどのように起こり、何をしたか?　我々とは何か?　そしてどこへ行くのか?　を。

描き出されるのは、「地球」という一個の巨大システムの中での、人間存在のありようである。人類とは、循環メカニズムが安定的に機能するこの星で、そのシステムと調和しない生き方を選び、生き始めた存在。文明が生まれた一万年来、「存在すること自体が地球システムに影響を及ぼす存在」であることが、明らかにされる。

そして地球システムへの影響を、「汚染」と呼んで否定するなら、我々は「種の一つとして生物圏の中に再び戻る以外に解決策はない」ことになる。従来の環境論議が、いかに浅薄で、驕慢(きょうまん)に満ちたものであるかを、本書はきびしく指弾し、巨視的に問題の本質を見極めることを促す。

問題の本質、それは再び「我々とは何か?」という問いかけにある。

一万年前、単に「生き延びるため」ではない生き方を、我々はなぜ選んだか?　我々の目的はいったい何か?　我々は何のために存在するのか?　我々とは何か?—

「我々は未来に対して今、ある選択をすべき岐路に立っている」と冒頭で著者は警告する。我々とは何か?　を、我々がこの生き方を選択したときと同じくらい本質的なレベルで考えないと、「文明のパラドックスを克服してこの地球上で繁栄を続けることができなくなる」と。

人類の未来にとって、あまりにも重要な示唆である。(塔島ひろみ・詩人)

(岩波新書・740円)=2003年6月19日②配信

常識の枠超えた広い世界観

「呪術の知とテクネー」（斎藤英喜編）

超自然的な方法によって思いどおりの事態を引き起こそうとする呪術（じゅじゅつ）は、近代的合理主義によって放逐されたかに見えた。しかし実は、日本の各地で根強く命脈を保っている。

最近ではむしろ、呪術や魔法、霊能力などの超自然的な技術や力への関心は高まり、そうした観念を受け入れる人が増えているようだ。

本書の「シャーマニズムの〈現在〉」と題された座談会でも、インターネットでのネットワークやシャーマンを描いたマンガがとりあげられる。

だが、この座談会で議論の中心になっているのは、研究者としてのあり方だ。なぜシャーマニズムを研究するのか、調査する側と調査される相手との関係、記述の可能性などが、内的告白を伴って検討される。

シャーマン＝精神の痛みを扱う宗教者にかかわる以上、研究者もまた、自分の内面の問題を見つめ直さずには進めない。

こうした方法論へのこだわりは、本書に収められた六本の論文にも反映されている。フィールドに密着し、調査対象と思考や感覚を共有することにつとめながら、それを研究として、どのように記述するのか。

研究対象自体も興味深い。それぞれ、沖縄の民間巫者（ふしゃ）「ユタ」、宮古島の共同体祭儀の神役である「サス」、高知県物部村に伝わる民間信仰いざなぎ流の「太夫」、大阪の民間宗教者「ダイサン」、九州の「地神盲僧」と朝鮮の「経巫（キョンム）」をとりあげ、呪術を行使する宗教者の実践の方法と思考世界を記している。学問的な接近ながら、体熱が伴っている。

どの呪術でもキーとなっているのは、声＝言葉のようだ。呪術者は伝承された決まりの言葉のみならず、さらに自分の言葉を生み出し、神霊に働きかける。その言葉は、思考と経験の凝縮である。呪術とは、言葉を操ることで、異界と人間社会との通路を開く技術なのかもしれない。

シャーマニズムのもつ知と技術（テクネー）は、常識的な枠を超えた、より広い世界観を示してくれるだろう。（坂梨由美子・紀行ライター）

（森話社・2800円）＝2003年6月19日③配信

純粋客体としての無垢

「無垢の力」（高原英理著）

「〈少年〉表象文学論」という副題から人はどんな作品を連想するだろう。戦前の山中峯太郎のような少年冒険小説か。

ところが大違い。著者は「少年＝欲望し行動する主体」との表面的な前提を覆そうとする。それが美少年小説の系譜だ。

同性愛の文脈において、自らが純粋な客体でありたいと願うこと。それはすぐれて日本的なかたちの、無垢（むく）への憧憬（しょうけい）であり、実はその感性こそが、わが国の文学伝統の中に脈々と流れてきたものであり、神話的な思考であったと著者は言う。

前著「少女領域」で、著者は少女型意識というものを提示した。吉屋信子らに代表される濃密な少女小説とはやや違うところで、女性という枠組みにからめとられるのを潔しとしない若い女性が、「少女」とみずからを自認し、「自由」「高慢」をその旗印にした。

野溝七生子、尾崎翠、森茉莉らの小説を手掛かりに著者は、客体性を強いられる女性たちが、それともたれあいつつも抱く「少女型意識」をていねいに掘り起こしてみせたのだが、本書ではその客体性の面が「美少年」をテーマに据えたことで、一挙に明快になった。

折口信夫、山崎俊夫、江戸川乱歩、稲垣足穂とたどってゆき、三島由紀夫を論じる後半は圧巻だ。著者は「理想的客体にとって自我は汚れでしかない」「欲望の主体となることは醜い」という「客体的無垢」への「憧憬の法則」が明治以前の日本には存在したとする。

三島の「仮面の告白」の少年主人公は記憶の中で肥桶（おけ）を担ぐ汚穢（おわい）屋の青年や、殉教図の聖セバスチャンのような、純粋に客体的な存在にひかれる。それは大人びた級友近江の体現する性的欲望の主体性とは対極にあるものであり、その彼に客体として求められたいという夢想が、少年の自己愛を紡ぎ出す。

続く「英霊の声」論ではなんと、美少年と同じくひたすら憧憬される純粋客体として、古来、幼童としての天皇も存在してきたのであると位置づける。しなやかで植物的な文体も、この大胆細心なテーマにふさわしい。（井辻朱美・歌人）

（講談社・2400円）＝2003年6月19日④配信

語り合うための入門書

「『建築学』の教科書」(安藤忠雄ほか著)

日本の建築は世界一流だといわれる中で、どうして日本の都市は美しいとも住みやすいともいわれないのだろうか。経済的には高度成長を遂げた日本社会にあって、都市計画に誇りをもつ人はあまり多くない。

なるほど札幌市のように、計画的に作られた都市もある。ところが最近になって札幌駅には、まるで官庁のシンボルのような駅ビル(JRタワー)が建てられてしまい、それはいかにも北海道の公共事業依存体質を反映しているようなのだ。この駅を利用している私としては、ちょっと恥ずかしい気持ちになる。

戦後日本の都市の貧弱さは、建築に対する私たちの関心のなさにも責任があるのだろう。人々がもっと建築について語り、もっと貪欲(どんよく)な想像力をもって都市計画を考えるならば、やがて都市は美しくなっていくにちがいない。

本書は、そうした関心から建築について考えるための、格好の入門書であるだろう。建築家や環境学者などの多彩な執筆陣が、建築にまつわるさまざまな話題を繰り広げる。中でも読み応えがあるのは、安藤忠雄氏が自身の青春を回顧したエッセー「揺れ動く心」。海外の建築を見て回ることから独学で建築家を志した氏の青春時代は、刺激に満ちた一つのドラマだ。

振り返れば戦後の日本人は「アメリカに追いつけ追い越せ」という至上命令によって、誤った住宅政策に導かれてきたのであろう。本書の中で西澤英和氏は、アメリカで「住宅の耐用年数」を尋ねたところ、「耐用年数って何ですか」と逆に聞き返されて、かなりショックを受けたと述べている。アメリカでは寿命の短い住宅文化など存在しないというのである。

ところが日本では、いまでも年間百万戸の新築住宅が供給され、使い捨て同様の感覚で消費されている。また画一化と低コスト化によって環境は汚染され、職人気質の熟練工が不足しているのが現状だ。いま必要なのは、私たちが職人の技に関心を寄せ、耐久性の高い建築文化を育てていくことではないだろうか。(橋本努・北海道大助教授)

(彰国社・2286円)=2003年6月19日⑤配信

生の神秘を目覚めさせる

「たそ彼れの妖怪たち」(水上勉著)

「たそ彼れ」という見なれぬ言葉は、柳田国男の「かはたれ時」に書かれたものだと、文中にある。もちろん黄昏(たそがれ)のことをいう。「たそがれ」は「誰そ彼れ」である。

夕陽(ゆうひ)が落ち、昼の幕が下りて別世界が広がる意味である。妖怪たちが穴蔵からはい出て来て、いたずらを始める。子どもはそうした世界に敏感である。

「たそ彼れの妖怪たち」は水上勉さんの生まれ故郷、福井県大飯郡本郷村字岡田(現大飯町)の山や谷や森に存在した妖怪たちとの出会いと伝説が語られる「ほんとうのはなし」である。電気もなく、テレビもない生活だからこそ存在した「があたろ」は「子供にとって、もっとも身近な妖怪の一つであった」。「があたろ」は河童(かっぱ)のことだ。

四キロ先に海があるのに、急勾配(こうばい)の山が東南北にせりあがっていて、荒波どきか、寝静まってからしか海を感じられない村の子にとって、「釈迦浜」の波だちは想像力を働かせざるをえなかった。妖怪たちは「子ォとり婆」「子ォとり爺ィ」「赤目の爺ィ」というように、子どもにとって切実な妖怪たちばかりである。妖怪たちは作者の幼年時代に深く入り込んでいった。水上文学の核となる出来事が語られるのである。

「私は兄弟の中でもいちばん臆病者だったので」と書かれたところから立ち上がる敏感な感受性こそ、妖怪たちが生きる場所だったのだろうと思う。「民話はお伽噺的な内容で私たちの心に入った。しかし、この古老や父母の話の中には、いわば、ノンフィクションといってもよいような、村で起きた事どもについての話というものがあった」とあるように、この書の三つの短編は、ノンフィクションの気配がある。

「美濃のおいずる」と「青墓まで」の二作には、作者十三歳、等持院での切実なる小僧時代が語られ、ここでも文学の生まれ出る秘密がのぞく。

真実というものがあやふやになった現代に、妖怪たちは「生の神秘」を目覚めさせようとしているのかもしれない。(司修・画家、作家)

(幻戯書房・2300円)=2003年6月19日⑥配信

懐の深い不気味さ　「オリエント急行戦線異状なし」（マグナス・ミルズ著、風間賢二訳）

アガサ・クリスティのミステリーと、レマルクの反戦小説の題名を合体させた人を食ったタイトルの、この食えない物語の舞台は、避暑地として人気のある英国の湖畔の村。夏も終わり、キャンプ場からはバカンス客もいなくなってしまったのだが、語り手の「ぼく」はもうしばらく滞在した後、東洋への長い旅に出るつもりでいる。そんなある日、キャンプ場の所有者パーカー氏からゲートのペンキ塗りを頼まれ、気軽に引き受けたのだったのだが―。

次々と手間仕事を頼んでくるパーカー氏。常連になったパブではダーツチームのメンバーにまで加えられ、一向に旅立てないでいるというのに、いやな顔をするどころか、どんどん村社会の中に溶けこんでいってしまう「ぼく」。

東洋という外の世界にあこがれていたはずの「ぼく」が“外部”という概念を排除する狭い価値観に支配された村社会に、クモに捕食される虫けらのように取り込まれていく。しかも嬉々（きき）として。そのさまは相当に気味が悪い。

ミルズはこの不気味な展開を、ごくさりげない、ユーモアすら込めたタッチでさらりと活写するのだ。それは、実際には想像を絶する苦痛が覆う中にあって「西部戦線異状なし」と報告された戦争の欺瞞（ぎまん）を、やはり淡々とした筆致で告発するレマルクの小説を思い起こさせる。

どうみても異常な事態が平然と「異状なし」と伝えられる不条理。“ブルーカラー層のカフカ”とでも称したくなるミルズの作品は、アメリカのような強国の押し出す無理が「異状なし」と通っていきかねない現実世界のリアルな寓話（ぐうわ）にもなり得ている。

あらゆる優れた不条理小説がコミックノベルの貌（かお）を持つように、これもまたかなり笑える物語であるにもかかわらず、実はかなり剣呑（けんのん）な世界観を内包しているのだ。村の中に簡単に取り込まれていってしまう「ぼく」は、わたしたちの似姿？　そんな読み方も可能な懐の深い小説である。（豊崎由美・ライター）

（DHC・1700円）＝2003年6月26日①配信

作られた都市のイメージ　「〈パリ写真〉の世紀」（今橋映子著）

世界の都市でパリほど古くから多くの写真家に撮られてきた街はないだろう。私たちが抱くパリのイメージはそれらの写真によって作られた部分が大きい。

本書はパリを写したアジェ、ケルテス、ブラッサイ、ドアノー、エルスケン、カルティエブレッソンなどの仕事を丹念に読み解きながら、写真がこの都市の表象性に果たした役割をたどった労作だ。

著者はパリ写真の草分けをアジェの写真とする。パリの街区や物売りを透徹した目で撮り歩いたアジェは、写真をプリントして売る、いわば路上をスタジオとした写真館主だった。写真の買い手は画家、版画家、挿絵画家、彫刻家、建築家たちで、彼の写真に仕事のアイデアを求めた。現代ならばさしずめ雑誌を買うところだろう。

アジェの没後、つぎつぎと創刊されるグラフ雑誌が写真家たちの新たな仕事場になる。興味深いのはそうした写真家の多くが異邦人だったことだ。その中にはジェルメーヌ・クルルという忘れられた女性写真家もいる。

雑誌の興隆は写真集の刊行という次の展開に結びつく。パリを撮った名作が出版されるが、初期のころは写っている物への関心だけで、撮り手の存在は軽視されている。はじめて作家性を表に出したのはケルテスだった。

また、ことばと写真の関係も探求され、詩人との共同作業や、エルスケンの「セーヌ左岸の恋」のように写真とことばでひとつの物語を編む作業もおこなわれた。

近年、それらの写真は一点ずつバラされて絵はがきになった。パリのイメージは小さなカードに乗って世界の果てまで飛んでいく。ここにパリ写真の大衆化が完結する。

絵画や文学などは作り手の制御する部分が多いが、写真は撮ってしまえば勝手に移動し、思わぬところで受粉する。撮り手の意志を超えて蠢（うごめ）くさまがおもしろく、またそれを可能にするのが欲望原理の働いている都市空間の特徴だ。都市と写真はだから相性がいい。（大竹昭子・文筆家）

（白水社・5800円）＝2003年6月26日②配信

時間の流れ見つめる物語

「猫宿り」(辻章著)

まれにしか外出しない人のもとへも、生け垣や門をこえて訪問者がやって来ることがある。ささやかな訪問は、変化の少ない日常の空気をゆっくりとまぜ返す。毎日が同じことの繰り返し。それでも確かに時間は流れていく。「猫宿り」は時間と訪問の物語だ。

四十七歳になる主人公の嶋夫は、息子の玲とふたり暮らし。狭心症や頭痛の症状に悩まされて神経も弱り、他人との接触を避けるようにして生きている。体調がゆるせば、嶋夫は二階の部屋へ上がり、原稿を書く。それは「詩と革命を考える十五歳の少年の物語」だという。障害と呼ばれるものを生まれつき抱えている二十歳の息子、玲。音楽のテープをきいたり漢和辞典をめくったりすることが玲の日課だ。ふたりにはふたりの生活のペースができている。

嶋夫と玲はあまり出かけない。近くのスーパーへ買い物に出るくらいだ。ある日、そんなふたりの日常に猫の親子が迷いこむ。母猫と三匹の仔(こ)猫は、毎日きまった時間になると濡(ぬ)れ縁にあらわれるようになる。雨でも。嶋夫は猫たちを歓迎する。

訪れるのは猫ばかりではない。電話はいつでも突然鳴るが、鳴って、嶋夫はきょう子の訪問を受けることになる。三十年前、高校生だった嶋夫が恋した、二歳年上の女性だ。猫のように気まぐれな訪問。はじめ、多くの読者はきっとそんな印象をもつにちがいない。

きょう子の訪問にこめられた思いが明かされるのは物語の最後にさしかかってからだ。きょう子は自分の娘の障害と日々のとまどいを嶋夫にあてた手紙で打ち明ける。

猫たちには「自分たちだけの思いでつくっている」時間がある。嶋夫にも玲にも、そしてきょう子にも「自分の思いでつくって来た」時間がある。「自分の思い」で時間を積み重ねれば、それが生活になっていく。だれかに会うということは、その人の時間そのものに会うということだ。この小説はそれを思い出させてくれる。「猫宿り」は時間の流れを、庭木のようにじっと見つめる物語だ。(蜂飼耳・詩人)

(河出書房新社・1800円)＝2003年6月26日③配信

米国の「搾取工場」の実態

「窒息するオフィス」(ジル・A・フレイザー著、森岡孝二監訳)

アメリカのサラリーマンもこうなのか、というか、アメリカだから、というべきか、この本に登場する大企業ホワイトカラーたちの働きぶりは、過労自殺大国の日本よりもはるかにすさまじい。

たとえば、ニューヨーク郊外に住んでいるマーケティング担当の女性管理職は、昼食時間でも、外にでることができないばかりか、自宅に帰っても、メールとファクスで仕事をつづけている。自分の仕事に価値があるのかどうか、わからない。

彼女のささやかな喜びとは、帰宅の電車が、グランドセントラル駅を出て、地下を抜けるまでのごく短い時間、携帯電話を使えないことである。

「ホワイトカラー・ブラックホール」との言葉を、この本ではじめて知った。リストラ、レイオフ、派遣、吸収合併などによって発生した「非正規労働者」の大群が雇用に巨大な穴をあけ、「社員」たちのストレスを高進させている。そのこころの凍るような実態は、日本の明日の姿でもある。

労働条件のひどさは、企業によってちがうので、それをテーマにした本は、とかく誇大にわい曲したものとして受け止められがちである。それを回避するため、著者は四年をかけて、ひろい産業分野でオフィスの変化を取材しつづける、という手法をとっている。

アメリカでは、全労働者の八・八パーセントにあたる千百万人が週に六十時間以上働いている、という。この本に登場する主人公たちの労働がますます厳しくなっているのは、「収益至上主義」「株価至上主義」に歯止めがかからないからだ。

「搾取工場」という激しい言葉が頻出するのだが、著者は「ニューヨーク・タイムズ」などで金融記事を書いている記者で、運動家ではない。それでも、ホワイトカラーの抵抗と労組結成の必要性を示唆している。

あまりにもひどい企業では、インターネットによる告発、投資のストップを呼びかける運動などがはじまっている。戦争大国の内側で、人間的な職場をもとめる動きは、これから活発になりそうだ。(鎌田慧・ルポライター)

(岩波書店・2300円)＝2003年6月26日④配信

熟達した一人語り

「文豪たちの大喧嘩」（谷沢永一著）

これは、「文豪たちとの大喧嘩（げんか）」だ。著者は明治を代表した論客たちに一人で立ち向かう。そして、森鷗外・坪内逍遙・高山樗牛（ちょぎゅう）の三人が、華麗で不毛な論壇という戦場に挑んだ戦略をあぶり出す。すると、彼らの人間性だけでなく、明治以降の知識人に共通する欠陥が見えてくる。

著者が照準を定めている真の敵は、日本文化を停滞させながらも勢力を維持している知的エリート集団なのだ。

彼らの多くは西欧思想の観念的で抽象的な受け売りに終始し、具体的な作品内容や人間分析に入れなかった。著者の採点は逍遙にやや好意的で、鷗外に対して最も厳しい。創見もなく帝大の権威に安住し、欧米理論を素早く安直に紹介する「ミニ鷗外」タイプへの怒りは、さらに激しい。

独創的で人間的な文明史観の必要性を説く著者は、「引用」を排除し、自らの言葉で言い換えるという戦略を採用した。これは、引用文の長い近代評論のスタイルへの宣戦布告である。

著者の熟達した一人語りによって紡がれた本書は、さながら物語の観がある。司馬遼太郎のように、印象的な文壇秘話をいくつも繰り出し、読者の関心をそらさない。エピソードの列挙は、「えせ知識人を撃つ」という本書の主題を、側面から援助している。

ここには、完成した評論と研究のスタイルがある。しかし、著者があえて引用しなかった原文の解釈を根拠として、未来を切り開く「論争」が始まる可能性がある。

著者と同じ流儀で明治の文豪の長所と短所を具体的につかみ取りつつも、その成果を著者とは異なる物語に紡ぎ上げ、かつて高山樗牛が「鷗外老いたり」と攻撃したように、果敢に論争を挑んでくる若手の出現を、著者は手ぐすね引いて待っている。

読みの深さと構想力の独創性とが論点の論争が広範囲に巻き起こるとき、わが国で初めて実りある論争の火蓋（ひぶた）が切って落とされるだろう。（島内景二・電気通信大教授）

（新潮社・1900円）＝2003年6月26日⑤配信

機知と挑発の会心の書

「輝く日の宮」（丸谷才一著）

著者が十年ぶりに書き下ろした会心の作。半世紀以上に及ぶ小説家、古今の世界文学の批評家、翻訳者としての経験が無理なくこの一冊に積み込まれている。種々の文体を駆使した文章は闊達（かったつ）にして機知に富み、すぐれて挑発的でありながら、一気に読ませる。

主人公は女性の国文学者だが、魅力的な現代人であり、因循（いんじゅん）で、新風を嫌う閉鎖的な学問の社会に抗しながら成長する過程が精密な透視図法のようにしてとらえられている。現代批判の書であると同時に、小説による小説論、高級な風俗小説でもある。

才気煥発（かんぱつ）なこの女性は脱領域の国文学者で、芭蕉の「奥の細道」の主題と、欠落した「輝く日の宮」の章をめぐる「源氏物語」の生成論について、学会を仰天させる新説を唱えるかと思えば、「源氏物語」の小説を書く才女であり、恋人と奔放な逢瀬（おうせ）と別れを経験する人である。すべてが同時進行に展開し、時空の物理法則も大胆に踏みにじり、千年の単位をいとも簡単にワープする。さまざまな年表と年号を登場させたのは新機軸である。

しかも古代から現代にまで通ずる御霊（ごりょう）信仰の意味、宮廷内の「物の怪（け）」と「もののあはれ」や、執筆に必要な高価な紙とその所有者の関係、あるいは和漢の古典読解に不可欠な文法や修辞的知識など、多数の興味深い問題が鮮やかに解説されている。ぜいたくな書物である。

ジョイスの「ユリシーズ」翻訳でさまざまな文体模写を試みた著者は一方で、硬直した文学観を打破するために、「梨のつぶて」「後鳥羽院」や「日本文学史早わかり」などを書いてきた論客である。「源氏物語」に関しては、大野晋との共著「光る源氏の物語」があり、本書はその続編といえよう。

著者の「日本文学史」の持ち味は散文だけでなく古代和歌の精緻（ち）な読解にあった。その意味で、本書は小林秀雄のライフワーク「本居宣長」に対する批判の書である。小林は「源氏物語」の根幹をなす和歌をついにとらえることに失敗したのだから。（樋口覚・文芸評論家）

（講談社・1800円）＝2003年6月26日⑥配信

日本流山水画の誕生たどる

「山水思想」(松岡正剛著)

山水画を知らない人はいないと思うが、取っつきにくいと考える人が多いのではないか。

言葉どおり山水画とは、自然を主題とした中国起源の絵画様式だが、写実的な風景画ではなく、どこか哲学的なにおいを漂わせている。その意味は茫漠(ぼうばく)として広く、いわば山水画は「中国人の人生観そのものを象徴している」(マイケル・サリヴァン)。

山水画が日本に入ってくるのは、古くは奈良朝にまでさかのぼるが、時代を下り十五世紀になると、天章周文という臨済宗の禅僧のように、朝鮮に渡って水墨画を学んだ人物も現れ、日本山水画を生みだした最初の人物と目される。

ここにようやく日本独自の画風が生みだされることになり、周文の弟子の雪舟は、やがて明代中国に渡って研さんを積み、まったく新たな山水画の世界を築きあげるのだ。

しかし室町時代になると、画家たちが一種の中国趣味を捨て、はっきり日本独自の山水画を志向し始めるのには、どのような意味があるのか。

本書は、山水画における日本的なるものの多角的な考察といえるが、文章に従って日本山水画の流れをたどり直してみると、あらためて雪舟や長谷川等伯の試みが、単なる絵画の革新にとどまらない大きな問題をはらんでいることが分かってくる。

これを本書の言葉でいうなら「ここには日本感覚や日本流をあらわすための〈方法〉が生まれてきたのである。方法が先に生まれ、そしてそれに日本的な主題がついていった」というわけで、その方法が絵画のみならず華道や茶道、建築などにも波及していたと著者は考えている。

中国的なるものの日本的なるものへの移行、あるいは「単なる模倣から絵画の編集への冒険」、その方法が画中に秘められている。

本書のまなざしは、古代中国から現代美術にまで及び、多くの文献を博捜するが、その力点はなにより、雪舟と等伯における日本という方法の発見にあるだろう。まずは画集などを手元に引き寄せて、本書を味わいたい。(松枝到・和光大教授)

(五月書房・4700円)=2003年7月3日②配信

最新の遺伝学を明快に解説

「リンカーンのDNAと遺伝学の冒険(I・II)」(フィリップ・R・レイリー著、高野利也訳)

身長が非常に高く、手の指が異様に長く、内臓の疾患もあり、あまり長生きはできない「マルファン症候群」という遺伝病がある。リンカーン大統領は、この病気だったのかもしれない。

現在、マルファン症候群を引き起こす遺伝子が解明されつつある。それでは、リンカーン大統領の遺体の一部から、遺伝子検査をすることには意味があるだろうか？　彼が生きていたら、この検査を希望するだろうか？

犯罪捜査に遺伝子鑑定を使うことは、かなり普及してきた。これによって真犯人が逮捕されることもあれば、万に一つの確率で人違いが起こることもある。しかし、冤罪(えんざい)がまたたく間に晴れることもある。それでは、国民全員の遺伝子情報を警察が持つべきだろうか？

ゲイの遺伝子、アルツハイマー病の遺伝子、数学の才能の遺伝子。およそどんなことにも遺伝子は関与している。しかし、遺伝子は決して、ある性質を決定づけるわけではない。環境と複雑に相互作用し、ある確率で影響を与える。

遺伝子に関する知識が増えるとともに、さまざまな遺伝子関連技術が長足の進歩を遂げた。その結果生まれてきた問題の多くは、人類がこれまでに直面したことのない、困難な問題である。ところが、遺伝現象に関する基礎的な知識も、まだ一般に浸透しているとは言いがたい。本書はこの現状に対処するため、先に紹介したような二十四の話題を取り上げながら最新の問題を検討する読みやすい科学ものだ。

医師であり弁護士でもある著者は、基本的に科学の進歩を肯定し、このもろ刃の剣をうまく扱う英知を探ろうとする。科学をただ不審の目で見て警告するのではない。

どのテーマも面白く語られ、読み始めたらやめられない。しかし、人間は、自らを作り上げている情報を自ら使いこなすことが、果たしてできるのだろうか。運命が完全に不可知ではなくなったとき、人間はそれでも、未来を信じて幸せに生きていけるのだろうか。(長谷川真理子・早稲田大教授)

(岩波書店・各3000円)=2003年7月3日③配信

ユーモアに満ちた冒険作　「FUTON」（中島京子著）

田山花袋の「蒲団（ふとん）」といえば、日本の自然主義小説の代表作であり、中年の小説家が家に迎え入れた女弟子に恋して、彼女が若い男のもとへ去ってしまった後に、その使っていた蒲団に顔をうずめて泣くという“情痴（じょうち）”ものとして有名である。しかし、実際にこの小説は今日どれほど読まれているのか。

作者はこの「蒲団」を読んで、その作風が決してじめじめした暗い情けない男の告白小説ではなく、むしろ滑稽（こっけい）でユーモアにあふれるものであることに気づき、そこからあらたに現代の小説としてよみがえらせた。

この「FUTON」は、アメリカで日本の近代文学を研究するデイブ・マッコーリーという教授が、エミという「華奢（きゃしゃ）で毛のない四肢と漆黒の長い髪」が美しい女学生に恋をするという設定である。

彼女はデイブが教えた学生のなかではいちばん頭の悪い部類に入っていたが、そのきめ細かい肌を指先からなでさすり、のぼっていった先にある彼女の脇の下は素晴らしかった。「FUTON」の主人公はかくして、蒲団ならぬエミの脇の下に顔をうずめて恍惚（こうこつ）となる。そして、彼女に振り回されながら「蒲団の打ち直し」と題する文章を書いたりするのだが、これはオリジナルの「蒲団」ではほとんど扱われていない小説家の妻の存在がクローズアップされて、この「明治の女」の視点から、百年前の小説が書き直されるのである。

そして「蒲団」が書かれた前年、明治三十九年生まれのウメキチ（エミの曽祖父にあたる）の人生が、もうひとつの物語として重なる。九十五歳のウメキチの存在は、そのまま日本の近代史・戦後史が背景となり、この小説の時空間を立体的なものとしている。

いわゆる「蒲団」の単なるパロディーではなく、新しい日本語のスタイルをつくろうとした明治文学の読み直しが、現代小説の言葉の可能性を拓（ひら）いてみせた。知的なユーモアに満ちたこの作品は、新人ならではの冒険作である。（富岡幸一郎・文芸評論家）

（講談社・1600円）＝2003年7月3日⑤配信

本が生き延びるためには　「出版ルネサンス」（佐野眞一・田中秀幸・四元正弘・境真良著）

よく「活字離れが進んでいる」などと紋切り型でいわれる。しかし、読書が盛んかどうかと、本が売れる／売れないは、別の事柄だ。ついでにいうなら、出版社や書店がもうかっているかどうかも。だが、これらは混同されたまま話題にのぼることが多い。

本書は、ノンフィクション作家の佐野真一氏をはじめ、大学やシンクタンクの研究者、官僚による出版産業の現状分析と未来への提言の書である。基になったのは経済産業研究所が昨年発行した「出版産業に関する商慣行改善調査研究報告書」で、これに加筆・訂正をし報告者四人による座談会を収録したもの。

この本が画期的なのは、「本」そのものや「読書離れ」ではなく、あくまで「出版産業」を対象とした点にある。こういうと、出版をビジネス扱いすることに抵抗感を持つ人もいるだろう。しかしビジネスにならない出版は続かないし、続かないものは文化にならない。文化であるためには産業として生き延びなければならない。

本が売れなくなった理由として、よく「携帯電話に食われたから」といわれる。だがそんな単純な話ではないことが本書を読むとわかる。リサイクル型の新古書店や漫画喫茶が登場するなど、書店や出版社の売り上げにならない「読書」が増えている。百円ショップでも本が売られ、インターネットの普及など情報環境が激変する中で、書籍や雑誌の存在感は相対的に薄れてきている―などの事実が指摘される。

焦点の一つは、再販制と委託制という日本独特の出版流通制度である。このシステムはもともと文化を守るためではなく、小売店保護のためにできた。だが、当時とは出版産業が置かれている状況も、書籍や雑誌の社会的ポジションも違っている。結果的に制度の硬直化が出版産業を脆弱（ぜいじゃく）にしている点は否定できない。

ならばどうするか。多様な取引形態が共存できるような、もっと柔軟な思考が必要だろう。そうしなければ本だって生き延びられない。（永江朗・フリーライター）

（長崎出版・1600円）＝2003年7月3日⑥配信

未知の他者を求める文豪　「谷崎潤一郎と異国の言語」(野崎歓著)

本書は、谷崎潤一郎のおびただしい作品群のうち、従来ややもすれば等閑視されがちだった大正期の短編に主としてスポットを当て、それらがある意味で彼の作品世界の核心的な位置を占めるゆえんを解き明かしていく。

例えば、作家自身をどこかほうふつとさせる「ヘエル・タニザキ」が、ドイツ人(実はオーストリア人)のG氏にフランス語の個人教授を請う。

そこで繰り広げられる、徹底した違和と齟齬(そご)の体験、とりわけ文法と会話の乖離(かいり)のもたらすこっけいさは、それ自体、異文化体験や外国語学習にまつわる諸問題をすぐれて身体的なレベルであぶり出す。だが主人公のマゾヒスティックな西洋崇拝は、やがて露呈する教師の堕落、性的不行跡によって裏切られる(「独探」)。

エキゾチシズムは、もっぱら西洋へのあこがればかりではない。「己は一生日本語は話さない」と豪語し、中国語、中国服で暮らす奇妙な男。それは、途方もない「反日本語の夢」をすらはらむ(「鶴唳」)。美味なる中国への欲望は「美食倶楽部」などの作品に紛れもない。さらにはインドや魔術の世界という「異界」を軽々と逍遥(しょうよう)する(「ハッサン・カンの妖術」)。

文豪はまた、フェティシズムを可能にする装置としての映画に熱狂し、ボードレールやワイルドの翻訳家としても知られるが、著者はそのことの真の重要性にも説き及び、日本的とされる「卍」の、翻訳にも比定し得る言語実験を検証する。

これらの作品の根底には、それが異国や外国語であれ、女性であれ、未知なる「他者」の魅惑に抗しきれず、その誘惑にかられて、自らを全く異なった主体へと変容させたいと強く希求する谷崎の願望がある。著者は、楽しみながらそうした欲動に心底、同調し、その悦楽を文字どおり追体験させてくれる。

氏はフランス小説や映画の良き水先案内人としてつとに高名だが、健啖(けんたん)家にも似た文豪との相性もまた抜群である。(伊東貴之・武蔵大助教授)

(人文書院・2000円)＝2003年7月10日①配信

巧みで、人を食った筆致　「ヤクザ・風俗・都市」(朝倉喬司著)

世相・風俗が描き出す日本の現代史—本書を一言でまとめると、そんなところか。ヤクザとヒッピー、パンチパーマ、松田聖子から少年犯罪。一見雑多な題材に、移り変わる時代を感じる。

米国で九年間を過ごした私は、本書を一読し、ある感慨に打たれた。すなわち、この期間にすっかり勢いを失った日本経済に代わり、「カラオケ」「ポケモン」「携帯電話」などが、日本の新たな代名詞となった。

「援助交際」をはじめとする日本の性風俗は、昨今の外国メディアがしばしば取り上げるトピックだ。平穏で退屈な日本社会の中で、恐らく風俗・社会現象のみが、突出した事柄として海外の関心を集めているようだ。

実際、外国人から見ると、日本の「フーゾク」はユニークな国民性を帯びており興味深いという。本書が何げなく描写する「ラブホテル従業員の仕事振り」からも、それがうかがえる。

「(前の客が部屋を出ると)浴室係はバスタブに直行、手早く水を抜いて、スポンジに薬剤をつけてクルクルッと、これも素人からみれば神技みたいな素早さで洗い流し、最後に熱いお湯をざっとそそぐ。ここがひとつのコツで、ヤケドするくらいのお湯だと、流し終わったときに瞬時に乾くのである。バスタブに水滴が残っているようでは『失格』…」

いかにも日本人らしい一徹な職業意識は、こんなところにまで発揮されるのかと、読んでいて胸が熱くなる思いだ。

本書はこんな風俗現象に「手探り」の解釈を与え、「歴史への触感」を得ようとする。「援助交際」経験者の少女にインタビューした著者は、「『クロ』＝クロウト＝に限りなく近く、しかし意識は一〇〇%『シロ』という、双方の対峙線を自己の身体に内在させてしまったかのような、…史上類をみない"境界的人格"がいま、水商売の領域に押し出されようとしている」という、しかつめらしい結論を導き出す。

フーゾクにこれほど深遠な解釈を下せる人は、そう見当たるまい。巧みだが人を食ったような筆致に、苦笑いしながら読了した。(小林雅一・ジャーナリスト)

(現代書館・2400円)＝2003年7月10日②配信

肌で考える名優の感　「きょうも涙の日が落ちる」（渥美清著）

渥美清と、一度だけ話したことがある。詳しくは拙著「映画　この話したっけ」（ワイズ出版）をご参照下さい。

眼目は、試写室の前の交差点を渡ってきた老人が、松竹の戦前の二枚目、藤井貢で、いつの間にか私の背後に居た渥美が「藤井さんも結核で、療養生活が、ぼくらよりずっと長かったんですョ」。で、再びすっと去ったこと。渥美にとってみれば、さっき声をかけてきた、だれとも知れぬ私に、である。

短絡に過ぎる考えかも知れないが、長い入院と、片肺を失ってからも“丈夫で長持ちする”イメージを維持するため、ひそかに身をいたわり続けたことが、私たちが見てきた渥美の芸風、人生（人間）観の根底にあったのではなかろうか。世帯を持つことへのためらいも、私生活を見せなかったことも、そこから発しているような気がする。

彼のエッセー、対談集である本書が、「ブワナ・トシの歌」（一九六五年）のアフリカロケ体験談から始まるという配列がいい。渥美清の“肌で考える”感覚が、よく出ている。

対談では、同じ結核療養体験のある吉行淳之介との、結婚観にも及ぶやりとりに深い実感があり、吉行の「（結婚は）やめたほうがいいです。おやめなさい」という結びに苦笑してしまう。

加藤芳郎の場合には、これは渥美が芳郎漫画のファンらしく、大乗り気で“札つき”だった若き日が、生き生きと語られる。「男はつらいよ」の、TVシリーズから映画の初期にかけての、あの感じがよみがえる。

ハロルド・ロイドの作品を見て淀川長治、和田誠両氏と交わす会話は秀逸。ロイドを「首筋に哀れさがあるとか、ホッとした眼に喜びを表すとか」ではなく、「ただただ『体技』に徹底しているというところがすごい」と評価するあたり、いかにも“芝居人”渥美だな、と、あらためて感じ入るのである。

不世出の役者の肉声を後に残す、貴重な資料でもあるだけに、題名等の間違いらしい個所が目につくことが気になった。（森卓也・映画評論家）

（展望社・1600円）＝2003年7月10日③配信

米社会の自由の危機を問う　「アメリカ、自由の名のもとに」（ナット・ヘントフ著、藤永康政訳）

「イラクの自由作戦」と銘打って展開した、アメリカのイラク攻撃だったが、自由はアメリカ合衆国だけの専売特許で、他国へ「輸出」できるアメリカ合衆国の「優良商品」なのだろうか。

本書は、ジャズ評論で名高いナット・ヘントフの主に社会評論を集めた「ナット・ヘントフ読本」（二〇〇一年）に、9・11以降に発表されたエッセー五編をあわせて訳出した。そこに共通するテーマは、米国憲法修正第一条である。修正第一条は、国教の樹立の禁止、自由な宗教活動の保障、言論の自由などを定めている。建国の父祖たちは自由を守る難しさを十分に認識していた。

たしかにアメリカは、民主主義の理念を基盤にしているが、二十世紀の後半だけでも、修正第一条を脅かす事件・訴訟がいかに多く起きているか。いわばケーススタディーのようにヘントフが取り上げる事例を読みながら、アメリカ社会の隅々で日常的に自由が危機に晒（さら）されている状況が、よく見えてくる。

一つの例は、アリゾナ州立大学が管理するアパートで起きた事件である。ある部屋の前に、家事手伝い募集の張り紙があり、「黒人は写真添付不要、みんな同じ顔をしているから。本年度の収入見込み（窃盗・失業保険・福祉給付金）を明記」と書かれてあった。

差別主義を助長する張り紙を問題にした黒人学生は、それを張った本人と話し合い、外させたばかりでなく、このアパートでアフリカン・アメリカンに関する夜間授業を開き、やがて大学のカリキュラムに多文化主義の授業が少ないという共通認識へ至らせた。

たとえば、十七世紀にマサチューセッツ州セイラムで起きた「魔女狩り」では証拠もなく魔女と名指しされた人々が処刑された。自由勝手な表現は、中傷誹謗（ひぼう）の集団ヒステリーを引き起こしやすい。だが、考えを共にしない相手にも表現の自由をまず認める。その上で共生する状況をいかに生み出していくか。共生を認めない戦争は人殺し以外の何物でもないことをヘントフは強調している。（荒このみ・東京外国語大教授）

（岩波書店・2900円）＝2003年7月10日④配信

現実と幻想の濃密な世界

「人形の旅立ち」(長谷川摂子著、金井田英津子画)

神社の巨木の根元に打ち捨てられた古いお雛(ひな)さまたち。いつの間にか消えてなくなるそのお雛さまの行方は、ぽっかりとあいた木の洞(うろ)だった。洞の中には、まばゆいばかりの海が…。

まっ青な海に、次々に飛びこんでいくお雛さまたちの姿が、息も止まるほど美しい。翻る金糸銀糸の裳裾(もすそ)に、飛び散る光の滴。壇ノ浦の平家伝説を思い出さずにはいられない。

作者の長谷川摂子は「めっきらもっきらどおんどん」で知られる童話作家。宍道湖のほとりの平田という町で、天保年間に建てられた座敷のある旧家に育ったという。

来年還暦を迎える作者の、子ども時代の思い出を核に紡がれた短編が五編。それが「昔はよかった」という単なる懐古趣味に陥っていないのは、そこに創造の秘技が働いているからだろう。

自身の体験という核は、濃厚な想像力の海に浸され、表題作の胚胎(はいたい)から二十余年を経て、みごとな結晶となった。

人魚の肉を食べて不死となった八百歳の旅芸人の嘆き。市松人形のような姿で、あの世とこの世を軽々と行き来する十歳で亡くなった叔母。現実と幻想とがやすやすと地続きに存在する濃密な世界が、緻密(ちみつ)な文体で周到に描きこまれ、驚くほど鮮やかに目に映じる。

奔放な想像力がしっかりと地についているのは、二十余年という歳月のせいだろうか、それとも島根という古き神々の土地の力だろうか。

文体に引けを取らない細密な描写で描かれた金井田英津子の挿画もすばらしい。

レイアウトも綿密に作りこまれていて、言葉と画とが呼応し、工芸品のように美しい世界が構築されている。この本そのものが、螺鈿(らでん)をちりばめた麗しき小箱のようだ。

軽さを意識したのか、濃密な内実を反映していない表紙の装丁が残念。肝心の物語に、物語性が希薄なのも物足りないが、それを差し引いても、近年まれにみる、ずっしりと手応えを感じる一冊だ。(寮美千子・作家)

(福音館書店・1700円)=2003年7月10日⑤配信

豊かな生物リズムの世界

「生物時計の謎をさぐる」(ジョン・D・パーマー著、小原孝子訳)

夜寝て、朝起きる。この私たちの生活リズムは、部屋を一日中真っ暗にしたり、室温を保っても、規則的に繰り返される。一日周期の活動を生み出す生物時計が、体に備わっているからだ。

この生物時計は、腕時計とは違い、人間だけの持ち物ではない。本書は、人間も含むさまざまな生物の多彩な生活リズムを実に面白おかしく紹介し、生物時計の意義や仕組みを解説している。

カニは、満潮時は砂の下に身を潜めているが、干潮になると磯や浜でガサゴソ動き出す。オジギソウは、葉を昼間開き、夜は折り畳む。こうした動きは、潮や太陽光との関係で理解されがちだが、それだけではない。

潮の流れから断絶した実験室のバケツ内でも、カニは干満の時間帯に合わせて行動をする。生物時計のリズムだ。ちっぽけな水中のプランクトン(ゾウリムシ)の一種に至っては、なんと夜と昼で性を毎日逆転させる。

著者は、海洋生物を中心に、長年このリズムを観察してきた米国の研究者である。ドブさらいをしながら水生生物のリズムを発見する様子など、経験談もふんだんに交えた語り口はウイットに富み、時に噴き出しながら引き込まれる。

生物時計を知るのが、いかに生活にも大切か。睡眠不足による重大な人身事故は典型的事例といえる。海外旅行の時差ぼけは、体内時計と外界の時刻が食い違うゆえだ。

時差ぼけ対策は旅行ガイドにあるかもしれないが、がんや高血圧、ぜんそくなどの患者が薬を飲むのに最も効果的な時間帯が生物時計で決まっているのを知ったら、多くの読者は驚くだろう。

世界中の研究者が今、生物時計の刻む時が周囲の環境と同調する仕組みを遺伝子レベルで調べている。生命が地球環境と調和して付き合ってきた様子が今後、より深く明らかになるだろう。

豊かな科学の世界に「生物の勉強は暗記ばかりでうんざり」と思っていた読者も導いてくれそうな、愉快で良質な啓もう書だ。(岩崎秀雄・名古屋大学大学院理学研究科助手)

(大月書店・2400円)=2003年7月10日⑥配信

変貌ぶりを多角的に照射　「映画女優　若尾文子」（四方田犬彦、斉藤綾子編著）

一昨年の冬、豪雪の下北半島を歩いた。NHKのドキュメンタリー番組「サヨナラだけが人生だ」で、師匠の川島雄三監督との思い出話を歩きながら語った。この番組全体のナレーターが若尾文子さんだった。

学生時代に師匠の弟子になり、シナリオのせりふを大阪弁に直したり、共同執筆をしたりしているうちに、師匠に従って小道具や大道具を手伝った時、大映の「雁の寺」で若尾さんに会った。

といっても距離を置いて撮影を凝視していたにすぎないが、この時、師匠が若尾さんにほれ込んでいるなと感じた。いや、監督として女優・若尾文子を自分だけのものに変貌（へんぼう）させようという欲求が見えた。それは増村保造監督が描く若尾像とは対極にある女優を、創作しようという野心だった。

「映画女優　若尾文子」を読了した時、この半世紀前の師匠の情熱というよりも怨念（おんねん）の所在が明確に浮き上がってきた。監督と女優、人間（にんげん）対人間（じんかん）のすさまじさを秘めた静謐（せいひつ）が語られている。

一人の女優を巡って二人の、いや、若尾文子を演出したどの監督も俳優として自分好みの演技を引き出そうとしたが、誰も成功したという十分な満足度を得ないで別れていく。そこで再度彼女の登場を促すことになる。

増村は肉薄する。川島は退くか俯瞰（ふかん）の構図で自分の絵柄に若尾文子を封じ込もうとするが、いずれも女優の演技（虚構性）は完成しない。そしてまた…若尾文子と融合しようとする。結局、監督は自分と格闘しているのがわかる。

この一作は丹念にこの状況を女優・若尾文子を軸にして描いている。若尾評、若尾伝、若尾女優歴の形をとりながら、今までの俳優の記録には見られない一人の女優の紡ぎ出す絹糸の微妙な輝きを語り尽くす。

一匹の小さな蚕がいて、作品という桑の葉を食いながら、成長してまゆに入り、どろどろに融解しさなぎになり、成長してふ化して蝶（ちょう）にも蛾（が）にも変貌する女優を多角的に語っている。（藤本義一・作家）

（みすず書房・3600円）＝2003年7月17日①配信

敗戦後の日本文学史　「伝説の編集者　坂本一亀とその時代」（田邊園子著）

作家にとってなにが幸運かといえば、いい編集者に巡り合うことがいちばんである。その編集者に文学にたいする情熱があればあるほど、作家は触発されるしいい作品を書こうと奮起する。編集者と作家の内から発する情熱が合致したときにいい作品が生まれる。

逆に自分にも作家にもあまい編集者に出会ったときの、作家ほど不幸なものはない。きびしい編集者というものは、ものを見る目を持っているということにもなるし、作品にたいしておもいきった決断や判断ができる人物だということにもなる。

戦後、名編集者だといわれる人は何人かはいるが、その誰もが自分にも作家にもきびしい目をむけていた人たちのはずだ。ここに書かれている坂本一亀氏も、名物編集者として伝説の人だが、本書は、彼の編集者としての人生をつづったものだ。

坂本氏は戦後の文学の世界で、野間宏「真空地帯」、椎名麟三「赤い孤独者」、三島由紀夫「仮面の告白」、高橋和巳「悲の器」など多くの作品を世に送り出した。本書は「編集者はサラリーマンであってはならない」、あるいは戦争で生き残り、その余命を文学にささげているのだという一家言を持った人物の輪郭をはっきりとさせ、読み応えがありおもしろい。

それは著者が主人公の下で働いていた人物であり、毎日つぶさに見ていたということもあるだろうが、なによりも人間・坂本一亀に興味を持っていたということにほかならない。

個人的には編集者と作家の、文学を通じてのいい交流がここにあり、うらやましいなという感慨を持ったし、文学に一生を賭けた人間たちの人生が見えて、こちらも小説家の端くれとして深くかんがえさせられるものがあった。

坂本一亀という伝説の編集者を描いているが、ひとりの気骨ある編集者の、文学にたいする熱いおもいと努力によって、敗戦後の日本文学が構築されていったという歴史も見逃すことができない。戦後の文学史としても読める。（佐藤洋二郎・作家）

（作品社・1600円）＝2003年7月17日②配信

ファンの胸に生きる文化史　「南海ホークスがあったころ」(永井良和・橋爪紳也著)

南海ホークスという響きは懐かしい。もうよほどのことがない限り「南海」に接することはあるまいとあきらめていたら、本書に出合った。二人の著者が南海ファンと知っただけで、旧友に会う空気が生じてくるから不思議である。

きっと南海ホークスへの郷愁がぎっしり詰まっているのだろうと考えたが、そうではない。黄金期を彩った花形選手への追憶、チームが斜陽の時代に過ごした落胆の日々…。それらはさらりと流している。押しつけがましくない。

もし物足りないなら、読者それぞれの思い入れを色付けし、独自の南海に仕上げてください、という懐の深さがのぞいている。巨人に象徴される対中央への対抗意識。偏重されるセ・リーグに比べ、語られることの少ないパ・リーグへの思いやり。これらをちらちらとのぞかせながら、ファンの視点からとらえた球場を取り巻く環境などを実証する。応援という行動も分析する。

かつて南海が本拠地とした大阪球場でウイットに富んだやじが人気を博した。十分に吟味したやじを用意していたという。

そこで思い出した。南海の敗色が濃くなると、約束事のように紙飛行機がスタンドから飛んでくるのだった。ゆっくりと旋回し、グラウンドに着地するまで、観衆も選手も見詰めて待った。当時の鶴岡監督は「あれはこたえる」と無言の抗議に苦笑するばかりだった。ファンとのこんなほほ笑ましい勝負は他球団にないものだった。

現実として西鉄が次々と球団名を変えて流転し、南海も阪急も歴史の中に埋没した。ダイエーホークスの前身が南海ホークスと位置付けられても、それはそれだけの意味でしかない。

実際に福岡に去って十五年にもなるのに、大阪に住む熱烈な南海ファンは古き良き時代を忘れられずにいる。あのころ、あのとき、と過ぎ去った遠い日に話が及んで終わりがない。

本書が力説するパ・リーグの、南海ホークスの文化史は、ファンの胸の中に生きる。(万代隆・共同通信社元編集委員)

(紀伊国屋書店・1800円)＝2003年7月17日③配信

歴史学の転換を見事に反映　「1冊でわかる　歴史」(ジョン・H・アーノルド著、新広記訳)

かつてたいていの大学の史学科には、「史学概論」の講義があった。「歴史学とは何か」という問いと「歴史学の歴史」と研究の方法とからなる講義である。戦前には、ドイツの歴史学の紹介が、主な内容となっていた。

マルクス主義全盛となった戦後、このような史学概論はしだいに敬遠され、代わって、親しまれてきたのは、英国のロシア革命研究者E・H・カーの名著「歴史とは何か」であった。

しかし、社会史を初めとする「新しい歴史学」が提唱されて四半世紀、歴史学はその相貌(そうぼう)をすっかり変えた。このため、新たな史学概論の必要性は誰もが感じていた。

本書は、具体的な事件や史料を手がかりに、先に挙げた「史学概論」の三つの課題を見事に果たしている。過去四半世紀の世界の歴史学界に起こった大転換を反映した、バランスのよい解説書となっている。

すなわち、アルプスのモンタイユ村におけるカタリ派異端探求と探求者の殺害事件をめぐる物語、十七世紀イギリス東部から家族を捨ててアメリカにわたったが、帰国して王党派に身を投じた人物の追跡、十八世紀パリの徒弟たちが行った猫殺しの物語など、西洋史に多少の知識があれば、それとわかる著名な歴史書の内容が例として用いられているのである。

歴史に関心をもつということは、どういうことなのか。無数の史料のなかから特定のものを選び出し、解読し、解釈する作業は、どのようにしてなされるのか。個々の出来事や事象を、歴史の「大きな物語」に組み込むには、どのような心得が必要なのか。歴史における「事実」や「客観性」ということは、いまや実際には、どのように考えられているのか。

このような問題が、読む者の目をそらさない、平易な語り口で語られる。こうして、本書は、見事な「新しい史学概論」となっている。ただ、本書はあくまで、西洋人の西洋史へのまなざしの解説である。かくなる上は、西洋理論の輸入でない、「日本の史学概論」の出現を切望する。(川北稔・大阪大大学院教授)

(岩波書店・1400円)＝2003年7月17日④配信

天皇制の存続への新視点

「天皇と中世文化」（脇田晴子著）

天皇制はなぜ続いてきたのか—。この疑問は、大方の日本人にとって最も興味のある問題の一つであり、多くの学者がその謎に挑戦してきた。

本書は、歴史研究者としての立場からこの問題に積極的に発言してきた著者が、これまでの成果を、新たに一冊の本にまとめたものである。

天皇制存続の謎を考える際に、最重要のキーワードは「権威」であるという見方は、今日広く承認されている。

戦前の天皇制は例外で、日本の歴史を通観すれば、天皇が実質的な権力を持たない時代の方がはるかに長かった。

にもかかわらず、天皇制が断絶しなかったのは、他の権力では代替できない、天皇がもつ特殊な権威によるという説である。天皇が聖なる存在へと変身する場としての、大嘗祭（だいじょうさい）などへの着目はその代表である。

だが、天皇がいかに自身を神聖化しようとしても、しょせんは天皇側の主観の問題にすぎない。むしろ重要なのは、天皇という存在が、当時の人々にどのように受け入れられたかという点ではないのか。

天皇の宗教的・神秘的権威を、一方的に強調しがちな近年の学界の傾向に対し、著者は、こうした視点から根本的な疑問を投げかける。

その上で、天皇が最も無力化する戦国時代に、この時期に形成される民衆文化と、天皇が広く結びつくことによって、その存在を頂点とする文化的な秩序が社会の隅々にまで浸透していくことを、具体的に検証しようとするのである。

著者が着目する文化現象は、能狂言・連歌・御伽草子（おとぎぞうし）といった、代表的な民衆文化にとどまらない。官位・元号から、暦・食器に至るまで多岐にわたる。

これらの社会への普及を通じて、天皇を核とする文化編成が進行し、天皇の権威が浮上していくことを指摘する分析も鋭い。

文化の持つ力と政治性を浮き彫りにする本書は、天皇制の存続をめぐる議論に、新たな角度から一石を投じるものといえよう。（佐藤弘夫・東北大教授）

（吉川弘文館・2400円）＝2003年7月17日⑥配信

肥満大国アメリカの現実

「デブの帝国」（グレッグ・クライツァー著、竹迫仁子訳）

まずは、本書巻末の「年々太っていく人々」という表を見てみよう。

アメリカのすべての州において、一九九一年から二〇〇〇年の十年間で成人中の肥満者の割合は年を追って増加している。しかもその増加は、州によっては十年間で二倍以上というハイペースで進んでいる。そして、二〇〇〇年現在、アメリカ全体の20％近くが肥満者で占められるにいたった。

本書は、このような世界一の肥満大国アメリカの現実を、食糧事情や政治、文化、宗教、心理、階級など、さまざまな角度からえぐった、スリリングな、というより、背筋が寒くなるような本である。

バリューセットやジャンボサイズなど、「より安く、より多く」売ることを戦略としたファストフード業界と、それを歓迎した顧客心理。食べ物を多く与えられるだけで食欲は増進するという。

しかも、子ども主体の育児が食事のことでとやかく言わない傾向を強め、教育予算の削減のため、学校給食はファストフードやソフトドリンクで代用されるようになってしまった。そして、学校での体育の軽視とテレビの視聴時間の増加が追い打ちをかける。肥満児の比率は跳ね上がった。

過食をいましめるキリスト教の教義も、もはや力を持たない。次々に登場するダイエット本も、自制心とは無縁。肥満をモラルの問題とすることは、どうやらアメリカではタブーらしい。

なによりショッキングだったのは、肥満は階級の問題でもあるという指摘である。時間や金に余裕のあるアッパーミドルほど減量に成功するチャンスが高い。一方、貧しい国の栄養状態の悪い人々は、脂肪を燃やさずに蓄える遺伝子の働きが活発なため、豊かな国に移住したとき、肥満になりやすいという。

これでもかといわんばかりに肥満をめぐる因果の網目が執拗（しつよう）に追求され、いささか食傷ぎみになってしまうが、まあ、本を読んでも肥満になる心配はない。現代のアメリカを知るためにも、一読をすすめたい。（鵜飼正樹・京都文教大助教授）

（バジリコ・1500円）＝2003年7月24日①配信

日本美術のおいしさへ接近

「江戸の絵を愉しむ」(榊原悟著)

本書の著者は、長年サントリー美術館の学芸員として数々の展覧会を手がけてきた人。日本の絵を見ること、その面白さを伝えることに関しては、プロ中のプロである。われわれ日本美術史関係者は、敬意を込めて「スーパー学芸員」と呼んでいた。

著者が大学へ転出されて数年、おそらく若い人に対して「日本美術の面白さを伝えたい」との思いを増幅されたのだろう。本書は平明な語り口で、江戸時代の絵を見る「コツ」を説く。

その「コツ」とは、あとがきで「江戸時代のことは江戸時代(の証言)に聞け」とあらためて強調するように、その絵が生み出されて鑑賞された場を、できるかぎり復元的に考えて追体験すること。

そのためには、絵のフォーマット自体がもつ機能をもっと考える必要がある、というのが本書の主張の柱になっている。

絵巻は「横にひらいて見る」ものであり、掛け軸は「縦にひらいて見る」ものであり、襖(ふすま)は「動く壁」である。…当たり前なのだが、日常生活の中で日本の絵を「愉(たの)しむ」機会がほとんどなくなった今、そんな機能を念頭において描かれていることが、なかなか分かりにくくなっているのだ。

少々専門的にいえば、筆者が「隠現効果」と名づける、襖絵を開閉した際の図様の変化の問題は、これまでの障壁画研究で不当に等閑視されてきた。

狩野探幽による「名古屋城上洛殿襖絵」、長沢芦雪による南紀・串本町の無量寺の「虎図襖絵」などを引き合いに出して、この世界にもまれな「可動性」をもった大画面絵画の特性を、明快に論じる。

本書を読み、おそらく著者も大好きな長沢芦雪(一七五四~九九)こそ、江戸時代絵画の「愉しみ」を体現した画家であることを再確認し、また無量寺を訪ねたくなった。芦雪の真価は、まだまだ知られていない。

筆者の前著「日本絵画のあそび」(岩波新書)とともに、平板な入門書の先にある、日本美術のおいしいところに近づくための好著だ。(山下裕二・明治学院大教授)

(岩波新書・780円)=2003年7月24日②配信

現代とかかわる遺作評伝

「室生犀星」(伊藤信吉著)

昨年九十五歳で亡くなった伊藤信吉が、詩の師匠であった詩人・小説家の室生犀星を描いた未完の評伝であり、伊藤の遺稿を暮尾淳が整理し、まとめた労作だ。

犀星は日中戦争、太平洋戦争のころ、戦争協力詩を五十編ほども書いたが、戦争協力の小説は一編も書かなかった。

伊藤は、犀星は己の詩を犠牲にして己の小説を救ったのだと説く。

戦時中、集会やラジオでの朗読用としても、戦争協力詩には大量の需要があり、詩人たちは時勢に乗っかり、多数の戦争詩を書いている。犀星は、詩においては時局の要請に応じるかわりに、それを交換条件のようにして、小説においては要請に応じなかった。

伊藤によると犀星は、自己の文学は時局に沿わずに「彼だけの世界」を書くことであると意識し、せめて小説だけは時勢から回避させたのだ。

ここには、重要な問題が三つ示唆されている。

第一は、詩は小説より短いため、スローガンになりやすく、時勢に乗じて叫び訴える作品になりやすいことである。実際、一九九一年の湾岸戦争の時、反戦を安直に訴える詩が多数書かれ、詩壇では批判が起こった。

第二は、韻文である詩は小説より朗読に向いているため、アジテーションとして使われやすいことである。昨今のアメリカ主導によるアフガニスタン攻撃、イラク攻撃に抗議する集会において、浅薄な反戦詩を絶叫する自称詩人が実際にいた。

反戦自体が問題なのではない。安易な浅薄な反戦詩を書き、朗読する詩人は、時流が軍事賛美に変わると、戦争協力詩を作る可能性が高いのだ。

第三は、「自分だけの世界」を書いた、他者にわかりづらい、一見閉じた詩や小説であっても、時勢に異を唱える社会性、他者性を持った作品であるかもしれないことである。安易な創作と同様に、浅薄な読解も回避されるべきだ。

伊藤の「室生犀星」は、過去の文人の伝記にとどまらぬ、現在の問題ともかかわる評伝なのである。(川端隆之・詩人)

(集英社・2400円)=2003年7月24日③配信

老人の性を輝きとして

「エ・アロール」（渡辺淳一著）

かつてのフランス大統領ミッテラン氏は、いわゆる「隠し子」問題について記者団に質問されたとき、「エ・アロール（それがどうしたの？）」とつぶやいた。すると、記者たちはそれ以上の追及をひかえたという。さすがはシックなお国柄。他人のプライバシーをあげつらうような野暮（やぼ）な記者は一人もいなかったらしい。

本書は、その「エ・アロール」を合言葉に「年甲斐もなく」老後を楽しむ人々を描いた、粋でおしゃれな「老春小説」である。

主人公の来栖貴文は五十四歳。亡父の再婚話に反対したことに対する後悔から、高齢者が気ままに暮らせる施設を造ろうと、銀座のビル街に「ヴィラ・エ・アロール」を開設した。

入居時の契約金三千万円から六千万円、月々の経費十五万円から二十万円。診療室、トレーニングルームはもとより、娯楽室やカラオケルームまで完備した高級老人ホームである。

ここにはその名にふさわしく、世間の常識にとらわれないユニークな入居者が多く、次々に厄介な事件が持ち上がる。部屋に出張サービスのヘルス嬢を呼んだ八十三歳の男性が心臓まひで急死したのを手始めに、合計年齢が二百歳を超す三角関係や元銀座ママの売春騒動、老夫婦の施設内別居や同せい問題など、セックスがらみのトラブルが続出し、来栖自身の女性編集者との恋もままならない。

こうして、あわただしくも充実した一年が過ぎていく。

日本は高齢社会に突入したといわれて久しいが、なぜかこれまで「老人文学」と呼べるような作品が少なかった。特に老人の性の問題を正面から扱った作品はほとんどない。

医師出身で、長らく医学小説や性愛小説を手がけてきた作者は、老人の性を生命の輝きとしてとらえ、高齢者施設のあるべき形を描いてみせた。その意味で、これはまさしく現代の「老人文学」といえるだろう。（郷原宏・文芸評論家）

（角川書店・1600円）＝2003年7月24日④配信

問われる民主主義の質

「天皇家の財布」（森暢平著）

新聞社の宮内庁担当の経歴を持つ著者が、当時感じていた皇室行財政の問題点を、情報公開法を使って入手した諸文書を生かして描いた。事情を知るだけに、公開請求は狙いが定められている。

憲法は、天皇家に限られた私有財産しか認めていない。だが実際は膨大な美術品があり、三種の神器のような由緒品も持つ。本書はたとえばこれらの物品リストや公有私有の内訳といった、従来は菊のカーテンの向こう側で不透明だった情報を引き出してみせた。

「皇室費」は宮廷費、内廷費、皇族費の三種がある。宮廷費は天皇・皇族の公的活動を賄う。内廷費と皇族費は、天皇家と皇族の“サラリー”である。本年度皇室費予算は約七十億円、宮内庁と皇宮警察も含むと約二百七十三億円という。

不可解な要素がたくさんある。天皇家では宮廷費を充てている生活費が、皇族の場合は皇族費で賄うことが多いのも一例だ。天皇家の生活は公的性格が強いと考えるかららしい。半面、皇族は不動産は持てるし、財産の処分もできる。不明朗な会計の中で問題も起きている。

私的金銭の色彩が濃い内廷費にしても、複雑な思惑で金額が決まり、合理的に説明できない面がある。そこで、宮内庁は約三十五年前、首相らによる「皇室経済に関する懇談会」で、物価などに基づく指標が一割以上アップすれば内廷費も自動的に増額する「一割ルール」を採用させることに成功。これ以来、皇室財政への国会の審議・監督が非常に形がい化した―と著者は鋭く指摘している。

わが国は戦後、ともかくも伝統に即して天皇制を残した。これをいかに民主的に統制するかが憲法の最大の課題であった。皇室財産を適正なものに抑え、運用を透明化するため、国会と皇室経済会議の監視機能に大きな役割が期待された。

その機能が停止状態なのは、本書の指摘通りである。一体何ゆえか。この厄介事を抱える天皇制を、われわれは維持しなければならないのか。民主主義の質にかかわる問題だけに、深刻に考える必要がある。（奥平康弘・東大名誉教授）

（新潮新書・680円）＝2003年7月24日⑥配信

性を祝祭に富む世界に昇華　「子供たちの戦争」（小田実著）

一九四五年三月十三日深夜からはじまった大空襲で大阪の街は廃虚になった。小学六年生の小田実は空襲を経験した。

アフガニスタンやイラクの子供たちが巻き込まれたように、五十八年前、日本の子供たちもいや応なく戦争に巻き込まれた。

大人は大切なことをすぐ忘れてしまうが、それではいけない、大切なことは語りつがなくては駄目だと考えた小田実は、子供たちの戦争の語り部になった。

「青竜刀とブルマース」は女の子の体操着であるブルマースにあこがれる健と、青竜刀を持ちだして陰湿なイジメから脱しようとする健とを二重あわせに描いている。ここで青竜刀は対戦国の中国を象徴し、イジメもまた戦争が強いる軍国主義と無関係ではないことがひしひしと伝わってくる。

「男と女」では戦時下における子供の性の世界が赤裸々に語られる。少年が思春期を迎えようとする時、少年の前に性の問題が立ちふさがる。この作品では男は「ダンコン」をもち、女は「ジョイン」をもつのだとあけすけに語る少年によって性がユーモアと祝祭に富んだ世界へと昇華されている。

「匂いと臭い」も性的な暗喩（あんゆ）がきいている上に、黒焦げになった焼死体（それは物と呼ばれた）を触ってしまった少年のおびえが伝わってくる。

「城と藁（わら）草履」は小田実の空襲体験から生まれている。空から爆弾が次々と落ちてきて家が燃えていく光景は一生忘れられないものだ。

「亀と五重塔」「童児と童女」「軍艦と恋」でもそうだが、少年がその街で生きてきたことの証（あかし）が戦争によって次々と消滅していく。

死にさらされた環境のなかで少年たちが性的な「匂いや臭い」を敏感にとらえ、そこで生きている自分を確認していることがよくわかる。この作品集によって、人々は虫けらのようにただ死んでいったという“難死の思想”から小田実は大きく一歩踏み出し人間を肯定的にとらえ得たなと感じた。

戦争を知らなくて育つことができた子供たちにぜひ読んでもらいたい。（川西政明・文芸評論家）

（講談社・1900円）＝2003年7月31日①配信

世界文学の変容との重なり　「村上春樹と柴田元幸のもうひとつのアメリカ」（三浦雅士著）

村上春樹の登場は、一九八〇年代の日本の文学に突然変異をもたらした。そう本書は言っている。ならば柴田元幸がアメリカ現代文学の訳者として登場したとき、翻訳文学は九〇年を境に地殻変動のようなものを起こしたのではないか。気がついたら日本の翻訳文学シーンは地形図がすっかり変わっていた、そんな感じだ。ふたりの出現は世界の文学的空間が変容する時期とちょうど重なっている。

文学の系譜を考えるとき、日本の若めの読者にとって、サリンジャー、ヴォネガット、ブローティガン、村上春樹、カーヴァーというのはごく滑らかな地盤のつながりであり、ではその後継には誰が来るかというと、これが作家ではなく、村上が翻訳タッグを組む柴田元幸らしい。

「キャッチャー・イン・ザ・ライ」で村上の新訳が反射板となって、作品従来の解釈に光の屈折をもたらし（現代文学の神経症的な位相を照らしだし）たように、ヴォネガット、カーヴァーの系譜は村上・柴田の翻訳という屈折を経て、アーヴィング、オースター、ミルハウザー、ダイベックと続いていく。このラインは本書ではさかのぼってナボコフ、ボルヘス、カフカ、ポーらとつながり、どんな世界文学史でも見られないパノラマが展開することになる。

村上春樹の作品には、あの世からこの世を見ているような終末観が漂い、深いメランコリーの奥には、彼岸と死が顔をのぞかせる。彼の小説は、ふたつの世界を往還する「冥界下降譚」だと本書は言うが、柴田もまたタナトス（死の本能）にひかれる書き手であり、ふたりにとっての究極点は「自分を透明にして消すこと」―これは翻訳という作業の究極点でもある。両者にとって翻訳とは、冥界（めいかい）に降りることだったのか。そういうふたりが文学地図上の地続きになっていったのは自然なことだろう。

「気づいたら、そこは異界だった！」と帯コピーにあるが、本書こそが希有（けう）な翻訳文学論にして異界をめぐるスリリングなファンタジーなのである。（鴻巣友季子・翻訳家）

（新書館・1800円）＝2003年7月31日②配信

時代を先駆けた流行歌王　「上海ブギウギ1945　服部良一の冒険」（上田賢一著）

十年前に亡くなった作曲家の服部良一は、「別れのブルース」「蘇州夜曲」など戦時中のヒット曲で知られ、戦後は「東京ブギウギ」で全国を席巻した。「歌曲の中山（晋平）、演歌の古賀（政男）、ジャズの服部」と並び称されたように、ジャズという当時最先端の音楽を流行歌にアレンジしたことが特徴である。本書は服部とジャズの出会いを、「上海」という磁場の中で描こうとするものだ。

服部は日中戦争中に上海を三度訪れ、最後はかの地で終戦を迎えて引き揚げてきた経験を持つ。欧米列強の租界であった上海は一九三〇年代に繁栄の頂点に達し、ナイトクラブやダンスホールには「本場」のジャズがあふれていた。生前の服部は「上海という街なくして、音楽家としてのぼくはなかった」と語っていたという。

そして彼が「使命」と信じていたのは、アメリカの物まねではない、「日本のジャズ、東洋のジャズ」を作ることだった。上海体験の集大成として書き上げられた「夜来香ラプソディ」は女優・李香蘭によって歌われ、人種・国籍の異なる上海の住民を熱狂させたのだった。

本書は服部良一という時代の先駆者を、世界的な音楽の流れの中に位置づけようとした意欲作である。それだけに記述が大ざっぱで物足りなく感じられる点もある。特に上海におけるジャズの発祥について何も考証がなく、「それでもジャズは始まった」とされているのにはがっかりした。欧米人演奏家が上海にやって来る前に、街の音楽活動を支えていたフィリピン人の存在に言及すべきだろう（二十世紀初頭のフィリピンはジャズが生まれたアメリカ領土だった）。

むしろ目を引かれたのは、服部と中国人作曲家・黎錦光との交流を書いた部分である。同時代に同じ音楽を目指した黎錦光らが戦後、そして文化大革命を経てどうなったか、「上海のジャズ」は果たして生き残ったのか…。著者の取材力が光るところだ。上海には、まだ多くのドラマが眠っている。（榎本泰子・同志社大助教授）

（音楽之友社・1600円）＝2003年7月31日③配信

日本を問う王子の足跡　「ベトナムから来たもう一人のラストエンペラー」（森達也著）

クォン・デ。そのひとは一九五一年に東京の片隅で六十九歳の生涯を終えた。彼はベトナム最後の王朝の末えいである。過酷なフランス植民地支配から民族解放の志をもって日本に密入国したのは弱冠二十五歳。以来、日本を拠点に流浪の日々を重ね、孤独に死んだ。

ベトナムの古都フエに生まれたクォン・デは、青年時代にファン・ボイ・チャウと知り合う。ベトナムでは今も「民族の英雄」とたたえられる革命家だ。アジア全域が欧米列強に搾取されていたこの時代、チャウがあこがれた国は、独立国家として存続する日本だった。

日本を民族自決の手本とするチャウの思想に心酔した若き王子は、日本行きを決行する。日本の援助を受け、ベトナム解放を実現するのだ。フランスへの怒り、民族への愛情は、日本人にこそ理解されるはずだ。

来日したクォン・デは犬養毅や「玄洋社」の頭山満らと知己を得る。彼らに励まされ、王子の夢はすぐにでも実現するかのように思えた。

しかし、それはかなわなかった。けっきょく日本の軍部はクォン・デの存在を利用することしかしなかった。だが王子は祖国に帰還させるという軍の約束を信じ、日本の敗戦の数日前まで迎えの飛行機の到来を羽田空港で待っていたという。

「待ち続けるばかりの人生だった王族」、クォン・デ。彼は何者だったのか。そしていま、なぜ彼を日本やベトナムの人々は忘れているのか。

森達也は近代アジアをとりまく激流のなかに生きたクォン・デの足跡を追う。その旅は日本という国家の姿を浮かびあがらせてゆくことになる。

著者は、オウム真理教などのドキュメンタリーで知られる映像作家である。本書を貫くのは「歴史」として語られるものへの「態度」だ。そしてかつて生きたひとりの人間に寄り添おうとする感情だ。ときに叙情的に描かれる孤独の王子。彼はたしかに待ち続けただろう。森達也という書き手に出会う今日を。（与那原恵・ノンフィクションライター）

（角川書店・1700円）＝2003年7月31日④配信

名曲の「集団制作」性

「ラプソディ・イン・ブルー」（末延芳晴著）

二十世紀初頭のアメリカを駆け抜けた作曲家、ジョージ・ガーシュインの代表作「ラプソディ・イン・ブルー」そして彼の「ジャズ」性を、その時代背景と経歴から読み解く本。

ロシア系ユダヤ人という出自。音楽とは無縁な家庭環境。ゲットーの不良少年。不道徳な音楽「ラグタイム」への接近。十四歳で本格的にピアノレッスンを始め、才能が一気に開花。十五歳、楽譜屋のデモ演奏の仕事につく。劇場へ出向き、黒人ピアニストのラグタイム技法を盗み覚える日々。ユダヤ音楽やブルースの影響。

こうした経歴が、クラシックでもジャズでもないクロスオーバー「ラプソディ・イン・ブルー」を生んだと、著者は見る。

著者はまた、作品の実際の音に「ラプソディック（＝狂騒的）な『浮遊』の感覚」を感じとろうとする。

冒頭クラリネット・ソロの、印象的な音の連続的移行（グリッサンド）は、本来ガーシュインのアイデアではなかった。当時のクラリネット奏者がもっていた、動物の鳴き声などをまねする奏法が、本番直前に持ち込まれたのだ。このような「集団制作」性が、作品を特徴づける。

作曲を委嘱したホワイトマンは、即興演奏を排除し、クラシックのように構成をきっちりさせる中に、ジャズの新しい可能性を求めていた。しかしガーシュインは、はからずも逆をゆく。「ラプソディ・イン・ブルー」は、どこでカットされ、どこで終了してもよい作品として書かれている。またより本質的な次元で、ガーシュインは、よく組み立てられた器楽よりも、「ブルー」な歌の方を求めていた。これらのせめぎ合いこそが、彼の「ジャズ」性の実質なのである。

本書の記述は平易で読みやすいが、ときどき具体性にかけ、追求が弱くなる。また、いくつかのアイデアは展開されずに放置される。このような記述スタイルそのものが、まさに「ラプソディックな『浮遊』」である。巻末にはピアニスト池宮正信氏へのインタビューがある。本書のテーマの核心を、実践から裏付ける発言に満ち、迫力がある。（藤田隆則・大阪国際大助教授）

（平凡社・1500円）＝2003年7月31日⑥配信

街と同衾した女の物語

「本牧ドール」（高橋咲著）

時代と寝るという言葉はあるが、街と同衾（どうきん）するという言い方はあまり聞かない。しかし本書は、十五歳の折に横浜・本牧に恋し、同衾した女の物語なのである。

街と同衾するもっとも手っ取り早い方法は、その街生まれの男とつきあうことだ。主人公のサキは、ロックやブルースの歌声が扉から漏れてくる店のオーナー、ゴローと出会う。彼は皆から一目置かれる絶対的な力を持っていた。サキは「ゴロー好みの女になることで、この街に同化しようと」する。しかし彼と結婚し、彼の母親の家で暮らさなければならず、彼を熱い目で見る女たちへの嫉妬（しっと）に苦しめられたサキは、しだいにゴローや本牧という街への幻想がはがれていく。

この小説が面白いのは、一九七〇年代の本牧のけだるく官能的な雰囲気に、男の母親の醸し出す日常的な空気が夾雑物（きょうざつぶつ）のように混じっていることだ。自伝的小説の強みなのだろうか。

また本書は、サキの周辺のさまざまな女や男の恋にも焦点をあてているが、関係が乱れていて、誰もが根無し草的な様子にもかかわらず、絵空事でなく読み手に肉薄してくる。孤独という底の方から人間をさらおうとしているためだろう。

にしても、皆のあこがれの男が店の扉から姿を現す一瞬や、待ち合わせをした女友達がやってくる一瞬など、少々大げさな言い方をすれば密林から豹（ひょう）が飛び出してくるごとくだ。それは文章の力というよりも、こちらの若いころの甘い、何かの記憶に抵触し、行間を自分の色に染めてしまうからだ。

「学歴も肩書も人種も本牧では一切関係なかった。（略）いかに男も女もセクシーか。こんなに簡明で原始的な人間の欲望が渦巻く街があとにも先にもあるだろうか」と著者はエッセーで述べている。が、たとえ七〇年代の本牧を知らずとも、この小説には浅薄であると同時に深遠な街と人とのかかわり、人と人とのかかわりとゆがみが、青春時にしか味わえない高揚した気分のうちに描かれていて、読者は文章の随所に胸がうずくと思う。

（井坂洋子・詩人）

（集英社・1600円）＝2003年8月7日①配信

虐げられた民衆のおん念

「白檀の刑（上・下）」（莫言著、吉田富夫訳）

一八九八年、戊戌（ぼじゅつ）政変が起こり、開明君主の清朝光緒帝が守旧派の西太后により幽閉された。翌々年、武力排外を唱える宗教集団が北京公使館区域を包囲、西太后が列強に宣戦し惨敗を喫する義和団事件が勃発（ぼっぱつ）した。

莫言の「白檀（びゃくだん）の刑」は作者自身の出身地である山東省高密県を舞台に、対独抵抗に立ち上がる民衆と、西太后の信頼を悪用して政権奪取をたくらむ軍閥袁世凱、そして清朝への忠誠と牧民の責務との間で苦悩する県知事らを描く。

一八九七年、山東半島膠州湾を占拠したドイツは、三年後に租界都市の青島と省都済南とを結ぶ鉄道を建設し、各地で農民と衝突を繰り返していた。高密の地方劇猫節の座長であった孫丙は妻子隣人を殺害した独軍に復しゅうするため義和団支部を組織し、宋王朝の岳飛元帥の化身と称して闘うが、独軍の圧倒的火力の敵ではない。

知事は孫に共感を抱くが、清軍では独軍にかなわぬことも熟知し、やむなく袁の対独妥協の命令に従う。また彼は孫の前妻の娘で、情愛深き絶世の美女眉娘と不倫関係にある。

そして西太后に重用された死刑執行の名人で、眉娘のしゅうとでもある趙甲は、隠退して故郷高密に帰ったところ、独軍の要求を受けた袁世凱から孫を極刑に処すよう命じられる。趙は研ぎ澄まし香油で揚げた白檀の木を肛（こう）門から突き刺し、背骨沿いに首先まで打ち込むという白檀の刑を企画する…。

本書は鉄道大砲のごう音と共に侵略するヨーロッパ、これに迎合する野心家袁世凱に対し、良心的官僚や正義派将校の抵抗と、ニャオニャオと猫節を歌う民衆の反抗とを描いた物語である。

「憎っくき毛唐めが、中華を侵して鉄道を敷設、風水を壊してしたい放題。くわえて虎の威を借る漢奸めら…」という猫節のせりふは、欧米に続く日本の全面侵略、そして国共内戦から一九八九年「血の日曜日」事件に至るまでの、虐げられた中国民衆のおん念を語っているかのようである。（藤井省三・東大文学部教授）

（中央公論新社・上下各2800円）＝2003年8月7日②配信

玉音放送からネットまで

「戦後世論のメディア社会学」（佐藤卓己編）

民主主義において、政治権力は国民の支持を背景に正当なものとみなされる。

ところが小泉政権への支持が典型的であるように、不況を脱することのできない経済政策やアメリカへの軍事協力には批判の声が強いのに、依然として高い支持率が与えられるといった分裂が生じている。国民が、首相を頭で否定しつつ、心情では肯定しているのだ。

国民の支持は、あいまいに「世論（よろん）」と呼ばれている。それに対し本書では、理性的討議にもとづく多数意見を「輿論（よろん）」、情緒的参加を通じた全体の気分を「世論（せろん）」と明確に区別し、後者がとくに二十世紀以降に支配的になったというメディア研究の図式を立て、さらに戦後日本の世論が、メディアの変遷とともにいかに変容したのかを詳細に追っている。

時々において支配的ないし注目を集めたメディアが、いかに世論とかかわったのかを描き出すのである。

取り上げられるのはラジオ（玉音放送）—書籍（ベストセラー児童書「ビルマの竪琴」「二十四の瞳」）—雑誌（女性週刊誌と皇室）—街頭デモ（ジグザグデモ）—音楽（フォークソング）—新聞（新聞投書欄）—テレビ（田原総一朗・久米宏の政治番組）—インターネット（ホームページと匿名掲示板）であり、メディア研究の推進者である編者と、若手社会学者たちが寄稿している。資料を駆使し視点を打ち出した学際研究である。

戦後メディアは多くの国民とともにあっただけに、読者が自らの体験と当時の気分を想起しつつ読める部分が多いだろう。

ただし著者たちがそれを必ずしも同時代で体験しなかった若い世代であるだけに、それぞれの時代の空気を過度に突き放したり思慕したりするような気配を感じることもあるかもしれない。

イザヤ・ベンダサンが外国人であると当然のように記されたり、戦争責任論が理性的「輿論」であると位置付けているのに対し、戦死者の鎮魂はナショナルな欲望にもとづく「世論」だと断定したりしている部分だ。（松原隆一郎・東大教授）

（柏書房・3200円）＝2003年8月7日③配信

豊じょうな介護の起点に

「痴呆を生きるということ」(小澤勲著)

現在、高齢者の抱えている不安といえば寝たきりや痴呆(ちほう)であり、働き盛りの世代のそれにおいては、老後の生活費と高齢者の介護といわれている。まさに世は「老後不安の時代」である。

なかでも痴呆は治癒が望めず、医学的な対応もむつかしいときている。厚生労働省の統計によれば、昨年九月末の要介護認定者数は三百十四万人。そのうち「何らかの介護・支援を必要とする痴呆がある高齢者」はおよそ半数の百四十九万人。この数値は七十五歳以上の後期高齢者が急増する二〇二五年には倍増し、三百二十三万人になるという。

では、どうすれば不安が抑えられるのか。痴呆になっても安心して暮らせる社会、最期まで人間としての尊厳が保持されるケア、それも生活丸ごとのケアが保障されるならば、多少とも気持ちはおさまるであろう。

精神科医である著者は痴呆老人の語る言葉に耳を傾け、その心に寄り添い、彼らの生活史を紡ぎ出すことを通して、「百人百様」といわれる生き方に合ったケアを探ろうとする。

たとえば、「もの盗られ妄想」とは探し物が見つからない責任を介護にあたる身近な他者に転嫁させ、盗人として攻撃することによって認知障害にともなう混乱からの立ち直りをはかるものだという。

その者の生き方によって濃淡の出る妄想は、結果として依存すべき介護者を遠ざけ自身を窮地に追い込むことになるが、その行動は自己の能力の衰え、弱者となった自分や、求めに十分に応えてくれないことへのいらだち、焦躁(しょうそう)や怒り、寂しさの現れであり、救助信号であると分析する。

痴呆が進んで何もわからなくなれば、その者にとって周囲はいつも見知らぬ人やものとなり、おびえと不安が襲う。ケアが馴染(なじ)みの関係を維持し、その時その時を生き生きさせるものとなれば、妄想も消えると著者はいう。本書を起点として豊じょうな介護が生まれることを期待したい。(新村拓・北里大教授)

(岩波新書・740円)＝2003年8月7日④配信

在日ムスリムの生活事情

「日本のムスリム社会」(桜井啓子著)

バブル時代の好景気・人手不足を背景に、発展途上国から多くの出稼ぎ労働者が来日した。その中には当然ながら、イスラム教徒(ムスリム)も含まれていた。

その一部は仕事を通じて日本に足場を築いたり、日本人の配偶者を見つけたりして定住の道を選んでいる。しかし、その生活の姿が顕在化することはあまりない。

そもそも日本のイスラム教徒人口が、はっきりしない。イスラム教国からの移民が全員イスラム教徒とは限らないし、逆にインドのようにヒンズー教国とされながらも、多数のイスラム教徒を抱える国もある。統計に表れない不法在留者も、どう数えるか。

日本人の改宗者の数も定かではない。イスラム教徒を証人に立てて信仰告白をすれば、理屈の上では、イスラム教徒の仲間入りになる。

日本の各種新興宗教団体の公式信者数を足し合わせると、日本の人口をはるかに超えるといわれる。宗教の信者の動向を把握するのは、元来なかなか難しいのである。

しかし、現実に存在する社会集団に目を向けないのは不健康だろう。無理解や誤解が、あらぬ不安や対立の種をまかないとも限らない。これまでも社会学者などによる小規模な調査は行われていたが、全体像を概観してくれるものはなかった。

そこを、現代イランの研究者が手際良くまとめてくれた。著者は、現在の日本在住のイスラム教徒人口を約七万人と推計。来日の経緯、故国を離れた事情、日本での暮らしで彼らが関心を寄せる物事や苦労など、こまごまとしていて、大切なディテールが淡々と記される。

現在のところ、日本のイスラム教徒は出身国・地域ごとの地縁的なネットワークによって、それぞれの集団を形成している。多くは、ビルの一室を改装したような小規模のモスクに集って礼拝を営むといった、ひっそりとした信仰生活をおくっているようだ。

布教活動もそれほど熱心ではなく、逆に日本社会の対応も、無関心・不干渉が結果的にある種の「寛容」をもたらしているようである。(池内恵・アジア経済研究所研究員)

(ちくま新書・720円)＝2003年8月7日⑤配信

死体の処理方法の歴史示す

「死者たちの中世」（勝田至著）

貴族が引っ越した邸宅の修理をした時、床下から子供のちぎれた足が発見された、摂関家の邸宅高陽院の蔵の前に死人の頭を見つけた、トビが子供の足をくわえて飛んできた…。

そんなショッキングなエピソードが冒頭、次々に紹介されていく。平安時代、貴族たちが優雅な生活を営む平安京は、実はあちこちに死体が遺棄され、それを犬やトビたちがくらい、ちぎれた死体の一部が貴族の邸宅に放置され、「五体不具穢（え）」なるものがまき散らされる〈死骸（しがい）都市〉でもあった。

八月―。現代のわれわれにとっても、「死者」や「あの世」がなんとなく身近に思える季節だろう。だが、その場合の「死者」とは、あの世から帰ってくる「霊」であった。

それに対して、本書がこだわる「死者」は「死体」であり、「あの世」に対して、この世に放置され、遺棄された死体の処理方法である。平安時代、「死」とはまず「死体」であり、それは肉片として獣たちの食料ともなる。それが著者の「死」の認識の前提としてあったのだ。

日本史研究としての本書のテーマは、平安時代を通して、死体が放置されていた都で、鎌倉時代の十三世紀前半になると、それが激変していく理由、その歴史的な背景を探ることにある。

それを解明するために、著者は「葬送儀礼」「墓地の選定」「共同墓地の形成」など、これまで多くの蓄積がある葬送研究の課題に触れながら、平安京の都市における「都市管理」や「死体処理者」の動向、そして蓮台野（れんだいの）や鳥辺野（とりべの）といった葬地の成立過程を、具体的な史料を通して説明してくれる。それは「死」に対する文明化のプロセスといえよう。

それにしても本書が提示する、死体が放置され、肉片として獣たちに食いちぎられる膨大な史料は、なんともショッキングだ。それは「死」（死体）を隠ぺいしていく現代への、アンチテーゼといえる。実は、それこそが本書の隠されたメッセージではないか。（斎藤英喜・仏教大助教授）

（吉川弘文館・2800円）＝2003年8月7日⑥配信

長い時間を貫く心理劇

「きれいな人」（高橋たか子著）

フランスのブルターニュ地方に住む老婦人、シモーヌの百歳の誕生日パーティーに、日本人の「私」は招かれる。シモーヌの詩集と、そこで知り合った九十八歳のフランス人女性、イヴォンヌの何日にもわたる昔語りによって、「私」は、彼女らの青春時代を追体験することになる。

「話がそれてしまうことで有名」なイヴォンヌの語り口をそのまま生かす形の文章は、時間や空間が交錯し、めまいさえ覚える。そして、読む者をねじりこむように、その世界へ連れてゆく。語りの合間に置かれるシモーヌの詩の言葉は、時代の独白のように響き、物語の縦軸をなす。

物語の中心に据えられるのは、ミッシェルという青年の姿である。一九一九年、戦場より帰還し、傷心のため記憶を失ったミッシェルに、十七歳のイヴォンヌが出会う。イヴォンヌはたちまち恋に落ちてしまう。しかし、自ら「男に愛されるような見ばえの女じゃない」と思い定めているイヴォンヌを、ミッシェルは「シェール・アミ（親愛なる友）」と呼び、唯一なんでも話せる友としての関係を築く。

売春婦と遊び、令嬢と恋をし、酒におぼれ、といったミッシェルの人生をすぐそばではらはらしながら見守るしかないイヴォンヌが、とても切ない。小さな宿屋を切り盛りしながら一人の男を思って一生を独身で通したこの女性は九十八歳にして、少女のような純情を秘めたままなのである。

さて、九十八歳の純情娘を生みだしたミッシェルという男の謎が明らかになっていく後半が、この長編小説のだいご味である。二つの大きな戦争にほんろうされたフランスを舞台に、さまざまな立場の人々の思いが交錯する中、ある逃走劇がリアルに進んでゆく。

フランス人の書いた百歳記念の詩集やジュリアン・グリーンの日記などに触発されて書いたというこの異色フィクションは、長い長い時間を貫く心理劇として楽しむことができる。

「亡命者」、「君の中の見知らぬ女」に続き、同じ日本人の「私」を通して描かれた三部作の最終編にあたる。（東直子・歌人）

（講談社・1900円）＝2003年8月14日①配信

“負け組”への応援歌

「ドスコイ警備保障」(室積光著)

力士の引退後の生活はどうなるのか。大半は三十歳になるかならないかのうちに廃業し、第二の人生を模索しなければならない。最近は元横綱だって、温泉のリポーターなどで笑顔を振りまかなければならないから､出世しても安心できない。

中学を出て相撲一筋、ほかに学問も職業訓練も受けているわけではない、しかも世の規格をはみ出す巨体と胃袋の持ち主たちだ。道を誤った例はいくらでもある。なんとかせねば。悩んだ末に相撲協会理事長は、引退力士の受け入れ先となる警備会社を創設した―。

もちろん、そんな会社が実際にあるわけではない。だが、そんな会社ができるかもしれない、いや、あったら楽しいだろうな、と思わせた時点で、この小説は半ば以上成功したといえる。

元力士の警備員たちは、抜群の破壊力と、異彩を放つ風ぼうで、凶悪な強盗犯を捕まえ、不良高校生の根性をたたき直し、果ては世界的大スターの警備を見事に成功させて世界的な喝さいを浴びる(その警備方法がなかなか楽しいのだが秘密)。

「ドスコイ警備保障」は大繁盛、これで力士はいつマゲを落としても安心だ！　場面転換の早い快調なテンポ、適度にちりばめられたギャグで一気に読ませるのは、作者が戯曲やシナリオの執筆を多く手掛けているゆえのうまさだろう。

会社が簡単に成功しすぎる、元力士たちの個性が世間に流通しているイメージに沿い過ぎているといった具合に、エンターテインメントとしての欠点もあるが､一定のリアリティーを保ちながら、ホラ話で押し切ってしまうあたり、なかなかの手腕だ。

相撲に限らず、スポーツ界の「負け組」に対して、この国の空気は決して温かくない。「つぶしが利かない」なんて身もふたもない言われ方をしたりする。それは、社会が負け組全般に対して厳しいことの証しでもある。ホラ話に形を借りて負け組の再起を描くこの小説で、作者はそうした空気をやんわり批判している。(阿部珠樹・スポーツライター)

(アーティストハウス・1400円)＝2003年8月14日②配信

貧しくともはつらつと

「大道商人のアジア」(和賀正樹著)

豆売り、塩売り、はたき売り、日よけ屋、水占い…。アジア十一カ国、百五十四人もの大道商人への聞き書きの書。貧たる彼らのたくましさと輝きを、写真と文で見事に伝えきる一冊である。

「ハエがたくさんたかってくるでしょ。これは蜜のタック(汁)がおいしい証拠」と、カンボジアの九歳の水菓子売り。

「大人二人に荷物をどっさり積んでも一キロ八元。風が当たって気分がいいよ」と、中国の輪タク屋。

国柄、境遇、商品、商法はさまざま。が、とにかく皆､貧しくともはつらつと、誇りを持って業を営む。大道商いだからこその利点を生かし、客のニーズを考え工夫をこらす商魂が、彼らには宿る。

そして「貧」を超越したところで、悠々と自らの生活を楽しむ彼らの「豊かさ」が、読み進むほどに見えてくる。「心がゆったり安定していれば日々、満足ですよ」。マレーシア、六十七歳の犬売りの言。

「道は異界へのとば口」と著者は言う。そして道に生きる彼ら大道商人とは､「神聖と俗性の二つながらを振り分けに担いだ路傍の神」だと。

私たちの国にも、かつて“道”があり、彼らがいた。しかし「グローバリゼーションの波は、どんどんと都市を地方を味気なく平準化させ」「不敵な彼らが、きれいに日本列島から消えていった」

彼らの国々の多数の人が、そんな日本にあこがれ、近づこうとする現実もまた、語られている。

日本で“歌手”として稼いだお金で、三階建ての家を新築したタイの女性。露天商を巨大ビル群に吸収し、零細露天商は閉め出した、ソウル・東大門市場…。

本書によれば、フィリピンでは約三百五十家の財閥ファミリーが、国の富の九五%を握っているそうだ。中国では、二〇〇〇年度の公費乱用の宴会が、一千億元(一兆五千億円)に達したそうだ。

「俺たちは本当に割りを喰ってるなあ」と言いながら、百五十四の笑顔は問うている。

本当に“貧しい”のは誰か、ということを。(塔島ひろみ・詩人)

(小学館・1600円)＝2003年8月14日③配信

深刻な「ま、いいか」感覚　「若者はなぜ怒らなくなったのか」（荷宮和子著）

「最近の若いもん」をやっつけて留飲を下げよう、などとわけしり顔のおじさん気分で本書を開くとしたら大まちがい。もちろん、若者に文句はつけているのだが、なぜかと言えば、いまの世の中、日本という国のおかしさ加減に、「若いもん」がひたすら黙って従っちゃっているから。

そんなことでいいの、と著者が疑問をぶつける「若いもん」とは団塊ジュニア世代のこと。その親たち団塊世代はいまや社会の実権を握りぬくぬく暮らし、子どもの世代はそんな社会にもの申す覇気もない、と著者は言う。そう断定するのは少し乱暴かもしれないが、石原都知事の発言の数々、「課長島耕作」…と、著者の挙げる危険、悪趣味な言動や文化がまかり通ってしまうのは、たしかにそういう状況があるからだろう。

「イラク戦争」だって、イラクに自衛隊を送る話だって、黙って納得できるようなことではないのに、ひっくるめて、「ま、いいか」に落ち着いてしまう感覚、「決まっちゃったらしょうがない」ですませられる神経—。

それは放っておけないぞ、という著者の気合もさることながら、そういう困った感覚のひだを探り当てる目のつけどころがいい。「ダメなやつ」より「イヤなやつ」の方が人気をとれるとか、泣きたいために「火垂るの墓」を見るとか、感覚がねじれていって、ついには怒るべきときに怒れない心のしくみを的確についている。挙げられるたくさんの事例をよくかみしめると、「ま、いいか」感覚の浸透がいかに深刻かわかるはずだ。

評者からみてきわめてまっとうな本書の感覚は、著者が「女子供評論家」を名乗っていることと無縁ではない。その仕事は、「おたく少女の経済学」などでぜひみてもらうとして、「女子供」を翻訳すれば、権力と富と地位から遠く、世のしがらみや利害に惑わされない、ということ。だから、人を見下す強者の視線に気がつくし、被害の側に目が届く。強者の本音丸出しの政治家よりも、本書の、いわば身体を張った叱咤（しった）激励の方が、ずっと信用できる。（中西新太郎・横浜市立大教授）

（中公新書ラクレ・740円）＝2003年8月14日④配信

食文化の歴史を壮大に描く　「食べる人類誌」（フェリペ・フェルナンデス＝アルメスト著、小田切勝子訳）

現在の食のあり方を、食と人類のかかわりから読み解こうという壮大な試みである。歴史はもちろん食文化、生物史、文学、栄養学など、さまざまな資料を駆使して、それらをちりばめ、食とはなにかを俯瞰（ふかん）してみせる。

それもヨーロッパからアフリカ、アジア、日本まで、地球規模での考察である。食と人と生命は切り離せない。人々はなにを食べ、どんな工夫を凝らし、また食にどんな考察を加えたのか。

大きく人と食のかかわりを、火の利用や牧畜、農耕、料理、加工、流通など、八つの食の歴史上の革命があったととらえ、一つ一つひもといていく。

その論点は極めてユニークである。例えば、カニバリズムと、健康食品やフィットネス愛好家などを同格に置き、それが食に栄養以上の自己改革の意味を見つけたとき、人の食の見方が変わったというのである。あるいは、豪勢な料理と飽食は、かつて権威と富裕階級の象徴であった。それは、多様な食材を集めるには、冒険とリスクをともなったからだ。

また、人は食に基本的には保守的で、なかなか新しいものを受け入れようとしない。それを変革させたものに戦争があるという。世界に軍隊を移動させることによって他国の食文化との融合が始まるというわけである。

長大な人類史を見るとき、その多様性と、食と人とが共生しあった様子は、まるでそれ自体が壮大な生き物のように見えてくるから不思議だ。

料理を編み出し、農耕や保存を生み出してきた食の歴史ではあるが、では、現代はどうか。農作物の化学肥料や農薬を使う工業的生産革命、画一化された味のファストフードをはじめ、近代の食産業が、行き過ぎてしまったことを警告する。

今や大食は権威ではなく肥満の温床となり、農耕や牧畜が、自然資源の収奪にまで行きついた。

著者は、次の革命はかつての多様性を取り戻すことだと主張する。くしくもこれは現在のスローフード運動と連動するのである。（金丸弘美・ライター）

（早川書房・2300円）＝2003年8月14日⑤配信

旅人としてある作家の姿勢

「晴れた空　曇った顔」(安岡章太郎著)

安岡さんくらい旅そのものを主題にしている作家は珍しい。安岡さんの文学の中核はまさに旅である。「僕の昭和史」や「流離譚」、最近作の「鏡川」もそうだが、これらが愛読されるのは、その旅に独特の旅情がながれているからだ。そればかりではなく、旅人としてある作家の姿勢が独特のやすらぎを与えてくれるからである。

この本は、山形、弘前、広島から、木曽路、枕崎、岡山、熊野などを、それらの土地出身の作家のことを思いつつ旅をした話が集められている。

旅行記を書くと自伝になるのか、自伝を書くと旅行記になるのかどちらであるかわからないが、その両方が相まって綾(あや)なしてくると、がぜん、おもしろくなる。安岡さんはこの“旅”の名人だろう。単なる私的な旅なら、せいぜい旅愁が流れることだろう。しかし客観的な眼によって旅をするひとは、もっと深いところに眼がいく。それは、人間の中身を旅している、つまり、相手の体験する本質にせまるのである。

たとえば井伏鱒二さんには漂泊の姿勢があるが、自分をほとんど語らない。整理がついているところが旅行の名人たるゆえんだと発見する。しかし、井伏さんの人となりをあらわす追悼文で、ご子息が昨日亡くなったにもかかわらず、客間でふだんどおり歓談している客はそれに気がつかないところがでてくる。これは整理のすごさだろう。また、中上健次さんへの追悼も哀切きわまりない。作家たちの情愛と含羞(がんしゅう)はじっさいのことにちがいないが、その遭遇の仕方が劇的である。

このように、安岡さんが作家の郷里や作品の背景を歩くと、独特の絡みがでてくる。その土地の恥部であれ誉れであれ、こちらをあたため、感動させてくれるものが、なんであるかが、よく分かる。しかし、読者は幻をみているのかもしれない。事実旅の話ともなれば、聞き手は空想力を発揮し語り手は誘惑力を発揮する。旅の話こそ小説の起源なのだろう。だからこの本は面白い。(坂上弘・作家)

(幻戯書房・2500円)＝2003年8月14日⑥配信

誰のための健康?

「厚生省の誕生」(藤野豊著)

大切なのは、人が健康に暮らすこと。そのために福祉政策を充実させ、日本国民の誰もが医療を受けられる体制をつくる。時にはハイキングを楽しめるような国立公園の整備を押し進める。こう並べてみると、いかにも「平和」な風景のように思える。

だが一九三〇年代、日本が戦争に突き進むさなかに視点を置き、「健康」にかかわる国の政策を検証する本書が浮かび上がらせるのは、人の命が尊重されない「戦争」そのものだ。「健康を、個人あるいはイエの問題という段階から民族の問題へと拡大」していった時代。健康な日本人を増やすことが総力戦体制の中で重要な課題とされた。

厚生省の誕生は三八年。既にドイツではナチスが「国民保健の向上」をうたい、優生政策を進めていた。日本の衛生政策はナチスの影響を強く受けている。健康な日本人を増やすための施策が講じられる一方、特定の患者や障害者の隔離・断種が強制されていく。戦時下における「人的資源」の確保のために厚生省は生まれ、その理念は「大東亜共栄圏」へと広がっていった。

著者は前作でハンセン病の隔離の歴史をつぶさに検証しているが、本書では「強制された健康」の背景にある日本ファシズム体制をあぶり出す。

厚生省誕生後に制定された国立公園は「民族錬成の道場」として位置づけられたもので、また「無医村」対策が目的としたのは兵力・労働力確保だった。著者は綿密な資料分析によって、国家に管理された「健康」の史実を暴いているが、それが決して過去のものではないことも訴える。

近年の薬害エイズに関する厚生省の対応は記憶に新しいが、厚生労働省になって後の「少子化対策」や年金保険料未払い者への徴収強化などの厚労省の施策を、国民はそのまま受け止めて良いのか、疑問がわいてくるのだ。

「健康」や「公共の福祉」という言葉自体は正義だろう。しかし、それは誰にとっての正義なのか。歴史を知ることで、現在をあらためて見直す必要を感じさせる一冊である。(与那原恵・ノンフィクションライター)

(かもがわ出版・2800円)＝2003年8月21日①配信

自己史に根を持つ無節操

「映画監督　深作欣二」（深作欣二、山根貞男著）

「深作欣二のベストは？」と聞かれたら、「仁義なき戦い・頂上作戦」と答える。雪の吹き込む裁判所の廊下で、小林旭と菅原文太がかわす短い会話。「昌三、辛抱せえや」「おう、お互いにのう」で終わる緊張から和解へ至る数十秒は、日本映画の一つの達成点として長く私たちの記憶に残るはずである。

十一億を超えていた映画人口（観客数）は、一九七〇年代に二億を割る。態勢の立て直しに必死の東映は時代劇からギャング映画、任侠（にんきょう）映画、実録ものへと、一回当たったジャンルの「焼き畑農業」的収奪と路線変更とを繰り返した。この無法時代を深作欣二はほとんど水を得た魚のように疾走する。それは作品リストを一瞥（いちべつ）しただけで知れる。

「ジャコ萬と鉄」、「狼と豚と人間」、「黒蜥蜴」、「トラ　トラ　トラ！」、「軍旗はためく下に」、「人斬り与太」、「柳生一族の陰謀」、「復活の日」、「魔界転生」、「蒲田行進曲」、「火宅の人」、「バトル・ロワイアル」…作品のクオリティーの高さを別にすると、ここには何の一貫性もない。むしろ、暴力的なまでの節度のなさがみなぎっている。

五百ページに及ぶ網羅的な聞き書きから、私たちは深作欣二のこの「無節操」が深い自己史的な根を持ち、キャリアを通じて入念に錬成されたものであることを教えられる。

怪作「宇宙からのメッセージ」は「仁義なき戦い」と「柳生一族の陰謀」で深作が名実ともに巨匠に列されたまさにそのときに作られた「スター・ウォーズ」のパクリ映画である。

「中身が似てるも何もパクリだから、先につくって先に封切らなきゃどうしようもない」と哄笑（こうしょう）する深作の、貧しき日本映画に対する黒々とした悪意に触れて読者は一瞬寒気を覚えるはずである。（それにしても、深作の意図通り、ショーケンと松田優作をキャストしていたら、「仁義なき戦い・完結編」は「歴史に残る」作品になっていただろう。惜しいことをした）（内田樹・神戸女学院大教授）

（ワイズ出版・4200円）＝2003年8月21日②配信

アラブのシュールな日常

「砂漠とハイヒール」（高柳和江著）

ダリかマグリットか、はたまた名画の一場面か、と思わせるこのちょっとシュールなタイトルの向こうには、どんな世界が広がっているのか？

ここには、アラブ社会の人間味あふれる「リアル」が詰まっていて、日本から見れば、とっても「シュール」。日ごろ、うかがい知ることのできない素顔のアラブが、くっきりと浮かび上がっている。

著者は、一九七七年から十年間、クウェート国立病院で小児外科医として活躍。現地で暮らした女性ならではの目で、異文化への驚きと戸惑い、身近な人々と分かち合ってきた笑いと涙を、宗教、風俗習慣から美人談義までとりまぜて軽妙なタッチでつづり、「他の信念で生きている人を知ること、そしてその生き方を認めることは、自分の信念を見直すよいきっかけになるのではないでしょうか」と問いかける。

ハッとさせられるのは、彼らの死生観。いかんせん、根底から文化が違うのだと認めざるをえない数々のエピソードが披露され、興味深い。病気も死も「インシュアラー（神のおぼしめしのままに）」と受け入れる民族性なのだ。

本書の冒頭に、クウェートは「IBM社会」だとある。Iは、インシュアラー。Bは、「ブックラ（明日だ）」で、急を要することも例外ではない。Mは、「マーレッシュ（気にするな）」。つまるところ、何事にも楽観的。おおらかな風が、この石油大国を吹き抜けているのだ。

筆者も二年間をエジプトで暮らし、このIBMには、ほとほと困らされた一人だが、ものは考えよう、俗事に執着しない姿勢がさわやかに思えた。

現在、著者は「癒しの環境研究会」を組織し、患者の立場に立った病院環境の整備と改善をはかる運動を続けている。日本の医療現場を目の当たりにした、帰国後のカルチャーショックの方がよほど大きかったのではないだろうか？

ともあれ、クウェート体験の養分から新しい芽を育てているドクター・カズエの体験的アラブ入門書、「異文化は日本発見の鏡だよ」と、そんなメッセージも伝わってくる。（梅野泉・詩人）

（春秋社・1500円）＝2003年8月21日③配信

あふれる人間観察の面白さ

「素顔を見せたニッポン人」（ドナルド・リチー著、菊池淳子訳）

まるでチェーホフの短編小説のように、けっこうしんらつでありながら温かく、いるいる、そういう人っている、と、うなずきながら読んでしまう人物スケッチ集である。じつに面白く楽しい。

著者は戦後すぐに日本に来て、進駐軍の新聞などに記事を書くことから映画批評家になったアメリカ人である。とくに日本映画の海外への紹介には大きな功績があった。一時期ニューヨーク近代美術館映画部の主任もしたが、戦後の大部分の時期を日本で過ごしている。映画以外にも幅広い教養の持ち主なので交友関係も驚くほどひろい。

この本はそうした日本での長年の生活にもとづく多様な日本人五十二人との交友録である。川端康成、黒澤明、三島由紀夫、大島渚、などなどの有名人も半数ぐらいを占めているが、あとは個人的な知り合いであったり、旅が好きな著者が旅行でほんの行きずりで出会ったような人も少なからず含まれている。

その取り合わせがよくて、誇り高く日本文化を代表しているような人たちから、全く無邪気に自然体に日本の地方のお祭りの気分に著者を引き込んでゆく若者などまで、なかにはヤクザや娼婦（しょうふ）も含んで、じつに多様でひとりひとりみんな違う日本人の姿がナマナマしく浮かびあがる。

共通しているのは、ちょっと変わったヘンなところはあっても、あまり悪い人はいないこと。それぞれに違うそのちょっとヘンなところに対する好奇心と共感と愛着である。だからこれはよくあるきれいごとだけの交遊録ではなくてまるで小説のような人間観察の面白さと人生の哀歓に富んでいるのだ。

たとえば三船敏郎。あの豪放な外見をつくりあげた人物が、じつはほとんど小心なまでに善良であり続けようと努力した人だったということの、ことこまかな観察とユーモアに富んだ記述に私は感動した。

あるいはまた、坂東玉三郎に対する女形の性意識についてのあけすけな質問のおかしさと見事な答え。これは思わず笑ってしまう。著者自身の人柄の良さのおかげだ。（佐藤忠男・映画評論家）

（フィルムアート社・2000円）＝2003年8月21日④配信

収容所体験の神話化に抵抗

「運命ではなく」（ケルテース・イムレ著、岩崎悦子訳）

最初にはっきりさせておこう。これは、ハンガリーの一少年の強制収容所体験を語った自伝的小説だが、収容所の悲惨さを訴えて、人種差別の不条理を告発するものではけっしてない。どうかこれをそのようなものとして片づけないでほしい。主人公の少年自身、"（収容所の）煙突のそばにだって、苦悩と苦悩の間には、幸福に似た何かがあったのだ"と語っているのだから。

彼はブダペシュト（現地音）に住む十四歳の少年。一九四四年夏のある朝、勤労奉仕先へ向かう途中、なんの説明もなくバスから降ろされる。いわゆるユダヤ人狩りなのだが、この国のユダヤ人政策が比較的穏やかだったせいもあり、少年も仲間も、狩られたとは思いもしない。働く気があれば、ドイツの労働キャンプに行けると言われ、どうせ働くのならと、彼らはこぞって応募する。

少年はまずアウシュヴィッツで労働適応組に選別され、最終的にドイツ国内のある収容所で働くことになるが、幸か不幸か半年足らずで病に冒され、ブーヘンヴァルト収容所の病棟で、翌年春の解放まで生きのびる。

この体験を、彼はまさにそれを経験しているその時、その場での心の動きそのままに、いっさい"説明"はせず、価値判断も加えずに語ってゆく。帰郷後に出あった新聞記者が、収容所を紋切り型の"地獄"にたとえるのに反発して、彼は言う。自分は収容所で新しい状況に接するたびに、逐次それに慣れてゆき、そうすることで最後の時までの時間をやりすごしてきた。その時間のすべてが、自分にとっての収容所だったのだ、と。

思えば、アンネ・フランクの「日記」も、いまや人種差別反対のバイブルとされているが、本来それを意図して書かれたものではなかった。本書の主人公である少年も、自己の被収容体験が絶対的なものとして神話化されてしまうことにたいし、精いっぱいの抵抗を試みているのだ。

七五年にハンガリーで発表されたこの本、著者は二〇〇二年のノーベル文学賞受賞作家である。（深町眞理子・翻訳家）

（国書刊行会・1900円）＝2003年8月21日⑤配信

勇気ある未来への伝言

「ビキニ事件の真実」(大石又七著)

第二次大戦後、数百万人が通常戦争で死んだが、核戦争で死んだ者は一人もいない―。米国の核戦略家が、半世紀後にこう書いている。核実験という別種の戦争で被ばくした死者たちは、彼らの議論の外のようだ。

ビキニ事件といえば、日本では三度目の原水爆被害であり、久保山愛吉さんの死に象徴される「死の灰」の記憶である。一九五四年、太平洋ビキニ環礁での水爆実験は広島型原爆の千倍の威力。同環礁の東側にいたマグロ漁船、第五福竜丸の二十三人に灰は降り注いだ。最高の軍事機密の灰と被ばく体験の露見は、核兵器をめぐる日米の秘密主義をさらに徹底的にさせた。冷戦下だからだ。

乗組員の一人である著者はこの二十年、同僚の死や核開発競争の激化に押されるように過去の悲劇を語ってきた。本書では、五十年間に知りえた外交文書や記録、証言を元に、政治的配慮で急ぎ幕引きされた事件の全体像を描き出す。

被ばくの責任を認めず、乗組員たちをソ連(当時)のスパイ視し、事件を契機に広がる原水爆禁止運動で「共産主義者ら」の動きを恐れた米国側。直後に、核開発競争に協力すると発言するばかりか、補償要求をせず二百万ドルの見舞金で決着をした日本政府。外務省の密使が「素早く解決金を払えば事件はすぐ風化する」と米側に助言したとも。その時の原子力技術供与がいまの原発の道を開く。

ビキニ被ばく者に被爆者手帳はない。著者ら乗組員に多発した肝がんと被ばくの関係を、国はいまだ明確に認めない。一人の人間の被爆死に、国家の想像力は届かない。

ここに浮き彫りにされた日米関係や日本政府の対応は、冷戦という歴史的な制約だけで説明できるだろうか。自由を守るための同盟関係、個人に優先する国家利益、そのためには真実を隠ぺいする。いまの国際環境と本質的に変わらない。

体の不安と政治的無力感を振り切って、過去の何を記憶し続けるかを示した、勇気ある被ばく者の未来への伝言だ。(中村輝子・立正大客員教授)

(みすず書房・2600円)=2003年8月21日⑥配信

型破りで清新な味わい

「マッチメイク」(不知火京介著)

野球界を舞台にしたミステリー小説は多いけれども、第四十九回江戸川乱歩賞を受賞した本書は、珍しいプロレスミステリーである。不知火京介という、時代小説にでも登場しそうなインパクト満点の筆名からして、ただものではなさそうな印象を漂わせているが、内容も良い意味で新人らしい、型破りで清新な味わいにあふれている。

大手プロレス団体「新大阪プロレス」のスターで、現役の国会議員でもあるダリウス佐々木が、試合中に倒れ、そのまま死亡した。死因は蛇の毒による中毒死。「新大阪プロレス」の新人レスラー山田聡は、犯人が団体内部にいるのではないかという疑惑を抱くようになる。やがて第二の事件が発生して…。

プロレスは相撲やボクシングと異なり、演出のあるショーとしての側面が大きい。本書の題名にもなったマッチメイクとは、試合全体のシナリオを描き演出をすることだが、ダリウス佐々木の最後の試合の背後にどんなシナリオが秘められていたか、それが事件にどうかかわっているかが、メーンの謎となっている。

本書では、プロレス界の虚実織りまぜた内情(といっても、プロレスに疎い評者には、どこまでが虚構なのか判然としないけれど)が、まだ業界の裏面に通じていない新人レスラーの視点を通じて徐々に紹介されてゆくことで、読者の容易な理解をも促すという工夫が凝らされている。特に興味深いのは、一見最も弱そうなレスラーが、実は道場破りを撃退する役目の最強の「門番」である―という設定だが、その「門番」である丹下や、主人公の同期である本庄といった脇役たちの描写が優れているのも、本書の長所と言える。

考え抜かれたトリックもさることながら、プロレスをさまざまな角度から愛した男たちの思いが交錯するスポーツ小説としての、さわやかな読後感は得難いものである。結末近くになって型通りの展開に陥ったのは惜しいが、新人のデビュー作としての水準をクリアしていることは間違いない。(千街晶之・文芸評論家)

(講談社・1600円)=2003年8月28日①配信

仏教者の慧海像を追求

「評伝河口慧海」(奥山直司著)

仏教の原点を求め、日本人として初めてチベットに潜入した河口慧海。明治維新の二年前に生まれ、終戦間際に世を去ったこの人物の生涯を、本書は克明に描きあげる。

そこに現れるのは、超人的な冒険家でもなければ、カリスマ的な宗教家の姿でもない。明治から大正、昭和を愚直なまでに真摯(しんし)に生きた一人の人間であった。そして、彼が求めたものは、「真の仏教」だった。

本書が従来の慧海伝と一線を画すのは、この「仏教者としての慧海」を実証的に追求した点にある。そのため著者は、慧海が生きた時代の仏教界を、膨大な量の出版物を渉猟して活写する。さらに、登場する無数の人々を、経歴や立場はもとより、容ぼうや性格に至るまで詳細に描写する。

これらを通じて、慧海をとりまく仏教界と、そこにかかわったさまざまな人物が織りなす、壮大かつ緊密なネットワークがあざやかに浮かび上がる。当時の仏教が社会に対して持っていた力は、われわれの想像をはるかに超えたものだったのだ。

慧海に対して、著者は限りない共感を抱いているはずだが、その筆致はいたって冷静である。出生、少年期、宗教者としての目覚め、宗派内での活動、二回にわたるチベット探検、そして帰国後の日々を、抑制のきいた筆で淡々とたどる。その内容は具体的で、臨場感に富む。さながら良質の歴史小説を味わう趣がある。

状況描写がきわめて視覚的であるのは、慧海の活動の場であったチベットやインドが、著者自身のフィールドでもあるからだろう。書斎の文献学者に飽きたらないフィールドワーカーなのは、慧海と同じである。

「西蔵旅行記」などで当時の人々にほめそやされた慧海の人気は、現在、チベットに関心を寄せる者たちの間では、逆に不当に低い。しかし、慧海が一生を懸けて求めた仏教が、これまで一度として正当に評価されたことはない。本書が、河口慧海という傑出した人物の「再発見」につながることを期待したい。(森雅秀・金沢大助教授)

(中央公論新社・3200円)=2003年8月28日②配信

死者たちの記憶との出会い

「なにも願わない手を合わせる」(藤原新也著)

光景が聞こえてくる。心が、目に見えたものたちのかすかな声を聞く。それらは、むこうから死んだものの相貌(そうぼう)をして唐突に現れいで、この世に言い残した何かを語る。それはとても個人的な思い出の中のかけがえのない死者たちの声だ。

しかし、いずれ誰もが「この世」を離れ、「あの世」にゆかねばならぬ運命にあるとすれば、そのかけがえのなさにも、また違う趣があるように思えてくる。この世は幻であり、この世から消えたものこそ確かな存在なのかもしれない、という著者の死生観は、いかに個人的な記憶であっても、それを超えたリアルなものとして私たちの胸に迫り得ることを示唆している。

兄の死を契機とした四国を巡る旅は、そんな死者たちの記憶との思いがけない出会いの旅である。その思いがけなさに、生きている私たちの側は絶句し沈黙する。それが「祈り」であり「なにも願わない手を合わせる」という態度なのだろう。

地蔵菩薩(ぼさつ)が兄の死後の顔に見える。記憶の中に定着している兄の最期の顔は苦悶(くもん)の顔であったが、実は苦しみ抜いたがゆえに、その果てに訪れた絶対平安ではなかったのか。そんな地蔵の「顔施」によって、著者は「心の中の風波が少しずつ、少しずつ、和らぐのを感じる」。死者はこのようにして現実の光景を借りてこの世に現れてきて、生きている者の心の一部を浄化するのである。

四国以外の場所への旅もある。一歳のころ疎開し、記憶化できなかった風景の空白を埋めるために再び訪れた亡き母の生まれ故郷。そこでバスに乗り合わせた女性と母の顔が二重写しになる。また、死んだ友人の記憶を求め乗った筑豊鉄道田川線。その線路わきの菜の花の広がり。そこには友人のかなしみが秘められている。

これらの浄化作用は、まさしく奇跡だ。おそらく「祈り」という態度には、そんな奇跡の光景を受信する秘訣(ひけつ)があるようだ。死者の声をふくめて世界は音と光に満ちあふれている。(松田正隆・劇作家)

(東京書籍・1800円)=2003年8月28日③配信

豊かで温かな思い

「子供の本　持札公開（a、b）」（今江祥智著）

著者は、「子供の本　持札公開a」で、まず十六の書き方（読書ノート）を公開する。続いて「持札公開b」で、今度は作者として、十六の書き方にそって十六の“おはなし”を書き、創作ノートをつけて公開する。一作ずつに添えられた宇野亜喜良のイラストもなかなかいい。一気に読んだり、ゆっくり楽しんだり、二冊で何度も味わえる。

著者は四十年以上も子供の本を書き続けている。そして今なお「いつも新人のようにありたく、いつまでも現役でありたく願って書き続けている」が、「日本の現在であればあるほど、そのどこに、かけらほどの希望やら夢でも見つけるのかという、子供の本への苛酷な注文に、応えたくなっている」と今の思いをつづり、「生きることの切なさ、を感じることについては、大人も子供も同じである…子供の本というのは、ときにはそうした子供たちにかわって、大人が…子供の心情やら切なさやらやるせなさやら哀しみやら喜びやら…を表現するもの」、また子供の本の世界をもう少し読み広げたい、と語る。

今江氏は作家を発掘し、励まし育ててきた名編集者でもあった。温かで思いやりある文章に、読む者も温かで豊かな思いにさせられる。

各国の作家の実例をあげ、その方法をまとめ、手の内をみせた上で、自分でも新作を一つずつ書く。「種も仕掛けもいるし、時間もかかる」。そのやっかいな仕事の中でも「ボーイ・ミーツ・ガール・ストーリー」として書かれた「薔薇をさがして」は、十三歳の少年と、ほのかに後ろ姿だけで登場する少女の淡い恋物語。「まげもの」として書かれた「せんべいざむらい」は、侍の子供でありながら、せんべい焼きを見に来る小さむらいがかわいらしく、いとおしい。

しかし、他の「持ち札」（一五～六枚）は未公開のままという。本当の切り札はいつ、どこで出されるのか。この本を読むと、今江氏と作品の背景が見えてくる。次の作品が待ち遠しくなる。（藤本朝巳・フェリス女学院大教授）

（みすず書房・「a」3000円、「b」3300円）＝2003年8月28日④配信

近代文化史の影の職人列伝

「時代を創った編集者101」（寺田博編）

編集者と言われてもピンと来ない読者も少なくないだろう。著者である作家が大家や鬼才として知られ愛されるのはよく分かる。しかし編集者は本を手にする大方の読者にとって、姿の見えない存在である。雑誌や単行本のあとがきや奥付に、ちらりと名が記載されている影の職人だ。

だが、本も雑誌も編集者が創（つく）るものである。書き手は編集者に見いだされ、育てられる。そして何よりも、優れた編集者は時代のビジョンを読みとり、それを出版物でデザインする存在なのだ。

本書には黒岩涙香、徳富蘇峰から始まって、「現代詩手帖」創刊編集長の小田久郎まで百一人が紹介されているが、意外な名前が少なくない。後のわれわれからは作家として記憶されている人が、実は有能な編集者としても活躍していたのである。鈴木三重吉、菊池寛、小林秀雄、上林暁、北原武夫等々。

編者の寺田博と、文芸評論家の三浦雅士（この二人もまた現代の名編集者である）の対談が冒頭に収められているが、政治家、経営者、著作家にも「編集感覚」が必要だという。時代をうがつビジョンを具現するためには、編集者的なデザイン感覚と平衡感覚が不可欠なのである。「時代を過渡期に変えてゆく人間のことを編集者と呼ぶのかもしれない」といったスゴい発言もさらりと出てくる。

執筆者は後輩の編集者がほとんどだが、その中に意外な人も交じっている。文芸誌「海」編集長だった近藤信行を担当しているのは、高橋たか子。近藤に見いだされて古井由吉がデビューするまで、周囲の仲間のほとんどが彼を小説を書く人とは思っていなかったという。そんな未知数を見抜く編集者を、高橋は「夜のサーチライト」にたとえている。そして今は「動向もなく、混沌と流動のみ」と憂える。だが、間違いなく未来の日本の文化の動向は、現在の編集者によって創られるのだ。

近代文化史の興味深い列伝である。（清水良典・文芸評論家）

（新書館・1800円）＝2003年8月28日⑤配信

惜しみない装丁賛歌

「装丁探索」(大貫伸樹著)

書物を意匠と構造の両面で引き立て、読者をいざなうのが装丁である。詩人の萩原朔太郎は「自信のある芸術的の本は、著者が自分で装幀(そうてい)する方が好い」と指摘し、とびぬけてモダンな「青猫」などの自装本を残した。

朔太郎だけではない。かつての文人は装丁に一家言を持ち、かつ実践した。もうひとつ今日との違いは、美術家が装丁の主役であったこと。絵画の世界との深い連携が近代の特徴だった。

本書の第一部「装丁探索」は、明治時代以降の文人たちの自装本と、美術家との共同作業で生まれた作品を中心にその魅力を浮き彫りにしている。前者は芥川竜之介や谷崎潤一郎らの試み。後者は、夏目漱石の依頼で「吾輩は猫である」などを装丁した版画家・橋口五葉を皮切りに、竹久夢二や東郷青児らに引き継がれてゆく系譜である。

著者は装丁専門デザイナー。積年の愛情と造詣を惜しみなく注ぐ装丁賛歌は、誠に熱っぽいと同時に潔い。それは著者が心底惚(ほ)れ込んだ収集本だけを取り上げる姿勢にもよるものだろう。

たとえば、画家の佐野繁次郎が何とアルミ板を表紙に縫い付けた横光利一の小説「時計」の装丁に、その「新しい時代感覚」への共感から最大級の称賛をささげている。

現代では山藤章二、司修、安野光雅ら画家、イラストレーターへの傾倒が目を引く。デザイナーの仕事では見られない、豊穣(ほうじょう)なイメージをたたえる画家の世界への独自のまなざしは、近代装丁の主流だった「本の美術性」復権の提唱ともいえよう。

第二部は「針金綴(とじ)製本と洋本化」。貴重な蔵書を手掛かりに、洋本化という未曽有の転換の過程を解明する。片面に刷った和紙を袋綴にする旧来の和装本に代わって、針金綴の普及などを介した、現行の洋装本スタイルが定着していく道筋を追跡する著者の姿勢は、実にひたむきだ。

装丁を愛(め)でる楽しみが加わることで、書物を手にする喜びがいや増すことを教えてくれる一冊である。(臼田捷治・デザインジャーナリスト)

(平凡社・2300円)=2003年8月28日⑥配信

暴力願望をリアルに表現

「ハリガネムシ」(吉村萬壱著)

デビュー作「クチュクチュバーン」で吉村萬壱は、他の生命体や物質と同化し異形の者に変態した人間が集合体の中に溶け込んで巨大化し、新しい人類の始まりとなる存在へと進化を遂げていく近未来的状況を、グロテスクな世界記述によって描きあげた。二冊目の著作となる芥川賞受賞作「ハリガネムシ」において、吉村は本性としてたちあらわれる人間の暴力・破壊願望を、主人公の感情の変化を通してリアルに表現している。

主人公の中岡慎一は、高校で倫理を教える二十五歳の平凡な教師。アパートで独り暮らしをする彼の前に、半年前に知り合ったソープ嬢サチコが現れる。慎一から五万円を借りたことをきっかけに、サチコは慎一のアパートに入り浸るようになる。

サチコは二十三歳で、二人の子供を施設に預け、夫は刑務所暮らしであるが、それ以上の素性を明らかにしようとはしない。四国旅行に旅立つことになるふたりだが、幼稚な言葉を使い、見境なくはしゃぎまわるサチコへの情欲と嫌悪が入り交じった慎一の感情は、次第に暴力・殺人願望へと変容していく。慎一は、自身の中の欲望を、寄生虫ハリガネムシの存在に重ね合わせる。

平凡な青年の内に芽生えた「黒々とした衝動」や「欲動の塊」が、暴力的な言動へと彼を駆り立て、破壊願望、殺人衝動へとエスカレートしていくさまが主人公の視点からリアルに描かれていく。カマキリの尻から悶(もだ)え出る真っ黒いハリガネムシ、ロゼワイン色の血尿を放つ男、奇っ怪な叫び声をあげる登場人物等々、全編グロテスクなイメージに彩られた作品ではあるが、不思議と違和感や拒絶感はない。

作品を読み進めていく中で、生と死、性と暴力、恐怖と恍惚(こうこつ)、苦痛と快楽といった概念や感覚にまつわる倫理的な人間把握が行われていることに、読者は気づくだろう。時代設定は一九八七年だが、八〇年代後半の空気感をうまく取り入れた作品であることも付言しておきたい。
(榎本正樹・文芸評論家)

(文芸春秋・1143円)=2003年9月4日②配信

感触の異なる身体論

「レイアウトの法則」（佐々木正人著）

私の専門が演劇だということもあるが、ごくあたりまえに自分にもっとも近い部分として「からだ」についてしばしば考え「身体論」と呼ばれる種類の文献を読む機会が多い。「からだ」への異なったアプローチによる「身体論」として、本書をとても興味深く読んだ。

たとえば論考の中心にある概念としてしばしば書かれる心理学者ジェームス・ギブソンが唱えた「アフォーダンス」や、著者の表現による「レイアウト」「肌理（きめ）」など、概念や言葉を正しく理解しようとすること、あるいは、それをうまく言葉にしようとするのはむつかしいが、通読することで本書の全体からようやくそれが浮かび上がってくるのを感じる経験こそ、本書の記述に忍ばせた著者のもくろみではなかったか。なぜなら、そのこと自体が、「アフォーダンス」という運動する「からだ」の状態を示していると思えるからだ。

美術家や写真家、建築家との対話、あるいは、人のある一定の動き（たとえば靴下を履く）をビデオで繰り返して見、詳細に記述する試みがある。それぞれが刺激的な内容で、美術家との対話では、たとえば対話相手の松浦寿夫の語る「印象主義の絵画」への言及など示唆されることが多いし、人の一定の行為を記述する試みにおいて、「饅頭（まんじゅう）を食べる人」に関する次の部分はとても面白い。

「饅頭を食べる人はたまにその割れ口をじっと見る」

もちろん、運動障害を持った方のリハビリテーションの過程を見つめる研究など、直接的な「からだ」へのアプローチもあるが、さらにそこから、世界的な振付家であるウイリアム・フォーサイスのダンスに話がおよぶとき、それはまさに、「アフォーダンス」、「レイアウト」や「肌理」といった言葉を通じて見つめる「身体論」になる。

数多くある「身体論」とはどこか手触りが異なるが、感触の異なるその「異なり」こそ、本書が伝える中心に位置するメッセージではなかったか。（宮沢章夫・劇作家）

（春秋社・2300円）＝2003年9月4日③配信

強力な思想を欠いたままに

「パワー・インフェルノ」（ジャン・ボードリヤール著、塚原史訳）

世界が一国ないしはその友邦関係が連携したグローバル・パワーで独占されつつある状況下、いったいテロリズムによる状況の転移の試み以外にどんな道がのこされているのだろうか。

このことを9・11以降の社会において問うのが本書のテーマになっている。難問である。

一見したところ、世界はいま、いろいろな意味で一つのシステムに吸収されつつある。アメリカが強大な軍事経済システムを完成させようとしているだけでなく、ホストマシン（中心）なきインターネットも世界大化をおこしている。地球温度や流行病の管理も、もはや世界で同時管理するしかなくなっている。

このようなシステムが強く発動するとき、その「中」で何がおころうとも、それはなんであれシステムに吸収されるだけである。もしこのシステムに異議申し立てをするのなら、それは「外」からの変更を迫るしかない。しかし、それではシステムの破壊や変更をハッカーさながらに「外」から試みることになって、そのシステムの「中」に属した者と「外」にいる者の対立を招きかねない。

ハンチントンはそれを「文明の衝突」とよんだけれど、ボードリヤールは世界自身の二重の対立と矛盾がおこっているのだととらえた。国連が世界の諸矛盾によって成立するしかないような状況なのだ。こういうときは、「中」と「外」、「善」と「悪」という対比軸そのものが変質する必要がある。

9・11テロの直後、ボードリヤールは「それを実行したのは彼らだが、望んだのは私たちなのかもしれない」という有名な言葉を吐いた。共感の声も上がった。むろんテロ賛歌ではないのだが、この発言をテロ賛歌にしないための新しい思想が、世界に欠けているままなのも、また事実である。

本書も、その思想の提案にはいたらない。われわれはもう少し悲劇をふやさないと、何も思いつかないのだろうか。訳者による長めの解説も読みごたえがある。（松岡正剛・編集工学研究所所長）

（NTT出版・1800円）＝2003年9月4日④配信

幸福めぐるポップな物語　「青鳥（チンニャオ）」（ヒキタクニオ著）

ある劇作家は、メーテルリンクの戯曲「青い鳥」に描かれた比ゆについて、かつてこう言った。「幸せになりたいと願うのは病気である」と。

あらゆるものを失って失って、最後に手元に残ったなけなしのものがなんであろうと、それが希望だというパンドラの神話は、そういう人間の心の「病んだメカニズム」の模型に違いないと思う。私はほんとうに幸せか？　と自問しつづけていくとき、私たちの心は必ずNOの答えを出してくる仕掛けになっている。

「青鳥」は、台湾生まれの女性・小蔵が、日本の大手広告代理店で、ウェブデザインの仕事につきながら、私の幸福の鳥を見つけたいと悪戦苦闘する物語だ。

このポップな空気を発散する小説の面白さは、きわめて映像的なストーリー展開の、あざやかな手際にある。無理難題を押しつけてくるクライアントに対し、小蔵とともに闘うデコボコなメンバーたち。そのキャラクター描写のおかしさ、ばかばかしさよ。

あるいは日ごとにファッションスタイルを変える禿（はげ）頭の部長であり、あるいは魁偉（かいい）なまでの肩幅の青年であり、はたまた子ども大人の天才金融家のアメリカ人であり。そして彼らが日ごとに食する中華料理、本格ハンバーガー、さまざまな中国茶の、彩りさえ見えるばかりの描き込み。

だが最も魅力的なのは、アップテンポで小気味よく、かつ緊密に構成されたシーンの流れ具合なのである。回想シーン、人物のアップ、パン、なめらかなカットの連続は、よい映画を思わせ、活字を追いながら、実は、目が楽しんでいる。

新しい作家は、新しい文体とともにやってくる。

幸福を探し求める二十九歳の小蔵の姿は、息苦しさも可能性の有りどころも含めて、そのまま現在の日本社会に働く女性のありありとしたひな型と言えるだろう。壁に突き当たるたび、社の屋上へ上り、パンプスでコンクリートを踏み鳴らす彼女が、最後に手にするものに私たちはホッとし、またいささか哀（かな）しい。幸福とはそういうものだ。（岡野宏文・ライター）

（光文社・1600円）＝2003年9月4日⑤配信

解毒装置なき人気政治　「日本型ポピュリズム」（大嶽秀夫著）

「ポピュラー」という言葉は肯定的な意味合いを持つが、「ポピュリズム」となるととたんに否定的なニュアンスを帯びる。日本政治では「統治責任を放棄し、大衆に『甘い』政策を訴える『大衆迎合主義』と同義に使われてきた」と政治学者の著者は指摘する。

しかし、小泉首相に代表される人気政治家は、頻繁にニュースやワイドショーに登場することで、簡明な主張が広く国民に認知され、支持されてきたことは否めない。そればかりか、そのことを「ワイドショー政治」などとやゆしながら、実はマスコミも国民もそれほど深刻な問題と見なしていないのも事実である。

テレビ画面などを通じて国民の情緒に訴え、「政治家らしからぬ政治家だから」という不思議な理由で大衆を引きつけた小泉首相や田中真紀子氏人気の陰に、著者は日本的な「ネガティヴ・ポピュリズム」を見て取る。

つまり、強いスローガンや政策で国民に自信を与える米国型の「ポジティヴ・ポピュリズム」とは異なり、国内の敵を攻撃したり、あいまいなスローガンで問題の本質を覆い隠したりすることで人気を得るのである。

また、マスコミ側も読者や視聴者からの批判を恐れるあまり「アイドル政治家」の独走を批判しようとはしなくなる。マスコミが態度を変えることがあるとすれば、政治家にスキャンダルが生まれたときだ。そのときは「悪玉か善玉か」というポピュリズムの二元論に従い、国民とともに手のひらを返したかのような批判に転じる。

本書からは、日本型のポピュリズムを生み出す国民やそれを利用しようとする政治家にも責任はあるが、最大の問題はポピュリズムの解毒装置とならなければならないマスコミがその機能を果たしていない問題点が浮かび上がってくる。

現状では、たったひとつの解毒剤は「（飽きさせる）時間」だけ、と著者はペシミスティックな結論を述べる。テレビのコメンテーターとして報道現場も知る著者のメッセージを、マスコミ人や受け手である国民はどう受け止めるだろうか。（香山リカ・精神科医）

（中公新書・920円）＝2003年9月4日⑥配信

母親との決別促す自立小説

「キッドナップ」（藤田宜永著）

主人公は十七歳の少年である。しかし十七歳の少年を描いた物語ではない。誤解を恐れずに言うならば「男性にとって母親とは何か」を描いた作品であり、それについて著者は大胆な結末で応えようとしている。

主人公の島本真人は生まれたばかりの産院で誘拐された過去がある。事件から十七年目の夏。母と口論し、父を拒否して家を出た真人は、不意に犯人だった女に会いに行く決心をする。誘拐されていた三カ月の間自分につけられていた名前、良介を名乗り、女に近づいてゆく真人。一方、真人が自分の運命を狂わせた赤ん坊であると気づかないまま、彼を自ら経営する海辺の町の食堂で雇う女、愛子。ひとつ屋根の下で、緊張感に満ちたふたりのひと夏の物語が始まる。それは真人にとって、あり得たかもしれないもうひとつの人生をたどる旅でもあった。

一読してなにか懐かしいような照れくさいような気持ちに襲われた。カラオケで選ぶ曲、同年代の少女との会話、繁華街の風俗。次々に今どきの固有名詞が並ぶのだが、真人にはどこか不良と呼ばれることにひどく勤勉であろうとした三十年以上も前の青春のにおいがある。あの時期、誰もに覚えがあるような痛々しいほどの自我への渇望。

この渇望が生むふたりの母を巡る旅は、やがて思いがけない方向へと進んで行くのだが、現実（実母）を受けいれるでもなく、ありえたかもしれない人生（誘拐犯）をも突き放す真人の姿には正直衝撃を覚えた。ありきたりな「母モノ」でくくれない破壊力を感じた。

すなわち「母親なんてもの」が自分という命をこの世の送り出す以外に、本当に必要な存在なのだろうか、という問いかけ。母なんて意味ない、否、そう思いたいという傷みに似た叫び。憎悪でも拘泥でもない、母親に対する男性のこういう感情は初めて知った。そしてこれはもはや十七歳の少年の反抗物語ではないとも思った。この物語は少年に姿を借りた、初老の男性たちに母親への決別を促す自立小説。

男性の、母をめぐる旅はかくも深い。（宮村優子・シナリオライター）

（講談社・1900円）＝2003年9月11日①配信

アジアに広がる日本ドラマ

「グローバル・プリズム」（岩渕功一編）

「日劇」もしくは「日本偶像劇」とも呼ばれるらしい。日本の人気テレビドラマはアジアでも熱く支持されている。「ロングバケーション」「ラブジェネレーション」などのドラマが一九九〇年代以降、中国、台湾、韓国、香港、シンガポールなどでなぜ、そしていかに浸透していったのか。

本書は、アジア各地の研究者十二人による論文集である。編者は「トランスナショナル・ジャパン」で、アジアをつなぐポピュラー文化について考察したメディア・文化研究者だ。「プチブルの暮らし方」（中国）、「日本のアイドルドラマと台湾における欲望のかたち」（台湾）、「アジアの恋愛か？　西洋のセックスか？」（シンガポール）などなど、現地調査に基づいた、なかなか刺激的なテーマが並ぶ。

読めば、受容のされ方が一様ではないことがよくわかる。「日本文化の優位性」に根ざすとも限らない。韓国など、日本文化の輸入が長く禁じられてきた歴史もある。

一方には、海賊版VCD（ビデオCD）の驚異的普及など、国境も版権も吹っ飛ばして手元に届くという、（日本以外の）アジア地域特有の現象がある。「日本のドラマ人気は海賊行為と密接な関係にある」と示したケリー・フー論文（第3章）が面白い。

アジアとはいえ、対象地域は主に東・東南アジアにおける広義の漢字文化圏内である。文化間の距離を考えるとき、南アジアや中央アジアなどとの文化交通については、これからを待たねばならないだろう。

ただ、グローバルな文化交通が、止まらぬ流れであることだけはたしかである。東・東南アジアに日本文化ファンが増える一方、日本でも、タイ、インドネシア、インドなどの映画や音楽などに共感し、ハマっていく人々が確実に増えている。

「文化研究（カルチュラルスタディーズ）」というジャンルは昨今、世界的にそのすそ野を広げていると聞く。テレビドラマのような存在からアジアをとらえる試みが、本書に続き、研究者によって、より多角的になされることを期待したい。（島村麻里・フリーライター）

（平凡社・2600円）＝2003年9月11日②配信

せつなく懐かしい文化史

「『おまけ』の博物誌」（北原照久著）

本書のページを繰ってみよう。だれしも、きっと、どこかのページのおまけの写真に、目がくぎづけになるはずである。そしてそこから、思い出の糸が…。

私の場合は、明治製菓のマーブルチョコレートに入っていた「鉄腕アトム」のシールだ。家の柱や窓ガラスに、ところかまわずベタベタはっていた。

けれども、悲しいかな、多くの人はいつかおまけを卒業してしまう。私の鉄腕アトムシールも、ご多分にもれず、柱や窓ガラスからいつのまにか姿を消してしまった。

おまけは、商品の添え物であるがゆえに、いつしか飽きられ、捨てられるさだめにある。しかし、だからこそ、すでに失われた時間としての子ども時代とオーバーラップして、せつなく、なつかしい。

本書は、ブリキのおもちゃの収集家として、また、テレビの鑑定番組の鑑定士としても有名な著者が、江戸時代後期の売薬版画、明治のたばこカードから、グリコのおまけ、「少年倶楽部」の付録、カバヤ文庫、紅梅野球カード、鉄腕アトムシール、仮面ライダーカード、ビックリマンシール、そしてチョコエッグやタイムスリップグリコなど最近の食玩ブームにいたるまでを通覧した、おまけの文化史である。

顧客サービス、販売促進のための手段にはじまり、「おまけサック」を考案し、おまけの代名詞ともなったグリコの「豆玩具」によって、おまけは子どもの遊びと結びついた。

さらに戦後は、テレビとタイアップしたキャラクタービジネスのさきがけともなり、おまけそのものがコレクションの対象となっていく。こうした流れがコンパクトにまとめられている。

意外なことだが、それぞれのおまけについてくわしく書かれた本はあっても、おまけと付録の全体像を見通した本はこれまでなかった。おまけだけでなく、ひろく日本の大衆文化に関心を持つ人にとっても、得ることの多い書である。（鵜飼正樹・京都文教大助教授）

（PHP新書・950円）＝2003年9月11日③配信

三島の人間像の再発見

「師・清水文雄への手紙」（三島由紀夫著）

本書は三島由紀夫が学習院中等科在学中に出会い、生涯の恩師と敬愛していた人物への書簡をまとめたものである。三島の人となりがよくあらわれていて、年少のころより「天才」作家といわれていた彼と恩師の心あたたまるつきあいが、本書によってあきらかにされている。

彼が市ケ谷の自衛隊駐屯地で自刃する一週間前までの手紙には、恩師への折り目正しい接し方とやさしい配慮が伝わってくる。

また師の清水文雄氏は、「教室の黒板を背にするか、前にするかで、師弟の関係が成り立つというのならば、私が彼の師ということになるのであろうが、逆に私は、彼を文学と人生の師と心に仰ぎつづけてきた」と言っているように、双方が謙虚であり、おたがいの人間性を認め合っている。

人物は人物を知るということにほかならないが、人が人に認められるという関係性ほど、生きる張り合いや心を豊かにしてくれるものはない。若き日から作家になった三島由紀夫はいい人物に巡り合えたのだなと痛感する。たいへんにうらやましい関係だ。

わたしたちは生涯においてたったひとりの異性や、いざというときに心を打ち明け相談できる同性、そして生涯にかけてやり通すことのできる仕事や趣味を求めて生きているところがあるが、三島はこの恩師と出会ったことで、人生に必要なそれらのいくつかを手にした。三島由紀夫という筆名も彼にかんがえてもらったし、小説家としても押し出してもくれた。

なによりも生前の彼が、古典に親しみ、深い歴史観を持ち得るきっかけになったのも師のおかげだ。そのことは本書を読めばよくわかり、三島由紀夫という作家を再発見できる書物だ。

彼の研究者には不可欠なものだろうし、本書で三島の律義な人間性と希代の作家の内面を探ることができる。またわたしたちが固定しつつある、作家・三島由紀夫の人間像を覆すに十分な資料集ともいえる。（佐藤洋二郎・作家）

（新潮社・1500円）＝2003年9月11日④配信

エピソード通じ人間解明

「小津安二郎周游」（田中真澄著）

今年は小津安二郎監督の生誕百周年に当たる。そのため、いろいろなイベントが全国で行われており、新しい本も次々に刊行されている。「小津安二郎周游」は、十七のモチーフをもとに、小津の周辺にまつわる新聞や雑誌の記事を集め、小津映画の隠れたテーマを見つけ出そうとした評論集である。

著者は「そこではもちろん小津が主題として記述されるのだが、それと同時に私の小津へのアプローチ、問題意識の表現」と述べる。すでに小津の書物を何冊も書いている著者は、正史や本論というより、これまで見逃されてきたわきの話を、気軽に拾っていこうとしているようだ。

小津の生きた時代へとタイムスリップし、小津と戯れるといった高揚した気持ちが「周游」なのだろう。その楽しい気分が読者にも追体験できる。構成は年代順になされており、三分の二は戦前部分だが、作品の親しさもあってか、戦後に進むにしたがって、しだいに面白くなる。

小津が日記に記している「あか」とは、彼が所属していた部隊で使用していた毒ガスのこと。

あるいは、「晩春」「麦秋」「東京物語」の原節子の役名が、すべて紀子なのは有名だが、「麦秋」の戦地に行って帰ってこない紀子の兄を省二、「東京物語」の戦死した紀子の夫を昌二と命名し、その「しょうじ」の系譜がある点でつながっている事実。

また小津がシナリオを書いて、田中絹代が監督をした「月は上りぬ」で、監督協会の理事長に就任した小津が、溝口健二の体面を救った話等々…。

このような不在の人物像、あるいは小津が撮ろうとして挫折した作品群が執拗（しつよう）に追求される。そこには、小津映画の中の“幻影”を見たいとする筆者の狙いが浮かび上がってくる。こうしたさまざまなわきの話が、ただ単にエピソード拾いに終わらず、小津の人間解明につながっていく点が、本書を読んでいく上での快感であった。（西村雄一郎・映画評論家）

（文芸春秋・2667円）＝2003年9月11日⑤配信

身体感覚にあふれる尺貫法

「ニッポンのサイズ」（石川英輔著）

地球の子午線の長さから算出した、一メートルという長さの単位。それを基に決められた、一リットル、一キログラムという単位。精密で、世界に広く通用するメートル法の度量衡の単位をすぐれたものとしながらも、人の体の大きさや、目的に応じた使いやすさを基準にした日本の尺貫法のよさを、著者は、丹念に掘りおこし、その魅力を教えてくれる。

人の手のひらをひろげた「尺」の長さは、時代や目的によって大きく変化してしまった。それとは別に、周代中国の伝説的な工匠が発明し、師匠から弟子に、朝鮮半島から日本へ伝えられ、一尺、三十・三センチのサイズのまま今日まで、ほぼ変わらない、「曲尺（かねじゃく）」という単位がある。また、「曲尺」より四分の一増しの長さの「鯨尺（くじらじゃく）」は長年、着物を仕立てる際にもちいられてきた。

これら尺貫法の単位は昭和三十四年、計量法によって、取引に使えなくなり、職人らが困ったが、永六輔氏の運動により、メートル併記のかたちで、鯨尺のものさしが復活した経緯があるという。

「坪」という面積を示す単位は、いまでも日常的に耳にするが、その歴史をたどれば、一人が一日に食べる量の米のとれる面積が「一歩（坪）」で、一人一年分の米が生産できる面積が「一反」と、まさに、必要と実感に根ざした日本のサイズであるといえる。

他に、太閤検地で豊臣秀吉が、全国統一させた「一升枡（ます）」や、一文銭、一枚分の重さを起源にもつ「匁（もんめ）」、薬種を計った「斤（きん）」など、伝統的な単位に秘められた、人間の営為や施政者の思惑が、歴史のなかから、興味深く浮かび上がってくる。

さらに、桃の節句、七夕といった歳時記を、太陰暦で見直せばもっと季節感に合ってくるという指摘もあり、面白い。

身体感覚がともなう暮らしの実感は、それぞれに多様であり、ただ一つのスタンダードに簡単にまとめられるはずのないことが、声高でなく、伝わってくる。（河合敦子・フリーライター）

（淡交社・1500円）＝2003年9月11日⑥配信

骨太に描く人間の業

「魔女は夜ささやく(上・下)」(ロバート・R・マキャモン著、二宮磐訳)

みずみずしい叙情性と端麗な語り口で読者の心をとらえた「少年時代」から八年、本作はロバート・マキャモンの、十七世紀末アメリカ南部を舞台にした時代劇である。ホラーの様相を見せるが、一人の孤児の成長を追い、正義を貫く姿を描いた熱血小説と読める。そしてほろ苦い哀歌にもなっている。

日本で言うなら「忠臣蔵」のころの話で、英国の植民地であったアメリカの、ニューヨークとフロリダのちょうど中間に位置する架空の町ファウント・ロイヤルがその舞台。首都ワシントンはまだない。当時フロリダはスペインの領地だった。

テーマは魔女狩り。

名高いサレムの魔女の伝説を思わせる事件をウンベルト・エーコの傑作「薔薇の名前」のように、老境にさしかかった判事と、正義感に燃える若き司法書記が追う。迷信にとりつかれた人々を描く一方で、植民地での暮らしや考え方を紹介し、真相を求める主人公の真摯(しんし)な姿を刻みこむ。

次々と起こる不思議な事件と、古風さの中に見え隠れする人間の業を作者マキャモンは凝ったディテール描写で骨太に紡ぎ出す。開拓時代の若きアメリカの自由さ放埒(ほうらつ)さが描かれ、発展途上にある国ならではの興味深い登場人物が現れる。無定見な新開地のボス。怪しい術を使うネズミ殺し。流浪の説教士。そして旅芸人。さらには先住民をはじめ、入り乱れるさまざまな人種などなど。

魔女と目される女性はポルトガル人の血を引き、褐色に近い肌の美女。二十歳になったばかりの主人公は一目で好意を持ち、なんとか救おうとする。オックスフォード大学を出た初老の判事が旧大陸の知性を象徴するとすれば、彼は新天地アメリカの若さとロマンそして正義を表す存在だ。

果たして彼女は本当に魔女なのか。判事の判決はどう下るのか。巧みな語り口に酔わされ、最後まで興味をひかされる読者は、思わぬ結末に驚くことだろう。(馬場啓一・作家)

(文芸春秋・上下各2667円)=2003年9月18日①配信

開かれた地域への提案

「東北アジア共同の家」(和田春樹著)

地域主義という言葉は日本にあるが、地域化(リージョナリゼーション)はない。あるイギリスの日本研究者の指摘だ。地域主義は、共有される歴史や文化などを前提にして「切り取られた地域」の将来を見据える思想である。地域化とは、現在進行する交流を基礎にして、現在の視点で「切り取る地域」の創出を志向し、その考えから生まれる地域づくりである。前者が変更のきかない過去に立脚し、後者は現在から将来を紡ぎ出す実践を志向する。客観主義と主観主義の違いだ。

本書の唱える「新地域主義」は、地域主義から地域化へといかに軸足を移すのかという提案である。

まず、コリアンの役割に期待を込めている。大陸から島しょ部に突き出す朝鮮半島は、この地域の中心に位置する。そこに住むコリアンが地域化の中心的担い手だ。加えて、日本、中国、ロシア、米国などに暮らす在外コリアンたちのネットワークを重要視する。次に、主権国家概念に包摂されながらも独自性をもつ台湾、沖縄、サハリン、クリール諸島(千島列島)、ハワイなどの島しょを生かし、地域全体へと結びつけようとする。この二つが、従来の国家が寄り添う地域構想、地域国際機関の創出提案、また歴史的「負の遺産」である大東亜共栄圏などと根本的に異なる点だ。

本書の提唱する地域づくりは、域外大国の米国、ロシアや地域化の進む東南アジアを含めた「開かれた地域」として東アジアをめざす。そして、非核化地帯構想、国境を越えて実施される環境保護協力、経済共同体構想、政治と安保の共同体構想へとさまざまな提案を展開する。興味がわく提案だ。著者はこれらの提案をパッケージとして扱わない。「多様な」「自発的な」地域にふさわしい、あるべき地域の姿だと考えているからだろう。

なぜ書名が「東北アジア」なのか。英語に由来する「北東」ではなく漢字世界の共通表現である「東北」によって地域の再生を示す。では、私の住む沖縄を含む「南西諸島」は変更すべきなのか。私の答えは「多様な世界をめざすのだから、住む人が決めれば良い」。(我部政明・琉球大教授)

(平凡社・2400円)=2003年9月18日②配信

今この瞬間の真実

「回転ドアは、順番に」（穂村弘、東直子著）

若手歌人である穂村弘さんと東直子さんの短歌と散文のやりとりで構成されている。あとがきによると二人はメールでやりとりしたという。なるほど相手から届いたメールの言葉に触発されていく、というインターネットならではの即効性とちょっとした興奮、そしてひっそりした親密性を感じさせる。二人の内向する世界が共通する言葉でぐっと深まり、新たな物語空間を形成しているのだ。

センスのいい構成によるところもあるかもしれない。穂村さんの言葉がブルー、東さんの言葉がレッドで表記されているのだ。ブルーとレッドの短歌や散文がむき合ったり、はぐらかしたり、微妙に交差したりする。どこにでもいそうなぎこちなくて初々しい若い男女のひと夏の物語が展開される。

タイトルにもある「回転ドア」のところで出会う二人の詩は印象的だ。

「ああ、でもこのドアが苦手なんだよな。／ふっ、はっ、と回転ドアの前でタイミングをはかってたら、／みずいろのサングラスのひとがしゅるんと出てきた」。それに答えるように赤い文字で「あ、って思ったのであ、って言ったら、／むこうの人もあ、って思ったのか、あ、って言った。／それから、なんだか気まずい沈黙。」

若者がその一歩にとまどい、自意識を刺激するドアのむこうに対する心細さは、将来に対するそれを重ねることができる。ごまかすようにおどけてもすぐに自信を失う。そんな彼の前にあらわれた水色のサングラスの人は華やいだ一瞬の夢のようだ。

移ろいゆく季節のなかで、今この瞬間の気分をつぶやくようにうたっている。それは次の瞬間どうなっているかわからない心もとない気分だが、そのときはまぎれもなく真実なのだ。二人のやりとりにははかなさや感傷が漂う。時代も二人の言葉もいつかは過去に押しやられるのだろう、という諦念が根底に流れており、回想としての青春が描かれているのがやるせないのかもしれない。（白石公子・詩人）

（全日出版・1300円）＝2003年9月18日③配信

都市論、建築論に新視覚

「戦争と建築」（五十嵐太郎著）

必要は発明の母だと言われるが、そこにはもう少し言葉の補足が必要だろう。多くの技術が発明されたのは戦争においてそれらが必要だったからだ。兵器関連はもちろん、一見、平和的と思える技術も、戦争の中で生まれたものが少なくない。

本書が示すのは都市設計や建築という技術もまたその例外ではないという事実だ。防衛都市の発想は古代ローマの「建築書」にまでさかのぼれる。大砲の発明とルネサンス都市の形状的相関性や、空襲を可能にした近代兵器の登場が建築技法にもたらした変化などを著者は丁寧にたどってゆく。

冷戦終結後、大量の核弾頭ミサイルが飛来する恐怖から世界は解放されたが、それでも建築は戦争と無縁にならなかった。テロにおびえ、犯罪をおそれる人々の手でさまざまな監視装置が都市の中、建物の内部に持ち込まれる。出入り口に検問所を設け、物理的に外界から隔離することで安全を確保する「ゲーテッド・コミュニティ」作りもアメリカでは始まっている。

こうして外敵が見えなくなれば、今度は内なる敵との戦いを意識し、過剰なセキュリティー強化に向かう都市と建築を、著者は「自由な公共空間の衰弱を招くもの」と批判する。そして、それにあらがい得る動きとして塚本由晴や西沢立衛ら日本の若手建築家に注目する。

上の世代の安藤忠雄のように建築に戦闘的なメッセージを盛り込まない彼らは、主張に乏しい空虚な世代と揶揄（やゆ）されがちだが、「建ち方」という基本にまで立ちかえって建築を考え直そうとする彼らの、静かだが着実な姿勢に著者は共感を寄せる。そして、そうした姿勢の延長上にこそ、「他者」と敵対的に向かい合うことで隘路（あいろ）に至った建築の歴史を乗り越える可能性が開かれているのではないかと期待する。

こうして「戦争」という補助線を引くことで本書は都市論、建築論に新しい視角をもたらした。意欲的な企画が確かな実りを得た一冊だと評価できるだろう。（武田徹・評論家）

（晶文社・2300円）＝2003年9月18日④配信

異様な言葉のエネルギー

「水晶内制度」（笙野頼子著）

森鷗外はかつて「小説とは、何をどう書いてもよいものだ」といい、埴谷雄高は小説は「思考の容器だ」といった。笙野頼子のこの長編を読んで、あらためて小説というジャンルの破天荒な自由自在さを思う。

作品の舞台は常陸に建設された、女性だけのウラミズモという独立国である。この女人国は原子力発電を財源としており、日本からここに亡命した作家の「私」は、錯乱して四十年間病院暮らしをした後に、新しい神話づくりを始める。それは記紀神話をまったく裏返してしまうことだ。

「日本の歴史とはウラミズモから言えば、父系を信奉するヤマトの権力者達が女首長を戴（いただ）くゆるやかな連合小国家を、そういう先住民を征服し続けた結果なのだ」—このような主張をもとに、「女は女だけで新しい国を作る、今の日本をツブし古代の理想国家女人出雲を再現するのが国是である」との一種の母系巫女（みこ）社会のユートピアが展開される。

こう書くといわゆるフェミニズム的なものを連想するが、笙野ワールドはむろん一筋縄にはいかない。出雲神話や南方熊楠なども動員されて、女人国の起源があきらかにされながら、それはただの空想的歴史譚（たん）ではなく、現在の日本（人）へのアイロニーや風刺に満ちており、もつれた言葉の糸の迷宮をさまよう感じを与える。

このウラミズモには女同士のカップルの一致派と、人形愛の分離派なるグループがあり、「保護牧」では男がこの“国”の女人たちのため奴隷として飼育されている。沼正三の「家畜人ヤプー」や井上ひさしの「吉里吉里人」を連想させるが、この長編の面白さは、そうした先行作品やもろもろの文献をひたすら読み破ってしまうような、異様な言葉のエネルギーにこそある。

一作ごとに作風と文体（スタイル）を更新することをやめないこの作家は、鷗外の小説定義の体現者という意味で、現代小説における“純文学”の旗手といっていいだろう。（富岡幸一郎・文芸評論家）

（新潮社・1700円）＝2003年9月18日⑤配信

結びにくい“石原像”

「てっぺん野郎」（佐野眞一著）

評伝を手掛ける作家にとって、取り上げる人物というのはしょせん素材にすぎない。要はそれを使ってどれだけ大きな話をするか。どれだけ大風呂敷を広げてみせるか。そこが作家の腕の見せどころにもなれば、読む側の楽しみにもなる。

こうした評伝というものの仕組みと仕掛け。それをあらためて教えてくれるのが、この現職の東京都知事・石原慎太郎を論じた佐野真一の最新作だといっていい。

「石原慎太郎 is who ?」—。石原慎太郎とはそもそも何者なのか。評伝はこのまっとうで小さな問いを出発点としているが、その先に著者が広げてみせる風呂敷は、よくもまあと言いたくなるほど大きい。

そして、この風呂敷の大きさに裏書きを与えているのはほかでもない。いまやこの作家のお家芸ともいうべき、綿密で徹底した取材力である。

一家のルーツをさぐって昭和から大正・明治へと時間をさかのぼることじつに百五十年。この一家のたどった道は、この国の近代化のなかでどう位置づけられるか。著者はそこからえんえん説き起こして、最終章でその筆を政治家・石原の今後の去就にまで進める。

取材に歩いた距離は無慮数千キロ。石原家の故地、四国から、神戸（慎太郎の生誕地）、小樽、そして湘南の逗子、葉山。その足はさらに海を越えて樺太（慎太郎出生前の父親の赴任地）に向かい、ベトナム（慎太郎はベトナム戦争のルポを書いている）に及ぶ。

その間に話を聞いた関係者は優に二百人以上。その膨大なソースを、二回にわたって行った慎太郎本人へのインタビューでひとつひとつ検証。かくして、副題にいう「本人も知らなかった石原慎太郎」の像が、その姿を現すことになった。

しかしそれは果たして実像なのかどうか。「慎太郎 is who ?」」の答えは「われわれひとりひとりの心の鏡のなかにしかない」と著者は、なお留保をつける。

ちなみに「てっぺん野郎」は初期の石原作品の題名。「太陽の季節」に続いて書いた一連の青春小説の一つだという。ヒネリのきいた巧みな書名というほかない。（山口文憲・エッセイスト）

（講談社・1900円）＝2003年9月18日⑥配信

実験に挑む音楽家の原点　「小澤征爾　音楽ひとりひとりの夕陽」（小池真一著）

小澤征爾の一挙手一投足に間近で接してきた通信社記者による、小澤音楽の原点探し。

はじまりは、小澤がつねに口にする「実験」だった。東洋人として西洋音楽をどこまでやれるか。クラシック音楽は本当に世界共通なのか。小澤のいう実験とは何なのか。

その実験の場として選ばれたのは、日本。桐朋学園時代の恩師・斎藤秀雄門下生で結成されたサイトウ・キネン・オーケストラと、音楽塾オペラ・プロジェクトだった。個でありつつ、多様であることを認め、互いの理解のために対話を重ねる―小澤音楽の来し方をたどりながら、著者は、日本発信の世界水準を探ろうとする小澤の実験の現在と行く末を見つめる。

同時代の音楽家たちの証言の数々が興味深い。アジア人初のショパン国際ピアノ・コンクールで優勝したベトナムのダン・タイ・ソンはいう。

「音楽は私自身との対話であり、人々がわかりあうための大きな力になると信じています。人々は音楽を通して『人類』になるはずです」

小澤は国際紛争や経済対立などの諸問題があるなかでさえ、あなたの好きな曲は何かと問うことを重んじたという。それは、著者のいうように、音楽を通じて語り合うための「心の土台をつくる」ことだったのだろう。

そして、著者が行き当たった小澤の心の土台にあったのは、「美しい音楽は、一人で夕陽を見つめた時のような悲しい味がする」という言葉だった。一九五九年、日の丸を掲げたスクーターとともに神戸港から貨物船に乗り込み、欧州を目指した旅の寄港地マニラでの出来事。気温三八度の夕焼け。水平線の彼方（かなた）に沈んでいく真っ赤な夕陽を小澤は目撃した。それは、ダンのいう「人類」の悲しみ。言葉をもち、自己と他者を知り、孤独を知り、死を知った人間存在ゆえの味だったのではないか。

理屈ではない、「音楽をする苦しみ」と格闘し続けるプロの音楽家たちだから作り出せた「味」を享受できる幸福をあらためて感じた。（最相葉月・フリーライター）

（講談社＋α新書・840円）＝2003年9月25日①配信

「幻の書」の復刊　「年を歴た鰐の話」（レオポール・ショヴォ原作、山本夏彦翻訳）

山本夏彦氏が亡くなられて、まる一年になる。生きている時から、死んでいる人、と自分も言い、人もそう評した、不思議な文筆家である。昔の事柄に精通し、また書く対象や文章が終生変わらなかった。昔びとなのか現代人なのか、よくわからないのである。

山本夏彦にはたくさんの謎があって、それは今後ひとつひとつ解明されるだろうが、まず、最初の著作である翻訳書「年を歴（へ）た鰐（わに）の話」を、なぜ復刊しなかったか、である。

昭和十六年に出版されたのだが、この初版本は、「幻の書」なのだ。古書業者にも扱ったという人は、ほとんどいない。戦時中の出版だから、空襲や疎開などで失われたと思われるが、挿絵入りの本で動物が主人公の物語だから、児童向きの童話と間違えられて粗末にされたようだ。一方、熱烈な愛読者が宝にして抱えており、市場に出さなかった。

山本夏彦ファンは読みたくても、読めない。生前から何度も復刊の要望があったが、本人が頑として承知しなかった。なぜであったか、は誰にもわからない。

このたび、待望の復刊がなされた。初版でなく、戦後版を底本にしているが、これだって貴重である。本書を名訳と紹介した吉行淳之介、それに久世光彦と徳岡孝夫の解説が付けられている。

私もまた多くの夏彦ファン同様、初めて読んだ。内容を紹介するべきだろうか。いや、この本は直接手に取って、まず自分で読んだ方がよい。何の先入観もなしに、古風なような新しいような挿絵をながめ、古風で斬新な文章を、一行ずつ味わうのがよい。何とも評しようのない、内容なのである。

どんな物語かといえば、年をとって病気になり、エサを探せなくなった鰐が、やむにやまれず、家族を食おうとする。そして、何と実際に食べてしまうのである。年寄りだからと、尊敬されていた鰐は、皆から非難され、流浪の旅に出る。これは現代の寓話（ぐうわ）であるか。それとも？　夏彦文体は井伏鱒二の「山椒魚」をほうふつさせる。（出久根達郎・作家）

（文芸春秋・2000円）＝2003年9月25日③配信

人種という虚構を超えて

「大統領の秘密の娘」（B·チェイスリボウ著、下河辺美知子訳）

第三代アメリカ合衆国大統領、トーマス・ジェファソン。独立宣言起草者であり、アメリカ史を語る際に、はずすことのできない建国の父祖だ。

独立・自由・民主主義を説いたジェファソンは同時にバージニア州にある大農園モンティチェロの奴隷所有者という側面も持つ。そればかりか、ジェファソンが自分の所有する奴隷女性サリー・ヘミングズを愛人とし、子どもまで産ませていたといううわさは彼の存命中から広まり、アメリカ史では長らくタブー視されていた事実であった。

この隠されたジェファソン像に真っ向から取り組んだ小説がバーバラ・チェイスリボウの歴史“改変”小説である本書だ。大統領の娘でありながら逃亡奴隷となったハリエットの生涯を、史実を織り込みながらたどった波瀾（はらん）万丈物語である。

白人と同じくらい肌の白い奴隷ハリエットは、二十一歳の誕生日を迎えたその日、故郷も家族も自分のアイデンティティーも捨て、北部フィラデルフィアへ逃亡し、白人として新たな人生をスタートさせた。

ハリエットは生まれて初めて「人間」として扱われ、学校に通い、自由をおう歌する一方で、常に奴隷としての過去におびえ、近しい友人にさえ自分の本当の姿を告白することができない。

「小説の中の虚構の場面を演じているのではないか」と感じるハリエットは、人種だけでなく、ジェンダー、セクシュアリティー、出自、記憶さえもすべて虚構にすぎないのではないかと考える。しかし、唯一ごまかすことができない印、指紋の存在に気がついた彼女だが、ある事件をきっかけに、いまわしい自らの過去を乗り越えていく。

本書は大統領にまつわるスキャンダルを興味本位で扱った歴史小説ではない。「アイデンティティーとは何か」というアメリカ文学に通底する大きなテーマに、「逸脱可能」というひとつの答えを出している秀作である。六百ページにおよぶ大長編だが、長さを感じさせないおもしろさだ。詳細な訳者による解説も読み応え十分である。（大串尚代・慶応大助手）

（作品社・2800円）＝2003年9月25日④配信

東アジアの負の相似性示す

「東アジア·イデオロギーを超えて」（古田博司著）

最近、北朝鮮のプロパガンダや政治的レトリックを目にすることが多くなった。それで私たちはこう思う、「北朝鮮って、どうしてこんなに自分たちを偉いと思えるわけ？」と。

本書は、私たちが何となく感じているこの疑問に、単刀直入に答える。それは北朝鮮が「中華思想」を分有しているからだ、と。

本書では、もともと中国の自文化中心主義をいう中華思想という語を、「自己を文明の中心と誇り、他者を蔑視（べっし）する」ような国家・民族の心理・態度をさすタームとしている。この観点から本書は、中国・ベトナム・韓国・北朝鮮・日本の近現代に潜む「中華思想」の諸相をおもしろいように摘出する。

読むうちに、私たちがいつも違和感を持つ北朝鮮のレトリックは、実は韓国や日本や中国などの態度と、本質的には同じなのだと気付かされる。

日本と中国の国交が回復して三十年がすぎ、今どきの学生は、両国に国交がなかったことすら知らない。だが今でも「友好」が声高に叫ばれ、教科書問題や靖国問題が年中行事のように議論される。こうした「問題」や「友好」をことさら言わなければならない背後には、相互に鏡のような何かがあるのではないか？

ヨーロッパを見れば、ドイツとフランスの間で「友好」が叫ばれたりするだろうか。あちらは一つの経済共同体になったのに、こちらは相変わらず「友好」と「問題」の綱引きレベルで低迷している。一体なぜなのか？

本書によれば、「中華思想」が東アジアに分有されているからで、東アジアが真に連帯するためには、この「中華思想」こそが問題となる。

グローバリゼーションが必ずしもよいわけではなかろうが、他者を考慮しなければやっていけない時代にあって、自文化中心主義が持つ危険性は明らかである。ただ、自文化中心主義を「中華思想」として考える有効性については、読者によって必ず異論が出るだろう。東アジアの負の相似性が強調されるのも、意見の分かれるところではないか。逆に言えば、本書はそれだけ刺激的だともいえる。（土屋昌明・専修大助教授）

（新書館・2400円）＝2003年9月25日⑤配信

いのちめぐる行政の貧困

「患者追放」（向井承子著）

今年の夏、私は九十三歳の父を送った。入院二カ月で亡くなったので、重症の高齢患者が病院から「追放」される現状を深刻に感じとることはなかったが、この本を読むと、その一歩手前だったのだなと怖さを感じた。

老人は　死んでください　国のため

一九九七年に発表されたこんな川柳がちまたに衝撃を与えた。かつてこの国では「お国のため」に命を捨てさせる標語が流行した。いままた同じような風潮に覆われているが、老人医療費抑制のため、家族を含めた自己責任や自立を強調するムードの中で窮地に追いやられるのは老人である。

著者はさまざまな現場に足を運び、この国の、いのちに対する行政の貧しさを突く。この国では「金の切れ目が縁の切れ目」なのである。

そんな老人無視、経済効率優先の「医療改革」が「社会的負担の解消」を名目とした「重症患者の治療打ち切り」「身体の再利用」にゆきつくのは当然だろう。

著者は率直に、老いた親の介護を負担と思う感情に自らもつきまとわれていたと告白する。そういう心理に、社会にも負担だという学者らの発表が追い打ちをかけ、「延命治療の否定」や「脳死の肯定」に世論が誘導される、とみる。

死が尊重されない社会では、生も尊重されない。効率を優先する社会は、ひずみを一部の弱者に寄せるのである。

一方で、ある専門家は「日本の長寿は、人権とかシステムとかに関係ないところで保障されてきた」と、患者の自己決定権と無関係に医療や介護がなされてきたのを嘆く。「良いケアで有名な国は同時に敢然と尊厳死を選んだりする社会」と欧米との違いを指摘する。尊厳死も日本では突き詰めて議論されていない。

高齢の重症患者が在宅へ「追放」され、尊厳死や安楽死が安易に語られる危うさは著者の指摘通りだろう。

私はこの本を何よりも小泉首相や厚生労働省の役人に読んでもらいたい。国民に「痛み」の甘受をすぐ求める前に、こういう現場報告から論議を始めてほしいのである。（佐高信・評論家）

（筑摩書房・1500円）＝2003年9月25日⑥配信

表裏をなす健康運動と虐殺

「健康帝国ナチス」（ロバート・N・プロクター著、宮崎尊訳）

ナチスとはいったい何であったのか―。この問いに正確に答えることは極めて難しい。

ロケット、ジェット戦闘機などの先進兵器を生み出し、アウトバーンを建設し今日の自動車社会を先取りしたなどの点で、それは超近代であったのか、あるいはユダヤ人大量殺りく（ホロコースト）や精神障害者らの大量殺人（安楽死作戦）を実行した点で、野蛮な前近代であったのか。ナチズム（国家社会主義）とは、右翼や親衛隊に象徴される国家主義（右）なのか、それとも労働戦線や社会保障政策にみるごとく社会主義（左）であったのか。

本書は、そうしたナチズムのもつ多様な側面と矛盾を科学史の立場から指摘した貴重な読み物である。ナチスが国家レベルでドイツ国民の健康政策を立案し、当時すでに死因の上位を占めつつあったがんの予防運動を展開し、その中でもとりわけ禁煙運動を押し進めようとしていたことを本書は詳細な資料とともに明らかにしている。

タバコのみならず、アルコール、人工着色料などの追放、全粒粉パンの推奨など、ナチズムの健康運動は、まるで今日のエコロジー運動や禁煙運動を先取りしていたかの観すらある。しかしながら、このような健康運動は、最終的に国家に対する国民の義務、すなわち「健康でいることの義務」へとつながる。

さらに、その先にあるものは、強力な軍隊を仕立てて他国を侵略し、劣等人種たるユダヤ人を絶滅し、優秀民族アーリア人による世界制覇を完成しようとする狂った理想像であった。したがって、健康運動はナチズムにおいて凄惨（せいさん）なホロコーストなどと表裏の関係にあり、両者はいわば合わせ鏡のように奇妙な合体関係を形成しているのである。

戦後アメリカへ移されたナチ航空科学者らが月ロケットを生み出したことなどから、ナチ科学の先進性が誇大視され、ついにはナチスがUFOを作っていたとの珍説まで生み出されるが、ロケット開発の裏側では、そのために二万人以上が強制労働で死亡していた事実を忘れてはならない。（小俣和一郎・臨床精神科医）

（草思社・2200円）＝2003年10月2日①配信

精一杯生きる人々の死生観　「死について！」(スタッズ・ターケル著、金原瑞人・野沢佳織・築地誠子訳)

スタッズ・ターケルが二年前、八十八歳にして出版した大作の翻訳である。インタビューは、いわば相手との真剣勝負だから、気力を必要とする。それをやり遂げたのだから、驚嘆に価いする。

医者や看護師、消防士、葬儀屋、牧師、神父、刑事、元ギャング、退役軍人など、死の関連産業に従事する六十六人のひとたちの、死についての証言が収録されている。

だから、この本はよくある「臨死体験」ものではない。たしかに、ここでも、五人の男女の「幽体離脱」体験が語られている。しかし、大きなウエートを占めているのが、死の目撃証言、激烈な人生体験をしたものの死生観である。

そうでなければ、ターケルのようなリアリストには、死の証言集などつくれないし、つくる気もないであろう。著者自身、「生を精一杯(せいいっぱい)生きることによって語られる死」という。どう生きたか、その先にあらわれるのが、死の姿なのだ。

はたして、自分が何歳まで生きられるのか。どんな形で生を終わるか、それは医者や裁判官に死を宣告されたもの以外、誰にもわからない。毎朝、新聞の死亡欄を読むことから著者の一日がはじまり、死亡した知人の名前を数えあげながら就眠する。

人は人生について話しはじめると、たいがい止まらなくなる。死についてもそうで、著者は、「みんな死について語りたいのだ」という。その意味では、この本は、ターケルの最初のインタビュー集である「仕事！」の総仕上げである。

「ひとりの人間の行為は、そのひとが死んだあとも生き続けます」という外科医の証言は、人生の救いである。

わたしは、エジプトのピラミッドに刻まれた労働者の落書きをみたことがある。人間だれしも、自分が死んだあとに、かすかな痕跡をのこしたい。

広島の在米被爆者は、こういう。「被爆者は恐ろしい死と恐ろしい生を耐えねばならなかった。そんなことは、もう二度とあってはいけないのです」。生と死を考えさせる本である。(鎌田慧・ルポライター)

(原書房・2800円)＝2003年10月2日②配信

父の人生と向きあう　「無名」(沢木耕太郎著)

「葡萄食へば思ひは旅の子にかへる」

これは、のちに「深夜特急」につづられることになる長い旅のさなかにある息子・沢木耕太郎に思いをはせた句である。この句を詠んだ沢木の父は、日に一冊の本と酒一合があればそれが最高のぜいたくという無類の読書家であり、また、沢木の本の熱心な読者でもあった。

〈文章を書くようになっても、私はどこかで父を畏れていた。世の中には、たとえ無名であっても、どこかにこのような人たちがいるのだと思うと、無邪気にはしゃぐわけにはいかなかった。私が自分の知っている領域以外のことを書いたり話したりすることがほとんどなかったのは、常に父の眼を意識していたからだ〉

自分が知るかぎりの最大の読書家、と畏怖(いふ)に近い念を抱いてきた父。その父が病に倒れ、混濁した記憶の中で死を受け入れようとしている。「まだ何も聞いていない」と、父の生とその記憶を呼び戻そうとする息子。夏の終わりから、秋が深まるころまで、母、姉たちと共に父の介護にあたった著者は、生涯「無名」であることを受け入れつづけた父の人生と向かい合っていく。

ノンフィクション作家として他人の人生を追い続けてきた著者が、初めてそのまなざしを身内である父親に向ける。父の生涯に投げかける疑問、それはまた、著者自身の心の奥底を問うことでもあった。父の人生と共に、自分の心をも丹念に追うこの作品は、沢木作品のなかでは異色の小説「血の味」の謎解きも含む、奥深さのあるものとなっている。

入院、そして自宅介護。父の人生を追いながら、同時に誠実な筆致で描かれるのは、病人を守り、みとる家族たちの、家族ゆえの揺れる心情である。心を配り手を尽くし、できるかぎりの介護をしたにもかかわらず、父の死後に訪れる悔恨。いきつ戻りつする思い。愛する者の前では、かくも人の心は揺れ続けるのだ。

数々の沢木作品の「まっとうさ」。その理由は、彼の家族の存在にもあったことを、今回は、知ることになった。(藤田千恵子・ライター)

(幻冬舎・1500円)＝2003年10月2日⑤配信

「問い続ける」ことに託す

「賢治を探せ」(千葉一幹著)

一昨年亡くなられた宮沢賢治令弟清六さんの思い出だが、ある日、客の一人が、あの世で賢治さんと一緒に…、といった何かを話しかけたことがあった。その時、清六さんは少し厳しい表情で、兄はいつまでも一つの所にじっとしているような人ではありません、という意味のことを話された。機に応じ、人に合わせてのことばだったが、忘れることができない。

この本で〈賢治を探せ〉と呼びかけ、「賢治論であると同時に」「文学論でもある」と表明する千葉さんは、論の最後に至って、「銀河鉄道の夜」のジョバンニと、作者賢治、そしてわれわれを「まこと」に対する「理解と不審の狭間で生きる人間」として重ね、その救抜を、生きることそれ自体にほかならない「問い続けること」に託した。

「危機的＝批評的な形で」「文学」、いや、それ以前の「言葉」そのものに出会っていた賢治のあり方を始発に置き、「まことのことば」として指し示されるものの意味を探ることを導線に、精神分析学、ソシュール理論、マルクス貨幣論等々を批判的に援用しつつ、賢治の表現行為が固有の姿を築き上げていく過程を検証して、結果としての作品を腑(ふ)分けするのではない、作品の生成が表現者においていかにしてありえたのかに迫るまっとうな文学論だ。

前半は、例えば大人の言葉に対する乳児のかかわり方を「春と修羅」の「まことのことば」の上空を行き交うことばなるものに重ねるあたり、時にいささかの飛躍も思わせられたが、「言語を超越した無媒介的・直接的コミュニケーション」概念にからめ、「死」による「交換」の仕組みを解いていく「なめとこ山の熊」論以降、卓抜な論理展開に一気に運ばれる楽しさを味わった。

賢治の表現行為の畏(おそ)れと喜びに満ちた「危機的＝批評的」なあり方に魅せられた千葉さんが、願わくは今後とも、多くの残された賢治作品＝「作者に未知な絶えざる驚異に値する世界」に迫ってくれることを！(栗原敦・実践女子大教授)

(講談社選書メチエ・1500円)＝2003年10月2日⑥配信

発見された巨匠や名作

「日本美術の二〇世紀」(山下裕二著)

美術は好き、でも難しい。好き嫌いはあっても、よしあしがわからない。それを決めるのはクロウトで、シロウトは入りこめない。専門書はこむずかしいし、と思っている人は多いはず。でも、クロウトもじつは同じ。「巨匠」や「名作」は、だれかが「発見」した価値を、権威や報道でまつりあげたものなのだから、というのがこの本だ。

タイトルからすると、現代美術と思うが、中身はじつは古美術。とりあげているのは、雪舟、源頼朝像、高松塚古墳、雪村、伊藤若冲、白隠、写楽、長谷川等伯。バリバリの巨匠と名作だ。ではなぜ二十世紀か。彼らが「発見」された、事件や著作をとりあげているのだ。

「一九三九年の雪村」では、ベルリン日本古美術展で、ヒトラーが雪村を絶賛したこと。「一九五六年の雪舟」では、岡本太郎が「雪舟の絵は芸術か」とぶちまけた、逆説的な評価の質転換を。事件を通して、古美術を批評として展開する語り口は、スリリングでじつにおもしろい。

ただ巨匠や名作の評価がつくられるのは、「発見」よりむしろそのあとだ。ここで著者が鋭く批判するのが、「権威」の動員や「オレキレキ」。じつは著者は東大卒。若冲、等伯を「発見」した辻惟雄と山根有三も、東大教授で、まさに学界の「権威」。

でも彼らは、「権威」で「発見」したわけではない。「権威」を動員し、利用することを著者は許せないのだ。人と作品に、まっすぐ向きあうべきだという主張は、正論だ。「『アカデミズム』というのは、そんなにたいしたもんじゃないんですよ」。権威に群がることへの皮肉だろう。

もともと水墨画が専門、でも現代美術にもくわしい。著作「岡本太郎宣言」、赤瀬川原平とくんだ「日本美術応援団」。講演、著述に展覧会企画。八面六臂(ろっぴ)の活躍で、私にとってはテレビや本で著者を見る方が多くなった。山下裕二論として読んでもおもしろいだろう。たぶん彼はまだまだ走る。(佐藤道信・東京芸大助教授)

(晶文社・2600円)＝2003年10月9日①配信

見つめ方を示す極上の言葉

「さまざまな空間」（ジョルジュ・ペレック著、塩塚秀一郎訳）

たとえば画家が残したデッサン帳や、建築家のスケッチやエスキース（下絵）が描かれたノートを見るのは楽しい。写生したのだろう絵がある。思いついた絵画やデザインのちょっとした下書きがある。あるいはそれらに添えられた言葉の書きこみ。本書を読みながら、そうした「楽しさ」によく似たものを感じた。

いわばこれは、作家ジョルジュ・ペレックによる、言葉のデッサンノートではないか。あるいは、何食わぬ顔で口にする冗談の面白さも感じ、そうした笑いはときとしてひどく高慢でつまらないものになるが、本書には極上の、そして品のいい笑いを感じる。ただし読む側にほんの少し準備が必要になる。たとえば次のような部分を面白いと思えるかどうか。

「ぼくの記憶力は並はずれていて、自分では驚異的なほどだと思っているのだが、今までに眠ったことのある場所を全部覚えている」

ほんとうなのか。それで記憶にある「眠ったことのある場所」のリストを作ろうと企てたり、場所の記憶を詳細に書いてみせる。

画家がするデッサンには「ものを見ること」の訓練という側面があるが、同様に「ものごとを見つめるとはなんであるか」を本書を通じて著者は考察する。考察の手順そのものが、そもそも「見つめ方」を示しており、研究者のような態度で実証的にデータを集めるのではない。考察の結果もまた即答してはくれないのだ。この叙述の仕方にこそ作家による「考察」そのものが表現されているのだろう。

だからここにある読書は、簡単に答えを得ようとするガイドブックの読みではなく、テキストそのもの、文章そのものを味わうことに意味がある。そこにいくつも「ものごとを見つめるとはなにか」のヒントが隠されているからだ。

たとえば、「通り」について観察するのはつまり、ゆっくり歩くことを示唆しているが、そうでなければ見えないなにか、そしてまた、「見えないもの」を記述する試みがある。それは極上の言葉たちだ。（宮沢章夫・劇作家）

（水声社・2500円）＝2003年10月9日②配信

バッサバッサと相撲を料理

「大相撲の経済学」（中島隆信著）

大相撲の「トリビアの泉」である。面白雑学にどれくらい「へぇ～」と関心するかを競う、人気番組のアレである。

〈外国人力士はさまざまなハンディで育成のコストが割高となるため、入門時点で身体能力の高い者しか入門を許可しないので、出世が早い〉

へぇ～へぇ～へぇ～。

〈相撲部屋は個人財産なので跡継ぎは自分の息子が望ましいが、継ぐべき肉親がいない場合は弟子を自分の娘の婿として迎える養子縁組という裏ワザが定着した〉

へぇ～へぇ～。

といった具合で、なぜこうなのかの理由についての解説がナルホド納得できて面白い。

本書は、相撲ファンの経済学者である著者が大相撲の世界を経済学的、経営学的に分析。見方を変えることによる新発見がたっぷりで、ひとあじ違う相撲のアレコレを楽しめてお得な感じがいい。

「人間の行動を決定する動機付けをインセンティブといい…経済学ではこのインセンティブを軸にして人間の行動を探り、社会の動きを見る」

と序章にあって、一瞬引いてしまったが、読んでみると、いたって軽快で読みやすい。この“経済学の視点”からバッサバッサと料理されていくテーマは、いわゆる八百長であり、年寄株、横綱審議委員会と、相撲好きの本領発揮で、大満腹！

ユニークな理論展開を楽しむうちに古くさいだけだと思っていた相撲の世界が、実はとても合理的にできているのだと驚かされる。生き残ってきた、それなりの理由が、そこにはあったのだ。

大相撲のしくみがよく分かるオモシロ入門書。と同時に、なんといってもハッとさせられ面白いのは、相撲のオハナシなのに一般社会をも語っているという点である。

相撲協会が、相撲取りになれば腹いっぱい飯が食えるという言葉では魅了されなくなったご時世をなげく暇があったら、「若者たちがなぜ相撲を魅力的に感じなくなったかを分析しなければならない」と著者は言う。

まったくだ。一般社会にもハネ返ってくる警告が随所に見られて、タメになる。（高橋章子・エッセイスト）

（東洋経済新報社・1600円）＝2003年10月9日③配信

万葉の恋歌のごとき男女劇

「まひるの月を追いかけて」(恩田陸著)

昨今、小説ジャンルの境界を自在に越えてみせる書き手が少なくない。恩田陸もそのひとりだ。

失踪(しっそう)した男を捜しに、ふたりの女が旅に出る、というと、一見ありがちな旅情系サスペンスのようだが、そこはミステリーからSF、ファンタジーまで多彩な作風をあやつる恩田陸、本書も見かけはシンプルな追跡もののようで誠に凝った作りになっている。

失踪した渡部研吾はフリーライターで、飛鳥、奈良に取材にいったまま行方を絶ってしまったというのが、その恋人君原優佳利の話。語り手をつとめる研吾の異母妹・静は、彼女に誘われるまま共に現地におもむき、彼の足取りと同じコースをたどることになる。

当然のことながらその過程では、飛鳥、奈良の風物描写も織り込まれるわけで、物語の展開はまさに旅情サスペンスそのものといっていい。

だがやがて研吾と静の複雑な家庭環境が明らかになるにつれ、物語は現在と過去を行き来するようになり、家庭小説―親子小説、兄妹小説の要素が色濃くなっていく。

また同級生ものというこの著者ならではの趣向も立ち上がり、各章の最後ではそれまでの話を鮮やかに反転させる仕掛けが施されたうえに、有名な童話やホラー、民話等が付されて物語の重層化も図られている。

だからといって肩ひじ張って読む必要は、全然ない。女ふたりの会話を軸にした道中記は、互いに胸の中を探り合うなど活字の背後で虚々実々の駆け引きが繰り広げられる。研吾をめぐる静と優佳利のビミョーな女対決はそれだけでも十分スリリングなのだ。各章の最後にサプライズが待っているとなればなおさらで、もろもろの文芸趣向まで味わい尽くそうとするのはうるさがたの小説読みだけかもしれない。

そんなすれからしの読者でもラストシーンまでハラハラドキドキできるのは間違いなし。万葉の恋歌のごとき男女劇の妙にうならせられるのも。

映像化、必至である。(香山二三郎・コラムニスト)

(文芸春秋・1600円)=2003年10月9日④配信

寓話、奇譚の幻想旅行記

「異国伝」(佐藤哲也著)

交通機関が未発達だった時代の人々にとって、大海原や高山、砂漠の彼方(かなた)に広がる世界は、異人や精霊が棲(す)まう異界であった。少数の旅人たちを除けば、訪れることのかなわぬ未知なる国々。人々は想像力の翼をはばたかせては、その驚異に満ちた光景をさまざまに思いえがき、それらは詩人や物語作家のインスピレーションの源泉ともなった。

「オデュッセイア」「ガリヴァー旅行記」の昔から、現代の「指輪物語」や「高丘親王航海記」に至るまで、神秘と怪異に彩られた異国を旅する物語は、幻想文学の代名詞といっても過言ではない。

「異国伝」は、そうした幻想旅行記の系譜に連なる最新の、そしておそらくはミニマムな試みである。なにしろ本書には、「あ　愛情の代価」から「ん　ンダギの民」まで五十音を一文字ずつタイトルに冠した、総計四十五の掌編=四十五の国々の奇異なる物語が凝縮封入されているのだから。

盆栽から最近はやりの「食玩」に至るまで、こまごまとしたミニチュアが大好きな国民性を反映するような試みというべきか。作者のミニマム志向は、物語の冒頭に毎回登場する次の一節にも明らかである。「その昔、とあるところにそれは小さな国があった。あまりにも小さいので地図に載ったことがなかったし、旅行者向けの案内書にも載ったことがない」

四十五の異国伝は、すべて右の一節から始まるのだが、国情や風土民俗、栄枯盛衰の様は千差万別であり、ひとつとして相似した国はなく、類似したストーリーもない。

地に足が触れると死んでしまう花嫁をめとった旅芸人、エビとの戦いに総力を挙げる国…作者特有のシニカルで歪(いびつ)な奇想にあふれた寓話(ぐうわ)や綺譚(きたん)の合間に、かつて図書館や映画館の片隅で我を忘れた記憶のある物語が、何くわぬ顔をして紛れこんでいたりするから油断がならない。

ギリシャ古典から大きな影響を受けたという作者の資質が醇乎(じゅんこ)たる結実をみた快作といえよう。(東雅夫・アンソロジスト)

(河出書房新社・1500円)=2003年10月9日⑤配信

これが図書館?の驚き　「未来をつくる図書館」（菅谷明子著）

本書の帯に「え、これが図書館？」とある。日本の図書館しか知らない読者は、読み進むうちに何度となくそうした驚きを覚えることだろう。

登場するのは、基本的にニューヨーク公共図書館だけと言ってよい。同館は、科学産業ビジネス図書館（シブル）など四つの研究図書館と八十五の地域分館で構成される。本書でそのサービスの実態を知ると、地域社会に図書館がなくてはならないものだとよく分かる。しかも著者自身の利用体験やインタビューを基に描かれ、生き生きとしたイメージがわく。

高価な金融データベースが無料で使えるシブルには、投資会社を興したばかりの男性が毎日通ってくる。舞台芸術図書館で連日ビデオを見て振り付けの研究をしていた移民男性は、シティ・バレエの専属振付師になった。図書館が生んだサクセスストーリーも随所にちりばめられている。

少々やりすぎではと思うほど図書館をフル活用する利用者について、図書館側は「彼が失業しホームレスになって社会保障のコストをかけるより、図書館を活用して才能を伸ばし、経済的に自立できたほうがよい」。そんな答えを引き出す取材力も見事だ。

こうして読者は、図書館が人づくりや町おこしといった地域活動と深いところで結びつく可能性をもっていると思い知らされる。その意味で、本書はニューヨークを題材に、公共図書館の今日的な到達点を示したものと言ってよい。

こんな図書館が主要都市に一つずつでもあれば、日本の図書館も「無料貸本屋」などと非難されずに済むのではと思える。ただし、米国でのこうした図書館利用の水準の高さの背景に、図書館を利用する習慣をしっかりたたき込む学校教育が社会人になるまであることも忘れてはならない。

この本を読んだ日本の住民が、地元の図書館に行って、図書館はこんなこともやるはずだ、とあれこれ言い出したら司書や図書館は大混乱するだろう。それで日本の図書館も変わっていくかもしれない。そんな期待を抱かせる一冊である。（糸賀雅児・慶応大教授）

（岩波新書・700円）＝2003年10月9日⑥配信

異能集団の貴重な証言集　「モンティ・パイソン・スピークス！」（デヴィッド・モーガン著、須田泰成訳）

ペットショップで買ったオウムが死んでいた。「止まり木にクギで打ちつけてあったのは最初から死んでいたから」と言い張る客に、頑として非を認めない店員。「クギで止めなきゃ逃げるでしょ」—。平行線のまま過激さを増す会話、その真剣なバカバカしさが寄せては返すおかしさを生む。

一九六九年、英国BBCテレビに登場した伝説的コメディー番組「空飛ぶモンティ・パイソン」。予定調和なオチとは無縁の革新的世界をつくったライター兼パフォーマンス集団「パイソンズ」の、「高度に知的なのにバカ」な笑いの醍醐味（だいごみ）は、代表的コント「死んだオウム」でも確認できる。

本書は、モンティ・パイソンに「人間というものはだいたいにおいて不条理なものだという信念」をみた著者が、メンバーと関係者からもぎとった貴重な証言集だ。異能集団ならではの競争心や葛藤（かっとう）を、当事者自らの口から引き出してみせている。なかでも、唯一のアメリカ人として美術を担当、その後、映画監督として躍進したテリー・ギリアムをめぐる証言はスリリングだ。

ギリアムといえば、映画「未来世紀ブラジル」で製作側との表現をめぐる闘争以来、映画界の問題児として知られる。

パイソン時代、ギリアムが手がけた切り張りアニメに「誰も注文をつけなかった」との指摘。映画「モンティ・パイソン　人生狂騒曲」の前座的短編を監督したギリアムのやりたい放題ぶりを突く発言。はたまた「彼が人を利用しまくるロクデナシ揃（ぞろ）いのメンバーの中でも最もロクデナシ」といったコメントをきけば、そのくせ者ぶりの根が特権的単独作業を許されたこの時代に見いだせるのか—と感慨もわいてくる。

訳書が原書を超える楽しみを提供している点も見逃せない。精細な脚注とメモ。遊び心と混沌（こんとん）が溶け合うデザイン。知的なのに子供じみてもいる世界。要はモンティ・パイソン的なものをどこまでも体現して光る一冊だ。（川口敦子・映画評論家）

（イースト・プレス・2500円）＝2003年10月16日①配信

凪のように刻まれる時間　「池辺の棲家」（加藤幸子著）

「人間にとって自然とは何なのだろう」「探さなければここにいる」—。この二つのテーマについて考えることがつまり、本書について考えることになるだろう。

「狩人の夜」から「月下走馬灯」までの六つの連作短編にはそれぞれ小さなドラマがあるが、全体のストーリーは、ただ静かに時間が過ぎる、それだけである。そしてそれだけが、確かなこととして読者の前に差し出される。

主人公の千亜子は、都会の片隅にある池のほとりで暮らす。夫は老母の介護のために田舎の家に戻り、ときどき帰ってくる。息子はずっと前、遺書も残さず山へ行ったきり、もう探す手立てもない。娘の家族とは適度なつき合い。蜘蛛（くも）を飼ったりする孫の少女が千亜子を喜ばせる。

三年前から心臓にペースメーカーを入れた彼女と、常に妻をいたわり、翻訳の仕事もサポートしてくれる温厚な夫。二人の別居生活は、社会的な常識をややはみ出しながら、不思議な均衡を保って凪（なぎ）のような時間を刻んでゆく。

鳥や虫や植物や、刻々の命の営為を繰り返すものたちの上を、季節という自然の時間がゆっくりと渡ってゆく。

それにしても、千亜子をめぐる空気は深く濃い（それは心臓の病と関係があるのだろうか）。そして千亜子の心はしっとりと孤独だ（それは探しきれなかった息子と関係があるのだろうか）。

「暁方、安らかな呼吸を続けている夫の隣りのベッドで、千亜子は今年初めてのユリカモメの群れが着水する音をはっきり聞いた。彼女は目を閉じて見ようとした。池が迎える者と迎えられる者の気配で沸騰する様を。そして手を伸ばし、夫に伝えようとした。

探さなければここにいる。」（「月下走馬灯」）

はるかな昔、人がまだ人であることを知らなかったころ、人は池の一部だったのかもしれない。そのころはきっと、何も探さなかった…。

二つのテーマが、現代や人間への問いとして点滅する。（小島ゆかり・歌人）

（講談社・1700円）＝2003年10月16日②配信

限りない愛惜の思い　「よく生きよく笑いよき死と出会う」（アルフォンス・デーケン著）

一読して、ほのぼのとした思いになった。書名のせいか、いささか身構えていたものが読むにつれて消えていき、心が温かいもので包まれていく。

それは多分、退職記念講義という語り口調の優しさや、ウイットに富んだエピソード以上に、人間存在への思いの深さの故であると思う。理不尽に死を迎えていく人々への、限りない愛惜の思いが、全編を流れているからだ。

まず自身の家族の物語。カトリックのドイツ人家庭に生まれ、祖父をはじめ家族は反ナチ運動家だった。その祖父が連合軍に射殺され、幼い妹は病死した。人生の始まりに「死」があった。

やがて、大学で「死」を学び、来日以来四十数年「死生学」を研究してきた。

本書の核心は、第三章。“より良く「死」と向き合うために”にある。自分らしい「死」と出会うためにはどのように「生きる」べきか。身近で大切な人を亡くした時、あるいは自らの死に直面した時にどうするか、豊富な事例に学ぶことは多い。

死後の問題についての、哲学的な考察にも教えられる。死後の生命の存在を厳密に証明することは現在も未来も不可能だろうが、死ですべてが終わりというのも証明不可能だ。死後の生命否定はむしろ非論理的。来世信仰は、人間性そのものに根差した普遍的傾向であると。

あの世でまた会いましょう、この思いはいかに人を勇気づけ、謙虚にし、より良い生に導いてくれることだろう。死の準備教育というと難しく聞こえるが、こういう生き方の探求にこそ、良き死がある。

「死」は誰にとっても無関心ではない。しかしわたしも含めて多くの人々は、積極的に考えることを避けてきた。

しかし心の中では、いつも不安に思っている。本書はその漠然とした恐怖を、言葉として整理し、論理的な思考として分析し、愛情をもって癒やしてくれている。多くの読者は元気になって、今日という日を力いっぱい生きるのではないだろうか。（沖藤典子・ノンフィクション作家）

（新潮社・1400円）＝2003年10月16日③配信

つねに先端の感覚を失わず

「わが映画批評の五〇年」(佐藤忠男著)

映画館で上映される新作だけが映画だった。だから昔のファンはみんなでいっせいに話題の新作を見た。それを共通の話題として議論をした。映画を語ることがいまを語ることであり、時代の先端の思想や生き方を語ることであった。一九四〇年代の後半から五〇年代はまさにそういう時代だった。そう著者は書いている。

演劇や詩や小説、批評についても同じことがいえる。そうした空気が希薄になってきたのは、テレビの家庭支配が完成した七〇年代後半に入ってからであったように思う。

こうした変化は著者の批評にも認めることができる。それまで主にカメラワークや時代劇映画における斬(き)られ方の美学など、映像作品自体に内在する特徴を論じていたのが、七〇年代に入ると社会的な視点が組み込まれてくる。批評が時代のリアリティーに触れるために不可避の展開であったのだ。

著者は「ゴッドファーザー」を論じ、日本人の家族主義はそれほど強くはなかったと指摘している。また家城巳代治の「異母兄弟」を論じ、日本の親子関係における性的な心理としては、フロイトのエディプスコンプレックスよりも母との関係による傷の方がずっと大きく重大であると述べている。どちらの批評もいま読んでも新鮮で、触発力を失っていない。

自分の映画論を人生論的映画論と規定する著者らしい柔らかさを感じる。同時に批評方法の変化がそのまま戦後の映画批評史になっている。

映画があるところどこにでも足を運び、そこで出会った映画についての感動を語り、映画人と語り合い、日本に紹介の労をとることをいとわない。古今東西南北の作品を見て、全世界を平等に見通す視点を確保したいというのは私の見果てぬ夢であったと著者は述べる。

七十三歳のいままで映画批評を書きつづけて五十年、著者自選の評論集である。少しも時代の先端の感覚を失っていない著者のみずみずしい感受性に心から敬意を覚えるのである。(芹沢俊介・評論家)

(平凡社・3800円)=2003年10月16日④配信

フラット世代を読み解く

「平らな時代」(永江朗著)

キーワードは「スーパーフラット」である。アーティストの村上隆が提唱した言葉で、村上の描く作品のように奥行きや遠近法が成立せず、アニメも日本画も同一平面上に脈絡なく配置されるような平面的世界を指す。

哲学者の東浩紀はこの言葉を、現代における認識や価値観の平板化を象徴する概念にまで拡張した。題名の「平ら」はそのような意味である。

永江氏は二年前の著書「批評の事情」の執筆過程で、いまの三十代半ばから四十代半ばまでの、いわゆる"オタク世代"以降の批評家は、それ以前の世代とは世界の認識方法が異なると考えた。この仮説に基づき、比較的若い世代の表現者を中心にインタビューした。

写真家、建築家、ミュージシャン、科学者、小説家など、その領域は多岐にわたる。そう、本書は"スーパーフラット世代"に関する日本で最初のフィールドワークでもあるのだ。

デザイン批評家の柏木博の章は、本書の中では唯一、フラット世代よりも上の世代の視点が示されている。ここから読み始めると流れがつかみやすいだろう。デザインのデータベース化が、個々のデザインから歴史的文脈を排除し、「素材」として等価にしていく構図が見えてくる。

また、ミュージシャンの堀込高樹や漫画家の古屋兎丸の章は、フラットな感性がはぐくまれる養育環境が見える点でとりわけ興味深い。フラットな感性は、フラットな父親の雑多な趣味性が構築したデータベース環境ではぐくまれるのではないか。

デザインをめぐって「ヴァナキュラー(土着的な)」という言葉が使われるが、村上隆における「アニメ」のように、土着的な表現はデータベース化によって復権すると同時に、本来の固有性が希薄化されるような位置にある。今後検討されるべき重要なテーマだろう。

主題を絞り込んで掘り下げたインタビューは、いずれも興味深い。実は本書は、永江氏の聞き上手ぶりを堪能するための本でもあるのだ。私も聞き手のプロとして、学ぶところが多かった。(斎藤環・精神科医)

(原書房・1900円)=2003年10月16日⑤配信

抵抗する少年のつぶやき

「ららら科学の子」（矢作俊彦著）

現在の五十歳代の人たちに共通する気難しさ、頑固さは何に由来するものなのか。上下双方に十年ほど年のはなれた者にとって、一九五〇年代生まれの言動は熱っぽいと感じることが多いと聞く。

この長編小説の主人公は一九六八年、中国に渡り、農村労働の辛酸をなめ、二十一世紀の日本に帰国する。

三十年を超える時の流れは風景や人を変え、すでに自らの戸籍すら失われていた。携帯電話や外食産業の繁栄、物価の違いなどに戸惑いながら東京の街をさまよう男は現代の浦島太郎である。

作者は、中国マフィアやバブルのころの地上げなど、社会の裏側を描きながら主人公の内側に焦点を絞っていく。

その手法は年代記のようでありながら、J・D・サリンジャーの「ライ麦畑でつかまえて」を思わせる。

「何でもいいから、好きなものを言ってみて」と中国で暮らした妻は尋ねる。答えられない主人公の姿は「ライ麦畑―」のホールデン少年と重なって見えてくる。

ただ禁欲的に東京の街を歩く男は、五十歳でありながら少年の視線で時代を見つめる。

年のはなれた妹に、自分の無垢（むく）な心を重ねながら、再会をためらう様子も「ライ麦畑―」を彷彿（ほうふつ）とさせる。

一九五一年、朝鮮戦争のさなかに書かれた「抵抗する少年」のつぶやきが、現代日本の消費社会の中で、新たな物語としての輝きを放つ。

「鉄腕アトム」でやがて来る二十一世紀を描いた手塚治虫は一九八九年に亡くなった。

同じ年に天安門事件が起こり、ベルリンの壁は崩壊したが、その後の未来は、多くの人々が期待した世界と成り得ただろうか。

作者はこの苦々しさを引き受け、懐に忍ばせながら、サブカルチャーへの造詣も深く、時には熱弁をふるう。頑固で気難しいといわれる五十歳代の心根は、このあたりにあるのではないか。

本書は、二十一世紀に至る日本の道程を他者の視点で描きつつ、確かな未来とは何かを鋭く問い掛ける。（岩崎正裕・劇作家）

（文芸春秋・1800円）＝2003年10月16日⑥配信

未来へつながる達人の列伝

「ニッポンの爆笑王100」（西条昇著）

まず書き下ろしというのがいい。著者はやむにやまれず、百組の“爆笑王”について書き続けたのである。

各章が短いのがまたいい。書きたいことは山ほどあるに決まっているのである。特に笑いについて博覧強記である著者なら、それぞれの項目を各一冊にすることもできるに違いない。だが、あえて分量を削った著者は、本当に伝えたいことのみを涙をのんで書いたのだ。

だからこそ、そこに書き記された情報は濃密で喚起的である。通常こうした書物は“ああもした、こうもした”とエピソードが無限に出てくる。そして、最終的には「懐かしいその人は今いない」といった追憶で終わる。つまり、過去が過去のまま過去へと葬られ、決して未来につながることがない。つまらない話だ。

しかし、この本は違う。それぞれの爆笑王の本質を鋭くとらえ、結果“では現在、あるいは未来、笑いを追求する者はそうした過去から何を学び、何を盗むべきか”という隠されたメッセージを浮かびあがらせることになるからだ。

第一章に現在も活躍する爆笑王の面々が取り上げられていることも、その事実を裏付けるだろう。

笑いにとって最も重要なのは現在である。過去の名人から学び、あるいは盗み取った技術、精神を現在に生かさない限り、いかなる爆笑王も草葉の陰で泣くだろう。

時代は変わる。人心は融通無碍（むげ）で、メディアも当然変わりゆく。それら厳しい条件に囲まれてもなお、新しい爆笑王は生まれ出なければならない。

そして、新たに出現する爆笑王は、過去の王たちと肩を並べるべく、しのぎを削るのである。現在と勝負し、同時に過去と勝負するのが笑いを目指す者の宿命でなければ、笑いそのものがすたる。

その意味で、この本は使える。きら星のごとき笑いの達人たちのギャグ、年齢に応じた熟達の様子、そして失敗の数々が詰まっているからである。「ニッポンの爆笑王100」は、101人目のためにこそ書かれた書物なのだ。（いとうせいこう・クリエーター）

（白泉社・3300円）＝2003年10月23日①配信

仮想の鏡に映るこの世界

「あなたの人生の物語」（テッド·チャン著、浅倉久志他訳）

八つの宝石に輝く冠といえばいいだろうか。

ヒューゴー賞、ネビュラ賞、ローカス賞といった錚々（そうそう）たる賞をとった八つの短編をおさめた作品集である。SFに詳しくない方はノーベル文学賞みたいなものだと考えてくれればよい。そういう人にも、ぜひ読んでほしい本だ。

もし神が始終この世に現れるようになったら？　容姿の美醜に無関心になる装置ができたら？　呪文（じゅもん）が実在する社会があれば？　どんな事柄も一個の文字にしてしまう言語があったら？

そんな「もし」から一つ一つの作品ははじまる。SFの定石どおりだが、その「もし」を小道具にした冒険やファンタジーの物語ではない。著者が描くのはむしろ、その「もし」が実現された仮想世界そのものであり、それを鏡にして、そうでない私たちの世界の本当の姿を映し出すのだ。例えば、神がいないことで、不平等が個性でもあることによって、あるいは過去を凍らせることで、この世界はなりたっているのだ、と。

なかでも表題作「あなたの人生の物語」は特に美しい。あらゆる事柄を一つの文字で表す異星人との出会いが語られるのだが、欧米人より日本人の方がなじめるかもしれない。この文字では、既存の文字を組み合わせて、どんどん新たな文字がつくられる。いわば漢字のスペシャル版なのだ。

だが、その奇抜さが作品の主題ではない。「もし」こんな文字があれば、それは因果とは別の形で世界を表現できる。その仮想のなかで、言語の本質や「私／あなた」をめぐる深く鋭い思惟（しい）が、物理法則の可逆性の問題と見事にとけあいながら、一人の母から娘への手紙へ流れこみ、人の生と死の意味をぬりかえていく。—最後の数行を読み終わった時、私はただゆっくり息をすることしかできなかった。

著者は中国系のアメリカ人。文字や言語への鋭い感性はその出自と無関係ではないだろう。言葉がもつ可能性の深さを教えてくれる本である。（佐藤俊樹・東大助教授）

（ハヤカワ文庫・940円）＝2003年10月23日②配信

世界の人々つなぐ音楽語る

「もっと知りたい世界の民族音楽」（若林忠宏著）

一九七八年、東京・吉祥寺に「羅宇屋」という民族音楽ライブ・スポットがオープンした。当時ちょっとした事件で、シタールの生演奏が聴けるとあって度々通った。

本書を手にし「おやっ、著者はその店主ではないか」と思い至り、なるほど、と納得。草分けとして熱い想（おも）いを抱き活躍してきた人ならではの、豊富な体験と知識がギュッと詰まっていて、これは細野晴臣氏も推奨の“若林流民族音楽百科事典”。「サルサの背景はこうだったのね」「ラーガの感情表現はこんなにも豊かなのか」と、音楽の愉（たの）しみをグンと広げてくれる。

一方では、民族の宝として継承されてきたシャーマニックな伝統音楽が、商業的な消費の波にさらされることに警鐘を鳴らす。民族音楽の源には、神聖な領域が息づいていることを忘れてはならない。

わたしも民族楽器の味わいに魅了され、ベンガル地方のエスラージや中国伝来の笙（しょう）と詩のライブを行うことがある。「音楽の力」と言葉の響きが重なり合う時、そこに何かしら不思議な祈りの場にも似た空間が広がるのを感じる。

「民族音楽は、世界の人々の生き様の結実した姿」と言う著者は、世界各地の宗教、文化、歴史、風土と音楽の関連を写真や図表とともにわかりやすくまとめ、随所にハッとさせられる見解を展開する。

ワールド・ミュージック百花繚乱（りょうらん）の今こそ、世界の音楽が俯瞰（ふかん）できる本書のような解説が必要とされているのだろう。

「木を見て森を見ず」とはよく使われる喩（たと）えだが、まさに民族音楽は地球上に残された「音の森」と思えた。それが生まれ形成されていったそれぞれの民族と大地とのつながりを見る時、森の中の一本の木が時代という風に吹かれて奏でる音の響きも、この森全体との有機的な流れの中で体感できるであろう。

それは、私たちのいのちと音楽とのつながり、また、民族や文化を超えた人と人のつながりを、深く感じ取ることでもある。（梅野泉・詩人）

（東京堂出版・2300円）＝2003年10月23日③配信

巧みに織り出す長大な物語

「静かな大地」(池澤夏樹著)

明治中期に、北海道静内付近で牧場を経営、質の優れた馬を続々と生産していた宗形三郎という男の成功と破滅の物語である。彼は淡路の侍の子として維新を迎えたが、明治政府の棄民政策によって北海道開拓に追いやられてきた人々の一人だった。

そういう和人たちは現地人のアイヌを軽べつしたり虐待したりしたが、三郎は違った。かれは幼いころから彼らと親しく交わり、彼らを仕事の仲間として持った。宗形牧場は彼らの共同経営に近い形で成立していた。三郎はアイヌの娘を妻にする(やがて和人の子であることがわかるが)ことにもなる。

権力に見捨てられた者が、追いやられた別の地でその地の民族を虐げることになるという悲しい構図を、歴史のあちこちでわれわれは見るが、明治以降の北海道も例外ではなかった。作者はその構造を十分意識しつつ筆を進めている。文化と歴史の異なるもの同士が、生活と生産を共にする宗形牧場は、そのような構図に逆らって成立したユートピアである。

だが同時に彼らは周囲から孤立突出した存在とならざるを得なかった。宗形牧場の成功を聞きつけた権力側の人間が、干渉してくる。言うことを聞かないと見るや一転してさまざまな妨害行為に走る。そういう軋轢(あつれき)の中で三郎は疲労し、片腕とも頼むアイヌのシトナが焼死し、妻のエカリアンが死産でなくなり、力尽きて自殺する。

物語は三郎とは伯父姪(めい)の関係にあった由良という女によって昭和十三年に書き上げられた、という形式になっているが、さまざまな視点を導入しながら枝葉の茂る長大な物語を、千二百枚を超える作品に巧みに織り出している。悲劇的な三郎の姿は濃い陰影を醸し出していて忘れがたい。北海道出身の作者とかかわりある人物なのであろう。

題名の「静かな大地」とはアイヌモシリ(アイヌの、静かで平和な地)からきている。この作者らしい詩情あふれる筆致で、力を感じる。(三木卓・作家、詩人)

(朝日新聞社・2300円)=2003年10月23日④配信

実践が自由と平等をつくる

「アメリカ憲法は民主的か」(ロバート・A・ダール著、杉田敦訳)

一九九九年の調査によるとアメリカ人の85%が「アメリカが過去一世紀に成功した最大の理由」はその憲法にあると思っている。しかし制度としての憲法は本当にアメリカ社会のありかたを規定してきたのだろうか。

そもそも制度は本当に人間の行動を規定するのか。むしろ人間の個々の行動があらゆる制度を保証していると考えるべきではないか。制度だけを改革しても現実は変わらない。アメリカ政治学界最高の知性である著者が本書で示している主張の根底には制度に関するこうした理解がある。

著者によればアメリカ憲法は国民的聖典として偶像化されてきたものの民主的でない。たとえば大統領制は一個人に巨大な権限を与えると同時に元首としての儀礼的機能まで期待している点で非民主的だ。

各州二名の定数をもつ上院も小規模州が相対的に有利となる以上、民主的でない。二大政党制も国民の複雑な利害を二つの意見に集約し少数意見を切り捨てる点で民主主義を否定している。比例代表制にもとづく多党制のほうが望ましい…とアメリカ憲法は民主主義の教科書だという固定観念からすれば予想外の指摘が続く。

ではなぜその非民主的な憲法をもつアメリカで民主主義が発展してきたのか。著者によればそれはアメリカ人が過去の政治の実践において自由と平等を最高度に尊重してきたからである。したがって重要なのはさらなる実践によって憲法をいっそう民主的なものにすることだ。その点において本書は分析の提示ではなく改革の提言である。

過去十数年の日本政治において政治改革はいつのまにか選挙制度改革へと限定された。二大政党制が民主主義として望ましいという無根拠な主張も依然として多い。さらには民主主義の「行き過ぎ」を是正するために憲法改正が必要だという議論までなされる。

こうした政治の変動期に本書が平易で正確な日本語で読めるようになったことは非常に意義深い。日本政治、特に政治改革に関心を持つ者にとって必読の書である。(越智敏夫・新潟国際情報大助教授)

(岩波書店・2600円)=2003年10月23日⑤配信

享楽の断念への回帰こそ　「生の欲動」（作田啓一著）

青少年による凶悪犯罪が世をにぎわすようになって久しい。その象徴となるのは、なんといってもあの酒鬼薔薇事件であった。それが世間を驚愕（きょうがく）させたのは、残虐性によるところも大きいとはいえ、その動機が一般人の常識ではとても測りかねるからであった。しかも、大なり小なり類似の事件が増加の一途をたどっているのではないかと、いまや多くの人々は不安をつのらせている。

著者は動機のこの理解不可能性という謎に挑む。そのための理論的手だてとして、ラカンとジジェクを援用し、かれらの所説を著者なりの立場から再構成する。精神分析の学説に疎い者は、その再構成をかみ砕くのにてこずるかもしれない。しかし、難解な理論の細部にこだわるよりも、人間存在の全体を現行の社会化された理解可能性に還元することの危険性、不可能性が、著者の静かな筆致から浮きあがってくるさまに目を留めよう。

一定の歴史社会における理解可能性の確定は、その裏面として必然的に、理解不可能な暗部を胚胎（はいたい）せずにはおかない。重要なことは、暗部を単に社会の異物として排除することではなく、社会化を拒否する不定形の「欲動」の存在をそれとして、まず認めることであろう。

ここ数十年間われわれは「禁止」からの解放をなしとげ、「享楽」へとまえのめり的に耽溺（たんでき）するようになった。だが、この無際限の享楽が実現することはありえず、そこに多様な「倒錯」の欲動がうごめきだす。それが場合によって、理解不可能な犯罪として噴出する。

著者は、禁止の重圧にあえぐ「神経症」から、享楽の不可能な実現にいらだつ「倒錯」への変遷に、時代の帰趨（きすう）を見定める。そうである以上、享楽の無限性ではなく、逆に、人間存在の有限性の自覚こそが、つまりは、享楽の断念にいかにして回帰するかが、いまを生きるわれわれの喫緊事となる。それの処方を探ることがおそらく、八十歳を迎えてなお現代の病理を透徹したまなざしで射ようとする社会学者の、次なるテーマを形作るのだろう。（須藤訓任・大谷大教授）

（みすず書房・2800円）＝2003年10月23日⑥配信

遺伝性疾患との闘い　「ウェクスラー家の選択」（A・ウェクスラー著、武藤香織・額賀淑郎訳）

妊婦の血液を調べて胎児がダウン症である確率を推測する母体血清マーカー検査の件数が、国の自粛勧告にもかかわらず増えている。国立成育医療センターの調査だけでも、年間一万五千件を超す勢いだという。

出生前診断に限らず、家族や本人の遺伝子を調べることで病気にかかっているかどうかや、将来病気になる確率を占う「遺伝子診断」が、急速に身近なものになった。

とはいえ、「わかる」ことと「できる」こと、すなわち診断と治療のあいだには、まだ大きなギャップがある。

とりわけ、ハンチントン病や進行性筋ジストロフィーなど、予防法や治療法がまだない病気では、発症の可能性がわかっても、本人や家族に不安をもたらすだけになりかねない。「未来を見通せる水晶玉」を手に入れたとしても、運命を変えられないなら、あなたは水晶玉をのぞくだろうか？

本書は、ハンチントン病の遺伝子を受け継ぐ母の発病をきっかけに遺伝病財団をつくり、病因遺伝子の発見と遺伝子診断の確立にまい進した父と姉妹の物語である。

世界のどこにでもいる平凡な家族が、いつ発症するともわからない病への不安と闘いつつ、科学者たちを説得し、政府や民間の資金を集め、研究プロジェクトを動かしていく。

悲しみ、恐れ、葛藤（かっとう）、そして歓喜。当事者にしか描き得なかった内面をありのままに伝える一方で、一九六〇年代から九〇年代にかけての沸き返るような「遺伝子探索」の時代背景が、姉である著者の歴史家らしい視点で俯瞰（ふかん）される。

遺伝子診断ができるようになったにもかかわらず、姉妹は診断を受けない道を選んだ。妹のナンシーはいう。「それだけを求めて今まで前に進んできたというのに、今になって真実というものがこんなに複雑なものだということに気付くとは、本当に皮肉なものですね」

この家族の物語は早晩、私たち自身の物語になる。そのとき読者は、当事者としてできることの大きさを知るだろう。（東嶋和子・ジャーナリスト）

（新潮社・2600円）＝2003年10月30日①配信

識字教育の実践記録

「生きなおす、ことば」（大沢敏郎著）

読み書きができないとは、どういう状態を生きることなんだろうか。「会ぎなんかにいっても名まえも書けない。いろいろなしょるいなどがまわってきたときには、目の前がまっくらになり、しんぞうがとまってしまいそうです」

横浜の寿町には、こうした読み書きの教育を受けてこなかった人たちがまだまだたくさんおられます。部落差別、在日、貧困、などで、読み書きを教わっていない人たち。「みそやしょうゆは、となりから借りられたけれど、字は借りられなかった」

そんな人たちに識字教育を二十年以上実践されてこられた作者の記録がこの本です。識字教育と言っても、実際にはそれは寿町で生きる人々と交流することそのものであり、ことばを教えるということは、その人のつらかった人生に立ち会うような作業であることが、この交流録を読むとよくわかります。

中でも、習いたてのあ・い・う・え・おで、多くの人が「母」について書いているのがとても印象に残ります。決してうまく育てられたわけではないのに、字を覚えて、まず書いているのが、なぜか母にあやまる文章でした。「ここでも一どあやまります。お母さんかんべんして下さい」

文字を知りはじめた人たちは、世界が違って見え始めることに気がついてゆきます。そのとき、自分を生んでくれた母親のこともきっと今までと違ったふうに見えてくるんだと思われます。「くやしいおもいでやかなしみのおもいで、なみだの中に父やははのことの中にいろいろのおもいでうかぶ」

文字から離れていた人たちは、また、家や土地、地縁や血縁から離れ、ふるさとから離れていた人たちです。文字を覚えることは、再びそういうものを取り戻す作業にもなってゆくことを、この本を読んであらためて知らされます。

「はいつくばって生きてきた私にとって、浦の谷はうらめしい土地でしかなかったのだが、字を習い、私はふしぎに、浦の谷のけしきが美しいと思いだした」（村瀬学・同志社女子大教授）

（太郎次郎社エディタス・1800円）＝2003年10月30日③配信

他人事とは思えない世界

「anego」（林真理子著）

anego。商社に勤める主人公の奈央子は後輩たちにこう呼ばれる。

寿退社もしないで、会社に長く勤める女性社員は、後輩の女性や男性社員に「お局（つぼね）」と呼ばれ、揶揄（やゆ）されてきた。「アネゴ」はそれと一線を画す新しい呼び方だ。「お局」にはないかっこよさがある。「アネゴ」はきっぷがよくて、面倒見のいい、頼りになる人なのだ。

求められるまま、後輩たちのさまざまな相談にのる奈央子だが、彼女自身、三十代も半ばにさしかかろうとする独身女性である。悩みがないわけではない。

一流商社に勤め、不況とはいえ給料は悪くない。しかし、一般職の女性社員はあいかわらずサポート役で、仕事の主役には決してなれない。不況で会社が新卒を採用しなくなると、若い派遣社員でまかなわれ、給料が高い女性社員は会社のお荷物になる。商社レディーから商社マンの妻になるのはたやすいことだと思っていたのに、結婚したい相手は現れない。どこに居場所を求めればいいのだろう。この事態を変えるのは、やはり結婚なのか。確かにわかりやすい幸福の形ではあるけれど…。

おいしいものを食べ、頻繁に海外旅行をする、おしゃれで自由な独身女性は、はたから見るほどお気楽ではない。

会社の中での微妙な位置、三十代の女性のセックス、恋愛問題など、奈央子を取り巻く出来事は、まさに今を生きている女性たちが抱えてきたことでもある。女性誌に連載中からOLたちの反響が大きかったのは、他人事とは思えない世界がここにあるからだろう。

そんな奈央子が、旅先のハワイで、結婚退社したかつての後輩に声をかけられる。心を病んだ後輩とその夫に困惑しつつも、奈央子は頼られると断りきれない。

「恋愛ホラー」という新しいジャンルだというが、いわゆる怪奇モノではない。けれど確かに怖い。人の心のありようの底知れぬ恐ろしさ。

帯には、「背筋まで凍りつくような濃密な愛」とある。果たしてこれは愛なのだろうか。（いずみ凛・劇作家）

（小学館・1600円）＝2003年10月30日④配信

男女の機微に興趣

「平林初之輔探偵小説選Ⅰ」（平林初之輔著）

ミステリーブームの余波のおかげか、ここ数年、国内ミステリーの歴史をつくった先人たちの業績に光を当てる叢書（そうしょ）の刊行が目立つ。専門誌別のアンソロジー「幻の探偵雑誌」（光文社）や、作家別の傑作選「昭和ミステリ秘宝」（扶桑社）などがその代表といえよう。熱心なファンが存在するため、ある程度の手堅い部数が望めるという営業上の理由もあろうが、現在まで連綿とつながるミステリーの歴史が鳥観できる叢書の出版は実に貴重で、ありがたい。

平林初之輔の巻が口開けとなった「論創ミステリ叢書」は、刊行予定リストに甲賀三郎や浜尾四郎などのビッグネームが並ぶものの、よりマイナーな作家や、ミステリー専業でない戦前の作家を対象にしているのが、特徴であるようだ。

平林はプロレタリア文学にかかわりながら、探偵小説を愛読し、やがて「新青年」などに書いた探偵小説評論が評判を呼び、創作にも手を染めるようになった。パリで客死するまでの六年間に発表された二十編ほどの短編が二巻に分けて収録されるという。

さて個々の作品を読んでいくと、各種アンソロジーに採られ、最も有名な作品である「予審調書」や、鉄道を使ったアリバイものの「山吹町の殺人」などミステリー的趣向が強い作品は、黎明（れいめい）期という時代ゆえか、今の目から見るとさすがに素朴すぎる印象を受ける。

むしろ夫に対する妻の疑心と焦燥を描いた「オパール色の手紙」や、妻子ある男性と関係した舞台女優の心の揺れ動きと、彼女の決断がもたらした悲劇を描いた「華やかな罪過」といった、男女の感情の機微がテーマとなった作品の方が、時代の風雪に耐え、今も変わらぬ普遍的な興趣を呼び起こしてくれる。男女間のモラルに関する意識の変化はあるにせよ、現代の小説誌に掲載されてもおかしくない作品だ。

彼により長い寿命があれば、心理サスペンスの傑作を物したのでは、と思わせる作品集だった。

（西上心太・ミステリー評論家）

（論創社・2500円）＝2003年10月30日⑤配信

キラ星のごときエピソード

「戦後ヒーローの肖像」（佐々木守著）

「おまえらの世代に共通する話題って、昔見たアニメやテレビ番組しかないだろ」。一九六一年生まれのわたしは七〇年安保世代の“オジ”にバカにされたことがある。

でも、反権力闘争を遊んだ若き日を懐かしむ“安保の子”より、アニメの名シーンで盛り上がる“アトムの子”が、そんなに低級？　と憤懣（まん）やるかたないかつてのテレビっ子が、読んで懐かしく、また再発見の多い一冊が本書なのだ。

昭和二十八年のテレビ放送開始以降、しばらくは週に三本程度しかなかった子ども向け番組が、「月光仮面」「鉄腕アトム」「まぼろし探偵」等の大ヒットを飛ばすようになる三十三―三十四年。「鉄人28号」「オバケのQ太郎」「ジャングル大帝」といったアニメの傑作を経て、四十一年には「ウルトラマン」のカラー放送が始まり―。

うれし懐かしのビッグタイトルがキラ星のごとく並ぶ時代を、著者の佐々木さんは、児童文化研究や大島渚監督作品、記録映画の製作にたずさわった個人史や、当時の社会状況などと絡めながら通観していく。

「血の通った人間」だったかつてのヒーローと比べ、現代のヒーローは「さまざまな新兵器の扱いに巧みな人物」でしかない、「ロマンを求める心」が失われた今「ヒーローもヒロインも生まれない」と嘆く佐々木さん。実際には「仮面ライダー555」のように、四六時中悩んでいる人間くさいヒーローは今でも存在するだけに、その論旨すべてにうなずくことはできない。

この本の読みどころは、やはり佐々木さんが脚本を書いた番組にまつわるエピソードの数々にあると思う。「ウルトラマン」中、もっとも悲しい怪獣ジャミラの登場回。その脚本の抜粋が読める喜び！　その他「コメットさん」「柔道一直線」「アルプスの少女ハイジ」等々、佐々木さんが携わった番組の制作秘話に興奮を覚えない“アトムの子”はいないはず。

いや、当時夢中になってテレビを見ていたわたしたちは“佐々木守の子”なのかもしれない。読後、そんな感慨すら覚える労作だ。（豊崎由美・ライター）

（岩波書店・2300円）＝2003年10月30日⑥配信

美術や考古学が生まれる前　「好古家たちの19世紀」（鈴木広之著）

野心的なシリーズの刊行が始まった。「近代美術のゆくえ」全七冊。その一冊目が本書である。

「美術」という言葉ができたのは、明治五（一八七二）年のこと。ウィーン万国博覧会の出品規約を翻訳した時、「ファイン・アート」の訳として造語されたらしい。それまでわが国には、「美術」という言葉がなかった。言葉がなかったので、「美術」という概念もなかった。あったのは「古い物」の世界だった。

江戸時代以来、古い物を探し、集め、考え、見せ、図に表して後世に伝えようとした人たちがいた。彼らを「好古家」と呼び、物に即した彼らの学問を名物学と呼ぶ。

明治に入ると、政府の殖産政策のもと、物産会や博覧会が開かれるようになる。出品者は「好古家」たち。名物学の伝統はなお生き続けていた。

しかし、時代は進む。明治十年代の前半、考古学・歴史学・人類学・美術史学などのプロフェッショナルが誕生する（明治十年、東大創設）と、物に即して考える「好古家」は、アマチュアとみなされていく。物自体もガラスケースに納められ、学問の対象として抽象化され、階層的な秩序の中に位置づけられる。

時代は変わった。松浦武四郎・蜷川式胤・田中芳男・町田久成・柏木貨一郎…。彼ら「好古家」の時代は終わったのだ。

本書は、欧米に学んだ明治政府の殖産・教育政策の中で、古い物の世界が変容していく様を、さまざまな資料を引用しながら詳細につづった力作である。そして冷酷とも思える時代の変化の中で、「好古家」たちと、彼らと親しかったモースの姿を、生き生きと描き出すことに成功している。

筆者は東大出身の美術史学者。「好古家」の対極にいるとも言えようが、彼らに対するまなざしはなぜか温かい。

自分自身が「好古家」だったことに、今さらながらに気付かされたが、それはさておき、近代が発見した美の象徴としての百済観音、正倉院宝物の位置づけの変遷、帝国博物館の創設など、本書のその後を描く続編の執筆を期待したい。（西山厚・奈良国立博物館資料管理研究室長）

（吉川弘文館・3900円）＝2003年11月6日①配信

何かせなんだら生き地獄や　「僕が最後に言い残したかったこと」（青木雄二著）

著者と私は一九四五年生まれの同い年である。「『腐れ資本主義』の世を生き抜け」（光文社）という共著も出した。その、いわば"戦友"に六十歳を目前にして先立たれて、たとえようもない喪失感にとらわれていた時、この本を手にした。末期の肺がん治療の合間に語りつづけたものをまとめたという。

ここには、まったく変わらぬ著者がいる。「ナニワ金融道」以来の持論を説きつづけてやまない著者がいる。「中高年サラリーマンへ」「若者へ」そして「死へ」「息子へ」と、まさに思いをこめた強烈なメッセージの中に喜怒哀楽のはっきりした著者がいる。

余命三カ月と言われて、淡々とこう語る著者に私は脱帽した。私ならもっと取り乱したろう。

「唯物論者ゆえ、僕は死ぬことなど怖くはありません。死ぬ気も一切ありません。僕は天国も地獄も関係ない立場にいるが、キミらは何かせなんだら、それこそ生き地獄になるんやで」

著者が強調した「神はおらん」という哲学である。「社会的に弱者と呼ばれている人々を啓蒙（けいもう）し、彼らの生活を少しでも豊かにすること」が著者の本当にやりたいことだった。そのために著者は徹底的に具体を語った。おカネとか、マネーとか言わず、ゼニと言いつづけたのもそれゆえである。

その著者から見て、若者がサラ金のターゲットになっているのは歯がゆくてならなかった。そして著者は、そのサラ金に資金提供して儲（もう）けている銀行にも批判の矢を向ける。要するに世の中のしくみを知れということである。

そんな著者を、二十歳も年下の夫人は巻末のインタビューで「本当に子供みたいな人でした」と語る。言っては駄目ですよと念を押しても、つい言ってしまう子供と同じだったという。「もっと言えば、すぐにだまされてしまう人」で、「漫画でも本でも、皆にはだまされるなと大声で言っている癖に、自分は義理や人情にすごく弱くて、涙もろい」。そんな著者を、しかし夫人は「一番信頼し、愛していました」と語っている。（佐高信・経済評論家）

（小学館・1300円）＝2003年11月6日②配信

アーティストへの愛の記録

「ピナ・バウシュ中毒」(楠田枝里子著)

心酔できるアーティストに出会うことは、素晴らしい恵みだ。それは人生の重荷をいくらか軽くしてくれる。

楠田枝里子著「ピナ・バウシュ中毒」は、ファンがアーティストにささげた愛の記録である。

ピナ・バウシュは一九四〇年生まれの女性ダンサー。ヴッパータール舞踊団の芸術監督でありコリオグラファー(振り付け、演出家)である。世界中で公演を行い、たびたび来日している。

最近では、大ヒットした映画「トーク・トゥー・ハー」でもピナのダンスを観(み)ることが出来る。

ピナの作品の魅力は、まず幻想的な美しさだ。舞台に敷き詰められたカーネーションの上を、アコーディオンを抱えた下着姿の女性が歩く、ただそれだけで観客はピナの世界の住人となる。

もうひとつの魅力は、破壊。四百個のレンガで作った壁が、幕開きと同時に一瞬にして崩れ落ちる、などという作品もある。ダンサーたちは美しく踊るばかりでなく、ぶつかり合い、叫び、倒れることもしばしば。

著者は初めてピナのダンスを観たときのことをこう記す。「私の胸の内にある、ありとあらゆる感情が、ほとばしり出ていた。愉悦も、孤独も、情愛も、苦渋も悲哀も―(略) 私は完全に、自由な気分に満たされていた。こんな解放感を味わうのは、生まれて初めてだと思った」

著者はピナに「ありがとう」が言いたくて、泣きながら楽屋を訪ねる。それが著者とピナの、十年以上に及ぶ交流の始まりだった。

話すのが苦手なピナが折々にもらす言葉を、著者は宝石のように大切に拾い集め、書き留める。

「若い頃、歳をとって六十歳になったら、世界は全く違っているだろうなと、思っていた。けれど、実際には、ちっとも変わっていなかったの。人は幾つになっても、どれだけ歳を重ねても、同じように人を愛するものだと、知ったのよ」

ピナの創作の過程はもちろん、チャーミングなダンサーたちの日常など、盛りだくさんで、かつ心にしみる一冊である。(林あまり・歌人、演劇評論家)

(河出書房新社・1900円)=2003年11月6日③配信

“生”への新たな知の実践

「無痛文明論」(森岡正博著)

私たちは自然の脅威や不都合なことに対して、科学技術を発達させることにより、ありとあらゆる苦痛を取り除き、人工的環境をつくりあげてきた。これは自然の支配とも言われている。最近になって、私たち自身の身体さえもその対象として、生殖を管理し、さらには、「死」さえも管理しようとしている。

そのことは、私たちにとっては、一見、心地よいことである。場合によっては他者の犠牲を強いることになるにせよ、そうした「欲望」はますます増幅している。しかしながら、一方で、私たちは、そのことに対して、真綿で包まれたような不安を感じ、生のよろこびを失っているようにも感じているし、実際その結果さまざまな社会的病理が出現している。

著者はこうした事態の根底にある文明のあり方を「無痛文明」と呼び、本書でその構造と論理、病理について渾身(こんしん)の思いを込めて語り、そこから脱却して、私たちが自分の生を悔いなく生き切り、無痛奔流から逃れるためにはどうしたらいいのかを身もよじれるような議論の中で示そうとしている。

その中でも「欲望」に関する議論は示唆的である。無痛文明を突き動かしている、苦痛を避け、今の快適な枠組みを維持しようとする「身体の欲望」に対して、苦しみを前向きにくぐり抜けることによりみずからを解体し自己を変容し未知の世界に開いていこうとする「生命の欲望」に転換させる戦略には、今までの欲望論を越える魅力がある。

この種の議論は今まで部分的にはなされてきたし、環境倫理や生命倫理で論じられていることもその大きな問題の一部である。本書の特徴は、こうした既存の問題を、「無痛文明論」という新しい枠組みの中で問題を統合してとらえようとするところにある。さらに一見平易な表現の中にも、著者も読者もともに自らをぐいぐいとその本質に引き込んでいく新たな知の実践的な営みが感じられる。知の表現のあり方自体にも挑戦した問題作でもあり、今後大きな議論を呼び起こすことになろう。(鬼頭秀一・恵泉女学園大教授)

(トランスビュー・3800円)=2003年11月6日④配信

近来まれなペーソス

「根府川へ」(岡本敬三著)

三つの短編からなり、設定は少しずつ変えてあるが、同一の主人公による一つの物語と読んで差し支えない。耐えられそうもない仕打ちに腹を立てて会社を辞め、妻からは別れられ、その日暮らしのような生活を送る初老の男の話だ。

と書くと、なにやらインインメツメツたる私小説みたいに思われるかもしれないが、そうではない。かといって、最後には主人公に希望の光がさすのかというと、そういうことでもない。ただ淡々と主人公の生活や周辺の事情を書いているだけなのだが、これが面白い。読み終わるのが惜しくなるほどだ。

その最大の要因は、人間の不可解な部分を、とても細密にていねいに描き出したところにあるだろう。しかも作者がそれらを、掌中の珠(たま)のようにいとおしんで書いているところにあるだろう。こうした不可解さは決して零落した主人公に特別なものではなく、どんな読者にも思い当たるものとして迫ってくる。

たとえば主人公は、気まぐれに立ち寄った区役所で、これまた気まぐれで離婚届や出生届の用紙をもらってくる。さらには離婚届に署名して、台所の妻に差し出してしまう。ところが妻は妻のほうで、既に証人までそろえて、より完全な離婚届を用意していた。別れるつもりが、別れられてしまった。しかし、お互いに別れる明確な理由などないのである。でも、現実はこのようにして動いていく。これだけが明確なことなのだ。

主人公もさることながら、脇役たちの存在感も見逃せない。「生きのびるためには、自分以外のたくさんの生きものと彼らの呼吸が必要だ」と著者が言うように、登場する人間のみならず犬までが、実に生き生きと不可解を生きている。時にはみじめに、時には吹きだすほどに元気よく…。

近来まれなペーソス溢(あふ)れる、いぶし銀のような都会小説だ。次作を早く読みたいと思わせる新人は、そうざらにはいない。(清水哲男・詩人)

(筑摩書房・1800円)＝2003年11月6日⑤配信

日常から歴史を再現

「戦時下日本のドイツ人たち」(上田浩二、荒井訓著)

歴史を考える時には、いつも複数の視点が必要だと思う。複数の視点を交錯させることによって、見えていたと思っていたものが、まったく違う相を表すことがある。戦時下(ここでは一九三七年から四七年を指す)の日本には、約三千人のドイツ人が暮らしていたという。あれから半世紀を過ぎて、歴史の闇に消え去ろうとしていた彼らの記憶を、「聞き取り」という形ですくい上げたのが本書である。

外交官をはじめ、ひともうけしようとして来た貿易商、学問を教える「お雇い外国人」。日本文化を学ぶ留学生。日本に遊びに来ていて第二次世界大戦が始まり帰れなくなった者。ナチス嫌いで本国を出てさまよい、日本にたどり着いた者。ヒトラーのオランダ急襲後に、オランダ領のインドネシアから「難民」として日本に送られた女性と子供たち。

二十四人が紹介されており、一人ひとりの履歴も面白く、びっくりするような出来事が詰まっている。記憶を掘り起こしているからだろうか。彼らの日常生活は、あのころの世界情勢と密接に絡まっていき、もう一つの歴史を再現する。また食料難の窮状をみかねて、リュックサックいっぱいの食料を運んで来た「お手伝いさん」の話など、彼らの語る日本人との出会いにも興味深いエピソードがちりばめられている。

献身的な日本人に支えられていたことも語られているが、「鬼畜米英」という言葉も飛び交っていた。米兵に間違われる可能性もあるわけで、防衛のための「ドイツ人社会」も形成されていった。そのドイツ人社会を震撼(しんかん)させたのが、ゾルゲ事件である。

ゾルゲはハンサムでとても目立ち、とくに華やかな女性関係のうわさは、皆の気晴らしのゴシップ話だったという。ある意味で愛される人物だったようで、誰一人、スパイだと考えた者はいなかったらしい。

このように、今では思いがけない日本人の振る舞いや、歴史的事件の素顔をかいま見ることのできる、楽しくて貴重な一冊である。(与那覇恵子・文芸評論家)

(集英社新書・680円)＝2003年11月6日⑥配信

知覚の転換点に立ち会う　「最後の航海」(多木浩二著)

十八世紀後半、西欧近代の知覚と認識論の画期的転換(シー・チェンジ)を、文字通り「海」(＝航海)の作用による世界観の変ぼうとして叙述した、意欲的な三部作の完結編である。キャプテン・クックによる太平洋島しょ域を航海する船団を、クック自身の航海日誌と、同乗した画家や科学者たちの残した絵画や記録をつきあわせながら、「世界を記述する装置」として読み解いてゆく、というのがここでの著者の独創であった。

読者はここで、クックの洋上の航跡を時系列にしたがってたどり直す著者の丹念な筆致に引き込まれながら、思わず、自らの目を十八世紀人のそれへと移行させている自分に気づく。経験主義、リアリズムといった、現在の私たちが自明視している思考や感覚の枠組みの、まさに端緒を生みだしたまなざしに立ち戻った私たちは、鮮烈な知覚の処女感覚に打たれることになる。

政治権力や資本、科学的認識や芸術的感性の大きな変容が書き込まれた近代世界史を、クックという特異な個人の周囲に生起する風景に読み取ろうとする発見法的・図像解釈学的なアプローチのさえは、とりわけ鮮やかだ。

タヒチ、ハワイ、アリューシャンを経て北極海の探検にいたる航海の途上で出会う先住民たちをめぐるクックの記述を素材にして、「見ること」と「知ること」の一致する空間の誕生をそこに見いだし、それが世界史上に現れたはじめての実証主義・経験主義のナラティヴィティ(叙述形式)であるとしながら、そこに「写真的知覚の萌芽(ほうが)」を探りあてる展開もきわめてスリリングである。

著者には、クックの同時代人カントの地理学的世界観を霊感源に、大陸ではなく海を媒介にして世界を描出したいという強い衝動があったのだろう。西欧人と非西欧人(島々の先住民)とが、人間の判断力の根源にある、カントの用語でいう「技芸」(クンスト)の理解を通じて対峙(たいじ)しあう風景に、著者は「世界」というイメージがよって立つ真実を見定めようとしている。(今福龍太・文化人類学者)

(新書館・3500円)＝2003年11月13日②配信

科学と宗教の真摯な対話　「なぜ人は破壊的な感情を持つのか」(ダライ・ラマ、ダニエル・ゴールマン著、加藤洋子訳)

二〇〇〇年三月、「なぜ人は破壊的な感情を持つのか」というテーマで、チベット仏教の最高指導者ダライ・ラマ十四世が、世界屈指の心理学者たちと五日間の会合を持った。

本書は、その「第八回　心と生命会議」のドキュメンタリーだ。著者ダニエル・ゴールマンは大ベストセラー「EQ　こころの知能指数」の執筆者。臨場感のある筆致で、会議の雰囲気を余すところなく伝えている。

科学と宗教の対話という難しい素材ながら、優れたドキュメンタリーであるために、読み物として飽きさせない。破壊的な感情について、西洋の心理学者たちが最先端の科学的知見を披露し、次いでチベット仏教の僧侶たちが仏教の伝統的叡智(えいち)を分かりやすく解説。そして刺激的な対話が繰り広げられる。

破壊的な感情とはいったい何か?　はたして私たちは、破壊的な感情を克服できるのか?　「肯定的な心」をはぐくむ方法はあるのか?　本書を読むうちに、いつのまにか討論に引き込まれ、会議に参加している感じがしてくるほどだ。

ノーベル平和賞の受賞以来、精神的指導者として世界各国を歴訪しているダライ・ラマ十四世のメッセージは明快だ。

――一人一人が自分自身の内面の破壊的な感情を見据え、克服し、慈悲と利他の心をはぐくむ。世界全体を善い方向に変えるには、自分自身の変容から始めるしかない――

本書には、その教えのエッセンスがちりばめられている。かといって、一方的に教義を押し付けられている印象はなく、科学的思考を踏まえたバランスの良さがある。

対話により開かれる道は明るい。異なる立場間で真摯(しんし)な対話を交わすことの意義に、深い感銘を受けずにはいられない。

本書を読み終わると、破壊的な感情を克服し、慈悲と利他の心をはぐくみたいと強く願っている自分に気づく。本書は、内面を見つめる態度を芽生えさせる力を持つ。未来に向かう希望を抱かせてくれる素晴らしい本である。一読を勧めたい。

(青木聡・臨床心理士、大正大専任講師)

(アーティストハウス・1800円)＝2003年11月13日③配信

地層のようなモザイク模様

「霊山」(高行健著・飯塚容訳)

二〇〇〇年にノーベル文学賞を受けた初の中国語作家、高行健(ガオ・シンチエン)の代表作の翻訳である。

八十一の短章からなる大長編小説だが、奇数章の主人公は「おまえ」、偶数章の主人公は「私」で、この二人の話が交互に語られていく。

「おまえ」は、中国の烏伊(ウーイー)という町をさまよいながら、どことも知れぬ霊山なる場所に向かっている。その途上で、「彼女」という自殺願望のある人妻と知りあい、互いの人生を告白しあったり、いさかいを重ねたりしつつ、性的なニュアンスの濃厚な道行きを続けていく。

一方、「私」は、肺がんを宣告されながら奇跡的に治癒した作家で、四川省あたりの辺境を旅して、少数民族の民話や民謡を記録している。とはいえ、行き当たりばったりに、パンダの生態観察や毒蛇探しなどにも参加して、ほとんど放浪者同然の生活をしているところは、「おまえ」の境遇によく似ている。

一見、中国奥地の風物をめぐる紀行小説のようにみえる。だが、そこに、古代中国の伝説や、ごく日常的なうわさ話や、性愛をめぐる会話や、夢や、幼年期の回想などが、無造作に、またあふれるように挿入されて、全体としては、前衛的かつ哲学的な幻想小説といったおもむきを呈している。

話にまとまりがないが、作者はそんなことは百も承知。作者自身とおぼしき登場人物を出して、この小説を弁護させている。つまり、いわゆるメタ小説の手法である。「私」と「おまえ」が、実は同一人物の別人格であることも明らかにされる。

そのようにして、中国の歴史と現在を一気に断ち割り、まるで地層のようなモザイク模様として露出させるのである。

圧巻は、あるはずもない究極の場所・霊山に向かって、物語が空中分解しながら、落下する夢のように加速する最後の百ページである。

中国流マジック・リアリズムともいえる相当風変わりな小説だが、訳文の叙事詩的なリズムが大いに効果をあげている。(文芸評論家・中条省平)

(集英社・3200円)＝2003年11月13日⑤配信

脳の暴走の仕組み解く

「平気で暴力をふるう脳」(デブラ・ニーホフ著、吉田利子訳)

凶悪事件やキレた若者の凶行、ドメスティックバイオレンス(DV)。これらの暴力の主要因として加害者の生い立ちや家庭、時代背景などの影響がしばしば社会学的な視点で指摘される。

米国の科学者の著者は、それでは説明不十分とみる。この四半世紀の脳科学、神経科学の成果にかんがみ、「暴力の主要因は身体の外側ではなく内側の脳にある」、しかも「遺伝(生まれ)」と「環境(育ち)」の影響が複雑に絡み合っている—と唱える。

遺伝は、脳に気質などの個体差をつくる。生を受けた後の脳は、環境の影響を受ける。胎児の脳は母親のアルコールやコカインの摂取の影響をモロにかぶり、恐怖は心的外傷後ストレス障害(PTSD)として記憶される。すべての体験が刻まれ、脳は変化していく。

「暴力をふるうのは脳が暴走した状態」と著者は説く。なぜ暴走するのか。そのメカニズムを、脳神経やホルモンをめぐる科学的知見をもとに解き明かす。たとえば反社会的な人間は、神経伝達物質ノルアドレナリンのシステムが狂っているために正常な感情反応を示せず、他者への共感も弱いのだという。

そうした脳の異常が修正できない人は「過剰で不適切な対応」、つまり暴力が避けられない。まさに「平気で暴力をふるう」状態に至る。だが著者は「刑務所の懲罰では暴力を終わらせることはできない」とも書く。

刑務所運営に携わる米国矯正協会長の言葉が紹介される。「大半の暴力犯罪者は衝動的に犯罪を犯し、暴力が悪いとも捕まるとも思ってない」。孤立した独房での長期拘禁や厳しい刑務所の環境は、むしろ脳に暴力を再生産させ、出所後の再犯も招くという。その指摘には目から鱗(うろこ)が落ちる思いがした。

そして脳の視点から、暴力的な犯罪者の矯正方法を探り、被害者のPTSDの早期救急薬物治療にも言及していく。科学用語が多く、通読は楽でないが、暴力と脳の相関性は確かに見えてくる。凶悪犯罪への対策強化が求められる今、本書の示唆は大きな意義がある。(小林照幸・ノンフィクション作家)

(草思社・2300円)＝2003年11月13日⑥配信

草の根の魂と気骨

「ケリー・ギャングの真実の歴史」(ピーター・ケアリー著、宮木陽子訳)

コアラ見物に行くよりこの物語を読む方が、オーストラリアという国をつくってきた草の根の人々の魂と気骨に触れることができる。強引に例えれば豪州版「おしん」&「カムイ伝」か。

史実をもとにした長編小説である。舞台は、十九世紀半ばの植民地時代のオーストラリア。弱肉強食の開拓時代とはいえ、強い連中のやり口はあまりにえげつない。大牧羊業者たちは、肥沃(ひよく)な土地を占有し、小農のなけなしの財産である家畜を合法的に略奪し、横暴の限りを尽くす。官憲は腐りきり、不正横行に力を貸して私腹を肥やす。

主人公のネッド・ケリーはアイルランドからオーストラリアに流された囚人の父と、囚人の末えいの母の間に生まれた七人兄弟の長男。十二歳のとき、父が再び投獄され病死する。

ネッドは、厳しい開拓の労働にあけくれ一家を支えるが、情はあっても無学な母は、男をつくらないではすまないし、貧しさに負けて金のために彼を売る。警察はネッドや彼の一族を冤罪(えんざい)で刑務所に送る。

彼がケリー・ギャングなる義賊集団を作り、警察に抵抗し、金持ちから略奪し、貧しい人々に金品を配ったのは、過酷な運命にほんろうされた末の行為だった。誇りと魂のある人間ならば、アウトローになるしかなかったのだ。

結局、ケリー・ギャングは全滅するが、庶民は彼らの抵抗を後世に語り伝える。農具の鉄板を鎧(よろい)代わりに身につけ警察と戦ったケリー・ギャングは、オーストラリアの庶民史に足跡を残す英雄たちだ。

この物語は、ネッドが、まだ見ぬ娘にあてた手紙という形式で書かれている。娘は、無事にアメリカに逃げた妻が彼の地で産んだ。無学な主人公が真摯(しんし)な思いで書いた、稚拙だが卑しさのない文章の趣を、訳文はよく伝えている。

英国で最も権威あるブッカー賞受賞作であり、英連邦四ブロックから選ばれるコモンウェルス作家賞受賞作。大陸の風や光がにおってくるような表紙デザインもいい。(藤森かよこ・桃山学院大教授)

(早川書房・2500円)=2003年11月20日①配信

新しい風を熱望

「漆芸—日本が捨てた宝物」(更谷富造著)

チャイナといえば英語で陶器の代名詞であるように、ジャパンといえば漆器の代名詞だ。世界にそれほどの興盛を誇った日本の漆芸だが、近年、漆芸作家は減少する一方だし、日本産の良質の漆も、絶滅寸前だという。どうしてそんなことになったのだろうかと不審に思っていたところ、この本を読み合点がいった。

著者は海外で一匹オオカミとして生きてきた「さすらいの修復師」。道具を携えウィーンの貴族の館へ、イギリスの骨とう商へ、アメリカの大金持ちの屋敷へと、漆芸品の修復に赴く。

実は、海外には多くの漆芸作品が存在するという。明治維新と第二次世界大戦敗戦後、伝統工芸である漆芸の評価が著しく落ち、大量の漆芸作品が海外に流出したのだ。年月を経て、それはいま、修理を必要としていた。

海外に秘蔵されていた漆芸作品を見て、著者は衝撃を受ける。そこには、想像を超えた高度な技法を駆使した膨大なコレクションがあったのだ。

著者は、作品を実際に手にして詳細に調べ、古文書を参照して、独学で古来の技法を習得していく。そのなかには、すでに日本では失われた技法も含まれていた。

技術の粋を集めた作品群が海外にあるため、手にとって調査研究できないことが日本漆芸零落の一因だと著者はいう。

また江戸以前は大名たちが家具や嫁入り道具など、こぞって漆芸作品を作らせ権力を誇示していたが、明治以降はそのような強力なパトロンも存在しなくなってしまった。ゴッホの絵に何億円と出す企業はあっても、漆芸を後押しする企業の話は聞かない。日本漆芸はまさに「日本が捨てた宝物」と化そうとしている。

「扱いがむずかしいから」と敬遠されがちな漆だが、本来は三百年は持つ堅ろうな実用品。大量生産の粗悪品が出回ることでイメージがさらに落ちたと作者は嘆く。

一九九五年、帰国した著者は、北海道は美瑛に工房を構え、世界から依頼される修復をする一方で、新たな創作に挑んでいる。

現在、五十四歳。硬直化した日本漆芸界に、新しい風が吹きこまれることを熱望する。(寮美千子・作家)

(光文社新書・700円)=2003年11月20日②配信

ドイツ親衛隊員の見た戦争

「総統の子ら」（皆川博子著）

「総統の子ら」は、共和国からファシズムに変わっていくドイツに生を受け、一九三四（昭和九）年に十二歳で国家の最高エリートを養成する目的で作られた学校〈ナポラ〉に入学した少年、カール＝ハインツ・アンドレーセンが、純粋に“総統の大義”をドイツのそれとして、武装SS（親衛隊）戦車隊指揮官として第二次大戦を最後まで戦いぬき、戦争犯罪人として処刑されるまでをえがいた物語である。

純粋培養されたカールの視点と、彼が尊敬するSSのエリート将校で、占領地で敵性分子の排除にあたるヘルマンの視点でえがかれる戦争には、庶民までも虐殺し強奪し強姦（ごうかん）するソ連軍やアメリカ軍の〈正義〉なんぞありはしない。ユダヤ人を抹殺するドイツ軍となに変わるところはない。

そうだと、思わずカールに同調したくなる。だがしかし、その苛烈（かれつ）さは、同じく米英ソと戦ったとはいえ、沖縄以外は戦場とはならなかったわれわれの想像を絶するものだ。

だからこそ、カールの親友でエルヴィン・レンバッハは回想する。「我々は、耐え抜くこと、死ぬために生きること、他を生かすために死ぬこと、克己と闘争、優れた統率者への信頼と服従、統率者であることの重責の自覚、それらを学び…ドイツのために血を流したことを、私は誇りに思っている」と。

いま「日本は〈本土決戦〉をすべきだった」といいたげな雰囲気もあるが、作者はレンバッハの回想の背後に、「死ぬために生きている」者の隠微な生の歓（よろこ）びをおくことで、総統の子たちの国家への献身のむなしさを際立たせ、そのような雰囲気の内実を問うている。

戦後も冷戦体制の最前線に立たされつづけたドイツと、海を障壁として一歩引くことのできた日本。少年に対する教育も戦争への動員も似通いながら、なぜ一方はその〈記憶〉がいまなお鮮烈であるのに、一方はかくもぼやけてしまったのか、と。（井家上隆幸・文芸評論家）

（集英社・2800円）＝2003年11月20日④配信

スパイ史を書くという逆説

「スパイの世界史」（海野弘著）

スパイというのは、人類史上二番目に古い職業だといわれる。

では、この売春に次いで古いスパイという存在に着目して、そこから世界史、とりわけ近・現代史を見直すと、どういう風景が見えてくるのか。それが、この五百ページを超える大著のテーマだといってよい。

そこから、この本を、同じ著者の「陰謀の世界史」の姉妹編とみなすこともできるが、その方法論は共通ではない。

そもそも、スパイ史を書くということは、それじたいが一つのパラドックスでもある。スパイというのは本来その姿を見せない。また、完ぺきに仕事をこなした優秀なスパイは、名前はおろか存在の痕跡すら残さない。

となると、歴史に登場し、後世にその名が残るようなスパイは、いずれもドジを踏んだスパイだということになる。つまりスパイの歴史は、必然的に、成功したスパイではなく、失敗したスパイの歴史にならざるをえないのである。

それでもかまわないと著者はいっている。いやむしろ「それだからスパイは面白い」。「つまずき、ころび、失敗して姿をあらわしてしまうスパイの群像」。それが、たまらなく人間的興味をそそるのだという。

こうした対象への思い入れに、著者一流のディレッタンティズムとあの博覧強記ぶりが加わる。おかげで読者は、小さな活字がびっしりつまった分厚い本を読まされているのに、少しも退屈を感じることがない。

内容は、第一部の「スパイ前史」から最後の「一九九〇年代」にいたる十部構成。おもに第一次大戦以降の事件とスパイや情報機関とのかかわりを、スパイ列伝の形でち密にあとづけてゆく。

今日、スパイ活動はインテリジェンスと呼ばれるようになった。そしてこのことばは、知性または情報機関という両様の意味をになっている。これはとりもなおさず、今日の知識人とスパイとの危うい距離を暗示しているのではないか。

そういう本書の指摘に、うそ寒いものを感じずにはいられない。（山口文憲・エッセイスト）

（文芸春秋・3200円）＝2003年11月20日⑥配信

際立つ「真実」の苦さ

「誰か」（宮部みゆき著）

宮部みゆきの、実に二年ぶりの現代ミステリーが、書き下ろしで刊行された。結論を先に書いてしまえば、本書は、期待にたがわぬ出来栄えを示す傑作である。

今多コンツェルン会長の個人運転手・梶田が不慮の死を遂げた。犯人を見つけたいと願う梶田の娘たちは、父親の一代記を出版し、世間の注目を集めようとする。編集者の杉村は、義父である今多会長の依頼により、彼女たちに協力することになった。しかし姉娘の聡美は、父親の過去を掘り起こすことで、忌まわしい事実が明らかになるのではとおびえていた。彼女を安心させるためにも、杉村は梶田の過去の調査を開始したが…。

「火車」「模倣犯」といった社会的テーマを織り込んだ作品群や、「龍は眠る」「蒲生邸事件」といったSF的設定の作品群に比べると、本書はかなり地味な印象であり、特に前半の展開は淡々としている。しかし、この穏やかさこそがくせ者である。杉村という温厚で善良な人物を主人公に据えた段階から、ラストで読者を驚愕（きょうがく）に陥れようとする著者の計算の歯車が、既に回り始めているのだ。

コンツェルン会長を義父に持つ立場であるが故に、善意で動いているにもかかわらず周囲から色眼鏡で見られている杉村。しかし、彼の立場は決して特殊なものではない。良かれと思ってやったことがかえって非難の的となった経験は、たぶん誰にでもあるに違いない。本書のラストには、そんな普遍性がある。

何げなく持ち上げた石の下からグロテスクな虫の大群がはい出てくることがあるように、真実を知ろうとする探索が、平穏な見せかけの裏に隠されていた醜いものを暴き立ててしまう場合もある。杉村が善人であるだけに、真実というものの苦さが際立つのだ。

最後に明かされる作品のテーマ自体は、実を言うとそんなに目新しくはない。しかし、古典的なテーマをいかに巧みにさばくかが作家の腕の見せどころなのであるということを、この小説はあらためて教えてくれるだろう。（千街晶之・文芸評論家）

（実業之日本社・1524円）＝2003年11月27日①配信

新世界への夢どこへ

「ロケット・ドリーム」（マリナ・ベンジャミン著、松浦俊輔訳）

一九六九年七月のアポロ宇宙船による月面初着陸。今思い返しても、あれは世界的な一大イベントだった。

はるかな宇宙空間を通り抜け、ようやく人類が月に到達したのだ、という興奮は、そのうちわたしたちも宇宙で暮らす日が来るはずだという、漠然とした期待とないまぜになった。ところが、それから三十年たった現在は、どうだろう。

本書の著者は、冒頭で当時の宇宙基地のあった街ケープカナベラルを訪れている。かつて宇宙旅行への期待に満ち、好景気にわいた街は、しかしながらさびれはて、時の中に置き忘れられたかのような「夢の跡」と化していた。

それでは昔、人々を熱狂させた新世界への夢は、どこへ行ってしまったのだろうか。

本書は、六〇年代につちかわれた宇宙時代の夢が、ひとつの変質を迎え、八〇年代以降では、電脳世界（インターネット上の仮想空間）への興味に変わってしまったと指摘し、そのいきさつを科学的史実を調査しながら丹念に追っている。

宇宙空間と電脳空間は、いっけん興味の方向性が逆であるように見える。宇宙空間への興味は、外世界への熱烈な探求心の表れだし、いっぽう電脳空間への興味は、心や言語といった人の内面への強烈な探求心の表れと考えられるからだ。

ただし著者は、外と内と、まったく逆の関心であるかのように思える方向性のなかに、共通の欲望が潜んでいることを発見する。

それが開拓の夢、つまりフロンティアスピリットの探求と、まだ見ぬ隣人への興味、つまりエイリアンの探究だ。

言われてみれば、宇宙と宇宙人、電脳世界と人工知能は、世界とそこで生きている高度知性への関心という点において一致する。ここにこそ、宇宙世界から電脳世界へと舞台を移してもなお、開拓者精神が脈々と継続されているゆえんがある。

かくして人類の孤独感と競争心に迫る本書は、科学という夢の奇跡に隠された人類の業を、雄弁に解き明かす。（小谷真理・文芸評論家）

（青土社・2400円）＝2003年11月27日②配信

ブームの深層には何が?

「安倍晴明の一千年」(田中貴子著)

かつての勢いは衰えたものの、今秋の京都・晴明神社の「一千年祭」式典や新作映画の公開、それらをきっかけとした一連の展示・講演イベントなどは、「陰陽師(おんみょうじ)安倍晴明ブーム」が今も根強く続いていたのを教えてくれた。

しかし本書は、そうした表層的なブームへの異議申し立てであり、同時にブームを「現象」としてとらえ、その深層に何があるかを明らかにしようとしているのである。説話文学の研究者によって書かれた本書により、読者は、「晴明現象」が一千年の歴史をもつと知らされることになる。

本書はまず、昨今の「晴明現象」の始発点として、一九八〇年代に爆発的ヒットをした荒俣宏「帝都物語」を取り上げ、主人公の加藤保憲の人物像が、平安時代末期・院政期の「今昔物語集」の著名な晴明説話に影響を受けていることを解き明かす。

そこから説話文学の晴明像が「国政の不安定、人心の不穏な院政期」の人々を救済してくれる「期待の地平」の中で作り出されたことを読み解き、さらに「キツネの子」とされる近世の晴明伝説の深層へと突き進む。

見えてくるのは、社会の中で差別された民間の陰陽師たちが、自らの始祖を「晴明」に求めることで、「賤なるもの」を「聖なる」ものへと逆転させていく心性のシステムであった。

こうして、本書は、院政期と近世という二つの「晴明現象」のエポックを明らかにして、昨今の晴明ブームが最近になって突発的に起きたのではないことを、具体的な作品・事象を通して説明してくれる。晴明現象は、その時代、時代の人々の「期待の地平」を表現するものであった、と。

その時、現代の晴明現象の背後にも、「晴明」になりきったつもりの呪術(じゅじゅつ)オタクたち、あるいは没落しつつある京都を活性化したいという資本主義的な要因などが、著者のシニカルな視線から透視されていくのである。

ちまたにあふれる「晴明本」に飽き飽きした読者にお薦めの一冊であることは、まちがいない。

(斎藤英喜・仏教大助教授)

(講談社選書メチエ・1500円)=2003年11月27日③配信

愚かしさと紙一重の真摯さ

「仇花」(諸田玲子著)

「兄さま。お六はね、お城に住むの。欲しいものをぜんぶ手に入れるの」

修築工事の最中の江戸城を見上げながら、歌うように繰り返す—。後に徳川家康の最後の側室となるお六、十歳の時のことである。

本書は、そのお六の半生をつづった時代小説であるが、時代小説というよりは、むしろヒロイン小説と呼ぶのがふさわしいような物語である。

北条家の残党の家に生まれながら、父親どうしのつながりをつてに、家康の側室・お勝の部屋子としてお六は駿府城に上がる。部屋子としてお城に上がるまでも、お六なりの深謀遠慮があるのだが、そこから家康の側室になることだけを心に刻み、その道を駆け抜けるお六が小気味よい。

当時の駿府城には、家康の古女房格の阿茶局をはじめとする側室が、ずらりと一同に暮らしていたのだが、そんなことに動じるお六ではない。「ますます闘志をかきたてられ」るのだ。十三歳のお六には、家康の愛妾(あいしょう)となり、局を賜ること、つまり権力をつかみとることしか頭にないのだ。

物語の中で、お六の目を通した家康が「あんな醜い老人」として描かれているのも、新鮮だ。天下の家康も、本書の中では、ヒロインお六の脇役であり、欲しいものを手に入れるための踏み台にすぎないのである。

家康が死んだ後は、尼でありながら、家康の息子、秀忠にターゲットを変えるあたりも、権力に固執するお六のたくましさがうかがえるが、権力を失ってからは、今度は自由であることに固執するのである。揚げ句には還俗(げんぞく)し、公方家へ再嫁するのだ。このタフネス、このしたたかさ!

己の欲望に忠実なお六の姿には、愚かしさと紙一重の真摯(しんし)さがある。欲しいものは、何としてでも手に入れようとするお六は、ある意味痛々しいまでに正直なヒロインでもあるのだ。そこがいい。

こういうアクの強いヒロインを、あえて時代小説の中心に据えた、作者のその心意気がうれしくなる一冊でもある。(吉田伸子・書評家)

(光文社・1700円)=2003年11月27日④配信

移動する言葉、響く歌

「ノレ・ノスタルギーヤ」(姜信子著)

ノレ・ノスタルギーヤ。いくたびもつぶやいてみる。広がりを感じさせながら、懐かしさが漂う。ノレは韓国語の「歌」、ノスタルギーヤはロシア語の「郷愁」を意味するという。

本書はさまざまな土地を旅し、流転の生を生きる人々との出会いをつづるノンフィクションエッセー。スターリン時代に中央アジアに強制移住させられた朝鮮の人々・コリョサラム(高麗人)、東欧のユダヤの民、九州から遠くシベリアに渡った女性たち、カザフスタンの荒涼とした風景に暮らすチェチェン人家族。そして水俣に移り住んだことで出会い、家族となった男女。

「人間が無数の追放と離散と亡命と流浪と移動の世界に投げ込まれたこの世界では、あらゆる場所が異郷。たとえ、今いる場所が生まれ故郷だとしても」

あるコリョサラムはソビエトに翻弄(ほんろう)され北朝鮮で獄死した。また、「モスクワ劇場占拠事件」で「チェチェン」を耳にしたことはあっても、彼らが帝政ロシア時代から今日にいたるまで背負わされた「運命」の過酷さを知る日本人は少ない。

そんな人々の言葉に著者は耳を傾けている。著者も朝鮮半島に根っこを持ちながら日本で生まれ、「さまよい揺れる言葉」をやがて「旅人の言葉」として操るようになった。

「心に宿していた希望の灯、知恵の言葉を、彼らがたどった地図にない無数の旅路の跡に探し求めているのかもしれません」

移動する人、言葉、そこに「歌」が響く。

佐世保の軍楽隊長が作曲したという「天然の美」は植民地朝鮮で愛唱された。また明治に誕生した「ラッパ節」は、極東の戦場や九州の炭坑でそれぞれに歌詞がつけられ、のちに沖縄で「十九の春」となった。歌は生きる鼓動であるとともに、人と人を結ぶ「明日へのささやかな杖」でもあった。

遠く離れた土地に生きる人々の悲しみを思いながらも「希望」の泉があることを著者は静かに、強く語りかけている。(与那原恵・ノンフィクションライター)

(岩波書店・2400円)=2003年11月27日⑤配信

社会の価値観からの脱出

「新しいうつ病論」(高岡健著)

小泉改革がうつ病をまん延させる、といったらどうだろうか?

自殺者が年間三万人を超えて久しいが、自殺者の増加はうつ病者の増加でもある。いま小泉首相が進めている改革は、世界的な文脈でみれば新自由主義的改革と呼ばれるものだ。つまり規制緩和や民営化を通じて市場原理が君臨する弱肉強食の熾烈(しれつ)な競争社会をつくろうとするものである。人はこの改革で解放された気分になっただろうか。

多くの人にとって改革は、自己責任の不断の要求のもとで、競争による疲弊、個人負担の増大、将来不安の高まりをもたらしてはいまいか。自殺者の増大からみてとれるのは、そんな過酷な状況がしばしば人の心への大きな負担となっていることだ。

この著作は、日本に先行して新自由主義改革をすすめ、並行してうつ病の増大と抗うつ剤市場の肥大化を経験している英米の例をふまえ、この先例をひたすら追っている日本の現状を分析した労作である。

英米において新自由主義的な改革がもたらす人間の精神への不断の負担は、「軽症慢性うつ病論」によって大きく拡大し一般化されたうつ病の概念の変化と結びつき、さらに抗うつ剤市場の肥大化と結びついている。つまり、休息を許さない競争社会のもとで疲弊ししばしば病に陥る心の状態を、薄く広くなったうつ病の概念がカバーし、それを抗うつ剤が治療し、さらに人を競争へと送り出すという、いわば悪循環が生まれたのだ。

だが、この著作はうつ病はチャンスだという。うつ病とは基本的に、現実の社会のあり方と自分のあり方の乖離(かいり)が激しくなって生じるものである。だから現実の社会に自分のあり方をあわせすぎているまじめな人がかかりやすい。とすればうつ病からの脱却は、そうした現実の社会の価値観に囚(とら)われている自分から脱却することでもある。

うつは競争を至上とする新しい社会の価値観から逃れ、独自の生き方、ペースをつかみ直す契機となりうるのだ。絶望の果てからの希望の転換—息苦しさに悩む多くの人にぜひ読んでほしい。(酒井隆史・大阪女子大専任講師)

(雲母書房・1800円)=2003年11月27日⑥配信

知見と独創に富んだ読本　「書きあぐねている人のための小説入門」（保坂和志著）

誰もが小説家を目指し、小説を書く時代といわれる。そうした状況を反映して、世の中には数々の文章読本、小説作法本があふれている。その多くは技術論、つまり小説を書くためのテクニックの説明に終始している。もちろん小説を書くためにはテクニカルな知識は必要だが、それ以上に大切なことは小説を書く個人が自分なりの小説のイメージを正確にもつということだ。

保坂和志氏の「書きあぐねている人のための小説入門」は、そのような小説家を目指す人のために書かれたマニュアル本とは一線を画する、小説表現の本質に実践的にアプローチした小説指南書である。

この本の中には小説を書くことをめぐる著者のさまざまな考えが示されているが、その核心にあるのは、「小説を書くとは。小説とは何か？　という問いをつねに考えることである」という主張だ。

この小説についての根源的な問いかけが、「小説にはなぜ人間が登場するのか？」「なぜ特定の場所や時間が設定される必要があるのか？」「なぜ風景の描写があるのか？」といった、各章で具体的に展開される話題を導いていく。

われわれの中には、小説とはこのようなものだ、小説とはこのように書かれるべきものだという固定化したイメージが無意識のうちに定着してしまっている。保坂氏はそうした既知化された小説のイメージを、巧みな比喩（ひゆ）と例示、そして小説家としての個人史につき合わせつつ、一つひとつ丁寧に解きほぐし、小説本来の多様性を明らかにしていく。

本書は、小説の書き方を越えて、小説表現全般についての考え方のパラダイムを提唱した本質的な文学論として読まれうる批評的強度をもっている。

「この人の閾」「カンバセイション・ピース」など、日常を徹底して掘り進めた作品の著者である保坂氏ならではの、細部へのこだわりが光る、知見と独創に富んだ小説読本である。（榎本正樹・文芸評論家）

（草思社・1400円）＝2003年12月4日①配信

複数の人生を生きる人々　「江戸の意気」（田中優子編著）

「江戸学者田中優子の『老い』は、きっぱり、いさぎよろしく、鬱（うつ）な加齢に効きめがあります」。帯を見る限り、本書は“老い”がテーマの対談集であるかのようである。

そもそも本書の成り立ちは、サクセスフル・エイジングをテーマとした公開講座であり、著者はその講師。各回一人ずつのゲストが招かれる。

登場するのは、松岡正剛（エディトリアル・ディレクター）、西松布咏（邦楽家）、西橋健（人形遣い）、きたやまおさむ（エッセイスト）、ジョン・ソルト（詩人）、篠田正浩（映画監督）の六人。しかし、その誰もが、老いについて語らない。ここでは、おいる＝生いる、ととらえられているからである。

それぞれの生を語る講座の「基本コンセプト」は「複数の人生を生きる」。たとえば、武士、戯作者、旅の俳諧師として生きた松尾芭蕉のように、江戸時代には、一人の人物が一度の生涯の間に、いくつもの人生を味わっていたという。

かように、招かれたゲストたちも、平成の世に生きながら複数の人生を送る人物ばかりである。

「『二重人格』は日本は少ないんですよ。それは、一貫性を要求する社会じゃないからです。むしろ、表と裏、あるいは本音と建前。日常における人間の変身を許容しているんです」と語るエッセイストで精神科医でミュージシャンのきたやまおさむ。

敗戦のトラウマを抱え、死にゆくものばかりに惹（ひ）かれていたころ、司馬遼太郎に「君は暗いよ、ここんところずっと暗いよ」と言われ、「ギョッ！」となったという映画監督、篠田正浩は、「スパイ・ゾルゲ」を最後に監督業を辞め、今後は研究者として生きていくと語る。

生身の人が足を運び、二度とこない「この瞬間」の話をして、帰っていく。ゲストそれぞれのライブな言葉を読み終えた時、「先のことは考えることもなく、いつ死んでも悔いがないと思える時、老いは素晴らしい恵みだ」という著者の冒頭の言葉が、あらためてしみ入ってくる。（藤田千恵子・ライター）

（求龍堂・1200円）＝2003年12月4日②配信

叙情豊かな“協奏曲”

「虎山へ」(平岡泰博著)

著者とは以前、関西テレビ報道部の知人たちとの酒席をともにしたことがある。同局の名カメラマンであることは承知していたが、自慢話をするわけでもなく、時折、ぼそぼそとつぶやくだけで静かに杯を傾ける人であった。本書を読了し、酒席での立ち居振る舞いを思い浮かべつつ、新たな像を加えて記憶にしまい直した。

関西テレビのクルーが、シベリアに生息する虎を求めて現地入りする。琵琶湖の広さに一頭いるかいないか。ロシア人レンジャー、ヴィーチャの手助けを得て、森深くに分け入るが、取材は難航する。シベリアの大地と自然を描写する筆致は精緻(せいち)かつ濃厚である。酷寒の季節、ついに至近距離でシベリアタイガーと遭遇する。襲われれば命はない。それでも「カメラを廻(まわ)し続けるということ以外、何もなかった」―。

記述と構成は一見、冒険紀行の体を成しているが、主題は別にある。それが本書の作品性を高めている。

ヴィーチャは森と虎を知り尽くす屈強なレンジャーであるが、陰影ある人物である。遠い日、サンクトペテルブルクで画家を志すも、故あって極東に流れてきた。平岡は、ラフマニノフを愛するこの男と困難をともにするなかで、心を通わせ合う。自身、絵を志した若き日があったのだ…。

取材に向かった日、平岡は五十四歳。もう若くはない。タイガーを求めてさまよいつつ、同じ比重で、平岡は自身の実存を問うていく。入社以来、ニュースやドキュメンタリー作品など、ひたすら映像を積み重ねて歩いてきた。シベリアはその区切りとなるであろう取材行だった。「自然はいずれ僕に問うだろう。おまえはなにものであるのかと」。旅の終わり、答えは何度かよぎりつつまた「白い昏(くら)い森に」吸い込まれていく。

本書は、シベリアの深山を舞台に、レンジャーとカメラマンの奏でる叙情豊かな協奏曲となっている。この叙情性が、著者を名カメラマンならしめたものでもあるのだろう。(後藤正治・ノンフィクション作家)

(集英社・1600円)=2003年12月4日③配信

土に密着した人間の姿

「ペインテッド・ハウス」(ジョン・グリシャム著、白石朗訳)

時は一九五二年、舞台はアメリカ南部アーカンソー州の小さな町ブラックオーク。綿花の収穫期を迎えた農村に住む少年の瞳に映る田舎町を描いた本書は、これまでのグリシャム作品とはひと味ちがっている。

リーガルサスペンスの要素が排除された本書の中核を占めるのは、借地で綿農家を営む祖父と父をもつ七歳の少年ルーク・チャンドラー。一家総出で綿花収穫にあたる九月は、山岳地帯から山地民と呼ばれる移動労働者とメキシコ人労働者が、仕事を求め町にやってくる時期でもある。

チャンドラー家が雇った山地民一家の長男は、何かとルークに威圧的な態度をとる。特にペンキ塗装をしていない自分の家をばかにされたルークは深く傷つく。一方、綿花の収穫は悪天候で思うようにはかどらない。

収穫がなければ借金だけが残る厳しい経済状況で、それでも綿農家を続けるしかない祖父と、自分の土地を持った農民になることを夢見つつも北部の工場で働くことへと心が傾いていく父親。夫を支え家を切り盛りし、キリスト者としていつも他者への思いやりを忘れない母は、今の農家の暮らしからの脱出を心ひそかに望んでいた。

あるときルークは、みすぼらしかった自分の家に、いつのまにか誰かが少しずつ白いペンキを塗っていることに気づく。

白く塗られていく家を見ながら自らもはけをにぎるルーク。懸命にペンキ塗りをする少年の周りには、いつしか多くの人が集まりだしていた。みんなで競い合って塗り上げた白い家は、チャンドラー家が初めて持つ塗装された家(ペインテッド・ハウス)だったのだ。そのペンキを塗り終えた時、ルークは両親とともに南部を離れていく。

綿花の収穫の二カ月間におこった出来事を淡々とつづった本書は、土に密着した人間の姿を生き生きと描く。年上の少女への淡い恋心、体の不自由な少年との出会い、畑の水没などの経験を経て精神的に成長するルークは、さまざまな人の手によって白く塗られていく家の姿と重なる。アメリカを支える農民の姿が胸を打つ。(大串尚代・慶応大助手)

(小学館・2400円)=2003年12月4日④配信

筋の通った男の成長物語

「ワシントンハイツの旋風」(山本一力著)

昭和三十七(一九六二)年当時、東京のど真ん中に“アメリカ”があったのをご存じだろうか。それも現在の代々木公園や、NHK放送センターがあるあたりだ。当時この一帯は、在日米軍将校家族の宿舎として使用され、日本人はごく一部を除いて立ち入ることができなかったのである。

ところが、ワシントンハイツと呼ばれたそんな地に、ひとりの少年が出入りし、アメリカ人家族と親しく付き合い、英語を覚え、日本にはない自由の息吹を学んでいた。といってもその少年―山本一力は決して特別な存在ではなかった。彼はハイツのそばにある新聞専売所の、住み込み配達員だったのだ。

本書は、時代小説を中心に活躍する作者初めての(そしておそらく最後の)現代小説にして、自伝的作品でもある。

普通、自伝的作品というのは、過去の楽しかった思い出や苦悩の日々を振り返り、多少の悔恨とくすぐったさを感じながらも、自分自身についてはおおむね甘酸っぱく美化しがちになるものだ。しかし本書の場合は、これがまったく違って、独特の味付けがほどこされていたから驚いた。

昭和三十七年春、中学三年生だった作者は、生まれ故郷の高知を離れて上京し、住み込みの新聞配達員となる。時代は高度成長期を迎え、日本全体が右肩上がりで繁栄していたころだ。そんな時代にあって、作者もまた仕事にも女性にも精いっぱい頑張り、自身の成長と出世を疑うことはなかった。

ことに圧巻は、昭和四十五年、旅行会社に勤めていた彼が、大阪万博での宿泊客室不足対策の画期的プランを提出する場面だ。それを彼は、女性と泊まったラブホテルの一室で考えつくのである。その意味では、本書はモーレツ社員のサクセス・ストーリーでもあり、また高校時代から始まる女性遍歴の物語でもある。

どこか懐かしく、ぴしりと一本筋の通った男の成長物語。こういう男たちが、確かにあの時代には生きていた。(関口苑生・文芸評論家)

(講談社・1600円)=2003年12月4日⑤配信

むきだしにする作家の覚悟

「忌中」(車谷長吉著)

日本人の大半が土地高騰のおこぼれに群がっていた時代のことを、この作家は「あぶく景気」と呼ぶ。この呼び方は、「バブル」というカタカナ言葉が隠そうとするどぶ川のような欲望の臭(にお)いをむきだしにする。

自分自身のことであれ世間のことであれ、虚飾をはぎとってむきだしにすること。それが車谷長吉の仕事を根底で支える覚悟である。

いまも日本経済は「あぶく景気」の後始末に苦慮しているらしいのだが、本書に収めた六編の短編中、「三笠山」と「忌中」は、「あぶく景気」のはじけたあおりで一家心中や夫婦心中に追いつめられていった男たちを描いている。

表題作「忌中」は、右半身不随の老妻の看病に疲れはてた六十七歳の男が、納得ずくで妻を殺したが自分は死にきれず、妻の遺骸(いがい)を茶箱に押し詰めて二カ月半を過ごすという話。貯金を使いはたし消費者金融(サラ金)から借りまくってまでちっぽけな快楽をむさぼるその姿は、自分を逃げ場のない死に向けて追いつめていく行程でもあるが、それ自体が「あぶく景気」にモラルの根っこを侵食された人間のみじめさに見えてしまう。

現実の事件に取材したらしい「三笠山」と「忌中」をモデル小説とすれば、私小説が三本ある。そのうちの「神の花嫁」では、好意をもっていた女が結婚したあと、「私」は高価な少女人形に女の名前を付けて、どこへ行くにも抱いて行ったという。ここでは、なんともうすきみの悪い男の妄執がむきだしになっている。

しかし、本書で特筆すべきは、「飾磨」だろう。語り手「あたし」は、夫が自殺したあと、姉の夫と逢(あ)い引きを重ねている。この作家が女語りを採用したのは初めてのことだ。そして、女性の語りを採用したとたん、単線的で時にはあざとさの目立つこともあった文体が、微細な関係意識の揺らぎをたどる文章へとすっかり変貌(へんぼう)している。貴重な一作だ。(井口時男・文芸評論家)

(文芸春秋・1429円)=2003年12月4日⑥配信

奉公人が見た未曽有の事件

「辰巳屋疑獄」（松井今朝子著）

「多かあ（大岡）食わねえ、たった一膳（越前）」

これは大岡越前守忠相の名奉行ぶりを語った落語「三方一両損」のオチである。「大岡政談」で知られている名裁きは十九年間の南町奉行時代のもので、その後、大岡は寺社奉行となった。

寺社奉行に転じて三年目、数え六十三歳の時に手がけたのが、「大岡越前守忠相日記」に「辰巳屋一件」として記述されている未曽有の贈収賄事件であった。本書はこの大疑獄事件の真相を、大坂の炭問屋・辰巳屋の奉公人・元助の目を通して描いた長編時代小説。

辰巳屋は両替商（金融業）にまで手を広げ、資産総額が二百万両（二百万石に相当）もあった豪商だが、四代目の死で跡目相続の争いが起こる。これが一七三九（元文四）年に幕府の評定所で取り上げられ、寺社奉行、北町奉行、大目付、目付による詮議（せんぎ）の結果、大坂と江戸の町奉行所など幕府役人を巻き込んで、死罪四人、牢死（ろうし）一人、自害一人の死者を出す大事件となった。

評定所での詮議が記される前に、元助の奉公の模様を通して、辰巳屋の内部事情、当時の経済情勢、大坂の商家のしきたり、十一歳前後から始まる丁稚（でっち）教育のさまなどが詳述されていく。

大岡はこの詮議を通して、幕府役人たちが為政者の自覚を持たずして公事（くじ＝裁判）に介入したことに危機感を持つ。作者は、大岡が町奉行から寺社奉行に転じた背景に、幕府高官と大手両替商との物価政策をめぐる癒着があったことを指摘した上で、事件関係者を厳刑に処した大岡の決断を通して、公事にかかわる為政者の自覚のありようを浮かび上がらせている。時代・歴史小説はまさに現代社会を撃つ、ということを実感させる。

これまで歌舞伎の世界に題材を取った作品を主として手がけてきた作者だが、江戸期の商人ものに「大岡政談」異聞という趣をプラスして深みと重みを出したこの長編で、自らの創作の枠を広げる新境地を示したといっていい。（清原康正・文芸評論家）

（筑摩書房・1600円）＝2003年12月11日①配信

ネーティブな気分に浸る

「大阪弁の詰め合わせ」（わかぎゑふ著）

副題は「あかん～わや」だが、実際は「相手せなあかんやん」から「わらっといて」まで、大阪弁独特の言い回しや大阪人に好まれる表現などを辞書風に並べたコラム集。大阪人の内輪の気持ちがつづられ、「ネーティブな気分」に浸れる。

わたしは元来関西とは縁が薄かったのだが、大阪留学（働いとったのです）でハマった。たった三年半やったのに、時々大阪が恋しい。わからん、ちゃうんちゃういうところもあるねんけど。

上司に突っこみをいれられへん東京のサラリーマンは、「そりゃないよ」と独りごち帰路につく…まさに「関西人には考えられないような悲哀に満ちたシリアスな後ろ姿」のかれらを満載した東京の電車には、いきなり「どんどん自分の話」を始めるおばあちゃんはまずいてへん。うん。

電器店でMDを「安いから」とりあえずカゴに入れ、あとで店員にこれなに？　と聞くおばはん。飴（あめ）に「ちゃん」をつけ、芋に「さん」をつけ、連れ合いの位牌（いはい）に「スケベさん」と呼びかけるお母さん。やや上品だがつやっぽい、わかぎゑふ的大阪ならではの面々やなあ、とおもう。

ただ、関西の比較文化論はやはり対東京意識に縛られがち、という気が。その点はどうでしょうか（いきなり標準語ですが）。大阪人全員を漫才師とみなす東京人への不満はもっともですが、では東京イコール寒い（冬）冷たい（人間）まずい（たこやき）、というのはどうか？　普段は東京弁を「ええ格好しい」と嫌うくせに、矢沢永吉のコンサートのときだけは東京弁を無理してしゃべる人々、というのはまさにこの問題の象徴では。

徳川にだまされて以来の江戸への対抗心なんかうっちゃって、大阪こそ国際化してほしい。著者は、やたらめったら暑い大阪の夏を「『アジア』そのもの」と言うが、日本が「アジアそのもの」なのは昔っからだし、ローカルからナショナルをとび越えてインターナショナルになるほうが、ラテンでカリビアンな大阪には似合（にお）てる、とわたしはおもう。（中村和恵・明治大助教授）

（講談社・1600円）＝2003年12月11日②配信

魂を支える力強い言葉

「ドラウパディー」(モハッシェタ・デビ著、臼田雅之・丹羽京子訳)

インドはここ数年の間に目覚ましい経済成長を成し遂げている。経済指標の数字だけを眺めていると、インドもやがて経済的な中間層の厚みが増し、工業化社会に特有の均質さを持つようになると見える。しかし、現実のインドは多様であり、長い歴史を抱えている。

モハッシェタ・デビは想像力に富んだ女性作家である。彼女の想像力は歴史の底に潜んでいるものを見詰め、そして創造する。インド東部ベンガルの民話、民謡、叙事詩などを再構成しながら、歴史の本には書かれることがない人々を取り上げる。人の情熱を支え、人生を支えてきた感覚と感情を豊穣(ほうじょう)に描く。

政治的対立も階級的な差別も過酷な自然も豊穣な描写と表現によって、書き表されたときに、世界の豊かさとして受け入れることができる。そのとき、覚える感動こそ文学の力である。彼女は文学の力に確信を持っている作家である。それゆえに「ドラウパディー」に収められた短編の登場人物は誰も彼も力強い。言葉の力に支えられた人物たちだ。

先年、コルカタでデビさん自身にお目にかかったとき、「なぜ、あなたの描く人物は力強いのか?」と尋ねると「人間は力強いものなのだ」と答えられた。文学の力を信じ、人間の力強さを信じることができるのは、インドの社会的な後進性ゆえと私たちは片付けてしまいがちだが果たしてそうなのだろうか?

文学の力を信じるとは、すなわち言葉の力を信じることにほかならない。そして、現在の日本に住む私たちは、信じるに足りる言葉を求めているのではないだろうか?

伝統の中に深く根を張った言葉を用いながら、現実に立ち向かってゆく人々を描く本書の内容を要約して説明することはできない。それは読んで味わってもらうしかないものだ。

言葉の力強さこそ、人間の精神の骨組みであり、人間の魂を支える支柱である。モハッシェタ・デビは人間精神の骨格となりえる言葉を書くことができる世界でも貴重な作家のひとりだ。(中沢けい・作家)

(現代企画室・2500円)=2003年12月11日③配信

西洋館への優しいまなざし

「写真な建築」(増田彰久著)

西洋館にひかれて撮りつづけてきた写真家が建築について、そして写真についてその魅力を縦横に語った本である。もちろん、多くの建築写真がちりばめられ、それがとても楽しい。

だが、ここに載っている建物の多くはすでに失われ、写真でしか見ることができない。〈西洋館〉という古くてモダンな建物とその時代は今、失われつつあるのだ。著者が面白いと思って無心に撮りつづけてきた写真が、今や貴重な歴史記録として意味を持つようになった。

私自身、世紀末や一九二〇年代のモダン都市の建物をめぐってきたから、ここに出ている建物にはとても親しみを感じるし、著者の気持ちがわかるような気がする。西洋館など、過去の遺物のように思われていた時代にその魅力を発見し、黙々と撮りつづけてきた。その先駆的な仕事がすがすがしい。

なぜ西洋館なのか。ともかく好きなのだ。面白いのは、日本の西洋館を撮っているうちに本家である英国のカントリーハウスなどを撮る機会が来た時の話だ。本家の方がずっといいはずなのに、なんだかちょっとちがうな、と感じる。あまりにうまく保存されすぎていて、ちょっと落ち着かない。それを真似(まね)したはずの日本の西洋館の、素朴で古ぼけて、ちょっと和風なところがなんとなくしっくりする。

この本の魅力は、日本の西洋館についてのやさしいまなざしが伝わってくることだ。建築とはなんだろうか、そして建築写真とはなんだろうか、といったことを考えさせる。建築写真は、建築を見えるものとする。ここに出ている建築を見に行っても、必ずしも、その魅力が見えるとは限らない。増田さんの写真によって、ああ、あの建物はこんなふうに見えるのか、という新しい見方を教えられるのだ。

この本は、西洋館の魅力の発見について語ってくれる。だが同時に、写真のはかなさを著者は忘れていない。多くの建物が失われ、写真の中にだけ残っている。そのかなしみが、この本のかくし味である。(海野弘・評論家)

(白揚社・2800円)=2003年12月11日④配信

書記方向の変遷を辿る

「横書き登場」（屋名池誠著）

半導体の小型化と、用途の拡大が爆発的に進む中で、ユビキタス・コンピューティング（あらゆる事柄での電算利用）が、産業界の流行語になり、この流れを予言したトロン・プロジェクトにも注目が集まっている。

トロンが長年取り組んできた課題の中には、ほかに「多言語処理」がある。多くの人々が共通に使えるコンピューターを構想すると、多用な言語に対応し得る設計でなくてはならない。

そこでは、どんな文字を使っているかだけでなく、どういう書き方をするかが重要になる。これを正書規則と呼ぶ。一九九三年に発表された植松理昌・越塚登・坂村健氏の共著「BTRON上の多国語表示機構の提案」では、語中のどの位置に現れるかによって字体が変化する文字や、読み順番と書記順番が異なる文字列など、多様なケースが報告されている。

書記方向—縦書きか横書きか、右から左へか、左から右へか—も大切な要素である。たとえば長音符「ー」や、かぎ括弧などは、書記方向によって書き方が変わる。

ところが、この書記方向の研究が、なかなか見当たらなかった。印刷技能等でマニュアル風に書かれたものはあっても、日本語の問題として体系的に扱ったものは少ないようである。

屋名池誠「横書き登場」は、一般向けに書記方向の歴史的経緯を論じた本として、稀有（けう）ではないだろうか。浮世絵、地図、列車の乗車券、新聞、雑誌など豊富な実例を示して書記方向の変遷を辿（たど）り、今後は、左横書きを主とした縦書き併用スタイルへ落ち着くものと予測している。

先にあげたトロンの論文は分野の性格上、コンピューターでどう表記処理するかが主旨で、歴史的・文化的考察は行っていない。しかし今後とも、歴史的・文化的論考無しに議論を進めるわけにはいかないだろう。

コンピューターの利用が広がり続ける中、著者の研究は日本語の正書規則を考える上で重要な意味を持つ。（吉目木晴彦・作家）

（岩波新書・740円）＝2003年12月11日⑤配信

早世したライターの伝記

「無念は力」（坂上遼著）

田中角栄元首相を権力の座から引きずり降ろす先駆けになったのが、「文芸春秋」一九七四年十一月号に掲載された立花隆の「田中角栄研究」だったのはよく知られている。

その論文と並んで掲載されていたのが「淋しき越山会の女王」で、筆者は児玉隆也だった。彼はその後、徴兵された庶民の哀感を描いた「一銭五厘たちの横丁」でさらに注目された。が、ガンに侵されて倒れ、「ガン病棟の九十九日」を書き残し、七五年に無念のうちに他界した。

この本は、三十八歳で早世した児玉隆也の「無念」に寄り添う形で書かれた伝記である。没後二十八年もたってなお、一介のライターの一生にこだわって本を書こうとした著者の思いとは、ジャーナリストはいかに生きるべきか、の追求にあったようだ。

「取材の途中から虚像と実像のギャップが大きく、何度も筆が止まってしまった」と著者は率直に書いている。その虚像というべき「曇り」の一つが、「文芸春秋」七五年二月号に発表された「イタイイタイ病は幻の公害病か」である。

この記事は、七〇年代に盛んに反公害運動のキャンペーンを張っていた、文芸春秋の意向に沿ったものだった。編集者の企画に従属するのは、功名心と上昇志向の強いフリーライターがはまりやすい落とし穴、といえる。

テレビ局のベテラン記者である著者は、地を這（は）う取材者として定評のあった児玉への共感と敬愛を込めた賛歌を十分にささげながらも、あしき商業主義にとらわれがちな、マスコミ人の「えぐさ」にも、自省の念とともに触れている。

七〇年代に全盛を極めた、熱っぽい雑誌ジャーナリズムの世界の再現が、この本のもう一つの特質である。その中で児玉隆也は、マイナス部分も備えたマスコミのヒーローだった。

その挫折と無念をのみ込んだ形で、マスコミはさらに肥大してきた。昨今のテレビの退廃はその延長線上にある。（鎌田慧・ルポライター）

（情報センター出版局・1700円）＝2003年12月11日⑥配信

思考の「古層」を掘る

「精霊の王」（中沢新一著）

「後戸の神」。ふだん会話に上ることのないこの存在は、「制度や体系の背後に潜んで、背後から秩序の世界を揺り動かし、励起し、停滞と安住に向かおうとするものを変化と創造へと、駆り立てていく」。

本書は、それを感知せよという。閉塞（へいそく）した日常のよどみに身を委ねず、世界と自己を新しく力動的に創造するには、それらを感知する力が必要だからだ。

この主張の背後には、「主権の危機」の意識がある。国家、天皇、国民、社会、自己などの近代的概念とその仕組みは、その根拠を問うほど、脆弱（ぜいじゃく）な様相を呈してしまう。

本書は、われわれの思考そのものの「古層」を掘ることから、この危機を乗り越える精神の冒険を開始する。巻末付録の金春禅竹著「明宿集」（現代語訳）は、この冒険に読者が参加できるよう配慮されものだ。

「明宿集」には、猿楽の「翁」が「後戸の神」であり「宿神」であり「世界の王」にほかならないとある。この書に促され、著者は宿神を探して諏訪や四国を歩き、柳田国男「石神問答」の着想を引き受けて発展させる。そして、網野善彦の日本の王権論とケルトのアーサー王伝説を傍証としながら、「主権の哲学」のまれな試みとして「明宿集」を位置づける。

読者は、こうした精神の冒険に参加しながら、心を躍らせるはずだ。本書を通して、日本、アジア、ユーラシアという地域圏をつなぎ、新石器時代、あるいはそれ以前の「精神の古層」へと旅するからである。

宗教学や宗教哲学では、日常的思考では関連性を見出せない、異なる地域や時代の諸現象・諸物に相同性を見いだしていく思考を、「象徴的思考」と呼ぶ。宗教学者エリアーデはかつて、この思考により西欧精神の危機から新しい人間性（ヒューマニズム）を切り開こうとした。

本書も、この「象徴的思考」と響きあい、各ページにそのたまものが盛りこまれている。「後戸の神」も、文字のすき間の至る所から顔をのぞかせる。それを、探してみてはいかがか。（佐藤壮広・宗教人類学者）

（講談社・2300円）＝2003年12月18日①配信

水の権利の強奪に抗して

「『水』戦争の世紀」（モード・バーロウ、トニー・クラーク著、鈴木主税訳）

二十一世紀が「水戦争」の時代になるという予測を前世紀末からよく聞くようになった。水不足から、水がらみの争いが頻発するというのである。だが、ほぼ安定した水の供給をうけ、潤沢なまでに水を利用できる産業先進国に住む私たちに、その危機感は薄い。水資源は無尽蔵にある、と深く考えもせずに思い込んでいるからである。

その意味では同じ環境のカナダに住みながら、著者たちの認識は違う。グローバル経済の民主的なコントロールをめざす非政府機関で働く二人は、地球という惑星における淡水危機は、もはや修復不可能かもしれず、地球の存続にかかわる脅威にまで至っている、と警鐘を鳴らすのである。

それを聞いて、工業化、集約農業、人口増加などによって水の利用が増えているのが原因だろうと推測できる人は多いだろう。ウエットランド（沼地や湿地）の消滅、有害物質の流出、森林伐採、温暖化などの環境問題との関連を思ったり、劣化ウラン弾をはじめとする恐るべき兵器が、大地と河川に降り注ぐ昨今の戦争もまた、この状況を悪化させるだろうと怒り悲しむ人もいるだろう。

著者たちは、その先に現れている現実にこそ注目する。水危機を見越した多国籍企業や国際金融機関が、水を営利目的に利用しつつある実態が明かされる。人の生命に不可欠な水が、万人の「権利」ではなく、需要と供給の原理の影響をこうむり、支払い能力によって配分されるとすれば？

市場で売買される商品とは同一視できないはずのものであった「自然と生命」にかかわるものまでが、売りものにされていく現実を知って、いまさらのように驚き、前途を悲観しないで本書を読み進めることができる人は少ないだろう。

だが、著者たちは最後に希望を述べる。コモンズ（共有財産）としての水への権利の強奪に抗して、世界各地でたたかう人びとの姿を描き、水が公平に分配されるべき未来を構想する。小さな新書であるが、読むことによって驚き、絶望し、励まされる、深い問題提起を備えている（太田昌国・編集者）

（集英社新書・760円）＝2003年12月18日②配信

精神の軌跡描く物語

「銀の兜の夜」（丸山健二著）

丸山健二は、国家と個人、善と悪、生と死といった究極的な問題を独自の視点で描き続ける稀有（けう）な作家である。観念と幻想が交錯する「銀の兜の夜」も、そうした丸山文学の特徴が色濃く反映された長編作品である。

米軍演習場に隣接する過疎化した寒村に住む主人公の少年「私」は、ある夏の夜、父と一緒に出かけた刺し網漁で銀の兜（かぶと）を引き揚げる。兜を拾ってから家族の生活は一変する。父は流れ弾を浴び命を落とし、母は不自然な事故で亡くなる。両親の死後、文学かぶれの兄は兜を「私」に託し故郷を後にする。中学を卒業した「私」は、あるべき自由を求めて自給自足の生活を営む。

両親の相次ぐ他界、地元の寺の住職の不自然な死、「私」の分身であるドッペルゲンガーの出現、さらには村の中を河童（かっぱ）がはいかいするという説明のつかない出来事が頻発するに至って、主人公は銀の兜と一連の凶事の関連を疑う。

超常的なエネルギーを発する兜に魅惑された「私」は時にそれをかぶり、自己を超越した存在に成り代わる。兜の力を確信した主人公は、父と中学時代の同級生を死に追いやった駐留米軍への復しゅうを思い立つ。

ここで描かれるのは、人間の潜在的な欲望を増幅させ、その者を怪物へと駆り立てていく呪物（じゅぶつ）としての銀の兜と巡りあってしまった一人の少年の運命である。説話的な世界観やミステリー風の展開に支えられてはいるものの、物語の中心には「本当の自由とは何か」「自分とは何者なのか」という本質的な問題について自問自答し続ける少年の姿が置かれる。

観念的・哲学的言辞が多用された硬質な文体によって織りなされる千枚、四六六ページに及ぶ作品を読み進めていくことで、主人公が「自由」についての考えを思想化していくプロセスそのものを、読者は追体験することになる。幻想譚（たん）という枠組みを越えて、中学三年生から二十五歳までの主人公の精神的軌跡を描いた魂の物語、普遍的な教養小説として本書は読まれ得るだろう。

（榎本正樹・文芸評論家）

（新潮社・2400円）＝2003年12月18日③配信

巡りゆく人生の重みと機微

「くるーり　くるくる」（松山巌著）

〈くるーり　くるくる〉、なんとも奇妙な擬態語であって、私たちは何だこれはと思ってしまう。かわいらしいペットか何かが戯れている動作などを思いながら、しばし待てよと立ち止まる。

松山巖「くるーり　くるくる」は、標題作を含む七つの短編からなるが、その一つずつにニヤリとさせられるような何げない普通の人々の生活の機微が描かれている。

松山さんは、石工の父の遅い子どもとして誕生した東京っ子らしい。「乱歩と東京」「都市という廃墟」など優れた都市論を書く批評の人と思っていたら、ある日いつの間にか小説の人にもなっていた。七つの短編には、いずれも松山さん自身の分身と思わせる還暦を眼前にした主人公が登場する。しかし、その語り口は一つではない。

ある時は、落語世界の長屋の住人調であり、またある時は紀行文調で旅先の景色や建物をくわしく写し出し、さらには小学生時代の同級生たちで、今は初老となった連中のガヤガヤとした語り調といった按配（あんばい）だ。

くるーり　くるくるとは、田舎の小駅の駅員が手に操っていた切符切りばさみの様子であったり、中学生のバトンガールが手際よく操っているバトンそのものであったり、はては回転ずし屋のあの仕掛けのありさまであったりする。

何だそんなことかと思うが、それらが主人公に集約されると、彼の人生のすべてを表す形のある言葉として動かし難くなる。気がついてみると、くるーり　くるくると巡りながら、私たちもここにこうやって今の生活を営んでいるのだと、思えてくるのだ。

松山さんは、還暦を正しく生き直そうとするように旧友と出会い、身内の思い出をたどり直し、街並みの変ぼうやそこに棲（す）みつく猫どもの様子にまでまなざしを向けている。遍路もどきといささか自嘲（じちょう）しながら、くるーりではなくて、今度はグルリと転ずるかのように、次の人生に向かって歩き続けているようだった。身につまされる読み手も多いことだろう。（栗坪良樹・文芸評論家）

（幻戯書房・1900円）＝2003年12月18日④配信

ロシア精神の不条理

「熱狂とユーフォリア」（亀山郁夫著）

本書は、「磔のロシア」（岩波書店）で大仏次郎賞を受賞したロシア文学者、亀山郁夫氏の評論集である。

「磔のロシア」はスターリンとソ連の文学者・芸術家たちの複雑でのろわれた関係を描いた力作だったが、今回の本はそれにもまして圧倒的な迫力を持つ大著である。亀山氏の精力的な仕事の当面の決算になっているとも言えるだろう。

亀山氏が過去十数年にわたって発表してきた論文・評論・エッセー・コラム・インタビューを中心に、さらに書き下ろしの論考をいくつか補足して作られた本だけに、扱っている主題もきわめて多彩である。

ドストエフスキーと悪魔の問題から、現代ロシア最先端の前衛小説家ソローキンの美学へ。ロシア宗教思想に特有の「ソボールノチチ」（総体主義）から、レーニン廟（びょう）の謎まで。さらに美術も、詩も、音楽も、映画も。およそ二十世紀ロシア文化と芸術に関するすべてがここにある。本書の射程は驚くほど大きい。

へたをするとさまざまな時期に書かれた文章の「寄せ集め」にもなりかねないが、この本を統合し、一冊の手ごたえのある本としているのは、「熱狂」と「ユーフォリア」（多幸感）という二つのキーワードを軸にして二十世紀ロシア文明を見通そうとする、亀山氏の強烈なビジョンである。

そして同氏は、権力と熱狂的に一体化し、全体の中に溶け込むことによって至福感を得ようとする、ロシア特有の精神構造が織り成す模様として、二十世紀ロシア史をとらえ直した。従来の歴史学とは根本的に違ったスターリン時代へのアプローチがここにはある。

本書は「スターリン学のための序章」という副題を掲げ、「スターリン学」という耳慣れない学問の誕生を高らかに宣言している。それは「二十世紀ロシアにおける政治と文化をめぐる不条理学」なのだという。

スターリン時代の、いや二十世紀という時代を考えるうえで、この本は今後、誰もがまず読むべき基本的な図書の一つとなることだろう。（沼野充義・ロシア文学者）

（平凡社・4200円）＝2003年12月18日⑤配信

暴力にさらされた者の抵抗

「暴力・戦争・リドレス」（米山リサ著）

本書は、批判的文化研究の観点から、現代アメリカの多文化主義、スミソニアン原爆展をめぐる歴史の記憶の問題、現代フェミニズムの位相、米国の帝国神話と日本の戦争犯罪などを読み解く刺激的な論考集である。

題名のリドレスという英語の単語は、「補償」と訳されることが多いが、日本語の「補償」は、政府による物質的損害の賠償を意味しがちであり、米山はこの語感をきらったのだろう。

本書でいう「リドレス」とは、暴力にさらされた者自身が、不正な状態をもたらした者に抵抗して現実を変革しようとする意志あるいはその行為を意味する。

しかし、誰が誰に向けてどのような「リドレス」をおこなうべきなのか。この問いに単純に答えることはできない。なぜなら、どのような社会的政治的文脈に埋め込まれているかによって、おなじ主張が異なる意味をひびかせてしまうからである。

「日本は戦争の加害者であることを忘れている」という主張でさえ、アメリカの保守派が利用すれば、アメリカの「解放とリハビリ」の帝国神話を正当化する効果をもつ。

もちろん米山は、対抗言説の無効性を主張しているのではない。いかなる対抗言説であれ、既成のナショナルな回路に回収されてしまえば、本来の「リドレス」とは別の目的に奉仕する危険性があることを敏感に察知しているのだ。

そこで米山は言説の地勢図をていねいに描き出し、国境を越えた「リドレス」の可能性を提示するのである。

米山は「正義を追求し、死者を哀悼する」ために必要なのは、「究極の犠牲者への感情移入」や「無批判な同一化」ではなく、植民地主義によってもたらされた暴力を認知し、「これに対する憤りに自らを『感染』させること」だという。

9・11以後「犠牲者」へのナショナルな「感情移入」と「同一化」にもとづく言説が世にあふれているいま、わたしたちはこの指摘を切実な警鐘として受けとるべきであろう。（イ・ヨンスク・一橋大教授）

（岩波書店・2400円）＝2003年12月18日⑥配信

五感を揺さぶる風の描写

「風街」(白石文郎著)

読みはじめるやいなや、表題とはまったく正反対の世界、風通しが悪くて重苦しい空気がよどむ迷路にまぎれこんでしまったような気持ちになる。

それは主人公の青年、慎也の内なる世界そのもの。建設会社に勤めている慎也は恋人と同せいしているが、あることがきっかけで性的不能に陥ってしまう。恋人が離れていく不安や孤独感、そして焦燥感や強迫観念に追いつめられてさまよう様子を、福岡の街を舞台に描いている長編だ。

特に現実から逃れるように歓楽街の中洲に入り込むとき、慎也の内向世界も深まる。そこで女子高校生に声をかけられたり、裏社会に精通している謎の中年男性、八巻に出会ったりする。そして援助交際、出会い系サイト、乱交パーティーなど、迷路のなかで描かれるのは今どきの性の生々しい現場である。それが刺激的であるほど主人公にとってはむなしいものになる。

同時にセックスレスや勃起(ぼっき)障害(ED)や不感症という対極を描き、その落差のなかに複雑な性のありようと現代の病理を浮かび上がらせているのだ。

そのひとつに言語分析への過剰な期待があるかもしれない。答えを求めて言葉で分析すればするほど本筋から離れていくむなしさ。そしてなにからやり直したらいいのかわからなくなっている心と体の乖離(かいり)、それによってもたらされる静かな混乱はEDだけのことではないだろう。

だから主人公がやっと「ぼく、できないんですよ」と八巻に告白するのを読むとほっとする。どんな扇情的な場面や多くの言葉より、このひとことが風向きを変える。

慎也のEDは氾濫(はんらん)する性の情報に対するちょっとしたアンチテーゼのようにも思えてくるのだ。そして彼が迷路から出ようとするときに全身で感じる風は、読むものの五感を揺さぶってくる。風に桜の花びらが舞うシーンには体の底からわきたつような興奮と喜びが感じられる。前半の風通しの悪い息苦しさは、この風を描きたかったからなのだろうかと思ってしまうほどだ。(白石公子・詩人)

(角川書店・1800円)=2003年12月25日①配信

人類への温かいまなざし

「ヒトという生きもの」(柳澤嘉一郎著)

知らぬが仏、とは、よくぞ言ったものである。何も知らぬ者が夜ごとの眠りをむさぼる間、「ヒトの未来を思うと、心配で夜も眠れない」という生物学者がいる。それが、この本の著者である。

著者が誕生した一九三一年、世界の人口は二十億人だった。それが、わずか七十余年の間に、三倍の六十億人に膨れ上がっている。急激に繁殖した種は、集団の崩壊を起こし、ときに絶滅することもあるという。はたして人類は、生き残っていけるのか。

夜も眠れぬ事例は、まだまだ続く。若者は、なぜキレるのか。彼らと環境ホルモンとの因果関係は。ヒトはなぜ戦争をするのか。現代文明から隔絶された原始的な社会においても戦は存在するのか。あるいは、チンパンジーならどうなのか。

…と、こう書くと、まるで生物学者からの「人類への警告の書」のようでもある。たしかに、そうした側面も持ちながらも、著者が一人の人間として持つ悲哀、情愛、おかしみが漂う繊細なエッセー集である。

学界には、「赤の女王の仮説」と呼ばれる仮説があるという。いわく「不思議の国のアリス」に出てくる赤の女王が「もっと速く」と叫ぶがごとく、「おなじ所に留まっているのにも、精いっぱい走り続けなければならない」、つまり「すべての生物もまた、誕生以来、進化の道を走り続けている」というのである。

たとえば、いくらヒトがあたらしい抗菌薬をつくっても、細菌はつぎからつぎへと耐性を獲得して生き残っていく。「生きものたちは生き残るために、みんな懸命に走っているのだ」。道ばたの草花を見ても、さえずる小鳥の声を聞いても「生きるのは大変だなあ」と著者は思う。そして、小さな孫の手をひきながら「いいかい、一生懸命に走るんだよ」とつぶやくのである。

この哀(かな)しみと温かみとが、つねに根底にあるからだろうか。人類という種に関する絶望的な事例が列挙されているのに、著者のまなざしやつぶやきに心安らいでもしまうという、不思議な存在感を持っている本である。(藤田千恵子・ライター)

(草思社・1500円)=2003年12月25日②配信

「形」のイメージで解説　「現代建築の冒険」（越後島研一著）

西欧の整然とした街並みと比較すると、個々の建物がばらばらな現代の日本の街並みは決して美しいとは言えない。しかし一方では、ル・コルビュジエに代表される西洋のモダンな建築への憧（あこが）れから一九三〇年代に始まった日本の現代建築は、次第に日本独自の空間を取り入れながら進化を遂げ、今では世界のトップレベルと評価されるまでになっている。われわれはこうした一見矛盾する現象をどのように理解したらよいのだろうか。

自身建築家でもあり、同時に優れた批評家としても定評のある著者は、現代建築、特に住宅建築の歴史を、独自の記号と用語を駆使しながら「形」で考えることを提案する。

庭園に向かって開かれた伝統的な日本家屋の空間を意味する「屋根付き開放型」から出発した建築家たちは、水平な床板を重ね合わせたような「横はさみ型」、そして空間の垂直性を強調した「伸上がる屋根型」、「縦はさみ型」を経て、空間をパッケージのように包み込む「屋根付き包み込み型」へと発展させることによって、西洋モダニズムの神髄を自家薬籠（やくろう）中の物としていった。本書のタイトルが示すように、現代の日本は多くの建築家が新しい空間を構想した幾多の「冒険」の結果なのである。

ひとりの傑出した建築家の創造力だけが時代を切り開くのではない。その時代に人々の共有するイメージが逆に建築家を突き動かしていく。例えば、「屋根付き開放型」という外部と連続した開放的な空間に対して、次第に内部へ向かって閉じるという空間イメージを多くの建築家が夢想していた七〇年代に、伊東豊雄の「中野本町の家」がその究極の姿を円管状に閉じられた空間として示したことによって、その次の時代の空間イメージを触発していったくだりなどは圧巻であり、まさに冒険譚（たん）と呼ぶにふさわしい。

建築空間というすぐれて専門的な内容を「形」のイメージに置き換えてわかりやすく解説した本書は、現代建築への興味を加速させてくれる格好の入門書といってよいだろう。（中村研一・中部大教授、建築家）

（中公新書・840円）＝2003年12月25日③配信

抑えた筆と気持ちの深さ　「話のソナチネ」（服部公一著）

服部さんとはいっしょにずいぶんたくさん歌を作った。二人ともまだ髪の毛に不自由していなかったころのこと。少しあとになって伸ばしていた髪を切って私が五分刈りにしたら、薄くなったのをカムフラージュするのはずるいとなじられた。それももう昔話だ。

「私がじっくりと人生の味をかみしめるのは、よく知っている人が亡くなったときである」と書いているのを読むと、同世代の私はしんみりする。服部さんには教育者、啓蒙（けいもう）家のちょっとこわおもての面と同時に心優しい人情家の面があって、この本で言えば「とんと昔」と題された自分の生い立ちを語った部分にそれがよく表れている。

母や祖母や義父を語るその語り口は、しかしさばさばしていて感傷的ではない。長い年月をへての境地だろうが、逆にそういう筆の抑え方にかえって服部さんの気持ちの深さが感じられる。「母の日」などは随筆と言うよりむしろ未完の短編小説の趣がある。

彼が園長先生になったと聞いたときはちょっとびっくりしたが、とっさに思い出したことがある。「軽井沢物語」という章に出てくるが、北軽井沢に来て私の家族と浅間ブドウを摘みに行ったときのこと、小さかった私の息子を彼は軽々と肩車してくれたのだ。それがいかにも自然だった。そのころ彼はまだ子持ちではなかったから気付かなかったが、あんなにたくさん子どもの歌を書いたのも、子どもが好きだからなのだと納得した。

「むつこい」という山形方言をこの本で初めて知った。ニューヨークに住むもう大人になった娘を夜中にむつこい（いじらしい）と思う服部さんはまた「おやじというのはそもそも恥ずかしい存在だ」とも書く。

服部さんはだが、テレる人であると同時に物おじしない人でもある。いつだったか来日中のある有名なフランス人歌手に、なんの紹介もなく直接ホテルの部屋に電話して、なめらかな英語で出演交渉をするのをそばで聞いたことがある。そういう開かれた行動力が、彼を世界各地に向かわせ、作曲にとどまらないさまざまな行動に向かわせるのだろうと思う。しゃれた題名を裏切らない多彩な本だ。（谷川俊太郎・詩人）

（河北新報出版センター・1300円）＝2003年12月25日④配信

戦後日本を鋭く問い直す

「イロニアの大和」（川村二郎著）

日本浪曼（ろうまん）派という言葉は、美しい。だが、リーダー保田與重郎の戦後は、痛ましい。彼を卑しめる批判書の「紙のつぶて」にも、黙って耐えた。

保田は、戦前に何を唱えたのか。そして、彼を否定した「戦後日本」は、正しかったのか。川村二郎は、実に丹念に保田の「素志」をえぐりだす。本書は、見事な「言葉の花環（はなわ）」であり、「紙の鎮魂碑」である。この碑文で顕彰されるのは、保田一人だけではない。

歴史上しばしば、清純無比な魂が汚濁に満ちた現実に敗北する、という矛盾が起きる。清と濁の双方の真実を見抜く総合的な視線から、悲劇的に滅んだ魂を深い共感を込めて称（たた）える。これが保田與重郎の言う「イロニー」であり、その実践が彼の戦前の文業だった。

川村は保田を生んだ大和の地をくまなく歩き、「イロニーの視点」をわが物とし、各地に紙の碑文を建ててゆく。無垢（むく）な魂のゆえに無駄死にした天平人、南朝の忠臣、幕末の天誅（てんちゅう）組の志士や十津川郷の義民たち。

保田の複眼的なイロニーの視線は、単眼的な現代文明の限界を照らし出す。日本浪曼派が唱えた「西洋的な近代の超克」は、ある意味で今こそ必要なのではないか。

現代文明は、何が本物で何が偽物か、区別できない泥沼に陥っている。価値観が混迷した現代にあって、何をもって正義とし、他人を断罪できるのか。保田を永く流人とした戦後日本が、静かに、しかし鋭く問い直される。

美も真も善も、最後は信じるかどうかの問題だろう。本書は、大和の地に鎮座する神々の伝統を求めて巡礼する紀行文学でもある。ついに発見された「二面的な伝統」の確かさが、著者の言葉に生命力を与えた。

保田の激越な美文が、平明で奥行きに富む口語文で解きほぐされるのは感動的だ。読者の目頭を熱くする評論を、久しぶりに読んだ。（島内景二・電気通信大教授）

（講談社・2500円）＝2003年12月25日⑤配信

漂う憎悪のエネルギー

「黒冷水」（羽田圭介著）

最近の文学新人賞は早熟化が際立っていて、十代の受賞者が続出している。だから「高校生作家」というキャッチフレーズは、もはやそれほどの驚きではない。それでも十七歳の高校生が書いたという本書を読んで、私は驚きを新たにした。

どこにでもある中流家庭の、高校生の兄と中学生の弟が登場する。兄が所有しているエロ本やらエロ・ゲームを、弟がこっそり漁（あさ）りつづける。それに困った兄の側の周到な防衛策と、それを突破しようとする弟の側の懸命な工夫との、知恵比べの模様がまず相互に克明に描かれていく。その攻防じたいが一種の宝探しのテクニカル対戦ゲームのように、ほほえましくもスリリングに読める。

その模様を繰り広げるだけなら本書はもっと軽量のエンターテインメント小説に仕上がったことだろうし、たとえそうであっても著者の手腕は並々ならぬものと言えたはずだ。

しかし本書を読み進むうちに、両者の闘いを、ちょっと覗（のぞ）き見的に加担して見守っている興味が、次第に別の方向へのスリルにすり替わっていく。つまり、どんな仲の悪い兄弟や家族であっても互いに護（まも）っている最後の一線、つまり何だかんだ言っても「家族」だという歯止めが、彼らのあいだに見当たらないことに気付いていくのである。

相手が肉親であるにもかかわらず、胸の底から留めようもなくわき上がる黒く冷たい憎悪。それを「黒冷水」と兄は名づける。父母や外部の人間には冷静に知的に応対できる彼が、弟に対しては仇敵（きゅうてき）のような憎悪をコントロールできないのだ。

物語では、兄は弟への兄弟愛を最後に取り戻す。しかしストーリー上の救済のあとも、対象の定まらない「黒冷水」の憎悪のエネルギーの不気味さが漂ってくる。

こんな風に口を開いてしまった憎悪のマグマを、これから若い著者はどう飼っていくのだろうか。新世代への熱い期待と不安をそそられるデビュー作である。（清水良典・文芸評論家）

（河出書房新社・1300円）＝2003年12月25日⑥配信

2004

女とピアノをめぐる純愛

「ピアノ・サンド」(平田俊子著)

「もの」が「もの」ではなく温度を持ち、濃密な親近感を伴って出現する。あるいは、「もの」であったものが、願望を具現化したフォルムとして心の奥に根を降ろす。そうした稀(まれ)なる「もの」との出会いと至福が、表題作には描かれている。

主人公の「わたし」は、離婚経験のある中年女性。ある日、男友だちから、「フランスからやってきた百年前のピアノ」を預けたがっている知人がいるという話を耳にする。小ぶりのアップライト、燭台(しょくだい)のついたかわいらしいピアノ。「わたし」はそのピアノを引き受けたいと思う。なじんだ恋人はいるが、彼には家庭がある。で、「わたし」は、ピアノが部屋に来る日を心待ちにしながら思うのだ。

「これから先はピアノと生きよう。家族のようにピアノと暮らそう」

男との不安定な暮らしではない未知の至福を、ピアノは果たして具現化してくれるのか。女がピアノを待つ気分が読む側にもとりついてくる。ピアノはくるのかこないのか、読みつつ私はどきどきした。

小説の中で描かれるピアノは片思いのもどかしさに彩られているが、片思いゆえの切なさを引き受けてきらきら光る。他国に置き去りにされた古いピアノが、女の孤独な心に寄り添っていく、その寄り添い方が、じんわりと優しくなまめかしくもあるのだ。

「わたし」の住むマンションの五階と六階の間に、ピアノのある幻の部屋が出現する場面も魅力的だし、部屋に通ってくる恋人に、サンドイッチしか出さない女の姿も印象的だ。家庭的ではないものを選び取らざるを得ない女の感受性や孤独の深さが、サンドイッチという「個食」によってあぶりだされる。

これは女とピアノをめぐる純愛小説だ。サンドイッチやピアノの持つ語感から連想される言葉遊びも、この小説を奥行き豊かにしている。

表題作のほか、傷つき、壊れた身体を持つ男女が、つかの間「身体からの脱出」を夢見て触れ合う「ブラック・ジャム」も併録されている。(稲葉真弓・作家)

(講談社・1600円)=2004年1月8日①配信

揺らぎ始めた根拠

「『日本人論』再考」(船曳建夫著)

一九八〇年代にさかんに論じられた「日本論」「日本人論」も、さすがに一時の勢いは見られなくなった。著者の整理では、八〇年代は「日本人論」の三つの特徴的な時期のひとつに当たる。

ちなみに三つの時期とは「日清・日露の高揚期」、目標を喪失した三〇年代の「昭和の『だらだら坂』の時期」、そして八〇年代に至る戦後経済復興の半世紀である。

いずれも日本が(好調であれ、危機であれ)「不安」を抱えている時期とされ、「近代の中に生きる日本人のアイデンティティの不安」を取り除くものとして「日本人論」が提出されたという。

著者は新渡戸稲造の「武士道」や九鬼周造の「『いき』の構造」、ベネディクトの「菊と刀」といった代表的な日本人論を取り上げ、その歴史的な系譜をたどってみせる。同時に「臣民」「国民」「市民」という対比、「職人」「母」「サラリーマン」などのモデルを指摘し、類型的な把握のなかに「日本人論」の見取り図を提示する。

興味深いのは著者がその上で、今後の「日本人論」の行方を論じ、その「最期」が始まったと指摘していることである。

アイデンティティーが重層的になり「日本人は」という言い方が困難になったこと、西洋近代との緊張関係を持たず「不安を感じない世代」が登場したことがその根拠とされる。「日本人論」をアイデンティティーとする「日本人」が、終わり始めているというのだ。

たしかに、グローバリゼーションが進行するなかで「私」も「日本人」も変容し、したがって国民国家に対応する「日本人論」はゆらいでいる。

だが均一的な「日本」を解体し、あらたに「いくつもの日本」を探るというかたちでの、(グローバリゼーションに対応する)「日本人論」はまだまだ提出されている。

「日本人」というくくり方は、世紀を超えても「日本人」を再定義しつつ、しぶとく残存するのではないだろうか。とは言え、本書が提起している論点は、日本人論の現在の焦点を衝(つ)いている。(成田龍一・日本女子大教授)

(NHK出版・1800円)=2004年1月8日②配信

精妙な入れ子の構造

「後巷説百物語」（京極夏彦著）

妖怪変化の仕業に見せかけて、晴らせぬ恨みやもつれた因果に決着をつける裏稼業—。「御行の又市」一味の活躍を描く連作時代小説シリーズの最新作である。

怪談奇聞を求めて諸国を旅する途中、又市一味と知り合い、かれらに加担することになった戯作者の山岡百介を狂言廻（まわ）しとする一話完結の連作短編形式をとりながら、全体がひと連なりの長編としても推移してゆくという凝った構成は、前二作と同じだが、大きく様変わりした点もある。

時代を江戸から文明開化の明治に移し、いまや老境に達した百介が、怪談好きの青年たちを相手に、かつて自分が体験した怪事件の数々を語り聞かせるという、入れ子細工めいた設定が仕組まれている点だ。岡本綺堂の「半七捕物帳」を連想させるようなノスタルジックな趣向といえよう。

百介の昔語りと並行して、不思議巡査の異名をとる矢作剣之進と仲間の青年たちが関与する現在進行形の怪事件が描かれたり、かれらが折にふれ参照する中世や近世の説話集に記された怪異談が話中話として挿入されるなど、入れ子の構造は精妙にして錯綜（さくそう）を極める。

あたかも古代から文明開化期にいたる本朝妖怪物語の万華鏡をのぞき見るかのようで、一読陶然たる心地へと誘われた。

めくるめく印象を与えるのは、そればかりではない。又市一味の秘められた素性が徐々に明かされてゆく点も、このシリーズの魅力のひとつだが、本書では一味の紅一点である「山猫廻しのおぎん」の血脈をめぐる奇縁が明らかとなる。

しかもその因縁とは、驚くなかれ「鉄鼠の檻」や「陰摩羅鬼の瑕」といった「京極堂」シリーズのミステリー世界に直結するものだったのだ。

京極作品の両輪を成すミステリーと時代小説の作中世界が、実は同じ時間軸の上に位置づけられていたことが、本書によって初めて開示されたといってもよかろう。その先に広がる「京極伝奇」の豊饒（ほうじょう）な物語世界をも予感させる、これは真に画期的な傑作である。（東雅夫・アンソロジスト）

（角川書店・2000円）＝2004年1月8日③配信

検察神話のからくり暴く

「歪んだ正義」（宮本雅史著）

今の検察庁ほど、マスコミの批判にさらされない役所はない。同じような裏金疑惑が発覚しても、ほかの役所なら非難の集中砲火を浴びるのに、検察だといつの間にかなかったことにされてしまう。

なぜそうなるかと言うと「検察＝正義」の神話が確立され、検察批判をしにくい空気がマスコミ界から政界、司法界までを覆っているからだ。

では神話はどうやって作られたのか。そのカラクリを造船疑獄、ロッキード事件、東京佐川急便事件という三大疑獄捜査の検証を通じて明らかにし、検察の病根をえぐり出したのが本書である。

著者は元産経新聞の検察担当記者。私が知るかぎりでは検察の内情に最も通じたジャーナリストだ。彼は膨大な資料や証言をもとに、「正義」の看板の裏で行われた「つじつま合わせ」や「世論操作」の実態を次々と暴き出している。

疑獄捜査の「お手本」とされてきたロッキード事件も例外ではない。著者は、田中角栄元首相が罪に問われた五億円の受託収賄は「検事の作文」によって生み出された架空の物語だった疑いがあると指摘している。

だが、マスコミはそうした検察の闇に目を向けなかった。検察自身も捜査の欠陥を認めようとしなかった。「特捜部だからある程度のことは許されるという傲慢さと甘え」があったからだ。

半世紀にわたって同じ過ちが繰り返されたために虚像だけが膨らみ、「歪（ゆが）んだ正義」が独り歩きするようになった。その結果、とくに東京佐川急便事件以降、不自然で危うい捜査が相次ぐようになったと著者は結論づけている。

恐ろしいのは「検察＝正義」の神話が裁判官たちをもとりこにし、彼らが被告の無実の叫びに真剣に耳を傾けない傾向が生まれていることだ。

本書のオビには「検察は、この本が売れないことを祈っているだろう」という推理作家の横山秀夫氏の言葉が記されている。私はそれにこう付け加えたい。一人でも多くの検察官や裁判官に読んでほしい。それがこの国の司法の再生につながるかもしれないから。（魚住昭・ジャーナリスト）

（情報センター出版局・1600円）＝2004年1月8日④配信

迷走する若者の足跡

「百万遍（上・下）」（花村萬月著）

無頼作家というと、普通反逆的な作風の書き手を指すが、中には文字通り無頼の出も存在する。十代のころから飲酒喫煙あたりまえ、暴力、不純異性交遊、薬物摂取に至るまで反社会的行為に耽(ふけ)っていたというタイプだ。

日本の現代作家でいえば、花村萬月もそのひとり。作家としてプロデビューする前、彼が波乱に富んだ人生を送ってきたことは自らエッセイ等で明かしてきたが、本書はその花村が満を持して発表した「自伝大河小説」の第一部である。

主人公の吉川惟朔は虐待まがいの厳しい教育を強いた父親の死をきっかけに小学生のときから問題を起こし、教護院に送られた過去を持つ。その後都立高校に入るものの暴力ざたを起こし、自主退学することに。物語はその日、作家三島由紀夫が死んだ一九七〇年十一月二十五日に始まる。

家を棄(す)て、それまで面倒を見てくれた施設からも追われた十五歳の惟朔は、孤独に打ちのめされながらもまずは教護院の同級生を訪ねるが、そこでもトラブルに巻き込まれてしまう。かつての友人、知人をはじめ、行く先々で出会った人々のもとを転々とする彼の生きざまはまさに行きあたりばったりだが、その適応力には驚くばかりである。

本書には文字通りにおいのきつい人が数多く登場する。そんな老若男女に難なく取り入ってしまう惟朔の人誑(たら)しぶりはとても十五歳のものとは思えないが、図太くて繊細、軽薄でいて怜悧(れいり)という何事につけ過剰なキャラは実は矛盾だらけなのだ。彼の混沌(こんとん)性は軽快な悪漢小説語りから思弁的言説へ、さらには濃密なエロス立ち込める官能描写へと転じる変幻自在の文体にも立ち現れていよう。

高度経済成長の裏で迷走してきた若者の足跡は果たして現代日本をどのように逆照射していくか。

本作は全四部の予定で第二部は「小説新潮」に連載中だが、なるほど読む者にノワールな揺さぶりをかけてくる「反教養小説」の傑作になるのは間違いなさそうだ。（香山二三郎・コラムニスト）

（新潮社・上1800円、下1900円）＝2004年1月8日⑤配信

人間的側面を探る難業

「昭和天皇『謝罪詔勅草稿』の発見」（加藤恭子著）

書かれた歴史には人間の顔がない。葛藤（かっとう）や心情がけずり取られているからだろう。

昭和天皇の戦争責任の問題はさまざまに論じられてきたが、それは主として法的、政治的観点からであった。それだけでは天皇の心中をうかがい知ることはできない。加藤恭子さんは本書で、国民への「謝罪詔勅草稿」という新発見の資料を読みとき、昭和史の重要な瞬間を掘り起こして、天皇の人間的側面を探り出す難しい仕事に立ち向かっている。

五百六字から成るこの詔勅草稿は昨年七月号の「文芸春秋」に発表され、論議を呼んだ。起草したのは昭和二十三年夏から五年半、宮内府（のちに宮内庁）長官をつとめた田島道治である。そこには天皇の国民への謝罪とともに、留位することで国家再建を担って責務を果たす覚悟が、「朕ノ不徳ナル、深ク天下ニ愧ヅ」などの心情あふるる文言でしたためられている。書かれた時期は昭和二十三年の秋から冬と推定。この年の十二月二十三日、東条英機元首相ら七名がA級戦犯として処刑されている。

宮中では「田島は基督教信者で、退位論者」との言説が流布されていただけに、この草稿が果たして、天皇ご自身の真意を反映したものかの疑問を呈する向きも少くなかった。その疑問に答えるべく、著者は田島日記や書簡、「芦田日記」などの資料を丹念に渉猟し、田島と当時の天皇との知られざる関係を浮き彫りにする。占領下の天皇の田島への信頼の厚さを立証するくだりは圧巻である。

歴史は常に選択された行為のみが記されるが、そこには可能だったもう一つの選択肢が隠されている。それを知ることで、私たちは初めて過去の時間に身を置き、考えることができる。私はこの「詔勅草稿」が往時に公表されていたらと考える。そのほうが、国民にとって天皇が身近に感じられただろう。

「つとめても　なお努めても　つとめても　つとめたらぬは　つとめなりけり」

戦後史の最も多難な時期のかじ取り役をつとめた明治の男の愚直なまでの気骨の一首である。（辺見じゅん・歌人）

（文芸春秋・1600円）＝2004年1月8日⑥配信

イリュージョンで世界構築　「動物と人間の世界認識」（日高敏隆著）

本書は、動物行動学の分野で著名な著者が、動物と人間がどのように世界を認識しているかという問題を「イリュージョン」という概念に基づいて論じたものである。

著者は、この概念を、「幻覚、幻影、錯覚などいろいろな意味あいがあるが、それらすべてを含みうる可能性を持ち、さらに世界を認知し構築する手だてともなる」ものとして導入し、動物と人間の行動全体を統一的に説明できるものとする。

動物は、知覚の枠によって成立するイリュージョンをもち、それに基づいて行動するが、人間もまたイリュージョンによって世界を構築する。著者によると、構築された世界は、それぞれの動物の「環世界」となり、その中で各動物は行動するから、客観的環境というものは存在しない。動物はみな違った環境の中に生きていることになる。

著者によると、イリュージョンをつくるのは論理であり、論理を生み出すのは神経系である。だから、神経系のない植物と動物とは根本的に異なった存在である。動物は知覚の枠によって限定されたイリュージョンをもち、人間だけが知覚の枠を超えて理論的にイリュージョンを構築できるとする。学問的研究も、新しいイリュージョンを得ることと著者は言う。

一見分かりやすそうに見える「イリュージョン」だが、実は相当込み入った概念である。それは、生物種ごとに異なるだけでなく、動物と人間、国や文化の間でも異なり、さらに、個人レベルでも異なるとされるからである。

さまざまに登場するイリュージョンの分類学を必要とするようにも感じられるが、その根底に、猫やアゲハチョウの観察を置いている点が著者らしい点である。

ただ、「客観的な環境は存在しない」と主張するのであれば、現代の地球上で破壊されつつある環境が、それぞれの動物や個々の人間によって異なっていることになって、ほとんど無数の環境問題が存在することになり、わたしたちは、どのような解決策を求めればいいかという疑問が生じるであろう。（桑子敏雄・東工大大学院教授）

（筑摩書房・1600円）＝2004年1月15日①配信

時空を超えたつながり　「考古学者石野博信のアジア民族建築見てある記」（石野博信著）

この十年、佐賀県の吉野ケ里遺跡や青森県の三内丸山遺跡、鹿児島県の上野原遺跡など、世間の耳目を集める大型住居跡が発掘されている。だが、残っているのは柱穴だけで、その上に建っていた建物については、学者により意見が分かれる。

著者は「まったくわからない」建物の構造を復元する手がかりとして、現在残っている原初的な建物の構造を調査するべく世界各地を見て回っている。

本書では、韓国、北朝鮮、中国、台湾などの近隣国や東南アジア諸国を中心に、シルクロードの端のエジプト、地球の反対側のメキシコ、ペルーまでも足を伸ばして、少数民族の住居を訪れる。

著者はどこに行っても、少しの暇があれば、言葉もわからぬ土地の人が住む民家にたち入らせてもらい、構造や寸法を調べる。その熱意と積極性に、学者とはかくあるものかと敬服する。「見て歩く」程度の悠長さではない。

建物の記述は明確で、写真や平面図も添えてあり、わかりやすい。民族建築に関する情報の豊富さは、宝箱のようだ。だが、この本の面白さはその先にある。

旅の先々で建造物だけでなく風習や遺物を目にするや、たちまち著者は、特色が共通する日本の遺跡を思い浮かべ、両者が伝播（でんぱ）したものとして関連づけられるのか、系譜関係がなく自然環境が同じゆえに生まれた共通性なのか、考えをめぐらす。

ロシア内陸部でスキタイ系クルガン（古墳）群を調査中に、井げた組みの木槨（もっかく）を目にして、正倉院のルーツではと、校倉（あぜくら）造りの系譜をたどる。

奈良・藤ノ木古墳で出た「舌出し鬼面」の文様を介して、クレオパトラと聖徳太子を結びつける。海洋民の住居、祭場、墓の形が、舟をモデルにしているということを示す。

一般向けのためか考証が簡略で、説明不足と感じる点もあるが、はるかな距離と時間を超えて、日本の遺跡と海外の事物が一つの線でつながっていくことに、わくわくさせられる。旅をして土地の風習や遺構を調べる者として、教わることは大きい。（坂梨由美子・紀行ライター）

（小学館・1600円）＝2004年1月15日②配信

モノの変身物語

「ひとりよがりのものさし」(坂田和實著)

写真一、二点ごとに小文がついて計五十編。ボロ布、ドゴン族の柱と扉、ブリキのヒコーキ。さて、何だろう？　アフリカの石像、葉書(はがき)と文机、李朝白磁とデルフト白釉(はくゆう)。このあたりで少しわかってくる。

まず目で楽しみ、小文を読みながら、また写真を見返す。一日に一つ、せいぜいが二つ。それ以上はモッタイナイ。ひとりよがりのよみさし。とても幸せなひとときが生まれる。

坂田さんは骨董(こっとう)屋である。しかし世におなじみの、あの多少ともものものしく、いかめしい店構えのショーバイ人とはまるでちがう。東京・目白の店の名前が「古道具坂田」。ひとりよがりのものさしで選ばれたのは、店先や店の奥の仲間たちである。段ボールの家、イヌイットのお守り、パチンコ台、虫籠(むしかご)…。もしこの人の目にとまらなければ、何の変哲もない日常の品物だった。

「一人一人が自分の責任で何が好きなのか、つまりはどんな道を歩きたいのかを声高く言い続けなくてはいけないと僕は思う」

店をはじめて三十年。自分の目で見て、自分の責任で評価してきた。モノをいとしみ、そこから学んだ人の強い意志が、やさしくつつみこんである。鋭い批評が、さりげなくこめられている。ちょうど「古道具坂田」の仲間たちと同じように、一見のところ、何てこともない顔つきだ。よく見ると、コワイ顔にも、泣き顔にも、悟りきった表情にも見える。形が姿になり、意味深い情感をおびて迫ってくる。

単なるモノであったのが、イキモノになる。あるいはマモノにもなる。五十の変身物語である。それに立ち会って読者もまた気がつくだろう。身のまわりをあらためて見わたすとしよう。はたして自分の目で、自分で選んできただろうか？

おだやかなまなざしを通して、しっかりとモノの見方をおそわった。実のところ、ものさしでピシリと打たれたようなのだ。(池内紀・ドイツ文学者)

(新潮社・5800円) =2004年1月15日③配信

断念の苦みを帯びた理念

「寛容について」(M・ウォルツァー著、大川正彦訳)

正義にかなう戦争とそうでない戦争との境界線は、どこに引かれるべきか。アメリカ合衆国とはどんな国か。イラクの少数民族クルド人への抑圧問題は、歴史的にどう考えればよいのか…。

互いに異なるこれら三つの問いが、二〇〇一年九月十一日の出来事以降、アフガニスタン、イラクでの戦争へと続く状況の中で、私たちが考えざるをえないいくつかの問いのうちに含まれることは、確かだろう。

この三つの問いに、解答とまではゆかずともヒントは与えてくれる、現代アメリカの政治哲学者がマイケル・ウォルツァーだ。既に一九七七年に、彼は時代を先取りする本「正しい戦争と不正な戦争」を書いた。自身ユダヤ人として少数派に属することから、世界の少数民族が置かれる状況について、歴史をふまえた該博な知識を持つ。そして、本書の最終章では「アメリカ多文化主義への省察」を展開している。

ではなぜ本書では、ともすれば生ぬるいとか古臭いといった感想を呼び起こしかねない「寛容」を、あえて論じるのか。

「寛い心で許容する」という姿勢は、相手との合意が不可能という認識を前提している。異なる他者との調和や総合を断念した時、つまりまさに今日、寛容は切実な課題として立ち現れてくる。

歴史の進歩を経て到達されたはずの現代、断念の苦みを帯びた寛容という理念が重要性を増しつつあるというのは、皮肉な事態だ。しかし、異なる集団の平和共存の上に成り立つ移民国家アメリカ合衆国とは事実上、自由と並んで寛容をこそその支柱とする国なのだ。

寛容について語ることは、寛容の限界について考えることだ。五つの寛容の体制に「国際社会」を数え入れるウォルツァーの視野に、戦争が入っているのは当然である。彼は、アフガニスタンでの爆撃はテロ抑止の防衛戦争として支持するが、イラク戦争は批判する。

本書では寛容だけでなく多文化主義やアメリカ合衆国、さらには戦争までもが論じられているのだ。この本とともに考えてみない手はないだろう。

(藤野寛・高崎経済大助教授)

(みすず書房・2800円) =2004年1月15日④配信

解読競争の裏の人間ドラマ　「ザ・ゲノム・ビジネス」（ジェイムズ・シュリーヴ著、古川奈々子訳）

ワトソンとクリックがDNAの構造を発見して五十年目に当たる昨年、ヒトの全遺伝情報（ゲノム）を読み解く国際プロジェクトが完了した。米政府が、宇宙船アポロ打ち上げに匹敵する大事業と位置付けたヒトゲノム解読。七年後の完成を考えていた政府に対し、たった三年で成し遂げると一九九八年にぶち上げたのが、米国のベンチャー企業セレーラ・ジェノミクスだった。

本書は、セレーラの解読チームを率いた科学者クレイグ・ベンターを主役に、日米欧のプロジェクト「国際ヒトゲノム計画」と同社が共同歩調に転じるまでの二年あまりの激烈な戦いの記録だ。

今や生物学は工学的手法抜きに語れない。ラテン語でスピードを意味するセレーラの高速の解読も、バラバラにしたDNAを読み取るシークエンサー（自動配列解読装置）が支えた。ただ、邦訳では原著の学術的な記述を一部削っているため、より人間的なドラマに仕上がっている。

ベンターは、競争相手の機先を制する戦術と用兵にたけた風雲児であり、一面では繊細な心を持つ情熱家として描かれる。解読した情報に誰もが無料でアクセスできるように公開したいという希望に反し、経営陣が特許申請を打ち出した折には、ベトナム従軍時以来の激しいうつ状態に陥り、涙したりもする。

ビジネスで勝つためにゲノム解読計画を立てたセレーラは、リーダーとして白羽の矢を立てたベンターをゲノムの概要解読後に事実上解雇し、利益優先の製薬会社へと転じる。“将軍”さえも駒という非情さが漂う。

この競争後、ベンターをめぐって厚顔な商人のような悪評が広まったが、本書は全く違うイメージを伝える。科学者としての功名心はあったにしても、もうけだけが目標ではなかった。だから解雇されたとも言える。

ヒトの生命の神秘に迫り、ビッグビジネスにもつながるデータを明かした解読競争。セレーラに二年以上通い詰めたというサイエンスライターの著者は、激しい競争の裏側の当事者の本音と駆け引きを巧みに描き出した。（中居あさこ・ジャーナリスト）

（角川書店・2500円）＝2004年1月15日⑤配信

冒険譚超えた人間の物語　「復讐する海」（N・フィルブリック著、相原真理子訳）

人骨を積んだ小さな小船が発見されるという衝撃的なシーンではじまる。生存者がふたり見つかるが、仲間の骨を握ったまま放さない。彼らは死者の骨の髄を吸って生き延びていた。

怒った鯨に捕鯨船が攻撃されるという、十九世紀の海難史に残る有名な事件を描いたノンフィクションだ。メルヴィルの「白鯨」はこれをもとに書かれたが、船が沈没するところで小説が終わっているのに対し、本書はエセックス号から三隻のボートに乗り移った二十人が太平洋を漂流するその後に力点を置く。

はじめは仲間が死ぬと海に葬っていたが、食料が尽きてその肉を食べるようになり、最後にはくじ引きで食料になる者を決めた。海でのカニバリズム（人肉食）は十九世紀初頭には珍しいことでなかった。

生々しく衝撃的な漂流の事実が明かされるが、それだけが本書のテーマではない。ナンタケットという一世紀にわたり鯨油産業の中心地として栄えた北米の小さな島の歴史を丹念に描くことで、単なる冒険譚（たん）を超えた人間と文明の物語を浮き彫りにしている。

島民の多くはクエーカー教徒で、厳格な克己心と使命感が長い航海と捕獲高の向上を可能にした。だが、宗教をバックにした共同体意識は未知の出来事に遭遇したときに裏目に出る。事故後、最も近いマルケサス諸島にむかうべきなのにそうしなかったのは、彼らが人食い人種のうわさを恐れたからだった。

口伝えに聞いたことしか信じない彼らは新しい情報に疎かった。宗教は強い結束力をもたらす一方、外界に目を閉ざす偏狭さをも生む。

捕鯨が行われたのは産業時代に不可欠な鯨油の採集のためだった。それだけの理由で鯨を殺しまわったことに今さらながら驚くが、そうした歴史なくして機械文明の発達がなかったのも事実だ。

島の捕鯨業は十九世紀半ばに急激に衰退し、いまは観光地としてにぎわっている。最後の「あとに残るのは骨だ」という一行が深く心に響く。人間の業について考えさせる見事なエンディングだ。（大竹昭子・文筆家）

（集英社・2300円）＝2004年1月15日⑥配信

人体のパーツが主人公

「指を切る女」(池永陽著)

四つの短編に四人の女性が登場する。それぞれ、三十歳前後の女性の体から醸されるにおいをねっとりとまとい、何を思って暮らしているのか見えてこない怖さが潜む。

お好み焼き屋を営む「骨のにおい」の節子は、愛人のもとで死んだ夫の遺骨を百万円で買い取ってくる。好意を寄せてくれる男友達に借りたお金だ。裏切られながら、亡夫の指の愛撫(あいぶ)を忘れられない節子は、断ち切るために一計を案ずる。遺骨を砕いて店の入り口にまいておき、一番目に男友達が踏んで入ってきたら彼と結婚しよう。

見事に踏んで入ってきた男友達を抱擁していると、あろうことか息子までがその骨を踏んで店に入ってきた。息子に父親の遺骨を踏ませてしまったのである。復しゅうしようとして、逆に夫の骨に復しゅうされた節子の、宙に浮いた人生が暗示される。

だが、これは、男女のラブストーリーをたどる短編ではない。官能性に満ちた「夫の指」と、神聖な「夫の遺骨」が主人公なのである。男友達や節子自身よりも、なまなましくリアルに描かれている指と骨…。

「指を切る女」にも、たがいにひかれあっていながら、抱いてくれない男友達のために、少しずつ狂ってゆく唯子がいる。唯子は、遊び人の夫を刺殺したのだが、その記憶を失ったことになっている。

その後、唯子は、わけもなく自らの指を包丁で断ち切るのである。記憶は戻っているのかもしれない、そう暗示させる行為といっていい。この物語も、不可思議な行動に走る唯子という女性の、「白い指」が主人公となっており、登場人物たちは、まるで幻でもあるかのようにはかない。

背後には、遺骨を神聖なものと思い、殺人を罪悪と思う倫理観が横たわっている。だが、指や骨などの、人間の細部への愛好の方がより強い短編集といえよう。女性たちの行動には、やや唐突なものを感じさせるが、読後に、リアルな性の残像としてこびりつくものが、人体のパーツであるところに、現代的な官能性が象徴されている。(佐伯裕子・歌人)

(講談社・1600円)＝2004年1月22日①配信

同性愛めぐる理論と分析

「クイア・スタディーズ」(河口和也著)

本書は、同性愛者など性的少数者が、近代社会の中でいかに排除され、そこから主体性を取り戻そうとしてきたのかを、理論に焦点を当ててたどる試みだ。さらに、セクシュアリティを、近代や資本主義という観点から相対化し、社会と少数者との関係を再定義しようとする議論を展開する。

最近、有名人夫妻が代理出産で子供をもうけたことが話題になったが、これは婚姻や出生をめぐる海外の動向と、国内の法との齟齬(そご)が浮き彫りになる事例だ。同様に、今後、同性間の婚姻という問題も浮上してくると考えられる。

著者は、「海外のいくつかの国々や地域で認められつつある『同性婚』の関係が、日本国内における『同性婚』の可能性をはからずも導き出してしまう」と、同性愛のグローバル化がもたらす社会の変動を予測する。

一方、著者は、日本のゲイ・コミュニティについてこう見る。一九九〇年代以降、メディアに同性愛の新しい情報が流通したことが、当事者の「アイデンティティやコミュニティの形成にも一定程度寄与したのではないかと思われる」。また、ゲイバーが集まる新宿二丁目も、ただの繁華街からコミュニティに変わりつつあるし、ゲイマーケットを意識する企業なども現れた。

しかし、そうした表層の変化が、かえって差別を温存させるかもしれないと著者は指摘する。「大きな資本の論理に順応することなく…自らの欲望を開放／解放しつつ異性愛規範に抵抗していくことができるのだろうか」。その懸念が具体的に何を指すのか分かりにくいが、資本主義や既存の家族制度に組み込まれることのない何か、新しい世界を目指していることは伝わる。

だが、当事者の一人として言わせてもらえば、多くの同性愛者は思春期の苦悩を経ても、メディアや繁華街のネットワークに参加するようになると、異性愛規範に強く抵抗する動機を持たずに生きるようになる。そのあたりの現実を理論がどこまですくえるのか、これから見守っていきたい。
(伏見憲明・作家)

(岩波書店・1300円)＝2004年1月22日②配信

私たちの理想の椅子とは

「椅子と日本人のからだ」（矢田部英正著）

「日本の椅子（いす）は疲れる」といわれる。一方、欧州車に乗り換えて腰痛が治ったという人も数多い。「いったいこの違いは何なのか！」と著者は問う。「私たち生活者は、いったい何を信じて椅子を選んだらいいのだろう」

この本のテーマは、腰痛、肩こりに悩む、日本人の八割が抱く疑問でもあるだろう。

学生時代、体操選手として活躍した著者は、それを解く鍵を「身体技法」という社会科学の領域に求めた。人間の姿勢や動作の特徴には、その社会に共通の性質や習慣があり、それに従ったからだの使い方が身体技法と名付けられている。

日本人は古来、床や畳に座る〈床坐（ゆかざ）〉の民族で、正しい姿勢でよく座ることがすべての基本と考えられてきた。直立姿勢を中心に据えたヨーロッパ人とは対照的である。

大学院で体育学を修めた著者は西洋文化の中の椅子を調査し、歴史的な椅子なども数々見て回り、美しい文章で興味深い文化論を展開する。だが「日本人である筆者の身体にぴったり合う椅子にはなかなか出会うこと」ができず、一方「日本人の伝統的な坐法を椅子に明確に踏襲させたものは皆無」との結論に至った。「これはもう自分でつくる以外に方法はない」

著者は、物つくりの現場にいる人たちと一緒に理想の椅子を探究する。

「『ここを押さえておけば、まず腰痛にはならない』という基本条件は確かに存在している」

「物が身体に訴えかける心地よさは、身体運動への洞察が深まってはじめてもたらされる」

この椅子つくりの理念は、一般人の椅子探しにも大いに役立つだろう。

日本の一般家庭に椅子が普及したのは戦後の高度成長期以降だそうだが、今や椅子は家具の中でも最も人と密着し、時には象徴的な存在にまでなっているのではないか。オフィスと家庭、仕事と憩いの両極のシンボルとも言える。

仕事に疲れ、休息も得られず、「椅子に座れない」という心身症の苦しみを三年間体験した私に、本書は日本人として椅子とは何かをあらためて考えさせてくれた。（夏樹静子・作家）

（晶文社・1800円）＝2004年1月22日③配信

パンチドランカーのように

「蛇にピアス」（金原ひとみ著）

「身体髪膚これを父母に受く。あえて毀傷（きしょう）せざるは孝の始めなり」と、小さなころに母親から、自分の体を傷つけるなという意味の言葉を復唱させられた。そんな時代は遠く過ぎ去ったが、私のような者には本書は正直きつい。現代の風俗のある断面を、及び腰でうかがうような気持ちで読んだ。

文章は落ち着いて、しっかりしている。テンポがあり、これ以上は削れないというところまで絞った感じがする。十九歳の「私」のドライな日記のようだ。

主人公には恋人めいた男がいる。彼は刺青（いれずみ）をしているが、それより驚くべきことに舌の先が蛇のように二またに割れている。「私」はそれにあこがれる。施術をしてくれるのは、刺青師でもある「パンクな兄ちゃん」。「私」は蛇舌ばかりでなく、刺青も彼に頼む。

男は金銭代わりにセックスを要求する。激しい性場面に暴力や殺人などが絡むヘビーな話だが、全体にライトに仕上がっていて読みやすい。

自傷行為という暗さはほとんどない。主人公の性格からくるのか、自分で自分を痛めつけるという観念の煤（すす）とは無縁で、即物的であっけらかんとして、むしろ前向き。刺青師とセックスしながら、軽視していた恋人に愛情としか言いようもないものが生まれてきもする。

商店街の家族連れをにらみ「とことん、暗い世界で身を燃やしたい」と歩く姿には、ある種健やかさすら感じる。すりきれてしまったモラルを踏みつけ、自分の中のモラルをいちから始める頭も度胸もありそうだ。

しかし、主人公の大胆さの向こうには、やすやすと体を売る多くの少女の顔も見える。すべての刺激が刺激でなくなっている今、究極の衝撃以外は退屈というふうになってしまっているのではないかと思う。怖い目にあうのを待っているのかもしれない。まるでパンチドランカーのように。

そして、主人公も現実のしっぺ返しにあう。面白く読んだが、ただ最後の、殺人犯の謎解きの部分で若干つくりもの性がにおい、惜しい気がした。（井坂洋子・詩人）

（集英社・1200円）＝2004年1月22日④配信

否!を主張し続けた芸術家

「黒い太陽と赤いカニ」(椹木野衣著)

日本でいちばん有名なアーティストは？　こう聞かれた人の多くは、岡本太郎の名前を思い浮かべるだろう。死後八年が過ぎても、昨年末の紅白で平和への願いをこめた彼の壁画をデザインした衣装で注目された歌手がいたように、太郎は現在形で存在している。

では、彼は私たちに何を語りかけたのだろうか。太郎が「ゲイジュツはバクハツだ」というあのあまりに有名なコピーでは尽くせないラジカルな発想の提案者だったことを、どれほどの人が知っているだろうか。本書は、そんな疑問に真摯(しんし)に答えようとした著作である。

著者は、太郎の真のメッセージの再発見をめざして、一平、かの子との親子関係やパリ体験から、大阪万博と太陽の塔までの展開をたどる。まず太郎の墓の石像が「笑っていない」ことに注目して「希望」の作家というイメージの再検討を試み、彼が「己を滅びに導く、黒い道」を選んで「否(ノン)！」を主張し続けた芸術家だったことを、一九三〇年代パリでのバタイユらの思想との出会いから検証する。

とはいえ、太郎は「絶望」を説いたわけではなく、正・反・合というヘーゲル弁証法を受けとめた上で、あえて「合」を拒否して「永遠の引き裂き」としての対極主義にたどりついたことが、豊富な引用とともにあきらかになる。

こうした前提から、著者は芸術の先端的傾向が「表現者としての個」を離れて「習いごと」の集団主義と化す日本的文化への批判的視点に立って、太郎の縄文・沖縄論に接近し、「日本は〈東洋〉ではない」という彼の逆説のうちに、呪術(じゅじゅつ)的多様性から出発する新たな芸術の可能性を問いかける。そして、太陽の塔が「進歩と調和」の祭典を「闇と混沌(こんとん)」へと引き戻す、まさに呪術的な「反転装置」だったと述べて、太郎の「否！」の意味をあざやかに解き明かしている。

著者もいうように、9・11以後の世界の状況を見据えるためにも、いま私たちは岡本太郎ともう一度出会う必要がある、そう実感させてくれる書物である。(塚原史・早大教授)

(中央公論新社・1800円)＝2004年1月22日⑤配信

大統領に向き?不向き?

「リビング・ヒストリー」(ヒラリー・ロダム・クリントン著、酒井洋子訳)

①現役の政治家の自伝ほどつまらないものはない。それは形を変えた選挙演説だ。

②引退した政治家による政治内幕ものは、登場人物をよく知っていれば、なかなか面白い。昔を振り返って納得することができる。

③ロイヤルファミリーの日常は文章がなくても面白い。非現実的な生活、特別待遇と同居する精神的な負担。例えば雅子さまの一家は、その写真を集めただけでも関心がわく。イギリス王室のように個人的不幸の影が差せば、超ど級の話題である。

ニューヨーク州選出の現役上院議員。元アメリカ大統領クリントンの政権の幹部。不倫のばれた元米国元首の賢妻。この三つの顔を持つヒラリー・クリントンの自伝は、良くも悪くもみごとにこの三つのテーゼを実証している。

従って、量的に一番多い政治的な仕事についての記述は、いつも善意で正しいので、著者自身が正直にそう思っていたとしても面白くない。読者としては困ったことだ。

日本人にとって興味が持てるのは、アメリカの政治家の日常、サクセス・ストーリーとしての彼女の半生や大統領の妻としての生活ということになる。彼女が夫の不倫を許したよき妻に見えるのは、実はスタッフとして大統領をサポートする仕事をしたにすぎないということは本書を読んで納得できた。あれは仕事なのだ。

彼女は大統領向きではないのではないか—というのが、私の印象である。まれに見る有能で善良でタフな課題遂行者だが、課題そのものを創出するカリスマ性、もっと言うといいかげんさに欠ける。もちろん、実際に大統領になる政治家の中には、彼女より能力が低く適性に欠ける人もたくさんいるから、私は一度なってもらいたいと思ってはいるが、本人がきまじめだから傷つきそうだ。

スナップ写真がたくさん入っていて、これはすこぶる面白い。ヒッピー風のクリントンとヒラリーも貴重だし、女子トイレで話をするヒラリーとマドレーン・オルブライトのスナップも秀逸だ。(小西聖子・武蔵野大教授)

(早川書房・1900円)＝2004年1月22日⑥配信

王朝文学を禍々しく華麗に　「十二夜」（高橋睦郎著）

タイトルの「十二夜」について、著者はシェークスピアよりもボルヘスの七回講演「七つの夜」にちなんだと記すが、この十二という数字に隠された謎の輝きは決してそれだけではない。光源氏の元服十二歳、「平家物語」十二巻、イエスの使徒十二人など、思い浮かぶものことごとく闇と罪を暗示する。そしてもちろん、十二時は零時であるゆえに虚実の闇そのものとも言えるだろう。

本書は、神話、詞華集、物語、日記、戦記などあらゆるジャンルを見渡しながら、王朝文学を夜の視座から読み直すものである。

古代神話に取り残された「琴」の意味。「万葉集」から「源氏物語」へとリレーされるキーワードとしての「若菜」。また琵琶法師や、猿楽能における諸国一見の僧の役割。多くの引用とせめぎ合うように繰り広げられる、禍々（まがまが）しくも華麗な読み解きは、いかにも多力多才のこの詩人ならではの迫力である。

天皇氏に代表される一族支配の純粋性を保つための近親姦（近親婚）と近親殺を繰り返し、またそのことへの怖（おそ）れから異族姦（異族婚）へと動き、この二つの相克葛藤（かっとう）を特徴とするのが王朝社会だったと、著者は言う。そして、近親姦が異族姦に敗れるという形での王朝時代の終焉（しゅうえん）において、それを内部で葬ったのが藤原定家の「百人一首」、外部で再葬し、不定期に年忌を修したのが平曲、百年という時間を経て改めて弔い鎮魂したのが猿楽能だと。

「弔いに当たった者が王朝上層の対極にいた猿楽の徒だったことの意味はどれほど強調しても足りまい。思うに上層の恣意によって作られる歴史のマイナス面は、いつも最下層の者によって浄められて来た（中略）。時と所とを問わず、芸術と芸能とを問わず、表現者が立つべき位置はここでなければなるまい」

巻末のこの文章が、そのまま表現者としての著者の現在へつながることは言うまでもない。（小島ゆかり・歌人）

（集英社・2300円）＝2004年1月29日①配信

未来の地球生物の姿は　「フューチャー・イズ・ワイルド」（ドゥーガル・ディクソン、ジョン・アダムス著、松井孝典監修、土屋晶子訳）

森の中を歩く八トンの巨大なイカ、一千ボルトの電圧で相手を倒すウナギ、跳躍する砂漠のカタツムリ—。と言っても、怪獣映画のキャラクターではない。本書に登場するのは、驚異的な進化を遂げた未来の地球生物である。

人類という種が絶滅した五百万年後、地球には氷河期が訪れ、二億年後には五大陸が一つとなって、昼と夜の気温差が八〇度の広大な砂漠が出現する。過酷な環境に適応するため進化を繰り返す生物たち。弱肉強食の世界では、種の保存を懸けスリリングな生存競争が繰り広げられる。

その語り口はさまざまな科学情報をふんだんに盛り込み、生きている地球と複雑に影響しあいながら生息する生物の歴史を、壮大な時間のスケールで描きだす。CG技術によって精密に描かれたイラストは、科学情報の羅列や荒唐無稽（むけい）な表現に陥らず、生物の形態をリアルに伝え、読者をワイルドな未知の世界へ旅させてくれる。

著者は「古代生物大図鑑」や遺伝子操作により進化した人類の姿を描く「アフターマン」のドゥーガル・ディクソンと、自然史番組のテレビプロデューサーのジョン・アダムスである。彼らは生物学から気候、地理、地球物理に至るあらゆる専門家とともに、プレートテクトニクス理論に基づいた二億年後の大陸移動を予測し、ダーウィンの進化論や遺伝子プールという概念など、最先端の科学理論を地球博物誌として具体化した。

著者に助力した学者が「未来の植物や動物が納得いくものであり、現代に生息する生物から進化したものだと確信できるようにした」と言うように、次々と登場する生物の奇想天外な仮説も、読み進むにつれて本当に存在しても不思議ではないと納得させられてしまうところが面白い。

四十億年という気の遠くなるような時間の中で、幾度の絶滅という危機を乗り越え存在し続けてきた生命のたくましさ。それは、われわれが想像する以上に大胆で神秘的なことを実感できるのも、本書の魅力だろう。二億年後、現実の地球の姿はこの本よりはるかにワイルドかもしれない。

（大杉浩司・川崎市岡本太郎美術館学芸員）

（ダイヤモンド社・2400円）＝2004年1月29日②配信

文学をたたき直す「冒険」

「新・地底旅行」(奥泉光著)

科学文明の大いに進歩して、世界に不思議の消滅せんとする新世紀の今日、冒険は人類に残されたる唯一最大の壮挙である。ここに上梓(じょうし)されたるは、美学者、画工、奇人の盛名高き理学者・水島鶏月一行の探検実話なり。富士山地下に深く潜入するや、地底世界に輝く電気生物群と遭遇、地底に高天原、海底海を発見、恐竜人とも対峙(たいじ)して、ついには宇宙の神秘に至る。その活躍は、まさに波瀾(はらん)万丈、荒唐無稽(むけい)、多弁脱線、言語道断の極み。すこぶるつきで刮目(かつもく)すべき天下の一大奇書なり—と、私が「事件」当時に居合わせたら、書きたいところだ。

本書の舞台は、明治四十年前後の日本。一応の近代化目標を達成し、しかしまだ多少のゆとりというかゆるみを持っていた時代だ。そこにジュール・ヴェルヌの「地底旅行」を下敷きに、夏目漱石の文体模写のみか、作中疑似人物(ややっこしいなあ)まで登場させるという、これでもかこれでもかの遊び心を込めて造形したこの小説は、しかしパロディーではない(たぶん)。その証拠に、元の話を知らなくても、十分に面白い。

それにしても、思えば漱石作品自体が奇抜だし、日本にも明治十八年に翻訳された「地底旅行」も、超古代文字が出てくる、とても変な本だ。あの奔放さは、どこに行ってしまったのか、と思ったら、ここにあった。

著者は、低迷する現代日本文学を、自ら漱石時代の文士となり、冒険家となりきることで、百年前の時点から作りなおそうともくろんでいるのではないか。そしてまた日露戦争後、次第に一等国意識に凝り固まって、大陸への無謀な進出をしてゆく日本の歴史をも、やり直したいと考えている、と私は勝手に信じている。

本書は「面白い」小説だ。近代日本では、面白いというのは必ずしも肯定的評価ではないという奇妙な習慣があるが、そういう因習も含めて、百年前からたたき直そうというのが、奥泉ワールドの「冒険」精神だ。(長山靖生・文芸評論家)

(朝日新聞社・1900円)=2004年1月29日③配信

妖しい美しさに満ちた光景

「ロンリー・ハーツ・キラー」(星野智幸著)

「近未来幻想小説」と帯に記されているが、ふしぎな時空間のなかに、現代のさまざまな現実が拡大鏡にかけて映し出されたような小説世界が展開される。

作品は「オカミ」と呼ばれている人物が亡くなることで、社会が衝撃を受けるという話からはじまる。主人公の「俺(おれ)」は自分で撮った映像の一部を売って生活しているフリーターのような男で、「社会に参加して生きている実感」がない。

「自分はどうせ何者でもないから生きるに値しない、と斜に構え、この島で自力で生きる努力をしてこなかった」という主人公にとって、「オカミ」は自分を「黙って支えてくれ」る、そんな役割をはたしてくれていた。いや、「俺」だけではなく、「この島」の「一億人が怠ってきた努力」を「オカミだけが重ねて」くれていた。

「オカミ」は民衆の「絶望を引き受けてくれ」てきた。その象徴的な存在が突然消え去ったことで、人々は熱病のように自殺の誘惑にとらわれる。

読みすすめていくと、この「オカミ」と呼ばれる存在は、天皇をイメージしていることにすぐに気づくだろう。「オカミ」の死によって誘発された心中、自殺の流行はとどまることを知らず、パソコンのネットを通して、その自殺病は次々に人々を巻きこみ、社会は混乱のきわみに達する。

一方、大陸からの「黄砂の熱風」が島国の平野を覆いつくし、植物は死に絶え、一部の人々は昇天峠と呼ばれる山に移り住み、そこに自治区をつくる。生き残ろうとする者たちと、死に向かって競うように突進していく者たち。「この世」はまさに「あの世」のようになり、終末的な光景のなかに、現代の社会の矛盾や亀裂が、巨大なイリュージョンとなって浮かびあがる。

ネット空間に増幅される、その生と死の倒錯した光景は、人工のプラネタリウムの星々のように妖(あや)しい美しさに満ちている。小説の自在さのうちに、読者はおのおのの心象風景を見るであろう。(富岡幸一郎・文芸評論家)

(中央公論新社・1800円)=2004年1月29日④配信

占領下イラクの青年の叫び
「サラーム・パックス」(サラーム・パックス著、谷崎ケイ訳)

意表を突く本だ。米英のイラク攻撃に大義はあったのかとか、自衛隊派遣は是か非かとか、日米同盟か国連中心か、などという議論の足をすくわれる。

書いたのは二十九歳のイラク人青年。バグダッドで暮らし、インテリの両親はフセイン統治下の大学に嫌気がさして辞め、会社勤めの本人は音楽と映画が大好きで、何よりインターネット・オタク。つまり、いまどきのイラクの普通の若者。

その彼がアラビア語の「平和＝サラーム」とラテン語の「平和＝パックス」を名前にして、二〇〇二年九月から〇三年六月までインターネット上でつづった日記が本書である。言うまでもなくこれは米英軍による戦争と占領の時期。だから、バグダッドの普通の若者が書いた戦時下日記ということになる。

ブッシュのアメリカがフセイン政権を倒し、イラクを民主化すると公言しはじめると、彼は書く。「勝手にやるがいい。そうやって、イラクの独立を勝ち取るために真剣に戦った人々の努力を、すっかり下水管に流してしまえばいい」。米国批判だが、そのすぐあとに、これが二度目だといい、「一度目はだれもが知っているあいつによって」とつづける。あいつ、とは独裁者フセインのことである。

空爆が迫る。店が閉まり、人通りが消える。ミサイルが飛んでくる。爆発音がし、建物が崩れる。家が揺れ、あちこちで死傷者が出る。停電。電話も通じない。「怖いなんてものじゃない」「イラク政府、そしてもちろんアメリカ政府も、イラク国民のためにこんなことをしていると言うのをやめてくれないか。“国民を口実にするな”」

サラーム・パックスはいまもネット上(http://dear_raed.blogspot.com/)で、占領下イラクの普通の人たちがいま何を感じ、どう考えているかを書きつづけている。伝わってくるのは、外国軍の占領もおせっかいもいらない、この国は自分たちでやっていける、やっていかなければならないんだ、という冷静な叫びである。(吉岡忍・ノンフィクション作家)

(ソニー・マガジンズ・1600円)＝2004年1月29日⑤配信

戦後社会への問題提起
「夜学生」(以倉紘平著)

著者は、大阪の釜が崎に隣接する工業高校(定時制)に三十三年間、国語教師として勤務した。本書は、その体験をもとに書かれたドキュメンタリーと詩編であり、結果的に優れた戦後社会への問題提起の書ともなっている。

今日、大多数の人は、当たり前のように昼間の高校に通い卒業していく。私もそのひとりだが、読み終えて非常な衝撃を受けた。一言でいえば「夜学生(夜間高校生)」にこそ、社会の矛盾が集中しているのであり、しかも彼らはそれを具体的に引き受けて日々生きていく存在であるということに。

しかし、著者は苦学生である彼らを、ことさらに美化してはいない。困難な条件の下で驚くべき向学心を発揮する者がいるかと思えば、どうしようもないダメ生徒やワルもいる。数々のエピソードは、そんな彼らの姿を生き生きと描き出し、それがそのまま世の中の矛盾を炙(あぶ)り出していく。

そしてまた、社会が常に変動していくように、彼らのありようも変化を止めることはない。たとえば著者は「昔のワルは少なくとも正直だった」という。人を殴ったら、それを認める勇気があった。が、現在のワルは認めない。「センコウ、証拠を見せろ」としらを切りつづける。全体的に、向学心も薄れてきたようだ。

「かつて、夜学は、人間教育の場であった。人生の困難を背負った生徒たちが、ぶつかり合い、励まし合い、助け合って、最もよき人生の旅を経験するところに意義があった。(中略)夜学の教師は、生徒を通して、社会を見、人間を見、ドラマを見、人生の真実を見てきた」

そんな時代の生徒たちの生き方には、卒業後も感動的なものがある。とくに連帯感の強さは、全日制高校出身者の比ではない。それが、なぜ、今のように多くの生徒が「しらけ」てしまったのか。

ここには、戦後社会の進み方の何か大きな錯誤がある。読後、やり場の無い憤まんを覚えない読者はいないだろう。(清水哲男・詩人)

(編集工房ノア・1900円)＝2004年1月29日⑥配信

昨今まれな面白さ

「死刑執行人サンソン」（安達正勝著）

山田風太郎のファンなら、サンソンという名を覚えているだろう。「明治断頭台」の登場人物で、神道の巫女（みこ）になって死者を呼びだすあの金髪美女である。彼女は、二百年にもわたって代々フランスの首切り役人を務めてきたサンソン一家の末娘だった。

本書は、そのサンソン家の歴史を描く、昨今まれな面白さにみちた傑作ノンフィクションである。その面白さの理由を列挙してみよう。

第一は、首切り役人の職業事情である。彼らはどう生計を立て、どんな日常を営み、どのように死刑囚を殺したのか？　そうした関心に、この本は正面から答えてくれる。しかも歴史書の無味乾燥とは最も縁遠い、はつらつたる興味を添えて。

第二は、本書の主人公、四代目サンソンの人間性である。死刑執行人としてさげすまれ、職業で殺人を行いながら、死刑の非人間性に悩む彼は、小学校から追放されても勉学に励み、差別意識に基づく訴訟に対して、法の公正の名のもとに自らを弁護して成功する。この挿話がひどく感動的だが、結局、彼は二千七百人以上の首を切った。

サンソンが生きた時代は、ルイ王朝末期から大革命を経て、ナポレオンの登場に至る激動の時代だった。その革命の裏面史の記述としても、じつに精彩に富んでいる。フランス革命に関心のある人には必読書である。これが第三の推薦理由だ。

第四には、サンソンに処刑されるルイ十六世のポートレートの卓抜さが挙げられる。政治感覚よりも機械いじりに優れていた聡明（そうめい）で善良な王の悲劇。ギロチンの刃を斜めに設計したのは、ルイ十六世だという秘話にもびっくりさせられる。

そう、この種のエピソードが豊富にちりばめられて楽しいことも本書の特色だ。しかし、厳密な文献考証がなされているので、信用に値する。

「ただ一人の愛人も持たない王様も珍しいが、鉄製の戸棚を自分で作れる王様はもっと珍しい」。ルイ十六世を評するのにこんなしゃれた文句を書ける歴史書も、まったく珍しいのである。（中条省平・文芸評論家）

（集英社新書・700円）＝2004年2月5日①配信

生を分かち合う明日へ

「いのちへの旅」（森崎和江著）

大波小波荒波が、寄せては返す生の海辺を、一羽の千鳥が、旅は浜の宿、草葉の枕、ちゅいちゅいなと、ひそやかな声で歌いながら、確かな足跡を残して明日へと歩いていく。読後、そんな風景が心のうちに広がる。

詩情息づく旅の書。そこにあるのは、異質な他者に誠実に向き合って生きた父の教えを胸に「凡庸に徹する道」を歩き続けてきた詩人の、凡庸ならざる旅の物語だ。

詩人は植民地朝鮮に生まれ十七歳まで過ごした。みずからを慈しみはぐくんだ植民地の人と文化と風土を愛した。それゆえ、植民宗主国の子として知らず知らず植民地をむさぼっていたことに気づいた時、深くおののき、それをわが原罪として背負った。そして、生き直しの旅、本当のいのちの母国としての日本さがしの旅に出た。

だから、旅する詩人がたどるのは「倭のくにの族長史」ではなく、「山野や河や海で生活してきた人びとの生死の跡」。

「異質の他者を、まず受けとめたい」と切に願いつづける詩人を、「ないものねだりをする」と笑いしかる者たちもいた。

それでも愚直に、凡庸に、けっして大きなものにもたれかかることなく、故郷と他郷の二本軸を心に立て、「食べることは生きること。生きることは愛すること」と、旅の途上で出会った名もなき人びとと食べものを分け合い、生を分かち合ってきた。愛すべき名もなき生の声にじっと耳を傾け、その言葉の一つ一つに導かれ、列島を北へ南へ、海を渡って韓国へ、地をはうような旅を生きてきた。

そして、今、詩人は、“生き直しの旅の三部作”のしめくくりであり、“今、ここからの出発”の書として、暮らしの場・宗像と韓国・沖縄の旅の記憶を核に本書を紡ぎだした。

じっと耳を澄ませば、あらゆるいのちに歌いかける詩人の声が聞こえる。生きるとは、この世に生まれ落ちたいのちが、他のいのちたちと出会い、語らい、声を響きあわせながら、共に生を分かち合う明日の母国へと向かう地図なき旅路なのだと。（姜信子・作家）

（岩波書店・2500円）＝2004年2月5日②配信

波瀾ただならぬ人生

「ジュネ伝（上・下）」（エドマンド・ホワイト著、鵜飼哲ほか訳）

最初に読んだのが「花のノートル・ダム」だったか、それとも「泥棒日記」だったか、半世紀近い昔のことなのではっきりしない。しかし、そこに乱舞している“盗み”“裏切り”“同性愛”など、出来あいの常識や道徳にまっこうから挑む奔放さに、ただもう茫然（ぼうぜん）とする思いだったことは覚えている。

もうすこし正確にいえば、悪、罪、反抗のすさまじさもさることながら、その乱舞を語りつづける言葉の迫力と美しさに、驚嘆したのだった。そこには未知の文学的な魅力があふれていた。それにまた、汚辱にみちた現実に唾（つば）を吐きかけるようにしながら、どこか遠くにある（かもしれない）清らかなものを夢みる希求が、たえず脈打っているのにも目を見はらされた。

断っておかねばならないが、ジュネの世界がある程度きちんと見通せるようになったのは、サルトルの「聖ジュネ」をのちに読んでからである。清らかさへの夢は、「聖性」という語できれいに説明できることも、そのときに知った。また、これはサルトルの本によるだけではないが、ジュネの出生、波瀾（はらん）ただならぬ人生の筋道を知って、ジュネの作品がいっそう開けてきたのだった。

アメリカの評伝作家エドマンド・ホワイトの「ジュネ伝」は、細密さにおいて群を抜いている。父親は不明、未婚だった母親は生後半年ほどでジュネを捨て、彼は養護施設で育てられる。いいかえれば、これはどこにも行き場のない人生である。ホワイトの評伝は、ジュネという驚くべき例外的な存在を作りだした大きな源泉が、そうした特異さにあることを丁寧に解きあかしてみせる。晩年、ジュネが黒人解放運動、パレスチナ解放闘争になぜ協力したか、その解明にも説得力がある。

最後になったが、作家コクトー、彫刻家ジャコメッティら、ジュネの交友のエピソードも興味ふかい。孤児、泥棒、同性愛者、作家など、錯綜（さくそう）ともつれあった稀有（けう）の人物の生涯を、これほど細かく活写するのは大変な力量である。（菅野昭正・文芸評論家）

（河出書房新社・上下各4500円）＝2004年2月5日③配信

神に挑戦した人類の記録

「生きている人形」（G・ウッド著、関口篤訳）

その昔、澁澤龍彦氏の著作「夢の宇宙誌」は、僕の周りにいた得体もしれない想像欲につかれた連中にとって一種のバイブルだった。

僕にとっては、この本は人形がもつ形而上学的な側面を案内してくれる指南役のような存在だった。あやしげでなにか魔術的な感じのする人工物の世界を、澁澤氏はあらゆるジャンルにわたって紹介していた。「夢の宇宙誌」に記されたモノたちは、神のまねをする、大それた、常道を逸した反逆者の世界へと、僕を誘ってくれたのだ。

本書を読み、僕はすぐさま四十年も昔の「夢の宇宙誌」を思い出した。

「生きている人形」でもいろいろな人工物が紹介される。文字を書いたり、ピアノを弾いたり、チェスをしたりする人形。デカルトは死んだ娘フランシーヌにそっくりな人形を携えていた。精巧につくられたアヒルは、なんと口からものを食べそれを消化してちゃんと排泄（はいせつ）した―等々。何千何万という部品で成り立っているそれら人工物にはあたかも生命が宿ってでもいるかのようで、技術の進歩とは裏腹な魔術的な世界を繰り広げていたという。

人形は決して命をもたない。僕は自分のつくる人形が少しでも人間に近づいてくれればとてもうれしいが、それが冷たく凍（い）てついてくれていればもっとうれしい。いや、さらに言えば、人間は温度を持たず、あまり動かず、できるだけ人形のようであってほしいといつも思っている。人形師のむなしい夢だろうか。

いやしかし、この本が語るのは二百年も三百年も昔の話だ。こんなに遠い時代、人はなぜ人工の命などを考えたのだろう。自分の手で「命」を作り出すという行為は、人類が宿命的に抱く欲望、通らなければならない道だったのだろうか。

神の領域に挑む人間の脳。侵してはいけない神聖な領域に、過去の人類はぜんまいやねじ、ゴムで挑戦した。

人形について語るこの本は、そのまま人類の欲望の記録でもある。（四谷シモン・人形作家）

（青土社・2400円）＝2004年2月5日④配信

風に乗る素裸の魂

「封を切ると」(多田智満子著)

昨年一月、七十二歳で逝った多田智満子の遺詩集である。異例といっていいことには、「付録」と称して、本書の編者である高橋睦郎による告別式の式次第、献花のときに観世清和吟のテープが流されたという智満子作「謡曲　乙女山姥」、そして会葬者に配られたという遺句集などが一本となり、都合二冊が一つの箱に収められている。

式次第は、高橋氏によれば、末期の病床で話し合われた通りに遂行された。その意味では告別式は多田智満子のプロデュース作品だったといえなくもない。その作品を企てた人の亡骸(なきがら)がその場にある、という状況の発するただならぬ効果を詩人は緻密(ちみつ)に想像し、面白がりさえしたかもしれない。

多田智満子は現世の中に冥界(めいかい)の侵入を許し、今の時間よりも濃密に古代の時間を生き、はるかな土地への魂の往還を楽々としおおせた稀有(けう)な詩人だった。

学匠詩人といってもいい人だが、頭の中でわきあがる観念の雲をさばいていたという印象はない。なんだかこの世にまぎれ込んできてしまった人のようだった。

　蝶
存在はつまらない　と詩人がいった
ぎっちりと物質ばかり
つまっているからつまらない

すこし風穴をあけて
この世からあの世へ
蝶々を通してやるとよい

「つまっているからつまらない」とは面白い。詩人は風に乗る素裸の魂に憧(あこが)れていた。それは蝶々のかたちをしていたか。

私は「この世からあの世へ」を「あの世からこの世へ」と読み間違えた。詩人が存命中だったら、こんなふうに目がおかしくなることもないだろう。いや、この手の読み間違いもこの詩の倍音であり、ひびきだろう。

多田さんはあの世で、涼しい仙女のすがたで詩を吟じている。それが不思議に澄明な遺詩集を閉じた後に、私のまぶたに浮かんでくる詩人のすがたである。(高橋順子・詩人)

(書肆山田・3200円)＝2004年2月5日⑤配信

新鮮な驚きに満ちたSF論

「エイリアン・ベッドフェロウズ」(小谷真理著)

フェミニズムの視点からSFを読むことがいかに刺激的であるかを最初に示してくれたのは、小谷真理氏だった。日本翻訳大賞思想部門を受賞した「サイボーグ・フェミニズム」(一九九一年)と、日本SF大賞を受賞した「女性状無意識」(九四年)の二冊は、それまで見たこともないような、過激な批評意識の結晶だったのだ。

アニメ「海のトリトン」のコスプレにはじまる、氏の「おたく／やおい」遍歴が、こうした視点に影響していることはいうまでもない。その意味で氏の仕事は、おたく的セクシュアリティーが高度に昇華されることでなされた最高の達成のひとつである。

本書は、そんな小谷氏の、デビュー当時に書かれた初々しい論文集である。本書のコンセプトは「あとがき」にあるように、「日本にぜんぜん紹介されていない英語圏女性SF作家の作品を、日本にぜんぜん紹介されていないフェミニズム理論で斬る」というものだった。月に一度ペーパーバックを読み、それにふさわしい理論とともに紹介するという作業を繰り返して、本書は生まれた。

その内容は、いまだに新鮮な驚きにみちている。多くが、すでに十年以上前に書かれた論文であることを考えるなら、この新鮮さは驚くべきものだ。

SFのメーンテーマのひとつ、エイリアンには、異邦人、旅人、動物、そして女性など、さまざまな「他者」が象徴されている。小谷氏はそうした他者性を、「改造者」「旅行者」「倒錯者」に分類した。この分類はラカンによる神経症・精神病・性倒錯の区分に(偶然にも?)対応しており、きわめて興味深い。

なかでもマイノリティーの問題をヴァンパイアと絡めて論ずる「ブラック・レズビアン・ヴァンパイア」や「コミュニケーション渇望症候群」といった章では、精神分析的な視点、とりわけ「転移」の問題がメディア論化される契機として刺激を受けた。

訳知り顔のSFやフェミニズム衰退論はもういい。ここに示された問題意識を継承する、小谷氏のような「新人」の出現を待望したい。(斎藤環・精神科医)

(松柏社・1900円)＝2004年2月5日⑥配信

人間性が成す働きの凄み

「杜氏という仕事」(藤田千恵子著)

数ある仕事の中でも、人がじかに口にするものをつくることは、最もごまかしの利かない仕事の一つだろう。手をかけ心をかけたことのすべてが仕上がりに反映し、つくり手の仕事ぶりが口元から全身にひろがる。どのような人のどんな働きを通じて、それが成されているのか。滋賀の酒蔵で「喜楽長」を醸す天保正一杜氏(とうじ)の仕事を、丁寧に追ったルポルタージュだ。

著者は大の日本酒好き。二十年近く酒蔵取材を重ねてきたが、一年間にわたって一人の杜氏を追うのはこれが初めて。取材は夏、能登半島にある天保氏のお宅からはじまる。杜氏や蔵人が冬場の季節労働者であり、そもそもは江戸後期に農閑期の出稼ぎとして始まった仕事であることを、自分は初めて知った。

夏には畑仕事などを手がける者たちが、秋の終わりになると同じ蔵に集い、冬の間寝食をともにして酒をつくる。雇用主である蔵元と彼らの間にあるのは、契約ではなく信頼関係。酒屋に並ぶ地酒の大半は、この特殊な関係性の中から生まれている。

杜氏の世界では、五十代は若手、六十代が働き盛り、七十代にして熟練の域だという。彼らに求められるのは、官能、技術を合わせた総合力であり、時間をかけて物事に取り組める心の有り様(ありよう)。そして何よりも人間性に重きがあるようだ。時間をかけて満足のゆく酒づくりを探り、急がずに人を育てる。たとえ親族の死があっても、酒造りの期間は蔵を離れないともいう。そんな人々による稀有(けう)な仕事の有り難さを、どう伝えればいいのか。

三百年をこえる文化を継承し、さらに磨きをかける仕事の凄(すご)みは、言葉の解像度をこえる。杜氏による仕事場の統率には、わかりやすいマネジメント技法ではなく、自身の存在感や有り様を通じて行われる不定型なものも多い。これらを文章化した著者の苦労は想像に難くないが、はたから見た仕事をロマンチックな視点で創作することなく、身の丈の言葉で素直に描き出している。それは天保杜氏が語る「健全さが一番大事」という言葉にも、つながっているのだろう。(西村佳哲・働き方研究家)

(新潮社・1100円)=2004年2月12日①配信

描写から歴史イメージ作る

「絵画史料で歴史を読む」(黒田日出男著)

歴史を明らかにする上でもっとも有効な史料は、古文書や古記録などの文献である。しかし文献に記されていない事も多く、文献だけで豊かな歴史イメージを作るのは難しい。

この時、膨大な絵画の存在が浮かび上がる。絵画を「史料」と位置付け、そこからさまざまな歴史イメージ情報を読み取ろうとする試みは、一九八六年に刊行された「姿としぐさの中世史」以来、著者の一貫した仕事となっている。

本書が取り上げる絵画史料は、「吉備大臣入唐絵巻」「一遍聖絵」「伝源頼朝像」「洛中洛外図屏風」「熊野観心十界曼荼羅」など。

たとえば「一遍聖絵」に描かれた船橋から、著者は見事に歴史を読み取っている。船橋とは並べた船の上に板を渡して橋としたもの。著者は、下流の渡し舟には乗客がいるが船橋を渡る者はいないこと、船橋を経由する道が宿場の外側を通ることなどから、この船橋を蒙古襲来直後の緊張状況のなかで構築された軍事施設(軍用道路)との仮説を立て、文献などの傍証も示す。実に面白い。

絵画は決して史実そのものではない。存在すれば必ず描かれるとは限らないし、その逆もある。どのような約束事(コード)のもとで描かれたのか、細心の注意を払う必要があり、恣意(しい)的な読みでは史実にはたどり着けない。

気になることもある。「詳しく説明すると何時間もかかってしまう」と説明不足をわびるのは、本書がテレビ講座のテキストを基にしているためだが、「時間をかけて読む本でない」と言っているようなもの。この部分は書き直してほしかった。

本書の性格上、図版は命である。「一遍聖絵」の部分図は鮮明で素晴らしいが、「熊野観心十界曼荼羅」のぼけた図版は残念。よい写真を入手できたはずである。本作りに手間を惜しむべきではない。

しかし、ともあれ、内容は魅力的かつ刺激的である。「一遍聖絵」は私も大好きで、隅々まで見たつもりだったが、三頭のイノシシ(著者は熊野三所権現の化身という)には気付かなかった…。

(西山厚・奈良国立博物館資料管理研究室長)

(筑摩書房・1200円)=2004年2月12日②配信

再生医療めぐる競争描く

「不死を売る人びと」(S・S・ホール著、松浦俊輔訳)

バイオの世界にいて、ジェロン社の名を知らぬ人はいないだろう。「老化を治療する」という戦略を掲げて一九九〇年代中ごろから急成長した米国のベンチャー企業だ。

鍵となる研究は二つ。一つは、老化に関係するといわれる染色体のテロメアの研究。もう一つは、臓器や組織の基になるといわれるヒト胚(はい)性幹細胞とクローン技術を利用する再生医療だ。クローン羊ドリーを誕生させた英国ロスリン研究所の核移植技術や、ウィスコンシン大が培養に成功した胚性幹細胞の独占的商業化権を取得するなど、がんや神経難病を克服できるかもしれない〈革命的〉技術の基盤となる特許を独占している。

創業者はマイケル・ウェスト。著者は彼の生い立ちから、後に社を追われて新会社をつくり、人のクローン胚を作ったとする論文を発表して衝撃を与えるまでを縦軸に置き、この技術をめぐる研究者や企業の苛烈(かれつ)な競争を描いた。

中絶に反対するキリスト教右派を強力な支持基盤にもつブッシュ政権が、医学的に有効な治療用クローン技術までも一切禁止して国立衛生研究所の所轄から除外したことが、民間企業の暴走を招いたとする指摘は正しいだろう。米国の二枚舌は国連のクローン禁止条約の審議でも議論を混乱させており、罪深い。

ただ、厳密な監督があれば治療用クローン技術を解禁してもいいとする考えには異論があるだろう。ゲノム創薬で問題視されているように、受精卵や胎児を利用する再生医療は人体の資源・商品化を招き、南北問題を引き起こす恐れがある。著者がそこにほとんど言及していないのは気になるところだ。

とはいえ、その点を差し引いても本書はおもしろい。不死を探求する人々の営みと中絶問題に端を発する米国の倫理政策のねじれが明解に示されたこと、そして何より、ここで明かされる事実の力だ。ウェストがかつて中絶反対デモに参加するほどのキリスト教信者だったとは驚いた。確かに「不死」を戦略に掲げるような極端な針の振れ方は神がかり的ではある。(最相葉月・ノンフィクションライター)

(阪急コミュニケーションズ・3800円)=2004年2月12日③配信

デジタルは写真を殺すか

「デジグラフィ」(飯沢耕太郎著)

「デジタルは写真を殺すのか」。この刺激的な問いがテーマである。

著者は、デジタル・イメージを「新しい写真」ではなく全く異質の画像の群れであるとして、「デジグラフィ」と命名している。そして従来の写真との違いを、理論・歴史および実践・表現の両面から丁寧に追っている。

両者を分かつ基本的な原理は、物質性(連続性)と非物質性(非連続性)だと著者は言う。「デジグラフィ」の特徴として「改変性」「現認性」「蓄積性」「相互通信性」「消去性」を挙げ、報道写真と広告写真、そして表現としての写真において「デジグラフィ」がいかなる変化をもたらしているかを詳細に論じる。

例えば最もデジタル化の進んだ報道の分野では、撮影したイメージをその場で確認し、ネットや携帯を使って送受信する。暗室作業はおろか、モノとしての写真は一切介在しない。そればかりかイメージはクリックひとつで、改変、蓄積、消去できる。撮影・編集の過程で誰もが簡単に手を加えられ、その痕跡さえ残さない。しかしそうした「イメージ」を「報道」として信頼することができるのか。「デジグラフィ」のこの「儚(はかな)さ、脆(もろ)さ、寄る辺なさ」はつくり手・受け手の意識をも変えざるを得ないのではないかと著者は警鐘を鳴らす。

「デジグラフィ」は静止画だけではなく音楽や動画と融合し、無制限に増殖し蓄積していく新しい表現をすでに生み出している。それは、「決定的瞬間」に象徴されるような写真に対して、「意識のコントロールを外す」ものでもある。

現在写真がカバーしている仕事の大半は「デジグラフィ」に取って代わられるだろうが、プリントの美しさや記憶を喚起する力など、写真はむしろ純粋な表現力を研ぎ澄ましていくだろう、写真は「殺されない」というのが彼の結論である。

便利な道具としてデジタルが機能し、魅力的な表現として傑出さえすれば、写真が殺されても一向にかまわないではないかと思う私は、同じ写真評論家として「愛」が足りないのだろうか。(笠原美智子・東京都現代美術館学芸員)

(中央公論新社・1500円)=2004年2月12日④配信

米の占領政策の失敗を問う 「イラク　戦争と占領」(酒井啓子著)

イラク研究の第一人者が、十三年ぶりに現地を訪れて肌で感じ取ったイラクの変化と、そこで暮らす人たちと社会の底流に流れる「変わらない姿」を描き出している。

私もこれまで何度かイラクの地を訪れた。彼らのフセイン政権や米軍に対する思いは、それぞれの生活状況によって随分と幅がある。そもそも「イラク人」という何か一つの民族が存在するわけではない。

だが、もし共通点があるとすれば、それは選択肢のほとんどない環境で毎日を暮らさざるを得ないということだ。フセイン政権時代、市民たちは政権に向かっても、外に対しても全く声を上げることができなかった。私は「戦争が始まったら、家の中で待つしかない。空爆が終わるまでじっと待つ。それ以外にどんな方法があるんだ？」という多くの人の声を聞いた。

それは政権崩壊した今も、実はほとんど変わっていない。「フセインの代わりにアメリカがイラク人の声を圧殺しに来たのだとすれば、フセインもアメリカも、イラク人にとっては疎遠な存在でしかない」と著者は言う。

本書では、アメリカが「イラク戦争」に踏み切るまでの国際政治の舞台裏、なぜアメリカの占領政策が失敗したのか、イラクの政治動向の鍵を握るイスラム勢力の実態にも触れられている。

圧巻は終章「イラクはどこへ」だ。イラクの未来に向けて、世界は、そして日本は何をすべきなのか。長年イラクを見続けてきた著者の願いとメッセージがほとばしる。その中で、イラク軍が放置した武器弾薬が突然爆発して死傷者を出したバグダッド近郊の現場で家族を亡くした男が、米兵に泣き叫びながら英語で訴えているシーンがある。

「フセイン、いない、アメリカ、ここ、爆破、家族死んだ、なぜ、なぜ？」

サマワの自衛隊員の「一挙手一投足」報道が続く中で、イラクの人たちは日本の「立ち位置」を本当によく知っている。彼らの「なぜ？」という言葉が、今後は自衛隊員、そしてその後ろにいる日本人にも直接向けられていくことを覚悟しなければならない。(綿井健陽・ジャーナリスト)

(岩波新書・740円)＝2004年2月12日⑤配信

間一髪で残された記録 「私はヒトラーの秘書だった」(トラウデル・ユンゲ著、足立ラーベ加代・高島市子訳)

一九九五年にドイツで戦後五十周年の式典が催されたとき、それが戦争の記憶をめぐる大きな節目であることを、多くの人々が意識したはずだ。戦争を体験した人々はみな高齢になった。彼らの証言はいま記録しなければ永遠に失われてしまう。こうした危機感を背景に、九五年以降のドイツで“個人の記憶”の発掘・出版が新たな盛り上がりを見せるようになる。

日本でも、戦争体験を語り聞かせる「語り部」の活動が盛んになったり、南京虐殺にかかわった兵士の証言集が出版されるなど、似たような動きが見られる。記憶の風化や歴史のねつ造に対する一種の抵抗といえよう。

本書は、ドイツで出版され評判になると同時に八一歳だった著者ががんのため死去しており、まさに間一髪で彼女の記録(記憶)が日の目を見たということになる。

著者はヒトラーが自殺するまでの二年間、秘書として毎日のように顔を合わせ、食事なども共にしていた。彼の自殺の直前には握手して別れを告げられさえする。彼女自身も自殺用の青酸カリをヒトラーから受け取っていた。

名高いベルリンの総統用地下壕(ごう)での日々、その前年のヒトラー暗殺未遂事件。二十代前半の彼女は歴史的瞬間をどう体験したのか。てらいのない率直な文章でつづられている本書は、当時を知る貴重な資料であると同時に、読み物としても魅力的だ。

それにしても驚かされるのは、ヒトラーがいかに孤独で、誇大妄想にとらわれていたかということだ。覚悟の自殺に至るまで、彼は悲劇のヒーローを演じ続けた。空襲の報を聞きながら被害を直視できず、最後の逆転劇を夢想し続け、犠牲者を増やす結果となった。しかし、秘書に対しては細やかな気遣いを見せるなど、彼の意外な一面も伝わってくる。

ふとした偶然から独裁者の秘書となった著者は、戦後の責任追及は免れたものの、自分の経歴から来る悩みを抱え続けることになる。彼女の生涯は、「あなたならどうしていましたか？」という問いを、あらためて読者に突きつけてくる。(松永美穂・ドイツ文学者)

(草思社・2000円)＝2004年2月12日⑥配信

構成の妙で深めた人物像　「巨眼の男　西郷隆盛（1巻〜3巻）」（津本陽著）

明治・大正期の思想家にして、キリスト教伝道者の内村鑑三は「西郷の伝記を書くことは幕末・維新史全体を書くことである」という言葉を残している。名言である。倒幕のリーダーとして活躍しながら、維新後は下野して、反乱軍のリーダーとなり「西南の役」を引き起こした西郷隆盛は、まさに幕末・維新の歴史を体現する巨人なのだ。そのような人間の生涯を、ベテラン作家の津本陽が、いかに料理しているのか。物語の読みどころはそこにある。

本書で描かれる西郷隆盛の人生は、大まかに三つにわけられる。流人時代・倒幕時代・反乱時代だ。このうち西郷が時流に乗っているのは、倒幕時代だけである。薩摩藩主の島津久光に疎まれた流人時代や、明治新政府のありように失望して決起する反乱時代は、時流からはぐれ、対立しているといっていいだろう。作者は、そのような時代の西郷を、彼の人生で最も充実していた倒幕時代と、同等の比重で活写することにより、彼の本質を浮き彫りにしているのだ。

では、西郷隆盛の本質とは何か。それは“無私の精神”である。彼は不正や腐敗があると、相手の大きさを考えることなく、自分の立場や命を捨てて闘わずにはいられない。ここに倒幕の立役者から、明治最大の反乱者になってしまった理由がある。この国のことだけを思い、徳川幕府を倒した西郷だからこそ、自分が成立に寄与した明治新政府の過ちを、見逃すことができなかったのだ。西郷隆盛という維新の英雄が魅力的なのは、激しく変化する時代に迎合することなく、無私の精神を貫いたからなのである。

たしかに、本書の西郷隆盛像は、きわめてオーソドックスなものだ。だが、それがいい。歴史上の人物に、無理な新解釈をすることなく、ストーリー構成の妙で、人間像を掘り下げる。戦国武将や維新の有名人などを主人公にした、数多くの伝記小説を執筆している、作者ならではの手練といえよう。本書の得がたい特色が、そこにあるのだ。

（細谷正充・文芸評論家）

（新潮社・1巻1600円、2巻1700円、3巻1800円）＝2004年2月19日①配信

血肉を感じさせる脇役たち　「生まれる森」（島本理生著）

第百三十回芥川賞は若い女性の二作受賞で話題になったが、実は候補になった五作すべて、作者が持ち味を発揮しての激戦だった。受賞作だけ読んで「今の文学事情」を分かった気になるのはもったいない。

候補作の一つ「生まれる森」は十代の女性の苦い恋とそこからの再生を描いたもので、シチュエーションはオーソドックスだが流れる空気がとてもいい。脇役が血肉を感じさせるものとして描かれているからだ。たとえば主人公のピンチに夜中にでも身軽にかけつけるキクちゃんがいい。

携帯電話の着信履歴をみて折り返しかかってくる電話。大した用事ではなかったとわびる主人公に「いや、私は嬉しいな」。キッパリした声で返す。この「いや、」がいい。「だって野田ちゃんっていつもこっちが誘わないと連絡してこないから。一緒にいるときはそんなことないのに、いったん顔を合わせなくなると、まるで最初からいなかった人みたい」。こういうやりとりで、キクちゃんの抱いていた気持ちを、主人公を飛び越えて読者は共有できる。携帯電話の着信履歴という現代的な要素をキュートに取り込んで、現在の友情のありようをさりげなく示してもいる。

キクちゃんを取りまく家族もいい。主人公が事前に聞いたときの気まずそうな感じと、会ってみたときのくだけたムードの落差。自分もかつてそういう家族に接したような気がしてくる。

彼らだけではない。端役のバイト先のちょっと嫌な店長や気弱なストーカー少年、不器用に冷や麦をすする父親まで男性陣にも等しく（主人公ではなく作者の）愛情が注がれている。気付けば読者の立ち位置は脇役側だ。どの人も皆、重苦しい失恋を温かく、ベタつかずに見守る。

あとがきで作者はいう。「だれもがかならず最後には森から出て行くことができるはずだと私は思っている」と。それは、森をさまよう別の誰かを見守る心をも、作者が持ち得ているからだ。だから題名は「さまよう森」ではなく、森を俯瞰（ふかん）した視線でつけられているのだろう。（長嶋有・作家）

（講談社・1300円）＝2004年2月19日②配信

俳句に内在する価値観とは

「俳句的生活」(長谷川櫂著)

村上龍の「13歳のハローワーク」には、俳人という職業も挙げられている。「俳句を作るだけで生計を立てていくことはほとんど無理であり、お金のために俳人になる人はいない」と村上龍はいう。ところが本書の著者は俳句に専念するため、数年前に大手の新聞社を退職した。「莫大な財産があるのでもなく、妻は専業主婦」「子どもはまだ高校生と中学生」「マンションのローンの返済もまだ」という人が、なぜ俳句のために会社を辞めたのか。

「切れは俳句の命である」「それなのに、自分の人生さえさっと切れないようでは俳句に専念する資格などもともとない」と著者はいう。「切れ」とは俳句における文脈の断絶であり、「や」「けり」などの切れ字による「切れ」がその典型である。「切れ」とは俳句の文体を特徴づける一種の表現技法である。ところが著者は、俳句の文体の論理を、そのまま自分自身の生き方の原理にしてしまった。

そういう著者だから、アフガニスタンのタリバン兵によって爆破されたバーミヤンの大仏にとって、無数の塵(ちり)となって飛散することが仏としての本願ではなかったろうかという大胆な発想も出てくる。なぜならば、物にこだわらないことが仏教の教えであり、大仏もまた物なのだから。

本書は、人生、芸術その他一切を俳句というモノサシを通して語る。芭蕉、谷崎潤一郎、能楽、陶芸、ファッション、京料理など芸術文化に関する幅広い教養が随所に示され、エピキュリアンたる著者の面目が十分にうかがわれる。

しかし本書は単なる教養の書ではない。むしろ俳句という詩形に内在する価値観を語る、思想の書というべきであろう。「切る」と「捨てる」。章のタイトルともなったこの二つの言葉は、俳句という極小の形式を特徴づける。のみならず、切ることと捨てることは、俳句にかかわる者の生き方までも規定する。

村上龍は、「俳人」の項をこう結ぶ。「俳人という優雅な職業がなくなることはないだろう」と。

(岸本尚毅・俳人)

(中公新書・780円)=2004年2月19日③配信

失われた時を取り戻す旅

「我的中国」(リービ英雄著)

リービ英雄の書く台湾と横浜に、わたしは非常に惹(ひ)かれる。彼の耳の奥に残っているのは、子供時代に台湾で聞いていた大陸を追われてきた人々の使うマンダリン(中国の公用語)。当時、大陸は「誰も上陸できない巨大な幻のようなところ」であった。

時代は変わり、日本語で書く作家となった彼は、失われていた時を取り戻そうとするかのように、外国人にも解禁された世紀末の中国大陸をグングン歩きはじめる。本書は、その旅の記録である。

主要移動手段は、鉄道。それに、イーウェイコーと呼ばれているミニバス。大都市を基点に、中原の古い都市の奥へ奥へと、迷いこむ。と、知ったようなことを言うが、実はわたしは、中国国内の旅が苦手で、よほどの決心がないと、鉄道に乗れない。他の国なら、楽しい移動が、手続きは煩雑、トラブル多く、気が重い。中国の旅は試練だ。この本を読んでいて、あらためておもった。加えて、彼は「老外」(白人の外国人を大陸ではそう呼ぶ)だ。旅にはさらに、他人の視線も加わる。

彼が、耳に残る中国語を(それは繁体字だ)一度日本語にして、さらに、現在の大陸で流通する簡化字として理解し、自分の存在を洗い直すように旅する中国は、わたしの知らない、たどり着けない、そして、見過ごしている場所だった。たとえば、開封のユダヤ人。最初「老外」だった彼は、そのユダヤ人の歴史を探る旅を重ねるうち、自分に「李先生」という呼び名を与える(台湾で彼の父がそう呼ばれていた)。

「フェリーニのローマ」だったろうか。地下鉄工事のため、掘り起こした場所に古代の壁画があるのだが、大気に触れるとすぐに消えてしまう。

いまの中国大陸は、そんな「ひとつの歴史の終わり」なんだな。だから、彼は、執拗(しつよう)に、その姿を心に焼き付けておこうと、旅する。新幹線がこの大陸を貫き、快適な旅ができるようになるころには、もう見られない風景をいま見ておくために、急いでいるのだ、とおもった。(茅野裕城子・作家)

(岩波書店・1800円)=2004年2月19日④配信

思考のレッスン集

「イデーの鏡」(ミシェル・トゥルニエ著、宮下志朗訳)

近年映画化され、日本でも公開された小説、「魔王」などで知られる現代フランス文学界の重鎮、ミシェル・トゥルニエによる、短い思考のレッスン集。

全部で五十八項目、百十六の概念(イデー)を合わせ鏡のように向き合わせ、最後に一種の綜合(そうごう)としてツボをおさえた引用が、ぽんと素っ気なく添えられる。

たとえば、「愛情と友情」の関係は、つぎのように語られている。

「愛情と友情の大きなちがいのひとつは、相互性のない友情など存在しないということである。自分に友情を抱いてくれない相手に対して、友情を持つことなどできる相談ではない。友情とは、共有されぬかぎり存在しないものなのだ。これとは反対に、愛はむしろ、共有されないという不幸によってはぐくまれるかに思われる」

そして、よい結婚とは「友情の状態を模倣しようとつとめるものだ」という、まことに意味深長なモンテーニュの一節が引用される。

これは結論ではない。トゥルニエは、両者のどちらか一方を選択せよと言っているわけではないのである。価値判断の基準を示す代わりに、基準のつくりかたの事例を教えてくれるのだ。

模範解答でない証拠に、読者によっては賛同できるものとできないものが、きれいに分かれるだろう。作者はそれを承知のうえで楽しんでいるのだ。

笑いと涙、ネコとイヌ、風呂とシャワー、線路と道路、快楽と喜び、恐怖と不安…。

選ばれる二項は、かならずしも対峙(たいじ)する概念ではない。見かけよりもずっと微妙な差異で隔てられている項目ばかりである。

そして、人間を取り返しのつかない誤解と反目にみちびくのも、じつはこうしたわずかなちがいなのだ。そういうふたつの項目を向き合わせてこそ得られる反撥(はんぱつ)力とけん引力を利用し、他者との違いをそのまま受け入れ、しかも安易な和解にはならないような三つ目の地平に至る道を、見つけだそうとする勇気を持つためにも、必読の一書である。(堀江敏幸・作家)

(白水社・2400円)=2004年2月19日⑤配信

港町を舞台に描く冒険

「ジャスミン」(辻原登著)

上海、そして、神戸。港町は、いつの時代であっても新しい出会いの場所である。そして、出会いの数だけ別れもあるわけで、別れがあれば、再会する可能性も生まれることになる。

本書は、ドラマチックな出会いと別れを、港町を舞台に描く冒険の物語だと言えるだろう。円熟の極みにある著者だけに、間然とするところがなく、ミステリアスな展開に、思わず引き込まれた。

物語は、一九八九年、天安門事件の直後に始まる。脇彬彦は三十七歳。彼のもとに中国の映画監督、謝寒(シエハン)から驚くべき知らせが届く。それは彬彦の父、種彦がまだ生きているかもしれないというものだった。

種彦は、戦前、上海の映画会社で働いていた。五〇年に帰国し、神戸で貿易会社を営むが、五五年に再び上海へと旅立ち、姿を消した—。彬彦は上海に謝寒を訪ねることを決意する。四九年まで、悪徳と美徳が共存したまま繁栄をきわめた東洋の魔都に。

「上陸という体験には詩と人生がぎっしり詰まっている。ハロー、イエロー・バビロン!」

しかし、かつての魔都では、いまだに思いがけないことが起こることだけは、彼には予測できなかった。彼が出会ったのは、今は亡き妻、サトの面影を宿した女、李杏(リーシン)だった。彼女の恋人、劉紅(リユウホン)は天安門事件の重要指名手配犯人として、中国政府に追われていた。

李杏に惹(ひ)かれたために彬彦は思いがけない事件に巻き込まれていく。そして、次第に明らかになっていく、父の過去。はたして、父はスパイだったのか。そして、まだ生きているのか。彬彦と李杏の恋の行方は?

「わたしたち、世界の迷い子ね」。この李杏のセリフのように、人間とは迷いながら、出会いと別れを繰り返しているのだろう。二十世紀、激動の中国史を背景に、繰り広げられる物語は、人間という存在の寄る辺なさを描いて、切なく美しい。

(城戸朱理・詩人)

(文芸春秋・1714円)=2004年2月20日配信

米国の暗黒描く近未来小説

「終焉」（ジョン・アップダイク著、風間賢二訳）

本書の舞台となっているのは、中国との核戦争が終わって十年後（二〇二〇年）のアメリカである。核爆弾が投下された国土は荒廃し、人口は激減して秩序も崩壊し、ドル紙幣も通用しない。もっとも、この戦争は「シベリアとアジアの覇権をめぐって、中国と我が国の子分である日本とのあいだでのほうが」激しかったようだ。

そんな状況下、六十六歳のベン・ターンブルはボストン郊外の海を望む邸宅に妻と暮らしている。彼は国や子孫の行く末を案ずるより、おのれの性衝動や性的妄想などを日記に書くことに専念している。日記には、妻の留守中に娼婦（しょうふ）を家に招き入れ、嫁の胸の谷間と唇に欲情し、十四歳の少女の体に触れたいがためにティーンエージャーに脅迫の仕方を教える様子が克明に描かれる。

だが、現実と妄想の境界線が極めて曖昧（あいまい）で、どこまでが現実なのか見定められず、すべてが主人公の妄想のようにも受け取れる。

主人公のモラルの欠如、中産階級特有の価値観、表面的な人間関係、資本主義に根ざした楽観主義などは、アップダイクの出世作となった「走れウサギ」から始まる「ウサギ四部作」に通じるが、この作品ではいや応なく流れる時間と死への意識が際立っている。老いる人間とは対照的に、妻が丹精して育てている庭は季節とともに鮮やかに変化し、その自然の強さは圧倒的である。

アメリカで暮らす人々の日常をすくうように描く作家にアン・タイラーがいるが、善意と思いやりに満ちた世界を築こうとするタイラーに比べ、アップダイクの世界は深い絶望に満ちている。ある意味でアップダイクは、アメリカで生きていくことはどういうことなのかを極めて直截（ちょくせつ）に描いていると言える。

本書がアメリカで出版されたのは一九九七年。世界貿易センタービルが崩壊するまえにアメリカの暗黒に焦点をあてたこの近未来小説は、アップダイクの数ある作品のなかでも異彩を放っている。（古屋美登里・翻訳家）

（青山出版社・1900円）＝2004年2月26日①配信

武力行使というDNA

「銃を持つ民主主義」（松尾文夫著）

ブッシュ政権はテロの恐怖とイラク問題を強引に結びつけ、米国の国土の安全を守るためには先制攻撃も辞さないと開戦した。圧倒的な軍事力でフセイン政権を追放したものの、肝心の大量破壊兵器は見つからない。すると、フセインを倒したことでイラク市民は解放され、世界も安全になったと開き直る。

最近の米国の“暴力政治”ぶりを見ていると、一体どうなってしまったのだろうと思う。これは「九・一一テロ」後の特殊な状況下で、おかしくなっているだけなのか。本書によると、どうやらそうではないらしい。ブッシュ政権のイラク攻撃は“銃を持つ民主主義”の実践であり、建国時代からずっと受け継がれているものだという。

通信社の特派員を含め四十年以上米国とかかわってきた著者は、丹念な取材と膨大な資料をもとに、この国の正体に迫る。“武力行使というDNA”が合衆国憲法に組み込まれ、それが西へ西への領土拡大、インディアン殺りく、南北戦争、第二次大戦、ベトナム戦争、イラク戦争などへと受け継がれていく過程を明らかにする。

米国が銃所持の権利を認めてきた結果、犯罪者や狂信者たちにも大量の銃が渡った。ブッシュ政権は九・一一以降、外国人テロの脅威ばかり叫んでいるが、「身内の白人テロ」についてはかたく口を閉ざす。一九九五年四月、死者百六十八人を出したオクラホマ連邦政府ビル爆破テロの犯人は白人で、銃所持の根拠とされる憲法修正第二条を守る私的武装集団と関係していたのだ。これも“銃を持つ民主主義”の恐ろしい実態なのである。

レーガンやニクソンなどの評価は評者と意見は分かれるが、それは大した問題ではない。子供のころ、B29による空襲を経験した著者の、“ブッシュ・ドクトリン”の先制攻撃は東京の夜間無差別爆撃にルーツがあったとする指摘は鋭い。ゲリラ戦が続くイラクへ自衛隊を派遣した日本にとって、米国の正体を知っておくことは不可欠だ。本格的な米国研究の書として、広く読まれてほしいものである。（矢部武・ジャーナリスト）

（小学館・1500円）＝2004年2月26日②配信

植民地経営の功罪を考える　「日本帝国の申し子」（カーター・J・エッカート著、小谷まさ代訳）

長い間、韓国の植民地研究では、日帝（日本帝国主義）による収奪の実態を解明することに重きが置かれてきた。しかし、近年、内外の朝鮮史研究者の間で、日本の植民地経営の功罪をもう少し冷静に議論しようという声が高まりつつある。

日帝は植民地支配を通じ、本当に民族資本の発展を抑制したのか。植民地時代の工業化は一九六〇年代の韓国の経済発展につながっていないのか。本書は、韓国史の通説に疑問を投げかけた。

著者のエッカートが分析対象とするのは、植民地期の代表的民族企業である京城紡績である。彼は膨大な一次資料を駆使しながら、京城紡績が総督府や日本資本・技術者と密接に結び付いていたことを実証し、京紡が朝鮮人の力だけで発展したという通説を批判する。

とはいえ本書は、一部の団体が発刊を歓迎したような意味で、日本の植民地支配を美化したわけではない。むしろ、本書の着眼点は、資本主義の萌芽（ほうが）や発展、経済開発がどのように行われたか、というところにある。従って、本書を「日帝統治のプラスの遺産を強調している」として称賛するのも、批判するのも、的外れな評価と言わざるを得ない。

また筆者が本書で取り上げる京城紡績を日帝の「隷属資本」ととらえ「少数の隷属資本の発展を論証しても、民族資本の発展の例証にはならない」という批判もある。

しかし、当時日本資本と結びついて成長した企業を皆「隷属資本」と見なし、「民族資本」と区別できるだろうか。おそらく当時の朝鮮人企業の多くは、植民地開発の波の中で、ある時期は日本資本と協力し、ある時期は対立しながら、経営を維持しようとしたのではないか。著者が書こうとしたのは、京城紡績のこうした「隷属的」かつ「民族的」な矛盾した性格ではないかと思われる。

朝鮮半島の植民地時代が、開発と収奪、同化と抵抗、親日と反日、隷属と自立というまさに相反する思想が入り乱れ、高度成長につながる基盤さえもが形づくられた、錯綜（さくそう）の時代であったことを本書は教えてくれる。（朴一・大阪市立大教授）

（草思社・2400円）＝2004年2月26日③配信

身体に根ざすことの重要さ　「ブッシュマンとして生きる」（菅原和孝著）

人は身体で生きている。それはこの日本に生きていても、アメリカに生きていても、あるいは戦闘下のイラクに生きていても変わりはしない。ところが私たちは、どういうわけか、この事実をときに放念して、やたらと国家を語り、政治を語り、また科学を語り、真理を語る。それどころか、身体で生きる直接経験を超えたこの国家や政治、科学、真理の側を普遍軸に仕立てて、身体をそのなかの矮小（わいしょう）な一個体におとしめてしまうことすらある。そして身体を空疎にして客観的真理を語ったそのさきで、しばしばむなしい思いに襲われる。

人類学者がカラハリ砂漠に出かけてフィールドワークをしたと聞けば、これもまた客観的真理を探求する科学のひとこまではないかと思われかねないが、ここに展開されるのはまさにその対極にある語りである。およそ二十年の間に延べ三年半、ブッシュマンの暮らしのただなかに身をおき、彼らと生身の身体をとおしてかかわることで、人類学者である彼自身の身体が、じりじりと変容する。

文字のない人々の世界のなかに暮らし、その会話を聞き取り、徹底した会話分析を行う。それはけっしてかつての文化人類学者がやったような、もの珍しい物語の採取ではない。言語行動を身体的なやりとりとして観察し、ブッシュマンの生きるかたちを浮き上がらせ、そこに「仲間との間身体的なつながりを何よりも信頼し、権力と強制と傲慢（ごうまん）を徹底して嫌い、つねにドライなユーモアをもってみずからの生きる世界と粘りづよく交渉をかさねる」彼らのセンスを読み取る。と同時に、このブッシュマン・センスが自分の身体のどこかに熾（おき）のようにともりつづけているという。

これを「身体化された思想」と著者は呼ぶ。なるほどそうだ。そう言わなければならないほど、思想はしばしば身体を離れて飛翔（ひしょう）しようとする。人は食らい、交わり、そうして身体で生きる。その身体に根ざさない思想はむなしいし、また危ない。今日ほどこのことを痛感させられる時代は、かつてなかったかもしれない。（浜田寿美男・奈良女子大教授）

（中公新書・860円）＝2004年2月26日⑤配信

迷宮へ放りこまれる快楽

「本朝聊斎志異」(小林恭二著)

日本語に興味が集まっている。母語という器を、新鮮に見つめ始めているからである。大人ならず子どもにまで、これらの潮流が浸透していこうとしている事実は、好ましい。自然と重なっているように見えるのが、古典文学への傾倒である。やはり、これまでにあった日本語の物語というものの、器への関心と結び付いているように思えてくる。

私たちが古典文学から受け取る面白みは、現代文学では決して描けない時代の情趣である。それでいながらそれは、すぐに懐古や郷愁の念に結び付くかのような、過去の日本人からの地続きの、不変の感情であると言える。

本書はどこかそうした古典物の魅力をユニークに追いかけた、五十四の短編小説である。一つ一つはあたかも、いわば原典のない名口語訳のように始まり、次から次へと虚構の過去へ、かくまわれてゆくかのように狡猾(こうかつ)に終わる。

登場する者たちは、平将門であったり、足利義持であったり、閻魔(えんま)大王や女狐(めぎつね)であったり、とりとめがない。説話めいた、生き方や考え方を示さんとするかのような奥深くて誠実な話に心奪われもする。

一方で、欲望を抱えきれず禁忌を犯そうとする人間たちの愚行も数多く目立つ。鬼女と女狐が現れ、男をたぶらかす場面が特に頻繁だが、人間よりもしどけない情愛を妖艶(ようえん)に見せつけるので、さまざまな逸話の人物の身と心と一緒になり、私たちもすっかりとおぼれてしまうこと必至である。そのようにしながら共に迎える悲喜劇の顛末(てんまつ)には必ず、ロマンスの残り香までが巧妙に放たれている。

いやいやこれは色恋物に限らない。結末部分が容易に終わらずしぶとく続いているのが、また面白い。短編集に特に肝要とされる、導入と結着。その手際の様子にいずれにしろ、この作家の一筋縄でいかない魅力がよく分かる。あたかもいくつもの迷宮へと放りこまれてしまい、分からなくなった道筋をたどるかのような、読む快楽にもはや耽(ふけ)るしかない。(和合亮一・詩人)

(集英社・2500円)=2004年2月26日⑥配信

小説の楽しみ方読本

「文学的商品学」(斎藤美奈子著)

斎藤美奈子は男前な女である。“偉い人”の不興をかうかもしれぬ意見であっても、建前で身を守ることなく、きちっと理詰めで説明できる。そんな男前な男にはめったにお目にかかれぬ昨今、絶滅寸前の希少動物として保護したほうがよいかもしれない、そのくらい貴重な評論家だ。

本書はそんな斎藤さんの十一作目の著作。風俗、フード、ホテル、バンドなど九つの切り口で、尾崎紅葉から、三島由紀夫、庄司薫、山田詠美、渡辺淳一まで、七十人の作家の八十二作品を読解。デビュー評論集「妊娠小説」以来十年ぶりに〈小説作品をまともに論じた本〉になっているのだ。

わたしたちは小説を読む時、ついストーリーや主人公の造形にばかり目を向けがちなのだけれど、斎藤さんはそういう一辺倒な読書に疑問を投げかける。〈いっけん些細な細部にこそ、その小説の魅力がひそんでいるケースは少なくない〉と。そして、〈小説を楽しむためには、センサーをたくさん持っていたほうがいい〉と説き、〈日本の現代文学がモノをどう描いているか〉考察することで、センサーを持つ楽しみを実践的に見せてくれるのだ。

さて、そうした読み方の下では、一緒に語られることのない渡辺淳一と金井美恵子の小説が同一線上に置かれ、そのスリリングな試みが刺激的な展開を生む。風俗小説を扱った章で、斎藤さんは渡辺作品「失楽園」の文章を、〈衣装の「説明」はしても「描写」はしていません〉と看破。

同時に金井作品「恋愛太平記」など描写に優れた作品を引用しながら、〈衣の表現と食や住の表現は、不思議とレベルがあっている〉という風俗小説の法則を発見し、「失楽園」がなにゆえ小説としてダメなのかを、ディテール面から理路整然と証明してみせるのだ。

断定を恐れない男前な文章が生む、快哉(かいさい)につぐ快哉。たしかに、この楽しさは物語の興趣だけにとらわれていて発見できるものではない。これはまっとうな文芸評論というだけではなく、小説の楽しみ方読本としても格好のテキストなのである。(豊崎由美・ライター)

(紀伊国屋書店・1600円)=2004年3月4日①配信

小林秀雄とのランデブー

「新・考えるヒント」（池田晶子著）

著者は、小林秀雄の「考えるヒント」にならってタイトルと内容を決めたことについて、恋する小林との「一方的なランデブーを敢行」したのだと書く。腕を組み、寄り添って歩くうちに、「長年連れ添った夫婦みたいな感情」になってきた、そしてその後に、「一体化しすぎてしまったみたい」という反省も、ちょっぴり付け加えている。

そういえば小林の批評に、しばしば対象が憑依（ひょうい）しているのではないかと感じる時がある。小林が語っているのか、対象が語っているのか分からなくなるのだ。「それこそが批評の極意であり、醍醐味（だいごみ）である」と、池田ならいうであろう。ではこれは一体化であろうか。

池田が一体化しすぎたと反省的に記すように、一体化と批評は異なる。小林は批評の精髄を、肯定性であると述べた。対象のあるがままの性質を積極的に受け止めることであり、欠点を突くのとはまるで違うと。

肯定する精神は、彼我の距離を計ろうとせず、そのまま受け止める。おのずから自得するのである。池田にならえば、この雄々しさが小林の批評の方法となろう。

池田は、思惟（しい）に関する学問である哲学も同じだという。小林が論語の読み方について、「思って得る」と「学んで知る」の違いを述べている個所を踏まえ、哲学は「学んで知る」ことなどではできない。「思って得る」すなわち、自得する以外にはない、と書く。「学んで知る」態度は、対象との距離を計ろうとするからである。

小林の位置から半歩踏み出している部分もある。「思って得るところが、はたして学んで知るという形式を取り得るのかどうかという根本問題、この悩みを、正統派の学者たちは知らない」と語る。

「知る」ということの何であるかを知ること。池田という思惟する精神が、思惟することそのものの姿を描き出そうとする時の難関であろうか。

思惟する精神に恋する精神が重ねられ、そこに私などが出会ったこともない思索のかたちが誕生した。（芹沢俊介・評論家）

（講談社・1600円）＝2004年3月4日②配信

一番面白い場所に分身の術

「ぼくたちの七〇年代」（高平哲郎著）

雑誌、テレビを横断する希代のサブカルチャー仕掛け人、高平哲郎さんが見ていた一九七〇年代が、案外さらりと書かれている。とはいえ、出てくる物事と人物はあの時代特有のにおいを発していて、迫力があり、懐かしくもオソロシイ。

高平さんはこちらから見れば、急に現れて、面白いことを言って去る人だったが、その後には必ず何かが仕掛けられていた。もっともその成果はいつも後味が良いので、その後も関係が続くことになる。

すごく広いレンジでの活動の秘けつが「棲（す）み分け」だったことも、この本を読んで納得した。このグループとはここで飲み、あのグループとはあそこで飲む。それで一番面白い場所に分身の術で遍在できたのだ。一度、約束の時間に五時間遅れて来たことがあったが、あれは棲み分けの失敗か。午後の約束に現れないので、忘れたと思っていたら、夜になって「遅れてすみません」と入ってきた。

あるとき、教えを受けたこともある。大阪フィルと一晩遊ぶ企画の準備段階で「つらいつらい。こういう時はどうやってしのぐんだ」と弱音を吐いたら「その日はどうせ来るんだから、終わってビール飲んでいるところを想像すればいい」と諭してくれた。この時独特の遠くを見る目をした。一瞬見せる諦観（ていかん）、サトリの表情だ。これが不屈のタカヒラの根本哲学なのかもしれない。この苦境のしのぎ方は今でも活用させてもらっている。

高平さんについては、この本に登場するすべての人がそれぞれ特別な記憶をいくつも語れると思う。多くの人の高平観を知りたくなってきた。人によっては「タカヒラタカヒラ」と親しみを込める人もいるが、ぼくはどうしても「さん」づけになる。

最初の「小説」を書かされた時に、あの軽さとみられる言動は、実は大変な教養と洞察力に支えられていると直感したからだ。いつも全身で照れている人だから、こういうことを言うと嫌がるだろうが、この本を堪能された読者は同感してくれるにちがいない。（山下洋輔・ジャズピアニスト）

（晶文社・1700円）＝2004年3月4日③配信

胸にしむ零落の過程

「虚業成れり」(大島幹雄著)

「呼び屋」とは戦後、海外からタレントを呼び、公演を手がけた興行師を言う。神彰は呼び屋の先駆けであり、最大の存在だった。ボリショイサーカス、レニングラード・バレエといった、旧ソ連ものに強く「赤い呼び屋」の異名もあった。

私生活でも人気作家、有吉佐和子と結婚、離婚し、世間を騒がせたが、その後、興行で失敗し、呼び屋稼業からは引退、雌伏の時に入る。彼がマスコミに再登場したのは、創業した居酒屋チェーン「北の家族」の株式を店頭公開した一九九二年。虚業で名を上げた神彰は、実業の世界で成功者となったのである。

本書は、浮き沈みの激しい人生を送った神彰の伝記であり、変わり種のビジネスノンフィクションと言える。ビジネスものと言えばヒーローが勝ちあがる過程が読みどころだが、この本はそうではない。神彰が興行師として立ち行かなくなる、いわば墜落してゆく過程が胸に染み込んでくる。

娯楽のない当時、神彰が日本に呼ぼうとしたのはホンモノのタレントだった。ところが大西部サーカスというお粗末なカウボーイショーをつかまされ、自信喪失。彼は興行失敗より、ニセモノを舞台に上げた自分自身を許せなかったようだ。

神彰が日本の芸能界に彼ならではの業績を残したかといえば、私は何もないと思う。呼び屋はあの時代が作り出した職業であり、彼がいなくともほかの誰かが代わりを務めたに違いない。しかし、私は彼が好きだ。

晩年の神彰に招かれ、自宅で話したことがある。高級住宅地の大邸宅には高価な美術品をたくさん置いていた。彼の自慢に辟易(へきえき)した私は、からかうつもりで「神さん、これホンモノですか」と尋ねてみた。彼は苦笑しながら、こう言い返してきた。「何にもわかっとらんなあ、おまえは。いいか、この家にあるものはオレ以外、全部ホンモノだ」

戦後の風景など、著者の調査は行き届いているが、できれば光の部分だけでなく、影も知りたかった。神彰という人は事跡よりも本人に魅力があったからだ。(野地秩嘉・ルポライター)

(岩波書店・2800円)＝2004年3月4日⑤配信

きまじめな登場人物たち

「イッツ・オンリー・トーク」(絲山秋子著)

本書は、人間の「無駄なうまみ」をそぎ落とさず整えず、まるごとごろんと投げ出した、どこか一筋縄ではいかない小説集だ。

表題作は転居をきっかけに、絵描きの女性が蒲田という街で重ねる、人々との交流を描いた短編である。登場する人物は皆一見しごくまっとうなようでいながら、何かが大きく欠落し、どこか激しく周囲とズレている。勃起(ぼっき)障害を抱える都議会議員、うつ病のヤクザ、お払い箱になった中年のヒモ、主人公と合意の上で痴漢行為を続ける建築士…。同じように日々に摩擦を感じながら生きているヒロインと彼らとのやりとりが楽しく、瞬く間にページは進む。

だがその一方、ヒロインを含め彼らが皆一様に抱える「きまじめさ」には、正直胸が痛む。例えば冒頭、ヒロインは物語をこう始めるのだ。

「直感で蒲田に住むことにした」

自分の行動を、わざわざ「直感」と定義づける律義さ。それはむしろ「直感でありたい。自分は何にもとらわれない人間だと思いたい」というヒロインの切実な願望のあらわれだろう。

さらに併録された「第七障害」も含め固有名詞で記される「乗り物」のおびただしい数。ヒロインの愛車ランチア・イプシロンから始まって、シルバーのオペル・アストラ、ランチア・デルタ・インテグラーレ…。きわめつけは馬まで!

絲山秋子の小説に登場する人々は、皆その律義さゆえに、人生をこれら乗り物のように自在に乗りこなしたいと望んでいて、そうできない自分に激しくいら立っている気がしてならない。それは愚かな焦燥だと知りつつ。

しばしば理想の生活姿勢のように語られる「自然体」という言葉。けれどもそんなものはありえないということを絲山秋子はこの短編集で静かに飄々(ひょうひょう)と語ってみせる。人が自由であろうとした時、そこにはただ苦しいほどの自意識との闘いがあるのだ、と。(宮村優子・シナリオライター)

(文芸春秋・1429円)＝2004年3月4日⑥配信

超越的な時間に触れる

「ヴェネツィアでプルーストを読む」(鈴村和成著)

プルーストの「失われた時を求めて」をめぐって、なんとも幻惑的な一冊がまとめられた。「ヴェネツィア」という土地が鍵である。

「失われた時…」の最後の章には、主人公の「私」が、ゲルマント邸のふぞろいな敷石につまずいた瞬間に、至福の感情に見舞われ、ヴェネツィアでの記憶がよみがえるという個所がある。プルーストはこの部分を他の部分より前に書いた、つまり結末を最初に書いたらしい。著者はこの重要な場面を核に「失われた時…」の小説の構造の秘密を探る。

小説のなかではむしろ比重の小さい土地だが、子細に読めば、他の土地がほとんど常にヴェネツィアと置き換えることのできる関係で語られていること、また、この土地が小説中、唯一の外国であることからも、プルーストの作品世界を、フランスの外部へ開いたとも指摘している。

後書きには「旅のなかに旅があり、またその旅のなかに…」という一行が記され、旅を重ねるなかで書き継いできた著者自身の姿が描かれる。「旅」に「読むこと」を重ねてみるならば、この思いはまさに読者のものでもある。旅のなかにまた別の旅があるように、この本のなかにも本があり、その本のなかにもさらに本がある。扉を開けばすなわちそこが、めくるめく迷宮の入り口である。

本書は研究書のたぐいではない。ただ、プルーストのほうへ、確実に誘惑する本である。同時に紀行文であり文学エッセーでもあり、最後の章に至っては、恋愛小説の始まり(終わり?)のような感触も。旅の随伴者として、紀子という女性が最後に登場するが、この固有名詞には異様な生々しさがある。

ヴェネツィアにまつわる水のイメージを豊富に含んだ文章は、読者のなかに眠る記憶を、巧みに静かに揺り起こす。仮にプルーストになじみが薄い読者でも、本書を通じ、「過去」と「現在」が混ざり合ったような、超越的な時間に指先が触れるだろう。(小池昌代・詩人)

(集英社・2500円)＝2004年3月11日①配信

疑問と安堵でできた町

「トリップ」(角田光代著)

角田光代の連作短編集「トリップ」は、登場人物たちを緩やかな輪でつないでいる。みな同じ町の住人なのだ。たとえば、各駅停車はとまるが急行はとまらない、そんな郊外の町を想像する。花屋、酒屋、肉屋などが立ち並ぶ商店街があり、川には橋がかかっている。人々は、多かれ少なかれ、こう思っている。なんでここにいるのだろう、と。

その町にいることに対する疑問がそのまま生き方への疑問になるのだ。表題作「トリップ」の主人公・語り手は幼児をかかえる主婦だが、薬物をやめられず、鬱屈(うっくつ)した日々を過ごしている。たとえいまとは別の生活をしていたとしても、やはり疑問を抱くだろう、と主人公は考える。「いったいあたしに選択権なんてものがあるのだろうか。何かを選んだつもりで、結局何ひとつ選んではいないのではないか」

だが、それはあくまでも疑問であって、後悔ではない。疑問の波に漂いながらも、なにか変えようという動きを主人公が見せることはない。彼女がコロッケを買いに行く肉屋に、同じ時刻、客として現れる男が別の一編「橋の向こうの墓地」の語り手となる。そして、コロッケを売る肉屋の女は、また別の一編「ビジョン」の語り手となる。「カシミール工場」の語り手の女は「牛肉逃避行」では観察の対象にされている。

つまり、ひとつの作品でちらりと顔を見せた人物が、他の作品では主人公になる、という構成をとっているのだ。だから読者は、この群像劇の登場人物たちに、前からも後ろからも視線をあてることになる。本書の面白さは、そのような各編の結びつきにある。そして同時に、各編のあいだにぱっくり口を開けた溝にあるのだ。

「百合と探偵」の主人公は思う。いままでやってきてたどりついたのは、こんなところか、と。不幸にも似た気持ちでそう思いながら、しかし、感じるのは「深くしずかな安堵(あんど)」なのだ。町は、停滞と疑問、あきらめと安堵、そしてあまたの思いこみからできているようだ。その町はもちろん、私の町でもある。(蜂飼耳・詩人)

(光文社・1600円)＝2004年3月11日③配信

成熟した世界旅行　「高松宮同妃両殿下のグランド・ハネムーン」（平野久美子著）

二つの大戦のはざまである一九三〇年ごろというのは、科学技術の発展を背景にホテルや豪華客船の豪華さがひとつの頂点に達した時代だった。

現在、一般的な観光地やリゾート地がひととおり顔をそろえるのも実はこの時期。王侯貴族の城や宮殿のように上流階級の社交場として機能したホテルを一般に「グランドホテル」と呼ぶのだが、その黄金時代とも重なっている。妃殿下の侍女だった女性が持ち帰ったホテルラベルから旅を振り返る手法が生きているのも、背景となる時代の刹那（せつな）的な華やかさゆえかもしれない。

三〇年四月から翌年六月まで、四百十七日間におよぶ大旅行は、そうした時代の、まさに「グランドハネムーン」だった。それは、国威発揚という意味でも、帰国のわずか三カ月後に満州事変勃発（ぼっぱつ）という、あやういほどに絶妙のタイミングだったのである。

しかも、英国、スペインの公式訪問という堅苦しいお役目を果たす一方で、時代の先端をいく若きセレブリティとして、ハズさない旅をなさっているのがいい。英国の湖水地方、北欧のフィヨルドクルーズ、南イタリア、今もそのまま気のきいた旅行プランとして切り取れそうな地名がキラ星のごとく並ぶ。

豪華絢爛（けんらん）なだけではない、なかなかにアクティブな旅でもある。殿下の最大のお楽しみはスイスのサンモリッツでスキーをすること。新妻の妃殿下や侍女のたけもゲレンデへ引っ張り出されるくだりは、なんともほほえましい。

「グランドホテル」の黄金時代らしく、今は老舗となった当時の最新ホテルにも滞在している。ポルトガルの保養地コスタ・ド・ソルのエストリル・パラシオ、ニューヨークのプラザ、さらには、米国西海岸のヨセミテ国立公園に開業して三年目だったジ・アーワニー・ホテルまで足を延ばしている。

そこには、西欧文化に目を見張るだけではない、あらゆるものに好奇心のアンテナを張る、成熟したグローブ・トロッター（世界旅行家）の姿がある。

（山口由美・旅行作家）

（中央公論新社・2400円）＝2004年3月11日④配信

夢と幻想が交錯する小品集　「月に憑かれたピエロ」（司修著）

シャレた標題は、天に放たれた一枚の絵を想像させる。シンボリックな短編小説の集成というべきであろうが、文章の表現を超えたイメージボックスのような本ともみられる。

司修さんは、絵画を中心にした多領域の芸術家として、知る人ぞ知る個性派である。本の世界では大江健三郎など多くの作家の著作を手がけた装丁家であり、宮沢賢治を足で歩く紀行家であり、戦争中の画家たちの功罪を論じた論客であり、短編を愛する小説家でもある。

私の知っている司さんは、とまり木にとまって文学・芸術談をする大酒家でもある。議論が白熱しても司さんの表情からは微笑が絶えない。本書にも描かれているが、新宿ゴールデン街あたりを愛する庶民派として印象深い。

談論風発、その芸術観は知識に頼った高踏趣味からは遠く、表現する人の肌合いに触れて優しさに満ちている。何よりも人を人として、一番いいところを知り抜いて待遇する心地よさが伝わってくる。

その精髄がこの本全体にちりばめられて、イメージの世界が乱反射しているようだ。見開きの二ページで一編をなしている小品が、全部で六十二編並んでいる。その小品すべてに司さんの瀟洒（しょうしゃ）な挿絵が描かれていて、大人を童心に帰すようだ。

絵と文の共鳴し合うところに夢や幻想が交錯している。そして怪異に満ちた死の光景、毒々しくはないが惹（ひ）きつけられるエロチシズム、父と娘とその母の妖（あや）しい三角関係が、読む者の好奇心を誘い出してくぎ付けにする。

「十二の物語」というタイトルでくくられている連作の舞台はパリになっており、そのエキゾチシズムは、司さんの映像感覚を思わせる。映画を見ているようなのだ。文章のイメージがそのまま、絵画のようにカタチになって見えてくる。

それにしても〈夢〉というキーワードが多く、司さんは過去と今をつないで、かなたにある死の世界をも夢見ているようだった。（栗坪良樹・文芸評論家）

（河出書房新社・2500円）＝2004年3月11日⑤配信

現代人の心の空白映す

「慟哭」(佐木隆三著)

一九九五年は今を生きる多くの人々に忘れられない年となった。

年明けに阪神大震災が起こり、三月には地下鉄サリン事件という未曽有の大惨事が報道され日本中に衝撃が走った。

非現実的なことが立て続けに起こり、世界の終末を思った人も少なくないのではないか。

その終末を自作自演し犯罪をも正当化しようとしたのがオウム真理教である。

本書は地下鉄サリン事件の実行犯の一人、林郁夫の裁判記録をもとに、ノンフィクション・ノベルとして事件の経過をたどり、彼の心の揺らぎをとらえようとする。

被告人は法廷で何度も声を詰まらせ、犠牲になった罪のない人々や遺族に謝罪する。その様子は林郁夫の人間性を浮かび上がらせ、ついには遺族の一人から「極刑は望まない」という言葉を引き出すことになる。

心臓外科医であった被告人は、どんなに医療を施しても亡くなっていく生命に無力感を抱き、信者となる。

人間の生死を分けるのは偶然なのか。それとも何か大きな力が作用しているのか。明確な答えを求めて出家する彼を特異な存在と決めつけることはできない。

最終解脱を称していた教祖に、法廷で証言を促す「師弟対決」の記録は、むしろ被告人の側が論理的で、主客逆転を感じさせる。

オウム真理教に身を投じた被告人は、そこでの修行の日々を「今私が生きているのとは違う、もう一つの世界でした」と冷静に振り返る。

医者という職業を選択し、救済を真剣に考える人間がなぜ卑劣な犯罪を引き起こすに至ったか。

克明な記録の中で彼の心の闇が明らかになっていくのだが、組織的に実行される犯罪そのものの動機や手口はあまりに稚拙で空虚である。

その空虚さこそがオウム真理教の正体であり、心のよりどころを求めてさまよう現代人の空白をうつしているとは言えないだろうか。

オウム関連事件とは何か。著者は林郁夫の人間像から真相に迫る。(岩崎正裕・劇作家)

(講談社・1700円)=2004年3月11日⑥配信

根強い反ユダヤ主義

「ローマ教皇とナチス」(大澤武男著)

第二次世界大戦下のローマ教皇ピウス十二世は、ナチスによるユダヤ人虐殺の事実を知りながら、沈黙を守った。なぜ、教皇は沈黙したのか。著者はその事実関係を明らかにしていく。

世界最大の組織であるローマ・カトリック教会を、ヒトラーの凶暴で巨大な武力から守るためだけではなく、教皇の沈黙の背後には、その他の理由があった。

キリスト教を公然と迫害し、宗教を抹殺しようとしていたソビエトの共産主義は、教皇にとってヒトラー以上に大きな脅威であった。むしろ、共産主義から西欧世界を守るため、ナチス・ドイツを防波堤にしようとしたのである。

著者は教皇の沈黙の背後に、キリスト教世界に伝統的に存在してきた「反ユダヤ主義」の存在があったと指摘する。キリストの十字架での死を、ユダヤ人種の責任にするという集団的潜在意識である。これは何も、ローマ・カトリック教会だけの問題ではなかった。

また、ナチスのユダヤ人迫害に対するアメリカとイギリスの優柔不断さの原因は、英米が持っていた「反ユダヤ主義」であったと鋭く批判する。もし、英米軍が強制収容所にユダヤ人たちを送り込んでいた鉄道線路を空爆していれば、あれほど多くのユダヤ人を殺さずにすんだのではないか。

著者は、教皇の置かれていた立場に対して同情的でさえある。しかし、もし教皇が意を決して、ナチスによるユダヤ人絶滅政策を弾劾し、世界に対して訴えていたら、強制収容所で虐殺されたユダヤ人の半数は救われたのではないかという疑問を投げかける。

教皇の沈黙にもかかわらず、多くのカトリック聖職者がナチスによる虐殺を批判し、捕らえられ殺されていった事実も明らかにされている。

教皇に欠けていたもの。それは、良心から発せられる言葉が持っている力に対する信頼ではなかったか。組織防衛のためには、個人の良心は犠牲にされてもいいのか。時代を超えた重大な問いが投げかけられている。(森孝一・同志社大教授)

(文春新書・680円)=2004年3月18日①配信

山岳寺院の繁栄と終えん　「名山の日本史」（高橋千劔破著）

名山と呼ばれる山は、ほとんどが山頂や山ろくに神社をもつ霊山である。かつては、多数の堂宇や僧坊を連ねた大寺院が支配する山岳仏教の拠点であり、修験の道場だった。さらにさかのぼれば、地域の農耕神、水源の神のいます山として、山岳信仰の対象であった。

本書には、日本各地の代表的な名山四十カ所の歴史について書かれているが、登山の趣味のない私が八割近く、山頂か山腹まで訪れている。神社や霊場を訪ねまわっていると、いつしか大方の名山を踏破することになってしまうほど、名山には神仏がつきものだ。

だが現在、山にあるのは神社だけで、かつて宗教センターとして繁栄した寺院の名残は見られない。慶応四年（明治初年）に新政府の打ち出した神仏分離と神道国教化政策により、寺院はことごとく廃止、または移転縮小されたからだ。

「古来名山と呼ばれてきた日本の山々には、ほぼ例外なく名刹（めいさつ）があった、という事実を明らかにする」ため、本書の記述は、山岳を拠点にした大寺院の繁栄と終えんに焦点があてられる。岩木山の場合は百沢寺、磐梯山は恵日寺、筑波山は中禅寺、伯耆大山は大山寺というように。

神仏習合して以来約千年にわたり、修験道や山岳宗教は寺院を中心に展開され、多くの登拝者を呼び寄せ活況を呈したが、仏教的な要素が強かっただけに、神仏分離の打撃は大きかった。

建造物や仏像、仏具など多くの文化財と歴史が失われたことに対する著者の憤りは強い。「神仏分離・廃仏棄釈こそは、日本史上最大・最悪の宗教弾圧であり文化破壊であった」と。

その思いに共感する。ふり返れば、平安時代の神仏習合もまた、朝廷の積極的推進によって加速したのだった。

山の宗教的な歴史にとどまらず、伝説や、山に登った有名な人物、大噴火の災害など、それぞれの山の歴史と文化を知るのに欠かせない事柄が詳細につづられる。

欲を言えば、繰り返し糾弾される神仏分離と廃仏棄釈の背景、山による程度の違いにも言及してほしかった。（坂梨由美子・紀行ライター）

（河出書房新社・2600円）＝2004年3月18日②配信

恐怖に押しつぶされる人々　「アメリカは恐怖に踊る」（バリー・グラスナー著、松本薫訳）

BSE（牛海綿状脳症）問題、鳥インフルエンザ、隣人による幼女殺害事件、相次ぐ子供の虐待死、後を絶たない医療事故、荒っぽい手口の外国人犯罪…。つい最近をざっと振り返ってみただけでも、これだけの事件が報道されている。思わず、背筋がこわばってしまうほどだ。

また、先だってのオウム真理教教祖、松本智津夫被告の一審判決前には、都内各所におびただしい数の警官が配備され、当局が教祖奪還を警戒していることを想像させた。私たちの周りには、こんなにも恐怖が満ちあふれている。

それに比べてアメリカは、牛肉の輸入再開に向けて、日本が要求する全頭検査を軽く一蹴（いっしゅう）した。アメリカ人はイイなあ、楽天的で。「世界の警察」を自任するだけに、自信家で…。

しかし、そんな感慨はとんでもない誤解だったと、本書によって思い知らされた。私は、日本をいまだに「フジヤマ、ゲイシャ、サムライ」とくくってしまうガイジンと変わりなかったのだ。

本書では、アメリカ人がいかにさまざまな恐怖に押しつぶされそうになっているかが、明らかにされている。しかも、それらは実態と離れた恐怖であり、そのほとんどはメディアの情報に踊らされた結果なのだと著者は言う。そして、「恐怖は、巷（ちまた）の会話や噂（うわさ）話を通して、入れ替わりながら増殖する」と。

本書で取り上げられている、十代の少年による校内での発砲事件や、エボラ出血熱騒動、実の親による子殺しなどは日本でも大々的に報道され、類似の社会不安はわが国にも広がっている。しかし、それらが「恐怖の呪縛（じゅばく）」にすぎない面が強いことを、著者は説得力のある統計と冷静かつ緻密（ちみつ）な語り口で解いていく。

何が、アメリカをイラク攻撃へと駆り立てたのか。それは、世界の警察としての責務だったのか、あるいは増殖し続けていく恐怖なのか。本書を閉じたとき、その答えが見えた気がした。そして、ここに書かれているのは、決して対岸の火事ではない、ということも。（蜂谷涼・作家）

（草思社・1600円）＝2004年3月18日③配信

〈私〉が探る謀略の輪郭

「下山事件」(森達也著)

オウム事件を描いた映画「A」でこの社会に潜む排除意識の強さをあぶり出した森達也が、今度は下山事件に取り組んだ。

事件は、日本がGHQ(連合国軍総司令部)統治下の一九四九年七月に起きた。国鉄(当時)の初代総裁、下山定則が常磐線綾瀬駅近くで轢死(れきし)体となって発見された。自殺か他殺か、他殺だとすればだれが何のために殺したのか。

かつて松本清張は、GHQ強硬派が国鉄労働運動をつぶし、大量の首切りを強行するために起こした謀略事件だと喝破したが、半世紀後の森はわずかな生存関係者を訪ね、そこここに見え隠れする右翼や企業の人脈をつなぎ合わせて、謀略の輪郭を刻んでいく。このあたりには、ミステリーを読む面白さがある。

しかし、本書の熱い記述を支える要素はもうひとつある。過去の出来事を調べることに、どんな意味があるのか。調べる〈私〉とは何者か。こうした方法論と主体論に、森はこだわりつづける。

取材の途中から彼は若い女性をインタビュアーに起用し、カメラを回しはじめる。彼女がどう変化していくのか、その変化を通じて、過去を知ることが現在をどう変えるのかを描いてみようと考えたからだった。しかし、この試みは失敗する。

私は森自身が被写体になり、試されるべきだったと思う。本書のまんなかあたりで、彼は書いている。「日本という国は常に、事件が起き、世相が沸騰し、行政やメディアがこれに便乗や従属をするというダイナミズムをくりかえしてきた」

下山事件でも、世相が沸騰し、新聞が書き立てるなかで当時の共産党も労働運動もつぶされていった。仮に真相が明らかになっても、もう世間は変わってしまったあとだ。思えばイラク戦争でも憲法改定でも、世相が沸き立つ背後には必ず謀略があるだろう。それに気づこうとせず、だまされやすい世の中に、彼はいらだつ。

その気持ちを理解するだけに、私は森達也というアーティストがひとり立ち、震えながら叫ぶ姿を見てみたかった。

その意味で、本書は「未完」である。(吉岡忍・ノンフィクション作家)

(新潮社・1600円)＝2004年3月18日④配信

世界への夢を乗せた幻影

「飛行機と想像力」(橋爪紳也著)

二十世紀にあらわれた飛行機は、この世紀を鮮やかに彩った。それは単なる交通機関ではなく、新しい世界への夢を乗せて空を飛ぶ幻影のようなものであった。

この本は、航空史でも交通史でもなく、飛行機のイメージがいかに私たちの世界を見る目を変えたかについての文化史なのである。

それはちょうどモダン都市が成立した時期と重なっている。かつて飛行機のパイロットたちは、鳥人と呼ばれ、社交界の花形であった時代があった。リンドバーグやアメリア・イアハートはスターであった。

同時代の日本にも、やはり華やかな飛行機文化があったことをこの本は教えてくれる。その主な舞台は博覧会であった。ポスター、雑誌、双六(すごろく)などにあらわれる飛行機のイメージがふんだんにちりばめられ、実に楽しい。すでに「人生は博覧会　日本ランカイ屋列伝」で新しい文化史を開発している著者が、〈飛行機〉というぴったりのテーマを見つけて、さらに展開していることはうれしい。

これまで注目されなかった雑多な資料を再発見し、読み解いていく方法におどろかされる。そのエネルギーには、関西の反アカデミックな想像力がひそんでいるのではないだろうか。

最後の「上空都市」の章では、北尾鐐之助の「近代大阪」が見いだしたモダン都市大阪の観点が、飛行機による空からの眺めによってもたらされているのではないか、という、飛行機とモダン都市の関係が語られていて、はっとさせられる。

この本の魅力は、冷たい研究ではなく、著者自身が少年のように飛行機のイメージにあこがれ、面白がって、資料を足で集め、オリジナルな分析を加えていることだ。

これを読みながら、ふと私も少年のころにもどって、飛行機への夢を思い出したりした。私は霞ケ浦の航空隊飛行場跡のそばで育った。そこに無数のジュラルミンの鋲(びょう)が散乱し、散ってしまった若者の夢が漂っていた。

二十世紀とはどんな時代であったかをこの本は伝えてくれるようだ。(海野弘・評論家)

(青土社・2200円)＝2004年3月18日⑥配信

異郷をさまよう女の目で

「偽偽満州」(岩井志麻子著)

岩井志麻子は、近代化の過程で社会や国家によって打ち捨てられてきた女性たちの姿を、出身地岡山を舞台に描き続けてきた。ホラー、官能小説、私小説など、ジャンル的な表現の違いはあるものの、岩井の姿勢はデビュー以来、一貫している。「偽偽満州(ウェイウェイマンジョウ)」は、満州を舞台に、悪事を重ね生き延びる日本人女性の放浪の日々を描いたピカレスク(悪漢)小説である。

岡山の遊郭で女郎として働く君嶋稲子は、癇性(かんしょう)でけんかっ早く虚言癖をもち仲間から疎んじられていたが、その美ぼうと妖気(ようき)ゆえに客の人気を得ていた。折りも折り、希代のピストル強盗、ピス完こと石神完次の所業が世をにぎわせていた。ピス完の強烈な支持者であった稲子は、客としてやってきた中西正太郎をピス完と思いこむ。

中西に誘われて遊郭を飛びだした稲子は、彼とともに悪事を重ねつつ大連へと渡る。が、稲子は中西に裏切られ、遊郭に売り飛ばされてしまう。かくして、中西への愛と憎しみを内に秘めた稲子の逃走と追跡の旅は始まる。数々の修羅場を、持ち前の度胸と妖艶(ようえん)な魅力によって乗り切りながら満州をひたすら北上する稲子は、新京の地で中西と奇妙な再会を果たす。

昭和七年の満州国建国前後の時代を背景に、当時の日本人にとって夢と野望を実現する新天地であった満州の、異国情緒と退廃を漂わす街々とそこに住む人びとの姿が、異郷をさまよう一人の女性の目を通して生き生きと描かれる。

欺瞞(ぎまん)に満ちた国家の表層を、身一つで渡り歩く主人公の姿が壮快だ。果てなき大陸を駆け抜ける稲子の底辺からのまなざしは、日本の傀儡(かいらい)国家として建国された偽りの国「偽満」(偽満州国)の本質を暴きだす。作者ならではの密度のある文体と絶妙なストーリーテリングが、夢とうつつの間にたゆたう幻想国家の実相を浮かびあがらせる。

近代の矛盾を見すえる作者の試みが結実した、優れた歴史エンターテインメント小説である。(榎本正樹・文芸評論家)

(集英社・1300円)=2004年3月25日①配信

NY舞台に混沌の世界

「コズモポリス」(ドン・デリーロ著、上岡伸雄訳)

本書は「アンダーワールド」をはじめ「マオII」「リブラ」「ホワイト・ノイズ」などの翻訳によって、わが国でも知られる現代アメリカ文学の巨匠デリーロの最新作である。

主人公エリック・パッカーは二十八歳。億万長者にのしあがった相場師で、マンハッタンの超高級アパートに住んでいる。好景気だった二〇〇〇年の四月のある日、彼は白い超大型リムジンに乗ってマンハッタンの西のはずれにあるなじみの理髪店へ行こうとする。リムジンは最新のハイテク設備をそなえていて、コンピューターは円相場の変動を刻々伝えてくる。彼は円の値下がりに、資産のすべてを賭けている。

たまたま、その日は、大統領の来訪、反グローバリズムの激しいデモ、焼身自殺する男、有名なラップ歌手の豪華な葬式、裸のエキストラが踊り狂う映画ロケ、若者のレイブ・パーティーなど、多様で猥雑(わいざつ)な大都会らしい出来事が次から次へと起こり、交通はたえず渋滞している。その間、エリックは、大金持ちの娘で詩人でもある新婚の妻と会ったり、愛人たちとセックスしたり、前立腺が非対称的で医師の検診を受けたりするが、肉体を通して時代の歪(ゆが)みも語られている。

傲慢(ごうまん)で好色なエリックをはじめ、どの人物も自己中心的で、その背後にある電脳文化時代の不安を反映している。エリックは散髪をすませた後、彼に恨みを抱くストーカーと対決する。しかも円は値下がりせず、彼は破産する。

ニューヨークというコズモポリスを舞台にした遍歴小説といえるが、主人公は精神的成長を遂げることなく、自滅の道をたどる。

デリーロ独特の簡潔で、詩的な文章によって、サイバー資本主義とテクノロジーの発達がもたらすアメリカ文化、秩序から混沌(こんとん)にむかう世界をあざやかに印象づけている。訳文も的確で、一読をすすめたい。(井上謙治・明治大名誉教授)

(新潮社・2000円)=2004年3月25日②配信

神話と伝説を生き継ぐ里

「鬼降る森」（高山文彦著）

「九州山地の胎内に、草深く抱かれている」宮崎県・高千穂には、天孫降臨神話と鬼伝説が同居しているという。生まれ育ったその土地に、著者は真向かう。「ケリをつけなければならないことがあった。時が満ちるのを待っていた」と記す。

人のいのちは生まれ落ちるや環境にとりまかれ、反応しつつ育つ。やがて自己を問い、社会へと踏み出す。著者もまた同じ。そして、人生の旅でつちかったまなざしで、いま故郷を見つめ、物語る。山また山の地の語り部たちの言葉とともに、歴史をたどり、神話と伝説の真実を探る。

この地で生まれ、ここに老いる人びとと、谷をへだてて著者は「刈干切り唄」を歌い合う。幼い日に著者を膝（ひざ）にのせて声張りあげて歌った故人の名を取り、地元では「明節（あきらぶし）」と呼ぶ唄。雲海の底で飲み合いながら、歌う。

歌声に全身を洗われ、涙する。草木も揺れる。この地に生き継ぐ人びとの、いのち唄。それが、一読者の私へもひびく。語り部とは誰のこと？　鬼とは、何？　豊かな情景描写に引き込まれる。

私は植民地生まれの日本知らずとして育った。くりかえし天孫降臨神話の書を読んだ。記紀には、神話および土着の民の時空が織りこまれている。土着の先住民は列島の諸地方で、鬼として民話民俗に登場する。その典型のような高千穂ゆえ、心ひかれるのだろうか。

著者は、去りゆく祖母の声から筆をおこす。次いで、神職も住職も幼友達も語り部となり、神話と伝説の織りなす心象的世界へ。一転して明治維新の二十年前、藩の圧政に抗して決行された神領願いの悲劇を物語る。そして夜神楽が、おおらかな性の歴史を舞う。鬼降る森の夜神楽が揺れる。

いのちが去り、いのちがつながれる。たとえ現代文明のグローバル化が山を崩し、谷を埋めようとも、変わらない。私は、時満ちて故郷への愛を語る著者の構成力のすばらしさに心打たれ、この手法こそが鬼降る森への道しるべだよと感動した。
（森崎和江・詩人）

（幻戯書房・2000円）＝2004年3月25日③配信

住む空間から人間を見る

「集合住宅物語」（植田実著）

建築家にとって建築は「作品」だが、住み手にとっては生活の中で使うものであり、しゅん工時より住みはじめてからのほうが語るべきことは多い。複数の世帯が集まる集合住宅となれば、なおさら後日の話が重要になってくるだろう。

長年、建築ジャーナリズムにかかわってきた著者が、写真家とともにアパート、寮、長屋、店舗併用住宅、下宿など、さまざまな建築例を探訪し、話を聞き出した。

「旧東京市営古石場住宅」という長い名前の公営住宅の最古参、関東大震災の復興事業として造られた同潤会アパートなど、やはり古いものほど読んでいて面白い。

同潤会清砂通アパートの項では、住人のひとりに日本社会党の浅沼稲次郎がおり、まだ議員会館のなかったころで、用事のある人はみんなそこに訪ねてきたというエピソードに目が丸くなる。

古いものが興味を引くのは、なにも「昔が良かった」からではない。集まって住む暮らしのかたちが、どんな試行錯誤を重ねてきたかを知ることが、いまにつながるからである。建物を語ることは人間を見つめることなのだとあらためて思った。

近所づきあい、空間の共有の仕方、侵入者からの身の守り方…。公と私が半ばした空間は住み手に他者への想像力を求める。

だが、現代人はこの作業がもっとも不得意ときている。見掛けばかりの機能性が強調されたマンションが次々と建っていくのを見ると、だから空恐ろしくなる。都市は集合住宅に埋め尽くされつつあるのに、人とのかかわり方はへたになる一方なのだから。

欧米では記念碑的な集合住宅は復元、保存の方向にあるが、日本では建て替えがほとんどだという。風景の変容が問題なのではない（無論、それもあるが）。空間に蓄積された経験が建物と同時に雲散霧消してしまうことこそ憂えるべきだ。

挙がっているのは東京近郊の事例だが、ここには人が集まって住む形式を考えるためのあらゆる論点が詰まっている。（大竹昭子・文筆家）

（みすず書房・3800円）＝2004年3月25日④配信

予知頼みでない対策を　「公認『地震予知』を疑う」(島村英紀著)

東海地方で巨大地震の発生が危ぐされ始めて、四半世紀が過ぎた。東海地震の前兆が現れれば、国の警戒宣言が出され、市民の避難や生活物資の確保などが行われる―。毎年の防災訓練の報道などに接して、そう思い込んでいる人は少なくないのではないか。

だが地震学者の著者は、東海地震の警戒宣言は「まず出せない」と言い切る。東海地震に限らず「××県で×時間以内にマグニチュード×の地震が起きる」といった短期予知は、前兆に例外的に恵まれたとき以外はできない、これまでの成功例と言われているものも疑わしい、というのが著者の持論だ。

東海地震に備えてつくられた大規模地震対策特別措置法(大震法)は、短期予知ができることを前提としている。しかし現在、信頼できる予知方法は存在しない。それが「世界の科学者の常識」なのだという。

なぜ、十分な学問的裏付けのないまま大震法ができ、現在も効力があるのか。地震対策の錦の御旗の下で、いかに学者や官僚が巨額予算を奪い合っているか。著者の批判は厳しい。各研究機関が地震予知のための観測態勢強化に走ったために、研究者が観測業務に忙殺され、論文は出るものの基礎研究はかえっておろそかになっている、との指摘は、中でも鋭く感じられた。

もし幸運に東海地震の前兆らしきものがつかめても、警戒宣言を出すのは容易ではないらしい。宣言が空振りに終われば、経済損失は一日当たり七千二百億円とも言われる。逆に宣言なしに地震が襲えば、震災予想地域内にある原発で大事故が起きるおそれもあるという。宣言の発令も撤回も、すさまじい重圧の下で判断を迫られる。

本書は、日本の地震政策の混乱ぶりと問題点を整理・解説し、地震予知への安易な期待を戒めている。専門家には個々の論点へ異論があるかもしれないが、私たち市民の課題は、弱者の立場での地震対策の再検討を提唱する著者の真摯(しんし)な提案を受け止め、地震に強い社会をいかに築くかにあるだろう。(平田光司・総合研究大学院大教授)

(柏書房・1400円)＝2004年3月25日⑤配信

読者にも開かれる物語　「琥珀捕り」(C·カーソン著、栩木伸明訳)

この奇妙なタイトルを見て、琥珀(こはく)採取にかかわってきた人々を描いた歴史小説か、はたまた琥珀をめぐる冒険を描いたファンタジーかとめぐらせた私の空想は、すべて当たらなかった。本書は、オランダにかかわるさまざまな事物についてのうんちく、聖人伝やアイルランドの昔話やギリシャ神話の語り替えなどによって構成された、一風変わった形式の小説なのである。

琥珀は繰り返し表れる中心的なモチーフの一つだが、本書は琥珀だけで成り立っているわけではない。カメラ・オブスキュラ、望遠鏡などの光学器械、フェルメールをはじめとするオランダ絵画、書物、植物など、とりどりの物が登場し、繊細な観察にさらされていく。

この数年、物とそれにまつわる思い出をモチーフにした幻想小説が目に付くことが多かった。例えば小川洋子の「沈黙博物館」、E・ケアリーの「望楼館追想」など。一九九九年に刊行された本書もまた、ある面ではこれらの作品と共通する濃厚なフェティシズムを感じさせる。

だがこれらの小説が物を中心にして、一人の人物の生涯なり、一つの世界なりを整合的に描き出し、完結した小宇宙を形作ろうとするのに対して、本書の作品世界は収束する気配を見せない。一つのエピソードは別のエピソードへとずるずるつながって、読み手をどこへ連れ出そうとするのかわからない。作品中に表れる幾多のモチーフは複雑に絡み合い、時には形を変えて繰り返される。そうしたとりとめのなさを自分なりに読み解く楽しみも含め、この作品は読者へと開かれる。

著者はしばしば〈炉端での語り〉という形式を採る。そのような語りの場の自由自在さの方が、作者一人が作り出す美しい完ぺきな小宇宙よりも、よほど重視されているのだ。もしも全体をつなぎとめる要があるとすれば、それは物語る行為そのものだろう。それぞれの物語に終わりはあるが、物語ることに終わりが訪れることはない。本書は、決して尽きることがない物語の世界そのもののアナロジーなのである。(石堂藍・ファンタジー評論家)

(東京創元社・3200円)＝2004年3月25日⑥配信

無償の愛を真摯に描く
「卒業」(重松清著)

子供の育て方に、これが「正しい」という、絶対的な方法はあるのだろうか? 子を持つ親ならば、誰でも一度はそんな思いにかられたことがあるはずだ。逆に言うと、そのあるかどうかもわからない「正しさ」を求めて、親たちは試行錯誤を繰り返してきたといってもいいだろう。

その中には父母から教わったことも当然含まれている。しかし、それをそのまま子へと伝えていってもいいものか。複雑な現代に生きる親は、そこで悩み始める…。

重松清は、本書に収められた四つの物語でそんな家族の模様を静かに、と同時に、熱く力強く語っていく。たとえば冒頭の一編「まゆみのマーチ」は、危篤状態に陥った母の枕元で、四十歳の「僕」とその妹が過去を回想する。

子供のころの妹は落ち着きがなく、場所をわきまえずに、のべつまくなし歌を口ずさむ問題児だった。優等生だった僕はそれが苦々しく、そんな妹を許容している父母に対しても、不快感すら覚えていた。

案の定、妹の行動は問題視され、小学校の担任から歌を歌わないようにとマスクをつけさせられる。このことが契機となり、やがて妹は学校に行けなくなってしまうのだった。精神的なショックで、家から一歩も外に出ることができなくなったのだ。そのとき、母は妹に何をしてあげたのか。当時、僕が知らなかった事実が次第に明かされていく。

正直言って、物語の中盤までは「僕」の視点、主観で語られるままに、妹の行状、母のしつけに疑問を感ずる読者も多いだろうと思う。ところが、それが一瞬にして、爆発的な感動へと変化するのである。最大のクライマックスはこのあとだ。母が死に、これから通夜というときに僕は東京の自宅へと戻るのである。

そこには、不登校に悩む息子が待っていたからだ。僕は一刻も早く、母が妹にしてあげたことを、息子にもしてあげたいと思ったのだ。親から子へと伝えるものの尊さ、無償の"愛情"を真摯(しんし)に描いた心震える作品集だ。(関口苑生・文芸評論家)

(新潮社・1680円)=2004年4月1日②配信

開発進む首都の動物盛衰記
「東京を騒がせた動物たち」(林丈二著)

現在の東京で日常生活にかかわりのある野生動物といえば、鳥インフルエンザの媒介が心配されるカラスぐらいしか思い浮かばない。が、都市化の進んでいなかった明治時代の東京では、人家にはイモリやヤモリ、縁の下にはヘビ、庭にキツネやタヌキなどがすみついているのは常識で、時折、ムジナ、カワウソ、イタチまでが出没しては新聞ダネになっていた。

この本は、明治の新聞記事を長年読みあさり、ファイルしているという著者が、動物に関するエピソードを集成したもので、取り上げた動物の種類は三十以上に及ぶ。

明治八年(一八七五)、もと加賀藩邸のあたりを歩いていた質屋のおたつさんという女性が、道端の倒木に近づいたところ、ゆっくり動きだしたので、よく見るとヤマタのオロチの子孫ともいうべき大蛇だったので、びっくり仰天、「おたつは肝魂(きもたましい)も身につかず、足を空(そら)にて逃げ帰りし」とある。これは現在東京大学構内の、三四郎池のあたりの出来事。

そうかと思うと、明治三十年(一八九七)九月の暴風雨の日、浅草観音の裏手にある住宅の雨戸を破って、翼の長さ一メートル八十センチもある大きなワシが飛び込んだという話もある。家人は網代わりの蚊帳を投げて捕らえ、縁起がよいというので翌日祝宴を張ったそうだが、当時付近の森には、こんなワシのすみつくような環境があったのだろう。

このような興味深い話を紹介しながら、著者は明治二十年代に入るとキツネの記事がめっきり減るが、タヌキは減らないというような、開発が進む首都での動物の生態の変化を発見していく。当時の新聞記事を読みやすく工夫し、現在の地図と対照させるなど、親切な配慮もある。

重要なことは、この種の野生動物が出現するや、たちまち人間に打ち殺されたケースが多い事実も、おのずと分かることだ。永井荷風の少年時代の経験をつづった名作「狐」に見るまでもなく、首都の都市化に伴う急速な自然破壊が、野生動物の受難という形で本書に現れているのは見逃せない。(紀田順一郎・評論家)

(大和書房・2100円)=2004年4月1日③配信

悲喜劇の人間模様　「世界のすべての七月」（ティム・オブライエン著、村上春樹訳）

身につまされるというか、他人事ではないというか。人生も半ばすぎて、来し方行く末に思いをめぐらすことの多くなった年代の読者であれば、随所で共感を抱かずにはいられない。同じ訳者による「キャッチャー・イン・ザ・ライ」にも劣らず胸にしみる「中年小説」なのである。

大学の同期生たちが卒業三十周年を祝して開いた同窓会。幹事役のドジで実は三十一年目になってしまったというのも笑わせるが、母校の一角を会場に二泊三日という長丁場には恐れ入る。いかにもくたびれそうな一大行事、参加者たちはそれぞれ意を決しての参加なのだ。いずれも心身に老いを感じ始めた者ばかり。青春の日の夢と、現状との折り合いをいったいどうつければいいのか。その答えを求めて、彼らは同窓会にやってくる。

過去と現在を手際よく往復し、大勢の登場人物たちをいきいきと描き分ける語り口（そして快調な訳文）に乗せられすいすいと読み進めることができる。しかしそこにあぶりだされる人間模様は痛切だ。結婚に失敗した者、戦争で傷ついた者、余命わずかであると覚悟した者。同窓生同士で結婚後、離婚した男女や、延々と一方的な憧（あこが）れや恨みを抱えた男女の再会もあって、会場のあちこちでドラマが勃発（ぼっぱつ）する。その様子はユーモラスでかつ切ない。

「もう五十三歳、賞味期限はとっくに過ぎていた」。多かれ少なかれ、誰もがそう認めざるをえない点に悲喜劇の源がある。しかし恥を捨てて互いの挫折を打ち明けあうおじさん、おばさんたちはそれぞれ、曲折を経ただけのいい味をかもし出すし、本音で話ができるのは長年にわたる仲間同士だからだろう。若さだけが至上の価値ではないという当然の事実を、作者は鮮やかに浮き彫りにする。

同窓会というのは、やっぱりどこか恥ずかしくも甘酸っぱさの漂う特殊な集いなのだと、あらためて教えてくれる小説である。（野崎歓・東大助教授）

（文芸春秋・2200円）＝2004年4月1日④配信

「知識人」としての責任　「戦争が遺したもの」（鶴見俊輔・上野千鶴子・小熊英二著）

戦後思想界を代表する知識人の鶴見俊輔氏に、上野千鶴子氏と小熊英二氏が「戦争」を軸に話を聞いた三日間の記録。鶴見氏に敬愛の心を持つふたりは、ときに鋭くときにやさしく質問を繰り出し、物語を読むように戦中戦後史の中にすんなり入っていける。

終戦の日、鶴見氏には「自分の命が助かった」と安心感を覚えながらも、「こんなことで助かってしまって」と恥じ入る感じもあった、という。そして、理論的な鶴見氏が答えをひとつに絞りかねる個所があり、そのゆれ動きや葛藤（かっとう）にこそ、リアリティーが感じられる。

しかし、鶴見氏がふたりの意見に断固として「ノー」を言う個所もある。たとえば上野氏が、小林秀雄の「自分は生活者として、個人の運命を国家の運命と共にする」との発言について問うと、鶴見氏は「私は、そういうことを言うインテリは許せない。知識人は既に特権を得る道を昇ってきている」と、知識人が取るべき責任を強調する。

“学校エリート”にとどまり、自ら行動しようとしない日本の知識人への批判の目は厳しいが、戦後、「思想の科学」を創刊し、ベ平連をはじめとする市民運動にも積極的にかかわってきた鶴見氏の活動の源泉は、まさに「知識人としての責任を取りたい」というその一点にあると言ってもよいかもしれない。

ところが興味深いことには、その罪悪感に近いほどの責任感は、「戦争」より先に厳格な「母親」によって基本が形成されたようなのだ。鶴見氏は言う。「私の『俺は悪人だ』というのは、おふくろから入っちゃっているんだ」。そう、この本はまた、母親との関係に端を発する、ある男性の心の葛藤の歴史として読むこともできるのだ。

個人と社会。家族と他人。そして時代。ひとりの人間を語る上でも歴史を論じる上でも、これらの要素のどれひとつとして外すことはできないことをあらためて感じるとともに、「それにしても、『戦後世代』の中にはたして『知識人』はいるのだろうか」と暗たんたる気持ちに陥った。（香山リカ・精神科医）

（新曜社・2940円）＝2004年4月1日⑤配信

響き渡る虚無の哄笑　「パンク侍、斬られて候」（町田康著）

本作をひとことで言うなら、「時代劇」の形式を借りて書かれたスラプスティックな法螺（ほら）話である。「スラプスティック」と言われてもピンとこないなら、落語や講談を連想してくれてもいい。基本は「笑い」だが、この「法螺話」はときに「ホラー小説」ばりの恐ろしい心理劇ともなるので、読んでいて気が抜けない。とにかくこれは、普通の時代劇ではないのである。

掛十之進という素浪人が黒和藩の城下に現れ、巡礼の老人を無残に斬（き）り殺す。諸国に蔓延（まんえん）する恐るべきカルト教団「腹ふり党」の一味だというのだ。この教団退治の請負を名目に、十之進が藩への召し抱えを求めるところから物語は始まる。

十之進によれば「腹ふり党」は「この世は宇宙規模に巨大な条虫の腹中に存在する虚妄の世」だと信じており、「真正世界」へ脱出するため、奇妙なうなり声をあげつつ集団でところ構わず腹を前後に振り続けるという。

十之進の本性が詐欺師であることはたちまち見抜かれるが、藩内の権力抗争のコマとして利用価値ありと判断され、めでたく仕官がかなう。だが密偵の報告ですでに「腹ふり党」が滅亡していることが判明。進退窮まった十之進は、元幹部の茶山半郎に「腹ふり党」を再建させ、それを討伐するという自作自演の八百長を発案するが、茶山のカリスマ的魅力のもと、「腹ふり党」は劇的にその勢力を拡大してしまう。

かくして城下は混乱するが、猿回し見物に出ていて事なきを得た藩主の直仁は、「腹ふり党」撃滅のために人語を解する「大臼」という猿の指揮する軍団の導入を決意。クライマックスとなる猿軍団と「腹ふり党」の血みどろの対決は、決着がつかないまま終わる。

シュールレアリスティックな結末の後に残るのは、空に響きわたる虚無的な哄笑（こうしょう）のみである。作者にとっての「パンク」とは、ドタバタ騒ぎのあとに訪れる、どうしようもないこの虚無感のことなのだろう。（仲俣暁生・フリー編集者）

（マガジンハウス・1680円）＝2004年4月1日⑥配信

被造物と愛を語る　「キリスト教思想への招待」（田川建三著）

著者は「マルコ福音書（註解）」などで著名な聖書学者である。この書は、かれがキリスト教思想の本質と考える点を分かりやすく端的に語った非常に良い本である。

著者は、神などは存在しない、と力説するが、キリスト教思想の優れた点を主としてその「創造思想」と「愛の教え」のうちに見ている。創造思想とは、天地万物と自分の存在が贈り物である、と受け取ることである。そうであれば、この美しい世界と自分が「何故かは知らぬが」存在することに、われわれは感謝の念を抱き、それを大切にせざるをえないだろう。自然と自分を勝手に処分する、などということはできないだろう。

キリスト教の創造思想によって二千年も培われたヨーロッパ人は、われわれ日本人よりもはるかに注意深く自然を慈しみ、それに畏敬（いけい）の念を抱いている、と著者は言う。近代科学技術による暴力的な自然破壊は、日本人の方がはるかにひどい、と。

さらに、キリスト教ヨーロッパは「愛の教え」という看板を掲げ続けることにより、他者に対する慈愛の精神を文化として築き上げた。その根本はイエスの教えにある。著者が強調するのは、有名なブドウ畑の労働者の話である。一日中働いた者も夕方からわずか一時間だけ働いた者も同じ報酬をもらう話である。

能力のある者はたくさん働けることに感謝し、その実りを能力の乏しい者にささげるべきだ。著者が蘊蓄（うんちく）を傾けるのは、中世ヨーロッパがこの精神によりシュピタールという制度を発達させた、という話である。これは、病院、養老院、貧窮院などを総合した施設である。現代の年金制度や福祉施設も、この時代のキリスト教精神の社会的具体化に発している。年金とは自分のために積み立てるものではないのだ。

ところで、評者が思うには、自然と自分の存在を感謝して頂き、自分の能力を他者のために使うことが、神を信ずることではあるまいか。「万物の根拠は無であるが、同時に恵みの贈り手である」というハイデガー哲学の結語は、無神の時代における著者の思考の近くにあろう。（岩田靖夫・仙台白百合女子大教授）

（勁草書房・3150円）＝2004年4月8日②配信

永久運動する建築家追って　「行動主義　レム・コールハース　ドキュメント」（瀧口範子著）

建築のウンチク本と思うとはぐらかされる。世界一忙しい建築家の追っかけ取材物語である。建築学生の心構え書ととらえても、ビジネス指南書と考えても良い。建築家のさりげない一言やしぐさのすべてはアイデアの枯渇したわれわれの参考になるからである。

現代建築の状況と方法論を聞くたった二時間のインタビューのために、ジャーナリストの著者は世界中に網を張る。北京、ニューヨーク、ロス、ロッテルダムへ飛び、あとひと息まで追いつめながら逃げられてしまう。十五人乗りリムジンに二人きり、シャンパンを乾杯！　といいカンジになっても、顧客へのプレゼン現場に潜り込んでもその時間がない。

やむなく主人なき事務所をかぎ回り、英国首相のブレーンや女性パートナーに会いネタを積み上げる。スパイ映画なみの展開に読者はハラハラドキドキしながら建築家の行動に見え隠れする知的興奮に巻き込まれていく。

中国の将来を決定するテレビ局本社計画を勝ち取り、世界経済フォーラムに集うVIPをうならせ、ハーバード大学の将来とプラダ旗艦店を同時にデザインする。世界のどこからでもスケッチをファクスし携帯で複数プロジェクトの進行を確認、と思うとプールで泳ぎ、知らない街をジョギングする…。「都市建築事務所（OMA）」という大仰な名前の集団を率いる建築家はたしかに超人的だ。

この建築家は「世界中の都市に同時に存在しようとする」と著者は考えるが、たった六日間で天地創造をひとりで終えた神と異なり、スタッフや時に部外者との議論（やりとり）を大事にしていることを発見する。その方法は「質問する、コメントを述べる、冗談を飛ばす」こと。決して命令したり指示したりしない。かたちをまとめる創造主＝建築家には希（まれ）なスタイルだ。

「これまで見たことのないほどのスケールの乱気流」の中で建築をつくることに興奮するコールハース氏の行動主義は、計画を進めるうちにさらに仕事を創造し、人のつながりを拡大し、という、一種の永久運動機関を指しているのだろう。（鈴木明・建築評論家）

（TOTO出版・1890円）＝2004年4月8日③配信

“真ん中の性”の物語　「ミドルセックス」（J・ユージェニデス著、佐々田雅子訳、柴田元幸解説）

「ミドルセックス」とは、この小説の語り手兼主人公の家がある米国・デトロイト郊外の大通りのことである。しかし、やはり“真ん中の性”の物語なのである。

主人公カリオペは、近親婚を繰り返す共同体に発生する染色体異常のため、外生殖器が極度に小さい状態で生まれた。だから女性として育つのだが、十四歳のときの交通事故がきっかけで、男性であると判明した。形状的に女性になる手術を受ける寸前に彼は逃げ出し、さまよう。自分と同じ問題を抱える両性具有の人々との出会いを経て、自己を受容し、家族も彼となった彼女を受け入れる。

もう、これだけで十分に面白い小説である。性同一性障害の少年の自己承認をめぐる青春物語。それだけで終わらない。カリオペの祖父母が、ギリシャ＝トルコ戦争を前に、難民として一九二二年に移住したことに端を発するギリシャ系米国人の家族史が織り込まれる。大恐慌からニクソン大統領辞任までの激動の米国史がこの家族の運命と交錯する。

ついでに、主人公の祖父母は実の姉弟であり、ふたりは戦乱の中で互いへの思慕を成就させ、結婚したという禁断の近親相姦（そうかん）物語まで重ねられる。

さらに、四十一歳になった主人公の中年恋物語も並行して語られる。彼はベルリンの米国大使館に勤務している。自分の肉体の形状のために、女性に恋することを恐れ避けてきた生き方をここで変えるのだ。

著者は実に巧みな作家だ。小説は長編に限る、テーマは人生を素直に肯定したものがいいと考える読者を満足させる二〇〇三年ピュリツァー賞受賞作。前作「ヘビトンボの季節に自殺した五人姉妹」と同じ訳者による訳文は明晰（めいせき）で、原作の語り口をいきのいい日本語に変換し、読者をぐいぐい読ませる。

柴田元幸氏は本書解説で、この作家を「二十一世紀アメリカ文学の流れを左右する」と明言する。確かに公民権運動や多文化主義、性的マイノリティーに配慮した文句なく“政治的に正しい”小説だ。その優等生的陰影のなさが、私には少し物足りないが。（藤森かよこ・桃山学院大教授）

（早川書房・3360円）＝2004年4月8日④配信

“生”をどこまでも追う旅

「戦場へ行こう!!」(雨宮処凛著)

自分のいる社会の複雑さや世界の遠さを実感したとき、すべての思考を放棄してしまいたくなる。そして自分の存在価値さえ見失っていく。そんな現代を代表するかのような思いを、行動として昇華しようとした軌跡が本書につづられている。同じ一九七五年生まれの私はとても刺激された。

闘うべき敵がいない時代を強く恨んでいた著者は、右翼の集会に参加し、左翼の人とも交流する。そして、よど号グループの子供たちに会いに北朝鮮に通い、避難勧告を無視して「人間の盾」として開戦前のイラクに行く。この行動力の源は何であったのか。

「世界と思いきりセックスしたい」。著者は「自分が何をどう思おうと世界を一ミリも動かせないような」行き詰まりを感じていた。だからこそ「世界で起こる戦争も何もかも含めて新聞のトップを飾るものの当事者でありたい」という思いに駆られる。今この日本で、戦争や民族を考えるためには、現場に飛び込むしかなかったのだ。

拉致疑惑を知りつつ、よど号グループの子供たちの帰国に協力することへの後ろめたさと、彼らとの信頼関係の崩れる恐怖。イラクでパンクバンドのライブをした際に会ったフセインの息子の死や、歩いたことのある町の破壊への挫折感。現場で悩み抜きながらも、リアルを抱きしめる。

どう社会と向き合ったらいいのかわからず、メディアに振り回され、否定の声を上げたくても手段を知らず、目先の恋愛や流行を追って生きていく私たちの世代。しかし、本当は皆、何かを変革したいと願っているのだ。それを実現しようとする著者の姿は、こんなノホホンとしたぬるま湯の日本という社会の中で、自分というちっぽけな存在と格闘している場合ではないと思わせる。

しかし、著者の行動も、実はどう生きていいか分からないことが源にある。生きている実感はどこにあるのだろう。つかんでもつかんでも、こぼれ落ちていく“生”をどこまでも追う旅。著者への憧憬(しょうけい)とともに、自分にとってのリアルとは何かを突き付けられた。(棚瀬美幸・劇作家)

(講談社・1365円)=2004年4月8日⑤配信

近代の言葉が残した傷

「百年の跫音(上·下)」(高良留美子著)

二つの安保闘争に挟まれた一九六〇年代半ば、戦後の文学運動が一つの終わりを迎えた時期、新進評論家である夫との結婚生活が崩壊していく過程が作品の横糸とすれば、明治以降、歴史の表舞台に立ったひとびとの行き交う「跫音(あしおと)」を背景に、その舞台の一角にのぼって生きた母の生涯および家系のたどりかえしを作品の縦糸とする。

一言でいえば、「母」と「娘」の物語である。母は、アメリカに私費留学し、近代科学としての心理学を学び、九州大学に初の女性助手として入り、のちには参議院議員となった高良とみ(作中・藤代)であった。著名な女性知識人として縦横無尽の活躍をしたこの母のもとで、しかし、娘は深く傷ついている。

無意識下に達する傷の原因は、おそらく〈言葉〉にあったと言っていいのだろう。母の遺品の、乳幼児心理の研究基礎資料らしいもののなかから、自分のカードを見つけ出した場面はまことに印象的である。冷静冷徹な観察者の目による客観的科学的な記述の向こうに、そのような母の視線にさらされている子どもが見える。子どもの言葉は凍りつく。子どもは、言葉の檻(おり)に閉じこめられる。

姉と妹には情感をふくんだ記述があるのに、男子出生の期待を裏切った自分はそうでない、といった家族心理の問題もあるだろう。しかし、これはむしろ、日本近代が移し植えた〈近代の言葉〉の問題ではないか。

新しい女性として先端を進む母の獲得した〈近代の言葉〉とそのまなざしが、娘の生身に直接に向かうとき、物と言葉の分裂として深い傷を残したところを、わたしは見逃せないのである。このような主題が採り出されたことは、いままでなかったように思う。

本書には、明治の養蚕業草分けの話や初期の鉄道敷設の話、また妊娠して自殺したおとめなどの女性群像も点綴(てんてつ)される。小説の種がいっぱいつまっている。

作品の横糸をなす結婚生活を描く部分には、詩人高良留美子の面目躍如たる文体があった。(阿木津英・歌人)

(御茶の水書房・上下各3150円)=2004年4月8日⑥配信

夭折歌人が残した問い

「岸上大作の歌」（高瀬隆和著）

革命と恋、これが一九六〇年代の青年たちのキーワードだった。その思いは短歌にかかわっていた若者に特に強かった。六〇年安保闘争が作用しているのはいうまでもないが、強烈な磁力として学生歌人岸上大作が働いたからである。

彼の歌と人生を一首に代表させると次の歌になるのではないか。

〈血と雨にワイシャツ濡れている無援ひとりへの愛うつくしくする〉

当時の学生ファッションの典型でもあった腕まくりのワイシャツ姿、戦う意志が研ぐ恋しい人への思い、血と雨の中の国会南通用門。連帯と孤独と恋がない交ぜになったその姿は、あの現場にいた何十万人という学生たちの内面であり、その時代を追体験した青年たちの内面でもあった。

太平洋戦争で父が戦病死した母子家庭の学生、地方出身者特有の拙（つたな）さで失恋ばかりした学生、安保闘争ののちに時代の圧力に耐えられず自死した学生。いくつもの歴史の契機が岸上の孤独を彩っている。

「岸上大作の歌」の著者高瀬隆和氏は同じ兵庫県の短歌愛好家として岸上と高校時代から交流があり、国学院でも一年先輩の歌人、岸上をもっとも近くで支え続けた人である。本書にはそういう立場だけから見える岸上の世界がある。

例えば〈酔いふかくその名を呼びて哭きいたりむしろトヨ子が傷つきていん〉と歌われたトヨ子との交際の実際、田舎から持ってきた餅（もち）を渡すとトヨ子に電話で告げておきながら、会うともじもじと渡せないまま持ち帰ったエピソードなど。観念の中で空回りする恋ばかりしていた岸上の姿がそこからくっきりと浮かび上がってくる。歌集未収録の高校、大学時代の作品が紹介されているのが興味深い。

巻末に岸上の年譜、著作目録、文献目録があって、今日までの岸上研究の全貌（ぜんぼう）を見渡すことができるのもありがたい。氏による年譜はこれが七回目のはず。岸上死して四十四年、夭折（ようせつ）した者が残した問いの意義をあらためて考えるためにも、大切な一冊となった。（三枝昻之・歌人）

（雁書館・2940円）＝2004年4月15日①配信

レベル高い評論集

「探偵小説と日本近代」（吉田司雄編著）

編著者・吉田司雄があとがきで指摘するように、「これまで日本の探偵小説批評、今日でいうミステリー批評は、おもにこのジャンルの専門的な批評家・研究者さらには実作者によって担われてきた」。これは逆にいうと、近代文学研究の立場からミステリーを俎上（そじょう）に上せた例が、あまり見られなかったということでもある。

もちろん専門ジャンルであるミステリーをきちんと論じるためには、専門的な知識がなければ話にならないという事情はあるにせよ、SFや時代小説についてもまとまった論考がないことを考えると、単にエンターテインメント（娯楽小説）が等閑視されてきたに過ぎないように見える。

その点で、「日本近代文学研究者の手になる探偵小説論集」という本書には期待もあったが、同時に危惧（きぐ）もあった。ひとつは単純な知識不足による誤解の心配で、もうひとつは一般読者に理解できる論の立て方がなされているのかという懸念である（近年は無自覚に専門用語を多用した結果、ミステリー読者には意味不明という本末転倒的なミステリー論も散見される）。

結論からいうと、どちらも数カ所で気になった程度で、思った以上にレベルの高い一冊だったといえる。読者の興味によって変わってくるだろうが、メディアと「黒死館殺人事件」を関連付けた永野宏志「砕け散る暗い部屋」と、「家」という視点から「本陣殺人事件」を分析し、綾辻行人までの系譜をたどって見せた小松史生子「戦後文学としての本格推理」には、特に説得力を感じた。

ただ、中には「探偵小説」を単に「謎解き小説」と同義とする狭い前提で論を立ててしまっているものもあり、結果として同時代の視座を投入することで乱歩の評論集「幻影城」の位置付けの変遷を追った編著者による序章「探偵小説という問題系」が、編中もっとも明快で示唆に富むものとなっているのは皮肉である。

これを契機に第二、第三のアプローチが生まれることを期待したい。（日下三蔵・ミステリー評論家）

（青弓社・2730円）＝2004年4月15日②配信

新しいコトバ育てる対話

「多生の縁　玄侑宗久対談集」(玄侑宗久著)

禅のお坊さんは、昔からいい文章を書く。臨済宗のこの人もその例にもれず、芥川賞を受賞した時から気になる存在だった。期待もした。仏教と現代をつなぐ方便としての新しいコトバを、この作家は育てるのではないか、精神の空洞化が顕著なこの時代に、妙（たえ）なる風を吹き込んでくれるのではないか、と。

初の対談集も、期待にたがわず、そうしたコトバの萌芽（ほうが）がそちこちに見てとれ、実に楽しく読めた。

ところで、散りゆく花に人生の無常を重ねてみるのが日本人なら、私たちには、まだ幾分「仏教的気分」が名残をとどめているのかもしれない。「多生の縁」と聞けば、「袖すりあうも」と自然に口をついて出る。

実は、このタイトルがミソ。これを縦軸の基調音としたところに、この人ならではの味が出た。仏教思想の因果律を知らなくても、心にポッと明るい光をともしてくれるコトバではないか。

登場するのは、京極夏彦、山折哲雄、鈴木秀子、山崎章郎、坪井栄孝、松原泰道、梅原猛、立松和平、五木寛之の諸氏。

死とどう向き合うか、年を重ねることの意味、がん告知をはじめとする医療の問題、親子関係など、いま切実に答えが求められている人生の諸相が語られる。文学、宗教、哲学、医学の道にある人の知と経験が、生きる智慧（ちえ）となって水紋のように広がってゆく。

幾重にも重なり合うこの広がりに、現代日本の多様な精神性とこれからの方向性を指し示す希望をみる思いがする。「日本人論」として読んでも興味深い。

対談はぜいたくな時間である。「多生の縁」がそれぞれの花を咲かせる。読者もまた、この時代の水面に映る智慧の花を縁とし、ここから新しい力をくみ取ることができる。本書には、そういう可能性が詰まっている。

あとがきにノーベル化学賞受賞者プリゴジンのコトバを引いて、「多生の縁とは遊び心（playfulness）のことではないだろうか」とある。ぜひ、科学者との対話も、と期待したい。（梅野泉・詩人）

（文芸春秋・1500円）＝2004年4月15日③配信

現代社会を問う学問

「水俣学講義」(原田正純編著)

水俣病は終わらない。それは近代科学技術文明国の病であり、日本列島の社会風土の病であり、人間そのものが抱える闇にかかわる病でもあるからだ。その病因の徹底的な追究は、現代における人間と社会のあり方を問うことにつながる。

そのような課題に取り組むのが「水俣学」だと、医師として水俣病に四十年以上かかわってきた原田正純は提唱し、具体化の一歩が本書になった。水俣学は素人が参加してこそ成り立つ学問だと原田は言う。どうしてか。水俣病は医学者をはじめ専門家が故意に、あるいはやむなく、あるいは無自覚に隠ぺいした病だからだ。

本書は、熊本大を退官後、原田が熊本学園大に開いた水俣学講座の講義録である。加害企業のチッソの責任を技術面で追ってきた宇井純ら、毎回異なる話者の計十三回の授業内容をまとめた。

第六回「水俣病とマスコミ」で、地元紙記者の高峰武は「水俣病の場合は入り口が出口になっている」と指摘した。つまり「水俣病とは何か」という入り口論に医学や行政が終始し、治療や補償、地域社会への対応が二の次にされてきた。まさに水俣病の本質を言い当てた言葉だ。

被害者の訴訟を論理面で支えた法学者の富樫貞夫。さらに、労働組合やメディアの現場で問題を追及してきた人々の話が続く。中でも、患者浜元二徳の五十年近い闘病の回顧は圧巻である。

現在、最高裁では水俣病の診断基準の妥当性をめぐり、国の責任の有無が争われている。水俣病の公式発生報告から四十八年。いまだに水俣病とは何かの裁判が続いている。本書の講義でも後ろ向きな対応が厳しく指摘された国の責任が、明らかにされるのか。依然、その道筋は見えない。

水俣学という巨大なジャンルを設定するまでの推移は、原田著「いのちへの旅」（東京新聞出版局）に詳しい。専門家批判も含めて課題を掘り下げた「水俣学研究序説」（原田ら編、藤原書店）も最近刊行された。本書とともに、読者一人一人にわが事として水俣学に向き合うことを促す労作だ。（最首悟・環境哲学者）

（日本評論社・2835円）＝2004年4月15日④配信

希望と勇気のために「われらの悲しみを平和への一歩に」(D・ポトーティとピースフル・トゥモロウズ著、梶原寿訳)

イラク情勢は予断を許さぬ時々刻々となった。「テロに報復戦争を」というブッシュ大統領の誤断が、果てしれぬ暴力と憎悪の連鎖を生んでいる。自衛隊はもとより、米軍も撤兵し、イラクはイラク人の手へ戻す方途を講ずべきだ。

本書は希望と勇気を示す貴重な一冊。同時多発テロで愛する家族を失った遺族たちはどうしたか。一部の人々は非戦の決意を固め、平和的解決を求める団体「ピースフル・トゥモロウズ」を結成した。その非暴力不服従の行動経過を記録した極めて人間的な物語である。

当事者以外にはなし得ない、ブッシュ大統領に対する強い抗議。家族喪失の衝撃と悲しみの中で、人から人へのつながりは生まれていった。

事件直後から、新聞への投書、ラジオ・テレビへの出演など意思表明はなされた。最も有効な手段は電子メールで、世界中に伝わり、支援の輪が広がる。基調をなす遺族の手記は、アメリカ社会に大小さまざまの市民グループが数多くあり、知恵と支えを彼らにもたらしたことを示している。痛ましい別離の事情も運動参加の状況も具体的に語られて説得力がある。

最初のグループ行動「癒やしと平和を求める行進」(ワシントンからニューヨークまで) のプラカードの一つには「われらの悲しみを戦争への訴えにするな」とあった。だが参加者はわずか約三十人。それが出発点である(昨年末現在、百家族以上が参加)。

マスメディアの悪意、無視。街頭と電子メールによるあらゆる侮辱、卑猥(ひわい)な言葉、糾弾に向き合い、屈しなかったピースフル・トゥモロウズ。

「あなたがたはわれわれの味方か、それともテロリストか」とブッシュ大統領は世界に選択を迫った。遺族たちは広島、長崎、アフガニスタン、イラクを訪問し、共通する死別の悲しみを理解し、涙を流し合う。イラク戦争の開戦を少しでも遅らせるために、あえて逮捕された七十歳の女性もある。

示唆に富み、知恵と感動に満ちた勇気の証言。ここから私たちも出発したい。(澤地久枝・作家)

(岩波書店・2520円) =2004年4月15日⑤配信

思想を数理で証明する野心 「確率的発想法」(小島寛之著)

タイトルからは数学系の本としか思えないが、本書の白眉(はくび)は第七章だ。経済学者の筆者はこの章で「二十世紀後半の社会思想における最高の成果とも評されるジョン・ロールズ」と「ナイトの不確実性」が深い関係にあることを明らかにしたかったのだそうである。

ジョン・ロールズ? ナイトの不確実性? 社会学系、経済学系の学生でもほとんど知らないんじゃないか。少なくとも、それを知らない学生でも、きっと大学を優秀な成績で卒業できる。文章は平易、事例は明快、まさに入門書然とした体裁だが、つまりは相当な専門領域に踏み込んでいるのだ。

ロールズといえば、一九九八年にアジア人ではじめてノーベル経済学賞を受賞したアマーティア・セン博士が時々引用する学者だ。セン博士ならさすがに書評子も知っている。その理論は、思いっきりはしょるとこうだ。現代社会でもっとも支配的だと思われている資本主義というシステムは、そもそも民主主義や人間の自由を守る制度に支えられているにすぎない。それを忘れて経済独裁のようになると、人間社会の土台が崩れて資本主義すらおしゃかになるぞ—。

ウォール街なんかじゃ絶対に無視されそうな理屈だが、そのセン博士がもっとも多大な影響を受けたのがロールズの理論だった(有名な「正義論」で、ロールズは社会的弱者への福祉国家的再配分の正当性を論証している)。一方、ナイトはリスクを定義した学者で、その理論は株取引に応用されてウォール街に発展をもたらした。

つまり、筆者は空想的とも批判されかねない「社会思想」を、確率論に依拠した「数理理論」で証明しようとする。途方もない野心だと思う。そして、経済学を単なるツール(道具)としか見なさない風潮にあって、思想と数理の一致に挑む志は爽快(そうかい)ですらある。

そもそも経済学とは、そういう学問であったことを、本書で思い出させてもらった。(山崎豪敏・「週刊東洋経済」副編集長)

(NHKブックス・966円) =2004年4月15日⑥配信

根強いロマンチックな感性

「『赤毛のアン』の秘密」(小倉千加子著)

「赤毛のアン」を世界で一番よく読むのは日本人で、カナダ人やアメリカ人にとっては特別な読み物ではない。作者ルーシー・モンゴメリは「生涯人を信じられない」「世間にうそをつき通して生きた人」で、まったく愛していない男性を学歴・職業などの条件で夫に選んだ。自分の小説の通俗性を誰よりも自覚し、うつ病に陥って最期は自殺を選んだ―。

気鋭のフェミニスト・心理学者である小倉千加子の新作は、この国民的な翻訳少女文学を巡り数々の意外な事実を教えてくれる。「磯野家の謎」以降の「謎本」のジャンルに入るが、分析の広さと深さでその最高到達点といえよう。

なぜ「アン」シリーズは戦後日本の少女たちにかくも好まれてきたのか。一つには、主人公アンが、ディテールではさまざまな社会的制約を越境する存在として描かれつつ、総体としては当時の女性の保守的な生き方の枠内に収まっているからだという。

まさにその通りだろう。アンが英語で奨学金を獲得すると同時に、後に夫となるギルバートが総合成績一位を取るという設定も、確かに秀逸な解決策だ。以前「宝塚は女性が理想とする男尊女卑の世界」という指摘を読んだが、通じるものを感じる。他にも養父マシュウの両性具有性、アンと親友ダイアナとギルバートの潜在心理的な三角関係など、目からウロコの興味深い分析が多い。

ただ小倉も指摘する通り、一九八〇年代後半からアンの人気は低下傾向にある。同時期の少女マンガの変化などをみても、欧米にノスタルジックな夢を投影する「ロマンチック」な感性は消滅しつつあるのではないか。

…などと考えつつ読み進んでいたら、巻末近く、実のなる木を描かせる心理学の投影法「バウム・テスト」で、いまだに女子学生の九割が、実際には多くの日本人の身近にはないリンゴの木を選ぶ、つまり「甘美で優美な生活スタイルを象徴するもの」を選んでしまう、とのくだりを読んでうならされた。近代日本の「ロマンチック」は極めて根の深い問題のようだ。(大塚明子・文教大助教授)

(岩波書店・2100円)=2004年4月22日①配信

球界の問題の解決策を示す

「監督論」(広岡達朗著)

広岡達朗さんのことは、もう二十五年も前になるが、広岡さんをモデルにした「監督」という小説を書いて以来の縁があるので、よく知っている。監督としての手腕については、いまさらいうまでもあるまいが、野球界全体を見わたす視野に立って、日本のプロ野球はいかにすべきかということを語らせても、この人の右に出る者はいない。

本書は「監督論」というタイトルになっているが、その広岡さんがいま語りたいことのすべてを網羅した、野球界に対する提言の書である。

いま日本のプロ野球は、球団の経営難、それにもかかわらず高騰しつづける年俸、アメリカへの選手の移籍、ジャイアンツ戦のテレビ視聴率の低下など、さまざまな問題が同時に発生して危機が叫ばれている。

そして、そのどれもがすぐさま解決しなければならない問題ばかりなのに、誰も有効な手を打とうとしない。それにいらだって、こうすればいいと解決策を示した書といってもいい。

たとえば、近年、ドラフトの逆指名とフリーエージェント(FA)制によって、金と人気のあるチームに有力選手が集中し、そうでないチームとの戦力のアンバランスが大きな問題になっているが、その二つの制度を整備しなおし、組み合わせることによって戦力のバランスを保つ方法などは、ぼくがコミッショナーならすぐにでも採用したい。

アメリカの大リーグですでに採用されている方法だが、日本の球界は、自分たちの都合のいいことばかりではなく、彼らのいいところもまねればいいのである。

また監督論ということでいえば、今年は十二球団の半数の六球団で監督が代わったが、その中ではドラゴンズの新監督になった落合博満がもっとも見込みがあるという。落合は、「己を信じる信念」があるからなのだそうだ。

いかにも、自分を徹底的に信じて、監督の道を切りひらいてきた広岡さんらしい見方だが、これについてはシーズン終了後を楽しみにしたい。(海老沢泰久・作家)

(集英社インターナショナル・1680円)=2004年4月22日②配信

実人生のくびきから解かれ

「さびしい宝石」(パトリック・モディアノ著、白井成雄訳)

子どもにとって、親に見放されることほど、深い傷として残るものはないだろう。現代フランス文学界きっての人気作家、パトリック・モディアノもまた、少年時代に同種の体験をしている。

第二次大戦中、ユダヤ人としての出自を隠すために、偽りの身分を借りていたらしい父親、旅まわりの女優で、謎めいた人間関係を頼りにつねに不在がちだった母親。彼らは、息子に対して愛情を持っていなかったわけではない。にもかかわらず、距離のある態度をとりつづけた。

家にもどると、誰もいない。見知らぬひとびとに、とつぜん預けられる。約束の場所で、待ちぼうけをくわされる。目のまえに立ちふさがるさまざまな空白に苦しんでいた少年は、心に負った傷を癒やすために創作を開始する。

だから、モディアノの小説の語り手は、一人称を選ぼうと三人称を選ぼうと、これまでかならず作者自身のにおいをまとっていた。主人公の苦しみは、モディアノそのひとの内面を映し出す、曇りがちの鏡だったのだ。

ところが、本書で、その鏡にあたらしい像が映し出されたのである。物語の組み方も登場人物の人間関係も、これまでとあまり変わりはない。しかし、語りをになう「わたし」が若い女性になったことで、不安や苦悩が、作者の実人生のくびきからふわりと、確実に解き放たれたのだ。

幼少のころ、母親に「かわいい宝石」と呼ばれていた「わたし」は、パリの街角で、ずっとまえにモロッコで死んだはずの母親にそっくりな女性を見かける。それが彼女を、忘れたふりをしていたつらい過去に引き戻そうとする。

しかし、そんな負の力に屈して、ときにめまいを起こして情緒不安定になる彼女を、縁もゆかりもない「見知らぬひとびと」が、両親とはべつの種類の、節度ある距離と愛情をもって支えていく。さびしい宝石に、かすかな光が差し込み、複雑な屈曲を経て、物語ぜんたいを、やさしく包み込むのである。(堀江敏幸・作家)

(作品社・1890円)=2004年4月22日③配信

冤罪生んだ無知への自覚

「検証・ハンセン病史」(熊本日日新聞社編)

無知と無関心が、ハンセン病患者たちを苦しめてきた。いったん病気と判断されると、親子関係を断ち切られ、故郷から追われて、二度と帰ることができなかった。特効薬が開発され、病気が完治する時代になっても、なお隔離政策は続けられた。その無残な歴史に、わたしたちはあまりにも無知だった。

政府と国会の誤りは三年前、熊本地裁で断罪され、国はそれに従った。「無期懲役囚が無罪判決を受けたような、晴れ晴れとした解放感を覚えた」。本書に、地裁判決を聞いたときの原告の思いが書かれている。「療養所」に強制収容されていたハンセン病患者は、冤罪(えんざい)に苦しむ無期懲役囚だったのだ。

ハンセン病への偏見と恐怖は、警察を使った国の隔離政策によって、人々の心の奥底まで浸透していた。熊本日日新聞の紙上で一年半、百八十四回に及んだ長期連載「検証・ハンセン病史」は、その歴史をたどり、差別意識をつくりだした、自分たち報道者へも批判の目を向けている。

「正しい医学的知見を持たないから、(取材で)療養所に入るのが怖かったのだろう。あの当時、不勉強で腰の引けたマスコミなんて、味方とは思えなかった」との元患者の批判は、物書きとしてのわたし自身へも向けられている。社会問題のたいがいを扱ってきたわたしも、ハンセン病は取材してこなかった。

この本で、死刑囚・藤本松夫のことを初めて知った。殺人容疑で逮捕された彼は無実を訴え続けたが、初公判から八カ月、たった四回の公判審理で死刑判決が決まった。裁判は地裁法廷ではなく、療養所内の特別法廷で行われた。そして九年後の一九六二年九月、再審請求中に処刑。"民族浄化"政策の犠牲者ともいえる。

国立ハンセン病療養所菊池恵楓園(熊本県)にいた歌人の津田治子は「人間になりたい」と言い続けていた、という。それは差別を問う言葉でもあった。そのような問いと向き合い、現実から遅れていた、との痛恨の思いを込めた記者たちの内省の書である。(鎌田慧・ルポライター)

(河出書房新社・2100円)=2004年4月22日④配信

集合住宅に住むことは
「あなたのマンションが廃墟になる日」(山岡淳一郎著)

阪神大震災から九年になる。あの地震は、家を供給するハウジングのシステムが、日本ではあまりに異常であることを浮き彫りにした。

家を失った被災者にのしかかる高額の住宅ローン。補修の可能性が検討されることもなく、あっという間に解体された建物の群れ。とりわけ深刻だったのは、多くの人が集まって暮らしているマンションの建て替え問題だった。

被災地では、建物の廃棄に反対する住民が、補修の可能性を求めて裁判を起こした。その裁判の進行と歩みをそろえて、マンション建て替えの手順などを決める区分所有法の改定が進み、二〇〇二年には改正区分所有法が成立した。

新しい区分所有法は「建て替えを円滑に進める」ことを旨としている。そこには、建て替え費用を工面できず、「終の棲家(ついのすみか)」のつもりで買ったマンションを追われる人への同情はない。弱い者を踏みつけて恥じない弱肉強食の論理は、不安定雇用が増大する労働の領域を筆頭に、この国のすべての分野を覆い尽くしている。

だからこそいま、個々の人間に立ち戻り、「この潮流は人間に何をもたらすか」を見つめ直すことが必要になる。

著者は本書で、老朽マンションや被災マンションの現状を、住民の視線から丁寧に追っていく。分譲マンションという器の中で、それぞれに善良な人々が敵対してしまう背景に、「住宅とは何か」という哲学を欠いた政策があることに切り込む。そして、国内はもとより、遠くヨーロッパへも足を運び、「つぶしては建て替える」という方向以外に、実は豊かな選択肢があるという事実を提示する。

著者はいう。「『いい建物を永く使う』。歴史の分水嶺は、もういちど、このシンプルな発想に立ち返るチャンスを与えてくれた」と。

人ごとではない。改正区分所有法のもとで、遠からず建て替え問題に直面するマンションは全国に百万戸。分譲マンションで暮らす方々にぜひ一読を勧めたい。(島本慈子・ノンフィクションライター)

(草思社・1890円)=2004年4月22日⑤配信

天才作曲家たちの時代
「サリエーリ」(水谷彰良著)

映画「アマデウス」のヒット以来、モーツァルトの毒殺者に仕立てられたサリエーリの生涯を豊富な資料で検証し、冤罪(えんざい)を晴らそうとする書。

モーツァルトが登場するまでに、サリエーリは皇帝の寵愛(ちょうあい)を受け、ウィーンで最も有名な作曲家になっていた。六歳下のモーツァルトは年功序列的に彼を越えられないわけで、手紙でたびたびサリエーリの悪口を書いているのも、やっかみではないか、と著者はみる。

台本作者の奪いあい、上演の優先権など、人気者が二人いたら当然起きる問題。「フィガロの結婚」の上演が観客に妨害された際、モーツァルト側はサリエーリの工作と騒いだが、確かに被害妄想の感なきにしもあらずだ。

両者の関係が修復したかに見えた一七九一年の十二月、モーツァルトは死去する。サリエーリはそれから三十四年生きる。モーツァルトの弟子が次々と門をたたき、ベートーベンも教えをこいに来る。先生は歌曲の課題を添削する一方で「君の作った旋律が頭から離れなくて困るよ」とベートーベンに嘆く。

「運命」が初演される前、サリエーリは、演奏に加わったら絶交すると仲間たちを脅した。著者は、彼の慈善演奏会と同じ日にぶつけたベートーベンが悪いと断じるが、「フィガロ」の時もモーツァルトの思い込みだけではなかったのかもしれないと思わせるエピソードではある。

一八二二年、死の三年前には、大人気のロッシーニがウィーンに乗り込んでくる。彼が、本当にモーツァルトを毒殺したのかときくと、サリエーリはきっぱり否定した。しかし、毒殺まではいかないにせよ、嫉妬(しっと)は大いにありうるとロッシーニは思ったらしい。これだけ名をなした作曲家が、ただの善人であるわけがない。

モーツァルトが死んだときサリエーリが「あんな天才に生きてられたら、われわれは飯の食い上げだ」と言ったという話がある。これは、別の作曲家の可能性が強いらしいが、こう次々と天才が現れては、サリエーリもさぞ大変だったろう。(青柳いづみこ・ピアニスト)

(音楽之友社・2940円)=2004年4月22日⑥配信

身内を亡くす悲しみは同じ　「パレスチナの声、イスラエルの声」(土井敏邦著)

パレスチナ人の「自爆テロ」に対するイスラエル側の軍事報復の悪循環。イスラエルのシャロン首相は「テロとの戦争」という大義を掲げて「テロ組織」の幹部暗殺を何度も決行してきた。ハマスの指導者、ヤシン師とランティシ氏が標的となったことは記憶に新しい。

誰しも平和を求めているはずなのに、イスラエルとパレスチナには平和は来ない。なぜ凄惨(せいさん)な暴力の連鎖が続くのか。

ジャーナリストである著者は長年、パレスチナとイスラエルの現場を取材し、双方の側の肉声に耳を傾けてきた。本書は、現場の声を直接伝え、なぜパレスチナとイスラエルの和平が実現できないのかを追究した迫真の報告である。

平和という言葉はヘブライ語で「シャローム」、アラビア語では「サラーム」という。同じセム語系だから類似している。しかし、著者が痛感したのは、パレスチナ人とイスラエル人が望んでいる「平和」の内実はまったく異なっていることだ。占領者のイスラエルと被抑圧者のパレスチナ人とでは見方がまったく違い、相互の壁のために交差するところがない。

だからこそ、著者はさまざまな立場や考え方を持つパレスチナ人やイスラエル人の双方に、体当たり的なインタビューを行い、率直な質問をぶつける。イスラエル人であれ、パレスチナ人であれ、テロやイスラエル軍の攻撃で身内を亡くした人びとの悲しみは人間として同じだからだ。

ユダヤ人入植者であれ、ハマスの指導者であれ、政治家であれ、市井の人であれ、それぞれの立場から発せられる強烈な主張は、画像を見ているように生々しい。ビデオジャーナリストである著者だからこその力強い描写力である。取材も双方に目配りがきき、バランスがよくとれている。

にもかかわらず、読後に感じる漠たる無力感はどこからくるのか。この優れたルポも、対話を通して"壁"を破壊しなければならないはずの当事者たちの目には触れることがないのだ。そのことへのいら立ちからかもしれない。(臼杵陽・国立民族学博物館教授)

(岩波書店・2520円)＝2004年4月28日①配信

石積み職人の戦国時代　「天下城(上·下)」(佐々木譲著)

織田信長は、中世という旧秩序が固守する偶像と伝統を破壊して、近世の扉を開いた戦国武将とされる。その信長が本能寺で明智光秀に討たれてから十三日後、天正十(一五八二)年六月十五日夕刻に安土城が炎上する場面から、物語は始まる。

といっても、信長の天下統一の過程を描いているわけではない。石積みのエキスパートである穴太(あのう)衆の棟梁(とうりょう)·戸波(となみ)市郎太を主人公にとって、その築城技術の視点から戦国乱世を見つめ直してみせた長編戦国小説である。

戸波市郎太は信州・佐久の志賀城主・笠原清繁の一族として中尾を名乗っていたが、天文十六(一五四七)年、数え十三歳の時に、城が武田軍に攻め落とされたことで、甲州の金山に売られてしまう。武田家滅亡後、兵法家・三浦雪幹(せっかん)の弟子となって諸国行脚し、古代中国の墨子の築城術に魅せられ、絶対に攻め落とされることのない城を築くことで、平和の世を夢見るようになっていった。

雪幹の死後、江州・穴太の石積みの技能集団の棟りょう・戸波作兵衛のもとで修業し、娘・苗をめとって、戦国大名の築城や石積みを手がけていく。その後、信長の"天下城"普請構想に参画し、戦乱の世の終わりへの祈りをこめて石を運ぶ。難攻不落という以上のものをめざして造った城であったのだが…。

安土城炎上の翌年、堺で小さな石垣普請だけを手がける主人公の「偉大な城や伽藍は、ひとと同様に、激しい怨嗟や憎悪の対象となる」という心情を描き出して、物語は静かに終わる。

戦国時代に城が持っていた意味、戦国武将たちの新時代へのビジョンのありようと信長の「天下布武」の構想などを、武将たちの戦術・戦略を軸に描いた戦国小説は数多く存在するが、築城技術史から戦国時代を照射した点に、この長編の大きな魅力がある。戦争と平和の問題をとらえる作者の視点に、現代的な意義を見いだすことができる。(清原康正・文芸評論家)

(新潮社・上下各1890円)＝2004年4月28日②配信

教訓導き出すための情報

「少年A　矯正2500日全記録」（草薙厚子著）

神戸連続児童殺傷事件の加害者の仮退院を、法務省が公表したのは異例の措置だった。東京弁護士会は「仮退院の決定に至った具体的な経過まで言及しており、プライバシー侵害にあたる可能性が極めて高い」と非難をした。

弁護士会や少年院の言うお決まりの「プライバシー」がのし歩くと、被害者遺族も含めた社会から「知る権利」のあらかたを奪ってしまう。事件を引き起こした少年がいかなる更生プログラムを受け、現在はどんな精神状態にあるのかという情報などは闇に葬られ、二度と同様の悲劇が起きないための教訓も導き出すこともできなくなる。

プライバシーに踏み込むことなしに、事件の全容は見えてこない。ところが、これまで少年事件についてはほとんどすべてがプライバシーの保護を理由に秘密裏に処理されてきた。

本書には加害者が少年院の中でどのような生活を送り、法務教官とどのようなコミュニケーションを持ったのか、事件に対して、被害者に対してどのような念を抱いているのかなど、私に言わせれば加害者の「プライバシー」がリアルに描かれている。

法務省に対して弁護士会は大げさに非難したが、そもそも法務省の公表した「具体的な経過」など大ざっぱすぎて何がなにやら理解できない代物である。本書こそがまさに「仮退院の決定に至った具体的な経過」の記録である。プライバシーをうんぬんするのであれば、弁護士会や少年院は本書に対してはより一層の激烈な抗議文を出されたらいかがか。

不可侵の聖域のようになっている少年事件報道とプライバシーの関係は壊すべきだ。プライバシーとは何であるのかという意見は立場によってバラバラなのだし、マスコミの人間がよく使う「社会公益性」という言葉も公益性と非公益性の境界がわかりにくい。

報道されるべきは、事件の真相や背景、教訓を導き出すために必要な情報すべてである。本書はその実直な実践といえる。（藤井誠二・ノンフィクションライター）

（文芸春秋・1300円）＝2004年4月28日③配信

“読者”を3つの観点から

「〈読書国民〉の誕生」（永嶺重敏著）

ジャーナリズムやマスメディアに関する本や論文は少なくないが、その中でいちばん手薄な分野が読者に関する研究である。これは対象のあいまいさにもよる。従来、取り上げられているのは、出版物の部数や読者の反応から購読者の数や読者層を検討するもの、または教育の普及、国民の識字率などから読者像を把握するというものが多かった。

活字文化が国民の間に普及したのは明治時代になってからとみてよいが、本書はその明治期に焦点を合わせ、新聞、雑誌の読者がいかに全国的に広まっていったかを三つの観点から考察している。

一つは新聞縦覧所の設置と各地への広がりで、初めは官による文明開化の知識の普及として始まったが、上からの普及は必ずしも成功せず、民間の縦覧所の方が広まったという指摘は注目される。ただこの縦覧所は新聞の購読にはあまり結びつかず読者層の拡大にはならなかったようだ。

第二は鉄道の発達で、鉄道網の普及が新聞雑誌の地方への伝播（でんぱ）に大きな力となったことは言うまでもないが、ここでは「車中読者」の誕生という側面に焦点を当てている。鉄道の開通とともに駅構内の売店で新聞販売は始まっているが、汽車（汽船も含め）旅行の暇つぶしのための読者の発達というのも面白い。ただ汽車に図書室のある一、二等旅客というのはごく少数の上流階級に限られていたという記述も事実である。

第三は図書館の誕生と地方への普及である。この施設の利用者は、学生が多く、やはり知識人に限られていたというのが実情であったろうが、日本全国各地、各界の人々の間に読書の便を広めたことは疑いない。

本書は明治三十年代に、活字メディアと読書文化は一つの転回点を通過する、という視点で書かれたとある。二十世紀に入るころ日本のジャーナリズムは、一つの転回点を迎えたという見方は筆者も同感である。だが、題名の〈読者国民〉の誕生という見方には、この言葉の定義が必ずしも明確でないので、やや疑問が残ったというのが読後感である。（春原昭彦・上智大名誉教授）

（日本エディタースクール出版部・2940円）＝2004年4月28日④配信

ヤジキタ像のイメージ崩す

「『膝栗毛』はなぜ愛されたか」（綿抜豊昭著）

「ヤジキタ道中」といえば、陽気な二人組のドジな旅の話なのだと誰もが何となく知っている。

十返舎一九の「東海道中膝栗毛」は読んだことがなくても弥次郎兵衛（やじろべえ）と喜多八が有名なのは、この本の記述にもあるように昔見た映画や絵本の記憶によるところが大きいのだろうと私も思う。勝手に作りあげた、それぞれのヤジキタ像。

そんな十人十色のイメージが、音をたてて崩れていくのが、本書である。「二人は同性愛関係にあった？」等々、筑波大教授である著者が「原文」の弥次さん喜多さんを豊富な資料を使って分析。初めて知る「膝栗毛」は新鮮な驚きの連発で、それが妙に快感なのだ。

差別と下ネタに集中する「笑い」の質についての分析も、興味深い。目や体の不自由、馬の糞（ふん）、性器—おおらかな江戸庶民には共有できた「笑い」も、時代によっては不愉快なものとなる。受けつがれていく「笑い」の遺伝子と、切り捨てられていく遺伝子。

思わず笑ったのは、現代にも受けつがれた遺伝子として「クレヨンしんちゃん」の名があげられたことである。ヤジキタの間に子供がいたら、それは「しんちゃん」であり「膝栗毛」にみられる「下卑な愛欲」「どぎつい滑稽（こっけい）」の現代版であると著者は指摘する。

何もそこまで言わなくてもと少し気の毒になったが、なじみのある引用は楽しい。ふんだんに出てくる狂歌の説明には「馬の『ひぃん』という鳴き声はBGMの働き」「馬方が場面転換に登場するのは、いわばテレビCM」といった分析もあり、これまた楽しい。身近な切り口に、ヤジキタ誕生の二百年前と現代が一瞬のうちにつながって、わくわくしてくるのだ。

初めて知るヤジキタを満喫しながら「笑い」について考えてみる。取り囲む社会が作りあげる笑いの基準。笑いの好みに、自分の置かれた「時代」が見えてくるのがおもしろい。それにしても、私のヤジキタ像がただのスケベおやじ化したのが、うれしいような、悲しいような。（高橋章子・エッセイスト）

（講談社選書メチエ・1575円）＝2004年4月28日⑤配信

“キャパの時代”を検証

「血とシャンパン」（アレックス・カーショウ著、野中邦子訳）

フォトジャーナリストとして、いや、あらゆる写真家の中で、キャパほど名前を知られた人はいないだろう。なぜそんなに有名なのか。その理由を考えてみるのは、キャパの仕事と彼の生きた時代について、写真家という人種について、多くの示唆を与えてくれる。

写真家になったのは言葉をしゃべれなくてもできるからで、ユダヤ系ハンガリー人で語学堪能とはいい難かったキャパの現実的選択だった。

だが、写真が行動を要求される表現メディアだったことも、肉体派の彼にとって抗し難い魅力だったのではないか。必要な時と場所にカメラを持って行けば成り立つのが写真家という職業だ。

約二十年という長くはない活動期間に、スペイン内戦、日中戦争、第二次世界大戦、中東戦争、インドシナ戦争と、五つの戦争を取材している。

世界で戦争が頻発し、新聞雑誌に勢いがあり、写真が求められていた時代だった。そんなフォトジャーナリズムの絶頂期に、二十歳から四十歳という最も仕事のできる時期が重なった。キャパの存在が世に知られた大きな理由はそれだろう。

既にリチャード・ウィーラン著の大部な評伝が出ているが、そちらがキャパの弟、コーネル・キャパの協力を得た“キャパ寄り”の内容であるのに対し、本書は彼と同時代の人々に取材し、事実の検証に努めている。

キャパの名を世界的にしたスペイン内戦の有名なカット「倒れる兵士」がやらせなのではないかという長年の論議に踏み込み、晩年のキャパが酒と女とギャンブルの日々で、生き迷っていたことなども明かしている。

もう戦争は見たくないといいつつ、他の写真家の代役として「ライフ」の仕事で行ったインドシナで、キャパは死ぬ。依頼を受けたとき、彼は毎日新聞社の招きで日本に滞在中だった。なぜ行く気になったのか分からない。だが、戦地の彼は及び腰ではなかった。

現場で逡巡（しゅんじゅん）しない肉体感覚は、写真家として大きな才能だが、それを生かす場を戦地以外に持たなかったのは、キャパの宿命だったのだろう。（大竹昭子・文筆家）

（角川書店・2730円）＝2004年4月30日配信

まさしく「妖怪」の境地

「水木サンの幸福論」（水木しげる著）

今や、その存在そのものが「妖怪」の境地に達している、水木しげる翁の本。第一部が「幸福の七カ条」を伝授する「水木サンの幸福論」、第二部が半生を語る「私の履歴書」。いうまでもなく、圧倒的に第二部が面白い。

大食いで寝てばかりいる健康児、小さいころ妖怪の話をしてくれた「のんのんばあ」との出会い、絵や収集などにのめりこむ至福の子供時代。勤めても、すぐにクビになってばかりの青春時代。

そして、ラバウルでの「落ちこぼれ二等兵」の戦争時代。奇跡的な生還後の闇商人、アパート経営から紙芝居、貸本漫画家の超貧乏時代をへて、一躍、妖怪漫画の第一人者としての超売れっ子時代。さらに生涯現役の現在へと、文字通り疾風怒濤（どとう）の半生が語られていく。

水木氏の半生は至福の子供時代も含めて、実は相当にハードで、つらく、惨めで苦しい日々だったのは確かだろう。そのつらさは、文章の端々に見え隠れする。

しかしこの本を読んでいると、そんなつらく、惨めで苦しい日々の現実が、なんだか楽しげで愉快でたまらない世界のようにも思えてくるから不思議だ。

それは、どんなに苦しい状況にいても、楽しみや面白さを発見してしまう、水木氏の得な性格ともいえるかもしれないが、そこがまさしく、彼が「妖怪」たるゆえんだ。

彼は子供時代から、いつも「あの世」「見えない世界」の側に半分が所属していて、目に見える現実に対しては、半身の距離を持つことができたのではないか。

だからどんなに苦しい現実にいても、この世は仮の世みたいな境地にいられるのではないか。これを、水木しげるの「妖怪的ニヒリズム」と呼ぼう。もっとも、この境地には、そう簡単に到達できないのだが…。「水木サンの幸福論」とは、この、妖怪的ニヒリズムの伝授でもあったのだ。

巻末には、抱腹絶倒の元“わんぱく三兄弟”の水木兄弟の鼎談（ていだん）、そして幻の「ガロ」所載「鬼太郎の誕生」の復刻と、お得な一冊である。

（斎藤英喜・仏教大教授）

（日本経済新聞社・1260円）＝2004年5月6日①配信

非日常から浮かぶ現実

「憑かれた旅人」（B·ユアグロー著、柴田元幸訳）

夢の中で、人は何をしようと自由なはずである。好みの異性に出会えば、頬（ほほ）にキスをするぐらい許されてもいいはずだ。ところが、いざそうした場面に出くわすと、結局は現実と同じような行動を取ってしまうことが多い。夢の中の自分に失望することもたびたびだろう。

空想旅行小説と銘打たれているこの短編集も、どこか他人の夢をのぞいているような魅力に満ちている。現実に身の置きどころがない中年の男が、名前もわからない世界を旅する物語なのだが、そこで起きる事件は幻想的でナンセンスなものばかり。部屋のカーペットをめくると、奈落とも言えるような穴が開いていることもあれば、スーツケースの中にあったいくつもの地図が、すべて役に立たない別の地図に置き換えられていることもある。

たいていの場合、主人公はこうしたことに、滑稽（こっけい）なほど現実的に対応する。床に開いた穴は隠そうとするし、地図をすり替えられればホテルのマネジャーに文句を言う。しかし現実的な対応を求めれば求めるほど、事態はますます歪（ゆが）みを強めていくのである。

ところが、この歪みをスクリーンとして、日常という現実がかえって立ち現れてくるのだから面白い。それはちょうど、自由になるはずの夢の中で、やはり変われない、いつもの自分を発見してしまうときに似ている。憶病だったり、小心者だったりする自分。そんな自分が歩んできた人生。こうしたものを目の当たりにしたようで、読む者までつい、しばしもの思いにふけってしまうのだ。

夢、そして旅という非日常の外堀に囲まれ、むしろ明確に浮かび上がってくるもの—現実より、現実的な自己—、これはいつもほろ苦い。ときに主人公は、その苦さを味わい、ときにまた新たな旅に出ることで忘れ去ろうとする。しかしそれもまた、現実の人生そのものではないか。

「私」というものを決して語らない、奇妙な私小説。本書はそうした魅力も兼ね備えている。（伊藤たかみ・作家）

（新潮社・1890円）＝2004年5月6日②配信

幻の俳人を再評価

「風のささやき―しづ子絶唱」（江宮隆之著）

その句は「情痴俳句」とハヤされ、その人は「娼婦俳人」と好奇の目を向けられた。敗戦直後の俳壇に彗星（すいせい）のように現れ、たちまち姿を消した俳人・鈴木しづ子。本書は、いまなお居所はおろか生死も不明の「幻の俳人」の軌跡を追ったノンフィクションノベルである。

〈実石榴のかつと割れたる情痴かな〉

〈夏みかん酸っぱしいまさら純潔など〉

敗戦でいかに旧来の価値観がくつがえされたにせよ、それはまだ理念としての段階なのであり、若い女性が堂々と性を詠むなどは堕落も極まると受け取る風潮が支配的だった。スキャンダラスな興味で彼女を迎えた当時の読者にも、無理もないところはあっただろう。しかし、彼女への下卑た評価はあまりにひどかった。

著者の関心は、これら無責任な流言から彼女を解き放ち、等身大のしづ子を描き、その句の真の意味と魅力を確認することに向けられている。そのために、彼女の親族や知人に会うなど、十数年の歳月が費やされた。彼女の俳句にそそいだ愛情と才能を、スキャンダルの渦に埋没させたままにしておきたくなかったからだ。

戦中は町工場に勤め、そこで俳句の手ほどきを受け、名前を知られてからは米兵相手のダンサーとなり、のちに基地のタイピストとして働いた。離婚歴もあり、これらの経歴を表面的につきまぜた「しづ子伝説」は現在でも俳壇に生きている。著者は彼女の出生時から筆を起こして、実にていねいに「伝説」の数多（あまた）の虚偽と粉飾から彼女を救いだしてゆく。同時に折々の作句動機に触れることで、しづ子作品を再鑑賞し再評価しているあたりも圧巻だ。

これから読む人のために、本書の結末は書かないでおくが、才能豊かで意志の強い女性が時代や世間の波に抗しつつも翻弄（ほんろう）されてゆく姿は、やはりいたましい。どんなに彼女が〈明星におもひ返へせどまがふなし〉と胸を張ろうともである。（清水哲男・詩人）

（河出書房新社・1890円）＝2004年5月6日③配信

毒含む独特の運動美学

「スポーツ批評宣言　あるいは運動の擁護」（蓮實重彥著）

飲み屋のスポーツ談議といえば、酔客たちのてんで勝手な放談と相場が決まっている。手前ミソであることがまた楽しいわけであるが、ときに、やけに鋭い説を披露するご仁がいたりして耳に残るときがある。そんな読後感の残る本である。

サッカーのワールドカップ、プロ野球、メジャーリーグ、日米のスポーツジャーナリズムなどを俎上（そじょう）に載せた、批評および対談が収録されている。独特の論評、はっとするところ、多々あった。

独特といえば嗜好（しこう）からして独特だ。かつて巨人に在籍したデーブ・ジョンソンというセカンドを記憶する人は多いだろう。のちメジャーリーグに復帰してメッツの監督にもなったが、日本では"ダメ助っ人"の烙印（らくいん）を押されていた。このジョンソンを「背筋に甘美な戦慄が走りぬける」ほどに美しかったとおっしゃる。なぬっ？　と思うではないか。

ミスタープロ野球、長嶋茂雄の振る舞いには「ある諦念がこめられていた」という指摘はにわかにぴんとこない。だが、「まぎれもなく『聡明』なプレイヤー」とは分かるように思え、それはイチローや中田英寿に相通じる、というくだりになって「聡明さ」という言葉の意味がストンと落ちてくる。著者の価値観は、表題にある通り、スポーツにおける、爽快（そうかい）感ある一瞬の運動美に置かれている。長嶋世代に付着する体育会的風土を突き抜けた「非戦後」的存在として野茂英雄に共感を寄せる視線もここに由来している。

多くのページがスポーツジャーナリズム批判に割かれているが、著者の立場に立てば、選手たちの一言半句を拾うことに汲々（きゅうきゅう）とし、お決まりの"定食原稿"を書き続ける世界への批判は当然であろう。要はスポーツを素材に日本の活字文化の貧困、あるいはその保守性を問題にしているのである。

蓮実ワールド、過剰な美意識に違和感はあるが、たっぷり毒を含んだスポーツ批評、新たな角度から脳髄を刺激してくれる。（後藤正治・ノンフィクション作家）

（青土社・1995円）＝2004年5月6日④配信

青春物語と心の傷

「ホエール・トーク」(クリス・クラッチャー著、金原瑞人・西田登訳)

主人公はアメリカの高校生。白人と黒人と日本人の混血。長身でスポーツ万能、頭がよくてハンサムで、正義感が強く、とことんやさしい心の持ち主だ。完璧(かんぺき)な主人公の唯一の弱点は、集団行動が苦手なこと。

そんな主人公が、ひょんなことから、プールもない学校に新設された、水泳部の部長にさせられてしまう。集まってきた部員は、超肥満児、義足の者、知的な障害のある者など、いわゆる平均値から大きくはずれた者ばかり。

勝てるわけがないと思われる部員を引き連れ、主人公はさわやかに奮闘。なんと、ホームレスの男をコーチに迎え、チームはまさかの快進撃。人種差別も障害者差別も乗り越え、栄光の勝利と、深い友情の絆(きずな)を手に入れる。

つまりこれは、不可能を可能にするおとぎ話。スピード感あふれる語り口で、ぐいぐい読まされる痛快無比な青春スポーツコメディーだ。

ところが、話はそれだけではすまない。登場人物のだれもが、実は深く傷ついている。心の傷を軸に、差別や虐待の問題がえぐられていく。虐待する側だけではなく、虐待されているのに逃げだすことのできない者の屈折した心理や、手助けをしようとして裏切られる周囲の落胆までもが、リアルに描きこまれる。

「クジラになりたい」という主人公の父さんのつぶやきが胸にしみる。喜びも怒りも、苦しみも憎しみも、すべてをあるがままに語り、その声を、仲間のすべてが、まっすぐに受けとめる、そんな生き物になりたいと。

混血の少年の心を一人称で語る作者は白人。実生活ではカウンセラーもしているという。

卓抜な物語展開を縦糸に、リアルな問題提起を横糸に織りなされたこの物語。差別を語り、深い理解を示しながら、そのやさしさこそが、一歩間違えば形を変えた差別にもなりかねないという危うさを、物語の存在そのものが語っている。

読み終わったとき、心にずしんとくる、大変な荷物を預かってしまったように感じた。(寮美千子・作家)

(青山出版社・1680円)＝2004年5月6日⑤配信

大人の上質な笑い満載

「空中ブランコ」(奥田英朗著)

尖端(せんたん)恐怖症のヤクザ、ノーコン病のプロ野球選手、嘔吐(おうと)症の作家など、精神科医の伊良部先生のもとには今日もおかしな患者が次々に訪れる。

「いらっしゃーい」と、甲高い声で迎える色白で小太りの伊良部先生は、「ビタミン注射が一番効くんだよ。ぐふふ」と、すぐ注射をしたがるトンデモナイ医者で、皮膚に注射針が突き刺さる瞬間、異常な欲望を見せる。

誰にも悩みを言えず、病院を訪れた患者たちは、その稚気に驚き、あきれ、「この医者で大丈夫だろうか?」と不安を覚え、ついには病気で悩むこと自体がばかばかしくなってしまう。この医者の治療は意図したものか?　本作品は大好評だった怪作「イン・ザ・プール」の第二弾だ。

伊良部先生が、「おーい、マユミちゃーん」と看護婦を呼ぶと、カーテン奥から肉感的な女が登場するが、伊良部先生と患者、胸の谷間を見せる看護婦とのやりとりが絶妙だ。

うまくジャンプができなくなってしまった人間不信のサーカス団員が悩みを打ち明けると、「開演前に空中ブランコの練習をするんでしょ?　だったらボクもまぜてよ」と、毎日、ポルシェで乗り付ける異常事態となり、大笑いさせられる。

現代社会の中、身体の不調を訴える人は多い。病院に行ってもどこも悪くないと言われ、医者を次々かえる人さえいる。政治家でも弁護士や野球選手でも神経症になる人はなるらしい。

本作品は、それぞれの世界の大変さとか、人間誰もが持つ煩悩や嫉妬(しっと)心がユーモラスに描かれていて、自分も患者になったような気になるが、伊良部先生のトンデモナイ診療を見ながら、「組織の中に、こんな変人がそばにいたらいいだろうな」と気持ちが楽になり、自然治癒力が高まってくる。

人間関係は困難なことばかり。大人の上質な笑いが満載され、生きる勇気がわく一冊だ。

私の父、作家・北杜夫も同じ精神科医だったにもかかわらず、今やうつ病でヨタヨタである。伊良部先生のつめのアカでもせんじて飲ませたい。(窓際OL・斎藤由香)

(文芸春秋・1300円)＝2004年5月13日①配信

しっとりした情の世界

「臨場」(横山秀夫著)

八つの短編からなる連作。首つり自殺を偽装した陰惨な殺しの場面からはじまる第一話を筆頭に、どの話ものっけから読むものの心をがっちりとらえ、有無をいわさず物語のなかにひきずりこんでいく。

事件がおこる。死体が見つかる。自殺か他殺か事故死か。検視官が臨場、つまり現場におもむいて判定する。八編すべてに登場して、いわば狂言回しの役をはたすのが、「終身検視官」の異名をもつ倉石義男だ。

鋭い勘と冷徹な観察力により、的確な判断をくだし、犯人の目星をつける。生き物の生態に詳しく、現場におかれた鉢植えのサルビアやスズムシのカゴ、遺体があった花壇のアリッサムの花なども、捜査の手がかりにする。ドアの音、室内のにおい、被害者の衣服についたほこり。どんなささいな証拠も見逃さない。

短いながら、どの話も上質のミステリーの要件を満たしている。全編にさりげなくヒントがちりばめられ、緻密(ちみつ)な伏線がはられ、読みすすむうちに意表をつく、だが納得のいく結末にたどりつくしかけだ。

心理描写もみごとだ。捜査にあたる警察官はみな、個人的な事情や、組織の一員としてのしがらみや思惑をかかえている。上司への気兼ね。出世への野心。ライバル意識。そうしたものと、任務をまっとうするための使命感、正義感との葛藤(かっとう)が、きめ細かく描かれる。

組織内での立場や保身をつねに意識している警察官たちのなかで、だれにもこびず、言いたいことを言い、思うままに行動する倉石は、異色の存在だ。情とは無縁の、一匹おおかみの印象が強い。だがその倉石も、十年前に自分の下にいた元女性警察官の死の真相をさぐるため、初の黒星となることがわかっていながら、あえて自殺を他殺と判定する。それがかつての部下への、彼なりの手向けだった。

英米のミステリーと比べると、作品中の空気が湿り気をおびているように思える。そのしっとりした情の世界が心地よく感じられるのは、日本人としてのDNAのせいだろうか、とふと思った。

(相原真理子・翻訳家)

(光文社・1785円)=2004年5月13日②配信

禅を援用し読解した知性

「俳句」(R・H・ブライス著、村松友次・三石庸子訳)

〈山茶花に心残して旅立ちぬ〉。こう詠んでから間もなく作者は亡くなった。名は不来子(ブライス)、つまり本書の著者R・H・ブライスである。

昭和天皇の人間宣言の原稿を作成し、現天皇の英語教師を務めたブライスの「俳句」は、海外の詩人たちに愛読され、バイブルのように扱われてきた。しかし、日本語訳されるのは実は初めてのことである。

本書は五百三十五句という豊富な数の作品を、「俳句の精神的起原」「禅、俳句の心としての禅」「俳句と詩」「四大俳人」「俳句の技法」の五編に織り交ぜてある。繰り返し出てくる芭蕉の〈古池や蛙飛び込む水の音〉が伝えるものについて、ブライスは次のように書いている。「それは百万の蛙の音ではなく、たった一匹の音であるのだが、すべての蛙、世界の万物、全世界そのものがこの一匹の蛙に含まれているのである」

実作者の立場からすると、「全世界」が一匹の蛙(かえる)の中にあるとは考えにくい。俳句はもっと即物的であり、断片的であり、無内容な詩型である。いわば「取り付く島のなさ」ゆえに輝く不思議な詩だとも言える。しかし、そう言っただけでは俳句の本質を伝えられない。その時、ブライスが発見したのが「禅」であり、禅的なものと俳句とを結び付けることだった。

たしかに、禅を援用すれば、俳句の持つ特異性がかなりの程度まで説明できる。俳人同士の暗号のような季語の多さ。切字の不可解さ。そして内容のなさ―どれを取っても、俳句は普通の意味の「詩」とはかけ離れている存在である。その特異な詩を解読する時に、最も頼りとなるのは禅だったのだろう。

太平洋戦争勃発(ぼっぱつ)後、敵国人として収容所に拘束されていた間に本書は書かれた。この巻のみならず、全四巻という膨大な執筆量である。戦争という国家間の愚挙の谷間で、一人の優れた知性がたぐい稀(まれ)なる本を生み出した。文化とは、一人一人の英知の集成であることを実感した次第である。(櫂未知子・俳人)

(永田書房・3500円)=2004年5月13日③配信

天才画家を形成した戦略

「レンブラントのコレクション」（尾崎彰宏著）

繁栄を極めた十七世紀から、オランダの社会と文化は先進的だった。その後、英米に世界の主導権を譲ったが、かつての“ニューアムステルダム”は、世界中の才能を引き付けてやまない都市、今日のニューヨークであった。

陰影に富み臨場感あふれる人物画で有名なレンブラントが十七世紀オランダを代表する画家であることは、いうまでもない。それに加えて、彼が当時のオランダの国勢を自らの芸術の発展に利用し、従前のヨーロッパ美術史を意識的に継承した“戦略的”芸術家だったことが、本書でさまざまな面から解き明かされる。

当時の美術先進地イタリアへの留学を勧められるもきっぱり断り、世界への“窓”に成長した自国オランダにあえてとどまりつつ、イタリアや北方美術の伝統に「創造的競争」を挑んだ。例えば、伝統的神話画「ダナエ」の主人公を、積極的に運命を引き受ける女性として大胆に描き直し、自らを古代ギリシャの画聖アペレスを超える画家に見立てた。

また自画像に、当時オランダで尊敬されていたという「メランコリー気質」を、得意の明暗法を駆使して表現することで、天才画家としての自己の印象を成型した―。レンブラントの芸術的自律性・戦略性には、わが国の現代美術家も見習うべきものが多い。

自画像と並んで美術品などの収集も、レンブラントにとっては自己成型の重要な手段だった。名画から日本のかぶとに及ぶ名品・珍品のコレクションは「教養ある芸術家」の象徴であると同時に、世界に開かれた十七世紀オランダの「時代の雰囲気」を映してもいた。

不況に収集熱もたたってか五十歳で“自己破産”したというのは驚きだが、その際作られた詳細な財産目録を基にレンブラントの“戦略”を読み解く一章が、本書のハイライトである。

文章は平明。二百七十点近い図版と三百六十点余の「レンブラントの財産目録」が楽しい。レンブラント愛好者から美術家にまでお薦めできる。

（名古屋覚・美術ジャーナリスト）

（三元社・2940円）＝2004年5月13日④配信

壁壊す小気味よい説法

「死の壁」（養老孟司著）

現代人は往々にして死の問題を考えないようにしがちである、と著者は指摘する。思考停止というこの壁を崩そうとして、述べる。死を避けることは生を避けることと同じである、と。死をめぐるこうした壁を解体していくことの小気味よさと啓蒙（けいもう）とがひとつになっている。いうなら、説法。

なぜ人を殺してはいけないか。生命は有機的な循環をいくつも組み込んだシステムであり、壊すのは簡単だが、つくることは不可能だからである。たたきつぶしたハエは元に戻せない。

死の瞬間というのは、生死という言葉を作った時点でできてしまった概念にすぎず、定義としてあるだけで実際は存在しない。

死体は仲間外れ。世間のルールでは、死体を人間とは見なさない。その証拠に、死ねば戒名がつけられ、生前の俗名と区別されるではないか。そのように著者は説く。

生死にかかわっているという意識のないまま、エリートになってしまっている人が多いと語りながら、患者を殺したらどうするということに対する心構えが自分にはできていなかった。だから臨床医になりそびれた、という著者の自己認識は面白いと思った。

三十代のころ、地下鉄に乗っていて、あいさつが苦手な自分と、父の死が直結していたことに気づき、そのとき初めて父の死が実感できたと語るところが好きだ。四歳のとき父が死んだ。臨終間際、親せきにお父さんにさよならを言いなさいと言われた。でも言えなかった。そのことを思い出したというのである。

父とお別れをしていなかった、ということは父の死を認めていなかったということである。人生のあらゆる行為は取り返しがつかない。そのことを死くらい歴然と示しているものはないと著者は述べるが、取り返して乗り越えなくてはならない死もあることをこのエピソードは告げている。

抽象的な死ではなく、具体的な死体で議論してきたという解剖学者のよどみない説法。ここにこの本がたくさんの読者に迎え入れられる理由があると思った。（芹沢俊介・評論家）

（新潮新書・714円）＝2004年5月13日⑤配信

日本の将来への警醒の書

「上司は思いつきでものを言う」（橋本治著）

書名をみれば、誰しもがサラリーマン社会を主題にしていると思うだろう。新書でもあるし、いまの世の中を気軽におちょくっているものにちがいないと思って、寝転がって読んでいた。しかし、そのうち、「ちょっと待てよ、そんな簡単な本ではないぞ」と思いはじめた。大げさにいえば居住まいを正して読むことになってしまった。

企業のなかによくおこる部下と上司とのすれちがいが発端である。どうしていつも社内の会議が、実りある展開にならないのか。その象徴的な行為が「上司は思いつきでものを言う」ことだと著者はいう。

小生も、企業のなかでずいぶん長い間部下をやってきた。確かに「思いつき」というか、「理不尽」というか、上司のいいかげんな発言はとても多かった。私は「あのバカ」といって終わらせるようにしてきたが、著者はちがう。

なぜ彼らがそういってしまうのか。そこには理由があるはずだと、追及しだすのである。では上司とは何者なのか。そこからそういう上司をつくっている日本の会社とはそもそも何なのか。あるいは日本人とは、という風に展開されてゆく。

かいつまんでいってしまえば、上司とは「現場」を持たなくなった存在なのである。だから「思いつき」的言動をせざるをえない。しかし、それが横行しだすと、組織は揺らぎ、会社は簡単に枯れる。これは企業だけにとどまらない。政治にも教育にも、あるいは国際交渉にもいえる。

国会で気まぐれの発言をくりかえす首相など、まさにその典型的「上司」であろう。また日本という国もどこか「上司」に似てしまった。上司とは、まさにいまの私たちそのもの現実ではないか。

寝転んで読めなくなったのはそこに理由があった。ユーモアたっぷりで、おもしろく読めてしまうが、じつはかなり含蓄ふかい警醒（けいせい）の書である。

本書は組織論でもあり、議論の本位を定める論理学や、「場」を問題にする哲学書ともいえるが、日本の将来を心から心配している本なのでもある。（小高賢・歌人）

（集英社新書・693円）＝2004年5月13日⑥配信

奔放なイメージの連なり

「泥人魚」（唐十郎著）

唐十郎は、水にとりつかれた劇詩人である。初期の戯曲から、水のなかに人間が躍り込んで潜水するイメージが頻繁に現れるが、なかでも、紀伊国屋演劇賞をはじめ、昨年度の演劇賞を総なめにした「泥人魚」は、長崎県諫早湾の干潟を背景としたことで、現実に肉薄するちからを持った。

ブリキ加工を仕事とする店の主人、伊藤静雄は、まだらな痴呆状態にあるが、夜になると黒のタキシードを着こなす詩人に変身する。店の居候の蛍一は、かつて海の町に暮らしていた。彼を追ってきた女やすみは、少女時代、漁師のガンさんに助けられ、養女となった。

桜貝をひそかに隠し持つ彼女の過去が明らかになるにつれて、泥から現れた人魚、ドクロ沖で遭難した砂利盗掘船、天草四郎を思わせる十字架をかざす男などの奔放にして大胆なイメージが連なっていく。現実と妄想の境目も定かではなくなり、謎はいよいよ深まる。

唐の主宰する唐組の舞台では、こうしたイメージが、具体的なかたちをとって差し出される。しかし、劇の速度はすさまじく、奇想に翻弄（ほんろう）され、未消化に終わるきらいがあった。戯曲を読む楽しみは、イメージの根底にある伝説や事件をゆっくりと思い出しながら、書斎という劇場で、知的なパズルを解いていくところにある。

諫早湾開拓事業によって、水が汚染され、生態系が狂い、漁業から追われた人々のさまよえる魂を救助するために、この戯曲は書かれた。私は唐がこだわり続ける水が、ペットボトルに入ったミネラルウオーターではなく、濁り、汚れた泥水であることに強く共感した。清らかな白い花を咲かせるハスは、泥水に根を張っている。世間から見捨てられた人々にこそ、聖性が宿る瞬間があると、唐は確信している。

諫早湾にある「ギロチン堤防」という名の禍々（まがまが）しさに導かれて、唐は取材に出かけた。次はいったい、どの町に彼が姿を現すのか、それは唐自身も知らない。（長谷部浩・演劇評論家）

（新潮社・1680円）＝2004年5月20日①配信

米社会の複雑な内情描く

「ヒューマン・ステイン」（フィリップ・ロス著、上岡伸雄訳）

一九九八年はクリントン・スキャンダルの年としてアメリカ人の記憶に刻まれている。今となってみれば9・11やイラク戦争・占領には及ばぬにしても、あの一件がアメリカの悪夢であったのは間違いない。ユダヤ系作家ロスが二〇〇〇年に刊行した本書は、その九八年を〈現在〉に設定し、自身と同じユダヤ系の大学教授コールマン・シルクの悲劇を描く。

ステインとは「しみ」「汚点」の意。コールマンはユダヤ系への偏見をはねのけて学部長となり、学内改革にらつ腕をふるう。だがある日、授業に出てこない学生を「幽霊（スプーク）」になぞらえたところ、当の学生がたまたま黒人で「スプーク」には末梢（まっしょう）に黒人侮蔑（ぶべつ）の意味もあったことから、思いがけず人種差別主義者（レイシスト）の烙印（らくいん）をおされる。激しいバッシングのさなかに長らく連れ添った妻は死ぬ。

失意のコールマンは七十一歳にして、三十四歳の無教育な薄幸の清掃婦と関係を持ち、人種差別主義（レイシズム）批判の急先鋒（せんぽう）に立つフランス人女性教授にそれをかぎつけられてしまう。たった一語が、功成り名遂げた老教授の人生を狂わせたのだ。堕（お）ちた偶像。当然ながらそこには、現職大統領の醜悪なる汚点暴露が二重写しとなっている。

だがコールマンにはより根の深い、秘められた汚点があった。ユダヤ系とは偽りで、実は肌の色が薄い黒人だったのだ。自らが黒人であることを明かせば人種差別主義者の汚名は晴らせるが、そのかわり築き上げてきたすべてを失う。コールマンは秘密を守るしかない。特異な眼で見られるユダヤ系と差別される黒人に言葉狩りを巧みに絡ませるのは、おのれのユダヤ性にこだわり続けるロスならではの卓抜な発想である。

加えて、コールマンをめぐる他の登場人物からは父娘間の性的虐待、ベトナム帰還兵のトラウマ後遺症、アカデミズムの複雑な内情といった問題が次々に立ち現れる。つねにアメリカ社会と真摯（しんし）に向き合ってきたロスによる豊饒（ほうじょう）なる同時代史がここにある。（佐伯泰樹・東京工大教授）

（集英社・2310円）＝2004年5月20日②配信

再生への願いこめて

「雨の日のイルカたちは」（片山恭一著）

「世界の中心で、愛をさけぶ」で純愛とその喪失感を静かな文体で描き、多くの若い女性の心をつかんだ著者の最新短編集。四つの物語に流れるテーマは、二〇〇一年九月十一日の同時多発テロである。巨大なビルが一瞬で燃え上がり、崩れ落ちていった、とても現実とは思えない出来事に、皆大きな衝撃を受け、この先何を信じていいのか、分からなくなった。

テロ行為は、個人の生きる意志を圧倒的な力で踏みにじった。生きるということは、たった一つの肉体を維持することであると同時に、一人では生きられないその肉体を世界に委ねる事でもある。テロに巻き込まれた人々は、委ねた世界に裏切られて、命を閉ざさざるを得なかったのだ。その可能性は誰にでもある。これを小説の動機とした著者の意志は、納得のいくものであると思う。

この本では、テロは映像で流れてくるものとしてのみ扱われ、今この日本に生きている人々の受け止め方や考え方に重点が置かれている。さまざまな立場の人物の目を通じ、生と死についての根源的な問いを投げかけている。

老いの現実に触れて、やるせなさを知る介護ヘルパーの青年や、突然死した最愛の夫に愛人がいたことを知る女性など、虚無感や喪失感を抱えながらも誠実に生きようとする登場人物たち。いずれの物語も大きな起伏はないが、テロ以後の時間を、咀嚼（そしゃく）するように熟考しながら前に歩いていく。人を信じる力をもう一度取り戻そうとするかのように。

表題にもある「イルカ」が、何らかの啓示を与えるかのように、人間世界にふいに登場する。水族館から逃げ出したイルカが、雨の日の濁った海へ泳ぎ出す姿に、再生への願いがこめられているのだろう。

借金を返すため風俗店で働く少女のつぶやきが胸に残る。

「敵とか味方とか言っているけれど、本当の敵ってなんだろう。誰も自分のことを大切に思わない世界で、人はぱらぱら落ちていくだけの存在だ」（東直子・歌人）

（文芸春秋・1300円）＝2004年5月20日③配信

料理番組の歴史を追う

「きょうも料理」(山尾美香著)

昨秋、ちょっとした病気で長期入院するはめになった。手術中のトラブルによる絶飲絶食状況の中で、毎日楽しみにしていたのは、料理番組と豪華な食事シーン満載の旅行番組だった。不思議なことだが、飲めない食べられない状況にもかかわらず、味の記憶は残っているため、テレビの画面を見ることで、妙な満腹感さえ味わったものだ。

食べられなくても料理番組を見るくらいだから、当然、この手の番組は大好きだ。もの心ついたころから、料理に強い関心をもっていたからかもしれない。今でも、つけっぱなしのテレビから流れる料理番組をぼんやり見ていて、それがそのまま、わが家の夕食の献立になることもよくある。

こんなぼくにとって、料理番組の歴史を軸に、料理という「お仕事」の近代史を論じた本書は、よだれの出るほど「おいしそう」なテーマを扱ったものといえるだろう。

明治以後、家政の担い手が男性から女性へと変化するなかで、それまで男性の教養のひとつでもあった料理が、女性によって一手に担われるようになる。やがて「料理は愛情」というプレッシャーが、雑誌やラジオによって拡大していく。

テレビが登場する戦後になっても、この愛情イデオロギーは、形を変えつつ維持される。料理番組は、女性たちにとって、一種のプレッシャーの源となったのだ。しかしこの流れは、今や「料理がうまいのはカッコいい」という、自己表現のアイテムのひとつになろうとしているという。

「きょうの料理」から始まって、共働き時代に対応した「3分クッキング」、さらに「料理の鉄人」「ビストロSMAP」まで料理番組の歴史を追う記述と分析は、懐かしいと同時に興味深い。「ウンチクだらけで自己満足のイベント」になりがちな「男の料理」についての言及も面白い。

最後に個人的なことを言わせてもらえば、ぼくが今好きな料理人は、簡単料理の達人の歌手グッチ裕三さん、面白く見ているのは、本書でもふれられている、アイドルたちのまずい手料理を笑う史上最悪の料理番組「愛のエプロン」である。(伊藤公雄・大阪大教授)

(原書房・1890円)＝2004年5月20日④配信

原稿流出事件の理不尽さ

「走る! 漫画家」(渡辺やよい著)

出版界はおそろしく前近代的な業界だ。単行本を出版する時以外、まず契約書は交わさない。雑誌に載せる場合も、納品書や請求書のたぐいすら交わされない。基本的に口約束と慣習に支配されている世界なのだ。ゆえに一般の世界以上に「信用」が重要になる。しかし、なかには契約書がないのをいいことに、これを踏みにじる輩(やから)も存在する。

二〇〇三年五月、漫画家である著者は、ある版元に預けていた自分の肉筆漫画原稿が、都内の有名漫画古書店から売りに出されていることを知る。版元が作者に無断で売却したようだが、連絡をとろうにも版元は倒産、社長は失踪(しっそう)していた。

古書店は、それが盗品か横領品かは店として関知できないという。そこで警察に行くと、漫画原稿の所有権が作者にあるのか版元にあるのか判断できないので、届けは受理できないというのだ。

しかも被害にあっていたのは著者ばかりではなかった。「課長 島耕作」で著名な弘兼憲史氏をはじめ、数十人に及ぶ漫画家の肉筆原稿が大量に売却されていたことから騒ぎが大きくなった。本書は、いまだ継続中であるこの騒動の経緯を、渦中にいる著者みずからがつづった手記である。

まるでカフカの不条理小説のような読後感だ。信用がすべての世界で、それが崩れたときにどのような理不尽なことが起こるかの、これは赤裸々な事例である。

たとえばあなたが世界にひとつしかない大切な私物を友人に貸し、それが勝手に売却されてしまったらどうなるのか。そしてその人が、預かり証がないのをいいことに開き直ったらどういうことになるのか。こう考えると、これは出版界という特殊な世界の特殊な事例とはいえない。

漫画家として、また妻であり保育園児の子供をもつ母親として「生活」を抱えながら、獅子奮迅の活動をする著者の姿は感動的だ。私も同じ業界に身を置くフリーの身として、声援を送らずにはいられないのである。(竹熊健太郎・漫画評論家)

(創出版・1575円)＝2004年5月20日⑤配信

現代建築の困難浮き彫り

「建築の見かた」(W・リブチンスキー著、鈴木博之監訳)

米国の建築評論家のリブチンスキーは、建築をどう定義するかという難しいところから切り出している。それは十七世紀の英国の詩人、ウォットン卿の次の言葉に集約される。すなわち建築に欠くべからざる条件とは「有用さ、堅固さ、悦(よろこ)び」の三つだと。

有用さとは建築が生活の器であること、堅固さとは風雨に耐え、重力と拮抗(きっこう)するものであること、そして悦びとは美しいものであることだ。これらの三つの「統合体」として、建築は初めて「建築」であり得る。

リブチンスキーのこうした発言は、ごく当たり前のように聞こえるだろう。しかしこの当たり前のような定義は、現代建築においていまや瀕死(ひんし)の状態にある。著者が本書で論じる対象が、二十世紀以降に絞られているのは偶然ではない。というのも、有用さや堅固さや美が、必ずしもうまく統合しなくなったのが、現代建築の特性だからである。

たとえば一九七七年にオープンしたパリのポンピドー・センターでは、本来外装材の裏に隠れていた設備用シャフト(配管)や階段などが露出している。デザインとしてはそのことが衝撃だったわけだが、隠れているはずの部分が風雨にさらされることになり、わずか二十年で大修繕をしなくてはならなくなった。堅固であるはずの建築の寿命が、急速に短命になったのである。

摩天楼建築家レイモンド・フッドの「現代のオフィスビルはたった二〇年間で償却される」という言葉は、この事実を別の角度から物語っている。堅固さも有用さも、もはやそこにはない。では残されたものは何か?

著者は、スター建築家のフランク・ゲーリーについても触れているが、その奇抜な建築を見ると、ゲーリーが「楽しめばいいじゃないか」と主張しているように思えるという。建築が堅固さや有用さを見失い、ついには「悦び」だけに奉仕するものになったという皮肉であろう。全体を通して何か現代建築の悲哀とでも言うべきものを感じずにいられない本だ。(飯島洋一・建築評論家)

(白揚社・2415円)=2004年5月20日⑥配信

ノスタルジーのリサイクル

「バービーからはじまった」(茅野裕城子著)

「日本の女の子たちが、はじめて、バービーを買ってもらったのは、いつ、なのだろうか」(本文より)。本書には、世界一有名な着せ替え人形と筆者との、古くて新しい出会いがつづられている。

一九五〇年代から作られた「初代」がメード・イン・ジャパンであったこと。アフリカ系、ヒスパニック系などと、時代とともに多様化し、「PC」(政治的正しさ)に対応していくこと。軍人にパイロット。いまや職域もジェンダーフリーである。

五五年生まれの筆者は、自身が遊んだバービーの思い出を出発点に、“進化と自立”を遂げ、グローバルな存在になっていく人形の姿と自分の成長とを重ねる。一種の「自分史」だ。

同世代の私も、あの人形に夢中だった。本を書きたいと企画するも、ボツ。十五年前、「女カルチャー」は、まだマイナーの極みだった…。

一方、三十年以上の時を経て、筆者が人形に「出会い直した」場所は、インターネットだった。この点が、本書の新しさである。ネットを通じたコレクター市場は世界的に過熱の一途、欲しい人形が、カネさえ出せば地球各所から、いともたやすく調達できるようになった。昔遊んだバービーを、同型のタイプでもって「取り戻す」ことも簡単だ。

これぞ「女モノ」の拡大。中高年向けに活況を呈する「ノスタルジー市場」とも重なる。頭、胴体、手足。いまどきのオークションでは、パーツがバラバラに取引されるのだとか。バービーを「自分仕様」に組み立てて、楽しみ終えたら再びネット市場へと逆戻りする、とも。

「…命のないものたちが帰っていき、再び、やり直す先を見いだす場所が、ネット・オークションである」と筆者は結ぶ。

かくして女のノスタルジーも循環し、リサイクルされるのだろう。ところで「冬のソナタ」のペ・ヨンジュン「様」、彼ってどこか、ケン(バービーの彼氏)に代表される、着せ替え人形の男の子に似てません?(島村麻里・フリーライター)

(新潮社・1680円)=2004年5月27日①配信

南北を分断する鉄道の旅

「鉄馬は走りたい」（小牟田哲彦著）

著者はいま二十九歳、教育関係の会社に勤めながら、鉄道雑誌などに紀行文を書いている人だ。

この本は著者が二十二歳から二十七歳にかけて、たびたび韓国と北朝鮮へ出かけて、可能なかぎり乗った列車の旅を描いている。とりわけ、かつては南北につながっていた鉄道がいまは分断されている、その分断地点を北からも南からも訪れるのが、旅の主目的である。

現在運行している列車で行けるところまで行き、廃線になっている鉄路を歩き、さびた鉄路が草に覆われて途絶えているのを目にする。その先にあるのが、分断地点を示す看板だ。看板には、「鉄馬は走りたい」と記されている。

鉄馬、すなわち機関車がふたたび南北をつないで走る日は来るのであろうか。

その鉄道に、かつて著者の祖父が乗っていた日々があった。祖父の残した手帳を手がかりに、著者は釜山（プサン）から京城（ソウル）を経て平壌（ピョンヤン）、新義州（シヌイジュ）へと至る朝鮮半島縦断のかつての鉄道旅行を思いやり、いつか祖父と同じ旅をしたいと願うのだが、もちろん今はかなえられない夢だ。南の鉄道にも、北の鉄道にも乗ったが、いまはまだ軍事分界線を越えて南北をつなぐ鉄路がない。京義線も、京元線も、東海北部線も分断され、金剛山電気鉄道は廃線になっている。

著者は、粘り強い人だ。危ない冒険をするのではないけれども、どんな小さな機会も見逃すことなく、あちらからこちらから分断地点へと迫ってゆく。

それらの旅が九章に分けて記されるのだが、どの旅の記述においても、自分で見たことを絶対化はしていない。別の人には別の見え方があるだろうが自分の見たのはこれこれしかじかだという書き方である。分からないことは分からないと書いてもいて、それだけに信頼できる旅行記だ。

「自由の使者」である鉄馬が南北をつないで走る日を、著者とともに期待したい。（高田宏・作家）

（草思社・1890円）＝2004年5月27日②配信

異国の獄舎からの歌

「LONESOME隼人」（郷隼人著）

「一瞬に人を殺（あや）めし罪の手と　うた詠むペンを持つ手は同じ」。殺人も、小動物を慈しむのも、短歌を作るのも、同じ人の手。人間はよくよく業の深い生きものらしい。

異界に住む歌人、郷隼人の短歌は、極限状態であがく魂の絶叫である。

著者は一九九六年から朝日新聞の歌壇にしばしば登場してきた。短歌への興味がなくても、彼の歌に魂をわしづかみにされた人は多い。米国在住のこの男性が、現地駐在員でも留学生でもなく、刑務所で服役中であることを知り、彼の暮らしに思いを寄せ、彼の歌を心待ちにしていたのは私だけではないだろう。

「母さんに『直（す）ぐ帰るから待ってて』と告げて渡米し三十年経（た）ちぬ」。若くしてアメリカに渡り、十年目の一九八四年、郷は殺人により無期懲役の判決を受けた。以来二十年、いまもカリフォルニアの刑務所で服役している。

誰でもない自らの行為の結果とはいえ、仮釈放の可能性はあるものの、いつ塀の外に出られるかわからない獄中生活。そこで出会った短歌が郷の羅針盤となり、彼の人生を矯正していった。いつしか短歌は郷の「大黒柱のような心の支え」になり、歌を詠むことで彼は「気も狂わずに生きてこられた」という。

郷は、プリズンの日常生活や友情、そして年とともに募る故郷や家族への思いを、あるときは淡々と、あるときは感情を爆発させるように詠む。異国の獄舎でたったひとりの日本人として生きる極限の孤独。それに私たちはそれぞれの孤独を重ね、生きる活力を得る。実際に、郷の歌を読み自殺を思いとどまったという手紙が、二人の読者から寄せられたという。

文学は飢えた子を救えない。しかし飢えた魂は救える。郷の短歌は、そのことを証明している。

郷自身の絵と文によるアメリカの刑務所の日常も興味深い。漫画家の花輪和一が「刑務所の中」で描いた日本の服役体験とかなり違う。バケツとナイロン袋と電熱コイルで飯を炊き、こっそりグッピーを飼い、少しでも人間らしい暮らしをしようとする無期囚の姿は切実。（敷村良子・作家）

（幻冬舎・1575円）＝2004年5月27日③配信

知られざる事実に驚愕

「生きながら火に焼かれて」（スアド著、松本百合子訳）

二十一世紀の今になっても地球上に残る女性への野蛮な因習と言えば、インドの「ダウリー殺人」（結婚持参金が少ないと、夫に焼き殺される）や、アフリカ大陸を中心に行われる女性性器切除だが、さらに「知られざる現実」があることを、驚愕（きょうがく）の思いで知らされる本である。

家族から今も命を狙われる著者は、本名を明かさず素顔もさらせない。〈十七歳くらいの頃、ある男の人に恋をした。好きになった気持ちはどうすることもできなかった。（中略）たった数回の秘密のデート。その結果、私は家族の手によって火あぶりにされることになったのだ〉と、命がけで告発する。

シスヨルダン（ヨルダン川西岸）の小さな村に生まれた少女は、村の男たちが勝手に決め、守り続けた因習によって火あぶりにされた。この村では、女の子として生を受けること自体が不幸とされ、家畜以下の無権利状態で生きなければならない。十代の後半に差しかかるころには、親が決めた相手と結婚。夫に服従しながら、男の子を産ませられる。結婚前に男とつきあうと「シャルムータ」（娼婦）とみなされるばかりか、家族の“名誉”を汚したとされ、家族によって処刑される。

全身に及ぶやけどで瀕死（ひんし）状態のところを、福祉団体で働く女性の献身によって村から救出された少女は、二十回以上の手術を経たいま、夫と子ども二人とヨーロッパで新たな人生を送る（ほっとする個所だ！）。が、事件から二十五年経た今、自分の身に起きた悲惨な事実を世界に向けて伝えたい、いまだに「名誉の殺人」の犠牲となっている女性たち（中東、およびヨーロッパに六千人もいる！）を救いたい、残酷な因習を取り払いたい…、と勇気ある語り部となったのだ。

女に生まれたことが不幸となるような因習はただちに無くさなければならない、と読み手に憤りと共に、強い決意を抱かせる本であるが、同時に、読み書きを覚え、自己の置かれてきた立場を語れるまでになった一人の少女の、優れた解放文学としても読ませる、価値ある一冊だ。（宮淑子・フリージャーナリスト）

（ソニー・マガジンズ・1680円）＝2004年5月27日④配信

ひと夏の冒険と心の闇

「探偵伯爵と僕」（森博嗣著）

講談社が刊行している「ミステリーランド」は、現在、第一線で活躍しているミステリー作家の書き下ろし長編を収録した、児童向けのシリーズである。だが“かつて子どもだったあなたと少年少女のための”との惹句（じゃっく）から分かるように、大人の読者も視野に納めているのだ。本書はその「ミステリーランド」の一冊である。

物語は小学生・馬場新太の、夏休みの記録というスタイルで進む。母親から「理屈屋」といわれる新太は、探偵伯爵アールと名乗る奇妙な大人と友達になった。そして夏祭りの夜、友達のハリィこと原田隆昌が行方不明になる。

なんとなく探偵伯爵と一緒に、ハリィの行方を捜す新太。どうやらハリィは、森の中に作った秘密基地に行って、誰かに攫（さら）われたらしい。やはり友人のガマこと山賀雅也が、何か知っているようだが、彼もまた攫われてしまう。さらには、事件を追う新太にも、魔手が迫るのだった。

奇妙だが魅力的な大人が誘う、ひと夏の冒険。児童書の内容としては、珍しくないパターンである。しかし、描かれている事件の真相は、児童書のパターンから大きく外れている。人の心の闇をむき出しにしたかのような真実は、現代の病巣の一端を、厳しくえぐっているのだ。人間に対するシニカルな視点をもつ作者は、児童書でも容赦なしだ。

だが、そこが本書の美質である。探偵伯爵は新太にいう。「人間の醜さから目を遠ざけてはいけない」と。これは作者から、読者である子供たちへ送ったメッセージであろう。児童書だからといって、安直に夢や希望を語らない。そこに作者の、子供たちへの真摯（しんし）な姿勢を見ることができるのだ。

また本書では、繊細でシャープなタッチで人気のある漫画家・山田章博のレトロ調のイラストが、ストーリーに華を添えている。凝りに凝った造本も素晴らしいものだ。シリーズの惹句に偽りなし。たしかにこれならば、大人も子供も楽しめるのである。（細谷正充・文芸評論家）

（講談社・2100円）＝2004年5月27日⑤配信

稀代のスイマーに賭けて

「『北島康介』プロジェクト」（長田渚左著）

「北島康介の駆け上る過程を見逃すまい。そのとき思った」という著者によるドキュメントである。

「そのとき」とは、二〇〇〇年四月、シドニー五輪への代表選考会。それから約三年の歳月をかけての取材を経て、稀代（きだい）のスイマー・北島康介を追いかけた本作は、彼を支える五人のスタッフの熱情をもいきいきと伝えることとなった。

北島のプロジェクトチームの面々は、多彩である。

北島の「タイム以外の非凡な度胸や野生動物みたいな面に惹（ひ）かれた」という東京スイミングクラブのコーチ・平井伯昌。平泳ぎという特殊な泳ぎを冷徹な目で観察する映像分析担当・河合正治。水泳選手としての経験も持つ運動能力研究者・戦略分析担当の岩原文彦。自らの仕事を「天職」と喜ぶ肉体改造担当・田村尚之。たとえ百人の足が並ぼうと、北島の足なら目をつぶっていてもわかるというコンディショニング担当・小沢邦彦。この五人を北島は、むろん愛と感謝をこめてだが、「鬼」と呼ぶ。

この五人の鬼は、北島に「ハンパじゃなく高い」ハードルを課題として求めるが、しかし、それぞれが自らの本業から得た能力を生かしながら、手弁当に近い形で北島に賭けていく。

北島という逸材に魅入られ、育てること八年。コーチの平井は、「選手を教えるのがコーチじゃない。選手本人が失敗も成功も身にすることで、勝手に育ち上っていく」とコーチ業の根幹に触れる気づきを得る。

過酷な練習、けがの克服、敗北、そして勝利。少年時代からの北島の成長を追いながらも、本書は同時に、育てる立場の者もまた、自らの成長を促されるという姿を描きだしている。

アテネの金メダルにもっとも近いとされる北島。華と実力、その二つを兼ね備えたトップアスリートのさわやかな成長記録であるとともに、これはプロジェクトチーム五人全員の心技の深化を記録したものでもあったのだ。（藤田千恵子・フリーライター）

（文芸春秋・1470円）＝2004年5月27日⑥配信

読み所満載のミステリー

「ダ・ヴィンチ・コード（上・下）」（ダン・ブラウン著、越前敏弥訳）

宝物探しの小説は数多い。暗号を次々と解読していくパズルストーリーも珍しくない。美術品に隠された謎に挑戦する話もたくさんある。キリスト教二千年の歴史のタブーを暴くウラ世界史の物語だってよく見かける。

しかし、お立ち合い。それらすべての醍醐味（だいごみ）を一冊に（上下本だから二冊だが）ギュッと凝縮し、しかもサスペンス仕立ての活劇にした本が、これまであったか。

本書の魅力は、この読み所満載の豪華なブレンド加減にある。

宝探しなどと簡略化してしまうと怒られそうだ。この物語は奥底で、キリスト教の聖杯伝説にかかわるハードな骨格を備えている。といっても、聖杯伝説に興味のない「バチ当たり」な読者を遠ざけるようなところはない。おまけに、美術品を鑑賞するのも暗号に頭をひねるのも、どちらもダメな読者に対しても開かれている。

大枠は、ヒロインとヒーローがいきなり危機に落とされ、絶体絶命のピンチを脱していくという、非常にわかりやすい話なのだ。あなたでも大丈夫。読み始めたら一気に駆け抜けていくしかない電車道本。

開巻はルーヴル美術館の特別室。暗殺者の凶弾に倒れた老館長が自らの身体を用いて最後のメッセージを残した。文字通り命を賭けたボディーペインティング。これが「暗号また暗号」の連続技の始まりだ。一つ解いたと思うと、さらに高度な次の暗号が待っている仕掛け。はまったら途中で降りられなくなる。

主人公は宗教象徴学の教授。捜査協力に呼び出されたところ、殺人の容疑者として追われる羽目になる。味方は暗号解読専門家のヒロイン一人。警察に追われ、暗殺者に追われつつ、究極の謎に迫ることができるか。

美術館の厳重なセキュリティーに守られた名画に隠されている秘密のメッセージとは？　だれも近づきえなかった聖杯伝説の秘儀とは？

この世は象徴に満ちている。すべての事象は解読されるためのコードなんですな—。と、夢中で読み終わって、最後に思い当たる。すっかり得をした気分になる一冊だ。（野崎六助・ミステリー評論家）

（角川書店・上下各1890円）＝2004年6月3日①配信

和解と統一へ〈恨〉解く

「客人」（黄皙暎著、鄭敬謨訳）

客人（ソンニム）とは韓国語で「お客さま」の意味だが、民俗用語では天然痘をまん延させる「疱瘡（ほうそう）神」でもある。恐ろしい厄神だからこそ「お客さま」として丁重にもてなし、速やかにその家、村から立ち去らせようという願いが込められているのだ。

朝鮮半島の現代史において、天然痘のように、次々と人々に伝染し、生命を奪い、後遺症を残したのは「南北分断」のイデオロギー対立だった。共産主義と自由主義の対立は、共産思想と反共思想ととらえてもよく、反共はキリスト教と結びつく場合が多かった。「客人」のなかで、北の人民軍とその同調者たちと対立するのはキリスト教徒であり、「親米反共」の右翼的イデオロギーとしてキリスト教があったことを明らかにしている。

もちろん、作者にはキリスト教やマルクス主義を貶（おとし）める意図はない。ただ、同じ小さな村のなかで、殺し合い、傷付け合う悲劇が起こったのは、まさに外の世界から荒ぶる「客人」のような狂信的なイデオロギーが訪れてきたからであり、ともに「西学」であるキリスト教とマルクス主義は、朝鮮半島の近代化の指標として導入されたが、それは天然痘と同じ「西病」でもあった。外来思想の対立が、朝鮮半島を混乱させ、分断してきたのだ。

人民軍と国連軍とが、ローラーのように往還した朝鮮戦争の戦場。そこでは一つの村落の中で敵対と殺戮（さつりく）と復讐（ふくしゅう）と再復讐という悲劇が現出した。亡霊たちがおのおの物語る地獄絵の惨劇は、しかし現実の事件のごく一部でしかない。こうした悲劇における死者たちの〈恨（ハン）〉をいかに解くことが可能か。

作家は厄神払いの儀式の「ソンニム・クッ」という巫儀（ふぎ）の形を借り、死者と生者との和解を、夢と幻想と現実と歴史とが混然とした作品世界において実現させようとした。「お客さま」を速やかに立ち去らせ、自分たち自身が、自らの和解と統一を実現しようとする。それがこの小説の主題にほかならない。（川村湊・文芸評論家）

（岩波書店・2625円）＝2004年6月3日②配信

日系カナダ人の通い合う心

「うつくしい人生」（堂垣園江著）

人は年老いるにつれ、過ぎ去った時間にどっぷりと浸って過ごすようになる。だが、すべての過去と向き合っているわけではない。

偶然のきっかけから、封印したはずの記憶が蘇（よみがえ）り、これまでの人生の細部にわたっての決着を迫られることもある。

トロントで孤独の日々を送る日系カナダ人シゲル・ミヤマ、通称ジルの物語が、まさにそれである。彼は日本人移民の子だが日本を知らない。しかし、日系四世の女子学生キャサリンと、日本人学生の慎との出会いが、彼を青春の日に連れ戻し、何十年もの間交流を断っていた幼なじみオサム・タカハシ、通称サムに電話をかけるきっかけを与える。サムは成功した移民の息子であり、ジル親子もサムの父親の工場で働いていた。

サムとジルはかつて、ドイツ系移民の女性キャサリンを共に愛した過去がある。そしてそれはあの戦争の強制収容の記憶につながる。キャサリンは、強制収容をのがれるためにも白人である自分との結婚をとジルに迫まったが、決断のつかぬまま別れてしまった。数十年を経たいま、サムから告げられたキャサリンの妊娠。その孫がジルの前に現れた同名の女子大生なのか。

負け犬と成功者、互いに傷つけ合いながら、青春の日の苦い思い出を共有してきたジルとサム、二人の間にはいま静かな心の通い合いがある。

物語は短いエピソードをつないで展開する。それがやがて過去と現在を結ぶ大きな流れとなって終焉（しゅうえん）に向かう。

友人の遺骨を日系人の母親に届けるためにカナダへやって来た慎とジルの間にはいつの間にか家族愛にも似た感情が芽生えている

年老いて何もかもが終わった後でも、なお人はいまを生きる。そして「人生ってのは、すてたもんじゃないぜ」というサムの口ぐせのように、残り時間をさらにうつくしいものに変えていく。（高見澤たか子・ノンフィクション作家）

（新潮社・1785円）＝2004年6月3日④配信

危機意識のメッセージ

「ゴシップ的日本語論」(丸谷才一著)

丸谷才一の「歴史的かなづかい」は、大変に読みやすく、味がある。日本ではずっと別々だった「書き言葉」と「話し言葉」が、彼独自のスタイルで融合しているからだ。講演や対談を活字化した本書は、小説と批評を融合させた新ジャンルの創出に挑む丸谷の信念とも一致している。

「源氏物語」やジョイスを丸谷が語ってあきないのは、それらが「批評を内在させたフィクション」の成功例だからだ。話題作「輝く日の宮」などは、その実践であり、なおかつ丸谷流の創意と思索が加味されていた。

一方で、丸谷はエッセイスト・批評家としても知られる。そこには「小説的なおもしろさ」が躍動している。昭和天皇の受けた言語教育の失敗など、興味深いゴシップ・エピソード・事件が満載だ。読者は一気に丸谷の論理に引き込まれる。

本書を一冊読み終わった読者は、三島由紀夫流の小説や、小林秀雄流の批評との戦いが、丸谷の文業を支えてきたことを知る。文章のレトリックが正しいロジックに裏打ちされた小説と批評が、丸谷以前の「近代日本」にはなかったのだ。日本近代の文学作品も、文学研究も貧しい。

その理由は、まちがって十九世紀の西洋文学を手本としたからだ。このゆがんだ西洋近代を打ち破った功績は、ジョイスなどの小説家やフレイザーなどの文化人類学者たちにある。わが国では折口信夫などにその萌芽(ほうが)があったが、「普遍的な文学観」に裏打ちされた日本古代精神のルネサンスにはまだ誰も成功していない。だから、自分がやる、と丸谷は言う。

古代の「源氏物語」と、現代のケータイの普及とを、同時に論じる幅の広さ。本書の重要なテーマは、「時間」である。著者と読者の「間合い」が絶妙に設定された文章の中に、成熟した大人の人生の時間が封じ込められている。だからこそ、豊かな時間を失った現代への痛烈な警鐘となる。丸谷の抱く危機意識こそは、彼の批評の母胎であろう。(島内景二・電気通信大教授)

(文芸春秋・1500円)＝2004年6月3日⑤配信

長期不況で修理習慣が復活

「修理」(足立紀尚著)

日常品から文化財まで、あらゆるモノの修理・再生スペシャリストたちを紹介したのが、本書である。三十二種類に及ぶモノがどう修理されるのか、いずれも写真付きで詳細にリポートされている。

たとえば、メガネの修理はこうだ。まず鼻パットや耳あてなどの部品類や塗装を外して、メガネのフレームを金属だけにする。さらに工場で、表面に加工されたメッキを外す。

地金がむき出しになると、フレームが折れたり割れたりした部分を、高周波ろう付け機を使って銀ろうを溶かしながら丹念に接合する。盛り上がった溶接部分は、ヤスリで平面に整える。

実に細かく神経を使う作業だが、これだけやっても修理単価は二、三千円。数をこなさないと採算が合わないという。

丹念な取材から浮かび上がって来るのは、スペシャリストたちのモノに傾ける愛情と執念だ。江戸時代に発達した「からくり人形」一門の棟りょう、高科庄次さんの言葉にそれが染み出ている。

「本格的な茶運び人形(の修理)には、どうしてもセミクジラのヒゲが欠かせません。このため、どこかの土地で昔捕獲されたセミクジラのヒゲが売り出されると聞けば急いで買いに行きます」

そんな時は相手の言い値に従うしかなく、ゼンマイが四本しか取れないヒゲ一枚が、五十万円になることもあるという。

こうした修理専門家が今注目を浴びるのは、また世相の反映でもある。著者が後書きに記す通り、モノを直して使うという当たり前の習慣が日本社会から失われたのは、戦後の高度成長以降。しかし九〇年代からの長期不況やデフレが、「いわば修理にとっての『失われた五〇年』に終止符をうつことになった」(著者)。

街には、中古の家電商品やパソコンを扱うリサイクルショップがあふれ、自動車の平均使用年数は十年前の「六年」から現在では「十年」まで伸びたという。経済成長一辺倒のエコノミストはさておき、大多数の国民は、「日本人の価値観は健全になった」とみているのではないか。(小林雅一・ジャーナスト)

(ポプラ社・1575円)＝2004年6月3日⑥配信

単独覇権主義という持病　「ブッシュへの宣戦布告」（ジョージ・ソロス著、寺島実郎監訳、藤井清美訳）

本書は、今年十一月の大統領選挙でブッシュ再選を阻止するために資財を投じる金融投機家のジョージ・ソロスが、自らが目指す「ブッシュ後」のアメリカの立て直し戦略を書いたものだ。「ヘッジファンドの帝王」と呼ばれるソロスは、金融市場のバブル（均衡からかけ離れた状態）の崩壊を利用して巨利を得たが、本書ではアメリカの政治的な状況をバブルと呼び、外交政策を見直さねば崩壊すると主張している。

ソロスによると、今のアメリカは、チェイニー副大統領、ラムズフェルド国防長官ら単独覇権主義者が国際社会との協調を無視してイラクに侵攻し、占領の泥沼にはまった結果、世界での地位を劇的に低下させた。今後はブッシュ以外の大統領を立てて国際社会のリーダーに戻るべきだという。ソロスの構想は、アメリカが世界に対して寛容だった9・11テロ事件以前の状態に戻し、発展途上国との関係強化など、さらに理想主義の方に進もうとするものだ。

しかし、その構想の問題は、アメリカ自身はリーダーに戻る気があっても、もはや国際社会にそれを望まない人が多いことだ。本書が書かれた後の半年間にイラク人虐待事件などがおき、アメリカは信頼を大きく失った。しかもイラク占領の泥沼に窮したブッシュ政権はすでに方向転換し、ソロスが描く国際協調路線を実践している。

ソロスは民主党を支持しているが、ジョン・ケリー候補の外交政策は、イラクへの兵力増強、イスラエル支持、中南米への支配強化など、現政権との違いが乏しい。ソロスは単独覇権を批判しているが、自らも国際協調主義といいつつアメリカ中心で、隠然とした単独覇権主義になっている。

その意味では、本書は興味深い事実を示している。アメリカや日本には、ケリーが大統領になれば世界は良くなると考える人が多いが、それは楽観的すぎるということだ。孤立主義の源流を持つアメリカにとって単独覇権主義は持病ともいうべきもので、それを防ぐにはアメリカ主導ではない国際協調体制が必要だろう。（田中宇・ジャーナリスト）

（ダイヤモンド社・1680円）＝2004年6月10日①配信

斬新な視点による指導者像　「台湾総統列伝」（本田善彦著）

本書は、「中華民国」（台湾）の指導者像を体系だって論じた書だが、著者の視点は斬新で、そして奥行きが深い。その理由は、まだ三十代後半という若さと台北に住んで台湾の放送局に十年余にわたって籍を置いた、その経歴にあるためだろう。

ともすれば、台湾は二十世紀前半の国民党と共産党の内戦、後半の東西冷戦下の枠組みで分析されてきた。著者はそれにこだわらない世代で、むしろ日本社会の「『親日台湾』への共鳴は、台湾問題への同情や関心である以上に、90年以降、傷つき打ちのめされた日本人の自尊心を回復する手段であった」との指摘はきわめて的確な表現である。

蔣介石が内戦に敗れて台湾に移るのは、一九四九年十二月のことである。それからの台湾は蔣介石を総統とする国民党独裁政権が続く。むろん蔣介石は、この地にあって「大陸反攻」を説くのだが、現実には中国の国際社会での発言力増大とともに、孤立化の一途をたどっていく。そういう蔣介石の人物像や政治的役割を乾いた筆調で描写している。

たとえば、「伝統主義者の蔣介石にとって、大陸反攻は中華民国政府の正統性にかかわる根本認識であり続けた」という表現のなかに、蔣介石の歴史的な存在が凝縮しているという具合である。

蔣介石の死後、その長男蔣経国が総統の地位に就くが、今に至るも台湾の人びとに評価が高い蔣経国に著者もまた強い親近感を覚えていることがうかがえる。良心的でリベラルな体質をもつが、こと父親の地位を継ぐまでには特務を一手ににぎるなど暗いイメージもあった。晩年は民主化を進めるが、「志半ばで死去した蔣家の二代目」は、反米的体質をもっていたとの分析は興味深い。

蔣経国に後事を託された李登輝の民主化は認めつつも、その人物像は日本で語られているのとは異なるとも指摘している。その後は陳水扁が民選で選ばれているが、その肩にはあまりにも多くの使命が託されている。

著者の分析の確かさが今後は裏づけられていくのではないだろうか。（保阪正康・作家）

（中公新書ラクレ・924円）＝2004年6月10日②配信

希望のあかしとしての映画

「『アフガン零年』虹と少女」（中村直文著）

映画「アフガン零年」は、大衆文化を厳しく禁じていたタリバン政権の崩壊以後、アフガニスタンでこの国の映画人たちが作った最初の映画だった。しかもタリバン時代のこの国の現実を直視した内容である。

この企画を撮影の開始前に知ったテレビディレクターの著者が、早速その監督のセディク・バルマクに取材を申し込み、以後、作品の完成までを記録した。そのドキュメンタリーは「NHKスペシャル」ほか数本の番組となって放送されたが、いずれも感動的な作品であった。

はじめ著者が読んだ脚本では、当時の絶望的な状況にあっても主人公の少女は希望を持とうとしていて、それが虹によって表現されることになっていた。じじつドキュメンタリーでとらえられているように、監督は虹を撮ろうとし、少女に笑顔をさせようとした。しかし少女はついに笑顔をすることができなかった。だから出来上がった映画には虹もなく、希望もなかったが、たぶん最初の予定どおりに撮れていたら真実味の乏しいものになっていたであろう。

この経過は放送された番組でも説明されており、笑顔も出てこないこの国の現実が語られて痛切だったが、著者はその説明だけではどうも言い足りないと思うのであろう。この本では番組には盛り込みきれなかった多くのことをくわしく書く。

監督や主演の少女がこもごもに経験してきたこと、そこで彼や彼女が思ったに違いないこと、などなど。とくに主演の少女が物ごいをして生きてきたことにどんなに誇りを傷つけられ、屈辱感を持っていたかを想像するあたりは映像では表現しきれなかった著者の思いが、少々感傷的なまでにあふれていて心を揺さぶられるものがある。

この本でいちばん心をうたれるのはこの国の惨たる現実そのものであり必死に生きている人たちの姿である。よくぞ映画を作ったものである。この映画自体は希望を描けなかったが、映画を作ること自体が希望のあかしなのである。かつて戦火の荒廃の中で作られたイタリアン・リアリズムの諸作品がそうだったように。（佐藤忠男・映画評論家）

（NHK出版・1260円）＝2004年6月10日③配信

おだやかに生きる人々

「亡き母や」（阿川弘之著）

私用で山口県に行き、それもこの作品にでてくる著者の父親の本籍地でもある美祢郡にも行ってきた。戻ってきたところに書評をどうかという話があり、こういうこともあるのだなあとおどろいた。

小説は著者の両親、腹違いの兄、伯母、祖先のことなど一族の出自や生い立ちを書いた作品だが、一言で言うとたいへんにおもしろかった。

満州で土建屋をやり成功したが、早々と楽隠居し碁ばかり打ち飄々（ひょうひょう）と生きている父親。その彼から他人に産ませたこどもを押しつけられても、これまたあかるく育てた母親。作家になった著者に、人のことばかり書かないで自分のことも書けと詰（なじ）る伯母など、ここに登場する人物たちはみな愉快でたのしい。

描かれている人々がおだやかに生きているのは、物事にたいして淡泊だからだろうし、もうひとつは著者の自由闊達（かったつ）な筆力によるところがおおきい。先輩作家には失礼ながらも文章がのびのびしているのだ。味わいがありユーモアがある。ユーモアは生きる糧でもある。そう書ける著者にうらやましいなあとかんじたし、やはり作家は、文体を持っていなければいけないんだなと肝に銘じさせられた。

どんな世界にもプロとアマの差は歴然とあるが、近ごろは文学の世界でもそれがなくなってきた。文芸の「芸」を技術だとおもえば、その技術をみつめることができない文学関係者も増えてきた。時代の流れなのだろうが、本書を読んでいると、あらためて川端康成が言った、作家修業は文章修業だという言葉が思い出されてくる。

作品は家族や親族の歴史をさぐっているが、それがおのずから文学作品として昇華しているのは、一見気ままに書かれているような筋立ての中に、物事をよく見ようとする作家の目があるからだ。ほんとうはその目が作家にいちばん重要なのだが、そういう意味でもつよく触発された作品であった。また小説を読むということにおいても十分に堪能できた作品だった。（佐藤洋二郎・作家）

（講談社・2100円）＝2004年6月10日④配信

聖歌隊の合唱のように

「孤独か、それに等しいもの」(大崎善生著)

私たちは、願っていたものを得られないと知った時、かけがえのない人を亡くし、その人とともにあった希望や夢を失った時、どんなにふうに現実を受けいれ、自分に折りあいをつけるのだろう。さらには、どうやって新しい道しるべを探し、また歩き始めるのか。

それほど大きな悲劇ではなくとも、誰もがきっと過ぎていく歳月のなかで何かを失い、傷みをおぼえ、けれど大人としての日常をやりすごしながら、理想はいつしか姿を変えてしまい、自分をなだめつつ、どこかに光を探して生きていく…。

この小説集は、そうした人々の喪失から再生までの日々をたどった五作が収められている。

たとえば「だらだらとこの坂道を下っていこう」では、ふと気づくと人生の頂点を過ぎてしまったと感じる男が、最後には、このまま妻とゆっくり坂をおりていこうとフランスの田園の明るい日差しのなかで思う。

「八月の傾斜」では、高校時代にボーイフレンドを事故で亡くした女性が孤独な日々をくぐり抜けたのち、失われた青春の記憶に別れをつげ、次の一歩を踏みだしていく。

主人公たちは大切な人が世を去っていたり、つらい現実に自分を見失っていたりして、心に埋めがたい空洞がある。けれど暗い海の底まで沈みきった後には、ほのかに光がさしてきて、周りの人の優しさに救われ、またゆらゆらと浮かびあがっていく。

そのみちゆきが実に丁寧で、たしかな文章でつづられている。一文一文が重なりあうにつれ、さながら聖歌隊の合唱のように響いてくるのだ。つまり重々しさとともに、透明な意識が高いところへのぼっていくようなすがすがしさがある。

著者は語っている。「小説の場合は、最初からあらすじのあるものって、本当はないんじゃないかな。書き連ねていく文章の先に、初めて物語が生まれてくると思うんです」(「野性時代」六月号インタビューより)

文章の力と物語性…。二つの美しく切実なハーモニーが本書には響きあっていて胸にしみる。(松本侑子・作家)

(角川書店・1470円)＝2004年6月10日⑤配信

人生への賛歌が前面に

「チルドレン」(伊坂幸太郎著)

今年に入ってから吉川英治文学新人賞と日本推理作家協会賞(短編部門)を立て続けに受賞した、今や最も旬の作家・伊坂幸太郎。彼の小説が多くの読者から支持されている理由はいろいろあるだろうが、中でも、ミステリーとしての凝りに凝った構成と、たとえ作中の事件自体は悲劇的でも人生への賛歌を忘れないあたりが、人を魅了しているのだと思う。最新作「チルドレン」も、それらの点に抜かりはない。

本書には五つの物語が収められているけれども、帯では著者自ら「短編集のふりをした長編小説です。帯のどこかに〝短編集〟とあっても信じないでください」と述べている。

五つの物語は決して時系列順に並んでいるわけではなく、家庭裁判所勤務の武藤という青年が語り手を務める「チルドレン」と「チルドレンII」を除いて、視点となる人物も異なっているが、どの作品にも陣内という、傍若無人な詭弁(きべん)家だが憎めない脇役が登場し、強烈な個性をまき散らす。そして、すべてを通して読むと、陣内をめぐるひとつの物語が浮かび上がるようになっている。この凝り方はいかにも著者らしいが、むしろ注目すべきは一編ごとの完成度である。

本書を読んで、著者に以前インタビューした際、好きな作家のひとりとして連城三紀彦の名前を挙げていたことを思い出した。あらかじめ読者に何らかの思い込みを与えておき、それを意外な角度からひっくり返してみせる手さばきの鮮やかさは、確かに連城作品を想起させる。だまし絵のようなトリッキーさという点では、表題作「チルドレン」と、巻末の「イン」が双へきだろう。

また、犬への愛着、独自の倫理観を持つ登場人物など、いかにも著者らしい要素も多いのだが、これまでの作品と異なっている点として、「駄目な人」や「困った人」は登場しても「悪い人」は出てこないという事実が挙げられる。そのため、人生賛歌としてのメッセージ性が、いつにも増して前面に出ているという印象を受けた。(千街晶之・文芸評論家)

(講談社・1575円)＝2004年6月17日①配信

心によく効くエッセー集　「カレル・チャペックのごあいさつ」（カレル・チャペック著、田才益夫訳）

チェコの作家カレル・チャペックにはヨゼフという兄がいた。こちらは画家である。カレルが文を書き、ヨゼフが絵をつけた。そんなふうにして、「ロボット」「山椒魚戦争」「長い長いお医者さんの話」といった二十世紀の古典が生まれた。チャペック兄弟の贈り物だ。

チェコ市民には、もっとステキなプレゼントがあった。週のきまった日に新聞をひらくだけでいい。たとえば、こんな書き出し。

「人びとのなかには運命のひどい意地悪にもてあそばれている人がいます」

たいていの人に思い当たる。病気になった、失業中、イヤな上司がいる、急に虫歯が痛みだした…。まったくこの世を呪（のろ）いたくなる。

あらためてタイトルを見ると「不器用者万歳」とある。何をやってもドジで、ヘマをやらかすタイプ。短いエッセーだから五分で読み終わる。そのあと五時間は楽しい。

「運命のひどい意地悪」も、まんざら悪くないと思えてくる。イヤな上司にもかわいいところがあるし、なぜか虫歯の痛みが消えた。不器用人間がこんなに意味深いとは、ついぞ気づかなかった。なにやら世界が広くなって、からだまで楽になった。

そんなエッセーが三十編。新聞に出たのはその百倍ぐらいあったはずだから、チャペック・エッセーのよりすぐり。

「プラハの市内電車の二番線に…」

カレルが原稿を届けに行くとき乗っていたらしいが、その電車の老車掌のこと。すぐにも二番線に乗りたくなる。

犬好きの人は、まず「犬と猫」をお読みになるといい。ヨゼフの絵をながめてから、やおら一読。わが家のポチを抱きしめたくなるだろう。

目次にしるしをつけるのもいい。失恋したとき、老いが悲しいとき、毎日がつまらないとき、失敗をやらかしてショゲているとき—用途に応じて開くページだ。チャペック兄弟薬局のクスリであって、とてもよく効く。（池内紀・ドイツ文学者）

（青土社・1470円）＝2004年6月17日②配信

現実を虚構にする街　「ニューヨークの古本屋」（常盤新平著）

一九七八年から九九年にかけての著者五たびのニューヨーク行である。ニューヨークといえば摩天楼空を突き、さまざまな人種が街を行き交う躍動の都会のイメージがあるが、本書に描かれるのは静かなるニューヨーク。著者は街を歩き、そこを舞台にした映画や小説を思う。しばしば古本屋に足を運んでは、見つけた本に思いをめぐらす。

数々のアメリカ文学の翻訳を手掛けてきた著者ならではの該博な知識に案内されて街の奥を知る楽しみがあるが、それはニューヨークが実は時の止まった都会であることの発見でもある。

たとえば著者は、ミッチェルの「マクソーリーの素敵な酒場」に描かれたマクソーリーズ・オールド・エール・ハウスで昼食をとる。この酒場は一九世紀半ばから続いているのだ。

著者はミッチェルの描いた人々に思いをはせる。原因不明のふさぎの虫にとりつかれると、話しかけられても返事をしない店の創業者オールド・ジョン、銀行も金銭登録器も帳簿もセールスマンもきらいで、店が込んでくると早々に閉店した二代目ビリー・ボーイ…。店内はドアが開けっぱなし、カウンターもテーブルも椅子（いす）も傷だらけ。店の雰囲気は、それが書かれた一九四〇年代と大してかわっていない。

そんな中では、著者がハンバーガーを食べた、手洗いに立った、つかのま日が射（さ）した、といった旅の小さなひとコマも、よき時代のアメリカ小説の一節のようだ。

著者はまた、ふらりと古本屋に入るように、ある女性を空港に迎えに行く。この女性は著者のニューヨークに度々現れる。折にふれ紹介される本のあらすじのごとく彼女との経緯が淡々と著されるが、いつか大人の洒脱（しゃだつ）なラブストーリーを読んでいるような気分にもさせられる。

この不思議、著者の抑制の効いた翻訳的な文体と構成の妙ゆえだが、思うにニューヨーク自体がエッセーになる街ではないのかもしれない。それは小説を生む街、現実さえも虚構にする空間なのではあるまいか。（有吉玉青・作家）

（白水社・1995円）＝2004年6月17日③配信

2人の女性が描く文化史

「植民地経験のゆくえ」（井野瀬久美惠著）

二人の植民地経験の重なりが歴史を語る。

百年前、この本の表紙を飾る二人の女性、メアリ・キングズリとアリス・グリーンは戦時下の南アフリカへ旅立った。メアリは傷兵の看護に、アリスはメアリの死の意味を探って。そこでアリスが発見したものは、南アフリカと故郷アイルランドの同質性という意外な事実であった。このことが彼女をアイルランド史の書き直しへと向かわせる。こうして、メアリの植民地経験は、アリスの手によって「アイルランド国民の物語」という「かたち」を与えられる。

著者はこの軌跡を丹念に追い、アフリカ、ロンドン、アイルランドの三角形内で繰り広げられる文化史の一大スペクタクルを見事に描き出す。

何よりも、帝国の南と北での経験が、中心地ロンドンのサロンを通して双方向的に交差するところは圧巻だ。膨大な史料の渉猟と、それらの語りをすばやく読み取る著者一流の鋭敏な感性がそれを可能にする。

さらに、卓抜な歴史の構想力と澱（よど）みのない歴史叙述がこの物語の魅力を増幅する。ジェンダー、エスニシティー、宗教などの多元的要因を緻密（ちみつ）なプロット上に展開する力と、それらを人の結びつきとして臨場感豊かに描きだす叙述の妙が、読者にもうひとつの植民地経験の場を提供する。

しかも、それは人類学、歴史地理学、文学などとの越境的対話と近代知の脱構築への志向に支えられている。本書は開かれた学としての歴史学の可能性も十分に伝えている。

昨今の「帝国」論ブームのなか、「帝国のことば」で語られる歴史も再生産され続けている。

これと対峙（たいじ）し、現代と切り結ぶ歴史を書くには、ポストコロニアルなまなざしが不可欠である。周辺から中心を照射する視線が、人々を取り巻く文化の権力に対する批判的姿勢が、帝国史を帝国への郷愁から自由にする。

こうした期待に応える待望の〝帝国の文化史〟が出版された。この貴重な成果を格好の素材として、植民地経験の過去と現在が大いに語られるべきである。（高田実・九州国際大教授）

（人文書院・5040円）＝2004年6月17日④配信

異文化を結ぶ友情の糸

「村田エフェンディ滞土録」（梨木香歩著）

本書は、百年前の日本人留学生・村田青年のトルコ滞在を描いた小説だ。「エフェンディ」とは、彼の地で、学問を修めた人物に対する一種の敬称である。

古代遺跡研究のため、「スタンブール」に留学している村田青年の目を通して語られる異国・トルコは、洋の東西が交差する場所であり、国も宗教も多種多様な人々が集う混沌（こんとん）とした場所である。

そのトルコでの下宿先は、といえば、イギリス人の女主人ディクソン夫人が管理する屋敷であり、そこにはドイツ人の考古学者オットーがいて、ギリシャ人の遺跡の発掘物研究家ディミィトリスがいて、彼らのために料理や下働きをするトルコ人のムハンマドと、彼が道で拾ってきた鸚鵡（オウム）がいる。

つまり、村田青年は、公私ともに異文化に取り囲まれて、日々を過ごしているのだが、それらの日々の輝かしさが、淡々とした文章から、時にユーモラスに、時に哀愁をおびて、力強く伝わって来る。読んでいるうちに、夜明け前の礼拝を告げるエザンが響き渡るトルコという国が、その街角が、人々のざわめきすら、すっと、目の前に浮かび上がって来るのだ。

作者には、自身のイギリス留学体験をつづったエッセー集があり、その本の中に「理解はできないが受け容れる。ということを、観念上だけのものにしない、ということ」という一文があるのだが、トルコでの村田青年はまさにそのことを実践しているように思える。

だからこそ、国が違っても、文化が違っても、宗教が違っても、村田青年と下宿仲間たち、さらにはムハンマド、ディクソン夫人は、目に見えない糸でしっかりとつながりあっているのだ。

やがて彼らを待ち受ける第一次世界大戦という歴史の波。だが、その波は決して彼らの糸を断ち切りはしない。なぜならば、その糸は、「友情」で編まれているからだ。「青春」で彩られているからだ。か細いひとすじの糸ではあるけれど、強靭（きょうじん）なのである。

ラストで、異国での日々に寄せる村田青年の想（おも）いが、胸に迫る。（吉田伸子・書評家）

（角川書店・1470円）＝2004年6月17日⑤配信

作家の過剰さと悲哀描く　「フリアとシナリオライター」（マリオ・バルガス＝リョサ著、野谷文昭訳）

これはラテンアメリカ文学の熱気がまだ冷めやらぬ一九七〇年代の後半に刊行され、バルガス＝リョサが、自身の私生活さえ赤裸々に盛り込みながら、作家という人種のパロディー、その過剰さと悲哀をこっけいな筆致で描きだしてみせた話題作である。

当時のリョサは、三十代の半ばまでに「都会と犬ども」「緑の家」「ラ・カテドラルでの対話」（いずれも邦訳がある）といった重厚な大作を発表し、すでに世界的な名声を得ていた。確固たる地位を築いた自信もあったのか、それまでの手法と打ってかわって、軽やかな文章や笑い、娯楽的な要素を駆使して、新しい文学の地平に果敢に挑んでいた。「フリアとシナリオライター」はそのころの大きな成果である。

作品の冒頭近くで、「僕」の口さがない伯母のひとりが眉（まゆ）をひそめながらこう言う。「フリアったらリマへ来て最初の一週間に、もう四人の男と出かけてるのよ。しかも一人は女房持ち。まったく、バツイチ女は手がつけられないわ」

じつはくだんのフリアも「僕」の叔母のひとりであり、物語はこのあと、隣国ボリビアから出戻ってきた一まわり年上の美ぼうの彼女と、ラジオ局でアルバイトをする作家志望の十八歳の「僕」との、いささかどたばた的な恋愛をめぐって展開するのである。

しかも「僕」の名前は、バルガス＝リョサであり、フリア叔母さんは、実人生でも最初の妻となったフリアその人だというのだから、現実とフィクションが分かちがたいものとして仕組まれており、これも読者を煙（けむ）に巻くためのリョサ一流の計算だろう。

ところで、タイトルのシナリオライターは、「僕」がラジオ局で知り合うことになるあこがれの〝作家〟だ。さまざまな人物に変装して、ラジオ局の小部屋で一心不乱にタイプライターに向かう風変わりな男だが、現実とフィクションを絶え間なく行き来するそのなりわいの崇高さと猥雑（わいざつ）さと危なっかしさも、むろん今ではリョサ自身のものである。（杉山晃・清泉女子大学教授）

（国書刊行会・2520円）＝2004年6月17日⑥配信

ぬっと、何かが異世界から　「晴れた日は巨大仏を見に」（宮田珠己著）

日曜の朝、子どもとTVで「デカレンジャー」を見ていて思った。なぜ悪玉は最後に巨大化するのだろう。それに合わせて善玉も巨大化し、戦いは第二ラウンドへ入る。一番好きだった「ギンガマン」では、悪玉は「最後のご奉公！」と叫び、命と引き換えに巨大化する薬を飲んでいた。

博物館に来た子どもたちから「大仏をたくさん見られてよかった」と言われることがある。大仏をたくさん…？　それは単に少し大きい仏像のことらしい。子どもは大きいものが好き。十五メートルもある東大寺の大仏の前では、いつも歓声があがっている。

日本人は小さいものが好きという。日常的には確かにその通りと思うが、大きいものに意味もなくひかれることもある。

ずっと前、東京から電車に乗り、ぼんやり外を見ていたら、神奈川県大船あたりであるものが目に入った。あの瞬間の驚きは忘れられない。それは巨大な観音像の上半身だった。思いがけない風景が、私に非日常の強烈パンチをくらわせた。

本書の著者と同じく、それを契機に巨大仏に興味をもった私は、その〝観音力〟で周辺地区に電波障害を起こしている仙台の大観音をはじめ、いくつかの巨大仏を訪ね、「出たあ！」と叫びながらも、日常を一発で超えるあの不思議な存在の意味や、「山越阿弥陀（あみだ）図」との共通性などを考えてきた。

本書は、日本各地に存在する四十メートル（ウルトラマンの身長）以上の巨大仏十六体を訪ね、「巨大仏のある風景のおかしみについて」書いた抱腹絶倒の紀行文である。巨大仏の多くは、昭和の終わりから平成にかけての一時期に造られた。

巨大仏は風景とセットで見え、最初に見えた瞬間の違和感が一番面白い。ぬっと何かが異世界から顔をのぞかせている不気味さや、そんなもん一切わし知らんがな、とでもいうような冷たさがある。これらの指摘は的確で、巨大仏が集中的に造られた時期の分析もいい。

この本は面白い。図版も笑える。ブックデザインもおしゃれ。著者の顔も愉快。のぞいた末娘は「わあ」と叫んでいた。（西山厚・奈良国立博物館資料室長）

（白水社・1680円）＝2004年6月24日①配信

とどまった側の人間として

「長崎乱楽坂」（吉田修一著）

父を亡くし、母の実家である三村家に身を寄せることになった、少年・駿。近くに組を構えるヤクザ者の長男に代わり家を取り仕切る伯父・文治を慕い、四六時中気の荒い男たちが出入りする三村の家を「ここは自分の居るべき場所ではない」と思いながらも、七歳の駿はそこから逃れる術を知らなかった―。

本書はそんな性と暴力の渦中で育ち、自分はこうはなれない、ならないと思いながらも粗野な男たちにひかれ、悩みながら成長していく駿の姿を描いた連作長編である。

「どや？　坊主たちの死んだ父ちゃんのと、どっちが太かや？」

物語の冒頭で、弟と入浴中の駿は、三村家に出入りする若い男たちの頭格である正吾に、そう言って性器を突き出される。駿たちの母親は、半ば祖父母公認で正吾と関係を持っていた。

この印象的な書き出しからして、これまでの吉田修一の作品とは、明らかに違う、という気配を感じる読者は多いだろう。

著者は一昨年、東京・千歳烏山のマンションで共同生活を営む五人の若者たちを描いた「パレード」で山本周五郎賞を、日比谷公園を舞台にした「パーク・ライフ」で芥川賞を受賞。今夏ドラマ化され話題を呼んでいる「東京湾景」も文字通り東京湾を挟んだ恋愛小説で、彼の作品は都会的と称されることも少なくない。

だが、彼の小説の登場人物の多くは生粋の東京人ではない。「ここではないどこかへ」と願って上京し、にもかかわらずやはりどこか都会の暮らしになじめず、孤独や不安、焦燥を抱える人々だ。これらの作品には当然、故郷・長崎から「出てきた」著者自身の姿が投影されていたに違いない。

けれどその故郷を舞台にした本書で、吉田修一は主人公・駿をとどまった側の人間として描いた。家の盛衰、男と女、親と子、兄と弟、生と死、そして行く者と残る者。駿の半生は息苦しいまでに残酷かつリアルだ。

ここには、もうひとりの吉田修一がいる。そして読者はもうひとりの自分を想像することになる。

（藤田香織・書評家）

（新潮社・1365円）＝2004年6月24日②配信

抑圧読み解く新しいツール

「男たちの絆、アジア映画」（四方田犬彦・斉藤綾子編）

日本映画研究ではジェンダー、セクシュアリティーが本格的に問題とされることが少なく、女性研究者が共同することはさらに例がない。本書は東アジアの女性研究者（四方田氏除く）を糾合した日本初の映画理論書であり、二重の意味で快挙である。

題名から推察されるとおり、分析の基本理論はセジウィックの「男同士の絆（きずな）」を主著とするホモソーシャリティー理論である。ホモソーシャリティーとは「男性たちの利益を維持し、促進するための男の連帯」システムだ。このシステムは、古代ギリシャから近現代の国家・企業・軍隊など、あらゆる組織にわたって家父長制の根幹をつくってきた。この制度がかくも長く維持されたのは、文化がそのような心性をたえず醸成してきたからである。

編者である斉藤氏は、日本で一番人気の大衆映画ジャンル「仁侠（にんきょう）もの」を、高倉健主演の「昭和残侠伝」シリーズの典型的な場面をひいて考察する。悪玉親分に独りで殴り込みをかける健さんの姿。そこへ、すがる女をふりきってきた池部良が合流。二人は心中するかのように死地に赴く。この場合「すがる女」とのかかわりは「人情」であり、男同士の絆は「義理」である。義理と人情なしに日本の大衆文化は語れない。

ここで大事なのは「すがりつく女」がいることである。なぜならこの男たちは女々しい「ホモ」であってはならない。異性愛者でありながら、男の本分である〝男の連帯〟を上位において行動しなければならない。ここで三角形の支配構造ができあがる。

この理論は米国の女性がたてたものだが、儒教（主君への忠、友情、女性蔑視＝べっし）が覆う東アジア文化の分析に最も有効である。そこに本書が東アジア映画分析に集中した意義がある。

斉藤氏が、高倉健のホモエロティックで〈曖昧な肉体〉を生々しく浮かび上がらせる一方、ホモソーシャリティーという新しいツールを手にした四方田氏は、水を得た魚のごとく、日活アクションを完全に分析し得た。近年、これほどエキサイティングな映画論はない。（若桑みどり・川村学園女子大教授）

（平凡社・2520円）＝2004年6月24日③配信

障害者との豊かな共生へ

「ユニバーサルサービス」(井上滋樹著)

さまざまな障害のある人とそのほかの人が、どのようにコミュニケーションを築き「すべての人が響きあう社会へ」(本書副題) を実現できるか。建物のバリアフリー、だれもが利用しやすいユニバーサルデザインのまちづくりなどハード面は、最近、法的整備もあってかなりすすんできた。これに対して、「ユニバーサルサービス」とは、著者によれば「コミュニケーションや人的サポートなどソフト面」である。

視覚障害者にどう声をかけてどのように案内するか、車いすをサポートするポイントなど、私たちは意外に知らない。聴覚障害者と言えば「手話」を連想するが、実は多様なコミュニケーション方法があること、情報技術(IT) 活用の可能性など、イラスト付きで具体的に示されている。

すべて個々の障害者との出会いを通して語られるので、読者はここに登場する障害者の人生と背景を知ることができる。人間社会にあってコミュニケーションこそ生のあかしだということがよく伝わってくる。

どんなにバリアフリーなビルがあっても、そこで障害者が働こうとするとき、アクセスがよくなかったり、仕事関係の人々とのコミュニケーション方法が確立していなかったら、共に働く職場にはならない。本書の中に、アメリカ成人障害者の26%が雇用されているのに、日本はわずか7%とある。残念ながら日米のユニバーサルサービス格差を物語っている。

著者は四十代に入ったばかりの広告代理店社員で、環境、高齢者、障害者などのテーマで調査研究開発を担当している。一方、ユニバーサルデザインをすすめるNPOを立ち上げた責任者。仕事と個人の志が一致した幸せな男である。少し前だったらサラリーマンは会社一辺倒を求められ、ボランティア活動もままならなかった。今や個人の活動と会社の業績が「響きあう」時代に変わりつつある。

この本の紙質は軽く、「広開本」というそうだが、力を入れなくても開きやすく安定がよい。すでに高齢者である私がどこに携帯しても広げやすく読みやすかった。(樋口恵子・評論家)

(岩波書店・1890円)＝2004年6月24日④配信

冤罪の人生の深奥

「狭山事件」(鎌田慧著)

六月十七日、「甲山事件」の冤罪(えんざい)を晴らした松下竜一さんが病死した。文芸誌「群像」の一九九一年十二月号に掲載された松下さん、鎌田慧さん、わたしの座談会「事実と虚構―ノンフィクションの可能性」を十三年ぶりに読み返した。

その中で鎌田さんは「例えば裁判の法廷でもいいですが、単に法廷のやりとりを見ているだけではなくて、やっぱりそこには、ふだん見られない人生の深奥みたいなものが見られる瞬間がある」と語っている。

狭山事件では、六三年五月に逮捕された二十四歳の青年が、最高裁で無期懲役が確定して服役、九四年十二月に五十五歳で仮出獄した。本書のサブタイトル「石川一雄、四十一年目の真実」は、帰郷後に著者のロングインタビューを受けた石川さんが「人生の深奥」を見せたことを示す。

十六歳の女子高校生が殺害され、自宅に身代金を要求する脅迫状が届けられた狭山事件は、きわめて悪質であり、被害者側にとって救いようのない悲劇である。しかし、わたしは七六年に「ドキュメント狭山事件」を書いたとき、「ギリシャ悲劇のようだ」と感じた。逮捕から一カ月後に犯行を自白し、一審の浦和地裁で死刑判決を受けるまで、「やったと認めれば十年で出所できる」と、石川さんが思い込んでいたからだ。

読み書きができなかった青年は、「お前の悪事は森林窃盗など十件だから懲役十年で済む」と取り調べの警視に言われ、その約束を信じていた悲劇である…と。

ところが本書で、「無知からきた迎合ではない。もっと積極的な、家を救うための犠牲打だった、と考えるとわかりやすい」と著者は明かしている。否認していた石川さんは「現場に残された足跡と六造(実兄) の地下足袋が合致する」とうそを聞かされ、自ら罪をかぶる覚悟を決めた。貧しい家庭を経済的に支えていたのが兄だからだ。

獄中で自分の言葉で上告趣意書を作成するなど、表現力を身につけた石川さんが語るアリバイも十分に説得力があり、「四十一年目の真実」を私たちは直視すべきである。(佐木隆三・作家)

(草思社・2310円)＝2004年6月24日⑤配信

死者が慰藉する生の姿

「野川」（古井由吉著）

幽明の境という言葉がある。死して現世に分かれる、その境のことであるが、むろん生者にあっては、それを直接に垣間見ることはできない。いや、太陽と死を人は見つめることはできないというフランスのモラリストの言を想起するまでもなく、人はおのれが死の姿を見ることはできないのだ。

しかし、古井由吉のこの小説を読むと、読者は、その言葉の魔術的世界のうちに吸引され、幽明の境を越えていくような感覚に陥るのである。とはいえ、何か大仰な生と死のスペクタクルが展開されているのではない。反対に日常の何気ない会話や気配、物のしじまのなかに、死者の相が現れ、生者とのあいだに深い交わりをつくる。

最初は、机の上にひょいと置かれた、掌（たなごころ）の内に納まるほどの埴輪（はにわ）の馬である。さる人が来年の縁起にと、土地の素焼きのその馬を届けてくれた。五十代の半ばで大病をした「私」は、その小さな馬を眺めるうちに、自分の魂がさらわれて行くような思いにとらわれる。そして、六十四歳になった「私」のもとを、ふいに訪ねて来た旧友の突然の死が、さらにはるかな死者たちの記憶へと誘う。

それは昭和二十年の三月十日の東京大空襲である。一夜の死者が十万人にも及んだという、その半世紀余り前の恐怖は、まだ子供であった主人公のなかに、死のひしめきとして刻み込まれている。あの日、夥（おびただ）しい屍（しかばね）を凝視することは避けた、その死者の群れが、今にわかに「私」を取り囲み、謐（しず）かに幽明の境へと歩みを共にするかのようである。

《死者の圧倒的な多数を肌身に迫って感じさせられる境はあるのだろう。無数の人間の死後を、自分はまだわずかに生きている。際限もない闇の中の一点の灯ほどの存在になる》

その生の灯が映し出すのは、ただ死の闇の無限、恐怖、陰惨だけではない。死者たちの相が、老いのうちに浮かぶ生の姿を、むしろ慰藉（いしゃ）し、鎮魂するのである。（富岡幸一郎・文芸評論家）

（講談社・2310円）＝2004年6月24日⑥配信

言葉へのあきらめと愛着

「もうおうちへかえりましょう」（穂村弘著）

穂村弘氏は、腹話術の人形が、自身の口で語りだしたかのように、自らについて語っている。背中から突っこまれた巨大な手の感触に、少し顔をしかめながら、「私とつきあうと女の子はブスになる」「シャツの裾を出しても変、出さなくても変、どうすればいいんだ」「マグマになれない。私の心は冷えている」と、つぶやいているふうに見える。

後ろ向きのことをいいながら、けして陰気ではない。あるいは、陰気になれないのは、背中に突っこまれた手のせいかもしれない。穂村氏はむろん自覚している。背中の手に、無理にあらがうことはせず、自分に語ることのできる言葉、自分にしか語れない言葉を、ていねいに選び、訥々（とつとつ）と書き連ねていく。

曖昧（あいまい）な居心地の悪さを、穂村氏はきっと、幼いころから抱え続けている。それに形を与えたのが、学生時代に触れた、八〇年代文化への親和といら立ちだったろう。「電通が、セゾングループが、マガジンハウスが、我々の周りを無数のイメージで取り囲み」「私たちは心や感動などというものを信じることができなくなっていた」（「八〇年代最大の衝撃」）。

穂村氏は、自らを通して出てくる言葉に、あきらめと愛着の両方をもっている。目の前を流れていく世間の底に、黒々とした違和感の、太い根を感じながら。その感じはいつもついてまわる。コーヒーを注文するときも、ボウリングレーンに立っているときも。自分の口が何げなくつぶやいたひと言にさえ、ふと立ち止まり、違和感の淵（ふち）をのぞきこむ。底から反射する光が、穂村氏の詩句や散文を、ほのかに包んでいる。

「曇天の午後四時が怖ろしい。このどんよりして眠いような、中途半端な悲しい時間を、みんなは一体どうやって過ごしているのだろう」（「曇天の午後四時からの脱出」）

その時間に、穂村氏の背中のなかの巨大な手は、おそらくごそごそと身じろぎをしている。（いしいしんじ・作家）

（小学館・1470円）＝2004年7月1日①配信

新選組に新たな解釈

「輪違屋糸里（上·下）」（浅田次郎著）

近藤勇一派に粛清された典型的な悪役だった。本書は新選組の転換点になった芹沢鴨の暗殺を、新たな解釈でとらえた異色作である。

新選組の実像に迫った子母澤寛の古典的な名作「新選組始末記」には、タイトルにある輪違屋の芸妓・糸里が、暗殺の日、芹沢の重臣・平間重助と一夜を共にしたと記されている。芹沢は京の商家菱屋の女房お梅と一緒のところを襲われ二人とも惨殺されるが、同じ屋敷にいた平間と糸里は無事だった。この不可解な暗殺劇はなぜ起こったのか？

事件の顛末（てんまつ）を、従来の歴史小説では脇役にすぎなかった糸里やお梅、さらに新選組に屋敷を提供した前川家のお勝や八木家のおまさといった女性たちが語ることで、おなじみのエピソードの裏側が次々と明らかになっていくので、良質のミステリーを読むような興奮がある。

女性が語る新選組物語は決して珍しいものではない。ただ今までの作品が女性を時代の犠牲者としてきたのに対し、本書の女性は男の仕打ちや社会の理不尽を乗り越え、自らの人生を主体的に切り開いていく強さとプライドを持っている。

京と江戸、革命と伝統、そして「百姓」出身の近藤勇らと生まれながらの「武士」芹沢一派の対立など、当初から多くの矛盾を抱えていた新選組だが、本書では一枚岩になるための通過儀礼として芹沢鴨暗殺を断行した事実と、一切の弁明をしないまま時代の悪役として死んでいった芹沢の真実の姿が、女性たちを通して浮かび上がる。

前作「壬生義士伝」を男の物語とするならば、本書は女の物語といえよう。それだけに、暗殺でしかアイデンティティーを保てない新選組と、命を産み育てる女性を対比させることで、生命とは何かを問うテーマもより深く追究されていた。人間の命が軽くなりつつある現代だからこそ、著者の想（おも）いが結実したラストは深い感動を呼ぶだろう。（末國善己・文芸評論家）

（文芸春秋・上下各1575円）＝2004年7月1日②配信

奥深い社交ダンスの世界

「踊りませんか?」（浅野素女著）

社交ダンスは、一人で踊れない。カップルで踊る。踊りの楽しみ方はさまざまに違っていても、二人で踊るというその特質が、格別の喜びや高揚感、さらには葛藤（かっとう）や相克を生み、自己発見までももたらし、踊る人に深く豊かな情感を生じさせる。

本書は、社交ダンスの文化全般を解説しながら、社交ダンスが精神に与える本質的な効用について光をあて、語り尽くすことを試みている。

社交界の舞踏会でのダンスや、スポーツとしての競技ダンス、ガンゲットと呼ばれる庶民の遊興の場におけるダンスなど、著者が住むパリで、日常に息づく踊りの世界を紹介。また、上流階級と庶民の間で、あるいはフランスや英国など欧州とほかの地域の間で、複数の文化が混じり合い、影響を及ぼしながら洗練され、現在の社交ダンスの形となっていった歴史を俯瞰（ふかん）する。

例えば、十九世紀に大流行したワルツの起源が、中世フランス南部のヴォルタという踊りにあるという説を紹介。それがパリに伝わり、北イタリアで流行、時には、はしたない踊りとして弾圧を受けもしたが、民衆の中に生き続け、フランス革命の嵐の中で庶民に熱狂的に愛され、その後ようやく上流階級に支持され、さらに英国で改造され今日の形になったという。

ほかに、タンゴが初期には男同士で踊られていたなど、面白いエピソードを交えつつ、競技ダンス十種の踊りの起源や特徴を解説。ルンバ、サンバ、チャチャチャといった、南米やアフリカ大陸で発生したダンスのもつ宗教儀式的意味や、抑圧された生活の中での意義、官能の要素についてなど、文化的な側面への言及も興味深い。

父親が経営する社交ダンスの教室を間近に見て幼少期を過ごした著者は、長じて渡仏。パリでの生活を送るうち、再び社交ダンスに出合い、その魅力に夢中になっていったという。五感を全開にし、肉体の鍛錬を通しながら他者と向き合い、新しい文化を吸収していく。その根源的な喜びが本書には満ちている。（河合敦子・フリーライター）

（集英社新書・714円）＝2004年7月1日③配信

曖昧な感覚を表現する秘訣　「文学校」(赤瀬川原平、大平健著)

この本は〝プロの生徒〟を自任する精神科医の大平健が、芥川賞作家でもある赤瀬川原平を〝先生〟に、文章の書き方を習う対談集である。教科書は赤瀬川先生の著書、四冊。

生徒が「一見、チャランポラン風ながら、その実、つかみ方に妙な一貫性があって(略)デタラメに張っているようだけど、きれいなコラージュ」と評する文章がテキストなのだから大変だ。

だが、自分の思っていることを正確に伝える、引っ掛かりのないつるつるの文章こそ正しいと思い込んできたことに疑問を感じている生徒は、果敢に「きれいなコラージュ」の解明に取り組む。

そして、セラピーまがいに「知識がごちゃごちゃで、感覚のままの形で残っている」、それを言葉にするにはちょっと違和感があるほうがいいので「犯罪にならない程度の軽犯罪を少しだけやる」などと、面白い文章を書く秘訣(ひけつ)を聞き出していく。

プロの生徒だけに、師を〝診断〟して〝病名〟をつけるのもうまい。先生がおなかを壊したとき、映画館で火事が起こって人々が真っ暗闇の中を「出口」に殺到する場面を思い浮かべたと聞いて、〝パラレル思考〟。「理屈っぽいんだけど、理屈がうまくいえない」と笑う先生に、それはカオスタイプの理屈で、その作品は数学用語で言うと〝非線形小説〟などと。

このため、赤瀬川本の卓抜した解説書にもなっているから、一冊で二度おいしい。

ただ、もとの対談原稿に何度も直しを入れたそうだが、よく対談の構成をする身から言うと、注釈をもう少し本文に入れ込んだほうが読みやすいだろう。

しかし、聞き上手なプロの生徒と、惜しみなく手口を明かす先生のタッグマッチで、曖昧(あいまい)な感覚を表現する秘訣をここまで明らかにしたのは貴重だ。結局、文は人なり、教養なり、センスなり、洞察力なりで、一朝一夕に会得できるものではないのだが、文章修業の具体的な指針になる。

要するに、これはこの書評のようにつるつるの文章を書かないための本なのである。(柴口育子・フリーライター)

(岩波書店・1680円)＝2004年7月1日④配信

絶望が生んだ銃撃事件　「コロンバイン・ハイスクール・ダイアリー」(ブルックス・ブラウン、ロブ・メリット著、西本美由紀訳)

一九九九年、アメリカのコロラド州リトルトンにあるコロンバイン・ハイスクールで銃撃事件が起きた。二人の在校生が銃を乱射し十三名を殺害。アメリカ学校史上最悪といわれた事件だった。事件の少し前までアメリカに住んでいた僕は、とんでもない事件が起こったと衝撃を受けたのをよく覚えている。どこかで一連のオウム真理教事件、神戸の酒鬼薔薇事件などと結びつけながら。

この本は、犯人たちの親友で、一時は犯人の一人ではないかと疑われたブルックスが新聞記者のロブ・メリットとともに書き上げた回顧的ルポルタージュだ。

原因はネオナチか、ドラッグか。当時僕はそんなことしか考えていなかったが、この本を読んで事件はとても社会的で、複雑な要因がからみ合って、ある意味では起こるべくして起こったということがよくわかった。一見きれいで平和なコロラドの郊外住宅街。犯人たちは小さなころから、日常的にずっといじめられ、排除されてきた。学校教師から、同級生から、そして親や家族から。

ブルックスは典型的なアメリカの日常生活の裏側に潜む陰湿な行為の数々を克明に語っていく。犯人たちはテレビゲームの暴力シーンなんかに影響されてあんなことをやったんじゃない。徹底的に社会と未来に絶望し、すべてを破壊しようとしたんだ。自分が犯人の一味扱いされた経験も含め、事件の原因を安易にメディアだと決めつけず、淡々と冷静に語っていく。その展開に僕は息をのんだ。

さらにブルックスは、親友が絶望した社会と未来を自分の手で変えるため、さまざまな社会活動をしはじめている。

ブルックスの詳細な一人称の個人的な回顧の所々に、ロブによる他者の視点や全体状況を確認する三人称の文章が埋め込まれ、客観化をするというユニークな手法。それが功を奏し、一気に読み進むことができる。

悲しみと粉々になった世界の断片をかき集めて未来に向かおうとするブルックス。松本サリン事件十年を迎え、陰惨な事件の絶えない今の日本にこそ必要な姿勢だ。(水越伸・東大助教授)

(太田出版・1554円)＝2004年7月1日⑤配信

郷土愛あふれる着ぐるみ

「ゆるキャラ大図鑑」(みうらじゅん著)

仏像、牛などとっぴなマイブームを提唱してきた「みうらじゅん」が、このたび「ゆるキャラ」にハマッた模様である。

地方自治体主催のイベント、村おこし、名産品などのPRのために総力結集して作られた着ぐるみのキャラクター。これを「ゆるキャラ」と呼ぶ。商売っけがなく、ゆったり、ゆるゆるしているからだ―と。

二〇〇〇年に広島で「近い将来、ゆるキャラの時代が必ず来る!」と確信したみうら。その心に火が付いたきっかけは、商店街をパレードする広島国民文化祭のキャラクター「ブンカッキー」であったという。牡蠣(かき)のボディーに、県木であるモミジを頭にのせたその姿は地元で大変な人気、らしい。

他に、あしゅまる(青森)、わかぴょんず(福井)、らぴぃ(岐阜)、ハンザケ(島根)、みるるん(宮崎)など、キャラ名だけでは本体のイメージは不可能だ。本書は「週刊SPA!」の連載をベースに、日本全国から厳選されたコリにコッた着ぐるみキャラを百種も収録している。

伝統芸能、歌舞伎の世界でも独特の着ぐるみ文化があるとはいえ、日本人の着ぐるみ好きに、あらためて驚く。よくもこれだけ作ったものだ。がんばっていろいろと盛りこみすぎて、製作意図を大ハバに外したものもあるが、これまた御愛嬌(あいきょう)。

まえがきに「この殺伐とした時代に、どれだけの癒やし効果があるのか」とあり、「またいつものジョーダンを」と思ったが、読むほどに「ゆるキャラ」から惜しみなくあふれ出る郷土愛。うれし恥ずかしその熱さに心は和み、損得抜きの無償の愛に、確かに気分は癒やされモードに。

コラムに踊る「みうら節」も絶好調。彼の目下の夢は、ゆるキャラを一堂に会させる「ゆるキャランド」の建設とか。意味のないようなコトに一生懸命に燃える。その魅力と価値について思った時、「みうらじゅん」と「ゆるキャラ」の「愛あるゆったり感」が、一つに重なったのだった。

忙しすぎるね、ニッポン人。「ゆるキャラ」に、忘れてきたナニカを思い出したような気に、そこはかとなく―。(高橋章子・エッセイスト)

(扶桑社・1980円)=2004年7月1日⑥配信

アルバイターの倫理

「ぐるぐるまわるすべり台」(中村航著)

作者の中村航は、三十二歳の時に「リレキショ」という作品で第三十九回文芸賞を受賞している。その歳(とし)で作家になるということが、早いのか遅いのかはわからない。けれど、たとえば古井由吉は三十過ぎで作家になり「セコハン新人」などと呼ばれていた。中村氏も「いい歳」で作家に就いたと言えるかもしれない。

何故そのようなことを考えたかというと、中村氏の小説には、たとえば二十歳そこそこで作家になった人間には見ることのできない、骨太の価値観とでもいうべきものが、あるように思えたからだ。

オレたちは、他人の生を見まもり、その話を聞き、相づちをうつことによってのみ、他人に「よい影響」をあたえることができる。何故ならオレたちは自分の身のまわり三メートルしか見ることのできない、無力なばか者だからだ。ひとことで言えば、中村氏の小説にみられる価値観とは、そのようなものである。

作者の最大の持ち味である、物語を創造する才能は、登場人物が主人公に自分の話をするときに発揮されている。たとえば表題作では、大学を辞めて塾でアルバイトをしている主人公が、バンド仲間を募集する際に、応募してきた人からいろいろ話を聞く場面がある。そのときの小話に目を通していくうちに、読者はまるで「伊勢物語」を原文で読んでいるような気分を味わうはずだ。

そればかりではない。書き下ろしの「月に吠える」では、他人を見守る人物像から、人とのセッションを試みる人物像への転換が模索されている。そしてそれらの態度に共通するのは、何でもいいから身の回りにあるものを使って、自前の倫理を組み立てる、という手作業的な方法論である。

もしかしたらこのような態度は、作者が工学系の出身であることと関係あるかもしれない。それは知識人や芸術家的な身ぶりというよりはアルバイターの倫理とでも呼びたくなるようなものである。この、三十代の新人作家の「新しさ」はそこにあるはずだ。(池田雄一・文芸評論家)

(文芸春秋・1300円)=2004年7月8日①配信

矛盾の中で生きる姿照らす

「ミサコ、三十八歳」(群ようこ著)

三十八歳といえば、仕事に打ち込める若さにも陰りが見え、ふと疲れを感じるころかもしれない。独身の主人公ミサコは、最近、会社に向かおうとすると脱力感に襲われる。二年前にマンションも買った。勤めている出版社では小説誌の副編集長にもなった。けれど、会社と自宅の行き帰りだけの毎日に、これでよかったのかと自問自答することが多くなった。

ミサコの心の救いは二年前に拾った茶トラネコ。家ではもっぱら、不細工で食欲旺盛なこのデブネコに話しかけている。独身女性がペットを飼い始めると、もうおしまいだと聞いたことがある。ますます結婚が遠のくというのだ。ミサコも「もうおしまい」なのか?

五年前まで結婚、結婚とうるさかった親も、今では「あきらめろ」と言いだした。うるさく言われるのもうっとうしいが、あきらめろと言われるのも傷つく。結婚をあきらめているわけではないミサコだが、男の影はない。積極的に出会いを求めている様子もない。

妹のエリカはグラビアアイドルをしているが、父親は「仕事がダメなら嫁に行けばいい」と言う。その言葉に、ミサコは気がつくとうなずいている。「女性も一生の仕事を持たなくては」と思っているミサコも自分の妹となるとそんなものである。

その昔、結婚は「永久就職」とも呼ばれていたが、女は仕事をもつか、結婚をするかが同等な意味を持っていまだに並べられるのだ。

世の中には、その類の結婚にまつわるものさしがある。そしてそれは、生き方が多様化したといわれる今なお、意外にも健在で、ミサコ自身の中にもさっぱりないわけではないのだ。

三十歳以上、未婚、子なし。今、ちまたで増殖中の〝負け犬〟の多くは、何も結婚したくないと明言しているわけではない。自分の中に残っている、結婚にまつわるこれまでのものさしと、「何をおいても結婚!」というほどでもない自分の現実。その両方を抱える矛盾の中で、彼女たちが戸惑いつつ生きていることを本書は照らし出している。(いずみ凜・劇作家)

(角川春樹事務所・1470円)=2004年7月8日②配信

脳研究の展望きく見取り図

「心脳問題」(山本貴光、吉川浩満著)

最近、男脳と女脳の違いから男女の性差を説き起こす本が話題になったり、「脳力を鍛える」と称する教材が飛ぶように売れたりしている。育児書にも、最新の脳研究の成果が収められているものが少なくない。

これほど脳に関する情報がはんらんしてくると、情報の海を賢く泳ぐためのナビゲーションがどうしても必要になってくる。それを提供しようというのが、本書である。

ただし、情報を羅列し、整理するだけのナビゲーションではない。本書が提供しようとしているのは、「脳をネタにした言説の読み解きかた」であり、これまでの脳研究が何を問題とし、現代の社会に何をもたらしてきたかを眺め渡せる見取り図だ。

心脳問題の核心は結局、「人間は脳というモノに還元できるか?」ということだが、それに対する究極的な回答がないことを、本書は古代の哲学にまでさかのぼって明らかにしている。

だが現在、人間の行動や社会現象の原因を脳のスペックによる説明に帰着させようとする、著者たちが「脳中心主義」と呼ぶ言説がはびこっている。「脳がそうなっているからだ」と言われると、しろうとのわたしたちは、つい納得してしまいやすいのだ。それだけ科学信仰が、わたしたちの間に深く浸透しているからだろう。

本書が、心脳問題をあつかったほかの多くの本にない痛快な展開を見せるのは、脳科学の情報がきわめて政治的な含みをもっていることを、現代社会で進行しつつある「規律型」から「コントロール型」への移行という重要な変化に関連づけて論じている点だろう。

人間を生物学的な次元でコントロールすることに重きを置く現代の社会にあって、脳科学の情報は、単なる情報にとどまらず、人間の心を改変するテクノロジーの重要なツールになるというのだ。

さまざまな脳情報の裏に隠されたトリックを暴く叙述につきあっていると、突然、自分が思いがけない展望のきく地点につれてこられてきたことに気づかされる。そんな本である。(菅靖彦・翻訳家)

(朝日出版社・2205円)=2004年7月8日③配信

〝カワイイ〟文化の軌跡 「巨額を稼ぎ出すハローキティの生態」(K・ベルソン、B・ブレムナー著、酒井泰介訳)

「(日本は) 神の国」という元首相の発言が海外で話題になったころ、私は東京の外国人記者クラブで日本のマンガ現象についてスピーチをし、「神の国だって？　日本はキティちゃんの国だとずっと思っていたのに」と驚いている外国人のマンガを描いて大笑いされたものだ。

つまり、当時から「ハローキティ」は日本を読み解くキーワードと認められていたわけで、キティ成功の軌跡をたどる本がふたりの米国人ジャーナリストによって書かれたのも当然かもしれない。

サンリオのキティちゃんには口がなく(従って主張もなく)、絵本やアニメなどの物語の中から生まれたわけでもなく、ただふわふわと存在するだけなのに、アジア諸国から欧米の大人の女性にも人気が広がっている。

著者はその理由を求めて、キティの作り手や関係者へのインタビュー、国によって異なる販売戦略や、人気をめぐる学説を引用、またその背景にある日本の〝カワイイ〟文化の流れをマンガやアニメ発展史から手際良く紹介する。

何よりもアジアでの海賊版の横行や、アメリカなどでのキティ反対者たち(沈黙のネコがいらだちと反発を招く)の話など、事例が豊富なのが読ませどころで、ひとつの商品を介した地球規模の業界報告書として非常に読みやすく、啓蒙(けいもう)的でもある。

キティの場合「寡黙こそ雄弁なのだ」と言う以上の成功理由が判然としないということこそが魅力で、著者はそれ以上の分析には踏み込んでいない。ただ著者は触れていないが、逆の発想をすれば、女性はかわいらしさへの愛着と、それを表示したい気持ちを本質的に抱いており、日本ではそれが文化(例えば少女マンガは日本の発明だ)として認められ、広く展開している。

欧米の女性ファンには、スヌーピーやミッキーマウスなどと違って明白に女性向けに作られ、好きなように受けとめられるキティに出合い、気持ちを解放できた人たちもいるのでは―と、私は自分の海外体験から感じることもある。(小野耕世・マンガ評論家)

(東洋経済新報社・1890円)＝2004年7月8日④配信

感受性あふれる思想書 「庭の旅」(白井隆著)

いいなあと私が思ったのは、山形県西置賜郡の宇津沢というところにある散居集落をめぐる話である。沢に沿って柔らかな曲線を描いた谷地に、田畑がひろがり、萱葺(かやぶ)きの曲がり屋が点在している。一軒ずつに、まわりの景観そのものである菜園や花畑や苔(こけ)の密生する庭があり、それは「今までに見た中で、一番美しい庭」ということになる。

「技巧や美学が披瀝されているわけではない。毎日繰り返される時間の中で培われ、大切に守られ受け継がれてきた、温かい光景だ。情感に溢れ、清潔で簡素で、住んでいる方の心配りが行き届いた、使い勝手の良さそうな生活の庭である。生活の楽しみと、食卓の必要を満たす無心の造形が見られる」

この文章の中に、庭園都市計画家である著者が考える、人と自然のあるべき世界観が語られている。何かの実現のために意図的につくられるのではない、自然そのものでありながらも、精神的にも物質的にも人の必要を満たすもの、それが庭である。

身の回りの生活環境に丹精を込め、いつも勤勉に身を動かしては、細部にまで心を届かせる。あらためて庭園と呼ぶこともないそんな生活環境を、日本人はこれまで当たり前につくってきたのである。そこでは生活の用がすべて満たされ、つまり自給自足ができ、総じて豊かである。

本書は内外の庭園をめぐった紀行文なのだが、用の美がすなわち無心の美をつくり出す日本の伝統的な生活形態をめぐる文章に、私は特に心魅(ひ)かれた。何よりも文章がいい。後記によると、編集者に「文章の綴(つづ)り方を、基本から叩(たた)き込まれ」たと書いている。大切なのは、文章表現の技術ではなく、著者の持つ世界観だということなのだ。

人が自然とともにどのようにかかわって生きてきたか、今後どのように生きていくべきかを柔軟に説いた、感受性あふれる思想書ということができる。(立松和平・作家)

(TOTO出版・1890円)＝2004年7月8日⑤配信

立ち止まれと教える写真

「失われた昭和」(佐野真一著)

一九九六年に著者の執筆した「旅する巨人」という宮本常一(一九〇七―八一年)の生涯をたどった労作が出版された時、評者はショックを受けると同時に感銘を覚えたものである。四半世紀前に大阪で瀬戸内海を開発から守るためのシンポジウムがあり、その場に登場した宮本の講演内容と笑顔の語り口が忘れられず、いつか不世出の民俗学者の世界をまとめたいと念じていたからだ。

「旅する巨人」は、財界人の渋沢敬三に支援されながら、日本列島を地球四周分の距離を歩き、山村や離島に暮らす人びとの生活を向上させるためには、何が必要かを連綿と書きつないできた男の評伝だった。

本書は、著者にとって宮本常一に関する四冊目の本に当たり、宮本が撮影した十万点の写真から二百点を選び、そのメッセージを読み解く。いずれも高度成長時代以前の光景が多く、洗濯物や働く女性、田植えの風景、海の仕事、町の映画館など庶民の生活を伝えるものばかりだ。

宮本は、父親の①汽車から窓の外を見る②新しい村では高い所へ上がる③人の見残したものを見る―という教えを守り、若者が「写メール」する感覚で写真を撮ってきた。

「その一枚一枚から人々の営みと意志の痕跡を読みとれる」との著者の言葉通り、この本の表紙を飾る子供たちのあふれるばかりの笑顔は見る者を幸福にしてくれる。「地域で結ばれていて、家庭の子であると同時に、社会の子であった」との言葉は胸に染み入る。

不況と政治不信で人々は疲れ、子供たちが巻き込まれる事件が相次ぐ。こうした時代になったのも進歩と発展だけを求めすぎたからでないか。時間の流れは止まらないが、人間は立ち止まることができる。その点を勇気を持って教えるのが宮本の写真だと著者は訴える。

十万点に及ぶ写真は、宮本の生まれ故郷である山口県・周防大島に五月に誕生した文化交流センターで見ることができる。高齢化が進むこの島では、宮本の妻アサ子さんが九十歳を過ぎた今も農作業に精を出す毎日を送っている。(上野敏彦・共同通信社会部次長)

(平凡社・1680円)=2004年7月8日⑥配信

辻褄の合わない手触り

「バンビの剥製」(鈴木清剛著)

私はマリファアナを嗜(たしな)んだことがない。けれどもマリファアナを嗜む人の出てくる小説ならいくつも読んだ。それでも今まではマリファアナに興味を持ったことがなかった。本書「バンビの剥製(はくせい)」を読んで初めて、「マリファアナって気持ちいいものなのかも…」と思った。

危険な小説である。いかにも危険という顔をしていないから、かえって恐ろしい。マリファアナのことなどほんのちょっとしか出てこない。でも、たいへん日常的なある食べ物と関連づけて描写されていて、「あ、その感覚なら想像できるかもしれない」と思ったのだ。

鈴木清剛の小説には、そういうところがある。そこに書かれた言葉/概念を読むというよりは、物の存在感や手触りに驚かされる…というか。言葉を信じていない人なのかもしれない。主人公の「ぼく」が唐突に自分の腋(わき)の匂(にお)いをかいだりする。変だけど人間というものは腋の匂いをかぐ。

ストーリーはとらえどころがない。「ぼく」は看板書きの仕事をする二十七歳。変わり者の姉のマンションに住まわせてもらっていたが、姉は中古マンションを買って出ていってしまう。恋人のマキは同棲(どうせい)や結婚を望んでいるようだけれど「ぼく」はどうも気乗りしない。

どうして姉は高価なバンビの剥製を買い、それを「ぼく」に押し付けて出ていったのか。「わたしは処女です。そしてレズビアンなの」と気安く告白する姉が、ラブホテル街を一人でうろうろしていた理由は。あの晩、大量のそうめんを姉がゆでて「ぼく」と食べたのにはどんな意味があるのか。そういった雑多な謎は答えにはたどり着かないから、読み終わっても釈然としない。変な小説!

そして、その辻褄(つじつま)の合わなさこそが人生の手触りであると再確認する。

作中、「ぼく」が男子高校生の群れとすれちがうシーンが何度か出てくる。すれちがうだけで彼らとは何の交流もない。しかし日々を過ごす「ぼく」の心に何かを刻んでいくのは、通りすがりの彼らなのだと思う。そんな感じで本書を読んだ。

(枡野浩一・歌人)

(講談社・1575円)=2004年7月15日①配信

3人姉妹の恋愛模様描く

「思いわずらうことなく愉しく生きよ」（江國香織著）

個性の異なる三人姉妹の恋愛論といった小説だ。もちろん、彼女らは恋愛を論じるのではなく実践するのだが、考え方の違いがあぶりだされる。いずれも常識にとらわれず、時に大胆だ。

本書の魅力的なタイトルは、姉妹の（家訓とも言うべき）父のことばである。娘たちはすでに家を出て、別々に暮らしているが、その奔放さは遠くこの父に起因しているのだろう。彼は娘たちのかばんの中身を点検するような厳しい面もある。

姉妹の恋愛模様を描いた作品というと「細雪」や「阿修羅のごとく」などが思い浮かぶ。しかし本書は日常に生起する出来事を繊細に描いた家庭小説でありながら、寓話（ぐうわ）に近い感触もある。父に独特な教育をされた娘たちがその後どう生きたのか、といったような。

彼女らに共通しているのは、愚痴をこぼさないこと、どんな苦境に立たされても相手をなじったりせず、基点は自分であると思っていること。

そのために泥沼化するケースもある。三人のうち唯一結婚している長女は、夫の暴力に悩まされている。肋骨（ろっこつ）を折るなどしても口外せず、離婚しようともしない。この長女の内面の謎に迫った部分は読みごたえがある。姉を助けようとする妹たちをうとましく思う長女は、自分と同じようにみじめな境遇にある見知らぬ女性に手を差しのべたりもする。自尊心にかなう方法で立ち直ろうとするところなど、人間の心理の綾（あや）をよく心得た書き手だと感動した。

また、男性を一方的に悪者にせず、その内面にも切り込んで問題を相対化させていく。人は皆不安を抱えてかろうじて自立している生きものだとの認識が物語に厚みをもたせていると思う。孤独感よりも漠とした不安感が人を恋愛に走らせたり、傷つけ合ったりもさせるらしい。

作者はそれぞれに幸福な結末を用意しなかった。そうすることはむしろ簡単だったろうが、読者に問題を投げかけた。こちらはカタルシスが得られず残念な気持ちもあるが、冷静になる。どうしたらよいのか自分を振り返る。（井坂洋子・詩人）

（光文社・1890円）＝2004年7月15日②配信

「言葉」の可能性を挑発

「現代短歌そのこころみ」（関川夏央著）

一九五三年、歌壇の巨星、斎藤茂吉と釈迢空（折口信夫）が世を去った。本書は短歌界に転換が起きた起点をこの二巨星の死の翌年に位置づけているが、大きな推進力となったのは中井英夫編集の「短歌研究」だった。

私は短歌には門外漢だが、折々心引かれた作品や歌人はあって、例えばそれは本書にも登場する中城ふみ子や寺山修司だった。いずれも中井の「短歌研究」から出た新星である。ことに寺山修司の存在は強烈で、彼の紡ぎだす三十一文字の「虚構性」の大胆さ、どこか危うげな無頼、うっ屈のこもった叙情性に酔った。あのころだ、「短歌は苛烈（かれつ）なものだ」と思ったのは。

貧しい短歌体験を通じての感想は極めてあいまいなものでしかなかったが、本書を読んで驚いた。引用作品のどれもが生々しく、ときに無残。あらためてその「苛烈」な印象を引き寄せることになったからだ。

著者は、伝統定型詩の世界から新しい表現に立ち向かった若い群像と、新人発掘に賭けた編集者中井英夫の闘いを縦軸に、俵万智、穂村弘に象徴される新潮流まで、戦後における前衛・現代短歌の流れを丁寧にまとめ上げている。

がんによる死の間際まで自己愛を貫いた中城ふみ子の激しい自我。「我」を幾重もの虚構でおおって生きた寺山修司。研ぎ澄まされた孤独を歌ったはてに亡くなった永井陽子など、短い評伝として読んでも面白いが、著者の視点はむしろ短歌の豊饒（ほうじょう）が時代との拮抗（きっこう）にあった点に鋭く向けられている。

例えば、宮柊二の戦争体験。戦場で詠まれた歌は記録であり遺書だと著者は言う。そしてまた、二・二六事件を生涯のトラウマとした斎藤史。六〇年安保後、不毛な出立を抱え込み、自死した岸上大作の作も「時代と青春の無残さ」を証言している。

新聞歌壇の持つ特殊性を指摘した章も秀逸だが、アマチュア歌人たちがネット上で競演するポップな歌まで網羅している本書は、短歌というジャンルを通して「言葉」の可能性を挑発して刺激的だ。（稲葉真弓・作家）

（NHK出版・1785円）＝2004年7月15日④配信

戦後日本社会の戯画として

「創価学会」（島田裕巳著）

今度の参院選で最も鮮明になったのは、自民党の凋落（ちょうらく）でも、民主党の躍進でもなく、公明党の存在感が日本の将来を左右するほどに飛躍したことである。自民党はいまや、公明党というより、その巨大集票マシンの創価学会の存在なしには政権党の基盤さえ失いかけている。その意味では、本書はまさに時宜を得て出版された。

国民の七人に一人が会員といわれるこのマンモス宗教団体については、これまで数多くの本が書かれてきた。だが、大半はその閉鎖的体質や、反社会的活動に批判の筆が費やされ、この組織を客観的に取りあげ、冷静に分析したものはほとんどなかった。

なぜ、この組織は驚異的に増殖したのか。その背景には、高度経済成長期に於（お）ける地方から都市への爆発的な人口流入があった、というのが、著者の答えである。地縁、血縁で結ばれた共同体を離れ、都市の中で流砂のように暮らす庶民が精神的紐帯（ちゅうたい）を求めて宗教に走るのは自然の摂理である。そこまでなら、いわば模範解答である。

著者は宗教学者らしく、では、なぜ、ほぼ同時期に生まれた霊友会や立正佼成会は、創価学会の規模や影響力にはるかに及ばなかったのか、と問いかける。理由は二つあるという。一つは、霊友会や立正佼成会が先祖供養を重視したのに対し、創価学会はその要素が希薄だったことである。仏壇を携えずに出郷した農家の次、三男にとって、伝統的信仰と切り離された創価学会は、それだけで魅力的だった。

もう一つは、日蓮正宗と密接な関係をもってきたがゆえに、同派の僧侶に葬儀を頼むことができたことだという。それが、会員を生家の信仰へ逆戻りすることを防いだ。

都市下層民の受け皿となった学会がなければ共産革命が起こったかもしれない、という指摘は、明らかに買いかぶりだが、戦後社会の戯画としての創価学会という視点から書かれた本書には、それを差し引いてもなお残る説得力ある考察がちりばめられている。ここから浮かびあがるのは、依然ムラ社会のままの日本の姿である。（佐野眞一・ノンフィクション作家）

（新潮新書・714円）＝2004年7月15日⑤配信

リアルで残酷なQ&A集

「本当の戦争」（クリス・ヘッジズ著、伏見威蕃訳）

日本では「戦争を知らない子どもたち」が、やがて還暦を迎える。敗戦以前を少しでも知る世代にとって、たしかにそれは「平和憲法の治世」だったと誇れよう。しかしこの間も世界は戦争に満ち満ちていた。

本書によると、二〇〇三年の時点で、世界の三十カ所で戦争が行われているという。そしてその日本とて、イラクでの「多国籍軍」参加が現実となった現在、もう「日本はこんなに平和なのに世界では…」などといっていられなくなった。戦争との距離はもはや実質ゼロなのである。非戦も反戦も「本当の戦争」（原題「戦争について誰もが知っておくべきこと」）を知った上で論議しないと説得力はもちえない。

この本は、ニューヨーク・タイムズの戦場特派員として十五年間も世界の紛争地帯を駆けめぐった著者が、戦争の実態を伝える目的で書いたものだ。内容は「反戦」でも「好戦」でもない。現代戦の実相を知らせることにある。そこには人間の原罪ともいえる悪癖の、今日ありのままの姿が、おびただしい数字、統計、データに凝縮され、現場の目線からとらえた戦争についての実際的知識、リアルで残酷なQ&A集となって並ぶ。

Q1「戦争とはなんですか？」に始まり、Q437「軍服はずっと持っていてもかまわないのですか？」まで、じつに丹念、素朴、具体的に軍隊・戦闘・兵士の日常が描き出されている。四百三十七の断片からなる戦争と人間に関する省察といえる。どれも著者が従軍取材の中から命がけで拾い集めた戦争観、戦場を生きる知恵の集積である。

読み終えたあと、ふと浮かんだのは「孫子」の一節だった。「主は怒りをもって師を興こすべからず。将は慍（いきどお）りをもって戦いを致すべからず。怒りは復（ま）た喜ぶべく、慍りは復た悦ぶべきも、亡国は復た存すべからず。死者は復た生くべからず。故に明主はこれを慎み、良将はこれを警（いまし）む」

権力者はみだりに戦争をしてはならない。日本の若者が、この本を「本当の戦争」に必携することのないように願う。著者もそう思っているだろう。（前田哲男・東京国際大教授）

（集英社・1890円）＝2004年7月15日⑥配信

現実にのみ込まれる理念

「野中広務　差別と権力」（魚住昭著）

野中広務はわかりにくい政治家だった。京都府の一地方政治家から衆院議員になったのは一九八三年、五十七歳のとき。しかし、その他大勢の一人にすぎなかった遅咲きの政治家は、自民党の長期低落、政財官界のスキャンダル、冷戦崩壊、新党ブーム、非自民内閣成立、自社さ連立による政権奪取などが続いた九〇年代の激動期に、たちまち権力中枢へと駆け上がった。

なぜそんなことが可能だったのか？　元共同通信記者の魚住昭は野中の支持者や政敵を訪ね歩き、その謎に迫っていく。前半のカギは表題からうかがえるように、彼が被差別部落出身だったという事実である。

野中は理不尽な差別と徹底して闘う一方で、その闘いを利益や利権にすり替える運動にも同調しない。この時期に、彼は敵味方双方の機微を見逃さず、取り込んでしまう手腕を磨いた。青年団活動や地方政治家時代のエピソードと軌跡をたどる著者の筆致は抑制がきいているが、当時の保革対立の裏面史を生々しく伝えている。

本書後半は中央政界に入ってからの野中の動きである。竹下登、金丸信、小沢一郎、亀井静香、加藤紘一、村山富市などの政治家。NHKの島桂次元会長追い落としにかかわった関係者。公明党や創価学会の内部情報提供者。次々とくり出される証言は野中の辣腕（らつわん）や寝業師ぶりを明らかにするばかりか、九〇年代から現在にいたる政党政治史の一大絵巻になっている。その騒々しさのなかで、一時は野中は総理総裁に推されたこともあった。

だが彼は、戦時中の体験と戦後沖縄での見聞をもとに、反戦平和にこだわりながら引退していった。その後の日本政治は憲法九条を捨て、海外紛争地へ自衛隊を派遣する道へと踏み出した。彼の引退は「戦後の終焉（しゅうえん）を象徴する出来事だった。新たな時代には平等と平和の四文字はない」と魚住は書く。

理念が現実にのみ込まれていく。その道筋を作ったのも、また野中広務という政治家だったのではないか、という矛盾した余韻が残る本だ。（吉岡忍・ノンフィクション作家）

（講談社・1890円）＝2004年7月22日①配信

〝正統〟の社会学入門書

「反社会学講座」（パオロ・マッツァリーノ著）

「反社会学」という挑発的なタイトルと吉田戦車の奇抜な装画から受ける印象とは異なり、本書はある意味で正統的な社会学の入門書と思う。社会学者の使命とは常識、定説、俗説を批判的に検証することと私は信じるからである。

著者は、「凶悪少年」「フリーター」「学力低下」「読書危機」「少子化」といった身近なトピックを切り口に、メディアで流通する社会学風の浅薄な言説を、諸統計を駆使して完膚なきまでに批判している。痛快である。しかも、巻末には参考文献とデータの典拠が付されており、タレント識者の雑文よりも、数段と学術的である。

いわく、凶悪少年犯罪は「減少」している、パラサイトシングルは社会的「平等」に大きく貢献している、フリーターの経済「効果」に日本経済は依存している、少子化には「明るい未来」がある…。恣意（しい）的なカテゴリーで人間を類型化してミクロな調査から一挙にマクロな動向分析に向かうことの危険性を、著者はパロディー化している。

また、いまだに人気の衰えない「日本人論」に対しても、さまざまな国際統計を用いて矛盾を指摘している。データ分析の細部には疑問もあるが、そのバランス感覚には好感が持てた。特に、一九七〇年代に定着した新語「ふれあい」の成立史から現代社会を論じた「ふれあい大国ニッポン」の章は秀逸である。

パオロ・マッツァリーノは、イザヤ・ベンダサンやポール・ボネ同様、日本人のペンネームである。語り口の独特な軽さは、イタリア風というよりもインターネット風と呼ぶべきであろう。本書はネット上で公開されている「スタンダード反社会学講座」（http://mazzan.at.infoseek.co.jp/）の書籍版であり、ネットでは新作のほか「反社会学Q&A」もアップされている。

いずれにせよ、「社会学」という言葉に興味をもつすべての人々に、社会学の「あるがままの姿」と「あるべき姿」の両面を提示するメディア・リテラシー教材として本書を薦めたい。（佐藤卓己・京都大助教授）

（イースト・プレス・1500円）＝2004年7月22日②配信

冬ソナで読み解く韓国社会

「韓国ドラマ、愛の方程式」（小倉紀蔵著）

これまで、韓国のテレビドラマや映画は“韓国マニア”と呼ばれる一部の熱狂的ファンのものだった。マニアのひそかな楽しみは、日本では入手しにくい最新ドラマのビデオを韓国に住む友人から送ってもらうか、インターネットで有料配信されるドラマを見て、仲間と情報交換することだった。

それが、あるできごとを境に状況は一変する。きっかけは、あの、「冬のソナタ（＝冬ソナ）」の大ブームである。今や、韓国の俳優がテレビに映らない日はない。韓国ドラマ関連のCDやDVDがちまたにあふれ、「冬ソナ」が火をつけた韓国ドラマブームが、日本にもたらした経済効果は膨大なものだという

韓国のドラマや映画が、こんなにも迅速かつ強烈に日本人の心をわしづかみにしたのはなぜか。本書は韓国ドラマのしくみや魅力を分析し、そうした疑問を明快に解き明かしていく。同時に、ドラマを見ている日本人の誰もが不思議に思う“韓国社会の謎”にも迫っているので、韓国ドラマの解説書としても興味深く読むことができる。

たとえば、ロマンチックで冗長なせりふが続々と出てくるのはなぜか。なぜ、あれほど理屈っぽく愛を語るのか。娘や息子の色恋ざたに親が当然のごとく口を挟み、娘や息子も親の身勝手な言い分に神妙に従うのはなぜか。ドラマに出てくる男は、なぜそろいもそろってマザコンなのか…などなど。

著者はNHKテレビのハングル講座の講師としても有名な学者で、専門は儒教を中心とする韓国哲学。読み進んでいくうちに、朝鮮半島の歴史や文化の一端に触れながら、いつのまにか「儒教」という哲学の世界に踏み込んでいることに気づく。

ドラマを語る上で、韓国に今なお脈々と生き続ける儒教は外せないテーマ。韓国のあれこれを儒教の概念である「理」と「気」で読み解く最終章で、氏は真骨頂を発揮する。とはいえ、文章があくまでもわかりやすく面白いので、ムツカシイ哲学もスルスルと入っていく。韓国ドラマ同様、はまったら抜けられない一冊。（川島淳子・フリーライター）

（ポプラ社・1470円）＝2004年7月22日③配信

脳の謎解く新たな感性

「脳内現象」（茂木健一郎著）

朝、目を覚まして「今日は晴れらしい、気分いいな」と思う。この感情は、窓から入る光が部屋に広がる様子、風が肌をなでる感触、テーブルの上のグラスの輝きなど、体がさまざまな質感を受け取ることで生まれる。

つまり、神経細胞が送り出す信号の数々が結び合わされ、脳科学用語で言う「クオリア」が知覚されたとき、はじめて意識や感情が立ち上がるのだ。

だがその結合がいかになされているかは解明されていないし、従来の研究方法ではこの先も不可能だろうと著者は言う。

脳科学は、前頭葉や後頭葉など脳の各部位の機能については、かなりのレベルまで明らかにした。逆に実験できない対象は放置される結果となった。意識はまさにその分野だったのである。

著者はこれまでの著作で、意識の発生を論理的に解明することがいかに困難かを述べてきたが、本書ではさらに思考を進めて、「メタ認知」という概念を提出している。

これは脳が感覚していることを「今○○を感覚している」と高次のレベルで認知するプロセスで、意識が生まれるのはこの働きによると説く。

「メタ認知」は別にむずかしいものではなく、わたしたちは日常的に行っている。さっき無性に腹が立ったのは空腹だったからだ、と気付くのは「メタ認知」の働きだ。

従来の脳科学が数値化できるものだけを対象にしてきたのは、「客観信仰」があったからだろう。客観性を欠いたら科学ではない、そう信じられてきた。だが、脳全体の振る舞いについて知りたいという欲求を抱いたとき、著者は「客観」を踏み出し、自分の感覚や意識を「メタ認知」しながら脳を考察するという長い道程を歩みはじめた。

その作業をおこなうのは「彼個人」の意識である。つまり従来の科学とちがい、「主観」が関与する。だが、ここでの「主観」はより高次元の、科学知識と論理的思考に裏付けられたものだ。このような「主観」のあり方が、脳科学の分野から提案されたことに、新しい時代の感性を予見する。

（大竹昭子・文筆家）

（NHKブックス・1019円）＝2004年7月22日④配信

恋愛小説「その後」の時間

「パラレル」(長嶋有著)

恋する二人が二人とも死ぬというパターンをのぞけば、破局で終わるにしてもハッピーエンドにしても、恋愛小説の「その後」というのは気になるものである。小説が終わってもまだその世界に時間は流れているはずなのだから。

ここで長嶋有が読者に見せようとしているのは、あきらかに恋愛小説の「その後」の時間である。恋愛小説というものが、描かれる恋愛にクオリティーを求めているように、ここでは逆に、離婚にクオリティーを求めていると言えようか。

元ゲームデザイナーの向井七郎は、復職も転職もできず、人生の行方を見失ったままの日々を強いられている。離婚した元妻とのつながりも完全には断ち切ることができない。親友で起業家の津田は「なべてこの世はラブとジョブ」などという座右の銘をもつ男で、交友はつねに向井になにがしかの違和感をもたらしていた。時間を行きつ戻りつ、向井と元妻と周囲の人物の精神の襞(ひだ)を丹念になぞる展開は、夫婦が結婚という関係を育(はぐく)むのとよく似た姿で、離婚という関係を育んでいるのをうまく見せている。

読みはじめてしばらくは、「パラレル」という比喩(ひゆ)的なタイトルが接点を見出せない人間関係を示唆するのは、あまりにも短絡的じゃないかと感じていた。

それが末尾に至るころには、結婚と離婚のある種の相似を暗示しているのか、接点がなくても隣り合っている人間関係を言っているのかなどと、解釈がスライドするのを感じた。テーマが深まるのではなくスライドする感覚は、おそらく章のタイトルがわりに付された場面の日時の指定によるものだろう。

一人称の思惟(しい)の滑らかな展開と違って、章ごとに独立した日時を指定する方法は、ミステリーや実験小説風でもあるが、俳句短歌の構成に近いものだ。句集歌集では、時間の流れとは別に、複数のテーマが文字通りパラレルにちりばめられることも多い。小説家・長嶋有が、同時に俳人・長嶋肩甲であることを最大限に生かした、新しい感覚の萌芽(ほうが)だと考えたい。(荻原裕幸・歌人)

(文芸春秋・1500円)=2004年7月22日⑤配信

すさまじき宮仕え小説

「メリーゴーランド」(荻原浩著)

世の中で地方公務員ほど暇で気楽な仕事はない、とよくいわれる。しかし、彼らの側から言わせると、それはとんでもない誤解だという。選挙や災害の時には休日でも駆り出されるし、地域のつきあいで真っ先に引っ張り出されるのも公務員。それと仕事量より慣例に従って人員数を決めてしまうから、割を食って多忙をきわめる部署もある。何より上司に気を使うのが大変で、決して暇でも気楽でもないのだと。

まさに典型的な公務員の意見だが、要するに彼らの常識は世間の非常識なのだろう。まあ、考えてみれば、仕事ぶりは横柄で超スロー。リストラの不安はないし、余暇もたっぷり、手当もたっぷり。老後の心配もまったくない。そんな職場で働く連中に、世間一般の常識を求めるほうが無理なのかもしれない。

本書の主人公は、十年ほど前に東京の有名家電メーカーから、Uターン就職で故郷の市役所に職を得た、三十代半ばの働き盛りだ。かつて勤めていた会社では過労死あり、自殺あり、課員のほぼ全員は神経性胃かいようか円形脱毛症を患っていた。そうした激務に疲れ果て、もう一度自分の人生を見直すために地元へ戻ってきたのである。今は結婚して子供もふたりいる。彼にしてみれば、これはこれで十分幸せだったのだ。

だが、そんな彼の生活が出向人事をきっかけに大きく変わっていく。

異動先は悪名高き第三セクター。その名も「アテネ村リニューアル推進室」である。全国いたるところで見られる、地域活性型テーマパークの失敗例がここにもあったのだ。一日の入場者数は百数十人。累積赤字が四十七億円にも膨らんだ、お荷物パークの再建が目的だった。

ここから主人公の孤軍奮闘が始まるのだが、やがて彼が真に闘うべき相手は同僚および上司の役人根性と、お役所仕事の甘さであることが次第に判明する。口は出すが仕事はせず、責任もとらない連中のただなかで、彼はなぜ働くのかを考えるのだった。

げにすさまじき宮仕え小説ここにあり、だ。(関口苑生・文芸評論家)

(新潮社・1785円)=2004年7月29日②配信

復讐は我にあり

「青い兎」(杉本秀太郎著)

四年前、ロワン川のほとりのグレへ行った。

この水辺の風景は到底口では言えないが、杉本秀太郎(以下著者)は筆舌に尽くしている。その思いは深く、グレへ行ったのは五度めだとある。ああいう風に書けばいいのかと思うが誰にも書けない。

わたしは、浅井忠や原田直次郎が好きで明治美術会の存在に贔屓(ひいき)の引き倒しをしている。そもそもあの会も革新的な気概から発足したことだが、やがて輸入的外光派の言動に気圧(けお)されて時勢の中に埋没する。

浅井が西洋のただならぬ高さを見てしまったことも一因らしいが、著者の「一九〇三年八月に帰国してすぐ京都に移り住んだ浅井忠は絶望から再出発している」の一言はたくさんのことを語っている。

浅井忠はプライドを失わなかった。そこのところにわたしは動かされる。この本も一口にいって日本人の誇りが書かせた孤高の文学である。とりわけ今の日本は、誇りを失ってはならぬ存亡の時代ではあるまいか。

「青い兎(うさぎ)」では「古今和歌集」から「小林秀雄」、「風邪ごこち」に及び、「アンナ・カレーニナ」の「復讐(ふくしゅう)は我にあり」とする宣告が「天の声よりも地の声が、地下深くの鳴動から聞こえる」と記す著者の哲学に打たれ、あわれイラクの荒廃を思って、義憤と共感を禁じ得ない。

以前あるアンケートで「昆虫記」を挙げたのは檀ふみとわたしのただ二人であったため、一夜を語り明かす事にしていると言ったら、著者は「僕も昆虫記を愛しているが」という、もう締め切ったと拒否したが、なんぞはからん「青い兎」で彼が「昆虫記」の貴重な識者だったことを知った。

そう言えばフランス語で書かれた本である。私は林達夫の本「思想のドラマトゥルギー」でアナトール・フランスが、ファーブルを悪文家と言ったという説を読んで、もう読まないぞ、と決めていたが、今は杉本秀太郎訳「赤い百合」を是非読もうとしている。あの一夜の償いのために。(安野光雅・画家)

(岩波書店・2940円)=2004年7月29日③配信

迷子になる不安と快楽

「半島」(松浦寿輝著)

松浦寿輝という作家と、夏目漱石の間には、意外と共通点がある。両者とも、本来のキャリアは、大学教師、文学研究者である(二人とも東大教師なのはご愛敬=あいきょう=)。作家としてのデビューも早くない。

だが、それだけなく、作品のテーマにも共有するものがある。芥川賞受賞作「花腐し」に収められた「ひたひたと」は、まるで「夢十夜」だ。そして、今回の「半島」は、さながら「草枕」だ。俗世の塵埃(ちりほこり)を逃れて山里の温泉場を訪れた「草枕」の「余」のように、「半島」の迫村は、十数年続けた大学教師の仕事を捨て、「自由」を求めて、瀬戸内海の半島のそのまた先にある島へとやってくるからだ。

さて松浦版「草枕」は、これまでの彼の小説とは趣を異にして、登場する人物も多彩だ。島の素封家の戸川とその娘で美貌(びぼう)のダンサー佳代、迫村と同棲(どうせい)をする、謎めいた中国系の美女樹芬(シューフェン)とその祖父で占い師のロクさん、かつての迫村の教え子の向井。どこかひと癖もふた癖もありそうな、こうした人々と迫村のかかわりも興味深いが、なんといっても中心は、迷路のように入り組んだ道があり、廃坑まで持つ、この島そのものだ。

意外な場所が思わぬところと結びつく島の道をたどる迫村の歩みは、プルースト的、あるいは、シュールレアリスムのいう「驚異(la merveille)」に満ちている。驚きに満ちた歩みを求めることは、いわばすすんで迷子にならんとすることだ。迷子とは、子どもの特権で、マルクスは、大人は子どもには戻れない、子どもじみるだけだといったが、迫村は、望んで子どもじみようとしている(蛇行する隘路=あいろ=を迫村が進む様は、胎内回帰そのものだ)。

松浦は、あとがきでこの小説を愉悦しつつ書いたと記しているが、読むわれわれにも迷子になる快楽と不安を想起させてくれる、松浦寿輝の代表作となるであろう快心の作である。(千葉一幹・文芸評論家)

(文芸春秋・2300円)=2004年7月29日⑤配信

生命燃え立たせ生きるため

「水源」（アイン・ランド著、藤森かよこ訳）

アイン・ランドといえば、「アメリカの司馬遼太郎」とでもいうべき国民的な小説家だ。たくましく、美しく、しかも破天荒な人生を送ったヒロイン的存在である。

米大手出版社ランダムハウスの「二十世紀の小説ベスト100」（読者部門）で、彼女の小説は第一位、二位、七位、八位を占めている（本書は二位）。現在でも米国の書店には彼女の本がずらっと並ぶ。一九四〇―六〇年代、若者に熱狂的に受け入れられた彼女の作品群は、今も古典として読み継がれている。

そんな彼女の待ちに待った本邦初訳が本書だ。一九四三年の発表で、二〇―三〇年代のニューヨークを舞台に、高邁（こうまい）な精神をもつ若き建築家の半生を描いた長編小説だ。大恐慌以降の左傾化する社会にあって、「個人の崇高な生の肯定」というニーチェ的理想を掲げて生きる主人公ハワード・ローク。彼を中心に、時代の特徴を深く刻印された登場人物たちが波乱に満ちた物語を繰り広げる。

例えば、組織内の出世術にはたけているが内省力に欠け、指導性を発揮できず会社をつぶしてしまうエリート建築家のキーティング。国家統制と祭司的権力を肯定し、大衆の意識を同胞愛と無私の思想によって飼いならそうとする左翼文芸批評家のトゥーイー。愚劣な大衆紙の発行でもうけているが、芸術に対して優れた審美眼を発揮するメディア王のワイナンド。純朴で賢いが、つつましさゆえに自己を滅してソーシャルワーカーの道を選び、やがて意地悪い公僕と化したハルスィー。いずれも著者の鋭い人間観察力の産物だ。プロットも巧みで、読者をぐいぐいと物語に引き込む。

しかし最大の魅力は、登場する三人の男の妻となったドミニク・フランコンの生き方だ。反権力的な高貴さと破滅的な激情のはざまで揺れ動く彼女の精神は、主人公と並んで「アメリカのたくましき個人主義」を象徴している。

本書は、卑屈さを退け、生命を燃え立たせるための指南書だ。ロークの「よりよく生きたい」という強烈な欲望に、現代の日本人にも共感してほしいと思う。（橋本努・北海道大助教授）

（ビジネス社・5250円）＝2004年7月29日⑥配信

卓見に満ちた現代演劇論

「演技と演出」（平田オリザ著）

読みやすい。しかも演出論で演技論。やさしく書かれることなど、考えられなかった領域だ。

劇作家で演出家の著者は、日本語の対話をめぐる論客としてテレビでも活躍する話術の達人である。その達人が演劇ワークショップで話してきた内容を、「です・ます」調で語りかけてくれる。

演劇書だが、ことばやコミュニケーションをめぐる卓見は、文化論や教育論にまで及ぶ。たとえば初対面の相手に話しかける条件は、国によって違うのだという。心理学者による稽古（けいこ）の調査結果にふれて、反復練習よりも、複雑な体験のなかで学ぶ必要を提案したりする。

むろん演劇に携わる人にとって、ワークショップにそった指摘は具体的で利用価値が高い。たとえば、人間は身体の二つの部位に同時に力を入れるのが難しいから「どこかを意識的に動かすと、肩の力が抜け」る。「情報を伝えるのは、言葉の意味内容ではなくて、声の質なのです」

ほかにも、動作をしながらしゃべる訓練の意義、相手のせりふをよく聞いて反応する大切さなどが説かれる。

さらに印象的なのは、現代演劇の特徴を言い当てた宝石のようなことばが、そこかしこに転がっていることだ。現代演劇は混沌（こんとん）とした世界を混沌のまま提示する、はっきりした主役がいない、せりふは他者との関係性でとらえる、間のところで観客は想像力の翼を広げる、などなど。

著者は日常の行動を可能なかぎり、舞台でリアルに再構成することを目指す。そのため、人間の行動において、複数の動きや環境が複雑に関係し合っていることに注目する。そして同時にいくつもの動作をするのが自然であり、それを演じるには「意識の分散」が必要だと結論する。逆説的に聞こえるこの主張が、著者の演劇観を最も端的にあらわしている。

ひとつ残念なのは、後半、記述が少々駆け足になることだ。スタニスラフスキー・システム信仰にけんかを売った最終章は痛快だが、軽率に読みとばすと、ほかの方法を否定する不遜（ふそん）な態度と誤解される恐れがある。著者の本意ではあるまい。（太田耕人・演劇批評家）

（講談社現代新書・735円）＝2004年8月5日①配信

国家の犠牲者の歴史重く

「大阪で闘った朝鮮戦争」（西村秀樹著）

僕は何も知らなかった。本書を読み終えてつくづくそう思う。敗戦後の日本が、朝鮮戦争における米軍からの特需を契機に、経済復興への足掛かりをつくったことは知っていた。

もちろんこの戦争が、東西冷戦の副産物であり、そもそもは日本による朝鮮併合がなければ、南北分割や同じ民族同士の戦いなど起こり得なかったことも知っていた。

大阪の在日朝鮮人や学生、労働者たちが、日本政府による戦争協力を止めさせようと決起した二つの騒動が、吹田事件と枚方事件と呼ばれていることも知っていた。

でも逆に言えばその程度だ。要するに教科書の歴史だ。大事なことは何も知らなかった。

朝鮮戦争をきっかけに、日本政府は警察予備隊の編成を決定した。指示したのはGHQだ。同時期に、海上保安庁の掃海艇が米軍の司令のもと朝鮮水域の掃海に参加して、機雷に触れて沈没し一人が死んだ。明らかに戦死だ。しかし公式には事故として処理された。

国立病院に勤務する看護婦たち十六人が、戦後十年が過ぎたこの時期に、赤紙で召集され、米軍の野戦病院に配属されたことも初めて知った。

横田基地からはB29が出撃して、佐世保の港湾施設は米軍に接収され、国鉄は米軍の補給ルートとして組み込まれた。朝鮮半島に投下された爆弾の部品の多くは、日本のメーカーが受注していた。

「軍需列車を一〇分止めれば、一〇〇〇人の生命が助かる」と彼らは決起する。

本書では、そんな事件の背景や真相と同時に、事件に関与した人たちの葛藤（かっとう）や煩悶（はんもん）が活写されている。

数万人の住民が米軍主導によって虐殺されたとされる済州島で、小泉首相と盧武鉉大統領が首脳会談を行った七月二十一日、アーミテージ米国務副長官は、「憲法九条は日米関係の妨げ」と公式に発言した。つくづく思う。この半世紀、何も変わっていないのだと。

圧巻は第六章。吹田事件に参画した一人の日本人とその家族の、その後の過酷な生涯がつづられる。国家など個人を害するだけの存在だ。そんなフレーズを思い起こした。（森達也・映画監督）

（岩波書店・2310円）＝2004年8月5日②配信

目覚めた僧侶に光あてる

「がんばれ仏教！」（上田紀行著）

著者は文化人類学者でスリランカをフィールドとしている。そのスリランカで、仏教が人々の生活のなかにづいているのを知り、また、仏教を思想的な基盤とする農村開発運動「サルボダヤ」の実態に接することで、仏教がエネルギッシュな社会運動を生み出していく可能性をもつことを認識する。その体験が本書の背景となっている。

著者は、曹洞宗の僧侶で国際ボランティア運動の先駆者である有馬実成（二〇〇〇年没）と出会うことで、日本にもエネルギッシュに活動する僧侶がいることを知る。

それをきっかけに、ユニークな活動を展開している「目覚めた」僧侶たち（芥川賞作家の玄侑宗久など）の実践に接し、葬式仏教という既存のイメージを超えた日本仏教の可能性を見いだす。

著者は、一般の人たちが寺に期待をかけることで、寺も変わり、創造的な仕事のできる場になっていくのではないかと主張し、僧侶に対しては、「ボーズ・ビー・アンビシャス！」と呼びかけている。

評者も、現代の社会における仏教のあり方には強い関心をもっており、その関係で僧侶と接する機会も多い。それほど一般には知られていないが、たしかに僧侶たちのなかにボランティア的な活動を展開している人たちは少なくない。あるいは、オウム真理教の事件を仏教にかかわる問題として真摯（しんし）に受け止めようとしている僧侶たちもいる。

そうした部分に光をあてたところに、本書の重要な意義がある。ただし、目覚めた僧侶を評価するあまり、一般の僧侶たちが皆何もせず、堕落しているかのようにとらえているところが気になった。

それ以上に気になったのが、著者のスタンスだ。スリランカの仏教は出家主義だが、日本の仏教は基本的に在家主義である。その点で、出家である僧侶の側だけに期待しても、仏教を活力あるものに変えるのは難しい。

著者が在家の一人として、仏教を今の日本の社会にどう再生させようとしているのか。読者が知りたいのは、むしろその点ではないだろうか。（島田裕巳・宗教学者）

（NHK出版・1218円）＝2004年8月5日③配信

宇宙への理解一新の書「広い宇宙に地球人しか見当たらない50の理由」（スティーヴン・ウェッブ著、松浦俊輔訳）

本書は、「フェルミ逆説」について扱った刺激的な宇宙論の解説書だ。

銀河系には、高級な知性を備えた地球外文明が十の六乗（＝百万）あるという。地球人以外にも、百万の宇宙人が存在してもおかしくないが、目下、銀河から地球へ、彼らが飛来した証拠はどこにもなく、通信の痕跡もない。ならば、「彼らはどこにいるのか」。フェルミは問い掛ける。

このフェルミ逆説とは、いるはずの宇宙人の姿が見えないことへのジレンマである。

このいわゆる「大沈黙」は、なぜ生じるのか。本書は最新の科学的知見に基づき、五十の解を提示する。盲点を突かれた指摘も多いが、何といっても相手は宇宙。扱われる理論は、宇宙物理・生命進化からタンパク質・真核細胞まで、並の脳みその地球人では追いつかないほど多岐にわたる。

そこが本書の挑戦的なところだが、この挑戦を受けて立つ好奇心の持ち主なら、読了後、宇宙への理解が一変するに違いない。

さて、なぜ彼らは姿を見せないのか。最も正しそうな解は、「宇宙人からの信号を地球人が聴取できない」だ。二世代前のラジオは、現代の放送を受信できない。当時はFMがないからだ。

あるいは、「合わせる周波数が分からない」のかもしれない。探索範囲を、どの領域に絞るかという問題もある。

太陽系が生まれて四十五億年。その後、地球に生命が誕生してから、これだけの期間、多種の生命を維持できる惑星は、考えられる以上にまれという。「生命誕生」で発生した生物が、電波望遠鏡を製造しうる技術文明を手にするには、気の遠くなる時間が必要だ。

惑星系はその間、氷河期、いん石衝突など、いくたびか大量絶滅の危機に見舞われる。運良く継続的に居住可能領域にあっても、惑星は本来、危険なところなのだ。

かくて、彼らが「見当たらない」理由が四十九通り示され、最後に著者の解が出されるのだが、それは、むろん本書を読んだものの特権だ。

ともあれ、宇宙への理解が一新する宇宙論の収穫。空を見る目が変わるだろう。地球も—。（安岡真・翻訳家）

（青土社・2940円）＝2004年8月5日④配信

男の性を見つめ直す「アダルトメディア・ランダムノート」（藤木TDC著）

一九九二年より月刊誌「噂の真相」に連載されていたアダルトビデオ（AV）評論が一冊にまとまった。作品のテーマの変化や、AVをめぐる事件や話題などが、実に詳細に記録されている。

著者は六二年生まれの男性。自称「マスターベーション革命の風に激しく晒（さら）されてきた世代」だ。

高度成長期に子ども時代を過ごし、二十代でバブルを体験した世代の「性」の歩みは、確かに、AVの発展、細分化する風俗など、アダルト産業の変遷と歩調を共にしているように見える。自室に数百本のビデオを所有していた宮崎勤もまた、同世代の男だ。

九〇年代、ポルノメディアは飛躍的に発展した。インターネット、DVD、CD-ROM、さまざまな方法で、さまざまにアクセスできる巨大なポルノ産業が、男の性に与えた影響は、どのようなものだったか。

先日、生まれた時からAVがある世代の男の子がこう言い切ったのを聞いた。

「AVがないとオナニーなんてできない」

AVは射精へ向けてのスイッチだ。男たちはAVを見て欲情するのではなく、射精するためにAVを利用する。

六〇年代、ピンク映画が反体制として支持されたことの意味など、今の若者には分からないだろう。セックスを描くAVは、男にとって日常の欲情装置にすぎない。

著者は言う。AVの次なるメディアは風俗だ、と。AVによって、身体を日常から切り離した男たちにとっては、風俗ですら「分離した身体によるマスターベーションそのものだ」と。

AV業界の人々がたくましく生きる姿を描くものはよくあるが、本書はそういった本とは一線を画す。あくまでも、受け手側の男の視線を貫く。

だからだろう。問われることのない、自明のものだったはずの男の性が、メディアに形づくられ、変遷する様子が、まざまざと伝わってくるのだ。

AVを追い続けた男の視線は、くしくも、男のセクシュアリティーを足元から見つめ直す貴重な資料となったようだ。（北原みのり・エッセイスト）

（ミリオン出版・1680円）＝2004年8月5日⑤配信

熱狂と堕落の祭典

「驚異の古代オリンピック」（トニー・ペロテット著、矢羽野薫訳）

オリンピック開催地がアテネとあって、古代オリンピックに関する本が多く出回っている。あまり学問的なものは手に余るし、かといってトリビア程度の豆知識カタログでは物足りない。その点、この本などは、程よいバランスが保たれているのではないか。

古代オリンピックというと、商業主義や勝利至上主義に汚染されていない清らかな聖なる祭典のように思われるが、実はそうではない。すでに競技に出場して金銭を得るプロや、彼らを勝利に導くのを仕事にする専門のコーチが存在した。

勝つためにはなにを食べ、どんな練習をすればよいかといった必勝法のたぐいも多く考案され、試みられていた。こうした点は、腐敗、堕落が進んでいると識者を嘆かせる現在のオリンピックとほとんど変わりはない。

競技も、短距離から長距離までのさまざまな競走、ボクシングやレスリングなど、現在までつづくものが早くも出そろっている。馬車を使った競馬を除けば、いまのオリンピックと基本的な形は変わっていない。政治からの独立を理念として掲げながら、時の政治とかかわらざるを得ないのもいまと似ている。

違いは観戦する側のほうにある。数万を超える観客がオリュンピアのさして広くもない丘に集まる。ギリシャの酷暑の中、エアコンも水洗トイレもない不衛生極まりない野外に集まって、数日間野宿しながら試合を観戦する、その観客たちの情熱は現代人にはないものである。

現代の観客の情熱不足は、メディアの熱狂が補っているので、トータルで考えれば、やはりいつの時代もオリンピックは人を熱狂させてきたといえるだろう。

しかし、こうした熱狂は誰にも好意的に見られていたわけではない。哲学者ディオゲネスのように競技場に集まる群集を諭そうとした人もいた。「分別ある賢者は、愚か者がはびこる場所に行かなければならない」。そして行きすぎた熱狂を戒めろというわけだ。オリンピックを見る現代のわれわれにももとめられている分別ではあるまいか。（阿部珠樹・スポーツライター）

（河出書房新社・1995円）＝2004年8月5日⑥配信

死者がまとめる孫の縁談

「百年佳約」（村田喜代子著）

豊臣秀吉は二度にわたって朝鮮を侵略し、多くの陶工たちを日本に連行した。彼らは九州の皿山に住み、新しく窯をひらいた。この小説の主人公の百婆（ひゃくば）もその一人。日本にきた時は新妻だったが、やがて子どもが生まれ、孫もでき、八十歳でひょっこり亡くなった。

百婆が死んで四十日余りすぎたところからこの物語は始まる。幸運にも朝鮮式に土葬された百婆は、死後、神となって生き続ける。キセルをふかし、山上の墓と一族が住む家を自由に行き来する。空を飛ぶこともできるが、百婆の姿は人には見えない。

百婆の役目は大所帯の一族を見守ることだ。一番の課題は年ごろになった孫たちの婿取り嫁取りである。かつては仲間内で結婚するのが皿山のしきたりだったが、自分たちの未来のためには日本人との結婚も認める時期だ。一族の繁栄のために親たちが決めた縁談を子どもたちは時にぶち壊す。

果たしてどうなることかとやきもきするが、百婆の活躍で一つまた一つとめでたく縁談がまとまっていく。

タイトルの「百年佳約（ひゃくねんかやく）」とは、夫婦の永遠の契りを意味する朝鮮の言葉だ。ペンニョンカヤクと発音する。ペンニョンカヤク。美しい響きだ。同時に重々しさもある。朝鮮の人たちがいかに結婚を大事に考えているかがよくわかる。

独身のまま亡くなると鬼神（クイシン）となり、家を滅ぼす。それを避けるため、朝鮮の人たちは未婚で死んだ男女を結婚させる習俗がある。これを冥婚（ミョンホン）という。百婆は孫たちの縁談だけでなく、見ず知らずの男女の冥婚までまとめてしまう。

日本と朝鮮の結婚観やしきたりの違いも興味深いが、この小説の最大の魅力は百婆その人にある。知恵も度胸もあり、人びとに慕われ、時におそれられる百婆の人柄や行動力はあっぱれだ。

著者は百婆の夫の葬儀をめぐる小説「龍秘御天歌」を六年前に出版している。今回の「百年佳約」はその続編にあたる。あわせて読むと百婆の活躍を二倍楽しめる。（平田俊子・詩人）

（講談社・1890円）＝2004年8月12日①配信

12年という歳月の実り

「夢の船旅」(中上紀著)

中上健次が亡くなって十二年になる。十二年という歳月はこんなにもたくさんの豊かな実りをもたらすものかと中上紀の「夢の船旅」を読んでつくづく思った。中上健次の娘である中上紀が「言葉にした父への思い、そして背後に常に叙事詩のように流れている熊野について綴(つづ)った言葉をまとめた」エッセー集である。

「彼女のプレンカ」で「すばる文学賞」を受賞し作家としての仕事を始めた中上紀は、その出発から父親についての質問を受けることになる。「ほとんどの人は私の中に父を見ようとする」。しかし、中上紀はそれに反発しない。「ただひたすら『事実』があるだけだ」という言葉は、そのまま中上紀の態度であり、真実な言い分だ。

父は父であった。父は作家であった。父は男であった。父は熊野に生まれた一人の息子だった。中上紀の視野はすこぶる広い。

「夢の貌(かお)」と題されたエッセーに幼い著者と父が散歩をする場面が描かれている。「言葉を覚え始めた頃(ころ)、玉川上水の林の中を父と二人でよく散歩をした。(中略)父に教えられて、私はカタコトのコトバを口にする。『ドングリ』『ハッパ』すると父は重々しく頷(うなず)く」

きっと頷いた父は、ひどく満足そうな顔をしていたにちがいない。その満足の中には、コトバが少女のなかで実体となるところを目撃した作家としての満足も静かに含まれていたにちがいない。言葉が二人の人をつなぐ瞬間である。

中上紀にとって父が重要な主題であるように、中上健次にとっても父は重要な主題であった。「『秋幸三部作』におけるパラレルワールドの父なるもの」は中上健次論として極めて秀逸である。生身の父への視線から出発し、作家中上健次の作品を見詰める批評家の目に変わり、肉親の情愛の目に戻って来るこのエッセーは、中上健次の文学の太い背骨を握っている。中上紀のエッセーを読んでいると熊野に行きたくなる。(中沢けい・作家)

(河出書房新社・1365円)＝2004年8月12日②配信

スーパーフリーが映す空虚

「ドリーム・キャンパス」(小野登志郎著)

早稲田大学を中心とするイベントサークル「スーパーフリー」が起こした、連続強姦(ごうかん)事件についてのドキュメンタリーである。著者は、加害者と被害者にインタビューを行い、法廷での審理の様子をていねいに跡づけながら、事件の全貌(ぜんぼう)に迫ろうとした。

そこから見えてくるのは、「金と女」が殺し文句となる若者たちの殺伐たる生態であり、被害者の女性の身になって考えるという思考回路を決定的に欠いた大学生たちの姿であり、クラブイベントと酒盛りとセックスをもって「六本木大学」と称していたその空虚な世界観である。

しかしながら、著者も指摘するように、彼らの放つ徹底的な「空虚さ」は、実は、今日の日本に生きる多くの人々の「空虚さ」と同質のものではないのかという疑問が、本書を読み終わったあとでわいてくるのだ。金、女、酒、ねつ造された和姦、最後には強姦。結局、男たちは、第二次大戦中から、高度経済成長を経て、今日に至るまで、まったく同じことを繰り返しているだけなのではないだろうか。

華やかなイベントのあとで、二次会に残った女子大生たちを、強い酒に酔わせ、意識不明に追い込み、吐いてもうろうとしている状態で、数人で順番に強姦するという出来事がルーティーンのように行われ、女性が訴えることができないように事後には写真を撮り、証拠として押さえる。このような犯罪に、若い男子学生たちが、物事を深く考えることなく加わっていた。関与した人数はきわめて多く、裁判になったのはその一部である。

本書に収められた、彼らへのインタビューや法廷記録を読むと、その手口の用意周到さと、彼らの思考回路の単純さのあいだの落差に愕然(がくぜん)とする。だが、この種の現象は、日々のテレビのバラエティー番組にあふれており、ポルノビデオでも通常の世界観である。いまや日本全体が、スーパーフリー的な精神構造におかされているとしか思えない。時代を見事に切り取った一冊である。(森岡正博・大阪府立大教授)

(太田出版・1628円)＝2004年8月12日③配信

国家神道への厳しい批判

「国家と祭祀」（子安宣邦著）

「国家神道」とは何か。よくわかっていない。にもかかわらず、この言葉は重要だ。靖国問題を論ずるときには欠かせない。近代日本の国家体制の特徴を考えるときも、この語がぜひとも必要だ。

だが、この語の意義に正面から取り組むのを避けている。及び腰だ。「宗教」や「神道」にかかわる問題を論じようとすると、論じる道具立てがそろわず、ちゅうちょする。さもなくば、独断論になる。

こんな状況にしびれを切らしたかのように、先鋭な江戸思想史家である著者は、国家神道と靖国の問題に正面から取り組んだ。

国家神道を狭く解して、「官国幣社や県社が、国家に直接管理された国営神社的なあり方を指す」とする制度史的な論調が有力である。主として神道史学者から提起されているこの考え方を、著者は「国家神道を免罪し復権をもくろむ、自国中心主義的な歴史見直し論だ」と厳しく批判する。

そして、次のように論じる。本来の意味での国家神道とは、天皇中心の神道祭祀（さいし）を国家体制の中核にすえるものだ。意図的に国民の一体性を固めようとする国家装置であり、英霊祭祀により国民の魂の管理にまで踏み込んだ。国家神道の重い歴史を神社制度の問題に矮小（わいしょう）化してはならない。それは、戦後達成された政教分離をなし崩しにしようとする意図に屈することだ、と。

「天皇中心の神道祭祀を中核とした国民国家」という国家神道の構想は、会沢正志斎らの後期水戸学に由来する。水戸学の近代祭祀国家構想は、日本化した儒教の思想系譜を踏まえた「長計」としてタイムリーだった。こうした国家神道の思想的な由来についての分析は啓発的で、鋭い近世思想史家である著者の面目躍如たるものがある。

これに対し、比較もまじえて近代世界の宗教体制や国家神道の実像を描く部分は、探索的な試論の趣が濃い。

従来、神道史家のナショナリズム擁護論に押されがちだった「国家神道」論＝近代宗教体制論に対抗する理論的な展望を太い線で描き出したことは、論争史の上でも意義が大きい。（島薗進・東大教授）

（青土社・1995円）＝2004年8月12日④配信

驚くべき香の世界

「香三才」（畑正高著）

私には、聞香（もんこう）の会でサンザンな成績に終わった苦い経験がある。はじめ、しっかり香りを記憶したつもりだったが、次から次へ香炉がまわってくると、たちまち感覚は失われ、頭のなかは真っ白な状態。かくも香りを聞くことは難しいものかと思った。

著者の畑正高さんは、この道の達人である。その香をつくったり、香を組み合わせたり、香のすべてに通じている。そのことは熟知していたが、本書をみて、畑さんの文才に舌を巻いた。難しい香の世界を、この一冊でわかりやすく説きあかしている。今までにない香の入門書があらわれた。

日本文化の一極が繊細さにあるとするならば、その最たるものが香道であるといって間違いない。かよわく、かぼそく、これ以上かすかな味わいを鑑賞する文化は、ほかにない。香りは人類普遍の文化だが、文芸や美術工芸や、さらには室礼（しつらい）まで組み合わせた総合的な文化にまとめあげたのは、日本だけである。ちょうど、喫茶という世界共通の習俗から、茶の湯という日本独自の文化が形成されたのと、よく似ている。

しかも、香りのもとになる香木は東南アジア産で、日本には全く存在しない。すべて輸入に頼る香木や麝香（じゃこう）のような香りの素材は、貴重にして高価だから、馬尾蚊足（ぶんそく）というように、馬のしっぽとか蚊の足ほどに、細かく小さく切って、これを焚（た）いて香りを聞く。ところが、そのわずかな香木の切れはしが、まわりの景色をかえてしまうほどすばらしい香りを発するので、また驚いてしまう。

畑さんは平安時代から近代まで、どのように香りの文化が展開してきたか、歴史上のエピソードをまじえながらたどる。読めば読むほど、香の世界は現代人にとって知らないことばかりである。

香道と聞くと、ちょっと近寄りがたいと思われがちだが、まず香木を一柱（いっちゅう）焚いてみたら、畑さんのいう「伝統」の楽しみかたに、触れられるに違いない。（熊倉功夫・林原美術館館長）

（東京書籍・1890円）＝2004年8月12日⑤配信

戦前舞台に自転車冒険小説

「銀輪の覇者」(斎藤純著)

自転車のロードレースといえば、フランスを一周するツール・ド・フランスが有名だが、日本でも明治から昭和の初期にかけて、一般道を走行するロードレースが盛んに行われ、国民的スポーツといっていいほどの人気を集めていた。これはその自転車ロードレースを舞台にした、文字通り手に汗握る冒険小説である。

戦争の足音が聞こえ始めた昭和九(一九三四)年五月、荷台の大きな商業用自転車を使用した前代未聞の本州縦断レースが下関をスタートした。個人優勝二千円、チーム優勝二万円という高額賞金につられて集まった選手は三百人。背広にパナマ帽の紳士もいれば、ランニングシャツにステテコ姿の男もいて、さながら自転車仮装行列。なぜかドイツ人チームも参加している。

なかでも異彩を放ったのは、元チェロ奏者にして紙芝居屋の響木健吾をリーダーとするチーム門脇の四人組。はなし家くずれの越前屋平吉、小判鮫こと小松丈治、筋肉マンの望月重治。いずれも胸に一物、すねに古傷を秘めた怪しい男たちだが、この臨時編成の寄せ集めチームが、精鋭をそろえた企業チームを相手に、山陽道から中山道へと死闘を繰り広げる。

怪しいのは選手ばかりではなかった。大会委員長はどうやら食わせ物らしく、当初からレースの成立自体が危ぶまれていた。自転車部隊の創設をもくろむ陸軍、自転車競技のアマチュア化とオリンピック出場を命題とする帝都輪士会、思想犯を追う特高警察までが潜入して、レースそこのけの謀略合戦を展開する。

斎藤純は、酒・音楽・オートバイ・テニスなどに造詣が深く、センスと切れ味のいいミステリー作家としてつとに知られている。その小説巧者が、今度は戦前の自転車ロードレースという好素材を得て、冒険小説に歴史小説と社会派ミステリーの風味を加えた新しい世界を切りひらいた。いささか気が早いが、今年のベスト・エンターテインメント小説レースの最有力候補と予想しておこう。(郷原宏・文芸評論家)

(早川書房・2100円)=2004年8月12日⑥配信

なまぐさい人間の姿

「混沌　新・金融腐蝕列島(上・下)」(高杉良著)

大手銀行統合をめぐって迷走劇が繰り広げられるさなか、本書をひもといていた。「HD(ホールディングス)」「FG(フィナンシャル・グループ)」「持ち株会社」といった用語が急に理解できたような気がしてくるから不思議だ。こうした「わかった気になる」感覚も、この「金融腐蝕列島」シリーズが人気を博す理由の一つなのだろう、と実感する。

シリーズ最新作である本書のテーマは、まさにその「銀行統合」である。主人公は、大手都銀の広報部長・竹中治夫。シリーズの他の作品でも中心となっていた人物だ。竹中は頭取の特命を受け、中位行二行との戦略的提携(アライアンス)に尽力する。ところが、幹部たちの大手行意識が災いし、順調に運ぶかと思われた統合計画に暗雲が立ちこめてしまう。

一読して驚きもし、納得もするのは、銀行再編という経済上の一大事がしばしば感情論で動いていくさまである。頭取三人のうち二人が大学の先輩後輩であるため、残った一人が疎外感から機嫌を損ねる、記者発表をいつにするかで折り合いがつかず感情の行き違いが生じる、経済紙の思惑に一喜一憂し、会見の内容が一面に掲載されなければ部下にあたりちらす。

こうしたトップのふるまいはもちろん、「あんなボロ銀行、ウチ以外にどこが面倒見るって言うんだ」と広言する大手銀行マン、それに対する中位行の反発など、ここにうごめくのは、きわめてなまぐさい人間の姿である。

簡潔で、むしろ淡泊すぎるほどの文体が、かえって人々の愚行をきわだたせている。もちろん本書は小説だが、取材力に定評のある著者のこと、全編が事実であるかのようなリアリティーに満ちている。

筆者はこれまで経済ニュースを敬遠してきた部類だが、裏に想像もつかない人間模様があるかもしれない、と思えば見方も変わる。経済も結局は個々の人間が動かすのだ、という見過ごされがちな真実を本書はあらためて教えてくれるのだ。(大滝浩太郎・フリーライター)

(講談社・上下各1785円)=2004年8月19日②配信

切ないほど深く、やさしく　「その名にちなんで」(ジュンパ・ラヒリ著、小川高義訳)

米国に移住したインド人の若い夫婦に子どもが生まれようとしている。ベンガルで身にしみついたものとことごとく異質なにおいのなかで、ひそかに人間の運命の影を落とした物語が産声をあげる。みごとな出だしだ。

この作家独特の、暮らしにまつわるこまやかで、丹念な描写の積み重ねで始まる小さな世界のはずなのに、遠い故郷とはなれがたく異国に生きる家族の物語は、切ないほど深く、やさしく人間の痛みを刻んで広がる。

父は学生時代、インドで鉄道事故に遭ったとき、読んでいたゴーゴリの「外套」のおかげで、偶然つぶれた列車から見いだされた。だから息子の名前は、いのちを救ってくれたゴーゴリだ。米国東部の大学教授である父や、サリーを着て腕輪をつけ、インド料理をつくる母は、にぎやかなベンガル系の友人たちとの集まりがいまも性に合う。

一方、ロシアの作家の名を負ったゴーゴリは、長じるにつれ女性を意識し始めるとこの奇妙な名前がいやになり、大学入学を機にニキルと改名したが、かすかに罪意識と悲しみが残る。

この移住二世世代のゴーゴリに、きわだって意味をもつふたつの男女の出会いがあった。東部知識人の知的で自由な暮らしをする一家に受け入れられた恋愛生活は、父の急死でもろくも壊れる。その後、ベンガル人同士でと知人にすすめられた結婚は、まだ一人の自由がほしい妻の裏切りで終わった。

人がはりめぐらす文化の垣根のあいだに起きる微妙なずれ。晴天のなかの闇。なにげない会話やしぐさの細やかな描写に、静かな川面の底をのぞくこわさを秘めた筆致は、まさにラヒリの世界だ。

「名前」というものを、ふたつの文化のなかで偶然につながった家族の核として、人のもうひとつの影の存在として巧みに使って、ラヒリは生きる世界が複雑にならざるをえない現代の人生を語った。何かが生まれ、何かが壊れていく孤独は読み手にも移って、いつまでも胸に残る。(中村輝子・立正大客員教授)

(新潮クレスト・ブックス・2310円)＝2004年8月19日④配信

東欧の名花の気高い生涯　「ベラ・チャスラフスカ　最も美しく」(後藤正治著)

ベラ・チャスラフスカは、東京とメキシコ五輪の体操で個人総合を含め、合計七つの金メダルを獲得した名選手だ。同時に、美貌(びぼう)と気品を兼備した女性でもあった。

とはいえ、彼女の活躍を鮮明に記憶しているのは、かなり限られた年齢層に違いあるまい。

では、なぜ今ベラが世に問われるのか―この疑義は、本書を読み進めるうちに氷解していく。

著者はベラの軌跡、それも華やかな現役時代よりも「プラハの春」以降の苦難の道を主軸に据えた。故国チェコスロバキアで個人の尊厳と自由を求めた彼女は、公安当局から睨(にら)まれ体操クラブからも除名されるが、それでも屈しない。

さらには彼女を取り巻く政治家や歌手、女優、放送人、運動選手…といった多彩な人々が織り込まれていく。彼らの証言により、旧ソ連に隷属した東欧諸国の実情がリアリティーをもって描かれる。中でもポーランドの「連帯」を端緒に社会主義が崩壊し、プラハにも再び春が訪れる経過は、現代史の中で忘れられない一ページといえよう。

他方ではラチニナ、クチンスカヤ、コマネチといったベラの好敵手、その後に続いた体操の名花たちの姿も活写される。

著者が学生時代、「レーニンが生み出した幻想体系」に憧憬(しょうけい)を抱いていた事実も看過できない。ベラの半生を追うことは、社会主義の終幕までの足跡をたどる道程でもあった。著者はその途上で、「過去の時代がふたたび戻ることは決してない」ことを再確認する。

惜しむらくは、ベラ本人と会えなかったことだ。息子がベラの前夫を殴り死に至らせた事件に直面して以来、精神を病み現在も療養中だという。だが彼女に仮託した著者の狙いは、存分に果たせたのではないだろうか。個人の視座から国家や歴史を照射する試みは、人間の持つ純朴で気高い魂を見事に浮かび上らせている。

そうして本書は、ベラの評伝、あるいは女子体操の年代記という枠を超え、東欧に生きた人物群像記録であり、同時に著者自身の青春へのレクイエムという側面をも有した物語となったのだ。(増田晶文・作家)

(文芸春秋・2100円)＝2004年8月19日⑤配信

読者に差しのべた「手」

「約束」（石田衣良著）

かけがえのないものを失ってしまった時、人はどうやってその事実を乗り越えていくのか。

本書は、表題作を含む七編からなる短編集である。それぞれの作品に共通しているのは、登場人物たちがみな、深い悲しみの底にいる、ということだ。

あるものは、自分にとってのヒーローのような存在の親友を失い（「約束」）、またあるものは、事故によって肉体的なハンディを負う（「青いエグジット」）。みな、喪失の痛みに押しつぶされそうになっている。心の奥で、声にならない悲鳴をあげ続けている。それでも、日々を生き続けていかなければならない彼らが、ゆっくりと、再び立ち上がっていく様を描いたのが本書である。

悲劇は、突然やってくるもので、それは逃れようのない暴力のようなものだ。運命として受け入れるには、余りにも残酷で、行き場のないやるせなさだけが募る。自分だけが置き去りにされたような、深い絶望感にからめとられ、身も心も疲弊してしまう。だから、その時は、自分のことでいっぱいいっぱいになってしまうのは、しょうがない。悲しみは、自分だけで抱えていくしかないのだから。

それでも。そう、それでも、なのだ。今すぐじゃなくてもいいから。少しずつでもいいから。どうか、その顔をあげてほしい。どうか、半歩、いや立ち上がるだけでもいいから、ほんの少しだけ、今より前へ進んでみてほしい。そんな作者の思いが、この七編には込められている。

そこには、痛みを背負ったものに対する作者の共感がある。その上で、本質的な部分での、人間の強さ、健やかさを信じている作者がいる。

それは、人間というか弱い存在に対する、作者の力強い肯定でもある。その肯定があるからこそ、これらの物語は、読後、ささやかではあるけれど、しっかりとした明かりを、読み手の心にともしてくれるのだ。本書は石田衣良という一人の作家が、読み手に向かって差しのべた手、でもある。（吉田伸子・書評家）

（角川書店・1470円）＝2004年8月19日⑥配信

〈読む〉ことを問い掛ける

「イデアの洞窟」（J・C・ソモサ著、風間賢二訳）

英国推理作家協会賞受賞の長編ミステリー。

紀元前四世紀初めごろに書かれた古代ギリシャの小説「イデアの洞窟」。これが本編。それに脚注を付けた翻訳という体裁になっている。脚注からは、古典文学研究者の「わたし」が翻訳中であることがわかる。章が進むにつれて脚注の記述は常軌を逸していき、「わたし」自身にも事件が起きる、といういささか変わった設定だが、日本の本格ミステリーに親しんでいる読者なら、この程度の仕掛けに驚くことはまずあるまい。「虚実の境を破壊し、驚愕（きょうがく）の結末で読者の脳を裏返す」という惹句（じゃっく）にだまされてはいけない。そういう意味で優れた作品ではないからだ。

本書はまず、ごく普通のミステリーとして面白い。プラトンのアカデメイアで学ぶ少年がオオカミに食い殺され、その死体を見て疑念を持った〈解読者（＝探偵）〉が探索を始めるという展開。ちょっとした言い回しが伏線になっているところもある、かなり繊細ななぞ解きものだ。また、ネタばらしになるので詳しくは言えないが、伝奇小説としても興味深く仕立ててある。

だが何と言っても、この作品の最もユニークで特筆すべき点は、脚注で「直観隠喩（いんゆ）法」という表現技法のことがしきりに語られることにある。読者である私はこの技法に魅了されずにはいられなかったが、詳述することができないので、ぜひとも本書で直接その魅力に触れていただきたい。

この「直観隠喩法」へのこだわりは、〈読む〉とはどういうことかという問いかけへと連なっている。読む対象は本とは限らない。森羅万象を人間は読む。探偵もまた読む者だ。いかに読み解きまた読み誤るのか。それは人間の理性や世界認識にかかわる問題であり、ミステリー本編の主題ともつながっている。このように「イデアの洞窟」は脚注と本編とがからまりあいながら、読むことをめぐる考察へと読者をいやおうなく引きずり込む。これこそが、本書の真の魅力なのである。（石堂藍・ファンタジー評論家）

（文芸春秋・2200円）＝2004年8月26日①配信

端正で誠実な魂の記録

「T･K生の時代と『いま』」(池明観著)

雑誌「世界」に一九七三年から八八年まで連載された、「韓国からの通信」は、少なからぬ数の日本人に静かな衝撃を与えた。軍事独裁国家だと韓国を見下す見方が多かった時代に、民主化のための抵抗運動をしている人々が少なからずいることを、克明に伝えてくれたからである。

本書はそのルポの匿名の著者「T・K生」が自分だったと告白した、韓国の「知日派」知識人、池明観氏の講演や論文を集めた記録。もっとも、「T・K生」時代そのものを扱うのは全三部のうち最初のI部のみで、あとの二部は韓国の政治を中心に、日韓関係や東アジアの問題などを論じた講演や論文である。

Ⅱ部とⅢ部もそれぞれに読みごたえがあり、特に「李光洙と日本」が面白い。戦前戦後を生きた朝鮮人(のち韓国人)文学者で、卑屈なまでに日本に同化し、戦後はあっさりと転向した人物である。戦中の李の文学作品を検証して、いずれも親日イデオロギーのみを強調した駄作だと断ずる著者の筆致は鋭い。

だが本書の白眉はやはりI部だろう。それは「韓国からの通信」を誇るものでも、その後の民主化革命の一時的勝利を称賛するものでもない。むしろ著者は、韓国の民主化闘争を少し美化しすぎたと反省し、革命の成果がすぐに忘れられた韓国の現状を憂えるのだ。

著者は最近、二十世紀前半のドイツの哲学者、テオドール・アドルノが言い残した「人類史への絶望」や「歴史の進歩への懐疑」に、大いに共感するのだという。よどみ始めた韓国の政治状況に失望し、生まれ故郷である北朝鮮のあまりに非人間的なありさまに衝撃を受けたことと、それは深い関係があるのだろう。

とはいえ著者は、深刻そうに歴史の行き詰まりを講釈するのではない。むしろ、もう八十歳になろうとする時になってようやく、「歴史の哀しみということがわかってきた」と語る。その謙虚さが、読む者の心を暖めてくれる。失望の中で端正さを失わない、誠実な一つの魂の記録である。(最上敏樹・国際基督教大教授)

(一葉社・2310円)=2004年8月26日②配信

イスラムの多様性と一体性

「インドネシア　イスラーム主義のゆくえ」(見市建著)

「9・11」や連日のイラク報道を通じて、「イスラムは暴力的」という認識が社会に広がりつつある。二年前のバリ島の爆弾テロ事件により、世界最大のイスラム人口を有する国インドネシアでも、「穏健ともくされてきたイスラムは過激化しているのではないか」と懸念されている。

しかし著者は、少数の急進派のみに注目しても政治や社会の動態は分からないとして、同国イスラムの諸相を描き出していく。

メディアの注目度が高いとはいえ、武装闘争勢力はインドネシアにおいて、ごく限られた一部にすぎない。とはいえ著者は、武闘派も、その他の諸集団や社会動向、歴史的背景と隔絶しているのではないとして、彼らをはね上がり分子と見ることを退ける。

また暴力を排除しつつ、合法手段でイスラム共同体の拡大をめざす「穏健なイスラム主義」も、存在感を確実に強めつつある。

さらに、イスラム主義に対抗する勢力として著者が紹介するのが、「イスラム左派」である。NGOや学生、知識人によって構成される彼らは、イスラムでありながら西洋左翼思想を読み、実践にあたって参照するという。「保守頑迷」という従来のイスラム認識からは想像できない柔軟性を発揮して、多元的な市民社会の実現をめざす。

著者の描写から見えてくるのは、イスラム内部の多様性であり、一枚岩的なイスラム像は、その歴史や地域性を無視した浅薄な見方にすぎないという点である。同時に著者は、中東の最新思想がすぐに東南アジアに翻訳され、出版されるグローバル時代のイスラムの「一体性」にも目配りを忘れない。

まことにバランスのとれた見方だ。こうした冷静な分析の礎となるのが、豊富な現地調査に基づく情報収集である。著者や、ヒンズー・ナショナリズム研究の中島岳志のように、現地に身を置き、都市部にいる新中間層で同世代の心のひだにわけいる三十歳前後の若手地域研究者が登場してきた。相互理解の担い手として、彼らの今後の仕事に期待したい。(小川忠・国際交流基金企画評価課長)

(平凡社・2310円)=2004年8月26日③配信

自国の責任問う気迫の書 「北朝鮮とアメリカ　確執の半世紀」(ブルース・カミングス著、杉田米行監訳)

本書は、米国のすぐれた現代朝鮮史家ブルース・カミングスが全力で書いた異議申し立ての書である。彼の立場は、一九四五年以後の朝鮮史のすべての出来事に米国が責任があると強く考えるものである。本書は、このような責任の意識から、米国のメディアの論調、政府関係者と国民の認識にいかに反撃し、切り返し、説得するかを考えて書かれた。

北朝鮮はいかに反感を抱かせるにしても、別の国として、もう一つの国として存在しており、その国民がどういう気持ちでいるのかを「感情移入」して考えること、理解することが必要だというカミングスの主張の根本は、まさにわれわれ日本人の問題でもある。

序文で自分は負け犬に対する「憐憫の情」を禁じえないと訳されているところは「その気持ちになって考えてみる」のをやめられない、と訳されるべきだが、そこが本書の核心部分である。

カミングスは北朝鮮が「軍事国家」であると述べ、そうなった主因は「朝鮮戦争中に(北朝鮮が)経験した大量殺戮に求めることができる」と言う。もう一つの要素は、満州での抗日遊撃戦争の過酷な経験であるとされている。

現在の核危機を考える場合も、カミングスは〝より大きな悪〟は核をもたない国を脅しつづけてきた核保有国の側である、と明快な主張を展開する。

北朝鮮をもっともつきはなした議論になっているのは「世界初のポストモダンの独裁者」金正日論であろう。「母なる党」という考えに関連して、朝鮮の母子の関係についての心理的分析も興味深い。ただし、現在の国家体制「先軍政治」が論じられていないのはやや物足りない。

日朝関係はほとんど論じられていない。この点は競作となったオーストラリア国立大教授マコーマックの「北朝鮮をどう考えるのか」(平凡社)の方では、章を設けて論じており、その点からも併読をすすめたい。

ともあれ本書はアメリカに立ち向かうカミングスの気迫、姿勢と口調から、わが身を反省させられる本である。(和田春樹・東大名誉教授)

(明石書店・2940円)＝2004年8月26日④配信

生産的ナルシシストとは 「なぜイヤなやつほど出世するのか」(マイケル・マコビー著、土屋京子訳)

サラリーマンには、何とも気になるタイトルではあるまいか。

だが、本書でいう出世する「イヤなやつ」の典型が、GEのジャック・ウェルチやマイクロソフトのビル・ゲイツといったカリスマ経営者であることを知ってみると、イメージのズレも感じざるを得ない。日本で出世する「イヤなやつ」といえば、恐らく多くの人が、組織内をずる賢く立ち回るもっと「小者」を思い浮かべないだろうか。

そんな点を含め、本書はいかにもアメリカ的な「セルフヘルプ＝自助」の書だ。「The Productive Narcissist」が原題であり、直訳すれば「生産的ナルシシスト」。文中ではこの訳語が用いられている。

こうした自己研さんのセルフヘルプ本は、アメリカ社会の上昇志向と機能主義を反映する「文化」であり、D・カーネギーの「人を動かす」以来、多くの書が出版されてきた。傾向としては、精神分析の手法を応用して自己分析をおこない、点検リストなどを入れるのが常とうで、本書もその例にもれない。

著者マコビーが提起するのは、ナルシシスト人格、エロティック人格、強迫型人格、マーケティング人格の四人格タイプで、このタイプにより、ビジネスマンの命運は左右されるという。なかでも話題の中心は「わが道を突き進む強烈なカリスマ」のナルシシストで、ウェルチやゲイツは最も生産的なこのタイプというわけだ。ナルシシストに関しては、彼らが失敗するパターンや、周りがどう付き合えばいいかなどを含め、丁寧な説明がなされている。

本書はある意味で「生産的ナルシシスト」礼賛の書であり、ビジョンを持ったナルシシストリーダーこそが、新たな〝業〟と社会をつくり出すというのが著者の考えである。その点では、前例と内部論理とポーズばかりがあふれる日本で、逆に広く読まれてほしい本かもしれない。

読者はまず実際にタイプ診断ページに向かうことを勧めるが、そこでナルシシストと判定された評者と連れあいは、「だから何」とつぶやき合ったことも付け加えておく。(川添裕・皇学館大学教授)

(講談社・1890円)＝2004年8月26日⑤配信

現実と虚構の間にある恐怖　「壊れるもの」(福澤徹三著)

主人公は都内の大手百貨店に勤務する中年男。職場では上司ににらまれ、郊外に購入した中古の一戸建てに帰宅すれば、高校生の一人娘に「不潔」と疎まれる。唯一の息抜きは、残業帰りに駅前の居酒屋に立ち寄ること。どこにでもいそうな、オヤジ族の典型である。

単調だが、大きな不満や不幸とも無縁だった主人公の日常は、ささいなきっかけから次第に殺伐の度を深め、やがて大きく狂い始める。

突然のリストラ通告、妻の不審な挙動、心身の不調、思いのほか険しい再就職への道…。作者は地に足のついた筆はこびで、印象的なエピソードを丹念に積みかさね、あり地獄さながら主人公をのみこんでゆく不条理な現実を、これでもかとばかり読者に突きつける。

その迫力、臨場感は大変なもので、この部分だけを取り出しても、本書は平成日本のサラリーマン残酷物語として、深甚な衝撃と、ほろ苦い共感をもって受けとめられるに違いない。

しかしながら、本書の真骨頂は、実はさらに、その先にある。主人公を刻々とむしばみ、脅かすのは、現実的な恐怖ばかりではないのだ。

深夜、新居の裏山から聞こえる怪音。山中に突如として設置された正体不明の鉄柵(さく)。そして、夜ごとの悪夢。

一連の妖変(ようへん)は、忘れかけていた記憶を呼びさます。学生時代、現在の妻や友人たちと心霊スポット見物に出かけた主人公は、ドリームハウスと通称される廃屋の中で、世にも奇怪な体験をしていたのだった。

忌まわしい過去が時を超えて、中年になった主人公をじわじわ呪縛(じゅばく)してゆくかのような描写の数々には、怪談小説の名手である作者の持ち味と技量が遺憾なく発揮されている。

現実の不条理と超自然の怪異が、やがて混然一体となって主人公を翻弄(ほんろう)する終盤の展開は圧巻で、鬼気迫る。

実話とフィクションのあわいに怪談文芸の可能性を追求してきた作者の集大成というべき傑出した長編小説である。(東雅夫・アンソロジスト)

(幻冬舎・1575円)＝2004年8月26日⑥配信

愛、死、愛、死、愛　「好き好き大好き超愛してる。」(舞城王太郎著)

一読して、真剣さと過剰さと新鮮さに驚いた。舞城作品を読むのは初めてなのだが、普通の小説が「銀の延べ棒」、詩が「砂金」だとすると、本書は「金の延べ棒」のようにみえるのだ。

そんなものが簡単に生み出せたら苦労はない。反射的に、ほんとに金なのか、純度はどうなのか、と疑って、あちこち「噛(か)んで」みたのだが、確かに金っぽい味がする。宮沢賢治でもあるまいに、今どき、何をどうやったらこんなことになるのか。

本書においては、どうやら読み手に対して言葉と愛の負荷をかけることで、その純度を上げているようだ。

〈愛は祈りだ。僕は祈る。僕の好きな人たちに皆そろって幸せになってほしい。それぞれの願いを叶(かな)えてほしい。温かい場所で、あるいは涼しい場所で、とにかく心地よい場所で、それぞれの好きな人たちに囲まれて楽しく暮らしてほしい。最大の幸福が空から皆に降り注ぐといい。僕は世界中の全ての人たちが好きだ。〉

冒頭の、あまりにも真っすぐなメッセージに驚きながら、う、うん、そうだね、と頷(うなず)いたとたんに、読者は愛の千本ノックに見舞われることになる。加速する文体のなかに現れるのは、愛する者の連続的な死だ。

愛する者の生々しい死。愛する者の悲しい死。愛する者の無残な死。愛する者の虚(むな)しい死。愛する者の絶望的な死。愛する者の空っぽの死。愛、死、愛、死、愛、死、愛、死、愛、死、愛。

現実にはこんなに強い打球はこないよ、とか、千本もこないよ、とか、俺(おれ)、読者なのに、とか、思わず泣きが入る。

だが、強烈な言葉の打球は容赦なく襲いかかり、読者は現実よりも遥(はる)かに生々しい愛の現場に痣(あざ)だらけで取り残される。痛いじゃないか。本を手にしたとき、こんなことは望んじゃいなかった。いや、望んでたのか。そんな気もする。よくわからない。痛い。(穂村弘・歌人)

(講談社・1575円)＝2004年9月2日②配信

破天荒な生き方と繊細さ

「六世笑福亭松鶴はなし」(戸田学編)

「六代目」といえば、笑福亭松鶴の憎めない顔を思い浮かべる関西人は多いだろう。豪放なキャラクターで親しまれた上方落語の大看板が逝去して十八年。演芸研究家の戸田学氏が編んだ「六世笑福亭松鶴はなし」は、伝説的な逸話に彩られた故人への敬愛の情が詰め込まれた一冊だ。

昭和二十年代後半に古老のはなし家が次々没し、「すでに滅んだ」とまで言われた上方落語を、再興に導いた功労者の一人が松鶴。

その六代目とともに芸を磨き、後進を育て、〝上方落語の四天王〟と称された桂米朝、桂文枝、桂春団治や、縁の深い関係者への、弟子の笑福亭鶴瓶によるインタビューと、松鶴自身の生前の芸談を交互に収めたユニークな構成になっている。

楽しげに思い出を語る三人の大御所や所属事務所・松竹芸能の勝忠男社長らの口からは、笑わずにいられない松鶴のエピソードが続々飛び出す。

もちろん、十八番の「らくだ」など酒にまつわる演目で魅せた高座を評価する声も高い。「落語の芸」と題した対談で、酒の飲み方、酔う経過など細部まで気を配った演じ方について語る松鶴の言葉からは、落語への情熱的で緻密(ちみつ)な姿勢が伝わってくる。

上方落語をけん引した実父の五代目松鶴の功績にも触れられていて、上方落語協会会長としてリーダーシップを発揮した六代目の中に、先代から受け継いだ気骨や精神がしっかり息づいていたことも感じられる。

浮かんでくるのは、昔かたぎの芸人らしい大胆で破天荒な生き方と、そのイメージの陰に見え隠れする繊細さ。そして、真剣に落語に立ち向かい続けた男の姿だ。

興味深い本だけに気になるのが、鶴瓶のインタビューでの大阪弁の表記の仕方。例えば「そうでんねん」を「そうでンねン」などカタカナ交じりに記したことで、上方言葉の持つやわらかな味わいが半減した観があるのが惜しまれた。

しかし、松鶴と同時代に生きた芸人たちの話題も盛り込まれ、関西演芸界の一時代を切り取ったような読み物にもなっている。(坂東亜矢子・演劇ジャーナリスト)

(岩波書店・3360円)=2004年9月2日③配信

日米両国が抱える心の病

「〈私〉の愛国心」(香山リカ著)

「解離」という言葉は、その字面だけでも不気味である。私は、電車のなかで化粧や着替えをする女子高生をみると、この単語が自然に浮かぶ。肉体はそこにありながら、精神はこれから遊びにいく場所に飛んでいる。

いや、実際そんなのは解離でもなんでもない。本書のキーワードとなる「解離」はもっと重大で根が深い。「ぷちナショナリズム」など、いまこの国の若者に起こっている現象を、的確な事例を引いて、小気味よく解き明かしてくれる著者であるが、今回は、この「解離」を中心にすえて、日本の、そしてアメリカの抱えている問題を提起する、というより、声高に警鐘を鳴らしている。

いま、「私」の範疇(はんちゅう)が極限まで狭まっている。その中心にいて、愛を叫べる程度の周囲にしか関心を持てない視野狭窄(きょうさく)状態が慢性化し、イラク戦争にはたいしたリアリティーを感じられなくとも、今日明日、牛丼が食べられないなら、それは切実な大問題となる。

毎日、メディアからたれ流されるワイドショー的社会情勢。それらに感情のみで反応する大衆。その場その場の気持ちを操るのだけにたける首相。国をまとめるはずのその人物すら、発言に一貫性がなく、すでに「解離」している。

その首相が追随するアメリカはといえば、かつて備えていた万人に対する同情心もしくは善意といったよい面を失い、問題に直面すると、熟慮するのを避け、短絡的な行動に走ってしまう境界例(ボーダーラインパーソナリティ)という、別の病を患っている。精神科医である著者のこのような分析は、妙に面白く、同時に説得力がある。

現在、道徳用副教材「心のノート」、そして教育基本法改正など愛国心を教育に盛り込む動きがある。著者は、「自分の国を愛せない人間には他の国家も愛せない」のが「事実」だというのは、いつ決まったのだろうか、という素朴な問いを投げる。愛国心という大きくて強い概念が召喚されているのは、「私」の不安を打ち消すためなのではないか。安穏と「私」に隠れて生きられないほど、「私」の病巣は国全体に広がっている。(茅野裕城子・作家)

(ちくま新書・735円)=2004年9月2日④配信

イデオロギー逆説的に明示

「介護入門」（モブ・ノリオ著）

介護保険法が施行されて五年目になるが、社会的な関心事であるにもかかわらず、これまで「介護」というテーマが小説に組み込まれるということはほとんどなかった。芥川賞受賞作「介護入門」は、そうした風潮に一石を投じる介護保険時代の介護小説である。

とはいってもこの作品、一般的な〝介護小説〟のイメージを逸脱する設定になっている。無職で二十九歳の自称「個人的な音楽家（プライベート・ミュージシャン）」の「俺」が、玄関先で転倒事故を起こし下半身不随になった八十四歳の祖母を、大麻を吹かしながら自宅介護する。その突出した状況設定に、読者はまず驚かされるだろう。

設定だけでなく、マリファアナ常習者の「俺」の妄想と悪意と呪詛（じゅそ）が入り交じった饒舌（じょうぜつ）な独り言の文体も独特のものだ。

「YO、FUCKIN、朋輩（ニガー）、俺がこうして語ること自体が死ぬほど胡散臭くて堪らんぜ、朋輩（ニガー）」というような、ヒップホップの言葉とリズムによる読者への語りかけをベースに、中上健次と大江健三郎を足して二で割ったような硬質な文体によって「俺固有の介護経験という俺固有の物語」が展開されていく。文体的に、大江健三郎「ピンチランナー調書」との影響関係を指摘できる作品でもある。

そうした「俺」の口から発せられるのは、介護ヘルパーの怠慢な仕事ぶりであり、実母の介護に関与しようとしない叔母たちへの反発の思いであり、介護者・被介護者という関係を超えた母や祖母との「一家団欒」の風景である。

「俺」の言動は〝世界〟への悪意と怒りに満ちているが、「『家と家族とを呪い続けた俺』から『世で最も恵まれた環境を授かった俺』への転生にして新生を遂げた場所」として介護の現場を認識するに至って、主人公の怒りの根拠は、ある種のモラルに回収されざるをえない。介護という超日常的現実は、主人公の蛮行じみた行いさえ均質化してしまう。本書は、そのような介護をめぐるイデオロギーを逆説的に明示している。（榎本正樹・文芸評論家）

（文芸春秋・1050円）＝2004年9月2日⑤配信

国民だました密約を実証

「盟約の闇」（太田昌克著）

一九七二年の沖縄返還の裏に日米政府間にどのような密約があったのか。この謎は長く論じられてきた。八一年には元駐日大使のライシャワー博士が、核兵器を積んだ米軍艦艇の日本領海通過・寄港は核持ち込みにあたらないという「日米間の口頭合意」があると言明したが、ときの鈴木善幸内閣は全面否定した。

九四年には、佐藤栄作首相の密使として米側と沖縄返還交渉を行った国際政治学者の若泉敬が著書で、六九年十一月の日米首脳会談で佐藤首相が「核抜き本土並み返還」の確約を米側から得るために、返還後の有事における核兵器の再搬入と核搭載艦艇の寄港を認めるとニクソン大統領に約束した「核密約」を明らかにした。しかし、当時の羽田孜内閣も、密約を否定した。

若いジャーナリスト、研究者である著者は、日米の公文書を綿密に検証し、関係者へのインタビューを重ねて、この事実を言い逃れができないように詰めていく。

佐藤をはじめ日本の政治家たちは、核兵器に強い魅力を感じていた。彼らは、日本が自力で核兵器を所有すべきだと考えており、実際にそのための本格的な調査も行った。しかし、国民の核兵器に対する否定的な態度を考慮して、ようやくにして開発を思いとどまった。「日本の非核三原則はナンセンスだ」とは、非核三原則策定ゆえにノーベル平和賞を授与された佐藤の言である。

結局、佐藤内閣は「核抜き」を言明するために、返還後の沖縄に有事の際には核兵器の再搬入や朝鮮半島などへ発進するための基地使用を容認する、という密約を行ったのである。「事前協議」は有名無実化された。

著者が終章で指摘しているように、この一件は安全保障という重要政策において主権者である国民をだまし、危険を沖縄に負わせるという、現在につながる重大な問題を有している。若泉は生前、慰霊の日になると沖縄を訪れ、密使「ヨシダ」の名で投宿し、戦死者を追悼していたという。本書の提起に対して小泉純一郎内閣はどう答えるだろうか。（五十嵐暁郎・立教大教授）

（日本評論社・2415円）＝2004年9月2日⑥配信

凄絶な人間ドラマの都市　「ニューヨーク」(ベヴァリー・スワーリング著、村上博基訳)

オランダ領ニューアムステルダムは一六六四年英国に占領されてニューヨークとなり、さらに十八世紀末葉のアメリカ独立革命によって英国の手を離れる。著者は、この都市が変ぼうしてゆく百三十余年間を背景に、天才的外科医である兄と薬草のエキスパートである妹の遺伝子を受け継ぎ、外科医、内科医、調薬師を輩出する〝治癒者〟の家系を創造し、一族の数奇な運命を活写する。

新天地にたどり着いた貧しい英国人兄妹は協力し合い、医と薬の連携を推し進めてゆく。しかし、兄が自らの結婚費用と交換に、先住民に凌辱(りょうじょく)された身重の妹を陋劣(ろうれつ)なオランダ人医師に無理やり嫁がせたことで宿怨(しゅくえん)が生じる。二つの系統の確執は何代にもわたって続く。

登場人物たちはいずれもきれいごとでは生きていけず、欲望むき出しで懸命に運命を切りひらこうとする。そこに、植民地支配、先住民との抗争、奴隷制、人種差別、独立革命時の対英戦などが絡み、いくつもの修羅、地獄が現出する。

類書との相違は、近代医学が未発達な時代の先駆的な医療行為の実態を文献から掘り起こし、中心に据えたところにある。異様なまでの迫真性を備えた手術の細密な描写は著者によれば史実にもとづくという。

また、奴隷制は南部の専売特許のように考えられ、小説でも南部を舞台に扱われることが多いが、北部ニューヨークにおける知られざるその実態を暴き出していることも、特筆に値する。奴隷制の邪悪さにおいてこの都市は決して南部にひけをとらない。実際、奴隷市場もあり、奴隷の反乱も起こったし、貿易業者は奴隷の輸入で巨利を得ていたのだ。

原題はCity of Dreams、夢の都市。だが、そこから連想されるイメージとは裏腹に、生々しくも凄絶(せいぜつ)な人間ドラマの数々が全編をおおい尽くしている。たとえニューヨークが夢に満ちあふれていたとしても、かなえられた夢はほんのひと握りにすぎない。この都市は無数の夢の残骸(ざんがい)の上に築かれているのだ、と思わずにはいられない。(佐伯泰樹・東京工大教授)

(集英社・6300円)＝2004年9月9日①配信

恐怖の構造あばいた合作　「シベリア鎮魂歌―香月泰男の世界」(立花隆著)

この本の第一部「私のシベリヤ」の成立事情がおもしろい。若い哲学学生だった立花隆が、画家香月泰男とワインを飲みながら十日間聞き書きをして、ゴーストライターとしてまとめたというのだ。著者二十九歳のときに出版されたが、もちろん実名は伏せられていて、今度の復刊が最初の実名出版だそうだ。

しかし、すでにルポライターとしての、才能がよく出ていて、まるで香月が書いたかのように、その生い立ち、シベリア抑留体験、故郷での生活などが豊かな表現で書かれている。

「一生のど真ん中に、そのこと(戦争体験)があったがために、私が私になり得ようとするのに役立つ」とか、「絵描きにとっては、自分の顔を創造することがはじめで終りである」とかいう言葉は、香月自身に立花が乗り移ったような迫力のある告白になっている。

香月の死後、立花は画家の足跡をもとめてシベリアを旅してまわる。この画家への執心は徹底している。画家の創造の根源を求める熱心さで、収容所跡を探訪していくうちに、広大なシベリアに抑留されたのが、敗残の日本兵六十万人だけでなく、七百万人の反体制派ソ連人、二百四十万人のドイツ捕虜、つまり一千万人の人々を強制労働にかりたてたスターリン時代のソ連の実情であったことを、あばいていく。

シベリア抑留が旧日本兵だけの苦しみであったと思いこむと、とんだ間違いをおかすという指摘は、いかにも立花らしい透徹した探索による意見である。

それにしても香月は、特異な手法と独特な顔の表現によって、このシベリアの実情を表現しつくしていた。その画家の象徴的表現から立花は、旧ソ連の恐怖の構造の真底までにたどりついていく。この部分は香月と立花の合作とも言えよう。

香月には、このシベリア抑留の絵画のほかに、故郷の自然を描いた明るいのびやかな絵画の世界があるが、立花はその方面の画家の世界を一切無視している。この無視が徹底しているため、この本は力強いメッセージとなりえた。(加賀乙彦・作家)

(文芸春秋・2800円)＝2004年9月9日②配信

劇的に変わる中国古代文献　「諸子百家〈再発見〉」（浅野裕一、湯浅邦弘編）

この十数年間に、中国のあちこちで未知の古代文献が掘り起こされている。紀元前三百年ごろの書物が、当時の墓の中から次々と出現している。それらの多くは、今の漢字とは違う書体で竹の札に書かれていた。破損もあり、容易に読解できない。専門家が取り組んで出版もされ、今やそれらの学術的な意義が考察される段階に来ている。

その考察により、孔子・孟子・荀子・老子・孫子などの思想家、「易」「礼記」などの書物の実像が劇的に変わりつつあるのだ。中国史や諸子百家に興味があるなら、これらの内容に目を見張るはずである。

本書は、そんな出土文献をとりあげて、どのような点が新たに分かったのか、学術史の上でどう革命的なのかを懇切に紹介している。

例えば、孟子や荀子が唱えた「人の本性は善か悪か」の問題は、孔子とどうつながるのか、従来はよく分からなかった。それは、孔子と孟子らの間に文献がないためで、「礼記」など儒家の文献が漢代ごろに作られたと考えられていた。

ところが、人の本性について孔子の考えに基づいた議論を記した文献が出土。その一部が「礼記」にあった。これで「礼記」成立の定説が覆り、孟子と荀子の思想家としての創造性も再考の必要が出てきた。

また、「老子」は一体いつごろの成立なのか、皆目不明だった。だが相次ぐ出土で、紀元前三百年を相当さかのぼる時期に、現行本と一定程度共通する内容を持っていたと分かった。まさに、中国史の深淵（しんえん）を思わせる発見だ。

編者の一人は、出土文献の発見と考証により、従来の権威的な古代中国思想史研究は「今や壮大な屁理窟の山と化しつつある」という。本書は、それがどんな「屁理窟」だったのかについても周到に説明し、これら出土文献が、思想史の研究方法を再考する契機になっていることを具体的に述べて、痛快である。

こうした衝撃的な研究成果を理解するなら、「諸子百家の再発見」というより、中国古代思想に対する私たち自身の見方の解放をもたらすはずである。それは諸子百家の思想を、より有意義で楽しくするだろう。（土屋昌明・専修大助教授）

（岩波書店・2730円）＝2004年9月9日③配信

「今どきの…」と言う前に　「若者たちに何が起こっているのか」（中西新太郎著）

若者を「社会問題」として語るオトナたちのつまらなさは、自分たちが若かったころを基準にして、今の若者を断じることにある。本書が優れているのは、そうした旧来的な若者理解の枠ぐみそのものを組み替えようとしていることだ。

かつてと今とでは、若者の生きるべき社会の現実（リアル）が大きく異なることを著者は指摘する。ひとつは一九七〇年代以降に進んだ消費社会化だ。それは消費の単位を家族から個人へと移行させ、子どもを消費主体として立てていった。たとえば、そこでの自己実現は、幸せな将来の自分を「生産」することでは、もはやない。他人から見られるに値する自分を今ここで実現すること、そのためのファッションや音楽を「消費」すること、なのである。

さて、そのように社会から「お客さま」＝消費者として扱われる一方で、九〇年代以降になると、若者の社会への関与を拒むような逆の動きが目立ちはじめる。

たとえば就職状況の悪化だ。フルタイムの職に就けず、フリーターをする若者は、今やあたりまえの存在になっている。これを彼ら彼女らの労働意欲の低さにばかり帰すわけにはいかない。昨今の雇用環境の変化は、むしろそうした低賃金の時間労働者を積極的に求めているのだから。

そのことはまた、「勉強したって就職できない」という学習意欲の低下を招き、学校の存在意義そのものを危機にさらしている。学級崩壊現象もそのひとつの現れとみてよいだろう。社会の変化と密接に連関して、学校や家族などの位置づけも大きく変わりつつある。

そのことを見ずに、若者をむやみに「社会問題」視し、場当たり的・部分的に教育政策や家族政策の見直しを言い立てても、はたしてどれほど実効性があるだろうか。

本書はこのような問題意識に基づきつつ、実に多彩な角度から若者の現状を見通していく。個別に発表された論文を集めた本だけに議論の重複も目につくが、「今どきの若いやつらは」と言う前に、ぜひご一読あれ。（辻大介・関西大助教授）

（花伝社・2520円）＝2004年9月9日④配信

終わらざる反逆の物語

「抵抗者たち」(米田綱路編)

韓国映画「シルミド」で反乱兵士が「民衆の旗、赤い旗…」と労働歌を合唱しながら自決してゆくシーンを見て、涙が流れた。いま小泉〝軍事立国〟主義が登場し、戦後五十九年に培った平和のかたちがこわされてゆくこの〝土壇場の時代〟に、抵抗する日本民衆の歌声はどこにあるのだろうと。

想(おも)えば、「民衆」という言葉が死語化して久しい。上野英信―鎌田慧ら「民衆派」記録文学の系譜も途絶えて久しい。若者は、自らを導いてくれる思想の不在に苦しんでいる。

本書は、戦後民衆運動の九つの現場を巡り歩き、そのリーダーたちに抵抗の原点や、しぶとく生き残るための工夫・教訓、あるいは権力の弱点をつく奇想天外な戦略・戦術を聞きまくった「証言集」である。

もっとハッキリ言えば、民衆の知恵と思想がぎっちりつめこまれた〈武器庫〉の出現であり、ここ三十年間続いたわれら民衆史の「かくも長き不在」を埋めるべく姿を現した一冊との観がある。

現場を守り続けてきた者の名を記そう―日本最後の〝農民一揆〟の様相を帯びた三里塚空港反対闘争の島寛征、戦後最初の新聞記者ストライキ「民主読売」の増山太助、一九四五年花岡鉱山で蜂起した中国人労働者の悲憤を追った野添憲治。あの「日の丸」焼却事件の沖縄の知花昌一、アイヌ差別と戦う「関東ウタリ会」の北原きよ子、在日二世の「ほるもん文化」を主唱する高二三。そして国鉄解体に「最後の最後まで」抵抗をやめない国労音威子府闘争団家族の藤保美年子…。彼ら九人の言葉がつづられる。

これらなお終わらざる反逆の物語を並べ、編者の米田綱路はこう記す。〈〝Show the flag〟。そんな言葉に色めきたって、日本政府はアメリカ主導の「反テロ」戦争に自衛隊を送った。(中略)「旗を見せよ」の圧迫に対し、私たちの戦後には、これら「無数の叛旗を見よ」と言える歴史がある〉。〝歌を忘れたカナリア〟の、団塊・全共闘世代に特にすすめたい一冊だ。(吉田司・ノンフィクション作家)

(講談社・1890円)=2004年9月9日⑤配信

〝弾圧者〟の真の姿は

「言論統制」(佐藤卓己著)

メディア史研究のトップランナーである著者が、情報官鈴木庫三陸軍少佐の生涯をたどりながら、戦時期日本の「言論統制」に再解釈を加えた。昭和言論史に多少とも関心がある者には、それだけで興味津々だろう。新書だが内容は期待にたがわぬ重量級である。

著者はあらためて問う。鈴木庫三とは何者か。言論関係者にとって、その答えはこれまで自明だったろう。陸軍情報部員、内閣情報局情報官として言論界の「ファッショ化」に猛威を振るった最悪の弾圧者。ほら、石川達三の小説「風にそよぐ葦」の中で、中央公論の社長に野卑な恫喝(どうかつ)を加えているアイツだよ。〝自明〟の中身はざっとそんなところだ。

しかしそれは、時に〝記憶〟の捏造(ねつぞう)をも行いながら作られた神話であった。このあたりの著者の手並みは鮮やかだが、単なる神話の解体だけなら本書の序章で十分かもしれない。本題はそこから先なのだ。

あらためて驚いてしまうのだが、鈴木のライフヒストリーを詳細に明らかにしたのは本書が初めてなのである。著者が発見した「鈴木庫三日記」がそれを可能にした。日清戦争開戦の年に生まれ、貧しい小作の養家で苦学力行して陸軍砲兵工科学校に入り、努力につぐ努力で士官学校入学、任官後も勉学に励み、三十六歳にしてようやく東京帝大派遣学生となる。

刻苦勉励の人生から鈴木が培ったのは、社会的平等や教育機会の均等化への過剰なまでの意志であった。そしてそれは国防国家建設によってこそ可能となる。国防国家は目的合理的な教育国家であり、国家の力で子どもたちに自由と平等を実現する。それは進歩的教育科学運動の旗手、東京帝大の阿部重孝の主張とも重なるものだった。

鈴木庫三という存在の歴史的含意は、社会的平等を希求する近代日本の庶民願望である。だが、国防国家ではなく戦後日本で実現した、誰でも教育を受けられる社会は、刻苦勉励を規範から排除した。鈴木を今に読み解くのは簡単ではない。

第一級の専門書だが、特別な予備知識は不要だ。読み始めたらやめられないこと請け合いである。(有馬学・九州大大学院教授)

(中公新書・1029円)=2004年9月9日⑥配信

都市の一夜のファンタジー

「アフターダーク」（村上春樹著）

真夜中から明け方までの一夜の物語。眠らない、いや眠れない若者たちが夜の盛り場（新宿らしい）をさまよう。

夜中の十二時に「デニーズ」で女の子がひとり本を読んでいる。そこに楽器を持った若者があらわれ、彼女に話しかける。以前、一度二人は会ったことがあるらしい。

二人を中心にさまざまな人間が登場する。

ラブホテルの女マネジャー、そこで働く若い女性たち、客に殴られた中国人の女性、殴った客を追う中国人のやくざ、夜中までオフィスでコンピューターを動かしているビジネスマン（彼がホテルに呼んだ中国人の女性を殴ったらしい）。

新宿、やくざ、ラブホテルと書くとぎらついた感じがするが、この小説はあくまでも一編のファンタジーの雰囲気を持っている。

ラブホテルの名前は「アルファヴィル」とゴダールの近未来SF映画から取られている。新宿の町が現実の欲望空間というよりあくまでガラス窓を通して観察された近未来都市のように見える。

一方で、部屋で眠っている女の子がいる。ずっと眠り続けている。不思議なことに部屋のテレビのなかに、眠ったまま入っていってしまう。

物語性はない。ただ静かな夜の断片が夢のかけらのように散りばめられてゆく。眠れない女の子と眠り続ける女の子―二人は姉妹だとわかる―の対照が都市の孤独を深めてゆく。

映画的な手法が使われている。

カメラが登場人物をとらえる。近づいたり離れたりする。眠れない妹が町を歩く場面の次には、部屋で眠り続ける姉の場面に切り変わる。カットバックの手法。作者の村上春樹が映画監督となって、都市の一夜を淡いファンタジーに仕上げようとしている。

カメラはまた、地球にやってきた宇宙人の目のようでも、われわれ読者の目のようでもある。その目が都市の夜を見る。

「夜は若く、彼も若かった」。ウイリアム・アイリッシュの傑作ミステリー「幻の女」の夜の町を思い出させる。（川本三郎・評論家）

（講談社・1470円）＝2004年9月16日①配信

文学への真摯な思い

「森敦との対話」（森富子著）

「月山」で六十二歳で芥川賞を受賞した作家森敦は、まさに伝説の人である。十代にして菊池寛に見出され、二十二歳にして横光利一に才能を認められ「酩酊船」で文壇デビュー。その後、漁業会社の船に乗りこみ北洋や南極海に出たり、日本各地を放浪しダム建設の仕事にかかわったりしながら、独自の文学観を深めていった。

その間、小説はほとんど書かなかったが、太宰治、檀一雄、小島信夫ら少なからぬ作家たちの尊敬を集め、在野の文学者として知る人ぞ知る存在であった。そして、昭和四十八年に雑誌「季刊芸術」に発表した「月山」で一躍脚光を浴びる。庄内地方を仏教の曼陀羅（まんだら）の宇宙にみたてた、その独自の小説世界は、やがて大作「われ逝くもののごとく」という日本の近代小説史上に類のない、宗教文学の金字塔を打ち立てることになったのである。

その作家が逝って十五年、養女であり文学上の師弟関係にあった著者が、ここに一編の評伝小説を書きあげた。森敦との出会いから、同人誌を通じての文学修業、そして「月山」を執筆完成するまでの作家の秘められた刻苦の道のりを、その現場に立ち会った証人として描いている。

日常生活のなかの作家の素顔、繰り返し語って倦（う）まぬ放浪のうちにはぐくまれた小説の思索、さらには作家や編集者らとの交友など、これまであきらかにされなかったその生涯が、太い輪郭をもって浮かび上がる。四十年ものあいだ、世間的には無名の者として生きつつ、森敦は片時も文学から離れることがなかったことがよくわかる。

世の流行とは一線を画して、あくまでも自己の文学観を深めることに専心するその姿は、一種の求道者である。「月山」誕生までの文字どおりの格闘は、かくしてあの名作が生まれたのかと納得させられる。

森敦と著者の〝対話〟を通して、そこに息づく、今日では失われつつある文学への真摯（しんし）な思いの深さに打たれる。（富岡幸一郎・文芸評論家）

（集英社・1890円）＝2004年9月16日②配信

徳なき有能戒めた生涯　「乃木希典」(福田和也著)

日露戦争百年の今年、その意味を問い直す論考が相次いでいる。旅順攻略戦で知られる乃木大将は、明治天皇の死去に際して殉死したこともあって、戦前は軍人の鑑(かがみ)とたたえられ、陸軍の精神主義の理論的な支柱となった。その反動か、戦後は不人気が長く続いた。本当は乃木はどんな人物で、今問い直す意味はどこにあるのだろうか。

本書は乃木を、国民皆兵制を敷いた明治国家のシステムのなかで、個人の意思にかかわらず死地に赴かされる兵士たちの指揮官として、徳目の権化になろうとした人物と位置づける。

自らが死を賭して戦うだけでなく、他者にも同様の努力を求める以上、指揮官は並の人間であってはならない。有能さや勇敢さだけでは不十分で、「有徳の人」という一種の超人にならなければならない。

そうした人間の限界を超える精神的努力をし続け、ついには殉死によってその徳目を完結させた人物として、著者は乃木を称揚する。その筆致は、叙情的で美しい。

そんな乃木の「徳」をないがしろにし、おとしめたのは、敗戦後の価値観ばかりではない。そもそも軍部の体制と、有徳者たろうとする乃木の私的な意志は異質のもので、時に対立さえしたことを、本書は教えてくれる。軍部の主流は「有能」で「話が分かる」児玉源太郎や桂太郎であり、自他に厳しい乃木は、浮いていた。

その軍部は乃木の死後、彼を軍神として軍国体制の強化に利用した。政府は乃木の遺言を無視し、乃木家を血のつながらない他人に再興させようともした。

著者のナイーブな思考は、乃木の再評価を単純な愛国思想復活につなげてはいない。乃木の姿勢を、ドイツに範を求めた非日本的な理想主義とも分析している。

本来なら、乃木の「徳」は、徳を持たない単なる有能な官僚・エリート軍人への厳しい警告であり訓戒であったはずだ。乃木の「徳」は、組織への滅私奉公を強要するのではなく、自己の信念を貫くことの重要性をこそ、われわれに示している。(長山靖生・評論家)

(文芸春秋・1260円)=2004年9月16日③配信

テロの背景暴く真実のルポ　「チェチェン　やめられない戦争」(アンナ・ポリトコフスカヤ著、三浦みどり訳)

数百人の子どもが犠牲となる事件が、ロシア南部の北オセチアで起きた。悼む言葉もない。なぜこのような悲惨なテロが繰り返されるのか。誰もが抱く疑問だろう。

ロシア政府は、チェチェンのイスラム過激派がテロをエスカレートさせている、チェチェンでの戦争は「対テロ戦争」だ—と主張してきた。日本の報道もそれに近い。

ロシア人女性記者の著者は、そのチェチェンに五年前から何度も入り、名もなき人々の声をすくい上げてきた。本書の生命は、徹底的に犠牲者の立場で事実を浮き上がらせたルポにある。

そこから見える〝戦争〟は、ロシア軍による住民への略奪・強姦(ごうかん)・拉致・人身売買であり、反テロ戦争などでなく、ロシア軍による「対市民戦争」だ。

武装勢力を家に泊めた容疑で電気拷問にかけられたおばあさん。ふん尿入りのバケツを口にくわえて四つんばいで階段を上り下りさせられた若い女性。深夜二時に民家に乱入したロシア兵は、六十二歳の女性に五発の弾丸を撃ち込んだ。

「掃討作戦」と称する住民の大量逮捕。釈放の条件は身代金。拘留中に殺した場合にさえ、遺体引き渡し料を出せというのだ。複雑に利害が絡み合う戦争の中で、想像を絶する市民への暴力が、テロ続発の誘因となっていることが示される。

筆者は何度もチェチェンを取材しているが、取材妨害と言論弾圧がどんどん厳しくなっている。泥沼化にいら立つプーチン大統領は「われわれの敵はテロリストでなく、ジャーナリストだ」と発言したとされる。著者が北オセチアへの機中で、毒を飲まされ、一時意識不明の重体になったようだ、との情報がいま関係者から伝えられている。

祖国ロシアの腐敗とファシズム化の渦中で、絶望を深めながらも著者はこう書く。「(戦争が)すべての不必要なことから私をはじき出して、余計なことを切り捨ててくれた。こういう運命に感謝しないわけにはいかないわ」。本書は、本物のインテリが捨て身で集めた真実のルポである。(林克明・ジャーナリスト)

(NHK出版・2520円)=2004年9月16日④配信

戦争裁判の矛盾を検証　「法廷の星条旗」（横浜弁護士会BC級戦犯横浜裁判調査研究特別委員会著）

首相の靖国神社参拝が行われるたびに、A級戦犯のことが日中両国で話題になるが、過ぐる戦争には、戦争責任者として絞首刑となった東条英機以下のA級戦犯以外にBC級戦犯も多くいたことは、忘れられている。

BC級戦犯とは、戦中の連合軍捕虜虐待や処刑の罪を問われ刑が確定した人々のことで、これまでのいくつかの研究者や小説家によってその実体が書かれたことがあったが、裁判の全記録が公開されたり、その裁判手続きがいかなるものであったか詳しく調査されたことはない。

横浜の弁護士会が、六年の歳月をかけ当時の担当弁護士からの聞き取りや外務省保管の資料を分析し、今回一冊の書物として刊行した。

本書には、いくつかのBC戦犯裁判の事例がアメリカ側の検察や日本側の弁護士のやりとりを含め報告されている。

たとえば、あの東京大空襲で十万人を超える民間人が殺されたわけだが、その爆撃に参加したB29が撃墜されアメリカ兵士が捕虜となった。その捕虜となった兵士に対し日本の軍人が虐待した罪で処刑される。

十万人殺戮（さつりく）の無差別空爆に参加した兵士が無罪で、彼を処罰した側は敗戦国の兵士であるがゆえに罪人となる。勝者が敗者を裁く戦争裁判の典型的例といわざるをえない。

多くのBC級裁判では、米軍捕虜を裁判もなしで一方的に処罰したとして日本の無名の兵士たちの罪が問われ、ときにはたいした調べもなく日本の兵士たちが絞首刑にされた。

戦争犯罪を裁くということは、勝者が敗者を裁くわけで、そこには最初から公平な裁判は望めない。にもかかわらず、そのようなときでも数は少ないのだが「法の支配」にこだわる日米の弁護士が存在したことが本書で明らかにされる。

読むのにしんどい本であるが、そのことが本書の救いである。読みきると戦争裁判のむつかしさを教えてくれる。（石川好・評論家）

（日本評論社・2730円）＝2004年9月16日⑤配信

社会主義による変容を語る　「モンゴルの二十世紀」（小長谷有紀著）

横綱朝青龍らの活躍などで、モンゴル国は、日本人が最も親しみを感じる国の一つとなった。しかし、私たちのモンゴル認識はそれほど正確ではなく、モンゴル国と中国内モンゴル自治区を区別せずに「モンゴル」と呼んでいる場合もある。

一九一一年の辛亥革命で清朝が倒れ、モンゴル人はフレー（現ウランバートル）の活仏ジェプツンダンパ・ホトクトを皇帝位の「ボグド・ハーン」とする政権を立てたが、実際はロシア・中国・日本三国の政治的関係の中で、モンゴル人は外モンゴル（モンゴル国）・内モンゴル（中国）・ブリアート・モンゴル（ロシア）に三分された。

本書が語るのは、このうち史上二番目の社会主義国となったモンゴル国で社会主義国家の建設に努め、自由化を迎えた人々の証言を通して、ソビエト・ロシア直伝の社会主義がモンゴル社会をどのように変え、何をもたらしたのかである。

ボグド・ハーン政権と言っても、近代国家とは性格を異にし、モンゴル国は近代市民社会を経験せずに、いきなり社会主義化した。本書は、社会主義政府樹立後に生まれ、社会主義の下で学び、社会主義による国づくりで要職に就いた五人の人々に、著者が長時間のインタビューした内容が大部分を占める。

牧民の生活や天幕（ゲル）の学校での授業風景、同国の工業・農業牧畜・都市建設などに携わった成果を振り返って語っている。モンゴルの産業発展にかかわった人物は、日本の戦後補償により最大級のカシミヤ工場を建設したいきさつなどを語っている。

これらの証言によれば、社会主義によるモンゴル国の近代化は、基本的には成功したと見るべきであろう。

ただ評者の希望では、同国の陰の部分、とりわけ一九三六―三八年にかけての仏教寺院への大弾圧の実情を知る者の証言を聞きたかった。エルデニ・ゾーなどの寺院には、弾圧を生きのびた老僧がまだいるはずである。

とは言え、本書は社会主義政権成立後のモンゴル国の経済・文化・生活にわたる変容を具体的に語っており、同国を知るための最良の書であるのは間違いない。（菅沼晃・東洋大教授）

（中央公論新社・1785円）＝2004年9月16日⑥配信

初々しくかなしき晩年

「82歳の日記」（メイ・サートン著、中村輝子訳）

米国の女性作家メイ・サートンは、八十三年の生涯に詩、小説、エッセーなどを著した。中でも多くのファンを持つのは日記で、日本では「独り居の日記」などが訳されているが、本書はサートンの最後の日記である。

八十二歳の身で、人の助けを借りながらも、ヨークの海辺の家で独り暮らしをしている。体はあちこち故障し、憂鬱（ゆうううつ）になりがちで、かつてのような活力はない。だが、自己をつかまえようとする意志は依然として健在だ。

車の運転はできる。階段の上り下りもまだ大丈夫。植物の水やりも、うまくいかないが可能だ。鬱のときはできることのみを考え、期待をもって生きようと心に誓う。

短気で、癇癪（かんしゃく）持ちで、「円満な人柄」とは言いがたい。何事につけ強く求めるだけに、受ける傷も多い。にもかかわらず、読んでいてすがすがしい気持ちになるのは、彼女に悟ったようなところがないからだ。自分との折り合いのつかなさに悩み努力するところが、十代の若者のように初々しい。

サートンは五十代のとき、作品の中で同性愛であることを告白し、大学の職を追われ、予定された本の出版が中止されるという憂き目にあった。田舎にひきこもって自分の内部をみつめることで再出発をはかるが、その時期につづった「独り居の日記」で彼女は、「私は成功するようにはできていない、逆境こそ私にふさわしい風土なのだ」と述べている。

だが、そう言えたのはまだ成功への意欲がみなぎっていたからだろう。八十二歳のいまは「わたしにはひとりの作家としての成功はもう達せられないだろう」と落胆している。多くの読者がいても、文学界で正当な評価を得てはいないと感じているからだ。

売れて読まれるよりも、歴史に残ることを確認して死にたい。作家らしい本音だ。だが、生前より死後に価値の高まる例を私たちはたくさん知っている。孤独の中で自己から目をそらさずに生きたサートンは、まぎれもなくそのような作家のひとりである。（大竹昭子・文筆家）

（みすず書房・2940円）＝2004年9月22日①配信

あらゆる領域に不正が蔓延

「『うそつき病』がはびこるアメリカ」（デービッド・カラハン著、小林由香利訳）

アメリカの「うそつき病」は今に始まったのではない。「インディアンうそつかない」と誠実に対応した先住民を相手に、土地売買協定を巧みに操り、白人植民者はアメリカ大陸を所有していった。

いっぽうピューリタン教育を通して、正直・誠実・勤勉がアメリカ人の道徳観になった。十九世紀後半の少年向け読み物で大評判になったのは、余分に支払った客に、正直に金を戻しに行った、靴磨きの少年の立身出世物語だった。

だが、最近の「うそつき文化」現象はいったいどういうことか。

ブッシュとゴアの大統領選挙で、民主主義の基本であるにもかかわらず、不明瞭（めいりょう）な投票カウントに唖然（あぜん）とした。本書を読むとうそつき病は、アメリカ社会のあらゆる領域に蔓延（まんえん）しているようだ。収益を操作する花形アナリスト、筋肉増強剤を使うスポーツ選手、ワールドコムやエンロンの株価操作、大学統一試験で不正な障害申請による時間延長、エトセトラ。

すべてがアメリカ人の拝金主義に帰結する。成功＝金持ちのアメリカでは、不正を働いても勝者になろうとする。清貧の思想は通じない。

それはアメリカ国家にも当てはまり、世界を経済的に制覇しなければ満足できない人々が、このイラク戦争を始めたのだろう。

本書によると一九六〇年代までは、企業における賃金の階級格差は少なかったという。今日の資本主義システムはいったいどのように変化してしまったのか。

とりわけ教育の場面における「うそつき病」の問題は大きい。有名大学へ入学するために、あらゆる不正を行う。インターネットを利用して期末リポートを書く学生の問題は、教師たちを大いに悩ませている。剽窃（ひょうせつ）を見ぬくことはたやすいことではない。

真理を探求し、人間哲学を教えるはずの教育の現場が混乱している。文学・芸術を軽んじ、数値がすべてのような実学的教育の偏重が、アメリカを支配している。それは今、日本にも伝播（でんぱ）してきているのではないか。（荒このみ・東京外国語大教授）

（NHK出版・2520円）＝2004年9月22日②配信

独裁告発する歴史的文書

「中央宣伝部を討伐せよ」（焦国標著、坂井臣之助訳）

「中央宣伝部」という五文字を見て、一般の読者はなにを想像したろうか。大企業本社のコマーシャルの総元締め？　ところがこれは中国のじつは怖い組織なのである。

中国が共産党独裁の国家であることはかなり知られているが、では独裁の中身は、となると、外から見ただけではなかなかわからない。人を働かせてもうけることは、搾取だからご法度なのは共産主義の建前上当然としても、勝手に引っ越しをしてはいけない、引っ越しどころか旅行も許可をもらわなければだめ。さらに子供は一人だけ、それも職場で自分の順番が来るのを待って、という具合であった。

あった、というのは、この「独裁」が改革・開放政策のおかげで、この二、三十年の間にだいぶ緩められた。人を雇ってもうけるなどは、ご法度どころか表彰ものだし、旅行も自由になって、農民の出稼ぎがさかんになった。農村から都市への引っ越しはまだ難しいが、これと「一人っ子」政策も徐々に緩められつつある。

それでは独裁も結構住み心地がよくなったかというと、肝心のところがまだである。言論、表現の自由がない。そのお目付け役が共産党の中央宣伝部なのだ。

共産党の独裁統治をとやかく言う人間は、取り締まって当然。活字だろうと、電波だろうと、すべてのメディアは共産党のよいところを宣伝すべし。だから「中央宣伝部」である。有形、無形の圧力、そして出版禁止という伝家の宝刀にこれまでどれほどの言論人が泣かされたことか。

それを「討伐せよ」と声を上げた人が出てきた。すごい勇気である。北京大学のメディア論の助教授。首になったら、田舎へ帰って農民になる覚悟とか。中国ではまだ本になっていない。インターネットで大きな反響を巻き起こしている。だから本書はこの歴史的発言の最初の文書である。中身に触れる余裕はないが、訳者が詳しい解説をしてくれるから誰でも読める。高度成長する経済は中国の首から下。悩める中国の頭脳がここにある。

（田畑光永・神奈川大教授）

（草思社・1680円）＝2004年9月22日③配信

日本球界が学ぶべき知恵

「帝国化するメジャーリーグ」（谷口輝世子著）

スポーツの神様はサービス精神が旺盛である。アテネ五輪で真夏の興奮をもたらした後、秋になるとプロ野球の合併、再編、ストライキ騒動の提供。そんな状況だけに本書は実に読み応えがあった。大リーグが成長を続けるのは「知恵」があったからで、それを発展した歴史を追いながら丁寧に説明している。

ベースボール（野球）は銀行家など上流社会のスポーツとして米国の東部ではやった。やがて庶民に広まり、さらに南北戦争で北軍の兵士がボールを持って戦地に赴き全国に普及する役割を果たした。最初の知恵は「野球はビジネスになる」。一八六九年にプロ球団が誕生すると、やがて入場料金を取りリーグ戦を行うようになり、興行に成功。日本は明治維新直後で混乱のときである。

次の知恵は、繁栄のためには「実力選手の獲得」。黒人、ヒスパニックなど外国に人材を求めた。ここがこの著作の主題で、帝国化の最大理由がうかがえる。大リーグはカストロ政権前のキューバで野球を指導。そのキューバが南米のメキシコ、ドミニカ共和国などに野球を伝えた。これが現在、大リーグの重要な選手供給源となっている。

一方で大リーグ選抜チームが世界ツアーを行い欧州、日本などに立ち寄り、二十世紀初めから野球を見せた。それらが今日、日本、韓国などアジアの選手獲得へもつながっている。

外国選手をスムーズに獲得するための知恵が「国際ルールの作成」。米国移民局が大リーグ機構に対して「外国人選手用に九百のビザ」を発行し、大リーグと「契約できる選手は十七歳以上」と決め、それには出生証明書が必要とするなどである。その裏側で英語圏以外の選手を言葉が分からないのにつけ込んで格安で取った例も少なくない。カブスの本塁打王サミー・ソーサもそんな一人だった。これもビジネスの厳しさといえよう。

大リーグはいま「世界戦略」の真っ最中である。その基本的姿勢は資本投下。例えばドミニカ共和国に野球アカデミー運営のために年間十六億円近い権利金を払っている。長期ビジョンと懐の深さはうらやましい限りで、日本球界が学ぶヒントが充満する指導書ともいえる。（菅谷齊・スポーツジャーナリスト）

（明石書店・2100円）＝2004年9月22日④配信

日本的なる心の風景

「涙と日本人」(山折哲雄著)

宗教学や民俗学を中心に「日本人とは何か」を問い続けてきた著者が、「万葉集」の時代まで、日本的なる心の風景をたどった本である。表題にある「涙」をキーワードにした考察が興味深い。

愛妻に先立たれ「断腸の泣(なみだ)」を流す大伴旅人。若武者平敦盛を泣く泣く切り、後に仏門に入った熊谷直実。それを題材にした謡曲や歌舞伎を熱愛し、涙してきた人びと。師と仰ぐ道元の「正法眼蔵」を読んで感涙にむせび、はじらう良寛……。

悲しみだけでなく感激やカタルシス、はては泣き女の儀礼の涙まである。

「カナシム」「カナシ」とは、本来、全身にしみ通るような強い感動を表す言葉だったという柳田国男の言が紹介され、今よりもっとおおらかに落涙していた祖先の姿が浮かびあがってくる。

著者が共感をもって語るのが、宮沢賢治と美空ひばりの涙だ。

賢治の「雨ニモマケズ」の一節、「ヒデリノトキハ　ナミダヲナガシ」の「ヒデリ」は、「ヒトリ」の誤記とする説がある。著者はこちらの説に引かれるといい、「ミンナニ　デクノボウ」と呼ばれたいと思っている賢治が、小さなかやぶき小屋でひとり、涙を流す姿を思う。

また、戦後の日本を代表する国民的歌手だったひばりは、「悲しい酒」を歌うとき、自身の人生を重ね合わせてか、決まってほおをぬらした。

そこに万葉人以来、千数百年の歴史をもつ「ひとり」の水脈を見るというのだ。ひとりで宇宙に対し、ひとりで生き、死んでいく姿だ。

ひるがえって「愛と感動」「涙と感動」と軽々しく言い立てる現代に、「カナシ」の情感はあるのか。わずか二、三百年前に西欧から輸入した「個人」「個の自立」の合唱の中に、絶対的な「ひとり」はあるのか。著者は疑問を投げかける。

豊かな知識と平明な語り口でエッセーのように楽しく読めてしまう本書の真面目は、実はこの問いかけにこそある。

不安の時代といわれて久しい。日本人が心の源流を探り、自らの中にその遺伝子を捜すのは、きっと意義のあることなのだ。(瀬川千秋・翻訳家)

(日本経済新聞社・1575円)＝2004年9月22日⑤配信

孤独という名の神話

「海の仙人」(絲山秋子著)

風が吹きかよう。陽がよく入る。眺めがいい。でも、その風の、光の、眺めの温かさのなかに、言い知れぬ愁いの細かい粒子が漂っている。

舞台は海辺の町、無人島で恋が始まり、それに手をかす船頭役の友人がいて、重い病に侵される恋人がいる。あの「セカチュウ」(「世界の中心で、愛をさけぶ」)と似通う要素をもちながら、こんなに肌触りが違うものなのか。

宝くじで三億円を当てた河野勝男は、東京の会社を辞めて、敦賀半島の古家に移り住む。釣りと料理と洗車だけが仕事という、仙人みたいな彼の目の前に、突如白いローブを着た「ファンタジー」が現れた。神様なのだと言う。これといった御利益もないようなのに家に居着いてしまい、河野のアロハと短パンを着て、モダン焼きも食べる。神にしては結構カジュアルだが、日本でもギリシャでも、古代の神々は人間とおおらかに仲良く交わっていたではないか。

その姿は見える人にだけ見え、わかる人には最初からファンタジーだとわかるらしい。じきにぶきっちょな河野は、年上のキャリアウーマン・中村かりんと恋仲になるが、かりんもファンタジーのことは知っていた。三十代の河野とかりんの、もどかしいセックスレスの恋。河野の元同僚・片桐妙子の豪快な横恋慕。河野と片桐とファンタジーが連れ立っての、新潟への珍道中。その旅の途中で、河野が思いがけぬ過去を打ち明けるあたりから、物語に暗雲が流れこむ。孤独とは「背負っていかなくちゃいけない最低限の荷物」だと片桐は言う。

西に雷雲を含んだ空のもと、二度の落雷を経た河野が海辺でチェロを弾くラストシーンは、神話の一場面すら思わせて神々しく、あまりに哀(かな)しい。日本でもギリシャでも、古代から雷が三度鳴れば、何かが起きるのだ。

人懐こくついてくるかと思うと、探しても見当たらず、人間に必要なものなのに、見える人だけに見え、居座られても嫌いになれない。神様って、孤独にも似ているんだな、とふと思う。これは孤独という名の神話なのだ。(鴻巣友季子・翻訳家)

(新潮社・1365円)＝2004年9月22日⑥配信

泥臭くも強靱な芸術家 「映画監督スタンリー・キューブリック」（ヴィンセント・ロブロット著、浜野保樹、櫻井英里子訳）

例えば好きな映画のパンフレットを読むとき、作品の評論よりも製作現場の裏側を書いたプロダクションノートの方がたいてい素直に興味をそそるものだ。なぜなら、自分が好む映画ほど他人の解釈に封じ込めてほしくない気持ちが強まる一方、その作品が具体的にどうやって作られたのか知りたい欲求が募るからである。

そしてまさに、案外数少ないキューブリック研究書である本書は、その分厚さにもかかわらず、作品そのものの内容の分析を徹底して捨象し、ひたすらにプロダクションノート的な記述を貫いているのだが、それゆえにペダンチックな作品分析よりも数段、われわれの知的好奇心をかきたてるのだ。

本書の膨大なプロダクションノート的内容は、作品の外縁のみをなぞるものではない。異色の作家が資本を動かして映画という蕩尽（とうじん）を実現するまでの駆け引きを中心に追い続けた本書は、おおよそ審美的な観点は皆無で、ほとんど「政治的」な逸話に占められている。

だが、今さらモノリスやスターチャイルドの文学的考察などされても迷惑な読者にとって、そこにこそ待望の主題がある。「いったいキューブリックは、どんな処世上の手練手管であんな異形の大作を続々実現できたのか？」

未知なる逸話の数々が教えてくれるのは、例えば独自のマーケティング理論で興行的な難問も看破し、一見蟄居（ちっきょ）をきめこんだ世捨て人のようでいて世界中の人間とメディアでしたたかにつながり続けた、ブロンクス出身の監督の意外な泥臭い素顔である。そして、これに同居した、作品づくりに沈潜した時の圧倒的な粘着性。

得難い超俗をつかみとるために積極的に俗にまみれることをいとわなかった作家の希有（けう）の強靱（きょうじん）さに、感嘆のため息をつくことしきりだ。

本書から浮上するのは、美的な厳密さに生きた芸術家の姿であると同時に、資本に自己を冒されることをしぶとくやり過ごし続けた消費社会のヒーローの相貌（そうぼう）である。（樋口尚文・映画批評家）

（晶文社・3990円）＝2004年9月30日①配信

子供であることの悲しみ 「おはなしの日」（安達千夏著）

最近、幼児や児童虐待のニュースが後を絶たない。詳細を知れば知るほど、いたたまれない、辛（つら）い気持ちになるが、知らずにいられなくなる。多分誰もが、被害者にも、加害者にもなりうる可能性を秘めた、身近なものだからではないかと思う。

この「おはなしの日」は、いずれも親からの虐待を受ける少女を主人公とする三編からなる作品集である。秘匿される部分の多い虐待の事実を、物語として丁寧に感情を追いながら描いた意欲作だと思う。

三作に共通するのは、身体的にも精神的にも虐待を受けた少女と、同じような境遇にある少年との心の交流が描かれていることである。それぞれ主人公は別だが、舞台はいずれも東北の小都市で、閉塞（へいそく）された家庭での悲惨な出来事と、豊かな自然の風景とが交錯する。

主に母親からの虐待が激しく、少女たちは、一方的な暴力や暴言に耐えるしかない。悲惨な日常が詳細に描かれ、リアルに立ち上ってくるのだが、作者は、この出来事を過度に感傷的になることなく、冷静な視線でたんたんと描いている。そこに子供であること、つまり無力であることの悲しみが痛いほど伝わってくる。

読むのが辛い小説ではあるが、虐待の現実を心や感情で受け止めることのできる貴重な読書体験でもある。そして、そこから必ず一筋の光が見いだされ、最後に救いがあり、読後には静かな感動が広がる。

表題となった「おはなしの日」のはる子は、老人ホームで働きながら、老人たちに昔話を朗読している。昔話の意味を模索するうちに、小学六年生のときに祖父母の家に一時預けられていた時の記憶が甦（よみがえ）る。身体の弱いはる子を、母親は疎んじ、連絡もくれず、はる子は深い孤独を抱えていた。はる子はその土地で、テツという名の少年に出会う。テツは、母親が家出したあとの家で、父親の暴力に耐えながら暮らしていた。はる子はテツに共感と、自分にはない野生児的な魅力を感じ、しだいに心を開いていく—。

深く傷つけあう可能性のある「家族」とは一体何だろうと、何度も物語を反芻（はんすう）するのだった。（東直子・歌人）

（集英社・1575円）＝2004年9月30日②配信

キラキラした少年の冒険　「ゴールデン・サマー」（ダニエル・ネイサン著、谷口年史訳）

ミステリー界の巨匠エラリー・クイーン。クイーンが、実はいとこ同士の合同筆名であることを知っている人は、それなりのミステリーファンに限られるだろうし、彼らの名前として、マンフレッド・B・リーと、フレデリック・ダネイがスラスラ出てくる人は、さらに、すれっからしの海外ミステリーファンに限られるだろう。

そのすれっからしのファンのなかでさえ、ダネイがダニエル・ネイサン名義で「ゴールデン・サマー」という少年小説を書いていたことを知っている人は、極めて少なかっただろう。なにしろ日本では、その小説の一部がミステリー専門の雑誌に掲載されただけだったのだから。

しかしながら、今回の単行本の刊行によって、ダニエル・ネイサンの名前は、主人公ダニーの名前とともに、広く深く浸透するであろう。それも、ファンという枠を超え、純粋に読書をたのしむ子供たちや、子供のころの自分を記憶している大人たちのあいだに。

貧弱な体に抜群の創造力を宿し、大きな眼鏡をかけた十歳のダニー。仲間たちと幽霊を操ろうとしてトラブルになったり、乱暴な級友の財布のことでもめたりするなど、ダニーはしばしば窮地に陥る。それを抜け出すには、彼自身が知恵を働かせるしかない…。

ダニエル・ネイサンの分身らしきダニーが一九一五年の夏に経験したさまざまな冒険を愉快につづったこの「ゴールデン・サマー」は、クイーンファンを喜ばす場面や情報を多数含んでいる。だが、それらは、あくまでも余禄（よろく）。本書は、著者がミステリーの巨匠であることを全く知らなくても十分に魅力的なのだ。ダニーが難問に機知で挑み、ちょっとした余禄をちゃっかりせしめながら危機を乗り越えていく姿の何とキラキラしていることか。

かつて、読書や実体験を通じて冒険心を胸に抱いたことのある方々が本書を一読すれば、必ずやその感覚がよみがえってくるであろう。そんな興奮を、当時の現実をしっかり見据えたうえで鮮やかにつづった本書—必読である。（村上貴史・ミステリー評論家）

（東京創元社・1575円）＝2004年9月30日③配信

批判精神は息づいている　「底抜け合衆国」（町山智浩著）

イラクでの戦死者の数はコンスタントに上昇していく。だがアメリカの大手メディアは彼らの死を具体的に報じることを規制してきた。そんな中、ある報道番組でキャスターが約七百人もの戦死者の名前を、戦争の是非について何もコメントもせず、三十分以上にわたってひたすら読み上げたという。いい話だ。

しかし、いくつかの都市では「反戦メッセージ」として放送は拒否され、保守メディアからは「政治的に偏っている」と批判された。これに対し、ある新聞連載漫画はギャグ一切なしで、戦死者の名前を小さな文字だけでコマを埋め尽くしたという。さらにいい話だ。

著者は自由でおおらかな側面にあこがれ、アメリカに移住した。しかし現在、この側面は失われつつあるという。本書はブッシュ以降「何もかも悪くなったアメリカ」のメディア状況をめぐる日記風エッセーである。

たしかに「何もかも悪くなっている」のは肌でわかる。しかし著者の発掘するさまざまなエピソードから同時に感じとれるのは、機知に富んだ批判的精神も息づいているということである。

これは日本から見るととてもうらやましい。われわれには一方でテリー伊藤的な大胆な放言、他方で優等生的なコメントという貧しい二者択一しか残されていない。私にはどちらも知性が欠如しているように見えるのだ。知性とは批判する相手の矛盾の本質をつかみ取り、一瞬で読者や視聴者にその矛盾を理解させるセンスのことだ。

死者の固有名をコマいっぱいに埋め尽くす実践のように、つまり“クール”であるということだ。マイケル・ムーア監督や、子供たちの毒舌が冴（さ）えるアニメ「サウスパーク」、黒人少年が差別文化をたたきのめす漫画「ブーンドックス」（最近著者が翻訳）に通底するのはこうしたセンスである。

ちなみにブッシュの母バーバラは、リアルな戦死者報道に対し「死体袋だの戦死だの、そんな話聞きたくもないですわ。どうして、そんなもののために私の美しい心を汚されなくてはならないのかしら？」と言ったという。（渋谷望・千葉大助教授）

（洋泉社・1575円円）＝2004年9月30日④配信

美学の信念めぐる愛憎劇　「印象派絵画と文豪たち」（セルジュ・フォーシュロー著、作田清ら訳）

フランスで印象主義という芸術革命が起こった十九世紀末は、その評価を巡って画家と文学者が恋愛のように「出会いと別れ」を繰り広げた時代でもあった。本書には、その愛憎時代にゴーチエやマラルメら二十三人の文学者が残した文章が収められている。

〈二十年のうちにフランスの画家たちの流れを変えてしまうだろう〉と印象派を賛美したゾラに多くのページが割かれている。ゾラはしだいに共鳴できなくなり、芸術小説「制作」でモネとセザンヌをモデルにした主人公を自殺させ、同派に決別を告げる。

しかし、皮肉にもゾラの予言は的中し、同派は世界を席巻する。また、日本美術に影響されていることについて〈われわれの環境、われわれの民族のものではない〉と疑問を呈している点も興味深い。

印象派とかかわりの深かったモーパッサンとマルセル・プルーストという大文豪の文章はなぜかない。そのかわりに多少センチメンタルなジョージ・ムアの自伝、言葉が光のように乱舞する評論を書いたベルギーの詩人ヴェラーレンとキューバの詩人マルティ、自然科学的な視点で分析したウルグアイの詩人ラフォルグを私は教わった。

印象派を批判するにしろ賛美するにしろ、いずれも単なる好き嫌いを超えた芸術論であり、もっと言うならば、おのれの信じる美学の表明となっている。

同派を理解できなかったトルストイは、ベートーベンのクロイツェル・ソナタを嫌悪したのと同じように彼の美学を貫いた。ターナーを世に認めさせる一方でホイッスラーをこき下ろしたラスキンもまた、自らの美学の信奉者であり、トルストイ同様、それに値する芸術家だった―という具合に本書からは、美学が生きていた時代の熱さが伝わってくる。

その熱さゆえに読後、私は寂しさを覚えた。現代ではこのような命がけの美学がなくなってしまったのではないか、と。

幸い日本では印象派を見る機会が多い。本書を読んでからマネやピサロらの前に立つと、また違った輝きを放つだろう。（斎藤純・作家）

（作品社・3780円）＝2004年9月30日⑤配信

米国幻想を砕く物語　「ブッシュ・ファミリー」「ブッシュ・ダイナスティ」（キティ・ケリー著、仙名紀訳）

日本の知識人の間では、ブッシュ政権の単独行動主義（ユニラテラリズム）を「帝国主義」と反発する空気が強い。他方、若者を含めて相変わらず米国文化好きも多い。

本書は、そんな分裂した対米観を持つ日本人が米国の政治と文化の実像を探るのに必要な情報を多々提供してくれる。

「ブッシュ王朝の実話」の原題通り、父子二代の大統領を輩出したブッシュ家の系譜をたどっている。現大統領の娘まで、代々学んだ東部の名門エール大学をベースに、一家が築いた人脈・金脈から説き起こし、現大統領の人物像まで、ショッキングな事実やうわさ話を満載した大作だ。

投資銀行家だった祖父プレスコット・ブッシュ氏（後に上院議員）は、ナチス・ドイツとの取引さえいとわなかった。父ジョージ・H・W・ブッシュ元大統領は「ノブレス・オブリージュ」（高貴な身分に伴う義務）の政治家と言われたが、実際には副大統領として仕えた故レーガン大統領の一家とは感情的な問題から不仲、長年女性側近と不倫関係を続けていた―などといった話が次々暴露される。

ジョージ・W・ブッシュ現大統領は一九六八年、当時下院議員だった父の影響力で徴兵を逃れてテキサス州空軍に入隊し、ベトナム戦争に行かずにすんだ。度々のコカイン吸引疑惑やローラ夫人のマリファナ疑惑まで容赦せず、書いている。「敬虔（けいけん）なキリスト教徒」であるはずの現大統領の〝化けの皮〟がはがされた形だ。

さすが「アンオーソライズド（主人公の承認を得ていない）」評伝の名手といわれる筆者らしい力作ではある。しかしニューヨーク・タイムズ紙の著名な書評担当のミチコ・カクタニ記者（日系人）は、深刻な政治課題ではなくスキャンダルの追及に終始した本書を「現代政治文化の完ぺきな作品」と皮肉を込め評している。

十一月の米大統領選を前にタイムリーな出版となったが、数々のゴシップは大統領にはそれほどの痛手ではない。本書を読んで米国に幻滅してしまうのではなく、本格的に米国の実像を探る研究の契機にしてほしい。（春名幹男・共同通信社特別編集委員）

（ランダムハウス講談社・各1995円）＝2004年9月30日⑥配信

若々しい感受性は衰えず

「雁行集」(安岡章太郎著)

雁行(がんこう)とはガンが空を飛ぶときの行列のことをいうが、このエッセー集を読みおえて、真っ先におもったことは、書かれている内容と題名が、みごとに合致しているなとかんじたことだ。

作家には政治性や社会性のある、おおきなかまえの作品をものにする人もいるが、わたしはどちらかというと、庶民の生活や個人の生き方を描き、人生やその人物の人間像が浮かび上がってくるような作品が好きだ。つまり日常のちいさな世界を描いて、人生というおおきな世界が現れてくるような作品に親しみを持つが、本書はまさにそういうものだった。

遠藤周作や吉行淳之介たちの、同世代を生きた作家たちとの交流。音楽や絵画の話。あるいは父や母、著者の生い立ちなど、すでにわたしたちが知っている著者の横顔もあるが、収められているエッセーが、一九五〇年代から現在のものまであるので、さながらひとりの文学者の、生きてきた地層の断面を見るようなおもいがある。

ほのぼのとしたものもあれば、ユーモアに富んだものもある。どこにも悲観するものがなく、やさしいまなざしが全編に行き渡っている。本来、作家には、どこかわが身の生きざまをさらして、作品を書くようなところもある。それを心地よく読者に伝えられるかどうかは、才能というよりも天分としかいいようがないときがある。著者はながらくカリエスを負い、苦悩の底に身を沈めたこともあるはずなのに、他者にむける目はどこまでも温かい。

ここに書かれているエッセーは、半世紀にもおよぶものだが、まったくと言っていいほど感情のぶれがない。どの文章もおだやかなのだ。もし感受性が他者の心の痛みやかなしみを、より深く受けとめることだとすれば、この文学者の感受性は若々しく、いっこうに衰えを見せない。本書はなにもかも引き受けて、列をなして秋空を飛んでいくガンのように、生きるものにあこがれを抱かせるようなエッセー集だ。(佐藤洋二郎・作家)

(世界文化社・2100円)=2004年10月7日①配信

内なる弱さと闘う前大統領

「マイライフ(上・下)」(ビル・クリントン著、楡井浩一訳)

「アダルトチルドレン」という言葉が注目を集めたことがあった。

アルコール依存症などが原因で養育者としての機能が十分に果たせない親に育てられたため、「自分自身の人生を安心して生きられなくなった人」がそう呼ばれる。この言葉が一躍有名になったのは、大統領選に臨むクリントン候補が自分もそうだとカミングアウトしたからだ。彼は見事、当選を果たし「アダルトチルドレンからの回復例」としても称賛を集めた。

この回想録の冒頭近くにも、継父が母親をゴルフクラブで殴りつけるシーンが出てくる。クリントン氏はこの〈わが家の秘密〉を長い間〈誰にも話さなかった〉と言い、同時に〈あまり深く考えていなかった〉とも言う。考え出すと深みにはまり、自己否定に陥りそうだと予感したため、一種の防衛反応として「考えない」という道を選択したのだろう。

〝深く考えない子どもビル〟はその後、勉学にいそしみ名門イェール大学に入学、政治活動に強い興味を覚えながら、妻となるヒラリーに出会う。

ヒラリーについて〈わたしと同様、彼女も理想家でありながら同時に実践主義者でもある点〉が好きになった、と語るクリントン氏であるが、暗い秘密に目を向けないために実践主義者となった氏と根っから前向きなヒラリーとの間には、大きな違いがある。

興味深いのは、例のモニカ・ルウィンスキーとのスキャンダルが表ざたとなり、当然、理想家のヒラリーは激怒するが、糾弾と謝罪の日々の中で、クリントン氏は気持ちが解放されるのを感じたと述べていることだ。〈もう何も隠すものはない〉という一文が、「ヒラリーの前でもう無理して理想の男性を演じる必要はなくなった」という意味にもみえてくる。

もし彼の人生が「秘密との闘い」だとしても、その政治家としての無尽蔵のパワーと手腕への評価までが変わることはない。ただ、本人が何度も繰り返すように、〝内面的な弱さ〟は、本当に現実の成功で克服できたのだろうか。やや疑問も残った。(香山リカ・精神科医)

(朝日新聞社・上下各1950円)=2004年10月7日②配信

〝国際テロ組織〟の実態

「アルカイダ」(ジェイソン・バーク著、坂井定雄、伊藤力司訳)

「9・11」の同時多発テロ事件後、「アルカイダ」という言葉が独り歩きするようになった。テロが起きれば、すぐにアルカイダの関与が主張される。ロシアやインド、フィリピンなどでは、国内の分離独立運動の抑圧を正当化する口実にさえ使われた。9・11の犠牲の大きさゆえに、アルカイダとの闘争は政治的な正当性をもち続けた。

しかし、世界各地で頻発しているテロをすべて、ウサマ・ビンラディンの指示によるアルカイダの犯行とするのでは、イスラム過激派の本質を見誤ることになる。アルカイダはビンラディンを頂点とする確固たる国際組織でもない。過激派台頭の背景には、イスラム各国固有の歴史的、社会的、あるいは経済的事情があることを、本書は明確に説く。

イスラム世界はいまや9・11当時よりはるかに急進的になっていると、著者は指摘する。反米主義の高まりは、9・11がもたらした米国への支持と同情を急速に減ずることになっている。

ブッシュ政権の対テロ戦争の失敗によって、またパソコンなど最新の情報通信技術によって、米国打倒を至上の聖戦とするビンラディン的な闘争観念が、世界中に広まっている。イスラム世界の怒れる若者たちは、過激派の思想家に鼓舞されるようになった。その結果、各国で個々に生まれたイスラム至上主義の動きこそが、現在の「アルカイダ」の実態なのだ。

軍事力を使用するたびに米国が自ら「文明の衝突」の証拠を提供する形となり、過激派がイスラムの人々を急進化させ、決起させようとするのを助けてきたことを忘れてならない、と著者は訴える。この指摘は重要だ。

イスラム過激派の活動を抑制するには、著者が結論付けたように、イスラム圏での抑圧的な政府の改革を支持し、穏健な指導者たちをバックアップするなどの方策を、国際社会がとっていくべきであろう。

世界の安全とかかわるイスラム地域の問題とどう向き合うべきかを明快に示した本書は、「テロの時代」にある現代社会にとって、新鮮で価値のある提案に富んでいる。(宮田律・静岡県立大助教授)

(講談社・2625円)＝2004年10月7日③配信

英米の戦後史、冒険小説に

「アヴェンジャー(上・下)」(フレデリック・フォーサイス著、篠原慎訳)

タフなヒーローが密命を帯び、敵地の奥深く侵入して目的を果たす。冒険小説ではおなじみのものだ。だがスパイ小説の第一人者で帝王と呼ばれるフレデリック・フォーサイスの手にかかると、一味も二味も違ってくる。

本書は冒険小説の佳編であると同時に優れた政治小説でもあり、また英米の戦後史としても読める複雑な味わいの作品。

上下二巻の大作であるが最近多い、意味のない細部描写に悪凝りして肥大した小説ではない。むしろ内容からすれば、よくもここまでコンパクトにと驚くほど、要領良く仕上げられている。

主人公はたたき上げの弁護士。だが一方で特別の才能を提供する、闇の仕掛人稼業を営んでいる人物。ベトナム戦争で特殊な技術を教え込まれ、それを活用して荒っぽい裏稼業をこなすタフガイである。それが、ボスニア紛争で惨殺された孫の仇(かたき)を討ってくれと、アメリカ人富豪から依頼を受ける。被害者はNGOとして彼の地に赴いていた青年だ。

凡百の冒険小説と異なるのは、フォーサイスらしく時事性の強い内容であるところ。かつてボスニア・ヘルツェゴビナのミロシェヴィチ政権でダークな部分を一手に引き受けていた人物、それが悪者の正体だ。政権崩壊後は新たなる悪の勢力と結びついている。

この、次にかかわった人物の正体には、誰もがあっと驚くだろう。残念ながらそれ以上は明かせない。だがひじょうに興味深いキャラクター設定であり、驚嘆させられる趣向、とだけ言っておく。

主人公の性格造形の素晴らしさはいかにもフォーサイスで、ベトナム戦争の描写やコンピューターのあしらいなどうまいものである。同時に、英国人である彼の出自と、航空関係に強い特性が見事に生かされているのを知る。

すべてが一つの方向に、破滅へと収斂(しゅうれん)されていく様子に、思わず戦慄(せんりつ)させられる。最後には、読んでいるのがフィクションなのか現場からの報告なのかわからなくなってしまうだろう。そういう作品である。(馬場啓一・作家)

(角川書店・上下各1890円)＝2004年10月7日④配信

あきらめてもらっては困る　「歌謡曲の時代」（阿久悠著）

「どうにもとまらない」から「勝手にしやがれ」まで九十九曲。作詞家・阿久悠による、いわばセルフカバー集である。

取り上げるのは主に一九七〇—八〇年代のヒット曲。「歌謡曲が時代を食って育ち、妖怪化した」時期だと、著者は見る。

「当時の曲を題名にしていまエッセイを書いたら、何が見えるか」。本書はこんな狙いで書かれたという。ただ、その試みは著者の予想通りに展開したといえるだろうか。

「昭和とともに終わった『心』」などと著者は怒り、昨今の音楽シーンに対しては「歌が痩（や）せた」と嘆く。「この国に、正しいも、美しいも、清いも、潔いも（中略）およそ人間を律する言葉のすべてが失われたかと思うほどである」。ゆえに「ざんげの値打ちもない」（七〇年）などは、現在こそ書くべき詞であったと。

当時の歌を現在においてとらえようとすればするほど、いまの世の空虚さや閉塞（へいそく）感が逆照射されていく。

ヒット曲にかぎらず、だれもが一斉に「いま」を共有する時代など、とうに終わっている。時代のコピーライターという作詞家の役割もだ。

「いまこそ歌謡曲の再生と復活を」と著者は叫ぶ。が、著者の試みは読んでいて切なく苦い。歌謡曲黄金期と青春がダブる私などにはなおさらだ。

「ムカシ」。昨年出た都はるみの曲である。テレビで一度聞いて以来気になっていたところ、本書で著者の作と知った。「ムカシ」という名のお化けがいる、と歌詞はいう。「あの日あなたは偉かった」「華だった」「こいつにうっかり住みつかれたら　きみも駄目になってしまうぞ…」（！）

なあんだ。著者はちゃんとわかっているのだった。「病気の時は（ムカシに）団体でやってこられた」などと、笑いとともに書いてある。

そう、この自嘲（じちょう）っぷりをこそ、もっと味わいたい。このやるせない時代をうたう術はそこにある。

本書は、時代と生涯格闘するクリエーターの〝戦況報告〟である。まだまだあきらめてもらっては困る人なのだ。（島村麻里・フリーライター）

（新潮社・1470円）＝2004年10月7日⑤配信

二つの〝赤狩り〟描き出す　「ブラック・リスト」（S・パレツキー著、山本やよい訳）

「Ｖ・Ｉ・ウォーショースキー」シリーズの十一作目である。シカゴの女探偵ヴィクも、今や四十代も後半。相変わらず多事多難、多忙な探偵生活である。疲労困ぱいしながら、9・11以降の緊張と不安が不気味にまん延するシカゴを走り回る。戦地アフガニスタンを取材中の恋人を案じつつ。

広大な最高級住宅地の中にある、今は誰も住んでいない大邸宅の庭園を調査中に、ヴィクは若き黒人ジャーナリストの死体を発見する。彼の遺族もヴィクも、ろくに調べもせずに彼の死を自殺と断定しようとする地元警察の人種差別的対応に納得できない。ヴィクは、その変死事件の調査にもかかわるはめとなる。

このジャーナリストは、一九四〇—五〇年代の「赤狩り」により、シカゴ大学を追われた黒人女性前衛舞踊家の伝記を執筆中だった。彼女を共産党シンパだと非米活動委員会に密告し、ブラックリストに彼女の名を加えさせた人間を突き止めたがゆえに、彼は毒殺されたらしい。

イスラム教徒のエジプト人少年がこのジャーナリスト殺害を目撃していた。彼は名門私立学校の食堂で下働きをしながら、故国の家族に仕送りをしていただけだった。なのに、テロリストの嫌疑をかけられたので、例の無人の邸宅に隠れていた時に事件に出くわした。

この小説において、ふたつの「戦争」とふたつの「赤狩り」が交錯する。「テロリストからアメリカを守る」という大義名分のもとに成立した愛国者法は、市民への権利侵害の行使を容易にしてしまった。その〝二十一世紀の赤狩り〟による事件が、前世紀の冷戦体制下の赤狩りに関する秘密とスキャンダルを暴露する。赤狩りに屈しなかったリベラリストとして、名声を博してきた出版界の大物夫妻の卑劣さも、明るみにされる。

右でもなく左でもなく、憲法が認める市民の平等と自由を信じるヴィクの心意気と怒りと悲哀が、読者の心を、熱く苦く直撃する。簡潔で硬派ながらユーモアに満ちた原作の語り口を生かす名訳も健在。（藤森かよこ・桃山学院大教授）

（早川書房・2310円）＝2004年10月7日⑥配信

預言者的情熱の渾身の書

「非戦論」（富岡幸一郎著）

レーニンの予告にならい、二十世紀を「戦争と革命の世紀」と特徴づけたのはH・アーレントであった。二十一世紀も、アメリカを襲った「九・一一」同時多発テロ事件、アフガン報復戦争、イラク戦争で始まり、アーレントの表現は、不幸にも新世紀の記述としても信ぴょう性をもつもののように響いている。

こうした時代状況のなかで本書は、内村鑑三とカール・バルトという二人のキリスト教的思想家に焦点を当てている。新たな「戦争の時代」に、その「戦争の時代」をも相対化する終末論の視座から「非戦論」の論点視点を紡ぎ出す作業に感銘を受けた。本書は、知的誠実さと預言者的情熱に裏づけられた渾身（こんしん）の書である。

本書は六編のエッセーから構成されている。いわゆる「戦後平和主義」への批判、内村鑑三の非戦論とエコロジー論と農業立国論、ナチズムに立ち向かったバルトの戦争神学批判の理論と実践、パレスチナ問題の神学的考察などが展開されている。

どれも貴重な知識を伝え、深い思索を示してくれており、読み応えのある力作である。だが、これらの主題が互いにかけ離れており、相互の関連が見えにくく、著者の「非戦論」の積極的内容も見えにくいという難点がある。

しかし、著者の「非戦論」の方向性は総じてはっきりしている。著者は内村にならって「非戦論」を幅広くとらえ、「国は国に向かって剣を上げず、もはや戦うことを学ばない」という旧約聖書の預言者イザヤの古典的「平和思想」のみならず、「自然との和解と共生」を意味する「被造世界全体の安全保障」をも網羅する構想を示している。今日の「非戦論」はエコロジー的正義を含意する必要があるという主張に共感を覚えた。

さらに平和主義の生活と文化の創造の課題、世界平和への将来の日本の役割など、なお論ずべき課題は多いであろう。いずれにしても、二十一世紀の未来を切りひらく「非戦論」を構想する上で、本書はその貴重な礎石を提供してくれている。（千葉眞・国際基督教大学教授）

（NTT出版・2205円）＝2004年10月14日①配信

日中韓3文化を比較研究

「漢字文化の回路」（李相哲著）

日本から中国・香港・台湾のいわゆる中国語圏への輸出額が、昨年度には対米輸出額を抜いたという（「中国動向2004」共同通信社）。さらに今年の上半期には中国・香港との貿易総額がアメリカとの貿易総額を抜いているともいう。日本にとって中国は今やアメリカ以上に重要な国となりつつあるのだ。

そんな中国をいかに理解すべきか、という課題を日中とともに韓国を並列することにより相対的に解き明かそう、というのが本書の趣旨である。中国人にして朝鮮族の出身であり、来日して十七年、社会学を専攻するという著者は、北東アジア三カ国を比較するには実に恵まれた経歴を持つといえよう。

著者は文化の基層である文字と宗教に注目し、漢字および漢字から派生した日本のかなと韓国のハングルを比較し、中国語の構造が硬直しているのに対し、日本語は自由奔放で柔軟と指摘し、ハングルに韓国独自の家文化を見るのである。

こうして中国には公がなく、孔子よりこの方、家を一歩出ればすべては他人事、韓国には巫俗（ふぞく）儀式が今も根強く残っており、サッカーW杯の応援は国民総出の祭りであり、日本は東アジアの新参者であるがゆえに柔軟であるいっぽう曖昧（あいまい）で、権力はいつも霧の中…と歯切れ良く三つの文化を料理していく。

もっとも時には暴走して、中国人は「二五〇〇年もの間ずっと古典に注釈を付けることしかしてこなかった…そのため中国思想は二〇世紀初頭まで停滞」したと断言までしている。中国知識人は古典を解釈しなおすことにより、不断に新しい思想形成を行ってきたことを考えると疑問が残る。現代中国で使用されている「議」の字の簡体字を、言偏だけが簡略化されたと書くのは不注意というものだろう。

それはともかく、東アジアが時に反発しながらも融合しつつある現在、日中韓三文化の比較研究は、文学や映画、テレビドラマ、ポップ音楽などさまざまな分野でいっそう盛んになって欲しいものである。（藤井省三・東大文学部教授）

（凱風社・2940円）＝2004年10月14日②配信

従来の特徴と新たな試み

「真夜中の神話」（真保裕一著）

カリマンタン、航空機事故、吸血鬼伝説、神秘の歌声…。

本書のキーワードを並べてみただけで、日本の冒険ハードボイルド小説の旗手である著者の作品としては十分異色であることがわかるだろう。

あるいはまた男っぽい作風の多い著者の作品の中では、本書がヒロイン小説であることも異例というべきかもしれない。

主人公を務める栂原晃子は夫と娘を失い、そのことで自責の念にかられている医科学研究者。傷心を癒やすべくアニマル・セラピーの研究に打ち込む晃子は、イルカ療法を研究するインドネシアの施設に向かうが、乗っていた旅客機が墜落。

幸い九死に一生を得るものの、自分を救ってくれた山間の村カヤンクライで不思議な体験をする。やがてふもとの町に送られた彼女はカヤンクライが吸血鬼の村として恐れられていることを知る。

いっぽうそのころ、首都ジャカルタでは胸を刺し貫かれた男の首なし死体が発見されていた。その捜査から、晃子と同様、被害者もカリマンタンの山村で治癒体験をしていたことがわかるが…。

吸血鬼伝説の村にまつわる謎と連続猟奇殺人の謎。いいかえればホラープラス本格謎解き趣向が本書の前半の主軸ということになる。後半さらに動物パニックやフーダニット（犯人当て）の驚愕（きょうがく）の仕掛けまで飛び出すとなればなおさらだろう。

冒険ハードボイルド系ファンには、その点好みが分かれるかもしれないが、著者はジャカルタのベテラン刑事を通じておなじみ〝小役人〟シリーズに通底する社会派タッチを生かしているだけでなく、クライマックスの追跡活劇でも十分本来の持ち味を発揮している。

してみると本書には、従来の特徴と新たな試みが巧妙に溶け合わされていることがおわかりになるはずだ。それは冒険ハードボイルドという狭い枠組みを超えたエンターテインメント路線を目指す著者の志に他なるまい。

現段階でそうした姿勢に注文を付けるのは野暮というものだろうが、本書については現地の地図を付してほしかった。（香山二三郎・コラムニスト）

（文芸春秋・1700円）＝2004年10月14日③配信

古代遺跡の生々しい落書き

「優雅でみだらなポンペイ」（本村凌二著）

もし、あなたが不特定多数の人々に対してどうしても訴えたいことがあり、その方法としてインターネットも公共的な掲示板も使えないとしたら、どうするだろう。

それが政治的なメッセージであるにせよ、個人的な怒りや恨みであるにせよ、たぶん多くの人々は、きわめて古典的な方法、つまりは落書きに頼るはずだ。

さまざまな人間関係がもつれた果ての訴えや告発、中傷、愛の告白を、見も知らぬ誰かれに聞いてもらいたいがために壁に匿名で書きつけてしまうのが人情だ。こうした思いやふるまいは、おそらくは人類の歩みの中で、綿々と持続してきたものに違いない。

とはいえ、古代世界における落書きのリアルな実態は、それを書きつけた人々の生々しい生活が同時に見えないことにはよくわからない。断片的なスローガンや悪口などは、ごく短い時間で背景が見えなくなってしまうからだ。だからこそ、本書のような記録が人間の真の姿を教えてくれるのだ。昔から変わらない人間の姿が見えてくる。

本書は、かのポンペイを舞台にしている。紀元七九年、ヴェスビオ山の噴火によって一挙に壊滅してしまったこのローマ都市は、そのまま時間を止めて現代に残されることになった。古代世界の息吹を伝えるこの遺跡は、十八世紀になって本格的な発掘がはじまると、美術や建築ばかりか、多様な都市生活のさまざまな相を明らかにすることになった。

そして本書がとりあげるのは、庶民の赤裸々な心情を伝える落書きの数々なのである。たとえば選挙にまつわる推薦文、見せ物への誘い、貸家広告、酒屋の落書き、そして愛と性にまつわる心情告白。現代と変わるところはない。

人気の剣闘士を「娘たちのため息であるトラキア闘士」と呼んだり、誰かをのろい「お願いだから、こいつが破滅しますように」と書きつけたり、売春宿の壁に「来た、やった、帰った」などとカエサルの名文句をもじって刻みこんだりする。

こうした落書きをたどってゆけば、きっとそこに、あなたに似た誰かを見つけ出せるはずだ。（松枝到・和光大教授）

（講談社・2100円）＝2004年10月14日④配信

マンガ批評の知的興奮

「マンガの深読み、大人読み」（夏目房之介著）

夏目房之介という多彩な才能を一言で語るのは難しい。彼は第一にマンガ家であり、洒脱（しゃだつ）な文章で世相をつづるエッセイストである。と同時に「マンガ表現論」という新分野を切り開いたマンガ批評の第一人者でもある。

マンガ表現論とは「絵」と「言葉」そして「コマ」によって構成されるマンガ表現の「基本文法」を解明しようとする試みだ。テーマ論・ストーリー論などの文芸批評的手法に終始していた感のあったマンガ批評にあって、夏目が初めて「マンガを、マンガとして語る」視点をもたらしたといえる。これは戦後マンガとともに成長し、ペンとインクで実作もこなす彼ならではの業績だ。

しかし近年、夏目は自らの手法に固執することなく、その関心領域は欧米や東南アジアのマンガとの比較文化論的アプローチや、マンガの「産業構造」を探るルポルタージュへと多面的に広がっている。

本書は、夏目の関心のすべてが収まったお得な一冊だ。鳥山明や浦沢直樹など当代人気作家の作品論があるかと思えば、「巨人の星」「あしたのジョー」など名作を支えた編集者や作者への詳細なインタビューがあり、海外での日本マンガの受容を論じた文章もある。いずれも単行本化にあたって膨大な脚注が書き下ろされていて圧巻。彼の考察は、まさに現在進行形なのだ。

白眉（はくび）は本書の約半分を占めるインタビューであろう。マンガを知り尽くした著者と、現場を知り尽くした編集者らとのやりとりは、血がほとばしるような熱気が伝わってスリリングだ。

これに夏目の作品論がはさまれることで、編集者・原作者・マンガ家の微妙な関係性が作品にどのように反映したか、その背後に横たわる時代の気分まで含めて解き明かしてくれる。

マンガコラムニストと名乗る夏目の文章は軽妙で、やさしくマンガ批評の神髄をわからせてくれる。マンガを「言葉で読む」ことの知的興奮が味わえる好著だ。（竹熊健太郎・評論家）

（イースト・プレス・1355円）＝2004年10月14日⑤配信

手練れがたどる創作の秘密

「太宰治　変身譚」（出口裕弘著）

没後半世紀を過ぎても、太宰治の人気はいっこうに衰えない。二〇〇〇年には猪瀬直樹氏の精細な評伝「ピカレスク　太宰治伝」が出されたし、ここに採りあげるのも、手練（てだ）れの手になるなんともしゃれた太宰論だ。出口さんの本書執筆の動機が面白い。

太宰は二十一歳のとき、銀座の女給田辺あつみと鎌倉七里ケ浜で心中をはかり、女は死に太宰は生き残った。その後彼は幾つもの小説にこの事件を織りこんでいるが、話の仕立て方がそのつど違う。「人間失格」では、彼女は「へんに疲れて貧乏臭いだけの女」として描かれている。

ところが、この心中事件を徹底して探索した長篠康一郎氏が一九八一年に出した「太宰治七里ヶ浜心中」の表紙に使われた写真の田辺あつみは、明るく愛らしい。直接会ったことのある人も、彼女は原節子に似た理知的な美人だと伝えているそう。それがどうして「貧乏臭いだけの女」になってしまうのか。その写真を見て感じた義憤がこの本を書く気にさせたのだという。

そこから出口さんは、「譚（はなし）作りの稀代（きたい）の名手」太宰治の創作の秘密に分け入っていく。「彼はなぜ小説の中で、この事件をめぐってカメレオンのように何度も体色を変えたのか」。つまり、変身譚（たん）ということになる。

しかし、太宰変貌（へんぼう）の跡をたどるにしても、芸達者な出口さんのこと、月並みなやり方はしない。話があちらに跳び、こちらに移るが、その一々が眼（め）をむく話ばかり。

くわしく紹介する紙幅のないのが残念だが、堀井梁歩訳の「ルバイヤット」からの引用だの、往年の美男俳優岡田時彦にからむたばこ屋の娘の話だの、太宰の作品のなかで見知っているくだりだが、その由来を聞かされてびっくりした。

それにしても、出口さんは実に引用がうまい。出口さんの引用に教えられて、太宰の文章のすばらしさにあらためて気づかされ、あの小説この小説、もう一度読みかえしてみたくなった。（木田元・哲学者）

（飛鳥新社・1785円）＝2004年10月16日配信

現代精神医療の実態描く
「幻覚」（渡辺淳一著）

過剰な情報社会に生きている日本国民の六十人に一人が心の病を抱えるともいわれている。ストレスは増加するばかりで、精神医療が以前よりも身近な存在となってきた。

この物語は、現代の精神医療の現場を背景に、魅惑的な女医にあこがれる看護師の男性の恋愛感情をダブらせ、キャリア女性の心の奥底に広がる闇の世界に迫っている。自らも医者であり、初期作品で医の倫理を問いかけた医学小説を手がけた作者が、初めて精神医療に光を当てた作品である。

主人公の「僕」北向健吾は、美貌（びぼう）の精神科医・花塚氷見子（ひみこ）が経営する精神病院の看護師。氷見子より五歳年下の三十一歳で、独身。慢性の不眠や食欲不振、不安や心配ごとなど、さまざまなストレスに悩んでいる人が病院を訪れる。

僕は氷見子の意欲的な治療法に全幅の信頼を寄せていたが、四十四歳の男性、四十二歳の主婦、十七歳の女子高生の三人の入院患者に対する過剰な投薬に次第に疑問を感じるようになり、医の倫理と恋愛感情のはざまで苦悩する。そんな僕に、氷見子は妖（あや）しく誘いの手を伸ばす。

年下でキャリアが下の男性が、年上で地位も上の女性にあこがれる女性上位の恋愛という関係に加えて、現代の精神科医療の実態を症例を挙げて描き出していく。物語は春に始まり、翌年の春に終わる。冒頭部とラスト部で描かれている桜と朧夜（おぼろよ）の赤い月が、氷見子の得体（えたい）の知れない妖しさを象徴してもいる。

物語の結末をここで明かすわけにはいかないが、三人のうちの男性患者が一月に急死したことで、氷見子と病院の状況が一変してしまう。この騒動で、氷見子が抱えていたトラウマが明らかとなる。

「文学と近い領域にある精神科には、以前から興味を持っていた」作者は、現代の精神医療に対する多くの疑問を小説を通して提示していく。社会派小説、医学小説、そしてこれまでの恋愛至上主義とは異なる新しい男女関係を軸とする恋愛小説という多面的な要素を盛り込んだ意欲作である。

（清原康正・文芸評論家）

（中央公論新社・1680円）＝2004年10月21日①配信

大人の素直が宝石見いだす
「陸は海より悲しきものを」（竹西寛子著）

与謝野晶子の人と生き方への興味が、本書の著された動機であると思う。

氏はいう。〈海恋し潮の遠鳴りかぞへては少女となりし父母の家〉の歌には「大人の素直」があると。「目の不公平の怖さを知って怖さを超えようとするところに生まれる謙虚さが、幼稚や素樸と区別される大人の素直なのであろう」と。名歌だけではない、そのように一つ一つの作品に、かけがえのない名が付けられてゆくような気がする。

この人は晶子歌集に限らずこの世のどこからでも、ホラあった、と宝石を見いだすのではないか。日の当たらないものに日を当ててやることを手柄にする態度ではない。著者の持つ「大人の素直」が、おのずから宝石を見いだしてゆく跡を見るものが本書であり、それこそが絶えず客観に立ち返る知性の作業である。作品のみならず批評のありようもまた、生き方のありようなのだと思いをあらたにさせられる。

本書は、山川登美子をたどった小浜の夜、いさり火を見ていてなぜか反射的に晶子の〈いさり火は身も世も無げに瞬きぬ陸は海より悲しきものを〉の歌を思い出した―という著者の体験に端緒を持ち、晶子の生活者としての「塞（ふさ）ぎ」に焦点を当てて構成されている。

〈いさり火は…〉の一首を「平坦ならぬ幾山河を夢中で越えてきて、この後なお越えねばならぬ山河を予見している人の隠しようのない疲労感を、気張らない覚悟が覆っている」と読み「『身も世も無げに』という句には、表現の怠惰をつきたい一面もある」とも読む。

だが暗夜、光に包まれながらあやしく揺れ合う沖の小船からは、陸（くが）など見えようはずもないのだ。「身も世も無げに」とは、鉄幹・晶子・登美子の「くるひ」の恋模様であり、晶子は、若き日のみずからを厳しく指弾しているようにも読める。

氏が端緒を得た場所が小浜であったことも決して唐突ではなく、すなわち登美子からも晶子からも無意識のうちに、深く巡り合わせのあることだと思われる。（辰巳泰子・歌人）

（筑摩書房・1995円）＝2004年10月21日②配信

鮮やかな本歌取りの手法で

「ロング・グッドバイ」（矢作俊彦著）

飲んだくれの米軍パイロット、ビリー・ルウと奇妙な友情で結ばれた神奈川県警の刑事・二村は、後に殺人事件の重要参考人となったビリーの逃亡を手助けしたとして、閑職に追いやられてしまう。さらにビリーが操縦する飛行機が台湾で墜落したという知らせが届き、事件はうやむやのままになってしまう。

一方彼の死を信じない二村は、退職した先輩刑事からバイオリニストの養母の失踪（しっそう）捜査を頼まれる。二村はやがて二つの事件が互いに深く関連していることに気づくのだった。

本書を前にして二つの驚きにとらわれた。まず「リンゴォ・キッドの休日」、「真夜中へもう一歩」に続く二村永爾を主人公にしたハードボイルドシリーズの十九年ぶりの復活ということに。

作者はかつてレイモンド・チャンドラーが描いた世界を、その精神と文体の両方で最も忠実に継承したと高く評価されていた作家だった。だが近年は別ジャンルでの活躍が目立っていただけに、再びこのシリーズに会えるとは思ってもいなかったためだ。

もう一つは本書の題名が「ロング・グッドバイ」であること。チャンドラーの最高傑作という声が高い「長いお別れ」をもじった題名（ご本家は〈長い〉の〝Long〟、本書は〈間違った〉の〝Wrong〟であることは言うまでもないが）になっているではないか。

さらに「私が初めてビリー・ルウに会ったのは夏至の三、四日前、夜より朝に近い時刻だった」という冒頭の一行を読めば、思わずニヤリとするだけでなく、ある期待を抱かざるをえない。そう、本書は単に二村永爾の復活だけではなく、敬愛する先輩作家の作品の枠組みを借りたオマージュでもあるのだ。

状況を鋭く切り取る、的確な比喩（ひゆ）と、巨匠をしのぐ複雑なプロットを用いて、作者はすでに死に絶えたはずのオーソドックスなハードボイルドを現代（時代設定が二十世紀最後の年という点にも注目）によみがえらせた。しかも鮮やかな本歌取りの手法をもってして。（西上心太・ミステリー評論家）

（角川書店・1890円）＝2004年10月21日③配信

電気椅子誕生に発明王の影

「処刑電流」（リチャード・モラン著、岩舘葉子訳）

十九世紀終わりの米国で、発明家として名高いエジソンが電気椅子（いす）の誕生にあたってきわどい役割を演じた。これが本書の骨子である。

この時代、極刑は絞首刑であった。だがこれを「残酷かつ異常」とする社会的な批判が高まってきた。代わりに「急速で苦痛のない刑」として電気処刑が考案された。そのための法改正をニューヨーク州議会に働き掛けた歯科医師が、エジソンに助言を求めた。エジソンはいったん逡巡（しゅんじゅん）したが、彼の見解に同意し、「交流装置」の電流を使った電気処刑を勧めた。なぜか。

電力会社を興したエジソンは当時、後発のライバル、ウェスティングハウスと事業拡大を激しく争っていた。エジソンは直流システム、ウェスティングハウスは交流システムを構築していた。エジソンは劣勢であった。

エジソンは、高圧電流を使う交流は危険であるという宣伝で、劣勢を取り返そうとした。たまたま、そう主張する技術者が現れた。エジソンはかれに肩入れし、その実験結果を交流危険論として宣伝した。それは交流の電気椅子を作れと言うまでにエスカレートした。

最初の死刑は交流装置で執行されることになった。ウェスティングハウスは、裁判で阻止しようとした。ニューヨーク州も米国も憲法で、死刑の方法を「残酷でも異常でもない刑」と規定していた。電気椅子がそれに反しないかが争われた。

ウェスティングハウス側の腕利きの弁護士と、エジソンの意を体した技術者が対決する。弁護士は技術者を追いつめる。だが法廷は、法的な手続き論にこだわり、手順は尽くされたと判断したのであった。直ちに死刑が執行されたが、「急速で苦痛のない死」であったかには疑いが残る処刑だった。

死刑という厳粛な問題にもかかわらず、乱暴、軽率とでもいうべき人びとが、エジソンを含めて本書に登場する。当時、公開の絞首刑をみた人が多くいた。そんな時代背景もあったのだろう。かれらを著者が今日の感覚で断罪しているように見えるのが、気になる。（名和小太郎・技術史学）

（みすず書房・2940円）＝2004年10月21日④配信

詩才あふれた〈昭和の男〉　「流行歌（はやりうた）　西條八十物語」（吉川潮著）

カラオケで「王将」を歌っている人は、この日本の庶民感情そのものの歌詞を作ったのが〈誰か歩める、／よもすがら／瞼（まぶた）のうへに／跫音（あのと）あり。〉といった高踏的象徴詩の詩人であることを知らないだろうし、「愛染かつら」や「青い山脈」をなつかしがる人は、あの童謡「かなりや」や「肩たたき」を同一人物が作ったことをすっかり忘れている。

これだけでもかなり驚くことだが、さらにランボーの研究者であり、フランス文学を講じる大学教授と、いくつもの顔を持つ詩人が（しかもヌケヌケと「トンコ節」や「ゲイシャ・ワルツ」まで作っている）なんとちゃんと自分で株の売買ができたと知れば（実務の才は後に日本の音楽著作権の確立に発揮される）、この人物の伝記は読んでみたくなるではないか。

西條八十物語。物語とサブタイトルをつけたのは、こんな人物を描くにはすこし小説的手法をとり入れなければ、ということだろう。メーンタイトルに「流行歌（はやりうた）」とあるように、もっぱら歌謡曲と童謡の作詞家としての顔を描いているのが特色でもあり、成功しているところだ。

この生涯一万五千の詩を残した一見不思議な人物が、じつは詩才にあふれすぎていることを除けば、まことに普通の人であることがとても興味深い。戦時中に「同期の桜」を作ることも（それでも軍人嫌い）、花柳界に入り浸ることも（しかも夫人への愛はことさらに深い）、あれだけの西欧的教養を持ちながら、日本の庶民感情をすこしも忘れなかったことも、つまりは彼が平均的な日本の〈昭和の男〉だったということだろう。

西條八十は生涯〈銀座の柳〉を愛したそうだが、彼の生き方の背後にあるもの、そしてその成功の後押しをしたものは、間ちがいなく彼が暮らした東京という都会の力そのものだった。その意味ではこの本は、二十世紀の都市文明論の本としても読める。そう読むのがいちばん面白いだろう。（鴨下信一・演出家）

（新潮社・1890円）＝2004年10月21日⑤配信

死屍累々のピカソ王国　「マイ　グランパパ、ピカソ」（マリーナ・ピカソ著、五十嵐卓、藤原えりみ共訳）

この本を書いたのは、ピカソの長男ポールの娘マリーナである。これまで、ピカソの親族にして本を書いたのは、初期の愛人のフェルナンド・オリヴィエと、戦後の愛人で二人の子供を産んだフランソワーズ・ジローの二人である。それに加えて、今度は思いがけなくも、孫の書いたものが加わったというわけである。

もちろん、マリーナ自身のことが書かれているのだが、それ以上に両親のことが嫌になるくらい書かれているのは、父ポールがその父、つまりピカソとの間で、あまりにもぎくしゃくしたからである。

ポールはまともな職業に就けず、二人の男女をもうけてもなお自活できず、妻とも離婚し、酒乱の日々を送る。マリーナはその生活のあおりを、幼時から全身にくらう。大金持ちの天才画家の孫であるにもかかわらず、しばしば食べ物も不足し、学校でも惨めな思いをする実態が生々しく描きだされる。それを通して孤高な王者ピカソの人生観が良くも悪しくも垣間見られる。

一家は、祖父が晩年になって再婚したジャクリーヌ夫人の厳格な家政下におかれ、また、父が再婚してさらに弟が生まれるという異常に複雑化した環境において、ますます疎外されていく。彼女も精神的にいっそう不安定になり、破局寸前という瀬戸際で、祖父の死により、巨大な遺産を継承するという逆転劇がおこる。

その後、彼女は心身ともに立ち直り、膨大な作品に囲まれて、その余裕をもって、今では、もっぱら社会貢献に打ち込む幸福な境涯にある。—と要約すると、話は簡単に過ぎる恐れがあるが、この間に、兄が自殺し、父が頓死し、ピカソに見捨てられた祖母も病死し、義叔母マヤの母マリー＝テレーズが自殺する。

さらに一家にとっては仇敵（きゅうてき）とも言えたジャクリーヌ夫人までが自殺するなど惨事が連続して、ピカソ王国の花園は人的には死屍（しし）累々である。その芸術は、美術史上空前の輝きを今も増しているというのに。（瀬木慎一・美術評論家）

（小学館・1680円）＝2004年10月21日⑥配信

無限の交感に幸福感

「草の輝き」(佐伯一麦著)

ふだん何げなく眺める草木のなかに、命名された名前とは別に、もうひとつひっそりと隠されているものがある。「色」である。染色に使われる草木は、媒染液によって、さまざまな色を布に乗り移らせる。

本書は、そんな草木染の世界に魅せられた若い女性が主人公だ。東京の映画配給会社で働いていた竹丘柊子(しゅうこ)は、染色作家が書いた一冊の本を介して草木染を習おうと思い立つ。そして会社を辞め、山形県の千歳山のふもとにある町に移り住む。

この物語は、弟子入りを許された柊子が、山間にある「先生の工房」を訪ねるシーンから始まる。秋空の下に揺れるせいたかあわだち草が、工房のなかで明るい黄色やオリーブ色の「染め色」に変わっていく冒頭から、植物たちが内に秘めている色がページを繰るたびにあふれ、躍る。

それぞれの章のタイトルとなっている「背高泡立草」「臭木」「栗の毬」「現の証拠」「末摘花」などが、秋から冬へ、冬から春へとうつろっていく東北の四季を浮かび上がらせ、その四季に寄り添おうとする柊子のひたむきな姿をあぶりだす。

次はどんな植物が色の魔法を見せてくれるのか。章が変わるたびに現れる色を、しばし脳裏に留めたくなって、私は何度か本を閉じる。閉じると、媒染液の中に現れた色が、いっそう鮮やかに脳裏に広がるようだった。

どんな色が出るのかは「花に聞いてみないとわからない」という世界。しかも、春が終われば、次の春草の染色は翌年のシーズンを待つしかないという「待ち時間」が、ここではなんと豊かにぜいたくに見えることか。

自然とともにゆっくりと日常を生きる町の人々の群像も羨望(せんぼう)を誘うが、著者はきびしい生活の中で大切にされてきた「藍(あい)」や、古典に描かれた日本古来の(それは少しずつ失われているけれど)「色」の深い味わいにも触れている。

静かなトーン、草木染を語るときの精緻(せいち)な筆運びも含め、草たちとの無限の交感にしみじみした幸福感を誘われた。(稲葉真弓・作家)

(集英社・2100円)＝2004年10月28日①配信

見習われる日本野球

「イチロー革命」(ロバート・ホワイティング著、松井みどり訳)

いつも日本野球について奥行きのある意見を発しているロバート・ホワイティング氏が、今度新たに「イチロー革命」を出した。「日本人メジャー・リーガーとベースボール新時代」との副題がついている。

イチロー選手が、八十三年間だれにも破られなかったジョージ・シスラーのシーズン安打数の大リーグ記録を見事破ったこの時期に、ピタリと照準をあててこれを出版した著者のカンのさえもまた、イチローなみといえる。

実際、この著を読むことは、ちょうどワールドシリーズのゲームを見るようなものだった。鋭い攻撃あり、華麗な守備あり。理詰めな戦法があるかと思えば、大胆な挑発もある。

日本とアメリカという歴史も文化もまったく違った二国の間でのベースボールの置かれた位置の違いやその意味などが、具体的な例をもって精密に語られている。

本書は「日本野球についてほとんどなんの知識もない人々を対象に書いたものだ」と著者はいうが、とんでもない。その言葉は英語版のことではあっても、訳本の方にもいえるとは限らない。日本野球、そしてアメリカ野球に興味を持つすべての人に読まれるべきものだ。

最初はイチロー選手のライフストーリーから入るが、彼がアメリカ社会に与えた影響の大きさが紹介され、彼を生んだ日本野球の歴史に話が及ぶ。当然、野茂、松井秀喜たち日本人メジャーリーガーの果たす役割も明らかにされている。

「彼がアメリカに適応するのではなく、アメリカのピッチャーが彼に適応すべきだ」といわしめた〝日本の小男〟イチロー。「小男はメジャーで成功できない」というアメリカの迷信を、この〝メイド・イン・ジャパン〟男はものの見事に打ち砕いていった軌跡を、著者は見事に明かして見せる。

これまで長い間、アメリカ野球をお手本とばかりしてきた過去から、逆に見習われる方に回り始めた日本野球。今この本の持つ意味は特に大きく、未来への貴重な指針にもなっている。(佐山和夫・ノンフィクション作家)

(早川書房・2100円)＝2004年10月28日②配信

ナンセンスと闘う真の知性

「ECDIARY」（ECD著）

ナンセンス！　本書を読んでひらめいた。そう、いまセンスなしという意味でのナンセンスがはびこっているのだ。

たとえば、最近、開店した昭和レトロ風の喫茶店。その入り口の脇には十センチもある禁止マークが四つも！　禁煙、禁ペット、禁携帯、禁撮影。著者は言う、いっそ立ち入り禁止にせよ！「昭和」とかけ離れたこのナンセンス。皆が役人にでもなったようなのである。役所にはセンスはいらない、なぜかというと権力があるから。

だからセンスは「アナーキー度」の高さと関連している。ここでのアナーキーとは「むちゃくちゃ」という意味ではない。日常のなかで、「長いもの」の権威を信じないかわりに、自分と自分の仲間を信頼し、軋轢（あつれき）をものともしない態度のことだ。

そんな生き方はセンスを必要とするし、そんななかでセンスが鍛えられる。「禁止！」とかエラそうにすませることはできないからだ。

著者は、日本のラップの草分けであり、ヒップホップ初期の熱気や哲学をいまだ携えているまれな存在だ。本書は主に三カ月間の日記で構成されている。この短い間もナンセンスに満ちていた。イラクでの日本人人質へのバッシングはその頂点だ。著者はそんなナンセンスと一つ一つ正面から闘っている。

本物の「昭和」にはハチャメチャなようで、多数派について少数派をたたくナンセンスを決してしなかった人は日本にもたくさんいた気がする。「僕は失われたもののことばかり書いている」と、少しセンチメンタルにその影を慕う人たちもそうだ。勝新太郎、安藤昇、戸浦六宏、小松方正…。

失うことと引き換えに何を得ているのか、それが見えてこないのがいら立つのだ、と筆者はいう。激しく共感する。そして、異質性への憎悪を基盤にした「ニッポン」の高まるかけ声が、失われていくものに実はまったく無頓着であることを不気味に思う。

センスなき知性がどれほど博識を誇っても空疎だとしたら、自信をもっていえる、真の意味での知性はいまここにある。（酒井隆史・大阪女子大専任講師）

（レディメイド・インターナショナル・1260円）＝2004年10月28日③配信

論客たちが語る食の歴史

「料理屋のコスモロジー」（高田公理編）

「食は文化である」とは、つねづね耳にする言葉だが、では、その文化とは何なのかを語ろうとすると甚だ心もとないことになる。なぜならば「食」という言葉が指すものはあまりにも広義であるがゆえ、簡潔には語りにくい。ただの世間話やステレオタイプの論旨を避けようとするならば、さまざまな角度からの丁寧なアプローチが必要となるからだ。

本書には、その食文化の具体性を知る愉（たの）しさを読者に伝えるため、実に魅力的な考察者がそろい踏みしている。

編者の高田公理を筆頭に論客は民族学研究家、食のジャーナリスト、料理人など錚々（そうそう）たる面々が十一人。各自のテーマはといえば、奥村彪生が「料理屋の料理」として明治から近代までの料理の流れ、もてなし、客のありようなどについて語り、宇田川悟は「フランスのレストランと日本の料理屋」として、その歴史、現状、継承問題などを対比する。

料亭「青柳」主人・小山裕久は現場を知る料理人ならではの体験談をまじえて「料理屋の現代的展開」について鋭い観察眼を披露。ほかに神崎宣武が「女将・料理人・仲居」について、藤本憲一が「居場所としての和カフェ」と題して、疑似料亭としての和風ファミレスの登場など、現代の食のカオス状況について考察する。

本書で語られる「料理屋」とは、主に近世以降の料亭を指すが、飲食店の起源からその発展、分化と読み進んだ末の最終項、高田公理による「料理屋からみた近代日本」は、近代国家の成立と料理屋とのかかわりが語られており、実に興味深い。幕末に勤王の志士たちが京都の料亭に集ったことから始まる「料亭政治」がいかなる道をたどっていくか。「歴史は夜作られる」という箴言（しんげん）があるが、それをもじるなら、「歴史は料理屋とともに作られる」ともいえる。

生きている限り、食事をしない人間はいない。だが、その内容、形態は、なんと多様性に富んでいることか。本書を読むと、食は文化であり、分化でもあるということにもあらためて気づかされる。（藤田千恵子・ライター）

（ドメス出版・2940円）＝2004年10月28日④配信

不良債権化する若者たち　「パラサイト社会のゆくえ」（山田昌弘著）

学卒後も親と同居してリッチな生活を楽しむ未婚者を描く本書の著者の「パラサイト・シングルの時代」は一九九九年に出版された。

大都市郊外の家に育ち、親の家から会社に通い、給料をすべて小遣いにして、ブランド物を買ったり海外旅行に行ったり。少子化や不況の一因となっているという分析とともに、パラサイト・シングルという言葉は社会に広がった。

しかし、その後の五年で日本社会は変わった。終身雇用、年功序列は消滅し、中高年の突然の失業も珍しくなくなった今、優雅な若者たちはどうなったのだろうか。

二つのことが起こっていると著者はいう。一つは、労働状況が厳しくなり、フリーターや派遣社員として低賃金で不安定な雇用のまま働かざるを得ない若者が増えていること、もう一つは、パラサイト・シングルが結婚せずに中年となって「不良債権化」し、経済状況の悪化や親の介護に直面する状況になっていることである。

親も自分も収入が少なく雇用も不安定ということになれば、同居は同居でも、ずいぶん印象が違う。誰かが病気でもしたら家庭崩壊しそうな状態だ。こうなると「結婚しない」というより「結婚できない」「自立できない」状態である。

こういう人たちの不安定さとパラサイト・シングルの貴族状態との違いをもたらすのは、もちろん収入でもあるのだが、実は心理的な差も大きい。前者には将来への不安が重くのしかかる。豊かな日本の中では失業したからといって本当に生存が脅かされるわけではない。車も持てる。デートもできる。しかし、将来への希望のなさ、見通しのなさは、人の心を侵食する。また社会の一方には、ますます豊かな生活を享受する層があることも、絶望感を強める。

半世紀前には、ほとんどの日本人が持っていた、貧しいけれども夢のある生活とは対照的な生活がそこにある。誰もがそれなりの夢を描ける時代のほうが長い歴史の中では例外的なことなのかもしれない。面白い本なのにそんな悲観的な気持ちになる。（小西聖子・武蔵野大教授）

（ちくま新書・714円）＝2004年10月28日⑤配信

実体のなさをリアルに描く　「ペンギンの憂鬱」（アンドレイ・クルコフ著、沼野恭子訳）

人は生きているのではなく、生かされているだけなのかもしれない。そして、その生死の鍵を握っているのが神でも運命でもなく、目に見えない組織であり、その組織を知る手がかりがなにもないとしたら？

この小説は、永遠に終わらない怖い夢を見ているような、心細さと浮遊感に満ち満ちている。

孤独な小説家ヴィクトルは、動物園から引き取ったペンギンをだれよりも深く愛している。ミーシャと名づけられたペンギンは、冷凍のタラを食べ、水をはった浴槽で遊び、ときどき鏡の前でじっと自分の姿に見入る。自足しているように見えるが、ヴィクトルと同じように冷え冷えとした孤独にからめとられている。

そんな折りヴィクトルは、新聞社の編集長から存命中の著名な政府関係者の追悼記事を書くという、不穏当な仕事を依頼される。

「どういう状態を『正常』と呼ぶかは、時代が変われば違ってくる。（略）だれにとっても、そう、自分にとっても、大事なのは生き残るということ。どんなことがあっても生きていくということだ」。そう考えたヴィクトルは仕事を引き受けるが、その後次々に不可解な出来事が持ち上がる。やがて自分が得体（えたい）の知れない組織の一員として動かされていることに気づくが、それでなにができるわけでもなく、「身のまわりで起こることは避けられないと諦めて受け入れていく他ないのだ」と思う。

しかし、否応（いやおう）なく組み込まれた世界のなかで、彼の居場所はしだいに失われていく。

この作品で描かれているのは、混乱と謀略と裏切りが支配している国で生きていくことの過酷さと孤独だ。だが、それ以上に深く描かれているのが「人間というものの実体のなさ」である。そしてこの小説は、その「実体のなさ」を極めてリアルに描くことに成功したまれな例といえる。

クルコフは、ゴーゴリと同じウクライナ出身の作家である。十九世紀ロシア文学に親しんできた読者ならば、新鮮な驚きを味わうと同時に「ロシア的憂鬱（ゆううつ）」が健在であることを痛感するだろう。（古屋美登里・翻訳家）

（新潮社・2100円）＝2004年10月28日⑥配信

太鼓の宇宙への知的な旅

「宇宙を叩く」(杉浦康平著)

なんとも不思議な本である。全体が探求心にあふれていて心地よい。

「聴くということ。これは日常、われわれがなにげなく行なっている行為です」

このようにさりげなく書き出してから、著者は、宇宙に向かって感覚と感知の緻密(ちみつ)にして壮大な旅へと出て行くのである。打楽器にすぎない太鼓をめぐって、いまだこのような知的な旅をした人を、他に私は知らない。

本書は、著者が全存在をかけて求めている「万物照応劇場」シリーズの第五弾だが、その探究の途上で、建鼓(けんこ)と火焔(かえん)太鼓にめぐりあう。建鼓は古代中国に生まれ、韓国に伝わった太鼓だ。胴部を心柱が貫いている建鼓は、宇宙山の姿でそびえ立っているとして、著者はこのように書く。

「音楽とは、大自然のゆったりとした時の流れを示すもの、生命あるものの蠢動、そのざわめきを伝えるもの。全宇宙の気の流動の発端をなすもの。そのようなものであったのです」「建鼓の一撃。それはまさに宇宙山の鳴動を伝え、樹木の吐息を誘いだす。天地を満たす『気の発動』を告げる始原の一撃です」

思いは森羅万象へと飛び、宇宙へと広がっていく。時には抽象的に傾きかける論考が、そのつど見事な図版が提示されることによって、精彩と説得力を持ってくる。当代一流のグラフィックデザイナー杉浦康平にしてはじめて可能な、示唆に富む論考の広がりである。

もう一つの大太鼓、日本で生まれた火焔太鼓についての論考は、いたるところに直感の飛躍があり、詩的情感の豊潤さに満ちていて、魅力的だ。しかも、そのつど雄弁な図版がそえられている。

火焔太鼓の意匠と曼荼羅(まんだら)との関連を語る個所は、まさに本書が到達した地平である。

「ともに、太鼓にあるまじき過剰な装飾を身にまとい、ただそこに置かれているだけで、天地に響く打音を感じさせ、音楽を超えた宇宙原理を人びとに指し示しているかのようです」

「聴くということ」から、ここまで至り着く論考は、知的な感興に富んでいて楽しい。(立松和平・作家)

(工作舎・3780円)=2004年11月4日①配信

命の波立ちを幻視する

「『装飾』の美術文明史」(鶴岡真弓著)

ポーランドで落ち合った鶴岡真弓は妙に着膨れしていた。ウズベキスタン調査のため一ドル紙幣で身体をびっしりと包んでいたのだ。とっさに連想したのが小泉八雲の「耳なし芳一」。身体に字を刻み、御札で体表を覆い尽くす祓除(ばつじょ)の魔術が、「飾」の起源をなす。

装飾文様に思考の権利を授けるうえで、著者は大きく貢献してきた。ユーラシア大陸西端のケルトと極東の島国日本。本書はその両者をサマルカンドの地に交差させる。地球大の広がりを獲得した東西の往還。それはまた著者に、宇宙と身体との交響をも体験させる。

天空の星座は宇宙の奏でる天の文(あや)。そのコスモスの装いに呼応する人間の営みこそ、化粧(コズメティック)の語源ではなかったか。

天文と人文との交信が描く文様の綾(あや)。それゆえ装飾には理性を不安にさせる魔性が潜む。秩序の崩壊を誘う無限軌道の想像力が、文様の磁場には充満しているから。

物の輪郭とは物体の内部にはなく、外部に触れた表層の描く軌跡だとレオナルド・ダビンチは語る。物と精神の臨界にはおのずと綾が生まれると、中国古代の文論「文心雕龍(ぶんしんちょうりゅう)」は説く。構造主義言語学の始祖ソシュールの波の比喩(ひゆ)が想起される。ヒトの言語もまた、宇宙と精神の臨界に立つさざ波の織り成す模様なのだから。

もはや、装飾の根源性は明らかだろう。近代西欧の合理精神の秩序志向によって、文明の未開状態の証拠、知的営みの副次的な寄生物との烙印(らくいん)を押され、従属的な場所に追いやられていた装飾。だがここには自然に畏怖(いふ)する人間の、起源の情念が露呈し、知性万能主義の価値観の限界を補完する。

自然という素材に逆らわず、その肌合いとの交歓に作品構想の霊感を求めるウィリアム・モリス。完成ではなく生成の歩みを「愛の労働」と慈しむこの芸術家の「柳の枝」の壁紙に、著者は「深く呼吸する自然」の息吹を感じる。「決定でなく暗示」によって可能性の芽を伸ばす装飾。著者はその発芽細胞を読者に植え付けてはぐくむ巫女(みこ)と化す。(稲賀繁美・国際日本文化研究センター教授)

(NHK出版・2310円)=2004年11月4日②配信

笑って笑って心揺さぶられ

「電車男」（中野独人著）

ひとりの青年がネット上の巨大掲示板「2ちゃんねる」にある体験を書き込んだ。電車の中で酔っぱらいにからまれる女性を勇気をふり絞って助けた。数日後。彼のもとにかの女性からお礼のカップが届く。二十二歳のその日まで女性とまったく縁がなかった彼は動転し掲示板に助けを求める。「電話をかけたい。もう一度話したい。でもどう話しかけたらいいんだろう」。見るにみかねた掲示板投稿者たちが彼にアドバイスを始める。

今や日本で最も有名な匿名青年「電車男」の物語である。本書はその投稿の一部始終をまとめた抱腹絶倒のノンフィクション。

一見はやりの純愛ブームに便乗した愛の物語のようだが、この顛末（てんまつ）には、恋をしたことのある人なら誰にでも覚えがある恋愛への欲望と計算とぶざまが惜しげもなくさらされていると言う点で、「裏ソナタ」とも言うべき等身大の魅力に満ちている。

チャーミングなのは、何と言ってもよってたかって彼に忠告をするネット投稿者たちの存在。彼らのほとんどが実は彼と同じように日ごろ女性と接触のない男性たちで、それゆえそのアドバイスは時に深読み、時に迷走、そして暴走。生まれて初めて女性に電話をかける電車男を励ますことばがコレだ。「小学校の時に最初で最後の下着泥した勇気でよければくれてやる！」

やがて彼ら見知らぬネット投稿者に支えられ、電車男は愛と勇気に彩られた奇跡の二カ月を生み出すことになるのだが…。

この物語を空前絶後の恋愛と見るかマインドコントロールされた若者の貧しい恋愛劇ととるか、はたまたすべてが仕組まれた壮大な作り話と割り切るか。それを判断する能力を悲しいかなわたしは持たない。ネット上で初めてこの物語と出会ったとき、わたしは本当に久しぶりに誰かと出会いたくなったのだ。出会いたい「誰か」とは恋の相手なのか、はたまた自分が真に困ったとき手を差しのべてくれる温かい声援の持ち主なのか。

笑って笑ってそして最後に訪れる奇跡の瞬間に心揺さぶられる一冊。（宮村優子・シナリオライター）

（新潮社・1365円）＝2004年11月4日③配信

女子供文化の衰退が戦争へ

「バリバリのハト派」（荷宮和子著）

まず、タイトルに笑ってしまった。なんと本書にぴったりのタイトルなのだろう。「女子供文化評論家」を自称する著者は、少女漫画や宝塚歌劇を語ることで、反戦論を展開する。おとなしい言葉で書かれたものではなく、「バリバリ」の形容詞が似合う文体である。

今、日本ではイラクで人質が殺害されたことへの議論も少ないまま、自衛隊の派遣期限延長を決める勢いである。戦後から“戦前”へと移行していく空気が濃厚な中、著者のはっきりとした物言いは、心地がいい。

著者が好ましく思い、論じたいと思うジャンルは、男尊女卑などの旧態依然な価値観にカウンターパンチを食らわせ、「差別は許せない」「戦争はイヤだ」「ナショナリズムなんか大嫌い」が根底にある作品であるという。それが、かつて女子供文化にあった。

しかし、現代のファンタジーは“理想を夢見る力”が衰退し、人を見下すことの気持ちよさや、鑑賞が楽ということがヒット作品の要素となっている。著者は宝塚を例に挙げ、「自由と平等と博愛をあきらめない人間」を描いた「ベルサイユのばら」が、愛国心を強調する「スサノオ」に変わったように、女子供文化の衰退が、日本を戦争へと駆り立てると危惧（きぐ）する。

一九六三年生まれの著者にとって、団塊ジュニア以降の世代を代表に今の日本の姿は、「決まったことはしょうがない」という無知であるがゆえの潔癖さ・傲慢（ごうまん）さ・無神経さがあり、政府寄りの価値観に対応することで支配者の気分を味わっていると見える。団塊ジュニア世代の私としては、私たちの世代が、この日本の戦前状態への移行を止める手だてを講じることができているのかと問われると、返答に窮してしまう。

文化は世相を映す鏡である。今ある文化が、今後の社会をどう変えていくのか。受け手の心に何を残すことができるのかが重要であり、文化はその力を持つ。著者は、女子供文化こそが“生きる気力”を復活させ、戦争と差別を遠ざけることができるという。もろ手を上げて、この意見に賛成したい。（棚瀬美幸・劇作家）

（晶文社・1680円）＝2004年11月4日④配信

掛け値なく面白い偏愛の書

「ゴシックハート」(高原英理著)

本格ゴシック評論、というのが本書のうたい文句である。まったく正しい表現ではあるが、ごく一般的な評論を想定した読者は、ぼうぜんとするかもしれない。これは、きわめて個人的な書物なのだ。

ところで、ゴシックというのは意外にわかりにくい言葉のひとつである。建築や美術、小説の一様式を指していうのはたやすい。だがたとえば、ゴシックロリータ(ゴスロリ)などと呼ばれる風潮が、それだけで語りおおせるものでもなかろう。

むろん、著者も定義づけを試みている。恐怖や絶望、死や怪奇といった意匠に託して、表面だけの明るさや偽りの希望に満ちた現実へ異を唱える姿勢、これが本書のいうゴシックだと考えていい。それは「好悪の体系のようなもの」だと著者はいう。しかも、なまなかな好悪ではなく、「自己の必然にもとづいた命懸けの好み」である、と。

本書は残酷・猟奇・異形・両性具有などのキーワードを用いてあまたの芸術作品を分類、考察をくわえる過程で「ゴシック的なるもの」の全容を明らかにしようとする。

取り上げられる作品はさまざまだ。「フランケンシュタイン」や乱歩、サドに澁澤龍彦といった文学はもちろんだが、楳図かずおや岡崎京子の漫画から、四谷シモンの人形、バロの絵画、「攻殻機動隊」のようなアニメーションまで幅広くカバーしている。

これらについて語る著者の文章はじつに楽しい。こんな具合だ。ある小説に関して「残酷な行為の描写はこのようにあさましいものであってほしくない」「残虐行為は生真面目に、荘重に、…描写されるべきである」

作品そのものへの精密な分析も読ませどころだが、筆者などはこうした一文に出くわすたび、思わずにやりとしてしまう。好きなんだな、本当に。

もうおわかりだろう。本書は、ひとりのゴシック者が思うさま自己の嗜好(しこう)を吐露した一冊である。だからこそ、掛け値なく面白い。敬意をこめて、大いなる偏愛の書、と呼びたい思いに駆られるのだ。(大滝浩太郎・フリーライター)

(講談社・2100円)=2004年11月4日⑤配信

神話のトリック明るみに

「金毘羅」(笙野頼子著)

笙野氏は、奇想天外な着想で文学の可能性を広げてきた作家である。もっともその奇想天外性は、作家自身の分身ともいえる「私」が存在するこの「日本」という社会に対する違和感に由来する。

男と女の役割分担をはじめ社会の仕組み全般と闘争するその小説は、当然のことながら書き手を呪縛(じゅばく)する言葉の制度とも闘わなければならない。女、男、人、神といった基本語から、その意味をいちいち問い直しながら小説を書いていく。

「金比羅」の語り手である女性作家の「私」は、そんな「難儀」な人生を送ってきた。だが「四十過ぎて」「自分が金比羅だったと判」る。笙野氏の生年月日と同じ一九五六年三月十六日「ひとりの赤ん坊が生まれてすぐ死」ぬ。その死体に伊勢の御山様の神意で「野生の金比羅の魂」を宿して生まれたのが「私」だった。

「野生の金比羅」とは、伊勢を頂点とする神に滅ぼされてきた神々をウイルスのように乗っ取ってはびこる実体のないもので在りつつ神仏習合する「国家に対抗する個人の極私的カウンター神」だ。しかも「私」は「男」のはずなのに、とりついたのは「人間の女」という神と人間、男と女を「習合」した金比羅である。

伊勢を頂点とする日本神話を「金比羅の一代記」という形で読み替えていく作業は、「私」の「極私的」自伝との重ね合わせにより展開される。

「マイノリティとされてしまう側」からの視線は、日本神話構成のトリックさえも明るみに出していく。この辺りの神話解釈はスリルがあって刺激的である。

国家神道への「反逆」ともいうべき本書は、流通する文学言語への反逆ともなっている。話し言葉と書き言葉の「習合」した文体は、一人称的でありながら三人称的雰囲気を湛(たた)えた笙野言語ともいえるものだが、ここにおいて普遍と個、主観と客観、フィクションとノンフィクション等の二項対立は知らぬまに混交されていく。まさに金比羅的空間の創出だ。無数の読みを可能にする開かれた小説となっている。(与那覇恵子・文芸評論家 東洋英和女学院大教授)

(集英社・2100円)=2004年11月4日⑥配信

恋愛の切なさ鮮やかに描く

「天使の梯子」(村山由佳著)

本書は「星々の舟」で第百二十九回直木賞を受賞した作者の受賞後第一作であり、デビュー作となった「天使の卵」の続編でもある。

「卵」では十九歳の歩太(あゆた)が年上の美しい女性に一目ぼれするところから始まる。遠回りしつつも結ばれた二人だが、やがて突然の出来事によって、歩太が彼女を失ってしまうことで終わる。

「梯子(はしご)」は「卵」から十年後の物語、という設定だ。本書の主人公は二十歳の大学生・古幡慎一。彼はかつて通っていた高校の担任の女性と偶然に再会する。その女性というのが、「卵」では主人公の歩太にかなわぬ思いを寄せていた夏姫(なつき)である。彼女は歩太が愛した女性の妹でもあった。

あこがれの女教師と再会した慎一は、次第に夏姫への思いを深めていく。そんな慎一のいちずな思いに夏姫も心を開いていき、やがて二人は付き合うようになるのだが、慎一は夏姫の向こうに、歩太の影を意識するようになっていく…。

物語の人物たちに共通しているのは、自分にとって大事な人を失ったという、深い喪失感だ。慎一は母代わりに育ててくれた祖母を、夏姫は姉を、歩太は最愛の恋人を。

特に慎一は、心ない態度をとってしまった翌朝、心筋梗塞(こうそく)で突然逝ってしまった祖母に対し、心の深い部分で自分を責めている。

そんな慎一に、夏姫は言う。「誰に何を言われても消えない後悔なら、自分で一生抱えていくしかないのよ」と。

前作を読んでいる読者なら、夏姫のこの言葉にこそ、十年という時間の重さが感じ取れるだろうし、前作を読んでいなくとも、この言葉の深さは、読み手の胸にずしりと響いてくるはずだ。

夏姫を愛すれば愛するほど、夏姫ごしに見え隠れする歩太の存在に心を乱される慎一。人を好きになることの切なさ、やるせなさを、作者は確かな手つきで鮮やかに描き出してみせた。

「卵」から十年。「梯子」は作者と物語両方の成熟を感じさせる一冊だ。(吉田伸子・書評家)

(集英社・1470円)=2004年11月11日①配信

進化論の争点を解きほぐす

「ドーキンスVSグールド」(キム・ステルレルニー著、狩野秀之訳)

進化論や遺伝子の話をするや、途端にけげんな顔をする人たちが意外に多い。しかし拒絶する前に、少しだけ考えてみてほしい。

人類はおよそ四十億年前に誕生した生命の中でも、一番後に登場してきた種なのだということを。わたしたちの遺伝子には、長大な生命の歴史さえもすべて刻み込まれていることを。だから、進化論や遺伝子を知ることは、人類の立ち位置を知ることにもなる。

本書に登場する二人は、進化論を語る上では欠かすことのできない科学者である。一人は動物行動学者のリチャード・ドーキンス。もう一人は二年前に亡くなった、古生物学者のスティーブン・J・グールド。

ともに一九四一年生まれ。生物進化に関し、長く、ときに激しい論争を繰り広げてきた。有名な話だが門外漢には、どこに論争の的があるのかがなかなかつかめない。まして議論を分かつ、二人の学問的背景や科学自体に対する姿勢の差異となると降参するしかない。

本書はそんなお手上げ状態を解消してくれる。ドーキンスが「利己的な遺伝子」を使って説明する生物進化の仕組み。グールドの「断続平衡説」が主張する進化の偶然性。ダーウィンに由来する「自然淘汰(とうた)」が個体レベルで行われるのか、個体群でも行われるのか。そもそも「淘汰」に注目することで生物個体が備える特質を説明できるのか、できないのか。本書は個々の対立点を解きほぐし、論争の要約と現状も教えてくれる。

これまで筆者は、どちらかというとドーキンスに多く親しんできた。別にグールドが嫌いだったわけではない。秀逸な比喩(ひゆ)を用いて自然界の脅威を解き明かす、見事なまでの筆才にひかれてのことだった。

しかし本書を読み終えて、もっとグールドの世界にも分け入らなければと反省した。きっと本書は、読者を限りない生物進化の世界へ導いてくれる。さあ、読者はこのあとが大変だ。

それでは、生物学の哲学を専門とする著者自身はどちらの意見に賛成しているのか…。気になるこの答えは本書を読んでのお楽しみ。巻末できっちり述べられている。(挾本佳代・成蹊大学助教授)

(ちくま学芸文庫・1050円)=2004年11月11日②配信

優れて論理的な世界描く

「くらやみの速さはどれくらい」(E・ムーン著、小尾芙佐訳)

「21世紀版『アルジャーノンに花束を』」の謳(うた)い文句どおり、本書のテーマは、実験的な方法で脳の器質的障害を治すこと。だがこれは決して〝アルジャーノン再び〟ではない。自身、自閉症の子を持つ著者は、「アルジャーノン」があえて描かなかった部分―患者自らが処置を受けようと決断するまでの過程を小説の中心に据える。

舞台は、幼児のうちに自閉症を治療する技術が完成した近未来。三十五歳の主人公ルウは、その技術の恩恵に浴さず大人になった自閉症者の「最後の世代」。とはいえ、幼児期にコンピューター支援の適応訓練を受けたことで、今は製薬会社に勤めながら、趣味のフェンシングを楽しむ毎日だ。勤務先は、税制優遇措置を目当てに自閉症者たちを雇用し、専用の部屋を用意している。

小説の大半は、たんねんな日常描写に費やされる。最大の魅力は、ルウが一人称現在形で語る「自閉症者から見た世界」。言外のニュアンスやしぐさの意味を努力によって学習したルウは、頭の中ですべてを言語化して検討する。たとえば、〈たいていのひとが、長くておもしろい返答よりも短くてつまらない返答のほうを好むことを私は知っているので、長い返答になりそうな質問を彼らがするときはそのことを思い出すようにしている〉という調子。

この語りに身をゆだねて読み進むうち、自閉症者の世界がすぐれて効率的かつ論理的に見えてくる(彼らだけの話し合いには儀礼的な挨拶(あいさつ)や腹の探り合いがなく、すぐに結論が出る)。

画期的な治療法によって自閉症を克服することは、本当に本人の幸せなのか。著者は、自閉症者に大きな理解と強い共感を示しつつも、単純な結論を出すことを避ける。「アルジャーノン」的な悲劇でも、単純なハッピーエンドでもない、両義的で複雑な結末が胸を打つ。

本書は二〇〇四年のネビュラ賞(最優秀SF賞)長編部門の受賞作。読み終えたあとに世界の見え方が変わってしまうという意味で、最良のSFに属する一冊だ。(大森望・翻訳家)

(早川書房・2100円)=2004年11月11日④配信

意表をつく刺激的視点

「思想史のなかの臨床心理学」(實川幹朗著)

現代社会がいかに心理学的な言説に満たされているかは、すでに多くの指摘がある。本書のユニークな点は、こうした心理主義的な傾向の発端を、十九世紀半ば以降の「意識革命」に求めていることだ。知られる通り精神分析は、無意識の葛藤(かっとう)を意識化すれば治療がなされうるという、いっけん不可思議な原則に基づいている。

著者はこの疑問から出発して、意識を絶対視し、言葉と意識の結びつきを尊重する発想が、近代以降に生まれたものであると指摘する。

近代臨床心理学は、存在の根本を意識に見出そうとする特異な思想の系譜上にある。それゆえカウンセリングにおける「行動」の価値や、身体接触を避けるような原則も、行動や身体よりも言葉や意識を重視する「意識革命」以降の考えに由来するのだ。

かつて中世の神学や錬金術においては無意識は意外なほど重視されていた。催眠術の元祖となったメスメリズムからラマルクのロマン主義的な進化論に至るまで、この傾向は続き、それゆえフロイトが無意識を発見したわけではないと著者は言う。

「意識は誤らない」とみなす「意識革命」は、コント、ミル、ブレンターノらによってなされ、以後、心が個人の内面に閉じ込められているという「心の囲い込み」が常識と化す。つまり臨床心理学とは、意識を神として、意識に物語を語り込むことで意識化とみなすような新興宗教ではないか、とまで著者は述べている。

博引旁証(ぼうしょう)に刺激的な視点が加わった魅力的な本ではあるが、疑問がないわけではない。例えば著者は、なかば意図的に「臨床心理学」と「精神分析」を混同しているが、それはやはり不当であろう。

フロイトについて言えば、彼は無意識を悪、意識を善とする単純な発想はしていなかったし、葛藤を意識化する、つまり言葉にすることの治療的効用を教えたのは、哲学者ブレンターノよりはむしろ、患者アンナ・Oの言葉だったはずだ。

また、意識や主体を重視しないラカンやガタリらのポストモダン一派に関する評価は、今後の著者の検討を待ちたい。(斎藤環・精神科医)

(講談社選書メチエ・1575円)=2004年11月11日⑤配信

〝人間はお肉〟という哲学　「肉中の哲学」（ジョージ・レイコフ、マーク・ジョンソン共著、計見一雄訳）

「人間はお肉だよ」とインドの安売春宿の女が言った、という話を、昔、写真家藤原新也の本か何かで読んだことがある。切なさとたくましさの入り交じった認識に、読んでいるこちらが、じわっときた。本書を手に取ったとき、それを思い出した。肉のなかの哲学って何だ？　ちなみに英語の原題も同様である。

本書も、人間はお肉だよ、ということを明らかにする―と言っても、おとしめたことにはなるまい。二人の著者は、人間が何かを感受し、考え、類推し、あるいは哲学する能力もまた、自らの身体から離れることはできないのだと主張する。

ギリシャ哲学から今日のポストモダン哲学にいたるまで、西洋哲学は精神と身体を分離し、ものを考えたり、真理を探求したりという仕事は精神がやっていると考えてきた。個々の肉体は滅びるし、人種や性別や個人による相違もある。永続性と普遍性を持つ哲学の真理を求める上で、邪魔ものとすら思われてきた。

しかし、一九七〇年代半ば以降、人間の脳の研究と、脳がものごとを認知する仕組みの研究（ニューロサイエンス）が急速に進み、普遍や真理を考える精神そのものが身体の一部である脳の働きに条件づけられ、左右されていることが明らかになった。精神は身体化されている、というわけである。

精神の働きは言葉に表れるが、人間は抽象的観念を語るときでも、身体の五感が感受した具体性をもとに、たくさんのメタファー＝隠喩（いんゆ）や例えを使う。著者は古代から現代まで歴代の西洋哲学の語り方を吟味しながら「メタファーなしに哲学は存在しない」と断言し、それらの哲学がメタファー、つまり身体性から離れて観念的になったとたんに教条化し、退屈になったさまを描いている。

訳文はこなれているが、本書は取っつきやすい本ではない。六百数十ページは、寝転がって読むには重すぎる。しかし、観念の袋小路に入った哲学を「人間はお肉だよ」という生々しさのなかで作りなおそうとするとき、まず最初に読むべき本である。（吉岡忍・ノンフィクション作家）

（哲学書房・6930円）＝2004年11月11日⑥配信

熱く〝正当な報酬〟探究　「人の値段　考え方と計算」（西村肇著）

今年の一月、東京地裁はある判決を下した。青色発光ダイオードを発明した中村修二氏に、当時在籍していた企業が支払うべき対価として、二百億円を認めたのである。これまで、大ヒット商品を開発した社員の成功報酬とは、せいぜいお祝い金程度のものだった。ところが、この判決以降、企業は成功報酬の問題を見直さざるを得なくなったのである。

本書は裁判の起源から判決に至るまでを検証し、さらには著者自ら編み出した計算式で中村氏が受け取るべき金額まで算出したものだ。ほかにも、プロ野球の監督、オーケストラの指揮者、「バカの壁」編集者の仕事内容とその報酬についても触れてはあるが、それはあくまでおまけだろう。

本書は論理的である。取材も緻密（ちみつ）である。そして「たとえ共同作業であっても、個人の評価を明確にしよう」という著者の主張も正論である。文句のつけどころはない。

しかし、私が一番面白いと感じた点は実は内容ではないのだ。全巻から湧（わ）き上がってくる著者の熱意だ。著者は一貫して「科学者は冷静に、エビデンス（証拠）を集めて叙述するべき」との態度を通している。冷静さを保つことこそ科学者の姿勢ととらえている。

ところが、著者は正義感が強い人のようだ。中村氏が出身企業との訴訟になったのは、経営者の意地悪に起因していると断じ、真相を聞くべく、経営者にインタビューを申し込んでいる。冷静さを大切にしているはずの著者が実はいちばん熱いハートの持ち主であり、東奔西走して、なんとか正解を導き出そうとしているのだ。

私はノンフィクションの醍醐味（だいごみ）とは著者の熱意にかかっていると思う。大所高所から事実を判断した書ではなく、著者が奮闘し、かかわりあっていく姿が読者の心に迫ってくると信じているからだ。そういう意味からすると、この本はチャーミングである。

そして、わかった。科学者は冷静なだけではいけない。ひとつのことに過剰に熱中する性格を併せ持たないと、この世に発明や発見は出てこないのではないか。（野地秩嘉・ノンフィクション作家）

（講談社・1575円）＝2004年11月18日①配信

迫害受けた女性作家の内面

「丁玲自伝」(丁玲著、田畑佐和子訳)

「真綿で首を絞められるような『生き地獄』」—訳者は、中国の女性作家丁玲が経験した苦悩をこう呼んでいる。

一九二〇年代末に若い女性の生と性の苦悩を描いた小説「莎菲(ソフィ)女士の日記」でさっそうと文壇にデビューした丁玲だが、刑死した夫の意志を継いで共産党に入党。しかし上海で活動中に三三年五月、国民党に逮捕されたところから彼女の蟻(あり)地獄が始まる。

自由を餌に転向を誘う特務や転向者が魑魅魍魎(ちみもうりょう)のようにちらつくなかで過ごした南京での三年余の幽閉生活。その間、逮捕されるきっかけを作った第二の夫への疑いを捨て切れぬまま、その男との同居を強制され、ついにその男の子供を産む。

本書の前半はこの幽閉生活を回想した「暗黒の世界で」であるが、のちの丁玲は、長編小説「太陽は桑乾河を照らす」でスターリン文学賞を授けられるなど、一時期新中国を代表する作家として脚光を浴びながらも、その死にいたるまでこのときの〝転向〟を問題にされて苦しみつづけることになる。

その間、一九五七年の反右派闘争では反党分子の烙印(らくいん)を押され、二十年余にわたって追放される。そのときの事情を身辺雑記風にスケッチしたのが後半の「風雪に耐えて」である。

「おまえはあの男の子を産んだ」—この言葉が終生丁玲を苦しめた。国民党特務を彼女のアジトに導いた第二の夫馮達が転向者であったかどうか、疑わしいと言えば疑わしいだけに、言い訳すればするほど自分が傷つく。それを周りは執拗(しつよう)にほじくる。

ここに書かれているのは、中国革命の嵐の中で、女という〝性〟を持つゆえに普通の知識人の何層倍も苦しまねばならなかった人の赤裸々な内面である。これは小説ではない。しかし、これが中国革命の〈書かれざる一章〉としての文学であることは疑いない。

かつて丁玲をあしざまにののしった党の文学官僚たちは、いまでは誰からも顧みられることはないが、本書を含む丁玲の作品はあらためて光を放つ、その意味で、懇切な訳者の「解説」も合わせて、じっくり読んでほしい。(吉田富夫・仏教大学教授)

(東方書店・2520円)=2004年11月18日②配信

真の知識人たちの対話

「手放せない記憶」(鶴見俊輔・小田実著)

一九六五年。米軍は北ベトナムの爆撃をはじめていた。ある日、哲学者の鶴見俊輔は大阪にいた作家の小田実に電話をかけ、ベトナム反戦運動をやらないかと誘った。米国の敗戦まで九年続けられた「ベ平連」は、名前をふくめ、わずか三分間の話し合いで立ちあがったという。そして、二〇〇三年。今度は小田が鶴見を誘いだしてイラク戦争反対のデモをした。

そこにはふたりの反戦の志の一貫性に感心しているだけではとてもすまないものがある。この日本のジャーナリズムで四十年以上にわたって、立ち位置や物言いをかえずに意思表示を続けるというのは容易ならざることだが、大阪市内で行われた対談を記録したこの本で明らかにされるふたりの知識人のスタイルの違いは興味深い。

鶴見がいうには、小田はまずしゃべることからはじめる日本には珍しい知識人だ。しかも、相手が何人でも同じ調子でしゃべる。千人になっても「自分で考えることを『ここから演説にしよう』と切り替えない。それがベ平連だったんです」。

その小田の思想のよりどころは、一九四五年夏の大阪大空襲下を逃げまわった少年としての自分にあるという。それこそ小田の「手放せない記憶」であり、かれはその立場と地続きに、やがて世界各地を歩いてベストセラー「何でも見てやろう」を書くことになる。

鶴見は、戦前の高名な政治家の家に生まれたが、「悪い子」の烙印(らくいん)を押されて小学校から放逐され、アメリカの学校にやられた。以来、鶴見はひとりで考えてきたという。ハーバード大学の三年目に日米開戦でアメリカの監獄に入れられたが、「牢屋(ろうや)のめし」はよく、ハーバードからは卒業証書ももらった。

それでも、交換船に乗って日本に帰ることにしたのは、負ける側にいないと、不良少年としての意地が立たないとおもったからだという。自分は悪い子だったという記憶が鶴見の物言いを支える。

知識人たちが「本音」や主張をぶつけるだけの論争が多いなか、ふたりの対話の流儀こそ、継承すべき戦後思想だろう。(野村雅一・国立民族学博物館教授)

(編集グループ〈SURE〉・1050円)=2004年11月18日③配信

凝縮された19編の妙味

「gift」(古川日出男著)

古川日出男の最新刊である本書には、十九編のショート・ショートが収められている。読む人によって、お気に入りの話は違うだろうが、どれか一本といわれたら、私は「静かな歌」を挙げたい。内容は、奄美大島を旅しているらしい主人公が、イヌとヤギに遭遇したことをきっかけとして、彼女とやり直すことを決意するというものである。

林道を歩いていて、いきなり七匹のイヌに出くわす場面の、不思議なおかしさと、うっすらとした恐怖。ささやかな日常の亀裂によって、主人公が自分の心の真実に気づく構成の妙味。一言一句まで考え抜かれた、文章の美しさ。ヤギの特徴を利用して、ストーリーを転がす手練(てれん)。これらの読みどころが、渾然(こんぜん)一体となり、たった七ページの物語の中に凝縮されているのだ。

このほか、学校の貯水槽で熱帯魚を飼育している少年の放ったなにげない一言で、彼に恋してしまう少女を描いた「夏が、空に、泳いで」。十三歳になった少女が、昨日まで自分も属していた〈低い者〉たちの襲撃から逃れようとする「低い世界」。非日常の演奏会が、日常とダイレクトにつながっていたことに気づいてしまった主人公の、切ない心情を的確にとらえた「ちいさな光の場所」なども、心に残る作品だ。

さらに、各作品に流れる奇妙な味も見逃せない。「石川県の金沢市」「ケンタッキーフライドチキン」など、実在の地名や飲食チェーン店の名前を使い、ストーリーにリアル感を出しながら、なんのタメもなく、一瞬で不条理な世界へとシフトする。現実と不条理の狭間(はざま)を駆け抜ける物語の面白さは格別だ。そこも本書の大きな魅力となっているのだ。

本書のタイトルは「gift」。そう、十九の物語を詰め合わせた、古川日出男からの〝贈り物〟なのである。もちろん受け取るかどうかは読者の勝手。しかし、ジャンルにこだわりなく、ただ面白い小説が読みたいという人は、よろこんで受け取るべきだろう。それだけの価値のある、ショート・ショート集なのだから。(細谷正充・文芸評論家)

(集英社・1365円)=2004年11月18日④配信

優しさと辛抱強さの人情話

「汐留川」(杉山隆男著)

現在の日本で、苦しみのない世代というのはおそらくない。各世代ごとに悩み、苦しみ、日々を暮らしているわけだが、その中でも五十代の男は特に厳しい状況に置かれている。若者ほど将来性を期待されているわけではないし、老齢の方々ほど福祉、介護の心配もされていない。だが、現実には子供の教育費、ローンの支払い、年金に対する不安、そしてリストラの恐怖…とこの世代が抱える悩みはつきない。

にもかかわらず、どこからも応援の声が聞こえてこないのだ。本書はそんな五十代にささげる、五十代男性を主人公にした短編集である。

収録作は、卒業後四十年近くなって開く小学校のクラス会を迎えて、一生懸命に生きていた甘酸っぱい〝あのころ〟を思い出す表題作「汐留川」以下、過去を振り返って郷愁を誘う作品が多い中、飛び抜けて異色で傑作だったのは「走る男」だ。

こちらはまず、二十代とおぼしきバイク便ライダーの日常が描かれていく。ところが、いつも休息をとる公園で携帯電話を落としたことから、ひとりの男と知り合うのだった。どうやら、男もその公園をたまり場にしていたらしい。みなりはととのっていたが、聞いてみると、男は一カ月近くも出社しておらず、家にも帰っていないという。

この五十男の真っ暗闇に包まれた現実と、未来への希望に満ちあふれた二十代ライダーの対比が、実に見事に描かれるのだ。その象徴が携帯電話である。携帯の電波の先に、自分とつながった、愛する人が待っている若者と、もはや誰もいなくなった五十男。一見すると、この世代へのエールにも何もなっていない作品と思えるが、決してそうではない。彼らだけが発揮できる限りない優しさと辛抱強さが、行間からじわりと滲(にじ)み出てくるのだ。

作者は抑制のきいた文章で、押しつけがましくもなく、ただ淡々と描写していく。そこから生まれる情感をくみ取っていくかどうかは、ひたすら読者にゆだねられているわけだ。まさにこれは大人のための小説であり、極上の人情話だ。(関口苑生・文芸評論家)

(文芸春秋・1600円)=2004年11月18日⑤配信

セクハラ防ぐ“実用書”

「物は言いよう」（斎藤美奈子著）

わが家の構成員は、私、妻、柿左衛門（犬）の三者である。この家庭内の場合、万が一差別が発生するとしても、女性差別の蓋然（がいぜん）性は存在するが、犬へのそれはあり得ない。

私が無類の犬好きだから、ではない。

差別というのは、両者の間に本来は平等であるべき差異か、差別された側の被害認識か、どちらかが、あるいはふたつがそろって初めて生成すると考えられるからだ。

原則はそうなのだが、これがいったん現実社会における人類同士の性差別問題となると、事態はにわかに複雑になる。なにしろわれわれには、〈社会的性〉と〈生物学的性〉の二種類が与えられており、しかもそれがほとんど〝壊れている〟らしいのである。

とすれば、ややこしくこんぐらがったそんな「性差」のグラデーションの、どのあたりからが差別となって他者を傷つけることになるか、私のごときタイヘイラクな哺乳（ほにゅう）類にとっては特に、見極めがたい微妙な局面も日常にままあふれる。

そこで本書の登場である。著名人たちの実際の発言・行動六十例を挙げ、公の場でセクハラとならないためのマナー基準FC（フェミコード）なるものを提唱しつつ、なぜそれが性差別となるかの解説と、ではどう言い換えればセーフかの具体的代替案とを、分かりやすく手ほどきしてくれる「実用書」なんである。

実用書だから、きっぱりと対症療法に徹した本だ。無意識の中に刷り込まれた差別意識の根元をえぐり出し、糺（ただ）そうという姿勢ではない。そこがまず「軽快」である。軽さと同時にいつもながらの分析の鋭さも生きているから、「おおおおお、こんなのもFCに引っかかるのか!?　アブネエ、アブネエ」と、著者の思うつぼの学習にありがたく励む私なのであった。

が、料理本にしろ趣味の本にしろ、実用書の需要とは、自らの技量不足への「認識」が反転したものなのでは？　おのがセクハラに気づかぬ者が、FCを求めて実用書に指南を仰ぐかしら。そのあたりが痒（かゆ）い足を隔てる本書の靴なのではあった。（岡野宏文・フリーライター）

（平凡社・1680円）＝2004年11月18日⑥配信

現代詩の祖の詩作“工程”

「評伝　西脇順三郎」（新倉俊一著）

西脇順三郎は、萩原朔太郎が完成させた近代詩を、新しい現代詩へと進化させた詩人である。たとえば、一九三三年の詩「旅人」は、

〈汝は汝の村へ帰れ／郷里の崖を祝福せよ／その裸の土は汝の夜明だ／あけびの実は汝の霊魂の如く／夏中ぶらさがつてゐる〉

と、旅人の帰郷を歌っているが、さびしい旅情、悲しい郷愁というような、旧来の類型的な感情は歌わないのである。

萩原は四年後の三七年刊の著書「詩人の使命」で、「詩を歌わねばならない生活の悲哀や苦悶（それがポエジイの本質である）を知らない…西脇氏にとって詩の文学的価値は全く興味（知性の鑑賞）にしか過ぎない」と、西脇を批判している。現在の詩は、知性的すぎて言葉遊びにしか見えないと非難されることがあるが、そういった現代詩の祖は西脇の詩だと言ってもいいだろう。

だが、本書は「西脇をただの言語遊戯者と見做す偏見を是正してみたかった」と述べ、「作品の背後にいかにしたたかな現実を踏まえているか」を実証していく。西脇の詩作品は、現実生活から決して遊離してはいないのだ。

先の詩「旅人」では、最初の二行は、イタリアの聖フランチェスコ教会の壁画に関する知識から書かれているが、詩趣豊かな「夏中ぶらさがつてゐる」「あけびの実」という描写は、西脇自身の郷里、新潟県小千谷市の現実の情景からもたらされたものだと、具体的に解明している。詩「旅人」は、知識、知性と、幼少年期に現実生活で見聞した体験との結合なのである。

西脇の教え子だった英文学者の著者は、西脇の詩について本人と「三十年あまり質疑を繰り返してきた」という。著者・新倉は西脇の生涯を描きつつ、新倉だからこそ可能な、西脇詩の組み立ての精密な分析を展開していく。詩の第一行目は神が与えると語る詩人もおり、詩作は神秘的な秘儀だと考えられがちだが、本書を読む者は、知性を現実生活で裏打ちする、西脇の詩作の工程をありありと見ることができるのだ。（川端隆之・詩人）

（慶応義塾大学出版会・3150円）＝2004年11月25日①配信

癒やしようのない闇

「灰色の魂」(フィリップ・クローデル著、高橋啓訳)

灰色、そして魂。ひとつでも重い言葉なのに、ふたつを組み合わせた題名なのだから、その世界は暗く、重い。

舞台は第一次世界大戦時の独仏国境に近い、ロレーヌ地方の小さな町。一九一七年十二月のひどく寒い日に、「昼顔」とあだ名されていた十歳の美しい少女の遺体が運河で発見される。首には、絞められた痕(あと)があった。

捜査のために、二十キロ離れたV市から、判事、憲兵、将校らお偉方がやってきて、町長や医師とともに現場検証にあたる。語り手の「私」も、そのなかにいた。刑事だったからである。

「どこから語ればいいのか、よくわからない」。「私」のみならず読者の不安をもあおる一文で本書は書きはじめられているのだが、その後の展開を考えれば、最初の礎石の位置がきちんと計算されていたことは、疑う余地もないだろう。というのも、これは事件から二十数年後に着手された、「私」による回想の試みだからである。

少女を殺(あや)めた犯人は誰か。そして「私」はなぜ、遠い昔の、すでに解決済みとされている陰鬱(いんうつ)な事件に拘泥しつづけているのか。複数の謎の接点は、V市でながく検察官をつとめ、殺人のあった町に広壮な屋敷を構えている寡黙な老人にあった。「私」は天使と石という単語をその名に持つ、孤独な検察官の生涯と町の歴史を丁寧に追いながら、自身の過去の、癒やしようのない傷に触れようとする。少女の死をめぐる謎を解く作業が、こうして自己解放への切実な手段になってゆく。

灰色の魂の行き着く先は、手記の最後の最後で明らかにされる。だがようやく姿をあらわしかけた真実らしき糸は、一本ではなく二本だった。闇は闇のまま、そのはざまに放置されるのである。

少女の父親、陰険な判事、検察官をひそかに〈哀しみ〉と呼んでいた若い女性教師など、印象的な人物造形と地方都市の描写を、十九世紀ふうの静かな行文が支えている。白黒をつけない灰色の領域で展開する、静かなミステリーの佳品としても読めるだろう。(堀江敏幸・作家)

(みすず書房・2310円)=2004年11月25日②配信

日本漫画ずらりの待望の書

「漫画大博物館」(松本零士、日高敏編・著)

待望の一書である。

「お伽　正チャンの冒険」第一巻が刊行された一九二四年から、「週刊少年マガジン」と「週刊少年サンデー」が同時に創刊された一九五九年までごろの、いわば日本の物語漫画黎明(れいめい)期の漫画単行本が、博物館的にずらりと並ぶ。一九八〇年にブロンズ社から刊行された「漫画歴史大博物館」の、増補改訂版だ。

収録された約四百五十点の漫画本の大半は、編著者の一人で漫画コレクターとしても著名な松本零士氏のコレクションから選ばれたものである。漫画史は、雑誌連載のヒット作・名作を中心に語られがちなのだが、有名作から無名作まで、多様極まる漫画本の群れを見せて、これを語ろうとするところに本書の特徴がある。

すべての本の表紙はもちろん、内容の一部が図版として掲載され、あらすじの説明が添えられている。書誌情報も、判型、製本、総ページ数、色数(何色刷りのページが何ページあるかまで明記)、版元、発行年月日、定価までが記載され、資料集としての質も高い。

さらに、横山隆一、大城のぼる、小松崎茂、福島鉄次、ちばてつやなど、この時代に活躍した漫画家と編集者への貴重なインタビューがあり、日高氏による解説論文、年表、索引を備える。これでこの定価は、実に良心的だろう。

難点が全くないわけではない。本書の旧版刊行以後二十年の間に、清水勲、秋山正美、竹内オサム、米沢嘉博といった人々の仕事によって、少しずつだが着実に研究は進展してきている。それらの成果が、十分に反映されているとは言い難い。

だがこの難点は、実は上記各氏の著作にも、多かれ少なかれ共通している。漫画史の研究は、労多くして実りの少ない仕事であり、それだけに専念することは経済的に困難だ。したがって研究者同士が、相互に活発な交流や情報交換を行うことも困難な状況なのである。

本書の刊行は、こうした構造的な問題を解消していく上でも、重要な一歩となるに違いない。(宮本大人・漫画史研究家)

(小学館・3360円)=2004年11月25日③配信

悲痛な問いと業の深さ　「黙って行かせて」(ヘルガ・シュナイダー著、高島市子・足立ラーベ加代訳)

イタリア語の原題「Lasciami Andare, Madre」は、慣用的表現の「もうほっといて」に「お母さん」をつけたもので、文中にも事実このとおりの一行があるのだが、これにせよ、あるいは「黙って行かせて」という訳題にせよ、内容に比してあまりに情緒的に過ぎるとの感が否めない。それほどにこれは悲痛な問いかけの書であり、娘が母に向けるその悲痛な問いかけが、徐々に糾弾に変わってゆくさまは、読後にざらりとした澱(おり)のようなものを残す。

娘はヘルガ、つまり著者自身で、文中「私」として登場する。そして母は、一九四一年、父と四歳の「私」と弟とを捨てて家を出、ナチス親衛隊に入隊した。以来「私」は母とはまったく没交渉のまま成人し、七一年、ウィーンで久々の対面をしたとき、はじめて母が戦争中はアウシュヴィッツ絶滅収容所で看守を務め、しかもその過去を恥じるどころか、むしろ誇りにしていると知って、衝撃を受ける。

九八年、九十歳近い母が介護ホームに入居したと聞いた「私」は、娘としての義務感と、母が収容所で実際になにをしていたのか知りたいとの気持ちから、母を訪ねてゆく。そこでの母と娘の激しい応酬。母の過去を嫌悪し、自分に母を糾弾する資格があるのかと自問しつつも、容赦なく母を問いつめてゆく娘。初めは質問を忌避しながら、結局は得々としてすべてを語る母。まことに人間の業は深い。

九八年に九十歳近いというこの母の年齢から、私は一九〇九年生まれのいまひとりのオーストリア女性を思いだす。かのアンネ・フランク一家の隠れ家生活を陰で支え、一家の連行後は、アンネの「日記」の草稿を回収し、保存しておいたミープ・ヒースである。彼女はその著書で、「当時はナチに協力するものと抵抗するもの、二種類の人間しかいず、自分はたまたま抵抗する側にいただけだ」と語っている。ヘルガの母は、たまたま協力する側にいただけだと言いきっていいのか。この問いは、私たち自身にも向けられている。(深町眞理子・翻訳家)

(新潮社・1680円)＝2004年11月25日④配信

巨大な負の遺産の危険性も　「コンクリートの文明誌」(小林一輔著)

本来、しっかりしたコンクリートは容易に水を通さない。ひびわれを起こさせないことも、技術的に困難ではない。ところが実情は、ひびわれがいたるところに発生し、劣化も早い。三十年持たずに内部の鉄筋がさび、表層のコンクリートが落下したりしている。

最近では、旧住宅都市整備公団が分譲した東京の団地で、あまりのひどい欠陥のため、取り壊して再建する事態が生じた。山陽新幹線でのコンクリート塊の落下事故も記憶に新しい。

欠陥の多発に直面した著者は五年前、告発の書「コンクリートが危ない」を世に問い、社会に警鐘を鳴らした。東大で長くコンクリート工学を研究し、教えた著者にとり、現実は想像を絶する深刻さだった。本書は、この事態に対する研究者としての自戒を込めた原因追究と、コンクリートの歴史をめぐる渉猟の旅の記録である。

古くは、古代ローマ時代に現在のコンクリート打設工法の原型がほぼ確立されていたことを紹介。約千四百年にわたる断絶の後、一八六七年にフランスの植木職人による鉄筋コンクリートの発案、さらに米国のフーバーダム、ナチスドイツのアウトバーンなどの巨大事業を経て、近代の鉄筋コンクリート技術が確立された経緯を詳細に解く。

一方で、わが国のコンクリート工学をめぐって手厳しい告発がなされている。コンクリートの粗製乱造は、明治期に横浜埠頭(ふとう)防波堤の亀裂事件で官民が原因を隠ぺいした工作にまでさかのぼれるという。その産官学の癒着体質が現在まで続き、さらに効率を優先する社会システムが山陽新幹線やマンションなどでの欠陥問題を引き起こしていると分析している。

われわれは本書から、このまま安易にコンクリートの建造を続けていると、やがて古代ローマと同じように補修が追いつかず、巨大な負の遺産を抱える危険性があるのを知る。文明の滅びを迎えないためには、土木・建築技術者の資質を見直し、無原則な生産システムを転換させ、新たなパラダイムを創出することが求められている。(藤木良明・愛知産業大教授)

(岩波書店・3150円)＝2004年11月25日⑤配信

プロ野球を支える職人群像

「裏方」（木村公一著）

突然「肩で風きる王将よりも…」と、日本ハム・ファイターズの大沢啓二監督が鼻歌を繰り出した。一九八一年十月、東京の神宮室内練習場。日本ハムはパ・リーグを制し、巨人との日本シリーズを目前にしていた。悲願のリーグ優勝を手には入れたが、巨人との晴れの大一番は劣勢が隠しようもなかった。調整練習後の監督会見。悲壮感すら漂う張り詰めた空気に、大沢監督は北島三郎の「歩」を流してみせたのである。

一瞬あっけにとられ、失笑を漏らす報道陣に、どうしても歌って聞かせたかったのは次のくだりだった。「歩のない将棋は負け将棋　世間歩がなきゃなりたたぬ」

大沢監督は、有数の高校球児、立教大野球部、南海ホークスとエリートの道を歩いた一方で、ロッテ監督を短期間で解任されるなど球界の冷たい風も味わった。エースや四番バッター、レギュラー選手だけでは戦えない、ユニホーム組だけでは野球ができない、と力説するのを、ことあるごとに聞いた。鼻歌は、チームの原点を再確認し、あらためて結束を促す意図をこめたと、二十三年後の今でも解釈している。

今は和服姿でテレビに登場する「大沢親分」が本書の帯に「縁の下の力持ちがいるから野球界は成り立っている。それは世の中すべて一緒や」と書いている。最もプロらしい野球人の持論は変わっていない。

「裏方」はそんな「歩」たちの生き様を活写する。登場する審判員、トレーナー、グラウンドキーパー、ブルペンコーチ、グラブメーカー、スコアラー、スカウトの七人はそれぞれの職能に秀でた一徹者であり、誇りが高い。しかし、血のにじむような努力を積み、揺れる心と闘いながら精進しても、必ずしも成功には結び付かない。職人群像の苦悩が共感を呼ぶ。

これほど魅力的な人間が集まり、絡み、支えるプロ野球だからこそ日本社会に根付いていると実感できる。「裏方」と題した著者自身、あとがきで「彼らもまた、まぎれもない主役なのではないか」と熱く訴えているのもうなずける。（東谷隆介・共同通信編集委員）

（角川書店・1575円）＝2004年11月25日⑥配信

戦場の理不尽な「宿命」

「七月七日」（古処誠二著）

かつての大戦のサイパン島攻防を舞台に、米兵として闘った日系二世の男の物語だ。戦前のアメリカに移住した日本人の両親の子として生まれ、開戦後すぐに収容所行きとなるが、アメリカに忠誠を誓い兵役を志願した。日本語に堪能なことから、戦場での投降の呼びかけや捕虜の尋問を担当する語学兵である。

米兵としての彼の立場は複雑だ。「日本人の子として恥じぬよう、アメリカのために全力を尽くす」。この矛盾した信念しか、彼は持ちえない。友軍からは裏切るのではないかと常に監視され、日本の捕虜からは卑怯（ひきょう）者と蔑視（べっし）される。しかし、彼には他に生きていく術（すべ）はないのである。

全編に絶え間ない砲弾音と激烈な戦闘の模様が描写されているが、一方で不思議な静けさを持つ小説だ。読み進むにつれて、この静けさが深まってゆく。要因は何だろうかと考えてみて、作者の意図がどうであれ、これは言葉についての物語だからだと思った。

戦場といえどもが、一つの「社会」である。ただ戦争の場合には、言葉の壁にさえぎられて、社会全体の構造を見抜くことはなかなかに困難だ。多くの兵士は、どちらか一方の側からしか社会が読めないからである。このときに例外は主人公らの語学兵であり、彼らだけが敵味方双方で作る社会をトータルに理解できる位置にある。

したがって読者は、どうしても主人公の言葉に注目せざるを得ない。息をのむような戦闘シーンにおいてすら、彼が何を言うかに意識が集中する。それも英語でなのか日本語でなのかと、耳を澄ますのだ。砲声などは、いつしか聞こえなくなってしまう。

下世話に言えば、彼はサイパン島攻防戦のガイド役である。が、それは宿命的に引き裂かれた自己を持つ者のみに与えられた役割だ。今日の戦場でも、こうした兵士は必ず存在するだろう。戦場社会が読めたとて、彼らには何の救いもない。戦後生まれの著者が書きたかったのは、時代を越えた「宿命」の理不尽ではないだろうか。（清水哲男・詩人）

（集英社・1680円）＝2004年12月2日①配信

多様な大衆文化の大流通圏

「『アジアン』の世紀」（亜洲奈みづほ著）

韓国ドラマ、台湾式足つぼマッサージ、東南アジアのスイーツ、エスニック雑貨などなど、グルメやファッション、芸能といったポップ・カルチャーの分野で、根強いアジア・ブームが続いている。

日本だけではない。東アジアから東南アジアにかけて、各国の多様な大衆文化が縦横に往来し、受容されている。本書は、こうしたダイナミックな潮流に分け入り、その実相と可能性に迫った意欲作だ。

高度経済成長を経て欧米（あるいは日本）優位の意識から脱却、民族文化を回復し始めたアジア。民主化により促進される人・物・情報の流通。消費社会の行き詰まりからアジア的自然観・生き方に回帰する時代の気分…。

綿密な取材と豊富なデータによってブームの背景を分析しつつ、イデオロギーから遠いジャンルゆえのくったくなさで越境する大衆文化の諸相を描きだす。

「アジアン」を欧米スタイルと並ぶ選択肢の一つととらえ、エスニック文化や現地のライフ・スタイルを享受する日本の新世代もその一典型だ。

そして現在、アジアではソウル、上海、台北、香港など複数の都市が、それぞれ映画やポップスなど得意なジャンルで文化を発信しながら、特色あるいくつもの文化圏を作り上げている。日本を東アジアの現代文化発信源としていた一極型とは、大きな様変わりだ。

各文化圏は物理的にはインターネットなどを通して、精神的にはアジアらしい感性と協調性でゆるやかに連帯。欧米式のグローバリゼーションとも、かつての「大東亜共栄圏」とも違う、大文化圏を形成しつつあるという。

先のアジア杯サッカーでむき出しになった重慶市民の反日感情などを見ると、アジアの真の連帯はそんなに容易ではないぞと思う。しかし本書を読むと、少なくともポップ・カルチャーの世界では、文化の共有がもはや後戻りできないところまできていることをひしひしと感ずる。

文化における東アジア共同体＝表層的、一過性とみなされがちなブームの底の胎動を、本書は鮮やかに浮き彫りにした。（瀬川千秋・翻訳家）

（中公新書ラクレ・798円）＝2004年12月2日②配信

“名役者”による新視点

「対論　昭和天皇」（原武史、保阪正康著）

昭和天皇にまつわる議論と論点を整理してみるとどうなるか。「秩父宮」を書いた保阪正康と、「大正天皇」をモノにした原武史という名役者二人の蘊蓄（うんちく）を傾けた、実のある対談ならぬ「対論」に、聞きほれた。二人はことさらに、ジャーナリズムとアカデミズムという立場の違いと、にもかかわらぬ対論の成功とを強調しているが、それには実質的意味はない。

現実には職業的立場など考えずに、面白いものを面白いと論じ合ったことに、意味があるのだ。だから〈記憶〉〈御製〉〈声〉〈時間〉〈祈り〉をテーマにした前半四章までは息もつかせず一気に読める。保阪による次の二点にわたる問題提起は、まことに示唆的だ。

「臣下の者が入れ代わるから、天皇の記憶によって、政策の連綿性が保たれることになる。つまり自らの体験を含めて『記憶する』ということこそ天皇の最も大きな役割であることを、天皇自身も自覚していた」「この従来、歌人が解釈する領域に留まっていた和歌を、昭和史や歴史の中の視点で読みこなしていくというのも大事じゃないか」

また原は、明治以来の天皇の〈視覚支配〉が、日中戦争以降は内地、植民地、「満州国」を通じての〈時間支配〉にかわり、「昭和天皇というのは究極の〈時を統（す）べる王〉という印象を非常に強く受ける」と、新たな視点を導入する。さらに「戦時中の御製に『いのる』というのが出てきます」「この『いのる』という言葉、かなり重要なキーワードだと思うんです」という原の言を皮切りに、保阪との討論は白熱化し、両者はついに「三種の神器」をめぐるおどろおどろしい論点に達する。

確かに昭和天皇の記憶の残る世代にとっては、興味つきぬ本だ。だが、今や天皇について本当には知らない世代が登場する。二十歳前後のわがゼミの学生諸君の中に、無論天皇を肯定する者、否定する者はいる。だがそれはいずれにしても少数だ。およそ認識の埒外（らちがい）だったと語る彼らにとって、本書の価値や如何（いかん）と思うことしきりだ。（御厨貴・東大教授）

（文春新書・756円）＝2004年12月2日③配信

熱く語る心意気

「コバルト風雲録」(久美沙織著)

氷室冴子、新井素子、久美沙織。この三人のおかげで、ぼくは「コバルト文庫」の愛読者になった。コバルト文庫というのは、中学、高校生ぐらいの女の子に向けた集英社の文庫レーベルだ。

初期のコバルト文庫はおじさんたちが書いていたが、すぐにおねえさん作家が登場して「女の子の言文一致」とでもいうような改革が起こった。主人公の女の子が、女の子の言葉で、読者に直接語りかけるような文体。ぼくは、ドキドキしながら、それを読んでいた。

本書は、そのコバルト文庫の歴史を著者自らがつづった本なのだが、それだけじゃない。

語りかけるような文章は、当時のコバルト文庫を思い出させる。でも、もはやそれは、スイートな女の子の言葉ではない。人生の荒波を乗り越えてきた女性が、耳元で、怒濤(どとう)のごとくベラベラベラベラベラベラと話しているような文体。本当のおしゃべりのように、たびたび脱線しながら語られるのは—。

まず、エンターテインメント文芸業界の内幕。ボツ寸前に救われた応募原稿のとんでもない経緯や、漫画家のイラストを使いたいと編集者に相談すると「やっぱ文学には文学の誇りがないと」って怒られちゃう話(今の少女向け文庫は、ほとんどが漫画的なイラストだ)など。

そして、もっと面白いのは、赤裸々に描かれる作家の波瀾万丈(はらんばんじょう)な人生。

文学は上品な趣味なので家事のじゃまにならないていどなら…。そんなお見合い相手の発言に、怒りの咆哮(ほうこう)をあげて暴れたというエピソード。

少女が自分からキスをするシーンを書いた作品に、「ひどい裏切り」「二度と買わない」といった罵倒(ばとう)の手紙が幾通もきて、ショックで呼吸困難になったこと、などなど。

さらに、文章のあちこちから染み出るように語られるのは、彼女の心意気である。

過去を振り返って、でも、気持ちは少しも休んでなくて、熱く激しく語っている。前に進め！　この本は、応援歌にも思える。そういった熱さこそが、創作の原動力なのだろう。(米光一成・ゲーム作家)

(本の雑誌社・1575円)＝2004年12月2日④配信

直観の正しさと情動の厚み

「アメリカ」(飯島耕一著)

この十月にジャック・デリダが亡くなったが、この「脱構築」の哲学者はまた、とくに9・11以降、いわゆるグローバリゼーションに疑義を提出するという立場から政治的発言を強めてもいた。それにつけても、では詩人たちの9・11以後というものはどうなっているのだろうと思っていた矢先、飯島耕一のこの詩集が出て、私はいま、ある種不思議な感動を覚えている。

もとより飯島氏は神出鬼没であり、バルセロナにあらわれたり、宮古島に飛んだり、押韻定型の必要性を説いたりと、多様な主題をよぎりゆく即興と飛躍の名手だ。だから今回、氏がアメリカという主題を取り上げたからといって、ことさら驚くには値しない。

ではどこに私は感動したのか。デリダ同様飯島氏も、世界を一様に自分の色に塗り込めようとするアメリカのやり方には反対である。だがそこは詩のテクストだ、たんなる思想信条の表明ではなく、半世紀以上にも及ぶアメリカへのさまざまな思いやイメージ(それは戦後日本の精神史でもある)を横糸に、複雑な突き放しの身ぶりが織りなされてゆく。

たとえば、「武器の谷のアメリカ／悲しいアメリカ／それは私だ／私から癒えようとするアメリカ決して私にはなれない／私を恐がっている」。この唐突な、そしてあいまいな、しかしまた直観の正しさと情動の厚みに富んだ詩句。つまり言ってみればそのあたりの機微こそが感動的なのである。

それは言い換えれば、即興と飛躍という従来の飯島的方法はそのままに、そこに愛や怒りという個を越えた情動が合体したということであって、人間味あふれる現実批判としての詩というラインが、ここによみがえったといってよい。

「戦後詩の最終ランナー」と詩集の帯にはある。あえてそのような役割を引き受けながら、あれこれの方法的配慮などよりはむしろ発言のアクチュアリティーにこそすべてを賭けるこの老詩人の剛直な破れかぶれぶりに、最大限の敬意を表したいと思う。(野村喜和夫・詩人)

(思潮社・2940円)＝2004年12月2日⑤配信

ひりひりするような孤独感
「私がそこに還るまで」(稲葉真弓著)

さまざまな年代の女性の姿を中心につづられた七つの短編が収められている。リゾート地からふいに姿を消す妻、ひ弱な一人息子を庇護(ひご)する母親、職業を転々とする若い女性、放火癖のある三十代の女性、家族のいない老人など、どこかよるべなくこの世界を生きている女性たちの、ひりひりするような孤独感が伝わってくる。

これらの小さな物語を読みながら、私は、いつの間にか何度も自分自身の記憶と向きあっていた。そうだ、これは、自分もいつか感じたことがある、と。それは、心に直接響くタイプのものではなく「体が覚えていた何か」に触れる感じなのである。

例えば、表題となった「私がそこに還るまで」では、「ガラスの扉が閉まると、前後に揺れるかすかな振動とともに世界はゆっくりと回り始めた。少し空気が濃くなった気がする。」と始まる。ここまででは、状況ははっきりしないが、都会の閉塞(へいそく)感が漠然と伝わってくる。それは「数秒後、箱の側面の空気孔から吹き込む風が頬(ほお)を撫でた。もう何度か乗っているせいだろう、つるつるした樹脂製の壁がすっかりなじんで感じられる。直径百メートルの巨大な輪。その輪っかにぶら下がるボックスのひとつに体を預けて、私は上昇し始めた観覧車から眼下を眺める。」と続き、やっと観覧車に乗っているという事が分かる。

誰もが持つ、観覧車の記憶。しかしこれは、家族や恋人との楽しい思い出を想起させる一般的な観覧車のイメージではなく、孤独の中で、自分の身体感覚を研ぎ澄ませていく観覧車体験である。

この主人公のように、たった一人で観覧車に乗ったことは私にはないが、意識を薄め、感覚で世界の中の自分をとらえていく様子に共感を覚える。

それぞれの短編には、はっきりとした結末が与えられていない。「おしまい」の一歩手前で物語を断ち切ったような閉じ方をしている。その余白という名の沈黙の向こうから「助けて」というかすかな声が聞こえてくるような気がした。(東直子・歌人)

(新潮社・1680円)=2004年12月9日①配信

深くて危険な自意識の罠
「溺れる市民」(島田雅彦著)

郊外で生まれ、郊外で育つということは、永劫(えいごう)回帰のような退屈のなかでまどろみつつ腐っていくことなのか。島田雅彦はこれまでも「郊外」をテーマとした作品を書いてきた。だが本書にはとくに一貫したストーリーはなく、首都郊外にある典型的な郊外の町「眠りが丘」を舞台とするいくつもの掌編・短編が、奇妙な断片のまま無雑作に放り投げられている。

作品集全体で呪詛(じゅそ)のように繰り返されるのは、依(よ)るべき根拠をもたない「ベッドタウン二世」たちの憂愁に満ちた声だ。作者自身がそうであるように、かつてのベッドタウン二世はいまや三世の父となり、母となっている。無個性な町に生まれ落ちた新たな子供たちは、自らはそうと気づかないままかつての父母の運命を繰り返すが、親たちの目にそれは一種の無間地獄として映る。

当然、彼らはそのような地獄=郊外からの脱出をはかろうとする。でもいったいどこへ?　いまや都会も田舎もひとしなみに平均化され、日本中どこもかしこもが「郊外」なのだ。そうである以上、そこからの脱出はもはや不可能ではないか。

表題の「市民」とはシチズンの意ではなく、すべてが郊外化したという前提条件を受け入れて生活する、いわば柳田国男的な「常民」のことだろうし、「溺(おぼ)れる」という言葉が意味するのはアディクト、つまり中毒ということだ。彼らのアディクトの対象はなにか。それはセックスでもドラッグでもなく、自意識という、より深くて危険な罠(わな)なのである。

比較的まとまった分量をもつ二つの短編(「古風の遺言」「オナニスト一輝の詩」)では、永井荷風と北一輝が現代風に戯画化されているが、これはただのパロディーではない。彼らの姿こそが作者自身の理想であり、この二作は奔放に生きることのできた先人へのオマージュだろう。郊外がしかけた自意識の罠から抜け出すには、「健全な市民」の姿を脱ぎ捨て、とことん滑稽(こっけい)に、しかも反時代的にふるまうしかないと、島田雅彦は本気で考えているようだ。(仲俣暁生・フリー編集者)

(河出書房新社・1470円)=2004年12月9日②配信

いい顔を作る秘密を語る

「一流の顔」(**岡野宏著**)

一流の人は、みないい顔をしている。ハンサムや美人でなくても、一流の顔は何かが輝いているように見える。あれはいったい、どういうわけだろう。何か秘密があるのだろうか。

この本から、われわれはそんな秘密の一端を垣間見ることができる。一流と呼ばれる五十人以上の人物、たとえば川端康成や本田宗一郎、渥美清などの顔にまつわるエピソードが、読みやすい文章でテンポよく描かれ、読むうちに、彼らの持つ美意識がにじんで見えてくるのだ。いい顔を作るのは、美意識なのである。

著者が、そういった人々の素顔を知ることができたのは、NHKの美粧師として、テレビ出演者のメークを四十年にわたって手がけてきたからだ。自分の顔をどのようにメークするのかしないのか、その試行錯誤やためらいや決意や戦略のなかに、本人の持つ美意識がのぞく。

個々の人間観察、たとえば松田優作のシーンごとのメークへのこだわり、病んだメークで本当に病んでしまう三田佳子、顔の左右で優しさと怒りのメークを使い分けるルチアーノ・パバロッティなどを読むだけでもこの本は面白い。

著者はさらに、それらのエピソードを通じて、自らを演出することの意義をも説く。今や政治家も戦術としてメークする時代、「『おしゃれをするなんて女々しい』といっている場合ではない。つかみたいものがあるのなら、外見にもその意気込みを見せなければならない」と。

自分の顔に無頓着に生きてきた私は、少々耳が痛い。今まで一度も整髪料をつけたことがなく、ひげをそった後にローションさえ塗ったことがない。化粧などもってのほか。ほとんど野放し状態と言っていい。こんなことでは、つかみたいものもつかめないのだろうか。

と思ったら、世の中にはメークの必要がない顔もある、と著者はいう。それは職人の顔だそうだ。常に本物や自然と向き合いながら仕事をしている人には、メークが必要ない。なるほど。では今から職人になろうかな、なんて、メークもできない私がなれるわけがないのであった。(宮田珠己・エッセイスト)

(幻冬舎・1365円)=2004年12月9日③配信

海からの贈り物が語る民俗

「漂着物探験」(**石井忠語り、城戸洋著**)

海の荒れた翌朝、浜辺には流木や板切れ、瓶、貝殻、海藻などさまざまなものが流れ着いている。多くの人にとってゴミにしか見えない漂着物を熱心に拾い集め、大切に保存している好事家や研究者がいる。

玄界灘の沿岸、福岡市の志賀島から遠賀川河口の芦屋町に至る五十六キロの海岸線をフィールドとして、毎日浜辺を歩き、三十数年間も漂着物を収集してきた石井忠氏は、代表的な漂着物研究家。彼が収集した一万点の漂着物には不思議なもの、珍しいものが多く含まれている。

「生きている化石」といわれる熱帯のさんご礁に生息するオウムガイ。パパイアやココヤシといった南方の果実。アシカやアザラシなどの北方系海獣。百年前に作られていた薬瓶。擦り減った木製の仏像、天保時代の護符。台湾から流された反共ビラと、それを入れる海漂器。

正体不明なものには好奇心をたぎらせて、何なのかを突き止め、その由来や浜に運ばれて来るまでの経路を推理する。ここには謎解きのロマンがある。漂着物をめぐる風習や祭祀(さいし)の記述には、いっそう興味をひかれた。

かつて日本では、流木や破船や魚や海藻などの漂着物、「寄り物」は、浦人にとって海からの贈り物、貴重な生活の糧であり、燃料や資材となった。寄り物拾いは日常的な作業だった。宗像大社の本末社の修理はその昔、漂着船でまかなわれていた。

本書によると、昔の離島や浦では、寄り物を待つだけでなく、積極的に働きかけて「寄らせる」こともあったという。積み荷を奪うのだ。福井県小浜市の「手杵祭」は、千年ほど前に殺された難破船の一行を供養する祭りだという。

本書は、漂着物に傾注した石井氏の人生の集大成とも言うべき自伝的性格もあるのだが、その語り口には違和感を覚えた。著者の視点や立場に、引きずられている気がする。漂着物を拾う際の問答儀礼や漂着神信仰など、民俗的な側面をもっと突っ込んで書いてもよかったのではないか。聞き手が語り手になり代わる聞き書きの難しさだろうか。(坂梨由美子・紀行ライター)

(みずのわ出版・3150円)=2004年12月9日④配信

人間性めぐる刺激的論考

「98%チンパンジー」(ジョナサン・マークス著、長野敬・赤松眞紀共訳)

ヒトとチンパンジーのDNAは98%が同じだといわれる。これを聞いて、なるほど両者はよく似ていると思うだろうか、それとも2%の差は大きいと感じるだろうか。しかしヒトと水仙が35%同じだといわれたら、数字の意味がよくわからなくなる。では白人と黒人の違いは何だろう。ヒトゲノム計画を推進すれば、本当に人間の本性がわかるのだろうか。

ここ数年「人間の本性」に関する書籍の翻訳が相次いでいるが、ここにまた一冊の傑作が加わった。本書は広い意味で科学が見いだし続けてきた「人間性(ヒューマニティー)の境界」についての、実にエキサイティングな論考である。

分子人類学を提唱する著者マークスの筆致は緻密(ちみつ)で明晰(めいせき)、しかし驚くことに本書は普通の遺伝学の解説だけでは終わらない。最初のうちこそヒトとチンパンジーの話が展開されるが、やがて著者は人間社会にある優生学や宗教問題にまで切り込んでゆく。

「人間の本性は人間にできることの範囲にすぎない」と著者は明快にいう。だが私たちは自分と他人を範囲の差ではなく、絶対的な違いとしてとらえてしまうものだ。その境界にたち現れるさまざまな差別や摩擦に、私たちはどう向かってゆけばよいのか。

科学は物事の見方である。あなたたちの考え方は科学的に間違っているということはたやすいが、それもまたひとつの自民族中心主義ではないかと著者は指摘する。この部分は「悪魔に仕える牧師」と自らの科学観を述べる進化学者ドーキンスへの、極めて説得力ある批判だろう。

そして著者は最後に、科学者が科学をもっと考えること、そのためには人文科学(ヒューマニティーズ)をもっと取り入れるべきであることを説く。C・P・スノーが指摘した理系と文系の溝を、著者は人類学の枠組みでもって超克しようとする。圧倒的迫力で展開する最後の数章は必読だ。

本当に面白い科学書は、同時に優れた人文科学書でもあることを実感させてくれる。(瀬名秀明・作家)

(青土社・2940円)=2004年12月9日⑤配信

政治と民衆を座標軸に

「戦争の世紀を超えて」(森達也、姜尚中著)

9・11以降、世界は好戦性のガスが充満するところとなり、時代は明らかに戦争の方向へと進み始めた。著者の姜尚中と森達也は、こうした時代認識に基づき、戦争に抗う座標軸を定めなければと考えた。既成の平面的な「反戦」論を超えたもの、つまり縦軸を「政治」、横軸を「民衆」とした座標軸を、戦争の世紀とされる二十世紀の「現場」を訪ねることによって確立させようとした。本書はその苦悶(くもん)のノートである。

ところで私はあるエピソードを聞いたことがある。それは日露戦争の時のことである。ロシアのバルチック艦隊がインド洋を越え日本を目指し、シンガポール沖合を過ぎゆく「勇姿」を目の当たりにした「からゆきさん」たちが、日本の領事館に飛び込んで指輪も簪(かんざし)も投げ出して軍費にしてもらいたいと申し出た。

その時あるからゆきさんはこう言った。「あにしゃま、われわれは血も肉も濁ってゐますよ。どんな男も相手にしました。しかし魂までは腐ってゐません。(と胸をたたき)今度の日露戦争で、ボルネオだけの妾等の仲間で献金しました。千圓もした人もありました。あにしゃま、この次に亜米利加とやる時は、少なくとも二、三倍の献金が出来ますばい」というものである。

日本では社会の底辺で生きることを宿命づけられた彼女たちは、国家が自分たちを捨てようと、自分たちが日本人であることは捨てない。そして自分を捨てた国家が行う戦争に、主体的に誇りを持って参加してゆくのである。悲惨で苦痛に満ちた生活を余儀なくされた者たちが戦争に吸引され、戦争を下支えすることにむしろ生きがいを見いだすこともある。これは現代にも通底する、偽らざる民衆の心情である。

なぜであろう。ポーランドのイエドヴァブネとアウシュビッツ、韓国の独立記念館、そして極東軍事裁判の現場であった東京・市ケ谷記念館を訪ねての、姜と森の「戦争と民衆」の模索の旅は続く。本書は、9・11以降数多く出版された「戦争もの」の中でも出色の位置を占める書である。(宮崎学・作家)

(講談社・1890円)=2004年12月9日⑥配信

既成イメージの転換迫る

「近松物語」（渡辺保著）

人形浄瑠璃「曽根崎心中」「心中天網島」で、浮世に抗（あらが）う男女の愛と死を纏綿（てんめん）流麗に描き尽くした近松門左衛門。しかしその真骨頂は、実は豊穣（ほうじょう）な時代ロマンにあった…。渡辺保の新著「近松物語」は、読者に既成の近松像の転換を迫って刺激的だ。

著者はまず、膨大な近松の作品群の中から、時代浄瑠璃二十二編を選び出し、各作品が抱える説話世界を年代順に再構成して見せる。

「古事記」のスサノオ（「日本振袖始」）から江戸の江島生島事件（「娥歌かるた」）まで、そこにあるのは古代王権あるいは武家の棟梁（とうりょう）の座を賭けての骨肉の果てしなくも血なまぐさい争闘であり、善悪相分かれて対峙（たいじ）する男女の群像、犠牲となって辛苦する無数の無辜（むこ）の民の姿。作者近松が見た「日本史」の背後に潜む、原初的で凶暴な情念が自ずと浮かび上がって来る、著者の巧妙な仕掛けである。

その上で著者は、近松の詞藻の襞（ひだ）に分け入り、劇中人物たちの人生を生き生きと現代によみがえらせる。苦難の末下女にまで零落しながら、夫に捨てられ、心は蛇体でも姿はせめて傾城（けいせい）に変じて思いを迸（はし）らせる、「用明天王職人鑑」の五位之介の妻。妻子にさえ秘し通した罪科が明らかにされ、運命を甘受するかの如く入水する「津国女夫池」の文次兵衛。武田、長尾の両家の争いの中で、戦国の流転を胸に、高潔な死を遂げる「信州川中島合戦」の軍師山本勘介の母越路。

読み進めながら、義理と忠孝という古色蒼然（そうぜん）とした徳目のかなたに、読者と同時代人としての彼らがすっくと立っているのが見える。近松描く仏道対外道の覇権争奪、七草（天草）四郎の邪教への弾圧は、そのまま現代のファルージャに水茎（すいけい）が繋（つな）がっている。

しかし、近松は決して「読まれる」ために浄瑠璃を書いたのではない。本書の行間からは、歌舞伎・文楽、ひいては現代演劇で枯れ果てた、物語世界の稔（みの）りの復権への著者の祈りが、力強く立ち上っているのである。（犬丸治・演劇評論家）

（新潮社・2100円）＝2004年12月16日②配信

埋め込まれた虐待の悲劇

「ネグレクト」（杉山春著）

ネグレクトは虐待の一カテゴリーであり、ここでは育児放棄というふうにとらえられている。しかし読めばわかるように、身体的な暴力や心理的暴力がないことを意味しない。それらは複合されて小さないのちの上に日常的にふりかかっている。

著者によってここに詳細に描き出された真奈ちゃんの場合も、三歳でミイラのようになって死ぬまで、乳児のころからそうした複合的な暴力の日々のなかにあったことがわかる。

親に不適切な扱いを受けて大けがをし、何かをすれば怒鳴りつけられ、殴られ、隔離され、弟を目の前でこれみよがしに可愛（かわい）がられ、というように多重な暴力を受けている。そのなかの主な暴力としてネグレクトが浮上したということだ。

この本を読むと、ネグレクトの本質はその子の存在への関心の喪失であることを教えられる。育児放棄は結果である。ではこうした無関心はどうして起きるのか。著者に導かれながら、ネグレクトの発生の基盤は、子ども期における受けとめられ体験の欠如だ、といってみたくなる誘惑に強く駆られる。

ネグレクトに陥ってしまう親は、子ども時代に両親の愛情で満たされた経験が乏しい。愛情希求を受けとめてもらった体験の乏しい子どもは、自他に対する基本的信頼感が培われず、そのぶん、どうしても自己防衛的になる。その結果自分さえよければ、という行動パターンを身につけてしまいがちである。困難にもろく、自分に投げやりになりやすい。著者の筆を通して、真奈ちゃんの母親も父親もそういうz育てられ方、育ち方をしてきたことがうかがえる。

虐待は、すでに見えない虐待としてこういう育ちの中に埋め込まれている。それが見える虐待に転じるのは、おとなになって子どもとともに生きるという状況に置かれたときだ。

著者は、こうなるしかなかったような若い夫婦の悲劇の運命を、自身母親であることの複雑な思いを深い愛情に託しつつ、見事なノンフィクションとして描ききった。（芹沢俊介・評論家）

（小学館・1365円）＝2004年12月16日③配信

苦悶するトルコ人描く 「わたしの名は紅(あか)」(オルハン・パムク著、和久井路子訳)

現代トルコ文学界を代表する作家であり、作品は既に三十数カ国で翻訳されているオルハン・パムクの邦訳が実現した。これまであまりなじみがなかったトルコ文学の、本格的な日本上陸である。

作者は多くの作品で、アジアとヨーロッパの狭間(はざま)で栄枯盛衰の歴史を経てきたトルコ人ならではの観点から、揺れる民族アイデンティティーや、欧米の覇権文化との軋轢(あつれき)をテーマにしている。ミステリー小説の形態を取る本書でも、オスマン帝国に差し始めた斜陽の影と、ヨーロッパから届くまぶしい繁栄の光の中で揺れ動き、苦悶(くもん)する芸術家たちの姿を描いている。

イスラム絵画の宮廷画師たちは、陰影を駆使し、対象を実物そのもののように描く西洋絵画の遠近法に抑えがたい興味を抱く。だがそれは、偶像崇拝を禁じるイスラムの掟(おきて)に反するのだ。伝統芸術に対する誇りやアジア的な精神風土も、キリスト教徒の西洋文化を拒絶する。

嫉妬(しっと)や因習に縛られた人間関係の中、画師たちは自らの芸術のあり方を突き詰めれば突き詰めるほど、深い葛藤(かっとう)と対立に陥っていく。結局彼らはお互いを破滅させ、創造の道を絶つことにしか、現状からの出口を見いだせなかった。

そこに、現代に至るまで、ヨーロッパ性とアジア性の間でどちらかへの偏重や反発こそあれ、両者の矛盾を融和させた独自の姿を築ききれないトルコ社会への歯がゆさを、作者からのメッセージとして感じる。

ただし作者の意図が、トルコの内省的な問題を掘り下げることのみにあったとは思えない。グローバリゼーションの名の下で、固有の文化や価値観を置き去りにし、西洋キリスト教世界の主導に身を委ねがちな多くの現代社会に対し、その危うさを警告することでもあったとは言えないだろうか。

各登場人物が「わたし」として独白するのをつなげた異色な手法や、イスラム社会の歴史とミステリーを合体させた意外性は、本書の大きな魅力だろう。もう少し文学作品の訳としての味が欲しかった感はぬぐえないが、今後さらに多くのトルコ文学が紹介されるのを期待したい。(野中恵子・トルコ研究者)

(藤原書店・3885円)=2004年12月16日④配信

クールな自覚で語られた恋 「人のセックスを笑うな」(山崎ナオコーラ著)

彗星(すいせい)のごとく現れた新人、という常套(じょうとう)句があるが、本書のタイトルとペンネームには、彗星が落下してきたような衝撃力がある。なんだこれは、と本書を見かけた人は息をのんでしまうだろう。じっさい本というものは題と著者名だけで半ば商品価値の決まるものだが、本書の場合はさらに内容が期待を上回るのだ。久しぶりに応援する気になった新人作家である。

どぎつい性風俗の小説かと思わせられるが、じつは意外に素朴な、そしてちょっと規格外れの恋愛小説である。十九歳の専門学校生の「オレ」と、彼の通う専門学校で講師をしていた三十九歳の既婚者「ユリ」との、あまり温度の高くないオトナの付き合い。女性のほうが二十歳年上という設定は、ありえなくはないが、かなり大胆。それが二人の関係の限界が近づくにつれて、切なさを増していく。妻を放任している亭主がさらに年上で五十二歳なのだが、会うと年長者のいい味を出していて憎めない。そのせいで余計「オレ」は辛(つら)くなる。

純粋な愛とか運命のいたずらといったファンタジーの忍び込む余地のない、クールな自覚で語られた恋である。その語り口の新鮮さ！　それに触れなかったら本書の魅力を伝えることにはならないだろう。期待を上回ると最初に書いたのは、その点にほかならない。

表面的には会話と行変えの多い、今どきの若者の書き方である。だが当今では珍しいストイックな自己認識を持ち合わせながら、要所要所で気障(きざ)でないおシャレも用意されている。

〈要は側にいたから心がくっ付いたのだ。/体をくっ付けたから。/オレのAカップもない胸の肉をユリがえぐって持って行き、今もどこかでオレの肉をつねっているのだ。〉

恋が憑依(ひょうい)した表現の華やぎを、突っぱねる意志と引き寄せる意志との、バランスの絶妙さ。これは女性である著者が「オレ」の主体で語っていることから生じるものなのかもしれない。

大空に現れたこの彗星の軌跡から、今後は目を離せなくなった。(清水良典・文芸評論家)

(河出書房新社・1050円)=2004年12月16日⑤配信

熾烈な競争を描き出す

「ドコモとau」(塚本潔著)

今から二十年前、電話について考えたり、思い悩む必要はなかった。電話はただひたすら電話であり、考える余地がそもそもなかったのだ。

そんな電話の世界を激変させるきっかけとなったのが一九八四年の第二電電企画(後の第二電電)設立。日本電電公社の独占が崩れ、民間電話会社の新規参入が相次ぐようになる。こうしてユーザーが電話会社を選び、電話機を選ぶ時代の扉が開かれた。

そして今、携帯電話の世界では第二電電の流れを汲(く)むKDDIの携帯電話サービスauが巨人NTTドコモに挑戦している。本書はそんなドコモとauの熾烈(しれつ)な技術開発競争、シェア争いの現状を関係者への取材を重ねて描き出す。

auの「着うた」のヒットが予想外の結果だった事情や、ドコモの第三世代携帯電話(3G)であるFOMA立ち上げの苦労など、順風満帆に見える携帯ビジネスの裏側を明らかにする内容は、身近な話題であるがゆえに多くの読者の関心を惹(ひ)くだろう。

ただ一点、気になるのはソフト面への視点に欠けること。ソフトといってもアプリケーションの意味ではない(それについての言及は本書ではかなり充実している)。携帯電話(ハード)はそもそもいかに使われるべきかという議論が不在なのだ。たとえば以前シンガポールに行ったとき、電車の中で携帯電話を使う人が、話を聞くときにスピーカーを耳につけ、話すときにはマイク部分を口元に近づけている姿を見て感心した。そうして持ち替えれば小さい声で話しても伝わるので、少なくとも声で他の乗客の迷惑にならない。

このように公共空間の中で携帯電話をうまく使う習慣が日本ではなぜかはぐくまれない。野放しか禁止かの二分法になってしまうのは文化の違いなのだろうが、自然発生が望めなければ電話会社や電話機メーカーが携帯電話の健全な受容に向けて積極的に方向付けるべきで、そうした姿勢の有無に関してもドコモ対auの評価があって良かったはず。社会的影響力の強い携帯電話を扱う内容だからこそ、そうした企業の社会性への言及も読みたかった。(武田徹・評論家)

(光文社新書・735円)=2004年12月16日⑥配信

医学界の再生へのカルテ

「破裂」(久坂部羊著)

カラスの鳴かない日はあっても、医者と病院の不祥事が報じられない日はないという昨今である。病院は患者の病気を治してくれるところだったはずだが、今やその病院自体が重い病に侵されているらしい。その原因はどこにあるのか。果たして再生は可能なのか。本書は、この二つの問いに正面から答えようとした医学ミステリーの力作である。

医者の診断ミスでひどい目にあった元新聞記者が、大阪の国立大学病院に勤務する若い麻酔科医の協力を得て、「医療過誤」をテーマにしたノンフィクションの執筆を思い立つ。彼らはさまざまな妨害をはねのけながら医師たちの「痛恨の症例」や被害患者の証言を集めるが、やがて身辺に不気味な影がちらつき始める。

一方、手術の直後に急死した父親の死因に不審を抱く美しい人妻が、心臓外科のエリート助教授を相手に損害賠償の訴訟を起こす。その証拠品集めに奔走した麻酔科医は、やがて彼女を愛するようになる。だが、病院内外の圧力を受けて裁判は難航し、彼は二流の国立病院に飛ばされ、亡父と同じ麻酔薬中毒におぼれていく。

ここまではまさに「『白い巨塔』の新世紀版」(帯のうたい文句)だが、この小説はそこからが違う。

手術ミスで訴えられた助教授は、心不全の治療に著しい効果があるが、副作用で突然死する恐れのある新療法を開発していた。この副作用に目をつけた「厚労省のマキャベリ」と呼ばれる官僚が、少子高齢化社会の諸問題を一挙に解決する巨大プロジェクトの実施に向けて動き始める。この秘密プロジェクトをめぐるミステリーこそ、この作品の最大の読みどころだといっていい。

大阪大医学部出身の医師でもある作者は、「医者は三人殺して初めて一人前になる」といわれる大学病院の実態を活写しながら、その病巣のありかと再生へのカルテを開示して見せる。この作品は医学ミステリーの新しい里程標となるだろう。(郷原宏・文芸評論家)

(幻冬舎・1890円)=2004年12月22日①配信

詩的平明さで描く滴の宇宙

「おわりの雪」(ユベール・マンガレリ著、田久保麻理訳)

「トビを買いたいと思ったのは、」―直截(ちょくせつ)に中心に踏み込む印象的な一節で物語は始まる。道端の店先の籠(かご)にいる、そのトビを買いたい―それは主人公の少年「ぼく」が、自分の内部の不可思議な欲求、「欲望」という魔に出合った瞬間を見事に捕らえている。そして「ぼく」は子猫殺しや老犬を捨てる「仕事」を引き受けてしまう。トビを買う金を得るために。

その一方「ぼく」は籠のトビについての「トビ捕りの話」という仮構譚(たん)を造り出し、病床に臥(ふ)せる「父さん」に話し聞かせる。「父さん」は同じその話をいく度も息子に頼んでは飽きずに耳を傾ける。病床の世界にあるのはその話だけ、とでもいうように。

物語は二本の「自然」の流れによって進められる。一つは少年「ぼく」の欲望という生理の「自然」。もう一つは仮構の話を紡ぎ語りつづけるという「自然」である。

欲望と仮構という、生の本源の力。その二本の流れは対立もせず溶け合いもせず淡々と、しかし決して離れることのない一対の表裏として物語を運びつづける。

「ぼく」の住む貧しい家。町。小遣い稼ぎに通う養老院。老犬を捨てに行く道筋。そうして結局、死を迎える「父さん」。それらの情景、事柄が、確かな筆のデッサン画を観(み)るように徹底的に具体的に、詩的なイメージを持った平明さで描かれる。

具体的で平明であることによって、物語はかえって「この世」の奥深い光景を一つの黙示として、言葉ならぬ言葉としてありありと描き出す。人の心の裸身を見るように、それはいのちの原初の柔らかさと不安、繊毛のふるえにも似た哀(かな)しみと美しさに満ちた光景だ。

「ぼく」と「トビ」と「父さん」。その小さな情景に映る世界は、草の葉に点(とも)った一滴の滴に宇宙を観るという禅的観想の境界にも通ずるだろう。それは徹底して「小景」であるからこそ、無限大を見透かす遥(はる)かな生の遠景をくっきりと映し出すのである。

作中に降る「おわりの雪」の雪片は、生のある限り降りおえることのない雪なのであろう。抑制された叙情を湛(たた)えた訳文が、雪という生の象徴を鮮やかに伝えて来る。(辻章・作家)

(白水社・1680円)=2004年12月22日②配信

重層性描き出す巡礼の書

「ボイスから始まる」(菅原教夫著)

「社会彫刻」「拡張された芸術概念」などの主張と実践で現代アートを先導したヨーゼフ・ボイス。ナチス・ドイツ時代、爆撃機の搭乗員だった彼にはユダヤ人大量虐殺の悪夢が生涯トラウマとなった。その作品に、痛む心を救済された切実な体験を持つ著者がつづったボイス巡礼の書である。

彼の残した仕事は多彩だ。フェルトに包まれたピアノ、脂肪の塊をのせた椅子(いす)、廃品を陳列したガラスケース。また画廊内で顔面に蜂蜜(はちみつ)を塗った異様な姿で「死んだウサギに絵の説明」をしたり、街や林をひたすら掃き清めるアクション。さらに鋳物製の稲妻を天井から下げ、床に糞(ふん)状の原生動物の群れを配した「鹿(しか)にあたる稲妻の光」などインスタレーションの数々。多彩さに一種うさんくさいものが付きまとうのも否定できない。

ボイスの搭乗機が撃墜された。タタール人が、瀕死(ひんし)の彼の体に脂肪を塗りフェルトで覆って命を救ってくれた。かくてフェルトと脂肪が生命、救済、再生のシンボルとして作品の材料になった―。この有名なエピソードにもあいまいさがある。

何よりもナチス時代、彼はホロコーストの犯罪を認識していなかった。明確に受け止めたのは大戦終了後だとされていることへの戸惑い。著者は現代アートに不可避の不確実さを、意味の重層性に置き換えて一本の道筋を描き出す。

ボイスの理念のそこには人間の霊性の復活と、フランス革命の自由・平等・博愛の理想を説くシュタイナーの思想が生きている。ボイスの「社会彫刻」の考えは、この理想の実現のための「行為=芸術」であるとする信念から生まれた。そして晩年は純粋アートへの関心を薄めて大学開放から自由国際大学開設、緑の党運動へと比重を移した。

この書は、さらに読者をボイス・メシア説にまで導く。作品鑑賞と言動分析にバイブルを交錯させる口調は刺激的である。評者自身「鹿にあたる―」の展示室にたたずんで、優れた仏像を前に瞑想(めいそう)するのと同質の奥深い感動を覚えたことがある。

巻末で著者は、芸術を最も高次な自由な遊びとするシラーの説を据えることも忘れていない。(北村由雄・美術評論家)

(五柳書院・2625円)=2004年12月22日③配信

生涯と作品のかかわり解明　「評伝ヘルマン・ヘッセ（上・下）」（ラルフ・フリードマン著、藤川芳朗訳）

秘密を暴くことはいつでも好奇心をそそる。文学の世界でも例外でない。芸術家が仮面をかぶっても、私たちは、その仮面をはいで背後に隠れている人間を確認したくなる。しかしそれは努力する意味のあることなのだろうか。

現在、文学作品の理解に伝記的事実は不要だと主張する趨勢（すうせい）がある。しかし、それは間違いであろう。現に、芸術作品だけでなく、作者の個人的な磁界のなかにも、いな、時にはそのなかにこそ重要な真理が発見されるではないか。

ヘッセは作品のみならず、手紙、日記などあらゆる著作によってただ一編の「創造的自叙伝」を書いた。だとすれば、まさにヘッセの場合、生涯と作品のかかわりを解明することが彼の文学理解への途なのである。著者はそう確信している。そしてその確信を証明するために本書を書いたと思われる。

著者は本書に二つの仕掛けを工夫して読者を納得させようとする。工夫の一つはヘッセの転機を「新しい人生」としてそれぞれ一章にまとめたことである。それは、書店員から作家への転換、結婚、現実から空想の王国への出発、官能から精神への変容、最後の人生、の五章である。

もう一つの工夫は、十二章からなる本書全体を、ヘッセ内部の相互に矛盾する二側面の弁証法的展開として説明したことである。ヘッセは、一方では暖かな充足と是認を希求し、他方では孤独のなかで動揺と不安に恐怖する。この葛藤（かっとう）は、あるときは彼を保護し、あるときは彼を苦しめたものだが、彼はそれらと真摯（しんし）に対決し、両親から受けついだ敬虔（けいけん）主義、ノヴァーリス、ユング、ゲーテなどのヨーロッパ文化、仏教や中国思想の叡智（えいち）、ブルクハルトの歴史観などから学んで、ついには精神の要塞（ようさい）を築くにいたる。

本書はその経緯を論じて間断するところがない。いつの間にか「車輪の下」の読者は「荒野の狼」に共感し「ガラス玉遊戯」の世界へ導かれることになるのである。

本評伝を読み終えるとヘッセの作品と対話してみたくなる。あるいはそれが著者の真のねらいかもしれない。（保坂一夫・日大教授）

（草思社・上2520円、下2730円）＝2004年12月22日④配信

挑発的問いで哲学を教える　「〈反〉哲学教科書」（ミシェル・オンフレ著、嶋崎正樹訳）

著者のオンフレには「哲学者の食卓」という好著がある。食事という意表をつくような視点から、哲学者の個性と思考のスタイルを考察するもので、ぼくも書きたかったテーマだけに、うーん、やられたという感じだった。

今回の高校生向けの「〈反〉哲学教科書」も、「君たちは携帯なしでやっていける？」とか、「君たちはなぜ、校庭でオナニーしないのだろう？」などと、挑発的な問いをなげかけて読者に自分なりの答えを出すように求めながら、哲学の分野におけるさまざまな思考のスタイルと歴史を紹介していくもので、一本とられた感じだった。

問い掛けは意表をつくが、その問いに対する答えは驚くほどまっとうなものだ。最初の携帯の問いは、現代社会における技術の位置を問題にするものであり、主にハイデガーの遺産をついだフランクフルト学派の技術論と、現代社会のリスクに警鐘を鳴らしたヴィリリオの文章を紹介している。オナニーのテーマでは、公衆の面前でオナニーをした古代ギリシャのキュニコス派のディオゲネスの逸話に、ライヒが性の解放を主張した文章を並べてみせる。

というのも、これはフランスの大学入学資格試験の教科書だからだ。この試験では、哲学のテーマについて数時間をかけて論文を作成することが、重要な課題である。

著者は長年高校で哲学を教えてきた経験に基づいて、この試験で出される自然、芸術、技術、自由、法律、歴史、意識、理性、真理の九つの分野についてさまざまなテーマをとりあげ、論文の作成に使えるテキストを配置している。携帯は技術、オナニーは自然の分野の例文なのだ。

それでもたんなる教科書を目指したものでないことは、「君たちが批判的哲学の営みを成し遂げられるよう、大きく開かれたサンプルを用意した」という著者の言葉からも明らかだろう。テキストの選択など、あまりにフランス的なところもあるが、日本ではどんなテキストがふさわしいかと考えながら読んでいくと、思わぬ思考のレッスンになるかもしれない。（中山元・哲学者）

（NTT出版・2520円）＝2004年12月22日⑤配信

出版界の危機への助言　「編集とは何か」（粕谷一希・寺田博・松居直・鷲尾賢也著、藤原書店編集部編）

異なるジャンルのベテラン編集者四人が、それぞれの経験から「編集道」を語り、出版界の未来を憂い、助言している。

地方の書店の二階で出版部を立ち上げた福音館の松居直氏は、先輩も同僚もなく、校正記号を書いた紙一枚が手がかりだった当時を振り返る。文芸編集者の寺田博氏は、入社面接時に課された目次づくりが、編集キャリアの出発点であったと話す。

わたしは京都で小さな出版社を、相棒と二人で営んでいる。書店への納品も、著者を訪ねるのも、印刷工場へも自転車で行ける範囲での仕事である。出版社勤めの経験がある相棒からのみようみまねで、企画、著者との交渉、データづくり、装丁、工場とのやりとり、営業等々の業務にとりくむうちに、なんとか本を作ってこれた。

とはいえ、営業先の書店で「これからどういう方向で本を作っていくつもりなのか」と問われたりすると、あてどない思いにとらわれたりもする。大型書店に並ぶ、あふれんばかりの本。営業で回りきれない、まだ見ぬ書店の数々…。

そんな時に出会ったのが本書だった。編集の全体像をなんとか見いだせないかと、習い事でもはじめるようにこの本を開いた。ところが、そこに広がっていたのは、さらなる果てしなさだった。

編集哲学と経験談から、テーマは現在の出版界が抱える危機の問題へと移っていく。中央公論元編集長の粕谷一希氏は、業界の中でさえ本への敬意が低下していることを嘆き、編集者の育ちにくい状況を案じている。

講談社の学芸編集者の鷲尾賢也氏は、これまでの「黙って俺（おれ）についてこい」という体験主義でなく、編集というものを、もう少しシステム的に教える機関をつくり、編集のおもしろさを伝えていくべきだと提案する。

ここで論じられているような編集の現場から見れば、わたしの仕事の場所は小さすぎるかもしれない。けれどわたしはこの本にこそ、「俺についてこい」という編集界の先輩の背中そのものを見る。ついていくかどうかを、考える自由をもったまま。（北沢街子・画家）

（藤原書店・2310円）＝2004年12月22日⑥配信

2005

肉体を超える思考システム

「異形」（北野武著）

北野の考えは入り組んでいず簡単明瞭（めいりょう）。なじみやすく分かりやすいのが本書の特徴だ。活字だが、日ごろの語り口のままなので、目の前で語りかけられている味。読者と一緒にたゆたう一種の〝語りのサーフィン〟だ。

自分の社会へのスタンスを〝野次馬〟と言い、チャリティーやボランティアを重用する世相に「見下す視線」を感じ異を唱える。世間の〝常識〟に流されず、常に〝個〟から見るスタンスは堅牢（けんろう）だ。浅いセンチメンタルに鋭い矢を射る。〝常識〟と距離を置き、冷徹な姿勢を揺るがさない。

北野の最大の関心事は〝私とは何者か〟だ。常に〝死〟と向き合い、多くを〝死〟への行程のなかでとらえる。その問いは、彼の死までとぎれることがない。しかし、その問いへの答えは必要ではない。なぜなら彼は自己への問いそのものを生きる証しとしており、問いつづけるというそのこと、その時間、そのプロセス、その営為こそが彼の生そのものだからだ。

ひとつはっきりしたことは、北野の思考システムのことだ。自己について考えつづけている脳は肉体に属さず、別人格の「思考格」として「肉体格」と併存するという対峙（たいじ）の構造を見つけた。

「我思う故に我あり」はデカルトだが、北野のそれは「肉体を思うわれ、思われる肉体の関係のなかにわれあり」と併存型だ。自分を見ている自分をもうひとりの自分も見ている。この徹底した冷徹さが、日常の出来事や感慨を語るという形で全編一貫している。

スポーツ、暴力、タップダンスなど肉体についての述懐が多い。考える葦（あし）を擁する肉体こそ自己存在の原点中の原点。足腰を鍛えなければいい葦たりえないからだ。これらの項で野坂昭如、三島由紀夫を連想した。

面白かったのは、ああ見えてもほんとはすごい人、と思われたいという告白。そのために訓練に励み、いい仕事もする。「オレはいいかげん」と幻惑しても水戸黄門志向。あらゆる事象にどん欲に食らいつき、どんどんふくらんで進化する。

学生運動、全共闘運動、テレビ、映画と多岐にわたるが、なかでも権力層の力量を喝破した政治の項は圧巻。（石井清司・ノンフィクション作家）

（ロッキング・オン・1575円）＝2005年1月6日①配信

ユーモアと皮肉と愛情と

「素敵」（大道珠貴著）

作者の視線にはユーモアと皮肉と愛情がある。大道珠貴「素敵」に収められた五編の小説から浮かび上がるのは、作者の人間関係に対する独特の距離感だ。

登場人物の性格が辛辣（しんらつ）というのではなくて、登場人物にむけられる作者の目が、ところどころで辛辣に光る。それでいて、文も世界も、すこしも冷たくはならない。だからだろう、笑えるし共感もできる。

特別変わったことが起きるわけではない日常を書きながら退屈させないのは、人物の口にのぼる「話し言葉」に魅力があるからだ。九州方言でのやりとりがストーリーをやわらかく包む。「あんただって、男おらんやん」「あたしはもういいったい、もうあとはばあさんになるだけやもん。寂しくなか」といった具合で、物語の内容と使われる方言の音色が、嫌みを感じさせない方向でしんなりと絡み合う。

方言を使えばいつもなにかがたち上がるわけではない。だが、物語の骨がやせていなければ、載せられた方言はすっとたち上がってくる。

年配の三姉妹が登場する「純白」、定年後の夫婦を描く「素敵」など、各編それぞれに面白さはあるが、私は「走る」を印象深く読んだ。

中学生の娘を疎ましく感じる母親が描かれる。小学生の妹のことはかわいいと思うばかりなのに、上の娘は、三日に一度しか帰らない夫よりも「憎たらしい」。とはいえ一方的な憎悪ではなく、娘の態度にも原因はある、というふうに双方の立場をバランスよく取りまぜる。その取りまぜ方そのものに、作者独特の視点とこだわりが仕込まれている。

やくざの祖父と父をもつ十九歳の女性が語り手の「一泊」は、コミカル過ぎて思わず笑ってしまう作品だが、それぞれの人物にリアリティーがあるというよりはむしろ人物と人物のあいだの距離感にリアリティーがある。

作者の小説は、どこか人形劇を思わせるところがある。登場人物たちは作中ですきに動いているけれど、それぞれの手足は、ユーモアと皮肉と愛情の糸でつるされ、しっかりと作者に操られている。（蜂飼耳・詩人）

（光文社・1575円）＝2005年1月6日②配信

「普通の家族」とは何か

「幸福な食卓」(瀬尾まいこ著)

「父さんは今日で父さんを辞めようと思う」

二〇〇一年「卵の緒」で第七回坊っちゃん文学賞の大賞を受賞しデビューして以来、コンスタントに作品を発表し、一作ごとに確実に読者を増やしてきた瀬尾まいこ。その四冊目の著書となる本書は、こんな印象的なせりふから幕を開ける。

「具体的にはまず、仕事を辞めようかなと思っている」「今日からは父さんじゃなく、弘さんとでも呼んでくれたらいいよ」

突然、父親にそんなことを言われたら、戸惑わない子供はいないだろう。けれど、中学二年生の主人公・中原佐和子は、動揺しつつもその事実を受け入れていく。なぜなら「朝ご飯は全員がそろって食べる」という一見、ごくごくまっとうな習慣をもつ中原家の人々はみな「普通」という概念から少し外れてしまっていたからである。

自ら命を絶つことに失敗した過去をもつ父。そんな夫と暮らすことに息苦しさを抱き、家を出た母。評判の天才だったにもかかわらず、大学に進学することなく農業に従事している兄。両親は離婚したわけではなく行き来もあるし、家族仲は悪くはない。むしろ、いたわり合い、尊重し合う姿は理想的な家族のあり方といえるかもしれない。

だが、やはり「普通」ではないのだ。

佐和子はそんな家族の中で、まじめな良い子であろうと「努力」を続ける。努力しなければ家族のきずなを保つことができないと感じていた彼女に課された荷物の重さ―。やがて佐和子はあることから深い悲しみとともに心に大きな傷を負い、母にその荷物を放り出すような言葉を投げつけてしまう。

一話ごとに約一年時間が進んでいく本書には、佐和子と家族の四年間がつづられている。特筆すべきはやはり、二話以降で描かれている佐和子の恋。家族以外の人を愛したことで知ったさまざまな感情が、ゆっくりと佐和子へ返っていく最終話は、涙腺の弱い読者は要注意だ。

「普通」とはいったい何なのか。「幸福」とはどんなものなのか。読後、胸に残る余韻をじっくりかみしめてほしい。(藤田香織・書評家)

(講談社・1470円)=2005年1月6日③配信

イサギヨイ人をイサギヨク

「沢村貞子という人」(山崎洋子著)

昭和の名脇役にして名エッセイスト、沢村貞子が亡くなって八年を超えた。この本は、彼女のマネジャーを三十数年務め、役者を引退してからも親しく付き合い、最期を看取(みと)った著者が、その晩年を描いている。

沢村は東京・浅草の下町育ちらしく、せっかちで、おっちょこちょいで、おせっかいで、その上「イサギヨイ」人だったという。それが豊富なエピソードで綴(つづ)られる。

沢村は夫の大橋恭彦を「殿」と呼び、過剰なまでに彼の意のままに動いた。仕事を受けるか断るかもすべて彼の許可が必要で、泊まりの仕事と舞台はやってはいけないと言い出せば、やらない。「クーラーは体に悪いそうだよ」と言えばすぐに外し、「池の枯れ葉の掃除が大変だ」と愚痴れば、池はたちまち埋められ「名鯉、駄鯉とりまぜ」てどこかに持って行ってもらう。

それは、彼が家庭も新聞記者の仕事も捨てて彼女と暮らすことを選んだから「どんなことしてでも、大橋の気持にむくいたい」という潔さだ。

そういう人となりを表す話を挙げるとキリがないが、それだけでは終わらない。

大橋が社長を務め、沢村がつんのめるように仕事をして経済的に支えていた月刊「映画芸術」の社員たちが、待遇改善を求めて自宅前でシュプレヒコールまでやり、その中に監督までが何人か入っていたことを責めはしないが、「そのことで、二人は深く傷ついた」と一言。長門裕之、津川雅彦に対して「つめたい叔母」を標榜(ひょうぼう)しながら、影でどれだけ心配していたかも明かす。沢村が自分では書きにくかったところをさりげなくフォローしているのである。

身近な人の半生を描くのは過剰になりがちだ。しかし、この著者は沢村を持ち上げすぎず、感傷的になりすぎず、それでいて彼女への敬愛や亡くした哀(かな)しみが確かに伝わってくる。そして、自身のマネジャーとして優秀だったに違いない部分などカケラも書かない。

その矜持(きょうじ)が、沢村と、いつしか同じくイサギヨイ人になった著者を際立たせている。(柴口育子・フリーライター)

(新潮社・1575円)=2005年1月6日④配信

もし彼が現代を分析したら

「マルクスだったらこう考える」（的場昭弘著）

ネグリ＝ハートの「〈帝国〉」を現代の「資本論」として持ち上げようとする現代思想業界でのブームがいつのまにか過ぎ去ったと思ったら、本格的マルクス研究者による、さらにラジカルな〈帝国〉論が登場した。そういう印象の本である。

マルクスの女性関係や（ブルジョア的）金銭感覚、収入源、趣味など、マルクスのことなら何でも研究材料にする「マルクス何でも博士」として知られる著者は、これまでの蓄積を生かしてマルクスになり切り、現在のグローバル化現象を理解することを試みる。

的場＝マルクスにとって、自らの名前が歴史の遺物になり、書店の本棚の（フーコーの半分程度のスペースしかない）片隅に押し込められるに至った現代社会は、非常に居心地の悪い世界であると同時に、「共産党宣言」での預言が“本当の意味”で成就した世界でもある。それは、「資本」によって全面的に覆い尽くされてしまったことによって、かえって資本に対抗する世界的なネットワークが可能になった逆説的な世界である。

二十世紀初頭にレーニンが分析した帝国主義は、半「外部」状態に置かれた植民地からの搾取による利益を、本国に相当する「国民国家」の「内部」に還元し、階級対立を緩和するメカニズムだった。マルクスが生きた十九世紀半ばの西欧の資本主義は、国民国家的な文化・表象システムに支えられており、インターナショナルではなかった。

しかし、グローバル化を通して出現した、全（すべ）てを「内部」に取り込みつつある〈帝国〉にとっては、いつまでも搾取し続けられる純粋な「外部」はない。国民国家的な特権化された労働者階級が消滅することに伴って、期せずして、全世界的な「ワーク＝貧困」シェアのシステムができあがりつつある。そこに、近代的な「主体」性ではなく、むしろ「欠如」を核とするマルチチュード（多元性＝群衆）の連帯が成立する余地がある。

ゴリゴリの反グローバル主義の経済学者にしかられそうな奔放さで、マルクス学者が自由に想像力を働かせているところが面白い。（仲正昌樹・金沢大教授）

（光文社新書・756円）＝2005年1月6日⑤配信

斬りまくり内省する作品集

「死刑長寿」（野坂昭如著）

幼いころの戦時体験を足場に現代の種々相を斬（き）りまくる剣士野坂の面目ゆたかな作品が三編、身近に材をとり社会および自己を見きわめる作品が三編、バランスよく並んだ作品集である。剣士野坂と内省の野坂が、たがいに輝きを競いあっている。

「エレクションテスト」。日本の当面する大不況を克服するため、六十五歳以上の老人にたいして徴兵検査ならぬ勃起（ぼっき）検査を施す法律が制定されたというスゴイ話。検査に落ちた者は安楽死などで処理される。法は施行され老齢人口は減り、国の財政事情は劇的に改善される。派生する諸騒動が詳述され、大笑いのうちに老人には早く逝ってほしい社会の本音がじんわり浮かびあがってくる。

だが、その粗大ゴミたる老人も「死刑長寿」では司法当局の怠慢で刑務所内で百十八歳の超老人に生きのび、死刑囚だった身が長寿願望社会のアイドルとなる。ついには首相の人気とりの道具にされる。さらに剣士野坂はいまの日本に頻発する動機不明の殺人事件に挑み、一区画四十八億円の超高級マンションを背景に、五十男の金権社会に対する底深い嫌悪の念を「なんでもない話」として描く。上記三作における剣さばきの華麗さは眩（まばゆ）いばかり。当代並ぶ者はいない。

あと三編のうち二編は身近に材をとり、火と食をつうじていまの世に提言を行う。火遊びをすすめ、グルメの虚飾を剥（は）ぐ。空襲と飢餓を体験した目にきれいごとづくめの現代がなんと空（むな）しく映ることか。残り一編は内省者野坂の身についた怯（おび）えを手掛かりとする自分探し。複雑な家族関係のなかに怯えの正体が浮かびあがり、人間一人の出生が切実で大きなドラマの結晶であることが示される。

過剰なほど簡潔な文体が読む者に知的な緊張をもたらす。月に一冊の本も読まないような層を内省の剣士は歯牙にもかけない。活字不況下、売れ筋探しに汲々（きゅうきゅう）とする評者などには、その強さ、いさぎよさが衝撃であり驚異でもある。見識のある読者に、小説を読む幸せを再発見させるだろう作品集である。（阿部牧郎・作家）

（文芸春秋・1600円）＝2005年1月6日⑥配信

熟睡の意義を縦横に解説　「人生、寝たもの勝ち」（ポール・マーティン著、奥原由希子訳）

ある説によると、人類は「疲労の世界的大流行」の渦中にあるという。人間疲れれば思考は鈍るし、反応は落ちる。そうした悪弊を生み出す元凶は睡眠不足。本書はそんな時流に警鐘を鳴らし、眠りの人類学的意味を明らかにしている。

何より本書をユニークにしているのは、常識を覆す実話の豊富さだろう。皇帝ナポレオンが一日三時間しか眠らなかったと言われる有名な逸話も実はウソで、「ナポレオンは眠るのが大好き」。一日八時間は寝ていたという。

また、エジソンは居眠りにかけても天才で、実験室のそばに簡易ベッドを広げ、しょっちゅう眠りをむさぼっていた。

だからこそ歴史に残る偉業を達成できたわけだが、たっぷり睡眠を取らなければ仕事にならないのは、われわれとて同じ。その科学的根拠と健康への意義を、事細かに解いたのが、本書なのだ。

なぜ今、人類は疲労＝不眠の大流行にあるのだろう。それはもちろん勤労礼賛の風潮と、それを可能にする通信手段の発達による。携帯のせいで時間も居場所も管理されているわれわれは、おのずと仕事に追い立てられている。

長い目で見て、これが健康に良いはずはない。ベッドに入ればストンと眠り、できれば八時間熟睡する。これこそ、人類の眠りのリズムであるはずだ。

例えば、サマータイムは交通事故を増やすという。夜が一時間減ることの影響は、眠気となって運転者に襲いかかる。

また人は、不眠に陥ると危険を冒したがる。過酷な夜間飛行を要求される対テロ作戦のパイロットは、作戦の進行とともに（つまり不眠が高じるにつれ）、ますます衝動的になるという。

普段より無謀でイライラし、しかも仕事や生活に悪影響をもたらす不眠。それに関心を持つ人にとって、本書は睡眠と不眠のメカニズムを掘り下げ、熟睡の意義を縦横に解いてくれるという点で、大いに役立つ。

シフト勤務が昼夜なき無休社会を生み出した今、貴重な視点を提供している。（安岡真・翻訳家）

（ソニー・マガジンズ・1680円）＝2005年1月13日①配信

根底に人間への共感　「日暮らし（上・下）」（宮部みゆき著）

江戸・深川の鉄瓶長屋に起こった怪事件を同心・井筒平四郎とおいの弓之助が解き明かした「ぼんくら」の続編だ。

本書も「ぼんくら」と同様凝った構成になっている。鉄瓶長屋の事件にかかわった人たちのその後をつづった短編「おまんま」「嫌いの虫」「子盗り鬼」「なけなし三昧」で粛々と始まるのだ。下町の暮らしを活写した連作集と思いきや、表題作「日暮らし」で発生する事件で、彼らの生活は不穏にざわつく。そして短編たちにさりげなくばらまかれていた伏線の糸をたぐりよせながら、大きなうねりとなっていっせいに動き始めるのだ。

「ぼんくら」で明らかにされなかった謎まで解明しながら、読み手を物語の深淵（しんえん）へと引き込むあたり、宮部ワールドならではのドラマチックな読書を堪能することができる。

この物語を支えているのは、声が聞こえてくるような生き生きした会話のなか、浮かび上がってくる個性豊かな登場人物たちだ。事件解決に奔走する平四郎の実直な温かさ。大人顔負けの洞察力の冴（さ）えをみせる美少年・弓之助。また天才的な記憶力の持ち主で「おでこ」と呼ばれる三太郎、結婚したての佐吉とその妻、偏執的な男から逃げてきたお六と彼女をかくまう葵奥様など、それぞれが人に言えない悩みや秘密を抱えながら今を懸命に生きている。

短編ではそんな人たちの悲喜こもごもをそっと見守るかのような筆致で描く。ところが殺人事件をきっかけにして不条理にも彼らの秘密が明らかになってしまうのだ。

そこには昔、うまくいかなかった夫婦や親子の間で生じた誤解、あやまち、うそ、裏切りがひそんでいて、そのエピソードひとつひとつを巧密に構成しながら、愛憎関係にほんろうされ、追いつめられた人間の業と悲しさ、なれの果てというものを見せつけるのだ。

それでもこの時代小説がぬくもりを感じさせるのは、人間が犯す過ちや罪は、ちょっと間違えば自分も犯したかもしれない、という共感と人間へのいとおしさが根底に流れているからだと思う。

（白石公子・詩人）

（講談社・上下各1680円）＝2005年1月13日②配信

懐かしい香りの世界

「曠吉の恋」（久世光彦著）

懐かしい香りが行間から立ちのぼってくる。そんな小説だ。

昭和八年から十年にかけての東京・巣鴨が舞台。主人公は水道屋の次男坊、曠吉（こうきち）十五歳。彼は高等小学校を卒業して、父親の商売を手伝っている。昔の十五はませているから、酒は飲むし、色の道にも興味がある。そんな曠吉の青春の日々を連作ふうに描いていく。

幼なじみの三郎は大塚新地の芸妓（げいぎ）置き屋の倅（せがれ）で、小学校の同級生で弁当屋の娘お玉と付き合っているが、どういうわけか曠吉は年上女性に惹（ひ）かれていく。同い年には興味がない。しかも、性悪女や兄嫁など、問題のある相手ばかりだから、悶々（もんもん）とした青春だ。

作者はあとがきで、川口松太郎「人情馬鹿物語」が、大正の下町と、そこに棲（す）む男と女の人情を、明るいだけに切なく描いた小説であったと書き、本書はその「大筋とパターンを、そっくりそのまま頂いている。その上、サブタイトルの〈昭和人情馬鹿物語〉まで借用しているのだから厚かましいにも程がある」と記している。

つまり本書は川口松太郎に寄せる久世光彦のオマージュなのだが、その川口松太郎の「小さな人情話の中に、馬鹿な男や、馬鹿な女たちが細い溜息（ためいき）を洩（も）らしていた」世界は、ここでも見事に屹立（きつりつ）している。

特に、お涼がいい。庚申塚の商店街の裏にあるこぢんまりした家に一人で暮らしている小唄のお師匠さんだ。幼いころから父親に連れられて出入りしていたので、いまでも曠吉はこの家に寄っては飯を食べたり、酒を飲んだり、悩みを打ち明けたりしている。父親と昔、わりない仲にあったのか、そのあたりは微妙で曠吉にはわからない。母と息子のようでいて、しかし艶（つや）っぽい女性なので、時には曠吉、欲情したりもする。その曖昧（あいまい）な関係が特にいい。

このお涼は、「世間の不思議や不自然に出くわすと、気になって仕方がない」性分で、本書では探偵役をつとめている。つまりはホームズとワトソンだ。この趣向も効いている。（北上次郎・評論家）

（角川書店・1680円）＝2005年1月13日③配信

中国現代史投影した一生

「陳真　戦争と平和の旅路」（野田正彰著）

私は今、なんとも無念の思いでこの一文を書き始めている。本書が描いた陳真さんその人が、本書の出版を待っていたかのように、年の初めに静かにわれわれに別れを告げてしまったからである。

やさしい声をご記憶の方も多いと思うが、陳真さんは長く北京放送局で日本語放送の中国語講座などを担当し、後年はNHKでも中国語講座の講師を務め、そのかたわら「柳絮（りゅうじょ）降る北京より」（東方書店）、「陳真さんの北京だより」（大修館書店）などの著作で、中国と中国人をわかりやすく紹介してくれた女性である。

本書のカバーに文字通りの明眸皓歯（めいぼうこうし）にお下げ髪の若いころの写真が掲げられている。小柄で色白の陳真さんはいくつになってもこの写真のままだった。彼女と会った日本人はさらにその完璧（かんぺき）かつ上品な日本語に度肝を抜かれる。そして、「苦労知らずに育ったお嬢さん」と、その人生を想像する。

ところが、本書の副題が示すとおり、その歩みは「苦労知らず」とは正反対のものであった。日中戦争前の東京で、台湾人の言語学者の家庭に生まれた陳真さんは戦争中、日本人の子供たちからの差別といじめに遭い、さらに学童疎開の飢えまでを味わう。やがて日本の敗戦、親子は台湾へ。

しかし、すぐに父は新たな支配者、国民党に追われる身となり、一家は父と母子がばらばらに危険を冒して台湾を脱出、新中国建国直前の大陸へ。陳真さんは配属された放送局に泊まりこんで建国を迎える。ところが、希望に満ちた建国初期に彼女は病魔との長い闘いを強いられ、さらに職場に戻った後は相次ぐ政治運動に一家は翻弄（ほんろう）される。このあたり、読んでいて、息苦しいほどであるが、中国現代史が一人の女性の身に投影されて、リアルに迫ってくる。

私はじつは陳真さんとは三十年以上の知己であるが、彼女はこういう歳月があったことを自分からは決して語らず、いつも物静かであった。本書で私も多くを教えられ、聞きたいことが胸中にあふれるが、今は合掌するしかない。（田畑光永・神奈川大教授）

（岩波書店・1890円）＝2005年1月13日④配信

銀行にこそ〝自己責任〟

「キャッシュカードがあぶない」(柳田邦男著)

第一勧業銀行と富士銀行、そして、日本興業銀行の三行が統合して、みずほという巨大銀行が誕生した時、信じ難いコンピューターのシステムトラブルが発生して混乱に陥ったことは記憶に新しい。しかし、その時、みずほグループのトップが、「実害はなかった」というとんでもない発言をしたことはすでに忘れられているのではないか。

私は当時、あるコラムに「あなたがトップであることが実害なのだ」と書いたが、そんなホンネをもらしたトップはまだやめていない。つまり、銀行に「責任」という文字はないのである。

そう考えてきた私でも、本書で描かれた、偽造キャッシュカードによる被害に対する銀行の態度には驚く。実にいいかげんで、ある被害者が言っているごとく、そこには「誠意のカケラもない」のである。預金をあずかっているという自覚がなく、被害者の訴えを聞き流すだけ。警察も、被害者は銀行なので銀行が被害届を出してくれないと動けない、などという。

私は銀行を、大蔵省(現財務省もしくは金融庁)統制経済下のお役所企業と批判してきたが、お役所もびっくりの無責任さである。

これは日本の銀行だけのようで、ある元商社マンは、いまの日本の銀行のように、被害に対して「私は知りません」なんて言ったら、外国だったら取り付け騒ぎになる、と警告している。

ロンドン在住の金融関係者の日本人女性も、電話一本で被害額が返金されるイギリスの例を紹介しながら「安易な偽造で防御が破られたのだとしたら、銀行に非があるに決まっているじゃないですか」と断言している。

イラクで拘束された人質に対し、「自己責任」論が沸騰したが、それが最も欠けているのが日本の銀行だろう。

解放された人質を見当違いにも〝税金泥棒〟などというプラカードを持って迎えた人に、私は、そんなものは公的資金という名の税金で助けてもらいながら、かくも無責任な銀行の前で掲げよ、と主張したい。(佐高信・評論家)

(文芸春秋・1000円)=2005年1月13日⑤配信

私たち自身の物語

「蝶のゆくえ」(橋本治著)

ものすごい小説だ。

これほどまでに、現在を生きる女性の心を深く描き、明確に物語として刻んだ作品は、ほかにないのではないか。

この短編集で扱われるのは、きわめて「ありふれた」題材だ。虐待、結婚、親子、夫婦、嫁姑(しゅうとめ)、老い。テレビや雑誌や世間話であまりにも頻繁に目と耳にし、すでに単なる記号と化してしまった感すらある題材だ。

しかし、そうではないのだ、とこの小説は叫んでいる。これらは、「身近にあふれているがゆえに十把一絡(ひとから)げにできる、匿名性の高い『だれか』の問題」ではない。本当はそれぞれのドラマと個別の事情を有した、いまを生きる「私たち自身」の問題であり、物語であるはずなのだ、と。

登場人物たちは、日常のなかで危機に直面している。危機のレベルの違い、危機を危機だと本人が自覚しているか否かの差はあれども、戸惑い、苛(いら)立ち、諦(あきら)め、踏みとどまろうとして流され、あるいはどこかへ泳ぎつく人々の姿が、微細に克明に描かれる。

読んでいて、もはや自分のこととしか思われない。ここに展開するのが、近くて遠い、漠然としただれかの話ではなく、かつて体験し、これからも経験するであろう感情と事件のうずまく、自分自身の物語としか思えない。この小説を読むものは、だれもがきっとそう感じるだろう。

日常を送るなかでかき消されていく声なき声。たしかに存在するものなのに、しかとつかめぬ曖昧(あいまい)な感情。それらを探り当て、掘り起こし、冷酷なまでに輝くうつくしいものとして人々の心に返すのが小説であるとするならば、この作品ほど「小説」なものはそうはない。

意識の薄闇のなかから甦(よみがえ)り、はっきりと姿を現した私たち自身の、心と感情と思考を恐れずに見よ。

この小説の力によって、分厚く無神経に隔てられていた匿名性の彼方(かなた)から、私たちはついに自分自身の物語を取り戻すことができたのである。

戦慄(せんりつ)するしかない、ものすごい小説だ。(三浦しをん・作家)

(集英社・1680円)=2005年1月13日⑥配信

怪物のような女の生きざま

「アイムソーリー、ママ」(桐野夏生著)

こわい小説だ。人間らしい感情をつゆほどももちあわせていない、怪物のような女の生きざまが描かれる。

娼(しょう)館で生まれて娼婦たちにいじめぬかれ、のちに入所した児童福祉施設でも疎まれ、さげすまれて育ったアイ子。彼女にとって、他人とは生きるために利用し、邪魔になれば片づけるもの、いわば物体にすぎないものになっている。

だから平然と殺す。それも見さかいなくつぎつぎと。金、復讐(ふくしゅう)、嫉妬(しっと)のため、またはただ気にくわないというだけの理由で。その殺しっぷりがあまりにあっさりしているので、残酷さよりも小気味のよさを感じてしまうほどだ。

とはいえ、この主人公に感情移入するのはむずかしい。顔も見たことのない母親のものだったという、はきふるされた靴を後生大事にもち歩き、それに語りかける姿に哀れさは感じるものの、あとはおおむね眉(まゆ)をひそめ、嫌悪をおぼえつつ、その所業を追うことになる。

アイ子の住む世界が、荒涼としたすさんだものであるのはいうまでもないが、彼女とかかわる人々もみな、どこかゆがんでいる。男女というより母子として暮らす、二十五歳もの年齢差のある夫婦。寝たきりの妻の服を着るのが趣味の、服装倒錯者の老人。他人の家のなかに、何万本もの割りばしで自分の家をつくって住みついている男。異様ではあるが、それぞれが掌編の主人公になれそうなほど、味のある人物たちだ。しかし作者は惜しげもなく彼らを切り捨て、あるいはアイ子に殺させていく。

良心をもたないアイ子がたった一度、自らの業の深さにおののくのは、ある取り返しのつかないおそろしい状況で、母親についての衝撃的な真相を知ったときだ。このときだけは、こちらも彼女にある種の痛ましさを感じざるをえない。

あと味が悪いことこのうえないが、吸引力の強さも天下一品。一気に読み、現実の世界がこれほど悪意にみちた陰惨なものでないことにほっとしつつ、本をおいた。(相原真理子・翻訳家)

(集英社・1470円)＝2005年1月20日①配信

“誤用”めぐる柔軟な発想

「問題な日本語」(北原保雄編)

ここ数年、大変な日本語ブームが続いている。書店には日本語に関する一般向けの新刊書が次々と並び、多くの人々が購読している。出版業界などがあおっている面もあろうが、正しい日本語へのこだわりや、伝承が途絶えつつある伝統的な味わいのある表現への郷愁を多くの国民が持っていることが、何と言っても大きいのだろう。

正しい日本語や言葉遣いを知りたい、確認したいという欲求が生まれるのは、正しくないと感じられる日本語や言葉遣いが身の周りで使われているからだ。言葉の乱れが気になって日本語本を読む人も多かろう。

言葉の乱れと言っても、①言葉の形自体が従来と異なる場合、②言葉の形自体は同じだが運用が従来と異なる場合(目上の人への尊敬語の不使用など)、③言葉の形や運用は正しいが表現内容が反社会的・破壊的な場合、などいくつかタイプがある。

③は倫理や法律の問題、②は社会言語学の問題だ。日本語本で取り上げられるのは主として①の問題で、本書も同様である。

本書は、「明鏡国語辞典」の編集委員たちが、高校の国語科の教師から寄せられた「気になる日本語」について解説したものを土台として一書としたものである。三十五項目の解説と、百八のコラムから成る。

特色は、言葉の正誤を示す単なるハウツー本ではなく、問題ありとされる表現がどうして生まれたのか、その「誤用の論理」まで解説している点である。

自分で非論理的だと思いながら、ある表現を使っている人など恐らくいない。従来の論理からすれば誤りであっても、当の本人には別の論理があるはずだ。ファミリーレストランやコンビニエンスストアで最近よく使われる「よろしかったでしょうか」にも別の論理がある(答えは本書に)。

言葉の問題を考える際には、自分とは異なる論理があるのではないかという柔軟な発想を持つことも大切だ。本書はそのための助けとなろう。(尾崎喜光・日本語研究者)

(大修館書店・840円)＝2005年1月20日③配信

茶道〝女性化〟の背景分析

「〈お茶〉はなぜ女のものになったか」(加藤恵津子著)

意表を突くタイトルである。表紙を伊東深水「御点前(黒楽)」の清楚(せいそ)な女人の姿で飾り、サブタイトル「茶道から見る戦後の家族」に謎解きの要素が見られる。心憎い仕掛けといえよう。

本書は、英国で出版された日本人文化人類学者の海外での学位論文をベースに、日本語に書き直したものである。巻末の丁寧な脚注がなければ、学位論文とは気付かない読み応えがある。

本書の斬新さは、日本文化のシンボルともいえる「茶道」を、ジェンダーの視点を採り入れて文化人類学の手法で調べたことであろう。それによって、未踏の分野であった「茶道への女性進出」という社会現象に、ひとつの学問的解釈を与えることに成功している。

室町時代に始まる茶の湯は、男のもの、権力者のものであった。それがいつどのようにして女のものになったのか。

戦国時代における茶道の萌芽(ほうが)期から大政奉還による武士階級の消滅まで、茶道と武士は切っても切れない関係にあった。明治以降も、高価な茶道具は財界人のパトロンを必要とし、女性の社会的地位は依然低かった。こうした時代に、女性が茶道の中心に入り込む余地は皆無であったろう。

ところが第二次大戦での敗戦後、日本社会は西洋文化礼賛に風向きが変わる。それに対し、日本文化を保守すべきとの文化ナショナリズムが生まれ、茶道こそ日本の伝統文化の総合、との言説が広められた。

時はまさに高度経済成長。女性は、結婚して専業主婦となり、夫や家族を背後から支えることが規範にさえなっていた。その中で茶道は、花嫁修業の作法として、あるいは子育て後の主婦層の文化活動として、女性の間で大衆化していった。

戦後の家族で過小評価されがちだった主婦にとり、茶道は「文化資本の蓄積」となり、周囲の敬意と「目に見える自己達成」につながった、と著者は指摘する。魅力的な題材だけに、解釈は議論を呼びそうである。

女性の社会進出が止まらず、担い手が減っている茶道を今後、男女でどう担っていくのか。女性進出に続く課題が、いま残されている。(篠塚英子・お茶の水女子大教授)

(紀伊国屋書店・1890円)=2005年1月20日⑤配信

あふれる生きる喜び

「ひまわりの海」(舘野泉著)

世界的ピアニスト、舘野泉がすぐれた文章家でもあるのを知ったのは、彼の最初のエッセー集「星にとどく樹」を読んだときだった。

二冊目の本書においても同様だ。演奏家に敬遠されがちな土地をピアノを弾きながら旅するさまが、ユーモアのあるのびやかな筆致で描かれる。

ところが、半分以上読み進んだときに、驚くべき事実が明かされる。二〇〇二年にステージの上で脳溢血(いっけつ)で倒れ、右半身不随という演奏家としての危機に直面するのだ。

ラヴェルの「左手のための協奏曲」があるじゃないかと励まされても、そんなものはぜったい弾かないぞと意固地になるばかりだった。

だが、息子が探してきたブリッジ作曲「三つのインプロヴィゼーション」に出会って変わる。鍵盤の上を左手が滑っていくにつれて、目の前に大海原が現れ、氷河が溶け出すような気がした。

人は危機に直面したとき、もっとも長く親しんできたものから再生の力を得る。物書きは言葉を書きつらね、絵描きは画布にむかうことで枯れかかった井戸に水をよみがえらせる。音楽家にとって、それをしてくれるのはまちがいなく楽器だ。

舘野は五歳のときからピアノを弾いてきた。ピアノこそが彼を外界とつなぐ紐帯(ちゅうたい)だった。両手か片手かなんて関係ない、体の先端がキーに触れて出る音で世界と交感するのがピアニストの真の姿なのだと教えられた。

所詮(しょせん)、リハビリで可能なのは機能回復だけで、その先にはかならず魂の問題がある。生きる喜びも意欲もそれなくしては生まれない。両手演奏へのこだわりを捨てたことで、彼は演奏家の原初にたち返ったと言えよう。

病後に出た初のCDアルバム「風のしるし」をかけてみる。張り切ったブドウの粒のような充実した音の響きと、それが作りだす深く明るい調べ。言われなければ、左手だけで弾いているとは気づかないだろう。音のひとつひとつを慈しむようなタッチに、生きる喜びがあふれている。

芸術家とは人の魂を満たす使命を負ったものだ。ピアニストは右手を神に預けたことで、全身に芸術の湧水(ゆうすい)を浴びている。(大竹昭子・文筆家)

(求龍堂・1680円)=2005年1月20日⑥配信

ストーリーテラーの成熟　「長恨歌」(馳星周著)

「鎮魂歌—不夜城Ⅱ—」から七年余、著者の出世作「不夜城」シリーズの掉尾(とうび)を飾る第三作である。

前作で新宿歌舞伎町の中国系社会を牛耳る楊偉民からついに権力の座を奪った劉健一。その最後で彼は、横浜に移った楊に刺客を差し向けたと記していたが、本書はその顛末(てんまつ)をプロローグで描いた後、五年後に飛ぶ。

今回は第一作と同様、「おれ」という一人称で綴(つづ)られる。ただし「おれ」とは劉健一ではなく、武基裕。中国残留孤児二世を名乗っているが、実は身分を偽って密入国した生粋の中国人で、正業にあぶれ、麻薬捜査官の犬となり、黒社会の末端で生息していた。だが彼のボス、韓豪が麻薬の取引相手、暴力団東明会と会見中に暗殺されたことから、のっぴきならぬ立場に追い込まれる。

街頭に監視カメラが据えられ、不法滞在者の摘発や風俗取り締まり等、近年の歌舞伎町は厳しい締めつけにさらされているが、本書にはそうした変容ぶりも取り込まれている。黒社会の構図もドラスチックに変わり、劉健一はすでに過去の人と化しているのだ。

物語は韓豪殺しの犯人捜しに駆り出された武の必死の調査行が軸になるが、情報収集のため健一に頼らざるを得なくなることから、裏でさらなるストーリーも展開していくことになる。

その過程で武は中国に残してきた恋人小文との再会を果たすが、後半、彼女をめぐる拉致活劇を契機に二重構造を巧みに反転させていく。ストーリーテラーとしての著者の成熟ぶりが窺(うかが)えよう。興味深いのは韓豪殺しの謎をめぐる表のストーリーに、古典ハードボイルド的な争奪戦趣向が凝らされていること。前の二作と比べても、前半はノワールというより私立探偵小説のタッチに近いものがある。後半浮かび上がる裏の趣向についても、今後脱ノワールに向かうかもしれない著者の動向を占う意味で、誠に興味深いものがある。

著者の成熟と新展開の可能性をはらんだ一冊。ノワールへの興味が薄い人でも読んで損はない。

(香山二三郎・コラムニスト)

(角川書店・1680円)=2005年1月27日①配信

生活の墓標か、夢の礎か　「住宅喪失」(島本慈子著)

もう十数年も前の話だ。ビルの窓から街並みを見ていて、なんともいえない異様な気分に襲われたことがある。眼下には、一戸建ての住宅がびっしり並んでいた。

夢の象徴、マイホーム。地表をうめつくすその大群は、どこか墓標に似ていた。

戦後の日本人にとって、一戸建ては長く「人並み」である証明だった。苦しいマラソンの末に、勝ち取る夢。その夢と建設業界の橋渡しをすることが住宅政策であった。

みんなが長く元気に働けるのであれば、それも一つのやり方だろう。だが、この本にもあるように、病気や災害で倒れる人は必ずでてくる。最近は倒産や解雇で、体力があるのに走る機会を失う人もめっきりふえた。その後に待っているのは、すみかと「人並み」を奪われた生活である。

阪神大震災の被災地。元自宅が競売される裁判所。疲れて眠るホームレスの人たち。バブルがはじけた都会のマンション。著者は夢の残骸(ざんがい)をひとつひとつ巡って歩く。「悲劇」の一言で片づけるには、あまりにやりきれない光景。さらにその陰には、派遣社員や自営業など、ローンさえ組めない人たちがいるという。

「経済大国日本」って何だったのか。人から安心を奪う活力や競争とは何なのか。私たちが本当に守るべき幸せはどこにあるのか。本のページを追いながら、そんな問いが次々に浮かんできた。

著者も認めているように、安心できるすみかを国民に広く保証するには、それなりの犠牲をともなう。比率を表すときは一〇〇%実現するのは困難かもしれない。でも、それを本来のあるべき姿だと位置づけなおすだけでも、もう少し住みよい社会になるのではなかろうか。

どちらを選ぶのか、決めるのは有権者たる私たち自身なのだ、と著者は教えてくれている。本の末尾には、各党から寄せられた住宅政策のアンケート結果がていねいに紹介されている。今度の選挙では、これも参考にしたらどうだろうか。

生活の礎(いしずえ)か、夢の墓標か。マイホームの未来は、今、私たちの手の中で眠っている。

(佐藤俊樹・東大助教授)

(ちくま新書・735円)=2005年1月27日②配信

新たな張作霖像の提示 「馬賊で見る『満洲』」（澁谷由里著）

「馬賊」と聞くと、まずイメージするのは銃を背にして馬に乗り、荒野を疾走する姿だろうか。中国の歴史を学ぶうち、そんなロマンにあふれた姿は、虚像にすぎないと思うようになった。

しかし本書のタイトルから、とっさに思い浮かんだのは、やはり典型的な「馬賊」像であった。どうも日本人馬賊の伊達順之助を描いた「夕日と拳銃」あたりの印象が、いまだに強く残っているらしい。

さらに張作霖と聞くと、満州を根拠とする軍閥、悪賢い人物、日本軍のかいらい、関東軍による爆殺、西安事変の張学良の父という、これまたステレオタイプなイメージが想起されてしまう。

ところが本書を読み進めるに従い、そんなステレオタイプはどんどん崩され、「馬賊」に対する自分の見方がいかに間違っているか思い知らされる。いい意味で、タイトルからの予想を裏切ってくれる本である。

「あとがき」によると、作者は、馬賊に対する思い入れがほとんどないという。なるほど、だからこそ、このような新しい見方が可能なのか。

作者の指摘通り、残念ながら満州国や張作霖について、現在でも客観的な評価ができているとはいいがたい。どうしても「今の政治からの視点」に縛られがちである。しかし今や、「歴史」的な観点からの分析が必要であり、それには「当時の感覚」も含めて、多面的に考えることが求められるだろう。

作者が提示する張作霖の姿は、単なる「馬賊あがり」「日本のかいらい」とは大きく異なるものである。また、配下であった王永江の政治上の役割を高く評価している。

「馬賊」の意味するもの、清朝とロシア・日本の満州への影響関係、それに関東軍と張作霖、いずれも斬新な見方で、目からウロコが落ちる。もっとも「当時の目」から見ても、張の爆殺が関東軍の大きなミスなのは変わりないだろう。

個人的には、第四章「日本人と『馬賊』」が本書の冒頭だった方がよいと思うが、これはまあ、好みの問題か。本書を契機に、近代中国をもう一度新しい視点でとらえる機運が高まることを期待したい。（二階堂善弘・関西大学助教授）

（講談社選書メチエ・1680円）＝2005年1月27日③配信

宿命的な愛の絆の深さ 「タイムトラベラーズ・ワイフ（上・下）」（オードリー・ニッフェネガー著、羽田詩津子訳）

昨年は「世界の中心で、愛をさけぶ」や「冬のソナタ」を例にあげるまでもなく、世の女性の感涙をしぼりとる純愛路線の作品が大いに受けた。アメリカの作家ニッフェネガーのデビュー作である本作も、その手のラヴロマンスである。

しかし、従来の男と女の恋物語とは一味も二味もちがう。タイトルからも察しがつくように、とびきり奇抜でファンタスティックなストーリーが展開される長編である。

主人公はヘンリーとクレアのふたり。ある日、二十歳のクレアは八歳年上のヘンリーと図書館で出会う。すぐさまクレアのほうからヘンリーを食事に誘って愛を告白する。彼女は運命的な出会いを直感したのか？　それともハンサムなヘンリーに一目惚（ぼ）れしたのか？　いや、そうではない。クレアはヘンリーとは六歳のときからの知りあい。憧（あこが）れの男性だったのだ。だが、ヘンリーにはそんな記憶はまったくない。しかもクレアによれば、自分はこれまでずっとヘンリーとつきあってきたというのだ…。

このように本書はミステリアスな雰囲気で展開される。しかも、通常の時間の流れにそって直線的に語られるのではなく、現在と過去（ときには未来）とを順不同に往来しながら進行する。いわば、ジグソーパズルの断片をはめこむようにして読んでいかないと、話の全体像が見えてこない。

といっても、それで頭が混乱することはない。各章のはじめに、年代とふたりのそれぞれの年齢が銘記されているからだ。こうした時系列の惑乱、および同じ状況をクレアとヘンリーとの各自の一人称視点で語るスタイルが本書を凡百のラヴロマンスとは一線を画した作品にしている。

同時に、この特異な叙述形式であればこそ、宿命的な愛の絆（きずな）の深さをきわだたせ、それがもたらす感動的なラストを鮮烈に読者に伝えることに成功したのだ。

本書はタイムトラベルが題材のひとつだが、時間に関する疑似科学的説明や哲学的思索を開陳しているわけではないので、SFファンには物足りないかもしれない。あくまでも本書の主眼は真実の愛を現代の寓話（ぐうわ）として語ることにあるのだから。（風間賢二・評論家）

（ランダムハウス講談社・上下各1680円）＝2005年1月27日④配信

IT時代のカリスマ職人

「壁の遊び人=左官・久住章の仕事」（久住章著）

今、建築の世界でも、なぜか職人がブームである。IT時代になぜだろうか。コンピューターが未来的形態をすごいスピードで作図していく時代になったのに、なぜスローな手仕事の職人なのだろうか…。

実はコンピューターの力で、図面の上での完全な自由が実現したがゆえに、図面と現実との境界面へと人々の関心が向かいはじめたのである。この境界面、実はなかなかに手ごわい。そこは、コンピューターの解析の手にも負えないし、大学の建築学科の先生たちでも理解不能な、神秘の領域がひろがっている。その魔法の場所をとりしきっているのが「職人」なのである。

こんな時代の欲求にこたえて、さまざまな「カリスマ職人」が登場したが、中でもとびきりユニークな存在が本書の著者であるカリスマ左官の久住さんなのである。

僕自身が彼にほれこんで、二つのとても珍しい土壁を依頼した。

ひとつは、栃木県の那須歴史探訪館の「透明な土壁」で、もうひとつは山口県にある厚母（あつも）大仏大仏殿に使った「日干しレンガ」である。どちらも近代建築には例がない難問であったが、久住さんは見事にこの難問を解いてみせた。本書はこの二つの「へんな壁」をはじめとする、さまざまな難問解決のプロセスが臨場感たっぷりに語り下ろされている。

読者が抱いていた従来の「職人」のイメージは、ガラガラと崩れるであろう。ここにいる一人の男は、保守的で思わせぶりな神秘主義とはもっとも遠く、無口でもかたくなでもなく、冗舌で柔軟であり、絶えず挑戦的で新しもの好きであり、活動の範囲は世界に広がっている。

読み終わって大いに元気づけられた。ITが与えてくれる情報や映像は僕らを包囲し、具体的な生々しい物質から僕らの身体をどんどん遠ざけている。そんなすかすかの時代に対して、かくも楽しげに悠々と抵抗している男がいる。これほど愉快な事はない。（隈研吾・建築家）

（世織書房・1890円）＝2005年1月27日⑥配信

画期的な“偉業”再評価

「怪帝ナポレオンIII世」（鹿島茂著）

本書を読み終えた私がまずしたことは、パリの友人への国際電話だった。かといって著者の、ナポレオンIII世はアホでも間抜けでもなかったという説に、異論があったからでは決してない。

受話器を取ったフランス人の一人が、こういった。「ピカソの息子はピカソたりえないところが、不幸のはじまりなのだ」と。どうやら彼らにさえナポレオンIII世は、その程度にしか評価されていないようだ。凡庸で、敵国の捕虜になるほど無能だと思われていた彼を一挙に「怪帝」に祭り上げた意味でも本書は、ご本家フランスでも類のない画期的な作品といえる。

第二帝政を得意とする著者ならではの筆力にうながされ、四百七十八ページを一気に読み終えた。それにしても困ったのは、おかげで私のなかのパリに大幅な加筆を迫られることになったことだ。

セーヌ県知事のオスマンの独壇場だとばかり思っていた「パリ大改造」は、ナポレオンIII世という、たった一人の為政者の頭の中の考えから出発し遂行、成功した稀有（けう）な例だとある。女たらしと揶揄（やゆ）されながらも着実に偉業を成し遂げるところはまさに、フランスの政治家に流れるDNAのなせる業だ。

パリの街路を特徴づける放射状の原型プラン（ロータリー）も、ナポレオンIII世の複雑な性格から生まれたものだという。たとえば巨大な凱旋（がいせん）門が聳（そび）える、エトワール広場を思い浮かべていただきたい。広場から何本もの道が放射状にのびる町の構造が、パリを世界中のどこよりも美しくミステリアスな町にしている。と同時にパリでは道が放射状になっているから、迷子になりやすい。シンプル・イズ・ベストのわが国とはちがってフランスは、難解なことが善になるお国柄なのである。

不遇時代から一貫して貧困絶滅を目指し、福祉を唱え、皇帝民主主義を標榜（ひょうぼう）したことも、ナポレオンIII世の知られざる一面である。セントヘレナ島で没したナポレオンの棺（ひつぎ）がパリに帰還したように、ロンドンで眠るナポレオンIII世とウージェニー皇妃のパリ帰還を嘆願したくなるような、フランス好きには見逃せない一冊である。（吉村葉子・エッセイスト）

（講談社・2940円）＝2005年2月3日①配信

〈ことばの力〉への問い

「極西文学論」(仲俣暁生著)

今、私たちは何処(どこ)にいるのか、そして何処に行こうとしているのか。この居心地の悪さは何なのか。ここから向こうを目指したはずなのに、また振り出しに戻ってしまった感じをどう始末したらいいのか。狭いところに自分を閉じこめて堂々めぐりをする運動体質をいつから身につけてしまったのか。

自閉しながら恐怖を恐怖している〈私〉は何者なのか。錯覚と見分けのつかないイメージを幻視しながら、次第になまくらになっていく〈ことばの力〉に、それでもすがって生きているのが人間というものなのか。一体全体どう魔がさして〈私〉はこんな場所に存在しているのだろうか。

本書から発してくる問いかけは、察するに余りあるほど現代的課題をはらんでいる。取り出された諸問題は枚挙にいとまなしの感がある。

素材としての作家で言えば、舞城王太郎、吉田修一、阿部和重、保坂和志、星野智幸、村上春樹など時代の寵児(ちょうじ)とみられている人々である。とりわけ村上春樹は格別で、彼のアメリカ映画・音楽・小説などの受容のあり方が、日本中に散布されていることを後づけていく手法は、この一冊の圧巻となっている。

著者は、誰もが知る〈極東〉というイメージを念頭にして、あえて〈極西〉という幻影の盾を対置してみせる。地球儀を見る角度によって〈東〉も〈西〉も交換可能であるのだが、〈アメリカ〉はより〈アメリカ〉化するために、歴史的にみてひたすら〈西へ〉その政治力、経済力、軍事力のあらん限りを尽くしてきた。まるで〈西へ〉進めば西方浄土という極楽世界があるかのように。

アメリカにとって〈太平洋戦争〉は〈西へ〉の一帰結で、〈イラク侵攻〉はその延長のようだ。アメリカ的〈極西〉への果てしなき運動を飛沫(ひまつ)のように身に浴びた現代作家たちは、無意識に〈極西〉を求めて続けている。

著者は、問題はその〈西へ〉という運動が確固たる想像力の下に〈ことばの力〉を生み出しているかどうか力強く問い続けているのである。(栗坪良樹・文芸評論家)

(晶文社・1680円)=2005年2月3日③配信

“遊園地の女王”を探求

「観覧車物語」(福井優子著)

図版満載の本なので、まずは全体をぱらぱらめくる。

すると、わが横浜の懐かしい野毛山遊園地の絵はがきがでてきて、目がくぎ付けになってしまった。奥の方に観覧車が見え、手前には飛行塔とムーンロケット。写真には写っていないが、反対側にメリーゴーラウンド、ミニ電車、ゴーカートなどもあった。一九六四年に閉園するまで、どの乗り物にもくりかえし乗ったはずだが、遊園地全体の心象風景は、なぜか観覧車を中心にできあがっている。

本書によれば、観覧車は「遊園地の女王」なのであり、やはり女王さまが記憶の中心を占め続けるのだろう。

そんな女王の堂々たる軌跡を、アメリカ、ヨーロッパ、日本と追ったのが本書であり、探索はマニアックである。時代の幅も、一八九三年のコロンビア博覧会(シカゴ)に登場したフェリスホイールから、平成日本のビッグ・オー(東京ドームシティ)まで、一一〇年におよぶ。

なかでも、日本初の観覧車が一九〇七年に上野の東京勧業博覧会に登場したとする通説を、その一年前に大阪での戦捷紀念博覧会に登場と訂正した「新発見」は、著者の功績である。

最近の絶叫型ジェットコースターについていけない評者にとって、観覧車のスピードこそ好ましいが、とくに日本の観覧車は外国に比べ、スピードが遅いことを本書で知った。ダイナミックなスリルよりも、上昇下降のなかでゆったりと眺望を「体感」する楽しみなのであり、そこには何か独特の時間が流れていると私は思う。

身体の時空間を、ゆるりと変える仕掛けといいかえてもよい。とくに高さ二十メートルほどで外気と直接ふれた初期の観覧車が、どんな乗り心地だったのだろうと思いをはせた。

文化史的な背景への切り込みは少ないが、逆にてらいのない探究の姿勢に好感がもて、観覧車にふさわしい気持ちのよい一書である。興味深い図版がカラー口絵を含めちりばめられており、ブックデザインも楽しい雰囲気を醸しだしている。(川添裕・皇学館大学教授)

(平凡社・2940円)=2005年2月3日④配信

自伝で描く癒やしとロック

「スティング」（スティング著、東本貢司訳）

スティングはロックシーンの頂点に位置しながら、ミステリアスな人であった。高校教師からミュージシャンとしてデビュー、ポリスでブレイクし、ソロ活動では多彩な可能性を開花させた。ぼくもそういうことしか知らなかった。

だがこの自伝で、一気に空白が埋められた。

一九八七年にブラジルでアヤフアスカという幻覚植物を試してみるエピソードから始まり、本書の全体が過去という名の幻覚を振り返るような巧みな構成になっている。

幼き日の経済的な苦労と家業の手伝い、母親の不倫とそれを黙認する父親のことなどがストレートに語られていく。やがて出会ったビートルズやジミ・ヘンドリックス。短い期間の教員生活。そしてバンに乗って移動する過酷なツアーの模様などが綴（つづ）られていく。

スティングは、最初から成功を手にしたように見えるが、やはりそうではなかったのだ。ポリスのメンバーとどんなふうに出会い、それがなぜ解散に至ったのかについても述べられている。

全編を通してスティングが訴えているのは、人間は癒やされなければ生きてはいけないということだ。そして癒やされるためには、身近な人間同士が許し合わなければならないのである。

本書の最後で、スティングは再び一九八七年について書く。彼は最初の妻と離婚しており、三十年来の愛人と暮らしていた母親は病死した。

今、スティングは、亡き妻の後を追うようにがんによる死期を迎えている父親の手をとっている。その武骨な手が自分の手にそっくりなことに衝撃を受ける。「ぼくらは同じ手をしているよ」とスティングは言う。こんなわかりきったことに、なぜ今まで気がつかなかったのだろう、とスティングは思う。

「だがな、おまえは」と父親は言う。「おれよりずっと上手に使ってきたじゃないか」と。

父親に初めて許された、とスティングは感じる。一人の人間の半生記として、本書は感動的だ。（山川健一・作家）

（PHP研究所・2100円）＝2005年2月3日⑤配信

清濁の狭間に人の業描く

「蒼煌」（黒川博行著）

黒川博行といえば、大阪の風土を生かしたユーモラスな語り口のミステリーで、よく知られている。しかし本書は、ミステリーではない。おまけにユーモラスな語り口もない。芸術院会員の次期補充選挙をめぐる争いから、美術界の実態に切り込んだ、人間ドラマなのだ。

日本画家の室生晃人は、芸術院会員の座を狙い、激しい選挙運動を展開していた。強烈な上昇志向を持つ彼は、中堅画家の大村祥三を手足に、引退した画商の殿村惣一を選挙参謀にして、なりふりかまわぬ実弾攻撃で支持票をかき集める。

一方、室生の対抗馬の稲山健児も、娘と一緒に東奔西走をしていた。稲山の孫娘で、画家の卵の梨江は、祖父よりも熱心に活動する母親に反発する。億という金が動き、怪文書が出まわる、泥沼のような選挙戦。その行く末には、思いもかけない事態が待ち構えているのだった。

本来ならば俗世の価値観と隔絶した地平にいるというイメージの強い芸術家が、権威権勢のために狂奔する。肩書を得るために億という金が動き、絵画は、政治家の賄賂（わいろ）やマネー・ロンダリングに使われる。愚かで醜い世界。物語の面白さは、こうした美術界の内幕を、選挙戦に群がる人々を通じて、描ききったところにある。

だが誤解しないでもらいたい。本書に登場する人々は、醜くはあるが、悪人ではない。人間性が最低の室生には、そのようにしか生きてこられなかった純粋さがある。また、室生に比べればはるかに清潔な稲山も、しがらみから生まれた濁りを抱えているのだ。彼らは、それまで積み重ねてきた人生の帰結として、芸術院会員の座を求めるのだ。だから、清と濁の狭間（はざま）であがき続けなければならないのである。

そしてそれは、私たちの姿でもある。スケールこそ違うものの、私たちの人生も、清と濁の狭間を揺れ動いているのだ。大げさにいうならば、人間の業。作者は、芸術と選挙という清と濁を結びつけることで、こうした人間の業を明瞭（めいりょう）に浮き彫りにしたのである。（細谷正充・文芸評論家）

（文芸春秋・1890円）＝2005年2月3日⑥配信

“逆転”するゲーム感覚

「ジュ・ゲーム・モア・ノン・プリュ」（ブルボン小林著）

ひとことで言えば、コンピューターゲームについて語られた文章がまとめられている本なのだが、ではゲーム評なのかとなると素直にそうだとは言いにくい。

この本に取り上げられているコンピューターゲームと、将棋やチェス、ポーカーや麻雀（マージャン）といったいわゆる古典的なゲームとの大きな違いは、それらが基本的にひとり遊びである、という点ではないかと思う。プレーヤーが向き合うのは、あらかじめそこに書きこまれたプログラムと、そしてそれに反応する自分自身だけである。つまりコンピューターゲームについて語るというのは、それに投影された自分自身を語ることにほかならない。

そんなわけで、ここには著者であるブルボン小林氏の少年時代から青春そして現在にいたるまでのゲームを通した精神の遍歴が赤裸々に語られている、と考えるべきなのだが、これまた、そうすんなりとはいかない。

ブルボン小林氏、というのは、本書を読めばすぐにわかることだが、小説家である長嶋有氏のライターネーム、つまりブルボン小林というのは、長嶋有によって作られたキャラクターなのだ。「長嶋有」と「ブルボン小林」という名前が、仕事によって使い分けられているという記述は、本書のなかでも何度も出てくる。その結果、読者は、まるで「長嶋有が『ブルボン小林を主人公としたゲーム』をプレーしている」というさまを背後から眺めているように、本書を読むことになる。

ところが、最後にオマケのようについている長嶋有の小説を読んだとき、この感覚は逆転する。

もしかしたら長嶋有を操作してこの小説を書かせたのは、長嶋有に操作されていたはずのブルボン小林なのではないか？

そんな疑問を抱かずにはいられなくなるような小説なのだ。

プレーしながらプレーされ、プレーされながらプレーするというなんともややこしいこのゲーム、タイトルは「ブルボン小林は長嶋有の夢を見るか？」なんてのはどうだろう。（北野勇作・SF作家）

（太田出版・1470円）＝2005年2月10日①配信

随所に凝らされた騙り

「工学部・水柿助教授の逡巡」（森博嗣著）

本職を別に持つ、二足のわらじを履く作家は少なくない。本業の傍らの執筆なので二足派は作品数が限られがちだが、中には例外も存在する。

某国立大学工学部助教授の著者はまさにその代表例といっていい。「すべてがFになる」でデビューしてから八年余、文庫化された作品まで含め、著作数はすでに百冊を超える。

作品の中軸は「すべてがFになる」を始めとする本格ミステリーだが、中には趣味の鉄道模型作りのエッセイもあったりする。専業作家も真っ青の超人的な量産ぶりともなれば、いったいどんな人なのか、著者の素顔をのぞいてみたくなるのが人情というものだろう。

「工学部・水柿助教授の日常」（幻冬舎文庫）に続くシリーズ第二作の本書も、一見そうした読者の要望に応えて書かれた作品のようにもみえる。

主人公水柿小次郎はN大学工学部の助教授で、専攻は建築学。二歳下のミステリー好きの妻がいる。小柄でまじめな水柿の理系キャラ⁉　は確かに著者そのもののようにも思われよう。

前作は作家になる以前の水柿夫妻の周辺で起きる〝日常の謎〟を軸に、ミステリー調に仕立てられていたが、そのいっぽうであちこちに話を振って読者を煙（けむ）に巻くなど、冗舌な私小説・エッセイとしても読めたわけだ。

だが、むろんそれは著者の周到な計算による。本書でも文中何度も本作は小説であり虚構であると記されているように、身辺エッセイとしても、私小説としても、日常の謎ミステリーとしても読めるような騙（かた）りが随所で凝らされているのである。

本書で水柿はいよいよ作家デビューをして貧乏生活とも決別、リッチな二足のわらじ生活を始めることになるが、あくまで水柿は水柿、森博嗣とはビミョーに異なる。そうした著者の戯れに読者も乗れるかどうかが本書を楽しむカギとなろう。

なお本書は次作の「工学部・水柿助教授の離脱（仮題）」も加え三部作になる予定。「離脱」とは二足のわらじを脱ぐということなのだろうか。（香山二三郎・コラムニスト）

（幻冬舎・1680円）＝2005年2月10日②配信

闇から紡ぎ出す言葉　「旅をする裸の眼」（多和田葉子著）

そこを抜けるのにどんなに時間がかかろうと、あるいは途中で行きあぐねようと、迷路には出口が用意されていることになっている。「終わり」という約束事があるが故に、人は安心して迷路に踏み入る。

ところが、多和田葉子の迷路のような小説には、そうした安心感が微塵（みじん）もない。出口はないかもしれない、という恐怖を心の隅に抱えたまま歩き続けていくしかないような状態に置かれる。しかもあたりは暗い。闇を分ける月や街灯がないとき人はなにを頼りに進むのだろう。音、匂（にお）い、風、あるいは闇に凝らす眼。では、その眼はどのように闇に慣れ、どのように他者の形を見きわめるのか。

本書の主人公「わたし」は、故国の言葉、風習、価値観から引き離され、名前を失（な）くしてさまようベトナムの女性である。社会主義者としてベルリンを訪れた彼女は、いつの間にか自由主義のパリにいる。飛行機に乗り、汽車に乗り、国から国へ、街から街へ、人から人へと動き続けるが、心が求めているものは出口である。理解できない異国の言語に囲まれた彼女の孤立を慰撫（いぶ）するのは、映画館のいすであり、スクリーンに映る有名な女優である。「わたしは夜の海を彷徨うボートで、映画館は灯台」と彼女は思う。

映画館の闇の向こうでそこだけ明るいスクリーンは、著者の小説「ゴットハルト鉄道」の長いトンネルの果てにある光の射（さ）す出口に似ている。その出口を、「わたし」は一対の眼（め）となって一心に見つめる。眼は意味で塗りこめられた闇から言葉を紡ぎだし、その言葉がかろうじて「わたし」と世界とを繋（つな）いでいる。

この作品を多和田はドイツ語と日本語で同時に書いたという。日本語の文章の揺らぎがドイツ語の表現を変え、ドイツ語の変化が日本語の意味を変えるというふうに、ふたつの言語が影響しあう形で書き継がれたそうだ。この行為は、本書の主人公の過去や意識が外の国や言葉に接して変容していくありさまと恐ろしいまでに呼応している。

（古屋美登里・翻訳家）

（講談社・1680円）＝2005年2月10日③配信

イメージの水脈読み解く　「江戸の動物画」（今橋理子著）

昨今の厳しい出版事情の中、美術史の本格的な研究書を刊行するのは至難の業。図版掲載料などの経費がかさんで、ごく少部数で数万円になることも多い。本書は、一般の方にとっては高価な六千円という価格だが、これほど高度な内容、豊富な図版を備えて、むしろ安いぐらいだと思う。

「江戸の花鳥画」「江戸絵画と文学」に続く三部作の完結編である本書は、大学の研究紀要や国文学の専門誌に寄稿された論文を集め、書き下ろしを加えたもの。というと、難解な論文集かと思われるかもしれないが、さにあらず。今橋氏は、美術史の高度な学識に加えて、フォークロア的な分析を縦横に盛り込んで、かつ専門的知識がそれほどない人に対しても語りかけることができる、稀有（けう）な書き手である。

たとえば、「かわいい、りりしい、たのもしい」と題された冒頭には、いきなり犬好きにはおなじみの岩合光昭写真集「ニッポンの犬」が引用されて、現代人が漠然と持っている愛玩動物のイメージを問い直そうとする。

そして、第二章「〈月の兎〉の図像と象徴」では、ミッフィーのイメージを導入として、専門家の間で注目されている、葛蛇玉（かつじゃぎょく）（一七三五―八〇年）が描いた屏風（びょうぶ）に込められた意味を読み解いていく。屏風の左右に描かれた兎（うさぎ）と烏（からす）が、それぞれ月と太陽を象徴するものであり、この作品が「雪夜日月図屏風」とも呼べるものである、という著者の新解釈が示される。

他に、私も最近おおいに関心を持っている長澤蘆雪（一七五四―九九年）の謎めいた幽霊画についても、これでもか、というぐらい詳細なフォークロア的分析がなされて、この絵にさまざまなイメージの水脈が流れ込んでいることを教えられた。参照困難な図版も豊富に盛り込まれているから、そのスリリングな展開に、一般の読者もなんとかついていけるだろう。学術書としては理想的なスタンスだと思う。

私より若いのに、ライフワーク三部作を完結させた今橋さん、次は「ダ・ヴィンチ・コード」を超えてください。（山下裕二・明治学院大教授）

（東京大学出版会・6300円）＝2005年2月10日④配信

批判精神が光るデビュー作

「白の咆哮」（朝倉祐弥著）

金原ひとみ以降、注目集まる「すばる文学賞」の最新作。一読、大切なことが書いてあるという感触が残った。

北陸地方の山間部で〈土踊り〉が産声をあげる。〈土踊り〉はみるみる広がっていく。首都圏を制圧し、北海道へ、あるいは四国へ〈土踊り〉は拡散し続け、ついに九州へ。だがその踊りを受け入れようとしない人間たちももちろんいた。最後まで〈土踊り〉を拒否し続けたのは、〈入植〉者たちだった。

物語は、不気味な拡（ひろ）がりを続ける踊りの集団を前にして〈入植〉者たちの共同体がどのように結束したり緩んだりするかを、微細に描いている。だが、小説全体を通じて、固有名詞はひとつもない。語り手は単に「わたし」と呼ばれているだけだ。

たぶん著者は、大江健三郎や中上健次を読んできたのだろうし、そう思わせる部分もある。だが、とりあえずそうした名前とは関係なく読むと、この本に書いてあるのは、共同性や共同体について、退却できないところまで退いてから、つまり一から考え直すことそのものである。私が感じた「大切なもの」とはこれだ。

ちょっと別の角度から考えてみると、いま、若い人の書く小説には、大きく分けて二つの流れがある。ひとつは「わたし」が出会う他者との物語。恋人と死別してしまう哀切極まりないベストセラーもこっちに入る。一方、そうした流れに与（くみ）したくない者はどうするのか。妄想と想像の境界ギリギリにポジションをとって、世界をもう一度組み立て直してみるしかないではないか。自分にとって世界とはこんなふうに出来ているのだ、と昂然（こうぜん）と言い放つこと。朝倉祐弥のデビュー作にはそんな不穏な感じがあって、素晴らしいと思うのだ。

それにしてもラストシーンに登場する踊りの、なんと不気味なことか！　見る者を惹（ひ）きつける原初的なエネルギーに満ちていた〈土踊り〉は、日本中を席巻し、美しく落ち度のない完璧（かんぺき）な踊りに仕上がるが、同時に無機質な様式だけの踊りに堕している。著者の批判精神が光っている。（陣野俊史・文芸評論家）

（集英社・1470円）＝2005年2月10日⑤配信

淡々とした一人語り

「私事（わたくしごと）」（中村雀右衛門著）

ある一定以上の年配の読者なら、中村雀右衛門と聞いてピンとこなくても、かつて映画「佐々木小次郎」を演じた大谷友右衛門と聞けば、思い出すに違いない。その名とともによみがえる戦後のさまざまな記憶と一緒に。友右衛門の佐々木小次郎は、一映画たるを越えて戦後を象徴する社会的事象だった。

その中村雀右衛門はいま、八十余歳の女形として歌舞伎界の頂点に立っている。演じる役は、姫であり娘であり傾城（けいせい）と呼ばれる遊女であり、役の上の恋人である相手役は、時に六十歳近く下の市川海老蔵であったりする。昨年、文化勲章受章という栄誉に浴した。

この目も眩（くら）むような隔たりの間に、雀右衛門の役者としての人生がある。佐々木小次郎役がアプレゲールの象徴たりえたのは、その前にスマトラのジャングルで体験した軍隊生活があったればこそである。貴重な脇役者だった父親は、その間に巡業先の鳥取で大地震の犠牲になっている。この女形役者の人生には、時代年表に記載されるような事項がびっしりと裏貼（うらば）りされているのだ。

運転ができるために徴用された軍隊では、トラックで物資や傷病兵の輸送に当たっていたが、多彩な趣味を持つこの女形の、中でも一番の趣味は八十歳になるまで乗り回したオートバイだった。そういう形での、戦争体験の「後遺症」もある。

しかし戦後帰還した一介の若手役者にとって、その後の人生を決定づけ、かつ苦しめたのは、のちに岳父になった大御所俳優の鶴の一声で、二十七歳にして女形としての修業を始めたことだった。遥（はる）か先を行く先輩女形として、あの中村歌右衛門がいた。三歳にして女形の修業を始めたというこの絢爛（けんらん）たる天才は、実年齢はたった三歳の年長でしかないのだ。

そういう、ほとんど絶望的とも思える悪戦苦闘の果て、雀右衛門はいま歌舞伎の最先端に立っている。その雀右衛門が来し方を衒（てら）いも隠すこともなく、ひとり語りに淡々と語ったのが本書である。先入観を払ってまず手に取って見ることをお勧めする。（上村以和於・演劇評論家）

（岩波書店・1680円）＝2005年2月10日⑥配信

英知の結集としての万博

「『万博』発明発見50の物語」（久島伸昭著）

今年三月の開催が迫った愛知万博（愛・地球博）。それを前に発行された本書は、万博の意外な側面を教えてくれる。

サックス、ウクレレ、エルメス、ヴィトン、日本赤十字、ホットドッグにエレベーター…。われわれになじみの深いこれらの事物は、すべて万博をキッカケに広まり、有名になり、創設されたものであるという。

「芸術」、「ブランド」、「食文化」から「乗り物」まで、さまざまな分野にわたって万博がわれわれの日常社会にもたらしたモノ。それらを五十の興味深いエピソードにまとめて紹介したのが本書である。

表紙帯には「万博トリビアの決定版」とあるが、おのおのの逸話には、一歩踏み込んで考えさせるものがある。たとえば「日本赤十字」誕生の経緯。本書によれば、国際赤十字が初のパビリオンを出したのが、一八六七年の第二回パリ万博。この展示を見たのが、日本から来た佐賀藩の藩士、佐野常民（さのつねたみ）である。

それから十年後、一八七七年の西南戦争で、政府軍と西郷軍の悲惨な戦場の様子を見て、佐野は日本にも赤十字のような組織の必要性を痛感。これが「日本赤十字」の創設を促した。

万博のために世界中から寄せられた事物は、人類の英知の結集であろう。それは佐野のように見る人が見れば、「次なる良いもの」を生み出すヒントになる。「われわれの社会は、このように発展して来たのだなあ」と感じさせる話である。

インターネットが普及した現代は、ワンタッチのキー操作でさまざまな情報が入手できる時代だ。ワールド・ワイド・ウェブは、仮想万博とも呼べる情報展示場である。

しかし、そのように形のない情報が浮遊する社会だからこそ、「手応えのあるモノ」が集まる展示会は、昔以上の意味を持つのかもしれない。

六千四百万人余りを集めた大阪万博から三十年以上を経て、近年の万博は当時の国民的支持を失っている。愛知万博にも、反対運動が巻き起こったのは事実。しかしやる以上は、現代における万博の意義を証明してほしい。（小林雅一・ジャーナリスト）

（講談社・1680円）＝2005年2月17日①配信

自分の場所見つける物語

「遺失物管理所」（ジークフリート・レンツ著、松永美穂訳）

小説および疑似小説があふれている。そんななかで、まだ評価が定まっていない同時代の小説、しかも翻訳ものをあえて手に取ろうという読者は、ずばり面白い物語を求めているのだ。

一九二六年生まれのドイツ文壇長老ジークフリート・レンツの十四作目の長編が提供してくれるのは、言葉の新実験でも、「9・11」後の世界でもなく、懐かしいくらい正統派の読書の楽しみである。

物語は、二十四歳の主人公が北ドイツの大きな駅の遺失物管理所に異動になったところから始まる。この場所は、イッセー尾形の一人芝居とか高嶋弟主演ドラマの舞台とかにすでにありそうで意外にもまだないようだ。ここなら、吉本新喜劇の食堂よろしく、どんな人どんな物が飛びこんできても、どんな心温まるお話が出てきても不自然ではあるまい。

じっさい、僧服、ドイツ帝国の古い旗、あるいは大金を腹に抱えた人形など、いかにもといった落とし物（日本の定番なら骨つぼだろうか）も登場するが、心優しい主人公は、まだ新しいベビーカーを見ながら、これが忘れ物となった経緯に思いを巡らす。

遺失物管理所は、窓際の職場である。出世など望まない主人公にとって居心地のよい場所であるが、同時にそれほどの思い入れもなく、自分自身が「なくし物」として漂着してしまった気分でいる。

ところが、同僚やその家族、さまざまな落とし主たちと付き合うなかで、若者は初めて社会における自分の場所を「見つけてゆく」。その意味でこれはドイツ文学伝統の、特別な事件は何も起こらない教養小説の一変種である。

落とし主たちは、自分が持ち主であったことを証明しなければならない。平凡な主人公の隠れた才能がここで突如開花し、奇想天外な証明方法が次々と繰りだされるのだが、これは見せ場なので明かさないでおこう。テレビドラマやコントの新しい台本を探している仕事人にも一読をおすすめする。（高田里恵子・桃山学院大教授）

（新潮クレスト・ブックス・1890円）＝2005年2月17日②配信

日本の考古学へ闘い挑む

「環境考古学への招待」（松井章著）

これまでの日本の考古学といえば、石器や土器などの人工遺物の発掘と、その年代測定ばかりが重視されてきた印象が強い。遺跡で変わり種のモノが発掘されれば、そのモノの発掘地層や形象の分析によって、従来考えられてきた年代より、どれだけさかのぼれるかということに、マスコミや素人の私たちまでもが一喜一憂してきた。

本書で紹介される環境考古学という耳新しい分野は、モノと年代に偏向した従来の日本考古学に対して闘いを挑む、何とも痛快な試みである。

それぞれの時代に人々がどのような環境で生きてきたのかということに最大の関心を払うこの新しい試みでは、扱われる対象も変わり種のモノではなく、これまで見過ごされてきた木片、骨、廃土として捨てられていた土壌などである。そこにこそ、人々の生活の情報が詰まっているというのだ。

たとえば、奥州藤原氏の居館である柳之御所遺跡から見つかったトイレ遺構の土壌。そこにはサクラマスに寄生する魚サナダムシが多く含まれていることがわかった。それにより、傍らに流れる北上川をさかのぼるサクラマスを生食、もしくは、十分に火を通さないまま食べていた当時の柳之御所の住人たちの食習慣が明らかにされる。

あるいは、明石藩の武家屋敷裏庭のごみ捨て場からは、食用のために切断された痕跡のある犬や牛、豚などの大量の骨が出土した。家老クラスの武士たちも実は肉が大好物で、人目を忍んで食べては裏庭や溝に埋めていたという、人間臭い側面が生き生きと浮かび上がってくるのだ。

そして、何よりも私を驚かせたのは、この新しい考古学の試みが、現代史の解明にも寄与しうるということである。古戦場の発掘や土壌分析により、戦場の様子を再現する戦跡考古学の手法が既に、最近終結したばかりのクロアチア内戦における大量虐殺事件の解明に活用され、その残忍で、おぞましい状況が明らかにされたのである。

モノから人へ、古代から現代へ。本書は、考古学新時代の到来を高らかに宣言している。（六車由実・東北芸術工科大助教授）

（岩波新書・777円）＝2005年2月17日③配信

新しい言語を探る科学

「寺田寅彦と現代」（池内了著）

科学そのものが終わりを迎えるのではないか、とのささやきが聞こえるようになった。近代科学を担ってきた要素還元主義的な手法は限界で、世界観を変えるような発見は今後あり得ないというのだ。科学の功罪だけでなく、科学そのものの存在意義が問われるようになったのである。

本書は現代科学をめぐるこうした状況を解決するためのヒントを、寺田寅彦の残したエッセーから拾い上げようとする試みである。著名な物理学者であり、随筆家としても知られる寺田は、科学や自然をやさしい言葉で語ることに優れていただけでなく、科学のあり方について驚くほどの先見性を持っていた。

結晶のエックス線解析で世界的な業績をあげた寺田は、しばらくすると地震や火山といった、古典的な科学で扱うにはやっかいな問題や、ガラスの割れ方やコンペイトーの角（つの）のでき方のような誰も見向きもしなかった身近な現象の解明に興味を持つようになる。当時の科学者からは「趣味の物理学」と揶揄（やゆ）されたが、寺田の関心事を扱う科学は今では「複雑系の科学」と呼ばれ、立派な一分野に成長した。著者は、寺田の文章を丹念にひもときながら、彼の提唱した科学がどのように発展したかを一覧してみせる。寺田の言葉と、フラクタル、カオス、アポトーシスなどの研究を比較すると、予言者ではないかと思えるほどの先見性にあらためて驚かされる。

先見性の背後には、定量化できそうにない「質的な研究」を重視する寺田の姿勢がある。ここには、古典的な科学ができない記述を可能にする、新しい言語を探そうとする態度が見える。物理学者である寺田は科学の未来を信じていたが、科学を過信することは決してなかった。そのことは地震予知より防災に取り組むべきという主張や、科学者が陥りやすい万能感への戒めにも現れている。

妄信も軽蔑（けいべつ）もせず、謙虚にまっすぐに自然を見つめ、語る言葉を探すこと。科学が直面する問題を乗り越えるためには、寺田のこの姿勢を私たちはまず見習う必要があるだろう。（大島寿美子・北星学園大助教授）

（みすず書房・2730円）＝2005年2月17日④配信

風土論から解く純愛

「『電車男』は誰なのか」（鈴木淳史著）

五十万部を突破した話題のベストセラー「電車男」（新潮社）。二〇〇四年春、あるオタク青年が電車の中で酔っぱらいにからまれていた女性を助けたことに始まり、巨大匿名掲示板「2ちゃんねる」の励ましや助言で成就した恋物語を、一定の編集を加えて出版したものだ。

著者はこの本を通じて現代を読み解いてみせるが、主な論点は二つある。一つは、舞台となった「2ちゃんねる」の分析を中心とする日本人・日本文化論。もう一つは、〇四年の重要キーワードでもあった純愛論である。

まず第一点について。「フラット化」「ネタ」など独特の用語を駆使するが、主張の内容はオーソドックスである。依拠する大枠は和辻哲郎「風土」だろう。

日本人は同質性への志向と横並び主義が強い（フラット化）。またヨーロッパ文化のような絶対性への希求はなく、ものごとの真偽があいまいなままで基本的に平気だが（ネタ）、便宜的に短絡的なレッテル張りで処理することも多い（ネタの固定化）、と。こうした特性が「2ちゃんねる」にも浸透している、という指摘は興味深い。

こうした「ちゃねらーに」応援され成就した「電車男」の純愛のほうだが、これについて著者は「エルメス（相手の女性、お礼にエルメスのティーカップを送ってきたのでこう呼ばれる）の手の平で踊らされているだけ」との印象を述べている。私もほぼ同感だ。だが、女性は強く誘導しながらも、最終的な告白の役割は男性に担わせる。

「これだけは絶対譲れないというくらいの勢いで旧来のしきたりが守られている」との指摘に思わず笑ってしまったが、一定の覚悟と責任感を試すという意味合いも強いのだろう。

そう考えると、二十代半ばの社会人であるという彼女が、彼に初めてパソコンやインターネットを教えてもらった、という記述も疑わしく思えてくる。本では削除された最終日のポルノ小説のような書き込みは、エルメスの意向による「ちゃねらー」への贈り物だったのではないだろうか。（大塚明子・文教大助教授）

（中央公論新社・1050円）＝2005年2月17日⑤配信

体張って闘いとった自由

「『噂の眞相』25年戦記」（岡留安則著）

昨年、異例の黒字休刊に踏み切った「噂の眞相」ほどメディア関係者に読まれた雑誌はない。政官界から芸能界や文壇、皇室にいたるまであらゆる分野のマル秘情報の宝庫だった。雑誌の売り上げが軒並み低迷するなかで「噂眞（ウワシン）」だけが右肩上がりで部数を伸ばした。

わずか十数人のスタッフでどうやってこれだけ豊富な情報を集めたのだろうと不思議に思っていたら、編集長だった著者自身がこの本で種明かしをしてくれた。

情報の仕入れ先は新宿ゴールデン街だった。テレビ、新聞、週刊誌、広告、演劇などの業界人が集まることで知られる飲み屋街である。深夜、一人でこの街の店を二、三軒ハシゴすれば「噂眞」名物の「一行情報」を提供してくれる業界人に必ず遭遇できたという。

言われてみれば拍子抜けするほど簡単な仕掛けだが、それにしても酒場のグチや内輪話を商品化するなんてうまいことを考えついたものだ。

だが「噂眞」躍進の秘密はそれだけではない。広告収入に頼らず、「書けないことは何もない」「入手した情報はすべて公開する」という「単純でクリーンな編集方針」が読者の共感を呼び、スタッフの士気を高めた。

他のメディアがさまざまなタブーや制約を抱え込み、閉塞（へいそく）感を強めていけばいくほど「噂眞」という「タブーなき雑誌」の存在は際立った。

その一方で「噂眞」は右翼や政界や捜査当局からの圧力に直面した。創刊二年目には皇室問題で右翼の総攻撃を受け、廃刊寸前に追い込まれた。二〇〇〇年にも右翼に襲撃され、著者らが重傷を負った。「噂眞」の歴史は絶え間ない抗議と圧力と名誉棄損訴訟の歴史だったといってもいい。

そうした困難を著者がどう乗り越えてきたかはこの本をお読みになれば分かるはずだ。どんなことにもめげない著者の粘り強い性格がなければ、とっくの昔に「噂眞」は潰（つぶ）されていただろう。言論の自由は与えられるものでなく、自らの体を張って闘いとるものだということを私は痛感させられた。（魚住昭・ジャーナリスト）

（集英社新書・735円）＝2005年2月17日⑥配信

重層化された現代の屈折　「しかたのない水」（井上荒野著）

フィットネスクラブに通う六人の男女の物語が輪舞のように回る。一つの物語では主役だった人物が、次の話で脇役になる。最近の映画などによく使われる、複眼レンズ的な手法と構想が、スピーディーな言葉運びをともなって展開されていく。

それぞれの人物の微妙な差異を刻む視野、それを描くことで、重層化された現代の屈折を表そうとしたのだろう。

「手紙とカルピス」「クラプトンと骨壺」など、意外な組み合わせの章のタイトルがおしゃれだ。例えば「サモワールの薔薇とオニオングラタン」。いつも老母に付き添って、スイミングのクラスに通う三十代の独身女性の話である。

クラブでは地味で印象の薄い彼女だが、その陰に分厚い「人生」が潜んでいた。画家である「母」が、突然、「父」に捨てられた。半狂乱になって壊れていく母を見た時から、娘は母親と一心同体になってしまった。

「砂あらしのような疫病のようなその時期がようやく過ぎたとき、私は、自分の一部とおかあさんの一部が同化してしまったことに気がついた」。クラブに通ってくる青年を心に描いては自慰を繰り返し、老母の精神の揺れに微妙に反応していく娘。彼女は、「人間には、生きていく人と、死んでいく人がいる」といい、自分は「おかあさん同様、毎日少しずつ死んでいく人間なのだろう。」とつぶやく。現代の母と娘の病巣を暗示して、切ない一編になっている。

「サモワールの薔薇」は老母の絵の「唯一の」代表作であり、「オニオングラタン」は、その母が熱狂的に作って娘に食べさせる料理の象徴となる。物語と物語をつなぐ鎖のように、タイトルが巧みに生かされるのである。

場当たり的に「女」を取り換える青年、幻のわが子と二人で暮らす若い女性の異様さ。セックスにかかわる生な言葉が頻出するのに、空無な男女関係が読みとれる。わけのわからない現代の感受性を、六つの視野の差異によって浮き上がらせた小説といっていい。（佐伯裕子・歌人）

（新潮社・1575円）＝2005年2月24日①配信

傑作誕生への歩みを探る　「『仁義なき戦い』をつくった男たち」（山根貞男・米原尚志著）

子供のころ、映画は東映、野球も東映という宣伝用の惹句（じゃっく）があった。野球小僧の私にはこの言葉は逆で、野球は東映、映画も東映であった。こうした東映尽くしの状態は、二十年以上、一九七二年まで続いた。その年、藤純子の引退記念映画「関東緋桜一家」を見たとき、なぜか「終わったな」と思ったことを覚えている。義のために自己を捨てる愚かさの美学では、もう時代を撃てないという直感といおうか。

その「関東緋桜一家」と、そして任侠（にんきょう）映画の最高傑作と信じる「博奕（ばくち）打ち　いのち札」の脚本を書いたのが笠原和夫であったことを、この本ではじめて知った。深作欣二についても、デビュー作「風来坊探偵　赤い谷の惨劇」をはじめ、かなりの本数を見ているようなのだ。おやおや、と思った。

深作欣二と笠原和夫。二人が最初に出会い、そこで生まれたのが「仁義なき戦い」であった。一九七三年、私にとってこの映画は「終わったな」という印象を、戦後という時代の終わりのはじまりとして確認させてくれたもう一つの傑作であった。

この本は、「仁義なき戦い」の誕生に向けて、会うべくして会うための二人の歩みを、息もつかせぬテンポと熱っぽさで探っていく。

丹念な取材、調べ上げた事実をもとに物語をつむぐ、その徹底したリアリズムが笠原の真骨頂である。過去にその脚本に手を入れたために笠原に嫌われた深作。

共通点があった。それはともに戦中世代であることだ。生きるためには時代のおもむくままに変わっていかざるを得ない、だが、変わる自分を許せないもうひとりの自分がいる。戦争で死ぬはずだったのに、自分だけが生き残ってしまったという罪責感、つまり戦後に生き残った戦中世代の基本的な思いが深いところで二人を結びつけた。

時代を受け入れることと拒否することとの強い葛藤（かっとう）が、あのはちゃめちゃなエネルギーの炸裂（さくれつ）するバイオレンス映像となって、結実したのである。（芹沢俊介・評論家）

（NHK出版・1680円）＝2005年2月24日②配信

祝祭の影を精緻に検証

「戦争と万博」（椹木野衣著）

人は読書に何を求めるのだろう。単なる暇つぶし？　力強い共感？　純愛？　有益な知恵に触れることもあるだろう。しかし、いままで無意識に避けていた「闇」に突如出会う体験は、得てして映像よりも文字の呪力（じゅりょく）に負うことが多いのではないか。

本はそれが自立した事物として、読まれることよりも書架に物理的な位置を占めることでわれわれに重力を与える。本は情報ではなく原子のように相手を引き合い連鎖する。

「戦争と万博」が私の手元に来る前に、申し合わせたように中沢新一の「僕の叔父さん網野善彦」と山本七平の「日本はなぜ敗れるのか」が積まれた本の上にあった。それらが渦を巻きながら、本書の「環境」なる不気味なキーワードへと下降する。

私が育った半世紀のなかで起こったさまざまな記憶のなかでも鮮明によみがえる大阪万博。祝祭の影で何があったのか何も知らなかったことに愕然（がくぜん）としながら、それがいまだ何も清算されていない太平洋戦争と、爆発的に日本人の心の隙間（すきま）を埋め尽くして行った列島改造へと繋（つな）がってゆく過程が語られる。

自動プログラムのようにトップアーティストも人々も無意識のベルトコンベヤーに乗せられてしまった起点がそこに立ち上がり、誰も傍観者ではいられないと告げられる。

著者は拙速さを迂回（うかい）するかのように、七〇年万博の熱狂を精緻（せいち）に検証しつつ、「驚くべき戦争」との連関をひもといている。あらゆる若々しい「実験」を「環境」という湿潤な無意識が包み込んでしまう列島。網野善彦氏が著書「無縁・公界・楽」の冒頭に引用した教え子の質問が重い。

「あなたは、天皇の力が弱くなり、滅びそうになったと説明するが、なぜ、それでも天皇は滅びなかったのか。形だけの存在なら、とり除かれてもよかったはずなのに、なぜ、だれもそれができなかったのか」と。

私たちが国際社会のなかでさまよい立ち尽くしている今。いまだかって語られることの無かった良質な日本論が、私たちの書架に加えられたことがうれしい。（椿昇・美術家）

（美術出版社・2940円）＝2005年2月24日⑤配信

想像力喚起する創作を体現

「俳句とエロス」（復本一郎著）

俳句と言えば、「わび・さび」。そして花鳥諷詠(ふうえい)。四季折々の自然美と強く結びついている。その常識に、意表をつく「人間のエロティシズム」という観点から本書は切り込んだ。

驚きながら読み進めると、俳句とエロティシズムがミスマッチどころか、俳句の本質をえぐる有効な視点であることが納得できる。「芭蕉や蕪村にも、恋の句はあるのでは」とか「性愛を大胆にうたう俳句や短歌もある」という疑問にも、著者はきちんと答える。

復本一郎は、あえかなエロティシズム俳句が誕生した記念すべき瞬間を鮮やかに再現する。現代でも色あせない俳句の改革者として、日野草城（ひの・そうじょう）がいる。「俳句は東洋の真珠である」という名言を残し、昭和三十一年に没した。

草城ほど、「女人」という言葉の喚起する美的イメージを追い求めた俳人はいない。したたるばかりの「エロティシズム俳句」の創始者が、草城なのだ。「春の夜の足の爪剪（き）る女かな」。この時、俳句の可能性がまた一つ開拓された。

一人の恋人を念頭に置く「恋愛」や、露骨な「艶笑」と、本物の「エロティシズム」は違うと復本は言う。どう違うか。あえかで、なまめかしい俳句作品の鑑賞部分は、本書の最大の読ませ所。とくと御覧あれ。具体例が豊富で、分類もわかりやすい。本書自体が、読者の想像力を喚起してやまない俳句の創作手法を見事に体現している。

俳句は、作者と読者の共同制作である。読者にも、作者と一緒になって考える領域が保証されているから、楽しいのだ。例えば、「少年の早くも夏は腋（わき）にほふ」（誓子）のような少年愛もあるとか、「ダンディズム俳句」はあるのかなどと、さまざまに空想することも許されよう。

評者もまた、本書によって想像力が奔放に刺激されてしまった。三十年も前に東大俳句会の女子学生から、「夏近しペンダント深く胸に垂る」という句を喫茶店で示されて、ドギマギした経験がある。あの句は、恋愛とエロティシズムのどちらだったのだろうか。（島内景二・電気通信大教授）

（講談社現代新書・756円）＝2005年2月24日⑥配信

主観と客観の境を攪拌

「ユージニア」（恩田陸著）

北陸K市の旧家で、十七人の人間が毒殺されるという惨劇が起きたが、家族の唯一の生存者は盲目だったため、事件の状況についての証言は不可能だった。やがて、ある青年が犯行を認める手記を残して自殺し、事件は解決したかに見えた。しかし、それから二十五年のあいだ、事件の関係者たちは、別のある人物を「真犯人」と見なし続けていた…。

恩田陸の最新長編「ユージニア」は怖い小説である。だがその怖さは、大量殺人という事件自体のまがまがしさに由来するものではない。事件を契機に、人々の脳内ではぐくまれてゆく疑惑と妄想のありようから醸し出されるものだ。

関係者の大部分は、自殺した青年が犯人だったという表向きの決着を信じていない。しかし、彼らが疑っている人物がやったという物的証拠は何もない上に、既に四半世紀の歳月がたっており、今更告発することは不可能。従って、彼らの疑念は、日陰の植物のように、心の奥の薄暗い空間に人知れずはびこるほかはない―。その考えを表立って口にすることは出来ないという、宙づり状態の居心地悪さの中で。

関係者たちのインタビューに、三人称の記述や、登場人物のひとりが書いたノンフィクションの一部などが入り乱れる破格のスタイルが、主観と客観の境を攪拌（かくはん）してゆく。

大勢の関係者の話を聞いてきたインタビュアーは、最後に、疑惑の的とされている人物と対面するが、その実像は、それまでの証言から読者が想像するであろう犯人像とは、微妙に重なりつつも大きくズレている。人々の疑惑は、どこまでが正鵠（せいこく）を射ていて、どこからが妄想だったのか。

本書には、わかりやすい善人や悪人は登場しない。関係者全員が、少なくとも見かけはどこにでもいそうな人間ばかりだが、だからこそ、彼らの妄執からは何かひやりとするものを感じる。地方都市を舞台にした小説だが、他者への猜疑（さいぎ）がかつてなくあふれ返っている今の日本社会の写し絵でもあるかのようだ。（千街晶之・文芸評論家）

（角川書店・1785円）＝2005年3月3日①配信

アジア観の長大な歴史

「アジアとはなにか」（松枝到著）

アッシリアの古代碑文には「アスー」と「エレブ」という文字が刻まれており、それが変じて「アジア」と「ヨーロッパ」になったとされている。前者は「日の出＝東」、後者は「日の入り＝西」のいいである。

そのアジアは外から、またアジア自身により、どのように見なされ、語られてきたのだろうか。

本書は学者、宣教師、商人、軍隊など、古今、ユーラシア大陸を往来した有名無名の人々の足跡をたどることで、多様なアジア観をさぐっている。

タイトルは少々堅いが、発見に満ちた面白い本だ。ほんの一例を紹介すると…

日いずるアジアは、長らく豊穣（ほうじょう）と野生のイメージをもたれていたらしい。紀元前五世紀の歴史家ヘロドトスの目には、ヨーロッパより開けた空間と映り、中世の旅行家マルコ・ポーロは、黄金の国ジパングを夢想している。

ところがそんな「アジア」の名は、そもそも西方より与えられたものだったのだ。アジアがみずからを「アジア」と自覚したのは、十七世紀に入ってから。それも、中国に進出したイエズス会士がきっかけだった。

鎖国下の日本にいたっては、さらに自覚がない。わが国が独自のアジア観を生みだすには、列強の脅威に目覚め、近代化を急ぐ明治まで待たねばならなかった。

アジア認識に、西洋と東洋とでこれだけの時差があったことに改めて驚かされる。

日本がその後、どのようなアジア観をもつにいたったかは、歴史の示すとおり。忌まわしい戦争の記憶が薄れた現在は、「アジアごはん」に代表されるように、かつてないほどおおらかにアジアがはんらんしている。

しかし、メソポタミア文明発祥の地に目を転ずれば、そこは今まさに血なまぐさい戦場であり、足を踏み入れることもかなわない。

気が遠くなるほど長い年月を経て「アジア」を自称とした私たちに、本書は静かに語りかけてくる。その語の意味を、ただのほほんと受けとめているだけでいいのですかと。若い人に、ぜひすすめたい一冊だ。（瀬川千秋・翻訳家）

（大修館書店・1890円）＝2005年3月3日②配信

“実感する”ことの難しさ

「となり町戦争」（三崎亜記著）

見えないものをわたしたちはどう実感しうるのだろうか。

情報化社会に生きるわたしたちは、日々たくさんのニュースを聞き、多くのデータを手に入れることができる。手に入れた情報は、一見ただの数字と文字でしかない。しかし、その文字と数字はどんなとき、受け止めた人間にとって実感を伴うリアルなものになりうるのだろうか。

主人公の「僕」は、ある日、町の広報によってとなり町との戦争が始まることを知る。けれど、開戦日を過ぎても、銃声を聞くこともなければ爆撃を受けるわけでもない。以前と変わることなく、毎日となり町を通って通勤している「僕」は、ある日戦時特別偵察業務を町から依頼される。何のための戦争なのか、そもそも今が戦時下であるということすらわからないまま、いつのまにか戦争の渦中に身をおく「僕」。広報に出る戦死者の数は確実に増えているのに、それでもなお戦争を実感することができない。

戦争の世紀といわれた二十世紀　そして二十一世紀となった今も変わることなく世界のどこかで戦争は存在している。けれど、同時代を生きているわたしたちが、今世界で起こっていることを実感し、世界とつながっている自分を実感するのは、なぜこうもむずかしいのだろうか。

戦争はさまざまな形で、今もわたしたちの暮らしに影を落としているはずなのに、それを感じとることができないわたしたちは、いつの間にか自分がその渦中にいたとしても、やはり実感できないままなのではないか。さらりとした、抑制の効いた文体が、次第にそんな不安を深め、最後には悲しみさえも湛（たた）えだす。

現代を覆っている底知れない何かを、著者は澄んだまなざしで言葉にしようとしている。自治体が公共事業として戦争を遂行するなどという一見不思議な物語のあちこちに、現実の世界に感じるもどかしさと違和感、そして何よりリアリティーが希薄になっている今のわたしたち自身があぶりだされるのだ。（いずみ凜・劇作家）

（集英社・1470円）＝2005年3月3日④配信

男の身体のヒミツを語る

「感じない男」（森岡正博著）

猥談（わいだん）は男の共通語、と言われているが、ほんとうに男が一人称で自分の性について語ってきたか、わたしはあやしんできた。男の性談義には「百人斬（ぎ）り」だの「何回イカせた」だのいくつかの定型があって、それにのらない性経験は、かえってタブーとされているのではないか、あれだけ性についての男言葉があふれているのに、かんじんなことは語られないままに来たのではなかったか。

そのわたしの疑問に答えてくれる本が、ようやく出た。「私はなぜミニスカに欲情するのか」「私はなぜ制服に惹（ひ）かれるのか」「私はなぜロリコンの気持ちがわかるのか」…が、「私自身」の言葉で語られていて、その自己解剖が潔く、好感が持てる。

森岡さんばかりではない。「ボクはなぜポルノでヌケてしまうのか」「避妊しないでセックスするとき、オレは相手の女をどんな目で見ているのか」などなど、男の性のヒミツを、一人称単数形で語る男たちが、ようやく登場し始めた。

女の目から見れば、男という未知の身体の経験だから、へぇー、そうだったのか、というオドロキがある。男の読者なら、ここまでヒミツをばらすなよ、と怒るかもしれない。

とはいえ、「発見」の多くは、やっぱり、というものだ。ミニスカに欲情するのはミニスカという記号に欲情するので、女性に対してではない、という発見は、どんなパーツも記号として発情できてしまう男の性欲のフェティッシュな文化度（動物から遠く離れて）を示すし、制服フェチは学校フェチ、そして実は洗脳どころか少女の身体に入り込みたい究極の支配願望、と聞けば、情けなくて笑ってしまう。

ところで「ほんとは私は感じてないんじゃないのか？」という問いのパンドラの箱を開けたあとには、男が自分のカラダを愛しておらず、セックスを汚いものと思っている、というおそろしい（ていうか、誰もが知っているにもかかわらず、認めたがらない）事実が横たわっている。そうだったのか。汚いことをするために依存する相手だから、女を憎めるのか。うーむ、女性嫌悪の闇は深い。（上野千鶴子・東大教授）

（ちくま新書・714円）＝2005年3月3日⑤配信

人身御供をキーワードに

「名古屋と金シャチ」（井上章一著）

愛知万博の開催が目前に迫っている。経済力や独自の食文化など、日本中が何かと名古屋方面に注目している今、もっとも名古屋的な主題「金シャチ」の秘密を発掘した本書が世に出たのは、あざといくらい時宜に叶（かな）っている。しかも著者が地元べったりの人でなく、あの「美人論」や「霊柩車の誕生」の井上章一とくれば、面白くないわけがない。

金シャチとは、もちろん江戸時代から「尾張名古屋は城で持つ」と謳（うた）われた名古屋城天守閣にそびえる雌雄の金のしゃちほこである。著者は、その起源を世界の歴史に探り、名古屋でマスコット的に出回る金シャチグッズを収集し、庶民の金シャチ受容史をひもとく。

天守閣の金シャチは、かつては江戸城にも大坂城にもあったが、近代まで生き延びたのは名古屋城だけである。それは最初の竣工（しゅんこう）者だった徳川家康の、そして近代になってからは国宝の威光を担っていた。つまり本来は権力と権威の象徴だったのだ。その金シャチが一八七二年の東京で最初の博覧会、そして翌年のウィーン万博に出品されたのをきっかけに、大衆に愛される花形として受容されていく。いってみれば芸能人化、キャラクター化していくのである。

今春より名古屋で「新世紀・名古屋城博」が開かれ、二十一年ぶりに金シャチが地上に降り、愛知万博の開会式にも〝出席〟する。現在の金シャチは戦後復元された二代目だが、役者としての威光は健在だ。そんな金シャチの数奇な背景が、本書からは浮かび上がる。

私が一番面白く読んだのは「名古屋美人」をめぐる終章の考察である。一九八〇年代に「日本三大ブス都市」の一つに挙げられた名古屋は、近代初期には「美人」の産地として有名だった。それは東京花柳界の働き手の供給源という意味を持っていた。〈人身御供〉という言葉が金シャチと名古屋美人を結ぶキーワードとして、そこに浮上する。その接点から近代日本史の深層心理を論じる本意を、本書は潜めている気がする。

本書を手に金シャチに会いに行こうか。（清水良典・文芸評論家）

（NTT出版・1680円）＝2005年3月3日⑥配信

個人と世界をつなぐ痛み

「ナラタージュ」（島本理生著）

島本理生にとって四冊目の著書となる「ナラタージュ」は、著者初の七百枚を超える書き下ろし長編作品。十代後半の若者たちの内面と心理を繊細な筆致で描きあげてきた島本であるが、本作においてその世界は新たな広がりと奥行きを見せるに至っている。

物語は主人公工藤泉と、彼女が高校時代に所属していた演劇部顧問の教師葉山の痛苦に満ちた恋愛関係をメーンに、母校の演劇発表会の助っ人として集まった泉ら四人の大学生と三人の在校生の親密な関係を描く。

島本作品の底流には関係へのまなざしがあるが、葉山との運命的な恋愛に始まり、ドイツで生活する両親との距離感のある関係、同級生カップルとの友情、後輩たちとの連帯、さらには泉に好意を示す演劇仲間との葛藤（かっとう）など、関係のバリエーションとその描出は複雑、多様化している。主人公の前に現れるこれら複数の他者たちは、語り手でもある泉の内面と意識を表す「映し手」として機能することになる。

ナラタージュとは、主人公が過去の出来事を回想の形で物語る際に使用される映画用語。この作品の主要舞台として選ばれるのは、主人公が二十歳の時を過ごした二〇〇四年である。大学を卒業し、就職し、職場の男性との結婚を控えた泉が、現在でも痛みをともなう葉山とのかつての恋愛の日々と当時の出来事の全体を、未来から回顧するという構成になっている。

語り手によって回顧される二〇〇四年とは、アテネオリンピックとテロに象徴される、表層的な世界融和と世界を巻き込んだ圧倒的な暴力が同時存在した時代として記憶されている。泉や後輩の女子高生が受ける性的暴力とその後のやり切れない展開は、時代を覆う大きな暴力につながっている。

個人と世界をつなぐ「痛み」の根拠を、そのような地点からとらえ描いた島本の試みは、評価されるべきものであると思う。この一作によって、島本が新たな一歩を踏み出したことは間違いない。
（榎本正樹・文芸評論家）

（角川書店・1470円）＝2005年3月10日①配信

暗い魅惑を放つ連作集

「焦痕」（藤沢周著）

短編集というより、連作集。各編の繋（つな）ぎ方がポイントだ。帯に「ウロボロスの蛇のように絡み合った全11編」とある。

こういう構成は今の都市生活者の人間関係を敏感に反映したものだ。地縁、血縁ではなく、コンビニの応対のように、通りすがりの薄い関係が切れ切れに結ばれ、携帯やメールのやりとりが、近いようで遠い、人と人の繋がりの手ごたえのないもどかしさを増幅する。

そんなふうにメビウスの帯状に短編から短編へ主人公がバトンタッチされ、短編間のこの連係プレーが斬新だ。

「偏差」の主人公はデザイナーの井原。前編「惑溺」の主役、大沢の取材を受け、その対応にキレかけているところへ、次編「ぷちぷち」のヒロイン美和子から仕事の確認の電話が入る。美和子の上司の土田（この名がサブリミナル効果を発揮する）が依頼したデザインのことだが、井原は強迫観念が高じ、トイレの便器に顔を突っ込んでしまう。

同様に神経質な美和子は生理前で、「殺すわよ、あんたッ」と独白する不穏な心理の持ち主。会社の備品室に潜み、緩衝材を「ぷちぷち」つぶし殺意を紛らわす。彼女が退場すると、そこへ次の短編「無辺」の土田（前編にちらっと名の出た）が田舎の母親に携帯で電話しにやって来た。

この電話の会話に土田の幼友達の大林の名が出て、目からうろこの思いがする。土田こそ、巻頭「焦痕」の深夜バスで大林と奇遇した、連作を繋ぐ貴重なキーパーソンだった。地縁、血縁を絶やさない土田が、壊れたコミュニケーションを修復する癒やしの神だ。

人と人の関係が危うい時代の空気が、ビンビンひびいて来る。前作「箱崎ジャンクション」はタクシー運転手の激務を描き、スピード感あふれ迫力があった。藤沢の持ち味は職業のリアルな描写だ。携帯とインターネットがもつれた迷宮界の壁を厚く塗りこめ、ストレスが臨界に達した会社内部の閉塞（へいそく）感は鬼気迫る。

ゆがんだリストラの時代を活写し、不気味に捩（ねじ）れた暗い魅惑を放つ小説集だ。（鈴村和成・文芸評論家）

（集英社・1680円）＝2005年3月10日③配信

性は豊かで自由な世界

「性という【饗宴】」（伏見憲明著）

面白い。面白すぎる。本書は、ゲイ問題の代表的論客であり、作家でもある伏見憲明が、約五十人と赤裸々に語りあった記録である。

第一章「性なる人々」は、破天荒な性的生活を実践している、もしくは体験した人々との抱腹絶倒の十三対談である。彼女ら、彼らが語る性なる人生は、「聖なる人生」と思えるほど真摯（しんし）で壮絶である。

対談者には、駄目男に翻弄（ほんろう）される駄目女を描き人気を博するマンガ家の倉田真由美や身障者芸人のホーキング青山、覚せい剤中毒から立ち直り、今は中毒者更生に尽力するロイ・アッセンハイマー神父や、瀬戸内寂聴などが登場する。

第二章「カルチャーセックス」の十対談においては、日本における性文化や性表現の多彩な諸相が語られる。

古典文学における「ブス概念」の変遷を追う大塚ひかりや、少女マンガの性的幻想や欲望を分析する藤本由香里、高齢者の恋愛や性生活を研究する小林照幸に、エイズ問題の現在を語る宮田一雄などが登場する。

人類学者古市剛史との対談は必読。サルとヒトを分ける二足歩行は、類人猿のオスとメスの性関係の変化が起源という説は目から鱗（うろこ）だ。まさに〈ヒトは性で進化した〉のだ。

なによりも本書は構成がいい。第三章「ジェンダーフリー論争」と第四章「反差別の作法」は、かなり学術的、哲学的な内容も入っている。

つまり、読者は第一章から第二章へと楽しく読み進めながら、続く章においては、ジェンダーやマイノリティー差別の問題を自然に学ぶことに誘導されていく。そして、個人の選んだ生き方を許容する社会のありかたを考えることになる。

本書のタイトルの「性という【饗宴（きょうえん）】」に偽りはない。性という切り口から、恋愛や結婚や家族や性教育や差別の構造は言うにおよばず、人類の進化にいたるまで、あきれるほど多岐にわたる問題が論じられているのだから。まさに性とは、豊かで自由な世界を構築する重要な要素だと納得させられる一冊。（藤森かよこ・桃山学院大教授）

（ポット出版・3570円）＝2005年3月10日④配信

映画界の壁、打破した2人　「黒部の太陽　ミフネと裕次郎」（熊井啓著）

三船敏郎と石原裕次郎が共同で製作し主演した一九六八年の「黒部の太陽」は、日本映画史上空前の大作だった。

内容は、あまり類のない難工事だった戦後の大プロジェクト、黒部第四（黒四）ダムの建設で、日本の産業復興にも重要な意義を持った大事業である。かかわった大手建設会社が工事の再現などに全面的に協力してくれて初めて可能になった映画でもあった。

日本アルプスの奥地にダムを作るため、まず資材輸送用のトンネルを掘るが、これが危険な「破砕帯」という地層で、恐ろしい事故が続発する。

この仕事にいどむ技術者・作業員らの苦労が雄大な風景のなかで描かれ、仕事に生きることの至福とそれにともなう犠牲の厳しさもよく描けていて、単なるスペクタクルや企業戦士礼賛を超えた力作であった。

本書は、この映画を監督した熊井啓による製作過程の記録であるが、亡き三船と裕次郎に代わって彼らがやりとげたことの意義を語りたいという畏敬（いけい）の思いにあふれている。

当時の日本の映画界はまだ大手の映画会社数社の支配下にあり、俳優や監督が自由に映画を構想することは極めて困難だった。トップスター同士である三船と裕次郎が産業界のバックアップを得て、スペクタクルの超大作を作るというこの企画は、大ヒット間違いなしだと誰でも思う。だがこの企画を認めることは、「人材の自由な交流を禁じる」「専属俳優の他社作品への出演を認めない」という大手会社間の協定（いわゆる五社協定）が破られることになる。このため各社の首脳部が、次から次へと強圧的な動きをした。

三船と裕次郎が、このときどんなに悩み、どんなに勇気をふりしぼって、彼らが破砕帯と呼んだ、この悪名高い五社協定の打破、突破をなしとげたか。映画史的には、そこが特に興味深い貴重な記録である。

「大スクリーンでのみ、お客様に見ていただきたい」という石原裕次郎の要望で、この映画はDVDになっていない。この本を機会に劇場再公開してほしいと著者同様、私も思う。（佐藤忠男・映画評論家）

（新潮社・1680円）＝2005年3月10日⑤配信

雄弁に語り始める遺体　「パンダの死体はよみがえる」（遠藤秀紀著）

「死は終わりではない。私にとっては始まりである」と著者は語る。これだけを読むと、まるで宗教関係者の独白のようでもあるが、著者の職業はゾウ、モグラ、パンダなどなど、あらゆる動物の遺体と向き合い、日夜その解剖を続ける獣医学博士にして獣医師だ。

一個体の死の瞬間から、そこに隠されたなぞを解き明かし未来につなげるための研究が始まる。物言わぬ遺体は、彼にとって十分に雄弁になるのである。

その一例が、世界的な注目を集めたパンダの「偽の親指」ならぬ、さらなる「別の偽の指」の発見である。そもそもが肉食獣で手先が不器用なはずのパンダが、笹（ささ）を器用につかむことのできる手の動きをいかにして可能にしたのか。

約七十年前にさかのぼる従来の学説では、「パンダには、五本の指と別の、俗に偽の親指と呼ばれる六本目の指の特殊な働きがあるがゆえに笹をつかめる」とされていた。

ところが、著者のもとに寄贈されたパンダ、フェイフェイの遺体の手のひらを解剖してみると、六本目の「偽の親指」に可動性はないことが判明する。とすると、パンダの指先を器用にしているものは、何なのか…。

この手のひらからのなぞ解きを知るには、実際に写真もふんだんに掲載された本書を読んでいただくのがよろしかろう。

そのほか、渋谷駅前で帰らぬ飼い主を待ち続ける忠犬ハチ公の胃袋が語るもの、あるいは、上野動物園の「かわいそうなゾウ」とされる下あご骨から浮かび上がってくる事実などなど、語らぬはずの遺体が著者の手と目によって、さまざまな史実やそのねつ造までも語り始めるさまが興味深い。

「おまえが隠しているなぞは何だろうか？」と、時間と闘いつつ数々の新鮮な（？）遺体をスピーディーに解体、観察し、時には辺境の地を旅して干からびた遺体とも数々の骨とも毛皮とも語りあう。

著者には、職業意識や使命感は言うに及ばず、遺体に対しての強い義きょう心のようなものまでを感じる。こういう人のことを、「天職に就いた」というのだろう。（藤田千恵子・ライター）

（ちくま新書・735円）＝2005年3月10日⑥配信

米国内の断層線明らかに

「アメリカの内なる文化戦争」（近藤健著）

国際政治学者ハンチントンは一九九〇年代初頭、ポスト冷戦後の国際社会において異なる文明の断層線上で「文明の衝突」が起きる、と説いた。本書が明らかにするのは、九〇年代に断層線が拡大したのはハンチントンのおひざ元、米国自体だったという皮肉である。

現在の米国内の分断状況は、「南北戦争直前の奴隷制度をめぐる対立状況に匹敵するという認識さえある」という。つまり「文明の衝突」ではなく、「文明の亀裂」が米国で起きているのだ。

特派員として米国を長く見つめてきた筆者は、この分断状況を「文化戦争」と形容する。文化戦争とは、公教育における宗教の位置づけや中絶に関する選択の自由など、人間の生き方、行動基準の道徳と価値観をめぐる対立、紛争である。

そこには、文化の主たる要素である宗教が密接に絡んでいる。米国の政治勢力が多数派形成のために、いかに宗教を政治の道具として利用してきたか。本書は、共和党の変質を丹念に描きだす。

三〇年代以降、米国政治の主流を形成してきた民主党の「ニューディール連合」を突き崩すため、共和党は伝統的価値や道徳の擁護を強調して争点を経済から文化へ移し、従来の支持基盤だった北東部の工業州を捨て、代わりに南部を重視する戦略をとった。

徐々に宗教右翼が、穏健派をしのぐ勢力として共和党を牛耳るようになる。昨年の大統領選でブッシュ再選の原動力となったのは、こうした宗教右翼の精力的な投票動員であったことを、筆者は実証する。「神の国アメリカ」の優越性を説く宗教右翼の主張は、イラク戦争での米国の単独行動主義となって表われ、対外政策にも大きな影響を及ぼしつつある。

奇妙にも、世俗主義を道徳の退廃ととらえ、現世を善と悪との二項対立ととらえるキリスト教右翼の世界認識は、水と油の関係にあるはずのイスラム原理主義と思想的な類似性を有している。

筆者も書いている通り、産業構造や社会構造の変化に伴う痛みなど、多様なアプローチから米国社会を検討すべきだろう。（小川忠・国際交流基金企画評価課長）

（日本評論社・2310円）＝2005年3月17日①配信

凶器と化したエコロジー

「ナチス・ドイツの有機農業」（藤原辰史著）

ナチスが強制収容所に併設した「菜園」では、囚人たちが奴隷以下の過酷労働を強いられ、大量虐殺した収容者の遺骨が肥料として散布されることもあった。それがナチス流有機農法の実験であり、根底にあるナチス流エコロジー思想には、自然の循環尊重や動物愛護と、人種差別が同居していた。

こうしたショッキングな事実とその背景を丹念に掘り起こした本書は、それを理由に有機農業やエコロジー思想一般を糾弾するものではない。

ルドルフ・シュタイナーの人智学に発するバイオダイナミック農法が、換骨奪胎されながら〈第三帝国〉の農業・教育・医学に取り込まれていく。その経緯を反面教師としつつ、なお「最大限の配慮と慎重さ」で、人と自然を横断する共生の道を探ろうというのだ。

ヒトラー自身が、化学肥料多用によるドイツの土壌疲弊に強い危機感を抱き、食糧農業大臣のリヒャルト・W・ダレー、親衛隊長ハインリヒ・ヒムラーらナチス幹部の多くが、有機体としての土壌の健康を重視するバイオダイナミック農法に関心を寄せた。

またナチスのシュタイナー嫌いにかかわらず、農法実践者側でも、ベルリン郊外に実証農場を開設したエアハルト・バルチュらが、総力戦への協力姿勢を強めた。

生態学的な循環や生命共同体の概念が、土壌中のバクテリアまで総動員して戦争を勝ち抜くためのプロパガンダに変質。やがて遺伝的な純血とともに、ゲルマン的景観を占領地に移植する植民政策の道具と化す。

人間を含む生命世界に等しく開かれるはずの思想と実践が、他民族とりわけユダヤ人の排除と抹殺を正当化してしまう背理である。

一つの原因は、国や民族というレベルに固着を残したままアイデンティティー（自己認識）を拡張していくゆがみに求められそうだが、社会学的考察は精密な本書において、心理学的視点が弱いのは残念だ。

有機農法やエコロジー的な考え方がナチスを残虐化したのではなく、偏った自己像・世界像の形成が、手に触れるすべてを凶器に変えた可能性はどうか。次作を待ちたい。（星川淳・作家、翻訳家）

（柏書房・3990円）＝2005年3月17日②配信

たとえ夢でも語りたい

「我、拗（す）ね者として生涯を閉ず」（本田靖春著）

ひと言でいうなら、すさまじき書と言うべきであろうか。

本田さんが糖尿病からくる両足切断、右眼失明、肝臓がん、大腸がんと闘いながら、四年間、四十六回にわたって「月刊現代」に連載した書はまとめると実に五百八十二ページとなった。圧巻である。だが、連載終了予定には届かなかった。

〈私はこの連載を書き続けるだけのために生きているようなものである。だから、書き終えるまでは生きていたい〉と書く本田さんを、死神があと一回を残すところでさらってしまった。

書評であるにもかかわらず、禁を冒して書かせていただく。本書の中で再々〈社会部が社会部であったころ〉と書く本田さんは、その社会部が、かすかに炎を燃やしていた大阪読売社会部を私が去るべきかどうか、なお逡巡（しゅんじゅん）していたとき、力強い腕でドンと背中を押してくれた方である。

社会部について本田さんはこう書く。〈私は自分自身のことより『社会部が社会部であった』ころの読売新聞社会部のことを、ジャーナリズムに身を置く人たちに知ってもらいたいのである。それは一場の夢に過ぎなかったかも知れない。夢というなら夢でいい。私としては、どうしても語っておかなければならないことがある。かつての社会部は、少々お堅いことばでいうと、善意と無限の可能性を信じる集団であった〉

さらに記者についてこう記す。〈民衆の側に身を置くべき記者が、クラブ制度の上にあぐらをかいて、用意された官製ニュースを鵜呑みにして垂れ流し、それを以て能事終れりとする風潮が、当たり前になっていった。虎も牙を抜かれて檻の中に入れられては、家畜とあまり変わらない〉

個人的に知己を得ていたから言うのではない。すべてのジャーナリストに、いや、いまの社会を生きるすべての人々に読んでほしい書である。

富士山麓（さんろく）に眠る本田さんの墓碑には編集者たちが思いを込めて、著書名に因（ちな）んで「本田靖春　不当逮捕」と刻んだという。まさにその死は、不当逮捕と思えてならない。（大谷昭宏・ジャーナリスト）

（講談社・2625円）＝2005年3月17日③配信

介護文学のアンチヒーロー

「家族芝居」（佐川光晴著）

「がんばりすぎない介護」というのが最近提唱されているが、本書の主人公・善男は、その意味では理想の人だ。世話をする婆（ばあ）さんたちに毒舌は吐く。できねえものはできねえと言う。とはいえ、彼女たちの体調や気分の変化に対処する腕は神業だ。

元アングラ劇団のスターにして、三十六歳バツイチ。そんな彼がある事情から、老人グループホームの運営をひきうけた。ところが、ホームは誰か一人寝たきりになれば財政破たんするというがけっぷちにある。

老人介護は負け戦だと、私は身をもって感じている。人間は病に勝っても加齢に勝つことはできないのだから。介護という戦いにヒーローはいらない。近年「介護文学」というものがあるとしたら（モブ・ノリオの「介護入門」しかり、レベッカ・ブラウンの「体の贈り物」しかり）、本書もアンチヒーローの系譜に連なるものだ。

善男は以前、芝居で何かに憤怒し、舞台上で生きたかもめを八つ裂きにしたことがあるという。そうした挿話に、役者としての狂気と高潔さがのぞく。

ホームの婆さんが突然逝く。娘は顔も出さない。しかし娘も生きるのに必死なのだ。やがて善男は、服役中のインドネシア人の母親を持つ子供二人をホームにひきとり、死だけがしのびよる場に命の明かりをともす。このアンチヒーローはほんと格好いい。

それにひきかえ、強引に善男の妻になる有里ののんきさよ。いわゆるパラサイト・シングルの彼女は、負け犬人生も、ふつうの主婦もイヤで、変わり者との結婚に逃げ込むが、ホームの切り盛りを手伝うでもない。いまや善男のホームは、老人と子供と押しかけ女房まで引き受けるシェルターだ。しかも有里は子供を産む気満々。婆さんたちの介護に追われる日も近いであろうに。

でも、こういう人が看取りの現場を明るくするのだ。本書のラストの幸福感は嵐の前の静けさか。彼女らの結婚は「家族芝居」に終わるのか。それでもいいじゃないか。そんなしょぼい日常こそが、われわれノン・ヒーローの人生なのだ。（鴻巣友季子・翻訳家）

（文芸春秋・1680円）＝2005年3月17日④配信

日本人の身体と言葉を考察

「演じられた近代」（兵藤裕己著）

面白い体験をした。迫力ある民謡舞踊を売り物にしたわらび座のミュージカル「よろけ養安」を観（み）ていて、感覚の不思議なブレを感じたのだ。

振り付けは「思いきりわらび座から離れる」というポリシーなのだが、歌詞が七五調なのと、音楽が四拍子であるために、振り付けと音楽が引き裂かれた状態で観客に向かってくる。居心地がよいわけではないが、気持ちが悪いわけでもない。細胞の記憶が拍子を無理なく受け入れている、と同時に視覚に映っている激しいダンスが定律な「盆踊り」のように見えてくる。

この直後に本書を手にした。さらに「芸の日本語を考える」というシンポジウムのパネリスト依頼を受けた。日本人の身体と言葉の拍子について考えたり、話したりする機会が急に多くなった。

そのせいか、本書は一気呵成（かせい）に読めた。非常に面白い視座から、日本人の身体と言葉の考察がなされている。一遍の踊り念仏や幕末の「ええじゃないか」がもたらす共同体的エクスタシーを、「身体をとおして共振してあることの一体感が、地域や階級による差異・差別をいっきょに解消し、民族＝国民という神話的な共同性を体感させる」と著者は分析する。

この数行の分析が、そのあとに続く黙阿弥劇の音楽性、平民としての九代目団十郎による演劇改良運動の階級的必然性、学校と軍隊の制度的整備と唱歌運動と体操の学校教育への導入、川上音二郎の「改良二〇カ（カイリョウニワカ）」をその嚆矢（こうし）とする口語体演劇と壮士芝居、新派劇の芸や型の生成、そして身体感覚としての「近代のわれわれ」を突き崩そうとする新劇運動、という本書の流れを貫いている。

明治期の最初の国民戦争としての日清戦争と、日本固有の芸能の身体と言葉とが、見事に連動するかたちで「政治参加への具体的・現実的な回路をもたない大衆を一気にナショナライズしてゆく」というあたりの分析は、実に明晰（めいせき）である。

思いを伝える力を喪失しているといわれる昨今の日本人、その私たちの身体性と日本語のありようを考える上で、不意をつかれる視点と示唆に富んだ論理展開をする著者には敬服するばかりである。（衛紀生・演劇評論家）

（岩波書店・3150円）＝2005年3月17日⑤配信

見えてくる誤解の構造

「ジャポニズム小説の世界―アメリカ編」（羽田美也子著）

一九六〇年代のアジア・アフリカ植民地の独立、米国内での少数派民族集団による公民権運動で、「少数派作家の文学」が台頭した。他方、ジャポニスムなど、十九世紀末から二十世紀初頭に生まれたエキゾチシズムの文学は、「蝶々夫人」のように、欧米人作家が日本を舞台に書く形だから、ベクトルが正反対だった。つまり、前者がプラス、後者がマイナスのベクトルである。

本書でも、当時、米英に渡った日本人の詩人ヨネ・ノグチがアメリカでのジャポニスム文学のステロタイプに激しい拒絶反応を示したことが紹介されている。

従って、この種のステロタイプが生まれてきた生理学的背景を鋭く分析していれば、文化人類学的に見て非常に興味深いものになっただろう。アメリカでのジャポニスム開始は、ペリーによる開国が契機になったのだ。

例えば、ジョン・L・ロングの「蝶々夫人」は、オペラとして国際的にステロタイプ化されるが、強国がピンカートンという男性、弱国が蝶々夫人という女性で表される。一九八〇年代の戯曲「M・バタフライ」では、仏外交官（男）、京劇女優の図式が、女優が実は男性と判明する形で、中国の台頭が示されるのである。また、「蝶々夫人」がアメリカでヒットしたのは、日清・日露戦争の間だったせいだ。本書にはこのあたりの掘り下げがほしかった。

それでも、本書のあらすじ紹介だけで読んでも迫力が感じられるのは、フェノロサの妻メアリーの作品群、特に狩野永徳と芳崖をモデルに描いた、後継者養成の葛藤（かっとう）もの「龍の画家」である。永徳役には、事実上、メアリーが目撃した日本画指導者としての夫フェノロサの姿が投影されているという。彼は妻の小説にも添削を加えた。ヨネ・ノグチも、彼女だけはラフカディオ・ハーンと同列に見ているのだ。

こう見てくると、エキゾチシズム文学こそ、日米外交における相互の誤解の構造分析の素材になるのでは？　という気がしてくる。むろん、日本人にとってのアメリカ像のぶれが、対比的に検討されるべきなのだが。（越智道雄・明治大教授）

（彩流社・3150円）＝2005年3月17日⑥配信

脳内冒険小説の誕生

「BGM」(岡田智彦著)

小説を書こうと思っている人間にとって、小説の主人公を「行動」させるのは意外と難しい作業だ。考えたり悩んだりさせることと比べて、行動させるには、その行動の動機と向かいあわなければならないからだ。

たいがいの場合、人は理想や大義のために行動したりはしない。意味なくただ起きて食べて寝るだけだ。このような状況のなかにいて、たとえば冒険小説など書けるだろうか。この本の著者は、独自の力量で、現代における冒険小説のあり方を読者に提示している。

主人公の小学生は異常なまでに優秀な頭脳をもっている。自己申告で普通の小学生より「百倍」は頭がいいという設定だ。そして小学生の身体でその頭脳はオーバースペックとなるので、主人公にはいろいろなものがみえてしまう。たとえばそれは、主人公につきまとい話しかける「亡霊」であったり、主人公自身の理想化された「イメージ」というより妄想だったりする。

そのような主人公の仲間の一人である「チョク・ビ」こと直美が、実はロボットなのでは、というウわさが出てきてから、物語は加速をすっ飛ばして暴走し始める。読者としては、いったいどれが「本当の」物語で、どれが主人公のイメージ=妄想なのか、判別がつかないだろう。

そんななかで、死んだはずの直美が、実は脳だけ別人と入れかえられていたことや、主人公の知能の高さについての謎などが明らかになる。その過程で主人公に一貫して協力的なのが、先ほど紹介した亡霊たちである。

物語のクライマックスでは、彼らが次々と主人公に語りかける。たとえるならそのありようは、メンバー全員が小学生で構成されている「THE WHO」(イギリスのロックバンド)のコピーバンドといった印象だ。

そして作品の裏テーマとして、たいがいの場合不発に終わりがちな小学生の恋愛をどうやって成就させるのか、という課題もみることができる。

ただの学校ものと思って読むとやけどすること請け合いの、脳内冒険小説の誕生である。(池田雄一・文芸評論家)

(河出書房新社・1365円)=2005年3月24日①配信

人生の荒波を素足で生きる

「今生のいまが倖せ…」(本山可久子著)

〈羅(うすもの)や人悲します恋をして〉(「生簀籠」)
〈鍋物に火のまはり来し時雨かな〉(「居待月」)

鈴木真砂女(まさじょ)というとこんな句を思い出す。たとえ作者を知らなくても、心に残るいい作品である。

私はもともと、真砂女の俳句には大いに興味があったが、いわゆる真砂女伝説には関心がなかった。なぜなら、伝説的な人間像はむしろ受け手によって作られてしまうものであり、本人すらしばしばそのように振る舞ってしまうものだからだ。

本書は実の娘である著者の回想を通して、人として、女性として、また母としての真砂女が語られる。ここに描かれた生身の彼女の姿は、伝説の姿よりも何倍も魅力的である。それは、勝ち気で見えっ張りで自己中心的ではた迷惑で、しかし運命の荒波を素足で踏み越えてゆくような、生き生きとした人間の姿である。

「房州鴨川、吉田屋の女将」「銀座『卯波』の春秋」「母の世界、娘の世界」「母と娘の旅」「花ひらいた八十代」「真砂女の最終句」の六章から成る。さまざまな回想の場面から記憶を呼び覚ますスタイルによるため、まるで著者の一人語りを聴くようだ。文学座の俳優であるこの著者の語りの呼吸はさすがに見事である。

生涯の恋人ともいえる「森さん」にまつわるエピソードを記す筆には、やさしさと傷みをにじませつつ、しかもヒロイン真砂女への清潔な距離感がある。

また、母と娘の愛憎の歴史を記す筆には、みずからも芸に生きてきた人ならではの厳しさと情熱がある。

そして、真砂女の老いと死を見つめる筆には、人が生きて死ぬことへの強い尊いまなざしがある。

「母は身をもって『老い』とはどういうものか、『死』とはどんなものかを私に教えてくれた。父の死はあまりにあっけなかった。母だけが『業』というものを示してくれたのだ」

真に人間を知る人の言葉だと思う。

真砂女が亡くなってもう二年が過ぎたのだ。(小島ゆかり・歌人)

(講談社・1890円)=2005年3月24日②配信

日常生活から学ぶ言葉

「日本語ぽこりぽこり」（アーサー・ビナード著）

来日して十五年の生粋のアメリカ人が、日本語で書いたエッセー集。その柔らかい文体や巧みな漢字の使い方など、なまじな日本人の書き手よりもレベルの高い日本語を駆使している。ほかにはイタリア語に堪能だし、フランス語、スペイン語なども読むというから、語学の達人といってよい。

この本は日本と母国アメリカの日常のなかを、自在に行ったり来たりしながら書きとめた一種の文化文明論だ。テレビの話があるかと思うと宇宙開発の話が出てきたり、血液型別コンドームなんて話もあって実に話題の幅が広い。なかでも、古代ローマの馬車の寸法がスペース・シャトルのデザインに影響しているという指摘には驚かされる。

旺盛な好奇心と鋭い観察力。そしてそれらをくるむ上質なユーモア。読んでいてとにかく楽しいのだが、その高度な語学習得能力の秘密も、この資質から来ていることがよくわかった。日本語を学ぶために学校にも通ったし、習字教室にも通った。ここまでは人並みだけれど、著者が他の多くの学習者と違うのは、教科書からだけではなく、より以上に日常の生活から学んでゆく点だろう。

八百屋のおじさんに聞き、街のおばさんに聞き、習字教室の子供たちからも摂取している。こうした姿勢があるから、紙幣の文字にすら自然に着目することになる。

二千円札の裏面には、源氏物語の一節がプリントされている。そのことを知る日本人も少ないだろうが、知っていてもわざわざ読んだ人となると皆無に近いのではなかろうか。わざわざ読んでみた著者の落胆ぶりは気の毒だが、そのインチキさ加減にも平気な顔をしている発券元の政府を、日本人の一人として恥ずかしく思う。

本書は語学習得術を説いたものではないけれど、そのようにも十分に読める本だ。この春から外国語を学ぶ人には、ぜひ読んでほしい。最後に置かれたマーク・トウェーンゆかりの地を訪ねた旅行記も素敵（すてき）だ。敬愛できる作家を持つこと。これも言葉に向かうときの方向を決定するだろうから。（清水哲男・詩人）

（小学館・1680円）＝2005年3月24日③配信

“イケズ”な姿勢が魅力的

「メディア異人列伝」（永江朗著）

一九九三年から二〇〇四年まで、雑誌「噂の真相」に連載したインタビューの単行本化。赤い靴はいた女の子を連れてっちゃうアヤカシの人々に話を聞いた本ではない。日常の靴をはいたわれわれを別世界へさらうメディア界の、それがしな異才の持ち主に取材した聞き書きなんである。

硬軟、右左、学者からAV女優まで、多彩なジャンルにわたる人選で、その数、百人超におよぶ。

いうまでもないが、インタビュイーの語りほぐす思想や信条の面白さ、興味深さに文句のつけようはないだろう。ページをめくる指にツバをつける暇もなかった。

一年ごとに章を区切って、その時代の世相をしたためたクロニクルが付されているから、時の流れと才人たちのその後の浮き沈みを照らし合わせ、社会と文化の非情でグロテスクな共犯関係やら、個々の異人の、いまだ摩滅されざる底力やら、思いめぐらせつつ、さまざまな感慨に耽（ふけ）ることも、もちろんできる。

また、この時期にこの人物にフォーカスをあてているとは…と、まさしく「メディア異誌」の名に恥じなかったかの掲載誌と著者の慧眼（けいがん）に、中身の濃さを備えた一冊でもある。

だが、読書なんてもののなによりの楽しさは、深読みにあるのである。

章扉を、ぜひご覧いただきたい。その一年に取材したお方の名前が十二人、並んでいる中に、グレーで印刷された名が。

これら〝灰色の人々〟、諸般の事情により、書籍化の際に掲載を断られた人物だと「まえがき」にてコメントされているが、しかし載せるだろうか普通、未収録の人の名前を。

なぜその人物が承諾しなかったか、妄想するのは、かなり魅力的だ。

もっと魅力的なのは、そういう拒否を逆手にとって、〝灰色の人々〟で印刷してしまう著者の〝イケズ〟な姿勢である。

ご想像どおり、そんな〝イケズ〟は、インタビューの質問の傾向、またコメントのはしばしにも行きとどいており、ますますツバをつける間がないのであった。指にである。眉（まゆ）にではない。念のため。（岡野宏文・フリーライター）

（晶文社・2310円）＝2005年3月24日④配信

多様さの共存を目指す理論

「境界線の政治学」(杉田敦著)

9・11は、われわれの現在が、11・9の夢の反転像となっていることを思い知らせた。一九八九年十一月九日、ベルリンの壁が崩壊したその日、われわれは、以後、決定的な境界線をもたない世界がやってくるという期待を抱いたものだ。だが9・11テロが炙(あぶ)り出し、強化したのは、逆に、至る所に境界線がある世界であった。われわれは「安全」のために国境線を強化し、さまざまな物的・情報的・心的な防衛線を築いている。

本書の考察は、境界線の構築に政治の本性があるとの認識に端を発している。最も代表的な境界線は国境線だ。境界線は、これだけではない。「文明/野蛮」「管轄内/外」などの境界線が、国境線の内や外に、あるいは国境線を横断して引かれる。

境界線の外には、政治の無関心へと放逐され、排除された人々が残される。だが、境界線の内に囲われた人々が幸福とは限らない。内部をまさに内部として同質化するために、規律訓練的・衛生学的な権力が行使されるからだ。しかし、他方で、人々は安全や社会福祉のために境界線を欲してもいる。

本書は、欧米の政治理論や倫理学を、すなわちキムリッカのナショナル・マイノリティー論、ウォルツァーの移民社会論や正戦論、ラクラウのヘゲモニー論などを批判的に読解しつつ、こうした境界線の多様なあり方やその意外で逆説的な帰結を解明してみせる。

政治の中心に境界線の設定を見る理論としては、古くはカール・シュミットの「友/敵」論、近年ではアガンベンの「ホモ・サケル」論などがあるが、本書は、境界線を広く一般化してとらえている点、そして境界線を何とか相対化し、真に多様なものの間の共存を目指そうという強い規範的指向性をもっている点に独創性がある。

ところで、資本やテロリストもまた境界線を横断し、相対化しようとする。つまり、本書は、自らが克服しようとしている諸対象とその運動を共有しつつ、それらに先んじようとするきわどい冒険へとわれわれを誘っているのだ。その誘いに乗ってみようではないか。(大澤真幸・京都大助教授)

(岩波書店・2415円)=2005年3月24日⑤配信

〝ガンプラ〟の来歴語る

「ガンダム・モデル進化論」(今柊二著)

ガンダム世代、という言葉がある。テレビアニメの「機動戦士ガンダム」をリアルタイムで見て、ハマった世代。最初のガンダムの放映が一九七九年だから、具体的にはほぼ七〇年代生まれ、おおむね今の三十代と考えてもらっていい。

彼らは、ただアニメに熱中するだけでなく、そのガンダムをプラモデル化したもの=略して「ガンプラ」=にも魅了された。

アニメやマンガが子供向けの作品単体としてだけでなく、それらのプラモデルやさまざまなキャラクター商品、関連グッズとの複合形で消費されるスタイルを作り上げていった時期。まさに、そのシステムの真っただ中で、小さな消費者として自我形成された世代が、その原体験からあらためて「ガンプラ」を可能にしていった「歴史」を検証しようとした仕事が本書である。

もともとは「プラモデル進化論」と題された一連の原稿から、ガンプラに焦点を当てた部分を中心に編み直した一冊。余裕がある向きにはぜひ、もとの文脈もあわせて読んでもらいたい。しかし新書というパッケージには、このガンプラ一点突破が正解なのだろう。

ガンダムはおろか、マンガもアニメすらとんと何のことやらという門外漢の世代にも、プラモデル産業が戦後の日本で発展してきた経緯や、そこから「ガンプラ」へ、さらには「モビルスーツ」という日本アニメ独特の要素に至るまでの技術史から精神史、さらには文化史的な背景までが、具体的な事例により分かりやすく記述されている。

ガンプラの末えいともいえる、「食玩」と呼ばれるおまけ付きのお菓子(もちろん、今や主体はそのおまけ=「フィギュア」の方なのだが)は、数百億円市場と言われ、それ自体も精巧で上質のアートとして鑑賞されるようにもなっている。

高度経済成長このかたのわがニッポンの「豊かさ」が現出させた、そのような「文化」もまた、既に世代を重ねた来歴を持つ。いわゆる「おたく系」の閉じた独り善がりではなく、開かれた姿勢でそれらを語ろうとする。その語り口に、まず好感。そう、ガンプラも既にわれらの「歴史」、なのだ。(大月隆寛・民俗学者)

(祥伝社新書・777円)=2005年3月24日⑥配信

人生気楽に生きましょう

「踏切趣味」（石田千著）

わたしたちはときに妙なものに取り憑（つ）かれ、人にどうしてこんなものにと呆（あき）れ返られることがある。男女の関係もそうだろうが、興味を持つものや惹（ひ）かれるものは人それぞれにちがう。

だから逆に社会は成り立っているということにもなるが、わたしも例外ではない。降りたこともない駅があると、ついふらりと下車して、駅前の安酒場で飲み帰宅する癖がある。女性がいる酒場よりも、勤め帰りのサラリーマンや、職人さんたちがたむろする場所で、彼らの話を聞いているほうが心が落ち着く。

汗水たらして働いている人間のほうが、自分の人生にたいしての「言葉」を持っている気がするからだ。それはもちろんこちらの偏見だが、見栄（みえ）を張ったり偉そうにしている者の言葉は、人の心に届かない。

そして亭主のたのしみのひとつは、妻が家にいて、ぶらぶらすることだとおもうときもあるが、本書の著者は、あちこちの踏切に興味があるらしい。これも変な趣味だとかんじるが、「踏切句会」などというものまで催しているくらいだから、相当にたのしい人だ。

訪ね歩いた踏切のことを俳句にのせて語っているのが本書だが、文章がやさしくあたたかい。むだな漢字を使わず、随想そのものをやわらかくつづっている。性格もおだやかな人かなとついおもってしまう。こちらも渡った踏切がずいぶんとあるので、そのときの情景も浮かぶし、いまもよく歩いている踏切もある。おもしろい見方だなと感服するが、ふだんなにげなく歩いている踏切も、かんがえてみれば、わたしたちの日常生活にしっかりと密着しているのだ。

そしていそがしさに追いかけられ、なにも目にとめず、やりすごしているものが多くあるなと気づかされる。そうとわかれば多少は人生に潤いが生まれてくるが、ものの見方ひとつで、人生への取り組み方も変わったものになってくるはずだ。

本書はそのことをそっと教えてくれるエッセイでもあるし、日々あわただしく生きているわたしたちに、もっと気楽に生きましょうよと諭してくれているようなエッセイ集でもある。（佐藤洋二郎・作家）

（筑摩書房・1575円）＝2005年3月31日①配信

圧倒的迫力の私小説漫画

「失踪日記」（吾妻ひでお著）

本書は、人気ギャグ漫画家として活躍していた作者が、ある日突然失踪（しっそう）し、ホームレスとなって長い間路上生活を送り、復帰後にその？末（てんまつ）を描いた「私小説漫画」である。仕事や家族を捨てて放浪し、自殺未遂を経て、飢えと寒さの日々を送っていくありさまは、すべてが実話にもとづいており、それだけで強烈な印象を残す。

となると、ひどく暗い作品を予想してしまうが、実際には不思議な明るさが全体を包んでおり、それがむしろ本書にいいしれぬ迫力をもたらしている。この作品はあくまでギャグ漫画なのだ。そこに一貫している乾いた「笑い」という作者の姿勢は、自分自身を見つめて語るという「私小説」を成立させる上で絶妙な視点を生みだしており、ありがちな物語の情緒や、スキャンダラスな関心に回収されることを拒んでいる。

二度にわたる失踪や、帰還後のアルコール依存症による入院など、連なる極端な体験の描写を通して浮き彫りになるのは、「身体」という問題だ。

たとえば食い物が見つからずに飢えているとき、野宿の寒さで眠れないとき、自分の身体が病んでいくとき、私という意識は身体に圧倒される。私は身体を支配できず、身体が私を支配している。そんなあたりまえのことが明らかになる。私は身体を所有しているのではない。そもそも身体として存在しているのだ。

だから、自殺という究極の手段で身体を支配しようとさえする私の自意識は、飢えを満たし眠ろうとする身体に圧倒され、やがて飲みこまれていく。私の自意識も社会のあらゆることがらも、しょせん身体的な生の後づけで、ようやく成立したにすぎないということが、そこで露呈する。

漫画のキャラクターという仮構の身体でしかない表現を通じて、そんな事態がむきだしになる。そこが、この作品の不思議な面白さの源であり、漫画表現上の重要な到達点ともいえるだろう。

このひどく弱々しい「私」を描いた漫画は、だからこそ、圧倒的に強い感銘を与えてくれる。（ササキバラ・ゴウ・評論家）

（イースト・プレス・1197円）＝2005年3月31日②配信

CDの中に音楽はない?

「音楽未来形」(増田聡・谷口文和著)

音楽をめぐる問題、特に「違法コピー」などの著作権に関する問題が取りざたされるようになってから既に久しい。現在でも、この問題は「音楽を盗むユーザーを厳しく罰するべし」とする立場と、「拝金主義のレコード会社に対する消費者運動が必要」という立場が、インターネット上などで争っている状況だ。

興味深いのは、音楽の売り手、買い手の双方が「このままでは音楽が死んでしまう」と主張しているということだ。だが本書は、彼らが「死んでしまう」と主張している「音楽」とは、そもそも何なのか、という点を、歴史的な検証を通じて突き詰め、その結果、もはや彼らの信じる「音楽」は、現在流通している、CDなどの音楽パッケージの中には存在しないということを明らかにしてしまった。

私たちが通常、音楽をひとつの作品として名指すとき、そこには、生演奏などの何らかの「オリジナル」が存在すると考えられている。しかし、音程のはずれた歌声をコンピューターで修正することが容易であるような時代に、「オリジナル」はどこに存在すると言えるのか。それはもはや、デジタルデータという、世界に一度も「音楽」として存在したことのないものとしてしか、現れようがないのである。

導き出される帰結はおよそふたつあると、本書は指摘する。ひとつは、「楽譜」の形で残されることを前提に考えられている既存の著作権制度を、「データ」として音楽が流通するようになった現在の制度に見合うように変更すること。もうひとつは、DJがよくやるような、他人の曲を混ぜ合わせてできたような音楽も「オリジナル」の作品として認めることだ。

おそらく、著作権をめぐる論争に参加している「音楽が好きでたまらない人たち」にとっては、こうしたことを認めるのは、屈辱的だし、それこそ「音楽を殺す」ような主張であるかもしれない。しかし、新しい音楽の文化を享受する世代の著者たちにとって、音楽好きとは、ビートルズのレコードコレクターのみを指す概念ではないのである。

(鈴木謙介・国際大学GLOCOM研究員)

(洋泉社・1995円)=2005年3月31日③配信

「当たり前」に痛撃

「〈学級〉の歴史学」(柳治男著)

教育は流れ作業と同じだったと言われると面食らうにちがいない。面食らうのは、私たちが学校や学級について、「これが当たり前」という思いこみを持っているから。

入学すれば必ず所属する「学級」の成り立ちを解き明かす本書は、そんな私たちの思いこみに痛撃をくらわす。イギリス初等教育の歴史をたんねんに繙(ひもと)いて、チェーン・システムという方式が学級の始まりだったことを示すのが本書の前半。豊富に盛りこまれた図像を紹介できないのが残念だが、チェーン・システムとは、要するに、読み書き計算の基礎教育を効率的に行うための革新的ハードウエアで、学級組織もその一部というか中核だったという。

なるほどそう言われれば、十九世紀イギリスのある詩人が学校を機械になぞらえていたこともうなずけるというもの。学校も学級もきわめて機械的な、工場のような組織だったのだ。

そういう近代的学校教育は、だから、決まった成果がなるべく確実にえられるよう生徒を統制し、従わせる。著者はこれを制御工学でいう「事前制御」という言葉で説明している。学級の世界では、あらかじめのプログラムに生徒が従うのは当たり前なのである。

だが、現在の学級は、ときどきニックネームがつけられたりするように、情緒的まとまり、子どもの生活上の単位だというイメージがとても強い。どうしてそうなったかを説明するのが本書の後半。「司牧関係」という、要するに、導く教師と学び慕う生徒の全人的関係が、本来ドライで限定的だったはずの学級のなかに入りこんでしまったと著者は言う。

学級が子どもの人格形成をすっかりとりこむ「世界」でなくてよい、学級という近代組織がもっと狭い、限定されたものだったことを想い起こそう、という著者の主張は、学校教育の現実にてらして重要であり、傾聴に値する。加えて注文を出すならば、教師—生徒関係のみならず、学級という圧力釜が子ども同士の関係に及ぼしている影響やその特徴についてもぜひ検討してほしかった。

(中西新太郎・横浜市立大教授)

(講談社選書メチエ・1575円)=2005年3月31日④配信

狩猟民的なマレビトとして

「デクノボーになりたい」(山折哲雄著)

宮沢賢治がその晩期に病床で手帳につづった有名な詩「雨ニモマケズ」の終連にある。「ミンナニデクノボートヨバレ／ホメラレモセズ／クニモサレズ／サウイフモノニ／ワタシハナリタイ」と。その「デクノボー」とは何か？　賢治と同郷の花巻育ち、宗教・民俗に該博な知識を持つ著者は、賢治と出会って以来三十数年、ずっとこの謎を考えつづけたという。

「デクノボー」。賢治が最後にたどりついた究極の境地。理想の人間像。このイメージは何によるものか。たとえばそれを経典に求めて法華経の菩薩(ぼさつ)とするもの。あるいは青年期の宗教遍歴からキリスト教の影響におよぶもの。そしてまた広く理想的な宗教的人格を表現するとも。さらには本書にも取り上げられている、「岩手の花巻に一人のトルストイあり」と称された斎藤宗次郎を具体的なモデルとする説などなど、これまで多く書かれてきた。

そこに著者は新たな見解を加える。「……私はふと、そのデクノボーが、いかにも唐突ないい方にはなるのだけれども、狩猟民的な世界から訪れてきたマレビトのように思えてきたのである」と。

狩猟民的とはスリリングな、新説提出ではないだろうか。そこで著者が注目するのは賢治作品に多く吹く風である。たとえば「銀河鉄道の夜」をみよ。ジョバンニが冷たい草の上に寝転がっていると、サアーッと冷たい風が吹いてくる。すると野原の向こうから汽車の音が聞こえてきて、銀河鉄道の旅がはじまる。そしてその終わりを告げるのも、サアーッと吹く風である。この風への賢治の共鳴共振ぶりは、それは農耕民の感覚とは遠くある。

著者は言う。「そしてその人生の最晩期において渇くような願いをこめて『デクノボーニナリタイ』といったその『デクノボー』も、この風に誘われて形をなし、その風の音に包まれて賢治の眼前に立ちはだかるようになっていたのではないだろうか」と。いまはない山のあなたから風とともに訪れてくる。マレビトとしてのデクノボー。じつに示唆的である。(正津勉・詩人)

(小学館・1680円)＝2005年3月31日⑤配信

故郷への愛情込めた物語

「ミゲル・ストリート」(V・S・ナイポール著、小沢自然・小野正嗣訳)

ミゲル・ストリートは、トリニダード・トバゴの首都ポート・オブ・スペインの下町にある通りの名だ。南米ベネズエラ沖合にある二つの島から構成されるこの国は、英国植民地時代を経て第二次世界大戦後に独立した。インドからの移民も多く、カリプソ音楽などの独自文化が栄えていることがよく知られている。

二〇〇一年にノーベル文学賞を受賞したイギリスの作家、V・S・ナイポールは独立前のこの島の出身である。インド系移民の子として生まれたナイポールは渡英し高等教育を学んだ後、若くして作家としてデビューした。本作は三冊目として刊行されたが、最初に書き上げられた実質的な彼の第一作にあたる。

作者自身を思わせる少年「僕」が物語の語り手である。作家として立つことを目指していた若き日のナイポールがこの島での暮らしを複雑な思いで振り返っていることは、映画スターをまねて「ボガート」とあだ名される男を描いた話や、自分を詩人ワーズワースの弟だと名乗る男を描いた話からうかがい知ることができる。

とりわけ、英国留学のために猛勉強したが叶(かな)わなかった島随一の「天才」少年エリアスが、衛生検査官という仕事を次に求め、地元より試験が簡単とうわさされる英領ギアナ、バルバドスなどを飛び回るがことごとく落ち、最後は島の少年があこがれた「ゴミ収集カート」の運転手となるという話(「彼の天職」)は象徴的だ。

遠く離れた欧州での戦争が終わり、この島にアメリカ軍がやってくる。語り手の「僕」は島をでていくことを決め、未来への希望を胸に飛行場に向かって歩く「僕」の姿を描いて物語は終わる。

ナイポールはのちの作品では第三世界の現実を批判的に描いていくことになるが、本作の印象は全編を通してあっけらかんと明るく、このときのナイポールが去りし故郷を愛情を込めて描いていたことは間違いない。当時の批評家はこの作品を「ポーギーとベス」やマーク・トウェーンの作品に喩(たと)えて称賛しているが、その言葉を裏切らない新鮮な魅力を、いまなお湛(たた)えつづけている。(仲俣暁生・フリー編集者)

(岩波書店・2310円)＝2005年3月31日⑥配信

歴史に根差す単独行動主義

「国連とアメリカ」(最上敏樹著)

また、国連論議がかまびすしい。第一に、折り紙付のネオコン(新保守主義者)である米政府高官二人が、次の世界銀行総裁と国連大使に起用されたこと、第二に日本の安保理常任理事国入りが、やっとやや現実味を帯び始めたからだろう。

国連を考える際の眼目はやはり、唯一の超大国たる米国と国連とのもつれた関係の解明にある。米国の単独行動主義と、国連の多国間主義のせめぎ合いの探究、と言い換えてもよい。本書は、第一次大戦後の国際連盟にまでさかのぼり、そのあたりを論理的に分かりやすく、説いている。

著者によると、イラク戦争で頂点に達した米国の単独行動主義、国連敵視政策の萌芽(ほうが)は既に、国際連盟当時にあった。

例えば、ウィルソン米大統領(当時)は、フランスが連盟規約交渉で「連盟軍」の創設を提唱すると、米国は自国の軍隊が国際的な指揮下に置かれることに同意しない、と反対して葬った。米国内世論への対策もあり、ウィルソンが同時に強調したのは、連盟は米国の原理を体現し、それを世界に広めるものだとする「召命思想」である。

著者は言う。「目の前にある多国間主義の思想的源泉が自分たちであり、かつ、その機構が自分たちの行動にはいっさい規制を及ぼしてはならないのなら、そこから単独行動主義までの距離はそう遠くはない」

とりわけ、9・11米中枢同時テロ以後、ネオコンが提唱し、ブッシュ政権が採用した対テロ正戦(聖戦)論と、都合のいいときだけ国連を利用し、都合の悪いときは一方的に軍事行使に出る行動様式は、まさに著者の指摘の延長線上にある。

著者は「唯一超大国体制と国連型多国間主義が本質的に相容れないのではないか」との疑念を呈しつつ、結論として、存在の大きさからしても、米国抜きの国連は好ましくない、と主張する。国連内にとどまらせ、米国の「痼疾(こしつ)であり続けた独善と権力志向」ではなく、自らの「理想であり続けた自由と寛容」に回帰するよう「説得を続けざるを得ない」と言うのだ。道は遠いが、同意する人が多いのではないか。(竹田保孝・共同通信編集委員)

(岩波新書・819円)=2005年4月7日①配信

人間のシアワセとは?

「人生相談『ニッポン人の悩み』」(池田知加著)

Q 家で、なぐる、けるの暴力をはたらく夫に悩んでいます。

A グッとおとなになりましょう。ヒマをみて、から手とか柔道を習っておくことは最も望ましい。

これは、一九六八年の「人生相談」からの抜粋。今日のドメスティック・バイオレンスの相談である。この種の問題が社会的に認識されている現在では、おちゃめなジョーダン回答としか思えないのだが、当時の「当たり前」の立場からは、から手も柔道も大まじめなのであった。

確かに、「妻は仕事一筋の夫に耐え忍ぶべし」とされた時代と、男女間が対等となり、家庭サービスにも熱心な夫を重要視する八〇年代以降では、回答のあり方は違ってくる。「当たり前」は時代により大きく変ぼうをとげ、そのはざまで悩める人間たちは、必死に自分探しの旅を続けてきた。

本書には、そんな戦後のさまざまな「人生相談」の変遷が収録されている。時代に左右される「人の悩み」と「回答」を軸に、丁寧に分析を進める著者の横で、本来の人間のシアワセとは何かを読みとっていく作業は、なかなか面白い。

実は高校生のころから、「人生相談」を読むのがお気に入りだった私である。「悩み」よりは、「回答」にツッ込みを入れることが楽しい。自分と回答者とのズレに始まって、「人生相談」とは自身の考えを確認する秀逸なる舞台なのだ。

重大な責任を担う回答者であるが、六〇年代の「ゴーマン」から近年の「謙虚」まで、時代によってキャラクターに変化がみられるという分析も興味深い。

また、「女の幸せは結婚にある」といった固定化された価値観の中でこそ言えたような回答も、人生観が多様化するにつれ、相談者が自分で答えをみつけて決断するように促していく内容になってきているという。

本を閉じ、さて、何を思う。それは、「人の幸せは時代にふりまわされることなく、己と対峙(たいじ)することから始まるのだ」という思いである。人間て弱いけど、でも強い生きモノなのだった。(高橋章子・エッセイスト)

(光文社新書・756円)=2005年4月7日②配信

よそさんのための入門書　「イケズの構造」（入江敦彦著）

春は移動の季節。進学や就職、あるいは職場の異動により、よその土地で暮らし始めた人も多いことであろう。

新しい土地に住むと、生まれ育った所の常識が必ずしも普遍的ではないことにカルチャーショックを覚えることがある。

関東人が関西に移り住むと、うどんの汁の薄さに物足りなさを感じる。逆に関西人は、関東のどす黒い汁にビックリする。これは食文化のカルチャーショックだ。

エスカレーターに乗って立ち止まるとき、左に立つか右に立つかにも東西で違いがある。これは生活習慣の違いだ。

言葉の使い方にも、東西でどうやら違いがあるようだ。たとえば買い物で店に入り、それが置いてないか尋ねたとしよう。それがない場合、関東では「ありません」というあまりにも直球で身もふたもない言葉が返ってきて、関西人は面食らうことがあるらしい。関西だったらもう少し愛想よく変化球で返すという。

関東の直球対関西の変化球という言語行動の違いは、言いにくいことを相手に伝える状況などにも現れるようだ。

なかなかラチのあかない相手に文句を言う、早く引き取ってもらいたい相手にそれを伝える、相手の頼みごとを断る、相手のセンスのなさを伝える、などなど。

本書は、京都に生まれ育った著者が、「イケズ」（関西弁で「意地悪」の意）と言われる行為や言語行動が、京都においては単なる意地悪ではなく、相手を傷つけまいとする配慮にもとづく変化球的な行為や言語行動であることを、非京都人（よそさん）に向けて解説したエッセーである。

たとえば京都で有名な「いちげんさんお断り」だが、よそ者には非常に排他的に聞こえるが、じつはこれは、客が場違いなところに入って気まずい思いをすることがないよう、言い方に配慮してやんわりと断っているのだと言う。

「いらんこと言い」で直接的な物言いを避けるのも京都的だそうだが、本書自体それで満ちている。京都的言語行動を理解するための入門書である。（尾崎喜光・国立国語研究所主任研究員）

（新潮社・1155円）＝2005年4月7日④配信

肉声で織りなす人間模様　「みんな土方で生きてきました」（日野勝美著）

〝土方殺すに刃物はいらぬ、雨の三日も降ればいい〟。土木工事に従事する労働者に対して、そんな侮蔑（ぶべつ）的なことばが使われていた。わたしはかつて、溶解したばかりの粗鋼の表面の砂やヒビ割れを旋盤で削るだけの、〝皮むき仕事〟を生業とする工場で働いたことがある。仲間のひとりが履歴書の職歴に旋盤工と書いて出したら、職業安定所の係官から「あれは旋盤工ではなくて、工場の土方ですよ」と言われてすごすご帰ってきた。体力まかせの、技倆（ぎりょう）を必要としない仕事だから、工場の土方などと蔑（さげす）まれたのであった。

その土方仕事に愛着を持ち、さまざまな現場で働き続けている人がこの本を書いた。わたしも著者にならって土方と書かせていただくが、土方に技倆が必要ないなんてとんでもないのである。広くものづくりと呼ばれる行為はすべて「駕籠（かご）に乗る人、担ぐ人、そのまた草鞋（わらじ）をつくる人」のように役割分担がある。いい草鞋をつくる人がいなければ、担ぎ手は足を痛めてしまう。アテネのマラソンで優勝した野口みずきさんが、ゴール直後に脱いだシューズにキスをした光景を想起するまでもないだろう。

著者は、このようなドキュメントを書くために土方暮らしをしているのではない。測量士の資格を持っていて、いちどは測量の仕事にも就いた。そのほうが待遇がよかろうに、ものをつくらない測量よりも、土にまみれながらも、ものをつくる仕事を選んでいる。

そこには傍目（はため）にはわからないが、ものをつくりだすさまざまな工夫があり、創意がありそして達成感もある。そしてそれらを成り立たせる人間の労働と暮らしむきの悲喜こもごもが、傍観者には決して語り得ない温かいことばで綴（つづ）られている。土方師と呼ばれる監督やおんな土方も登場すれば流れ土方もいて、それらの人びとの織りなす人間模様には、親しみを通して尊敬さえ感じ取れる。

軽薄な職業案内がもてはやされる昨今だが、肉声をともなったこのような記録が全国から輩出してほしいものである。（小関智弘・作家）

（新風舎・1680円）＝2005年4月7日⑤配信

ずしんと重い手応え　「エリザベス・コステロ」（J・M・クッツェー著、鴻巣友季子訳）

訳者あとがきによれば複雑なプロセスをたどって成立した作品らしく、また「メタフィクション」などと仰々しい術語がつい口をついて出そうな構成でもある。しかし、これは端的にいってべらぼうに面白い読み物だ。余計な理屈は考えず、とにかく、まずはノーベル賞作家の手だれの話術、詐術を堪能すべしだ。

表題どおりの名前の、功なり名遂げた女性作家が世界各地で講演してまわる。その折に生ずる人間模様の描写が、何とも皮肉がきいていて、エロチックなくすぐりもあり飽きさせない。

だがそれ以上に講演自体が興味津々のドラマを作り出す。話が聴衆に受け入れられるかというスリルもあれば、一緒に参加している作家を正面から批判しなければならない局面もある。あちらこちらに角を立てることも辞さない主人公の性格ゆえに、講演会は常に緊張をはらむ。

演題はリアリズムから始まってポストコロニアル小説の問題やら人文学批判やら、文学、文化の根幹に触れるものばかり。知的刺激に富み、しかも少しもお勉強臭がない。重大問題を軽やかに、縦横に展開してみせる作者の手さばきに心地よく幻惑されてしまう。

最後にはあの世でまで講演してしまうのだから、なにしろ人を食っている。とはいえそんなアクロバットが、同時にきわめて真剣な問いかけを秘めていることも伝わってくる。

ナチスの悪を描く小説をめぐって、悪を詳細に描くことは悪の延命、再生に手を貸すことになるのではないかという疑問が発せられるくだりはその一例だ。何でも描く自由があると信じるのはあまりに楽天的ではないか、口を閉ざしておくべき事柄もあるのではないかと主人公は懐疑する。

つまり、いかにもトリッキーな意匠のもと、実は決して時代に迎合しない強烈な批評性を秘めた精神が、作中のそこここで鈍いきしみや苦い唸（うな）りを発するのだ。

風通しのいい語り口（訳文が快調）にもかかわらず手ごたえはずしんと重い。クッツェー文学の魅力を改めて思い知らせる一冊だ。（野崎歓・東大助教授）

（早川書房・1890円）＝2005年4月7日⑥配信

知的たくらみに満ちた一冊　「イトウの恋」（中島京子著）

本書は「FUTON」でデビューした作者の、二作目の小説である。田山花袋の「蒲団」をモチーフにした前作は、その知的ユーモアと筆力が高く評価され、話題作となったのだが、本書ではその作者の持ち味にさらに磨きがかかっている。

タイトルの「イトウ」とは、十九世紀の終わりに日本にやって来たイギリス人の女性探検家に通訳として同行した伊藤亀吉のことである。本書ではI・Bというイニシャルで登場するその女性探検家が、イザベラ・バードをモデルに描かれていることは、勘のいい読者ならすぐに気づくはずである。

バードが著したのは「日本奥地紀行」だが、本書のI・Bが著すのは「秘境」となっており、亀吉は、その「秘境」に登場する通訳、なのだ。

この設定からも分かるように、本書は知的たくらみに満ちた一冊である。それは、亀吉の手記を発見した中学校教師・久保耕平と、その手記をめぐって出会った、亀吉のひ孫である田中シゲルとのオフビートなドラマが地の文で進んで行く、というスタイルからも明らかだ。そう、本書は亀吉の手記につづられたI・Bに対する「イトウの恋」と、耕平とシゲルの「現代の恋」、二つの恋が並行して物語られるのだ。

母校の教育学研究室の万年助手を経て、中学校教師になったばかりの耕平（実質部員が一年生ひとり、という郷土部の顧問、でもある）と、三十六歳独身女性の劇画原作者であるシゲルの、どこか調子っぱずれな、それでいてほんわかしたつき合いと、はるか年上の、しかも異国の女性に思いを寄せる亀吉のひりひりとするような恋、が交互に語られる事によって、物語にメリハリがつき、最後まで読者を引きずり込んでしまう。

本書にはさらにもう一つ、シゲルの成長物語、という側面がある。幼くして実母に置き去りにされた彼女が、ゆっくりと自分の中にくすぶる実母への感情との折り合いをつけて行く、そのさまがいいのだ。本の帯にある「会心の書き下ろし」という形容がふさわしい一冊である。（吉田伸子・書評家）

（講談社・1680円）＝2005年4月14日①配信

伝説となった歌姫の生涯

「私の家は山の向こう」（有田芳生著）

テレサ・テンが急逝してから今年で十年。その間、中国も台湾の社会も大きく変わった。去年台北に住んで私はそのことを肌で感じた。テレサのように「歌う公務員」、「軍隊の恋人」と呼ばれた歌手はもはや見あたらない。李登輝前総統が掲げた民主化が陳水扁政権のもとでさらに進み、台湾人としての自覚が高まっている。

私が一九九六年に、華人歌手としての評伝「テレサ・テンが見た夢」を書いたのは、「外省人」（蔣介石とともに台湾へ渡った大陸出身者とその家族）のアイデンティティー（帰属意識）クライシスを彼女にも感じたからだ。テレサは、八七年に戒厳令が解除され民主化に向けて舵（かじ）を切った台湾社会になじむこともなく、亡くなるまで海外で暮らし続けたのである。

そんなテレサの魂のありかを知りたくて「私の家は山の向こう」を読んだ。謎解きの興味をひく構成や平易な語り口はテレビ番組さながら。付録のCDから本人の肉声や息づかいが聴けるので、よけいそんな感じがする。

本書にはスパイ説の真相から日本でスターダムに上り詰めるまでの秘話、華僑御曹司との婚約破棄や年下の愛人とのいきさつもある。また、中国政府が台湾統一に向けてテレサ・テンを利用しようと、あの手この手でコンサートの招聘（しょうへい）をもちかけたことなど、今でこそ知り得る裏話も多い。

著者が心を寄せたのは、天安門事件を契機に「中国と戦う」と決意表明したテレサの心情だ。それは本の題名に表れている。五〇―六〇年代の反共ソング「我的家在山的那一辺」を、テレサは八九年、天安門に集まる学生や市民を支援するために香港の芸能人が主催したマラソンコンサートで絶唱した。まだ見ぬふるさとへの思いや民主運動を弾圧した中国政府への怒りを曲に託したのである。だが結局テレサは「中国と戦う」こともなく歌うことからも遠ざかった。

〝全ての謎の答えはこの本にある〟とオビにあるが、テレサは永遠の謎を残して逝った。そして伝説になったと、私は思っている。（平野久美子・ノンフィクション作家）

（文芸春秋・1950円）＝2005年4月14日②配信

〝その気〟が変える現実

「奇跡を起こした村のはなし」（吉岡忍著）

山形県と県境を接する、新潟県黒川村は、日本では数すくない石油の産地だった。地名の黒い川は、石油にちなむのだが、この村が有名なのは、そればかりではない。

観光地に詳しい人には、自力更生、リゾート地化した村として知られ、地方自治に関心があるむきには、村内に職場をつくって出稼ぎ依存から脱却した村として、記憶されている。

さらに、そんな村をつくりあげた伊藤孝二郎村長は、十二期連続の多選村長としても有名だった。ちいさな町や村の首長が、率先垂範、陣頭にたち、献身的に働けば、地域は生き生きしたものに変貌（へんぼう）する、とわたしもまた、彼に会って知らされたひとりなので、この本によって、その後の発展ぶりを知ることができて、ホッとさせられた。

福島県三島町、長崎県大島町（現・西海市）、島根県布施村（現・隠岐の島町）など、先代首長の苦闘の成果は、それぞれの地域に残されている。なかでも、さらに強烈な個性をもっている黒川村に、著者は足しげく通って、奇跡をささえている群像をえがきだした。

いま、地方自治体はやみくもに民間委託へむかっているのだが、この村は政府としぶとく渡りあって「村営事業」を拡大してきた。一九六五年、手づくりの村営スキー場建設がはじまりだった。

そのあと、国民保養センター、リゾートホテルと施設を拡大できたのは、政府の制度資金の情報をあつめ、すばやくそれを活用したからだ。が、この本で紹介されているのは、ハコモノづくりではない、伊藤村長の人間づくりの成果である。

一年以上の海外研修者が、職員四人にひとり。それぞれ、体を張って苦闘してきた。政府の「大合併」の方針を、この村も受け入れ、九月に「胎内市」となるが、どんな困難があったにしても、それらの人材が解決していくだろう、との期待をもつことができる。

「ものごとはなるようにしかならない、ではない。現実は、その気になれば変えられるのだ」と著者がいうのは、自治体の奮起ばかりか、社会にたいする個人のかかわり方のことでもある。（鎌田慧・ルポライター）

（ちくまプリマー新書・798円）＝2005年4月14日③配信

一つの秘密が雪だるま式に　「私にとってオウムとは何だったのか」(早川紀代秀、川村邦光著)

本書の中で最も意義のあるのは、早川紀代秀による手記の第四章「オウム真理教事件とヴァジラヤーナの教え」の部分である。

早川は、修行中に精神に異常をきたした信者を、教団医師の不注意から死なせてしまった出来事を、一連の事件の発端として位置づけている。

早川とほかの幹部は、この出来事が公になるのを恐れ、遺体を秘密裏に処理した。さらに、そのことを知りつつ脱会を申し出た田口修二さんを殺した。

一方で、教祖の麻原彰晃はこの時期、ヴァジラヤーナやポアといった殺人を肯定する教義を説くようになり、それが坂本弁護士一家の殺害事件へと発展していく。秘密の露呈を恐れ、オウムの教祖と幹部たちは次々と殺人に手を染めていった。

早川の手記は、一連の事件が、一つの秘密が雪だるま式に増殖していく組織犯罪の典型であったことを明確に示している。この点があらためて確認された点に、手記の大きな意義がある。

だが早川は、彼がどのように殺人を行ったか、あるいは、ロシア政府の首脳とどうやってコネクションを持ったのかについて、具体的な言及を避けている。彼は「北朝鮮に頻繁に渡っていた」と言われるが、その点にもまったく触れていない。単なるうわさなら、否定するべきである。

彼の手記は、林郁夫の手記にあった生々しさを欠いている。肝心なことについては、口をつぐんでいるという印象がぬぐえない。

それは、早川自身の責任であるとともに、彼とやりとりを行い本に仕上げた川村邦光の責任でもある。川村は従来の宗教学の方法にのっとり、早川の信仰歴を明らかにすることには熱心だが、なぜ早川が事件に関与したのかについて十分に迫ってはいない。

そのため、手記の前半部に示されているように、早川の信仰者としての歩みは、彼が殺人に関与したことと、まったく無関係に進行していったかのような印象を与える。早川には、今回の手記で語られなかったことを語る義務が、まだ残されている。(島田裕巳・宗教学者)

(ポプラ社・1680円)＝2005年4月14日④配信

西欧理性の細い糸を繋ぐ　「歌の祭り」(ル・クレジオ著、管啓次郎訳)

二十三歳の時にデビュー作の長編「調書」でルノード賞を得て以来、フランス文学界の寵児(ちょうじ)となったル・クレジオ(一九四〇―)は、物質文明の呪縛(じゅばく)と西欧中心的価値観の共有という強迫観念から抜け出そうともがいていた。そして三十代初めの五年間に毎年雨期の数カ月をパナマ東方のダリエン地方に住むアメリカ先住民と生活を共にする。

その時の経験は著者の世界や芸術についての考え、他人との付き合い方、歩き方、食べ方、愛し方、眠り方、さらには夢に至るまで人生のすべてを変えた。本書はその後約三十年間にわたり、ル・クレジオに新しい宇宙観と生き方を開示した南北両アメリカ先住民世界との出会いから交流、そして思索の軌跡を描いた民俗誌風エッセー集だ。

西欧は一貫してアメリカ先住民を「他者」と認識し、野蛮とか未開といったラベルを張り、物欲に満ちた略奪行為を正当化してきた。ル・クレジオはその破壊の対象となった先住民世界のわずかな残滓(ざんし)を手掛かりに、消滅した文化の豊穣(ほうじょう)さに驚き、ここ五百年の間に生じた空虚の大きさを認識する。そして西欧が新大陸で犯し、現在にも継承されている数々の不正義や非人間的行為への批判とその原因を解明してゆくプロセスに読者を引き込む。

本書は全部で十六の章に書き継がれているが、著者の考察は一貫して、語るべき言葉を封じられ、長い沈黙を強制されてきた新大陸すべての先住民の声や残照を想起し、例えば神話に顕在する人間と環境を深く結びつけた独創的な調和の思想を学ぶことの世界史的重要性を、端正で乾いた文体で静かに訴えている。

現代文明が西欧による他の諸世界の破壊の上に立つという西欧人の自省的認識は、えてして政治的な色彩を帯びてしまう。だが、著者は今やっと失われた世界の周縁に辿(たど)り着いたにすぎないと謙虚に語り、理解の限界を冷静に判断している。

新大陸の征服を正当化する言説に満ちたこの五百年間、それに抗し先住民とその文化の擁護を訴え続けてきた西欧理性の細い糸を繋(つな)ぐ一書である。(加藤薫・神奈川大教授)

(岩波書店・3360円)＝2005年4月14日⑤配信

作家性への覚悟を表明

「ドキュメンタリーは嘘をつく」(森達也著)

ドキュメンタリー映像作家の著者の主張は明快である。ドキュメンタリーは対象と作者との関係性を描くものであり、作品は被写体への加害性を常に持ち合わせており、こうした性格に対し作者は自覚的であらねばならず、それゆえにドキュメンタリーづくりは自分本位で悪辣(あくらつ)な稼業である。こうした事柄が繰り返し述べられている。

タイトルに「嘘(うそ)をつく」とあるが、ドキュメンタリーの虚構性を論証するのでもなければ、「やらせ」批判でもない。本書のテーマはあくまでも作家性である。著者は自著「A」からの引用により、「ドキュメンタリーの仕事は、客観的な真実を事象から切り取ることではなく、主観的な真実を事象から抽出することだ」と述べる。ドキュメンタリーとフィクションとは、作者が対峙(たいじ)する世界を作者が自覚的に再構築するという点で本質的に同一のものなのだ。

一方、著者は報道とドキュメンタリーとを区別している。情報の提示である報道は中立を標榜(ひょうぼう)しうるのに対し、情感の喚起を本質とするドキュメンタリーは作者のエゴが徹底されることで作品が成立する。しかし、報道における中立という立場といえども、対象との関係性の一つであることに違いはない。結局、メッセージの意図を送り手が自覚的に「煩悶(はんもん)」すべきである点において、報道する者もドキュメンタリー作家もおなじ業を背負っているのだ。

作家性に関する本書の明快な主張に対し、矜持(きょうじ)の高い覚悟の表明と評価する人もいれば、露悪的な開き直りと非難する人も出てこよう。もとより受け手側も解釈という実践を通して作品世界を再構築するのであり、作家とおなじく自己本位で悪辣な存在である。受け手側と報道やドキュメンタリーとの関係性の違いによって、提起される問題は異なってくるだろう。

関係性によって多様な論点が喚起される点は、本書が森達也というドキュメンタリー作家のセルフドキュメンタリー作品として成立していることを示しているのではないか。(江下雅之・目白大助教授)

(草思社・1785円円)=2005年4月14日⑥配信

革命家と歌手の愛の書簡

「絆」(藤本敏夫・加藤登紀子著)

〈ひとりで寝るときにゃよ　ひざっ小僧が寒かろ〉と、元祖東大生歌手・加藤登紀子が「ひとり寝の子守唄」を歌ったのは、学生運動が日本中を席巻した一九六〇年代の末。拘置所の恋人を思って作ったといわれた噂(うわさ)を裏付けるように、その後、彼女は獄中にあった元全学連委員長・藤本敏夫と結婚。夫の下獄中に長女を出産した。

すでに三十年以上の歳月がたったいま、当時の二人にまつわる記憶を潤色せずに述べるのは難しい。しかし、どんな時代にも流行の生き様や、その時代に選ばれた人間の輝きというものがあって、この人気歌手と革命家のカップル誕生はその意味でたしかに、一時期を象徴するものだった。

時は移り、様変わりした現実から、いま私たちは当時の気分や雰囲気を忘れて、それぞれの都合にあわせた記憶を弄(もてあそ)ぶようになった。そんな折も折りの二人の獄中書簡の上梓(じょうし)である。本書を読むことは「時の玉手箱」を開けるに等しい。

さて、おそるおそる開けた箱の中身は、案の定、時代限定的な過去の情念の堆積(たいせき)である。自然哲学的な神道の「産須那(うぶすな)」、農本主義的なエコロジー…。刑務所での読書の果てに行き着いた男の言葉を、現在の視点で裁断することはできない。革命家とは格好のいい者、見えを切り、人に夢を見させる人種。行きがかり上、大言壮語せねばならない男にそっと寄り添い、十分に尽くしながら、静かに成長してゆく女が書簡の中にいる。

かくして「六月からは、藤本登紀子の名前で、お手紙ください」という手紙で始まるそれは、長女・美亜子の誕生、歌手への復帰、陶芸や俳句への熱中、中南米への旅、農業などをめぐって対話を重ねながら、夫婦として生きる実感を素直に、力強く歌い始める。

女は男を愛し男は女を愛した。藤本敏夫が逝って三年。「これまで、ほとんどいつも、革命家は死にました」と加藤登紀子はいみじくも書簡に記したが、若き男はやせ我慢とも見まごう夢を語った。いい男は早く逝く。(久間十義・作家)

(藤原書店・2625円)=2005年4月21日①配信

静かな諦念と人生観 「オテル　モル」(栗田有起著)

不思議なホテル「オテル　モル」は都心のオフィスビル街の地下にある。最下階十三階、客室九十九で、良質な眠りを求める人たちのための会員制ホテルだという。その求人広告を見て面接を受けるため主人公・希里がビル街を迷ってうろつき、おそるおそる地下へと階段を下りていくシーンからして「不思議な国のアリス」の世界を思わせる。

希里がそこではじめに出会う外山さんは、アリスの物語でいえば、さしずめ懐中時計で時間を気にしているウサギだ。そして「まれにみる誘眠顔」だったためフロント係に採用された希里。ホテルのいろはを教えてくれる外山さんはきまじめすぎてどこかおかしみをたたえているし、やってくる客たちも一風変わっていて愛すべきキャラクターだ。

しかし会員ファイルを読むとつらい現実を抱えているようでもある。そんな現実からの逃避場所、日常から少し逸脱したやさしい異空間「オテル　モル」で働きながら、希里はどんな体験をしていくのか。彼女の境遇と交差しながら描かれる。

もっとも希里が抱えている現実もいささかディープだ。薬物中毒でリハビリ施設に入院中の双子の妹、その世話にかかりっきりで不在の両親。希里はめいの世話をしながら、妹の夫である西村さんと三人で暮らしている。西村さんは希里の元彼、という状況。

ホテル内は微細に描かれ五感と想像力を刺激してくるのに、家の場面となるとうって変わって情緒的な言葉を排した筆致で淡々と語られる。現実とファンタジーを意識的に描きわけているように思う。そして過酷な現実をこれ見よがしに描くべきではない、という著者のデリカシーも感じるのだ。

そこには誰もが背負っている現実があり、それぞれ受け止めながら日々を生きている。つらいのは自分だけではない。現実は簡単には変えられないけれど、熟睡できる空間があれば、受け止められるだけの新たな力が出てくるかもしれない、という静かな諦念(ていねん)に支えられたやさしい人生観もみてとることができる。(白石公子・詩人)

(集英社・1575円)＝2005年4月21日③配信

時空の隔たりを超えた物語 「彼方なる歌に耳を澄ませよ」(アリステア・マクラウド著、中野恵津子訳)

「覚えてるか？」という言葉が全編にこだまし、呪文(じゅもん)のように耳に残る。記憶すること、その記憶の証人となること、それが使命であるかのように、主人公は一家の、一族の、そして民族の過去を思い出し、語り続ける。時空の隔たりを超え、人間関係の連鎖をたどって、究極的には「愛」と表されるであろう「物語」となる。

原題は征服者に抗(あらが)う民族の歴史にまつわる引用だが、訳書の表題はこの連綿とつながる過去への思いを表したものと思われる。

著者は、長年カナダ・オンタリオの大学で教鞭(きょうべん)をとる寡作な短編小説家であったが、十三年間の労作である初めての長編小説(本書)を一九九九年に出版すると、まもなく国内で次々と文学賞を獲得、大西洋の反対側でも受賞が続き、国際的な脚光を浴びることになった。

彼の小説の多くは、出身地ケープ・ブレトン(カナダ東端の島)を背景とし、本書も例外ではない。

氷上の事故で両親を失い、幼い弟妹は祖父母に養育され大学教育まで受けるが、一方兄たちは労働者として生きていかざるを得ず、大きく運命を分ける。死と隣り合わせの気候、貧しさを支える炭鉱や荒海での過酷な肉体労働。祖先から伝わるゲール語で歌い、励まし合ってはぐくむ連帯感、誇りを捨てずに救いを求める哀(かな)しみと十分に応えられない罪の意識、それらが風景描写と不可分に描き込まれていく。さらに心奥の風景の記憶は、祖先の地スコットランドへの郷愁と重なり、彼(か)の地での抑圧への抵抗の歴史がアイデンティティーの指標となる。

「歴史が浅い」「層が薄い」と揶揄(やゆ)されがちなカナダ文学であるが、移民国家カナダの作家たちは、想像力で祖国へ立ち戻り、民族の文化基盤へとさかのぼっていく。それゆえの広がりと豊かさがポリフォニーのように共鳴する作品が多く、本書もそのことを如実に示す一作と言えよう。完璧(かんぺき)主義で知られる著者の推敲(すいこう)を重ねた文章は、素朴で清冽(せいれつ)な美しさをもって魂を揺さぶるが、訳書でも原文との間に生じる違和感が恐らく最小限にとどめられたと思われる。(水之江郁子・共立女子大教授)

(新潮クレストブックス・2310円)＝2005年4月21日④配信

相互で成立させた禅文化

「禅という名の日本丸」(山田奨治著)

コンビニのレジの横には、肉マンとアンマンがつき物である。そして、たいてい「中華マン」と書いてある。

近年は上海や北京にもコンビニがたくさんあり、やはり肉マン・アンマンがある。しかし、その名はなんと、「日本包子(日本式パオズ)」であった。

文化交流は、正しい相互理解の道と人はいう。しかし実際、文化は往々にして美しき誤解によって伝わってゆく。そこには、一方向的な美化や歪曲(わいきょく)だけでなく、双方向的で重層的な環流の構造が見て取れる。

相手側が描いたこちらの像に自ら見とれ、今度はこちら側が、それに合わせて自らを演じる。かくして舶来の虚像は、いつしか〝愛(め)でたき〟自画像に変じて、再び輸出されてゆくのである。

本書は、二十世紀に「ＺＥＮ」という名のオリエンタリズムを西洋と日本に広めていった、そうした美しき誤解の仕組みを追跡する。

人々はいかにして、武術や芸能に「悟り」をみ、砂利と岩の間に「無」を感得し、それらを「ZEN」=「日本」という等式に帰着させて流通させるに至ったのか。

本書はその過程を、オイゲン・ヘリゲルの「弓と禅」、および龍安寺の石庭に関する言説を例として、鋭く分析している。

一九九〇年代に米国で盛んに論ぜられた、「ZEN」オリエンタリズム批判や「ZEN」ナショナリズム批判の論調に似て、古人の言行を扱う筆者の論調が比喩(ひゆ)や断罪に傾きがちであることが、いささか辛(つら)く思われた。

しかし、あくまでも第一次資料の精査に基づいた実証的な立論は、きわめて明晰(めいせき)で説得力があり、文句なしに刺激的だ。ヘリゲルとナチズムの関係を示す文書など、著者が初めて光を当てた貴重な原資料も少なくない。

近代に至って、半ば無意識、半ば意図的に織り成された「ZEN」=「日本」という物語。その解読をさらに進めてゆくならば、われわれは次に、鈴木大拙という巨大な一章を避けて通ることができないであろう。(小川隆・駒沢大教授)

(弘文堂・2625円)=2005年4月21日⑤配信

つくられた目的こそ重要

「ニッポンの素」(武田徹著)

引き締め効果をうたうサポートタイプが出回ったころ、パンスト工場を取材したことがある。製糸工程が複雑になったために消費電力が大幅に増え、ナイロンに加えて油を吸いやすいポリウレタンを使用するようになったため、排水処理も大変になっていた。本書を読みながら、そのときの、油の輪が浮いた排水処理施設を思い出した。

あまりにも商品があふれているために、われわれは自分の居場所がわからなくなっているのでは…。本書はその問題意識にもとづいて、多彩な商品のもとになる素材産業を取材したものである。鉄、塩、ガラス、水、アルミ、チタン、絹、紙、化学繊維、プラスチックと展開していく素材産業のパノラマは、思いがけない物語もつむぎだす。

巨大な「テトラポッド」(消波ブロック)は海辺で作られる！　競馬のルーツには蚕がいた？　もちろん何を面白がるかは人それぞれで、立場によって多様な読み方ができるだろう。製造現場、製法の変化、未来の可能性など技術面をていねいに追い、さらに各業界の生き字引といえる人々へのインタビューを盛り込んだ構成が、それを可能にしている。

各種素材を見れば、人の営みは自然に依拠していることをあらためて知らされる。鉄の原料は鉄鉱石だし、プラスチックの原料は石油。石油とは大昔の生物が変化してできたものだ。地球を食べて人は生きる。プラスチック製品が〈何億年間もの時間の蓄積の上に存在している事情〉を理解すれば、〈たかがプラスチックと軽々に扱うことへのためらいが生じないか〉という著者の問いかけに、未来を開く鍵が潜んでいる。

ところで、冒頭の鉄の章に「靖国たたら」が登場する。そこは一九三三—四五年にかけて、軍に納める日本刀を生産していたという。「一九四二年のジャワで二人の英人が日本刀で首をはねられた」という話を取材した直後だったので、このくだりには考え込んだ。しかし同じ鉄も風鈴となれば優しい音を響かせる。やはりモノは、何を目的に作られるかということが一番の問題なのだ。(島本慈子・ノンフィクションライター)

(新宿書房・3990円)=2005年4月21日⑥配信

生きるためのつらい決断

「むこうだんばら亭」(乙川優三郎著)

イワシ漁としょうゆでにぎわう町・銚子。そこはまた、食い詰めた者たちが集まる吹きだまりでもあった。

漁師たちは、だんばら波と呼ばれる逆巻く大波を恐れながら、きらめく銀鱗(ぎんりん)の夢と引き換えに、日々海へと立ち向かう。だが、大漁が続けばよいが、ひとたび不漁となるとたちまち生活は苦しくなる。

かつては江戸で娼家(しょうか)を営んでいた主人公の孝助も、店を畳み、各地をさすらった末に流れ着き、今は小さな居酒屋「いなさ屋」の主におさまっている。しかし、彼には表看板とは別に、もうひとつ裏の稼業があった。暮らしが立ちいかなくなった女たちに、稼ぎの口入れをしていたのだ。要するに、女性が最も手っ取り早くお金を手にできる仕事の紹介である。

かくして絶望のふちに立たされた女が、今日もまた「いなさ屋」の裏木戸をたたくのだった…。

全八編が収録されているこの連作集には、全編に人間の苦悩が満ちあふれている。苦悩の元凶は、その多くが貧困による生活苦であった。

たとえば、収中の一編「散り花」は漁師だった父親が若くして死に、残された一家六人を救うために、十四歳の長女が孝助のもとを訪れる。

さすがにその歳では男を紹介するわけにもいかず、とりあえず店の手伝いをしてもらうことにしたのだったが、やがて娘は自ら進んで客の誘いに乗り、身を売る決心をするのだった。「こんなことは何でもない、あたしは死ねないもの」とつぶやきながらだ。

生きるためには、つらい決断をするしかない状況が人間にはある。それはたくましさであり、また生命力に満ちあふれた姿でもあるが、同時に悲しいほどの潔さも感じさせる。人を是が非でもどこかへ向かわせるもの、それが希望だとすれば、彼女たちはしたたかに生きることで、自らその光明を見いだしたのである。

時代小説とはいえ、簡潔で平明な現代文で書かれた本書は、作者の新境地をひらく傑作といえようか。続編の展開も大いに気になるところだ。(関口苑生・文芸評論家)

(新潮社・1575円)=2005年4月28日①配信

生きた昭和短歌史

「歌人の原風景」(三枝昻之編)

大正生まれの、戦争を経た歌人十二人に対する三枝昻之の短歌誌「歌壇」連載インタビューをまとめた一巻である。サブタイトル「昭和短歌の証言」が示すように、本書には短歌を横抱きにして激動の時代を生きた第一線歌人たちの昭和史が鮮やかに語られている。

この鮮明な印象は、十二人に対する三枝の綿密な調査に基づいた周到な問いかけによるところが大きい。団塊の世代前後、またはそれ以降の歌人・研究者で、近藤芳美から前登志夫までの広い文学的振幅をもつ世代に、これほど確かな目配りが可能な者は三枝以外にはいないだろう。

歌人たちへの基本的な問いは次の七点である。

①作歌を始めた契機は何か、②戦争期の身辺状況と戦争観、③開戦・敗戦の歌の有無、④GHQの検閲を受けた経験があるか、⑤第二芸術論をどう受けとめたか、⑥以上を経験した上での現在の短歌観、⑦現代の若い歌人への伝言。

この七つの問いは戦前・戦中・戦後の三大峠を昭和短歌が具体的にどう越えたのかという三枝の問題意識を端的にうかがわせる。歌人たちもそれによく応えて十二の昭和短歌史が陰影に富んだ私的ディテールとともに語られ、読み物としてもおのずから面白いものとなった。

興味深かったのは、第二芸術論に衝撃を受けたと語る歌人が近藤芳美、武川忠一、岡野弘彦ら数名にとどまっていたことだろうか。前衛短歌への意外に覚めたスタンスをも含め、戦後短歌を担った大正世代の歌人たちに近代短歌の正統的な流れは堅固に受けつがれていたのである。また短歌の本質を「うねりのようなもの」(田谷鋭)、「深い沼のようなもの」(前登志夫)、「取り憑くもの」(清水房雄)といったカオスに見すえる発言は、この詩型のもつ底知れぬ力を考えさせる。

若い歌人への伝言にも「累々としたところがほしい」という田谷鋭のことばをはじめ、深々とした含蓄をたたえる卓見がならぶ。生きた昭和短歌史に触れる醍醐味(だいごみ)はもとより、熟達した十二人の作歌の奥義をも味わえる一書だといえよう。(島田修三・歌人)

(本阿弥書店・3150円)=2005年4月28日②配信

照れと懐かしさで共感

「ずっと怪獣が好きだった」(品田冬樹著)

ゴジラの誕生から今日まで、日本では実に多種多様な怪獣が創造された。怪獣は今や、日本が世界に誇る文化の一つと断言してもいいだろう。

その歴史は、ゴジラを生み育てた円谷英二と映像の作り手たち、そして五十年という時代を怪獣とともに育ち、大人となった人間のだれもが心に抱く、夢とロマンの世界から成り立っている。

本書は、そういう怪獣世代のだれもが共感するような、少し照れくさい思い出と懐かしさがこみ上げてくる一冊である。

著者はこれまで、多くの特撮怪獣映画の造形を手がけ、その作品はリアリティーと美しさを持つことで定評がある。本書は、ゴジラ誕生と怪獣の意味論から始まり、これまでに登場した怪獣と映画を時間軸でたどりながら、当時、映画の中で私には理解できなかった怪獣の意外な真実が明かされていく。

著者の自叙伝的な話を加え、作り手でなくては語れない怪獣造形の秘密と特撮の魅力を堪能させてくれる。読み進むにつれ、読者は怪獣たちの面影を思い起こし、当時の映画のビデオでも借りて見たくなるような魅力が満載である。

以前、「ゴジラの時代」という展覧会で、著者と一緒に仕事をさせて頂いた。その時、特撮と怪獣については知らないことはないほどの相当な怪獣好きで、しかも、映画や造形美術などにも幅広い見識を持つ理論家だと感じた。

目を輝かし、身ぶり手ぶりで話をする著者は、子どものような純真さを持ちながら、少年時代の夢を失わずに追い続ける実践家である。

おおらかで親しみのある人柄は、本書の語り口にもあらわれている。花火大会で、ビルの谷間でさく裂する花火に怪獣映画の一シーンを感じた、というくだりなど、気取りのない言葉によって、著者と読み手の心を一つにしてくれる。

これまでの怪獣図鑑や映画のメイキング本とは一味違う面白さを秘めた本書は、怪獣世代の〝必読バイブル〟であり、怪獣を知らない人? には、その魅力を伝えてくれるガイドブックとなるだろう。(大杉浩司・川崎市岡本太郎美術館学芸員)

(岩波書店・1995円)=2005年4月28日③配信

拡散した巨大都市読み解く

「東京スタディーズ」(吉見俊哉、若林幹夫編著)

東京はとりとめもない。都心も郊外も求心力を失って、だだっ広く拡散しただけの街になった。本書の二十本の論考に共通するのは、このとりとめのなさに対する戸惑いと、にもかかわらずここで起きている現実の意味をつかみ取ってやろうという強靱(きょうじん)な意欲である。

編著者の若林幹夫は、お台場の商業施設がその内部に疑似的な都市空間を作りだし、その他の東京を余白化することで、かろうじて自閉空間を維持しているさまを描いていく。もう一人の編著者、吉見俊哉も六本木ヒルズを迷い歩き、いきなり開ける超高層ビルからの眺望を語って、迷路と鳥瞰(ちょうかん)のダイナミズムをアートとして再編する都市デザインへの変容を示唆している。

だが、二人の筆致は明るくない。八〇年代に隆盛したポストモダン都市論のような「新しいもの」に対する無邪気な期待など、かけらもない。彼らは、都市の意味を再構築しようとする努力自体がもはや悪あがきでしかない、と見抜いている。これは、都市をめぐる哲学を集中の側にではなく、拡散の側で形成することができるのか、という問いにつながっていく。

この問いを念頭に置くと、近郊のホームレスの人々の聞き取りから都市下層民の動態を浮かび上がらせる西澤晃彦や、吉原や歌舞伎町に「偏在」した悪所が東京中に「遍在」していったと説く赤川学らの論考に、これからの都市論の方向性が見えてくる。

ところで、都市論はなぜ権力や政治を正面から考えないのだろう。本書でイレーナ・リフロフスカが、西欧における消費主義は自己の幸福にしか関心のない人々による社会の解体だと思われているのに、日本ではそうではないらしい、と書いているが、日本人とてある政治作用の結果として消費主義者になったのではなかったか。

まして排他的ナショナリズムの気配が漂いだした二十一世紀の首都にあって、都市と権力、東京と政治の分析は欠かせない。こちら側にも今後の都市論が広がっていくことを、私は期待したい。

(吉岡忍・ノンフィクション作家)

(紀伊国屋書店・2100円)=2005年4月28日④配信

醤油銘柄の性格と歴史

「日本の味　醤油の歴史」（林玲子、天野雅敏編）

近所のスーパーで、醤油（しょうゆ）の棚をたんねんにチェックしてみた。おなじみのキッコーマンとヤマサの一リットルペットボトルが、ずらりと最下段を占領していた。

だが上の方の棚には、ヒゲタ、金笛、ヤマキ、盛田、マルマン、カメビシ、ヤマヒサ、チョーコー、フンドーキンなど、関東から九州まで二十以上の銘柄が並んでいた。

本書は、経済学の側面から醤油醸造業の歴史を探った学術書だが、読んだ後、これまで気にかけないままに買い、使っていた醤油の銘柄や製造地を確かめずにはいられない。

まずは、日本料理の誕生と発展をかいつまんで記し、日本料理の味を決定づけた醤油の起源と成立、その後の多様化、国際化を述べる。

記述の中核は、関西の三カ所、湯浅、龍野、小豆島と、関東の銚子、野田という日本の代表的な醤油産地の歴史である。文献史料をもとに、これらの地を有名産地にした個々の醤油醸造家の動向を、江戸期の創業から盛衰を経て拡大化し、近代に会社組織化するまでたどる。

連綿と続く老舗の当主たちの努力奮闘のほか、醤油醸造業の性格と歴史の全体像が浮かび上がる。特に、業界の〝勝ち組〟となった野田のキッコーマン、銚子のヤマサ、ヒゲタには詳しい。

だが心が動くのは、産業史の栄光の裏側だ。江戸時代には、農村部を市場とした中小規模の醤油醸造業者が村ごとにいくつかあったが、近代以降は淘汰（とうた）され、戦後の高度成長期に多くが廃業に追い込まれた。

それでもまだ、全国には二千五百社の醤油醸造業者があるという。醤油はメーカーごとに味が違うといってもよく、濃口、淡口（うすくち）、溜（たまり）、白、再仕込などの種類にも地域的な差がある。

そして、それぞれの土地の人はその土地の醤油を使用し、他の地域の醤油をなかなか受けつけないのだそうだ。

思っていた以上に、醤油は地域の嗜好（しこう）や風土を反映していると知った。これからは旅先で、地酒と同様に店頭に並んだ醤油にも、目がいくことだろう。（坂梨由美子・紀行ライター）

（吉川弘文館・1785円）＝2005年4月28日⑤配信

半端を魅力に変える舞台

「古道具　中野商店」（川上弘美著）

小説の舞台は、東京の西の郊外にある商店街の古道具屋で、値の張る骨董（こっとう）を扱う店ではない。引っ越しや相続といった理由で客が処分したい家財道具などを安く引き取り、店頭に並べて売る。古眼鏡やら灰皿やら文鎮やらコタツといった半端なモノも、店頭に置かれ、客の視線にさらされているうちに、単なる古さがどこか懐かしさをとどめた年季に変わってゆく。

それは単なるリサイクルとは違うモノの再生なのだが、この作品の魅力は、この中野商店に集う人びともまた、それぞれにある種の半端さを抱えていて、読むほどに、その半端さを、作者の筆は見事にかけがえのない魅力に変えてゆく。それはちょうど、引き取ってきた変哲のないモノが、いつの間にか店頭で、不思議なオーラをまといはじめるのに似ているかもしれない。

主要な人物は四人。数年前に三回目の結婚をし、しかもなお愛人を持つ店主の中野さん、その姉で、人形の創作をしながら、離婚歴のある男とつき合っているマサヨさん。品物の引き取りを担当している、生き方の決してうまくないタケオと、そんなタケオに惹（ひ）かれつつも、ささいな行き違いから微妙な距離をどうにも処理できない店番の「わたし」。そうした四人を中心に織りなされる人間模様と恋模様が、淡々と、それでいてしっとりと、一話ごとに焦点を変えながら語られていく。

作品としては、最終章の手前で、中野商店が店じまいし、店頭のモノがそれぞれの買い手に引き取られ、それぞれの空間で新たな姿のもとに生きはじめるように、そこに集った連中も、それまでの味わいある半端さを脱して、新たな姿で人生を生きはじめる。そのことが、数年後に中野さんが西荻に開店した西洋アンティークの店の開店祝いに向けて、明らかになっていくのだが、それはまるでフィナーレに登場する役者たちのようだ。古道具屋とは、置き場のなかった半端さが何かに変わるための、舞台なのだ。モノにとっても人にとっても。（芳川泰久・文芸評論家）

（新潮社・1470円）＝2005年5月2日①配信

引き裂かれる女たち

「ラヴ」(トニ・モリスン著、大社淑子訳)

女たちの友情や愛は、男たちによって引き裂かれてしまうものなのか。

ノーベル賞作家トニ・モリスンは、虐げられてきた黒人の歴史を多層に紡いできたが、そこにはいつも家庭の中で父や夫から肉体的・精神的な虐待を受ける娘や妻が描かれる。彼女たちは連帯を願いながらもすれ違い、時には無力さゆえに、互いをおとしめる言葉を吐く。愛は屈折した形でしか表現されない。とくに女たちの愛は。

黒人のホテル王ビル・コージーの孫娘クリスティンと極貧の家の娘ヒードは〈互いにぴったりの人間〉だと思えるような、運命的な出会いを感受する。幼い二人は相手が自分であるように純粋に強く惹(ひ)かれあう。

だが二人の関係は、祖父が十一歳のヒードを再婚相手として選んだことで破綻(はたん)していく。大人たちの欲望に心を傷つけられた少女たちは、自分を守るために、痛みを相手への憎しみへと向かわせていく。孫娘より妻を選んだ義父の意向を受け、クリスティンは母メイに寄宿学校に入れられ友人も〈あたしの家〉も奪われる。

一九七一年にすべてを支配していた祖父が亡くなる。だが、その死には奇妙なうわさがつきまとい、三十年来続いた三人の女の確執は、より凄絶(せいぜつ)な遺産相続争いとなる。男性遍歴を重ね、長い放浪の果てに落ちぶれて戻ってきたクリスティンは、ヒードの管理する屋敷に強引に居座る。さらにメイが死んだ後、二十年近くも二人の闘いは続く。

全編に、六〇年代米国の公民権運動の盛り上がりとともに起こった黒人への悪意に満ちた事件が、物語の背景にちりばめられている。三人の女たちの生と愛は、家庭環境とそんなアメリカの歴史が連動する重層的な構図の中に形づくられている。

最後に幼い二人の愛が憎しみに変わった動機が明かされるが、そこで読者は男への激しい怒りと悲しみを感じつつ、女たちへの深い愛に包まれるだろう。元ホテルの料理人Lの魅力的な語りと、過去と現在、現実と幻想が交錯するミステリアスな空間に、真実の愛が刻み込まれている。(与那覇恵子・東洋英和女学院大教授)

(早川書房・2310円)=2005年5月2日②配信

日本の未来見据え提言

「入管戦記」(坂中英徳著)

二〇〇三年四月、東京・新宿の歌舞伎町に入管(入国管理局)の新宿出張所ができた。以来、歌舞伎町で犯罪が減り、一時は繁華をきわめた中国クラブや中国エステ、不法滞在らしい中国人男女の姿が減ったことはたしかである。

著者は東京入国管理局長を最後に今年三月退職したようだが、この新宿出張所の開設は著者が発議、提案した成果だという。

坂中英徳「入管戦記」は「顔の見えない官庁」とされる入管行政を知るには格好の本である。著者は敗戦の年の一九四五年、朝鮮・清州市に生まれ、七〇年慶大の大学院を修了後、法務省に入った。一貫して入管畑を歩き、在日韓国・朝鮮人の法的地位の安定化を唱えた「坂中論文」で知られる。

「在日朝鮮人の在留の特殊性を考えるなら、日本社会への融和、社会福祉、教育、差別待遇などの問題も併せ考えるべきだ」というのが論文の趣旨だが、著者はこれまで自ら正しいと信じる政策を提言、法制化し、実現してきた。

旧例墨守が横行する役所で異色にも、理想と構想力、実行力を併せ持つ官僚だった。いささか自画自賛の匂(にお)いもするが、それだけ著者には入管行政に対する自負も思い入れもあるのだろう。気になるほどではない。

著者によれば日本の将来像(二〇五〇年ごろ)には二つのシナリオがある。「小さな日本」では外国人に対する入管行政が強化され、人口の自然減はそのまま甘受される。日本経済は低迷するが、国民は豊かな自然環境の中、悠々自適の生活を送る。

対して「大きな日本」では外国人の大量移入で、世界二位の経済力と生活水準を保つ。その場合日本は「多民族共生社会」として国籍や民族を問わず、すべての人に機会均等を保障する「開かれた平等社会」にならなければならない。

著者が暗に勧めるのは「大きな日本」のようだが、今の日本人に不可欠になるのは「日本系日本国民」としての自制心と矜持(きょうじ)になろう。(溝口敦・ノンフィクション作家)

(講談社・1680円)=2005年5月2日③配信

過去から逃げない強さ　「トレイシー・ローズ」（トレイシー・ローズ著、野澤敦子訳）

十五歳の家出少女、ノーラはトレイシー・ローズの名で、二十本以上のポルノ映画に出演し、絶大な人気を博していた。

彼女はポルノ映画出演時の自分を、「私はセックスをむさぼり、ドラッグにおぼれた野生児だった」と生々しく回想する。掲載されている当時の写真をみると、その妖（あや）しい美しさに圧倒されてしまう。しかし、本書には、露悪趣味に満ちたスキャンダラスな趣はみじんもない。

本書は、一九六八年、オハイオ州の小さな町に生まれた少女が、どのような経緯でポルノスターとなり、そこから逃れ、一般映画の女優や歌手として、また社会活動を通じて、自分の人生を取りもどすに至ったかを、赤裸々かつ、冷静な筆致で記した半生記である。

暴力的な父親と、育児を放棄しがちな母親に育てられた幼少時代。両親の離婚、引っ越し、転校、いじめを受けた学童期。レイプといえる初体験、性的虐待などから生じた肉体への嫌悪感。自らを守る術（すべ）をもたない幼い彼女に、アメリカ社会の過酷な現実が、次々と振りかかっていく成長過程は痛ましい。

少しのアルバイト代ほしさから、成人であるという偽のIDカードを手にし、義父やエージェントに半ばだまされる形で、ポルノ業界の商品となる。ドラッグとセックスに消耗しぼろぼろになり、“誰か私を止めて”と心の中で叫びながらも、愛に飢えていた彼女は、周りに認めてほしいという強い欲望に流されてしまった。

児童ポルノ対策に基づいたFBIによる保護をうけた後、彼女はポルノ界からの脅迫、マスコミの執拗（しつよう）な取材攻勢、政府からの度重なる召喚に苦しめられたという。なかでもつらかったのは、まっとうな人生をやり直そうと苦闘しても、ついてまわる「ポルノクイーン」のレッテルであった。

しかし、一度は捨てようとした忌まわしいトレイシー・ローズの名を引き受け、過去から逃げるのをやめた時、彼女は本来の自分に立ち返ることができたのだ。彼女の強さの秘密は多くの女性の共感をよぶだろう。（河合敦子・フリーライター）

（WAVE出版・1680円）＝2005年5月2日④配信

西洋中心主義批判の実践　「1冊でわかる　ポストコロニアリズム」（ロバート・J・C・ヤング著、本橋哲也訳）

コロンブス以降の植民地化における西洋中心主義をポストコロニアリズムは批判する。本書はその論理を抽象的に語るのではなく、地球上の差別の現在形から説き、文化の名による抑圧を白日のもとにさらしている。

暴力による収奪を文明によって正当化した西欧はみずからを「普遍的」で、他は「特殊」だと決めつけ、そこに価値の差異があると論じた。シェークスピアはアフリカの民話とは異なり神聖なものだとされ、源氏物語は西洋人に評価されてはじめて「文学」となった。

さすがにこのようなひどい見方は旧植民地の独立などで改善されたようにも見える。しかし本書が問い返すのは、その西洋中心主義は本当に克服されたのか。西洋が非西洋を見る視点は非西洋人自身にも強制されていないのか、ということだ。

サイードの「オリエンタリズム」を契機として議論されてきたポストコロニアリズムは文化のもつこうした政治的な力を問題にする。したがってそれは思想の流行のひとつではないし「左翼の延命策」でもない。この地球上にある差別の構造を容認してきた私たちの考え方全体を作り変えようとする文化運動である。

一群の指導者もいなければ「正典」もない。各自の責任でこれまでの西洋中心の思考構造全体を疑うこと。そうした「ゲリラ戦」的運動である。その点を考えればポストコロニアリズムがフェミニズムと思想的に大きな共通点をもつのは当然であるし、両者を批判する側の無理解さが同質であることも納得できる。

ヤングはこうした領域の「第一人者」と呼ばれているが、指導者扱いこそ本人が否定するところだろう。彼もまた広範な運動の一参加者だから。彼が「モンタージュ」と呼ぶ方法で書いた本書は各実践から運動全体を語り直すという点において非常に魅力的である。

脱亜入欧をスローガンとして近代化を推進し、途方もない災厄をアジアにもたらしたにもかかわらず、その後も形をかえて同地域を支配しつづけている日本という国民国家に属する者にとって、この運動に参加することはひとつの義務と言えるのではないだろうか。（越智敏夫・新潟国際情報大助教授）

（岩波書店・1575円）＝2005年5月2日⑤配信

21世紀の文学が映す現在

「カギ」（清水博子著）

楽しい読み物であり、同時にリアリズムでもあるというのはすぐれた小説の必要条件であるが、本書はその条件を満たした二十一世紀の日本版「ボヴァリー夫人」とでも言うべき傑作である。

まず読み物として魅力的であるのは、谷崎潤一郎「鍵」の形式を効果的に利用しているからだろう。そこで谷崎は、体力の衰えはじめた大学教授が性の刺激を求めてわざと妻に読ませるための日記を書く、という趣向をもちい、それに反応していく妻の日記をあわせてふたつの日記を交互に読ませた。それは性の刺激がいかに観念的なものであるかということを思い知らせると同時に、他人の生活を覗（のぞ）き見ているような興味をかき立ててくれる作品だった。

その形式を利用した「カギ」が覗き見させてくれるのは、神戸出身で現在は東京に住んでいる三十代にさしかかったふたりの姉妹の生活である。姉は一度年の離れた男性と結婚していまは「未亡人」であり、夫が残した瀟洒（しょうしゃ）なマンションで暮らしている。妹は姉の友人であった男性と妊娠して結婚し、しかし生まれた娘は母にあずけて賃貸の木造住宅に住んでいる。「鍵」の夫婦の日記を動かしていたのは性的な欲望であるが、二十一世紀の日本に生きる姉妹を日記に向かわせるのは「書きたい」という欲望である。

妹は、インターネットに公開するものとして日記を書きはじめる。それはいま実際に生まれつつあるもっとも新しい種類の言葉である。一方姉が書くのは、冒頭近くにある「小説を書くことを断念した」という言葉が説明するように、日本の近代文学が蓄積してきて現在無力化していることが指摘される古くさい言葉である。そしてふたりは互いの日記を密（ひそ）かに読み合っている。

つまりそこには二種類の言葉の対話がある。その対話の場こそ二十一世紀の文学が用意する「現在」であり、そこで作者はふたりの女性に託して現在の日本をリアルに映し出して見せた。その印象は、実を言うととても怖い。リアリズムの傑作は、いつもとても恐ろしいのである。（田中和生・文芸評論家）

（集英社・1785円）＝2005年5月2日⑥配信

香りをめぐる愛の物語

「薔薇のパルファム」（蓬田勝之著、石内都・写真）

花とは新しい人生との出逢（あ）いである。この著書は、薔薇（ばら）に魅せられたパフューマリー・ケミスト（香りの化学者）の研究成果であり、香りをめぐる愛の物語である。

私は草花の専門家ではない。一介の文士にすぎない。私の親しんだ草花は、祖母が茶人だったので庭に植えられている茶花だった。

裏庭の垣根に、野薔薇が一株、花芯（しん）は黄で花びらは一重の白、香りもうすい。茶席にあまり用いられないため、名前もいつしか忘れていた。

ところがこの本を一読して驚愕（きょうがく）した。新世界の発見だった。近頃（ちかごろ）は薔薇といえば、すっかり生活に溶け込んでいる。だが、人びとは果たして薔薇の花の生い立ちをどれほど知って味わっているだろうか。

私はこの本のページを開いて、目が眩（くら）むほどの花と香りの一大饗宴（きょうえん）の坩堝（るつぼ）に投げ込まれた。

数知れず千変万化する薔薇の香りは、王侯貴族の世界史を動かし、今もブリーダーらによる青い薔薇などの新種創作の熱い国際的競争がくりひろげられている。

薔薇の化石がみられるのは旧石器時代以前から。人がかかわるのが紀元前五〇〇〇年頃。古代から女神が右手に一輪の薔薇を持ち花の香りを嗅（か）いでいる図像があり、原始信仰の儀式には、香りで神と交信する最高の巫女（みこ）がいた。

ボッティチェリの「ビーナスの誕生」の絵の中で風に舞っている花も薔薇である。クレオパトラも薔薇の香りでシーザーを迷わし、楊貴妃は玄宗皇帝を魅了した。近くは、ナポレオンの妻ジョセフィーヌは薔薇に熱中し「薔薇のパトロン」と呼ばれた。

美女は身体から薔薇の香りを発するといわれる。人類にとっては薔薇は古代ローマから薬でもあった。

この本の巻頭には、艶（なま）めかしく息づく薔薇の花の写真がある。その姿は花の王国の息吹にみちている。薔薇の魅力のすべてが、香りの分析化学者が書いたこの一冊にこめられている。（栗田勇・作家）

（求龍堂・1680円）＝2005年5月12日①配信

詩史切り開くけん引車

「北原白秋」(三木卓著)

北原白秋没後半世紀にして、ようやくこの詩人の全体を明らかにした評伝が誕生した。めりはりのきいた作品論から、白秋の複雑な肖像の目鼻をくっきりと描いた力作である。

日本の近代詩は与謝野晶子、鉄幹の「明星」から生まれたが、その来るべき未来を予告し、扉を激しくたたいたのは白秋である。白秋は南国の強い日差しとともに柳河(現福岡県柳川市)から上京、「明星」に短歌を発表後に離脱。詩集「邪宗門」と「思ひ出」をもって大正、昭和の詩史を切り開いたけん引車であった。萩原朔太郎と室生犀星もこの王道を経由してその才能を開花させた詩人である。

ありあまる語彙(ごい)と修辞の斧(おの)をひっさげ、貧血にあえぐ詩に新しい感覚を大胆に導入した初期白秋の詩を精読した著者はまず、この稀有(けう)な詩人を近代詩史の中に位置づける。

なにしろ相手は「明治大正詩史概観」を書いた鋭い批評家でもあったのだから。それだけではない。白秋が詩と交差するようにして残した「桐の花」など多数の歌集についても深く掘り下げ、白秋の像をより立体的にさせる。

萩原朔太郎や中原中也が短歌から詩に入り「歌の別れ」をするという近代詩の常道に逆ねじを食らわせ、晩年まで短歌に固執し、膨大な歌を残した。添削するために月に五万首も読み、失明したのは、「白金之独楽」に象徴される外光派たる詩人にとって痛ましいことであったが、その不幸をいとわなかった。

「感覚偏重の詩人」や「国民詩人」という汚名は返上すべきであろう。白秋に詩と短歌の二者択一という発想がなかったのは、童話や童謡の創作と発掘にも触手をのばしたことでも明らかだ。

鈴木三重吉と小学唱歌の古くさい歌詞を改革し、山田耕筰と共闘して「詩と音楽」について考える。

白秋にとってなにごとにつけ傍系ということはありえず、すべては等価なものとしてあった。狭い詩型やジャンルに閉塞(へいそく)しないという意味でも、白秋は最後まで南蛮渡来の「邪宗」の徒であった。(樋口覚・文芸評論家)

(筑摩書房・2940円)=2005年5月12日②配信

消費社会に生きる姿映す

「アマゾン・ドット・コムの光と影」(横田増生著)

アマゾン・ドット・コム。お使いの方も多いだろう。インターネットを使った本やCDの通信販売の最大手である。今や紀伊国屋や丸善に次ぐ売上高だといわれている。

大都市ならともかく、地方の書店売り場は、本の数も種類も少ない。それがアマゾンなら、欲しい本を手軽に検索して、注文できる。届くのも早いし、千五百円以上買えば送料無料。返品も簡単にできる。

その便利さの秘密をさぐろうと、著者はアマゾンの物流センターのアルバイトに潜りこむ。そこで見たのは、本も人も徹底的に物としてあつかうシステムだった。本の中身は無視、帯も邪魔。あるのは一分間に何冊片付けるかという、ノルマとの競争だけ。

そんな労働現場を支えるのは、若者から中年男女にまでひろがるアルバイト生活者である。センターを管理する正社員にとって、それは安値で「使い捨て」がきく便利な部品でしかない。

しかし、この本で一番心に残るのは、その「絶望工場」ぶりではない。著者は自分でもアマゾンの本を買い、「お客さま」にもなる。職場への嫌悪感が募る一方で、行き届いたサービスには喜びと満足を感じる。両方の思いを、足して二で割ることもできず、ただともに体験しつづける日々。

その姿は、安くて便利な消費社会を生きる私たち自身を、全身丸裸で見せつける。そこに、この本の本当の凄(すご)さがある。

だから、安易な感想ももてない。例えば、働く人たちも「いい人」ばかりとはいえない。ちょっとしたことで、すぐやめていく。キレやすく、キレることを自分に許している人々でもある。

「絶望」というには、あまりにも白茶けた現実。その感覚にどこか麻痺(まひ)させられたまま、私もこの評を書いているのだが、ただ一つ、これは強烈に等身大でありながら、映像ではなく、本でしか書けないルポだ。それだけは、確信させられた。

著者は今フランスに住んでいるそうだ。理由は書いていないが、読んだ後、私もこの社会の外に無性に出たくなった。

でも、その時はきっと、アマゾンで日本語の本を買うんだよなあ…。(佐藤俊樹・東大助教授)

(情報センター出版局・1680円)=2005年5月12日③配信

機能しない就職システム

「若者と仕事」（本田由紀著）

例年、この時期は学生が就職活動に追われ、実質的にゼミが成り立たない。企業による教育妨害と言ってもいいだろう。このことひとつをとっても、いかに企業（と社会）が、大学教育など仕事に役立ちはしないと思っているかがよくわかる。

本書は、建前論に隠されがちな、こうした世間の常識―学校教育と仕事との乖離（かいり）―を、さまざまな調査データによって丹念に裏づけていく。そこから浮かびあがってくるのは、日本に特異な「学校経由の就職」というシステムが、現在ではうまく機能しなくなっていることだ。

かつては高校を卒業すると、学校の紹介してくれた企業に就職するというルートが一般的だった。学校は、特定の企業との信頼関係に基づきつつ、継続的に労働力を供給していく。送りこむ学生の選択基準は、学校での成績や出席状況、勉学態度であって、仕事に求められる能力や適性を身につけているかではない。学生にとって、学校はあくまで就職への経由点にすぎず、職業能力形成の場ではなかったのである。

このような「学校経由の就職」が一般化したのは高度経済成長期であり、当時の労働需要の大きさなどの要因が、教育と仕事の乖離という問題を覆い隠すように作用したと著者は指摘する。だが、産業構造や経済状況の変化にともない、隠されてきた本来の問題が、今やさまざまな歪（ゆが）みを生じつつあるという。

たとえば、フリーターやニートなどの無業者・非正規労働者の増加。これについては若者側の就労意識の変化が問題にされることも多いが、著者はむしろ、企業・産業側の労働需要のあり方が変化したこと、また、学校がその変化に対応しきれておらず、仕事への移行に困難が生じていることを問題視する。

こうした現状を改善するため、本書は「教育の職業的意義」の向上を説き、最終章では具体的な政策提言もなされている。「職業的」以外の教育の「意義」に関する議論の薄さが少し気にはなるが、優れた問題提起の書であるのはまちがいない。（辻大介・関西大助教授）

（東京大学出版会・3990円）＝2005年5月12日④配信

真のアジア解放とは

「中村屋のボース」（中島岳志著）

今やラース・ビハーリー・ボースの名は、インド独立運動に関心をもつ人以外は知らないだろう。あるいは食通の人たちは、東京・新宿の中村屋のメニュー「インドカリー」を通じて、ボースの名を知っているかもしれない。

二十世紀の初頭、西欧の帝国主義に蹂躪（じゅうりん）されていたアジアの国々には、独立運動の闘士たちがいて、ときに横断的な組織をつくり、鉄鎖からの解放を目指していた。ボースはインドで反英闘争を行い、英国官憲の追及を逃れて一九一五年にシンガポール、香港を経て日本に身を落ち着けた。

以来、四五年に東京で病死するまで日本のアジア主義者たちと交流を続け、祖国の解放、独立に一身を賭した。これまでボースのその活動は、矛盾や挫折、それに思想のあいまいさもあって、丹念に検証されてきたとはいえない。ボースの心情そのものを理解できなかったからともいえる。

本書は、ボースの死後六十年を経て初めて描かれた評伝である。著者は三十代に入ったばかりの研究者だが、「私の二〇代は、この本を書くためにあった」というだけあって、丹念に資料にあたり、関係者の証言を集め、等身大のボース像を示している。

ボースと孫文をはじめ頭山満、大川周明らとの交流、インド国民軍を指導したシンとの対立、もうひとりのボース（チャンドラ・ボース）との連携など、二十世紀前半のアジア主義者たちの苦悩に満ちた姿にも筆は及んでいる。

本書を読み進むにつれ、ボース自身が日本が帝国主義化していくプロセスで、いかに呻吟（しんぎん）したかもわかる。それは日本側のボース支援者たちが、真のアジア解放とはどのような形を採るべきかを見出せなかった事実を告発していることに通じている。

本書はその重要な部分を駆け足で記述している感がするのだが、もしこのテーマがより鮮明に浮かびあがってくるなら、なによりも泉下のボース自身が喜ぶのではないだろうか。読後にその思いが強くなるのである。（保阪正康・作家）

（白水社・2310円）＝2005年5月12日⑤配信

多元的な迷宮世界の面白さ

「『別れる理由』が気になって」（坪内祐三著）

文学史にはその作品名が伝説のように語られはするが、実際にその内容について具体的に評されることがない〝怪作〟ともいうべきものがある。戦後の日本文学では、ある時期まで埴谷雄高の「死霊」がそうだった。

本書で取り上げられている小島信夫の「別れる理由」は、十二年半もの間、雑誌「群像」に毎月連載され、野間文芸賞も受賞した大長編であるが、これまでその作品論はほとんどなかった。変幻自在の破天荒な小説世界を、まともに相手にしてみせた批評家は、坪内祐三が初めてであろう。

何しろ野間文芸賞のときも、選考委員のほぼ全員がこの長編を通読していなかったというくらいの、いわく因縁の作品であり、本書でも言及されている江藤淳の「自由と禁忌」が批判的に論じたものの、著者が指摘するように、そこにはためにする批判が突出している。

坪内氏が注目するのは、作品の多元的な迷宮世界の面白さであり、それがたんに作品内部で完結しているのではなく、小説が連載されていた一九六八年十月から一九八一年三月に至る、その時代の空気が、この稀有（けう）な作家の感覚によって鋭くとらえられている点である。

小説が時代の産物であるとはよくいわれる。しかし、戦後の日本社会が、経済成長と物質的豊かさのなかで濃密な現実感を失って、バーチャルリアリティーともいうべき次元へと漂流していくその時期を、これほど誠実に伴走し表現しようとした文学は、「別れる理由」のほかにはなかった。

そのために、作品はいきおい長さを必要とし、ときとして読者に退屈と感じられるような停滞を示す。著者は、その作品自体のディテールと外側の時代の流れを巧みに分析しながら、この怪作の本質に迫る。

ミイラ取りがミイラになるような評論であるが、それは取りも直さず小島信夫という作家の圧倒的なスケールを浮かびあがらせてくれるのである。時代論と作品論を融合してみせる著者の手腕の成果である。（富岡幸一郎・文芸評論家）

（講談社・2100円）＝2005年5月12日⑥配信

今必読の極上家族小説

「いつかパラソルの下で」（森絵都著）

家族とは、実に複雑で、うっとうしく、重苦しくて面倒くさい。「社会の縮図」と論じられることも多いが、確かにその「距離感」をつかむのは容易ではなく、いつの時代もここに起因する問題が山積みなのは、新聞の社会面を見るまでもなく明白だ。

本書は、そんな微妙かつややこしい親子関係に端を発する物語である。

天然石を扱う雑貨店で働く二十五歳のヒロイン・柏原野々は、世の中の楽しいことはすべて禁じる度を超えた厳格な父に嫌気が差し、二十歳で家を飛び出して以来、同棲（どうせい）相手と仕事を転々と変え今日まで暮らしてきた。

しかし、そんな父が事故で急死した三週間後、野々は母親とともに、父の愛人だったと語る女性と対面する。あの父に限ってそんなことはあり得ないと確信していたものの、一周忌を迎えるころになり、唯一実家に残っていた妹から母の様子がおかしいと聞かされ、知られざる父の足跡を追うことに。

父が、病的なまでに潔癖で、はた迷惑なほど厳格で、正気のさたとは思えぬ堅物だった理由は何なのか。次第に明らかになるその素顔に戸惑いつつ、やがて野々たちは、父は長年自分に流れる「暗い血」を封印するべく悩んでいたと知らされる。

著者の森絵都は、一九九一年「リズム」で第三十一回講談社児童文学新人賞を受賞しデビューして以来、数々の児童文学賞を受賞してきた作家で、その人物造形には以前から定評があった。それは二年前に刊行された「永遠の出口」で、広く一般にも知られることとなったのだが、本書もまた、野々をはじめ三兄妹の個性が実に見事。

物語の後半、三人が父親の故郷・佐渡を訪ね、それぞれの胸のうちに父の存在を受け入れ、自らの人生をも問い直していく過程は力強くもさわやかで、たまらなくいとしい。

父の厳格さに起因する野々の抱える性的問題や、真の自立の意味も内包した本書は、極上の恋愛小説でもあり、青春小説でもあり、そして何より今の時代に必読の家族小説であると断言しよう。

（藤田香織・書評家）

（角川書店・1470円）＝2005年5月19日①配信

書かれていない部分に謎

「国家の罠」（佐藤優著）

とにかく文句なしに面白い本である。二〇〇〇年までにロシアとの間に平和条約を締結し、北方領土を返還するという国家目標を背負い込んだ日本外務省職員の著者がのちに、「国策捜査」だといって逮捕されてしまう。

著者にかけられた容疑は「背任」と「偽計業務妨害」という、いわば大罪とは言いがたい罪。著者に担当検事が語ったところによれば、逮捕はいわば「引っかけ」であり、「時代のけじめ」をつけるためだったらしい。「時代を転換するために、何か象徴的な事件を作り出して、それを断罪する」のが目的だという。では、時代はどう変わったのか。著者は小泉政権になって、内政ではハイエク型新自由主義（外国人にも完全に開かれた規制緩和）、外交では排外主義的なナショナリズムが台頭したと論じる。ロシアとの平和条約など、もってのほかなのだろう。

著者は、国策捜査の犠牲者は少ないほどよいと述べる一方で、外務省職員や大学教授の実名をあげ、かれらの不誠実さや裏切り行為をたどっている。本書が魅力的なのは、膨大な数の暴露話が盛り込まれているからである。著者は記憶力を頼りながら、関係者の発言を直接話法を用いてリアルに再現し、不当逮捕の根拠を客観的に示そうとしている。

しかし読者としては逆に、曖昧（あいまい）な箇所（かしょ）が気になってくる。緻密（ちみつ）な論理展開だけに、やたらと穴が目につく。たとえば官邸に呼び出されたときに「誰が同席していたかは記憶が定かではない」と記されているのは、どう理解したらよいのだろうか。他人の些細（ささい）な発言までも、あんなに厳密に再生しているのに。

もう少し突っ込んでいえば、著者が手柄として自画自賛しているロシアの内部情報は、あまり重要なもののようには思えない。日本外務省の情報チームは所詮（しょせん）、大したことをやっていなかったのか、それとも著者が本書に意図的に書き込まなかったのか。読者としては、書かれていない部分がやたらに気になりだす。なんといっても、著者は自他とも認める「情報屋」であり、情報を操作する名手に違いないはずだから。（中村逸郎・筑波大助教授）

（新潮社・1680円）＝2005年5月19日②配信

80年代を総括する発言集

「マンガの道」（安野モヨコ、山本直樹、江口寿史ら著）

安野モヨコ、山本直樹、江口寿史をはじめとする十一人の当代人気マンガ家が、その生い立ちからマンガ家として成功するまでの道のりを語ったロングインタビュー集である。

登場作家たちは、完成された巨匠でもなければ、新人でもない。今まさにマンガを第一線で支えている「中堅作家」たちだ。読んで感じることは、皆、過去の自分を振り返り、今ある場所にたどりついたという自信を抱く半面、今後進むべき道への不安を口にしていることである。まさに「マンガの道」を歩みゆく者の現在進行形の発言であり、その揺れる心情がビビッドに記録されている。

たとえば江口寿史は、職業としてのマンガと、表現者として描きたいマンガとが必ずしも一致しないことを素直に口にする。美大出身の古屋兎丸、しりあがり寿は、ともにアート志向を強く持ちつつも、娯楽が第一義である商業マンガ界で、両者をすりあわせるにはどうすればよいのかを語る。山本直樹も同様だ。自分の描きたいものを描くために、いかにして最低限の商業性を獲得するか。

かつてであれば、こういうしたたかな戦略的態度を作家があからさまに口にすることは珍しかった。娯楽であれ芸術であれ、作家に求められたものは「純粋さ」なのであり、いかに「マンガ馬鹿（ばか）」たりうるかが、あるべき姿とされたのだ。そうした古きよき時代のマンガ観からすれば、ここに登場する作家たちの態度はクールに過ぎると思われるかもしれない。

面白いのは、本書の作家たち全員が一九八〇年代前後にデビューした世代であることだ。自分の愛するもの・自分が人生をかけるものに対して客観的距離を置くことは、極めて八〇年代的な態度であろうと思う。バブルの熱狂に身を投じながら、誰もが「これはバブルである」と考えていた奇妙に倒錯した時代。いまだに私たちは、あの時代の総括の途上にあるわけだが、それはマンガにとっても同様である。本書は、実はマンガを通して語られた八〇年代論でもあるのだ。（竹熊健太郎・マンガ評論家）

（ロッキング・オン・1365円）＝2005年5月19日④配信

友愛は性愛の果てに?

「ホモセクシャルの世界史」(海野弘著)

近代を生きる私たちは、いささか性にとらわれすぎている。その人が誰とどのような性愛関係にあるのか、どんな性的指向、嗜好(しこう)を持っているのか…どこかで意識せずにはいられない。しかし「私」と他者との関係は、性愛かそうでないかという二分法では割り切れない。

著者は本書で、友愛という観点から男同士の絆(きずな)を再構成しようと試みている。だから、このタイトルはあまり正確ではない。近代において性という視線によって分類された〈ホモセクシャル〉は、通史的な現象とはいえず、ここで描かれる多くの男たちの絆は、近代人が知りえないほかの「可能性」であるともいえるからだ。

著者は該博な知識によって、古代ギリシャの英雄アキレウスから、キリスト教会のアウグスティヌス、ルネサンスのレオナルド・ダ・ヴィンチ、オスカー・ワイルド、はてはナチの同性愛まで、西洋社会におけるさまざまな男たちの物語を紡いでいく。読者はそのエピソードの意外さと、多彩さに、興味が尽きないだろう。

例えば、カエサルは、見習士官の時代、派遣先の「王に男の操を売った」との噂(うわさ)が立てられたこともあり、旺盛なバイセクシュアルだった。また、イエスが聖書にある〈愛する弟子〉を特別あつかいしたことに着眼して、イエスとヨハネが「愛者と愛人の関係にあった」、という推論まで紹介される。これらの断面は、史実に新たな陰影を与え、語りえなかったもう一つの世界史をのぞかせてくれる。

「私はどうやってあなたと結ばれるのか。禁じられ、差別されてきた〈ホモセクシャル〉は、人と人の絆の極限について考えさせる」。著者は同性愛的な関係に焦点をあわせ、それらを併記することで、近代の性体制を相対化しようと企図する。しかし、その〈ホモセクシャル〉に関する尋常ならざるオタクぶりに、かえって性に呪縛(じゅばく)されているようにも見える。

もしかしたら、友愛の可能性は、性愛の周縁や過去にではなく、性愛を突き抜けた果てにしか見いだせないものなのかもしれない。(伏見憲明・作家)

(文芸春秋・3360円)=2005年5月19日⑤配信

この国に未来はあるのか

「小児救急『悲しみの家族たち』の物語」(鈴木敦秋著)

この国はどこかがおかしくなっている。凶悪事件を起こした少年少女の心のゆがみや、事故や不祥事を起こした一流企業の大人たちの意識を分析的に見ると、そう思わないではいられない。

そして、極めておかしい深刻な問題として、小児医療体制の衰退化がある。本書は、新聞記者である鈴木敦秋氏が小児医療の中でもとくに危機的な状態になっている救急医療の問題について、具体的な事例を徹底的に取材し検証した報告だ。

具体的な事例とは、過酷な勤務の中で熱心で誠実であったがゆえに自殺に追いこまれた小児科医の死、突然の高熱と衰弱に襲われた生後七カ月の幼児が誤診と病院のたらいまわしの中で死亡した事件、重いイレウス(腸閉塞(へいそく))に陥った五歳児が誤診と医師の引き継ぎミスの重なりによって死亡した事件、の三つだ。

鈴木氏は医療の分野の報道に携わるうちに、小児科医の自殺を知り、そこに集約された現在の小児医療体制の窮状をかぎ取る。そして遺(のこ)された家族の協力を得て、その医師がどのような信念と情熱で病気の子どもたちとその家族のために働いてきたか、生前の日々を丹念にたどっていく。その中から、患者中心の診療に徹しようとすればするほど、医師不足による勤務の過重、病院組織との軋轢(あつれき)、もうからない小児科への保健医療費総枠からの締めつけなどの実態があぶり出されていく。

急激な少子化による小児医療の経済的側面の危機と、医師志望の若い世代の危険な仕事を忌避する傾向とが、いかに小児科医を激減させ、医療機関の経営と医師の心をむしばんでいるか、その実態は、子どもを救命できなかった二つの事例で、さらに浮き彫りにされる。「生と死」の物語のきめ細かな叙述が作品性を高めている。

子どもを安心して生み育てられないようでは、この国の未来はない。小児医療の立て直しに取り組む医師たちの活動の広がりに期待をこめる記者・鈴木氏の熱い文章は、子を持つ親たちの心を動かさないではおかないだろう。(柳田邦男・ノンフィクション作家)

(講談社・1785円)=2005年5月19日⑥配信

20世紀の奇妙な空気感

「東洋一の本」(藤井青銅著)

「東洋一」。この、なんだか誇らしげな言葉。

だが、よく考えてみると、その意味はわかるようでわからない。そもそも東洋とは、どこを指すのか。そして「東洋一」は、誰が認定するのか。

そんな疑問を胸に「東洋一」と称される物件を見て回り、その謎を追求したのがこの本である。

着眼点が面白い。今聞くと、かえってしょぼく感じ、おかしみさえ漂う「東洋一」。

こういう、どこか二十世紀的な空気感を再発見し、そこに奇妙な味わいを見いだす本は、今やブームになっている感もあって、私もついつい引かれて読んでしまう。

この本によると、日本にはさまざまな「東洋一」がある。たとえば「東洋一の子安弘法大師像」って、そんなの日本だけだろ、とかツッコミたくなるおかしさがあるし、「東洋一のシカゴ式二葉跳開橋」なんて、何が何でも「東洋一」とうたいたかったのね、とほほ笑ましくなる。

「どこまでが東洋だと思うか」と、知人に尋ねたアンケートも面白い。日本、中国、朝鮮半島までとする人がある一方、トルコ以東はみな東洋とする人もいる。そのぐらいあいまいな言葉なのだ。

後半になると、本書は徐々に、歴史へと踏み込んでいく。そこでは、語り口は軽妙ながら、東洋という言葉に秘められた、日本人の西洋に対する劣等意識やアジア諸国への優越感、さらにそこにねじれるように絡まった、中国への複雑な思いまでもが、明らかにされる。お笑いかと思いきや、なかなかに射程の長い本である。

ところで、実は私も、「東洋一」に似たところで、「国際」という言葉に何やらレトロ、かつ、しょぼいニュアンスを感じていた。なぜ「国際」がしょぼいのか、その謎は、この本で明らかになった。

それは日本が、ことさらに「東洋一」とうたわなくても世界とわたりあえる存在になり、その結果「東洋一」が消えていったのと同様、われわれがとくにうたわなくても、そこらじゅうが十分「国際」化してしまったことを表しているのだ。納得である。(宮田珠己・エッセイスト)

(小学館・1365円)=2005年5月26日①配信

文化の理論を考える

「アフター・セオリー」(テリー・イーグルトン著、小林章夫訳)

帯の宣伝文句に「〈理論〉に死亡宣告を。そしてさらに…」とあるけれども、これはそういう本ではない。著者自身が、理論がなければ思索や反省を伴う人生というものは考えられず、「理論以降」などというものはあり得ないと言っているのだから。

左翼系の批評家として出発したイーグルトンはポストモダニズムが大嫌いなようで、このところしきりと批判的な発言を繰り返してた。そうした批判の中にしばしば論理の短絡や、不用意な発言が出てくるので、私などは、もう彼の批評を読むのは嫌になっていた。この本にもその名残はある。一例を挙げれば、ボサボサ髪の左翼を「現状をただセンチメンタルに見つめているだけだ」と決めつけるところなど。かつてそういう写真を自著に掲げていたのはイーグルトン本人だったはずである。

まあ、それはいいことにしよう。彼がこの本の中で試みているのは、ポストモダニズムや「文化の理論」がいつ、どのような思想的脈絡の中で成立したのかを歴史的に整理してみるということ。その功罪をきちんと整理してみせるということ。

それが前半で、後半では、そこで最近の論争で欠落していた問題点を取りあげ、それを考察してみるという作戦である。「理論」に対する反発のほとんどは「勘違いか、相当に表面的なもの」と断じた上で、彼は欠落点についてはこう指摘する。

「道徳や形而上学に関しては恥ずかしそうな顔で扱ってきたし、愛や生物学、宗教、革命に関しては当惑気味、悪に関してはほとんど無言、死や苦痛については口を閉ざし、本質的、普遍的、根源的な事柄については教条主義的、真理、客観性、公平性に関しては皮相な見方をしてきた」

文化の理論については「たとえ階級、人種、ジェンダーという物語が不可欠」だとしても、それを繰り返すだけでは不十分だとする。その意味ではまっとうな本だということになる。ただし、おしいただく本ではない。手にして、ともに考えるための本である。(富山太佳夫・青山学院大教授)

(筑摩書房・2625円)=2005年5月26日②配信

メディアの政治と性の力学　「女子マネージャーの誕生とメディア」（高井昌吏著）

女子マネージャーというのは不思議な存在だ。青春ドラマ、少女漫画、少年漫画に現れ、性差別論争を引き起こし、一九九〇年代には甲子園でもベンチ入りを認められた存在。男子部員の面倒を見る世話女房的な存在か。はたまた部員たちあこがれのマスコット的存在か。

社会学者の著者は「女子マネージャー」に注目し、スポーツ文化をジェンダーの視点から読み解く近年の研究成果を取り入れ、さらにそこにメディアの政治と性の力学を見る。本書が明らかにするのは、いかに「女子マネージャー」がジェンダー化された言説やイメージとして構築されていくかである。

分析のキーワードは、アメリカの文学者セジウィックのホモソーシャル論と「境界」という概念。ホモソーシャル論とは、男対女という二項対立では解明できないジェンダー力学を分析する概念である。本来女人禁制だった「男の連帯」がいかに女性を必要に応じて取り込みながらも最終的には排除しているかを理解するには重要な理論だ。

著者は、女子マネージャーとは男の連帯にあこがれながらも内部にも外部にもなれない境界的な存在であると定義する。

女子マネージャーという存在自体が、男女平等の戦後教育、高度成長期以来の大学受験戦争の激化など社会の変容と複雑に連動しているという指摘には思わずうなった。

受験戦争で存続の危機に陥った運動部や高校野球という制度を維持していくため、「男同士の友情」というホモソーシャルな言説空間の中に、本来異分子であるはずの女子が「世話役」として巧みに吸収されていく複雑な過程の分析も納得。

最も興味深いのは、インタビューから浮かび上がる女子マネージャーたちの矛盾した姿だ。女性同士の集団を嫌い、「男の友情」に同一化し、自らの物語として内面化する「男性支配構造を積極的に支える主体的な女性たち」が女子マネージャーだという指摘は重い。

ただ、「女の友情にあこがれる男性はいない」など議論が平面化し、惜しい。とまれ興味が尽きない書である。（斉藤綾子・明治学院大助教授）

（ミネルヴァ書房・2100円）＝2005年5月26日③配信

アイロニーに満ちた風刺　「殴り殺される覚悟で書いた親日宣言」（チョ・ヨンナム著、萩原恵美訳）

題名に偽りあり、である。著者のチョ・ヨンナム氏は、〝殴り殺される覚悟で〟親日派宣言などしていない。ワールドカップの時に、韓国チームに声援を送る日本人サポーターを見て、ナショナリズムの赤一色に染まった韓国人と見比べて、思い切って〈親日派宣言〉をしてみたのだが、結果は「何も起こらないじゃないか、そんなものか」という程度だったのだ（ただし、後日談あり）。

韓国では〈親日派〉というのは、中国で「漢奸（かんかん）」、戦時中の日本での「非国民」ということばに近い。祖国を裏切る、許されざる者だ。親日派と名指しされることはあっても、自ら名乗ることはありえない。それは韓国人としての民族的アイデンティティーを放棄することに等しいからだ。だから、〈親日派宣言〉というのは、私は今日から犬か猫になりますという、「犬猫宣言」に近い。つまり冗談なのだ。韓国社会に対する、ブラック・ユーモアであり、韓国ナショナリズムに対するアイロニーに満ちた風刺なのである。

これは、日本のメディアに阿（おもね）って、自虐的な「日本賛美」をし、反韓論や嫌韓論に棹（さお）さす一部の（本当の）〈親日派〉韓国人の発言とは明らかに異なっている。犬も猫もいっしょくたにひっくるめて同じだとする、歴史を改竄（かいざん）する日本のエセ学者たちに同調する類の、主体のない韓国人とは違っている（それにしても「自虐」を批判する日本人が、韓国人売文業者の「自虐史観」を支持している。これって、矛盾じゃない？）。

それは、本文中の「そうじゃない人もいますよ」を読めば、腑（ふ）に落ちるだろう。日本人の〝画一的〟な文化相対主義を、彼は、きわめて洒脱（しゃだつ）に、巧みに皮肉っているのである。

だが、本書発売直後、チョ氏はテレビのレギュラー番組から下ろされた。〈親日派宣言〉という冗談は、まだ韓国社会では受け入れられなかったのだ。だが私は、こんな頑迷で、ものわかりの悪い韓国社会が、どうしても嫌いにはなれないのである。私は〈親韓派〉だ。（川村湊・文芸評論家）

（ランダムハウス講談社・1575円）＝2005年5月26日④配信

性差の抑圧から自由に　「やおい小説論」（永久保陽子著）

画期的な本である。

男同士の性愛をテーマとした女性向けの小説やマンガ＝「やおい」。

女性がなぜ「男同士の性愛」に引かれるのか、というのはこれまでもたびたび問い直され、それに関する著作も書かれてきた。だが本書は、社会学的分析や心理学的な「なぜ」を問うのではなく、テキストの統計分析によってその構造を明らかにすることで本質に迫ろうとしている。

著者が分析したのは、一九九六年に出版されたやおい小説・全三百八十一冊。小説の時代・ジャンル・人称、そして各カップルの〈受け〉〈攻め〉それぞれの年齢・職業、年齢差・体格差・性役割・恋愛の帰結…のすべてについて詳細にデータをとっている。

これだけでも十分価値があるのだが、著者はさらに、〈受〉と〈攻〉（受動と能動、「挿入される側」と「する側」）の描写のジェンダー特性を比較することによって、〈受〉〈攻〉どちらにも男性性と女性性の両方が両義的な形で仕組まれており、その、「混在する二種の性差的要素の匙（さじ）加減」が、相手によって発現の仕方を変えることで、同性のカップルにおける〈受〉〈攻〉という「性差」を作りだす、と指摘する。

つまり、同じ人間が、相手によっては、「王子様」から「お姫様」に転換してしまうことも容易に起こりうる。だからこそ、やおい小説では「カップリング」（＝組み合わせ）こそが大事なのだ、と。

だから、〈受〉〈攻〉がいかに男女役割を模倣しているように見えても、それは組み合わせによって生まれてくる差異＝個性にすぎず、性差の抑圧からは自由である。これによって読者ははじめて、抑圧を排除した形で〝男らしさ〟〝女らしさ〟を楽しむことが可能になった。著者は言う。「〈やおい小説〉が目指しているもの、それはジェンダーの娯楽化なのである」

著者は「男同士」という装置を使うことによって「何が可能になったのか」に光を当てることで、その本質をみごとにつかみだしてみせた。間違いなく、この分野での必読書と言えよう。（藤本由香里・評論家）

（専修大学出版局・4410円）＝2005年5月26日⑤配信

「群れ」から「個」へ　「新・澄雄俳話百題（上・下）」（森澄雄著）

大正八（一九一九）年生まれの森さんは、昭和十七年に応召、東南アジアで歴戦、辛酸をなめた。

開戦直前には〈黒松の一幹迫る寒燈下〉のような、時局を反映した緊張感あふれる句をつくり、二十年代には〈外套どこか練炭にほひ風邪ならむ〉のような、当時の貧しい日本人の生活を描き、四十年代以降は、〈雪嶺のひとたび暮れて顕はるる〉〈寒鯉を見て雲水の去りゆけり〉〈白をもて一つ年とる浮鷗〉のような古典情趣に根を置いた抒情（じょじょう）を描いてきた。さらに近年は、先立たれた妻を詠んだ句〈妻がゐて夜長を言へりさう思ふ〉〈妻亡くて道に出てをり春の暮〉などに新境地を見せている。

森さんは、近年、大腸がんや脊椎（せきつい）管狭窄（きょうさく）症、さらには脳こうそくと相次いで肉体的危機に見舞われたが、それらを克服して、現在も俳壇の第一線にあって旺盛な作句活動を続けている。

本著は、近年の森さんが自分の主宰誌「杉」の句会や集いで語った内容を、会場での自然で平明な語り口のまままとめたものである。

ここでは、俳人森澄雄がたどりついた俳句に対する現在の認識が表明されている。すなわち、「百題」の中から象徴的な題を取り出せば、「無形寂寥の世界」「忘れられた無常の観」「無一物になる」「もののふ」「無私を得る道」「虚空に音楽を聴く」「道元の言葉」など。

これらが「今」の森さんをひもとくキーワードと言えよう。

俳句表現に自己のエネルギーを赤裸々に打ちつけ、定型をはみ出す字余りも破調も辞さなかった戦前戦後の一時期を経て、高度成長の訪れとともに、生活に根を置いた表現から脱して古典情趣へテーマを求めた森さんの「現在」がここにある。

その作風の変遷は、敷衍（ふえん）していえば、敗戦後の貧しさから高度経済成長を迎えてブルドーザーのように「群れ」として働き、オイルショックを経て「個」に帰結しつつあるわれら日本人の姿が重なる。森さんがそのときどきの「時代」と深くかかわってきた証しである。（今井聖・俳人）

（永田書房・上下各1901円）＝2005年5月26日⑥配信

“蟻の巣”をのぞく観察眼

「フルタイムライフ」(柴崎友香著)

本書は、OL・喜多川春子の日常を淡々とした視線で描く長編小説だ。会社勤めになじんでいく新入社員の日々を、月ごとになぞる。美術系の大学を卒業して、エビス包装機器・経営統括部で働きはじめた「わたし」にとって、会社で目にすること、起こる出来事は、あれもこれもめずらしく、新鮮だ。

たとえば、不要の書類をシュレッダーにかけるという一見単純きわまりない作業にさえ、コツがあると気づく。それを「会社に入ってみた人しかわからない経験のような気がした」と受け止め、すきな「吉岡くん」に話そうと考える「わたし」は、事務の仕事をおもしろがりつつ、こなしていく。

上司とのつき合い、電話での受け答え、営業に来たお客さんへの応対。はじめて経験することばかり。「たくさんの新しいことを、知ったりやったり」している、と「わたし」は思う。これは、仕事をそれなりに楽しみ職場に順応していく人の小説なのだ。疑問を抱く人や抵抗感に悩む人を、ではなく、作者が描くのは、あくまでもなじんでいく「わたし」だ。

大学の同級生・樹里は、洋服屋でアルバイトをしているし、篤志は宮大工になるという。周囲の友人はそれぞれやりたいことを思い描いて活動している。「わたし」には目指す仕事というものはない。それでいいのか、どうなのか。樹里に向かって、ぽろっと口にする場面も。「自分がどうしたいかわからへんって、あほみたいじゃない?」

けれども、結局「わたし」は自分の日常を気に入っているのだ。月給、賞与、買い物、旅行、友人との関係、自分を取り巻く事柄に満足。その気に入り具合を、しつこくない筆致で描き出したところにこの作品の味があるのだろう。

「必要なのは、なにかするべきことがあるときに、それをすることができる自分になることだと思う」という当たり前のようなこともあらためていわれると新しく塗り替えられる。蟻(あり)の巣をのぞくように職場の日々を観察する、その退屈さが心地よい小説だ。(蜂飼耳・詩人)

(マガジンハウス・1470円)=2005年6月2日①配信

越境者の視点で書く9・11

「千々にくだけて」(リービ英雄著)

文学は9・11テロのような大惨事をいかに描くのだろう。

フィクションに関して言えば、つい最近まで目立った作品は生まれてこなかった。想像を絶する悲惨な事件であるからこそ、想像力がそれを消化するまでにはかなりの時間を要するのであろう。それがこのところイアン・マキューアンの「サタデイ」をはじめとして、9・11テロを扱った小説の出版が相次ぎ出版界をにぎわせている。日本でもリービ英雄が本書を出版、9・11文学のひとつの成果を示したと言える。

本書の「あとがきにかえて—9・11ノート」によれば、作者は事件発生時に日本から米国に向けて飛んでいて、カナダで足止めにあった。本書はバンクーバーに降りていく機内の様子から始まる。

語り手は空から入江の島々を見て、芭蕉の句「島々や、千々にくだけて、夏の海」とその英訳を思い浮かべる。「Broken into thousands of pieces」という英訳がそのまま事件に当てはまってしまう恐ろしさ。これをはじめとして、語り手は事件を英語と日本語の両方で経験し、そのたびにズレを感じる。

ニュース報道は貿易センターが崩れていくときの煙を「mushroom cloud」になぞらえ、現場を「ground zero」と呼ぶ。米大統領はテロリストを「evildoers」と呼び、報復を叫ぶ。これらをひとつひとつ日本語に訳し(きのこ雲、爆心地、悪を行う者ども)、語り手は違和感を表明し続ける。

本書のユニークさ、そして感動的な点は、語り手のこの態度から来る。母国を捨てながらも、日本人として完全に受け入れられたわけでもない彼が、文化越境者として米国を見つめ直すきっかけになっているのだ。

彼は追悼ミサに集まった歴代大統領たちをテレビで見て、自分は変わったのに彼らは変わっていないと思い知る。そのとき「かれらのために、誰が死ぬものか」という思いが胸にこみ上げるのだ—。「日本語の思いであるという意識すらなく」

本書はリービでなければ書き得ない9・11文学なのである。(上岡伸雄・米文学者)

(講談社・1680円)=2005年6月2日②配信

たくらみ深い戯曲

「三月の5日間」（岡田利規著）

所収の戯曲三篇（へん）。冒頭の一人芝居から読み始めたが、気持ちが悪くなって投げ出したくなった。本書の帯に「超リアル日本語演劇の旗手」とあるが、リアルというより、北原保雄編「問題な日本語」とかに取り上げられてる若者言葉ってあるじゃないですか、あれが満載、っていうか、自分では絶対使いたくないし使わない（？）みたいな言葉ばっかしなので…。

だが待てよ、と気を取り直す。せめて岸田戯曲賞の受賞作だけでも完読しよう。結果、その方法論と話法に込めた作者のたくらみの深さが見えてきて、唖然（あぜん）呆然（ぼうぜん）。

「三月の5日間」は、アメリカのイラク攻撃開始の日から渋谷の「ラブホ」に四泊五日した男女の話が軸（使用コンドームニダースあまり、だが付き合いは「5日間限定」で「メアド」の交換もなし）。ほかにも何人かの人物がいて、それぞれ呼称があるのだが、役名は「男優1」「女優1」などとなっている。断っておくが「男1」「女1」ではない。透明な媒体としての彼らは、一応「誰か」としてそこに居るのだが、主として「自分以外の当事者」の話を三人称でするのである（これは三篇に共通する手法）。

シェークスピアから松尾スズキまで、従来の戯曲（演劇）は一人称の集積であることが大前提。岡田の戯曲はその事実を逆説的に教えてくれる。それをあえて崩し、三人称で書かざるを得ないところにこの作家の立脚点があるようだ。

特徴的な話法の例を挙げよう。「…だ。…です。」とは言い切らず「…だけど、…ですけど、」を延々と連ねて話を宙づりにする。「結婚する」とはいわずに「なんかね、結婚することになりそうっぽい」（三篇目「労苦の終わり」より）と軽く他人事（ひとごと）のように言う。

要するに、当事者と「当事」から微妙な距離を取る手法と話法で成り立っているのだ。これは画期的にして前代未聞。一人称で発語させないこと、断定の忌避、曖昧（あいまい）さ、軽さ、他人事ふう―これらはストレートな言動を「ウザい」とする若者のメンタリティーから生じている。ストレートさによって傷つかないために重ね着した言葉と態度の防護服。その意味で、この三篇には彼らの心性が痛々しく「超リアル」に描き出されている。（松岡和子・演劇評論家）

（白水社・1995円）＝2005年6月2日③配信

文化人類学で大学を観察

「大学のエスノグラフィティ」（船曳建夫著）

「トーダイすごろく」だそうだ。大学教師人生の上がりは「トーダイ」（記号としての「東大」）というわけである。

著者は（ご本人によれば）運よく最初にその上がりの場所に就職し、そのままトーダイキョウジュとなった人だ。本書は、そういう人による「実践的体験的大学論」である。語り口調の文章が読みやすい。

「良くも悪くも東大は、日本の大学の典型だと考えます」と、著者は書いている。どうだろうか。東大はやはり特別の大学ではないか。だから、「トーダイすごろく」がある（あった？）。

とはいえ、「トーダイすごろく」と関係なく（過去も未来も）、三年前に新聞記者から大学教師になった私にしても、本書は大変おもしろく読めた。いろいろと実践的知恵も得た。

ゼミについて書かれたところでは、著者は本当に「いい先生だなあ」と感心した。メーリングリストをせっせと作り、OB・OG会に際して、ご本人が取り仕切って二百人近くに連絡を取る。

もっとも、大学教師以外の読者には、文化人類学者船曳先生が自分の職場を対象に行ったフィールドワークとして楽しく読めるだろう。

大学教師はどんな日常を過ごしているのか。教授会とはどんな会議か。人事はどう決まるのか。練達の文化人類学者の観察はやはり鋭い。「そんなことまで書かないでよ」という同僚の声が聞こえてくる。

大学は要するに「組織」という意味では何も特別の場所ではない。身もフタもないけれど、著者の観察報告の骨子の一つは、こういうことだ。個人の見解はヒソヒソ話の世界。組織の一員としては別の基準で公的に語る。仕事の喜びがあれば、一方で組織の一員としての憂鬱（ゆううつ）もある。

大学教師はもはや社会に警鐘を鳴らす知識人ではない。研究者として個人的に生きることを通じて社会的になることを目指すべきではないか。かつて「全共闘の一員として教授会を襲った」という著者の口調は、いま至ってクールである。（奥武則・法政大教授）

（有斐閣・1680円）＝2005年6月2日④配信

悪用される“幸福の学問”

「心理学への異議」(フィリップ・バニアード著、鈴木聡志訳)

日々、目にすることが多くなった心理学者の言説。しかし果たして、それは真実なのか。本書は、心理学の分析に何となく違和感を覚える読者の疑問に、真っ向から答えようと試みた好著である。

例えば行動主義の創始者ワトソンは言う。行動主義心理学の務めは「人間の活動の予測とコントロール」にある、と。スキナーもこの考えを受け継いで、飲酒癖や非行などの問題行動は社会による「強化と罰」のせいと言い、「行動コントロールの技術を開発」し社会の諸条件を改善することで問題解決すべきと述べた。

もちろん、人間に何が可能で何が望ましいかを判断する指標として、心理学が果たした役割は大きい。しかし、戦争プロパガンダや人種差別、消費行動の操作など負の利用もまた、心理学の一側面である。本書は「しばしば天使の側にいなかった」心理学について、読者の目を開かせてくれるのだ。

史上、この学問が最も悪用されたのが、軍事心理学の分野である。攻撃性を人間行動の一部と見なし、個人や集団の生存に不可欠と見た先人の研究を受けて、軍事心理学はまず戦争準備の学問へと堕していった。

兵士の選別・訓練、兵器開発、さらに軍事専門家の育成まで、心理学の知見が思い通りに悪用されたのだ。

拷問や尋問が引き起こす認知障害や感覚遮断も研究の対象となり、各国の軍隊の悪用するところとなった。

いま、口臭を強調するなど、消費者の「恐怖を喚起」する商業メッセージが少なくない。態度変容の研究が、広告の制作に利用された一例という。

著者は言う。「私たちは客観的であり得るか」と。本書によると、米国の心理学テキストで触れられた研究のうち、九〇％が米国人を対象としていた。「他文化の人々の行動や経験を解釈することは困難」と、著者は指摘する。

本来、人間を幸福にするためにあるはずの学問が軍や資本に利用されてきた。この問題に関心ある読者には、うってつけの解説書である。(安岡真・翻訳家)

(新曜社・1995円)＝2005年6月2日⑤配信

快挙の裏側を克明に

「アメリカ人が作った『Shall we ダンス?』」(周防正行著)

著者の代表作のアメリカ版「Shall we ダンス？」が日米でヒットしている。天下のリチャード・ギアと今をときめくジェニファー・ロペス主演でリメークされ、世界五十六カ国以上で公開が決まっているのだから快挙だ。この本はその快挙の裏側を克明に書いたもの。日米両方の映画を観(み)てからでなくては、面白さが満喫できないので要注意である。

リメーク契約の攻防戦、撮影見学、ワールドプレミア出席と話が進んで行くのだが、全編を覆っているのはオリジナルの脚本家兼監督である著者のプライドと恐れともどかしさ、そして、どうリメークされるのかという興味だ。リメーク版の進行状況を逐一報告するという契約すら履行されない状況を怒りながら、撮影見学に行くときは「あなたたち誰？」と冷たくあしらわれてしまうのではないかと心配する。

そのせいか、向こうから近寄ってきてくれたリチャード・ギアは「寸暇を惜しんでダンスのレッスンをしている」という話が何度も出てくる。一方、おざなりな愛嬌(あいきょう)を振りまくだけのジェニロペは「ソー・ビューティフル」とあいさつしないと怒って話をしてくれないとちょっと皮肉交じりなのがおかしい。

リメーク版はオリジナルをほとんど踏襲しながら、アメリカの観客に合わせた味付けをしている。著者は、本音を言うと「オリジナルよりほんの少しつまらないけれど世界的に大ヒットする、そんな映画になれば最高」と書いているが、リメーク版はまさに希望通りの出来だ。著者が両作を詳細に見比べて忌憚(きたん)のない感想を書いている部分を読むと、なぜ差が出たのかがよくわかる。オリジナル版がいかに細かいところまで注意深く考えてつくられているか、あらためて感心する。

しかし、周防監督がこの作品を最後に映画を撮らなくなってからもう十年。ファンが一番うれしいのは、「現在進行している映画企画の取材に明け暮れる毎日」「『Shall we ダンス？』の旅をもうそろそろ終わらせるためにこの本を書いたのだ、と思う」という個所だろう。本音を言えば、本よりも早く新作が観たい。(柴口育子・フリーライター)

(太田出版・1470円)＝2005年6月2日⑥配信

憤怒抱く人々への熱い思い

「異物」(玄月著)

記録的な黄砂が降った三月末、駐車場に残された血痕の前にたたずむ五人の男たちの描写からこの小説は始まる。冒頭から漂う不穏な予感は、やがて連鎖的に発生する放火事件や殺人事件、人身事故を呼び込み、混沌(こんとん)とした物語世界がひらけていく。

舞台は、戦前から住みついていた人と、ここ十数年の間に韓国や中国からやってきた新しい住人とが混在している大阪市内のコリアタウン。物語は、在日二世の池山真人や高山兄弟、韓国からやってきた新参者の元留学生スンシンらの間にある入り組んだ確執を軸に、彼らと日本人女性真代をめぐる攻防戦を並行させ、かつまた、「三月のあの日なにが起こったか」を解きほぐそうとする日本人青年の回想も交えて複雑かつ、絶妙な構成で終幕へと疾走する。

池山真人の真代への純愛めいた感情の起伏、あるいは高山兄弟の間にある憎悪に満ちた関係、池山のスンシンに対する執拗(しつよう)な反目など、「古い住人」と「新しい住人」との価値観やエネルギーがぶつかりあい、その生き生きした群像が読者を一気に「この町の混沌」へと引きずり込む。

「事件」はいかにして始まり、その「根」はどこにあるのか。リアルタイムで語られる無数のエピソードが、ジグソーパズルのピースのように少しずつかみ合い、終章に起こる陰惨な事件へと収斂(しゅうれん)していく。刻々と緊迫度を増すサスペンス小説を読むような興奮と、木の根のように絡まりあった時間の結び目が少しずつほどかれていく快感…。

同時に、体を張って日本社会で生き延び、町を作ってきた移民たちの、底光りする肉感が伝わってくる小説でもある。生きるために「天皇崇拝主義者」となった池山の父親をめぐるエピソードにしても、半端ではない憎しみを育てる高山兄弟のそれぞれの転落と孤独にしても、なにかが「それ」を育てたのである。

嘆きや沈黙よりも憤怒を選び取り、ざらついた黄砂の嵐に身を沈める者たちへの熱い思いを描いた新しい在日小説である。(稲葉真弓・作家)

(講談社・1890円)=2005年6月9日①配信

年功序列世代の温存に問題

「日本型『成果主義』の可能性」(城繁幸著)

日本企業の多くが導入した「陰気な成果主義」の失敗を活写したのが著者の前著「内側から見た富士通—『成果主義』の崩壊」であった。第二作の本書は、日本型の成果主義を標榜(ひょうぼう)し、対案の提出に堂々と取り組んだ。

著者の分析は説得的だ。特に、管理職による目標設定と評価が機能していない事に関する指摘はその通りだ。

年功制的な管理職が温存されて、部下に対してだけ厳しい成果主義を押しつけても、うまくいくはずがないといった世代問題の指摘も鋭い。

成果主義は単なる給与制度ではなく、経営構造の問題に深くかかわっているという認識もその通りだと思う。

さて、本書の、日本型成果主義の提示だが、前進しているが、完成まではあと一歩と思った。

評価の出来ない上司をラインから外すことや、人事部の人事権独占を解体して現場のマネジャーにせめて賞与の決定権限を与えることが必要なのは著者の言う通りだが、これらだけで、日本企業が活性化するわけではない。まして終身雇用が維持できるわけでもない。

急速に変化する環境に企業が適応するためには、採用・解雇も含む真の人事権と具体的なビジネスの企画の権限を現場に与え、その代わり現場が経営者的な形で責任を負う、いわば経営行為の分散処理が必要であり、経営者に連なるプチ・エリートたちの排除が必要なのだ。

同時に、会社全体の「予算」に縛られた相対比較型の賞与ではなくて、「あなたが稼げば稼ぐほど、会社は喜んでたくさん報酬を支払う」という思想の「陽気な成果主義」を導入しなければうまくいくまい。社内の嫉妬(しっと)の原理にお金を絡めるだけの「陰気な成果主義」は、成果主義の長所を殺すものであり、実は、似て非なる、二種類の成果主義が存在するのだ。

今日の経営問題にあって、今さら「日本型」というカテゴリーを意識したことが、本書の不徹底の原因かも知れない。

しかし、本書が、人事問題の現在を体系的に論じた有益な論考であることは疑いない。(山崎元・経済評論家)

(東洋経済新報社・1575円)=2005年6月9日②配信

丈高い詩精神の闇と光

「幸福論」（吉田加南子著）

詩と出会う幸福が、やわらかな息づかいでつづられている。

著者の詩と同じように、形而上的な領域が、わかりやすい言葉で、静かにゆっくりと開かれてゆく。

たとえば、こんなふうに。

「わたしのいのちの果てとは、わたしのいのちではないものの果てだ」

「わたしの生に、欠けているもの。けれど欠けていることにおいて、その欠けているものは、わたしの生にふれている」

こうして、「欠けているもの」―すなわち永遠の側の何かが、私たちの前に姿を現すのだ。

この本を読みながら、幸福としか言いようのない安らぎに満たされる。

同じく詩歌にかかわっていても、著者のように純粋に詩に向かう人はまれであろう。

さまざまな詩が引かれ、それぞれの扉が開かれて、著者のまなざしによって、「欠けているもの」につながる深い表情を見せる。

著者の専門のフランス詩をはじめ、古典和歌、現代詩、芭蕉から現代までの俳句など、見なれた作品も、著者の言葉によって、ひとつの共通する時空に結ばれてゆくようである。詩によってしか語りえない、いのち、の時空だ。

そして著者は、みずからが詩に出会った、根源的な過去を語り始める。

その父、吉田嘉七の「ガダルカナル戦詩集」について、どうしても語らなければならないこの一冊について、それ自体、詩であるような、渦巻くような言葉の歩み。その重さで私たちは理解する。著者にとっての詩というものがもつ、痛みとそれゆえの喜びを。

「光そのものだった子ども時代の日々のなかに、突然突き出してきたようだった、父の『ガダルカナル戦詩集』の伝える死や死者。（中略）けれどそれこそが、地を破ってせり出してきた現実だったのだ。のりこえられるために、と、今は思う」

「もっとも正しい意味での、現実であり、いや、真実であること―それが詩の仕事だ」

この丈高い詩精神が生まれた闇と、光とが、「幸福論」の中に満ちているのだ。（水原紫苑・歌人）

（思潮社・3990円）＝2005年6月9日③配信

囲碁の天才と一家の運命

「呉清源とその兄弟」（桐山桂一著）

ちょっと碁を解する人なら、呉清源という名前に一種独特な響きを感じるはずだ。最後の対局は一九七三年というから、すでに三十年以上も実戦からは遠ざかっているわけだが、その赫赫（かくかく）たる戦歴と清冽（せいれつ）な風貌（ふうぼう）、九十歳をこえてなお棋理を探求する姿などから、囲碁の棋士というより人生の求道者といった印象を受ける。

呉清源がその天才ぶりを見込まれて、祖国、中国から日本に招かれたのは一九二八年。それからの活躍ぶりは、今では囲碁界のほとんど神話である。

現在ほど各種のタイトル戦がなかった時代だから、打ち込み十番碁という果たし合いのような対戦が人気を集めた。これは特定の二人が十局戦い、どちらかが四勝リードすれば、そちらが格上となるという、棋士にとってははなはだ残酷な勝負である。そして呉清源は当時の日本の一流棋士にことごとく勝ったのである。

本書はその祖父の代から説き起こして、さまざまな伝説に彩られたこの不世出の天才とその一家の運命を描く。中心となる時代は満州事変から日中戦争、そして戦後へと続く激動期、日中両国の登場人物が各人各様に荒波の中を生きるのだが、とりわけ主人公を末弟とする三兄弟がそれぞれの人生を求めて苦闘する姿が主題である。

著者が主人公と同じくらいに筆に力を入れて描いているのは、主人公の次兄である。一家が弟とともに日本へ渡った後も一人中国に残り、日本と戦う側に身を投じて、共産党員となり、戦後の内戦では国民党の将軍を共産党側に寝返らせるなどの功績を立てる。しかし、建国後は毛沢東が起こした政治運動の中で「右派」とされ、長い間辛酸をなめる。

小さな四角い碁盤の中に宇宙を見る弟に対して、この兄はあくまで現実社会に取り組む。対照的な二人の人生に日中両国の歩みが重なり合い、音色の違う二つの楽器による二重奏を聞くような、刺激的な感覚にとらわれる一書である。（田畑光永・神奈川大教授）

（岩波書店・2520円）＝2005年6月9日④配信

ヒントは縄文土器の指跡

「指紋を発見した男」（コリン・ビーヴァン著、茂木健訳）

「犯罪の現場に指紋を残すな」。こんなことぐらいは今では誰でも知っている常識であろう。しかしこの指紋が個人識別に応用されるまでには、苦難の歴史があったのである。

一八七四年宣教師として来日したスコットランド人の医師ヘンリー・フォールズが東京の大森海岸の貝塚から出土した、縄文式土器に残されたうすい何本もの平行線に眼をとめた。二千年も前にこの土器を焼いた人が残した指先の跡に違いないと考え、人物の特定ができるかもしれないと研究を始めた。

一八八〇年フォールズはイギリスの科学誌「ネイチャー」に指紋は人によって異なり、個人識別に応用できると発表した。しかし手相占いと誤解され、無視されてしまった。

警察でも犯罪捜査にと注目したが、対応は冷たかった。高名な科学者や医師たちと一緒になって、十本の指すべての指紋が一致するならばともかく、たった一個では信頼性が低すぎる。ごく小さな指先の皮膚が身元を明かす十分な情報を含んでいるとは思えない。眉唾（まゆつば）ものだと反発したのである。当時とすればそう考えるのが当然であったかも知れない。新説には必ずそのような反発、中傷はつきものである。

私もフォールズと同じ法医学の研究者だが、同様の体験をしている。泳げる人が溺（おぼ）れるのは心臓まひではない。遊泳中呼吸のタイミングをあやまり、鼻から水を吸い内耳を取り囲む錐体（すいたい）という骨に出血するから、平衡失調が起きて溺れるという（錐体内出血）新説を発表した。理論的反論であれば受けて立つのだが、中傷の類ばかりで不快であった。その傾向は今も昔も変わりない。

リンゴが木から落ちるのを見て、万有引力を発見したニュートンと同じように、土器の平行線が個人特有の情報をもつ指紋であることを発見し、研究をつづけたヘンリー・フォールズの感性と不屈の精神、その生き様に感動を覚える。（上野正彦・作家）

（主婦の友社・1680円）＝2005年6月9日⑤配信

物事の本質に近づく思考力

「ひらがな思考術」（関沢英彦著）

寄藤文平（よりふじ・ぶんぺい）のイラストが好きだ。シンプルさ、わかりやすさを追求したあげく、「個性の抑制」が逆に個性になってしまったような作風。その寄藤イラストをちりばめた瀟洒（しょうしゃ）な本書は、ビジネス書のコーナーで見つけた。

本書の主張はごくシンプルで、わかりやすい。漢字や横文字を絶対につかうな、というような極端なことは書いてない。

権威のにおう漢字や、身についていない横文字をできるだけ排除して、ひらがなで考えることで物事の本質に近づこう。

…以上、それだけ。あとはただ、「ひらがなで考えることがなぜ大切なのか」「ひらがなで考えるということは具体的にどうすることなのか」が、やさしく説明されている…そんな一冊だ。

最初読んだ時は「やさしく」というのを通り越して「懇切丁寧」という漢字になってしまっている本では、とも思った。

だけどそれは、私がふだんから「ひらがな」を意識することの多い歌人だからであって、漢字や横文字に毒されているビジネスマンにとっては、ここまで書いて初めて「なるほど」と思える大胆な意見なのではないかと気づいた。漢字的横文字的思考と「ひらがな思考」のあいだを行き来できる著者は、貴重な存在だ。

余談ですが、私が専門とする「短歌」というのは言葉の音数が三十一になる詩のことで、それゆえ歌人は皆、常に言葉を音読するくせがついている。本書には、谷川俊太郎の「ひらがな詩」なども引用されていて遊び心があるけれど、ぜひ「ひらがな短歌」にもふれていただきたいと思う。〈かなしみはだれのものでもありがちでありふれていておもしろくない（枡野浩一）〉

本書三八ページで著者は言う。〈ひらがなではごまかしがききません。／考えの筋道がきちっとたっていないと、こどものへたくそな作文のようになってしまいます〉…同感だ。つまり、ひらがなで考えるのには本当の意味での思考力が必要。

だから本書の考えを真に実践するのは、じつは難しい。一生の宿題かも。まずは手軽な〈「ひらがな三語」日記〉あたりからまねしてみようかな。

（枡野浩一・歌人）

（ポプラ社・1260円）＝2005年6月9日⑥配信

豊饒で自由な言葉の運動

「谷川俊太郎の世界」（北川透著）

谷川俊太郎は国民詩人だ。半世紀あまりにおよぶ表現活動はまことに多岐多彩。まず主戦場の詩については、童謡童詩の分野から現代詩の先端まで、単行詩集に限っても「二十億光年の孤独」にはじまって五十余冊の多くにのぼる。ほかに翻訳、絵本、歌詞、エッセー、ビデオ、コマーシャルの制作、さらには自作朗読などなど。谷川俊太郎はもっとも広く受け入れられてきた詩人である。

ところでおかしなことに今日まで詩人はほとんど本格的に論じられることなくきた。じつはこの一事をいち早く指摘したのが著者なのである。

「それにしても、谷川俊太郎はまともに論じられることの少い詩人である。第一級の詩人や思想家はなぜ、現代詩と人間状況の危機をもっとも鋭敏に反映している詩人の一人として、谷川俊太郎の詩を厳密な批評の俎上にのせないのだろうか」（「危機のなかの創造」）

この発言（一九六五年）から四十年、著者は変化しやまない詩人と伴走してきた。本書は三章立て。なかの第二章は、ときどきの代表詩集を中心に、折にふれて書いてきたものを執筆順に並べる。これを見るにつけ、詩人がいっときも停滞することなく生成してきたさまを、つぶさにたどれよう。そこにある日本語のなんと豊饒（ほうじょう）であることよ。そしてまたなんと可能性にみちていることよ。

「…谷川俊太郎の自由なことばの運動を見ていると、なにやら魂の詐欺師とか、ことばのいかさま師とか、怪盗俊太郎とかそんなニック・ネームで呼んでみたくなる」と。この気持ちはわかる。しかし著者はこうつけ加えることを忘れない。「…しかし、そのように言って消えてゆくものは、この詩人がどんなにことばへの自在な態度にもかかわらず、決して失わない誠実とか、真摯とか、あるいは尊厳とかのことばであらわされる倫理性である」（「怪人百面相の誠実」）

「ことばへの自在な態度」の底にある「倫理性」。なるほどそれこそが谷川俊太郎を国民詩人にしているものだろう。（正津勉・詩人）

（思潮社・2310円）＝2005年6月16日①配信

世界的事業を支えるDNA

「ザ・ハウス・オブ・トヨタ」（佐藤正明著）

トヨタは、連結純利益一兆円を生み、数年で世界の自動車産業トップのGMを超えるかもしれないと今言われている。本書はそのトヨタを支えるDNAについて、自動織機を発明した豊田佐吉、自動車事業を立ち上げた豊田喜一郎という二代の起業家を中心に、彼らを生んだ豊田一族とそれをめぐる人々が世界的な自動車事業を興隆させるまでの流れから解き明かそうとしている。

著者は、それを「まず自分の手で作ってみる」という研究・開発を重視し、さらに発明だけでなく事業化まで展開しようとするという考え方だとしている。

本書は、自動車産業に深い造詣を持ちトヨタ自動車関係者への幅広い長年の取材を続けた著者の集大成である。

これまでトヨタの経営的強みは「トヨタ・ウェイ」として日本だけでなく世界のビジネスマンの関心を呼んできた。カイゼン、ジャスト・イン・タイムなどの「トヨタ・ウェイ」の経営手法や佐吉や喜一郎の起業は個別に議論されてきた。

だが自動車事業興隆への流れをこれほどまとまってとらえたものは少なく貴重だ。ただ叙述の流れが終戦前後の自動車事業の転換期から明治の佐吉の時代へと遡（さかのぼ）るスタイルは明解さのために一工夫してほしかった。

二十一世紀の日本企業には新たな製品やビジネスモデルの創出能力が求められている。終身雇用、年功序列、現場の意見を重視するボトムアップ経営など旧式の日本的経営はバブル崩壊後、限界に直面してきた。そしてM&Aやリストラなどの経営の新手法のみが注目された。

しかし本当に重要なのは現代の国際社会の求めている、製品やビジネスモデルを研究・開発し、きちんと事業化する日本的な仕組みを新たに構築することである。例えばトヨタのプリウスのようなエコカーの開発に見られるように、地球温暖化、国際化などの新たな時代の課題に対応する製品やビジネスモデルである。

それを三河の地方財閥であった企業とその創業一族が、ものづくり経営で愚直なまでに育（はぐく）んできたとの本書の指摘は非常に示唆的である。
（若林直樹・京都大学大学院助教授）

（文芸春秋・2300円）＝2005年6月16日②配信

テロへの毅然とした意志

「マイティ・ハート」(マリアンヌ・パール著、高濱賛訳)

中東とその周辺国でテロ組織による日本人拘束が身近に報じられる。誘拐、拘禁された各国ジャーナリストや一般人は相当数にのぼる。特にイスラム原理主義過激派の対米テロにより、この地域は世界で最も危険な場所となっている。

ウォールストリートジャーナル紙の特派記者ダニエル・パールもその犠牲となり、対米テロ組織による斬首(ざんしゅ)処刑という最悪な結末となった。日本でも報道され、手を縛られ銃を突き付けられた氏の映像を忘れることができない。

その妻で本書の著者マリアンヌは、ドキュメンタリー映画のディレクターで、フランスのラジオ局の制作や司会者をつとめるジャーナリスト。夫とは互いの取材に同行してきた最良のパートナーだった。この時はインドと抗争をつづけるパキスタンに滞在、イスラム原理主義指導者との接触に現地人を介して成功、約束場所へ向かい行方不明となった。

マリアンヌは彼のノートパソコンをたどってその糸をたぐり寄せ、救出に精魂を尽くす。テロ側は夫を抗米の材料とし、米側に収容されているイスラム教徒の解放などを提示。妻を取り巻く救出の輪が生まれ、米、パキスタン政府は重い腰を上げたが、期限延長の末記者は処刑された。

妻でありジャーナリストのマリアンヌは、一部始終を夫であり最良のジャーナリストへの鎮魂の仕事として書き上げた。本書が優れているのは、彼女の心、共にした人たち、テロへの毅然(きぜん)とした明快な意志を描出しただけでなく、彼女を含む人間群像を緻密(ちみつ)に柔らかく、全編感動で揺さぶる文学にまで編み上げたこと、さらにジャーナリストの心得を現場から解き明かしてくれたことだ。

成長と家族、二人の出会い、常に一体だった日々の細部が記録帳のように綴(つづ)られる。不明時の五週間、ふとむなしくベッドにひとり横たわった彼女を、そっと皆のもとへ取り戻す光景。錯乱しなかった彼の信念と勇気。書評子はジャーナリストとしても励まされた。

都内でマリアンヌさんの話を聞く機会を得た。事件時胎内にいたアダム君を抱いていた。崇高でさえあった。「マイティ・ハート」は〝強い心を持つ者たち〟の意だ。(石井清司・ノンフィクション作家)

(潮出版社・1680円)=2005年6月16日③配信

名も無き人々の輝く人生

「昔日より」(諸田玲子著)

時代小説は、歴史の移り変わりを権力者の視点から描くことが多かった。

江戸開府から幕府瓦解までを八つの短編でたどる諸田玲子の最新作「昔日より」も、約二百六十年の歴史を追いかけているが、面白いことに将軍はおろか歴史上の有名人は一人も登場していない。

それどころか、武士として召し抱えられるため開府直後の江戸に来たものの、建築現場の人足にしかなれなかった黒左衛門親子の葛藤(かっとう)を描く「新天地」や、刑を執行するため罪人を鞭(むち)打つ牢屋(ろうや)同心一家に持ち上がった騒動をつづる「打役」など、名も無き人々のささやかな人生にスポットライトを当てていくのである。

何より本書に収録されている八編は、純愛に友情、教養小説や親子の情愛をテーマにした作品としても秀逸なので、最後まで芳醇(ほうじゅん)な物語を楽しむことができるだろう。

だが権力とはまったく無縁な状況で、懸命に生きている主人公たちも、決して幕府の方針とは無縁ではない。太平の世なのに武人として生きようとするエキセントリックな老武芸者が活躍する「子竜」では、老人が武芸に打ち込む理由がロシアの南下に求められていた。また「船出」は大政奉還で駿府に渡ることを迫られた幕臣の悲劇が題材になっているのだ。

人は日常生活を送っている限り、時の政権が打ち出す方針が自分にどのような影響を及ぼすか分からない。ただ時代が求める枠組みは、知らぬ間に個人の価値観を縛っていく。政治の大きな流れと個人の暮らしが結び付く瞬間に着目した本書は、読者の感覚に近いレベルで、歴史をとらえる試みだったのである。

本書の主人公は、歴史の流れに逆らうような強さはないが、どのような状況になっても自分で判断を下し、プライドを失うことはない。同じように現代人は、政治的にも経済的にも大きな曲がり角にあり、否応(いやおう)なく変革を迫られている。等身大だからこそ輝きが際立つ八人の生きざまは、転換点を前にしても誇りを持って、正しい結論を導くことを求める、過去からのメッセージなのである。(末國善己・文芸評論家)

(講談社・1890円)=2005年6月16日④配信

胸熱く涙にじむ洋楽番組

「僕らの『ヤング・ミュージック・ショー』」（城山隆著）

一九七一年から八六年まで全八十編が放送されたNHKの「ヤング・ミュージック・ショー」は、地方在住のロックファンたちの多くが初めて目にする「洋楽ロックのライブ」だった。

私にとって同番組の思い出はクリーム解散コンサートに尽きる。エリック・クラプトンがサイケデリック・カラーの〝SG〟を手に独自のギター奏法を解説するシーンを（当時はビデオデッキなどなかったから）一瞬たりとも逃さないように見入ったものだ。

まだロックに対する偏見と差別があり、「ヤング・ミュージック・ショー」放送のたびに、抗議の手紙が送られてきたという。

後から振りかえると、同番組は単なる洋楽番組にとどまらず、異議申し立てのメッセージを内包していた。テレビの前でミック・ジャガーやロッド・スチュワートにくぎ付けになっていた私たちはそれを確かに受け取っていたように思う。

本書はそのメッセージを送りつづけた番組制作担当者への丹念な取材による記録と、放送された映像内容を「文字化」した意欲作である。制作時の苦労話はそのまま音楽テレビ放送史となるし、テレビマンが見たロックスターの素顔にも興味が尽きない。

ふだん、われわれは個々の分野について縦の時系列で語りがちだが、「歌は世につれ、世は歌につれ」る。一見、ばらばらな事象を国内外の別なく横に並べることで時代をくっきりと浮かびあがらせた本書は、世相史、ポピュラー音楽史、メディア史などを総合した社会文化論としても秀逸である。

ことさら涙を誘う場面があるわけではなく、著者は感傷に陥ることを排している。にもかかわらず何度か胸が熱くなり、涙もにじんだ（あえて、その部分は明らかにしない）。著者の術中にまんまとはまったのであれば、無条件に降参するしかない。

七一年から八六年のあいだに十代の数年間が重なった人々にぜひ手にとっていただきたい。きっと同じ思いを味わうだろう。（斎藤純・作家）

（情報センター出版局・2625円）＝2005年6月16日⑤配信

〝長期独裁者〟の実像描く

「カストロ」（レイセスター・コルトマン著、岡部広治監訳）

老練の英外交官が、社会主義キューバの元首フィデル・カストロ国家評議会議長について熟達した筆致で注意深くまとめた読みやすい伝記。

著者はできる限り公平にカストロ氏をとらえようと努めている。氏を全面否定する米政府や米メディアが伝えるイメージとは大きく異なる「実像に近いカストロ」が示される。

読者は、同氏が一九五九年元日のキューバ革命から四十六年以上、米国に抵抗しながらその超大国の傍らの島国で最高指導者の座に居続けてこられた理由を理解するはずだ。著者は「驚くほど多数のキューバ国民が、自分たちは政治過程に関わっているという感覚を持っていた」点に長期支配を可能にした最大の理由があると喝破する。

最も興味深いのは、八九年に国民的英雄のA・オチョア中将ら高級将校四人を処刑したのは、旧ソ連のゴルバチョフ改革路線に同中将らが同調する気配を見せたためだった、と踏み込んで書いた部分。

強烈なカリスマと並外れた洞察力だけでなく、政敵粛清もいとわない冷酷さを持ち合わせているからこそ、長期政権は可能になった。カストロ氏は学生時代に権謀術数を身に付けたが、当時の様子が詳述されている点も貴重であり面白い。

二〇〇二年までの状況が盛り込まれているが、著者は「カストロ以後」の時代を展望しつつ、既に機能している集団指導体制の存在に触れている。物足りない点を挙げれば、カストロ氏の普遍的な人道主義、それに裏打ちされた国際主義（人道支援政策）の実践や社会主義の成果の評価が不足していることだろう。

カストロ思想の基盤には「米帝国主義との果てしない闘争」という歴史観がある。このことからも米国経由でキューバを知ろうとすることがいかに筋違いであるかは明らかだが、本書はカストロキューバの描写を通じ強圧的な米国の姿をも浮き彫りにしている。

日米安保・日米同盟の強化で米国の軍事戦略に深入りしつつある日本だが、この本が示す「抑圧者米国」の一面は、敏感な読者には日米関係の在り方を再考する契機になるかもしれない。（伊高浩昭・ジャーナリスト）

（大月書店・3045円）＝2005年6月16日⑥配信

極限レベルのSF的想像力　「バースト・ゾーン」（吉村萬壱著）

デビュー作「クチュクチュバーン」や芥川賞受賞作品「ハリガネムシ」において、破壊衝動や殺人願望を通して人間の欲望の根拠を描いた吉村萬壱であるが、吉村の方法と美学は本作において極限レベルまで推し進められている。

サイバーテロによって高度情報化社会が崩壊した未来の日本。「テロリン」と呼ばれる破壊者たちによる長期的な無差別テロの影響で、社会は麻痺（まひ）状態に陥っていた。テロリン殲滅（せんめつ）を訴える政府は戦意高揚を掲げ、テロリンの本拠である「大陸」に志願兵として出兵を促す宣伝活動を繰り広げる。大陸には「神充」という未知のエネルギー体が存在しており、「地区」と呼ばれる地帯で重要なできごとが起こっているとの噂（うわさ）がまことしやかにささやかれていた。

物語は、大陸行きを希望した人々を視点人物に展開する。テロによって病に伏した妻と娘の復讐（ふくしゅう）を遂げようとする男。自分の目で事実を確認しようとする素人画家。大陸での再会を願い愛する男を追う女性。愛国主義的な動機から自分の技術を生かそうとする医師。登場人物はさまざまな事情と理由で大陸へと渡り、地区を目指して進む。しかし彼らを待っていたのは、圧倒的な強さと機動力をもち、驚くべき勢いで自己増殖する巨大な獣、神充であった。

略奪と破壊、虐殺とカニバリズムが全編を覆い尽くし、読者は凄惨（せいさん）な地獄絵図を体験することになるだろう。中でも無敵の生物兵器、神充の破壊力のすさまじさをめぐる描写は徹底している。人間をおもちゃのように吹き飛ばし殺戮（さつりく）するプロセスは、まるで機械的な作業を見ているかのようだ。グロテスクな生々しさと即物的な現実感。この長編のシュールでリアルな質感は、そうした作者の描写のスタンスからきている。

作品の中心には目を覆いたくなるような戦慄（せんりつ）すべき鬼畜的世界があるが、作者の世界構築の意思それ自体は倫理的なものだ。最高のSF的想像力を駆使して繰りだされる物語世界は、同時代の戦時下的状況をも示唆している。まさに一級のSFだ。（榎本正樹・文芸評論家）

（早川書房・1785円）＝2005年6月23日①配信

国家主導によるルーツ解明　「夏王朝は幻ではなかった」（岳南著、朱建栄・加藤優子訳）

日本の首相の発言で孔子がにわかに持ち出されたが、中国では続々と発見される文化財により、紀元前五〇〇年ごろの孔子の思想はもちろん、孔子が夢に見た周公のことまで、歴史的に明らかになりつつある。

それどころか、孔子より約千五百年も前の歴史を科学的に調査しようというプロジェクトが、着々と進められている。儒教で理想とする堯・舜・禹の歴史を明らかにしようというのだ。このプロジェクトを紹介したのが本書である。

本書の標題で言う「夏王朝」とは、儒教が理想とした禹王の開いた王朝。従来の研究では、理想を語るための神話だとされていた。ところが新出土資料により、従来は低かった史料の信頼性が次々と証明された。

古代の文献を神話だと疑う姿勢から、新たに解釈しなおす姿勢へと、中国の学術が大転換を遂げたのである。

中国政府は一九九五年、この動向に対して莫大（ばくだい）な資金投下と組織化を進める決定をした。これにより、個人の研究者では到底実現できない実行力と技術力がもたらされた。

例えば、放射性炭素による年代同定の精度を飛躍的に高めた。コンピューターの導入により、古代の日食や惑星集合の年代を決定した。そういった、従来の考古学ではやりたくてもできなかったことが可能となった。

しかもそれを、国家の主導で、各地の機関や研究者を動員して行った。本書の著者は、このプロジェクトに当初からかかわり、研究者個人から、組織としての動き、研究の成果、そしてその学術史的意味まで詳細に紹介している。

本書の内容は、単に古代史の問題だけではない。中国政府がこれに力を入れたのは、古代の解明が民族の基礎を打ち立てることになるからである。したがって本書は、むしろ中国が民族的ルーツを求めるドキュメンタリーとして読むことができる。

そして、中国がみずから定義する〝統一性と多元性〟というバランスの難しいコンセプトを、どう維持しようとしているかを読み取ることも可能であろう。（土屋昌明・専修大教授）

（柏書房・2940円）＝2005年6月23日②配信

浅薄な英語熱に「待った」

「英語を学べばバカになる」(薬師院仁志著)

英語の時代は、もう終わった。だから英語を学ぶ意味について、一人一人が冷静に考えてほしい。深く考えず英語教育に熱をあげるのは「バカ」、というのが本書の趣旨だ。

昨今、「講師はネーティブ」「お茶の間で学べる」「グローバル化する世界で自在に異文化交流」「時代に乗りおくれるな」など、英会話学校や英語教材のたたみ掛けるような広告コピーが、街にあふれている。しかしそれがもたらすのは、日本人の英語力の向上ではなく、アメリカ追従行動のまん延と、英語関連業界の利益拡大だという。

また、世界各国では英語以外の外国語教育が盛んであり、英語を世界標準とする(したい)発想には、根拠がないとも主張する。

例えば、英語圏のIT産業で活躍する多数の人材を輩出し、英語教育大国との評価も高いインド。その非識字率は42%(総務省「世界の統計2004」)であり、経済的には世界の貧困国の一つである。そこには、ごく一部のエリートだけが英語でうるおう現実がある。だから、「英語は世界の事実上の共通語」とは言えない、という。

ただし本書が述べているのは、いわゆる「英語無用論」ではない。英語を世界共通語とすること、また〝英語さえ話せれば経済が活性化し、国民全体が豊かになる〟というシナリオに対し、疑問を呈するのである。

ことばを話すとは、そのことばの発想の形式を内在化させることだ。「英語でしゃべらないと」という主張の背後には、英語(短絡的には米国を指す)の論理や思考を取り込もうとする意図がある。これは、昨今の日本語ブームにみられる「声に出して読み」、日本の精神や文化を学び直そうとする動きと並行する。

だがここでも大事なのは、現在使っていることばで深く考える態度である。本書が危ぶむ「バカ」にならないために、自分の言葉で考える態度を身につけさせることが、教育現場で求められるだろう。

教育社会学の立場から、経済格差と言語教育とのかかわりを鋭くえぐり出し、日本の浅薄な英語熱に待ったをかける快著だ。(佐藤壮広・立教大非常勤講師)

(光文社新書・756円)=2005年6月23日③配信

平和運動はなぜ衰退したか

「占領と平和」(道場親信著)

戦後六十年。戦争を体験した世代も少数派になった。改憲に対する国民の反応も鈍い。あれほど熱気のあった平和運動はどこに行ってしまったのか。

本書を読むと、なるほどとうなずくはずだ。戦後の平和運動が、世界との連帯を欠いた一国平和運動であったことに衰退の原因がある。国民の被害が顕著に感じられるとき以外、平和運動が盛り上がらないということは、平和運動が国内にしか関心をもっていないからだ。

だからこそ、戦後のわが国の平和運動は、視野狭窄(きょうさく)に陥り、アジア近隣諸国の人々のみならず、在日朝鮮人や沖縄の人々の問題にすら深い関心を抱かなかったのである。

そもそも一国主義的平和運動をもたらしたのは、アメリカの占領政策にあった。本書の第一部が、アメリカの文化人類学者ルース・ベネディクトの「菊と刀」を検討した「『菊と刀』と東アジア冷戦」となっているのは、戦後ナショナリズムの原型を作ったのがこの書物だからである。「菊と刀」によるワンパターンの日本人論が浸透し、日本人のアイデンティティーが形成され、それがつねに日本人という枠にこだわる思想構造を作り出していく。

本書の三分の二以上を占めるのが、第二部「『反戦平和』の戦後経験」である。戦後六十年にわたる社会運動を詳細に調べあげ、各時代の運動に一貫して流れているのは一国平和主義運動であると述べる。小熊英二「〈民主〉と〈愛国〉」(二〇〇二年)を彷彿(ほうふつ)させる筆致で展開される社会運動史は、圧巻である。

一国平和主義運動に変化が見え始めるのが、ベ平連運動が展開する一九六〇年代半ばである。日本人を直接被害者としない国際的連帯運動、たとえば米兵の徴兵拒否の運動にベ平連が関与し始めたことである。

しかしその後も日本の平和運動は、一国主義を脱皮し切れなかった。それが現在の運動停滞を生んでいる。しかし冷戦後状況は変化していく。著者は今後の平和運動に悲観的ではない。むしろ国際的連帯をもった平和運動が新しい可能性を開くと確信している。(的場昭弘・神奈川大教授)

(青土社・4410円)=2005年6月23日④配信

“伝統”に殺される女たち　「ダウリーと闘い続けて」（スバドラー・ブタリアー著、鳥居千代香訳）

「ダウリー」という言葉を、私は本書によって初めて知った。ダウリーとは、インドで女性が結婚する際に夫に持参する金品のことである。この習慣は、カーストの種類を問わず行われているものだという。

もとはヒンズー教の導師によって定められた規定であり、「処女の贈り物」には「自発的な寄付金」がともなって初めて結婚が成立するというのである。

ダウリーは通常、過大な額の持参金や結婚生活に必要な品々、そして自動車やバイクといったぜいたく品というかたちをとる。そして恐ろしいことに、このダウリーを持参しなかったり、あるいは少なかったりした場合、花嫁はしばしば夫や義理の母の手によって殺されてしまうのである。

これを阻止しようと、一九六一年にはダウリー禁止法が制定されてはいるが、実質はほとんどといってよいほど、効力を発揮していなかったらしい。

本書は、七〇年代に隣家で起こったダウリーがらみの殺人事件を目撃した著者が、ダウリー反対運動に身を投じるに至った経緯から始まる。その後四半世紀を経て、八十歳を超えた今でも、著者はダウリーと戦い続けている。その苦難のみちすじが、本書ではごく淡々とした筆致で書きつづられる。

多くの場合、花嫁は灯油をかけられて焼き殺される。衝撃的な殺人である。だが、その事件はほとんど報道されないのである。それはインドの国民の多くが、ダウリーが「国民の伝統」であるという意識を持っているからだと著者は指摘する。

大学教員の同僚（男性）にダウリー反対の署名を求めると、返ってきた答えは、「ダウリーは私たちの文化の豊かな遺産の一つ」というものだった。こうした無邪気ともいえる問題意識のなさにがくぜんとしながらも、著者は戦う姿勢を変えない。

インドはまだまだ、日本人にとって「遠い国」である。しかし、そこで行われている女性の人権蹂躙（じゅうりん）は、もっと周知されていいはずだ。女性学や社会学に関心のある人だけでなく、一般の日本人に広く読まれることを期待する。（田中貴子・甲南大教授）

（つげ書房新社・2100円）＝2005年6月23日⑤配信

癖になりそうな笑い満載　「黒笑小説」（東野圭吾著）

笑える、笑える。だけどその笑いは、どこか引きつっている。東野圭吾の最新短編集「黒笑小説」は、そのタイトル通り、黒い笑いが満載だ。

本書には十三の作品が収録されているが、まず目をひくのが文壇ネタの物語。「もうひとつの助走」「線香花火」「過去の人」「選考会」の四編がそれに当たる。

どれも面白いのだが、特にお薦めなのが「線香花火」だ。小説灸英新人賞に入選したことで、すぐさま人気作家になると思い込んだ熱海圭介を主人公にしたこの作品は、彼の舞い上がりっぷりで、とにかく笑わせてくれる。もちろん戯画化されてはいるが、本屋でのこれみよがしの態度や、親せき一同が集まっての宴会など、いかにもありそうな話だ。作家志望の男が見せるこっけいな姿には、妙な説得力がある。

作家としてデビューするのは大変だが、作家を続けることの方がもっと大変であると、出版業界ではよくいわれる。真理である。だが、この真理が分からないまま、デビューしたものの、いつの間にか消えてしまう作家が、少なからずいるのだ。作家や出版業界に興味のある読者、そしてなによりも自分は絶対に作家になると信じている作家志望の人は、必読である。うーん、それにしても自分の属する業界を舞台に、ここまで書いてしまうのだから恐れ入る。

このほか、男という生き物を笑い飛ばす「巨乳妄想症候群」「インポグラ」、特異なシチュエーション・コメディー「ストーカー入門」、笑いよりも感動を誘う（本書の中では）異色の「奇跡の一枚」などなど、実に多彩な作品が収録されている。さらに、他人よりも粒子が見えすぎる男を主人公にした「みえすぎ」と、玩具メーカーの思惑に翻弄（ほんろう）される家族を描いた「臨界家族」の内容は、昔ならば文明批評と呼ばれたはずだ。

しかし、作者の姿勢にそんな堅苦しさは感じられない。重いテーマになるところを、黒い笑いを武器にして、軽やかに処理しているのだ。そこが本書の読みどころといえよう。この笑い、癖になりそうだ。（細谷正充・文芸評論家）

（集英社・1680円）＝2005年6月23日⑥配信

笑いを問うことの難しさ

「お笑い進化論」（**井山弘幸著**）

古今東西「笑い」を問う研究が、理論的なまなざしを向けるほどに、「笑い」そのものから次第に遠ざかっていくような印象を受けるのは何故だろう。一般に理論家たちは、分析的であろうとすればするほど、対象に向かって外部から一定の距離を置くことになる。この距離が「笑い」の姿を歪（ゆが）ませ、とたんにそこから「笑い」の本質たる「面白さ」が消えてなくなる。

だからといって、理論を放棄したら、それはもはや単なる居酒屋談義に過ぎなくなってしまう。「〇〇って、今最高におもしろいよねぇ〜」—こうした「笑い」の内側への埋没はまた、別の意味で「笑い」を見失わせてしまう。

井山弘幸は、この「笑い」という現象の内部と外部の境界線にギリギリ踏ん張って、その本質をとらえようと果敢に挑んでいる。科学哲学者らしくしっかり理論的古典を渉猟した上で、敢（あ）えて今日の「笑い」にどっぷりつかるという荒業は、本人がどんなに客観性を装っても隠すことができない「お笑い好き」というパーソナリティーに支えられている。実は、こうした「笑い」を楽しむ主体からの眺めこそが、このアプローチの革新性を担保しているのだ。

とはいえ、この本全体を貫く「パラレル・ワールド理論」は、（お笑い的に言えば）かなり「突っ込みどころ満載」であることは否めない。テクストと演じる者が創（つく）りだす「複数の世界」を、観客が「中景として眺める」—すなわち位置関係を「笑い」の中心的問題として提起したことは慧眼（けいがん）である。しかしこの単純な構図を唯一の「説明原理」として用いたとたん、逆にテクストの中に議論は封じこめられ、「笑い」の機微は、分析に夢中になる著者を残して、再び手の届かないところに行ってしまった。そんな印象を覚えた。

しかしながら、これだけ同時進行的にテクストに密着して「笑い」を論じようとした試み自体、画期的なものといえる。今日、着実にわれわれの日常を覆いつつある、「笑う」主体と「笑われる」世界との関係を、解き明かすための最初の一歩として十分読み応えのある一冊であるといえよう。

（水島久光・東海大助教授）

（青弓社・1680円）＝2005年6月30日①配信

絵に込めた多様な情報

「白隠—禅画の世界」（**芳澤勝弘著**）

美術評論家の山下裕二氏らの熱心な推奨により、江戸時代に禅を再興した白隠の禅画への関心がようやくたかまりつつある。とはいえ大規模な白隠展はまだこれからであり、大型の図録としては、学研版「日本美術全集」のなかの一冊「江戸の宗教美術」（一九七九年刊）が、白隠の代表作を掲載したのがわずかな先例にすぎない。

私は同書の執筆のために各地の白隠の書画を見て歩き、その異様な力強さに圧倒された。だが禅思想に疎い私が、視覚体験だけを手掛かりに白隠の世界に入り込むことは容易でない。白隠は絵を通じて何を私たちに伝えようとしているのか。

こうした禅オンチの私にとって、芳澤氏のこの本は待望の書である。白隠の語録や禅学に精通する著者は、画面に込められたさまざまな情報の謎を解くカギをかれの言説に見いだし、さらには絵草紙や当時の民間芸能にも探りを入れて、興味深い考察をする。

例えば白隠が大分の自性寺の住持に送った「富士大名行列図」は、富士を背景に、ぜんまい仕掛けのようなぎこちない動きをする参勤交代の行列を描いたものだが、著者は、白隠が岡山藩主にあてた手紙で、華やかな参勤交代の行列を意味ない浪費だと痛烈に非難していることを指摘する。つまりこれは幕藩体制の俗っぽさ、「世俗諦（たい）」の風刺であり、これを見下ろす純白の富士は仏性すなわち自性の表象なのだ。

また、有名な「お福お灸（きゅう）図」は、痔（じ）（持）病すなわち根本の病を治すお福は美醜一如の「見苦しき美人」であり、白隠の分身である。治療されるのは着物に「金金」のマークを付けられた人物、すなわち物質的欲望の象徴である。

このほか「軸中軸」、「メビウスの環（わ）」など、目から鱗（うろこ）が落ちる読画のヒントを随所にちりばめながら、彼の描いた「盆山図」が実は陰茎をかたどったものだという従来の説をムキになって否定するなど、白隠の絵の闊達（かったつ）なユーモアから故意に眼をそらせているむきもある。とはいえ、白隠の思想＝言葉とイメージとの関係へ踏み込んだ斬新な視点は評価されるべきだろう。（辻惟雄・美術史家）

（中公新書・861円）＝2005年6月30日②配信

占領という暴力への怒り

「パレスチナから報告します」（アミラ・ハス著、くぼた・のぞみ訳）

パレスチナ人による「自爆テロ」は日本でも大きく報じられる。だが、その根源に一九六七年以来続くイスラエルによる軍事占領の暴力があるという事実は、ほとんど認識されていない。では、占領の暴力とはいかなるものか。その現実をたぐいまれな強度で描き出したのが本書である。

著者はイスラエルの新聞記者。ホロコーストを生き延びた両親を持つユダヤ人である。本書は、著者が九七年からの五年間、「占領地特派員」としてヨルダン川西岸のパレスチナ自治区に暮らしながら書き送った五百本ものコラムから三十七本を厳選したものだ。

占領を生きる人々の日常に密着しながら著者は、占領の現実をすくいとる。先祖伝来の土地を強制収用される農民、道路封鎖で難儀な迂回（うかい）を強いられる老人や産婦、入植者のテロルにおびえる母親…。イスラエル兵に銃撃された少年は言う。「ユダヤ人には子どもがいないの？　だから僕たちを無差別に撃つの？」

多面的に描き出される占領の実態を通してあぶり出されるのは、被占領者の人間性など歯牙にもかけぬ占領者の姿だ。著者は書く、「両者がともに価値があり平等だと認めあうことこそ、この地に住む二民族の未来について案ずるすべての人が腐心すべきこと」だと。

占領とは被占領者の人間性の否定であり、人間の尊厳に対する暴力にほかならないことを読者は痛感するだろう。同時に、日本人もかつて占領者であったことを思えば、本書が描く暴力は私たちとも決して無縁でない。

本書を読み、ユダヤ人の女性詩人イレナ・クレプフィッツの言葉を思い出した。ホロコーストの犠牲者であることを理由にイスラエル国家はパレスチナ人に対するあらゆる暴力を正当化するが、父をホロコーストで亡くした彼女は言う。死んでいった愛する者たちに報いる術（すべ）とは、彼らがその生を破壊されそうになったとき感じたであろう怒りを手放さず、ユダヤ人非ユダヤ人の別なく、人間の生を破壊するいかなる暴力に対してもその怒りを喚起することだと。それと同じ精神が、本書を貫いている。（岡真理・京都大助教授）

（筑摩書房・2520円）＝2005年6月30日③配信

失意に沈んだ英雄の思索

「孤将」（金薫著、蓮池薫訳）

李舜臣将軍は朝鮮の民族的英雄。豊臣秀吉の朝鮮出兵（日本では文禄の役、朝鮮では壬辰倭乱）の際、日本水軍に大打撃を与えた海戦の天才である。この武将を描いた小説というので、私も読む前は、「定番の歴史・戦争小説だろうと高をくくっていた」という訳者の蓮池薫氏と同じ疑念を持った。お定まりの愛国心に満ち溢（あふ）れた英雄物ではないかと思ったのだ。しかし蓮池氏と同様に私も、読後その予見は見事にはずされた。むしろ、私がこの十年ほどの間に読んだ小説の中で、最も心を揺さぶられる作品であった。

李舜臣はこの小説では英雄ではない。その天才的な戦いぶりによって朝鮮を守ったがゆえに、逆に朝鮮王とその側近たちに嫉妬（しっと）され、罪人となる。朝廷の命を軽んじ、王を裏切ったとされるのだ。失意に沈んだ李舜臣が、再び王の命を受けて日本軍と戦う（慶長の役、丁酉再乱）ところから、将軍の長い長い告白としてこの小説は始まる。

半島最南端の海原や島々の輝かしさと、それを眺める将軍の苦渋。冒頭の描写は、まるでヘルダーリンの小説「ヒュペーリオン」そっくりだ。そう、この小説は、人間の孤独と運命に対する哲学的な思索なのだ。

哲学的ではあるが叙述は思弁に溺（おぼ）れることなく、戦争をめぐるさまざまなモノの描写をきらびやかに点綴（てんてつ）させて豊穣（ほうじょう）である。海原に浮かぶ無数の敵（日本軍）の死体、疫病と飢えによって死んだこれまた無数の朝鮮民衆の死体、どんなに食糧が尽きていても出さなくてはならない飯、冷たく光る刀、王の泣き声、一杯の汁、そして海。思念とモノがニヒリスティックにからみあい、絶妙な文体をつむぎあげる。

翻訳文がまた、見事である。李舜臣が経験した巨大な理不尽と孤独を、原著者の金薫が追体験し、それを訳者が感応して日本語に定着させた。訳者が日本に不在だった時期に、日本語を大いに蝕（むしば）んだのはポストモダンの言葉づかいだった。本書にはその影響が一切なく、輪郭が明確できりりとした日本語に仕上がっている。（小倉紀蔵・東海大助教授）

（新潮社・1890円）＝2005年6月30日④配信

揺らぎのない温かい世界　「声をなくして」（永沢光雄著）

永沢さんは四十三歳で下咽頭（いんとう）ガンを患い、手術で声を失う。朝起きると、首に激しい痛みがあり、呼吸困難になることもある。日課は病院通い。耳鼻咽喉（いんこう）科、肝臓内科、腎臓内科、皮膚科、精神科などを巡る。まさに、「病気のデパート」と自嘲（じちょう）するような状態で、大量の薬を焼酎で飲み下す毎日を送っている。

本人にとっては苦痛と懊悩（おうのう）の日々であることは言うまでもない。でも、読んでいて、悲惨さや暗さは感じられない。渦中の本人が、サービス精神旺盛に、自分の弱さダメさを包み隠さず書き連ねているからだろう。かといって、決して露悪的になることはないから、ボー然と立ちつくす彼の姿に、いつのまにか、笑いを誘われている。そして、痛みや苦しみの合間に見つけた、ささやかな楽しみやなごみの場面が、干天の慈雨のようにしみわたってくる。とどめは昨年十一月、梨田近鉄監督（当時）から送られたFAX。

闘病日記と言えば子規の「仰臥（ぎょうが）漫録」を思いだすが、テイストはまったく違う。子規は周囲の人間に最後まで小言を言い続けていた。永沢さんはちがう。奥さんが不機嫌にならないように、常に気をつかっている。

でも、奥さんには、看病だ介護だという悲壮感はまったくない。彼が朝から焼酎を飲んでいようと、見て見ぬふりをするというおおらかさが素晴らしい。しかも、本当に危機的状況に直面すると、八面六臂（ろっぴ）の活躍をする。その姿は感動的だ。

そして、永沢さんは体力的、精神的に最悪の状態でも、深い絶望を抱える人の話に耳を傾ける。どんなにつらい時でも、他人への温かいまなざしを失わない。だから、この本を読むと、読者の方が逆に励まされているような気持ちになるのだ。

かつて、高橋源一郎は「永沢光雄というジャンルがある」と書いたことがある。著書「AV女優」や「強くて淋（さび）しい男たち」と同じく、この闘病日記にも、他の作家では及びもつかない温かい世界が、揺らぐことなく存在している。それがなによりもうれしかった。（松田哲夫・編集者）

（晶文社・1890円）＝2005年6月30日⑤配信

余裕に満ちた時代の傑作　「ジーヴズの事件簿」（P・G・ウッドハウス著、岩永正勝、小山太一編訳）

のんびりした、大英帝国華やかなりしころを舞台にしたユーモア・ミステリーの傑作。クラシックな連作短編集で、二十世紀の前半に書かれている。作者ウッドハウスは欧米ではことのほか人気のある作家。大西洋を股（また）に活躍し、ブロードウェー・ミュージカルの作詞家としても名を成した。後に米国市民となったが、亡くなる直前に女王陛下からサーの称号を得ている。

英国特産の、執事と呼ばれる従僕のジーヴズと、彼が仕える若旦那（だんな）ウースターを中心に、物語は繰り広げられる。おばかな従兄弟（いとこ）たち、口うるさい叔母、さらには周囲のさまざまな連中が、あれだこれだと騒動を巻き起こす。それを賢いジーヴズがものの見事に解決するのだ。

階級差をものともせず、しれっと、涼しい顔で処理するところで、読者は留飲を下げる。その語り口は落語に似ており、結末は常にソフト・ランディング。すなわちジェントル。それがあるから、欧米ことに英国で圧倒的な支持を得たのである。

綾なす人間模様は往時の大英帝国ならではの余裕に満ち、時に詐欺師や泥棒が出てくるが殺伐さはまるでない。それでも決して読み手を飽きさせないのは、一にかかって作者の筆力と、登場人物の肉付けの的確さによる。世界中で翻訳され好評という理由もわかる。

夏目漱石が作品に登場させた、いわゆる高等遊民の典型がこの若旦那ウースター。ハリウッド映画から探せば「ノッティングヒルの恋人」などの好漢ヒュー・グラントだろう。対する執事ジーヴズは同じく映画「ミスター・アーサー」で悠々迫らざる演技を見せたジョン・ギールグッド。これでだいたいの感じはつかめるはずだ。ちなみに英国にはP・G・ウッドハウス協会なるものが存在し、かのトニー・ブレア首相もその理事だという。

本書と同じ時期に国書刊行会からも「ウッドハウス・コレクション」が刊行され、そちらでもジーヴズものが読める。収録作品のいくつかは重なっているので、異なる翻訳者による味の違いを比べてみるのも一興だろう。（馬場啓一・流通経済大教授）

（文芸春秋・2900円）＝2005年6月30日⑥配信

公私二重の検閲経た作品群

「母」（高行健著）

今年の六月、評者はノーベル賞作家の高行健を亡命先のパリのご自宅に十二年ぶりに訪ねた。

亡命の前と後とでは、作品にどのような変化が生じたことでしょうかと尋ねる私に、彼は次のように答えた。「基本的なテーマに違いはないのだが、中国国内では共産党による検閲に加えて、この公権力を意識する自己検閲があり、私の作品は常に公私二重の検閲を経て慎重に発表されていたのです」

代表作ですでに既訳のある「霊山」と「ある男の聖書」という二つの長編は、高行健が亡命により、この「二重の検閲」から解放されたのち発表した作品である。

前者は一九八〇年代中国で政治的迫害から逃れ、伝説的聖地を探して奥地の山間部をさすらい続ける「私」と「おまえ」が見聞するエピソードの一大集積でありながら、そのテーマは「真実とは、私がこのたき火の前にすわっていることだけ」と単純明快である。

そして後者は孤独な逃亡者の思想を、愛と性をめぐる赤裸々な告白を通じて語った自伝的小説である。

この両作と比べて、「母」に収録された亡命前の作品群は、公私二重検閲により練りに練り上げられたためでもあるまいが、どれもが個性豊かな光を放っている。

強制収容所で過労のためおぼれ死んだ母をめぐる息子のせつない回想は、表題作の「母」である。新婚旅行中の男女が古寺を訪れる「円恩寺」は、「霊山」の序曲とも読めよう。

再会した昔の恋人二人が公園で語り合いながらも男と女の間の溝を越えられぬ「公園にて」は、ほとんどが会話で構成されており、あの悲惨な一九八九年六月四日「血の日曜日」事件を描いた傑作戯曲「逃亡」を連想させる。

高行健によれば、亡命前に短編集刊行を五社に持ちかけてみたものの、「何が書いてあるのか分からない」と言って断られたという。独裁体制下の不条理といえよう。（藤井省三・東大教授）

（集英社・2310円）＝2005年7月7日①配信

命がけの“ゲリラ新聞”

「一枚摺屋」（城野隆著）

幕末の大坂を舞台に、かわら版とも呼ばれる「一枚摺（いちまいずり）」作りに情熱を傾ける男が主人公の異色の時代小説。松本清張賞を受賞した作品である。

戯作（げさく）にうつつをぬかして父親に勘当された草紙屋の息子文太郎が、たまたま現場に居合わせた打ちこわしを記事にして父のもとに届けさせた。ところが、その記事を掲載した一枚摺を出したために父が捕らえられ、町奉行所で取り調べ中に急死してしまう。引きわたされた遺体には拷問のあとが生々しく残されていた。

怒りと無念さをこらえて、一枚摺で恨みを晴らそうと決意した文太郎は、事の真相を探っていくうちに、父の意外な一面を知ることになる。

草紙屋を営みながら一枚摺に心血をそそいでいた父は、まだ文太郎が生まれる前、天保の大飢饉（だいききん）の折に万民救済を訴えて蜂起した大塩平八郎の反乱に加わっていた。もしかしたら、奉行所にそれとかかわりのある顔見知りがいたのではないか—。

謎解きのおもしろさもさることながら、長州征伐から倒幕へとめまぐるしく変転する時代背景が、今日の新聞の原型ともいえる「一枚摺」で報じられるあたりは、心憎いばかりの趣向である。

しかも、文太郎と彼を助っ人する店の面々は、奉行所の目をかいくぐって辻売りをする潜りの一枚摺屋である。まさに命がけのゲリラ戦術。〝真実を伝えたい〟という送り手の執念が、〝真実を知りたい〟という人びとの欲求にこたえていく。

ついに父を死に追いやった下手人をつきとめ、恨みを晴らす肝心の幕切れはやや拍子抜けである。ここはやはり一枚摺で恨みを晴らすといったことばどおりに、相手の悪事を一枚摺で大坂中に知らしめ、最後のとどめを刺してほしかった。

恋人で芸者の糸吉の助太刀でおびきだしておきながら、相手の潔さに無罪放免というのでは、読み手は肩すかしをくわされた感じである。

店で一枚摺を手伝っていた彦馬なる浪人者が実は薩摩にかかわりのある人物だったという件も蛇足の感じがして、作品全体が散漫な印象に終わっているのが惜しまれる。（鈴木由紀子・作家）

（文芸春秋・1680円）＝2005年7月7日②配信

山村というもう一つの日本

「知られざる日本」（白水智著）

「知られざる日本」とは、なんとも仰々しいタイトルだと思いつつ、この本を読み始める読者は多いだろう。

だが、読み進めていくうちに、自分たちが知っている「日本」が、いかに偏見に満ちたものであったかを思い知らされる。それを教えてくれるのは、「山村」という山深い村々の生活の実態である。

もちろん、本書が語る山村は、貧しく閉ざされた、不便で「遅れた農村」ではない。また逆に、現代社会が失った、自給自足の生活が営まれ、素朴で心優しい人々が住む桃源郷でもない。そのどちらもが、「平地」で暮らす人間たちがいつの間にかつくり上げた幻想でしかないことを明らかにしてくれる。

山の奥地、行き止まりと思われた世界が、実は山地という場を生かした多種多様な商品作物を栽培し、それを舟運や峠道を通じて販売する、商品生産・流通・販売を行う「外との交流によって成り立つ地域」であることが生き生きと描き出される。

平地での農業世界よりもずっと広範囲にわたる情報交換や交流、出稼ぎが行われたのである。そして現代、山村が「過疎化」したのは、高度成長以降に、山村を拠点とした交易システムが崩れたことに原因があるという記述は、きわめて説得力がある。

本書の特徴は、こうした山村の世界を、「聞き取り」という民俗学の方法ではなく、中世や近世の古文書の解読をベースとした歴史学の手法で描き出すことにある。ここに語られる山村がたんなる郷愁の世界ではないのは、史料の解読による「充実した生活の場」としての山村の歴史が明らかにされるからだ。

なんの変哲もないと思われる古文書から、豊かな山村の生活空間、交易の姿がリアルに描き出されるところは、本書の圧巻といえよう。

本書を読み終えたとき、山村というもう一つの「日本」を発見するとともに、平地に生きるわれわれの「労働」や「生活」がいかに味気のないものであったかを思い知らされるのだ。（斎藤英喜・仏教大教授）

（NHKブックス・1218円）＝2005年7月7日③配信

人々の意識変容させた機械

「飛行の夢」（和田博文著）

すべての道具は人間の身体を拡大する「メディア」だと考えたマクルーハンにならえば、熱気球から飛行船、飛行機へと進化した「飛行する機械」類は、近代技術が生み出した最も強力なメディアの一つだったと言えよう。なにしろ時間あたりの移動距離をまさに飛躍的に増大させたのだから。

しかし飛行機械は人間の物理的存在を高みに登らせ、遠くへ運んだだけではない。意識にも大きな変化をもたらした。技術史の記述では抜け落ちやすい、そうしたメンタルな部分を、著者は飛行経験を喜々として綴（つづ）る文学、新たに獲得された高空からの視界の再現に挑戦した絵画など、豊富な資料を引きつつ描き出して行く。

たとえばジュール・ベルヌの「五週間の風船旅行」は気球の操縦方法が確立される前に気球による世界旅行を描いて人気を博した。「こんなことが出来ればいい」という「飛行の夢」が新技術開発を促し、新しい技術が新しい世界観を導き、現実に働きかける。「外地」を次々に「日本」化できると信じさせ、戦前日本の拡大志向を下支えしていたのが、まさに飛行機によって実現された到達距離と速度だった事情を本書は描く。

だが飛行機は遠方の世界に人を運ぶ装置であると同時に切断の装置でもあった。戦前の日本軍パイロットは「アジアを解放するために」爆撃攻撃をした。同じ論理は米軍パイロットにも採用されて「日本を解放するために」原爆が投下される。

爆撃の結果を間近に見れば「解放」の美辞麗句に酔うことは出来なかっただろう。大地を遠く鳥瞰（ちょうかん）する高さで跳び、被害の現実感を切断させる飛行機あってこそ「解放」の論理は通用した。

こうして飛行機がいかに私たちの意識を変容させつつ、科学技術と戦争の時代である「近代」を導いたかを本書は示す。分厚く、相手とするにはやや手ごわい労作だが、読めば確かな手応えを間違いなく感じるだろう。（武田徹・評論家）

（藤原書店・4410円）＝2005年7月7日⑤配信

振り出しに戻る建築史

「人類と建築の歴史」(藤森照信著)

建築の歴史の本といえば、たいがい様式やその発展を論じる小難しい本になるものだが、「初学者や初心者に向けて」書かれた本書はその対極をゆく。

人間が打製石器を手にマンモスを追っていた氷河時代に始まって、新石器時代へ。地球温暖化の中、人は新石器で木を切り畑を拓(ひら)き、「家」を作って定住を始めた。

やがて人は神さまの家を建てる。巨石を立て、巨石の神殿を建てた。著者はストーン・ヘンジをはじめ世界に点在する巨石を最初の「建物」とし、神殿という外部と内部のあるものの誕生をもって「建築」とする。

太陽信仰は荘厳な外観を作り上げ、地母信仰が心休まる内部空間を育(はぐく)んだとする説は、われわれの内の高さや静けさへの志向にも合致する。人間の心性に寄り添う豊かな想像力と軽妙な語り口に乗せられて読み進むと、本の八割が原始時代。そうして続く時代の様式云々(うんぬん)はというと、「場所によって異なりはじめ、世界を一つのものとして扱うことができなくなる」とあり、さかれたページ、わずか十九ページ！

もっとも原始時代の遙(はる)かなる時間に比べたら、文化文明の歩みは瞬きほど。また寝ている石を立てて積んだ人類の大いなる第一歩があったからこそ、人はその上に叡智(えいち)を積み、豊穣(ほうじょう)なる建築物を生み出せたことに思い至って、タイトルの秀逸にひざを打った。人類史と建築史は一つなのだ。建築史は人類の叡智と進歩の歴史なのだろう。

ところが二十世紀、それまで積み上げられてきた歴史が断絶してしまう。幾何学で建物を作るバウハウスのモダニズム建築が生まれると、これが世界中に広まり、新しく建つものはどれも四角い箱にガラス窓、そしてガラスの箱のビルになった。

建築史は「紙に包んで捻(ねじ)ったアメ玉」と著者は説く。「一つから始まり、多様にふくらみ、また一つへ」「人類の建物の歴史は、振り出しに戻った」

この指摘に、先を想(おも)ってそら恐ろしくなった。歴史は再び始まるのか。その叡智や創意は、まだ人類に残っているだろうか。(有吉玉青・作家)

(ちくまプリマー新書・798円)＝2005年7月7日⑥配信

世界は鬼が闊歩する場所

「子供たち怒る怒る怒る」(佐藤友哉著)

この短編集には、極限状態におかれた子供たちの世界観というものが提示されている。たとえば表題作においては、子供たちは「牛男」とよばれる凶悪犯罪者というか化け物の理不尽な暴力と対峙(たいじ)することになる。そのうちの一人が牛男の犠牲になってしまうのだが、その暴力たるや、まるで楳図かずおの恐怖漫画なみである。

子供が殺される。これは、漫画というジャンルにおいては、普通にみかけるテーマではある。そしていまや新聞記事などでも日常的にみることができる。しかし子供が殺されるというのは、じつのところどのような事態なのか。この本の著者は、その問いに正面からぶつかっている。読者は漫画で普通に描かれている暴力が、活字になるとこれほどまでに痛ましい話になるのかと、あぜんとするはずだ。

そのほかにも本書には、理不尽な暴力の現場にたたされた子供たちが登場する。そのような物語をとおしてみることができるのは、自分たち以外のすべての存在は「敵」や「恐ろしいもの」であったり、たんに「無関係なもの」である、というわかりやすい世界観だ。これらの子供たちにとって、世界というのは鬼の闊歩(かっぽ)する地獄のような場所なのだ。

それらの子供たちの行動原理は「サバイバル」である。そんなばかな、と思う人もいるかもしれない。少なくとも日本は平和な国ではないか、と。そのような平和な場所にいるにもかかわらず、人々は自分が理不尽な暴力にさらされ、惨殺される空想から逃れることができない。もちろんそのような空想は、想像力の豊かさというよりはむしろ、貧しさのあらわれである。

このような子供たちの物語が書かれている小説としては、「飼育」「芽むしり仔撃ち」などの、大江健三郎の初期作品を思いうかべる読者もいるかもしれない。

それから五十年近くたって、二十代の才気ある作家によって、同じように閉塞(へいそく)感あふれる作品が書かれたことの意味は何なのか。とんだ夏休みの宿題である。(池田雄一・文芸評論家)

(新潮社・1680円)＝2005年7月14日①配信

革命期の日常をコミカルに　「ペルセポリス（Ⅰ・Ⅱ）」（マルジャン・サトラピ著、園田恵子訳）

一九六九年生まれのイラン人、マルジことマルジャン・サトラピの自伝コミック。大きな瞳のマルジは、好奇心一杯で時にコミカルだ。原書はフランス語。十二カ国で翻訳され、国際的なベストセラーとなっている。

個人史ではあるが、七九年のイラン革命で国王が追放され宗教指導者が政権を握っていく過程や、八〇年に始まるイラン・イラク戦争に翻弄（ほんろう）されるイラン人の日常が鮮やかに描かれ、革命期イランの記録としても興味深い。

著者の祖父はカージャール朝の王子にしてコミュニスト、おじも革命後に処刑されたコミュニスト。でも富裕で進歩的な両親の一人娘として、マルジはテヘランのフランス人学校に通った。

小学生マルジの眼差（まなざ）しから革命や戦争が断片的に語られる。突如強制となったベール着用に反発しながらも、イラクの侵攻で愛国心に燃えあがるマルジ。だが、貧しい少年たちが「天国への鍵」と引き換えに招集され、戦場に散っていく現実に混乱する。

発覚すれば鞭（むち）打ち刑でも、大人たちは生きている証しとばかりに、ホームパーティーを開き、酒を密造する。怖い者知らずのマルジは、政治宣伝まがいの教師の言葉を許さない。反体制の烙印（らくいん）に怯（おび）える両親は、娘をウィーンの全寮制学校に送り出す。

十四歳にして異国に放り込まれたマルジが居場所を求めてもがく。だが薬やセックスに溺（おぼ）れる若者に囲まれ、恋人に利用され、ホームレスとなって失意のうちに帰国する。マルジを迎えるのは、思想から服装・男女交際まで干渉する政府に抗して、私的な場での開放と快楽に熱意を注ぐ内向きの若者たちだった…。

宗教指導者が政治の実権を握っているために公的な場はイスラム一色だが、人々の考えや私生活は多様で、時に反イスラム的でさえある。本書にも登場するような大都市の高学歴層は、抑圧的な宗教政権の誕生に手を貸したことを後悔し、閉塞（へいそく）状況に苦しむ若者たちに同情的だ。「イスラム国家」の内側に存在する、この激しいコントラストに苦悩するイランの現状が浮かぶ。（桜井啓子・早大教授）

（バジリコ・Ⅰ巻1470円、Ⅱ巻1575円）＝2005年7月14日②配信

母性とは？　深く鋭い考察　「マザー・ネイチャー（上・下）」（サラ・ブラファー・ハーディー著、塩原通緒訳）

この上下二冊にわたる大著は、最後まで私を引きつけて放さなかった。私が著者ともう十五年来の友人であり、似たような研究に携わっているという特別な事情はある。しかし、それを差し引いても本書は面白い。とくに、仕事と子育てを両立させようと苦労している現在の多くの女性にとって、自分自身を考え直す新しい視点を提供してくれるだろう。

「母性本能なんて、男社会が作りあげた神話にすぎない」というフェミニストの主張はよく聞く。生物学者の私は、「それは本当ですか？」と聞かれるたびに、それは違う、そもそもその設問自体と前提とが誤っていると答えてきたが、なかなか理解してもらえない。

女性が自分の産んだ子を愛するようにさせる生物学的なメカニズムは存在する。しかし、存在するからと言って、それが必ず自動的に働くとは限らないのだ。この説明には今度から、本書を推薦することにしよう。

子殺し、虐待、長時間保育。これらはみな、不自然だ、母親が悪いと非難されてきた。そこで、フェミニストの一部は、一切の生物学的説明を拒否した。しかし、それは早計である。本書は、最新の進化生物学と人類学をもとに、母性と赤ん坊の進化を、深く鋭く考察している。

子育てか仕事かで引き裂かれる女性はたくさんいる。でも、それは不自然ではない。女性はいつでも、相反する要求の間で葛藤（かっとう）してきたのだ。

食欲が本能であることは、誰もが認めるだろう。しかしだからと言って、いつでもどこでも何でも、出されれば人は必ずがつがつ食べるのではない。たとえ「本能」が存在しても、それがどう発現するかは、すべて環境による。母性も同じだ。

著者は特別に恵まれてはいたが、三人の子育てと研究を両立させるのは並大抵ではなかった。自分の専門である進化生物学は、自らの苦闘をどう説明できるのか？　本書は、フェミニストであり科学者であり母親である彼女が、自分自身と科学に誠実に向き合って考察した努力の賜物（たまもの）である。しかも、スリルに満ちて本当に面白い。（長谷川真理子・早稲田大教授）

（早川書房・上下各2730円）＝2005年7月14日③配信

日朝関係史の空白を検証

「帰国運動とは何だったのか」（高崎宗司、朴正鎮編著）

本書は、その副題「封印された日朝関係史」があらわすように、帰国運動を国際政治の文脈から再論するものである。とはいえ、それが帰国運動をめぐる新しい視点を提供するというのではない。むしろ、一九五九年に始まる「自由主義圏から共産主義圏への集団移住」に対するまっとうな学術的な検討が、ここにきてようやく施されたとしたほうが正しい。それが本書の第一義であろう。

これほどの企画性に基づいた集団的な移住であれば、それは政治学や社会学の領域で検証を要する事象になりえたはずだ。この知的空白は、日朝間の非正常な関係のゆえ、敏感な政治問題に触れざるをえない史料や証言の公開に制限と抑制が働いてきたことにもよる。

そうした状況での昨今の関心が、北朝鮮に対する捩（ねじ）れた感情に発する、体験や証言を用いた告発を前景化するものであれば、帰国問題は断片的で屈折した評価を免れまい。

そこで本書は、帰国事業の解明を、日本における在日朝鮮人の地位や、北朝鮮における労働力の需要という社会的側面よりも、当時の冷戦構造とその揺らぎ、具体的には中ソの軋轢（あつれき）の中で自主路線に傾いていく北朝鮮の苦悩、米国の働きかけによる日韓の国交交渉という国際情勢を舞台とした日朝関係において、実証的に展開する。

日本国内における政党や団体の動きは、国内政治の推移を示すだけではない。それは、国家間の直接的な関係を避けたい日本政府の立場に代わって、民間外交や野党外交として日朝を結びつける重要なアクターとして位置づけられる。

そこに見て取れるのが、北朝鮮の、日朝関係の正常化への意志である。

帰国事業を眺めるイデオロギー的遡及（そきゅう）は、こうした日朝関係史を不明なものにする。現在の韓国と北朝鮮へのイメージがまったく反転したような当時の東アジア情勢は、決して北朝鮮に閉ざされた空間ではなかった。しかしそうした可能性は、日朝関係の封印とともに葬られた。

拉致問題が、こうした日朝関係の非正常化の産物だとするならば、本書が示す日朝関係史の復元は、両国関係の正常化のための下地になるだろう。
（玄武岩・東大助手）

（平凡社・3570円）＝2005年7月14日④配信

「一人の人間」になる前に

「幼年論」（吉本隆明、芹沢俊介著）

乳児期のあとにやってきて、やがて学校という「社会」に出てゆく手前の時期―それが幼児期である。「家遊び」と「外遊び」の中間の、いわば「軒遊び」の世界。

乳児はまず母親から、自らの「存在」への無条件の肯定を受け取る。幼児期は、この存在肯定の上にたって、そこから生きることを始める時期だ。そのとき母親は「そばにいる」。幼児期とは「母親が傍らにいる必要のある時期、時間」である、という定義が、この対談の出発点になっている。

私たちはふだん、自分が「一人の人間」であることを出発点にして、他人や社会との関係を考えている。そういうとき幼年期は、私たちの意識の背後に追いやられている。だが幼年期とはほんらい、私たちが「一人の人間」になるまえの、その土台をつくる時期なのだ。

ところでいま、私たちは幼年期を失いつつある。自分の幼年期がどういうふうだったか、もうだれも思い出さない。子供に対しても私たちは、大人になってしまった自分の感覚を押しつけているだけなのかもしれない。

おまけに現在、教育や社会が、子供との関係の中にあまりに早く入り込むので、大人たちは子供に存在肯定を与えるゆとりも、ただ黙って子供の傍らにいる時間も持てなくなっている。「引きこもり症」はある意味で、幼年期が失われたことへの代償行為なのだ、という吉本の指摘はするどい。

幼年期について考えるということは同時に、ふつうの大人の言葉や論理によっては考えにくいような、人と人の関係の、深い陰影の世界について考えることでもある。なぜある人には無条件な親しみを感じるのに、他の人との関係は疎遠さからしか始まらないのか。兄弟姉妹を支配している情感の濃淡とは何か、日本は現在にいたるまで、深層においては女系社会なのではないか、等々。

この本はそれらの世界を、対話者自らの体験的な記憶や、漱石や太宰の文学作品、柳田国男や折口信夫の知見などのなかに探ってゆく。「一人の人間」であることを出発点とした私たちのふだんの思考からは、決して触れられないような世界の感触を、ありありと思い出させ体験させてくれる。（瀬尾育生・詩人）

（彩流社・1680円）＝2005年7月14日⑤配信

手練れが描く実態と内幕

「シリウスの道」（藤原伊織著）

本書の帯には「待望の最新長編ミステリー」と書かれているが、わたしはこれを企業小説として読んだ。企業小説や経済小説には必ず謎と謎解き、ときには謀略があり、ミステリーにも企業や経済を扱ったものが多いが、この作品の主な舞台は著者が長年勤めた広告代理店であるだけに、個々のスタッフの仕事、チームの動き、各セクションのパワーバランス、ライバルとの軋轢（あつれき）、スポンサーとの関係、同業他社との競合、政治家の介入など、広告業界の実態と内幕をこまやかに、大胆に描いて圧倒的なリアリティーがある。

ストーリーの根幹は、大手弱電メーカーが設立しようとした証券会社に対する十八億円の新規広告契約をいかにして獲得するかという企業人の戦いであり、そこに主人公が子供のころにかかわった二十五年前の、ある「秘密」がからまって、物語は重層的に展開する。

広告とはいかなるものか、ネット証券とはなにか。デイトレーダーとはなにか。多彩なエピソードを読みすすめるうちに、わたしまでが一端（いっぱし）の業界通になったような気がしてくるからおもしろい。主人公の所属するチームが次々に生ずる障害と妨害を乗り越え、弱電メーカーへのプレゼンテーションにいたるまでの道程（みちのり）を、上司の女性との淡い恋愛もまじえて、たどっていくのもまた本書を読む愉（たの）しみなのだと思う。

全体の感想をいえば、きりっとしたクリアな小説である。各登場人物のキャラクターに焦点がぴったり合ったコントラストの強い小説。語り口は平明だが起伏は大きく、めりはりが利いてテンポが早い。とりわけ印象に残るのがセリフのうまさで、これがもし映画になったらそのままシナリオに使える洒落（しゃれ）たセリフが全編にちりばめられている。主人公の回想シーンで語られる子供のころの大阪弁に、今里や鶴橋といった大阪の下町の情景が重なって、なんともいえないほのぼのとした味がある。

さすが手練（てだ）れの藤原伊織、五百ページを超える長丁場を一気に読ませる出色の一作。（黒川博行・作家）

（文芸春秋・1800円）＝2005年7月14日⑥配信

証券界の壮大な歴史絵巻

「滅びの遺伝子」（鈴木隆著）

山一證券にはちょっとした思い出がある。今でも東京大学法学部から民間企業に進む人間の多くは金融関係を目指すが、私の学生時代、中でも山一は名門として人気が高かった。「山一に内定した」と嬉（うれ）しそうに語っていた先輩の笑顔は、今でもはっきりと覚えている。だがその数年後、名門山一は自主廃業し、市場から姿を消した。まだ二十代前半だった私はそのニュースを聞きながら、時代が大きく変わったのだということを強く感じた記憶がある。

本書は山一證券の勃興（ぼっこう）から廃業にいたる百七年の歴史について、証券業界全体を含めながら壮大な大河絵巻として書き上げられた力作だ。

歴代の社長について、個々人のバックボーンにまで踏み込んでその行動原理が解き明かされていく。これは関係者の多くとリアルタイムでやりとりを交わした著者ならではの手法であり、一考察ながら強い説得力をもって読み手に迫る。

山一は何度も崩壊寸前の危機を経験しながら、その体質を変えることが出来ず、結局は組織全体が死にいたることになった。本書の言う“滅びの遺伝子”とは、一体何だったのだろう。創立当初、それは山一の持ついろいろな価値観の中の一つに過ぎなかったはずだ。だが、それが百七年の間に強固なポリシーにまで高められ、他の価値観を駆逐していくことになる。それを可能としたのが、戦後日本を形作ってきた年功序列制度であるのは間違いないだろう。各ポストへの抜擢（ばってき）が入社年次ベースで決まり、社長就任の重要な要件が“東大法学部卒”であった山一は、なるほど強固な年功序列型組織だった。

本書は歴史絵巻であると同時に、バブルを生き延びた他企業に対する警鐘でもある。年功序列型組織はビジネスモデルの維持には強みを発揮するが、状況の変化に対するフットワークが遅い。組織内に脈々と受け継がれてきた遺伝子にとらわれ、現状に即した変化が遂げられない企業は、きっと山一だけではないはずだ。（城繁幸・人事コンサルタント）

（文芸春秋・1950円）＝2005年7月21日①配信

「復活する民」への転調

「アメリカ先住民」(阿部珠理著)

スローライフや癒やしへの関心の広がりとともに、アメリカ先住民の文化が注目を集めてきた。先住民文化を理想化する本が多い中で、本書は、アメリカ先住民の現在を深く鋭く、しかも等身大の姿でとらえきった点で比類ない。

共同体解体、失業、貧困、精神の荒廃、犯罪、自殺、アルコール依存、病気、HIVなど、保留地に囲い込まれて、同化政策と近代化にさらされたアメリカ先住民の傷痕(きずあと)は深い。

しかし、犯罪や病気は減少に転じている。インディアン・カジノをめぐって富裕層も出現した。アメリカ先住民の人口は、一九六〇年代から著しい復調傾向にある。

一九六八年にはアメリカン・インディアン・ムーヴメント(AIM)が結成されて、部族を超えた汎インディアン運動の前進を見た。著者は、逆境の中にも再生の予兆を見届けている。

著者は、「消えゆく民」が「復活する民」に転調する際、支配者が押しつけてくる文化や制度を先住民が「逆手」に取ったり「流用」して、自己表象やアイデンティティーの創出に役立てているという重要な指摘を行っている。

たとえば保留地は、囲い込まれて閉塞(へいそく)する場所から民族再生に欠かせない場所になった。また、白人が差別的に名づけたレッドマン(赤人)を逆手に取って、それを誇るべき自らのアイデンティティーとした。

さらに、ネイティブ・アメリカン・チャーチに見るように、キリスト教的装いを取って信仰の自由を確保した上で、土着的な幻覚誘発剤とビジョンの信仰を貫き、しかも部族を超えた汎インディアン宗教を創出した。

各民族文化の復活事業と、歌と踊りの祭典パウワウと「与えつくし」など汎インディアン文化創造の運動とは響き合って先住民再生を導くばかりか、その生命共生の思想は、人類全体の未来にとっても希望の灯と言える。

サウスダコタ州のスー族保留地に通い出して十五年という著者の取り組みの総決算と呼ぶにふさわしい、しかも読み物としても楽しめる秀作である。(栗原彬・明治大学教授)

(角川書店・2940円)=2005年7月21日②配信

「私」という牢獄への批評

「浄土」(町田康著)

文学理論はいろいろとあるが、結局小説というのは、だれもが逃れられない「私」という牢獄(ろうごく)を素材にして、それを少しでもましな状態にしていくものではないか。もちろんそれが、簡単にはできないから理論も必要になるのだが、町田康の小説を読んでいると、それが簡単にできているように見えるから不思議だ。

町田康の戦略はシンプルである。「私」という牢獄の実質である現在の言葉を作品に流し込み、それに批評を加えるというやり方である。これは簡単に見えて、実はとてもむずかしい。

まず現在の言葉をもちいること自体が危険である。文学に向いてないかもしれないからである。だから多くの作者は、過去に属する安全な文学語をもちいる。次に批評というのが曲者(くせもの)である。異物をつきつけることになるから、読者を醒(さ)ましてしまいがちである。すなわち物語に依存する方が安全だ。

しかし町田康は、そんな困難をものともせず、まっすぐに言葉の批評としての小説に向かう。本書におさめられた七つの短編も、そのような点で本質的な意味における日本語の現代文学であり、その達成である。

たとえば二編目の「どぶさらえ」は、町会の会議で一人だけどぶさらえを押しつけられる「俺」の話であるが、作品を導くのは会議という場所でもちいられる現在の言葉に対する「俺」の違和感である。気がついたらどぶさらえを押しつけられていた「俺」は、「ビバ！　カッパ！」などと口にしてその悲哀に耐えるが、それを押しつけられた理由が一人だけ町会費をずっとおさめていなかったから、という落ちがついているところが、「私」という牢獄を素材にした作品の真骨頂である。

こうして現在の言葉に批評を込めて描きだされるその牢獄は、きわめて滑稽(こっけい)であり、少しだけ悲しい。しかし牢獄を少しでもましなものにする方法は、その滑稽さを自覚し、悲しさに直面することではないか。作者が表題の「浄土」という言葉に込めたのは、そのあとに訪れる「私」たちの希望のことである。(田中和生・文芸評論家)

(講談社・1680円)=2005年7月21日③配信

魅惑のディテール満載

「少女まんがの系譜」(二上洋一著)

少女まんが。ほとんどの人が幼いころより親しんだ身近な存在でありながら、あらためて考察の対象にしようとするとけっこう不思議な、日本独自の文化である。

思えば、しょっちゅう超ヒット大作が出る少年・青年まんがと違い、少女まんがが本当の意味で社会現象を引き起こしたといえるのは、「ベルサイユのばら」と「美少女戦士セーラームーン」くらいではないだろうか。最近は日本のサブカルチャーが国際的に注目されているが、そのシンボルとして流通するのも男性作家が描いた美少女イメージであって、少女まんがのヒロインではない。

本書は、そんな陰に隠れ気味の少女まんがの歴史を、きめ細かく掘り起こした労作である。

長く集英社で編集に携わった経験を生かし、後代の本格的な研究や評論の一助にというスタンスで、明治期の前史から昭和の終わりに至る時代のさまざまなデータやエピソードを豊富に収録している。

例えば、貸本期から現在まで活躍する作家わたなべまさこの初期作品は、「双子の少女が、ひとりは裕福なお屋敷で何不自由なく成長し、もうひとりは山奥で、のびのびと自由に育てられる。運命に翻弄され二人は、なかなか会えない」といったストーリーが特徴だという。少し変奏すれば、現代の韓流ドラマなどにもありそうで興味深い。

全体を通じて素晴らしいと思うのは、大作や芸術性の高い作品だけ抜き出すのではなく、同時代の読者の視点から大衆性を重視して記述する姿勢が貫かれていること。そのためほとんどのページに作家の生年・作品名といった魅惑のディテールがちりばめられ、「これ読んだ読んだ！」と懐かしい感慨を呼ぶとともに、マニアックな探求心も刺激される。個人的には「怪奇マンガの項に高階良子の名前が出てこないとは何事！」と、思わず抗議はがきを手に取りそうになりました。

昭和期で記述が終わっているのは残念だが、最新データまである巻末の年表もたいへん有益。少女まんがについて考えたいすべての人の必須文献である。(大塚明子・文教大助教授)

(ぺんぎん書房・2625円)＝2005年7月21日④配信

戦後の泥まみれの青春

「海に沈む太陽」(梁石日著)

青春は苛烈(かれつ)で残酷である。だから、過ぎ去った青春は、哀(かな)しくも美しく永遠の輝きを放つ。

梁石日の新作は、米軍占領下の闇市時代や復興する日本の社会の最底辺で、泥まみれになりながらも、したたかに生き抜いていく一人の若者の青春物語である。

輝雅は戦争成り金の愛人の子だ。敗戦とともに父が亡くなり、戦後の混乱期、家族は極貧に陥ってしまう。

輝雅は十六歳で高校を中退して家出し、まだ知らぬ外の世界を見たいという一心で、十八歳と年齢を偽り、米軍のLST(上陸用舟艇)の船員になる。

LSTは米軍の後方支援を担う艦艇で、フィリピンの米軍基地からベトナムや韓国へ兵員や武器弾薬を運ぶ船だ。砲弾や銃弾が飛び交う中、ベトナム軍から敗走するフランス外国人部隊の救出を行ったりした。

周りの船員はみな命知らずの荒くれ者ばかり。酒や女、ばくち、けんかに明け暮れている。輝雅はそうした船乗りたちに揉(も)まれて、一人前の男に成長する。

陸に上がった輝雅は、職を転々とするうちに、宝石類の闇取引や恐喝などの犯罪にまで手を染めるようになった。

愛する女に出会い、更生を誓ったが阿修羅(あしゅら)の日々は続く。輝雅は船の生活の傍ら描きはじめた絵の道に心ひかれる。

いつか画家になりたい、そのためにニューヨークに行きたい。その夢を果たすべく一念発起した輝雅は横浜桟橋からアメリカ行客船に乗る。席は船底の雑居部屋だ。

アメリカでの生活も、楽ではなかった。踏まれても踏まれても決して挫(くじ)けず、雑草のように逞(たくま)しく、頭を擡(もた)げて生きていく輝雅の姿は胸を打つ。

末尾に「この小説は、イラストレーターであり画家でもある黒田征太郎の青春時代を下敷きにした物語だが、必ずしも事実ではなく、フィクションである」と断り書きがしてある。主人公曽我輝雅は限りなく黒田征太郎さんに近い人物なのだろう。

輝雅がラストに海に沈む太陽を見ながら、もう一度、一から出直そうと思うところが感動的だ。(森詠・作家)

(筑摩書房・1890円)＝2005年7月21日⑤配信

エリート男子文化の正体

「グロテスクな教養」（高田里恵子著）

私の通っていた高校は、旧制中学（当然、男子校）と女学校が合併して出来た新制高校だった。入学した途端、池田潔「自由と規律」（岩波新書）を読む、という課題が出た。英国の男子校パブリックスクールの生徒の生き方を見習え、というわけだ。が、男女雇用機会均等法のかけらすらない時代の女子高生としては「これを読んで、女である私にどうしろと？」と思うしかなかった。

女子生徒はしょせんは部外者でしかなかったからだ。そんな部外者にとって「むかつく」けれども、ちょっとは「あこがれる」、そんなにおいを漂わせていたのが、旧制中学の「残滓（ざんし）」だった。当時の私が感じたものの結局は言語化することなく忘れ去っていた「むかつき」と「あこがれ」の正体を解き明かしたのが本書である。

すなわち〈教養主義＝日本のさまざまなエリート学生文化＝「僕は単なる受験秀才じゃないぞ！」という証明〉だと著者は喝破する。なるほど「勉強しかできないブス」だと見なされることを多少は恐れる少女だった私が「エリート男子学生のための文化」にいささかのあこがれを感じたのもむべなるかな、である。

が、教養主義の毒に侵されているのは男子学生だけではもちろんない。〈ノーブレス・オブリージュ＝高位の身分に伴う義務.?˙「僕たちは日本を支えるエリートなんだ！」〉の名の下に、いささか「身の程知らず」と思えるほどの自負心を抱えて生きる「いやったらしい」男たちのことを、著者は〈それなりに才能がある、つまりそれなりの才能しかない少数のエリートの男の子〉と評するのだ。言い得て妙だ。

とはいえ、ここまでミもフタもなくそのつまらない本質を言い当てられたとしても、きっと反省も改心もしないんだろうなあ、と思えるのが教養主義者たるゆえんなのだろう。

ちなみに本書を手がけるにあたって著者は、担当の男性編集者から〈一冊くらいは、読んで「いやーな気持ち」になるような新書があってもいいでしょう、と励ましてもらった〉そうだ。男性読者はこの本を読むと「いやーな気持ち」になるらしい。教養主義者の男の人って、やっぱりうたれ弱いんですねえ。（荷宮和子・評論家）

（ちくま新書・777円）＝2005年7月21日⑥配信

秘密を暴かれた演奏家たち

「ピアニストが見たピアニスト」（青柳いづみこ著）

有害図書に認定すべきか、はたまたピアノ音楽を楽しもうとする人すべてに勧めるべきか？　少なくとも、毒にも薬にもならない本ではない。

スビャトスラフ・リヒテルからエリック・ハイドシェックまで、現役のマルタ・アルゲリッチを含め、六人のピアニストが取り上げられている。というか、秘密を暴かれている。

実際の演奏や録音された演奏を聴いた経験、そして映像やさまざまな証言から、推理が行われる。面白いのは、自分の家でもステージでも、「トリップしている」のが「日常」だったサンソン・フランソワか。ピアニストひとりあたりおよそ五十ページがあてられていて、かなり念入りに推理される。

なんといっても推理だから、退屈するどころか、つい著者に導かれるままになってしまう。そしてひとり分を読み終え、知らずにいたかった、とため息をつくことがある。つまり、聴く者の特権を剝奪（はくだつ）されるのだ。

もっぱら演奏される音楽に集中し、味わい、芸術性や出来栄えを云々（うんぬん）するのは、聴く者の特権ではないか。優しい気持ちで、と思いつつ、ちょっとしたミスにまゆをひそめたりする対象がピアニストだ。芸術家として、すばらしい演奏の提供者として、ピアニストを賛美するが、それだけでよかった。

暴かれる秘密はそれぞれ違うが、六人のピアニストに共通して見出されるのは不安だ。ステージに出る不安に、譜を忘れやしないか、という不安。これから、ピアニストの不安を感じずに、コンサートが聴けるだろうか？　ピアニストくらいピアニストを見るのに不向きな人はいないだろう、と思い込んでいたのだが、それは事実であり、事実ではなかった。

毒がまわったので、一言だけ付け加えるのをお許しいただこう。「ピアニストが見たピアニスト」には、ちょっとだけ「家政婦は見たピアニスト」みたいな面白さがある。（堀内修・音楽評論家）

（白水社・2100円）＝2005年7月28日①配信

歩いてひらめく大胆な発想

「土地の文明」(竹村公太郎著)

印象的な一枚の絵、一枚の写真から、思いがけない記憶を呼び覚まされた経験はあるが、一見、無味乾燥な古い地図やグラフからも、既存の歴史観を覆す大胆な問いを発見し、己の仮説を裏づけるため、さらなる図面や画像を探し歩く、著者のエネルギーに感服した。

本書は、国土交通省河川局長まで務め上げた著者が、長年携わってきた日本各地の社会資本整備事業、それぞれの土地が持つ地形や気象の特徴、下部構造を見つめる視点から、いまだ読み解かれずにいる文明上のなぞに迫ってゆく意欲作である。「元・お役人の書いた本か」と、第一印象で敬遠されることなかれ。中身は危うく「トンデモ本」になりかねないほど、とっぴな発想が盛りたくさんだ。

一番の読みどころは、語り尽くされた観のある“忠臣蔵”と、徳川家康をリンクさせた“矢作川の確執”だろう。著者が示す古地図によれば、かつて上野介の吉良家と、家康の徳川家の領地は、三河湾へ注ぐ矢作川流域で隣接しており、何百年もの間、川筋で吉良家の劣位に甘んじていた徳川家は、遺恨を晴らす絶好の機会として、討ち入りを利用したというのだ。

この説にかかれば、赤穂浪士も、徳川幕府の単なる“駒”扱いになってしまうのだが、“治水”という、大地に生きる人間にとって、根源的で切実な点からの読み直しは、河川の仕事を手がけてきた著者の真骨頂と言える説得力があり、壮大さと“トホホ”感が混在する不思議な味わいだ。

とにかく提示される検証資料が面白い。桜の季節に歩いた半蔵門の風景と、重なって見えた広重の浮世絵の構図。都道府県別ホテルの客室数グラフから見えてくる、文明の交流軸から外れた古都の衰退。巨木伐採圏の変遷が浮き上がらせる首都移転の条件。書物が読者を待つように、図面や数字も知の鉱脈を内包し、発掘者を待っているのだな、と感じさせられた。

著者のひらめきは、日本列島を縦断してソウルにまで達するのだが、どの場所にも著者が実地でつかんだ皮膚感覚が書き込まれており、土地から読む人間論の趣もある。(片倉美登・文筆業)

(PHP研究所・1575円)=2005年7月28日②配信

今こそ必要な共生の知恵

「行き場を失った動物たち」(今泉忠明著)

「困った」と嫌がられる動物たちの、何と多いことか。住宅街に出没するサルしかり、クマしかり。山里ではイノシシが人に突進し、海辺には巨大なクジラが打ち上げられ、空では渡り鳥たちがジェット機に衝突、ハトの糞(ふん)害やカラス騒動記は日常茶飯。そして、あの鳥インフルエンザ。

さて、どうしたものか？　なぜ、こんな現象が増えてきたのか？

本書は、この「困った」日本各地での事例をひもときながら集大成した動物たちの事件簿。思わず引き込まれる謎の珍事や、キタキツネなど野生動物の生態、ヤモリによるクーラーの故障、ペットの話まで、動物好きの友達に早速教えたくなるような内容だ。

しかし、それだけではない。国際的なリサーチにも参加した動物学者ならではの視点で、動物たちがいまどんなに「困っている」状況にあるか、その背景を柔らかな口調で解き明かす。

観光のため餌付けをし、都合が悪くなると放置するという例にもあるように、実は「困った生き物」とは、身勝手な人間の側なのだ。環境汚染、自然破壊、地球温暖化、生態系の乱れを招いたのは人である。

動物が行き場を失うのと同様に、このままでは人も行き場を失うことになるのを、私たちはもっと認識しなくてはならないだろう。

そろそろ、人は自己の楽しみや利益のためだけの行為をやめ、自然界との共生の知恵を働かせてはどうだろうか？

著者は言う。CO_2削減のためにも生態系回復のためにも、分断された森をつなぎ「日本列島に緑の回廊を張り巡らせるべきだ」と。この提案が盛り込まれたツキノワグマの話は興味深い。

自然界は太陽黒点の増減の影響を受け、動物たちは人智を超えたバランスの中で生きている。緑の回廊によってバランスを回復させるのは、私たちの責任だ。何より、子供たちの世代へと希望をつなぐことになるのだから。

行き場を失った動物たちは、実は、私たちに「地球が危ないですよ」と知らせ、共生の知恵に目覚めさせてくれる存在でもあったのだ。(梅野泉・詩人)

(東京堂出版・2100円)=2005年7月28日③配信

当事者による可能性の模索　「セクシュアリティの障害学」（倉本智明編著）

全部で八章からなる。おもしろそうな題を拾っていくと「性的弱者論」「戦略、あるいは呪縛としてのロマンチックラブ・イデオロギー」「自分のセクシュアリティについて語ってみる」「パンツ一枚の攻防―介助現場における身体距離とセクシュアリティ」「介助と秘めごと―マスターベーション介助をめぐる介助者の語り」、など。

「障害者と性」というのはじつは近ごろ少しはやりのテーマで、きっとそれはよいことなのだろうと思いつつ、すこしうんざりな感じはないではなかった。

まず「タブー」ではもはやないと言われて、それはけっこうと思いながらも、かまわないでほっといてくれ、勝手にさせてくれと思うところがある。また「啓蒙（けいもう）」も必要なことだろうとは思いながら、なんだか悲しく、ようやくそのような段階に至ったと人々に思われるのも、なんだかいやな感じがする。

そして「弱者」に対する（無償の）サービスとしての性というものも、そんなことがあってよいのではあろうが、人々の少しきわどく怪しい興味とある種の哀れみの感じが喚起され、そのために、けっしてそんなつもりで書かれたのではないだろう本が売れるというのはいやだ、と思う。

比べてこの本はよい。書き手は「障害学」というものをやっている人たちなのだが、それ以前に障害のある御当人だったり、その人たちを介護してきた人たちであったりする。

実際自分の人生をやっていく上で、あるいはその脇にいて暮らしを手伝ったりする上で、さまざまに起こること、起こってしまうこと、また起こらないでしまうことがどんな具合になっているのか。それをどう料理したら論文や本になるのか、どう書いたらよいものかと思いながらも、書いてみた。そんな本だ。

また、黙っていたら現状維持、けれどただ「暴露」しても得なことはなく、おもしろくない。そのことをもう知っているから、どうにかしてその先へ行ってみたいという思いがここにはある。

うまく先に行けたか。読んでみてください。（立岩真也・立命館大教授）

（明石書店・2940円）＝2005年7月28日④配信

情報化時代の新管理体制　「社員監視時代」（小林雅一著）

本書は、情報化時代における企業の従業員管理の最新情勢を紹介する。 顧客情報の社外漏えい事件が相次ぎ、各企業は電子情報の安全管理に過敏になり、ブラウザーの閲覧からメールの送受信、各ソフトの使用状況など、従業員のパソコン利用歴を細かく監視し始め、時に監視カメラまで設置しているらしい。

今や、各従業員が何時に出社し、いつどの部屋に入り、誰と会い、何をしたのか、パソコンでどんな操作をして、何の書類を何枚印刷したのか、などにまで監視の手が伸びようとしており、勤務評定や解雇手段に利用されかねないという。

著者は、この実態の解明のため、安全管理システムの提供業者、それらを使用して従業員を監視する企業、実際に監視される従業員、批判の矢面に立つ名簿業者らの立場を取材し、具体的な事例を追跡している。

業者は、監視システムが情報漏えいと同時に冤罪（えんざい）も防ぐ機能があり、結果的に従業員の保護にもつながることを主張する。企業側は、個人情報保護法で摘発されたくない一心で、効果や副作用がどうであれ、監視を強化する。従業員はたとえ何と言われようとも、過度の監視を歓迎しない。

本書が問題視するのは、効果も副作用も不明確なまま、社員監視を導入する企業の態度であり、監視を嫌いつつ反抗しない従業員の態度である。

この問題意識は的確だが、その分析には全面的にうなずけない点もある。著者は、日本は旧態依然たる集団本位の全体主義社会で、戦後になっても、「御国のために」が「会社のために」と変わっただけだとする。だから、企業も従業員も監視社会を甘受し、それに忍従するという。

だが、M・フーコーの「監獄の誕生」などに示される通り、個人を詳細に監視する仕組みはむしろ、西欧の近代個人主義の中で生まれ、発達してきた。逆に、集団本位型の社会では、各個人は頭数でしかなく、個別の存在として監視されるべき対象ではない。

ともあれ、事例報告として見れば、本書には一読の価値が十分にあろう。（薬師院仁志・帝塚山学院大助教授）

（光文社・1000円）＝2005年7月28日⑤配信

趣味色濃い虚実皮膜の物語　「有栖川の朝」（久世光彦著）

一昨年、大正時代に断絶した「有栖川宮」を名乗って結婚披露宴を開き、多額の祝儀をだまし取ったとして、「有栖川識仁」を自称する男ら三人が逮捕される事件があった。披露宴には有名俳優なども出席。逮捕直後に披露宴の引き出物（菊文様が配された絵皿）がインターネットのオークションに出品されるや、十六万円で落札されるなどという酔狂なオマケもあったらしい。

本書は、その「偽有栖川宮詐欺事件」に触発されて、久世光彦が会心の筆を振るった小説である。小説だから実際の事件は想像の引き金となっただけ。逮捕された面々が、そのまま登場するわけではない。

登場人物はまず第一に披露宴をたくらむ川獺（かわうそ）に似た女、穴太月（あのお・つき）。名前からして面妖だが、十七歳のときから七十近くになるまで不動産屋の囲われ者。不動産屋のじいさんが死んだ後、自分に残された小さな地所を売って今回のおとぎ話を画策した。

ついで殿下役の公家顔、安間安間（やすま・やすま）。やはり変わった名だが、京都の撮影所の大部屋出身、「年じゅう不如意の生勃（なまだ）ち」の中年男である。そして妃殿下役に三十歳になった異様な美ぼうの持ち主、華ちゃん。素性のはっきりしないニシキゴイのような女だ。

人生であまりいいことがなかったらしい三人が、田園調布の築四十年木造二階建ての借家（庭付き家賃月十三万円）で、披露宴詐欺のために延々と疑似家族生活を送る。

事が済んだらそのままドロン。お互い名前も忘れて街で会っても知らん顔の約束。最後、獺祭（だっさい）の章で十二単（ひとえ）を脱ぎ捨てて華ちゃんと安間安間が何をするかは見てのお楽しみ。

小説の肌合いは昭和十年前後を彷彿（ほうふつ）とさせて、作者の趣味が色濃く、読書から目ざめたその目にくっきりと夢の朝が映るという次第。

そう、この世は夢見てなんぼ。嘘（うそ）こそが真実。読者はよろしく虚実皮膜、三段構えの物語にお酔いあれ！（久間十義・作家）

（文芸春秋・1500円）＝2005年7月28日⑥配信

「自由拡大思想」の危うさ　「なぜ、民主主義を世界に広げるのか」（ナタン・シャランスキー著、藤井清美訳）

「自由と民主主義を世界中に広げ、世界の圧政に終止符を打つ！」と宣言して始まったアメリカの第二期ブッシュ政権。その外交政策に決定的影響を与えたとされるのが本書である。ブッシュ大統領からホワイトハウスに招かれ、本書の論理を説明したという著者は旧ソ連で迫害を受けた経験を持つ。スパイ容疑の国家反逆罪で九年間投獄されたが、そこで「自由を制限する国は人々を抑え続けるのに大きな力を必要とし、本当は弱い国家でいつかは崩れる」との考えに至ったという。

著者は、民主化を求める内部からの声と外からの民主化支援を結集させて旧ソ連を崩壊させたやり方は、世界中の圧政国家にあてはまると主張する。旧ソ連という恐怖社会で生活し、そのすさまじい体験をもとに書かれた「自由拡大思想」は迫力に満ち、説得力もある。とくに旧ソ連と並ぶ圧政国家の北朝鮮に他国がどう対応すべきかの説明は示唆に富み、拉致問題で頭をかかえる日本政府の関係者にも役立つだろう。

しかし気になるのは、自由の力を称賛するあまり、その乱用の危険性にほとんどふれていないことだ。たとえば、テロとの戦いを口実に大量破壊兵器の脅威をでっちあげ（再三の調査でも証拠は出なかった）、イラクを先制攻撃したブッシュ政権に見られるような危険性である。イラク戦争は泥沼化し、米兵の死傷者が激増するなか、米国民はようやくその過ちに気づき始めたようだが。

また、本書は世界を自由社会（民主国家）と恐怖社会（圧政国家）に分けて、すべての圧政国家を崩壊させ、自由社会に変えるべきだと提案している。しかし、すべての圧政国家が同じように危険なわけではないし、個々の問題や文化、歴史、宗教なども異なるだろう。これらの国々をすべてひとまとめにして、「世界中を民主化せよ！」と言うのは少々強引すぎるのではないか。

とはいえ、アメリカはなぜ民主主義を世界に広げようとするのかについて知りたいという人には、本書はけっして期待を裏切らないだろう。（矢部武・ジャーナリスト）

（ダイヤモンド社・2310円）＝2005年8月4日③配信

ため息のような言葉たち

「二人乗り」(平田俊子著)

詩作や戯曲、エッセーなど、多方面で活躍している著者の二冊目の小説集である。

前作「ピアノ・サンド」では、一人の女性の目を通した一人称の世界観が展開されていたが、この本に収められている三つの中編は、登場人物が絶妙に絡み合いつつも、主体がそれぞれ異なるため、違う角度からの思い、つまり、三人称の世界観を立体的に堪能できる構成になっている。

「嵐子さんの岩」「二人乗り」「エジソンの灯台」と題された三つの小説は、いずれも順調だった家庭生活が、ちょっとした心の変化(恋愛)をきっかけに崩れていく様子と、その渦中での心情変化が、入念に、かつ冷静に描かれる。といっても、不必要な深刻さはなく、くすりと笑える部分も多々あり、物語はやわらかく進行していく。

長く詩を編み続けた作者の、ペーソスがにじむリリカルな文章は、読めば読むほど味わい深い。

例えば次のような文章がある。

「後ろめたさがないわけではない。むなしさがないわけでもない。といって、どうすればいいだろう」

「夏が終わると何かが変わる気がする。いろんなことがうそになる気がする」

「俺のそばには誰もいない。そのことが寂しく、同時にすがすがしくもあった」

「この灯台も俺たちも伝説みたいなものだ。みんな架空の存在だ」

さりげなく挟み込まれている、作者のため息のようなこんな言葉たちに、私は強く引き込まれてしまった。

ここには、後半にさしかかった人生への実感が凝縮されているように思う。若さを失いつつある中で生き続けていく事の残酷さや寂しさ、むなしさと同時に、諦念(ていねん)を含んだ大人ならではの気楽さもあり、年齢を重ねていくということも悪くないな、と思わせるしなやかさがある。

最後の場面に、三編を結びつける仕掛けが仕込まれていて、不意打ちに会う。そこで、一度読み終えても、また最初から読み直してみたくなる、心にくい一冊なのである。(東直子・歌人)

(講談社・1680円)=2005年8月4日④配信

身体の変化描く希代の筆力

「はい、泳げません」(高橋秀実著)

「泳げると、人生が変わる。世界が変わるのよ」

知人からこう聞かされて、スイミングスクールに通うことを決意した著者は、「泳げない」が謙遜(けんそん)でも何でもない完全なるカナヅチ。泳ぐということ以前にまず、水が怖くて仕方がない。小学校四年生の夏にプールでおぼれ、四十歳をこえた今も、海、湖、川、池、水がいっぱいあるのを目前にすると足がすくむ。ダムを見ると気を失いそうになる。シャワーを顔に当てるのすら怖い。本書は、そこまで水におびえる人間がいかにしてその恐怖を克服し、イアン・ソープに似た(本人記)きれいな泳ぎを会得するに至ったかをつづった二年間の記録である。

〈「こわいんですね、水が」/高橋桂コーチが念を押したので、私は小さく「はい」とうなずいた〉

見るのも嫌、という水の中に入っていく著者とレッスンのたびに名言を吐く美人の鬼コーチとのやりとりは、抱腹絶倒である。

〈「死体と同じです。力を抜けば、浮いてくるんです」/いったん死ぬのか、と私は思った〉

笑わぬページは一ページとてないほどにサービス精神に満ちた著者は、同時に希代の筆力も持ち合わせており、プールの水が波となって押し寄せてくる様子、水の音がボコボコと聞こえてくる時の恐怖が陸で読書する人間にも伝わってくる(泳げない人間には特に)。

人間の身体の使い方が、「気づき」によってどう変化するかの描写も丹念で、読み終えたあとは、自分までがきれいに泳げるのではないかという希望がわいてくる。

〈すなわち禅だな、と私は直観した。(中略)つまり「私が泳ぐ」のではなく、泳ぐことになりきればよいのだ〉

プールのみならず、ままならぬ世の中を泳ぐための箴言(しんげん)もたくさん詰まっており、とにかく文章そのものを楽しむことのできる一冊。今回は水の中の出来事であったが、この書き手であれば、たとえ火にくべられても油に投げられても、比類無き読み物となることだろう。著者の筆力に敬服。(藤田千恵子・フリーライター)

(新潮社・1260円)=2005年8月4日⑤配信

生へ立ち返る魂の記録　「中井英夫戦中日記　彼方より　完全版」（中井英夫著）

戦争のさ中にあって日本の「敗戦」を予見し、その日から「第二の戦争は始まるのだ」という決意を胸に、「精神革命起案草書」を書いた一人の学徒兵がいた。市ケ谷の大本営参謀本部に配属された中井英夫である。それは戦中日記として長く封印されていたが、一九七〇年代に入って「彼方より」と題されて公表された。

「精神革命」のために何が必要なのか。「学校教育の改革」、「国文学者の再出発」とともに、もっとも根本的なものとして「一切の心霊的なもの」の破壊をあげる。この指摘は、現在の小泉首相の靖国神社参拝をふまえて読みなおす時、どきりとさせられるだろう。

また中井は、小学校の教室で「予科練」の歌を歌っている子供の中に、ただ一人歌わない子供が指弾されている光景を目撃し、「嫌悪の心を、ひとりしづかにつちかふがよい」と、ひそかな声援を送る。これも君が代の強制される時代となんと似ていることか。中井英夫の鋭利な視線は、日本の暗部を正確に射抜いていたのである。

しかしこの戦中日記には母に関しての部分的な削除があった。原稿用紙約百枚分。それを復刻して「完全版」としたのが本書である。これによって、母に寄せる異常なほどの熱愛がよみがえることになった。

「お母様、もう直き英夫もまいりますよ」と、自分のいのちを断つほどの覚悟をしながら、「お前にお母様を追ふ資格がどこにあるんだ」という自嘲（じちょう）が追いかけてくる。母をみじめにしたという自責と煩悶（はんもん）のドラマは、「お母様」「おかあさま」「オカアサマ」の言葉でノートを埋めつくした祈りと呪言（じゅごん）のカリグラフィーに結晶化される。

最愛のものを失った青年が、いかにして生の側へ立ちかえるのか、その魂の希有（けう）な記録であることを、いやおうなしに人はここから納得させられるだろう。そしてまた、深い慟哭（どうこく）だけが涙を宝石に変える力となりうること、それが中井英夫の文学の源泉であることも—。（菱川善夫・文芸評論家）

（河出書房新社・2310円）＝2005年8月4日⑥配信

愉快でせつない父子関係　「サウスバウンド」（奥田英朗著）

本書は伝説の元過激派闘士を父に持った小学六年生二郎の物語だ。自称フリーライターの父一郎は二十四時間家にいて税金なんか払わない、学校へなんか行く必要がないと、訪れる区役所の職員や二郎の担任である南先生に議論を吹っかけるのを何より楽しみにしているというかなりウザい父親だ。

だがそんな父親とは関係なく小学六年生の二郎の日常は続いてゆく。ある日、ふとしたことから中学生グループに目をつけられた二郎はカツアゲやパシリを強要され、これに抵抗したことから、中学生たちの暴力をますます激化させてしまう。

やがて事態は「やるか、やられるか」という抜き差しならない所まで追い込まれて行くのだが、そこで繰り広げられる二郎と仲間たちの友情、裏切り、交渉、根回しがどれもリアルで痛快だ。

息子の危機に気付いた一郎がさりげなく「頭はやめとけよ」と助言する。相手を鉄パイプで闇討ちするならひざの裏側がよい、一発でしとめて黙って見下ろせ、と。

ところが敵を倒す極意を得々と語る父に感動するでも尊敬のまなざしを向けるでもなく、二郎少年はただ淡々と戸棚で見つけた煎餅（せんべい）にかじりつき、そして思うのだ。

「かじったらシケっていた。でも全部食べる」

物語の中で語られる父親と息子の関係のすべてがここにある。かじってシケていても全部食べるしかないのだ。血縁とはなんて愉快でせつないものなのだろう。

「おとうさんの中にはな、自分でもどうしようもない腹の虫がいるんだ。それに従わないと、自分が自分じゃなくなる。要するに馬鹿なんだ」。物語の終盤近く、せっかく移住した先の島でまた新しい敵をみつけてしまう一郎のどうしようもないつぶやきが胸に迫った。「おれを見習うな」。言い残し島を去る姿に虚を突かれ、そして二郎少年とともにうんざりと、ただうっとうしく思っていただけのこの男に、いつのまにかじわりと勇気づけられている自分がいた。

子どもは勝手に成長する。父親も自立し旅立つ時がある。（宮村優子・シナリオライター）

（角川書店・1785円）＝2005年8月11日①配信

体験的な日中関係論

「戦争のなかで考えたこと」(日高六郎著)

少年時代を、中国の青島で家族とともに送った著者が、現地で体験したひとつひとつのエピソードを解きおこしていく考察を読みすすめると、いま強まっている「反日」の背景をひろい視野から考えることができる。

市民運動の論客として知られる著者の家庭は、子供が発行する「家庭内新聞」に父親が寄稿するほどにユニークで、自由な家風だった。このなかで、父親や長兄などの影響をうけながら、しだいに家庭外(植民地の生活)に目をひらいていく。

著者は、少年期から、日本を外側にみる視点から、中国と日本との関係について考えざるをえない。その成長過程が、青春小説のように、よく行き届いた、やわらかな文体で描かれていて、なかなかページをおくことができない。一種の自伝的な精神形成史であり、日中関係論でもある。

「一九三七年七月七日」とは、「盧溝橋」での軍事衝突を書いた章だが、著者はこの日、下関から青島の生家に帰る船上にいた。甲板で出会った中国人学生がこういう。「日本の学生が私たちのような緊迫感を全く感じていないことは、中国の若者にとっての不幸です」

日中全面戦争の発端であり、それがやがて「太平洋戦争」を導きだす攻撃だったが、日本の学生がそのとき、自分の運命に、どれほどの危機感を感じていたことか。

それから六十八年たって、いま日本で流行している中国や北朝鮮への悪罵(あくば)を耳にすると、中国人学生の批判が、中国、韓国、北朝鮮の若者の不幸ばかりか、日本の若者の不幸をも予見していたことを理解させられる。

青島の日本占領軍は、中国人の子どもたちに日本軍勝利の旗行列をやらせ、漢文に直した「教育勅語」を清書させる。これら民族感情を無視した強制を、著者は、日中戦争の全体を構成する重要な実態、という。

「戦争とは、人間の肉体と精神とに加えられる最大の暴力であるから」

学校での強制は、精神への暴力である。中国との歴史的な関係についての忘却と無知が、またおなじことを繰り返しそうで、恐ろしくなる。(鎌田慧・ルポライター)

(筑摩書房・2310円)=2005年8月11日②配信

世界一著名な公式の科学史

「$E=mc^2$」(デイヴィッド・ボダニス著、伊藤文英ら訳)

どんなに数学嫌いの人でも$E=mc^2$の式は知っているだろう。こんなに簡単な式が原爆と関係があるらしい、と。

この式の由来や意味、原爆との関係など、物理学にかかわる話題を科学史の豊富なエピソードを交えながら語るとともに、ナチスの原爆開発の経過やアインシュタインの心の内をも探って、$E=mc^2$のすべてを語り尽くそうとしたのが本書である。思いがけない歴史上の人物を次々と登場させるので飽きさせず、楽しみながら読み進めることができた。

本書では、まず、エネルギーE、等号=、質量m、光速度c、その二乗と、$E=mc^2$の式を解体して、それぞれの意味が述べられる。といっても、難しい概念の解説ではない。ファラデー、ラボアジェ、レーマー、マクスウェル、シャトレ夫人など、多くの試行錯誤があってこそ科学が発展してきたことが手際よく整理されているからだ。

続いて、アインシュタインが特殊相対性理論にたどり着いた経緯と、いかに現実の私たちの生活に生かされているかがまとめられている。衛星利用測位システム(GPS)付きの携帯電話にも電子レンジにも相対論が適用されているのだ。

そして、いよいよ原爆にかかわる歴史が展開される。ハーンらによるウランの核分裂実験とマイトナーによる理論。それがそろって$E=mc^2$が実証されたのだが、成果を独り占めしようとしたハーン。ナチスドイツに残ったハイゼンベルクによる原爆開発。それに使われる重水製造工場の連合軍による爆破。マンハッタン計画と広島への原爆の投下。これら一連の推移が息もつかせず語られる部分は圧巻である。

最後に、太陽の炎に水素を発見したが女性差別に苦しんだペインや、ブラックホールを予言したが誰からも無視されたチャンドラセカールなど、$E=mc^2$を取り巻く多くのエピソードによって本書が締めくくられる。

$E=mc^2$をキーワードにして科学の歴史を明快に切り取った好著と言える。(池内了・早稲田大教授)

(早川書房・1995円)=2005年8月11日③配信

高度な倫理、自発性の両立

「武士道と日本型能力主義」（笠谷和比古著）

本書は、武士が、単に無批判に上意に従うのではなくて、自立した価値判断の下に行動する存在であったことから説き起こす。

加えて、家を絶対としつつも、主君の暴走をいさめることを家来の重要な役割と認めていた。のみならず、主君の「押込（おしこめ）」と称する、会社でいえばオーナー社長の棚上げのような自主的なガバナンスの手続きまで存在していたのだ。

江戸時代の藩及び幕府は、一見固定的に見える身分制を超えて有能な人物を抜擢（ばってき）重用する仕組みを持っていた。特に、八代将軍吉宗が導入した「足高（たしだか）」の制度は、抜擢人事と役職手当を組み合わせつつ、家の身分制ともバランスを取った高度な能力主義の実践だった。

現場を重視し意思決定への多数の参画を促すボトムアップ型の「稟議（りんぎ）」も、徳川時代に習慣として根付いた。また、いわゆる「年功序列」も厳しい競争と多角的な評価による能力主義の制度だったことが、史実に基づきバラエティーに富んだエピソードと共に紹介されている。

日本には高度で柔軟な能力主義の組織運営の仕組みが既にあったという著者の主張は十分にこなれていて説得的だ。そして、その強みがOJT（オン・ザ・ジョブ・トレーニング＝職務経験に基づく技能形成）の活用にあったという指摘も鋭い。

では、日本の武士道的な組織運営を再び会社に持ち込めばいいかというと、それだけではうまくいくまい。環境変化への適応の遅さ、資本の論理との共存の難しさ、そもそも会社なり経営者なりの支配の正統性への疑問などが、現代のビジネスにあっては弱点だろう。

だが、高度な倫理性と個々人の自発性を両立させた組織は、強いし、素晴らしい。一歩進んで組織に磨きをかける方法を教えてくれるという点で、本書はビジネスマン読者にとって教養書にとどまらない実用書でもある。（山崎元・経済評論家）

（新潮選書・1365円）＝2005年8月11日④配信

国境超えた歴史の共有を

「韓国現代史Ⅱ」（韓洪九著、高崎宗司監訳）

冒頭から、韓国人の在韓華人に対する迫害や韓国軍によるベトナム民間人の虐殺を取り上げ、韓国における歴史観に反省を迫っているように、プライドが高いこれまでの韓国の歴史書とは違う叙述に驚かされる。

「われわれは日本については多くのことを忘れず、またしばしば怒ります…しかし、われわれが加害者になった事件は記憶しようとしません」とも言い切っている。しかし、本書は日本に肩入れしているわけではない。

日本の植民地支配に対する批判の目は揺るぎもない。韓国では現在、「親日清算」を含めた「過去の清算」が行われている。本書も、これまでの歴史観に対する鋭い批判的視点から書かれている。

しかし、そうかといって、冷たく弾劾するわけではない。本書は、もともと、時事週刊誌「ハンギョレ21」が「韓洪九（ハン・ホング）の歴史の話（イヤギ）」という欄を設けて隔週連載した文章を集めたものである。歴史研究論文ではなく、読者に語りかけるように、諧謔（かいぎゃく）やウイットをまじえ魅力的に書かれている。

また、かつてベトナム派遣の韓国軍の武勇談をわがことのように自慢した自分の少年時代を告白しながら、現実の歴史との大きなギャップを読者とともに、苦い味を噛（か）みしめるように、書かれている。朴正熙元大統領が最近、好意的に思い出されていることについても、彼の一貫しない生き方や、自分の地位を守るためにベトナム派兵を行ったことなどを厳しく指摘している。

さらに、「日本軍の性奴隷として引っ張られて行った慰安婦のハルモニたちの存在を認めることが日本人にとって苦痛であるように…ベトナムでの韓国軍による民間人虐殺の真実と向き合うことは、私たちにとって非常に苦痛を伴うことです」と述べているように、国境を超えて歴史を共有すべきことが提案されている。

韓国史だけではなく、アジアにおける歴史の共有へ向かって踏み出している画期的な、しかも読みやすく興味がつきない歴史叙述である。（五十嵐暁郎・立教大教授）

（平凡社・2520円）＝2005年8月11日⑤配信

すぐれて深みのある考察

「ぼくが眠って考えたこと」(藤原智美著)

著者は芥川賞作家。本書は、その著者がさまざまな「睡眠空間」を実際に寝て歩く第一部と、それに基づいて考察をめぐらせる第二部とで構成されている。つまり「眠って考えたこと」というタイトルは、文字通り内容そのままである。

第一部の〝寝て歩きルポ〟は、理屈抜きに面白い。一流ホテルのスイートルームと下町のカプセルホテル。航空機のファーストクラスと富士山の山小屋。コンサートホールと睡眠サロン。

自在な十四カ所の取り合わせから、この社会の姿が、例えば、六本木ヒルズのホテルが料金の高い部屋から埋まっていく一方で、そこから遠くもない場所にホームレスのブルーテントが林立するという実相が浮かびあがる。

ただ、「日本人の睡眠時間が減っている」ということが本書の重要なコンセプトだが、それについて、もう少し踏みこんだ検討が必要ではないか。いま経営の合理化にともなう長時間労働で、「寝たくても寝られない」という人が確実に増えているからだ。

以前取材した、バスの運転手さんたちは、一日十六時間をこえる過酷な勤務に「もっと寝たい！」と叫んでいた。四月に大脱線事故を起こしたJRでも、元運転士が「泊まり勤務の仮眠は、たった四時間余り」と新聞に投書している。航空業界でも、乗務員の長時間勤務について、裁判所が「重大な過誤に結びつく危険がある」と警告したのは六年前だ。

睡眠時間の減少が単に個人の問題にとどまらず、社会の安全を脅かしている現状について、著者の目配りがきいているとはいえない。

本書の圧巻は、若者のケータイと睡眠をめぐる、すぐれて深みのある考察だろう。ケータイ常用者の多くは睡眠不足を訴えるが、「もしかすると彼らに不足しているのは、睡眠ではなく覚醒ではないか」と著者は指摘する。「えっ、どういうこと？」と思う方は、本書を読んでいただきたい。

著者は眠って考えた。読者はそれを読んで考える。「考える」ということの楽しさを十分に体験させてくれる一冊だ。(島本慈子・ノンフィクションライター)

(エクスナレッジ・1680円)＝2005年8月11日⑥配信

身体と意識を文章で細分化

「AMEBIC」(金原ひとみ著)

デビュー作で芥川賞受賞作の「蛇にピアス」、二作目の「アッシュベイビー」と、みずからの身体をメディア化し他者とかかわろうとする若い女性主人公を通し、金原ひとみはコミュニケーションの問題を描き続けてきた。三作目となる「AMEBIC(アミービック)」では、そうした金原的世界が極限まで追求されている。

主人公は作者をほうふつとさせる若手女性作家の「私」。サプリメントとアルコールに依存する日々を送る「私」は、泥酔し錯乱状態になることがよくあり、その時に書き残した混乱した文章を「錯文」と名づけ、別人格の自分からの通信のように受けとるのだった。

そんな「私」は「AMEBIC」と題した「錯文」を書いたことで、自分と自分以外のものを区切る境界が溶融するという分裂感覚を経験する。さらに「私」、担当編集者で「私」の恋人の彼、そして彼の婚約者でパティシエの女性の三人のアンバランスな関係が、「私」に妄想をもたらし、静かな狂気へと駆りたてていく。

作中で提示される「錯文」は、金原自身が錯乱した状態で書いた文章ということだが、村上龍の小説「トパーズ」の中の一人称の文体を想起させる。内面と行動と風景が溶けあった混乱したモノローグによって語られていく「錯文」が、本作の中心に位置しているのは確かだろう。

アミービックには「アメーバのような」という意味がある。描写によって身体と意識をアメーバ状の細胞レベルまで細分化する作業を通し、作者は内臓と皮膚、視聴覚といった記憶や思考を成り立たせている末梢(まっしょう)の身体器官の発動の瞬間そのものをとらえようとする。それは、個人の身体を越え、世界の成り立ちのシステムそれ自体を記述する試みに等しい。

主人公の意識の流れに注目した構成は、伝統的な心理小説の手法をふまえてもいる。自分自身と隔離され断絶している主人公は、多重的に引き裂かれた主体を保持しつつ生きなければならない現代人の姿に重なっている。(榎本正樹・文芸評論家)

(集英社・1260円)＝2005年8月18日①配信

映像表現の可能性を追求　「映画を見る眼」（小栗康平著）

ふだんあまり気にしていないことだが、考えてみると映画のひとつひとつの場面というのは、ずいぶん奇妙で不自然な場合が少なくない。たとえば会話の場面では、人物はたいてい胸から上ぐらいの構図で撮られて交互に示される。相手がそんなふうに見えるにはよほど接近して向かい合わなければならないが、現実にはそれほど近づいたら息苦しくって会話どころではないだろう。

現実では会話はたいてい相手の全身を視野に入れながら行われているが、映画でなぜそうするかといえば言葉に注意を集中させたいからである。しかしそうすることが習慣になってしまうことによって見逃されてしまうこともあるのではないか。全身の身ぶりや雰囲気でこそ豊かに表現できるかもしれない。

映画にかぎらず、テレビやマンガ、アニメーションでもそうだが、習慣的に行われていてほとんど映像の文法のように思われている撮り方や場面のつなぎかたのあの手この手がたくさんある。それは基本的には物語を分かりやすく進めるための工夫として出来あがってきたものである。

著者の小栗康平も第一作の「泥の河」ではそういう習慣にほぼ従ったやり方をしていたが、以来一作ごとに、常識とされてきた撮り方に対する疑問を深め、映像表現の可能性を拡大するための模索を続けている。前作「眠る男」と新作の「埋もれ木」がとくにそうである。

美術作品が物語などなくてもひとつひとつの絵だけで十分に感動的であるように、小栗康平の映画も、画面をストーリーに従属させるのでなく、画面そのものからこそ見る者が豊かな美とその意味するものを感じとってくれるようにという作り方である。

この本は一般に映像表現が物語を語るという目的で習慣化してやってきたイージーな方法をいちいち洗い直して考察してくれていて、いたるところで目からウロコが落ちる思いをさせてくれる。知的な刺激に富んだ本である。（佐藤忠男・映画評論家）

（NHK出版・1575円）＝2005年8月18日③配信

ファーと楽になってくる　「生きているのはひまつぶし」（深沢七郎著）

深沢七郎の小説を初めて読んだのは、私が大人になってからだったのでした。あまりの面白さに次々と夢中になって読んだわけですが、「子供のころに映画でやっていた『楢山節考』って、この人が書いたんだ」と気づくと同時に「この人って、もう死んじゃってるんだ」とも思い、「生きているこの人の行状を見てみたかったものだ」と残念な気持ちがしたものです。

「生きているのはひまつぶし」は、その死以来十八年ぶりに出た、未発表作品集です。そのタイトルを見るだけで、肩の力が抜けるような思いがするのですが、帯の写真は、片乳をはだけた女性の横で満面の笑みをたたえる著者の姿。

ページをめくると「生きていくのはけっこうめんどうくさいから、生まれてこないほうがよかったね。オレは生まれたことに特別に感謝はしない」などということが書いてあるのです。

では彼は虚無的に世の中を斜めに見ているのかというとそうではなく、帯の写真通りに女の人大好き、埼玉に「ラブミー農場」をつくり、今川焼き屋もやり、ギターをひき、ハンガリーへの移住をもくろみ…と、何だかこう、生命力にあふれる感じ。

女と土と音楽と、といったことを愛する深沢七郎は、世の中を「斜めに」見たのではなく、言うならば「つまるところ」だけを見ていた人なのでしょう。うわべの飾りや、見栄（みえ）やお世辞は彼には見えず、物事の究極の部分のみが、その目には映っていた。だからこそ、「生まれてこないほうがよかったね」といった発言が生まれてくるのではないか。

「人生とは、何をしに生まれてきたのかなんてわからなくていい」「富士山の美しさより、ヌードのほうが美しいということだよ」「永遠というのは私の生きていくうちということである」といった言葉を読んでいると、ファーと楽になってくる感じ。ギスギスした今の世にこの本が出たということは、何かの意味を持っているような気が、してきました。（酒井順子・コラムニスト）

（光文社・1680円）＝2005年8月18日④配信

どこか憎めない成金たち

「カネが邪魔でしょうがない」（紀田順一郎著）

「だったら、こっちへ少し回してくれよ」と言い返したくなるタイトルではないか。回ってきそうもないけれど。

日本の資本主義が若く、気力にあふれていた明治大正期、個人の才覚と運がうまく合体すれば、カネはどんどん積み上がった。ところが、まだ封建の江戸期が終わって日が浅いこともあり、貯（た）まる一方のカネの使いみちがわからない金持ちオヤジたちばかり。

料理屋の玄関が暗くて自分の履物がわからないと、超高額紙幣（現在の五十万円相当）に平気で火をつけたりする。あるいは、芸妓（げいぎ）数十人を集めて、金貨入りの汁粉をふるまうなど、いまから見れば愚行蛮行の数々が、おおっぴらに行われた。

政商、相場師、アイデア商人など、かつての代表的成金の足跡をたどる著者の目は、あくまで優しい。「明治の成金は時代を反映して豪快かつ放胆であり、その行動もナイーブで、どこか憎めない点があった」

彼らの栄華はたいてい「一炊の夢」のようにたちまちに終わるが、それだけに同時代の人々の心をとらえたともいう。

一方、最近の日本社会は、とりわけバブル崩壊以降、すっかり元気をなくしている。離陸しようとあがきつつなお滑走路上をうろうろするばかり。どうしても飛べない飛行機みたいである。

著者も述べているが、こういう鬱屈（うっくつ）した気分を抜け出したい、発散したいと多くの人が考えている。明治の男たちの破天荒な振る舞いは、元気の素（もと）になるにちがいない。

ここに描かれるのは、立身出世のサクセス・ストーリーではない。成金をたたえてもいないし、おとしめようとするのでもない。ありあまるカネに囲まれることになった人間の、稚気あふれる行動の記録である。

たとえば、後に政治家に転身した、船成金のひとりが、あるとき、転覆事故で列車の下敷きになった。「金はいくらでも出すから助けてくれ」と叫んだという噂（うわさ）が広まったとか。

こうしたエピソードがふんだんに出てきて、心晴れやかにしてくれる。（枝川公一・ノンフィクション作家）

（新潮選書・1050円）＝2005年8月18日⑤配信

動物に学ぶ「生きる意味」

「旭山動物園園長が語る　命のメッセージ」（小菅正夫・語り）

弾丸のようにすばしこく泳ぐペンギン、悠然と空中散歩をするオランウータン…。野生動物の本来の行動や能力を引き出すユニークな展示で脚光を浴びている北海道・旭山動物園の小菅園長が、同園の中心テーマでもある「命」について語っている。

昆虫や両生類の飼育に明け暮れた少年時代の思い出に始まり、動物園に入ってから出会った個性的な素晴らしい生き物たちが、多くのカラー写真とともに愛情をもって活写されている。さながら動物舎を一つ一つへめぐっていくような、楽しい本である。

血だらけになりながら子どもの闘争の練習台になってやるカバの父親や、なかなか泳ごうとしない子グマの遅い成長を雑念もなくじっと見守るホッキョクグマの母親の話には、慈愛と知恵を感じた。

羽がボロボロになり足が取れても鳴き続けるキリギリス、歯が抜け、立てなくなっても生への意欲を失わず、最後の最後に「さよなら」と死んでいったアジアゾウの話には神々しささえ覚えた。

「人は何のために生きるの？」「なぜ人を殺してはいけないの？」子どもたちの素朴な問いの前に、大人たちはしばしば沈黙する。だが、自分が殺してしまった昆虫も含め、無数の命と向き合ってきた著者の言葉は明快だ。

生きる意味は、命をつなぐことだけ。三十八億年前に奇跡のように生命が誕生してから、生き物は連綿とそれを受け継いできた。命をつなぐことは生き物の義務であり責任、勝手に「もういい」と言っていいはずがない、と。

しかるに現代は、「人だけが特別」という意識から人間以外の生物を「きたない」と拒絶し、日常生活からは「死」を追い出し、結局、命がわからなくなってしまっていると指摘する。

「人間だけを見ていたら、人間しかわからなくなります。それどころか、人間のことさえわからなくなるでしょう。動物たちの姿を見れば、きっといろいろなことに気づく」はず…。

久しぶりに動物園へ行ってみようか。命だけを見て生きている動物たちに会いに。（瀬川千秋・翻訳家）

（竹書房・1365円）＝2005年8月18日⑥配信

作家としての矜持と自虐

「直木三十五伝」（植村鞆音著）

数ある文学賞の中でも、その知名度において、芥川賞と直木賞を凌駕（りょうが）する賞はいまのところない。

しかし、ふたつの賞の由来について問われた時、芥川賞については、ふだん文学などにあまり興味がない若者でも、

「芥川龍之介の名前を冠した賞でしょう？」

と即答する。だが、直木賞が誰の名前を冠したものであるかを知っている者は、ある程度文学になじんでいる人に限られてくるだろう。

本書は、その直木賞の由来である、作家直木三十五の評伝である。著者は直木の甥（おい）。

評者は、身内の人間が書いた伝記や評伝を、最後までいっきに読まされたことがほとんどない。ごく少数の例外を別にすれば、たいてい途中で読もうとする意欲を消失してしまう。

しかし、今回はちがった。読み始めたのは海外に出向く飛行機の中であったが、目的地で仕事があるにもかかわらず、いっきに読まされてしまった。

おかげで現地では意識朦朧（もうろう）の状態で仕事をするはめになったが、それでもなお、希有（けう）な評伝を読んだ喜びのほうが大きかったことを白状せざるを得ない。

直木の本名は植村宗一。名字の植をばらして直木とし、このペンネームを名乗った時点の三十一歳を名前にして、以後毎年ひとつずつ増やしていくという発想のおかしさ。

作家としての矜持（きょうじ）と自虐。人生に対するある種の達観と執着。天賦の才に恵まれた者が往々にして見せる、奇矯なふるまいで周囲の人々を驚かせるいっぽうで、なんとも言えない温かさと懐かしさをかもしだす不思議な存在感。こうした距離感の近さが、芥川が持つ天才肌の残像とは一線を画し、後世の世間的イメージにつながった可能性がある。

著者の植村鞆音は、直木三十五の人間的おもしろさを読者に伝えることができなければ、それはひとえに自分の筆力のなさのせいだとあとがきに書いているが、とんでもない。今どきこれだけの評伝を書ける作家はそうそういない。（西木正明・作家）

（文芸春秋・1800円）＝2005年8月25日①配信

古典的かつ最新の恋愛小説

「東京DOLL」（石田衣良著）

恋愛小説に不可欠な要素は、エロス（性愛）とタナトス（死）だという。「源氏物語」の昔から、恋愛小説の作者は、この二つを光と影のように一対のものとして描いてきた。死と別れが避けられないからこそ、愛はいっそう激しく燃えあがるのかもしれない。

そしてもう一つ、恋愛小説に欠かせない要素がある。トポス（場所）である。「源氏」は平安朝の京の都にしか成立しない物語であり、「赤と黒」はルイ王朝下のパリだからこそ成立した物語である。トポスの地霊が恋人たちのエロスと合体して物語のエクスタシーを呼び寄せるとき、その作品は初めて恋愛小説の名作と呼ばれることになる。

石田衣良は、このトポスの働きにことのほか敏感な作家である。デビュー作「池袋ウエストゲートパーク」では、池袋西口を現代青春風俗の聖地として定着させ、「アキハバラ@DEEP」では、IT最前線の街の深層をリアルに描き出した。この二作に限らず、石田の作品には、いつでも街の地霊が息づいている。

そのトポス文学の名手が、今度は東京湾岸を舞台に、悲しくも美しいラブストーリーを書いた。主人公はMGと呼ばれる天才ゲームクリエーター。新しいゲームを考案中に、近所のコンビニでヨリという美少女に出会い、精霊のモデルとして契約を結ぶ。ヨリは背中に翼のタトゥーを背負っており、愛する者の凶事を予見する能力がある。

契約に肉体関係は含まれていなかったが、深夜各地で資料用の写真撮影を続けるうちに、MGはこの「パーフェクトな人形」を愛するようになる。ヨリには少年院帰りの恋人が、MGには雑誌記者の婚約者がいるが、二人はひたすら性愛にのめりこんでいく。だが、やがてヨリの予感が的中し、この愛はもろくも壊れてしまう。

これはエロスとタナトスとトポスが三位一体となった、きわめて古典的な恋愛小説であり、しかも二十一世紀の東京湾岸でなければ成立しない、最も新しいラブストーリーの傑作である。（郷原宏・文芸評論家）

（講談社・1680円）＝2005年8月25日②配信

石による王たちの世界創造

「アンコール・王たちの物語」（石澤良昭著）

中国の雲崗や龍門、インドネシアのボロブドゥール、インドのエローラ、アフガニスタンのバーミヤン…。アジア各地には、巨大な宗教建造物が残されている。

カンボジアのアンコール遺跡も、その一つ。約三百平方キロメートルの広大な空間に、アンコールワットやバイヨンなどの大伽藍（がらん）や王宮が点在している。 これらが、世界で最も壮大にして優美な石造建築であることに、異を唱えるものはいない。しかし、誰が、何のためにつくったのだろうか。

著者はアンコール遺跡研究の第一人者として、その調査と復興に半世紀近く携わってきた。現地で発掘された碑文や遺品から、アンコール王朝の二十六人の王たちを生き生きと描き出すことで、本書は、この巨大な文化遺産を生み出した背景を明らかにする。

アンコールの王たちは、そのほとんどが武力によって王位を簒奪（さんだつ）した者たちだった。そして彼らのいずれもが都城、王宮、寺院の造営を、国家事業として押し進めた。その背景には、インドに起源を持つ宗教と政治の密接なつながりがあった。

都城は宇宙をかたどり、王宮や寺院は、その中央にそびえる須弥山（しゅみせん）にほかならない。さらに寺院は国家を鎮護する役割を担い王権儀礼の場となった。アンコールの遺跡には、かんがいなどの水利施設となる巨大な貯水池もつくられたが、これらも須弥山を囲む大海に相当する。アンコールの諸王は「神なる王」としてこの宇宙に君臨したのだ。

著者が、アンコールの基層文化を「水と大地の崇拝」と定義しているのは興味深い。現在、アンコールの遺跡は熱帯特有の巨木が生いしげり、かなりの崩壊が進んでいる。ここでは自然が文化や伝統を押しつぶすのだ。

アンコールの諸王は、大地から切り出した石によって文化を築き上げ、水利施設によって水をコントロールし、生産力を高めた。

王たちの偉業は、まさに世界創造であった。自然の猛威を前になすすべも持たない大伽藍を、再び往古の姿へとよみがえらせようとする著者に、そのイメージが重なる。（森雅秀・金沢大助教授）

（NHKブックス・1176円）＝2005年8月25日④配信

よりどころのない不安定感

「まぼろし」（生田紗代著）

本書に収められた二編には、ふと自分の居場所がわからなくなる場面がよく出てくる。そうしたよりどころのない不安定感の表現が抜群にうまい。実家で、会社で、映画館で、公園で、迷うはずのないところで、彼女たちは「迷子」になる。

「十八階ビジョン」は、明確な理由もなく会社を辞めて高層マンションの実家にもどってきた、二十代の女性を描く。体調をくずして休んだ翌日会社に行ってみると、「初めて来た場所のように感じられ」たのが退職の発端だ。いわゆるニート小説なのだが、ネット依存とか、引きこもりとか、自傷行為とか、最近の小説が「若者」の不安や倦怠（けんたい）や違和感や孤独などなどを描くのによくとりいれる要素を、作者は淡泊に通り過ぎる。

ところがありふれた場面の中に、異様な「見当識喪失」の感覚がせりだしてくるのだ。近所の公園に座っていると、不意にまわりの景色が蜃気楼（しんきろう）のようになり、自分が本当はどこにいるのかわからなくなる。あげくには停電の夜、自分の輪郭があやふやになって、暗闇と同化していく…。日常を確かな足場にした作品ながら浮遊感がある。

迷子になるときは、自分と地面を結んでいた、蜘蛛（くも）の糸みたいな糸がしゅるりと消えるのだと、「まぼろし」の冒頭には出てくる。この表題作は、娘の「母親殺し」という精神的イニシエーション（通過儀礼）が主題だが、確執を残して八年前に出ていった母はとうとう一度も実際には登場しない。

それでいて「綿ぼこりのよう」なその人の記憶が、いまも「私」をさいなむ。どこまでが記憶で、どこまでが自分の付け足しなのか。フォークを投げつけてきた母、はてしない愚痴を言う母、嫌悪する夫の靴下をたたむ母。恐れ、愛していた、と「私」は言い、母のまぼろしと取っ組み合った末、彼女自身がひとつのヴィジョン（まぼろし）となって母を殺す。

「私」は今後も迷い子になり続け、母はまたよみがえって殺されるのだろう。

母と娘の関係にこれほど真正面からぶつかった小説はまれではないか。感銘を受けた。（鴻巣友季子・翻訳家）

（新潮社・1470円）＝2005年8月25日⑤配信

不器用で正直な愛情物語　「東京タワー」（リリー・フランキー著）

人気コラムニストが書いた〝母を恋うる記〟ともいうべきこの自伝小説には、端正な文章も、凝ったプロットも、目を瞠（みは）るような技巧もない。三歳の時に両親が別居して、やがてオカンの実家がある筑豊の炭坑町に移り住み、現在の〝リリー・フランキー〟となり、ガンと闘うオカンを看取（みと）るまでを描いたこの小説に、文学としての企（たくら）みは見あたらない。

〈栄枯盛衰の無情、家族繁栄の刹那。人々が当たり前のように求める、その輝きと温かさを玉虫色のものだと不信な眼でしか見ることができなかった〉といったアフォリズムめいた文章も、小説家としての稚拙さを伝えるだけ。

が、にもかかわらず、というか、だからこそこの小説は心の奥深くにあるナイーブな部分にまでぐいぐい入りこんでくるのだ。

〈自分が恥をかくのはいいが、他人に恥をかかせてはいけないという躾〉を息子に与え、貧しい生活の中、着るものと食べるものだけは最高のものをと心を砕き、息子の友達からも愛されるオカン。江夏みたいな白いスーツを着て、何の仕事をしているのかわからず、とことんマイペースで堅気ばなれしたオトン。そんな二人を見つめる息子〝中川雅也〟。

拙（つたな）いアフォリズムと同じくらいちりばめられた笑いの取れる達者な文章。そうしたリリー・フランキータッチの巧（うま）い文章よりも、〈オトンの人生は大きく見えるけど、オカンの人生は十八のボクから見ても、小さく見えてしまう。それは、ボクに自分の人生を切り分けてくれたからなのだ〉という中川雅也の拙い文章こそが、胸の奥へと感動の波紋を届かせる。

巧い小説はいくらでもあるけれど、読者の気持ちを掴（つか）んで離さないグリップの強い小説は多くない。不器用だけど正直で真っすぐな愛情が行間から生き生きと立ち上がる〈オカンとボクと、時々、オトン〉の物語に心掴まれて、自分の父母に思いを至らせる。そうやって共感の波紋が広がっていく。稚拙なのではない。これは、愛されて育った者だけに書ける素直な小説なのである。
（豊崎由美・ライター）

（扶桑社・1575円）＝2005年8月25日⑥配信

共感とともに苦い読後感　「『終戦日記』を読む」（野坂昭如著）

昭和二十年八月十五日正午、ポツダム宣言受諾を知らせる戦争終結の「玉音放送」がなされた。放送にさきがけ「起立ッ」の号令がラジオから伝わり、一家はその場で直立不動の姿勢をとる。天皇の声に「有難さが毛筋の果てまで滲み透」り、涙が音をたてて足元の畳に落ちたという（夢声戦争日記）。

「本日正午、いっさい決まる。恐懼（きょうく）の至りなり。ただ無念」（海野十三敗戦日記）。海野はこの夜、家族とともに死のうとした。だが、「天皇帰一」こそ日本人の道と考え翻意する。

ひどい戦争下の日々、空襲と飢えに銃後の国民もどん底にあえいだ。しかし負けることをはっきり認識し、戦後のありようを考えた日記は乏しい。戦争さえいつか天災の如（ごと）くなり、日常化していったのだ。

敗戦という予期せぬ激変。六十年前の知的常識人というべき二人の反応は、当時の日本をよく伝えている。

十四歳だった野坂少年は、一歳半にならない妹をつれ、神戸の大空襲を逃れた福井市近くの春江町で戦争終結を知る。ホッとしたという言葉は正直なところであろう。そのあと、餓死した妹のわずかな骨をドロップの缶におさめ、神戸へ戻ることで著者の戦後ははじまる。空襲で養父は行方不明となり、大火傷（やけど）の養母と祖母をかかえ、生きのびなければならなかった。

大人たちは「戦争」と「終戦」をどう受けとめたのか。著者は、公刊と私家版の日記を多年あつめつづけたという。その執念には深い人間不信、戦争の核心を知りたい渇望がみえる。日記は個人の痛切な独白、記録のはずだった。

だが、少年の日の体験は、どの日記の記述をもはるかに上まわるつよい迫力をもつことを「日記」をつないでいて著者は知る。

戦争を考え返しもせず、責任も問わず、昨日に変わるアメリカ歓迎となった日本人。その本性と社会の構図を現在の問題として提示する労作。共感とともに苦い読後感があった。（澤地久枝・作家）

（NHK出版・1365円）＝2005年9月1日①配信

生への固執から生まれる力

「水平記」(高山文彦著)

高山文彦氏は文献資料と聞き取り調査によって松本治一郎の伝記をていねいに再整理する中で治一郎の視座から日本近現代史の再構成を試みる。

部落解放同盟の公式史観のフレームワークを尊重しつつも、治一郎のアジアとの連帯という思想がプロレタリア国際主義とは全く異質な、頭山満の玄洋社に連なる国家主義思想から出ていることが示唆されている。玄洋社に集った人々は欧米からアジアを解放することに命を賭けたが、同時に反政府、反官僚の立場を貫いた。治一郎の秘書は「松本さんは、頭山満に会ったと私に言いました。いつ、どこで会ったかは聞きませんでしたけどね」と証言する。

治一郎が戦時体制構築に協力したのも時局迎合ではなく近衛新体制運動を「部落差別の解消に向けて新しい運動をつくっていける」と理解したからだとの高山氏の解釈に評者も同意する。

「戦争が終わったとき、治一郎の胸にあったのは、水平運動や自分の選挙のこと以外に、これからアジアをどうしていくのかということであった」。そこで治一郎はベトナムや中国などとの友好運動に邁進(まいしん)するが、社会主義のウソを見抜いていた。北京の少数民族学院を視察した後、治一郎は「中国共産党が政権を取ったからと言うて、人間のこころのなかにあるもの、差別というものは、法律だとか制度だとか、そういうものをつくったって、いっぺんには解決せんよ」と感想をもらした。

治一郎は内外政を冷徹なプラグマティストの眼で見ている。この眼は治一郎が差別の問題を正面から受け止め、「生きる」ということに徹底的に固執したからできたと評者は理解する。それ故に治一郎は、マルクス主義、天皇制ファシズムなど左右の強烈なイデオロギーに呪縛(じゅばく)されず、逆にこれらのイデオロギーを手玉にとって現実に影響を与える運動を展開することができた。自己の問題に徹底的に固執することで国際社会に連なっていくという「治一郎ワールド」の魅力を表現することに高山氏は成功した。(佐藤優・元外務省主任分析官=休職中)

(新潮社・3150円)=2005年9月1日②配信

飢えなければいいのか

「ハードワーク」(ポリー・トインビー著、椋田直子訳)

無職・無資格・資産なし。そんな中高年女性が、生きるために職探しをする—。どこにでもありそうな話だ。英国の新聞コラムニストのポリーは、そんな女性になりすまして不公正な社会の現実を告発する。

職安や新聞広告をみて面接の約束をとりつけるまで、何往復もさせられる採用窓口。やっとこぎつけた面接日、本人にはなんの連絡もなく「もうふさがってます」。

就いた職は病院のポーター、学校給食の皿洗い、保育園の助手、ケーキの包装、コールセンターでの電話による注文取り、老人ホームの介護助手。臨時雇いばかりだ。

最低賃金に近い時給八百七十円から税を引かれた残りは六百九十円。一九七〇年から二〇〇二年までの間に、GDP(国内総生産)は倍増したのに、賃金は二一三割も下がり、しかも不安定化した。より有利な職に転職したくても、資格をとるための学校に行く時間もカネもない。賃金の不足分は夜明けや深夜の職場をハシゴして稼ぐ。

普通、仕事から解放され、わが家に帰ればホッとするものだ。だけど底辺労働者の住環境は、夜道なみの危険。アパートは荒涼として、気力回復どころか気がめいる。同じアパートの中で犯罪が起こっても、誰もが人間関係をさけて、部屋にとじこもったまま。

サッチャー改革以後、社会の維持に絶対に必要な公共サービスも民間委託され、さらに民間会社は派遣労働者を雇ってコストを切り詰める。

相互に関連していた仕事の全体性はバラバラになり、責任のない効率性が幅を利かせる。有能な人材は底辺にとじこめられたままこの世界を抜け出せない。こんな底辺労働者は全体の三分の一をしめる。彼らにとっては人間らしい希望もはるかかなたに無縁な格差社会である。

ポリーは叫ぶ。人間は飢えさえしなければそれでいいというのか。国民所得の数値は、ただひとりのビル・ゲイツが現れれば上昇する。だがそれは庶民の豊かさ、幸せとは関係ない。

本書に描かれているのは、そのまま日本社会の姿ではないか。(暉峻淑子・生活経済学者)

(東洋経済新報社・1890円)=2005年9月1日④配信

東アジア近代芸術の実験性

「モダニズム変奏曲」（石田一志著）

黒澤明や小津安二郎を抜きにした映画史は考えられない。彼らがフランス起源のシネマトグラフに斬新な手法と主題をもちこんだことは、世界的に公認されている。しかし欧米の音楽史ではいまだに尹伊桑（ユンイサン）や武満徹は傍流だと見なされ、最後に付録のように言及されるばかりである。

他ならぬ日本のクラシック音楽マニアがそうだ。東洋人が西洋音楽を真似（まね）ても、所詮（しょせん）は「あんよは上手」の域を出ることはないと、自虐的に無関心を振る舞うばかりである。この認識の違いはいったいどこに起因するものかと、映画史家である私は長い間考えていた。映画と西洋音楽は、いずれも十九世紀後半に西欧から東アジアに導入された近代の代名詞であり、悪戦苦闘の末に定着したはずのものではなかったのか。

本書は日本、中国、韓国にあって西洋近代音楽がいかに伝播（でんぱ）され、当地の伝統音楽との対決競合を体験した後、やがて独自の作曲家を産み出すまでの過程を、つぶさに比較検討した研究である。いずれの国も初期にあっては、キリスト教、軍隊、学校教育という三本の柱を通して西洋音楽を受容したという点では共通しているが、その受け入れ基盤は異なっていた。また二十世紀には韓国は植民地化され、中国は社会主義化されたことで、音楽の発展が大きく疎外された。

大著ゆえに軽々しい要約は避けたいが、読んでいて興味深い挿話が続くのに圧倒された。日本の「君が代」の原型がお雇い外国人による作曲で、韓国の「愛国歌」は植民地下に国際的に活躍した音楽家の手になる、真性の作曲であった。また中国の国歌は、日本で客死した青年が映画音楽として作曲したものであった。

孫悟空の毛の一本一本がまた猿になるように、通史である本書を手がかりに多くの研究が生まれることを期待したい。東アジア芸術の近代が決して西欧のそれの安直な模倣ではなく、モダニティという観念の再検討を求めるほどの実験であったことが、ここから了解されてくる。（四方田犬彦・明治学院大教授）

（朔北社・5040円）＝2005年9月1日⑤配信

「渾身」に着目した野心作

「幸田文のマッチ箱」（村松友視著）

幸田文の、多方面にわたる仕事の初期から最後までを、その環境の変化とともにとらえ、人間幸田文の実像を浮き彫りにした野心作である。野心作という意味は、これまで一般的に「父露伴のしつけ」「着物の第一人者」「奈良の塔の建立」など、特異な面で認識されていた幸田文像に新しい照射の目を向け、その内面に終始一貫流れていた強い精神性と気迫とを、こと細かにすくい上げた点にある。

著者はかつて出版社の編集者として幸田文に出会い、初めから文の人間味と話術に引かれた。格別の用がなくても訪問するという、仕事の枠を超えた破格の時間を持つ。気心の通じ合うのが、二人の会話の「あうんの呼吸」でわかる。

著者は、幸田文の人間としての魅力を心に温めながら、文特有の言葉、文章をキーワードに作品の成立過程を追い、当時作者が置かれていた環境を、要所要所に配した年譜の記述によって跡付けた。読者は、幸田文の生き生きとした文章を味わいつつ、同時に彼女の境遇を理解し、その懸命の処し方に感動する。

著者の新しい照射とは、幸田文の人となりのすべてに父露伴の影響があると認めた上で、その文才は天性のもの、と見る点。継母によって幸田文の女性認識が深まった、と採る点。作家としての資質が、〝文学〟の域以上の〝文芸〟的広さを初めから持っていたと見る点。幸田文特有の、事物に当たっての咀嚼（そしゃく）力、思考回路を、独自の言葉遣いともども、幾つかの例証によって具体的に示したこと。などとあげることができるが、特に晩年の「木」「崩れ」への考察が鋭く、深い。

木の命、山谷の崩れに思いをはせる幸田文は、自身が老いに差しかかった身で現地を確かめに行く。それは文が若い時から身に体してきた「渾身（こんしん）」の極みであり、その境地こそ、真に露伴離れした文が手にする青春であったろう、と解く。しかも、自身の老いを地球の上に重ねた「崩れ」は、「幸田文が作家として残した自身への鎮魂歌」という深い読みに、読者は新たな感銘を受ける。（小島千加子・文芸評論家）

（河出書房新社・1575円）＝2005年9月1日⑥配信

甘い夢に浸る読者を挑発　「女王様と私」（歌野晶午著）

オタクと恋愛といえば誰しも「電車男」を想起するだろうが、同じくオタクを主人公にしていながら、本書は、ある意味で対極に位置するような―というか、「電車男」の甘い夢に浸る読者を挑発するような小説に仕上がっている。

四十代になっても親に寄生している真藤数馬は、人形の「絵夢」を妹としてかわいがっており、脳内で会話を交わしている。ある日、「絵夢」と一緒に日暮里繊維街に出かけた彼は、そこで遭遇した黒服の女子小学生・来未（くるみ）から「ロリコン」「デヴ」「キモっ」「クサイ」などと容赦なく罵倒（ばとう）され、その後もあちこちに呼び出されて嘲笑（ちょうしょう）される。しかし、最初は高飛車な「女王様」だった来未は、やがて違った面も見せはじめる。どれが彼女の素顔なのか？

誰に感情移入して読んでいいのやら分からない、滑稽（こっけい）でグロテスクな設定と語り口が、読む者を落ちつかない気分にさせるのみならず、小説としての構造もかなり異形である。

来未の友人が何者かに殺され、死体のそばにスイレンの花が残されていた―という事件をめぐる謎解きも展開されるものの、そのプロセスは通常のミステリーとは異なっており、物語は途中から、予想もつかないような方向に転がってゆくのだ。具体的に記すわけにはいかないが、著者が過去に発表したある作品の姉妹編的趣向である、とだけ言っておこう。

「電車男」が必ずしもオタクの恋愛の典型であるとは言い難いのと同様、本書に描かれたオタク像も、これはこれで随分とデフォルメされている。しかし、本書の主人公は、あくまでもラストの仕掛けを効果的にするために計算されたキャラクターであるということは念を押しておかなければなるまい。

日本推理作家協会賞と本格ミステリ大賞をダブル受賞した「葉桜の季節に君を想うということ」とは相当趣が異なるので、そちらから歌野晶午の世界に入門した読者は戸惑うだろうが、著者ならではのテクニシャンぶりがさく裂した問題作である。（千街晶之・文芸評論家）

（角川書店・1680円）＝2005年9月8日①配信

子づくりが商業化した社会　「ジーニアス・ファクトリー」（デイヴィッド・プロッツ著、酒井泰介訳）

優生学史の研究者として、一九八〇年に米国で発足したノーベル賞受賞者の精子を集めた精子銀行がその後、どうなったのか、気になっていたのだが、本書でその結末が判明し、安堵（あんど）した。

優生学とは、十九世紀末から二十世紀前半にかけて流行した一種の社会政策で、人間を遺伝的に改良する目的で、遺伝病だけではなく精神疾患や反社会的行動までをも遺伝に起因するとして、これら「悪い遺伝子」を駆逐するため、断種や結婚制限を行ったものである。米国で積極的に進められ、ナチスドイツが全面的に採用したことで悪名が高い。優生学は理論上、「良い遺伝子」を増やすことも考えられるが、その定義が困難なこともあり、こちらはあまり実行されなかった。

ところが、一代で財を成した大金持ちが、ノーベル賞受賞を「良い遺伝子」の基準として選び、これを高学歴の白人女性に人工授精して優秀な人間を増やそうと設立したのが、ここで取り上げられている特殊な精子銀行である。時代遅れな発想ではあるが、新しい形の優生学的企てであった。だが精子提供に応じるノーベル賞受賞者は少なく、その後は、高学歴で研究や事業に成功した背の高い健康な白人をドナーとして精子提供を続け、約二百人の子供がこの組織を介して誕生したのである。

著者は、精子提供を受けた母親、それによって生まれた子供、精子提供者らを忍耐強く調べ、細心の注意と誠実さをもって記述してゆく。そこで展開されるのは、教育熱心な母親の下でごく普通の人間として育ち、悩む人たちの姿であった。

われわれ日本人にとって別世界と見えるのは、商業的な精子銀行が乱立し、独身女性やレズビアンのカップルがカタログを見ながら精子を購入することがごく自然に行われ、この精子銀行もその一例にすぎない事実である。本書は、優生学への接近の警告書として読むよりは、子供づくりに関するあらゆる潜在的需要を商業化してしまう米国社会を知り、生命科学の時代とどう付き合っていくかを考える糸口とするのがよいのだろう。（米本昌平・科学技術文明研究所長）

（早川書房・2100円）＝2005年9月8日②配信

周囲巻き込む圧倒的パワー

「掃除道」(鍵山秀三郎著、亀井民治編)

掃除を通して会社(自動車用品販売)を成長させた創業者の、四十四年間にわたる掃除一代記。

タイトルがすごい。「掃除道」。道は、武士道の道だ。帯にはこうある。「掃除を毎日続けるだけで、赤字企業が黒字になり、荒廃した学校が甦(よみがえ)り、犯罪も激少した!」

ほんまかいな、と誰もが思うだろう。私も思った。掃除して黒字になるなら、わが家の家計はとっくに安定しとるがな!

なあんて、ツっこんでる場合ではないのである。すごいのである。読んでみて、私は圧倒された。掃除なんかに圧倒されるとは、予想外である。

創業者は、とにかく掃除する。半端な掃除ではない。たとえばトイレは、小便器の水漉(こ)しや、大便器の便座をはずし、中の水を抜いてから、ゴム手袋など使わず素手でスポンジで洗う。

外周りの掃除では、拾った空き缶に吸い殻が入っていれば、缶切りで開けて中身を出し、ゴミ捨て場のゴミも分別が雑なものは開けてあらためて分別し、側溝はフタを開けて中も掃除し、落ち葉は一般ゴミと分けて堆肥(たいひ)にし、掃除が終わると今度は掃除道具も掃除して…、とまあ、とにかく掃除、掃除、掃除の大行進。

その結果、周囲も巻き込まれて社風が変わり、地域が変わり、学校が変わり、ついには、授業もできないほど荒廃していた高校で、七年ぶりに体育祭が復活。先生が感動の涙を流したという話には、私も思わずうるうるしてしまった。

九十年代、ニューヨークでそれまで最悪だった治安が回復したのは、地下鉄の落書き掃除が発端だったという話は有名だ。本書の内容は、その日本版といったところか。

この本を読んでいると、まるで掃除ですべてが解決するかのような気持ちになってくる。

ビバ! 掃除。

ひょっとすると、異常気象とか、東南海地震とか、そのほかのややこしい問題も、みんなでトイレ掃除すれば、なんとかなるんじゃないかな。

なんて、すっかり「掃除道」に洗脳されてしまったが、じゃあ、今から家のトイレ掃除するのかといえば、やっぱり面倒くさいのだった。(宮田珠己・エッセイスト)

(PHP研究所・1365円)=2005年9月8日③配信

大義なき魑魅魍魎の世界

「阿片王」(佐野眞一著)

戦争には表向きの大義とは別に、必ず闇の部分がある。闇は黒く、深々と横たわっている。

イラク戦争を開始したブッシュ政権の本音は石油利権の奪取にあった、という話もその一例だが、じつはもっと手近に実例がある。帝国日本が「満州建国」から日中戦争を経て敗戦へと崩れ落ちていった十五年間、その闇の中心に阿片(アヘン)があった。阿片は中国人の抵抗を骨抜きにする媚薬(びやく)になっただけでなく、その密売からあがる巨費は、数々の謀略の資金とも、軍幹部と大陸浪人らの活動費や遊興費ともなって、一国の運命を左右した。

著者の佐野眞一が探り当てたのは、里見甫という人物である。旧満州で、つづいて上海で日本軍のために大量の阿片を集め、流通させ、「阿片王」の異名を取った男。彼のまわりには軍や右翼の大物、のちに首相になった政治家、温泉旅館の女支配人や男装の麗人などが蝟集(いしゅう)し、毒々しいエピソードを演じ、踊った。

しかし、それから六十年である。傀儡(かいらい)国家と魔都を彩った男も女もその多くがこの世を去っている。彼らを吸い寄せた里見も、四十年前に死んだ。わずかに残った生き証人とその子や孫を訪ね歩き、ほとんど古文書と化した資料とつき合わせながら戦争の闇を描いていく—。その取材過程を綴(つづ)ることが、本書の記述スタイルとなった。

里見は酒も飲まず、大騒ぎもしない。たんたんと仕事をこなし、たくさんの女たちと戯れた。有能だが、私腹はこやさない。では、彼にはどんな使命感や情熱があったのか、それが見えてこない。エピソードも証言も、なかなか阿片王の人物像を結ばない。にもかかわらず、佐野は楽しげにあちらへ飛び、こちらにもどりながら書き進めていく。魑魅魍魎(ちみもうりょう)こそ、彼の得意とする素材である。

九百枚の長編を読み終えて、じわっとくる感懐がある。東亜の共栄だの、アジアの解放だのを叫んだ時代を一皮むいてみれば、権力の庇護(ひご)のもと、魑魅魍魎があやしく舞い踊る魔界ばかりが広がっている。大義などゆめゆめ信ずるなかれ、ということか。(吉岡忍・ノンフィクション作家)

(新潮社・1890円)=2005年9月8日④配信

魅力的な歴史叙述の試み

「黒田悪党たちの中世史」（新井孝重著）

この本は、伊賀国の黒田荘を舞台とした、とても魅力的な歴史叙述の試みである。

自治と一揆が主たるテーマとして選ばれているが、それはまた、「公」の創出と「平和」の維持をめぐって、黒田荘という小さな地域から大きな中世的世界を浮き彫りにする試みでもあった。

しかも、そこでは時に、フィールドワークによって得られた現在の姿が重ね合わせにされ、中世が思いがけず身近に引き寄せられている。

たとえば中世には、荘園と一揆が分かちがたい関係にあった、という。荘園に仲立ちされて、「寺」の自治が「村」の自治へと道を開いたプロセスが、鮮やかに浮き彫りにされている。こうした自治の基底にあったのは、自立した一揆＝「公」の力であった。そして、それを武力で押しつぶし、国家の「公」を民衆世界に滑り込ませたものこそが、戦国大名であり織田信長であったという。

一揆という「公」は、地域社会の内側から絶対的な君主＝権力が出現することを阻止するための、いわば「国家に抗する社会」に固有の仕掛けであったのかもしれない。

考えるための種子は、さまざまにまかれてある。東大寺の再建を果たした勧進僧・重源を通して明らかにされる、信仰と経済とが濃密に交わす、中世的な風景がとてもいい。

武装はケガレに通じる「悪」と見なされ、清祓（きよはら）いの対象になった。そして城とは、身体の武装から住宅の武装へ、「場」の武装へ、という発展の図式においてとらえられるとする仮説は魅惑的である。さりげなく挿入された、鮎鮨（あゆずし）をめぐる一節などは、まさに可能性に満ちた歴史民俗学の一こまではないか。

それにしても、伊賀の忍者とはだれか—という問いが、「はじめに」の章にあった。それはしかし、ついにどこにも応答が見られず、埋もれたままに終わった。

そこに、悪党とはだれか—という問いの声がかぶさる。悪党的なるものの遍在が、逆に、悪党の姿を見えなくさせている。忍者と悪党とのかかわりなど、さらに解き明かされてほしい。（赤坂憲雄・東北芸術工科大教授）

（NHKブックス・1176円）＝2005年9月8日⑤配信

驚異的大発生の秘密に迫る

「素数ゼミの謎」（吉村仁著）

二〇〇四年の夏、アメリカでは十七年もの間、土の中でじーっと過ごしていたセミがいっせいに発生した。しかもたったの百メートル四方に四十万匹というからすごい。

セミがうるさくて電話もできず、植木を全部枯らされたというから大変だ。一方で、この状況を楽しんでセミのフライを出すレストランやセミ・カクテル（セミは入っていないけど）をつくったホテルもあったという。

実はアメリカには十七年、もしくは十三年周期で大発生するセミがいる。日本のセミが土の中で過ごす時間は六—七年間。同じセミなのに、アメリカのセミは、どうしてこんなに長く土の中にいるの？　同じ場所に密集して発生する理由は？　そして十七年、もしくは十三年ごとに、大発生するのはどうしてだろう？

本書はこのナゾを解いた著者が、わくわくする絵とともに話を進めていく。その内容は、地球と生命の進化、そして1と自分以外で割りきれない数、“素数”がテーマで実に奥深い。

セミは恐竜の時代にはもうミンミン鳴いていたというから驚きだ。セミが土の中で過ごす年月は、幼虫が十分な大きさになるまでにかかる年数によるが、氷河時代には幼虫のいる木の根に栄養が十分にまわらない。そこで土の中にいる年数が長くなった。また、氷河期でも生命が生き残れる暖かい海流の流れる近くなど、発生する場所も限定された。

ところが、違う周期のセミ同士がペアになって子孫を残すと、子孫の周期はバラバラになり、土から出てきても繁殖の相手が少なく数がどんどん減ってしまう。

セミの幼虫が地中の中で過ごせる年数は十八年程が限度らしい。その中で、他のセミと出てくる年が重ならないセミだけが生き残った。そのセミとは？　実は十七年と十三年の〝素数〟の周期のセミだけが、現在まで生き残ることができたのだ。

一時間程で読みきれる本書。算数がきらいでもまったく問題なし。楽しい絵とともに“素数ゼミ”の奥深い生命の感動を、是非味わってほしい。（横山広美・サイエンスライター）

（文芸春秋・1500円）＝2005年9月8日⑥配信

心音のような重低音

「土の中の子供」（中村文則著）

暴走族に追いつめられ、バイクの明かりに照らし出される「私」は二十七歳のタクシー運転手。これからはじまる暴力におびえながらも、彼らを挑発したのはまぎれもなく自分であり、心の奥底では襲撃されるのを期待しているふしもある。だから「私」は抵抗しない。圧倒的な暴力に身をまかせてしまうのだ。

本年上半期、第百三十三回芥川賞の受賞作は、幼児虐待という理不尽な暴力にさらされた経験を持つ青年の内面を丹念につづっている。ずっと心音のような重低音が響きわたっている作品だった。

主人公は日常においても暴力を恐れながら引かれるという、二律背反のなかをさまよっている。そして被害者、虚無、絶望、死の予感という負の想念にまみれながら、自虐的な状況に追い込むようなところがある。それはなぜか。

養父母からの虐待の末、土の中に埋められてしまったという壮絶な過去に象徴されるように「私」が下りていく内的世界も土の中のように暗く息苦しい。自問自答しながらもっと深く沈んでいくのだ。また屋上や窓から故意に投げ落とす缶コーヒーやタバコ。子供のころからものを落とすのが好きだった「私」。そして階段から落ちて大けがをする同棲（どうせい）相手など、落下していくものが効果的に描かれる。

著者は「私」を描く対象として、あえて心の深淵（しんえん）に突き落としているようだ。そして奥底に沈む澱（おり）をすくい上げさせ、それらとていねいに向き合い言語化しようと試みている。その作業は「私」や著者、読むものにとっても苦しいばかりだ。しかしここまで下りて追い込まないと生の実感や希望が見いだせないのかもしれない。

本書には過去の心の傷と閉塞（へいそく）感に逃げ場所を失った若者が、あえて自虐的になってダークな内的世界に身を投じてしまう姿が描かれている。それは光が差してくる方向を知りたいための痛々しい処世術にも思える。息を殺して身をひそめる暗がりと奥底はより深く、複雑になっているようだ。（白石公子・詩人）

（新潮社・1260円）＝2005年9月15日①配信

情報の壁突き破る伝達者

「フォトジャーナリスト13人の眼」（日本ビジュアル・ジャーナリスト協会編）

日々情報はあふれていても、商業メディアから流れる情報では、世界がわかるどころか、かえって肝心なことが見えなくなる。「メディア・ウォール」と呼びたいそんな状況が今まん延している。メディアは世界を見せるというより、むしろ見なければいけないものを見えなくする、壁のように機能しているのだ。

本書に参加している十三人のフォトジャーナリストやビデオジャーナリストは、このメディア・ウォールを突き破って、単身で現場に入ってゆく人たちだ。彼らは戦場にも行く。爆撃の現場に行って戦争の現実を伝える。あるいは、もはやニュースではなくなっても、長く続く放射能汚染の被害や、恒常的に混乱するハイチやアフリカの実情を取材する。

世界のいたるところで、人びとが不当な戦争や不正や暴力や荒廃の犠牲になっている。こういうジャーナリストの活動がなかったら、われわれは自分たちが生きている世界の見えない実情を知ることができないだろう。

アメリカはベトナムでの敗戦をジャーナリズムのせいにし、メディア対策を徹底してきた。どこの国の政府であれ、統治者たちにとって都合の悪い現実を知らせるジャーナリズムは規制の対象だ。だからこそ彼らの活動に保護はない。

それでも彼らは現場に行く。写真を撮るために。それが世論を動かす即効薬になるとはかぎらない。しかし少なくとも、不正や悲惨や混乱のなかに放置され、見捨てられた人びとの姿を見えるものにして、それを世界に伝えることで、そういう人たちを忘却の檻（おり）から救い出すことはできるのだ。

国内外の一線で活躍する日本のフォトジャーナリストたちの仕事をまとめて紹介したこの本には、彼らがどんな思いでシャッターを切っているのか、なぜ危険に身をさらしてまで取材するのか、そのことを被写体になった人びとへの思いとともにつづったことばが収められている。

フォトジャーナリズムが注目されるのは、たぶんよい時代ではない。だが今がまさにそんな時代だからこそ、彼らの活動が必要なのだ。（西谷修・東京外大教授）

（集英社新書・735円）＝2005年9月15日②配信

国家が求めた絵画の歴史

「描かれた歴史」(山梨俊夫著)

本書が主題としているのは、日本近代に流行した歴史画である。とはいえ、「歴史画」という語は聞き慣れない。もともとは西欧の伝統的な画題で、簡単にいえば「歴史上の出来事を題材とした絵画」である。

ただし神話・伝説も「歴史」に含まれ、また同時代の出来事も主題としうる「事件画」という性格もあった。

本書の冒頭に「ある時期、画家たちは盛んに歴史主題の絵を描いた。いまはほとんど、その類の絵を見かけない」とあるように、日本でも近代に歴史画が流行した。もちろんそれ以前にも、歴史を主題とする絵画は存在したが、それを極めて自覚的に推進したのは、明治という時代だった。

それは、欧米に学んだ画家たちによる新しい画題の発見ということでもあったが、なにより新政府による新たな歴史観の導入・形成が大きな力をもっていた。福沢諭吉などが欧米に対抗する自国史の必要を叫び、歴史観の開発にまい進した。そうした時期に日本の歴史画が生まれ、そして消えていったのだ。

はじめは浦島伝説や義経伝説などの物語の絵画化が主流であったが、明治二十二年に大日本帝国憲法が発布されるのと軌を一にして、東京美術学校(芸大の前身)が開校され、次々と美術雑誌が創刊された。

そこでは国体の観念を強固にすべき運動としての歴史画が称揚されたり、「戦争の美術」としての歴史画が論じられている。まさしく歴史画は、国家イデオロギーによって求められたのである。

したがって「古事記」などに主題をもつ神話画と同時に、日清・日露戦争を描く戦争画が生まれ、観念的な理想を歴史的な主題に重ねようとする傾向も現れてきた。

教育現場でも少年雑誌でも、こうしたイメージが反復され刷り込まれることで、短い歴史画の時代が疾駆するのである。

日本の近代絵画が生まれる時、本書が示すような側面のあったことを忘れてはならない。この緻密(ちみつ)なデータに基づく大冊を要約することはかなわないが、近代の意味を知るうえで必読の書であろう。(松枝到・和光大教授)

(ブリュッケ・3990円)=2005年9月15日④配信

少年の「真の更生」とは?

「天使のナイフ」(薬丸岳著)

少年による凶悪犯罪が目立っている。彼らの多くは少年法に守られ、大人と同等の刑事処分を受けることはない。数年の矯正期間をへて社会復帰した少年が、本当に更生したといえるのか? 被害者や家族の人権は?

今年の江戸川乱歩賞を受賞した本作は、少年犯罪にまつわるこうしたさまざまな問題にまっこうから取りくんだ力作だ。

とはいえ、これは主張が前面にでたかたくるしい作品ではなく、社会派小説でありながら、めっぽうおもしろいなぞときミステリーでもある。

主人公はコーヒーショップのオーナー、桧山。愛する妻を惨殺されるが、つかまった犯人は三人の中学生だった。彼らは十三歳の少年であるがゆえに刑事責任を問われない。桧山は無念の思いを抱えながら生きていくしかない。

ところが事件から四年後、犯人である少年のひとりが殺される。警察は桧山に疑いの目をむけるが、彼には身におぼえがない。桧山はひたすら忘れたいと願っていた事件の記憶に直面するとともに、その後の少年たちの軌跡をたどりはじめる。

調べをすすめるうちに、思いもよらなかった過去の事実がつぎつぎにあきらかになっていく。それにつれ、もっぱら被害者の視点にたっていた読者も、桧山とともに加害者の立場にも目をむけ、その心情に思いをはせざるをえなくなる。作者が意図したことだろうが、このバランス感覚が、作品に厚みを与えている。

物語には二重、三重になぞがしかけられている。からまりあったなぞの糸は、中盤以降もいっこうにほどける気配を見せない。終わり近くになってやっと、ははん、わかったぞ、という気がしてくる。あんな意外な人物が黒幕だったのか、と。

ところがそこから話はまた逆転して意表をつく展開となり、最後に思いがけない真実があかされる。と同時に、真の更生とは何かという問いと、その答えが提示される。

緻密(ちみつ)なプロット、巧みな伏線、そして何よりも、重いテーマと真摯(しんし)にむきあった作者の誠実な姿勢が心に残る。(相原真理子・翻訳家)

(講談社・1680円)=2005年9月15日⑤配信

深部へ手を差し入れる旅

「見ることの塩」(四方田犬彦著)

何かに憑(つ)かれたように旅をする。言葉にならない激情に突き動かされた著者が書いた本である。読み手はいつの間にかその熱に感染してしまうのだ。

旅行といっても、もちろん名所旧跡の観光ではない。イスラエルからパレスチナへ。次に旧ユーゴスラビアの国々である。テルアビブ、セルビア、コソボ、ボスニア・ヘルツェゴビナとなれば、どんな事態に遭遇してもおかしくない。当然、国や機関、敵対する側からの勧告がある。著者はそれでも現場に立とうとする。

小説家の松浦寿輝は著者を評して「彼は単に読んだり見たりするだけでは満足せず、それをいきなり自分でやってしまう知性なのだ」と雑誌の文章に書いていた。確かに本書でも、紛争の現場を直接見て、触れて、表面から深部へと手を差し入れ続ける。どこまで知れば満足できるのか。自分自身を試しているような旅行記なのだ。著者とともに歩く読み手は、旅の中でさまざまな発見をする。

著者は「わたしは日本を発つまで漠然と信じていた『パレスチナ対イスラエル』という二項対立がいかに単純で誤ったものであるかを、しだいに思い知らされるようになった」と書いている。読者も同じである。読み進むうちに、複雑な対立が分かってくる。著者の苦渋の旅でつかんだ実感にハッとさせられるのだ。たとえばこういう文章である。

「民族と宗教の違いが戦争の原因となったのではない。戦争によって引き起こされた異常な状況が、エスニックな自己同一性を人々に準備させたのである」

さて、本書を書き終えて、四方田犬彦の旅は終わったのだろうか。最後のページに「ともあれ旅は終わり、書物は書きあがった。わたしはほんの短い時間であってもいいから、わずかな心の慰めが自分の額の上に降りてくる瞬間を待ちたいと思う」と書いている。読者も同じ気持ちにさせられる。この本の魅力はそこにあるのだ。(萩原朔美・映像作家)

(作品社・2520円)=2005年9月15日⑥配信

事件の"表"に女あり

「女という病」(中村うさぎ著)

昔から「事件の陰には女あり」とよく言われてきた。大きな事件を起こすのは決まって男、という時代はとうに過ぎ、今や事件の被害者も加害者も女性であることが珍しくない。

中村うさぎはエッセーのなかで、自らの買い物依存症や整形手術、借金などを暴露しそのめちゃくちゃな生活ぶりで人気を博してきた。ただ、その文章の裏には冷徹な自己分析が働いていることも人気を得た一因だと思う。

彼女が今回テーマに選んだのは事件の女性主人公。二十一世紀になって起こった十三の印象的な事件でキーマンとなる女に心を寄り添わせ、それぞれの事件を分析していく。それはさながらイタコの口寄せのようで、読み進むうち首筋が薄ら寒くなってくる。虚と実の境をさまよっているような気持ちにさせられるのだ。

著者は「人気やおい漫画家」や「エリート医師の妻」、「有名精神科医の婚約者」のような被害者よりも「ニセ有栖川宮妃」や「実子の局部をカミソリで切断した母」「赤い自転車連続通り魔犯」のような加害者の心のほうに興味が強いようだ。それぞれの犯人に自分の一部分を当てはめるような、あるいは醜い部分を強引にさらけ出すような行為にも取れる。

実際の事件をなぞり、自分ならばどうだったのだろうかと自問しながら話は進む。読者はときどきそれに引きずられ、自分と物語を重ね合わせていることに気づくだろう。事実や背景は既にあらわにされている。舞台はそろっている。あとは読者自らが演じてみればいい。

今年の初め「UTAKATA」という中村うさぎのドキュメンタリー映画を見た。散らかり放題の部屋や豊胸手術を陽気にしゃべりながら受けている姿は衝撃的だった。何が彼女をここまでやらせるのかと思ってきたのだが、本書を読んで納得がいった。彼女こそ「女の自意識」に絡め取られ「女という病」に苦しむ者である。だから事件の主人公にならないために、自らの世界で女王を演じるしかないのだ。(東えりか・書評家)

(新潮社・1365円)=2005年9月22日①配信

被爆の記憶めぐる多様な相

「広島　記憶のポリティクス」（米山リサ著、小沢弘明ら訳）

日米の国境と学問分野の領域を何度となく飛び越えてきた著者が、グローバルな問題意識を携えた広島での現地調査に基づいて、被爆の記憶と忘却とがせめぎあう多様な相を浮き彫りにしようとした「変革的知」のドキュメント。

本書の原型をなす論文「記憶の弁証法」やスミソニアン博物館の原爆展論争に関する卓抜な分析に感銘を受けた評者は、本書（英語版の原題は「広島の痕跡たち」）の翻訳を心待ちにしていた。

序章は、建築家丹下健三がデザインした広島平和記念公園が同じ丹下の構想による「大東亜建設記念造営計画」の焼き直しに等しいこと、しかも「大日本帝国の記憶の不在」が二つの儀礼空間の類似を看過させてきたとの指摘から始まる。

本論の第一部では、「明るい広島」を打ち出した市の再開発計画が戦争と原爆の「暗い記憶」を馴致（じゅんち）していった過程がたどられ、さらに被爆建物の保存運動の言説が分析される。第二部は、沼田鈴子や松田豪ら被爆生存者の証言活動が「被爆者」として一括されることを拒否し、聞き手をも変容させる効果を有したところに注目する。

第三部では、韓国人慰霊碑をめぐる論争および女性の無垢（むく）性・被害者性の神話に支えられた平和運動を俎上（そじょう）にのせて、戦争の記憶を想起する行為が、戦後日本の民族的一体性の幻想や女らしさの固定観念を、どのように産み出してきたのが批判的に考察される。

本書は、ベンヤミン、デリダらの思想と文化人類学のフィールドワークの手法を見事に統合した学術書にとどまらない。被爆体験の風化の危機が問われる中で、「記憶の共同体を国民を超えるものに作り変えていくこと」を希求する実践の指南書でもある。

米山の実践的関心の広がりを理解するためにも、前著「暴力・戦争・リドレス」（岩波書店）の併読を薦めたい。訳文は正確で読みやすいが、「物言わぬ従属集団」を指す原語を「サブオルターン」というカタカナ表記だけで済ませている個所などが気になった。（川本隆史・東京大学大学院教員）

（岩波書店・3465円）＝2005年9月22日②配信

僻みから開く文学の新生面

「出生の秘密」（三浦雅士著）

始まりは、むしろ控えめだ。丸谷才一の、これまでさほど耳目を集めたこともない短編小説「樹影譚」から説き起こされるが、出生の秘密というキーワードが登場するや、語りはにわかに熱を帯びる。そこから、村上春樹、マルト・ロベール、ラカンにパース、中島敦に芥川龍之介など一気呵成（かせい）に語られ、ついに、夏目漱石に至る。

漱石にはこのれんがのような大著の三分の一あまりが費やされ論じられる。その漱石を語るに当たり、著者の用意した語は、なんと「僻（ひが）み」だ。

「僻み」とは、何か。それは、漱石が生後すぐ里子に出され、その後一歳にして養子に行ったという、幼年時代の経験によって生まれた意識、すなわち、自分は母から必要とされなかった子ではないか、という思いだ。

これまでも、「吾輩は猫である」を漱石の幼年期の経験と結びつけて論じることはあった。しかし、著者は、この「僻み」が漱石文学の核心にあるという。

驚くべきは、日本近代化論の古典ともいうべき「現代日本の開化」も、出自への「僻み」の所産だと言い仰せている点だ。日本の開化は「外発的」だという、日本の近代化を語る上で定型ともなった漱石の提言も、出自への「僻み」の投影なのだ。そこから著者は、さらにヘーゲル、ルソーへとさかのぼり、出自への「僻み」が社会認識、変革の起源になると語る。

驚くべき力業だが、それが決して重苦しくないのは、意外な人物、思想を次々に結びつける筆者のフットワークのよさによる。これは、もの尽くし、すなわち「枕草子」以来の日本の伝統的随筆の技法によるとも言える。ただ、それが、お気楽なエッセーに堕していないのは、筆者の繰り出す揚言が、対象だけでなく、筆者を含めた皆に向かうものでもあるからだ。出自に誰も無関心ではいられないのだから。

筆者の開示する目も彩な光景に幻惑されつつ、ときおり自身を顧みてヒヤリとさせられる、そんな極上の読書体験を許すと同時に、日本の、いや世界の文学の新生面を開いた驚嘆すべき一冊だ。

（千葉一幹・文芸評論家）

（講談社・3150円）＝2005年9月22日③配信

約束事への違和の表明

「モーダルな事象」（奥泉光著）

さえない日本文学研究者である桑潟幸一（桑幸（くわこう））が、溝口俊平という無名の童話作家の遺稿に関する原稿を書いたところから、殺人事件に巻き込まれていく。謎のアトランティス・コイン、非合法薬品の製造、数と音楽を教養におくオカルト教団、疎開した十五人の少年たちの謎の海難事故、男色、近親相姦（そうかん）、そして時空を超えて桑幸が目撃した地下室の実験など、なんでもありの小説である。

しかし本書の基本的枠組みは、本格ミステリーである。それは「本格ミステリ・マスターズ」のシリーズの一冊として刊行されたからではなく、本格ミステリー形式を通して、本格ミステリー批判をなしえている点においてそうなのである。

確かに、アキと諸橋の元夫婦がコンビを組んで、瀬戸内の久貝島から札幌まで全国を飛び回り、事件を捜査するトラベル・ミステリー形式で書かれてはいるものの、謎解きをめぐっては、一部のマニアには評判がよろしくないだろう。いわゆる「読者への挑戦」形式からは、ずれているからだ。

だがそこには、神のごとき名探偵が、最後になんでも解決するという、本格ミステリーのお約束事に対する違和が表明されているのではないか。奥泉氏が巻末付録のインタビューで述べているように「嘘はいいけど、嘘くさいのは困る」のである。

その意味で、本書は本格ミステリー形式への懐疑なくしては語りえない、新本格以降の流れに正統に位置づけられる。桑幸の精神が崩壊していく語りのプロセスは、作者が読者に仕掛けた叙述トリックの一種とみなすこともできる。

狂言回しを演じた桑幸ではあるが、やはり本書の主人公は彼のほかにいない。いったんは「トータルな死の国」（これは奥泉氏の現実認識の寓意（ぐうい）でもある）にのみ込まれそうになったダメ学者は、別の生き方を選択することで「死の国」を否認する。感傷の共同体を批判するその姿は、奥泉氏の文学の姿そのものである。副題の「桑潟幸一助教授のスタイリッシュな生活」は、アイロニーではない。（押野武志・北海道大助教授）

（文芸春秋・1950円）＝2005年9月22日④配信

羽ばたいていく少年たち

「今ここにいるぼくらは」（川端裕人著）

若いころに戻れるとしても、十代に戻りたいとは思わないという人は意外に多いのではないか。

特に多感で感情の振幅が激しいローティーンの時代。たわいのないことでも喜べる半面、些細（ささい）なことでも生死にふれるほど揺れ動いたりする。夢と現実の狭間（はざま）でもがき始めるのも、この時期だ。

本書は、そうした子供の闇をとらえたうえで、羽ばたいていく彼らの姿を活写した連作スタイルの少年小説である。

物語は主人公大窪博士が七歳のころから始まる。気弱で泣き虫だが、自然に対する好奇心旺盛な彼は、ガキ大将のムルチたちと近所を流れる川を源流までさかのぼろうとする。山と川のある田舎で育った者なら誰しも似たような経験を持つだろう、生まれて初めての冒険旅行。

博士はその後関西から東京のベッドタウンに引っ越すが、転校先でなかなか自分の居場所が見つけられず苦悩する。だが自分と同じようにクラスで孤立している釣り好きのサンペイ君と意気投合したことから、活路を見いだしていくのだった。

そのサンペイ君をはじめ、クラスのリーダー格の福ちゃん、お調子者のタッキー、面倒みのいい優等生の小林マキちゃん等、博士＝ハカセ君と彼の仲間たちが織りなすエピソードの何とハツラツとしていることか。

人間に化けた宇宙人？　コイケさんをめぐる調査劇、帰国子女の転校生・山田ユキノンに下半身をうずかせるハカセ君の初恋劇、そしてサンペイ君があこがれる叔父さんの帰還劇。まさに涙と笑いにあふれた青春賛歌である。

もっとも、著者はそのいっぽうで、章ごとに時制をずらし、ハカセ君が死や人生の闇と直面するエピソードも挿入してみせる。人生、山あれば谷あり。ハカセ君たちはそうした挫折をバネに自分の居場所を発見していくことになるわけだ。

青春小説から企業小説、伝奇ミステリーまで、幅広い作風で知られる著者であるが、「川の名前」（早川書房）といい、本書といい、川をめぐる少年小説のシリーズは今後氏の代表作になる可能性大といっておこう。（香山二三郎・コラムニスト）

（集英社・1785円）＝2005年9月22日⑤配信

素のままでぎこちなく

「バケツ」（北島行徳著）

スーツ越しにも分かる逞（たくま）しい肉体の男・神島大悟が激しい便意を催している場面で物語は幕を開ける。神島はここ数週間、神経性の下痢に悩まされていたのだ。見かけのたくましさとは裏腹に、「気が弱く他人に気ばかりを遣ってしまう」彼にとって、縁故で入社した伯父の会社は針のむしろだった。自分のアパートを目前にして、粗相をしてしまったその日、神島は会社を辞める決意をする。

次に神島が就職したのは養護施設だ。そこで神島は「バケツ」というあだ名の少年と出会う。知的な遅れがあり、盗癖があるというそのバケツと神島の出会いから、二人が一緒に暮らし始めるまでのいきさつをつづったのが表題作の「バケツ」である。以下、神島とバケツの物語は「噛む子」「駄目老人」と続いていく。

知的な遅れのみならず、外見も異様なバケツと神島の共同生活は、きれいごとだけではない。二人分の生活費を稼ぐために、がむしゃらに働いている神島の苦労に報いるどころか、その金をくすねて無駄づかいをしてしまうバケツがいるし、我慢に我慢を重ね、とうとうキレてバケツを殴ってしまう神島がいる。けれど、そこがいいのだ。

バケツはバケツのままだし、神島だって神島のままだ。どちらかが一方的に相手を思いやるとかそういうことではなく、どちらも素のままで、ぎこちなく、不安定でありながらも続いていく。

神島とバケツは、庇護（ひご）するものとされるものの関係ではなく「いわく言いがたいのだけど、お互いがお互いを必要としている」関係なのである。そこにリアリティーがある。

年中金欠状態の神島が、日焼けサロンや無認可保育園の経営を次々と始めていくなど、話の運びにやや強引な部分もあるし、文章だって決して流ちょうではない。けれど、本書には「何か」がある。それが、物語を最後まで一気に読ませてしまうパワーになっている。

カットを施される前の、宝石の原石のような魅力を放つ一冊だ。（吉田伸子・書評家）

（文芸春秋・1890円）＝2005年9月29日①配信

レンズを通して見た東京

「ライカと味噌汁」（田中長徳著）

時代錯誤な本だ。デジカメ全盛の時代に「ライカ」だもの。デジカメの前には日本製一眼レフや自動焦点カメラが世界を席巻していて、ライカが注目されたのはその前の時代のこと。

しかも、ライカと並べて「味噌汁（みそしる）」ときた。一九二五年にドイツで発売されて以来、ライカは極東の写真家やカメラファンをも魅了してきたが、そのレンズが見つめたのは、道路も電線もこんがらがったように延び、それに沿ってしもた屋が軒を連ね、小路からは味噌汁の臭（にお）いが漂ってくるような風景だった。

一九六〇年代後半の東京には、カメラ小僧（失礼！）が掃いて捨てるほどいた。ある日、私は十数人の友人たちと新宿駅西口の地下広場で反戦フォークを歌い出したのだが、当初は私たちの数よりバシャバシャ、シャッターを切るカメラ小僧のほうが多かった。

本書にもこのフォーク集会の話が出てくるので、著者もその一人だったかもしれない。ただし、バシャバシャは一眼レフの音。このとき若き田中長徳が持ち歩いていたのは、静かにシャッターが落ちるライカだった。なぜライカなのか？

著者は、かつて自分が撮影した写真から、当時の東京を浮かび上がらせていく。瓦屋根の上にのぞく無機質なカテドラル、消えつつあった街角の木造六角形交番、淀橋浄水場跡地に広がる人工的地平線と超高層ビル建築の始まり…。それらは古い街並みの殻を破って生まれ出る新東京の姿一あるいは、ひとつの東京が死んでいく姿だったと言っても同じことだ。

「かつてライカのすぐ傍に『死』が存在した」。ライカは「生死のただなかに自己を投ずる者」のカメラだった。冒険家と生死を共にし、戦場のざらついた現実を写し取ってきたライカの歴史を振り返って、田中はそう書いている。それはカッコよさでも便利さでもなく、「意志」が生きていた時代ということである。

それを時代錯誤と感じる読者の側に、精神が少し緩んじゃいないか、とチョートクさんは語りかけてくる。（吉岡忍・ノンフィクション作家）

（東京書籍・1575円）＝2005年9月29日②配信

根源的な〝脱欲望〟の問い　「人間の終焉」（ビル・マッキベン著、山下篤子訳）

いま生命倫理の最先端では、驚くべきことが議論されている。遺伝子操作やクローンなどの技術を使って、生まれてくる赤ちゃんを親の思い通りに改造してもいいかどうかがホットな話題になっているのだ。

たとえば、知能指数（IQ）を高くする遺伝子が分かったら、赤ちゃんが受精卵のときにその遺伝子を注入しておけば、頭のいい赤ちゃんが生まれてくるようになるかもしれない。美しい顔やスタイルをもった赤ちゃんを遺伝子操作で作れるようになったら、その誘惑に勝てる親は、どのくらいいるのだろうか。

本書は、将来確実に訪れるこれらの先端技術に対して「そんなものは要らない！　もう十分だ！」と訴える。先進国の科学文明は、もうこれ以上進歩させても、人間の幸福には必ずしも結びつかないところまで来ている。だからいま必要なのは、欲望をどんどん肥大させることではなくて、与えられたものを歓待し、その中で生きる意味を見いだすことではないかと言うのである。

このような〝脱欲望〟の勧めが、米国民には容易に通じないであろうことを著者は自覚している。しかしそのうえで、著者は、先端技術による子どもの改造が、子どもたちにより多くの自由と選択肢を与えるのではなく、その逆に、多くの子どもたちから人生の選択の自由を奪い、生きる意味の創造を奪っていくということを、説得力をもって示すのである。

だから試されているのは、結局のところわれわれの知恵なのだ。寿命をどんどん延ばすこと、能力をどんどんアップさせること、生命を自由自在に操ること。それは人生にとってどのような意味をもつのか。本書を読むと、これらの根源的な問題を考え込まざるを得なくなる。

本書はこのような哲学的な問いによって貫かれているが、文体は良い意味でジャーナリスティックであり、生命倫理の最新の議論もほどよく取り込まれている。現代がどのような時代なのかを知るための格好のテキストだと言えるだろう。（森岡正博・大阪府立大教授）

（河出書房新社・2310円）＝2005年9月29日③配信

映画も顔負けの絶頂感　「もっと！　イグ・ノーベル賞」（マーク・エイブラハムズ著、福嶋俊造訳）

「まずは笑わせ、次いで考えさせる」業績と研究…。一九九一年の創設以来、名誉か侮辱か、喝采（かっさい）か罰ゲームか、という賛否の紙飛行機を豪快に乱舞させつつ、世界の注目を浴びるに至ったイグ・ノーベル賞の選考基準は素朴かつ明解である。

本書はイグ・ノーベル賞の生みの親で、授賞式の司会も務めるマーク・エイブラハムズが、歴代の受賞者、研究内容、評価理由、さらに、受賞者が栄えある式典に参加した場合には、その情景を記録した書物である。過去に一冊目が出版されており、本書は続編となる。「品がない」を意味する「イグノーブル」と、ノーベル賞をかけ合わせた命名だけに、受賞一覧には、えげつないもの、きてれつなものが多い。ぬれた下着や足の臭（にお）い、おならに便秘、からみつくシャワーカーテンに、急所を挟むジッパー、それらが人類にもたらす影響と、その対処法を大まじめに説かれると、笑うより先に怒りがこみ上げる向きもあろう。だが、いつしか見知らぬ研究者たちの飽くなき熱意に打たれ、豊かな発想と地道な作業に敬意を抱くこと請け合いである。

日本人必読なのが「カラオケを発明し、人びとが互いに寛容になることを促進した功績」で、イグ・ノーベル平和賞を授与された井上大佑氏の項である。世界に普及した娯楽の発明者でありながら、もうけもなく無名だった彼が、授賞式で受けた歓待は感動的だ。本物のノーベル賞受賞者たちが氏をたたえる音頭をとり、カラオケで「君の瞳に恋してる」（素晴らしい選曲！）を熱唱するのである。聴衆も参加しての大合唱は、映画も顔負けの絶頂感だ。

筆者のお気に入りは、ノルウェーの島で開業する医師が、尿検査の際、島民が持参した容器を記録したイグ・ノーベル医学賞受賞論文である。島の患者たちは、多様性に富んだ容器を使用し、しかしながら最も多かったのは地元企業のトマトピューレおよびはちみつの瓶だった…。これもまた、愉快でいとしい映画の一コマのようではないか！（片倉美登・文筆業）

（ランダムハウス講談社・1995円）＝2005年9月29日④配信

揺れ動く微妙な関係を解明「だから母と娘はむずかしい」(キャロリーヌ・エリアシェフ、ナタリー・エニック著、夏目幸子訳)

かつてホラー映画「キャリー」を見て、「なるほど、これがユング心理学におけるグレートマザーの暗黒面ですか」と納得してから幾星霜。でも、「だから母と娘はむずかしい」がある今、狂信的キリスト教原理主義者で、娘が“女”になることを許さず、小間使いとして支配し続けようとするキャリーの母親は、もっと細やかに分析できるようになったのである。

いわく、〈女よりも母〉であることを選び、娘との関係では優位にいられるようコントロールし、娘の〈自己愛を破壊する人格侵害〉者であり、そういういびつな関係を批判する第三者(たとえば父親)の存在を排除し、娘の長所を認めず存在や行動を批判するばかりの〈欠陥のある母〉。

この視点から「キャリー」を見直すと、いじめられっ子が窮鼠(きゅうそ)猫をかむ状態まで追いつめられて起こった悲劇という従来の解釈に、問題のある母親に育てられた娘の末路という見方が加わり、恐怖も一層リアルになろうというものである。

精神分析と社会学を専門とする二人の女性が共同で著したこの本は、これまでほとんど分析の対象にならなかった母と娘の関係に注目。母親のタイプを〈女よりも母〉と〈母よりも女〉に分類し、それぞれがどのように娘との関係を結んでいくのかを、童話や小説、映画などのフィクションを通して鮮やかに解き明かしてみせる。

「白雪姫」や、ベルイマン監督の「秋のソナタ」、デュラスの「愛人(ラマン)」などで描かれる母娘関係を丹念に追っていくうち、読者は両者の間で揺れ動く微妙な心理メカニズムを理解し、ひいては自分のケースをかんがみる。そして、これまで意識化や言語化ができなかった自身の体験に思いが至る。そんな効用のある本なのだ。

これを読むと、昨今日本で激増している、洋服を共用し、一緒に買い物に出かける仲のいい友達母娘にも、問題がないわけではないことが明らかに。「えっ⁉」と思った方には、一読をおすすめします。いろんな意味ぎょっとさせられる、刺激の強い一冊ですから。(豊崎由美・ライター)

(白水社・2730円)=2005年9月29日⑤配信

ゆらゆらと芽吹く生の衝動「朔太郎とおだまきの花」(萩原葉子著)

七月に亡くなった萩原葉子は、父であり詩人であった朔太郎を書き続けることで、自分の「生」を確かめようとしてきた。本書は、「蕁麻の家」三部作を上梓(じょうし)した一九九八年ごろに構想され、最後の作品となったものである。読み終えたとき、長くすさまじい家族の葛藤(かっとう)の歴史に圧倒されていた。

朔太郎の詩集「月に吠える」には、「地面の底に顔があらはれ、/さみしい病人の顔があらはれ。」(「地面の底の病気の顔」)という著名なフレーズがある。この、震えるように病的で暗鬱(あんうつ)なモチーフの繰り返しによって、朔太郎は現代詩を切り拓(ひら)いていった。

葉子は、初めて朔太郎の詩句に触れながら、幼い朔太郎が医者だった父に人体解剖を見せられ続けた姿を重ねていく。「眼の中のぐにゃぐにゃ、心臓のとぐろ巻き、脳のうず巻き」におびえる、ひ弱な朔太郎の幼時体験が語られ、説得力のある場面になっている。

現実から逃げ、マンドリンと詩作にすがる朔太郎に、家族を養う強さはなかった。恋におぼれて育児を放棄する母と、高熱のまま放置され脳障害を起こした妹との悲惨な日々。布団の中で恋人と抱き合う母の歓喜の声や、「パパの眼は見えない何物かにとりつかれているから、恐いわよ」という母の声が、幼女の耳を通して活写される。母が去ってからは、祖母の虐待ぶりもすさまじかった。

妹の世話をし続け、鬼のような祖母を引き取り、ついには、逃げた母を見つけて最期をみとるのである。そこに、かすかな美談のにおいも、甘い感傷のあともない。「いらない子」「死ね」と言われた深い傷痕から、暗くゆらゆらと芽吹いてきた生への衝動が、ただ率直に描かれるばかりだ。

祖母も母も、激しくて残酷でわがままなのに、どこか哀切な印象を与える。むしろ、背後に影のように揺らめいていた神経、萩原朔太郎という詩人の限りない弱さと優しさが怖い。「詩人の父」という、病んだ神経の巡りに生きた女系家族の哀切さ、葉子は、そのゆがんだ愛の形を描き徹したのである。(佐伯裕子・歌人)

(新潮社・1470円)=2005年9月29日⑥配信

生命誕生の壮大なビジョン　「沼地のある森を抜けて」（梨木香歩著）

梨木香歩は、女性性を前面に押しだした独自の世界観に彩られた、幻想とファンタジーが交錯する世界を提示し続けてきた。書き下ろし長編の本書は、先祖伝来の不思議なぬか床の秘密を通して、生命発生の起源をたどる物語である。

化学メーカーの研究室で成分分析の仕事をする主人公の上淵久美の叔母が心臓麻痺（まひ）で亡くなる。久美は叔母のマンションと彼女が残したぬか床を相続する。先祖代々、上淵家の女たちによって伝えられてきたこのぬか床には、一族の出自にまつわる秘密があった。

ぬか床から発生した卵がふ化し、次々に生まれ出てくる者たち。久美は、生前の叔母と親交があった酵母を研究する風野とともに、曾祖父母の故郷の島にある沼にぬか床を返す旅に出る。

一族の女から女へと伝えられるぬか床。日々手入れを欠かすことができないぬか床とは、日常のすべてを家政にささげなければならなかった、つまりは家父長制に支配された女性たちの近代的呪縛（じゅばく）のたとえでもある。この作品が優れているのは、そうした近代女性の呪縛の歴史を包含しながらも、分子生物学や酵母研究に関する最新の情報を織り込みつつ、生命誕生の壮大なストーリーを等身大のファンタジーとして仕上げた点にある。

本書では、久美のいる世界に並行する「パラレルワールド」として「かつて風に靡（なび）く白銀の草原があったシマの話」という章が何度かにわたって挿入される。これらの章では、「辺境」と呼ばれる砂浜に周囲を取り巻かれた「シマ」という場所で「分裂」する「僕たち」の中から、突然変異のように飛び出した「僕」の覚醒（かくせい）のプロセスが叙情的につづられる。

「僕」の世界は、ぬか床の擬人化とも、意志をもった最初の生命誕生の描写とも受けとることができるが、強大な流れの中に一体化した「僕」と沼にたどり着いた久美の物語は最後に接続され、地球史レベルのダイナミックな生命更新のビジョンを提示するに至る。

著者のもつ情報と文学的方法のすべてを動員して、生命誕生と進化の神秘を描いた会心の作である。（榎本正樹・文芸評論家）

（新潮社・1890円）＝2005年10月6日①配信

事実を積み上げ真実に迫る　「9・11　生死を分けた102分」（ジム・ドワイヤー、ケヴィン・フリン著、三川基好訳）

二〇〇一年九月十一日、ニューヨークにそびえる二棟のワールドトレードセンターに、二機の旅客機が突入した。抜けるような青空を背景に崩壊するビルの姿は、今も人々の記憶に生々しい。

ビルに衝撃が走ったのは午前八時四十六分、ハイジャックされた旅客機が北タワーに突っ込んだ。十六分後、南タワーをもう一機が襲う。あとから攻撃された南タワーが先に崩壊し、その二十九分後の十時二十八分に北タワーも崩落した。ボーイング707型機の突入に耐える、と言われたビルの崩壊だ。

この攻撃で、二千七百四十九人が犠牲となった。うち百四十七人は二機の旅客機の乗客乗員、約六百人が飛行機の突入したフロアで即死した。現場に駆けつけた四百十二人の救助隊員、ビルに取り残された千五百人余りの人々が逃げ遅れた…。と、物言わぬ数字は、即物的に事実を伝える。

最初の攻撃から北タワー崩落までの百二分間、実際ビルの内部で何が起きていたのか。本書は、数千ページにおよぶ公文書やインタビュー、無線の交信記録、電話のやりとり、人々が交わした電子メールをもとに、この間の出来事を再現する。屋上をめざす非常階段で行く手を阻まれた人々、自らの命を顧みず車いすの人を避難用のいすで降ろす人、四十キロの装備を携え階段を駆け上がる救急隊員。暗闇の中で、彼らは声をかけ合った。「ひとつの声に別の声が答え、（略）声で人々がつながっていった」と本書は言う。

ある者は、電話に最後のメッセージを託した。「実はローマ旅行の予約をしてしまってね、リズ。キャンセルしてくれないか」と冷静を装う夫の声が胸に迫る。

多くの人が、無念の死をとげた。経営優先で、非常階段は切り詰められていた。テロ攻撃は予知されていた。いったん避難した南タワーの人たちは、安全だと言うアナウンスに促されて職場に戻った。通信の不備から、消防士には退去命令が届かなかった。

「史上最大の救出劇」など、まやかしだったのだ。丹念に事実を積み上げ真実に迫る本書から、アメリカ・ジャーナリズムの底力がうかがえる。（浦雅春・東大教授）

（文芸春秋・1890円）＝2005年10月6日②配信

西欧に先駆けていた日本

「茶ともてなしの文化」（角山榮著）

茶の湯が生み出した日本のもてなしの心こそ、二十一世紀の世界を救う。かくいう著者角山榮氏は、わび茶発祥の地、堺市博物館の館長。いうまでもなく、わび茶の祖武野紹鷗（たけの・じょうおう）も千利休も堺の人である。堺で生まれた茶の湯のもてなしの文化が、実は海を渡ってヨーロッパの文化に影響を与えていた。これはヨーロッパ経済史の泰斗でもある著者にしてはじめて指摘できたことである。

本書を読み進めると、突然火縄銃と弾を作る道具の写真が出てきた。思い出したのは織田信長が利休にあてた手紙である。合戦にあけくれる信長へ利休が陣中見舞いとして鉄砲の弾千個を贈った時の礼状が残っている（表千家蔵）。茶の湯と鉄砲という取り合わせは一見妙だが、そもそも堺が国内最大の鉄砲生産地だったのだから、信長にとって一番欲しい弾丸を贈ったというのはわかりやすい話である。

しかし本書を読んではたと膝（ひざ）を打って感心した。贈られた弾が実戦で即座に役立つということは、弾も鉄砲もきちんとサイズが統一された規格品だったという指摘である。当たり前のことだが、これが西欧で実用化されるのはずっと後のことで、日本は世界に先駆けて、その技術を完成していたという。

すなわち十六世紀の日本は、茶の湯というヨーロッパ人もびっくりしたもてなしの文化と、品質管理された鉄砲生産にみるような世界最高レベルの技術との二つをもっていた。その伝統を忘れてはいないか。

本書は後半、現代社会の分析に移る。四年前に奥さまをなくされた八十三歳の著者は、炊事洗濯と自転車での買い物とあらゆる家事をこなす実に若々しい心の持ち主である。それだけに未来を危惧（きぐ）する気持ちが強い。英国も日本も、今急速に家族の接触が減少し、ごく普通のコミュニケーションが取れなくなっている。著者は日常の体験のなかから、この現状を救うには茶の湯のもてなしの心（ホスピタリティー）をとりもどさなければならないという。まさに同感である。（熊倉功夫・林原美術館館長）

（NTT出版・2310円）＝2005年10月6日③配信

地球温暖化説は「誤り」?!

「恐怖の存在（上・下）」（マイクル・クライトン著、酒井昭伸訳）

メッセージ性に富んだ問題作だ。何せ、「環境過激派団体」の存在を世に知らしめるため、環境テロリストが人為的に災害を起こす、という設定なのだから。

舞台は、太平洋に浮かぶ諸島国家ヴァヌーツ。水位上昇による領土喪失を恐れ、世界最大の二酸化炭素排出国、米国の提訴を決める。呼応して米の環境保護団体NERFが支援を表明するが、世界各地で不穏な動きが。

正体不明の何者かによってカナダで小型潜水艇、ロンドンで対戦車ミサイル用誘導ワイヤ、マレーシアでは空洞発生装置が調達された。ネットを通じて動きをつかんだMIT危機分析センター所長ジョン・ケナーは、ネパール人の軍人サンジョンを伴って謎の解明に乗り出すが—。

科学的知見を練り込んでヒット作を連発してきた作者だけに、本書でも詳細なデータを元に、あっと驚く展開を用意している。地球温暖化説は「誤り」というのが、それ。

本書で示された気象データによると、地球上で明らかに気温が上がっているのは都市部だけ。これはヒートアイランド効果によるもので、地球全体の平均気温は、過去一世紀の間ほとんど変わっていないという。

にもかかわらず、その地球環境への悪影響が言われ、二酸化炭素排出量の抑制が叫ばれるのは、環境保護運動に寄生した「環境ゴロ」がビジネス化しているためという。

ヴァヌーツの提訴をきっかけに活動家の動きが活発化してきたころ、環境保護を支援していた富豪モートンが殺された。

山あり谷ありの展開、「常識」を覆すデータの数々、そこに男女の機微まで織り込んで、サービス満点の筋運びだ。登場人物が絞られて「恐怖」の所在が明らかになるまでは目まぐるしいが、手札がそろってからのテンポは壮快。現代社会の裏表をダイナミックに描く、娯楽大作には違いない。

もっとも、地球温暖化は自然現象との説は、果たしてどうか。化石燃料の浪費を肯定するメッセージは、作者も批判する「環境の開発者」を利するだけなのだが。（安岡真・翻訳家）

（早川書房・上下各1785円）＝2005年10月6日④配信

〝書は人なり〟を実感　「『二重言語国家・日本』の歴史」（石川九楊著）

〝書は人なり〟

という、字の下手な人には迷惑千万な言い方がある。ヨーロッパのアルファベットは発音記号にすぎないが、東アジアの漢字は象形文字だから、絵を描くのと同じように書き手の内面がにじみ出るのはまちがいない。

字はたいていの人が書く。天皇も政治家も書く。とすれば、字はそういう時代をリードした人間の中身が表れているはずで、それを読み解けば、人間の心の、時代の文化や精神のあり方が分かる。

〝書は人なり〟、〝書は時代なり〟となるはずだが、本当にそのように考えて書を読み解いた人はこれまでいなかった。ただ一人の例外をのぞいて。石川九楊である。

「残された書の一点一画の筆蝕と構成（書きぶり）を克明に辿れば、時代とともにある作者（政治家や知識人）が手にした筆の筆尖が紙に接触し、摩擦し、離脱する全過程を再現的に直かに目撃することができる。この意味において、書は、いっさいの加工のない0次資料ともいうべき超一級の資料である」

ここまで言い切って、さて、漢字の発生に始まり、日本への渡来、そして古代における万葉仮名の成立によって生じる二重言語問題、さらに平仮名の誕生、中世に入って一休や親鸞、近世にいたると寛永の三筆が俎上（そじょう）にあげられ、ラストは近代の書が解き明かされる。

とにかく石川九楊のライバルは石川九楊しかいない状態の領分なので、比較検討しようもないが、目のウロコはどっと落ちる。〝書は人なり〟が実感できる。

たとえば、維新の志士にして名筆家の副島種臣のトンデモ字について、

「個々の文字の上下の外側の枠組みを線で結んでいただくとわかるのですが、いわゆる散らし書きと同じような傾斜ラインを持っている。（略）抜群のデザイン力です。この姿は何であるかというとミロですね、やはり。副島にミロが宿ったのです。（略）抽象画の水準をこの時点ですでに副島が表現してしまっているということです」

一点一画が書いた人の中身を語ってしまう。おそろしいことでもある。（藤森照信・建築史家、東大教授）

（青灯社・2310円）＝2005年10月6日⑤配信

韻文としての短歌への読解　「遠き声　小中英之」（天草季紅著）

本書は歌人・小中英之をきわめて個性的な視点から論じた秀抜な歌人論である。

平凡な比喩（ひゆ）だが、小中英之は短歌を詠（うた）うために生まれてきたようなすぐれた歌人だった。一九三七年に京都・舞鶴で生まれ、二〇〇一年に六十四歳で没した。歌集には「わがからんどりえ」（一九七九年刊）と「翼鏡」（一九八一年刊）の二冊と遺歌集「過客」（二〇〇三年刊）がある。

〈月射せばすすきみみづく薄光りほほゑみのみとなりゆく世界〉

〈螢田てふ駅に降りたち一分の間（かん）に満たざる虹とあひたり〉

このように端正な美意識が貫徹した作品は韻文としての短歌の神髄を味わわせてくれる。作歌は死の直前まで続けられたが、第二歌集以降二十年以上、歌集を上梓（じょうし）しなかったことは、「サラダ記念日ブーム」以降の軟弱な短歌の現状に対する無言の抗議であった。

この小中英之の作品に対して真摯（しんし）に向き合ったのが天草季紅である。彼女は小中の初期作品に頻出する「鷗」という言葉が入った歌が二冊の歌集には皆無であることに注目して、青年時代の小中の歌に秘められた友の死という事実を浮上させる。

歌集未収録の作品を初出誌に拠（よ）って丹念に読むという行為を繰り返し、推論を展開して行く筆致はけっして恣意（しい）でも独断的でもない。短歌以外の小中の文章を拾い、また、小中が少年期を過ごした北海道の江差町へのフィールドワークもおこなわれる。これは、小中が見たであろう風景や風土を自分もまた見ることによって納得したいという天草の執着と言ってよいだろう。

「小中英之がこの世においてどうしようもなく異端であり、単独者であるほかはなかった理由」を天草は激しく知りたいと思った。その欲求が小中の短歌や文章への深い読解を呼び起こし、稀有（けう）な歌人論としての本書を生み出した。優れた歌人の優れた作品を優れた読み手が読み解く至福を味わってほしい。（藤原龍一郎・歌人）

（砂子屋書房・2625円）＝2005年10月6日⑥配信

闇の中にある美しいリズム

「素数の音楽」（マーカス・デュ・ソートイ著、冨永星訳）

すごい！　ともかくすごい本だ！　今日は早朝から仕事が入っているというのに、昨晩から本書を読み始め、リーマン予想にまつわる天才たちの知性にじかに触れて心ときめかせ、年がいもなく徹夜してしまった。

リーマン予想は、ドイツの数学者リーマンが一八五九年に発表した論文の中で、素数の分布に規則性があることを予想したものだ。これがもし証明されると、素数のありようが詳しく解明され、整数論に飛躍的な進歩をもたらす。しかし、超一流の数学者たちの挑戦をはねのけて、今日まで未解決である。

数学の研究は、一見無秩序で全く混沌（こんとん）とした謎に満ちた森羅万象を対象とする。顕微鏡、望遠鏡、偏光器、分光器、リトマス試験紙などに相当する、ありとあらゆる数学的道具を駆使して、すべての謎を解き明かす〝一連の思考の糸〟を探し出す。

一般に、この活動は生涯を賭けた死闘になることが多い。カネにもならないし、成功する保証もない。しかし、数学の真実には一切の妥協を許さない合理の美がある。この究極の美は多数決で揺るがされることもなく、思想や文化の違いによって価値が変わることもない。時代を超えて輝き続ける人類の宝である。

この美に魅了され、七転八倒の苦しみの末、歴史に名を刻むこともなく多くの研究者が墓場に消えていった。これに対し、本書に登場する人々は、奇想天外なアイデアや真実を見抜く卓越した眼力を備えたごく一握りの天才たちである。

彼らの頭にひらめいた数学的なアイデアが一般の人々にリアルに伝えられない限り、この種の本は謎解きの面白さに欠ける、単に稚拙なミステリーになってしまう。だが、この本は違う。

高校までの数学を修めた人が読むのは、その人がよほどの自制心を持たない限り危険である。というのは、本書を読めば、ずーっと遠くの暗闇の中から漏れ出す素数の美しいリズムが、かすかにあなたにも聞こえてくるに違いない。ひょっとすると、あなたもこの問題に人生をささげてしまいかねないからだ。（秋山仁・数学者）

（新潮社・2520円）＝2005年10月13日①配信

昭和に翻弄された建築家

「前川國男」（宮内嘉久著）

前川國男が生まれたのは明治三十八（一九〇五）年である。彼は昭和元（一九二六）年にはすでに東京大学で建築を学び始めていた。亡くなったのは昭和が終わる三年前のことである。つまり建築家・前川國男は昭和とともに誕生し、昭和の終わりを前にして亡くなったことになる。

本書は、こうした一人の建築家をめぐる、初めての伝記である。紙数は驚くほどに短いが、その短い枚数の中に、建築家・前川だけでなく、人間・前川までが濃密に描き込まれている。

ル・コルビュジエに弟子入りし、本場の近代建築の成果をいち早く日本に根づかせたこと、丹下健三の師であり、同時に終生丹下のライバルであったこと、学生運動に際しては前川が「バリケードをくぐって」学生たちと対面したこと、建築家の社会的地位の確立のために奔走したこと、お堀端の「東京海上ビル」設計では、皇居を睥睨（へいげい）するという理由から故・佐藤栄作首相によって不敬罪のような扱いを受けたこと、その妥協案を〝提示〟するに際して前川が一筋の涙を流したこと…。

このように、本書には知られざるエピソードも含めて、前川の八十一年の生涯がくっきりと浮き彫りにされている。後半生で前川が説いていた、自然と建築がいかに共生すべきかといった今日的な課題も引き出している。これらすべて、長く前川の近くにいて、直接、彼から言葉を得た著者だからこそ書けた一冊だとしていい。

副題にもあるように、宮内は前川を「賊軍の将」だと言っている。その場合の「賊軍」という言葉には、肯定、あるいは否定の両面でいろいろな含みが込められている。しかし一番大きいのは、昭和とともに生きた前川の、時代そのものに対する「愛憎」ではあるまいか。

前川はかくも昭和という波乱に満ちた時代に翻弄（ほんろう）されたのだ、著者は強くそう言いたいにちがいない。と同時に、それはきっと昭和元年に生を受けた著者の心情そのものでもあるのではないかと思った。（飯島洋一・建築評論家）

（晶文社・1890円）＝2005年10月13日②配信

教育基本法改正は得策か?

「〈愛国心〉のゆくえ」(広田照幸著)

教育基本法を、「国を愛する心」や「道徳心や倫理観、規範意識」などを盛り込む方向で改正する動きが着々と進んでいる。その中で、改正推進派と反対派の間の対立も深まっている。

本書の著者である広田照幸氏も、反対派の立場に立つ。しかし広田氏は、アジテーション的な反対派の主張は推進派の耳には届かないと述べ、自らが改正を支持しないプラグマティックな理由を緻密(ちみつ)に説明してゆく。いわば、「改正は善か悪か」という見方ではなく、「改正は得策か否か」という見方で議論を繰り広げている。

広田氏が「改正は得策ではない」と述べる根拠は次の点にある。さまざまな徳目が教育基本法に盛り込まれたとしても、子供や若者の心への「刷り込み」は決して思うような成果をあげない。教育基本法改正を通じてすべてが解決されると信じる推進派も、子供や若者が「教化」されることを危惧(きぐ)する反対派も、いずれも教育の力を過信する幻想にすぎない。

実際には「刷り込み」がうまくいかないからこそ、うまくいかせようとする監視や圧力が悪循環的に教育現場・家庭・地域に充満することになる。そうした抑圧は、自らの属する政治空間に積極的に関心をもつという意味での〈愛国心〉から発する、多様な政治・経済システムの構想をも封殺する。さらに、現在きわめて流動的で不透明な状況にあるアジア世界の中での日本の選択肢を硬直的に固定化し、「アジアの孤児」化させるおそれもある。

こうした危険性をはらむ教育基本法改正に対して広田氏が提示する対案は、子供たちに政治的教養をはぐくむことによって価値や利害の多様性を尊重する民主主義を実現することである。そのために、唯一の「正答」を子供に教え込むのではなく常に子供とともに問いを立て続ける「政治的コーディネーター」へと教師像を転換することの必要性が提起される。

安易な幻想を排し、リアリズムに基づいて最善の将来像を模索する、渾身(こんしん)の書である。こうした冷静な議論が広がることを強く期待する。(本田由紀・東大助教授)

(世織書房・2520円)=2005年10月13日③配信

戦後史観に新たな視角示す

「戦後ドイツのユダヤ人」(武井彩佳著)

第二次大戦後もナチスを生んだ国に住み続けたユダヤ人たちの軌跡をたどる、というのが本書のテーマである。

戦争責任や戦後補償の問題では日本とドイツを比較することが多いので、ホロコーストの犠牲となったユダヤ人と、「過去の克服」に努めるドイツの話かと思って読むと、予想は外れた。

ユダヤ人を取り巻くドイツ社会の変容、イスラエル、アメリカ、ソ連などとの関係の中で、彼らの社会組織である「ゲマインデ」が、どのように生き抜いてきたのかを描いた本だったのである。

本書は、占領時代に連合軍各国(米、英、仏、ソ連)によって、まちまちの処遇を受け、イスラエル建国後はヒトラーの国に暮らし続けることを批判され、東西ドイツ統一後は、ドイツ社会の歴史観やユダヤ人観さえ変化していったことを描いていく。

こうしたドイツ在住ユダヤ人からみた戦後史は、日本人の冷戦観や戦後史観に新たな視角を提示してくれ、実に刺激的である。通り一遍の「戦後ドイツ」ものと違い、一つ一つが発見に満ちている。だが読者として、こんな「発見」をしていること自体、いかに枠にはまった視点で戦後ドイツやユダヤ人社会をみていたかを暴露するもので恥ずかしい。

著者は新進の学者とお見受けするが、文章も生硬なところがなく、論旨も明快で読みやすい。現代史の書物は、往々にして、著者がよって立つ史観のようなものがちらついて目障りだが、本書にはその気配もない。

「あとがき」で著者が述べているように、「(戦後の)ドイツにまだユダヤ人がいる」という驚きから出発した研究が、新鮮さを損なわずに結実した好著である。

統一後、徐々にホロコーストへの贖罪(しょくざい)意識が変化していくドイツ社会で、反ユダヤ主義に抵抗したイグナツ・ブービスが、ユダヤ人を単なる「市民」ではなく、一線を画して「同市民」と呼んで連帯感を表明しようとすることに、かみついたという話。ドイツ社会の他者認識の特徴が現れていて、興味深いエピソードであった。
(内藤正典・一橋大大学院教授)

(白水社・1995円)=2005年10月13日④配信

空虚と欲望の行き着く先

「アムニジアスコープ」（スティーヴ・エリクソン著、柴田元幸訳）

アメリカの作家たちは、この時代を覆う絶望感をどのような形で作品に投影させているのか、あるいは投影させていないのか。投影させているとすれば、その絶望の向こう側に何を見ているのか。

それが最近のわたしの関心事のひとつなのだが、エリクソンの「アムニジアスコープ」では、絶望の果ての世界が豊かな言葉で描かれている。

小説の舞台は未来のロサンゼルス。地震で街は崩壊し、廃虚と化したLA空港にはホームレスたちが潜み、山には絶えず火が燃え、ときには大雨で家が浸水する。ここで描かれる荒涼とした風景は、不思議な美しさをたたえている。すでにアメリカの過去となり、記憶となったその都市で、新聞社に勤める主人公（作家であり映画批評家）の「私」は一種の「記憶喪失（アムニジア）」にかかっている。と言っても、彼が求めているのは、頭や心の記憶喪失ではなく、「魂の記憶喪失」である。

欲望のおもむくままに女と交わり、女たちのエネルギーにもてあそばれ、保身をはかる同僚を眺め、見たこともない映画の批評を書きながら、彼は自分がどこから来て、どこに向かっているのかわからない。現実とかろうじてつながっているという手触りだけを感じている。そして瓦礫（がれき）のなかから玩具や日用品が掘りおこされるように、彼の意識の底からはかつて愛した女や言葉が不意に現れては記憶や感情を刺激して消えていく。

その虚（うつ）ろなまでの主人公の内面の描き方にこの小説の醍醐（だいご）味がある。

そして主人公が絶望の向こう側に見いだすのは、信じられる未来や明るい光や、「こんなはずではなかった」という嘆きではなく、「確率は低いが、いつだって可能性はある」というかすかな一筋の希望である。

一九九六年にLAの崩壊を近未来小説として描いたエリクソンは、やはり「終焉」において近未来小説の形を借りて暗澹（あんたん）たるアメリカを描いたアップダイク同様、やり場のない空虚と果てしない欲望の行き着く先を見据えているように見える。（古屋美登里・翻訳家）

（集英社・2940円）＝2005年10月13日⑤配信

共同創作と言い切る姿勢

「柿喰ふ子規の俳句作法」（坪内稔典著）

正岡子規の菓子パン好きに影響されて、毎日あんパンを食べる習慣がついてしまったほどの、熱心な子規研究者によるエッセー集だ。著者はまた「三月の甘納豆のうふふふふ」などで広く知られる俳人である。

書名に「俳句作法」とあるが、よくある俳句入門的な類（たぐい）の本ではない。子規の生き方や思想を通じて、俳句とは何か、あるいは人生とは何かを考えた本と言ってよいだろう。といって堅苦しい書きぶりではなく、豊富なエピソードと明晰（めいせき）な文体で、ぐいぐいと読者を引き込んで離さない。

まず著者は「子規を読むと元気が出る」と言う。ご存じのように、子規は若くして病気のために寝たきりの身になった。彼の野球好きはつとに有名だが、野球はおろか身動き一つすらおぼつかなくなったのだから、普通の人なら絶望のふちに沈んでしまうところだ。

が、彼は違った。ならば、逆に病気を楽しんでやろうと「負の条件を引き受け、その条件を逆用して活かした」のである。現実から逃げないこの姿勢を、著者は何よりも愛している。

子規の文学活動に対する考察にも、著者ならではのユニークな視線が感じられて興味深い。なかでも白眉（はくび）は「俳句や短歌は個人性だけに徹することはできない」とする実作者としての考えを子規に学んでいる点だ。「子規は、個人の見方を何よりも優先させる写生という方法によりながら、その方法の具体的な実践の場では、個人の単独の行為よりも、仲間との共同を重んじた」

とかく「オレがワタシが」になりやすい文学的表現の世界で、俳句や短歌が「共同創作」であると言い切る著者の姿勢に、拍手を送りたい。子規の病床に仲間が集まり、そのなかから彼の文学的達成がなされたことは知られているが、著者のようにそれを現代に継承している実作者は少ないのではあるまいか。

とまれ、良き映画批評が私たちを映画館に連れていくように、本書は多くの読者を「子規山脈」に連れていってくれるだろう。（清水哲男・詩人）

（岩波書店・2310円）＝2005年10月13日⑥配信

みずみずしい82歳の感性

「さよなら、コンスタンス」(レイ・ブラッドベリ著、越前敏弥訳)

SFファンタジー界の抒情(じょじょう)詩人と称されてから半世紀以上も第一線で活躍しているブラッドベリは、八十歳を迎えた誕生日にこう語っている。「まだ自分は十二歳の気分だ。毎朝、目覚めるとすぐにタイプライターのところへかけつける。新しいアイデアがつぎからつぎへとわいてくるのさ」

この言葉を証明するかのように、本書は二〇〇二年のブラッドベリが八十二歳のときに発表された。奇抜な想像力とみずみずしい感性、そして詩的な文体がかもしだすダークでノスタルジックなブラッドベリワールドが健在であることに、まず驚嘆させられる。

一九六〇年のハリウッドが物語の舞台である。主人公の語り手は名もなき青年作家(若き日のブラッドベリを想起させる)。ある晩、かれの知り合いである往年の肉体派女優コンスタンスが、とうの昔に捨てたはずの自分の住所録と一九〇〇年版の電話帳とを持ってやってくる。どうやらだれかが彼女に送りつけてきたらしい。

問題は中身である。そこに載っている人々のほとんどはすでに死去しているが、まだ生存している人の名前には赤丸と十字架が記されている。もちろん、コンスタンスの名前にも。この〝殺人予告〟におびえた彼女は青年作家の家を飛び出し、そのまま失踪(しっそう)してしまう。やがて、住所録と電話帳の赤丸印の人々がつぎつぎと不可解な死をとげていく…。

本書は無名の青年作家を探偵役にしたハードボイルド風ミステリーである。といっても、そこは幻想派の詩人ブラッドベリの作品、謎解きより雰囲気が読みどころとなっている。

一九六〇年にしてすでに滅び行くハリウッドの風物(本書は二〇年代から三〇年代のハリウッド映画ファンにはたまらない魅力があるはず)に対するノスタルジア、奇妙に誇張された人々、そして少年の心を持つ主人公といったぐあいに、まさに〝十月のたそがれ時〟と〝たんぽぽのお酒〟色に染めあげられた、不気味だがもの悲しく甘酸っぱいブラッドベリの世界が堪能できる秀作だ。(風間賢二・評論家)

(文芸春秋・2200円)=2005年10月20日①配信

住むということの原点

「ダンボールハウス」(長嶋千聡著)

大学で建築学を専攻した若い著者は、名古屋の中心にある公園でふと目にしたブルーシートに興味を抱き、いわゆるホームレスの住居、ダンボールハウスを卒業研究のテーマとする。本書はその卒論をきっかけに三年間をかけてたった一人で調査した、延べ七十軒のダンボールハウスの記録である。

住人への挨拶(あいさつ)から始めて現地に足しげく通い、何カ月もかけて懇意になるまでは調査しないという取材方法も実にユニークだが、本書の最大の特徴は、決して情緒に流されることなく、ダンボールハウスをあくまで建築として読み解くという徹底した姿勢にある。なぜホームレスになったかといった説明は一切なく、現在の「家」をどう生きているのかを冷静に、そして著者自らが描いたスケッチからもわかるように、愛情をもって見つめているのだ。

まずハウスの構造形式と平面計画に注目し、次いで屋根の納まり、玄関ドア、窓、鍵といったディテールにまで考察を加えながら、「小屋型」「テント型」を軸としてどのようなタイプが派生しているのかを丁寧に分析している。狭いながらも食寝分離型のプランは多く見られるし、友人をもてなすためにリフォームをして台所を広くした人もいる。

猫と一緒に住むための家や電気屋、骨董(こっとう)商を営む家すらある。そして驚くべきことに、コミュニティーの中には住民同士の賃貸契約まであり、またハウスの建設を請け負う施工者まで存在する。一見均質なブルーシートの裏側には多様な世界が隠されていて、それはまさに現代社会の縮図そのものなのだ。

主な材料は拾い集めたもので建設費はほとんどゼロ、あらゆる資源を無駄にしないという点でダンボールハウスは究極のエコ・ハウスとさえいってもよい。「暑かったら壁を切り取って窓を開ければよい」という住人の言葉に象徴されるように、そこには人と家との実にリラックスした関係が見える。本書は現代のわれわれが当然と思っている家の定義に小さな亀裂を生じさせ、住むということの原点をあらためて考えさせてくれる。(中村研一・中部大学教授、建築家)

(ポプラ社・1365円)=2005年10月20日②配信

毛沢東統治との共通性も

「西太后」(加藤徹著)

西太后といえば、一般には中国最後の王朝である清朝の末期に幼帝の背後にいて、独裁権力をふるった「男まさりの女性」というイメージである。自分のぜいたくのために軍費を流用して、日清戦争敗北の原因をつくったとか、若い皇帝が少壮官僚とともに国政を改革しようとしたのを弾圧したとかで知られる、いかにも古い中国の支配者である。

しかし、本書はその西太后を現代からかけ離れた王朝物語の主人公としてでなく、今の中国に直接つながる権力者、統治者として描く。しかも、いかにも女性のそれとして。

「たしかに西太后にも『野望』はあった。しかしその内容は、男の権力者とはまるで違う性質のものだった」「彼女にとっての権勢とは、贅をこらした家具調度品に囲まれて暮らし、ご馳走(ちそう)や旅行を楽しみ、誕生日のたびに国母として祝ってもらうことであった」

つまり、男の権力者のように強力な軍隊を保有することにも、戦争に勝つことにも興味をもたなかったからこそ、半世紀にもわたって政権を握り続けられたのだという。

もちろん、それだけではない。彼女は権力のおこぼれを官僚や業者たちにおすそ分けすることを知っていた。著者はそれを「甘い汁の循環」と呼び、それが清朝を延命させたと見る。

あるいはまた、煙たい存在の先帝の弟を失脚させたり、復活させたりしながら使いこなしたこと、義和団という大衆の暴発を自己の権力強化に利用したことなどの手口に、西太后と毛沢東の統治技術の共通性を指摘する。

総じて本書は西太后とその時代を描きながら、現代中国の骨格が清朝末期に形成されたことを説得的に強調し、辛亥革命による封建王朝から共和制へという体制の変化に断絶を見るのではなく、むしろそれを越えて継続する中国政治の特質を見ようとする。反論、異論も出そうだが、たんなる昔語りでない面白さ十分である。(田畑光永・神奈川大教授)

(中公新書・840円)=2005年10月20日③配信

中東のトップ屋集団の群像

「アルジャジーラ」(ヒュー・マイルズ著、河野純治訳)

アラブでなにごとかが起こるたびにアルジャジーラの存在感は増すばかりである。この放送局についての研究は、英語ではすでにかなりある。メディア論やアラブ諸国の政治や国際政治への影響の分析など、興味深いものが多い。私自身も、サウジやイラクといった地域大国の間でカタール王室が繰り出すグローバル広報戦略の一つと位置づけて論じたことがある。

本書はこういったアルジャジーラの「意味」や「影響」についての研究とは趣を異にし、報道機関としてのアルジャジーラそのものを、そこに集った者たちの体験談を元に描いた群像劇である。

アルジャジーラを視聴しながら常々感じていたのは、この放送局そのものは実はかなり単純な存在なのではないか、ということだ(その影響は複雑で多岐にわたるが)。要するにネタがあれば流してしまっているというだけなのである。アルジャジーラを「反米放送局」と批判したり、逆にだからこそ支持したりする人がいるが、しかし当事者たちは一貫した思想や意図があって反米報道をしているのではない。彼らに得られる刺激的な素材ということになると反米的なものが多いから、結果的に反米的な映像の割合が増えているだけなのである。一言でいえば「トップ屋集団」、それもとびきり元気で気の利いた、というのが私の印象であったが、このルポはそれを裏づけてくれた。

中東経験が長い著者は、アルジャジーラの出現を中東の民主化の第一歩とする単線的な見方にも疑問を投げかける。「世界の情勢に無知だったアラブの民衆がこれで目覚めるだろう」などというのは傲慢(ごうまん)な考えで、これまでも人々は厳しい検閲とプロパガンダをかい潜(くぐ)って外部から情報を得ていた。思うに、アラブ諸国では耳では外部から情報が入っても口では全く別のことを言わされる不健康な状況が長期間続いてきた。そこにアルジャジーラが「口」をこじ開けた。いったん開かれた口々が好き勝手なことを言って収拾がつかない、というのが現状だろう。(池内恵・国際日本文化研究センター助教授)

(光文社・2415円)=2005年10月20日④配信

油絵のごとく濃密な筆致

「凍（とう）」（沢木耕太郎著）

これまで、登山家自らの、あるいはライターによる登攀（とうはん）記を何冊か読んできたが、心から満足したことはなかったような気がする。登山家は当事者であるからもっとも迫真の物語を書きうるはずであるが、内面を言語化し、何を書くべきかという点においてはプロではない。一方、ライターの手になる物語はディテールにおいてどこか違和感が付着する。本書を読んで、はじめて満足度の高い登攀記に遭遇したように感じた。

主人公は登山家の山野井泰史・妙子夫妻。先鋭的な登山を重ねてきた、世界でも屈指の登山家夫妻であるが、二〇〇二年、ヒマラヤのギャチュンカン（七九五二メートル）北壁へ挑んだ。夫は登攀を果たしたものの、二人とも重い凍傷を負い、九死に一生を得て生還した。植村直己冒険賞などを受賞したことにより、一般にも名が広がった。

著者の沢木は「まったく登山経験がない」と記している。それ故にというべきか、登山道具一つひとつの使い方から、着ている下着一枚に至るまで、徹底的に聞き出し、登攀という行為を描写している。

物語は、この山への登山行に絞り、油絵を描くごとく濃密な筆致でひと月余りの日々を書き込んでいる。夫妻以外の人物は点描にとどまり、資料として使っているのはわずかに山野井の登山手帳のみである。自身はラスト近く、再びギャチュンカンへ荷物回収に向かう夫妻に同行する「中年男性」として触れられているのみである。

沢木はノンフィクションの〈方法〉を常に問題としてきた作家だった。徹底した聞き取り、ひと月間という設定、そして自身の〈位置〉を定めたとき、作品化がはじまったように思える。

夫妻はなぜ、死地へ向かうがごとき登攀を繰り返してきたのか。凍傷で手足の指を失って以降も難度の高い山行きを続けている。なぜ山なのか…。問うている個所もなければ、記している個所もない。それでいて、読後、その根幹への答えがじんわりとにじむように浮かび上がってくるのである。（後藤正治・ノンフィクション作家）

（新潮社・1680円）＝2005年10月20日⑤配信

実は優雅じゃなかった？

「殴り合う貴族たち」（繁田信一著）

「殴り合う貴族たち」―なんという奇抜なタイトルであろうか。読者の目を引くために、奇をてらっての命名かと思いきや、実際にひもといてみると徹頭徹尾、平安貴族たちの暴力事件の紹介に終始している。まさに看板通りである。

口でののしるなどは、まだご愛嬌（あいきょう）。自ら殴り、殴られるだけでなく、平然と殺害を指示し、生首を取らせる…といった、貴族たちが引き起こした血なまぐさい事例が延々と記述されている。

そうした荒々しい気風は、上皇や親王・藤原道長といったトップ・クラスの支配層にまで及んでいたのである。巻末にはご丁寧に、「王朝暴力事件年表」までが付けられている。

私たちは王朝の貴族社会を評する際に、しばしば「優美な」「風雅な」といった形容を好んで用いてきた。しかし、そんな現代人の常識は、本書を一読することによって、粉々に吹き飛んでしまうにちがいない。

歴史学の世界では、すでにかなり前から、貴族社会論の見直しが提唱されている。かつて武士は草深い地方から登場するというイメージがあったが、むしろ武芸を職能とする貴族たちが、その母胎となっていたという指摘である。

貴族は決して恋にうつつを抜かし、優雅に歌を詠んで、日々の生活を送っていたわけではなかった。貴族社会そのものの中に、武を尊ぶ気風と伝統が存在したのである。

しかしそうした歴史像と一般人が抱くイメージとの間には、まだかなりの隔たりがあることも事実である。本書はまさに、そのギャップを埋めるものといえよう。

本書は、こういった衝撃的なタイトルの書物に見られがちな、薄っぺらな内容とは無縁である。貴族の日記など、膨大な一次史料の徹底した読み込みが前提になっている。それだけに内容は、重厚で迫力がある。暴力行為の事実を、淡々と描写していく方法も効果的である。

それにしても、高度に洗練された社会とキレやすい大人たちという取り合わせは、この現代社会とも、どこか通じるものがあるように思えてならない。（佐藤弘夫・東北大大学院教授）

（柏書房・2310円）＝2005年10月20日⑥配信

医療事故多発の背景探る　「沈黙の壁」（ローズマリー・ギブソン、ジャナルダン・プラサド・シン著、瀬尾隆訳）

米国で勉強した医師たちは「米国の医療には働き盛りを対象にした国の健康保険はないが、この点を除けば、米国の医学も医療も素晴らしい」と異口同音に言う。私はこういう米国帰りのドクターたちにまず、この本を読んでもらいたいと思う。

本書によると米国では、この十年間に百万人が医療事故で死んでいるという。一年に十万人である。しかもこの数字は〝氷山の一角〟だという。著者は二人とも医師ではない。そのため、素人が医療ミスに驚いて書いている点が新鮮で、技術に偏った記述がない点も分かりやすい。

そして、米国人の47％が医療を受けているときに重大な事故に遭うのではないかと心配している。さらに、著者は、ある病院の最高経営責任者が、傘下の病院の「医療事故を10％に下げる」という目標提示に対して「航空会社が事故の発生率を下げると言うことがあるのか」と憤慨した、という例を挙げている。私もその通りだと思う。

本書には医療事故についていろいろな点を喚起している。ただ、事故防止の方法としてNASAや航空機の事故と比較している個所があるが、私はそういった事故と医療事故は本質的に違うと思う。航空機は事故が起きないという前提で設計されているが、人間はそのメカニズムもよく解明されていない。「ヒヤリ、ハッと」を強調して、そこから事故を減らすといった〝文学的〟なものではないと思うし、医療事故は、その性格上、隠しおおせると、何もなかったと同じことになるところに恐ろしさがある。

この種の本では当然のこととして言及されないのかもしれないが、医師や医療従事者が緊張して臨む手術（日本初といったようなもの）では事故は起きない。私は米国の医療事故で知りたいことは、高い保険料を払わないと受けられない医療（デラックス病院など）での事故率である。多分低いと思う。米国の医療に事故が多いとしたら、それも〝弱肉強食〟なのだろうか。考えさせられる本である。（水野肇・医事評論家）

（日本評論社・2730円）＝2005年10月27日①配信

生と死の物語に囲まれて　「『里』という思想」（内山節著）

進歩、発展、成長の期待とは裏腹に、グローバル化の潮流は、地球全体を資本主義経済の物差しで再編成し、勝ち組とそうでない組の階層をつくる。また環境開発と破壊、平和祈念と軍備拡大、富の共有と貧富の格差拡大など、世界はいよいよ矛盾の度合いを深めてもいる。

自分たちは時代の転換期にあるという認識が、どれほど浸透しているのか、定かではない。しかし、変化に伴う苦しさに満ちているのは確かだ。近代に飽きているのに「その内部で呼吸するしかない私自身がいる」との告白で始まる本書は、その苦しさに向き合う一つの智恵を示す。

それは、「それぞれの自然があり、歴史があり、関係性があるローカルな世界」で生き、苦しさや矛盾と折り合いをつけていくのを覚悟することだという。

人はその世界では、普遍的な個として点在しているのではなく、身近な人間や動物たちの生と死の物語に囲まれ、幾重にも重なる社会関係の中で暮らす存在だという。その場がまさに、本書タイトルにある「里」だ。そこは、新しい思想が立ち上がる所でもある。

東京と群馬県上野村の両方に暮らす著者は、一九九九年から「山里文化祭」と題する地域おこし活動の準備にかかわる。これは、村の暮らし自体を、文化として表現していこうというイベントである。地域の人々との連日の話し合いで、著者は興味深い発見をする。

それは、村の人々の間に、世阿弥の「離見の見」（見られている視線で自分の演技をみること）が継承されていることだった。そしてその構えが、主体の日本的なあり方と気付いた、という。

われわれは今日、自分たちの生活それ自体が環境悪化の一因となっているという、矛盾を抱えている。現在、それと何とか折り合いをつけ、成長や発展だけにとらわれない、手ごたえのある「幸福感」が求められているのである。

ローカルな場である「里」から、あらためて人間が生きる意味を思索した本書は、二十一世紀の哲学の扉を、静かにそして確実に押し開く。（佐藤壮広・立教大非常勤講師）

（新潮選書・1155円）＝2005年10月27日②配信

日本社会の排他性への憤り

「“ようこそ”と言える日本へ」（土井香苗著）

著者は大学三年生のとき司法試験に合格し、アフリカの新独立国エリトリアで法律制度の調査にかかわり、帰国して弁護士になると、日本政府に強制収容されたアフガニスタンやトルコからの難民たちの解放に力を尽くしてきた。いま三十歳、若い女性弁護士の成長の記録である―と、本書を紹介したら、本人は不服かもしれない。

ここで憤りを込めて描かれているのは、外国人に対する日本社会の排他性である。国連が難民と認定した外国人であっても、法務省は「強制収容所」に何年でも閉じ込めておく。地方裁判所がそれを違法だと判定すると、高裁や最高裁がひっくり返してしまう。出身国に調査に赴いた法務省職員は勝手に被収容者の個人情報を漏らして、彼らをいっそうの窮地に陥れる。おまけに最近は、繁華街浄化作戦を通じて、外国人イコール犯罪者と言わんばかりの風潮まで広がってきた…。

こうしたエピソードを、著者は次々に明らかにしていく。その多くが彼女が弁護士としてかかわった事例である。収容された外国人たちが自殺を図り、不安に陥り、やせ衰え、仮に出所しても、その後の生活に支障をきたすほど苦しんでいることなど、ほとんど知られていない現実もある。

この国は不法滞在の外国人や難民を、おとなしく低賃金で働いてくれ、いつでも雇ったりクビにしたりできる便利な労働力として必要としている。そこから多大の利益を得ている。日本は「偽善社会」ではないか、と著者は言い、これら外国人たちの「あとどれだけの涙が流されれば、日本は変わるのでしょう」と書く。行政や司法が硬直しているときこそ、立法府が動かなければならない。

ともすればタテマエ的、一方的になりがちなこうした現状報告や主張を、著者の生い立ちが救っている。厳しい家庭で育ち、暗い青春を送った彼女自身が、難民や不法滞在の外国人たちとの交流のなかで自己回復していくからだ。その初々しさが、本書のもうひとつの魅力となっている。

（吉岡忍・ノンフィクション作家）

（岩波書店・1995円）＝2005年10月27日③配信

ルース来日の意外な真相

「日米野球裏面史」（佐山和夫著）

明治維新からほんの三十年ほどしかたっていないころ、野球は日本に上陸している。むろん、米国からである。不思議なことに、これほどボールとバットに熱狂的な日本で、その歴史を深く掘り下げるという動きは鈍い。

米野球界は百年以上も前から「ベースボールを通じて自由主義を世界に広めよう」としたことは確かで、日本はそのターゲットの重要な一つだった。ゆえに「えっ」と思うエピソードを内包したドラマが多い。

この書はまさにそんな中から抜粋した九つの物語を集めた一冊である。歴史をひっくり返すのではないかと野球史家を驚かせるのが「ベーブ・ルースはなぜ日本に来たか」。ルースが来日したのは一九三四年で、今の読売新聞社主催の日米野球だった。

ルースを描いたポスターを本人が見て気に入り「イエス」と言って船に乗ったというのがこれまでの通説となっている。それを、ルースはヤンキースを退き監督就任を望んだが希望を絶たれ、その傷心のときに日本行きを持ち込まれOKしたのではないか、と大胆な説を展開し、大スターの晩年の孤独をもえぐる。

ルースとともに来日したメンバーの中に無名のモー・バーグという捕手がいた。これが「親善野球に来ていたスパイ選手」である。彼は七、八カ国語を話す語学の天才として知られ、日本では東京をはじめ遠征先でチームと離れてはビルの屋上などから写真を撮りまくった。それが太平洋戦争の空襲のときに役だったと言われる。

恐らくかなりの野球ファンでも二五年に女子チームが来日していたとは知らないだろう。フィラデルフィア・ボビーズというチームで、その中の異色として十七歳の左腕投手レオナ・カーンズを取り上げ「美少女投手はいずこへ」と追いかけている。

このほか、五輪メダリストの大リーガーや女性審判員などに焦点をあてて積極的取材。文字通り「足を使った再発見」で、読後の感想は「読み得」である。（菅谷齋・スポーツジャーナリスト）

（NHK出版・1575円）＝2005年10月27日④配信

不可能な犯罪で読者を虜に

「蜃気楼博士」(都筑道夫著、日下三蔵編)

本書は、全六巻の予定で刊行中の「都筑道夫少年小説コレクション」の第三巻だ。全三話から成る連作ミステリーと、「中一時代」に掲載された、フォト・ミステリー十二編が収録されている。

前半に収録されている「蜃気楼博士」「百人一首のなぞ」「午後5時に消える」は、草間次郎という少年が探偵役を勤めている。かつて「蜃気楼博士」の題名で、朝日ソノラマ文庫から刊行されたこともあり、子供のころに読んだという人も多いだろう。

このなかでは、中編の分量がある「蜃気楼博士」が読みごたえあり。霊魂を飛ばして殺人を行うと宣言した男に、次郎少年が挑む。

凶器と一緒に、厳重に監視された男が、いかにして遠く離れた場所で殺人を実行できたのか。相次ぐ不可能犯罪の謎で、読者の興味をぐいぐいひき寄せる力量は、やはりこの作者ならではのものだ。また、最後に明らかになる犯人の正体も、実に意外。「百人一首のなぞ」の暗号、「午後5時に消える」の人間消失トリックも、ミステリーのツボを心得たものである。もちろん子供向けに書かれたので、大人の眼で見ると甘い部分もあるが、それはしかたがない。本書で初めてミステリーを体験する子供は、必ずやその虜(とりこ)になるはずだ。

後半のフォト・ミステリーは、イラストの代わりに写真を使い、しかもそれが事件解決の手掛かりになるという、非常に凝った趣向の短編集である。しかも被写体に、当時人気の芸能人を、ずらりとそろえているのだ。「死体はなぜ歩いたか」の、あおい輝彦を皮切りに、コント55号、森田健作、布施明、岡崎友紀など、一定の年代の読者なら懐かしく思わずにはいられない芸能人が、続々と登場するのである。

制約が厳しいせいか、全体に小粒だが「消えた凶器」の凶器消失トリックなど、気がきいている。「新幹線爆破計画」「となりの誘かい事件」の、犯人の目的もサプライズを感じさせる、優れたものだ。子供向けと侮るなかれ。子供だけではなく、大人にも読んでもらいたい、ジュブナイルミステリーなのである。(細谷正充・文芸評論家)

(本の雑誌社・2310円)=2005年10月27日⑤配信

なぜわが子を虐待するのか

「楽園の眠り」(馳星周著)

人間の精神(こころ)は、深遠にして複雑かつ繊細なもの、と言われる。ところがその一方で、現実社会の犯罪では単純きわまりない動機、理由によって簡単に人が殺される事件も数多く見られる。人間の精神があまりにも繊細すぎるゆえ、些細(ささい)なきっかけで壊れてしまうのか、それとも単純と見えたものの中に複雑微妙な葛藤(かっとう)が押し隠されているのか、実のところよくはわからない。

だが、そうした犯罪の中でも特に〝心〟の問題が問われるのは幼児虐待、とりわけわが子に対する暴力事件だろう。本書は、この幼児虐待をテーマに、それも虐待する親の側からなぜ自分の子供に暴力を振るってしまうのかを描いた、画期的作品である。

主人公は麹町署に勤務する刑事だ。仕事の性質上、時間が不規則になるのは仕方がなかった。それでも妻とはうまくやってきたつもりだ。変化が訪れたのは子供が生まれてからだった。育児ノイローゼになった妻の姿に気づかず、ある日突然離婚を申し渡され、妻が家を出ていったのだ。その後、彼はひとりで息子を育てることになるが、そんな苦労も知らず子供が「ママに会いたい」ともらした瞬間キレてしまう。

その瞬間の情動を、作者は鬱屈(うっくつ)と怒りだと書く。自分の内部で処理しきれなかった鬱屈が怒りと化し、周囲にいる一番ひ弱なものにぶつけられたのだと。けれども、本書の真のすごさ、怖さは実はここから始まる。子供に手を上げてしまったという最初のショックから抜けると、彼の裡(うち)にやがて新たな衝動が芽生えてくるのである。

もう一度。あと一回…幼子の肉を撲(ぶ)ってみたい。その思いが麻薬のように身体の隅々にまで広がり、次第に暴力がエスカレートしていくのだった。

この秘密が表ざたになると破滅するのは言うまでもない。そんなおり、息子が保育所から姿を消す。ともに行動しているのは女子高校生らしかった。彼は、必死の思いで〝愛する〟息子の行方を追うのだったが…。

現代の病理を鋭く描いた暗黒小説の逸品。(関口苑生・文芸評論家)

(徳間書店・1680円)=2005年10月27日⑥配信

大衆の心情を表す剣士たち

「時代劇ここにあり」（川本三郎著）

封建社会は徹底した管理の下にあった。下級武士も下層町村民も貧困にあえぎ土地に縛られて生きた。昨今の日本も、自由なようで、実は隅々まで管理システムのもとにあり、管理されることに慣れ、抵抗感は薄い。

そんな中、下層の人びとの心情を代弁するアウトローの剣鬼が、映画に颯爽（さっそう）と登壇し喝采（かっさい）をあびた。作品の多くは、一九六〇年代の大衆ニーズに応えて大ヒットした。

著者は、歴代の時代劇映画群から、これまでにない冴（さ）えと凄（すご）みを備えながらも、どこか頼りなげに流離（さすら）い、ゆがみながらも生一本の剣豪を主役とした作品を選び、哀感と賛歌を込め一本筋金の入ったこの書をまとめた。

団塊の世代は間もなく定年を迎える。時代の変革にかかわろうと生きたこともこの世代の特徴だ。そんな彼らも管理社会にはめこまれ、バブルの崩壊やリストラを体験し、呻吟（しんぎん）して生きてきた。

少し年上の川本（四四年生まれ）が魅了された時代劇映画の主役たち、アウトローたちの管理社会への異議申し立てぶりには、どこか団塊の世代のそれと重なるものがある。評者は川本の真情の発露としての本書を世代のひとつの寓話（ぐうわ）として読んだ。

文章の特徴のひとつは、カメラで場面を再現するかのように描写し、映画を観（み）させるように読ませるところだ。雪、風、花と孤高の剣士とのモンタージュは、まるでモノクロのスローモーション映像を思わせる。

モダンジャズの管、ブルースの弦、あるいは短調のピアノの不調和音が血だまりの殺りくの場で奏でられているような熱い文。川本は昂（たか）まりに抗し切れぬように思わず「美しい」と書く。筆者はすでに作品の中にある。

やむにやまれず愛する者を斬（き）る剣、憎悪の末の剣。無常、不条理。リアリズムと熱いロマンチシズムの両極を映画はみごとに結び、新境地のエンターテインメントを誕生させ、群れをはずれさすらう魅惑のニューヒーロー群を造形してみせた。

虚（むな）しさに美はあるか。人を斬れるかと今われわれに問う書だ。安保闘争の挫折、敗退につぐ敗退を体験した団塊の世代像が、川本の紡いだ分厚いこの書の背に炎としてみえた。（石井清司・ノンフィクション作家）

（平凡社・2625円）＝2005年11月2日①配信

若者たちの確かな体温

「明るい夜」（黒川創著）

淡く、今にも霧となって消えてしまいそうな若者たちの姿に、こんなにも確かな体温を感じるのはなぜだろう。枠からはみ出るように、あやふやににじんでしまった彼らの世界を、私は美しいとさえ思った。

京都の古い木造アパートに住んでいる、不眠に悩む朋子。その彼氏で、「小説が書きたい」と言って本屋の仕事を辞めたのに、なかなか書き始めようとしない工藤くん。朋子と同じイタリアン・レストランで働くイズミちゃん（彼女も不眠症）。

鴨川べりの風景とともに、彼らと彼らを取り巻く人々の人生の片りんが、うっすらと浮かび上がっては、静かに消えていく。危うさを内に秘めながらも、穏やかな川のように流れゆく日々。不安も、過去の記憶も、泡に包まれたように、しだいにその輪郭を失っていく。

やがて、バイトを辞めて以来、イズミちゃんと連絡がとれなくなった朋子は、彼女の祖父母が住む、広河原の「愛宕（あたご）さんの火祭」に行く決意をし、工藤くんもそれに同行することになる。

作中、登場人物たちは、幾度となく「わかる」という言葉を口にする。相手の話を聞いて、「わかるよ」「わかる気もする」と。しかし、何げなくその言葉を使っていたように見えたイズミちゃんは、こう言う。「わかる、わかる、とだけ言ってるのは、結局、なんにもわかってないのと、ほとんど同じなんだって気がする」

簡単に共感すること、されることの怖さ。実はその共感には、ほとんど中身がつまっていないということに、うすうす気づきながらも、「わかる」を使わずにはいられないイズミちゃんの姿は、世にあふれる、どこかしら誇張された、「現代の若者像」からは、一定の距離を置いているように思う。

イメージから作り出された「偽者」ではない、ありのままの今の若者の姿。それがこの小説では、きちんと描かれている。読みながら、登場人物たちの体温を感じることができたのも、きっとそのせいだろう。（生田紗代・作家）

（文芸春秋・1890円）＝2005年11月2日②配信

〝あるがまま〟の豊かさ

「遠い音」（フランシス・イタニ著、村松潔訳）

冒頭に祖母のマモが喉（のど）や唇を示しながら、孫娘のグローニアに自分の名前を発音させようとするシーンが出てくる。グローニアは五歳のときに猩紅（しょうこう）熱にかかって耳が聞こえない。マモは名前をいくつかに切ってそれぞれの唇の形を示す。グロー＝ニー＝アと歯をむき出して発音する孫。そんな顔しないで、もっと楽に言ってごらん、とマモは笑う。

時は第一次大戦が迫っている一九〇〇年代初頭。一家はカナダのデザロントでホテルを経営している。自分の責任で娘がそうなったと思い込み、医者と教会の間を右往左往する母親と対照的に、現実を直視し受け入れるマモの努力によって、グローニアは多くの人とともに社会で生きていく方便を身につけていく。

聴力を使わずにどうやって人の会話についていくのか。具体的な描写にさまざまなことを教えられる。人が言っていることは読唇で理解するが、一度に読める唇はひとつ。見えないところで交わされる言葉は読めない。だが話している相手の目の表情を追うことで、その場で起きていることは察知できるのだ。

たとえば背後でだれかが物を落とせば、驚きがその人の瞳に出る。そういう細かな神経を使うことで聴力をカバーするのだ。読み進むうちに、聾者（ろうしゃ）は耳の聞こえない人ではない、目だけで世界を察知し、理解している人のことなのだと気づかされる。

家族を離れて寄宿制の聾学校に入り、卒業後は学校病院に勤めて、そこでジムという健常者の青年と出会う。結婚したふたりは、ジムが出征する前に、時計塔のあるアパートで束（つか）の間のハネムーンを過ごす。異文化が接触して新たな文化が生まれるような、希望と輝きに満ちたシーンだ。

後半は戦地に赴いたジムと、家に残されたグローニアの体験とが交互に語られていく。凄惨（せいさん）で過酷な情景も多いが、幕を隔てて見ているような距離感が一貫している。

聾を聴覚の欠損と見るのでなく、また彼らへの共感を強いるのでもない。あるがままを知ることが、人の豊かさにつながると語りかける。公正で得がたい小説だ。（大竹昭子・文筆家）

（新潮社・2730円）＝2005年11月2日③配信

痛みと恐怖と恍惚と

「刺青墨譜」（斎藤卓志著）

民俗学の本を読んで、鳥肌が立つほど興奮したのは久々である。

著者は、愛知県の市町村史の編さんに長年携わってきた民俗学者であり、現役の地方公務員。職業からすると堅物のように思える著者が、妖艶（ようえん）な光を放ち、猥雑（わいざつ）なにおいを漂わせる刺青（しせい）にすっかり魅せられてしまっているところに、最初の驚きがある。

針が皮膚をはねる音が響く中で、肌の奥に墨の美が刻まれていく張りつめた〝彫り〟の現場。著者は幾度となくそこに足を運び、痛みと恐怖と恍惚（こうこつ）とを共有する彫る者と彫られる者との交感が紡ぎ出す、その濃密な時間に自らも浴していく。

そして、長年培われてきた民俗学の手法である聞き書きによりながら、なぜ人は刺青を肉体に彫るのか、刺青の存在理由を問い続けるのだ。

とはいえ、いわゆる〝刺青フェチ〟とか、怖いもの見たさではない。また、刺青の社会的な当否を問おうとするのでもない。著者が刺青を通して見るのは、刺青という厄介な「生き物」を肉体に住まわせることを選んだ人々の業やエロスであり、自らが背負っていく人生に対する覚悟のようなものである。

著者は言う。刺青を、見えを張るためとか、おとこ気を誇示するためのファッションと位置付けるだけでは、的を射たことにはならない、と。

なまぬるくない痛みと恐怖を乗り越えたところに、初めて覚醒（かくせい）される自分の中の動物的な感覚。決して後戻りできない聖なる一回性によって獲得される、生き続けるためのワケ。

刺青は、現代人にとって、自己の存在を回復させ、確かにするための、強烈な身体経験をともなう通過儀礼だという。

あえて言うなら、彫場（ほりば）の、言葉にならない感覚やエネルギーに説明的な言葉を与えてしまったことに、むなしさがないわけではない。

だがむしろ、本書の魅力は、彫場の緊張感や痛み、喜悦の共有により、民俗学者自身の皮膚感覚が研ぎ澄まされていく、そのプロセスが垣間見られることにあると言っていい。それは、自分を獲得する痛みの過程にこそ意味のある、刺青のようだ。（六車由実・東北芸術工科大助教授）

（春風社・2490円）＝2005年11月2日④配信

悩みから見える時代性

「ぼくらはみんなハゲている」（藤田慎一著）

世の中には、日々薄れゆく毛髪に対していまこの瞬間にもおびえ、全人生をかけて闘っている男たちがいる―。

本書は、自身が薄毛ゆえ「ハゲ番組」の制作を任されたというTVディレクターによる、「薄毛列島ニッポン」探訪記である。

著者の頭髪を見て、重い口を開く男たち。「死んだほうがまし」「生きる価値すらない」などと、ハゲゆく不安が語られる。こんな頭じゃ結婚、いや、恋人もできない…。ハゲとは「それを悩む病」なのだと、著者はまず気づく。

植毛、増毛、カツラ…。続いて著者は、悩む人々の「努力の現場」に潜入する。が、こだわり方は十人十色。カツラか、むしろ剃（そ）ってしまうかで対立し、人間関係が壊れる例もあるという。

知らなかったでは済まされぬ、その深刻さ。増えゆく体重と二十年来闘う者（私だ）と重ねることはできない。目方はなんとかすれば落ちるが、髪の毛は…。薄毛の悩みとは、なによりその不可逆性にある。

「ハゲ問題」は、いまに始まったことではない。古代エジプトの時代から悩みは存在した。が、本書から見えてくるのは、時代性の問題である。

筆者は後半で、一千億円市場ともいわれる日本の毛髪関連企業に鋭くメスを入れる。「ハゲ＝弱者」という不安を拡大再生産するのは、現代の資本主義なのだと。

ダイエットにせよ健康食品にせよ、人の不安やコンプレックスに商機を求める傾向は、毛髪関連にかぎらない。社会の行き詰まり感を味方に、「不安ビジネス」はかくも肥大していくのか。本書は結果的に、現代社会の病んだ側面にも迫っている。

「だからこそ僕らはハゲゆく者として、ハゲに苦悩する者として、堂々と生きていかねばならない」と、著者はあとがきで結ぶ。

深刻なテーマを、程良き自嘲（じちょう）とユーモアでこなしたところに本書の救いと魅力がある。著者は一九七四年生まれ。最近、この世代からナイスな書き手が増えてきたのが楽しみだ。（島村麻里・フリーライター）

（太田出版・1554円）＝2005年11月2日⑤配信

丸裸の生き方を突きつける

「教室を路地に！」（唐十郎・室井尚著）

本書は、希代の演劇人唐十郎が横浜国立大に教授として「越境」した経緯とその記録として上梓（じょうし）された。演劇論としても、青春論としても、さらには教育論としても読むことができる。また、優れた「唐十郎論」として読むこともできる。いずれにしても、読む者のただいま現在の心の在りかをあからさまにする。

たとえば、便所の戸がいきなり開いて唐十郎が向こうをむいて座っている。振り返って、あの心を射抜くような邪気のない笑顔を浮かべている。こちらは徒（いたずら）にうろたえて、なぜか恥ずかしくなって「失礼」などと言ってしまう。そんな一冊なのだ。いままで誰も書かなかった唐十郎論として、彼の劇作の秘密や演出家として人間にかかわる作法を余すことなく伝えている。唐十郎の人間が丸ごと描かれている、といっても過言ではない。

唐十郎ファンや現代演劇の研究者でなくとも一読に値する。読んでいていまの自分が試されるのである。「一読」ではなく「一毒」かもしれない。「おまえはどうしてそんなに汚れちまったのか」と唐十郎は行間でささやく。唐さん、僕はもうそこには戻れなくなってしまった、と返すしかない「断念」を思い知らされる。よくもこんなメッセージを一冊にまとめたものだと思う。

唐ゼミから発展した「劇団　唐ゼミ☆」の面々の座談も、長く生きてしまった人間には、知らぬ間にどこかに置き忘れた「想い」と「衝動」を喉元（のどもと）に突きつけるものだ。私のような読者は、もう取り返せない時間を羨望（せんぼう）するしかないことを思い知らされる。彼らはまさしく唐十郎を仮説として「ただいま、現在」を生き切ろうとしている。反転させれば、唐十郎の教育、それもeducationの原意である「存在の可能性を引き出す」という意味での教育論として読める。

いろいろな意味で、丸裸の唐十郎の生き方が見えてくる。あの屈託も邪気もない彼の笑顔のまえで立ち尽くすしかない自分史も嫌というほど思い知らされる。ポジとネガの両面の意味での「記録」である。（衛紀生・演劇評論家）

（岩波書店・1785円）＝2005年11月2日⑥配信

悲哀を帯びた語らい

「沈黙の神々」(佐藤洋二郎著)

小説家の著者は、神社の魅力に取りつかれて、二十年近く、日本各地の神社を巡り歩いている。

神社は確かに面白い。その面白さに引き込まれると、きりがない。何しろ数は八万余もあるし、祭神の素性やら変遷やら謎は次々にわいてきて、行って分かるものでもないのに、確かめに行かずにはいられない。

著者が妻子や世話になっている編集者に対して、お金にもならない道楽にはまっていることに負い目を感じながら、神社巡りをやめる気はさらさらないのも、致し方ない。

それにしても「無用の用が、いつか小説のためになるのだ」とたびたび弁解するのには、なかばあきれてしまったが。

隠された歴史の「発見」や「推理」に、神社巡りの興を覚える著者が訪ねるのは、観光的に有名で豪勢な大社や神宮であるはずがなく、歴史に埋没してしまった、人影のない寂れた小さな社がほとんどである。

これらは「古事記」や「日本書紀」、「風土記」にその名が見られるほど古い由緒をもつ。だが、創建や祭神と結びついたかつての土地の支配者が敗者となったり、あるいは伝承でしかないために、今では本当の歴史が分からなかったり、衰退してしまっている。

そんな神社の境内で、著者は思索をめぐらせる。「文字」を持たなかった時代の敗者の悲しみが、著者の心を引き寄せる。「大和族」に征服された神々への慰撫(いぶ)と、歴史を隠ぺいすることへの憤りが、本書の十七編のエッセーに通底している。

しかし実のところ、本書の味わいは、神社の歴史や祭神に関する思索や論考の部分ではなく、同行した人と取り交わされる会話や微細な感情の交流にある。

生意気盛りだが、気が合うともみえる息子とのほのぼのしたやりとり、同人誌仲間の文学賞への葛藤(かっとう)、それぞれの人生を歩む昔の友人との、悲哀を帯びた語らい。

旅の中で、人々の人生の断面が描かれ、著者の生活風景と人生観が映し出される。やはり、小説家の神社紀行である。(坂梨由美子・紀行ライター)

(松柏社・1890円)＝2005年11月10日①配信

知られざる姿に迫る会見録

「満州国皇帝の秘録」(中田整一著)

本書は、一九三二年から三八年にかけて、満州国皇帝溥儀の通訳を務めた林出賢次郎がひそかに書き残した「厳秘会見録」をもとに、満州国の知られざる姿に迫ったものである。

厳秘会見録には、主に溥儀と会見相手の日本人のやりとりの一部始終が記録されていた。中でも事実上の支配者であった関東軍司令官とのやりとりは多く、満州国の最高機密が細大もらさず書き留められた。

林出は大使館員として、関東軍の参謀ですら入手したがっていたこの最高機密を東京の外務省に送るべく、会見録を書き続けたのである。

満州国の建国当初、清朝復辟(ふくへき)にこだわっていた溥儀は、三五年の訪日を機に一転して自らを天皇と一体化し、天皇の威光を背景に、日本人に対する満州国での自分の立場をより強固なものにしようとした。

関東軍司令官の南次郎や植田謙吉も、表向きは溥儀に協力する態度をとった。南は子供のいない溥儀に対して、すでに皇太子が生まれた日本の皇室に言及しつつ、世継ぎの必要性を訴えたし、植田は日本の皇室典範に当たる帝位継承法を三七年に公布させた。

しかし他方、溥儀の弟である溥傑が同年に華族の嵯峨浩と結婚、浩が懐妊すると、溥儀は警戒心を抱いた。溥傑は帝族にはならなかったが、もし男子が生まれれば、天皇の叡慮(えいりょ)により、溥傑の子供が次の皇帝になる可能性が出てくる。そうすると、日本人の血を引く皇帝が即位することになると考えたのである。

結果的に溥傑の子供は女子だったため、この可能性はなくなったものの、溥儀は自ら天皇と一体化しながら、いざ日本人の血統が帝室に入りそうになると、清朝皇帝の血が騒ぎ出したようだ。ひょっとして溥儀は、満州国が不純な形で存続するより、一代で断絶する方がましだと思っていたのかもしれない。

これまで溥儀については、自伝の「我的前半生」が翻訳公刊されているだけだった。溥儀の肉声がそのまま収録された本書の刊行を機に、厳秘会見録全文の公刊が望まれる。(原武史・明治学院大教授)

(幻戯書房・2940円)＝2005年11月10日②配信

会社とは一体誰のものか

「『西武王国』崩壊」（共同通信社経済部編著）

二〇〇四年十月十三日は、おそらく将来、日本の経済社会システムが根本的に転換した日として記憶されることになるだろう。中内ダイエーの産業再生機構入りが決まったこの日、西武王国に君臨してきた堤義明が記者会見し、西武鉄道の有価証券報告書の虚偽記載の責任をとって辞任することを表明した。

これが、世間を震撼（しんかん）させた堤逮捕と、堤支配の時代を終焉（しゅうえん）させた経済ドラマのそもそもの幕開けだった。

堤西武と中内ダイエーの支配構造は、オーナーの息がかかった会社がグループを思うがままにコントロールしてきた点でよく似ている。その意味で、いくら巨大企業といわれようと、西武は「堤商店」であり、ダイエーは「中内商店」だった。

一度握ったものは絶対離さない強欲な中内㓛の手を腕ごと切り落とした産業再生機構という名の国家は、脱税スレスレの方法を繰り返すことで世界一の富豪の名をほしいままにし、ミニスカートの女子社員を膝行（しっこう）させて茶菓を目の高さに運ばせたという将軍気どりの堤義明を絶対権力の座から引きずりおろすチャンスも手にした。

あの日、カリスマと呼ばれた二人の男は、経営者失格の烙印（らくいん）を押され、日本の産業界から退場を命じられたのである。

本書は、西武王国を築きあげた先代、堤康次郎のあさましいまでの土地への執念にメスを入れることで、王国の“原資蓄積過程”を鮮やかに解明し、「死後十年は動くな」という先代の遺訓を忠実に守ったのち、停滞する地域経済の“救世主”として華々しく登場してきた堤義明の実像と虚像をあますところなくあぶりだした。

読みどころは枚挙にいとまないが、政財界の黒幕といわれた児玉誉士夫や、その児玉をバックに暴力団の東声会を旗揚げした在日韓国人の町井久之らとの黒い人脈に照明をあてた部分は、西武王国の虚飾を完膚なきまで暴いてめざましい。

本書を読む者は、会社とは一体誰のものか、という古くて新しい問題を首筋にナイフをあてられるように突きつけられ、読後必ずや戦慄（せんりつ）するはずである。（佐野眞一・ノンフィクション作家）

（東洋経済新報社・1680円）＝2005年11月10日③配信

陶芸に生きる人々への賛歌

「土恋」（津村節子著）

津村さんはやきものが大好きで、小説にも書くし、窯元歩きの紀行文も書く。

この長編小説の題材になったのは、庵地（あんち）焼（旗野窯）を守ってきた人々である。旗野窯は明治十一年の創業で、親子代々に受け継がれ、今は四代目で、三人の姉妹が民芸陶器の伝統を守りぬいている。

津村さんはこの旗野窯で焼かれる器に惚（ほ）れ、そこに生きる人たちの生き方に感動したのであったろう。

そこでこれらの人々をモデルに、やきものに心魂をそそぐ人間像を存分に創造してみようとした。そうして生まれたのがこの「土恋」である。「つちこい」とは、やきものの世界に生きる人々への最高のオマージュではないか。

佐渡相川の旅館の娘みほは、新潟県安田村庵地の窯元の長男北野啓一と見合い結婚した。

啓一はシベリアへ抑留されたため三十八歳になっていた。

長男の結婚に安心したのか、母、父と相次いで亡くなり、気がついてみると家は借金で首が回らない状態に陥っていた。

作者はみほの視点から戦後を生きた庶民の生活の温（ぬく）もりを描き出している。そこには昭和の時代が鮮やかに定着している。

土干し、泥コシ、泥移しと手作業で納得いくまで土作りに時間と労力をかける。この作業を怠ると素朴さと深みが合体した器ができない。

啓一が蹴（け）り轆轤（ろくろ）を回すと、体と轆轤が一体になる。最後に登り窯で焼く。

すべて手作りで使いやすい食器を作ろうとする啓一の姿を見て、娘の美子が後を継ぐことを決意する。伝統を守り、温かみと重量感がマッチした器を作りつづけたい。この一家の姿に理想の家族像を思い描く人が多いのではなかろうか。

また美子と啓一の弟子の健作の恋愛にほほ笑む人も多いに違いない。

啓一の出品した面取湯呑（ゆのみ）が、全国民芸公募展で金賞を受賞する。幾多の困難を乗りこえて庵地焼の歴史の火を消さずに守りぬいた人々の苦労がむくわれる時がきたのだ。

地元の言葉がきれいで心和む小説である。（川西政明・文芸評論家）

（筑摩書房・1680円）＝2005年11月10日④配信

知的刺激に満ちた対談　「TALKIN'　ジャズ×文学」(小川隆夫、平野啓一郎著)

ジャズは「二十世紀の音楽」だ。二十世紀初頭にアメリカ南部で誕生したジャズは、短期間のうちに世界中に伝播(でんぱ)し、さまざまな国々の音楽や文化に大きな影響を与えた。だから、ジャズを語るときに「ジャズの話」だけを話題にしても実りは少ない。同時代の他ジャンルの音楽や、現代文学・美術などとの関連を視野に入れ、ジャズが時代の中でどう変化してきたのかを考慮し、なおかつ具体的な音楽そのものへの言及をきっちりと行うことによって、「ジャズの話」はマニアの内輪話を超えた積極的意義を持ちうるのだと思う。

ジャズ・ジャーナリストの小川隆夫氏と作家の平野啓一郎氏がジャズについて語り下ろした本書は、今挙げた条件をすべて満たし、さらに二人がジャズに対して抱いている愛情と憧憬(どうけい)が行間からにじみ出てくる、知的な刺激と愉悦に満ちた対談集だ。

小川氏は、ジャズ・ジャーナリズムの先端で活躍し、ジャズ・レコードの世界的コレクターであり、多くのジャズメンとの親交もある、という、「ジャズの現場」の中心にいる人物。熱心なジャズ・ファンである平野氏が小川氏にさまざまな話題を投げかけ、小川氏が専門家としての実体験と見識を生かして具体的に答え、さらに平野氏が、文学や美術などについての豊富な知識と、作家としての洞察力・分析力を活用して話題を広げていく。

話の内容は多岐にわたっているが、一貫して見え隠れするのは、一九四〇年代から九一年に死去するまで常に前進を続けていたジャズの巨人で、いわば「二十世紀的なモダニスト」だったマイルス・デイビスの影だ。マイルス的なモダニズムが消滅した今、ジャズはどうなるのか?　もちろんそれはジャズだけではなく「文学」の問題でもあるわけだが。

こうしたシリアスな問題も語り合いつつ、音楽ファンとしてのミーハー精神もたっぷりと含まれたこの対談は、その場に同席して相づちを打ちたくなるほどに楽しげだ。ジャズ好きのみならず、音楽・文学・美術など「アート」が好きな人たちに広くお薦めしたい。(村井康司・ジャズ評論家)

(平凡社・1680円)＝2005年11月10日⑤配信

生と死、すべてないまぜに　「写真ノ話」(荒木経惟著)

現在ロンドンのバービカン・アートギャラリーで開催されている、「Araki：Self・Life・Death」展を観(み)た(二〇〇六年一月二十二日まで)。これは、荒木さんの四十年におよぶ写真を、二十あまりのコーナーに整理し、約4000カットを展示するイギリスで初めての大回顧展である。

「self」「A's Lovers」「Flowers」などのコーナーを巡り、二階へ上がると、吹き抜けに特設されたショーケースの中に、今まで発刊された三百冊近くの写真集・著作が一冊ずつ並べられ、その中に最新刊「写真ノ話」もあった。

この本は、「朝・昼・夜」の構成で、荒木さんの修業時代から現在までを、聞き書きしたものだ。口述筆記だから荒木さんの独特で魅力的な語り口が活字化されていて、誰もがそばにいるようで楽しくなるだろう。

荒木さんというと、いまだ「猥褻(わいせつ)写真」と世間は思っているかもしれないが、荒木さんほど当初から一貫して、人生丸ごと写真だということを示し続けてきた人はいない。この本には荒木さんの素のコトバが生け捕られ、さりげなく写真の秘密が告げられている。

「被写体をなるべく正直に」と語る一方で、「(写真は)虚構だな、創ることだから」とも言い、でも「創ることはみんな虚だからしょうがないんだけど、どんだけ自分の感情をそこに入れるか」とも告げる。荒木さんは写真を生きる。それはまっすぐだが常に矛盾をはらんだまま進む。エスタブリッシュしたかに見えても「アートにしちゃ駄目」。そう、生々しく、写真でなくちゃいけない。荒木流の「写真のおしえ」が詰まった、教科書?　いや「口伝」だ。

この本を読んで、彼の「生も死も欲しい」、「生と死の混じりあい」をまるごとドキュメントしようとする衝動のオーラを浴びてほしい。そして、機会があればロンドンの写真展を巡礼しよう。とりわけ「Polaroid」のコーナーの異様な生々しさは、モラルもアートも超える写真の凄(すご)みを発していて、必見である。(後藤繁雄・京都造形芸術大教授)

(白水社・1890円)＝2005年11月17日①配信

ID野球のイメージ覆す

「野村ノート」(野村克也著)

来シーズンから楽天イーグルスの指揮を執る野村監督の指導者論。ノムさん(と親しみを込めて書く)といえば、すぐ、ID野球、再生工場などのキャッチフレーズが浮かぶ。しかし、この本をよく読んでみると、決してデータ一本やりでもなければ、素質のない、峠を越えた選手を好んで使うわけでもないことがわかる。

たとえば、ノムさんは決断と判断は違うと説く。どちらもデータに基づいてはいるが、決断はたぶんにギャンブル性も伴う。判断は論理だが、決断は論理プラス感覚とでもいうべきか。指導者はこの使い分けができなければならないのだという。

また、勝負という言葉に独特の意味を込める。野村式の勝負は単純な力比べではなく、データに基づいた読み(ヤマを張ること)をさすのだが、打者がそうした勝負にいって打てなかったときは文句はいわない。しかし、なにも考えず「勝負をしなかった」時には、きびしく注文をつけるのだという。データは重視するが、最終局面ではイチかバチかのギャンブルなのだという考えが根底にある。IDというのはそのギャンブルで勝つ確率を高めるための準備なのだ。

また、再生工場にしても、世間で流通しているイメージとは異なった考えを持っている。「無名の選手の将来性に賭けて」といった採用の仕方を、ノムさんは否定する。「将来性ほどあてにならない言葉はない」

伸び代などはなくても、これだけの力は出せるとわかっている選手のほうがいい。

これは、日本のスカウティングへの強烈な批判であると同時に、日本的野球の代表のように見えるノムさんの考えが、意外にメジャーに近いことを示している。

そのノムさんを迎えるパ・リーグには正捕手をつくらずに日本一になったロッテのバレンタイン監督がいる。ほめるボビーとぼやいて叱(しか)るノムさんは、一見対照的に見えるが、実はデータ野球という点では似ているところもある。舌戦も含めて楽しみになってきた。(阿部珠樹・スポーツライター)

(小学館・1575円)=2005年11月17日②配信

講義のはじめの話のように

「〈想像〉のレッスン」(鷲田清一著)

小さなエッセーがつらなっている。何十もがジュズつなぎになったぐあいだ。ジュズには細くて強い糸が通してあるものだが、ここでもそうで、タイトルにある〈想像〉が無数の玉をつないでいる。

想像、あるいは想像力。「ここにあるものを手がかりにここにないものを想う」、そんな心のはたらき、精神の力。すべて文化の根っこにあって、しっかりと支えている。いや、それ以上のもの。野の動物に予感の能力はあるかもしれないが、おそらく想像力はないだろう。人間だけにそなわった、とてつもなくフシギな能力。

「他人の見えない心もちに想いをはせるという、想像力のもっとも基本的なはたらき」

ふつう心情的にとらえがちだが、ここではそれが広い分野にまたがり、きわめて知的に語られていく。展覧会で見かけた画家の自画像、芝居の一シーン、映画に出てきた初老の男、読んだばかりの小説のモチーフ…。

この哲学の先生は、いたって好奇心が強くて、おもしろそうなところにはホイホイ出かけていく。その先で何を見て、何を聴き、何を考えたか。大学の講義のはじめに、学生にちょっと話してみたりしているのではあるまいか。

「ひとはそれぞれの時の流れのなかに住まっている」

たとえ夫婦であっても、双方の「時の流れ」は別ものだ。暮らしは一つであれ、微妙にちがっている。「ちょうど二つの異なる列車がたまたま同速度で並行している」ようなもの。別の流れに対する想像力を欠いていれば、しだいに速度がズレて、気づいたときは遠くに離ればなれ。

比喩(ひゆ)が的確で、ことのほか印象深い。〈想像〉の糸でつながれて、読者へのレッスンであるかのようだが、実のところ、著者がつねに自分に課してきたことなのだ。だからちっとも押しつけがましくなく、語られている映画や美術や芝居のどれ一つとして覚えがなくても、ともにたのしめる。哲学授業を受けてた学生のように、あとの講義はきれいに忘れても、はじめのちょっとしたはなしは、いつまでもよく覚えている。(池内紀・ドイツ文学者、エッセイスト)

(NTT出版・1785円)=2005年11月17日③配信

中国の怒れる若者たち

「憤青」（沙柚著）

「憤青」とは憤怒する青年、すなわち「怒れる若者」。日本に住む中国人女性が、反日デモが吹き荒れた今年四月から五月、戻っていた北京で、憤青をはじめさまざまな人から政治意識や歴史問題をめぐる考えを聞き取ったリポートである。

躍進する経済の一線で活躍する青年だけでなく、工事現場で働く出稼ぎ労働者、道端で会った名も無き人々、反右派闘争や文化大革命で反革命の烙印（らくいん）を押された知識人など幅広い。年齢、政治経験、収入の違いで、意見と感情が異なる。

日本人にとって最も興味深い議論は、日本に対する中国人の激しい感情の発露である。「小日本と戦争するしかないね」という過激な意見から、反日がいかに非合理な民族意識かを説く青年までが丹念に紹介される。ちゅうちょしながらも素直に聞き取る彼女の筆の力が、新聞からは読み取れない中国青年の心理の理解を助けてくれる。

だが、本書の迫力は、日本バッシングの深層心理を語るだけでない点にある。日本の戦争責任に対して謝罪を要求するのであれば、同時に階級闘争の名で多くの死者と犠牲者を出した共産党の失政に対しても謝罪を要求しなければならないという、厳しい視点がある。

中国全土で起きている共産党幹部の汚職・賄賂（わいろ）・腐敗に対する庶民の憤怒。賄賂も社会の潤滑油というあきらめ。矛盾した意見が飛び交うところが面白い。一つの意識に集約し切れない変動期の中国の複雑な社会をえぐっている。

二つの会話が印象的だった。「今時、人間を除けば、全部偽物ですよ」。偽ブランドを売る場面での言葉だが、拝金主義がすべてを支配し、政治も経済も歴史も何も信頼できない現代を端的に物語っている。

そして最後に、オリンピックのために破壊され始めた北京の古い街並みで、苦渋に満ちた人生を経験した老人が、出稼ぎ労働者に聞く。「今は白昼ですか、闇夜ですか」。男たちは異口同音に答えた。「闇夜です」

本書を南京大学で読んだ。「闇夜か」と、林立する街のビルを見上げた。（横山宏章・北九州市立大大学院教授）

（新潮社・1470円）＝2005年11月17日⑤配信

昭和の女性の人生鮮やかに

「ハルカ・エイティ」（姫野カオルコ著）

「戦争を知らない子供たち」のそのまた子供世代である私は、「昭和」のことを意外と知らない。歴史の教科書の年表に記されている程度の出来事は認識していても、それは点の知識でしかなく、現在に至るまでの時代の流れを実感することは難しい。

姫野カオルコの新刊「ハルカ・エイティ」は、その近くて遠い「昭和」を存分に感じさせてくれる物語であった。直木賞候補にも挙げられた「ツ、イ、ラ、ク」以来、実に二年ぶりの長編作となる本書には、大正九年に生まれ、激動の昭和を生き抜いたごくごく平凡なひとりの女性の人生が、鮮やかに、そしてひょうひょうとつづられている。

物語の前半、時代の流れに逆らうことなく「少女」から「女学生」に、「嫁」そして「母」となったハルカの生き方は、恐らくこの時代の「普通」であったに違いない。親を敬い、淡い恋心を抱くことはあっても見合いで結婚し、舅（しゅうと）姑（しゅうとめ）と同居して、ためらうことなく子供を産む。それが「あたり前」。そのプロセスを、あたり前だとは思わない世代の読者にも、ハルカの心情を自然に感じさせてしまう著者の視点が出色だ。

姫野が作品によって文体を変えることは知られているが、敬愛する伯母をモデルに実話を交え描いた本書には、随所に姫野の「解説」が織り込まれている。開戦、空襲、迎えた敗戦。「点」でしか知らなかった史実を、当時の人々がどう受け止め、どう考えていたのか。何を笑い、何に悩み、何に希望を見いだしていたのか。戦後生まれの著者が引く補助線が、物語の深みとなり、身近に感じさせてくれる。

「普通」に生きたハルカが、物語の後半、自我に目覚めてゆくくだりも実に魅力的だ。大きな功績を残したわけでもなく、芸能や文化に携わったわけでもない「普通の人」の人生であるにもかかわらず、だからこそ、引き込まれる。そうだったのか、と思い、こうありたい、と願わずにいられない。

ハルカが生きた昭和は、確かに今へとつながっている。世代を超えて読み継ぎたい物語である。（藤田香織・書評家）

（文芸春秋・1995円）＝2005年11月17日⑥配信

書き言葉と話し言葉の葛藤

「明治大正翻訳ワンダーランド」（鴻巣友季子著）

青春の読書と聞けば、反射的に岩波文庫の「赤帯」（外国文学）、そして新潮文庫のカミュやサガンが思い出される。日本人はずっと、外国文学で自己形成してきた。

本書にも、内田魯庵（ろあん）訳トルストイ「復活」を愛読した太宰治の少年時代のエピソードが紹介されている。

明治の先人たちは、大和言葉（古典語）と漢語を武器に、言語体系のまったく異なる西洋文学に立ち向かった。その苦闘から、二葉亭四迷の「言文一致」という新しい日本語が作り出され、それ以後の日本文化が長期発展する基礎となった。

だが、二十世紀の後半から、さすがの「言文一致」も息切れしてきた。だからこそ、翻訳の原点を振り返る必要がある。

本書に紹介される翻訳家列伝は、森田思軒（しけん）や黒岩涙香（るいこう）など、奇人変人偉人怪人のオンパレード。笑いと涙のスパイスも、たっぷり。著者が彼らの翻訳に初めて触れた瞬間の衝撃が、ありありと再現されている。著者は翻訳書だけでなく、原典も深く読み込んでいる。

近代日本の扉を開いたのは、ほかでもない。翻訳家という文学者集団であり、翻訳という文化活動だった。ならば、現代の翻訳家は、どんな文化的貢献が可能なのか。そう問いかける鴻巣の初心が、まぶしい。

本書の読み所の一つは、自らの翻訳体験で磨き上げた鴻巣自身の「文体＝日本語」である。日本文化の水準の指標と言える「新書」ですら、深みのない「です・ます」調が増えつつある中で、書き言葉と話し言葉を絶妙にブレンドした鴻巣の文体は、まことに新鮮である。

鴻巣の語り口は、物語のナレーションを思わせ、読者を翻訳の世界に楽しく吸引する。

例えば、難解な書き言葉でしか表現できない憧憬（しょうけい）の念。そして平易な話し言葉で浮き彫りになる喜怒哀楽の感情。この二つの葛藤（かっとう）と違和感から、これからの日本文化の基礎となる日本語が生まれるのだろう。鴻巣友季子が「平成の若松賤子（しずこ）（＝バアネット『小公子』を訳した翻訳家）」と呼ばれる日は来るか。彼女の翻訳からも目が離せない。（島内景二・電気通信大教授）

（新潮新書・714円）＝2005年11月24日①配信

幻想が生み出す新市場

「萌え経済学」（森永卓郎著）

著者は、「萌（も）え」を「アニメなどのキャラクターをこよなく愛すること」と定義し、これを心理面ではなく、あえて経済面からとらえる。だから萌えの成立も、需要と供給の論理で説明される。

漫画やアニメのキャラクターを実物のごときリアルさで再現する技術的発達を遂げた供給側と、競争の増す恋愛市場では相手を得られぬ若者が恋愛の代替対象をキャラクターに求めるという需要側、との関係である。

そして、フィギュアやコスチュームの売買、メード喫茶などなど、萌えたオタクを対象にする業界は、単に成長分野であるばかりか、日本の経済構造を変える先導役だと主張される。

著者は、新規分野の開拓や技術革新を通じた旧来の経済成長モデルが、もはや今の日本に適さないとし、「競争を勝ち抜く企業ではなく、その競争に巻き込まれない企業」という新しいあり方を提示している。

その先駆モデルこそ、マニアックな少量商品に幻覚的な高付加価値を与える「萌え産業」なのだ。生命を持たないキャラクターを恋愛対象にまで仕立て上げる萌え芸術は、途上国との競争を回避しうる商品分野を生み、このマニア商品が、ネット競売などの新商法をも開花させるわけである。

著者は、実在の女性への興味を一切捨て、キャラクターを本心から愛するオタクの境地を「解脱」と表現する。萌えた若者は、恋愛の市場競争から降りた人間だ。

そして萌え商品は、経済競争から降りた生産物だ。つまり日本経済もまた、萌えるための解脱を必要とするのであろう。

萌えを経済面から肯定的にとらえる著者の視点は新鮮で、非常に面白い。だが、萌えの社会的背景は、著者が思うほど単純ではないだろう。オタクが恋愛対象をキャラクターに求める行為は、イケメンが流行や美顔に走ることと、大きな違いはなかろう。

両者とも、ある種の幻覚に属するのだ。既に十五年ほど前、J・ボードリヤールは、「われわれが生きていると感じられるためには、幻覚を手段とする他はない」と看破していた。われわれの現実感覚は、萌えの登場以前から、既に大きく変容しているのである。（薬師院仁志・帝塚山学院大助教授）

（講談社・1575円）＝2005年11月24日②配信

不可能を可能とした男

「全盲の弁護士　竹下義樹」（小林照幸著）

二十四年ほど前、司法試験に合格した男の話が大々的に報道された。はじめての「全盲」の合格者だったからだ。

この本の前半は、主人公の竹下義樹さんが、三十歳、九回目で、世間周知の「難関」を突破するまでの苦闘が紹介され、残りの半分で、弁護士になってからの活躍が描きだされている。

中学校三年の時に失明した、エネルギーにみちみちた少年は、盲学校に通いながら、「弁護士になりたい」との夢を抱くようになる。それは弱視から失明にいたるまでの間に、網膜に焼きついていたテレビドラマの映像だった。

その「夢のような話」を実現させるまで、竹下さんは、点字での受験勉強をつづけるのだが、それをささえたのが、点訳の参考書二百冊、録音テープ千本をつくった、無数のボランティアたちだった。「盲人にも弁護士への道を」とのスローガンが、その運動をひろげ、第二、第三の後続者を生みだすことになった。

三十数年前まで、法務省は、「盲人の方の受験については、実施方法その他諸般の事情から、事実上実施は不可能」として、司法試験の受験から締めだしていた。法務省に押しかけ、交渉し、点字での試験問題を準備させ、その条件を整えさせることで、竹下個人の夢が、視覚障害者の全体に共有されたのである。

ひとりの強靱（きょうじん）な男とそれを支持するひとたちによって、不可能が可能とされ、歴史が動く。盲人でも弁護士になれたことは、この社会での人権の幅が拡（ひろ）がったことを意味している。が、実は欧米では、先刻、実施されていたことだった。

弁護士になって、なにをするのか。それが竹下さんに課せられたつぎの問題だった。社会的な弱者とともに歩む。それは彼をささえたボランティアたちの期待を担うことでもあった。

大阪の野宿生活者が訴えた生活保護要求での勝訴、暴力団員の発砲殺人事件で、山口組組長の「使用者責任」を追及した、賠償要求裁判での勝訴など、竹下弁護士の活躍が報道されるようになった。歴史を切り拓（ひら）いた男の記録である。（鎌田慧・ルポライター）

（岩波書店・2310円）＝2005年11月24日③配信

現代社会学の先端の刺激

「限界の思考」（宮台真司・北田暁大著）

トリッキーな言論で話題を振りまく社会学者の宮台真司と、新進気鋭の北田暁大が、がっぷりと四つに組んでしゃべりまくった対談である。二人は、互いの発言を横目で見ながら、自説を怒濤（どとう）のように展開する。このドライブ感を楽しめるかどうかが分かれ目だが、評者は多くの知的刺激を受けながら読み進めることができた。

まず北田が、宮台の思想的転向はほんとうにそれでよいのか、と詰め寄る。宮台は、かつてはブルセラ制服少女の生き方を称揚し、意味なんか求めずに、今を「まったり」と生きようと主張していた。ところが最近の宮台は、普通の人たちが、意味なきまったりとした日常をまともに生きるのは不可能だから、彼らが暴走しないでいられるような「何ものか」を、彼らに与えてあげなくてはならないと言いはじめている。そしてこともあろうに、「天皇」とか「亜細亜主義」を持ち出している。これはいったいどういうことか？　と北田は問うのである。

これに対して宮台は、人間を「バカ」と「バカでない者」に分け、自分の言う「天皇」「亜細亜主義」の言説は、「戦後バカ右翼」や「バカ右翼になってしまいそうな若人たち（笑）」に向けられているのだと主張する。宮台の推奨するステップをきちんと踏んでいけば、彼らが超越的なものに自己同一＝依存して暴発するのを、防ぐことができるはずだ。そしてこの「右翼的」感性の底辺にきらめいている、世界の「根源的未規定性」への「開かれ」へと接続できるはずだと言う。

これに対して北田は、無意味に耐えられない人々に何かの処方箋（せん）が必要なのは認めるが、それが「天皇」「亜細亜主義」である必然性はどこにもないのではないか、と反論する。そして逆に、「世界の無意味さ」を語り続け、それへとコミットし続けていくことのほうが大事じゃないのか、と訴える。

世界を語り尽くそうというオブセッション（強迫観念）が気になるが、現代社会学の先端を味わいたい読者には格好の対談と言えるだろう。（森岡正博・大阪府立大教授）

（双風舎・1995円）＝2005年11月24日④配信

それぞれに引き継ぐ思い

「誰も『戦後』を覚えていない」（鴨下信一著）

敗戦時、小学校三年だった私は著者の二年後輩である。職業軍人だった父は公職追放、学校ではいじめに遭い、箪笥（たんす）から日々消えていく母の着物も食糧ととりかえてもらえぬ事もあった。著者のいうように「人によってさまざまの戦争があり、戦後がある。そしてそれは、前にも書いたが、ひどく〈不公平〉なものだ」という実感をもつ。

とはいえ、この本に描かれた共通の現実。さつまいものつるや葉のいため物、つぶしいもで作ったはまぐり焼など、今思うとおいしかったような記憶すらある。

ついに都会を脱出して私の母の故郷、上越へ向かった列車のすさまじさ。床に新聞紙を敷き、子供は網棚に。身動きできぬまま十数時間、窓から出入りするさまは本書「殺人電車・列車」に詳しい。乗換駅の長野で、私は窓から投げ降ろされたが、トランクをのせたまま無情にも発車。冷たい秋の夜、駅前旅館を訪ね歩いて断られ、ようやくみつけた相部屋の女性がさし出した青りんごの味！一日中何も食べてはいなかったのだ。母の故郷で白米を口にした時は、天国かと思った。

それにしても…戦後の始まりとなった玉音放送の「只今より重大なる放送があります。全国聴取者の皆様御起立を願います」というアナウンス。著者は起立した記憶がないというが、私も縁故疎開先で母と兄と三人で畳の上に正座した。母は藍（あい）色の繻子（しゅす）でつくったよそいきのもんぺだった。まもなくリュックいっぱいの軍の機密書類とともに父がもどり、来る日も来る日も軍服の後ろ姿を見せてそれを焼いた。煙の先に赤とんぼが群れている。忘れられぬ私の原風景だ。

パンパンなる街娼（がいしょう）に近づいてはならぬと母はいう。「歴史の教科書ふうに書かれた戦後史では決してそうは言わないだろうが、いわば〈婦人解放〉と触れ合う部分が、そこにひそんでいるような気がするのだ」という著者の見方は鋭く、精神の解放は性の解放とともにあり、田村泰次郎の「肉体の門」が爆発的に売れたゆえんなのだ。

歴史とは、それぞれの思いを引き継ぐこと。「生きのびた者の罪悪感」も、根深くその中に生きつづけている。（下重暁子・作家）

（文春新書・756円）＝2005年11月24日⑤配信

被災者との共感入り口に

「守れ　いのちを　完結編」（神戸新聞社編）

阪神・淡路大震災で神戸新聞は被災し本社屋を失った。記者たちもそれぞれに一月十七日の記憶を持っている。本書はそんな神戸新聞の記者たちが震災から十年の節目に書いた連載記事をまとめた一冊だ。

被災で親をなくした子、子をなくした親。被災で後遺症があるにもかかわらず家族のために懸命に生きる父、被災で精神に障害を負ってしまった娘を見守る母…。多数に及ぶ取材相手と記者との間には共感可能な部分がある。しかし共感を通じてそれぞれの経験の重さが推し量れるからこそ安易な感情移入を禁じる自制も働く。聞けなかったこと、書けなかったことも多かったろう。

だが、そうした試練に耐えつつ続けられた取材は、共感可能な部分を入り口として心理の深みへと分け入ってゆき、やがて感情の機微を描き出す。

これは画期的だ。というのも今まで日本のニュース報道は感情の扱いが得意ではなかった。事実の伝達を優先させて感情表現を控えるか、「私情を挟んだ」との批判を恐れて、死者が出れば悲しい、不正は腹立たしいといった、誰もが感じて当然と思われる月並みな表現で済ませがちだった。しかし当事者の感情のあり方もまた事実なのであり、事実主義に徹するならなおさらそれを正確精密に報じる必要がある。

本書の後書きを読むと記者たちは「表現を情緒的にしないように」と自らを戒めていたという。確かに表現には抑制が効いている。だが端正な言葉が過不足なく個々の被取材者の思いや感情を伝え、その人間像を確かに浮かび上がらせる。

正直な印象を記そう。本書を通じて「あの日」からの日々を生きた人たちの生身の存在感に触れ、筆者は十年目にしてやっと阪神・淡路大震災を理解するスタートラインにつけたように感じた。

震災報道の決定版として本書は今後、災害から「命を守る」対策作りに生かされるべきだし、一方で共感する力を的確に報道と結びつけてゆく方法を考える題材としても活用されるべきだろう。（武田徹・評論家）

（神戸新聞総合出版センター・2100円）＝2005年11月24日⑥配信

詩を封じ込めたような散文　「ほとんど記憶のない女」（リディア·デイヴィス著、岸本佐知子訳）

「アメリカ文学界の静かな巨人の一人」、一九四七年生まれの作家が日本で初めて紹介された。二百ページほどにつめられた五十一もの短編は、長くても三十ページに満たず、短いものはページの余白が作品を取り囲む額縁に見えるほどだ。

最初のページに納まる小品「十三人めの女」は一読忘れがたい。十二人の女が住む街にいる、誰からも存在を認められない十三人めの女には手紙も届かず、雨は彼女の上に降らない。しかし、そこに住み続ける女の話。「十三」という数がキリスト教社会における凶兆をほのめかし、この本が途方もない世界を開くことを暗示する。「女」もデイヴィス世界の特徴で、女を女の視点で書いたもののほうが出来がよい。

父は大学教授、母は作家で、海外体験も豊富な少女が、毎日必ずお話を二つ書く文章修業を重ねて作家となった。反復によるリズムと独特の抽象性、詩をストイックに封じ込めたような散文にガートルード・スタインを思い出したが、やはり違うのは、描かれるのが意外と下世話な男女だからか。

「あなたが傷つくのは…彼が〝もう永遠に戻ってきてはならない”ということを意味する言葉を、文字どおりの意味で言うつもりがないのに、その言葉を文字どおりの意味で言えるのはその言葉だけなのに、選ぶという、その事実になのだ」（「出て行け」）。ほかにも「サン・マルタン」では、著者のパートナーだったころの作家ポール・オースターの姿を覗（のぞ）き見るような楽しみもある。

本国ではフランス文学翻訳者として評価が高く、プルースト「スワン家の方へ」などは名訳の評判で、手にして味読したい誘惑にかられる。この人の使う英語を知りたいと思わせるのだ。本書の原本もあわてて取り寄せた。

手元のピカドール版では、「十三人めの女」は冒頭になく、配置がずいぶん違う。だがこの日本語版にむしろ編集の技を感じた。そして先入観なく原書にのめりこんだ翻訳者を得て、日本の読者が突然出会う傑作集に仕上がったと思う。（岩田託子・中京大教授）

（白水社・1995円）＝2005年12月1日①配信

激しい狂に生きた禅僧　「一休」（栗田勇著）

動乱の室町時代。強烈な個性をもって、素手で俗世の闇を切り裂くように現れ、世間を仰天させる振る舞いで「風狂」を名乗り、生身の体を汚濁のちまたに投げ入れるかのように生きた反俗の禅僧、一休がいた。

とんちの「一休」でも、大徳寺復興の「一休和尚」でも、収まりきらない激しさだ。

二十七歳で大悟。師からの印可状を拒絶し、焼き捨てまでした。退廃した禅院には、徹底した「ノー」を突きつけ、その鋭い刃先を、相克と矛盾の中に生きる己（おのれ）にも向ける。自らを「目の見えぬろば」とも呼ぶこの自己凝視こそが、開眼した人の「狂」の在りかではなかったか。

それは晩年、盲目の琵琶弾き森侍女と結ばれ、恋を高らかに歌い上げた詩歌へと結晶していく「狂」だ。これらは「狂雲集」と名付けた自著に収められているが、ここで著者の筆は、一段とさえる。

あの謎の象徴派の詩人「ロートレアモン」を日本に紹介した人ならではの見識の高さで、艶詩の森へと分け入り、コトバを超えた悟りの境地を照らし出してみせる。

うねりにうねる波が、いよいよたかまり渦を巻くような展開で、一休禅の「狂」の真実が、その渦の中心に浮かび上がるのを見るようであった。

ところで本書の冒頭に、度肝を抜かれる話がある。入寂の年、自分のひげと頭髪を抜いて、弟子に作らせた木彫の肖像に植え付けさせたという。いやいや、こんなことで驚いていては、一休さんとは付き合えない。

生でもない、死でもない現象の実相を知る人の、これは次代への公案ではなかったのか？　絵入り法話「一休骸骨（がいこつ）」の「一切空」の核心に連なる、胸のすくようなパフォーマンスだ。

謎に満ちた一休という人の全身からほとばしり出る「狂」は、森侍女との風流とも呼べる日々の中で静かに深まり、著者のコトバを借りるならば、「天空の霊性の極を生きる」姿を映し出す。

「新月のごとき容姿」を愛し、「腰に水仙の香りが漂う」と賛美し、「私の手よ、この手はおまえの手」と森侍女を詠（うた）うとき、その手は既に、信仰していた弥勒（みろく）の手であったのかもしれない。（梅野泉・詩人）

（祥伝社・2100円）＝2005年12月1日②配信

欲望と情念のドラマとして

「仮名手本忠臣蔵」（上村以和於著）

江戸城松の廊下での刃傷に端を発し、吉良邸討ち入り・大石ら四十六士の切腹をもって終結した一連の事件を、日本人は何故「赤穂義士事件」ではなく「忠臣蔵」と一括（ひとくく）りに言い習わすのか。

あの事件以後、講談浪曲から映画、文学は福本日南から池宮彰一郎まで、おびただしい数の外伝・義士銘々（めいめい）伝が再生産されていったのは何故（なにゆえ）か。

練達の歌舞伎劇評家である筆者は、その答えを事件から奇（く）しくも四十七年後（！）人形浄瑠璃として上演され、歌舞伎化された「仮名手本忠臣蔵」に見いだす。

「仮名手本」で、浄瑠璃作者は時代背景を「太平記」の高師直の邪恋に仮託した。さらに、浅野内匠頭を抱きとめた男をヒントに桃井家家老・加古川本蔵を創作し、その師直への贈賄工作が刃傷の遠因として仕組まれた。

「恋」と「金」。人間を貫く欲望と情念を芯（しん）としたことで、「仮名手本忠臣蔵」は、観（み）る者の共同幻想を無限に肥大させていく力を獲得していく。忠臣蔵全十一段をじっくり読み解きながら、その過程をたどる筆者の旅は、ギリシャ悲劇あり、東映時代劇あり、俳優のジャン・ルイ・バローあり。その肩の凝らない寄り道が楽しい。

道化役の鷺坂伴内のお軽への恋が、実は師直と顔世の関係のパロディーであること、あるいは大星由良助（実説の大石）と対照的な人生を歩む本蔵の悲劇を描出したこと。作者の奔放な想像力がドラマに史実以上の複眼的な視角を与えていく。虚が実を超えるこの柔構造にこそ、「忠臣蔵」の秘鍵（ひけん）があるのだと筆者は説く。

一年に亘（わた）る雑誌「演劇界」での連載に加えて、「アペリティフ」（食前酒）として各段の基礎知識を補筆しているのも親切だ。読み進めるうちにそれが裏になり表となり響き合い、豊かな像を結んでいく。「忠臣蔵」という豪華なディナーへの、極上の招待状である。（犬丸治・演劇評論家）

（慶應義塾大学出版会・2100円）＝2005年12月1日③配信

温かな肯定感あふれる物語

「刺繍」（川本晶子著）

もうすぐ四十歳になる「私」は離婚経験者。二十歳年下の恋人・敏雄とも仲良くやっていて、離婚をきっかけにはじめたイラストの仕事も軌道にのりはじめている。ところが認知症を患っていた母親が、敏雄に恋心を抱いていることがわかる。そして両親と私と敏雄との奇妙な同居生活がはじまるのだ。

第二十一回太宰治賞受賞作は母親の認知症という深刻な題材を扱いながらも、ぬくもりがじんわりとしみこんでくるような物語だった。

その温かさは次々と降りかかってくる現実におろおろするばかりの「私」と、認知症が悪化していく母親に寄り添い、やさしく見守っている男性陣からかもし出されているものかもしれない。

「母さんは、恋しているんだよ」と恋心を認めながら献身的に介護する父親と、今どきのちゃっかりした若者を思いきや、いざとなると大人顔負けの思慮深さと寛容さを見せる敏雄。そんな男性たちのあいだで「私」の心は揺れ動くばかりだ。

記憶が薄れていくにつれて、少女のような恋心をむき出しする母親に対する複雑な思い。介護に対するプレッシャーと自責。いつかは別れるだろうと思っている恋人との関係、そして自分が老いていくことへの不安や当惑や寂しさが繊細なタッチで描かれる。

世間的にはいい大人であるはずなのに、実感が伴っていない自分へのいらだちなど、誰もがうすうす感じていた「大人」という言葉への漠然とした違和感とズレを「私」に託して語ってくれるところは共感を呼ぶだろう。

そして刺繍（ししゅう）に没頭するシーンは、母親との思い出とこれから起こるだろうすべてのことを受けとめようとする覚悟と祈りの時間が美しく描かれていて秀逸だ。

本書は、最後まで読む者を温かく包み込んでくれるような肯定感覚にあふれている。それは年老いても愛されていたい、恋愛の対象でありたいという女性の淡い願望をすくい上げているからではないだろうか。（白石公子・詩人）

（筑摩書房・1365円）＝2005年12月1日④配信

人間の尊厳をかけた闘い

「痛憤の現場を歩く」(鎌田慧著)

私たちの社会は、この現実をどう変えていけるのだろうか。メディアはこうした重い事実を、なぜもっとしつこく伝えないのだろうか。

「競争原理」が万能とされ、「改革」という名で社会的基盤の破壊や格差の拡大が進む中、もし自分が当事者なら、とても許せない、はらわたが煮え繰り返るような憤りを覚える事実が数多くある。本当に「痛憤」としかいいようがない現実と、そこで闘う人々を丹念に訪ね歩いたルポを収録した本である。

三十一本のルポには、前近代的で暴力的な中小・零細企業や、リストラが進む大企業の労働現場のほか、「君が代」強制の都立板橋高校事件、六ケ所村の核燃料再処理工場や、汐留の巨大開発、小田急高架化などの現場、米軍基地をめぐるチビチリガマや辺野古の闘いなどが紹介されている。

腕力もなさそうだし、証拠も動機も不明なのに、同僚を殺したとして一、二審とも有罪判決が出た北海道・恵庭殺人事件の不条理、水俣病の認定を拒む国、七十年間という長期貯蔵にもかかわらず「中間」という青森県むつ市の核廃棄物施設のまやかし…。

どのケースも、まともに考えれば認められない「変なこと」ばかりだ。

「あとがき」で鎌田氏は「このささやかな報告集は、どのような時代になろうとも、自分の生活の場にいて、人間としての尊厳と存在をかけてたたかっているひとたちがいる事実をつたえるためのものである」と書いている。「そのひとたちに報いるためにも、いますこしの勇気を示さなければ、と思う。強権に抵抗するひとたちがいるかぎり、世の中はかならず変革される」とも。

こうした「現場」の事実は、一度は伝えられても、現実は変わらないまま放置され、移り気なマスコミに忘れられてしまう。私たちは、もっとこうした事実を知らなければならない。そして現実を変えていかなければならない。

鋭い人権感覚と豊かな感受性で、現場で闘う人々の怒りや悲しみに寄り添い、多くのルポをものしてきた筆者ならではの報告に、あらためてそんな思いを強くした。(丸山重威・関東学院大教授)

(金曜日・2100円)=2005年12月1日⑤配信

犯罪の予感に満ちた作品

「新リア王(上・下)」(高村薫著)

それはポスト田中角栄の時代—日本のシベリア青森に築いた政治王国は崩壊し、子供たちをはじめ周囲のすべてに裏切られ、老いた代議士福澤榮は、かのリア王のごとく荒野にさまよい出た。吹きすさぶ雪の庵(いおり)で、弟の嫁晴子に生ませたわが子、放浪の果ていまは仏門の福澤彰之と会い、三晩を過ごす(登場人物は皆、前作「晴子情歌」の人々の後身だが、これはまったく独立した小説として読むべきだろう)。

上下巻計約八百七十ページ、二人は自分たちの過去の物語をひたすら語る。自己の感懐を執拗(しつよう)に語りつづける。

語られる福澤一族の物語は複雑に錯綜(さくそう)し、時間は絶えず過去現在を浮遊するが、いつも背後にあるのは(現在のぼくたちがそこから脱出したいと願っている)五五年体制の過去の日本、そのシステムの代表の政治、心の代表である宗教だ。

この全体小説を支える文体として作者はシェークスピアの長台詞(ぜりふ)のような〝語り〟の文体を用意した。内容よりもその表現方法が「新リア王」のタイトルを必要としたのだろう。

最近の作者はますますミステリー=犯罪から離れつつあるように見える。しかし政治と宗教ほど犯罪の臭気と予感に満ちているものはないのだ。

前作の主題〝歴史〟は表面に浮かんでこない無数の犯罪をその内部に抱えこんだ存在だし「レディ・ジョーカー」は指弾するのが困難な犯罪〝弱者の犯罪〟だった(次回はもっとも犯罪ならざる犯罪、死刑がテーマだとか)。作者の足跡は一つの道を歩んでいるのだ。

さて日本人は五五年体制の過去から脱出できただろうか。シェークスピア「リア王」の最後の台詞はこうだ。〈最も年老いた方が最も苦しみに耐えられた。若い我々はこれほど多くを見ることもなく、これほど長く生きられもしない(松岡和子訳)〉。そんなことはない。脱出はできなかった。ぼくたちはこの本の老いた主人公より生きながらえ、おそらくもっと辛(つら)い、もっと多くの苦しみに耐えて生きなければならないのだ。(鴨下信一・演出家)

(新潮社・上下各1995円)=2005年12月1日⑥配信

暗うつな心理描写が圧巻

「えんじ色心中」（真梨幸子著）

「孤虫症」で第三十二回メフィスト賞を受賞してデビューした真梨幸子は、どこにも逃げ場のない地獄を書かせては現在無敵の作家かも知れない。前作も、寄生虫の恐怖と、誰一人として感情移入できない登場人物たちが繰り広げる相克劇の相乗効果で、おぞましい生理的嫌悪感を演出してみせた小説だったが、第二長編である本書では、グロテスク描写こそ影を潜めたものの、気がめいるような世界を描き出す迫真の筆致は健在である。

名門中学に入学したものの家庭内暴力を起こすようになった息子を、父親が殺害するという事件が起きた。世間で「西池袋事件」と呼ばれたこの悲劇から十六年後、犯行を自白したはずの父親が、真犯人はほかにいると訴えはじめた。一方、この事件のことを忘れかけていた当時の関係者たちは、運命の女神に操られるかのように再び巡り合ってゆく…。

一応、ミステリー的な趣向はあるし、過熱する受験教育やマスコミのやらせ問題といったモチーフも取り上げてはいるものの、最後まで読んでみると、社会派ミステリーというよりは、やや古風な因縁話という印象が強く残る。人間の自由意思ではどうにもならない運命の数奇さが、かなり大きな要素として作中に君臨しているからだ。

ただし、単に古めかしいだけの話ではない。前作同様、著者が描こうとしているのは現代社会の暗部であり、それをえぐり出す筆致に容赦はない。何といっても圧巻は、派遣社員である主人公の転落ぶりと、それに伴う暗うつを極めた心理描写。確実な保証のない不安定な社会的立場に、人間関係の崩壊が追い打ちをかけて、主人公を蟻（あり）地獄へと追いやるのだ。

誰も頼りにならず、誰も理解してくれない。悪化する境遇に比例して、心もどんどんすさんでゆく。現代社会で生きる多くの人間が、大なり小なり、この主人公に共感するのではないか。平成という時代の閉塞（へいそく）感を、これほどリアルに描き出した小説は珍しい。（千街晶之・文芸評論家）

（講談社・1680円）＝2005年12月8日①配信

生臭さ含む夢のカタログ

「あったかもしれない日本」（橋爪紳也著）

未来を考えることは、他の動物とは異なる人間固有の能力のひとつである。ごく近い将来から数年後や十数年後、さらには数十年から百年以上先にいたるまで、人はさまざまな未来について考え、そのために計画や構想を立て、夢を見る。

けれどもその多くはただ考えられたり夢見られたりするだけで、実現されぬまま忘れられた過去になる。私たちの生きている現在は、そうした「たくさんの未来」の中からたまたま実現されたものに過ぎず、その背後には多くの「実現されなかった未来」が埋もれている。

瀬戸内海と日本海を結ぶ琵琶湖大運河、「皇紀二千六百年」記念の万博とオリンピック、富士山を中心とする「大東亜共栄圏」の壮大な聖地など、近代日本の建築や都市計画、国土計画の「実現されなかった未来」、「あったかもしれない姿」のいくつかを、計画の経緯やかかわった人々のエピソードも交えて紹介した本書は、そんな「実現されなかった未来」の夢のカタログである。

とはいえ、どの「夢」にも国家や地方、財界や建築業界などの利害や思惑が絡んでいて、時に十分過ぎるくらい俗っぽく生臭い。また、「夢」に形を与える建築家の想像力も、個人的資質だけでなく、時代の思潮や人々の欲望にどのような形を与えるかという迎合的な側面を多分に含んでいることがよく分かる。

「あったかもしれない日本」は、見かけは「いま現にある日本」と違っているけれど、しばしばそれと同じくらいに現実的で凡庸である。しかもそれらのいくつかは、まるで全体主義国家の紋切り型の記念碑的公共建築や国家的プロジェクトのようなのだ。

「今日の私たちが抱く『集団的空想力』を鍛え直すこと」がこの本の狙いのひとつであるという著者の言葉を、こうした想像力の凡庸さと危険さに対するアイロニカルな警告と読むことも可能である。ソフトな語り口の裏側で、橋爪紳也、実は結構意地悪なのかもしれない。その意地悪さを全開にした本を、いつか読んでみたいものである。（若林幹夫・早稲田大教授）

（紀伊国屋書店・2310円）＝2005年12月8日②配信

満身創痍の重い問いかけ　「テレビは戦争をどう描いてきたか」（桜井均著）

テレビの時代に、ドキュメンタリー番組は人びとの記憶を掘り起こし、歴史を問い直して公共化する重要な手だてとなってきた。本書はこの半世紀の日本のドキュメンタリー番組を、制作者の立場から振り返り、体系的に検証したものである。

テーマが「戦争の記憶」になるのは、それが日本社会の変容を映し出すもっとも重要な指標だからだ。最初は、多くの国民がアジア・太平洋戦争の全容や実相を知らされていなかった。そのため敗戦の悲惨にしか目が向かなかった。その後は、被爆国の日本が米国の核の傘に入るという冷戦下の状況で、戦争の多くの面が不都合なこととして隠ぺいされてきた。

だが新しい資料や証言が現れるたび、あるいはアジア諸国が視野に入るにつれ、過去を問い直す番組が作られてきた。今年もNHKでは「戦後六十年」企画でいくつもの力作が放映された。それは、日本が過去の戦争をいまだ十分に総括せず、置き去りにされた問題がいつまでもくすぶって、この国の現在を曇らせているからである。

本書は七十数本の番組をとり上げている。著者はそれぞれの番組を相互の脈絡のなかに置き、解明すべき課題と照らして、何ができて何ができていないのかを厳しく検証してゆく。そこには、戦後の歴史認識をめぐる主要な論点のすべてが出ているといってもよい。

テレビはともかくこれだけのことをしてきた。けれども、この検証の積み重ねがあってなお、国内外の莫大（ばくだい）な犠牲がなかったかのように、この国は「過去」を流し去ろうとしている。ドキュメンタリーは無力だったのか。何ができなかったのか。そこに厳しい状況のなかでドキュメンタリーを担ってきた著者の、満身創痍（そうい）の重い問いがある。

一連の「NHK問題」で民営化も取りざたされる。しかし公共テレビの役割を見誤ってはならない。市場の原理に任せたらこのような番組は作られなくなり、公共性も自由も論じる余地はなくなるだろう。そのような風潮に対しても、この本はその質量で立ちふさがろうとしている。（西谷修・東京外国語大教授）

（岩波書店・4200円）＝2005年12月8日③配信

胸を打つ率直で誠実な回想　「ディープ・スロート」（ボブ・ウッドワード著、伏見威蕃訳）

ニクソン大統領を辞任に追いこんだウォーターゲート事件から三十年余りを経て、この事件最大の謎といわれた「ディープ・スロート」の正体がわかった。この間の事情を興味深く記録したのが本書である。

ワシントン・ポスト紙の駆け出しの記者だったウッドワードは、同僚カール・バーンスタインと共に、民主党本部の盗聴未遂事件とその隠ぺいに大統領側がかかわった疑惑を暴いたが、ディープ・スロートという情報源については口をつぐんできた。

しかし、ディープ・スロートは本人の娘と弁護士によって、元連邦捜査局（FBI）副長官のマーク・フェルトだったことが明らかにされた。ウッドワードは記者になる以前からフェルトと知り合いだった。フェルトの声は朗々としていたが、深夜の地下駐車場でウッドワードに情報を伝える声は震えていた。

取材記者と情報源の関係にすぎなかった二人の間にやがて友情が芽生えていった。久しく接触を絶っていた二人が再会した五年前、認知症になっていたフェルトは八十六歳だが、記憶にある限りを打ち明ける。それを聴くウッドワードは五十六歳、記者のかたわら九冊の著書をものして、ポスト紙の現編集局幹部だ。二人が率直に語り合う姿には胸を打たれる。

ジャーナリストとして誠実に生きてきた人の誠実な回想録であるが、面白いエピソードにも富んでいる。例えばポスト紙のウォーターゲート関連の記事を熱心に読んでいた映画俳優のロバート・レッドフォードは電話でウッドワードを激励し、ウッドワード、バーンスタイン共著になる「大統領の陰謀」が映画化されるとき、自らウッドワード役になったことがさりげなく紹介されている。

フェルトはFBI長官だったエドガー・フーバーを尊敬していたが、その後継者には選ばれなかった。しかし、その恨みからディープ・スロートになったのではないとウッドワードはフェルトを擁護する。そしてウォーターゲート事件は「浄化」だったと。フェルトの名誉を守ったのだ。

訳文は本書の感動を伝える見事なものだ。（常盤新平・作家）

（文芸春秋・1850円）＝2005年12月8日④配信

昭和史と個人史束ね活写

「雲の都　第二部　時計台」(加賀乙彦著)

本書は、作者の母方の祖父をモデルに、外科医時田利平と一族の運命を描いた長編小説「永遠の都」の続編として構想された「雲の都」の第二部にあたる。第一部「広場」では、作者を彷彿(ほうふつ)とさせる医学生小暮悠太がセツルメント運動にかかわり、血のメーデー事件(一九五二＝昭和二十七＝年)へと巻きこまれていく過程が描かれた。

第二部「時計台」では、悠太が東京大学医学部に入学する四九(昭和二十四)年に時間をさかのぼる。

文学や芸術を愛する医学生として青春の日々を送る悠太は、セツルメントに身を投じ、卒業後は精神科医を目指し新人医局員として多忙な毎日を過ごす。犯罪精神医学に興味をもった悠太は、東京拘置所の医官となる。犯罪者たちの診療を行いながら精神医学と犯罪学の研究にいそしみ、日本全国の死刑確定犯の精神医学的調査という未知の研究領域へと踏みこんでいく。

「時計台」は、主人公悠太をめぐる教養小説であり、自伝的な大河小説であり、長大な全体小説である。悠太や彼の家族を中心に、医者や会社社長や政治家や芸術家などを輩出する上流階級の一族の波乱に満ちた物語が、混沌(こんとん)とした日本の戦後史に重ねあわされ活写されていく。

個人史と社会的な事件と昭和史を巨視的､微視的な視点から束ねた、まさに長編小説という形式でなければ表現不可能な独自の世界が提出されている。

物語の後半、東京拘置所に収監されているゼロ番と呼ばれる凶悪重罪犯とのかかわりの詳細は、読者に特別な印象を残すだろう。拘置所や刑務所など塀の内側の世界の描写や、悠太が直面する症例の数々は、作者の体験を反映したリアリティーに彩られている。精神医学に関する臨床学的な情報小説としても読みごたえのある作品だ。

現在、第三部「城砦」が「新潮」で連載されている。本書の結末で、フランス政府給費留学生として悠太は渡仏する。悠太と一族の今後の物語への興味は尽きない。(榎本正樹・文芸評論家)

(新潮社・2520円)＝2005年12月8日⑤配信

底知れぬ恐怖と意外性

「夜市」(恒川光太郎著)

なんとも完成度の高い小説が登場したものだ。第十二回日本ホラー小説大賞を受賞した恒川光太郎「夜市」のことである。

ホラー小説大賞は、長・短問わずの大賞があり、そのほかに長編賞と短編賞がそれぞれあるが、大賞は十二回のうち一年おきに六本しか出ていない｡異様にハードルが高いことで有名な新人賞だ。

短編賞からも小林泰三や朱川湊人といった逸材が出ているが、短編で大賞を受賞したのは､「ぼっけえ、きょうてえ」と「姉飼」のみ。

今回は、それに続く事例ということで大いに期待して本を手にとった。

大学生のいずみは、高校時代の同級生・裕司に誘われて、岬の方で開かれているという夜市に行くことになる。

フリーマーケットのようなものだというが、暗い森の中を抜けてたどり着いてみると、どうも様子がおかしい。どう見ても人間ではない商人たちが、刀、棺桶、仮面、首(！)等々、雑多なものを売り買いしているのだ。

やがて裕司は恐ろしい告白をする。子供のころ夜市に迷い込んだことのある彼は、人買いに弟を売って､代わりに野球の才能を買ったというのだ。

現実の世界に戻ってみると、そこでは弟の存在そのものが消えてなくなっていた…。

罪悪感を抱えつづけた彼は、弟を買い戻しに来たのだという｡だが､夜市にはさらに恐ろしいルールがあった—。

全体的な雰囲気は、ホラーというよりもむしろ幻想小説である。

夜市の特殊ルールにのっとったうえで、読者の意表を突く後半の展開は、極めて論理的でありながら意外性に富み、上質のミステリーのようでもある。

だが、読後に残る底知れない恐怖は、ホラー以外の何物でもない。

小金井公園からこの世ならぬ道に迷い込んだ少年の体験を描く併録の中編「風の古道」も、料理の技法は同じである。

幻想小説、ミステリー、ホラーのテクニックを自在に使いこなす恐るべき新人といえるだろう。今後の活躍に､ぜひ注目していただきたいと思う。(日下三蔵・ミステリー評論家)

(角川書店・1260円)＝2005年12月8日⑥配信

人生の悲哀にじむ一級品

「あの日にドライブ」(荻原浩著)

「文芸は実人生の地理歴史である」と菊池寛はいった。文芸には、人が生きていく上で必要な知識や経験、つまり人生のノウハウがぎっしり詰まっている。だから、いい人生を送りたければまず本を読みましょうという、いかにも文芸春秋の創業者らしい読書のすすめである。

荻原浩は、この菊池寛の文芸観に忠実な作家である。一九九七年のデビュー作「オロロ畑でつかまえて」も、二〇〇四年の「明日の記憶」(〇五年山本周五郎賞受賞)も、人生の意味をきちんと見つめて、その地理と歴史を上質なユーモアにくるんで描いた作品だった。本書もまた、その例にもれない。

牧村伸郎は四十三歳。結婚十五年目の妻との間に中一の娘と小三の息子がいる。私大を卒業して都市銀行に入り、三十八歳で支店の課長になった。このままいけば四十代で支店長は確実と思われたが、嫌みな上司に対するたった一度の反抗が人生のタイムスケジュールを狂わせた。

関連会社への出向を拒否して退社、すぐ見つかると思っていた再就職口は見つからず、公認会計士の試験にも落ちた。一時的な腰掛けのつもりで小さなタクシー会社に勤めたが、運転手という仕事もはたで見るほど楽ではなかった。客の暴言や侮蔑(ぶべつ)に耐えて過酷なノルマを達成しても、収入は銀行時代の半分にしかならない。ストレスが高じて円形脱毛症になり、家庭は崩壊の危機にひんしている。

彼はなんとか生活を立て直そうとするのだが、四十歳を過ぎてからの車線変更は容易ではない。そこでせめては夢想の中で学生時代に戻り、当時の恋人とともに、自分が選ばなかった道を走ってみることにしたのだが、そのバーチャル人生もやがて現実の壁にはね返される。

ひょんなことから不運な曲がり角を曲がってしまった男の地理と歴史を描いて、しみじみと人生の悲哀を感じさせる第一級の文芸作品。この作家を現代の人生派と呼んでも、もうどこからもクレームはつかないだろう。(郷原宏・文芸評論家)

(光文社・1575円)=2005年12月15日①配信

激動の時代を見つめ直す

「昭和天皇」(保阪正康著)

昭和には亀裂がある。戦前と戦後では、これが同じ国かと思うほどの違いがあり、かと思うと、改革されたはずの官僚機構が、いつのまにかよみがえっていたりもする。

そんな矛盾と激動の時代を、昭和天皇という存在に即して見つめ直す。これは今までに、ありそうで、なかった視点だ。「昭和」という時代を、自身の存在によって支えた天皇。その昭和天皇自体、社会的には戦前は「立憲君主」、戦後は「象徴」と分裂している。

特異な地位にある個人の生きざまを、著者は感動的逸話や思想的誇張を極力排して、淡々と描き出そうと努める。その姿勢は、昭和天皇に迫るにふさわしい。もっとも証される事実自体は、さりげなくとも感動的だ。

たとえば、一般に「人間宣言」と呼ばれている昭和二十一年の年頭詔書だ。天皇から神聖さを除去する内容の文案がGHQ(連合国軍総司令部)から示された。政府も独自案作成に取り組む。これに対し、天皇自身が「日本における民主的な思想は、何も戦後になってはじめて生まれたものではなく、明治天皇の時代からあった五箇条の御誓文も加えてほしい」と注文を付けたという。これが詔書に取り入れられ、民主日本の自主性が示された。

もっとも、天皇の詔勅やスピーチ原稿は、軍部や政府の思惑によってほぼその内容が決定され、個人の意思が反映する要素は小さい。これは戦前も戦後も変わらない。

だから著者は、天皇の御製を多く引いている。そこにもさまざまな配慮はあるが、より天皇の肉声に近い。実際、御製は時に国民に向かって語りかけ、和することを望んでいるように思える。

「ゆたかなるみのりつづけと田人らも神にいのらむ年をむかへて」(昭和十八年)

著者はこれを「農民もまた私と同じようにこの国の豊かな実りを祈っている」という意味に解す。「豊かな実り」は戦果ではなく、平和な実りであろうと察せられる。

昭和天皇は折々の時代に、国民が求め、望むような存在であろうと努めた。そうした没我的誠実さが、あの「個性」を際立たせたのだった。(長山靖生・評論家)

(中央公論新社・3360円)=2005年12月15日②配信

通念ゆさぶる挑発的理論　「遺伝子神話の崩壊」（デイヴィッド・ムーア著、池田清彦・池田清美共訳）

これは困った。この本を書評するのはつらい。というのも私はつい最近、遺伝子を重視した本を書いたばかりだからだ。

ところがこの本は、「生物は氏と育ちで決まる」という大多数の人の常識を切り崩し、遺伝子の決定部分をうんと減らす議論を立てるのだ。育ちの重要性を論じる人でも、例えば目の色くらいは遺伝子で決まると思うはずだ。ところが、そうではない、と著者はいう。

彼の戦略ははっきりしている。発生学の成果によりながら、普通、生得的本能とか、遺伝的所与と見なされているものを、胎児のころも含めた個体の経験に徹底的に落としていくことによって、その意味をぐらぐらにしてしまうのだ。誕生直後のマガモのひなが母親の声に反応するのは、それが生得的本能だからというよりは、ふ化前のひなが実は自分で声を出すという経験をもつからだ云々（うんぬん）。

彼は心理学者なので、ワトソン風の行動主義の行き過ぎへの反省を通過した上で、また環境の影響力を強く読み取ろうとするのだ。その点で、この本は遺伝学史だけではなく、心理学史とも交錯する。

そこから出てくる結論は、私たちの耳に悪く響くものではない。なぜならそれは、人間は決して、遺伝的に運命づけられているわけではない、とするものだからだ。

獲得形質の遺伝性を主張したラマルクへの主流派の激しい反発を考えれば、大部分が獲得形質であるかのような著者の物言いは、むしろ、彼自身にとって不利に働くとは思う。だが、この人はとにかく相当挑発的な人らしい。そういえば、訳者の池田さんも挑発的な人だ。著者と訳者が共振しながら仕上げたかのような感じの本だ。

いずれにしろ、「浮気の遺伝子」風のばか話が一定程度流通するわが国のような土壌のなかでは、この種の本の出現は歓迎したい。これだけ挑発的な本なのだから、きっと主流派から猛烈な反論も噴出するだろう。だが、学問的論争なら、どんどんやれと、たきつけておきたい。そんな論争は、見ている方も、元気と、仕事への意欲をもらうものだからだ。（金森修・東大教授）

（徳間書店・2310円）＝2005年12月15日④配信

俳句の次代「大家」は?　「第一句集を語る」（櫂未知子、島田牙城ほか著）

俳人の世界では、いよいよ大正生まれ世代から昭和生まれ世代へと「大家」としての席が移行し始めたかに見える。

いわゆる俳壇ジャーナリズムが提起する「大家」の中から自分にとってのホンモノを探し出す読書も楽しい。

「第一句集を語る」は、昭和一けた生まれと昭和十年代生まれの俳人が自らの第一句集刊行のころを、聞き手に応える形で回顧したいわば俳人青春記のオムニバスである。各俳人の章にはそれぞれの第一句集からの「五十句抄」を添付。収録された俳人とその第一句集は掲載順に、鷹羽狩行「誕生」。岡本眸「朝」。有馬朗人「母国」。鍵和田秞子「未来図」。阿部完市「無帽」。稲畑汀子「汀子句集」。廣瀬直人「帰路」。黒田杏子「木の椅子」。川崎展宏「葛の葉」。宇多喜代子「りらの木」。

昭和一けた生まれとその直後の世代は、敗戦と飢餓を少年期に経験した世代。各人とも第一句集刊行のころの俳句の師、山口誓子、富安風生、高浜虚子、中村草田男、飯田蛇笏、山口青邨、加藤楸邨ら明治生まれ世代との「幸せな出会い」を語る。

「私は幸せな弟子でした。先生は当時、六十代半ばだったでしょうか、私は二十二歳でした」（岡本眸）

従軍世代である大正生まれが、明治生まれの俳人の「長男」にあたるとすれば、これらの俳人はいわば「二男」。

硬骨、信念、老獪（ろうかい）いずれも並外れた大きさで昭和俳句を形作った「父」の世代と、価値観の逆転する境目を生きた「長男」の世代。「父」を確信の大家とすれば、「長男」は父に反発する懐疑派とも言える。その両者から影響を受けた「二男」がどういう認識で出発したのか。「桂信子のほうが私よりモダンです。（中略）大正リベラリズムに育った人ですから」。空襲下で死体を見た記憶と併せて宇多喜代子は語る。

「二男」は戦後の懐疑を脱して「父」への回帰を目指しているようにも見える。これらの俳人の中から確実に次代の「大家」が出現すると考えれば、この一書から「明日の俳句」を読み解く示唆を得ることができるように思う。（今井聖・俳人）

（角川書店・2100円）＝2005年12月15日⑥配信

中国社会の腐敗と汚職描く

「十面埋伏（上・下）」（張平著）

若者たちの反日抗議運動が爆発的に広がったかと思えば、指導部の一声で沈静化され、農村部で暴動があったらしいニュースを耳にしても、映像はほとんど報じられない。

中国の社会がどうなっているのか、都市と地方の暮らしはどう違うのか、人々は何を求め、何に対して怒るのか。実のところ私たちは、生身の中国社会の情報をまったく持たない。

現実にあった事件をもとに描く張平の作品は、そうした私たちの知らない中国社会を、スリリングなサスペンスの仕立てで生き生きと描き出す。

死刑執行が減刑された上に、「まもなく釈放される」とほのめかす服役囚の言動に、不審を抱いた刑務所担当の捜査官が調査を始める。そこに、過去の未解決の凶悪犯罪が次々と浮かび上がる。

だが、調べが一歩進むたび、目に見えない壁が道を阻むように、至る所に立ちはだかる。同僚による密告、上司による圧力。そのまた上の幹部による裏工作。

一体誰が味方で、誰が敵なのか分からない。たった一人の服役囚、それも凶悪犯罪を重ねて来た男と、行政組織の不自然な動きを結び付けるものは何なのか。まさに十面埋伏、四方八方に伏兵が潜む中で攻防が展開されてゆく。

随所に描かれる、カネとコネに支配された公安や政治委員、省の共産党委員の姿は、たんなるフィクションではないのだろう。私たちが報道で耳にしながらも、その実態が見えてこない、〝党中央も頭を痛める中国社会の腐敗と汚職の構造〟とは、こうしたことを意味しているのに違いない。

毛沢東の時代、著者・張平の父は右派分子として、吹き荒れる思想抑圧運動により弾圧された。張平は〝犬の子〟とさげすまれ、底辺を生きてきた。出世の道も希望も、カネもコネもない貧しい捜査官は、かつての張平自身の姿かもしれない。そして彼は、作中の凶悪犯罪者に、つぶやかせる。

「いまの中国で誰が共産党を倒せるか。内部が腐敗しないかぎり倒れっこねえ。あんた、そうは思わねえかい？」（中野不二男・ノンフィクション作家）

（新風舎・上下各1890円）＝2005年12月22日②配信

ゆっくり読むことの提案

「戦争PTSDとサリンジャー」（野間正二著）

小説を読んでいると、しばしば奇妙な体験が私たちに訪れる。活字を追ううちに、言葉で書かれているものよりも、書かれていないものの方をより重要な情報として受け止めることがあるのだ。

このことはおそらく、小説を書く営為と無関係ではない。言葉を触媒にして、書き手から読み手に言葉では伝えられないものを伝える、そういう離れ業こそが、小説と呼ばれるイマジネイティブな乗り物の真価だからだ。

物語に仕込んだ「謎」という形で、そうした小説の神髄を、読み手に手渡そうとしているかに見える作家の一人に、サリンジャーがいる。

本書は、彼の短編集「ナイン・ストーリーズ」のうち、「エズメに」と「愛らしき口もと目は緑」と「バナナフィッシュにうってつけの日」の三本を、戦争による心的外傷後ストレス障害（PTSD）を描いた三部作であると見なし、作品中からいくつもの謎を取り出しながら、PTSDをキーワードに使ってより深い読みに達しようとする評論だ。

たとえば「エズメに」では、語られる二つのエピソードの中間に置かれた、あまりにも明らかな語り手の「嘘（うそ）」に注目し、あるいは「愛らしき―」では、深夜にかかってきた電話のやりとりで進められるこの短編の真の主役が、声だけしか登場しない電話の向こうの男だと見切る。そして、彼らに戦争PTSDによる心の失調や性的不能の症状を当てはめることで、鮮やかに平仄（ひょうそく）を合わせてみせるのだ。

また、同じ手法を用いて「バナナフィッシュに―」では、なぜ主人公の自殺する部屋が五〇七号室でなければならないかという、ビックリな理由まで推理する。

もちろん、それらはそれらでミステリーじみたスリルと醍醐味（だいごみ）があり十分に楽しい。しかし本書からの最良のメッセージは、本をゆっくり読んでみることの提案にほかなるまい。特にサリンジャーのような豊かな小説なら、ゆっくり読むことで初めて見えてくる真理と、奥深い世界のあることに、誰もが気づかされるはずだ。（岡野宏文・フリーライター）

（創元社・2310円）＝2005年12月22日③配信

言語と文化による東西対比

「神と自然の科学史」(川崎謙著)

三つのリンゴを見ることはできても、数字で表されている「三」そのものを見ることはできない。この違いが、日本的自然と西欧的自然の差である、と著者は言う。

日本人は、自然を「三つのリンゴである」と考えて疑わない。「自然観察」という言葉があるくらいで、五感によって触れられるものを自然だと考えている。

もう一点、日本人は自然を人間の意志の及ばない、人間の外にあるものの働きというふうにもとらえている。

西欧の自然観は、まったく逆である。自然は五感では認識できないという点で「三」に相当しており、そればかりか、人間の理性(最高の意志)でのみとらえることができる、とみなされる。

西欧自然科学が対象としてきたのは、実はこのような自然であった。

一瞬、ポカンとしてしまう。どういうこと? この困惑を、著者は説明する。

今から百五十年くらい前に始まった文明開化以前には、日本人はこのような西欧的な自然を知らないでいた。だが明治時代、西欧自然科学を学ぶ必要から理科という教科が成立して以降、事態は一変してしまった。西欧科学への絶対視が生じたのだ。

以後、日本人の西欧への劣等意識と、アジア蔑視(べっし)を生み出した根本要因の一つとなっていったのである。

だが、もっと根の深い問題が生じた。日本における自然科学は、西欧科学中心主義でありながら、根底では日本的な自然観を保持するという奇妙な二重構造の歴史をたどったのだ。つまり、どちらの自然観をもないがしろにするという事態を生み出してきたのである。

著者の主張は、こうである。まず、この歴史的事実を認めようということ。

そして、この二つの相いれない自然観があるということは、二つの言語、二つの個別文化の存在を示唆している。したがって、ここを踏まえることにより、これまで閉ざされていた二つの文化の共存という道、彼我の自然観の共存という道が開けるだろう、というのである。

目の覚めるような提言であると思った。(芹沢俊介・評論家)

(講談社選書メチエ・1575円)=2005年12月22日④配信

アジア各国での共鳴、反発

「越境するポピュラー文化と〈想像のアジア〉」(土佐昌樹、青柳寛編)

ヤマンバ・ギャル、琉球ポップス、アジアのムービーロード、「韓流」ブーム…。本書を構成する論文が取り上げる対象は多種多様で、全体として整然としているとは言いがたい。

しかし、本書の雑多性はまさしく今、アジア各地で国境を越えて共鳴し、反発し、拡散している文化の諸潮流のダイナミズムを反映したものだ。

国際文化交流事業を生業としている評者にとって、特に考えさせられたのが、韓国での日本の大衆文化受容を研究する張竜傑氏の論文だ。同氏は、文化のグローバル化が進行する中で、韓国の若者が脱「反日」に向かいつつあり、彼らが日本のポピュラー文化をどうとらえるようになってきたかを論じている。

一九九〇年代末に日本の大衆文化開放をめぐって議論が沸騰した時、韓国は自らを振り返り、そこで変化が起きた。自己反省に立脚した文化産業の躍進、自文化への自信などを経て、日本に対するゆとりが生じたのだ。

ここで張氏は、重要な指摘をする。今日の韓国で「日流」が目立たないのは、従来の「反日」イデオロギーの作用によるというのだ。

韓国政府は七〇、八〇年代に、「低俗な日本文化」の輸入禁止という建前に固執していた。そこで、固有名詞の置き換えなどの処理を施して目立たぬ形で、もしく不法輸入というルートを通じて、日本文化が韓国社会に持ち込まれ、韓国民はそれを知らずに受容し、消化していた。為政者の意図をこえ、文化は流動し変容していくのだ。

最近の日本の論壇で、文化を政治や経済の摩擦を解消するため、戦略的に利用しようという趣旨の議論がある。張論文が紹介している韓国の経験から学ぶべきは、文化は送り手の思惑通りに制御できないし、外国との政治的な不和の解決を文化に求めるのは無理があるということだ。

米国の対中東文化外交がうまくいかないのも、この辺の機微を理解していないからか。「文化には、文化の存在意義がある」と認識した上で、対話と協働を積み重ねていくことが、文化交流のあるべき姿ではないだろうか。(小川忠・国際交流基金企画評価課長)

(めこん・2940円)=2005年12月22日⑤配信

改革と改造を牛耳るもの

「財界とは何か」（菊池信輝著）

この国は財界に牛耳られている、とつくづく思う。いつの間にか事実上の国権の最高機関になってしまった感のある経済財政諮問会議も、規制改革・民間開放推進会議も、実態は財界そのものだ。

先の衆院解散・総選挙も、郵政民営化もみんな財界の意向。教育改革や改憲への道行きさえも。

昨日今日の話ではない。秘密でも何でもないのに、近年はなぜか顧みられることの少なかった財界の姿を見据えるために、本書は書かれた。

著者は官民双方のシンクタンクに勤務経験のある社会学の研究者。戦前以来の財界が政治に与えてきた影響力の歴史と実態が、エコノミストや経済部記者のようなしがらみに囚（とら）われない、豊富な資料を駆使した大胆な筆致で描出されている。

財界四天王の時代が懐かしい。小林中、永野重雄、水野成夫、桜田武。個性豊かな大物たちが経済四団体を掛け持ちし、清濁併せ呑（の）みつつ政治を動かしていた。

やがて社会のシステム化が進むにしたがい、彼らのような存在の意味は薄らぐが、それで財界の力が衰えたわけではない。逆に目立たず騒がず、ごく自然に、資本と国家とを一体化させていった。

現代に至る構造改革は一九八〇年代から始まった。中曽根康弘、橋本龍太郎、小泉純一郎の各政権で強く推進された改革のことごとくに財界は深く関与し続け、今や第九条を含む憲法"改正"から"公"への奉仕を国民に求めることまで求めて、この国のすべてを自らに都合よく改造してしまおうとしている—。

生き生きとした入門書だ。政治のリーダーシップへの過度の期待が安易な世論形成を導いている現状を憂える著者の意図は十二分に達成された。

それにしても、と思う。一部の悪質な政商を除けば奥田碩・日本経団連会長以外に人間の顔が見えなくなった財界に未来を委ねてしまっている構図は恐ろしい。コンピューターへの入力ミスが東京証券取引所を大混乱させたみずほ証券の事件と同じような暴走が、きっとどこかで待ち受けているに違いないからである。（斎藤貴男・ジャーナリスト）

（平凡社・1785円）＝2005年12月22日⑥配信

2006

苦さと甘美さの共鳴　「死の谷'95」（青山真治著）

一九九五年、わが国では未曾有の事件が頻発した。一月には「阪神大震災」が、三月には「地下鉄サリン事件」、ともに多数の犠牲者を出した。その不穏な時代の緊張感を背後に、この小説はサスペンスとミステリアスな死のにおいを漂わせて進行する。

三部構成の第一部は、実兄から嫂（あによめ）の浮気調査を依頼された弟の次郎が、尾行の末、嫂が片腕だけを残して霧深い千葉県の海に消えるのを見届けるまでを描いている。二部はそれから十年後の二〇〇五年、探偵として生計を立てるようになった次郎が、失踪（しっそう）した女の行方を追ううちに千葉県の地方都市で起きたひとつの殺人事件の真相に行き着くまでが描かれる。

嫂の自殺事件と、後に起こる殺人事件を結ぶ糸は周到に絡み合い、その糸のすき間から衝撃の事実が浮かび上がる。第二部の後半から三部にかけて、死んだはずの嫂が姿を現すシーンにおける哀切さこそ、本作品のハイライトだろう。

いったい嫂は、いかなる理由で自らを死んだことにし、別の場所で別の女として生き直すことに成功したのか。ジグソーパズルのように組みあわされたプロットをたどる楽しさと、嫂をめぐる秘密とが、ぐいぐいと読者を引き込んでいく。ハードボイルドタッチのスピード感あふれる展開や、やさぐれ探偵の次郎と事件を担当した刑事との間に交わされる会話などに、レイモンド・チャンドラー風の渋い味を思い出し、ニヤリとする人も少なくないはずだ。

霧の海に消えた嫂と、ひそやかに葬られた薄幸の女の事件を、東京湾を隔てた土地に設定し結びつけた周到な構図。加えて九五年、日本を襲った「喪失」と「亀裂」と「崩壊」をはらんだ大事件を、東京湾に広がる「死の谷」のイメージと重ね合わせて見せた手腕。

十二弦ギターについてのエピソードが文中に出てくるが、因果と運命と偶然が重なり合い、そこに思いも寄らぬ形で人と人との共鳴が生まれ、それが彼らに用意された新しい地平を暗示する。苦さと甘美さが混じりあう、不思議な読後感のある小説である。（稲葉真弓・作家）

（講談社・1680円）＝2006年1月5日①配信

愛着に貫かれた評伝　「天才監督　木下恵介」（長部日出雄著）

木下恵介監督は、第二次世界大戦後の日本映画界の先頭を疾駆する俊才として、黒澤明監督と並び称された。「天才監督　木下恵介」は、木下監督の全貌（ぜんぼう）を描き、その核心を突いた力作である。いや、木下恵介の伝記の決定版といっていい。誰もこれ以上の木下恵介伝は書けないだろう。

著者の長部日出雄は、評者の尊敬する友人である。昔から優れた映画評論を書き、作家として「津軽じょんから節」で直木賞を受けている。加えて、その直木賞受賞作を映画化した「夢の祭り」（一九八九年）の監督もしている。多彩な表現者であり、粘り強い研究者でもある。評者は、著者の仕事の大本（おおもと）には対象に対する強い愛がある、とつねづね思っていたのだが、この本も、まさに木下恵介監督に対する強い愛着に貫かれた素晴らしい伝記である。

静岡県浜松市で生まれた木下恵介についての家庭や環境についての叙述が、まず面白く、何よりも実によく調べていることに感心させられる。商家に生まれた木下の父母のことなど、古きよき時代の日本の素晴らしい父母像に触れるような温かさが感じ取られ、木下の映画の母胎はここにあったのかと教えられる。

木下恵介は四十九本の映画を監督し、さらに数多くのテレビ映画の製作にも深くかかわった。著者はそのすべてについて詳細に、情熱を込めて書く。それが実に面白く、ぐいぐい引き込まれる。「お嬢さん乾杯」「破れ太鼓」などのコメディーで、著者が笑ったというところでは、評者自身が楽しく見たときの思い出が生き生きとよみがえってくるし、「二十四の瞳」など、感動の涙なしに見られなかった部分の叙述では、こちらまで目が潤む。

木下恵介が、職人で商人で芸術家だった、という指摘など、この映画作家の多面的で複雑な性格を鮮やかにとらえている。また、一作ごとに対照的な作品を手がけたのを「振子の法則」と定義しているのも鋭い分析である。読み終わって深い充足感を覚え、また木下恵介の映画を見たくなった。（品田雄吉・映画評論家）

（新潮社・2100円）＝2006年1月5日②配信

日本の侵略性を打ち破る　「王道楽土の戦争（戦前・戦中篇、戦後60年篇）」（吉田司著）

壮大なるアジビラ。上下二巻・六百ページに及ぶ本書をそう呼んだとしても、著者に対して非礼とはならないだろう。

バブル経済の崩壊後、不安と孤立化を深める人々の弱みにつけこむように、小泉政権は日本の軍国化・管理化を推し進めようとしている。先の大戦において、アジア二千万人、日本国内三百万人の死者によってあがなわれた〈平和〉を踏みにじろうとするそれらの策動に対し、いかにして抵抗するのか。本書の目的は、一にそこに向けられているからだ。

しかし、ただ反対を叫ぶだけで事が成し遂げられるはずもない。

「そうじゃなくて、ある抗いがたい説得力をもちながら、日本人の常識的な運命観や歴史観を打ち破ってゆくスケールの大きな『仮説の挑戦』がなされなければならないのだ。

では、著者が打ち破ろうとした「日本人の運命観」とは何か？

それは、圧倒的な敵に取り囲まれて「逃げ場なく全滅、玉砕する」という島国日本に深くしみついた強迫観念と、その反動としての暴力性・侵略性である。

苛酷（かこく）な状況におかれたとき、人はそこから脱出したいと願わずにいられない。しかしながら、権力は、その祈る魂の力こそを巧みに取り込み、他者への攻撃性へとすり替えてしまう。靖国しかり、北朝鮮しかり。そして、それだけは、なんとしても防がなければならないのだ。

両足不自由の身障者だった父親の〈夢〉から語り起こし、記紀におけるアマテラスとヒルコの対立から戦中戦後を経て、平成日本へと至る記述は、圧巻というしかない。

沖縄戦での日本軍による〈同胞虐殺〉に、蒙古襲来における悲劇の再来を見、〈救国の亡霊〉日蓮の叫びが石原莞爾に受け継がれ、大東亜共栄圏へとつながってゆくという「なんともムチャクチャなお話」に、「抗いがたい説得力」があるかどうかは、ぜひ読者が自らたしかめていただきたいと思う。

著者のアジテーションが多くの人々に届くことを、筆者もまた願わずにいられない。（佐川光晴・作家）

（NHK出版・戦前・戦中篇1124円、戦後60年篇1218円）＝2006年1月5日③配信

高慢な国家と国民の行き先　「ニュルンベルク・インタビュー（上・下）」（レオン・ゴールデンソーン著、ロバート・ジェラトリー編）

ニュルンベルク国際軍事裁判は、東京裁判と必ず比較対象になるほど、日本人の関心を引きつけてやまない。ドイツ敗戦から約半年後、連合国四カ国によって開廷されたこの戦犯裁判を、当時のドイツ国民のほぼ八割が支持した。当時の日本人同様、ドイツ人も総力戦体制下で行われた犯罪行為のすさまじさや重大な歴史的事実を裁判を通じ、初めて認識した。

だが、被告となったナチスの肉声を伝える本書のようなドキュメントに接する機会はこれまで皆無に近かったといわざるをえない。裁判裏での被告に対する唯一の尋問録として知られていた「ニュルンベルク日記」（本邦未訳）の著者G・ギルバートと比べても、本書の著者・精神分析医ゴールデンソーンは、被告たちがヒトラーをどう思っていたか、被告同士は相手をどう見ていたか、さらに自分の罪をどのように考えていたか、根ほり葉ほり聴き出すことにかなり成功している。

本書の真骨頂は、ナチズムに引かれた理由、ホロコーストその他非道の大事件に果たした役割について、被告本人および本法廷での証人（この大部分は継続裁判の被告）の法廷〝外〟での本音、家族や病歴に関する細部まで詳細に記録している部分にあるといえよう。

著者の突然の死去で出版が立ち消えになっていた大部のインタビューメモは、気鋭のゲシュタポ研究者ジェラトリーの編集努力によって今回六十年ぶりに日の目を見るに至ったものである。

あけすけで驚かされる被告の発言は、聞き手をだましている場合もあり、枢要な立場にいながら明らかに重要な事実について勘違い・誤認していることにも気づいていない点（読者がうのみにしかねないがゆえに訳注が欲しい！）等、要注意個所も少なくないが、他方では、そろいもそろってナチス体制のリーダーたちが、ユダヤ人に対する偏見や「〇〇民族は粗暴だ」とする自らの侵略戦争を正当化する無責任な民族本性論、不正確で俗っぽい先入観に、いかに取りつかれていたか、端なくも露出させている。高慢な国家と国民がどこに行き着くか、見事にあぶり出した警世の書といえよう。（芝健介・東京女子大教授）

（河出書房新社・上下各2520円）＝2006年1月5日④配信

人間の条件とは?を問う

「関与と観察」（中井久夫著）

最近テレビで見た台湾映画に、小学生の少年が知人の後頭部だけを多数写真に撮り、その一枚を被写体である叔父に贈呈するシーンがあった。「俺（おれ）の後頭部じゃないか」と驚く叔父に、少年は「自分では見えないからね」。だから、撮ってあげたのだ。本書を読み進めながら、わたしにはしきりとこのシーンが二重写しになっていた。

高名な精神医学者であり現代ギリシャ詩などの翻訳にも定評のある著者の第五エッセー集。追悼文あり、書評・解説あり、時事評あり、家族問題ありと、時々の機会に応じて執筆されたものの集成だけに、内容は多岐にわたる。なかでも、四十年前の「現代」生活を論じた「若書き」の力作が収録されているのは、中井ファンにはうれしいところだろう。

しかし、これまでの著書と比べて、本書のなによりもの特徴は、戦争の問題を本格的に俎上（そじょう）に載せていることである。戦争をテーマとして多少とも真正面から論じた文章が全体の三分の一ほどを占めるばかりか、そこここに同テーマが顔を覗（のぞ）かせる。これは、関心の変化というよりも、現在の社会情勢の推移に対する危機意識に著者が押されたことのように感じられる。昨今の日本の「後頭部」が見るに耐えなくなりつつあるというか…。

「私はいつしか馴染んでいた世界の外にいた」と前著の「あとがき」に記した著者は、本書で現代社会を「観察」することによって、それに「関与」し、またその逆を試みる。その声は抑制され、事実そのものに語らせるべく、文章は静謐（せいひつ）に紡がれてゆく。敗戦の日の靖国参拝は復讐（ふくしゅう）の誓いのように誤解されかねないとか、周恩来が「悪いのは一握りの軍国主義者であり日本国民もその被害者である」と述べたのは「事実に重々反するのを百も承知」のことだったという、さりげない指摘の重みを、飛躍をちりばめた含蓄深い文体が噛（か）みしめさせる。

単に自省が必要なのではない。「相手の身になれること」という、元来日本人にとって「人間の条件」のはずであったものこそが、求められているのだ。（須藤訓任・大阪大教授）

（みすず書房・2730円）＝2006年1月5日⑤配信

愛情ある達意の音楽書

「意味がなければスイングはない」（村上春樹著）

本書のタイトルに倣っていわせていただくと、そこで語られている音楽をききたくならなければ音楽書の意味はない。自分の知識をひけらかしただけの音楽書も、自分の好みをぶしつけに押しつけているだけの音楽書も、ごめんこうむりたい。

筋金入りの音楽好きである村上春樹が、そんな野暮（やぼ）をするはずもなく、ここにとりあげられている音楽はいずれも、あふれるばかりの愛情をもって、達意の文章で語られている。

とりあげられている音楽家は、シダー・ウォルトンもあれば、シューベルトもあり、ブルース・スプリングスティーンもあるといったように、文字どおりに多彩である。

目次だけを見ていると、いくぶんとり散らかった感じがしなくもないが、実際に読んでみると、畑を違えて咲いた、誇るべき香りも色も違うさまざまな花が、村上春樹の感性によって見事に束ねられて、すてきなブーケに仕上げられていることがわかる。

「ウィントン・マルサリスの音楽はなぜ（どのように）退屈なのか？」では、そのタイトルのことばからもあきらかなように、マルサリスに対しての肯定的とはいいがたい考えが述べられている。しかし、ジャズ・ファンのなかには、ここで村上春樹によって語られていることに共感する人が少なくないと思う。

何ゆえに共感できるかといえば、マルサリスの音楽を愛情をもって、正確にとらえているからである。ウィントン・マルサリスという英才ジャズ・ミュージシャンについて多くのジャズ・ファンが感じているもどかしさを、これほど見事にことばにした文章は、これまでになかった。

自分のことでいわせていただくと、この本で語られているスガシカオの音楽はきいたことがなくて、まったく知らない。お恥ずかしいことに、ウディー・ガスリーの音楽はほとんど知らない。知らないけれど、ききたくなった。著者が愛情をもって彼らの音楽を語っているからである。（黒田恭一・音楽評論家）

（文芸春秋・1400円）＝2006年1月5日⑥配信

よみがえる巨星たちの姿

「思い出の作家たち」（ドナルド・キーン著・松宮史朗訳）

日本文学の研究家で三島由紀夫などの翻訳でも著名なドナルド・キーンが、身近に接し、その文学に親しんだ谷崎・川端・三島・安部・司馬という五人の作家の思い出をつづった本である。

著者が日本で暮らすようになったのは一九五三（昭和二十八）年からであるが、その時点で名前を知っていた現代日本の作家は谷崎潤一郎ただ一人であったという。谷崎の「痴人の愛」を日本語で読んだのは、戦時中にハワイにおいてであった。

このことからもわかるように、日本の近現代文学が英訳を通して世界に紹介されるのは、本格的には戦後になってからであり、そのフロンティア的な存在がまさにドナルド・キーンその人なのだ。「この世に存在したことのあるすべての日本人のうち、三島由紀夫はおそらく世界で最も有名な日本人である」と書いているが、実際に「有名にした」のは、著者自身の日本文学への深い愛情と理解のなせる業によるのである。

川端康成とともに三島がノーベル賞候補になっていたことはよく知られているが、一九六〇年以降の三島作品は、ある意味では著者との交流のなかから生み出されたといってもいいだろう。三島の日本探究は、あきらかに外国に向けて自分の文学をシャープにしていく過程でなされたからだ。

安部公房と著者の出会いのエピソードも面白い。一九六四年にコロンビア大学の研究室を安部が訪れたとき二人は初対面であったが、そのときに同行した通訳の若い日本人女性がオノ・ヨーコだった。彼女を知らなかった著者は、自分には通訳など必要ないことを示したくて、その女性に目をやらなかったという。

司馬遼太郎との交流も深い。日本の歴史上の人物たちをライフワークにしたこの作家が、日本の国際化を熱望していたことを紹介している。しかしまた司馬の文体が外国人読者には理解されにくい点も指摘する。

今はなき現代日本文学の巨星たちの姿が、著者との友情のなかに鮮やかによみがえる。（富岡幸一郎・文芸評論家）

（新潮社・1575円）＝2006年1月12日①配信

醜い己さらした必死の伝言

「百万回の永訣」（柳原和子著）

副題に「がん再発日記」とある。この手の本が私は苦手だった。まして医療過誤を追及してきた作家が、このような文章を自分のがん治療に奔走しながら同時進行的に雑誌に連載してゆくなんて、主治医たちにとっては脅威であったにちがいない。遇し方もちがってくるだろう。

読みはじめてみると、やはり疲れてくる。「余命半年」の告知を受けた著者には、肝臓に十五個の転移がんがある。すさまじいばかりの医者めぐりがはじまって、抗がん剤治療を経て、手術か放射線治療かで悩みぬく。

著者は手術を選ぶのだが、執刀医は別の病院の彼女の主治医たちと携帯電話で連携しながら手術にあたる。まばゆいくらいの光景に頭がくらくらした。医療問題で著名な人であるし、同時進行で闘病記を連載していればこのように医者を動かせるのか、と思った。

ところが先を読みすすむうちに、おのれの愚かしさをあからさまにつづり、親身に治療法を説いてくれる主治医を袖にしたり、死へのプロセスにおびえるあまり姉をののしったり…というくだりに再三出会う。この人は再発がん患者の醜い自己をさらけだして、世の医者や患者に、また、いつかは死を迎える私たちに、「強くあれ」とエールを送るのではなく、むしろ「弱くあれ。だけどあきらめるな」と必死に伝えようとしている。

あの手術室の光景も、やがてがんを消し去ってくれる医師との邂逅（かいこう）も、彼女の必死と懸命のこころが人を動かしたのであって、著者にしかできないとひがむように思っていたこちらのこころは、とうとう突き崩されてしまった。根強い。しなる葦（あし）のように根強いのだ。

画像解析をする臨床医の凜（りん）として静かな姿。その所作を厳粛な感動を秘めて見つめる彼女の横顔。レンブラントなら、光と影の見事な芸術に仕上げるだろう。ふたりは出会ったのだ。「自分がなにについてわからないのかを相手に知らせる難しさを知った」という著者に、父をがんで亡くしたばかりの私は深く共感する。多くの人に読んでほしい。（髙山文彦・作家）

（中央公論新社・1995円）＝2006年1月12日②配信

古代人は球だと知っていた

「地球儀の社会史」（千田稔著）

博識の筆者による、地球儀についての大変興味深い本である。歴史地理学、文化地理学という学問分野は、一般にあまり周知されていないが、この学問分野の秘めている面白さ、大切な視点、論点が本書によって浮き彫りにされている。

しかも、地球儀の社会史にまつわる貴重な事象や知識、逸話に数多く触れることができて、時間を忘れて一気に読んでしまった。

例えば、古代ギリシャでは、ピタゴラスやアリストテレスやストラボンらが、地球は球体であると認識していた。しかし、中世においては「球体としての地球」という古代の知識が忘れ去られた。

いわゆる「大航海時代」の少し前の十四世紀あたりから、地球儀や世界地図の制作がイタリアやイベリア半島を中心に盛んになる。その背景には、東方へのあこがれがあった。

十六世紀末以降には、オランダのアムステルダムが地球儀や世界地図の制作の中心地になり、ファン・ラングレンス家、ホンディウス父子、ファルク父子などがその隆盛を支えた。幕末に長崎から入ってきた地球儀は、ファルク父子の手になるものである。

それ以前にも織田信長は地球儀を持っており、それを眺めるのを好んだとされ、豊臣秀吉もおそらく地球儀を保持し、世界地図や東アジアの地図に見入っていたであろう、と著者は想像する。

また、地球儀の歴史が一面で、地政学的な思考と密接不離だったとする著者の指摘は重要だろう。そして、明治天皇の即位の際に地球儀が使用されたこと、チャプリンの映画「独裁者」での独裁者が地球儀の風船と戯れるシーンなどが例示される。

そもそも地球儀に、国境と領土が色彩別に描かれていること自体、時の権力者が、支配を進めるための具体的オブジェとして地球儀を用いてきた事実を物語っていよう。

宇宙飛行士がしばしば報告したように、「地球は球体である」こと、「地球には国境線が記されていない」ということの中に、カントとともに世界平和への希望の根拠を見いだしたいものである。（千葉眞・国際基督教大教授）

（ナカニシヤ出版・1785円）＝2006年1月12日③配信

大胆な文明論で繊細な批評

「漱石の〈明〉、漱石の〈暗〉」（飯島耕一著）

グローバル化した近代は、何と悲惨で暗雲の立ちこめる時代であることか。十九世紀以降の日本は、明治維新・日清日露戦争・太平洋戦争がひしめき、「戦中・戦後」でない時はなかった。

日本だけではない。世界は今、「九・一一」以後の不安定期にある。ならば、近代を生きる人間に、救いはないのか。そもそも、なぜ人類は近代社会を作ったのか。

飯島耕一は、近代の苦悩と救済を一身に担った夏目漱石の精神の奥深くに入り込む。そして、漱石の「明」と「暗」の絶妙な同居を凝視する。近代の開幕期に漱石や漢詩人や俳人が夢見ていた世界の明るさ。そこに飯島は近代化の目的地を発見し、迷える二十一世紀の人類への指針とする。

開かれた時間の回路を読者に体感させるため、漱石の時代に世界で何が起きていたかを、「道草＝雑談」として楽しく語り出している。近代には、空間の回路も、風通しよく開かれていたのだ。

そして、近代の初期では、人間の世界が「天」に向かっても開かれていた事実を、飯島は詩人の使命として指し示す。この回路こそ、近代の詩人や、詩心のある小説家が求め続けた道だった。

旧制高校で真の教養を学んだ最後の世代。国境を越えて広がったシュールレアリスムの潮流に身を投じた現代詩人。自身の二度のうつ病を乗り越えた体験。これらが伏流して、著者ならではの大胆な文明論と、繊細な文芸批評が完成した。

飯島が描き出す近代人は、内向する暗さと、外界に開かれた明るさとを併せ持つ。決して、一面的な明るさだけを求めてはならない。飯島は漱石の「それから」「行人」「明暗」という胸苦しい小説を、どこまでも登場人物たちの苦しみに寄り添い、誠実に読み解く。この苦しみがあるからこそ、漱石の俳句は明るい。「則天去私」の本質もまた、ここにある。

漱石が求めてついに得られなかった近代文学は、完成するのか。二十一世紀の文学者たちの詩心の目覚めと知力の鍛錬が、厳しく問われている。

（島内景二・電気通信大教授）

（みすず書房・3360円）＝2006年1月12日④配信

世界を変える独創性とは

「メディチ・インパクト」(フランス・ヨハンソン著、幾島幸子訳)

白状するが、当初私は、この本は中世イタリアのメディチ家の繁栄の秘密を綴(つづ)った歴史書だと思っていた。

ところが、読み始めてすぐ、それが間違いだったことに気が付いた。本書は今話題のイノベーション(独創性)について書かれた本で、どうすれば、人はイノベーションを獲得することができるのかについて、詳しく具体的に解説した書籍である。

もっとも、著者が主張するように、イノベーションにも二種類ある。ひとつは「方向的イノベーション」。これは向かう方向が決まっており、概(おおむ)ね予測可能な「改良」である。

もうひとつが「交差的イノベーション」。世界を新しい方向に変えるものであり、これこそが真の「独創」である。

ここで本書のタイトルのメディチ家が登場するが、著者は科学における相互乗り入れや、コンピューター技術の飛躍的発展によって、現代の世界はメディチ家が活躍したルネサンス期のイタリアと類似した時代になっていると指摘する。

今こそ「交差的イノベーション」が全面的に開花すべきだというのである。その「交差的イノベーション」の開花を妨げているものは、「連想のバリア」である。「連想のバリア」とは、人々が育った環境、受けた教育、仕事の専門領域など、無意識のうちに設けている垣根である。「既存のネットワーク」と言いかえることもある。

著者が特に強く訴える「連想のバリア」ないしは「既存のネットワーク」を打ち壊す具体的な方法は、「依存の連鎖を断ち切ること」と、「闘う覚悟を決めること」である。

ここまで読んで、私は先の総選挙での小泉さんの手法を思い出した。なるほど小泉さんは、今度の選挙で「連想のバリア」を打ち壊して、「交差的なイノベーション」を獲得することに成功した。

小泉さんやその側近が本書を読んだかどうかは定かでないが、自分を変えたい、新しいことにチャレンジしたいと思っている人には必読の書である。(海江田万里・経済評論家、前衆院議員)

(ランダムハウス講談社・2310円)=2006年1月12日⑤配信

帝国の生と死、骨太に描く

「天皇と東大(上・下)」(立花隆著)

「天皇」と「東大」という一見、不思議な組み合わせのタイトルであるが、副題「大日本帝国の生と死」を介在させれば、内容が見えてくる。すなわち著者は、東大が「帝国日本の人材育成の中心的な役割」を担ったとし、「東大という覗き窓」から百五十年間の日本の近現代史をつづる。

官僚のみならず、右翼や左翼のオピニオン・リーダーたちも東大にかかわっていたという認識が、ここにはある。他方、国体から考えれば、大日本帝国では「制度としての天皇」がいま一人の主人公だとし、両者の接点からその「生と死」―歴史を考察するのである。

中央突破の手法であるが、著者が注目するのは、「天皇」をめぐる東大と国家・軍部の衝突であり、学問の自由―大学の自治をめぐる事件、制度、思想、運動である。また、東大内部の左派と右派との対立である。

古くは、一八八一年の加藤弘之・初代総長の著作の絶版事件から、一九三五年の美濃部達吉の「天皇機関説問題」、津田左右吉への執拗(しつよう)な攻撃などが取り上げられる。あるいは、河合栄治郎らが辞職させられた、三九年の「平賀粛学」の様相が描かれる。三分の二近い章が三〇年代の「日本型ファシズム」が形成される時期以降にあてられている。

本書の記述は、軍部・右翼の暴走に対抗するリベラルと左翼の対抗を軸とし、正統的な近現代史の理解に基づく。「右翼」の動きが詳細、かつ人物を軸に描かれていることが特徴的で、狂信的な国粋主義者の蓑田胸喜らが、膨大な資料によって語られる。これまで多くのノンフィクションを書いてきた著者が、真っ向から「歴史」に取り組み、上下巻でゆうに千五百ページを超える厚さをもつが、現場感覚に貫かれ、一挙に読ませる迫力に満ちている。

当初の意図は、学力低下問題を東大で探ることにあったというが、本書の内に、昨今の大学の独立行政法人化や「改革」の競争などが想起され、歴史の折り重なりが見えてくる。骨太の通史である。(成田龍一・日本女子大教授)

(文芸春秋・上下各2800円)=2006年1月12日⑥配信

光と闇の相互監視描く　「ナイト・ウォッチ」（セルゲイ・ルキヤネンコ著、法木綾子訳）

この世は〝善と悪〟もしくは〝光と闇〟の闘争の場だという発想は、宗教でも哲学でも大昔からある。最終的には善や光が勝利するとしても、その過程では、悪や闇が一時的に優勢なこともあり得ると考えれば、現実のどうしようもなさは、なんとか説明できる。

ロシアで三百万部の大ベストセラーになった本書も、同じ発想に基づく。ただし、もっと現代的で独創的だ。

まず〝光と闇〟の対立の構図が、善と悪という古典的な価値判断に直結していない。なぜなら光の勢力は、人間への善意からさまざまな介入を試みたが、それが幸福な結果をもたらしたとは限らないからだ。

ロシア革命や第二次世界大戦はもとより、ファシズムさえも光の勢力が立案し、悲惨極まる結果を招いたことになっている。といって、悪意しかない闇の勢力が人間を幸福にするはずもない…。

いまや光と闇の勢力は長年にわたる闘争で、ともに疲れ切っている。そこで両者は休戦条約を締結し、「夜を見張る者」と「昼を見張る者」として互いを監視し合い、バランスを保つことで、人間の世界を守っているという設定だ。

そこでは、善とはバランスの維持、悪とはバランスの崩壊にほかならない。正義を振りかざして闇の者を殺せば、彼らは十倍にも増殖し、事態はさらに悪化するという。このあたりは、ロシアの近現代史が味わい続けてきた過酷さと、そこから得た苦い智恵を感じる。

物語は、光の勢力に属する「異人」として、魔術を駆使しながら活動する主人公アントンを中心に、彼のすこぶる「人間的」な苦悩を描写しつつ三部構成で展開する。

作者のセルゲイ・ルキヤネンコはまだ三十歳代後半の若さだが、才気にあふれている。魅力的なキャラクターの造形、魔術の妙にリアルな描写、「運命の書」といったウケル要素を満載して、実にうまい。

しかも基本的にエンターテインメントなのに、そこかしこにドストエフスキーやソルジェニーツィンを思わせるような重厚さがあって、ロシア文学界の質の高さを実感させてくれる。（正木晃・慶応大講師）

（バジリコ・1995円）＝2006年1月19日①配信

生涯アマチュア誇りに　「写真家・熊谷元一とメディアの時代」（矢野敬一著）

大きなコッペパンにかぶりつく小学生のひたむきな表情。脇にあるのはみそ汁の入ったおわんだ。飽食の時代に生きるわれわれの心をなごませてやまない表紙の写真を見て思い浮かぶのは、民俗学者・宮本常一が列島の各地で撮り続けてきた写真のコマだ。

しかし、「常民の目線で見る」という点では一致するが、宮本の作品ではない。信州伊那谷に生まれ育った写真家で童画家の熊谷元一が昭和二十八（一九五三）年に長野県会地村の小学校で児童の成長の記録を一年間撮りためた中での給食シーンである。

熊谷はこの作品を収めた「一年生―ある小学教師の記録」で土門拳や木村伊兵衛を抑え、第一回毎日写真賞受賞に輝く。生涯アマチュア写真家を誇りにし、今年九十七歳になる熊谷に引かれた著者がゼミの学生たちと本人のところへ通い、聞き取りをするとともに、膨大な写真や資料を分析して書き上げた労作である。

全編四章から成り、田園童画家として出発した戦時下から、農村婦人や子供たち、高度成長期とふるさと、昭和の記憶へと、熊谷の作品とそれに連動するメディアの動きや時代性を読み解いていく。

映画「ALWAYS　三丁目の夕日」が爆発的にヒットする今の時代、熊谷の写真は、懐かしい昭和史回顧のイメージで受け止められがちだ。しかし、本書に収録された写真を見ると、市井の民にとって幸せとは何か、戦争や高度成長とは何だったのかを鋭く問いかける。「熊谷が見つめているのはノスタルジーの世界ではなく、いま、ここの現在である」と著者が述べているように、熱いまなざしと強い意志を持って時代と向き合うリアリズムの人だったのである。

写真史、メディア史として本書が世に出る意味は大きいが、惜しむらくは、熊谷本人から聞き取りしたナマの肉声をもっと盛り込んでほしかった。そうすれば、さらに膨らみのある作品に仕上がったのではないかと思われる。（上野敏彦・共同通信社整理部委員）

（青弓社・2730円）＝2006年1月19日②配信

傍観者だった自分への怒り

「差別とハンセン病」(畑谷史代著)

二〇〇一年五月十一日、熊本地裁がハンセン病国賠訴訟で原告勝訴の判決を下した。この前後から新聞各紙はハンセン病問題を大きく報道した。しかし、日を追うごとに報道は少なくなり、やがて消えていった。今でも、この問題を重要なテーマとして追い続けているのは、ごく少数のジャーナリストである。

本書の著者畑谷史代は、その数少ないうちのひとりである。彼女は「信濃毎日新聞」の記者として、判決前日の五月十日、地元長野県出身のハンセン病回復者のもとを訪れる。もちろん目的は、判決に備えた取材であった。普通なら、この日、畑谷とハンセン病問題のかかわりは始まり、そして終わるはずであった。

しかし、彼女はこの日から今に至るまで、ハンセン病問題を追い続けることになる。なにが彼女をそう駆りたてたのか。本書には、判決のときまで、この問題の傍観者として、筆舌に尽くし難い隔離政策を容認してきた自らへの怒りがあふれている。それは、かつて、私がハンセン病問題を知ったとき、自らに感じた怒りとも共通する。

畑谷は、そうした怒りを秘めながら、取材を続ける。取材したなかには裁判の原告になった方もいる。また、原告にならなかった方もいる。むしろ、原告にならなかった方への取材が、本書の生命ではないか。

故郷の親族への配慮、治療に当たった医師・看護師への配慮など、いろいろな事情からあえて原告にならなかったひとびと。畑谷は、そうした姿のなかにこそ、隔離政策がもたらした過酷な現実を見据えている。人権侵害の告発をためらわせるまでの差別がそこにある。

本書は、長野県出身のハンセン病回復者の人生の軌跡であると同時に、ハンセン病問題をめぐるひとりのジャーナリストの心の軌跡でもある。ジャーナリストを目指す若い方々には特に、読んでいただきたい。畑谷のこれからのハンセン病問題の取材に対し、大きな期待をこめて見つめていきたい。(藤野豊・富山国際大助教授)

(平凡社新書・798円)=2006年1月19日③配信

地名組み合わせ果敢な試み

「歌枕合」(高橋睦郎著)

詩人の高橋睦郎が「歌枕を現在の視点から実作のかたちで見なおしてみたい」として刊行した一冊。「いろは」の四十八文字に沿って日本と海外の地名を組み合わせ、その地名を入れた一首をそれぞれに作って、二首が並べられている。そのあとには地名にまつわるいろいろなエッセーが解説風に付けられている。

「い」は、伊勢とタウリケ(古代ギリシャの聖地)。「ろ」はローマと寧楽(なら=奈良)と続き、終わりの「せ」は瀬田とヴァチカノ。「す」は諏訪の海と紅海。

日本と海外の地名を組み合わせて、しかも実作を示すという試みはたぶんはじめてのことだろう。

ローマと寧楽の歌を紹介する。

・R ROMA(ル　ローマ)と声発(おこ)すとき口に満ち舌溺らするこの血の量(かさ)は

・あをによし寧楽(なら)振被(ふりかぶ)り瞠(みひら)きし目に凝(こご)りけむ都城血しぶき

どちらの歌にも血が出てくる。解説には「ローマを精液と血糊の匂い腥い都市とした。この腥さは帝国が崩壊したのち、中世・近世とつづき、ある意味では現代もつづいている。現代的な意味で最も人間臭い大陸ヨーロッパの歌枕の一つに、ローマを挙げたゆえんだ」とある。次いで「わが寧楽も、腥さにおいてローマに劣らない」として平城(へいぜい)上皇と藤原薬子(くすこ)の醜聞(薬子の変)をあげる。

それぞれの歌を鑑賞するとともに、博学なエッセーを読むのも楽しい。

ちなみに、私の故郷に近い「寝覚の床」には、ライン川の奇岩ローレライが組み合わされており、うれしい気持ちで読んだ。その歌は、

・木曾といへど寝覚(ねざめ)の床(とこ)に来る波の持ちさすらはむ罪けがれもが

・ローレライ湍(たぎ)ち呑まるる早舟の早くも君に囚(とら)はれしかな

木曾に来そ(来るな)を懸け、下句は祝詞からの引用という。「もが」は、あればいいなあ。寝覚め直前の艶夢をにおわせたつもり、とのこと。

歌枕は、実感を第一とする近・現代の歌人から無視されてきた。それを、日本語の詩の将来のためにもったいないとする、高橋の果敢な試みの一書である。(大島史洋・歌人)

(書肆山田・2625円)=2006年1月19日④配信

やられました、オチに愕然

「バスジャック」（三崎亜記著）

タイトルからバイオレンスアクション、犯罪ものと思う人もいるでしょう。しかし味付けが違うのです。とにかく「今、『バスジャック』がブームである」という一行から始まるのですから。

ショート・ショートの世界と言ったら分かりが早いでしょうか。落語で言う小咄（こばなし）ですね。それもシャレた小咄。それは全七編のうちの二編目「しあわせな光」に凝縮されています。わずか三ページの小説ですが、ラスト一行のオチの冴（さ）えに唸（うな）らされるのです。

結末を、オチを、想像する楽しみがあります。表題作の「バスジャック」もそんな気分で臨み、オチを当てたのですが、喜んだ途端にエッと思いつき、愕然（がくぜん）としました。オチが二重構造になっていたのです。やられました。

著者の意見か編集者の意図か分かりませんが、タイトルを「バスジャック」としたのは、インパクトを狙ったのでしょうか。

私のイチオシは最後の作品、つまり堂々とトリを取った「送りの夏」です。

さびれた漁港とその近くにある、やはりさびれた別荘地が舞台です。朽ちかけた大きな一軒に、四組の男女が暮らしています。息子や恋人、あるいは妻とともに。しかし息子や恋人、あるいは妻は、車イスに乗ったままピクリとも動きません。彼らは息子や恋人、あるいは妻に、まるでそこに生きている人のように接します。散歩に出かけ、ともに食事を摂（と）り、話しかけるのです。十二歳の少女麻実は、家出した母を追い、別荘にたどり着きます。そして麻実は見知らぬ男の車イスを押す母に会い—。

涙があふれ、タイトルがクッキリと立ち上がってきます。心に空いた穴をどうしても埋められない人々への共感と感動、そう、それは紛れもなく人情咄の世界なのです。

著者のセンスとテクニックに充分（じゅうぶん）感心しましたが、最後に感動へと導く構成は、お見事のひと言です。落語界では、人情咄が出来ることは真打の条件、ここに新真打が誕生したわけで、こいつは春から縁起がいいと、祝いたい気分です。（立川談四楼・落語家）

（集英社・1365円）＝2006年1月19日⑤配信

ゲームの麻薬性と健全思想

「脳内汚染」（岡田尊司著）

この本は読む人をおびえさせる。ゲームやインターネットは、子どもの遊びという聖域に侵入してきた麻薬である、と主張する点において。

ゲームやネットだけでなくマンガまでが、情報化社会における新しい麻薬、覚せい剤として位置づけられる。情報刺激は視神経や聴覚神経や知覚神経を介して、瞬時に脳に到達してしまう。そこには何のバリアーも存在しない。たとえばテレビゲームをすることは、覚せい剤を注射することと同じように、ドーパミンのリリース（興奮作用）を引き起こすのである、と。マンガをいっしょに扱うなよ、乱暴な、と思う間もなく、これらニューメディアが子どもたちにもたらしつつある破壊的作用が次々に指摘されていく。

つまりすでにこうした麻薬による脳内汚染が速やかにかつ深く進行しており、早急に手を打たないと取り返しがつかないという警告を発するのである。

ゲームができないといらいらしたり落ち着かなくなったり、ゲームを止められると怒りだしたり暴力的になる子、すなわち禁断症状を呈する子、逆にやめられなくて学校のことがおろそかになったり、朝起きられなくなったり、体調が悪くなったりといった依存的症状を現す子どもたちが増えている。

この状態がさらに進むと何事に対しても無気力・無関心という傾向をあらわにしていく。不登校、家庭内暴力、ひきこもりなどの領域へと入っていきかねない。現にこのような事態に陥っている人たちの、そこまでにいたるプロセスを調べてみると、ゲームやネットへの耽溺（たんでき）状況が浮かび上がってくる…。

脳内汚染は、脳の機能を損なう。前頭葉症候群という症状に、これらのメディアという麻薬に対する依存が引き起こす状態は似ていると指摘するのだ。その極限的な例は、反社会的な、サイコパス的な脳をもった若者をつくり出す危険であると述べる。

とても啓蒙（けいもう）されたが、その一方で悪書追放運動に連なる健全思想のニューメディア版という印象も抱いたのだった。（芹沢俊介・評論家）

（文芸春秋・1680円）＝2006年1月19日⑥配信

スリリングな言葉のリレー

「すばる歌仙」（丸谷才一、大岡信、岡野弘彦著）

歌仙とは、五七五と七七を三十六句、繰り返す連歌・俳諧の形式である。俳句、短歌は盛んだが、歌仙を巻く人はそれほど多くないかもしれない。でも試みると、かなり奥が深いことに気づく。

月の句は三回詠む、秋と春の季節は最低三句続けないといけないとか、初めから三句目は「て止め」にしたいとか、決まりが少々面倒だが、共同でひとつの世界を創作するという文学形式は類例がない。

小説家の丸谷才一、詩人の大岡信、歌人の岡野弘彦が集い、七回巻いた歌仙と、それを鑑賞・解説したのが本書である。

いうまでもなく、三人ともことばのプロである。しかし、ジャンルはちがう。作品に異なった発想がにじむのも興味深い。

「地震（ナヰ）すぎてなほ匂ひたつ葛のはな」という岡野の発句から始まる歌仙がある。八月に集ったことから「地震」が生まれ、同時に師匠である釈迢空の「葛の花　踏みしだかれて、色あたらし。この山道を行きし人あり」が念頭にあったという。

それに「この島のうへ雁わたりゆく」と丸谷は付ける。迢空から茂吉が浮かんだという。「このくにの空を飛ぶとき悲しめよ南へむかふ雨夜（あまよ）かりがね」という戦争直後の作品を踏まえた脇句だ。

クラシックになってしまった場面を次はどう転換するか。大岡は第三句を「沙魚（ハゼ）跳べば舟もゆるりとかたむいて」と気分を変える。そのあと、「声はばからぬ海人（アマ）のさへづり」（岡野）「春月は焚く藻の煙けむたしや」（丸谷）「今年はとくに艶よい山葵（ワサビ）」（大岡）と進行してゆく。

部分的な紹介では分かりにくいかもしれないが、ひとつの句から、発想が飛躍し、思わぬところに着地することばのリレーはスリリングだ。

当事者が楽しんでいるのはいうまでもないが、読者にもその雰囲気は伝わってくる。作る際のこころの動きにふれた、それぞれの該博なおしゃべりもおもしろい。むかし、石川淳、安東次男を囲み、大岡や丸谷が参加した、「歌仙」（青土社）を書棚からとりだして、つい比較してみてしまった。（小高賢・歌人）

（集英社・2310円）＝2006年1月26日①配信

幕末江戸の雰囲気と温もり

「シーボルト日記」（シーボルト著、石山禎一・牧幸一訳）

長崎出島商館の医師シーボルトは一八二九（文政十二）年、日本地図を海外へ持ち出そうとした罪で国外追放となった。

その彼が三十年後の一八五九（安政六）年に、追放解除となって再び来日した事実はあまり知られていない。

本書はその再来日時の貴重な見聞日記で、本邦初訳という待望の書である。六年余に及ぶ初来日の文政期は、太平の真っただ中の徳川日本。彼は動植物学、天文地理学をはじめ、総合的な日本研究に大きな成果をあげた。

再来日時は、鎖国から開国への大激動の幕末日本。彼が長崎、横浜、江戸に滞在した三年近くの間に、安政の大獄、桜田門外の変、ヒュースケン斬殺（ざんさつ）、英公使館襲撃、坂下門外の変など、次々に大事件が起きている。

ヒュースケンの墓参りや英公使館襲撃事件直後の記事をはじめ、彼の日記には幕末の緊迫した雰囲気が随所にうかがえる。

とくに滞在の後半には、幕府の外交顧問として遣欧使節の相談にあずかるなど、外交面での重要な記事が注目される。

一方、自然や生活に関する記事も多い。例えば、「江戸は本当にカラスの町である」という記述。寺社の森に数千羽生息し、「早朝、江戸八百八町に分散し、食物をあさり」と指摘しており、今の東京と変わりがない。

はっと胸を突かれる指摘もある。江戸では、人通りの多い場所に小さな「無人販売」の箱が置かれ、小間物やようじなどが値段つきで売られている。客は好きな物を手に取り、お金を足元の小さな引き出しの中に入れる。シーボルトは驚く。「世界で最も人口の多い都市の一つがこうである！　この商売は貧しい家族、貧しい人々を支えるために、すべての町人たちとの信頼により成り立っている」

今日の東京に、この思いやり・温（ぬく）もりの江戸の心ありや。

日記の記事は、このように多彩である。註（ちゅう）も充実しており、巻末に付された「シーボルトの生涯・業績および関係年表」も便利である。訳者の努力を大いに多としたい。（竹内誠・江戸東京博物館長）

（八坂書房・5040円）＝2006年1月26日②配信

虐殺加害者の心理えぐる　「人間の暗闇」（ギッタ・セレニー著、小俣和一郎訳）

ホロコースト。第二次世界大戦中に起きたナチスによるユダヤ人への大量虐殺については、すでに多くのことが伝えられている。けれども、加害者たちはいかなる心理のもとに手を下したのか、体制の罪と個人の罪はどう分けられるのか、そもそも彼らは〈人間〉であるのか…。重く深い問いは未決のままに横たわっている。

本書の主人公は、二つの絶滅収容所長をつとめたフランツ・シュタングル。戦後、ブラジルに逃れたが逮捕され、終身刑を言い渡された。女性ジャーナリスト、ギッタ・セレニーは収監中のシュタングルとインタビューを繰り返し、さらに彼の妻、親衛隊員、生き残った収容者などの周辺取材を重ねつつ、〈精神の闇〉に迫っていく。

シュタングルは少年期にはチター（弦楽器）に馴染（なじ）み、勤め先ではいち早くマイスターとなる。警官に転職したことが収容所へと続く道となった。生来のサディストではまったくない。家族を愛し、本を読み、休暇中には教会にも出向く。ごく普通の男が百万を超えるユダヤ人をガス室へと送った現場責任者であった…。

なぜに—。セレニーの執拗（しつよう）な問いにシュタングルは口を開く。「やがては慣れ」、ユダヤ人は「物体」となり、殺戮（さつりく）もまた日常の「仕事」であったと。ある状況下においてはどのような異常も日常となる。戦慄（せんりつ）を覚えるのは、シュタングルの行為とともに、その言がおそらくその通りであっただろうと思えることである。その意味でホロコーストが人類史における例外であるといいきれる根拠はない。そのことを了解した上で、か細い、理性の照らす道を模索する以外にない。

本書はまた、悲劇の前史に精神障害者などに対する「安楽死」があったこと、ナチスとバチカンの入り組んだ関係など、ホロコースト周辺を丹念に掘り起こしている。セレニーは取材力と情景の描写力に富んだジャーナリストである。視点は冷静かつ公平である。それが精神の闇を描く痛苦の書に品位を付与している。（後藤正治・ノンフィクション作家）

（岩波書店・4410円）＝2006年1月26日③配信

読み物の魅力と現実の覚醒　「悲劇週間」（矢作俊彦著）

本書は若き日の堀口大學の回想というかたちで、一九一〇年にはじまるメキシコ革命を題材に、とくに一九一三年二月に起きた反革命クーデターの悲劇的な顛末（てんまつ）を中心に置いて、そこに当時メキシコ大使であった父のもとで大統領一家と交際しながら暮らしていた堀口大學の恋物語を重ねて書かれた、一種の歴史小説である、と説明しようとして、なんだか不正確な気がしてくる。

なぜなら本書は、「明治四十五年、ぼくは二十歳だった。それがいったいどのような年であったか誰にも語らせまい」という書き出しが告げるように、一九三一年刊行のポール・ニザン「アデン　アラビア」を下敷きにして、あたかも堀口大學自身が書いたものであるかのような文体模写を行い、おなじ一九三一年にありえたかもしれない日本語による美しいアメリカ大陸版「アデン　アラビア」を脱構築的に編み上げた、一種のポストモダン小説でもあるからだ。

内容から考えていけば、作者は二十一世紀に入った世界で帝国化しているといわれるアメリカ合衆国のふるまいが、実はメキシコ革命のころからあまり変わっていないという事実をリアリティーのあるものとして言語化し、本書でその外側に出る方法を模索しているようにも感じられる。

また、日本語で丹念にたどられる日本人を巻き込んで起きるクーデターの様子は、日本が一九四五年の敗戦から六十年におよぶ不戦の期間をへて、リアリティーのあるものとしては感じられなくなった戦争というものを、自衛隊合憲化の議論が起きる二〇〇〇年代の日本語に取りもどそうという、作者の果敢な試みであるようにも見える。

要するに、本書を読んでいるといろいろと考えてしまう、小説についても、現実についても。それも二十世紀はじめのメキシコという別世界に連れ出されながら、また革命を背景にした日本の若者と異国の令嬢の恋物語に引きつけられながら。つまり、本書は読み物としての魅力をほとんど完璧（かんぺき）にそなえた実験小説であり、同時に読者を二十一世紀の世界の現実に向けて覚醒（かくせい）させていく、真に「小説」の名にふさわしい作品である。（田中和生・文芸評論家）

（文芸春秋・2000円）＝2006年1月26日④配信

常識くつがえす一代記

「カポネ」(佐藤賢一著)

一九二〇年代のアメリカで勇名をはせた希代のギャング、アル・カポネの一代記。

前半はカポネの生い立ちと、暗黒街でのし上がっていくさまが思い入れたっぷりに描かれる。イタリア系の貧しい家に生まれた男が持ち前の才覚と度胸で頭角を現し、自分を引き立ててくれた親分たちをも倒して大物になっていくその過程は読み応え十分だ。

これまでカポネを描いた本はいくつかあるが、ここまで肯定的に活写したものはなかった。従来はエリオット・ネス率いる「アンタッチャブル」に焦点を合わせられることが多く、テレビや映画では善玉「ネス」対悪玉「カポネ」という図式になっていた。

ところがここでは、三人称で書き進められながら、つまり客観的につづられながら、作者の筆遣いはカポネの側にあつく、ネスには手厳しい。カポネを、貧しく虐げられたイタリア系の救世主という位置づけで見ているためである。対するネスは職にあぶれた、しかし功名心の強い若者、という描き方である。

このことがどこまで史実に基づいているのかはわからないのだが、作者は「民衆の敵ナンバーワン」と呼ばれたこのギャングをほとんど義賊同様に描く。だからカポネの肩を持ってしまう読者が多いはずである。そういう意味で異色のカポネ伝と言ってよい。ちなみにカポネはネスより四歳年長。

カポネの半生の迫力と不思議な豪華さ、それに一種の小気味よさに対し、一方のネス率いる「アンタッチャブル」および官憲側のありさまはひじょうにぶざまに描かれ、常識をくつがえされる。たとえばカポネを捕まえたのはネスたちではなく脱税捜査の係官だったこととか、当のネスはFBIの人間ではなく、禁酒法時代に財務省に設けられた密造酒を取り締まるセクションの、それも臨時雇いの小役人だったこと、などなど。

マフィア、という言葉を排除している点に、作者の勉強ぶりを感じた。これはカポネの時代よりも後に流布した言葉なのである。(馬場啓一・流通経済大学教授)

(角川書店・1995円)=2006年1月26日⑤配信

美意識のありようを鮮明に

「江戸美人の化粧術」(陶智子著)

本書は、筆者が収集してきた多数の浮世絵を基礎資料に、ユニークな視点で江戸時代の化粧文化を読み解くもの。「神は細部に宿る」という言葉があるが、当時の美人たちの顔や身体のさまざまなパーツ、化粧を行う室内の調度などにきめ細かなまなざしを注ぐことで、われわれの祖先の生活や美意識のありようをビビッドに浮かび上がらせてくれる。

江戸期の女性は、結婚するとお歯黒をし(半元服)、出産すると眉(まゆ)を落とした(本元服)。だから娘たちは鏡に向かい、布などを当てて眉を隠して未来を夢みた。半面、眉剃(そ)りをすると一気に老けた顔立ちになるため、心理的抵抗も大きかったという。当時の人々の一生は、社会の側から明確に可視的な区分を与えられていたのだとあらためて感じる。

白い肌のきめ細かさ、特に襟足の美しさを強調するためにも、女性たちはしばしば剃刀(かみそり)を当てた。男が女の首筋を剃っている浮世絵は、濃厚なエロチシズムを放つ。そういえば公家には顔剃りの習慣がなく、皇女和宮が降嫁してきた時、将軍は彼女のぼうぼうの顔に驚いたというエピソードをどこかで読んだ。彼は江戸のあか抜けた美になれていたのだろうか。

目については、切れ長の一重が好まれたのは漠然と知っていたが、浮世絵にはまつげがほとんど描かれないというのは驚きだった。眉・目・まつげを三位一体として注目する美意識は、確かに近代特有なのだろう。

現代にも通じる化粧文化といえば、最終章で詳細に論じられる「美艶仙女香」のマルチメディア戦略である。京橋の坂本屋が売り出したこの白粉(おしろい)は、中国から長崎経由で伝わった秘伝という物語や、人気女形の号から名づけることで高いブランド価値を付加。美人画の片隅にさりげなく描き込むのはいうに及ばず、役者絵や相撲絵、はたまた東海道五十三次中の茶屋の看板にまで「どこにでも面を出す仙女香」であった。

明治後の坂本屋は先端の洋傘屋になったという。この元祖イメージ企業に正面から光を当てた研究の出現をぜひ待ちたいところだ。(大塚明子・文教大助教授)

(講談社選書メチエ・1575円)=2006年1月26日⑥配信

自由民権運動描く大作

「梟首の島(上・下)」(坂東眞砂子著)

自由民権運動といえば、誰もが土佐(高知県)出身の板垣退助や後藤象二郎を思い浮かべるのではないだろうか。「梟首(きょうしゅ)の島」は著者の郷里でもある高知県から起こった自由民権運動を描く大作だが、名も無き活動家をクローズアップしているので、歴史的な有名人はほとんど出てこない。

それだけに増税や言論弾圧に不満を募らせていた庶民の怒りが、全国規模の反政府活動に結び付く過程が丹念に掘り起こされており、歴史のダイナミックな動きを体感することができるはずだ。

明治初期、増税や徴兵に憤慨した高知の農民は「押し出し」という暴動を起こしていた。理念なき反乱が鎮圧されるのを見た岩神大洋は、国を変えるには学問が必要と考え帝大を目指す。一方、行動派の弟・東吉は新聞社で働き始め、兄弟の母むめは女性解放を考えるサークルをつくる。やがて政府を脅かすまでになった自由民権運動は、母子の人生にも大きな影響を与えることになる。

役人が唱える「国のため」は単なる方便で、実態は私腹を肥やすために国政を動かしているにすぎないことを知った東吉は、新聞を使って新政府を徹底的に揶揄(やゆ)する。ただ東吉のかかわった政治運動は決してお堅いものではなく、パロディー精神でお上の横暴に立ち向かおうとする洒脱(しゃだつ)さがある。

言論を弾圧し、反対する者を斬首(ざんしゅ)する政府に絶望を深める東吉。欧米式の拝金主義と日本の伝統のどちらを選択すべきかで迷う大洋など、兄弟の苦悩は恐ろしいまでに現代社会と重なるので、百年以上前の事件とは思えないほどの生々しさがある。

近年、行き過ぎた個人主義を批判し、日本人は公共の利益のために奉仕すべき、という主張が盛んになっている。だが国家は個人の権利を守るためつくられた組織であり、国家が個人を隷属させて過度な義務を強いるのは因果が逆転している。

それぞれの方法で国家の横暴から人間の尊厳を守るために闘った三人の母子の物語は、個人の「自由」を守る以上に重要なことなどないことを、あらためて教えてくれる。(末國善己・文芸評論家)

(講談社・上下各1785円)=2006年2月2日①配信

好色をめぐる男の本音

「『秘めごと』礼賛」(坂崎重盛著)

男も女も「秘めごと」の嫌いな人がいるだろうか。本当はしたいけれども、平穏な日々をこわしたくないから「秘めごと」ができない。つまりは世間的な制裁が怖くて、手も足も出ないというのが実情だ。その前に、相手になってくれる女性がいないのだから、はじまらないともあなたはいうだろうか。そんな忸怩(じくじ)たる思いを抱いている中年男性の心に、本書が希望の一石を投じてくれる。

永井荷風、谷崎潤一郎、吉行淳之介といった、偉大なる表現者たちの世に知られたる「秘めごと」を抜粋したイントロ部分がやや冗漫に感じられるが、名作のダイジェスト版だと思って読み進む。東宮御作歌指導役までした歌人の川田順の、「老いらくの恋」を引用するあたりから、著者の本音が冴(さ)えてくる。

人間とは七十歳近くになっても、熱烈な恋をしてしまう存在であるということが危険だといったはずの著者が、残りページが少なくなるころには一転、こう自問自答する。

「男は、本当に年をとると性的にイヤラシくなるのだろうか。別の言葉でいえば好色になるのだろうか」と。そして「是(イエス)」と答えたあとに続くくだりに、著者のいわんとするところが凝縮されている。

「気負いや力みも必要でなくなったときになって初めて、味わいつくせる感覚が生まれるということもある」、「世間的な道徳の観念などに縛られているヒマはない」と。

それを聞いて私は、がぜんうれしくなった。というのも日ごろから私は、男性にはいつまでも、好色であってほしいと願っているからである。

著者は、時として勢いに乗った女性歌人のおおらか過ぎる性の発露にひるみながらも、彼女たちを崇(あが)めるのを忘れない。そして、男たちにとっての「秘めごと」が、女性たちにとっては「隠すことではないでしょう」になると結論する著者は、真の意味でのフェミニストに思えてきた。(吉村葉子・エッセイスト)

(文春新書・840円)=2006年2月2日②配信

銀座マダムの才覚と光源

「おそめ」（石井妙子著）

昭和三十年代、京都と東京に店を持ち、飛行機で毎週往復したため、ついた呼び名が「空飛ぶマダム」。映画や芝居にもなった川口松太郎の小説「夜の蝶」のモデルとして、メディアの取材攻勢を浴びたバー「おそめ」のママこと上羽秀（うえば・ひで）の人生を追った評伝である。

大正十二年、京都の裕福な商家に生まれるが、親の離縁で生活は一変。新橋花柳界を経て祇園の芸妓（げいこ）〝おそめ〟となり、器量と飲みっぷりの良さで人気を集めたものの、十九で大金持ちに身請けされ、囲われてしまう。

太平洋戦争の最中も、衣食に何の不自由もないほどの財力に守られながら、秀は自由を渇望し、敗戦直後、生涯添い遂げる宿命の男と出会って爆発する。あてがわれた優雅な暮らしを捨てて女給となり、天性の美しさと対人能力を生かして、自分が看板の店「おそめ」の開業にこぎつける。

五、六人で満席だったホームバー「おそめ」が銀座屈指の夜の社交場となる過程には、数多くの著名客の支援があった。服部良一、川端康成、小津安二郎、白洲次郎…文人から財界人、政治家も常連だった華やかな時代の逸話は、本書の読みどころのひとつである。

しかしながら、評者は秀の周囲の女たちに心ひかれた。嫁ぎ先で心身共に虐待され、子連れで出奔、水商売もいとわず、最後まで娘を案じた母・よしゑ。秀とは異なる個性を持ち、高い職業意識で店でも生活の場でも助力を惜しまなかった妹・掬子（きくこ）、母が多忙で寂しく育ったが、今は老いた秀を支える一人娘・高子。上羽家の女たちは、みな家庭の主婦に安住せず、自分の才覚で稼ぎ出す。まだ女性の社会進出など語られなかった時代に。

さらに胸に迫るのは、まだ秀が生きてこの世にあるという事実だ。隆盛を誇った店は、時代の変化に抗しきれず終わりを迎え、常連客だった男たちは鬼籍に入る。だが、〝おそめ〟だった女は老いてなお夜道を静かに照らす。その光源を探り、いま一度、同時代を生きるわれわれに提示した著者の仕事ぶりに敬意を。（片倉美登・文筆業）

（洋泉社・1890円）＝2006年2月2日③配信

知性とユーモアの科学随筆

「転回期の科学を読む辞典」（池内了著）

「辞典」という名の通り、本書は、どこからでも気軽に読むことができる科学随筆だ。

著者は宇宙物理学者であると同時に、科学論にも造詣が深く、鋭い切り口と奥深い洞察力を駆使して、さまざまな科学のキーワードについて語る。

目次から項目を拾ってみよう。まずは、天文学、ビッグバン、情報技術、量子論、エックス線、ダーク成分といったオーソドックスな科学の話題が並ぶ。

常温核融合、科学の終焉（しゅうえん）、異端の科学、偶然の発見など、〝境界領域〟の話題も目につく。そして、デカルト主義、弁証法、「科学・技術・社会」のような哲学的な話題も多い。

常温核融合の項目から引用してみよう。

「東大の教授で原子核研究の権威であった有馬朗人氏は、『これが本当であれば丸坊主になる』と宣言した。（まだ、頭の毛が残っていた時代である。）そして、丸坊主にならずに済んだ。（結局、自然に丸坊主になったのだが。）実験は全くの架空のでっち上げに過ぎないことが徐々に明らかになったからだ」

一時、世界中の科学者を巻き込んで大騒ぎになった幻のエネルギーのいきさつである。独特のユーモアを交えた語り口に、思わずほおがゆるむ。

最近の天文学では、宇宙の組成の96％までは（未知の）「ダーク成分」だとされている。だが著者は、「私は十分に納得していないのだ。果たして、九六％もの『わけのわからないもの』を持ち込んで、本当にわかったことになるのかと疑問を抱くからだ」と、歯に衣（きぬ）着せぬ批判を展開する。ここら辺も、実に気持ちがいい。

本書は、もともと岩波科学ライブラリーとして刊行されたものを加筆、修正したものだが、新たな書き下ろしとみなしてかまわないだろう。

科学者には、〝学者ばか〟としか形容できない、狭い了見の人も多いが、著者のバランスのとれた知性と幅広い見識は敬服に値する。

忙しく、底が浅くなりがちな現代において、じっくりと嚙（か）みしめて読むべき書物だと思う。（竹内薫・サイエンスライター）

（みすず書房・2940円）＝2006年2月2日④配信

研究と批評融合の試み

「天保十一年の忠臣蔵」(犬丸治著)

文献調査にはじまり、想像力を働かせ、現実の舞台に結びつけていく。本書のなかで、犬丸治が試みたのは、研究と批評の融合である。

天保十一年五月、江戸・河原崎座で初演された「騎錺忠臣鞍(きばかざりちゅうしんぐら)」の舞台を再現することからはじめ、「狭夜衣鴛鴦剣翅(さよごろもおしどりのつるぎば)」「仮名手本忠臣蔵(かなでほんちゅうしんぐら)」を経て、ついには四世鶴屋南北「東海道四谷怪談」「盟三五大切(かみかけてさんごたいせつ)」へと至る流れを明らかにしようとする。

もとより、歌舞伎の台本は、和歌でいえば本歌取りの手法を重んじている。ことに南北は、趣向にたけ、異なる世界を綯(な)い交ぜにして、武士階級の崩壊を前提とした暗たんたる社会を描くが、その核として綿々と連なる忠臣蔵の世界があることを論証しようとした。

研究者はだれしも、暗黙の了解によって、目を閉ざされている。常識としてあえて研究を深化させえなかった領域に向かって、犬丸は、当時の役者たちの人間関係や、作者の脳裏に浮かんだはずの影響関係に向けて、構想をふくらませていく。

この労作が立ち上がったきっかけとして、昭和五十一年国立小劇場で「盟三五大切」が上演された際の資料集がある。収められた図版には、「盟三五大切」が二番目として初演されたとき、「騎錺忠臣鞍」が一番目の狂言だったことを発見する。のちに、詳細不明のこの狂言が、並木宗輔作の浄瑠璃「狭夜衣」の歌舞伎化だとみぬいた時点で、「盟三五大切」の源流をたどる本書の試みは、ひとつらなりになった。

各章によって執筆時期が異なるために、文体や対象に対する姿勢がまちまちである恨みはある。実証的であろうと自らを戒めつつ、一歩踏みだし、大胆に推量を打ち出していく筆致は、まぎれもなく批評家のものであった。(長谷部浩・演劇評論家)

(雄山閣・5880円)=2006年2月2日⑤配信

厳密な俯瞰が生む説得力

「文明崩壊(上・下)」(ジャレド・ダイアモンド著、楡井浩一訳)

先進国だろうが、発展途上国であろうが、人々の認識としては、われわれが現在、環境問題、資源エネルギー問題をはじめとするさまざまな文明の問題に直面していることを理解している。問題は、にもかかわらず、そのことに本当に危機感を抱く人が少ないということだ。

一部その問題は顕在化しているとはいえ、極めて近い将来に社会を崩壊させる危険性があるという認識は共有されず、効果的な対策も講じられていない。そのことに、危機感を抱いて書かれたのが本書である。

文明の現状と未来について警鐘を鳴らす書物はこれまでにも数多く出版されている。本書がこれまでの類書と決定的に異なるのは、その分析の科学的厳密さと、俯瞰(ふかん)的認識、そこに普遍性を探る態度である。従ってその議論には、説得力がある。

世の中に地球環境、あるいは文明をうたった学部や研究所は数多くある。しかし、果たして、本書の内容のような講義をする、あるいは研究をしているところがどのくらいあるだろうか? というと、既にその一部を論じ、あるいは研究しているという理由で、反論する人がいるかもしれない。その「一部」にすぎないということが、この種の問題を議論しようというとき、決定的ともいえるくらいの欠陥なのだが、そのことにほとんどの自称専門家は気づいていない。

本書は、古今東西の文明、基本的には農耕牧畜をする一つの共同体のことだが、その崩壊した例、存続した例を網羅して、その歴史を分析する。利用できるすべてのデータ、それはいわゆる自然科学的分析技術によるものから、人文科学、社会科学的なものまですべて含むが、それらを分析するので、議論も、得られる結論も説得力がある。

その結果得られる結論が極めて興味深いが、それは結局、問題に対する長期的視点からの取り組みと、人々の価値観の転換の必要性に行き着く。文明論としてこれほど説得力のある本に出合ったことはない、というのが偽らざる印象である。(松井孝典・東大教授)

(草思社・上下各2100円)=2006年2月2日⑥配信

闇を切り開く意思の言葉

「国境なき平和に」(最上敏樹著)

「世界にはすでに、十分以上の怨念が存在している」―著者は9・11テロ直前に執筆した「人道的介入」という本で、国際環境の複雑なねじれをそう表現した。いまはさらに、この負の情念の暴発に世界中が足をすくわれている。

平和の構築をめぐる国際法を専門とする著者にとって、現在は歴史の経験が積み上げてきた法秩序が、雑で単純な思考によって衰弱させられた状態である。ねじれのワナから人間は脱却できるのか。長年の評論やエッセーを収めた本書は、そのために問いを重ね、思索した知の努力の結晶である。

湾岸戦争で始まった一九九〇年代は、冷戦の終わりの期待を裏切って、他(民族)を排除し、抹殺する悲劇が広がった。国連の軍事行動も急速に拡大した。著者は、世界の無秩序の「駆除」に乗り出した超大国の「衝動」がもつ危うさを洞察していた。

そして二十一世紀に入れば、対テロ戦争を契機に、これみよがしな正義の戦争。国連や国際法は無力だ、とそしり、自分の人道的介入を正当化する。

著者が深く切り込んでいくのは、そうやって「正しさ」に陶酔し、一気に極端に走る国家(とくに米国)の不寛容である。自分の正義を抑制できない寛容の消失は、相手に屈辱感と憎悪しかもたらさないだろう。

ここで語られるのは、国家や市民のふるまいの問題といっていい。複雑な問題を「わかりやすくしてしまう」こと。社会の熱狂に踊らされてしまうこと。和解の困難さを避けて一方的な断定をすること、その他。

いまの日本もそんな世界の縮図みたいだが、求められるのは、その逆の、もつれた糸を極端ではない方法で解きほぐす賢明さ、成熟した思慮深さだという。歴史に黙殺される人びとへの共感から生まれた多くの示唆がここにある。

卓抜な映画監督アンゲロプロス論で、絶望せずに「にもかかわらずの希望」を語る著者も、闇を切り開く意思の人である。(中村輝子・立正大客員教授)

(みすず書房・3150円)＝2006年2月9日①配信

9・11への壮大な序章読む

「建築と破壊」(飯島洋一著)

「建築と破壊」は、いささか不思議な書物である。9・11(米中枢同時テロ)によって倒壊した世界貿易センタービル以外は、ほとんど建築が登場しないからだ。しかも終章において、ようやく登場する。むしろ、本書でとりあげている素材の比重から言えば、写真論というべきかもしれない。

例えば、切断された人体を撮影するウィトキン、顔を隠したウォーホルの肖像、「死の都市」としてのサンクト・ペテルブルクの写真集、十九世紀の心霊写真、原爆を投下された広島の航空写真、ソンタグの写真論、そしてダイアン・アーバスの双子の写真などに言及している。

だが、世界貿易センタービルと無関係ではない。いや、それらは9・11への壮大なる序章なのだ。写真の誕生からツインタワーの崩壊までを、複製技術による自己分裂とイコノクラッシュ(偶像破壊)の物語として読みとくことが本書の特徴である。つまり、自由連想を駆使した、現代に対する精神分析的な文化論なのだ。

飯島は、ほかにもロシア革命やフロイトの治療現場など、世界各地のエピソードを冒険しつつ、二重化による分裂のあげく、空虚になった主体が自己破壊に向かうモチーフの反復を、そこに指摘している。自虐に転化する加虐への衝動。相手に同化するカニバリズム(人肉食)のようなテロ。あるいは、世界貿易センタービルの二棟が時間差を伴い、崩れたように、破壊的な出来事を繰り返すこと。

かつて彼は「現代建築・テロ以前/以後」(二〇〇二年)において、9・11の事件をフラット化する資本主義がその外部から攻撃を受けたものと位置づけていた。そのときはややナイーブな議論に違和感を覚えたが、本書では現代の起源にさかのぼり、意識の深層にもぐりこみ、自壊という興味深い視点を展開する。

「建築と破壊」という書名は、建築そのものではなく、比喩(ひゆ)として両者の関係を含意したものなのだ。すなわち、矛盾する二つの欲望を埋め込まれた現代の精神の暗部を象徴する言葉といえよう。(五十嵐太郎・建築評論家)

(青土社・2940円)＝2006年2月9日②配信

人類共通の〝脳倫理〟主張

「脳のなかの倫理」（マイケル・S・ガザニガ著、梶山あゆみ訳）

人がものを考えたり感じたりするときに、脳のどの部分が活性化しているのかを、脳科学の最新テクノロジーによって、頭の外から観察することができるようになってきた。この技術が進めば、人が脳のなかで何を考えているのかを、外から盗み見ることができるようになるかもしれない。

テロリストの捜査に役立つと言う専門家もいるが、この技術が一般市民に向けられたらどうなるのか。それは究極のプライバシー侵害となるのではなかろうか。

本書は、このような倫理問題に、どう取り組めばよいのかを概観したものだ。著者のガザニガは脳神経学者であり、最近では生命倫理問題についても発言をしている。本書のあちこちに見られる素朴な楽観論はいただけないが、今後大きく注目されるであろう「脳神経倫理学」のアウトラインを理解するための基本図書であることは間違いないだろう。

最大の読みどころは、宗教や道徳がどのようにして生み出されるかについて、著者の見通しを語った部分だ。まず宗教的な信念は、「左脳」にある解釈装置によって形成される。そして瞑想（めいそう）や祈りのときに活性化するのは「前頭葉」である。また強烈な宗教体験や体外離脱を引き起こすのは「側頭葉」である。それらのはたらきに基づいて人類は宗教をつくり出してきた、と著者は言う。

道徳についても同じで、ある特定の道徳的判断のときだけ活性化する脳領域があることも分かってきた。その脳のはたらきは、全人類に共通であると著者は言うのである。人間の思考と感情にかかわる人文学は、これら脳科学によって駆逐されていくのだろうか。それとも脳科学それ自体の限界が、いずれ明らかになるのだろうか。

著者は、いままで哲学者によって根拠なしに主張されてきたことに、科学的な根拠を与えることができ、人類共通の脳倫理が構築できると主張する。この点を精密に考えることが、今後の脳神経倫理学の焦眉（しょうび）の課題となるはずだ。（森岡正博・大阪府立大教授）

（紀伊国屋書店・1890円）＝2006年2月9日③配信

躍動の昭和象徴したひばり

「一場の夢」（西木正明著）

美空ひばりといえば、日本人なら知らぬ者のないくらい有名な歌手である。この美空ひばりを初期から支え続けたのが、山口組三代目組長の田岡一雄だった。

一方で、美空ひばりが脚光を浴びる少し前に、短い期間だけ銀幕で活躍した同名の女優がいたという。これは、歴史の波に埋もれた意外な事実ではなかろうか。二人の美空ひばりと、裏社会を束ねた男の生き方を、ノンフィクション・ノベルの手法で描ききったのが本書である。

冒頭の叙述によると、もとは著者の義理の叔父がTVのドキュメンタリー番組として企画しながら、実現にこぎ着けられなかった草案が原型らしい。しかるべき歳月を経て著者は新たな調査に乗り出し、当時を直接知る人物にも面談した。それによって浮かび上がってきたもののひとつが、彼らの躍動が象徴する昭和の特性である。過ぎ去って、そろそろ二十年を数えようとする昭和とは、いったいどのような時代だったのだろうか。

歌手美空ひばりの偉大さに関しては、今さら説明する必要などないかもしれない。しかしながら、どれほどの天才も機会に恵まれなければ発揮されにくいのが世の常である。その美空ひばりを大スターの座に押し上げたのが田岡なら、結果的に足を引っ張ったのも田岡だった。複数の視点をまじえつつ立体的に繰り広げられる本書を読むと、美空ひばりと田岡との関係は、時代の流れに連携した運命共同体のようにすら思えてくる。

作者の自由裁量に任される小説とはちがって、明快な回答が見つからないケースも少なくない。終戦直後に歌手として売り出そうとしたころの美空ひばり陣営が、引退したとはいえ昭和十年代の大都映画で主演格だった女優と同じ芸名を選んだ理由も、憶測ないし暗示の範囲にとどまる。だが何よりも本書には、時代そのものをとらえた重みがあり、美空ひばりの歌を愛するか否かを問わず、多くの読者の心を揺さぶるにちがいあるまい。（長谷部史親・文芸評論家）

（集英社・2310円）＝2006年2月9日④配信

「愛してやる」という暴力

「クワイエットルームにようこそ」(松尾スズキ著)

松尾スズキの主宰する劇団「大人計画」の芝居を観(み)に行くとまずたいてい泣いてしまう。なんでだろう、その秘密を探ろうとこの小説を手にとったのだが、その謎を解明する前にやっぱり泣いてしまった。

松尾スズキがつくりだす物語は、どれも一見誰でも受けいれてくれるように見えて、じつはのぞいた人間を上目遣いに試すような薄ら怖さがある。ダメなやつだと思われたくなくて、こちらもますます必死に食らいつく。

この小説はオーバードーズ(薬の大量摂取)で自殺未遂とみなされ「レベル3」の危険度で精神病院に運び込まれたヒロイン明日香が、長い〝罰ゲーム〟に幕を下ろすまでの物語。

救急車で搬送されて暴れて拘禁され、意識の戻った明日香が安心したくて見舞いに来た恋人の鉄ちゃんに手をヒラヒラさせる場面が好きだ。「鉄ちゃんお尻」「うん」。鉄ちゃんは1%の躊躇(ちゅうちょ)もなくベルトをカチャカチャいわせてズボンを下ろし、真っ白なお尻を明日香に向ける。明日香が触る。ようやく安らぐ明日香に「うん。うんうんうん」と鉄ちゃんが前のめりな返事をする。しながら崩れ落ちるように泣く。ケツもろ出しのまま。

わたしはここでまずやられた。ばかでまじめで絶対ふざけられないふたりに泣いた。松尾スズキはきまじめだ。「いっぱいいっぱい」を気づかれたくなくて全身で笑い話にしてみせてその姑息(こそく)まで「笑ってください」とこちらに迫って、だからこちらはもう笑えなくて泣くしかなくなる。

無理やり現実をねじまげて自分と折り合いをつけようとする病棟の患者たちもすごい。ここでは拒食も虚言も依存も自傷もすべて強烈な生への執着にほかならない。松尾スズキの世界にハマるのは、登場人物が抱えるやりきれないきまじめから目をそらすことができない自分がいるからだ。

この小説は暴力に満ちている。人を殴ったり血を流させたりじゃない、「愛してやる」という手ごわい暴力。そして「生きてやる」という美しい野望がある。(宮村優子・シナリオライター)

(文芸春秋・1100円)=2006年2月9日⑤配信

波乱多い70余年の作家人生

「文士風狂録」(大川渉著)

第百三十四回芥川賞・直木賞は下馬評通りの作品が選ばれた。芥川賞の絲山秋子さん、直木賞の東野圭吾さんはともにキャリア十分で既刊も多い。出版界にとっても喜ばしいことであった。

三年前、川端賞を受賞した青山光二は当時九十歳。現役作家の受賞としては最高齢であったにもかかわらず認知症になってしまった妻への介護の日々と二人の青春時代の思い出をみずみずしくつづった作品であった。

本書は織田作之助の作品集を編集した大川渉が、彼の親友でもあった青山光二へロングインタビューを申し込むことから話は始まる。

織田と青山の出会いは七十年以上前。京都の三高で同級生になり、程なく無二の親友となる。のちに青山は東大へ進学し、織田は肺結核になるが執筆は続けていた。離合集散する作家予備軍の中で、やがて織田は頭角を現す。代表作「夫婦善哉」を書き上げたのは昭和十五年。戦後、流行作家として名をはせた織田は太宰治、坂口安吾との鼎談(ていだん)後、有名な「ルパン」での写真を撮らせている。そこに青山も同席していた。私にとっては既に文学史の一ページである。

織田を結核で亡くし、太宰に心中に誘われた後も、青山は文芸誌に作品を発表し続ける。そのころ交流のあった林芙美子、田中英光、花田清輝、丹羽文雄、舟橋聖一らの話も興味深いが、青山が任侠(にんきょう)小説で人気を博していた昭和五十年代の話が抜群に面白い。

一切博打(ばくち)をせず「第一次大阪戦争」の真っ最中に化け師(イカサマ師)の親分に取材し、その後神戸を舞台にした小説を数多く書き上げた。同じころ「麻雀放浪記」の著者、阿佐田哲也はどっぷり博打にはまった小説家だった。しかし青山は、同じように色川武大の名で純文学を書き続けていた阿佐田を特別な思いで見つめていたようだ。

直木賞を何度も落ち続け、選考委員を恨んだことや芝木好子との淡々とした交流、そして五十年来の親友の自殺と、青山の作家としての七十年余りは波乱に満ちている。そして九十歳で受賞した川端賞。「吾妹子哀し」は今冬、新潮文庫に入った。(東えりか・書評家)

(筑摩書房・1785円)=2006年2月16日①配信

舞踊家からあふれ出た言葉

「速度ノ花」（山田せつ子著）

東京の下町、とある庶民的な住宅街に、現代舞踊を代表するひとり山田せつ子のダンスユニット「枇杷系」のスタジオがある。控えめな看板がなければ、誰も気にとめないような普通の家である。そこで山田や彼女の弟子たちが相当な集中力をもって踊るのを見てきた。

狭いスタジオの熱気に息苦しくなり、外に出て夜気を吸っていると、何の変哲もない住宅街のど真ん中にけいこ場があることが不思議に思える。と同時に、人目をひかずにひっそりとたたずむけいこ場が、山田せつ子その人にも見えてくる。

山田の踊りは、これ見よがしに大上段に構えるということから遠いところにある。彼女は自負もなく気負いもなく、己の身ひとつを虚空に投げ出すように踊る人だ。

山田の端正で緩急自在に空間を切り開いてゆく身体から、ごく自然にあふれ出た言葉が本書である。従って本書は彼女の舞踊さながら、気取りも虚飾もなく、気持ちのいいほどに爽（さわ）やかである。

例えば次のような言葉はどうだろう。「涙をぬぐう手や、傾いてゆく首、祈りのときの慎みの胸、弾む足のかたちが好きだった」「見えないものを見るためにからだに入ってゆく。繰り返し入って、見えるかたちに繋がっていく。すると、今度はからだの方が私を見るようになる」。

舞踊家が自分のダンスについて語るとき、晦渋（かいじゅう）な言葉をろうして、他人にも自分にも意味不明なことを空転させているだけのことがある。それはある意味では無理のないことだ。ダンスとは本来、言葉のあかにまみれない世界、言葉にならない衝動を表現するものであるからである。それに対して、本書の言葉は、山田の足が床を踏みしめるとき、まるでその感覚を全身で感じているかのように、繊細で明晰（めいせき）で手応えがある。

IT過信のこの時代、ゲーム、ケータイ、ネットに囲まれ、われわれは最も身近にあるからだの声に耳を傾けることをすっかり忘れてはいないだろうか。ダンスに対して、からだに対して、どう向き合うのか。山田の率直な言葉が快く語ってくれる。（石井達朗・舞踊評論家）

（五柳書院・2100円）＝2006年2月16日②配信

共感は霊長類本来の徳性

「あなたのなかのサル」（フランス・ドゥ・ヴァール著、藤井留美訳）

最近、幼い子どもが殺される事件が多発している。そのようなニュースが放映されると、私は耐えられずにテレビを消してしまう。被害者や遺族の悲しみ、無念さを痛感して涙が流れ、心身が引き裂かれる思いがするからだ。

これは、「共感」にほかならない。霊長類を長年研究してきた著者によれば、「共感」は人間の「本能」という。赤ん坊同士の泣き声に対する同調行動のように、人間には生まれたときから他者との距離を縮めたいという衝動があり、成長後は他者を思いやりたいという衝動が現れる。

この他者への共感能力、特に「慰め」は、類人猿に顕著という。たとえば、性行動を緊張緩和・衝突回避に用いることで有名なボノボは、仲間に共感して相手の欲求や必要を理解したり、慰めたりして、その達成を手助けする。

一方で類人猿は、他者に暴力をふるい、時には殺害も辞さない。本書では、チンパンジーに関する衝撃的な事例が紹介される。ある動物園で、権力争いから老獪（ろうかい）なオスと若いオスが結託し、リーダーのオスを殺した。それは、全身を深くかまれ、陰嚢（いんのう）から睾丸（こうがん）が絞りだされるという壮絶なものだった。

人間は、ボノボ的な寛容さも、チンパンジー的な暴力性も併せ持つ。他者を容赦なく痛めつけることは、イラク戦争での捕虜の扱いをみても明白だ。相手の人間性を否定して所属集団の連帯を強めるのは、文化人類学で言えば「自民族中心主義」となる。

しかし、と著者は言う。この連帯は、仲間内への攻撃の抑止という「道徳」の始まりでもあった。それを仲間外にも拡大することで、人間は集団間の友好関係を築き、平和を維持してきた、と。

「共感」「思いやり」「寛容」「許し」。これらは、宗教が説いてきたと思いがちだ。だが本書を読めば、動物、特にヒトに最も近い類人猿に本来備わっている要素と分かる。

その事実は、民族・宗教紛争がますます激化する現在において、人類の共生を可能にするための重要な鍵となろう。（塩月亮子・日本橋学館大助教授）

（早川書房・1995円）＝2006年2月16日③配信

宇宙はたくさん存在する!?

「パラレルワールド」（ミチオ・カク著、斉藤隆央訳）

現代物理学からみた並行宇宙（パラレルワールド）の解説書である。

第一部「宇宙」では、われわれの宇宙について、現在わかりつつある科学的な事実が紹介される。

たとえば、われわれの宇宙は、アクセル全開で、ぐんぐんスピードをあげながら、加速膨張をつづけている。

このままいくと、いずれ、宇宙はバラバラにちぎれ飛んで、絶対零度まで冷たくなって、真っ暗になってしまう。なんとも恐ろしい未来だ。

続く第二部「マルチバース」では、いよいよ、宇宙が（われわれのもの以外にも）たくさん存在する、という驚くべき仮説が登場する。

「今、マルチバースの概念が、『宇宙（ユニバース）』という言葉自体を廃れさせてしまう新たなパラダイム・シフト（思想的枠組みの転換）をもたらしている」

もしかしたら、宇宙に数多く存在するブラックホールは、すべて、他の宇宙への入り口かもしれない。

超ひも理論によれば、われわれの宇宙は、本当は十一次元の広がりをもっている。その高次元の中で、並行宇宙は、われわれの宇宙から、たった一ミリという目と鼻の先に浮かんでいるかもしれないのだ。

われわれを取り巻く時間と空間は「ユニ（唯一）」ではなく「マルチ（複数）」であることが物理学者たちの間では常識となりつつある。

第三部「超空間への脱出」では、加速膨張により冷え切って希薄になった死の宇宙を抜け出て、われわれの子孫が並行宇宙へと脱出する可能性が探られる。

そのシナリオは、はたして物理学なのか、それともSFなのか。（実際、本書には、SF小説からの引用が非常に多い）

著者のミチオ・カクは、超ひも理論の研究で有名な物理学者で、数多くの専門論文や教科書のほかに、一般書も著している才人だ。

知の第一線で活躍する科学者による「パラレルワールド」の報告は、われわれの想像力を宇宙へと誘い、あらためて人生の意味を問い直すきっかけを与えてくれる。（竹内薫・サイエンスライター）

（NHK出版・2415円）＝2006年2月16日④配信

美術犯罪捜査の迫真実話

「ムンクを追え！」（エドワード・ドルニック著、河野純治訳）

皆さん、ご存じでしたか？　現在盗まれて行方不明になっている名作美術品の内訳を。絵画や素描だけでも、ピカソ五百五十一点、ゴッホ四十三点、レンブラント百七十四点、ルノワール二百九点などとなっており、かりにそれらを一カ所に集めたとすれば、それこそ世界各地の有名美術館に負けず劣らずの一大コレクションができあがってしまうのだとか。

国際刑事警察機構の推定によれば、盗難美術品の闇取引で動く金額は、年間四十億から六十億ドル！　日本でも大昭和製紙名誉会長の斉藤了英氏が、九〇年、ゴッホの傑作「医師ガッシェの肖像」を約百二十六億円で落札して話題になりましたが、美術界は表でも裏でも、まさに絶句するほどの大金が動く世界なのです。

エドワード・ドルニックの「ムンクを追え！」は、そんな美術犯罪の実態と美術界の内幕を描いた迫真のノンフィクションになっています。中心人物はロンドン警視庁美術骨董（こっとう）課に所属する囮（おとり）捜査官、チャーリー・ヒル。その彼が行方を追うのは、九四年二月十二日、リレハンメル・オリンピック開会式当夜に、たった一本のはしごを使って（！）、ノルウェー国立美術館から盗まれた、あの知らぬ人とていない名画中の名画、ムンクの「叫び」。

ヒル捜査官と知能犯との息詰まる駆け引きを描く中、作者のドルニックは、これまでに盗まれたことのある名画がたどった運命や、驚くほどずさんな警備体制しかとれない美術館が抱える諸問題、盗難美術品を扱う犯罪者のプロフィル、名画のウンチクなど、たくさんの面白くてためになる情報も挿入。

元メトロポリタン美術館長トマス・ホーヴィングの「名画狩り」、冒険小説の傑作「針の眼」で知られるケン・フォレットの「モジリアーニ・スキャンダル」といったミステリーの傑作に負けない、エンターテインメントフルかつ知的な読み心地を約束する一冊になっているのです。

「叫び」がどこで、どのようにして回収されたのか。四百ページにわたる奪還劇を、胸躍らせながら楽しんで下さい。（豊崎由美・ライター）

（光文社・1785円）＝2006年2月16日⑤配信

滑稽さゆえ愛着覚える家族

「ひなた」(吉田修一著)

話はのっけからジェイ・クルーのシャツやポップコーンをちりばめながら、やけに軽い感じで進んでいく。油断していたら、筆づかいは軽やかなまま、登場人物たちののっぴきならない秘密がじわじわと明らかにされてゆき、いつしか彼らが織り成す、奇妙だけれど切実な人間関係に心をとらえられてしまう。

物語は、東京の静かな住宅街にある大路家を主な舞台として展開する。大路浩一、尚純の兄弟、浩一の妻桂子と尚純の彼女、レイ。この四人のモノローグをつなぎ、彼らと彼らをとりまく人々の一年がつづられていく。

明るくのんきな中流家庭にしかみえない大路家だが、ある事情を知ると、この一家が表向きには波風を立てず成立しているのが奇跡のように思えてくる。兄弟の母は「よくぞ、まあ」と言いたくなるような修羅を耐え、この母のおかげで平和が守られたといってもいいのだが、何も知らない息子からすると、少し間が抜けたすっとんきょうな母(かあ)ちゃんである。息子たちも堅実な兄にやんちゃな弟という分かりやすい役をふられているが、実際はそう単純ではない。

大路家の人々は本当のことは胸にしまい、無意識のうちに自分の役割を察し、それに徹することで家族の形をつくりあげてきた。それは他人からみると滑稽(こっけい)なことかもしれないが、その滑稽さゆえに人は家族に愛着を覚えるのだろうし、何よりこの小説では、他者の存在を受けとめながら、自分の居場所を探しているようなひとりひとりのけなげさに胸をつかれる。

最も身の置き所がない思いをしているのは浩一の妻、桂子だろう。編集者として活躍し、夫のことを大事に思っているが夫婦関係に充足感が得られない。好きでもない男と浮気を続けている。仕事をやめたら何かが変わるかと専業主婦になるが何も変わらない。最終章で少し救われる思いがするが、そこで彼女はつぶやく。「自信ないけど、ここにいたい」。身につまされる言葉である。

文章に気負いはなく、出てくる人たちに大げさなところはない。だからこそ、なのだろう、深いところで心が強くなるような、そんな小説である。

(宮脇真子・書評家)

(光文社・1470円)=2006年2月23日①配信

日記の中から息づかい

「クローズド・ノート」(雫井脩介著)

日記というものは、本来、他人には見せないものだ。そこには赤裸々な感情や青臭い思考が満ちあふれている。詩なんか書いてあったときには、あとで読み返して一人赤面することは間違いない。

にもかかわらず、今はブログという形で、ネット上には他人の日記が無数に公開されている。人に読まれることを前提としている時点で、それは純粋な意味で日記とはいえないのかもしれないが、それだけ、とりとめのない自分の日常を他人に知ってもらいたいという人がいるのだろう。そして、もしかしたらそれ以上に、誰かの日常を垣間見たいと思う人がいるのかもしれない。

大学の近くで一人暮らしをし、サークルでマンドリンを弾き、友達とたわいのないことで笑い合う。この小説の主人公・香恵は、そんな平凡な日常を送る大学生だ。

ある日、部屋のクロゼットから、前の居住者が置き忘れたノートを発見する。それは小学校の教師である伊吹という女性の日記だった。その日記を毎日少しずつ読み始めたことから、香恵の中に、しだいに彼女の柔らかな息づかいが流れ込んでくる。

面白いのは、最初は興味本位で日記を読んでいた香恵が、徐々に伊吹という見知らぬ女性に気持ちをリンクさせていくことだ。彼女と同じように生徒をいとおしく思ったり、彼女が思いを寄せる男性の煮え切らなさを、じれったく思ったり。日記は確実に香恵に影響を与え、ときに励ましてくれる。日記を読んでいる間、香恵と彼女は深くつながり、そこには奇妙なきずなが生まれていく。

バイト先に万年筆を買いに来た、気になる男性。友達が留学しているのをいいことに誘ってくるその彼氏。伊吹の日記を読んだ香恵は、何を考え、どんな行動に出るのか。香恵が日記を読みながら伊吹を見守っていたように、読者も香恵を見守っている気分になるから不思議だ。そして明かされる、一つの真実。

伊吹の思いを自らの内に消化し、最後に笑顔を見せる香恵の姿が、何ともいえずすがすがしい。

(生田紗代・作家)

(角川書店・1575円)=2006年2月23日②配信

文献と考古学で謎を解明　「チンギス・カン」（白石典之著）

チンギス・カンのモンゴル統一が、一二〇六年。モンゴル国は今年を、「建国八百年記念」として盛大に祝おうと沸きかえっている。首都ウランバートルの名を、「チンギス・カン市」に変えようという提案さえ飛び出す勢いだ。

もとよりチンギスは「史上最大国家の創始者」で、名を知らぬ者はいないが、実は多くの謎に包まれている。生誕地も、埋葬地も、世界征服の意図も、その原動力も謎だ。そこに「チンギス・カンは源義経なり」の珍説が入り込むスキもあるわけだ。

謎の解明を阻むのは、記録も生活痕跡も残そうとしない遊牧文化の特質にあり、また、長く文献のみに頼らざるを得なかった政治的な背景も一因だった。

自由化から十数年、著者は、最前線でモンゴル人研究者と共同で遺跡調査に精力的に取り組み、新たな視点でチンギスの事跡に光をあててきた。本書は文献史料をベースにチンギスの生涯を描きつつ、随所でその謎に迫る。考古学的遺物という「物証」を根拠に議論が展開されるため、記述は明快で説得力がある。

著者らはモンゴル中東部、ヘルレン河上流域のアウラガ遺跡を丹念に調査し、そこがチンギス宮殿跡だったと突き止める。本書では現地で出土した遺構、遺物を手掛かりに、さまざまな謎の解明を試みている。

例えば、チンギスの強さの秘密。これまでは統率力、カリスマ性など個人的な資質などから論じられてきた。筆者は出土した鉄滓（さい）に注目し、宮殿周辺が鉄工房を中心とする一大武器生産基地だったと証明、チンギスの強さが豊富な武器に支えられていたことを解明する。

また宮殿跡のいけにえ風に置かれた家畜骨などから、そこがチンギス死後の霊廟（れいびょう）跡であり、しかも十五世紀後半には祭祀（さいし）の痕跡が消えてしまうことに着目し、文献にある霊廟の移転も裏付けるといった具合だ。

建物跡や生活遺跡からは、世界の王者にしては質素だったチンギスの暮らしぶりも解き明かしてくれる。

文献研究と考古学を融合させた好著であり、何より、研究対象のモンゴル史への愛情が感じられて心地いい。（鯉渕信一・亜細亜大教授）

（中公新書・798円）＝2006年2月23日③配信

核に頼らぬ道を探る　「検証　非核の選択」（杉田弘毅著）

核が人を魅了するのは、その巨大な爆発力にある。核兵器のもつ破壊力と残虐性ゆえに他者へ恐怖を抱かせることで、核保有国は自己の安全感を高めている。実際には、他者の核へ恐怖を覚えるため、安心は満たされることなく不安定なままだ。同時に、核に依存しない政策を掲げる人々からは、環境を破壊し地球をも滅ぼしかねない核の存在が絶対悪だとされる。

人類自ら生み出した核に呪縛（じゅばく）され続ける現代において、各国の核をめぐる政策の試行錯誤を整理したのが本書だ。特徴は、核に頼らない安全保障やエネルギー政策を選択する可能性を追求した点にある。なぜ核保有したがるか。(1) 安全保障上のため、(2) 威信を高めるため、(3) 独裁者や民族主義的な指導者による決定、(4) 官僚、科学者、軍人などの勢力拡張の結果、そして、(5) 外交交渉の道具などの理由だという。

これらの点は、「非核」の選択を導く道標となる。たとえば、脅威にならないという「安全の保証」を与えることで、安全保障上の理由はなくなる。国際社会の価値を軍事パワーから非軍事パワーへと転換することによって、威信と核兵器を切り離すことができる。民主化により核兵器を放棄する選択が促される。

また、国内の富の分配を公平化できるのであれば、特定勢力の影響を小さくできる。さらに、交渉条件によっては核放棄が可能ということだ。本書は、核保有国や潜在的保有国の核政策の実態を解き明かすことで、核依存の安全保障を変更する可能性を指摘する。読みやすい記述のなかに、各国の特徴が浮かび上がる。

核兵器の投下により被害を受けた日本は、核に覆われた地球において、非軍事的大国というユニークさを誇りとすべきだとする本書の主張に同感だ。日米同盟を強化して日本が戦争のできる国へと仲間入りすることは、核拡散を誘発し、核使用の敷居を低くしかねない。

それより、戦争をしない国を増やす努力が日本にふさわしい役割だと思う。その一つは、日本は本書で紹介された使用済み核燃料を軍事用に転用できなくする再処理技術を国際基準にする努力を払うことだろう。（我部政明・琉球大教授）

（岩波書店・2730円）＝2006年2月23日④配信

絵とは?めぐる濃密な対話

「絵画の準備を!」(松浦寿夫、岡崎乾二郎著)

この本を要約しようとして途方に暮れた。九章におよぶ対話のどれもが濃密で、深い内容を持っている。対象になっているのはルネサンスから近・現代にいたる美術史。西洋のみならず、日本美術も射程に入れ、建築、文学、映画にも触れている。

だが、スタンスを広くとりながらも、話題が散漫になっていない。「裸の眼(め)」などというものはあり得ない、という主張が貫かれているからだ。

人はいろいろな物を見た結果として絵を描こうと思い立つ。眼の開いたばかりの赤子に絵画の衝動など、あるはずがない。絵は眼の経験と密接に結びついている。

さらには、時代状況によって、見るものや見え方は大きく変化する。たとえば現代人の私たちは、二十世紀初頭の人が見たように自動車を眺めることは出来ない。視覚は歴史の拘束を受けている。純粋な眼で物を見るという表現は、レトリックにすぎないのだ。

このような視覚についての認識は、マネやクールベからしてすでに持っていたという。つまり、絵とは何なのか、物が見えるとはどういうことなのかと自問自答しつつ、画布にむかっていたのだ。

美術史の研究とは、そのような画家の自意識と作品との関係を解きほぐしていくことにほかならない。岡崎はセザンヌについてこう断言している。

「美術のあらゆる事柄に対して、その作品が批判的かつ孤絶した態度を現在まで持ち続けていることがセザンヌの異様なところで、そんな画家は他にはいません」

知覚の仕組みや認識のあり方について、平面の上で果敢な実験を行った、見ることと描くことの謎に取り憑(つ)かれた人だったのだ。セザンヌという画家を知らない人はいないだろうけれど、真の意味で彼の魂に触れるには、そこまで深く降りていかなければならないだろう。

岡崎も松浦も卓越した話者であると同時に創作をつづける美術家でもある。過去の画家の仕事を自らの問題としてとらえようとするところに、実作者としての熱が伝わってきた。(大竹昭子・文筆家)

(朝日出版社・2940円)＝2006年2月23日⑤配信

知識欲満たすガイドブック

「司馬遼太郎と城を歩く」(司馬遼太郎著)

知りあいに、全国規模の歩け歩け大会を主催している人がいる。いずれの大会も盛況だとか。

一方、城や城跡の取材に出かけると、ウオーキングを楽しんでいる初老のカップルによく出会うようになった。城歩きをすると、気持ちよく汗をかけるばかりか知識欲も満たされる、という二重の効用があるためだろう。

本書はそのような事情を酌んでか、没後十年を経ても一向に人気の衰えない司馬遼太郎の文章を水先案内として、読者を城巡りの旅にいざなうためのガイドブックとして編集されている。

紹介されるのは、北は五稜郭、弘前城から南は原城、首里城まで計三十五の城(城跡をふくむ)。まず、その城に関する記述を司馬作品から抜粋して掲げ、ついで関連の史跡をカラー写真と文章でガイドする、という構成になっている。

むろん司馬作品からの引用以外は編集スタッフのまとめたものだが、この部分が要領よく仕上げられていて、引用された文章を巧みに補完しているのが好もしい。

私個人としては、司馬作品「梟の城」と「関ケ原」からの抜粋で紹介された、かつての伏見城の構造に感心させられた。

「街道をゆく」の一文で示された安土城紀行には、ちょっと笑ってしまった。

古地図を見ると、安土城の北には琵琶湖の内湖である伊庭湖がひろがる。だから安土城に登りきれば、北にまばゆい湖面を眺められるものと思い、期待してしまう。

だが、今は埋め立てが進んでしまっていて、その湖面を見ることはできない。

「やられた、とおもった」と司馬氏は書いているが、私もかつて「やられた」ひとりなので笑ってしまったというわけだ。

前述のように、最近は城巡りブームが起こりつつある。一方で司馬作品再評価の波が高まり、雑誌の特集記事などもあれこれ目につく。

本書はこれらのブームを感じて編まれた本の一種であろうが、カラー写真のほかに最寄り駅からの地図なども入れ、ていねいに作られているのがなによりの美点だ。(中村彰彦・作家)

(光文社・1890円)＝2006年3月2日①配信

森羅万象の中で知る生と死

「知床　森と海の祈り」(立松和平著)

私の周りでは、ここに来て急に、自然界に身を寄せたがる中年男性が増えている。都会で格闘に近い激烈な日々を過ごして来た男ほど、厳しい自然の中に入って行きたがっているようだ。

万事にマイルドな団塊男たちの中には、過酷な自然は無理でも、リタイア後は都会を去り、田舎暮らしや畑仕事を希望している人も少なくない。

この時代、男たちがあたかも「帰還する」がごとく自然界に駆り立てられるのは、なぜなのか。爆走してきた日々への悔恨なのか、知的行為と位置づけてあこがれているのか、諦念(ていねん)の変形なのか、いや、単に疲弊しているだけなのか—。実に興味深い。

著者が知床に魅せられ、二十年も通い続けているということは知っていたし、そこに地元の仲間と力を合わせて毘沙門堂を造った話も、ご本人から聞いていた。

しかし、なぜ知床なのか、どんなキッカケで行くことになったのか、詳しくは知らなかった。

本著には、「男と自然」に関する私の興味や疑問への「答え」がつづられているのだろうと思っていたのだが「なぜ、今知床に」などという話は一切出てはこない。

代わりに、森を歩き、海に浮かび、月を眺め、道元の「正法眼蔵」をひもとくといった、「自然界での大人の男のあるべき姿」がすがすがしく描かれ、それが十分「答え」になっている。

「すべてがあからさまに投げ出されている」と、著者が表現する知床の自然の中で、森や海や草木や鳥獣を見つめる氏の目は、むさぼらず、へつらわず、道元の教えの「布施」そのものである。

近年増えすぎて問題になっているエゾシカについても、一頭一頭のシカに慈愛を注いで全体を見ようとしない溺愛(できあい)に陥ることを戒め、「シカは撃つべきだ」と断じる立場だ。

森羅万象の中に身を置くことで知る生と死。見えてくる人間の思想や行動。著者にとって「知床は思考の場所」と言うが、今、自然界に引き寄せられている男たちも、ひょっとしたら人生初めての「考える場所」を探しているのかもしれない。

そういう人には特に、一読をお勧めしたい。(残間里江子・メディアプロデューサー)

(春秋社・1785円)=2006年3月2日②配信

買収する側の本音が分かる

「起業ってこうなんだ!　どっとこむ」(藤田晋、米倉誠一郎著)

本書では、あのライブドアに先駆けて当時史上最年少で東証マザーズ上場にこぎ着けたサイバーエージェント社の藤田晋社長が、一橋大学の米倉誠一郎教授と、起業と経営を熱く語る。

ライブドアとサイバー社の共通点は、IT分野の企業であることのほかに、高株価の重圧に苦しんだことだ。しかし、両社の行き方は対照的だった。

「時価総額世界一」を目標に掲げ、不当な操作まで行って株価をつり上げ、時価総額を武器にして事業拡大に走った堀江容疑者に対して、藤田社長は、あくまでも現実のビジネスを育てようとしたのだが、ネット・バブル崩壊後の低迷期には株主と世間にたたかれるつらい日々を送った。

この間の苦労話に加えて、社員の起業・経営トレーニングと実際のビジネスが結びついたサイバー社の社内システム、人材を大切にする同社の人事システムなどが、嫌みなく丁寧に説明されている。

もっぱら聞き手役の米倉教授がIT業界やファイナンスについてよく知らない(ふりをした?)ことが奏功した、分かりやすい日本のITビジネス・ガイドブックとしても読めるが、一番の読み所は、藤田社長の企業買収に対する見解だ。

彼は、ネット企業の株価が割高だという認識を隠さず「企業買収をすることにより、会社の実態が時価総額に近づいてくる」と語っている。投資家はこれをどう聞くか?

「買収できる会社は、何かしら問題を抱えている」と買収のリスクについても的確に認識しており、高株価を武器にした「買う側」が何を考えているのか、本音が聞ける。

ただし、サイバー社の買収は主に「種」を買って育てる戦略が中心であり、大型買収で勇名をはせたライブドアなどとは一線を画す。

「カリスマ」ではなく「リーダー」を目指すと言う藤田氏は、随分若いが、こんな社長と一緒なら働いてみたいと思わせる人だ。株価を上げるために情報を操作する誘惑に負けずに、目標の「二一世紀を代表する企業」を作ってほしい。(山崎元・楽天証券経済研究所客員研究員)

(NTT出版・1680円)=2006年3月2日③配信

メディアと権力の関係問う

「実践的　新聞ジャーナリズム入門」(猪股征一著)

新聞を読まない若者がふえている、という。貧困化と活字ばなれ、それも理由のひとつだが、新聞自身の問題もある。紙面には上澄みの情報ばかりで、つまらなくなっている。つまらなくなったのは、「記事」が「情報化」によって洗練され、血の通った庶民生活とはほど遠くなったからだ。パソコンで検索する情報で十分なのだ。

「信濃毎日新聞」の編集局長を六年ほど務めた著者が、自己批判と若い記者への期待をこめて、最近では珍しい新聞記者入門書を書いたのは、ジャーナリズムへの危機感からである。

新聞の最大の問題は、権力との関係である。たとえば、犯罪報道では、ときどき誤報をだして、冤罪(えんざい)をつくりだしている。著者は、地元の大事件だった松本サリン事件で、マスコミが第一通報者の河野義行さんを、終始クロとして報道したケースを紹介して、「『当局』=警察に弱く、『一般人』に強い体質が、使命感を振りかざした場合、ますます複合誤報を独走させやすい」と書く。

警察と新聞との親しすぎる関係は、周知の通りだが、「北海道新聞」と「高知新聞」の果敢な警察の裏ガネ暴露は、自己剔抉(てっけつ)だった。「権力の不正を知っていて新聞記者が書かないという行為は『不正に加担した』と同じくらい重罪だ」(高知新聞、竹内誠記者)「権力機構や権力者と仲良しサークルをつくって、自らも偉くなったような錯覚に陥ることだけは避けたい」(北海道新聞、取材班)

このふたつの言葉を紹介して、著者は、「メディアと権力者との正しい関係」という。それは、警察のみならず、政府や県知事など地方の行政との関係でもあり、いま、記者全体の認識になっているかが問われている。この精神に徹している限り、新聞が斜陽になるはずはない。

森喜朗前首相攻撃と小泉純一郎首相登場への絶賛。マスコミのこの極端な転換が、政治状況を急に「仮想現実化」させた。「バーチャル化に抗するためにも、記者が地域や現場に出向き、そこから国や世界の真実を見つけ、報道していくことが重要になっている」。地方紙の視点である。(鎌田慧・ルポライター)

(岩波書店・1890円)=2006年3月2日④配信

本質は、卓越した抑制美

「沖で待つ」(絲山秋子著)

女性総合職が最も輝いていた一九九〇年代。冬の時代のいま振り返ると、短かったベルエポックである。絲山秋子さんの芥川賞作「沖で待つ」はあの時代への鎮魂歌だ、と言う人もいるだろう。当時の空気や同僚男女の友情を絶妙に描きだした会社小説だ、とも言える。しかしそれらは単にフォームを言い表したものだ。この小説の本質は、卓越した抑制美にある。

住宅機器メーカーに勤める語り手はバブル入社の同期「太っちゃん」と、相手が先に死んだら個人の秘密がつまったパソコンのハードディスクを壊す約束を交わす。その時は思ったよりずっと早くやってきた…。

作品を分類することの乱暴をあえてすれば、絲山さんの小説の語りには、二つのトーンがあると思う。前者は一見あけすけなスタイルで、後者はアンダートーンで語る。絲山さんの小説は語りのトーン自体がなにかを語るのだから、見逃せない。

本書に収められた二編では、失業中の女性がやけ気味で「会社大好き人間」の商社マンと見合いをする「勤労感謝の日」は前者。「沖で待つ」は後者だろうか。後者のタイプは作中しばしば秘密を包みもつ。静かな語り口は、それを読者の目からいっとき遮断するシールドにもなる。

「沖で待つ」では「ですます」調のヒューマンな語り口で、ぶっきらぼうだが懐の深い上司のことや同僚との信頼関係が懐かしさをこめて語られていく。いささかくすぐったい思いで読んでいくと、最後に、ある落差がいぶり出される。

語り手の「小さな」秘密が明かされたとき、それまでのけなげな物語が反転し、黒い陰画のようなものが読者の目に一瞬映じるだろう。恐らくこの作者は、ある一瞬のために何百ページも抑制された語りを展開してみせるしたたかな書き手だ。

総合職の女性の体験が生きた作品と賞され、太っちゃんが商品の便器を抱えて街を走るシーンなどリアルなエピソードが光る。しかし体験というのはそれだけでは「ネタ」のレベルの話にすぎない。それを掘り下げ精神の奥底に届かせたのは、ひとえに作者の力である。(鴻巣友季子・翻訳家)

(文芸春秋・1000円)=2006年3月2日⑤配信

危うく揺れる心の綾を描写

「掘るひと」（岩阪恵子著）

読後の余韻がいつまでも尾をひく名短編九つ。すべて中高年の女性が主人公だが、やはり、義母との二人暮らしのなか生ゴミを埋めるために庭に穴を掘るという表題作が印象的だ。

単身赴任中の夫に言いくるめられての同居なので、そのやりとりに漂うぎこちなさと緊張感。そんな主婦がシャベルで黙々と穴を掘り続ける。それだけの行為だが、深いところから掘り起こしてくる切実な言葉に、彼女の心情を思いめぐらさずにはいられないのだ。一行一行に想像力が喚起され、短編を堪能する、というのはこういうことなのだと思う。

ほかにも別れた夫から「マーマレードを作ってくれ」と頼まれる女、親せきの通夜の手伝いに出向く女、夫亡き後「庖丁とぎます」という紙を張って暮らす女たちが登場してくる。そして台所か電車内の風景がよく描かれている。どちらも日常的だが、無意識のうちに彼女たちの内面では漠とした想念の液体が分泌されている状態だ。それは時に不穏なぬめりを帯びるが、次の瞬間、跡形もなく流れてしまったりする。あまりに日常的ゆえに忘れてしまうものなのかもしれない。そんな形づけられない想念の液体を巧みに言葉に置きかえている。

例えば「ねこめし」では列車に揺られながら、結婚三十年目を迎えた夫との関係について妻はこう思う。

「わかってきたと感じ、いくらか自信がついたときに、トンと突き離される。相手との距離が縮まったとよろこんだのは錯覚で、またもとのように遠退かされている。これはもう、このまま行くより仕方がないのではないか。たがいの距離を縮めるなんて考えないほうがいいのではないか」

滋味あふれる文章からわかるように、本書は中高年女性をとりまく「関係」の物語でもある。夫、義母、老母、元夫、年上の恋人とその子供、隣人など、身近なのにどこか危うさを感じさせる関係のなかで、孤独に揺れる中高年女性の心の綾を鮮やかに描き出しているのだ。その姿には「現代性」がひっそりと息づいている。（白石公子・詩人）

（講談社・1680円）＝2006年3月9日①配信

よみがえる鮮明な記憶

「昭和レトロ商店街」（町田忍著）

昨年末に公開された映画「ALWAYS　三丁目の夕日」が大ヒットするなど、このところ昭和を懐かしむ風潮が広がっている。そんな〝昭和レトロ〟を、私たちの身近にあるロングセラー商品の「秘められた歴史」でつづったのが本書だ。

昭和と言っても、紹介されている商品の中には、遠く明治まで起源をさかのぼるものも少なくない。その一つが腸薬の「正露丸」だ。これは日露戦争のころに開発され、当時の名称は「征露丸」であった。

文字通り「ロシアを征する」という意味だが、第二次世界大戦で日本が敗れたときに、「ソビエトに対してこれはよくない」という理由で「正」の文字に変えたという。また、日本兵士に投与された「征露丸」の劇的な効能が、はるか後にマッカーサーの占領政策にも影響を与えたのではないかという珍説も紹介されている。

こうしたロングセラー商品のパッケージや宣伝広告は、移り変わる時代を反映する。本書はカラー写真などで、それらを紹介している。明治時代の新聞に掲載された「セイロ（正露丸のこと）」広告では、旭日旗を掲げた帝国軍人の隣に、「本剤ヲシラザルモノハ日本國民ニアラズ」と記されるなど、軍国主義丸出しで、今見るとほほ笑ましいほどだ。

それから二度の世界大戦を経て、昭和三十年代に発売された「のりたま」では、「おもかじいっぱーい、のりたま三杯」という無意味なキャッチコピーが、予測不能な大衆消費社会の到来を告げている。

昭和四十三年に発売された「ボンカレー」の深紅のパッケージには女優の松山容子が登場、同じ絵柄のホーロー看板が日本全国に九万五千枚も立てられたという。現代を象徴する巨大マーケティングの先駆けだろう。

昭和二十五年生まれの著者は、「少年時代より身のまわりのパッケージ類を捨てずに残してきた」という。一体、家の中はどうなっているのか興味深いが、それら色鮮やかなパッケージ写真を眺めるだけで、昭和の記憶がよみがえってくる。

著者自身が自負する通り、日本庶民文化の記録としても重要な意味を持つだろう。（小林雅一・ジャーナリスト）

（早川書房・1680円）＝2006年3月9日②配信

照応に満ちた華やかな世界

「晶子とシャネル」（山田登世子著）

世界は、照応（コレスポンデンス）に満ちている。とすれば、与謝野晶子とココ・シャネルと、二十世紀に活躍したこの二人の女性に照応がないわけがない。フランス文学者である著者は、次のように数えあげる。

一つは、ふたりとも「私一個の表現に徹し」たこと。第二に、宮廷ファッションや宮廷和歌に追従せず、「しろうと」に徹したこと。第三に、ふたりとも「はたらく女」であり続けたこと。第四に、アンチ・フェミニストであったということ。

徹底的な弁護者としてのスタンスをとる著者の、共感からくる心の弾みは軽快な文体にあらわれ、読者を華やかなコレスポンデンスのあやなす世界へいざなってくれる。

しかし、そこに酔いきれない躊躇（ちゅうちょ）がしばしば生ずることも事実である。

たとえば、著者はふたりを「近代史に前例のない『はたらく女』であった」「『はたらく女』の偉大な先駆者」と位置づける。近代も近代以前も、農民や町民の女性たちにとっては働くことがあたりまえのことだった、ともちろん別の場所では踏まえている。それなのに、どうして「前例のない」「偉大な先駆者」？

もしかしたら、この著者にとって、「はたらく女」とは今風のキャリア・ウーマン、社会の前線に立って華やかに男性に伍（ご）して活躍している人たちのこと？

いま、この瞬間だって、毎日、金ももらわずに、誰からも見えないところで、洗濯したり、子供のはなをかんだりしているのは、「はたらく女」には入らないのか？（…著者は「稼ぐ女」と言いたかったのかなぁ）

晶子とシャネルは経済的に男性に依存しなかった。それでいながら男を「恋する女」であり続け、アンチ・フェミニストであったとも著者はいう。

だが、晶子の場合、平塚らいてうとの対立を含めてそう言いなすのは早くはないか。シャネルの場合は、市場経済のつくり出した〈メディアが媒介する大衆〉が何を崇拝し、何を厭（いと）い、どんな力をもつか知っていた、というより「大衆と寝た」者の発言だと私には思われた。（阿木津英・歌人）

（勁草書房・2310円）＝2006年3月9日③配信

貧困女性の覚醒生き生きと

「グラミン銀行を知っていますか」（坪井ひろみ著）

一九七〇年代半ば、飢饉（ききん）で疲弊したバングラデシュの農村の片隅で、一大学教授（ムハマド・ユヌス博士）の発案からグラミン銀行が誕生した。同行が採用したマイクロクレジット（途上国の貧困家庭の女性を主な対象とする少額の資金貸し付け）は、今や草の根の貧困削減手法として世界中に定着している。

バングラデシュの女性の地位は低い。パルダと呼ばれる社会規範が、女性の活動範囲を屋敷内に押し込め、買い物も男性に任せねばならない。ろくな教育も与えられないまま早婚を強制され、他村の夫の家族に仕える。跡継ぎの息子を出産し、成長してはじめて地位が安定する。離婚はさらに地獄であり、彼女らはそれを最も恐れる。

グラミン銀行は、そんな無力な農村の貧困女性に無担保でお金を貸す。練習してやっと自分の名前が書けるようになった女性が初めて融資を受け、見たこともない札束に手が震える。銀行の毎週の集会で、自分が自分の名前で呼ばれるのがうれしくて仕方がない。

本書は、こうしたバングラデシュの女性の抑圧と覚醒（かくせい）、発展の過程を生き生きと伝える。

グラミン銀行は、わが国でもすでにいくつかの書物で紹介されている。しかし同行の女性エンパワーメントへの貢献を本書ほど説得的に示したものはなかろう。とりわけ、週一度の集会が女性の「外」社会との接触という点で果たした役割の大きさ、住宅ローンを通じた本人名義の住宅の確保がもつインパクトの大きさなどには、あらためて目を開かされる。

バングラデシュでは、近年、女性の社会進出や地位向上が加速的に進展している。マイクロクレジットが果たした役割は、決して小さくない。

本書は、学術的には深化すべき多くの課題を残している。しかし、グラミン銀行の最新動向にも目配りを忘れていない著者の熱意を評価したいし、また本書が、グラミン銀行の入門書として、またバングラデシュの農村の貧困女性の生きざまと「格闘」を知るきっかけとして、広く読者を獲得することを期待したい。（藤田幸一・京都大東南アジア研究所助教授）

（東洋経済新報社・1890円）＝2006年3月9日④配信

大国への追従姿勢を問う

「文字化けした歴史を読み解く」（三宅善信著）

「和魂」を「にぎみたま」と読む人は、どれだけいるだろうか。これは神道の言葉であり、アニミズムを基層とした日本の伝統的な生命観や、対立よりも調和や融合を是とする霊性を指す。

しかし明治期の近代国家の成立以降、多くの人はこれを、「にぎみたま」とは読めなくなってしまった。現在では、この伝統的な生命観や霊性が「文字化け」し、見えにくくなっているのだ。

だからこそ、日本人の生活感覚や過去の歴史、思考の枠組みを対象化し、この「文字化け」を解読しなければならない。本書に収録された諸分野の碩学（せきがく）との対談の目的は、そこにある。

対談の相手が、実にバラエティーに富む。スーダン共和国駐日大使のムサ・ムハマド・オマール・サイード、儒教から日本文化を分析する大阪大名誉教授・加地伸行、日本の霊山研究でも名高いカリフォルニア大サンタバーバラ校教授のアラン・グラパール、日中の文化交渉を研究する浙江工商大教授・王勇、国民新党を立ち上げた衆院議員・亀井静香ら総勢十人。

各人との対談の内容は、およそ次の通り。「国際的な人道支援では、現地での適切な行動を重んじるローカル・イニシアチブが大切」「イスラム教徒の自然観は、日本人のそれと近い」「日本における慰霊は、宗教性を抜きにしてはありえない」「山林を聖地とすることで、日本は環境保護を続けてきた」「文化の交渉は双方向であり、互いに影響を与え合う」「『超大国に追随すればいい』という態度では、日本は国際社会での共感や尊敬などが得られない」

以上のいずれもが、アメリカ主導でグローバル・スタンダードが形成されていく現状と、それに対峙（たいじ）する日本の姿勢を問うている。

著者は、ハーバード大世界宗教研究所研究員の経歴もある学究者で、現在は金光教春日丘教会長として布教者の立場から、日本人の精神的基層をみつめ、未来のビジョンを模索している。

現状の追認だけで、足下に疑義を呈することもできない宗教者らが増えた感のある今日、精神的な「文字化け」を解いていく著者の姿勢は、とても力強く映る。（佐藤壮広・一橋大非常勤講師）

（文園社・1575円）＝2006年3月9日⑤配信

「国民化」の過程を検証

「辞書の政治学」（安田敏朗著）

本書の著者安田敏朗は、日本語の近代を政治性の観点から論じてきた。「国語」とは、時代の中での〝人為〟の産物である。「辞書」もまた同様、編纂（へんさん）の意図なしにはあり得ず、かつそれは政治性と無縁ではいられない。安田が「辞書」をどう論じるのか、興味深い。

「国語辞典」といっても、「広辞苑」と「新解さん」（「新明解国語辞典」）では、性格が相当違う。片や「広辞苑によると」との決まり文句を生んだ「文化の表象」、片や脱規範的な独断が話題となった辞書である。

明治半ばの大槻文彦「言海」は、「国語」の目録、「文明の証」として歓迎された。その後、小型化され「文化・教養の証」となった辞書は家庭に普及する。さらには、規範としての辞書を引くことが学校教育を通じて「身体化」されてゆく。本書の骨子、「辞書の国民化」の過程である。

辞書をめぐる議論の枠には、権威＝規範としての辞書、もっぱら使用されるためにある（近世までの「節用集」的な）字引、両者の中間的な〝一基準〟を指向した辞書、という三つの極を置くことができるだろう。安田は、この三極を見渡しながら、近代日本の辞書にまとわりつく規範の相対化を試みる。

他方で安田は、急速に広まる電子辞書や辞書付携帯電話には否定的である。「いつでも引けるということは、引かないことと同義」であり、そこからは辞書の権威を相対化する契機は生じない、と。だが、規範の身体化を経ないと規範は相対化できないという結論は、彼の意図にもかかわらず、〝近代〟の枠に戻ってしまうように見える。

現在、インターネット上には〝ユーザーの作る辞書〟が存在し、また、検索ツールに単語を入力すれば、無数の用例が瞬時に表示される。規範の無効化とさえ言えるこうした事態が逆に照らし出すのは、近代の辞書が言葉の「使用」にいかに無関心だったか、という事実ではないだろうか。ネットという〝脱政治性〟の場も含め、多様な言語使用の現在に対する視野も必要となるだろう。（滝浦真人・麗沢大助教授）

（平凡社・2940円）＝2006年3月9日⑥配信

日本文化めぐる重層的評論　「手塚治虫=ストーリーマンガの起源」（竹内一郎著）

著者は手塚治虫を「学際的教養の巨人」と位置づける。そして「『他のジャンルで確立された方法のマンガ的応用』の能力は、気の遠くなるほどの高さ」だと語る。

その例として、手塚がいかに映画技法を自分の作品に応用したか、実際のコマを示しつつ解説するページが圧巻である。また手塚のストーリーの作り方が、見せ場を繫（つな）いで結果的に物語にまとめる歌舞伎作者の方法論と重なるという指摘も興味深く面白い。

なるほど学際的教養の巨人だと納得する。だが、その資質を見抜くためには、こちら側にも教養と見識が必要だろう。

竹内氏はベストセラー「人は見た目が9割」の著者であり、マンガ原作者であり、劇作家でもあるマルチな才能を持つ人だが、この幅の広さがあって初めて可能な評論だったと思う。

そういう点で、本書はマンガを、マンガの世界の中の言葉だけで論じるマニアのための研究書とは一線を画し、戦後のわが国の文化全般について語る重層的な評論となっている。

手塚治虫がマンガを描く前に脚本を書いていたということを、この本で初めて知った。

絵で物語の進行を作っていくことが常套（じょうとう）であるマンガ界において、これはかなり異質なことで、しかし、だからこそ手塚が誰にも先んじてマンガのストーリーに、古典の戯曲や小説に負けない構造を持ち込むことが出来たのだと著者はいう。

手塚といえば、マンガの国における、最も正統な王様だと一般には信じられているけれど、実は異端者と呼ぶべき人だったのだ。ついでにいえば手塚はチャンピオンでもなかったらしい。連載時に人気一位を取ったものがほとんどないらしい。著者の言葉を借りるなら「人気がとれずに苦しみ続けたマンガ家」であったのだ。

今やマンガはわが国の重要な文化であり、産業でもある。しかしそのマンガが「学際的教養」の視野をもって語られることはとても少ない。貴重な成果である。（横内謙介・劇作家）

（講談社選書メチエ・1680円）＝2006年3月16日①配信

露知識人の共同幻想描く　「大審問官スターリン」（亀山郁夫著）

本書は前著「磔のロシア」「熱狂とユーフォリア」と並んで三部作をなしている。著者の多作ぶりと華麗な文章にはただ賛嘆するほかない。

スターリンとその時代には、グロテスクで妖気漂う雰囲気がつきまとっており、種々の神話がいだかれがちである。歴史家はそうした神話の大半が実は根拠薄弱だということを暴く「脱神話化」を業としているが、亀山の仕事はそれとは異質である。というのも、ショスタコーヴィチやエイゼンシュテインら同時代のソ連の芸術家たちや、その精神的衣鉢を継ぐ現代ロシア知識人たちがどのような神話的イメージをいだいているかを、あたかも彼ら自身になりかわったかのごとくにビビッドに描き出しているからである。一言でいって、スターリンにまつわる神話世界を見事に形象化してみせるのが亀山の真骨頂である。

ただ、歴史家として評者がある種の懸念を覚えるのは、本書は一見したところ歴史書であるかに読めるところがあり、少なからぬ読者が、本書の記述を〝神話〟ではなく、歴史的事実として受けとるのではないかという点にある。

もし仮に歴史書として読むなら、大きな違和感がある。それは何も、歴史事実の記述が不正確だとか、推測が大胆すぎるといった点だけにあるのではない。より大きな問題は、取り上げられているエピソードの多く（スターリン＝帝政スパイ説、ゴーリキーの死、スターリンのユダヤ人への偏見等々）が、古くから何度となく取りざたされてきたわりには決め手に乏しく、ゴシップとかガセネタの域を出ない問題ばかりだという点である。

だが、本書に描かれているのは単に亀山個人の勝手な妄想の産物ではなく、多くのロシア知識人のいだいている像でもあり、ロシア知識人の共同幻想を描き出すことに成功している。こう考えるなら、本書は「幻視の中のスターリン」とでも題されるのが適切だったろう。そして近年の亀山が遂行している作業は「スターリン学」ではなく、「ロシア・インテリゲンチア学」とでも名付けられるべきである。（塩川伸明・東大教授）

（小学館・3360円）＝2006年3月16日②配信

山あり谷ありの60年　「オーラルヒストリー　日米外交」（大河原良雄著）

戦後六十年を経た日米関係は今、最良の時という。流転する国際関係にあって、半世紀以上も同盟を続けなお勢いを失わないのは奇跡に近い。もちろん平たんな舗装道路が用意されていた訳ではない。山あり谷ありを懸命にこなし続けた結果が「六十年」なのである。ほぼその全行程を走ってきた人が、ここにいる。本書は元駐米大使・大河原良雄のオーラル・ヒストリーである。

大河原の外交官としてのキャリアは、敗戦から復興をとげ経済大国の頂点に至る時代に重なる。質問者が知識をもって聞くからであろうが、一人の外交官が多種多様な仕事をあてがわれながら、らせん階段を昇るように次第に視界が拡（ひろ）がっていく様が手にとるように判（わか）る。飾り気のない率直な語り口がよい。このひとは健康で好奇心が旺盛なのか、フィリピンであれオーストラリアであれ、どこへ行ってもその地、その職務が好きになる傾向があるようだ。

大河原は、六〇年安保という日米危機から生まれた池田勇人内閣の小坂外相の秘書官を務め、佐藤栄作首相が沖縄返還の大勝負をかけた時期、ワシントン大使館と本省北米局で働く。外務省はベストの沖縄布陣を敷いたとされるから、大河原はこの辺りで日米基軸の人事経路にはまったのかもしれない。官房長という仕事の何たるかを私は本書で初めて知った。

大平正芳首相が環太平洋構想をもって日豪枢軸で動いた時、大河原はかの地の大使であった。通常、外務次官から行くポストである駐米大使に、大河原は駐豪大使から転じ、八〇年代前半の五年間その任にあった。それは日米関係が経済摩擦に荒れながらも、ロン・ヤスの下で安保協力を含めたピークに達した時期であった。半世紀の年輪を経て、大河原は「NOと言い過ぎる日本」こそ問題であるとし、日米同盟を「当然視してはならない」と語る。「個人的信頼関係に依存し過ぎてはいけない」とも仰せだが、やはり個人の役割は大きいとの読後感を禁じえない。（五百旗頭真・神戸大教授）

（ジャパンタイムズ・2310円）＝2006年3月16日③配信

社会に打ちのめされる親切　「包帯クラブ」（天童荒太著）

よく行く喫茶店のマスターが、白いバンドを腕にはめていた。おしゃれですねとちゃかしたら〝ホワイトバンド〟だった。世界の貧困を優先に考えるという意思表示。日本でもNGOが協力し、昨年はさまざまな人の腕にそれを見た。

一方で非難も耳にした。しょせんファッションのひとつではないのか。そんなものを買う余裕があるなら、恵まれない子供たちに一円でも多く寄付すればいいではないか。現代における親切の難しさを知った。

本作にはホワイトバンドならぬ白い包帯が登場する。とある女子高生が、心を痛めた思い出の場所に包帯を巻いて回るのだ。最初は面白半分でやっていたことだが、次第に賛同する仲間が増えてくる。彼らの熱意はついに、「包帯クラブ」というグループに結晶した。専用サイトを作って町中から心の痛みを募り、あらゆる場所に包帯を巻いてゆく。

ところが活動が大々的になるにつれ不満の声が届くようになる。喜んでいたはずの依頼者まで心ない言葉を吐くようになるのだ。人の痛みをもてあそび、おまえたちがいい気になっていただけではないのか。包帯が町の美観を損ねているではないか—。結果的に包帯クラブは解散の憂き目にあう。メンバーはしかし抵抗しない。社会という目に見えない集団に打ちのめされ、おざなりに消滅していく。そこが今を表現しているようで興味深かった。彼らは、現代日本における親切の限界を知ってしまうのだ。

結局、何もしないのが一番ではないか。ついそんな気になりそうなものだが、文中、彼らが大人になった姿が垣間見られるのが救いだ。海外ボランティアに参加する者あり、無農薬の野菜を作る者あり。問題は相変わらず解決していないのだが、彼らの生き様はそれでも何らかの意思表示をしている。

もはや街ではホワイトバンドを見かけなくなった。けれど喫茶店のマスターは相変わらずはめている。今日も、バンドの似合わない武骨な手でトーストを焼いている。（伊藤たかみ・作家）

（ちくまプリマー新書・798円）＝2006年3月16日④配信

怪異をテーマに文芸講座

「怪談の学校」(京極夏彦ら「怪談之怪」著)

誰にでも、説明のつかない奇妙な体験がひとつ、ふたつはあるものだ。

防空壕(ごう)跡を友人たちと見学したときのこと。後ろから何度も髪を引っ張るので、「やめてっ」と振り返ったら、友人は二メートルほど後ろにいた。誰が、髪の毛を引っぱったのだろうか—。

本書は文字通り、経験や伝聞などをもとに、怪談の作り方を実践的に講座形式で指導する。講師は、ユニット「怪談之怪」のメンバー四人。小説家の京極夏彦、「新耳袋」を著した怪異収集家、木原浩勝と中山市朗、「幻想文学」編集長だったアンソロジストの東雅夫と、怪談好きには名高い面々。

「怪談之怪」の目的は「怪談を聞き、語り、愉(たの)しむ」ことで、怪談文化の裾野を広めるべく、怪談作家を育てようというのが、本書の狙いだ。

雑誌「ダ・ヴィンチ」の連載に寄せられた読者の投稿作品を取り上げ、選評や添削を施し、怖い怪談の作り方を教える。そして「あなたも怪談を作ってみよう」と誘いかける。できた作品には、「『幽』怪談文学賞」という審査の場まで用意されている。怪談を興隆させようとする熱意は、大きい。

ネットやムックでは、心霊体験や都市伝説や霊スポットといった怖い話があふれているが、怖さの表現がパターン化、即物化して、文芸的な生粋の怪談は隅に追いやられている。

怪談之怪の求める話は、生の心霊体験ではない。怪異がテーマの文芸作品である。つまり、自分が怖かった話ではなく、相手を怖がらせる話なのだ。ここでは、「霊感」「幽霊」「ラップ音」などのレッテルは、タブーだ。怪異な現象に解釈や回答を与えてしまうと、恐怖は薄まる。

怪談のよしあしは、何を書くかではなく、どう書くか。「恐怖のツボ」を際立たせるためのテクニックを、具体的に示してくれる。

だが、「恐怖のツボ」は男女によって違うらしい。簡単にいうと、状況を怖がるのが女性、現れたものを怖がるのが男性らしい。うなずける。投稿作品のレベルが高く、怪談集としても楽しめる。

(坂梨由美子・紀行ライター)

(メディアファクトリー・1260円)=2006年3月16日⑤配信

史実と感性で体感する旅

「写真で読む　僕の見た『大日本帝国』」(西牟田靖著)

本書は、昨年出版された「僕の見た『大日本帝国』」の姉妹編にあたる。二十代のころから型破りの旅を続けてきた一九七〇年生まれの著者が、かつての「大日本帝国」の記憶と痕跡を訪ねる旅の見聞録だ。

物語は著者がバイクでサハリン縦断中、荒涼たる景色の中で大鳥居に遭遇したことから始まる。二〇〇〇年夏のことだった。「予備知識のない僕」は佇(ただず)む鳥居に違和感と好奇心を抱き、その後、四年近くをかけて「帝国」を踏破する。

戦前の日本領土は韓国、台湾、中国、サイパン、トラックなど、北朝鮮以外は日本人観光客にとっておなじみの国ばかり。しかし、ツアー客はもちろん、若いバックパッカーでさえ見たことのない光景を、著者は次々に提示する。

津波のように押し寄せた日本軍が去った後に、今も残された奉安殿、野ざらしの戦車、倒された皇国臣民誓詞之柱、再利用されるルネサンス様式の建物などなど。見果てぬ夢に費やされた膨大なエネルギーが、四百点余りの写真から感じられる。

神社跡を訪ねた著者は自問する。「日本人(民間人)が心の拠り所などを求めて自発的に作ったものがほとんど」ではあっても、「現地の人びとに対する無意識の『暴力』だったかもしれない」と。

一方、中国や韓国では愛国教育目的の、官製の反日展示に首をかしげ、台湾では日本語が達者な現地人に出会い、ほっとしながらも困惑する。戦後の日本で死語、禁句となった「大日本帝国」が、人々の郷愁と怨念(おんねん)の中でうごめいている様子が、読む側にもじわりと伝わってくる。史実説明や日本食文化の考察など、物足りない部分もあるが、野次(やじ)馬精神とごたいそうな「大日本帝国」のミスマッチングが、本書の魅力ではある。

昨今人気の世界文化遺産の旅とは違い、〝かつてそこに在りながら、今はもうない風景〟を、史実と自分の感性によって体感する。そんな旅へ誘ってくれる一冊だ。(平野久美子・ノンフィクション作家)

(情報センター出版局・1680円)=2006年3月16日⑥配信

暗くて惨めで救いなき世界

「どうで死ぬ身の一踊り」（西村賢太著）

今どきの小説がみんなオシャレで都会的で、涙もろいものばかりだと食傷気味の方に、こんな劇薬のような一品はいかがだろうか。暗く惨めで、救いがない。だが妙に味のある変わり者だ。

藤沢清造という大正時代の不遇な作家がいた。一作だけが話題になったあと忘れられてしまい、東京の芝公園内で行き倒れの凍死体で見つかった。まことに哀れな敗残の人生である。そんな作家に自分を重ねあわせ、ひたむきに崇敬する男が本書の「私」である。

祥月命日ごとに清造の故郷、石川県の菩提（ぼだい）寺を訪れ、私費で全集を刊行しようと企て、とうとう墓標まで自室に持ち帰ってしまうほどのマニアだ。

ただの文学マニアなら奇特な人だが、その資金を同棲（せい）する女の親から借り、女にはつまらないことで暴力を振るう。本書は清造への傾倒ぶりとともに、その私生活のいきさつをこまごまと書きつづっている。

懺悔（ざんげ）のためというより、清造と同じくらいドン底の人生を送っている証しを得るため、といったほうがよさそうな気配がある。そのへんに、たんなる生活破たん者というより、文学に毒されてゆがんだ、倒錯した情熱が見いだせるのだ。

著者は一九六七年生まれというから、バブル期に青春を送った世代である。そういう世代からこんな小説が生まれたことは面白い。勝ち組と負け組に二分される経済競争時代の、陰の領域がもたらした文学である。

「私」は敗残者を自認しているが、それは半ば自らの意志で選びとった生活であり、言い換えれば趣味的な貧乏と破滅なのだ。その意味ではオタクの変種ともいえる。

陰惨で自分勝手なマニアの世界。おそらく女性の読者には支持されまいが、男性にはけっこうハマる小説ではあるまいか。マニア願望はたいていの男にあるし、抑えつけられた暴力の衝動も眠っている。そういう内部の負の部分を白日のもとで見せつけられるような、マゾヒスティックな快感が潜んでいる。

しかし本作は芥川賞候補になった。皮肉な成功の道を、著者は今後どう歩むのだろうか。（清水良典・文芸評論家）

（講談社・1575円）＝2006年3月23日①配信

常に闘っている彼女たち

「少女@ロボット」（宮崎誉子著）

著者のデビュー作、「世界の終わり」を読んだときの驚きは、今でもよく覚えている。

延々と続く女の子のつぶやきの向こうに、透き通った世界があった。

そこに流れるのは、単調だけど、確かな「生」のリズム。今まで複雑だと思いこんでいたあらゆる事柄は、案外、とてもシンプルなものなのかもしれない。そう思わされた。

最新作の本書では、主人公たちは、エステティシャン、和菓子屋の売り子、夜はスナックでバイトをしている歯科助手、写真屋の店員など、多種多様な職業を放浪する。

宮崎作品ではもはやお決まりの、そりの合わない年上女性との嫌みの言い合いや上っ面だけの会話。ばかで使えない上司に、気味の悪い客。ストレスにストレスが重なって、笑いながら発狂したくなるような日々。

でも生活するためには働き続けなければならない。それが働くということ。そんなこと嫌というほどわかっているから、彼女たちはいら立ち、ときに心の中で絶叫する。

ひたすら続く会話は、ギャグ、ギャグ、ボケ、ツッコミ、ギャグ、で、気持ちがいい半面、大丈夫だろうか、と勝手に心配したくなるほど突き抜けている。

「突き抜けてなきゃ、やってらんねえんだよ！」という主人公たちの声が聞こえてきそうだ。

現実はどこまでもシビアで、他人の優しさで心は慰められても、それで食べていけるわけじゃない。生きるのはバトル。働くのもバトル。女でいることもバトル。彼女たちは、常に闘っている。

「でも真実って残酷なの」

「あーあ。なんで女に生まれたんだろう」

ありふれたフレーズが、この作品では、やけに胸に重くのしかかるから不思議だ。

とりあえず、腐った日常にライターで火をつけて燃やしたい人は読むべし。殴りたい人間が即座に三人挙げられる人も読むべし。つまらない毎日を鼻で笑うくらいの元気は出ると思います。（生田紗代・作家）

（新潮社・1470円）＝2006年3月23日②配信

人間の生とは?を問う記録

「水俣病誌」（川本輝夫著）

川本輝夫は、水俣病による父の非業の死と自らの発病を機に闘いを始める。潜在患者の発掘と認定申請運動、自主交渉、裁判などを通して、チッソ、熊本県、国の加害責任の追及と患者の救済、とりわけ未認定問題との取り組みに精魂傾けた。

本書の冒頭に収められた一九七一、七三年のチッソとの自主交渉でのやりとりに、川本輝夫が生涯をかけて追及した問いが、凝縮して現れている。論理と情念を尽くして償いを迫る彼の言葉がふっと転調して、島田賢一社長に語りかける。

「（社長の帰依する）禅宗は何を教えよるですか？」「あなたの座右の銘は何ですか？」「趣味は一番なんがあんた好きですか？」「どんな本を読んで一番感銘をうけたですか。あんたが読んだ本と、小崎さんの死とか松本さんの死とかと結びつかないですか。読んでみて、ぜんぜん無縁ですか？」

すなわち、川本輝夫にとって、水俣病は「公害問題」にとどまらない。自他の双方に「人間がどげん生きないかんか」を問うている。チッソ、県、国にも人間を見取り、人間として損なわれたものの償いを求めるばかりか、加害者たちの人間性さえも救い出すこと。

本書に収められた裁判の供述書から日記に至る闘いの言葉は、水俣病とともに生きる生の内側から練り上げられた理論と生活感覚に裏打ちされた実証によって、空前の生命破壊の全体像を鋭く深くとらえた、たぐいまれな記録となっている。

水俣病公式確認から五十年のいま、水俣の水源地に産業廃棄物処分場建設問題が起こり、県・国の責任を認めた最高裁判決を受けて新たに認定申請を始めた患者が三千数百名を超える。「水俣病は終わっていない」ことが明らかなとき、参照点として本書のもつ意義は大きい。

しかも、長崎原爆の被爆者、カネミ油症事件の被害者ら、近代の生命政治の「人体実験」の被害者たちへのまなざしの広がりの中で、「ひとり水俣病患者だけが救われればよいのではない」という川本輝夫の言葉は重い。（栗原彬・明治大教授）

（世織書房・8400円）＝2006年3月23日③配信

住人の視線で問う近代建築

「私たちが住みたい都市」（山本理顕編）

私たちの多くは「○LDK」と呼ばれる住宅に、皆が同じように住んでいることを全く疑っていないように見える。標準的な家族が構想され、単一のユニットが繰り返されるという住居形式はあまりにも当たり前になってしまい、その空間によって私たちがいかに拘束されているかということに気付かないのである。

二〇〇四年に工学院大学で開催された連続シンポジウムの記録をまとめた本書は、私たちが当然と思っている都市や住まいが本当にあるべき姿を実現したものなのかを検証する。建築家としても著名な山本理顕氏が司会をつとめた四回のシンポジウムにはそれぞれ身体、プライバシー、住宅、国家というテーマが与えられ、建築家だけではなく哲学、社会学、ジェンダー研究といった異分野の専門家の中から毎回テーマに即して二人が招かれ、その二人の対話に山本氏が介入する形で討論が進められている。

招かれた建築家は伊東豊雄、松山巖、八束はじめ、磯崎新、それに対する論客は鷲田清一、上野千鶴子、西川祐子、宮台真司、そうそうたるメンバーである。このシンポジウムの成功は山本氏の卓越した人選とテーマ設定によるといってよい。

プライバシーという名のもとになぜ住宅はこんなにも閉鎖的になってしまったのか。「住宅の五五年体制」はどのように国家原理に結びついているのか。こうした問いかけを繰り返しながら山本氏は、集合住宅というすぐれて近代的な建築タイプをこれまで欠落していたリアルな「住人」という視点から見直し、ありえたはずの都市を模索する。

もちろんそこには唯一の答えなどない。しかし、身体から国家までという広範なテーマから都市を見直した本書は、建築と都市がかつてないほど乖離（かいり）して見える現代において実に貴重な指針を示してくれているし、その穏やかなタイトルに隠された過激なまでの批評精神は、建築デザインの持つ力を再認識させてくれる。現代の都市に少しでも違和感を持つ人は、本書によって自分が進むべき次の一歩を必ず見つけることができるだろう。（中村研一・中部大学教授、建築家）

（平凡社・2310円）＝2006年3月23日④配信

ひらめき起こるメカニズム　「第1感」(マルコム・グラッドウェル著、沢田博、阿部尚美訳)

人は誰でも「直感」や「ひらめき」の能力を持っているが、それがどのようなメカニズムで働くかについては意識していない。ひらめきが起こるとき、どのような認識のメカニズムが働くのかを明らかにするのが、本書のテーマの一つである。

瞬時の判断力が、わたしたちにとって極めて重要であるのは疑いない。そうした判断力がなければ、路上を歩いていて車にひかれそうになっても、とっさに危険を回避できないだろう。

そのような判断をつかさどっているのは通常の意識ではなく、「適応性無意識」と呼ばれる意識下のレベルである。実はこの適応性無意識、「状況判断や危険告知、目標設定、行動の喚起などを、実に高度で効率的なやり方で行っている」心の働きとして現在注目され、心理学の新しい研究分野の一つになっているのだ。

本書の原題は「blink(ひらめき)」だが、訳者はあえてそれに「第1感」の造語をあてている。五感に先立つ、無意識の認知であることを強調するためだろう。

第1感で物事をとらえるとき、人は一連の情報の流れを輪切りにし、その薄っぺらな情報からもっとも重要な情報を引き出す編集作業をしていると著者は主張する。

その例証として、十五分の夫婦げんかを撮影したビデオから、十五年後の夫婦の行く末を予測するジョン・ゴットマンの興味深い研究を紹介している。また、そのゴットマンの研究を可能にした〝顔面活動解読システム〟の開発者、ポール・エクマンの研究も紹介されている。

後半では、先入観や事前に知らされる情報によって、第1感が誤った判断をもたらす例や、過ちを防ぐにはどのようなことに注意すべきかが、具体的な例を通して取り上げられている。

第1感を手放しで賛美せず、第1感と熟慮とのバランスが必要だと説く結論部分は、いかにもジャーナリストらしい配慮が感じられる。

全体として、ビジネスに応用できそうなエピソードや、最新の心理学の実験例が随所にちりばめられており、面白く読める仕上がりになっている。(菅靖彦・翻訳家)

(光文社・1575円)＝2006年3月23日⑤配信

欧米覇権争いの未来図「サッカーで燃える国　野球で儲ける国」(ステファン・シマンスキー、アンドリュー・ジンバリスト著、田村勝省訳)

「ワールド・ベースボール・クラシック」(WBC)は、日本代表の優勝で幕を閉じた。周知のように、二次リーグの日本代表対米国代表戦で、日本代表のタッチアップを巡り一度下した判定が覆るという考えられない事態が起きた。セーフをアウトにされた日本代表はこれが原因で「歴史的勝利」を逃した。かつてイギリスの作家デヴィッド・ヤロップは「盗まれたワールドカップ」(アーティストハウス)という名著を世に送り出したが、それにちなんでいえば「盗まれたWBC」だ。

そもそも、なぜ日本代表対米国代表の試合で米国人が主審を務めるのか。それはこの大会が「アメリカのアメリカによるアメリカのための大会」にほかならないからだ。サッカーのW杯では第三国の審判がフエを吹く。それがサッカーのみならず、あらゆる国際試合の通例であることは言をまたない。

本書では世界を二分する人気スポーツである野球とサッカーの生い立ちから検証することで現在の問題点を探り、未来を見通している。気鋭の米英スポーツ経済学者の共著というスタイルが斬新で興趣を喚起する。なぜアメリカでサッカーが人気スポーツにならないのか。逆にヨーロッパにおいて野球は台頭しないのか。本書の中にその答えは用意されている。

いずれ二大スポーツが大西洋をはさんで手を握る時代はくるのか。共存か、はたまた対立か。その未来図はアメリカとヨーロッパの覇権争いの構図にそのまま重なり合う。火ぶたは既にアジアで切って落とされた。中国の巨大市場を制するのはどちらか。二年後の北京五輪をにらんでの水面下の攻防が続く。

偶然か必然か、後発のサッカーが猛然と追い上げたことで野球との共存共栄を実現した国、それが日本である。スポーツにおける日本式のビジネスモデルは欧米にも輸出されるのか。それとも、いずれは草刈り場と化してしまうのか。日本のスポーツの将来を占う上でも本書は格好のテキストと言えよう。(二宮清純・スポーツジャーナリスト)

(ダイヤモンド社・1890円)＝2006年3月23日⑥配信

ネットで世界新秩序を構築

「ウェブ進化論」（梅田望夫著）

シリコンバレーと日本を往復する生活を続けていて、インターネットが両国でどんどん違った方向へ進んでいくように感じていた。日本でのネットの印象は、大衆の中を自転車でくまなく回る「ご用聞き」。生活は便利になりそうだが、大変化が起こる予感はない。一方、アメリカのネットのとらえ方は着々と構築されつつある「新世界秩序」。ここ数年ネットユーザーが臨界点を超えたところで、一気にそのあり様が現出した。

本書は、シリコンバレーを拠点にコンサルタントおよびベンチャー・キャピタリストとして活動する著者が、ネットのこちら側（フィジカルな現実世界）からは見えにくい、あちら側（インターネットがつくるバーチャル空間）の世界を明解に分析する。

例えば検索エンジン「グーグル」の「アドセンス」という広告システム。サイト運営者が無料登録をしておくと、システムがサイトを自動識別し、最適の広告を自動掲載する。広告主は最少の費用で広告を出せ、サイト運営者は自分で手を下さなくとも広告費が入る。

一つ一つのビジネスは微小でも、ちりも積もれば山となる「ロングテール」という概念や、誰もがネットに能動的に参加でき、参加者が増えるとさらに機能を強化させていく「Web2・0」といったキーワードが、持たざる者と持てる者との逆転現象を物語る。

博士号を持つ超優秀な人材だけを集め、最強の馬力で新世界の知と経済インフラ構築をもくろむグーグル。玉石・善悪混交、不特定多数・無限大のネットユーザーに対する信頼。以前なら企業秘密とされてきたデータの公開。そんな「あちら側」での革命に対して、「ネットは虚業」と単純な判断で思考停止している、日本の「こちら側」の情報産業に警鐘を鳴らす。

著者が「こちら」から「あちら」の考え方へ自身を変換させ、知を後押しする無限大プラットフォームとしてネットをとらえるところが、本書の底を流れる魅力。日本のネット開発者たちにも、アメリカではとうてい考えつかないような新世界遊泳のツールを生み出してほしいと願う。（瀧口範子・ジャーナリスト）

（ちくま新書・777円）＝2006年3月30日①配信

“成仏”目指す求道の旅

「失恋論」（切通理作著）

うまくいかなかった恋を、どう「成仏」させるか。鋭い文化批評で知られる著者が、今度は失恋というテーマに全体重をかけて取り組んだ。

執筆の動機は単純だ。ある日、若い女性に思いを打ち明け、妻に別れ話まで切り出すも、結局は玉砕。「全部が根こそぎなくなってしまう」ような絶望感を、著者自身が味わったからである。

男女がふられる話なら、私の周囲にいくらでもころがっている。〝出会い系〟に挑むも、全戦全敗。いまどきは、知り合ってわずか数時間後にジ・エンド、という展開すら珍しくない。

だが、さすがはこの人である。かなり間抜け（失礼）な体験が正直に語られる一方、彼は「成仏」を目指して求道の旅に出る。各章に設けられた「失恋図書館」がそれだ。

「セックスこそが大人の『童心』なのだ」（「ハウルの動く城」）「自己循環型『おたく』は太っていて、他者承認型はやせている」（「ハルチン」）など、ラシーヌから冬ソナまで、古今東西の小説や映画、まんがなどを題材に〝切通流〟がさく裂する。

絶望の果てに「成仏」する男女の例として、東宝B級特撮映画「ガス人間第一号」が紹介されているあたり、個人的にはブラボー！　である。

かつて新人類と呼ばれた若者も、すでに四十代に突入した。オタクという集団を送り出したこの世代に属する著者も、一中年男として失恋を経験したわけだ。

「成仏」の境地を求めて街をさまよい歩くうち、彼は「恋がいつしか『若さ』への妄執に転じることもある」と気づく。自分がもう若くない、という決定的事実にも一。

このあたりの描写は、中年の一人として、おおいに笑い、泣かされた。

はたして切通氏は、妻の待つ家に帰るのか。彼にとって、「成仏」とはなんだったのか。著者は、ジョージ朝倉のまんが「少年少女ロマンス」にヒントを見いだす。

「もてない男」（小谷野敦著）「萌える男」（本田透著）など、一九八〇年代的な恋愛至上（市場）主義に立ち向かう本が最近目立つ。

本書の登場で、この分野がますます楽しみになってきた。（島村麻里・フリーライター）

（角川書店・1785円）＝2006年3月30日②配信

生物進化最大の謎を解く

「眼の誕生」（アンドリュー・パーカー著、渡辺政隆、今西康子訳）

フクロウは獲物を探す眼（め）を発達させ、ウミホタルは発光して天敵を威嚇、雄のクジャクは美しい羽根で雌を誘う。地球にはきわめて多様な動物がいて、生き残りへの駆け引きに光と色と眼を駆使している。

動物たちは基本的な体つきの違いから節足動物門、軟体動物門など四十近くの「門」に分けられている。五億四千三百万年の昔、それまでは同じような形態をしていた多くの動物門が一斉に、硬い殻をもつさまざまな形に進化した。「カンブリア紀の爆発」と呼ばれるこの事件、まだ原因が特定されていない。

本書は著者A・パーカー自身が提唱する新説、「光スイッチ」説、つまり、眼の誕生が「カンブリア紀の爆発」の引き金だったとする説を詳しく解説した力作である。大冊だが、満載の具体例や研究エピソードが楽しく、訳も良い。著者最初の科学普及書であるが、今後日本でも多くのファンを得る予感がする。

第六章「カンブリア紀に色彩はあったか」は必読である。化石の色はめったに保存されない。しかし、チョウの鱗粉（りんぷん）、甲虫の上ばね、あるいは貝殻の真珠層の色のように、微細で規則正しく配列した構造に光が反射して出る色の場合には、構造が残っていれば化石でも復元可能である。

パーカーはこの点に着目し、ウィワクシアなど「カンブリア紀の爆発」の立役者の動物たちの体色復元に取り組み、成功した。その結果、カンブリア紀初期の浅海も色鮮やかな動物があふれる場所だったことが初めて示されたのである。

眼もカンブリア紀初期に出現したことが化石から分かっている。光の下で色と眼がそろったとたん、見る側と見られる側の間に生き残りをめぐる激しい駆け引きが始まった。その淘汰（とうた）圧が、硬い殻と多様な形態をもった動物たちの一斉の進化、つまり「カンブリア紀の爆発」を招いたというのが本書の結論である。

著者と一緒に時空を超えてジグソーパズルのピースを集め、生物進化最大の謎についての推理が楽しめる。自然史に興味ある広い読者層にお薦めの一冊である。（大野照文・京都大学総合博物館教授）

（草思社・2310円）＝2006年3月30日③配信

思わず納得、若者の新文体

「りはめより100倍恐ろしい」（木堂椎著）

キーワードの「いじり」は「いじめ」とはちがう。いじりの対象になるのは、歌や物まねもうまい人気者で、気の弱いタイプ。いじるのが好きな連中にとっては、格好のターゲットだ。これにつかまったら最後、無理やり一日に一発芸を十回ほどやらされる羽目になる。

「そしていじめはふと止まる可能性がある。いじりは終わらない。一度始まったら卒業まで収まらない。さらに加害者の罪の意識もない」と主人公は語る。

いじられっぱなしで中学校を卒業し、「3年間で心から楽しめた思い出1ミリもなし」の典孝は、高校に入学と同時に「ガンガン飛ばし」て、「強め」の印象を与えようと必死だ。が、いじられ役は、なんとなくわかってしまうもので、ついぼろが出そうになる。やがて、典孝はバスケ仲間のグッキイをいじられ役に仕立てようとする。

それがいったん成功してから、いきなり物語は加速し、大きくうねりながら思いも寄らない方向へ突き進んでいく。

おもしろい。なにより文体がいい。新しい。

「『ロリぷにメイド、萌（も）えー』ハーハー鼻息を荒くしながら、俺。他のメンバーが山彦（やまびこ）のように『萌え萌えー』と繰り返す。勿論（もちろん）これは間違っても本音ではない」

といった調子。思わず、納得してしまう若者文体。「美しい日本語」をうんぬんする人々は読まないほうがいい。しかしこれ、作者の意図を鮮やかに伝える効果的な文章ではあるのだ。

それに小ずるくて、陰湿で、途中までは（人によっては最後の最後まで）ほとんど共感できないキャラを主人公にもってくる度胸もすばらしい。ほかに、主人公をとことんかばおうとする一城、ついじられ役を買って出るナガさん。どのキャラもよく描けている。

そのうえ、全体をながめると、ミステリによくあるコンゲーム（だましだまされの策略ゲーム）にうまくまとまっているところも見事。

これを書いた作者も作者なら、これを野性時代青春文学大賞受賞作に選んだ選考委員も選考委員、まずは心からの拍手を送りたい。（金原瑞人・法政大教授、翻訳家）

（角川書店・1260円）＝2006年3月30日⑤配信

不器用な女性の恋愛率直に

「刺繍天国」（松井雪子著）

昨年の芥川賞候補作「恋蜘蛛」と、「愛・弾丸ツアー」の二作品が収められている。どちらも若い女性が主体の風変わりな恋愛小説である。

「恋蜘蛛」は、コスチューム制作会社に勤めるチエコをめぐる物語。チエコがひそかに思いを寄せていた「マシンガンコージ」と呼ばれる裁縫の天才コージ君は、チエコと一緒に暮らし始めたとたん会社を辞め、インターネット上で「夢の刺繍屋さん」を立ち上げる。「あなたの夢をステッチします！」というキャッチフレーズのもと、愛する人やペットの姿を刺繍（ししゅう）にして再現するというものである。

最初は戸惑っていたチエコだが、その刺繍のすばらしさに魅了され、力の限り協力する。刺繍の腕の良さは口コミで広がり、仕事に没頭するコージ君は、口をきく暇もないほど多忙になっていく。人々の夢を一心不乱に刺繍するコージ君に「私の夢は、そんなコージ君の夢を叶えること。／私たちの夢は、みんなの夢の生まれ変わり」と心の中でつぶやくチエコの言葉が、やけに切ない。

小説の冒頭で、コガネ蜘蛛（ぐも）がモンシロ蝶（チョウ）をとらえる姿を不思議そうに見つめる少女時代のチエコが描かれている。糸でからめとられていく蝶が、コージ君の世界に巻き込まれていくチエコの姿を象徴しているのだろう。

「愛・弾丸ツアー」は、ある日かかってきた小学校の同級生からの間違い電話を発端に、九年もの間、電話による関係が続く物語。「わたし」にとっての小学生時代の記憶は希薄なまま、電話による親密な心の通いあいは深まっていく。ついに愛知万博で、胸に施された豪華な蝶の刺繍を目印に、再会の約束をしたが…。といった内容である。

両短編とも、いちずだけれど、どこか恋愛に不器用な女性のいじらしさや哀（かな）しさが率直に描かれ、いとおしい。懸命に生きているのに、満たされることのない希薄な実在感は、「刺繍」という手触りのある手作りの虚像に象徴されているのかもしれない。（東直子・歌人）

（文芸春秋・1500円）＝2006年3月30日⑥配信

日本を裁く“大博打”本

「自分自身への審問」（辺見庸著）

二〇〇四年、脳出血で倒れ半身まひ、さらに腹部がんの発見で「芋虫のようにベッドに横たわっていた」作家の辺見庸が、「明日朝、ぼくは最期の旅に発つかもしれません。…死出の旅路に」とつづった〈遺書〉代わりとも読める一冊。

「審問」というインタビュー（自問自答）形式で書かれている。現代日本を「鵺（ぬえ）のようなファシズム」＝「株価とにらめっこする」ギャンブル資本主義と批判し、「数十年怒鳴り、すごみ、わめきつづけた」結果がこの芋虫状態である。「何という大ばか者だろう」。あるいは自分の家庭ひとつまともに守れなかった男が、イラク反戦などと「世界の他者たちの命運を憂えている。…偽善だよ。卑怯だよ」と、自分自身への有罪判決を下している。

しかしだよ、あの難渋な〈単独者〉の辺見が、そんな殊勝でまともな日本的因果応報の物語で終われるわけがない。案の定、話は途中から大ドンデン返し―あの脳梗塞（こうそく）の末に自殺した江藤淳の書き置き「…自ら処決して形骸を断ずる」という武士道精神に激しく反発。心身不自由の形骸と〈見られる〉ことがそれほど恥辱かと問い、この“現代の大審問官の物語〟は一挙に日本とアジアの〈見る〉〈見られる〉関係論に大飛躍してゆく。

つまり芋虫からモスラに大変身しちゃう。「ぼくらはアジアという巨大な鏡を見ていると主観的には思ってますが、…祖母や祖父を日本軍に無残に殺された孫たちが…あちらからこちらをじっと見ている。…戦後六十年で歴史的な過誤はすべて時効になったかのごとき言い草ほど無知かつ無恥で、…背汗を禁じえないものはない」と。そう、本書は自己への審問の形を借りて、現代日本を審問裁判にかけようとする大博打（ばくち）本なのだ。辺見は最後に、いっそこの閉塞（へいそく）ニッポンに「暴動」よ、起これ！　とアジっている。時も時、フランスではあの「パリ五月革命の子供たち」の若者反乱が始まった。「下流社会」化ニッポンの若者激動の時代もやがていや応なく到来するだろう。その日まで〈君死にたもうこと勿れ〉だぜ、辺見庸よ！（吉田司・ノンフィクション作家）

（毎日新聞社・1200円）＝2006年4月6日②配信

時代の欲望をあぶり出す　「ポピュラーサイエンスの時代」（原克著）

パラパラとページを繰ってみる。まず目を引くのは、ほとんどすべてのページに掲載されている図版である。

両端に巨大な牛乳瓶を二本配した鉄棒にぶらさがって懸垂する男子高校生。ジレット社製電気カミソリでわき毛を剃（そ）る女性。一九二〇年代の洗車システム「自動車シャワー」…。

いずれも「ポピュラー科学雑誌」、すなわち、科学知識をひろく一般大衆に伝えることを目的とした科学啓蒙（けいもう）雑誌からとられたものだ。

こうしたポピュラー科学雑誌は、欧米では十九世紀後半から二十世紀初頭にかけて、日本では大正から昭和初期にかけて、相次いで創刊され、正確な科学知識というよりは、科学についての漠然としたイメージを大衆に普及させた。

著者は、この漠然とした科学イメージを「ポピュラーサイエンス」と名づけ、ポピュラー科学雑誌の記事を読み解く作業から、時代の欲望をあぶり出していく。

たとえば、わき毛を剃る女性の図版がある「男と女の弁証法　電気カミソリ」と題された章。父系原理の象徴としてたくわえられていたひげが「剃るべきもの」となり、ひげ剃りが日常的な身ぶりとして定着した二十世紀初頭、せっけんもクリームも水も使わず、スピーディーにひげを剃れる電気カミソリは、まさに待望の発明だった。

だが、父系原理の神話から自由になったはずの男たちは、今度は身だしなみという神話にとらわれていく。宇宙飛行士用の電気カミソリが開発されたという六四年の記事が示すように、宇宙空間でも、ひげは剃るべきなのだ。

本書で取り上げられているテクノロジーは二十七。著者は、それぞれのテクノロジーの特質を体現したエピソードを積み上げ、われわれが無意識のうちにからめとられている価値の枠組みを明らかにする。

日・米・独のポピュラー科学雑誌の収集にかけた著者の情熱も特筆ものだし、電動歯ブラシ、ティッシュペーパー、トースター、立体駐車場、アドバルーンなど、取り上げられるテクノロジーの程よいマイナーさかげんも絶妙だ。（鵜飼正樹・京都文教大助教授）

（柏書房・2940円）＝2006年4月6日③配信

腰掛け仕事の新たな文化　「使い捨てられる若者たち」（スチュアート・タノック著、大石徹訳）

近代人にとって異世界である未開民族に入り込み、当事者の視点で当社会を調査し、自分たちの世界を理解する手がかりにするというのが、文化人類学の基本的立場であろう。現代社会においては、同じ社会の中にさまざまな「異世界」が出現し、新たに文化人類学のフィールドとなっている。

著者がフィールドに選んだのは、「腰掛け仕事」に従事する若者たちである。北米（アメリカとカナダ）に展開しているスーパー・マーケットとファストフード業界では、大量の若者が、不安定なアルバイトとして働いている。実際、北米の研究者や政策立案者は、彼らの仕事を若いころ就く一時的な通過点とみなし、詳細な研究を怠ってきた。

著者は、腰掛け仕事に従事する若者たちが、実際にどのように仕事をし、どのようなことを考えているかを、先入観をもつことなく、記述、解釈する。そこではステレオタイプな見方とは異なり、低賃金で一時的な仕事にもかかわらず、職業意識をもち、一生懸命働く若者が多い。けれども、自分たちのやっている仕事は「やりがいがある本当の仕事ではない」と信じているという矛盾した状況が描かれる。

ニューエコノミーの浸透によって、先進諸国では、「腰掛け仕事」なしには、経済が成り立たなくなっている。北米では、彼らに独自の文化が現れ始めていることが、本書によって明らかになっている。そして、調査対象の企業では、彼らの「労働組合活動」への取り込み、そして、待遇改善への取り組みがなされ始めている。

日本では、フリーターという便利な言葉ができたおかげで、アルバイトをする若者が存在するという認識は高まったが、「好きでやっている」などさまざまなレッテルがはられている。私も含め、統計データやアンケート調査結果などから「理解したつもり」になっている人が多いだろう。学卒後正社員が一般的な日本のフリーターは、北米とは違い、正社員になれなかった（ならなかった）人という意味合いが強い。現実はどうなのか、日本での同じような研究が望まれる。（山田昌弘・東京学芸大教授）

（岩波書店・2730円）＝2006年4月6日④配信

再処理路線の危うさ警告

「核の軛」（ウィリアム・ウォーカー著、鈴木真奈美訳）

いよいよ使用済み核燃料を再処理してプルトニウムを分離・抽出する青森県六ケ所村再処理工場が実質的な試運転に入った。化学薬品や劣化ウランを使った試験を終え、実際の使用済み核燃料で装置をテストするアクティブ試験が始まったのだ。

ドイツやスウェーデンが再処理を停止したのに、日本は核燃料サイクルに固執して、膨大な予算が必要な再処理プロジェクトを推進している。資源上のメリットがなく、電気事業者の財政破綻（はたん）の危険性があり（それは結局国民に転嫁される）、大量の放射能汚染が心配される再処理工場に、何故（なぜ）執着するのだろうか。

そのお手本がイギリスにあった。イギリス政府がしゃにむに推進した（そして惨憺（さんたん）たる結果に終わりそうな）「熱中性子炉用酸化物燃料再処理工場」建設である。本書はその建設決定の経緯を詳細に追跡したもので、イギリスと日本に共通する面と異質な面の双方があぶり出されており、教えられることが多かった。

共通する面は、いったん建設が承認されると、政治的・経済的情勢の変化があろうとも合法的でありさえすれば推進するという行政サイドの論理である。進み始めた巨大プロジェクトから撤退するという決断は、どの国でも困難なのだろうか。

異質な面は、イギリスではこのような施設は国会の承認を必要とし公開審理など見直しの機会が多くあるのに対し（それは有効に機能しなかったのだが）、日本ではそのような機会が極めて限られ、進め始めたプロジェクトは決して止められないことがある。

また、商業用再処理工場の財政上の困難やプルトニウム備蓄問題はイギリスでは比較的軽症に済みそうだが、日本ではその二つの問題は今後大きな足枷（あしかせ）になるということだ。それだけに、日本ではよりいっそう慎重な審議が必要なのだが、先送りされたままなのである。

本書を読みながら、日本が進めようとしている再処理路線の危うさをしっかり認識することが特に重要であると思った。（池内了・総合研究大学院大教授）

（七つ森書館・3150円）＝2006年4月6日⑤配信

圧倒的な情報量の面白さ

「ウルトラ・ダラー」（手嶋龍一著）

BBC（英国放送協会）のラジオ特派員スティーブン・ブラッドレーを軸にした国際謀略小説である。主な舞台は東京だが、ワシントン、モスクワ、パリと国際的に展開していく。

スティーブンが追うのはダブリンに現れた超精巧偽百ドル札だ。印刷機械、用紙、技術者、そして検査機。偽造に必要なモノとヒトの流れを追って、アメリカ・シークレット・サービスのコリンズ、内閣官房副長官の高遠希恵、アジア大洋州局長の瀧澤など、さまざまな人物が、さまざまな思惑と動機で入り乱れる。

拉致事件に金正男の不法入国など、現実の事件も次々に描かれ、それらの背景にある謀略の構図があぶりだされる。アクションもロマンスも、青春回顧譚（たん）もあるから盛りだくさんだ。

しかしいちばんは、NHK前ワシントン支局長が著者だけに、その情報量の多さだろう。その量に圧倒される。

情報小説の効用の一つは、点としての知識しか持っていない読者に、それをつないでみせることで、新たな風景を提示するところにあるが、本書も例外ではない。情報小説として読むと、まことに面白いのだ。

北朝鮮の諜報（ちょうほう）活動とその背後に潜む大国の影を克明に描いて、私たちの日常の危うさと、大国の思惑抜きにもはや現実はありえないことを教えてくれるのも、この手の小説の効用だろう。

問題はそういう情報を取り払うと何が残るかということで、小説としてのコクと深みに欠けるという批判もあるだろう。たしかに、日本を舞台にした異国情緒あふれる翻訳小説を読んでいるかのような錯覚も、ないではない。文章も洗練されているとは言いがたいし、やや荒っぽいところもあったりする。最後の展開も急ぎすぎだ。そういう面を指摘されたら返す言葉もない。

しかし、それはこの手の情報小説につきまとう宿命的なことで、致し方ないのだ。これは情報の面白さを追求する小説なのである。そういうジャンルの小説なのだ。そう明記しておきたい。（北上次郎・評論家）

（新潮社・1575円）＝2006年4月6日⑥配信

なぜ世界をリードしたのか

「韓国のオンラインゲームビジネス研究」（魏晶玄著）

韓国が強い国際競争力をもっているもののひとつがオンラインゲームである。本書は韓国のオンラインゲーム産業について、経営学の視点から包括的かつ本格的に分析した初めての書籍である。著者である魏晶玄氏は、東京大学で経済学博士号を取得後、韓国の中央大学助教授として帰国し、オンラインゲーム研究の第一人者として韓国政府の委員会やマスメディアで活躍する新進気鋭の経営学者である。

ゲーム産業と言えば、日本企業がハードもソフトも世界をリードしてきたとの印象が強いだろう。しかし、日本が強かったのはゲーム専用機の分野である。一九九〇年代のインターネットの普及によって、ゲームの世界も大きな変ぼうを遂げようとしている。二〇〇〇年前後から、ユーザー同士がパソコンをネットワークで接続してゲームを楽しむオンラインゲームが急速に普及してきた。そのオンラインゲームの分野で世界シェア約七割を占めているのが韓国企業である。

本書は、韓国オンラインゲームの歴史、ビジネスモデル、主要企業の戦略、中国や日本などへの海外進出の状況、ユーザーの国際比較、ゲームアイテム取引によるサイバー経済の発展可能性などについて論じている。なぜ韓国企業がオンラインゲームで世界をリードしたのか、どうやって利益をあげるモデルを作り上げたか、外国企業にとって難しい中国市場にどのように進出して成功しているのか、といった問題にひとつずつ答えていくように構成されている。韓国はもとより、中国、日本、東南アジア諸国連合（ASEAN）諸国での現地調査を踏まえて、現状と問題点がリアルに描かれている良書である。

最後に、著者は日本におけるオンラインゲーム市場の可能性について指摘している。日本企業は、オンラインゲームが作り出す大きな波に乗り遅れてしまった。しかし、日本でもようやく最近になってオンラインゲーム市場が立ち上がり、企業も本腰を入れ始めている。日韓双方のゲーム企業に通じた著者がどのような提案をしているか、ぜひ、本書をお読みいただきたい。（新宅純二郎・東大助教授）

（東洋経済新報社・2100円）＝2006年4月13日①配信

バランスを保つ米中台

「チャイナハンズ」（J・R・リリー著、西倉一喜訳）

米中関係が二十一世紀の前半、東アジアの国際関係の基軸になるという見方に異論はなかろう。悪化する日中関係や中台関係も、基軸からみれば「副次的関係」にすぎない。その米中関係の最大変数が台湾問題である。

著者は、米国きっての「中国通」（チャイナハンズ）として、ニクソン、レーガン、ブッシュ（父）の歴代共和党政権の下で、対中政策を策定した。「米国の中国政策」と簡単に言うが、民主党と共和党とでは大きな差があり、同じ党内でも、ホワイトハウスと議会、国務省などの間には常に確執がある。

本書を読むと、その確執は想像以上に先鋭で、時には「敵同士」のような関係であることに驚かされる。例えば、米中両国が一九八二年八月に調印した、台湾への武器売却を「段階的に減らし最終解決する」としたコミュニケの文言だ。

著者によると、ヘイグ国務長官は当時、対ソ戦略重視の立場から中国傾斜を強め、北京の要求を入れて武器売却停止の最終期限を設けるよう主張。これに対し国家安全保障会議にいた著者は「台湾の安全保障を損なう」として抵抗し、結局、期限を設けず「最終解決」というあいまいな表現で落ち着いたという。

コミュニケに「最終期限」が盛り込まれていれば、米国の台湾向け武器売却は現在のような形では続いていなかっただろう。米中台の三角関係はその後、米国の軍事的優位の下で「現状維持」バランスを保つ。著者はその後、米国在台湾協会台北所長（大使に相当）を経て天安門事件が発生した八九年には、駐中国大使まで上り詰めた。

中国は台湾問題を「内政問題」として、日米など外国の介入をずっと拒んできた。ただ最近になって台湾独立傾向を抑えるため、米国と日本を利用して「現状維持論」まで譲歩し始めている。台湾をめぐる現状維持論の源のひとつは、「八二年コミュニケ」問題での著者らのバランス論にあるのかもしれない。（岡田充・共同通信編集委員）

（草思社・2625円）＝2006年4月13日②配信

性別の二元論を越えて

「トランスジェンダー・フェミニズム」（田中玲著）

本書のタイトルは「トランスジェンダー・フェミニズム」である。この領域に詳しい人なら「アッ面白そう」とピンとくるはずだが、カタカナ言葉にアレルギーのある人には、「なんだコレ？」ということになるかもしれない。

フェミニズムは「女性解放論」として、よく知られた言葉だから問題はないかもしれない。でも、本書のフェミニズムは、必ずしも対象が「女性」に限らない。読んでいただくとわかると思うが、むしろ「性にかかわる差別や偏見を克服するための思想」とでもまとめた方がいいだろう。

ジェンダーという用語も、ここ数年あちこちで議論されている言葉だから、認知度も高くなりつつあると思う。内閣府の定義によれば「社会的性別」、つまり社会がつくり出した「男」「女」という枠組みのことだ。これに「トランス＝越える」という言葉が加わるわけだ。というわけで、著者の田中さんが本書に込めた「思い」をぼくなりに整理すると、「性による差別や偏見を克服し、社会的性別を越境する思想」ということになるのだろう。

著者の田中さんは、FTMTGである。つまり、女性（F＝フィーメイル）から（To）男性（M＝メイル）へと、トランスジェンダー（TG＝性別を越境した）人ということだ。彼は、「女」としての自分に違和感をもっていたから、性を越境した。でも、「男」になるといっても、既存の「男らしさ」にこだわっているわけではない。「女」「男」という固定された性別の二元論を越えた生き方をこそ求めているからだ。

田中さんには、今、同じFTMTGのアメリカ人のパートナーがいる。この彼との関係も、興味深い。お互いを拘束しあわないポリガミー（複数の人との性関係を許し合う）関係でありつつ、すごく仲良しなのだ。ご自身が体験された重病と入院体験、家族との関係、パートナーのご両親とのアメリカでの出会いなど、田中さんが率直に語るトランスジェンダーとしての「生き方」は、他者との「開かれた」関係のあり方について読者に多くのことを教えてくれるはずだ。（伊藤公雄・京大教授）

（インパクト出版会・1680円）＝2006年4月13日③配信

書くことを批判する迷宮

「名もなき孤児たちの墓」（中原昌也著）

〈書くことは、恥ずべき自分を切り売りして生計を立てることで／売春の方が／他人を喜ばせる、という意味では／文筆業などという自己満足にすぎない押し付けがましいものに比べてどれだけマシなものなのだろうか〉と考えるのは作品中の語り手であって、もちろん作者中原昌也が同じ思想の持ち主だなどと短絡してはならない。

しかし、中原が本書のあちこちでもらす、「書く」ことの「自己満足」性に対する批判は、たとえそれが作中人物に向けられたものであっても、ある種の自己批判的側面を持っている。

というのも、この批判は全方位的だからだ。物書きの典子を「まったく中身のないことしか書けな」い「バカ」呼ばわりするのみならず、典子が書く小説に登場する中里の「行動発言、どれ一つ取ってもくだらないバカバカしいゴミ」だとくさす語り手自身はなにをやっているのかと言えば、部屋の窓から「毎日二本の腕を外に出してブラブラさせていただけだった」。到底ひとに文句の言える筋合いではない。自己満足的「バカの壁」に閉じこもっているのだ。

中里の愚かさを描く典子の愚かさを語る語り手の愚かさ。バカは三つどもえとなり、堅固な城壁となってわれわれを取り巻く。そこから逃げ出す手段はあるのだろうか。

もちろん、作者は作者である限りこの三者を上から見下ろす位置にいる。しかし誰かを見下すこと自体がそもそも「バカ」の一症状なのだとしたら。この短編は「否定的な感情はすべて間違っているのだ」と締めくくられる。誰かを、なにかを「書く」ために対象を批判的に見つめるとき、われわれは壁の上からバカを見下ろしているかのような気分になるかもしれない。

しかし、その城壁はエッシャーの描くそれのように、行けども行けども上りきらない円環をなす階段状の迷宮なのだ。自分が「バカの壁」に囲まれてはいないか、というまじめな自己批判さえ「すべて間違っている」かもしれず、壁の上の堂々巡りを避けられない。そして他人の書いたものをしたり顔に批評するこの小文もまた…。冒頭の引用に戻る。（伊藤氏貴・文芸評論家）

（新潮社・1575円）＝2006年4月13日④配信

過去の愛が輝く神秘

「僕はマゼランと旅した」（スチュアート・ダイベック著、柴田元幸訳）

「ブルース・ブラザース」（一九八〇年製作）という音楽映画を覚えておられるだろうか。黒スーツに黒メガネの兄弟が育ての恩を返すため、シカゴの下町で修道女会が経営する孤児院へ戻ってくる話だった。高架電車の音に混じってブルースが流れてくるあの街の時計を二昔ほど戻せば、「僕はマゼランと旅した」の世界に重なる。

長短とりまぜた十一の連作短編の舞台は、日本軍と戦ったときに受けた傷を抱え込んだ片腕のバーテンや、両脚をなくしているが無類に威勢のよいたんかをきる男が暮らす、カトリック信徒たちの居住地域である。

英語とポーランド語とスペイン語が飛び交うこの町は、「僕」という少年の視点からみると七つの海へと変貌（へんぼう）する。アリのしぐさに「ささやかな奇蹟」を見、女性の腋（わき）毛に「神秘を垣間見」、セックスしないことを「驚異に仕立て上げ」る彼は、みじめでなつかしくてじりじりする渇望に促されるままに下町を周航する。

「ブルーアイランド・アベニュー」は一風変わった（大人がみれば「頭がおかしい」）叔父さんが住むアパートのある殺風景な通りで、その通りを見下ろす「ドリームズヴィル」はその叔父さんが夜中にサックスを吹く、ハト小屋を載せたアパートの屋上の別名にすぎないけれど、へっちゃらだ。いろんな楽器たちとベッドをともにした叔父さんがふと悟る、「記憶とは過去がその力強いエネルギーを伝導するための回路なのだ…そうやって過去は、愛しつづけるのだ」という殺し文句が泣かせる。

この本のいたるところで過去の愛が輝いているが、その愛のかたちを要約するなんてとうていできない。神秘は小説を読むプロセスのなかだけに開示されるから。たとえば、さまざまな胸のイメージがあらわれては消えていく「胸」の最終行。「僕の弟」の目に飛び込んできた女性の裸の胸にわたしは息をのみ、こんがらがった感情の束の一撃をくらった。そして絶句した瞬間、あの下町の空気をたしかに胸に吸い込んだ気がした。（栩木伸明・早稲田大教授）

（白水社・2520円）＝2006年4月13日⑤配信

ゆがんだ経済成長を風刺

「四十一炮（上・下）」（莫言著、吉田富夫訳）

莫言は現代中国文学の旗手である。魔術的リアリズムの傑作として名高い「酒国」は、鄧小平時代の大鉱山都市を舞台に、共産党幹部らボス連が果てしなき酒宴の快楽を求め幼児の人肉料理を食べる、という物語であった。

これに対し本作はポスト鄧時代の現代農村、しかも内陸部の貧村ではなく沿海部のいわゆる勝ち組を描いている。「わたしを食べに来て、さあ、早く！」という肉の声が分かる「肉小僧」を語り手として、彼が十歳だった一九九〇年から十年間が描かれるのだ。

この間に村は大変貌（へんぼう）を遂げ、かつて村人は非合法の食肉解体業を営み水やホルマリンの注入により増量を図っていたが、今では公営食肉工場を設立、肉小僧発明の秘法「肉洗い」で食肉を増量販売、肉小僧自身も妹の腐肉中毒死をきっかけに、肉を断ち出家を志願している。

主な登場人物は村長の老蘭と「肉小僧」の父と母だ。老蘭は元地主の息子であるため文革までは差別されていたが、改革・開放政策により村長へ農民大企業家へとのし上がった。その好色で大酒飲み、そして精力絶倫ぶりは、莫言の初期長編「赤い高粱」の祖父を連想させる。父は家畜肉量見積もりの名手で老蘭から居酒屋のおかみを横取りして駆け落ちするが、愛人の死後、再び村に帰ってからは老蘭の子分となり自滅する。母は父の家出後に廃品回収と異常なまでの節倹により家を建てるが、物欲性欲に目がくらみ老蘭に籠絡（ろうらく）されてしまう。

それにしても「誰も百姓仕事でおまんまを食う者はいなくなって…汗水垂らして働いても実入りはわずか、そんなことをするのはバカ」という勝ち組村の退廃ぶりは「酒国」の鉱山都市と甲乙つけがたい。莫言は農村のゆがんだ高度経済成長を痛烈に風刺したのであろう。

なお「肉小僧」による四十一回のホラ話と平行して、彼の目の前では現在のカーニバルやら中華民国時代の伝説が雑然と展開するが、このような二層時間軸の設定はさほど効果的とは思えなかった。（藤井省三・東大文学部教授）

（中央公論新社・上下各2730円）＝2006年4月13日⑥配信

日本人的感性で宇宙空間へ

「オンリーワン」（野口聡一著）

ねじを回そうとすると、自分の体のほうが回ってしまうのが無重力状態、宇宙空間の難しさなんだそうだ。

船外活動というのは、いってみれば「究極の鳶（とび）職」。これ以上ないという高い所で、ねじをしめ、パテで埋める職人仕事。究極の手作業であり「匠（たくみ）」の世界。〈船外活動はアートだ〉という野口さんは、日本人的感性をもって、これに立ち向かっていた。

彼が参考にしたのは、能の動き。宇宙服やヘルメットを能面になぞらえて、〈限られた視野での空間認識、無駄を限界までそぎ落とした簡潔さ、一つ一つの動作に意味を与えてシテが一糸乱れず動いていく様などが参考になりました〉というから、なんともおもしろい。

これには、室町時代の能楽師・世阿弥もびっくりだろう。体の中心感覚を太く持ち、細部に神経を注ぐ。自らの内的感覚に耳を澄ませ、内部と外部を一体化する能の技法。それが何百年もたって、宇宙空間で花開いたのだから―。

もう一つ、野口さんは宇宙空間から初めて地球を見下ろしたときの気持ちを、「離見（りけん）の見（けん）」とも表現している。これも、世阿弥の残した能の伝だ。

彼の著書「花鏡（はなかがみ）」に「見所より見る所の風姿は我が離見也」「離見の見にて見る所は、即、見所同心の見也」とあり、舞台に上がって演技をしている自分の他に、もう一人、それを客観的に外側から見ている自分をつくらねば、演技はうまくできないと説いている。

〈本当に優れた、世阿弥のような人はぼくが宇宙で感じたことを地上で感じるのだと思います。（中略）ぼくのような凡人には、やっぱりそこに行かないとわからない〉

普段と違う身体感覚が、目覚めてくる。こんな宇宙飛行士の体感と、宇宙に行かず一生を終える多くの人々とをつなぐ、逆説的な証言として印象に残った。

〈日本の代表として来ているからあとにはひけないぞ、という気概。背負っているものがあるんだという、背水の陣〉で挑んだ彼の功績を下支えしたのは、日本文化だった。この事実は、国際舞台にさらされる僕らにとって、実に貴重なヒントとなる。（斎藤孝・明治大教授）

（新潮社・1365円）＝2006年4月20日①配信

新しく、そして、美しい

「そろそろくる」（中島たい子著）

泣きじゃくりながらクッキーをむさぼり食ったり、もう才能もないしイラストの仕事なんかやめてしまおうと絶望的な気持ちになったり、突然大したことでもないのに涙が止まらなくなったり。

この本には三十歳を越えたひとりの女の子の揺れ動く心と体の様子が強力なリアリティーをもって描かれている。

恐らく、女の子だったら、女の子を恋人にしたことがある男の子だったら大概が、あるあるこういうこと！　とひざを打つだろう。

そして、それがまた、PMS―生理の前に起こる身体的精神的症状のせいだというのだから、主人公と一緒になって、そうだったのか！　と思わず納得してしまうのだ（ちなみに私もひざを打ったひとりです）。

けれど、この小説の本当のすごさは、それを突きつめてゆくことで、主人公が生理やPMSだけではなく、男の子と、性と、恋と、仕事や社会と、そして、人生そのものと向き合ってゆこうとするところにある。

女であること、恋をすること、仕事をすること、生きること。

それを、感情や幻想、理論ではなく、自分の生理を、卵巣を、体を理解することから、はじめようとすること。

子供たちが進化しているように、家庭も社会も昔とは随分違ってきている。「でも、そんな環境の中で、女の生理だけが、月に一度と変わらない」

作者の試みは、はやりの刺激の強い薬（同時に副作用がつきもの）みたいに即効性はないかも知れないけれど、ちょうど、漢方薬のように、じわりじわりと効いてくる。

女の子だけでなく、男の子も、年をとっている人も、とても若い人も、子宮は無くても、それでも、体があって、人生があって、順調や順調でない時があるということ。

それはとてもあたりまえのことだけれど、その事実に対し、自分自身の体を通じて折り合いをつけ、向かい合い、理解しようとするその姿は、新しく、そして、美しい。（小林エリカ・作家、漫画家）

（集英社・1260円）＝2006年4月20日②配信

あちら側を映すスクリーン　「プラスティック・ソウル」（阿部和重著）

テロとの戦争とか大規模な暴動だとか、あるいは高速船が海中生物に激突しただとか、新聞を読むと、世の中とんでもないことになっているとしか思えない。その一方で自分たちの生活はとどこおりなく平穏に、退屈にすぎていく。こうした日常を送っている者にとって、世界はふたつに分割されていることになる。

こちら側の平穏な世界と、あちら側の激烈な世界。日常からあちら側の世界をうつしだすスクリーンの役目を、おそらく本作品ははたしている。このスクリーンとは何か。

たとえば川崎市の小三投げ落とし事件では、防犯ビデオに残っていた「不審者」の映像が、容疑者出頭の決め手となった。そのビデオが、あちら側をうつしだすスクリーンの役目をはたしていたとは言えないだろうか。そのような感覚は、報道写真からは決して得ることができない。解像度の低い固定カメラによる不鮮明な映像。そこにうつされている男の姿は、不気味でもあり、また滑稽（こっけい）でもある。

阿部和重は、明確な方法意識をもった作家として知られている。この小説が「批評空間」誌上に連載されたのは、一九九八年から二〇〇〇年にかけてである。それ以前の作品には、小説の形式をどう組み立てていくかという意図が前面にでていた。同時に作品の舞台はつねに「こちら側」の世界だった。

一方この連載以降の作品では、こちら側の世界に「あちら側」をいかに導入するかに、ウエートが置かれるようになる。そのような作品群は、不審者による冒険活劇の様相を呈してくることになる。とくに「ニッポニアニッポン」が顕著だ。

本作品は、転換期の作品である。薬物やセックスによる快楽、複数化する語り手、解かれることのないまま放置される謎。これらのテーマによって、あちら側をうつすスクリーンをつくりだしている。その解像度は、徹底的に低く設定されている。たとえば薬物摂取による意識の流れの記述など皆無である。この語りの解像度の低さこそが、この小説がきわめて不審であることの理由だろう。（池田雄一・文芸評論家）

（講談社・1680円）＝2006年4月20日③配信

凛とした響きへの呼応　「思索の淵にて」（茨木のり子、長谷川宏著）

先ごろ亡くなった詩人茨木のり子の詩が二十八篇（ぺん）、選んだ長谷川宏が、それぞれにエッセイをつけた。詩と散文の共作。酸素と水素による澄んだ水のコップが二十八ならんだぐあいだ。

長谷川宏は哲学研究、ヘーゲルの翻訳で知られる。だが「哲学者」といったいかめしい肩書とは、およそちがった生き方をしてきた。進学とかかわりのない塾をつくり、幼い者たちと自由につき合ってきた。詩は好きだが、自分では書かない。考えをつむいでいく。詩人がことばをつむいでいくのとよく似ている。

「落ちこぼれ／和菓子の名につけたいようなやさしさ」

詩の一つの書き出し。そして「詩の書き出しには唸らされた」と、エッセイは始まる。塾教師には、日ごろ耳にタコができるほど聞かされてきた。さまざまな思いがあるが、「落ちこぼれ」から和菓子を連想するなど、ついぞ思いもしなかった。新しく視野がひらいて、べつの落ちこぼれがあらわれる。

「人間の仕事は一代かぎりのもの」

茨木のり子の詩はどれもカミソリのような批判性をおびている。世襲を怒れ、世襲を断ち切れ、受け継ぎたがる心性の甘えと思い上がり。

「詩人のことばには凛とした響きがある」

思索好きが、とても大変な作業を自分に課した。詩人は切りつめ切りつめ、最少のことばで書く。その「凛とした響き」に響き返すような一文をあてるなんて、絶望的なことである。詩は鋭角の尖（とが）りだけでつくれるが、散文は鈍器のようなもの。しかし、それでもやってみた。難しい表現はいっさい使わず、明晰（めいせき）なアリアの背後で、基調音のような低音でハミングをする。

死の前に詩人が「はじめに」を寄せていた、そのしめくくり。「思索という言葉からは、なにやら深遠なものを想像しがちだが、たとえば女のひとが、食卓に頬杖をついて、ぼんやり考えごとをしているなかにも、思索は含まれると思うほうである」

頬杖（ほおづえ）ついたふたりの本だ。（池内紀・ドイツ文学者、エッセイスト）

（近代出版・1890円）＝2006年4月20日④配信

猥雑な活気に満ちた日々

「三流週刊誌編集部」（佐々木崇夫著）

週刊誌には二つのタイプがある。家に持って帰れる雑誌と妻子の目には触れさせたくない雑誌だ。「週刊文春」や「週刊朝日」なら、子どもが読んでも安心だ。それとは逆に茶の間にはなじまない雑誌の代表が「週刊アサヒ芸能」、略して「アサ芸」である。

スキャンダルとヤクザと風俗情報。それが売りの「アサ芸」に著者が配属されたのは、大学を卒業した翌年の昭和四十三年だ。その後、編集部に籍を置くこと十二年。騒然とした時代の、猥雑（わいざつ）な活気に満ちた週刊誌編集部の日常が、捨てずに取っておいた段ボール箱四つ分の取材メモ帳から再現された。

この本の魅力は、著者のユニークな個性にも負う。血の気が多くてケンカっ早い。先輩社員をボコボコに殴って、処分された。女性関係もなかなかだ。なのに文学好きで、ネオン街とヤクザ抗争の取材の合間には、ドストエフスキーや開高健を耽読（たんどく）し、精神のバランスを保つ。仕事が嫌になることもしょっちゅうだし、上司や部下ともいつも衝突する。

「アサ芸」といえば、オーナー社長の徳間康快が思い浮かぶ。出版界の風雲児として数々の伝説をもつ徳間に対しても、著者の視線はシビアだ。かつて読売争議で読売新聞を追われた後も、ジャーナリストの夢を追い求めていた徳間だが、やがてレコード会社や観光事業にも手を伸ばし、政財界との太いパイプを持つようになる。その結果、アナーキーな紙面が売りの「アサ芸」のスクープが、幾度となく社長の介入でボツになる。

カリスマ社長が俗物化する経緯を伝えるくだりは、どこか寂しさも漂う。組合の役員として、ワンマン社長とやり合う場面は迫力たっぷりだ。「あの雑誌は私がつくったんだ」と吠（ほ）え、嫌なら辞めろと激高する徳間康快に、即座に辞表をたたきつけるあたりは、著者の面目躍如だ。

決して良い思い出ばかりではない。なのに、体には「アサ芸」のアクがしみこんでいる。そんな著者のアンビバレンツな思いが、タイトルにはこめられている。（亀和田武・作家）

（バジリコ・1680円）＝2006年4月20日⑥配信

残酷人形劇的な恐怖空間

「びっくり館の殺人」（綾辻行人著）

大人も楽しめるヤングアダルト系のミステリー叢書（そうしょ）「講談社ミステリーランド」。新本格の旗手がついにそこに参加したということだけでも本書は注目の一冊だろう。

しかもデビュー作「十角館の殺人」（講談社文庫）以来、著者の代表シリーズになった〝館シリーズ〟の最新作でもあるとなれば、なおさらだ。

物語は学生の「ぼく」こと永沢三知也が古本屋で鹿谷門実という作家が書いたミステリー「迷路館の殺人」を発見、懐かしさに駆られて購入するところから始まる。実は三知也も、迷路館の設計者・中村青司の手になる館を知っていた。十年半前のクリスマスの夜、その屋敷「びっくり館」で彼は忌まわしい事件に遭遇していた。背中を刺された「びっくり館」の当主・古屋敷龍平の死体を発見したのである。

その四カ月前、ひょんなことからびっくり館に住む少年・古屋敷俊生と知り合った三知也は、彼と急速に親しくなっていく。さまざまな気味の悪い伝説がつきまとうびっくり館。元はといえば、建設者の趣味であるびっくり箱の収集館だったが、二年前、そこで俊生の姉・梨里香が殺される事件が起きていた…。

怪しい屋敷の、妖（あや）しいびっくり箱の詰まった密室で起きた殺人事件。その謎の行方もさることながら、著者はさらにそこに、梨里香に擬した人形と龍平の腹話術という怪奇趣向を凝らし、一種の残酷人形劇（グランギニョール）的な恐怖空間を生成していく。

もっとも主人公の回想で事件の経緯が語られていくスタイルはミステリーの王道をいくもの。互いに兄と姉を失うという悲劇の経験者である三知也と俊生。著者はふたりの家族のありかたを通して、現代の子供たちが置かれた過酷な状況をも浮き彫りにしつつ、徐々に独自の恐怖劇に話をスライドさせていくのだ。

七戸優（しちのへ・まさる）の装画と挿絵も不気味なホラー色を高めているが、驚愕（きょうがく）の謎解きから思いも寄らぬ真相を導き出していく著者の趣向は、コアな本格ファンの間では評価が分かれるかも。この著者らしい運びかたではあるのだが。（香山二三郎・コラムニスト）

（講談社・2100円）＝2006年4月27日①配信

黄金時代を語る熱い想い

「談志絶唱　昭和の歌謡曲」(立川談志著)

蘊蓄(うんちく)の楽しさというものがある。

対象は、飲食だったり、観劇だったり、旅だったり、スポーツだったり、書物だったり、骨董(こっとう)だったり、異性だったり、いろいろ。

永田町や国際情勢や株や為替については、蘊蓄を傾けるとはあまり言わないが、人の営みの総和が政治であり経済であるという意味では、世事についての蘊蓄のあれこれも、世界を語ることに通じないわけではない。

いずれにせよ、語り上手が聞き上手に向かって傾ける蘊蓄は、生活の潤滑油であり、人生を彩り豊かにする大いなる知恵のひとつなのである。

この本は立川談志が昭和の歌謡曲について熱い想(おも)いをこめて書いたものだ。話は音楽にとどまらず、音楽が流れていた社会や、歌手、作詞家、作曲家と著者の交流にまで及んでいる。

まな板にのせられているのは、主に昭和四十年代までの歌謡曲だ。大向こう受けする作品より知る人ぞ知るタイプの歌が多く取り上げられているところに、著者の好みや都会人的な屈折が反映されている。

いとおしそうに、あるいはお得意の毒舌をまじえた蘊蓄話は、記憶や想のおもむくまま縦横無尽に時や所を超える。その様子はまるでプルーストやジョイスの小説を読んでいるかのようだ。駄じゃれが多用されるところはまさにジョイスか。よくまあこんな細かなことまで記憶しているものだと驚かされもする。

寄席で小噺(こばなし)ばかり聞いているように気楽に読める本だが、背後には一貫して「歌謡曲の時代は終わった」「歌謡曲が老いた」「日本が老いた」「この本は鎮魂歌だ」という思いが流れている。その勢いで文明と文化のかかわりも考察される。

おそらく著者の思い入れがひときわ強いのだろう。歌謡曲の黄金時代に活躍した三橋美智也や春日八郎について語った部分が、いちばんおもしろい。三橋美智也について語りながら、自分の老いに思いをはせ、珍しく弱音を吐いている部分だけは、ちょっと著者「らしくない」気がしたが。(北中正和・音楽評論家)

(大和書房・1785円)＝2006年4月27日②配信

ボヤキ漫談で描く自画像

「団塊ひとりぼっち」(山口文憲著)

笑った。山口文憲の軽妙な筆致は「団塊ボヤキ漫談」とでも評したい新趣向である。これまで「団塊による団塊論」の類はゲンナリするほど目にし、正直、本書も手にとるまではめんどくさいなーと思っていたのである。「団塊ひとりぼっち」。団塊という数量、集団をいうのに、ひとりぼっちか。こりゃ何か凝った話になるぞと思った。もしかすると「自立した個」の話だぞと警戒した。

そうしたら、まえがきからボヤキが始まる。問題扱い、数量扱いはもうたくさんだと白旗が掲げられる。そのうち白旗でなく赤旗が掲げられはしないかとさらに警戒して読みすすむと、「全共闘」「安田講堂」「あさま山荘」に典型化され、その後は「猛烈サラリーマン」に転向したとされる団塊像に異が唱えられている。

山口文憲の意図は、問題扱い、数量扱いの団塊を個人のリアリティーで見ようとすることだ。世代の自画像をボヤキ込みで描き、相対化しようとする。

それにしても持ち出しのネタが切実というのか、抱腹絶倒である。僕は「ヤマグチくん…あたしたち悪いことしてないよね」と初デートの相手に確認を求められたエピソードが好きだなぁ。「男女共学」の戦後的理念を描いてほろ苦い。それから図版の二つ、「新宿西口フォークゲリラとして活動中の、長髪ギターの著者」と「本書の登場人物とは関係ありませんとただし書きされた、文化人風モデル(笑)によるハゲ隠し術」は必見だ。

おかしな物言いだが、団塊も生きてるんだなぁと思わざるを得ない。かねて「二〇〇七年問題」は本当に問題なのかと感じてきたけれど、それが誰にとって最も身にしみて問題かというと、当の団塊自身なのだ。

「とりあえずセックスというものから、もうそろそろ足を洗うことにしてはどうだろうか」という具体的提言は凄(すご)いと思った。禁煙法の第一ステップよろしく「私はセックスをしないようにしよう」と口に出して言ってみるらしい。シングルライフの未来を説くくだりは筆がノッて秀逸。(えのきどいちろう・コラムニスト)

(文春新書・935円)＝2006年4月27日③配信

本来の「楽しさ」を再考

「武道を生きる」(松原隆一郎著)

題名だけを見ると、武道についての本のように思われる。しかし、内容はそうではない。

武道を主にしながら時に野球、サッカー、バレーボールなど近代スポーツも取り混ぜ、日本でのスポーツの発展、展開の歴史を痛烈に批判する書である。

日本人は従来、スポーツを行うことにさまざまな理由付けをしてきた。明治維新後は、学校体育や軍事訓練の様相を呈していた。そこには、スポーツの持つ「楽しさ」はなく、富国強兵の名の下にスポーツが使われた。

敗戦後、GHQの日本のスポーツに対する圧力や、戦後民主主義における学校体育への導入があった。学校体育の中では、スポーツの持つ「単純な楽しさ」に教育的な付加価値が付けられ、スポーツによる人間形成を強く打ち出してきた。

その半面、スポーツを勝利至上主義でとらえ、「勝つことがすべてだから、他のことは犠牲にしろ」という態度をとってきた。

その延長線上に、企業スポーツやプロスポーツがあり、それらは広告宣伝に利用されてきた。マスコミがそれに拍車をかけ、スポーツを面白おかしく、ただの材料として利用するだけ利用する。

筆者は武道が歩んだ歴史的な事実から、そうした状況を強烈に批判している。

本書の行間から読み取れるのは、「このままの武道やスポーツのあり方では、この先いずこへ行くか分からない」という不安である。

筆者は、町道場からのスポーツの広がり、言い換えると、スポーツ文化の発展を望んでいる。それは、小さいが非常に大事な一歩でもある。

今、日本のスポーツ界にとって一番大事なのは、日本に全く根付いていないスポーツ文化を育てていくことであろう。

スポーツは、それ自体で本来「楽しいもの」であり、それぞれの年齢やレベルに応じて「楽しめばよい」のだが、そのことが浸透していない。

スポーツを取り巻く環境や指導者が、スポーツから大事な「楽しさ」を奪っている。それでは、いつまでもスポーツ文化は育たない。本書は、そんな思いを改めて強く抱かせる。(矢野龍彦・桐朋学園大教授)

(NTT出版・2415円)=2006年4月27日④配信

神話覆す新たな女王像

「エリザベス」(デイヴィッド・スターキー著、香西史子訳)

イギリスの女王エリザベス一世の物語をミステリー・タッチで楽しく読める本が出た。この種の歴史書は多数あったが、この本は一味違う。

なによりもまず歴史的切り口が新鮮だ。従来の女王神話を覆し、したたかで抜け目ない新たなエリザベス像を提供する。映画「エリザベス」でケイト・ブランシェットが演じた女王像も少々修正が必要かもしれない。

本書の主たる論点は、のちに神格化されるエリザベスの強固な人格は、実は修業時代に形成されたと主張するところにある。すなわち、父ヘンリー八世に母を殺され、父亡き後は弟エドワード六世、姉メアリの治世を耐えたエリザベスは、即位する前にすでにその強さと賢さを会得していたのだ。

誕生から、幼少期、そして波瀾(はらん)万丈の青春期を経て、エリザベスが深謀遠慮の末に女王になるまでのドラマを描く筆者の手腕は実に見事である。

人物や事件の叙述も確かで、ロンドン塔に捕らえられたエリザベスの実際の生活ぶりや、姉メアリとの確執の詳細など、臨場感とともに生き生きと見えてくる。

著者のデイヴィッド・スターキーは、ケンブリッジ大学で博士号を得た学者。「六人の妻―ヘンリー八世の王妃たち」(未邦訳)など多くの歴史書を著す歴史研究家であるが、これまで日本では知られてこなかった。

この分野では金字塔のように言われていた「エリザベス女王」の著者J・E・ニールも、「いまから二世代前のエリザベス朝歴史家の大御所」と切り捨てられ、誤りが暴かれる。そのいきの良さは爽快(そうかい)だ。

イギリスのメディアでも活躍するスターキー氏は、BBCテレビ歴史番組シリーズの脚本と司会を務めてヒットさせた。その一つがこの「エリザベス」だという。タイムズ紙の姉妹文芸紙をはじめ各紙誌絶賛で、このジャンルではナンバーワンのベストセラーになっているというのもうなずける。

著者が序文でこの続編を書くかもしれないとほのめかしているが、女王となってからのエリザベスも是非描いてほしい。(河合祥一郎・東大助教授)

(原書房・2310円)=2006年4月27日⑤配信

重層的意味を込めた抵抗歌

「『おんな歌』論序説」（島田修三著）

「おんな歌」とは、単に女性のうたった歌という意味ではなく、これを一つの歴史的な和歌様式としてとらえ、古典から現代までの流れを展望してみたいとするのが島田修三の姿勢である。

「おんな歌」の発生の起源は、古代の神婚儀礼が民間行事化した歌垣（うたがき）でうたわれた女の歌にあるとする折口信夫の説を踏まえての論である。

このような「おんな歌」の特徴は万葉集の贈答歌の中に顕著にあらわれており、その発想の根底には、男からの直接的な求愛の問いかけに対して、それに同化しないよう機知に富んだ自在な修辞によって誘惑から逃れようとする女の立場があるとする。つまり、男の求愛の具体性を朦朧（もうろう）とした見えにくい言葉の次元へと解消してしまうわけで、それは、女の側からの一種の抵抗歌でもあったと見るわけである。

こうした手法は男と男の間での贈答歌にも暗黙のうちに取り入れられ、一方が女性になりかわって作った「おんな歌」の修辞による返歌の例もたくさん紹介されている。

私がびっくりしたのは抵抗歌の例としてあげられている、例えば「稲舂（つ）けば皹（かか）る吾（あ）が手を今夜（こよひ）もか殿の若子（わくご）が取りて嘆かむ」（万葉集・三四五九番）という歌の解釈である。

表面的には、殿の若様に愛される農民の女の誇らかな喜びをうたったものと読めるが、これを同じ農民である男たちと一緒にいる場での歌と考えると、言い寄ってくる男に対して、自分にはもっと貴い身分の方が恋人としているんだよという、はぐらかしの気持ちを込めた抵抗歌としても読めるというのである。古典和歌とは、かくも重層的な意味合いを帯びた、まことに興味深い世界なのであった。

このような「おんな歌」の流れは明治時代の与謝野晶子あたりまで続くが、それ以後はアララギの写実主義によって断絶されてしまった。それが復活するのは第二次大戦後であり、新しい「おんな歌」のための序説としてこの本が読まれれば幸いであるとするのが島田の結論である。（大島史洋・歌人）

（ながらみ書房・2940円）＝2006年4月27日⑥配信

伝統、西欧化の相克と苦悩

「雪」（オルハン・パムク著、和久井路子訳）

トルコ北東部、国境の町カルス。貧困、因習、抑圧の中に打ち棄（す）てられた人々はイスラム原理主義に傾倒する。あこがれの女性をドイツに連れて行き結婚しようと、元亡命者の詩人Kaは緊迫するその渦中に自ら飛び込む。

一九九〇年代前半のトルコはKaがかつて身を投じた左右の対立も終焉（しゅうえん）し、クルド分離独立主義と宗教政党である福祉党の脅威に翻弄（ほんろう）された時期である。市場経済の推進とPKK（クルド労働者党）のテロによる荒廃で階級や地域間の格差が拡大し、東部では国家による統制も強化された。これがKaを迎えた祖国の現実であり、その最たる逆境にある町で人々の悲哀や怒りを知り、それまでの宗教観や生き方を自らに問いたださざるをえなくなる。

ここにおいてパムク文学に共通するテーマの一つ、イスラムの伝統と西欧化のはざまで価値観が相克する葛藤（かっとう）と、それを乗り越えられないトルコの苦悩という問題が現れてくる。人々はKaを西欧世論への窓口とするが、西欧の二重標準をもよく知っている。だがそれは、半西欧化したKa自身にも内在しているのだ。

西欧に追随し進歩派を自認する人々が、大多数の弱者の苦悩を顧みず、自らの文化的素地であるはずのイスラム教を後進性と見なし遠ざける。作者自身の背景を投影したKaをモデルに、自省をも込めた警鐘を鳴らしたものと評者には思える。

だがそのKaも、自分と同じ左翼から原理主義の闘士に転じた男の前に、恋や創作の夢においても敗れるのだ。9・11後の世界情勢を考えると興味深い結末だが、反米姿勢を取るトルコでも物議を醸したのはうなずけよう。

一方、世俗主義は民意として確立しているが、スカーフ着用の禁止をはじめ、その理念や国父アタテュルクへの信奉が国家イデオロギーとなっているのを暗に批判しているのは特筆したい。原理主義の暴走を阻むとした軍部クーデターの内幕でも、不可侵たる存在のアタテュルクと人生の敗北者である劇団座長の対比にはそのことが巧みに描かれている。パムクのタブーに踏み込む言論人としての顔が見える作品である。（野中恵子・トルコ研究者）

（藤原書店・3360円）＝2006年5月2日①配信

ユニークで新しい忍者小説

「竹千代を盗め」(岩井三四二著)

忍者小説には大きく分けてふたつのパターンがある。ひとつは、超人的な体力と秘技の数々を駆使した伝奇ロマン風の物語。もうひとつは、特殊なものではあっても、科学的・合理的に説明できる技術を身につけた特異な職業集団と見て、彼らの生活と人間性に注目するシリアスな作風の物語だ。本書は、基本的には後者のタイプだが、これがなかなか一筋縄ではいかない、ユニークな忍者小説に仕上がっている。

戦国時代の忍者は、大名家に召し抱えられていたわけではなく、その多くはフリーであった。彼らとて仕事のないときはほかのことで生計を立てていかなければならなかったのだ。それゆえ、一族の総領は常に金の算段に苦労していた。

そんな甲賀の里に、三河の盟主松平元康(のちの徳川家康)の重臣が訪ねてくる。今川家に人質としてとらわれている長男・竹千代ら妻子を取り戻してほしいというのである。

久しぶりの大仕事だった。だが、そこでやおら総領の伴与七郎が取り出したのは、唐渡りのそろばんと物価の一覧を記した帳面。木の玉をぱちりぱちりとはじき出し、現地での滞在費、移動にかかる費用、鉄砲の損料、中忍や下忍(部下たる労働者)への手間賃…など、しめてこれで請け負いましょうと、商人顔負けの交渉を始めたのだった。

つまるところ、忍術とは「算術」でもあったのだ。とはいえ、ひとたび仕事を始めるとさすがにプロである。その手際の良さは称賛に値した。ところが、今回ばかりはどうもおかしい。どうやら味方に間者(スパイ)がいるらしく、仲間がひとりまたひとりと返り討ちに遭っていったのだ。おまけに金はどんどんと減っていき、やがて万策つきたかのように思えたのだが…。

忍者の集団を現代の中小企業に見立て、その経営と将来を憂える姿をユーモアたっぷりに描く。それでいて活劇場面も迫力満点で、史実にも忠実と、これは新しい忍者小説として大いに評価できる。この方向でもう一作ぜひとも読んでみたいものだ。(関口苑生・文芸評論家)

(講談社・1890円)=2006年5月2日②配信

固定観念打ち破る試み

「シェイクスピアの男と女」(河合祥一郎著)

シェイクスピアを素材に、社会的・文化的な性の問題を考える。蜷川幸雄演出の「ロミオとジュリエット」やジョナサン・ケント演出の「ハムレット」で翻訳を担当した河合祥一郎の書き下ろしによるジェンダー論である。

序「装われる性」の冒頭近く「シェイクスピアの描く男たちを見てみれば、たいてい『男』になろうともがいている。自分たちのなかにある〈女性的なもの〉を否定し、『男を立てる』べく、やっきになっている」とあるが、河合は、「男らしさ」「女らしさ」を固定的に考えるのではない。男性のなかに女性性を見いだし、女性のなかに男性性を見いだそうとする。

第一章の「〈じゃじゃ馬〉は自由な女か?」にはじまり、シェイクスピアの結婚観を探り、「マクベス夫人は悪女か?」と挑発し、男装の麗人たちを検討し、女性化する男性を論じ、最終章では、「恋せよ乙女」と題して、恋愛の諸相について考察する。

「シェイクスピアにとって、夫婦のアイデンティティーは、個人を超越して融合した総体として存在する」と断じる部分は、スリリングでさえある。

世界的にシェイクスピアほど上演例が多く、また、映画化された劇作家はいない。その分厚い歴史のなかで、作品や登場人物に対する固定観念が浮遊している。河合は、こうした「常識」を、原典にあたり、同時代の劇作を検討し、最近での演出例を参照することで打ち破ろうとしている。シェイクスピアが生きたエリザベス朝と現代では、「男」と「女」についての概念が、大きく異なっていることを根底に置き、ついには、性差にまつわる神話をまで揺るがそうとする。

あまりの博識ぶりに、かえって章ごとの方向性が見えにくくなり、一般読者が迷うきらいはある。しかし、学問的良心と叢書(そうしょ)の性格のはざまで、河合が誠実に仕事をしようと懸命に努力している姿が見えてくる。(長谷部浩・演劇評論家)

(中央公論新社・1890円)=2006年5月2日④配信

原点示す等身大の藤田像

「藤田嗣治　パリからの恋文」(湯原かの子著)

これまで、その画業の全容が紹介されることなく、さまざまな逸話や伝説のみが一人歩きしてきたといわれる画家藤田嗣治。没後三十八年の今年、ようやく初の本格的回顧展の開催に至り、真価を問う条件が整い始めた。が、各メディアでは「日本人初の国際的画家」「画壇の戦争責任を一人背負い、日本を離れざるを得なかった悲劇の画家」といったフレーズが繰り返され、藤田伝説の再構築の感さえある。

そんななか、新資料を基に少々異なる視点から藤田嗣治に迫ろうと試みたのが本書だ。特に注目すべきは、藤田がパリに渡った一九一三年から約四年間、日本で待つ最初の妻(鴇田（ときた）とみ)あてに書かれた書簡を丁寧に読み解き、紡ぎ出される〝世界のフジタ〟以前の等身大の藤田像だ。

そこには、従来指摘されてきた、彼の自己顕示欲の強さや処世術のしたたかさも垣間見える。だがそれにも増して、若き藤田の初々しく純粋な芸術信奉と、妻はもとより家族への深い想(おも)いが前面に出ている。根無し草的コスモポリタンなる印象の強い藤田嗣治のアイデンティティーがそこにある、と言うように。

そんな前半部分に対し、突然の離婚により便りが途絶えて以降、つまり本格的な画業の展開とその評価に関しては、従来の論調に多少の解釈を加えるにとどまっている。

しかし、最後に藤田と高村光太郎との比較から、西洋文化の享受を第一義としてきた近代日本の価値観とそれに対する葛藤(かっとう)に言及した点は、実に的確で説得力を持つ。今日も重い課題として残る芸術家の戦争協力には、西洋への憧憬(しょうけい)とともに劣等感にもさいなまれ、その超克を欲した近代の日本人の心性ともいうべきものが根源にあるのだ。

では、今日の私たちはそれを乗り越えられたのか。著者はその胎動を感じるという。が、例えばいまも藤田に冠される〝国際的〟なる言葉は、欧米に寄り添う〝国際性〟を志向し続ける日本を象徴している。藤田嗣治はその体現者であり続けているのではないだろうか。(藤田一人・美術ジャーナリスト)

(新潮社・2100円)＝2006年5月2日⑤配信

国民的な啓蒙書

「昭和史　戦後篇」(半藤一利著)

現在、昭和史を語るに著者ほどふさわしい人物はいない。雑誌ジャーナリズム育ちだけに実証的であり、加えて終戦時には十五歳、皇国少年の世代である。その人生が昭和史とも重なりあう。

本書は、昭和二十年八月十五日から昭和の終わりまでを語り口調で編んだ書である。昭和の初めから終戦まではすでに戦前編として編んでいてベストセラーになった。

一読してわかるのだが、遠ざかる昭和を確かめたい、あるいは昭和を知りたいという人たちに、平易な口調で語りかけているうえに、多くの史実が具体例として説明されているので、国民的な啓蒙(けいもう)書にもなっている。

著者は右にも左にも偏せず、とにかく日本人がどのような国民的性格をもっているか、をつきとめようと試みている。終戦時にみた日本の「頼りなさ」、それが冒頭でも語られている。昨日まで、一億玉砕を叫んで皇国の戦士たれとビンタを張っていた人たちが、今日には「これからはアメリカだ、民主主義だ」と言いだす。大人の変わり身の早さに著者の世代は複雑な思いで向きあった。

そのころに「一億総懺悔(ざんげ)」という語が流布したが、著者はこれがなあなあ主義につながり、「トップ層の、結局は戦前戦中と変わらない国民指導の理念」となったのではないかという。本書は「はじめの章」でこうした著者自身の史観をいくつか提示している。この史観をもとに戦後日本の実相を見ていくのだが、大部の書の三分の二は昭和二十七年四月までの占領期について割いている。

つまり日本の戦後史といっても、その骨格は占領期を丹念に検証することによって語りつくされるということであろう。

日本が国際社会に復帰したころ、著者は社会人となった。政治、経済、文化の変容する戦後日本の姿を、著者は同時代人の目で語り続けていく。経済や物量を求めての道を進んだわけだが、「精神はどうでもよい」の時代とも述懐する。

「日本よ、いつまでも平和で穏やかな国であれ」と願う末尾の一節に共鳴する読者は多いだろう。(保阪正康・評論家)

(平凡社・1890円)＝2006年5月2日⑥配信

危うい恋の行方、丁寧に

「木もれ陽の街で」（諸田玲子著）

時代小説の世界では、第二十四回吉川英治文学新人賞を受賞した「其の一日」をはじめ、数々の傑作を発表し、次代を担う中堅として定評のある作者が、初めて描いた現代小説である。

戦争の傷跡が色濃く残る昭和二十六年。武蔵野の面影を残す荻窪に、戦前から暮らす小瀬家は、尼子一族の末裔（まつえい）である父、八丈島生まれの母、長女の公子、二女の孝子、長男の正夫、末っ子の和実の六人家族だ。物語は、その長女の公子の視点で語られていく。

借家とはいえ、サンルームのある家に住み、戦前からパンを食べ、ミルクを飲んでいた、という小瀬家は、当時の典型的な中流階級であり、公子はいわゆる「良家の子女」である。女学校を卒業した大半の娘が花嫁修業をする中、公子は父の勧めで看護学校へ進み、大手商社の医務室に勤務している。

ある日、女学校時代の恩師の家を訪ねた公子は、そこで恩師の甥（おい）にあたる、という〝売れない画家〟片岡と出会う。片岡からいきなり絵のモデルになってくれ、と頼まれた公子は、その場で即座に断るが、片岡の持つ退廃的な雰囲気が何故か脳裏に焼きついてしまう。後日、親友と銀座で映画を見に行くために乗った電車で偶然片岡と再会した公子は、画廊の展覧会に誘われる。

危険な香りのする片岡と、良家の子女である公子。二人の恋愛がこの物語のメーンテーマであり、危うい恋の行方が丁寧な筆致で描かれていて読ませる。それと同時に背景として描かれる「あのころの昭和」が、何ともいえない味を出しており、物語に趣を添える。

闇市が立ち並ぶ銀座、和実たちが興じるチャンバラごっこ。そして何より、「小瀬家の人々」それぞれのドラマ…。

読み終えて頭に残るのは、「節度」という文字である。今や失われつつあるその二文字は、ほんの五十年前には、ごく当たり前に、人々の暮らしに根づいていたのだ。何でもありの今の時代だからこそ、多くの人に読んで欲しい一冊でもある。（吉田伸子・書評家）

（文芸春秋・1850円）＝2006年5月11日①配信

平穏を描く究極の私小説

「星に願いを」（庄野潤三著）

東京郊外の丘の上に老夫婦の住む家がある。春になると海棠（かいどう）やすみれ、みやこわすれなどさまざまな花に包まれる。

メジロやコゲラ、ツグミなど鳥たちも老夫婦を慕うように訪れる。

子供を育てあげた老夫婦の静かな晩年を描く庄野潤三さんのシリーズも本書で十一作目になる。

登場人物も、家族の年中行事も、もうおなじみのものばかり。

夜、一日の終わりに夫がハーモニカを吹く。それに合わせて妻が歌う。曲は「早春賦」や「夏は来ぬ」「赤とんぼ」などどれも懐かしい曲。

夫婦で新幹線に乗って大阪に父母の墓参りに行く。宝塚を見に行く。

初夏に庭の梅がたわわに実る。箱根に住む長女が梅をとる手伝いに来てくれる。

一家で近くの町のすし屋に集まる。孫に囲まれ楽しい一日になる。

このシリーズの愛読者にはもうすっかりおなじみになった平穏な日常が今日も静かに繰り返されてゆく。小市民の幸福はこのことかと思う。

「第三の新人」として登場し、天下国家のことよりも家族の日常を「家長」の目でとらえ続けてきた庄野さんならではの世界である。文学とは非日常ではなく日常にありと思いを定めている。

庭に花が咲いた。鳥が来た。子供や孫が遊びに来てくれた。小さないいことがあるたびに決まったように「たのしい」「うれしい」「ありがとう」。もう、ひとつの文体になっている。

無論、日常生活には嫌なこともあるだろうが、庄野さんはそれを一切書かない。現実社会の生々しい出来事も書かない。政治、経済をはじめ世の中の大きな出来事はみごとなくらい捨象されている。究極の私小説。

井伏鱒二や尾崎一雄、木山捷平が作ってきた飄々（ひょうひょう）とした心境小説の伝統を踏まえている。

一見、誰にも書けそうに見えるがとんでもない。何を書くかではなく、何を書かないかが、このシリーズを支えている。

庄野さんは今年、八十五歳になった。それで一日二回散歩に出かけ一万五千歩歩くという。驚く。（川本三郎・評論家）

（講談社・1575円）＝2006年5月11日②配信

日常に潜む人生の真実

「イラクサ」（アリス・マンロー著、小竹由美子訳）

「短編の女王」アリス・マンローの十作目（二〇〇一年出版）。原題は少女たちの恋占いゲームにちなむ巻頭の一編「嫌い、友だち、求愛、恋人、結婚」（本書でのタイトルは「恋占い」）。表題の「イラクサ」は全九編中の中央を飾る。

幼なじみの少年と偶然数十年ぶりに再会する女性が、胸のときめきを覚えるのもつかの間、相手の背負う悲劇の重みを打ち明けられ、ショックを受ける。甘美な叙情のさなかに侵入する冷酷な現実（表題作）。がんと闘う人妻が、たまたま出会った少年と田舎の小道を散歩し、キスを交わす。二人で分かち合う黄昏（たそがれ）の美しい空、やがてきらめく星々。ほんの一時、彼女の痛みやむなしさはすべて押し流される（「浮橋」）。

認知症の妻を心から愛し、思いやりつつも、身勝手な動機から不実をたくらむ夫が、一時的に正気を取り戻した妻にしっぺ返しを食らう。「車で逃げちゃえばよかったのに。気楽に逃げちゃえば。わたしのことなんかほっぱらかして。ほっぱらかし。ほっぽらかして」…「そんなことできっこないよ」（「クマが山を越えてきた」、映画化も進行中）。

結末はどれも微妙なオープンエンディング。少女たちのいたずらが一組の男女の思わぬハッピーエンディングに発展する「恋占い」が唯一の例外であろうか。

身近な体験を素材に、鋭い観察力と記憶力を武器にして、自らの創作本能に忠実に従いつつ、単語一つの無駄もなく丁寧に書き上げていくマンローの作品は、どれを取ってもまさに珠玉。長編並みのテーマを限られたスペースに巧みに凝縮し、男女・親子・友人等の人間関係の機微を、深い洞察力と写真技術にも似た正確さで描き、ありふれた日常生活の中に潜む神秘な人生の真実を照らし出す。

三十七歳で出たデビュー作以来、三度の総督文学賞はじめ数々の賞に輝き、ブッカー賞やノーベル文学賞の候補にも再三のぼるマンローは、カナダを超え、英語圏全体を代表する作家の一人である。日本での知名度がもっと高まることを期待したい。（堤稔子・桜美林大学名誉教授）

（新潮社・2520円）＝2006年5月11日③配信

国際社会の問題を鋭く突く

「紛争と難民　緒方貞子の回想」（緒方貞子著）

著者の緒方貞子さんは米ソ冷戦が終わった直後の一九九一年から約十年間にわたって女性として初めて国連難民高等弁務官を務めた。

就任したのは、まさに湾岸戦争の真っ最中だった。そこから怒涛（どとう）のような地域紛争と難民問題に追われる日々が始まる。

題名には「回想」とあるが、単なる回想録ではない。著者は直接担当した多くの問題から、クルド難民危機、バルカン紛争、ルワンダなどのアフリカ大湖地域危機、アフガン難民の四つを選び、「検証と分析」を詳細に行っているのだ。

「難民の保護」が国連難民高等弁務官事務所（UNHCR）の使命だが、それは迫害から逃れて国境を越えてくる難民を助けるというような古典的な姿を超えていた。

国家が崩壊する過程で発生した「民族浄化」の嵐のなかで、故郷を追われる人々への支援は、国境を越える「難民」だけでなく、「国内避難民」に対しても必要だった。難民らの安全確保のために、中立性への疑問に悩みつつ多国籍軍との協力という一線も踏み越えざるを得なかった。虐殺の当事者が難民に交じって難民キャンプを「武装化」する問題にも直面した。

各地域の地図も挿入して、複雑な歴史を分かりやすく解説し、現地を訪れて当事者と話し合った経緯を織り交ぜ、難民問題だけでなく、その根幹である紛争解決、平和維持、平和構築をめぐる各国や国連の活動の実態を描き、二十一世紀の国際社会の抱える問題を鋭く突いている。

巻末のUNHCR職員への「惜別の辞」の一文に、心を動かされたので、紹介したい。

「私はあまりにも多くの難民の目のなかに恐怖と苦痛を見てきました。それらを、保護・救済され、…生まれ故郷に戻れるという、心躍る喜びに変えようと、みなさん全員と一体となって努力しました。このことが私の原動力であったと信じております。それはやりがいのある努力でした」

人間の安全保障について深く考える教科書ともいえる内容だ。（幸田シャーミン・国連広報センター所長）

（集英社・3150円）＝2006年5月11日④配信

ロシアと付き合う難しさ

「KGB帝国」(エレーヌ・ブラン著、森山隆訳)

旧ソ連国家保安委員会(KGB)の中堅官僚であったウラジーミル・プーチンがロシア大統領に就任した内在的論理を著者は、ソ連もロシアも「KGB帝国」つまりインテリジェンス(情報機関)官僚によって支配された国家であるという観点から読み解く。

ブレジネフ時代にソ連はオイルマネーの増加と緊張緩和政策の成功で安定した社会をつくり上げた。その結果、エリートも民衆も弛緩(しかん)してしまい、ソ連は腐敗帝国になった。

ロシアのことわざで「魚は頭から腐る」と言うが、まずソ連国家の最中枢部である共産党中央委員会が腐敗し、これに危機を感じたKGBのエリート官僚は、ゴルバチョフにペレストロイカ(立て直し)政策を推進させることでソ連体制の自己保存を図った。しかし、ソ連の腐敗は国家・社会全体にまん延しているので治療は不可能だった。賢明なKGB官僚はソ連を解体し、ロシアを欧米民主主義国家と同一の価値観を持つ新生国家と装うことで、官僚層の生き残りを図った。

しかし、注意深く観察すれば、本質がKGB官僚の自己保存にあることが見えてくる。例えば、チェチェン紛争でKGB官僚は少数民族を軍事力で鎮圧する姿を見せることで西側に対して「われわれはまだ健在である、無視することはできないというメッセージを送ったのである」。そしてプーチンは一九九九年八月に首相に就任してから三カ月足らずで武力によりチェチェン紛争をとりあえず封じ込め、その功績で後継大統領の座を確保する。「それまで、KGBは隠れて権力を行使してきたのだが、一九九九年以降は明らかに堂々と権力を行使しており」、「KGB帝国」が完成したのだ。

本書は実証的で説得力がある。現下ロシアの国家エリートも本書の認識については同意するが、評価については「KGB帝国で何が悪い。それしかロシア国家とロシア国民が生き残る道はないんだ」と開き直るであろう。ロシアと付き合うことがいかに難しいかを理解する上でも本書が刊行された意義は大きい。(佐藤優・起訴休職外務事務官)

(創元社・2520円)=2006年5月11日⑤配信

遺物や遺跡から古代の心を

「新古代学の視点」(辰巳和弘著)

考古学の発掘によって、私たちはさまざまな遺物を見てきた。遺物という「もの」を、見てきたといってよい。しかし、その「もの」に隠された精神的な意味を見いだすのは、容易ではなかった。

考古学という「もの」を対象とする研究領域が、「もの」の意味を探り出そうとするのは、「考古学の本来の領分ではない」という厳しい学問的な指摘は理解できなくもない。しかし「もの」を、ただ「もの」として見ているだけでは、この学問は人間の学として存立しない。

本書はサブタイトルに、「『かたち』から考える日本の『こころ』」とあるように、遺物や遺跡を通して、古代の人々の精神世界、〝神との出会い〟を発見しようとする意欲的な試みで満ちている。

例えば古墳時代の高床建築は、記紀に語られる高殿であり、神と人(大王)が交感する空間であるという。

そこで、マツリゴト(政治・神事)がなされたという著者の見方は、各地の古墳から出土する高床式の家形埴輪(はにわ)について、一つの解釈を示すとともに、そのことによって被葬者の身分をも想定させ、現代のわれわれの目の前に立ち現れたような思いに誘う。

著者は、古代人が描いた「かたち」から「こころ」のありかも読み解いていく。九州地方の装飾古墳において壁画として描かれる同心円文は、鏡を表現しており、この文様が東国地方に広がると、外見上は渦巻文に変化したようでも、鏡の持つ辟邪(へきじゃ)の意味はそのまま伝えられたとする。

それでは、特異な形をした勾玉(まがたま)はどうであろうか。諸説があるが、私にとっては、これまで謎のままであった。

古墳の被葬者のためにつくられた石製の枕の形状が、勾玉に似ている点に注目し、そこから「勾玉は〝魂(たま)振り〟の霊力を発揮した」と考えていく。こうした著者の謎解きの詳細は、本書の説明に直接耳を傾けるのがよいであろう。

著者の「かたち」から「こころ」を掘り起こす作業は、丹念な思考の積み重ねから導かれているのである。それだけに説得力がある。(千田稔・国際日本文化研究センター教授)

(小学館・1995円)=2006年5月11日⑥配信

笑いながらふと涙ぐみ

「さらば大遺言書」（語り・森繁久彌、文・久世光彦）

三月二日の著者久世光彦の急逝により、「週刊新潮」に連載中のエッセイ「大遺言書」は、百九十回で終了した。単行本四冊目にあたる本書のタイトルに〈さらば〉が付されたのはそのためである。〈どっちかが、いけなくなるまで〉の約束で書きつがれたという奇抜な聞き書きエッセイは、七十歳の久世が九十二歳の森繁を残して去る幕切れとなった。〈息子のように愛した久世よ〉一通夜の席上、森繁が用意した弔辞の悲痛な言葉を思い出す。

稀代（きだい）の名優であるばかりか、日本語の達人でもある森繁久彌のなかに、著者は大正・昭和・平成を生きぬくタフで風雅な文人の心を読みとっている。鷹揚（おうよう）、諧謔（かいぎゃく）、飄逸（ひょういつ）、偏屈といった諸々の気風を併せ持ち、いつの時代にも日本的抒情（じょじょう）の美に愛着してきた森繁への親炙（しんしゃ）が、この風変わりなエッセイを生みだしたのである。森繁という素材は涸（か）れることのない深い泉であったろう。泉から掬（すく）ったイメージや言葉は自在に飛躍し、泉の彼方（かなた）に浮遊し、泉のほとりに着地する。見事な技である。

小説の名手であった著者は、あざといくらい上手（うま）いエッセイの書き手でもあった。数ある名作のなかでも極めつきは、「昭和幻燈館」「蝶とヒットラー」だろう。言葉の一つひとつが生命を与えられて戦（そよ）いでいるようなのだ。日本語に魅せられた著者が、愛する言葉を操る歓（よろこ）びに惑溺（わくでき）している。それは久世流にいえば、怖（おそ）ろしいほど蠱惑（こわく）的なのである。

本書に流れるのも、〈全ての物語の主役は「歳月」である〉とする感懐である。人間を見つめる目の、澄んだ優しさ、甘さ、悲しさが際立っている。どれも捨てがたい文章であるが、秀逸なのは「押花」「蚊が泣いている」「大地震」「蝶の行方」「針鼠」「女ひとり」だろうか。「蝶の行方」の末尾は、笑いながらふと涙ぐまずにはいられない風景だ。

ペンを執って二十年弱、偏愛する時代や風景や人を透徹した美意識で描き、あっさり逝ってしまった作家の真の評価に、あるいは批評の方が行き着かないでいたのかもしれない。（宮田毬栄・エッセイスト）

（新潮社・1575円）＝2006年5月18日①配信

犬の健康確立に献身

「愛犬王平岩米吉伝」（片野ゆか著）

学閥がモノをいう日本でも、動物学では民間から優れた学者が幾人も輩出している。オオカミも含めたイヌ科動物の研究に大きな足跡を残した平岩米吉（一八九七―一九八六）もその一人だ。しかも、「動物文学」という日本語を創造し、新たな文化を確立するため戦前から自らの私財を投じ、献身してきた人物でもある。

米吉は東京の下町に江戸時代から続く竹問屋の六代目の子息として生まれた。十歳で店を仕切る才覚を示し、裕福な環境が後の研究の糧ともなった。米吉を動物学に駆り立てたのは幼少期に知った滝沢馬琴の「椿説弓張月」。猛獣であるオオカミが愛情を持って接した人間に忠誠を示すシーンに感銘したのだった。

一九二九年、米吉は現在の目黒区自由が丘の約千坪の土地に家を建てた。家族の協力のもと、十数頭の犬のみならず、動物商が輸入したオオカミ、ハイエナ、ジャッカルなど数々の動物を入手して、半自然状態で飼育し、観察した。これは動物行動学の父・ローレンツに先んじること四十年という観察法だった。

そして、科学的視点と文学的視点との融合を掲げ、三四年に「動物文学」という季刊誌を創刊する。中西悟堂、柳田国男、室生犀星、北原白秋らそうそうたる面々も寄稿、翌年には同誌でシートン動物記の初の邦訳も掲載した。米吉にとって動物愛護とは、「家族の一員として、最期まで愛情を注ぐこと」に尽きた。

疎開先にも犬を連れて行き、自宅で愛犬の手術を獣医師にさせたほどだが、愛犬をフィラリアで亡くした悲しみは転機となる。米吉は「フィラリア研究会」を設立。当時、治療法も予防法もなかったこの感染症の研究を東大教授らに託し、戦後も支援を惜しまなかった。

副作用もない予防薬の開発に携わったのが、米吉の自宅で手術もした獣医師で、その予防薬の認可は、米吉が亡くなる直前だったのは偶然には思えない。見届けた観がある。ペットブームの現在をかんがみれば、本書は犬の健康の確立に情熱を注いだ男の軌跡とも言えるだろう。（小林照幸・ノンフィクション作家）

（小学館・1680円）＝2006年5月18日②配信

夢研究の最前線を総覧

「脳は眠らない」(アンドレア・ロック著、伊藤和子訳)

夢は、不思議だ。昔から、夢をめぐるちょっと不思議な話や怖い話、胸ときめく言い伝えなどは洋の東西を問わず、たくさん知られている。その夢に、現在の脳神経科学はどこまで迫っているのか?　研究最前線を総覧したのがこの本だ。

題材が謎に満ちていて、取材対象が今もっとも活発な科学の領域となれば、おもしろくないはずがない。「夢の科学」の見取り図を、分かりやすく知ることができる点ではおすすめである。

夢の定義、実態、機能、進化的な由来などについて、すべての科学者が合意できるような知見はまだない。それでも、ここ二十年間の夢研究の発展は著しい。観測機器や実験方法の進歩、優秀な研究者が弟子をきちんと育ててきたことなどが、この本からうかがい知れる。

昔、夢はレム睡眠中に見ると教わった記憶がある。本書によれば、これはまちがいだそうだ。ノンレム睡眠時にも夢は見る。レム睡眠は記憶を定着させるために進化してきたもので、哺乳(ほにゅう)類全般に見られる。しかし人間はそこに、物語的な夢を付け加えた。これは、人間の認知能力の発展と自我意識の確立がもたらしたものだと著者はいう。だから、夢には「自分」がなんらかの形で反映されている、と。

夢か現(うつつ)か、というのは日本語では常套(じょうとう)句だが、科学的にも覚醒(かくせい)時と睡眠時とで、意識の状態にはっきりした線引きはできないらしい。

このように話題は幅広く、研究のフロンティアを網羅している。半面、やや総花的になりすぎた感がある。もう少し一本筋の通った骨太の、著者なりの視点(それこそ物語?)がはっきりしていれば、もっと分かりやすくなっただろう。

もっともこれは脳研究の啓蒙(けいもう)書全般に見られる傾向で、裏返せばそれだけ話が面白いということでもある。取材対象が北アメリカに偏っているのは、気になるところだが、いたしかたなかろう。

索引や引用文献まできちんと邦訳されているのは、うれしい。夢研究の良質な入門書である。(佐倉統・東大助教授)

(ランダムハウス講談社・2310円)＝2006年5月18日③配信

野宿者に重なるイエス像

「釜ケ崎と福音」(本田哲郎著)

自分を大切にしたいと思うから、自分の生き方と敵対する、という言葉が出てくる。この場合の自分を大切にするということは、不自由な自分を解放するということである。著者の自己解放への努力は、人によく思われたい「よい子症候群」の神父である自分と敵対することからはじまった。まず祈った。だがいくら祈っても何も変わらない。

信じがたいことが起こった。日本最大の日雇い労働者の街といわれる大阪・釜ケ崎で夜、野宿の人たちに毛布を配ったときのことだ。よい子症候群の著者は内心、逃げ腰、怖くて仕方がない。思い切って声をかけた。寝ていた人はびくっとして、顔をこちらへねじむけた。殴られると思い、とっさに身をひいた。

だが返ってきたのはやさしい笑顔と「兄ちゃん、すまんな、おおきに」という言葉だったのだ。そのたった一言が「よい子」という重しを取り去ってくれた。それだけでなく、著者に劇的な回心を促したのである。

キリスト者の自分が彼を解放するはずであったのに、解放されたのは自分の方であった。これはどういうことだ。もしかすると貧しい人たちこそが、人を解放する力を持っているのかもしれない。こうした直観を確認しようとして、著者は釜ケ崎に居続け、彼らとの日々の交流の中で聖書の読み直しを図る。そしていかに聖書を読み間違っていたかを思い知らされるのである。

最大の誤解は、イエスは貧しい人に手を差し伸べる側にいると思い込んでいたことである。反対だった。貧しい人たちの中にいたのである。だとすればキリスト者に必要なのはあわれみでも、分かち合いでもなく、貧しい人たちにイエスを見て、進んで隣人になることではないか。選び、と著者はいう。それこそがキリスト者である、と。

食い意地の張った酒飲みというイエス像は新鮮だ。このイエスに釜ケ崎の野宿者たちの顔が重なる。このとき、抑圧からの解放という、わたしたちのなすべき正義が見えてくる。熱い一冊。(芹沢俊介・評論家)

(岩波書店・2625円)＝2006年5月18日④配信

普遍的な平和主義と理念　「ベアテと語る『女性の幸福』と憲法」（語る人・ベアテ・シロタ・ゴードン、聞く人・村山アツ子、構成・高見澤たか子）

憲法二四条を起草したことで知られるベアテ・シロタ・ゴードンさん。憲法誕生秘話を語る彼女の伝記や映画は少なくないが、この書物は一味違う。「ベアテ〈が〉語る」だけでなく、憲法・平和や女性の問題を「ベアテ〈とともに〉語る」ための貴重なインタビュー集に仕上がった。

天才ピアニスト、レオ・シロタの長女として戦前の十年間を日本で暮らしたベアテは、終戦後憲法草案起草の極秘の任務に携わった。その草稿には二四条の男女同権だけでなく、非嫡出子の差別禁止や子どもの医療費無料化など重要な内容が含まれていた。そのため機密解除期限後の九〇年代から繰り返し来日して講演し、参議院憲法調査会でも参考人として証言した。

本書では、第一・二章で少女時代から憲法制定当時までを振り返った後、第三章（パンドラの箱を開けてはいけない）、第四章（戦争の現実）で、平和への強い思いが述べられる。これまで憲法九条について多くを語らなかっただけに、第五章（日本女性は幸せになったか）の「破壊と暴力と殺人、それが戦争の素顔です。日本国憲法の理想は、その戦争をなくすために生まれたということを忘れないで欲しい」という言葉には重みがある。

「自分の国の歴史も満足に知らないで育つなんてかわいそう…」と教科書問題を憂い、ニートや少子化現象を心配する。日本を愛し、平和と女性の幸福を心から願ってきた彼女の生涯は、第五・六章や多くの写真に示される。構成の素晴しさとインタビュー者の鋭い問題意識に支えられたこの書物が、改憲問題が切迫したいま、世に出たことの意味は大きい。行き届いた注釈からも、日本の憲法状況やジェンダー問題を学ぶことができる。

ただ、これまで主に女性団体が彼女を招いてきたように、女性の読者対象を念頭においてタイトルがつけられたとすれば、それはあまりに残念である。ベアテが語る平和主義と憲法の理念は、男女を問わず普遍的なもの。ベアテとともに、今こそ、日本の主権者市民がみな、憲法の将来を真剣に語り合わなければいけない「瀬戸際」なのである。（辻村みよ子・東北大教授）

（晶文社・2415円）＝2006年5月18日⑤配信

問題意識のバトンリレー　「『坂の上の雲』と日本人」（関川夏央著）

歴史は繰り返すが、愚かな失敗は二度と繰り返してはならない。そう考えた司馬遼太郎は、日本の輝かしい栄光と悲惨な挫折を描き続けた。

明治も戦後日本も、一度は自由で楽天的な個性が開花し、日露戦争に勝利し、高度成長もした。だが明るい登り坂の上には、暗雲があった。太平洋戦争の敗戦と、現代日本の混迷である。

この暗雲はもはや、「私」のナルシシズムに執着する旧式の純文学では吹き払えない。だから司馬は、政治と文学を総体的に見通す雄大な歴史小説を創出して、名作「坂の上の雲」を書いた。

関川夏央は、司馬の志を継ぎ、歴史と国家の波間であえぐ現代読者を励ます。誰よりも、種々の社会問題を起こしつつある若者たちに向かって、彼は語りかける。日本と純文学を見捨てた若者たちの再生を願うからだ。

関川の語りかけは、敗戦直後に日本のかじ取りをした世代や、大学紛争の挫折を体験した団塊の世代にも熱くなされる。どうすれば、私たちはもう一度、文明の坂道を登り始められるのか、と。

関川は、処方せんの提示を急がない。彼は、司馬の小説やエッセーの流儀にならい、楽しい脱線を無数にちりばめ、歴史のミステリーの数々を大胆に解きほぐし、映画などに表れた民族の歴史的記憶を浮き彫りにする。

本書では鋭敏な危機感が、思索の喜びに満ちた「大人の時間」と同居している。大作「坂の上の雲」にも似たゆったりした時間が、本書から立ちのぼる。この風格こそが文学の気品であり、日本人と日本国が回復すべき品格なのだという関川の主張である。

国家の浮沈も、戦争の勝敗も、結局は「運」が左右する。それが、司馬と関川の一致した結論である。ただし、運を呼び込むのは、人間の側の度量だ。未来の日本人は、幸運をつかみ、今度は坂の上から笑顔で美しい雲を眺められるのか。

司馬の歴史小説の現代性を解き明かした本書は、問題意識のバトンリレーの見事な成功例だ。このバトンを関川から受け取るのは、私たちだ。（島内景二・電気通信大教授）

（文芸春秋・1800円）＝2006年5月18日⑥配信

全編を覆う哀しみの呼吸

「夜の公園」（川上弘美著）

不思議な感触の小説である。「中西リリ」をはじめ、夫の「幸夫」や友人の「春名」、リリの恋人となる青年「暁」たち、輪舞となって巡る複雑な恋が描かれる。それなのに、一人の女性のみが静かにそこに居たという、そんな読後感を残す。

内省的なリリと、蠱惑（こわく）的な春名は正反対の女性である。また穏やかな勤め人の幸夫と、自由な青年の暁では、生き方も愛し方も違う。まったく異なる人物がくきやかに登場してくるのに、人々は同じ空気のように融和されている。

「幸夫の体とリリの体は同じ材質でできているように思えたし、幸夫の心とリリの心は似た温度を保っているように感じられた」。そういう夫婦だったが、ふと、「リリは今、幸夫が好きではない。そのことに気づいてしまったことを、リリは、いまいましく思っている」と展開されていく。

かすかでも感情の変化に気づいたら、もう止まることができないのだ。リリの自然な率直さは、それぞれの人物にも共通する。感情の揺らぎに従ううちに、離婚や出産など大きな選択がなされていく。だがそれは、将来への意志を伴う決断などではなかった。

暁の子を妊娠し離婚するリリ、幸夫を慕う春名と無理心中しようとする暁の兄「悟」…。感情を最も大切にして動くことの切っ先は、やがて自分自身に向かっていき、みんなが独りになる。

美しい描写がある。リリが、若く死んだ「父」の髭（ひげ）を回想する場面だ。母と二人、髭のようすが思い出せないのである。母から送られてきた古い写真の父の髭を見て、「それから、突然哀しみがやってきた」と淡々と記される。全編を覆うこういう「哀しみ」の呼吸が、事件や人物を融和していくのだろう。

「さみしい」「恋しい」など一般的な言葉ではくくれない、一人一人の感情のかすかな差異を、空気や光線のように柔らかく表そうとした小説。不思議な静謐（せいひつ）さとともに、自己閉塞（へいそく）の極まった現代の息苦しさも感じられた。（佐伯裕子・歌人）

（中央公論新社・1470円）＝2006年5月25日①配信

霊性を宿す身体の宇宙

「比較芸能論」（宮尾慈良著）

たとえ祭りのハレの日に神社の境内で行われようと、今のわれわれが見る神楽や田楽などは、「国立劇場」の舞台で演じられるものと、さほど違わない「伝統芸能」の一つである。

けれども仮面や人形を使う演劇、人が舞い踊る舞踊などの「芸能」は、本来は神を迎え祝い、そして送り返す神事と一体であった。

本書は、そんな芸能の原像を熱く語っていく。ここでいう神事とは、形式的な儀礼でも、単なる信仰でもない。舞い踊る手足の動き、跳躍する動作、身に付けた衣装や飾り、あるいは素朴な影絵人形をあやつる者や仮面をかぶる演者に宿る「霊性」を意味する。

霊性を宿す身体の宇宙を求めて、本書は、愛知県奥三河の花祭や長野県遠山祭、岩手県大償の山伏神楽などの日本国内はもちろん、バリ島のケチャという舞踊劇、マレーシアの影絵劇ワヤン・シャム、西ベンガルの「ラーマーヤナ」の身体伝承、さらにカンボジア舞踊など、アジア各地の芸能の現場へと飛び回る。

そこで著者が、舞踊や影絵の演じられる現場に立ち会い、言語を超えた身体の運動に自らも巻き込まれつつ、文字通り体得した成果が、豊富な写真とともに披露されていく。

本書はいう。「アジアの演劇では、古くから演技する者ばかりでなく、観客も相互に身体における伝承を行ってきている」と。演じる者と観（み）る者との区別などを軽々と超えてしまうアジアの芸能世界は、近代が生み出した身体と精神、主観と客観といった二分法の価値観をも揺さぶってくるのだ。「舞踊人類学」の宣言である。

本書からは、〈見えない世界〉とのコミュニケーションを実践する身体の宇宙こそが、グローバリズムに溶解していく世界と対抗する、重要な武器となることが見えてくるだろう。

いや、そんな大それたことはさておき、まずは身近な神社の祭礼の夜、舞い踊る人たちの身体の動きに感応してみよう。今まで見えなかった世界が、一瞬立ち現れてくる。その体験こそが、本書が最も伝えたかったことに違いない。（斎藤英喜・仏教大教授）

（彩流社・2625円）＝2006年5月25日②配信

少女を満たす弱さと強さ

「ずっと」（森健著）

森健の書き下ろし長編「ずっと」は、嫌気がさした日常生活から飛び出す十四歳のナオミの冒険と成長を描く。

ネットで知り合ったテルを信じて、車で運ばれていった先には、売春組織に絡め取られる日々が待っていた。裏切りの容疑でテルは繰り返し私刑を受ける。ナオミはそこで働くほかの少女たちと同様に客をとらされる。

「従順に従って歩いてゆくこの自分の足のスイッチは、いったい誰が入れたんだろうとナオミはまるで他人事のように思った」。つまり、その環境にある程度の適応を示してしまう自分を、ナオミは自身の内側に見つけるのだ。ナオミの若い身体は、善悪を離れた肉体の論理を味わう。

凄惨（せいさん）な場に居合わせても、ひき返せないほど遠くへ来たと感じても、ナオミの心にはいつも笑いに似たものがある。自棄ではない。感情は、あるのかないのか、ナオミ自身にもよくわからない。

だからこそ、こんな言葉がある。「どのような感情の選択肢を選べばいいのかわからなかった。泣けばよいのか、笑えばいいのか」

名付けられない感情を抱えて、欲望と暴力の波間を漂う。作者はこのあたりの事柄に力をこめて書いたのだと思う。

組織から足を洗おうとしていたテルへの私刑の場面には、奇妙な執拗（しつよう）さが感じられる。暴力と血の描写を重ね、その向こうに、作者は何を見たいのだろうか。ある日、働いていた少女のひとりであるアヤがナイフをひらめかせる。組織の閉塞（へいそく）状況は突然、肉のように切り開かれて、ナオミとテルはそこから逃走する。

物語の最後でナオミは家族のもとに戻る。また学校に属することにもなる。ナオミの日常は回復されるのだ。たとえ家出する前とは違う質のものになっているとしても。

この小説は、少女の成長物語だといってよい。手荒だが、一度壊れるという意味において、通過儀礼的な側面を多分に備えたものとして読むことが可能だ。戻ってくる、それが重要だ。少女を満たす弱さと強さに、じっと目を凝らす作品だ。（蜂飼耳・詩人）

（角川書店・1680円）＝2006年5月25日③配信

現代史の転換点を描く

「1968（前編・後編）」（マーク・カーランスキー著、来住道子訳、越智道雄監修）

一九六八年という年は、この時期に青年だった世代にとって忘れがたい。ベトナム戦争は最多の死者を数え、マーティン・ルーサー・キングとロバート・ケネディが凶弾に倒れ、人々の希望が失われた。チェコスロバキアの民主化運動、「プラハの春」はソ連などワルシャワ条約軍の戦車によって踏みにじられた。ビアフラの内戦では多数の子供が飢餓で死んでいた。

世界のこうした矛盾をテレビなどで目撃していた学生たちは、キャンパスで直面した大学当局の権威主義に抗議して立ち上がった。その運動のうねりは、世界史上はじめて世界中に広がる反体制運動となった。

米国や西欧だけでなく、チェコなど東欧や、メキシコなどラテンアメリカで、そして東京で、学生たちは社会の矛盾、人種やジェンダーなどの差別と闘った。それぞれの現場では、地球の反対側の運動が励みになった。「全学連」のジグザグデモは警官の隊列を突破するのに有効だとして米国で採用された。

米国の代表的なノンフィクション作家であり、この時代に青年であった著者は、本書で六八年の全体像を描こうとした。運動が世界を覆ったのは、青年たちがベトナム戦争に対する憎しみと疎外感や独自の感覚を共有し、公民権運動の勇気とアイデア、フォークソングなどの対抗文化に励まされ、海外「同日」放送されるようになったテレビ時代開幕の影響によるものだったという。

「一九六八年という年で感動させられるのは、世界じゅうの大勢の人びとが多くの間違いに対して沈黙するのを拒否したことだ」「おかげで世界はそれまでほとんど気づきもしなかった希望の存在を知り、間違ったことがおこなわれていることを知った」

この世代の自負であり、運動は自分たちの生き方につながっていたし、いまもつながっている、というのが心情であり意志であろう。現代史の転換点の意味に取り組んだ力作である。日本の運動が伝わっていれば、より豊かな歴史になったであろうことが惜しまれる。（五十嵐暁郎・立教大教授）

（ソニー・マガジンズ・前編2625円、後編2520円）＝2006年5月25日④配信

「書く」という根源に迫る

「漱石という生き方」(秋山豊著)

夏目漱石の文学は、ひと筋なわでいかない。読みやすいようで、実はきわめて難解である。たとえば小説に出てくる夫婦の会話は、世俗のことを語りながら哲学じみている。「道草」の結末は、金をせびる養父と、ようやく絶縁できた主人公が、妻に片付いてよかった、と言われ、世に片付くものはほとんど無い,「一遍起つた事は何時迄も続くのさ。たゞ色々な形に変るから他(ひと)にも自分にも解らなくなる丈(だけ)の事さ」と答える。よくよく考えると、どういう意味かわからない。

謎が多い分、漱石論も多彩である。本書がユニークなのは、筆者が漱石の自筆原稿にもとづく新版全集の元編纂(へんさん)者であること、つまり、漱石の筆跡を通して、文豪の呼吸を生々しく感じる立場にあって、漱石の「書く」という根源に迫ったということである。活字で読む漱石とは異なるだろう。

著者は「小さな疑問」から、筆を起こす。漱石の代表作「心」の「先生」は、一体、何が専門の先生なのだろうか？　漱石は作品の中で具体的にしない。それは、なぜなのか？

著者は主として「心」と「道草」の二作品をたどりながら、これを執筆した漱石の内面に探りを入れる。むろん、漱石の他の作品や、日記、書簡、応問、メモ等から、傍証を固めていく。このプロセスが緻密で、推理小説を読み進めるような面白さがある。そして著者はついに突きとめる。漱石は、「変わらざるを得ない」人々を、「そしてまた、その変わるところを描こうとした」のである、と。

全集編纂に当たって、努力を惜しまぬこと、嘘をつかぬこと、この二つを自分に律した著者が、論考の、いわば息抜きのように、編纂余話を語る。これが実に興味深い。漱石ファンには随喜の秘話ばかり。「吾輩は猫である」の原題は、「猫伝」であった。これは「列伝」のもじりであるまいか、との著者の推理は斬新である。既全集の誤植の問題など、編集苦心談をもっと読みたい気がするが、別のテーマとなろう。(出久根達郎・作家)

(トランスビュー・2940円)=2006年5月25日⑤配信

言い換えの必要性論じる

「日本語を叱る!」(加賀野井秀一著)

「叱(しか)る」とは、変わった題名の本である。「叱る」相手は、ふつう目下で、意思が通じるもので、例えば後輩や子供や犬である。社長や虫や天気を叱ることはできない。日本語も叱れないはずだ。つまり、著者は日本語を使う人を叱りたいのだろう。

しかしこの本では、最近のら抜きことばや敬語の誤用などを個々にあげつらっているのではない。

ですます体で読みやすい文章だし、日本語のあり方、使い方を広くかつ深く考察している。ここでも細かい誤りは大目に見て、全体の大きな流れを追うことにする。

日本語が、名詞などに中国からの漢語を受け入れ、助詞・助動詞などに在来のやまとことばを残したとして、漢語と和語の二重構造と特色づけるのが、論の出発点である。近代の外来語も二重構造の中に位置づける。

また擬声擬態語(シーン、キリキリなど)の多さ、感情的表現の多用を、西欧の言語と比べて論理性が欠けると分析する。

若者ことばに際立って表れるように、他のグループに通じないタコツボ的なことばが日本語にあると指摘し、そこから逃れるためには、仲間内のことばに頼らず、別の集団に属する人のことばに置き換える必要がある、と主張する。若者ことばだけでなく、俗な言い方と改まった言い方、方言、外来語や難しい漢語の言い換えなども必要で、外国語の翻訳をやってきた日本人は得意なはずだと、論じる。

小学校の英語教育の論がかまびすしいが、それ以前に日本語の内部に大きな違いがあって、お互いに言い換え、翻訳する必要があることを指摘したのは新鮮である。

伏線が各章にあって、最後の章で結論が出るので、推理小説で最後に犯人が分かるような読み方をすることになる。

「分かり合うために人々がお互いに言い換えるべきだ」という結論を頭に置きながら読むと、枝葉にとらわれずに全体の論理を読み取ることができるだろう。ただし、この書評を読んでから買う人は、犯人を知ってから推理小説を楽しむ感じになる。(井上史雄・明海大教授)

(ちくま新書・714円)=2006年5月25日⑥配信

弱者こそが動かせる現実

「犯罪被害者の声が聞こえますか」（東大作著）

「弱者」という言葉がある。高齢者や障害者を指すこともあれば、種々の災害の被害者のこともいう。場合によっては、女性や子どももそう呼ばれる。

だが、私はこの言葉を使わない。あの阪神大震災の最初の数日間、多くの被災者たちが助け合い、信じられないような力を発揮していたのを見たからだ。彼らを弱者と言ってしまったら、当事者こそが惨禍の主人公なのだという重要な事実を見落としてしまう。

犯罪の被害者についても同じことが言えるだろう。激甚な傷を負った被害者、妻や夫や子どもを失った人たちは、長い間、捜査や報道や裁判の「材料」にされるだけで、あとは何の補償もなく、放ったらかしにされてきた。本書で描かれる遺族たちの痛切な暮らしと人生、傷ついた被害者の治療と後遺症の苦しみはただごとではない。

日本ではよく、加害者の人権ばかりが大切にされている、と言われるが、被害者の苦痛が顧みられなかったのは、加害者の人権うんぬんとは別の理由からである。捜査や裁判は「国家及び社会の秩序維持という公益を図るために行われるもの」（一九九〇年最高裁判決）であって、被害者の救済のためにあるのではない、という近代国家の法の定義が原理主義のようにまかり通っていたせいである。

著者は、悲嘆の底に落とされた犯罪被害者たちが手探りするように連絡を取り合い、被害者の尊厳と権利と救済の仕組みを議論し、やがてその法的制度を確立していくまでの過程を追いかけていく。しだいに変ぼうしていく被害者たちのエピソードが、事態の深まりをよく表している。取材というよりは、寄り添っていくという筆致からうかがえるのは、著者自身が、弱者が当事者になり、当事者が現実を動かす主人公になっていく姿に目を見張り、引き寄せられていった軌跡である。

弱者に優しく、という言葉には、どこか偽善のにおいがする。弱者こそが強くなれることを示した本書は、声高にはその偽善性を非難していないが、もっとも有効なカウンターパンチとなっている。（吉岡忍・ノンフィクション作家）

（講談社・1995円）＝2006年6月1日①配信

「多病息災」の芸術家

「病の神様」（横尾忠則著）

「病むべく創られながら、健やかにと命ぜられて」。ウィリアム・ブレークの詩句にある。人は病む、なんぴとも避けられない、世の定め。ならばこの事実にしっかりと向きあって、どうすれば健康にすごせるかを考えるべし。

「病の神様　横尾忠則の超・病気克服術」。ズバリぴったしの、タイトルである。病は悪魔でない、病は神様である。病気はマイナスなだけでない、病気をしてプラスたらしめよ。積極思考！　逆転の発想だ！

著者は未熟児で生まれ、子供のころから虚弱体質だった。そういうわけで「体力の限界を超えた無理をしないように」と心がけるのだが、いかんせん、しらないうちに無理をしているのが人間のつねだろう。またそうでなくも不慮の事故ということもある。

一九六〇年、日本デザインセンターに入社。その矢先、商売道具である右手の親指を骨折、半年以上も棒に振る。しかしそれこそケガの功名というものやら。じつにこの「不運の事故が、仕事の道を開いてくれた」というのだ。

以後、グラフィックデザイナーとして華々しい活躍をみせ、八一年に画家に転向、国際的に高い評価を得る。この間、十年に一度、事故に遭い、さらに持病の喘息（ぜんそく）、不眠症、また膝痛、慢性耳鳴り、飛蚊（ひぶん）症、顔面神経麻痺（まひ）、帯状疱疹（ほうしん）ほか数々の病を患う。

なんともまったく「ぼくの作品がマルチプルであるように、…日替わり多病息災派である」というありさま。そうだがいたずらに悩んでいるだけでない。病気と上手に付きあう、病気を上手に手なずける。それかあらぬか「病気が芸術を進歩させ、病気が人格を向上させてくれること」さえあるゆえん、つぎのように述懐するのである。

「ぼくが病気と出会っていなければ、自分の生活や芸術を見直すことができたかどうか、実に疑問である。…あの時あの病気やあのケガがなければ、ぼくは暴走して命だって落としかねないような時期だってあったかもしれない」

なるほど、よーく腑（ふ）に落ちるわ、なっとく。「病の神様」に感謝だ。（正津勉・詩人）

（文芸春秋・1700円）＝2006年6月1日②配信

再び間違いをしないために　「ハンセン病重監房の記録」（宮坂道夫著）

この国のハンセン病対策は、非科学的で、非人道的で、人権を無視した隔離政策をとってきた。一九六〇年ごろには完全に治療法が確立されたにもかかわらず、らい予防法の見直しは遅れた。長い間故郷を追われ、名前を奪われた人々がいた。

この本を読んで、「強制隔離」「強制労働」「断種」「懲罰」という、日本のハンセン病政策の核心であった四つの強制的な制度が見事に、闇の中に補完的に仕組まれていたことに気がついた。

なんともショックだったのは、この仕組みが、療養所長という医療者によって支えられていたということ。看護師も加担していた。妊娠七カ月で強制的堕胎手術を受けさせられた。とりあげられた子どもの口を、看護師がガーゼで覆って窒息させている。

ペストのような致命的な感染症でないのに、強制隔離をしてきた。スタッフの手がないということで、患者に強制的に労働をさせた。感染症で遺伝しないのはわかっているのに断種が行われた。懲罰を支えた重監房があった。

療養所という病院に「特別病室」といわれる重監房がつくられていた。患者を治療すべきはずの療養所長に懲戒検束権が付与された。医師たちは、警察官と裁判官の権限を手にした。事実上の監獄がつくられた。強制労働や断種、堕胎が平然と行われ、抵抗すると裁判も受けられず、見せしめ的に収監され、命を落とすハンセン病患者がいた。

人間は間違いを犯す。日本で行われたハンセン病の隔離政策は明らかに間違いだった。再び間違いをしないために、日本のハンセン病の百年を知っておくのによい本だ。医療倫理学者の著者自身が何も知らなかったことを反省しながら、わかりやすく書いてくれている。

これから、えたいの知れない感染症が日本に広がる時があっても、二度と同じ間違いをしないためにも、この本は役に立つような気がする。地味だけど、とても大切なことが書かれている本だ。たくさんの人に読んでもらいたい。（鎌田實・諏訪中央病院医師）

（集英社新書・693円）＝2006年6月1日③配信

精神の機能化の果てに　「象徴の貧困」（ベルナール・スティグレール著、ガブリエル・メランベルジェ、メランベルジェ真紀訳）

先ごろ九十七歳で他界した経済学者ガルブレイスが著書「ゆたかな社会」で「暗い窮乏の世界を解明するのに用いられた考え方が現代のアメリカにも同様に役立つであろうと論ずる人はまずなかろう」と誇らしげに述べたのは、もう半世紀近くも前のことだった。

たしかに、その後、欧米圏と日本を中心に進んだ高度成長と消費社会の展開は、世界のアメリカ化をつうじて貧困をマージナルな現象と化したかに見えた。こうして出現した脱（ポスト）工業化社会はポストモダンの思想文化を生み出し、そこでは「自己正当化の言説」（リオタール）としての哲学は役割を終えたかのようだった。だが、はたして本当にそうだったのだろうか？

本書で、著者は「貧困と哲学の終焉（しゅうえん）」という安易な仮説に根源的な問いをつきつける。

著者によれば、現代は「脱工業化」どころか「ハイパーインダストリアル時代」、つまり先端テクノロジーとマルチメディアがすべてを支配する時代であり、人びとは感覚と情緒を機能化された消費者となって「個（自分）」が失われるという「象徴の貧困」が生じることになる（「象徴的貧困」ではない）。

この機能化は芸術家や自由思想家まであらゆる個人を記号化し、脱個体化（ドゥルーズ、ガタリ）するが、その結果、「フィリア（友愛）」（アリストテレス）で結ばれた「われわれ」は「誰でもない」「みんな」に吸収されてしまい、あとには「生きづらさと破壊行為への移行」しか残らない。このような社会はもはや象徴という精神的価値ではなくて、昆虫社会にも似た「デジタルフェロモン」によって維持されるほかないと著者は警告する。これこそが現代的貧困の実体なのだ。

デリダ直系の哲学者であり、フランスのメディア政策を主導するスティグレールならではの説得力のある主張だが、アラン・レネの「恋するシャンソン」など映画への言及もあって、現代思想の最先端の方向性が実感できる書物となっている。詳細な訳注と解説が理解を助けてくれるだろう。（塚原史・早大教授）

（新評論・2730円）＝2006年6月1日⑤配信

「投げる」からみる文明　「飛び道具の人類史」（アルフレッド・W・クロスビー著、小沢千重子訳）

地球儀をぐるりと見回して時々、「なぜここでは文明が発展し、あそこではそれほどでもなかったのか？」と不思議に思う。本書は、そんな疑問に「なるほど」と答えてくれる、ユニークな飛び道具の歴史書である。

特に興味をそそられるのは、「投げる」という行為に目を付けた点。本書によると、原初の人類と猿人とを分けた技能は、二足歩行と投てき力と火を操る能力という。

まだヒトが「人」になる前の後期旧石器時代、進化の速度で他を圧倒したのは、火をおこし、弓矢の原型であるアトゥラトゥルを発明した故である。

おかげでヒトはハンターとなり、巨大な獣を狩猟出来るようになった。「投げる」行為こそ、万物の中で人類に覇権を与えた決め手だったのだ。

以来、ヒトは他者への優位を確保する手段として、武器の開発を重視するようになった。そして人類史上、最大の影響力を持って現れたのが、火薬の発明である。

火薬から銃、大砲へと続く歴史は本書に詳しいが、これがなければ原子爆弾も一原理的に一あり得なかったことを思うと、「火を投げる」行為が、人類の歴史では決定的だったと納得できるのである。

さて、本書の中でも特に紙幅を割いているのが、「銃砲の破壊力」の歴史である。火砲は、十四世紀には実用化されていた。ゆっくりとだったが、その技術開発の中心は、ヨーロッパだった。結果、彼らが「地球の陸地の三五パーセントを占有」するに至ったと、著者はいう。

なるほど、人類の進化の理由を「投げる」行為に帰結した、ユニークな文化史である。通常なら考慮される、政治や地理や気候などを一切抜きに「進歩」を眺める著者の視点は、いわば純粋技術観に徹した切り口で、一つの盲点から生まれた書物といえる。

そこから著者は「地球外」と「原子内」という地平を見るが、ここまでの議論が緻密（ちみつ）なだけに、うなずかされる部分も多い。

中世ヨーロッパが発展し、帝国主義を爛熟（らんじゅく）させた理由が、技術面から明かされる。興味深い文化史がここにある。（安岡真・翻訳家）

（紀伊国屋書店・2940円）＝2006年6月1日⑥配信

ボールをける楽しさ　「銀河のワールドカップ」（川端裕人著）

「本当に楽しいんですか」という疑問を、世界最高峰のプロサッカー選手に、登場人物のひとりが突きつける。もっと楽しんでボールをけっていたころのことを、覚えていないのですか、と。

それは女の子で、チームでは最もつたないプレーヤー。けれどもひたむきな運動量で、こぼれ球を呼び込む。彼女のおかげで、「足は二本、ボールは世界のどこへ行っても丸い」というメッセージが、まっすぐに届く。

本書で描かれるのは、小学校六年生のサッカーである。けがでJリーグを引退、少年サッカー指導者としても挫折体験のある男が、地域クラブのコーチを引き受けるところから、物語は転がる。メンバーの中心は、身体的にも精神的にも抜群の能力を備えた一卵性の三つ子兄弟。彼らの個性を殺さずに、他の選手たちとのチームプレーへと融合させるのが課題だ。

最初は強烈な三つ子の存在に圧倒されるが、読み進むと、彼ら以外の選手の魅力が輝きを放つ。

技術は劣るが状況判断と指示出しが的確なキャプテン・翼。ボーイッシュだが美男好きで俊足のエリカ。彼女をときめかせる小柄な点取り屋の青砥。落ち着いた守護神・多義。みそっこに見えて仕事人の玲華…。

公式戦を重ねるごとに研ぎ澄まされ、共有されてゆく彼らの感覚や想像力が、いつしか二次元の活字を超え、読み手の脳裏で鮮やかに立体と化す展開描写に興奮する。

個の力とチームプレーのバランスというサッカーの永遠のテーマ、一方的な規律や体罰で子どもを従わせ、鋳込んでしまう指導への警鐘など、作者の筆は多くに触れるが、まずは彼らが創造する〝銀河〟に酔いたい。

チームが編み出す奔放な〝渦〟のポジションチェンジ。全員で攻撃し、守備へと転じる躍動感。男女の別も年齢差も、国籍も体格差もなぎ倒してゆく原初的なカオス、その野蛮な熱気には、確かに〝銀河〟という表現がふさわしい。「正しく強く生きるとは銀河系を自らの中に意識してこれに応じて行くことである」という宮沢賢治の言葉が思い起こされる作品だ。（片倉美登・文筆業）

（集英社・1995円）＝2006年6月8日①配信

さりげなく切実な敗北感

「SOKKI!」（秦建日子著）

男の子の自慢話のひとつに「おれって結構悪いやつなんだ」というのがある。男の子はみんな、どこかで自分の「負」を売り物にしたがってるところがあって、だから正直に言うと、「SOKKI（ソッキ）！」という小説を読み始めたとき、不覚にも、あー、この手の話かと早合点してしまった。主人公の男の子が「いかにかっこ悪い青春時代をおくったか」という自慢話。

ところが読み進めるうちに、彼のただならぬ「かっこ悪さ」に、いつのまにか強く引かれている自分がいた。

物語は「背は低い。メガネはかけている。腹筋は割れてない。顔だって一」という早大一年の本多くんが、田畑希美という美女につられて速記研究会に入部したところから始まる。速記なんて人生にはまったく役に立たないと感じながら、その修練に明け暮れた四年間の青春の日々。

本多くんが、売れない小説家を父にもったコンプレックスについて話す場面が好きだ。本多くんが言う。「親父なんてクソだとか口では言いながら、実はおれって、親父から誉められようとしてるんだなーって」

この述懐の中には、けんかばかりしていたとか女を傷つけたとか、そんな凡庸なワルじゃない、さりげない「切実な敗北感」がある。そして何より「かっこ悪さ」の正体をしんと見つめている本多くんの自意識がある。

物語は彼と希美のつかず離れずの関係に黒田という大学野球のヒーローが速記研究会入部というかたちで乱入してきたところから、加速度的に濃く展開してゆく。希美の秘密におくせず分け入ってゆく黒田とその黒田を素直に「すごい」と思う本多くん。希美という女性を媒介に結ばれる主人公と黒田の友情物語にいつしか素直に感情移入し、その結末はじんと胸に響いた。

さらに物語にはもうひとつ奥がある。今も雄々しくかっこ悪くあり続けようとする本多くんを見つめている「カバ」の物語。「カバ」とは何か。

その正体はぜひ本書を読んでお確かめください。（宮村優子・シナリオライター）

（講談社・1680円）＝2006年6月8日②配信

絵葉書に残る百年前の世相

「絵はがきの時代」（細馬宏通著）

透かし絵はがきをご存じだろうか。例えば五月晴れのパリのオペラ座の絵柄がある。それを暗闇でろうそくの光にかざす。すると場面はにわかに夜景に転ずる。月明かりの雲間の下、歌劇場の窓には照明がともる。透かし絵の発達は、欧州高緯度地帯ならではの、長き薄暮の産物だったのではないか。そう著者は自問する。

江戸時代後期の日本に舶来された眼鏡絵にも、「透かし」技法は知られる。この技法が、二十世紀初頭には、絵はがき版にまで圧縮され、転生を果たしたことになる。

時代は折から絵はがき全盛期を迎えていた。その背景には、欧米各国での私製はがきの使用許可や風景絵はがきの隆盛がある。本邦でも一九〇〇（明治三十三）年開始の年賀状元旦配達と、日露戦争下での絵はがき需要の劇的増大が見逃せない。

漱石の小説「三四郎」（明治四十一年新聞掲載）で、なぜ美禰子は封書ではなく、絵はがきを三四郎によこすのか。封書は手紙の秘密を封印する。反対にはがきは、隠すべき秘密などないことを、あけすけに第三者に公言する。そしてひとり受取人だけは、謎に直面する。それがほかならぬ「迷へる子羊」の謎。「露悪家」美禰子を造形するための最良の小道具こそ、見事に「不用意」な、この近年流行の郵便媒体だった、と著者はみる。

本書は、絵はがきの黄金時代を、百年後の今日から振り返る。著者のまなざしは、好事家の惑溺（わくでき）とは一線を画す。縦糸は、立体写真やセルロイド製品など、この時代に産み落とされた特異な証拠物件。横糸は山岳観光史や万国博覧会、東京大水害の記録、マニアむけ専門誌の盛衰から印刷技術史に至る。そこに視覚文化が未曾有の技術革新を体験した時代ならではの世相が浮き彫りにされる。

時代を描きとめつつ時代を漂流し、欧州の古本屋に漂着した末、筆者が救出した異国の挿絵入り郵便物たち。日本製を含むこれらの遺留品たちは、残る筆跡や画鋲（がびょう）穴に、かろうじて世界遍歴の痕跡を留めるばかり。だが人は、そこに隠された来歴を発掘する誘惑から逃れられない。（稲賀繁美・国際日本文化研究センター教授）

（青土社・2310円）＝2006年6月8日④配信

人のつながりの低下と再興

「孤独なボウリング」（ロバート・D・パットナム著、柴内康文訳）

かれこれ十五年前、アメリカのバークリーに滞在中、ありとあらゆるコミュニティー活動が盛んなことに驚いたことがある。私も、カトリックの教会のミサ、瞑想（めいそう）ヨガのセッション、環境保護団体の集会、そして、ホームパーティーなどに連れていってもらい、本当にアメリカ人は、「つながる」のが好きな人たちだなと実感したものである。

政治学者パットナムは、これらの人とのつながりを個人的社会的にさまざまな効用を生むものとして、「社会関係資本」と名づけ、その歴史的変化を追求する。

社会政策の分野では、アメリカでは、経済的格差が大きく、社会福祉制度が整っていないにもかかわらず、社会秩序がそれなりに保たれていた秘密は、豊かな社会関係資本にあると言われてきた。今でも、アメリカ人は日本人の四倍寄付し、先進国の中で最も多く宗教活動を行い、里親のなり手は絶えず、さまざまな民間非営利団体（NPO）が興隆している。

しかし、パットナムは、アメリカでさえ、ここ三十五年の間に、社会関係資本が確実に低下していることをさまざまなデータから実証する。それは、投票率から教会出席率、PTA活動率、トランプやボウリング・サークルの活動にまで及んでいる。インターネットなどの新しいつながり方も従前のコミュニティー活動低下の穴をとうてい埋めることはできない。

社会関係資本低下の原因の一つは、テレビの普及にあるが、それ以上に、戦前に生まれた社会活動に積極的な世代が、結局は、自分の子どもたちにその性向を受け継がせることができなかった点が大きいという。

そして、今、女性の社会進出や情報技術（IT）化など社会経済の大きな変化が起きている時にこそ、社会秩序を保ち、個人を元気づけ、格差を縮小させるためにも、コミュニティー活動の再興が求められていると説く。

本書は、詳細なデータに基づく学術書でありながら、読みやすい。社会政策を行う立場にある人、コミュニティー活動を推進する人に指針と勇気を与える書である。この大著を日本語で読める幸福を可能にした訳者に敬意を表したい。（山田昌弘・東京学芸大教授）

（柏書房・7140円）＝2006年6月8日⑤配信

哲学そのものである哲学史

「西洋哲学史　古代から中世へ」（熊野純彦著）

「哲学とは哲学史であるとはいえないかもしれませんけれども、哲学史は確実に哲学そのものです」。この「あとがき」の文章に、本書のスタンスが鮮やかに表明されている。それは、哲学そのものである哲学史とは文化であり文化の蓄積であるということだ。文化財はおしなべて、注意深い保存と修復、その歴史的意義の確定と解説を必要とする。それによってはじめて過去は現在に蘇（よみがえ）り、現在はみずからを捉（とら）えなおす機縁を得る。

学問ジャンルとしての「哲学史」は哲学という文化領域において、この課題に応えようとする。哲学思想も、過去や同時代の思想や環境との「対話」によって紡ぎだされてきたのであって、その間の消息が明らかとならない限り、思想理解はあやふやなものに留（とど）まらざるをえないからである。「文学史」など以上に、「哲学史」の書物に対する需要が見られるのはそのゆえである。

「哲学史」の書物は巷間（こうかん）、複数の執筆者による共著であることが多い。時代ごと、哲学者ごとに各執筆者の専門領域が異なっているからである。それだけに、学問的厳密性はまもられても、一貫した語り口調の維持は難しく、通読にはまま向かないことになる。しかし、ヒストリーはストーリーである。歴史は物語として語られ、読まれうるのでなくてはならない。そしてここに、コンパクトで通読に耐える「西洋哲学史」が誕生した。

著者による歴史の物語は、詩行にもなぞらえられる幾多の引用をちりばめながら、なだらかに小気味よく律動する文体にのって進行する。ヘーゲルやレヴィナスを中心として幅広い領域を研究対象とする著者は、最近の研究成果も踏まえながら、一次文献に丁寧にあたり、古代中世哲学の通説を訂正もすれば、現代哲学による伝統思想の見直しや再活用の作業にも言及して、本書の論述を立体化してゆく。さらに、簡にして要を得た説明つきの人名索引が、一般読者の便宜をはかる。今秋には、近・現代編の続刊も予定されている。

（須藤訓任・大阪大教授）

（岩波新書・861円）＝2006年6月8日⑥配信

リアルタイムの懐かしさ

「夕子ちゃんの近道」(長嶋有著)

ばらばらのマグカップでインスタントコーヒーを飲みながらだらだらとしゃべっていた学生時代の部室を、天国のように思い出すことがある。

たぶんそれは「自分がもうそこにはいない」という事実が生み出すノスタルジックな錯覚の一種なのだろう。

連作短編集である本書には、これに似た感覚が満ちている。といっても、学生生活の話でも過去の回想でもない。確かに「今」でありながら同時に懐かしい。リアルタイムの懐かしさとでもいうべき不思議な世界だ。

物語には、古道具屋の二階で居候暮らしを始めた、もう若くはない「僕」と、その周囲の風変わりな人々との交流が描かれている。

古道具屋の店長、大家さん、その孫娘の朝子さんと夕子ちゃん、初代居候の瑞枝さん、相撲好きのフランソワーズなど、年齢も立場も国籍もさまざまな人々が、独特の淡々とした親しさでつながってゆく。その現場感覚というか、描き方が絶妙なのだ。

例えば、化粧品の名前からイメージするものについて、こんなやりとりがある。

「じゃあ、アイシャドーは」それは、悪の軍団って感じですね(おのれアイシャドーめ)。(略)

「じゃあファンデーションは」なぜか瑞枝さんはムキになっている。ファンデーションは、そうだなあ、物体を解析するための光線みたいなものじゃないですか(ファンデーションをもっと強くあててみろ)。

「ゲランは」怪獣だ(ゲランの尻尾を狙え!)。

「ソフィーナは」美貌の乗組員(そんな心配そうな顔するなよ、ソフィーナ)。

「マックスファクターが宇宙船だな」

ものすごい会話だ。三十代の男女のやりとりとはとても思えない。学生時代の部室での会話を百倍もしょーもなく洗練させたようではないか。何の役にも立たなくて、でも面白くて、でもしょーもなくて、でも輝いている。いちばんしょーもないことがいちばん輝くという部室的な天国の法則をあらためて実感する。(穂村弘・歌人)

(新潮社・1575円)＝2006年6月15日①配信

栄光と醜聞の指揮者

「近衛秀麿」(大野芳著)

扉が開き、これまで放っておかれた近衛秀麿の生という部屋に光が入った。現在の日本でコンサートやオペラを楽しんでいる者にとって、そこは見るべき部屋にしてめっぽう面白い部屋だった。

名門貴族としての生い立ちと、明治期の上流の暮らしを観察したら、今度は音楽家としての成功に目をみはる。いまでは忘れられかけているが、近衛秀麿は日本のオーケストラと音楽界とを、こしらえた人物のひとりだった。活躍は世界的で、戦前のベルリンやウィーン、パリやニューヨークの指揮壇に立つ、小沢征爾の先駆者だった。フルトヴェングラーやクライバーら、伝説的な音楽家との交流も盛んだった。ドイツで敗戦を迎え、戦後の没落の時がくる。無視され、裏切られ、スキャンダルの主役となる。

波瀾(はらん)万丈の物語にしようとして成功したのではなく、事実を調べ、抑えつつ述べられた結果であるのに驚く。

年配の人なら、いかがわしささえあった、艶聞(えんぶん)と争いの人物としての近衛を、きっと憶(おぼ)えているだろう。だが時の向こう側の、栄光の日々となると、見渡すことはできなかったはず。著者は正しく、開けるべき時に扉を開けた。

音楽家としての成功や華やかな活動が興味深いだけじゃない。日本のオーケストラの基礎を作った功績や、指揮者としての実力についても、見直されるべき時期を迎えていた。

CDで聴いて確認できるのだが、明らかに現在主流になっている演奏とは違っている。それはしかしこの本を読むだけでも、ちゃんと伝わってくる。戦時の首相だった兄と同様なのだろうか、栄光は手にしたが、近衛秀麿は時流に乗って成功する音楽家などではなかった。

ただ、冷静にきちんと描き込まれているものの、立派な音楽家の関係した女性たちの数や様子は、読み終えたあとも判然としない。これは、子供は何人か、と尋ねられた本人が、沈黙しつつ数え直したりしているくらいだから、やむを得ない。当時は世間から糾弾されたのかもしれないが、いまとなってはご立派! というだけでよさそうだ。

(堀内修・音楽評論家)

(講談社・1995円)＝2006年6月15日②配信

古写本の数奇な運命を追跡　「ユダの福音書を追え」（ハーバート・クロスニー著、関利枝子ら訳）

本書は、一九七〇年代にエジプトで見つかった「ユダの福音書」の古写本がたどった数奇な運命を、二つの方面から追いかける。メーンは、人間の欲望に長く翻弄（ほんろう）された末、解読テキストが昨年公開されるまでの現代の話。途中に時折、この発見の歴史的な意義が、古代キリスト教の文脈を踏まえて論じられる。

古文書の行方を追う展開は、サスペンス小説さながら。古写本の発見はただでさえ鑑定、修復、解読など恐ろしく面倒な手続きを伴うが、本件では、一獲千金を狙う古美術商らが介在して、犯罪や意想外のトラブルが続発。劣悪な環境下で、肝心のパピルス写本は近年まで風化を重ねていた。

解読の結果、写本には、裏切り者の代名詞であるユダが実はキリストに最も信頼された使徒で、ユダが祭司長たちにキリストの居場所を教えたのもキリスト自身の指示だったと書かれていた。

これが、初期キリスト教を考える上で、非常に重要な史料なのは間違いない。だが、従来の「ユダ像を変える」ような世紀の大発見だとするPRには、研究者として疑問を感じる。この福音書が書かれたのは、思想内容からして明らかに二世紀半ば以降。一世紀の正典福音書でさえ十分な情報を欠くユダについて、より真正な記述を含んでいるとは考えにくい。このユダ像は新たな創作とみる方が自然であり、第一、本書の著者の論述もその線に沿ったものだ。

ホメロスであれ新約聖書であれ、古代の文献はすべて写本で伝承された。それは文字データであると同時に、超高額で取引される「もの」である。とかく文献は中身の文字だけで考えられがちだが、本書には、古写本の「重み」のすさまじさを再認識させられた。

今回の発見をめぐっては最近、雑誌や本書、解説書と出版が続いた。その商業的なにおいに違和感はあるが、空想に基づく「ダ・ヴィンチ・コード」と異なり、「ユダの福音書」は実在の「もの」への巨額投資が絡んでいる。古代研究への〝プチ・スポンサー〟的な気分で楽しんではいかがだろう。（筒井賢治・新潟大助教授）

（日経ナショナルジオグラフィック社・1995円）＝2006年6月15日③配信

骨から分かる健康と社会　「江戸八百八町に骨が舞う」（谷畑美帆著）

「歴史文化ライブラリー」の一冊らしからぬ扇情的な題名。写真に付けられた「突如として現れた美しい女性人骨」という、学術書には珍しい主観的なキャプション。そして冒頭に記された「骨をみていると、むしろわくわくする」の一文。

研究対象に対する著者の深い思い入れと、分からないものを探るドキドキ感が、まっすぐ伝わってきた。こちらも、つられて高揚するような導入だ。

著者は、近世などの古い墓から出土する古人骨の研究をしている。特に、古人骨にみられる病気の痕跡を調べ、その人物の生前の健康状態を考察し、当時の暮らしぶりや社会環境を推測しようとするのである。

これを、著者は「都市古病理学」と名付けている。では骨から、どんなことが分かるのだろうか。本書では、十七―十八世紀の二大都市、江戸とロンドンについての記述が中心となる。

梅毒は重度まで進行すると、骨に病変として残る。その骨梅毒の出現頻度を調べると、江戸は梅毒にかかった人の割合が高かったようだ。その背景には、江戸は男性の比率が高く、遊郭や岡場所などで遊ぶ機会が多かったという状況が浮かぶ。

一方、同時期のロンドンでは、くる病や骨軟化症が多かった。これは日照不足が要因と考えられ、いかにロンドンの空気が汚れていたかが推察される。

当時のロンドンではペストが大流行したが、残念ながら骨には痕跡を残さない。ほかのさまざまな情報を基に、飲料水ともされていたテムズ川の汚染や、汚物が捨て置かれた不潔な都市環境が、感染症のまん延をもたらしたと述べる。

一方、江戸ではリサイクルが徹底されて、クリーンであったため、ロンドンよりも衛生事情はよかったという。

骨病変のみから分かることには限界があるが、文献記録の裏付けにはなりえる。古病理学が今後、大きな成果をもたらすことを期待したい。

そのほかにも、骨と墓を調査した多くの事例が紹介されており、「鍋かぶり」という特殊な死に方をした場合の埋葬方法に興味をひかれる。（坂梨由美子・紀行ライター）

（吉川弘文館・1785円）＝2006年6月15日④配信

共有されるべき未発の主題　「民俗芸能研究という神話」（橋本裕之著）

全国各地で今も行われている神楽や獅子舞。それらは「民俗芸能」と呼ばれ、地域の文化財、観光資源として人々の注目を集める、「古風」「素朴」「伝統的」な存在とされている。しかしそうした理解は、実態の如何（いかん）にかかわらず予（あらかじ）め「古風」で「素朴」で「伝統的」なものと見なす、従来の民俗芸能研究のイデオロギー的偏向と深く結び付いた「神話」である―。著者はそれを民俗芸能研究の思想史的な検討を通じて精確（せいかく）に跡付ける。

かつて農村人口の都市への大量流出や、鉄道、郵便、ラジオなど諸メディアの発達という「近代」に抗して、人々は「郷土」で行われていた芸能を反「近代」、すなわち「古風」「素朴」「伝統的」なものとして見いだしていった。同じことが、軌を一にして本格化した民俗芸能研究についても言える。何を見ても「古風」「素朴」「伝統的」とする眼差（まなざ）しを無批判に護持し続けた結果、刻々と姿を変える民俗芸能の「現在」に全く対処不能になった、と指摘する。

さらに著者は、イデオロギーと化した従来の民俗芸能研究に代わる新たな民俗芸能の調査や研究や記述の可能性を開示してみせる。「ひとびとが芸能に対して抱く『関心』に導かれながら、上演の『場』を描き出す」「身体を、それを規定する諸条件、諸前提との関係において捉え直す」「演者や演技の実際から『地域』を問い直す」「当事者の持つ美的価値の付置関連をこまかく記述する」等々。個人やその身体性に徹底した焦点化をもくろむ著者の眼差しの先には、確かな可能性を見通すことができる。

かつての「近代」のように、愛国心や愛郷心や伝統の、国家規模での教育の制度化という「われわれのありようを等しく規定しながらも、今や等身大の領域をはるかに超えたところにひろがる何ものか」が迫り来る「現在」だからこそ、著者が提示する「未発の主題」は、民俗芸能をはじめ、地域文化や伝統文化に研究や教育や実践など、さまざまなかたちで関（かか）わる多くの人々に共有されるべきではないだろうか。（笹原亮二・国立民族学博物館助教授）

（森話社・6195円）＝2006年6月15日⑤配信

胸に迫る悲痛な事実　「プラハ日記」（ハヴァ・プレスブルゲル著、平野清美、林幸子訳）

「それ以前は、私たちは幸福な一家だったのです」

著者であるハヴァ・プレスブルゲルが語る「それ」とは、ナチス・ドイツによるユダヤ人虐殺のことである。彼女は、ドイツ占領下のプラハで生まれたチェコ系ユダヤ人。その兄ペトルも、強制的に「輸送」されアウシュビッツで十六歳の生涯を閉じた。本書は十四歳の彼が記した一九四一年九月から翌年八月までの日記を収録する。

読み進むにつれ、彼らが奪われたのは命だけではないという当然の事実が胸に迫ってくる。日記それ自体は、日常生活を淡々とつづったものでありながら、そこには収容所へと「輸送」されていく友人、親族たちとの別離が繰り返し記されているからだ。

親しい人たちを見送り続けたペトルが、「見送られる側」になる時がやってくる。この日の記録は、彼の父親が残しているが、こちらは悲痛きわまりない。「ペトルは何度かこちらをふり返り、私たちは手をふり合った。そしてペトルは門の中に消えた。私はきびすを返した。その瞬間、体の芯（しん）から激しい嗚咽（おえつ）がこみあげ、痛みを覚えるほどの叫びとなった」

人は、愛する者と引き離されたとき、自己の一部を失う。ユダヤの人々は、その凄（すさ）まじい痛みを何度も体験させられた果てに、命そのものも奪われていったのである。

「今の時代にまったく当たり前の出来事は、普通の時代だったら大問題になるはずだ」と書き記したペトル少年は、テレジーンの収容所に送られた後も、殺害されるまでの約二年間、監視の目を逃れて絵画や小説の執筆、雑誌の編集といった知的活動を止めることなく、自己の可能性を表現し続けていた。勤勉で、旺盛な学究心を持ち、なによりも「魂の豊かさ」を持っていたという彼は、死の直前の日記にもこう書き記している。「喜びの根源から引き離されたならば、新たな喜びにあふれた人生を築きあげようではないか！」

ペトルの日記は、抑圧、侵害、剝奪（はくだつ）の記録であると同時に、極限状態に置かれた人間が、何に希望を見いだし、何をよすがに生きたかという記録でもある。（藤田千恵子・フリーライター）

（平凡社・1680円）＝2006年6月15日⑥配信

どこか壮大な寓話のように

「青猫家族輾転録」(伊井直行著)

五十一歳になる「僕」が、会社でリストラ対象に組み込まれるが、耐えた末に起業して自立する。そのとき家庭にも危機が起こっていた。かわいい一人娘がそりの合わない高校に進学してから、急に不良化していくのだ。渋谷の繁華街をうろつき、良からぬ男と付き合っているらしい。そして妊娠が発覚する。

同じ年代の子どもを持つ男性なら誰にでも起こりうる話である。そんなとき父としてどう振る舞うか、どう考えて踏ん張るか。

一九七〇年代の青春を引きずる世代である「僕」は、この世には「愛と公正」があるはずだ、あるべきだという信念を説きつづける。そんな考え方はしょせん物質的な安定に支えられた「中流」の思想だと、批判されてもめげない。少々理屈くさくて、けっこうしぶとい。そんな「僕」の選択を、読者はつい自分と比較しつつ読み進むことになる。

一方で「僕」の人生に大きな影響を与えた「おじさん」の記憶が語られる。「僕」が高校生のころのこの時間軸も、本書で大きな質量を占めている。イギリス帰りの遊び人で、恋愛とエロスの話題にたけたおじさんの経験談は、とても魅力的で、かつ恐ろしい。ロンドンで経験した人妻との恋の末路など、悪夢のようだ。人間の深層の不透明な部分を「僕」は教えられる。

この時間軸が交じっているおかげで、本書の家族の物語は、たんなる一個人の苦労話に終わらない。世の中のモラルや信義の土台が揺れ始めた八〇年代以降の世相に、流されることなく立ち向かうことは可能かという、深層の問いかけが見えてくるのだ。あくまで日常に即した物語なのに、どこか壮大な寓話(ぐうわ)を読んでいるような不思議な感じが付きまとうのはそのせいだろうか。

娘も妻も、おじさんも、がんを病む友人も、登場する人物がみんな一癖あって、奥行きがある。語り口にも、真剣さと軽みが交じり、一筋縄でいかない作家だとあらためて感じさせられる。身につまされ、時には戸惑わされながら引き込まれる魅惑的な小説だ。(清水良典・文芸評論家)

(新潮社・1785円)＝2006年6月22日①配信

もうひとつの美術史を開く

「芸術と生政治」(岡田温司著)

思わず膝(ひざ)を打つというか、あるいは不意をつかれたというべきか。ほとんど同業者として、岡田さん、なるほどこの手があったか、とうなった。

「生政治」とは、一般の人にはまだ耳慣れない言葉だが、一九七〇年代にミシェル・フーコーが提出した、十八世紀以降の西欧において、政治権力が人間の生そして身体を統治の直接的な対象にすることを言う概念である。技術の発展もあり現在でもその傾向はさらに強化されているが、政治が、人口、健康、安全、生殖、教育、刑罰など個々の「生」に対して直接的な管理を行う。

この本は、美術館の誕生、観相学、作品修復の哲学、芸術有機体論、作品鑑定などさまざまな芸術の制度の事例を取り上げながら、この近代的な権力の特性から芸術がけっして無関係ではないことを実証していくのだ。

少々負け惜しみ的に言うなら、だが、実は、それも当然のことで、ルネサンス以来の膨大な人体比例図や解剖図を思い出すだけでも、むしろ芸術こそ、政治に先駆けて、人間の個々の身体そして「生」を支配し、管理し、処理したとも言える。つまり「生」のリアルな、操作可能な「表象」こそ、西欧芸術の核心的な理念だったはずなのだ。

近代芸術はその起源において政治的だったのである。その本質的政治性が、ここではフーコーの「生政治」という新しい光のもとにあらためて照らし出されている。と同時に、単なる作品論や作家論ではない、もうひとつの「美術史」の可能性が開かれているのだ。

だが、にもかかわらず芸術は、どこかで自らの政治性を超えてしまうことも強調しておかなければならない。政治は物事を分割し、区別する。しかし芸術はその区分を曖昧(あいまい)にし、あるいは超え出てしまう。岡田さん自身、この本の最後でジェリコー描く生首の絵などを論じながら、それが生と死という政治的な分割を超えたリアルに到達していることを言っている。

芸術は、究極的には政治の彼岸へと到達する。芸術(アルス)は生政治(ビオス)をついには超える—。その確信を、岡田さん、わたしもまた共有する。(小林康夫・東大教授)

(平凡社・3990円)＝2006年6月22日②配信

言葉から日中関係考える

「日本語と中国語」（劉徳有著）

著者は今の中国で有数の日本語使いと言っていいだろう。一九六〇年代半ば、日中間の記者交換が実現した際、最初の中国側特派員の一員として来日して以来、長く日本に駐在し、帰国後は文化省の高官またOBとして両国間の交流に尽力されている。著書も数多い。

本書は満州国時代、大連の小学校で日本語を強制的に勉強させられた苦い思い出から始まって、その後、両国間の文字通り懸け橋の役割を果たす中で体験し、学び取ったさまざまをちりばめた、言葉を通じての日中比較文化論である。

言語構造が違い、国民性も違う二つの国が漢字という共通の文字を使うことから、誤解、行き違いも多々生じるが、一方、漢詩の世界などには文字の連なりだけで、細かい注釈なしに共感できる（ような気がする？）という独特の結びつきも存在する。

そうした漢字を中にはさんでの両国間の種種相が豊富な経験をもとに、穏やかな口調で語られるが、圧巻は日本の政治家の発言を言葉の面からとらえなおす「第二章　あいまいさと以心伝心の国」である。

福田赳夫元首相が外相時代に多用した「対中国あひるの水かき」外交論、田中角栄首相（当時）が国交回復時におこなった「ご迷惑」発言、そして最近の小泉純一郎首相の八月十五日談話までが俎上（そじょう）に載せられる。

日本人の言葉のあいまいさは天下周知のことで、それを指摘しただけでは「今さら」と思われるだけだが、著者は日本の政治家がその「あいまいさ」を意識的に逆手にとって、歴史問題での責任をたくみにかわそうとするそのからくりを鋭く指摘する。こういう人にかかっては、「あいまいさ」という、時に有用な武器も効力をもたない。

しかし、そういう鋭さはそこだけで、全体は食べ物や「論語」やITその他をめぐっての言葉談義がユーモラスに展開される。そこからは「似て非なる」が故に、かえって知的な刺激に富む両国関係の得がたさをいとおしむ著者の思いが伝わってくる。（田畑光永・ジャーナリスト）

（講談社・1785円）＝2006年6月22日③配信

80年代正史の試み

「バブル文化論」（原宏之著）

自分たちは文化、映像、メディアの牢獄（ろうごく）に閉じこめられている。世の中はものすごい勢いで動いているはずなのに、こちら側からはそれがみえない。現在そのように感じる人は多いはずだ。いつからなのか、おそらく一九八〇年代からだろう。

ケネディ暗殺事件の映像をみればわかると思うが、かつては映像が出来事をそのまま表現している、という“フィクション”が信じられていた。

それがある年代になると、映像をはじめとするメディアが、出来事を透明に表象することをやめ、メディア自身が自前のメッセージを持ちはじめた。それが八〇年代ということになる。

したがって、この年代を論じる者は、個々の出来事ではなく、その出来事を伝えるメディアそのものの分析からはじめなくてはならないという困難を抱えている。しかしその難しさは、現代に生きる者が等しく抱えているものでもある。

八〇年代を中心にした近い過去の精神史の試みは近年多くみられる。しかし本書でも言われているように、その多くはアニメや漫画など現在「オタク文化」と言われているジャンルに対象が限定されていたり、思想的な領域に偏りすぎていた。

一方、後発である本書は、ジャンルを限定していない。竹の子族からはじまって、トレンディードラマ「男女7人夏物語」やねるとん現象、はては泉麻人のバカバカしいコラムにいたるまで、あつかう領域は多岐にわたっている。オタク文化や現代思想といった八〇年代文化の、いわば「上澄み」の部分だけを論じている本とは一線を画すものとなっている。

著者は、八〇年代に対する語りに自分が巻きこまれることを躊躇（ちゅうちょ）していない。著者は一九六九年生まれであり、バブル期の事象を経験しているはずである。そうなると時代の資料として、自身の「記憶」も入ってくる。本書は八〇年代の精神史としても読めるし、また「原宏之物語」としても読めることになる。著者はそのことにうろたえていない。このことは歴史を語る者の覚悟の強さを証明している。本書を八〇年代「正史」の試みとして評価したい。（池田雄一・文芸評論家）

（慶応義塾大学出版会・2100円）＝2006年6月22日④配信

ささやかな真実の積み重ね　「強運の持ち主」（瀬尾まいこ著）

元OLの占い師、ルイーズ吉田が活躍する連作短編。ルイーズ（本名・吉田幸子）が占い師になったのは時給がよくて、面倒な人間関係がなさそうだから。その占いは「誰にでも当てはまりそうなことを、それらしく話しておけばいいのだ」「ほめてばかりでもうさんくさいから、時々強い口調で欠点を指摘しておく。それでばっちりだ」とくる。

つい眉（まゆ）につばをつけたくなるが、「星よりも直感」をよりどころにするルイーズの占いはなぜか当たると評判で、ショッピングセンターの片隅にある店には客が途切れない。

「お父さんとお母さん、どっちにすればいいと思う？」。こんな難問を持ってきた八歳の少年。離婚問題に占いで答えるのはさすがにまずいと、ルイーズは少年の自宅に張り込んで両親の様子を偵察しようとするが、母親の姿がまったくみえない。少年の相談には秘密があったのだ。心優しい親子にルイーズがさりげなく手をさしのべる「ニベア」。「物事の結末が見える」大学生、武田が押しかけアシスタントになってルイーズを大いに困惑させる「おしまい予言」など全四編が収められている。

ルイーズはしょっちゅう困っているが、人を助けたり助けられたりしながらなんとか乗り切っていく。ルイーズいわく「確かなことは直接触れないと知れないのだ」。

彼女の直感がぶれないのは、ちっぽけであっても、自分の頭と心で生きる者の実感に裏打ちされているからだろう。ルイーズの店に行きたくなってしまった。

瀬尾まいこの小説は、ドラマチックでもないし、出てくる人もどちらかというと、ぱっとしない。本書も同様。でもそこには、目の前の生活を地道に、自力で生きるなかでつかみとった真実がある。たとえば、恋人とスーパーで買い物をしていて「この人となら大丈夫」と思った瞬間。おいしく炊いたあぶらあげを鍋に入れたときの幸福。生きることは、ささやかな真実の積み重ねだ。

さばさばと軽快、するすると読める。でもそのペン先は、確かに人生の深みに触れている。（宮脇真子・書評家）

（文芸春秋・1300円）＝2006年6月22日⑤配信

胸に迫る日系少女の成長　「草花とよばれた少女」（シンシア・カドハタ著、代田亜香子訳）

シンシア・カドハタという日系作家を知ったのは、私事だが十二年前の米国留学時である。当時ロサンゼルスのカレッジでは、彼女の本格的なデビュー作「ザ・フローティング・ワールド（浮世）」（邦題「七つの月」、荒このみ訳で出版）が、初級英語の教材であった。平明で美しい英語の好例とされていた。

「七つの月」では、一九五〇年代の日系三世の多感な少女の目を通して、仕事を求めてさすらう家族をはじめ、貧困と差別をしたたかに乗り越えて生きる日系人たちの生活と内面が、温かいユーモアと、透徹した観察眼で描かれていた。

米国の「日系」といえば、戦前に海を渡り、艱難（かんなん）辛苦にひたすら耐えてきた人たち、という程度のイメージしか持っていなかった私は、新鮮な衝撃を受けた。悲劇的状況を甘い感傷に流されずに受け入れ、楽しみやおかしみを常に見つけて、日系人は助け合い、誠実に生きてきたのだ。米国中西部の風景描写も素晴らしく、いずれこの作品を映画にしたいと、私は思った。

本作も、一昨年翻訳出版されたニューベリー賞受賞作「きらきら」も、カドハタは一貫して少女を主人公とし、日系人の労働の現場（本作では花農家、前二作はヒヨコのふ化工場）を舞台としている。また、日本体験のある唯一の存在として一世が登場し（本作ではジイチャン）、少女は彼から〝ハジ〟や〝ガマン〟など、日本人の持つべき矜持（きょうじ）を教わり、成長していく。

タイトルの「草花（クサバナ）」とは、温室ではなく、畑で栽培された花の蔑称（べっしょう）である。真珠湾攻撃をきっかけに、米国政府によって財産を奪われ、強制収容されたインディアン居留地での生活が、十二歳の少女・スミコの視点によって明るくユーモラスに綴（つづ）られている。

戦争、家族の別離、人種差別などを重苦しく描いていないから、かえって胸に迫る。インディアンの少年フランクとの淡い恋もせつなく、さわやかな涙を誘う傑作である。（本木克英・映画監督）

（白水社・1890円）＝2006年6月24日配信

作歌への情熱ひしひしと

「歌説話の世界」（馬場あき子著）

「歌説話」とは何かというと、「伊勢物語」や「今昔物語」「古今著聞集」といった古典に書かれている、ある歌が生まれる際のエピソードと要約して考えればわかりやすいだろう。一首の歌を通して、その作者である歌人がどのような境遇を招いたか、それが何百年という時代を経てさまざまに伝承され変ぼうしてゆく、そのおもしろさを追ったのが本書である。

例を一つあげれば、百人一首の歌として現代でもよく知られている、〈恋すてふわが名はまだき立ちにけり人しれずこそ思ひそめしか〉（壬生忠見）と、〈しのぶれど色に出でにけりわが恋は物や思ふと人のとふまで〉（平兼盛）という二首は、最初は平安時代の歌合（うたあわせ）で「恋」という題のもとに優劣を競って提出されたものであった。どちらも作者の自信作である。

判者の技量ではその優劣が判定できず、天皇の意見を聞いたところ、天皇が兼盛の歌を何度も声に出して読まれたので、結局「しのぶれど」の歌が勝ちとされた。

その後の伝承では、この歌合に負けた壬生忠見が絶望して「不食の病」となり死んでしまったという話になり、さらには病床を見舞った兼盛に対して忠見が歌に対する自説を述べたとか、あり得ない話が三百年以上にもわたって伝えられていくこととなる。

馬場は、こうした伝承を、後世の人々が本当はどちらの歌がすぐれていたのかと考え続けてきた結果の産物ととらえ、本当にすぐれた歌とはどういうものかという問い掛けや、歌作に対する試行錯誤のなかから、現在にもつながる歌論が生まれてきたのだと説く。

本書には、歌の優劣論として柿本人麻呂と山部赤人、和泉式部と赤染衛門、藤原定家と藤原家隆といったライバルどうしについての説話もたくさん紹介されている。

和歌のやりとりが日常生活や社交の場で力を発揮していた時代の、作歌に対する人々の情熱がひしひしと感じられてくる一冊であった。（大島史洋・歌人）

（講談社・1785円）＝2006年6月29日①配信

時間がもたらす記憶の錯綜

「ツアー1989」（中島京子著）

一九八九年の香港旅行で一人の青年が失踪（しっそう）した。その青年をめぐる四つの短編からなる本書は、過去と現在を交錯させながら、ミステリアスに進行していく。

最初の短編「迷子つきツアー」では、「凪子さん。この街は僕には耐え難い場所です」と始まる手紙を、凪子が若いセールスマンから手渡される。手紙は、十数年前の香港旅行の最中に青年が書いたものらしいのだが、凪子はその青年のことをまったく覚えていなかった。

次の「リフレッシュ休暇」は、その香港旅行に参加した男の話。やむなく自宅を手放すことになったための引っ越し作業中に見つけた自分のノートには、青年が失踪した夜のことが書かれていた。男は、十数年前の自分の書いた言葉に「ひょっとすると思い出してはいけないような、少し気味の悪い感覚」を受ける。

三作目の「テディ・リーを探して」は、この旅行の添乗員をしていた女性が、当時の恋人の名前を検索したことがきっかけで、自分が書いたかのようなブログを見つけ、本当の記憶を探ろうとする物語。匿名性のネットの不気味さを生々しく感じさせつつ、この不思議な旅行の内部にいよいよ迫ってくる。

そして最後の「吉田超人」で、それらのすべての人や出来事がつなぎあわされ、明らかになる。糸をつなぐのは、凪子に手紙を渡したセールスマン、ケイスケである。

ノンフィクションライターを目指しているケイスケは、香港への一人旅で偶然この手紙を手に入れ、青年のことを調べ始める。一九八九年から九二年にかけて実施された「迷子つきツアー」の真相。十五年前に失踪した青年の数奇な足跡。そして…。

バブル経済とその崩壊を背景にした十五年という時間がもたらす記憶の錯綜（さくそう）が、とても丁寧に描かれている。「ボンヤリボーヤ」と呼ばれ、存在感の薄かった青年の「僕は記憶を盗まれた」という言葉が心に強く響く。

人生に対するさまざまな示唆に富み、謎が解けた後も奇妙な感慨がいつまでも残る斬新な小説である。（東直子・歌人）

（集英社・1680円）＝2006年6月29日②配信

意外な結論導く着想と分析 「ヤバい経済学」（スティーヴン・D・レヴィット、スティーヴン・J・ダブナー著、望月衛訳）

米国の新進気鋭の経済学者レヴィットの研究を、練達のライター、ダブナーが面白おかしく紹介する本である。誰も経済学のテーマだとは信じない（プロの経済学者ならば信じはするが、自分ではなかなか手を出さない）ような、いかにもくだらなそうな雑多なネタ―大相撲では本当に八百長が行われているのか、とか、「頭のいい名前／悪い名前」なんてものがあるのか、とか、麻薬の売人という商売はどれくらいもうかるのか、とか、またあるいは、お金をいっぱい使えば選挙に勝てるのか、とか―をとりあげ、あっと驚く着想で分析の糸口を見つけ、地道なデータ解析の果てに意外な結論を導き出す。

―というふうに紹介すると、経済書・ビジネス書ファンは「ああまた例のやつね」と思われるかもしれない。「経済」現象とは思われていないものごと―政治とか、犯罪とか、文化とか、日常生活や人間関係上の雑事とか―に対して、経済学の理論、もう少し突っ込んで言えば「人間は自己の利益を追求して合理的に立ち回るものであり、利益を上げる機会は見逃さない」という推論を徹底的に適用してみせて、「経済学でここまでわかる！」っていうありがちな啓蒙（けいもう）本か、と。

たしかに本書はそうした路線にのっとった本ではあるが「ありがち」ではない。第一に本書のネタは、レヴィット自身が世界で初めて手をつけ論文にしたほやほやのネタばかり、最先端の研究ばかりである。そして本書の第二の特徴は、その人間観である。もちろんレヴィットの描く人間は「合理的で機を見るに敏」だけど、そういう合理的行動を導く動機（インセンティブ）は私的利益、エゴばかりじゃない。人間は利他的配慮や道徳的義務感によっても動機付けられている。

もちろんそんなことは、特に経済学嫌いの人がよく主張してきた。本書のすごみはそうした「利己的じゃないけど合理的」な人間の振る舞いを、統計解析を通じて具体的に描き出すところだ。ほどほどに賢くほどほどにトホホな、愛すべき人間たちを。（稲葉振一郎・明治学院大教授）

（東洋経済新報社・1890円）＝2006年6月29日③配信

循環する時間のなかで 「主婦と恋愛」（藤野千夜著）

ワールドカップ（W杯）の日本戦終了後、藤野千夜さんはどうしているか心配になった。一面識もないけれど、彼女は日本が負けると落ちこんで仕事が手につかないそうだ。本書は、日本でW杯が開催された四年前を舞台に展開する物語である。

「○○と××」というタイトルは、ジェーン・オースティンの「分別と多感」「高慢と偏見」などを連想させ、いい感じだ。タイトルに抽象語、観念語を並べ本文はディテールで勝負…と、ここまで書いておいてナンだが、「恋愛」はともかく「主婦」は抽象概念だったろうか。それは読みながら考えることにしよう。

主人公の「主婦」チエミは、無難な女子大を卒業して就職、高校教師の忠彦と見合いし、やがて専業主婦になった。子どもはいない。その年、W杯観戦に出かけた札幌でワカナという娘と出会い、土産のカニパーティーでカメラマンのサカマキと知り合う。

チエミは夫のなで肩や、ずり落ちがちな黒縁眼鏡が、このごろなんとなく神経に障る。あきらめに似たやさしさの漂う夫婦のリビングにワカナとサカマキが登場し、テレビでサッカー観戦、ミニ宴会と、期間限定の祭りの日々が訪れる。プチ家出の義母が加わったり、拡大家族のにぎわいだ。

前髪さらさらでいけすかない笑顔のサカマキに、チエミの心は揺れる。家族も友人もチエミとサカマキの仲を邪魔しない。それどころか、チエミがひた隠しにするサカマキへの好意や、あっさりワカナに振られた忠彦を、からかったりする。倦怠（けんたい）期の夫婦が、あやうい関係の異性を巻き込んで妄想や嫉妬（しっと）を刺激剤にするといえば、谷崎潤一郎ふうの官能小説だが、本書はそうはならない。

「主婦」の暮らしは、具体的な細部に埋め尽くされているのに、反復し循環する時間のなかでとりとめのない抽象的な概念となる。見るだけのサッカーと恋愛が、そんな「主婦」の時間をつかのま断ち切り、におい立たせる。派手な展開はないけれど、味のある佳品である。（川崎賢子・文芸評論家）

（小学館・1575円円）＝2006年6月29日④配信

自由市場と経済の将来

「フラット化する世界（上・下）」（トーマス・フリードマン著、伏見威蕃訳）

本書は、国家のグローバル化の時代から企業のそれを経て、個人がグローバル化する段階を〝フラット化した世界〟と定義し、その成立の過程や現状と課題を、負の側面も含めて紹介している。

著者は、冷戦の終結や情報通信技術の大発展が、国家や人種の壁を壊し、万人が参加できるフラットな競技場を用意したという。

そして、誰もがグローバルな競争や共同作業に加わり、各人が「神からあたえられた知性」を最大限に発揮することで、豊かさや生産性が向上すると主張する。

ただし、「フラット化した世界は素晴らしいが、プレッシャーが」かかり、「個人が、グローバルに栄えるか、せめて生き残れる方法を考えなければ」ならないという。

近年よく聞く議論だが、矛盾も多い。例えば、「フラットな世界の新しい仕事を勝ち取る競争力をアメリカの子女が身につけるように、教育程度を高める集中的な国内戦略」が必要だと提案している。これでは、国家に壁を設け、壁のこちら側の者だけを保護する政策の奨励だろう。

まだある。著者は、「アルカイダのシンパのイスラム慈善団体やイスラム系ベンチャーキャピタルが、反アメリカ作戦の資金」を提供するなど、フラット化の悪用を懸念する。

その対策として「さまざまな面で発展の障壁となるイスラム世界の文化的姿勢」に対して、「アメリカが手本を示すことが第一」だと力説する。さらに、「アメリカ人は最高のグローバル市民になる必要がある」とまで言うのだ。

だが特定の国を、手本としたり、最高と価値付けたりするのでは、フラット化など全く成立しないだろう。

著者は、フラット化の副作用やそれへの反抗を知りながら、自由市場とグローバル経済の将来を楽観視する。根拠は不明だ。ただ、「世界にはアメリカの楽天主義が必要」で、「どこの国の人間も、心の底ではアメリカの楽天家ぶりと無邪気さをうらやましがっている」とのことである。

本書は、ある種の世界観を知るには好適である。エマニュエル・トッドの「帝国以後」と併読すれば、なお面白い。（薬師院仁志・帝塚山学院大助教授）

（日本経済新聞社・上下各1995円）＝2006年6月29日⑤配信

文革の悲劇を描く

「江青に妬まれた女」（譚璐美著）

今年は文化大革命が始まった年から数えて四十周年、「文革とは何であったのか」という問いが胸騒ぎのように浮かぶ。本書のヒロインは、「実権派ナンバーワン」として迫害され、致死させられた国家主席劉少奇の夫人・王光美である。中国人の血統をもち日本で育ち、夫とともにニューヨークに住む著者が、インタビューで得た王光美や子息劉源の肉声を挟みながら、主題を描ききった。

「貧しい環境からのし上がった毛沢東夫人・江青」が「民族ブルジョアの娘・王光美」を嫉妬（しっと）したことは、よく知られた事実だが、史実を着実に踏まえて優れた読み物を描いた才筆に脱帽したい。

ゲリラ根拠地・延安に一足先に入った江青が王光美をどのように迎えたのか、という出会いに始まり、五九年の廬山会議のとき毛沢東に誘われてダムで泳いだこと、六二年初めの七千人大会以来、毛沢東と劉少奇の溝が拡大していったとする黄峥（中央文献研究室）の証言、ピンポン玉の首飾りを無理やりつけられて闘争大会に引きずりだされた経緯など、悲劇の核心が巧みな筆で描かれている。

曰（いわ）く、「男の競争は権力で争うが、女の競争は幸せの量で争う。幸せの尺度は、夫と子供、生まれ育ちと美貌（びぼう）、自分自身の仕事、富と教養と愛情の豊かさで計られる」「王光美は、あまりにも多くの幸せを手に入れた女性であった」。

他方の江青は「十二歳で父親と死に別れ、小学校を中退して、食うや食わずの状態で生きてきた」「親指だけは真っ直ぐだが、四本の足指は曲がった解放脚」だった。だから「足を隠すために、ソックスを履いた」。江青にはさまざまな心の傷があったことが分かる。

ケアレスミスを二つ。羅瑞慶は「羅瑞卿」の誤植、「五・一八講和」は「五・一八講話」の誤植。版を重ねてほしい本なのであえて指摘しておく。

（矢吹晋・横浜市立大名誉教授）

（NHK出版・1890円）＝2006年6月29日⑥配信

少女たちの「心の肖像」

「渋谷」(藤原新也著)

「メメント・モリ」や「全東洋街道」で知られる写真家の藤原氏が、少女モデルの撮影過程で出会った心に傷を持つ女の子、ユリカとエミ、サヤカ。本書は彼女たちが母との確執に傷つき、壊れそうな命を生かそうともがく姿を描いた「心の肖像」だ。

ユリカは風俗の世界、サヤカは援交(援助交際)で自分を支えようとする。が、支えるすべを持たないエミは、あまりに痛ましい結末が明らかになる。心がひりひり痛んで、読後、祈りにも似た気持ちで本を閉じた。

私が渋谷で取材した女の子の中にも、親との確執で薬漬けになったり、危険すぎる相手との援交を重ねていた子が何人もいた。本書の少女たちに、彼女たちが重なって見える。

少女たちが著者に対して、少しずつ閉じた傷口を見せていくまでの交流が、はかなく、せつない。たとえ危険で未熟な方法でも、苦しさから必死で逃れようとする少女たちの感覚を、著者は自分の中に発見し、あの猥雑(わいざつ)な街がどれほど彼らを救済しているかを、透徹した優しいまなざしで描いてみせる。

渋谷はすべての序列を無化する「資本主義の最終楽園」だからこそ、少女たちは重い期待の鎖から解放され、素顔で深呼吸できる。母の「いい子」から生き延びる大人へと「脱皮」ができる。逆説的に言えば親のもとで「脱皮」するのがいかに難しい時代かということだ。近年、親子間の殺人事件があとをたたないが、自身がまだ脱皮に成功していなかったり、娘を一生、脱皮させまいと縛る母親もまた、同じ確執に苦しんでいるケースが多い。

少女が自我を持ち、人間であり女である顔に変わっていく過程は、家庭では「おぞましい異物」でも、この街は優しく深い懐に抱えてくれる。

今、強く思う。「センター街」を危険と決めつける大人たちが、藤原氏のようなまなざしを持っていたら、少女たちはもっと自らの確かな成長の力を信じられるのに、と。(速水由紀子・ジャーナリスト)

(東京書籍・1575円)=2006年7月6日①配信

食体験と脳を文学的に語る

「食のクオリア」(茂木健一郎著)

本書のキーワード「クオリア」とは、「数量化できない微妙な感覚質」のこと。食においては、「あのとき食べたあの料理の、なんとも言えない味や香りや触感」を意味すると思えばいい。

深く「私」に根ざした感覚だからか、著者自身の食体験がいろいろ語られているのが楽しい。難解な脳科学の話ではなく、読みやすい啓発的な食文化エッセー集である。 画一的だけれど便利なファストフードと、時間はかかるけれど豊かなスローフード―その間にいる現代人が、しばし立ち止まって食の意味を考えるのに、格好のヒントが満載である。

極私的な例で恐縮だが、夕飯に出来合いのおかずを出すと、かならずといっていいほど息子に「これ、うちで作ったものじゃないでしょ」と指摘されてしまう。乳幼児期の刷りこみがよほど強烈だったのか、それとも私の手料理がよほどおいしいのか(?)と不思議に思っていたが、著者の言う「ハンディキャップ原理」で説明できる。

つまり、メッセージを発するとき、必要なコストが高ければ高いほどメッセージは強くなる。準備が大変なほど、料理は強烈なメッセージを発するのである。既成のおかずに「手間ひまオーラ」が漂っていないのを、息子は感じるのだろう。

また、モスクワの公園で食べた屋台のシャシルィクの味が、格別なつかしく思い出されるのはなぜだろうとも思っていた。著者によれば、自然の光景が、祖先から受け継いだ記憶を呼び起こすという。もしかしたら私の脳の神経細胞に、太古の遊牧民の記憶が刻みつけられているのかもしれない。

そして、おいしいものを食べると、脳内には「快楽」物質が放出されるという。美しい文章を読んだときにも頭がくらくらすることがあるが、案の定、本書には食と言葉の共通性が指摘されていた。

考えてみれば、「私秘的」なクオリアに言葉を与えること自体、きわめて文学的な営みではないか。「言葉も食も、一回性の出会いの中に、人生の味わいを演出する」。こんなすてきな文章の詰まっている本書が、すぐれて文学的なのも納得できる。(沼野恭子・ロシア文学研究者)

(青土社・1470円)=2006年7月6日②配信

〝臨床医〟が示す劇的療法

「貧困の終焉」(ジェフリー・サックス著、鈴木主税ら訳)

人気ロックバンドU2の歌手ボノが序文を書いていることもあり、多くの読者を得ている本だ。

基本哲学は、オーソドックスである。途上国の貧しさを、遅れた文化や生活態度のせいにはしてはならない。人間は本来、誰にでも同等な潜在力がある。人々の貧しさは、厳しい地理的条件のせいだ。一度だけ、大規模な援助を投入しよう。そして、最貧国をグローバル経済に統合しよう。人々がはしごの下段に足をかけることができたら、後は自力で上昇できる。

本書を読んでいると、非アメリカ世界を舞台とするディズニー映画を見ているような感覚に襲われる。そこでは皆が英語をしゃべる。論理はわかりやすく、感動的でさえあるが、あまり「土のにおい」がしない。

もともとサックス教授は、東欧やロシアの急激な市場経済化を指導したエコノミストである。旧社会主義国の自由化は避けられなかっただろうが、この「ショック療法」のおかげで、これらの国々では平均寿命が低下し、貧富の格差が大幅に拡大してしまった。

ほかにやり方はなかったのかと言いたいが、とりあえず過去は水に流そう。彼の今回の使命は、アフリカとアジアの貧困を根絶する新たな「ショック療法」のために、世界中から資金を集めることである。エイズ・マラリア対策などについて、国際社会が大胆に行動する必要性と、サックス教授の志の高さには、反駁(はんばく)の余地はない。

評者が率直に感銘を受けたのは、貧困と闘うエコノミストは臨床医でなければならないという主張である。患者をよく観察し、複雑な症状にあわせた処方せんを組み立てなければならない。

だが、患者を一気に治そうとするサックス教授の手法は、まさに有能な外科医のものだ。彼の志は共有したいが、医療には内科医も漢方医も必要だろう。世界では毎日二万人の人々が、貧困のために命を落としている。一人一人が即座に行動することが大切だ。しかし性急に成果を求めず、その行動の帰結を最後まで見届ける忍耐も、同じくらい大切なのではないか。(峯陽一・大阪大助教授)

(早川書房・2415円)＝2006年7月6日③配信

見世物の世界に分け入る

「間道」(坂入尚文著)

「わき道、抜け道、隠れ道、裏街道……」

裏表紙で辞書風にこう解説される「間道」。本書が見せてくれるのは、どのような間道なのだろうか。

東京芸大彫刻科を中退後、男三人で見世物小屋「秘密の蠟(ろう)人形館」を持って全国を巡回し、一時は房総半島の山間部で農業に従事。そして現在はテキヤ、飴(あめ)細工師として高市(たかまち)(祭や縁日のこと)で妙技を披露する。一九九四年には、日本の縁日のパリ公演をプロデュースしたこともある。そんな男の旅をめぐる半生記、おもしろくないわけがない。

小学生のころ、父親に連れられて入った見世物小屋で見た大イタチ。板戸に血を塗っただけという、おきまりの見世物なのだが、翌日、自転車を駆ってもう一度見に行くと、手品のように小屋は消えていた―。

一九七九年、三十二歳で人に誘われて始めたという蠟人形館の旅は、記憶の中の見世物小屋の世界に分け入り、その正体を見届けようとする旅でもあった。

旅は北海道から始まった。旭川、札幌、岩内、釧路、鵡川、稚内……。あるときは記録的売り上げを達成し、あるときはようやくその日の飯代だけ稼いで五年目、蠟人形館は、九州の八代で最後の興行を打った。

著者は、高市とそこで出会った、はかなくかなしげで、またふてぶてしくもある人びとを、記憶のひだの中から掘りおこし、描き込む。

「ごめんね、ごめんね」といいながら、自分が明日その首を食いちぎる鶏にわびる狼(おおかみ)少女。「特攻隊長」と呼ばれる、精悍(せいかん)な顔をした土地の世話人。白糠から釧路まで飴細工の露店を追いかけてきたアイヌの幼い姉弟。

著者の半生が、そして高市を追って移動する見世物小屋やテキヤの旅が、間道であることはいうまでもなかろうが、こうした人びとの人生もまた、間道である。高市という磁場に引き寄せられ、つかのま、間道は交差する。

間道とは、私たちのすぐ隣にありながら、見えない道のことであることを、あらためて気づかせてくれる。(鵜飼正樹・京都文教大助教授)

(新宿書房・2520円)＝2006年7月6日④配信

食欲にからめて自在に回想

「食べない人」（青山光二著）

終戦直後の文学復興を担った「無頼派」という響きの、何と懐かしいことか。「可能性の文学」の織田作之助、「堕落論」の坂口安吾、そして「人間失格」の太宰治。彼らは人間の真実を見つめ、心の闇を暴き出した「知性派」でもある。

この無頼派の志を、二十一世紀まで持ち続けた奇跡の男がいる。織田作之助の親友だった青山光二、その人である。彼は三年前、九十歳で川端康成文学賞を受賞し、世間をあっと驚かせた。

色白で端正な顔だちの青山は、男性にも女性にも好かれた。文学者同士の複雑な人間関係や、彼らの女性関係にも立ち会った。そして、大恋愛の末に結ばれた妻の認知症の介護にも当たった。波乱に満ちた彼の人生を、人間の本能である食欲とからめて自在に回想したのが、本書である。

十七編の味わい深い「小品」と、一編の印象的な小説から成る。あえてエッセーではなく、「小品」と呼ぼう。ここには、青山の到達した人間観と文学観が凝縮されている。

「食べない人」という不思議なタイトルは、食べた結果としての排泄（はいせつ）行為を男性に連想させたくない女性のエピソードである。それが、食事した事実をすぐに忘れ排泄をうまく処理できない認知症の妻の姿とも重なる。人間とは、何と悲しい生き物であることか。

日本文学を振り返れば、かつて鎌倉時代に「九十の賀」を迎えた藤原俊成という歌人がいた。肖像画を見ると、彼は息子たちに支えられている。

今の青山の両脇は、文学史に輝く無頼派の面々や、才能を持ちつつ無名のまま早世した友人たち、彩りを添えた女性たちすべてに支えられている、と評者には見える。

大正二年に生まれ、旧制第三高等学校で友情をはぐくみ、東京帝国大学でダ・ヴィンチを学び、数多くの恋に身を焼き、海軍も留置場も体験し、モダニズム小説から任侠（にんきょう）小説まで幅広い作品を書き、今また新しい境地を開いた青山光二。文学こそは、彼の生きるあかしである。（島内景二・電気通信大教授）

（筑摩書房・1890円）＝2006年7月6日⑤配信

辺境の島の温かさと悲しみ

「名も知らぬ遠き島より」（日高恒太朗著）

読んですがすがしく、それでいて後に寂しさが残る紀行である。

鹿児島の大隅半島の先には、奄美大島まで飛び石伝いに大小の島々が連なる。琉球弧の上方に位置し、琉球文化圏とヤマト文化圏が重なる、いわば汽水域である。といった民俗学的な興味は尽きないが、種子島と屋久島を別にすれば、普段、豆粒のようなこれらの島が話題になることもない。それなのに、著者は足かけ九年がかりで本書を完成させた。

数ある南西諸島の中で、なぜ「名も知らぬ遠き島」だったのか。それは、著者が種子島の出身だったからだ。若くして島を離れた著者の、かつて失った故郷と、自らのアイデンティティーを求めた旅のようにも思える。

ここで取りあげるのは十二の有人島に住む島人（しまびと）の生活である。生活の違いは衣食住でわかるといわれるが、衣と住がほぼ均一化して差がなくなった今、「食」はわずかに郷土色をとどめる。本書はその「食」を記録した島の文化誌でもある。

種子島の「トッピー（飛魚）のつけあげ」、屋久島の「サバスキ」、悪石島の「トカラ豆腐」……。想像するだけで生唾（つば）がこみ上げてくるが、食傷気味にならないのは、それらの間に挟まれた島人の生活が実に躍々としているからだ。

「あんたも、ワシの島いとこにならんか」といわれ、あいさつ代わりと思い、「ハイ」といって握手した一年後、箱一杯のポンカンが送られてきた話。「島いとこ」とは、相互扶助を目的とした疑似家族制度だ。あるいは、百歳で離婚した理由を聞かれ、「食い物の好みが合わんようになったんじゃ」と答える黒島のオバァに思わずにんまり。トカラには、男子は数え十五、女子は十三歳で祝う「元服式」がまだ残っていることにも驚く。

かつて島の生活は、都会人の偏見から「文化果てる島」と報じられた。しかし今、若者が去り、島はさびれ、ここに書かれた文化は本当に息絶えようとしている。東京一極集中型の文化が、辺境の文化をはじき飛ばしてしまったのだ。読み終えたとき、行間から悲しみがこぼれてくる。（奥野修司・ノンフィクションライター）

（三五館・1890円）＝2006年7月6日⑥配信

日常の裏側に潜む狂気

「女ともだち」（真梨幸子著）

寄生虫の恐怖を描いたホラー「孤虫症」でデビューした真梨幸子は、現在、最も後味の悪い小説を書く作家のひとりだろう。長編第三作に当たる本書は、これまでの作品と比べても、文章力、構成、ともに格段の進境が見られる。

埼玉県にある高層マンションの最上階と二階で、二人の独身女性の死体が見つかった。二階の自室で殺された吉崎満紀子は、ネットで知り合った男たちを相手に売春をしていたらしい。警察は、満紀子と関係を結んでいた配送ドライバーの山口を逮捕した。

しかし、フリーライターの楢本野江は、この事件には世間に知られていない裏が存在するとにらんでいた。彼女は、被害者の遺族やマンションの住人たちへの取材によって真相をあぶり出そうとする。

「孤虫症」では、寄生虫のおぞましさと心理描写のねちっこさで読者に挟み撃ち作戦を仕掛けてきた著者だが、本書の場合は、登場する女性たちの心理描写の薄気味悪さ一本槍（やり）で攻めてくる。

といっても、同じマンションの部屋を自分より安く買った人間や他のマンションの住人への嫉妬（しっと）、女同士の友情に潜むヒエラルキー、独身者に対する主婦の優越感など、個々の要素はわりと身近なものであり（特に女性にとっては）、題材として特異というほどではない。だが、読んでいるうちにそれらの描写の執拗（しつよう）な積み重ねによって、何とも言えない陰鬱（いんうつ）な気分に支配されているのに気づかされるのだ。

まるで、最初は目立たなかった浴室のカビやキッチンの水回りの変色が、いつの間にやら簡単には洗い落とせない汚れに成長しているように。さらに、最後に待ち受けている真相のグロテスクさもかなりのものである。

日常を一皮めくった裏側に潜む狂気や、人生のあちこちに待ち受けている落とし穴の描写に、いつでも現実に起こり得るのではないかという迫真性が感じられる。どこかで理想の人生設計から足を滑らせてしまった女性たちの姿にまつわる、一抹の物悲しさとともに。（千街晶之・文芸評論家）

（講談社・1680円）＝2006年7月13日①配信

詩歌の言葉が持つ力

「米寿快談」（金子兜太・鶴見和子著）

俳人の金子兜太と、社会学者であり歌集も刊行している鶴見和子が、自在に語り合った一冊である。

鶴見は、脳出血で倒れた後、短歌が体の底からこみ上げるように生まれてきたという。そのため、病気で言葉を失うことなく、生き延びることができた。その経験を通して、詩歌の言葉が身体に根ざしていることを実感する。なぜ詩歌の言葉には、身体を生かす不思議な力があるのか。それがこの対談の最も大きなテーマだろう。

俳句には、型があり、間（ま）がある。鶴見はそこに踊り（日本舞踊）と共通するものを見る。踊りでは、型をはずれて自分勝手に踊っても、創造性は生まれてこない。俳句も、理屈でつくるのではなく、型を体で演じることが重要なのだ、と言う。

また金子兜太は、季語を共有することによって、自然の事物を共有することの大切さを語っている。芭蕉の〈山路来て何やらゆかし菫草〉では、「すみれ」という言葉だけで句をつくるのではなく、スミレという自然をじっくりと見つめようとする姿勢がうかがえる。言葉を通して自然の実体に触れることで、「真の共感をつかむ」ことができるのだと、兜太は言う。

そうした俳句の感性は、万物に精霊を認めるアニミズムを源流としており、現在のエコロジーにつながるものであると、二人は高く評価している。

鶴見和子の歌に、〈逸早（いちはや）く気圧の配置感知する痺（しび）れし脚は我が気象台〉という一首がある。天候の変化によって身体が痛むことを詠んだ歌だが、「脚は我が気象台」という表現が大変おもしろい。

このように、自分の身体と大きな自然がつながっていることを、直観的な言葉でとらえることが、現代では大きな意味を持つのだろう。詩歌で表現することで、病んだときに私たちはどのように生きればいいのかが見えてくるのである。

「病気になると、死が近くなると、命は輝いてくるのよ。（中略）日々が命でつながるのよ」という鶴見和子の言葉が鮮烈な印象を残す。（吉川宏志・歌人）

（藤原書店・2940円）＝2006年7月13日②配信

黒沢明の本質に切り込む

「複眼の映像」（**橋本忍著**）

監督黒沢明と脚本家橋本忍の協働が生んだ「羅生門」「生きる」「七人の侍」はあまりにもポピュラーな名作だが、この二人が実際にどのような駆け引きやぶつかり合いを経て傑作の青写真を作ったかについては、われわれはほとんど知るすべがなかった。創作の実際は当事者にしか語り得ないことであり、黒沢の生前はさすがに遠慮もあって本音の著述は難しかったこともあるだろう。

だが、橋本はまさに知力体力を総動員する構えで書き上げたこの労作により、余人のうかがい知ることのできない、息詰まるような創造の現場を再現してみせた。

「物事の徹底の限界を超え異様でさえある」黒沢の粘りと長い拘束期間にへきえきし、もう二度と黒沢作品はやらないと心に決めつつ、幾たびも現場に巻き込まれてゆく橋本は、「閃（ひらめ）きを摑（つか）む」ことに黒沢のエッセンスを見る。すなわち、黒沢のすごさは途方もない努力や執着にあるのではなく、ある閃きを獲得するためにはそれら努力の集積を一瞬に投げ捨てる潔さにこそあるのだ。

その一方で、黒沢映画の熱い創造過程に参加しながら、ごく怜悧（れいり）な視点で黒沢の資質を射抜く橋本にもすごみがみなぎる。とりわけ、「七人の侍」以降、最高級の職人から孤高な芸術家に転じたことが黒沢映画の不幸であったという洞察は極めて鋭い。黒沢は作家、芸術家として崇拝されているが、私もかつて黒沢明の全作をめぐる著作を書きながら、橋本と全く同様の見方に至った。

複数ライター形式が功を奏したのも、おそらく黒沢が芸術家的に客観性を欠いて自らの思いに沈潜するのを抑止し、職人的な均衡を取り戻させる契機となったからだろう。自らは筆を執らないという共同脚本家の小国英雄が、実はその本質部分の司令塔としていかに重要であったかを橋本は力説する。

貴重な逸話の数々は、橋本脚本そのままの構成の妙と語りの個性によって存分に料理された。橋本プロ創立や希代の奇編「幻の湖」への言及など、橋本忍ファンにとっても興味の尽きぬ話題がめじろ押しである。（樋口尚文・映画批評家）

（文芸春秋・2100円）＝2006年7月13日③配信

思想の背骨持つジャズ史

「ジャズ・マンとその時代」（**丸山繁雄著**）

今、ジャズは至るところで聴かれる。流行（はや）りのラーメン屋で、小洒落（こじゃれ）たカフェで、聴き心地のよい粋なBGMの地位に甘んじている感すらある。

だがなぜジャズは、人口に膾炙（かいしゃ）する以前から、アフリカ系アメリカ人の「原初の叫び」としてわれわれをその躍動に巻き込むようになったのか。なぜそのリズムはかくも聴衆を熱狂させたのか。

本書は、そんなジャズの秘密を一大胆にも一わしづかみにしようと試みて、それに成功している、実に読み応えたっぷりの「ジャズの生誕と成長」の歴史書である。

例えば、同じ黒人の伝統が創出した音楽の中でも、なぜジャズはスウィング・ビートに満ち、一方ラテンのサンバは均等に分割された八分音符を基調としているのか。本書はその理由を、アメリカ黒人が最終的に受け入れた「強勢拍リズム言語」としての英語の特性に求めている。

英語は、日本語やスペイン語と違い、各音節の長さが等しくない。これが英語特有の強勢（アクセント）をもたらし、強音節と弱音節の連続による独特のリズムを生みだしている。この英語のリズムと、アフリカ音楽が本来有する「強烈な肉体性」やビート感が混合して、ジャズ特有の三連系のリズムが生まれたと著者は言う。

拍のアタマに強音節が、ウラに弱音節が置かれるジャズ（とブルース）のビートの底には、英語のリズムがあったとする著者の議論は、ねばり強い論証のおかげで十分得心がいくのである。

しかし、本書を第一級の概説書にしているのは、それだけではない。ジャズ前史からサッチモ、マイルスといった巨人たちの生きた時代を、社会学者の手さばきで俯瞰（ふかん）していく、その構築力にある。主観的なエピソードに走ることなく、黒人の芸術としてのジャズを「アメリカの黒人の歴史」という文脈で位置づける。その構想力は本書に単なる歴史書以上の、思想の背骨を与えている。

ジャズに深く関心を寄せる読者には、必読の好著である。（安岡真・翻訳家）

（弘文堂・4830円）＝2006年7月13日④配信

幼くして狂わされる人生

「子ども兵の戦争」（P・W・シンガー著、小林由香利訳）

迷彩服に身を包んだカンボジア人の十二歳から十五歳ほどの子ども兵に、わたしが初めて行き合ったのは二十六年前のことである。銃が実に大きく見えた。そばにいた大人の兵が「敵はポル・ポト派。一致団結」と言った。後日、森に拠点を構えていたポル・ポト派の黒衣の子ども兵らに遭遇した。おびえたような彼らの表情に、子どもの時代を喪失した悲劇を思った。タイとの国境でのことだ。

そうした取材経験があることも加わって「子ども兵の戦争」には、慄然（りつぜん）とさせられた。世界全体で、二百人に一人の子どもが戦禍に苦しんでいるという。なかで、最も深刻なのが子ども兵だ。

家族から引き離され、希望を奪われた恐怖のなかで、子ども兵は命令のまま撃ちまくる。幼いがゆえの無垢（むく）を隠れみのにした大人の強引なやり方に、読みながら暗澹（あんたん）とさせられた。

戦場を去っても、兵士であったことで共同体から疎外され、本人の罪の意識が社会復帰を阻む。心身に深く刻み込まれた傷が、いつまでも、そして人によっては突然にうずく。

現在、三十万人の子ども兵がいるうえ、この十年間で二百万人以上の小さな命が戦場の露と消えたという。大変な数だ。この、ひとりひとりが幼くして人生を狂わされたのである。悲しみ、苦しみ、怒り、そして願いを込めた子どもたちの切ない言葉が随所で紹介されている。どの声も胸に突き刺さる。大人や社会が守らなければならない、いたいけな子どもたちばかりだ。

作者は大量な資料を整理し、冷静に組み立てている。安価でたやすい小型武器の流通が、大勢の子ども兵を生んだ。戦闘の場に子どもが存在すること自体、許されないことだ。大人の兵が子どもを撃つ、子どもに撃たれる、こうした実態にどう対処しなければならないのか。筆者は具体的な提案を述べながら、重い現実があることを私たちに問いかける。そして現在のイラクでも、アメリカ軍がイラクの子ども兵と戦っているという。（大石芳野・写真家、東京工芸大教授）

（NHK出版・2100円）＝2006年7月13日⑤配信

豊潤な色に満ちていく旅

「マティスを追いかけて」（ジェームズ・モーガン著、山岡万里子訳）

かつてこれほどまでに「見る」という行為がたやすく、また難しい時代があっただろうか。

今から十五年ほど前、ある美術館の館長が「近く、各国の名画が自宅のコンピューターで見られるようになる」と講演会の席で語っていたことを思い出す。まだインターネットが普及していなかった当時、そんな味気ない近未来に興ざめしたものだが、今では仕事上、十分その恩恵にあずかっている。例えば「マティス」と打ち込めば、何万というサイトが閲覧可能だ。が、複製と伝達を経てこの目に飛び込む名画を「見ている」とは、やはり言い難い。

そのマティスの作品と人生の足跡をこの目で見ようと一念発起したのが著者、ジェームズ・モーガンである。職を捨て、家を売り、六十歳を目前に憧（あこが）れの画家が暮らした街々を巡る一年間の旅に出る。いわば、紀行文と自叙伝から成るノンフィクション。加えて、ミッドライフ・クライシス攻略本だ。読者によっては身につまされるメッセージが込められている。さあ、旅に出よう。君は一生働いて終わる気か、と。

画家の生まれ故郷から始まる旅は、その後、画家ドランと過ごしたコリウール、幾何学模様に目覚めたモロッコ、晩年に手がけたロザリオ礼拝堂があるヴァンスへと進み、その追っかけぶりは徹底している。灰色の産業化時代を背景に、いかにして鮮烈な色彩を特徴とする「野獣派」と呼ばれるようになったのか。モーガンの旅は、マティスの人生と同様、行く先々で出会う人と景色によって豊潤な色に満ちていく。その過程は、やはり、うらやましい。

ともあれ、愛妻と旅する彼は実に真面目（まじめ）な男だ。旅なのだから多少の脱線が欲しいところだが、真正面から人生と対峙（たいじ）するのは年齢ゆえの姿勢なのか、いや、マティスという夢のためなのか。

途中、展覧会場で盲目の女性と出会う場面が印象的だ。後天的に光を失った目は、昔見た世界を覚えている。モーガンは言う。「彼女の目の半分も見えていないような人間がごまんといる」。この目で見るということは、どうやらそうたやすいことではないようだ。（河野晴子・美術ライター）

（アスペクト・2940円）＝2006年7月13日⑥配信

契約の重みとしての愛　「銀色の翼」（佐川光晴著）

大学在学中に脳腫瘍（しゅよう）を患ってのち、後遺症の頭痛とぬぐいがたい喪失感を抱えて生きる雪村和夫は、ある日「日本慢性頭痛友の会」に参加し、片頭痛に悩む年上の看護師、美恵子と出会う。互いの仕事と頭痛の合間を縫って進む頭痛持ち同士のひそやかな交際に喜びを感じる和夫だが、徹底的に家族の話題を拒む美恵子のかたくなさに違和感を覚える。

家族を捨てる形で美恵子と結婚し、妻の援助によって鍼灸（しんきゅう）の技術を身に付け人生に対する自信を取り戻す和夫。その目には妻の心身の異常な硬直が日ごとはっきり見えてくる。こわばりを解いてやりたいと思いながら平穏を壊すことを恐れて踏み込めない夫と、変わろうとしない妻。そのにらみ合いの均衡は、やがて予期しない形で決定的に崩れ始める—。

妻がフルタイムで働く現代共働き夫婦の姿をさまざまな物語の中で変幻自在に語り続ける著者。その作品は「愛」をもっぱら「生活の結果としての夫婦愛」もしくは「家族愛」として描く。

現代では珍しいとも言える、その徹底した愛に関する〝形式主義〟は「永遠の誓い」（講談社）のような明るい新婚賛歌に著者独特の暗いニヒリズムの縁取りを感じさせる一方、本作では悲劇的な愛情物語を相対化する枠組みとなり、「痛みを共有する夫婦の真実の愛の物語」が読者の中で安易なメロドラマと化するのを防いでいる。

得意だったビリヤードの玉にも似た彩りにあふれる軽快な人生から遠く離れ、灰色の石に永遠に縛られて生きる運命を知ったとき、和夫はその石をともに背負う相手として妻を選び、妻に選ばれる。そんな選択と契約の重みとしての愛を主題としながら、それを頭痛と同じもののように語る著者のアイロニカルな筆致は重さから遠い。タイトルの「翼」が実は重いのと逆に、悲痛で重い夫婦の灰色の石像はむしろ人生の始まりのような軽妙な銀色の光を放つ。

痛みと希望が表裏であることを読者に信じさせる一冊である。（田中弥生・文芸評論家）

（文芸春秋・1700円）＝2006年7月20日①配信

宇宙めぐる熱い歴史を俯瞰　「ビッグバン宇宙論（上・下）」（サイモン・シン著、青木薫訳）

胸躍る科学の話題といえば、必ず宇宙か生命が取り上げられる。いずれも、その起源と長い時間をかけた進化の物語が人々の興趣をそそるためだろう。そのためビッグバン宇宙論にかかわる本が多数出版されており、いささか食傷気味の方も多くて、「またか」と思われるかもしれない。

しかし、本書は、最もオーソドックスな手法で最も確かな事実のみをたどり、ビッグバン宇宙論の最も信頼できる成立過程を詳細に描いていて、自信を持ってお薦めできる。何より、「空想から科学」へと宇宙論が変遷していく渦中の、さまざまな観測事実とその理論的解釈の一つ一つを豊富なエピソードを交えて提示しており、宇宙をめぐる人類の熱い歴史を俯瞰（ふかん）することができる。さすが、科学書を書かせたら右に出る者がないサイモン・シンの筆力である。

本書を貫く視点は、長い間人類にとって永遠不変の存在とされていた宇宙の見方が、二十世紀に入るや、過去のある時点で創成されたとする考えに取って代わられていくダイナミズムを描くことにあったと思われる。そのため、太陽系に閉じた宇宙から銀河の宇宙へと拡大した歴史を丹念にたどる（上巻）とともに、宇宙膨張が発見されてもなお定常宇宙論者がしぶとく生き残ろうと画策した経緯を詳しく記述（下巻）している。

と同時に、机上の理論であった宇宙論が実証科学として成立していく過程を、ルメートル、ハッブル、ガモフ、ホイルなど錚々（そうそう）たる登場人物たちの丁々発止のやりとりという形で鮮やかに切り取っていて楽しい。

さらに感心したのは、本書で論じる範囲を観測によって実証できる宇宙に限っていることである。ともすれば量子宇宙やパラレルワールドへと筆が滑っていくものだが、著者はそれを禁欲して事実の積み重ねに重点を絞っているのだ。現実に生きた研究者の苦闘こそが学問の礎であることをよく知っているためだろう。ビッグバン宇宙論の、人間くさい、けれど夢あふれる歴史をじっくり味わうことができたのが何よりの収穫である。（池内了・総合研究大学院大教授）

（新潮社・上下各1680円）＝2006年7月20日②配信

闘病外交官の渾身の中国論

「大地の咆哮」（杉本信行著）

著者の杉本信行氏は中国専門の現役外務官僚である。末期がんを宣告され、抗がん剤でもうろうとする意識と闘いながら約三カ月で書き上げた渾身（こんしん）の中国論が本書である。

本書は、杉本氏の長年の対中国外交プロとしての冷静な分析と、日本の対中政策に対する強烈な思いに満ちあふれている。上海総領事在任中、館員の一人がスパイを強要され自殺した事件が最近明るみに出た。これに関する具体的記述はないが、本書は彼の冥福のためにささげられている。

本書は一九七〇年代半ばから現在までの中国と台湾を、公務とのかかわりのなかで論じている。このうち圧巻なのは、日中平和友好条約交渉におけるやりとりと尖閣諸島事件での中国側の動き、今では想像を絶する胡耀邦時代の日中友好関係、政府開発援助（ODA）評価をめぐる中国への説得工作、昨年の反日運動における権力内部の確執と利用などである。

また台湾時代の記述にも注目すべき点が多い。日本と台湾との間に外交関係はないが、現在の与党民進党とのパイプはかなりある。それを確立したのはほかでもなく杉本氏である。個人的な話になるが、中国しか見ていなかった私に、台湾の視座の重要性を気づかせてくれたのはほかならぬ杉本氏であった。

近年、刺激的で商業主義的な中国評論が数多く出ている。本書はそれらのすべてを圧倒するかのような重みを持っている。なぜであろうか。政治、経済、社会の現場をよく知る外交官が、いわゆる政府公式見解を越えて縦横無尽に中国を論じ、それでいて外交官としての品位を保っているからであろう。

いかなる政治的立場の人であれ、中国を知る人であれ知らぬ人であれ、本書が持つ一定の説得力に虜（とりこ）になるのではなかろうか。中国の当局者には耳の痛い指摘が多いが、おそらく多くの中国人も本書に共鳴するであろうと思われる。なぜなら、杉本氏は相手の尊厳を守りつつ、一般の人々の視点から中国が抱える本質的問題に真摯（しんし）に切り込んでいるからである。（国分良成・慶応大教授）

（PHP研究所・1785円）＝2006年7月20日④配信

書くことは生きること

「谷崎潤一郎伝」（小谷野敦著）

谷崎潤一郎を好きな人間はひじょうに多い。文学好きな人間には避けて通れない作家だが、この著者の思い入れも相当なものだ。

おかげで読者であるこちらも、本書によってあらためて「大谷崎」を堪能することができたが、谷崎への思いがびっしりと書き込まれ、著者の谷崎好きの熱が行間からほとばしっている。

わたしたちがなぜ谷崎作品を読み続けるか。本書を読むと、その輪郭が浮き上がってくるのがわかり、それが好きな者にはまた心地良い。谷崎の文学が、時代を超えてわたしたちの心をとらえて離さないのは、彼の作品が「耽美（たんび）」的と言われる一方、書くものが「私小説」的であるからだ。

谷崎潤一郎の生き方は一般には道徳的ではなく、むしろ善悪を抱えて生きる人間そのものの生き方なのだが、そこには読者が、作家の生きざまを知りたいという欲求を満たしてくれる作用もある。書くという行為と生きるという行為が一体になっているところが、谷崎ファンを魅了しているのだ。

また本書は「作品論でも作家論でもない、谷崎潤一郎という一個の人間像を描いてみたい」とあるように、作家・作品論を説くよりも、彼の人生に比重をかけている。つまり人間を描こうとしているのだ。

それゆえにわたしたちは一層彼に引かれるし、もっと知ろうとする感情が生まれてくる。副題にもあるように、まさに谷崎の「堂々たる人生」が本書には詰まっている。

近年、文学の衰退が言われて久しい。その背景には、良いものを書こうとする作家の意識不足と読書をしなくなった人々の相関関係がありそうだが、文学の衰退は社会の不毛化にも通じると思っているものからみれば、文学の世界も世間と似て甘えの構造がある気もしてくる。

谷崎のように生を燃焼させるように書き、生きようとする作家が、今日どのくらいいるのかと、個人的なこともかんがみて考えさせられた。本書は人間・谷崎のことが詳細に描かれ、味読できる評伝である。（佐藤洋二郎・作家）

（中央公論新社・2520円）＝2006年7月20日⑤配信

肖像画の先入観くつがえす　「なぜ偉人たちは教科書から消えたのか」（河合敦著）

本書によれば、教科書に掲載される偉人たちの肖像画が近年減っているらしい。たとえば三省堂の一九八〇年と二〇〇六年の教科書を比べると、三十六点から二十点へと激減している。

最近の研究で、実は本人の肖像画ではないのではないか、という怪しいものが次々と発見されているからだ。

そういえば神護寺にある、あのかっこいい源頼朝の肖像画が、別人の絵らしいという話は、私も聞いたことがある。ほかに武田信玄や足利尊氏といった有名人も、本当は全然ちがう顔だったのでは、なんて疑惑が浮上してるそうだから歴史教科書も大変だ。

中でもこの本を読んで一番驚いたのは、西郷どんである。がっしりとした体格に、ギョロリとした大きな目、威圧感漂うりりしい表情。あの誰でも知っている西郷隆盛の肖像が、弟といとこの顔から類推して描かれた似顔絵だったというのである。なんと、写真ですらなかった。

私はこれまで、あれを見て、薩摩隼人のイメージを膨らませていたのである。西郷どんほど、その肖像が薩摩隼人らしい人はなかった。私の頭の中では、今でも鹿児島の人はみな、だいたいあんな顔だ。

しかし似顔絵かつ、他人の顔を合体させた、モーフィング（中間画像）西郷どんだった。上野公園の銅像も全然似てないと、夫人が漏らしていたそうだ。夫人が生きている時に、まずは確認したらどうなのか。

このように、本書には日本史における、われわれの先入観をくつがえす最近の発見や新説が紹介されている。一般に、常識がくつがえされると、人はどこかすがすがしい気持ちになるもので、「なんてこった」とか言いながら、ちょっと顔が笑っている私だ。

これまでにも歴史の通説を問い直す本はたくさんあったが、肖像から迫った点が、本書の面白さだろう。沖田総司はヒラメのような顔だったとか、義経は歯が出ている醜い小男だったとか、新説ではないけれど、意外な素顔も登場する。

それにしても西郷どんだ。真の顔が知りたい。

（宮田珠己・エッセイスト）

（光文社・1365円）＝2006年7月20日⑥配信

感受性が引き起こすドラマ　「森のはずれで」（小野正嗣著）

「僕」は、とある外国（国名は書かれていない）の小さな町はずれで生活している。妻は出産のために実家のある日本に帰国中で、いまは幼い息子と二人暮らしだ。職業も書かれていないが、在宅のままでできる仕事らしい。

彼の家のそばには大きな森があって、息子の絶好の遊び場になっている。はた目にはしごく平和な暮らしぶりで、全編を通じてとくに事件らしい事件も起こらない。そんな日常を、ときおり過去の記憶を織り交ぜながら、「僕」が語っていくという構成だ。

と書くと、よくありがちな身辺小説と思われそうだが、さにあらず。作者のねらいは、一見平凡な生活のなかにいる人の心に、いかに複雑にして奇妙なドラマが展開されているかを描き出すことのようだ。読み進むに連れて、息苦しくなるほどの緊張感にとらわれてしまう。それは「僕」が現実に体験していることが、実は夢か妄想のたぐいではないのかと、読者に疑いを強いてくるような文章だからである。

その意味では主人公は「僕」というよりも、むしろ彼の「感受性」だとしたほうがよいだろう。どんなに平穏な生活にあっても、人はさまざまに感受性を働かせて生きている。その働かせ方によっては、他者には無風に見える生活も、とてつもなくドラマチックになったりする。むろん、その反対もある。

この小説で目立つのは、「ように」「ような」という直喩（ちょくゆ）の多用だ。同じページに何度も執拗（しつよう）に出てくる。そしてこの直喩にこそ、感受性が引き起こす「僕」のドラマが仕込まれている。「空気の表面を爪の先でこするような声」「乾いた血管のような無数の枝」……。

これらおびただしい直喩の波は読者を魅了する。と同時に、読者の感受性に挑戦も仕掛けてくる。そのめまぐるしくもスリリングな交錯が、本書の魅力の一切だと言い切ってもよいだろう。読後に残ったのは、心地よい疲労感と生きていくことへの恐れを含んだ期待と一抹の哀感とであった。

（清水哲男・詩人）

（文芸春秋・1800円）＝2006年7月27日①配信

現代のサバイバルキット

「メディア社会」(佐藤卓己著)

あそこも、ここもと、アンダーラインを引く個所が多すぎて困った。読後、ここまで「真っ黒」になる本だとは—。

だしの取り方、魚のさばき方などを解説した料理本の多さに比べたら、メディアとの接し方をわかりやすく説いた本は、じつは極めて少ない。衣食住に並ぶと言っていいくらい、私たちの生活がメディア抜きには成り立たなくなっているにもかかわらずである。

玉音放送やライブドア事件から「電車男」まで、大学でメディア論を講じる著者が、五十のテーマでメディアとのつきあい方を指南していく。

たとえば、現代の戦争が情報化したとよく言われる。が、「ニュー・メディアの文法を読み解く鍵は、メディア史にしかない」とする著者は、戦争とプロパガンダ、ラジオとファシズムなどといった関係に見るように、逆に現代社会の高度情報化こそが「社会システムの軍事化から始まった」と説く。「情報」という表現も、もとは軍事用語だったのだ、と。

移民が最新メディアで得る母国の情報が生む〈遠隔地ナショナリズム〉による文化の細分化、「冬ソナ」ブームは、四、五十代の女性というテレビという窓口しか持たない「情報弱者」が支えた、など鋭い指摘が続く。

出色は、第六章「メディア政治とドラマ選挙」である。

「いやおう無く日本人の価値観を映し出し」た昨年九月の衆院選報道。メディアが政治や社会を支配する「メディアクラシー」の時代に個々人が賢明な選択をするには、意識的に「不協和な」情報に目を向けよと提言する。すなわち、テレビで繰り返されるわかりやすい「小泉劇場」でなく、新聞の「不快な」解説記事を丹念に読むことだ、と著者はすすめる。

メディア・リテラシー(読み書き能力)の重要性が問われて久しいが、メディアの支配力にのみ込まれぬためには、「不協和な」情報から逃げず、日々感じる細かな疑問を積み重ねて備えるしかないのだろう。

本書は、現代というメディア社会を生き抜くための、良質な「サバイバルキット」である。(島村麻里・フリーライター)

(岩波新書・777円)＝2006年7月27日②配信

美術界の現実、冷徹に説く

「芸術起業論」(村上隆著)

一時、羨望(せんぼう)の的であったヒルズ族の起業家たちは、今や悪(あ)しき市場原理主義の元凶のように見なされてしまっているが、そうしたタイミングを見計らうかのように起業家としてのアーティスト像を臆面(おくめん)もなく論じる本書を出したのは、挑発的な論客、村上隆の面目躍如というべきであろう。

いや挑発的と思うのは日本のアート界の閉鎖的なモラルに甘んじてきたわれわれの方であって、彼自身は、国際的なアートシーンは歴然と欧米のスタンダードが支配しているという冷徹な現実を、そのスタンダードにおける日本のアーティストとしては例外的な勝利者の立場から、ごくまっとうに説いているだけのことなのだ。

「ビジネスセンス、マネジメントセンスがなければ芸術制作を続けることができない」と彼はいう。なぜなら作品の価値は、もの自体だけでは決まらないからだ。それは観念や概念の部分、いいかえれば実体のない虚構から生まれるものなのである。

アーティスト個人のブランドが商品になるといってもよいが、そのブランド化には慣習をふりきる革命が必要である。つまり欧米美術史のルールを読み解いた上で、その「ルールを壊し、なおかつ再構築するに足る追加ルールを構築」しなければならない。革命は、その革命を理解しうる土壌でなされなければ、失墜してしまうのだ。

そこで村上は、欧米が理解しうる新たな挑戦として、日本のオタク文化(アニメや漫画)を超二次元的な「スーパーフラット」という「概念」に翻訳してみせ、ニューヨークやパリで劇的な反響を呼ぶことに成功する。その成果を日本に持ち込んで、偏狭な日本美術界のモラルを打破するという戦略の見事さは、彼が主宰するアートイベント「GEISAI」がもつ若者たちへの求心力に明らかであろう。

「芸術家は自由な存在と思われがちですがそれは錯覚です」とも彼は記す。「芸術家の自由はほとんど死後に限定されています」。これもまた真実を看破する冷徹きわまりない言葉といわなければなるまい。(建畠晢・美術評論家)

(幻冬舎・1680円)＝2006年7月27日③配信

弾圧下の映画人の豪胆

「レッドパージ・ハリウッド」(**上島春彦著**)

映画ファンならずとも胸躍る、快心の書である。

活劇映画さながらの小気味よい筆致で四百ページ近い本文を一気に読ませてしまうこの本のテーマは、二十世紀半ばアメリカ社会を席巻した共産主義者及びそのシンパ(と目された人々)の弾圧、社会的影響力の観点から映画界が主たるターゲットの一つとされた弾圧、である。いわゆる「赤狩り(レッドパージ)」である。

この、戦後アメリカ史の恥部は、これまで多くの場合、冷戦という政治的緊張が強いた窮状として、「表現の自由」に対する国家による統制の例として、あるいはハリウッド内の経営陣と製作サイドの対立の極みとして、論じられてきたわけだが、著者は、そういった大きな枠組みからではなく、むしろ、弾圧に巻き込まれた映画人たちの具体的な生に焦点をあて、この稀有(けう)の歴史的事象の厚みに迫ろうとする。関係者たちの証言を丹念に辿(たど)り、当事者たちの声から事態を織り上げ直そうとするのである。

浮かび上がってくる光景は、圧巻である。

読む者が目にするのは、ハリウッドやアメリカ社会が陥った混迷といった解釈の次元をはるかに超えるものなのだ。活写されていく映画人たちの姿は、ときに驚くほど逞(たくま)しく、さかしらで、貪欲(どんよく)でもあれば放埒(ほうらつ)でもある、といった具合で、行儀のよい政治経済論や社会論などには収まりがたい闊達(かったつ)さがそこにはある。

とりわけ、ハリウッドを追われた後、身を隠しつつも(異国へ移り住むことさえし)、偽名を用いたり「フロント」と呼ばれる代理人をカムフラージュで立てたりしながら、当のハリウッドの映画製作の仕事に携わり困難を生き抜いていこうとした脚本家たち—彼らはそうした覆面のまま数々の名作にもかかわってもいた—の豪胆さには目を奪われるばかりだ。

冷戦のなかのハリウッド、などというせせこましい視野は軽々と乗り越えられている。冷戦をも俯瞰(ふかん)ショットに収め、相対化してしまう映画文化の底力に迫る書物といえるだろう。(北野圭介・立命館大教授)

(作品社・3990円)=2006年7月27日④配信

失うことで得る「永遠」

「愛を海に還して」(**小手鞠るい著**)

穏やかな愛で包んでくれる六歳年下のパートナー・ワタルと暮らしているのに、自分と同じ心の傷を持っている男性、亮輔に引かれてしまう主人公のなずな。

まったくタイプの違う男性二人の間で揺れ動く三十二歳の女性の心理をきめ細かく描いているが、この恋愛小説は一筋縄ではいかない。

それは彼女が離婚経験者で、ワタルとの生活においても「愛するということは、愛を軽んじるということ」といった意味深な言葉を生み出してしまうような女性だからだ。

そして「誰かを信じ切っている心は、まるで浮雲のように軽いものなのだ」と恋する自らの状況を分析しながら、一歩ひいて自分を眺めている。

それだけにワタルとの生活はかけがえのないものだ、ということもわかっている。わかっていても亮輔のことばかり思ってしまう狂おしい日々。

この現実的でおちついた「愛」と、非日常で理性が乱れる「恋」の描きわけがロマンスを盛り上げる。理想的なパートナーがいるのに、魂が呼びあうような宿命の人と出会ってしまったら、あなたはどうしますか? という甘美な問いかけとなって、読者の感情移入を誘うのだ。まして亮輔は長年の夢だった旅行記の出版を手助けしてくれる担当編集者でもある。

心の奥で「わたしたちには、こうして慰め合うことはできても、何かを一緒に育ててゆくことはできない」とわかっている主人公は、どのようにその恋と折り合いをつけようとするのだろうか。ここらあたりは、ぜひとも読んでみていただきたい。

手中に収めるばかりが愛ではなく、あえて自ら手放し、失うことで得る「永遠の愛」の姿。そのためには彼にまつわるすべて、長年の夢さえも葬る覚悟が必要なのだ。

はっとさせられる恋愛についての箴言(しんげん)が多く、なずなの選択やワタルとの結末などについて、いろんなことを考えてみたくなる。そんなところも恋愛小説の名手と言われるゆえんなのだろう。(白石公子・詩人)

(河出書房新社・1470円)=2006年7月27日⑤配信

徹底した現場精神

「川崎病は、いま」（細川静雄、原信田実著）

川崎病は、日本人によって世界で初めて発見された乳幼児の病気である。急に高熱が出て全身に赤い発疹（ほっしん）が表れ、目や唇、舌が充血し、手のひらや足の裏までもが赤くなる。ほとんどの場合は一、二週間で治癒するが、かかった子どもの約5％に後遺症として心臓の動脈瘤（りゅう）ができ、中には突然死するケースもあることから、「こわい乳幼児の奇病」として恐れられてきた。発見から四十年以上がたつにもかかわらず、現在でも年間一万人の乳幼児が発症し、依然として原因は不明のままである。

本書は、この川崎病を発見した川崎富作医師への一年半にわたるインタビューをもとにした聞き書き。生い立ちから、医師になった経緯、川崎病発見までの苦労といった川崎医師自身の話と、川崎病の疫学調査、治療法の開発と原因究明への取り組みなどの研究に関する話の二本立てで構成されている。

新しい病気の発見者といえば大学の研究者を思い浮かべがちだが、川崎医師は民間病院一筋の臨床医である。軍医養成のためにつくられた臨時の医学校に浪人して入学し、卒業後は日赤中央病院で治療にたずさわる。ここで川崎病に出合い、臨床の現場から研究を続けた。定年退職後は研究所をつくり、八十一歳になった今も原因解明に力を注いでいる。

川崎医師の語りから読み取れるのは、徹底した現場精神である。初めて川崎病の患者に出会ったとき、教科書に載っている病気だと同僚に言われた。それでも同じ症状の患者を根気よく探し、検査データを集め、過去の論文にあたっていった。教科書の記述や他の医師の言葉よりも、患者の身体から語られるものを大切にしたことが、発見につながったのである。

現場を大切にし、患者から謙虚に学ぶことは、医療にたずさわるものにとっては当たり前のことである。しかしそれがいかに難しいかも、川崎病発見物語からは見えてくる。そのことを考えると、臨床という場にはまだたくさんの宝物が隠れているのではないか。医療の現場にいる方にはぜひ一読をお勧めしたい。（大島寿美子・北星学園大助教授）

（木魂社・1680円）＝2006年7月27日⑥配信

人ごとでない転落の軌跡

「今日、ホームレスになった」（増田明利著）

風景を一変させる読み物だ。街を歩いていて、ふと眼（め）に入ったホームレスを「かわいそうだな」「いやだな」と思った人には、必読のルポ。数年後の「あなた」の生活かもしれないからだ。「まさか」「冗談じゃないよ」と言うなかれ。

わたしなども昔の曲折を振り返りつつ、「あのときが危なかったんだな」と実感したものだ。そう、これはホームレスの経歴を聞き取り、嘆きを記録しただけの本ではない。

たとえば、元大手鉄鋼メーカーの副部長。指名解雇され、職を求めて上京したが、当てが外れて無一文に。今は雑誌拾いで、一日に千三百円ほどの収入で生きている。彼はこう語る。「ホームレスなんて遠い存在だと思っていたけど、いざ失業すると、簡単になってしまうものだった。まさかっていう感じだ」

本書に登場する十三人は、異なる人生経路をたどりつつも、ホームレスになるまでの背景が驚くほど似通っている。

栄華を誇った時期に影が差しだすのは、バブルの崩壊が原因だ。銀行の甘い誘いに乗って六億円の自社ビルを建て、マンションを購入したすし屋店主は、テナントが去っていくことで、経済的に転落。

元自動車部品メーカーの管理職は、リストラで解雇を通告する役割を与えられていたが、やがて専務から「三月末で解雇ということになります」といきなり通告される。

外資系投資銀行のファンドマネジャーは、ボーナス込みで二千万円以上の年収が続いていたが、利益目標を達成できなくなり、契約解除に…。

夫が苦境に立たされたときの妻の対応にも、悲しい共通点がある。「ある日、出張から帰ったら家はもぬけの殻で、判を押した離婚届がテーブルの上に置いてあった」「妻の馬鹿（ばか）にしたような態度を見て無性に悲しくなったよ。家には帰っていません」

家族の肖像は多様でも、悲劇の結末にさして変わりはない。ホームレスの平均年齢は五五・九歳。経済苦による自殺七千七百人以上（二〇〇五年）のすそ野には、二万五千人を超えるホームレスや予備軍の存在がある。決して人ごとではないのだ。
（有田芳生・ジャーナリスト）

（新風舎・1260円）＝2006年8月3日①配信

祖国再建のプロセス

「昭和天皇と田島道治と吉田茂」(加藤恭子著)

本書は、アメリカを中心とする連合国の占領期に、昭和天皇、吉田茂首相、そして田島道治宮内庁長官がいかに「祖国再建」に協力態勢を敷いていたか、それを確認しようとの書である。田島家にのこっている田島道治の日記や種々の文書をもとに占領期の密室の部分を明かそうと、著者は意欲を示している。

占領期の天皇の心情は、正直にいってそれほど詳しく解明されているわけではなかった。天皇自身、戦後の情勢にしばらくはとまどいを見せていた。しかし昭和二十三(一九四八)年六月に宮内府(翌年宮内庁に)の長官に就任した田島は、新しい時代の天皇像を明確にもっていてしだいに天皇の信頼を得た。

すでに著者によって発表された天皇の「謝罪詔勅草案」は、天皇が戦争の責任に悩む姿を見て田島がその思いを文書化したものと思えるが、結局はこれは公にはされなかった。本書でも田島の日記や文書を引用しながら、東京裁判、A級戦犯の絞首刑判決、退位問題、全国巡幸、講和条約発効時の「おことば」をめぐる動きなどを側近の目から丹念にえがきだしている。著者は田島の側に立ちながらも、不透明な時期の昭和天皇の意思や吉田茂の考えを歴史に位置づけようと心がけている。

一読してわかることは、この試みは成功している。天皇の心情をくみとり、それに吉田などの政治指導者との交流を通じて、田島自身が象徴天皇という像を現実化することに努めていることが理解できるからだ。講和条約発効時に、天皇が述べた「おことば」は、退位問題に決着をつけ、民主主義を守る覚悟を新たにし、「身寡薄なれども」という語を用いてあらためてその志を明かしている。

この「おことば」がまとまるプロセスを、田島は丁寧に記録している。草案に至るまでの下書きがのこされていて、どのような点が難航したかが浮き彫りになる。「(下書きのもつ) 鋭さが (実際のおことばからは) 消え、それぞれの表現が緩和されてなめらかな文章になっている」と著者は書いている。そこに戦後社会の天皇制の出発があったということだろう。(保阪正康・評論家)

(人文書館・2625円)=2006年8月3日②配信

愛する者に向けた妄執

「赤々煉恋」(朱川湊人著)

代表作ともいえる直木賞受賞作の「花まんま」や「かたみ歌」を読む限り、朱川湊人は同賞の先輩である浅田次郎の「鉄道員」や「あやし　うらめし　あな　かなし」の系譜に連なるジェントル・ゴーストストーリーばかりを書く作家なのだと思ってしまう読者が多いのではないだろうか。郷愁を誘うレトロな時代を舞台に、哀感に満ちた優しい「怪異」を描くのが得意な作家であると。

だが本書を読めばその印象は一変する。

巻頭の「死体写真師」はこんな話だ。

若くして病死した妹。美しかった生前の姿をとどめたいと考えた姉とその恋人は、死体を着飾らせて、ポーズをとらせた姿を撮影する写真師がいるという葬儀社を探し出す。うわさにたがわず、写真師の腕は確かで、目を閉じていることを除けば生きているような、ウエディングドレス姿の美しい妹の写真を残すことができた。だが後日、姉はその葬儀社に関する恐ろしい風説を聞かされるのだった。

退廃美に彩られた死体写真の鮮やかなイメージ、姉が最後に知ることになるおぞましい事実と、直面する恐怖。背徳的でグロテスクな味わいのダークホラーにいきなりガツンと一撃される。

両親に遺棄され、過酷な人生を歩んだ女性が優しい男と出会い、やがて愛し合い同居する。だが男にはある性癖があり、魂で結びついた女性がいることを知る「私はフランセス」は、谷崎潤一郎の「春琴抄」を超える、究極のマゾヒズムを描いた一編である。

その他、出会い系サイトで知り合った男の妄念が街をさまよう「レイニー・エレーン」、生きているときに得られなかったあるものを求め、自殺した少女の心が漂う「アタシの、いちばん、ほしいもの」、月光レンズで集めた月の水で「お姫さま」を育てるという幻想的な「いつか、静かの海に」の計五編。

愛する者に向ける妄執ともいえる激しい執着の果てに、モラルの埒外(らちがい)に行ってしまった者たちの姿を、ホラーという意匠を用い、エロスあふれる筆致で描いた背徳の作品集なのである。

(西上心太・書評家)

(東京創元社・1680円)=2006年8月3日③配信

いつしかBGM的存在に？　「テレビはなぜ、つまらなくなったのか」（金田信一郎著）

長嶋茂雄、力道山、鉄腕アトムから、北野武、ペ・ヨンジュン、ホリエモンまで。本書はテレビの歴史に足跡を残したスターたちを取り上げ、草創期から現在までの移り変わりを描いている。とは言っても、よくありがちなスターの思い出話を集めたものではない。人々がテレビに対して抱いていたあこがれや親近感が消えつつあることを、根拠を示しながらまじめに論じたものだ。

印象に残ったのは勃興（ぼっこう）期のエピソードいくつかと、そして巻末に載る大橋巨泉の語りである。

―力道山が外国人プロレスラーを空手チョップで圧倒する様子は、大衆を街頭テレビの前に引き寄せた。それは敗戦ショックで自信を失っていた大衆に元気を与えただけでなく、一般企業にテレビメディアの広告価値を教えた。また、手塚治虫は鉄腕アトムを放映するため赤字覚悟でアニメ化に乗り出した。番組の視聴率は良かったものの、結果として資金の続かなくなった手塚のプロダクションは倒産してしまう。

こうした草創期の話は無邪気かつ天真爛漫（らんまん）で、血わき肉躍る伝説のようだ。一方で、現在のテレビをめぐる状況は救いがない。巨泉はテレビの価値について、次のように切って捨てている。

「勝ち組とかインテリがテレビを見なくなった。負け組、貧乏人、それから程度の低い人がテレビを見ているんです」

テレビ育ちのタレントにそこまで言われてしまうのだから、業界の制作者たちもたまったものではない。

巻末に著者は、テレビの近未来の姿を次のように書いている。

「（テレビは）いつしか人々に認識されないBGM的存在となり、終（しま）いにはスイッチを落とされてしまう」

私自身も著者の指摘に納得した。その証拠に、ネットの検索エンジンやブログについて書かれた本は書店の店頭に山積みされているが、テレビの本が同じように扱われているのを見たことはない。テレビに対する視聴者の無関心は相当に進んでいるのではないか。（野地秩嘉・ノンフィクション作家）

（日経BP社・1680円）＝2006年8月3日④配信

会社制度の真の改革を問う　「株式会社に社会的責任はあるか」（奥村宏著）

本書は流行の「企業の社会的責任」（CSR）論ではない。本書の課題は、株式会社に社会的責任を求めることができるかどうかを問うことによって、流行の「企業の社会的責任」論の危うさを批判することにある。

最近の社会的責任論は、企業活動のグローバル化、環境重視の消費者行動、「社会的責任投資」（SRI）の流れなどが背景にある点で新しい。

日本では一九七〇年代に公害反対運動や消費者運動が高まったときも、九〇年代に企業不祥事やリストラで企業批判が高まったときも、世論の批判をかわすために、企業の側から「企業の社会的責任」が言われた。しかし、いまにいたるも企業の社会的責任論は、株式会社のあり方を是認したまま、会社を守ろうとする議論でしかない。

近代の株式会社制度は資本充実と財務内容の開示を二大原則にしている。それなのに、日本の株式会社の多くはこれらの原則から外れている。

最高の意思決定機関とされる株主総会にしても、法人間の株式相互持ち合いと、その結果としての経営者支配によって、まったく形骸（けいがい）化している。

著者は、こうした実態を見ずに「企業の社会的責任」を論ずるのは、問題をはぐらかすものでしかないと言う。そのうえで古くからの論争に踏み込んで、「法人とは何か」、「責任とは何か」を論じ、法人である株式会社の責任は、その代表者である経営者がとらなければならないと主張する。

著者はジョエル・ベイカンの著書「ザ・コーポレーション」を再三参照している。今春には同書を原作とした同名の映画が日本でも上映された。

アメリカを舞台にしたこの映画は、正常な人間と比較して、株式会社は、「他人への思いやりがない」「罪の意識がない」「社会規範や法に従えない」などの点で、反社会性人格障害に侵されていると診断している。

そして、真に改革するべきは、個々の腐った企業ではなく、私たちを支配する今日の肥大化した株式会社という制度であると活写する。本書が言いたいのもまさにこのことである。（森岡孝二・関西大教授）

（岩波書店・2205円）＝2006年8月3日⑤配信

分断の絶望と人気者の希望

「失郷民」(趙慶哲著)

戦前の日本には「出郷」という言葉があった。故郷を捨て上京、大学を出て国家エリートの官僚・軍人の道を歩む。

立身出世してふたたび「故郷に錦を飾る」という人生だ。しかし「失郷民(シルヒャンミン)」とは聞き慣れない言葉である。著者の趙慶哲は、日帝支配下の一九二九年平壌生まれで、こう書いている。「北朝鮮に家族を残したまま脱北、生まれ故郷や家族に哀切の念を抱きつづけている人々のことを指し、韓国にはその数、六〇〇万人がいる」。

趙自身も金日成大学で反体制活動で逮捕→臨津江(イムジンガン)を泳いで韓国に脱出した「失郷民の一人にほかならない」。母と弟は北朝鮮に残り、父と趙とが韓国に引き裂かれた分断家族である。こうした金日成・金正日独裁下における「脱北と失郷」の悲劇と絶望は、日本の拉致問題を扱ったワイドショーでも繰り返し報道されてきた。しかし本書が希有(けう)の書であるのは、その絶望の反対物、人の世の情けと時の運に恵まれて〝韓国一の人気者〟に立身出世してゆく希望と勇気凛々(りんりん)の物語であることだ。

—まず彼は朝鮮戦争が始まると、韓国陸軍中尉となり金日成・中国軍と戦い、士官学校教官に出世する。教えた生徒の中には、のちに韓国大統領になった全斗煥や盧泰愚がいたという。

その後アメリカに渡り、ペンシルベニア大で天文学を専攻。六九年アポロ11号月面着陸を韓国テレビが大報道したとき、特別解説者としてしゃべりまくり「アポロ博士」として国民的人気を獲得した。ついでにトップ女優の全桂賢(チョン・ゲヒョン)と結婚して国中を驚かせたという調子の良さ。最後は五十二年ぶりに北朝鮮を訪問、別れた弟と再会する話で締めくくられる。その南北分断家族再会のテレビ報道には六百万人の失郷民が号泣したというから、ナルホド趙もある意味「故郷に錦を飾った」のである。

この出郷と失郷の物語の国＝日本と北朝鮮はいまミサイル発射と経済制裁でにらみ合うが、その根っこにある南北分断はもともと戦前日本の植民地支配から生まれたのだということをあらためて思い出させてくれる〝アジアの友情〟あふれる一冊である。(吉田司・ノンフィクション作家)

(イースト・プレス・1785円)＝2006年8月3日⑥配信

裏切られる体験の重さ

「新約太宰治」(田中和生著)

太宰治は不思議な作家である。これまでどのくらいの太宰論が書かれてきたか。研究者の論文も少なくない。しかし、それでもこの作家はその作品を愛読した者に、何かをいわせずにおかない。

本書はこれまでにない大胆なスタイルで太宰を論じている。批評は、オマージュつまり論ずる対象への「愛の告白」に勝るものはないが、著者はその自在な書きぶりによって、それを堂々とやってのけている。

たとえば冒頭には、著者の太宰治あての手紙が書かれている。「二十世紀旗手」たる太宰にその敬愛の思いをつづりつつ、「人間失格」の高い世評は太宰の「それ以外のすべての作品を殺し、同時にその作品をも殺してしま」うことになったのではないか、と苦情を語る。

また後半の章では、先輩作家であり友人であった井伏鱒二の「黒い雨」の読後感を太宰が語る。もちろん、原爆を描いた「黒い雨」は太宰の死後に出版されており読んでいるはずもないが、その架空の「語り」のなかに、井伏と太宰の文学の言葉の決定的な相違が浮かびあがって興味深い。

著者が批評の主眼としているのは、まさに文学の言葉を信じ、そして文学に裏切られた一人の希有(けう)な作家の姿なのである。本書のタイトルに「新約」とあるが、太宰は「聖書一巻によりて、日本の文学史は、かつてなき程の鮮明さをもって、はっきり二分されている」と自身でいっているように、聖書の神はこの作家の根幹にかかわる。

それはキリスト教の信仰の有無というよりも「裏切られる」という体験の重さである。それはイエス・キリストという存在の根底にある問題だ。「あるものを信じるということは、それに完全に裏切られることを通してしか現われない。なぜなら完全に裏切られる前にひき返す者は、それを信じていなかったことを暴露する」と著者は書く。

それは太宰文学の核心であり、同時にこの冒険的な批評によって、文学批評の言葉を「信じ」そして「裏切られる」ことで、批評の〝使徒〟となった著者の告白でもある。(富岡幸一郎・文芸評論家)

(講談社・2100円)＝2006年8月10日①配信

気候急変動の可能性提示

「異常気象の正体」(ジョン・D・コックス著、東郷えりか訳)

人間活動に伴う地球温暖化の懸念が広がる中で、地球の気候変動の歴史への関心が高まってきている。来年発表されるIPCC(国連の「気候変動に関する政府間パネル」)の第四次報告書では、古気候が独立した章に取り上げられた。

本書は、グリーンランドの氷床で掘られたコア(円筒状の採取試料)の解析で判明した事実を軸に、過去十一万年の気候変動を明らかにする。

その代表的な例が、ダンスガード・オシュガー変動として知られる、気温が急速に上昇し、やがて徐々に数百年程度で寒くなり、急に寒冷に向かう、千年から数千年単位での変動であり、ハインリヒ事件と呼ばれる、米大陸の氷床が崩壊して大西洋に流れ込む現象である。この結果、北大西洋から全世界の海底深部へ沈みこんでいる海洋循環が停止し、寒い気候となったという。

このことは、気候システムが二つの準安定のシステムを持ち、少しの変動でも容易に他の状態に変わるという可能性を提示している。

過去の気候を明らかにしてきたのは、氷床コアや海底コアを用いた同位体の解析である。氷の中に保存されていた気泡から、昔の大気中の二酸化炭素の濃度がわかるとは驚きであるし、海底の泥の中に埋まっている虫の殻から水温がわかるといわれても「本当かいな?」と思ってしまう。しかし、本書を読めば、そのようなことが先人たちの持続的な努力の中で実現してきたことを納得させられる。

このような氷床コアの研究の先駆けとなったのが、大陸移動説を提唱したドイツの気象学者ウェゲナーだとは知らなかった。グリーンランド探検隊の隊長としての使命感を持って、一冬を過ごし帰らぬ人となったことを知ると、粛然となる。

一読すれば、現在のわれわれを取り巻くこの数千年の気候が、いかに安定していたものかということ、また、人間活動により現在の地球の気候が突如、大変動を始める可能性もあることが理解できる。地球の気候変動を探る科学が、いかにスケールが大きく、ロマンに満ちたものかが伝わってくるに違いない。(住明正・東大教授)

(河出書房新社・1890円)=2006年8月10日②配信

人間関係の溶鉱炉

「シネマ・シネマ・シネマ」(梁石日著)

映画製作の現場ほど刺激に満ちた場所はそうない。なにしろ製作過程が一つのドラマ。関係者同士がぶつかりせめぎ合う人間関係の溶鉱炉だ。「キネマの天地」(一九八六年、山田洋次監督)や韓国映画「家族シネマ」(九八年、パク・チョルス監督)など、撮影現場を題材にした映画ができるのも、むべなるかな、である。

その「家族シネマ」(柳美里原作)に、俳優として白羽の矢を立てられた著者。その体験を小説に仕立てたのが、この「シネマ・シネマ・シネマ」である。

日本で撮影する韓国映画「ファミリー」に参加することになったソン・ヨンスこと、小説家の「私」。文化や慣習を共有する者同士でさえ撮影現場は煮えたぎる鍋になるというのに、ここは韓国人、日本人、在日コリアンの混成チーム。段取りなどをめぐって、すぐに沸点を超える。

熱い。と同時に、たまらなく暑い。「私」の下着をぐっしょりとぬらす汗、眠りを妨げる騒音。五感にダイレクトに訴えかけてくる描写が生々しい。著者原作の映画「月はどっちに出ている」「夜を賭けて」「血と骨」(どれも必見の秀作!)。その魅力は、人間のこっけいさや荒々しさを毛穴から噴出させるような生理描写にあると思っていたが、やはり小説もそうだった。

「シネマ」が三回繰り返される題名通り、「私」のもとにやってくる映画話はこれに尽きない。「私」は金の面でも頼られ、在日の映画人支援のために金主の仲介に奔走、つなぎ融資よろしく、振り込まれたばかりの印税を全額回したりもする。中には悪徳プロデューサーや怪しいブローカーもいたりするから、映画製作とはいかに錬金の溶鉱炉でもあることか。

海外の取材旅行もある。ニューヨークで9・11テロに居合わせる奇禍、在日の姿が重なるパリの移民たち(二重国籍者)、アジアの幼児売春という性の収奪。「私」のまなざしは世界の本質をくし刺しにしていく。著者の屈強な精神が、生理のみならず論理にも依拠していることを、まざまざと感じさせてくれるのである。(寺脇研・映画評論家)

(光文社・1785円)=2006年8月10日⑤配信

群島から見つめ直す世界

「アーキペラゴ」(今福龍太、吉増剛造著)

詩人吉増剛造と人類学者今福龍太が十五年にわたって断続的に行った対話の集成である。複雑なひだをもった言語をらせん状に織り込む詩人と、制度的な知から遠く離れて旅する人類学者が、ヒトやモノの近くに身を置きつつ感受した世界を交換し、交歓する。

思考や論理や感情の生成の瞬間に立ち会う鋭敏な耳と目がある。そこで「詩」と「人類学」は共振し、反転し、往還する、その互酬的な言葉の運動が魅力となっている。

奄美大島で行われた二〇〇五年の語り下ろしを導入にして、一九九〇年と翌年の二つの対話、さらに奄美・沖縄の島巡りの途上に交わされた往復書簡とジャック・デリダの死に触発されて書かれた詩と思索の応答までが本書に収められる。

これらのめくるめくような言葉の饗宴(きょうえん)を特徴づけるのは、旅と途上の思考であるといえよう。メキシコや米国のニューメキシコ州、ブラジルの内奥部から琉球弧の島々の渚まで。越境する目と耳は、例えば「高原」や「山」と共生するインディオの祭りと舞踏に平地とは異なるレベルの垂直の世界観を読み、「海」を抱いた島々の世界観には水平軸に広がっていくイメージを鋭く感じ取っている。

最初の対談ですでにしてこの「陸」と「海」の交差するところに「アーキペラゴ」は予感されていた。

語源的にはギリシャ語の「始原の海」を意味するという「アーキペラゴ」とは、「群島」や「多島海」の訳語でもあるというが、本書が収めた対話は、二人のいくつもの旅を経て結実した「アーキペラゴ」の思想の柔らかい果肉といえよう。注目すべきことは、この「群島」「多島海」を、世界認識を刷新する海図として翻訳し変奏しなおしたことである。

近代的制度と大陸的原理に抗して島々が離れつつ結びあうところに開かれる群島的ビジョン。群島から世界を見つめ直すと、ポジとネガが逆転するように、世界が違った見え方をするのだ。あらゆる統合の原理に決別して、世界を群島として解き放つ思想の誕生を告げられる。(仲里効・編集者)

(岩波書店・2730円)=2006年8月10日⑥配信

許すことを知る少女の姿

「石の庭園」(モリー・モイナハン著、星野真理訳)

ティーンエージャーだったころ、なぜあんなにも、自分を取り巻く世界は小さかったのだろうと思うことがある。そこには「自分対世界」という単純な構図がしっかりと根をはっていて、その世界から抜け出すことは、不可能に思えた。十代だった私たちは、高慢で、かたくなで、そのくせ甘ったれていて、ちょっとしたことですぐに絶望したりした。自分は他人より少しだけ特別だと思っていた。

この小説を読むと、そんな十代の世界が、今も変わらず、目の前に広がっているかのような錯覚を覚える。小さな世界には不釣り合いな、どこまでも不器用に伸びる思考とともに、誰もがかつて、主人公のアリスと同じ風景を見ていたはずだ。

ニュージャージーの高校に通うアリスに突然ふりかかる、最愛の幼なじみ、マシューの死。彼はガールフレンドとメキシコに行き、そこで殺されてしまった。アリスとマシューは恋人同士ではなかったが、いずれ結ばれることを二人は知っていた。マシューを失ったアリスの悲しみといら立ち。彼女が当たり前だと思っていた世界は、何の前触れもなく、ある日突然、色を変えてしまう。

戸惑い、ときに自暴自棄になるアリスを取り囲むのは、ドラッグやアルコールに依存するマシューの家族や、レズビアンの担任教師。そして幼いころ、目の前でベビーシッターを殺された孤独なクラスメートとその犯人といった面々だ。

自由と堕落の境界線。かつて罪を犯した人間の償い。残されたものが、すべきこと。彼らとの交流の中で、アリスはしだいにマシューの死を受け入れ、一人の人間として成長していく。

ページをめくるたび、新緑のにおいを思いきり吸い込むように、新鮮な空気が体に流れ込んでくる。大人になるということは、もしかしたら、言葉にできない感情の正体を、一つずつ知っていくことなのかもしれない。罪を犯した人間を「許す」ことを知ったアリスの姿に、そう教えられた気がした。年齢を問わず、お勧めしたい青春小説である。(生田紗代・作家)

(中央公論新社・2310円)=2006年8月17日①配信

現代の家族のきずなとは

「赤い指」(東野圭吾著)

認知症の母と、息子をでき愛するだけの妻、甘やかされて育った十四歳の息子。三人がそれぞれに高い垣根のなかにうずくまっている。その垣根を越えないことで、「家庭」の形を保っている四十七歳のサラリーマン前原昭夫だが、息子が小さな女の子を引き入れ殺してしまい、その死体をどこかに捨ててくるよう妻に迫られれば—。

道は二つ。「俺は未成年なんだからな。未成年のやったことは親に責任があるんだからな」とわめき、部屋にひきこもってテレビゲームにのめりこんでいる息子を、社会の良識に従って自首させるか、それとも妻の言うように死体を捨てて家庭を守るか。

前原は後者を選ぶが、隠ぺい工作はたちまち刑事たちに見破られる。追いつめられた前原のとった作戦が、いかにして破たんするか。そこがミステリーとしての「赤い指」の眼目であり、さりげなくいくつかの伏線を敷いて前原を追いつめる東野圭吾の腕は、直木賞を受賞し世評高かった「容疑者Xの献身」に劣らない。

しかしそれだけでは物語はやせている。それをふくらませるのは、捜査にあたる二人の刑事、松宮脩平と加賀恭一郎を結ぶきずなである。

二人はいとこ同士で、脩平は母と二人の生活を援助してくれた恭一郎の父隆正に、父親をみている。だから、いま死に近い病床にある隆正を一度も見舞おうとしない恭一郎に、憤りに近い感情を抱いている。だが、着実に前原を追いつめ、作戦を破たんさせた真相を突きつける恭一郎のまなざしの奥に、「家族のきずな」への思いが潜んでいると気づいたとき、そのわだかまりは溶けていくのだ。

その脩平の心の変化は、「今、ここでしか生きられない」と思い込んでいる前原とその家族の姿が、実は今の世相そのままであることを教えてくれる。

冒頭、隆正が看護師と、一日一手か、将棋を指しているシーンがある。それが家族のきずなを示すラストへとつながり、ふっと読む者の心をなごませて、東野圭吾、あざといほどにうまい。(井家上隆幸・文芸評論家)

(講談社・1575円)＝2006年8月17日②配信

石に槌打つ崇高な響き

「ガウディの伝言」(外尾悦郎著)

ガウディの代表的建築であるサグラダ・ファミリアは、一八八二年の着工以来、いまだ建設中の大聖堂である。ガウディに魅せられ、唯一の日本人彫刻家として一九七八年より建設に加わり、二〇〇〇年には「生誕の門」を完成させた外尾悦郎氏がガウディを語る。幸福とは自分以外のために生き、それによって満たされることと説く著者の語り口には、幸福感が漂う。

サグラダ・ファミリアには設計図がない。二次元の設計図ではとても描けないからで、あるのは模型と職人の技と想像力だ。細かい部分は、ガウディの生前に完成している部分を手がかりに、ほかとの調和を考えてつくってゆく。

職人の作品にならないかというのは杞憂(きゆう)。ガウディ自身が生前、現場での発見を大切に、よりよいものを求めていた。この聖堂は、志を同じくする皆の力の、壮大なる結晶なのだ。

あるいは皆、ガウディなのかもしれない。著者は石を彫っているとき、計算も思考もせずに体が勝手に動く「石に導かれているような感覚」が何度かあったという。自身がガウディとなって、いくつもの可能性の中から、ガウディの線を面を彫りあてていったということだろう。

さらにガウディ自身もまた、職人であったのではないか。創意のおもむくままに芸術的な建築をつくった印象があるが、実はそれが非常に合理的につくられていることも本書は伝える。ガウディは自然の秩序を直観と手仕事で探りあて、自然にさからわず、付け加えるような建築を目指したのだ。

大聖堂は二〇二〇年代を完成の予定としている。ただ著者は完成にではなく、人間のつくり得る最高のものを夢見てつくり続けてゆく人間の営み自体に、この大聖堂の価値があると言う。

完成すれば聖堂は楽器となって、バルセロナの風光が美しい調べを奏でるらしい。けれど、もうそれを聴いた思いだ。職人が石に槌(つち)打つ響き。それはガウディに、そしてガウディの目指した遥(はる)かなるものへと魂を運ぶ、崇高な音楽に違いない。(有吉玉青・作家)

(光文社新書・998円)＝2006年8月17日③配信

家族のきずなの核心見据え　「ドライブイン蒲生」（伊藤たかみ著）

「八月の路上に捨てる」で芥川賞を受けた伊藤たかみの短編集である。三編の小説はどれも家族をめぐる物語だ。

「ドライブイン蒲生」に出てくるのは、ちょっと「八九三（やくざ）」な父と、彼の気質をいや応なくうけつぐ、似たもの同士の姉弟。話全体に、まがい物っぽい、うらびれた雰囲気を漂わせている。

「無花果カレーライス」では、昔家を出ていった母と、彼女を憎みつつ忘れられない息子。彼にとって母の記憶といえば、時々「哮（たけ）り狂って」殴りかかってくるくせに、その夜にはおっぱいを頬（ほお）に押しつけてきたこと…。

母への「怨念が、自分の乳首からミルクのように滲み出そう」だったと言う彼は、あらゆる人間関係を（親子も夫妻も友人同士も）被害者と加害者という尺度で見るようになってしまっている。そして自分は、母という無花果（いちじく）の実の中（胎内）に咲いて果肉に飲みこまれてしまう花だと思うのだ。

「ジャトーミン」の「僕」にいたっては、妹と「体液を共有している」感じすらあると言う。家庭も仕事も不倫もうまくいっていない「僕」は、病床の父（俳号・蛇冬眠）の耳から出てきた謎の白い球を自分の耳に入れる。球となった父を耳の中で扶養し続ける、という夢想をするが、球はじきに「僕」の中で溶けてなくなってしまう。この最後の編が、わたしにはいちばん面白く、いちばん怖気（おぞけ）がはしった。

拒めない血のつながり。愛着とも呼びがたい癒着、粘着のイメージが頻繁に出てくる。「八月の路上に捨てる」にも、唇の水疱（すいほう）をどろっとつぶしあうキスシーンがあるが、この作者は精神的な接着を、粘液質な触感でもって実に生々しく書くので、感心してしまう。

家族の「きずな」と呼ばれるものの、できれば目をそむけたいと思う核心の部分。それをすっと見据えてしまえる人なのだと思った。わたしは本書でも血の「きずな」にたっぷりとへきえきし、同時にうずく歯を思い切ってかみしめたような不思議な快さを覚えたのである。（鴻巣友季子・翻訳家）

（河出書房新社・1470円）＝2006年8月17日④配信

陵墓や古都のイメージ創出　「近代天皇制と古都」（高木博志著）

巨大な鳥居をくぐり、長い砂利道を進んだ先に、威圧的な拝殿がそびえている。畝傍山を背にして建つ橿原神宮を訪れ、明治二十三年に創始されたという案内板を見ると、事情を知らない者はびっくりするはずだ。

太古以来の悠久さを誇るかのように、初代神武天皇を祭る橿原神宮は存在し、その北にはうっそうと茂る樹木に包まれて神武陵がある。この陵墓も、近代天皇制が確立する過程で発見と修築が行われた。その事業を「文久の修陵」という。

近代日本国家は、西欧近代を規範としながら、その中核に天皇制を据えた。それは、古代から連綿と続く「日本」という幻想をつくり上げるために必要な制度だった。

本書は、近代国家が「万世一系」の天皇像と悠久の「日本」を作り上げるために、どのようにして新たな天皇制を創出したのかを論じている。そして著者がとり上げるのは、奈良や京都という古都イメージの創出と、霊の留（とど）まる聖地としての天皇陵の整備である。

古都奈良では、橿原神宮と神武陵がとり上げられる。その広大な神苑の整備事業は、皇紀二五五〇（明治二十三）年から二六〇〇（昭和十五）年にわたり、官民挙げて推進したが、著者はそれを、時間軸に沿って丁寧に検証する。

古都京都に関しては、京都御苑の整備事業と、平安神宮の創建が論じられる。中世・近世には、わりと自由に出入りできる空間であった禁裏御所が、優美な国風文化に特化された京都イメージの象徴としてどのように形成されたかが記される。

その中で、平等院鳳凰堂や安土桃山文化が見いだされてゆくという論述には、大いに納得させられた。

また最後の第三部では、宮内庁が管理する天皇陵が、近代天皇制を揺るぎないものにするのに、いかに大きな役割を果たしたかが詳述される。

近代天皇制とは何かを考えたい人にとって、本書は貴重な一冊である。そして女帝論ばかりがにぎわう現状への、著者が感じる違和感は、私にもよく理解できた。（三浦佑之・千葉大教授）

（岩波書店・3255円）＝2006年8月17日⑥配信

「占領者」の内面知る手紙

「昨日の戦地から」（ドナルド・キーン編、松宮史朗訳）

ドナルド・キーン、テッド・ドバリー、オーティス・ケーリといえば、戦後を代表する、日本文学や中国学、アメリカ史の研究者としてよく知られている。本書は、第二次世界大戦直後に、まだ二十代であった彼らを含む、九人のアメリカ青年たちが互いにやりとりをした四十通の手紙から成っている。

彼らは、日本語の訓練を受けたアメリカ軍の情報将校として、東京、沖縄など日本各地や、中国の青島、上海、あるいは韓国のソウルなどに派遣された。そして、通訳や日本人送還の事務などに携わりながら、一九四五年八月から翌年の二月まで、終戦直後の東アジア各地での見聞や思索を、手紙に託し交換していた。「歴史の重要な岐路」に立っているという認識とともに、ジャーナリストたちの記事に「不満」があったからという。

手紙には、日本人とどのようなやりとりをしていたか、そして、自らが何を見て、何を感じたかがつづられており、「占領者」の内面を知ることができる点で、きわめて興味深い著作となっている。

芸術を愛し知的な青年である彼らが接した日本人は、捕虜収容所の捕虜たちから、財閥関係者、左翼運動経験者や旧軍人、あるいは皇族にいたるまで多彩である。

彼らは、日本人の友好的な態度を予想以上と感じ、ときに「心の封建的な部分」に接し、日本人が天皇への義務感を継続していることを見て取る。また、日本人が、自ら思うことがありながらも、行動しないことを嘆く。

年長のアメリカ人が示すアジアへの偏見に反発しつつ、彼らは、日本人と真摯（しんし）に向き合い、根拠のない西洋の優越感を排そうと努め、自らの認識を提示している。だが、自分たちとは異なる存在として日本人に接する点は、年長者と共通しているようにみえる。善意で開放的ではあるが、こうした姿勢は、ひょっとすれば、いまに続くものかもしれない。

日本語版は、タイトルを替えながらこれまでも出された経緯があるが、本書は全文の翻訳であり、決定版となっている。（成田龍一・日本女子大教授）

（中央公論新社・2940円）＝2006年8月24日①配信

陰惨な暴力に満ちた沖縄

「虹の鳥」（目取真俊著）

「癒やしの島」とはまったく対極にある陰惨な暴力に満ちた沖縄が、ここにはある。

二十一歳のカツヤと十七歳のマユ。中学時代から教師や大人を震撼（しんかん）させてきた比嘉は、二人を徹底的に痛めつけることで、自己の支配下に置いてきた。カツヤは恐怖と自己保身から精神的に比嘉に縛られてもいるが、その冷徹な力に引かれてもいる。

小さくて中学生にしか見えないマユだが、性的虐待を受け、薬漬けにされ、売春させられている。精神も肉体も既に壊れているように見えながら、時々鋭いまなざしを宿す。屈服しない精神というようなものが彼女を生きながらえさせてきたのであろう。背中に彫られた極彩色の鳥の頭はたばこの火を何度も押し付けられ、こぶになっている。それは繰り返された暴力の痕跡を物語る。

ベトナム戦争のころ、ヤンバルの森にすむ「虹の鳥」伝説が、米兵の間で語られていた。その鳥を見ることができれば「どんな激しい戦場に身を置いても、必ず生きて還ることができる」という。しかし生き残るのは一人、部隊は全滅。見た者が語ればその奇跡も消える。カツヤはマユの背中にその鳥の羽ばたきを幻視する。

容易ならざる構造的な力に囲繞（いじょう）されてきた沖縄という島。作者は、一九九五年に起きた米兵による「少女暴行事件」と交差させ、むしばまれ、ゆがんできた沖縄の人々の精神を冷めた筆致で描く。「事件」に異議申し立てするデモや集会の模様は、無意味な行動として語られ、無意味さを反転するには「米兵の子どもをさらってヤシの木に吊してやればいい」という暗い情念が発露する。

マユは突然目覚めたかのように自分を買った男を襲い、比嘉を殺し、幼い米国人の少女をナイフで刺す。繭が「テロリスト」として孵（かえ）ったかのように。だがカツヤはマユを連れ、「幻の鳥」を求めて逃避行を続ける。

テロリズムに向かうのでもなく、幻想でおおい隠すのでもない、力の構造を断ち切るもう一つの道が、読者に問われている。（与那覇恵子・東洋英和女学院大教授）

（影書房・1890円）＝2006年8月24日②配信

名文家による第一級の資料

「徳富蘇峰　終戦後日記」(徳富蘇峰著)

徳富蘇峰が敗戦直後に口述した秘録「頑蘇夢物語」が本書によって明らかにされたこと、それ自体が一つのニュースというべきだろう。周知のごとく、蘇峰こと徳富猪一郎は近代日本の言論界に君臨した不世出の大ジャーナリストである。

明治の自由民権時代に民友社、「国民新聞」で進歩的平民主義を唱え、日露戦争以後は皇室中心主義を掲げ、生涯に三百冊を超える膨大な著作を残した。先の戦争中は大日本言論報国会会長として聖戦完遂に邁進(まいしん)している。その自負たるや、一九四三年文化勲章受章にふれた記述でも明らかだろう。「日本の文化に貢献したる者としては、予は福澤諭吉以後に於て、何人にも後れを取らぬと信じている」

この日記は、敗戦後すべての公職・栄典を辞した蘇峰翁が百年後の日本国民にあてた政治的遺言でもある。「御聖断」を伝える玉音放送の八月十五日と降伏文書に調印した「屈辱日」九月二日の記述を比較すれば、なぜ日本国民が八月十五日を「終戦」記念日としたかもよく理解できる。

敗戦後も「自衛戦争」の正当性を主張し、アメリカの占領政策を批判する一方で、東条英機、山本五十六など軍人、近衛文麿、木戸幸一ほか政治家の敗戦責任も厳しく追及している。

だが特に注目すべきは、この天皇崇拝者の昭和天皇に対する率直な苦言である。「天皇ご自身の戦争である」にもかかわらず、昭和天皇が戦中も「超然たる態度」にとどまり、大元帥として積極的に指導しなかったことへの不満を繰り返し表明している。それゆえ、真の国体護持を願う立場から、蘇峰は昭和天皇の退位を当然のことと見なしていた。

さらに、批判の矛先は軍部ばかりに責任転嫁する国民一般にも向けられている。「大東亜戦争は、決して軍閥が製造したものでもなければ、作為したものでもない。…国民の志望というてもよく、国民の欲求といってもよい」

さらに、戦時中の新聞報道やGHQの情報統制など、個別的なテーマでも興味は尽きない。名文家の息づかいが直接感じられるようで、思わず惹(ひ)き込まれる第一級の歴史資料である。(佐藤卓己・京都大助教授)

(講談社・2940円)＝2006年8月24日④配信

イヤなヤツがいっぱい

「生きてるだけで、愛。」(本谷有希子著)

やっぱり私、性格悪いんだなあ。本谷有希子の新作を手にして、これでもかというほどのイヤなヤツに出会うたび、心底ワクワクするんだもの。

コンプレックスのかたまりでありながら、他人と違う自分に妙な優越感もあり、協調性のないワガママ人間。—本谷有希子ワールドは、そんなイヤなヤツでいっぱいだ。

世間で「癒やされるよねえ」などといわれる本が苦手な私。「そのままのあなたでいいんだよ」であれ「がんばればきっといいことがあるから」であれ、言葉だけがふわふわと流通し、もてはやされる気持ちの悪さ。

その点、本谷有希子は〝安心〟だ。「生きてるだけで、愛。」のタイトルに、まんまとだまされた人はご愁傷さま。

主人公・寧子は二十五歳。職なし、過眠。昼夜問わず、寝てばかりいる。飲み会で知り合った男・津奈木の部屋に転がりこんで三年。学生時代のあだ名が「エキ子」(エキセントリックな子)というほど、寧子はすぐ「ぶち切れる」し、パニックになる。泣いたり吐いたりは日常茶飯事だ。

そんな寧子に文句も言わず追い出しもしない津奈木。ある日津奈木の元彼女が現れ、寧子に出て行けと迫る。津奈木とヨリを戻したいからと。やり過ごそうとする寧子。

業を煮やした元彼女は寧子を無理やり近所のレストランに連れて行き、「働け！」とバイトを始めさせる。

家族経営のレストランは「いい人」すぎる人ばかり。寧子は店のトイレに飾られた相田みつをの「不器用だっていいじゃない、人間だもの」の額を見ながら「健やかな心を持った人達」とやっていけるか自問自答する—。

悩めるイヤなヤツ・寧子。自分と同じにおいを感じて、私はつくづくほっとする。

本書が芥川賞候補となるなど活躍中の本谷有希子は、もともと劇作家。年間百六十本の芝居を見る私が、今一番楽しみにしているのは本谷が主宰の「劇団、本谷有希子」公演だ。

どんな芝居かって？　そりゃもちろん、イヤなヤツオンパレードの、心ときめく舞台である。小説もいいが舞台もおすすめ！(林あまり・歌人)

(新潮社・1365円)＝2006年8月24日⑤配信

女性が力を持つ戦後精神

「サザエさんの〈昭和〉」（鶴見俊輔、齋藤愼爾編）

テレビアニメの「サザエさん」が放送を始めたのは、一九六九年十月五日からで、三十七年後の今なお高視聴率を得ている。近年でも九二年から二〇〇三年まで年間平均視聴率は20％を超えていた。

本書には、さまざまな「サザエさん」論がまとめられているが、何といっても「反日常性の詩人」寺山修司と「日常性の思想家」鶴見俊輔の批評が収録されていることが特筆されるべきである。

寺山の「サザエさんの性生活」「サザエさんの老後のために」は、サザエさんの物語における「性」の欠落を指摘し、サザエさんの老後の孤独を論じた。「家」制度からの脱出をラジカルに主張してきた寺山の資質が非常に見事に出たエッセーである。

これに対して鶴見俊輔（「サザエさん」）は、サザエさんという女性を、「結果本位に、できるだけ単純明快な太い線で社会をも自分の人生をもとらえる」敗戦直後のはつらつとした若い女性の姿だととらえる。サザエさんの思想に共感を持つ人々は、政府の命令ひとつで私生活を犠牲にしようという気にはなれないはずだとも言う。

戦後生まれの関川夏央の「戦前育ちの女性たち」というエッセーも意表を突いたものである。彼はイソノ家、フグタ家を合わせたサザエさんの七人の物語は、作者長谷川町子の一家の母と、町子を含めた三人の娘たち、さらには姪（めい）を含めた物語であって、「サザエさん」一家の背景にあるのは、脚本家向田邦子の描くテレビドラマと同様に戦前の理想的な中流家庭の姿なのではないかというのである。

連載漫画としての「サザエさん」は、敗戦直後から日米講和条約締結、六〇年安保闘争、高度成長、そして沖縄の本土復帰、日中国交回復成立後の一九七四年二月まで続いた。今なおこの漫画が支持されるのは、規範としての家族イメージが揺らぎつつあるとはいえ、この漫画が日本社会の根底にある「戦後精神」の座標軸の一つだからであり、女性が力を持つ「家の中のデモクラシー」（鶴見俊輔）のシンボルでもあったからなのだと思う。

（桜井哲夫・東京経済大教授）

（柏書房・1680円）＝2006年8月24日⑥配信

奥深いパズルストーリー

「東京ダモイ」（鏑木蓮著）

今年の江戸川乱歩賞は、三年ぶりに二作同時受賞となった。鏑木蓮の「東京ダモイ」と早瀬乱の「三年坂　火の夢」。どちらも広義の歴史ミステリーである。最近、小説より奇なる事件が相次いでいるので、新人にとって現代物は書きにくいのかもしれない。

「東京ダモイ」は、約六十年前にシベリアの捕虜収容所で起きた日本人中尉殺人事件の謎を現代から解き明かそうという壮大な物語である。

元抑留者の老人がシベリア時代の思い出をうたった句集を出すことになり、自費出版会社の営業部員が京都府綾部市の自宅を訪れる。

そのころロシアから来日した元収容所看護婦の死体が舞鶴港で発見され、案内役の若い医師が失踪（しっそう）する事件が発生。それを知った老人は「遅きに失した」という言葉を残して姿を消してしまう。

残された句集の原稿から、医師の祖父にあたる中尉が厳寒の収容所の屋外で、あるはずのない鋭利な凶器で首を切り落とされた事件が浮かび上がる。老人はその犯人を俳句の中で告発しているらしい。

誰がなぜ、どんな方法で中尉を殺したのか。ロシア人女性殺しとの関連は—。錯綜（さくそう）する謎の手がかりを求めて、営業部員と女性上司、京都府警の刑事二人が、それぞれの角度から俳句の解読に挑む。だが、句集に出てくる五人の俳号と実名の特定もすまないうちに医師の死体が発見され、謎はますます深まっていく。

こうして見てくれば明らかなように、本書は基本的には暗号解読テーマのパズルストーリーである。俳句を暗号に仕立てたアイデアは斬新で、解読の過程にも一定以上の説得力がある。

だが、この作品を凡百の暗号物から隔てているのは、何といっても収容所の描写の圧倒的なリアリティーと、戦争の記憶を風化させてはならないという明確な社会的メッセージだろう。

最近の新人には珍しいこの二つの特徴が作品に奥行きを与え、読後の印象を深いものにしている。

また一人、楽しみな作家が登場した。（郷原宏・文芸評論家）

（講談社・1680円）＝2006年8月31日①配信

ネットと法をやわらかく

「インターネットの法と慣習」（白田秀彰著）

匿名性の是非、音楽や映画のファイル交換、一社支配的なソフトのあり方…。インターネットには法的、社会的に未解決の問題が山ほどある。

ネットが社会のインフラとなった現在、一昔前では考えられなかった事態が実現している。であるなら、既存の慣習や法体系だけで新しい問題に対処しようとするところに無理があるのかもしれない。そんな問題を、ネットの発祥の地、米国の法体系―英米法の成立過程を追うことで考察していくのが本書だ。

英米法は、判例を重ねることで社会の実情にあった法体系（コモン・ロー）をつくってきた。日本はドイツの大陸法を手本にしているが、英米法とはその思想もつくりも異なる。大陸法では、法の専門家が憲法という堅牢（けんろう）な土台を築き、派生した個別法から社会事象を判断する。憲法の存在は絶対だが、「単に一番エラい法律」という融通の利かない面もある。一方、英米法では地域などの実情に沿って判例を重ねるが、憲法の存在は判例で人々の自由を阻害させないためのツール、「政府を拘束する最強の鎖」という位置づけだ。

それぞれ一長一短だろうが、英米法と大陸法ではどこが違い、何が利点なのかを、ネットをもとに考えていく。その意味では副題「かなり奇妙な法学入門」にあるように、ネットを題材にした独自の法学入門ではある。

ただし、著者の本当の狙いはもっと深そうだ。ネットの問題はきっかけにすぎず、そのネットを使い、どう社会や政治を変えていけばいいのか、という実際的なところに本書の狙いはある。みんながブログを書くことで議論を深めるのも手段のひとつ。選挙を地域で分けず、ネットで行うのもひとつだと著者は言う。

とはいえ、著者は大上段からふりかぶるようなことはしない。情報法や知的財産法を専攻する学者だが、友人に出すメールのようにくだけた調子で難しい話を書き下す。もともとウェブでの連載をまとめたことを差し引いても、そのやわらかさは特筆に値する。いま世界を覆いつつある英米法的な流儀を考えてみるのにも、よい素材かもしれない。（森健・ジャーナリスト）

（ソフトバンク新書・735円）＝2006年8月31日③配信

切なさとさわやかさ

「ありふれた風景画」（あさのあつこ著）

あさのあつこの作品を読んでいると、ぴしっと音を立てて小石が心に打ちこまれるような気がすることがある。思わず立ち止まって、知らず知らずページの端を折ってしまう。そして読み終えてからまた、ひとつひとつ、読み返してみる。それは、登場人物の気持ちを描いた部分だったり、情景を映した部分だったりするのだが、どれも読むたびに二度目とは思えないほどに、あざやかで、痛い。

「天が気まぐれに、一摑み撒いただけとでも言うように、琉璃の視界を横切った雪は地に触れてすぐに融けたけれど、降り続く様子はまるでなく、見上げれば雲に青い亀裂が入っている。光が亀裂の縁を薄い金色に染めていた」

このすぐあとに「ここがゴールのつもり？」「高遠さんは、ここをゴールにしてしまうわけ？」と続く。

ふたりの女の子が相手の気持ちを確かめながら、自分の気持ちを確かめながら、相手を思い、自分を思い、「握り締めた指の先に、あたしたちの未来はあるのだろうか」と問い続けてきた、その帰着の場面だ。

物語は高校生の高遠琉璃と綾目周子が出会うところから始まる。琉璃はウリをやっているとうわさされたり、男を取ったといわれて脅されたりするクールな女の子。周子はちょっと不思議な能力を持つ美少女。エンディングでは、このふたりがゴールではなく、スタート地点に駆けこんでいく。吉田秋生の「櫻の園」に似た、切なさとさわやかさの入り交じった、それでいて毅然（きぜん）とした作品だ。

なにより、手がかり、足がかりを求めて模索し続ける琉璃と周子を追う、作者の文章が快い。

作者は必死にふたりを追いかける。このふたりは、作者がいったいどこで見つけてきたのか、少しでも気を許すと、ふっとどこかに消えてしまいそうなほどに魅力的なのだ。

ところで、あちこちにしゃしゃり出てくるカラスのタロウくんが好演。表紙・挿絵のやまだないとも、一度くらいタロウをアップで描いてくれたらよかったのに。（金原瑞人・法政大教授、翻訳家）

（文芸春秋・1470円）＝2006年8月31日④配信

底光りたたえた個性的生涯

「大山倍達正伝」（小島一志、塚本佳子著）

本書の主人公の大山倍達に関しては、正直、劇画「空手バカ一代」に荒唐無稽（むけい）なヒーローとして登場する、うさんくさい格闘家のイメージしか持っていなかった。〝浪速乃闘拳〟ことプロボクサーの亀田興毅とあまり変わらぬ俗っぽさしか感じられなかったのである。

だが、大山について書かれた資料すべてにあたり、三百人もの関係者に取材したというこの大部な本を読了して、そのイメージは完全に覆った。ここには世界最強の空手家というチープな虚像をはるかに突き抜け、日韓併合下の朝鮮半島に生まれた男の個性的な生涯が、底光りさえたたえてみごとに定着されている。

大山はなぜ、本名の崔永宜を隠さなければならなかったのか。格闘技ジャーナリストとして長年の蓄積を積んできた二人の著者はその解を、大山が海峡を渡って密航し疾風怒濤（どとう）の日々を過ごした戦後日本に求めて、驚愕（きょうがく）の新事実を突きとめた。

この時代、大山は同胞との抗争に明け暮れた。それがタブーとなって大山の過去を封印した。

戦後闇市の世界に〝戦勝国民〟として跋扈（ばっこ）し、命のやりとりをした彼らの実像は驚くほど魅力的である。東声会を結成して〝東京アンダーワールド〟に君臨した町井久之こと鄭建永、〝殺し屋軍団〟の異名をとった山口組系暴力団・柳川組組長の柳川次郎こと梁元錫。

それ以上に引きつけられるのは、大山ら半島生まれのアウトローたちを束ねた曺寧柱である。曺は石原莞爾の〝五族協和〟の理想に共鳴して東亜連盟の活動に没頭した。大山はその曺に強く感化された。石原を裁く山形県酒田の極東国際軍事裁判臨時法廷に、病に侵された石原を運ぶリヤカーを引いた青年の一人が大山だったという。

朝鮮人の歴史は、近代日本の暗部を照らす。関東大震災下「朝鮮人暴動」の流言が広がり、その黒幕とのでっち上げで社会主義者の朴烈が検束された。戦後釈放された朴烈が初代団長になった在日本大韓民国民団（民団）の指導者の一人になったのも、曺寧柱だった。

本書は、昭和史の闇を照らすエピソードに満ちており、薄っぺらな格闘家物語とはまったく異質の、瞠目（どうもく）すべきノンフィクションに仕上がっている。（佐野眞一・ノンフィクション作家）

（新潮社・2415円）＝2006年8月31日⑤配信

自由主義と戦争協力の間に

「鞍馬天狗とは何者か」（小川和也著）

これまで大佛次郎を本格的に論じた本がなかった。その理由は大佛次郎が漱石や鷗外のように時代を超えて読みつがれる普遍性をもつ「国民」作家というより、「宮本武蔵」を書いた吉川英治と同じように「国民」から直接支持される大衆作家だったところにある。

本書によってようやく本格的に大佛次郎を論じる基盤ができた。

本書の特徴は大佛次郎の戦争責任を追及したところにある。大佛は一九三八年に朝鮮と満州（現・中国東北部）を旅行したのをはじめ、敗戦までに何度も訪れている。四三年にはマレー半島、アンダマン島、ジャワ島、バリ島などの南方を視察している。特攻隊を賛美した文章も書いている。

著者は大佛を幕末の尊王攘夷（じょうい）の志士「鞍馬天狗」の作者、パリ・コミューンを書いた「パリ燃ゆ」の作者、開国か攘夷かで国が揺れた幕末史を描いた「天皇の世紀」の作者としてとらえてみせる。そこにはつねに権力に反抗する人間像が定着していた。

そのリベラリスト（自由主義者）大佛次郎と戦争協力者大佛次郎とのあいだで、著者の思考に分裂がおきたのであろう。

著者は満州事変から太平洋戦争にいたる十五年戦争下の大佛の随筆百六十五編にあたり、大佛の戦争協力の実態を掘り起こしている。

南方へ行った大佛は自分が胸中に思い描く日本のイメージが、現実の日本の姿と大きく異なるものであることを知った。そして東京裁判ではじめて戦争の真実を知ったといわれている。それまでの大佛は自己の哲学や観念を骨格にもって小説を書くのではなく、職人として小説を書く作家にすぎなかった。

著者はその点を詳しくたどり、戦中の体験を核に真のリベラリストになった過程を掘り起こしている。

中野重治や佐多稲子がそうだったように、転向や戦争協力の問題に苦しんだ作家は苦しみを抱えて精進し大きく成長した。大佛の場合もそうで、戦争協力は彼のリベラリズムが本当のリベラリズムになるために神が課した試練だったのだろう。

（川西政明・文芸評論家）

（藤原書店・2940円）＝2006年8月31日⑥配信

じわりじわりと共感誘う

「Lady,GO」(桂望実著)

映画にもなったベストセラー「県庁の星」で、一躍有名になった作者の新刊である。

派遣会社に籍を置く二十三歳の玲奈が本書の主人公。地味でネクラ、しかも思考は後ろ向き、というとことんネガティブなヒロイン、というのがまず目を引く。この玲奈、読んでいてこちらがじれてしまうくらい、いじいじしたキャラクターなのだ。

高校一年の夏に両親が離婚、父と母それぞれが再婚して新しい家庭を持ったため、玲奈は十六歳の九月から一人暮らしをしている。「最悪、最低、人生最大の危機の時にしか、両親に頼らない」と決めて、今日までやって来たため、経済的にはいつも綱渡り。

派遣の仕事をつないで何とかやりくりしていたものの、通っていた派遣先から突然契約終了を告げられ、いよいよ生活が成り立たなくなりかけたとき、以前の派遣先で知り合ったえみりから、キャバクラの〝体験入店(タイニュー)〟に誘われる。今ではすっかりキャバクラの水になじんでいるえみりから聞かされた「一日二万円」に目がくらみ、次の派遣先が決まるまでのツナギに、くらいの軽い気持ちでタイニューした玲奈だったが…。

新しい派遣先は決まらないわ、かといってこのままキャバクラ嬢として働くのも気が向かないわ、で常に〝逃げ〟の態勢だった玲奈が、ひょんなことから高校のクラスメートの姉・泉がナンバーワンを務めるキャバクラに入店するあたりから、少しずつ変わり始める。しかしそのスピードは、読んでいるこちらが、ああ、もう！　とイラつくほど遅い。玲奈の思考は「どうせ私なんか」がベースになっているので、前進の歩幅が極端に狭いのだ。

それでも、確実に前へと進んでいく玲奈の姿が、じわりじわりと読み手の共感を誘う。キャバクラ嬢のトップたる泉の徹底したプロ意識もいいし、ど素人の玲奈を何かにつけバックアップする、ゲイの雇われスタイリスト・ケイも、いい味を出している。

県庁職員の精神的な成長を描いた前作の、姉妹編ともいえる一冊だ。(吉田伸子・書評家)

(幻冬舎・1575円)＝2006年9月7日①配信

道具にこめた感覚と思想

「水の道具誌」(山口昌伴著)

丸くて開口部にフリルのついた金魚鉢。金だらいに洗濯板。水を入れて軒からつるした手洗い器。水路の洗い場に置かれた亀の子たわし。そんなものがあったなあ…と、子供のころの生活風景を思い出し郷愁がわく。

本書は、暮らしの中の水にかかわる身近な道具をとりあげ、その起源や、材質・形の変遷、仕組みなどを教えてくれる。そして道具には、時代の生活感覚と思想とがこめられているのを知る。

「如露」または「如雨露」とあてるジョウロは、ポルトガル語が語源の西欧の発明品。南蛮文化の一つとして日本に渡来し、江戸時代の菊づくりで定着したという。

銅細工師の言うには、如露の命は蓮(はす)口(噴水口)の孔(あな)。「孔から噴く水糸が隣同士喧嘩しないようにスーッと花にとどく」ように、「孔の縁をミクロンの眼でやさしく寄せていく」。うんちくとともに、道具づくりにこめられた職人の技と、こだわりがおもしろい。

すでに消滅した雨具の蓑(みの)。これにも晴れ着、おしゃれ着、野良着など等級があり、雨中の重労働で身をぬらさず、かつ軽い蓑をつくるため、材料を吟味し工夫するなど、道具と暮らしぶりの緊密さを知らされる。

「水の道」の章では、わき水、川戸、井戸、ポンプ、蛇口など、水を運ぶ道での施設・道具をとりあげている。

かつては龍口(たつくち)と呼ばれた吐水口(水道栓)が、上水道の普及につれて蛇口と呼ばれる。竜神から、その使いの蛇に格下げされたのは、水を得るありがたみが薄れたことを象徴しているようだ。

川戸とは、自然の川や用水路などの端にこしらえた洗い場、水を使う場だが、こうした共同で水を使う場所には、守るべき作法やおきてがある。

これを著者は、もうひとつの意味の「水の道」(水づかいの作法)と定めて、水を大事に美しく扱うことを「修道」と表現している。

なお、題名は学術的なそっけない感じだが、文章はエッセー風の、気軽なリズムよい語り口。著者の道具への愛着ぶりや好事家根性が、いたるところにちりばめられていて楽しい。(坂梨由美子・紀行ライター)

(岩波新書・777円)＝2006年9月7日③配信

近代まで影響続く陽明学

「近代日本の陽明学」(小島毅著)

小島氏は、気鋭の中国哲学史、特に朱子学・陽明学の専門家である。本書では、中国の朱子学・陽明学の成果を踏まえつつ、近代日本の陽明学の展開が小気味よいテンポで論じられている。

朱子学・陽明学といえば、江戸時代の日本社会に大きな影響を与えた思想として知られるが、本書では、江戸時代のみならず、近代日本における陽明学の展開が語られ、大いに驚かされた。

陽明学の影響力は、江戸時代で終わってはいなかったからである。

大塩平八郎・藤田東湖・吉田松陰などは言うまでもなく、大川周明、安岡正篤、三島由紀夫なども陽明学の心酔者で、陽明学が彼らの活動の思想的よりどころであった、という。

どうやら、近代の志士的な革命家は、陽明学を自己を律する思想として積極的に再発見していたようだ。

本書は、近代の陽明学の展開を論じつつ、一見それとは無関係とも思える靖国神社論までも俎上(そじょう)に載せている。

小島氏によれば、靖国神社とは、その起源からすれば、「伊勢神宮や八幡宮や稲荷(いなり)や、そのほかもろもろの八百万の神々を祀(まつ)る神社」と異なり、実は儒教教義に基づく社だという。

すなわち、英霊という言葉が陽明学者の藤田東湖の言葉に由来するように、靖国神社は、心ならずも戦争に駆り出された英霊の鎮魂の場ではなく、天皇のために死んだ英霊のための社である、というのだ。

この夏は、小泉首相の八月十五日の終戦記念日における靖国神社参拝で、マスコミが燃えた〝暑い〟夏であったが、小島氏によって、新たな靖国神社を考える視点が提起されたともいえよう。

ただ、日本仏教史を専門とし、仏教の果たした近代における役割をより重要視する評者からすれば、たとえば石原莞爾には日蓮主義の強烈な影響がみられるように、陽明学のみで、近代の「革命家」の活動を説明できるわけではない。

また、陽明学の簡潔な定義があれば、もっと本書は読みやすくなったであろう。だが本書は、この夏に読んだベスト本であり、大いにお薦めである。(松尾剛次・山形大教授)

(講談社選書メチエ・1575円)=2006年9月7日④配信

平等批判に言葉で対抗する

「バックラッシュ!」(上野千鶴子、宮台真司、斎藤環ほか著)

「バックラッシュ」を、男女平等社会で既得権を失うことを恐れる男たちの最後の悪あがき、と笑うのは簡単だが、最近はその存在が目に見えて大きくなっているようで、笑って無視するだけではすまされなくなっているようだ。

本書で言うバックラッシュとは「ある言説や営みに対する『逆流』現象」のこと。

本書によると、二〇〇〇年に閣議決定された「男女共同参画基本計画」以降、「正論」などの保守論壇誌は、ジェンダーフリー教育とフェミニズムを安直に結びつけ、ジェンダーフリー批判を繰り返してきた。

批判の多くは、「男女平等」への嫌悪からくるものだが、さすがに「平等反対」とは言いにくいのだろう。「過激なジェンダーフリー教育」こそが、伝統的な日本の文化を脅かしている、という言説がバックラッシュであり、アンチ・ジェンダーフリー、アンチ・フェミニズムを喧伝(けんでん)し続けている。

さらに〇五年には安倍晋三氏が座長を務めた自民党内の組織「過激な性教育・ジェンダーフリー教育実態調査プロジェクト」が発足、ジェンダーフリーがいかに危険な思想かをホームページやイベントでアピールした。

そういった議論の多くは、「敵」を分かりやすく仕立て上げ、感情的に危機感をあおる低レベルなものに終始している。本書はそういったバックラッシュ勢力にあらがい、新たな議論のレベル(もっと高次元な)に移行するために出版された。

選ばれた執筆陣は多彩だ。学者や作家もいれば、インターネットのブログでフェミニズムを論じている若い書き手も。特に、あまり知られていない女性の執筆者に読み応えのある論文が多く、強烈なフェミ論客の誕生の一冊にもなっている。

また、問題のジェンダーフリーに対する考え方が、執筆陣の間で一致していない点は特筆すべきことだろう。立場の違いがあっても、同じ方向を向き、真摯(しんし)に言葉を積み重ねていくことの意味を知る。言葉で戦い、前進する、とはこういうことだ。

善か悪か。敵か味方か。男か女か。世の中がキレイに二つに分けられているような単純さにうんざりする人には充実した一冊になるはず。(北原みのり・エッセイスト)

(双風舎・1995円)=2006年9月7日⑤配信

死後の成長促す奇跡の物語

「坂口安吾　百歳の異端児」（出口裕弘著）

よき読者に作品を読んでもらえることは、文学者の無上の喜びである。読者の魂の中に、文学者の命が宿るからだ。

本書の表向きは、安吾の魔力に長く引かれ続けた出口氏の自分探しの物語である。だが、読書という交流を通して、何と安吾の側も、死後にも成長することができた。つまり本書は、死せる安吾が出口氏との会話によって、ついに「生（なま）の安吾本人」と出会う奇跡の物語なのだ。

安吾を語る出口氏は、わが子を見守る親のようでもあり、ヒーローの過剰な活躍を心配する物語作者のようでもある。物語作者は、時にヒーローに対して厳しい批判も口にする。読者の反発を先取りすることで、彼らの視線を本質的部分に向けさせる高等戦術である。

ブレーキのきかない安吾の放言や極論の数々に、出口氏は何度も「啞然（あぜん）」としながら、「安吾ここにあり」という真骨頂へと読者を導く。まさに、達意の語り口と言うしかない。

昭和三十年、安吾は未完の異端児のまま世を去った。だが、出口氏の協力で安吾が初めて見た自分の素顔は、「ハイブリッド」（混成）の化身であった。文化的純血に自足する古典を嫌悪した安吾。戦後の混乱を肯定した安吾。だから、フランス文学を学んだハイブリッドな出口氏の魂を培養液として、安吾は死後も成長できたのだ。

「日本の中の私」や「私の中の日本」について考えれば、今の日本文化を根底から白紙還元し、世界に向けて開くこともできる。人間としてそのように生きるのが、安吾の悲願だった。

本書に導かれた読者が安吾の作品を手にし、「人間」あるいは「日本文化」という概念を揺さぶられるとき、新しい「安吾」が生まれる。安吾とともに生きる読者は、日本と日本人を変えてゆける。

今年で生誕百年になる安吾には、今なお人間と社会を揺さぶる力がある。文学は、まだ死滅していない。安吾を百歳で大往生させてはならないのだ。出口氏は読者に、そう訴えている。（島内景二・電気通信大教授）

（新潮社・1575円）＝2006年9月7日⑥配信

国体護持の呪縛で民を見ず

「〈敗戦〉と日本人」（保阪正康著）

「あの戦争」の評価をめぐる論議が、ことしはおき火が風を受けたように燃え上がった。靖国参拝問題にひそむ、戦争と指導者責任についての内閉的な理解。六十年たってもこの国がゆれるのはなぜか。

昭和史研究で知られる著者は、この本で敗北あきらかな戦争末期、指導者たちがなにを考え、どう現実を受け止めたかに、焦点をしぼった。「昭和天皇独白録」ほか、敗戦時の藤田尚徳侍従長、迫水久常内閣書記官長、東郷茂徳外相ら重臣の回想や、参謀本部の軍人日誌などが基礎史料だ。

それぞれの肉声から聞こえる、自己弁護、錯誤、焦慮、苦悩。その意味をよく読み込めば、過去の歴史劇としてすませていられなくなる。

天皇の信任厚い最後の鈴木貫太郎内閣は、軍部の聖戦継続の怒号と終戦の方途の間でゆれ続けた。神国必勝で硬直した精神論が、乏しい情報の中で国力なしの状況を見極めた現実論をどう喝するのだ。沖縄戦の敗北によって、和平を望む天皇と内閣はソ連に仲介を頼み、そしてソ連の術策にはまる。

ヤマ場は七月末に発せられたポツダム宣言についての判断だ。軍部の圧力がかかったと迫水はいうが、首相が「黙殺」すると発言したことで最後の悲劇を招いた。原爆投下とソ連参戦である。日本側が受諾の際にこだわったのは、皇室の維持など国体護持の保証であり、軍部の威圧には、戦犯処罰や武装解除に反対する自己の利益を図る意図も働いている。

聖断に至る過程に、守られるべき民の姿は見えず、国体護持という呪縛（じゅばく）にとらわれたエリートばかり。そのなかで、ぶれない美学に固執する継戦派と戦った東郷外相は、あの時代の限界を突破した政治家として強い印象を残す。結局天皇も彼の意見に同意して、戦争は終結した。

こうした敗戦を教訓化せずに、私たちの国家幻想が再生されていくとしたら、こんな不幸はない。帝国崩壊の事実を愛国で切りかえそうという感情が肥大するだけだ。読者に歴史への挑戦をうながす一書だ。（中村輝子・立正大客員教授）

（ちくま文庫・777円）＝2006年9月14日①配信

他者の手触りをもとめて

「ケセランパサラン」(大道珠貴著)

ここに愛情はありますか、と問いかける十代の心のうちに隠されたものが、とてもしずかに、痛切に伝わる四つの物語と詩編。高校へは進学せずピザ屋でバイトする「ちまき」、十歳上の男と恋にならない関係を続ける十九歳の「剣」―。主人公たちはそれぞれがまだふわふわと、幸福を呼ぶ謎の生き物ケセランパサランのように、半信半疑の「自分」という存在に不安を覚えながら、もっと手触りのあるものを希求して「他者」という世界へ歩んでいく。

だがそれもまた、彼女たちにとってはふわふわと漂う旅の始まりだ。自分が何なのかわからないから、とりあえず何でも受け入れてしまい、くたくたに疲れている「自分」に気づく。だから恋愛もひどくあいまいで、自分を探すように愛を探す、あるいはその逆といってもいい。誰かに自分を投影し、注ぎ込んではこぼし、それを勝手に「失恋」と呼んで泣いていた―そんなころがキラキラとよみがえる。

この作品は相手を思いやりながら二人で球や羽根を打ち合うシーンが目立つ。それは他者を受け止め、その感触を通してしか自分の生を確かめられない私たちの、代替としての行為に映る。でもやっぱりなにか足りなくてさびしくて、かえって手の届かない「遠いもの」ばかりにあこがれるのだ。「お兄ちゃんがほしい/(中略)/一度も髪の毛にさわらせてくれないお兄ちゃんが。」と。

お酒の入った陶器をこつっと打ち鳴らす「きれいな音」が印象的だ。さびしくて遠い音だが、そんなふうに透明に、静かな心で誰かのそばにいられたなら、という彼女らの願いは、弱さなどではなく、羽化する前の卵を自らの手で温めているように思えた。

だが母とけんかし、お弁当をぶちまける寸前で力を加減する場面にははっとした。母の片付ける姿を想像し、流れる涙で傷つくことをあらかじめ避けるのだ。涙でもいいから「自分」を実感したいとも思っているのに。

あらゆるものがむき出しになっている時代の〝生きにくさ〟を、若者たちはそのまま体現しているといえる。その賢明さと表裏である痛々しい抑制に目を向けたい。(杉本真維子・詩人)

(小学館・1575円)=2006年9月14日③配信

観念的闇からの再生描く

「ナンバーワン・コンストラクション」(鹿島田真希著)

夢見がちで自分の未来を疑わない小説家志望のM青年が、モラトリアム延長程度の軽い気持ちでS教授の建築史研究室の門をたたく。

思いがけない好意を持って開かれたドアの先で「愛すべき凡人」M青年を巻き込むべく、聖と俗、永遠と死が構成する奇妙に抽象的な世界が広がる。S教授の啓蒙(けいもう)によって世界に対する観念的な目を開かれ感動するM青年。だがその感動は彼をすぐに観念の裏の顔、つまり「虚無」を体現するN講師へと導く。N講師の悪魔的な誘惑によって健全さを失い、同居中の恋人に暴力をふるうようになったM青年はやがて「理性的な自殺」という観念に取りつかれるが―。

まずは大仰な翻訳調のせりふと類型的なキャラクターからなるコミカルな会話劇として楽しめる。高尚さにふれて感動したと思ったら簡単にN講師にまるめこまれて暗くなる、そんなM青年の単純なさまは「魔笛」のパパゲーノのように読者をほほえませるだろう。

だが「魔笛」がそうであるように、本書ももちろん単なる笑劇ではない。ちょっとした演出に目をくらまされて誰かを絶対者と思い込み、その人のために何かを実行することで自分の価値を確認しようとする。そんな青年の愚かさ、そこから生じる危険は読者にとってもひとごとではない。

S教授は青年を救うためにN講師の死の論理の矛盾を指摘する。だが青年を死から呼び戻すことはできない。その救出を実行するのは青年を愛する女である。

これまで鹿島田真希は愛する者の観念に巻き込まれ、それに傷つけられる少女の無力さを宗教的な背景のもとに描いてきた。だが本書においてその無力さは愛のために克服され、少女は他者を救う力を獲得する。

愛のために成長する女と、その女によって観念的な闇から再生する男。その二人が作り上げる「コンストラクション(構造物)」として可能となる新しい生。現代的な意匠によって描きだされたその普遍的な形が、今を生きる読者の心に力を与える一冊である。(田中弥生・文芸評論家)

(新潮社・1365円)=2006年9月14日④配信

涙を笑いに変える文化比較

「他諺の空似」(米原万里著)

今年一月、病床を見舞ったとき、凄(すご)みさえ感じさせるやせた万里の美しさを称(たた)えた私に、彼女は言った。「美人薄命って本当なのね。先に逝く私の方があなたより美人って証しよ」と。「憎まれっ子、世にはばかる。あなたみたいな毒舌は神様も追い返すわよ」。私はさらに続けた。「エ勝手リーナ様、それにあなたの副葬品になる私の都合も考えてくれなきゃ」。万里はからから笑って答えた。「断るわ、二人も入ると狭くなるから」。私たちは、いつも絶妙のタイミングで諺(ことわざ)やだじゃれを挿入して会話を楽しんでいた。

各国のメンタリティーの違いや類似点を諺から探る本書は、彼女の広い視野と独自の視点に支えられた一流の文化比較論でもある。言語への関心と思索は通訳時代に培われたものだが、行間から伝わってくるのは、作家になりたいという子どものころからの夢を実現した〝ものを書く喜び〟だ。

各項目は彼女が作った小咄(こばなし)で始まっている。それが、前作「必笑小咄のテクニック」で、笑わせるノウハウを解明した彼女らしい力作そろい。読み始めの涙が、大笑いに変わるのに時間はかからなかった。そして、痛烈な権力批判、豊富な知識、艶笑(えんしょう)下ネタが縦横無尽に交錯する〝米原ワールド〟は、「おもしろうてやがてかなしき」結末を迎える。

「終わりよければ全てよし」。これが最終章のタイトルだ。彼女はそこでソマリアの諺を引用している。「余生があれば、恥とは縁が切れない」。生きてさえいれば、彼女の余生は、〝恥〟ではなく〝笑〟と縁が切れないものになったはずだし、あふれ出る小説の構想を熱っぽく語ってくれていたので、多くの読者を楽しませてくれたに違いない。

文字通り「恥の上塗り」の余生を送る私は、人生最大の苦悩〝老醜〟から早々と「敵前逃亡」した万里をなじるのだが、いつもの毒舌は返ってこない。私たちは「余人をもって替えがたき」人を失ったのだ。(田丸公美子・イタリア語通訳、作家)

(光文社・1470円)=2006年9月14日⑤配信

センチメンタルな悲しみ

「夏と夜と」(鈴木清剛著)

服飾専門学校の学生だった平原くんと和泉みゆきとスウちゃん。固いきずなで結ばれた三人だが、男性である平原くんと二人の女性とでは「愛のかたち」についての考えの違いがあったのかもしれない。ある日、スウちゃんが、この世を去る。事故死とも、自殺ともとれる死に方で。はっきりしたことは誰にも分からない。

約十年後、和泉と再会した平原くんは、ゆきという女性と結婚している。でも、平原くんの心の中には、いつも和泉が住み着いていて、幻の和泉を追い求めていた。ようやく彼女に会うことができたものの、久しぶりに出会った和泉には、平原くんの思いに見合う情熱が感じられない。

それもそのはず。和泉の心の中には、死んだスウちゃんがいつも住み着いていて、あるとき、スウちゃんが、幽霊となって彼女の前に現れたというのである。

平原くんは映画「惑星ソラリス」に出てくる宇宙飛行士クリスの、自殺した妻ハリーを思い出す。ハリーとは、ソラリスの海がクリスの意識を実体化してよこす精密な模造。そこで描かれたのは、目の前にいても本物ではない、それでも愛してしまうという、根源的で深い悲しみだ。

和泉とスウちゃんは、死んだスウちゃんの思い描いていた「三人で一緒」という「楽園」の夢を捨てきれない。なぜそのスウちゃんが、「楽園」を見ないままにこの世を去ったのか。彼女の心の中には、平原くんがいつも住み着いていて、幻の平原くんを追い求めていたものの、スウちゃんには夢をかなえられない「ある事情」があったから。だから、幽霊となって、もう一度三人の「楽園」を目指そうとした。

幽霊のスウちゃんとそのスウちゃんを迎える和泉、そして和泉の話に耳傾ける平原くん。三人の「愛情のベクトル」は一方通行だが、さらりとした文章でつづられる彼らの悲しみはセンチメンタルで温かい。根源的な悲哀を呼び起こしたソラリスの海の深さと比べれば、その甘やかな悲しみは遠い海辺に打ち寄せるさざ波のようなものかもしれない。(神山睦美・文芸評論家)

(角川書店・1575円)=2006年9月14日⑥配信

裁判の裏表と人間ドラマ

「東京裁判への道(上・下)」(粟屋憲太郎著)

東京裁判について語る人は多いが、第一次史料を発掘し分析して新たな裁判像をつくりあげようとする研究者は、著者によれば、十人にみたない。

裁判開廷六十年を迎えた今年、マスコミが行った国会議員アンケートでは、正当な裁判、不当な裁判という回答に比べ「不当だがやむなし」とする回答が圧倒的に多かった(61%)。中でも「戦勝国でなく、日本自身の手で裁くべきだった」とする見解が目立った。本書が店頭に出たころとアンケート公表時が重なっていたから、「議員の認識不足」という著者の指摘はないが、本書から、自主裁判が実は行われていたことがわかる。

米兵やフィリピン人の捕虜が多数犠牲になった「バターン死の行進」については、戦後連合国の戦犯裁判で、中将本間雅晴司令官が死刑になったことは古い世代の間では周知であろう。ところがその前に日本側が、被告を重罰ではなく軽い行政罰に処し、一事不再理の法原則を楯(たて)に連合国側の裁判を出し抜こうとした事実は、本書ではじめて知る読者も少なくないのではないか。

当時の幣原内閣は「勝者の裁き」を是認する態度を示し「さもなければ国内で血で血を洗うことになる」と自主裁判には首相自ら反対していたが、天皇の名で戦争をしながら、天皇の名で自国軍人を裁くのは忍びないとした昭和天皇も結局了承して日本側の戦犯裁判がおこなわれたのであった。しかし被告たちは後に連合国側で再審理の対象となり重刑を受けた、と本書は指摘する。

この例一つとってみても、「勝者の一方的な裁き」というだけでは片づけられない複雑な動向がくり広げられていたのは明らかだ。日本側の「能動的」動き、被告選定に対する米側への「協力」やすり寄り、サバイバルを懸けた政軍指導層内部の激しい派閥抗争とライバル被告相互の敵対、訴追を免れるための隠ぺい工作等、裁判の裏表を克明な人間ドラマとして本書が見事に描き出せたのも、膨大な検察側文書、特に尋問調書の徹底読破によるところが大きい。

訴追側の不勉強やご都合主義も鋭く公平に解明されており、ニュルンベルク裁判との比較への貴重な言及も見逃せない。(芝健介・東京女子大教授)

(講談社・上1680円、下1575円)=2006年9月21日①配信

空と地上の途方もない距離

「反空爆の思想」(吉田敏浩著)

9・11テロ、アフガン戦争、そしてイラク戦争以来、今、私たちは等しく戦闘が継続する世界に生きている。いつの間にか戦争が肯定され、テロとの戦いはやむをえないという気分がまん延している。本書はそのような心理をつきつめ、もう一つの視点の獲得を深く促している。

圧倒的な力の行使である空爆を支える思想を、百年に及ぶその歴史を精緻(せいち)に分析し批判する。われわれの歴史がいかに空爆による殺戮(さつりく)に満ち満ちたものであるか、本書を読むと慄然(りつぜん)とする。はるか上空から爆弾を落とす行為を、正当化する論理が出来上がっている。

「犠牲をより少なくする手段」「やむをえない犠牲」。本書はこれらの考え方を見事に解体する。戦争というものの本質をそこで鮮やかに浮かび上がらせることに成功している。それはいかなる戦争も無差別殺戮であるという単純な事実だ。

著者はビルマでゲリラと行動を共にしたとき、政府軍の空襲に遭遇した経験がある。空襲とは冷たい鉄の塊(かたまり)をあたたかい肉体に食い込ませ、引き裂くことだという感覚が、そこでいかに失われているかと考え、空爆する側とされる側の途方もない距離感を実感する。

かつて日本も空爆をする側だった。重慶爆撃に出撃する日本兵の記述。「すばらしい爆撃日和。(中略)『爆撃!!』の命令一下、われらは嵐のやうに、その頭上をおそって行った」。植民地時代、威嚇や恐怖をもたらすために空爆が開発され、時代とともに「進化」し、兵器もまた、より殺傷力を増してゆく。

それを支え続けた「費用対効果」の思想、人間の命をコストとして換算する戦争主体者の感覚は二十世紀、原爆投下という形で「結晶化」する。空爆を受ける対象が市民であり、弱者だということをはっきりと認識しつつ、それは織り込み済みで正当化されている。

著者は対象を「あなた」と呼んでみる。あたたかい体液と命をもった存在を実感することなしに、私たちはこの戦争の時代から抜け出すことはできないというのだ。空爆の向こう側とこちら側に橋をかける想像力こそが必要とされている。(鎌仲ひとみ・映像作家)

(NHKブックス・1218円)=2006年9月21日②配信

日本文化の深く長い影響

「太平洋を渡った日本建築」（柳田由紀子著）

米国における日本文化の影響、各時代の米国人の日本観、日本は米国に対して、どんな自国イメージを表現しようとしていたのか─。

こうした日米交流の基本的な命題を自らに問いながら、筆者は米国各地に現存する日本建築、庭園を訪ね歩く。

本書が紹介している日本建築は、以下の三種類だ。十九世紀後半から二十世紀前半、万国博覧会の日本館がきっかけで日本ブームが起きた際に、米国人の富豪が異国趣味から建てたもの。

次に、一九二〇年代から三〇年代に、日本人移民が自分たちのコミュニティーのために造ったもの。そして、戦後ほどない第二次日本建築ブーム期に建てられた、シンプルで奥行き深い日本家屋のモダン性を現代的に表現したもの。

本書を読んであらためて気付くのは、われわれが考えているよりも深く、かつ長きにわたり、日本は米国に文化的な影響を与え続けてきた事実である。日本は、米国から「物まね上手な国」と言われ続けてきた。ところが米国も、日米交流の幕開けの時代から、熱心に日本文化の模倣に取り組んでいたのである。

戦前の米国には、日本庭園式の公園が百も存在していたという。「日本庭園キング」と呼ばれた骨董（こっとう）商ジョージ・ターナー・マーシュ。ハリウッドの丘に、異国情緒の極みともいうべき巨大な日本御殿を建てたドイツ系実業家のバーンハイマー兄弟。

日米交流史の初期に活躍した、これら個性的な人々と同様に、彼らが残した日本建築も一筋縄ではいかない。

バーンハイマー兄弟が建てた「ヤマシロ」は、きらびやかで日光東照宮のような装飾過剰の建築物。ブルーノ・タウトは東照宮を「偽物」と切り捨てた。その偽者をハリウッド流に再構築した「ヤマシロ」は、偽物の偽物だ。

ところが、筆者は書く。「この世には一流の詐欺師にだまされる快感だってある。私は、だまされる心地よさに浸りたくて、これからもヤマシロの坂を登り続けることだろう」

現場感覚が、常識にくみしない筆者の姿勢を支えている。（小川忠・国際交流基金理事長特別補佐）

（NTT出版・1680円）＝2006年9月21日③配信

“自前の美術”大胆に問う

「未生の日本美術史」（千葉成夫著）

日本には自分の歴史観・芸術観をまとまった思想として鮮明に押し出すタイプの美術批評はめったにない。

千葉成夫が自他ともに認めるこの希少例の一人であることは、ちょうど十年前に「現代美術逸脱史」を著して、日本に生まれるべき空間表現は「類としての美術」、つまり西欧型の絵画・彫刻だけではなく素性の異なる表現をも含む一段階上の美術であるとかなり強引に論じて以来、よく知られるところであった。

今回はさらに、視野を「現代美術」から「日本美術」へと歴史的に広げる一方、七人の同時代作家の作品（の可能性）を克明に論じてもいる。その叙述のすべてに「いまだ生まれていないこの国の自前の美術とは何か」の問いを響かせながら。

前著と同様、いくつか問題点を含むとはいえ、こんなに重く無謀ですらある問いを大上段に構えて書き下ろした筆力には、脱帽せざるを得ない。難しい内容なのに、筆はとどこおることなく明快。ギャロップの勢いで進行するから、読みやすいとさえ言える。

感心なのは、「批評とはそれを書く者の『自分』以外にはいかなるものにも依拠しない言語表現である」と言い切り、堪能な語学力にもかかわらず、はやりの西欧の論者の言説を一切援用していないことである。千葉はまた「美術批評とは、最後には『美術作品』以外のどんなものにも帰ることをしない言語表現である」という認識を実行し、風俗・生活・政治等とのかかわりを美術と混同する今日の風潮を峻拒（しゅんきょ）している。同感だ。

二つだけ疑問を呈するなら、前著で示した「類としての美術」の考えが事実上行き詰まっているはずなのに、その経験が清算されていないこと。だからか、川俣正論に生彩がない。もう一つは、キリスト教文化との対比を強調するあまり、日本の美術があの異質な中国、インド、さらにはギリシャから直接間接に摂取した要素をも血肉化し得た事実（たとえば仏教彫刻）を過小評価していることである。事は現代美術の評価にもかかわる。

芸術は本当に自生するのか、種の伝播（でんぱ）こそ本質なのではあるまいか。（峯村敏明・美術評論家）

（晶文社・4515円）＝2006年9月21日④配信

風になりたいを体現して

「言の葉摘み」（宮沢和史著）

バンド「THE BOOM」の宮沢和史は、恋多き男である。お相手はバリ、リオデジャネイロ、キューバ、ブエノスアイレス、モスクワ、そして沖縄、およびそこに暮らす人々。風になりたい、を体現して世界各地を巡り、確実に音楽性を広めてきた詩人としての軌跡が軽やかにつづられる。

このエッセー集で、多く触れているのが沖縄。宮沢といえば「島唄」を抜きには語れない。いま「島唄」は世界各地に広がり、新しい命が吹き込まれて旅している。その旅のテーマは平和や心の豊かさということのようだ。

たとえば、超大国アメリカからイジメとしか思えない経済制裁を受けながらも、音楽「ブエナ・ビスタ・ソシアル・クラブ」を生み出す国（キューバ）があることを世界の人々は知った。中学二年生のときにおそるおそるアメリカでホームステイを体験した宮沢は、「愛するということ」を豊かに表現できる人たちの国がなぜ、ゆがんだ正義を世界中で振りかざすのかと、よきアメリカを評価しつつもいぶかる。

沖縄の歌謡は、語り言葉がそのまま歌へと昇華した背景がある。「情節」という恋歌などが典型だ。言葉の持つ本来の伝染力が生きている。

ところで「島唄」が国内で大ヒットしたとき、「足元」沖縄ではささやかな議論があった。宮沢の作詞は沖縄的ではないというものだった。それは沖縄における言葉の問題だったのだが、概しておじさんたちは首をかしげ若い人たちは支持をした。おじさんたちには明らかに嫉妬（しっと）も混じっていたように思えた。覚えがある。ビートルズに対する大人たちの嘲笑（ちょうしょう）、実は本物に対する怖（おそ）れだったのではなかったのか。

元来、音楽は音楽であって、それ以上でもそれ以下でもないと思うのだが、地球という惑星が病んでいく姿に音楽家は声をあげだした。戦争、飢餓、環境などの重いテーマに対し、本書の中では渓流釣り、高校のクラス会、映画、出会った本など、日常のさりげない視点から考える。

今の時代における音楽は、国境を超えての共通語だろう。ミュージシャンたちの影響力は下手な政治家よりは優れて大きいはずなのだ。（宮里千里・エッセイスト）

（新潮社・1470円）＝2006年9月21日⑤配信

日常から少し浮いた幸福感

「長崎くんの指」（東直子著）

若手の歌人として知られる著者の初の小説集。

七つの短編が収録されているが、それぞれが独立しているようでいて実は全作品をさりげなく結びつけている秀逸な仕掛けがある。それは小さな遊園地「コキリコ・ピクニックランド」。

日本社会がある時期から、ハイポテンシャルな地表・指標を失っていったように、いまや先行きの危うい終末期を迎えた遊園地。登場人物たちは「コキリコ・ピクニックランド」に大なり小なりかかわりを持っているが、永遠には続かないとわかりつつ、いっときそこに身を置いて日常から少し浮いた幸福感を味わわずにいられない人々のあてどなさがどの作品からもじんわりとにじみ出す。

表題作の「長崎くんの指」は、勤め先の銀行から金を持ち逃げした「わたし」が、遊園地内の物置に住み込み、一緒に働く「長崎くん」の美しい指に恋をする話。恋は成就しないまま「長崎くん」も姿をくらましてしまうが、続編の「長崎くんの今」を読むと、都市の漂泊者である「わたし」の危うさと、いま親になろうとしている長崎くんの水のような生の実感が、双生児のように一対になって立ち現れてくる。

いまここにいることのあいまいさ。どこにいけば確かなものがあるのか…。そうした人々の揺れる視線の中に、ふっと浮かび上がる、失われた王国のような遊園地―。

中でも、企業の受付嬢から遊園地の従業員になった孤独な女性マリアさんと、四十年間、観覧車を回し続けてきた老人との交情を描いた「アマレット」が胸にしみた。死を迎え、観覧車の箱の中で夜空を回る老人の最期が美しいのは、人生の甘さと苦さ、未来という希望がこのシーンに塗りこめられているからだ。記憶喪失の女を引き取った母親と少女の日々を描いた「道ばたさん」の滑稽（こっけい）な味わいも忘れがたい。

各章の随所にみられる緩みのある会話の絶妙なバランス、「夕暮れのひなたはあぶないよ」といった詩的な表現など。またひとり、目の離せない作家が登場した。（稲葉真弓・作家）

（マガジンハウス・1470円）＝2006年9月21日⑥配信

さく裂するむき出しの感情

「空白の叫び（上・下）」（貫井徳郎著）

読了後も、やり切れなさがまとわりついて離れない。行間からは、生まれも育ちも違う十四歳の少年と、彼らを取り巻く社会が放つ瘴気（しょうき）が立ちのぼる。二巻からなる本書はパンドラの箱だ。

上巻では久藤、葛城、神原という三人の主人公がそれぞれ人をあやめる経緯と、鑑別所で顔をあわせ接近していくまでが描かれる。下巻は、出所後の三人が共謀して再び犯罪へと走る様子を活写し、同時に主人公たちの内面を鮮明に解き明かしていく。彼らを破滅へと追い込む面々の謎解きもたっぷり楽しめる。

だが本書の真骨頂は、どのページにも、久藤が抱えるまがまがしい焦燥と鬱屈（うっくつ）、神原の自己欺まんと独善、葛城に染みついた諦観（ていかん）と哀（かな）しみがあふれていることだ。いや主人公たちだけでなく、登場人物全員がそれぞれ病み、おのおの暗部を隠し持って生きている。

読み進めながら、何度も十四歳のころを思い出そうとしたのは、彼らの背景や心情が、果たして等身大の中学生としてふさわしいものかという疑念を感じたからだった。だが、小説にもかかわらずリアリティーを求めてしまうのは、随所でさく裂するむき出しの感情が現実的な生々しさを伴っている証拠といえよう。

同じく少年を描いた作品でも、石田衣良の「4TEEN」なら、もっと牧歌的な気分でいられるというものだ。

本書を少年犯罪に題材を求めたアップデートな作品、あるいはクライムサスペンスという面だけでとらえては読み誤る。ここで繰り広げられるのは人間ドラマであり、少年だけでなく、あらゆる年代が潜ませている負の感情のおぞましさと切なさ、やるせなさにほかならない。

誰もが登場人物に己の裏面を見つけることだろう。私は「おれたちは互いに、自分を憎んでいるという点が共通しているからこうして言葉を交わすことができるんだ」という久藤に自分を投影したし、葛城がニヒリズムを込めてつぶやく「ぼくはサボテンになりたい」に共鳴した。

本書を開くと、読書が持つ、暗くて真摯（しんし）な愉（たの）しみが飛び出してくる。（増田晶文・作家）

（小学館・上下各1785円）＝2006年9月28日①配信

「戦争」に縛られた生涯

「黒木和雄とその時代」（佐藤忠男著）

これは、昭和五（一九三〇）年生まれの佐藤忠男が、同年生まれの映画監督黒木和雄の全作品とその時代、仲間たちの全容を描きだした労作。黒木は今年四月十二日、「紙屋悦子の青春」公開を目前に、脳梗塞（こうそく）で急逝、佐藤はこの本の初校ゲラを出版社に渡したところで訃報（ふほう）に接した。

佐藤は黒木の出発点となる岩波映画、日本映画の「緊急救助」をおこなった日本アート・シアター・ギルド（略称ATG）の役割を克明に書いている。意欲的な映画作家たちだけではなく、製作者、照明担当者まで、裏方をつとめた全スタッフに目をくばりながら。

迷走する時代があり、試行錯誤をくりかえしながら、突きぬけるように作風を確立していったのが黒木和雄だった。

昭和五年生まれは、敗戦の日、十四歳か十五歳。戦争の実体験はないにひとしく、戦争責任など問われるべくもない。しかし、戦時中のわが行動の記憶、悔いと恥を忘れず、戦争を問いつづけてきたのが黒木であり、佐藤忠男である（私も同年生まれ）。

「TOMORROW／明日」（一九八八年）から最終作までの四作、黒木和雄は静かで心に焼きつくような戦争の物語を作っており、「父と暮せば」は、その頂点だったと思う。

黒木没後の評価ではないから、全作にわたって肯定的な佐藤の筆致は、深刻に走らず、軽くあろうとしている。これは、一人の映画作家の作品歴にからめた戦後映画史である。巻末の座談会、対談に黒木の「肉声」があるが、彼の著書「私の戦争」（岩波ジュニア新書）との併読をすすめたい。

植民地満州の小学生時代、「不登校」になった黒木は、映画館に入りびたりになったという。そして、戦時動員世代として、空襲で級友を喪（うしな）い、助けずに逃げた悔恨に終生縛られていた。資金不足で実現しなかった天才監督山中貞雄（中国戦線で戦病死、二十八歳）を描く作品への、黒木の無念を思わずにはいられない。（澤地久枝・作家）

（現代書館・2100円）＝2006年9月28日②配信

朝鮮庶民の語りを集成

「於于野譚」（柳夢寅著、梅山秀幸訳）

「於于野譚（おうやたん）」は、朝鮮の李朝時代に成立した説話集である。「野譚」は「野談」ともいい、民間に伝承された世間のうわさや生活の中のこぼれ話を集めており、国家の編さんした正史の中のエピソードを「史話」と呼ぶのに対して「野譚」という。

中国、日本にもこれに類する書物は数多いが（たとえば「今昔物語」などを想起されたい）、本書に収められた二百三十話は、十七世紀初頭に収集された朝鮮庶民の語り口を見事に写していて興味深い。

著者の柳夢寅は李朝の高官で、豊臣秀吉の起こした侵略戦争「文禄・慶長の役」で家族をなくし、本書を編さんした後、政争によって息子とともに処刑されたと伝えられる。

彼以前にも野譚の編さんは行われていたが、その視点の広さと独特の創作性をもって、野譚文学の改革者として知られる。

本書はもともと漢文でつづられているが、原文は特異な朝鮮漢文であり、とっつきにくい。近代に入ってハングルによる翻訳が現れ、他の類書とともに刊行され、広く朝鮮民族の伝統文学として知られるようになったのである。

その内容については、朝廷で上官にへつらう官吏をからかう話や、箱入り娘を計略をめぐらせものにする話、あるいは、戦場におけるエピソードなど多様である。また、ちまたの警句を残すものなどもある。

「老いのしるし」というごく短い文章を示せば、老いて現れる常識に反する兆候は、泣くときに涙が出ないのに笑うと涙が出る、夜は眠れないのに昼に寝てしまう、昔のことは忘れないのに最近のことを忘れる、これが老いであると述べる。

またここには、同時代の固有名詞もあれこれ出てくるので、朝鮮の歴史に関心があれば、「ははあ」と納得することもしばしばであろう。

人気の韓流ドラマ「チャングムの誓い」においても、本書を筆頭とする野談文学がおおいに利用されているかと思われる。かなり辛口の文明批評ではあるが、まずは一読されたい。（松枝到・和光大教授）

（作品社・2940円）＝2006年9月28日③配信

現代の言霊コレクション

「夜露死苦現代詩」（都築響一著）

今、最も尊敬できる能力のひとつは、「感動神経」とでも呼ぶべきものだと思う。一見、取るに足らないと思えるものに潜んだ力を素早くとらえ、心を震わす敏しょう性だ。あふれんばかりの物や情報が、次々生まれては足早に消えていく社会で生きるうえで、とても重要な能力だと思う。

この本の著者、都築響一氏は、冒頭から、老人病院の患者が発した「人生八王子」という言葉のオーラに即座に感応し、その場に立ち尽くす。まるで脊髄（せきずい）で感動しているかのようだ。

さらに彼は、暴走族の特攻服に刺しゅうされた文句、ラップミュージックのリリック、神社の参道に群れるお色気短冊、都会のアパートで餓死した老母の日記、歌謡曲のイントロに重なる玉置宏のナレーション、知的障害者が繰り出すクイズ、迷惑メールやアダルトサイトのコピーなどなど、街角の「現代詩」に次々に心の底から感動していく。

それらの「現代詩」の中には、あまり上等ではないものも多いが、色濃い思いが込められた、体臭のある言葉たちだ。そうした言葉のにおいと、読み手の感動神経が強く交感したときに初めて、言葉に驚くべき力が宿る。ある死刑囚が絞首刑になる日の朝に詠んだ「綱よごすまじく首拭く寒の水」という句に、係官は神を見たという。

そんな現代の言霊（ことだま）たちが、ページをめくるたびに生々しく登場するが、書き手の生きざまより、むしろ、読み手の感動神経のほうが気になる。

説教文句が書かれたみやげ物の湯飲みを買う人々、統合失調症の少年の支離滅裂な詩に感応する人々、相田みつをの作品を厠神（かわやがみ）のように便所に奉る人々、誤変換に噴き出す人々。読み手が強く増幅する、言葉の民俗のディープな世界が、どんどん掘り出される。ワープロの誤変換に至っては、もはや読み手だけで、書き手が存在しない！

文章だけでなく、随所に挿入された写真も、著者のたぐいまれな感動神経を思わせるものばかり。さびかかっていた脊髄が、強く刺激されたような気分にさせる傑作だ。（中野純・体験作家）

（新潮社・1680円）＝2006年9月28日④配信

論壇が力あった時代の証言

「作家が死ぬと時代が変わる」（粕谷一希著）

大げさにいえば、編集作業は言行不一致、右顧左眄（さべん）、自家撞着（どうちゃく）、矛盾の連続。一度でも、編集に携わった人間なら、だれしもそのことを実感するところだ。

確かに編集者は時代の証人である。しかし、なかなかその現場について書き残すことはしない、あるいは奥歯にものの挟まったようなことしかいえないのは、こういった仕事のせいなのである。

ところが、本書のような堂々とした編集回顧録があると、先にいったことはレベルの低い編集者だから、書けないのかとつい思ってしまう。

粕谷一希さんは往時の「中央公論」編集長としてよく知られる。昨今の状況とちがい、論壇がまだ力のあった戦後のある時代、つねに言論を真正面から問題にしてきたジャーナリストである。中央公論社を退社した後も、雑誌「東京人」の編集などにかかわった。

東大法学部を卒業後、中央公論に入社。皇室を題材にした深沢七郎の小説をめぐる「風流夢譚」事件、「思想の科学」天皇制特集号が執筆者に無断で廃棄された事件といった、中央公論社をゆるがす事件に遭遇する。高坂正尭、山崎正和、永井陽之助らのいわゆる「現実主義」の執筆者を大胆に起用し、時代の変化をあざやかに先取りした。そういった手腕はすでに歴史のひとつである。

社長でもあった嶋中鵬二という編集者の考察。庄司薫、塩野七生という才能の発見、三島由紀夫、大岡昇平、小林秀雄、江藤淳、司馬遼太郎など、多くの作家、学者の素顔、隠れたエピソードなども、戦後史への貴重な証言になっている。

例えば、川端康成が朝食を取る姿を見て、「しょぼしょぼした老人だな」と思ったとか、女性に甘く、女性編集者が行くと喜んで書いたとか、銀座のバー「片腕」（同名の短編小説がある）の女性と大問題になり、奥さんが嶋中家に相談にきたとか、生々しい個所も少なくない。

全体を通して、丸山真男、およびその系譜への批判的言及がかなり多い。ただ、丸山真男に直接会ったとは書かれていない。大編集者と戦後を代表する知識人との邂逅（かいこう）がなぜなかったのか、ちょっと不思議な気もした。（小高賢・歌人）

（日本経済新聞社・2310円）＝2006年9月28日⑤配信

真顔で問う究極の「？」

「憲法九条を世界遺産に」（太田光、中沢新一著）

ポスト小泉政権の方向性が明らかになるにつれ、各方面から意を決したような牽制（けんせい）表明が行われはじめたが、お笑いの世界からのクセ球ともいえる本書の仕掛けは新鮮だ。

一九九〇年代以来の歴史修正主義攻勢が社会の表面を覆い尽くしたかにみえる昨今、対抗手段はたんなる守りの護憲ではなく、修正主義よりもっと深い近現代史の見直しを通じて、人類史の本流を探り当てる創造的解毒作業に求めたい。その地味さを、「憲法九条を世界遺産に」という絶妙なネーミングで裏返してみせたキレがいい。太田は自問する。「神々が沈黙したときに、それでもしゃべり続けるのが、コメディアンではないか」と。

くしくもユネスコは二〇〇三年、自然および文化遺産とならんで「世界無形文化遺産」のジャンルを新設したばかり。憲法九条を推挙することは、あながち荒唐無稽（むけい）なギャグと笑い飛ばせないのである。読者は二人の話者の掛け合いに連れられ、冗談と本気の境目を思わぬ深みへ降りていくことになる。

問いは、宮沢賢治を含め戦前・戦中の日本人を突き動かしたものは何か、いわゆる改憲派と護憲派のどちらが本気で死を覚悟しているか、といった危険水域へ踏み込む。中沢の読者なら察するとおり、そこにはオウム事件の影もちらつくし、その隘路（あいろ）を破る環太平洋先住民文化の一万年も息づいている。

結局、いささか真顔の二人が突き当たるのは、「われわれはだれなのか？」という究極の問いにほかならない。非戦憲法は戦後アメリカによって日本人の心に接ぎ木されただけのものなのか、そのアメリカ人の理想主義も、東西南北さまざまな接ぎ木や交配が生み出したすえに、終戦から冷戦開始までのひととき、焦土の日本に芽吹いたのではないのか―。事実をたどると、日本国憲法、とりわけ九条は、世にもまれな歴史的合作だったことがわかる。

成立以来、日米両政府から邪魔者扱いされてきた憲法九条は、だからこそ裸の王様を見破る子どもの正気に似た危険な至宝たりうるのだろう。（星川淳・作家、翻訳家）

（集英社新書・693円）＝2006年9月28日⑥配信

ゆがんだ心理も丁寧に描写

「闇の底」（薬丸岳著）

少年犯罪を扱ったデビュー作で江戸川乱歩賞を受賞した薬丸岳の第二作。今回のテーマは、子供に対する性犯罪だ。

ちょうど本書を読んでいるとき、二年前に起きた女児誘拐殺人事件の判決公判が開かれ、奈良地裁が被告に死刑判決を言い渡した。事件の詳細があらためて大きく報道されたため、小説の内容が現実と重なりあって、ことさら重く胸に響いた。

性犯罪者を矯正することの難しさは、以前から指摘されている。性犯罪前歴者の再犯を防ぐには、どうすればいいのだろう。

本書では死刑執行人サンソンを名乗る男が、その問いに答えを提示する。犯罪をなくすには恐怖しかないという信念のもと、男は少女が犠牲になる性犯罪がおこるたびに、陰惨な手口で性犯罪前歴者を殺害するのだ。

しかし男の思惑にもかかわらず、その種の痛ましい事件は後をたたない。世論が次第にサンソン擁護にかたむく中、警察は威信をかけてこの連続殺人犯を追う。

捜査の一翼をになうのが本書の主人公、長瀬刑事だ。小学生のころ、性犯罪者に妹を殺されるという悲痛な体験をしている彼は、そうした罪を犯した者を標的にする犯人を追うことに葛藤（かっとう）を覚えつつ、捜査を続ける。

やがておぼろげにサンソンの影が見えてきたとき、長瀬は犯人のみならず、自らの心の闇と向き合わざるをえなくなる。

前作と違って、筋の面白さで引っ張っていくというより、登場人物の内面にじっくり迫り、濃密な心理描写で読ませる。

身勝手な犯行でわが子を失った両親の悲しみや、卑劣な犯罪の捜査にかける刑事たちの意気込みといった、読者にとって共感しやすい心情だけではない。異常な性癖をもつ犯罪者のゆがんだ心理も丁寧に描かれており、その浅ましくも惨めな心のありようが、強い印象を残す。

だが謎解きよりも内面描写に力点がおかれているとはいえ、結末の意外さは出色だ。読み終わったあとに複雑な思いを抱かせる、ひねりのきいた幕切れだ。（相原真理子・翻訳家）

（講談社・1575円）＝2006年10月5日①配信

第一人者の強さの秘密

「先を読む頭脳」（羽生善治、伊藤毅志、松原仁著）

つい最近、王座戦で連続十五期タイトル獲得の大偉業をなしとげた羽生善治さん。三十代の若さで、棋界の第一人者の座に君臨しつづけている。その強さの秘密がどこにあるのかを、将棋ファンでもある人工知能学者（松原仁さん）と認知科学者（伊藤毅志さん）の両者はずっと探ってきた。

本書は五つの章からなるが、それぞれ、羽生さんへのインタビューを書き下ろし、松原さんと伊藤さんが、人間の知能を研究する立場からの解説を加えるという構成になっている。奥の深い話でありながら、私のように将棋の戦術などあまり知らない読者にとっても、とてもわかりやすく、楽しめる内容だ。

第一章では、小学校一年で将棋を覚えてから、どのように上達していったのか、さらに第二章では、プロの棋士として普段どのような学習をしているのかが語られる。他者の対局の棋譜研究、棋士同士の研究会、実戦後に対局者が読み筋を披露しあう「感想戦」など、さまざまな学習をしていることがわかる。

第三章は、対局時に何を考えているかという、羽生さんの思考法が披露される。驚くほど冷静に、客観的に自分の思考を分析して、言葉にしている。第四章で、羽生さんは、感想戦や、多くの取材に応じてきた経験から、自らの思考を振り返って言語化することの重要性を指摘している。これは、一般的な学習にも通ずるところがありそうだ。

第五章は、プロとアマは何が違うのか、コンピューター将棋とプロ棋士の将棋とはどう違うのかという話題になる。解説を読むと、網羅的に探索して、その結果を評価しては次の一手を決めていくコンピューターのやり方は、プロ棋士のもつ大局観や流れを重視した指し方とは大きく異なることがわかる。

全体として本書は、将棋という冷静沈着さを要するゲームに対して、三者がそれぞれの知識と情熱を寄せ合って語りあう「熱い本」になっている。将棋に興味のある人、人間心理に興味のある人、コンピューターに興味のある人のいずれにとっても、十分な満足感を与える一冊としてぜひすすめたい。（市川伸一・東大教授）

（新潮社・1365円）＝2006年10月5日②配信

固定観念揺さぶる労作　「日・中・台　視えざる絆」（本田善彦著）

北京の人民大会堂で何度も杯を上げる周恩来と田中角栄。二人の後ろで通訳する短髪の小柄な女性通訳が、本書の主人公の一人、林麗韞である。日本と中国が国交正常化を果たした三十四年前のシーンを、テレビ中継で覚えている人は多いのではないか。

しかし林が台湾に生まれ神戸で育ち、後に中国に渡って対日、対台湾工作に従事したことを知る日本人は多くはない。本書は戦後、日本、台湾、中国で東アジアと台湾海峡の政治に向き合った日、中、台の「三つの心」を持つ台湾人との丹念なインタビューを通して、日中、日台関係をとらえ直そうとする労作である。

中国といえば「反日」、台湾と聞けば「親日」―。政治的に対立する中国と台湾をこうした二分法的イメージで単純化する言説が横行している。特に「反日デモ」以来、この二分法を基準に、国際関係を分析する稚拙なナショナリズムすら現れた。しかし中台関係を対立局面だけからとらえると実相を見失う。百万人を超える台湾ビジネスマンが中国に住み、経済の一体化と人の交流は厚みを増す一方だ。

著者は、対立の中で中台交流を下支えしてきたのが、「三つの心」を持つ日本語世代の台湾人であり、「肉親の情や友情など絆（きずな）として具象化された同族意識」は、想像を超える「深さと密度で機能している」とみる。

もちろんこの絆が、国家権力や国際関係の力学に勝っていると強弁しているわけではない。ただ中台関係を「統一か独立か」「反日か親日か」という固定観念からのみとらえる危うさを指摘するのである。「統一」も「独立」も、歴史の中では移ろいやすい政治ゲームの一瞬にすぎない。

インタビューの中では、毛沢東が北朝鮮軍による三八度線突破を知ったのは、北京で台湾人が傍受していたNHKニュースだったことや、日本共産党幹部の中国脱出を取り仕切ったのが、在日台湾人だったという秘話なども随所に織り込まれ、あきさせない。（岡田充・共同通信編集委員）

（日本経済新聞社・2520円）＝2006年10月5日③配信

建築に権力者の意思読む　「夢と魅惑の全体主義」（井上章一著）

建築から権力の思惑を読み解く「比較ファシズム論」である。ヒトラーのベルリンのほかに、スターリンのモスクワ、毛沢東の北京など共産主義国家の事例を加え、全体主義の建築群を相対化しつつ論評する。

たとえばナチスドイツが演出効果を重視して完成させた一連の建築は、「第三帝国様式」と呼ばれる。ギリシャやローマに由来する古典建築の装飾を簡素化しつつ、伝統的な様式美がもつ均衡を時に縦横にひき延ばして崩すことで新しい表現とした。

あるいは「スターリン・デコ」と形容される高層建築の型がある。建都八百年を記念、米国の摩天楼を翻案しつつも、さらに垂直線を強調したビル群がモスクワに出現した。「共産主義の首都」を象徴するゴシック風の尖塔（せんとう）を有する建築群と、丹下健三氏設計の現・東京都庁舎を比較検証するくだりは実に興味深い。

真骨頂は、一九三〇年代の日本の状況に関する分析だろう。軍人会館のように瓦屋根を載せる和風建築を「日本ファシズム」の所産だとする一般通念が、八束はじめ氏をはじめ、日本の建築界にはあると著者はみている。しかしそれは間違いだと批判する。

対して著者が提示する「日本ファシズム」の建築は、たとえば帝都に出現したバラック建ての木造官庁建築である。あるいは六階までの鉄骨を組みあげた段階で工事を中断し、二階部分までを使用することとした大阪駅ビルが例示される。劇場型政治に傾倒した欧州とは異なり、「贅沢（ぜいたく）は敵だ」といった標語に象徴される「清貧の美徳」とともに「日本ファシズム」はあった。資材の窮乏に直面して、公共建築が率先して戦時の心得を民衆に示したかたちである。

著者が示唆するように確かに建築から、政治の体制や権力の描く理想に言及することができるだろう。「美しい国」が喧伝（けんでん）される今日、東西統合後の首都を見事にデザインしたベルリン、経済成長を続ける上海やドバイの景観などと、わが国の都市再生の成果を比較・検証する試みも有意義かもしれない。（橋爪紳也・大阪市立大学都市研究プラザ教授）

（文春新書・1365円）＝2006年10月5日④配信

テロ攻撃の動機と論理　「オサマ・ビン・ラディン発言」（ブルース・ローレンス編、鈴木主税、中島由華訳）

「九・一一」をめぐる日本の議論は、不思議なことに、テロ攻撃を行う側の動機や論理という肝心な点で事実にもとづいていないものが多い。

「九・一一はアメリカ中心のグローバル化に対する抵抗だ」といった日本のインテリが繰り出す言説は、テロを行った者たちや、テロを計画し指令した者たちの主張や世界観とはかけ離れている。それらはテロリストに自らの思い入れを投影し、暴力の威嚇を借用して自らの反米論を展開しているだけではないのか。ビン・ラディンそのものの発言がやっとまとめて邦訳され、少しは混乱が解消されることを望みたい。

一九九〇年代前半から最近の声明に至るまで一貫して、ビン・ラディンの関心は「イスラム教徒と異教徒」「信仰者と不信仰者」の間の権力関係である。イスラム法の原則では、イスラム法が施行される「ダール・アル・イスラム」（イスラムの家）と、不信仰者が支配しイスラム法が施行されない「ダール・アル・ハルブ」（戦争の家）に世界を二分割し、その間の関係は、「イスラムの家」の側が勝利するまでの永続的戦闘を基本とする。

イスラム法を素直に施行するならば、世界のどこかでイスラム教徒が異教徒の支配を受けている限り、それに対するジハード（聖戦）は「個人義務」すなわちあらゆるイスラム教徒にとっての義務となる。実際にはこの規定を杓子（しゃくし）定規に適用しなくてもいいように、各地の政治指導者は体制派の宗教指導者に便宜的・宥和（ゆうわ）的解釈を考案させてきた。

しかしビン・ラディンはそれらを「偽善者」と非難する。これも初期イスラム史の用語で、イスラム教に改宗しながら戦いの時に身を隠し、ムハンマドに叱責（しっせき）された者たちである。

さんざん敵意をあおり、挑発しておきながら、その結果衝突が生じると「被害者」としての立場を強調し、イスラム教徒が攻撃されているからにはいっそう異教徒と戦うことが義務となる、と饒舌（じょうぜつ）に自己正当化・扇動を重ねていく。この完結した論理展開には、異教徒の側の共感が入り込む余地はほとんどない。（池内恵・国際日本文化研究センター助教授）

（河出書房新社・2730円）＝2006年10月5日⑤配信

70年代の彼らと私の交錯　「帰ってきた黄金バット」（釉木淑乃著）

一九七〇年、日本の劇団「東京キッドブラザース」が米・ニューヨークで五カ月ものロングラン公演を成功させた―。これはその伝説をめぐる物語である。数々の実在の人物が登場し、ルポルタージュのように描かれている小説だ。

「結婚もせず子供も産まず自分名義の不動産もないままとうに不惑を越え」た「私」は、ふと父母のすむ実家に戻ろうと思い立つ。そして荷物を整理しながら見つけた七一年の古い週刊誌のグラビア。それはまだ十代のころ、「私」が夢中になった東京キッドブラザースの「帰ってきた黄金バット」の記事だった。

「私」の兄は、ちょうどその時期、東京キッドブラザースの団員だった。のちに永倉万治という作家となったその兄は、二〇〇〇年に急逝している。「私」は何かに導かれるように、ニューヨークへ旅立ち、当時の東京キッドブラザースの足跡をたどり始める。

「四十にして惑わず」と昔の人は言ったが、今の世の中には筆者を含め、四十過ぎてもまだ不惑どころか「わくわく（惑惑）」といった様子の人が少なくない。日常に追われつつ、ただ惑っているだけではない。四十を過ぎるころから、自身に老いが訪れていることをも、はっきりと自覚するのだ。

そんなとき、多感な十代に夢中になっていたものが目の前に現れる。いつの間にか忘れていたみずみずしくも熱い想（おも）いがわっとよみがえる。その瞬間味わう、いとおしくも不思議な感覚は、四十を過ぎていればこそ出あえるものかもしれない。

かくして「私」は、二〇〇三年から二年間、ニューヨークと日本という文化の違うふたつの場所を往復しながら、当時を知る人を訪ね歩くことになる。七〇年代の「彼ら」と今の「私」が交錯する。

「私」が丹念にいろんな人の話を聞きつづけることで浮かび上がるのは、それぞれに生きた、全く違う人間の歴史が交差して時代ができあがっていくさまだ。そこに生まれるエネルギーのうねりのようなものに読者もまた、立ちあうことになるだろう。（いずみ凜・劇作家）

（集英社・1890円）＝2006年10月5日⑥配信

書くことこそが生きること

「女流」(関川夏央著)

なんというバイタリティー、そして我の強さ。本書を読めば、二人の著名な「女流作家」の生きざまに驚嘆するはずだ。

「放浪記」や「浮雲」の作者、林芙美子の生涯は舞台や映画、数々の評伝を通して知られている。有吉佐和子は私の大好きな作家で、「和宮様御留」や「華岡青洲の妻」など著作を読みあさった。

この二人、本書では著者の鋭い洞察眼と分析力により、単なる「個性的で才能ある女性作家」の枠を超えて「昭和という時代を背負った」「だからこそ女流と呼ばれた」「大胆で限りなく活動的な」生身の女として生き生きとよみがえる。

著者いわく「生まれながらの庶民」林芙美子と「宿命的な早熟さと帰国子女的な眼」を持った有吉佐和子は、三十年近い時代的ズレ、小柄で雑草のような女と大柄で華やかな女という違いだけでなく、小説の作風でも、片や「自分か自分に似た女が主人公でないと書けない」、片や「自分をえがけない天才的物語作家」と正反対だった。

にもかかわらず、二人は似ている。良く言えば天真らんまん、悪く言えばはた迷惑な女たちだ。戦地や未開地さえ恐れず海外へ飛んで行き、書くことに貪欲(どんよく)なあまりストレスをためこみ、いずれも猪突(ちょとつ)猛進して五十歳前後で燃え尽きてしまった—燃え尽きずにはいられなかった。そう。二人は根本的なところで共通項を持っていた。

たとえば戦争とのかかわりを見てもわかる。二人とも戦争や政治に影響されない。林芙美子の恋の遍歴も有吉佐和子の社会的なまなざしも、自分自身の関心—つまり本能的な、言い換えれば動物的な衝動から発したものだ。それが作家の原動力となった。生まれながらの作家である彼女たちには「書くこと」が「生きること」そのものだったのだ。

この熱さ、いちずさこそ、私たちが忘れかけている昭和ではないか。著者は二人を取り巻く人々の生き方をも丹念に記すことで「女流作家」を、時代の様相をあぶり出す。時代が人をつくり、人が時代をつくる。感慨深い一冊である。(諸田玲子・作家)

(集英社・1890円)=2006年10月12日①配信

よきリベラルの伝統

「ラグビー・ロマン」(後藤正治著)

一九八〇年代はじめに黄金時代を築いた同志社大学のラグビー部にはふたつの特徴があった。それは戦術に早稲田の「接近・連続・展開」、明治の「前へ」のような型がないこと。もうひとつは監督を置かずに部長が監督の役を果たしていること。長く疑問だったが、この本を読んで理由がわかった。

これは監督ならぬ部長として早稲田とも明治とも違う独特の同志社スタイル(型がないのもスタイルだ)を築くのに大きな役割を果たした岡仁詩の歩みをたどった新書である。

岡の指導は個を重視し、特定の戦術に固執せず、ひとりひとりの特徴と発想を生かそうとするものだった。勝つことはもちろん大切だが、それと同じくらいラグビーそのものを楽しもうじゃないか。そんな姿勢に貫かれてきた。

その真骨頂を示すエピソードが紹介されている。のちに日本代表の大黒柱として活躍する大八木淳史が一年生のとき、大事な試合でセオリーにはないドロップキックを見せたことがあった。観客や記者、OBは「一年生であんなプレーをするなんて」と非難したが、岡は大八木を弁護した。「セオリーにはない。けれども意表をつくもので面白いじゃないか」

そうした岡の指導を、著者はリベラルという言葉でくくってみせる。スポーツの楽しさを戦後民主主義と同時に手に入れた世代である岡の背後に、よきリベラルの伝統を見ている。リベラルなればこそ、戦術に型をつくらず、万能の立場を拒むゆえに監督にはならないのだ。

しかし、リベラルには型がなく、個を重んじるため、強くなるには時間がかかり、長つづきしにくい。リベラルは手間がかかるのだ。そして時代は手のかかるリベラルよりも手っ取り早く強くなり、その強さを継続できるシンプルな戦術とカリスマ指導者のほうにどんどん流れていっている。著者にはその危うさが見えているのだろう。だから一指導者の過去をたどるようにみせて、指摘しているのは現在のスポーツの問題であり、考え方の問題なのだ。(阿部珠樹・スポーツライター)

(岩波新書・777円)=2006年10月12日②配信

興味深い米サブカル文化論

「オタク・イン・USA」（パトリック・マシアス著、町山智浩編・訳）

昔から、テレビの特撮やアニメ番組には入れあげてきた。昭和四十年代に―幸運にも―子供だったから、「ウルトラマン」も「サイボーグ009」も、本書に再三登場する「マッハGoGoGo」も、リアルタイムでハマってきた。

けれど、なるほどね。米国にもそんな子供たちが大勢いて、僕たちと同じ、いやそれ以上にディープな遊び方で、日本アニメにハマっていたとは―などと、妙に納得させてくれるのが本書のコアなところだ。

例えば、冒頭のグラビア。コスプレが米国の少年少女らに人気なのは知っていたが、「セーラームーン」あり、「NARUTO」あり、アニメの主人公になりきったその様は、まるで偏愛少年少女の仮装パーティーさながらだ。

著者によると、米国のオタクが日本のアニメにハマるきっかけは、あまりに支配的な米国文化への反発がある。つまり、エロスや暴力を排除し、よい子の価値観を巧妙に押しつける支配文化に息苦しさを感じる子供たちが、日本製ファンタジーに出口を求めたという。

それに加え、シリーズ化できる題材を欲しがるハリウッドが、いわば先物買いで「ゴジラ」や「新世紀エヴァンゲリオン」の権利をあさっている。オタク・ブームの真相は、どうもこのあたりにありそうだ。

本書は、そんな事情に触れながら、いかに日本アニメが米国に輸出され、「改変された」かを豊富な実例から眺めていく。なかなか興味深い、日米サブカル文化論だ。

その改変の徹底ぶりは正直、米資本の異文化誤解極まれりと思わせるほど。「ゴジラ」の核恐怖のメタファーは排除され、「ウルトラセブン」は英語のセリフでずたずたにされた。

けれど、そんな資本の論理にもめげずに、米国のオタクは、日本のオタク情報の収集にせっせと励んでいる。“萌（も）え”も、言葉の翻訳は難しいけれど、何とかその極意を会得しようと頑張っている。

今問題なのは、児童ポルノ規制法のせいでロリコン画像が標的にされていること。これをどうくぐり抜けるか。米国のオタクの課題は、ここにあるらしい。ちょっと笑える。（安岡真・翻訳家）

（太田出版・1554円）＝2006年10月12日③配信

論争深化への明瞭な意見

「外来生物事典」（池田清彦監修、DECO編）

環境省が移入種、あるいは外来種の問題を本格的に取り上げて数年になる。それ以前から淡水魚のような一部の生物について、さまざまな議論が生じていた。よく考えてみると、問題は複雑である。いわゆる業界がかかわるような問題については、生物どころか、お金つまり人間の生存権問題になったりする。いささか大げさではないかと思うが。

他方、そうした人間の利害が絡まない種については、徹底的に撲滅せよという意見が出る。監修者の池田氏は、それに対して「費用対効果を考えろ」という。とくにお役所が撲滅を図ったりすると、最終的にはロクな結果にはならない。早い話が、金ばかりかかって、そのうちその仕事に依存する人まで出てくる。そうなると撲滅どころか、外来種がいなくなっては困るという状況に至りかねない。こういう問題は規制すればいいというものでもないのである。

というふうに話がややこしいのは、はじめからわかっている。でもなにはともあれ、外来種とはなにか、それが具体的に知られていなくては、どうにもならない。その意味でこの事典の出版にはたいへん意味がある。

もっと専門的にいうなら、外来種ではなくて移入種がある。日本中のアユが琵琶湖産のアユの子孫になってしまう。そうした問題である。私が調べているゾウムシだと、スギの植林に伴って、自然分布が不明になった種がある。植木屋さんが木を移植しても、そういう意味での純粋な自然を壊す可能性がある。土壌微生物についていうなら、なにがなにやら調べた人もいないという状況であろう。乱暴にいうなら、見えないからだれも気にしていないのである。

外来種問題は、いまのところ百家争鳴に近いというべきであろう。だからただの事典ではなく、監修者のコメントをつけたのは、なかなかのアイデアである。かなり明瞭（めいりょう）な意見が書かれているので、これによって論争も深まり、いわゆる外来種問題についてよい方向に話が進むことを、評者は期待している。（養老孟司・東大名誉教授）

（東京書籍・2940円）＝2006年10月12日④配信

まちづくり機運衰退の危惧

「見えない震災」(五十嵐太郎編)

昨年暮れ、ひとりの一級建築士による構造計算書偽造が公表され、日本全国に衝撃が走った。関係者の逮捕、起訴によって報道も沈静化し、また構造計算書の第三者によるチェックという制度の導入が検討され事件は落着したかにみえるが、実務として建築設計に携わっているものからみると、本質的な議論がなされていないな、という印象が強い。

耐震基準とは決して普遍的なものではなく、その時代の社会的コンセンサスの上に成り立つ曖昧(あいまい)なガイドラインでしかない。資本主義経済のもとでは建設費削減も重要な要素であり、もちろん人は安全に避難できるという前提だが、ある規模の地震が発生したら建物がかなりの損傷を受けても仕方がないという経済原則の上に成り立っているからだ。

今回、基準強度と比較して〇・五以下の強度しかないといった数字が一人歩きを始めたが、そうした建物ですら専門家の間では本当に倒壊するのか疑問視する声もあるのに、すでに多くのマンションから住民は退去させられ難民と化し、建物の解体が決められている。

社会全体が悪者捜しに奔走し、いたずらに震災に怯(おび)える風潮に、五十嵐太郎氏は危機感を抱く。建築を投機の対象ではなく共有の社会資産としてとらえる成熟したまちづくりへの気運が、一部のマスコミによってあおられた震災への恐怖から衰退してしまうのではないかと危惧(きぐ)されるからだ。「高度成長を支えていた戦後のスクラップ・アンド・ビルドの促進こそが、実は静かな震災ではなかったのか」。こう問いかける編著者の言葉をあなたは受けとめられるだろうか。本書はそうした「見えない震災」を告発しているのだ。

雑誌「現代思想」に掲載された五十嵐氏の論文を基調として、構造家、建築家、都市計画家、建築史家といった多分野にわたる専門家が集まり、既存建物の修復と再利用をめざしたリノベーションやコンバージョンといった手法を多く紹介した本書は、社会資産としてのストックの保全を重視したこれからのまちづくりに向けた貴重な指南書となっている。(中村研一・建築家、中部大教授)

(みすず書房・3150円)=2006年10月12日⑤配信

奇をてらわず真っすぐに

「風が強く吹いている」(三浦しをん著)

おんぼろチームがあれよあれよという間に勝ち進む、というのはスポーツ小説の王道たるパターンである。おんぼろチームが勝ち進むには何らかの変化が必要で、それは二つのかたちにわけられる。山から下りてきた天才がそのおんぼろチームに入るか(これは例えであり、実際には転校してくるでもいいんだけど)、あるいは監督かコーチが負けることに慣れたチームを変革するか。このどちらかになる。

ということを置けば、本書がその王道パターンに忠実に書かれた小説であることも明らかだ。もちろん、細部は異なっている。そもそもメンバーは寛政大学の学生ではあっても陸上部に入ったつもりもないのだ。家賃の安さにひかれて竹青荘という古びたアパートに住んでいたにすぎない。それがいつの間にか陸上部に入部したことになっていて、その竹青荘も「寛政大学陸上競技部錬成所」となっていたのは、リーダーの清瀬の陰謀だ。いや、この場合は彼の夢というべきだが。

清瀬が目指すのは箱根駅伝だが、おんぼろチームであるより前に、彼らはチームですらないのだから、この絶妙な外し方は人を食っている。当然、いやがるメンバーを清瀬が引っ張ることになり、彼が鬼コーチとなる。天才ランナーの蔵原走が竹青荘にやってきて、ようやく十人がそろったので清瀬の夢がスタートすることになるが、鬼コーチと天才、という王道パターンの二つの条件を満たして、このスポーツ青春小説も開始する。

実力的に劣るメンバーがいるのも、弱音を吐くやつがいるのも、そして次々とアクシデントが起こるのも、この手の小説の常套(じょうとう)だが、作者は奇をてらわずに真っすぐに描いていく。

急造チームが箱根駅伝に出場するのは並大抵のことではなく、気の遠くなるような道のりだが(そんなに簡単にいくかよという声もあろうが、それはご愛嬌(あいきょう))、それを一つずつ克服していく過程が読みどころ。人物造形にもう少し深みがあればもっとよかったが、それは次作を待ちたい。(北上次郎・評論家)

(新潮社・1890円)=2006年10月12日⑥配信

温かな眼差しと筆力　「寺田寅彦　妻たちの歳月」（山田一郎著）

高名な物理学者にして名随筆家の寺田寅彦は三回結婚をしている。

明治三十年、十五歳の夏子と高知の自邸で挙式したのは、寅彦が二十歳の夏である。一女を授かったものの、ともに暮らしたのは一年にも満たない。結核を患った夏子は静養先で二十歳で逝った。

三年後に寅彦は十九歳の寛子（ゆたこ）と結ばれる。寛子は典型的な良妻賢母。優れた二男二女を育て、舅（しゅうと）の死後高知から姑（しゅうとめ）と夏子の遺児を引き取り、寅彦と和やかな家庭を築くが、「一夜のうちに右肺全部を侵され」三十一歳で亡くなった。

寅彦の作品に寂寥（せきりょう）感や孤独感が漂うのは二人の妻に先立たれた悲劇によるのでは、と著者は言う。

一年後に迎えた三番目の妻紳（しん）は、医師の夫を亡くした女性で、浅草の商家育ちの知的な人である。が悪妻との風評もある。果たして悪妻であったのか？　と著者はこの個性と自我の強い紳に最も多くのページを割いている。

確かに紳には、家を出たまま姑の葬儀に参列しなかった（寅彦は本気で離婚を考えた）など理解し難い非常識な面もある。しかし姑と、血縁のない五人の子と、趣味も育ちも文化も異なる夫との生活に波風を立てるなと望む方が無理であろう。その上に寺田家の人々は蒲柳（ほりゅう）の質で絶えず誰かが病んでいる。「まるで看護婦か家政婦に雇われてきたよう」と紳は自らを憐（あわ）れんでいる。しかし晩年は「仲のよい会話の多い夫婦でした」とごく最近九十四歳で亡くなった二女の弥生さんは語っていたという。

私は、紳に悪妻として名高い私の祖母、漱石夫人鏡子の面影を見た。二人とも“偉い夫”や立ちはだかる困難に屈しない強靱（きょうじん）な妻であり、夫を慕って集まる弟子や友人たちを寛大にもてなし、献身的な介護をして病弱な夫に精力的に仕事をさせた。悪妻どころか、夫にとっては紳も鏡子も実に頼りになる妻ではなかったか。

すべての登場人物、とりわけ紳に対する著者の温かい眼差（まなざ）しに救われる思いで、私は明治、大正、昭和三代の女性史を通してあざやかに照射された寅彦の一生を一気に読了した。八十七歳の著者の筆力にただただ圧倒されながら…。（半藤末利子・エッセイスト）

（岩波書店・4095円）＝2006年10月19日①配信

小説が切実さを担う社会　「テヘランでロリータを読む」（アーザル・ナフィーシー著、市川恵里訳）

テヘランでロリータを読む？「ロリータ」はナボコフの小説だが、タイトルの示す事件性は日本ではわかりにくい。きわどい内容ゆえに版元がつかなかった事実は今の日本では現実感がない。少女を追いかけまわして彼女の夫となった人を殺害した男の話はむしろ「ロリコン」という言葉の元祖として知られる。ましてや、テヘランの人々がそれを読んで何を思うかについては、まったく想像力が働かないのだ。

テヘランの大学で英文学を教えていた著者は、女性に対する学校当局の弾圧に嫌気がさして辞職し、女子学生を自宅に招いてひそかに読書会をつづけた。取り上げたのは、既成の倫理観によらずに人間の経験を多面的にとらえた、「ロリータ」に代表される小説だった。

反体制派の弾圧と粛清、獄中での強姦（ごうかん）、ヴェールの着用義務化、男女の接触禁止など、封建主義に逆戻りしたような革命後のイランで、生徒たちは登場人物を実在の人物のように感じながらむさぼり読む。女性の生き方に選択肢がないから、小説を読むことはもうひとつの世界を生きるのに等しい。

検閲官がのさばる外の世界と居間の小さな空間とどちらが本物なのか、私たちはどちらに属しているのかと著者は問い、「（真実を見つける方法は）想像力を駆使して二つの世界を明確に表現しようと努め、その過程を通じて、自分たちの夢とアイデンティティに形をあたえることではないか」と書く。

本書はまた、十三歳で国を出て欧米で教育を受けた女性が、イラン革命が起きた一九七九年から、再び米国へ移住する九七年まで、十八年間故郷で暮らした体験の記録でもある。西洋的価値観を身につけた知識階級の彼女にとっては怒りと屈辱の絶えない日々だった。だが同時に、あらゆることを体制批判に結びつけてしまう自分の偏狭さ、生徒に欧米への幻想を抱かせてしまう危険をも自覚している。そうした心の動揺が自己史と重ねて描かれる。

解決法はない。文学でしかいやすことのできない不安なのだ。私たちの社会と違って、フィクションがフィクションである切実さを担っている。（大竹昭子・文筆家）

（白水社・2310円）＝2006年10月19日②配信

学校改革へのヒント 「オランダの個別教育はなぜ成功したのか」(リヒテルズ直子著)

オランダでは今、「画一から個別へ」という教育改革が大きな勢いで進行し、個別指導、自立学習、共同学習を三要素とする個別教育が主流になりつつあるという。

そこでは、学級が根幹グループと呼ばれる三つの年齢層の異年齢集団により構成され、その中で多様な小グループ編成が行われる。教師(グループリーダーと呼ばれる)は一斉教授をせずに極力、小グループの中で個別に児童と接する。子どもの自発的学習を促すワールドオリエンテーションという総合的学習が大きな役割を果たし、教科別学習が低学年では少ない。

本書は、個別教育は一斉教授とは正反対の教育方法であるにもかかわらず、効率性を損なわないことを力説し、一斉教授方式になじんできたわれわれに、大きなインパクトを与える内容である。

しかしここで紹介されている個別教育とは、一斉教授とは全く正反対の活動であろうか。根幹グループという名の「学級」は明確に存在し、時間割が存在し、チームリーダーと呼ばれる学級担任が指導する。弱者救済のための管理の役割が強調され、教室の中で生徒が守るべきルールを、教師と生徒が話し合いながら作り上げることも紹介されている。

かつて評者は、学級制が効率のために参加者の自由を制限するパックツアーと全く同じ論理で誕生したことを指摘した。

パックツアーの中には、顧客の語学力や経験に対応して自由度が増し、一見個人旅行ではないかと錯覚を覚えるような内容もある。同じように個別教育とは、従来の一斉教授と対立的な方式ではなく、一斉教授の自由度を最大限に高めた教育方式といえるのではないだろうか。

そしてすべての顧客に自由度の高いパックツアーは無理なように、児童の高い自立度を前提に個別教育を行うことが、自立度の低い児童にも当てはまるのであろうかという疑問もわいてくる。

この改革は「画一から個別へ」ではなく、「一斉教授の弾力化」とみた方が、より現実的であるように思われるし、わが国の学校改革を考える場合の重要なヒントにもなりうると考えられる。(柳治男・中村学園大教授)

(平凡社・2100円)=2006年10月19日③配信

格差の現実を直視した提案 「新平等社会」(山田昌弘著)

「格差拡大の原因は構造改革にあり」というような議論が、メディアや国政の場で繰り広げられている。今や格差問題は、最重要な政治争点の一つだ。

だが、それは一九九〇年代半ばから徐々に起きていた問題で、責任のすべてを小泉改革になすりつけるのは、どう考えても無理がある。

もっと言えば、そもそも「救済すべき弱者」とは誰だろう。誰であれ、現状に対してある程度の閉塞(へいそく)感は抱いているもので、自他共に認める勝ち組などそうはいない。

現在、このあたりの議論があいまいなまま、時代遅れの右左型の議論しか行われていないのが実情だろう。結果、問題の本質がぼかされたまま、国民は空虚な議論に対して票を投じねばならない。

筆者は現状をよく整理し、問題の構造を丹念に洗い出した上で、対処の方向性まで踏み込んでいる。

格差とは、富裕層のエゴの産物でも、政策失敗のツケでもない。それは世界的な潮流であり、あえて言うなら“進歩の代償”である。スケープゴートを作るのではなく、いかに付き合うかを考えるべきで、まず現実を直視することから始めるべきだ。

本書は、そのための良好な案内書足りうる内容だ。

だが、本書は同時に問題解決の困難さをも浮き彫りにしている。

かつての格差には、絶対的な勝者と敗者が存在し、格差の解消は前者からの富の再分配か、あるいはその打倒によって達成できた。ハードルは高いとしても、進むべき道は明確だったわけだ。

だが、現在われわれが直面している格差の前には、王侯貴族も農奴もいない。一言に弱者と言っても、世代、家族、そして地域といった切り口によって細分化される。そしてそれらの要因がマイナスに重なったとき、弱者は最後に残された希望すら失うのだ。

現状の格差は、搾取の結果ではなく、経済から家族構成にいたるまでの大転換の産物だ。その中でどんな対策を取るにしても、最後に鍵を握るのは、個人の意識となるだろう。(城繁幸・人事コンサルタント)

(文芸春秋・1500円)=2006年10月19日④配信

人間を超えたまなざしから

「戦争という仕事」（内山節著）

仕事がこわれてゆくという日々の現実がある。一方、著者が住む群馬県上野村のような山里で、あるいは都会でも、人はささやかな誇りをもって働いているという現実がある。さらに、仕事の現実の内奥に潜む別の世界に鋭敏な感受性をもったまなざしが延びてゆく、もう一つの現実もある。

本書は、こうした仕事をめぐる文章を集めたエッセー集。これら三つの現実のせめぎ合いのただ中に、自分の仕事を置き直してみないか、と著者は呼び掛ける。

仕事をめぐる圧倒的に支配的な第一の現実は、「戦争という仕事」という言葉に集約される。効率とコストの論理に即して自分の判断抜きでスケジュールをこなすことにおいて、また、競争相手を倒して収奪を行い、支配圏を拡大することにおいて、さらに自然や地域や人間の精神を破壊することにおいて、今日の頽廃（たいはい）した仕事は戦争の延長上にある。

この洞察の上に、第一の現実に矛盾を感じて、村や職人たちの中に生き続けている、いのち・自然・地域とのかかわりを織り込んだ基層文化としての仕事観に、人々が目をとめ出した第二の現実が指摘される。この場合に、西洋の人間主義に横すべりして、人間の権利を自然から切り離して絶対視するならば、それは「戦争という仕事」に行き着くだろう。

そこで、仕事をめぐる第三の現実とは、人間を超えたもののまなざしから仕事をとらえ直し、それを人間の日常の実践の中に投げ返すこと、と言える。本書の至るところに、虫、野ネズミ、クマなどの眼が潜んでいる。

春になって産卵のために川に下りたカエルが、山に帰ろうとしてダム造り用の道を横切るとき、コンクリートでかためた壁に挑んで二十センチの跳躍を果たさず、カラスのえじきになる。路肩のコンクリートの打ち方を少し変えるために、私たちはカエルのまなざしを必要とするのだ。

本書は、私たちがどこで間違ってここまで来たのかを解き明かし、私たちの仕事と向き合う場所へ連れて行ってくれる。豊かな洞察にみちた一冊だ。（栗原彬・立教大名誉教授）

（信濃毎日新聞社・1890円）＝2006年10月19日⑤配信

辺境問題とらえた国際小説

「真夏の島に咲く花は」（垣根涼介著）

垣根涼介イコール硬派の活劇作家と思っている人は少なくないだろう。

実際、渋谷を舞台にストリートギャングとプロの強盗とやくざの抗争を描いた「ヒートアイランド」や国家の犠牲になったブラジル移民の復讐（ふくしゅう）劇を描いて数々の文芸賞に輝いた「ワイルド・ソウル」など、氏が独自の犯罪活劇でブレークを果たしたのは間違いない。

だが第十八回山本周五郎賞を受賞した「君たちに明日はない」では、犯罪という極限状況の中で個人の生のあつれきをとらえた従来の作品とは異なり、リストラという第二の“極限軸”の開拓に挑んでみせた。

異民族間の摩擦をテーマにした本書はその点、犯罪、リストラに続く第三の極限軸に挑んだ長編ということになる。

舞台はフィジーの観光地、ナンディ・タウン。南太平洋の諸島国家だが、フィジー系の住民はもとより、かつてイギリスに強制移住させられたインド系のほか、中華系や日系の移民が混在する。著者は立場の違う四人の若い男女の関係劇を軸に、複数の民族が微妙なバランスを保ちながら暮らすありさまを活写していくのだ。

しかし、やがて首都のスバでクーデターが発生、政府の対応が長引くにつれて観光客も減り続け、ナンディ・タウンは窮地に陥る。街を襲った突然の不景気に住民間の微妙なバランスも崩れ、一触即発状態になっていく。

クーデターは二〇〇〇年に実際にあった事件で、してみると犯罪抗争劇を軸にしたほうが話も派手にしやすかったろうが、チャレンジングな著者はあえてその道を選ばなかった。首都ではなく観光地を舞台に、恋愛劇仕立てにしたところがミソであるのはいうまでもない。

フィジー系青年チョネの天然キャラが魅力的だし、むろんエキゾチックな恋愛小説としても楽しめるが、かつて「世界の矛盾は就中（なかんずく）、辺境にこそ集約される」と喝破した作家・船戸与一のアジア活劇とはまた少し異なるベクトルで辺境問題をとらえた国際小説としても堪能したい一冊である。（香山二三郎・コラムニスト）

（講談社・1785円）＝2006年10月19日⑥配信

だまされずに数値読む力　「データの罠」（田村秀著）

やや旧聞に属するが、「マルチメディア」ブームだった一九九〇年代半ば、その景気浮揚効果が百二十三兆円と新聞で予想されたことがあった。どこから出た数字かと関係者に尋ねたら、一億二千三百万人の国民全員が一人百万円をパソコン買い替えなどに使うとして算定したらしい。あまりにいいかげんだったので鮮烈に記憶している。

本書は世に横行するこの種の怪しいデータを検証する。世論調査が必ずしも「世論」でない事情、恣意（しい）的な国際比較調査など、次々に切っては捨ててゆく筆致は鮮やかだ。中でも「官から民へ」の掛け声の下で提示された数字のおかしさの指摘は、自治省官僚だった著者の思いもさまざまに込められているのだろう。

「政治や行政、そして企業でも、自分たちにとって有利となるよう、政策を実現させる方向に世論を誘導すべく、データを駆使することが少なからずなされている」と著者は書く。そして、そんないかさまな数字がまことしやかに流通してしまう。

「本来であれば、マスコミ自身がデータの問題点を指摘すべきなのであるが、どうもそれらを鵜呑（うの）みにして報道してしまったり、場合によってはマスコミ自らが都合のいいデータ操作を行っていたりする」

冒頭にも一例を引いたが、怪しげなデータでも、もっともらしい図表をつけられて堂々と紙誌面を飾ると疑うのは難しい。それにだまされないためには一人一人が数字をきちんと読む力＝「データリテラシー」を備えるべきだと著者は述べる。

しかし「データの罠（わな）」を指摘する類書はほかにもあり、それぞれに結構な話題作となって来たように思うが、データリテラシーがいっこうに高まらないのはなぜか。客観的数字という、誰に帰属するわけでもない公共的な情報を尊重せず、私的に操作して良いと考えるやからが現れたり、それをだらしなく許してしまう日本独特の公私混同の文化性がその原因なのだとすれば、ただ統計調査の基本知識を身につけるだけでは改善されないかもしれない。（武田徹・評論家）

（集英社新書・714円）＝2006年10月26日①配信

翻訳で多様性増す文学　「世界は村上春樹をどう読むか」（柴田元幸、沼野充義、藤井省三、四方田犬彦編）

本書は世界的な「春樹人気」の最も雄弁な証言といえよう。東京、神戸、札幌の三都市で今年三月、村上春樹をめぐって開かれた大規模な国際シンポジウムの全記録である。

このシンポジウムのユニークなところは、参加者の主体が、世界十六カ国、約二十人の春樹作品の翻訳者だったことだ。普通の日本人は、この村上春樹の世界的浸透に目を見張ることと思う。

冒頭の米国人作家、リチャード・パワーズの基調報告からして驚嘆する。村上春樹は、現代脳科学の最先端の発見と同調する作家であり、グローバル化された世界の難民状態を生きる知恵を与えてくれる人物だというのだ。「舞踏会へ向かう三人の農夫」の作者が、春樹をグローバリズム世界の「中心的作家」だと宣言したのである。

パワーズの意見につつましやかに賛同する形で、韓国の翻訳者は、春樹の文学が消費文化に距離を置きながら、その中でクールに生きる方法を提示することで韓国の若い世代に絶大な人気を博したと説明する。そして、台湾、香港、ロシアの翻訳者たちと口をそろえるようにして、春樹の小説を翻訳することは〈癒やし〉になるのだと告白する。日本の読者とも大きな差のない受容である。

一方、カナダからの参加者は、自分が教える二十歳前後の若者は習慣として本を読まず、もっぱらコンピューターや映画やアニメを見ているのだが、そういう若者も春樹だけは面白く読んでいるという経験を引く。

しかし、ポップで軽いとみられがちな春樹文学だが、旧社会主義国での人気も高く、そこでは、「ノルウェイの森」の描く政治的理想主義が失墜した喪失感を、国家体制の変動後の虚無に重ねあわせる読み方がなされ、共感を呼んでいるという。春樹文学の懐の深さを証明する事実である。

翻訳を経ることでかえって多様な価値を増すような作品こそ「世界文学」の名に値するとするならば、村上春樹の小説は今や世界文学と呼ぶべき豊かな鉱脈になっている。（中条省平・文芸評論家）

（文芸春秋・1800円）＝2006年10月26日②配信

昭和30年代はよかったか 「都市の暮らしの民俗学① 都市とふるさと」(新谷尚紀・岩本通弥編)

人々の暮らしを対象とする民俗学が、伝統的に扱ってきたのは、農村の生活であった。しかし農業人口の比率が5%にも満たない今の日本では、都市の暮らしこそが民俗学の対象となる。これが本書表題の由縁だ。

実際、昨今の郷土博物館には、昭和三十年代の生活再現展示が増えているという。鋤(すき)や鎌(かま)、千歯扱(せんばこ)きなど典型的な農家の復元展示が不評で、むしろ高度成長期に皆が給料をはたいて買った白黒テレビ、足踏み式ミシンなどが、新たな民俗展示として人気を集めているのだ。

こうした、いわゆる“昭和レトロ・ブーム”を背景に書かれた本書は、「メディアと地方の関係」「ふるさと観光」「新巡礼ブーム」など多彩なテーマを取り上げ、戦後、急激に都市化が進んだ日本社会のゆがみを民俗学的にとらえ直す。

たとえば「少年犯罪の凶悪化」や「自殺三万人時代」など、現代日本を取り巻く社会環境は、暗いイメージに覆われている。しかし、それと対比して語られる昭和三十年代は果たして、そんなに幸せな時代であったのか?

本書に掲載された統計データによれば、青少年による殺人や自殺は、現在よりも昭和三十年代の方がずっと多かった。また、昨今のワイドショーがこぞって取り上げる「常軌を逸した猟奇的で残虐な凶悪事件」にしても、図書館へ行って新聞の縮刷版でも開けば、今も昔も珍しくないことは一目瞭然(りょうぜん)という。

本書によれば、民俗学が明らかにしようとするのは、こうした事実に対する誤認である。それは単に学術分野だけでなく、今を生きるわれわれにとっても大切だ。

なぜなら、過去へのあこがれによる事実誤認を基に、少年の「心の荒廃」や「公徳心の欠如」が声高に叫ばれている。それを正すべく、道徳教育の強化が政策課題に上るなど、情緒的な現状認識が、日本社会の行方を左右し始めているからだ。

民俗学が単なる庶民史や生活史にとどまらず、現代社会のあり方を考える有効なツールであることを、本書は教えてくれる。(小林雅一・ジャーナリスト)

(吉川弘文館・2940円)=2006年10月26日③配信

封建国家まがいの階層構造 「超·格差社会アメリカの真実」(小林由美著)

本書は、米国に「豊かで進んだ民主主義国家」というイメージを抱く日本人に、「封建国家まがいの超・格差社会」と化した米国の実像を伝える。富の六割が5%の富裕層に集中し、国民の三割が貧困家庭という米国の姿が、取り上げられているのだ。

著者は、一九八〇年代以後の著しい格差拡大を、特権層と連携した米政府の税制や財政や金利政策などで説明しながら、米国社会の格差構造が、植民地成り金の誕生、独占資本の形成などを通じて、古くから成立していたと指摘する。

この分析自体は高く評価できるし、実体験による事例紹介には、現実味もある。ただ横文字やカタカナ語の連発が、本書を読みづらくしている。

著者は、超格差社会を告発する一方、米国の「心地よい」側面には、まねたい点も多いという。おそらく長い経験から得た実感だろうが、その心地よさは「階層社会の徹底化と相互の隔離」と表裏一体である、という認識が薄いように感じられる。

例えば著者は、自らの留学時、「貧乏学生」に対して親切に対応する職員に感動し、そこに「フレンドリーなカルチャー」を見る。だが、それを示す際には、私立大学の高学費を「出せる家庭は、アメリカでもさすがに限られる」という現実を忘れていまいか。

また、「常に新しいものが生まれてくるアメリカの風土」を称賛する際には、技術革新を推進するのが、「幸運にも質の高い教育」を受けた人々だけなのを忘れていないだろうか。

要するに、超格差社会だからこそ、選ばれた者のコミュニティーに入ると、「快適に生活できて気分もいい」のだ。著者の意図はともかく、本書を注意深く読めば、それがよく理解できる。なお、「特権的な階級に生まれたことを大抵のアメリカ人エリートは口にしない」そうである。

本書の論点は、五三年前に邦訳された「アメリカの支配者」(ロチェスター著)と重なる。違いは、ロチェスター氏は労働運動に携わったが、本書の著者は経営戦略の舞台で活躍している点だ。著者自身は、自ら超格差社会と糾弾する現実に対して、どう向き合っているのだろうか。(薬師院仁志・帝塚山学院大助教授)

(日経BP社・1785円)=2006年10月26日④配信

塀の中からの反撃

「笑い犬」（西村健著）

デビュー作の「ビンゴ」をはじめ、第二十四回日本冒険小説協会大賞受賞作である「劫火」など、西村健はアウトローを主人公にした、アクションシーン満載のクライムノベルを得意としてきた作家である。

だが本書は、会社に忠誠を誓ったがために〈塀の中〉に落ちてしまった銀行員が主人公という、従来とはかなり毛色の違った作品となっている。

業界最大手の銀行に就職し、同期のトップをきって支店長に就任した芳賀陽太郎。仕事も家庭も順風満帆だった彼を青天の霹靂（へきれき）が襲う。厳しい債権回収によって、ある大口の債務者が自殺してしまったのだ。そして一連の非合法な裏工作がマスコミネタになったことがきっかけで、芳賀は詐欺と脅迫の容疑で逮捕されてしまう。

厳しい取り調べにも口を割らず、銀行の弁護士の指示を守り上司をかばい続けたあげくに、芳賀は懲役二年の実刑判決を受ける。芳賀は罪を一人でかぶる見返りを反故（ほご）にされ、銀行から切り捨てられたことを知るが、すべて後の祭りだった。

拘置所の独房から、刑務所の雑居房に放り込まれ、勝手がわからずに苦労する芳賀だったが、銀行マン時代に培った人間関係立ち回り術を駆使して、毎日を過ごしていく。そして銀行員時代は会社の犬、エリートから転落した時は負け犬と呼ばれた芳賀は、銀行と妻の裏切りによる深い絶望から、不気味な笑いを顔にはりつけた〈笑い犬〉へと変貌（へんぼう）を遂げていく。

饒舌（じょうぜつ）な語り口はこの作者の魅力でもあり、やたらと作品が長くなりがちな欠点でもあるのだが、なかなか知ることのできない刑務所生活が、ディテール豊かにたっぷりと描かれ興味深い。そのあおりからか、彼を踏みつけにしていた者たちへの反撃が開始される出所後のパートが、やや駆け足気味になってしまった点が惜しまれる。

ともあれ、ガリ勉と〈モーレツ〉だけが取りえの、捨て石にされた男の一風変わった成長物語は、組織に身を置かざるを得ない多くの者の心に、深くしみいることだろう。（西上心太・書評家）

（スパイス・1785円）＝2006年10月26日⑤配信

閉塞の中に見る生の輝き

「寄る辺なき時代の希望」（田口ランディ著）

いつの時代にもそういう人間の悩みはあった、と軽々しく類型化することのできない時代にわたしたちは生きている。

人間は、家族は、環境は、世界政治は、そして時代は、かつてなく追いつめられ、あらゆることがアポリア（解決不能）の様相を呈している。そして閉塞（へいそく）状況や問題を直視することを避けて、さまざまな表現分野に懐古趣味や癒やしや感傷やその場しのぎの快感への陶酔が蔓延（まんえん）してもいる。

田口ランディはこういった“逃げ”の風潮の中で一貫してあえて問題に直面する態度を怠らない不憫（ふびん）な作家だと感じる。不憫というのは現代の諸問題を抱え込むことは辛（つら）さを抱え込むことと同じことだからだ。著者がさまざまな現場を訪れたノンフィクション作品である本書は、田口ランディという作家のスタンスを最もよく表す一冊だと言える。「老い」「精神障害」「核」「水俣」と、ここに取り上げたテーマのみを羅列してみると現代の諸問題に直面し、陰々滅々として暗い。

だが、読後感は不思議と明るい。いや“明るい”というより、そこには安堵（あんど）のようなものがある。田口は現代の諸問題に和解を試み、その地獄の中にひとすじの光を見ようとしているからだ。

「痴呆症」（認知症）の老人たちに、世間の人間の着ぐるみを脱ぎ捨てたことによって生じる、人間であることの負担からの解放と、生きものとしての尊厳と輝きを見いだす。あるいは精神障害者の弱さの中に存在する可能性と能力。チェルノブイリ原発事故の汚染ゾーンの中に暮らす年老いた女性と結婚した三十歳も年下の青年の無垢（むく）な愛の力の前では、核も放射能も“かたなし”だ。

「水俣という希望」の章では「私はほんとうに水俣病になってよかった。病気は宝だと思っております」という患者の言葉を拾う。そのようにここに登場する人々は“ゾーン”の中に投げ込まれたことによって、逆に生きる意味と輝きを復活させる。彼や彼女らの生き方は私たちの生き方の指針となるだろう。

なぜなら二〇〇六年現在の私たちもさまざまな“ゾーン”の坩堝（るつぼ）に投げ込まれた“者たち”にほかならないからだ。（藤原新也・写真家、作家）

（春秋社・1785円）＝2006年10月26日⑥配信

往復書簡に見る深い敬愛

「川端康成と東山魁夷」(平山三男、水原園博ほか編)

川端康成と東山魁夷との交友がどのようなものであったのか、この本で初めて知った。小説集などの装画、装丁が作家気に入りの画家に依頼されることは多いと承知していても、この本で紹介されているような小説家と画家の交友はまれと言ってよいだろう。

川端康成には戦前の古賀春江との交友という注目すべきものがあるが、それは青年期のものである。古賀は一九三三(昭和八)年に亡くなっている。東山との交流は、それに比べて第二次世界大戦後のものである。二人はそれぞれの分野で時代の先頭に立つ芸術家だった。

川端邸を東山が初めて訪問したのは五五年、川端五十六歳、東山四十七歳の年だったという。二人の間には互いの芸術への深い敬意があったと思われる。それ以後十七年間、熱い交友の続いたのがその証拠である。二人の交わした書簡は、川端家に六十通、東山家に四十通あるという。この往復書簡が第一章の中心である。いや、全体の中心と言ってよい。

川端と東山とに共通する美への信仰は戦争をくぐり抜けて結晶したものである。その辺りのことを編者たちは、川端の文章あるいは東山の絵や文章を通して、また自分たちの解説の文章を通して読者に伝えようと努力している。

東山が風景のなかに「輝く生命の姿」を発見するのは、なんと、一兵卒として熊本で戦車に爆弾を抱えて肉弾攻撃をする訓練を受けていた日である。ある時、市街の焼け跡の整理に行き、熊本城の天守閣跡から肥後平野や丘陵をながめた。その向こうに「遠く阿蘇が霞む広濶(こうかつ)な眺望」を見知った。「あの風景が輝いて見えたのは、私に絵を描く望みも、生きる望みも無くなったからである」

この通り東山はすぐれた文章家でもあって、絵に添えられた短い文章であっても、東山らしさが際立っている。とりわけ川端が自死した後の追悼文「星離(わか)れ行き」は川端への敬愛の気持ちが真っすぐに出ていて、読む者の胸をうつ。(岡松和夫・作家)

(求龍堂・2625円)＝2006年11月2日①配信

人情匂い立つ街の歴史

「早稲田古本屋街」(向井透史著)

「東京には、三つの古本屋街がある。世界一の書店街といわれる神田神保町、東京大学の前に立ち並ぶ本郷、そして都の西北、早稲田である」

それぞれの古書街に長い、語られざる歴史がある。ワセダ「古書現世」の二代目である著者は街の歴史を掘り起こしていく。

私とても、三十年前は、退屈な授業を抜け出し、グランド坂より、毎日のように高田馬場駅までの古本屋を冷やかして歩いたものだが、これら煮しまった店々は、百年も前からそこにあるような顔をして、ほとんどが「戦後の創業である」とは知らなかった。

店主たちはいかにして古本屋になったのか。三羽烏(がらす)の一人、文英堂書店の吉原三郎は新潟の農家の生まれ、高等小学校の一年を終え、母の弟が営む神保町の玉英堂書店に住み込んだ。

三楽書房の佐藤茂は山梨・塩山の酒屋の息子、腰椎(ようつい)カリエスで教師の道をあきらめ、「座って仕事ができる」と古本屋になった。

二朗書房の日野原二郎も山梨生まれ、自転車でリヤカーを引っ張り特価本を卸して歩いた。

みな、やむにやまれぬ事情から古本屋になった。「座ってできる」どころか、重労働である。本の買い付け、運送、荷ほどき、配達。それでも「あのころの学生」はよく本を読んだ。苦学生が多く、本や学生証をかたに、古本屋に金を借りた。店番から教授になった人もいる。

この本からは人情が匂(にお)い立つ。同業者同士も義理がたい。「就職するのは嫌」とあとをつぐ二代目もいるが、初代の「やむにやまれぬ」職業選択、仕事の中で育った本への愛は受け継がれるのか。客はしっかり古本屋を支えるか。

いや大丈夫。著者のような二代目がいる。「たどりついたこの街。初めて本を並べた小さな店舗の思い出は、いつまでも街に佇んでいる」

まっとうな人生ばかりが匂い立つ、いとおしい本だ。古本市開催の顚末(てんまつ)も貴重。(森まゆみ・作家)

(未来社・1890円)＝2006年11月2日②配信

メディア状況を捉え直す 「アルジャジーラとメディアの壁」(石田英敬、中山智香子、西谷修、港千尋著)

インターネットが登場したころ、マスメディア中心の集権的な情報システムからウェブ状の分権的な情報システムへと変わっていくと予想した者は多かったろう。しかし現在、われわれが直面しているのはむしろ、著者の一人である西谷修氏が指摘する「情報のユニラテラリズム(一方向性)」という状況である。

その背景には冷戦後のグローバルメディアが、経済情報サービスに特化し急成長したロイター通信など「ビッグ4」と呼ばれる国際通信社を軸に、ネオリベラリズム(新自由主義)に沿って国際情報秩序が再編されてきたということもある。また断続的に続く「アメリカの戦争」を背景に、第二の戦線でもあるメディアにおける情報コントロールが、一層強化されているということもある。

いずれにせよ、国連教育科学文化機関(ユネスコ)が一九八〇年代初めに提唱した、南北間の情報格差を是正する「新国際情報秩序」といった構想から、現実は逆にますます遠のいているというのが現実のようだ。

そうした中で、ひとり気を吐いているメディアが、中東のカタールから情報を発信し続けているアルジャジーラだ。

この本は、戦争論や世界史論を論じてきた西谷氏に、記号論を軸としたメディア分析を行ってきた石田英敬氏、ユニークな写真論などを展開している港千尋氏、そしてオーストリア経済思想を専門とする中山智香子氏を加えた、四人の日本人研究者が、そのアルジャジーラを訪れ、スタッフと対話した記録であり、その体験を起点にした批判的思考の軌跡をそれぞれつづったものである。

西谷氏のまえがき「日本のメディア状況から」に書かれている通り、アルジャジーラを参照項としながら、日本のメディアにおける危機的状況を剔(えぐ)ったものともなっている。「悪」や「仮想敵」をバッシングすることでカタルシスを得ようとする、エンターテインメント化した日本のニュースメディア。公共圏を開いていく役割を放棄し内向化を強める日本のメディア状況を、相対化し批判的に捉(とら)え直す契機を、この一冊は与えてくれる。(土佐弘之・国際政治学者)

(岩波書店・2625円)＝2006年11月2日③配信

真率あふるる評伝 「ぬけられますか—私漫画家　滝田ゆう」(校條剛著)

いまからおよそ三十年前の一九七〇年代、当時の小説雑誌のケン引役を果たした人気作家は池波正太郎である。本書の著者がいた「小説新潮」をはじめ、いわゆる〈ご三家〉といわれた小説雑誌に、それぞれ「鬼平犯科帳」、「剣客商売」、「仕掛人・藤枝梅安」を書いて、読者を魅了した。と同時に、この時代、池波の名声とともに忘れてはならない作者に、漫画家の滝田ゆうがいる。

「泥鰌庵閑話(どじょうあんつれづればなし)」、「ネコ右衛門太平記」、「歌謡劇場」を連載し、三誌の底支えをした。発表舞台が小説雑誌だっただけに、うっかりするとこれは見落とされかねない。

滝田の絵柄はきわめてユニークだった。ギャグマンガと劇画の中間に位置し、細密で、ふにゃふにゃした線描を特徴とした。それに擬態語、たとえば雨の音ならサタサタ、踏切の警報音ならケーンケーン、豆腐屋のラッパならパーフィー。全編に漂う哀愁ムード。これでは量産するのに手間がかかった。

本書の著者は入社早々から滝田の担当者であった。滝田の生い立ちから修業時代の不遇や屈折をその日記まで引用し、克明に調べ上げている。「ガロ」に発表された名作「寺島町奇譚(てらじまちょうきだん)」誕生までのイキサツがよく分かった。

何しろ滝田はそのころ、遅筆家をもって鳴らした野坂昭如、井上ひさしを上回るスロースターターであった。ファクスなどない時代の、原稿取りの苦労が思いやられる。逃げる滝田を追って、各誌の編集者が巷(ちまた)の居酒屋や酒場を追いかける。滝田ははしご酒の名手でもあったから、まさに悪漢ごっこである。

滝田の一生もその人柄も愉快だったが、この奇才に賭けた著者の青春の燃焼度もまた格別である。修羅場を踏んだものでなければ分からぬ、原稿をもらうまでに味わわされる毎月の腹立たしさやるせなさ。それがある歳月が流れると、かぎりない懐かしさに変じていく。真率あふるる評伝。滝田ゆう、もって瞑(めい)すべし。

筆勢すこぶる快調、これだけ書ける人ならば、また次作が期待される。編集者畑からまた一人、プロの書き手が現れた。(大村彦次郎・元編集者)

(河出書房新社・2205円)＝2006年11月2日④配信

肩の凝らない例で浮き彫り

「日本語は人間をどう見ているか」（籾山洋介著）

日本語では「才能が花開く」のように、人間以外のものに関する表現を用いて人間を描写することがしばしばある。それはなぜなのかを、認知言語学（認知意味論）の手法を使って解き明かしたのが本書だ。

「人間以外のもの」として考察されるのは、「植物」「鳥」「天気」「機械」「想像上の存在」の五つ。それらが人間描写のいかなる場面で使われるかが、小説・ノンフィクション・新聞など、肩の凝らない用例を通して浮き彫りにされる。学問的な書物であるにもかかわらず、専門用語を一切使わずに結論に至る展開が鮮やかだ。

加えて、随所に挟まれた言葉の用法に関する指摘が面白い。「社長に返り咲く」と言えても「社長に咲く」とは言えない、「卵」は専門的分野で修業する人に限られるが、「ひよこ」は専門職に限らないなど、なるほどそのとおりだ。

どの入り口から入っても楽しめる構成だが、俳人の立場から興味をひかれたのは、やはり「植物」「鳥」「天気」の部分。たとえば芭蕉晩年の句に、〈此秋は何で年よる雲に鳥〉がある。老境の感懐と浮雲に紛れ入る鳥の姿が響き合って一句となったこの句など、素材の面からも、取り合わせという形式面からも、新たな光を当てることができそうに思われた。

また、「植物」「鳥」「天気」が人間描写に使われるのは、成長や変化という点に着目してのことという著者の指摘も、俳句における季語の働きと思い合わせて、興味深く感じられた。「初紅葉」「行く秋」などの季語に端的にうかがえるように、季語は、単に眼前の自然を愛（め）でるだけのものではなく、時を待ち受ける、去りゆく時を惜しむという推移の感覚を強く宿すものであるからだ。

本書の用例は現代語の普段使いの言葉に絞ってあるが、古典や漢籍など、伝統的な美意識を構築してきた言葉を同じ手法で分析するのも面白そうだ。時空を縦軸と横軸に延長した中で日本語の妙味を味わう際にも、本書の手法は大きな助けとなるのではないだろうか。（山西雅子・俳人）

（研究社・1365円）＝2006年11月2日⑤配信

夫婦二人だけの時間を

「巡礼で知るカミサンとの付き合い方」（鹿野島孝二著）

「家族のため」と、毎日一生懸命に働いてきたおとうさん。定年になり、これまで夫婦二人だけの時間を持ってこなかった罪滅ぼしに、「夫婦で旅行しよう」と誘ってももう手遅れで、おかあさんには相手にしてもらえず、家庭内に居場所はない。

毎日家にいるようになると、「粗大ゴミ」「濡（ぬ）れ落ち葉」とうっとうしがられ、果ては「家庭内別居」「熟年離婚」…というおとうさんたちの悲劇が、“大量定年退職時代”に激増しそうだ。

著者である五十三歳のサラリーマンも、妻と娘二人を養ってきたが、何年も夫婦二人だけの時間を過ごしていない。そこで、来るべき定年を前に、夫婦の関係を見直そうと、秩父観音霊場三十四カ所の巡礼の旅を妻と始めたのである。

本書は、実践的な旅日記だ。何が実践的かといえば、どんなセリフで女房を巡礼に誘い出せばよいか―に始まり、「女性は運動すると、いや運動に関係なく、どうしても甘味を欲するらしい。あんこでもチョコでもよい」。

「おとうさんにしてみれば『何でもない』と思うことで機嫌を損ね、そして、何にもしないうちに機嫌が直っているのが、おかあさんである」

などなど、妻との付き合い方のポイントが、懇切丁寧にガイドしてあるのである。

数年前、「話を聞かない男、地図が読めない女」という本を読み、男と女はもともと違う生物だと思ったが、「おかあさん」という生き物の操縦術を、ユーモアたっぷりに語る一人の「おとうさん」の視線を通して見えてくるのは、男と女が、面と向かって生きていくことの難しさだ。結婚こそ、まさに巡礼の旅のようだ。

秩父札所を歩き、同じつらさを味わううちに、夫婦の心が開いて深い会話ができ、互いを見直し、関係は進化していく。宗教心から始めた巡礼ではなかったとはいえ、単なる旅行では起こらなかったことだろう。

「歩くことは、人の心によいものをもたらす」

読んでいるうちに、独身の私も、なんだか秩父札所めぐりをしてみたくなった。（森下典子・エッセイスト）

（NHK出版生活人新書・777円）＝2006年11月2日⑥配信

落ちていく男の軌跡

「ブルー・ローズ（上・下）」（馳星周著）

ブルー・ローズ―青い薔薇（ばら）。青い色を発色する化学物質が含まれていないため、青い花びらの薔薇が咲くことはない。そこから転じて、ブルー・ローズという言葉は、ありえないことを意味するという。本書の主人公が体験し、体現することは、まさにこの"ありえないこと"なのだ。

元刑事の徳永は、警察庁刑事局長の井口宗久から、行方不明になった娘・菜穂の捜索を依頼される。借金漬けで、弁護士が回す調査で食っている徳永にとって、身過ぎ世過ぎのありふれた仕事。だが、調査を始めると、次々に意外な事実が浮かび上がる。セレブたちのSM売春。警察上層部の権力闘争。複雑に入り組んだ人間関係…。

公安の刑事まで乗り出してきて、きな臭いにおいが強くなる。それでも事件を追う徳永だが、公安の暴走により、関係者のひとりで、彼が好意を抱いていた女性が死んでしまう。これにより事態は、誰も予想のできない方向へ、転がっていくのだった。

本書の帯には「新たなる馳ノワール」とあるが、物語の前半は、ハードボイルドといっていい。元刑事の主人公が、失踪（しっそう）人調査を請け負うところから、ジャンルやスタイルを踏襲したような、オーソドックスな展開が続く。一匹おおかみの徳永が、公安の刑事と丁々発止に渡り合うシーンなどは、痛快な読みどころとなっているのだ。

しかしこのハードボイルド部分は、前振りに過ぎない。権力の横暴により"ありえないこと"が現実になったとき、徳永の心の中で何かが壊れ、ストーリーはハードボイルドから暴力渦巻くノワールへと変容する。冒頭で「ぼくはもう破滅してますよ」と、井口にうそぶいた主人公だが、大きな悲劇を経て、そこからさらに身も心も落ちていくのだ。

前半ハードボイルド、後半ノワールという構成は、徳永の変化を、そのまま表現している。人の心がどのように壊れ、どこまで落ちるのかを、強烈に活写するための仕掛けなのである。テクニカルな小説作法を使いながら、落ちていく男の軌跡を描き切った、秀作といえよう。（細谷正充・文芸評論家）

（中央公論新社・上下各1575円）＝2006年11月9日①配信

冷静で確かで乾いた文体

「コルセット」（姫野カオルコ著）

新たな格差社会の到来がささやかれる昨今の日本。この本は、「上流社会」と呼ばれる世界を生きる人々の官能を中心に描いた短編集である。

と書くと、ドロドロとした情念の物語を想起されそうだが、文体は徹底的に冷静で、確かで、乾いていて、四つの短編ごとに変化する主人公の心理をすき間なく埋め尽くしている。そのため、一見浮世離れして見える世界の実態が、圧倒的な存在感で迫ってくる。

親が受け継いだ財産などを、次の世代へと確実に伝えることを運命として受け入れる生き方。例えば、夫に同性愛の性癖があることを承知で家のために結婚した妻は、「建設的で生産的な人生をいかに歩むかと考えたり努力したり自己を鼓舞したりするようなことは、働かないと食べてゆけない人たちがすること」だと思う。「頽廃（たいはい）」感を持ちながらも「環境を変革する力などないのだから、ほかにどうすればいいかがわからない」と開き直る。

この小説は、そうした人生の、幸不幸を単純に問うものでは、ない。どんな場面にもつきまとう、生命体としての身体の業のようなものを浮き彫りにしたかったのではないかと私は思う。

親が決めた相手をすんなり受け入れる結婚を「シック」と呼ばせ、「伝統（クラシック）」「役目」「躾（しつけ）」といった語が頻出する文中に、「被虐趣味」や「邪淫（じゃいん）」の場面がからまる。その絶妙な織り目は、さまざまな感覚を美しく刺激してくれる。

モチーフを縁でつなげるように、短編の終わりと次の短編の始まりが重なり、同じ人物が別の人称で呼ばれるなど、非常に巧緻（こうち）なつくりの一冊である。

人工的に女性性を高めるための矯正下着、コルセット。締めつけられてはみだす肉体は、社会制度の中の感覚を象徴しているのだろう。紆余（うよ）曲折する、切なくて苦しい心は示唆に富み、暗い通路をくぐり抜けたような読後感は、じんわりと愉快である。（東直子・歌人）

（新潮社・1365円）＝2006年11月9日②配信

職場からボヤキ節の批判

「車掌に裁かれるJR」（斎藤典雄著）

かつて日本の国鉄は、「世界一正確」を自他ともに許していた。だが、国鉄改めJRになってから、事故が増えたり遅れが出たり、どこか頼りない。筆者も講演などでギリギリにスケジュールを組んだりすると、「人身事故」に遭遇して遅れてしまったりする。

人身事故は、あながちJRのせいとばかりはいえないにしても、ホームに移動式の柵をつくったり駅員を配置したり、事故を防ぐ手だてはあるはずだ。

本書は、人身事故の多発で有名な中央線で、列車の最後部にいて行ったりきたりしている車掌さんの手記である。

著者は、山形県から東京に出てきて受験浪人の後、電車の中つりで「国鉄職員募集」の広告をみて応募した。

それから「車掌一筋三〇年」と本人が言うように、来る日も来る日も、まじめに勤務してきたが、新人車掌に追い抜かれて、今なお「サイテイ」の身分。いまや最小労組となった「国労」の組合員が災いして、昇任試験に受かったためしがない。

それでも、明るい冗舌体の文章で、車掌の仕事と職場の日常が、中年のボヤキ節で繰り広げられる。「駆け込み乗車は危険です。大けがをすることになります。それで大けがしても、そちらの責任です」と同僚の車掌が車内放送したのが、新聞に書かれて、物議を醸したそうだ。

「自己責任論」は、日本政府のお得意だが、こんなときには通用しない。コートがドアに挟まって事故になったりするのだから、ドアをめぐって、車掌と乗客のつばぜり合いは日常である。

著者の車掌手記は三冊目になったが、労組が弱体化させられた中で、それでも実名で、職場から、一年半前のJR福知山線での大事故やその半年前の新潟県中越地震による、上越新幹線脱線事故などへの批判が書き続けられているのをみると、ホッとさせられる。

内部告発というほど仰々しくないにせよ、職場で何が起こっているのか、それがいつも明らかにされる言論の自由は必要だ。民営化されたとはいえ、JRは人命にかかわる公共交通なのだ。（鎌田慧・ルポライター）

（アストラ・1575円）＝2006年11月9日③配信

科学者倫理へ厳しい発言

「禁断の科学」（池内了著）

かつて科学研究は、科学者共同体の内部に閉ざされた営みだった。一般の社会は、「ああ、ああいうことを研究している人がいるな」と見ていればよかった。しかし、二十世紀半ば近くから、事態は変わり始めた。国家や産業が、科学者共同体内部に流通する知識を、自分の目的のために利用し始めたからだ。

その結果、研究の成果は、科学者の思惑を超えて、一般の社会に大きな影響を与えるようになった。その最大の実例が原爆開発である。多くの物理学者はこの計画に協力を惜しまなかった。

無論アインシュタインら、広島・長崎の結果を知って、戦後反核・平和運動に向かった人々も少なくなかったが、原爆については特にアメリカでは肯定論が大勢を占めることもあって、問題がぼやかされる傾向が強い。

例えば米国科学アカデミー編纂（へんさん）の、科学者の行動規範を説いたパンフレット（一九九五年増補改訂版、邦訳「科学者をめざす君たちへ」、池内了訳、化学同人刊）では、科学者共同体の内部で守るべきルールが、内容の九十パーセント以上を占め、最後の「社会の中の科学者」という項でも、問題の指摘以上の議論は皆無である。現在の科学者共同体のかなりな部分はそれで十分と感じていると思われる。

池内氏の本書は、この限界を超えて、科学研究と社会とのつながりを見据え、科学者がどう行動すべきか、という点に踏み込んだ著作である。第一部は、上述の核兵器開発をめぐる物理学者の行動を、丹念に追いかけることに費やされる。研究が「成功」に導かれるときの科学者の感じる「喜び」などにも率直な言及がある。その上で科学者の求められる社会に対する倫理的責任に関して、厳しい発言が置かれる。

第二部では、その基礎の上に、現代社会と科学研究との接点が生み出す幾つかの話題に触れ（例えば遺伝子組み換え作物）、どのように考えるべきかが示される。現場の科学者の発言としては、総じて科学の現状に対する厳しい姿勢で貫かれている。（村上陽一郎・国際基督教大教授）

（晶文社・1995円）＝2006年11月9日④配信

情報活動とトップの非情さ　「Gファイル」（武田頼政著）

本書は読売巨人軍に編成情報管理部（GCIA）を創設し、一九九四年から四年間にわたり黒衣（くろご）として長嶋茂雄監督（当時）を支えた河田弘道氏（現中央大学総合政策学部客員教授）に関する優れたノンフィクションだ。GCIAは「基本的に巨人軍が必要な内外の情報を一手に収集管理する部」で「全（すべ）ての行動、実行は機密を旨」とする。具体的業務として「保有選手の内外での行動、言動、人間関係を徹底的に洗う業務」、「他球団の選手の情報を収集分析する業務」に従事する。インテリジェンス（情報機関）用語でいう「ヒュミント（人を用いた諜報（ちょうほう）活動）」を用いて巨人軍の体制の強化を図ったのだ。

しかし、インテリジェンスの基本任務は指導部の指令を忠実に遂行することだ。河田氏は巨人軍が試合に勝利することが指令と思ったが、ここに大きな誤解があった。読売グループという巨大企業の維持・発展が指導部の目的で、巨人軍はその駒に過ぎなかったのである。

渡邉恒雄読売新聞社長（当時）は長嶋茂雄監督を選挙応援に活用しようとする。長嶋家、特に亜希子夫人は猛反発する。「長嶋茂雄はどんな主義主張の人にも愛されてきた不偏不党の存在」と考えるからだ。河田氏は長嶋家の側に立ち画策した。これが渡邉社長の逆鱗（げきりん）に触れ、「河田と長嶋の女房の差し金なんだな！　長嶋の野郎、女房の尻にしかれやがって」という反応を招く。そして、河田氏について「ピュアな長嶋をたぶらかし、巨人で権勢をふるったという、まるで『怪僧ラスプーチン』のようなストーリー」が作られていく。

著者（武田頼政氏）の河田氏への感情移入が強く、客観的な第三者ノンフィクションとは異なる構成になっているが、これが本書の欠点ではなく魅力になっている。渡邉氏に対する嫌悪感が過度に強調され、また河田氏が全身全霊をつくして仕えた長嶋氏が渡邉氏の過酷な対応に対して屈服していくふがいなさを描くことで、逆説的な形で巨大ビジネスを統率するためには渡邉恒雄氏のような非情さが必要であることが浮かび上がってくる。（佐藤優・起訴休職外務事務官）

（文芸春秋・2000円）＝2006年11月9日⑤配信

自然と共鳴する試み　「けんちく世界をめぐる10の冒険」（伊東豊雄建築塾編著）

若い人にどうやって建築を教え、一般の人にどう分かりやすく建築を伝えればいいか。世界的に知られた建築家の伊東豊雄は、そう考え、自らの建築事務所の二年目の所員を中心に「伊東豊雄建築塾」を立ち上げた。

彼らは伊東の建築現場を取材し、構造家や職人にインタビューする。あるいは洞窟（どうくつ）の写真など、いくつかのイメージを探し出して、伊東の作品とそれらの関係性を説く。こうした素材を基に、伊東の建築思想についてさらに議論する。議論には伊東も参加して意見をぶつけている。それらが一冊のかたちになったのが本書である。

この本には十の章が立てられているが、その中には「動き」にかかわるものがある。たとえば人の動きは瞬間的には不安定な部分もあるが、運動全体として見れば安定している。そうした動きのダイナミズムをデザインに取り込むことはできないか。つまり変化する自然と共鳴する新しい「けんちく」はつくれないものか。伊東も塾生もそれを真剣に考える。

こう考えるのには理由がある。そもそも建築が歴史的にこの「動き」と無縁なところからスタートしているからだ。変化する自然から切り離し、建築を静止した人工物ととらえる。それが古くからの西洋の建築原理であった。それゆえに建築では形式や秩序が重んじられてきた。コルビュジエのようなモダニストですら、この原理と決して無縁ではない。

伊東はこの建築原理に強く抵抗しようとする。だがその試みは伊東が初めてではない。たとえば彼の師である菊竹清訓らのメタボリズム運動も、かつてこの原理を強く批判したことがあった。メタボリストは「代謝」とか「成長」という言葉を好んだが、伊東も本書で「成長」という言葉を繰り返し使っている。

もちろん菊竹と伊東では異なる部分は多い。菊竹のようにシステムに偏りがちな傾向は伊東にはない。だが無意識のうちにも、伊東はどこかで菊竹の建築思想をとらえ直し、さらにそれを乗り越えようとしているのではないか。本書を読み終えて、私はそのようにも考えてみたのである。（飯島洋一・建築評論家）

（彰国社・2000円）＝2006年11月9日⑥配信

かけがえない大人の友情

「虹色天気雨」（大島真寿美著）

「かなしみの場所」「ほどけるとける」で、このところじわじわとファンを広げている大島真寿美の新刊は、“静かだけど、読後確実に心に響いてくる”という、この作者の持ち味が十分に生かされた一冊だ。

物語は、主人公の市子が、親友の奈津からの電話を受けることから始まる。朝の五時半の電話にむっとして、電話を切ろうとする市子に、奈津は緊迫した声で言う。「今から憲吾を捜しに行かなくちゃならないから」と。だから、一人娘の美月を二日間預かって欲しいのだ、と。

幼なじみのただならぬ様子に、頼みを引き受けた市子は、やがて、奈津の夫である憲吾が、突然失踪（しっそう）したことを知る。奈津の必死の捜索にもかかわらず、憲吾の行方は杳（よう）として知れず、やがて市子は、憲吾の失踪の陰に、とある知り合いの女性の存在を感じとる…。

こうやって書いてしまうと、親友の夫の失踪をテーマにした何やら深刻な物語のようだが、そうではない。本書は、夫に失踪された奈津と、市子をはじめとする奈津の友人たちとのかかわり方、大人同士の友情を描いた、やわらかくて優しい物語なのである。

そこには、ピンチにある友人に対する、距離のとり方、思いやり方、がある。そしてそれは、何十年という時間を共に過ごしてきた、大人同士のつきあいだからこそできるものなのだ。

美月の運動会に、父親不在を補うように集結する市子たちがいい。ゲイの三宅ちゃんは「この運動会が社員旅行よ」とばかりに、自分の事務所の面々を引き連れてやって来るのだが、その時の運動会の様子が読んでいて、ほっと心和む。

物語の真ん中にいる市子と奈津、それぞれのキャラもいい。さらりと冷静な市子と、しんは男前な奈津。二人の間の「あうん」の信頼感がいい。

それぞれに事情や悩みもあるけれど、だからこそ、押しつけあわない大人同士の友情。その心地よさ、かけがえのなさを、丁寧に描き出した、温かな物語である。（吉田伸子・書評家）

（小学館・1365円）＝2006年11月16日①配信

根なし草の遍歴

「小説家」（勝目梓著）

著者は、バイオレンスロマンと呼ばれる娯楽小説の旗手である。その人が自伝的小説を同人雑誌に連載しているという話は、ずいぶん以前から聞いていた。

できあがった本を手にしたとき、私はなにか秘本を手にしたような感動をおぼえた。興奮とおそれを抱きながら、最初のページをひらいてみると、「幼いころの自分のことに思いが及ぶと、彼の脳裏にはいつもまっ先に、二つのものが浮かんでくる」。

この冒頭部に、はっとした。一人称の「私」で書かれているとばかり思っていたので、「彼」という三人称で書かれているのを見て、やられた、と思ったのだ。そして「彼」としたことによって叙述全体がのびのびとし、奥行きと広がりが生まれていることに、感服させられた。

えげつない殺しの描写やけもののような性描写を、おびただしい著作に見てきたが、文学修業時代の著者が、トラックの運転手をしながら伝統ある同人雑誌「文芸首都」に純文学を書きつづけていたことを知っていたので、「小説家」にしるされた数々のエピソードを読んで「目からうろこ」の連続だった。

若いころに鍛えられた文章は、ゆるぎなく、美しく、のびやかだ。その文章によってつづられる「根なし草」の遍歴は、壮大な叙事詩を読むような味わいなのである。

孤独な生い立ち、転々とする職業、結婚、結核療養、子の誕生、すべてを捨てた女との出郷と別れ、悔恨。そして無名時代の中上健次、森敦との出会い。行動だけを見れば、文学という熱病にとりつかれた不器用な男の漂流譚（たん）であるが、ここまで包み隠さず書かれてしまうと、すがすがしい。

十九歳の中上健次との出会いが、著者を純文学から大衆娯楽小説へと転換させてゆくくだりは圧巻である。森敦との対話のくだりも、文士の矜持（きょうじ）を突きつけられて、同じ作家として気持ちが引き締まる。いつのまにか「自伝」であることを忘れて読んでいた。主人公を「彼」としたことが、すばらしい効果をあげている。（高山文彦・作家）

（講談社・1785円）＝2006年11月16日②配信

迷信が意味する世界　「しぐさの民俗学」（常光徹著）

霊きゅう車を見たら、なぜ親指を隠すのか。後ろ手で物を渡すと、どうして不吉なのか。同じ言葉を二人が同時に発したときに、何が起きるのか。なぜノックは二回なのか。天橋立の「股（また）のぞき」の本当の意味は？

われわれが普段、何げなく行っているこうした「しぐさ」の謎を、本書は民俗学から解き明かしてくれる。著者は、あの「学校の怪談」の常光徹氏。それこそ、「へぇ～」連発の面白さは請け合いだ。

親指は身体の中でも、特に邪悪なモノに付け込まれやすい。だから死霊や邪悪なモノと出合ったときは、素早くそれを隠す。指先は、霊的な世界との通路なのだ。

後ろ手で物を渡したり、受け取ったりするのは、妖異との接触を避けつつ、それへ働きかけようとする意味を持つ。

足は前を向いて立ちながら、顔を下げて股の間からのぞくと、上下と前後があべこべになって「境界的な性格」を帯びる。その時見えるのは、この世とは異なる世界だ。

二人が同時に同じ言葉を発したとき、どちらかが先に「ハッピーアイスクリーム」と言うのは、同時に同じ言葉という、どっちつかずの宙に浮いた関係をタブーとする心の働きだ。また「一つ」は、異常や不安定とされたから、ノックは二回。

本書が取り上げる民俗事例は、東北から沖縄までに及び、さらに「古事記」「今昔物語集」などの古典、「伴大納言絵詞」や天橋立の絵はがきなどの絵画資料、幸田露伴や田山花袋らの近代文学、少女マンガ、高知県の「いざなぎ流」の祈禱（きとう）作法など、広く豊富な資料を紹介している。

これらの「しぐさ」は一般的に、迷信とか俗信と呼ばれる。だが、読み終えたとき感じるのは、われわれ人間の身体が持つ不可思議な力だ。身体を使う「しぐさ」は、日常に侵入する「怪異なるもの」を遮断するそぶりを見せつつ、日常とは違う世界とコミュニケーションする力があるのだ。「しぐさ」を通して、身体が単なる生理的な器官を超えた「何か」であるのを教えてくれる。（斎藤英喜・仏教大教授）

（ミネルヴァ書房・2940円）＝2006年11月16日③配信

絵画と光学めぐる新仮説　「秘密の知識」（デイヴィッド・ホックニー著、木下哲夫訳）

ポップ・アーティストとして一九六〇年代華々しいデビューを果たし、国際的評価も極めて高いデイヴィッド・ホックニーが、二年間にわたる調査・研究の末、二〇〇一年に著した大冊、待望の邦訳である。

彼は、名画の描き方に着目し、画家の目で光学と絵画技法の関係性を探る。十七世紀のオランダの画家フェルメールが、カメラの前身といわれるカメラ・オブスクーラを制作時に使用したことは知られているが、ホックニーは十五世紀にまでさかのぼり、西洋絵画の線遠近法と光と影の表現は、光学的に投影された映像観察から生じていると仮説する。そしてヤン・ファン・エイクやカラヴァッジョ、アングルといった多くの画家たちが、レンズ、鏡、光学機器を用いて絵を描いていたという確信にたどり着く。

三次元の世界を二次元にいかに写し表現するか―。絵画の歴史とは、優れた表現を求めて画家がさまざまな技術を試み、格闘してきた足跡でもあるのだ。彼のアプローチや新解釈は、発表されるやいなやセンセーションを巻き起こしたが、その仮説が全面的に受容された訳ではない。しかし理解を示した科学者たちの協力を得ながら、ホックニー自身が、レンズ、鏡、カメラ・ルシーダと呼ばれる光学機器を用いて絵を描き続け、当時の技法の実証に迫る様子は、美術史家の発想ではたどり着けない洞察力と情熱とに満ちている。

本物を何回も見に行くとともに、彼は十四世紀から十九世紀までの絵画の変遷を一望するため、アトリエの壁面に名画のデジタルコピーを様式と時代順に並べ、つぶさに比較検証する。ホックニーがグレート・ウォール（万里の長城）と呼ぶ複製の列は、二十メートル以上にも及んだそうだが、今日の高度な複製技術の恩恵で、彼の検証も可能になった。

収録されている豊富な図版をホックニーの解釈に沿って見てゆくのは、謎解きにも似た驚きがあり、興味はつきない。（逢坂恵理子・水戸芸術館現代美術センター芸術監督）

（青幻舎・1万500円）＝2006年11月16日④配信

近代への反動に生じる観念　「反西洋思想」（イアン・ブルマ、アヴィシャイ・マルガリート著）

小説「坊っちゃん」の中の嫌みな赤シャツはいったい何者か。本書を読むと答えが見つかる。

原題は「オクシデンタリズム」。オクシデントは、東洋を指すオリエントに対し西洋を指す言葉だ。エドワード・サイードの「オリエンタリズム」を意識したタイトルだが、その批判や反論ではない。むしろ補完だ。

サイードの代表作は西洋文学を通じて人々の意識に植え付けられた中近東への固定観念—後進性、官能性、受動性—を見事にえぐり出した。それに対し、この小著は東洋で表出した西洋への固定観念—物質主義、根無し草、不信心—を分析しようと試みている。

洞察のユニークさは、西洋への偏見を生んだ「東洋」を地理的概念としては見ていない点だ。西洋への否定的観念を意味するオクシデンタリズムは「ヨーロッパのなかで生まれ、その後に非西洋社会へと移動していった」と著者らは主張する。それはオリエンタリズムと「双子」だともいう。この「ヨーロッパ」は「近代」と言い換えてよい。

フランス革命に始まる「民主と自由」、また英国から興る産業革命による機械化・合理主義の波にぶつかり、屈折した敗北感を抱くドイツで生まれたロマン主義、あるいはロシアで生まれたスラブ主義。そうした一種の「反動」の中から、変形としてオクシデンタリズムが生まれ出た。

近代の先端を突っ走る当のフランスや英国の中でも、ゴンクール兄弟によるパリの売春婦の描写やT・S・エリオットの詩に、著者らはオクシデンタリズムを見る。

それが、ナチズムの奇妙な首都建設、毛沢東やポル・ポトの「都市に対する田舎の勝利」、さらにオサマ・ビンラディンによる世界貿易センタービル破壊までを一筋の糸でつなぐ。「都市」こそ西洋近代の象徴だからだ。

小著だが、重たく深いテーマが詰まる一冊だ。

さて、田舎の中学でただ一人の帝大出だった夏目漱石自身を投影する赤シャツ。これもまた漱石らしき江戸っ子、坊っちゃん。近代と土着の問題として読める痛快小説の赤シャツの描写こそオクシデンタリズムであり、漱石と近代日本の苦悩ではなかったか。（会田弘継・共同通信編集委員）

（新潮新書・756円）＝2006年11月16日⑤配信

希なる知識人の思想的自伝　「丸山眞男回顧談（上・下）」（丸山眞男著、松沢弘陽、植手通有編）

丸山眞男の思想を考える手がかりは、すでにほぼ出尽くした感があったが、ここにきて新たに出された「回顧談」は、丸山の中学生時代から東大を辞職するに至るまでの時期、つまり一九三〇年代から七〇年代にまで及んでいるばかりか、その内容は、「これまであまり書かれても話されてもいないことがらに論及」しているとすれば、それだけでも、本書は、丸山の思想に関心を持つ読者にとって見逃すことのできないものであろう。

しかし、本書は、単なる「補遺」でもなければ、「思い出話」でもない。二人の編者による周到に準備された、率直な質問によって引き出される丸山の語りは、彼自身が自負するように「鮮明な記憶」に裏付けられている。だが、その記憶の鮮明さは、「年表的な意味」での精緻（せいち）さや「暗記術」的な機械性とは別種のものである。

学校や交際の場で、生活の中で、また読書を通じて出会ったさまざまな人物の言動や出来事は、それが喚起した感情や、さらにそれによって触発された思索の過程の記憶とともによみがえり、また、その思索の深みからとらえられた同時代観は、通念化された歴史像とは異なった新鮮な思想的意味を開示する。

たとえば、随所に出てくる丸山が「一生懸命考えた」というテーマは、中学時代の英語詩の韻の踏み方から、研究者の初期における「哲学的相対主義」の克服の試みまでさまざまの事柄にかかわっているが、とりわけ「重臣リベラリズム」へのコミットメントからの必死の思想的蝉脱（せんだつ）過程や、恩師南原繁との思想的違和を超えた敬意と傾倒への内的過程についての丸山の語りは、彼の思索の真摯（しんし）さと剛直さを端的に示すと同時に、同時代の思想的分岐の根底をも見通している。

本書は、丸山という一人の類（たぐ）い希（まれ）な知識人の思想的自伝であると同時に、全身全霊で考え生きた人のみがとらえることのできた優れた同時代思想史であるという意味で、独自の作品的価値をもついえるだろう。（宮村治雄・成蹊大教授）

（岩波書店・上下各2625円）＝2006年11月16日⑥配信

叫びだしたい衝動と焦り

「バンギャル　ア　ゴーゴー(上·下)」(雨宮処凛著)

当たり前のように繰り返される日常の中で、自分の居場所がわからなくなる。学校、家庭など生活の場所は、自らの存在を証明してくれる場ではない。今この瞬間を、必死で体当たりで生きたいだけなのに、現実はそうはさせてはくれない。

この作品の根底には、“閉塞（へいそく）感からの逃亡”がある。だが逃げようと思っても逃げ切ることなどできないのだ。何者でもない自分の存在を抱え、憤り、躍起になり、血や涙を流しながら、それでも見えない先を求める。

つまらない勉強やしょうもない人間関係に時間を奪われる自分の向こう側の世界に、過激で楽しそうなことが起こっていると、ビジュアル系バンドの虜（とりこ）となった少女えりは、親の反対を無視してライブに通いつめる。

そこで「私と同じ苛立ちや悲しみを抱えていて、だけど口に出すことも泣くこともできずにここに来て、そして同じ曲で思いきり泣いている」仲間がいることを知り、「くだらない常識とか良識とか、そんなものから解放されて思いきり自由になった気分」を味わう。

しかし、バンドマンの存在を近くに感じようと高校をやめてやって来た東京は、薄暗い欲望が充満する街だった。えりやその仲間も、セックス、風俗、ドラッグとその渦に呑（の）まれていく。

憧（あこが）れるだけの存在であったバンドマンと知り合うにつれ、自分の夢を胸にステージで輝く彼らと、客席で声援を送るしかない、もしくは彼らの一夜のエッチの相手でしかありえない自分との距離を知るようになる。

一九九〇年代の日本はロックグループ「X JAPAN」が一世を風靡（ふうび）し、バンドブームが席捲（せっけん）した。その潮流のさなかにいた著者だからこその、自伝的な物語。同じ時代を同じ年代で生きた私にはむずがゆく、耳を覆いたくなる生の言葉。十代のがむしゃらに手足をバタつかせていた時代を描くのに、修飾された言葉は不必要なのだ。

あのころが昔のこととなった今も、同じように叫びだしたい衝動と焦りを抱え、日常に溺（おぼ）れないようにともがき続けているのは、著者や私だけではないだろう。（棚瀬美幸・劇作家）

（講談社・上下各2205円）＝2006年11月22日①配信

色濃く描く女の系譜

「真鶴」(川上弘美著)

川上弘美「真鶴」は、雑誌「文学界」に一年余りにわたって連載されたものだ。連載時からすでに注目を集めていたが、単行本の形で再読して、その達成度の高さにあらためて驚かされた。

失踪（しっそう）した夫の痕跡を追いつつ、「わたし」の語りは過去と現在を経巡る。その結節点として仮構されているのは、夫が日記に書き残した〈真鶴〉という土地である。そこは、死と生が融合し、存在の輪郭があいまいになる場所である。生の同伴者としての〈ついてくる〉者たちが、「わたし」をこの場所へと誘う。

この語りの揺曳（ようえい）と夫の痕跡を求めてなされる〈真鶴〉との往還は、ともに「経巡る」という現象においてパラレルであるかのように見える。しかし、ここでこの彷徨（ほうこう）する語りが色濃く描き出すことになるのは、母—私—百（もも）（娘）という女の系譜、母と娘のつながりである。それは愛情というような陳腐な言葉では語られない。たとえば母と娘は〈近い〉。距離として、血縁として？　いや、そうではない。おそらく、存在として〈近い〉。この近さのきずなにあっては、夫、男たちは外の者たちである。

このような女の語り（エクリチュール・フェミニン）は、これまでの川上弘美の作品には見いだされなかったものだ。むしろ以前の作品では、非日常の語りが採用されていても、あるいは限りなく日常の語りに近づいても、そこでは〈対〉の関係性が焦点化されていた。その意味で、本作において川上弘美は、新しい語りの領野に足を踏み出している。

読点の多い、身体的には頻繁な息継ぎを要求するこの断片の連なりのように見える言葉は、しかしひとつたりとも他の言葉に置き換えることはできない。さりげない、むしろ平易な言葉に見えて、実は厳選された言葉の使用は、これまでも川上弘美の文章の特長の一つとされてきたが、本作において、それは最上の姿を示している。たゆたい、不意に緊張し、そしてまたゆるんでいくこの言葉の連鎖は、現代日本語の一つの達成と言ってよい。（菅聡子・お茶の水女子大大学院助教授）

（文芸春秋・1500円）＝2006年11月22日②配信

煙草をめぐる文章の豊かさ

「けむりの居場所」(野坂昭如編)

「珠玉のエッセイを拝読するうち、極上の煙草(たばこ)を少しずつ吸っている気分になった」

喫煙という行為がすっかり日陰へと追いやられてしまった現在、このような文章を書き写すだけでも、かなりの勇気を必要とする。しかし、本書の序で編者である野坂昭如氏が記したとおりの感想を、私がいだいたことも事実である。

吉行淳之介、藤沢周平、田中小実昌といった希代の文筆家ばかりが並んでいるのだから当然のこととはいえ、灰を落とすしぐさから、けむりのゆらめきに寄せる思い、ライター、マッチ、シガレットケースにまつわる思い出まで、煙草をめぐる文章が生みだす豊かさにはかぎりがない。

煙草、たばこ、タバコ、莨(たばこ)。ひとつの物品を指し示すのに、同音で四つもの表記があるのだ。

「週刊文春」で昭和四十年から連載がつづく「喫煙室　くつろぎの時間」(JT協賛)より選ばれた三十二人のエッセーを読みながら、かつて喫煙の習慣をもったことのない私は焦燥を禁じえなかった。もしかしたら、私は取り返しのつかない間違いをしてきたのではないか?

今ならまだ間に合う。本数を限れば、健康への影響も抑えられるだろう。

吸うべきか、吸わざるべきか。

そんな問いまで発してしまったのは、つい先日四十一歳にして初めて私が煙草を吸ったからだ。

場所は中国・西安。日本作家訪中団の一員として臨んだ会食の席で、私はかの地の老作家から、まあ一本と煙草を勧められた。断るのも無粋だし、むせかえさないことを祈りつつ吸い込めば、けむりは首尾よく体内をめぐり、静かに口から吐き出された。

もとより味などわからないが、目に映るものがいつもより鮮明に感じられる。作家として、新境地を開くきっかけになるかもしれない。

そんな気持ちで帰国したため、私は今、大いなる葛藤(かっとう)の内にいるのだが、煙草を吸いたくなったら本書を読み返せばいいことに気づき、すっかり安心している。(佐川光晴・作家)

(幻戯書房・1680円)＝2006年11月22日③配信

過去と真剣に向き合う努力

「語りえぬ真実」(プリシラ・B・ヘイナー著、阿部利洋訳)

無実の拘禁、拷問、性暴力、子ども兵。生きたまま飛行機から海に放り投げられる者、地図から消される村。私たちの同時代の世界では、独裁政権による迫害や内戦などによって、何百万人もの人々が、目をそむけたくなるほどの人権侵害を被ってきた。

特定の国、特定の期間の大規模な人権侵害をテーマに、被害者の立場に立って証言を集め、真相を究明し、報告書を発表する。それが、真実委員会の仕事である。近年、民主化後のラテンアメリカ諸国や南アフリカなどおよそ三十カ国で、さまざまな委員会が活動してきた。大統領や議会が設置主体になることが多い。

それらの活動を幅広く紹介する本書には、具体的な提案が満載されている。たとえば、証言の記録は、乾いた事実の記録よりも、むしろ社会学で言う「質的調査」に近いものが望ましい。一回きりの公聴会証言では心の傷がかえって悪化する危険があるので、被害者への長期的なケアが必要である。真実委員会には誰かを処罰する権限はないが、その報告書は、国内外の司法の場で正義を実現するための準備として役に立つ、など。

真実委員会が設置された国々を見ると、キリスト教文化圏が多い。イスラム教的、あるいは宗教対話的な文脈で機能する真実委員会の姿を考えてみるのも、ひとつの方向だろう。サダム・フセインの人権侵害はイラクの法廷で裁かれたが、米軍の人権侵害を究明する真実委員会を考えることもできる。

東アジアの戦争被害者について、真実委員会のような試みを構想するのは、もう手遅れだろうか。「中国、韓国はしつこい」というのが今の日本の雰囲気だが、もともと、謝罪すべき相手は国ではなかったはずだ。

本書を読むと、過去に真剣に向き合おうとする努力が世界的な潮流になっていることがわかる。著者が言う通り、「罪を地中に埋めてみても、それは再びあらわれる」。けじめが不十分なら、後の世代が責任をとるしかない。それは、世界中どこでも同じことだろう。(峯陽一・大阪大助教授)

(平凡社・5040円)＝2006年11月22日④配信

神秘の染料めぐる物語

「完璧な赤」（エイミー・B・グリーンフィールド著、佐藤桂訳）

モノ、もしくは商品が、きわだって人気を博し、高価に取引されるのはなぜだろうか。もちろん、それの使用価値がたかいから。だが、それだけでもないだろう。あまりに俗っぽい例で恐縮だが、マツタケやらボジョレ・ヌーボーのように。美味はともあれ、くわえて希少性や話題性もある。

染料として、さらに絵の具として、特別な評価をほしいままにしたコチニールは、その骨頂だ。完璧（かんぺき）な赤といってよい。ヨーロッパにあって、十六世紀に突如として出現したコチニールは、赤のイメージを一変させた。毛織物をはじめとする染色に抜群の効果を発揮した。ティツィアーノやレンブラントの画面では、目をみはるような鮮烈さを実現した。

その人気は、しかし発色力だけによったのではない。そもそもコチニールは、メキシコのいくつかの地方で、ウチワサボテンに宿る同名の昆虫からつくられる。メキシコでは、住民によって、はやくから生産・利用されていた。ところが、スペインの植民地となり、ヨーロッパに輸出されたことで、一躍、注目をあびる。だが、その消費者たちにとって、いったいコチニールとは植物なのか、昆虫なのか、それすら明白ではなかった。その神秘性ゆえに、論争すらおこった。

しかも、交易はスペインの独占。量もかぎられていた。こうして、コチニールの神秘と独占とが、いやがうえにも、市場と好奇心を刺激することになる。そのプロセスをたどる本書は、ほとんど息をもつかせない。

やがてメキシコから流出して、実物が観察され、またよそでも飼養されるようになる。しかも赤にたいする嗜好（しこう）が変化したり、さらには合成染料が発明されたり。こうしてコチニールの神秘と独占がやぶれると、没落がはじまる。だが、最後には現代にあって、かえってその穏やかな美が再評価されはじめるという、大団円がまっている。みごとなノンフィクション・ミステリー。たっぷりと堪能させていただいた。（樺山紘一・印刷博物館館長）

（早川書房・2100円）＝2006年11月22日⑤配信

渾身の力で新たな円空像

「歓喜する円空」（梅原猛著）

江戸時代の修験僧円空は、北海道から関西にいたる各地に、生涯おびただしい神仏像を残した。忘れられていたその存在が、いわゆる「円空ブーム」により復活してから半世紀近くたつ。

だが、十万体の仏像を作ったと自称するその驚くべきエネルギーは謎のままである。ここに梅原猛氏という高名にして型破りな哲学者の著書が出現した。

梅原氏が円空に関心をもったのは四年くらい前のことである。縁あって尾張や美濃の円空仏を案内されるうち、かれの木彫が泰澄、行基の白山信仰や神仏習合の伝統と深く結びつくと直観した。

以後数年の間、高齢をものともせず、各地の主要な像をあらかた見てまわる過程で、「梅原生きるにあらず、円空わが内にありて生きるなり」という心境になったと述懐する。結果としてこの書は、渾身（こんしん）の力をこめた新しい円空像の描出となった。

熱気に満ちた各章から、私の興味をそそった個所として、一つは志摩（三重）の漁村に残る合わせて百八十四枚の大般若経の扉絵である。南北朝時代の版本経の見返しの写しから出発しながら、法華経に由来する竜女や竜の姿が加えられる一方で、仏の数が次第に減り、ついには釈迦（しゃか）のみの一体となる。梅原氏はその過程に何らかの物語があると考え、その謎解きに挑んだ。巻末に「歓喜沙門円空」と自署したかれの、遊戯（ゆげ）の作業の内実に初めて立ち入ったものである。

もう一つは、円空の残した千七百首ほどの和歌である。誤字、脱字が多く、判じ物のような草稿の文字を懸命に読解する作業のなかから、これまで誰も気付かなかった円空の思想と人間像を見いだす。“まるで超古代人の声が聞こえるような”“自由で雄大な想像力”に氏は感嘆する。

円空には幼いとき母を洪水で失った「まつばり子（隠し子）」という伝説がある。梅原氏はよく似た自身の生い立ちをそこに重ね合わせ、円空を他人と思わず、ひたすら敬愛する。円空を揶揄（やゆ）するような説に対しては強く反発する。そのひたむきさがまた本書の魅力でもある。（辻惟雄・東大名誉教授）

（新潮社・2310円）＝2006年11月22日⑥配信

あくまでもエレガントに

「フレッド・アステア自伝」（フレッド・アステア著、篠儀直子訳）

向田邦子はアステアの大ファンだった。和田誠との対談のなかで、ジーン・ケリーは体操の先生みたいに目いっぱい踊るのに対し、アステアのステップには遊びがあっていいと評している。

実際、ジーン・ケリーの踊りがダイナミックとすればアステアの踊りはあくまでもエレガント。

初めて邦訳されたというこの自伝（一九五九年刊）も踊りと同じように優雅。自慢げな苦労話はないし、他人への批判や悪口もない。人生を大いに楽しんでいる様子が軽やかに伝わってくる。

ネブラスカ州のオマハ生まれ。二歳年上の姉アデールが子供のころから踊りに才能を見せたので、母親はアデールと弟のフレッドを連れてニューヨークへ。思い切った決断である。

十歳になる前にもう姉と舞台に立った。根っからのダンサー。子供のころ「ハシモト・ゼンゾウ」という日本人の子供の曲芸師と仲良くなったという意外な思い出も。

姉弟のコンビで人気を得たため姉がイギリスの貴族と結婚したあと映画界入り。

「空中レヴュー時代」（三三年）「トップ・ハット」（三五年）などジンジャー・ロジャースとのコンビは大人気に。

といっても本人はそれを自慢するでもなく、スクリーンではじめて自分を見たときはやせていてナイフみたいだった、とか額が広く髪が薄いのでカツラをかぶったと飄々（ひょうひょう）と書いている。

ジンジャーとの映画ではなぜかキスシーンがなかった。ファンは不思議に思った。そこで「気儘（きまま）時代」（三八年）の時には、ジンジャーと相談してスローモーションの長いキスシーンを入れたという愉快なエピソードも。

向田邦子は、アステアの良さは女性を大事にして踊ることだと言う。

なるほどジンジャー・ロジャース、リタ・ヘイワース、ジュディ・ガーランド、そしてオードリー・ヘプバーンらアステアと踊ると女優がみんなきれいになる。

競馬好きだったのは意外。訳者によると八十歳を過ぎてから四十五歳年下の女性騎手と結婚したという。（川本三郎・評論家）

（青土社・2940円）＝2006年11月30日①配信

心地よい達人たちの言葉

「和を継ぐものたち」（小松成美著）

本当のオリジナリティーとは、美しいものだ。各分野で「私」を生きている職業人たちと出会い、著者は「世界標準などという実態のない物差しから開放された」と書いている。まずこのことに、私は深く共感する。

著者は、よい旅をしてきたということだ。自分の足場を固め、大きな声を出すのでもなく、いつも謙虚で真摯（しんし）な人々との対話は、魅力的である。

著者は会う人ごとに別の感銘を受け、あこがれ、「もし今一度生まれ変わるなら、こうした仕事に就きたい、と願ったほどだ」と書く。そこまで深い感動を与えた職業人、真の意味でのプロとの対話は読んでいて楽しい。達人たちの言葉が、宝石のように輝いている。

鎌倉時代から続く、日本古来の弓馬道を究めた人はいう。

「美しいものはすばらしい。機能しているものには美的な要素があると思うのです。大事なのは本物の美しさを伝えることではないでしょうか」

刀鍛冶の最高位に位置する人はいう。

「玉鋼（たまはがね）と呼ばれる日本古来の鋼を千度以上の火床（ほど）に入れて、千三百度くらいになったところで金槌（かなづち）で何度も打って鍛えます。玉鋼は炭素量が場所によって違うので、均一にして全体が刀にいちばん適した炭素量になるまで下げるためです。これを『鍛錬する』と言います」

目と手の勘でやっているように見えながら、ここまで科学的なのだ。分析の言葉ではなく、実際に刀を打つ人の言葉だから、説得力がある。

それとは別に炭素量の低いやわらかな鉄を鍛え、これを最初にのばした玉鋼で包んでのばしていくという。刀をこのように語った人は、いなかったのである。

専門に偏しない、普通の言葉での語りに価値がある。刀のような軟鉄は昔のほうが上質だったとはよく聞く話であるが、実地の体験による達人の言葉は心地よい。

達人や職人などその道を究めた人の言葉が魅力的なのは、自分でつかんだゆるぎない世界を、自分の言葉で語っているからである。そんな言語を渇望する著者の態度が全体に表れていて、好感を持てる。（立松和平・作家）

（小学館・1470円）＝2006年11月30日②配信

日本との類似に怖さ

「国家を騙した科学者」（李成柱著、裵淵弘訳）

あとになって、なぜあんな簡単な手口に騙（だま）されたのか、と呆気（あっけ）にとられることがある。昨年、韓国で発覚した「ES細胞」騒動はまさにそれだった。移植しても拒絶反応を起こさないヒトクローン胚（はい）由来のES細胞の作成に世界で初めて成功した、とされていたソウル大学の黄禹錫（ファン・ウソク）教授（当時）が、じつは大うそをついていたことが判明し、大騒ぎになった。

本書は韓国の東亜日報の元医学分野担当記者がこの騒動の経緯を描いたもの、と一応は言うことができる。黄教授は実験データをねつ造し、できもしなかったES細胞の作成に成功した、と発表した。その論文を検証もなしに掲載した米国の科学雑誌もうかつだった。

だが、筆者はそのことを指摘するためだけに本書を書いたのではない。黄教授の「功績」をたたえて、盧武鉉政権は「最高科学者」表彰制度を設け、授与した。彼の顔写真の切手を発行し、専用の研究所が建設され、ノーベル賞獲得運動まで展開した。野党もこれに同調した。新聞やテレビは連日、黄教授を「愛国者」「世界一」と絶賛しつづけた。このあたりの熱狂の描写には、最近の韓国で噴き出すナショナリズムの不気味さが見て取れる。

どのエピソードも、いまとなっては滑稽（こっけい）だ。政治家は無思慮だし、マスコミも、せめて第三者の公平な判断を仰ぐ、というジャーナリズムの基本すらわきまえていない。しかし、それが韓国の実情だ、と突き放せないのが、本書のもうひとつの怖さである。読んでいるうちに、これは現在の日本で起きていることとまったく同じではないか、と何度も私は感じた。

例えば、インターネットの匿名掲示板である。黄教授の大うそを指摘した若手研究者や一部のテレビ制作者に対して、すさまじい罵詈（ばり）雑言を浴びせかけたのは、「愛国」を叫ぶ若者たちだった。政治家もマスコミも、その激しさを追い風にした。黄教授支持の圧倒的多数が「社会性と対人関係を学ぶ場が少なかった」二十代だった、という指摘に、私は日本との類似を感じ、ぞっとする。（吉岡忍・ノンフィクション作家）

（牧野出版・2415円）＝2006年11月30日③配信

落語の舞台をたどる旅

「円朝ざんまい」（森まゆみ著）

三遊亭円朝。言わずとしれた近代不世出の噺家（はなしか）、「落語の神様」と呼ばれた人物である。天保年間に江戸は湯島で生まれ、谷中、根津界隈（かいわい）を転々とし、晩年は下谷に住んだ。一九〇〇（明治三十三）年、数え六十二歳で没。

それからおよそ一世紀。円朝も歩いたであろう谷中の路（みち）を精力的に歩き回っているのが、地域雑誌「谷中・根津・千駄木」の編集人、森まゆみ氏。本書の著者である。

円朝との出会いは中学三年生の時（三十七年のつきあい）だという著者は、「怪談牡丹灯籠」、「真景累ケ淵」「心眼・明治の地獄」「塩原多助一代記」などなど、数々の円朝作品の舞台を盟友「ぽん太」とともにたどっていく。「何でも歩かなければ、実地は踏めませぬ」という円朝に習って、著者もまた、歩きも歩いたり、東京の上野、本郷、浅草、千住から、上州、下野、甲斐、果ては蝦夷（えぞ）地までも旅してゆくのである。

紀行文としても楽しい読み物ではあるが、円朝作品の中に息づく生き生きとした言葉をたっぷりと読むことができるのも、本書の魅力である。

「何でも不器用に造るが宜（い）い」。これは円朝五十七歳の作品「指物師名人長二」からの台詞（せりふ）。見かけが器用にできた物に長持ちする物はない。「魂を籠（こ）めて不器用に拵（こしら）えて見ろ、屹度（きっと）美（い）い物が出来上るから」。かつて三十代の円朝は「おまえの話はうまい。うまいが舌で語るから話が死んでおる」と山岡鉄舟に言われて悔しがったという。本書の中での章は異なるが、呼応しあう二つの逸話に胸打たれる。

「本書は、円朝への慕わしさのみで書いた」とあとがきにあるように、好きだからこそ成立したのであろうダイナミックな移動と、旅先での緻密（ちみつ）な調査の双方が見事。飛び込みで入った食堂のあるじが郷土史の研究家でもあったり、史実の登場人物の末裔（まつえい）とお目もじかなったりと、歩いたからこそ、の人との出会い。それをいながらにして読ませてもらえるのは、楽しいことだ。（藤田千恵子・フリーライター）

（平凡社・1890円）＝2006年11月30日④配信

深く広やかな詩的宇宙

「苦海浄土第二部」(石牟礼道子著)

本書は、水俣病の世界を描いた「苦海浄土」三部作の、未刊だった第二部。執筆中断を経て完成まで三十数年を要した奇蹟(きせき)のような作品だ。

一九六九年刊行の第一部「苦海浄土」は水俣病事件の初期にはじめて光をあて、受難の人々の生と死に寄り添うようにして書かれた。続いて世に出たのは第三部「天の魚」(七四年)。水俣病闘争の頂点、七〇年代初めのチッソ東京本社での自主交渉の時期に焦点が置かれた。

そして完結編となる本書、第二部「神々の村」は、六九年の患者家族の提訴から翌年のチッソ株主総会への参加、そして運動が分裂し始めた時期までを扱っている。

しかし本書は単に第一部と第三部をつなぐだけではない。水俣病の世界を重層的に織り上げて、その中に第一部と第三部を包含する、深く広やかな詩的宇宙を生成した。

描かれているのは、この世でもあの世でもなく、行き場のない魂たちのさすらう「もうひとつのこの世」である。

それは、後の総理大臣、橋本龍太郎青年が患者を威嚇した言葉、また行政や資本と合わせ鏡の支援運動の側の活動者用語など、「この世」を彩る「近代」の層とは鋭く逆立している。企業や国の強大さに比例する水俣病患者同士のねたみや密告など、本書ではじめて明かされた村落共同体の闇の部分もまた、近代の地層のうちと言える。

しかし、著者は裁判や運動を超え、近代を超えて「もうひとつのこの世」の深部、生命系の基層に降り立つ。災いを身に負う身代わり神の一人、患者の田上義春が山野を「漂浪(されき)」(放浪し)ながら交わる女王蜂(ばち)、雪の空、山の椿(つばき)、げんげ畑、鬼、鳥、狸(たぬき)の世界。また、坂本トキノが夢で見た、娘の霊が蝶(ちょう)や桜の花びらとなって狐(きつね)神に同行する世界が、この上なく美しい叙景の中に浮かび上がる。

本書の最後で坂本トキノが、いまわの際の娘の眸(ひとみ)に映った花びらを思って言う。「花の時季に…花びら拾うてやっては下はりませんでしょうか」。私も花びらを拾わなければ。読後、しんとした思いと覚悟の訪れがある。(栗原彬・立教大名誉教授)

(藤原書店・2520円)=2006年11月30日⑤配信

自分獲得する長い旅

「四度目の氷河期」(荻原浩著)

他者とはちがう自分。

およそすべての青春小説はそこから始まる。この物語もまさにその地点から始まっている。この世にただひとりであるはずの自分が、確かに「自分」と呼べるものを求め、ついに獲得してゆくまでの長い旅が。

小学生のワタルは、田舎にある町で母とふたりで暮らしている。ふたりの生活は貧しくつつましい。母はどうやらたったひとりでワタルを産み育てたシングルマザーであるらしく、閉鎖的といえる集落ではそれだけで十分目立った存在だ。ふたりに向けられるまなざしが、良くも悪くもワタルの自意識をとがらせ、澄ませてゆく。「ぼくは普通の子どもとは違う」

だが物語はそこから不意に、奇抜で面白い方向へと転がりだす。ワタルの太い骨格、独特の身体能力、発達してゆく筋肉。いや応なくあきらかに他者とは違う身体と向き合うなかで、ワタルはひょっとして自分は、一万年前に生存していたクロマニョン人の子(子孫ではない)ではないか、と思い込むようになるのだ。

研究員であった母が旧ソ連研修時代に身ごもった一万年前の人類と母の間に生まれた息子ではないか、と。そしてクロマニョン人としての誇りをもって生きるため、ワタルの涙ぐましい訓練と精進の日々が始まる。最大の理解者、同級生のサチとともに。

前半の内省的で叙情的な述懐から一転、優れた身体能力を生かして、陸上部員、槍(やり)投げの選手として成長してゆくワタルの姿に夢中で読み進んだ。クロマニョン人としての誇りをもつことで、彼はクロマニョン人でも特別でもない、かけがえのないただひとりの「自分」を手に入れてゆく。

この小説は身体の発達ということへの素朴な感動から決して目を逸(そ)らさない、世にもまれな「肉体成長小説」だ。青春時代に成長してゆくのは心だけではない。心だけがとりたてて大切なもののように特別扱いされるいわれもない。肉体を鍛えることで命の力と愚直に向き合うラストシーン、素直に胸が熱くなった。(宮村優子・シナリオライター)

(新潮社・1890円)=2006年12月1日配信

神秘的な場所へ誘う物語

「きつねのはなし」（森見登美彦著）

京都に曼殊院というお寺があり、庭の紅葉がそれは見事で毎年訪ねていた。

だが困ったことにここには幽霊の描かれた一幅の軸があった。行くたびに怖いな怖いなと目を合わさないようにしていたのが、ついにあるときつかまってしまい、軸の前に置かれたおみくじで大凶をひいたのを徴（しるし）として、その後の一、二年はどんよりした日々を過ごすはめになった。以来、曼殊院へは行っていない。

京都だからということではないのだろうが、この世にはそんな現象がたしかにある。

本書に収められているのは、より精妙な四つの因縁譚（たん）で、するすると気持ちよく読んでいるといつの間にやら怖い場所に連れて行かれてしまう。さらにまとめて読み比べると、そのあやしさはいや増す。

いずれも、穏やかな青年によって語られる学生時代の思い出話だ。共通する店や人物が登場するから同じ青年が語っているのかと思うと、どうもそうではないらしい。では別人によって語られた同じ時期の同じ町かと思うと、それも違う。微妙に人物配置がずれている。なんだか、パラレルワールドをのぞいているような気分になる。

時間も空間も、歴史も記憶も重層的なものであり、ひとつの〈町〉にも複数の位相があることを肌で納得してしまう不思議な作りになっている。そもそも舞台は、誰ひとり京ことばを話すことのない異次元の京都だ。

作中、ある青年は言う。赤の他人の間にも「神秘的な糸がたくさん張り巡らされて」おり、「もしその糸を辿（たど）っていくことができるなら、この町の中枢にある、とても暗くて神秘的な場所へ通じているような気がする」と。

〈神秘的な場所〉とは、このような物語を紡ぐ作者の脳髄の中だとわたしは思うけれども、それはともかくとして、糸の一端は鷺森神社の近くにあるらしい。物語はその不気味な屋敷から始まる。くしくもそれは、曼殊院のすぐそばだ。（松村栄子・作家）

（新潮社・1470円）＝2006年12月7日①配信

現実見つめ幻想へ飛躍

「鯉浄土」（村田喜代子著）

本書は趣の違う九つの短編が載っていて、どれを取り上げるかで異なった書評になるだろうと思う。最初の三編くらいまでは特に感想はなかったのだが、読み進めていくうちに、このベテランの作家が決して安全パイで勝負せず、実験精神をフル稼働させていることに感動した。

祖母が赤ん坊の孫に、桃太郎の話を自己流に語って聞かせ、そこに祖母の願いがこめられているという「力姫」も面白かったが、きわめつけは「科学の犬」だろう。

この小説は最初、怖くてじっくりとは読めなかった。半ば飛ばしながら読んだ。動物実験についての話だからである。主人公は行方不明になった愛犬を探している。もし交通事故による死をまぬがれたとしても、殺処分されるか、動物実験用に渡されるか、迷い犬はすべて厳しい運命なのだ。中で作者は、じつに興味深いエピソードを語っている。

ベルナールというかつての動物実験の第一人者がいて、何万頭もの犬や猫を殺したが、彼の妻がフランスで最初に動物実験反対の協会をつくったというのである。この仲の悪かった夫妻の例を挙げながら、作者は「わたしたちが生き物を生かしておくために、物理的化学的な追究を断念するとき、そのときにこそ初めて、生命の存在という基本的な事実が認められるのではなかろうか」という湯川秀樹の言葉を引いている。

読んでいて、これは誰かが書かなければならなかった小説だと感じた。「です・ます調」の柔らかい語り口ながら異彩を放っている。村田喜代子の小説の特徴として、時々現実から幻想へと飛躍するけれども、それはたいてい現実ではかなわない願いが形をとったものであって、隠微でなくどこかユーモアがあり、作品の強烈なスパイスになっている。

しかし、そこにこの短編集の本領があるわけではない。作者はしっかと現実を見つめる書き手でもあって、「科学の犬」はさまざまな魅力を持つ残りの八編や、ほかの作家の小説の上に、君臨するがごとく、厳しくも儚（はかな）い表情で収まっている。（井坂洋子・詩人）

（講談社・1575円）＝2006年12月7日②配信

原酒を味わう楽しみ

「藤沢周平　未刊行初期短篇」（**藤沢周平著**）

くしくも、いま、これを書いているのは、藤沢周平が定宿とした鶴岡の湯田川温泉九兵衛旅館の一室である。おかみが藤沢の教え子であり、ちょっとした藤沢記念館の趣がある。たとえば、藤沢の書いた「耐えるたびに人生が見えてくる」という色紙が飾られているが、これなどは藤沢文学のある側面を端的に言い表したものだろう。

私は今回、ある雑誌が企画した「佐高信と行く藤沢周平ツアー」という企画で、ここにやってきた。この「未刊行初期短篇」を抱えてだから、これ以上ふさわしい旅はあるまい。藤沢作品の世界に入り込んでしまって、現代の日本に戻るのが難しいほどだ。

一篇（ぺん）一篇が後年の藤沢を十分に感じさせる読みごたえだが、エジプトの宮廷彫刻師カエムヘシトを描いた「老彫刻師の死」は、藤沢には珍しい“外国もの”で、藤沢がいろいろな実験を試みていたことがうかがえる。

これが「海鳴り」に発展していったのかとか、その原酒を味わうようにこれらの短篇を読んでいくのも、また、藤沢ファンにとってはこたえられないだろう。

最初の二篇は切支丹ものだが、山形的に言えば、小国の山奥に内村鑑三の弟子の鈴木弼美（すけよし）がつくった基督教独立学園という独特の高校がいまもあり、それが触媒となって、この二篇が生まれたのではないか、と私は想像したりする。

寛永年間に捕らえた二人の日本人バテレンを火あぶりの刑にしたところ、その最期が立派で、処刑を見に集まった者たちが感動して、しばらくその場を立ち去らなかった。これでは逆効果だと、以後、なるべく転宗させるようにしたという記述も、藤沢らしい民衆への信頼が感じられる。

もちろん、自然描写もすばらしいのだが、私には、たとえば「霧の壁」の、次のような娘の描写がたまらない。

「何とも言えぬ清らかな印象、にもかかわらず、悲しみのどん底をのぞいたことのある者だけが持つ、あのいたいたしい翳（かげ）は何だろう」

やはり藤沢は人間の悲しみに心を寄せる作家なのである。（佐高信・評論家）

（文芸春秋・1800円）＝2006年12月7日③配信

色香漂う生きた花柳史

「芸者論」（**岩下尚史著**）

とんでもない才人が登場した。

この本は、花柳界を娼妓（しょうぎ）の巣窟（そうくつ）のように伝えたり、芸者を悲話のモデルとして取り上げることが多いのに疑問を持った著者が、「宴という古代以来の信仰生活に基づく場を舞台として、江戸以来の伝統芸能を保護継承してきたという、芸者の文化的な意義」を唱えたもの。

副題は「神々に扮することを忘れた日本人」。芸者の源は巫女（みこ）であり、古代の人々は毎年訪ねてくる神に巫女がご馳走（ちそう）を差し上げ、歌舞で楽しませることで幸福が得られると信じていた。いわば神に扮（ふん）して花柳界で遊ぶことを忘れたことで、日本の伝統文化がすたれていくという嘆きである。

「才人」のゆえんは、その意義を唱えたり嘆いたりする文章に妙な味があるのだ。「彼女たちのすらりとして艶なる装いを、春章や歌麿が江戸の都市美の表象として描くようになるまでには、神聖なものの標しである傘を差し掛け、諸国を経巡り、上臈（じょうろう）とも見紛う容儀と美しい唄声で、男たちの魂を揺さぶり続けた、浮かれ女としての長い年月がありました」という具合。

折口信夫の手法と文を真似（まね）たとあるが、色香を感じさせる風流な表現の中に驚くべき知識がゆるゆると挟み込まれ、独特のリズムで流れていく。それが不思議と読みやすく、流されるままに追っていくと、芸者と花柳界の発祥から現在に至るまでの変遷や、衣装、歌舞音曲、料理、日本史に至るまでが頭に入ってしまう。

まるで花街に通い詰めた粋な老人の昔話を聞いているようだが、著者はまだ四十代半ばというから驚く。かつて新橋花柳界が創設した新橋演舞場に勤務し、関東大震災後に披露目をしたほんものの名妓（めいぎ）たちに親しく話を聞いたそうだから、この語り口も彼女たちから学んだものか。名老妓たちの実地に基づく生きた花柳史、一般に紹介されることが少なかった資料も満載の貴重な一冊である。

近々刊行されるという第二弾、老名妓たちの聞き書きによる回顧談「名妓の資格」も楽しみだ。

（柴口育子・フリーライター）

（雄山閣・2940円）＝2006年12月7日④配信

現代の若者に届けたい

「竹内浩三集」(竹内浩三・文と絵、よしだみどり編)

言葉がすっと体に入ってくる。いやみやてらいのない真っすぐな言葉たちの群れ。「生きることはたのしいね　ほんとに私は生きている」

素直な心がふんわりと、読む者の心をつつむ。こんなに率直に生きることを肯定していいのだろうかと、一瞬考えてしまう賢(さか)しらな自分が恥ずかしくなる。純朴という現代では失われてしまった美を、浩三の詩は感受させる。勇ましい言葉や華やかに彩られた言葉に隠された欺瞞(ぎまん)を、彼の感性は鋭くとらえていた。

だから彼は、人は弱くて悪いこともするけれど「ひとを信じよう　ひとを愛しよう　そしていいことをうんとしよう」「みんなが　みんなで　愉快に生きよう」と、飾らない言葉でうたう。

竹内浩三は一九二一年、三重県に生まれた。中学のころからマンガや文章を載せた雑誌をつくっている。本書には、まったくなんてヘタなんだと思いつつも笑みがこぼれてしまう、心なごむ絵がふんだんに入っている。それは文章の優しさともマッチしている。彼の言葉はどれも人のよさとユーモアにあふれ、詩の響きを奏でている。

そんな前向きの生を戦争は踏みにじる。しかし有名な「戦死やあわれ　兵隊の死ぬるや　あわれ　遠い他国で　ひょんと死ぬるや　だまって　だれもいないところで　ひょんと死ぬるや」の詩から醸しだされる深い生命への慈しみは変わらない。

ひたすら「生きたい」とうたった浩三だが、四五年にフィリピンで戦死。軍に入営後も書き続けられた言葉は、宮沢賢治の本をくりぬいた中にはめ込まれ、姉に届けられたという。彼の言葉はこうして生き残った。

「みんながみんなで　めに見えない針で　いじめ合っている　世の中だ」と、まるで現代社会をうたったかのような詩の題は「よく生きてきたと思う」。そして言葉は「おだやかな顔をして　人をいじめる　これが人間だ　でも　ボクは人間がきらいにはなれない」と続いていく。現代を生きる若い人にこそ届いてほしいと願わずにはいられない言葉の世界である。(与那覇恵子・東洋英和女学院大教授)

(藤原書店・2310円)＝2006年12月7日⑤配信

ぬくもりある牧歌的随筆

「カラスはなぜ東京が好きなのか」(松田道生著)

「東京が好きか」と聞かれたら、答えに迷う。変化に追われる都会暮らしは、常に気ぜわしい。「カラスが好きか」の問いにも悩む。騒々しいとか怖いとか、一見、嫌な印象が強いが、意外な機知や神秘性を備えた、身近な野生、とも思える。

本書は東京のカラス—大都市に適応し、増加しているハシブトガラス—と、隣接して暮らす人間との関係を記した一冊である。著者が長年居住している駒込で、縄張りを持ち営巣するカラスたちを、日々徒歩で巡回し、観察した五年間の地道なフィールドワークだ。

大量の人員を配置し、捕獲してカラーリングや発信器を取り付ける、といった方法を取らず、カラスの自然な暮らしを尊重する姿勢は牧歌的で、学究を超えたぬくもりを感じさせる。その分、数字を並べたデータ資料に乏しく、論文というより随筆的な味わいである。

繁殖のための巣作りをした場所によって、著者に“都営住宅”や“排水口”や“保育園”などと命名されたカラスの夫婦たちは、生き生きとした個性を持って描かれる。雄雌そろって威嚇的なペアもあれば、カカア天下もある。人間との衝突を起こしにくい、おとなしいペアの子育て成功率が高い、といったくだりには、親近感を覚える。

繁華街に飛来し、群れでゴミをあさる、公園などで人を襲う、といったテレビなどで見かける映像には、編集上の誇張があり、実際のカラスの生態を知ることで解決可能な誤解や、対応策があること。また、子育ての習性や、彼らなりの都会生活の工夫を調べもせず、場当たり的な駆除作業で税金を浪費している行政への苦言も盛り込まれ、実用面でも貴重な書物となっている。

とっつきの悪い外見の奥にある細やかな情、緊張感で疲弊しつつも、便利さを希求する日常。東京と、東京暮らしと、そこに住むカラスは似ている。賢明なカラスが、先にそれに気づいたのかもしれない。彼らとの関係を通して、人の生活を省みる絶好の教科書だ。(片倉美登・文筆業)

(平凡社・1890円)＝2006年12月7日⑥配信

思慮にみちた春樹訳　「グレート・ギャツビー」（スコット・フィッツジェラルド著、村上春樹訳）

村上春樹の翻訳に初めてふれたのは、文芸雑誌「海」一九八〇年十二月号のフィッツジェラルド特集だった。彼はその前年、七九年に「風の歌を聴け」でデビューを飾り、ポストモダン作家ヴォネガットの翻訳文体を取り込んだかに見える斬新な文体が大いに論議を呼んでいた。翻訳文体を取り込んだ春樹自身が翻訳をも試みることが興味深く、一読して彼のフィッツジェラルドはなかなかイケる、と感じたものだ。

アメリカ一九二〇年代、いわゆるジャズエージを代表する「グレート・ギャツビー」が味わい深いのは、同時代どころかアメリカ史全体の百科全書とも呼べる構造を備えているところにある。

あらすじだけまとめてしまえば、かつて貧しかったがゆえに恋人デイジーと別れなくてはならなかったギャツビーが、闇商売に手を出しながら財力を蓄え、いまはトム・ブキャナン夫人となったデイジーを取り戻そうとするも、彼女の引き起こした交通事故に巻き込まれた末、悲劇的な結末を迎えるという、これは典型的なアメリカの夢と挫折の物語にほかならない。だが、何度も読み込むと、これはかなり周到に仕組まれた小説であるのが再確認されるのだ。

たとえば、本書の決め手ともいえる“careless”のモチーフ。もともとこの形容詞は第三章において語り手ニックが女性ゴルファーであるジョーダンの「不注意」な運転を指すときに使われるのだが、物語はデイジーのまさに「不注意」な運転によりギャツビーの悲劇を招く。そして第九章、そのあともなお事もなげに暮らすトムとデイジーのことをニックが“they were careless people”と呼ぶ瞬間こそは、この小説のキモなのだ。

というのも、ここでの“careless”は「不注意」から「能天気」の意味合いへと、作家によって巧妙にズラされているのだから。新訳はその部分を見落とさず「彼らは思慮を欠いた人々なのだ」と訳し分けている。そう、村上春樹は注意深くも思慮にみちた作家なのである。（巽孝之・慶応大教授）

（中央公論新社・愛蔵版2730円、新書版861円）＝2006年12月14日①配信

都市空間の豊穣なる異界へ　「東京番外地」（森達也著）

コンピューター上のイメージは、それがどんなにエロチックであろうとも、ディスプレーに色を配置するプログラムの関数に過ぎない。しかし、私たちはそれに欲情する。同じように、管理と監視のプログラムによって異物が排除されつつある東京という都市空間で、私たちはあらゆるメディアに誘導されながら、漫然と消費を欲望する。

正真正銘のアナログオヤジである森達也は、それが我慢ならない。「世界はもっと豊かだし、人はもっと優しい」を標榜（ひょうぼう）するオヤジの心は、少年のように純真無垢（むく）なのだ。だから森は、東京の管理プログラムのバグともいえる場所、「番外地」をひたすらムキになって歩く。バグとはプログラム上の誤りを意味し、下手をするとシステムを思わぬ方向に暴走させ、破壊する。森が旅をするのにこれ以上ふさわしい場所はない。

かくして森は、山谷は玉姫公園の立ち木にくくられた鸚鵡（おうむ）のオブジェにこだわり、深夜の歌舞伎町ではのぞき部屋のマジックミラー越しに踊り子の虚無を見る。浅草の観音前交番に開設された身元不明相談所では行き倒れの遺体の過去に思いをはせ、千代田区千代田一番地（つまり、皇居）では、そこにタヌキが生息していることを知る。

ドキュメンタリー映像作家でもある森は、直感と行動の人だ。少年のまなざしで目の前にある事象とシンプルに向き合い、動き、想像する。管理プログラムの王国に分け入る少年は「王様ー、裸ですよ！」と平気で口にしながら、その王様の脇の下のにおいを嗅（か）ぐ。

結果、私たちはこの「東京番外地」で、あたかも森のドキュメンタリー映画を見るように、東京というシステムのほころび、豊穣（ほうじょう）なる異界に触れることができる。その色やにおいや温度や湿度を感じることができる。

しかし、問題はそこから先だ。管理プログラムは完璧（かんぺき）なシステムを目指し、さらにバグを排除し続けるだろう。必要なのは、失われゆく番外地を観光するだけではなく、あなたが今いるその場所からシステムにほころびを入れていくハッキング（抵抗）の力なのだ。（土屋豊・映画監督）

（新潮社・1470円）＝2006年12月14日③配信

含蓄ある第一級の対話

「思想とはなにか」（吉本隆明、笠原芳光著）

思想とはなにかをめぐる第一級の思想家と宗教学者の対話である。詩歌、近代文学、宗教、政治…。扱われている対象がとにかく広い。広いだけでなく一つ一つの議論に含蓄がある。

対話の進行は笠原がリードし、それに吉本が応答するという形がとられているけれど、いたるところで両者の意見がぶつかり合い、この本を活気あるものにしている。

たとえば正岡子規の「鶏頭の十四五本もありぬべし」という句を吉本は「ああっというくらい良い句」だと述べる。笠原もそれに同意する。ところがどうして良い句であるのかということになると、両者の解釈は割れる。

笠原は「十四五本」という客観的描写がこの句のみそであると主張する。それに対し吉本は、俳句の始源は一種の問答歌であり、したがってそこにはいつも主観性と客観性が入っている。どちらが欠けても句にならない、であれば一句の主観的描写「ありぬべし」が句を句たらしめていると考えざるを得ないと述べる。

吉本の理解の仕方に発見があり、驚きを覚える。その一方で「十四五本」に力点を置いて音読している私がいるのだ。

宗教性をめぐり、笠原はこう語る。いま教義、儀礼、教団といった形態だけが宗教と思われてしまっていて、内容（思想性）すなわち宗教性という根源的な問題がなおざりにされている。その一つが死の問題である。宗教は、死という絶対の不条理に対応できていないのではないかと。

吉本は笠原のこうした姿勢をオーソドックスだと評価しつつ、自分はそこから逃げていると述べる。自分がやってるのは、せいぜい縁日に寺や神社に出かけていって、金魚すくいで遊ぶことくらいである。でもこういう縁日の場での遊びに宗教性の始源からの連続性が現れているのではないかと応じる。遊びという始源性は、宗教がまだ形態と内容に分かれる以前の姿ということになろう。

柔軟なのかはぐらかしているのか、吉本らしい。「皮肉のような気もするけれど」と述べる笠原のむっとしたような顔が見えるようだ。（芹沢俊介・評論家）

（春秋社・1890円）＝2006年12月14日④配信

冒険と安心の双方を手に

「女子と鉄道」（酒井順子著）

鉄道オタクの愛称は「鉄ちゃん」と言うらしい。そのほとんどは男性だ。そういえば、子供のころ、駅の名前をそらんじていたのは男の子だったし、大学の鉄道研究会も男子ばかりだった。

「女子と鉄道」はベストセラー「負け犬の遠吠え」の著者、酒井順子の最新刊である。本書は、鉄道好きは男子の専売特許じゃない、女子にも自分のように鉄道好きがいるんだぞ、と鉄道に乗ることを目的とした旅行記である。茶道や華道に勝るとも劣らぬ「鉄道」趣味の深い魅力が語られていく。

北は北海道から南は沖縄、果てはイギリスにまで遠征し、鉄道心を満足させる。宮脇俊三を師と仰ぎ、彼のデビュー作「時刻表2万キロ」は彼女のバイブルともいえる。ただし、ゴリゴリの鉄ちゃんとは少し違う。自らを「乗り専」と称し、電車で移動することに無上の喜びを見いだす。

彼女の不思議なところは、乗ってしまえばそれで安心し、寝こけてしまうところだ。A駅からB駅まで電車に乗る。それは知らない場所に行く冒険と、間違いなく到着するという安心感を同時に満足させてくれるものだ、と自己分析している。

酒井が乗った路線には既に廃線が決まったところやリニアのような試乗線、幻の鉄道と呼ばれる十八段連続スイッチバックのトロッコ列車の体験学習や沖縄戦後初の鉄道「ゆいレール」なども含まれている。同行者は筋金入りの鉄道マニアの男性だから、何の心配も必要なく電車に揺られる喜びを満喫しているのだ。

かくいう私も電車好き、いや乗り物全般が好きである。時刻表と路線図があれば何時間でも時間がつぶせる、という女にしてはまれなタイプである。どこかに旅行へ行くと決まれば、電車の時刻から乗り換えの手順、駅弁の種類まで調べなければ気がすまない。その割には行った先の情報は同行者に任せきりだ。

酒井さん、女子にも数少ないが同好の士はいます。読み終わって本を閉じた瞬間から旅に出たくてたまらなくなった。（東えりか・書評家）

（光文社・1365円）＝2006年12月14日⑤配信

加害・被害を多角的に問う

「和解のために」（朴裕河著、佐藤久訳）

二〇〇二年の日韓共催サッカー・ワールドカップ（W杯）で、韓国人と日本人がお互いに応援し、励まし合ったことは記憶に新しい。しかし最近では、靖国参拝や独島（竹島）問題などをめぐり「韓国は…」「日本は…」と批判の声ばかりが目立つ。歴史認識について、和解はあり得ないのだろうか。

朴裕河は、韓日両国の「和解のために」解決すべき課題を、「教科書」「慰安婦」「靖国」「独島」という具体的な問題をめぐって考察する。朴は、韓日両国それぞれが、自国歴史に対する「誇り」への執着によって、互いのことをよく「見て」「聞く」ことができなかったと指摘する。そこで、まず韓国で出版された本書は、特に“加害者”日本のイメージを単純化してしまった“被害者”韓国に向けて、多くの史料と新鮮な見解を示している。

戦後日本の、植民地政策などに対する「反省的な態度」や「反省的な教科書」あるいは「女性のためのアジア平和国民基金」への朴の評価は、韓国人にもそのような見方ができるのかと、韓国人の私にとっても新鮮だ。特に「韓国の内なる責任」として、現在の私たちに内在する慰安婦に対する「差別的視線」を指摘され、驚いた。

靖国神社を公式参拝した小泉純一郎前首相の談話内容の分析は寛容に過ぎるとも見えるが、独島の「最上の価値」として「韓日間の平和」を着地点に据え、「共同領域」とすることを提案していることには賛同できる。

朴が求める「被害者の示すべき度量と、加害者の身につけるべき慎みが出会う」のは、あくまで夢の理想郷（ユートピア）にすぎないのだろうか。

私はそうは思わない。本書を通じて、戦争における国家と、“加害者”並びに“被害者”たる国民の関係を多角的に考察することによって、加害―被害の意味を探ることが可能だと思えた。私の現在の研究テーマ（浅川巧を中心とする日韓文化交流史）もそのような理想郷を求めるところから始まったことを思うと、共感は一層大きくなる。（李尚珍・宇都宮大講師）

（平凡社・2310円）＝2006年12月14日⑥配信

現実が裏付ける幻想物語

「雷の季節の終わりに」（恒川光太郎著）

地図には載っていないが、「オン」という土地が実在する。「平穏」の「穏」と書く。とある海辺の町で、ほとんど自給自足の生活だ。テレビや車などの文明の利器はないけれど、人々は戦争などの殺し合いを悪として、その名のとおりに穏やかな生活を営んでいる。一種の理想郷だ。

この町に、日本から来た一人の少年が血縁のない老夫婦に育てられている。なぜ、彼がここにいるのか。来たときがあまりに幼かったので、彼にもわからない。姉もいっしょだが、本当の姉かどうかもわからない。

「穏」には四季のほかに、冬と春の間にもう一つの季節があり、「神季」もしくは「雷季」と呼ばれている。その季節には激しい風を伴って猛烈に雷が鳴り、人々はほとんど表に出ることはない。雨戸を閉め切り息をひそめて、真新しい春が来るのを待っているだけだ。

物語はこの奇妙な季節をキーとして、少年が再び日本の土地を踏むまでの冒険譚（たん）である。町での時間がたつにつれ、少年は一見平穏な村に隠された暗部に気がついていく。隠されていたのは、よそ者を排除する閉鎖性であり、反抗者や役立たずの人間を始末する冷酷性である。つまりは、地図に載っている他の土地よりもよほど陰湿で残忍な仕組みを隠し持った町なのだった。

それらが明らかにされていく過程には、血と暴力とが常に介在する。その壮絶な展開を描写する著者の筆力は力強く見事なもので、だんだんページをめくるのが怖くなってくるが、しかしやめられない。

お気づきかと思うが、この架空の物語は実は現実的な裏付けを持っているようである。そう、私には読めた。一連のいわゆる拉致事件だ。読みすすむうちに、おそらく読者は幻想物語とこの世の現実との区別がつかなくなってくる不思議な思いに誘われるだろう。読みどころは、そこである。

そして読了したときに覚えるのは、安堵（あんど）感よりも虚脱感とでもいうべきか。人と人とが平和に穏やかに共存していく困難さが身にしみてくる。（清水哲男・詩人）

（角川書店・1575円）＝2006年12月21日①配信

さわやかな余韻残した遺作

「死顔」(吉村昭著)

本書に収められた五編の短編は、いずれも死と向き合う主題で見事だが、とりわけ次兄の死を中心にすえた「二人」「死顔」の二編が重い。後者は遺作という言い方もあるだろうが、明らかに遺書として書かれている。

父母と九男一女の家族が、戦争や病気で一人一人世を去り、八十七歳の次兄と横浜に住む八十歳の兄、自分だけが残り、いまその次兄が亡くなろうとしている。吉村さんはこれを、〈死の領域〉とよんでいる。

次兄はこの引き返せない領域に入ったとき、息子に、かくし子がいると告白して、肉親としての配慮を頼む。息子は、叔父である「私」に電話で相談する。「私」は甥(おい)に、まず母や妹に知られずに対処するようにと注意を与える。次兄がそう望んでいることが痛いほどわかるからだ。ここに作者の最も大切にしてきた生き方がある。それは今の時代に忘却はなはだしい兄弟愛という倫理だろう。

「私」は横浜の兄をよび出して、いまわの際の次兄を見舞いに行く。その道すがら、次兄にはかくし子がいること、その相手の女性がかつて自分に相談にきたこと、認知の要求をはねつけたことなどを伝える。兄は思わず「そうお、そんなことがあったの」とおどろきを漏らす。このふだん使いの言葉に、きずなが濃(こま)やかにあらわれている。

次兄の葬送を題材にした「死顔」で、「私」は死について次兄の妻と同じ立場に立つ。病院が示した延命措置をことわる嫂(あによめ)の考えを支持して、〈私の考えと一致し、それは遺言にも記してある〉と書く。同じ延命を拒んだ江戸蘭方(らんぽう)医佐藤泰然にふれ、〈泰然の死は、医学者故に許される一種の自殺と言えるが、賢明な自然死であることに変りはない〉と述懐している。

闘病を隠して社会の義務を果たすことすべてをやっていた吉村さんの最後が、妻である作家の津村節子さんのあとがきに切々とかかれている。仕事をすることによって死と闘っていた吉村さんの遺作には、不思議にさわやかな余韻が残されている。(坂上弘・作家)

(新潮社・1365円)＝2006年12月21日②配信

スピード求める社会の歴史

「時間意識の近代」(西本郁子著)

楽しく夢中になって遊ぶ子供たちの意識は、コマ切れで管理される時間とは無縁だ。だが、その姿を見守る親は、食事や昼寝の時刻が気になってしょうがない。

あわただしい現実へと、親は子供たちを引き戻す。そこに欠けているものは、待つことや目的を定めない自由な行動、そして休みだ。

本書は、日欧のライフスタイルを、〈とき〉の意識という観点から歴史的に分析している。興味をひくのは、速度を語るときの語彙(ごい)の来歴を明らかにしている点だ。

例えば、「能率」という言葉は「テーラー主義」で知られる科学的な管理法を導入する際に作られた新しい日本語だ。

大正時代には、鉄道の発達に伴って、朝夕の混雑時間帯を指す「ラッシュアワー」がすでに登場していた。国産の「タイムレコーダー」は、一九三二年に登場した―。

これらの指摘から分かるのは、明治以来の西欧近代化が、まさに現代日本の労働環境や時間意識の形成と地続きだということだ。

現代世界における時間意識の形成には、ジャスト・イン・タイム方式という産業システムが決定的にかかわっているという。これは、「ムリ・ムラ・ムダ」を省くという哲学を基盤とする。

ところで、こうした理念の上に築かれた社会は、個性豊かで思考力も行動力も備えた人間が育つのに、果たして適しているのだろうか。答えはノーである。それは、本書が言及するシモーヌ・ヴェイユや鎌田慧らが、労働現場のルポを通してそれを明らかにしている。

つまり、工場で課される作業にはスピードが求められ、そのスピードはさらに加速される。加速されたスピードは、人間から思考や夢見る力を奪い取る。

こうした点からすれば、コマ切れの「速さ」に追われ、スピードこそが金銭価値を生むという現状の労働や教育環境は、再考すべきだろう。

今後求められるのは、「休息」や「間」や「ひと息」を受容する感性だ。本書の副題は「『時は金なり』の社会史」だが、問いの射程は未来へ向かって深い。(佐藤壮広・一橋大学講師)

(法政大学出版局・4200円)＝2006年12月21日③配信

戦略爆撃への道筋描く 「興亡の世界史19　空の帝国　アメリカの20世紀」(生井英考著)

本書の冒頭で、著者は述べている。「アメリカ合衆国は、もともとは建国以来、世界の産業先進諸国のなかでも常備する軍事力の手薄なことで有名な国家だったのである。(中略) そんなアメリカがなぜ、いつ、どのようにして現在のような傲慢(ごうまん) なまでの軍事大国に変貌 (へんぼう) してしまったのか」

「興亡の世界史」というシリーズで米国を論ずる著者が選んだのは、「空の制覇者」としてのアメリカという視点だった。ライト兄弟、リンドバーグ、単独大西洋横断飛行のヒロイン・アメリア・イアハート、名だたるヒーロー、ヒロインがいるだけではない。

戦争で決定的な重要性を持つに至った「戦略爆撃」(理論化したのはイタリアのジュリオ・ドゥーエ) を、第二次世界大戦で具体化したのも米国だった。

著者は、米空軍の二人の父、異端児ビリー・ミッチェル、米陸軍航空軍初代司令官ハップ・アーノルドなどを紹介しつつ、米空軍の歴史をたどる。

素朴な庶民の空へのあこがれから生まれた「翼の福音」(ジョーゼフ・コーン) と呼ばれる飛行機への宗教的情熱が、なぜ、ドイツのドレスデン爆撃や東京大空襲、原爆投下という悪名高い戦略爆撃を生み出したのかを考えようとする。

イーストウッド監督の映画「硫黄島からの手紙」が公開されたが、米軍が空から壊滅的な爆撃をする戦略爆撃に踏み切ったのは、硫黄島などでの兵力を消耗する地上戦の反省からだとされている。

ベトナム戦争から湾岸戦争へと続く、「重爆撃こそが我が大陸本土を侵略から防衛する最適の手段」だとする戦略爆撃の思想は、米国を救ったわけではない。二〇〇一年九月十一日の同時多発テロによるツインタワービルの崩壊は、米国にとって初めての本土爆撃の経験だった。

この「新しい真珠湾攻撃」が、国民の愛国的団結によるイラク戦争を生んだが、この団結も長続きはしなかった。つくづくと、戦略爆撃を生んだ二十世紀という戦争の世紀の病理について考えさせる好著である。(桜井哲夫・東京経済大教授)

(講談社・2415円)＝2006年12月21日④配信

放任でも統制でもなく 「思考のフロンティア　社会」(市野川容孝著)

この本の「社会」というタイトルには「the social(社会的なもの)」という英語がついている。これは飾りではない。「社会」という語は翻訳語だが、これが日本語に定着する過程で、概念の元にあったものが見えなくなってしまった。それが本の主題の「ザ・ソーシャル＝社会的なもの」だという。

ひとことで言えばそれは、人間を「孤立した自由な個人」とみなす近代の世界観のなかで見落とされる「人との結びつき」の部分である。アダム・スミス以来の経済的自由主義はそれを「神の手」に委ね、逆に全体主義はそれを国家の管理と統制に置き換えてきた。けれども「社会的なもの」はいずれによってもすくい取られない。それは「放任」とは逆のことだし、また個人の「自由」を前提としている。

日本では冷戦構造の崩壊以来、「社会」を掲げた政治勢力がほぼ完全に衰退してしまった。ところがヨーロッパでは主要な国で社会民主主義政党が政権についている。この違いは著者によれば「社会的なもの」の理解にかかっている。われわれはたらいの水といっしょにどんな赤子を流してしまったのか。そのことを、社会学という学問の自己検証と合わせて問い直そうというのがこの本のねらいである。

イギリスの元首相サッチャーは「社会というものはない。あるのは個人と家庭だけだ」と断言し、「小さな政府」や民営化に象徴されるネオリベラリズムの先鞭 (せんべん) をつけた。それ以降グローバル化した世界では市場の自由や競争原理が万能視され、対抗する原理は容易に見いだせないでいる。

この本はその対抗軸を見いだそうとする試みでもある。「リベラルとソーシャル」の対比の罠 (わな) を批判し、自由と平等と民主主義との関係を、近現代の重要な思想家たちの読み直しを通して洗い出す。

このテーマに縁の深い二人の思想家ルソーとニーチェがともにファシズムを触発してきたことをも直視し、あまたの経済自由主義批判をたどりながら、救うべき赤子の輪郭を描き出そうとする著者の論述は、いつも厳密で創見に満ちている。(西谷修・東京外国語大教授)

(岩波書店・1680円)＝2006年12月21日⑤配信

平凡な時間のうつくしさ

「知恵の悲しみの時代」（長田弘著）

私が初めて長田弘の本を読んだのは一九六〇年代後半、高校生のときだ。手もとに本がないので曖昧（あいまい）な記憶だが、何も起こらない日常に対する焦燥を描いた「週の第八の日」（ポーランド人作家マレク・フラスコの作品）をめぐる内容だったと思う。何かを期待し、しかし、自分でも何を期待しているのかわからないもどかしさは、当時の私自身のものでもあった。

それから四十年が過ぎて、長田はこう書き記している。

「戦争をしない年月がこの国にそだてたのは、そう言ってよければ、日常の振るまいを見つめる眼差（まなざ）しを通して、物事を判断してゆく術（すべ）です」。あるいはまた、「戦争のない日常の平凡な時間のうつくしさこそ、かけがえのない『人間の慰み』であり、わたしたち自身の手にとりかえすべき大切なものである」と。

何も起こらない日常こそ、何ものにも替えがたい。長田は本書でそう繰り返している。六十代の半ばを過ぎて、詩人はとうとうそのような境地に達したのだ―とは、私は思わない。これは、その種の老境文学（失礼！）の対極に位置しようと志して書かれた、静かだが、激しい本である。

引用した文章の二つともが、「戦争」で始まっていることに留意していただきたい。山東出兵で始まった昭和の前半は、満州事変、日中戦争、太平洋戦争、敗戦と、戦争抜きでは語れない時代だった。この時代に出版された雑誌、教科書、手記、詩集、講義録、児童読み物、小説などを読み、そこにちりばめられた言葉の背景、込められた思いを解きほぐしていけば、そこから何が見え、何をくみ取れるか。

彼はその作業を二〇〇一年の9・11事件やイラク戦争、日本の戦争参加やナショナリズムの高まりのさなかに行った。「何をすべきか」が声高に叫ばれた時期、「何をすべきでないか」を語る言葉の力を獲得するために、である。本書からは「戦後六十年」を「不戦六十年」と言い換え、積極的に意味づけようとする意志的な詩人の姿が浮かび上がってくる。（吉岡忍・ノンフィクション作家）

（みすず書房・2730円）＝2006年12月21日⑥配信

信頼性の揺らぎリアルに

「使命と魂のリミット」（東野圭吾著）

近年、マンションの耐震強度偽装やエレベーターの誤作動など、技術に対する信頼性の低下をニュースで見聞きする機会が多い。東野圭吾の「使命と魂のリミット」は、そのように信頼性が揺らいでいる現場の一つ、病院で物語が展開する。

大動脈瘤（りゅう）の手術で父を亡くした氷室夕紀は、現在は研修医になっている。夕紀を指導する西園教授は父の執刀医だったが、彼女はあの手術に疑いを持っていた。そんな二人の勤務する帝都大学病院に、過去の医療ミスを公表しないと病院を破壊するという脅迫状が届く。警戒態勢のなか、西園教授による企業トップの大動脈瘤手術に夕紀は立ち会うが、そこで事件は起きる。

患者を診る医師を、研修医が疑いの目で見ている。患者の体をモニタリングしている病院の動向を、犯人が探る。その犯人を警察が捕捉しようと追う。この小説では、監視する者を監視する視点から語られる部分が多い。このため読者は、前を見ている人物の肩越しに現場をのぞきこむような感覚にさせられる。

興味深いのは、脅迫状が明らかになったことで、不満足に終わった以前の治療結果は病院のミスだったのではないかと、クレームが急増すること。もともと医者と患者では、立場の差から見方が異ならざるをえない。その違いが、脅迫状によって増幅されてしまうのだ。監視する者を監視する視点から描写することは、そのような各人の視点や立ち位置のズレを、効果的に表現する手段ともなっている。

結末に関しては、性善説に傾きすぎではないかと、賛否が分かれるかもしれない。しかし、うわさが広がり病院の信頼性が揺らいでいく過程は、リアルである。技術の精度以上に、意識の持ち方が信頼性を決定するという素朴な事実を、東野は相変わらず読ませる娯楽小説へと仕上げている。職人技だ。（円堂都司昭・文芸評論家）

（新潮社・1680円）＝2006年12月28日①配信

少女の前進する足音

「ヘンリエッタ」（中山咲著）

外に出るのは怖いし、家族ともいたくない。自分が「役立たず」に思えて仕方ない。そんなとき、昔の子供なら土間のすみにでもしゃがんだのだろうか。内でもなく外でもない安全な中立地帯。そこにうずくまっていれば、ひんやりした土が頭と心のほてりを冷やし、やがて子供を元の場所に戻してくれた。

けれどそんな場所はもうないから、子供は隠れ場所を探し外をさまよう。主人公まなみは、そんな子供の一人。この本には、まなみが「あきえさん」と出会い、彼女に連れられてある家にたどり着き、そこで二人の女性と過ごす日々がつづられている。題名の「ヘンリエッタ」は人ではない。あきえさんが所有する家の名なのだ。

食事と労働と小さなイベント。ヘンリエッタのつつましくもにぎやかな日常を若い作者はクリスマスの絵本のような鮮やかさで描き出す。けれどこれは絵本ではない。作者はまなみの「隠れ家の幸福」が「外の世界の恐ろしさ」と表裏であることを忘れない。

例えば、古びた三輪車と水槽がひしめく狭くて薄暗い空間を、ヘンリエッタの人々は「置き部屋」と呼び「物置き」と呼ばないのだが、それによって映し出されるのは、ヘンリエッタが物を「物」と呼ばない優しさではなく、むしろ、人を簡単に「不要物」と見なして「物置き」に追いやる、そんな外の世界の残酷さなのだ。

体格のいい、老いた女性の背中のようなヘンリエッタのドア。そこにぴったり耳をつけて外界の音を聞きながら、彼女の「美徳をほめたたえる」まなみ。得ではない徳があること。欲得抜きで子供を隠してくれる場所があること。そんな実感が失われた外の世界から逃げてきて、まなみは幸運にもこの家にたどり着いた。

けれど守られた幸運を一人で握りしめていたら結局、孤独なのではないか。ある事件をきっかけにそう気付いたまなみは、自分が守るべき相手について考え始める。

守られるわたしから守るわたしへ。少女の前進の足音が、小さくとも確実に響く物語だ。（田中弥生・文芸評論家）

（河出書房新社・1050円）＝2006年12月28日②配信

全盛期思わせる勢い

「再起」（ディック・フランシス著、北野寿美枝訳）

驚いた、というのが本書を一読しての印象である。何せ、作者のディック・フランシスは御年八十六歳。前作の発表からもう六年の歳月が流れ、引退とうわさされていた最中の新作なのだから。それがその出来栄えときたら、若いのだ、文章が。いや文章ばかりではない。筋の運びも、謎の緻密（ちみつ）さも、そして結末の動的な描写も、どれをとっても「脂ののった」全盛時を思わせる勢いなのである。フランシスのファンだったら、ある種の感慨を持って読むだろう。

主人公は、引退した元騎手シッド・ハレー。上院議員エンストーン卿（きょう）から、自分の持ち馬が八百長に巻きこまれているらしい、調べてもらいたい、と頼まれる。

調教師と騎手が怪しいというエンストーン卿だが、その二人が相次いで謎の死を遂げる。警察は調教師が騎手を殺して自殺した、と判断するが、どうしても納得のいかないハレーは独自の捜査を続ける。その折も折、恋人のマリーナが何者かによって襲撃された。

物語はこう運ぶのだが、読ませどころはそれだけではない。おなじみシッド・ハレーが折にふれ口にするワイズクラック（辛辣（しんらつ）なセリフ）の放埒（ほうらつ）ぶり。見当違いの捜査に走る警察、競馬界の裏事情、ハレーの辛辣な目は至るところに批判の矢を放つ。ハードボイルド好きなら、思わずニヤリとするだろう。

と、このように、私立探偵小説の本道を行く本書だが、現代の小説として新機軸を出している。利権に群がる人間模様を描くにあたって、今はやりのインターネット・ギャンブルを絡ませているのだ。

そのギャンブルに足を突っこむエンストーン卿の息子ピーター、大立者のジョージ・ロックス、当初の八百長疑惑は、どうやら、裏ビジネスまで巻きこんだ根深い陰謀であるらしい。

ハレーとマリーナの恋愛模様、ハレーの元妻ジェニイとの絡み、競馬界の裏面、予想を超えた陰謀がねちっこい文体で描き出される。

書き遅れたがハレーは隻腕。これが終局のアクションを白熱させる。（安岡真・翻訳家）

（早川書房・1995円）＝2006年12月28日③配信

戦後放送史の大河ドラマ　「NHK vs 日本政治」（エリス・クラウス著、村松岐夫監訳、後藤潤平訳）

「日本人にとってNHKとは何か」。オーストラリア出身の"メディア王"ルパート・マードック氏が来日時に誰彼なく尋ねたことを思い出した。長年、日本研究を続ける米国人の著者が、二〇〇〇年出版の英書に最近の動きを加筆した日本語版。豊富な取材と膨大な文献調査で日本の政治と放送の相互依存を描く。

連合国軍総司令部の理想に燃えた放送制度設計から、会長人事をめぐるNHKと与党や労働組合の関係、受信料値上げや人事をバーターとした歴代政権との取引まで。そして、政治からの脱却を目指した「ニューメディア戦略」という拡大路線と、民放のライバル「ニュースステーション」登場以降のNHKニュースの役割の変化…。

エピソードを巧みに織り交ぜ、戦後の日本の放送史をたどっていく。専門書でありながら、その確かな知見は大河ドラマのようで、一気に読ませる。若手研究者による的確な訳も見事だ。

英BBCなど諸外国の公共放送と比べ、NHKのニュースが突出して「官僚機構」を扱うことを量的・質的調査で明らかにし、与党からの「非公式」な圧力に対応した一見「中立的」なニュースによって、日本型民主主義社会の安定化に寄与した、との分析は鋭い。民主主義国家の中でも、政府から最も独立した制度を持ちながら、NHKが享受するのは「みえない鎖につながれた自由」と看破する。

メディアの基本的な機能は、権力に対する「監視犬」であり、さらに社会の不正を暴く「警備犬」になることだといわれる。しかし「本研究を踏まえれば、NHKは『監視犬』や『警備犬』であるというよりも、はるかに立派な『案内犬』であり、『パートナー犬』であった」との結論は説得力を持つ。

一連の不祥事を契機に、NHK受信料の「義務化」、新たな国際放送の設立など、NHKのみならず放送全体の改革が俎上（そじょう）にあがっている。しかし、国民にとっての意義は定かではない。制度改革には歴史観、大局観が不可欠であることを、あらためて気づかせてくれる好著である。（砂川浩慶・立教大助教授）

（東洋経済新報社・3990円）＝2006年12月28日④配信

情報活動の重要性説く　「インテリジェンス　武器なき戦争」（手嶋龍一、佐藤優著）

米中央情報局を意味するCIAとは、Central"Intelligence"Agencyの略であり、"Information"ではない一以前はそう説明すると驚かれたものだ。「インテリジェンス」という言葉の定義自体、日本語に訳するのは難しいが、戦略性を前提とした高度な情報活動とでも言えばいいのだろうか。最近ではちらほら使われてきたように思う。本書は二人の論客にそのインテリジェンスと外交について語らせたものである。

国家にとってインテリジェンスがいかに重要であるか、かつてインテリジェンス大国だった日本が現在なぜそれを失ってしまったのか、その背景に外務省がいかに腐敗・退化しているか、それらを柱として、二人はあまり知られることのないインテリジェンス戦争の世界を紹介しつつ、それぞれの視点で世界情報の分析を行っている。過去における世界のインテリジェンスにまつわる出来事も解説しているが、そのことでインテリジェンスの重要性をあらためて実感することができる。

また単に現状を無責任に批判するだけでなく、日本においてインテリジェンス・オフィサーをどのようにして育成すべきかという各論にも言及しており、日本におけるインテリジェンスの意識を高める重要な啓蒙（けいもう）書と言えよう。

手嶋龍一、佐藤優の両氏は、ともに近著で国際問題をテーマとした極めて評価の高い作品を生み出している。本書がすでにベストセラー入りしているのもうなずけるところである。

本書はこの秋、激戦の新書分野に参入した一冊であるが、このビッグネーム二人による共演という仕掛けは、後発組が世間の耳目を引くための戦略であると誰もが気づく。だが、国家におけるインテリジェンスの重要性を啓蒙するのであれば、それぞれの筆による著作でじっくりと持論を展開したものも読みたい。随所に出てくる「世界のインテリジェンス・ネットワーク」の秘話を、より説得力のあるものにするためにも。（石澤靖治・学習院女子大教授）

（幻冬舎新書・777円）＝2006年12月28日⑤配信

人類繁栄の原動力

「妄想力」（金沢創著）

人間と動物の心の違いは何か―人間の本質を理解する上で、誰もがぶつかるその疑問に、著者はズバリ「妄想力」だと答える。妄想という言葉は、どちらかというとネガティブな印象を与える。しかし、このユニークな心理学者は、妄想のポジティブな側面に注目する。

たとえば、「石ころを見て、これは包丁にもなるし武器にもなる、あるいは自分を着飾る装飾品にもなり得ると、複数の可能性をとっさに想像」できるのは、「妄想力」のおかげと言う。つまり著者は、ものごとを多面的に見る能力を「妄想力」としてとらえ、人類の繁栄の原動力とみなしているのだ。

これまで人文科学や人類学、心理学などの分野で、「人間を動物から分け隔てているのは、言葉を持っている点だ」と繰り返し主張されてきた。

著者はそれに、真っ向から異を唱える。というのも、大切なのは言語を生み出した人間の心の方で、もし物事を多面的にとらえる妄想力がなかったら、豊かな言語活動など生まれえなかったからだ。著者に言わせれば、言語活動は心の妄想活動の一環なのだ。

ところで、他人の気持ちをあれこれ参酌し思い悩むのも、また妄想のなせるわざだといっていいだろう。そんな妄想がいかんなく発揮されるのが、恋愛だ。著者は丸々一章をさき、妄想ゲームとしての恋愛を軽妙洒脱（しゃだつ）に論じている。

興味深いのは、人類の発展に多大な貢献をした他人の心を推測する能力を、著者が身体を視覚的にとらえる能力に結びつけている点である。

他人のしぐさや表情から感情や気分など豊富な情報を読み取る能力を、人間は持っており、それが動物と決定的に違うというのだ。特に日本人は、視覚情報を読み取る能力にたけていると指摘し、後半で著者独特の日本文化論を展開する。

人間の心が持つ最大の特徴は、論理的な思考能力にあるというのが通説である。そこにあえて「妄想」という視点を持ち出すことにより、人間の内的な宇宙の奥深さをあぶり出そうとする視点に著者の独創性を感じる。（菅靖彦・翻訳家）

（光文社・1470円）＝2006年12月28日⑥配信

2007

唐の時代の不思議ワールド　「僕僕先生」(仁木英之著)

時は唐代。つまり中国ものです。中国ものというと、難しい漢字のオンパレードに夥(おびただ)しい登場人物と想像が働き、避けてしまいがちですが、ちょっとお待ちください。本書に限って、スルリスルリと読めてしまうのです。

主役は王弁(おうべん)と僕僕(ぼくぼく)先生。王弁は父の財産に寄りかかる無気力な青年です。いわゆるニートですね。そうと分かった瞬間、唐の時代と平成が一気につながり、気がつけば作品世界に没入、という仕掛けなのです。

僕僕先生は何と仙人。ここであらためて、そうか、これは中国の話だったなと自覚するわけですが、仙人である僕僕先生が美少女の姿をしているのですから、読書は加速するのです。

王弁は僕僕先生とともに、広大な中国を旅します。連れは仙人ですのでスイスイです。そして当代きっての仙人たちと会い、皇帝にも拝謁(はいえつ)します。「混沌(こんとん)」の世界にのみ込まれるくだりは読みどころの一つで、重厚で深遠な世界を、著者は軽妙に描きます。

会話にしてもそうです。カギカッコの中は、平成の少年少女が交わす現代語で、そこに違和感がないのは、著者の腕としか言いようがありません。唐代の知識についてもしかり、蘊蓄(うんちく)を傾けたいところですが、著者はそれを最小限度にとどめます。そうです、読者は勉強したいのではなく、面白い物語を読みたいのです。その辺のさじ加減が絶妙なんですね、本書は。

ニートはやがて目覚め、美少女仙人に恋心を抱きます。しかし相手は何万年生きているか分からない、いや男か女かも定かでない仙人、やがて仙界に帰るやも知れず、それでいて王弁にまんざらでもない様子もあり、王弁は生まれて初めて葛藤(かっとう)し、人が生きる目的を考えます。ここに至って読者も、本書が成長物語であり恋愛小説であったと知るのです。果たして二人の恋の行方はいかに!?

時代背景は唐、仙人という不思議ワールド、そこへ恋愛を持ち込み、見事に小説を成立させた手腕、まさに日本ファンタジーノベル大賞にふさわしいと言えるでしょう。(立川談四楼・落語家)

(新潮社・1470円)＝2007年1月11日①配信

小泉氏の心臓の鼓動伝える　「小泉官邸秘録」(飯島勲著)

小泉内閣は幕を閉じたばかりだ。その直後に政権中枢にいた人物から、「秘」を聞こうなどというのは、どだい無理な話だろう。だから前首席首相秘書官の「秘録」とはいっても、そこはさらりと聞き流し「実録」くらいに受け止めると、なかなかよくできた小泉政権実録になっている。

客観的に見ても政権の命運を左右したヤマ場はきちんと押さえてある。それを「小泉官邸」の目線で描き切っている。小泉純一郎前首相の言葉の引用にしても、書き言葉でなく話し言葉の小泉節になっていて、小泉氏の心臓の鼓動まで伝えようとする著者の情熱とこだわりがよくうかがえる。

意外だったのは野党の動き、特にその弱点を素早く看取していることだ。道路公団民営化問題で民主党の菅直人代表(当時)が出した「高速道路無料化論」や、郵政民営化で民主党が労組との関係で組織論に触れていない弱点を見抜いていた。

しかし、読者が「秘録」に求めているのは少し違う。例えば田中真紀子外相(同)を更迭した事情について、著者は「(外務省)人事のことであるので詳細を書くことは差し控えるが、この点についての外務大臣の考えと総理の考えには大きな隔たりがあった」とだけ記す。聞きたかったのは、田中氏と小泉氏との生々しいやりとりだが、今は書けないということらしい。

第一次訪朝は「外務省のお膳立てに乗った」外交と言われたが、第二次訪朝こそは飯島氏の独壇場と思いきや、「長く困難な交渉の末、二〇〇四年五月に総理が再度訪朝し、家族を帰国させることとなった」とだけ書かれ、あっさり肩すかしを食らった。

靖国神社参拝の経緯もほとんど触れられていない。こうした書かれざる部分を追っていけば、真の「小泉政権秘録」が出来上がりそうだ。再度、筆を執ることを期待したい。(井芹浩文・共同通信論説委員長)

(日本経済新聞社・1890円)＝2007年1月11日②配信

生きることに力添える文章

「学生諸君！」（夏目漱石ほか著）

タイトルだけ見て「なんだ、学生向けの本か」と素通りするのには、あまりにも惜しいアンソロジーだ。夏目漱石や太宰治、金子光晴、吉本隆明、野坂昭如、岡本太郎、井上陽水など三十二人の文章を収める。各編にかみ応えと厚みがあり、読めば読むほど、学生だけではなく社会人にも（とくに先生という仕事についている人にこそ）薦めたいという気もちが強まる。

倉橋由美子の文章に、「わたしたちは『猶予』のワクのなかで『放牧』されています。怒るべきです」という一節があるかと思うと、太宰治は「チエホフを、沢山読んでみなさい。さうしてそれを真似して見なさい」と語る。色川武大は「どこにも固定せず、お化けのように曖昧に生きることが、天与の才に恵まれない者の生を定着させうる唯一の手段だというふうに思えてなりません」と、自身の放浪と無頼の日々を解析してみせる。

また、精神科医の神谷美恵子は、学生に向けておこなった「生きがい」をテーマとする講演のなかで、次のように述べる。「受身ではなく、努力を重ねて、やっと手に入れたというものが、生きがいにならないと駄目なのです。そして、心が敏感であれば、何でもない所に生きがいを感ずることができるのです」

一億総鬱（うつ）時代といわれるが、つまりは希望が見えない時代ということなのだろう。だが、それは読書が足りないことや本との接し方があまりにも軽くなっていることと無関係ではないはずだ。本とは他人の考えや思いを盛る器だから、そういうものと距離が遠くなれば、自分の考えや思いを相対化する方法も薄くなる。当然、予想される結果だ。

スピードと効率が優先されがちな現代、読書はある意味で時間のかかる行為だけれど、書かれた言葉を通してのみ開かれる世界は確かにある。

時代もジャンルもさまざまな著者たちの文章を収める本書は、新たな読書の糸口にもなり得る。いまを生きることに力を添える文章が、忘れ難い出会いをもたらす一冊だ。（蜂飼耳・詩人）

（光文社・1680円）＝2007年1月11日③配信

主観的視点で戦後を分析

「本当は知らなかった日本のこと」（鳥越俊太郎、しりあがり寿著）

治安は悪化の一途をたどっている、と人は言う。だから街中には、テロ特別警戒中の看板ばかり。自警団や市民パトロール、監視カメラなどは増殖し、司法は厳罰主義を強め、多くの法も改正された。

でも、ちょっと待って。本当に治安は悪化しているのだろうか？

新聞紙面に「日米同盟」なる言葉が躍る。意味するところは、日本とアメリカとの軍事的な結びつき。

でも、ちょっと待って。日本とアメリカとの軍事的な結び付きを示す言葉は、確か「日米安全保障条約」のはずだ。英語でもTREATY（条約）であって、ALLIANCE（同盟）じゃない。でもいつのまにか、日米同盟なる言葉が、普通になっている。

最近の傾向として、ある前提から議論が始まるケースがとても多い。その前提への懐疑がない。でも物事の本質は、現在進行形の視点だけでは語れない。今に至るまでの時間の経過、因果関係への洞察が必要だ。

ニュースの職人を自称する鳥越俊太郎は、特にテレビに象徴される「現在進行形のみの視点」に、恐らくは大きな内省と欲求不満を抱え続けてきたのだろう。

だからこそ、終戦を五歳で迎えた鳥越が、日本の戦後という歴史的な縦軸を、自らの主観的視点と照合しながら分析する本書には、さまざまな「疑いなき」前提への「懐疑」が、たっぷりと詰められている。

これらの懐疑によって新たな光を当てられる項目は、第一章の「二〇〇七年問題」から始まって、ロハス、体感治安、少子高齢社会、軍産複合体、そしてグローバリゼーションの六つ。

体感治安が増大するプロセスに、オウム事件を加えないことには異議がある。前述の「日米同盟」なる言葉を、あっさりと使っているのも残念。

でも、鳥越の主観的視点がベースだから、これはある意味で無いものねだりなのだろう。メディアが公正中立などのスローガンを無自覚に消費する今だからこそ、主観的視点の重要さについては、僕も強く同意する。

今だからこそ読まれるべき一冊だ。（森達也・映像作家）

（ミシマ社・1575円）＝2007年1月11日④配信

サッカー哲人の鮮烈な言葉

「オシムが語る」(S·シェンナッハ、E·ドラクスル著、木村元彦監修)

ドイツ語の原題が凝っている。直訳すれば「世界はボールであるもののすべてである」。哲学的な箴言(しんげん)めいた空気を漂わせるフレーズだが、これは分析哲学の巨人ウィトゲンシュタインの有名な命題「世界は成立していることがらのすべてである」のFall(ファル=事柄・状況)という字句を、Ball(バル=ボール)と一字だけ変えたタイトルなのである。それだけでも、この本がいわゆる「サッカー本」ならざる性格を備えていることが予感される。

いまや日本代表監督として注目を集めるイビツァ・オシムが、欧州で名声を獲得していた当時の五年ほど前に行われた、ロングインタビューが本書。だがここで語られているものは、きわめて生々しい政治と宗教と民族主義の渦巻く社会環境の転変と、それに棹(さお)さして生きる覚醒(かくせい)した一欧州人の複雑な内面である。

ナチス・ドイツがユーゴスラビアに侵攻した年にサラエボで生まれたオシムは、パルチザン解放闘争に加わった父をもち、戦後ユーゴの社会主義的実験のもとでサッカー選手として育ち、ユーゴ代表監督としてユーゴ崩壊に立ち会い、ボスニア内戦下ついに職を辞して故国を離れた。

波乱の東欧での半生が、彼の世界認識に深みと独特の屈折をもたらし、語らせれば謎めいた箴言のなかに鮮やかに「世界」の本質を浮かび上がらせる思想をはぐくんだ。

苦渋の決断とともに故郷喪失者となったオシムの故郷をめぐる言葉がとりわけ鮮烈だ。「故郷というのは、同じ流儀が通用するところ、なじんだ食べ物、歌、酒、風習がどこにでもあるところ」「だから勝手に国境をでっち上げられても、故郷は変わらない」「国境は宗教より危険なものだ」。皮相な「愛国」論議で揺れるわれわれのいまを、サッカー哲人の言葉はどう切り裂くだろうか。

ニーチェ、アドルノ、サルトルらの文章から採った、サッカーをめぐる各章冒頭のエピグラフ(題句)も機知に充(み)ちていて素晴らしい。サッカーの現場に生きることが、ここではそのまま世界を思考する哲学的な営為と結ばれている。稀有(けう)なる生き証人である。(今福龍太・文化人類学者)

(集英社インターナショナル・1680円)=2007年1月11日⑤配信

先端思想で大著読み解く

「『大菩薩峠』論」(成田龍一著)

歴史とは過去と現代との対話である(E・H・カー「歴史とは何か」)。とすれば、歴史小説もまた過去と現代との対話の中で創作された作品と呼べるだろう。

中里介山「大菩薩峠」は、剣客・机竜之助が活躍する「幕末革命外史伝」として戦前から何度も舞台化、映画化されてきた。全四十一巻に達するこの未完の大河小説には、物語が展開する「過去」だけではなく、執筆当時(一九一三年から四一年)の「現代」が描き込まれている。日露戦争まで社会主義者だった中里介山が大逆事件後のニヒリズムのなかで創作した物語の連載は、日米開戦前夜まで続いた。「深く民衆に愛された転向小説」とも「民衆の“土俗”的精神」史とも評された大衆小説の傑作である。

近刊「歴史学のポジショナリティ」(校倉書房)でも明らかなように、著者は現代思想との対話をリードする歴史学者である。本書でも十九世紀幕末維新―二十世紀大日本帝国の「過去」を語りながら、その視線は常に二十一世紀ポストコロニアルの「現在」を見すえている。「大菩薩峠」は韓国併合から「大東亜戦争」まで、つまり帝国日本が形成され破たんする直前までを描いた「帝国・日本の自己像とその異形」として読み解かれていく。

この作業を通じて帝国日本におけるデモクラシー/モダニズム/ナショナリズム/ファシズムの概念が再定義され、ジェンダーやエスニシティーの観点から過去の物語に新たな光が投げかけられる。国民国家と帝国、近代性と暴力、ディアスポラ(離散)と記憶の政治学…、思想流行の最先端で読み解かれた本書(もとは雑誌「現代思想」連載)で、読者はいや応なく現在の「美しい国」と向き合わされる。

介山が幕末維新を舞台に構想したユートピア、今また著者が帝国日本の歩みに重ねて読み解こうとするディストピア(反理想郷)は、ともに私たちが生きねばならない未来である。現在に生きる私たちは過去を主体的にとらえ、歴史を自ら書き直すことなしに未来への展望をたてることはできない。その可能性と限界を本書は私たちに提示してくれるだろう。(佐藤卓己・京都大助教授)

(青土社・2310円)=2007年1月11日⑥配信

幾重もの受難の物語

「爆心」(青来有一著)

「爆心」とは原爆の爆心地だけでなく、苦しみによってまさに爆(は)ぜ散った心をも指すのかもしれない。長崎に生まれ育った作者による、幾重ものパッション(受難)と苦しみの物語集である。

被爆地で命を落とした人々。死を免れ、おなじ土地で生き続ける人々。原爆や戦争すら知らずに生きてきた世代。ここで言う受難とは、被爆体験だけではない。その何百年も前には、この地で残酷な迫害にあいながら信仰を守りとおした隠れキリシタンたちのパッションがあり、戦争から六十年後には、今の俗世での苦難がある。

「釘」という編では、キリシタンの末裔(まつえい)の敬虔(けいけん)な信徒夫婦が出てくるが、彼らの息子は精神の病にむしばまれ、妄想ゆえの嫉妬(しっと)から妻を死に追いやってしまう。そのうえ、妄想の狂気をなじる父に、父さんの信じる神さまこそ妄想じゃないのか、と問いつめるのだ。作者は、信者のパッションと信仰を捨てた(あるいは持たない)者の受ける俗欲の責め苦を分けはしない。ひとの苦しみに聖俗のへだてはないのだと言うように。

そうした姿勢は、被爆者の生々しい痛みと隣り合わせに、それを知らぬまま爆心地に暮らす次世代の心の傷を併置することにもうかがえる。原爆も今の自分には、キリシタンの弾圧の話と同じで、土地の昔話でしかない、と言う「貝」という編の語り手が直面しているのは、幼い娘を病で亡くした深い悲しみである。それが被爆や宗教迫害の痛みに比べて「軽い」などと誰に言えるだろう。

神を信じとおす者、苦しみのあまり神を捨てる者、最初から神を知らない者。三様の人々の心の共鳴を描いて巧みなのが、この「貝」と、そして「鳥」だ。乳児のうちに被爆地で拾われ出生も知らずに淡々と生きてきた男が、老境で気づく己のなかの空漠。心が空っぽなのに気づいて初めて、この世とのよすがを見いだすというラストに、「ふつうの人々」が背負う苦難の重さを感じ、胸をつかれた。テーマの重奏に深みのある一冊である。(鴻巣友季子・翻訳家)

(文芸春秋・1850円)=2007年1月18日②配信

幸福な食事への情熱

「失われゆく鮨をもとめて」(一志治夫著)

東京・目黒の住宅街の中に一軒の鮨(すし)屋がある。店名は本の中で明かされていないが、そこの親方、佐藤衛司がつくる鮨と肴(さかな)に、著者の一志治夫は打ちのめされるほど感動した。そこからこのノンフィクションが生まれた。

「何を置いても、まず食材」が大事と考える佐藤親方は、築地市場のほか全国各地の漁師や仲買人を仕入れ先としてもっている。親方に同行して、また著者ひとりで各地を訪れ、漁師や仲買人の話を聞く。

そこで見えてくるのは、こんにちの魚介事情、さらには日本沿海の現状だ。話はこの国の自然環境にも及ぶわけだ。

例をあげよう。茨城県鹿嶋の蛤(はまぐり)取りの漁師は日本中の海から浅瀬が消えているのではないか、と首をかしげる。蛤が激減しているのだ。築地市場の貝類専門店は、貝が生息する干潟をせっせと埋め立てていけば、貝が姿を消すのは当然で、その結果、赤貝は今はほとんど中国から来ている、と語る。

経済の活性化と称して海をどんどん埋め立てた。簡単にいえば、われわれは万事「金になること」を選んだのだ。そういう文明の姿が、一九六〇年代までは驚くほど豊かな海だった東京湾の死滅とともに見えてくる。

漁師の中には「捕りすぎ」を反省し打開策と取り組む人びともいるが、やはり一番割を食っているのは漁師たちだ。なにしろ地球温暖化のダメージは海にも及び、魚の生態は予想もつかない変化が生じているほど。

そのような魚介事情を追いながら、一方で佐藤親方の執念にも似た料理への情熱がつぶさに語られる。

たとえば一匹の鰤(ぶり)を余すことなく使う親方の姿勢は、鮨屋の枠を超えて「やり過ぎ」という批判があるらしいが、当人はわれ関せず。親方の鮨を口にすることがなくても、そのやり方を読んでいるだけで十分にエキサイティングだ。

一志は金沢への旅で「幸福な食事」という言葉をふともらしているが、読者は幸福な食事とは何かをいつのまにか一緒に考えることになる。(湯川豊・文芸評論家)

(新潮社・1470円)=2007年1月18日③配信

難解な議論消化しやすく　「生き延びるためのラカン」（斎藤環著）

ラカンの精神分析は、「対象a」「性は存在しない」など難解な用語や言い回しのせいで、取っつきにくい。そのため、かえって多くの若者を魅了し、現代思想のカリスマとなってきた。

「生き延びるためのラカン」の著者・斎藤環氏は、引きこもりや神経症を専門とする精神科の医師。臨床で多くの症例と向き合うなかから、ラカンの有効性の手応えをつかみ、治療にも活（い）かしてきた。本書はラカンのいわんとするところを、若い患者にわかる言葉で大胆に言いかえている。

ラカンは、フロイトが発見した無意識をさらに掘り下げ、象徴界／想像界／現実界を区別した。象徴界は言葉とその意味からなる世界、想像界は意識や感覚がはたらく世界、現実界はその基底にあり意識や感覚の及ばない世界（人体の生理や自然現象そのもの）、をいう。この三つがからみあって、世界が成立しているのだという。

ラカンもフロイトと同様、人格の成り立ちを発達のドラマとして理解する。幼児の全能感がうち砕かれる母親との分離はペニス喪失（去勢）として体験される。その喪失を埋め合わせるのが、象徴＝ファルスだ。対象aは、決して満たされることのない欲望の原因である。などと説くラカンの議論は、フロイトのエディプス・コンプレックスを下敷きに、構造主義の記号理論や現代哲学を織り込んだ、手のこんだものになっている。

ラカンの精神分析の魅力は、思考できないものの限界に挑戦している点だろう。無意識とは、合理的に思考できない領域があって、人間はその力学に動かされているという仮説である。それを過去に投影したのが、幼児の発達のドラマだ。

現代社会はすべてが管理され、完全に出来上がっているようにみえる。欲望の対象は、もうコンビニの棚に並んでいる。自分だけが不完全で、間違っている。そんな若者の神経症的不安を、ラカンの議論はなだめてくれる。それを、離乳食のように消化しやすくした本書の功績は大きい。（橋爪大三郎・東京工業大教授）

（バジリコ・1575円）＝2007年1月18日⑤配信

つながり合う文字の世界　「白川静さんに学ぶ　漢字は楽しい」（小山鉄郎著、白川静監修、文字文化研究所編）

昨年十月、漢字学の第一人者である白川静さんが、九十六歳で亡くなった。本書は、著者が白川さんに教えを請い、そのエッセンスを、私たちに届けてくれるものである。

漢字を覚えるのに苦労した大人なら、「あのころ、こういう本に出会いたかった」と思いつつ、楽しむことになるだろう。また、今から漢字を覚えようという子どもなら、それが苦労ではなく、楽しみに変わるだろう。

著者が述べるように「漢字という文字は、その成り立ちをちゃんと学べば、実は、みなそれらが互いにつながっている」のである。

さらに、「難しい漢字を一つ一つ暗記する必要もないし、楽しく興味深く漢字の世界と、それが使われている漢字文化圏のありようを理解するうちに、自然と漢字が頭の中に入ってくるような仕組みに、もともとなっている」のだ。

そのことが、一冊を通して、とてもよく分かった。

「手をめぐる漢字」「人をめぐる漢字」「隹（ふるとり）をめぐる漢字」…というように、一つの漢字の成り立ちと、さらに関連のある漢字が、分かりやすく楽しく解き明かされてゆく。

たとえば「隹」は鳥、「又」は手の形。ならば「隻」は、手で鳥を一羽持っているので「ひとつ」の意味、「雙（双）」は二羽だから「ふたつ」の意味。鳥にわくをかぶせて、さらに石でおさえると「確」かになる。

漢字が生まれたときのもともとの形である古代文字と、それをさらに分かりやすくしたイラストが、理解を助けてくれるのも、ありがたい。

横たわる死体を、後ろから支えている様子が「久」。死ぬということは、永久の人になるということ。そんな古代の死生観も、興味深かった。

本書は、もちろん漢字について書かれたものだが、著者が白川静という人に出会い、あらためて「学ぶことの楽しさ」を知り、「ほら、こんなふうに教えてもらえば、こんなにおもしろいでしょう！」と高揚感をもって伝えてくれる点が魅力だ。

すべての「学ぶ」ということに、通じる話だと思う。（俵万智・歌人）

（共同通信社・1050円）＝2007年1月18日⑥配信

衝撃的ラストの問題作

「最愛」(真保裕一著)

自分にとって最愛の人とは誰だろう。もちろん人それぞれに答えは違って当然だが、両親や伴侶といった家族の中の誰であれ、あるいはまた恩師や親友などの他人であれ、共通するのはよく知った人物ということだろう。

本書の主人公、三十四歳の小児科医・押村悟郎の場合は、二歳年上の姉が"最愛"の人だった。だが、その姉とは両親が交通事故死した四歳のときから離ればなれとなっていた。最後にまともに会って口をきいたのも十八年前のことになる。それでも、彼にとっては唯一の肉親である姉が最愛の人だったのだ。

物語は刑事からの電話で幕が開く。姉が意識不明で、救急病院に搬送されたとの知らせだった。消費者金融の事務所で重度のやけどを負い、しかも頭に銃弾を受けているというのである。あわてて駆けつけた彼はしかし、そこで意外な事実を知る。姉は事件の前日に婚姻届を出していた。ところが、夫たる男はまったく姿を見せようともしなかったのだった。

自分の知らない姉がそこにいた。当たり前と言えば当たり前だったが、彼はそこから空白の時間を埋めようと、姉の過去を知るべく行動を開始する。だがいかに身内とはいえ、長い間音信不通だった人物の過去を探るのは容易な作業ではない。彼はそれを、姉のもとに届いていた、わずか八通の年賀状の送り主を訪ねることから始めていく。

姉のベールが一枚、また一枚とはがれていく中で、おそらく読者は次第に「愛する」とはどういうことなんだろうと感じていくはずだ。この姉弟の心の交流はどこにあったのだと。けれど、ここで描かれるのは打算的な愛でも、献身的な愛でも、ましてや観念的な愛でもない。ただひたすら「最愛」という愛なのである。その意味は衝撃的なラストを迎えてより一層明確になるのだが、しかしこれは…。本年度最大の問題作という言葉にうそはない。(関口苑生・文芸評論家)

(新潮社・1575円)＝2007年1月25日①配信

現代映す鏡たりえる

「愛と癒しと殺人に欠けた小説集」(伊井直行著)

携帯電話が普及し始めたころから、時代は激しく変わってきた。日常生活に潜む真実を描く小説にとっては、人間と世界の関係を照らし出す好機到来だった。もしもスタンダールやフローベールが現代人ならば、どんなに新鮮な小説を書いたことだろう。

ところが、小説の新展開よりも、時代の方がはるかに先行してしまった。六編からなる伊井直行の野心的な短編小説集は、この現状に対して警鐘を打ち鳴らす。キーワードは、「変化」。

巻頭作「ヌード・マン」の主人公・細川は、発覚すれば愛する娘から見捨てられると分かっているのに、裸体での野外歩行をやめられない。作者も、読者の反応を気にしつつ、裸形の小説を書こうと苦しむ。

追いつめられて、細川は一本の木へと変身する。現代社会にゆがめられた人間の心が、肉体までも変化させたのだ。

この幻想的な変身物語を読者に奇妙と思わせないのは、文体の力である。「細川は」という三人称と、「わたしは」という細川の一人称とが絶妙にブレンドされている。その結果、裸の自分への回帰願望を、主観と客観の両面から定着することに成功している。

「ローマの犬」の文章は、「お父さんは」や「お母さんは」で始まるが、この短編の語り手は彼らの息子や娘ではない。どことなく落ち着かない読後感に読者を追い込む。だが、時代の変化に翻弄(ほんろう)される人間の不機嫌さをとらえるには、まさに適合した文体である。

「スキーに行こう」と「えりの恋人」の両作は、排せつ行為まで省略せずに日常生活を書き尽くす私小説の手法を踏襲している。しかし、「多人称」とでも呼ぶべき独特の文体で人間関係のネットワークを総合的に描き、錯綜(さくそう)する現代社会と現代人を映す鏡たりえている。

伊井の挑戦は、読者に認められるだろうか。作者は、はにかみつつ読者に手を差しのべている。読者の側が作者の手を力強く握り返すとき、現代小説は新生の道を歩き出す。それは、小説本来の姿への回帰でもあるのだ。(島内景二・電気通信大教授)

(講談社・1785円)＝2007年1月25日②配信

人生に必要な負けもある

「薄闇シルエット」（角田光代著）

三十七歳、働く独身の女が主人公のものがたりというと、いわゆる「負け犬小説」（この言い方は嫌いだが）と言われるかもしれない。しかし主人公のハナは彼氏のタケダくんに「結婚してやる」とプロポーズされ、仕事もそれなりに順調。それなのに「なんかつまんねえや」とハナは思う。

タケダくんは結婚後もお互いに好きなことをしながら暮らせばいいと言うけど、なぜ自分の人生の進め方を人に許可してもらわなければならないの？　ひとつの疑問から、彼氏や世間への不信感が広がっていく。子供のころから手作りのケーキしか食べさせなかった母親を疎ましく思い、古着屋を共同経営する親友の野心に興ざめするハナ。母親のようになりたくはないけど、親友のようには頑張れない。何にもなれないハナは惑う。

私がハナと似たような思いを抱いたのは中学生のころ。学校の成績は相対評価で表され、五段階の評定をする場合に一定の割合で必ず「1」をつけられる生徒が存在すると知った衝撃は大きかった。どんなに頑張っても周りと比べて劣れば「1」。私のアイデンティティーとは何の関係もなく、成績という勝ち負けが決められる。

突然周りの人間が疑わしくなり、怖くなった。そんな評価信じるものかとそっぽ向きたいのに、勝負の行方が気になって仕方なかった。ハナもまた斜に構えながら不安をにじませる。他人と自分を比べて安心したり、不安になったりするのは年を重ねても変わらない。

そんな姉・ハナに主婦の妹は絶叫する。「せいぜい得意になって稼いでろっ、私やおかあさんを馬鹿にしてろっ」。ハナの皮肉な視線は、働く女と専業主婦が互いを非難しあう理由を浮き立たせ、女が女を嫌う無意識に近い行為を読み手にこれでもかと見せつける。「あ、これ私のことだ」。いつのまにか自分の中にハナがいることに気付かされた。

人生では勝つことも負けることもある。それは必要な負けなんだと私は思う。ハナが選ばなかった人生はハナにとって生きる実感に欠けるものだった。それなら負けることは全然悪くない。（中江有里・女優）

（角川書店・1470円）＝2007年1月25日③配信

復活にかけた蔵元の挑戦

「闘う純米酒」（上野敏彦著）

「地産地消」「スローフード」といった言葉がもてはやされる昨今だが、その代表格であるべき日本酒の実情は、明るいとは言い難い。一部の高級酒が注目されてはいるが、スーパーの棚でも、清酒は焼酎に押される一方。約四十年前、全国に二千以上あった酒蔵の数は、現在約千四百にまで減ったという。

著者は、伝統的製法で純米酒のみを造り続ける埼玉の蔵元「神亀（しんかめ）」を長期取材。七十回も現地に通い、執筆の許しを得た。

美味な酒を造れば必ず純米酒は復活すると信じ、小さな蔵元の七代目小川原良征は二十年前に「混ぜもの」を一切止めた。醸造用アルコールを添加した吟醸酒がブームだった当時、業界の支持は皆無に等しかった。

闘いが始まる。熟成させて売ろうとしたら税務署が怒る。酒税は出荷する酒にかかる。寝かせたら税金が取れないからだ。酒販店や居酒屋も最初は冷たい。さらには、伝統製法に長（た）けた杜氏（とうじ）や蔵人が蔵元を去っていく。しかし七代目はあきらめない。その愚直な挑戦を、著者は丹念に追う。

本書では、「神亀」同様奮闘を続ける各地の蔵元や、米作りの現場なども紹介される。読みながら見えてくるのは、この国や組織のありようだ。

日本酒が衰退した原因は、造る側の意識低下だけではない。酒造りの基準となる欧米のような「酒造法」が、日本には存在しないのである。著者は言う。「今後、日本酒は海外輸出にも積極的に販路を切り開いていかなければならなくなるが、国酒といっていい清酒の品質をチェックするものが酒税法しかないというのでは何ともお寒い限りだ」

そう、日本酒のような食文化こそきちんと育（はぐく）み、広く世界へも「越境」させていったらいいのにと、「美しい国」の提唱者に注文を付けたくなる。

おおいなる救いは、本書に登場する若き蔵人たちの活躍ぶりだ。元サラリーマンやロックミュージシャンらが「神亀」の酒造りにほれ込み、集まってくる。「映画化希望！」とも、つけ加えておこう。（島村麻里・フリーライター）

（平凡社・1575円）＝2007年1月25日⑤配信

薄くもろい人間関係

「欲しい」(永井するみ著)

欲するということは、人が生きる証しだ。何も欲しいものがなくなったら、私たちはただ毎日食べて眠るだけの抜け殻のようになってしまう。地位、名誉、お金、愛情。人それぞれに求めるものは異なるとしても、欲しいものがあるからこそ人間は生きていくことができる。

だがそれにしても、欲するものが手に入らないというもどかしさは、何と狂おしく私たちを突き動かすことだろう！　本書で描かれる登場人物たちは誰もがそんな狂おしい渦にのみ込まれていて、それゆえに必死の形相で走り続けなければならないような、人間くさい悲しさを漂わせる。

人材派遣会社を経営する四十代独身女性の恋人が、ある日突然ストーカーの汚名を着せられて死んでしまう。どうして彼は死んだのか？　その真相を追うという一見単純なサスペンスだが、この物語の真の恐ろしさは、一人の男の死など登場人物たちが語り出すためのきっかけにすぎないということだ。

主人公の女社長を中心に、やり手の出張ホストやバツイチ子持ちの派遣スタッフといった面々が、それぞれの視点からそれぞれの日常をつづる。結果的にそれが真相を浮き彫りにしていくのだが、彼らが気にしているのは事件そのものよりも、自らの欲望の行く末である。

死は彼らに波紋を投げかけはするが、その暮らしを飲み込みはしない。恋人を失った主人公でさえ、本当の苦しみは自分を満たしてくれる存在の喪失にある。すべての人物は互いの望みが合致する間だけの薄くもろい人間関係を築いていて、そのつながりの弱さが幸福との隔たりを表すようでもどかしい。事件の全容を俯瞰(ふかん)する特権を与えられた読者にとって、男の死は自分の欲望しか追求できない人間の浅ましさの結果として、激しい自己嫌悪のように襲いかかってくるのである。

人間は醜い生き物だ。しかしだからこそ、愛という高尚なものにあこがれるのかもしれない。手に入らないと分かっていてなお欲する気持ち。誰しもそこに、一縷(いちる)の望みを託したいのだ。

(佐藤智加・作家)

(集英社・1680円)＝2007年1月25日⑥配信

組織と対決する勇気

「警察庁から来た男」(佐々木譲著)

本書は、警察組織の腐敗と、それに立ち向かう刑事の姿を描いた秀作「うたう警官」の続編にあたる物語である。今回は、道警本部に警察庁から監察官として藤川警視正がやってきたことから波紋が広がってゆく。

過去の裏金づくりスキャンダルのせいで委縮気味の道警幹部たちは、今になって何を調べるために監察が入ったのか分からず、疑心暗鬼に。道警の裏金問題で証言台に立ったため左遷されていた津久井刑事も藤川に呼び出されたが、彼にも藤川の目的は判然としない。

一方、札幌方面大通署の佐伯と新宮は、ある部屋荒らし事件をきっかけに、前年にぼったくりバーで起きた会社員の転落死を洗い直しはじめる。ところが、調査に着手した途端、彼らを尾行する何者かの影が…。

現実のニュースからも分かるように、組織内で起こった不祥事というものは、隠そうとすればするほど結果的には取り返しのつかない事態を招く。長期的な視野で見れば早い段階で膿(うみ)を出した方がいいに決まっているのだが、そうは言ってもなかなか決断に踏み切れないのが組織というものの難しさだろう。特に警察は国民からの信頼を基に国の治安を担っているだけに、不祥事隠しは致命傷となる。

前作「うたう警官」で裏金づくりを暴かれた道警は、不祥事対策に着手したものの、地域密着型の警察官がいなくなったせいで検挙率が低下している状態である。まさにあちらを立てればこちらが立たずで、組織の自己防衛と個人の保身が重なるとこうなるのかと暗たんたる気分になる。

その一方で、自分の良心に従って行動する津久井、被害者の敵を取ろうという決意のもとに奔走する佐伯と新宮ら、確固としたモラルで動く警察官たちの姿はすがすがしい。キャリアの藤川もただの嫌みなエリートではなく、ラストでは危機に陥りつつも意外な勇気を見せる。ひとりひとりの心がけだけが問題を抱えた組織を救えるのだと説くような、さわやかな読後感の警察小説である。

(千街晶之・文芸評論家)

(角川春樹事務所・1680円)＝2007年2月1日①配信

空虚な生の中の切実な祈り　「エスケイプ／アブセント」（絲山秋子著）

昨年の芥川賞受賞以来となる小説の単行本だ。二つの作品「エスケイプ」と「アブセント」が、京都を舞台に双子のように共振しあう構成になっている。逃避と不在というそのタイトルの意味もまた、互いの作品を照らしあう仕組みであることが読み進むにつれて分かる。

「エスケイプ」は、すっかり時代遅れな「過激派」の「セクト」に二十年も所属していた四十歳の「おれ」が、足を洗って旅に出る話。「おれ」の一見ぶっきらぼうなモノローグの文体が魅力的だ。ぼやきと警句と批評、あきらめと怒り、多様な色合いのフレーズがキレ良く繰り出される。スリリングなアドリブ演奏に酔わされる気分と似ている。

夜行列車からふらりと降り立った京都で、男は双子の弟の面影を捜す。彼はアナキストとして兄と絶交したまま長年行方が分からない。しかし出会ったのは、うさんくさい外国人の神父。この小説の背骨を支えているキャラクターである。著者の以前の長編「海の仙人」に「ファンタジー」という名の不良ヒッピーみたいな神さまが出ていたが、彼とどこか似た感じだ。この神父、じつは偽神父なのだが熱心に神を信じろと説いてくる。彼に感化されて「おれ」も神に祈る。こんなふうに。

「神さまよ、人の罪なんか聞くより、むしろ応援しろよ。あんたの作った人類のこととかをよ。もちろん、おれのこともよ。（中略）あんたこそ祈れ。祈り続けろ」

実体のない影のようになってしまった「おれ」の目には、あの九・一一以後の世界の混乱と、そして平穏に根を張って生きる人々の生活の尊さがクリアに映っている。口調は乱暴だが、空虚な人生によりどころを求める人間の、既成の信仰とは異なる切実な祈りが伝わってくる。

今は書店員の弟が、逃げてきた過去を清算する旅に出るもう一方の短めの作品「アブセント」は、「エスケイプ」の呼びかけに応える遠い木霊のようだ。こうして呼び求め合うもう一人の自分が、私たちの人生にも潜んでいるのかもしれない。

（清水良典・文芸評論家）

（新潮社・1260円）＝2007年2月1日②配信

病の悲しみの底から　「柳澤桂子　いのちのことば」（柳澤桂子著）

「次第に動けなくなっていく身体。すべての望みは断たれ、私は暗闇の中に放り出された」

これは、著者の著作十七冊から抜粋された文章の一つで、この本はそうした言葉抄（しょう）で成り立つ。文章は文脈の中で読まれないと、書き手が伝えたかったことや著者の息吹を正確に捉（とら）えることはできない。でも誤解を受けながら読まれることも言葉の宿命と承知すれば、短く削（そ）ぎ出された言葉群を読んでいくことには、別の面白さがある。

この本の底を流れるものは、宇宙観、生命観だろう。多くの日本人が生のみを肯定し、死を否定するべきものとして捉える潮流の中で、著者は自らの病の悲しみの底からいのちを見つめ上げる。

人間は宇宙の塵（ちり）、一つの粒子。自分も粒子。粒子は変化し、ある時自分に。ある時、自分はまた粒子へと変化する。「生じたということも、なくなるということもない」。著者の思想の根本だ。それは、私は私でもあり私ではないという考えに読者を導いてくれる。

おかしいものである。そうした深い言葉抄の中に、「お湯の沸く感じ、小松菜のゆだる香り、冷たい水に戻したときに湧き立つような緑。しあわせはこういうところにある」、あるいは死の時に「私も何も残さず、一本の草か木を残してこの世を去りたい」などを見つけて親しみを覚える。

さらに、大切な人を亡くし月日がたつと「悲しみが薄れ、死が丸みを帯びてくる」という言葉。「丸みを帯びる死」。終末期医療の仕事を日常とする者として、心にとどめておきたい言葉だ。

よく歩く裏山がある。冬は道端や木の下に冬イチゴが実をつける。これらの言葉群は冬イチゴに似る。寒さの中、そっと実をつける。いのちをみつめた言葉そのものがいのちの実になる。

「いのちというものは、この宇宙にお返しするもの」。これも深く腑（ふ）に落ちる言葉だ。（徳永進・内科医）

（集英社・1260円）＝2007年2月1日③配信

機知に富んだ英米文学案内

「つまみぐい文学食堂」（柴田元幸著）

メニューから「文学食堂」の自由奔放な話がはじまる。まず取り上げられるのは「賢者の贈り物」や「最後の一葉」で知られるO・ヘンリーの「アラカルトの春」。

サラの仕事は、店主が書き殴ったメモを見栄えのいいメニューに作りあげること。その報酬は四十セントの五コースの定食で、百年前にしては「案外悪くない」。

著者による作家たちの比較がくだけている。ポーについては「誰でも一家言持っていて、言うことが一人ひとりみんな違う。言ってみればラーメンのような作家である」。また、難解といわれるヘンリー・ジェームズは「言ってみればフランス料理のような作家である」。

O・ヘンリーは「みんな馬鹿（ばか）にするけど実はけっこう美味（うま）いファーストフードのようなものだろうか」。このように著者は作家や作品を私たちにおなじみの食べものにたとえている。機知に溢（あふ）れた英米文学案内だ。

目次もその内容にふさわしく、オードブル、魚料理、肉料理、パーティー、飲物、デザートに分かれるが、くつろいだ著者の気ままな「つまみぐい」だから、どのページから読んでもいい。著者の少年時代や学生時代の経験が随所に織りこまれていて、身近な感じがする。

ポール・オースターの柴田元幸訳には定評があるが、その一冊「ムーン・パレス」を語るにあたって、アメリカ東部の大学に留学していたころを回想する。著者は日帰りでニューヨークに行くのが楽しみで、行くとチャイナタウンに直行、英語も日本語も通じない店で、「ペーパーナプキンに『粥（かゆ）』と殴り書きすれば、安くて美味いお粥が出てきた」。

ただ、本書に紹介される料理の多くはおいしくない。著者はそれも承知で楽しげに書いていて、未知の作家が登場しても、いっこうに気にならない。食という視点から文学を語ることができると教えてくれる一冊だ。少年のような著者が描かれた吉野朔実のイラストがほほえましい。（常盤新平・作家）

（角川書店・1470円）＝2007年2月1日⑤配信

奔放な想像力による変容

「読み替えられた日本神話」（斎藤英喜著）

神話は生き物であり、閉じられたテクストの中でじっとしていない。とてもたくましく、どこかいかがわしい。そのような神話の実相を、著者は活写する。

それはおそらく、著者が「古事記」研究とか古代文学研究とかの閉じられた世界を逸脱し、中世神話やいざなぎ流や陰陽師（おんみょうじ）など、相当にいかがわしく見える「知の世界」に浮遊し続けることによってもたらされた。

本書で論じられるのは、八世紀に書かれた「古事記」「日本書紀」の神話が、題名の通りに「読み替えられ」てゆく姿である。日本神話の受容と変容の歴史を追跡し、絶えざる神話創造の現場を検証する。

全体は五章に分かれ、古代神話を論じるのは第一章だけ。以降の各章では、受容と変容のさまが時代に沿って語られる。

そのうち、中世神話を扱った第三章が本書の中核であり、そこで古代の神話はどのように変容し読み替えられたかを紹介する。そして、その行為が、いかに奔放な想像力の中にあったかを明らかにする。

西宮の大明神となったヒルコや、安徳帝とともに海に沈んだ三種の神器の行方についての中世的な解釈。神仏習合によって見いだされるアマテラス像、伊勢の神官による神話づくり、たたり神となり、蛇となって斎宮と交わるアマテラス像…。「トンデモ本」のような解釈が、次々に紹介される。

これら「中世日本紀」と総称される神話の読み替えや創造を、近代的なイデオロギーでは到底とらえきれない「重要な知の現場」として、著者自身が楽しんでいる。その自在さが、本書を楽しい読み物にしている。

日本神話が「やせ細った、みすぼらしい姿」をみせた近代の一時期を別にすれば、第四、五章で語られる近世や近現代に対しても、著者の姿勢は変わらない。そして読者は、変容し続けるところにこそ、神話の本質があるのだと思い知らされるのである。

「風の谷のナウシカ」と「もののけ姫」との違いを、神話論としてどう説明できるのか。ぜひ、本書で確認してほしい。（三浦佑之・千葉大教授）

（講談社現代新書・756円）＝2007年2月1日⑥配信

共感を拒絶するような視点

「夢を与える」（綿矢りさ著）

ある商品のCMのチャイルドモデルに選ばれた夕子は、そのCMに「半永久的」に出演するという契約をかわされてしまう。やがて夕子は芸能人としてブレークする。期せずして彼女は人々に「夢を与える」職業についたことになる。ところがそれは、当人の「人格」が根こそぎ搾取される悪夢のような仕事だった。

夕子に待っているのは悲劇的な結末である。だがこの小説の読者が感じるのは、おそらく悲しみではなく「不安」である。夕子をはじめとする登場人物には「理想」や「葛藤（かっとう）」あるいは「悩み」といった読者が共感できるような要素が描かれていない。むしろ読み手の共感を拒絶するかのように俯瞰（ふかん）的な視点から、この小説の語り手は夕子の観察日記を語るのだ。

資本に搾取され、労働に疎外される人物の物語は、数多くある。この作品が際だっているのは、この小説の主人公には搾取されるべき内面がもともとないという点である。夕子は、幼少時からマネジャーである母親によってCMモデルとして育てられてきた。つまり夕子の人格は、はじめから虚像としてつくられていたことになる。はじめからもっていた人格など彼女にはない。あるのは他人が勝手につくりあげたイメージだけである。

したがって、この物語は破局に終わるほかはない。このような状況は個人の「意志」や「努力」によってなんとかなるようなものではないからだ。

この小説をただの芸能人の悲惨な物語として読むこともできる。あるいは、芥川賞受賞をきっかけに自身が「現象」となってしまった作者と主人公を重ねて読むこともできるだろう。しかし「夢を与える」職業はどこにでもある。自動車を売っている人は自動車の夢を与えて、ハンバーガーを売っている人は「スマイル」という夢を与えている。夢を与えつづける奴隷。彼女の小説はそのような人たちに向けて書かれている。（池田雄一・文芸評論家）

（河出書房新社・1365円）＝2007年2月8日①配信

伝説に昇華した昭和

「赤朽葉家の伝説」（桜庭一樹著）

「レトロ」というキーワードで昭和三十年代をふり返ることがすっかりブームとなったのはここ十年くらいのことだろうか。もっとも、その流行を決定的なものにした映画「ALWAYS　三丁目の夕日」の原作である西岸良平のマンガにしても、連載が始まったのは昭和四十九年。マニアからしてみればずっと「昭和三十年代」はひっそりとしたブームだったのである。

だがここに、これまで懐古趣味でしかとらえられていなかったあの時代を、伝説に昇華させてしまった恐るべき力業にあふれた小説が登場した。

山々を漂泊する“辺境の人”たちから、鳥取県のとある村に置き去りにされ、若夫婦に育てられた万葉。彼女には未来が見えるという不思議な力が備わっていた。万葉はやがて地元の名門赤朽葉家の奥方に気に入られ、家の総領息子に嫁ぐ。

はるか昔から、たたら製法により鉄を作っていた赤朽葉家は、近代的な製鉄工場を建てて村を大いに発展させていた。四人の子どもを産んだ万葉は「千里眼奥様」と畏怖（いふ）され、その能力によって会社の危機を救う。だが長男誕生のおり、わが子の行く末を予見しまう。

八岐大蛇（やまたのおろち）伝説につながる古代の荒ぶる神々を鎮める役割を負わされた万葉。万葉の長女毛毬は、その荒ぶる神が乗り移ったかのように、中国地方の暴走族と抗争をくり返し、ついに自らが率いる〈製鉄天使（アイアンエンジェル）〉を最強のレディースに押し上げた後、少女漫画家としてデビューする。

千里眼の祖母と、売れっ子漫画家の母。数奇な人生を送る二代の女性の生涯を語るのが、「自身には、語るべき新しい物語はなにもない」と卑下する毛毬の娘、瞳子である。だが瞳子は最期をみとったときに万葉が残した謎めいた言葉にとらわれる…。

昭和戦後史に沿いながら、女系家族三代の約五十年にわたる破天荒な愛憎劇が、物語性豊かに語られていく。マジックリアリズムの手法を用い、伝奇小説、家族小説、そしてミステリーという具合に、さまざまなジャンルを軽々と横断した異形の傑作がここにある。（西上心太・書評家）

（東京創元社・1785円）＝2007年2月8日②配信

小説を読む至福味わう

「ダナエ」(藤原伊織著)

書評を業とする者にとって、大抵の本は退屈である。半分を過ぎたあたりで眠気がさし、残りの厚さがうらめしくなることが多い。

ところが、たまに、ごくたまに、読み終わるのが惜しい、このままいつまでも読んでいたいという本にぶつかることがある。そういう僥倖(ぎょうこう)があるので、この仕事はなかなかやめられないのかもしれない。

本書は、その例外的な本の一冊である。ここに収められた三つの物語を読みながら、私はしばしば小説読みの至福を感じた。そして、読み終わるとすぐにまた最初から読み直したくなった。

まず、文章がいい。行文が端正で、余計な形容詞や持って回った言い回しがない。だから、表現がまっすぐ読者の心に届く。たとえば表題作「ダナエ」の冒頭。

「一報をうけてもどると、瀬田が蒼(あお)ざめた表情で出むかえた。『申しわけありません。思わぬ事態になって……』」

次に、プロットが洗練されている。個展に出品された肖像画に、何者かがナイフを突き立て、硫酸をかけた。一九八五年にエルミタージュ美術館で起きたレンブラントの名画「ダナエ」の事件に酷似している。

その事実を知った画家は、名画のテーマになったギリシャ神話を手がかりに、事件の真相を探り当てる。この「ダナエ」をめぐる事件と神話の対位法がすばらしい。

何よりも、登場人物が生きている。粗筋に人物をはめ込んだような空疎なお話が横行する中で、この作家はいつでも人物を中心に物語をつむぐ。だから読者は彼らに感情移入しながら、彼らとともに泣くことができる。

子連れ再婚同士の両親の離婚によって他人に戻りかけた姉弟が、母親の再々婚相手の意外な秘密を知る「まぼろしの虹」もいい。酒に身を持ち崩したCMディレクターが、別れた妻の窮地を救うために一芝居打つ「水母(くらげ)」も泣かせる。

小説を読んで、こんなにすがすがしい気分を味わったのは、いったい何年ぶりだろう。(郷原宏・文芸評論家)

(文芸春秋・1300円)＝2007年2月8日③配信

空間に夢描いた興行師

「『エンタメ』の夜明け」(馬場康夫著)

書名の「エンタメ」とはエンターテインメントの略だ。興行界ではもともと、映画、舞台、ミュージカルといったショービジネスを指す言葉だったが、今の日本ではその領域は広がり、テレビの娯楽番組はもとよりテーマパーク、スポーツ興行、文化催事、博覧会までがエンタメの一環となっている。

本書は戦後日本でエンタメの領域を拡大していった男たちの事跡を追ったノンフィクションだ。ディズニーランドを日本に誘致した交渉過程を冒頭に置き、外国人タレントを使った興行の始まり、民放のバラエティー番組のスタート、大阪万博のパビリオン造りと、エンタメ・ビジネスがあらゆるジャンルに浸透していった様子がエピソード満載で扱われている。

そんなエンタメを事業化した立役者が希代のプロデューサー、小谷正一だろう。大手紙の事業部や広告代理店に在籍した小谷はプロ野球のパ・リーグの創設や日本初のラジオ民間放送設立にもかかわった。「呼び屋」として外国人タレントを招き、大阪万博でも活躍。井上靖が芥川賞を受賞した小説「闘牛」の主人公としても知られる。

彼ほどの人物ならば評伝が刊行されていてもおかしくはないのだが「プロデューサーは黒子に徹すべし」と自らがメディアに登場することはなかった。彼の縦横無尽な仕事ぶりや人生が読めるのは本書だけではないか。

本書の扉にはフランスの名優ルイ・ジューヴェの言葉が載っている。それはエンタメ・ビジネスの本質として常々、小谷が引用していたものだ。

「当たる、ということこそ、私たちの職業の唯一の掟(おきて)である。大衆の拍手喝采(かっさい)が(略)ただひとつの目的なのだ」

そんな大衆目線のプロデューサー、小谷に私も一度だけ会ったことがある。その際、彼は新聞社の事業部に配属された悔しさからプロデューサー業を始めたと自嘲(じちょう)気味に語っていた。

「記者ならば紙上に夢を書けばいい。だが、オレには紙がなかった。だから、何もない空間に夢を描いたんだ」

シャイでロマンチストの小谷らしい発言だと私は感じた。(野地秩嘉・ノンフィクション作家)

(講談社・1470円)＝2007年2月8日④配信

作家と人形の至福の関係

「四谷シモン前編」(四谷シモン著)

四谷シモンの人形と出逢（あ）ったのはいつ頃（ごろ）だろうか。それほど前の事ではない。それなのに随分昔から、彼、彼女たちとは、見知った仲のような気がしてならない。

十代半ばに美術館で見たポール・デルヴォーの絵の中の女性たち。そのフェティッシュの凝固感は群を抜いていて、それから澁澤龍彦の本に、ハンス・ベルメールの球体関節人形に、金子国義のアリスに、次々と出逢った。四谷シモンの人形を見たとき、デルヴォーの無表情な女性たちが人形の実体となり、すべての謎が解けたような気がして、悦に入ったのを覚えている。

シュールレアリスムの思想よりも、工芸的なこだわりや完成度に人々が惹（ひ）き付けられるせいだろうか、デルヴォーやベルメールといった偏執的な作風が、日本では人気を博した。特にベルメールは、一九三〇年代には日本にいち早く紹介され、少女人形の系譜はこの極東の島国で受け継がれた。

しかし、無防備なオブジェに情緒や美を見いだす人形愛と、ベルメールの自己の欲望を相対化しようとする試みは、皮肉にも対極にある。日本の球体関節人形が、エロスそのものではなくエロス的な気配を漂わせ、モノではなく物語に寄り添う中で、四谷シモンの人形だけは、何にも依存せず作品として単独で立っている。

本書に収められたエッセーには、六〇、七〇年代を彩った芸術家たちとの濃密な交流と、アルチザン（職人）でありながら役者として狂気を演じ、自己愛を忘れる程に人形を作り続ける、純粋な創造主の在り方が綴（つづ）られる。そんな作家と人形の至福の関係は、まるで奇跡のようで、永遠の蜜月の前に、欽羨（きんせん）を感じずにはいられない。

寺山修司と澁澤龍彦が続けて逝った八〇年代後半、きらめくバブルの光の中を彷徨（さまよ）った異端志望の少年少女たちは、多くのミクロコスモスを文字通り自分の小部屋で消費した。しかしそんな些細（ささい）なことでは、この人は人形師の手を全く止めなかったようだ。時代を超えて作り続ける現役作家。これほど勇気づけられるものはない。（やなぎみわ・美術作家）

（学研・2625円）＝2007年2月8日⑤配信

日本人の言語活動の熱気

「標語誕生！」(筑紫磐井著)

身の周りに情報が溢（あふ）れる現代に暮らす私たちにとって、不特定多数の相手に対しこちら側の情報をどう確実に届けるか、そしてその情報によりどう相手を説得し行動を促すかは重要な問題である。

届けられる情報には、まさに一目瞭然（りょうぜん）と言える映像や画像による情報もあるが、言葉による情報もあり、これが大きな力を発揮する。

では、言葉を尽くして説明すればいつでも情報が確実に届くかというと、必ずしもそうではない。情報を受け取る構えを必ずしも持っていない相手には、その長い言葉がかえって障害となり情報の海に沈んでしまうことも少なくない。むしろ余分な情報を削（そ）ぎ落とした短い言葉が、受け手に強いインパクトとなって受け止められることもある。

そうした短い言葉の代表に標語がある。標語を見聞きすることで私たちの行動がただちに促されるということはまれであろう。しかし、口に出してリズミカルに響き、なるほどと納得できる真理をついたすぐれた標語は私たちの記憶にとどまり、該当する場面に遭遇したときに記憶の中から引き出され、それが行動基準になることがある。例えば「せまい日本そんなに急いでどこへ行く」という標語を思い出し、アクセルを踏むのを思いとどめた経験を持つ人は少なくないのではないか。

本書は、そうした不特定多数を動かす力を秘めた標語について、日本における歴史と言葉のしくみを解説したものである。

第一部では大正期以降の標語の歴史について、各時代に生まれた標語を豊富に紹介しつつ解説している。戦時中に公募された国策標語などには当時の世相が感じられる。標語初期の大正十年に鉄道省が公募した公徳標語に三万人もの応募者がいたという事実も、現代の感覚からすると驚きである。「標語作成」という言語活動の一断面について、当時の日本人の熱気が伝わってくる。

第二部では言葉としてのしくみと機能を解説する。公募自体が教育的効果を持つという先行研究を引用しての指摘には、標語が持つもう一つの力が理解される。（尾崎喜光・国立国語研究所主任研究員）

（角川書店・1785円）＝2007年2月8日⑥配信

時を描く言葉の熟成　「カーライルの家」（安岡章太郎著）

表題作と「危うい記憶」と題された二作を収めている。随筆ふうであるが、その自在な筆致は小説の味わいがあり、創作といってもいい。

「危うい記憶」は、評論家の小林秀雄についての思い出を軸につづられている。大正から昭和へと変わるころ、若き小林は、詩人の中原中也の恋人であった長谷川泰子という美ぼうの女と同棲（どうせい）生活を始めていた。小林はやがてこの女のもとを去り、当時奈良にいた志賀直哉の世話になる。この辺りの話は文学史のうえでも有名なエピソードであるが、著者は小林の姿を、あたかも自分の思い出のように淡々と描いていく。

泰子がフラメンコダンスをやっており、その踊りを見物に行った小林が志賀直哉とばったり出くわしたなどという一幕もあるが、それが実際の話なのかどうか、「危うい」虚実皮膜が面白い。著者は、小林秀雄という天才の魂に迫りながら、ただ文士の評伝というのではなく、そこに明治大正から昭和へと、さらに戦争の時代へと移りゆく日本人の生活の空気を浮かびあがらせている。

一九六三年に著者は評論家の佐々木基一とともに、小林秀雄と三週間余りのソ連旅行をしているが、その時の回想は、異国での小林のようすを紹介しながら、当時のソ連体制下の市民の姿、ロシア文学へのはるかなる思い、さらには著者自身の軍隊時代の記憶へと、話を展開しながら自在に進む。小林が満州の開拓青少年義勇隊を視察したことを書いた「満州の印象」という戦前の一文が、時間をこえて、著者のうちに眠っていた記憶をよみがえらせ、それがひと続きの絵巻となって描かれていて印象深い。

「カーライルの家」は短編であるが、これも著者自身の若年期の思い出、アメリカ体験、夏目漱石や内村鑑三などの文章へと、飛び石のようにたどりつつ、カーライルという偉大な歴史家の人としての姿が彷彿（ほうふつ）とするのである。文学とは、時を描く言葉の熟成であることを、この書はよく物語っている。（富岡幸一郎・文芸評論家）

（講談社・2625円）＝2007年2月15日①配信

ワンダーランド的な作品集　「フィッシュストーリー」（伊坂幸太郎著）

等身大でいながらとっぴな人物像、軽妙でとぼけた会話。芸術から民俗、科学まで素材にはポップな意匠が凝らされ、背景は時として時空間を超えるが、テーマはリアルで現代社会を直撃する重みもはらんでいる。

そうしたもろもろの特徴を伊坂幸太郎ならではの作風とするなら、中短編四編を収めた本書は、“伊坂タッチ”にあふれたワンダーランド的な作品集といえよう。

冒頭の「動物園のエンジン」は、遊び半分で夜の動物園に侵入した主人公たちがおりの前で寝ている男を発見。存在するだけで動物に活気を与えるというその元動物園職員の謎に彼らが迫る。

続く「サクリファイス」は、裏で空き巣もやっている探偵が行方不明の男を捜しに県境の山村を訪れるが、そこには山賊退治のためいけにえをささげる風習が残っていたという本格推理仕立て。

実家を訪れた青年がその帰途、事件に遭遇する“二十数年前”、成田へ向かう旅客機でハイジャックが起きる“現在”、売れないロックバンドが最後のレコーディングに臨む“三十数年前”と、独自の連鎖趣向で因縁の妙をとらえた表題作。

そして同棲（どうせい）中の空き巣のカップルが仙台を本拠地とする球団のうだつの上がらぬ選手の部屋に忍び込んだことから、思いも寄らない事実が浮かび上がる「ポテチ」。

収録作の舞台はいずれも著者の住む仙台とその周辺。舞台ばかりか、長短を問わず、各編がどこかで微妙にリンクしているというのも伊坂小説の特徴の一つなのだった。

奇譚（きたん）からミステリー、風刺、人生劇まで、著者の得意とする作風が勢ぞろい。伊坂初心者には格好の入門書となろうが、作品のどこがどうリンクしているのか、ファンには「オーデュボンの祈り」「ラッシュライフ」などの初期作品を読み返す楽しみもある。本書は、初心者もファンも、その作品世界があらためて一望できるぜいたくな一冊なのである。（香山二三郎・コラムニスト）

（新潮社・1470円）＝2007年2月15日②配信

複眼思考で読む短歌論

「物語のはじまり」(松村由利子著)

数年前から、短歌を作り始めた。もともと歌人の作品を読むのは好きだったが、鑑賞と創作は大違い。最初のうちこそ、定型に添ってきれいな言葉を並べればなんとかなると気楽に構えていたけれど、そんな歌では人を引きつけられないことがじわじわと身にしみてきた。気取りや底の浅い主義主張、小ざかしいテクニックは無用。自分の内側をむき出しにする覚悟の上に独自の表現が載ったものでなければ、作品にはなりえないのである。

松村由利子の初エッセー集となった本作品は、「働く」「食べる」「恋する」「育てる」「老いる」といった人生の流れをテーマとしつつ、現代歌人の作品をとりあげて解説を加えたものである。とりあげられた短歌は自分自身の内面を読み手の前にてらいなく差し出したものばかりで、心打たれる。また、解説も松村自身の人生が映し出された陰影の濃い文章であり、読み手は彼女の人生を追体験するのである。

全国紙の記者として働き、恋をして結婚し、子どもを産み、離婚した松村は最近、短歌一本に生活を絞るため、新聞社を辞めている。女性として、職業人としての喜怒哀楽を十分にたくわえた今だからこそ、味わえる歌が選びとられているのだと思う。

たとえば「産む」では〈妻とわが二重らせんのからみあふ微小世界の吾子を抱けり〉という岩井謙一の歌を、「二重らせん構造がここまで人の意識に浸透しているのか、と面白く思った。(中略)DNAの二重らせんにロマンを感じるのは悪くない」と評価しつつ、記者時代に特別養子縁組制度を取材した体験をもとに、「親子関係は共有する時間の長さや濃さで築かれるものであって、血のつながりなんて小さなものだと思わされた」と書く。

起伏の多い人生の中で獲得した松村の複眼思考は、現代短歌という小さな表現世界の中に、確実に豊かな物語が流れていることを読者に実感させてくれるであろう。(千葉望・ノンフィクションライター)

(中央公論新社・1890円)=2007年2月15日③配信

半歩離れてクールに観察

「ビートルズ売り出し中!」(トニー・バーロウ著、高見展ほか訳)

ビートルズの四人のことを、ごくごく身近にいたスタッフたちが、「ボーイズ」と呼んでいたことを知ったのは、一九六五年、トニー・バーロウに会った時だった。

本書で最も興味をひかれたのは、マネジャーのブライアン・エプスタインの信頼厚くプレスオフィサーという要職にあり、どんなささいなことも知る立場にいながら、極めて客観的に観察していたことだ。彼らから一歩、いや半歩離れたところから、当時の出来事や人物に対し自らは少しも取り込まれることなく接してきたクールさは、見事としか言いようがない。

今だから話せるといったエピソードもないではないが、ベッタリとせず、ビートルズ関係者の中では、異色の存在だったことがよく分かる。トニー・バーロウという人物のただならぬ観察力の鋭さ、冷静さ、ひいては人間性さえうかがえる。

ボーイズとの付き合い方も大変興味深い。どのエピソードを読んでも、ジョン、ポール、ジョージ、リンゴという四人に並々ならぬ魅力を感じていたことと、そして今なお四人が好きなのだということが伝わってくる。

トニーと初めて会った時の印象は、何とも堅苦しいイギリス人そのもので、寝る時もスーツにネクタイなのかしらと思ったものだ。話し方も事務的、無機的で、あまり感情を表さない。この人に「ノー」と言われたら、エプスタインが「イエス」と言ってもダメなのではないかと不安だったが、来日時、親しく話す機会があって、まじめな顔してユーモアを言う、本当は面白い人間だと分かり、ホッとしたものだ。私たちがあまり知らなかったビートルズ一行の目を通して見た日本や日本人、プレスリーとの会見の詳細など特に面白い。

驚いたのは私より三歳しか年が上でないと知ったことで、ずっと一回りは上だと思っていた。そういえばプライベートなことを当人から聞いたことなど一度もなかった。私の関心事は、彼を通してボーイズと会見することだったのだから、仕方ないとしても―。(星加ルミ子・音楽評論家)

(河出書房新社・2520円)=2007年2月15日④配信

革命の全容描く貴重な記録

「ネパール王制解体」（小倉清子著）

二〇〇六年四月、ネパールで「革命」が起きた。二度のクーデターによって絶対的な権力を握っていた国王に国民が反旗をひるがえし、全国規模のゼネストが組まれ、何十万人もの市民が連日街頭デモに参加した。

民主化を求める主要七政党の要求に屈し、国王は主権を国民に戻すと宣言した。権力をほしいままにしていた国王は一夜にして、特権を失ってしまったのである。まさに革命的な政変の中心にいたのが、ネパール共産党毛沢東主義派＝マオイストだ。

一九九六年に人民戦争を開始した当時、とるに足らない小さな政党だった彼らが、国土の八割を支配するほどの勢力になると予測した者はいなかった。毛沢東主義の本家本元の中国でも、改革開放により社会主義体制下の資本主義の道をひた走り、毛沢東主義は時代遅れの産物でしかなかった。

十年にわたって武装闘争を続けてきたネパールのマオイストは、議会の主要七政党と合意を結ぶ柔軟路線に転換し、昨年に「革命」の主役として政局を担ったのである。

本書は、ネパールのマオイストがいかにして生まれ、拡大していったかを描くネパール現代史の貴重な記録である。本書を読み終えて、米国のイラク戦争報道に関して批判した評者自身の評論を思い出していた。

イラク戦争では、米国国防総省は前線部隊とともに行動する従軍取材を認め、六百人の記者を受け入れた。この従軍取材に対して評者は①現場の戦闘に過度な注目が集まり、戦争全体の把握が困難になる②事実の背景にある、歴史や社会的な文脈への目配りが欠落する③この取材方式では、記者は傍観者でありえない—の三点から批判した。

本書の著者は、ネパール在住のジャーナリスト。現地の言語、文化について十分な知識を有し、豊富な人脈を駆使する正攻法の取材に徹することによって、イラク従軍報道のような浅薄な戦争報道に陥らず、革命劇の全容を描き出している。

アジア人によるアジア独自の情報発信を目指す、アジアプレスの一員たる筆者の面目躍如である。（小川忠・国際交流基金日米センター事務局長）

（NHKブックス・1218円）＝2007年2月15日⑤配信

旅の原点を再確認

「ぼくはアメリカを学んだ」（鎌田遵著）

青春期の放浪と旅の記録には特有の味がある。若葉の季節、誰しもが遭遇する自分探しの年月と重なるからだ。オレだってそうだったよなぁ…と遠い日を浮かべつつ読んだ。共感を誘うくだり、少なくない。

高校時代は勉強嫌い、将来の方向も定まらない。十七歳の日、わずかのカネを懐に上海からリスボンへと旅する。目的は「もっと奥地へ、もっと日本から離れたところへ」だけだった。

特に何かと出会うわけでもないのだが、見知らぬ地と人々との出会いが「自分がちいさく」「このままではいけない」という思いをいざなう。

この旅で少数民族の人々を知ったことが、その後、米国の大学で北米大陸の先住民を学びたいとする思いにつながる。

高校卒業後、ニューメキシコ州の辺境の地へ。当初は英語もまるで話せない。持参していた沖縄三味線が「芸が身を助ける」ものとなり、徐々に人々との関係がはじまる。やがて先住民一家の合鍵を預けられるほどに交友を深めていく。それは、著者の柔らかい感性と伸びやかで自由な心根のせいでもあったろう。

高い失業率と自殺数、酒と麻薬への依存…。辺境の地はたっぷりと問題を抱えつつ、自治と共生を希求する「輝き」を発する場所でもあった。それが著者を引き寄せていく。ほとんど伝えられることのない、知られざる米国のリポートとして読んでも新鮮である。

在米十年余。掘っ立て小屋で元テロリストと住んだり、治安最悪の町ではナイフで脅されたり、あるいはストーカーにまとわりつかれたり、もうひとつの米国の体験記ともなっている。

カリフォルニア大バークリー校の図書館で勉強する日々を「たまらなく面白い」と感じていく。いつの間にか、かつて大嫌いだったものに喜びを見いだす自身がいた。いまフリーターやニート君と呼ばれる若者にも自分探しをしている層は少なくないだろう。〈旅〉は人を大きくし、何かと出会う機会を広げてくれる—。その原点を再確認させてくれるのである。（後藤正治・ノンフィクション作家）

（岩波ジュニア新書・819円）＝2007年2月15日⑥配信

信じた世界ずんずん歩く

「幻をなぐる」(瀬戸良枝著)

なかなか心から信じられることなんて少ないように思うのだけど、何かを信じていないとどても生きていけないわけで、そういう意味で僕たちはいろいろなことを信じて生きている。

例えば目に見えているものだってそうだ。なんでその存在を信じられるのか? 信じないとやっていけないから信じてるだけで、心から信じるのとは違うんじゃないか? そんなことを考え出すと、途端にいろいろなものがなんだかぼやけて曇りの日みたいになって、世界は鮮明さを失うような気がする。

この小説は物事がすべて鮮明だった。人物たちの信心がとってもパッキリしている。不幸も、そのあとにやってくる救いも、とってもパッキリしていた。

「幻をなぐる」は、不細工というほど不細工でもない中川という女が主人公で、その中川が「奴(やつ)」という男とセックスして愛を得たように思うのだけど、実はその「奴」は宗教の勧誘のために中川と寝たわけで、中川は自分の筋肉以外信じられなくなって筋トレを繰り返し、プロテインを飲んで「奴」の幻覚を殴る、という物語だ。

主人公の中川も、「奴」という男も、何かを信じていたいと思っている。そしてそのことに成功している、ように見える。中川は幸福の頂点から不幸のどん底まで旅をして、最後に希望を見つけるが、描かれるのはその旅路である。中川が旅の途中で目にする光景は鮮明で強烈な景色だ。それは決して美しいだけのものではなく、それどころか非常に醜悪な景色だったりするのだが、彼女は立ち止まらずに自身の筋肉を信じてずんずん歩いていく。

その姿は地味で目を背けたくなるほどこっけいで、華やいだ女性像からは程遠く、そんなこと書くなよと思うような赤裸々さをもっているのだが、それでもこの作品の主人公はまったく鮮明な世界を生きている。

そこまで何かを信じて生きることは可能なのだろうか。だが、信じる者の世界をこんなにもこっけいで赤裸々に書かれると、読んでいて確かに気持ち良い。(前田司郎・作家、演出家)

(集英社・1365円)=2007年2月22日①配信

少し苦い二十歳の日々

「ひとり日和」(青山七恵著)

遠縁のおばあさんの家に居候することになったフリーターの女の子の春夏秋冬を、おかしくせつなく描いた芥川賞受賞作。季節ごとの空気が心身に触れる気配、日常の食べ物の味わいなど、細やかでさりげない描写から少しばかり苦い二十歳の日々が鮮やかに浮かびあがってくる。

若いからといってエネルギーに満ちているとは限らない。主人公の知寿(ちず)はまだ自分というものの輪郭をつかめずにいるから不安で、不安定で、知らない人たちの行き交う社会へ一人で入っていく力が足りない。古い家の縁側から庭越しに駅のホームと走り過ぎる電車を眺め、キオスクでバイトをし、男の子に出会ってときめいたりがっかりしたり、微妙に不機嫌な毎日を繰り返している。

だがそんなささいな日々の積み重ねが、やがて彼女を新しい季節の流れのなかへ、未知の場所に向かって走る電車の乗客の一人へと、押し出してゆくのだ。ドラマチックな出来事が起こらなくても、季節のように心や体は変化していく。その静けさがいい。大きな希望や夢はないまま、それでもやってくるその日その日を何とか一人でこなしていこうと前を向く知寿の姿は、この時代を生きる若者の感覚をくっきりと映しとっている。

二十歳の不機嫌を飄々(ひょうひょう)と受けとめる七十一歳が魅力的だ。かっぽう着を着て、「ていねいに、きゅっと握ったおにぎりのような」吟子(ぎんこ)さん。友達でも親子でもない年の離れた二人の女性の関係と生活が、いきいきととらえられているのが新鮮で面白い。

吟子さんがクッキー生地を型抜きしながら「型からはみ出たところが人間。はみ出たところが本当の自分」とつぶやいた言葉が心に残る。わりきれない気持ちや無駄に思えるような営みの集積が、結局はその人の人生をつくるのだ。だからこそいとおしいのかもしれないと、読み終えて思う。若々しく、それでいてしみじみ深い小説である。

(川口晴美・詩人)

(河出書房新社・1260円)=2007年2月22日②配信

収集20年の記録に驚き

「街角のオジギビト」（とり・みき著）

オジギビトとは、著者の造語で、工事現場の看板などで頭を下げている作業員の絵のこと。本書は、街角で見掛けたオジギビトを二十年にわたって収集した記録である。

街で見掛ける、普通は誰も目に留めないようなモノを、コツコツと拾い集める行為は、赤瀬川原平の「超芸術トマソン」、都築響一の「珍日本紀行」あたりからだろうか、脈々とブームが続いている。

それこそインターネットをのぞけば、膨大なジャンルのモノがコレクションの対象となっているのが分かる。どんなネタでも、圧倒的に集めている人がいるもので、何であれ、集めれば集めるほど細かい差異が目について、面白くなっていくらしい。

このオジギビトも、コレクションするには地味なのでは一なんて思って読み始めたが、まずその数の膨大さに驚いた。さすが二十年もやってるだけはあって、系統樹にまとめてみたりするほどにバラエティーが豊富。普段ほとんど注目していないだけに、こんなに種類があること自体に感心する。

この本では、形態ごとに、エラーマン、モタレ型、仁義型、見得（みえ）切り型などに分類していて、ときどき現れる不気味な表情のものや、何をやってるのかわからないポーズのもの、ヘルメット姿の水着女性の写真などには、笑わせられる。なんで水着なのか。

看板なんて同じ図柄をコピーすりゃいいのに、と素人は思ってしまうが、つくる側はそれなりにこだわりがあるのだろうか。というかむしろ、こだわりが全然なさそうなユルさこそが見どころになっており、コピーするより現場で描いたほうが、手っ取り早いのかもしれない。

もともとは東京オリンピック前に、大成建設が現場に張ったのが、どうやら第一号ではないかというのだが、断定はできないそうだ。

こんなモノを集めて何の役に立つのか、などと言ってはいけない。無意味だからこそ、集めたかったのだ。役に立とうとか、学術的に考察しようとか、そんなよこしまな考えのないところが、コレクターの矜持（きょうじ）なのである。（宮田珠己・エッセイスト）

（筑摩書房・1470円）＝2007年2月22日③配信

日本人の魂揺さぶる物語

「戦場のニーナ」（なかにし礼著）

なかにし礼の描く女は、美しくも、切なくて哀（かな）しい薄幸な運命の女が多い。一見ひ弱で日陰に咲く花のような妖（あや）しい美しさを持った女だが、しんは強く、逆境にあってもくじけず、いつも凜（りん）として顔を上げている。そんなしなやかで強靭（きょうじん）な心根の女を描かせたら、なかにし礼をおいていない。

一九四五年八月九日未明、ソ連軍の大部隊はいっせいに国境を越え、満州への進撃を開始した。牡丹江市北東地区の日本軍は永久トーチカに立てこもり、ソ連軍の猛攻撃の前に全滅した。

トーチカを占領したソ連軍の兵士たちは、瓦礫（がれき）の下から日本人夫婦の死体の傍らで泣く可愛（かわい）い女の子を発見する。

女の子はニーナ・フロンティンスカヤと名付けられ、中国人の子として、孤児院に預けられて育つ。

ニーナはやがて美しい娘に成長する。彼女はピアノが上手だったので、ルナチャルスキー記念国立オペラ・バレエ劇場の練習ピアニストに採用される。

そこでニーナは天才的なユダヤ人指揮者ダヴィッドと出会って恋をし、深く愛し合う。

ソ連国内ではユダヤ人のダヴィッドは差別されている。ダヴィッドはそんなソ連に見切りをつけ、ニーナにも告げず西側へ亡命してしまう。

ダヴィッドに捨てられたニーナは絶望の果てに自殺しようとしたが未遂に。妊娠していた赤子も流産した。

六十年の歳月が流れた。ニーナは自分が日本人ではないか、と自分探しの旅を始める。手がかりは、たった一枚の晴れ着姿の赤ん坊の記念写真。

日本政府に残留孤児と認定されたニーナは来日。折から公演中だったダヴィッドと恩讐（おんしゅう）を超えた再会をするのが哀しい。

ニーナが写真と幼い記憶を頼りに日本人としてのアイデンティティーを取り戻すラストは感動的だ。

日本人とは何か？　祖国とは何か？　日本人の魂を揺さぶられる物語だ。満州からの引き揚げ者であり、故郷喪失者であるなかにし礼でなければ書けなかった感動の一編だろう。（森詠・作家）

（講談社・1890円）＝2007年2月22日④配信

心に沁みる肉筆原稿

「“手”をめぐる四百字」(季刊「銀花」編集部編)

これは文学、美術工芸、芸能など各界の著名人五十人の肉筆原稿を集めた本。それぞれが愛用の筆記具と用紙を使い、手で書いた四百字の原稿をそのまま印刷してある。さらにテーマも「手」と念が入っている。

副題に「文字は人なり、手は人生なり」とあるように、文字や筆記具、原稿用紙の使い方を見ると、その人らしかったり、らしくなかったり、活字ではわからない人となりが浮かび上がってくる。

凜(りん)としたイメージの白洲正子が丸みを帯びた柔らかな文字だったり、奔放そうに見える柳美里や横尾忠則が読みやすい字できちんと升目に入るように書いていたり、書家・篠田桃紅の鉛筆の字が意外に下手だったり、山田太一が本当に読みにくい字で自身の悪筆を嘆いていたり…。

車谷長吉の「血族の者からこれだけは書いてはいけないと哀願されていたことを小説に書いた」「私の中の悪の手がなしたのである」「私はそれによって世の賛辞をあび、二度までも賞を受けた」という話は、升目のない紙に滲(にじ)んだ太い字でびっしり書き連ねられたことでさらに鬼気迫る。

筑紫哲也の原稿用紙は、左上に原稿をのぞき込んでいる自画像が、下には「ちくしよう」なんて印刷されていて、お茶目(ちゃめ)な一面を覗(のぞ)かせている。

読みづらい肉筆を丹念に追っていくと、活字で読むより心に沁(し)みる。

同じテーマなのに五十人がほとんど違うことを書いているのにも驚く。合掌が、武器を持てない平和な姿であるという永六輔。女性に男の人の手を見るとセックスのうまいへたがわかると言われて動揺する浅田次郎。母の手、愛犬の手、役者の手…。このテーマを選んだのはあっぱれだ。

ここに収められたのは季刊「銀花」に連載されたもの。日本の民芸を紹介する「銀花」は細かいところまで手がかかっている「ただならぬ雑誌」だ。この本も肉筆原稿に手というテーマ、民芸家たちの手の写真と二重三重に手が込んでいて、いくら眺めていても飽きない。(柴口育子・フリーライター)

(文化出版局・1680円) = 2007年2月22日⑤配信

冷戦時代の東アジアの縮図

「在日義勇兵帰還せず」(金賛汀著)

一九四五年八月にようやく戦争が終わった日本にとって、五〇年六月の朝鮮戦争の勃発(ぼっぱつ)は大きな驚きだった。祖国における戦争が、在日コリアンに与えた衝撃がいかに巨大だったかは多言を要すまい。

しかし、私の記憶には、左派は朝鮮戦線で使う武器爆薬をつくる日本の工場を襲い、右派は韓国側に参加する義勇兵を送った、という漠然としたものしかない。

本書は、その義勇兵について、二〇〇二年に韓国語で刊行された正史の「在日同胞六・二五戦争参戦史」はもちろん、当事者(在日、在韓、在米)のインタビュー、当時の記事などを駆使して、その全容をほぼ明らかにしてくれる。

本書のはじめの方に、記事「近畿だけで六万、義勇軍応募へ」(一九五〇年六月三十日、大阪日日新聞)がある。北朝鮮軍の韓国への侵攻で朝鮮戦争が勃発し、わずか四日目の二十八日に首都ソウルが陥落。危機感を抱いた在日本韓国学生同盟の学生たちは、「祖国の危機に手をこまねいて見ていることはできない。学業を一時中断しても祖国に帰り、韓国国軍とともに戦おう」と決断し、義勇隊に参加していく。

終わりの方に記事「韓国テロ団ら逮捕、“帰還”妨害はかり密入国、東京などで24人、政変で帰国寸前に」(六〇年五月十二日、毎日新聞)がある。

まさかと思うかもしれないが、朝鮮戦争終了後も韓国に残された元義勇兵に与えられた任務は、在日朝鮮人の北朝鮮帰還を阻止するため、日本に潜入し、帰還妨害工作を展開することだった。記事は李承晩政権崩壊に伴い、撤収命令を受けた工作員が韓国へと戻る直前に、日本で二十四人が逮捕されたと報じている。

この二つの記事の間で、義勇兵たちがどんな時を刻んだのかは本書にゆずりたい。在日義勇軍に参加した六百四十二名のうち、生き残った者も日本政府から再入国を拒絶されるなどで、家族がいる日本に帰還できた人は二百六十五名にすぎなかった。

冷戦時代の東アジアの縮図の一つであり、国家とは何か、どうむきあうのかという現在進行形の課題に、それはつながっていよう。(田中宏・龍谷大教授)

(岩波書店・2415円) = 2007年2月22日⑥配信

悪のレッテル生んだ構図

「でっちあげ」（福田ますみ著）

戦後教育の元になっていた教育基本法が変えられ、教員への管理がますます強められようとしている。近年の日本社会に根強い教員不信が、それらの政策を引きだすひとつの基盤になっている。

二〇〇三年、「史上最悪の『殺人教師』」などという惹句（じゃっく）で、マスコミから集中砲火を浴びたのは、福岡市の公立小学校の男性教員だった。

家庭訪問で、児童の曾祖父が「アメリカ人」と聞いて、母親に「穢（けが）れた血が混じっている」と発言し、この男児を教室で繰り返し虐待した、と糾弾された。子どもが心的外傷後ストレス障害（PTSD）になった、として両親から損害賠償を求める裁判を起こされた。

著者は、月刊誌の依頼で、この極めつきの「教師のいじめ」事件を取材にいったが、「報道と現場周辺の空気との落差」に疑問を感じ、「教師へのいじめ」ではないか、と考えるようになる。

本書の構成は、被告とされた男性教員の主張に寄りそう形で、彼が「史上最悪の『殺人教師』」などのレッテルを張られ、停職六カ月の処分を受けるまでの事実経過がまず述べられている。その後、体罰やPTSD、血筋などの真偽をめぐる法廷の攻防が描かれる。

著者は取材によって、少年の血筋がアメリカとはまったく無縁で、父親も母親もアメリカでの留学経験はない、などを明らかにする。教員が少年を差別する前提自体がなく、子どもにも親にも、「人種差別」で打撃をうける理由はないとする。

つまりは母親の叱責（しっせき）を回避しようとした少年の、ちょっとしたうそが、マスコミで増幅され、ひとりの教員をいけにえにした、という構図が描き出される。著者は、「子どもは善」という思い込みで教員を悪者に仕立てたとして記者や弁護士、精神科医を実名で批判し、保護者のクレームを平教員の責任にする校長、教頭の保身に疑問を投げかける。

だがこの問題の背景には、教員同士や保護者と教員との腹を割った話し合いの場を破壊し、学校管理を強めてきた官僚的な教育行政がある。学校からおおらかさを奪った教員不信の真因への追及も忘れないでほしい。（鎌田慧・ルポライター）

（新潮社・1470円）＝2007年3月1日①配信

争奪戦の生々しい現状

「日本の食卓からマグロが消える日」（星野真澄著）

突然に「日本の食卓からマグロが消える」というタイトルと映像がテレビに映し出されたら、ドキッ！　として釘（くぎ）付けになるのは、ことのほか魚好きな吾（わ）が輩だけではあるまい。ほとんどの日本人は青ざめるに違いない。

とにかく日本人は世界一マグロを食べる民族で、世界の消費量の四分の一、五十五万トンにも達している。築地市場だけでも一年間に入荷するマグロは約八十三万本、取引額は二百二十億円に達する。日本人にとって、気になるのが最近さまざまなメディアに取り上げられる日本人とマグロのこれから、である。

ほぼ同じタイトルのNHKスペシャルが放送され、多くの日本人が青ざめた。制作ディレクターが著者である。独占してきた世界中のマグロが今や日本人だけのものでなく、経済成長著しい中国やロシア、健康食志向から魚を食べ始めたアメリカや西欧までもが市場に乗り込んで、争奪戦が繰り広げられている現状を生々しく述べている。

空前のマグロブームに沸く中国に重点を置き、世界中でうごめく中国人バイヤーの実態、海鮮食ブームから起こった中国四千年の食文化の激変と嗜好（しこう）変化、国家を挙げて進めるマグロ普及戦略を述べ、近い将来の世界マグロ市場の姿や、日本人の食卓とマグロのこれからの関係を分析、予測している。すべて現実からの状況判断であるのが説得力を増している。

中国だけでなく、韓国、台湾、アメリカ、西欧なども絡んだ争奪戦の現状も詳しく、魚食民族日本人の一人である吾が輩はマグロのみならず、ほかの魚介類も大丈夫なのかと、とても心配してしまった。

著者はマグロを中心に海産物市場の未来に警鐘を鳴らし、マグロだけでなく多くの食材が中国に支配されかねない実情を訴えている。日本の外交力も含めて、これからの食卓を考えるのに相応した一冊だ。（小泉武夫・東京農大教授）

（NHK出版・1575円）＝2007年3月1日②配信

今までにない大阪文学

「シックスポケッツ·チルドレン」（中場利一著）

十数年前、作者のデビュー作「岸和田少年愚連隊」を読み、現在は月刊誌「一冊の本」に連載中の「黒猫」を読んでいる。奔放な言動の主人公が楽しい。が、次第に主人公の言語動作に奇抜さを強調して面白い小説に仕立てようという魂胆が見えてきて、私自身には不満であった。

ところが「小説すばる」に二年間連載された「シックスポケッツ・チルドレン」は、この作者独自の奔放なリズムとテンポをもった心地よい運びで主人公ヤンチを描いていく。

シックスポケッツ・チルドレン。

一人っ子のことだ。一人っ子は父親と母親、そして双方の祖父母の合計六人のポケットがあてにできる存在で、小遣いには不自由しないという“富裕一人っ子”が言った言葉だ。

ヤンチも一人っ子だが、両親は常にもめて母親が家出をし、父は働くものの長続きはせず、牛乳配達をしているヤンチの小銭を狙っては居酒屋で昼から酒を飲んでいる。が、ヤンチはそんな両親を嫌悪しているわけではない。愛すべき勝手者と認めている。一生懸命に生きている勝手気まま同士だと思っている。

通常に考えられる一人っ子ではない。奔放な中に冷静な判断力を宿した小学五年生だ。そしてけんかっ早く心の裏は一切ない。当然のことに友人がヤンチを取り巻く。荒い言葉は泉南弁だから大阪一の“弾み”をもっている。

作者の故郷（岸和田）が生んだ、この主人公ヤンチの行動判断力と言葉遣いが、今までになかった大阪舞台の小説をつくり上げたといえる。今までの大阪の作家が手を着（つ）けなかった、いや、手に負えなかった大阪の部分が中場利一という男の手で開拓されたといっていいだろう。作者は大阪文学（ショーセツ）開拓者といっていい。

さらに、昨今社会で取り上げられる小、中学生のイジメによる自殺という問題にも、ヤンチと彼を取り巻く友人、さらに外側の輪の中にいる大人（親）たちは痛烈なパンチを繰り出すだろう。ジメジメ、クヨクヨ、シクシクを破壊する一冊である。（藤本義一・作家）

（集英社・1575円）＝2007年3月1日③配信

権力闘争めぐる人間ドラマ

「カラヤンとフルトヴェングラー」（中川右介著）

世界最高のオーケストラとして、ウィーン・フィルハーモニーと並び立つベルリン・フィルハーモニーの首席指揮者の座をめぐる、フルトヴェングラー、カラヤン、チェリビダッケ三人の人間ドラマを、一九三四年から五五年ごろまでの約二十年にわたって、実に詳細に追跡した本である。

著者がいうように、まさにそれは「権力闘争のドラマであり、世代間闘争のドラマでもあり、陰謀と復讐といったどろどろとした人間関係のドラマ」である。

三四年の時点で、フルトヴェングラーは四十八歳、ベルリン・フィルの首席指揮者であり、ドイツ音楽界の頂点に立つ巨匠であった。カラヤンは、二十二歳年下で、ドイツの小さな都市で新進気鋭の指揮者として活動をはじめたばかりであり、チェリビダッケは、カラヤンよりさらに四歳年下で、三六年にベルリンに音楽を学びに出てきた青年であった。

カラヤンは、戦後のベルリン・フィルで数多くの指揮をしたチェリビダッケを差し置き、フルトヴェングラーの五四年の死の翌年、首席指揮者の座に決まる。それに至るまでの、歴史の偶然にも左右された、複雑な紆余（うよ）曲折は、三三年に誕生したヒトラー政権との関係もあり、実に陰影に富んだものとなった。

フルトヴェングラーのヒトラーとの確執や、カラヤンがナチ党員であったことなどは今日ではよく知られている。政治と芸術の関係が深刻な緊張を示した時代であり、本書はそれを、多くの具体的な事実を挙げて活写している。

フルトヴェングラーの後継者になる可能性もあったチェリビダッケは、カラヤンによってベルリン・フィルの“正史”から名前が抹殺されたと、著者は記す。「カラヤンのチェリビダッケに対する態度は、どこかスターリンのトロツキーに対するそれに似ている」と著者は評しているが、こういう性格のカラヤンという「有能なビジネスマン」が勝利して、戦後のクラシック音楽界に帝王として君臨した弊害は、商業主義の蔓延（まんえん）となって、今日までつづいているのである。（新保祐司・文芸評論家）

（幻冬舎新書・882円）＝2007年3月1日④配信

クレオール化の先の希望

「ホノルル、ブラジル」（管啓次郎著）

「熱帯作文集」と副題にあるように、主に熱帯地域の旅のエッセーが束ねられているが、読みはじめてすぐにつぎのような文章に出会い、はっとした。「人間の文化の最大の希望は、それが一世代で完全にとりかえることのできるものだという点にある」

生後まもない赤ちゃんは、世界のどこの家庭に預けても彼らの言葉と味を完全に身につける。文化は遺伝ではなく、生まれ持った肉体が経験するものの中に育つのだ。

タイトルの「ホノルル、ブラジル」は、著者がそのような思想を獲得した象徴的な場所として掲げられている。

ホノルルは各国からの移民が多数派を構成せずに共存している土地であり、ブラジルもまた、ヨーロッパからの移民とインディオが混血し、光と影の極端なコントラストに特徴がある。

どちらも教科書的な歴史の枠からはみだし、過去の文化遺産よりも、更新のエネルギーが光を放っている。「自分の体内の、私という存在の、色合いが変わった瞬間」をより多く体感できる土地なのだ。

クレオールは元は植民地時代のアメリカ生まれを指し、しだいに遺伝的・文化的に混成した人々を指すようになった。「きみが旅をすればするだけ、きみの体は新たな食物によって再構成され、七年も旅がつづけば、きみは確実に新しい自分になる」と語るように、旅とは、自らの肉体と精神を「クレオール化」する過程でもありうるのだ。

そのことの意味は小さくない。だが、著者の思索はそこにとどまらず、クレオールの先にある土着化へと向けられている。

共同体が崩壊し、人々が広範囲に移動するようになったいま、日本国内で移住を繰り返している私たち自身も、地理的規模の小さい一種の「クレオール」と言える。そのクレオールたる私たちが、土地に根を下ろして責任を負って生きること。「土着化」の意味をそう解釈するならば、本書は旅のエッセーという凡庸なくくりを超越した、意志と希望の書になる。（大竹昭子・文筆家）

（インスクリプト・1680円）＝2007年3月1日⑤配信

子どもを育てるのは社会

「少子化克服への最終処方箋」（島田晴雄、渥美由喜著）

「女性は産む機械」と言った大臣の発言が大きな波紋を広げている。

そのこと自体が、問題の関心の高さを示していると同時に、個人と国との関係が大きく変化していることをおもわせる。

いま日本は、経済発展というゴールに向けて走る集団的社会から個人がそれぞれのゴールに向けて走る（個人が主役の）社会へと転換しつつある。

また、経済が発展するなかで、子どもをもつことが個人の選択のひとつになっている。

言い換えれば、子供を産み育てやすい環境があるかないかが、出生数に大きな変動を与える社会になっているのである。

冒頭の大臣の発言は、その環境整備こそを政府が率先してやるべきであったにもかかわらず、問題を先送りにしたばかりか、その責任を暗に女性に押しつけている（ように聞こえる）。

しかし政府に責任を押しつけたところで事態は一向に改善されない。

本書は、いまのべた時代の変化を踏まえた上で、政府、企業、個人、地域がそれぞれに連携して役割を果たしていかなければ問題が改善されないと論じる。

本のタイトルが示すように、本書には問題克服のための最終の処方箋（せん）が示されている。

読者はこれだけのことがなされなければならないのかとあらためて考えさせられると同時に、少子化対策のために、ほとんど何もやられてこなかった現実を知るのである。

研究者のなかにも、少子化は国が介入すべきことではないといった議論もいまだに多い。

これに対して本書は、子どもは社会で育てるものという視点を明確に打ち出している。

本書を読んで、もっとも心に残るのは最終章である。問題児K君が筆者の「子ども会」での活動に参加するなかで次第に心を開いていくシーンを読むと、地域社会における大人の役割がますます重要になってきていることがよくわかる。

政策立案者のみならず、多くのひとに読んでもらいたい一冊である。（大沢真知子・日本女子大教授）

（ダイヤモンド社・1890円）＝2007年3月1日⑥配信

華麗にスタイル使い分け

「あなたが、いなかった、あなた」（平野啓一郎著）

この短編集のタイトルに暗示された「あなた」の不在は、読者にこそ埋めてほしい。著者からのそんなメッセージが帯に書かれていたので、よし、やってみようと思って最初の一編を読み始めたら、いきなり目がチクチクした。地下鉄大江戸線の新宿駅に砂ぼこりが舞っているのだ。乗客たちの体から落ちる砂である。

「絶え間なく、僕は僕を明け渡し続ける。（中略）その余韻が、やがて光源のない澄んだ乱反射の表で完全に見失われてしまう時には、僕たちはもう、それを知ることは出来ないんだ」

生とは徐々に死んでゆくプロセスである。自分の両手に、その真実の手触りをざらざらと感じるとき、読者は奇妙に明るい光を浴びているのに気付く。

ブンガク・ビギナーを自認するなら、手始めに「一枚上手」などいかがだろう。オトナの夫婦のためのショートショートである。「女の部屋」のジグソーパズルにつきあってみるのもいい。あるいは「慈善」。主人公と一緒に右往左往させられる読者は、現代世界の構造を苦笑いとともに悟るだろう。

だが「義足」と「異邦人#7―9」にはご用心。うかうかと身を委ねれば、他人の肉体を体感するハメになる。「母と子」は、ひとつの物語の設定を微妙に変えた五つの話が同時進行していく不穏な世界である。

濃厚で重層的な文学をお望みなら、作家自身に似た語り手が自らの旅とドラクロワの旅を重ねる「『フェカンにて』」がおすすめだ。「作中の死の原因を、作者に於いて解明する推理小説」である。漱石の「こころ」の改作としても読める。大作「葬送」への自注であり、デビュー作「日蝕」にまでさかのぼる思想が凝縮されたこの作品は、平野ワールドへの最良の入り口かもしれない。

小説家は読者をときどき途方に暮れさせるけれど、決して置き去りにはしない。十一編それぞれに異なるスタイルを使い分けた華麗な短編集である。（栩木伸明・早稲田大教授）

（新潮社・1680円）＝2007年3月8日①配信

俳句表現の高みに運ばれる

「こぼれ放哉」（古田十駕著）

果たせなかった結婚の約束が、男を酒におぼれさせ、実生活を破滅に導いていく。けれど、そのすさんだ生涯が、近代俳句に真の近代的自我をもたらすことになる。破たんした自我が文学上の自我となって再生する過程を、古田十駕はこの「こぼれ放哉」においてみごとに描ききった。

「咳をしても一人」で知られる自由律の俳人尾崎放哉は、東京帝国大学を卒業し、東洋生命に入社。契約課長にもなるが、酒がやめられず、破滅への道を突き進みはじめる。

著者はその転落への契機として従妹（いとこ）との破談を置く。一つ年下の芳衛と交わした結婚の約束は周囲の反対に押し切られ、そこに始まる心の屈折が、放哉を酒に追い込んでゆく。朝鮮に渡っての再就職も酒で失敗。肋膜（ろくまく）の持病を持ちながら、一九二三（大正十二）年からは関西の寺を転々とする貧困生活が始まる。

このあたりまで読み進めた読者の心には、ひとつの違和感が生じるかもしれない。著者が、放哉の句が生まれ落ちる瞬間を、ことごとく避けて書き進めているからである。詩人の評伝小説として、これは異例のことであろう。

だがその禁欲的な書きぶりは、やがてわき起こる深い感動のためのものであった。終盤になると放哉の自由律が誕生する場面が克明に描写され、「咳をしても一人」の登場に至って、読者は俳句表現の高みに運ばれる。

この構成力は称賛に値しよう。実生活の悲劇がもたらす閉塞（へいそく）感が、後段の句作のカタルシスによって一気に解放されるのである。「風譚義経」「真田爪痕記」などの歴史小説をつづってきた古田の構成力が、ここでもいかんなく発揮されている。

本書は、精緻（せいち）に資料を追った評伝でもあるが、一方で著者の想像力は、縦横に資料の間隙（かんげき）を埋め、具体性のある場面が描きだされている。あきらかに本書は、小説というジャンルでなければなしえない世界を作り出しており、人間放哉を知るために必読の一冊となった。（秋尾敏・俳人）

（文芸春秋・1920円）＝2007年3月8日②配信

暮らし方変える問い掛け

「不都合な真実」（アル・ゴア著、枝廣淳子訳）

アル・ゴアは、大統領選挙に小差でブッシュに敗北して、環境問題でアメリカ国民を説得しようとする使命感に身をささげた。全世界で数多くの講演会を開いて、地球温暖化の速度が非常に速いということを、写真と豊富な資料をつかって、非常に説得力のある挑戦的な姿勢で語りかけてきた。同名の映画でも用いられたその記録を、本にしたものである。

彼の示したデータのなかで他のどこにも載っていないものがある。たとえば北極海の氷についての米軍の調査記録である。潜水艦は、氷の厚さが一メートル以下の場所でしか浮上できないので、海軍は上向きにつけたレーダーで厚さを測り、精細な記録をつけてきた。海軍は長年、このデータを機密情報扱いとした。

ゴアの説得を受け入れてこの記録が公開されたが、一九七〇年代以降、北極の氷冠の面積も厚さも、すごい勢いで減少していることが明らかになっている。海を取り巻く陸地も温暖化している。永久凍土が解け始めて地面に埋没しかかった家、森林の写真も、本書には多数掲載されている。

ゴアの集めた情報の多くが、政府の力と結びついている。国防総省の人工衛星から撮った地球全体の画像など、地球環境に関するデータが軍事機密として扱われるということ自体が恐ろしい。

ゴアの父も上院議員だったのだが、農場経営者でもあった。アメリカ建国の父ワシントンも農場経営者だった。美しい自然に取り巻かれた生活そのものを愛するという気持ちが、アメリカの環境保護思想のなかにあって、ゴアにまでつながっている。

先日、世界の研究者でつくる「気候変動に関する政府間パネル（IPCC）」の作業部会が、今世紀末の地球の平均気温が最大六・四度上昇するという報告書を出した。この「自分たちの暮らし方を変えなくてはならない『不都合な真実』」にどう向き合うかを、ゴアは問い掛ける。（加藤尚武・京都大名誉教授）

（ランダムハウス講談社・2940円）＝2007年3月8日③配信

風穴をあける新家族小説

「オニが来た」（大道珠貴著）

近年リズミカルな文体で、なんとも言えない“人間のおかしみ”を描くのが持ち味になりつつある著者。本書の主人公は「私」こと、四十三歳の専業主婦である。

彼女は二年前、四つ年上の山倉福太郎と結婚、まだ新婚気分でいたが、ある日夫は会社を辞め、しばらく自由に生活したいと痩身（そうしん）施設に入ってしまう。自分が不在の間、実家にいって「介護みたいなこと」をしてほしいと言うのも調子よく、体のいい出奔＝妻の遺棄なのだが、夫の実家で暮らし始めた「私」はけなげにも、介護日誌のようなものをつけ始める。日々の記録、個人的な回想、愛情の告白、思考の断片。そういった特性にたけている日記を作中作にして、物語は進行していく。

さて山倉家の年長組は、ダンディーで虚弱体質の義父と糖尿病のけのある義母がともに七十四歳、家族同然のお手伝いさんで、耳の遠い黄泉さんが七十八歳。いわゆる大事件は起こらず、食べたり、ダンスしたり、小旅行に出かけたり。

しかし、そんな日常の積み重ねの中から、最初は嫁の義務だった彼らの世話を、「私」は楽しいと思い始める。おおらかな山倉家の人々に、人間的な愛着を感じ始めるのだ。

家族と縁の薄かった「私」は思う。「このおとしよりたちが死ぬまで、死ねないぞ」「私が中心になって、看取る、ってね。だからはりきんなきゃ、です」。その思いは、人は消えても生者の中で生き、やがて生き残った自分も同様に消えるのだという死生観にまで延びて行く。本書の中でもひときわ滋味あふれるシーンだ。

海が嵐だと、船の乗組員の結束は固くなる。世相を反映してか、ここ十年の家族ものは、いい意味でも悪い意味でも内むきの力が強かった。そんな傾向に風穴をあける新家族小説。悲壮さのない介護（一歩手前の）小説にして、どこにでもいそうな、でもこんなピュアな四十路（よそじ）の女はいないとわが身を振り返らせる、愉快でのんきな結婚小説でもある。（温水ゆかり・フリーライター）

（光文社・1575円）＝2007年3月8日④配信

明日の日本を映す米国の今

「ワーキング・プア」（デイヴィッド・K・シプラー著、森岡孝二ほか訳）

本書は米国の「働いても貧困から抜け出せない人々」（ワーキングプア）を描いたノンフィクションである。「低賃金」をベースにして、働いても昇進しない人、繊維工場や農場で働く移民労働者、犯罪歴のある人などが「働いている」にもかかわらず貧困から簡単に抜け出ることができない風景が、著者のインタビューを通じて懇切丁寧に描かれている。

そんなインタビューからわれわれが教えられる重要なことを三つだけ指摘する。

第一に、先進国の貧困問題は雑多な要素が複雑に絡みながら織りなされており、発展途上国の飢餓問題のようなわかりやすいものではないという点である。低賃金と低学歴、不十分な貯蓄と分別のない出費、貧しい住宅と粗末な躾（しつけ）など、ワーキングプアは社会の側の問題と、貧しき人々の側の問題が複雑に絡み合って生み出されている。

第二に、ワーキングプアから抜け出すためには、貧しき人々の努力に（偶然を含めて）さまざまな要素が加わらないと難しいという点である。アメリカンドリームという階層間の移動はそれほど容易ではないのである。

第三に、貧困問題の複雑さの裏返しでもあるが、ワーキングプアなど先進国の貧困問題は統計で簡単に把握できないということである。小泉内閣によって格差が拡大したのかどうか、ここ最近の日本では統計を使って論争が行われている。しかし、互いに自分に都合のよい統計を使うため論争に深みがつかない。他方で、本書が米国で大きな反響を呼び起こしたことから考えると、「貧困問題が統計だけで判断できない複雑な問題であること」を実感している人は多いのかもしれない。

小泉内閣の市場主義的政策と格差問題の関連が議論される半面、家庭教育の不在、個々人の規範意識の低下など、日本の格差問題も複雑な要因が絡み合いつつあることを考えると、本書が描く「アメリカの今」は「明日の日本」を映し出しているのかもしれない。（中野雅至・兵庫県立大助教授）

（岩波書店・2940円）＝2007年3月8日⑤配信

単純な二元論との格闘

「欲望問題」（伏見憲明著）

ずっと、疑問に思っていた問いがある。しかもそれは、私の立場上、なかなか口にできなかった問いだ。

マイノリティーは常に正しいのか？　当事者は常に擁護されるべきなのか？　被差別者の言い分にはうなだれて耳を傾けるしかないのか？　本書は、そうした私の危うい問いに対して重要なヒントを与えてくれたように思う。

一九九〇年代から日本のゲイ・ムーブメントを牽引（けんいん）する上で、伏見さんの存在感は抜きんでていた。常にゲイというマイノリティーの利害を代表して矢面に立っていた。「当事者性という権威」を振りかざさない柔軟な語り手として、私は彼を信頼していた。

伏見さんのもとに届いた一通のメールから、本書ははじまる。小児性愛に悩む男性からのもの。伏見さんはその悩みに同情しつつも、その欲望が禁止されるのは仕方がないとする。しかしそれだけでは終わらない。禁止された彼らの「痛み」はどうなるのか。

性的マイノリティーの差別は、たんに差別問題として考えるのみでは足りない。マイノリティーを特殊な欲望を持った人々とするなら、その欲望をはぐくんだのも社会や共同体である。精神分析が言うように、常に「欲望は他者の欲望」なのだ。

かくして伏見さんは、かつて差別問題と呼ばれていたものに対して「欲望問題」という、新しい呼称を提案する。正義と悪、敵と味方、男と女という、単純な二元論に陥らないためにも、これはすぐれて有効な戦略ではないだろうか。

伏見さんが最後に投げかける質問は私にとってもアクチュアルな問いかけだ。もしマイノリティーであることをやめられる薬があったら、それを服用するべきか否か。伏見さんの回答には、この問いと真摯（しんし）に格闘した痕跡がにじみ出していて興味深い。

回答を知りたい方には、ぜひとも本書を手に取ってみることをお薦めする。（斎藤環・精神科医）

（ポット出版・1575円）＝2007年3月8日⑥配信

己貫く魅力的な主人公

「氷結の森」（熊谷達也著）

熊谷達也の最新作は「邂逅の森」「相剋の森」に続くマタギ三部作の完結編だ。といっても、それぞれ独立した物語なので、いきなり本書から読み始めて大丈夫である。

主人公の柴田矢一郎は、秋田の阿仁出身の元マタギだ。かつて日露戦争に従軍していた彼は、ある悲劇のため故郷を捨て、南樺太でその日暮らしをしていた。しかも、その悲劇により義弟の逆恨みを買い、十年もの間、命を狙われている。

己の信念に従い、義弟から逃げ続ける矢一郎だが、それが遠因となり、懇意にしていたニブヒ族の娘がさらわれてしまった。矢一郎は娘を助けるためロシアのニコラエフスクに向かう。しかしロシアの地は革命に揺れていた。その大きな時代のうねりに、いつしか矢一郎も巻き込まれていく。

狩猟を生活の糧とする阿仁のマタギの中でも、とび抜けた銃の腕前を持っていた矢一郎。だが彼は、過酷な戦争体験と故郷の悲劇から、銃を封印している。また、自分を執拗（しつよう）に狙う義弟に悩まされながらも、決してその命を奪おうとはしない。

二つの選択肢があれば、あえて困難な道を選ぶような、不器用な生き方をしている男である。しかし、だからこそ、矢一郎は格好いい。厳しい状況によって、自分の決めたルールを破らざるを得なくなっても、なお己を貫こうとする主人公が、何とも魅力的なのだ。

また、戦争冒険小説としての面白さも見逃せない。前半の抑えたタッチから一転、後半のニコラエフスクで、物語は激しく動きだす。

この地名でピンとくる人もいるだろうが、ニコラエフスクは、シベリア出兵により駐留していた日本軍とパルチザンの戦闘が起こり、日本人居留民が虐殺された、いわゆる「尼港事件」の舞台となった場所である。作者は、その事件の渦中に主人公を投げ込み、強烈な戦闘シーンを描き切ったのだ。新たなチャレンジといえる戦争冒険小説の部分も、本書の大きな読みどころなのである。（細谷正充・文芸評論家）

（集英社・1995円）＝2007年3月15日①配信

反社会的な文学的挑戦

「図書準備室」（田中慎弥著）

今、日本中では、イジメやニートと呼ばれる問題が社会現象になっている。しかし、その取り上げ方は、イジメやニートを一つの病理現象としてとらえることが多い。つまり「いかにしたらイジメをなくせるか」「どうすればニートが社会復帰できるか」というような、いわゆる社会的に「健全な」立場からの議論ばかりである。

そこに抜け落ちているのは、イジメやニートを歴史的、思想的にとらえる本質的な議論だ。本書は文学という立場から、イジメやニートに対する内在的な問題意識を体現した小説集である。

表題作は芥川賞候補にもなった作品で、主人公は今では「ニート」と呼ばれる青年である。「私は三十を過ぎた。一度も働いたことがない」と堂々と主張するこの青年が、「アルバイトでも」と勧める親せきたちを前に、「自分がニートである理由」を延々としゃべり続けるという形式と構造の小説だ。

主人公は、働かずに母親の稼ぎを当てにして暮らす自分の存在理由として、中学時代の教師との出会いや教師に聞いた戦争中の話をする。そして「戦争へ行けと言われたら私は逃げ出すでしょうね」と、「戦争の大義」を拒絶して兵役拒否した戦時中の青年と、ニートである自分を重ね合わせるような政治的な発言までする。ニートにはニートなりの言い分があるというわけだ。

作者は、ニートと呼ばれる青年を批判したり、社会復帰の方法を模索したりはしない。むしろ「ニートの言い分」を肯定的に描いている。これは、かなり優れた文学的才能なくしては不可能な、反社会的な文学的挑戦と言っていいだろう。

また、併録の「冷たい水の羊」は作者のデビュー作で、イジメを解決すべき問題としてではなく、イジメそのものの内部構造とイジメが起こる必然性を当事者の側から描いている。

いずれも、健全で社会的な良識派から見ればとんでもない小説ということになるだろうが、むしろ、そこに田中慎弥という新鋭作家の存在意義はあると言っていいはずである。（山崎行太郎・文芸評論家）

（新潮社・1470円）＝2007年3月15日②配信

命の限り伝えた死生観

「遺言」（鶴見和子著）

「もう死にたい　まだ死なない　山茱萸（さんしゅゆ）の緑の青葉　朝の日に揺れているなり」

鶴見和子が死の淵（ふち）にあって詠んだ歌である。病床で、実の妹の内山章子が言葉を一語も逃すまいと書き留めた。冒頭の歌をはじめ、その病床記録は淡々としているが胸を打つ。最期の日となった昨年七月三十一日、「しあわせでした。しあわせでした。しあわせでした。ありがとう」「いやなこと終わりました」と言って、八十八年の生涯を閉じた。なんと深い言葉だろうか。

この書には、講演や対談などを含め、分かりやすい言葉で彼女の一生が収められている。米国留学中に太平洋戦争に直面した苦難が、ユーモアを交えて語られている。特有の秀でた感性が、社会学者として近代化論を乗り越える「内発的発展論」を生み出した。南方熊楠を日本初のエコロジストとして、曼荼羅（まんだら）を独自に読み解いたくだりも興味深い。

国内外での活躍は、同時に仕事に忙殺される歳月でもあった。とうとう一九九五年に脳出血で倒れた。その直後から、突然、体の奥のマグマが爆発したように短歌が次々とわき上がったという。

左半身の麻痺（まひ）と痛みの後遺症のなかで、彼女は自分の体が自然界と深く結ばれていると強く実感していった。その感覚は、健康で活発に行動していたときにはとらえきれなかった人間とあらゆる生き物、そして人間と宇宙との一体感であった。それをこう歌にした。

「大いなる生命体とう自然より生まれてそこへ還りゆく幸」

弱い人たちへの理解も深まり、「死んだものの立場からみた日本がどう見えるか、そしてそのことによって日本を開いていきたい」と言い、それは「世に残す言葉として、九条を守ってください」という遺言につながっていった。

違いを違いとして認めあう多様性がいかに大切で、単一的は魅力がないことを生前、私にも張りのある声と力のあるまなざしで、繰り返し語った。鶴見和子が生命のぎりぎりまで私たちに伝えたかった死生観が、本書には感動的につづられている。（大石芳野・写真家）

（藤原書店・2310円）＝2007年3月15日③配信

前代未聞の胸詰まる話

「ブリキ男」（秋山祐徳太子著）

ブリキはよく玩具に使われるし、生活雑貨に使われるし、屋根や塀にも使われる。芸術作品に使われることはまずない。が、著者はそのブリキで彫刻を造る芸術家として有名である。

ブリキの彫刻はまず基本的なトレードマークなのだが、著者はそれだけにとどまらず、さまざまなパフォーマンスをおこなってきた。展覧会に自分を体ごと出品したのにはじまり、一粒三百メートルのグリコスタイルで町を駆け抜けたり、頂点はやはり東京都知事選への立候補だった。

ここでいうパフォーマンスとは、現実世界でのおこないを、少しずれた目的をもって実行することだ。あえてずらすのではなく、真実を求めるとどうしても目的は型通りの一つに結晶しないらしい。だからこの都知事選立候補も、いわばブリキ製のパフォーマンスとなって光るのだった。

著者は明治生まれの母千代と二人の母子家庭に育った。読んでいて、この母の存在に感動する。たとえば立候補を聞いて、千代は「何かやると思った」と笑い飛ばす。でもそれは虚勢ではなく、一呼吸おいて「私の生命保険解約してもいいよ」と涙をこらえて一言。この胸に詰まる話の、前代未聞の胸の詰まり方を、いったいどう説明すればいいのだろうか。論理のちぐはぐさも一気に超えてしまう、母親の絶対の力を感じる。

そういう感動関係で、ぼくがいちばん心を引かれるのは、著者が少年時代に触れた世の中細部の、さまざまな目撃譚（たん）だ。とりわけ船に乗って、当時活躍していた糞尿（ふんにょう）船の後を東京湾までついて行く話。湾の沖合で、黄金が静かに流れはじめる。別の船舶が来ると中断し、それに対して相手方から返礼の汽笛が鳴る。そうやって黄金の帯は、船が通るたびにとぎれて、点線に変わっていく。

「運河もまた、礼節をもった船の社交場だった」という、この光景の描写が素晴らしい。ただ文章がいいとかではなく、その光景への著者の無類の愛情が伝わってきて、目がしばしばしてしまうのだ。（赤瀬川原平・作家、美術家）

（晶文社・2310円）＝2007年3月15日④配信

無差別爆撃の犯罪性問う 「大空襲と原爆は本当に必要だったのか」(A・C・グレイリング著、鈴木主税・浅岡政子訳)

第二次世界大戦で原爆と大空襲の被害を受けた日本では、無差別爆撃は人道に反する戦争犯罪だとの考え方が一般的である。しかし戦勝国の英国と米国では、ナチス・ドイツと日本軍国主義に対する正義の戦争で都市への爆撃は軍事上必要だった、という正当化論が圧倒的に優勢である。

英国の著名な哲学者による本書は、その風潮にあえて異を唱える。都市爆撃の歴史を詳述した上で、英米軍の無差別爆撃も、ホロコーストをはじめとするドイツや日本の残虐行為に規模の点では及ばぬながらも、同じように人道に反する戦争犯罪だと告発する。

国家総力戦では敵国の産業施設も都市も一般市民もすべて攻撃対象になるという無差別爆撃正当化論に対し、ハーグ陸戦条約からジュネーブ諸条約に至る戦時国際法・国際人道法において、非戦闘員たる一般市民保護の規定が一貫して拡充されてきた歴史をよりどころに、著者は訴える。「正当な戦争だからといって、どんな行為でも自動的に正当化されるわけではない」

同様の意見がすでに第二次大戦前とその最中に、英国の政治家や宗教者や市民の間で少数ながらも表明されていた事実は、時代をこえて遍在する「良心の声」を伝えてくれる。ドイツ軍の激しい空襲を受けたコヴェントリーの市民の中からも、ドイツ人であれ誰であれ同じような苦しみを被らないでほしいと願う声が上がったという。

著者は「過去にしたことを直視しなければ、同じ過ちをおかす恐れがある」と警鐘を鳴らす。イラクやアフガニスタンを空爆する米軍は、軍事目標をいまだに第二次大戦当時の視点で幅広くとらえ、経済的な拠点や一般市民の士気も攻撃対象に含めている。その米軍とともに英軍も戦っている。民間人の被害が後を絶たない。

そんな状況の今、第二次大戦での一般市民への空襲を断罪し、国際人道法の具現化を提唱する意味は大きい。空襲の被害者だった日本は、中国などで無差別爆撃をした加害者でもある。過去を直視することは、私たちにも課せられている。(吉田敏浩・ジャーナリスト)

(河出書房新社・2940円)=2007年3月15日⑤配信

歴史の奥へ分け入る興奮 「興亡の世界史05 シルクロードと唐帝国」(森安孝夫著)

中国の西安などで謎の民族ソグド人の豪華な墓が次々に発掘され、シルクロードの研究は新局面を迎えている。

本書は、遊牧国家と唐王朝がともに頼りにしていたソグド人の活躍と、それが政治経済史・文化史に与えた影響を論じる。また唐王朝をユーラシア史の中に位置付け、鮮卑、突厥、ウイグルという遊牧国家、シルクロードのエリアとの関係から眺めていく。

本書の魅力は、歴史に対する視界の転換にある。北が上になっている地図を上下逆さに張り替えるのは簡単だが、これを歴史叙述で行うのは至難である。

だが著者は、従来の史料が持つ中華中心主義の傾向を払いのけつつ、安禄山の乱をウイグル側の碑文を使って論述し、唐とウイグルの立場の違いを鮮明にする。

碑文の紹介だけでも珍しいのに、さらに最新の解読が示されていてうれしい。もっと驚くのは、これとぴったりの記事を、別の新出土ウイグル文書から発見してみせる手並みである。

この手並みは、シルクロードに存在した「ホル王国」から五人の「ホル人」の使者を各地へ派遣したと記すチベット語文書の解読でも示され、歴史の奥へと分け入る興奮をかき立てられる。

そして、従来はシルクロードの商人としかみられていなかったソグド人が、宗教や言語を媒介し、奴隷を教育して販売したり、軍人を提供したりして、遊牧国家と唐王朝の経営の根幹に関与した事実が明らかになる。

このように奥へ入るだけでなく、著者は、外へ出て高い視野から全体を眺めようともする。論述の端々から「すべての民族・文化は多元的であり、純粋などは存在しない」という主張と、西洋中心主義的な世界史や民族史観を「打倒」したいという強い意欲を感じる。

一気呵成(かせい)に書いた文章の勢いがすがすがしいが、断定しすぎや、紹介された研究者の論文が参考文献にないなどのエラーもある。だが、読者に胸襟を開いてみせる自信と誠実さがみなぎっており、その自信の裏付けとなる研究現場の報告書ともいえる。(土屋昌明・専修大教授)

(講談社・2415円)=2007年3月15日⑥配信

人の心が生む七不思議

「闇の釣人」(長辻象平著)

江戸の本所・深川一帯を舞台とする時代小説では、“本所深川の七不思議”を題材にした作品が結構多く見受けられる。この七不思議には諸説あって、そのどれを採るかで、それぞれ独自の着想で物語を展開することができるからであろう。

本書は、この七不思議を釣りとからませて描き出した連作長編。釣りの世界から見た元禄の世の奇怪を描く「忠臣蔵釣客伝」、干鰯(ほしか)問屋の用心棒が美ぼうの女主人を助けて大活躍する「元禄いわし侍」に続く釣り時代小説の第三弾にあたる。

徳川五代将軍綱吉が発令した生類憐(あわれ)みの令のもと、ご禁制を破り、命をかけて釣りを続ける闇の釣人(つりゅうど)がいた、という設定になっている。そこに、魚を得た者を水中の主が呼び止める「置行堀(おいてけぼり)」などの七不思議と、もう一つの不思議がからんで物語は展開していく。

主人公の無明長四郎は、綱吉の怒りで取りつぶされた土佐中村藩三万石の大名山内豊明の「妾腹(しょうふく)の子」である。このことが後々の展開に微妙な影を投げかけている。女釣人のお与満と屋台そば屋の銀七も、綱吉の治世のもとで父親を理不尽な仕打ちで失っていた。この三人が闇の釣人として、生類憐みの令に抵抗していくのである。三人の共通の敵となる小人目付(こびとめつけ)出雲豊次郎という悪役の存在も、物語の膨らみを豊かなものにしている。

綱吉の死去で生類憐みの令は廃止される。だが、物語はこのあと、闇の釣人として捕吏に追われる危険がなくなった長四郎らと出雲との対決場面で大詰めを迎える。さらに剣難が去った長四郎には女難に加えてある難問が控えていた、と最後まで読者を飽きさせない。

さまざまな手だてを考え出してひそかに魚を釣る釣人たちの気配が、七不思議のうわさを広めていく。ミステリー仕立てのためにそのからくりは明かせないのだが、闇夜の怪異を恐れる人の心から七不思議が生じることを浮き彫りにする作者のストーリーテラーぶりに注目したい。釣魚史研究家として「江戸釣魚大全」などの著作がある作者だけに、釣りのうんちくと描写も楽しめる。(清原康正・文芸評論家)

(講談社・1995円)＝2007年3月22日①配信

3次元的視野でバランスを

「頭がよくなる立体思考法」(香山リカ著)

学歴や偏差値に関係なく「この人、頭がいいな」と感じる人物は、社会にはいる。反対に、いくら高学歴でも「この人、ちょっと」と思わせる人間も、じつに多い。

ところが学校教育の現場ではいまだに、成績のよさや勉強の出来だけが、その人物の「頭のよさ」の評価基準であり続けている。本書が切り込んでいくのは、このズレの部分だ。

まず「頭がいい」とは、立体思考ができることという。これは、リアリティー(R)、インテリジェンスとイマジネーション(I)、ファンタジー(F)の三つの軸で考える三次元的な思考である。これら三つの間で常にバランスを取り、広い視野でものごとを考えられるのが、「頭がいい」人の条件である。

二〇〇六年春、不確実なメール情報でライブドア事件に関する国会論議を混乱させた永田寿康元議員。本書によれば、永田氏に欠けていたのは「知識や経験、あるいは危険を察知する能力」や「社会や世間に対して配慮する力」、つまりIだ。

国会で一躍有名になり、議員として確固たる地位を得ようとする現実・実利感覚(R)、小泉政権に挑み政界を一新させようとする理想主義(F)まではいいが、Iの部分が問題という。

ただしこれは、元議員だけの問題ではなく、多くの人々にも共通してみられる、バランスの悪い思考・行動パターンだ。

本書によれば、RIFの三つの軸による立体思考法をよりしなやかにするには、感情のコントロールもまた重要という。感情が、現実感覚(R)や空想(F)と結び付いた際に、人は一瞬の感情に流されて衝動的な行動をとる場合がある。

それを防ぐには、自分の「心のクセ」を知るのが大切という。本書中に示されている十項目の自己チェックリストは、思考と感情のプロフェッショナルでもある精神科医ならではの配慮だろう。

情報や価値、そして感情が錯綜(さくそう)する現代社会を生きぬく指南書として、また「頭がいい」ことのまっとうな定義を目指す書として、教育現場を含め広く読まれるべきである。(佐藤壮広・立教大学講師)

(ミシマ社・1365円)＝2007年3月22日②配信

内省的で古風な男の顔

「不動心」（松井秀喜著）

松井秀喜には三度インタビューしたことがある。丁寧な受け答えに感謝する一方で、なにか秘めたものがあるのではないかという疑問を三度とも感じた。それは新聞、テレビなどに出る日常的なコメントを聞いても同じだ。言葉にしないなにかを持ちつづけているのではないか。

松井自身の手になるこの新書を読んで、そうした疑問がすべて氷解したわけではないが、「なるほど、そういうことだったのか」と感じるところは少なくなかった。

たとえば、松井はメジャー一年目に、内野ゴロが多く、「ゴロ王」などとたたかれたことがあった。こういうときには新聞など読みたくもないだろうに、いつもどおり読みつづけたという。一番怖いのは悪く報道されることではなく、「悪く書かれた記事を気にするあまり、自分のペースを乱してしまうこと」だと考えていたからだ。成績があがると、ゴロ王などと書く新聞はなくなった。

松井はコントロールという言葉をしばしば使う。この本の中でも、「コントロールできること、できないこと」という章がある。コントロールできないことにはアプローチしない。それが松井の基本にある。たとえば、メディアの評価などはコントロールできない（しようと思えば、猛烈なエネルギーを要する）。運や肉体的条件もそう。どんなにがんばっても、バリー・ボンズのようなパワーは持てない。しかし、自分にもできることがある。そこからスタートするのが松井の流儀なのだ。そうやって課題を克服した例としてツーシームボールへの対応をあげているが、この「コントロールできること、できないこと」への感覚が、松井秀喜という選手を理解する上で、ひとつの鍵になるような気がする。

見えてくるのはきわめて内省的で周囲に影響を受けにくい、今の時代では特異ともいえる男の顔である。松井にどこか古風なにおいが漂うのはそのせいだろう。（阿部珠樹・スポーツライター）

（新潮新書・714円）＝2007年3月22日③配信

複雑な政治文化を複眼的に

「癒しの島、沖縄の真実」（野里洋著）

沖縄の大漫談家に、今は亡き照屋林助さんという方がいた。彼の戯（ざ）れ歌に「尖閣列島我達物（わったーむん）」というのがあった。中国と台湾が領有権を主張する尖閣諸島はわれわれのものだ、という意味である。

日本で、沖縄のことを指す場合には単に「沖縄」としか言わない。ところが沖縄からみて、沖縄以外のことを「本土」「内地」「他府県」「ヤマト」あるいは「ヤマトゥ」などと言う。それだけ複雑な歴史背景がある。

単純そうで複雑な「本土」と「沖縄」の関係が、この本を読むとわかってくる。沖縄に関心を寄せる人には二通りあって、文化面か政治面かに分かれる。あふれるほどに沖縄に関するガイドブックがあるのだが、この本はその両面を掘り下げての沖縄入門書である。

著者は絶妙な位置に立っている。金沢の出身者ながら、激動期の沖縄地元紙の記者として深いかかわりを持った。本書はその四十年にもわたる沖縄見聞を読者に伝える。

複眼的な視点を持ちえたがゆえに、複雑な政治だけでなく沖縄の独特の文化にも目を向ける。沖縄では政治と文化が背中あわせだったりもする。

「本土」では保革という言葉が死語になって久しいという。ところが沖縄はいまだに保革が、文字通り背中あわせだ。だが、保革を乗り越えてというのもある。日本女子ゴルフの宮里藍に対する応援である。

沖縄の新聞には、平気で「家族藍は勝つ」みたいな見出しが躍ったりもする。沖縄はいまや、ゴルフ界の人材を輩出し続ける地域になった。ゴルフには金がかかるが、子どもたちには安い料金でコースが提供され、大人たちが共同でマナーを教えている。他人の子もみんなで育てる気風が残っているのである。

著者は言う。「県民所得は全国最下位でも幸福度は日本一」と。はたして、沖縄は貧しいのか、豊かなのか。

冒頭の尖閣について。この歌詞の意味は、日本の領土でも中国や台湾の領土でもないですよ、沖縄の領土ですよ、という意味。ねっ、沖縄って複雑でしょう。（宮里千里・エッセイスト）

（ソフトバンク新書・735円）＝2007年3月22日④配信

机上の殺人者となる危険性「われらはみな、アイヒマンの息子」（ギュンター・アンダース著、岩淵達治訳）

アイヒマン親衛隊中佐は、ナチス絶滅収容所へのユダヤ人の強制移送に決定的責任をになった罪で、一九六二年イスラエルで死刑に処せられた。裁判の過程は、ユダヤ系女性哲学者ハンナ・アーレント（「イェルサレムのアイヒマン」）によって見事に分析された。

本書の著者は、アーレントの最初の夫であり、反核の哲学者として世界的に知られ、原水爆禁止運動でわいた戦後日本も訪れている。「人類はアウシュビッツを生み出し赦（ゆる）しを請うたが、ヒロシマを生み出しながら謝罪しない。この絶対的にスキャンダラスな非対称性から生まれたのは、ポスト西洋の状況だけでない。将来のあらゆる爆弾攻撃の事後的正当化も生み出された」という当時のメッセージは、現在に届く命題の一つである。

アイヒマン処刑後、判決はユダヤ人の金力が背景にあるとアイヒマンの息子クラウスは難じた。世論はクラウス批判で沸騰したが、著者はアイヒマンの問題を時代の課題として条理を尽くして批判する公開書簡（一九六四、八八年）を送った。それが本書だ。

重大なのは、もちろん制度化され工場化された、何百万もの人びとの抹殺（技術）、またそれにかかわった装置と人間の問題である。本書でこれらは「怪物的」と印象深く形容されている。われわれはみんなアイヒマン（を生み出した時代）の子どもである、と著者は言う。著者にとってアイヒマンはわれわれの時代のパラダイムなのだ。

現代は技術が歴史の主体となっている。アイヒマンは自らの行為の帰結をある程度想像できた。絶滅収容所の計画・実現に寄与した事務机上の殺人者である。時代の犠牲者などではなく免責されえない。が、彼は世界の現状にとって不可避の現象であり現代の最も特徴的な人間なのだ。

本書は、過去に現実に起こったことは、そのさまざまな前提条件が根底から変えられない限り、今日でもなお、あるいは再び起こりうると警告する。このような洞察力は、解説（高橋哲哉）どおり今日の日本こそ必要としている。（芝健介・東京女子大教授）

（晶文社・1890円）＝2007年3月22日⑤配信

珠玉のリアルつむぎ出す「黒人ダービー騎手の栄光」（ジョー・ドレイプ著、真野明裕訳）

いい記述だ。翻訳もいい。原文を読んだわけではないけれども、馬のまわりに生きる連中のはらむあの空気や気分、身のこなしから場の匂（にお）いといったものまでが、できる限り微細に、ゆったりと紙の上に刻み込まれているはず。でなきゃ、こんなせりふがさらっと書きとめられるはずがない。

「競馬場じゃ人はみんな平等なんでして。人が平等になる場所が二つある――一つは競馬場で、もう一つはほとけが眠る土の下」

ジミー・ウィンクフィールド。ケンタッキー生まれのジョッキー。黒人。一八八二年に生まれ、二十世紀の前半に活躍。アメリカから革命前の帝国ロシアに渡り「黒いマエストロ」と呼ばれるも、革命で追われてポーランドからフランスへ。

アメリカ六州とヨーロッパ七カ国を股（また）にかけ、当時のこと、黒人への差別にあらがいながら、競馬こそが自由、神様がくれた稼業と信じて生き抜いた、その記録だ。これまで表だって語られなかった彼の生の軌跡を、チームを組んで数年がかりで掘り起こした著者たちの苦労は間違いなく報われている。現代史とジャーナリズムが手に手をとって時に珠玉の〈リアル〉をつむぎ出す、そんなアメリカならではの手間仕事。素直に最敬礼だ。

競馬に国境はない。あるのは、やくたいもない政治のきまりごとが作り出す窮屈な壁や障害だけだ。それを身ひとつでかろやかに乗り越えてゆくホースマン＝「うまやもん」たちの自由闊達（かったつ）。それは、日本にもまたあり得た。戦前、満州や樺太、上海などで競馬をしてきた競馬師たちの忘れられた歴史。彼らの生を、その軌跡をこのように紙に書きとめようとする者がこの国にはいなかった、それだけのことだ。

だが、その「それだけ」が、乗り越えようのない距離を眼前の競馬にもたらす。役人が「国際化」に浮かれ、なけなしの資産も食いつぶして衰退しつつある日本競馬に、さて、最も欠けているものは何だったのか。心ある競馬好きなら、もちろん読み取れるはずだ。（大月隆寛・民俗学者）

（アスペクト・2100円）＝2007年3月22日⑥配信

複数の色合いたたえた悲哀　「聖母の贈り物」（ウィリアム・トレヴァー著、栩木伸明訳）

アイルランドで特にプロテスタントのイングランド家系に生まれた人をアングロアイリッシュと呼ぶが、一九二八年生まれのウィリアム・トレヴァーはまさにそれに当たる。現代の英語圏を代表する小説家であり、ここ数年、ノーベル文学賞候補の常連となっていると聞く。

この作家の短編が日本で初めて一冊にまとめられた。特に短編小説の名手として名高い作家の待望の翻訳である。おびただしい作品の中から何を採るか、難しい選択だったに違いないが、見事に読者の期待に応えてくれる短編集になっている。

トレヴァー作品は多くの場合、人生の苦難を暗い喜劇性のビジョンの中で描き出していると形容しうるが、その技法上の特色は、複数の作中人物の意識に次々に寄り添い、特定の視点への読者の安易な感情移入を拒否しつつ、伝統的なリアリズムの書法に従った全能の語り手のスタンスを崩さないところにある。

結果として、結末においてときにあからさまに、ときにひそやかに提示される人生の悲哀が、安易な意味づけを受けつけない複数の色合いをたたえ、深い余韻を残すのである。それはあらゆる惑溺（わくでき）から距離を置こうとする作者の厳しさ、あるいは優しさから生まれるものかもしれない。

もちろんアイルランド特有の政治、宗教状況を背景に持つ作品も収録されている。しかしトレヴァーの作品世界はもっと身近に感じられるもの。例えば冒頭の作品「トリッジ」。学校時代のいじめとその後日談を描く。見知った話だろうか。しかしここでは、過去の仕返しをされるものへの視線が単なる断罪者のものではない。それだけに一層、読者は居心地の悪さを覚えることになる。

しかしそんな読者は次の「こわれた家庭」でほぼ作者の全面的な共感を得ていると思われる老婦人を見いだし、またビートルズが聞こえる「イエスタデイの恋人たち」で、この作者には珍しく、ロマンチックな愛が肯定的に描かれているのを見てほっとできる。まさに優れた短編集を読む醍醐味（だいごみ）と言うべきだろう。（高橋和久・東京大教授）

（国書刊行会・2520円）＝2007年3月29日①配信

絢爛豪華な謎を用意　「リヴァイアサン号殺人事件」（ボリス・アクーニン著、沼野恭子訳）

上質な恋愛小説に美男美女の登場が不可欠であるように、推理小説にはひたすらクールで格好良い謎解き役（＝ヒーロー）がいなければならないと、ひそかに思っている人に、うってつけの本が登場した。

新しいヒーローの名は、ファンドーリン。ロシアの外交官である。その若さと美ぼうと優雅な物腰、非の打ちどころのない服装の趣味と教養、明晰（めいせき）な頭脳による分析力と判断力と語り方—一家言ある読者をも魅了するほどの男っぷりである。

時は一八七八年三月、舞台はインドに向かう千人を乗せた豪華客船。その中に大量殺人事件の犯人がいると分かり、容疑者が数人に絞られる。

手柄を立てようとはやるパリ警察の警部と、日本に向かうために乗り合わせたファンドーリンが事件の真相を追ううちに、その陰に、インドのマハラジャの秘宝をめぐる謎があると分かってくる。

物語が進むにつれ、容疑者たちそれぞれの、過去や罪やこだわりや苦しみが次第に明らかになり、だれが犯人であってもおかしくはない状況になったとき、容疑者の一人が殺される。

本書は、第一級のミステリー小説であると同時に優れた大衆小説であり、まさしく老若男女が無条件に楽しめる作品になっている。

著者のボリス・アクーニンは一九五六年生まれのロシアの人気作家で、このペンネームは日本語の「悪人」からとっている。もともとは日本文学者であり、三島由紀夫をロシアに翻訳紹介した功労者だという。

イギリス人、ロシア人、フランス人、日本人と、多彩で個性的な登場人物を各章ごとにユーモアたっぷりに描き分け（中でも、日本人ギンタロー・アオノの日記の章は大変に面白い）、ゆったりとした時間の流れる十九世紀ヨーロッパの雰囲気を小道具を駆使して見事に伝え、絢爛（けんらん）豪華な謎を用意したこの作家の手並みは相当なものである。

ファンドーリンの魅力にすっかり参ってしまった人には、日本からロシアに戻ってきたファンドーリンが活躍する「アキレス将軍暗殺事件」もお薦めである。（古屋美登里・翻訳家）

（岩波書店・1680円）＝2007年3月29日②配信

科学築いた涙ぐましい努力 「自分の体で実験したい」（レスリー・デンディ、メル・ボーリング著、梶山あゆみ訳）

実にユニークな本である。科学（主として医学）の謎を究めんとして、自らの身体を実験台にした科学者たちの果敢な行動ばかりを集めているからだ。科学実験の原点を思い起こさせてくれる。

人間はどこまで熱に耐えられるかを調べるために一〇〇度を超える高温室に長時間入り、食物が体内でどのように消化されるのかを確かめるために袋や木筒までのみ込む—。科学の黎明（れいめい）期にはそんな実験に体当たりした科学者たちがいた。好奇心に駆られて冒険に出かけるのと似た気分であったかもしれない。

しかし、猛威をふるう感染症（ペルーいぼ病）の病菌を決定するために患者の血液を自らに接種したり、黄熱病が蚊に媒介されていることを示すために蚊に自分の腕の血を吸わせたりするとなると、命を懸けての人体実験にも等しい（実際、実験中に命を落としている）。そんな困難な実験にあえて挑む心情には、謎を解明したいという科学者的な探究心とともに、不幸な病人を救いたいとのやむにやまれぬ熱い動機があった。このような利他的な犠牲的精神が科学を駆動してきたことも事実なのである。

身体に危険と知りつつ放射線を浴び続けたマリー・キュリーや、炭坑中の危険なガスを吸って体内の化学物質の行方を突き止めようとしたジャック・ホールデーンなど、自らをモルモットとして実験に打ち込んだ科学者もいた。科学と人間への愛がそのような行動に駆り立てたのだろう。

最近、ありもしない実験結果を捏造（ねつぞう）したり偽造したりする科学者の不正行為が多く暴かれている。手っ取り早く名を上げ研究費を確保したいというさもしい心のなせる所業だが、科学者はいま一度いったい自分たちは何のために科学に従事しているかの原点を考えるべきだろう。人を裏切る科学は科学の名に値しないのだ。

本書は子供向けに書かれているだけあって読みやすく、自らモルモットとなった科学者の年表も付いていて、科学が無数の涙ぐましい努力の上に築かれてきたことがよくわかる。（池内了・総合研究大学院大教授）

（紀伊国屋書店・1995円）＝2007年3月29日③配信

不気味な謀略の影を告発 「盗聴　二・二六事件」（中田整一著）

二・二六事件に関する、大半の書に目を通した立場でいえば、事件の概要、決起将校の心情、事件後の政治状況とそのほとんどは語り尽くされてきた感がある。昭和史を俯瞰（ふかん）すれば、この事件の本質は著者の指摘どおり「陸軍は事件処理に名を借りて、着々と軍部独裁の政治体制を確立していった」（終章）という点にある。

それゆえに青年将校の情念と軍事指導者たちの権力奪取の両面を正確に見据えなければ、この事件の闇は見えてこない。

本書は、二・二六事件に関する書の系譜のなかではまったく異質の、しかし事件の本質をもっとも的確にえぐりだした貴重な書である。私は読み進むうちになんども震えた。タイトルが示しているように、事件が起こってまもなく「誰か」が、真崎甚三郎や荒木貞夫らの皇道派の領袖や皇道派と思われる高級軍人たち、北一輝、西田税らの民間右翼、さらには首相官邸や陸相官邸、参謀本部、宮内省、それにドイツ大使館や東京朝日新聞など広範囲にわたって電話を傍受していたのである。この内容は当時開発されたばかりの円盤録音機に録音されていたのだ。

どのようなルートをたどったのか、その詳細は不明であるにせよ、録音盤はNHK放送文化財ライブラリーに眠っていた。偶然なことに一九七七年に発見され、著者はNHKのプロデューサーとしてこの録音盤の存在と「誰か」を求めての番組を制作した。放送時に世間に衝撃を与えたことは、私もよく覚えている。

それから三十年近くを経て、著者はこの書を著したことになるが、放送時には不明だったこともその後の取材で明かしていく。なにより驚かされるのは、北一輝が資金は大丈夫かと青年将校に確かめている電話などはまったくのニセ電話だったということだ。

この事件の背景に不気味な謀略の影があることをうかがわせる本書は、歴史的告発の書でもある。（保阪正康・ノンフィクション作家）

（文芸春秋・1750円）＝2007年3月29日④配信

翻訳が培った豊かさ

「日本語は天才である」（柳瀬尚紀著）

日本語の素晴らしさを論じているのが、国語学者でも小説家でも詩人でもなく、柳瀬尚紀氏という天才的な「翻訳者」であることは、とても大切である。翻訳者とは、複数の言語の「あいだ」にあって、外国語作品の豊かさを日本語の世界へと受け渡す者である。

だからこの言語論の中で、自身が行ってきた翻訳の具体例を通して、著者が「日本語は天才である」と言うときの「天才」とは、外国語という他者に対して、柔軟に身を開き、それをさまざまな方法で受容できる能力のことなのである。

そして、この受容能力は、日本語がその生まれからして「非日本的な」多様な要素を抱え込んでいるからこそ実現されたのだということを著者は強調している。中国の漢字との出合いから、万葉仮名が生まれ、そこから片仮名、平仮名が創造され、書き言葉としての日本語が成立したわけだが、この万葉仮名の誕生過程を、著者は「日本語は、無文字の自分をまるごと漢字に翻訳していった」と述べながら、驚異的な翻訳行為としてとらえている。

「今では無名の天才的な翻訳者たちがどれだけ活躍したことか。渡来人もいれば日本人もいて、幾世代にもまたがって翻訳者たちが活躍した」

もちろん、他者や多様性に開かれるとは、外来語を片仮名に表記したものをそのまま用いるようなこととはまったくちがう。日本語の創造的受容性は、翻訳がなされるときにこそもっとも発揮され、日本語の豊かさはそうやって翻訳によって培われてきたのである。

本書の随所で柳瀬氏が、国語辞典や漢和辞典、その他のいくつもの辞典や文学作品を参照しては、言葉の意味や読み方や用法を厳密に確かめていることは注目に値する。

たぶん、氏が日本語の天才をかくも痛感でき、その感嘆の念を、文字通り日本語（そして柳瀬氏自身）の天才を駆使した文章（とくに第八章「四十八文字の奇跡」はすごい！）によって、私たちにも共有させてくれるとしたら、それは、氏が常日ごろ、翻訳すべき「外国語」として「日本語」に接しているからにちがいない。（小野正嗣・作家）

（新潮社・1470円）＝2007年3月29日⑤配信

20世紀最後の文学の骨格

「未完結の問い」（大西巨人、鎌田哲哉著）

大作「神聖喜劇」で知られる大西巨人は、戦後文学の最後の“巨人”である。言葉遊びをしているのではない。巨人の名にふさわしい「名詮自性（みょうせんじしょう）」、すなわち名が本性を表す世界が、そこでは生きているからだ。

本書でも触れられるように、大西氏の小説「深淵」の登場人物「麻田布満（あさだのぶみつ）」は「まだ不満」とも読め、「二十一世紀前夜祭」の「真田修冊（さなだのぶふみ）」は「まだ習作」である。

つまり、大西氏の小説世界では、一人の登場人物は一つの観念、あるいは思想を意味（体現）しており、そうした人物たちが作者ののっぴきならない精神の重さをそのまま担ったところで対話し、行動し、生活する。それは作者自身の自己批判であると同時に、社会批判そのものなのである。

八十七歳の作家に対して、その半分の年齢の批評家が長時間のインタビューを行った。その記録が本書なのだが、言葉少ない大西氏の答えのなかから、彼の小説についての考えがはっきりと浮かび上がってくる。

たとえば、大西氏の小説には理想的な女性が出てくるが、現実には「変な女性」はいっぱいいるわけで、そういう女性を小説に取り込んだら男の主人公がどう対応するか、それが読みたいと批評家が問えば、大西氏はそうした“通俗性”をきっぱりと拒否する。

それは「生（人生）の根源的（根本的）な問題に触れない」から、小説に登場させる必要はないと言い切るのである。つまり、小説は「人生の根本的・根源的な問題」に触れるために書かれ、読まれるのであって、通俗性に媚（こ）びを売るためのものではないのだ。

人生の根本的な問題に触れようとする小説を書き続ける大西氏は、現代という時代とは徹底的に齟齬（そご）し続けるだろうし、北欧神話の“巨人族”のようにやがて滅びてしまうかもしれない。

だが、数十年あるいは百年後に、われわれの子孫は、大気層のなかに“巨人族”の化石を見いだし、二十世紀の最後の文学作品の骨格を組み立てようと努めるだろう。その時、本書がその設計図となるはずである。（川村湊・文芸評論家）

（作品社・2730円）＝2007年3月29日⑥配信

文学を写したリアリズム

「巨船ベラス・レトラス」（筒井康隆著）

日本の現代文学が突きあたっている問題をよく示す小説だ。

本文の前に人物紹介があるが、作者自身を思わせる「錣山兼光」や町田康の印象が見える「笹川卯三郎」といった、実験的でありながら読者の支持もある作家が主に登場し、また詩人や編集者なども出てきて、二〇〇〇年代における文学のあり方を投影して作品が書かれているのがわかる。

物語としては、パソコンソフト会社の社長「狭山銀次」が採算を度外視して創刊した、「革新的なもの、前衛的なもの」を目指す作家だけが書くことのできる文芸雑誌「ベラス・レトラス」が、「錣山兼光」も「笹川卯三郎」も名前をつらねながら、なぜか作品がうまくいっていないという事実が明らかになることで進んでいく。

問題の一つは彼らの作品のあり方だ。小説の規則を壊し、自由を求めていく書き方は必然的に難解さを導く。その難解さの水準はこの小説自体にも移されていて、昨年没した小島信夫のような現実と虚構が同居する書き方が随所に見える。

もう一つの問題は文学をとりまく状況にある。あらゆる価値観が流動化し、金銭的価値に換えられるものだけが優勢な現在の社会で、過去の文学遺産は顧みられず、本当に革新的な作品も存在しにくい。一方でお金にならないものこそ文学だという思い込みもあり、それが作家に対する同時多発テロを思わせる冒頭の爆弾事件に結びつく。

そうした問題が強いる制約のなかで、作家たちは右往左往しながら作品を書いていく。やがて小説を覆っていくのは、彼らがふと気づくと乗り込んでいるタイタニック号のような客船の場面だ。そこでは作家と小説内小説の登場人物が出会い、「筒井康隆」を名乗る「わたし」が語り出す。

お説教と愚痴と迷いと不安と非難の声が交錯する巨船「ベラス・レトラス」は、作者にとっての「文学」を写したリアリズムである。（田中和生・文芸評論家）

（文芸春秋・1200円）＝2007年4月5日①配信

大地と足をつなげた場所に

「海亀に乗った闘牛師」（青野聰著）

五十代半ば過ぎて思うのだが、この年齢って妙に落ち着きが悪い。体力もそこそこあるから還暦を迎える気分がいまひとつ盛り上がらないのだ。かといって新世界へ出発できるかというと、気後れと逡巡（しゅんじゅん）が先に立つ。

本長編の主人公伍代日呂太が選んだのは、社長職を辞して挑む生き直しの旅だった。もうすぐ還暦だという人がいったいどこへ？

当初めざしたのはオーストラリアだが、途中でアジア奥地、ビルマと中国とインドの境にある少数民族が暮らす村へと変更される。川をさかのぼり、山を越え、ぬかるみを渡る。同行者はとぼけた味のある日本人ガイドの八重樫幸吉。この青年とのコメディータッチのやりとりや、回想される日本での暮らしの破天荒さにひきずられ、いつしか私もアジア奥地にたどりついていた。

「海亀に乗った闘牛師」とは、闘牛によっておさを決める風習のある村で、ひょんなことから天才闘牛師としてあがめられる彼に与えられた愛称。賢者である族長の客として逗留（とうりゅう）する彼が、賢者と交わす闘牛論議や文学論、はたまた魂についての哲学的な会話は、森や大地や牛の放つ生気と重なってのびやかに振幅する。

過去も未来も一緒になったような時間の流れが心地いい。五感を開放し、入ってくる風のすべてを受け入れるかのような描写に、村での出来事や人々の暮らしが細密に浮かび上がる。知的な族長の妻を失った悲しみも、おさの座をめぐる勢力争いも、鼻綱で引かれる牛の憤怒も、本書の中では生あるものが持つ混沌（こんとん）として描かれる。片や、村の魅力がいずれは文明の力でけがされていくだろう未来も…。

心がふっと楽になる言葉がたくさんあった。自分の身体感覚だけを信じようとする主人公の「大地に、もっと大地に、上はもういい」という言葉や、牛に全存在を預けてきた賢者の言う「足の裏で遊ぼう」という言葉など。大地と足をつなげた場所に自分の魂のありかを見た主人公に、還暦は来ても老醜の日は来ないだろう。若返りの書！（稲葉真弓・作家）

（集英社・2940円）＝2007年4月5日②配信

勇気与える沼再生の物語　「湿地転生の記」（中村良夫著）

東京生まれの著者は戦中の一時期、茨城県古河市に疎開していて、この城下町を第二の故郷と思いつづけてきた。しかし、その歴史のある町も戦後の近代化の過程で、全国どの町も経験してきているようにその面影を喪失し、なかでも自然は荒廃してしまっている。本書は、その古河で一度は埋められて息絶えた沼の再生の物語である。

本書の前半で語られるのは、古河の地誌と自然豊かな戦前の風景、高度成長前後の変容の過程とその姿である。後半でこの町の象徴的存在であった御所沼を、著者を含め地域の人々がいかにして再生したかが描かれる。

著者は景観工学者として、この再生事業に加わる。そのための市による第一回の会合が開かれたのは一九八九年一月である。そして再生なった御所沼を中心とした古河総合公園の完成式典が二〇〇五年三月に開かれるが、その十六年間に及ぶ、著者によれば「風景学の挑戦」の記録が本書の白眉（はくび）といっていいだろう。

著者がこだわりつづけたのは、公園の整備でなく、あくまでも失われた身近な自然を風景として再生・復元することである。風景こそ、自然の原点であり、日本の町という町が失った豊かさそのものであり、地域文化再生の要だからである。

工学者でありながら、著者はむしろ人文科学的思考でこの沼の再生を考える。それは沼を中心とした地域の共同空間としてのコモンズ（入会地）のありかたに触れているところを見れば明らかである。この工学者らしからぬ沼についての思索が新鮮で、そこに感銘する読者も多いだろう。

そもそもこの事業は、市の公園計画から取り残された沼を何とかしたいという市民の声に行政が動き、多くの人々によるさまざまなボランティアなどの献身的な努力もあって完成したものである。その中で故郷への思いが著者にリーダーシップをとらせたわけであるが､勇気づけられるのは、人々の努力があれば「息絶え絶え」だった自然をも再生・復元できるということである。それは多くの地域で貴重な教訓になるに違いない。（本間義人・法政大名誉教授）

（岩波書店・2625円）＝2007年4月5日③配信

イラク戦争失敗の理由　「ブッシュのホワイトハウス（上･下）」（ボブ･ウッドワード著、伏見威蕃訳）

著者のウッドワード氏がブッシュ政権について書くのは三冊目である。一つの政権に対するものとしては異例の多さだ。それだけ「ブッシュ政権はイラク戦争になぜ失敗したのか」という本書のテーマが、アメリカにとって深刻な問題だという認識があるからだろう。

本書ではその失敗を招いた張本人として国防長官を務めたラムズフェルドを挙げ、すべて自らのコントロールにおかないと気がすまず、政権内の他の人を徹底的に妨害するという人となりを事細かに描写している。

また戦争を始める決断をした大統領のブッシュについては、高邁（こうまい）な理想と根拠のない確信しか頭になかったことが示されている。そしてこの二人に率いられたイラク戦争は、フセイン後のイラクをどのようにするのかということが事前にほとんど検討されていなかったことも、本書は明らかにしている。

だがそれと同じくらい重大な問題は、政権内部の人たちがイラクでの深刻な現状をブッシュに告げず、口当たりのいいことだけを報告していたという事実である。その意味で本書は政治における組織論であると同時に、悲しい人間ドラマでもある。

ところで本書のスタイルは、これまでのウッドワード氏の手法とは多少異なる｡同氏は基本的に、作品の中で解説や自らの価値判断をほとんど入れずに、淡々と事実をもって語らしめるという手法をとってきた。だが今回はところどころで、自らが政権の姿勢や政治手法を明確に批判したり、取材時の状況や相手に対する感想を述べている。

実は一昨年、同氏は取材で入手した情報の取り扱い方について検察側に証言を求められるなど、一時窮地に陥った。異例の主観的記述は本人の名誉挽回（ばんかい）の気持ちなのか、あるいはそれだけこの政権について訴えたいことがあったということなのか。いずれにしてもそうした苦難を乗り越えて書かれた本書は、ブッシュ政権のみならず、ワシントン政治の神髄を知るための必読書として仕上がったことは間違いない。（石澤靖治・学習院女子大学教授）

（日本経済新聞出版社・上下各1890円）＝2007年4月5日④配信

宣伝ビラでたどる戦争

「戦場に舞ったビラ」（一ノ瀬俊也著）

「伝単」とは、敵に降伏を呼びかけたり、戦意を喪失させるための宣伝ビラのことを言う。飛行機や気球によって投下されることもあり、本書はまさに「戦場に舞ったビラ」によって、太平洋戦争をたどりなおす試みである。

一読して、日本軍のものと米軍を中心とした連合国側のもの、あわせて百数十点におよぶ伝単の図版にまず圧倒される。そして、伝単をネットオークションで一点一点地道に収集するとともに、多くの名もない出征兵士の回顧録にいたるまで丹念に目を通し、伝単それぞれを多角的に分析した著者の「実証への執念」に感心させられる。

そうした「厚い記述」からは、戦場の兵士たちの思いや行いが、実にさまざまであったことが浮かび上がってくる。日本軍兵士は、南洋の島々などで食料のみならず、情報の飢餓状態に陥っていた。

中にはゴミ捨て場からあさった「ライフ」誌で戦況を知った伍長がいる。伝単の握り寿司（ずし）の写真を見て、生きる気力をわかせた幹部候補生がいる。敵の伝単への反駁（はんばく）を、律義に日記に書き連ねた下級将校がいる。伝単を破り捨てつつも、そこに描かれていた軍首脳の腐敗に動揺する上等兵がいる。投降の作法を記した伝単を、万一の時のためにとポケットに忍ばせた兵士がいる…。

伝単の効果や影響も、またさまざまであった。逆効果に終わっただけの伝単もあれば、おかれた立場などによって、一枚の伝単への解釈が正反対となることもあり得た。

特に興味深かったのは、伝単の内容以前に、物質としての伝単から多くのメッセージを読み取られていた点である。米軍伝単の圧倒的な紙質のよさや印刷技術、とても拾い集めて処分しきれないほどの枚数は、国力の違いを如実に示す「メディア」として機能したのである。著者も言うように、図版では現物の紙質や印刷の細部までは再現できないうらみが残るが、本書からは伝単をめぐる人々の息づかいまでもが、読者に伝わってくるかのようである。（難波功士・関西学院大教授）

（講談社選書メチエ・1785円）＝2007年4月5日⑤配信

架空の世界に心遊ばせる

「ふしぎ盆栽　ホンノンボ」（宮田珠己著）

ホンノンボー。「ほのぼの」「のほほん」にも似た語感に、まずそそられる。

ホンノンボとは、ベトナムの盆栽である。その特徴は、次の三点。本体が岩（石）である。建物や人物などのミニチュアが載っている。水を張った鉢（海）の中にある。つまり、海に浮かぶ島をかたどった盆景、とでもいったようなものだ。

著者は、ハノイのホテルのテラスで初めてホンノンボにでくわし、従業員がふざけてつくったとしか思えないナイスなマヌケさに、心ひかれた。

帰国後、「道教的宇宙観」に基づいてつくられているらしいと知り、ホンノンボを追って、ベトナムのみならず、中国まで足をのばす。

とはいっても、著者には、ホンノンボをベトナム文化として本格的に研究しようなどという、気負いはない。いきあたりばったり、のんきな旅である。

完成度がゆるく、詰めが甘い。人工物であることに、まったく衒（てら）いがない。手入れの必要がなく、つくったら、ほったらかしでいい。一つの価値基準に従っていないので、人それぞれに独自のルールがある。

特徴を書き連ねてみると、ホンノンボはいいかげんで、日本の盆栽に比べると、いかにも洗練されていない。

しかし、だからこそ、縮小した自分の身体で、その中を探検している気分になる。そこに物語を読み込み、架空の世界に心遊ばせてみたくなる。それが、ホンノンボの魅力である。

だが、何度もベトナムに足を運んだものの、結局のところ、ホンノンボの本質にたどり着くことはできなかったと、著者は記す。一人一人に違うホンノンボがあり、「ひとつの言葉で理解することなどできない」というのだ。

こんな肩すかしのような結末も、しかし、ホンノンボの“脱力系迷路探検性”みたいなものと重なり合う。

ジェットコースターや巨大仏など、奇妙で独特の世界を持つものをめぐる旅を、味わいのある文章で描く著者にとって、旅もまた、そういうものなのだろう。（鵜飼正樹・京都文教大准教授）

（ポプラ社・1575円）＝2007年4月5日⑥配信

「ミーハー学」ここに結実

「ロマンチックウイルス」（島村麻里著）

兆候は、二〇〇四年に表れた。テレビドラマ「冬のソナタ」の主演俳優ペ・ヨンジュンが来日し、警察発表で五千人という数のファンが空港に押し寄せる。そのほとんどが中高年女性。世の多くがまゆをひそめつつ「どうせ一時のブームだろう」と高をくくっていた中で、事態を冷静に見抜いていた人物がいた。「これは新種の感染症だ」といち早く診断を下した、この本の著者である。

その見立て通りブームどころか、韓流スターによるトークショーはすでに娯楽アイテムの一つとして日本に定着。タッキーこと滝沢秀明や氷川きよしら中高年女性をターゲットにしたアイドルのあり方が生まれた。感染者にロマンチックな夢を見させるウイルスは、逆に一人の高校球児を「ハンカチ王子」に仕立て上げてしまうパワーすら手に入れたのである。

その感染力の強さは、中高年女性に親和性の高いテレビというメディアが発生源だったから、と看破する「発症編」。熱狂する自分に恋する特有の傾向を指摘する「症状編」。女性同士が連れ立って遊ぶ日本古来の文化にまで掘り進む「培地編」と、「ミーハー歴四〇年」を自称する著者の分析はさえにさえる。なにしろ免疫ばっちり、身を賭したフィールドワークもへっちゃらなのだ。

「ああ、この人ちょっと、こじらせかけてるなあ…」という重症患者の危うさを指摘しながら、本書には「予防編」「治療編」がない。逆に最終章は「効能編」。「人々をやすやすと老け込ませてくれなくなった」この時代、あり余る時間を「趣味嗜好（しこう）を軸としたアイデンティティを自覚的に模索し、構築」した〈趣民〉として生きるために、積極的な感染すらすすめる。

汎アジア的な視野やメディアへの洞察が、分析を深く鋭利にした。著者による在野の「ミーハー学」が、ここに結実した感がある。（岩川洋成・共同通信文化部記者）

（集英社新書・735円）＝2007年4月12日①配信

往時の遊廓を鮮やかに

「吉原手引草」（松井今朝子著）

幕府公認の遊廓（くるわ）・吉原は、古くから文学作品の舞台になってきた。その中でも、松井今朝子「吉原手引草」は最高傑作の一つといえるだろう。

花魁（おいらん）の葛城が、何か大事件を起こした後、こつぜんと姿を消した。ようやくうわさも消えかかったころ、一人の青年が事件を調べるため吉原にやって来る。

青年は引手茶屋の内儀、妓楼（ぎろう）の番頭、遊びを究めたお大尽など、吉原の裏も表も知り尽くすアヤシイ人物を訪ねて話を聞くが、葛城の事件はタブーになっており、誰も真相を話そうとしない。

葛城の話題を避けるためか、十五人以上の証言者は青年に吉原のしきたりや自分の体験を語るのだが、このエピソードがとにかく面白いのだ。

吉原の年中行事や遊女の階級による遊び方の違いなどは、ほんの序の口。見世の男衆は遊廓の運営方法を、客は粋な遊び方を、女衒（ぜげん）は少女を遊廓に売る時の手続きについて語るので、知られざる裏事情が連続する。

遊女がなじみ客に誠意を示すために小指を切って贈るという伝統を実現させるため、偽物の小指を作る「指切り屋」なる意外な商売があったことまでが紹介されているので驚かされてしまう。

まさに吉原の百科事典ともいえる緻密（ちみつ）な時代考証によって、往時の吉原が鮮やかに再現されていくところは圧巻である。

やがて断片的な情報が積み重なり、葛城の人生が浮かび上がってくるのだが、そこは遊女と客が虚々実々の駆け引きを行う吉原のこと。うそと真実が錯綜（さくそう）し、失踪（しっそう）の理由はなかなか見えてこない。

それだけに、当初は葛城と無関係に思えた吉原の風俗や証言者の回想が事件と結び付き、二転三転するドラマを作り出す後半の展開は、ミステリーとしても秀逸である。

吉原は男尊女卑の封建下にありながら、男が遊女に従う特殊な世界。だが強い力を持つ遊女も、結局は借金に縛られたかごの鳥に過ぎない。こうした遊女の実態は、一見華やかに見えて、その実、さまざまな制限を受けている現代女性の姿に重ねられているように思える。（末國善己・文芸評論家）

（幻冬舎・1680円）＝2007年4月12日②配信

閉じた小宇宙の中で

「学園のパーシモン」(井上荒野著)

「選ばれし者」として赤い手紙をもらうと、学園生活がバラ色になるという都市伝説。美術教師と性的関係を持つ女子高生。病気で死にかかっているカリスマ学園長…。

こう設定を書くとおどろおどろしい小説のようだが、殺人やドラッグといったショッキングな事件は出てこない。最大の出来事は「一見、普通に見える私立高校のゆがんだ日常」だ。独自カラーを持つ私立一貫校の日常とは、外から見ると摩訶(まか)不思議な世界である。校則やあいさつの仕方、指導者の宗教的な影響力、生徒に代々受け継がれる伝説やうわさなどが、完全に閉じた小さな秩序の宇宙をつくっているからだろう。

高校から受験した「外部組」と、幼稚舎からの「内部組」はくっきりと分かれ、水と油のように交じりあわない。高い競争率を勝ち抜いて入ってきた「外部」の方が上に立ってもおかしくないのに、家柄や均質性を重んじる私立では「内部」が常に優位に立ち、学園のヒエラルキーを知らない「外部」を冷めた視線で見るのも特徴的だ。

作者はそうした「不思議さ」をうまくモチーフにして、学園伝説を柱としたミステリアスな、でもどこか甘酸っぱい青春小説に仕上げている。

教師との関係も、美形の編入生のたくらみも、赤い手紙の謎に絡む不可解な出来事も、閉じた小宇宙に飽き飽きした生徒たちの目には「学園というえたいの知れないシステムの一端」としか映らない。その一人、真衣は「黒いレースのブラジャー」をつけているような、すでに“女”のけだるさを知っている生徒で、同級生の木綿子はずばぬけた絵の才能を持っているが周囲にイジメられている繊細な女の子。

二人の目から見た学園が、まったく違った場所として描かれているのも面白い。だが共通するのは、この小宇宙に充満した“退廃”の甘美な空気にとらえられ、どこへも行けないと気づいていることだろう。

主人公は高校生だが、むしろそのころを郷愁を持って振り返る世代に読んでほしい作品である。

(速水由紀子・ジャーナリスト)

(文芸春秋・1670円)＝2007年4月12日③配信

輝かしさと奇妙さの混在

「平凡パンチの三島由紀夫」(椎根和著)

著者は「平凡パンチ」の編集者で、一九六八年から三島由紀夫が割腹する七〇年まで担当記者だった。三島の死後、無数の関連本が出たが、そこに見られる三島は敬して遠ざけたい薄暗い印象の人物でしかなかった。いっぽう著者は、日常的に接した三島という人間の輝かしい魅力を描きたいと思ったという。

当時「平凡パンチ」は発行部数百万を超える人気雑誌で、日本の若者文化をリードしていた。六七年、「平凡パンチ」は読者投票で「オール日本ミスター・ダンディ」を選んだが、三島は、石原裕次郎や長嶋茂雄を抑えてトップに立った。三島はスーパースターだったのである。

六〇年代前半まで、三島は文学界の英雄だった。しかし、映画やマスメディアやポップアートの影響が三島を文学だけの人間ではなくしていく。本書の着眼の独創性は、そうした大衆社会の変化が三島文学にも深い変質を強いたと考えるところにある。

かくして三島は引き裂かれていく。著者が身近に見ていた三島は、精神性のかけらもないモンキーダンスに熱狂しながら、神道の神がかり状態に疑問なく没入する奇妙な人物だった。

著者と三島が最後に会ったのは七〇年、六本木の「anan」編集部だった。その一室で二人はできたばかりの、三島が朗読する「英霊の声」のレコードを繰り返し聞く。そこに人気イラストレーター宇野亜喜良らの一行が入ってくる。同行した編集者の今野雄二は「なにこのオンガク、キモチワリィー」と言った。三島はソワソワし始め、「ひよわな表情」で帰っていく。三島と大衆社会の間には、もはや埋めようのない亀裂が入っていたのだ。

こうした数々の挿話が三島の最後の日々を生々しく浮かびあがらせる。そのほかにも、たとえば三島の有名な邸宅について、これほど見事にその異様な魅力を描きだした本は存在しない。

三島由紀夫の輝かしい魅力と、「ひよわな表情」の混在を浮き彫りにした好著である。(中条省平・文芸評論家)

(新潮社・1470円)＝2007年4月12日④配信

真理の地平ギリギリまで

「君自身に還れ」(大峯顯、池田晶子著)

本書の「あとがき」には「二〇〇七年三月　池田晶子」となっている。だが当の池田氏は、そのときにはすでにいない。昨夏にがんが見つかり、手術、今年一月末に再入院、二月二十三日に亡くなっているからだ。

そうした背景があるとは思えない静謐(せいひつ)さのうちに、対談は進められている。その静かなやりとりの底に、ある種の名状しがたい鬼気のようなものが感じられなくもない。

「私、死ぬのを怖いと思ったことない。死ぬのが怖いと感覚として起こったことないです。むしろ、つまらない生を生きる方が怖い(笑)」「人がほんとうに自分が生きるか死ぬかのクライシスになったときに求めるのは、お金でもモノでもなくて、ほんとうの言葉でしょう。言葉がなければ人は生きられない」

こうした池田氏の問いは、死に方、また生き方なんぞを問う種類ではない。「このわからない宇宙に、わからない私が生きて死ぬとはどういうことなのか。このわからなさ、絶対不可解」をとらえる本当の言葉・真理に真っすぐ向けられた問いである。

この圧倒的な「問うて曰(いわ)く」に、対談者の大峯顯氏は真っ向から答える。浄土真宗の僧侶でもある大峯氏は、自分の側から宇宙・無限はつかまえられない、必ずや働きかけてくる向こうからの働きを受けとめとらえよ、と説く。

だが信心とは死後、阿弥陀(あみだ)仏に救われて浄土に往(い)くといった期待のごときものではなく、今が充足している、今それで安心でき、肯定できるという自己と宇宙の深い気付き、自覚なのだ―と。

大峯氏の示すこうした方向に、池田氏も大きくかじを旋回させていくところに、本書の豊かなダイナミズムがある。

しかし、なお池田氏が最後までこだわっていたのも、阿弥陀仏、罪悪・救済という物語のレベルへの疑念であった。

意味・物語以前の、真理そのもののロゴスを、そのギリギリの地平までたどりたいという衝迫がそこにはある。

(わかるまで)「あと十年ですか」「それは知りたい一心ですから」という、最後の言葉が切ない。(竹内整一・東京大教授)

(本願寺出版社・1470円)＝2007年4月12日⑤配信

権威への対抗運動の変遷

「新左翼の遺産」(大嶽秀夫著)

著者は六〇年安保の終わった一九六〇年代前半に大学生活を送った。著者に五年遅れて大学に入学した評者が経験したのは、新左翼の疾風怒濤(どとう)である。

本書の言葉を借りれば、著者は「前期新左翼」と「後期新左翼」の端境期に学生生活を送った。評者とはわずか五年間の開きであるが、この差はけっこう大きい。ストライキの中で学生生活を送った評者には、著者のような冷静な目で新左翼を論じることなどできそうにもない。語るとしても思い出話ふうになるのが関の山である。

なぜいまごろ新左翼かと思われる向きもあるかもしれないが、たんなる政治運動にとどまらず、文化運動、はては人間の生き方をめぐる運動でもあった新左翼は、陰に陽に現代社会に大きな影響を及ぼした。新左翼を論じることはまさに今日の問題でもあるのだ。

新左翼は資本主義の変容を背景にして起きた世界史的現象でもあった。資本主義の発展による大量生産と大量消費は当然、革命の戦術にも変革を迫る。国家権力という大権力は企業、学校、地域といった多様な場に分散し、総資本と総労働が対峙(たいじ)するという状況はもはや過去のものとなってしまったからである。

にもかかわらず既成左翼は旧態依然とした革命観にとらわれ、あまつさえ左翼自体がひとつの権力と化していた。そこに生まれたのがイタリアやイギリスの新左翼であり、新左翼は政治運動にとどまらず、既成のあらゆる権威に対する対抗運動へと発展していった。

本書には、戦後日本の新左翼の思想と運動の変遷が、前期新左翼から後期新左翼、そしてポストモダンへの流れとして、政治学者の目で丹念に描かれている。ヨーロッパの新左翼との関連も的確にとらえられている。

ただ、「新左翼の遺産」という表題から現代日本の政治状況とのかかわりを期待して読むと、若干肩すかしを食うかもしれない。非政治化しているといわれる昨今の状況に新左翼が残した遺産がどのようにかかわっているのか、もう少し著者の見解を聞きたかった。(間宮陽介・京都大教授)

(東京大学出版会・3360円)＝2007年4月12日⑥配信

この時代に向き合う

「考える人生相談」（加藤典洋著）

アントニオ猪木みたいな著者の姿を、なんとなく思い浮かべた。「どこからでもかかってこい、どんな質問にもオレが答える！」といった気組みのようだ。

とはいえ、タイトルとは裏腹に、持ち込まれる質問に「人生」「相談」といった色合いは薄い。

たとえば—。

第一問、「『わからない』ことと向き合うために必要なもの（こと）は何でしょうか。」

第十問、「ネクタイについてどう思いますか。（わたしは苦手です。）」

これって、「相談」ですか？

いまどきの若者たちは、きっと、こういう尋ねかたをするのだろう。けれど、そんなふうに質問だけして、あとは寝ころんで「回答」を待つというのでは、「ネクタイ」は君の「人生」と無関係なままではなかろうか—。と、こちらはオジサンらしいイヤミの一つも言いたくなる。

「そんなこと、まずは自分で考えてみなさい」と、つい、口をついて出そうになるのである。

だが、ここでの著者は、そういうお説教はしないことに決めたらしい。

むしろ、こうした「人生」の手ごたえのなさ、「相談」の成り立ちにくさの中にこそ、現在のニッポン社会のある種のかたちが浮きあがっている。はぐらかさずに、それらの問いの一つひとつ、すべてに回答を試みることこそが、この時代に向き合う文芸評論家としての挑戦でもあるのだろう。

答えるときのしぐさは、百面相である。

野球の練習で言うなら、どんな打球（質問）も見事に受け止めてみせるという、千本ノックのようでもある。

また、私は、この著者はカラオケ好きじゃないかとにらんだ。ひとたびマイクを握れば、たとえ相談者の席は空っぽでも、ひたすら「人生相談」の「回答」を「考え」て、説きつづける。

フランス語の女性教師による、こんな言葉を引く。「あなたのとても大事な人間が死んだら、その葬式に行って、遺族に何というのか？」。へたでも、最後は自分の言葉で話すしかないのだと。（黒川創・作家）

（筑摩書房・1575円）＝2007年4月19日①配信

大人へのきびしい批評

「モノと子どもの戦後史」（天野正子、石谷二郎、木村涼子著）

モノと子どもの交渉史を軸に、日本近・現代の子どもの生活と文化を目配りよく通観した読みごたえのある一冊である。インデックスとして選ばれた項目（モノ）は、オムツ、学習机、制服、おやつ、マンガなど十四本を数える。

その発生から問題の多い今日的な状況までを、各二十ページ前後でまとめた三人の共著者の勤勉ぶりと腕力に、評者はまず心打たれた。ここはもっと書き加えたい、敷延したいと思いつつやむなく禁欲した個所も多かったろう。そのおかげで読者は、時の流れを大づかみに理解することができる。自らの体験を思い出しつつ、「交渉」のディテールを埋めるのは読者の心たのしい仕事である。

そしてあらためて、オムツであれおやつであれ、すべてのモノは戦争によって一度リセットされたものの、そのあと急速に復活、あっという間に戦前には思いもよらなかった高い水準の質と量を実現したことをぼくたちは確認することになる。

だが、その新しい質と量が子どもたちのしあわせに貢献したのかどうか、疑問も多い。「梁塵秘抄（りょうじんひしょう）」の引用からはじまる「わらべ唄（うた）」の章で石谷二郎さんは、「かごめかごめ」や「通りゃんせ」など意味不明の唄を伝承しつづけてきた「子どもの宇宙」の両義的な構造を解説したあと、こう書く。

「皮肉にも『子どもの宇宙』が崩れ始めたのは、『子どもの発見』以降である。時代が進むにつれて子どもには『子どもで在ること』と同時に『大人になること（の準備）』が課せられ、『停滞』と『成長』、『遊ぶ』と『学ぶ』の狭間（はざま）に居ながら、偏ることなく『両立』させる『子どもの理想像』が、子どもの目の前に置かれるようになった」

この引用で明らかなように本書は、単なる通史なのではない。歴史的な総括による、現代の子どもの生活と文化に対するきわめてきびしい批評でもあるのだ。むろん、批判されているのは子どもではなく、大人なのだけれども。（斎藤次郎・教育評論家）

（吉川弘文館・2940円）＝2007年4月19日②配信

苦悶強いられた生涯

「周恩来秘録（上・下）」（高文謙著、上村幸治訳）

驚愕（きょうがく）の書である。中国建国以来三十年近く政治と外交を統括し、キッシンジャーから類（たぐ）い希（まれ）な外交戦略家・偉人と称賛された周恩来が、実は毛沢東の前ではマインド・コントロールされた小心翼翼の下僕であり、死の床に就く七十七歳まで毛によって苦悶（くもん）を強いられた悲惨な状況が詳述されている。

そもそも戦前の中国共産党内では長らく周が毛の上位を占め、それが自尊心の強い毛の深い恨みを買った。著者は遵義会議で毛が党最高の地位を確保したとの定説を斥（しりぞ）け、この時点でも周がいぜん優勢で、毛の地位は脆弱（ぜいじゃく）であったと指摘する。ところが長征後の延安整風で毛は王明一派の粛清に成功後、三カ月間の清算闘争を通じて徹底的に周を追い詰め、両者の関係は逆転した。

以来、周は毛に平身低頭し、建国以後も隠忍服従を繰り返す。理不尽な理由で劉少奇が倒され、陰険悪辣（あくらつ）な手法で林彪が倒されても、周は最後には毛に従った。著者はこれを「忠君愛国の儒家政治文化伝統の影響を受けた」ためと説明する。

それでも毛の猜疑（さいぎ）心から逃れられなかった。世紀の米中接近によって内外の周の名声が高まり、しかも林彪失脚後に周がナンバー2に浮上したからである。毛の目には、周は謙虚で自制心があり、何事にもバランスを保つが、実際は狡猾（こうかつ）で政治信条もなく流れを読むだけの人物と映った。決定的なのは、毛が周を背後で文革を否定する急先鋒（せんぽう）と見なしていたことである。毛の冷酷、独断専行、暴虐、権謀術数ぶりは、ユン・チアンや李志綏の著作でも暴露されていたが、病床まで周を追い詰める毛の性癖には想像を絶するものがある。

総じて著者は、階級闘争による統率を絶対とした毛に対し、民政と経済建設を治国理念として「四つの近代化」を推進した周に好意を寄せ、毛の死は「中国現代史における狂暴な恐怖の時代の終結を意味した」と断じる。周への鎮魂の辞であろうか。（増田弘・東洋英和女学院大教授）

（文芸春秋・上下各1950円）＝2007年4月19日③配信

自分とは何かを問う

「変身」（嶽本野ばら著）

主人公・星沢皇児は、三十歳にして売れない少女漫画を描いています。体格は並ですが、顔はまれに見る不細工で、私家版とも言うべき漫画を、吉祥寺の路上でほそぼそと販売しています。

たった一人ファンがいて、その名をゲロ子と言います。名は体を表すとか、不細工な星沢皇児があきれるほどの太ったブサイクちゃんです。

うんざりするような書き出しですが、タイトルは裏切りません。ある朝目をさますと、星沢はそれは素晴らしいイケメンに「変身」しているのです。

星沢の暮らしは激変し、まず路上の漫画が売れるようになります。アルバイト先のコンビニでは、女子大生の小林祐菜にほれられます。出版社も目をつけ、デビューが決まります。担当編集者は河原木マドレーヌ、日仏ハーフの美女でらつ腕です。彼女の仕掛けで売れに売れ、彼女との恋愛があり、写真集が出て、作品はやがて映画化の運びとなります。そして星沢は、主演女優の真希野香羽と恋に落ちます…。

ある朝の変身もその後の展開も荒唐無稽（むけい）に思えますが、著者の筆はそれを感じさせません。少女漫画の世界やファッション、漫画のモチーフである回転木馬の描写が細密を極めるからです。加えてユーモアです。思わず噴き出してしまうギャグが随所に仕掛けられています。

そして何より、読者には心配があります。それは星沢の顔が突然元の不細工に戻ってしまうのではないかという一点です。ハラハラドキドキしながらついてゆくしかないという構成が、読者をグイグイと引っ張るのです。

徐々に主題が迫ってきます。それは「自分とは何か」ということです。何しろ星沢は変身以来、仕事が上向き、モテるようになったのですから。「人は見た目」に翻弄（ほんろう）されるうちに、星沢はその主題に気づいてしまうのです。自分が目ざしていたものは何か、本当に大切な人は誰なのかと。おバカと笑いをまとっていますが、本書はシリアスな主題を持っているのです。（立川談四楼・落語家）

（小学館・1470円）＝2007年4月19日④配信

流動体という新たな作家像　「ブラッサイ　パリの越境者」（今橋映子著）

写真家の仕事について、作品総目録を想定することは誤りだ。かつてそのように論じたのは米国の著名な美術評論家クラウスだった。個性をもった一人の画家が描く唯一無二の作品、その積み重ね―という古典的な芸術家像から、写真という複製メディアは確かに遠い。だが、そんな神話からの遠さにおいてこそ写真家は、「流動体」のごとく境界をあいまいに溶解させながら、画家とは違う固有性を獲得し、世界を「越境」し続ける。

今はなき故郷の地名にちなむ偽名のハンガリー人写真家ブラッサイは、一九三〇年代の夜のパリの濃密な風俗を形にし、またエッセーと写真によってピカソ芸術の秘密を記録したことで知られる。だがその評価はしばしば紋切り型に陥る。

今橋が論じたブラッサイは、ピカソ、プレヴェール、ヘンリー・ミラーといった他ジャンルの天才との交流の中で、時に彼らの芸術を写真や文章で証言しつつも、しっかり自らの表現を成立させる「流動体」としての新しい芸術家である。本書は、ブラッサイという「越境者」を基に、写真家像の再考をも促す。

通常、ブラッサイのピークは、「娼婦館」や場末のカフェに取材した夜のパリの連作におかれる。しかし今橋は、彼の生涯に通底する二つの原理、「石の想像力」と「変異の想像力」を見いだし、この二つの想像力の発露のピークを、落書きを撮った連作に見ている。

無名の通過者が街路の壁面に施した落書き、中でも低い位置に子供が刻みつけたものを「子供時代という〈古代〉」の洞窟（どうくつ）絵画に例えるブラッサイ。そんな彼に随伴しつつ、今橋は都市の片隅に開示される、途方もない時の積層を確かにとらえている。

前作「〈パリ写真〉の世紀」において今橋は、二十世紀パリの都市表象を、写真と文学との関連も織り込みながら丹念に検証した。書誌、年譜、英文要旨までそろう本書は、学術書の体裁も備えるが、前作にも増して楽しい直観も披歴されており、写真愛好家や、パリの文化史に関心のある一般読者にも開かれている。（倉石信乃・美術評論家、明治大准教授）

（白水社・4725円）＝2007年4月19日⑤配信

嘘の言語に包まれる世界　「何も起こりはしなかった」（ハロルド・ピンター著、喜志哲雄編訳）

ハロルド・ピンターは一昨年ノーベル文学賞を受けたイギリスの劇作家だ。ベケットの流れをくむ不条理劇の名手で、辛辣（しんらつ）な政治的発言でも知られる。本書はピンターのノーベル賞受賞記念講演や、一九八〇年代からの世界情勢に関する発言などを集めたものである。

記念講演でもかれは、自作の方法について話しながらいつの間にか痛烈なアメリカ批判を始め、講演の大半をそれに費やしている。けれどもそれは単なる政治的発言ではない。レーガン政権下でニカラグアで起こったことや、最近のイラク戦争をとりあげてかれが指摘するのは、世界が「嘘（うそ）のタペストリー」に包まれているということだ。

アメリカが「全体主義の牢獄（ろうごく）」と呼べば、それが事実とどんなに違っても悪の巣窟（そうくつ）のように受け取られ、それを潰（つぶ）すどんな手段も「自由」のためと正当化される。同じようなことがまたイラクでも繰り返され、大規模な空爆やクラスター爆弾をまき散らすのがその国の「解放」で、占領統治が「民主化」だとされる。

そして実は現場でどんな凄惨（せいさん）な事態が生じ、どんな不正や暴虐が行われても、「テロリストを掃討するため」と正当化され、結局は「何も起こらなかった」ことになる。

そしてメディアは、「人々が頭で考えるのを妨げるために言葉を巧妙に使う」という、政治家たちの戦略に同調する。

ピンターがことさらにアメリカに批判の矛先を向けるのは、この最強国が力に居直ってその「嘘」を世界に押しつけ、われわれの生きる言語空間を成層圏のあたりから汚染するからである。インドの作家アルンダティ・ロイもブッシュ政権による政治的言語の空洞化を、「（そこで）戦争は平和のこと」と書いて告発したが、言葉で世界を構築する作家たちは、世界があらかじめ「嘘のタペストリー」に覆われることに怒りと危惧（きぐ）を感じている。それでは言語を頼りに人間の真実に迫ることなどできなくなるからだ。

つまりこれは単に政治の問題ではなく、作家たちのみならずわれわれが生きる言語環境、ひいては意識の環境の問題なのである。（西谷修・東京外語大教授）

（集英社新書・840円）＝2007年4月19日⑥配信

迫真の取材で描く作家像

「星新一」（最相葉月著）

九年前、「絶対音感」で音楽界の謎に挑戦し、一躍世間の注目を集めた気鋭のノンフィクション作家が、今度は星新一の評伝を発表した。いまなぜ、星新一なのか。

周知のように、星新一は「ボッコちゃん」「おーい　でてこーい」などショートショートと呼ばれる超短編で知られるSF作家である。子どものころ誰でも一度はとりこになり、現在でも日本のみならず世界中から愛されている。

だが、子ども向きという印象が強すぎるためか、少なからぬ読者が、自分はとうに星新一を卒業したなどと錯覚しているのではないだろうか。しかし、生前の彼は、ブラックユーモアあふれる冗談を次々口にしながらも、作品の方はひょうひょうとした品の良さを保って敬愛され続けた。決して一筋縄ではいかない人物だったのであり、その逆説的な構図によって、星新一は長くSF界の中心に君臨したといっても言い過ぎではない。

本書はそんな星新一の実像に迫り、残された資料と膨大な取材から、その作家と作品を大きくとらえ直す。迫真の取材は、作家のみならず、彼の生きた昭和と、その時代のなかで育成されたSFというジャンルの成立と隆盛の秘密をも美しく、そして生き生きと描き出してみせた。

一読して、絶妙なショートショートの名手という通俗的な作家像の裏側に、なんという地獄図をのみこんでいたのかと呆然（ぼうぜん）とする。作家未満のころ、彼は借金まみれの製薬会社を父から遺産として受け継ぎ、信じられないほどの辛酸をなめた。またショートショートが千一編になるまでに、とてつもない作家的苦闘もあった。ショートショートという極小の世界は、彼の人生を凝縮した結晶そのものだということが生々しく伝わってくる。

星新一のイメージをがらりと変えてしまう本書そのものが、SF的な文明批評を彷彿（ほうふつ）とさせる圧倒的な構想力のたまものなのである。（小谷真理・SF評論家）

（新潮社・2415円）＝2007年4月26日①配信

理想や欲望映す“お城”

「わたしの城下町」（木下直之著）

徳川期の日本には、今の都道府県庁所在地よりもたくさんのお城があった。それらの多くは明治維新後に、あるじも政治的機能も失って、維持してゆくことも難しくなった。現在も残る江戸時代の天守閣は、姫路城、彦根城など、たった十二棟しかないという。

だからと言って、現代の日本でお城が文字通り「無用の長物」になってしまったわけではない。皇居から小田原、浜松、大阪、熊本などを経て首里まで、諸国の城と城下を“攻め”続けてきた著者が本書で示すのは、「我らがお城」や「わたしの城下町」が今も人びとの心をとらえてやまないという事実である。

たとえば昭和三十年代の「昭和の築城ブーム」。戦後の焼け跡の中で人々は、新しい時代の再生のシンボルとして、そしてまた観光資源という現実的な利得のためにお城を欲しがった。戦災で、あるいはそれ以前にすでに失われていた城（というよりも天守閣）が鉄筋コンクリートで再建され、熱海城や下田城のように、そもそもお城のなかった場所にもお城（のようなもの）が造られた。

より近いところでは、NHK大河ドラマの機に乗じたり、木造でより「本物」を志向したりした平成の築城ブームもある。かつての藩主たちを祭った神社や廟（びょう）がときに荒れ果て寂れても、戦前にお城の周囲を守るように鎮座した軍人や旧藩主の銅像の多くが姿を消しても、お城は残り、再建され、“お城のようなもの”も新築されて、さらには「御殿」まで再建しようという勢いの場所まであるという。

足元の城下を生きる人々の理想や欲望や思惑やご都合主義を映し出す鏡のように、お城は今も立ち（建ち）続ける。かつてロラン・バルトが「空虚な中心」と評した旧江戸城も例外ではない。宮城、皇居と名を変えたこの城が、その“城下”であるこの国に生きる人びとにとって決して「空虚」などではなかったことも、この本は指し示す。

とぼけたユーモアと鋭い突っ込みで、日本人と日本社会にとって「歴史」や「伝統」や「文化」とは何なのかを問う好著である。（若林幹夫・早稲田大教授）

（筑摩書房・2940円）＝2007年4月26日②配信

街を変えた女性の一生

「アメリカ村のママ　日限萬里子」(日限満彦著)

ソウカイ、ソウゼツともにソウが付くが、ソウカイには壮快と爽快(そうかい)があり、ソウゼツは壮絶であり、ソウには「想」「走」「創」「操」などという漢字がひしめいている。本書を読んで、以上のソウが大きなうねりになって届いた。著者の満彦さんはママの弟さんである。

淡々と姉の生きざまを記していく中に、現代の女の一生が語られている。若者向けの店が立ち並ぶ大阪の街「アメリカ村」とともに歩み、一昨年に亡くなった日限萬里子という女性の、六十二年間の思考と行動が、一番身近な肉親によって深められていく。

花柳界で名をなした祖母と母の下で育てられた萬里子は、独自の人生観を宿して一生を貫いた。古い廃虚の倉庫を見て、そのイメージを膨らませ、戦後の大阪ミナミの一角に華麗にして新鮮な若者大歓迎の店を十数店、つくっていった。

しかし、自分自身の利益、もうけは度外視して動きつづける。そこに街が新しい産声を上げつづける。働きつづけるのではなく、動きつづけるのである。

好きなことを精いっぱいやって、ニッコリ笑って生きていきたいという身上の裏には、寂しがり屋で孤独感が人一倍強いというもう一人がひっそりとたたずんでいる。

笑顔で冗舌でおしゃれの裏ではぼうぜんとして涙ぐんでいる自分がいる。この大きな矛盾の中で彼女は恋をし、一方で恋を破たんに導いていく。

その上に再興されていくのが、「アメリカ村」という大阪の街なのだ。

私自身、この大阪の堀江かいわいの変ぼうを戦前、戦中、戦後眺めてきた。父の店がこの場所に近かったからである。が、この一冊を読んで日限萬里子という、一人の自分を犠牲にした超感覚が、街の文化を変えてきたのをあらためて知った。

彼女は、街の空間をデザインした空間プロデューサーといわれているらしいが、これは彼女の最も嫌う肩書だと思う。彼女は自己の感覚を総動員して、夢の座を見事に描き出したのである。

(藤本義一・作家)

(小学館・1680円)＝2007年4月26日③配信

事実と創作のあわいに快楽

「円朝芝居噺　夫婦幽霊」(辻原登著)

江戸と明治をまたいで生きた、落語の名人、三遊亭円朝。自ら創作した噺(はなし)が大人気を呼び、その口演を書き写したといわれる「速記本」は、明治期の言文一致運動に、多大な影響を与えたとも言われる。

さてここに、その円朝が残したらしい、幻の芝居噺が“発見”された。あれっ？　彼の遺品のほとんどは、震災で焼失したはずでは…。

謎と推理と想像力が小説中をかけめぐる。何が事実で、どこからが創作か。そのあわいに、小説を読むことの快楽が吹き上がる。

奇妙な縁で「私」にもたらされた、亡き旧友、橘菊彦氏の残した段ボール箱。その底にあったのが、訳のわからぬ文字で埋め尽くされた染みだらけの大部のザラ紙である。解読者を得て読み解けば、「夫婦幽霊　三遊亭円朝　速記・若林玵蔵、酒井昇造」と。

「噺」の内容は、盗んだ四千両の金をめぐる、三組の夫婦の騒動だが、安政の大地震を背景に、事件が事件を呼ぶ鮮やかな展開。色彩にあふれ、躍動感がある。なかでも一番の極悪人、藤十郎が、じりじりと追い詰められていくさまには、ひとごととは思えぬ迫力がある。悪党がここまで魅力的とは、そこだけとってみても極め付きの噺である。

大川端・吾妻橋のたもとに、死んだ夫婦の幽霊が登場し、「噺」のほうは、幕を引く。だが小説は、まだ終わらない。

最後の最後、円朝の不肖の息子、朝太郎と芥川竜之介という意外なとりあわせが登場し、「夫婦幽霊」の成り立ちについての謎解きがなされる。ここまでくると、もはや本書には、円朝の亡霊がとりついているとしか思えない。

あり得ない話である。だがそのあり得ない「虚構」が、現実をめりめりと食い破り、乗り越える。これぞ、文学。

読むことがどこか「悪行」に思えるほどの、知的興奮を呼ぶ本である。もしかしたらこの著者こそ、藤十郎以上の悪人では!?(小池昌代・詩人)

(講談社・1785円)＝2007年4月26日④配信

寓話のような読み心地

「サマーバケーションEP」(古川日出男著)

語り手は、生まれつき人の顔の識別ができないという障害のある〈僕〉。物語は、井の頭公園を訪れている〈僕〉がそこで出くわす音やにおい、色、触感、温度をいちいち確認するような記述からゆるゆると滑り出します。やがて〈僕〉は、井の頭公園の中に神田川の源流を発見。予定にしばられない「本物の夏休み」を取り戻すために長い休暇を取ったというウナさん、三度目の自殺に失敗した女性カネコさんと偶然知り合い、神田川が海へといたる道を歩く冒険に繰り出します。

井の頭公園でボートに乗った恋人は別れるというのろいを解きたい「イギリス人さん」と「へその女の人」のカップル。夏休みの絵日記ネタを探す三人の小学生男子。ニホンジカの体臭を放つ不思議なおじさん。双子の姉妹、北京さんと広東さん。新宿区の護(まも)り手を自任する自転車に乗った八人の中学生男子。いろんな人たちと出会い、同行し、別れたりしながら、〈僕〉はひたすら海に向かって歩き続けます。

カメやコイがすむ神田川、遊歩道、住宅街の路地、駅、線路、電車、ミスタードーナツ高井戸店、たくさんの橋、公園、東京ドームシティ、秋葉原、隅田川…。〈僕〉は仲間たちと小さな、でも心にいつまでも残る希有(けう)な体験を重ねながら、東京の東へ、南へと向かい、少しずつ海に近づいていくのです。

人の顔の区別がつかないことから起きるトラブルを避けるため、〈僕〉は識別したことを指さし確認のように自分自身に報告し続けます。その語り口はゆったり、ゆっくりしています。歩く速度のように、川の流れのように、〈僕〉の中にたゆたう思いのように。それが、この現実の東京を舞台にしたリアルサイズの物語に、寓話(ぐうわ)のような読み心地をもたらしているのです。

でも、そんな終始穏やかだった〈僕〉の声が、ようやく海と出合えたとき、喜びで思わず上ずってしまう。これまで小さな冒険につきあってきた読者の心をも上ずらせる、これは見事な転調です。古川日出男の語りの芸の細やかさに瞠目(どうもく)できる一冊といえましょう。(豊崎由美・ライター)

(文芸春秋・1800円)＝2007年4月26日⑤配信

女性を縛る幾重もの罠

「ナイトメア」(小倉千加子著)

「頭のいい女性が現代を生きる困難をこれでもかと書いて、背筋が凍る物語」―ある人はこの本をそう評した。

その通りだと思う。だがこの「心の迷路」の物語は、一筋縄ではいかない物語でもある。

ある日「ナイトメアの話をしてもいいでしょうか?」という出だしで始まる手紙が、見知らぬ女子学生から著者の元に届く。「ナイトメア」とは芥川龍之介の「闇中問答」の声のようなもの。彼女にはその声が自分を責めつづけるのが聞こえるのだという。

声の起源はおそらく、優秀な兄を溺愛(できあい)する母、妹をなじる兄、そして父―との関係にある。そこから「ナイトメア」と呼ばれる女性の不幸が始まる。しかしこの不幸は、単純に記述できるものではない。

大学に行ってもどうしても教室に入ることができずに図書館にこもる彼女は、教師を超える知識量で教師から疎まれるような存在である。だが、かといってニコニコと教師の言葉にうなずけば、空虚感にさいなまれる。優秀であってもけっして兄を圧倒してはならず、その存在によって専業主婦である母の生き方を否定してもならない娘。

だがそんななかで彼女は懸命に大学を卒業し、倍率の高い職を得て、あまつさえ結婚までしてしまう。しかし職場の異動は彼女をアルコールへと追いやり、結婚は彼女から抽象性を奪い、息が詰まりそうな具体性の中に串(くし)刺しにする。期待に応えることが期待を裏切るという二律背反。

「努力すればするほど、ゴールが遠のくような短距離走の選手」「永遠に宙吊りにされた『名誉男性』」、それが彼女。

女性たちを縛る幾重もの罠(わな)。それを指摘していく著者の筆致は、直接本を読んで感じていただくしかないが、きわめつきはこれだろう。

〈「自立」をしながら同時に「繋がり」を持たなければ、女性は生きていくことができない。そういうジレンマに、ナイトメアは誰よりも早く、誰よりも深く気がついていた。〉

この本はあなたとの出合いを待っている。(藤本由香里・評論家)

(岩波書店・1575円)＝2007年4月26日⑥配信

やわらかな心の揺れ描く　「大きな熊が来る前に、おやすみ。」（島本理生著）

若手の実力派として定評のある作者の新刊で、芥川賞候補作となった表題作を含む三作からなる恋愛小説集である。

つき合ってすぐに一緒に暮らし始めた相手。時折結婚の話題も出るくらいなのに、主人公である珠実の心の奥には、漠然とした不安が巣くっている。幸せというよりは、「むしろ転覆するかも知れない船に乗って岸から離れようとしている」のではないか。そんな思いがぬぐえない―。（「大きな熊が来る前に、おやすみ。」）

ひょんなことから、頻繁に部屋にやって来るようになった、大学の男友達。裕福な家庭に育ったせいで、無意識に他人を傷つけてしまう、そんな彼を、初めは苦手としていた主人公だったが、次第にその彼に引かれていく―。（「クロコダイルの午睡」）

中学のバスケ部の顧問だった先生のお通夜の席で再会した後輩。泥酔した彼を介抱し、自宅に泊めた志麻は、翌朝、その後輩から「ずっと好きだったんです」と突然告白される。「まだら」という猫と静かに暮らしていた志麻の日々に、その日から、その後輩、荻原が静かに加わっていく―。（「猫と君のとなり」）

三作に共通しているのは、誰かを愛し始めた時の、やわらかな心の揺れ、である。「大きな熊―」は、“始まってしまった関係”を描いているので、厳密には違うのだが、それでもそこにある、自分と相手との距離感への戸惑いだったり、愛しているからこそ、の迷いや悩みのトーンは共通しているように思う。

三作とも、ヒロインは二十歳を少し越えたくらいか。無防備に誰かと恋に落ちるほどは若くはないけれど、かといって、不必要に恋に対して用心深いわけでもない。そんな彼女たち、三者三様の愛のあり方を、確かな文章で、静かに読み手の胸に染み込ませていく。

どれもが、長編になり得るテーマを、短編で描いたあたり、作者の力量と充実がうかがえる一冊だ。（吉田伸子・書評家）

（新潮社・1365円）＝2007年5月2日①配信

人が人を裁くジレンマ　「陪審法廷」（楡周平著）

読み進めながら、何度もページをめくる手を止め、考えを巡らせた。文中の「私は神じゃない」という陪審員のつぶやきが深く胸に突き刺さる。

本作には、法廷推理やクライムサスペンス、あるいは悲恋物語、家族の再生といった、いくつものテーマが盛り込まれている。だが、最も強烈に読者へ突きつけられるのは、陪審員制度がはらむ光と影だ。日本でも二〇〇九年五月までに「裁判員制度」が始まる。この、あまりにも身近な現実を前に、自分が裁判員に選出されたとき、あるいは法廷に立つ場合を想起せずにはいられない。

舞台は米国、学業優秀な十五歳の日本人少年が主人公だ。彼は恋心を抱いていた少女の義父を射殺する。彼女は養父から肉体関係を強要され地獄の日々を送っていた。恋人を救いたいという、稚拙だが真剣な思いが凶行に直結してしまう。

事件の重大性から、主人公に少年法は適用されない。州法にグレーゾーンは存在せず、仮釈放なしの終身刑となる第一級殺人罪か、二十五年以上の拘禁を強いる第二級殺人罪、あるいは無罪かが争われる。

法廷が舞台となる中盤以降、裁判員制度の格好のシミュレーションが展開され、読む者を引き込む。偽証まがいの作戦を画策する弁護士と、有罪を勝ち取りたい検察官の敵対を前に、少年の人生を決する判断を下さねばならない十二人の陪審員たちの思惑が交錯する。

情状酌量を排し厳格な法の適用を求める声と、「情け」を加味することが市民に審判を委ねる真意だとする意見の対立は、実際の裁判員制度でも議論を呼ぶだろう。また、陪審員決定に至る経緯の説明、一日二十ドル程度の報酬で責任ある役目を負うことを敬遠する人が多いというくだりもリアリティーを感じさせる。

判決後、陪審員たちには割り切れない思いがつきまとう。評決の行方にかかわらず、少年が人をあやめた事実に違いはないからだ。筆者は「良識」の意義を鋭く問い、人が人を裁くことで究極のジレンマに陥ると警鐘を鳴らす。読後に抱く問題意識は、ことのほか重い。（増田晶文・作家）

（講談社・1785円）＝2007年5月2日②配信

息つかせぬ人間再生の物語

「ツォツィ」（アソル・フガード著、金原瑞人・中田香訳）

みんなからツォツィ（ごろつき）と呼ばれる若い男は背中に闇を背負っている。幼いころの記憶を封印したのだ。だが、ぬれた新聞紙のにおいをかぐと胸がうずき、クモの巣を見ると激しい恐怖に襲われる。つきまとう茶色い雌犬のイメージ。だから、考えない。

朝、目覚めた瞬間がいちばん厄介だ。まわりの世界が五感にどっと新たな衝撃をあたえるからだ。まず枕の下のナイフを探り、手に持ったときの安心感を味わう。すると一日が自分のものになる。夕暮れまで仲間とやりすごして仕事に出る。人を襲って殺し、金を奪うのだ。獲物にした人間から憎しみと恐怖の目で見すえられる瞬間、自分が生きていると実感する。

ところがある夜、仲間から「考える」ことを迫られる質問を執拗（しつよう）に浴びせられて切れ、雷雨のあがった木陰で襲った女から靴箱を押しつけられる。目と耳をくぎづけにさせる箱の中身は、生まれたばかりの赤ん坊だ。そして男のなかで何かが変わりはじめる。

舞台はアパルトヘイト（人種隔離）政策下の南アフリカの大都市周縁部、柔らかな心が育つはずの子供時代をいきなり断ち切られた男が、人間再生の糸口をつかむ物語だ。暴力が渦巻く日常を、克明な心理描写とト書きのような情景描写で息つかせずに読ませる。

著者フガードは一九九二年の文学座公演「マイチルドレン！　マイアフリカ！」などで日本でも知られた南アの白人劇作家で、これはその唯一の小説だ。書きかけてギブアップした六〇年代初めは解放の光が見えない時代だった。九四年のアパルトヘイト撤廃から十三年、ツォツィの分身はまだ大勢いる。

忘れたくないのは、フガードが劇場でダイナミックに真実を伝える演劇を選び、体制批判を続けたのは「白人にもかかわらず」ではなく「白人ゆえに」だったことだ。おなじ南ア出身の白人作家クッツェーもいうように、有色人種に過酷な犠牲を強いる体制から最大の利を得たのは、彼らが属する世代だった。当時「名誉白人」だった日本人もまた無関係ではない。（くぼたのぞみ・翻訳家、詩人）

（青山出版社・1575円）＝2007年5月2日③配信

満ちあふれる清貧

「家計簿の中の昭和」（澤地久枝著）

貧乏の記憶はしぶとく残る。なけなしの中で食べたご飯の味や、やっと手にした初任給のうれしさは忘れようにも忘れられない。苦しさを抜け出した喜びは何十年たっても色あせることはない。

歴史ドキュメンタリー作家として人気の高い著者は昭和五（一九三〇）年の生まれである。今年喜寿を迎えるお年ながら、旺盛な好奇心は衰えることを知らないようだ。最新刊の本書は自身が何十年にもわたって残してきた金銭出納帳から過去を振り返るという自叙伝、本人いわく「わたくし史」という、とても珍しい作品に仕上がった。

終戦時は旧満州にいた。引き揚げてきた時の記録はないが、記憶は鮮明に残っている。引き揚げ船を降りて見た数枚の薄い蒸したサツマイモが十円。小さく盛ったイチジクも十円。戦前にはまだ幅を利かせていた銭の時代が終わったことを物の値段で知る。

初めて勤めた出版社の初任給は五千円。高給取りであった。全額を母親に預け、自分は小づかいをもらい家計を支えた。そんな生活の中でも、お年ごろの女性として身だしなみにも気をつける。パーマや靴の修理に使ったお金の記憶はそのまま日々の生活に結びつく。得意料理のタンシチューは手の込んだ本格派で、こだわりがみて取れる。

長く五味川純平氏の助手を務めていたことはよく知られているが、その猛烈な働きぶりもお金の使い方でよくわかる。必要資料は値段を問わず買いあさり、読み解き、事実を重ね合わせ完ぺきを目指す姿は鬼気迫る。本人はそれを「爽（さわ）やかで充実感あふれた生活」だったと言う。

昭和四十七年、デビュー作「妻たちの二・二六事件」が出版される。調査費用の記述は詳細を極め、この仕事にかける気構えが強く伝わってくる。発売から三十年を超えた今でも文庫版は版を重ね、三十万部を超えるロングセラーになるとは本人も思わなかっただろうが。

昭和のすべてがよい時代だったとは思わないが本書には今にはない「清貧」が満ちあふれている。（東えりか・書評家）

（文芸春秋・1500円）＝2007年5月2日④配信

知の地殻変動の胎動解明　「一六世紀文化革命（1・2）」（山本義隆著）

西洋近代は十四、五世紀のルネサンスに始まるというのが、高校で習う「世界史」の定説であろう。それに対して、英国の歴史家バターフィールドは、十七世紀の「科学革命」に近代の真の始まりを見た。いわゆる科学革命論である。

そのため、両者の間に位置する十六世紀は「谷間の時代」として、歴史家に顧みられることはなかった。山本義隆氏の新著は、この埋もれた時代に光を当て、十六世紀に胎動した「知の世界の地殻変動」をヨーロッパの知の布置を刷新した文化革命としてとらえ直す。

この大胆な問題提起を支えているのは、「歴史認識と歴史記述の座標軸を美術史や思想史から科学史と技術史に変換する」という視座の転換であり、文化革命を推進した職人、技術者、芸術家、外科医、商人らが書き残した膨大な文書の丹念きわまりない解読である。

西洋では古代以来、手仕事は奴隷の作業として蔑視（べっし）されており、それを担う職人層もまた社会的に差別されてきた。同時に、技術的知識は親方からの口伝としてギルドの内部で秘匿されていた。

他方で、高尚な学問は公用語であるラテン語を操るエリート知識人の独占物であり、民衆は近づくことができなかった。

このような知識の寡占状態を一挙に打ち破ったのが、印刷術の普及による俗語書籍の刊行と図版印刷の発達である。これによって職人層は自己表現の手段を獲得し、知識の公開と相互批判が可能となった。著者が文化革命と呼ぶゆえんである。

だが、十七世紀の科学革命を通じて、知識は再びエリート科学者の占有物となる。そこでは十六世紀の職人が抱いていた「自然にたいする畏怖（いふ）の念」は失われ、科学は自然を征服する攻撃的思想となったのである。

本書は従来の科学史像を一新するとともに、測定技術や実験技法を洗練させ、定量化を推し進めた職人たちの業績を掘り起こした文字通りの労作である。前著「磁力と重力の発見」からわずか四年で七百ページを超す大著を完成された著者の研鑽（けんさん）に敬意を表したい。（野家啓一・東北大教授）

（みすず書房・各3360円）＝2007年5月2日⑤配信

かくも荒廃した文化遺産　「高松塚古墳は守れるか」（毛利和雄著）

高松塚古墳が発見され、大きな話題となったのは一九七二年だった。当時の日本はさまざまな意味で激動期であって、社会は大きく揺れ動き、暗く沈うつする時代でもあった。日米安全保障条約の持続をめぐって社会は騒然とし、反対派の一部がテロリズムに走ったのもこの時期だった。

だからこそ、高松塚古墳の壁画発見は明るい話題として人々に歓迎され、古代のロマンに対する気分をわきたたせたのであった。

ここには東北アジア（中国、韓国）におけるさまざまな古代遺跡の発見と呼応するものもあった。しかし、その保存・修復については発見当初から危惧（きぐ）する意見の多くあったのも事実であった。

本書は、この貴重な遺跡の発掘・保存の経緯を記録するドキュメントであるとともに、こうした作業を統括すべき政府・地方行政に対する厳しい告発でもある。なぜこの重要な文化遺産が、かくも荒廃するに至ったのか、それを許してきた体質とは何だったのかについて、鋭い知見を示している。

今、この古墳の根本的な修復が始まっているけれども、本書を通覧して、「よくぞ言ってくれた」と思う部分が多々ある。専門家的な意見はいろいろあるにせよ、この遺跡は、発見当初から危機にひんしていたし、こうなる可能性について関係する省庁が知らなかったわけはない。

本書は、この遺跡の状態に対する保存科学の戦いを記述するのに徹しているが、背景にある政治的な施策のありように対する批判が見えてくるのだ。

もちろん、日本政府がただただ無策であったのではなく、文化庁をはじめとするさまざまな組織が奔走してきたのも事実であり、それを本書も丁寧に記述している。

しかし、いかんせん、何かが後手に回ってしまった事実もある。今、この遺跡の保存に対する戦いが始まっており、この修復作業は、東アジアの歴史研究にとって重大な意味をもつ。あらためて、この遺跡の保存修復の現状を見守りたいと思う。

（松枝到・和光大教授）

（NHKブックス・1124円）＝2007年5月2日⑥配信

自然体でホラを吹く

「鹿男あをによし」(万城目学著)

デビュー作「鴨川ホルモー」で注目された万城目学が、第二作「鹿男(しかおとこ)あをによし」でさらなる進化をみせてくれた。前作は、大学に入った青年が、オニを操る不思議なサークル活動に打ち込む話だった。続く本書も、青春小説とファンタジーの掛け算でできている。

神経衰弱といわれ大学の研究室にいられなくなった主人公は、奈良の女子高の教師となり、弱体剣道部の顧問を引き受ける。ある日突然、鹿に話し掛けられた彼は、この国を救う役目を押しつけられるのだが…。

学生と教師という主人公の立場の違いはあるものの、デビュー作と本書は、学園小説として近い骨格を持っている。自意識過剰気味な主人公の混乱ぶりをつづった軽妙な文体。自分に敵意を示す女の子との交流。他校との対戦。京都、奈良というともに歴史的な舞台。前作と共通するそれらの要素を含んだうえで、「鹿男―」では国の危機という、より大きなホラを吹く。その風呂敷の広げかたが面白い。

若年層向けのライトノベルでは、〈涼宮ハルヒ〉シリーズのヒットに代表される通り、学園ものと超常現象を結びつけた作品が珍しくない。万城目の小説も、その種のものと近い性格を持っている。だが、ライトノベルでは、マンガ的な「お約束」として非現実的な事件がすぐ出てくるのに対し、万城目作品はもっと日常に重心がある。

下宿先のおばあさんが出してくれる漬物からは、その家族の歴史が伝わってくる。勤め先の高校の行事に参加すれば、創立以来の歴史を感じる。そんな日常的な描写の延長線上で、歴史の古い奈良ならば鹿もしゃべるだろうと、自然体でホラを吹き始める。

万城目は、日常と非現実を地続きの形で物語ることがうまいのだ。このため、広く受け入れられる一般向けのエンターテインメントに仕上がっている。今後も期待したい新進作家である。(円堂都司昭・文芸評論家)

(幻冬舎・1575円)=2007年5月10日①配信

名もなき人々の人生模様

「月島慕情」(浅田次郎著)

大正期。信州の貧しい農村に生まれた器量よしが、吉原に売られ、御職太夫「生駒」となって十四年。心底ほれたいなせな男の身請け話に、幸せの夢をいだいた月島の街で女が見たのは、豚コマも買えない貧しさにあえぐ、男の妻と子だった。女は言う。「この世にきれいごとなんてひとっつもないんだって、よくわかったの。だったら、あたしがそのきれいごとをこしらえるってのも、悪かないな」―。

表題作「月島慕情」にはじまる七つの短編は、不幸を世間のせいにせず、ひっそりと、だが心につよいものをかかえて生きる、名もなき人々の人生模様を描く。

過去は、いかにそれが苦しみや悲しみにあふれたものであろうと、そこには人それぞれに「幸せの瞬間」があったはずである。だからこそ、記憶は、過去を美しくする。人はその美しさを「矜持(きょうじ)」として、一日一日を生きてゆく。浅田次郎が描く七つの人生模様は、記憶をまさぐって、その「幸せの瞬間」をかみしめながら、なにものにも頭をさげず、わが道をゆく人々のそれである。

さまざまな風景――の酉(とり)、熊(くま)手、面影橋、雪吹きつのるひなびた温泉宿、人肉食らう修羅の戦場、焼け跡・闇市、大ガード下、月島の空の満月、師走の雪―が、人々のその瞬間を、うつしだす鏡となる。そして「紅い夕日がガードを染めて」「誰も買っては呉れない花を」「木枯とだえて　さゆる空より」という歌声―。

自分の流儀をけっして人に押しつけず、ただただ「いま」を一生懸命に生きる。その一生懸命の切なさを、いとしさを、浅田次郎は、日本人の心に連綿としてある、理よりも情、艶歌(えんか)の世界によりそって、情感こめてうたいあげる。その情感の甘やかさが、人それぞれの「幸せの瞬間」の記憶をゆさぶり、涙させる。涙はここちよく、心を清める。

いま、人々が小説に求めているのは、泣いて笑って癒やされること。その求めを満たすものが、ここにはみごとなほどに、ある。(井家上隆幸・文芸評論家)

(文芸春秋・1500円)=2007年5月10日②配信

文学の光景、鮮やかに切る

「1000の小説とバックベアード」（佐藤友哉著）

二十七歳の誕生日に突然会社をクビになり、能力のすべてを否定されたら誰でも途方にくれてしまうだろう。四年間勤めた「片説」制作会社をクビになった「僕」も、その夜、アパートの部屋で一人ショートケーキを食べながら孤独と失業の重みをかみしめていた。

そこに訪れる見知らぬ女性、配川ゆかり。彼女から「小説」の執筆を依頼された「僕」は、やがて「やみ」と呼ばれる謎の文筆家たちの「一〇〇〇の小説」計画と、それをめぐる不思議な戦いに巻き込まれていく―。

ミステリーの魅力は読んでからのお楽しみ。とりあえず問題となるのは「片説」という耳慣れない言葉だろう。

作中「小説」に対置されるこの言葉を、著者は「依頼人を恢復（かいふく）させる」ことを目的として作られた「それ以上でもそれ以下でもない」文章と説明する。これをたとえば「ジャンル小説」や「カウンセリング」といった現実の言葉に置き換えることはある程度可能だ。だがそれはあくまで「ある程度」でしかない。

読み進めるうちに読者に分かってくるのは、著者にとっての問題がむしろ「小説」のほうにあるということだ。

「会社をつくってグループを組み」「依頼人の精神を恢復させる」ための物語を作る。それは「文章を組み立てられる人間なら誰でも」作れる継ぎはぎの文章で、それに誰かが「作家」として責任を感じることもない―。この「片説」という概念と対置させられた時、現在「小説」として流通している本の中で「片説ではなく、小説である」ものが、一体どれほどあるだろうか。

書店に並ぶ「小説」の多くが、「癒やし」や「感動」の供給を広告にうたっている。それらは誰かがマーケティング調査をし、誰かが企画し、その上で「作家」という役職の誰かが文章を書いた、見えない制作会社の“製品”ではないのか。

そんな現代日本の「文学」の光景を、「片説」という一語で鮮やかに切り取ってみせ、それでも「小説」は存在するはずだと語る。この著者の言葉を信じたい。（田中弥生・文芸評論家）

（新潮社・1575円）＝2007年5月10日③配信

神秘な存在へ親近感と畏怖

「日本怪魚伝」（柴田哲孝著）

怪魚とは何か。海水魚淡水魚を問わず、まず巨大なこと、また容姿怪異であること、さらには生態に不明な点が多く、神秘的な存在であることも重要のようだ。

本書の冒頭で語られるアカメなどは、どこから見ても怪魚というにふさわしい。主として高知県と宮崎県の沿岸部に生息し、とくに四万十川の河口部はアカメの聖地とされる。

体長は最大一メートルとも二メートルとも言われる。土地の漁師は、この魚の目がルビーのように赤いのは、海底火山の噴出を見つめているからだと伝承する。しかし一メートルをこえて地元でミノウオと呼ばれる大物になると、目から赤さが消えるというのも生態の不思議だ。

昭和六十年に一三二センチのミノウオを釣りあげた漁師の体験が語られているが、いま四万十川の川漁師たちは、この日本最後の清流の象徴である巨魚が激減したのを口々に嘆いている。

つまり著者の視線はそういう自然環境にまで届いていて、その姿勢が十二種の怪魚譚（たん）の厚みになっている。語り口は、実録風、小説風、民話風とさまざまだが、小説仕立てにしたものは文学的すぎてやや弱いか。

琵琶湖にすむビワコオオナマズの話は、明治三十年代の湖北の若い漁師・清吉が主人公で、民話風。土地でシロナマズと呼ばれているオオナマズと清吉のひそやかな交流が語られる。シロナマズの化身である女性が暮夜若い漁師の家の戸をたたくなどという話は、日本に古くからある妖魚譚を思わせる。

しかしそんな民話風の中でも、魚についての情報はしっかりと正確で、産卵期に岸辺に集ってくるビワコオオナマズの営みは壮烈で美しい。

富山湾に、体長六―一〇メートルにおよぶ、タチウオのお化けのような魚がいる。英名はオールフィッシュ（かいの魚）とそっけないが、和名はリュウグウノツカイ。この名称には日本人の魚に寄せる親近感と畏怖（いふ）がよく表れていると思うが、そういう日本人特有の魚への思いに焦点をぴたりと合わせたところから、この楽しい本が生まれたのだろう。（湯川豊・文芸評論家）

（角川学芸出版・1575円）＝2007年5月10日④配信

“無名”の力で近代問う

「見続ける涯に火が…」(中平卓馬著)

かつて篠山紀信に“決闘”を挑んだ男がいた。男は写真家で、しかし決闘で用いた武器は、カメラではなくペンであった。本書はその写真家、中平卓馬の批評集である。

中平は一九六〇年代末から七〇年代前半にかけて、「ブレボケ」写真と呼ばれた、常識的な写真の美学を真っ向から否定する作品によって、写真というメディアの最前線を疾駆した。

六〇年代後半、日本の写真史の編さん作業に携わった彼は、幕末以来の膨大な写真に目を通すなかで、アノニマス(無名)な記録こそ、写真というメディアの本質であると確信する。社会の近代化と並走してきた写真が、実は「作者」「作品」といった概念をはじめ、近代社会の枠組みを食い破る力を潜在させていることを、中平は写真家としての実践を通じて示そうとしたのだ。その近代批判ともいうべき営為において、文章は、同時代の写真界を挑発する強力な武器であり続けた。

冒頭で触れた“決闘”とは、篠山の写真とともにアサヒカメラ誌上に連載された「決闘写真論」だ。その一部は本書にも収録されている。売れっ子の写真家として多彩な手練手管を操る篠山。しかし中平はそこに、レンズを通してあらゆるものを等価に写真化していく強靱(きょうじん)な写真の力を再認識する。連載の最後、篠山の写真を論じた文章はこうしめくくられている。「いかなる外部からの意味づけをもぬきに、写真が写真であることによって持ちうる力を私は見てきたのだから」

ひるがえって今日、写真はデジタル情報としてインターネット上にはんらんしている。個人はますます「表現」を簡便に実現しているかのようだ。しかしネット上のふるまいは、すべて情報として管理されうる。捕捉可能な匿名は、真の意味でのアノニマスではありえない。

既成の写真美学からも、国家権力やコマーシャリズムといった近代社会の枠組みからも写真を解放し、そのアノニマスな力を通じて、近代批判を試みようとした中平。その思想は、今日あらためて吟味される価値がある。(増田玲・東京国立近代美術館主任研究員)

(オシリス・3570円)=2007年5月10日⑤配信

ポストモダンの生の倫理

「ゲーム的リアリズムの誕生」(東浩紀著)

本書はライトノベルの一形態たる「ゲームのような小説」、その周辺に位置づけられる小説や美少女ゲームなど、ポストモダンを代表する物語ジャンルが実現した「ゲーム的リアリズム」の何たるかを語った論考だ。

ライトノベルの起源から説き起こし、その定義をはっきりさせたり、筆者の論旨の運びは実に丁寧で、平素から右のジャンルを消費しているいわゆるオタク以外の門外漢にとっても分かりやすい。では肝心の「ゲーム的リアリズム」とは何か。

誰もをその中へと巻き込む大きな物語―歴史の進歩とか民族の使命とか―が衰退したポストモダンにおいて、想像力はその姿を大きく変える。人々は物語を俯瞰(ふかん)するメタな地点に立って、複数の小さな物語をお好みで生きるようになる。あたかもプレーヤーがゲームをリセットして繰り返し楽しむがごとく。

想像力のこうした現代的な環境を内部に折りたたむかたちで成立したのが「ゲーム的リアリズム」にほかならない。実際、素朴に読むとたんなるSFだったり恋愛ファンタジーだったりする物語が、筆者が想像力の環境を射程に入れて読み込むと、たちまち前述のポストモダン的生の隠喩(いんゆ)として現れてくるのだから驚きだ。

ここで特筆すべきは本書の倫理性だろう。いくつかの作品から、「複数の物語を任意に楽しむ態度を捨て、一つの物語を選択する」という構造を取り出すとき、筆者は明らかに「ゲームのような小説」や美少女ゲームに耽溺(たんでき)するオタクへと問いかけている。「で、君らはどうするんだ?」と。

しかしこれはポストモダンにかつての生の伝統的な流儀を持ち込もうとする後退ではない。かつては自明のごとくなされていた行い(ここでは一つの物語への帰依)を、あえて意志による選択の問題にすること、意志によって「近代」を再構築することこそ、確かにポストモダンの一側面なのだから。

本書は現在発展形の物語ジャンルの分析であると同時に、現代的な倫理を模索する試みでもあるだろう。(石川忠司・文芸評論家)

(講談社現代新書・840円)=2007年5月10日⑥配信

現代に通じる苦悩と悲哀

「明智左馬助の恋」(加藤廣著)

二十八万部のベストセラーとなった「信長の棺」は、本能寺から消えた信長の遺体の謎に迫る歴史ミステリーで、「信長公記」を著した太田牛一の視点で描くという着想の妙にうならされた。しかも著者の加藤廣さんは、経済畑を歩いてこられたエコノミストで、七十五歳にして初めての小説デビューを果たしたという経歴も話題を呼んだ。第二作「秀吉の枷」(上・下)は、天下人となった秀吉の心の闇を描いて、これも計二十万部の大ヒットとなる。「本能寺」三部作のしめくくりは「明智左馬助の恋」、明智光秀の娘婿の視点から光秀が謀反に至る謎を読み解いていく。

いまでも年代を超えて好まれる戦国武将の筆頭は織田信長であろう。旧弊を打破し、斬新な発想と創造において信長の人気はゆるぎない。しかしその一方で、信長の残虐非道ぶりもまた比類がない。この暴君に仕える部下の苦悩と悲哀は、現代の企業社会にもそのままあてはまる。

上司の性格をのみこんで、抜け目なく立ち回り、売り込み上手な秀吉。それに比べてプライドが高く、武士の本懐にこだわる光秀。好対照の二人の部下をあおりたてながら、出世競争にしのぎをけずらせる信長のしたたかさもさることながら、目をかけられるのはたいてい秀吉のような計算高い知謀者であり、光秀のように融通のきかない律義者は敬遠される。そのくせ光秀タイプは仕事にしか生きがいを見いだせない"企業戦士"でもある。岳父を間近で見てきた左馬助の目には、光秀の悲劇が予兆できた。

「本能寺」三部作がなぜ、これほど多くの読者を引きつけているのか。それは実力主義の戦国時代が、格差社会といわれる現代の非情さと重なるからだと思われる。だからこそ、左馬助と光秀の娘綸(りん)との恋がひときわ切なく、さわやかな読後感へといざなってくれるのである。(鈴木由紀子・作家)

(日本経済新聞出版社・1995円)=2007年5月17日①配信

心と体の奥深くへ沈む宝石

「砂の肖像」(稲葉真弓著)

石にまつわる五つの作品を収めた短編集。物語には、「ただの石ころ」から宝石まで、さまざまな石が登場する。

「石に映る影」は、石を集めるのを趣味とする主人公が、「ニコ」と名付けて大切にするメノウの原石と、謎の女「K」をめぐる物語。この作品と同一人物を主人公とするらしい表題作では、「M氏」から送られてくる数々の石と手紙のやりとりを通じた奇妙な交流が描かれる。「ジョン・シルバーの碑」の主人公は、右足に重い病を抱えた母を看病しながら、好きだった母の足への思いと、寺の住職に因果を予言された実家の古井戸に、かつて投げ込んだ石の記憶を交錯させる。

物語に描かれる石は、いずれもその輝きや粒の大小にかかわらず、主人公たちのささやかな生のいとなみを、そっと支えるものとなって息づいている。道端や河原の石や、砂漠や海辺の砂、墓石や庭石、化石の埋まった大理石、琥珀(こはく)、スター・ルビー、スター・サファイア…。

それらは太古から未来までの、どの時間でもなく、どの時間でもある「時」を、その身に降り積もらせて、今へと運んで来てくれるのだ。はるか遠いところにあると感じる時空と今とをつないでくれるもの。そんな石たちのように、どの作品も、孤独と虚無とを漂わせるが、描かれているのは常に自分ではない誰か・何かとの「交流」だ。

「小さな湾の青い王」は、都会を離れ、半島に借りた小屋で夏を過ごす女を描く。静かな海の岩場で出会った巨大な蟹(かに)や、石屋とその娘との、ひとときの交感。蟹に魅入られ、会いに日参する女が、夜の寝床で幻の蟹と寝る幻想的なシーンは、寂寥(せきりょう)と官能の入り交じった哀切な印象を刻み込む。

作者の研ぎ澄まされた文章が、正気と狂気、官能と緊張をはらんだ微妙なあやをなしつつ、絶妙な均衡を保って精緻(せいち)な模様を描き出す。本書のいくつもの「宝石」が、ページを繰るごとに放り込まれ、読む者の心と体の奥深くへと、静かに波紋をひろげて沈んでいく。(日和聡子・詩人、作家)

(講談社・1890円)=2007年5月17日②配信

造形の深い意図に迫る

「仏像の秘密を読む」（山崎隆之著）

路傍の石仏や小祠（しょうし）にまつられた神仏に出会えば、必ず手を合わす。その一方、有名寺院の堂奥にうやうやしく安置された国宝級の仏像を拝観するのは、敷居が高いというか、おっくうさが先にたっていた。

しかし本書により、すばらしい仏像にはそれだけの技術の裏打ちがあり、姿形には仏師と願主の深い意図や思いが込められているのだと、仏像の味わい方を教えてもらった。京都や奈良の古寺で、じっくり仏像と向き合い、その発する気配を受け止めたくなる。

仏教伝来のわずか後、止利仏師が初めて挑戦した仏像造り。その飛鳥寺の釈迦如来坐像から飛鳥、天平、平安、鎌倉にわたる各時代のすぐれた造形の仏像をとりあげ、どのような意趣と工夫と計算とがそうならしめているのかを、本書は解き明かしていく。

聖徳太子のために遺族が止利に造らせた、法隆寺の釈迦三尊像。太子と同一視された釈迦の造形に、太子が浄土に登り行くイメージを具現化しようとした。その結果、二重の台座に施された仕掛けによって、三尊は空中に浮遊しているように見える。

鬼神でありながら少年のような爽快（そうかい）感を持つ、興福寺の阿修羅立像。三面六臂（ぴ）の異形が、異形と感じられず、むしろ好感をもってすんなりと受け止められるのはなぜか。

官能的な彫刻の代表作である、観心寺如意輪観音坐像。慈愛に満ちた母親にも、純真無垢（むく）な幼女にも見える。この聖なる官能性と二重性は、どうして表現しえたのか。

こうした造形の秘密が、二十余りの仏像について語られる。目に見える技法の高度さだけでなく、仏師の抱いた心象にまで筆は及ぶ。

後世に生まれた独自の信仰や拝観の対象というだけでなく、造られた当時は、個人の願いや恐れやさまざまな思いが仏像にまとわり付いていた。

個々の仏像の秘密がとても面白いが、全体を通すと、日本における仏像の様式の流れもみえてくる。材料と技術の変化が、造形力を高め、多彩な表現の傑作を生み出していった状況が具体的に理解できる本だ。（坂梨由美子・紀行ライター）

（東方出版・1890円）＝2007年5月17日③配信

公的記憶から読み取る戦後

「歴史で考える」（キャロル・グラック著、梅崎透訳）

ここ十年ほどのあいだ、「歴史認識」ということが焦点となってきている。問われているのは、アジア・太平洋戦争の「過去」であり、それをいかに認識するかという「いま」である。そのことを著者は、「公的記憶」の問題と把握し、議論を展開していく。

「歴史で考える」とは、なかなかに奥行きのあるタイトルだが、二つのことが意図されている。ひとつは、本書の冒頭に述べられているように、「過去」を語るのではなく、「過去についての観念」を扱う方法の採用である。過去を語ることそれ自体への関心で、歴史学、あるいはテレビなどメディアにおける歴史物のなかに「戦後日本」を読み取っていく。

いまひとつは、現在を近代後期、つまり「ポストの時代」とすることである。「戦後後」「近代後」といってもよいが、「近代」を価値軸とするのではなく、ひとつの時代とし、近代の語られ方という観点から「戦後日本」の言説を整理し、考察してみせる。

こうして、本書では「現在のなかの過去」を探り、「二〇世紀の語り」を考察する。

著者の議論は、しばしば歴史学とは何かというメタヒストリーの領域に入り込みつつ、「江戸の発明」「明治の再表象」「昭和という概念」などの論文がならぶこととなる。過去を明らかにするというときに、どの素材が選択され、いかなる語り方により歴史像が提供されたかが本書の主題となっている。

とともに、著者は、日本の現象に閉じこもることなく、戦後世界に大きく、目を広げ、その視野のなかで「戦後日本」を問い掛けている。欧米の歴史（学）との比較のなかで議論が展開される。また、その思考の射程は、二〇〇一年九月十一日を主題にもしている。

著者は米国で「日本」研究に携わる歴史学者であるが、先年話題になったジョン・ダワー（「敗北を抱きしめて」）や、ハーバート・ビックス（「昭和天皇」）の次の世代に属している。米国の日本研究のさらなる厚みが、本書の出現で明らかになった。（成田龍一・日本女子大教授）

（岩波書店・5040円）＝2007年5月17日④配信

時空探索をテーマに対談

「方向音痴の研究」(日垣隆著)

小学生のころの学級旅行で、私はよく迷子になった。歩きながら普段と違う景色に見とれ、ふと気付くと、周りにいた同級生らの姿が消えている。自分がどこにいるのかも分からない。

仕方なく、神社の石段などに腰掛けてほおづえをつくと、やがて遠くに、私の名前を叫びながら走って来る教師の姿が見えるのであった。

本書によれば、このようなケースを「お出かけ音痴」と呼ぶそうだ。ほかにも表に出たとたん、どこにいるのか分からなくなる「とっさ音痴」、東西南北が全然分からない「東西南北音痴」など、いろいろあるようだ。

こうした方向音痴のメカニズムは、どうなっているのか？　私と同じく重症患者の日垣氏が、自らの症状を克服すべく、カーナビの発明者や動物学者、全盲の学者らと対談した記録をまとめたのが本書である。

しかし単に方向音痴の解明というより、人間や動物がいかに方向や時間を感知しているか。さらには機械による測位原理など、時空探索をテーマにした科学対談集という色彩が強い。

本書を読むと、時空を把握する方法が、生物種ごとに実に多様であることに感心する。渡り鳥は「太陽コンパス」と呼ばれる方法で移動し、水面下の魚は太陽の偏光を感知して航海する。カエルやイモリのような両生類は、地磁気などで水場を察知するようだ。

一方、こうした本能が退化した人類は、かつての星座や羅針盤の時代をへて、今や約二十個以上の軍事衛星を駆使し、正確無比のナビゲーション・システムを完成した。考えようによっては、「人類の方向音痴が科学技術の発展に寄与した」と言えるが、私個人の日常を思い起こせば、やはり方向音痴は困ったことである。

著者は、人は普通、最寄り駅からでなければ自宅にたどりつけないと思っていたそうで、私も同感だ。だが、これでは一般社会のペースについていけない。方向音痴はもしかして、人生にも影響するのだろうか。幼年期ははるかかなたに過ぎ去り、私はまだ道に迷ったままだ。(小林雅一・ジャーナリスト)

(ワック出版・900円)＝2007年5月17日⑤配信

時代の空気伝える日記

「246」(沢木耕太郎著)

一九八六年一月十日。この沢木耕太郎の日記によれば、まだあの「深夜特急」は世に出ておらず、彼は仕事場で一人、その原稿に手を入れている！　そして、同日夜には、巣鴨の東京拘置所にいる永田洋子に手紙を書いている！　このめくるめくタイムトラベルは、のっけから「掴（つか）みOK」なのである。

「仕事場までは、早足で歩いても二十五分くらいかかる」。冒頭にこう記されていることで、読者の存在を前提として書かれたことは明らかにされているのだが、しかし、それでも、日記文体というものは、どこか隠微で、読む側の熱意（と、好奇心）を引き出す引力が強い。著者のおよそ九カ月間を、一気呵成（かせい）に読み切ることになった。

ひとつひとつ索引をつけて読み返したくなるような人物、書物、映画。三浦和義、近藤紘一、永田洋子、坂口弘、宇崎竜童、上野英信、本田靖春、米長邦雄、瀬古利彦、山口瞳、向田邦子、植村直己、ラインホルト・メスナー、マヌエル・プイグ、日野啓三、「ランボー」「再会の時」「女優フランシス」「カイロの紫のバラ」「台風クラブ」「竜二」「ローカル・ヒーロー」。人名と映画のタイトルとは、かくも鮮やかに時代の空気を伝えるものか、の一例である。

と同時に、外界としての「時代」を描くだけではなく、ものを書く、書き出すに至るまでの内なるプロセスも日記は伝えてくる。同年二月二日。沢木の小説「血の味」は、まだ書き出し以前の状態にあった。「どうしても文章のスタイルが決まらない。細部はいちいち明瞭なのに、原稿用紙に向かっても文字がペン先から流れ出してこない。それは、結局、細部を照らす眼の位置が決まらないからなのだ。そして、それは、つまるところ、私に何も見えていないということなのだろう」。そして同年三月六日、「ついに『血の味』が動き出す」。

沢木作品の誕生前夜の物語としても、この日記は興味深い。単なる好奇心を越えて、書物が生まれることの感動が伝わってくる。(藤田千恵子・フリーライター)

(スイッチ・パブリッシング・1890円)＝2007年5月17日⑥配信

道を見失わない純粋さ

「へこたれない」(ワンガリ・マータイ著、小池百合子訳)

UNBOWED＝へこたれない。夫唱婦随を美徳とするケニア共和国で、男にごして国が取り組むべき施策を主張し実践する。その道のりが平たんなはずはなく、マータイさんの四十年に渡る歩みを、言い得て妙だ。

またUNBOWEDは柔らかい日本語の響きを突き抜けて、「曲がったことが大嫌い」という彼女の頑固さをも伝えている。グリーンベルト運動の木を植え続けることで、男性至上主義社会の弊害を訴え、政治改革にまでつないだノーベル平和賞受賞者の物語である。

マータイさんの半生は、独立後のアフリカの運命を体現していると言っていい。土着の伝統社会が、ドッと流れ込んだ市場経済に翻弄(ほんろう)され、部族紛争の悲劇を生んだのは一九九〇年代。本書にも詳述されるが、先祖代々守ってきた森や自然が金銭価値に置き換えられた途端に、敬う心や子供たちへのことほぐ気持ちは置き去りにされ、自然界のバランスは失われていく。

くだんの九〇年代、私がコンゴ在留中にも、ケニアの危機的状況は耳にした。その激動の時代に価値観が根底から覆されても、「曲がらない」道を見失わなかった純粋さは驚嘆に値する。文字通り命懸けの活動の中「開いている扉に向かって常に歩み続けてきた」と静かに語れる度量は、アフリカ女性ならではの謙虚さと包容力だろう。本書を読んで、なぜケニアが窮地を脱せたのか、初めて納得した。彼女はケニアに生まれるべくして生まれた、不世出の天才である。

マータイさんは訳者の小池前環境大臣に会った時、政府の進める3R政策に、四つ目の“R”espect(敬意)の追加を勧めたという。現代日本を省みると、とてつもないキーワードである。外交辞令と見過ごさず、MOTTAINAIと一緒に世界一のアイデアとして、ありがたくちょうだいしたいものだ。(岡安直比・世界自然保護基金ジャパン自然保護室長)

(小学館・2310円)＝2007年5月24日①配信

文体の核に作家の人格

「ワシントンのうた」(庄野潤三著)

大正十年生まれの作家が自伝風につづった作品である。幼年時代の思い出に始まり、家族のこと、当時の子どもたちの様子などが関西を舞台に語られる。面白いのは、そのころの小学生らが西洋の文物に素朴自然に親しんでいたことだ。

タイトルにもなっている「ワシントンのうた」とは、アメリカ初代大統領のワシントンが、父親が大切に育てた桜の苗木を切ってしまい、それを正直に打ち明けたという伝記のエピソードに触発され、ワシントンの歌をつくって、皆で大声で歌ったという話からとられている。

大阪外国語学校の英語部に進んだ著者のことだから、周囲にハイカラな雰囲気があったともいえるだろうが、大正から昭和前半にかけての日本人は、貪欲(どんよく)というよりも、ごく自然に一種のあこがれとともに、文学や芸術、食物に至るまで幅広い、西洋の教養を吸収していたことがわかる。

そこから、外来文化を学ぶことの楽しさ、学校で先生に教えてもらうことの尊さがよく伝わってくるのである。こういう「学ぶ」ことの新鮮さ、すばらしさを、今の日本人はすっかり忘れ去ってしまったのではないか。

後半は、作家の師でもあった詩人の伊東静雄との出会いなどが描かれている。無名の新人の作品をていねいに評し励ましてくれる詩人。そこには文学上の師弟関係があり、これも今ではほとんど失われたものであろう。

文学修業時代が、戦争をはさんで淡々とつづられている。戦後に新進作家となり、芥川賞を受けて文壇に出ていくころまでの、作家たちとの交友も印象深い。とくに年少のころからの友人で、先年亡くなった作家阪田寛夫との思い出は、庄野文学の深いところにあるようだ。

「プールサイド小景」や「静物」などの代表作が、どのような経緯で誕生したかも記されているが、本書を通して知ることのできる作家の人格が、あの傑作群の沈着にして含蓄ある文体の核にあることを納得させられるのである。(富岡幸一郎・文芸評論家)

(文芸春秋・1300円)＝2007年5月24日②配信

短歌の中の個人意識を考察　「万葉集の〈われ〉」（佐佐木幸綱著）

本書は、一人称の詩といわれる短歌の中の〈われ〉とは、いったいどのような存在なのか、それを万葉集の歌群を通して考察したものである。

万葉集には〈われ〉という語が千七百八十例見られ、万葉集は「〈われ〉の歌集」と読んでもいいくらいだと佐佐木は言う。そしてこの〈われ〉がさまざまに揺らぎ始めたのが万葉集の時代だというのである。一つは仏教の教えが個人の意識を変え始めたこと。もう一つは中央集権国家の成立によって組織の中の個人が意識され始めたこと。

この二つは、西洋文化が流入し始めた明治時代の個人の意識（近代的自我）と共通する問題だと佐佐木は指摘する。

こうした大きな問題点を押さえた上で、具体的に宴席歌の中の〈われ〉、旅の歌の〈われ〉、挽歌（ばんか）の中の〈われ〉、相聞歌の〈われ〉といった具合に一つ一つ問題点を絞って追究してゆく。

本書に収録されている論文は雑誌「短歌」（角川書店）に二〇〇五年一月号から〇六年六月号にわたって連載されたものであるから、論の進め方の明快さは一般の読者にもわかりやすくという配慮が働いているのだろう。

私にとって魅力的だったのは第三章に見られる「読みのコード」という問題であった。柿本人麻呂の読みのコードによって編集された万葉集巻一・二の物語を意識した題詞・配列の問題。また、大伴家持の明確な個人意識によって編まれた歌日誌としての万葉集の在り方など想像力を刺激される。

家持の歌日誌として編年体で並べられた同一作者の歌群は、この編集方法により作者名が作品群を束ねることとなった。ここに個人名による編年体歌集の萌芽（ほうが）があり、短歌が一人称の詩であるというイメージもこのとき生まれたのだという。

明治時代になって個人歌集が編年体を採用するようになるのは、この方法によって〈われ〉の人生の物語を作り、小説などに対抗しようとしたわけで、家持の「歌日誌」の姿勢を発展的に継承することで近代短歌の高峰は作り上げられたのだと佐佐木は指摘している。（大島史洋・歌人）

（角川学芸出版・1785円）＝2007年5月24日③配信

推理小説のような知的興奮　「検証本能寺の変」（谷口克広著）

推理小説には、探偵役の主人公が犯行容疑者をリストアップし、だれに動機があるかを逐一調査してゆく、というスタイルがある。

本書は正統な史論であって、推理小説ではない。だが、「明智光秀はなぜ信長を殺したのか」という問題について既存の諸説を検討し、使われた史料の成立年代や論理矛盾から、これらの諸説を退けてゆく筆法は、上質の推理小説のように知的興奮を感じさせる。

光秀は、満座の中で信長に侮辱されたため殺意を抱いた、という怨恨（えんこん　）説が江戸時代からあるが、これはダメ。

また、光秀の背後には黒幕がいたとする黒幕説があり、それは朝廷関与説、足利義昭関与説、秀吉関与説、イエズス会関与説などに分かれるが、これらもすべてダメ。

そう結論づけてゆく論法には、戦国史研究に長い間打ち込んできた著者ならではの、いぶし銀のような輝きすらある。

しかし、このような論法を採用すると、著者は最後に自説を提示しなければならない。この部分が諸説より説得力にあふれていなければ、読者は満足しないだろう。

はて、どうなることか—。そう思いながら読みすすめた谷口説には、大いに納得できた。

推理小説ならば、評者が犯人や犯行動機を明かしてしまうのは、ルール違反とされる。とはいえ、本書は学術的な本だから、谷口説の骨子を紹介しておきたい。

本能寺の変前夜の光秀は、長く四国の覇者長宗我部元親との外交を担当していた。ところが信長は、新たに三男の神戸信孝に四国討伐を命じたため、光秀は「外交の仕事も実質上取り上げられてしまった」。

しかも、光秀はすでに六十七歳。長男はまだ幼く、自分が信長から用なしとみなされたら一族が路頭に迷う。ならば老後の思い出に、一夜だけでも天下人になろう、と彼は考えた。

これまで五十五か五十七歳とされてきた光秀の年齢を、六十七歳としているのにも驚かされた。オリジナリティーと説得力に富む新学説の誕生である。（中村彰彦・作家）

（吉川弘文館・1890円）＝2007年5月24日④配信

戦争根絶へ命懸けの志

「戦争いらぬやれぬ世へ」(むのたけじ著)

平仮名五文字の「むのたけじ」という名前を見ると、背筋がピーンとする新聞人が少なくないのではないか。評者も三十数年前の学生時代、「詞集たいまつ」を読み、言論人は時流に流されずに生きなければならないが、覚悟はできているのかと問われた記憶がある。

戦前朝日新聞のアジア特派員だった著者は、敗戦の八月十五日に戦争責任を取り退社。故郷の秋田県横手市の農村へ帰り、「たいまつ新聞」を発刊し、反戦平和、部落解放、三里塚問題などを取り上げ続けた。

「四百三十万年の人類の歴史で戦争が始まったのはわずか六、七千年前から。戦争をやめられないことがあるか」。こう訴える著者の全国各地での講演と秋田県湯沢市で開いた平和塾の内容をまとめたのが本書である。

改憲に向け国民投票法が成立した現在、目を向けるべきは「今、憲法が危ない」の章だ。今年九十二歳になる著者がたどり着いた結論は「現憲法は太平洋戦争の敗者と勝者の合作。双方の願いが一致したのが九条で、人類の歴史に誇る輝き」という受け止め方である。

「ジャーナリズムは死んだか」の章では、発表記事がはんらんする中で、記者は権力のポーターになり下がり、民衆から信用されなくなったとして「絶えざる自己反省と自己点検」こそが復権への道につながるという。

「戦後の日本に思想はあったの?」「どう行動し、どう結び合うか」など全編を辛口が貫くが、堅い話ばかりではない。「老いには老いの花が咲く」の章で「人間は死ぬる時そこが生涯のてっぺん」として、配偶者を失った者でも「死んだ人を思いつつしかし、心の合う人がいたらもう一度二人、組になっていきたいな」と講演で語り、津波のような拍手を浴びた体験を記している。

総合学習で自宅を訪れた中学生が地位や年齢で人をみないで、人間として対等に向き合おうとする姿勢に「新しい日本人の出現」と喜ぶ。閉塞(へいそく)感が漂う今の日本に、日なたのにおいが漂ってくるような一書だ。(上野敏彦・共同通信編集委員)

(評論社・1890円)=2007年5月24日⑤配信

米国化の受容と反発

「憧れのブロンディ」(岩本茂樹著)

チック・ヤングのマンガ「ブロンディ」と言われても、今はほとんど知る人もいないだろう。だが、「朝日新聞」に一九四九年一月から五一年四月まで連載されたこの米国マンガのあとに「サザエさん」の連載が始まったと聞くと、多少関心が生まれるかもしれない。

本書はこのマンガが占領下でどのように受容されたのかを検討し、それをふまえて戦後の対米イメージの変遷を語る。

著者は政治家の麻生太郎が七年前の新聞で「(核家族、郊外住宅、三種の神器のダグウッド家の)ブロンディから(夫が嫁の実家で暮らしている)サザエさんへ」と、今後の日本の家族イメージの変化を語ったと記す。

三〇年代に米国で連載が始まった「ブロンディ」は、米国中流家庭の夫婦生活を表現していた。家庭環境の異なる日本では、当初の違和感や反発感情の後に、次第にマンガに描かれる家庭の電化生活(冷蔵庫や洗濯機、掃除機)に対する憧(あこが)れが生まれ、戦後の家庭電化熱を生み出す端緒ともなった。そして皿洗いなど家事の手伝いをする夫ダグウッドも、封建的な家制度を克服すべく出発した戦後の夫婦関係に多少とも影響を与えたと言えるかもしれない。

むろん知識人の間では、「機械化した社会に安住したブロンディ」(矢内原伊作)といった冷ややかな反応から「一家の主権が細君の手にある家庭」(獅子文六)という違和感の表明もあった。だがふつうの人々にとってこのマンガは、憧れの電化製品に象徴される米国の科学技術の優位のシンボルとして受けとめられていた感が強い。

実際、「ブロンディ」で描かれたような家事負担をする夫婦関係は、本書も引用する東京都の九二年の国際比較調査の結果を見ても、現実のものとはなっていない。

「ブロンディ」が支配者マッカーサー帰国の前日に連載が終了した事実は、象徴的でさえあった。表層的な米国化受容と情緒的反発、さらに伝統文化と称するものへの回帰衝動。それが戦後日本における、親米と反米が織りなす対米認識の基本構図だったのだ。(桜井哲夫・東京経済大教授)

(新曜社・5250円)=2007年5月24日⑥配信

命への敬意欠くコスト削減

「雇用融解」（風間直樹著）

日本の規制緩和は航空業界から始まったので、そこには先取りの未来図として今日の雇用破壊が現れていた。「低コスト労働の見本市」といわれた関西国際空港で、労働者がフォークリフトの下敷きになって死亡したのは一九九八年。彼の死を受けて労働基準局などが立ち入り調査をしたところ、関空内でフォークリフトを扱う会社の八割以上が、労働基準法ないし労働安全衛生法に違反していた。

コスト削減のため「命を粗末にする」という事態が、業種をこえ地域をこえ、もはや国中に広がっていることを本書は余すところなく伝える。

二〇〇四年、静岡県で若い派遣社員がフォークリフトの運転作業中、崩れた荷の下敷きとなって死亡した。彼はフォークリフトの運転資格を持っていなかったが、派遣会社はそれを知りながら、運転の必要な仕事に彼を派遣したという。

鉛の粘度調整を行う作業を与えられながら、健康診断も受けられない請負労働者。アスベストの粉じんが舞う解体現場でマスクも支給されず、改修工事の現場でヘルメットもなしで働く「日雇い派遣」の青年たち…。

格差問題の核心は金銭にはない。人間を使い捨てる思想は、何よりも「生命への敬意を欠いている」ということが悲しいほどに伝わってくる。

著者は、不安定就労に苦しむ若者たちと同世代。キヤノンの事業所で請負労働者の存在を知ったことを契機に、労働現場の取材に打ち込んだ。ひたむきな熱意が描きだす雇用融解のさまは、正社員にも他人事ではない。

いま政府の諮問会議が打ち出している労働ビッグバンは米国型の雇用社会を目指しており、その本丸が「解雇規制の撤廃」にあることは衆目の一致するところ。本書に描かれている「どれほど誠実に働いても、簡単にクビを切られる」という非正規雇用の現実は、このままでは、やがて正社員の現実にもなる。

多くの会社員が本書を手にとり、労働法制の規制緩和にブレーキをかけることの重要性にめざめることを、心から願ってやまない。（島本慈子・ジャーナリスト）

（東洋経済新報社・1680円）＝2007年5月31日①配信

「復帰」に見る不定形の影

「オキナワ、イメージの縁」（仲里効著）

一九七二年の沖縄の日本「復帰」という特異点。そのはざまをくぐった主体は、時間と空間のゆがみとめまいを経験する。本書は、「復帰」前後の〈オキナワ〉という主体が、一瞬かいま見た不定形の影に形をあたえ、声にならない声に響きをあたえる企てである。

米軍占領に抵抗し、国家・資本の力にあらがうものであった「日本復帰運動」の波動は、日米共同の基地管理体制と「日本国民」という鋳型に自らのみこまれていった。しかし、その鋳型に決して回収されることはない余剰な影がある。「復帰」後三十五年の間、その影と向きあってきた著者は、それを国民化の円環に決してとりこまれない「イメージの縁（エッジ）」として造形した。

一九七二年前後の状況を活写した映像作品をとりあげながら、「復帰」という特異点を通過する経験にさまざまなフォーカスで迫り、独自の陰影で切りとり、モンタージュしていく。そこで立ちあらわれる不定形の主体の姿は、「反復帰論」・沖縄自立論を新たな次元で造形し、更新していくものである。

「日本復帰運動」の挫折と幻滅のなかから、それを喰（く）い破るようにあらわれた「反復帰論」。それに呼応する在「本土」の沖縄青年同盟の闘い。一九七一年秋の国会で、「沖縄返還協定粉砕」を叫びながら投げこまれた爆竹。そこでばらまかれたビラには、「在日沖縄人」の決起を呼びかける文字があった。

「復帰」前後に、沖縄と日本のはざまで生きられたこの不定形の主体にこそ、国家と資本に抗する形なき影がある。沖縄青年同盟の一員であった著者は、「復帰」という特異点にくりかえし立ちもどり、そこで経験された時間と空間のめまいを反すうしながら、本書の企てをさしだしている。

これは、今なおつづく「占領」状況に抗して、時間と空間を揺さぶり、国民国家の球面を喰い破っていく思想のゲリラ戦である。その呼びかけに応える闘いは、どのように造形されねばならないか。読者の一人一人が、その新たな形を思い描くようにとうながされている。（米谷匡史・東京外国語大教員）

（未来社・2310円）＝2007年5月31日②配信

虚実入り交じる企業買収劇

「バイアウト」(幸田真音著)

経済金融小説にはモデル小説が少なくないが、本書の読みどころも、まずはモデル小説としての面白みにあろう。

徹底した収益優先主義で話題の投資ファンド、相馬コンサルティングは今またスター歌手篠崎あかねを擁する総合音楽産業ヴァーグ・ミュージック・エンターテイメントの株を狙っていた。

一方、外資系証券会社でM&Aを自ら手掛けることを夢見る広田美潮は必死の売り込みで相馬コンサルティングとの初取引にこぎつけるが、彼らがヴァーグを狙っているのを知ってがくぜんとする。自分と亡き母を捨てた父・三枝篤はヴァーグのワンマン社長を長年支えてきたパートナーだったのだ。

図らずも父と二十四年ぶりの再会を果たした美潮は彼から徐々にヴァーグ情報を引き出し始めるが、そのころ思わぬ会社がヴァーグにTOB、株式公開買い付けを仕掛けようとしていた…。

相馬コンサルティングのモデルが昨年六月の社長逮捕劇で世をにぎわせた村上ファンドであるのは明らかだろう。いや、それだけではない。著者はライブドアやドン・キホーテ、エイベックスなどをほうふつさせる有名会社を巧みに織り込み、虚実入り交じった企業買収劇を演出してみせるのだ。

むろんそこでは法令順守などの意識改革が進む傍ら、欧米主導のアグレッシブな国際化が進む現状も活写されている。実際、ライブドアや村上ファンドの逮捕劇は新興市場に激震をもたらしたが、大買収時代の波は消えてはいない。

そうした経済金融界の最前線の妙を本書の横糸とするなら、縦糸は広田美潮と三枝篤の父娘関係を軸にした復讐(ふくしゅう)劇趣向。相馬社長の成り上がりぶりにしろ、新たな時代を生きる人間の方は今も古典的な愛憎関係に左右されがちだったりする。

その意味では横文字の専門用語は頻出するものの、むしろ古風なエンターテインメントとして楽しめるのではないだろうか。(香山二三郎・コラムニスト)

(文芸春秋・1700円)=2007年5月31日③配信

能の現代的な可能性追う

「能の見える風景」(多田富雄著)

二年前だったか、NHKスペシャルで見た著者の姿は、今でも忘れられない。国際的な免疫学者であり、かつ能に造詣が深く自らも新作能を手がけていた著者は、二〇〇一年に旅先で脳梗塞(こうそく)に倒れた。

番組では、後遺症で右半身の自由と声を失った著者が、科学者として病気を冷静に見つめ、自らの運命を受け止めるとともに、生きることの望みを決して捨てず、全身全霊のエネルギーを振り絞ってリハビリに励んでいる壮絶な生きざまが描かれていた。

その姿を目にし、何不自由なく暮らしながらも、生への執着を失いかけていた自分を、心から恥じたのを覚えている。

本書は、病を得た後に書かれた能に関する随想集である。後半には、不自由な体をおして観劇した能の批評がつづられている。その論評は、なかなか手厳しい。

例えば昨年、能楽界で超一流の技量を花開かせた若手ホープたちが結集して上演された「定家」について、個性がぶつかりあう気迫の舞台だったとしながらも、「萬斎のアイ語りは、風格は超一流だったが、式子の闇は語りきれなかった」としている。

それは決して高みからの物言いではなく、能によって生きる確かさを身をもって実感した著者の、能楽者たちへの心からのエールと言えよう。

著者が、本書で一貫して追い求めるのは"能の現代的な可能性とはいかなるものか"である。それはもちろん、観客にこびた演出ではない。著者は能の潜在的な力にこそ、可能性があるとする。

免疫学者のまなざしで生物の死と生を見つめ続け、そして自らも死のふちをのぞいた著者が言う能の可能性とは何か。

察するに—。橋掛かりを渡って現れ、物語りする異界のモノたち。その姿の中に、救いようのない孤独や悲しみを超越した感情の深い静まりが、いかに秘められているかという点ではないだろうか。

さまよえる現代人が、能舞台で奇跡的にそれに出会ったとき、能は現在においても魂の救済になりうるかもしれない。(六車由実・東北芸術工科大准教授)

(藤原書店・2310円)=2007年5月31日④配信

余命いくばくもない友と

「ABCDJ」(ボブ・グリーン著、駒沢敏器訳)

もう若くはないと自覚している人にとっても、若い人にとっても、胸をしめつけられずにはいられない物語である。

題名の「ABCDJ」は、ボブ・グリーンの少年時代からの親友五人組のイニシャルをつないだもの。彼が自らの青春時代を描いた「アメリカン・ビート」や「十七歳 1964春/秋」でもお馴染(なじ)みの面々だ。

その著者が五十七歳になったとき、一番古い友人、ジャックが末期がんで余命いくばくもないと宣告される。そこで、彼らはジャックが今も暮らす故郷、アメリカ中西部のオハイオ州ベクスレイに何度も集まり、残された時間を共に過ごす。グリーンはジャックと町中を歩きながら、仲間と語らいながら、彼と過ごした日々を克明に思い出し、悪化する病状の間に挟み込みながら綴(つづ)る。

五歳で幼稚園に入ったばかりのとき、鼻血を出してうろたえているグリーンを助けてくれた出会い。女の子に電話を切られないように必死で編み出した工夫。たくさんのいたずら、何度も繰り返したジョーク。仕事の失敗と成功。変わらない友情と、変わってしまった故郷と祖国アメリカ…。

コラムニストとして一世風靡(ふうび)したグリーンは、ささやかな出来事を温かいまなざしで描く名手だった。しかし、彼はいつものように感傷的にはなっていない。駒沢敏器が訳者あとがきで書いているように、親友の存在を忘れないようにするために、その死に正面から立ち向かい、冷静に受け止める必要があったのかもしれない。

駒沢は「時間の重層性のうえに、彼はさらに『古き佳(よ)きアメリカ』へのレクイエムを重ねているように僕には思えるのだ」とも書いている。

もう若くはない読者は、さらに自分の友情と人生と古き佳き日本へのレクイエムを重ねずにはいられないだろう。若い読者は友情と、時間というものについて考えずにはいられないだろう。だから、著者が感傷的な文章を書かずとも、胸をしめつけられてしまうのだ。(柴口育子・フリーライター)

(NHK出版・2100円)=2007年5月31日⑤配信

新風吹き込んだ経営戦略

「超・美術館革命」(蓑豊著)

これは今春、金沢21世紀美術館の館長を辞め、競売会社サザビーズ北米本社副社長となった蓑豊氏の「置き土産的美術館経営戦略本」だ。開館一年半前から実質四年間、そこで行ってきたあれこれがアグレッシブなセルフプロモーションとともに書きつづられている。

日本の美術館界に新しい風を吹き込み、多くのファンに支持されているこの館には学ぶべき点が多い。実は日本の美術館改革は、二十年以上も前から静かに進行してきた。そこでのキーワードは蓑氏も書いているように「教育」「子ども」「普段着で行ける親しみやすさ」だ。現在多くの館で子ども向けのプログラムも実施されている。各館のスタッフの地道な努力がようやく花開いてきたのだ。まさにそんな時期にこの館はオープンした。

驚異的な年百三十万人の入館者数は無料ゾーンに入っただけでもカウントされるため、他館でいう入館者数とは意味が異なるが、この数を受け入れるとなると、建物や人の疲労速度は、当然速い。メンテナンス費も他館と比べるとかさむだろう。特にここは体験型の作品が多いので修理は日常の業務のはず。白く発光するような建物は清掃や頻繁な塗り直しも必須だ。

この館の平成十七年度決算を見ると、年間の支出が八億六百万円で収入が二億七千九百万円。費やした資金の回収率は約35%に過ぎない。つまり、美術館運営の見返りはお金でははかれない。見返りとは来館者の満足度や文化力の育成なのだ。

さらに言えば館の評価は開館五年以上たたなければ難しい。オープンの熱がおさまった後の十年、二十年、三十年という長い年月を、いかにみんなで支え育てるか知恵を絞るのが経営だ。度重なる予算削減、施設の老朽化、人員削減、逆に増えるさまざまなサービスへの要求で、すっかり疲弊している美術館・博物館も数多い。そんな時代に、この本は多くの人々の目を美術館の現場で起きていることに向け、どう支えていけばよいかを自ら考えてもらうためのよいテキストになるだろう。(大月ヒロ子・ミュージアム・エデュケーション・プランナー)

(角川oneテーマ21・720円)=2007年5月31日⑥配信

人を巻き込むエネルギー　「遭難、」（本谷有希子著）

鶴屋南北戯曲賞受賞作である。各新聞社の演劇記者七人によって選考されたものだが、著者はまだ二十代で、最年少受賞としても話題になった。

舞台は中学校の空き教室に臨時に設置された職員室、二年生の教師四人がいる。そこへ、飛び降り自殺を図って入院している生徒の母親が連日やってきては、息子から相談を受けていたに違いないと担任教師を責める。そんな中、国語教師の里見だけが担任をかばい、母親に対しても冷静に対応しているかに見えたのだが…。

最後まで場面はこの臨時の職員室のみ。そこで交わされるやりとりには、飛び降り自殺、ストーカー、盗撮、トラウマ…、そんな言葉が頻繁に登場する。そして、次々にあらわになる里見という人間のすさまじいまでの自己愛。少女時代のトラウマをてこに、彼女の自己愛は暴走していく。

最初のせりふが担任を責める母親の言葉「ウンコしなさいよ、そこで」である。やり場のない思いを理不尽に担任教師にぶつける母親。

読み始めてしばし暗たんたる気持ちになった。暗いニュースが続いている。人間のどうしようもなく嫌な部分には毎日うんざりしているのだ。

しかし、それでもそこには常に笑いの要素が漂っている。せりふのテンポのよさとあいまって、いつしか妙な小気味よささえ感じていた。とにかく作品に勢いがある。人を巻き込んでいくエネルギーとでもいえばいいのだろうか。この戯曲は著者自身の演出によりすでに上演されているが、非常におもしろい舞台に仕上がっていたそうだ。再演が待たれる。

けいこ初日に、八割がた書き上げていた台本を一から書き直し、四苦八苦してつくりあげたというが、そんな舞台創造へのひたむきな強いエネルギーは、向かう先こそ違っているものの、主人公里見とどこか重なるような気がした。（いずみ凜・劇作家）

（講談社・1365円）＝2007年6月7日①配信

スポーツへと矯正した歴史　「ボクシングはなぜ合法化されたのか」（松井良明著）

そもそも殴り合うボクシングがどうしてスポーツとして許されるのか。当事者たちが納得したルールのもとで行われているからだと答えればいいのだろうか。

野球ではデッドボールをめぐって、両チームが入り乱れての暴力騒ぎが起こる。さらに相撲やプロレスなどでは、度を越した「技」や「けいこ」によって、「暴行傷害」が発生するが立件されることはめったにない。いまやスポーツの暴力はスペクタクル化されている。

ところが、一方で、近代スポーツの母国といわれる英国では試合中のサッカー選手同士の暴行で懲役に服した選手がいる。

どうも事は簡単ではない。どうしてルールがあれば人を殴っていいのか。それは誰が決めれば正当なルールとなるのか。こうした問いに英国のスポーツ史を紐（ひも）解きながら答えようとしたのが本書である。

中世から近世にかけて、イングランドにおいて唯一、奨励されたのは国防的な意味で弓術だけだったという。なるほど英国の中世を舞台とした映画では弓が大いに活躍している。それ以外の庶民の遊戯は、近代になっても「不法な遊戯」として法律で禁じられる。その中には、闘鶏を代表とするアニマルスポーツ、ボクシングやフットボールなどが含まれる。多くは、賭博、群衆の騒擾（そうじょう）、怠惰と貧困、それらの原因として取り締まられる。しかし、支配階級の競馬などの賭けやキツネ狩りなどは不問に付される。

本書は、表題のような「ボクシング」そのものの歴史ではない。さまざまに回り道をしながら、英国のコモンロー（非制定法）が不法な遊戯を次第に合法的なものとしてきた歴史を説く。どう取り締まられたのか、どう合法化されたのか、彼（か）の国の丹念な判例の吟味には頭が下がる。

その歴史は、人間が根源的に持つ享楽、無秩序、混沌（こんとん）へと向かう〈戯れ〉を、支配階級の都合と宗教的道徳観によってスポーツへと「矯正」していった歴史でもある。（黒田勇・関西大教授）

（平凡社・2520円）＝2007年6月7日②配信

二つの帝国の“抱擁”分析

「親米と反米」（吉見俊哉著）

世論調査で日本人の「好きな国」トップは常にアメリカである。反基地闘争が最高潮に達した一九六〇年安保の最中でさえ、アメリカ好きが過半数に近く、「嫌いな国」としたものは5％台にとどまった。ナショナリストの大半が「親米」的な日本は、確かに「普通の国」ではない。

鬼畜米英のスローガンを唱えた戦時下でさえ、日本人はハリウッド・スターへのあこがれを捨てきることはできなかった。それは幕末の黒船来航にはじまる日本の近代化が、根底においてアメリカニズムを前提としており、その否定は天皇制を含めた自らの近代史を否定することだったからである。それを最も熟知していた一人が、あるいは昭和天皇だったのだろう。

これまで「屈辱的」降伏シーンと解釈されてきたマッカーサーと天皇の会見写真は、本書では日米の「抱擁＝結婚」写真として検討されている。その後、日本のメディアからマッカーサー像が隠ぺいされていくとともに、「国民統合のシンボル」たる天皇イメージが国民に顕示されていった。韓国やフィリピンなどで発行されたマッカーサー記念切手も、日本では必要とされなかった。そこに戦前天皇制と戦後占領体制の意識構造の連続性を確認することができる。

もちろん高度経済成長もアメリカの世界戦略と不可分であった。米軍基地は沖縄、韓国、フィリピンなど周辺地域が分担し、日本本土は旧「大東亜共栄圏」の経済センターとして復興した。その過程で、「豊かさ」の担い手は、アメリカの軍事力と米軍慰安婦たる「パンパン」から、日本の技術力と家庭電化を推進する「主婦」へと変化していった。

当然ながら、テレビ放送初期のプロレス中継から、今日の歌謡曲、アニメまで、日本的とされる「Jポップ」文化は、本質的にアメリカ的である。ポスト・コロニアルの視点で日本帝国とアメリカ帝国、戦前と戦後を通じた二つの帝国の「抱擁」を分析した本書は、「内なるアメリカ」を反省的に問い続ける必要性を私たちに訴えている。（佐藤卓己・京都大准教授）

（岩波新書・819円）＝2007年6月7日③配信

萌える国と幻想の力の強さ

「アイドルにっぽん」（中森明夫著）

「こんなにアニメやマンガが人気なんだから、日本は国防に“萌（も）え”を利用したらどうだろう？『日本はかわいい国だから攻撃しちゃダメ』『戦争したら日本の“かわいい”はもう手に入らないんだよ』って、みんなが守ってくれるの」

そんな会話を友人と交わしたことがある。ところが、まさにそれを主張した本が発売された。

帯にこうある。「美しい国から、かわいい国へ。萌える国へ」。序章には「日本は世界のアイドルになるべきだ！」。

そして「象徴としての天皇」は「アイドルとしての天皇」。憲法第九条の「戦争放棄」は、アイドルのプロフィル文章のようなもので、「公称年齢、公称スリーサイズ…それがどれほど『現実とかけ離れて』いようと、決して突っ込みを入れてはいけない」。

じゃあ、アイドルってなに？　というのでまとめられたのが、一九八〇年代からの中森アイドル論を集成した本書である。

デビューしたばかりのゴクミ（後藤久美子）がいる。貴乃花との「結婚直前」の宮沢りえがいる。そしてまさに少女アイドルのゆりかごであり宝石箱だった雑誌「オリーブ」の、そのまた秘蔵っ子だった栗尾美恵子がいる。後に若乃花と結婚することになるこの栗尾美恵子と宮沢りえが初めて出会う場面は、さながら切り取られた映画の一シーンのようだ。

特別に許されて時代の特等席で“時代（とき）の女たち”を目撃する光栄—。そこから浮かび上がってくるのは、共同のイコン（象徴的存在）を時代と協同して創（つく）りあげていく幻想の力の強さだ。マンガやアニメのキャラがそうであったように、やがて映画のために女優が選ばれるのでなく、アイドル女優のために映画が撮られるようになり、「グラビアアイドル」という、より象徴的な存在が生まれていく。

ただ本書で語られるのは、ほとんど少女アイドルばかり。今、世界に広まりつつあるのはむしろ、ビジュアル系バンドとジャニーズ。「国防としての萌え」を考えるためには実は「男のかわいさ」も欠かせないのでは？（藤本由香里・評論家）

（新潮社・1575円）＝2007年6月7日⑤配信

元兵士らに心寄せた記録

「女ひとり玉砕の島を行く」（笹幸恵著）

第二次大戦中、膨大な日本軍兵士が南洋で死んだ。戦死、病死、そして玉砕。一九七四年生まれの戦後世代が、南洋の戦跡を巡った。

「日本にいる限り、戦争に無知であっても生活には困らない環境」で育った著者は、会田雄次「アーロン収容所」（中公新書）を読んで衝撃を受けた。実体験がないと、本を読んでも分かりにくい。現場へ赴くのが早道だ。

飢えの島ガダルカナル島。「なんてすばらしい南の島！」というのが著者の第一印象。人々は笑顔で手を振り、滞在はプール付きリゾートホテル。しかし「全国ソロモン会」慰霊巡拝団の矢吹朗氏は一切、雑談をしない。兵士たちが命絶えた場所で慰霊祭を行う。「こころざしをはたして　いつの日にか帰らん」。歌声が空に消えていく。最初の玉砕の島ツラギ島へもボートで渡る。資料を読み、戦跡を見、同行の生き残り兵士たちの話を聞くうち、著者の中にまた別の島が見えてくる。

「曳（えい）光弾」なんて字も、耳で聞いただけでは分からなかっただろう。当事者の手記は山ほどあるが、戦後生まれにはのみ込みにくい。著者による章頭の概説や旅行ガイドは大変役に立つ。ツラギ島、タラワ島、マキン島なんて私も知らなかった。

生き残ったという罪責感を持つ元兵士たち、命日に父の飯ごうを現地で発見した息子の奇跡のような話、夫の玉砕した島を訪ねる妻の思いを、心を寄せて記録していく。理解などできるのだろうか、という逡巡（しゅんじゅん）もふくめ、その初々しい筆には好感が持てる。

だが「かつての戦争については、様々な議論がある」という程度ですませるのは「木を見て森を見ない」ものではないだろうか。一方、「厚生労働省の人間は、慰霊碑調査で一人も現地に足を運んだことがない」という指摘は重要だ。厚労省は五千万件分の年金納付者を忘れたのと同様、国家の命令で死んだ自国民、殺された他国民、空襲などで殺された一般市民のことも、さっぱり「忘れてしまった」らしい。（森まゆみ・作家）

（文芸春秋・1750円）＝2007年6月7日⑥配信

侍ハードラーの五輪書

「日本人の足を速くする」（為末大著）

一読、知的興奮が体を突きぬける疾走感に満たされた。全編三色ボールペンでチェックしまくった。体がむずむずし「チャレンジしたい！」という気持ちが臍下（せいか）丹田からわき上がった。

為末さんは、別名「侍ハードラー」。ダイビング・フィニッシュでメダルをもぎ取った雄姿に、私は涙した。死をも恐れぬ覚悟は、考え抜かれた緻密（ちみつ）な練習を土台としている。独自な練習法を次々に編み出す知的構想力に驚嘆する。

両足を一直線に進めストライドを一センチ広げるモデルウオーク走法。腕で空気を後方へかき出すハイハイ走法。「体を自在にコントロールできるように工夫していく」面白さがある。真剣勝負のために徹底的に独自な工夫を凝らす姿は現代の宮本武蔵。実際に五輪（オリンピック）で闘うのだから文字通りの五輪書だ。

本書は日本の方向性を示す実践的文化論だ。「資源のない日本は工夫する力を身につけるしかない」と考えて、私は教育の道に進んだ。為末選手は、身体的資源の足りない日本人が世界で勝負するためには、「自らの繊細な五感を信じて神経を研ぎ澄まし、微妙な違いにこだわりながら技を高めていく」日本流の闘い方がいいと言う。志が共振するのを感じた。

為末さんの夢は、日本人の足を速くし、日本のスポーツ全体をランクアップさせることだ。目標は百メートル走の国民平均タイムを〇・三秒速くすること。

方針は重心の素早い移動。全身を一本の棒とイメージしてコケそうになるのをこらえて足を前に出す。足はすり足で。猫背もOK。「こんな日本人的身体でよかったのか。あんなにモモ上げやったのに」と思いつつ、希望も膨らんだ。

日本の将来に不安な人、向上心に火をつけたい人はぜひ読んでほしい。「論理的エンターテイナー」の言葉に触れて、きっとスイッチが入るはずだ。（斎藤孝・明治大教授）

（新潮新書・714円）＝2007年6月14日①配信

運命と向かい合う姿描く

「6時間後に君は死ぬ」(高野和明著)

江戸川乱歩賞作家である著者の新作は、未来予知能力という題材を通じて、運命と向かい合うさまざまな人間の姿を描く連作短編集である。

表題作のヒロイン・原田美緒は、渋谷の街角で江戸川圭史と名乗る青年からいきなり「六時間後に君は死ぬ」と警告される。彼の予言がでたらめではないと信じた彼女が話を聞いてみたところ、今から六時間後に美緒が何者かに刺されて死ぬ「ビジョン」が彼には見えたというのだが…。

圭史は予言者とはいえ、相手に非日常的な出来事が起きた瞬間が見えるだけで、未来の何もかもを見通せるわけではない。従って、ピースが欠けたジグソーパズルのように、これから起きる出来事を断片的なビジョンから推測しなければならないのだ。この設定が、スリルの盛り上げに一役買っている。

続く三編にも圭史が登場するが、各編の主人公は何らかの理由で未来に不安を抱く女性たちであり、圭史はあくまでも脇役に徹している。しかも、すべてのエピソードがミステリー仕立てではない点が、連作としてのバラエティーの豊かさを演出している。

ただし、短編であるせいで物語の進展を簡略化しすぎていて、結果的に説得力不足を感じさせる部分があることは否めない。例えば表題作の場合、普通ならその程度で簡単に見知らぬ男の予知能力を信じたりはしないのではないか、という疑問が残る。

その点「3時間後に僕は死ぬ」は、百ページ近い中編という分量を十分に生かした秀作に仕上がっている。圭史はあるパーティー会場で、彼自身を含む大勢の人間の死を予知してしまう。そのビジョンが現実化するのは三時間後。何とかして惨事を防ごうとする彼だが、事態はどんどん悪い方向へ転がってゆく。彼が予知した未来は、絶対に変えることはできないのだろうか…。近年の乱歩賞受賞作では最も話題を呼んだ「13階段」(二〇〇一年)の著者らしい、きめ細やかなサスペンスの演出が読みどころである。(千街晶之・文芸評論家)

(講談社・1680円)=2007年6月14日②配信

路地裏の庶民の青春

「神田川デイズ」(豊島ミホ著)

神田川沿いに下宿して通うキャンパス、といえば、今をときめく斎藤佑樹選手のいるあの学校。東京六大学野球春季リーグでの優勝劇、ちょうちん行列や高揚感いっぱいのスピーチも記憶に新しい。彼の活躍に興奮し、応援の熱狂に同調し、誇らしさに胸ふくらませた学生さんも多かろう。

しかし、脚光を浴びて輝く王子の陰に、日の当たらない路地裏の庶民あり。いてつく夜の校舎でどん詰まり、空回りしつつも光を探す男女のほろ苦い青春を、街灯が、月が、冥王星が見ている。

トップバッターの男子三人の出会いは、まさに春の大学定期戦。球場の観衆と一体感を持てなかった「モテナイ」くんたちの、自虐の最果てからの大脱走劇が描かれる。

二番打者は、お勉強が特技の青森出身女子。東京の大学に入って、「世の中の役に立つ人間になろう」と考える彼女の、純朴だが漠然としたきまじめさは、何らかの政治組織の末端に属するらしい、反戦のサークル活動へと取り込まれてゆく。

評者は幸か不幸か東京のはずれで育ったため、遠方から単身上京し、慣れない環境で寂しさや浮遊感にさいなまれる、という経験がないのだが、「なにか」やりたくて、「まぶしい」自分になりたくて、でも目標は定まらないし、ちっとも踏み出せないまま、だらだら過ごした若き日の悔恨はある。どうにも会話が成立しなさそうな「今どき」くんたちにも、少なくとも活字上では共感できる要素があるな、と、思えてしまう連作短編集だ。

「あたし、花束になりたいんだよ」と、手の届かない夢想を抱いては、失望を繰り返す女子がいて、いらだちながらも聞き役になる男子がいて。彼らはみな、華やかさとは縁遠い。けれど、キャンパスの茂みで摘んだ野の花でも、思いを束ねて差し出せば、そこから生まれる対話も、物語もある…。そんな書き手のエールと祈りを感じた。

六編の中で、それぞれの登場人物たちがさりげなく交差し、静かに情景を担う仕掛けも、映画のようで心憎い。表紙イラスト、装丁も秀逸。(片倉美登・文筆業)

(角川書店・1470円)=2007年6月14日③配信

論壇の意義を考える　「論壇の戦後史」（奥武則著）

総合誌を中心とする「論壇」が大きな役割を担った昭和中期。そこで活躍した知識人の言説を的確にまとめ、戦後論壇史の流れをコンパクトに提示した好著である。

本書は冒頭、一九八八年八月十二日の四谷霊廟（れいびょう）の光景から始まる。この日、戦後論壇をリードした清水幾太郎の密葬が行われ、多くの論壇人が参列した。VIP席には保守主義者の福田恒存と林健太郎。そして、一般会葬者の中に、一人ぽつんと丸山真男が立っていた。

清水、福田、林、丸山の四人には重要な接点があった。四六年二月に発足した二十世紀研究所である。彼らはここのメンバーとして議論を戦わせ、社会に対する啓蒙（けいもう）活動を展開した。

戦後すぐの時期。「保守」と「革新」という二分法は明確には成立していなかった。戦後民主主義をリードすることになる岩波書店の総合雑誌「世界」は、四五年十二月の創刊号に安倍能成や和辻哲郎、三宅雪嶺といったオールドリベラリストたちの論考を並べた。しかし、丸山ら若手の台頭によって、書き手の中心がシフトし、彼らは新たに雑誌「心」を創刊した。この「心」が、戦後保守思想の一つの流れを形成し、一方の「世界」が進歩派の論壇をリードする媒体として君臨する。

しかし、「世界」も六〇年代のエリート知識人批判の中で時代の潮流からはずれ、代わって「朝日ジャーナル」が台頭する。論壇誌の人気の変遷は、まさに戦後論壇史の潮流そのものであり、戦後という時代に生きた知識人の変遷過程を如実に反映している。

「論壇が機能しなくなった」と言われて久しい今日。本書がテーマとした一九四五―七〇年という戦後二十五年間の論壇が意味を持った時代を振り返ることは重要である。

「世論」がオピニオンではなくセンチメント（感情）と化し、国民一人一人がじっくりと思考することを放棄しようとしている今こそ、論壇の意義を考え直す必要がある。そのとき、本書は間違いなく必読の書である。戦後史を考える上でも、重要な一冊だ。（中島岳志・北海道大准教授）

（平凡社新書・840円）＝2007年6月14日④配信

常識疑い近代外科学開く　「解剖医ジョン・ハンターの数奇な生涯」（ウェンディ・ムーア著、矢野真千子訳）

「ドリトル先生」のモデルとも言われた奇人の伝記である。墓場を掘り起こし、あるいは買いあさって入手した遺体の解剖や、生物の標本作りに生涯を費やし、理髪師・職人の仕事だった外科術を科学にまで高めた。その光と闇が交錯するたぐいまれな男の正体は、十八世紀英国の外科医ジョン・ハンターである。

彼は並外れた好奇心と探究心、収集癖と奇怪な行動のゆえに世間の誤解も受ける。患者や社交客の出入りする表玄関と、いかがわしい遺体の売人らが出入りする裏玄関を持つ彼の屋敷は、善と悪の顔を使い分ける「ジキル博士とハイド氏」の家のモデルともなった。

数多くの解剖と、慈善病院での患者を実験台にした研究により、生理学や病理学を樹立。その知識に裏付けられた確かな外科医の腕によって、経済学者アダム・スミス、独立宣言を起草したベンジャミン・フランクリン、政治家ウィリアム・ピットらを顧客に得た。

さらに私設の解剖教室からは、天然痘のワクチンとなる牛痘種痘法を生み出したエドワード・ジェンナーをはじめ、多くの優れた弟子たちが輩出。その一部の人材が米国の医学教育の基礎をも築いた。それは徹底した実物教育・臨床教育がもたらした成果であった。

彼の仕事の特徴は観察・推論・実験という手法の駆使にあった。それが結果として、当時日常的に行われていた古典医学理論に基づく瀉血（しゃけつ）・下剤・嘔吐（おうと）剤の三大治療法への批判となった。また、動物の発生から進化の過程にまで及ぶ先端的な論考の誕生へとつながった。ダーウィンの「種の起源」の発表より、七十年も前のことである。

ハンターが生きた十八世紀の英国、それは理性を信じ旧弊を打破しようとする啓蒙（けいもう）期に当たる。彼の業績はこの時代精神と、世界をリードしていたフランス外科学の影響を抜きにはおそらく考えられないであろう。麻酔も消毒もなかった時代に傷病と格闘した男。常識を疑うところに新しいものが生まれる、という彼の信念。それは今日の私たちにもっとも求められているものであろう。（新村拓・北里大教授）

（河出書房新社・2310円）＝2007年6月14日⑤配信

思い出の癒やし空間　「たばこ屋さん繁盛記」（飯田鋭三著）

私は全国津々浦々にある銭湯を訪ねる旅を三十年近く続けている。そんな中で気がついたのは銭湯の近くには床屋さんが実に多いということ。その後、たばこ屋さんも多いことにも気がついた。

それ以降、銭湯の記録をする時に出あったたばこ屋さんも当然のことながらパチリとカメラに記録している。すでに軒数は約二百軒になった。私は本書を手にした時正直に話すと「先を越されてしまった！」と内心思った。このような本を私も執筆したかったのだ。

本書は日本における、たばこの歴史を理解しやすいよう、図版や写真、貴重な資料をふんだんに使用しているので、それらを見るだけでも十分に内容は読者に伝わることだろう。

意外だったことは、たばこが南蛮船によって日本に入ってきて人気が出はじめた慶長年間（一五九六―一六一五年）ころに徳川幕府は金銭の浪費や火災などの理由で、何度もたばこに対する禁令を出していた、ということであった。もっともこの禁令も何度も出したが効果が上がらなかったということから、銭湯の混浴禁止令と同様、習慣というもの、おのずと庶民はいうことをきかないのが常のようである。

本書は江戸時代からの内容になっているが、半分ほどが戦後のたばこ事情で、私自身の思い出としてのたばこ屋さんがみごとによみがえっている。父に頼まれて近所のたばこ屋さんにいつも買いに行く役目を私が担当していたことや、ピースの中箱で父がぴょんとはねるカエルを作ってくれたりと思い出は実に多い。

本書は単なるたばこの歴史にとどまらず、商品のマーケティングという広い意味においての広告戦略本でもある。さて冒頭で述べた銭湯、床屋さん、たばこ屋さんの共通点は、モザイクタイルを一部に使用している点にあった。

共通のキーワードはまさに癒やしにある、というのが私の仮説である。それは本書に登場している多くのたばこ屋さんと“看板娘”の写真を見ると一目瞭然（りょうぜん）である。（町田忍・庶民文化研究家）

（山愛書院・2500円）＝2007年6月14日⑥配信

「闇」を白日に晒す執念　「沖縄密約」（西山太吉著）

「闇」である。今から三十五年前の沖縄返還に隠れたさまざまな「闇」が浮かび上がる。核持ち込みという非核三原則の「闇」。返還と引き換えに支払った巨額の金の「闇」。日米軍事再編に隠された「闇」。政府の秘密体質に潜む「闇」。この本は、沖縄返還を原点として政治と外交の裏に潜む日米関係の「闇」を暴き立てる。

著者は当時、沖縄返還の「密約」をスクープした新聞記者、西山太吉。しかし大スクープであったはずの「密約追及」は「機密漏えい」にすり替えられ、国家公務員法違反で有罪判決が下った。同時に情報源が外務省の女性事務官であったことから問題は男女のスキャンダルへ移り、志半ばにしてメディアの世界を去らざるをえなかった。

メディアの力の限界、敗北といわれる「沖縄密約事件」である。その後著者は自らの体験を、外交の深く暗い「闇」の中へと押し込め、それと無縁な生活をおくった。

しかし二〇〇〇年に報じられた米国の公文書が密約を明らかにした。それでも日本政府は密約を否定し続ける。著者は密約は証明されたとして、国を相手に裁判に踏み切った。しかし今年三月、東京地裁は除斥期間を理由に、密約に踏み込まず訴えを退けたのだった。

著者に三十五年の長い沈黙を破らせたもの。それは再び密約を「闇」の中へと埋没させようとする政府に対する怒りであり、日米関係に潜む「闇」を許さないというジャーナリストのプライドであった。

しかしこの本のなかで沖縄密約事件をめぐるメディアの敗北を自ら問う、生の声が聞こえて来ないことが残念である。密約に一番近づいた新聞記者であった著者に、メディアと政治権力の検証を期待せずにはおれない。過去の問題を問うことは、敗北したメディアが内包する問題を解いていく突破口となるはずだ。

著者は今、七十代半ば。この本は今なお、日米の「闇」を白日の下に晒（さら）そうとする執念の一冊である。（土江真樹子・映像ジャーナリスト）

（岩波新書・735円）＝2007年6月21日①配信

敗者の歴史から照らし出す

「西郷隆盛伝説」（佐高信著）

明治維新の最大の功労者でありながら、その政府に歯向かって敗れ、賊の大将として果てた西郷隆盛ほど謎めいた男もいない。いまも西郷人気は衰えず、強烈な光彩を放ちつづけている。それは維新の敗者となった著者の故郷、山形県の庄内地方（徳川譜代の旧荘内藩）にも深く、改革精神のくさびを打ちこんだ。

本書はこの庄内から見た西郷像を大きな柱に置きながら、西郷のもう一つの人間像に迫る。

同じように徳川幕府を支えた東北の雄藩でありながら、会津藩は悲惨の極を窮めたのに、荘内藩は無血開城した。そこには西郷の寛大なる処置があった。以来、荘内藩は西郷に傾倒し、西郷を慕って鹿児島に渡り、西南戦争で命を散らせた二十歳と十八歳の若者もいた。南洲墓地にはもっと若い少年兵の墓もある。

だが、少年たちにかつがれて城山に散った西郷と、維新の大業を果たした西郷とでは、まるで別人ではないかと思えるほどの落差がある。

戊辰戦争の前、西郷は薩摩藩邸の浪士相楽総三らに江戸をかく乱させ、江戸の警備に当たった荘内藩は挑発に乗って薩摩藩邸を焼き打ちした。西郷はこれで戦端が開けたと喜んだという。そして西郷は謀略にはまった荘内藩へは恩情をかけ、相楽総三らの「赤報隊」は見捨てる。著者は、西郷の封印された闇の部分にまで切り込んでいく。

西郷の征韓論についても、「征韓論」ではなく「遣韓論」だったという説にくみする。勝海舟との会談で「江戸城無血開城」をやってのけたように、西郷は単身乗りこんで相手と交渉することに自信をもっていた。では、なぜそれが「明治六年の政変」となったのか。当時の資料を調べつくして、ねじ曲げられた征韓論の真相へとたどり着く論法には、東北人ならではのこだわりがある。

西郷隆盛伝説を敗者の歴史から照射することで、生身の西郷像をあぶりだしてみせた。庄内出身の大川周明や石原莞爾に大いなる影響を与えた南洲思想が、その後のアジア侵略につながっていったことと合わせても、示唆に富む、読みごたえのある維新史である。（鈴木由紀子・作家）

（角川学芸出版・1890円）＝2007年6月21日②配信

消失した知識に焦点

「植物と帝国」（ロンダ・シービンガー著、小川眞里子・弓削尚子訳）

十八世紀、カリブ地域の女たちは、オウコチョウという植物を使って、みずからの手で中絶をしていた。彼女たちは、欧州からの入植者の男たちによって、昼は奴隷労働を強要され、夜は性の奉仕を強要された。その結果として、望まぬ妊娠が起きるわけであるが、奴隷の母親から生まれた子どもは、やはり奴隷として育てられるのである。

彼女たちは、自分の子どもを「隷属の人生から救う」ために、お腹（なか）の中の胎児を中絶して、主人に反抗したのである。そのときに用いられたのが、民間でひそかに使われていたオウコチョウなどの中絶薬であった。

欧州からの支配者は、当時、世界中からめずらしい植物をかき集めていた。それを母国の植物園に持ち帰って栽培したり、研究用の素材にしたりしていた。彼らは、この中絶薬のもとになるオウコチョウを、国に持ち帰った。フランス人はこの植物を「極楽の花」と呼び、イギリス人は「赤い極楽鳥」と呼んだ。それは黒色のインクに利用され、さまざまな病気の治療薬として用いられた。

しかしながら、欧州において、それは「中絶薬」としてだけは利用されなかったのである。その理由を、あらゆる角度から解明しようとしたのが、本書である。著者のシービンガーは、フェミニスト科学史の研究者として著名であるが、この百科全書的な新著は、彼女の代表作となるだろう。

オウコチョウという植物それ自体は欧州に渡ったのに、オウコチョウによって中絶ができるという知識は、欧州に根付くことはなかった。その背景には、植民地支配が男たちによって進められていたことや、欧州における中絶技術の研究が、母体への危険や生まれてくる子どもの命の尊重などの理由で、この時期にタブーになっていったことなど、複雑な要因が絡まっている。

シービンガーは、ある知識体系がどうして、ある文化の中で消失していくのかを研究すべきだと言っている。これは、「知識の消失」に焦点を当てた逆転の発想である。本書は、中絶薬を素材にして、それを実証してみせた、機知に富む試みなのである。（森岡正博・大阪府立大教授）

（工作舎・3990円）＝2007年6月21日④配信

暗闇をさまよう男と女　「夜想」（貫井徳郎著）

いろいろな読み方のできる小説だ。ミステリーではあるが、恋愛小説を読みたい人にも十分に対応している。

事故で家族を失った男と、不思議な力でその悲しみを感じ取った女。不幸せという名の引力に誘われて二人は出会う。夜のなかをさまよってきた彼らの夜は、はたして「同じ暗闇」だったのか。その意味で、ここに描かれる愛のかたちはしごく素朴なものだ。この恋愛はなかなか進展せず、もどかしく感じさせる。二人がその愛を正面からみようとしない方向にストーリーは進展していく。

もどかしい方向とは、ヒロインを教祖に仕立てあげる新宗教集団の顛末（てんまつ）を追う部分で、極めてオーソドックスに語られ、この物語の過半をしめる。「救いとは何か」。二人の愛の間には常にこの問いがある。むしろ表面的には、本作は、救済の問題を扱ったきまじめなテーマ小説として受け取られるのかもしれない。

だがこれは貫井徳郎の小説なのだ。

ある種の妄想に取りつかれた人物がその妄想の逆転に立ち会わされる―これはミステリーに特有の技法だが、とりわけこの著者の得意技でもある。主人公の彼は、ひたすら教団を維持し、教祖をもり立てようとする。この不自然なまでの献身ぶりは何なのか。彼はたんに度外れて女性心理に疎い人物なのだろうか。いや、これは後半とんでもない逆転をみるにちがいない。と、そうした興味も手放しがたいのだ。

幻想にひたりきっている人物は、一面的な意味で、最高に満ち足りているわけだ。救いは不要だ。すでに「救われている」からだ。はたして彼には慟哭（どうこく）の「現実」が待ちかまえている。だが小説は、そこでミステリー的なカタルシスをもって閉じられるのではなく、それを布石として真のゴールへと到達していく。

著者は形式の制約を捨て、登場人物の全欲求を解放する道を選んだということだろう。結末には、素朴な、それだけ力強い感動がある。小説自体の内から高まってきた感動である。恋人たちは、夜の底をはいまわってきた者にのみ見える燭光（しょっこう）を手にしたのだ。（野崎六助・文芸評論家）

（文芸春秋・1750円）＝2007年6月21日⑤配信

最後に残る人間性とは何か　「ミノタウロス」（佐藤亜紀著）

舞台はロシア革命時代のウクライナ。主人公はひょんなことから地主に成り上がった父をもつ青年ヴァシリ・ペトローヴィチ。しかし彼は、ひとたび革命が起こると転落の一途をたどり、盗賊に身を落とし、徒党を組んで悪逆非道の限りを尽くす。政治的混沌（こんとん）のさなか性と暴力のはんらんするソドムの地獄絵は、並の作家であれば目を覆うばかりの残虐描写になるはずだが、この作家の天賦の才能は、むしろ目を奪う絢爛（けんらん）豪華スペクタクルを仕立て上げる。

げんにヴァシリは「人間と人間がお互いを獣（けだもの）のように追い回し、躊躇（ためら）いもなく撃ち殺し、蹴り付けても動かない死体に変える」光景を「美しい」と形容する。「殺戮（さつりく）が？　それも少しはある。それ以上に美しいのは、単純な力が単純に行使されることであり、それが何の制約もなしに行われることだ」（第五章）。美学がテロリズムと矛盾しなくなる瞬間をとらえたこの一節は、戦争一般とともに本書が示す物語学自体に対するメタ評釈とも、読むことができる。

しかし、ここで注意しなければならないのは、ギリシャ神話にいうミノタウロスが、あくまで人身牛頭のキメラであって、人間自体でもケダモノ自体でもないことだ。徹底して人間的条件をはぎ取られてもなお残存する人間性とは何か、その問題をこそ、本書は問いつめてやまない。

たとえばそれは、砲弾で顔の大半をそぎ取られた兄のうちに、なおも残存する雄の本質であり「雄の神性の具現」であった。そしてクライマックスに至ると、ヴァシリ本人は自分が無数の略奪と殺人と強姦（ごうかん）を重ねながらも「人間のような顔をして生きてきた」だけかもしれない、という思いを抱く。

かつてドストエフスキーの「悪霊」が革命組織の内ゲバに人間の必然的な悪を見抜いたが、本書は革命後のカオスのうちで「何者でもないということは、何者にもなれるということだ」という悟りのもと、無限の仮面劇を展開する悪漢の物語（ピカレスクロマン）を紡ぎ出した。かくも幻惑的な「ワル」の登場に拍手！（巽孝之・慶応大教授）

（講談社・1785円）＝2007年6月21日⑥配信

古書と家族の下町人情劇

「シー･ラブズ･ユー」（小路幸也著）

好評だった「東京バンドワゴン」に続く、シリーズ第二作。毎回巻末にテレビドラマへの献辞を掲げるが、「時間ですよ」や「寺内貫太郎一家」で育った人の作、ととらえると理解が早い。

下町で古書店「東京バンドワゴン」とカフェを営む堀田一家。江戸弁も小気味いい七十九歳の勘一を当主に、小学生のひ孫までつごう九人が一つ屋根の下に暮らす。四季が一巡りするお話は、二つの要素から成っている。外部から持ち込まれる謎含みの古書譚（たん）、お茶の間という内部にさざ波がたつ家族譚。前者が文学史のうんちくもある古書探偵もの、後者が英語の慣用句にある“クロゼットの中のがい骨（どんな家にも一族の秘密がある）”。二つ併せて“下町人情ドラマ”というのがこのシリーズのエスプリだ。

孫の新妻という新メンバーが加わった本書は、明治時代の百科事典とも言うべき「古事類苑」にまつわる謎、古書を愛する若きIT起業家が胸に秘めてきた過去、“死者”の復活、新しき命の誕生と、今回も、ワケあり涙ありハッピーな急展開ありのにぎやかさ。どれも「シー・ラブズ・ユー」、つまり女性たちのいちずな愛情物語になっているのがミソ。

勘一の一人息子で団塊世代の我南人は、伝説のロックミュージシャン。一作目はちょっといい気な感じに響いていた持論「LOVEだねぇ」が、今回は一滴胸に落ち、五臓六腑（ろっぷ）にまでしみていく。

同時多発で事件が起こり、輪唱のように進む警察小説をモジュラー型の小説と呼ぶが、その手法を多世代の家族ドラマに適用した点が手柄。語り手が二年前に亡くなった勘一の妻サチで、満員電車が苦手な幽霊の視点であるのも愉快。

みんなを優しく見守る幽霊ならぬ、“優霊”さん。昔ながらの暮らしを知るこの祖母世代のサチこそ、このシリーズに和花のような可憐（かれん）なふくらみを添える。（温水ゆかり・フリーライター）

（集英社・1575円）＝2007年6月28日①配信

しごくまっとうな思想書

「逆立ち日本論」（養老孟司、内田樹著）

当代きっての論客二人、嫌いなものが共通している。原理主義、正しい日本語、全共闘、福沢諭吉、アメリカ、等々である。これのどこに共通点があるか。その共通性を探り当てることと、それの反対物を思い描くこと。そこに本書を読む醍醐味（だいごみ）がある。

二人が嫌いなものに共通するのは、思考が単純で、図式的で、硬直していることである。言い換えれば、知恵がない、成熟していない。「成熟というのは変化するということです」と内田は言い切っている。

たいていの読者はここでつまずくだろう。成熟とはものに動じなくなること、と思い込んでいるからだ。動じないのは、たんなる思考の硬直。オレがオレが、のアメリカと変わらない、ということがわかれば、あとはすらすら読めるはず。

しかし、本書が平易なのは、ここまでだ。片や解剖学者、片や日本ユダヤ学会理事の両人が、なぜ同様の認識に至ったか。面白いのはそこである。

解剖学者は長年、死体とつきあってきた。向こうから声をかけられるなど「一度もありませんよ（笑）」という仕事ばかりつづけていると、ものを理解したり考えたりという行為が、一から十まで自分の脳のなかの出来事であることに気がつかざるを得ない。それは絶対的事実ではあるけれど、言い換えれば、そこから先は融通無碍（むげ）である。

ユダヤ思想の専門家は、神に名指しされてユダヤ人になった者たちが、周囲から日常的に敵視されることを通じて自己形成していく過程に着目する。そこにはいつも「遅れ」の感覚がつきまとう。遅れの自覚は、歳月や時代の経過を勘定に入れる、という思考態度を作るだろう。

ここから、図式的に、単純に考えることがいかに幼稚で、思慮に欠けるかが導き出され、もっと成熟して、大人になれよ、という呼びかけへとつながっていく。本書は全然逆立ちなんかしていない、しごくまっとうな思想書である。（吉岡忍・ノンフィクション作家）

（新潮選書・1260円）＝2007年6月28日②配信

考えさせる映画への決意

「漫画映画の志」（高畑勲著）

今から半世紀以上前の一九五三年にフランスで公開され、奔放なイメージの中に格差社会や戦争の隠喩（いんゆ）をちりばめた革新的な長編アニメーション「やぶにらみの暴君」。実は監督のグリモーと脚本のプレヴェールの意に反した未完成版で、曲折を経て七九年に再編集と新作が追加された改作「王と鳥」が完成する。グリモーは旧作を封印したが、日本では改作は不評で、非合法の旧作こそ名作と評価はねじれた。

しかし、昨夏スタジオジブリの提供によって単館公開された「王と鳥」は、新たな観客に歓迎されヒットを記録。二十七年前の改作も訴求力を失っていないことが証明された。

本書は旧作・改作のそれぞれの魅力と意義を、緻密（ちみつ）な対比と膨大な検証によって明らかにしているが、謎解き的経過ドキュメントでは終わらず、タイトル通り、グリモーが示した「漫画映画の志」の検証へと論は進む。それは、学生時代から「やぶにらみの暴君」を指標と仰ぎながら進んできた著者の自己総括でもある。

著者は宮崎駿らとともに、存在感のある生活空間、奥行きのある縦の構図、社会性に長じたテーマ、複雑な心理描写などに挑み、日本のアニメーションをけん引してきた。

しかし、それだけではグリモーの一面しか継承していないという。日本の最大の問題は、主人公の主観に寄り添って世界を見失う「考えさせない」作風の大流行で、これは距離をおいて「考えさせる」グリモーとは相いれない。「キリクと魔女」のミッシェル・オスロ監督こそ、継承者ではないかと。

中盤に客観的で冷静な著者らしからぬ唐突な一文がある。グリモーに、「（旧作も）あなたの作品」だから復活させてほしいと呼びかけるくだりだ。亡き創作者との架空の対話は、「王と鳥」公開に奔走し、ねじれの正常化の重責を負い続けた著者がたどり着いた重く苦い結論である。それは同時に、「今後もグリモーを目指し、もっと考えさせる映画をつくる」という監督・高畑勲の決意と創意の深さを物語っていてすがすがしい。（叶精二・亜細亜大学講師）

（岩波書店・2625円）＝2007年6月28日③配信

事象を見る柔和な目線

「幕末下級武士の絵日記」（大岡敏昭著）

本書は幾つもの異なった顔を持っている。

そのなかから、とりわけ強く感じたふたつの顔を紹介させていただく。

ひとつは「特級史料」としての顔だ。

書名にある通り、本書には日記筆者の筆による挿絵が満載されている。その絵の筆遣いが、まことに優しい。

文はひとなりという。

絵もまた然（しか）りである。とにかく事象を見る筆者の目線が柔和だ。

絵日記を描き残した当人は、後世の史料になどとは思いもしなかっただろう。が、本書を読み進むにつれて、幕末の世が鮮明な実像を結んでくれた。

この時代の武家は階級の垣根を越えて、楽しげに酒宴を催している。

忍（おし）藩（現埼玉県行田市）という内陸部にありながら、なんとマグロの刺し身を肴（さかな）に、酒を酌み交わしていた。

そのマグロが三百文だったという。

幕末ころの深川の長屋店賃（たなちん）は、四畳半で六百文から八百文が相場だ。

腕のいい大工なら、日当五百文は稼いでいた。

絵日記筆者が口にしたマグロ三百文は、決して安値ではない。しかも当人は、寒服（冬場のあわせ）もないという極貧武家である。

そんな人物が酒を呑（の）み、マグロを食する。記述から伝わってくるのは、貧乏をはじき返す闊達（かったつ）さ、おおらかさだ。

武家に抱いていた堅苦しいというイメージは、読後、きれいに消え失（う）せていた。

本書の持つ顔のふたつ目は「人情譚（たん）」と表現すれば近いだろうか。

とにかく、登場人物のだれもがこころ優しい。

本書三十六ページに「義弟進の情」なる一節がある。見事な人情譚が、ここにあった。しかもこれは、ひとに読まれることを意識していない日記、つまり実話なのだ。

貧すれども鈍せず。

絵日記の筆者はまことの武家であると、強い感銘を受けた。

本書を著された大岡敏昭氏の人柄の優しさもまた、特筆ものだと付け加えておきたい。（山本一力・作家）

（相模書房・1470円）＝2007年6月28日④配信

苦しむ仕組み変えるために　「若者の労働と生活世界」（本田由紀編）

コンビニの店長、副店長、ケアの仕事、高校生の進路選択、大学生の就職活動、ストリートダンス、過食症、援助交際、若年ホームレス。若者はどんな場所に身を置いて何をしているのか、編者含む一九六〇年代生まれ三人、七〇年代十人、八〇年代一人の十四人が十章を書いている。

大勢の寄せ集めの本は普通つまらない。だがこの本はおもしろい。伝えたいことがあって書かれている。それでこの本は熱をもっている。

若者のことはさまざま言われるが、たいてい知らないで言っている。知っているつもりの人、本人が若者の人もいるが、知っているのは自分のまわりのことだ。そしてたくさんのうそが出回っている。それは腹の立つことでもある。自分らとしても、いいかげんなことは書かれたくない。なら、きちんと調べて自分たちが書くことだ。そんな本だ。

明るい話はほぼ出てこない。描かれるのはむしろ苦いできごとである。文章の多くはインタビュー調査をもとにして書かれているが、おせっかいな共感や騒々しい感動がないから、苦痛を感じずに読み進められる。

端的な生活の苦しさもある。そして、かなりうまくできてしまっているこの社会の中で、損をするはめになっている、その仕組みが描かれる。敵にまわすべき相手を間違えて、自分たちを苦しめているものを支持してしまったり、自分が苦しんでしまったりする。それはよくない。だからその仕組みを書き出そうとする。

どこまでうまくいっているかはさまざまだが、調査報告から踏み出し、社会をとらえ、理屈を言う。このままでは損だからやめた方がよい。別のものに変えた方がよい。そういうメッセージを発している。全体として、著者たちは気味わるく活気に満ちたりしてはいないが、すこし攻撃的だ。

いったい若者は何を考えているのかとまじめに悩む人のために、たんなる口癖としてそう言う人のためにもこの本はあるが、当の「若者」自身が読んで、この世への文句の言い方を磨く一助にしたらよいと思う。（立岩真也・立命館大教授）

（大月書店・2520円）＝2007年6月28日⑤配信

歴史の記憶で自身を再発見　「二十世紀」（海野弘著）

明治は遠くなりにけり、といわれたが、「二十世紀も遠く」なりつつある。この本は、その二十世紀の全貌（ぜんぼう）を綴（つづ）ったものである。十年を一章として、十章で構成される。戦争、スポーツ、科学技術、それに芸術まで、二十世紀を彩ったエピソードが、もれなく取り上げられている。

「二十世紀が終わった時、私はその歴史を書いてみたいと思った」と著者はいう。「失われた時」をなぞり、慈しみたい、そんな思いが伝わってくる。二十世紀は、終わったものであるが、すぐそこにあったものでもある。

私の場合、祖母が生まれたのが一九〇〇年ちょうど、息子が生まれたのが、そのほぼ百年後。誰にとっても同じようなものだろうが、二十世紀の百年とは、そんな親や子のつながり、つまり自分の身体感覚で実感できる長さの時代でもある。

これは「歴史」の書である。つまり客観的な事実を綴ることが心掛けられている。しかし、ここには著者個人の思いが、その記述の中に塗りこめられてもいる。ひとつの世紀の長さが、私たちの身体感覚で実感できるように、著者は自身の内部に刻まれた歴史の記憶を、この本を書くことで自己のものとして消化し、吸収しようとしているようでもある。

著者の海野弘といえば「アールヌーボー」の芸術の専門家である。美術館で、絵画や工芸品の鑑賞をするとき、ときに私たちは、その作品の「歴史的背景」に思いをはせる。この本は、いわば政治、経済、科学といった、芸術の歴史的背景について綴ったものとして読むこともできる。ピカソでも、ハリウッド映画でも、ロックでもいい。そういう作品をこの本の前において、あらためてページをめくってみる。すると、その作品に奥行きが生まれ、同時に歴史の記述も生きてくる。

二十世紀は、私たち自身の人生そのものでもある。自分の人生の「歴史的背景」を読む。その意味では、二十世紀最高の作品は、あなた自身なのかもしれない。これは二十世紀を再認識する本であるが、同時に、自分自身を再発見する本でもあるのだ。（布施英利・批評家）

（文芸春秋・3465円）＝2007年6月28日⑥配信

戸惑いながら生きていく

「永遠のとなり」（白石一文著）

生きることは孤独に耐えることだ。孤独とは寂しいということだが、それは先々に希望を持つことでしか解決できないのではないか。個人的にはそんなふうにかんじている。

どうせ人間は生きて死ぬだけだと虚無的に言うときもあるが、実はその間に生きるという困難な道のりがある。そのことがなかなかにしんどいのだ。

ここに登場する男女も、そのしんどさの中にいる。うつ病にかかり、会社を辞め離婚までしてしまった男。その親友で何度もがんを再発させ、それでも生きる手応えを見つけようと、結婚と離婚を繰り返す男。そして彼と男女関係にある者も、血友病の保因者だったり、肉親に虐待を受けたりした女たちで、それぞれに心に深い傷や痛みを持って生きている。

そのふたりの男たちのながい友情を横軸に、彼らの家族や生い立ちを縦軸に絡み合わせて、複雑な人間模様を描いているのが本書だ。いずれも今日的には、わたしたちのすぐそばにいる人間たちばかりだ。その分、作品は身近にかんじられて、人間はどう生きていくかということを問われるような小説だ。

わたしたちは右往左往して生きた先に、自分たちの生きるスタイルを見つけようとするが、ここに描かれている人物たちも、それを探し求めている。

どんな生き方がいいのか。どんな死に方がいいのか。あるいはどんな恋愛がいいのか。家族は？　生活は？　などと普段はかんがえる余裕もないが、わたしたちは生きるスタイルを見いだせないから、戸惑い、呻吟（しんぎん）しながら生きているのだ。そのことをかんがえさせられる小説だ。

書かれているテーマは重いが、登場人物たちの前向きに生きようとする姿勢が、この作品をさわやかなものにしている。そこにこの作家の力量をかんじる作品でもあった。（佐藤洋二郎・作家）

（文芸春秋・1400円）＝2007年7月5日①配信

日ロ外交の貴重な証言

「北方領土交渉秘録」（東郷和彦著）

ロシアと日本の間に戦後六十二年間、岩壁のように立ちはだかる北方領土。その四島が著者によれば、二〇〇一年三月二十五日に日本に「一番近づいた」という。この記述が、本書のクライマックスを彩る。著者は外務省欧亜局長として交渉の最前線に立ったエリート外交官で、本書には貴重な証言がいくつもつづられている。

著者は四島一括返還にかわる苦肉の策として、一九五六年の日ソ共同宣言に基づく歯舞・色丹の引き渡しを先行させつつ、同時に国後・択捉の主権移譲に踏み込む「並行協議」を紡ぐ。著者はこの戦略を軸に当時のパノフ駐日大使とロシュコフ外務次官との連携を深め、次々と好感触を得ていく。そんな地道な努力が、森喜朗元首相とプーチン大統領の首脳会談に結実する。この席で元首相が並行協議策を切り出し、プーチンは「承っておく」と応じる。この場面が、著者のいう歴史的瞬間である。

だが結局、二島返還さえ実現しなかった。首脳会談後の田中真紀子元外相の登場で、四島の帰属が未解決であることをロシア側に迫った七三年の段階に引き戻された。著者が現場を離れたとはいえ、その後の真相の解明が不十分なために、読者は最も盛り上がった局面で突き放されてしまう。

本書を読む限り、外務省内に反対意見の根強い並行協議策をロシアが逆手にとったかのような印象が強い。というのも四島一括返還を求める人たちと著者の不調和は当時、マスコミが盛んに書き立てており、ロシア側に筒抜けになっていたからである。その裂け目につけこんだのが、プーチン。ある程度の譲歩を見せても、日本側が乗ってこないと確信し、意図的に揺さぶりをかけてきた。

つまり領土交渉への著者の期待は、ロシアが仕掛けた「国家の罠（わな）」だったのであろう。プーチンはねらい通りに柔軟な姿勢を示すことに成功し、著者は外務省を追われるハメになった。外務省の内紛を横目に、プーチンの高笑いが聞こえてきそうな結末である。（中村逸郎・筑波大准教授）

（新潮社・1890円）＝2007年7月5日②配信

中年文学の秀作

「戦力外通告」（藤田宜永著）

五十五歳は微妙な年齢である。もう若くはない。人生を一からやり直すには遅すぎる。体力の賞味期限も近づいている。さりとてまだ老人ではない。すべてを捨てて引退するには早すぎる。ゴールはまだ見えてこない。

石川達三が「四十八歳の抵抗」を書いた昭和三十年代の初めには、四十八歳が男の曲がり角だといわれた。寿命も定年も大幅に延びた今、五十五歳が男の曲がり角なのかもしれない。

本書は、その曲がり角にさしかかった男と女の物語である。宇津木秀明、五十五歳。婦人服専門のアパレルメーカーに三十二年勤めたが、三代目の若社長と対立してリストラされた。それから九カ月、再就職のメドは立っていない。

一人娘はすでに嫁ぎ、東京西郊の一戸建て住宅に妻と二人暮らし。当面の生活には困らないが、薬剤師の資格を持つ妻が都心の薬局に勤め始めたため「専業主夫」の役割を務めるようになった。

ひまつぶしのために出かけた長野県の中学校の同窓会で級友たちと意気投合し、再び友情が芽生える。また故郷で偶然再会した一級下の人妻との間に四十年ぶりの恋が燃え上がる。

級友たちはそれぞれ深刻な問題を抱えている。妻に家出されて酒におぼれる銀行員、娘から自分の出演するアダルトビデオを送られた製薬会社役員、突然やってきたED（勃起（ぼっき）不全）にうろたえる元プロ野球選手。

宇津木はゼネラリストの調整能力を見込まれて彼らの相談相手になり、その解決のために奔走する。ただし、男としての「戦力外通告」ともいうべきEDの問題だけはどうしようもない。そのうち自分の足元にも家庭崩壊の危機が忍び寄る。

「文芸は読まずにはすまされない実人生の地理歴史である」と菊池寛はいった。ここには、いわゆる全共闘世代の男女がへてきた人生の地理と歴史が時代に即していきいきと描かれていて、まさしく実人生の教科書とするに足りる。

「四十八歳の抵抗」以来久しぶりに現れた「中年文学」の秀作である。（郷原宏・文芸評論家）

（講談社・1995円）＝2007年7月5日③配信

演技者としての人間語る

「芝居半分、病気半分」（山登敬之著）

心を病んだ人たちが支離滅裂な言動を示すかといえば、そんなことはめったにない。本人なりに理屈や筋道があり、それに沿って振る舞っている場合がほとんどである。

だが、論理的にそれなりに筋が通っていることと、世間に通用することとはまた別な話である。常識を欠いていたり空気が読めなかったり文脈を取り違えたりすれば、たちまちその人の言動は異様なものとなってしまう。おまけに当人は、論理的に正しいからと自己肯定してしまうので、ますます世間との溝が深くなってしまう。

著者は、「人間は基本的に演技する生き物だ」と言う。そして「日常生活において、演技することは、とりたてて良いことでも悪いことでもない。うまくいっているか、いないかの違いがあるだけだ」と語る。演技をこなすためには、説得力や、共感を得るに足る言動が必要だろう。論理的に正しいからうまく演技ができるわけではない。

往々にして、演ずるとか演技といった言葉からだます・隠す・ごまかすといったマイナス面が読み取られがちである。だがそんな確信犯めいた大仰な話ではあるまい。誠実に生き、まっとうに日々を営み、世間と折り合いをつけて暮らしていけば、気づかぬうちにわれわれは演技者であり役者となっている。演技者と「本当の自分」といった二項対立を想定するから人生が苦しくなる。そのあたり、著者の語りに耳を傾ければ、肩ひじ張った人生のばからしさが見えてくるに違いない。

芝居の観点から論じた人格障害の話も示唆に富むし、「オトナになることと芝居が上手（うま）くなること、こちらも少しばかり似ているかもしれない。そつなくやってはいけるだろうが、退屈でつまらない。それならば、ちょっとぐらいひねくれている方がまだ面白い」といったあたりに著者の人間観がうかがえて気が楽になってくる。

シリアスなことをシリアスに書くのはちっとも難しいことでない。本書のような不思議な軽さを含んだ本こそが、実は達人の技なのである。（春日武彦・東京未来大教授）

（紀伊国屋書店・1680円）＝2007年7月5日④配信

絵と脳の対応求めた記録　「芸術と脳科学の対話」（バルテュス、セミール・ゼキ著、桑田光平訳）

セミール・ゼキの「脳は美をいかに感じるか」が翻訳出版されたのを機に会食した時、レバノン系の親を持つ彼が何の気取りもみせず、本の売れゆきとその収支を精力的に暗算で予測する姿に、高名な脳の研究者というよりは中近東のバザール商人のような印象を受けた。

しかし、「売れることを考えるならば抗老化をテーマとすれば」と話を向けられると、「いくら売れるとしても自分はそのテーマでは書かない。なぜならうそを書かなければならないからだ」と即座に明言し、科学者としての誇りをみせた。

十九世紀から二十世紀にかけての絵画を中心とした表象芸術が色、形、動きを個別に取り出す表現に至ったことは、ゼキが明らかにし高く評価されている脳内の視覚情報処理の機序（仕組み）、「脳の法則」と対応している。

脳が作り出す表象芸術が、「脳の法則」と同じ本質への還元を行ったという「現代絵画と現代の脳研究の間の魅力ある対応関係」にゼキは魅了されたが、こうした作品には発展性がないという別の問題が生じてしまい、「脳の法則と絵画とのさらなる対応」が必要となった。そこで、「見る」「描く」ことの熟達者である画家バルテュスに、この新たな対応を求めてゼキが問い続けた記録が本書である。

これは、特定の技能の熟達者を被験者とし、その言語記述の内容から、内的過程のシミュレーションを行う認知心理学のアプローチである。あたかも漫才のつっこみとぼけのようなユーモアすら感じさせる二人の対話には、個性のほかに、実験者と被験者という立場の違いが潜んでいる。

時に強引ともいえるゼキの知的な采配（さいはい）に対して、バルテュスは彼の作品同様に物静かに、「絵とは祈り」であり「人が絵を描くのは、事物についての内的な心像（ヴィジョン）をもっているからである」と自身の思索を紡いでいく。

ゼキが問うた、個別に処理された対象の視覚情報を再び統合して意味を付与する脳の「さらなる法則に対応する表象過程」をバルテュスは見事に内観しているといえるのではないか。（河内十郎・東京大名誉教授）

（青土社・1995円）＝2007年7月5日⑥配信

あらゆる人々を襲う貧困「ワーキングプア　日本を蝕む病」（NHKスペシャル「ワーキングプア」取材班編）

二〇〇六年夏、貧困問題に対するマスコミの「食いつき」が変わった。ネットカフェで暮らす人の相談を最初に受けてから三年間、誰も取り上げようとしていなかったのに、突然取材依頼が急増した。毎週五、六本の取材があり、来る人来る人が「貧困」について知りたがった。本書は、そのターニングポイントとなったNHKスペシャルの放送内容を、放送されなかった細部まで丁寧に織り込みつつ、単行本化したものである。

本書の特徴は、まずその広範な取材領域にある。東京の野宿者から秋田の仕立職人や農家、福島の母子家庭、北海道の父子家庭、岐阜の裁縫工場経営者と外国人研修生、京都の無年金高齢者など、地域は全国に、対象はあらゆる年齢、職種、家族構成に及ぶ。貧困化が日本全体で、多様な人々に襲いかかっている実態を、覆い隠しようのない形で示した。

また、一貫して「まじめに働いても暮らしていけない」状態を告発しつづけた。五十年間、仕立職人として働き続けてきた鈴木勇治さんの「貧乏人は、死ぬしかねえべ」という言葉が忘れられない。まじめに働いてきた人たちが老境に至って諦（あきら）めの言葉を発しなければいけないような国に、私たちは暮らしている。

しかし本書の最大の特徴は、何よりもそのタイトルにある。「ワーキングプア（働く貧困層）」という言葉は、今でこそ定着してきているが、本書でも触れられるように、〇六年前半ごろの私たちは新聞・テレビで毎日のように「格差」という言葉を見聞きしながらも、「貧困」という言葉には一向に触れることがなかった。

そうした中、このタイトルをつけたこと、それ自体が英断だった。私は、時代を画したこの英断を、何よりも評価し、支持する者である。日本には貧困がある。私たち全員が「この貧困をどうするのか」と突きつけられているのだ。（湯浅誠・「自立生活サポートセンター・もやい」事務局長）

（ポプラ社・1260円）＝2007年7月12日①配信

日常から異界深くまで

「裁縫師」（小池昌代著）

「左腕」は、タクシーに乗っていて交通事故にあった女の話だ。その瞬間から時間の流れが滞ったり、からまったりしはじめる。左腕に不調を感じて整形外科医院へ行きそこね、ひょんなことから獣医師に診察を受けてしまったが、やがて奇妙な道筋をたどって本来の病院にたどりつき、手術をうける。眠りと覚醒（かくせい）が不連続に彼女を見舞う。

SFでもホラーでもないはずのこの短編小説を最後まで読むと、女の肩に翼が生えている。だが、読者はそれを違和感なく受けとめるだろう。「今まで起きたことのうち、なにが夢でなにが現実なのか、そのふたつを区別することがうまくできない。混沌（こんとん）としているこれこそが、現実というものの感触なのか」―女がつぶやく言葉のなかに、この短編集が描き出す現実感が集約されている。

表題作「裁縫師」は、生涯でただ一度だけ、仕立職人に注文服をつくってもらったときの思い出を六十八歳の女性が語る。その官能的な記憶を味わいなおすたび、彼女の身体は「内側からすっかりめくれあがってしまう」。

「女神」は郊外電車の、各駅停車しかとまらない駅をおりた町に伝わる、鶴の恩返しを踏まえた奇祭の話。「空港」では待ちくたびれ、「野ばら」ではただひとり取り残される。半信半疑で物語へ入っていく読者は、登場人物とともに要約しがたい経験をかかえて出てくる。

小池昌代は「地上を渡る声」という詩の中で、ものが持つ意味・本質は瞬時に把握することしかできないと書いている。読者がもちかえる経験は、詩から小説へとはみ出し、言葉のすき間からこぼれ落ちていこうとする何かなのかもしれない。

今年、川端康成文学賞を受けた短編「タタド」には、不安なおとなたちのドラマが描かれたが、ここに集められた五編には幼年期の不穏が尾を引いているようだ。その揺らぎを描く文章は、日常に軸足をおきながら、異界深くまで半身を乗り出していける、しなやかな関節と筋肉をもっている。

（栩木伸明・早稲田大教授）

（角川書店・1470円）＝2007年7月12日②配信

知られざる偉業明らかに

「日系二世のNBA」（五味幹男著）

まず、視点が良い。一九四七年、現在の米プロバスケットボール・リーグであるNBAの前身、BAAの「ニューヨーク・ニッカボッカーズ（現在のニューヨーク・ニックス）」でプレーした日系二世がいた。彼の名はワッツ・ミサカ。日本名、三阪亙（みさか・わたる）である。

バスケットボールのプロリーグで白人以外の選手がプレーしたのは初めてで、同じ年には、野球のメジャーリーグで初の黒人選手となるジャッキー・ロビンソンがデビューを果たしている。

ともに人種の壁を打ち破る歴史的偉業だが、ミサカの存在はまったく知られていない。日本人でもジャッキー・ロビンソンを知る人の方がはるかに多いだろう。その一点を取ってみても、この本が書かれた価値がある。

しかも、ミサカはプロとして活躍する前に米軍に徴兵され、なんとGHQの一員として日本を訪れていたという。なにやら太平洋戦争を挟んで戦前、戦中、戦後の日米関係を鮮やかに描き出す題材がミサカという人物にはあるのではないかと思わせる。特にプロローグから第一章にかけて、揺れる著者の心情が表れた部分を読むと、期待が膨らむ。

この本は意外な事実も明らかにする。戦時中、アメリカ在住の日系人たちは施設に強制収容されたが、ユタ州の日系人たちはそれを免れたというのだ。そこにミサカがプロで活躍できるチャンスが生まれたのである。

本を読み進めると、著者がミサカという日本ではほとんど知られていない人物に光を当てることよりも、ミサカが生きた「時代」を描くことに情熱を注いでいることに気づく。そのせいか、肝心のミサカという主人公に対するアプローチが物足りない気もする。

ミサカはシーズン開幕からわずか十三日目でチームを解雇される。著者は関係者に粘り強く取材し、その理由を探っていくのだが、結論、または有力な仮説は浮かび上がってこない。日米関係の記述についても中途半端な印象は否めないものの、六十年前の埋もれた事実を掘り起こした功績はやはり大きい。（生島淳・スポーツライター）

（情報センター出版局・1680円）＝2007年7月12日③配信

陰影あるヒーロー物語

「宿澤広朗　運を支配した男」（加藤仁著）

二足のわらじという言葉があるが、宿澤広朗はこれを十全に履きこなした人だった。ラガーマンとしては、早大時代に日本一となり、ジャパン（日本代表）の監督時にはスコットランドを破る金字塔を残した。また日本ラグビー協会理事としてトップリーグの立ち上げに寄与した。

銀行員としては、支店長や為替ディーリングで実績をあげ、四十代で執行役員となり、将来の頭取候補ともなった。家庭にも恵まれ、現代におけるヒーロー像を体現していた。

本書は宿澤の生涯をたどったノンフィクション評伝であるが、平板なサクセスストーリーではない。氏が一方で宿していた「孤独の影」をたどることによって陰影あるヒーロー物語を形づくっている。

役員として単身赴任した大阪在住時、松下興産の不良債権処理に奔走し、ラグビー協会の理事職も追われている。「タフネゴシエーター」も日々神経をすり減らし、酒量と喫煙量は増え続けた。後輩の知人に一日三度も「大阪に来てくれよ」とメール便を発した。その"晩年"、山歩きを趣味とし、群馬県の山中で心筋梗塞（こうそく）で急死する。享年五十五歳。

評者は何度か、都内の銀行やラグビー場で、ラグビーにかかわることで氏に面談している。精力的で明晰（めいせき）、公平な見方をする人であった。不愉快な思い出は皆無であるが、いまにして思えば、表情の端々、濃い疲労をため込んでいたようにも思える。

およそ孤独でない人間などいない。ヒーローはまた必然的に孤独の影を深めるものである。もうひとつの宿澤広朗が存在したことはなんら不思議ではない。ただ、銀行業のみならず余技であるべきラグビー世界もまた葛藤（かっとう）の対象となり、二足のわらじが自身を追い詰めるものとなっていく。

最後、自身を癒やすべき静寂の世界が結果として墓標を刻む道ともなった。現代社会の最前線でヒーローとして生き切ることの過酷さよ、と思うのである。（後藤正治・ノンフィクション作家）

（講談社・1680円）＝2007年7月12日④配信

族から系への戦後若者史

「族の系譜学」（難波功士著）

若い人たちが、きわだつふるまいにおよび、まわりの目を引きつける。そんな時、世間はしばしば彼らに、何々族という名をあたえてきた。太陽族、暴走族、アンノン族…というように。自分たちとはちがう人のむれ、つまりはある種の異民族として、あつかってきたのである。

そういう「族」のうつりかわりをのべた世相史の読みものは、すくなくない。この本も、いわゆる若者文化の戦後史を、あらわれてはきえたさまざまな「族」から、たどっている。ただ、そこに社会学の目をもちこんだところは、新しい。

それぞれの族には、たとえばどういう階級、あるいは学歴の人々がつどっているのか。あつまる場所はどこか。世代的には、どのようなかたむきがあるのか。男らしさや女らしさは、そこにどうかかわるのか。雑誌やテレビなどとは、どういうふうにつきあってきたのか。戦後日本のいろいろな「族」が、そういう目でながめられ、腑（ふ）分けをされていく。

太陽族は、湘南あたりでたわむれるむちゃな金持ちのぼんぼんを、さしていた。だが、そうした階級性も、のちの諸族では、しだいにうすめられていく。この場所でというこだわりも、メディアの下ざさえによって、弱まった。何々族がとんがってうつるその度合いも、ぜんたいに小さくなったと、著者は言う。

ひとにぎりの若い人たちだけが、めだつのではない。多くの若者が、好みやおもむきによって、わけられる。あいつは体育会系、あいつはビジュアル系、とまあ、みんなが系で語られる時代に今はなっている。族から系へという見取り図で、著者は戦後の若者史をえがきだす。

だが、ヘルメットと角材の学生運動も、人目をひく若者のあり方であったと思う。しかし、「族」としては、語られてこなかった。なぜか。若くもないのに社用族とよばれた人たちがいたのは、どうしてか。その理由がわかれば、「族」の「族」たるゆえんも、のみこみやすくなったろう。おもしろい本だが、そこもおしえてほしかった。（井上章一・国際日本文化研究センター教授）

（青弓社・2730円）＝2007年7月12日⑤配信

たゆまぬ持続可能性の実践 「『成長の限界』からカブ・ヒル村へ」(ドネラ・H・メドウズら著、神谷宏治ら構成)

ローマ・クラブの「成長の限界」が、一つの宣言のようにして出版されたのは一九七二年だから、だいぶ前になる。

日本はむろん、戦後の世界が、経済の成長を至上の目的に、科学技術の開発と工業化、産業化に邁進(まいしん)しているとき、そうした拡大再生産路線は百年以内に行きづまる、と宣言したのである。

それから三十五年。近年の東京のビル建設ラッシュや中国のあれこれを見ていると、成長の限界説は間違っていたとも、限界の最終シーンに向かって突っ込んでいるともとれるのだが、その判断とは別に、「成長の限界」を書いた中心人物の一人が、限界を回避するべく一つの実践に取り組んだことは注目していい。

ドネラ・H・メドウズは、自然保護と持続可能な社会を旗印に掲げ、"カブ・ヒル村"と呼ばれる二十数世帯の小さな農村コミュニティを、米バーモント州の田園地帯につくった。米国東海岸の内陸部には、古くからウッドストックなど、ヒッピー文化の聖地が点在するが、そうした伝統とつながるのかどうか。

農村とはいっても、さまざまな職業の人が農村の中に住むのだが、その方針を読むと、オヤッと思うような一文が目につく。たとえば、住宅について「私たちの建設プロセスが、たとえ間接的にでも持続可能なものであるとは、主張しない」。

主張するならわかるが、しない、である。建物という大きな人工物を環境に悪影響を与えずに造ることの本質的困難を冷静に自覚している。

個とコミュニティの関係については「個人とグループの間、家族とコミュニティの間、自己と他者の間に、線引きをする唯一正しい場所などあるのだろうか？　私たちは、その線をほんの少し個人中心からコミュニティの方へ押しやりたい…(中略)…あなたにそれをしなければならないと言ってはいない、ただ私たちはそうしたいと言っている」。

静かに、ジリジリと、しかしたゆみなく、持続可能性を実践するとはこういうことなんだ。二十一世紀の新しい社会の方向を模索するこの本を読んで考えた。(藤森照信・建築史家)

(生活書院・2835円)＝2007年7月12日⑥配信

一途な思いの怖さ、切なさ 「純愛小説」(篠田節子著)

純粋な恋ほど、恐ろしいものはない。打算や駆け引きのない一途(いちず)な思いは、とどまるところを知らないから、時に、恋した相手や周囲の人を傷つけ、自分自身をも損ねてしまう。

そんな怖さをよくよく知る作家が、さまざまな年代の男女の恋を四つの短編に描いた。ストーリーテラーとして定評のある篠田節子は、ミステリーのような仕掛けを盛り込み、読者を楽しませつつ恋愛という谷間の暗さを突きつけてくる。

表題作である「純愛小説」では、出版社の編集者として働く四十代の独身女性を軸に、同年配の男友達の恋の変遷が明らかにされる。中年夫婦の心のすれ違いがテーマだが、独身女性が会社で不当な扱いを受けたり、不本意な人事異動に悩んだりする状況や、男女のさばさばした友情がリアルに表現されており、なかなかに心憎い。

「鞍馬」に登場するのは六十代半ばを過ぎた内向的な「静子」。老母をみとった後、思いがけない体験をするのだが、妹たちの学費を稼いで婚期を逃した女性の心の渇きが悲しい。しっかり者で社会的活動にも熱心な、静子の妹の善人ぶりが、だんだんと残酷さを帯びて感じられるあたり、著者の人間観察の深さを思わせる。不登校の子供のためのフリースクール、サプリメントのネット購入といった現代的な材料がうまくあしらわれているのも、この著者らしい。

「蜂蜜色の女神」は、恋に落ちた三十代の男性とその妻を、精神科医の目を通して描く手法が秀逸だ。男性の恋人は最後まで姿を現さないのだが、物語が進むにつれ、そのイメージが次々に変化することに、精神科医も読者も当惑させられる。

大学生の息子の恋と父親のほのかな思いを絡ませた「知恵熱」は、恋愛に対する世代間ギャップが愉快な一編。

どの短編にも、傍観者として恋愛を見つめる人物がきちんと描かれている。読者は、その人物とともに愚かしく切ない衝動を恐れながらも、恋という魔物に身をまかせたくなってしまう。(松村由利子・歌人)

(角川書店・1470円)＝2007年7月19日①配信

ヘンテコな家族小説出現

「いい子は家で」(青木淳悟著)

青木淳悟の小説は、どこかヘンだ。この微妙に変わった小説は、彼にしか書けない。一見普通に見えるのだが、どうもそうではないらしい、と読んでいる途中で気づく。気づいたときには、青木の術中にはまっている。

新著「いい子は家で」は、いちおう家族小説の体裁をとっている。でも、青木が書きたかったのは家族ではない。

家族小説の極北は、村上龍の「最後の家族」だろう。家族のそれぞれが好き勝手に家族の外の人間と関係を結び、その破たんを描いていた。あの小説以後も、ゾクゾクと家族小説は書かれている。たとえば、格差社会の中の家族、父親は遠距離通勤で疲れ果てた上にリストラ、母親はときめきを求めてパートに出かけ、息子は不登校からニートへ…といったひどくステレオタイプな家族ばかり描かれつづけている。青木はそんな流れから完全に切り離されている。

青木の家族小説は、アンチ家族小説である。そもそも女ともだちのところへ入り浸っている二男、という冒頭の設定がとっぴだ。母親は靴を洗うことに病的に執着し、父親は、耳の穴からえたいの知れないものが飛び出して…、と容赦がない。だいたい時代設定がいつなのか、家族が住んでいる場所がどこなのか、父親や母親や暴力的な兄がどんな人なのか、よくわからない。

つまり、青木はこの「家族小説」の中で、家族の個性を描きたいわけでも、家族という理想の共同体を取り出したいわけでもない。家族は、家屋の中の動きで細部を描写されるだけなのだ。

いま、実験的な小説を書いている人はどれくらいいるのだろうか。社会の動きや話題のトピックスとは無関係な場所で、自分の信じる小説を書くことは、かつてないくらい難しくなっている。ならば、と青木は考えたにちがいない。家族小説の枠の中で、まったく家族小説らしくない家族小説を書いてみてはどうか、と。

試みは成功していると思う。誰も書かなかったヘンテコな家族小説が出現した。私はゲラゲラ笑って読んだ。意欲作だ。(陣野俊史・文芸評論家)

(新潮社・1470円)=2007年7月19日②配信

知的刺激に満ちた労作

「装飾とデザイン」(山崎正和著)

造形、かたちある「もの」をつくるという営みは、絵画や彫刻・書などの芸術のみならず、工芸作品から工業製品に至る「使える」道具そして都市・建築という住む空間まで、人の活動の大きな部分を占めてきた。

劇作家であり社会評論でも知られる著者は、大学時代の専攻である美学美術史、なかでも卒論で選んだという造形というテーマに立ち戻り、その意味を人類史から哲学・美学の類書を踏破しつつ、考察している。考察の方法としては、装飾とデザインの歴史を図版で追いかけたり流派の分類でたどったりするのではなく、想像力を手がかりに原理的に再構成するという思考実験が用いられている。

長編評論としては「柔らかい個人主義の誕生」および「社交する人間」に続く作品だが、これらの作品が社会学を題材としていることからも分かるように、個人の知覚や超越的な観念すなわち認識のあり方にのみ議論が向かわないところに、類書と異なる本書の特徴がある。思考実験において「工業化」や「大衆化」にまつわる社会学の成果が美学と火花を散らすさまは、まさに壮観だ。

造形史という壮大な物語は、実は原理としてはシンプルにつづられる、というのが著者の視点である。普遍を志向すれば、個物への執着が現れる。秩序が求められれば、逸脱が生じる。簡素を主題とすれば、過剰を帰結する。一方とそれに反発する他方とが、交互に登場するというのである。

人類はかたちを意識する前に、自然の個物に宗教的な価値を感じ、「注連縄(しめなわ)」のような装飾を施した。しかし「神」なる抽象観念が現れると、それは装飾に彩られた聖像を生み出す。観念は一方では視覚そのものを目指す芸術に向かい、他方では再現可能なデザインが生まれる。このような二項の反復が歴史を動かしたというのである。

「つくる」という人類の営みの根源に迫る、知的刺激に満ちた労作だ。(松原隆一郎・東大教授)

(中央公論新社・2310円)=2007年7月19日③配信

心打つ内的成長の軌跡　「ぼくには数字が風景に見える」（ダニエル・タメット著、古屋美登里訳）

サヴァン症候群と呼ばれる脳の障害をもつ青年によって書かれた本書は、人間の脳と心の関係を考える上で、実に貴重な著作である。

ダスティン・ホフマン主演の映画「レインマン」で一躍有名になったサヴァン症候群の人は、計算や記憶の面で超人的な能力を発揮するといわれているが、著者のダニエル・タメットも例外ではない。円周率を二万二千五百十四けたまで暗唱し、新しい言語を、文法を含めてたった一週間でマスターしてしまう文字通りの天才なのだ。

ダニエルが数字の計算や記憶にめっぽう強いのは、数字を無味乾燥な抽象的な記号としてではなく、色、形、質感、感情を伴った一種の風景のように見る「共感覚」の持ち主だからである。「11は人なつこく、5は騒々しい、4は内気で物静かだ」といった記述はとても興味深い。

しかし、本書の真の価値は、そうした才能の詳細を知ることができる点にあるのではない。サヴァン症候群によって特異な才能をもつに至った並外れた人間の内的な成長の軌跡を、一人称で読めるところに最大の特徴と価値があるのだ。というのも、サヴァン症候群の人は、その多くが重度の精神的・肉体的障害を抱えており、自分の内面を言葉でうまく説明することができないといわれているからだ。

四歳の時、てんかんの発作に見舞われたダニエルは、他人とコミュニケーションを取るのが苦手だったため、いつも独りぼっちで、数字を唯一の友達として少年時代を過ごした。そんな彼が、家族の温かな愛情に支えられて、徐々に他人とのコミュニケーションの取り方を身につけ、精神的にも経済的にも自立した人間として成長していく姿を、ダニエルはその時々の感情を含めて、見事に書き切っている。とくに、「レインマン」のモデルになったキム・ピークと出会う場面は印象的だ。

正常とは何か、障害とは何か、知性とは何かを読者は深く考えさせられるにちがいない。同時に、人間のはかりしれない可能性に心打たれるだろう。（菅靖彦・翻訳家）

（講談社・1785円）＝2007年7月19日⑤配信

ネット時代のモデル明快に　「ウィキノミクス」（ドン・タプスコット、アンソニー・D・ウィリアムズ著、井口耕二訳）

ウィキノミクスとは耳なれない言葉だが、著者らの造語で、「インターネットを通じたオープンな協働作業による経済」といった概念だ。

ウィキとはハワイ語で「速い」という意味。普通のウェブページは管理人しか更新できないが、誰でもブラウザを通じてインターネット上のウェブページを更新できるようにするプログラムを呼ぶ。一般読者が項目を執筆・編集できるオンライン百科事典「ウィキペディア」は、ウィキを利用したエンサイクロペディア（百科事典）というところから名づけられた。

冒頭で、長年金鉱を求めて調査を繰り返しながら結果が出ず、経営危機に陥ったカナダの金鉱山企業の例が紹介されている。新任の最高経営責任者（CEO）が常識をやぶって従来極秘資料だった地質データをネットで公開し、金鉱探しに賞金をかけたところ、たちまち数学者や学生など多数の協力者が現れ、この「大規模な協働作業＝マス・コラボレーション」によって次々と新たな金鉱が特定され、カナダ有数の優良企業に生まれ変わったという。

この例のように、インターネットを通じて「活気あるコミュニティーを立ち上げ」、「開かれた〝広場〟をつくり」、「ユーザーを巻き込んで革新に取り組み」、「データとソフトウエアを全世界に公開してみせる」ことがウィキノミクスの行動原理とされる。

主著者のドン・タプスコットはカナダのコンサルティング会社のCEOで、本書はP&G、ボーイング、BMW、レゴ、メルク、IBMといったグローバル企業の出資によってインターネットの企業活動への影響に関する戦略的調査を行う過程から生まれた。

楽観的すぎる、一面的すぎるといった批判もあるだろうが、インターネット時代の企業行動モデルを「オープン化と対話」という方向で豊富な実例とともに明快に示している点で、本書はさまざまな議論の出発点をつくっている。かなりのボリュームがあるが、実例だけを拾い読みしても参考になる。訳も読みやすい。（滑川海彦・ライター、翻訳家）

（日経BP社・2520円）＝2007年7月19日⑥配信

コレクションの不可思議さ 「若冲になったアメリカ人」（ジョー・D・プライス著、インタビュアー山下裕二）

いまの日本で江戸時代の絵画に興味がある人が、どれほどいるだろうか。

この書は、江戸時代の絵画の美意識が世界で一流だと確信したアメリカ人の収集の歴史を本人が語り尽くしている。

いまでこそ伊藤若冲の絵はメジャーになってしまったが、この書の主人公のジョー・D・プライス氏が初めてニューヨークの画廊で買った作品を、本人は若冲の作品とは認識していなかった。「どういうものかわからないままに、ただ欲しくてたまらなくなった」と述べているのだが、この衝動買いこそがプライス氏の若冲コレクションの基礎をなしたと考えると、コレクションというものの不可思議さと奇跡に、おどろくほかない。

若冲は、ある種の人々の希望とは異なり、十八世紀の京都の金持ち、すなわちぼんぼんであった。ぼんぼんが金にあかせて良質の絵の具を用い、思うままの絵を描いたのである。好きなように、好きなままに描いて、それがどうしたという立場を死ぬまで通しぬいた。狩野派や土佐派、円山派や四条派のようなコスト意識は、はなからなかった。そこが若冲の面白さであり、異常さだと評者は常にいってきたが、「芸術家＝貧乏」神話好きの日本人には理解されなかったようだ。

若冲を理解した人のひとりにプライス氏がいたのは、あまりにも当然といえば当然だといえる。芸術を生む苦しみなどと簡単にいうが、苦しみなどなくても芸術が生まれることを若冲は実証したし、若冲を外国人で初めて肉体で感じとったのが、資産家の父親のひざ元で機械工学や建築を学んでいたプライス氏であったことは、いわゆる芸術的神話の無化を示していて興味ぶかい。

江戸時代絵画に特化して関心を示したプライス氏の現在を本人に思いのままに語らせ、日本人の妻であるエツコさんの補正まで含んだ本書は、読めば読むほどひざを打ちたくなるほど面白い。面白いが、たとえば、氏の父親の友人フランク・ロイド・ライトが浮世絵にしか興味がなかったかのような記述などは、事実とは異なり、訂正すべきことと思われる。（狩野博幸・同志社大教授）

（小学館・1890円）＝2007年7月26日①配信

たどり着いた新しい地平 「ロック母」（角田光代著）

本書は、一九九二年から二〇〇六年までに発表された七つの短編を収録した作品集である。

「本にするには値しない」との理由で長らく単行本に収録されなかったという芥川賞候補作「ゆうべの神様」（九二年）は、つまらないいさかいを日々繰りかえす両親や、他人のうわさをまき散らす村人たちへの反発に端を発し、過剰な行為へと駆り立てられていく娘を描く。「たいへんに拙い小説」（「あとがき」）との認識を角田自身はもっているようだが、家族や共同体が生みだすいびつな関係をすくい取ろうとする点において、野心作たりえている。

アジアを旅する主人公の心象風景を活写した「緑の鼠の糞」（九八年）と「爆竹夜」（同）、アパートの一室で起きる奇妙な出来事を恋人の前妻の生き霊のしわざだと思いこむ女性の日常をホラータッチで描いた「カノジョ」（〇一年）など、短編小説の書き手として経験を積んだ角田の一つの達成が、川端康成文学賞受賞作の「ロック母」（〇五年）だ。

生まれ育った島に十年ぶりに帰省した臨月を迎えようとする娘と、家事を放棄し大音量でロックを聴き始める母親という奇妙な二人組を娘の視点から描いた本作は、近くて遠い母娘関係の本質に迫っている。

このほか、「不幸は坂を転がってくるボール玉である」との父の教えを恐怖として刷りこまれた娘の葛藤（かっとう）を描いた「父のボール」（〇六年）や、新疆ウイグル自治区の町で案内人の民族間対決に巻きこまれる女性主人公の内面をつづった「イリの結婚式」（同）を収録。個人間の対立の根拠を民族間のそれへと接続した後者は、「関係」を見据えてきた角田がたどり着いた新しい短編の地平といえよう。

七つの短編は、一九九〇年にデビューした角田の作家としての全過程と、親子、家族、旅など、角田文学を彩る要素のすべてを含んでいる。代表的な短編を収めた短編集としてだけでなく、角田の十五年間に及ぶ活動を集約した「角田光代全集」としても読める。編集の巧みさが光る一冊である。（榎本正樹・文芸評論家）

（講談社・1365円）＝2007年7月26日②配信

心に灯をともす優しさ　「トットちゃんとカマタ先生の　ずっとやくそく」（黒柳徹子、鎌田實著）

分かりやすい本を作るのは難しい。国民的支持を受ける二人が、心を込めて分かりやすい本を作り上げた。ひとりは「窓ぎわのトットちゃん」の女優、ひとりは「がんばらない」の医者。

二人には共通する切実な思いがあった。この時代に対する不安感、不服感。さらに、日本に限らぬ世界の子供たちが直面している困難を減らし、大切な未来を確保してあげたいという熱意。

大切なことは「肯定されること」だと二人は考える。女優はかつて「個性を抑えて」と要求されたが、劇作家の飯沢匡に「その個性がいい。抑えちゃダメ」と認められる。医者も恩師に温かく支持される。自分を肯定してくれる人に出会うと、不思議な地下水が自分の中に湧（わ）くと言い合う。

二人は言う。子供を抱きしめること、子供が抱きしめられること、この仕草（しぐさ）がよりよい社会が作られる優しさの連鎖の始まりだと。深く頷（うなず）く。

二人の本は分かりやすい。上級に対する初級という分かりやすさでない。二人の語りはどっか田舎のネズミと都会のネズミみたいだけれど、人生の深さが上級なんか通り越している。上級を越えると分かりやすくなる。

もう一つ二人に共通しているのは、多くの死を見ていることだろう。女優はユニセフ大使として、アフリカの貧しく悲惨な国々の子供たちの死を、医者は日常の臨床の中での死や、チェルノブイリの子供たちの死を。死の前に立つと、分かりやすい思想が生まれる。

なぜ二人は国民的支持を受けているのか、と考えた。批判や指図の前に、自分の体を動かしてるから。この本はなぜ易しく、優しいか、と考えた。その底に酷だけど面白い人生が流れているから。

子供のころにした約束が大人になった今も生き続けているという二人の分かりやすい言明は、読者自身の心の約束に灯をともす。その灯がこの国に広がっていく予感がした。（徳永進・内科医）

（ソフトバンククリエイティブ・1575円）＝2007年7月26日④配信

新選組興亡史の脇役活写　「独り群せず」（北方謙三著）

「杖下に死す」の続編である本書のページをめくりつつ、私がまず第一に感じたのは、北方謙三は、村上一郎の「幕末」を読んでいるや否や、ということであった。なぜなら村上は、この一巻の中で、明治維新を、文化・文政のころに端を発し、以後ほぼ八十年を経て明治中葉の挫折に至る変革の過程であると考えており、第一章を大塩平八郎の事跡を記すことではじめているからだ。そして「杖下に死す」も、大塩平八郎の乱を結果的に幕末への起点としてとらえている。

本書はそれから二十余年、安政の大獄にはじまり、元治元年五月二十日の、新選組による大坂西町奉行所与力・内山彦次郎暗殺までが描かれている。歴史小説に詳しい読者であるならば、前作で彦次郎が登場した時点からこの日が来るのが分かっていたはずであり、とうとうという感が強い。

物語は、大塩平八郎の乱で親友を失った主人公・光武利之が、隠居し、“三願別荘”の主として料理の腕をふるい、かつ、孫の利助を料理人として仕込んでいくところからはじまる。この歴史の傍観者が営む店には、時には勝海舟や小栗忠順や新選組の面々が訪れ、利之は、死んで行った者たちを思い、「俺が好きだった人間は、みんなひとりだった」とつぶやく。そして友人の内山彦次郎もその死者の列に加わることになるのだ。

従来、新選組興亡史の中で脇役、もしくは端役でしかなかった彦次郎を、「俺は、若くして命を落すやつを、もう見たくないんですよ」と言って、大坂の経済的物流を命懸けで守るために死んでいった志の人として活写したのは、本書がはじめてであろう。北方謙三が、「斬られ、突かれ、それでも起きあがって胸を張った。彦次郎は、男らしく死んだのだ」と記すとき、読者の胸中には必ずや熱いものがこみあげるであろう。

そして利之は、といえば—。彼は常に死ぬことのできぬ立場にあり、死んだ者たちの思いを背負って生きていかねばならない。それをどう意味づけていくのか。次巻以降の展開が楽しみだ。（縄田一男・文芸評論家）

（文芸春秋・1850円）＝2007年7月26日⑤配信

縦横につなぎ説得試みる

「ジャパンクールと江戸文化」（奥野卓司著）

ダグラス・マックグレイが「ジャパンクール」という言葉を流行（はや）らせた。「日本はGNPでは大国ではなくなったけれども、GNCではいまも大国だ」と書いたことが引き金になった。国力のひとつに「グロス・ナショナル・クール」というクール（格好良さ）度をとりあげたのだ。

ジャパンクールはフランスでのアニメ・フィギュア・コスプレのブームを背景に、外国人のあいだで広まり、やがて本家の日本にも逆上陸した。本書はこうしたジャパンクールが江戸社会にすでに流行していたということ、そこには歌舞伎・浮世絵からアサガオ・金魚まで、独特の趣向の文化がさまざまに連打爆発していたこと、それが今日のデジタルコンテンツの和風な飛躍ぶりと似ているのではないかということを、縦横につなぎ説得しようとした一冊だ。

江戸文化の充実は、「好み」と「型」をとことん突きつめ表現したことによる開花だった。同じ趣味をもった者たちが現在のコミュニティーにあたる「連」を組んでは、この趣向の支持と評価を練り上げた。その頂点には「家元」がどんどん誕生していった。

確かに、ここには今日のデジタルコンテンツの和風化と似たものがある。とはいえ、それらが江戸文化に匹敵するジャパンクールになっているかといえば、心もとない。「オタク」はいまだ「連」も「家元」もつくれずにいるし、ジャパンクールは外国人の評価で命脈を保っているにすぎない。江戸文化は趣味人自身が徒党を組んで小さな社会を次々につくり上げた。そこには遊郭などの「悪場所」も関与し、ある意味では体制との対決姿勢さえもっていたのである。

ジャパンクールは到底そこまでいっていない。ならば、ジャパンクールを江戸社会から説き起こすのはまだまだ無理で、江戸文化の理解を間違うことにもなりかねない。

著者は以前から退屈な日本にひそむ新たな動向を敏感に取り上げて、日本感覚の行方に光を告げる評論を書いてきたが、実際の日本はまだその準備ができていないというのが、残念な現状なのである。（松岡正剛・編集工学者）

（岩波書店・2310円）＝2007年7月26日⑥配信

少女王国の歴史と事件簿

「青年のための読書クラブ」（桜庭一樹著）

東京の山の手にあるミッションスクール、聖マリアナ学園。本書の舞台であるその学園は、さながら思春期の少女たちで構成された小さな王国のようである。

良家の子女が異性の王を持たない女王として君臨するその世界は、女子校という閉鎖的な環境のみで成立するものだ。そんな純粋培養の世界にも、異端者が存在する。学園の外れにある古い赤れんがの建物にたまる「読書クラブ」の面々だ。

あまりに知的で傲慢（ごうまん）なため、あるいは容姿に恵まれなかったため、はたまた別の理由で学園生活からはみ出た少女たちによって編まれた部誌という形を借りて展開するこの小説は、百年で滅びた聖マリアナ学園という少女王国の歴史記録であり、異端者たちが起こした珍事を収めた事件簿である。

時代のうねりとは関係なく見える学園の生活だが、時に外部者によって乱される。一九六〇年代末期は不良少年じみた風情と女性の本能を両方携えた、たくましい生活者である大阪の転校生によって。バブル経済ただ中の八〇年代終わりには新興勢力のにわか成り金の少女たちによって。

世をすねた少女たちである「読書クラブ」は、学園の統率が乱れるそんな瞬間に浮上し、フランス古典文学や哲学を交えた厭世（えんせい）的な文章で、このかりそめの王国のもろさを予言し、記録する。彼女たちは、自分を拒否するミッションスクールの甘美で完ぺきな世界そのものが、この社会において異形の存在であることを本能的に知っている。

「読書クラブ」の部誌によって、学園自体が皮肉な経緯で創立された、巨大な読書クラブのような存在であることが明らかにされていく展開は実にスリリングだ。

また、女学校を舞台にした昭和初期の少女小説だと、学園生活の終焉（しゅうえん）とともに少女たちは自由でいられる磁場を失うが、ここに描かれている少女たちのきずなは、学園が異性という闖入（ちんにゅう）者によって解体された後にも、異形の者たちを受け入れる秘密クラブのように機能し続けるのだ。そこが新しい。（山崎まどか・ライター）

（新潮社・1470円）＝2007年8月2日①配信

凜として涼やかな心描く

「銀漢の賦」（葉室麟著）

時代小説は、ときに現在を舞台にした小説以上に、現代社会の実情を映し出す作用がある。と同時に、主人公たちの武骨で愚直な生き方は、われわれ現代人に何かを思い出させ、勇気づけてもくれる。それはたとえば、何事に対しても揺るぐことのない、凜（りん）として涼やかな心といったようなものだ。本書に登場する男たちは、まさにそんな存在といっていい。

かつて銀漢（天の川）が広がる夜空を見上げながら、身分や立場を越え、永遠の友情を信じた三人の少年がいた。だが、時の流れは彼らの身にいや応なく変化をもたらした。地方の小藩を襲った政争と一揆の波は三人の立場をそれぞれ明確にし、農民だったひとりは騒動の首謀者として、友の手で断罪されるという悲劇まで生むことになったのだ。そしてさらに時は流れ、残ったふたりは頭に白いものを頂く「銀漢」と呼ばれる老境の年齢となるが、藩には再び権力闘争の嵐が吹き荒れていた…。

ひとりは藩の家老、いわば組織の重鎮である。もうひとりは一介の藩士にすぎない。それぞれに藩の将来を、領民の幸福を、そして自らと家族の安寧を願う気持ちにも変わりはない。しかしながら、自らが立つ位置によっては、その思いに温度差があることも確かなのだ。

立場の違いは、おそらく現代の組織においてもそうだろうと思うが、考え方に決定的な差を生じさせることがある。ひとつには情報量の問題がある。また義理だ人情だ上司の命令だ、といった勤め人にとっては不可避の要素もある。人は決して、おのれひとりだけで生きているものではないからだ。だが仮にそうであっても、絶対に譲れない部分がある。それこそが、本書が本当に訴えたかった“漢”の心ではないのか。

ここに描かれるふたりは、そうした生き方を貫きながら、評価がまったく両極端に分かれた人生を送った人物でもある。

そんなふたりが最後の最後に信じたものは何なのか。現代人にこそ、その尊さを知ってほしいと願う。（関口苑生・文芸評論家）

（文芸春秋・1450円）＝2007年8月2日②配信

民主政の当たり前を問う

「トクヴィル　平等と不平等の理論家」（宇野重規著）

ヨーロッパ人にとってアメリカは今も奇異な社会らしい。アメリカ探訪記も多いが、特に有名なのがアレクシ・ド・トクヴィルの「アメリカのデモクラシー」である。

彼の著作はアメリカ人にも愛され、歴代の大統領も演説に愛用してきた。おかげでアメリカの代弁者と見られがちだが、本当にそうなのか？　そこを糸口に、民主政（デモクラシー）とは何かを考えさせてくれる本だ。

といっても、変に堅苦しくはない。なにせトクヴィルの人生からして波瀾（はらん）万丈。フランスの旧（ふる）い貴族の家柄で、父母は大革命で死刑寸前までいく。そのせいで父は一夜で白髪に…と「巌窟王」なみだ。周囲には王党派が多く、彼も革命派と反革命派の間を揺れ動く。

つまり、彼の著作は彼自身もふくめて、「民主政万歳！」でない人に民主政とは何かを説明する著作なのだ。それが彼の議論に独自の深さと広さをあたえた。地理や宗教、結社、地方自治や裁判などの条件が重なって、アメリカの民主政はできた。むしろ特異な産物なのだ、と。その辺の精緻（せいち）かつ明快な読解は、この本の特に魅力的な部分である。

だからデモクラシーをやるには、決して当たり前でない条件を整備し、それを他人に説明しつづけなければならない。その考え方が最も明確に出るのが平等論で、トクヴィルのいう平等な社会とは、どんな不平等も「当たり前だろ」で済ませない社会だと、著者はいう。

デモクラシーとは、自分自身もふくめて「当たり前だろ」で済ませないこと。トクヴィルの著作自体がそうであり、だからこそ大事なことを教えてくれる。小泉政権への狼狽（ろうばい）ぶりが物語るように、戦後民主主義はそこを「当たり前だろ」で済ませてきたからだ。

その点でいうと、著者の姿勢は戦後的な分類では、むしろ「保守」に近いのではないか。トクヴィルだけでなく、それを読む日本の政治思想も、ぐるっと回転しつつあるようだ。読んでいて、そこもとても面白かった。（佐藤俊樹・東大准教授）

（講談社選書メチエ・1575円）＝2007年8月2日③配信

言葉以前を夢みる冒険

「アサッテの人」（諏訪哲史著）

話題の芥川賞受賞作品である。珍奇な意味不明の言葉を発する癖のあった変わり者の叔父のことを、兄弟のように育った「私」が小説「アサッテの人」に書こうと試みるが、書きあぐねている間に叔父は突如失踪（しっそう）してしまう。「私」の草稿と、叔父が残した三冊の日記を参照しつつ、叔父の軌跡を追ううちに、タイトルの「アサッテ」の意味が読者にも少しずつ明らかになっていく。

本を読みながら突然「ポンパッ」と叫ぶ。真剣な議論の最中に「タポンテュー」と言い放つ叔父。そんな彼は幼いとき吃音（きつおん）に苦しんだ。世界を巨大な円環のように支配する言葉の秩序の中で居場所のなかった彼は、次第に意味不明な音を自覚的に探し求めるようになる。周囲を戸惑わせた彼の異言は、人を縛りつける凡庸な意味の円環から逃れ出る孤独な冒険だったのである。それが世界の外へ向かおうとする「アサッテ」だ。

こう書くと、言語を論じる何だか難解な小説のようだが、実際はとても面白く読み進められる。「私」の語りだけでなく、叔父の妻の視点から語られる小説的叙述や、なぞめいた詩や、アフォリズム的な寸言など、異なるリズムと形式を持つさまざまな文章のパノラマに心引かれる。そして多くの例を読むうちに、叔父を魅了した意味なきものへの誘惑に、読者も次第に染まっていくのだ。

たとえば子供の遊び言葉や歌には、意味が不明な音が少なくない。いわばそれは言葉になりきる前の無垢（むく）な言葉だ。想像を自由に誘いだす未知の響きを、人の言葉はいつのまにか失って、日常の意味に従属させられていく。そのことに狂気に近いまでに反発し続けた叔父は、ある意味できわめて高貴な自由人だったと思えてくる。

文学には言葉の通俗な用途を更新しようとする働きがある。本書は小説以前の記述を通じて、言葉以前の言葉を夢みようとする文学の冒険なのだ。

（清水良典・文芸評論家）

（講談社・1575円）＝2007年8月2日④配信

獰猛なる道化的知性に迫る

「岡本太郎の見た日本」（赤坂憲雄著）

太郎を直接知らなかった者だからこそ、かえって偏見のないまなざしによって、この多様な貌（かお）を持った思想家の再評価が可能となる―。この確信とともに、再評価の機運がますます高まる岡本太郎の、日本文化再発見の軌跡を軸にした思想の全貌（ぜんぼう）に迫ろうとする意欲的評論が本書である。

「獰猛（どうもう）なる、道化的知性」。著者が本書で太郎にあたえる凝縮された形容句がこれである。獣のように獰猛で、自己中心化のわなを哄笑（こうしょう）とともにすり抜けてゆく道化。ここには、近代的知性特有のとりすました存在感や権威的なポーズから遠く離れて生きた岡本太郎という稀有（けう）な芸術家＝思想家の本質が的確に言い当てられている。しかも著者は、この「獣」の喩（たと）えが太郎の自己意識のなかにもあり、その思考と行動のスタイルをつくりあげる原理でもあったことを仮説的に示して、読者を一気にひきこんでゆく。

本書の太郎理解の核心を示すフレーズとして頻出する「身をやつした民族学者」という規定もまた示唆的だ。青年期を過ごした一九三〇年代パリでの思想家たちとの交友のなかで、西欧を相対化して世界を普遍性のもとに眺める「民族学」への深い沈潜を経験した後、戦争勃発（ぼっぱつ）によって帰国を余儀なくされた太郎。彼は帰還した故国「日本」を、全的に生き思考するための自身の実存的闘争の場として選び直した。

だからこそ、縄文美学への関心や、辺境としての東北・沖縄への旅は、伝統主義的な日本回帰に真っ向から対立する、自らの内奥に眠る原始人をいまに呼び出そうとする衝迫の産物だった。自己陶酔的な芸術家ではなく、全身体をかけて「日本」なる社会空間の本質を見極めようとする「身をやつした民族学者」＝太郎。

太郎の発した言葉の知的射程にひたすら執着することで、あくまで「思想家岡本太郎」の描出に専心すること。本書は、批評的態度においてこの一つの潔さを選択することで、言葉を通じて表明された思想の背後にある、豊かなアート（芸術）の総体をさし示すことにも成功している。（今福龍太・文化人類学者）

（岩波書店・2415円）＝2007年8月2日⑤配信

最新理論を誠実にひもとく　「ワープする宇宙」（リサ・ランドール著、向山信治監訳・塩原通緒訳）

最近の宇宙論の興味深い展開は、われわれの住んでいる世界を五次元やそれより高い次元の空間に浮かぶ〝膜〟なのだとする「ブレーン（膜）ワールド理論」である。もちろん現実に実感しているわれわれの住む世界は、左右、前後、上下という三つの方向が存在する三次元空間である。

通常、三次元の空間の中で膜といえば、二次元だが、高い次元の空間の中での膜は三次元であることも数学的に可能である。ブレーンワールド理論でいう宇宙はこのような三次元の「膜宇宙」なのである。そしてこの膜宇宙の外側、われわれの宇宙とならなかった次元は「余剰次元」として膜の外に広がっていることになる。

著者のリサ・ランドールは一九九九年に画期的な「ワープした余剰次元」という論文を共著で書き、今日のブレーンワールド論興隆のきっかけをつくった人である。

しかし、この本は単純に宇宙論の本というわけではない。まず空間の次元に関する話題から入り、相対性理論や量子論の解説をへて素粒子物理学の基礎概念、そして最近の「ひも理論」を紹介する。六百ページを超える大著の四百五十ページ弱は、きわめて誠実に「ワープした宇宙」にいたる物理学的、かつ歴史的背景が解説されているのである。

この本の中核となるのはもちろん、第五部「余剰次元宇宙の提案」である。われわれの住む膜宇宙の外側、余剰次元が大きくひん曲がって（ワープして）いるという独創的アイデアにより、素粒子の世界でその質量や特徴的エネルギースケールについての現代物理学が抱える大問題に対して解答が得られることや、膜宇宙の中でニュートンの万有引力が正しく記述できることなど彼女らの成果が解説されている。

今日、宇宙の分野では軽い解説書が満ちあふれているが、彼女は妥協することなく基礎となる物理学・素粒子物理学から誠実に解説し、しかも数式などを一切用いずに本書を書き上げた。世界で大ヒットしているこの本が日本でも多くの方に読まれることを期待したい。（佐藤勝彦・東京大教授）

（NHK出版・3045円）＝2007年8月2日⑥配信

名もなき武士たちの実像　「露の玉垣」（乙川優三郎著）

江戸時代に生きた名もなき武士たちとその家族の生きざまを精緻（せいち）な筆致でつづった本書は、鮮烈なリアリティーで読む者の心に泡立つほどの興奮を呼び起こす。日本の正史の陰には今日まで、天文学的ともいえる数の声なき個人の歴史が埋もれていることを教えてくれたからだ。

度重なる大火や洪水、干ばつなどによる藩の財政逼迫（ひっぱく）。貧困にあえぐ越後新発田藩の家老役に若くして抜てきされた溝口半兵衛は、およそ二百年にわたる家臣たちの歩みをたどって実録「世臣譜」をつづった。それをもとに著者がつくった八編の物語は、登場人物のすべてが実在した人間の物語であることに、はっと息をのむ。

実際に手にしたことのない「世臣譜」なので、もちろん勝手な想像だが、おそらく事実のみを淡々と羅列した無味乾燥な実録であろうに、なんと個性豊かな魅力あふれる人物たちがたくさん描かれていることか。しかも誰もが、まるで息遣いまで聞こえてくるような切迫感を伴って読者の胸の中に飛びこんでくる。かくも多種多様な性格の人物像を、卓越した想像力によって生み出すところがこの著者の面目躍如たるところ。

厳しい節約を強いられる家臣たち、とくに下級武士たちの生活は日々の食事もままならぬほど困窮を極める。その中で困難にけなげに明るく立ち向かう者もあれば、藩の重責に押しつぶされてしまう人もある。人間模様はさまざまで、あらためて人間の心の在り方の違いが人生の選択を左右することを深く考えさせられる。

「一粒の米を惜しむなら命こそ惜しめ」。友の忠告の言葉に、切腹をせずあえて追放の道を選んだ忠臣、四郎右衛門の心のうちを忖度（そんたく）するとき、この時代を生きた武士たちの不撓（ふとう）不屈の精神とまっすぐで美しい心も自然と見えてくる。

端正で香り高き文章によってすくい取られたはかない家臣の運命と武家社会の実像は、そのすがすがしいリリシズムと相まって、人生の哀切と抱きしめたいような人間へのいとしさをいやが上にも募らせる。（児玉清・俳優）

（新潮社・1575円）＝2007年8月9日①配信

リアルで痛切な家族の物語

「楽園（上･下）」（宮部みゆき著）

宮部みゆきの三千枚を超える「模倣犯」は、女性を標的とした連続誘拐殺人事件を重層的に描いた群像ミステリーである。その物語に一人の女性が出てくる。一時は被害者の側につき、一時は殺人者の側につき、最後には告発者の側についたフリーライターの前畑滋子だ。「楽園」はその滋子を主人公にしている。

事件から九年がたち、ようやく事件の傷が癒えた彼女に、おかしな依頼が舞い込む。事故で亡くなった十二歳の息子が超能力者だったかどうかを調べてほしいというのだ。少年は、両親に殺されて十六年間床下で眠っていた少女の事件を、警察が着手する前に絵に描いていたという。少年の母親に頼まれて、滋子はこの事件を追及する。

「模倣犯」から枝分かれした作品であり、何回か「模倣犯」で描かれた事件に言及するけれど、物語的には独立しており、単独でも十分に楽しめる。むしろ、疑似家族の問題をドキュメントスタイルで鮮やかに追及した直木賞受賞作「理由」の延長にある作品といったほうがいい。

「理由」同様、家族とは何なのかを問い、さらに家族は本当に各自にとって「楽園」なのか、もしも「楽園」にならないならどうすればいいのか、選別と排除は許されるのかを事件の背後にいる邪悪な存在を通してスリリングに訴えていく。とくに下巻の中盤からの展開が圧巻で、読者はどきどきしながら真相に近づくことになる。

読後感は重い。壊れた家族の再生の困難さと断念の過酷さを鋭くとらえているからだ。「あのね、幸せになるって、半端じゃなく難しいんですよ。血の繋がった人だってね、切って捨てなくちゃならないときだってあるんです」という真実を直視する。宮部文学だから、温かな息づかいの人物が多いけれど、しかしあくまでも冷静にそれを見据える。リアルであるがゆえに痛切。痛切であるがゆえに忘れがたき現代の家族の物語である。（池上冬樹・文芸評論家）

（文芸春秋・上下各1700円）＝2007年8月9日②配信

じわじわ怖い優れた心理劇

「さよなら、日だまり」（平田俊子著）

最近、「スピリチュアル」という言葉を頻繁に目にするし、ハマっている人をよく見かける。占いや風水の類（たぐい）は、昔から行われてきたので、驚くことでもないかもしれないが、信心深くもなんともなかったはずの自分まで、あちこちからまことしやかに入ってくる情報につき動かされてしまう事があり、はっとする。疲れているとき。落ち込んでいるとき。寂しいとき。不安なとき。病気をしたとき。つまり、負のコンディションにあるとき、何かにすがりたくなる気持ちが生まれ、そうしたものへと向かわせるのではないだろうか。

三十代後半のライターの「わたし」も、結婚生活に対する不満を、偶然知り合った自称「女優で歌人」のユカリに漏らしたため、よく当たるという占い師の男を紹介され、手相を見てもらうことになる。「わたし」は最初、彼らの助言には半信半疑でいたのだが、親身を装い急接近する二人をいとも簡単に信じてしまった夫とともに関係がどんどん深まり、やがて取り返しのつかない結末を迎えてしまう…。

詩人の著者の文章の言葉運びや会話のリズムは、自然でよどみがなく、淡々とエピソードが重ねられていく。極めて理性的で常識的な考え方の主人公が、相手のやり口に強引に巻き込まれてしまう過程は、じわじわと怖い。自分の身にいつ起こってもおかしくないと思わせるリアリティーがあり、優れた心理劇としても読める。追いつめられた主人公に、友人がたしなめるように言う「悪人って悪人らしい顔はしていないのよ」という言葉が、痛切である。

呪術（じゅじゅつ）的なあれこれを示唆する方も、言われるまま享受する方も、少し離れて眺めると、滑稽（こっけい）である。人間が生き続けていくうえで、何かしらのうさんくささはつきまとう。感受性は、流動的であいまいなものなのだ。穏やかな手相占いから、ひりひりする離婚調停に至るまで、物語に吸い込まれるように一息に読んだ。そして、「わたし」が「日だまり」と呼ぶものに思いを巡らせたのだった。（東直子・歌人）

（集英社・1575円）＝2007年8月9日③配信

「らしさ」の呪縛から解放 「老愚者考」(アドルフ・グッゲンビュール・クレイグ著、山中康裕監訳、李敏子、奥田智香子、久保田美法訳)

「サクセスフルエイジング(成功した老後)」「アンチエイジング(抗加齢)」という言葉やスローガンはいかがなものか? なぜ老いた人を、サクセスフル(成功)、アンサクセスフル(不成功)と区別するのか? なぜ老いのプロセスを、あるがままに受け入れずに忌み嫌うのか? そう考える者にとって、まことに痛快な本である。

著者は老いて「愚かになる」ことを礼賛する。老人は愚者でよい、「何かの役に立つ」という呪縛(じゅばく)から解放されてよい、生産的なことに励まなくてよい、ばか笑いしたければするがよい、あるがままにふるまえばよいと説く。

もっとも、著者を「愚者」とみなす人はいまい。監訳者山中康裕氏が、「私のもっとも敬愛し尊敬するユング派の論客、スイスの精神科医にして心理療法家」と描写する「愚者」どころか「賢者」である。「賢者」が「老賢者神話は腐敗だ」と痛烈にこきおろし、「老愚者」を礼賛する背後には、自らの願望も見え隠れする。

高齢者をとりまく専門家や家族、国や自治体は、「介護予防」「認知症予防」と称し、身体の運動、頭の体操、記憶力の訓練、趣味活動などを奨励している。高齢者を安息のうちに休ませようとはしない。むろん活動したい人はすればよい。それにしても、こたつでみかんをぼーっと食べたり、道ばたに腰掛けて静かに涼んだり、何をするでもなくただ道を歩いたり、いすに腰掛けて休んだりしている高齢者をあまりみかけなくなった。

街の風景の中に、ゆるゆるとした雰囲気を持つ高齢者の姿がたくさんあったなら、生産にあくせく励まざるを得ない若年世代も、さぞほっとすることだろう。著者は「老人は愚かにならなくてもよいし、愚かになってもよいのです。子どもも、子どもっぽくなくてよいのです」と重ねて説く。

高齢者らしさ、子どもらしさ、女らしさ、日本人らしさ、父親らしさ、学生らしさ。「らしさ」を求めながら、「らしさ」呪縛から解放されたいと願う人にも、本書は一読の価値があろう。(黒川由紀子・上智大教授)

(新曜社・2205円)=2007年8月9日④配信

不祥事の先にある本質 「株式会社という病」(平川克美著)

企業による不祥事が続発している。その根源にある拝金主義の風潮は、誰もが感じている。そして不祥事発覚時の、経営者たちの横一列の最敬礼の儀式を、企業のモラルの低下や経営能力の低さの象徴として眺めて、ほんのちょっぴりは留飲も下げて、忘れる。

三十年余りをビジネスの現場に身を置き「会社は株主のものではない」などの本を書いた著者は、ライブドア事件などを例にとりながら、株式会社という仕組み自体がもつ病、あくなき利潤の追求や企業の現在価値の最大化のみを求める病について次のように述べる。

「資本主義は、まさに病とよぶべき取引のグレーゾーンを進展させるようにして、発展してきたのである。かれは株式会社というもの、資本主義というものの持っている病を利用したかもしれないが、悪を好んで行ったわけではない。病んでいるということは、善悪ということとはまったく別の次元の話である」

そのシステムを巧みに利用して成功したにすぎない"かれ"(堀江貴文氏)を、自由主義経済のヒーローに祭りあげたり、選挙に担ぎあげたりしたマスコミや政治家たちの軽薄さをやゆするかのごとく「お金を増やすことに有能な人間は、それ以外の領域では、ただのボンクラであるに過ぎない」と、痛烈である。

本の後半第五章の「技術論」と終章の「倫理論」が面白い。最近のベストセラー、梅田望夫「ウェブ進化論」と藤原正彦「国家の品格」の二冊が語る技術や倫理の一定の役割を認めながら、「どうもしっくりこない違和感」がなんであるかを語るのであるが、その違和感のありかこそが著者の技術論、倫理論の核心なのであった。

一円をいくら集めてもお金以外のものではないように、情報をいくら集積しても量の増大であって"知"にはならない。「知性は、人間の中に棲(す)みついてはじめて生きることができる」という技術論などは、安易な情報に惑わされがちな風潮への警告と読める。

留飲を下げただけで忘れてはならない、問題の本質を教えてくれる本。(小関智弘・作家)

(NTT出版・1680円)=2007年8月9日⑤配信

痴漢冤罪生む構造を取材　「左手の証明」(小澤実著)

周防正行監督の映画「それでもボクはやってない」以来、再び痴漢冤罪(えんざい)問題が注目されている。都内の書店には「痴漢冤罪」のコーナーまで設けられているほどだ。

満員電車に乗ると、バンザイするように両手を挙げている男性客もよく見かける。近くの女性客への配慮もあるに違いない。しかし、周囲によると事情は少し違うようだ。両手を衆人に見えるように置くのは、自分が痴漢に間違われないための防御策だという。ひとたび女性から「痴漢犯人」として訴えられると、名指しされた男性はほぼ間違いなく有罪にされ、社会的にも精神的にも大打撃を受けることが広く認知されてきたからだ。

だが、本書を読んで驚いた。長期間身柄を拘束し、頭ごなしに怒鳴りつけ、脅して自白を迫るだけの取り調べ、証拠もないのに「あれこれと憶測を並べて」有罪を推認する裁判官…。問題は、拙書「痴漢『冤罪裁判』」を出した七年前とほぼ変わっていない。それどころか、唯一の証拠となるはずの指の付着物検査すら「忘れてしまった」と警察官はうそぶく。

幸せだった普通の家族が、痴漢冤罪による夫の逮捕を契機に大きく狂わされていく―。まるで小説を読んでいるかのように展開する本書だが、著者が関係者を丹念に取材、法廷シーンを中心に再現した、現実に起こったドキュメントだ。

駅のホームを間違えて撮ってしまった現場写真。警察官が警棒をつけたまま被告人役を演じる再現実験。〝犯行の手〟とされた左手首には、大きな時計が…。法廷では警察のズサンな手抜き捜査が数々明らかにされる。それでも、人ひとりの人生は、裁判官の当たり外れによって、いかようにも翻弄(ほんろう)されていく。

痴漢行為は、被害者女性も間違えられた男性も傷つける。著者がいうように、真犯人は「いまもどこかで平気な顔をしてのうのうと暮らしている」のだ。

痴漢冤罪を生む構造が変わっていない以上、問題を風化させないためにも、本書はその原因をわかりやすく指摘してくれていて、喜ばしい。(池上正樹・ジャーナリスト)

(Nanaブックス・1575円)=2007年8月9日⑥配信

一人暮らしの明快ノウハウ　「おひとりさまの老後」(上野千鶴子著)

結婚歴十二年、シングルマザー歴十六年。そろそろ三人の子も巣立ち、わたしは「やっと一人」の解放感と「これからずっと一人かも」のさびしさのあいだを揺れる。また、誰かと暮らしてみようかなあ。

シングルの先輩上野千鶴子さんの本は、のっけから痛棒だ。六十五歳以上の女性の55%に配偶者がない。八十歳では83%にいない。ということは、いまから誰かと暮らしてもやがて一人。年上を選べば介護に追われるかもしれないし、年下を選べば彼に介護をさせる可能性もある。

どうしても一人暮らしのノウハウを知っておく必要がありそうだ。この本はきわめて明快に、そして勢いよく、それを書きおろしてくれた。中途同居で「"家風"に従わなければならないのは、嫁ではなくあとから入った姑(しゅうとめ)のほうだ」「都会で老女であることは危険なことだ」といったクールでドキリとする指摘もある。「男が来ると食卓の話題が変わる」「ピン・ピン・コロリ運動はファシズムだ」という腑(ふ)に落ちる指摘もある。

自分でよく考えて、と著者はすすめる、コレクティブハウスやケアホーム、年金から遺産相続、お墓まで実例に富むのは、長年の研究と実父の介護体験に基づくのだろう。

不満もなくはない。「各種パートナーの在庫くらい、用途別にいろいろ抱えておくのもおひとりさまの心得である」「グチをこぼしたり、ごろにゃんしに行ったりできる相手をできるだけ早く見つけるにかぎる」といった表現に、なんか身勝手な私生活型合理主義のにおいをかいでしまうのだ。

かしこい人たちの知縁社会で生きてきた著者と、地域をはいずってきたわたしの感覚の差だろうか。グチを聞き、自分の家でごちそうしてこそ平等互恵、あんまりちゃっかりした老女ばかり増えてほしくはない。いくら「21世紀はおばあさんの世紀」だといっても。(森まゆみ・作家)

(法研・1470円)=2007年8月16日①配信

社会の写し絵くっきりと

「性風俗史年表　昭和戦後編」（下川耿史編）

「どのように聖人ぶっていても、一枚めくれば金、女。それが人間」とは、「週刊新潮」を創刊した名編集者・斎藤十一の言。「性風俗史年表」にあるのはまさしく、「それが人間」ともいうべき丸裸の男と女の生の蠢（うごめ）きである。編者は「明治・大正家庭史年表」など庶民に寄り添う年表を編んできた人であるが、「政治や経済の動向よりも、はるかに優先される課題」だったというこの労作は、手元に置いて折々に眺めたい書斎のバイブルとなるだろう。

年表は産業・犯罪・文化・規制の四ジャンルに分かれており、おのおのの事柄が約五百点の図版とともに記されている。といっても事項のたんなる羅列ではなく、事件の背景や動機がコラム形式で展開され、読み応えがある。

戦後初の性産業が進駐軍向け政府出資の性的慰安施設だったことは、この国が完膚なきまで打ち砕かれたことの証しとして心にとどめたい。だが、占領終了と同時に社会は息を吹き返す。ストリップ劇場が活況を呈し、「トルコ風呂」（のちに「ソープランド」と改称）が開店してサービスを競う。売春を取り締まる規制の成立を目指す運動やわいせつをめぐる裁判が起こり、解放と規制の駆け引きが始まる。

「ノンケに人気のゲイバーが銀座に誕生」（一九五五年）、「性風俗の大事件！　日活ロマンポルノ登場」（七一年）といった時代を映し出す出来事もあれば、阿部定のごとく女が男のペニスを切断する事件は、時代を問わずたびたび発生している。すべての女性がペニスの挿入によってオルガスムスを得ているわけではないことを明かした米国の性実態報告「ハイト・リポート」（邦訳七七年）が刊行された前後から、女性の性の解放が加速することも興味深い。

性は極めて個人的な営みであるのに、時代を追って提示されると社会の写し絵としての様相をくっきりと呈する。人間ってやつは、とため息をつきながらもいとしくてならなくなる。年表を読んで、こんな充実感に包まれたのは初めてのことだ。（最相葉月・ノンフィクションライター）

（河出書房新社・3990円）＝2007年8月16日②配信

幻想に酔った神国の実態

「草の根の軍国主義」（佐藤忠男著）

敗戦当時、著者は十四歳の少年飛行兵だった。なぜ少年飛行兵に志願したのか。中学への入学考査で中学校長のばかげた考査方法に引っかけられて建前の忠誠心の度合いを疑われた彼は不合格となる。そんな中学や校長に対する怒りと反発から少年兵を志願したのだ。

著者はその体験を通じて、日本の軍国主義を成立させた条件の一端を濃縮した様相で体験したような気がすると書き、それは「他人の愛国心、忠誠心を覗き見し、監視するということに病的なまでの喜びを感じている人たちがいたということ」なのだという。

著者と同世代である評者もある種同じような体験を持つだけに、当時を思い出して慄然（りつぜん）とせざるを得なくなる。しかもその忠誠心たるや、あくまでも建前のもので、本音を押し隠して、いかに本音らしくリアルに演じるか、どうかなのである。うっかり本音をもらしたら、たちまち「非国民、卑怯者！」とつまはじきされる。だからみんな必死で超愛国者、超忠誠心の持ち主のフリをし続けなければならなかった。

本書はそこから当時のそういう不気味な民間の不文律というか、タブーがどのように歴史的に形成されていったのか。教育や文化、報道、行政がどのように作用したかを日本の近代化の原点から平易に興味深く分析して読ませてくれる。そこで時々登場する映画作品の効果も著者のホームグラウンドであるだけに面白く分析している。

戦争終結から六十二年。今やのど元過ぎて戦争の熱さを忘れた日本人の間に戦前への回帰を策する者たちが現れ始めた。

「美しい国」から「誇らしい国」へ移行するために歴史を改ざんすべく、教科書の書き換えを要求したりしている。かつてアジアの盟主の幻想に酔いしれた神国日本の実態がいかなるものであったかを本書が明確に語ってくれる。それは美しくもなく誇らしくもない夜郎自大の妄想の国であった。

この夏、若者たちにぜひ読ませたい一冊である。（山中恒・作家）

（平凡社・1680円）＝2007年8月16日③配信

大勢に流され戦意高揚へ

「昭和十二年の『週刊文春』」（菊池信平編）

週刊誌の新聞広告を思わせる目次のレイアウトで、「月刊『話』あらため　週刊文春　昭和12年特大号」とやった、この新書の帯は人目を引いて話題になった。

日本が太平洋戦争に突き進む端緒となった昭和十二年という時代に、文芸春秋から刊行されていた「話」という月刊誌の記事をピックアップして、「週刊文春」の前身誌という位置付けで編集したのが本書である。内容を見出しとして並べた広告の手法といいタイトル付けといい、なかなかさえた編集センスである。

昭和十二年は盧溝橋事件が起こった年で、事件をきっかけに日本は日中戦争になだれ込む。国民精神総動員実施要綱が決定され大本営も設置されて、中国侵攻のために赤紙による徴兵も急増している。国際連盟や米国が日本への非難を開始する大戦前夜である。

この時代の「話」には「出所後の誘惑を懼れる『お定』」「東洋の摩天楼丸ビルの正体」といったゴシップ記事と並んで「事変勃発！　通州虐殺の惨状を語る」「上海戦線に活躍する外人従軍記者座談会」といった戦況記事も掲載されている。

浅草の国際劇場や後楽園球場が開場し、文学座も設立され、平時と戦時の端境期という雰囲気も残っていた時代である。

この「話」という雑誌のつくり方は、昭和三十四年に創刊された「週刊文春」と基本的には一緒で、時代と関係なくその時々で読者のヒューマンインタレストをくすぐるタイトルが並んでいる。人間の好奇心の持ちようもまた変わらないということなのだろう。

しかし、「編集室打明け話」の裏話を読むと、日本が戦争に向かっている時代にもかかわらず軍部に対する批判の言はなく、大勢に流されながら結果的に戦意高揚の役割をはたしていく様子がよくわかる。戦争という異常な事態を普通の感覚として受け入れていく文春編集者たちの愚かさの記録としても読める。

この「話」は三年後に消え、時局雑誌「現地報告」となり、体制を翼賛する雑誌として継承されていくのである。（岡留安則・元「噂の真相」編集長）

（文春新書・1050円）＝2007年8月16日④配信

投下決定をめぐる国際情勢

「世界を不幸にする原爆カード」（金子敦郎著）

本書は、「戦争を知らない」若い大学生の一般教養科目用の「教科書」を想定して書いた、「原爆問題を総まくり的にまとめたもの」と著者が言うとおりの本である。

「原爆開発から投下の決定、これがその後の国際情勢に及ぼした影響までを学ぼうとすると、少なくとも一〇冊ほどに目を通さなければならないだろう」と著者は言う。原爆問題に関しては確かに既に内外に多くの研究成果がある。巻末の主要参考文献・資料リストでは、数多くの文献・資料を載せている。

広島、長崎を体験した日本は、唯一の被爆国として、核廃絶に対してもっとも真剣に取り組むべき立場にある。本書を読めば、アメリカの原爆開発および日本に対する投下の決定がいかに政治的考慮によって左右されたかが直ちに明らかになる。

そこでは、失われる人命に対する関心と、大量破壊兵器である原爆を使用することに対するためらいが、一部の人々においてはあった（そのことも本書は明らかにしている）が、結局は政治的考慮が全体の過程を支配したことを知ることができる。

日本では、長崎に対する原爆投下は「しょうがない」とする久間章生前防衛相の発言が問題になったばかりである。本書を読めば、久間発言がいかに無知を極めたものであったか（もし、同氏が本気で言ったのであれば）、ということも手に取るように分かるだろう。原爆開発とそれをめぐる国際政治情勢について正確な知識の裏付けをもつことの重要性も理解されるはずである。

したがって、専門的に研究する段階には至っていない（あるいはそこまでの気持ちはない）が、原爆開発問題、原爆開発から第二次世界大戦直後にかけての国際情勢について関心のある大学生にとって、本書は格好の入門書と言うことができる。

しかも、ジャーナリスト出身の著者による文章はなめらかで読みやすいのも、若い読者に親切だ。核兵器に関心のある若者に手にとってほしい一冊である。（浅井基文・広島平和研究所所長）

（明石書店・1890円）＝2007年8月16日⑤配信

ヒューマニストの本質凝縮

「国のない男」(カート・ヴォネガット著、金原瑞人訳)

毎年、ノーベル文学賞の有力候補者とうわさされながら、ついに受賞することなく今年の四月に八十四歳で亡くなった、現代アメリカ文学の巨匠の遺作「国のない男」が訳出された。二十一世紀初頭に雑誌に発表された十二編のエッセーと一編の詩、そして著者あとがき的な「作者から」で構成された小著である。

アメリカにおける文化的な変革期だった激動の一九六〇年代末から七〇年代にかけて、ヴォネガット作品は大学生を中心にかれらのバイブルとして愛読された。当時、ヴォネガットは自分が若者にカルト的人気を博する理由を、要約すると、次のように分析している。「それは、自分が神や愛、人生といった、普通の大人ならとうに卒業してしまったような話題をことさら真摯(しんし)に語るからだろう」と。

八十二歳のときに刊行された本書においても、そうしたヴォネガットの姿勢は変わっていない。話題は芸術や人生、政治、科学、経済、宗教、戦争など多岐にわたり、いずれも論調は悲観的かつ虚無的なのだが、熟練したユーモアというオブラートに包まれているために、絶望という毒を口にふくまされるというより希望を抱けるようにほろ苦い良薬を飲ませられているといった、読者の受ける効果も従来どおり。

ブッシュ大統領をはじめとして、権力者や大企業のトップ連中をサイコパスと断罪し、人間はガソリンというドラッグの中毒者になって地球を破壊していると指摘する。

つまるところ、戯曲家バーナード・ショーが発した言葉を基に「人間ってのはじつに恐ろしい動物だよ」と述べるヴォネガットだが、「唯一わたしがやりたかったのは、人々に笑いという救いを与えることだ」とか「幸せなときには、幸せなんだなと気づいてほしい」といった人情味あふれるメッセージも随所にちりばめられている。

つまり本書は、“心優しきニヒリスト”として愛された偉大なるヒューマニストの本質が凝縮された一冊である。往年のヴォネガット・ファンはもとより、今日の若い読者にぜひとも一読を勧めたい。(風間賢二・評論家)

(NHK出版・1680円)＝2007年8月16日⑥配信

知的でスリリングな体験

「怖い絵」(中野京子著)

ずいぶん昔のことになるが、「イメージの狩人」(坂崎乙郎著)という美術書があった。さながら短編小説のような味わいで絵画を読み解いていく。当時美大の学生で、「いい絵は目のご馳走(ちそう)」と思っていた私にとって、隠された主題や時代背景、はたまた画家のトラウマまで持ち出して絵を語ること自体が新鮮な驚きだった。色や構図や技法についてほとんど触れず、サイズや支持体についても語らずに絵を見るなど信じられなかった。夢中になって読みふけった思い出がある。

中野京子さん著の本書を読んで、ふとその本を思い出した。選ばれた画家も絵も、まして内容も異なってはいるが、一枚の絵を見ながら物語を読むような体験が似ていたからだ。

「怖い絵」にはドガやティントレット、ムンクなど、二十作家二十作品の名画が掲載され、「怖い」というキーワードでそれぞれに解釈が繰り広げられる。怖さの質もレベルもさまざま。

ホルバインの「ヘンリー八世像」に暴君への怯(おび)えを見たり、ダヴィッドの「マリー・アントワネット最後の肖像」に人間の悪意を感じたり。直接的な恐怖以外にも、一見穏やかに見える絵の中に秘められた不気味な感覚にスポットをあてて、歴史的背景や画家の思惑などを織り込みながらつづっていく。うなずきながらいつのまにか話の続きを読む楽しさにはまる。

けれど著者のリードに従ってあらためて絵を見ても、実はそれほどに怖くはない。むしろ私には、それぞれの画家がそれぞれの実力を存分に発揮した喜びこそ感じられた。

怖さの秘密は著者の筆力にあるのかもしれない。大袈裟(おおげさ)になることを抑えて淡々と史実を積み上げていく明快さ。その説得力に読む者はさらなるイメージを膨らませてしまう。そしてどうしようもなく怖くなる。

もはやこれは「名画の見方」を借りた、知的でスリリングな文学体験だと思った。(結城昌子・アートディレクター、作家)

(朝日出版社・1890円)＝2007年8月23日①配信

子規を介護した妹の献身

「兄いもうと」(鳥越碧著)

兄は正岡常規、幼名を升(のぼる)、妹は律といった。「兄さまのお嫁さんになる」が口癖の幼い妹と、やさしい兄は、父亡きあと身を寄せあって成長する。

運命の転換点は、兄、二十歳を過ぎたころ。結核で喀血(かっけつ)した彼は、胸が赤く血を吐くまで鳴くといわれるホトトギスにちなんで、子規と号する。俳人、正岡子規の誕生である。こののち三十四歳で世を去るまで、正岡子規の文学には終生、病の苦しみがつきまとった。そうして妹は、この兄の衣食の世話と看護に、前半生をささげた。

本書は、妹のまなざしから、子規の生涯を小説として描き出す。幼いころは、いじめっ子から兄をかばおうとするような、気丈な少女であった律。兄の学費を捻出(ねんしゅつ)するために、貧しい家の娘は、尋常小学校を終えただけで家事を引き受ける。十代で嫁ぐが、破婚。それも二度に及ぶ。著者はここに、妹の兄にたいする強すぎる執着、肉親にたいするものか異性にたいするものか、境界のあやうい愛情をみてとる。

だが、妹の思いを別に、選ばれた男性である兄は、文学の才能については自負心も強く、女たちの日常の感傷には冷淡である。

しかも重い病。結核は肺から脊椎(せきつい)カリエスへと転移し、骨は溶け、からだに穴があき、うみが漏れる。昼夜問わぬ激烈な痛みに、病人は叫び眠れない。眠れないのは介護する妹も同じだ。その病人に、滋養のある山海の珍味をぜいたくにあつらえ、自分たちは香の物ですごす女たち。それでも病人は、気が短い。わがままも出る。八つ当たりもする。文学のことどころか、読むこと書くこともままならない妹は、「気がきかない、学がない」とあげつらわれて深く傷つく。

だが子規の最期をみとった妹の献身に、充足感があったに違いないというのが著者の見解である。兄の死の翌年、三十三歳で共立女子職業学校に入学し、補習科に進んだ律は、母校の教員となり、職をまっとうしたという。(川崎賢子・文芸評論家)

(講談社・1890円)=2007年8月23日②配信

愛の怖さを思い知る

「木洩れ日に泳ぐ魚」(恩田陸著)

一組の男女がいる。荷物を運び出してがらんとした家の中で、二人はスーツケースを座卓にして向かい合っている。どうやら、今夜が二人にとって最後の夜で、明日になればめいめい別の場所へと出て行くことになっているらしい。

〈僕は彼女に白状させなければならない。(略)できるだろうか。彼女があの男を殺したのだと、彼女の口から、今夜中に〉〈そう、私はずっと疑っている―彼があの男を手に掛けたのではないか、と。(略)彼があの男を殺す瞬間が、はっきりと映像になって目に浮かぶ〉

ふいに飛び出す不穏なモノローグ。この男女の関係は？ 〈あの男〉とは何者なのか？ 本当に二人のどちらかが殺人を犯したのか？ 本書はそのかわいらしい装丁とは裏腹に、男と女のエゴと、愛のメカニズムやダイナミックスを描いて怖い物語になっているのだ。

男の名は高橋千浩、女の名は藤本千明。三歳で千明がよそにもらわれていったせいで互いの存在を忘れていた二卵性双生児だ。大学で偶然再会し、たちまち引かれあった二人。兄妹であることを知った後は思いを封印するものの、それでも離れがたく兄妹として同居を始める。そんな一線を越えられない苦しみを抱え続けた二人が、自分たちを捨てた実の父親〈あの男〉が山でガイドをしていることを知り…。

千浩と千明それぞれの語りを交互に置くという構成のこの作品で、恩田陸は、〈僕〉や〈私〉の知り得ないことは書けないという一人称語りの不自由さを逆手にとり、虚実のあわいで読者を翻弄(ほんろう)する。

齟齬(そご)をきたす千浩と千明の発言のどちらが本当なのか。謎が謎を呼び、不信が不審を呼ぶ物語の中から、少しずつ浮かび上がってくる真実のかたち。それが明らかになった時、読者は愛の怖さを思い知る。恩田作品の中では際だってビターな読み心地。大人の読者におすすめしたい。(豊崎由美・ライター)

(中央公論新社・1470円)=2007年8月23日③配信

危機の思想を多角的に読む　「無根のナショナリズムを超えて　竹内好を再考する」（鶴見俊輔、加々美光行編）

今年は、魯迅の思想を基に日本とアジアの関係を独自に考察した竹内好の没後三十年。本書は中国研究、日本文学研究、あるいは社会評論を行う複数の論者が多角的にその思想を読み直そうと、昨年行われたシンポジウムの記録である。

そこには、中国の文化大革命の研究を進めながら日本社会への文明批評を行ってきた加々美光行に加え、竹内と直に親交のあった鶴見俊輔の参与もあり、文字通り竹内リバイバルを印象づけることとなった。また孫歌をはじめ三人の中国からの参加も画期的だ。

さて、この竹内リバイバルにかかわる現象として、二つの類型がある。一つは、近年の東アジアの経済的興隆とともに現れた「アジアの復活」を先取りするものとして、竹内を読むパターン。それと逆に、竹内を戦中の「アジア主義」の延長でとらえナショナリストとして危険視する反応もある。いずれの反応も、東アジアと日本社会をめぐる危機的状況とつながっているように見える。

だがにもかかわらず、竹内好は、かつても今日も、決して読みやすい対象ではない。鶴見が証言したように、竹内は偏見を持たれやすいタイプの思想家であったが、まさに本人も「偏見を持った人間」をじっと見るのが好きだったそうだ。そういった傾向は、資質の問題である以上に、竹内自身が戦中という時代の危機を深く刻印してしまったがためとも思われる。

中国の竹内研究者孫歌が述べているように、歴史は決して均質に進むものではなく、ネジレや偏りを必ず生じるものであり、竹内の言葉はまさにそういった磁場を体現していたと言える。その意味でも、本書の論者の多くが竹内の日本とアジアの歴史や政治への判断でなく、「態度」を重視するのは実に正しい。

しかしかつての戦争中がそうであったように、今日も日本とアジアといった二項対立の構図が無効となりつつある。その意味でも、既成の概念を借りず、一人の思想家を通じて日本とアジアの近代を探求する本書の試みは、凡庸に見えつつ、しかし決してそうでないことが納得されよう。（丸川哲史・明治大准教授）

（日本評論社・2310円）＝2007年8月23日④配信

文化の現状に根源的な批判　「なんにもないところから芸術がはじまる」（椹木野衣著）

ネット文化の時代に、美術や文学、音楽といったジャンルの弁別は大した意味をもたなくなっているはずだと考えている人は少なくないに違いない。しかし現実には既成のジャンルはより個別に分断される方向にあるというのが、美術館に勤めながらほそぼそと詩を書くという二重生活を続けている私の実感である。

ダダやフルクサスのようなジャンル横断的な芸術運動が起きなくなってしまったのは、正直なところ美術館をはじめとする“近代的な”文化施設がジャンルを制度的に囲い込んでしまったからではないかという忸怩（じくじ）たる思いもある。

美術評論家椹木野衣の新著は、タイトルからしてそうした文化の現状に対する根源的な批判をなしているといえよう。彼は端的にこう述べてみせる。「もとよりジャンルとは自明のものではなく、歴史や資本によって囲い込まれた属領域であり、そうした閉鎖を一瞬の力の生成によって押し開く一種の『震え』こそが、元来の文化が持つべき脅威であるはずだ」

その「脅威」、つまり諸ジャンルの自律性を揺るがす不穏な力を椹木は「文化の震度」と呼ぶ。当然ながら震度とは美術館や美術史の外側に、たとえばバリ島の深夜の闇の中で出会った儀礼劇や、ウィーンにナチスが建設した異様な軍事施設などの「神経症的建築めぐり」のうちに体感されることになる。

何よりも彼の主張に説得力を与えているのは、そうした文化放浪の旅の生彩に富んだ記述にあるといってよい。郵便局長であり日本画家であり昭和新山の観察者であった三松正夫や、半身の体毛をすべてそる“半刈り”にしてハンガリーを旅した榎忠らを彼が深い共感を持って取り上げるのも、単なるアウトサイダーへの関心ではなく、むしろ文化の地殻変動を起こす価値破壊者たちへのオマージュなのである。

バリ島の儀礼が終わり「帰路につこうとしたとき、ふと星空を見上げると、それは、見慣れぬ星の並びであった」と彼は記す。見知らぬ南の星座と“なんにもないところからはじまる芸術”との美しいアナロジー（類比）というべきか。（建畠晢・国立国際美術館長）

（新潮社・2100円）＝2007年8月23日⑤配信

「プロ」礼賛に異を唱える

「アマチュア論。」（勢古浩爾著）

「プロ意識」「プロ根性」「プロ志向」と、「プロフェッショナル」がらみの言葉は、どうやら一種の流行語になっている。本書は、そんな「プロ」だらけの世の中に疑念を抱き、「プロ」を自称する人々に向けて異を唱えようとする、ちょっとひねくれた本だ。

なにしろ、装丁からしてねじくれている。カバーの書名とタイトルが、逆さまに印刷されているのだ。付け間違いかと、ハガしてみて初めて気づいた。値段などは正しく印刷されている。しかも、カバーを脱がせた本体でも、書名、著者名は倒立しているのだ。あるいは、「これは、逆説としてのプロフェッショナル論なのですよ」ということを、カバーデザインに語らせているのだろうか。

で、その倒錯したカバーに導かれる本文は、「理想のプロはアマチュアだ」という、逆説的な結論にたどり着く。プロたるものの理想の心構えを追究して行くと、行きつくところは「アマチュア精神」になる、と。すなわち、無垢（むく）な努力、見返りを求めない献身といった、「専門性」や「カネ」とは無縁な、人間性の本然に根ざす「当たり前な」感覚にこそ、職業人の責任感は基礎をおくべきだ、と、著者は説くのである。なるほど。

おそらく、当今の「プロ」概念は、アマチュア選手がプロよりも「ヘタ」で「未熟」で「中途半端」な存在として位置づけられているプロスポーツ（特にプロ野球）のピラミッドから派生したもので、元来の意味は、「選ばれた者の高い意識」ぐらいなところにあった。

が、いつしかそれは、「職責」「報酬」「資格」といった概念と連合し、ホリエモンや村上世彰被告の口から出てきた時には、なんだか拝金主義の隠れみのみたいなものに変質していた。でなくても、「プロ」には、素人の純真さをやゆする、斜に構えたいやらしさがある。

だから、いまこそ、真摯（しんし）なアマチュアとして無垢な情熱を……と言う著者が、ひねくれたアプローチを採用したのは、おそらく、主張の内容があんまりまっとうだったからなのだと思う。

ひねくれた読み方だが。（小田嶋隆・コラムニスト）

（ミシマ社・1680円）＝2007年8月23日⑥配信

絶望の果てにあるおかしみ

「映画篇」（金城一紀著）

かつてスタッフとして参加した山田洋次監督の映画に、廃業寸前の映画館の映写技師が「いい映画とは、身につまされる映画だ」と語るシーンがあった。本書を読了してこの台詞（せりふ）を思い出した。

「太陽がいっぱい」「ドラゴン怒りの鉄拳」など、外国映画の表題をつけた五つの物語が、ある町の夏に同時進行し、やがてひとつの大きなドラマに収れんする。映画「マグノリア」や「ショート・カッツ」の方式を見事に踏襲した構成のうまさ、良質のシナリオのような簡潔で細部に目を配った文体に感心しながら、何より、絶望の果てにあるおかしみを見据えた人物造形にうなった。

父のいない在日朝鮮人の中学生と映画好きの悪友、「連れ合い」に突然自殺されて引きこもる主婦、父の欺まんのせいでいじめに遭い銀行強盗を企てる女子高生など、登場人物は誰もが、愛するものを喪失しているか、「クソみたいな日常」のなかで「ぐだぐだした気持ち」を抱えている。

彼らはペットボトルを手に町を歩き、「自由」へ踏み出す契機と遭遇する。ブルース・リーに感化されてヌンチャクを通販で買った私は、リーにあこがれる在日少年たちの一編に昔の自分を見るような共感を覚えた。さらに、児童文学の傑作ともいえる「ペイルライダー」編では、少年を助けて大活躍する「えびす顔でパンチパーマのおばちゃん」に快哉（かいさい）を叫んだ。

そして、全編を通じて登場人物が町で出くわすのが「ローマの休日」の手作りポスターだが、その経緯は読んでのお楽しみ。各編で何度も鑑賞される「フランス映画の愚作」が何なのか、言い当てるのも一興である。

本書に登場する多くの映画（日本映画が出てこないのが残念ではあるが）は、時に換骨奪胎され、時に伏線や会話として姿を現して、読者おのおのの映画体験を喚起するだろう。しかし、これらの映画を見ていなくても十分感動できる娯楽小説である。

（本木克英・映画監督）

（集英社・1470円）＝2007年8月30日①配信

戦争の深部つかみ取る

「敵影」(古処誠二著)

太平洋戦争終結前夜、米軍管轄の沖縄捕虜収容所から、物語は始まる。

価値観が大転換する数日を、激しい地上戦があった沖縄を舞台に描き出している。だが、現代によくあるような、いたずらに日本軍の行いを美化するものでもなければ、反対に、その蛮行をことさら挙げていくものでもない。作者はまっすぐにあの戦争を見つめ、確実なものだけをとらえようとしている。

米軍に捕虜として保護された者たちは、その瞬間から、自身の正当性を見いだすことができなくなる。多くの同胞が死んだ。自分のために亡くなった者さえいるのに、自分はその敵に保護され、生きている。死者たちのことを考えると、生きていること自体が罪のように思えてくる。悪いのは誰か。自分たちを見捨てた将校か、それとも自分自身か—。

人間は自分の中の矛盾を解消するために「敵影」を探す。誰かを恨もうとしなければ、精神の均衡が保てない。捕虜収容所では怨恨(えんこん)のための人探しが増え、その恨みを避けるため、捕虜たちの間には偽名が横行する。探す者と隠れる者、または隠れながら探す者…。物語は徐々に、意外な方向へ進んでいく。

現在の日本の根幹には、やはりあの戦争がある。戦後六十年以上が過ぎても、あの戦争の総括は行われていない。靖国問題一つとっても、世論は割れ、議論は混乱している。

そんな状況の中でこの作者は、あの戦争の深部を見ようとする。それは日本が確かに通過し、残してきた矛盾や悲しみを、作家の手でつかみ取ろうとする姿勢である。国際政治の立場でなく、作家として、つまりそこで生きる個々の人間の側に立つ。捕虜たちの過去、偽名にまつわるミステリーもあり、ページをめくる速度は上がっていく。

捕虜と米兵による柔道対ボクシングの異色の試合の場面は、見事なまでに美しい。捕虜たちはやがて、それでもなお生きていかなければならない覚悟を胸に抱く。

作者の目は、一貫して鋭い。世代を問わず、お薦めの一冊である。(中村文則・作家)

(新潮社・1575円)＝2007年8月30日②配信

兄や印象派を支えた批評眼

「テオ　もうひとりのゴッホ」(マリー＝アンジェリーク・オザンヌ、フレデリック・ド・ジョード著、伊勢英子、伊勢京子訳)

ゴッホといえば、あの「ひまわり」の画家。知らない人はいないだろう。名はヴィンセント。彼には弟がいて、テオといった。テオは、時代と社会に挑戦するような絵を描いて突っ走る兄ヴィンセント・ヴァン・ゴッホ(一八五三—九〇年)へ、十年にわたって仕送りを続けた。芽の出ない兄を支え続けて、これからというとき、自らも病を得、兄の自殺の半年後、三十三歳の生涯を終えた。

ヴィンセントとテオの美しい兄弟愛については、ゴッホを語るとき、いつも引き合いに出され、これも知らない人はいないくらいだ。しかし、これまで語られてきたテオは、いつも天才画家の引き立て役だった。

本書は、そんないつも脇役だったテオドルス・ヴァン・ゴッホ(五七—九一年)の生涯をたどった、テオが主役の本である。最近まで未公開だったテオの書簡がふんだんに使われている。そして、十九世紀末のパリの美術界で「ヴァン・ゴッホ」といえば、テオのほうがはるかに有名で、印象派の画家たちにいちばん頼りにされていた事実が明らかにされる。

テオは、伯父の経営していた画廊のグーピル商会に十五歳から勤め始め、二十一歳のとき(七八年)、パリ万博フランス絵画館に画廊代表として派遣され、それ以来この美術の都の住人となった。長い画廊勤めのなかで、美術に関する知識と教養を深めていった様子が、書簡などから紹介される。

絵を売買するだけの画商を超えて、一人の批評家となっていくテオの姿が浮かんでくる。彼はその批評眼で、当時まだ評判の低かったモネやゴーギャンに注目し、画廊の経営主と対立して苦悩する。その眼(め)があってこそ、兄を支え、その絵と手紙をすべて残しておこうとしたのだ。給料の半分は兄と両親に送り、神経と身体を切り刻んで磨いた批評眼でもあった。

テオの死後、評価のつかない夫の遺産(義兄の絵と手紙)を守り、ヴィンセントを有名にしたのは、テオの妻ヨーだった。彼女はヴィンセントの死の一年前結婚し、初めて義兄を知った。テオの生涯に詳しくなると、ヨーの生涯についてもさらに知りたくなった。(木下長宏・美術評論家)

(平凡社・2940円)＝2007年8月30日③配信

少年更生の受け皿作り問う　「裁かれた罪　裁けなかった『こころ』」（佐藤幹夫著）

本書は、大阪府寝屋川市で一昨年、十七歳の少年が小学校の教職員三人を刃物で殺傷した事件の裁判を丹念に追跡したルポである。広汎性発達障害と診断された加害者がどのように裁かれたかを明らかにし、本質的な難問に迫ろうとしている。

犯罪や非行を起こした自閉症の人々に会うと、加害の動機や心情、反省や謝罪などを語る言葉の分かりにくさに悩まされる。それは、当人が自己の内面のこだわりを優先し、その場の状況に合った言動をなさないからである。著者は、これが対人相互能力の重篤なハンディを負う広汎性発達障害の人々の特性であり、それ故に一般的な規範意識では適切に理解し得ないものと考える。

家裁で刑事処分が相当として検察官送致され、起訴された少年の裁判を丹念に追う。少年本人の証言に加えて、裁判官、検察官、弁護人、証人の精神科医、被害者・遺族ら事件をめぐるさまざまな立場の人々の生の証言を取り上げ、真実が何であったかを追究する。

とかく本件のような悲惨な事件は被害の重大さや被害者感情に目を奪われがちだが、著者はどこまでも冷静に事実を見つめようとする。バランスのとれた筆の進め方は見事である。舞台を見るようなリアルさを味わいながら読んだ。自閉症というだけで犯罪を引き起こしたりしないことも、明確に指摘されている。

著者の問題意識の核心は、広汎性発達障害の特性を持つ加害少年の動機や心情を明らかにし、そのこころに触れる裁判や処遇・処罰はいかにして実現でき、更生を図れるかにある。そのことが、現在の司法判断の枠組みに新たな概念や価値観を導入することにつながると肯定的にとらえる。

「（厳罰化で）裁判所は、更生にとって条件整備の整わない場所へ、それと知りつつ少年を送り込まなくてはならないというジレンマを、ますます抱え込むことになる。このままでは逆に、将来のリスク因子を増大させているとも言える」。本書は、厳罰か保護かといった単純な議論を超えて、新たな受け皿作りの必要性を問いかけている。（山田麻紗子・日本福祉大准教授）

（岩波書店・2520円）＝2007年8月30日⑤配信

息吹き返す炭鉱絶望時代　「全記録　炭鉱」（鎌田慧著）

ITの電子情報によって瞬時に世界が動くいま、「足で歩いて描く」現場主義ノンフィクションの領域を守り抜いてきた鎌田慧の諸作品は〈戦後の古典〉とも言うべき色彩を帯び始めた。

本書は、そうした鎌田が一九八〇－二〇〇二年まで、北炭夕張や三池CO中毒患者の戦いなど日本中の炭鉱「爆発・閉山・失業・絶望」地帯を渡り歩いて書いたルポ「全記録」の収録本である。

一九八一年北炭夕張・死者九十三名、八四年三井有明・八十三名、八五年三菱南大夕張・六十二名。鎌田は、高度成長を地底の暗黒からささえたその炭鉱労働者たちの侠気（おとこぎ）を「熱い労働者集団」と呼び、「わたしが炭鉱に惹かれているのも、この地底ではたらく仲間意識が感動を与えるから」と吐露している。

モチロンその対極には、国の閉山交付金で焼け太る炭鉱資本への憎悪がつづられる。例えば「北炭の天皇」萩原吉太郎氏は、ガス爆発のたびに「国の金庫を掘った」と言われるほどの政府融資を引き出し、退職金はタナ上げ。「一二三億円もの賃金を支払うことなく、全員解雇して踏み倒す…（その一方で）札幌の一等地にグランドホテル、札幌テレビなどを建設、繁栄している」。萩原方式は「炭鉱労働者たちの死体の上に咲いた毒花」だと書いている。

こうした労働者「善」・資本家「悪」の階級交響曲は今はもう流行（はや）らない。古びたパターンだと思われがちだが、読破するとやはり否定できないリアリティーをもつ－なぜならその萩原方式こそが現在の「夕張破綻（はたん）」の源流だったことがよく見えるだけでなく、あの炭鉱絶望時代のピンハネやごまかし、生活保護以下の低賃金が、現代日本資本主義のピンハネ「偽装請負」やワーキングプアの派遣労働となって息を吹き返し、日本中に再蔓延（まんえん）し始めているからだ。

古典化しているのは鎌田作品より資本グローバリズムの方ではないのか…と考えさせるところに、本書の妙味、したたかさと新たに果たす役割がある。（吉田司・ノンフィクション作家）

（創森社・1890円）＝2007年8月30日⑥配信

ネズミ親子の冒険物語

「川の光」（松浦寿輝著）

「どこまでも　ぼくは歩きつづける　川の光を求めて」

人間の開発によって生まれ育った川辺をあとにせざるをえなくなったネズミの父子が、新しいすみかを求めて川をさかのぼってゆく。タータとチッチの兄弟に、お父さん。

「優しいお母さんは死んでしまったけれど、その後は、いわば川がタータの母親だった。このせせらぎに守られているかぎり、どんな危険も身に及ぶことはないような気がした」

ねぐらを探し、えさを見つけながらの旅は最初のうちは楽しくても、イタチに狙われ、ドブネズミたちに行く手を阻まれてと、命を落としかねない危険にさらされることもある。

しかし同時に、それはこの世界を生き抜いていくうえで必要とされる知恵と力を身につけるための試練でもある。つねに周囲に気を配りながら、無理をしないペースで走りつづけること。ひとりで出かけるときは、もといた場所に戻るための目印を見つけつつ進まなければならない。

自分のことを「ぼく」と呼ぶ雌犬のタミー、ドブネズミ帝国から逃れて図書館で暮らすネズミのグレン、猫のブルーおばさん、スズメの親子にモグラの母子、それに田中動物病院の先生と奥さんとの出会いがタータたちの旅にいろどりを添え、くりかえし訪れる危機に、読者は手に汗にぎりながらページをめくることになる。

あてどない放浪ではなく、あくまで巣穴を求めての移動の中で、タータとチッチの兄弟はそれぞれに成長してゆく。しかしこの物語が本当に素晴らしいのは、子どもから少年になってゆくかれらだけではなく、ただ一人の大人として旅を成功に導かなければならないお父さんの不安と苦労が見事に描かれているからだ。

夏に始まり、冬に終わる物語の随所で描かれる川の姿とあいまって、ネズミ親子の冒険は長く読者の記憶に残るにちがいない。読書の秋にお薦めの一冊です。（佐川光晴・作家）

（中央公論新社・1785円）＝2007年9月6日①配信

痛みを胸に黙する人たち

「ヒバクシャの心の傷を追って」（中澤正夫著）

阪神淡路大震災をきっかけに日本においても「トラウマ」が注目され、災害や事件が起こると、被害者の「心のケア」が重視されるようになった。精神科医である著者は「被爆者と何という違いだろう」とため息をつく。被爆者の「心の傷」は治療や補償の対象になっていないのだから。

本書で紹介される被爆証言は、読み手の胸を深くえぐる。それでも読み進めることができるのは、著者の柔らかい語り口が全体を包んでいるからだろう。専門家として冷静な分析を展開しながら、被爆者に注ぐ視線に愛情が感じられる。時には被爆者の心奥をあえて「深読み」しながら「心の傷」に迫っている。

被爆者は今も胸に痛みを抱えている。助けを求める人を「見捨てて」逃げざるをえなかった。死体の山を見ても何も感じなくなっていた。こうした記憶が「心の傷」となっていることは想像に難くない。しかし、新たな心的外傷が作られ続けているという指摘には衝撃を受ける。「史上最悪の外傷記憶によるPTSD（心的外傷後ストレス障害）」と著者に言わしめるゆえんだ。

通常、心に深い傷跡を残した記憶も、時の流れとともに薄れていく。しかし、被爆者の場合は違う。六十年を経てなおいやおうなく当時に連れ戻され、傷が深まる。音や光など物理的な刺激だけでなく、偏見の視線が注がれるたび、身近な被爆者が原爆症で死ぬたび、そして自身が病を患うたびにフラッシュバックに襲われ傷口は広がる。これが被爆者の「心の傷」の核心だと著者は主張する。「放射能が一生追いかけてくる」のだと。

被爆者の「心の傷」の本質は、三十年近くその傍らにあり続けた著者でさえつかみかねるという。被爆者全体の半数を占めると推測される「語らない人たち」の存在だ。トラウマがより重篤かもしれないという可能性も含め、この「黙する人たち」を無視して被害を論じたり運動を組み立てるべきではないと著者はくぎをさす。「沈黙もあり」と肯定しつつも「語ってみませんか」と優しく呼びかける声が聞こえてくる。（直野章子・九州大准教授）

（岩波書店・2100円）＝2007年9月6日②配信

真の世界史の出発点に

「1491」(チャールズ・C・マン著、布施由紀子訳)

アメリカ大陸を「発見」したのは、いうまでもなくコロンブス一行ではない。「最初のアメリカ人」は、一万年以上も前から生活を営んできた先住民である。一四九一年のアメリカ大陸には、欧州全土よりも多い数千万人の人口があり、中米ではアステカ文明やマヤ文明、南米ではインカ文明などが繁栄していた。

本書は、その十五世紀以前のアメリカ大陸の実像に迫る大作である。体系的な通史ではないが、古代文明が栄えた中米と南米だけでなく、北米を含むアメリカ大陸で、いかに多くの先住民が大規模な工法や農法で自然景観を変え、豊かに暮らしていたか明快に語る。

ジャーナリストの著者は、実に多くの概説書や論文を読み込み、欧米やラテンアメリカの代表的な研究者に取材して書き上げた。新説と旧説をバランスよく紹介している。また実際に多くの遺跡を訪れており、旅行記風の記述も楽しく読める。

日本で世界の古代文明といえば、旧大陸の「四大文明」を指し、あたかもアメリカ大陸の文明は劣るかのように扱う傾向がある。中米と南米の古代文明は、旧大陸のとは別個に発展して"世界六大文明"を形成した。著者の言葉通り「世界史で重要な位置を与えられてしかるべき」である。

中米では、複雑な文字体系、天文学、暦や数学が生み出された。ゼロの概念は、新大陸ではマヤ文明が独自に編み出した。一四九二年のコロンブスの侵略をきっかけに、新大陸の産物が世界に広まった。日本の食卓を飾る、トウモロコシ、ジャガイモ、トマトやトウガラシなど、「世界で栽培されている作物の五分の三は、アメリカ先住民によってつくりだされたもの」である。世界の食文化に革命をもたらしたといえよう。

訳者も指摘するように、先コロンブス期のアメリカ大陸の学術研究と一般社会の認識の隔たりは大きい。世界史の教科書における記述が、質量ともに極めて貧弱なのが一大要因である。本書が、新大陸と旧大陸の古代文明を対等に位置づけ、バランスの取れた「真の世界史」の構築の出発点になることを強く願う。(青山和夫・茨城大教授)

(NHK出版・3360円)=2007年9月6日③配信

自衛隊から見た作家の姿

「『兵士』になれなかった三島由紀夫」(杉山隆男著)

規律ある隊務と命令順守の生活の中に、高名な小説家が入ってきた。一時帰宅はあるものの一カ月半の長期体験入隊。しかも「手加減しないで他の学生と同じように扱って下さい」と希望している。この順応性と異質性に自衛隊はどういう反応をしたか。思えばこれまで三島由紀夫の体験入隊は、自衛隊の側から書かれたものがあまりない。防衛庁は宣伝のために三島を厚遇したが、では現場はどうだったのか。

さすがに足かけ十五年の自衛隊取材をしてきただけあって、著者の追求は勘どころを押さえている。直接三島に接した助教や対番学生(世話係)にインタビューし、三島と距離をとった人の話も交えている。彼らはおおむね口が堅い。ボディービルで鍛えた上半身に比して三島の脚は細く、走るとすぐにばてた。沢に張ったロープを渡る訓練を願い出たが、途中で動けなくなり宙づりになってしまった。この程度の"不名誉"もやっと聞き出したのである。それほど三島に対する尊敬の度合いが高いのだ。

それというのも三島は、愚直なまでに言われたことを守り、そのひたむきさに自衛隊員が感動していたからである。だが、その一方で三島は、自衛隊にクーデターの可能性があるかと打診し、あるいは自衛隊は日本の味方なのかアメリカの味方なのかという議論も仕掛けていた。前者はありえないし、後者の答えはないというのが答えだった。要するに、自衛隊は「役人」であって、政治に関与しないし、ナショナリズムに傾かず、ファナティックな心情をもたないということである。

しかし、三島はその逆の方向に向かっていた。この点を自衛隊の側から浮き彫りにしたのが、本書の面白い点である。

改憲論議が表面化してきた現在、三島が生きていたら何と言うだろうか。改憲を主張して割腹自殺を遂げた三島が、アメリカ主導の改憲論議をどう思うか。著者は予想しているはずなのだが、それは書かなかった。(佐藤秀明・近畿大教授)

(小学館・1470円)=2007年9月6日④配信

憂愁の街へのやるせない愛

「イスタンブール」（オルハン·パムク著、和久井路子訳）

昨年ノーベル文学賞を受賞した、トルコのオルハン・パムクの自伝的回想録である。二十二歳ごろまでのイスタンブールでの生活が語られているのだが、作家の自己形成史というより、イスタンブールという古都が主人公という趣がある。

パムクは一九五二年生まれ。一家は富裕なブルジョアで、トルコでも例外的に西洋化された生活をしていた。そういう生まれ育ちであっても、この街からにじみ出してくる特別な空気にすっぽり包まれて生きるしかない。

本書の中で、ヒュズン（憂愁）という言葉がおそらく百回以上出てくるのではないか。この憂愁こそが、イスタンブールが吐き出す空気であり、街の本質であり、同時にそこに生きる人びとの心そのものだというのだ。

パムクは憂愁について、飽くことなく語りつづける。たとえば「一番寒い日に一本の煙突からやっと見える微かな煙を出している百年もたった巨大な屋敷」とか、五ページにわたって「憂愁の光景」を列挙してみせる。

そして、西洋のメランコリーという言葉は、個人の憂うつをさすのに対し、ここでは街そのものが憂愁なのだ、とも。記憶のあらゆる細部から憂愁の街が少しずつ現れて、やがて巨大な幻のような姿になる。その語り口がじつに魅力的だ。

この憂愁は、西洋がロマンチックに見ようとするようなものではなく、源をたどれば貧困感、敗北感、喪失感にある。西洋とのたび重なる戦いに敗れた結果、骨まで蝕（むしば）むような長い衰退がもたらしたものだ。

パムクは東西の文明が出会うこの街で、西洋化された家庭で育ち、全授業が英語で行われる高校に通った。西洋文化は否定しようもなく身についている。しかし同時に、街が発する憂愁は自分のものでもある。そういう二面性を自覚した、建築学部の大学生であるパムクが、ある日母親に向かって、「作家になるよ、ぼくは」と告げるところで回想録は終わる。もしかすると、イスタンブールへのやるせないまでの愛情が彼を作家にしたのかもしれない。（湯川豊・文芸評論家）

（藤原書店・3780円）＝2007年9月6日⑤配信

最愛の絵を訪ねる旅

「恋するフェルメール」（有吉玉青著）

フェルメールの絵を訪ねる著者の旅は「不在」から始まる。初めての対面となるはずだったガードナー美術館で、「合奏」は盗まれたあとだったのだ。だから全作品を訪ね歩くこのエッセーは、失われた出会いを探す旅だともいえるだろう。

不在や遅延、それらは恋の比喩（ひゆ）のようでもあるが、さらに絵の前に立つとき、ふしぎな距離感やベールのようなものが現れる。だから絵は鮮明には「記憶ができない」ものであり、その意味で絵は常に「不在」なのだ。「絵には思い出が染み込む」とも語られているが、それを見に出かけて行く道のりのことを、絵というのだと著者はいっているようにも思える。

最愛の絵だという「牛乳を注ぐ女」。構図がおかしいにもかかわらず、全く違和感をおぼえないことについて、著者はこう語っている。

「存在感とは、『これしかない』『これ以外にありえない』という主張だろう」

なるほどとひざをうつ。理屈ではないのだ。存在感を自ら行使できるのは人間ではなく神のみであり、だからこの絵が奇跡といわれるのだろう。

一方で、本書ではその「これしかない」という“絶対化”が、自らの「恋」や「心の傷」を語るときの自意識へと向けられているとも感じる。

それもそのはずで、本書は「フェルメールラバー」のための一冊、といえるような性質を持っている。いちずな「恋」には誰もがもつナルシシズムの部分が見えやすい。それゆえ共感したり、違和感をおぼえたりもするが、私はこの烈（はげ）しさに押され、ふと画家と絵の“運命”についてまで考えていた。

すべての作品に会いに行こう、そう人が決意し、現実的なものとしてその夢が与えられるためには、ある前提が必要なのではないか。つまりその画家が生涯において、寡作であったということ—。ただそれだけのことが、生々しい歴史として、祝福されるべきものとして感じられた。三百余年の時を超えた三十数枚の絵が、人との出会いを待っている。本書はそんな逆転的視点にもつらぬかれているように思える。（杉本真維子・詩人）

（白水社・2100円）＝2007年9月6日⑥配信

現代日本をも問う歴史の闇

「蟻の兵隊」（池谷薫著）

遺伝子に高度な階級社会を築くことがプログラミングされている蟻（あり）たちの世界には、兵隊蟻という役割がある。彼らに武装解除という設定はなく、外敵と戦い続けて、その一生を終える。しかし人間の兵隊は蟻よりも少々複雑にできていて、戦いの意味を自問自答しながら、いつかやって来る武装解除の日を夢見る。

一九四五年八月、日本はポツダム宣言を受諾した。日本軍は武装解除しなければならなくなったのだ。しかし、中国山西省に駐屯していた将兵約二千六百人は、敗戦後もなお三年半以上にわたって、不条理な戦いを強いられた。しかも、自らの意思で現地除隊したという巧妙な裏工作を勝手になされた上でだ。人間の兵隊が、軍幹部の謀略により、「蟻の兵隊」にさせられたのである。

なぜか？　それは、戦後中国で共産党八路軍の伸長を恐れた国民党軍が、旧日本軍の兵力を自軍に組み込もうとし、それが戦犯の罪から逃れようとする日本軍幹部の思惑と一致したからである。自己保身のために「蟻」を使え、というわけだ。本書は、その卑怯（ひきょう）でずる賢いやり口を緻密（ちみつ）な資料調査によって明らかにしていく。

しかし、この卑怯さ、ずるさ、二〇〇七年の今のあなたの生活でも感じたことはないだろうか？

例えば、職場の裁量労働制。無理なノルマを課せられ、それを達成するために時間外労働を重ねても残業代は支給されず、果ては過労死にまで至っても、すべては自己責任と片付けられる。利益のために「蟻」を使え。戦後六十余年たった今、「蟻の兵隊」は再生産されていないだろうか？

山西省での不条理な戦いを生き延びた元残留兵たちには軍人恩給が支給されていない。自己責任において勝手に現地に残って戦ったとされているからだ。だが、「蟻」はしぶとい。彼らは八十をとうに過ぎても、軍命による残留を国に認めさせるための裁判を続ける覚悟だという。ならば私たちも目の前の卑怯なやつらと戦うしかないではないか。本書は歴史の闇をえぐり出すだけではなく、現代の日本社会のあり方も問うているのである。

（土屋豊・映画監督）

（新潮社・1470円）＝2007年9月13日①配信

スパイの正体探る公安刑事

「沈底魚」（曽根圭介著）

長い歴史を持つ江戸川乱歩賞受賞作のラインアップを見ていくと、実にバラエティーに富んでいることがわかる。

今年（第五十三回）の受賞作である本書も、公安部の刑事を主人公にすえて、スパイの正体を探っていくという、乱歩賞史上でも珍しいタイプの作品である。

ある新聞のスクープ記事が発端だった。現職の国会議員が中国に機密情報を漏えいしていると、米国へ亡命した中国人外交官が証言したとすっぱ抜いたのだ。警視庁公安部外事二課の刑事である不破は、警察庁外事情報部の凸井理事官が率いる捜査班に組み入れられた。やがて潜伏中のスパイ（スリーパー＝沈底魚）である国会議員が、政界のサラブレッドであり将来の首相候補と評判の芥川健太郎であるという情報が伝わってきた。中国の外交に批判的なタカ派の芥川は、もっともスパイに似つかわしくない人物だった。

そんなおり、不破の同級生で、芥川の秘書を務めていた伊藤真理が、失踪（しっそう）してしまう。不破はスパイ摘発と、各組織の思惑がからみ合う複雑な事件の渦中に巻き込まれていく。

派手な展開のない地味なプロットを支えているのが、抑制の効いた文体と簡潔で的確な会話である。また個性的な刑事たちをはじめとしたキャラクターの造形にも秀でている。

その堅牢（けんろう）な枠組みの中で、二転三転するプロットが展開されるのだが、結局は芥川がスパイであるか否かという、表裏一体の謎が反転するだけなので、驚きが持続しないのが少し残念。選考委員の一人が指摘しているように「物語の進められ方が“後出しジャンケン”的にすぎる」という評はもっともなのである。とはいえ、読んでいる最中は、物語の中にぐいぐいと引きこまれていく。それだけの筆力と素質を持った大型新人による佳作であることは、間違いない事実なのだ。（西上心太・書評家）

（講談社・1680円）＝2007年9月13日②配信

多様な立場の論点を網羅

「慰安婦問題という問い」(大沼保昭、岸俊光編)

一九九五年、村山富市内閣のもとに発足したアジア女性基金の理論的支柱となったのは、本書の編者の一人・大沼保昭であった。

今年三月、基金は三百六十四名の被害者への償いを含む十二年の活動を終えた。大沼は今こそ慰安婦問題の総括が必要だと考えたのだろう。まず個人の著作として「『慰安婦』問題とは何だったのか」(中公新書) を刊行し、同問題を二つの視角から総括した。

一つは、政府・メディア・NGO(非政府組織) など公共性の担い手のあるべき姿は何だったのかという視角。二つには、戦争や植民地支配の被害国の歴史認識にいかに向き合うかという視角。

まずは社会に向け、基金をめぐる全経験を説明した大沼が次に向かったのは、記憶や経験を史料とともに引き継ぐべき若き世代であった。こうして東大大沼ゼミ二〇〇四年度の記録である本書が編まれることとなった。

多彩な講師陣のうち、和田春樹、秦郁彦、吉見義明、上野千鶴子、長谷川三千子、石原信雄、村山富市ら七名分の講義と質疑が臨場感あふれる筆致で再現されている。巻末にはもう一人の編者で毎日新聞記者・岸俊光による、収録に漏れた論客の話のまとめも付されており有益だ。

三百ページ弱の本ながら、多様な立場を代表する講師陣の主要な論点はすべて拾われ、それに対する現時点で可能な反論も網羅されている。こうした間然するところのない本書の姿勢それ自体、左右両翼からの批判の中で基金を存続させてきた大沼の強靭(きょうじん) な意志の現れとみることができる。

強く印象に残った論点を二つ。被害者には首相からのお詫(わ) びの手紙が手交された。その際の手紙の格式は国家儀礼上どれほどのものだったのか。文書学的な比較を踏まえた大沼の着眼が鋭い。

二点目は当時の内閣官房副長官・石原信雄の述懐である。本人の証言によって、強制性を認定した官邸の苦悩と決意の深さをよく伝え貴重だ。(加藤陽子・東大准教授)

(勁草書房・2940円) =2007年9月13日③配信

金と格闘しながら生きる

「楽園に間借り」(黒澤珠々著)

地獄の沙汰(さた) も金次第。私たちはとにもかくにも「金」のことを考えなくちゃいけない。やっぱり結局のところ「金」なんだよね、ということを私たちは知っているし、そこから逃れられない。そんな世の中で、懸命に「金」と格闘しながら生きるこの小説の登場人物たちは、誰もがみずみずしく、真摯(しんし) でいとおしい。

主人公の「モモちゃん」こと百輔は「自分が働かないために、働かないという以外の一切をあきらめて生きている」。百輔の恋人は看護師として働いて百輔を養い、姉はデブの金持ちとの結婚を決める。ヒモ仲間のルイは女を風俗にまで押しやって貢がせ、元同級生の長谷川はツンドラへ自分探しの旅に出る。

誰もが「金」に振り回されながらも―それをつかまえようとしたり、それから逃れようともがいたり――生懸命に「愛」を、自分の居場所を、「楽園」を、求めて奮闘する。

けれど、「愛」までもが「金」に回収されてしまうのだという現実に、「楽園」さえもが世知辛いという事実に直面したとき、私たちは本当の意味で子ども時代の終わりを迎え、青春に突入するのかもしれない。

そんな青春に、絶望したり、驚喜したり、右往左往しながら、強く、そして、弱く生きる人間たち。彼ら彼女らを描く作者の筆致は、限りなく優しく温かい。

この小説は、なにもかもが「金」に換算されてゆく現代社会への、したたかな挑戦状ではなかろうか。いつしか「愛」や「楽園」を探してあがくことさえあきらめてしまった「大人」たちに、この本はやわらかな希望を与えてくれる。

主人公の青年の「モモちゃん」という愛称を読むたびに、私はミヒャエル・エンデの小説「モモ」を思い出す。ちょうど「モモ」が人の話に耳を傾け時間を取り戻すように、「モモちゃん」はお尻にあるムーミンの入れ墨からハートを飛ばしながら、資本主義社会に対して果敢に、いやむしろゆるゆると立ち向かう。

まあ、とはいえ、こちらの「モモちゃん」はヒモなのですが…。(小林エリカ・漫画家、作家)

(角川書店・1365円) =2007年9月13日④配信

地場産業を勇気づける発言

「伝統の逆襲」（奥山清行著）

著者は日米の美術大学で学んだ後、ゼネラル・モーターズやポルシェのチーフデザイナー、ピニンファリーナのデザイン・ディレクターなどをつとめ、ながく海外で自動車のデザインにかかわってきた人である。そして現在、山形県でデザインを手がけている。本書では、そうした経歴を背景に、半分は自伝的体験談として、「日本のものづくり」はどうあるべきなのか提言している。

世界的なブランドとなりうるような「ものづくり」をするには、日本文化の特性を知り、それをメッセージとして打ち出す必要がある。力を持ちつつある中国などの東アジアの国々とは異なるものが日本にはあるはずだ。その核となるのが、「職人の技」であり、日本的な思考や感覚の特性であることが事例を示しつつ語られている。

たとえば、ブランド品のコピーはアジアで可能かもしれないが、日本の精巧な鋳物のコピーは技術的に不可能であるという。日本の職人の技術は、イタリアのデザインを成立させている職人の技術に匹敵するのだともいう。しかし、問題は、イタリアでは職人を大切にしてきたが、日本はこれまで冷遇してきたのではないかということ。その点をまずは反省しなければならない。職人をブルーカラーとするアメリカ的発想ではなく、手とモノを使って思考する知的職種であると考えるべきだ。

他方、日本人は、ものごとの本質を残し、必要のないものを切り捨てる思考の特性を持っており、そうした特性がたとえば「茶室」文化を生み出したという。また、価値を相対的に判断する日本人の特性は、他者への「思いやり」や「想像する力」（イマジネーション）を持っていることと無縁ではないとみる。したがって、使用者やクライアントの感覚や気持ちを読みとる力は、他の国々のマーケティングとは比較にならないほど繊細かつ強いと指摘する。

日本文化のそうした特性を再認識することによって、日本の製品は「世界ブランド」になりえると説く。地場産業や中小企業を勇気づける力強い発言が詰まった一冊である。（柏木博・デザイン評論家）

（祥伝社・1680円）＝2007年9月13日⑤配信

技術面から見る太平洋戦争

「悲劇の発動機『誉』」（前間孝則著）

著者はある企業の航空宇宙本部で二十年にわたり、ジェットエンジンの設計に従事してきた。その後、産業史などを執筆する文筆家に転じた。本書はその著者だからこそ書ける内容であろう。

「誉」と名付けられた小型で強力なエンジンが、太平洋戦争前後にどのような形で開発、生産されるに至ったか、その中心にいた青年技術者・中川良一とはどのような人物か、中川が属していた中島飛行機とはどういう運命をたどったか、などを客観的に分析・検証したのが本書である。取材も多岐にわたっていて、著者の知識と情報を組み合わせた異色のノンフィクション作品である。

著者も指摘するのだが、あの太平洋戦争を語るのに軍事上の戦略、戦術にこだわるのではなく、もっと技術面からの考察も必要だとの論は当たっている。しかし同時に、あの戦争自体にひそんでいる科学技術の軽視は、つまりは近代日本の政治システムそのものの中にある。本書はその点にも筆を及ぼそうとしているのは評価できるように思う。

著者は中川良一や中島飛行機を軸にしながら、「誉」というエンジンがどのような役割を演じたかを描いていくのだが、その筆には技術者同士の連帯という思いが宿っている。私は著者が何げなく書いている「米軍は日本本土の爆撃第一目標を中島飛行機のエンジン工場に定めていた」「三菱は、中島飛行機に比べて製造部門の歴史も人材も豊富であったが、エンジン工場は戦争末期になっても中島飛行機ほどには品質は落ちなかった」「アメリカの新機種開発および量産の方針決定と日本のそれとを比べるとき、日本はあまりにも無秩序で一貫性がなく、行き当たりばったりな点が多く」といった一節に隠れたテーマが眠っているように思う。

日米を比較しても、当時、その大量生産システムはアメリカのライト社の指導を受けていて、情報はすべて筒抜けだった。日本は単体では優秀な力を持ち得てもシステムをつくる総合力は持っていなかった。エンジンという技術面から見た太平洋戦争論はそのことを教えている。（保阪正康・ノンフィクション作家）

（草思社・2940円）＝2007年9月13日⑥配信

議論喚起する力強い発言

「新祖国論」（辻井喬著）

この本は、現在マスコミで用いられている言葉を逆手に取って書かれている。

まず、ナショナリズムというと軍国主義ととられるので、なるべく用いずにいるため、この国のあるべき姿が見えなくなっている現状を著者は憂いて、あえて「新祖国論」を主張している。その動機は、時代が悪い方へ傾きはじめているという危機感である。

政治家も財界人も官僚も、あやしげな宗教団体も、民主主義の基本である主権在民を忘れて、国の指導によって、戦争の方向を目指して、国民をある方向へと指導し、社会に格差が生じているのを著者は、いろいろな事実にもとづいて指摘していく。

まずもっとも槍（やり）玉に挙げられているのが政治家である。基本的人権を無視し差別を当然と思っている者が、昔の治安維持法を想起させる共謀罪を提案したり、愛国心を持てと叫んだりしている。テロの危機を抑えるためにアメリカの起こしているイラク戦争に忠実に協力している唯一の国にしてしまっている。

そうではなくて、独自の外交政策を持ち、広島・長崎の被爆体験と平和憲法をかかげていくことこそが、本当の国際貢献だと著者ははっきりと主張している。日本は、アメリカの言いなりになって、主体性をもたない、なさけない国になったという。

その政治家を動かしているのが、経済発展至上主義の財界人であり、そのため社会全体から、生真面目（きまじめ）さ、若さ、倫理的性格が消えてしまっている。グローバリズムの悪に気づかず、依然として戦後の日本が目指した経済のみを目的としていては、祖国は堕落していくのみだと著者は言う。

全体に著者の祖国に対する情熱と危機感が書物を被（おお）っていて、きわめて説得的である。現在の腐敗堕落した日本を救うにはどうしたらいいか、この本ははっきりとした指針を示して、大いに読まれ、議論を喚起する力強い発言になっている。（加賀乙彦・作家）

（集英社・1890円）＝2007年9月20日①配信

未来へ続くふるさとの町

「海辺の博覧会」（芦原すなお著）

ふるさとの子どものころ、というのは誰もが持っているものだ。でも普段は忘れている。時に思い出しても、それはうんと遠い日だ。

ところがこの本の作者である芦原すなおさんは「あの海辺の町は、ぼくにとって時間的に地続きである。そこに戻るのは、なんの造作もないことだった」という。

「自分は若いころからちっとも変わっていないと思っていたが、すっかりいけなくなった。いけなくなったと言うと、死にかけみたいだけど、ほんとにそんな塩梅（あんばい）になった。これが歳をとるということなのだろうか。来月の九月には五十八歳になる」とその芦原さんはつぶやきながら、「産婦人科以外は全部診（み）る」ヤブの塚田せんせを訪ねる。

この塚田医院が「地続き」の海辺の町にあり、そこには子ども時代のわんぱく仲間がいて、栃錦に若乃花がいて、ヘビ食い娘がいて、「子盗りの後家さん」がいて、かわいい転校生がいて、プリモ・カルネラがいて、失恋して東京から戻ってきた青白い顔の兄ちゃんがいて、ローマオリンピックがあって、ソ連の月面観測用ロケット・ルーニク3号が飛んで、片山のじいちゃんは成仏して昔死んだ美人の奥さんのシズヱさんに会いに行って、秋祭りがあり、選挙犬がいて、博覧会がやってくる。

「地続き」だから思い出ではない。「日常」である。芦原さんはファンタジーもミステリーも書くが、その「日常感覚」がいつでも切実だ。それは「ぼくはもう一度、あの場所に戻る必要を感じた」からであるだろう。

日本の昭和三十年代、高度経済成長期のにぎわいはひどく懐かしいが、ぼくらはすっかり「いけなくなった」。芦原さんはいま「物語」の力と楽しさをもって、日本のこれからを創（つく）ろうとする。

ふるさとの海辺の町は、日本の未来へ「地続き」だ。ぼくは読んでいて、うれしくて、何度も涙がこぼれた。みなさんも目のすぐ前から地続きでつながっているこの町で、どうか忘れていたあなたと出会ってくださいね。なにしろ涙が、元気なのです。（大林宣彦・映画作家）

（ポプラ社・1470円）＝2007年9月20日②配信

天才的スパイマスターの闇

「顔のない男」（熊谷徹著）

東西ドイツが分裂していた時、HVA（情報収集管理本部）という東ドイツのスパイ機関を率いて暗躍したマルクス・ヴォルフをたどったドキュメンタリーである。著者はNHK報道局を経て、一九九〇年からドイツに居住し、統一ドイツを観察してきた。

この本のあとがきにもあるように、なぜ日本には本格的な対外諜報（ちょうほう）機関がないのか、といった論議が起こっている。しかし、この本は、そのような時局的興味だけでなく、もっと本質的な、人間の条件、責任といったことについて考えさせる。

ユダヤ人であったヴォルフは、ナチの弾圧を受け、共産主義に目覚め、戦後は、東ドイツを祖国として守るために、スパイ機関を組織し、西側の情報をさぐる。知的で、芸術的感性にも恵まれていた彼は天才的なスパイマスターとして、西側のインテリジェンスと渡り合う。西ドイツの首相ブラントの側近にスパイを送り込んだ事件は世界をあっといわせた。

そのようなジョン・ル・カレやレン・デイトンなどのスパイ小説の世界については私もいくらか知っていたが、ドイツ統一後のヴォルフについては、ほとんど知らなかった。この本はスパイ引退後のヴォルフにインタビューし、スパイ時代の闇がいつまでもつきまとっていたことを明らかにし、スパイの運命について考えこませる。

ヴォルフは引退し、東ドイツは消滅し、HVAも崩壊する。そして彼は東ドイツ時代の責任を問われる。彼が何十年間も、そのためにスパイとして戦いつづけてきた祖国は、悪の帝国であり、無意味なものであった、とされたのである。

つまり、本格的なインテリジェンスなるものは、信頼できる、意味のある祖国が確立されていないかぎりは、むなしいことを、この本は語っている。著者はNHKの記者として活動した後、フリージャーナリストとして統一後のドイツ経済、欧州の安全保障問題、対テロ戦争などを追いつづけてきた。その体験が生きている。（海野弘・作家）

（新潮社・1365円）＝2007年9月20日③配信

矛盾の縮図から可能性へ

「ルポ　最底辺」（生田武志著）

安定した職を求める「いす取りゲーム」からこぼれた非正規雇用者は三割以上。偽装請負や大手派遣会社での給与天引きなど不正が告発され、不安定就労の厳しい現実が明らかにされている。ついに国も日雇い派遣などに従事しつつネットカフェなどで泊まる人びとを「住居喪失不安定就労者」と称し、調査に乗り出した。

「住居喪失」とは「ホームレス」と同じ意味のはずだが、国は両者の区別にこだわっている。しかし、長年日雇い労働に従事しながら野宿者支援に取り組んできた生田武志の「ルポ　最底辺」は、震災被災者やネットカフェ難民、そして野宿者も英語本来の広い意味ではhomelessであることにこだわっている。

どうして人は野宿になるのか、そこから脱出するのがいかに難しいのか。若者による襲撃事件をきっかけに学校で取り組んできた野宿者問題授業を通して練り上げてきた「カフカの階段」やいす取りゲームの比喩（ひゆ）など生田の語りは分かりやすい。職や家、住所を失うのは一つ一つ階段を下りるようなものだが、野宿から脱するのは下りてきた何段もの分を一度に上るほど大変だ。失業者に対して国はほとんど無策で民間企業への就職を強いるばかりだが、「いす（職）」が少なければ必ず失業する者がいる。

携帯を使った日雇い派遣、職と住まいを求める若者や野宿者を食い物にする「貧困ビジネス」の跋扈（ばっこ）。今や全国がかつての釜ケ崎のような人を使い棄（す）てる「寄せ場」と化したかのようだ。しかし、生田は、野宿の現場で、当事者や支援者の人と人とのつながりを結び直すさまざまな試みが続けられていることに構造的貧困克服の可能性をも見いだしている。

野宿の現場は日本社会の「『矛盾の縮図』であると同時に、様々な人とのつながりや自由が存在する『可能性の縮図』でもある」。最底辺に限らず、いすを奪い合い、人を使い棄てるこの世の中に息苦しさを感じているすべての人びとに本書は新しい出会いの機会を与えてくれることだろう。（笹沼弘志・静岡大学教授）

（ちくま新書・777円）＝2007年9月20日④配信

迫真性持ったドキュメント　「ロッキード秘録」（坂上遼著）

七月の参議院選、民主党大勝、自民惨敗。九月の安倍総理、突然の辞意表明と新総理誕生へという政界激震のなかで、本書を読み進んだ。安倍総理辞意表明という事態は、数々の失政があったにせよ、何より政治とカネの問題を最後の最後まで払拭（ふっしょく）しきれなかった、そのことが根底にあったことは明らかだ。

政治とカネをめぐる戦後、最大の疑獄事件といえば、政界どころか、財・官界、さらにはフィクサーと呼ばれる闇の世界まで巻き込み、ついには田中角栄元総理の逮捕、起訴にまで至ったこのロッキード事件をおいてほかにあるまい。

本書はそのロッキード事件から約三十年、当時、事件にかかわった東京地検特捜部の吉永祐介特捜部副部長を筆頭にした四十七人の検事の動きを横軸に、捜査の流れを縦軸にして追ったドキュメントである。

何より捜査に携わった当の検察官の追憶でもなければ、著者自身が事件の取材にかかわったわけではない。そのことが逆に迫真性を持ったドキュメントに仕立てている。

昨今、鈴木宗男衆院議員の収賄事件捜査に伴って逮捕、公判中の佐藤優・外務省元主任分析官の一連の著書や、元東京地検特捜部の田中森一氏の著書、「反転」などによって検察の「国策捜査」なる言葉が取り沙汰（ざた）されている。いずれも最高最強の捜査機関である東京地検特捜部が微妙に間合いを取りつつ、恣意（しい）的に国家権力に沿った捜査をしているという指摘である。

このロッキード事件にしても当時、親中国に傾いた田中元総理への日米の国策捜査であったという声がいまだにかまびすしい。だが、そうした声は、かのロッキード事件から実に三十年、司法権力によってでしか、政治とカネを断罪できなかったことへの国民の恨み節でもあるのではないか。

参議院与野党逆転、政界激動の中、政治とカネの問題を司法権力ではなく国民の手で決着させる好機とするなら、いまあらためてロッキード事件を振り返る意義は大きい。（大谷昭宏・ジャーナリスト）

（講談社・1785円）＝2007年9月20日⑤配信

“怪物”を育てたのは誰か　「ウォルマートに呑みこまれる世界」（チャールズ・フィッシュマン著、中野雅司監訳、三本木亮訳）

本書の主人公は、徹底した低価格で世界最大の企業となった米国の小売業者であるが、まるでアメリカという国家そのものについての逸話を読んでいるような気持ちになる。ウォルマートは、アメリカという国がそうであるように、一方で勤勉、質素、規律、といった美徳を振りまき、他方で地域の弱小小売店をなぎ倒し、パートナーに対しては容赦の無いコストダウンを求める強面（こわもて）の市場支配者の顔を見せる。

つまり、今なお功罪をまき散らしながら膨張を続けている世界最大にして最強の「帝国」のような企業なのである。本書は、秘密主義の「帝国」の本当の素顔を解き明かそうとする。大型店舗の進出で衰退する商店街を目の当たりにしている日本人にも、見逃せないドキュメントである。

印象的なエピソードがある。ハフィー社という自転車メーカーがウォルマートの納入業者になり、「破滅的成功」を遂げる話である。「最初はオリンピック代表のコーチにトレーニングを受けたアスリートのように業績は伸びるが、しかし最終的にはやせ衰えて栄養失調になってしまう」

ある朝、この企業に九十万台分の注文が入る。ウォルマートの注文は絶対であり、できないと拒否することは取引停止を意味する。そこで、ライバルメーカーに設計図を渡し、生産を依頼するという禁じ手を使う。

「アップルがiPodのデザインをソニーに渡す」に等しい自殺的な戦術を使ってまで、ウォルマートの要請に応える必要があったのである。結局、同社はウォルマートが売る中国製のより廉価な自転車に負け、会社更生の手続きを申請しなければならなくなる。

注目すべきは、大が小を呑（の）みこむ弱肉強食の競争の苛烈（かれつ）さではない。大の無言の圧力によって小が、その生き方や、価値観まで自らすすんで変えてしまうという、ビジネス倫理の変容の方である。「帝国」が生み出す犠牲者は、「帝国」の加担者でもあるということだと、本書は教えている。「安さ」を求める私たち消費者もまた、この“怪物”の加担者であり、一方で使い捨てにされる労働者にもなりうる。（平川克美・文筆家）

（ダイヤモンド社・2100円）＝2007年9月20日⑥配信

かむほど味がでる警察小説

「ビター・ブラッド」(雫井脩介著)

警察小説だが、ミステリーとしては地味な印象だ。謎解きにはさほど力点がおかれておらず、スリリングな場面もそう多くはない。だが、面白い。かむほどに味がでてくる、といった趣だ。事件の捜査にからめて、父と子の葛藤(かっとう)や心のきずながきめ細かく、ときにユーモラスに描かれており、家族小説としても読める。

新米刑事の夏輝が、はじめて担当した殺人事件でコンビを組まされた相手は、彼が幼いころに家庭を捨てて出て行った父親の刑事、明村だった。その事件の一カ月後、明村の上司の捜査一課係長が何者かに殺される。やがて警察内部の者が犯行にかかわっているという疑いが浮上し、捜査本部内に、微妙な空気が流れはじめる。

ゴブリン、スカンク、チェイサーといったあだ名をもつ、個性的な刑事たちが登場する。その中でも異色ぶりが際だっているのが、ジェントルと呼ばれる明村だ。"ジャケットプレイ"が得意で、ノリの軽いこの父親が、夏輝は疎ましくてならず、言われることにいちいち反発する。だが読むほうは明村の言葉に父親の愛情を感じ、キザだがどことなく憎めないこの男に、親近感をおぼえずにはいられない。

本書で描かれるのは、聞き込みや、情報屋から得たネタの裏づけといった、足を使う地道な捜査の実態だ。先端技術による科学捜査を扱う、米国のミステリーを日ごろ翻訳している身には、こうした古典的な手法がむしろ新鮮に感じられた。

聞き込みの際の効果的な身分証の提示法や、似顔絵を見せたときの相手の反応の真偽を目の動きで判断する方法を、明村が夏輝に伝授するといった場面も、興味深く読んだ。科学捜査がいかに進歩しようと、長年の経験に裏打ちされた刑事の勘や洞察力、人間観察の目は、やはり捜査の上で大きな力になるのだ。

最初の事件の現場で、夏輝が蚊をはたく場面がある。これがあとで生きてくるのだが、こうした視点の細やかさも、日本のミステリーならではのような気がする。(相原真理子・翻訳家)

(幻冬舎・1785円)=2007年9月27日②配信

亡くなって輝きを増す言葉

「城山三郎の遺志」(佐高信編)

城山三郎さんが亡くなってから、生前のエッセーや対談を集めた本の出版が相次いだ。本書がその最後となるのではないだろうか。編者の佐高信氏は、文壇づきあいのほとんどなかった城山さんにもっともよく会っていた人だから、最後を飾るにふさわしいかもしれない。

三部構成の第一部は、城山さんのエッセーとインタビューを集めたもの。第二部は吉村昭氏や内橋克人氏らによる城山さんの人物スケッチや作品論。第三部は佐高氏との対談や鼎談(ていだん)を集めたもの。佐高氏が本書にこめた思いは、「護憲の人・城山三郎」の姿を正確に伝えようということだろう。

ありものを適当に集めてつくったような志の低い本とは違う。私が注目して読んだのは、第一部の「天皇制への対決」と三島由紀夫のモデル小説「絹と明察」をめぐる批評、そして第三部の「小説とノンフィクションの境界を越えて」という佐高氏との対談。この三本が本書の核心だろうと思う。

前者ふたつのエッセーは、単行本未収録。私ははじめて読むことができた。「天皇制への対決」は、現天皇の皇太子時代の御成婚をめぐる国民的熱狂から「逃げ」て伊豆にひきこもった城山さんによる怜悧(れいり)な考察。天皇家の政治利用に警鐘を鳴らすというか、戦前に逆戻りしていると悲嘆し、怒りを嚙(か)みしめている。

三島作品についての批評は、手厳しい。ある企業の実際にあった争議に材をとった三島作品に対して「社会と人とのダイナミックなかかわりあいなど描かれてもおらぬし、描こうともされていない」と断じる。裏返せばこれは城山さんご自身の創作姿勢を物語っているし、三つめの「対談」ではそのあたりのことが詳しく語られて、私は目を洗われた。

生前語られた言葉が、その人を失って輝きを増すのは、どうしてなのだろう。もう二度と、生身のその人に出会えないからだろうか。(高山文彦・作家)

(岩波書店・1785円)=2007年9月27日③配信

スリリングな日本文化論

「『結婚式教会』の誕生」（五十嵐太郎著）

郊外の幹線道路沿いにこつぜんと姿を現す、ゴージャスな大聖堂。「めし」と看板の出た食堂の隣に建つ、ロマンチックな造りの聖○○教会。

いずれも、ブライダル産業が建てたウエディング・チャペル。つまり「信者なき教会」である。新宗教と建築など、ユニークな評論で知られる著者が、今度はこうした「結婚式教会」に挑んだ。

キリスト教徒が人口の約1％しかいない上、少子化、非婚化まっしぐらのこの国でなぜ、豪華なチャペルが全国各地に次々建つのか？　著者は「聖地巡礼」の旅に出る。

ノートルダム寺院風、ケルン大聖堂風。結婚式教会は、本物に比べ、はるかにゼータクでエキゾチックである。建築のプロが見たら、どれほどフェイクであろうともだ。

結婚式教会は、キリスト教会「らしさ」（ただし西洋限定）を濃縮し、強調するという商売上の宿命を持つ。階段やバージンロードの長さが競われるのも、写真とともに記憶されるための舞台装置ゆえにだと、著者はいう。

ホテルなどでの挙式を含め、カップルの約三分の二がキリスト教式を選ぶという現在、「今やフェイクの方が教会らしさを提供している」（著者）のだ。

結果、世界的にも奇妙な「教会」が、この国に増えていく。信者が増えたという話は一向に聞かないのだけれども。

建築から入り、著者の考察は日本人の結婚観や宗教観にも及ぶ。誕生から死までの間で、「あからさまに複数の教義を混在させた儀礼をもつ」文化圏ゆえに、結婚式教会なる存在は、驚異的な発展を遂げたのだと。

つけ加えるなら、発展をもたらした最大のエネルギーは、日本女性の欲望だと私は思う。

「てんとう虫のサンバ」に歌われたチャペル婚から三十余年。オタクが秋葉原を「趣都」化させたように、「アタシがサイコーに輝くため」にはカネと時間を惜しまぬ女の欲望はいまや、本物もフェイクも踏み越えて、国の景観を変えつつあるのだと、本書を読めば実感させられる。かなりスリリングな日本文化論だ。（島村麻里・フリーライター）

（春秋社・1995円）＝2007年9月27日④配信

スクープの裏の人間ドラマ

「ニュース・ジャンキー」（J・レオポルド著、青木玲訳）

一読、「これは映画になる！」と思った。巨大企業の不正を暴くため取材に駆け回る型破りのジャーナリスト、彼がひた隠しに隠す忌むべき過去、その背景に潜む家族との確執ときずな—。ハリウッド好みのドラマが、本書にはぎっしり詰まっている。しかもすべて「実話」である。

地方紙の記者を経て米ダウ・ジョーンズに勤めた著者は米国史上最大の企業犯罪「エンロン事件」の真相を次々とスクープする。電力の不正取引などで二〇〇〇年のカリフォルニア電力危機の一因となった経済事件だ。

熾烈（しれつ）な取材競争の舞台裏、ネタ元との虚実ないまぜの駆け引きが読みどころだ。特ダネのためには時に情報源をだまし、裏切り、利用する。逆にハメられ、追いつめられる。著者はうそぶく。「情報をどうやって手に入れたかは大した問題じゃない。倫理をふりかざすジャーナリストもいるが、あんなものには一文の価値もない」

彼を突き動かすのは、巨悪を許さぬ正義感と真実の追求…ではない。筆一本で世の中を動かす全能感、ライバル紙や同僚を出し抜く優越感だ。めくるめく自己陶酔の快楽を求めて、彼は取材にのめりこみ、暴走し、やがて社を追われる羽目に。

正義のヒーローにはほど遠い。攻撃的なくせに繊細、負けず嫌いでかんしゃく持ち。失敗をやらかしそうな時は、幼少時からの父親による虐待の記憶がよみがえる。名を上げれば上げたで、コカイン中毒とアルコール依存症、窃盗の前科といった素性がばれないか、恐れおののく。

著者は記す。「自分の罪と恥の意識を、他人のもっと大きな罪を暴くことで打ち消そうとし、そのために報道の仕事を利用したのである」

過去から逃げず、本来の自分と向き合うためにつづった自叙伝。その意味で本書は一人のか弱き人間のざんげの書、自己回復の記録でもある。そしてその底には著者を支える妻の愛という、もう一つのテーマが流れる。

日々報じられる一片の無機的なニュースの向こうには、生身の人間がうごめいている。それを鮮やかに伝える一冊。（片岡博・文筆業）

（亜紀書房・2310円）＝2007年9月27日⑥配信

土地と結んだ深いきずな

「日本橋バビロン」（小林信彦著）

江戸時代に「両国・浅草」と称された二つの盛り場があった。本書のタイトルには“消えた”盛り場であるかつての「両国」と、栄華を極めながら廃虚と化した古代都市「バビロン」の幻影が二重写しにされている。

江戸時代の両国が現在の両国とは異なることを、本書で初めて知った。一九七一年まで隅田川の両国橋の西が両国、東が東両国と呼ばれていたが、町名変更で元の両国は消え、東両国のみが両国になったのだという。消された方の両国（現・東日本橋二丁目）こそ、著者の生まれた街である。

巻末の「創作ノート」によれば、本書の構想は一九七〇年代に始まっている。十一年前に出版された「和菓子屋の息子」では、旧日本橋区の老舗の和菓子屋の没落と消滅が、跡継ぎに生まれた著者の視点で語られていた。今回は江戸時代までさかのぼり、関東大震災で全滅し、太平洋戦争末期の大空襲で再び焦土となった両国という街の変遷をたどりつつ、著者の祖父や父の生涯を浮かび上がらせている。三代にわたって一つの土地と深いきずなを結んだ人間の「心情を内側から描いた」と書かれている通り、人々のさりげない日常生活の描写が心に残った。

特に、盛り場で生まれ育った著者の子供時代が興味深い。エノケンはつまらないが、古川ロッパは面白いとひらめいたのは日米開戦の直前。「こういう勘はだいたい当るのであるが、それが私の人生にとって幸せであったかどうかはわからない」という著者は当時まだ小学一、二年生なのだ。

戦後の店の没落、不愉快な親せきたち、父の死。一家は店の暖簾（のれん）を売って両国を離れることになる。そのとき著者には何の感傷もなかったが、旧町名が消滅したころから生まれた地に愛着を感じるようになったという。

ちなみに、あえて書かずにおくが、本書の最後の場面には、驚くべきファンタジーのような幕切れが用意されている。（黒岩比佐子・ノンフィクション作家）

（文芸春秋・1550円）＝2007年10月4日①配信

ささやかな愛に満ちた日常

「あなたがここにいて欲しい」（中村航著）

中村航の小説には「キュート」という言葉がよく似合う。「かわいい」ではなく、「キュート」。シンプルだけどささやかな愛に満ちた日常。一見とぼけているようでいてその実、すがすがしいくらいに素直な登場人物たちの短い会話。それらがぱちりと組み合わさって、なんとも「キュート」な雰囲気を醸し出す。

表題作の「あなたがここにいて欲しい」は、大学生の吉田くんと、幼稚園からの友達の又野くんとの友情を主軸にした物語である。

吉田くんは又野くんにあこがれていたが、中学に入ると又野くんは不良になり、やがて高校を中退してすし店で修業を始め、二人は別々の道を歩きだす。

子どものころの、満ち足りた幸福な一瞬を通り過ぎ、常になにかが欠けているのを感じながら生きなければならない大人になった二人の間には、昔とは少しだけ違う空気が流れている。互いに守るべきものができた誇らしさと、わずかな寂しさ。

読みながら、ああ、きらきらしているな、と思う。二人の思い出も、同じ研究室に所属している吉田くんと舞子さんの恋も、目を細めたくなるようなまぶしさがある。

だけど、キュートできらきらしているだけでは、実はなにも面白くはない。この物語を読んでいてほっとした気持ちになるのは、思春期の心に宿る暗やみやいら立ち、目の前の世界との縮まらない距離など、そういったものを不器用ながらもなんとか消化した上で、吉田くんたちが歌うように生きているからだろう。

物語の前面には出てこないそうした暗部をうまく背景に置くことで、彼らの姿はひときわ輝くことになる。キュートだけど、キュートなだけじゃない。バランス感覚に優れた小説なのだ。

ちなみに、カメラの分解が好きな吉田くんは、著者二作目の「夏休み」に登場する吉田くんと同一人物である。そうしたつながりを意識すると、よりいっそう楽しめるかもしれない。（生田紗代・作家）

（祥伝社・1470円）＝2007年10月4日②配信

サッカー名実況の舞台裏　「メキシコの青い空」（山本浩著）

サッカーの実況を、音を消して見ることが多くなった。空疎な絶叫調のアナウンスが多すぎるからだ。山本さんのだったら聞くのに。そう思う。

山本さんというのは、この著者、長くNHKでサッカー中継を担当し、多くの大試合を実況してきた名アナウンサーである。その舞台裏はどうなっていたのか。名実況の生まれる背景は。そして間近で見たスター選手たちの素顔は。豊富なエピソードを交えながら、二十五年にわたるみずからのサッカー実況を振り返ったこの一冊は、古くからのサッカーファンはもちろん、若いファンや、スポーツアナウンサーを目指すような人にとっても大変興味深いものだ。

絶叫調の悪口を書いたが、著者だって絶叫しないわけではない。一番有名なのは、一九八六年ワールドカップ（W杯）でのマラドーナの五人抜きゴール。あの時、著者は、「マラドーナ」と四回叫んだ。なんだ、そんなの誰でもできるじゃないかと思うかもしれない。しかし、その「マラドーナ」にはくっきりとしたニュアンスの違いがあり、その違いで見ている者の興奮をおのずと高めていった。名前が絶叫されるごとに、マラドーナが地獄の衛兵をひとりずつ斬（き）り倒していく。そんな感じを受けたことをはっきり記憶している。そうした名実況も忠実に再現されていて楽しい。

すぐれた実況は、事前の取材、情報収集によって左右されることもよくわかる。さらに、職業上の秘密も。たとえば、「しゃべるときには下唇の内側を意識してしゃべる」という。「そうすることで、切れのある言葉を機関銃のように発する準備が出来る」のだそうだ。

個人のメモワールであると同時に、日本サッカーの四半世紀の歩みもおのずと浮かび上がる好著である。

ちなみにタイトルは、八五年のW杯予選での著者の実況、「国立競技場の曇り空の向こうに、メキシコの青い空が近づいているような気がします」から採られた。三十五歳以上のサッカーファンなら、おそらく誰もが記憶している名文句である。

（阿部珠樹・スポーツライター）

（新潮社・1680円）＝2007年10月4日③配信

病気の遺伝子の謎解き物語　「迷惑な進化」（シャロン・モアレム著、矢野真千子訳）

人類には遺伝子の異常によって生ずる病気がたくさんある。進化とは自身の健康を脅かす遺伝形質を嫌うものだろうから、自然選択の結果、病気の遺伝子は徐々に淘汰（とうた）されてもよさそうだ。たとえば、本書にも登場するハッチンソン・ギルフォード早老症候群は遺伝子の異常により生ずる病気だが、この遺伝子は子孫に受け継がれることはない。

なぜなら、この病気の人は十歳代の半ばまでしか生きられないからだ。だからこの病気は極めて珍しい。六百万分の一という出現確率は突然変異率と等しいのではないかと思う。

しかし、中にはあまりまれでない遺伝子病もあるし、特定の地域や民族に比較的よく見られるものもある。不利な遺伝子が淘汰されないのはなぜか。それは近過去に、病気の遺伝子にとって有利な状況があったからではないか。本書はその謎解きの物語である。

著者は鉄を過度に蓄積してしまうヘモクロマトーシスという遺伝子病の患者だという。本人がそう告白している。ヘモクロマトーシスは欧米では割合よくみられる。日本ではまれだ。それは中世のペストの流行と関係があるらしい。この病気の人はペストにかかりにくいというのだ。ペストの流行の結果、ヘモクロマトーシスの遺伝子は増加し、その影響が今日まで残っているわけだ。

こういった調子で、糖尿病は氷河期を生き延びるための適応だ、あるいは、コレステロール値が高いのは、わずかな紫外線でビタミンDを作ろうとする北欧の人々の適応だ、ソラマメを食べると中毒する遺伝子を持っている人はマラリアに対して耐性がある、といった話が続く。病気の進化は遺伝子の突然変異と自然選択でとてもうまく説明できる。ただし、生物の進化がそれですべて説明できるわけではない。

後半は、遺伝子の発現は遺伝子以外の要因によって制約されているという最新の話題で、これもとても面白い。ただヒトは水中で進化したという説だけはウソだと思うけどね。（池田清彦・早稲田大教授）

（NHK出版・1890円）＝2007年10月4日⑤配信

軽妙な語りの多文化主義

「シマ豆腐紀行」(宮里千里著)

沖縄旅行でおいしかった豆腐チャンプルー。帰ってから作ったけれど、うまくいかない。

それもそのはずと、この本を読んで、深く納得。著者によれば、豆腐そのものが「異質」だと。

まず硬い。一丁の重さは、全国平均の三百グラムに対し、なんと三倍。しっかりとした味がある。そして何より、出来たてのアチコーコー(熱々)を食べられる。

特色あるシマ豆腐を追い、ハワイ、南米、アジアを旅した見聞を、はずむ文章で伝えてくる。たっぷりの注釈は、ミニ沖縄事典ともなっていて、二割増量のお得感。

沖縄の人にとって豆腐は、身近で、なくてはならぬ食品だ。石臼さえあれば作れて、家族の胃袋を満たし、暮らしを支えるものともなってきた。

そのありかたは、はるかブエノスアイレスでも健在だ。作り手である移民の子孫が、オスカルやフーリオと、現地の名前になっているだけで。

中国では沖縄と同じく、生のままの豆を絞って作っていた。それも日本の他の豆腐とは、違う点。福建省には、ゴーヤーと混ぜてチャンプルーにする料理まであった！

日本の他の豆腐が、中国より朝鮮半島を経て伝えられたと推測しながら、シマ豆腐は福建省から直に沖縄に来たのではないかというのが、著者の説。

軽妙で楽しい語り口ながら、底に感じられるのは、単一文化主義への抵抗だ。

地球の反対側の移民先で、一世紀の時を経ても、本来の姿で生き続けてきたシマ豆腐が、本土「復帰」で、存続の危機にさらされた。

当時の食品衛生法では、豆腐は水にさらさないといけない。アチコーコーが命のシマ豆腐にとって、それはほとんど自殺行為。やむなく廃業した店も、多かったとか。

詳しいいきさつは本に譲るが、結果的にシマ豆腐は、自主独立を勝ち得て、今日に至る。

そんな歴史を知って、読み返すと、文中のウチナーグチ(沖縄の言葉)の多用も、ゆえあることに思えてくる。多文化主義の試みかと。

見かけ以上に、噛(か)みごたえのある一冊だ。

(岸本葉子・エッセイスト)

(ボーダーインク・1680円)＝2007年10月4日⑥配信

中朝関係の衝撃の事実

「対北朝鮮・中国機密ファイル」(欧陽善著、富坂聰編)

中国の専門家たちが、中朝問題について書いた初めての本という。衝撃的な事実を、次々と明らかにしている。

二〇〇六年七月のミサイル発射の際、北朝鮮は中国にまったく事前通告しなかった。十月の核実験の時は、わずか二十分前に通告を受けたに過ぎなかった。中国の指導層は、北朝鮮に強い不満を抱いている。それでも、崩壊させるわけにはいかない。なぜか。

「四百キロメートルにわたる戦略防御地帯を失う」ためだ。もし統一された朝鮮半島に在韓米軍が引き続き残留すれば、「遼東半島と渤海湾の出口が完全に封鎖され」「米陸軍と戦略爆撃機、中距離ミサイルが直接東北、華北地域に脅威を与える」からだ。朝鮮戦争以来、中国にとって北朝鮮の地勢的重要性は、変わっていない。

著者は北朝鮮が崩壊しない理由について、中国の支援と中朝貿易のためと指摘する。中国は必要最低限の石油や食料を、なお援助している。

日本では、新聞報道や専門家の多くが、中朝関係を「鮮血の同盟」と表現してきた。朝鮮戦争を戦った「強固な同盟」という意味である。

だが、この本はこうした表現がいかに現実と違うかを、詳細に説明している。

〇六年一月に、金正日総書記は中国を訪問した。この訪中について、日本のマスコミと専門家は「改革開放を学ぶため」と述べた。だが、真実はマカオの銀行「バンコ・デルタ・アジア」の預金凍結の解除を求めるためであった。しかし、中国は北朝鮮に協力しなかった。

北朝鮮は、いまや中国への偽札と麻薬の最大の製造供給基地という。中国人が北朝鮮と朝鮮人を尊敬していない現実も、えぐりだしている。中国は、もはや北朝鮮のために戦争するつもりはない。だから、拉致問題の解決には、北朝鮮の日中分断作戦はもちろん、中国の日米分断戦略にも乗せられてはならない、と警告している。(重村智計・早稲田大教授)

(文芸春秋・1850円)＝2007年10月11日①配信

自転車競技に懸ける青春

「サクリファイス」（近藤史恵著）

自転車ロードレースというものがどういうものか知らなかったので、本書を読んで驚いた。ツール・ド・フランスという大レースが海外にあることはテレビなどで知っていたが、その実態は知らなかったのだ。いやはや、すごい。実に過酷なスポーツだ。

驚くのは、ロードレースは個人競技だが実は団体競技に近く、チームのエースが勝つように戦略をたてるスポーツであることだ。そのために他のメンバーは風よけになったりして犠牲になる。まことに特異なスポーツといっていい。

この長編の主人公は、陸上競技の選手だったが、勝つことを求められる陸上になじめず、アシスト役に徹して人を勝たせるために走る自転車ロードレースの世界に転身してくる。つまり彼にとって、この競技は天職なのである。この設定が秀逸だ。

本書ではそういう自転車ロードレースの世界が、克明に描かれる。ヨーロッパで紳士のスポーツと言われるように、総合優勝を狙える選手は区間優勝をがつがつ狙ってはいけないとか、風を受ける先頭役はたとえライバルでも交代にするとか、レースそのもののディテールがひたすら面白い。

あるいは、自転車ロードレースの選手であるかぎり、レベルの高いヨーロッパのチームに入って走りたい、と思うのは当然の夢だが、ヨーロッパのチームのエースは自国の選手に限られ、他国の選手はアシスト役にしかなれないことなど、この競技の特殊な事情が次々に語られて興味がつきないのである。

それだけでも、自転車競技に懸けた青春小説としてたっぷりと読ませるのだが、さらにこの長編はミステリーでもあるのが驚異。どういうミステリーかは読んでのお楽しみにしておくが、自転車ロードレースという特殊な世界、そして選手の性格などがすべて見事な伏線になっているから素晴らしい。

本年度の収穫の一冊だろう。スポーツ小説の時代に贈る、近藤史恵の傑作だ。（北上次郎・評論家）

（新潮社・1575円）＝2007年10月11日②配信

女の底力に圧倒される

「人妻魂」（嵐山光三郎著）

本が売れなくて一番困るのは版元だろう。

そんなこともあってか、出版社は鵜（う）の目鷹（たか）の目になって、よくぞこんなもの書きがいたとおもわれるような執筆者を探し出してはベストセラーに仕立てあげている。しかし、当初はそれでいいのだろうが、数年もすれば、ああ、そういえばこんな本があったなあ、と、それらの本は古書店の店頭で二束三文で売られている。

嵐山光三郎の本には確実なファンが多い。「文人悪食」、「文人暴食」、「悪党芭蕉」（ほかにもまだあるが）、といった名著を地に足のついた筆さばきで発表している。

この「人妻魂」も、そういった意味では嵐山光三郎ならではの名著といっていいだろう。ここには五十三名の、それぞれの時代を生き抜いた人妻たちが取りあげられている。彼女たちもそうだが、その夫たちにしても、一癖も二癖もある曲者（くせもの）たちばかりだ。彼女たちの人妻ぶりを読んでいるとつくづく女の底力に圧倒される。まさに「人妻力」と呼んでいいだろう。

駄目な男のことを「あいつは女の腐ったような奴（やつ）だ」などと言うが、女たちはそんな例に引き出されるように柔弱ではないのだ。

ラフカディオ・ハーン（小泉八雲）は、来日するまで日本の女などを軽く見ていたらしいが、士族の娘セツを嫁にするとメロメロになり、むしろ尻に敷かれてしまう。西洋人と結婚したセツは松江の人たちからいろいろ悪口を言われたが、日本の武士の嫁はそうそう柔（やわ）ではない。しっかりとハーンを導いていったのだ。彼女はハーンを尻に敷いたが、決して威張っていたわけではなく、むしろ古いタイプの貞淑でやさしい女性なのだと著者は書いている。

わけのわからない女たちの氾濫（はんらん）している現代、世の男も女も、この本を読んでそれぞれの本質をしっかり学んで欲しい。楽しく読めてためになる、そんな一冊である。（安西水丸・イラストレーター）

（マガジンハウス・1470円）＝2007年10月11日③配信

富裕層の実態を明らかに

「ザ・ニューリッチ」（ロバート・フランク著、飯岡美紀訳）

自由主義を掲げ、格差の存在を是認する米国では「格差社会」をテーマにした書籍がたくさん出ている。しかし、これまでは格差社会の底辺に位置する階層の研究ばかりが先行しており、その対極に位置する富裕層の実態については、ブラックボックスのままになっていた。このブラックボックスの部分を、明らかにしてくれたのが本書だ。

米国の富裕層の消費活動、慈善活動、抱える負債などの実態を、統計データと個別の綿密な取材に基づいて紹介している。富裕層を研究するうえで、第一級の資料といえよう。

本書によると、現在の米国には、百万ドルを超える金融資産を持つ「ミリオネア」が九百万世帯も存在する。しかも、「ミリオネア」の数は年々増え続けており、過去十年間で倍増した。著者は、金融市場の発達とカネあまりの状態が、株式投資による利益や新規株式公開（IPO）による資金調達機会を生み出し、これが米国で膨大な富裕層を生み出す原動力になったのではないかと考察する。

そして、現代の富裕層に共通する特徴として、①親からの財産を引き継ぐのではなく独力で資産家に上りつめた人が多い②富裕層の多くが三十代、四十代の働き盛りの人たちによって占められる③富裕層のなかでも「アッパー」「ミドル」「ロウアー」の三つの階級があり、それぞれの階級は分断され反目している、といった点を挙げている。

個人的にとくに興味深かったのは、富裕層の増加は下層に恩恵をもたらすかどうかという考察だ。著者は、トリクルダウン効果（富裕層が消費をすると、そのおこぼれで下層の人々も潤う効果）によって、富裕層の増加は、下層の人々にも恩恵をもたらしていると主張する。

だが、個別のケーススタディーでは真実でも、経済全体でそれが当てはまるだろうか。もし、本当にトリクルダウン効果があるなら、富裕層が急増する米国で同時にワーキングプアが増加することはないと思うのだが。（門倉貴史・BRICs経済研究所代表）

（ダイヤモンド社・2100円）＝2007年10月11日④配信

贋作事件の経緯を活写

「私はフェルメール」（フランク・ウイン著、小林頼子、池田みゆき訳）

最近は日本でもオランダ十七世紀の画家フェルメールが人気で、今秋も名作「牛乳を注ぐ女」が東京で展示され、美術界の話題をさらっている。

「もしこの名作が贋作（がんさく）だとしたら」などと考える人はいないだろう。そんなことはアリエナイ話だからである。ところが、誰もがアリエナイと思うような、フェルメールにまつわる贋作事件がかつてあったというのが、本書の内容である。

問題の中心となったのは「エマオの食事」という聖書の逸話を描いた絵であった。一九三七年、この絵が発見されたとき、これはまだ発見されずにいたフェルメールの初期と成熟期の空白期を埋める貴重な名作だ、と権威に認定され、当時の美術界をはじめ多くの人に感動を呼び起こした。

この「名作」が、ファン・メーヘレンなる画家の仕掛けた贋作だったことが四五年に発覚する。なぜ発覚したかについての奇妙きてれつな経緯については、本書をぜひご覧いただきたい。ジャーナリストの著者は、この贋作者の一生を追いながら、なぜ贋作は手がけられたのか、どのようなテクニックで制作されたのか、当時の世の中の反応はいかなるものだったか、それらをまるでミステリー映画の台本のように面白く活写している。

本書の読後感は複雑だ。権威ある者が偽物にだまされるのは笑えるが、本物と偽物の関係をぐらつかされるという意味ではかなり怖い話でもある。

「エマオの食事」には元絵というものはない。つまりこの絵はフェルメールのコピーではなく、フェルメールの偽サインがあるとはいえ、絵自体はファン・メーヘレンのオリジナル作品なのである。それを世の中が、フェルメール作の傑作として絶賛した。バレなければいつまでもフェルメール作として感動を呼んでいたわけで、ならばファン・メーヘレンなる人物は、本書のタイトルどおり、「私はフェルメールだった」と言えなくもない気がしてくる。

贋作はまぎれもない犯罪ではあるが、オリジナリティーという言葉が保証する価値観への異議申し立てとも思えてしまうのは、私だけだろうか。（森村泰昌・美術家）

（ランダムハウス講談社・1890円）＝2007年10月11日⑤配信

根拠なき日本人像の物語

「スポーツニュースは恐い」（森田浩之著）

毎日、スポーツの話題に事欠くことのない今日、メディアはスポーツをネタにして、じつに多くの「物語」を紡ぎ出している。が、その中身はきわめて単純。「オヤジ趣味」の「日本人のイメージ」でしかない。

女性のアスリートが活躍すれば、アスリートであること以上に女性であることが注目され、「支える男」（夫の協力）や「子供への授乳」が物語の中心になる。

海外（メジャーリーグ）で活躍する日本人選手が出現すれば、食事や言葉の「壁」に関する苦労話が語られる。そうして執拗（しつよう）なまでに「日本人であること」がイメージとして押しつけられる。

このようなステレオタイプは、日本に対してだけでなく、アフリカ人に対しては「高い身体能力」という表現で、ドイツ人の優れたゴールキーパーに対しては「ゲルマン魂」として使い分けられる。

そうしてスポーツニュースに日々接するわれわれは無意識のうちに「何か」を「刷り込まれる」。「何か」とは…無意識のセクハラであり、人種差別であり、外国に対する違和感であり、日本人は身体能力に劣るが組織力では勝るという先入観であり…つまるところ、まったく根拠のない「日本人像」ということになる。

著者の指摘は核心を突いており、読んでいて痛快でもあり、本書が多くの人に読まれる結果、レベルの低い日本のスポーツ報道が少しは改められることを望みたい。が、せっかくここまで分析するのであれば、なぜこうまでレベルの低い報道がまかり通ってしまうのか、というところまで足を踏み入れてほしかった。

団体行動とチームプレーの区別すら判然と認識しないまま、スポーツの歴史すら学ぶ機会のないまま、スポーツ報道に携わることのできる日本のスポーツジャーナリズムは、明らかに、それらを認識（あるいは体感）したうえでスポーツを遊んでいるヨーロッパの報道とは異なるはずである。

著者には、この快著に続く日本のスポーツジャーナリズムをえぐる第二弾をぜひとも期待したい。（玉木正之・スポーツライター）

（NHK生活人新書・735円）＝2007年10月11日⑥配信

どたばたエンタメに脱帽

「有頂天家族」（森見登美彦著）

なんでファンタジーって、こんなにも根強い人気があるんだろ。魔法とかタイムスリップとか私と彼の中身入れ替わり!?　とか、ありえねーだろ。でも「ハリー・ポッター」シリーズも「千と千尋の神隠し」も、めちゃんこヒットしたなぁ。

話題の作家、森見登美彦。今や本屋で平積みされまくりの彼の新刊は、狸（たぬき）一家の物語だ。どファンタジーですわ。ありえねー。でも読んでないのに悪口言っちゃだめよ、私。てなわけで新刊「有頂天家族」に挑戦。

この本は、狸の一家、下鴨家を中心に、天狗（てんぐ）と狸と人間たちが、狸界の大統領選（？）と悪夢の狸鍋をめぐり、京都の町で起こすひっちゃかめっちゃか〜、どたばた〜のエンターテインメント。

読み始めてみると、あら、意外と読みやすい。モリミー（森見ファンは彼をこう呼ぶ）のレトロで硬質な文体に、狸と天狗がしっくりとなじむ。さらに京都の町が緻密（ちみつ）に描かれ、その上にファンタジーが織りなされているから、説得力がある。

家族愛がテーマのこの本、その愛情もさることながら狸の四兄弟を通して描かれる「ヒーローへの思い」が印象的。主人公の三男は破天荒でやんちゃな問題児。一方長男はきまじめで、三男にいつもお説教をする。しかし正念場に弱い長男は、いつも三男に助けられる。その時の長男の面目丸つぶれの悔しさと、おれって本当は無力？　という不安と葛藤（かっとう）の渦巻き、長男ゆえの声に出せない孤独…せ、せつねえー。わかる、わかるよ兄貴。

正直、ファンタジーはオタクの読み物だと思ってた。まぁ実際、オタク臭は漂うのだけど、その先に森見登美彦という人が抱くあこがれと挫折、でもいつかヒーローに、という彼自身のあきらめきれない希望が描かれている気がした。想像以上に没頭。そして脱帽。もう食わず嫌いはしないわ。バカにしててごめんねファンタジー、そしてモリミー。（宮田和美・フリーライター）

（幻冬舎・1575円）＝2007年10月18日①配信

愚行の上に成立する文学

「荒地の恋」(ねじめ正一著)

「荒地」派の詩人たちの作品を私は昔からたくさん読んできて、なにがしかの影響を受けてもきた。北村太郎、田村隆一、鮎川信夫の名は、小説の第一次戦後派の作家たち、野間宏、大岡昇平、梅崎春生などと呼応し、戦後生まれの私などにはまぶしい限りである。

もちろん私は彼らの作品を愛好していたのであり、それで十分だ。彼らの人生について、戦地から復員してきた以後どう生きたかは、そう詳しく知っているわけではない。この小説は、「荒地」派の代表的な詩人である北村太郎や田村隆一や鮎川信夫の、人生はもとより、日常的な細部まで丹念に描いている。

円満とはほど遠い彼らの人生は、死ぬまでまさに荒れ地をいくようである。愛欲という苦しみをわざわざ呼び出してしまうのは、壮絶を通り越して、滑稽(こっけい)でさえある。しかし、そうしなければならないのが、詩人であり作家なのだ。彼らの累々たる愚行の上に、私たちの文学は成立しているのである。

人を愛することは、どういおうと相手を貪(むさぼ)ることである。世間から見ればどうにもならない人生を送り、同時に生の深淵(しんえん)をのぞき見させてくる北村太郎という詩人を、作者ねじめ正一氏は心から愛しているのだ。本書に登場する何人もの女たちが北村を愛するように。そうでなければ、一人の詩人の破滅的な人生に、ここまで深く持続的に付き合えるものではない。

「あなたは偏狭になりながら次第に/魅惑を増してゆくふしぎな人だ」(「パスカル」)

北村太郎は一人の女のことをこう書いているのだが、女を好きになって自らも偏狭になり、出口のない袋小路の中に迷い込んでいく。そして魅惑を増していくのだから、文学とはやっかいなものである。

「荒地」派の背景には戦争の影が覆いがたくあるのだが、詩人たちは平穏たるべき日常生活も、戦場にしなければ気がすまないようである。古い友人の妻を奪い、極限の偏狭に自らを追い込んでいくことにより詩を書いた北村太郎に、ねじめ氏と同様、私も因果なことに共感を持つのである。

(立松和平・作家)

(文芸春秋・1890円)=2007年10月18日②配信

痛みから目をそらさずに

「夜明けの縁をさ迷う人々」(小川洋子著)

小川洋子の作品には、いつもどこかに、いびつなものを抱えた人物が登場する。彼らは、人間が歳(とし)を重ね、丸くなってするっと通り過ぎてしまうところを、通れず、通らず、立ち止まる。

いびつとは、その停止の姿勢が呼びこむものである。だが彼らは、不思議にいとおしく、同時に無垢(むく)な清潔さを感じさせる。その源に、何かを失った痛みや哀(かな)しみが強烈に感じられるせいだろうか。

読むうちに、私はかすかな加害者意識をもつ。そういう形で物語に参加する。つまり、彼女の作ったグロテスクな人物は、この世の悪意を吸い取って変形したとでもいうような、無意識の作物のごとき感触があるのである。

本書には九つの短編が収められている。「イービーのかなわぬ望み」は、育ててくれたチュン婆さんの死をきっかけに、自分がかつて産み落とされた場所でもあるエレベーターから、出てこなくなったイービーの話。

ウエートレスとして働くことになった「私」は、夜食を運んだことで彼と仲良くなり、イービーの危機を救おうとするのだが、さて、イービーは、生き延びられるか。

人間は、心や体にいつも何かしらの欠損を抱え、何かを始終、失いつつ生きている。私たちはみな「夜明けの縁をさ迷う人々」なのだ。そういう不安や生きる哀しみが、何かを得るというめでたい物語でなく、さらに深く、もっと徹底的に、何かを失い続ける物語によって、癒やされるのはなぜだろう。

あり得ない虚構の物語だが、リアリティーへの回路が開いており、その回路を通して、一つの哀しみが、単なる哀しみや慰安を超え、不思議な力へと変換される。

「涙売り」という一編には、最も高品質な涙は、痛みから生まれる涙だという、それこそ、痛みのある、「私」の認識が書きとめられてあったが、痛みや不安、恐れこそが、共有できる感覚であるというように、この作家はそこから目をそらさず、そこから豊かな物語をうみだす。(小池昌代・詩人、作家)

(角川書店・1365円)=2007年10月18日③配信

ポスト列島改造論の視点

「『課題先進国』日本」(小宮山宏著)

江戸の鎖国を解いて以来、諸外国に追いつけ追い越せで来た日本は、今、目標を見失っている。生え抜きの工学博士で、独立法人化の渦中に東大総長に就任した著者は、この問題意識の下、世界の知のターミナルとしての東大再生を狙う。そしてあとがきにもあるように、世界をリードする「日本の目指すべき国家像」を、この実践を通じ実現することを自らに任じている。

それではここで、研究畑の習慣にあやかり、この本が引用されるとき挙がりそうなキーワードを考えてみよう。順当な線は、「課題解決、本質の知、アジアのリーダー」といったところか。

しかし国家像というからには、「列島改造論、官主導からの脱却、産学ビジョン」のキーワードでこそ話題になりたい。前掲の三つは、現代の国際化社会で日本が生き残る道を示唆してはいるが、国家という基盤に立ち戻ると、日本が見失っているのは、ポスト「列島改造論」のダイナミックなビジョンだからだ。著者の言う、課題解決先進国への変身につなぐには、この視点は欠かせない。

たっぷり二章分を割いて、著者は専門分野の環境と資源を例に、課題解決に必要な構造化された知の大切さを説く。次に実際に東大で試みている施策を紹介し、"学"が引っ張る日本の活性化を提唱する。決め手は技術革新のパラダイムシフトだ。まったく新しい発想が生み出す技術は、こつこつと積み上げる進歩の尺度では、計り知れない価値を生み出すことがある。この発見・発明の運気を醸成し、自らが世界のモデルとなっていく覇気が、日本に求められている。

オピニオンリーダーを買って出た、新しいタイプの東大総長。国立大学独立法人化も難題山積と聞くが、これを転機にいっそ世界に打って出ようという心意気はあっぱれだ。研究者は"専門バカ"のジレンマに陥ってはいけないと戒める著者が、ポスト「列島改造論」にどこまで食い込めるか。この本が最初の試金石と言えるのかも知れない。

(岡安直比・世界自然保護基金ジャパン自然保護室長)

(中央公論新社・1680円)＝2007年10月18日④配信

当用漢字の意義考えさせる

「昭和を騒がせた漢字たち」(円満字二郎著)

うまい題をつけたものだ。題と中身とがちゃんと一致している。

戦後の国語政策の一つとして実現した漢字制限は、二千字に満たない「当用漢字」と呼ばれるものであった。施行当初、漢字を一部のインテリの手から万人へ解放するもの、「民主主義国家」建設に不可欠なものとして大いに歓迎された。もちろん、むずかしい漢字の使用を控えるというだけでなく、適切で平易なことばを用いることで、国民全体があの忌まわしい戦争に再び引きずり込まれないようにとの思いもあった。

しかし、出発点にどんな高邁(こうまい)な理想を掲げていても、制度として動きだせば、社会の現実との軋轢(あつれき)が生じる。「あの字がない」「この字を追加しろ」といった類(たぐい)の批判や要求は枚挙にいとまがない。

「青い山脈」を例に、恋文に「恋しい」ではなく「変しい」と書いた一件は、「恋」が当用漢字には入れられたものの学校教育で学習させる文字となっていなかったこと、一般社会では別の場で身につける文字であったという事情を浮き上がらせる。手慣れたものだ。

「当用漢字補正案」でいずれ削除されるはずだった「逓」を用いて逓信省に改名しようとした騒動に、放送事業の拡大に伴う監督官庁郵政省の思惑や、有力政治家の言説などの解説を加味されると、なるほどそうだったのかということになる。

ほかに、新宮命名に対する国会論議や「宙」と書いて「おおぞら」と読ませるたばこの発売を引き金とする騒動、碑文をめぐって起きた標準字体の問題、文字運用能力に関する差別や解雇に関する裁判などの話題も。

この本の魅力は、当用漢字に対する社会の要求や不満の実相を時事的な雰囲気とともにすくい取って見せ、不変ではあり得なかった当用漢字の意義を具体的に考えさせる点にある。同時に、右往左往するジャーナリズムの見識を問うてもいる。

それにしても、漢字が他の記号では置き換えることができないという「唯一無二性」の神話が、どうしてこんなにも素朴に国民の間に浸透してしまったのだろう。(佐藤稔・秋田大教授)

(吉川弘文館・1785円)＝2007年10月18日⑤配信

連帯して戦う勇気こそ

「捨てられるホワイトカラー」（バーバラ・エーレンライク著、曽田和子訳）

著者バーバラは、ジャーナリズムに何千本もの記事を書き、十数冊の本も出版した六十代の女性作家である。人材をゴミのように捨てていく米国社会の病弊を実体験するために、彼女は旧姓に名前を変え、一人の失業者として職探しをする。その報告記が本書である。

一九九五年、非正規雇用が全労働者の三分の一近くを占めていた米国は、二〇〇〇年代に入っていよいよ非正規雇用の数を増やしていった。高い資格を持つ専門職や技術職の人々がワーキングプアの世界に落ち、これまで中流社会で一生にせいぜい三、四回の転職ですんだ人々が、今や八一十回も転職せざるをえなくなっている。必要な人を必要な時だけ雇ったり解雇したりする労働者の「ジャストインタイム」が一般化したからである。

まじめに働き、失策もなく社内で高く評価されていたエリートホワイトカラーは、解雇によって、いわば中国の文化大革命でいきなり農村に下放された知識人と同じ運命をたどることになる。「四十歳はすでに考える力を失った人間。五十歳は燃えつき人間」と信じている企業に、どんなに履歴書を送っても、99％はクズかご行き。そのため職探しは高度な技術を必要とし、転職産業は大繁盛。バーバラの就職活動も転職産業のお世話にならざるをえない。

まず、性格タイプ診断テストに六十ドル、履歴書のコーチに一時間二百ドル、服装や化粧など外見のレッスンに二百五十ドル、就職ネットワーキングの参加費…。バーバラは商品としての自己偽装に十カ月で六千ドルをつぎこんだが、採用までたどり着いたのは保険会社の勧誘員と化粧品のセールスレディーの二つだけだった。“仲間”の失業者も時給八ドルほどの不安定雇用にありついてやっとだ。

バーバラは言う。すべての運命は自己責任だ、という思想を刷り込み、犠牲者を責める米国社会で、真に必要な就職活動とは、孤独の中に打ちひしがれている失業者が連帯して戦う勇気だと。

さて、日本は米国と同じ道を後追いするのだろうか。それとも働く権利で連帯する対抗勢力が生まれるのだろうか。（暉峻淑子・生活経済学者）

（東洋経済新報社・1890円）＝2007年10月18日⑥配信

生命が見えていた時代

「戦後腹ぺこ時代のシャッター音」（赤瀬川原平著）

昔、「岩波写真文庫」というシリーズがあった。六十四ページの小冊子で、一冊ごとに「戦争と日本人」「南氷洋の捕鯨」「一年生」「造船」等々のテーマを立て、写真で解説していた。今風にいえば、ワンテーマ・マガジンだ。一九五〇年代に二百八十六冊が出て、役割を終えた。

著者の赤瀬川原平がそこから二十四編を選び、当時の世相を浮かび上がらせる―といえば、当今流行の「××年代ブーム」になってしまう。そうじゃない。それとはまったく似て非なる本を、彼は書いた。

たとえば、文庫中に「馬」という一冊があった。敗戦から六年目の発行だ。都会ではバスやトラックのかたわらを、まだ馬が荷車を引いて歩いていた。田舎では馬が田畑で働いていて、泥道には馬糞（ばふん）が落ちていた。馬蹄（ばてい）屋さんからはカーン、カーンと蹄鉄をたたく音が聞こえてきた。

その冊子を開いて、赤瀬川は「ぼくらは小、中学生のころ、よく学校から社会奉仕で、その馬糞拾いにかり出されていた」と、懐古の筆を進めていくのだが、そこで止まらない。馬はその後、車に取って代わられたが、日常の暮らしのなかに躍動する馬がいたあの戦後という時代は「生命というものが、ふつうに、むき出しに見えていたのだ」とつづけていく。

これは、現代に対する真正面からの批評である。いま、カラフルで鮮明な写真や映像があふれ返っている。しかし、どれにも生命がない。力がない。それは、写っている対象が、はじめから人間や生きる力を信じていないからだ。そういうものをいくら写しても、写真に力が宿るはずもない。

本書と並行して、冒頭にあげたタイトルなど、十冊の写真文庫が「赤瀬川原平セレクション」として復刻された。本書を手引きに眺めれば、きっとあなたの写真の撮り方が変わる。それは、ものの見方が変わるということである。（吉岡忍・ノンフィクション作家）

（岩波書店・1680円）＝2007年10月25日①配信

江戸の終焉を庶民の目線で

「夕映え」（宇江佐真理著）

作者から、どっしりと重いものを渡された。だけど、その重さが心地よい。宇江佐真理の最新長編は、そんな読みごたえのある作品だ。

主人公のおあきは、江戸の本所にある「福助」という、おでんが名物の一膳（いちぜん）めし屋の女将（おかみ）だ。気のいい常連客で、店はいつもにぎわっている。亭主の弘蔵は元蝦夷（えぞ）松前藩の武士で、今はおかっぴきをしている。子供は息子の良助と、娘のおてい。暮らしの定まらない良助と、おていの恋愛が心配だが、まずは平穏で幸せな毎日である。

だが、幕末の情勢が、おあきたちの生活にも、ひたひたと押し寄せる。鳥羽伏見の戦いを経て、江戸に官軍が乗り込み、不穏な空気が流れるようになった。そして武士にあこがれる良助が、彰義隊に加わったのだ。江戸の市井で生きる、ありふれた一家が、時代の流れに巻き込まれていく。

本書は、幕末から明治という激動の時代を、庶民の視点から描いたものである。作者は徳川幕府が衰微し、倒れる様子を丁寧にたどりながら、一方で、おあき一家に起こる、さまざまな問題を並行してつづっていく。

いつの間にか伊勢参りに出かけていた良助や、難しい事情を抱えたおていの恋愛。歴史に刻まれることもない、小さな出来事が、おあきや弘蔵にとっては、もっとも重大な事件であった。

時代に翻弄（ほんろう）される庶民にも、自分たちの大切な暮らしがある。ささやかな幸せを求めている。徹底的におあき一家に寄り添うことにより、作者は江戸の終焉（しゅうえん）を庶民の目線で、鮮やかに表現してのけたのである。

江戸から東京になり、人々の生活は落ち着きを取り戻す。激しい時代の流れも、大きな悲劇も、全部のみ込んで、以前と変わらぬ毎日が繰り返される。なんて平凡で、なんて切ない光景。でもそれが、生きるということなのだろう。

ああ、そうか。作者から渡されたものが、重いのは当然だ。だってそれは、喜怒哀楽がぎっしりと詰まった、人生そのものなのだから。（細谷正充・文芸評論家）

（角川春樹事務所・1890円）＝2007年10月25日②配信

山岳警備隊員たちの素顔

「遭難者を救助せよ！」（細井勝著）

山岳遭難事故は昔から、インパクトのあるドラマとしてマスコミをにぎわせてきた。事故一報と同時に現場に駆けつける山岳警備隊の働きぶりは、テレビのドキュメンタリー番組として何回も取り上げられ、放送された。画面の中で展開する命がけの救助活動に、見ている者のだれもが、手に汗にぎり、深い感銘を受けた。

しかし、隊員一人一人の素顔は存外伝えられていない。「世界にたった一つの命を救え！」と、極限の任務に立ち向かう男たちの人生観、使命感、死生観を世の人に伝えることを自身の役割と思い定め、口の重い富山県警山岳警備隊のメンバーと向かいあい、ようやく聞き出して「遭難者を救助せよ！」は一冊の本となった。著者会心のルポといってよいであろう。

二重遭難、厳しい訓練中の殉職事故という警備隊解散の危機を乗りこえ、登山者の心強い支えとしてがんばってくれている警察官。最近ベストセラーになっている警察小説の書評に、小説の世界でも汚れた街をゆく気高き騎士のような刑事は姿を消しているとあった。

止まらない警察官の不祥事、あちこちで発覚する裏金問題などで、警察を見る市民の目が厳しい現代社会の中で、拝命した任務を愚直に全うしようとする警察官の組織が鮮やかに存在しているのがうれしい。しかも、オジさんの目から見ると頼りない男の子が、山岳警備隊の隊員に志願してくるという。これもうれしい話だ。

かつて山岳遭難といえば剣岳に限らず、岩壁や冬山での事故が大半であったのに、昨今は中高年登山ブームを反映してか、一般コースでの転倒滑落や道迷いが増加、救助範囲が拡大してご苦労も増していると聞く。ブーム仕掛け人の一人としては、よろしくお願いしますと頭を下げるしかない。

腹が立ったり、気分が沈むようなニュースにふりまわされている昨今、本書は、人間捨てたもんじゃないなと思わせてくれる、さわやかな一冊であった。（岩崎元郎・登山家）

（PHP研究所・1680円）＝2007年10月25日③配信

社会構造の断片伝える性

「神の棄てた裸体」(石井光太著)

イスラム社会はいまなお遠いものとしてあるが、その〈性〉は最たるものであろう。俗っぽくいえば、一夫多妻制のもと、ベールに顔を包んだ女性たちはいずこともなく消えていく―というイメージである。本書は、イスラム圏各地の街角を探訪しつつ、性の現場を報告するノンフィクション作品である。

登場するのは、売春を生業とするスマトラの中年女性、ペシャワルの少年、アンマンの難民女性、マレーシアのニューハーフ、コルカタ(カルカッタ)の少女…。著者は現地で屋台のアルバイトや飲み屋のバーテンダーなどをつとめつつ、闇の世界の住人たちと接触を深めていく。

なぜに闇世界へと陥ったのか。あるものはブローカーに買われて売春宿へやってきたが、以前の境遇よりはましだとつぶやく。彼らの人生遍歴は逆説的に入り組んでいる。生きるため、同時に人肌恋しさ故に身を売る少女の肉声は切ない。

麻薬、性病、エイズもはびこっている。事態は深刻であるのだが、牧歌的風景もまた点在する。精力剤といえばいまや錠剤を連想するが、スマトラ島ではそうではない。オヤジが竹籠(たけかご)から蛇を取り出して首を切る。その生き血をグラスで飲み干しつつ、女たちは仕事場へと急ぐのだ。

著者はイスラム圏十カ国を訪ね歩いている。フットワークの良さは伝わってくるが、テーマの集束力という点では物足りなさも残る。

総じて、性にかかわるイスラム圏特有のものなどないように思える。むきだしの貧困と社会的矛盾がたくましさと切なさと混在して在ること。それは、わが国を含めいまや豊かな国となったアジアの一部地域(先進工業国)がかつて一様に体験したことである。イスラム圏にこそ〈アジア的情景〉が生き続けている。

それは著者の意図したものではなかったろうが、性の現場は、九・一一からアフガン、イラク戦争へと至るイスラム圏の反乱の、そのよってきたる社会構造の断片を伝えるものとして、あるいは影絵的な風景として読み取ることもできるのである。(後藤正治・ノンフィクション作家)

(新潮社・1575円)＝2007年10月25日④配信

民衆の息遣い伝わる現代史

「丁家の人々」(丁如霞著・和多田進聞き書き)

中国・杭州の篆刻(てんこく)芸術で知られる「西泠印社」を起こした丁仁の孫娘による中国現代史である。毛沢東など歴史をつくった側の、秘話や新資料を駆使した著作に対し、揺れ動く時代を生き続ける民衆の息遣いが伝わる歴史書といえる。

いまは日本の永住権を取り、日中間を往来する著者との三年間に及ぶ「聞き書き」の形をとる。話は栄華に包まれた祖父の時代の一家に始まるが、やはりリアリティーがあるのは、新中国誕生以降の時代だ。

上海に生まれ育った彼女は、文化大革命が始まる前年に大学に入った文革世代。文革が始まると、祖父は「ブルジョア知識階級」、父親は戦争中日本軍に協力した「漢奸(かんかん)」(裏切り者)でおまけに共産党を嫌い台湾に逃げた、「反革命分子の家」へと転落した。

弾圧を恐れた一家は、祖父が残した書や画を小さくちぎってトイレに流し捨てる。ただ丁家の祖先の肖像画が描かれた絵図だけは、たんすの底に隠し生き延びた。本書のカバーと表紙にある肖像画はそれである。

出身が悪いため、北京大学に入学できる成績にもかかわらず、希望しない大学に配置された。だがこの程度なら、同時代の中国人の多くが共有している被害体験だろう。著者も書くように「もっと大変な体験をした家庭もたくさんある」。

肉親に寄せる悲しみの情は随所に表れるが、国や共産党に対する怒りや恨みの言葉は少なく、日常的な感覚がたんたんと描かれる。戦乱と革命の歴史の中で、与えられた環境の下で生き続ける術を体現した多くの中国人が持つ「あきらめ」を、著者も共有しているのか。

それとも家族で日本に脱出し、恵まれた生活を送る現在の余裕がそうさせるのか。あるいは中国に残した親族への気遣いか。いろいろな読み方ができるだろう。

「語り」の間に、各時代を描いた歴史資料が挿入されている。現代史のおさらいと、著者の個人的体験を相対化することに役立っている。冗長に感じれば飛ばし読みすればよい。(岡田充・共同通信編集委員)

(バジリコ・2940円)＝2007年10月25日⑤配信

かたくなに尊んだ写実性

「夫婦善哉　完全版」（織田作之助著）

夫唱婦随の習慣は、大時代の約束ごとだとすると、現代世相は容赦なく男女の絆（きずな）を変革し、そんな現象を今日の夫婦像に求めるのは無理である。

「二代目は身上を食いつぶす」という因縁話があるが、柳吉はその見本のような男であった。一銭天ぷら屋に育った芸者蝶子と、勘当された大阪のぼんぼん柳吉のモデルは、作者の次姉山市千代と義兄の乕次（とらじ）。「作のやつ、ようも書きやがったな」「そやかて、ほんまのことばっかしやんか」「おばはん、しゃないな」。二人のやりとりを、調査した伝記作家の大谷晃一が教えてくれた。

作者は熟知するモデルの所業に固執して正編を書き上げたから、続編は創作した分、少しばかり物足りなさを露呈した。執筆を思い立った時から主人公の大分・別府での生活を意図していたが、正編の終了時点で続編を不要と感じたのではなかったか。しかし、正編でネタ振りをしている関係上、途中で投げ出すわけにはいかなかったのだろう。戦後、彼は私小説を否定し「可能性の文学」を唱道したが、この続編が布石だった気がする。

本書は、今年鹿児島県で発見された幻の続編を直筆原稿の写真付きで収録した。評者の推測だが、「夫婦善哉」が執筆された昭和十五年ごろのわが国は、列強に対する戦意高揚を旨とし頑健な大和男児を必要とした。軟弱な男は政道に逆行する者と決め付け、国民の前にさらしたくなかったのではないか。だから、続編は刊行されなかったのかもしれない。続編で、蝶子の弟信一は肋膜（ろくまく）を患い兵隊から帰された。蝶子は国防婦人会の支部幹事になって国に尽くそうとした。一方、柳吉は温泉郷の客相手に化粧品を扱う店を開き、蝶子はいじらしい母性本能を発揮し、行商や電球売りまでして支える。

続編は、モデルが実際に別府で開店した料理旅館を素材とした蝶子と柳吉の流転人生。作者はかたくなに写実性を尊び、尽くし尽くされる好いた同士の生活・性格・心理を、緻密（ちみつ）な筆致で描くことに成功した。（竹本浩三・吉本興業文芸顧問）

（雄松堂出版・1890円）＝2007年11月1日①配信

浮かびあがる画家の人間像

「ホルトの木の下で」（堀文子著）

こんなにも爽快（そうかい）なお年寄りは、そうざらにいるものではない。珍獣のように見ないで、と堀さんには釘（くぎ）をさされたが。

早くに家を離れ、ときに日本を離れ、気が向けば地球上のあちこち歩きまわり、家に帰れば、大きな顕微鏡で、微生物の動きを追いまわす。森羅万象、興味の尽きるところがない。

どうすればこんなにも年を取らないでいられるのかと、感心していたが、この自伝でよく分かった。

ずっと以前はただの赤ちゃん。育つにつれて可憐（かれん）な娘になり、やがて女性としてけなげに、ときには気おくれしながら、ともかくも歯を食いしばっているうちに、ようやく今のしっとりとした白髪の風貌（ふうぼう）に落ち着いた顛末（てんまつ）。

堀文子に年齢はない。彼女には江戸前のきっぷの良さとちゃめっ気があって、彼女が話しはじめると、もういけない。これに酒が入ると絶妙だな。この自伝にしても、語り聴かせてくれるような味わいだ。

しつけのよい家庭に育ち、ゆきとどいた教育を受け、恵まれた才能を授かった。それだけに世間知らずな娘時代の回想を、拍手しながら読めたのは、いささか封建的な時代へのちっぽけな反抗と、周囲への気配りの優しさだろう。

人生いつだって明日からのことは初体験よ。なるほどなあ。時代という大きな渦の中に、人間はすっぽりとのみ込まれて、どこへ流されてゆくのかは分からない。だから面白いのよと華やかに笑う。

堀文子の好奇心は素晴らしいが、少し無鉄砲かもしれん。だからいつもムキになって、泣いたり、息巻いたり、ゆっくりと体を休める暇がない。自分は独りなんだと、もう一人の自分がいて、たえず言いきかせてもいるらしい。

こうして齢（よわい）九十近くまで積み重ねてくると、見事なひとりの画家としての人間像が浮かびあがってきて、この先のこの人の日々を、じっと見つめていたいという思いにかられる。（野見山暁治・洋画家）

（幻戯書房・2415円）＝2007年11月1日②配信

青春なき青春ミステリー 「不気味で素朴な囲われた世界」（西尾維新著）

少年少女向けの挿絵入り物語、通称「ライトノベル」と呼ばれるジャンルの作家は、青少年層に圧倒的な支持を受ける一方、ある世代以上の読者にはほとんど認知されない。西尾維新もそうした作家の一人であり、日本の小説界における読者層の細分化を象徴する存在だ。

私立中学に通う一年男子の「ぼく」、串中弔士がこの小説の語り手である。「ぼく」の二歳年長の姉、串中小串（こぐ姉）と崖村牢弥、童野黒理（彼女らは学園の「奇人三人衆」と呼ばれている）に加え、学ランを着用している謎めいた女子生徒、病院坂迷路が重要な役回りで登場する。少年少女の間で陰惨な連続殺人事件が起き、「犯人」も「名探偵」もその中にいる…という展開だけを追うと、本作を「青春ミステリー」という、すでに三十年以上の歴史を持ち、作者も読者も高年齢化したジャンルの延長線上に位置付けたくなる。

しかし西尾の作品は、「青春ミステリー」の伝統から大きくはみ出ている。なぜならこの小説の主人公は、あまりに幼すぎ、同時にあまりにも老成しているからだ。つまりそこには「青春」に対する価値付けが完全に欠落している。ローティーンにして確固たる世界観をもってしまい、シニカルにしか行動できない少年を見舞う悲劇。西尾はそのような物語を繰り返し描いてきた。本作もその例外ではない。

題名の「囲われた世界」とは、学園という閉鎖社会を含意すると同時に、「ライトノベル」というジャンル自体をも指し示している。最近ライトノベル出身の作家が「一般向け」の小説で活躍するケースが増えており、本作も異なる読者層に向けて、ノベルス（挿絵入り）とハードカバー（挿絵なし）とで同時刊行されている。

だがこのことは、本作が「一般向け」に書かれたことを意味しない。むしろその逆である。西尾の小説は、明らかに「絵入り」で読まれる方がふさわしい。その事実を読者に突きつけることで、作者は「囲われた世界＝ライトノベル」に踏みとどまることを宣言しているように思える。（仲俣暁生・編集者、文筆家）

（講談社・ノベルス893円、ハードカバー1995円）＝2007年11月1日③配信

弱者の視点で貫く公平原理 「生きる術としての哲学―小田実　最後の講義」（小田実著、飯田裕康ほか編）

この本は、五年前に慶応大学の学生を相手にした講義をまとめたものだが、日本史から世界史へ、日本の現実から世界の状況へと駆け上り駆けくだり、若者たちを挑発しようとする知的エネルギーにあふれ、今年七十五歳で世を去った著者の、やり残したことの大きさを想像させて余りある。

ここで語られているのは、反戦平和、自立自治の思想である。著者の視点はつねに「される側」からのものだ。それは大阪空襲の下を逃げまどった原体験からはじまり、その半世紀あとの阪神大震災の被災によって、「歴戦の弱者」の哲学としてさらに徹底されたものになる。

著者が中心になってはじめられた「べ平連」が、日本の大衆運動に、「ひとりでもやる」「個の決意」を定着させた功績は大きい。その原理は、市民的平等の精神である。その一例として、ハワイ先住民「カナカ・マオリ族」の「正義（カウリケ）」は「公平なる分配」である、と紹介されている。公平こそ民主主義の原点であり、全構造を貫く原理である。

「正義の戦争」論にたいする著者の批判は、正義が勝つために、「不正義の側の不正義の手段以上のもの」（たとえば原爆）を使うことにある。絶対平和の論理は、「平和憲法」の実践によって鍛えられるべきだ、それが学生への期待である。「市民運動に直接効果なんか求めたら、それは愚というものだ」といいつつも、それでもなお「漢方薬的効果」を狙っているのであり、著者が書く小説もまたそうである。

「社会的弱者による政治」を目指してきた著者の主張は、最近では「市長は七〇歳以上、知事は八〇歳以上だけが立候補できる」という構想となり、どこか東洋的な賢者のイメージがたちあらわれるようになった。

ギリシャ哲学を学んだ著者は、西洋文明の源流としてのアテナイの民主主義も、周辺への差別と侵略によって成立していた、と批判し、社会的弱者としての老市民の知恵に期待するようになる。これからのこともふくめて、あと十年は書きつづけてほしかった。（鎌田慧・ルポライター）

（岩波書店・2520円）＝2007年11月1日④配信

人権派弁護士の劇的な自伝

「私は逃げない」(シリン・エバディ著、竹林卓訳)

二〇〇三年にノーベル平和賞を受賞したイランの人権派弁護士、シリン・エバディの自伝である。パーレビ王政下のテヘランで上流家庭の子女として何不自由なく育ち、テヘラン大法学部を出て二十三歳でイラン初の女性裁判官となったノンポリの著者が、一九七九年のイラン・イスラム革命をいかに体験し、革命後のさまざまな変化や問題にどう対処してきたかが、個人的な視点から書かれている。

聖職者支配のイスラム体制の成立で、女性であるとの理由だけで裁判官から解任される。だが、年金資格が生じる八五年まで頑固に司法府勤務を続け、境遇を一にする友人たちが続々と国を離れる中、妻として母としてまた一人の国民として、意地でも戦時下のイランにとどまり続けた。

女性の法的地位を低下させた革命直後のイスラム刑法の導入が、いかに彼女個人をも根底から揺るがすものであったか。さらに、政治犯として服役していた義弟がイラン・イラク戦後に突如、略式裁判だけで処刑された時の怒りなどが、劇的な筆致で語られる。

女性弁護士として開業を許された九二年以降、無料奉仕の法廷弁護人として、イラン・イスラム共和国の法の「不当性」を「裁判にかける」仕事を始める。だが、改革派のハタミ政権下で政治事件の裁判に弁護人としてかかわった結果、自らも二〇〇〇年に逮捕、投獄されるに至る。

緊迫した展開が続くため、引き込まれるように読めるであろう。回想録は、〇三年十月にノーベル平和賞受賞が発表された直後、海外出張から帰国した著者がテヘラン空港で、イラン女性の英雄として大歓迎を受けたところで終わっている。

本書は、米国人読者に向けて書かれている。エバディの意図には、米国の高圧的な対イラン政策への批判や、イラン女性を抑圧される無力な存在としてのみとらえるステレオタイプの打破も含まれている。

自伝であるため、エバディの手法がその政治的未熟さのゆえに、法改正という成果に結びついていない点には触れられていない。(松永泰行・同志社大学客員フェロー)

(ランダムハウス講談社・1995円)＝2007年11月1日⑤配信

不思議な味わいの小説

「グレート生活アドベンチャー」(前田司郎著)

冒頭、主人公は魔王に戦いを挑みます。仲間を連れ、魔王のいる洞窟(どうくつ)に乗り込むのです。癒やし系の小説と聞いていただけに、はて面妖なと思い読み進めると、それは主人公が熱中しているゲームの中の出来事だということがわかります。で主人公は飽きて、セブン―イレブンに出かけたりするのです。

三十歳、男、独身、無職。そういう主人公です。東京生まれですが、アパートに一人住んでいます。そんな男が「さしあたって悩みも仕事も将来への不安もない。なんだか凄(すげ)えな、俺(おれ)」というスタンスで生きてます。開き直りか能天気か、大丈夫？　と声をかけたくなるような暮らしぶりなのです。

カネが無くなっても働きませんから、アパートにいられなくなります。で彼女のアパートに転がりこむわけですが、ここでもロクなことはしません。彼女は主人公のやることなすことに、いや何もしないことに反応しますが、まるでこたえてないように描かれます。

先年病死した妹とのエピソードが折々に挟まれます。娘を亡くした両親は落ち込み、主人公は二人を直視できず、それでアパート住まいなんだということがわかります。チラとだけ登場する両親、妹との回想シーン、それも会話がとても印象に残ります。

主人公と彼女は次の段階に進むと思わせますが、この結末の受け止め方は読者によってさまざまでしょう。それでも、何だかなあと思いながらもハマっている、不思議な味わいの小説であるとは言えるのです。

本書は以上の表題作と、もう一編の小説「ゆっくり消える。記憶の幽霊」から成っています。三十歳の女(三十歳が好きです、この著者)が、断崖(だんがい)絶壁から海に身を投じる話です。空中に飛び出し、着水するまでを小説にするのですから、大したものです。

落下する彼女に「くだらなさの化身」がまとわりつき、この造形だけでも一読の価値があります。やられたと思いましたね。それにしても彼女、本当に死ねたのでしょうか。(立川談四楼・落語家)

(新潮社・1365円)＝2007年11月1日⑥配信

夫婦生活の寂しい現実

「あじさい日記」(渡辺淳一著)

あじさいの花言葉は「心変わり、浮気」だそうだ。その花の表紙の日記を妻がひそかにつけている。偶然その日記を発見して以来、夫はしばしば盗み読んでは妻の本心を知ろうとする。夫は四十代半ばの整形外科クリニックを経営する医師で、妻は四十歳の専業主婦である。結婚して十五年たち、中学一年生の娘と小学五年生の息子がいて、都内の広尾の、いわゆる億ションに住んでいる。

庶民より恵まれた境遇とはいえ、ごくありふれた家庭である。さらに夫が職場の事務担当の二十六歳の女と浮気している点も、いかにもありがちな話だ。日記の中で妻は夫の浮気に気付き、次第に事実をくまなく暴いていく。それをあとから読んでは夫がうろたえる。女の勘の鋭さに夫は驚くばかりだが、読者から見ると、この夫はあまりに鈍感で無防備すぎる。

こうしてこの小説の読者は、夫と妻のせめぎ合いの、外からの観測者となる。夫の身勝手な感慨や昔ながらの女性観に「バカだなあ」とあきれながら、一方では意を決して愛人を直撃する妻の行動に、ハラハラする。最初はつい妻の応援をしているのだが、だんだん夫が哀れになってくる。彼が遠からず妻にも愛人にも愛想を尽かされる結末が予想できるからだ。

夫婦の危機が一種の事例のように書かれている本書を、どのように読むかは読者に任されている。こんなまねをしていると発覚しますよ、という浮気発覚防止のレシピのように読むこともできるし、夫婦それぞれにお手軽な恋人を作って仮面夫婦を決め込む、現代の夫婦生活の寂しい現実を教えられもするだろう。

パソコンを使う妻がわざわざノートに日記を書いてベッドに隠しているという古風な設定に、私は注目した。手で書かれた文章が、肉体以上に夫の関心をひきつけている。そんな文章の存在が、実は夫婦のきずな同様に現代では危機にひんしているのではあるまいか。(清水良典・文芸評論家)

(講談社・1680円)＝2007年11月8日①配信

民族のはざまに生きた悲劇

「李香蘭の恋人」(田村志津枝著)

李香蘭に台湾出身の映画人の恋人がいたという。しかもその男性は、上海のホテルで約束をした李香蘭に会う直前、何者かに射殺された。

李香蘭は昭和十二(一九三七)年、旧満州につくられた国策会社・満映(満州映画協会)最大のスターといわれた伝説の映画女優である。

その李香蘭の活躍の舞台となった満映理事長の甘粕正彦について調べている私にとっても、これはいままでまったく聞いた事がない秘話だった。だがこの噂(うわさ)は、台湾の関係者の間ではかなり以前からよくささやかれていた話だったという。

台湾生まれで映画関係の仕事に携わってきた著者は、その噂の真偽を確かめるため、李香蘭の恋人といわれる劉吶鷗(りゅうとつおう)の親族に精力的に取材し、残された日中両国の映画人たちの記録を丹念に検証した。

その執拗(しつよう)な追究の記録が本書である。記述には、一貫してゆるみがなく、最後まで飽かすことなく読ませる。読者を七十年あまり前に起きた出来事に連れてゆく筆運びは、歴史ノンフィクションの醍醐味(だいごみ)をたっぷりと堪能させてくれる。

日本人に生まれながら、日中の不幸な歴史に翻弄(ほんろう)されて中国人としてふるまい、最後は漢奸(かんかん)裁判にまでかけられかかった女優と、台湾に生をうけながら、植民地のエリートとして生きるため親日派としてふるまい、それがゆえに日本のスパイと目され横死した映画人。

二人には共通して、祖国の国旗を背負ってこなかったという痛苦な自覚と引け目があった。そのやましさが、二人を接近させたとすれば、それは単なる男女のアバンチュールではなく、国家と民族のはざまに生きざるを得なかった映画人の知られざる悲劇となる。

二人の間にいったい何があったのか。著者は後書きで、さまざまな疑問をつづった手紙を、戦後、山口淑子となった女性に送ったと書いて擱筆(かくひつ)している。返事があったかなかったか、については記されていない。この満映最大のスターは、いまなお謎を秘めた李香蘭のまま生きている。
(佐野眞一・ノンフィクション作家)

(筑摩書房・2310円)＝2007年11月8日②配信

老いを生きて鬼となる　「長きこの夜」(佐江衆一著)

もう十二年前のことになる。壮絶な介護問題を描いた「黄落」は、食を絶って自ら死を選択した母親の透明な哀(かな)しみを、見事に結晶させていた。

佐江衆一の新作短編集は、満九十八歳の直前に長逝した父親や、性の情動を断ち切れぬ老齢の男たちの姿を、ユーモラスに描きだす。持ち味の透明感はそのままなので、滑稽(こっけい)なまでに哀しい老いの真実が結晶した。

「長きこの夜」というタイトルは、古希を過ぎた良寛が、若く美しい貞心尼の来訪を夜ごと待ちこがれる長歌から取られた。排せつもままならぬ高僧ですら、若い女性との接触を切望している。

十分に長生きしてもなお、迫り来る死を受容できない男たちの動揺。それが人間の真実だと、佐江衆一は肯定する。

介護する側にも、確実に老いはきざしている。鬼のように憎たらしい父親は、近未来の息子の姿を予告している。時として父親への激しい怒りが息子の皮膚を突き破って、鬼の形相で飛び出す。介護される側も、介護する側も、老いを生きることで鬼となるのだ。

だが生と性への執着のはてに、満開の桜の花に見送られ、「老怪さん」と呼ばれた父親は旅立った。西行の「ねがはくは花のしたにて春死なむそのきさらぎの望月のころ」という和歌の通りに。

風に散る花びらという小さな舟に乗って、この世から去った老父の魂を見送る息子は、いつか訪れる自分の旅立ちの日を、身にしみて思わずにはいられない。この時、心の中の鬼は、消える。

老親の介護を通して、生き方と死に方の両方を、子は親から学ぶ。すると、親に先立って死んでいった人たちの顔が、ありありと思い出されてくる。死んだ彼らが、生きている者に語り続けている声も、聞こえ始める。

佐江が描いたのは、大震災や大空襲という激動の時代を、死と隣り合わせで懸命に生き、死んでいった近代日本の庶民の歴史でもあった。

個人の老いる哀しみや滑稽さだけでなく、佐江は昭和という時代の精神までも見つめている。(島内景二・電気通信大教授)

(新潮社・1470円)＝2007年11月8日③配信

現代を照射する命の輝き　「サルバドールの朝」(フランセスク・エスクリバーノ著、潤田順一訳)

一九七四年スペイン。サルバドールが二十五歳の若さで死刑になった。著者は当時十五歳だったと冒頭に記している。その瞬間、私もまた十五歳。同時代を生きていた。

フランコ独裁政権下、革命を夢見た青年は銀行強盗で活動資金を作っていた。共産主義、無政府主義などの政治思想が世界中の若者を席巻した時代だ。そんな多くの若者の一人に過ぎなかったサルバドールだが、彼が死刑判決を受けてから、彼の命をめぐる唯一無二の物語が始まる。

この本はその死刑に至るまでのサルバドールと家族、弁護士たちの心理を、細やかな取材を基にダイナミックな展開で描ききっている。

ある日、サルバドールと仲間たちはバーでゲームに興じかばんを忘れてしまう。この小さな失敗が命とりとなり、追いつめられ、警官殺しの罪を着せられる。

逮捕される時、サルバドールが放った銃弾以外にも、亡くなった警官は銃弾を受けていたが、それは隠されてしまう。

当時、バルセロナで自由・恩赦・自治州憲章をスローガンにした集会の参加者が百十三人逮捕され、刑務所に放り込まれた。街角を三人以上で歩いていると逮捕され、非合法の集会を開こうとしていたと告発される可能性があった。

スペインを支配していたのは「恐怖」だった。反対派のみならず、体制派を動かしていたのも裏切り者と告発される「恐怖」だった。それから三十三年の時を経て日本に生きる私たちは、「有事法制」から「共謀罪」へと、強まる国民統制の危機に直面している。

サルバドールは兄や姉妹と独房から魂の交流を続け、彼を憎む看守とすら友情をはぐくむことができる魅力的な若者だった。彼を救うために人生を投げ出した人々と、自らの死に向き合う青年の命の輝きが、私たちの時代を照射してくる。鋭い痛みを持って…。

「朝」は彼が投げかけた未来への希望をスペインの同時代人が受け止めたということ。スペインでは死刑は廃止され、残された姉妹は今も無罪を信じている。人々は決して彼を忘れない。(鎌仲ひとみ・映像作家)

(現代企画室・2310円)＝2007年11月8日④配信

あきらめない女たちの物語

「ミッドナイト・クライシス」（茅野裕城子著）

自分の経験からしても女性の四十代後半は、身体的、精神的に微妙である。体の奥で、妙に重ったるいものがうごめき、見えない背後霊に取りつかれている感じ。このもやもやした感じを言葉で表現するのは結構難しい。

本書は、高校時代のクラスメートだった四十代後半の三人が織りなす短編連作。タイトルの「ミッドナイト・クライシス」は、「ミッドライフ・クライシス」のもじりで、中年女性がなにもかもがいやになり、あげくとんでもないところに活路を見いだすことを指すという。更年期を迎える自分を容認できないまま、最後のあがきにがむしゃらに突き進むというわけだ。物語にはそんな女たちが生き生きと描かれている。

主人公の銀子は妻子持ちの男と不安定な関係を続けている。それが突然死した女友達のルリの遺品整理を手伝ううちに、ルリの「旦那（だんな）」である「氏家さん」と付き合うことになり、北カリフォルニアに住むもう一人の女友だちの有為は、生理不順を妊娠と間違えて銀子をうろたえさせたあげく、離婚、再婚して一人息子を授かる。物語はこうした女たちの心身と生活の変化を約三年の歳月の中に描き出していく。

有為が思いがけず高齢出産という幸運に出会ったように、「クライシス」のさなかにあっても出口がないわけではない。人生には思いがけないことが、思いがけない形で転がっているものだ。離婚や再婚、別れと出会いを繰り返しつつ、決して未来をあきらめない女たちの、どこか滑稽（こっけい）で物悲しく、同時に、決してなげやりなわけではないのに、つい「なりゆき」の道筋に入りこんでしまう姿が妙にいとおしく見えてくる。

携帯表示で使われる「圏外」を「マキガイ」と読む子どもの話が作品中に出てくるが、女も男もいつかは「圏外」（孤独な巻き貝の中）へと向かう生き物なのだ。物語は銀子、有為、氏家さんがまたも「なりゆき」でインドのダラムサラをめざす場面で終わるが、果たしてこの三人の「なりゆき」ならぬ「道行き」やいかに。（稲葉真弓・作家）

（集英社・1575円）＝2007年11月8日⑤配信

深い因縁を感じる遺著

「高松塚への道」（網干善教著）

一九七二（昭和四十七）年三月に奈良県明日香村の高松塚古墳から極彩色の壁画が発見された。この年は、学生運動の掉尾（とうび）といってもよい、あさま山荘事件とその余韻が続いており、全国に悲痛感がただよっていた。この時に、飛鳥美人が千年以上の眠りから目覚め、突然にあらわれたのである。

高松塚の美人壁画の発見は、洪水のような報道によって、全国津々浦々まで知れわたり、それまでの悲痛感を払拭（ふっしょく）した。まさに荒野に花が咲いたようであった。それから三十五年たち、不完全な管理の結果として、高松塚古墳の石槨（せっかく）は本年夏に解体された。

著者は高松塚古墳発掘調査の中心人物であって、解体に向けての準備が始まった昨年七月に生をとじられた。本書は、著者の生涯にわたる主要調査の回顧録として、学生のころから親しい間柄だった太田信隆氏が聞き書きをして筆録されたもので、著者の最後の著書となっている。

網干氏は、高松塚古墳の現状に対して「僕らはずっと、文化庁が責任をもってこの古墳を守ってくれているものと思っていました」とした上、色あせ、形もよくわからなくなるほど劣化していた壁画の写真を見せられ、「僕はページをめくった瞬間、言葉を失いました。鳥肌さえ立ちました」と言っている。

高松塚古墳の解体は決して、調査関係者のみが感じる不快感・喪失感ではなく、国民の大部分が感じているものである。もっとも関係の深い著者の発言は、今日の文化財行政に対して重いものであるといえよう。

本書では、ほかにマルコ山古墳、キトラ古墳の発見、調査についても述べられている。さらに、釈迦（しゃか）の説法の多くがなされたインドの祇園精舎の発掘についても述べられている。発掘調査に至るまでの資金調達などの苦労話も参考になる。

とまれ、高松塚の解体の年に遺著として文化財行政に警鐘をならす著書が刊行されたことに、深い因縁を感じるものである。（菅谷文則・滋賀県立大教授）

（草思社・1785円）＝2007年11月9日配信

愛すべき人々ユーモラスに

「さよなら、そしてこんにちは」（荻原浩著）

必死になっている人には、どこか滑稽（こっけい）な感じがある。体面や気取りという防護服のほころびから、ナマなものが漏れ出しているからだろうか。そんな愛すべき人々の姿をユーモラスに描く計七編の短編集である。

田舎暮らしに踏み出したわが家のドタバタを少年の目から描く「ビューティフルライフ」。「ナイトレンジャー」というヒーロー番組に出ている俳優に萌（も）える若いママが、最後に怒りの鉄槌（てっつい）を下す「美獣戦隊ナイトレンジャー」。おっとりした料理家の主婦の、ちっともスローじゃない半日を描く「スローライフ」。

中には暴走して痛い目に遭う者もいる。「寿し辰のいちばん長い日」の辰五郎は、グルメ評論家らしき男の来訪で「ハマチ、ハウマッチ、はいお待ち！」などとダジャレを連発する熱血職人と化す。トホホな落ちといい、落語にしたい一席だ。その点、スーパーで仕入れを担当するお父さんを描く「スーパーマンの憂鬱」は、現代の哀話だろう。テレビが美容にいいと言うやいなや、その食材に飛びつく女性たち。そのパワーに日々翻弄（ほんろう）されている主人公は、事前に情報を入手できないものかと考える。泣きべそ笑いで終わるこの顛末（てんまつ）は、妙に身につまされる。

本書は一九九九年から二〇〇七年に渡って書かれた。〇四年の「明日の記憶」で名をはせた著者だが、作風の軌跡という意味では、先の五作を両側から包む巻頭の表題作と最終話（「長福寺のメリークリスマス」）が哀歓に富み、近年の心境を思わせる。

前者の主人公は葬儀社に勤めるサラリーマン陽介、後者は「スキンヘッドの自営業」者である僧侶覚念と、両作とも死と向き合う職業だということも印象的。妻の初産前から親ばかになってやに下がっている陽介、妻と娘がせがむツリーやケーキを変装して買いに行く覚念。家族への愛情に胸がうずく三十前後の彼らの純情をまぶしく思うとき、ユーモアとペーソスは、常に混然一体となって人生に彩りを与えるのだなあと思い至る。この世のささやかな営みすべてに、頭を垂れたくなるのである。（温水ゆかり・フリーライター）

（光文社・1575円）＝2007年11月15日①配信

地に足のついた教養論

「移りゆく『教養』」（苅部直著）

近ごろの学生に「教養がないねえ」といってもつうじにくい。

「今日（きょう）用がない」と聞こえるのかもしれない…。しかし、そんな慨嘆ばかりしていると、教養論はますます説教くさくなり、現実離れをしていく。

そもそも教養主義者というのは、知識の所有に専念し、ひけらかすきらいがあるから、ちょっぴり嫌みが入った説教くさい人である。本書の教養論が新鮮なのは、そうした説教くささとは無縁であるからだ。

著者は教養とはカルチャーであるとして、「人と人がさまざまな活動をおたがいに行う上で、前提にしている共通のものの考えかた」とかみくだいて説明している。

そこで教養の意味を政治的教養につないでいく。政治的教養は、狭い意味での「政治」ではなく、他人との関係のなかで生きる知恵のことであり、そうした知恵を伝えあい、更新していくことである。

著者のいう政治的教養は、近年提唱されているシティズンシップ教育（市民活動によって全体の決定にかかわり、共同体を支えていくための市民性教育）につながっていくものである。

と書くと、抽象論かとおもうかもしれないが、長野県飯田市で著者自身がおこなったフィールド・ワーク（公民館活動や「いいだ人形劇フェスタ」）にふれながら論じられているから、地に足のついた教養論となっている。

読書だけが教養ではないことは確かだが、人間が言葉によって世界と他者を理解し、自己表現していくかぎり、読書なくして教養はなりたちにくい。

著者はこういう。「読書」は教養へとむかう「踏み台」となり、教養の営みと「伴走」するものである、と。至言である。

エリート主義的教養論にくみしないが、さりとて大衆迎合のポピュリズム教養論にさおさしているわけではない。柔らかな文体と目配りのきいた論述がひかり、説得力に富んでいる。（竹内洋・関西大教授）

（NTT出版・2310円）＝2007年11月15日②配信

介護の日常に満ちる希望

「龍の棲む家」（玄侑宗久著）

読みながら、しきりに「盛り」ということを思った。人に盛りの時期があるように、人の家族にもそれがあることを。

それを著者は「龍の珠（たま）」伝説に象徴させている。龍はもともとあごの下に持っていた珠を失ってしまい、それを取り返そうとして時々暴れるのだという。

その珠とは、人にとっては何なのだろうか。これが本書のテーマだ。

主人公の幹夫は「認知症」になった父親を介護するために、経営していた喫茶店をたたんで、実家に戻ってきた。母親は既に他界している。しかし幹夫には、不可解な物言いや行動をしはじめた父にどう対処していいのかがわからない。そんなある日、父と出かけた公園で介護のプロ・佳代子と出会うところから、物語がはじまる。

佳代子のアドバイスに従って、父を思うように、やりたいようにさせて観察していると、彼は人生の時間を自在に飛び回って、ある時は仕事をしていた壮年期の自分に戻ったり、子供時代にまで戻ったりする。ただし自在に行き来するとはいっても、それは彼にとって濃密だった時間に限られていることがわかってくる。

二人はそんな彼と辛抱強くつきあってゆく。そのためには、かつての父の部下や親の役割までをも演じなければならない。そうしているうちに、やがて彼らは自分自身の濃密な過去ともつきあうことになり、それぞれが自身の龍の珠を求める心にもつながってゆく。

この小説の読みどころは、介護する側の意識の変化や、それに伴う自己成長の軌跡が丹念に描かれているところだ。それらが季節ごとに変化する自然の風景や花々の美しい描写を背景に、スリリングに展開されてゆく。介護といううっとうしい日常が、ささやかではあるが、だんだんと希望に満ちてくるプロセスには説得力があり、はらはらする読者を救い慰めてくれる。

これから読む人のために龍の珠の正体は明かさないでおくけれど、本書は社会問題化している介護のありようを、自分に引きつけて考えるよすがともなるだろう。（清水哲男・詩人）

（文芸春秋・1200円）＝2007年11月15日③配信

官の支配と自治再生の動き

「民が立つ」（信濃毎日新聞社編集局編）

近代的な社会は、自由、民主主義、地域自治といった新しい価値を私たちに提示した。しかしどの国においても、それらが理想的なかたちで確立されたことはなく、たえずその不完全さを指摘され続けてきた。その理由は、それらのものがシステムの確立によって完成するものではなく、再生しようとする人々の動きとともに、展開するものだからであろう。

長野県では二〇〇〇年に、長く続いた県庁による硬直した支配を壊すことを訴えて、田中康夫知事が誕生する。提案されたのは、県民の総意をくみあげた県政、県民が参加する県政であった。ところがこの改革は、古い体制を壊すための新しい「上意下達」型県政を生み出してしまう。その結果、期待と失望が県民に交錯するようになる。

〇一年には小泉政権が成立し、「三位一体」の改革のもとで中央による地方の切り捨てがはじまっていた。こうして長野の地では二重の意味で、民主主義とは何か、自治とは何かが問われることになった。改革とは何なのか。改革によって手に入れるものとは何なのか。本書はこの重い問いに答えようとした地元新聞社の取材の記録である。

県行政の現場で、田中知事の「脱ダム宣言」をめぐる県民の動きのなかで、問題を抱える地方都市の商店街のなかで、疲弊する農山村のなかで、人々はこの時代とどのように向き合ったのか。

この取材をとおしてみえてきたのは、現代的な「官」と「民」の対立である。それは「官」の誤りを指摘すれば終わるような、なまやさしいものではなかった。「官」にまかせてしまおうとする「民」の体質。声を上げ、行動することから逃れようとする日常の惰性。それらに支えられた「官」の支配。そして、他方に、そのようなさまざまな「壁」を打ち破りながら民主主義や自治を再生していこうとする「民」の動きも生まれている。

昨年、三選を目指して落選した田中知事後の動きも踏まえ、すべてを記録することによって、本書は現在の日本に共通する、問わなければいけないものを示した。新聞協会賞を受賞した力作である。（内山節・哲学者）

（信濃毎日新聞社・2415円）＝2007年11月15日④配信

古代国家成立に迫る意欲作

「加耶と倭」（朴天秀著）

三世紀中ごろから七世紀にかけて、日本列島には前方後円墳など多数の古墳がつくられ、そのなかには列島各地で製作された品々や中国製品などにまじって、韓（朝鮮）半島からもたらされた青銅製儀仗（ぎじょう）や鉄素材、金銅製馬具や金製耳飾りなどが副葬された。同じころの韓半島の古墳にも、日本列島産の翡翠（ひすい）製勾玉（まがたま）や碧玉（へきぎょく）製やじり、鉄製甲冑（かっちゅう）などが副葬されている。

このような考古資料は当該地域の権力者像や交流関係をしめす。「日本書紀」や「三国史記」などに記録されなかった歴史的事実を、史書の編者の意図に惑わされずに掘り起こすことができる。本書は、そうした文物や人の往来を分析し、日本列島と韓半島の交渉の実態と変遷を明らかにし、それをとおして彼我の政治史、ひいては古代国家成立史に迫ろうという意欲的な著作である。

たとえば、近年あいついで見つかった韓国南西部・栄山江流域の十三基の前方後円墳は、横穴式石室の構造からみて、築造者は地元の首長ではなく、六世紀前半ごろの北部九州の倭人（わじん）とみなす。そして、副葬品に百済系の威信財（権勢を示す財物）をもつことから、被葬者は倭系百済官人で、九州の首長（豪族）たちは倭と百済の双方に服属していたと考える。

これは一例だが、著者は、韓の三国と倭の交渉はけっして固定的ではなく、当時の東アジア情勢と相互の力関係によって、時期ごとに流動的に変化したとみる。倭の各地の豪族が独自に三国と交渉したとし、統一国家の成立にも疑問を呈する。

古墳時代に約五千二百基も築造されつづけた前方後円墳に、倭の統一王権の成立と階層性をみる立場からは反論が出よう。「日本書紀」の記事の扱い方に疑義もある。

けれども、「古代韓半島南部を（倭が）植民地化したという日本の認識のみではなく、（三国が）一方的に日本列島に文化的な恩典を施したという韓国の認識も歴史的な事実ではない」とし、古代の「韓日関係を客観的に理解することこそ、これからの両国間の関係を考える出発点」だ、という著者の主張は重要である。（広瀬和雄・国立歴史民俗博物館教授）

（講談社選書メチエ・1575円）＝2007年11月15日⑤配信

情熱のラストメッセージ

「清らかな厭世」（阿久悠著）

阿久悠の歌はすばらしかった。

ちょうど少女時代の私は、「また逢う日まで」や「北の宿から」や「勝手にしやがれ」に熱狂した。これらの歌詞は一生忘れないだろう。

そこにこめられていた情熱は、ラストメッセージの書となった「清らかな厭世（えんせい）」にもあふれている。

〈厭世〉という言葉は反語に過ぎない。

現代の日本を憂える著者の言葉は、すべて世を人を愛するゆえである。

印象的で、心から納得できる警句が、幾つもある。

「履歴書というのは／年代ごとの心のショックを／書き列（なら）べることなのだ」

「選択肢が無数にあるって／それはまやかし／選択肢は生きるだけだよ」

「仲良きことは美しいが／仲良きことはおぞましいも／一つの真理である」

「恨み　つらみ　憎悪　執念／しょせん　どうせ／ぼくの詞にはそれがない」

「そうだなあ　123を合図に／人類みな歴史を忘れたら／本当に幸福が語れる」

さすがの切れと冴（さ）えである。

誰もが思いつきそうで、実は言わなかったことばかりが、鋭く、しかしあたたかく私たちに手渡されている。

年代ごとの心のショックを書き列べるというのは、戦争、戦後の変化に深く傷ついて来た少年の心が言わせる言葉だろう。

だからこそ、阿久悠は、恨み、つらみのない、突き抜けた情熱の詞を書いたのだ。

そして、選択肢は生きるだけだという言葉も重い。死ぬことさえも、生きることに含まれているのである。人間にはその他の道はないのを、大人たちは言わなかった。

人類みな歴史を忘れたら、の仮定も熱い。そんな日が訪れたら、どんなに幸せか。

不世出、と言っていい作詞家のひとりが、この贈り物を遺（のこ）して旅立った。（水原紫苑・歌人）

（新潮社・1470円）＝2007年11月15日⑥配信

長い長い痛快な小説　「また会う日まで（上・下）」（ジョン・アーヴィング著、小川高義訳）

十九世紀のイギリスの文豪チャールズ・ディケンズというと、どんな逆境にもめげず楽天的に果敢に生きていく元気な少年を描いた作家というイメージが広く普及していて、そんな少年をとりまくさまざまな人々のなんともユーモラスで猥雑（わいざつ）な生きざまの描き方が大きな魅力となっているが、ジョン・アーヴィングはそんなディケンズを小説の師とあおいできたアメリカの作家である。（アーヴィングの熱狂的なディケンズ論は「ピギー・スニードを救う話」で読むことができる）

したがって、彼の書く作品は、そのほとんどが臆面（おくめん）もないほどにディケンズ的なのだが、「また会う日まで」は、おもいっきりディケンズになりきった、本人もきっと書いていて楽しくて楽しくてしかたがなかったにちがいない、長い長い、どこまでも痛快な小説である。

父親捜しの話で、主人公の父親は、たいへんな浮気者で、妻を捨てて逃げてしまった。息子と母親は、その跡をせっせと追いつづける。母親はその腕前が評判の刺青（いれずみ）師なので、ヨーロッパ各地を転々としながらも職には困らない。どんなところにでも平気で子どもを連れていく、なかなかに気丈な女性でもある。

父親は教会のオルガニストなので、あちこちの教会で演奏しているらしいことを母親は承知している。しかも彼は大の刺青好きで、名曲の楽譜を体に彫る趣味があるから、知り合いの刺青師から情報は入る。逃げる父、追いかける母、無邪気にくっついていく息子。そういう構図で延々と話はつづく。じつにえんえんと、そう、その時間たるや三十年以上におよぶ。

アーヴィングの多くの小説は、女系の世界で話が展開するところに特徴があるが、本書もその流れに入り、そうとうに女系。主人公の少年（美少年）は多くの女性たちになにかと世話をされる。その様子のなんと官能的なこと。愉快である。（青山南・翻訳家）

（新潮社・上下各2520円）＝2007年11月22日①配信

業深く人間くさい煩悩の塊　「物狂ほしけれ」（車谷長吉著）

車谷長吉、当今まれな気骨のある作家である。車谷流に言えば文士だ。一九九二年、四十七歳の文壇デビュー作「鹽壺の匙」以来、「漂流物」「赤目四十八瀧心中未遂」「忌中」ほか、頑固一徹に私小説を書きつづってきた。さきにその車谷が突然「私小説廃業」を宣言したニュースは愕（おどろ）きだった。一読者として危惧（きぐ）もした。いったいこののち彼はいかがな姿をみせてくれようか、と。

「物狂ほしけれ」、ここにその模索のあとがある。いま車谷は「徒然草」に向かっている。必死に格闘している。これまで彼は岐路にある時々この一書を繙（ひもと）いてきた。最初は、三十歳の冬、「東京で職を捨て、無一物になって、…親の家へ逃げ帰った時」。次には、三十八歳の夏、「ふたたび無一物で東京へ出て行って、小説家になる決心をした時」。そして三度目が、「私小説廃業」宣言後の現在。

さて、なぜいままた「徒然草」であるのか。吉田兼好は三十三歳で出家遁世（とんせい）、比叡山横川に隠せいすること約十年、京都市中に下りて「徒然草」二百四十三段を書き継いだ。この兼好のひそみに倣（なら）うべく、「非僧非俗、反時代的な世捨人」たらんとする車谷は、みたび「文学の道に踏み迷うことによって、みずからの救済をはかろうと」決意する。

それを作家、否、文士の業と言うのか。兼好、車谷、ともになんとも物狂ほしいかぎりだ。業深く人間くさい煩悩の塊。それにしても車谷の描く兼好は本人にうり二つでないか。

ただひとつ兼好になくて車谷にあるもの。それは女人の存在だろう。「ド畜生めがッ」と息子を怒鳴るおふくろと、夫をして「女神（ミューズ）（のような人）」と惚気（のろけ）させる嫁はんと。女は男をよく生かす。奮い立たす。そこに明るい光がきざす。「兼好は七十歳ころまで生きていたらしい。…私も七十歳ぐらいまで生きられれば、それでええと思い、いまのところ七十歳までの執筆計画書が作ってある」。これは頼もしい。

新しい車谷長吉の小説が読みたい。土性骨をみせてほしい。（正津勉・詩人）

（平凡社・1680円）＝2007年11月22日②配信

言葉につまずく気持ちよさ

「左右の安全」（アーサー・ビナード著）

これは、英語を母語とする人が日本語で書いた詩である。そのことを特別に意識せずに読んでいこうとするのだが、あちこちでひっかかる。日本語のなかで生まれ育った人ならばこうは書かないだろうと思う言葉に、目がつまずく。

たとえばこのような言葉だ。「自分と／同じくらい、永久でない同志。」（「これからというとき」）、「自らの弱さが／照らされたようで、／思い出すたびに／ぼくはマゴマゴしそうになる。」（「強さ」）、「立ち止まったとき／森の何を感じとったか、／それはきみの／覚える分だ。」（「覚える森」）

これらの詩句の背後にはまぎれもなく英語の語彙（ごい）と構造が響いている。わたしはこの詩人の日本語が稚拙であると言いたいわけではない。そうではなくて、詩はもともと（たとえ母語で書く場合でも）このような二重性を抱えていなくてはうそなのだ。

完全に手の内にあり、どんな使い方でもあらかじめ経験済み。すべては誰かに意味を教わった言葉。そんな言葉ばかりを並べたら、「伝わりやすい」詩にはなるだろうが、そこにはいかなる詩的感興もない。

最新技術を駆使した映像が、ある風景と、もうひとつの風景を二重写しにする。そんな響きあいがここにはある。日付変更線を越えてくる祖母の手紙が間遠になり「ぼくの計算が及ばない時差の匂い」を感じる。父母の年齢を日本式の数え年に直してみる。記憶の隅にある「むかし住んでいた家」に入ろうとして、現在の住人に追い払われるのではと思ったところで「いまぼくが住むマンション」も誰かの記憶の隅に建っているものかもしれないと気づく。

二重に写されたものがたえず反転し、どちらも「自分が正面である」と主張しはじめる。この揺らぎと心もとなさが、つまり詩なのだと思う。よく知っているはずの言葉に気持ちよくつまずき、思わぬ場所で転んでみる。知っているはずの風景が一変して見える。かるい怖さを、少し苦いユーモアの味つけでどうぞ。（渡邊十絲子・詩人）

（集英社・1575円）＝2007年11月22日③配信

革命家の多感な時代縦横に

「少年フィデル」（フィデル・カストロ著、柳原孝敦監訳）

カリブ海の社会主義国キューバの最高指導者で八十一歳のフィデル・カストロ国家評議会議長は昨年七月大腸の手術を受け依然療養中で、実弟のラウル・カストロ第一副議長が議長代行として集団指導体制を率いている。キューバは再来年元日に革命勝利五十周年を迎えるが、その日まで生き延びるのがカストロ議長の当面の目標かもしれない。

老境に至ってなお「革命家に終わりはない」と言い続ける議長だが、革命家になる前はどんな生き方をしていたのだろうか。そんな関心を満たしてくれるのが、この本だ。豪農の息子として過ごした多感な少年時代と波瀾（はらん）万丈の青年時代を、議長自ら縦横に語っている。

興味深いのは、大学時代の一九四八年、コロンビアの首都ボゴタで政治家暗殺をきっかけに勃発（ぼっぱつ）した「ボゴタソ」と呼ばれる一大騒乱事件の現場に遭遇し、武器を取り民衆側で戦った経験が、キューバ革命の原点となった一九五三年のカストロらによるモンカダ兵営襲撃蜂起の下地としてあったことを詳しく説明している第三章だ。革命勝利後のキューバがボゴタソ時のコロンビアのような無政府状態に陥らないようにするため民衆を教育しようと考えたと述懐し、ボゴタソ体験の影響が大きかったことを認めている。

大学を卒業し弁護士になったカストロは兵営襲撃蜂起で失敗し刑務所に入るが、その後、亡命先のメキシコでチェ・ゲバラに会い、キューバに帰還して革命戦争を開始し、一九五九年元日に革命は成功する。刑務所時代に友人にあてた手紙に「肉体的には、私は強く、地上のどんな力にも傷つけられはしないという自信があります」と書いているが、その肉体がいまやむしばまれ、議長を政権の第一線から退けた。

読者は、カストロの「晩年」を目の当たりにしているだけに、この本に新鮮さを感じるはずだ。コロンビアの文豪ガブリエル・ガルシア・マルケスが巻頭で、カストロの素顔を面白く描いている。まさに気の利いた序文である。（伊高浩昭・ジャーナリスト）

（トランスワールドジャパン・1890円）＝2007年11月22日④配信

生を肯定する根拠考え抜く

「〈個〉からはじめる生命論」（加藤秀一著）

人の生き死ににかかわるさまざまの是非を論じる「バイオエシックス（生命倫理学）」という学問がある。それは、こんな人は生きていてよいと言う。あるいはよくないとする。それ以前に、ある存在は「人」ではないなどと言う。それはおかしいと感じる人がいる。ただ全く間違っているようには思えず、話としてはよくできてもいる。

他方に、「いのちはすべて等しく大切だ」といった言い方もある。さきのものと比べて、なにか平和でよいようにも思える。しかしそんなきれいごとが通るのか、通せるのか。この言い方も、また違うのではないか。

どう考えたらよいか。話はすこしややこしくなる。著者はこの問いに答えようとする。というのも、著者はもう二十年も前から、人工妊娠中絶への批判を批判せねばならないと思い、同時に、人の性能によって差別する思想に反対しようと思って考えてきたのだ。

今度のこの本では、もう一つ、その思考の延長上に、障害をしょって生まれてきた自分は「生まれない方がよかった」と言って、自分が生まれることを阻止しなかった責任を問い、損害賠償を求める「ロングフル・ライフ訴訟」についての考察が加わっている。

このなんと言ったらよいのか言葉に困ってしまう行いについて、裁判の事例など初めて一般向けにまとまって紹介され、考察が加えられる。そしてこれらを考えていくとき、著者が読み込んできたさまざまな作品、例えば「風の谷のナウシカ」（漫画版）等の解読がはさまれる。

ただ問いの基本は同じだ。著者には、はっきり明確に言いたいことと、これから考えようという部分とがある。私は、全く同意できることとともに「穴」が幾つかある、違うように考えられることがあると思った。

暗い主題のようだが、そうでないように考え抜ける道もあるはずだ。あなたならどう考えるか。答えを先延ばしにしたくはないと著者は切実に思いながら、二十年かけ、考えることがここでまた始まっている。私たちはそれに続くことができる。

（立岩真也・立命館大教授）

（NHKブックス・1019円）＝2007年11月22日⑤配信

市民の側に飛び込む責任

「科学者心得帳」（池内了著）

科学者の不祥事が相次いでいる。論文捏造（ねつぞう）は国内外の科学者に被害を与え、信頼を無にする。科学研究費の不正使用は、納税者を裏切る犯罪だ。

事件の背景には、研究への国の援助が増加し、競争が激化していることがある。多額の研究費を獲得する教授が大学で尊敬され、若手が指導を仰ぎたくても、教授は研究費の申請に追われて会話が成立しない。核や遺伝子操作、環境をはじめ社会に影響を与える科学的課題は山積しているのに、これで果たして次世代の科学者が育つのか。

そんな中、若い科学者に向けて格好の指南書が出版された。科学が国家政策に組み込まれて「制度化」された時代に、「幅広い視野から科学と社会を結びつけて考えることができる思慮に満ちた科学者」であるための手引きといえようか。

いわく、科学者には三つの責任が求められているという。不正や犯罪行為を防ぐ「倫理責任」、研究成果を公表する「説明責任」、研究の負の側面を社会に警告する「社会的責任」だ。あたりまえのようだが、あえて言葉にしなければならないほど事態は逼迫（ひっぱく）しているためと理解した。

倫理や責任を語ると理想論に傾きがちだが、そうではない。論文の書き方から研究費の配分、セクハラ、オーバードクター問題まで終始具体的な提言が続く。市民の科学リテラシーをはぐくむため、忙しい若手に代わってシニアの科学者に説明責任者となるよう促す点も興味深い。

湯川秀樹ら著名科学者が先導した反核運動の時代とは明らかに違う。未曾有の経済優先社会では個々の科学者がもっと日常的に社会とのかかわりを意識し、ときには自ら市民の側に飛び込んで責任を果たさねばならないと説くのである。科学者からこうした声が発せられたことに心から敬意を表したいと思う。

「正しいことは時間がかかるものだ」。著者は若者に語りかける。科学的真実に誠実でありたいという著者の言葉が、科学を志す者だけでなく、科学を理解したいと望む人々の心に奥深く響くことを願ってやまない。（最相葉月・ノンフィクションライター）

（みすず書房・2940円）＝2007年11月22日⑥配信

想像力刺激する巨大都市

「ミステリと東京」(川本三郎著)

東京をなんらかのかたちで背景に持つミステリー小説五十数編が、この著者の独壇場と言っていい東京論の視点から、論評されている。ミステリーの謎の面白さと、東京の多彩な奥深さが、平明な文章で解き明かされるのを読むと、ミステリー小説というフィクションと東京という巨大な現実を、同時に楽しむことになる。読んだあと、知っているつもりの東京にあらためて目を開かれるなら、目からうろこの東京本ともなるだろう。

江戸から東京まで、その歴史は深くて長く、幅は広い。関東大震災と東京大空襲という二度の壊滅から復興して現在にいたり、三度目の壊滅はいつどのように訪れるか、さまざまな予測を前途に持つ巨大都市なのだから、影つまり知られざる闇の部分はどれほどかと、ミステリー作家の想像力を刺激してやまない。そして本書を読み進むと、東京そのものが、複雑に重層するたぐいまれなミステリーであることに、かならずや気づく。

東京に住む人は多い。東京への流入人口は増え続けている。そのほとんどの人たちが、東京を周知の前提として生活している。かく言う評者の私も故郷は東京ですとしか言いようがないが、その東京をじつはいかに知らないままでいるか、かねて痛感している。

本書を読むほどに、自分の知らない東京が、目の前にあらわれる。一定の方向ないしはパターンにやや偏った東京かとも思うが、とりあげられている小説がミステリーだから、必然性をともなってそうなるのだろう。そしてそれらの東京のいずれからも、えたいの知れない怖さのようなものが、立ちのぼってくる。

多くのミステリー作家が、東京に怖さを感じている。自らが創造する物語を、その怖さの上に構築している。東京は、じつは怖いところなのだ。本書を半分ほども読めば、東京がその核心として持っている怖さに、読者は巻き込まれる。(片岡義男・作家)

(平凡社・2520円)＝2007年11月29日①配信

分岐点となる食事の光景

「ベーコン」(井上荒野著)

家族が食卓を囲む図は、安定した家庭の幸せの象徴である。でもその内実は誰にも分からない。ある者は、週末に恋人とひそかに囲む小さなテーブルが自分の真の食卓だと思っているかもしれないし、別の誰かは、意味があるのは食べものだけで家族はどうでもいいと思っているかもしれない。あるいは食卓を守ろうと考えている誰かでさえ(いや、そういう人に限って)、明日には思わぬ嵐に巻き込まれて、最初にその食卓を去ることになるかもしれない。

ここに収められた九つの短編は、どれもそのような揺れ動く食の光景、ある家族、恋人同士の分岐点となる運命のメニューを描き出す。テーブルを挟んだ登場人物たちは互いが幻のように消えていく気配をうっすら感じながら、だからこそ、祈るような熱心さで食事を用意し、異様な集中力でそれを味わう。

妻との間に子供ができたばかりの男が、愛人宅で汗にまみれながら食べる「ほうとう」。なぜか会社に行けなくなった男に妻が贈る少年時代の夢の味「クリスマスのミートパイ」。結婚を決めた娘がかつて家庭を捨てた母を思いながら、その愛人とかみしめる「ベーコン」の塩気。食べた後で彼らの人生がどうなるかは、ほとんど書かれない。だがその一皿の鮮やかさがあれば後のことはどうでもいいと読者にさえ思わせてしまうのだから、食べものの魔力は強大だ。

「アイリッシュ・シチュー」、「カツサンド」など、登場する九つのメニューはどれもおいしそうで骨太。どこかサバイバルな雰囲気を持つのは、著者が描く魅力的でうそつきな「食に貪欲(どんよく)な大人たち」が、快楽にひかれるピノキオのように、家をはぐれてさまよう冒険者たちだからだ。

たどり着いた見知らぬ場所で、ひとかけらの肉を分かち合い、不安に震えながらそれをのみ込む登場人物たち。彼らが味わう、そのひりひりした非日常のスパイスを感じたら危険。あなたも元の食卓に戻れなくなるかもしれない。(田中弥生・文芸評論家)

(集英社・1470円)＝2007年11月29日②配信

再建へ獅子奮迅の働き 「戦火のバグダッド動物園を救え」(ローレンス・アンソニーほか著、青山陽子訳)

戦火真っただ中のバグダッドに南アフリカ在住の活動家が単身乗り込み、救援活動に大いに奮闘した。これだけなら、さして珍しい話ではない。しかし、その活動家が、自然保護活動家で、救援対象がバグダッド動物園の動物たちだということになると、かなり特異と言ってよいであろう。本書は動物園再建にいたるまでの興味深い記録だ。

フセインの銅像が引き倒され、戦争の帰趨(きすう)は決した時期とはいえ、街はまだ戦闘状態、どこから弾丸が飛んできてもおかしくない時期に、動物たちを救い、動物園を再建しようとまじめに考えた人がいたのである。

太平洋戦争末期の上野動物園の悲劇を先輩飼育係から聞かされていた私など、この発想そのものに初めから驚いてしまう。しかも、著者のローレンス・アンソニーは、バグダッドに地縁も血縁もなく、ましてやイラク戦争に何のかかわりもない一人の民間人にすぎないのだ。何が彼を突き動かし、一見無謀な行動に駆り立てたのであろうか。

著者がたどり着いたバグダッドの動物園は想像以上に破壊しつくされ、荒廃していた。アラブ諸国で随一と言われた動物園も、多くの動物は死に、略奪され、飼育係も離散していたのである。しかし、それから彼の獅子奮迅の働きがはじまる。彼が年来の自然保護活動で身につけたオルガナイザーとしての卓越した能力を発揮し、クウェート動物園の支援をうけながらアメリカ軍の助力を得、動物たちを救う、という一点に集中して協力関係を取り付け、戻ってきた動物園スタッフとともに、ついに二〇〇三年の開園にこぎつけるのだ。

その見事な活躍ぶりは、本書を痛快な読み物に仕上げているが、読み進むうちに彼を突き動かしているものの正体が見えてくる。彼は言う。「生物が種として生きながらえる唯一の方法は、そのほかすべての生物と協調することだ。生きることは共同作業だ」と。著者がこの活動を通して訴えたかったのは、実はこのことだったのではないだろうか。(中川志郎・日本動物愛護協会理事長)

(早川書房・2100円)＝2007年11月29日③配信

患者の小さな声を感じ取る 「ためらいの看護」(西川勝著)

私の介護は“ためらい”から始まった。暴れる老人を抑制する(手や体を縛る)のはもちろんのこと、問題行動をできなくしてしまう投薬にすらも、自己嫌悪を感じざるをえなかった。だから、ベッドから転落する人には床に布団を敷いて寝てもらった。オムツの中の便に手を突っこむ人には、朝食後にトイレに座ってもらい、不快感の原因自体をなくそうとした。

三十年以上前の当時、介護には教科書はなかった。だから目の前の老人から学ぶよりなかった。固有名詞を持つ老人が教科書だったのだ。一方、看護には教科書も、体系化された教育もある。科学をよりどころにする看護には、常に「正解」があり、ためらってはならないものとされてきた。

「ためらいの看護」という魅力的な題の本書の著者は、見習い看護助手として精神科に勤務したのを皮切りに、老人介護施設などで二十数年、看護師として働いてきた。そしてそこで出会った患者と、患者に振り回されているかのような自分を、まるで目の前に見えるように表現している。

著者のつづるエピソードは、症例報告のような味気ないものではない。臨床現場の迷いと小さな希望を率直に書いた文は、「正解」の実践にとらわれるあまり硬直化した看護に、生気に満ちた息を吹きかけようとしているかのように思える。固有名詞の力を使って。

もちろん本書に患者の固有名詞は出てこない。でも一人一人の顔が浮かんでくる。著者が患者を分かったつもりにならず、ためらいつつ寄り添い、小さな声や身ぶりを感じとっているからだろう。目の前の困っている人を放っておけない、という姿勢こそ、介護と看護の出発点だったことを思い起こさせてくれる。

介護に携わる看護師の多くは今、悩んでいる。学校で教えられた正解と、現場で求められていることが矛盾しているからだ。介護の世界もまた、「客観的データ」や「エビデンス(科学的根拠)」といった言葉が現場を脅かしつつある。

ケアに大切なことは何か。「プライバシー」の語源をめぐる刺激的論考も含め、多くを学べる本だ。(三好春樹・生活とリハビリ研究所代表)

(岩波書店・2415円)＝2007年11月29日④配信

イメージ裏切る調査データ

「普通の家族がいちばん怖い」(岩村暢子著)

「一応、主婦ヤッテまーす」。そんな言葉がよく聞かれたのはいつごろだったか。あの口調とイントネーションが、本書を読んでいて突如よみがえった。クリスマスと正月という「家族イベント」の季節を家族がどのように迎え、過ごしたか。首都圏の計二百二十三世帯を対象に著者らが実施した「フツウの家族の実態調査(クリスマス・お正月編)」を分析した一冊である。

「ウケを狙って特異な家族の諸相をセンセーショナルにとり上げたいのでもない」と著者があえて記す理由は、本書から浮かびあがる家族像が、大方がイメージする「普通」とはかけ離れているからに違いない。例えばこんな家族。クリスマスが近づくと、窓辺にツリーやサンタ人形をたくさん飾る家には子どもがふたり。彼らは欲しいプレゼントを書いたサンタへの手紙を人形の袋に入れる…。手紙の主は小学生ぐらいかと想像しがちだが、実際は十八歳と十四歳の少年である。

ある母親は言う。「サンタクロースなんていないという現実を知ったら、子供もショックだと思うけど、それより子供がそうなってしまうことの私のショックの方が大きい」。彼女らの多くは、クリスマスの飾りに驚くほどエネルギーを注ぐ。「電飾って(中略)外から見ると幸せの象徴みたいで目立ちますよね」

一方、元旦の食卓をみると、家族がバラバラに起きて勝手に食べたのは「袋入りのロールパン、菓子パン、シリアル、インスタントコーヒー、みかん」だったりする。物証の写真も添えている。

ただ、気になる点もある。調査対象の「普通の家族」はどのような基準で選んだのか。日常の食生活は？　それぞれの家族で、父であり夫であるひとの存在の、この希薄さは一体なにゆえなのか。そんな点でも「普通」の意味を考えさせられる「怖い」本である。

家族(FAMILY)での出来事は、いいことも悪いことも、子どもには慣れ親しんだ(FAMILIAR)ことになる。本書に登場する子どもたちは十年後、どんな年末年始を迎えるのだろう。(落合恵子・作家)

(新潮社・1575円)＝2007年11月29日⑤配信

人の営み見守る孤独な視線

「永遠を旅する者」(重松清著)

千年という悠久の時を生きる戦士。本書の主人公カイムは、そういう設定のもとに描かれている。勘のいい読者なら、このカイムの造形だけで、おや、と思うかもしれない。重松清という作家の物語を読み継いできた読者であればなおさらで、軽い違和感さえ抱くかもしれない。

本書は、あの有名な「ファイナルファンタジー」の生みの親である坂口博信の新作ゲームソフト「ロストオデッセイ」のために書かれた作品だという。三十一編の物語が収録されているのだが、そのどれもが、ゲームの主人公でもあるカイムの「記憶」なのだ。

時代も、背景も特定されない。共通項があるとしたら、カイムが渡り歩くのは、いくさの場であるということ。いくさといくさの合間に立ち寄った町や村であること。カイムは傭兵(ようへい)として戦ってきた男であり、これからも戦い続けていかなければならないこと。そう、永遠に等しい命を持つ身なればこそ、永遠に戦わなければならないのだ。

そんなカイムが出会った人々は限りある命を持つ身である。いくさの場で仕方がないこととはいえ、人をあやめることに罪を感じてしまう兵士がいる。汚染された水により、多くの子供が大人になる前に死んでいってしまう村がある。単調な暮らしから抜け出すことを夢見る若者がいる。母親が旅の男と駆け落ちしてしまい、残された少年がいる。いくさで荒れ果てた畑を、それでも耕すのをやめない老人がいる。

彼らのドラマの目撃者が、カイムだ。そう、時には慈愛に満ち、時には苦渋に満ちた心で、カイムは彼らの“営み”を見続ける。愚かな歴史は繰り返すし、人の心の弱さや醜さはいつだってある。けれどそれすらも「限られた生」ゆえのものとして、いとおしむようなカイムの視線がある。

そして、その裏側にあるのは、永遠の生を持つカイムの壮絶な孤独だ。その対比が、読んでいて胸に迫る。(吉田伸子・書評家)

(講談社・1680円)＝2007年12月6日①配信

次世代への熱いメッセージ　「私たちは、脱走アメリカ兵を越境させた…」（高橋武智著）

一九六七年、ベトナムは世界の中心だった。六五年の北爆以来、ベトナム戦争は一段と激しさを増し、アメリカは「焼きつくし、殺しつくし、破壊しつくす」作戦をとりながら、ベトナム民族を屈服させるにはいたらなかった。

この間、当のアメリカをはじめとして、ヨーロッパ各国の若者の反戦運動も大きくなっていった。日本も例外ではない。「ベトナムに平和を！　市民連合」、通称「ベ平連」は、こうした反戦運動の中心に位置していた。

そこに一大事件が起きた。アメリカの航空母艦イントレピッド号から、戦争に嫌気がさした四人の水兵が脱走し、ベ平連に保護を求めてきたのである。

さあどうするか。彼らをかくまうか、かくまわないか。かくまうとすれば、誰が、どこに、どうやって？　将来の見通しは？　それは日本の平和運動のグループが、戦後はじめて直面した試練のときだった。小田実、吉川勇一、鶴見俊輔など、ベ平連のリーダーたちは、脱走兵の受け入れを決断した。今から四十年前の話である。

この本は、脱走兵の日常生活から越境までをになった地下組織「ジャテック」の責任者による回想であり、反省であり、次の世代への熱いメッセージである。脱走兵をかくまったのはともかく、どうやってこの島国の外に連れ出したのか？　パスポートは？　こうした問いは「四十年の封印」を解いて書かれた本書の中で、次々に明らかにされていく。

偽造パスポートを求めて著者がヨーロッパを転々とし、各国の反体制グループと接触していく箇所（かしょ）は、もっともスリリングな部分である。

この本は私たちに次のことを教えてくれる。①反戦運動はときとして非合法の領域に足を踏みいれざるをえないこと。②そのためには心ある市民の深い海を必要とすること。③国際的なつながりと歴史の教訓を必要とすること。

安定した教職のポストを捨ててこの運動に身を投じた著者に、あらためて「ごくろうさま」を言いたい。（海老坂武・フランス文学者）

（作品社・2520円）＝2007年12月6日②配信

国連の功績と失敗論じる　「人類の議会（上・下）」（ポール・ケネディ著、古賀林幸訳）

一九八七年に「大国の興亡」を刊行した著者は、九三年に、国民国家を超えた諸問題を展望した「21世紀の難問に備えて」を刊行した。そうした人類全体にとっての諸問題の解決に、中心となって取り組んでいるのが国連（国際連合）である。著者が国連の発展と将来について本書を著したのは、自然な流れであり、それだけに一読に値する。

本書の第一部は国連の起源と成立である。「列強の協調体制」と「世界政府」という二つの考え方の間で、国際連盟がいかに成立し崩壊したか、そして国連が成立したかが説明される。

国連の設立の鍵は拒否権だった。米ソとも、拒否権なしには、国連に参加しなかっただろう。常任理事国が拒否権で国連をまひさせるのは遺憾なことだが、大国が離脱するよりはましだとして、著者は拒否権に一定の評価を与えている。

第二部が本論であり、四五年以後の国連の発展を論ずる。第二章では安全保障理事会、第三章では平和維持と平和執行、第四章では経済的課題、第五章では、女性と児童、公衆衛生、人口問題、環境、文化の多様性など、国連のソフトな諸活動が取り上げられる。さらに、第六章は人権問題、第七章は総会やNGO（非政府組織）など、大国以外のアクターを扱う。そして第三部は、将来に向けての展望である。

本書の長所は、国連の諸活動について、長期の歴史的視点に立って、包括的な分析を加え、正当にその功績と失敗を論じていることである。その反面、あまりに広範な問題を取り上げているので、やや分析は浅く、ときに間違いも見られる。

たとえば二〇〇五年の安保理改革運動では、日本やドイツは拒否権なしの常任議席を追求したのだが、その点が間違っている。また、若干の訳語が、通常のものと違っている。その他も、気になるところはあるが、大過はない。広く国連の活動を鳥瞰（ちょうかん）し、その全体像に触れたいという人に勧めたい。（北岡伸一・東大教授）

（日本経済新聞出版社・上下各1890円）＝2007年12月6日③配信

見事な会話の蘇生術

「天丼はまぐり鮨ぎょうざ」（池部良著）

春のはまぐり、夏の西瓜（すいか）、秋の秋刀魚（さんま）、冬の鮨（すし）。およそ四十品目にもおよぶ四季折々の味についてのエッセー集である。「おみおつけ」の湯気や匂（にお）いまでも立ち上ってくるような鮮やかな記憶は、七十年以上も前のもの。卒寿を迎えた著者の少年時代＝戦前の東京大森での暮らしがこの食物誌にはつづられているのである。

母は、漫画家・岡本一平の妹、篁子。父は、洋画家の池部鈞。「グルメと言うほど凝ってはいなかった」という前置きはつくものの、「食べものに煩（うる）さかった」という父は、しじゅう食事のことを気にかけており、台所に入り浸っては「仕事を放り出して、おふくろの背中に張りつき、ああしろ、こうしろと言っていた」。

この神田生まれで噺家（はなしか）のように弁が立つ父親と、気位が高く、料理はあまり得意ではないらしい母親とは、季節が巡り、旬の食材は変わっても、毎度毎度、もめている。

たとえば冬の一場面。

「殊に冬になると、白菜の塩漬けを馬に食わすほど出してくれるんだ。そいつがさ、嫌になるほどうめぇんだな」

「嫌なら食べなきゃ、いいのに」とおふくろ。

「うるせぇな。黙ってろ」

このかけあいが、まるで落語でも聞いているかのようなおかしさで、著者自身も楽しんで取り出したであろう、会話の蘇生（そせい）術は見事である。

長じて一九四二年、東宝映画に入社した新人俳優池部良のもとに、召集令状が届く。中国大陸での兵役を経て、南方戦線へと送られた彼は、赤道直下の小島で、握りの「鮨」を見かけるという奇異な体験を持つ。ジャングルの奥地で、どんなネタでどんな鮨が握られたかは、本書を読んでいただくとして。

命をつなぐ、ということは、すなわち食べ続けるということ。当たり前すぎて見落としてしまうこの事実に気づかされる戦中、戦後のエピソードの数々もまた、少年時代のみずみずしい記憶に劣らず感動的だ。ものを食べたい、食べさせたいと願う人たちの切実さ、いじらしさに胸を打たれる。

（藤田千恵子・フリーライター）

（幻戯書房・2310円）＝2007年12月6日④配信

日本社会を映す地獄絵巻

「無間道」（星野智幸著）

日本社会が息苦しくなってきたのは、一体いつからだろう。今世紀に入って自殺者は毎年三万人を超えている。政府やマスコミはそのデータを伝えはするけれど、原因や理由を深く問うことはない。あたかも本人の意志として自殺が決行されているかのように。

自殺が日常化した光景を、星野智幸は、私たちが忘れかけていた地獄のモチーフをちりばめながら硬質の文体でまざまざと突きつける。「無間道」で描かれる都市では、遺体（本編では「逝体（いたい）」と表現される）を焼く煙で空気が濁り、火葬されない遺体が道路を覆って腐臭を放ち、異様な生きものたちがうごめいている。

遺体処理の徒労感は、生きている者の精神をむしばむ。死ぬことに意味を見いだせない主人公は、家族や恋人の死も、ひとごとである。しかし彼もまた自殺した記憶がないままに甦生（そせい）していた。「大量に積み重ねられた自分の逝体」。反復される自死。時空を微妙に変えながら繰り返される悪夢のような様相。

死ぬことも生きることと同じだと思わせるゲームのような奈落の光景は、簡単に人を使い捨てるまぎれもない日本国の現実である。

「煉獄（れんごく）ロック」では、「神意」という意味不明のシステムで人々は管理されている。子供と大人、生殖能力のある者とない者、人々はあらゆる機会に隔離され選別されていく。そして「空気中に魂を吸いとられる」ように、「このまま死んでも何の問題もない」と思うようになる。

システムの意思に忠実で、なおかつ神意にかなうものだけが優遇される社会。社会構造に疑問を持ったり、そこからの脱走を企てた者は「煉獄」を生きることになる。

最後の一編「切腹」には「本気」や「リアル」を希求する子供たちが登場する。彼らはロシアンルーレットに興じるように、「死」に直面するスリルをやりとりする。

読者の身体感覚に訴え、痛みを伝える文体は、かつての地獄絵巻の持っていた力さながらに読む者の心をも揺さぶる。強度のある言語感覚も魅力的だ。（与那覇恵子・東洋英和女学院大教授）

（集英社・1680円）＝2007年12月6日⑥配信

善と悪をめぐる娯楽作　「魔物（上・下）」（大沢在昌著）

大沢在昌が、変化球を投げてきた。「魔物」において、北海道の麻薬取締官・大塚がやくざとロシアマフィアの取引現場を押さえようとする冒頭は、いかにもハードボイルドの巨匠、大沢らしい滑り出しである。その後、同僚を目前で殺された主人公が、犯人への憎しみを募らせるのも定石通り。

だが、本書には、異質な要素が含まれている。犯人は死ぬほどの銃弾を浴びても、なお怪力を奮い続けた。大塚は、ロシア人女性ジャンナの助力で真相を知る。

ロシアの聖人「カシアン」は、神を裏切った魔物として聖人画（イコン）に封じられていた。「カシアン」は強い憎しみを持つ人間に取り憑（つ）き、宿主が死ねば同種の人間の体に移り住むという。つまり犯人は魔物に憑かれていたのであり、本書はハードボイルド兼ホラーなのだ。

聖人画が重要な鍵となるだけに、作中には宗教的な議論が出てくる。神はなぜ、罪なき人々が不幸になるのを放置するのか。それでも神の救いはあるのか。この種の議論は、最近新訳の登場で再評価されているドストエフスキー「カラマーゾフの兄弟」にもあったものだ。「魔物」には、このロシアの文豪の本に触れた個所もある。

しかし、大沢はドストエフスキーのように思想性をつきつめるわけではない。魔物以上に悪魔的な人間が存在する日本の現状を指摘したうえで、物語を「カシアン」と大塚の対決図式に絞り込む。それは、「カシアン」を憎む大塚が「カシアン」に憑かれやすくなる危険に直面することでもある。

善と悪をめぐる複雑なテーマを、この皮肉な対決図式一つに収斂（しゅうれん）させることによって、大沢はアクション小説としての筋道や性格を鮮明にしたのだ。その結果、変化球なのに直球のごとき速さを持つ娯楽作となっている。（円堂都司昭・文芸評論家）

（角川書店・上下各1680円）＝2007年12月13日①配信

埋まっているものを掘る　「肝心の子供」（磯崎憲一郎著）

たしかに時代は明治のはずなのに、なぜか運慶が仁王像を彫っている。そのノミのふるい方があまりにも無造作なのを不思議に思っていると、あれはもともと木に埋まっている仁王の眉（まゆ）や鼻を掘り起こしているだけなんだと見物人の一人が説明を入れる。これは漱石の「夢十夜」にでてくるエピソードだ。

もともと埋まっているものを掘り起こす。あるいはもともと存在しているものを再発見する。彫刻をはじめとして、なにか「芸術作品」のようなものをつくる際、このように目的と手段の手順が逆転するような感覚を覚える者も多いだろう。そこには作り手の「作為」のようなものはみられない。この小説において焦点化されているのは、このような感覚だと考えることができる。

この小説は、ブッダに代表されるシャカ族の年代記という体裁をとっている。ブッダの父親であるスッドーダナ、ブッダ、息子のラーフラ、そして孫のティッサ・メッテイヤといった四人のエピソードが年代順にたんたんと描かれている。そこに物語的な起伏はなく、また四人の関係も親子であるという点をのぞいては希薄であり、そこから生じるドラマも皆無である。

一方、この小説の「語り」は自在だ。読者は、全方位的な一筆書きとでも言うべき文章の流れと、物語における時間の流れが完全に一致しているのではないかという不思議な錯覚におちいるだろう。

四人の登場人物は、とくに誰かに重点をおかれているわけではない。しかし主人公はあきらかに最後にでてくるメッテイヤだということが読者にはわかるはずだ。作中で「肝心の子供」と呼ばれているのは彼のことである。

この「メッテイヤ」が、あたかも最初から作品のなかに埋まっていて、それ以前の物語はそれを発見するためだけに語られる。そのような印象を読者は受けるだろう。その意味でこの作品は彫刻的であり、また同様に歴史的だと言える。（池田雄一・文芸評論家）

（河出書房新社・1050円）＝2007年12月13日②配信

海の遊牧民のダイナミズム 「アイヌの歴史」（瀬川拓郎著）

「アイヌ社会はほんとうに『自然との共生』『平等』『平和』の社会だったのだろうか」。狩猟採集民のアイヌを「縄文文化であゆみを止めてしまった人びと」のようにみる社会イメージに、著者は疑問を投げかける。

本書の目標は「リアルなアイヌの歴史」「アイヌの側に視点をおいたかれらの社会史」。そして「退屈な考古学概説とするつもりはない」との言葉通り、アイヌ史の斬新な叙述に仕上げた。

著者は、海のノマド（遊牧民）としてのアイヌを描く。殊に、北のサハリンと南の本州から「宝」を入手した交易を軸に据え、独自の文化のありようを示そうとする。

アイヌ社会は異文化の宝を蓄積した首長を頂点に「宝が宝を生む」「格差社会」だったと説く。その始まりは、続縄文時代にさかのぼるとする。東北地方以南に稲作が広まった弥生―古墳時代に並行する時代である。

アイヌは当時、狩猟採集社会をあえて「選択した」。それは北海道の自然資源を対価として「（本州の）農耕社会の宝を手に入れ」るためだった、と推断するのである。

考古学の成果を取り入れた理論も興味深い。アイヌの先祖の擦文人が九世紀末ごろから道東のトビニタイ人を同化させた過程を、遺跡の出土土器などの分析を基に、擦文人が最初は嫁入り、次いで婿入りする形でしたたかに進めたとする解釈は、見事といってよい。

著者は、アイヌ文化の成立を、縄文期と擦文期以降の自然利用の違いから読み解く。古代の狩猟採集が「特定種に偏らない」「多様性や分散性」をもっていたのに対し、中近世には「富の生産としてのサケ漁に偏向」するなど「硬直した自然利用と過剰生産」に傾く。

後者の自然利用のあり方を「アイヌ・エコシステム」と名付け、このときからアイヌ文化・社会が、縄文期とは全く異なる海洋交易の時代へと劇的に転換していったのを喝破したのである。

単純ではないアイヌ社会とその文化の成立を独自の視点でまとめ、アイヌの交流史のダイナミズムを紹介した書として、一読を薦める。（宇田川洋・東京大学名誉教授）

（講談社選書メチエ・1680円）＝2007年12月13日③配信

古典的で正統的な経済思想 「波乱の時代（上・下）」（アラン・グリーンスパン著、山岡洋一、高遠裕子訳）

本書を貫くのは、「市場資本主義こそ正しい」という古典的で正統的な経済思想だ。

こうした思想のグリーンスパンが一九九〇年代以降のアメリカ金融政策を指揮したのは、彼にとってもアメリカにとっても幸運だった。この時期は、社会主義とケインズ主義の失敗が明らかになっただけでなく、IT（情報技術）の発展でアメリカが大躍進した時代だったからである。

その様子は統計数字では知っていることだが、本書を読むと、雰囲気が具体的に伝わってくる。

財政収支黒字転換の祝典、アジア通貨危機・ロシア経済危機・有力ヘッジファンドLTCM問題などへの対処、新ミレニアムを迎えて第四期目に再任される際の「冷静な喜び」等々。

グリーンスパンは、一九九六年十二月、株価の高騰を「根拠なき熱狂」だと警告した。この言葉は大変有名だが、その背景が本書で書かれている。クリントン大統領がインターネットの可能性について強い確信をもっていたこと、その後グリーンスパンもITにたいして積極的な考えを持つにいたったことなど、興味深い。

ただし、「ITによる生産性上昇は認めるが、株価はそれを上回って上昇している」と判断する根拠は何なのか？　この点について、本書はいささか歯切れが悪い。

就任直後にブラックマンデーがあったが、それがアメリカ経済の底だった。そして、サブプライムローン問題やドル安の発生は、彼の退任後だ。グリーンスパンは強運に恵まれた人だと考えざるをえない。いまでは、サブプライムローンを増加させた住宅バブルの元凶がグリーンスパンだと非難されることもあるのだから。

本書の最後にある未来への展望は、現在のアメリカの状況を考えると、楽観的と言えなくもない。しかし、インフレ抑制こそ中央銀行の役割であり、そのために議会のポピュリズムと戦わなければならないとのメッセージは明確だ。日本の政策担当者に、この信念がぜひとも伝わってほしい。（野口悠紀雄・早稲田大教授）

（日本経済新聞出版社・上下各2100円）＝2007年12月13日④配信

奔放で型破りな時代小説

「鉏娥哷妐」（花村萬月著）

鉏娥哷妐（あがるた）という表題の四文字はふりがななしでは判読できない読者が多いのではないだろうか。たとえ読めたとしても、それが女忍者の名前だとは思いも寄らないのでは。

本書はその女忍者を主人公に、著者が伝奇時代小説の巨匠山田風太郎と半村良にささげた「〈平成の忍者小説〉決定版」。といっても、時代小説のプロパー作家には思いも寄らない奇想に満ち満ちているのだが、その破天荒ぶりはタイトルネーミングからだけでも十分推察可能だろう。

物語はまずアナーキーな伊賀忍者の闇組織「裏伊賀」の説明から入る。歴史の裏でうごめく集団という設定はいかにも半村的。続くヒロイン鉏娥哷妐の誕生シーンのブラックで血なまぐさい演出は風太郎的と、序盤からオマージュ小説としての特徴が色濃く出ているが、忍者同士の抗争とか政治的な代理戦争とかお宝探しとか、既存の忍者ものストーリーを期待していると肩透かしを食いかねない。

そもそもアガルタとはチベットの奥地にあるとされる伝説の地底王国の名前。鉏娥哷妐の出生の秘密もその辺にねざしているというわけで、裏伊賀存亡の鍵を握る彼女の謎を軸にしたその後の展開は、まさにこの著者ならではのもの。

むろん、島原の乱の真相が明かされたり、風太郎忍法帖張りの奇想天外、エログロ風味満点の忍術合戦も登場するが、読みどころはむしろ、血縁でつながれてきた天皇制国家の裏の支配構図を提示している点にあろう。その世界観もまた途方もないものではあるが。

いや、読みどころという点では、何よりもまずその奔放な語り口を挙げておかなければなるまいか。鉏娥哷妐のような外来語の当て字はもちろん、横文字や現代語、絵文字や年表も駆使されるばかりか、語り手たる著者自身も随所で登場して解説にいそしむ。

その奔放にして型破りな文章は保守的な時代小説ファンには受け入れ難いかもしれないが、ジャンル区分にこだわらない自由な文芸ファンには楽しめること請け合いの怪＝快作だ。（香山二三郎・コラムニスト）

（集英社・2310円）＝2007年12月13日⑤配信

生きるための闘いの記録

「二本指のピアニスト」（ウ・カプスン著）

ショパンの「幻想即興曲」を小学生が弾く—。英才教育の盛んな今の時代ではそう珍しいことではないかもしれない。しかし、その子の両手には指が二本ずつしかないとしたらどうだろう。しかも、先天性の障害のために足もひざから下を手術で切断され、知能は七歳程度でとまってしまったとしたら…。

本書は、「あざらし型奇形」と呼ばれる障害があって生まれた韓国の女の子イ・ヒアと、その母であり著者であるウ・カプスンの成長の記録であり、生きるための闘いの記録である。

看護師だったウ・カプスンは、下半身不随の傷痍（しょうい）軍人と恋に落ち、周囲の猛烈な反対を押し切って結婚する。ところがやっと生まれた赤ん坊には一度も会わせてもらえず、いつの間にか養子に出されることが決まっていた。再び周囲の反対をものともせず自分で赤ん坊を育てる決意をした彼女の前には、次々と新しい困難が立ちはだかる。

五歳になったイ・ヒアはピアノとの運命の出会いを果たし、以来、文字通り、血のにじむような過酷な練習が始まる。「指に力をつけさせるため、そして知能開発のため」に始めたピアノだが、次第にヒアの潜在的な力を呼び覚ましていく。そしていくつもの賞を受賞し、パラリンピックの舞台で演奏し、海外公演を果たすまでになる。

それは、真っ赤な「猿のおしり」になるほど毎日十時間以上もいすに座って練習した娘の努力と、「過保護は、虐待よりもひどい」というヘレン・ケラーの師サリバン先生の言葉を信条にし、愛情があればむちを使ってもいいという信念を貫いた母親の叱咤（しった）激励があってこそのことだった。

著者の意志の力、行動力、精神力には、同じ母親として畏怖（いふ）の念すら抱く。母親はどこまで強くなれるのか、自立とはなにか、親は子になにができるのか。障害のあるなしにかかわらず、多くのことを考えさせられる作品である。表紙に使われている母子の達成感あふれる笑顔がとてもまぶしく感じられた。（古屋美登里・翻訳家）

（新潮社・1470円）＝2007年12月13日⑥配信

団地の中で完結する青春

「みなさん、さようなら」(久保寺健彦著)

小学校での殺人事件にショックを受け、住んでいる団地から一歩も外に出られないまま成長していく主人公の悟。セックス、恋人、バイト、仕事、肉体トレーニング、夢と、すべてを団地の敷地内で調達していく少年は、外からみるとひきこもり的だが、中ではタフなヒーローという二重性をもつ不思議な存在だ。

ひきこもりは自分の部屋というコクーンに撤退し、自我を保管する。でも悟は「団地」という想定可能な安全圏をコクーンとして、その中でサナギから孵化(ふか)していくのだ。心理学的にみれば、この悟の生活は団地という枠を使った、一種の箱庭療法ともいえるだろう。

が、この箱庭には老朽化のため居住者が次々にいなくなるという、負の因子があった。建設当時は夢の象徴だったのに、歳月を経てどんどんさびれ高齢者や外国人労働者が残る団地の描写は、この作品に確かなリアリティーを与えた。それが逆に悟の箱庭への安住をさまたげ、孵化を促進するという、皮肉なモチーフが効いている。

ふつうなら悟は心を病んだ脆弱(ぜいじゃく)なキャラクターとして描かれそうなものだが、なぜか彼は明るく元気に筋トレに励んで空手の達人になり、性欲も人一倍、おまけに団地内をガーディアン・エンジェル(防犯ボランティア)のように自主パトロールして、バイトに精を出す。団地から出られないことをのぞけば、いまどきありえないほどまっとうな「青春」をしちゃってるところが、なんともコミカルでおかしい。

悟の母親や、「師匠」であるケーキショップの店主など、丹念に描かれた登場人物が魅力的なだけに、最後の悪漢三人組のエピソードは少しデフォルメしすぎて暴走した感があるのがちょっぴり惜しいが…。

それにしてもありふれすぎて誰も振り向かない、老朽化した団地内の光景の中に、こんな秘密の冒険を次々に見つけ出す作者のミニマリズムに徹したストーリーテリングの手法は新鮮だ。子供のころ、団地に住んだ経験のある人なら、すべての場所が遊び場だった、あの完結した「ぬるさ」を懐かしく思い出すだろう。(速水由紀子・ジャーナリスト)

(幻冬舎・1575円)=2007年12月20日②配信

食べ物がつくる地域の文化

「食べてはいけない!」(森枝卓士著)

イスラエルの肉はうまくない、といわれる。動物の血を食してはいけない、という旧約聖書の教えに従い、信心深いユダヤ教徒たちが塩水で血を洗い流しているからだそうだ。パサパサの肉は、もはや美味とは縁遠いに違いない。旧約聖書に食のタブーが記された理由には諸説あるが、食事を取るたびに神の聖性や秩序を確認するため、と説明する人類学者もいる。

生物学的に同じ種である人間は、食べられる物が同じはずだ。にもかかわらず、なぜそれぞれの土地で食べてはいけない物が異なってくるのか。ジャーナリストとして世界各地の食文化を追い続けてきた著者が、自分の体験や見聞をもとに、この根源的な問いに迫ったのが、本書である。

肉を例にとると、イスラム教徒は豚肉を汚れた物として食べない。ヒンズー教徒にとっても、豚は汚れた存在だが、牛は逆に聖なる生き物だから食べてはいけない。仏教徒は、殺生すること自体を禁じられている。では、なぜ宗教や文化によって、食べてはいけないものが異なるのか。著者はしばし、熟考する。

たとえば、インドは菜食主義者が多い。肉を食べてはいけないというヒンズー教や仏教の教えが、その背景として通常は説明される。しかし、著者はもう一歩踏み込む。

インドの食の根幹には、牛のミルクをしぼり、加工してヨーグルトやバター、チーズなどを食べる文化がある。ということは、肉食をしなくても生きていくのが容易であり、だからこそ肉を「『食べない』という思想もできあがったのではないか」と考える。

地元産の旬の食材の摂取を勧める「身土不二」や「地産地消」といった言葉が近年、市民権を得てきたが、要するに、その地域の食べ物が地域に住む人々の思想や文化をつくるということだ。

だとすれば、世界を一つの尺度に統合していくかにも見える新自由主義的なグローバル経済の進展は、地球大の新たな食文化をつくり出すというよりは、世界各地の食文化や思想を破壊していく危険性をはらんでいると言えるかもしれない。

食べ物を侮ってはいけないのである。(瀧井宏臣・ルポライター)

(白水社・1575円)=2007年12月20日③配信

説得力を持つ絶妙な比喩

「したたかな生命」（北野宏明、竹内薫著）

ロバスト性の高い設計にすべきだ、日本の衛星はロバスト性が低い…。衛星のトラブルを耳にするたび、私はそうつぶやいた。そして“ロバスト性”ってナニ？　と問われれば、冗長性があって壊れにくくて…、とメカニズム中心の答えをしていた。それだけが「ロバストネス」でないことは、百も承知だ。しかしうまく表現できなかった。

ロバストネスの本質を、把握していなかったのだ。そんな私を、この一文が著者たちの世界に引っ張り込んだ。「われわれは、多くの場合、病気になっても回復しますし、温度や湿度、さらには酸素濃度などが多少変動してもそれに対応します。（中略）多くの種では、幅広い擾乱（じょうらん）に対して、対応できる能力を有しています。このような特徴を『ロバストネス（Robustness）』と呼びます」

体温が上がれば汗をかき、気化熱を発散することで体温を下げる“フィードバック”は、まさにロバストネスの代表である。また、コトが起きてから対応するのではなく、雨雲を見たらぬれないように屋内に入るという“フィードフォワード制御”による行動もロバストネスを実現している。

メカニズムで硬化していた私の理解は、読むにつれてどんどん柔らかくなり、視野もしだいに広がった。生命活動はたしかに、しなやかでしたたかなロバストネスの塊なのだ。そうであれば、有機的集合体である企業組織にもあてはまることで、ルイ・ヴィトンを中核とする世界的コングロマリットLVMHのロバストネスが示されている。

しかしそこにも弱点はある。ロバストネスの塊と思われた生物も、ウイルスによる感染という擾乱に対し、フラジリティ（脆弱（ぜいじゃく）性　Fragility）を露呈する。ならばそこには、ほどよい妥協が必要になる。速度は出ないがどこでも進める強固な戦車、インテリジェントな設備のない小規模なホテル等々、絶妙な比喩（ひゆ）が説得力を持っている。古くから存在していた現象が、ようやく形となって浮かび上がってきたようだった。（中野不二男・ノンフィクション作家）

（ダイヤモンド社・1680円）＝2007年12月20日④配信

国境を越えた協力の姿

「医者、用水路を拓く」（中村哲著）

「外国人によってアフガニスタンが荒らされた」という思いは、官民を問わず、党派を超えてアフガニスタンに広がっているという。

そんな中で、井戸を掘り、用水路を拓（ひら）く著者の試みは例外的に支持を受けている。それはなぜなのか？　まさにいま問題になっているテロ対策特別措置法が国会で審議されていた時、参考人として招かれた著者は「現地の対日感情は非常にいいのに、自衛隊が派遣されると、これまで築いた信頼関係が崩れる」と強調し、自衛隊派遣は有害無益で、飢餓状態の解消こそが最大の課題だと訴えた。

しかし、この発言に議場は騒然となり、司会役の自民党の衆院議員は取り消しを要求する始末だった。時計の針を六年前の著者の発言時点に戻せば日本はどこでまちがったかが明らかになる。

その意味でも、この本は実に「タイムリー」な本である。

自衛隊派遣は著者たちのようなNGOの活動を危険に陥れるだけであり、まさに「有害無益」なのだ。「給油活動」なるものもその延長線上でしかとらえられないことは言うまでもない。

評者は著者を“歩く日本国憲法”と言っているが、平和憲法の下でこそ「どんな山奥に行っても、日本人であることは一つの安全保障であった」という著者の指摘は成り立つのである。

喜ばれないものを派遣して、喜ばれているものを危うくすることが「国際協力」であるはずがない。医師である著者が「百の診療所よりも一本の用水路」を合言葉に現地で奮闘する姿は、これこそが国境を越えた協力の姿だということを示す。

一つ一つ地に着いた言葉でつづられる「報告」に読者は粛然とさせられると思うが、著者が病気で二男を失う場面には、思わず、神はどうしてそんな試練を著者に与えるのかと叫ばずにはいられなかった。幼い子を亡くして著者は、空爆と飢餓で犠牲になった子の親たちの気持ちがいっそう分かるようになったという。（佐高信・評論家）

（石風社・1890円）＝2007年12月20日⑤配信

暴力の根源への熱い思考

「言葉と戦争」(藤井貞和著)

言葉と戦争—大きなテーマだ。言葉は戦争とどうかかわるのか。文学は戦争とどう向き合うのか。表現者(詩人)であり文学研究者である著者は、ことに湾岸戦争以後、この大きなテーマに対して率直に発言してきた。

本書は多くの論考やエッセーを収めているが、中心になるのは、書き下ろし論考「言葉と戦争」と、コロンビア大学の日本文学研究者ハルオ・シラネ氏とのEメール往復書簡である。

「言葉と戦争」は、人間の暴力性の根源をめぐる動物学者、心理学者、文化人類学者の議論の吟味からはじめて、戦争とテロリズム、戦争と人間性、靖国神社問題、大東亜戦争(太平洋戦争)と文学者、憲法九条の意義、朝鮮戦争から湾岸戦争までの戦後日本の戦争とのかかわり等々、網羅的、包括的に展開する。

思考の熱が伝わってくる。しかし、その分、思考がやや駆け足気味だ、とも感じる。

私を立ち止まらせたのは、ハルオ・シラネ氏との往復書簡だった。二〇〇一年九月十一日をニューヨークで体験したシラネ氏は、「源氏物語」に言及しつつ、大きな惨事に対して文学は無力に見えるが、他者や異文化を想像力を介して理解するために、文学は不可欠の手段なのだ、という。

それを受けて、往復書簡は、マルチカルチュラリズム(多文化共存)のなかでの日本文学と「国文学」研究者の立ち遅れ、といった議論へと展開する。それはともすると閉ざされがちな「国文学」研究を世界と歴史のなかへ開こうと努めてきた著者のモチーフでもあろう。

シラネ氏はまた、「源氏物語」の「恋」は「恋愛(love)」ではなく、不在の人を思慕する「忍ぶ・偲ぶ」なのだ、だから、「恋」は内面的な時間と回想につながるのだ、と述べている。つまり文学は、他者や異文化を「外側から」理解するのではなく、想像力を介して、「内側から」理解することの可能性を保持しているのだ—私はこの往復書簡のメッセージを、そのように受け止めた。(井口時男・文芸評論家)

(大月書店・2625円)=2007年12月20日⑥配信

小説力で迫った暗殺事件

「ゴールデンスランバー」(伊坂幸太郎著)

歴史上、もっとも不可解な謎を残した暗殺事件と言えば、ケネディ大統領暗殺事件であろう。報道の大きさとは裏腹に、犯人が射殺され事件は迷宮入り。当時の詳細な調査記録は、今もすべてが公開されてはいない。事件の関連書を読むたびに、なにか大がかりな権力が介在していそうな気がしてすっきりしない。

ところで、同じような事件がもし日本で発生していたらどういうものになったのか。そんな発想から書かれたのではと思われる本書は、徹底的な小説力によって、どんな解釈よりも説得力ゆたかに、暗殺事件の本質に迫ってみせた。まさに驚くべきサスペンス小説だ。

仙台で凱旋(がいせん)パレードを行った若き理想肌の首相が暗殺され、元宅配ドライバーの青柳雅春が犯人と特定される。マスコミや市民を巻き込んだ大騒ぎの末、逃亡していた青柳は死亡したらしい。それから二十年。事件の関係者は捜査した人々を含めて鬼籍に入り、なかには不審死も少なくなかった。闇に葬られた事件の真相は—。

犯人の死亡により事件が終わる—そのような結末を極力回避するべく、青柳は逃げて逃げて逃げまくる。彼の武器は、ごくごく庶民的な日常感覚であり、それを駆使した結果、ますます国家権力との闘いが深まっていく。彼を追いつめていく警察や監視装置は、管理社会を扱った未来小説の登場人物のように、国家権力特有の不透明な官僚主義とその不気味な感触とを、じわじわと浮かび上がらせるのだ。

皮肉にも、そうした権力ゲームにまきこまれた市井の人々が互いに見知らぬ同士でありながら、逃亡を助ける強力なネットワークに参加していくことになる顛末(てんまつ)は、伏線も多重にはりめぐらされ、異様な迫力を醸し出す。アメリカ的なドライで非情な設定に、ウエットで情感あふれた日本的感性が小気味よく切り込んでおり、さわやかな読後感を残す。(小谷真理・文芸評論家)

(新潮社・1680円)=2007年12月27日①配信

上達と戦略的思考のモデル

「決定力を鍛える」（ガルリ・カスパロフ著、近藤隆文訳）

チェスの伝説的世界チャンピオンである著者には、世界中のビジネス界から講演依頼が殺到する、という。なぜか？

一芸に秀でた人の言には、他分野にも応用できる真理が含まれている。達人（マスター）たちの言葉は、すぐれた比喩（ひゆ）となって私たちを刺激する。

「人生は○○であり、○○は人生である」。私たちは、人生を比喩でとらえるのが好きだ。この空白部にはいろいろな言葉が入り得るが、内容がないことも多い。

しかし、カスパロフがここにチェスを入れた時、信じられないほど豊饒（ほうじょう）な人生のヒントが次々と繰り出されてくる。私は興奮して三色ボールペンでチェックしまくった。

カスパロフ曰（いわ）く、「変化のための変化は避けることだ」「努力が願望を強め、願望が努力に拍車をかける。自問することを、過信と落胆という障害に打ち克つ強さのある習慣にしなければならない」「自分がほとんど知らない分野で直観がはたらくことはない」

この本には上達の原則と戦略的思考のモデルが詰まっている。ビジネス界だけでなく、親や教師の方たちにも、ぜひ読んでほしい。

なぜなら、現代社会は高速で展開するゲーム（勝負事）になってきているからだ。勝負事の原理原則を知らない者は、はじかれてしまう。はじかれた先にある世界は、ゲームではなく、身動き取れない苛酷（かこく）な現実なのだ。

勝負事での勝ち方や上達の仕方には、分野を越えて共通する原理がある。その原理を意識するかどうかだけで、人生の景色が全く変わってくる。

スーパーコンピューターと対決したカスパロフの「私たちの最大の強みは、パターン、方法、情報を吸収して合成する能力である」という言葉は、コンピューター時代に生きる私たちに勇気を与えてくれる。

本書には、ゲーテやナポレオンらの名言もあふれている。この偉大なるプロ戦略家は、教養人でもある。私は個人教授を受けているつもりで、この本を読んだ。本当なら個人教授代は数百万円になるだろう。このレッスン受けない手はない。（斎藤孝・明治大教授）

（NHK出版・2310円）＝2007年12月27日③配信

言語間のズレを見つめる

「越境の声」（リービ英雄著）

名前が与える印象とは裏腹に、日系ではないリービ英雄がはじめて日本語で書いた小説「星条旗の聞こえない部屋」は、米国から越境した少年が「しんじゅく」へ逃げ込む物語だった。リービ自身も「日本語に身をさらし」し、日本文学研究者として大成したが、米国での教授職をなげうって日本へ「常住」することを選び、表現言語として日本語を選び取った。

「現地の人間になってしまう（ゴーイング・ネーティブ）」というこの越境は、米国における国家レベルの日本研究に対する一種のタブー行為だった。しかし、そのおかげでぼくたちの現代文学は、メジャーな英語を母語とし、マイナーな日本語で書く特異な作家を持つことになった。

「越境の声」の中核をなすのは、リービ英雄が他の越境者たち─多言語の間を自在に行き交う実践者・解釈者である多和田葉子、水村美苗、莫言、大江健三郎、青木保、沼野充義、富岡幸一郎─とおこなった対談で、後半には講演と紀行文が収められている。

読み進むうちに、日本語の自明性が突き崩され、日本と満州の関係の中で書いた安部公房の立ち位置のユニークさが浮き彫りにされ、日本の中の見えにくい「境」を描いた中上健次の功績が確認され、戦後語られてこなかった階級と言語文化をめぐる問題があらわにされる。

百済出身説がある山上憶良の和歌からバイリンガル的に書く興奮を読み取るところや、千年前開封の都に移民したユダヤ人が中国人になったという話には、とりわけ胸が躍る。古代の越境者たちの経験が現代を予告していたとわかるからだ。

リービは感慨を込めて、千年を隔てた二つの越境をつなぐ小説「ヘンリーたけしレウィツキーの夏の紀行」の最後の一行を「主語のない文章で終わらせることができ」たと語り、文法構造上英語では書けない文章を書いた自身を振り返る。越境し日本語の懐深くまで到達した作家は、言語による「アイデンティティーの衣替え」を再確認し、二言語の間に起こるズレを見つめて、表現の原動力を得ているのだ。（栩木伸明・早稲田大教授）

（岩波書店・2100円）＝2007年12月27日④配信

実践から考えた農の重要さ

「鍬と宇宙船」（秋山豊寛著）

農耕の始まりは一万年ほど前といわれるが、それ以降も、人間が太陽の恵みに頼って暮らす限りは自然との関係が途切れることはなかった。しかし近代農業は自然と食料生産とを切り離す方向に向かった。その典型が広大な土地に機械と化学肥料、農薬を注ぎ込んで単作を行うアメリカ型の大規模農業だろう。

片や日本の伝統的農業は、細やかな土地利用により成り立ってきた。田畑、雑木林や草地、ため池や水路が織りなす環境には多くの動植物がすみつき、季節を彩るとともにその一部は食卓にも上った。農にかかわる文化もまたはぐくまれた。

ところが近年、生産性を高めるため農地を改変し、化学肥料や農薬を大量に注ぎ込んだ結果、農地周辺から生き物が激減し、その質も大きく変わってしまった。

福島県・大滝根山のふもとで米や野菜、果樹、椎茸（しいたけ）を育てながら生活する著者の田畑には、けもの、鳥、カエルやヘビ、昆虫など、多くの生き物が姿を現すという。その生き物たちとのつながりこそが農業のもつ重要な役割だと彼は考える。その基盤があってこそ、人間も生きていけると。

生態系を豊かにしながらその恵みを得て生き続けていくことの大切さを、著者は十年以上にわたる有機農業の実践から身をもって理解したのだろう。そして、このままつながりを失っていいのかと、かつて日本人初の宇宙飛行士として宇宙船から地球を眺めたことがある著者は問いかける。

グローバル化する世界の中で、農業を産業として生き延びさせるには、日本は不利な条件にある。しかし、経済は人間の存在にとって一つの要素にすぎない。場当たり的な政策を繰り出すだけの政治家や官僚たちに失望しながら、地に根ざして生きる人たちに温かいまなざしを向ける著者は、「一億総兼業農家を目指す国造り案があっても良い」と述べ、自給的農家、兼業農家もまた農の担い手であることを前提に、農にかかわる政策を環境政策として展開することを提言する。同感である。（小澤祥司・環境教育コーディネーター）

（ランダムハウス講談社・1890円）＝2007年12月27日⑤配信

大都市生んだ時代の意志

「江戸の大普請」（タイモン・スクリーチ著、森下正昭訳）

十八世紀初頭に既に百万の人口を擁した江戸。東国の寂れた村が、わずか百年で、世界的大都市へと成長した。そのエネルギーの源は何か。江戸は何を目指したのか。

その時代を生きた人々が、さまざまなレベルで共有した理想の都市像、時代の意志を解き明かすために、著者は絵画や文学を読み込んでゆく。

まず、幕府政治の中心地の記念碑として、日本橋が選ばれた。橋を都市の象徴とする発想は徳川独自のものではなく、ロンドンなどに学んだことが、当時欧州で製作され、日本にも輸入された地図などをもとに明らかにされる。日本橋の上から水路に目をやると、両岸は舟運による物流の拠点であり、その先に江戸城が一望できる。しかし、水に遮られて城に近づくことはできない。権力構造を図像化したのである。

江戸は新開地であり、歴史的・宗教的蓄積が醸し出す威厳に欠けていた。徳川の治世を安定させるには、京のもつ聖地としての霊気（アウラ）が必要であった。そこで、京の鬼門を守る比叡山延暦寺に倣って、上野に東叡山寛永寺を建てた。さらに清水寺に似せた清水堂の建立など、さまざまな京の写し（コピー）が試みられ、江戸市中にちりばめられた。清水堂から身を投げる女も後を絶たず、民衆レベルでも京は写された。

江戸は京の写しによって聖地としての霊気を獲得したかにみえたが、二番手にすぎず、文化的独自性に欠けていた。そこで発想されたのが富士山の取り込みである。富士（不二・不老不死）は世界にひとつしかない魅力的な山であり、京からは見えない。日本橋を描いた絵の大半に富士山が描かれた。富士は江戸の図像の一部となり、江戸を特別な存在へと押し上げた。

江戸の都市計画の主体は徳川であったが、それを支える文化的基盤、それを求める時代の意志なしには都市は成立しない。絵画などの図像を中心に、細部に着目し、その意志を解き明かしていった本書は、歴史を読む、体感する楽しさにあふれている。（波多野純・日本工業大教授）

（講談社・1890円）＝2007年12月27日⑥配信

2008

標的となった喜劇王

「チャップリン暗殺」（大野裕之著）

チャップリンといえば「喜劇の王様」であり、「憂愁の放浪者」であり「愛とヒューマニズム」の映画作家である。人間的な温（ぬく）もりを常に湛（たた）えたこの二十世紀を代表する映画人が大の親日家であり、四度もこの日本を訪れていたというエピソオドを、ぼくらは嬉（うれ）しく、誇らしく、ある温もりをもって大切にしてきたのだが、この書物は「チャップリン暗殺」である。滅相（めっそう）もない！

「喜劇王を殺せ、戦争を始めろ」。一九三二年五月十五日。いわゆる五・一五事件勃発（ぼっぱつ）の日。時の青年将校たちによって犬養毅首相が暗殺され、日本が戦争の時代に突入していく契機となった日。首相訪問を予定していた喜劇王もまた対米戦争を望む海軍急進派の青年たちによって標的とされていたというのである。

剣呑（けんのん）な話だがこれはそういう時代の暗部を描く暴露本ではない。チャップリンを愛する者ならば誰もがその一本「独裁者」を思い起こすだろう。あのヒトラー独裁の時代にユダヤ人の理容師が哀れにも独裁者その人と間違われ大演説を行うに至る喜劇。「兵士たちよ！　けだものに身をゆだねてはならない！」。わが犬養毅は死に際して「呼んで来い、今の若いモン、話して聞かせることがある」と語ったという。語り合いの拒否から戦争は起こるのだ。

戦後の今なら、誰だって「独裁者」は思いつく。しかしチャップリンはこの映画をナチ台頭の時期に生み、世界にむけて発信したのだ。機械文明崇拝の時代に「モダン・タイムス」でそれを批判し、後には「殺人狂時代」でアメリカ民主主義の矛盾を暴いて国外追放となる。

便利なトーキー時代に敢（あ）えて無声映画を守り、「独裁者」の演説で言葉を放ったチャップリンの内部に棲（す）む衝動は何であったのか？

映画作家チャップリンを終生支えた日本人・高野虎市の生涯を通じて語られるこの書物は、この二十一世紀にこそ彼を再生させる。「君のユーモアが世界を救うのだ」。笑顔は対話を生む。ユーモアは平和の顔である。君は世界中の人間と対話した。今こそ君が必要だ！（大林宣彦・映画作家）

（メディアファクトリー・1680円）＝2008年1月10日①配信

思想的な自己形成の軌跡

「私のマルクス」（佐藤優著）

本書は、瞬く間に論壇を席巻した、起訴休職中の外務事務官の思想的な半自叙伝である。

浦和高校から同志社大学神学部に進学した著者は、畑違いの役人の道を選び、外務省主任分析官として、インテリジェンス（情報）部門に携わっていた。ラスプーチンの異名をとった彼の外務官僚としての異端性は、この傍系のキャリアからくる。

前半生の思想的遍歴をつづった本書は、屈折しながらも、まっとうさを失わぬ著者の自己形成の軌跡を鮮やかに照らし出している。そこには、このロシア通の外交官が生涯で三回出会ったという、マルクスの思想が決定的に作用していた。

チェコのプロテスタント神学者・フロマートカを仲立ちに、神学と無神論、マルクスの言説とキリスト教神学の総合をもくろむ学徒が、らつ腕の外交官になる道筋で見逃せないのは、例えば次のような覚醒（かくせい）だ。

「私はプライドに価値を認めない。プライドこそが人の目を曇らせ、情報分析の判断を誤る原因になるという発想をインテリジェンス（情報）業務についてからもつようになった」

その根元には、同志社大学神学館の茨（いばら）の冠があると著者は語る。十字架ではなく、イエスがローマ兵士に侮辱された茨の冠という象徴の「特別な意味」。時には鈴木宗男や村上正邦とも“連帯”しつつ、「国策捜査」を糾弾してきた著者の戦闘的意志は、茨の冠に象徴されるこの断念の形と深く切り結んでいる。

ところで、「国家」と対峙（たいじ）する愛国者・佐藤氏には、その人脈や履歴にまつわるいくつかの謎がある。だが、一九七〇年代末、学生運動の衰退期にマルクスと本格的に出会った氏の覚醒と断念の形こそが、最大にして希少な謎と言うべきだろう。

前著「国家の罠」をポジ（陽画）とするなら、本書はマルクスという大いなる謎に挑み続ける佐藤優の自己形成にかかわる、ネガ（陰画）に当たっている。（高澤秀次・文芸評論家）

（文芸春秋・1700円）＝2008年1月10日②配信

国の愚策問う悲痛な叫び

「わたしのリハビリ闘争」（多田富雄著）

世界的な免疫学者である著者は、二〇〇一年に脳梗塞（こうそく）の発作に見舞われる。右半身の完全まひ、高度の構音障害、嚥下（えんげ）障害などが残ったが、リハビリのおかげで発作後四年間で五冊の本を出版できる程になった。ところが、〇六年になってリハビリを続ける著者の身に驚天動地の話が降ってくる。厚生労働省の方針により、リハビリは百八十日を限度として打ち切られることになったのだ。

リハビリはある患者では二週間で十分であるが、別の患者では中止は即、寝たきりになることを意味する。後者の場合、リハビリの中止宣告は「死ね」と言われるのに等しい。実際、高名な学者である鶴見和子さんと宇井純さんは、打ち切り後しばらくして亡くなっている。

患者を見殺しにする厚労省の仕打ちに怒った著者は不自由な体にむち打って、「リハビリ打ち切り反対闘争」の先頭に立つことを決意する。と言っても重度の障害者である著者にできることは原稿を書くことだけだ。本書は、左手一本で人の十倍かかってキーボードを打ったという、著者の命を懸けた厚労省に対する抗議論集である。

「本にまとめておきさえすれば、この医療史上の一大汚点は、実名とともに後世に残る。私にはそれを書き残す義務があると思った」—。悲痛な叫びである。

日本の官庁は一度決定したことはどんなに間違っていても決して誤りを認めないらしい。著者たちが集めた四十八万人ものリハビリ打ち切り反対署名に対し、厚労省の官僚が行ったペテンの数々は卑劣を極める。百八十日を超えてリハビリをする場合は診療報酬が徐々に減額されるとか、その他いろいろ。委細は是非、本書を読んで欲しい。

「小泉改革」の一環としてなされたこの改定は、国民皆保険制度を崩壊させ、富裕層のみが高度医療を独占する嚆矢（こうし）となると著者は断ずる。今、白紙撤回を勝ち取らなければ、今日は知らずで明日はわが身である。（池田清彦・早稲田大教授）

（青土社・1260円円）＝2008年1月10日③配信

本質突くやわらかな考え

「養老訓」（養老孟司著）

講演で演壇に立った養老先生は、終始「苦虫を噛（か）み潰（つぶ）した」ような表情を崩さない一人の聴衆に出会う。「不機嫌なのはたいていが老人、それも男です」。私にも経験がある。必ずそういう人がいるものだ。しかも最近増えている気がする。

で、養老先生は「このところ社会を見ていて、ちょっと何か言っておいたほうがいいのかもしれない」と、この本を書いたのである。その主張は常識を覆すことばかり。けれど、言われてみると思わず膝（ひざ）を打つようなことのオンパレードだ。

読書にばかりふけるな。自分で考える癖がつかない。読書こそ知力をつける道と信じている知識人、教育者など目をむくようなセリフだ。

また、最近の人たちは「仕方がない」という感覚を忘れてしまっているともいう。子供が石につまずいて転んだら「誰がこんなところに石を置いた」と責任追及に走る。少しでも想定外のことが起こると文句を言うようになった。

たしかにエゴと過剰な権利意識が跋扈（ばっこ）する現代はとても窮屈だな。自然を相手にする農業中心の社会だと「仕方ない」が生きていたのに。

老人になると何かに感動するということを忘れる人がいる。そんなことは知っている、としたり顔をする。箱根でいい景色を見ても「箱根も俗になったねえ」みたいなことをいう。いる、いる。若い世代にも少なくない。感動を失った人生というのはつまらないばかりか、その人の周りも不幸にする。

養老先生の言葉は本質を突いていて、それだけに神経を逆なでされたと感じる人もいるだろう。きっと頭の硬い御仁にちがいない。けれど、多くの読者は、うんうん、とうなずきながら読み進むはずである。それも全文にユーモアのセンスがあふれているから。

こうした文体、やわらかな考え方はぎすぎすした気分が蔓延（まんえん）する今こそ貴重である。識者の声高な説教にうんざりしていたのは、私だけではないだろう。（藤原智美・作家）

（新潮社・1260円）＝2008年1月10日④配信

超大国の本質を突きつける　「戦争格差社会アメリカ」（田城明著）

9・11からすでに六年余が過ぎた。あれ以来世界がいかに変ぼうしたか、振り返ると愕然（がくぜん）とする。世界規模の変化はこれまで語られてきたが、著者が報告するのは米国という超大国の足元に生きる生身の人々の姿だ。

9・11の現場で働いた労働者、イラク戦争帰還兵、イスラム系住民、戦死した兵士の家族、ハリケーン・カトリーナの被害者、さらには中産階級の普通の人々も登場する。広島のベテラン記者が米国の最深部をくまなく歩き回り、人々の素顔を伝えた中国新聞の連載記事を、加筆してまとめたのが本書だ。

読み始めると、冒頭から頭をガツンと殴られたような衝撃を受けるだろう。マスメディアは9・11のグラウンドゼロに建てられたモニュメントのことを伝えても、9・11のヒーローが医療費も払えず、病に苦しみながら社会の中で転落してゆく姿は伝えない。

イスラム系住民の苦難もすさまじい。「愛国者法」によって不当逮捕され、釈放された後も足に発信器をつけられ監視されている。自由も人権もあったものではない。人権蹂躙（じゅうりん）は大学の現場にも及ぶ。政府を批判すればどんな目に遭うか、慄然（りつぜん）とする迫害の実態がよく分かる。日本の戦時中にそっくりだ。

年間で四十万の退役軍人がホームレス体験があるという。湾岸戦争やイラク戦争帰還兵には劣化ウラン弾の影響とみられる症候もプラスされる。これらは決して補償されない。

本書ではこのような、米国の普通の人々が生存権を脅かされている実態が、緻密（ちみつ）なデータに基づいてリポートされている。特に貧困層の若者たちの姿が痛々しい。

後半では、マスメディアが政策に加担し、政府が費やす巨額の軍事費の支出先にもかかわっている状況が、はっきりと見えてくる。そしてこの巨大な力に立ち向かうオルタナティブなメディアや勇気ある市民の姿がある。そこにこそ著者の希望が込められている。米国という超大国の本質を日本人に突きつける警告の書だ。（鎌仲ひとみ・映像作家）

（岩波書店・1995円）＝2008年1月10日⑥配信

ウイルスの恐怖を再認識　「エピデミック」（川端裕人著）

恐怖は身近な題材ほどリアリティーを増す。

本書は未知のウイルスと、それによる感染爆発をテーマに据え、これが冒頭から尋常でない緊迫感を生むことになった。

舞台は南関東、花が咲き乱れ、太平洋沖に鯨の姿も見られる海辺の町だ。そこで新型インフルエンザらしき症例が発生、たちまちウイルスに占領される。患者は次々に死んでいく—。

物語は、ウイルスの源を突き止めようとする人間の知恵と行動を軸に、役所のぶざまな対応やマスコミ報道のあり方だけでなく、親子の情愛と生命の尊さまでを織り込みながらトップギアのまま巻末まで疾駆する。

新型ウイルスの登場に色めき、現地へ飛ぶ国立集団感染予防管理センターのスタッフたち。彼らの上司や先達もそれぞれの思惑を抱く。地元で医療に携わる人々、現代の若者を具現化した保健所職員…どの人物に加担するか、反発を覚えるかは読書の楽しみというべきだ。ここに、ウイルスの正体や感染源を暴く謎解きの醍醐味（だいごみ）も加わる。

だが、単なる虚構と高をくくって本書は読めない。ページをめくるたび、今冬も早くから流行したインフルエンザはもちろん、エイズやSARS、人から人にも感染する鳥インフルエンザ（H5N1型）など、ウイルスのもたらす現実の災厄と脅威が脳裏をかすめる。

感染爆発によるおびただしい重患の前に、人間はなすすべを持たない。やり切れなさと同時に、ハイスピードで進化と変異を続けるウイルスへの畏怖（いふ）を再認識するのは、私だけでなかろう。

作者はウイルスを、旧約聖書に登場する海の怪物リヴァイアサンになぞらえた。政治経済から社会規範に教育、果ては食物まで—人類の営みは末世の様相を呈し、さまざまな事象で破綻（はたん）が生じている。感染爆発は、神から果てない巨大化を許されたリヴァイアサンによる警告ではあるまいか。

「新型インフルエンザの大流行は日本でも起こる。だが対策は遅れたまま。残された時間は少ない」。ある専門家は新春の報道特別番組でこう断言していた。（増田晶文・作家）

（角川書店・1995円）＝2008年1月17日①配信

時空超えて本質に迫る

「転生」(ジョナサン・コット著、田中真知訳)

一九〇七年、三歳の少女がロンドンの自宅の階段から転落した。頭部打撲による死亡を宣告された後、奇跡的に生き返った少女は、しばしばエジプトの夢を見るようになり、長じてかの国に渡って古代エジプト王セティ一世のアビドスの神殿の研究に生涯をささげる。

ここまでならよくある「夢の啓示」の一種だが、彼女がセティ一世と道ならぬ恋に落ちたという前世体験を終生語りつづけ、古代エジプトの宗教にのっとった暮らしを貫いたとなると、月並みな「啓示」を超えた神秘性を帯びてくる。

本書はその少女がどのようにエジプトに渡り、自らオンム・セティと名乗って神殿の研究にいそしんだかをつづったノンフィクションだ。論理的には転生などあり得ない。だが子供のころに彼女が幻視した神殿の庭が、その後の発掘によって明らかになるなどの出来事が、実際に起きている。

セティは直感に頼るだけではなく、ヒエログリフ(象形文字)を解読して古代エジプトの祭祀(さいし)と歴史に卓越した知識を得ていた。神殿の近くに動物たちと寝起きし、供物を絶やさずに祈りつづけるなど、尋常ならざる集中力と想像力を、三千年前の世界観を理解することに傾けたのだった。その旺盛な知力にそうそうたるエジプト学者たちも深い敬意を払ったという。

本書を読んで沖縄のある歴史学者の言葉を思い出した。彼の元にもよく、〇〇王の墓の場所を夢で見た、というような一般人の電話がかかってくるが、それを無視せずに聞くことが沖縄の歴史学にとって大切なのだと述べていた。文字化された情報だけでは歴史の謎は解き明かせない。祈りや祭祀を通して過去の時間と行き来している者だけが知覚しうる領域があるのだ。そこには彼らの言葉を通してアクセスするしかない。

オンム・セティも現代生活と縁を切って長い時間を神殿で過ごしてきた。それはどんな学者にも及びのつかない、身をていして物の本質に肉迫する時間だったはずである。現代科学では不可能とされる時空を超える行為が、そうやって成し遂げられたのだった。(大竹昭子・文筆家)

(新潮社・1995円)=2008年1月17日②配信

本当の愛を考えさせる小説

「きみを想う夜空に」(ニコラス・スパークス著、雨沢泰訳)

米国を舞台に、悲恋を描いたベストセラー小説。兵士ジョンは休暇中に故郷でサヴァナと恋に落ち、海を越えて愛を深める。その時運命を変える“9・11”が起き…。

「満月の最初の夜になったら、わたしたちが初めて出会ったときに見たような月を探してほしい。(略)二人がいっしょにいられなくても、それだけは分かちあえます」。愛する者同士の言葉。初めて心から人を愛し、そしてその愛する人を失うかもしれないという不安を抱く。だからこそ遠く離れた二人は、きずなを満月に見いだそうとする。まだ若い二人の愛情は、怖いほど真っすぐで、切ないほど繊細だ。

心から想(おも)える人に出会った時、人はどうしてあんなにも変わるのだろうか。ジョンの毎日も一変した。サヴァナと出会ったことで、自分の生きる意味を知ったのである。誰かを必要とし必要とされること。ダラダラと目的もなく適当に生きてきた彼の人生が、いきなり輝きを増し始めたのだ。

愛は人をさらに成長させていく。今まで見えなかったものにも優しい光を投げかけてくれる。その姿がよく見えるように。目をつぶってきた父親の本当の姿。自分の弱さと強さ。そして本当の愛とはなにか。見たくないものを受け入れることは容易なことではない。これでいいのかという疑問やむなしさを感じながらも、それが正しいという答えは出てこない。それでもそんな自分と戦っていかなくてはならない。

純愛。今の時代、なんだかくすぐったくて、もしかしたらチープな響きを覚える言葉かもしれない。でも本当の愛とは、どんなものだろう。それを真剣に考えさせてくれるこの小説には、やはり「純愛」という言葉がぴたりとくる。どんなにつらい選択でも、わが身の幸せよりも、愛する人の幸せを願うこと。そんな純愛を、自分は胸を張ってささげられると言い切れるだろうか。切なくて、尊い言葉だ。ジョンは本当の愛を知って初めて、満月でつながるサヴァナとのきずなが分かったのだろう。見上げる満月は、一層輝きを増して、彼の目に映っているに違いない。(内田恭子・フリーアナウンサー)

(エクスナレッジ・1575円)=2008年1月17日④配信

多様で公平な道へ水先案内　「Googleとの闘い」（ジャンノエル・ジャンヌネー著、佐々木勉訳）

検索最大手グーグルは古今東西の出版物をデジタル化して公開する「グーグル・ブックサーチ」プロジェクトを進めている。本書はそれに対して異議を強く唱える。

確かにその文化的偏向についての著者の懸念は妥当だろう。使用頻度の高いコンテンツを優先的に検索する技術がグーグルの特徴。結果としてアーカイブの中でも利用者の多い英米語コンテンツは容易に検索され、それ以外のものはアクセスが困難になるだろうからだ。またグーグルが営利企業で、組織拡大のためにアーカイブの公正な運用を犠牲にしかねないという指摘も理解できる。

そんなグーグル・ブックサーチに対抗して本書は、専門家が情報を厳選し、文化の多様性を配慮しつつ体系化したアーカイブ構築の必要性を主張。それが公的資金を財源に安定的に運営されるべきだと訴える。歴史学者にして元フランス国立図書館長の著者は従来の公立図書館システムを信頼しており、そのネット版としてアーカイブをイメージしているようだ。

こうして人類の歴史資産をデジタル化する「公共的」「公益的」な作業を、米政府の自国産業優遇策を追い風に急成長した一私企業が担おうとしている現状の危険性を知らしめ、それとは別の選択肢を示した点に本書の価値がある。

だが一方で、公的機関が運営すれば即、公共的なサービスが実現するという印象を本書が与えがちだとすれば、そこは要注意だろう。公共サービスを私物化する官僚は後を絶たないし、そこまでひどくなくとも国益を優先させる官僚の性向がストレートに発揮された結果、他国の異文化を犠牲にするデジタル・アーカイブしかつくれなければグーグル・ブックサーチの二の舞いになりかねない。

要するに運営主体の官民の別は、実は本質的な問題ではないのだ。より原理的な立場から、文化の多様性を守りつつ、誰もが公平に、かつ安定的に利用できるアーカイブをいかにつくるか。そんな議論を始めるための水先案内として本書は読まれるべきだろう。（武田徹・評論家）

（岩波書店・1680円）＝2008年1月17日⑤配信

鮮やかな原色のような記憶　「アンダーリポート」（佐藤正午著）

年を重ねるに従って、人間は昔の出来事を忘れてゆく。しかし、どれだけ年月が流れても記憶の片隅にとどまって離れようとしない、鮮やかな原色のような出来事も、誰しもが持ち合わせているはずだ。「アンダーリポート」という小説に描かれているのは、そんな記憶に呪縛（じゅばく）された人間のすがたである。

検察事務官の古堀は十五年前、殺人事件の第一発見者となっていた。被害者は当時の彼の隣人で、関係者にアリバイがあったため通り魔の仕業と見なされた。そして時効成立と思われた現在、被害者の娘が訪ねてきたのを機に、古堀は十五年前の事件と再び向かい合う。被害者の妻やかつての恋人など、長らく音信不通だった人々との再会。その過程で、犯行計画の意外な全体像がおぼろげに浮かび上がってきた…。

事件の真相は、古堀の調査によって明らかになったようにも見える。しかし、今となっては記憶というあやふやなものだけが手掛かりである以上、この事件が完全犯罪だという事実に変わりはなく、古堀の推理は机上の空論でしかない（第二章の、彼の脳内で再現される光景などは完全に妄想と言っていい）。実際、関係者の口からはっきりした証言はほとんど得られない。にもかかわらず、何かにつかれたように推理の空中楼閣を築いてゆく彼の言動はいささか異様ではないだろうか。

ある登場人物から「血のめぐりの悪い男」と評される古堀は、犯人らしき人物に自分の推理を実際にぶつけてみるまで、真相を暴こうとした自分の行為の原動力が何だったのかを考えていなかったように見える。直接のきっかけは被害者の娘の訪問だったとしても、本当に古堀を過去への遡行（そこう）に駆り立てたのは、平凡な人生から逃亡したいという思いであり、そのさえない灰色の中の唯一の原色とも言うべき殺人事件の記憶への、狂おしいまでの固執だったのだろう。（千街晶之・文芸評論家）

（集英社・1680円）＝2008年1月24日①配信

笑いの中の凛とした生き方 「植木等伝 『わかっちゃいるけど、やめられない!』」(戸井十月著)

植木等といえば「スーダラ節」。「わかっちゃいるけど、やめられない」は、当時の子供たちまでマネたものだ。あのおどけた顔は黙っていても笑わせたが、私は泥臭い上方の笑いより、江戸っ子的な粋が漂う植木の笑いが大好きだった。本書は、昨年死去した植木の晩年、約一年かけてインタビューした評伝である。

これを読むと植木等という人物のイメージがずいぶん変わる。抱腹絶倒「日本一の無責任男」には、実は仮面をかぶった男と内なる男の二人がいたのである。どちらも本物だが、まったく相反する。仮面の男は「人前であがったことがない」お調子者のポジティブ人間で、内なる男はクソがつくまじめ人間。人を笑わせながらどこか醒(さ)めた目があったのもそのせいだろう。しかし、これが植木を大いに悩ませる。

たとえば「スーダラ節」だが、彼は歌いたくなかったという。なぜなら、彼が目指していたのはペリー・コモのような正統派歌手だったからだ。

内なる男は、付き人だった小松政夫を独立させる場面にもかいま見える。所属事務所と交渉し、小松が独り立ちする道筋をつけてやった植木は、走る車の中で小松にそのことを伝えた。小松は車を止めて号泣する。ひとくさり泣いた後、植木はこう言うのである。「別に急いじゃいないけど、そろそろ行くか」

人情味あふれる植木を支えたのは、父から聞かされた「六方拝」だったという。これは釈迦(しゃか)の教えで、東西南北天地の六方すべてに感謝すること。クレージーキャッツのメンバーが、最後まで固い友情で結ばれていたのも、この気持ちを忘れなかったからだろう。飄々(ひょうひょう)とした笑いの中にある凛(りん)とした生き方。一気に読めてすがすがしい。

植木等に思う存分語らせたのは戸井十月さんの共感力だろうが、それにしてもうらやましい。「孤独、修行、絶頂、病気、老い、そして友情」と、波瀾(はらん)万丈の人生を、なんと一年間も聞けたのだ。植木の決めぜりふで言えばこうだ。「こりゃシャクだった!」(奥野修司・ノンフィクション作家)

(小学館・1470円)=2008年1月24日②配信

暗闇と混沌を凝視 「白暗淵」(古井由吉著)

現代は、各所に、考えることを放棄したかのような、「分かりやすい」言葉がはんらんしている。「分からなければ…」という強迫観念が、文学に限らず、思想や政治やジャーナリズムの世界にもまん延している。その結果、分かりやすい安直な答えや安直な解釈がはびこることになる。

古井由吉という作家はそれに逆行しようとする作家である。安直な答えや安直な解釈を徹底的に拒絶し、人間にとって不可解で、謎めいた原初的な暗闇や混沌(こんとん)を執拗(しつよう)に凝視し、思考し、ひたすらそれに耳を傾ける。そしてその思考の軌跡を言語化しようとする。新作「白暗淵(しろわだ)」も、例外ではない。「分かる」ことがもてはやされる現代にあって、謎を謎のままに描く古井由吉はきわめて貴重な作家である。

「白暗淵」は十二編の短編小説からなる連作集であるが、どの小説を読んでもテーマは変わらないと言っていい。人間にとって、もっとも根源的な体験や記憶、そしてそれを取り囲む闇や混沌が描かれている。

たとえば、空襲で焼き払われた廃虚を偵察するかのように歩いていた不思議な男を、子どもの目線から描く冒頭の「朝の男」から、女との霊的交流を描く最後の「鳥の声」まで、おそらく古井由吉という作家の原体験とも言うべき戦時中の空襲の記憶が何回も描かれるが、そこに明確な意味や解釈が施されているわけではない。表題作の「白暗淵」では、空襲で母親を失った少年の心象風景が描かれているが、そこでも、謎は謎のままである。

古井由吉は、体験や記憶について深く考え、緻密(ちみつ)に分析するが故に、安直な答えや解釈を虚偽として退け、神秘的な闇や混沌の世界にとどまるのだ。ここに古井由吉の文学の根拠がある。

ちなみに表題にもなっている「白暗淵」とは、聖書の中にある天地創造以前の暗黒の世界「黒暗淵(やみわだ)」に対応する言葉らしいが、わざわざ「白暗淵」としたのは、そこで描かれる混沌は、暗黒の世界でないという意味のようだ。(山崎行太郎・文芸評論家)

(講談社・2310円)=2008年1月24日③配信

建築の楽しさ、ほのぼの

「小さな建築」（富田玲子著）

「小さな建築」とは、小さな規模の建築ということではない。「五感がのびのび働く建築」「心身にフィットする建築」「孤立感や不安感を感じさせない建築」が「小さな建築」である。

言葉だけだといささかもどかしいが、「貧しい空間」がただ積み重なるだけの超高層建築や外の見えない閉鎖的な地下空間は駄目だ。そんな、建築家として、著者がつくりながら考えてきたこと、あるいは大切にしてきたことが、このタイトルに込められている。

著者は、東大工学部建築学科の最初の女子学生であり、世界的建築家である丹下健三に学び、吉阪隆正に師事した。そして、日本を代表する建築グループ「象設計集団（チーム・ズー）」の創設者となる。

このグループは沖縄の仕事でデビューするが、その「今帰仁村中央公民館」「名護市庁舎」は、近代建築のあり方にいち早く警鐘を鳴らす作品として高い評価を受けた。以降一貫して地域に根ざした建築をつくり続けている。その仕事を振り返り、日本の街と建築の未来を思い、設計の理念と方法を伝えるのが本書である。

まず取り上げられるのは子どもたちのための建築、そして、老人たちのための建築である。子どもがいきいきと育ち、老人たちが楽しく暮らす街でなければ街ではない。さらに街の人々と一緒につくりあげてきたさまざまな公共建築の事例が語りつくされる。

興味深いのは、その建築への思いが自らが住んできた家に即して語られることである。大野勝彦設計の「セキスイハイムM1」を購入したことなどエピソードもふんだんだ。一緒に仕事をしてきた仲間たちのことも実に楽しげに振り返られる。夫君の林泰義氏は、まちづくりの伝道師として知られる。「頭脳がひとつでは、豊かな建築は生まれない」「協働設計は楽しい」のである。

建築をつくることの楽しさがほのぼの伝わってくる。気品に満ちた「富田ワールド」が気持ちいい。住宅を建てようとする人、まちづくりに関心を持つ人すべてにとっての必読書である。（布野修司・滋賀県立大教授）

（みすず書房・2310円）＝2008年1月24日④配信

若者への理解を放棄せずに

「思春期ポストモダン」（斎藤環著）

いまどきの若者はダメだ、ひ弱だといった安易な非難には疑問を感じるけれど、では、いまのままで何の問題もないのか―。そう問い返されると、「問題ありません」と明言もできない。

そんな大人たちの戸惑いにわかりやすく答えているのがこの本。精神医学者として臨床現場におり、サブカルチャー批評でもよく知られた著者ならではの歯切れよい説明で、摂食障害、自傷、ひきこもりなど、当事者が苦しむ病理的現象について、そのどこが問題なのかを解き明かす。

「病理」と言うと、本人の能力や性格に原因のある障害と受けとってしまいがちだが、著者の主張はまったくちがう。たとえば、ひきこもりについて著者が明快に述べているように、個人、家族、社会三者の接点にこそ、困難が出現する本当の原因がある。つまり、病理とは「関係性の病理」にほかならず、本人だけをつかまえて何とかしようという発想では問題は解消されないのだ。

「病因論的ドライブ」と著者が呼ぶ、こうした問題把握に評者は深く共感する。「病気だから薬で治してしまえ」式の安易なアプローチがいまなお強いからである。困難にぶつかっている若者たちのシチュエーションを変えずに能力やスキルばかりあげつらうことの愚が、本書を一読されればよくわかるだろう。

若者たちがこんなにも「社会」とうまくつながれない状況は彼ら一人一人の責任ではない。コミュニケーション能力次第で「勝ち組」「負け組」が決まるせつない現実を生み出したメディア環境についても、著者は興味深い検討を加える。個々の内容については直接本書を開いていただきたいが、バーチャル環境が悪いといった、これまた安直な非難を超え、なぜコミュニケーション格差が生じてしまうのかについて、示唆に富んだ議論に出会えるはずである。

「若者はわからない」という理解の放棄は、若者の危険視と隔離につながる。大人がはまりがちなそうした自己中心主義を防ぐ、本書はかっこうの案内書である。（中西新太郎・横浜市立大教授）

（幻冬舎新書・777円）＝2008年1月24日⑤配信

切れ味鋭い佐藤節は健在

「わが孫育て」（佐藤愛子著）

タイトルには「孫」とあるが、育てられているのは、孫だけではない。喜怒哀楽のすべてが詰まった（「怒」がひときわ多い）本書を読む私たちも、著者に叱咤（しった）激励され、育てられていく。そんなエッセー集である。

むろん、その叱咤は他者だけでなく、自身にも向けられる。だが、ある時、体の不調を感じた瞬間でさえ「しっかりせい！」と自分で自分を叱咤したため、直立不動の東海林太郎スタイルのまま昏倒（こんとう）してしまう。周囲からは、気分が悪くなったときにはしゃがみこむよう諭されるが、著者は憤然として、こう書く。

〈私はことあるごとに「佐藤愛子、しっかりせい！」と気合を入れて生きて来たのだ。それで苦難を蹴飛ばした。「しゃがみこむ」ことなど、したことがなかった。（略）私の人生に人の何倍もの波瀾があったのは、この気合のためだったかもしれない。波瀾が気合を呼び、気合が波瀾を呼んだ〉

自分のことを語るにも、あるいは周囲のことを語るにも、切れ味鋭い佐藤節は、健在である。

ご友人の孫が「自分さがしの旅に出る」と、インドに行ってしまった。はて「自分さがし」ってなんやろ？　と愛子先生とそのご友人は考える。

「つまり、自分らしく生きてない、といいたいのかなあ？」「何の我慢もせんと、したいことして、いいたいこというててからに、ようそんなことい えるわ」

口々に言い合った揚げ句、愛子先生は、こう喝破する。

「そんな人間は家から叩き出して、ホームレスなり何なりして一人で生きさせたらええのやわ。そしたらわざわざインドまで行かんでもわかることはいっぱいある」

目次を見れば、「怒り笑い」「笑わぬわけ」「叱る者の孤独」「国を愛してどこが悪い」と、タイトルからしてすでに、著者を著者たらしめているものが伝わってくる。

「信念がない人間がどうして他を叱ったり出来るだろう」。大正生まれ、そして昭和という時代にはぐくまれた著者は、情熱と信念と叱咤の人なのだ。（藤田千恵子・フリーライター）

（文芸春秋・1365円）＝2008年1月24日⑥配信

庶民の喜怒哀楽を描く

「ワンちゃん」（楊逸著）

主人公のワンちゃんは、地方都市に住む日本の中年男に嫁いだ中国人、日本国籍を取得する以前の名前、王愛勤にちなんでこんなニックネームで呼ばれている。

彼女は中国名の通り働き者で、文革後に十五歳で縫製工場の労働者となり、鄧小平時代の消費ブームに乗って洋服の露天商からアパレル業の経営者へと変身したが、プレーボーイで浪費家の夫から逃れるため息子の親権を放棄して離婚、日本まで流れて来たのだ。

今では嫁不足に悩む日本農村の中年男たち相手の中国お見合いツアーのビジネスを始めている。しゅうとめの世話は一手に引き受けているものの、無口で暴力的な夫とは仮面夫婦で、むしろツアー客で好人物の八百屋に心引かれてしまうが…。

大学院留学生として来日後二十年、中国語講師となった女性の片思いを描く「老処女」も切ない恋物語である。本書収録の二編は日本で暮らす中国人の日常を描いており、作者の在日約二十年の体験と見聞に基づく物語なのであろう。

思えば日中両国の文学は一世紀にわたり相互に越境してきた。上海・満州における欧米・日本の侵略と中国人の抵抗を見て生涯のテーマに「満州問題」を選んだ夏目漱石、その影響下で医学から文学へと転向した明治の留学生魯迅、戦後にこの魯迅を胸に刻印した村上春樹、さらにポスト鄧時代の上海で誕生した衛慧、アニー・ベイビーら村上チルドレン…。これまでの“越境文学”は、漱石や魯迅のように国家と国語の形成と取り組み、村上やアニーのようにポストモダンにおける家族の変容を描いてきた。

ところが今私たちの前にフッと現れたのは、歴史の創造も記憶も語ることなく、もっぱら庶民の喜怒哀楽に終始する小説である。そこでは国境とは、人が越えるたびに両国それぞれの忘れ去られた日常を映して見せる両面の鏡となっている。楊逸は本作で文学界新人賞を受賞した。新種の越境文学の誕生を祝いたい。（藤井省三・東大教授）

（文芸春秋・1200円）＝2008年1月31日①配信

歩き続けた20年後の警鐘

「エビと日本人Ⅱ」（村井吉敬著）

モノ・人・カネが国境を越えて動き、市場原理という単一の価値が世界を席巻するさまは、グローバリゼーションと呼ばれている。しかしその実態はなかなかに複雑で、一体どこがどうなっているのか、日々の生活で感じることは大変難しい。

著者は二十年前に「エビと日本人」を書き、エビを素材にしたグローバリゼーションを見事に描いた。当時は日本もバブル。エビ好きの日本人が世界中からエビを買い集め、その需要を見込んで東南アジアでエビ養殖が広がりつつある。結果、マングローブ林が伐採されつつある、というのが、前著の内容だった。

教材にもよく使われた前著から二十年。事態は変わったのか。著者はさらに歩いた。本書は、歩きつづけることでなしえた二十年後の報告であり、また、引きつづき警鐘の本である。

グローバリゼーションの深まりにより、著者が歩かなければならない場所は一層広がった。ニカラグア、台湾、タイ、沖縄、インドネシア…。一九八八年の台湾での養殖エビ壊滅（病気のまん延）に代表される失敗、多大な負債、といった問題を繰り返しながら、エビ養殖は生産地を移動することで、生き延び、拡大してきた。環境問題もさらに拡大させた。

そして、中国の台頭。今や中国がエビの生産、貿易でも主役に躍り出つつある。輸入の面では米国が日本を抜いて一位になった。日本が先鞭（せんべん）を付けたエビのグローバリゼーション。その範囲と規模は二十年で広がり、私たちが知らぬ間に、こんなに変化を遂げていた。

ある生産地がだめになったらどんどん次へ移るやり方。とにかくカネが少しでも多く生まれる方向へ、世界各地が無理な形で組み込まれていく。その結果、富はますます偏在する。私たちはそれに変わるやり方を身につけられないのだろうか。

本書の最後に描かれるフェアトレード（公正な貿易）の試みもその一つのヒントだろう。この本には、エビにかかわる各地の様子、とくにそこに生きる人びとの具体的な姿が描かれている。まずはそれをじっくり読むことから始めたい。（宮内泰介・北海道大准教授）

（岩波新書・777円）＝2008年1月31日②配信

戦後のねじれた構造を解読

「敗戦の記憶」（五十嵐惠邦著）

鬼畜米英などといい、太平洋を挟んで激烈な戦いを続けていた日米が、戦後、一転してこれほど密接なパートナーに、なぜなってしまったのだろうか。靖国神社に奉じられている多くの無名戦士もおそらく驚いているにちがいない。

あれだけ悲惨な目にあった敗戦だから、本来ならば、大日本帝国は解体されてもいいはずである。ところが、いつのまにか敗北というトラウマ（心的外傷）が消え、国としての連続性を感じさせるように、新しく縫合しなおされた。なぜそうなってしまったのか。著者の戦後史の考察はそこから始まる。

軍国主義者の脅威から救出され、アメリカの庇護（ひご）のもとで、平和な民主主義国家へと改心した日本。そこでの物語の主役は、「聖断」によってポツダム宣言を受け入れた昭和天皇であった。

その結果、空襲や特攻といった多くの犠牲すら、戦後社会の建設や発展のために必要だったという構図に日本人は包み込まれてしまうのである。原爆投下についての「しょうがない」発言などは、その際たる例であろう。

男女間のアナロジーで戦争直後がこう分析される。「広島と長崎への原爆投下は日本の頬への一打であった。この一打で、日本のアメリカへの復讐心に燃える眼は夢見るような眼差しに置き換わった。他のアジア諸国に振りあてられていた『女性』としての役割にすべり込むことで、日本は容易に被害者役を演じる」

こうなれば、天皇はもとより国民の戦争に対する責任は曖昧（あいまい）になる。さらにアジア地域への関与などの議論も封じ込められることになる。

身体、ジェンダーといった新しい「読み」によって丸山真男、野坂昭如、加藤典洋から、力道山、ゴジラ、「君の名は」、東洋の魔女、安保闘争まで、多様な素材が縦横に裁断されて刺激的だ。

天皇と原爆の問題からはじまり、三島由紀夫の事件まで、文学、映画、ベストセラーなどを通して、戦後日本というねじれた空間の意味と構造を解読した新世代の戦後思想史は、大いなる論争を呼ぶにちがいない。（小高賢・歌人）

（中央公論新社・2625円）＝2008年1月31日③配信

敬愛にじみ出る物語的評伝　「芝居の神様　島田正吾・新国劇一代」（吉川潮著）

平成十六（二〇〇四）年の十一月に九十八歳で亡くなった新国劇を支え続けた名優、島田正吾の評伝である。

新国劇が七十年にわたる歴史を閉じたのは、昭和六十二年だった。島田正吾が入団したのは大正十二年の関東大震災の直前で、それからほどなくの昭和四年には師であり劇団の創立者である沢田正二郎が急死した。以後、同じ年生まれの辰巳柳太郎とともにほぼ六十年もの長い間、男の劇団である新国劇の二本柱であり続けた。

だから島田正吾の評伝は、一面で新国劇の歴史をつづることになる。むろん、本書もそういう体裁になっている。ただ、評伝であってある種の歴史ものだという観点から見ると、資料の扱いがやや雑で、劇評などの引用に出典や年月日の記載がほとんどないし、おおまか過ぎるものが多い。

その代わりというか、物語的あるいは小説的な記述になっているのが本書の特色だと言えば言える。したがってとても読みやすい。つまり、「島田正吾物語」とも言うべき要素が強いのである。

俳優がモチーフだから演技や芸にかかわるエピソードも多く、中でも六代目尾上菊五郎が初演した長谷川伸の「一本刀土俵入」を、島田がそれとは別の舞台に仕上げる話が感銘深い。また、盟友でありライバルでもあった辰巳との長年の交流も面白い。「男夫婦」と称されたような独特の交わりは、この二人以外には見当たらないだろう。

本書の圧巻は新国劇解散後の、島田の最晩年の日々を描いたところにある。平成に入ってから「白野弁十郎」を手はじめに、島田はひとり芝居に果敢に挑戦しつづけるが、その執念と情熱には圧倒される。その裏には「白野弁十郎」を初演した師匠沢田への変わらぬ敬慕の情があり、同時に、退団したことを一時は許せなかった緒形拳との親交がある。著者の島田正吾への敬愛も、自然ににじみ出ている。

残念なのは俳優の評伝にもかかわらず、スナップや舞台を含めて一枚も写真が掲載されていないことだ。（大笹吉雄・演劇評論家）

（新潮社・1995円）＝2008年1月31日④配信

セーフティーネットの現状　「生活保護『ヤミの北九州方式』を糾す」（藤藪貴治、尾藤廣喜著）

貧困と格差の拡大が大きな社会問題となってきているわが国において、憲法二五条の生存権保障を具体化した生活保護制度は、「最後のセーフティーネット」としてますます重要な制度となってきている。

ところが、生活保護制度に関しては、生活保護を求めた人に対しても申請を認めないという違法な対応、いわゆる「水際作戦」と呼ばれる窓口規制や、一度生活保護を受給した人に対する就労指導に名を借りた「辞退届の強要」が全国的にまん延している。

生活保護法の原則は、申請を無条件で受け付けて、保護の要否について審査をすることになっている。「水際作戦」が違法であることはいうまでもない。

「国の生活保護切り捨てモデル」となってきたのが、「ヤミの北九州方式」と呼ばれる生活保護制度の運用方式である。本書では、餓死・自殺事件が多発する「ヤミの北九州方式」の歴史的背景とからくりが暴かれている。

北九州市では、四十年前、炭鉱閉山により失業者が増大し、市の生活保護率は全国で最も高くなった。事態を重く見た市では旧厚生省から多くの幹部を迎え入れ、徹底した生活保護切り捨て政策を進めた結果、三十年余で生活保護率をピーク時の五分の一まで削減した。本書はそこにいわゆる「数値目標」が導入されていたことを指摘する。

生活保護切り捨て政策に対する反撃も始まっている。二〇〇七年四月には、首都圏の弁護士や司法書士による「首都圏生活保護支援法律家ネットワーク」が発足した。同年六月には、多重債務問題に取り組んできた弁護士や司法書士などが中心となった「生活保護問題対策全国会議」が結成され、七月には日本弁護士連合会内に「生活保護問題緊急対策委員会」が発足している。

憲法や生活保護法を無視した「水際作戦」や「ヤミの北九州方式」を批判し是正を求める運動は、確実に広がりつつある。本書は、わが国における生活保護制度の運用の現状を知り、あるべき生活保護制度を考える上での必読文献である。（宇都宮健児・弁護士）

（あけび書房・1680円）＝2008年1月31日⑤配信

常識を突き抜ける想像力　「ナイフ投げ師」（スティーヴン・ミルハウザー著、柴田元幸訳）

天才からくり人形師を主人公にした中編「アウグスト・エッシェンブルク」。ベルボーイからホテル経営者にまで上りつめた男が、地上三十階・地下十二層という化け物ホテルを建てるさまを描いた長編「マーティン・ドレスラーの夢」。

最後のロマン派作家と呼ばれるスティーヴン・ミルハウザーは、芸術家や天才の夢みる力が一度は大衆の人気を博すも、やがて支持を失い孤高の域にまで達してしまう過程を繰り返し描く。「ナイフ投げ師」もまた、そんな剣呑（けんのん）な想像力を描いて、慣習で曇った読者の目をまっさらにしてくれる一ダースもの傑作短編が収められているのだ。

究極のナイフ投げを追究して戦慄（せんりつ）的な表題作。自動人形を愛してやまない街に生まれた希代の人形師の半生を描く「新自動人形劇場」。ユニークな遊園地を次々作り上げ大衆を魅了するも、それに飽きたらずとんでもない遊園地を作り上げてしまう男の物語「パラダイス・パーク」。世界のすべてを所有したいという欲望を満たしてくれる百貨店の話「協会の夢」。

こうした作品に登場する人物同様、作家としてのミルハウザーの夢みる力も、天井知らずという意味ではかなり険難千万だ。ユートピアを夢想するあまりディストピアを作り出す、そんな過剰さがこの作家の魅力の一端なのである。ゆえに、ミルハウザー・ワールドにおける想像力はふわふわ甘美なだけの代物に終わらない。いや、むしろ空恐ろしい。

彼の小説には「不安」という言葉がよく出てくるのだが、たしかに読んでいて心がざわつくことがしばしばある。当たり前と思っていた光景や事物が、ミルハウザーの目を通して見直すと、なんだか見慣れない、えたいの知れない何かに変わってしまった、そんな不安に心が騒ぐのだ。

つまり、小説に安心ではなく驚きを求める人のための作家だということ。常識という成層圏をいともたやすく突き抜ける想像力を、静謐（せいひつ）かつ精密な文章で実体化してしまうミルハウザー・マジック未体験の方、ぜひこの一冊でおののいてください。（豊崎由美・ライター）

（白水社・2100円）＝2008年1月31日⑥配信

考えるヒントに満ちた本　「小林秀雄の恵み」（橋本治著）

橋本治は三十七歳のときに小林秀雄の「本居宣長」を読んで感動し、「もう一度、ちゃんと学問をやってみようかな」と思った。この本には、学問する宣長がいて、彼の学問のありようの根本を小林秀雄が肯定していたからである。それが「小林秀雄の恵み」という表題の意味だ。

小林秀雄は下克上をデモクラシーと解釈している。だからこそ、その後の幕藩体制下でも中江藤樹は「世の中には身分の差はあるが、それは学問とは関係がない」と考えることができた。日本の近世には、近代的平等とは別種の、学問による平等が成立していたのだ。

かくして本居宣長は、くだらない社会を平気で拒絶し、孤立して学問に向かった。この学問的孤立こそ小林秀雄自身のありようと重なるものだ。

本居宣長は学問の根本に「物のあはれ」を置いた。物のあはれとは、概念ではない。「人の情（こころ）の、事にふれて感（うご）く」こと、つまり、感じると知るとが同じであるような全的認識である。

小林秀雄は、そのような全的認識をもって、古典を読め、と言った。古典とはゆるぎなく存在する過去、すなわち歴史そのものだからである。

小林は戦争によって人間が動物的状態に置かれるのを見て、その無常（＝常なるものを無くしたさま）にむなしさを覚えた。だから、常なる歴史と古典に回帰し、「ゴッホもドストエフスキイもモオツァルトも」そのようなものとして読んだ。

同時代の日本人にとって小林秀雄は、西行を導いた仏のようなものだ、と橋本治は言う。仏は思想を説くわけではない。思想のありようを体現して、人＝読者に同伴するだけだ。そのような小林秀雄の姿を見て、橋本治は「源氏物語」の現代語化に進んだのだった。

古事記を論じる本居宣長を論じる小林秀雄を橋本治が論じる。いずれも屈折した論理で語るうるさ型である。煩瑣（はんさ）な議論について行くのは骨が折れるが、「考えるヒント」に満ちた本である。（中条省平・文芸評論家）

（新潮社・1890円）＝2008年2月7日①配信

尋常ならざる率直さ

「クレーメル青春譜」（ギドン・クレーメル著、臼井伸二訳）

真実を隠した自伝ほど読者を退屈させるものもないが、ギドン・クレーメルは真実を隠して自伝を書くほど愚かではない。クレーメル自身、この「青春譜」の序文で、こう書いている。「自伝とは思い出のアルバムをめくる以上のものであり、現在に意味を与え、将来を想像できるようにするものである」

おそらく、「青春」は、その人の人生で、もっとも語るべきことの多い時代である。しかし、飾らず、偽らずに、真実を語るのが難しい時代でもある。クレーメルはその難しさを尋常ならざる率直さで見事にクリアしている。

バイオリニストとしてのクレーメルの演奏を特徴づけているのは、その集中度の高さである。クレーメルは彼の楽器で安易にうたったりしない。あざとく高度の技巧を誇るようなこともしない。自伝を書くクレーメルもその点では変わらない。

たとえ、筆致が率直さで読者をたじろがせる危険があったとしても、クレーメルはひるまない。何といったって、冷戦下の「二つの世界」で演奏家としてスタートを切った、ラトビアという政治的に微妙な立場の国に生まれたクレーメルである。語ることに事欠かない。

とはいえ、書き手にとっていまだ生乾きの過去であれば、その書き方に若干の手心が加えられがちである。しかし、それはクレーメルの流儀に反する。恩師オイストラフのことにしても、自身の女性関係にしても、その他のもろもろのことにしても、その筆致に容赦はない。共演した演奏家や、出演したコンサート、さらにレコーディングについても、クレーメルの語り口に、よどみも、ためらいもない。

おかげでぼくら読者は、クレーメルの記憶が織りなす布に目をこらして、思いもかけず、ピーピング・トム（のぞき見）の楽しさも味わえる。

素顔のクレーメルは穏やかな声で静かに話す紳士である。本書を読んでいて、あの男がここまで書くかと、大いに驚いたものの、あまりの面白さに、途中で本を閉じることができず、一気に読み終えた。（黒田恭一・音楽評論家）

（アルファベータ・2835円）＝2008年2月7日②配信

霊長類の食と性から考察

「暴力はどこからきたか」（山極寿一著）

なぜ人は殺し合うのか？　この難問に対し、著者は霊長類の「食」と「性」に焦点を絞る。それが集団の形成と争いとどうかかわるのか、そして、それが二足歩行をする「ヒト」という特殊な霊長類において、どのような形をとるようになったのかを考察する。

食物の違いは、体格の差だけではなく、繁殖の成功にも深くかかわり、群れの形成を左右する。そして、子殺しを避けるためのメスの戦略や近親間の性交渉の禁止は、雌雄のペアのつくりかたや、集団内の雌雄の比を左右する。

ヒトが他の霊長類から分かれたとき、こういった要素はどのように受け継がれ、また変化したのか。ヒトは家族という集団を作って、性交渉はその中の一ペアのみしか許されないという閉じたシステムを作った。代わりに、食物は家族内だけでなく家族間でも分配をする、開いたシステムを作った。中でも、狩猟採集社会は、徹底的に食物を分配する。個による所有を禁じることで、分配の不公平や富の偏りを防ぐのだ。

だが農耕の出現と言語、そして「死者につながる新しいアイデンティティの創出」によって、人類の間で戦争が起こるようになったのだと、著者は説く。農耕は土に境界を引き、死者を悼む心は共同体への帰属意識を高める。家族は親族になり、やがて民族という概念にまで拡大され、これを守るという大義名分のために、ヒトは戦争に駆り立てられるのである。

暴力や戦争を生み出す悪循環を断ち切るには、霊長類から受け継ぎ、独自の発展を遂げた能力によって作り上げた「分かち合う社会」に立ち返ることが必要だと著者はいう。

本書を読むには一つだけ注意が必要だ。霊長類の行動様式とその分析に多くのページが割かれている。ヒトの暴力については、主に結論部分で触れられているが、もう少しヒトと他の霊長類との詳細な比較が欲しかった。基本的に霊長類の食と性を巡る葛藤（かっとう）について書かれた本なので、そう思って読めば、大いに楽しむことができるだろう。（竹内薫・サイエンスライター）

（NHKブックス・1019円）＝2008年2月7日③配信

最前線からの刺激的な応答　「ミトコンドリアが進化を決めた」（ニック・レーン著、斉藤隆央訳）

地球上の生き物は、われら人間も含め、なぜ、かくも複雑になったのか？　これは生物学にとって、大いなる難問だ。細菌のように、有性生殖せず、自分のコピーをじゃんじゃん増やしていった方が、進化の過程では有利になりそうである。生物は神様がつくったという考えがなくならないのも、そのあたりに原因があるのだろう。

この本は、私たちはなぜ複雑になれたのかという疑問をはじめ、有性生殖の起源や老化のメカニズムなど、さまざまな謎に現代生命科学の最前線から応答する刺激的な試みだ。難解だが、面白い。

はるか数十億年前、古細菌と細菌が共生を始めた。内部に取り込まれた細菌が、ミトコンドリアである。これがその後の生命進化のカギを握るというのが著者の主張だ。

古細菌とミトコンドリアは運命共同体の細胞になった。当然、どちらが主導権を握るのか、熾烈（しれつ）な争いが展開される。ミトコンドリアは、代謝にかかわる遺伝子セットを細胞に渡すようになった。真核生物の誕生だ。一方でミトコンドリアは、「出来の悪い」細胞は破壊し、次の細胞に乗り換える。細胞死（アポトーシス）である。老化や個体の死もここに由来するし、有性生殖も主導権争いの結果だ。

そして、エネルギー生成をミトコンドリアが担当することで、細胞は大きくなることができた。ミトコンドリアなしで、細胞膜を使ってエネルギー生成をしているのでは、限界がある。ミトコンドリアとの共生は、この制約を突破することを可能にした。細胞が大きく複雑になれることで、多細胞生物への道が開けてくる。

要するに、複雑な生物が進化しえたのは、すべて、ミトコンドリアとの共生が出発点だという仮説である。最新の学術的成果を渉猟し、組み立てたストーリーには説得力がある。反面、どこまでが科学的に確立した話で、どこからが著者の考えなのか、区別があいまいなのが少し気になった。そんなことは気にせず、この壮大な物語に酔いしれればいいのかもしれないが。（佐倉統・東大大学院情報学環教授）

（みすず書房・3990円）＝2008年2月7日④配信

消費願望の内向とねじれ　「モテたい理由」（赤坂真理著）

僕が高校を卒業した一九五八年、そしてその前後の日本で、会社勤めのお嬢さん、という言葉が現役だった。高校を出て会社に就職し、自宅から都心へ電車で通勤する。サラリーマンの結婚相手として、まるで国策のように、林立する会社群へ送り込まれたのだが、さっそうとした若い独身女性たちは最高に輝いていたと思う。「モテたい理由」を読んだ僕は、やっぱりすべてはあのころから始まっていたのか、と痛感した。なにが始まっていたのか。消費願望の内向とねじれによる、本質からの奇怪な逸脱だ。

会社勤めのお嬢さんはBG（ビジネスガール）をへてOLへと、その内実にふさわしくいっきょに記号化され、その予備軍の女子大生を巻き込み、若い独身女性のおしゃれ、という消費市場を担うことになった。流行をほどよく取り入れつつ自分なりに工夫するという素朴なおしゃれは、流行という新商品の雪崩に押し流され、拡大一途の日本経済にのみ込まれた。

女性ファッション雑誌の編集現場で、記事の方向や題名、広告の文言などに関して決定権を持っているのは、圧倒的に男であり、その数は東京じゅうで百人に満たないと僕は思う。バブルをはさんで二度は代替わりをしてるから、過去を含めると総数はいま少し多い。

彼らが手を替え品を替えしてファッション雑誌を作ってきた。時代に巧妙に寄り添いつつ、あの手この手で若い女性たちの消費をあおった。まわりにいかに差をつけるか、自分のランクをどう上げるか、どれほど優位に立つか、どれだけうらやましがられるか、といったことをめぐって、生活全域にわたってこけつまろびつの指南をファッション雑誌は続けてきた。

その様子を追いながら現代の「恋愛資本主義」を分析する本書で、著者は戦後日本への深い理解と、その複雑なニュアンスを伝えている。それらのことを言いあらわす言葉の、端的さに縁取られて見えにくいけれども確実に存在している、僕としては影としか言いようのない魅力についても、内容の面白さとともに、ぜひとも言及しておきたい。（片岡義男・作家）

（講談社現代新書・756円）＝2008年2月7日⑤配信

ゴーギャンと祖母語る魔法

「楽園への道」（マリオ・バルガス＝リョサ著、田村さと子訳）

十九世紀末、南太平洋のタヒチに移住して絵を描いたフランスの画家ポール・ゴーギャン。そのゴーギャンに、女性の解放と労働者の団結という理想に身をささげ、孤軍奮闘のうちに早世した社会運動家の祖母がいた。

本書は、ゴーギャンとこの祖母フローラ・トリスタンのそれぞれの悲劇的な死までの最晩年の日々を史実とフィクションを織りまぜながら克明に追いかけた小説である。

孫が生まれる以前に祖母は亡くなっており、両者には直接の交流は一切なかった。しかしペルーの世界的な作家バルガス＝リョサは、二つの生涯が絶対に一つの物語として紡がれなければならなかったことを、豊かな想像力に支えられた「語り」の魔法によって明らかにする。

二人を血よりも濃く結びつけていたもの、それはエキセントリックな生き方だ。エキセントリックとはそもそも「中心からはずれたもの」という意味である。西洋の文明社会から失われた根源的な生（そして性）の力が、未開社会には純粋なまま存在すると考えるエキゾチシズムは世紀末の一般的な気分であったろう。だが、そんなナイーブな夢想を、ゴーギャン以外の誰が現実に生きようとしただろうか。

祖母フローラの人生は孫以上に波乱に富んでいる。パリから大西洋を越えて独立間もない動乱のペルーにまで至る悲惨な結婚生活からの逃避行。帰国した彼女は、女性を隷従させ労働者に動物以下の生活を強いる男性中心的ブルジョア社会に、ただひとり闘いを挑む。その主張の激しさ、いや、正しさゆえに彼女の思想は理解されない。だが、その理想主義の炎を胸に、彼女は遍歴の女騎士さながら死の日までフランス中を旅し続けることになるだろう。

性に芸術的創造の源を見るゴーギャン。セックスへの嫌悪を克服できないフローラ。二人の態度は対照的だ。しかし一方は芸術の「楽園」を、他方は男女平等をはじめとするあらゆる社会正義が実現された理想社会という「楽園」を求め、それぞれ踏み越えた境界線の向こう側で、祖母と孫は確実に出会うのである。（小野正嗣・作家）

（河出書房新社・2730円）＝2008年2月7日⑥配信

超絶技巧ミステリーの逸品

「ラットマン」（道尾秀介著）

「ラットマン」と呼ばれる素朴な線描画がある。動物たちの絵の中に置かれていると、それはラット（ネズミ）に見える。人物画の中に置かれていると、男の顔に見える。同じ絵なのに、なぜかまったく別のものに見えてしまうのだ。

見る、聞くといった人間の知覚は、その前後に受けた刺激によって左右される。これを心理学などで「文脈効果」という。推理小説のトリックやギミック（仕掛け）の多くは、この文脈効果を応用したものだ。振り込め詐欺の手口も、似たようなものだといっていい。

本書は、この文脈効果を最大限に利用して、ネズミを人間に見せかけ、枯れススキを幽霊と信じ込ませる超絶技巧ミステリーの逸品である。

結成十四年のアマチュアロックバンドが、貸しスタジオで練習中に不可解な事件に遭遇する。かつてメンバーの一員だった小野木ひかりが、密室状態の倉庫で重さ百キロのアンプの下敷きになって死んでいたのである。

ギター奏者の姫川亮は、幼時に不幸な事件で姉を失い、今もそのトラウマをかかえて生きている。死んだひかりとつきあっていたが、最近はその妹の桂に引かれるようになっていた。

現場の状況から、容疑者は当時スタジオにいた四人のメンバーに限られる。四人は互いに疑心にかられ、同じ絵にそれぞれ別のイメージをふくらませる。そしてそれはまた新しい「ラットマン」現象を作り出していく。

容疑者の一人である姫川と、二十三年前に姫川家の事件を扱った古参刑事が、まったく別の方向からこの絵を読み解こうとするのだが、推理の行方は三転四転し、容易に予断を許さない。

一人の作家においてギミックと表現力は両立しないことが多いのだが、この作家は珍しく端正な文章家で、会話もうまい。だから、相当すれっからしの本格ファンでも、簡単にひっかかってしまう。かくいう私も久しぶりにだまされる快感を味わった。いささか気が早いが、今年のベストミステリー候補にあげておく。（郷原宏・文芸評論家）

（光文社・1680円）＝2008年2月14日①配信

個人原則という常識へ異議

「さらば、"近代民主主義"」(アントニオ・ネグリ著、杉村昌昭訳)

近代人に骨の髄までしみ込んでいる常識の一つは、一人一人が価値を、社会そのものをつくっているということである。労働の対価は一人一人で受け取り、私たちは〈一票〉である。ネグリが近年のパリでの講義をまとめた本書で「さらば」と告げる近代民主主義は、そんな常識に支えられている。つまり彼は、あらゆる権利の基礎である〈一人一人〉原則に「さらば」と言っているのである。とんでもない主張だ!

しかし本当にとんでもないのか。今日もっとももうかる商品について考えてみるとよい。革新的な技術に支えられた情報技術(IT)製品や薬品は、作った人を漏れなく列挙しようとすると、製造元を軽々とはみ出してしまうし、金融商品の価値などそもそも誰かが「つくって」いるのか?

著作権の問題が重要なのは、法で生産者を指定しないかぎり、誰がつくったかなど瞬時にどうでもよくなる事態の裏返しであるだろう。価値生産の現実は近代の原則をとっくに裏切っている。

生産者がどこにもいない、あるいは生産そのものが衰退した、のではない。逆に、生産は価値を生むものであればあるほど分割不可能な〈共〉(コモン)の作業になっているのだ。芸術ですら、その価値を裏付ける作品としての特異性は、通俗的なものからの距離をどこまで普遍的に表現しているかにかかっている。

作家は〈共〉の担い手でなければ評価されない。これが、ネグリが思考全体の基礎に据える認識だ。近代の常識は、そもそも〈共〉の生産を誰かの所得へと変換して〈部分〉である階級に帰属させるために発達してきたのではなかったろうか?

極めて今日的な現象は、〈共〉の生産をいっそう推し進めて〈一人一人〉原則を破らないかぎり、〈部分〉への帰属=収奪さえ不可能になっているということだ。近代社会は個人的な「利」によって生産を刺激しようとしてきたが、それはもはや端的な自己矛盾でしかない。とすれば、〈共〉が生産したものは〈共〉へ。だから「さらば近代民主主義」なわけである。(市田良彦・神戸大教授)

(作品社・2520円)=2008年2月14日②配信

本質的な問いへの解答集

「文明としての教育」(山崎正和著)

「生きる力」の教育改革に典型的に見られるように、子どもたちの自主性や個性を尊重する教育の必要が叫ばれて久しい。だが、子どもの主体性を尊ぶ教育がどれほど理想的に見えても、教育という営みには押しつけや強制が伴う。

教育に強制が伴うことは、どのような理由によって正当化できるのか。共通の知識を教え込む教育によって、どんな人間や社会を生み出そうと考えるのか。子どもの主体性の尊重が自明視される現代の教育界にあって、教育における強制の問題を考えることは、教育の本質に迫る哲学的な問いであると同時に、教育実践・政策にとっても、切実で実際的な問いである。本書は、日本を代表する教養人、山崎正和氏が、その幅広く深い知識と、研ぎ澄まされた知性をもとに展開した、これらの問いへの解答集といえる一冊である。

古代ギリシャから、中世、ルネサンス、近代へと連なる文明の歴史を繙(ひもと)きながら、文明と教育の関係を、壮大な構想のもとに明らかにしていく。山崎氏の論考であるから当然のこと、そこには日本の特徴についての分析も周到に盛り込まれる。

解答の補助線となるのは、「統治行為としての教育」と「サービスとしての教育」である。文明とは人々が共有する世界観である。その文明を支える統治行為としての教育は、「人類社会を統合するための政治行為であり、法や制度や技術の基盤をつくる営み」である。それゆえ、人権や民主主義や合理性といった要素を含む現代文明を基礎づけるためにも、共通の知識やものの見方を教え込むことが必要となる。

他方、個人の自己実現や個性発揮のための教育は、「サービスとしての教育」と見なされ、統治行為としての教育から峻別(しゅんべつ)されなければならない、と説く。

中央教育審議会会長でもある著者が、どうして「道徳教育は教室にはなじまない」と主張するのか。「驕りなき教育」をなぜめざすのか。その根拠となる思想がはっきりと本書には記されている。(苅谷剛彦・東大教授)

(新潮新書・714円)=2008年2月14日③配信

犠牲者救う闘いの記録

「冤罪弁護士」（今村核著）

二〇〇九年から裁判員制度が始まる。徴兵制に似ているという指摘をはじめ、問題点は少なくないが、私が最も危惧（きぐ）するのは、権力と市民社会が総出で無実の被告人をリンチに処するような結果を招きかねない危険だ。

それほど日本の刑事裁判には冤罪（えんざい）が多い。起訴されたら最後、有罪判決が導かれる確率は99·9%を超えている。

捜査機関が神様でない限りあり得ぬ数字が、すなわちこの国の構造なのだ。本書はそれでも絶望せず、一人でも多くの犠牲者を救おうと闘い続ける弁護士の記録である。

取り上げられているのは痴漢やスリ、器物損壊などの小さな事件ばかり。誰がいつぬれぎぬを着せられてもおかしくない現実の反映だが、自白の強制や証拠のでっち上げなど、いまだ封建時代のただ中にあるとしか思えない警察や検察の実態には、あぜんとさせられた。

著者たちは真実を求めて調査を重ね、事件当時の状況を再現していく。痴漢の冤罪事件では、被害者の「勃起（ぼっき）した陰茎をお尻に押しつけられたことが暖かさでわかった」という証言に対して、「男性が陰茎に薬を注射して強制勃起させて実験し『暖かさ』がわからないことを証明」することまで行われている。

なりふり構っている余裕などないという。良心的な裁判官が無罪判決を言い渡す場合も同様で、本書にはヘルメットのすき間から顔が赤くなるほどのビンタを食らったとするライダーの供述に疑問を抱いた裁判官が、実際に夫人を殴って試してみたという、強烈なエピソードが紹介されている。

裁判員制度の最大の目的は裁判の迅速化にあった。市場原理の徹底に伴う獣じみた世の中で予想される凶悪犯罪の激増に備えたものか。とすれば拙速なリンチはむしろ冤罪の土壌をはぐくんでしまう道理だが、著者はこれを契機に刑事裁判に対する市民的な関心が高まり、この国の人権保障が国際的な水準に引き上げられていくいちるの望みに無理にも賭けた。

著者の悲壮な心情が、痛いほどわかる。（斎藤貴男・ジャーナリスト）

（旬報社・1680円）＝2008年2月14日④配信

2·26事件の思い継ぐ父娘

「昭和維新の朝（あした）」（工藤美代子著）

〈暴力のかくうつくしき世に住みてひねもすうたふわが子守うた〉

九十三歳で亡くなった歌人斎藤史のうたである。昭和維新のために立ち上がった二・二六事件の青年将校へのレクイエムともとれるこのうたの凛（りん）とした烈（はげ）しさ。「暴力のかくうつくしき」という歌人の胸の中にたぎる思いは何か。二・二六事件の軍師であり史の父でもある斎藤瀏と緊迫する時代背景の中で徐々に明らかになってくる。

幼なじみで淡い思いを抱いたクリコこと栗原安秀は、二・二六事件の中心人物の一人、その動静と父の態度を史はつぶさに見ている。中国との危機せまる関係、疲弊する日本の農村。天皇をめぐる日本の政治を純粋に憂い、クーデターを企てる皇道派の青年将校の行動は世間の動きと重なる。

〈思いつめひとつの道に死なむとすこの若人とわれ行かんかな〉

歌人でもある父斎藤瀏もついに立つ決意を固める。そして昭和十一年二月二十六日早朝、雪の中で起きたクーデター。著者の描く細かい資料を積み重ねてもこの事件には謎が多い。鎮圧に動いた陸軍大臣告示の信憑（しんぴょう）性、斎藤のもとにかけられた数度の電話。真崎甚三郎の変心。かくも激しい天皇の怒り。反乱軍となった栗原ら青年将校は、一審のみ上訴も弁護人もなく軍法会議にかけられ処刑される。斎藤瀏は後に許されるが、著者の目は冷静に、しかし思いは常に瀏・史・そして青年将校の上にある。

その後彼らの精神は生かされず、統制派の軍部の台頭、日本は戦争へと突き進んでいく。

自決した中心人物、野中四郎大尉は、私の父と陸軍士官学校の同期である。統制派の辻政信も。いわゆる青年将校だった父は、中道派だが、思いは皇道派にあった。事件を知ってすぐ上京しようとしたが、当時宇都宮第十四師団にあって上官に止められたという。父の思いは私の中にもあり、瀏や栗原の思いは脈々と史に受け継がれている。

歴史とは事実ではなく思いなのだとあらためて知った。（下重暁子・作家）

（日本経済新聞出版社・1995円）＝2008年2月14日⑤配信

現代人に突きつけられた刃

「自死という生き方」（須原一秀著）

これは真の論争の書だ。自殺について考察した本だが、社会思想研究家だった著者の須原さんは、人生を肯定したうえでの明るい自死は望ましいものであると本書で結論づけたのちに、二〇〇六年四月、身体も精神も健康なままで実際に自死した。六十五歳であった。

自死の直前まで書きつづられた本書の内容は力強く、自分の哲学をそのまま実行し得た者だけがもつすがすがしさを湛（たた）えている。いまの風潮を考えれば、この本は社会的には丁重に黙殺されるかもしれないが、しかし人間の生と死に関心をもつ者はぜひ読んでおくべきであろう。

人生で誰でも経験できるような「幸せの極み」を幾度か体験したがゆえに、「自分は確かに生きた」と日々身体で納得しており、いま死んだとしてもなんの後悔もなく死ねると確信している人が、実際に自死すること。須原さんは、そのような死に方のことを、絶望の自殺と区別して、「自決」と呼んで、擁護しようとしている。

須原さんは、自決を前にした自分自身の気持ちを点検して、人生に対する未練も、死に対する恐怖も、おのずと消滅していって、気にならなくなったという。自決する人間の精神は、まったく暗いものではない。なぜなら、「死ぬべきときには死ねる」という確信があれば、気持ちに雄大さと明るさが備わってくるからである。

「そこまでの確信があるのならば、別に自決しなくても、最期まで生きればいいではないか」という反論に対して、須原さんは、痰（たん）でのどを詰まらせて苦しみのうちに窒息死するというような死の迎え方よりも、チャンスが到来したときにみずから間髪を入れずに自決するほうが望ましいのだと主張する。

須原さんが念頭においているのは、人生の大半を経験し終えた老年者の自決である。自決の仲間作りも提唱している。ここまで確信に満ちた自決の実行者を、われわれは正しく批判できるのか。本書は現代人ののどに突きつけられた刃（やいば）である。（森岡正博・大阪府立大教授）

（双葉社・1890円）＝2008年2月14日⑥配信

愛着たちのぼる哀切な評伝

「越境者　松田優作」（松田美智子著）

俳優の松田優作の評伝である。ただし著者はかつて松田優作の妻であり、彼がスターになる前のいちばん苦しかった時期に苦労を共にして、スターになってから離婚している人なので、この本はむしろ、その時期の辛い思い出を中心にした悲痛な回想録と言ったほうがいいのかもしれない。

しかし著者にはそういう私的な主観を超えて松田優作という人物の生涯を客観的に記述したいという強い意志があり、そのための取材を重ねている。そして「もとより、彼をおとしめるつもりも、過剰に褒めるつもりもない」と自分で言うとおりの冷静な評伝として成功していると思う。冷静だがしかし、強い愛着が文章の行間からたちのぼってくる哀切な本である。

松田優作と著者は俳優志望の若者同士として知り合い、結婚した。一緒になってから彼女は、彼が自分の本当の国籍をなんとか隠しておこうと苦しみながら、同時に、きっとスターになるという満々たる野心のために、ときには無邪気なまでのエゴイストぶりを発揮して人の心を傷つけもする人間であることを知った。

そしてそれを受け止め、包み込もうと努め、結局は受け止めきれなくて別れることになるが、その過程はほとんど純愛物語である。それが淡々と抑えた文章であることによって感動的である。

松田優作が映画で演じた役自体が、内側から衝動的にこみあげてくる何かによって遮二無二つき動かされて突進して、ほとんど自滅を目ざしているかのような印象を残す人物が多かったのであるが、この本に描き出された松田優作本人もなにかそんな人物に見える。

他方、そんなパターンから離れた鈴木清順作品の得体（えたい）の知れない不思議な役には困っていたらしいあたりが、映画批評家としての私には格別に興味深いところだ。長生きしていっそう複雑な役に挑戦するようになったときにはどんな凄（すご）い役者になっていただろうかと。（佐藤忠男・映画評論家）

（新潮社・1680円）＝2008年2月21日①配信

超常現象探求への旅

「心の科学」（エリザベス・ロイド・メイヤー著、大地舜訳）

本書は、著者の娘の盗まれた一台のハープが、二またの棒を使って地下水を探り当てる「遠隔透視」によって戻ってくる、という超常的なエピソードではじまる。国際的な知名度をもつ精神分析医である著者は、そのことで衝撃を受け、自分が信奉していた科学的な世界観が根底から揺らぐのを覚え、やむにやまれず超常現象の探求に乗り出すのだ。

本書は、十三年に及ぶ彼女の探求の、集大成とも言うべき圧巻の書である。

有能な直観能力者たちへのインタビューからはじまる探求の旅は、現場の医師たちによる超常的な体験報告、カジノで勝ちつづけるポーカーのチャンピオンの「わからないけど知っている」という奇妙な感覚、患者の前世が透視できるという臨床家の話、人が何かに熱中しているときに現れる脳内の変化、CIA（米中央情報局）のスポンサーの下で行われた遠隔透視実験の詳細とそれにかかわった研究者たちの話、祈りや遠隔思念の効果の研究最前線など、実に広範で多岐に及んでいる。

とくに興味深かったのは、現代化学の祖といわれる十七世紀の科学者ロバート・ボイル（ボイルの法則の発見者）にまでさかのぼる、超常現象研究の奇妙な歴史の記述である。

フロイトがテレパシーの存在に気づいていたとか、十九世紀の心理学界の巨人ウィリアム・ジェームズがアメリカにおけるこの種の研究で主導的な役割を果たしたといった、興味をそそるエピソードもちりばめられている。

テレパシーや予知、透視といった超常現象を科学的に究明することの難しさは、ともすれば、そうした現象が特殊な意識の状態（極度なストレスや生命の危機にひんしたとき）の下で発生しやすいからだ、と著者は指摘する。

著者の狙いは、あくまでも中立的な立場に立って、（超常現象の）信奉者と懐疑家との間にコミュニケーションの回路を開くことなのだ。著者の熱い思いが伝わってくる好著だ。（菅靖彦・翻訳家）

（講談社・1995円）＝2008年2月21日②配信

ホームレスとの一体感

「TOKYO　0円ハウス　0円生活」（坂口恭平著）

面白い本であると、手放しでは褒められぬところがつらい。なぜならば著者の坂口恭平君は私の教え子であるからだ。褒めれば褒めるほどに八百長試合のごとくに受け取られる恐れがある。それにこの本の中には私も登場してしまっているから、知らぬ存ぜぬでは通らぬのも歴然とし過ぎている。それでも、書評らしきを書こうと考えたのはこんな理由からだ。

まず第一に、学生だった坂口君のけた外れな異形振りの記憶が鮮烈だったこと。第二にその鮮烈さの印象がこの本に脈々と流れ続けている驚きがあるからだ。

坂口君は今の時代には合わぬ規格外の若者である。よくこんな若者が大学に紛れ込んで来たなと思うくらいに。雨降りでもないのに雨傘を背中に佐々木小次郎の長刀のごとくに背負っていたり、何しろ度が外れて目立ちたがり屋であった。その類（たぐい）の大方は音楽バンド方面やらへ流れるのだが、彼はなぜか建築学科へ属していた。

今和次郎の考現学を追う者かと深読みもしたが、それよりはズーッとフットワークは軽い。要するに大学内ホームレスの風体を続けた。偉いのは野垂れ死にせずにその後も生き続けたことだ。所属不明のホームレスを世界の場に拡（ひろ）げ、しかもスタイルを変えようとしないまんまだ。

それ故、八百長呼ばわり覚悟で言う。この若者の生き方と、それが良く表れているこの本は現代にまれな独自さを持ち、当の本人が自覚していようといまいと、現代文明批評としてもなかなかのものがあるのだ。

隅田川沿い等で暮らすホームレスピープルの生活を追跡調査した本だが、ホームレス坂口がホームレスの家、そして生活を考現学している。だから視線に不思議な一体感がある。合体している生々しさがある。

今の若者の大半は標準化、つまり右にならえのフラット派か、閉じこもりお宅派のどちらかである。多様であるように見えて、実は極めて二元化している。ホームレス坂口は全くそのいずれにも属さぬところに独自な可能性がある。新しい種族かもしれぬ。（石山修武・建築家）

（大和書房・1575円）＝2008年2月21日③配信

近未来占う情報小説

「エクサバイト」（服部真澄著）

より小型化し、より大量の保存が可能となる記録媒体の行く末は？　本書は人類の近未来を大胆に占った情報小説だ。二〇二五年、SDカードでもおなじみの単位ギガバイトは過去となり、エクサバイトが常識に。一エクサバイト＝十億ギガバイト。人々は額やみけんに「ヴィジブル・ユニット」なる超小型カメラを装着し、死ぬまでに見聞きした全記録の保存が可能となった。

映像プロデューサーのナカジはユニットを駆使した番組制作で大成功し、イタリアで「エクサバイト商會」なる企業の女性会長ローレン・リナ・バークに出会う。彼女は有名無名、国籍問わず人々の死後にユニットを回収し、映像による世界史記録事典の編さん事業に着手していた。ナカジはこの史実ビジネスに賛同し、日本での窓口を引き受けた。

そのころ、ナカジは五十五歳で死んだ実母クニコのユニットを相続する。ナカジを生むや、単独で渡米し、映像ジャーナリストとして活躍したクニコは、ユニットの先駆ユーザーでもあった。物語は、バークとの遭遇、クニコの死が大きな核となり動いてゆく。

防犯カメラがあふれる現代は“監視社会”と称されるが、ユニットの正体は情報機関が生み出した“人間版監視カメラ”。その意味では、本書はプライバシーの未来像も問うわけだが、中でも強烈な印象を覚えるのは、映像データの上書きが可能と示唆した点だ。

記録媒体にあるデータに修整を加える上書きは、パソコンでおなじみの機能。なにより、完成したカタチでデータを記録媒体に残すことができ、失敗例と再会しなくて済む。日々の生活や人生で上書きは通用しないが、本書で描かれた未来では、人生あるいは半生の映像データを、しかるべき技術で上書きすれば、映像上では人生を都合よく美化でき、歴史上の人物になれ、孫や後世にインパクトを与えることも可能だ。

記録媒体の進化とは、人間の欲望も進化させることなのか、と本書は教えてくれる。（小林照幸・ノンフィクション作家）

（角川書店・1785円）＝2008年2月21日④配信

戦時の正史、実証的に研究

「『皇国史観』という問題」（長谷川亮一著）

大づかみな言い方となるが、二十一世紀に入ってから、右派にかかわる思想の研究が多く提出されるようになっている。二十世紀後半の冷戦の時代には、革新と保守の対立を前提に議論がなされ、いわゆる進歩的な陣営は、右派の思想を分析の対象とすることは少なかった。

そのことは、本書の主題である「皇国史観」に対し、十分な考察が加えられてこなかった一事にも現れている。戦後の歴史学界にとり、皇国史観は批判の対象でこそあれ、検討に値するものとは認められていなかった。しかし、戦後歴史学の新しい世代ともいうべき著者は、ここを分析の対象として設定する。

「皇国史観」の語は、著者によれば、一九四〇年ごろから用いられ、「皇国史観」は、戦時下における大日本帝国の「正史」、ないしは正統的歴史観と定義づけられる。この観点から、著者は、国体論の系譜をたどり、戦時の文部省の教育行政に着目し、同省が「皇国史観」に基づく史書として企画した「国史概説」（上下巻、四三―四四年）や「大東亜史概説」（未刊）の編さん過程、さらに国史編修事業の試みなどを紹介する。

とくに両著に関しては、草稿を発掘し、その歴史像に立ち入って検討をおこなう。これらの叙述を通じ、本書では、戦時の歴史学界の様相がなまなましく描き出されることともなった。

ここで、著者が摘出するのは、国家が歴史観を定め、修史事業など、歴史を制度として利用し、それが思想統制政策とされることの問題点である。また、「皇国史観」が史実を恣意（しい）的に扱うことも批判する。

「皇国史観」は、歴史観としては、現在では説得力を失っている。だが、あえてここに分け入るときに、過去における蹉跌（さてつ）を見いだし、それを確認するにとどまらぬ作業が待ち構えている。戦後の価値を基準としたときには、ある種の「危うさ」がつきまとうが、そこに踏み込んでの考察が「皇国史観」への現時における研究の焦点のひとつとなろう。そのための実証的な作業が、開始され出した。（成田龍一・日本女子大教授）

（発行・白澤社、発売・現代書館・3990円）＝2008年2月21日⑤配信

言葉から分析する「今」　「日本語のゆくえ」（吉本隆明著）

言葉は社会の水鏡。ずっと、そう考えてきた。私たちが生きる「今」を、端的に、しかも刺激的に映し出す言葉。今様として散在する言葉を分析することにより、「今」が照らし出される。

本書は、芸術と言語、政治と文学、「共同幻想」における言葉の役割など、日本語についての多角的な考察を重ねてきた著者による「今」を知るための日本語論である。

著者は、現在の若手詩人の作品は「『過去』もない、『未来』もない。では『現在』があるかというと、その現在も何といっていいか見当もつかない『無』なのです」と語り、その理由として、詩の中に「自然」がなくなり、自然に対する感受性がなくなってしまっている、と指摘する。

この指摘は、若手詩人の作品の問題だけではなく、現在日本の抱え持つ苦悩に通じる。著者は、詩、つまり言語を語ることによって、脱出口の見えない、日本の「今」の分析を試みているのである。

読み進むにつれ、長年、著者が積み上げてきた言語論の周到さと緻密（ちみつ）さに圧倒される。とりわけ、芸術言語の価値に触れ、感動詞を極限とする「自己表出」と、物をあらわす名詞に代表される「指示表出」、そのふたつの糸を縒（よ）り合わせた「織物」みたいなものが言語である、と語っている点は、言い得て妙、わが意を得たりの感があった。

私のかかわる短歌は、物をはじめとする「目に見える対象」に託して自己表出する文学そのものだから、それを「織物」と表現されることによって、創作の勘どころを示唆された気がしたのである。

神話や古代歌謡、「源氏物語」をはじめとする物語や小説、近代詩から国家論まで、本書の内容は、日本の言語史を軸とした日本語論、日本論ともいえ、包括的で実に多岐にわたる。

ただし、著者の母校（東工大）での講演をまとめた本だけに、分かりやすいのが魅力だ。吉本隆明という巨大知識人を知る第一歩として、ぜひ読んでほしい一冊である。（道浦母都子・歌人）

（光文社・1575円）＝2008年2月21日⑥配信

夢見続けた男の情熱と生涯　「世界一の映画館と日本一のフランス料理店を―」（岡田芳郎著）

かの淀川長治氏に「世界一の映画館！」と言わしめ、あの丸谷才一氏には「裏日本随一のフランス料理店！」と唸（うな）らせた。そんな凄（すご）いモノを一生のうちに二つも作ってしまった男がいた。

「世界一の映画館と日本一のフランス料理店を山形県酒田につくった男はなぜ忘れ去られたのか」と題したこの本は、そんな男の栄光と挫折の記録である。その男の名は、佐藤久一という。一気に言うとそういうことなのだが、その栄光の煌（きら）びやかさ、挫折の壮絶さ、破滅のケタタマシサを、一貫して物静かな口調で語る作者の、筆致の乱れの無さ、公平さ、優しさに、まずうれしくなる。

なにより伝記もの特有の、実録優先の退屈や、思い入れタップリの賛美がない。

それは、まるで、たまたま、列車かなんぞで隣り合わせた初対面の人が、「あなた、ご存じですか？　佐藤久一って、こんな人がいたことを…」と、耳に心地よい声で、語り始め、知らず知らず眠気も消し飛び、聴き入ってしまうような、そんな案配なのだ。

しかし、心ひかれるには、それなりのキーワードがある。

〈青春の映画館〉〈美女たちとの色恋〉〈時代を先取りする奇抜なアイデア〉〈劇場〉〈時代の巨星たちとの出会い〉〈目くるめくおいしそうなご馳走（ちそう）群〉〈王国の繁栄〉〈片思いの純愛〉〈大火災〉〈破綻（はたん）〉〈追放〉〈凋落（ちょうらく）と死〉。

およそスペクタクル超大作に必要な要素のすべてが、タップリと盛り込まれ、実にぜいたくの極みなのだ。これが、本当に一人の男の、たった六十七年間の生涯に起こったことなのか？　と耳を疑いたくなる豪華さだ。

ただ、栄華を極めたセレブ男が没落して死んだ、というだけなら、これほどの感動はない。感動するのは、この男がはらった犠牲の大きさ、身をけずり、トコトン自分を追い込み、最後には自滅してまで、ひたすら不特定多数の人々に奉仕、サービスしたかった過激なばかりの情熱が、読み手を切なくさせるからだ。

旅路のおわりに男は言う、「いや、私は何も成しとげられなかった。夢を見続けているだけなんだ」と。久一の夢に乾杯を。（市川森一・脚本家）

（講談社・1785円）＝2008年2月28日①配信

気と土に包み込まれる家族

「光の指で触れよ」(池澤夏樹著)

池澤夏樹は「人類の未来」をきわめて真摯(しんし)に描く作家である。前作「すばらしい新世界」に触れた人なら、ヒマラヤ山中の小さな村に持ち込まれた風力発電が、その地のみならず、地球全体を救うかもしれないという予感に震えたことを思い出すだろう。本書はその「すばらしい新世界」の主人公・天野林太郎一家の、数年後を描いた物語である。

意外だったのは、揺るぎない信頼感で結ばれていたはずの一家が、崩壊寸前になっていたこと。林太郎の恋をきっかけに、妻アユミは幼い娘を連れてヨーロッパに渡り、息子の森介は全寮制の高校に進学。天野家はいまや林太郎だけが取り残されている。この危機的状況を聖家族・天野家の人々は乗り越えることができるのか―。

五歳の娘キノコとともにフランス、スコットランドのエコロジカルなコミュニティーを転々とするアユミの旅がすばらしい。自分の居場所はどこなのか、家族のきずなとは何なのか。コミュニティーの反世俗的かつ自由な場所で、彼女の内なる目は徐々に開かれていく。

「すばらしい新世界」では全編に風が吹いていたが、今度の作品では「気」と「土」が、家族のそれぞれを包み込み、光差す場所へと誘う。騒々しいものはどこにもない。身体と自然とのゆるやかな共存・融和があるだけ。林太郎にも、自然との共存は待っている。なんと彼は、恋も安定したサラリーマン生活も捨てて、農耕生活へと踏み出していくのだ。

隣同士助けあって成長する植物の話や、アユミが学んだレイキという身体療法、新鮮な野菜を使った料理の数々、月光も嵐も、物語を有機的なものにしている。

全盲の写真家による表紙の写真にも驚いた。心の目で写し取った作品は小説のスピリチュアルな視点にぴったり。蛇足ながらフランス語における「光」の複数形に「知性」「知恵」という意味があることも、ある詩人の作品で知ったばかりだ。「光の指」にこめられたものは深く大きい。(稲葉真弓・作家)

(中央公論新社・2310円)=2008年2月28日②配信

場末の聖家族をしんみりと

「乳と卵」(川上未映子著)

歌手出身の若く美しい女性作家が芥川賞受賞ということで書店にはまるでアイドル歌手のようなポスターが張ってある。

イメージが先行してしまっている。だから時代の先端を行く青春が語られるのかと予想していたら、まったく逆。

社会の隅っこのほうで暮らす、いまふうにいえばワーキングプアの母親巻子と十代はじめの娘緑子、そして巻子の妹(緑子から見れば叔母)の「わたし」。三人の物語。

巻子は子供を産んですぐに離婚し、一人で育ててきた。大阪に住んでいる。アルバイトのような仕事をしながら夜はスナックで働いている。

夏。この親子が東京で暮らす「わたし」のアパートに二泊三日で遊びに来る。「わたし」は一人暮らし。仕事については書かれていない。フリーターだろうか。

姉の巻子はもうすぐ四十歳になる身で豊胸手術を受けるという。そのために東京に出て来た。

緑子は思春期になり、急に母親と口を利かなくなった。「わたし」ともノートに言葉を書いて、話すかわりにする。

豊胸手術に取りつかれている中年女性と口を利かない少女。突然やってきた二人に困惑しながらも家族として二人を受け入れる「わたし」。

三人の関係が大阪弁の冗舌な文章で語られる。文章は長く、途中で主語が誰だったか分からなくなるほど。そのあいまいさが三人のつかみどころのない生に合っている。

「わたし」のアパートは下町の三ノ輪にある(荷風ゆかりの地)。巻子が働くスナックは大阪の京橋。いずれも中心からはずれた町。

こういう土地を舞台として選ぶ。地に足がついている。とくに京橋の町の描写は秀逸。三ノ輪あたりの銭湯に行ったあと三人が小さな中華料理店で食事をするくだりも、しがない良さがある。

母娘が卵を次々に割りながら次第に心をつなげていく最後はしんみり。場末の聖家族と呼びたくなる。(川本三郎・評論家)

(文芸春秋・1200円)=2008年2月28日③配信

史上初を目指す女性の実像「大統領への道　ヒラリー・ロダム・クリントンの野望」(ジェフ・ガース、ドン・ヴァン・ナッタ・ジュニア著、成毛眞監訳)

大詰めを迎えた米民主党の大統領候補指名争い。当初は本命と見られていたヒラリー・ロダム・クリントン上院議員が、今は対立するバラク・オバマ上院議員のリードを許し、劣勢を余儀なくされている。米国史上初めての女性大統領を目指しながら、意外な苦戦にあえぐこの人物とは、一体どんな人間なのか。

第四十二代ビル・クリントン大統領夫人。その後も上院議員として政治の中枢にかかわり続けてきた。ワシントンで最もよく知られた政治家の一人だ。が、「表向きの顔」とは別に「本人を理解するのに不可欠な事実はまだ国民に知らされていない」と著者は言う。もう一つの「実像」を明かそうというのが本書の狙いだ。

「表向き」は、理想主義を追求し、「経験」と「実行力」を売りにする聡明（そうめい）な政治家。同時にホワイトハウス時代、夫のセックススキャンダルにじっと耐えた女性のイメージも国民の記憶に残る。

本書では、野心的で計算高く、ご都合主義、傲慢（ごうまん）で自分の過ちを認めないといった側面が、彼女の性格として多くの事例とともに繰り返し語られている。

後半第三部、上院議員としての活動にかかわる部分は、対イラク武力行使容認決議案に彼女が賛成を投じるまでの経緯や、国内世論が戦争批判に転じたのを受けてそれまでの立場の修正を図る過程など、彼女の行動を知る上で興味深い。そこには大統領選出馬への「野心」を秘め「計算高く」投票態度を考える政治家の生の姿が確かにある。

しかしここに描かれた野心や計算高さ、ご都合主義などは、政治家にはありふれたこと。彼女が初の女性大統領を目指すがゆえに、ことさら厳しい目が向けられているとの印象もなくはない。

人間ヒラリーにきれい事だけではない別の顔があることは、著者の指摘する通りだろう。が、それを米国民がどう受け止めるかは、選挙民自身がほどなく答えを出すことになる。

優れた業績を残した大統領が廉直高潔の士ばかりでなかったことは、過去の歴史が雄弁に証明している。（藤田博司・早大客員教授）

（バジリコ・2100円）＝2008年2月28日④配信

会社理解のための必読書「会社はどこへ行く」(奥村宏著)

世が情報技術（IT）ブームに沸き上がっていた最中、かのホリエモンが、こう言ったことがある。「会社は、株主のものだ」と。

おそらく多くの人が、この言葉のうさんくささを感じていたのではないだろうか。しかしその一方で、そう感じながらも、反論する言葉が見つからなかったことも事実だろう。

果たして「会社」とは、いったい誰のものなのか。いやその前に、そもそも「会社」とは、いかなる存在なのか—。

一見すると、しごく単純そうに思えるこの問いかけも、十分に納得するだけの答えを見つけ出そうとしたとたん、われわれは迷宮（ラビリンス）に迷い込むこととなる。

現代社会において、「会社」なる存在とまったくかかわり合いを持たずに生活をおくることなど、絶対に不可能だと言っていいだろう。

にもかかわらず、われわれは「会社」に対してあまりにも無知だ。しかしそれも仕方のないことなのかもしれない。

本書の著者はこう言ってみせる。「驚くべきことに会社について研究している経済学者はいないといってもよい」と。さらにこうも付け加える。「これまでの経営学者の行なってきた研究で、会社を総体として解明したものはない」

つまり「会社」というものが、この世に誕生して以来、それを体系立てて研究されてきたことはこれまで皆無だったというのだ。

そしてそうした全くの未開とも言えるフィールドに、果敢に挑んだのが、本書だ。著者は、「会社」とは何か—、という問いかけに正面から愚直に切り込んでいく。そしてそうした一連の作業を、「会社学」と命名する。

その上で著者は、「会社」に対しておおよそ考えられる限りの手法を用いて、その正体をあぶりだそうと試みる。そしてこう喝破した。「会社が人類に不可欠なものであるというのは全くの迷信にすぎない」

ホリエモンがわれわれに突きつけた刃（やいば）の意味するところを知るためにも、本書は必読の書と言えよう。（須田慎一郎・経済ジャーナリスト）

（NTT出版・2310円）＝2008年2月28日⑤配信

宮中祭祀から心情を分析

「昭和天皇」（原武史著）

昭和天皇の実像とその歴史的位置を確かめるためには、いくつかの道筋がある。本書はいまだ解明されていない道を歩んで、昭和天皇の心情分析を試みた書である。

昭和天皇は皇太子時代から宮中祭祀（さいし）とどのように向き合って、天皇たるゆえんを確認したのかが、具体的な例を示しながら説かれていく。読み進むうちに、政治的、歴史的な分析とは異なった見方に出会い、なるほどとうなずいたり、そうだろうかと首をひねったりもする。

とにかく刺激を与えてくれる書だ。

著者は、序章で昭和天皇の「戦前」と「戦後」の座標軸を示す。そして天皇の役割をお濠（ほり）の内側と外側を横軸に、政治的主体と非政治的主体を縦軸にした枠組みのなかに分類し、「戦前と戦後の昭和天皇がいかに連続しているのか」との仮説を立て、丹念に説明していく。

当初、皇太子時代には宮中祭祀には積極的ではなかった節があるが、なにもこれは昭和天皇だけではなく、明治天皇も大正天皇もまた消極的だった。明治天皇は宮中祭祀を明治期からの「創られた伝統」とみていたからと著者は指摘する。

むろん神道のイデオロギーには深い関心を寄せていて、明治天皇は自身を生神（いきがみ）のつもりでいたとの見方も紹介している。

昭和天皇の宮中祭祀への取り組みは「形式」だけで「信仰」がないと貞明皇太后は批判している。即位してからは宮中祭祀には熱心になっていくが、初めは形式的すぎたということだろう。

その昭和天皇が生物学を学ぶ科学者である半面、しだいに宮中祭祀に熱心になっていく。昭和初年代から十年代にと変貌（へんぼう）していく昭和天皇の「信仰」の姿が本書の圧巻でもある。

戦後になって、宮中祭祀は天皇家の私事になるが、昭和天皇は一貫してこだわり続けた。「『神』に戦勝を祈り続けた戦中期の祈りを悔い改め、平和を祈り続ける決意を固めていた」と著者はみる。戦争という時代の誤りを昭和天皇は皇祖に詫（わ）びていたのである。（保阪正康・ノンフィクション作家）

（岩波新書・777円）＝2008年2月28日⑥配信

意表をつく現代アートの宿

「客はアートでやって来る」（山下柚実著）

温泉といえば、古くから愛好されてきた観光や保養のためのスポットであり、一方、現代アートといえば、難解でとっつきにくく、投資の対象にもなりにくいと思われがちな代物である。多くの人々にとって、この両者の取り合わせは大いにミスマッチなものに映るに違いない。ところが本書では、栃木県の温泉旅館が現代アートを取り入れた経営で成功を収めている事例が詳しく紹介されていて、何とも意表をつかれる思いがする。

舞台となっている板室温泉の大黒屋は四百五十年以上の歴史を誇る老舗だが、十六代目の当主、室井俊二は、泊まり客の一言をきっかけに現代アートに強い関心を持ち、いつしか作品を購入して館内各所に配置するほどにのめり込んでいった。

もちろん、そうやすやすと周囲の理解を得られたはずがない。途中、経営難や従業員の離反などの逆風も味わったが、試行錯誤の結果、現在では泊まり客の73％がリピーターになるほど人気は安定し、また現代アートを軸とする独自の経営方針が、従業員の研修や料理の献立にいたるまで浸透しているという。

確かに、本書巻頭の口絵写真を眺めているだけでも、作品の選択や配置に細心の注意を払っていることがよくわかる。優れた現代アートには泊まり客の動線を変え、旅館に求められる安らぎを演出する力があるという室井の見立ては正しかったのだ。企業メセナ協議会が「アートスタイル経営賞」を授与して表彰したのも納得がいく。

室井は大黒屋の空間コンセプトを「文化圏構想—アートのある風景」という言葉で説明しているが、そのスケールの大きな語感にふさわしく、二〇〇六年からは現代アートの公募展をスタートさせ、多数の応募作が寄せられたそうだ。畑違いの温泉宿への就職を希望する美大・芸大出身者が少なくないことからも、その活気に満ちた雰囲気は想像に難くない。経営難にあえぐ多くの中小企業にとっても、「奇跡の宿」の異名を取る大黒屋の「アートスタイル経営」から学べることは多いはずだ。（暮沢剛巳・美術評論家）

（東洋経済新報社・1680円）＝2008年3月6日②配信

ベストの語り手による良書

「戦後日本経済史」(野口悠紀雄著)

高度成長。バブル。二十代、三十代のビジネスマンの多くは、二十年、三十年程度前の日本経済について知らないことが多いだろう。だが、これらの知識は仕事の判断に必要なデータでもあり、教養でもある。若いビジネスマンは、本書を読み、弱点を克服するといい。著者は、博識であると同時に、戦後日本経済の中枢であった大蔵省について、内外両方からの経験と批判的視点を持つ、戦後日本経済史のベストといえる語り手だ。

市場でなく官僚機構を通じた富の分配、銀行中心の金融、経営者の内部昇進と株主軽視といった、今日にも続く日本の経済や企業のありようは、大昔から連続しているものでも、戦後になって新たに構築されたのでもなく、戦時中の国家総動員体制の延長線上にある。そして、こうした仕組みは新しい環境への不適応を起こし、これが現在の日本経済の停滞の原因になっている、と本書は説く。

このストーリーに関する考証と考察は綿密で、説得力がある。一つの筋とともに理解すると歴史も頭の中に入りやすい。

評者の経験はバブルのころから本書と重なるが、実は、山一證券破綻(はたん)の時には、同社に在職していた。最終章で著者は、日本の中央集権的なシステムが、分散処理が必要な新しい経済構造に不向きなことを指摘するが、当時の山一證券を外資系証券と比較したとき、旧式のメインフレームのような山一の経営システムが、同社を衰退させ最終的に潰(つぶ)したと実感する。外資系証券は、社内を市場化し、利益をシグナルに資源配分を行い、分散処理的に環境に適応した。

著者は、日本の地価のバブルをはじめて正しく指摘した人だが、株価にあっても当時「にぎり」と呼ばれた利回り保証の慣行があり、これが株価の右上がり信仰とともにリスクの過小評価に加担していたことを付け加えておく。米国のサブプライム問題にも証券化によるリスク誤認があった。読書中にも、いろいろなことを考えさせる良書だ。

(山崎元・経済評論家)

(新潮選書・1260円) = 2008年3月6日③配信

存在尊びあう登山家夫婦

「白夜の大岩壁に挑む」(NHK取材班著)

グリーンランド、ミルネ島にそびえる千二百メートルの大岩壁をじりっじりっと登ってゆくクライマーがいる。

前人未到の大岩壁を切り開いてゆくのは並以上の体力や経験、技術がある者でもむずかしいが、このクライマーたちは凍傷で手足の指を失っている。山野井泰史、妙子夫妻は今までにマカルーやK2、ギャチュンカンなどヒマラヤのむずかしい壁を登り、泰史は南米・パタゴニアにあるフィッツロイ・冬季単独初登攀(とうはん)などなど数多くの岩をソロで登り世界的なクライマーとして有名だ。

ギャチュンカンでの下山時猛吹雪に出合いながら奇跡の生還をはたしたが、この後妙子さんは十八本の指をなくした。その手で垂直の壁をリードしてゆく。息つまる瞬間。安全確保体勢に入る泰史も足の指がない。時折上から落石がくる。彼らの心臓の鼓動が耳元にきこえそうだ。

が、その緊張をほぐすのは山野井夫妻の会話と奥多摩の裏庭を耕し家庭菜園にいそしむ日常生活のくだりだ。読んでいるだけで暖かい陽だまりに囲まれているような感じにさせられる。妙子さんの手でも握れるようにハンマーの取っ手を削る泰史。使いやすいように登攀道具を改良する目がキラキラ輝いているのが映像を見るように伝わってくる。

「自分たちが一番幸せな部類に入るんじゃないかなと思う。普段のくらしに不満はないし。好きなことをずっとやれるって一番幸せだと思う」と妙子さんは言い切る。

体力も精神も限界にして登り続けてゆく泰史を支えているものは強いモチベーションだ。「この先に上がりたい、頂近くまで登ってみたい。技術云々(うんぬん)よりそれが重要だ」と言う。

信頼しながらも頼りすぎず、お互いの存在を尊ぶ二人の生き方、在り方は実にさわやかである。家族とか夫婦というきずなや形以前の、人としての在り方をこの本を通して多くの人に知ってほしいと思う。本物の登山家の日常生活はすがすがしく周りをほのぼのとさせるものである。(田部井淳子・登山家)

(NHK出版・1680円) = 2008年3月6日④配信

修羅の道を生きた男の物語

「羊の目」（伊集院静著）

昭和八年、内またに牡丹（ぼたん）の入れ墨のある夜鷹（よたか）が産み落とした赤子が、浅草のやくざ、浜嶋辰三にひきとられ、神崎武美の名で育てられた。

上州では名うての博徒で、辰三の代貸となった山尾三津男に「裏切ることは一番卑怯なこと」「もしおやじさんが誰かに殺られたり、狙われたりしたら、その相手を必ず殺る」という「任侠（にんきょう）の掟（おきて）」を教えられた武美は、裏切られた恨みから辰三を襲った山尾を殺す。そのとき武美、九歳。それからは「義」の一文字をひっかかえ、辰三のために殺しに殺しを重ねていく。「羊の目」は、修羅の道を一直線に生きた男の物語だ。

「親」が白といえば黒いカラスも白くなる。よしんば「親」が裏切ろうと、「子」の裏切りは道を外れる。背に唐獅子牡丹を背負って武美は…といえば、ちょっと年配の人ならば、東映任侠映画「昭和残侠伝」シリーズの高倉健演じる花田秀次郎を思い浮かべることだろう。

あるいは辰三の手練手管に「仁義なき戦い」の金子信雄演じる山守組組長山守義雄を重ねるだろう。そしてまた、東京に進攻する関西の四宮組の親分四宮兼治に、山口組三代目組長田岡一雄の実録を見るだろう。また、ロサンゼルスのリトル・トーキョーに逃れて、四宮組の刺客と死闘を演じる武美を救うシチリアマフィアに「ゴッドファーザー」を連想することもできよう。

伊集院静は、そういったものを本歌取りし、沈黙のふちに身を沈めながら人を殺しつづける武美の中に、戦前―戦中―戦後を経て、昭和から平成へと時代は移っても、変わることのない日本人の「義」を、「掟」をあぶりだそうとしている。

キリスト教的にいえば“迷える子羊”である武美を待ち受けるのは、観音菩薩（ぼさつ）の住む浄土めざして大海にこぎ出る「補陀落（ふだらく）伝説」の世界。わたしたちが「義」「掟」から自由になるにはみずから「仏」になるしかないのではないか、そして「補陀落」は人の心のうちに在るのだと語りかけるラストは余韻嫋々（じょうじょう）、伊集院静、うまい。（井家上隆幸・文芸評論家）

（文芸春秋・1750円）＝2008年3月6日⑤配信

沿岸小型捕鯨の実態に迫る

「煙る鯨影」（駒村吉重著）

日本人と鯨の関係は因縁浅からぬものがある。幕末の黒船来航がアメリカの捕鯨船の薪水補給基地確保のためだったことから、戦後しばらく日本人の動物性タンパク質の供給が鯨肉頼みだったことまで、近現代史のさまざまな局面で鯨と日本人は深くかかわってきた。

しかしその鯨も、ここ二十年ほどは一般国民の生活から縁遠い存在になっている。国際捕鯨委員会（IWC）の決定で一九八〇年代後半に商業捕鯨が一時停止され、生態調査を目的とした調査捕鯨以外の捕鯨ができなくなったからだ。

ここまでは誰もが知っている事実。だが、今なお日本の沿岸で商業捕鯨が行われていることは案外知られていない。実はIWCが保護対象としているのはセミクジラなど大型鯨類十三種のみで、それ以外の鯨の捕獲は禁じられていないのだ。

現在、日本の沿岸では五隻の小型捕鯨船が、小型種のゴンドウクジラとツチクジラを年間合計百四十頭ほど捕っている。いわゆる沿岸小型捕鯨である。本書は、その小型捕鯨船に乗船し、知られざる沿岸小型捕鯨の実態に迫った貴重な体験ルポである。

著者は太地（和歌山県）を母港とする三二トンの第七勝丸に乗り込み、紀伊半島沖でゴンドウクジラを追い、和田（千葉県）や網走（北海道）からの乗り継ぎではツチクジラを仕留め、解体作業を観察し、さらに鯨影を追う。荒海に揺られ、風雨にたたかれ、たくましい鯨捕りの男たちと一緒に双眼鏡をのぞきながら、捕鯨の歴史について、IWCの現状について、日本人と鯨のかかわりについて、考え続けた五カ月間の記録だ。

もっとも、読み終えて後を引くのは、著者が「最後までぎくしゃくした」と記す船長との関係かもしれない。船長は父親の要請でやむなく著者を乗船させたが、そのことに終始不満だった。

でも、と評者は思う。厚い壁があったからこそ全編の緊張感が途切れずに保たれたのでは？

捕鯨賛否論に中立の著者がルポしたおかげで、今回私たちは沿岸小型捕鯨の等身大の姿に出合えた。（足立倫行・ノンフィクション作家）

（小学館・1470円）＝2008年3月6日⑥配信

古今の好著を配列の妙で

「東京読書」(坂崎重盛著)

うーむ、書評はきわめて難しい。東京に関する古今の好著を紹介した本、その紹介をするのだから。

結論をいうと、じつに面白い。新刊書評ではない。「読もう読もうと思っていながら読んでいなかった」本、「買って積んでおいた本」が、興味のおもむくまま引っ張り出される。

雑然としているようで、たとえば丸谷才一選「花柳小説名作選」から遊里への興味が芽生え、成島柳北「柳橋新誌」へ。向島ゆかりの柳北から、向島に生まれ東大ボート部で隅田川を漕(こ)いだ半藤一利「永井荷風の昭和」へと、ちゃんとリエゾンが効いている。

原武史「皇居前広場」の天皇・皇后の散歩から武田泰淳夫妻の「目まいのする散歩」へ跳んだときはさすがに笑った。

坂崎重盛という名を新聞・雑誌に見かけるようになったのはここ十年くらい。彗星(すいせい)のように現れたおじさんライター(失礼)なのである。博識ではあるがエラソーではない。

奥付に東京生まれ、千葉大で造園を学び、役所で公園などの設計に携わり、退職してライターとなったとある。なるほど。その経験は本にそっとしのばせてある。

「小沢信男の文章は水洗便所で育った東京人には書けない臭いがある」「川や堀割は酷使したり忘れ去られたりすると、すぐに荒廃し、腐る」とかね。

遅読という割には、よく買い、よく読み、よく歩く。取り上げられた百三十四冊のうち、私が読んだのはたった六十七冊。そのうえ、穂積陳重「隠居論」(大正四年刊)や石黒忠悳の「耄録」(同十三年)まで登場する広さ深さ。日本語を「自前独学」する方が、外国語の「駅前留学」より先決だ、というのにはうなずく。

気の合いそうな人だなあと思ったら、「谷中銀座に入ってすぐ右手の本屋をのぞくと、森まゆみさんの谷中周辺に関する本や地域雑誌『谷根千』がレジ横に並んでいる」とあってウレシクなる。

首都、中央、国際金融中枢といった東京イメージを壮快に壊してくれるすばらしい「東京案内」だ。(森まゆみ・作家)

(晶文社・2520円)＝2008年3月13日①配信

至福感が伝わる魂の対話

「病室のシャボン玉ホリデー」(なべおさみ著)

「私はハナ肇の付き人でした」

このプロローグで知るとおり、著者は、クレージーキャッツのリーダー・ハナ肇(はじめ)の初代付き人であり、一九九三年に死去したハナの人生の終焉(しゅうえん)(この場合は、「終演」だろうか)を看取(みと)った最後の付き人でもあった。

本人への告知はなかったが、ハナは肝臓がんの末期だった。病院での介添えを引き受けた著者は「どうか魂を光らせて、もう少しだけ人生を楽しんで下さいよ」との思いで、ハナの最期の二十九日間を伴走する。

一世を風靡(ふうび)した喜劇人の病室には、共に青春を過ごした往年のスターたちがひきもきらずに見舞いに訪れる。植木等、谷啓、ザ・ピーナッツ、布施明…。彼らとの「シャボン玉ホリデー」が病室でどのように催されたのかは本書を読んでいただくことにして。

著者のまなざしを通して描かれるハナは、時に愛くるしいともいえるほどに魅力的である。

「『うん、うん』／足をばたつかせて、子どもの様に喜んでみせた。これこそがハナ肇の真骨頂だった。性格的に一番優れたものが、喜びの表現力だったと思う」

病んでなお、というよりは、むしろ、病んだからこその気づきが、病人にも介護人にも、共にもたらされる。その輝ける日々の言葉の深遠さ。

「結局な、好きって事だよ。仕事だって人間だって、それっきゃないね。好きって事なんじゃないか、な、なべさん」

愛する者の心身を守ろうと、必死で病院に通い詰める著者が全身で感じ取ろうとするハナからの要求、メッセージは、そのまま本書の主題であると思われる「魂との対話」となっていく。「危篤は肉体だ。魂まで危篤ではない。恐らく肉体が死ぬまで、こちら側と魂の連絡は取れるのだ」

この渾身(こんしん)の介護に報いるかのような、命の最後のきらめき。別れを描きながら著者の至福感が伝わるエンディングである。(藤田千恵子・フリーライター)

(文芸春秋・1800円)＝2008年3月13日②配信

時代の思考との関係鮮明に

「流線形シンドローム」（原克著）

二十世紀にもっとも広がりを持ったスタイルをひとつあげるとすれば、まちがいなく「流線形」である。朝鮮戦争に使われた戦闘機の形状を模した柔らかなラインは、尾翼のようなテールフィンを持った一九五〇年代のクルマのデザインを生み出したが、流線形ほどの広がりを持たなかった。

流線形が流体力学的、空気力学的に合理性を持つことは十九世紀には一部で知られていたが、それが現実的なものとして語られ受容されたのは二〇年代から三〇年代にかけてのことである。当初は水滴や卵など静的なものの形態が流線形のモデルにされたが、やがて魚や鳥といった動的なものに代わり、それがいかに合理的な形態であるかが語られることになる。

三四年にクライスラーが流線形のクルマ「エアフロー」を発表すると、大衆も流線形の合理性が具体的にイメージできるようになる。しかし、流線形は単なる形態を意味するにとどまらず、とりわけアメリカにおいては「合理化」「現代性」のメタファーとなっていく。したがって、企業組織から身体までも「流線形化する」という言い方が広がっていく。それは、さらに進化の概念つまりは「優生学」と結びつくことになる。

本書では、「流線形」がアメリカ、ドイツそして日本でどのように受容されたのかを比較文化論的に検証している。アメリカが流線形を比喩（ひゆ）として流行させたのに対し、早くから流線形の合理性を知っていたドイツでは、どこまでもクルマなどの形態を示すテクノロジーの問題として扱っていたという。とはいえ優生学と無縁でなかったことも指摘している。では、日本ではどうだったのか。日本では思想性を欠落させ、流行としてもてはやされたにとどまったのだという。

二〇年代から三〇年代にかけての合理主義的な思考の多くが、人間改良にかかわる優生学的視点を内在しているのではないかと考えてきたわたくしとしては、その確信を得ることができた。デザインがいかに時代の思考にかかわっているかを鮮明にしてくれる刺激的な一冊である。（柏木博・デザイン評論家）

（紀伊国屋書店・2520円）＝2008年3月13日③配信

アトムに始まったブーム

「中国動漫新人類」（遠藤誉著）

去年、漫画大好きの麻生太郎外相（当時）に会った時、あの反日デモをやった中国の「憤青」（怒れる若者）世代にも日本漫画オタクが多い、「シティーハンター」を読んでた女の子が初めて訪日して新宿駅東口に立った時、感激のあまり泣きだしちゃった―ここに獠（漫画の主人公）がいたんだと思うと―って話したら太郎ちゃん大喜びだったが、日本のアニメと漫画（動漫）が中国大衆文化のパラダイム転換（サブカルチャーの確立）に強力な影響を与えたと主張する本が出た。

著者によれば、日本動漫ブームは一九八〇年代初頭の「鉄腕アトム」の放映から始まり、若者や子どもが気軽に購入できる安価な「海賊版」ルートで拡大した。

女の子は「セーラームーン」ごっこ、男子は「スラムダンク」で中国全土に一大バスケブームが起きる騒ぎ。つまり日本動漫の描く「恋愛やセックス、友情、スポーツに音楽、ファッションといった日常生活の楽しさは、社会主義国家体制の中では味わうことができなかった」が、それを知った欲望はもう後戻りはしない。だから日本動漫はどんな革命的思想よりも強く、個の内面（欲望や自由）を自己主張する〈民主主義への道〉、一種の文化革命を大衆に提示したのだと書いている。

とすればそれは、あのベルリンの壁の崩壊が西側諸国から持ち込まれたビデオ映像による“資本主義の優位性”提示から起きたと言われたことが、アジアでは海賊版動漫を通じて同時進行していたとも言えよう。

昨今、肥大化する中華帝国パワーに自信喪失気味の日本人やチャイナ依存症に陥ってる財界経済人にはぜひご一読をお薦めする。“世界標準”はトヨタだけじゃないって、希望がわく。

著者は、日本への反発とあこがれがなぜ両立するのかを考え、中国の教育の歴史までたどる。江沢民の「反日」愛国主義教育は、一般に信じられている八九年の天安門事件ではなく、九五年の「世界反ファシズム戦争勝利50周年記念大会」に始まったという指摘など、話は動漫を超えている。（吉田司・ノンフィクション作家）

（日経BP社・1785円）＝2008年3月13日④配信

殺し文句からにじむ味わい

「哲学個人授業」(鷲田清一、永江朗著)

哲学に興味を感じ、哲学書を手にし読み始めながら、早々に退散してしまったという経験をお持ちの方は多いだろう。特に古典としての地位の定まった書物ほど、堅固な要塞(ようさい)のように読者を簡単には寄せ付けない。

ところが、この要塞からは妙(たえ)なる調べが漏れ聞こえ、この調べに魅せられ、ノコノコついまた近づいてしまう。副題にある「殺し文句」とはそのような調べにほかならない。ただ、この文句とやら、たいてい訳がわからぬままに妖艶(ようえん)な吸引力を発するだけである。

それではと、哲学科出身ながら直接的には哲学から離れたところで活躍する、フリーライターの永江朗の発案によって、臨床哲学者の鷲田清一が「先生」となり、二十三人の古典的哲学者の殺し文句をめぐって、話題の赴くままに語らうことになった。その「哲学漫談」の始終が本書である。

書評子は出身大学と専門を同じくする者として、鷲田の二十数年来の知己であり後輩にあたる。その立場から、鷲田の仕事を現時点で振り返るなら、哲学を身近な学問に刷新したことがその功績の一つといえるだろう。

臨床哲学のプロジェクトを立ち上げる一方、「聴く」「待つ」を哲学の中心テーマに鍛えあげる。文章が大学入試問題に採用される頻度は、一哲学者としてほとんど類例をみない。それだけ、現代社会の表舞台に哲学を溶け込ませたのだ。

本書は哲学のおしゃべりである。世におしゃべりほど楽しいものは少ない。殺し文句についてまともに解説するというよりは、いわば骨董(こっとう)のように愛(め)でる。ためつすがめつするうちににじみ出る味わい。この味わいによって、連想が連想を呼んで「ストーカー」の問題など今の世相へとテーマは延び広がる。

途中「乱入」する内田樹の言う「喉に刺さった小骨」としての哲学だとか、永江の「人生はパチンコ玉」など、それ自身ちょっとした殺し文句になりそうな発言も飛び出す。読者はノリの良いおしゃべりにゆられながら、哲学こそ「楽しい学問」(ニーチェ)であることを実感するだろう。(須藤訓任・大阪大教授)

(バジリコ・1575円)=2008年3月13日⑤配信

低い視点で描いた中国

「転生夢現(上・下)」(莫言著)

アジアには転生の物語が多くある。チベットのダライ・ラマは、転生霊童がその地位を継ぐし、「浜松中納言物語」をプレテクストとした「豊饒の海」が三島由紀夫によって書かれた。原題「生死疲労」という莫言の「転生夢現」は、こうしたアジア的転生物語という枠組みの中で書かれた。だが、仏教の転生譚(たん)(ジャータカ)を含め、六道の輪廻(りんね)から菩薩(ぼさつ)・如来へ、貴種から貴種へという高貴な生まれ変わりではなく、この長編小説の主人公・西門鬧はロバ、牛、豚、犬、猿と、まさしく下層、下級の農民たちの暮らしにも似た、畜生道の世界を転生し続けるのである。

時は一九五〇年元旦から二〇〇〇年末までの半世紀、所は中華人民共和国高密県東北郷西門屯。悪徳地主として西門鬧が民兵に銃殺される場面から始まり、有為転変の末に再び人間の子・藍千歳として生まれ変わるところで終わる。しかし、この物語の終わりは、実は物語冒頭にウロボロスの輪のようにつながっている。大頭の藍千歳が、五歳の時に語り始めた転生の物語がこの「転生夢現」にほかならないからだ。

愉快で痛快な転生の物語。中華人民共和国の建国に始まり、大躍進から文化大革命、文革後の経済開放から拝金主義の横行まで、中国の現代史をコンパクトに、グロテスクに戯画化した小説としても読める。未来の小説家、チビの莫言が狂言回しをつとめるメタフィクションやパロディー小説とも、あるいは壮大なホラ話としてのマジックリアリズム小説として読むこともできる。しかし、本質的には、何度も殺されながら、それでもしぶとく生まれ変わり、生き変わりして大地にしぶとくはびこる中国のグラスルーツ(草の根)としての人々を群像として、彼らよりもさらに視点の低い家畜の眼(め)によって描き出した小説なのである。

それにしても、西門鬧や全国唯一の個人農家だった藍瞼、黒ロバや西門牛など悲劇的最期を遂げるケースも少なくない。一読三嘆、痛快無比、抱腹絶倒、荒唐無稽(むけい)、そして最後に夢幻泡影の悲哀感が少し残るのである。(川村湊・文芸評論家)

(中央公論新社・上下各2940円)=2008年3月13日⑥配信

平和の鍵は小さな生から

「イカの哲学」（中沢新一・波多野一郎著）

はじめに「イカの哲学」という私家版の小著があった。軟体動物イカに関する専門書などではない。特攻隊の生き残りで、戦後、米スタンフォード大学に留学した在野の哲学者波多野一郎がいまから四十三年前（一九六五年）に著し遺（のこ）した平和思想の書である。この本に学生時代から着目していたという中沢新一が二十一世紀の平和学の土台になるのではと冒頭に復元し、その思考のダイナミズムをひらいて見せたのが本書である。

波多野は学資稼ぎのため米国で魚河岸のアルバイト体験をする。毎日陸揚げされたイカの仕分け作業をしながら特攻隊として出撃直前の極限状況を回想し、イカのいのち（実存）に共感して、「人間以外の生命に対しても敬意を持つことに関心がない在来のヒューマニズムには、戦争を喰い止めるだけの力が無い」と言い切っている。

小さな生あるものの実存を感知すること、相異なった社会に住む人々がお互いの実存を知り感じること。世界平和の鍵となる哲学はこの視点から生まれると説いている。

ここには戦争と平和の本質が深い生命直感のなかで考え抜かれている。この一点に共鳴した中沢新一が新たに共著者として波多野を随伴し、展開の軸にしたのは、生命存在の根幹にセットされた「エロティシズム」（ジョルジュ・バタイユ）という概念である。

本来、生物は自己を貫くために非自己（異物）を徹底的に排除する蕩尽（とうじん）と破壊の姿勢を崩さない。それを戦争の原理だと見なすことができる。

だが「エロティシズム」にはもうひとつ平和の原理がある。生殖時にあって卵子があえて自分の免疫機構を解除して異物（精子）の侵入を受け、他者である別の個体を守る姿である。これこそ戦争原理を覆す愛と慈悲の深さではないのか—。先の太田光との討論「憲法九条を世界遺産に」の真意もここからよく見える。刺激的な一書である。（米沢慧・批評家）

（集英社新書・714円）＝2008年3月19日①配信

自然に寄り添う自由な動き

「賢い身体　バカな身体」（桜井章一・甲野善紀著）

卓球世界選手権の女子団体戦で、超人的な活躍で日本チームに銅メダルをもたらした平野早矢香が師事した人々の中に、なんと、当代随一の武術家甲野善紀の名があった。雀鬼（じゃんき）の異名を取る希代の勝負師桜井章一もまた、請われて、総合格闘技のPRIDEの選手に身体の動きを指導していたという。

格好のいい二人の大人の対談は実に面白い。面白すぎる。

二人は全く異なった道を歩きながら、その生き方、考え方が驚くほど似通っている。

甲野は、動きを空間的にとらえて、エネルギーを拡散させながら、身体全体のネットワークを集中的に動かす、という。桜井は、相手の力をもらって返す感覚で、次々と流れをつなげていくという時間的な身体の動きのとらえ方をする。二人の動きは、まさに自然に寄り添う動きと言える。

自然に近づくために、甲野は「止（や）めればいい」という。意識してがんばることを次々と止め、その止めた状態も止めると全身が自由になる感覚が訪れる。同じことを、桜井は「牌離（ぱいり）」という。麻雀（マージャン）をやりながらどんどん牌から離れて自由になっていく。

同じ身体の動きであっても、二人の違いもある。甲野が「場を制する」というとき、桜井は時間の流れを含めて「収める」という。

甲野の自然への関心の奥底に、子どものころ、住んでいた丘陵が切り刻まれて家が林立していく光景を見た哀（かな）しみの感情があり、桜井の牌離の背景に、父親が麻雀で崩れていくのを見て、母親と一緒にこの世に牌がなければいいと思っていた原体験のあることが、言葉短く語られていて胸を打つ。

点を取る、金を取る、土地を取る、資源を取る。「取る」行為が足元の生活を切り崩しているからこそ、動物や小さな生き物や人間たちとともに自然の恵みの中にありたいと痛切に願う。

「あたり前の日常というのは奇跡のようなこと」という二人の日々の生の歓（よろこ）びを共有したいと思う。（栗原彬・政治社会学者）

（講談社・1470円）＝2008年3月19日②配信

舞踏家の生身の姿に迫る

「土方巽　絶後の身体」（稲田奈緒美著）

戦後日本の美術活動のなかで、欧米において最も高く評価されたものの一つが舞踏とよばれるパフォーミングアーツであろう。

その礎を築いたのが土方巽であった。

本書はその評伝である。特に一九六〇年代、七〇年代の活動の追い方は、彼のかかわった多くの文学・芸術諸分野の友人たちへのインタビューによっており、文字通り、時を追い日を追って記録され、濃密な言語空間を形づくっている。

著者のすばらしいところは、土方巽を神話化することなく、生身の人間存在としてとらえようとする欲求であろう。分厚い本のカバーの表紙、裏表紙の写真の選択がそれを見事に語っている。それらは舞踏家の踊る姿ではないのだ。

表紙は、棒くいのように突っ立っている土方巽。それはダンサーのものでも舞踏家のものでもなく、華々しい前衛芸術家の武勇伝を沈黙のなかに消し去り、ただのおじさんという感じで突っ立っている。裏表紙は、きせるをかんざしのように髪にさして、べろ（舌）を出している楽屋裏の彼。土方巽の身体はエクリプス（蝕（しょく））のようだと著者が主張しているのが読み取れ、私もそれに同意する。

日蝕の時、ガラスに黒い油煙をつけて太陽を見る。太陽が見えなくなることが、日蝕を見ることになる。きせるのかんざしのようなものが炎となって蝕をとりまく。

エクリプスは負のイメージでできている。

否定、去勢といった闇としてあらわれるもの。自らの構築ではなく、闇を成立させる自己と、闇を成立させる背景を同時に暗示するのだ。土方巽を、還元される身体といってもいいかもしれない。身体はどこへもどる。揺籃（ゆりかご）へ。揺籃のなかでゆれる土方巽を想像する。

タイトルとなった「絶後の身体」とは何だろう。負のイメージを刻印することで、常にゆれ動きながら生成してくる身体。揺籃のなかの土方巽はまた私たち自身の姿でもあろう。（宇佐美圭司・洋画家）

（NHK出版・3675円）＝2008年3月19日③配信

読者の分身がたどる転落譚

「ジバク」（山田宗樹著）

著者のヒット作「嫌われ松子の一生」の男性版である。主人公は、四十二歳のファンドマネジャー麻生貴志。前作は昭和の女の流転譚（たん）だったが、こちらは平成の男の転落譚である。

都会的なシーンから始まる。夜景に甘い感傷を覚えながら家賃三十五万円のマンションにタクシーで帰宅する貴志。

年収二千万円になってキャリアの仕上げに結婚した美ぼうの妻は、欧米では“トロフィーワイフ”と呼ばれる。八歳下の彼女はセレブ教の信徒、夕食にフォアグラを出す。

転落のきっかけは同窓会だった。十八のとき自分を振ったミチルと再会したのだ。離婚してスナックを経営する彼女は、店の改装が夢だと言う。貴志は大豆と刻み昆布の煮物に舌鼓をうちながら、夢をかなえてやろうと思いつく。下心ではない。勝ち組である今の自分の力を誇示したい。そういう強烈な自負である。これが自縄自縛のわなとなる。

安全装置の壊れたジェットコースター小説である。脅迫、暴行、離婚、失職、闇社会、潜伏、殺人未遂。普通なら気がめいる。しかしページを繰る手が止まらない。なぜだろう。

心理描写を極力排して、出来事で物語を前に進める書き方がいい。出来事には対処するしかなく、対処法には実利がある。例えば未公開株の電話勧誘でコツを伝授される場面では、逆に詐欺師がどんな所につけ込むかを教えられる。書けないが、他にも転落のたびに実用知識を得る。

本書は珍種の冒険小説だろう。刻一刻と自爆に向かう“流され型”冒険小説。思えばこの十数年は、寄る辺なきサバイバルの時代だった。貴志を襲う出来事はエグいが、現実世界はもっとエグい。冒頭で転落譚と書いたが、私たちの分身が陥った境遇のシミュレーション小説とも読めるのである。

一見救いがなさそうな最後の一行に共感する。現代人に本を手に取らせるエンターテインメント性とは何か？　夢中で筋を追わせる直球の魅力。高尚な文学論は抜きにして、一つの解答を示す快作に違いない。（温水ゆかり・フリーライター）

（幻冬舎・1680円）＝2008年3月19日④配信

待ちながら人生に向き合う

「田村はまだか」(朝倉かすみ著)

いったいなんだ？　と思わせる書名そのまま、ひたすら「田村」を待つ物語である。

札幌はススキノ。小学校の同級生だった男女五人が、荒天のためクラス会に遅れた田村の到着を深夜のスナックで待ちつづける。四十歳の彼ら。家庭でも仕事でも、年相応の喜びも苦しみも経験し、外見的には立派な大人だが、この人生ではないほかの人生を、つい横目に見てしまうこともある。田村との再会は、かなえば二十八年ぶりである。

田村は小六にして孤高の人だった。父親は知れず、「ろくでなし」の母親とあばら家に住み、着る物はお下がりのジャージー、遠足には貧相なおにぎりを新聞紙にくるんで持ってくる。そんな暮らしのなか、彼はいつもうつむきがちで、でも、まぎれもない自分の人生をその手にたしかにつかんでいた。

ある出来事で、教室じゅうがまるで底無しの暗闇にのみこまれそうになったとき、ふだんおとなしい田村の強い声が、言葉が、皆を色つきの世界にひきもどす。このときの田村の姿が五人の記憶に深く刻まれた。「六年一組が沸き返った。紙吹雪が見えたようだった、と、これはエビスの弁」

いま、よわい四十となり、彼らは田村に再び会いたい。彼を待ちながら自分の人生に向き合う五人の心に、やわらかな変化が起きはじめる。まるで、ほどよい間合いで「田村はまだか」と叫ぶ、おたがいの声がそうさせたかのように。田村を思う気持ちが、ページを繰るほどにじんじん伝わり、いつしか自分も一緒になって田村を待っている。

表題作を含む六話で構成された連作短編集。愛嬌(あいきょう)のある登場人物、その実在感。歯切れのいい文章と意外性のある展開で飽きさせない。果たして田村はやってくるのか。

最終話、さりげなく織り込まれていた一本の糸が、ふっと姿をあらわす。それは奇跡のようなことなのに、物語はざわつかない。おそらくはこの静けさゆえに、人生を信じたくなる。そんな小説だ。(宮脇真子・ライター)

(光文社・1575円)＝2008年3月19日⑤配信

傲慢と憎しみを超えて

「赦し　長崎市長本島等伝」(横田信行著)

この本は、タイトルがおかしい。「赦(ゆる)し」は、とりわけキリスト教徒にとっては重要な概念のはずなのだが、宗教的情熱を感じさせるような記述もエピソードもない。

元長崎市長、本島等の伝記である。昭和天皇が重体に陥った時期、「天皇の戦争責任はあると私は思います」と長崎市議会で答弁し、のちに右翼に銃撃された市長、と言った方がわかりやすいだろう。

たしかに彼は五島列島の隠れキリシタンの末裔(まつえい)として生まれ、カトリック信者ではあったが、別段、宗教的信条からそう発言したわけでもなさそうだ。本書でも、「僕のなかでは自然で普通の考え方で常識の範囲だった」と本人が語っている。

彼は貧しさと蔑視(べっし)のなかで、普通の軍国少年として育ち、戦後は教員や保守系国会議員の秘書をしながら、やがてみずからも自民党県議となり、市長となった(一九七九一九五年)。

持ち前の開けっぴろげで現実的な性格が、町衆や水商売の女性やタクシー運転手などの庶民に支持を広げていく力となった。

長崎は被爆地である。戦後の歴代市長は被爆体験者だが、本島にはそれもない。体験のないことが、第三者の視点を可能にしたともいえる。市長になって初めての平和式典で、いきなり彼は原爆を投下した米国の責任を口にした。

「僕は自分がバカだと思っているから、いい考えはどんどん吸収できる。今も成長途中なんだ」と語る本島は、猛然と勉強を始め、とうとう「戦争を始めたのは日本だよ。無差別、大量虐殺も日本が始めたよ」「原爆投下は仕方なかった」という認識に達する。

通常兵器による死も原爆死も、死んでいく人間には同じように残酷なものだとすれば、われわれが目指すべきなのは絶対平和主義しかない。その歩みのどこかに、加害者の傲慢(ごうまん)と被害者の憎しみを超えて、人の心に芽生える「赦し」がある。

読み終わったとたん、タイトルの意味が染みこんでくる。(吉岡忍・ノンフィクション作家)

(にんげん出版・1890円)＝2008年3月21日配信

返還前夜の煮えたぎる沖縄　「弥勒世（上・下）」（馳星周著）

昭和二十年の終戦から日米安保条約締結を経て現在に至る戦後史が抱える矛盾。その矛盾が生みだしたゆがみの多くが、沖縄に押しつけられてきた。「やまとーんちゅ」（本土人）は沖縄の現実に目をつぶり耳をふさぎ続け、「うちなーんちゅ」（沖縄人）の苦しみを知ろうとしなかった。本土への返還前夜の煮えたぎるような時代の沖縄を描いた本書は、その事実をいや応なく読者に突きつける。

伊波尚友は、タカ派英字新聞で黒人兵を誹謗（ひぼう）するヤラセ記事を書く記者である。その英語力と取材力を買われ、民主化や反戦運動など反米的な活動に関する情報を報告するよう、アメリカの情報機関関係者から持ち掛けられ、金とアメリカ永住権と引き換えにスパイとなる。

新聞社を辞めた伊波は、反米アングラ雑誌の編集に携わり、同じ孤児施設出身の照屋仁美と再会して深い関係になる。活動家グループに溶け込んだ伊波は、やはり幼なじみの比嘉政信とアシバー（ヤクザ）のボスが手を結んだある計画に引きこまれていく。

「やまとーんちゅ」と「アメリカー」に差別され、離島出身者を差別する「うちなーんちゅ」。沖縄は醜い矛盾を内包し、恋人の仁美が説く理想主義ではその現実を変えられない。差別連鎖の最下層で育った伊波が心に抱き、飼いならしてきたすさまじいまでの怨嗟（えんさ）が「世界をひっくり返してやる」という言葉に集約されるのだ。

沖縄に対するアメリカの度重なる無神経な対応は、デモなどの一時的な発散で沈静していた沖縄の人々の憎悪を増幅させる。伊波は精度の高い情報をアメリカに提供し続けながら、アメリカに象徴される世界の破壊を夢見て、その行動をヒートアップさせていく。

現実に絶望した虚無感漂う主人公と、沖縄問題を巧みにからみ合わせた本書は、馳星周の新たな可能性を予感させる一作となった。（西上心太・書評家）

（小学館・上下各1890円）＝2008年3月27日①配信

運命に翻弄される男女描く　「ワンス・アポン・ア・タイム・イン・東京（上・下）」（楡周平著）

正直言って、最近これほど我を忘れてのめり込んだ小説もない。菊池寛や吉屋信子などが描いてきた、本来の意味における“通俗小説”の良さと伝統が、見事に踏襲されている作品とも思った。

物語は一九六八年、学生運動さなかの新宿駅付近に始まる。そこで偶然出会った男女。男は貧しい田舎出身の東大生で、学生運動に嫌悪感を抱いており、むしろ官僚となって権力の中枢で日本を変えたいと願う。女は裕福な慶大生だったが、心の底から革命を信じており、そのためには自らの体を道具にすることもいとわずにいた。そんな立場を違（たが）えたふたりはやがて愛し合うようになるが、翌年、東大安田講堂での抗争でそれぞれ外と内の住人になることにより、永遠の別れを迎えたはずだった。

しかし、運命の綾（あや）なす糸はふたりをはなしはしなかった。三十年後、それぞれに富と権力を得ていたふたりは、さらなる高みを目指そうと子供たちに思いを託し、閨閥（けいばつ）形成という打算以外の何物でもない縁組を図っていた。だがその見合いの席で、女は三十年前の記憶がまざまざとよみがえるのだった…。

まさに“通俗小説”の本道である。因果はめぐり、不可思議な運命の糸に翻弄（ほんろう）される登場人物たちの姿が、あっちに転がり、こっちに転がりしながら、息もつかせぬほどの勢いで描かれていくのだ。しかも、主人公のふたりだけではなく、その子供たちにしても、善人だとか悪人だとかというレベルではなく、すべてがスノッブ、俗物として描かれているのである。

彼らが語る崇高な理念や志も、結局はおのれの欲望を体よく飾った言葉にすぎない。作者はそのことを冷静に計算し、慎重に言葉を選びながらも、これでもかという具合に彼らの醜さをえげつなくさらけ出していく。

本書には人間の理想と欲望、そして報復、復讐（ふくしゅう）といった小説を面白くする基本的な要素がすべて詰まっている。

これぞ人間ドラマにして、これぞ物語。その展開には驚きっぱなしだった。（関口苑生・文芸評論家）

（講談社・上下各1785円）＝2008年3月27日②配信

虚実すれすれの売買　「ネットオークションで騙（だま）す。」（ケネス・ウォルトン著、岡真知子訳）

本書を読み終えて、著者のホームページにアクセスしたら、「わが人生最大の愚行だった」。のっけから反省と贖罪（しょくざい）の弁が飛び込んできた。無理もない。ちょっとした出来心から偽物の絵をネットオークションにかけ、その揚げ句に、弁護士の仕事を失職、米連邦捜査局（FBI）にまで狙われた男の、犯罪告白の書なのである。

そもそものきっかけは、フェッターマンだった。著者の軍隊時代の仲間で、絵画ビジネスを悪用し一財産あてた詐欺師まがいの人物。彼の「イーベイ（ネットオークションのサイト）はなにもかも変えちまう」という一言で、著者もまた、その道へ入りこんでしまう。

八百ドルで手に入れた絵が千六百ドルで売れたことから、ただでさえ退屈していた弁護士の仕事に身が入らなくなり、後は転落の一途。ここが読ませどころなのだが、一獲千金と犯罪行為すれすれのはざまで成立するオークションの、先の読めない危うさに身も心もぼろぼろになっていくのだ。

読んでいて驚かされることが多いが、中でもひざを打ったのが、「うぶな売り手」の章。いかにも古びた、素晴らしいかどうか判然としない絵を安く仕入れ、オークションにかける。後は買い手が有名画家の絵と決めつけて、入札してくるのをドキドキしながら待つという訳。何せこっちは絵の素人なのだ、買い手がそれにどんな値をつけようと、売り手の責任ではないだろう。

本書は、ネットを舞台に虚実すれすれで売買する贋作（がんさく）者と、それをかいくぐる目利き、さらには犯罪を摘発する側の丁々発止をサスペンスフルな筆で描いた、ネットオークションをめぐる黒い報告書だ。ネットで物を売買したことのある人もない人も、著者が告発するネットオークションの裏側には目を丸くするだろう。

ついに、著者は偽の「名画」を十三万五千ドル強で売り抜けて、墓穴を掘った。そこからマスコミの追及、起訴、裁判と続く一直線の転落ぶりは、いかに詐欺師の末路とは言え、あり地獄の怖さがある。再出発する著者の姿には、ホッと安堵（あんど）した。（安岡真・翻訳家）

（光文社・2100円）＝2008年3月27日③配信

交感するイメージと文章　「温泉主義」（横尾忠則著）

最近ますます旺盛な活動を行っている画家・横尾忠則氏の新刊が出た。「滝」「Y字路」と、作品のテーマを集中的に決めることの多い著者だが、今回のテーマはずばり「温泉」である。

「温泉主義」というタイトルがついているが、堅苦しい主義主張が込められているわけではなく、団塊世代を対象にしたフリーペーパーへの連載のため、編集者に案内されるまま、妻と、ときに瀬戸内寂聴さんのようなゲストも交えながら、ぶらりと出かけたときの印象をつづったエッセーが主な内容だ。

ここで紹介されているのは日本全国二十四の温泉だが、この本が普通の旅エッセーと違うのは、ひとつの温泉を訪れるたびに横尾氏が、その旅から触発された大作の油絵を一点ずつ描いている、という点である。エッセーも面白いが、本に掲載されているこの絵画がまた面白い。

旅の印象自体はきわめて日常的なのだが、横尾氏の手にかかると、その日常が日常のまま、ディープな異界に突入する、という気配なのだ。彼は温泉旅行を能にたとえていて、その土地に込められたさまざまな人々の想（おも）い、歴史の堆積（たいせき）に出会うと、そこから横尾氏の眼前に異界のビジョンが出現する、というわけなのである。絵が主とも、文が主ともとれる（紀行としての写真も豊富）、イメージと文章が不思議に交感し往還する、そんな雰囲気がこの本の第一の魅力であろう。

もちろん、芸術家としての横尾氏の文章であるから、単に温泉を紹介するだけではない。そこには、絵について、旅と人生について、そして老いについて感慨にふける著者の思いを垣間見ることもできるし、いっぽう日本の地方を眺める眼（め）からは、社会批評的な視線もチラッとうかがうことができる。ただそれらも、主義主張という堅苦しいものではなくて、著者特有の、自由で柔軟なまなざしでとらえられているところがいい。

読者はいながらにして横尾氏の文と絵によって、温泉につかったように身体と心を解きほぐされる、そんな御利益があるありがたい書物である。（倉林靖・美術評論家）

（新潮社・3360円）＝2008年3月27日④配信

大胆に酸素濃度の仮説提起「恐竜はなぜ鳥に進化したのか」（ピーター・D・ウォード著、垂水雄二訳）

現在の大気中には21％の酸素が含まれる。地球科学の進展で、地層中の記録をコンピューターで処理して、大気中の酸素濃度変化カーブを過去六億年にわたって推定できるようになった。著者のウォードは、この成果と古生物学の最新知識を詳細に比較検討し、生物進化の大筋を決めるのは海洋や大気の酸素濃度変化だ、と本書で主張する。

タイトルの「恐竜はなぜ鳥に進化したのか」については、第八章で詳説している。鳥類は飛行に必要な膨大なエネルギーを得るために気囊（きのう）を発達させた。空気は、肺を貫通する気管支でいったん気囊に取り込まれ、ここから肺にある無数の細管に送られて酸素が効率的に吸収される。最近、保存のよい化石が発見されて鳥の祖先の恐竜（竜盤類）も気囊をもっていたことが分かってきた。

では、飛ばない恐竜がなぜ気囊を持つのか。竜盤類が出現した二億年より少し前、酸素濃度は現在の三分の二ほどで、史上最低だったとされる。ウォードはこの低濃度期に酸素を効率的に吸収する器官として気囊が進化したと考える。つまり、祖先の恐竜が低酸素下で編み出した工夫が、やがて鳥類の飛行を可能にしたということになる。

ウォードは、化石記録と濃度変化カーブが対応する例を三百五十ページの全編にわたって列挙し、酸素濃度変化が生物進化を決めたとの仮説をこれでもかといわんばかりに展開する。ただしウォードが参照する変化カーブを作り上げたバーナーによれば、カーブの作成にはさまざまな課題があり、研究者間で相違もある。

軟体動物の基本形態が呼吸効率で決まったとするなど、そんなはずはないと感情的になる記述も多々ある。それがページを繰る原動力にもなり、大冊だが飽きはこない。

そういえば、われわれの感情をつかさどる脳も酸素をたらふく消費するが、優れた酸素運搬能力をもつ血液中のヘモグロビンがそれを支えている。私たちの脳の進化もまた、酸素濃度変化の所産なのだろうか。ウォードの大胆な仮説に触発されて、さまざまな想像を巡らせて楽しめる一冊である。（大野照文・京大総合博物館教授）

（文芸春秋・2350円）＝2008年3月27日⑤配信

特攻の若者描いた青春小説「群青に沈め」（熊谷達也著）

本書の主人公は、十六歳で海軍航空隊に乙種飛行予科練習生として入隊し、一年後に特攻要員となった「僕」。死ぬための訓練に明け暮れる少年の目を通して、敗戦間近の日本の姿を見たのがこの作品だ。戦争を題材にしながら暗くならず、戦時中の若者たちを等身大で描いた「青春小説」に仕上がっている。

「僕」はその任務に自ら志願する形を取ってはいるが、心は複雑だ。拒否すれば非国民という誹（そし）りを受けるし、故郷にいる家族も被害を蒙（こうむ）りそうだ。しかしそういった感情を抱いていても、訓練は日々繰り返される。

任務とは「水際特攻伏龍隊」という名の“人間機雷”である。つまり、ゴム製の潜水服に酸素ボンベを二本背負って海中に潜み、頭上を通過する敵舟艇に棒機雷を突きつけて木っ端みじんにするという、米軍の本土上陸を阻止する作戦だ。もちろん成功してもしなくても、少年たちは生きてはいない。

本書は実在の元特攻隊員の著書などを参考に書かれたものだが、今日から見ればなんとも稚拙で無謀な「特攻」だと思わざるを得ない。だが当時は、そんな計画が真剣に進められていたほど、軍隊も追いつめられていたのだろう。それだけ彼らが、祖国を死守しようとしていたのだと考え直すと、逆に、集団催眠に陥ったような戦争の恐怖が浮かび上がってくる。また物事の判断を奪ってしまう教育も怖いと感じる。

本書の少年たちは、国家や家族のことをおもい、懸命に任務を遂行しようとする純粋な者ばかりだ。その若者たちの「情熱」が痛々しくもあるが、それゆえに、戦争がどういうものかがあらためて伝わってくる。

著者もそこのところを強く意識して書いているようだ。作品の底流にあるのは、人間が死を前にしても抱き続けるであろう向日性だ。若者たちを明るく描いているのもそのためだろう。戦争そのものの見方は世代によって異なるだろうが、小説家として、世代の間にそびえる高い山を越えようとする心構えはよしと言えそうだ。（佐藤洋二郎・作家）

（角川書店・1680円）＝2008年3月27日⑥配信

老舗料理人の熟練の一皿

「流星の絆」(東野圭吾著)

この本を読み終えた人は、みな思うにちがいない。「アリアケ」のハヤシライスが食べたい。

「アリアケ」とはこの本に登場するハヤシライスが売り物の洋食屋のことで、物語は店の名コックである父と母を惨殺された三兄妹の、その後をめぐって展開する。犯行の夜、家を抜け出しペルセウス座流星群を見に行っていた三人の心に、惨劇は深い傷を残す。犯人と思われる男を次男が目撃していたことで三人は復讐(ふくしゅう)を誓う。そして十四年が過ぎた。犯人は思いがけないかたちで三人の前に姿を現す―。

読み始めたら、ラストの一行まで目を離すことができない。老舗料理人による熟練の一皿は、最初の一口から最後の一滴までおいしい。今作は特に"老舗"と銘打ちたいうれしい理由がある。近年の東野作品は深い人間描写に手腕を発揮するというイメージが強いが、今作では犯人は誰かという、ミステリー作家としての著者を堪能できるのだ。最後の最後で「あっ」と言わせてくれる。全体を貫く骨太なテーマも健在で、はからずも被害者家族となった三兄妹が全力で運命にあらがおうともがく姿が切ない。

物語の冒頭、長男の功一が生前の父親からハヤシライスの作り方を教わる場面が好きだ。小学校で「誰でもつくれる」と言われた功一に、父は店を休業してハヤシライスのレシピをたたき込む。できあがったその味に感動した功一が言う。「作り方がわかってたって誰にも作れない。父さんにしか作れないよ」。すると父親が言う。「それがわかったんなら、もう大丈夫だ。おまえにだって作れるさ」

運命とは、殺人事件の被害者家族となったことではなく、三人が"兄妹"であったことだ。この物語は彼らが、三人にしかありえない絆(きずな)の「作り方」(レシピ)を模索する記録である。ほかの誰にも作れない「アリアケ」のハヤシライスを、味わってみたい方はぜひ。(宮村優子・シナリオライター)

(講談社・1785円)＝2008年4月3日①配信

コワイ事実どぎつく照らす

「文学報国会の時代」(吉野孝雄著)

親切で教育的な作りの本である。高校生でも読み進めていけるように、昭和十年代から敗戦までの社会情勢や事件、歴史的用語が本文の流れに沿って解説されている。

しかしコワイ事実を突きつけてくる本でもある。「言論統制」されるとは、何かを言ってはならないことではなく、むしろ言いたくもない言葉を口にしなければならないことなのだ。戦時中の「文学報国会の時代」とはそのような「時代」だったと示されると、それじゃあ、私も時々「言論統制」されているわけだな、と思ってしまう。

その「時代」に文学者たちがどのように行動したか、してしまったか、著者は丹念に追っていくけれども、後知恵で彼らを非難しているのではない。コワイ「時代」への対処の仕方が人さまざまであったことに、著者自身が驚いていると言ったほうがいい。

一九四二年六月の日本文学報国会設立に至るややこしい道程は本書の見事な記述に譲るが、要するに、これからは小説家や評論家も「お国のため」に戦争協力いたします、ということである。加入はほぼ強制だった。「大菩薩峠」の中里介山は、文筆家としてずっと「報国の念」を離れたことはないから、いまさら加入の必要なし、と言って断ったそうである。「こうした場合の断り方の賢い例として記憶しておいたほうがいいかもしれない」とは、著者の助言。

時局便乗を願った新進作家と、くそまじめに「お国のため」を考えた老作家。生活に迫られて泣く泣く加入する作家もいれば、ライバルを危険分子として告発することに精を出す作家もいる。体制内部でぎりぎりの抵抗を試みる者、オトボケで非協力を貫く者。戦時体制は小さなネタミや小さな足の引っぱりあいを命取りの対立に変え、隠されていた卑しさや弱さを(もちろん反対に気骨も)ドギツク照らしだすらしい。

自分の醜い姿なんか見たくない私は、この本を読みながら、平和のありがたさをかみしめた次第である。(高田里恵子・桃山学院大教授)

(河出書房新社・2100円)＝2008年4月3日②配信

7人の女性の「揺れ」描く

「婚約のあとで」（阿川佐和子著）

「もったいないよ、急いで結婚するのは」

かつての日本では、結婚は成人すれば必ずすべきものだった。とりわけ女性は早く結婚しないと揶揄（やゆ）の対象になる風潮さえあり、それに逆らうのはたいへんだったに違いない。今もそうした意識が根強く残ってはいるが、昔に比べるとずいぶん緩やかになった。急いで結婚する必要もないし、結婚しないという選択肢もある。けれど、選択肢の幅が広がった分、悩みや迷いの振り幅も広がる。自分の生き方は自分自身で見つけださなければならない。

化粧品会社の商品開発部に勤める二十九歳の波は、ニューヨークから帰国する飛行機の中でたまたま隣り合わせた老紳士に冒頭のせりふを言われる。婚約したとたん転勤した剛志に会いに行った帰りのことだった。婚約はしたものの、波の気持ちは揺らいでいる。遠距離恋愛ではなおさらだ。

婚約したあとで起こるさまざまな出来事。最初の章は波の一人称で始まるが、その後は波の妹の碧をはじめとする、年齢も性格も違う六人の女性たちが章ごとに一人称で語っていく。波を含めた七人七様の男性とのかかわり方、生き方が浮かびあがる。

エッセーでも人気のある著者はあまたのお見合い体験なども書いているが、結婚は誰もが考える人生の問題である。結婚という社会との約束をするのかどうか、今つきあっている相手との関係を結婚という形の中に収めるのかどうか、いまや女性たちの前に正しい答えなど用意されていない。こんなはずじゃなかったと思うこともあれば、思いもかけない楽しいどんでん返しが待っていることもある。

七章目に登場する碧の元同僚、並木花が夫に言う。「でも私、ぜったい無理だと思うんだよね」。夫が答える。「ぜったいということは、世の中にぜったいありません」。笑ってしまうようなこの言葉が、くしくも説得力を帯びて響く。

人の明日に「ぜったい」などありはしない。それでも人はタフに生きていくのだ。（いずみ凜・脚本家）

（新潮社・1680円）＝2008年4月3日③配信

変化した日本人の結婚観

「『婚活』時代」（山田昌弘、白河桃子著）

どうして結婚できないのだろう…。もんもんと思い悩んでいるだけでは、一生結婚できない時代にいつのまにかなっていた。

国勢調査によると、三十一三十四歳の男性の47・1％、女性の32％が一度も結婚を経験していないという数字が出ている。本書では、今の若者の25％、つまり四人にひとりは「一生結婚しないだろう」という衝撃の予測をしているのだ。

つい三十年ほど前までは、ほとんどの人が二十代半ばには結婚していた。生涯を独身で過ごすケースはまれであった。なぜ、これほどの短期間で日本人の結婚観は大きく変化してしまったのか。社会学者の山田氏が現代の結婚事情の背景を解説し、少子化ジャーナリストの白河氏がその実態をリポートしている。

非婚が増えた理由のひとつに、わたしたちの暮らす社会が豊かになり、多様な選択肢を得たことが挙げられている。女も経済力をつけた昨今は、男性に経済的に依存して生きていく必要がなくなった。自分自身（＝負け犬世代）を省みても、年をひとつ重ねるごとに、結婚というハードルを越えるための妥協点を見つけることが難しくなっているのに気がつく。

男の場合はどうなのか。日本人の男性は受け身で頑固なタイプが多いと白河氏は表現しているが、女に不自由しない男は結婚の先延ばしを繰り返し、不自由している男は、出会いの場にすら出ていかないのでますます出会いが狭まっているのだ。

さらに、男女を問わず、「シングルが珍しくも何ともなくなった」ということが状況に追い打ちをかけているのではないか。必然的に、結婚したいという願望を抱きながらも、周囲を見回せば安心できるし焦らない。

本当に結婚したいなら、就職活動ならぬ「結婚活動」を真剣にしろと本書は説く。そのためには、女は「相手に対する要求基準」を下げ、男は「流される度胸」を身につけなくてはいけない。

そうでなければ、待っているのは寂しい老後—という寒い未来を読者にイメージさせる一冊である。（横田由美子・ルポライター）

（ディスカヴァー携書・1050円）＝2008年4月3日⑤配信

本の本質を見つめる沈潜を

「新・装幀談義」(菊地信義著)

本屋に立って書架を眺めながら、装幀（そうてい）というものもずいぶん変わったな、と思うことが、つい最近あった。昔、というのはたとえば三十年前としよう。日本の新刊本の、ざっと並んだ姿はこうではなかった。

装幀家という存在もこんなふうではなかった。考えているのかいないのか分からないような装いの本が雑然と目の前に並ぶ一方、意匠が凝らされた少数のものには、デザイナーの顔がしっかりと刻まれていた。

現在の本屋には満遍なく戦略的なデザインがあふれ、さまざまな装幀家が本の陰に名札を潜ませている。顔を消すことを心得ている装幀家がふえた、といってもいい。

菊地信義もその一人である。その一人ではあるが、他との大きな違いもある。装画中心やデザイン主導を退け、テクストに即した装幀で読者の読みかたを活気づける。

この本は現代日本の装幀概念を変えた人による、具体的な発想法、工夫、工程の開陳である。同時にその経験談の中には、純粋な読書への強い思いが隠されている。読者をして純粋な読書へと赴かしめることが装幀のつとめという考えも、ところどころに漏れる。

「新」というのは一九八六年に出された「装幀談義」を受けている。「新・装幀談義」が、ではどのように「新」であるかとのぞくと、意外にも、著者は新機軸を打ち出そうとか、あらたに秘密をさらそうというような気配はまるでみせない。

七〇年代の半ばに文芸書の姿を刷新することを通じて「装幀家」となった菊地信義は、どうやら、その先駆的な仕事によって、いま複雑な場所に立たされている。意匠ばかり似た多くの装幀を生み出すことになったそのなりゆきをどう考えているのかは興味深いところだが、そんなことは本題ではない、とでもいいたそうに、告白はない。

書店の姿の移りゆきの一方で、著者はみずからの手法をとおして「本」の本質を見つめるための沈潜を求めているのかもしれない。

ここで語られている工夫が、ほとんど「言葉」の本質にもかかわることは大切だろう。(平出隆・詩人)

(白水社・2310円)＝2008年4月3日⑥配信

人物に内在するすごみ

「我、弁明せず。」(江上剛著)

冒頭でつまずいた。三井銀行筆頭常務の地位にあった池田成彬が昭和初期、人情篤（あつ）き経営者への融資を断ってしまう場面だ。さらに時代がさかのぼり、青年成彬が慶応義塾にはいったものの、塾祖・福沢諭吉の「巧言令色もときには必要」の演説に反発して、背を向ける場面。単純にすぎると思い、戸惑いが増した。

ところが、である。読み進み、銀行の後輩日比翁助を助けて三越を立ち上げたあたりから、俄然（がぜん）面白くなった。三井家を中心とする保守派を押し切っての三井の改革。昭和恐慌や金解禁政策への的確な措置。ドル買いを契機とする世間の財閥批判への誠意ある対応。血盟団、五・一五、そして二・二六事件と、テロリズムの横行するなかで、敢然と成彬はそれらの仕事を成し遂げていく。

圧巻は、英米との無謀な戦争を企てようとする東條英機ら軍部との対立だろう。彼ら軍人に、成彬は媚（こ）びなかった。「戦争の拡大は日本を破滅させる」として、財政の面から陸軍の膨張を抑えようとした。「非国民」呼ばわりされながらも、和平の道を探りつづけたのだ。しかし、その努力もむなしく、ついに日米は開戦へ。勝利は緒戦のみで、「絶望的で無意味」な戦争だった。

あまつさえ成彬の三男の豊は召集され、最激戦地の中国へと送りこまれる。実は、それは東條の画策で、彼は成彬に取引をもちかける。自分への反対の動きをやめれば、豊を安全な内地勤務にまわすというものだ。一本気で卑劣なことを好まぬ成彬は、きっぱりとその申し出を断ってしまう。

戦後になって、豊の遺骨が届けられる場面では、なんと私も成彬の一家と一緒になって涙していた。

なるほど成彬は「大三井」の幹部ばかりか、日銀総裁や大蔵兼商工大臣なども歴任し、その手腕は「すごい」ものだ。だが本当のすごさは、人物そのもののなかに内在している。

それかあらぬか、読後、ふいと私は、ある意味で成彬とは対極にあるはずの反戦詩人・金子光晴のことを思い出した。(岳真也・作家)

(PHP研究所・1680円)＝2008年4月10日①配信

ダメ男が主役になるとき

「被取締役新入社員」（安藤祐介著）

「TBS・講談社　ドラマ原作大賞」、ご存じですか？　その名の通り「ドラマ原作になりうる小説」を募集し、大賞受賞作には賞金百万円&書籍化&ドラマ化が約束されるという太っ腹な文学賞。その第一回大賞受賞作品が、この春ドラマとしても放映された安藤祐介著「被取締役（とりしまられやく）新入社員」である。

主人公の鈴木信男は何をやってもダメな男。そんな彼がひょんなことから一流広告代理店に入社する。しかも役員待遇で。社長が彼に与えた任務は「天性のダメ人間ぶりを発揮し、社内ストレスのはけ口になること」。そうして鈴木信男改め羽ヶ口（はけぐち）信男は極秘ミッション「ひとりいじめられっこ政策」を遂行する…みたいな…。

ってか羽ヶ口信男って！　そのネーミング、ないない。その他登場人物も、誇張して描かれているし、物語の展開もテレビ的でトントン拍子、やたらとドラマチック。ないない。そう何度もつぶやきたくなるこの作品は、しかし不思議と強い説得力を持って読み手に迫ってくる。

今から十年以上前に話題となったCM「いじめ、カッコ悪い」。あれからずいぶんたった今でも、KYなんて言葉がはやっちゃったりして、世間では結局「いじめられる側、カッコ悪い」感がはびこっている。だって安心するもん、自分より下のヤツがいるの。

著者はきっと、人の持つそんな弱さや残酷さに絶望してきたのだろう。彼が描く主人公・羽ヶ口信男は、幼少時代から他人に見下されることによって傷つきながらも、斜に構えて社内を見渡し、周囲と同じように心の中で他人を見下している。

しかし物語が展開するにつれ、世界に対して傍観者だった彼が、自ら世界の主役になることを希望する。その瞬間、世界は変わる。光の差さない海の底から一気に浮上するような、絶望の先を描いた快作。誰かに付けられた、忘れられない傷がある人に読んでほしい。（宮田和美・ライター）

（講談社・1500円）＝2008年4月10日②配信

重心をアートから世界へ

「オン・ザ・ウェイ」（川俣正著）

世界各地の、外界から切り離された隔離病棟や収容施設、うち棄（す）てられた廃屋などをわたり歩きながら、次々と話題を呼ぶアートシーンをつくりあげていく。そんなさっそうとしたイメージがあった川俣正さんの、実はね、という肉声の部分が淡々とつづられている。

この、淡々と、というところが重要だ。川俣さんの、「アートレス」な「アート」活動と、どこかそれは似ている。実はこの飾りの少ない文体こそが、川俣さんの本質なのだ。感動は読後にじわりとやって来る。

川俣さんは廊下の床板のような木材を、何枚も何枚もはり合わせながら、建物の周囲などに工事現場の足場のような仮設構築物をつくり出し、一定期間が過ぎると再び解体してもとの建物に戻す、というような、作品行為を行うアーティストである。つまり、絵画や彫刻のような形のあるオブジェを生み出すことはなく、その制作過程の中で起こるすべての出来事を体験することを通して、生きている実感を得るタイプの表現者なのだ。

オランダ・アムステルダムにある、中毒などの依存症患者のリハビリテーション施設で行った遊歩道づくりは、さらにアートレスだ。高さ一メートルの杭（くい）の上に二メートル幅の木材の歩道を組み立てる。それを三年間、延々と続けていくというプロジェクト。やがて歩道は運河を越えて三キロにも及ぶ遊歩道となり、さらにその先に桟橋をつくってそこからやはり手づくりの木造の船で運河を運航する、というような壮大なストーリーへと展開する。

重心を、アートやその業界のほうではなく、人や世界のほうに傾けながら、川俣さんは、今日もどこかのまちで、淡々と木材を打ち付けつづけているのだろう。そして、通りすがりの人に「おまえはなにをしているんだ？」と質問され、その質問の解答を懸命に見つけ出そうとしている。風に吹かれて、野に立つ川俣正の、後ろ姿は美しい。そんなきざなことばでも、プレゼントしたくなるような、シャイでチャーミングな川俣本が生まれた。（山本育夫・特定非営利活動法人つなぐ理事長）

（角川学芸出版・1890円）＝2008年4月10日③配信

一人で人生を楽しむ姿

「パリの詐欺師たち」(奥本大三郎著)

ユーモアあふれる小説が二編。いずれもぼくの知る作者当人そっくりの奥山先生と称する人物が主人公。つまりフランス文学の教授で昆虫収集家・研究者である。

この主人公、離婚という不幸に出会い、気分転換のため、学生時代に留学したパリへ行く、というのがタイトル作「パリの詐欺師たち」の書き出しだ。

パリのアパルトマンの一室を借りて、仕事をするわけだが、この主人公の大学教授、そういう職業の人間としては、なかなかマメで、どんどん市場に食材を買いに行き、おいしいものを作って食べたり飲んだりする。一人で人生を楽しむ姿がたのもしい。

そこに、からみつくように一人の日本人が登場。ミシュランの覆面調査員の経歴を自称し、パリのレストラン業界お出入り自由ふうで、目下文芸春秋依頼の小説を執筆中というふれこみだが、どうやら主人公のアパルトマンに居つこうという気配。いわゆるパリゴロだが、そのいかがわしさも、人なつっこさも、さびしさもリアルにとどいてくる。

主人公はあくまでも自由に生きたい。欲しい古本を買いこむ。コットウ品も見逃せない。その文学眼も、あちこちで光る。

もう一編は「蛙(かえる)恐怖症(ラノフォビア)」で、これは台湾紀行。台湾は昆虫の産地としても知られるが、主人公には三十年ぶりの再訪である。台湾も近代化の波で変貌(へんぼう)していて、懐旧の情しきりである。しかし、全体は蛙が苦手の主人公になんとか食わせちゃおう、という相棒との料理と酒の漫遊旅行で、思わずゴックンとなるようなものを食べていて口惜しい。

だが戦前の現地人の抗日反逆事件〈霧社事件〉をかつて小説で書くという志のあった、主人公の思いが語りだされるとトーンが変わる。事件は凄惨(せいさん)きわまりない。しかしその昔、図鑑の昆虫標本写真に〈霧社産〉とあると、少年のぼくの心はとどろいたのだった。

虫を愛してきた主人公ならではの裂けた思いが、ぼくにも重い。(三木卓・作家)

(集英社・1575円)=2008年4月10日④配信

立派なニンゲンになる作法

「健康の味」(南伸坊著)

「健康の味は喉越しの味かもしれない」

と、南伸坊さんはビールの宣伝みたいなことを言う。「喉元をすぎれば忘れてしまう」と続くのだが、ヒジョーに共感を覚えるのだった。

実は高血圧症と診断されて一時期、重病人気分だった私だが、体調が安定するとゲンキンなものである。体に良い生活も健康をうらやむ気持ちも、すっかり消滅。実に、喉(のど)元過ぎればナントヤラなのだった。

伸坊さんの場合の喉元をすぎて忘れた病気は「肺ガンの疑い」だった。「サクラの花や、若緑の葉の色」がとても「キレイだった」。「笑うと免疫力がついて、ガンを攻撃してくれるらしい。というので、人のいないところで、いきなり笑ってみたりもした」と、さらりと書き進む。瞳うるうる、胃袋にズンとくる健康の味である。

ガンの疑いをかけられる前からの持病である痛風、ゼンソク、腱鞘(けんしょう)炎バナシにも花が咲く。ガンは「病気の横綱」だから他の病気は気にしなくなり、疑いが晴れたら持病がぶり返した気がするといって笑いを誘いながら、ナーバスな「本格的な患者」にはなるなと、さりげなく諭してくれる。

病気がタテ糸ならば、このユーモラスな布を織り成すヨコ糸は「妙な健康法」である。「キモチイイ冷水摩擦」「ウエストをしぼって腹筋を鍛える、ねじり体操」「出なくても思い出したように空バナをかむ」「三十回噛(か)んでおいしくいただく食事法」「朝起きてシコをふむ」「二リットルの水をアラビアの砂漠にいるつもりでチビチビ飲む」などなど。

こういった健康法というものは、読むと、たいがい一度はやってみたくなるものである。しかし「勝手にやってなさい」としか言いようのない、とぼけた書きっぷりであり、そういうことやってるからガンの疑いなんかかけられるのだと思わずツッこみたくなる絶妙なる面白さ。

本書は、健康ハウツー本にあらず。茶道、華道に等しく、伸坊流健康道を学び、立派なニンゲンになるための、作法本である。(高橋章子・エッセイスト)

(白水社・1680円)=2008年4月10日⑤配信

玄人の目と素人の心で

「名曲名演論」（田村和紀夫著）

クラシック音楽は好きだが、音楽論は読まないという人は案外多い。それも、熱烈な好楽家に多いのではないか。多少の忍耐は必要にせよ、聴けばわかるのはクラシックも他の音楽と同じだから、議論は不要だという態度にも一理ある。だが本書は、そうした議論嫌いの人にこそ薦めたい。読後、聴きなれた名曲の名演奏が、まったく違った風にきこえてくるからだ。

取り上げているのは、バッハ、ハイドン、モーツァルトから、ドヴォルザーク、ドビュッシー、マーラーにいたる十三人の十五曲。すべてあまりに有名な曲ばかりである。曲を論じながら、レコードに残された演奏を比較対照して評価をくだす。

世に名曲名演論は数多い。その中で本書が断然ユニークなのは、玄人の目と素人の心を併せもっている点だろう。著者は大学に勤める音楽学者だが、珍しいことに、音楽を志したのは二十歳をすぎてかららしい。

記述は明快である。楽譜と演奏の間を往復しつつ議論は進み、古臭い精神論の割り込む余地はない。ただし、楽譜が引用されることはほとんどない。言葉で音楽を説明することほど困難なことはないが、楽譜の勘所を解説する著者の手腕はきわめて高い。こういう風に説明してくれれば素人にもよくわかるのである。

議論が進むうちに、好楽家にはショッキングな評価もいろいろ出てくる。たった一つだけ例をあげれば、日本では極め付きの名演として知られるベートーヴェンの「第九」のフルトヴェングラーによるバイロイト盤も、実に手厳しく批判されている。著者の目的はもちろん偶像破壊ではないし、好き嫌いを公表することでもない。音楽への愛から楽譜を丹念に読んだ結果にすぎない。

ボッティチェリやダビンチの名画が洗浄され、鮮やかな色彩を回復した姿を見るように、本書は、名曲とその名演を洗ってみせる。手あかにまみれた名曲に輝きをとりもどしてくれた著者に、一読して感謝の念を禁じえなかった。さっそくCDを買いに行きたい。（山田富士郎・歌人）

（アルファベータ・2730円）＝2008年4月10日⑥配信

兄弟という存在の不思議

「戸村飯店青春100連発」（瀬尾まいこ著）

直球のタイトルからして、もうすでに楽しそうだな、と読む前に思ってしまった。そして実際、タイトルから受けた印象どおりの、さわやかでのびのびとした青春小説である。

舞台は大阪の下町にある中華料理店、戸村飯店。ここで育った二人の兄弟は、顔も性格も似ていない。昔から要領がよくて女にモテる兄のヘイスケと、女にはモテないが、お調子者で店の常連さんたちにかわいがられている弟のコウスケ。兄は小説家を目指すといって東京に行き、店を継ぐ覚悟をなんとなく持っている弟は、残りの高校生活を満喫してやろうと意気込む。

ポンポンとたたみかけるように飛び交う大阪弁の会話が、とにかく気持ちいい。阪神と吉本新喜劇をこよなく愛する大阪のおっちゃんたちのノリが、いきいきとこちらに伝わってくる。

同じ環境で育ったはずなのに、まったく違った人間に成長する兄弟という存在の不思議。血を分けた、もっとも身近な比較対象に対して、いら立ったり劣等感を持ったりするのは、考えてみると自然なことなのかもしれない。

六畳の狭い和室で一緒に暮らしていたのに、ほとんど会話もなく、お互いについてもよく知らなかった兄弟が、東京と大阪でそれぞれ恋や進路に迷いながら少しだけ大人になり、しだいにその距離を縮めていく。ああ、そうだ。兄弟ってそういうものだよな、と読みながらふと思う。わずらわしくて、ときには目障りで、でも結局最後には頼ってしまったりする。それが兄弟という関係。

著者の小説を読んでいていつも感じるのは、素直に書くことの大切さだ。奇をてらわず、率直にありのままを誠実に書く。そこにあるのは人間に対する優しさに満ちた視線で、不思議と嫌みがない。それは一見なんでもないことのようでいて、実はなかなか難しいことなのではないかと思う。

はじまりの季節である春に読むのに、ぴったりな一冊ではないだろうか。（生田紗代・作家）

（理論社・1575円）＝2008年4月17日①配信

妻から見た漫画界の大長老

「ゲゲゲの女房」(武良布枝著)

水木しげる、言わずと知れたマンガ界の大長老であり、妖怪研究の大御所だ。彼には「のんのんばあとオレ」「ねぼけ人生」「ボクの一生はゲゲゲの楽園だ」など多数の自伝があり、ドラマ化もされている。だから、多くの読者は、この天才が、いかに波乱に富んだ道を歩んできたかを知っている。

わんぱく盛りの少年時代、学校も仕事も落第続きの青年時代。戦争で九死に一生を得るが片腕を失う。戦後は、紙芝居、貸本マンガの世界で赤貧洗うがごとき生活を送る。雑誌「ガロ」発表作品で注目され、超売れっ子マンガ家になり、多忙の地獄も経験する。

戦後の極貧時代から水木に連れ添ってきた布枝夫人が、夫婦の半生をつづった本を刊行した。読み進むと、自伝では知り得なかった印象深いエピソードが随所に書かれている。結婚式で隣り合わせになった時、義手が夫人の体に当たってコツッと音を立てたこと。売れないマンガに精魂を傾ける水木の後ろ姿に、尊敬の念を抱いたこと。一転、多忙を極め、余裕のなくなった夫にいたたまれなくなり、二十メートルの家出を敢行したこと。

布枝夫人は昭和一けた生まれの我慢強い女性で、水木から「いつもぼんやりしている」と言われている。そういう彼女が、ついつい涙を浮かべてしまう場面が二カ所ある。

最初は、水木の代理で貸本マンガ出版社に原稿を届けるのだが、稿料を値切られた上に、作品をけなされて悔しい思いをした時。次は、末尾近く、水木が八十歳のときに恵まれた孫が、成人して子供をもうけるまで生きようと語り合うところだ。水木の自伝には、こういうウエットな感覚はない。だからこそ、夫人が涙を浮かべる場面はひときわ新鮮に感じられた。

最近、水木夫妻の次女水木悦子も「お父ちゃんと私」(やのまん)という本を書いた。八十六歳になった水木のやんちゃぶりが逐一報告されていて楽しい。(松田哲夫・編集者)

(実業之日本社・1260円)=2008年4月17日②配信

形骸化した家族と社会

「ウツボカズラの夢」(乃南アサ著)

ウツボカズラは夢を見るか? 植物でありながら虫を捕らえて消化する機能を持つ、食虫植物。植物にも動物にもなりきれない彼らは、一体どんな夢を見るのだろうか。美しく鮮やかな花を咲かせたい、あるいは獲物を求めて自由に荒野を駆けめぐりたい、そんな夢想を抱く狂おしい夜もあるのだろうか。

必要な養分を得るために、ただじっと体内に飛び込んでくる虫を待ち続ける毎日…。私たちはその奇っ怪な姿に、植物の進化の不思議と、生きていくためには他者を犠牲にせざるを得ない命のグロテスクさを垣間見ることができる。

本書は母を亡くした主人公・未芙由が親せきの家に転がり込む場面から始まり、彼女を取り巻く複数の人物がそれぞれの日々を語りながら展開していく長編小説。都内の一等地で暮らす裕福な親せきの存在を知った彼女は、期待と不安に胸を膨らませて上京する。だが恵まれた環境だからこそ、深く根を張る闇もあるのだ。幸せそうに見えた家族もその実情は惨憺(さんたん)たるもので、破たんした夫婦関係、不倫や痴情のもつれ、親子間の行き違いなど、ありとあらゆる不都合が次々と暴かれていく。

奇妙にねじれた一家の中に未芙由という他人が入り込むことで、かろうじて保たれていた関係は崩壊へと猛ダッシュで走りだす。そして傍観者であったはずの彼女はいつしか、渦の中心にひっそりとたたずんで周囲を眺める、不気味なキーパーソンとなっていくのである。

異なる年齢、性別の人物が現れては消えていく中で、彼らに共通しているのはもはや夢を見る方法すら忘れてしまった、亡霊のような視線である。飛び込んできた獲物を本能的に消化するだけの、うつろな目をした迷子たち。完全に形骸(けいがい)化した「家族」や「社会」といった空っぽの器の中で、孤独にさまよう現代人の姿がそこにはある。

何げない日常が、巨大な迷路のように襲いかかってくる恐怖。この悪夢のようなサバイバルゲームでは、最後まで夢を見続けたウツボカズラだけが生き残るのかもしれない。(佐藤智加・作家)

(双葉社・1785円)=2008年4月17日③配信

価値観操作の安易さを喝破

「『心』が支配される日」(斎藤貴男著)

本書は、人々の感じ方や価値観を変え、心のもちようを変えようとする政府や企業などのさまざまな事例を通じて、日本の社会が「心の支配」へと向かっていることに対して厳しい批判と警鐘を鳴らす意欲作だ。扱われる対象は、社員研修、学校教育から「ニセ科学」のたぐいまで幅広い。

なかでも著者は、小中学校の道徳教育に注目する。文部科学省が道徳の補助教材として導入した「心のノート」を扱った章は、成立の経緯から関連する民間の動きも含めて、作成にたずさわった当事者、現場の教師などへの取材を重ねた力作となっている。

「心のノート」が愛国心の押し付けであるというこれまでも繰り返されてきた批判では、「心のノート」が日本固有の戦前回帰的な愛国心教育であるととらえられてきたように思う。しかし、著者は、米国政府が新保守主義台頭のなかで推し進めてきた規律重視、自国の価値観を絶対視する人格教育(キャラクター・エデュケーション)との強い類似性に着目する。

しかも、こうした手法は欧州や韓国など先進各国にも広がっているという。その背景には、過剰な競争主義と成果主義を人々に強いるグローバルな新自由主義という共通の価値観が存在していることを指摘する。

また、著者は「心のノート」に典型的な国家の道徳教育は、世俗的なカルト宗教や非科学的な迷信に共通する非合理的で、「心の持ちよう」で社会問題を解決しようとする「心の支配」の仕組みであると喝破する。

毎年自殺者三万人という現実を前にして、「心の支配」の試みは明らかに失敗だったのではないか。本書を読んで強く感じたのは、学校も企業も制度の矛盾を直視せず、人々の心を変えるという安易な発想に逃げ込んでいるのではないか、ということだ。しかし、人の心はそうやすやすとは自由にできない。結局のところ愛国心も愛社精神も人々に対する単なる押し付けにしかなっていない。本書はそうした現実への疑問を率直に示している。(小倉利丸・富山大教授)

(筑摩書房・1785円)=2008年4月17日④配信

反権力の原点あぶり出す

「松本清張への召集令状」(森史朗著)

この本を読んで、松本清張作品に長年感じていた疑問がやっと氷解した。

平々凡々たる生活を送る小市民に、突然、不幸な出来事が襲いかかる。その原因はいくら考えてもわからず、自分にふりかかってきた不条理だけが彼を苦しめる。その謎を追ううち、彼と似たような小市民生活を営む男のふとした"出来心"が、彼を不幸のどん底にたたき落とす引き金を引いたことがわかってくる。ここから完全犯罪を企てた復讐(ふくしゅう)劇が始まる。

こうした展開が、清張作品、とりわけ初期の作品に共通した通奏低音となっている。復讐される男もなぜ自分が復讐されるかわからないから、不条理な気持ちだけを募らせる。救いがないといえば、これほど救いがない話もない。

だが、こうしたプロットこそが、清張作品を大人の文芸とさせ、いまなお多くの読者を引きつける魅力となっている。清張作品につきまとうこの暗さとやりきれなさは、どこから生まれたのか。

本書は、文芸春秋の編集者として松本清張を長年担当してきた著者が、こうした問題意識から、これまでなぜか光があまりあてられず、清張自身も書くことを避けてきた時代に焦点をあて、清張の反権力的姿勢がどこから生まれてきたかを鮮やかにあぶりだしたものである。謎を解くカギは、タイトルともなっている召集令状である。

戦争末期の昭和十九年六月、突然、松本清張の元に召集令状が舞い込む。当時、清張は家族六人を支える三十四歳の版下職人だった。一家の大黒柱を戦地にとられれば、残された家族にどんな運命が待ち受けているかは、火を見るより明らかである。

著者は、国家によって「赤紙」が名も無き庶民に送られるまでの歯車のようなメカニズムをテーマにした復讐ミステリーの「遠い接近」と、清張の実際の体験を比較対照しながら考察し、戦争というものの理不尽な残酷さが、松本清張という類例のない作家を生み出したと結語する。

担当編集者ならではの知られざるエピソードも満載した出色の作家論である。(佐野眞一・ノンフィクション作家)

(文春新書・935円)=2008年4月17日⑤配信

自衛隊の実態を再構築

「不安な兵士たち」（サビーネ・フリューシュトゥック著、花田知恵訳）

戦いを禁じられているが、戦闘能力を磨いているという、自衛隊の引き裂かれたアイデンティティー。それをオーストリア生まれの女性社会学者が、綿密に、そしてジャーナリスティックに取材・分析した、先駆的な力作だ。隊員たちのジェンダー問題や生活感を切り口に、知られざる彼らの本音をひきだす、インタビューの深さや洞察力には引きずり込まれた。

約一万人いる女性隊員の多くは、組織内で「再女性化」の波にさらされ、男性隊員と結婚し出産すると仕事を辞める。ある女性陸佐は「妊婦に制服は似合わない」とプレッシャーをかけられた。

著者は彼女たちが男性優位の世界で生き残るため、模範的男性兵士をモデルにした「フェミニスト・ミリタリスト」にならざるをえないと分析している。実はこうした優位な性に擬する生き残りの形は企業社会でもよく見かけるが、自衛隊では他に選択の余地がない分、より熾烈（しれつ）に映る。

一方、男女に共通して「サラリーマン生活」を嫌い、「何か特別なこと、何か違うことがやりたい」と、存在証明の感覚が強い。若い幹部候補生は目標として、「プラトーン」のクリス・テイラーや「プライベート・ライアン」のジョン・ミラーをあげる。

どれもめったに聞けない、「個」の顔が見える言葉ばかり。丹念に隊員の声をすくう著者の目線は、やがて生活感の奥に潜む、闘わない軍隊そのものの葛藤（かっとう）を浮き彫りにしていく。

著者が最初に着目したのは、人材募集の四苦八苦。テレビドラマと間違うような、カップルの「輝く青春」を描いた自衛官募集CFや、「美人自衛官」のグラビア多出が最近、目立つ。これは自衛隊を一般化する方法だという。

さらに内部における旧軍との葛藤や、「ヒロイズム」の定義をめぐる葛藤、人命救助という新しいヒロイズムの浸透までを語る鋭さは、日本固有の建前を丁寧にはいで分解し、正確な実態を再構築する外科医さながら。優れた現代日本文化の研究としても、読み応えは十分だ。（速水由紀子・ジャーナリスト）

（原書房・1995円）＝2008年4月17日⑥配信

母を悼む心が源泉か

「同行二人　松下幸之助と歩む旅」（北康利著）

松下幸之助氏についての伝記は、今までに幾冊も読んだ。実は私も書いている。その私がこの本を、興味を持って最後のページまで読んだのは、私の知らなかった幸之助氏のかくされた部分をていねいに書いていてくれた、存在感があるためである。

私も和歌山市出身であるが、故郷を同じくする幸之助氏が、異星人のように理解できない点があった。もちろん幸之助氏は戦国期における武将にたとえれば、秀吉に比肩するほどの、企業界での天才であった。

彼は若いころ、三百人ほどの従業員とともにはたらいていた時分が、いちばん楽しかったと述懐したことがある。私も、そうだろうなと思った。

世界の巨大企業の総帥となった彼の運命は、人知のなしうるところではない大きな軌跡を経済社会にえがいた。

宇宙に存在する、ある巨大なエネルギーが、突然わが身にのりうつったような違和感というか、だましすかされたような思いを氏は抱いていなかったか。

幸之助氏は最晩年にわが生をふりかえり、自分がもっともやりたかったことをなにもしなかったような気がする、という意味の述懐をされたことがある。

彼がものに憑（つ）かれたようにひたすら事業にうちこみ、水道哲学という理念に支えられ、命を終えるまで現役ではたらき通し、若さを保ったのはなぜかという謎が、この本を読んで納得できたような気がした。

それは幸之助氏の肉親、特に母の不幸な生涯を悼む思いが、彼の人生における攻撃性、探求心、猜疑（さいぎ）心の源泉となっていたのだろうという推測である。

彼はもう、はたらかなくてもよくなったのちも、いつまでも埋まらない心の空洞を埋める作業をやめられなかったのだろうと、私は自分なりの想像をした。（津本陽・作家）

（PHP研究所・1890円）＝2008年4月24日①配信

卓抜な着想、構成、文章

「かもめの日」（黒川創著）

「わたしはかもめ」

チェーホフの戯曲「かもめ」で、若い娘ニーナは、かつての恋人トレープレフに向かってつぶやく。女優を夢見た彼女は、愛人だった作家に捨てられて落ちぶれてしまったわが身を、射落とされた「かもめ」になぞらえて嘆いたあと、片田舎での公演に旅立ってゆく。

一九六三年六月、女性初の宇宙飛行士ワレンチナ・テレシコワは、地上基地との交信にあたって、ニーナと同じフレーズを口にした。彼女には「かもめ」というコードネームが与えられており、その意味では、ごく自然に思いついた言葉だったのかもしれない。しかしその瞬間、地球の周回軌道上をまわる宇宙船から、地上のあらゆる場所に向けて、ニーナの「愚かしくも同情に値する運命」が降りそそがれたのである。

卓抜な着想の下、「かもめ」と同じく、本作でも登場人物のほとんどが恋や情事の悩みを抱えている。フリーのアナウンサーたち、ラジオ局のAD、朗読ドラマの作家、女子高生、雲の研究者。そこにチェーホフ自身とソ連の宇宙計画をめぐるエピソードが加わり、彼らのありようを描いた断片の重なりから、徐々に作品の姿が浮かび上がってくる。

構成も見事だが、特筆すべきは文章である。

「海らしい、そのちいさな場所へと、彼は目を凝らす。早朝のクラシック音楽の番組が始まっている。（中略）防音ガラスをはさんで、ブースの窓のむこうに見えているその海は、音の動きと作用しあっているかのように、みるみる色を変えていく。（中略）『おい、森ちゃん、だいじょうぶか？』とがめるような棘を含んだ声で、彼は、我に返る」

チェーホフの登場人物たちは、顔を合わせていても、互いの思いがすれ違っている。本作でもそのスタイルが踏襲されているが、「かもめ」を通して、彼らが知らず知らずにつながって生きてきたことが明らかにされてゆく展開には、長編小説ならではの醍醐味（だいごみ）がある。ラストの素晴らしさは無類で、作者の飛躍を予感させる傑作の誕生を喜びたい。（佐川光晴・作家）

（新潮社・1680円）＝2008年4月24日②配信

居直りで語る映画の内幕

「偏屈老人の銀幕茫々」（石堂淑朗著）

著者は「太陽の墓場」「日本の夜と霧」「黒い雨」等の業績で知る人ぞ知る脚本家だが、一九三二年生まれの後期高齢者で老いの自覚が強い。扉の裏に〈私の文筆の仕事は本書で終わりました。後は冥界（めいかい）で実相寺昭雄や今村昌平と会うだけです〉という一節がある。

こうなると怖いものはないから題名どおり偏屈老人と名乗る居直りがあり、他人の批判やタブーになっているスキャンダル、例えば自分の童貞喪失経験の珍談や、学生時代の藤田敏八との三角関係、大島渚夫人の小山明子が（人柄の良さは別として）同時代の男優、川喜多雄二と並び称される"大根"で〈監督殺すにゃ刃物は要らぬ小山・川喜多出ればよい〉というざれ歌があった、などの逸話を自在に書き記している。

それが率直で面白いと思うか、偽悪的な嫌みと感じるかは読者の立場や年齢によって分かれるだろうが、どちらにせよ読み出したらやめられない。礼節は別次元とすれば人の悪口ほど面白いものはないからだ。

私は著者の五歳年下という世代だし、ここに名前の出てくる人々の多くは、先方は認知していなくても同じ酒場の先輩だから、面白くてしょうがなかった。私は本書に一回だけ出てくる「カヌー」やその後継店とも言える「ユニコン」で、たびたび著者と接近遭遇している。

「カヌー」は創造社（独立映画プロダクション）のたまり場であると同時に、埴谷雄高、栗田勇、白井健三郎、黒木和雄などが常連で、さらには東大建築学科と都市工学科大学院生、及び一九六〇年代を風靡（ふうび）した詩の同人誌「凶区」のたまり場でもあったのだ。

本書は二〇〇六年から〇七年にかけて「ちくま」に連載されたエッセーを第一部とし、それ以前にさまざまな媒体に書いた文章が第二部になっていて、同じ逸話がしばしば繰り返されるが、それはかえって面白い。というのは後者はいわば若書きで、老いを自覚してからの闊達（かったつ）さとニュアンスが違う奔放さがあるから、同じ出来事に対しての著者の姿勢がおのず異なっているためだろう。（渡辺武信・建築家）

（筑摩書房・1995円）＝2008年4月24日③配信

複層的な20世紀文化論「M／D　マイルス・デューイ・デイヴィスIII世研究」(菊地成孔、大谷能生著)

その名があまたのジャズミュージシャンのなかでも突出して知られているマイルス・デイヴィスは、これまた彼のためにこれまで割かれた本のページ数の膨大さも圧倒的だが、ここに質量ともにカウンターパンチをくらわせる著作の登場である。比喩（ひゆ）ではない。江戸時代の箱枕のごとき本書はフィジカルな、そしてメタフィジカルな武器なのだ。

装備されたタームは「モード」と「ミスティフィカシオン（神秘的であり続ける）」。それらに含まれる二重性、アンビヴァレンス。マイルスの代表作が「モード・ジャズ」と呼ばれるそこに、音楽用語のモードとファッションのモードを読みこみ、それはまた時代時代とこだましあって波紋を広げるさまを見はるかす。

全五章は、だから、マイルスをめぐる既存の評伝、研究を踏まえながらも、欠けていたもの、見落とされていたものを洗いだし、ところどころに精神分析理論を戯れに援用しつつ、より複層的なマイルス像をあぶりだす。

マイルスはジャズだよねと片づける安易な姿勢は皆無だ。マイルスをみ、マイルスにながれこんでくるさまざまな音楽をみながら、かえす刀で二十世紀の音楽を捉（とら）える。マイルスをとおしてみた二十世紀論と呼んでは誇張だろうか。しかもことは音楽にのみ限定されるものではない。ファッションがあり、身体がある。アメリカとヨーロッパがあり、語法の問題があり、ドラッグ、性がある。

もともとは「東京大学のアルバート・アイラー」の続編というかたちでの講義録。七百五十ページを超えながら、切り口、洞察の鋭さに感嘆しながらも、次々にページを繰ってしまうのは、あらたに文字のつらなりとしてあらわれた語り口調の文体、音楽性による。

また、単線的な講義のあいだには、複数の異なったタイプの（ゲストとの対話を含む）文章が組みこまれ、中心となる著者二人の力を底上げしている。こうした本のつくりそのものが、あたかもマイルスそのものの生を、活動を、パフォームしているかのよう、である。（小沼純一・評論家・詩人）

（エスクァイア マガジン ジャパン・4935円）＝2008年4月24日④配信

錯綜した論理を解く明晰さ　「日本の愛国心」(佐伯啓思著)

愛国心。とりわけ「日本の愛国心」といわれると、口籠（ごも）ってしまう人が少なくない。シャッター通りとか、限界集落などという崩壊を目の当たりにするなかで、「国を愛せ」などといわれても、何をいっているのだという気になってしまうからだ。一方で、大リーグでの日本人選手の活躍に、無意識に拍手や声援を送っている自分にも気づく。

いったい愛国心とは何か。自分たちはどのようにこの日本と立ち向かっているのだろうか。

本書は、「日本の愛国心」がなぜ難問なのかから始める。そこには理由がある。いうまでもなく戦後日本が、あの戦争の影をずっと背負い続けてきた背景があるからだ。

戦後は戦前の否定の上に成り立つ。しかし、復興のための「なかばやむをえない」選択という割り切れない気持ちもどこかに残存している。

道義的に誤った戦争を反省し、その上に立って、自由、民主、人権を守り、平和を絶対的正義とするいわゆる戦後派。一方で、道徳的な断罪は一面的と主張する保守派がいる。後者は「日本的なもの」の独自性と正当性を主張する。むずかしくしているのは、双方にそれなりの根拠があることだ。

この二つを戦後日本という身体が抱え込んでしまっている。当然、分裂と解離が生ずる。そこに加えて、多くの人々がものをいわずに死んでいった事実も記憶として残る。戦後の経済的繁栄と平和は彼らの犠牲によるものだという「負い目」。

愛国と愛郷とナショナリズムの関係、あるいは近代国家形成のなかで愛国心がどのように生まれてきたのかなど、社会思想史的背景も織り交ぜ、この問題の内包する錯綜（さくそう）する論理が丁寧に解きほぐされる。

最終章は、歴史観の変遷から日本人の精神にまで踏み込み、歴史意識から「哀愁」「無常観」を取り出し、それを左翼と保守の図式的な対立を超えたもうひとつの愛国心として対峙（たいじ）させたいという主張だ。そこに著者の思いが凝縮されていよう。情緒をしずめた明晰（めいせき）さに読み応えがあった。（小高賢・歌人）

（NTT出版・1995円）＝2008年4月24日⑤配信

ぬるい時代の自己救済

「誰かが手を、握っているような気がしてならない」(前田司郎著)

「しかし、どうやら私は神のようである」という、とぼけた独白でこの小説は始まる。

私は何でもできてしまうから退屈だ。不自由だ。寂しい。死にたい。そんな神の繰り言が聞こえる娘をめぐる家族四人の日常がそれぞれの視点から描かれるのだが、その描かれ方が普通じゃない。

神の自問自答はいつの間にか娘との対話となり、かと思うと姉妹の会話に移って、でもその会話自体が実は父の考え事で、と思ったら母の思案だと分かり…あれ？　ん？　と思っているうちに物語は切れ目なく進行する。

演劇人ながら発表する小説が次々と名だたる文学賞候補に選ばれてきた前田司郎の新作は、生の実感が持てない現代人の自己救済の可能性を、実験的手法で探る一種の観念小説である。

と書くといかにも重苦しいが違います、全然。

「全能者には『出来ない』が出来ない。私が恋してみてもそれは完璧に上手くいく。完璧に上手くいかないようにしても、『完璧に上手くいかない』が上手くいってしまう。わかるかなあ？　人間ごときに。あ、失言、失言」

といった日常会話と地続きのゆるゆるだらだらした語り口と、節度をわきまえた自意識が妙に心地よく、ついつい読み進んでしまうのだ。

孤独に絶望して世界を消し去ろうとする神の思弁と、娘についてあれこれ悩む家族らの思いが互いに浸潤していくうちに、それぞれ自分という存在の根拠を揺るがすどこか切実なうねりに巻き込まれていく。時空を超えて。しかしあくまでゆるゆると。

自分とは違う誰かと一緒にいることで「絶望にも見間違えちゃうくらいの面倒くささ」に振り回される人間に、生きる希望を与えるのもまた、自分の言葉を聞いてくれる誰か。だがその存在は、ほとんど感知できないほどに不確かで淡い。

それを伝える長いタイトルには、あふれるほどの豊かさと自由の中で不確かな生を生きる私たちの、ぬるーい閉塞(へいそく)の気分が漂っている。

温かい光が差すようなラストの一行が美しい。照れくさいぐらい。(片岡義博・文筆業)

(講談社・1680円)＝2008年4月24日⑥配信

書くということの至高の魂

「日と月と刀(上・下)」(丸山健二著)

一行もしくは二行の太い活字の詩の文章が先に立ち、一行空いて、内面と外面を一気に描いてしまう勢いのいい文章がつづく。センテンスが長く、読点で息をつく余裕はあるが、呼吸するタイミングまで指示されているような緊迫した運びだ。会話はなく、あとは内面の独白である。

不思議な構成に戸惑いながらも、途中から物語世界に引き込まれ、読了して感動に包まれた。身を削るように一字一字書くとはこのことだと感じた。世評うんぬんなどを超越した、書くということの至高の魂を感じた。

物語は室町時代とおぼしき中世、野盗が寺を焼き打ちし、住職の女を略奪する。馬にまたがったまま抱きかかえて逃走する途中、臨月を迎えた女だと知って原野の中に放り出す。女は頭を割って絶命し、腹の中の赤ん坊が飛び出す。追っ手をまくため野盗が放った火からも逃れ、刀鍛冶に拾われて育ったのが無名丸だ。

無名丸は自ら打った〈草の刀〉と育ての親が打った〈星の刀〉を持ち、「人の人たる所以(ゆえん)とは何か」という永遠に得られぬ答えを求めて旅をする。俗物の守護代を殺し、母を殺した野盗を殺し、高僧の仮面をかぶった俗物の父親を殺す。数え切れない人々を殺傷し、「この世を静かに低回(ていかい)」する境地になる。

「ゆく先々であふるるばかりの健全で精神的な快楽を堪能することができ、辛くて悲しい思いに苛まれることのない…まさに夢のごとく過ぎてゆく」歳月を生きるようになる。そして、生涯一度の完ぺきなびょうぶ絵を描き、八十歳を超えて死ぬ。

私は著者の内的な自叙伝として読んだ。殺りくをくり返しやがて静謐(せいひつ)さをたたえた静物となる〈星の刀〉〈草の刀〉は、著者にとっての小説の暗喩(あんゆ)なのではないか。さすれば著者は人生に残されたこれからの時間の理想をも語っているということになる。

深淵(しんえん)なる名作である。(立松和平・作家)

(文芸春秋・上2500円、下2150円)＝2008年5月1日①配信

静謐な物語空間の中で

「転身」（蜂飼耳著）

詩人、エッセイストであり、絵本や翻訳の仕事もある蜂飼耳は、昨年出版した短編集「紅水晶」によって小説家としての活動を開始した。蜂飼にとって二作目の小説作品となる本作は、夢とうつつのはざまを揺らぐ女性主人公の姿を描いた、いっぷう変わった幻想小説に仕上がっている。

二十代半ばの琉々（るる）は、バイト仲間の咲美に誘われて、マリモ（毬藻）を売る仕事を持ちかけられる。咲美とともにKという町へと向かった琉々は、マリモの卸の仕事を手伝うことになる。藻の仕入れのために咲美はS湖に向かい、琉々は一人事務所に残される。

そんな彼女の前に、咲美の弟で双子の兄弟マキとリキが現れる。リキと関係を結んだ琉々は彼の子供を身ごもる。A湖の水際の小屋で赤子を出産した琉々は、湖のほとりの集落で木彫りの動物の像を彫るリキの父親沖人と出会う。都市での生活から自由になった琉々は、川のある町Kから、A湖、そしてS湖、さらに流氷のある北の海へと、赤子を抱えた琉々の漂泊の旅は続く。

世界から切り離されたような、静謐（せいひつ）な物語空間が特徴的な作品だ。夢とも幻ともつかない説話的な世界の中で、「時間の流れ」そのものがつかみとられ、それ自体が物語化されていくような印象を受ける。

琉々の前に人々は突然現れ、去っていく。出会いと別れを繰り返しながら「転身」する琉々の姿を通して描かれるのは、人とのつながりであり、血縁をめぐる問いであり、他者との微妙な距離である。

五感に訴求する鮮烈なイメージも、この作品を特徴づける重要な要素といえるだろう。中でも色彩描写は刮目（かつもく）に値する。琉々の飼う鶏が産む卵の白、マリモの緑、さらに「灰色と白の世界」と表現される流氷の色、そして血の赤。色彩のコントラストが、静けさをたたえた本作に「動き」を与えている。詩人である作者ならではの、イメージ喚起力にすぐれた作品である。（榎本正樹・文芸評論家）

（集英社・1365円）＝2008年5月1日②配信

現代住宅のありようを省察

「『縁側』の思想」（ジェフリー・ムーサス著）

昔の日本の家に「竣工（しゅんこう）」はなかった。棟上げが済むと、柱に割り竹を編んだ小舞をめぐらして粗壁を塗る。あとは畳とふすま、障子を入れると暮らしが始められた。やがて余裕ができると上塗りを施す。ただ、ふすまや障子をはじめ、折に触れての手入れが不可欠だった。しかし、だからこそ解体・廃棄するほど老朽化するまで、長大な時間に耐え得た。

それに、昔の日本の家には「内と外」との間に内でも外でもない絶妙の緩衝空間があった。座敷と庭の間の縁側、道と家の間の玄関庭などだ。それは、内外を緩やかに切断しつつ、同時に結びつけた。屋外の寒暖から暮らしを守るとともに、四季の移ろいを感じさせる。私生活を守りながら、それを巧みに世の動きにつなげる。本書の表題は、そんな伝来の知恵を直截（ちょくせつ）に語りかけている。

ところが今日、半ば以上が工業製品の新しい住宅は、三十年もたつと、廃材の山を残して新築される耐久消費財になった。密閉度の高い家は、近所付き合いを強固に拒否しているかのようでもある。これほど「もったいない」話はあるまい。

こう論じるのはニューヨークで生まれ、マサチューセッツ工科大大学院で建築を学び、今は京都で建築設計事務所を経営する著者である。

彼は、古代エジプトで建物を意味した「冂」の形に似た象形文字と、ウカンムリという屋根を頂く漢字「家」の比較から日本への興味をかき立てられた。来日して東京の設計事務所を経て、数寄屋大工のいる京都の工務店に勤め、自力で廃屋寸前の町家を補修・改築して住みはじめる。そして築後百年前後の、何軒もの町家を快適な現代生活のできる住居として再生する。本書にその経緯が生き生きと語られる。

そういえば最近の京都では、古い町家を飲食店や各種工房として再利用する動きが増えている。そのすべてが好ましいか否かは分からない。ただ、ひたすら効率化と合理化をめざしてきた日本人の暮らしとそれを象徴する現代住宅のありようを省察する契機が、古い町家に残されていることは確かなのだろう。（高田公理・仏教大教授）

（祥伝社・1680円）＝2008年5月1日③配信

切なさと深い余韻残して

「密会」（ウィリアム・トレヴァー著、中野恵津子訳）

アイルランド出身でイギリス在住の作家による、十二の珠玉の作品を集めた短編集。収録作はいずれも、さまざまな境遇を抱えて生きる人々の、ささやかな人生を描き出す。作者は、これ以上でもこれ以下でも均衡を欠くという絶妙な位置から対象を見据え、くみ取り、切りつめた静謐（せいひつ）な文章で正確にそれを伝える。抜き差しならない厳しい現実の中でもがき苦悩しながらも、ときにはほほえんで暮らす作中人物たちの人生を見つめる作者の、透徹したまなざしの深さ、真摯（しんし）さに、強く打たれる。

巻頭の「死者とともに」では、長年連れ添った夫の死の直後、訪ねてきた見知らぬ慈善団体の姉妹とひとときの間会話を交わす妻の複雑な胸中が描かれる。けっして幸福であったとは言いがたい結婚生活の断片を口にする彼女の、言葉には表しきれず、自身にもはっきりとは整理のついていないような感情の動きさえも、作者の筆は、静かに立ちのぼらせる。

巻末の表題作では、早朝のカフェや夕方のバーなどで、互いにわずかな時間を捻出（ねんしゅつ）して逢瀬（おうせ）を重ねる男女の、他に言い換えようのない機微と情感をこまやかに描く。一編読み終えるごとに、胸に食い込むような切なさが残り、深い余韻が続いていく。

作品の多くで、登場人物たちは〈想像〉する。思いやり、あこがれ、不安、希望、嫉妬（しっと）、孤独…。妄想や憶測、願望や予想など、あらゆる〈想像〉は、現実の中でしばしば明確な境界線をうしない、いつかそれ自体がひとつの生き物のように動きだし、現前の事象以上に、人々の人生に影響を及ぼしていく。

「ローズは泣いた」の少女や老教師の胸の内にめぐる、やるせない現実と分かちがたく溶け合った想像にも、いとおしくもくるしい生の交差が浮かび上がる。

小説にしかできないこと—。それはまさにこのようなことなのではないかと、本書を読みながら幾度も思わずにはいられなかった。ストーリーを追うだけではない、短編小説の醍醐味（だいごみ）が詰まった、滋味深い一冊である。（日和聡子・詩人）

（新潮社・1995円）＝2008年5月1日④配信

大樹のように伸びる音楽観

「左手のコンチェルト」（舘野泉著）

フィンランドを拠点に世界的に演奏活動をしてきたピアニストの舘野泉は、二〇〇二年、ステージ上で倒れて右半身不随となった。当初は両手が使えなければ再起はあり得ないと思い込んでいたが、息子が持ってきた左手のための楽譜を見て気持ちが動く。そして二年後、左手による演奏会を開いて復帰を果たした。

本書はその話を中心に彼の人生や生き方について語り下ろしたものだが、困難を乗り越え恩寵（おんちょう）に転じた単純な再起物語ではない。彼独自の音楽観を持っていたことが復帰の鍵だったのではないか、そう思わせる。

一九三六年、音楽家の両親の元に生まれ、弟妹たちも音楽家になった。希有（けう）な家庭環境だが、教養主義的で閉鎖的な音楽一家ではなかった。それはこんなエピソードからうかがえる。あるリサイタルで曲目を欲張り過ぎてはみ出た曲がでた。舘野は会場で「一週間後に僕の家に来てくだされば弾きます」と宣言。本当に自宅で三回に分けて二百八十人に聴かせて約束を果たした。

これをきっかけに発足したファンクラブは、復帰の一助を担うことになる。曲は人前で弾いてみなくてはわからないことが多い。まずファン対象に試演して、それをステップボードに復帰への第一歩を踏み出したのだ。

しかし何よりも重要に思えるのは、日本の作曲家と親密な関係をはぐくんできたことである。左手で演奏するには左手用の曲が作られなくてはならない。すでに作られているものもあるが、自分なりの音楽世界を築き上げるには新曲を委嘱できる作曲家が必須である。

舘野はデビュー当時から三善晃をはじめ邦人作曲家の曲を弾いてきた。ショパンやベートーベンなどを選曲する人が多い中で非常に特異なことで、その後も機会あるごとに邦人作曲家のものを海外初演してきた。いま彼のために作曲家が次々に書き下ろしをしているのは、こういう積み重ねなくしては考えられない。大切なのは病後以上に病前の生き方と音楽観なのだ。それがいまひとつにまとまり、大樹のように伸びている。（大竹昭子・文筆家）

（佼成出版社・1575円）＝2008年5月1日⑤配信

「戦後」を生きた敗者の姿

「幕臣たちの明治維新」（安藤優一郎著）

夏目漱石の「吾輩は猫である」に登場する美学者の迷亭は江戸っ子らしいのだが、静岡に親戚（しんせき）が多い。なかには明治後期だというのに、頭にチョン髷（まげ）を載せている叔父さんまでいる。この事情背景を漱石は書いてはいないが、本書を読むとよく分かる。

明治維新の際、「朝敵」とみなされた徳川宗家（将軍家）は、静岡藩（駿河・遠江）七十万石の大名にされたのである。幕府の直参だった旗本・御家人は約三万人いたが、静岡藩には一万人が移り住んだ。迷亭の叔父さんは、そのひとりだったに違いない。

幕末維新の騒乱の際に、幕臣の一部は彰義隊として戊辰戦争で戦い、戦死したり士分から外れたりしたが、大部分は明治以降も生きなければならなかった。本書は、幕臣たちのさまざまな「戦後」（戊辰戦争後）の生きざまを描いている。

幕府の天領は約八百万石。それが七十万石に減らされたのだから、静岡に行くにしても、東京に残るにしても、生活が苦しくなるのは避けられなかった。

そんななか、静岡藩は沼津兵学校を設立する。開国以降、幕府は洋学の摂取にも努め、優秀な人材を登用していたので新政府の学校にも負けない教育が行われた。新政府に伝手（つて）を持たない旧幕臣にとって、学識を身につけることが自分の能力を正当に認めさせるための一番の近道だった。だが、廃藩置県によって静岡藩も廃止される。

旧幕臣の一部は新政府に参加して日本の近代化に貢献し、別の一部は帰農した。また商人になって苦労する者もいた。さらには政府が推奨した「ウサギ」ビジネスに手を出して失敗した人が多いというのは、笑えるようで笑えない。政府の弱者救済策というのは、今も昔も場当たり的で「人ごと」なのだろうか。

意外に多かったのはジャーナリストだったという。かつて政治を担当していただけに、新政府の諸政策を鋭く分析して、これを民衆に向けて解説したり、痛烈に批判することも可能だったのだろう。政治を握るのは勝者だが、文化を築くのは敗者なのかもしれない。（長山靖生・評論家）

（講談社現代新書・735円）＝2008年5月1日⑥配信

「恋愛余生」の姉妹の日常

「長い予感」（小川内初枝著）

千春と紗絵は一つ違いの姉妹。どちらも性格のきつい母親を避けて家を出て、1DKの部屋で「初めから、何かを取りこぼして生まれてきてしまった」ような独身の一人暮らしを続けている。

姉の千春は大学卒業から就職までは人並み以上にこなしたが、内向的な性格のため、その後は徐々に表舞台からフェードアウト。三十代に入るころにはさびれた映画館に勤務し、チケット売りの小部屋から街の喧噪（けんそう）を眺める隠居のような日々に腰を落ち着けている。一方、新卒採用された避妊具メーカーに勤め続ける妹の紗絵は、外向的で積極的。だが、他人に自分をゆだねることへの恐怖感が強く、相手が一定以上踏み込んでくると関係を切るという不毛な恋愛を繰り返している。

性格は違うが、幸せな恋からはぐれてしまった点ではよく似た姉妹。二十代後半から四十代にかけての彼女たちの十数年の日々を、著者は六つの短編に切り取って描き出す。そんな本書は、ある意味では「恋に臆病（おくびょう）になってしまった三十代前後の女性の日常を描いた短編集」だと言えるだろう。

だが同時にここには、彼女たちの臆病さが何も知らない少女のそれとははっきり違うことが書かれている。本書以前の過去に激しい恋愛をした経験を持つふたり。彼女たちが臆病なのは、そこで自分の恋愛能力に見切りをつけたからなのだ。

やらずにおびえているのではなく、やって、向かないことを知った。そんな彼女たちは、引退後の野球選手のようなものであり、その日々は恋愛人としての自分に見切りをつけた後に残った、恋愛余生なのである。

「男なんて人生の彩りみたいなもんやんか」と言う妹は、余生をせめて彩ろうと浅い恋を繰り返し、姉は余生を彩る必要などないと一人の静かな生活を続ける。

しかしそんな時間の中でも、新しい恋の種が姉妹の心に根を張り、やがて不思議な花を咲かせるのを読者は見るだろう。短編と短編の間でひそかに育っていく運命が、短編集の醍醐味（だいごみ）を感じさせる一冊だ。（田中弥生・文芸評論家）

（光文社・1680円）＝2008年5月8日①配信

地球の「再生」予測する　「人類が消えた世界」（アラン・ワイズマン著、鬼澤忍訳）

奥州平泉を訪れた芭蕉は、藤原三代にわたる栄華の地が野原に変わっているのを見て、人の世の無常を詠んだ。本書が描く世界は、少しこれに似ている。違うのは、人間たちの夢に思いをはせる俳人すらもそこにはいないということだ。

人間がある日突然いなくなったら—。

例えばニューヨーク。地下水をくみ上げる管理者がいなくなった途端、地下鉄は水であふれ、舗装道路が陥没し、やがて摩天楼は崩壊する。

著者は、生物学、考古学、土木工学、大気物理学など諸分野の研究者や、交通局の担当者、橋の管理人、製油所の広報担当者らさまざまな人々を取材し、人類が突然消えた後の世界を予測する。

裏返せばそれは、人類が地球に与えている負荷を明らかにし、一方で、私たちが堅固だと思っている文明のはかなさを知らせることでもある。

しかし、描かれているのは世界の終焉（しゅうえん）ではなく、むしろ再生と新たな創造の世界である。

かつて繁栄した二本足の動物のことなど気にもとめず、植物はがれきの間から芽吹き、繁茂する。生命の長い歴史に比べればほんの一瞬の間に、コンクリートジャングルは緑にのみ込まれていく。どこからか草食動物たちが戻り、それを追う肉食動物が戻ってくる。

人類がいたことを示すプラスチックや重金属、放射性物質などはしばらくの間生態系に残る。これらがどんな影響を及ぼすのかは分からない。ある生物は絶滅し、ある生物は新たな進化を遂げるかもしれない。

人類の英知で地球環境をコントロールできると信じている人は、意外と多いのかもしれない。そうした人たちは、自分が暮らす街がうっそうとした森に戻る可能性を考えたことがあるだろうか。何のコントロールも必要ない。ある日、私たちが消えればいいだけだ。

新緑が美しい季節だ。しかし私たちはこの美しさを後世に残せるのだろうか。われわれ自身が消えることなしに。（中村美知夫・人類学者）

（早川書房・2100円）＝2008年5月8日②配信

作られた「戦争の大義」　「カーブボール」（ボブ・ドローギン著、田村源二訳）

イラクの大量破壊兵器（WMD）保有をめぐる偽情報が、情報のプロである（本書を読んだ後はとてもそうは言えなくなるが）米中央情報局（CIA）のスパイたちを振り回し、ついにはイラク戦争の大義を裏打ちする「確たる証拠」に仕立て上げられる過程を克明に追跡した記録である。

「カーブボール（くせ球）」とは虚言癖のあるこの情報源に付けられた暗号名だ。著者はピュリツァー賞受賞のロサンゼルス・タイムズ紙記者。

一九九九年冬。「自由とメルセデス」を求めて、イラク人エンジニアがドイツに紛れ込んだ。政治亡命申請書に「イラクの軍事プロジェクトに携わった」と書いたこの男をドイツの情報機関が囲い込み、尋問の末「イラクは移動式の生物兵器工場で炭疽（たんそ）菌などの細菌兵器を製造している」との証言を引き出した。

もともと「危ない情報」だったが、9・11同時テロでその価値が急騰する。ブッシュ政権は「イラクはWMDを保有しているはずだ」との予断の下、早々とイラク侵攻を決意。CIAは、上層部の意向に沿う情報だけを上げる。だれもが「見たい情報だけを見る」欺瞞（ぎまん）の構造だ。

圧巻は綿密な取材に基づいた人間像の描写だ。懐疑論を知りながら大統領にWMDの存在を保証し続けた究極のイエスマン、テネットCIA長官や、縄張りや功名を争うスパイたちが生き生きと描かれる。

また、数多くのスパイたちが実名、匿名で著者のインタビューに応じたことにも驚かされる。

偽情報の結末は—。イラク戦争終結後、二台のそれらしいトレーラーがバグダッドで発見され米政権は歓喜するが、実は気象観測用の水素を製造する移動施設だった。

「戦争の大義」の根幹をもたらした情報源にCIAは一度も直接面談したこともなかった。この一事だけでも、情報というものが政治の中でいかにつくられ、ゆがめられるかが象徴されている。

本書はエンターテインメントとしても一級のスパイストーリーだが、戦争という現実の結果を知る私たちにとって娯楽では片付けられない。（大島寛・広島修道大教授）

（産経新聞出版・2100円）＝2008年5月8日③配信

少年少女の希望受け止める

「17歳　2001―2006」（橋口譲二著）

この一冊を何と呼ぶべきだろう。日常の風景の中に立つ十七歳の少年少女たち六十人の肖像。それぞれの写真には、一緒に住む人、今朝の食事、最近読んだ本、といった簡単な質問項目と、彼らが語った「いま」の思いが、それぞれの口調のままに採録されている。

ただの写真集ではない。この時代、この社会を生きる少年少女一人一人の居住まいが、くっきりと浮かび上がる「生」のドキュメントだ。

十七歳。それは私たちの社会が子供たちを大人へと押し出す端ざかいの年齢だ。子供たちは、社会の見えない圧力を身に感じ、とりとめのなさや居場所のなさを抱えながら、それでも身を支えて歩もうとしている。

この撮影時期、市場のグローバル化とともに日本では「構造改革」の旗が振られ、情報技術（IT）産業や企業買収が隆盛を極め、弱者は淘汰（とうた）されて当たり前といった風潮が蔓延（まんえん）した。家庭は揺らぎ、子供たちはコマーシャリズムの餌食にされ、育ちそこねた大人たちの犯罪の犠牲にもなる。

そこで不登校や少年犯罪が起こると、すぐに厳罰化の声があがる。子供を育てるのは社会なのに、今の社会は自分の失敗の責任を子供たちに負わせようとする。そんな社会にもかかわらず、あるいはそうだからこそ、子供たちは彼らなりに自分で育とうとしている。

これらの写真は六年間、雑誌「世界」の表紙を飾った。毎号同誌では政治や社会問題が論じられる。その論議が何を視野においてなされるべきかを、この少年少女たちの顔は示し続けていた。今の社会では実像の見えにくい存在だが、社会とは実はこの子たち一人一人のことであり、彼らが私たちの未来なのである。

それぞれの生きにくさの中で大人になろうとする彼ら、その真っすぐな視線を引き出した写真家は、巻末の文章を「明日へ」と題している。それは、彼らのはぐくむ小さな希望を、私たち自身に託された希望として受けとめようとする、静かな決意のようにも響く。

現代日本の最も貴重なドキュメントのひとつだ。（西谷修・東京外国語大教授）

（岩波書店・3990円）＝2008年5月8日④配信

感性に染み込む唱歌の背景

「国家と音楽」（奥中康人著）

近代教育の開拓者の一人、伊澤修二は文部省唱歌の生みの親として知られる。それ以外にも、吃音（きつおん）矯正や「ろう」教育に取り組み、台湾総督府の官僚として植民地事業にも従事した。明治の典型的なマルチ人間の一人である。その全体像は、しかしながら十分に描かれてきたとは言い難い。

本書はまず信濃・高遠藩の鼓手（ドラマー）を務めた伊澤の少年期に注目する。西洋由来のドラムのリズムは、国民を軍隊や学校などに適合する近代的身体に作り替えた。その経験が、音楽による近代化を目指す国民教育へ伊澤を向かわせる原点になったとみる。

従来の音楽史では、音楽教育家のメーソンや電話の発明家ベルに学んだ伊澤の米国留学の体験を起点として語ることが多かった。著者は、岩倉使節団など先行者たちの西欧音楽体験をも含めた幅広い文化的土壌に、伊澤の事業を位置づけ直す。

本書の眼目は、唱歌と「国語」の教育とを一体でとらえた点にもある。「日本のさまざまな声の文化を均質化、標準化」するメソッドとしての唱歌。その唱歌が国語と一体となって、近代に国民統合の装置の役割を果たしたという発想は、近刊の山東功著「唱歌と国語」（講談社）とも問題意識を共有している。

国民教化の装置としての唱歌は、その後もさまざまな国民歌の原型となり、今も私たちの感性に深く染みこんでいる。著者は、唱歌が徳育などに資するものだとする唱歌効用論の立場を伊澤が一貫してとり続けた、と考える。「徳育の充実」という提言が議論を呼ぶ今日、無視できない歴史が、ここにはある。

時に論述が細部に拘泥して主題間の連絡が見えにくくなる点、「台湾征伐」といった用語の使用などには不満も覚えなくはない。けれども、同時代の日米両国の資料も数多く博捜した詳細な実証調査に裏づけられており、最新の研究成果が盛り込まれた本書の意義は小さくない。

伊澤修二を多角的に再評価する契機を用意した本書は、十九世紀末期の日本の教育文化史への視角を広げ、私たちが何げなく歌う唱歌の歴史的背景を考えさせる。（坪井秀人・名古屋大教授）

（春秋社・2625円）＝2008年5月8日⑤配信

血肉に訴える魔力的描写

「Χωρα（ホーラ）」（篠田節子著）

占領と戦いの悲惨な歴史を背負ったエーゲ海の美しい小島。さまざまな宗教が入り交じった祈りの島でもある。

そこへ逃避行した四十代の女性ヴァイオリニストと気鋭の建築家。ふたりは十数年にも及ぶ不倫関係を続けている。

壮大な舞台に華麗な設定。はたして出無精、昼メロは好きだが不倫とは無縁、ヴァイオリンには触ったこともない粗野な私がこの物語についていけるだろうか。一抹の不安を覚えながらも、すぐに杞憂（きゆう）であったことを知る。何の抵抗もなく、あっさりとヴァイオリニストの亜紀になりきり、続々と押し寄せる恐怖におびえ、不倫の苦汁をなめ、まさに読書の醍醐味（だいごみ）を味わうことになった。

かつて小島には混沌（こんとん）と堕落の町、ホーラが存在した。亡霊に引き寄せられるかのようにその地を踏み、手のひらに奇跡の血を流す亜紀。

「聖痕」が浮かび上がった肉体は、不倫を続けている肉体でもある。亜紀は葛藤（かっとう）するが、どこかたくましさを感じるのは、悪魔にも天使にも魂を売り渡すことができる度量の広さを感じるからだろう。芸術家ならそうこなくちゃね、ちょっとうらやましい。

力強く伝わってくる身体感覚は、的確な描写によるたまものであることは確かだ。その描写は血肉に訴えかけてくるようであり、魔力的でもある。

たとえば、ヘッドに女の顔が彫ってある謎のヴァイオリンを亜紀がはじめて弾くシーン。「背中に広がっている髪を手早く巻き上げ、バレッタで止め、ヴァイオリンを顎（あご）に挟む」。そのセンテンスを読んだ瞬間に、肩まである私の髪が背中をつややかに覆い、顎に当たるヴァイオリンの感触を知る。バレッタは使ったことはないが、腕を振り上げて肩甲骨を寄せる感覚がわき起こる。

目配りがきいた言葉の一つ一つは、この物語に命を吹き込むための敬虔（けいけん）な祈りのようだ。

亜紀とともに、怪しげなヴァイオリンを弾いてしまったせいだろうか。私はいまだ死都・ホーラに迷い込んでいるような気がする。（松井雪子・作家）

（文芸春秋・1550円）＝2008年5月8日⑥配信

国境をこえる市場の動き

「スシエコノミー」（サーシャ・アイゼンバーグ著、小川敏子訳）

江戸前鮨（すし）が国境をこえ、世界中であじわわれるようになって、ひさしい。今では欧米のみならず、東アジア、インド、そして中東へもひろがっている。この本は、鮨がそうして国際化していく歩みを、さまざまなデータを通して、教えてくれる。

アボカドとマヨネーズをあしらったスシは、どこでどうしてできたのか。アメリカの鮨屋では、日本だと見かけない女性の板前が、大勢いる。統一教会の文鮮明も、アメリカのグロースターで、鮪（まぐろ）のビジネスにのりだした。とまあ、ちょっと考えさせられる話が、いくつも紹介されている。読めば、グローバルなスシ噺（ばなし）の通になれることを、請け合おう。

しかし、なんといっても面白いのは、鮪をめぐる市場のうごきが伝えられている点である。鮨の国際化は、世界中で鮪漁業を勢いづけた。そのため、これまでには考えられなかったようなできごとが、各地でおこっているのである。

オーストラリアのポートリンカーンでは、マグロ貴族とよばれる人たちが、現れた。彼らは鰊（にしん）御殿ならぬ鮪御殿を、次から次へと建てるにいたっている。地中海では、非合法な鮪猟へのりだす海賊も、暗躍しているらしい。それを監視する側とは、虚々実々の駆け引きをくりひろげてきたという。

グローバルな商品となったのに、合理的な生産計画はなりたたない。さまざまな偶然で左右される、狩猟採取的な側面を、鮪猟はとどめている。伝統的な信用取引の形も、なくならない。そんな商品だからこそひきおこしてしまう、ファストフードとはちがういろいろな問題が、興味深い。

鮪の空輸に挑んだ日本航空の苦労話も、新鮮に読めた。漁業側ではなく、運送側がはじめに考えだしたのだという事実も、印象深い。

テキサスの某店では、日本人の客があると、最高の切り身をだすという。舌が肥えていると思われているのである。行くなら、今のうちか。（井上章一・評論家）

（日本経済新聞出版社・1995円）＝2008年5月15日①配信

軽やかに生き抜いた42人

「断髪のモダンガール」（森まゆみ著）

私が一緒に暮らしていた祖母は明治三十八年生まれ。十代で秋田から上京し、洋裁で身を立てていたそうだ。大正時代の東京で、自分の姿はとてもハイカラだったと自慢していたのが懐かしい。

地域雑誌「谷中・根津・千駄木」の編集人で樋口一葉の評伝など、明治期から昭和初期の女性史に詳しい作家が今回手がけたテーマは大正時代のモダンガール。この時代に花開いた女性作家や学者、女優たちの物語である。

「明治文化が大成した大正デモクラシーの時代に、近代的自我に目ざめた思想家や革命家が情熱的に活動します」と本書の登場人物、石垣綾子に語らせたように、男性ばかりでなく女性の中にも大きな意識改革がなされた時代であった。

その象徴が「断髪」。古来より日本女性の魂は長い黒髪と言われてきたが、この時代、作家や新聞記者など文化の先端を担っている女性たちにとって、髪の毛を切ることは自由への通行証のようなものだった。著者にこの本を書かせる決意をさせた婦人記者の先駆者、望月百合子をはじめとして、その友人で作家のささきふさ、詩人の深尾須磨子など、各項の冒頭に掲げられるショートヘア姿がりりしい。

芸術家の夫や恋人を支え続けた女性たちもまた美しく立派である。竹久夢二、伊藤晴雨のモデルとして有名な佐々木兼代、中原中也の詩の源泉となり続けた長谷川泰子、有島武郎と心中した編集者波多野秋子の物語など、女性の幸せについて考えさせられるものも数多い。

多くの支持者を出しながらわずか四年余りで廃刊した「青鞜（せいとう）」の関係者は平塚らいてうを筆頭に繰り返し登場する。彼女たちは配偶者や家族、世間の常識でがんじがらめにされていた時代の女性の代弁者であった。世間の法からはずれ、女性同士の愛をはぐくんだ尾竹紅吉や田村俊子の章はひときわ面白い。

激動の時代のなか、軽やかに真っすぐに生き抜いたこの四十二人の姿は、現代に生きる女性へも多くの感動と示唆を与えてくれることだろう。（東えりか・書評家）

（文芸春秋・1800円）＝2008年5月15日②配信

時代が求める異端ヒーロー

「落合博満　変人の研究」（ねじめ正一著）

評者は積年のプロ野球ファン。また近年は取材者でもあったが、はやり言葉をもじっていえば〈プロ野球力〉の衰退を感じることしきりである。球場の熱気もそうであるし、酒場で口角泡を飛ばして野球談議をしている光景もとんと見かけない。第一、論ずべき対象がいない。そんななか、希少存在が落合博満である。現役期は三度の三冠王に輝き、昨年は監督として五十三年ぶりに中日を日本一に押し上げた。

球歴は傑出しているが、評判はよろしくない。「オレ流」を貫き、報道陣へのリップサービスは一切しない。変人、カネの亡者、腹黒…。悪評たっぷりであるが、一方、自前の選手たちを育て、気配りの利いた采配（さいはい）を見せ、勝敗は「すべて監督責任」と潔い。

本書は“長嶋茂雄教”の信者の一人、作家のねじめ正一が、このひだの多い野球人の解析に立ち向かった書である。江夏豊、豊田泰光、赤瀬川原平らと落合論を語り合い、また落合語録を取り出して考察を加える。

人の風景はそのルーツをたどると見えてくるものがあるが、落合もまたそうである。秋田の高校野球部では入退部を繰り返し、大学野球部もゲンコツを嫌ってすぐ退部退学する。行き場を失い、上野公園で野宿をしたこともあったとか。野球エリートとは対極にある雑草派である。

ここに至るまでオレ流を磨いて道を究めてきた。野球とは読み合いのスポーツである。過去の名監督はひとしく猜疑（さいぎ）心の旺盛な人物であったが、この野球職人はその条件十分であって、名監督への途上を歩いている―。

ということはよく伝わってくるのであるが、いまひとつ落合流の根幹は見えず、周辺をぐるぐる回っている未消化感も残る。それは評者が本書を野球ノンフィクションとして読もうとしたせいでもあろう。プロ野球衰退期という時代が求める異端のヒーローという著者の指摘にはうなずきつつ、これは野球全盛期を知るオジサン世代の“熱い慨嘆書”であり、酒場の野球談議として楽しむべき書と思い直す。変人であれ、スーパーヒーローこそ語って尽きぬ野球ネタである。（後藤正治・ノンフィクション作家）

（新潮社・1365円）＝2008年5月15日③配信

正統派の山岳ミステリー

「聖域」(大倉崇裕著)

一九五六年、日本の山岳隊がヒマラヤの聖域＝未踏峰マナスルの初登頂に成功、登山ブームが巻き起こった。その半年後に新聞連載が始まったのが井上靖のベストセラー「氷壁」で、山岳小説の古典として今も読み継がれている。

ふたりのアルピニストのきずなとその一方に起きた滑落事故の真相究明を軸に描いた本書はその井上作品をほうふつさせる正統派山岳ミステリーだ。

草庭正義は友人の安西浩樹に誘われ、三年ぶりに山に登る。そこで草庭は、海外の未踏峰登山隊の一員に選ばれたという安西から、恋人の牧野絵里子が一年前に事故死した八ケ岳中央の塩尻岳に登ってくると聞かされる。だが十日後、安西が滑落事故で行方不明になったとの知らせが届く。

卓抜した登山技術を持つ安西が滑落などするはずない。不審を抱いた草庭は塩尻岳に登り、目撃者から事情を聴く。一方、彼が宿泊した山小屋は閉鎖の危機にあり、著名な登山家たちによる“山小屋を守ろう”運動が起きていた。帰京後、安西がその運動を調べていたことがわかるが…。

主人公の草庭は山に入れ込み、山岳部OBのつてでようやく就職先も見つけられた典型的な“山屋”。そんな男が事故の調査に追われ、仕事先にもいられなくなる。調査の顛末（てんまつ）とともにその不器用な生きざまも読みどころになるが、調査の過程からはまた、山小屋の存亡問題や大学山岳部の危機、さらには登山倫理といったテーマも浮かび上がってくる。

著者は落語ミステリーや刑事コロンボのパロディーシリーズなど、多彩な作風で知られるが、いわゆる“オタク系”の趣味を前面に出した軽活劇も得意にしている。してみると本書も、主人公のキャラクターから背景からテーマから、すべてが登山ずくめであることがおわかりになろう。一見、「氷壁」のような古典を装いつつ、その実極めてマニアックな登山小説でもあるという離れ業。

現代登山の諸相を活写した本書は、今ブームに乗る登山愛好家の方々にこそ読んでいただきたい山岳ミステリーなのだ。（香山二三郎・コラムニスト）

（東京創元社・1890円）＝2008年5月15日④配信

足元から崩れている日本

「反貧困」(湯浅誠著)

最近、イラク戦争から帰還したアメリカ兵と会った。旧アブグレイブ刑務所での虐待を目撃し、良心的兵役拒否をした二十六歳の彼に、私はイラクで残虐行為を行うような兵士はどんな人たちなのか、聞いた。その答えに、愕然（がくぜん）とした。十八、十九歳などの未成年も多く、高校を出てすぐ軍隊入りした者もいれば、高校を出ていない若者もたくさんいるという。

アメリカでもっとも貧しく、もっとも教育を受けられない層が取り込まれるのが「陸軍」で、「陸軍とマクドナルドが貧困層の若者を取り合うために競争している」と彼は嘆いた。家庭が貧しく教育も受けられず、一生低賃金で働き続けることをほぼ約束された若者たちは、「大学の奨学金」などを餌に軍隊に取り込まれ、十代にして人殺しを強要される。「貧困」という名の徴兵制だ。

「反貧困」を読めば、これが遠い異国の話ではないことがよくわかる。野宿者問題に十年以上かかわる著者は、「ネットカフェ難民」の存在にいち早く気づき、生活がたちゆかなくなった人々（もはや「若者」とか「高齢者」という区分には意味がない。全世代だ）を支援してきた。本書で貧困の当事者の声を踏まえ現状打開の道筋を探る。

そんな彼のもとには自衛隊の募集担当者から積極的なアプローチがあるという。ターゲットはもちろん、「食えなくなった」若者たちだ。

日本で普通に働き、普通に生きるということが、今、足元から崩れている。一度つまずいてしまうと二度とはい上がれない「すべり台社会」の中、北九州では餓死が起こり、「食べるため」に犯罪を犯す人がいて、貧困から病気の母親を殺さなければならない息子がいる。深夜のファストフードやネットカフェは、住む場所をなくした人々の「避難所」となって、この国の風景を変えている。もう「自己責任」などと切り捨てている場合ではない。切り捨てているのは「他人ではなく自分の手足」なのだ。

餓死を容認する社会と、誰もがなんらかのセーフティーネットにひっかかることができる社会。あなたが住みたいのは、どちらだろう。（雨宮処凛・作家）

（岩波新書・777円）＝2008年5月15日⑤配信

天才料理人の実像描く

「ロブション自伝」(J・ロブション著、伊藤文訳)

昨年十一月、百年以上の歴史を誇るレストランガイド「ミシュランガイド」東京版が出版され、本書の著者であるジョエル・ロブションの三店すべてが星を獲得するなど高い評価を得た。そして現在、世界で最多の計十八の星を持つ料理人だ。

だが世界で最も有名な料理人ロブションが、果たしてどんな人物なのかは意外と知られていない。断片的な知識が横行するだけで、どんなに情報を集めても完成しないパズルのように、彼の全体像はミステリアスで描けなかった。

そんなベールがまさに時宜を得て出版された本書によってはぎ取られた。フランスの料理ジャーナリストや訳者によるインタビューなどで構成された本書を読むと、彼がいかにしてフランス料理界のトップに君臨していったかよく分かる。「おいしい料理は、完璧(かんぺき)な素材からしか生まれない」と唱える彼の「素材至上主義」が単純なものではなく、幼少期に豊かな自然に接したロブションならではの深い背景が解明される。

何事も一番にならないと気がすまない性格、家庭環境や神学校で培ったと思われる完璧主義者の側面を告白する。そしてミシュランへの道を究めるためのモラリスティックな修練、引退後の不死鳥のような復活など、彼の創造の秘密も明かされる。生涯の師と崇(あが)める人たちと出会い数々のチャンスを見事にものにするが、実はその裏に一瞬たりとも立ち止まらずに、人並みはずれた労働力を料理にささげてきた誠実な努力が隠されていた。

世界戦略に王手をかけたロブションは経営者としても卓越した資質を持っているようだ。ローマは一日にしてならず、ということわざを想起させる。「私の料理は休むことなく、ゆっくりと、しかし絶えず進化していかなければならない」と明言するロブション。料理のグローバル化が進み、混迷する二十一世紀のフランス料理の未来を展望する意味でも、多くの料理人に読んでほしい。(宇田川悟・作家)

(中公文庫・1050円)＝2008年5月22日①配信

社会の矛盾との戦いの歴史

「闇こそ砦　上野英信の軌跡」(川原一之著)

私はかろうじて日本の炭鉱の栄枯盛衰を記憶している世代に属する。もっとも強い記憶は、繰り返された落盤事故のニュースである。「また落盤！」と思うほど事故は起き、たくさんの命が失われた。テレビ画面に映ったのは炭じんで全身真っ黒になって運び出される遺体、とりすがる妻や子、泣く仲間たち。炭鉱労働が過酷な仕事だと、いやでも感じさせられた。

そんな炭鉱に、京大を中退し、自分から望んで飛び込んだ男がいたことを、本書で初めて知った。記録文学者の上野英信である。彼は炭鉱労働者として働き、紆余(うよ)曲折ののち「筑豊文庫」を設立。「追われゆく坑夫たち」「出ニッポン記」などの執筆や「写真万葉録・筑豊」全十巻の編集など、大きな実績を残した。また力がありながら無名の作家を世に出す支援者として、報道写真家の岡村昭彦(「南ヴェトナム戦争従軍記」)や石牟礼道子(「苦海浄土」)などを送り出した。本書は、これまで上野について書きついできた著者の文章をもとに編集された。

上野は船乗りの息子として山口県に生まれ、福岡県の八幡中学、満州にあった建国大学へと進む。学徒兵として陸軍に入隊したが、広島で被爆。戦後は京大に学んだ。ところが、広島で目にした情景とほとんど被害を受けなかった古都の空気とのギャップに悩み、炭鉱に目を向けるようになった。原爆の後遺症に苦しみながら、小学校卒と学歴を偽ってまで厳しい炭鉱労働に飛び込んでいった上野の歩みは、格差社会が取りざたされる現代とは比較にならない「格差」や社会の矛盾との戦いの歴史でもあった。

四十代に入った上野は廃坑の社宅で筑豊文庫を起こす。そこでは労働や日々の生活に根ざした文学を求める人々が集まり、独自の文学活動が展開された。貧しく過酷な日々の中、情熱を持って文学活動を続けた原動力は、船乗りだった父や自分たちを取り巻いていた貧しい人々の暮らし、原爆で亡くなった民衆への愛惜の心だろう。「目線は低く、志は高く」という言葉を久しぶりに思い出した一冊である。(千葉望・ノンフィクションライター)

(大月書店・2730円)＝2008年5月22日②配信

座談の名手の本領発揮

「一言半句の戦場」(開高健著)

開高健が亡くなって、十九年になる。彼は昭和の最後三十年の日本文学界をリードする作家だったが、このところ開高健を再評価する気運が高まっているようだ。

硬質の文体を駆使した長編、しなやかな文章が魅力の短編に、絶妙な修辞をちりばめたフィッシング紀行や食のエッセーで、開高健は読者を愉(たの)しませてきた。それらは全二十二巻の全集(新潮社刊)で読めるが、これに本書が加わった。全集や単行本に未収録だった文章、対談、インタビューなどが、五百九十ページという大部の一冊に収められている。

本書を読むと、あらためて開高健という作家の磁力の強烈なことに驚かされる。彼は名文家として知られたが、座談の名手でもあったことがわかる。対談のテーマはむろん文学から政治、美術、映画、文化人類学、自然、冒険譚(たん)、食談議、釣魚論―と幅広い。あまりに雑多のように思えるが、彼の関心の広範にわたること、および博覧強記ぶりを示してもいる。

しかも面白いのは、彼の座談が独特の修辞にみちて、いわば話し言葉がそのまま文体に転化しているように見える点である。淀川長治さんとの対談など、映画について語りながら人生の機微まで感じさせるから、お見事と言うしかない。

それに、インタビュー。とりわけ若者向けのアウトドア専門誌での彼の語りは、一編の作品になっている。野生の自然が人間にとっていかに大事かを説き、「我々日本人は、体の中へ川が流れてんのかねえ」と語りつつ、人間―自分がそこに住むことはできないことを、痛切に悼む。

世界的な森林伐採の愚を糾弾するのは誰しもできるが、その一方でわれわれが文明の成果を謳歌(おうか)しているという矛盾をどう考えるべきか。彼は言葉の端々に「人間は自然の一部であることを忘れてはいけない」という反省を響かせている。

本書は、むろん開高健のファンに喜ばれるだろう。が、同時にまた、開高を知らない人にも彼の魅力を教えて新たな読者にするはずである。(菊谷匡祐・翻訳家)

(集英社・3360円)=2008年5月22日③配信

受難と喪失の歴史を旅する

「黒人霊歌は生きている」(ウェルズ恵子著)

黒人霊歌は、いまや広く聴かれている。だが流布しているそれは本来の意味での黒人霊歌だろうか。著者は言う。「口承文化としての黒人霊歌は、厳密には一九世紀の人々といっしょに消えてしまった」と。そこから著者の探索の旅ははじまる。

アフリカ大陸から奴隷船で運ばれてきたアフリカ系アメリカ人が、奴隷として生きるなかで生まれた歌。それが原点である。暴力、不安、絶望、彼らは死による天国での救済を歌った。白人知識層は、彼らの神をひたすら希求する〈神様の歌〉を黒人霊歌と名づけて広めてゆく。そこには信仰に厚い善良な黒人という社会への組み込みの意識が働いている。いっぽうで奴隷解放後も依然と差別と抑圧の日々はつづく。その恐怖と失望を歌った〈悪魔の歌〉はブルースへと発展してゆく。

奴隷歌として発した黒人霊歌が、自由の国アメリカの理想にあわせて、南北戦争以来、今日までいかに姿を変えて歌われるようになったか。著者はその歌詞を読み解き、丹念にたどる。

たとえば黒人霊歌のなかでも最も有名な「深い川(Deep River)」「行け、モーゼ(Go down Moses)」。ここで歌われる旧約聖書のヨルダン川の向こうにある約束の地カナンへの帰還への夢。

それがじつはその裏で自分たちがミシシッピ川を渡って北部への逃亡を果たす夢をこそ歌っていた事実。そしてゴスペルソング(聖歌)を論じ、有名な青春映画「スタンド・バイ・ミー」の主題歌からその原詞を掘り起こし、それがじつは黒人の受難の歴史を歌った歌詞に行き着く経緯。

さらにブルースについては、ブラインド・ウィリー・ジョンソンと、ロバート・ジョンソンと、この両天才の歌詞と人生を紹介して、いまも黒人が抱く喪失の痛みを語るくだり。著者の筆は熱く、その問い掛けは鋭い。

「死者の記憶が生きている人の中に残り、生者の世界に影響を及ぼすことがあるように、黒人霊歌は現代に生きている」。黒人霊歌が、魂の叫びであるゆえんである。(正津勉・詩人)

(岩波書店・3360円)=2008年5月22日④配信

引き際、お見事です！

「棟梁」（小川三夫著、塩野米松・聞き書き）

私は群馬の大工の家に生まれ、落語家になりました。著者は栃木の銀行員の家に生まれ、宮大工になりました。これだけでグッと親近感が湧（わ）きます。

著者は高校の修学旅行で法隆寺を訪れ、五重塔が千三百年も前の建物だと知り、衝撃を受けます。普通は「へぇスゴイなあ」で終わるのですが、著者は「最後の宮大工」と言われた西岡常一棟梁（とうりょう）に弟子入りするのです。

徒弟制の世界に飛び込み、内弟子として修業を始めます。仕事場はもちろん、家に帰っても緊張は続きます。何しろ同じ屋根の下に師匠がいるのですから。そして著者は、微動だにせず眠るという技を身につけます。

やがて一人前になった著者は妻を迎えるのですが、新妻はバタンバタンと寝返りを打ちます。ビックリした小川棟梁、「静かに寝られんか」と言うと、新妻は「そんなことできません」とピシャリ。思わず吹いてしまう話ですが、これわかるんです。徒弟制に身を置いた多くの人が、このエピソードに頷（うなず）くのではないでしょうか。

「体に記憶させる、体で考える」。その手段に近道も早道もなく、親方や師匠と一緒に暮らし、一緒に飯を食い、一緒に働くしかないとの理念のもと、著者は鵤（いかるが）工舎を構えます。

合宿所であり、寮でもありますが、そこはやはり工舎です。職人が技を伝え切磋琢磨（せっさたくま）する場なのです。昔のいいものを残し、今をも取り入れる温故知新の世界ですが、学校では教えられない何かは、この環境があって初めて伝わる。あらためていいシステムであると感じ入りました。

十年をひと区切りとし、職人を世に送り出します。工舎からすれば貴重な戦力であるのに著者はあえてそうするのです。そうして多くの宮大工を育て上げ、棟梁は六十歳を機に工舎を去るのです。

棟梁は本書で繰り返し語っています。「いつまでも俺（おれ）が棟梁ではあかん。一番腐るのは上に乗ってるリーダーからや。今度は俺が席を譲る番や」と。落語界で言えばこれからという時に、棟梁、引き際、お見事です！（立川談四楼・落語家）

（文芸春秋・1600円）＝2008年5月22日⑤配信

言語処理と母音を結ぶ試み

「日本人の脳に主語はいらない」（月本洋著）

日本語は主語を省略する言語だと言われることが多い。確かに、「今度の日曜日、どこかに行きましょう」「いいですね」のような日本語の会話では、「私たちは」と「それは」という主語が省略されていて、わざわざこういう主語を言う方が不自然に思われる。これが英語だと、weとitという、それぞれの文に必要な主語を省略することは許されない。

日本語がもつこの特色を、脳における言語処理の過程が、日本語の話し手とそれ以外の言語の話し手とでは異なるという事実をもとにして、解き明かそうというのが本書の目的である。

日本語が他の言語に比べて主語を省略する傾向にあるのはどうしてなのかについては、これまで諸説が主張されてきているが、いまだに定説と言えるものはない。それだけに、言語を作り出し理解する場所である「脳」にその理由を求めようとする本書の目論見（もくろみ）は確かに興味深いものである。

その論点の中心は、日本語のように母音が優勢な言語は、その母音を左脳で聞くという事実にある。左脳は言語処理を実行する場所であり、言語を発する行為が、母音の発音で開始されるとすると、話者が意図してから、実際に言語処理の過程に移るまでに必要な時間が極めて短い。

日本語は、ポリネシア諸語と同様に母音が優勢な言語である。認知された現象は、日本人の脳内では即座に言語化されるから、最初に認知されて存在が当然の主語は省略されやすい。

一方で、英語のように子音が優勢な言語の話し手は、母音を右脳で聞く。この場合、言語処理は右脳で開始され、それが左脳へと伝達される必要があり、その間に、認知された主語が実際に言語化されてしまうという。

母音の優勢度と主語の省略という、一見無関係な性質を、言語処理を実行する脳の区分と結びつけて論じる著者の観点は斬新である。言語学的にはいささか強引な議論もあるが、脳科学と言語学の知見を結びつけて言語の問題を解決しようとした試みは貴重である。（町田健・名古屋大教授）

（講談社選書メチエ・1680円）＝2008年5月22日⑥配信

負の循環からの生還

「エリック・クラプトン自伝」（エリック・クラプトン著、中江昌彦訳）

今、数万人の興奮した若者たちを黙らせることのできる中年がどれだけいるだろうか。天才ギタリストの名をほしいままにしたクラプトンならそれができる。

現に二〇〇一年三月、パリのベルシーで聴いたコンサートがそうだった。クラプトンが一人で、アコースティックギターだけを持って舞台に登場し「チェンジ・ザ・ワールド」を演奏しだすと、若者たちは立ちあがって叫ぼうとするのだが、そのギターの音色があまりに繊細で多彩なために、思わず耳を澄まさずにはいられないので、若者たちは結局黙って座っているしかなかったのだ。

この自伝は、クラプトンが自らの生い立ちを語るだけでなく、自分が見てきた地獄を明かし、ヘロイン中毒からアルコール依存症へと転落していった負の循環からどのようにして抜けだしたかを赤裸々につづった本である。

誰もが認めるギタリストとして、ほしいものはすべて手に入れながら、埋めようのない欠落感に苦しみ、やがてドラッグとアルコールに支配されコントロールが効かなくなってゆく過程が、ロックファンにはページを繰る手ももどかしい証言の積み重ねを通して語られている。圧巻はジョージ・ハリスンの妻との恋が、アルコール依存症の進行と幾度かの治療の試みのなかで実り、結局は破綻（はたん）してゆく個所だろう。

彼女との結婚生活の末期、イタリア人の愛人との間に息子が生まれるが、その子はニューヨークのアパートの窓から墜（お）ちて死んでしまう。高揚と失意が次々に押し寄せるなかで、クラプトンはどのようにして依存症から脱却したのだろうか。

本の後半には、クラプトンが私財をなげうってカリブ海アンティグア島に設立した、アルコール依存症の更生施設「クロスローズ・センター」に関する記述がある。

ギターはギターの音色しか語らない。その裏にある人生に、この本を通してやっとめぐりあえた。

（塚本昌則・仏文学者）

（イースト・プレス・2940円）＝2008年5月29日①配信

見事な解説の優れた入門書

「アダム・スミス」（堂目卓生著）

アダム・スミスの「国富論」はあまりにも有名で、古典経済学の元祖とされている。競争を活用した市場原理に基づいて経済を運営すれば、経済はうまく進むという思想は、現代まで脈々と生きている。

この経済思想は、その後マルクスやケインズなどによって、自由放任だけではダメという修正も受けたが、最近になってスミス自身もこれと異なる切り口からそれを主張していた、ということが論議されるようになった。それがスミスの「道徳感情論」への注目である。本書はこの二つの本をわかりやすく説いた、非常に優れた入門書である。

「道徳感情論」におけるスミスは、人の性格には「賢明さ」と「弱さ」があるという認識から出発する。富や地位を得ようとする経済行動は、弱さ（野心）の動機によるが、それを達成するには賢明さ（ルールの遵守（じゅんしゅ））がないと、市場はうまく機能しないと考えた。換言すれば、富や地位を得ることは経済の繁栄に寄与するので、非難されるべきことではないが、人々に徳や英知がなければ秩序のない市場取引となり、好ましくない帰結を生むとした。

わかりやすい例を述べよう。ホリエモンや村上ファンドが違法のインサイダー取引を行って、ボロもうけしたことがあったが、スミスはこのような非道徳性を排除している。村上氏の「金もうけして何が悪いのか」という言葉はかまわないが、徳のないことが問題なのである。

「国富論」に先立つ十七年前に出版された「道徳感情論」は、「国富論」での主要経済思想である「分業」と「資本蓄積」が、どのような背景と根拠を持って生まれたのか、スミスの頭の中でうまく橋渡しが進んでいることの解説を、本書は見事に行っている。

評者がスミスに共鳴する点は、「賢明な人」は決して高過ぎる富や地位を望まず、むしろ健康で負債がなく、良心的な人生、いわばつつましやかな人生を好んでいるように読めることだ。人の生き方は当然自由であるが、多くの人に読んでほしい本である。（橘木俊詔・同志社大教授）

（中公新書・924円）＝2008年5月29日②配信

米の核政策を浮き彫りに

「アトミック・ゴースト」（太田昌克著）

広島で記者生活をスタートさせた著者が、その原点での体験を大切に温めながら、ワシントン特派員の四年間に、その恵まれた取材環境をフルに生かして精力的に取材した成果をまとめ上げたのが本書である。この二〇〇三―〇七年という期間はまさに、ブッシュ政権が「使用可能な核兵器」の開発を含む先制攻撃戦略の追求を目指し、議会及び世論の反対で挫折する時期に当たる。

何よりも圧倒されるのは、アメリカにかかわる本書の情報量の豊かさだろう。核テロという自ら作り出した恐怖に対抗するために、ブッシュ政権がいかに危険な核政策（「使える核」「次世代核」など）を追い求めていたかが、核政策担当者、議会、研究者などに対する取材を通じて、文字通り浮き彫りにされている。叙述はあくまでも裏付けが取れていて、著者の主観が紛れ込んでいない点は高く評価できる。

また、9・11で国民的パニックに陥り、ブッシュ政権の暴走をいったんは許してしまったアメリカだったが、イラク戦争の泥沼もあってブッシュ政権に対する批判力を取り戻し、その暴走に待ったをかけるアメリカの議会、世論に関する叙述に、わずかではあれ今後への可能性も感じる（無批判なアメリカべったりの日本政治と比較せよ）。

本書の主題ではないが、日本の核武装という問題がアメリカを含めた海外では真剣に憂慮されていることを指摘している点（序章）は、私たちとして真剣に考えなければならないところだろう。イラン政府当局者が「われわれは日本のような状況になりたい」と言ったそうだが、そのイランはまさに「ならず者」国家の筆頭に位置づけられているのだ。

なお、本書の構成としては、第八章で示されたアメリカの核政策の漂流問題を中心に据えてほしかった。核固執政策のアメリカをいかにして核廃絶に向けさせるのか。被爆地・広島、長崎の訴えが持つ今日的意義と結びつけた、本格的な核廃絶に向けた問題提起にまで結びついていないのが惜しまれる。（浅井基文・広島平和研究所所長）

（講談社・1890円）＝2008年5月29日③配信

励まし合い、病と闘う

「かいかい日記」（窪島誠一郎著）

一九九七年、長野県上田市郊外に開館した戦没画学生の慰霊美術館「無言館」。館長の窪島氏は水上勉の実子としても知られるが、開館時から現在まで、有効な治療法がない「乾癬（かんせん）」と闘ってきたことを本書で打ち明けた。

人から人への感染はなく、死に直結もしないが、頭皮からつま先まで体の各部はかゆみに見舞われ、四六時中かいていないと耐え切れず、熟睡もできない。赤く腫れた患部から血も流れ、白いかさぶたも落ちる。

アトピーや一字違いの疥癬（かいせん）と違い、乾癬は全国に十万人以上の患者がいながらほとんど知られていない。過度のストレスが潜伏中の乾癬を発症させる、といわれるが、発症の理由も有効な治療法も不明。患者の心身の負担は尋常ではない。

だが、本書の記述に暗さはない。軽妙なのである。それは窪島氏が乾癬を患う全国の仲間とも出会い、支えられて支える関係になり、特効薬もないこの病気に「根気よく付き合おう」と前向きになれたからのようだ。

窪島氏の発症は、無言館の開館の準備時期と重なった。全国の遺族を訪ねた準備、開館後の予想外の社会的反響への戸惑い、無言館や窪島氏への度重なる脅迫など、窪島氏の生活は絶えずストレス下にあり、薬を飲んでも塗っても改善しない。

父の遺伝か、とも窪島氏は考えた。戦争中に生き別れた親子が再会したのは七八年六月。水上氏は再会の場ながら、しきりにズボンをめくって足をかき、「昔から、かいかいがひどくてのう」と言ったのだ。

かゆみと無縁な生活を願う窪島氏は、乾癬に効くと評判の高い北海道の温泉で湯治もする。そこで全国各地から訪れた老若男女の乾癬患者と出会った。湯治から半月後、かゆみは完全に消えたが、リバウンドに見舞われ、今も症状と闘う。

一進一退を繰り返す乾癬患者の宿命。完治の可能性が低い絶望感は、同じ病を持つ者同士の励まし合いで癒やされる。患者がそこそこいても、死に直結しない病気はなかなか研究されない。本書からは、そんな医療のありさまも浮かび上がる。

（小林照幸・ノンフィクション作家）

（平凡社・1890円）＝2008年5月29日④配信

医療現場の悲劇と葛藤

「ねじれ」(志治美世子著)

患者と医師という、本来なら理解と信頼で結ばれていなければならない関係に深刻な「ねじれ」が生じている。医療現場が、あるべき姿を見失い、うめき声をあげている。本書はそんなやりきれない蹉跌(さてつ)と悲劇、葛藤(かっとう)を活写しながら、解決の方策を探っていく。第五回開高健ノンフィクション賞にふさわしい作品だ。

医療事故やミスにより、二十歳の娘が死んだてん末、五歳の息子を失った母の疑念と自責が切なく胸に響く。訴訟に際し、医療機関がカルテの改ざん、捏造(ねつぞう)等を平気で行う実例、鑑定書をめぐる誤謬(ごびゅう)や制度的欠陥の指摘も、ゆがみときしみを如実に示して余りある。

だが本書は、患者側の言い分だけでなく、悪者と決めつけられがちな、医師の現状にも眼を配った。患者の権利を守るため、立ち上がった産婦人科医が受けるアカデミックハラスメント、マスコミ報道への疑義、過酷な労働条件に抗しきれずに自殺した小児科医のエピソードなどが紹介される。医療者もまた、つらい日常に押しつぶされそうになっているのだ。

ある医師の、「人は、生き物は、100%死ぬものです」という言葉が重い。無責任な発言にも聞こえるが、ページをめくるうち、その真意がしみこんでくる。命はいつか終わる。だから患者は生を求め、医師は治療に力を尽くす。いきおい、両者の願いは医療の高度化に向かう。しかし、誰がそれに伴うリスクを負うべきなのか。国は無策のうえ、現場での議論さえうっちゃられたままだ。

重い課題と対峙(たいじ)しながら、著者は舌鋒(ぜっぽう)鋭く切り込んだり、社会の木鐸(ぼくたく)を気取り声高になるわけではない。患者と医師の双方に寄り添いながら、深い哀(かな)しみと、静かな怒りを行間に込めていく。

謙虚ながら確固とした筆致は、徐々に力強さを帯び、最終章近くになって最高潮に達する。「ねじれ」を解きほぐすため、手を携えたのは、家族を失い病院と闘った遺族と、かつて加害者とされた医療関係者だった。

身近さゆえ、かえって遠く感じる医事問題を、本書は再び手元に引き寄せてくれる。(増田晶文・作家)

(集英社・1680円)=2008年5月29日⑤配信

虚実の楽しさに満ちる

「マンガ編集者狂笑録」(長谷邦夫著)

赤塚不二夫のアイデアブレーンを経て、マンガ家、マンガ批評家として活躍する長谷邦夫が、実にユニークな作品を出版した。本書は、実在のマンガ編集者十人を主人公にした、書き下ろし短編集だ。

冒頭の「風たちの断層」は、敗戦の混乱の中で出版業に携わり、やがて白土三平の「カムイ伝」の発表の場として、雑誌「ガロ」を発行した長井勝一の半生が描かれていく。長井の型破りで痛快な生き方と、二人三脚でマンガの新たな地平を切り開きながら、しだいに大きくなる長井と白土の“断層”が、確かな筆致で浮き彫りにされている。

このほか、手塚治虫に「ブラック・ジャック」を描かせる壁村耐三を主人公にした「酔わせてみせろよウソ虫」や、「少年マガジン」を百万部の大台に乗せた内田勝、宮原照夫の対照的な人間像を見つめた「トムとジェリーの青春」など、どの話も面白い。

さらに、前述の白土や手塚をはじめ、川崎のぼる、石森章太郎、水野英子、浦沢直樹など、そうそうたるマンガ家が登場。個性的な編集者とマンガ家のやりとりも、マンガファンにとっては、興味深い読みどころとなっているのだ。

と言っても本書は、あくまでも事実をベースにした小説である。どこまでが本当で、どこからが創作か。マンガ編集者たちの熱き物語は、混然一体となった“虚実”の楽しさに満ちているのだ。

また、全体を俯瞰(ふかん)すると、敗戦から現代へと至る、戦後の一断面史として読めるようにもなっている。マンガの内容や表現の変化、あるいは社会とマンガの関係が、時代を映す鏡として、機能しているのだ。ここも本書の魅力であろう。

日本の商業マンガの現場では、編集者の占める役割がとても大きい。だが、こうした事実が広く知られるようになったのは、近年のことである。それだけに、本書が出版された意義は計り知れない。「小説」のスタイルを採っているが、戦後の日本マンガ史を語る上で、見逃すことのできない一冊なのだ。(細谷正充・文芸評論家)

(水声社・2940円)=2008年5月29日⑥配信

女優ルリ子の恋と冒険

「RURIKO」（林真理子著）

気がつけば、いつも彼のことを思っていた。裕次郎。ルリ子が心から好きだった男だ…。

十代でデビューしてから半世紀以上。本書は、日本を代表する女優の、恋と冒険の物語である。

裕ちゃんに片思いしつつも旭と恋仲になり、旭はひばりと結婚して離婚する。ルリ子のほうはいくつもの恋を経て、きらめきを増していく…。

本書は小説である。ところが読むうち、これって暴露本？　とも思えてくる。なにしろ、登場人物の大半が実名なのだ。

著者はホンモノの浅丘ルリ子氏に取材もしたとのことで、なお驚く。だって、彼女を愛する男たちに対して、笑いをこらえるのに苦しむシーンが、あまりに多数。なかでも、テレビ界の人気者が自作の詩で求愛する場面だ。こんなの書かれて平気なのか、へーちゃん？

どこまでが実話かと、勘ぐる楽しみは十分にある。が、味わうべきは、戦後昭和という時代の「匂（にお）い」だろう。

まるで学園生活のような日活の調布撮影所で芽生える初恋。ロケ先での秘密のあいびき。ルリ子の恋と冒険は、いちいち「濃い」。それは、娯楽の選択肢が限られ、スターがスターだった時代ゆえの濃さ。“デコラティブ”と形容してもいい。

そのぶん、背負わされる荷も重い。物語には、美空ひばりがたびたび登場する。酔っぱらったひばりが夜中にかけてくる電話が、ルリ子には切ない。「女王」の孤独はどこまで深いのか。女同士の羨望（せんぼう）や嫉妬（しっと）を描かせたら右に出る者のない著者。ひばりは本書の、陰の主役である。

還暦を過ぎても堂々現役で、超年下の恋人との関係を公にしつつ、ルリ子がいま、女としても一層輝いているのはなにゆえか。かなり濃いくちの物語を、最後の一行まで味わい尽くしてほしい。

これは、女優の半生と作家の妄想とが、危うくも絶妙に結ばれた、幸福なマリアージュ（結婚）なのだ。（島村麻里・フリーライター）

（角川書店・1575円）＝2008年6月5日①配信

言葉を注視する硬文学

「りすん」（諏訪哲史著）

ページを開くと兄妹らしい男女が病室で繰り広げる会話が続く。妹は骨髄のがんを病み死を前にしているが、兄とのやりとりは、軽妙な言葉で冗談とも本気とも取れぬ漫才めいた語りである。「ポンパッ！」とか「チリパッハ」とか意味不明の単語が、作品のなかを飛び交う。

読み進めると、妹の朝子は母親が中国残留孤児であり、幼いころに中国で育ち、兄の隆志とは血縁の兄妹ではないことがわかる。ストーリーとしては、このふたりの会話を隣のベッドの女性患者がカセットにひそかに録音し、患者の兄が盗んだ会話を題材に小説を書いているらしいという展開になる。しかし、この隣人の生身の姿は登場しない。朝子と隆志の生み出す妄想のようでもある。

会話だけが延々と続くので、最近のケータイ小説やアニメーションの人物を模した感じを受ける。小説のリアリズムの描写は皆無であり、白血病で苦しむ妹の悲劇といった粗筋にも要約できない。後半になると、作者のこの小説に仕掛けた思惑が浮かびあがる。つまり、「小説」というジャンル自体をどこまでも解体し、言葉が何かを表現し「現実らしく表象する」ことを徹底して拒否してみせる試みなのである。一言でいえば、「小説」という言語表現をめぐる冒険譚（たん）である。

これは近代小説の歴史ではアンドレ・ジードにはじまり、二十世紀のアンチ・ロマン（反小説）までさまざまに展開・発展・進化、そして解体と再生を繰り返してきたものである。日本でも横光利一の影響を受けた若き森敦が「酩酊船（よいどれぶね）」というメタフィクションを一九三四（昭和九）年に著している。いや近いところで村上春樹、小林恭二、室井光広といった作家を挙げてもよい。さらにシュールレアリスム（超現実主義）を日本語に受肉した滝口修造のような詩人を想起するのである。

芥川賞受賞作の「アサッテの人」から作家は満を持してこの実験作を書いた。ケータイ小説やライトノベルが隆盛を極める状況下で、言葉そのものを注視する稀有（けう）な硬文学の誕生といっておこう。（富岡幸一郎・文芸評論家）

（講談社・1680円）＝2008年6月5日②配信

装置めぐる師弟確執に魅力

「嘘発見器よ永遠なれ」(ケン・オールダー著、青木創訳)

動物行動学者デズモンド・モリスは著書「マンウォッチング」の中で、人間の発する情報の信頼性に順位をつけている。以下、信頼できる順に。自律神経信号、下肢信号、体幹(胴体)信号、見分けられない手の動き、見分けられる手の動き、表情、そして、言語。

一番信頼できないのが言語だ。言語は脳の指示通りに嘘(うそ)をつく。何とかして相手の本心を知りたい。そのためには、自律神経信号を測るべきだ。こうした考えから、呼吸や脈拍、皮膚電気反応などの変化を調べる嘘発見器が生まれた。

本書は嘘発見器の研究・開発に取り憑(つ)かれた研究者たちのノンフィクションである。著者は科学史の専門家。科学史としての着眼点もユニークだが、本書の魅力はむしろ見解の異なる二人の研究者の確執にある。

嘘発見器の創始者ジョン・ラーソンは米国初の博士号を持つ警官。装置の限界に気付き、犯罪の捜査ではなく、精神障害の治療に使うべきだと考えを改める。一方、ラーソンの弟子であるレナード・キーラーは、容疑者を精神的に追い込む手段としての効果があると考えた。

誠実だが厳格すぎるラーソン。野心家キーラー。師弟は対立し、やがて憎み合う。二人の際立ったキャラクターが複雑に絡み合って、嘘発見器をめぐるドラマに仕上がっている。

ちなみに嘘発見器によるデータは米国の裁判では証拠採用されないが、日本では採用されている。恐らく、嘘発見器は虚と実がないまぜになった魅力で研究者を幻惑するのだ。だから発明されて以来、原理的にはほとんど発展していないのに取り憑かれる研究者がいる。

「嘘発見器は科学から生まれたものではないから、科学では抹殺できない。嘘発見器のすみかは研究室でもなければ法廷でもなく、新聞印刷用紙であり、映画であり、テレビであり、それからもちろん大衆誌やコミックやSFである」

結論が出ないから、逆に研究者の知的好奇心を刺激する。嘘発見器にはそんな側面もあるといってもよいか。(竹内一郎・劇作家、演出家)

(早川書房・2625円)=2008年6月5日③配信

生きる喜びを感じる才能

「ペレ自伝」(ペレ著、伊達淳訳)

スーパースターの自伝ともなれば、選手生活の栄光とその陰の苦悩が重々しく語られがちだが、そうした取り澄ました態度とペレは無縁だ。

たとえば幼いころ、サッカーチームのユニホーム代を作るためにピーナツ泥棒をする話が出てくる。貨車に忍び込んでピーナツを服に詰め込み脱兎(だっと)のごとく逃げる場面はワールドカップ決勝の場面に匹敵する面白さだ。

十七歳ではじめて出場したワールドカップ・スウェーデン大会で「ちょっとした情事もありました」などとさりげなく書いてしまう無防備さ。「わたしは若く、壮健で、少しぐらいは女性にもモテると勘違いしていたところもありました。それにわたしのホルモン…」

いやあ、わかります。この本によると、ペレは三度結婚し七人の子をもうけている。三度目は五十代前半だった。

もちろん、試合の当事者でなければ描けない迫力ある場面もたくさんある。三度目の優勝を飾った一九七〇年のメキシコ大会でのブラジルチームの精密で、なおかつ華やかな美しさにあふれた動きなどはファンならずとも引き込まれてしまう。

だが、たとえば、ペレの最高のゴールのひとつといわれるスウェーデン大会の神話的ゴールなどはわずか十行で語られるにすぎない。その一方で、取り巻きの勧めるインチキ投資話に乗って、大きな負債を背負うエピソードに結構な紙数が費やされたりする。バランスが悪いと思う人もあるかもしれないが、この配分が実にペレらしい。

ペレは「喜びの人」だと強く感じる。ピッチでの勝利や栄光はもちろん大きな喜びだろうが、実生活での恋愛、金もうけ、あるいはその逆の破局や大損などあらゆる局面で生きる喜びを感じることのできる特別な才能の持ち主なのだ。だから読後感はきわめて爽快(そうかい)だ。

中にはムハマド・アリと抱き合う写真が載っている。アリは「怒りの人」だった。二十世紀のもっとも偉大なふたりの選手は、いろいろ共通点も多いが、喜びと怒り、それぞれをベースに戦っていた点で対照的だったといえるだろう。(阿部珠樹・スポーツライター)

(白水社・2940円)=2008年6月5日⑤配信

民主主義阻害する恐ろしさ

「国策捜査」（青木理著）

「特捜検察」といえば、泣く子も黙るほど、巨悪を摘発する正義の集団として畏怖（いふ）されていた。ところが、大阪高検の公安部長だった三井環氏を逮捕した二〇〇二年四月から、風向きが変わった。

各県警で暴露された「調査活動費」を流用した裏ガネづくりが、検察でも行われていることを、三井氏が内部告発しようとした矢先、大阪地検特捜部に逮捕されたのである。

その一カ月あと、外務省のロシア担当だった佐藤優氏が、鈴木宗男衆院議員との関連で、東京地検特捜部に逮捕された。「国策捜査」とは、佐藤氏を取り調べた検事がいった言葉で、検察が「象徴的な事件をつくり出して断罪するもの」という。

この三人以外にも、「国策捜査」によって逮捕されるなどした、村上正邦（元労相）、田中森一（元東京地検特捜部）、安田好弘（弁護士）、西山太吉（元新聞記者）の各氏など十人が、「日本の司法を考える会」のワークショップに出席して議論した内容が、この本にまとめられている。

検察は権力中枢に問題がおよびそうな場合は、意識的に真相解明をサボり、一方では、「象徴的な事件をつくる」ために、まずストーリーありきの捜査で、それに合わないことは一切受け入れようとしない。容疑者が否認している限り釈放せず（人質司法）、「うそでもいいから認めてしまえ」と責めたてる。

極めつきは、「日歯連事件」である。これは、故橋本龍太郎元首相、青木幹雄、野中広務氏など橋本派幹部が、「日本歯科医師連盟」の臼田貞夫元会長と料亭で会合、額面一億円の小切手を受け取り、裏ガネとして処理した事件だった。

ところが、三人は逮捕を免れ、その場にいなかった村岡兼造元官房長官が在宅起訴された。

彼は総選挙で落選していたため、「いけにえ」にされた。

起訴されると、有罪率99・9％という異常な日本の司法をどう変えるのか。日本の民主主義を阻害しているのが検察である、とは恐ろしい。（鎌田慧・ルポライター）

（金曜日・1575円）＝2008年6月6日配信

疾走感と切なさと

「荒野」（桜庭一樹著）

書評の依頼がきたら、直木賞受賞作「私の男」と比較して書くことになるだろうなと思って読み始めたところ、いきなり「私の男」はどこかに吹っ飛んでしまって、頭の中は百パーセント「荒野」！　そのまま一気に最後まで。

なんなんだ、この疾走感は？　なんなんだ、この切なさは？　なんなんだ、この不気味で不穏な気配は？

「なんなんだ」に翻弄（ほんろう）されつづけ、「それから、なぜかまたかすかに微笑んだ」というラストにたどりついて、ため息をついた次の瞬間、再び、「背後でぷしゅうぅぅっ……とドアが閉まった」という冒頭にもどって読み始めてしまった。

主人公は山野内荒野、女の子。彼女の中学から高校までの約四年間が描かれている。

中学入学の日、荒野は電車の中で同級生の悠也と出会う。作家である父親と暮らしていた荒野だが、父の結婚相手となる蓉子という女性が連れてきたのは、息子の悠也だった。

あちこちに愛人をつくりつつ、黙々と自分の世界のなかで作品を書き続ける蜻蛉（かげろう）のような父親。夫に振り回されながらも自分を保とうとする蓉子。五木寛之の「青年は荒野をめざす」に触発されて外の世界にあこがれる悠也。そんな三人と暮らしながら必死に自分の居場所を見つけようとあがく一方、なぜかマイペースで、しかしそういう状況にいやおうなく翻弄され、自分と周囲、自分と悠也との世界をこつこつ築いていく荒野。

さらに、荒野に恋心を抱く女の子。ごく普通にのびやかに恋愛を楽しむ同級生。そして荒野に思いを寄せる男の子。

いかにも青春小説にありそうな設定の中から、恋という“荒野”をさまよう少女と大人の思いが錯綜（さくそう）する、深遠な物語が展開する。

そろそろ固定化してきたように思われていたヤングアダルト小説のまん中に、鮮やかに風穴をあけた作品。（金原瑞人・法政大教授、翻訳家）

（文芸春秋・1764円）＝2008年6月12日①配信

物語の復権予感させる作品　「雲と海の溶け合うところ」（天野作市著）

一世代は、三十年。成人した若者が五十歳になる長さである。五十歳の大人の心は、ボロボロだ。三十年前になろうと決意した「大人」に、「今の自分」はなれなかった。その失望と焦り。時間の流れは、残酷だ。

この小説の主人公・相馬寛久も、五十二歳。ストレス性の難聴で苦しんでいる。家庭にも会社にも居場所がない。彼は心を癒やすべく、ヨーロッパへの一人旅に向かう。

偶然に出会った若い女性の名前が、白河香澄。清らかな水をたたえた、かぐわしい川の流れ。男の心の傷を洗い流す「水の女」にふさわしい。

だが、寛久から見れば「女神」である香澄は、売春をしていた過去に苦しみ、深く傷ついていた。現代の若者もまた、どんな大人になればよいかわからず、悩んでいる。

寛久は香澄に対しては、「神」の役割を果たさねばならない。傷ついた魂を抱えた老若の二人旅は、互いが互いを救う旅になり得るのだろうか。

少年時代の寛久は、父を継ぎ、たくましい漁師になるつもりだった。遭難したオランダの船を、命がけで救助した。そして、幼なじみの間島祥子を守る大人の人生が、しっかり見えていた。

人生の意味を見失った現在の自分とのあまりにも大きなギャップは、なぜ生じたのだろう。ここで、「物語」が持っている偉大なる力を、作者は力強く発動させる。

これまで目を背けてきた過去を直視すれば、少年時代に見えていた「物語」の主人公に、もう一度なりうるはずだ。物語の力で、人間の過去はその可能性ごとよみがえり、書き直され、修正される。それが、未来を切り開く。

長編小説「雲と海の溶け合うところ」を世に問うた天野作市は、主人公と同じ五十二歳。経営していた出版社の倒産後は、闘病生活を送ったという。何歳になっても、人間は物語を信じれば生き直せる。

天野のデビュー作は、現代社会の暗雲を吹き飛ばす「物語の復権」を予感させる。現代文学は若者と大人の心をまるごと癒やすべきだという作者のメッセージが新鮮だ。（島内景二・電気通信大教授）

（講談社・1680円）＝2008年6月12日②配信

歴史や人間の見方が深まる　「軍国昭和　東京庶民の楽しみ」（青木宏一郎著）

本書は、昭和に改元された一九二六年十二月二十五日から、敗戦前日の四五年八月十四日まで、激動の昭和前期における、東京の庶民のレジャー（行楽、年中行事、祭り、映画、演劇、スポーツなど）の実態を日録風に紹介している。

材料は、主要な新聞と、岡本綺堂、永井荷風、古川ロッパ、高見順といった著名人の日記である。

本書を読んでいくと、「おわりに」で著者が、「どのような世の中であっても大衆から楽しみを根こそぎ奪い取ることは不可能だという歴然たる事実」と記したとおり、昭和初期の不況も、戦時下の堅苦しい統制もなんのその、人々のレジャーへの欲望が衰えなかったことがよくわかる。その意味で、戦争末期の食糧不足を補う買い出しさえ一種のレジャーだったという著者の指摘は鋭い。

また、太平洋戦争後半になると、新聞からレジャー関係の記事はほとんどなくなるが、著名人の日記や新聞にある事件・事故の記事から、かなり末期まで花見や節分の豆まき、映画といったレジャーを多くの庶民が楽しんでいたことを明らかにしているのは本書の一大特長である。庶民のしたたかさは戦時下でも失われなかったのである。

ただし、巻末の「解説」における、庶民が悲惨な敗戦を予期して食いだめならぬ遊びだめに走ったかのような書き方はやや違和感を覚える。「解説」の中で著者自ら書いているように、庶民の大半は勝利を信じていた。だから、「欲しがりません勝つまでは」の有名な標語のとおり、勝つまでの一時的統制の強化を前にした遊びだめと考えた方が実態に合っていると思う。

しかし、いずれにしろ、庶民のレジャー事情という、学校の教科書からはこぼれおちてしまう視点から時代を切り取った本書が、歴史や人間の見方をより深めてくれる好著であることはいうまでもない。

明治、大正期を扱った姉妹編とあわせ読めば、近代日本の大衆文化の変遷がうかがえ、歴史を知り、考える楽しみはさらに増すであろう。戦後編も望みたいところだ。（古川隆久・日本大教授）

（中央公論新社・3045円）＝2008年6月12日③配信

がんとの闘いを複眼で描く

「三人にひとり」（アダム・ウィシャート著、北川知子訳）

三人にひとりが一生に一度はがんになる。「三人にひとり」の書名は、がんが他人事ではないことを示している。ちなみに日本人男性の確率はもっと高く、二人に一人ががんになるそうだ。

著者はドキュメンタリー番組制作を手がけるディレクターだ。ある日、彼の父の頸椎（けいつい）が砕け、原因はがんと診断される。痛みに苦しみながらも、学者らしく静かに病と向き合う父。そして息子である著者は、父に言われて二百年にわたる人類のがんとの闘いの歴史をたどりなおしていく。

本書は、らせんのようにからみあう二つの流れで構成されている。

一つ目は患者である著者の父に施される治療と経過、医療現場への不満、ホスピス、そしてそもそもがんはなぜ起きるのかといった、現代の患者と家族が必ずたどる、だが、個人的な道のりだ。

もう一つは多くの研究者が登場する人類のがんとの闘いである。麻酔のなかった時代の話題から始まり、放射線治療や化学療法、がんの疫学、今日では補完医療として機能している代替療法など、がんにかかわる研究発展の歴史だ。両者が相照らしながら物語は進行する。

著者は「人類のがんとの闘いの歴史」という文脈を持つことで、眼前の出来事を乗り越えようとする。そして、父は科学が実現してきたことと将来成し遂げるだろうことを、自分に対して伝えたかったのだと思うに至る。いずれ将来はがんも治る病気になるだろうと、本書は前向きに締めくくられている。

しかし著者が本書を書いた本当の動機はほかにもあるのではないか。科学は普遍性や確率、全体の傾向については語ることができる。だが個別の問題には答えられない。

著者の父は「なぜ自分が」とは問わなかったという。だが著者は「なぜ自分の父が」と問わずにいられなかったのではないか。その強い気持ちが彼に医学史探求の道を歩ませたのではなかろうか。行間から著者の苦悩がにじみ出ているように感じられた。（森山和道・サイエンスライター）

（ダイヤモンド社・1890円）＝2008年6月12日④配信

全私財投じた物好き探検記

「コンゴ・ジャーニー（上・下）」（レドモンド・オハンロン著、土屋政雄訳）

その昔、探検とは宣教師による布教活動と表裏一体だった。宗教の次は未開の地に自国旗を掲げようという経済圏拡大の欲望である。二度の大戦後、そうした行為は大国によるエゴの押しつけだ、という認識が広がり、無邪気な探検行が成立する時代は終息した。では現代の探検家が旅をするのはなぜなのだろうか。

物好きだからだ。「コンゴ・ジャーニー」を読みながら、何度もつぶやいた。物好きめ、この物好きめ。全世界で植民地支配を行った歴史のある英国は、旅行文学の伝統を持つ国である。その系譜に連なるのが文芸紙編集者出身の作家レドモンド・オハンロンなのだ。だが彼の行状を見ていると、英国人があれほど海外に進出したがったのは、別に領土が欲しかったわけではなく、単に物見高かっただけなのではないか、と歴史を問い直したくさえなる。

アフリカ中部のテレ湖に、モケレ・ムベンベという生物が生息している。この幻の獣は、一説によれば現代に生き残った恐竜であるという。とてもロマンのある話だが、全私財を投じて確かめに行こうという人はいないだろう—レドモンド・オハンロン以外には。

テレ湖まではコンゴ川をさかのぼって行くのだが、途中には数々の危険が待ち受けているのである。開巻早々から、エボラ出血熱やエイズのウイルス感染、わずかな毒液で人を即死させる毒蛇ガブーンバイパーなどの剣呑（けんのん）極まりない話題が、まるでお天気の話でもするかのようなのんきさで語られるのである（オハンロン自身は最後まで健康なのだが、同行者は途中でリタイアしてしまう）。

「不潔な股ぐらのような臭いと味」がするサルのスープを食べ、ゴリラ好みの体臭の主と成り果てながら、オハンロンはどんどんコンゴの地に同化していく。現代の探検家は、自分を徹底的に捨て去った後に何が残るのかを確かめるために旅をするのだ。最後に彼が漏らす「私たちは誰でも昔はアフリカ人だった。地球上の誰もがアフリカの出なんだ」という言葉は、私の胸に静かな感動を呼んだ。（杉江松恋・書評家）

（新潮社・上下各2415円）＝2008年6月12日⑤配信

人間性凝縮したエッセー集

「心臓に毛が生えている理由（わけ）」（米原万里著）

いきなり個人的な思いを申し上げて恐縮だが、「心臓に毛が生えている理由（わけ）」を読み終えて、ああ、米原さんはもうこの世にいないんだと感じ、猛烈に寂しくなった。二年前、がんのため五十六歳で亡くなるまでの十数年にわたる交友の中、ある時は毒舌で完膚なきまでにやっつけられ、またある時は仕事上の重要な局面で、まるでわがことのように親身になって助けてくれた彼女に、もう会うことができない。

そう感じた最大の理由は、「心臓に毛が生えている理由」という、いかにも米原さんらしいタイトルの本書は、まさに彼女そのものだからだ。毒舌の陰にひそむ繊細で温かい心遣い、下ネタや稚気あふれる冗談でカムフラージュされた信じがたいほどの教養、今どきめずらしいほど率直な家族への愛の吐露など、彼女が備えていたあらゆる人間性が、この本の中に凝縮されている。

収められているエッセーのいずれもが、彼女でなければ書けないものばかり、と言ってもいいだろう。たとえば「言葉は誰のものか？」は、「玉突き」「油を売る」「将棋倒し」「お茶を挽く」「お灸」という言葉について、それぞれの業界団体や協会が、自分たちの仕事や活動に支障がある、あるいは不利益を被るという理由で、事故や仕事、生活の場における例えとして使わないよう報道各社に申し入れた、という五本の新聞記事を枕にして話を進めている。

いわゆる言葉狩りに対する米原さんらしい提言だが、ふむふむと思いつつ読んで行くと、最後にとんでもないドンデン返しが待っていて、おもわずにんまりしてしまう。

表題の「心臓に毛が生えている理由」では、カリスマ通訳と言われた米原さんならではの秘訣（ひけつ）が披瀝（ひれき）される。それ自体とても興味深いが、最後の一行がいかにも彼女らしい含羞（がんしゅう）に満ちた逆説で、「また、そんなこと言っちゃって」と、突っ込みのひとつも入れたくなる。彼女の心臓は、毛が生えているどころか、かぎりなく滑らかだったにちがいないと、懐かしさにひたりつつ思うのだ。こう書いていてつい、ほろりとしてしまった。（西木正明・作家）

（角川学芸出版・1680円）＝2008年6月12日⑥配信

近過去の「歴史化」の試み

「家族の昭和」（関川夏央著）

「感傷的『回想』が、おうおうにして『歴史化』をさまたげる」ことを憂える著者による、近過去「歴史化」の試み。家族をテーマにした文芸表現を題材に昭和という時代をあぶり出していく。

本書によれば、昭和の家族像を分断するのは、戦争ではなく、高度経済成長である。小津映画の家族は一人、また一人と茶の間を去っていく。それは家族の崩壊の始まりではあったが、茶の間に象徴される「中流家庭のありかたとモラルは、昭和三十年代なかばまで日本社会に残っていた」「高度経済成長の波が、それら懐かしいものたちを一気に押し流した」。

懐かしいものたちは、敗戦がもたらした「戦前否定イデオロギー」によって封印されようとしていた中から、幸田文、向田邦子らが救い出した「戦前」の中流家庭の情景だと著者は指摘する。

向田邦子は昭和四十年代にホームドラマを多く手がけたが、「寺内貫太郎一家」の舞台装置は四十年代的団地文化ではなく、それより少し前の昭和のたたずまいだった。

鎌田敏夫が昭和末期、「金曜日の妻たちへ」で登場させた高度成長以後の団塊夫婦たちは茶の間ではなく「パティオ」に集う。「家長」や「家事の玄人」といった「戦前」的な大人の役割を自らに課そうとはせずに、疑似青春を求めて、不倫の「恋におちて」しまう。

本書が、懐かしくも凜（りん）とした昭和を巧みに筆に残した、世代の違う女性作家、幸田文と向田邦子の共通点を探り当てている部分は興味深い。結婚生活を全うするという人生を選ばなかった二人は、稀有（けう）な文筆の才で父亡き後の家族を支え、あたかも「戦前」の「家長」のような生き方をした。

二人が生きることになったのは、まぎれもなく「戦後」の現実だったけれど、彼女たちを支え続けたものは、目に焼きついている「戦前の父」の姿だった。

長い昭和という時代を鮮烈に浮かび上がらせるエピソードである。（中島京子・作家）

（新潮社・1575円）＝2008年6月19日①配信

多面的に分析した力作

「変貌する民主主義」（森政稔著）

本書は現代における民主主義の思想状況の変化を多面的な角度から分析した力作である。本書でいう現代とは、一九六〇—七〇年代を「潜在的な開始点」とし、冷戦終結においてその姿が明らかになった時代であり、前半におけるニューレフトの思想や運動の高揚と、その後に起きた新自由主義と新保守主義の「保守革命」によって特色づけられる。そしてこの時代における社会の現実と思想状況の大きな変動のなかで、民主主義もまた大きく変化したという。

そこで本書では、民主主義を、自由主義とりわけ新自由主義との関係（第1章）や、エスニシティやジェンダーなどを結晶核としたマイノリティの自己主張としてのアイデンティティと差異の政治との関係（第2章）や、グローバル化のなかで進行するナショナリズムおよびナショナリズムと結びついたポピュリズムとの関係（第3章）などにおいて分析している。

なかでも興味深いのは、近年流行のガヴァナンス論を民主主義思想・思想史との関連で論じている議論である（第4章）。とりわけ、社会全体のガヴァナンスの総元締であるはずの国民国家が、実は「自らを外部からの視点で評価する制度的な仕組みを欠いており」、そのことが現代の民主主義にとってきわめて重大な問題をはらんでいるという指摘は刺激的である。

本書では、こうした民主主義をめぐる現代的諸問題が、最新の理論や民主主義思想の古典にも十分に目配りしつつ、丹念に論じられている。この丹念さ・丁寧さこそ本書の大きな特色であろう。本書全体を貫く新自由主義への明確に批判的な視線にしても、一刀両断に黒白つけるような議論の仕方とは無縁である。

おそらくそれこそが、現代の民主主義の主体に求められる他者に開かれた姿勢、「自分の欲求を外から眺めて相対化すること」（「リフレクシヴィティ（再帰性、反省性）」）の実践に何よりも不可欠な、民主主義の語り方なのではないだろうか。（川崎修・立教大教授）

（ちくま新書・819円）＝2008年6月19日②配信

隣人のいま伝える路上文学

「中国低層訪談録」（廖亦武著、劉燕子訳、竹内実日本語版監修）

大地震、チベット問題、毒入りギョーザ、世界の工場、さらに五輪…と中国の話題は尽きないが、いまひとつ実情がわからない。何しろ十三億人もいる。一人一人の顔が見えにくい。その中国の人々の「呼吸、体温、感情および言語様式」を記録した大著、それが本書である。やたら面白い。

登場人物たちがいい。浮浪児、出稼ぎ労働者、乞食（こじき）の大将らの「はみだし者」。同性愛者、新々人類、人買いなど「性をめぐる虚と実」の人々。トイレ番、死化粧師、老右派、老紅衛兵ら「変転する社会を生きぬいて」きた人。法輪功、カトリック、チベット仏教の信者など「暴力と欺瞞（ぎまん）の世界に真実を求めて」いる人たち。破産した企業家、冤罪（えんざい）の農民、反戦の反革命分子ら「一寸の虫にも五分の魂」を持つ人々など、総勢三十一人がいきいきとしゃべっている。

浮浪児は「子どもにだって面子があらあ！」と突っ張り、売春婦が「あたしのような高収入の者は、社会的な義務（納税）を果たすべきだわ」とあっけらかん。反革命分子の烙印（らくいん）を押され、倉庫番として暮らす元編集者は「中国人として無念でも、国を愛すべきだ」と苦渋をにじませて語る。どの言葉も、当人の身体の底から発せられている。

一九七〇年代、スタッズ・ターケルが百人を超える普通の米国人にインタビューして「仕事！」という書物を著わし、ニュージャーナリズムの嚆矢（こうし）となったが、本書はその中国版の趣がある。しかし、著者の廖亦武はかつて天安門事件に関係したとして、四年間の獄中生活を送り、その後、大道芸を生活の糧にしながら文筆活動を行ってきたというだけあって、人選が的確で、そのやりとりには勢いがある。

著者は出国許可ももらえないし、本書も国内では発禁だという。だが、ここにある一編一編が、どんな政治家や官僚やビジネスマンの言葉より、中国人のいまを伝えている。私たちとの近さを感じさせる。これこそ文学の、再び米国風にいえば、〈ストリート・リット（路上の文学）〉の力である。

（吉岡忍・ノンフィクション作家）

（発行・集広舎、発売・中国書店・4830円）＝2008年6月19日③配信

50年代の大衆文化の息吹

「『平凡』の時代」（阪本博志著）

著者が一九五〇年代を「『平凡』の時代」と呼ぶのには、重要な意味がある。いままで五〇年代は、左右対立の時代であり、日本社会が高度経済成長期へと離陸する過渡期として位置づけられてきた。

著者は、このとらえ方では、当時、百万部雑誌として社会現象になった月刊誌「平凡」（一九四五年十二月創刊号～一九八七年十二月最終号）が果たした意味を、軽視することになると考えた。

雑誌「平凡」は何を伝えたのか。どんな読者層を支えたのか。「平凡」の「作り手」と「受け手」を明らかにすれば、五〇年代のもう一つの重要な側面が見えてくる。本書は、いままで見過ごされてきた「平凡」の社会的意味を探る企てに挑戦し、新鮮な五〇年代分析を提供した力作である。

左右対立の時代の政治運動と労働運動に参加した若者の主役は、大学生に代表される高学歴の人々であった。これに対して「平凡」は、運動に無縁な働く若者、とくに未組織の若年労働者を対象にした。興味深いことに、「平凡」の読者層は男女半々、郡部在住者が六割前後で、「当時の都市全体・地方全体の人口比率とほぼ重なっていた」。

また「平凡」は需要よりもわざと発行部数を抑える販売戦略をとったので、雑誌を買えない読者がたくさんいた。彼らは回し読みをした。一冊の「平凡」をめぐって読者の小さな輪ができた。ここから「元気で働き、愉快に遊ぶ」をスローガンにした愛読者の組織「平凡友の会」ができた。

本書の魅力は、丹念なインタビュー調査で、「平凡」の「送り手」側と「受け手」側に面接し、関係者の声を通して、当時の雰囲気を再現したことである。雑誌の編集・販売の当事者、「平凡友の会」に入っていた人たち、さらに紙面に登場した歌手の雪村いづみやラジオ番組の司会者・玉置宏などである。

こうして本書は、一九五〇年代の大衆文化の息吹を伝えるとともに、見落とされてきた五〇年代のもう一つの側面を発掘した、優れた成果となった。（藤竹暁・学習院大名誉教授）

（昭和堂・2625円）＝2008年6月19日④配信

超高齢化社会の今後

「共同研究　団塊の世代とは何か」（御厨貴ら著）

本書は現代社会をリードする十五人の精鋭の経済人、学者、作家らが、団塊世代の家族関係や仕事、政治意識、カルチャー、そして経済に与えてきた影響を考察し、一年間にわたりとことん話し合った上で、成果を各自の責任においてまとめた論文集である。

専門分野の論理に裏付けられた内容はそれぞれ含蓄がある。

たとえば、団塊世代は生きてきた時代や社会背景から無党派層が多く、付和雷同しやすく、他人の行動に寛容で、人口の割に独断専行型のリーダーが少なく、むしろリーダーを支えるフォローワーとして力を発揮しやすいとの「観察に基づく新しい発見」に多くの読者はうなずくであろう。

前回の会議での議論に触発され、次回の報告者はみずからテーマを選び、連鎖反応的に思考を展開し、ときには自分の主張を改め、ときには踏襲し、論文をまとめる。多数の筆者による論文集というと、しばしば各自の独立した主張の寄せ集めとの印象があるが、本書には個人が一人で考えただけでは見いだせない英知がちりばめられ、まさに「共同研究」のタイトルにふさわしい内容になっている。

団塊世代は、職業人生の前半を、経済が成長し企業が発展する中で過ごしてきた。そこでは組織の中で生きていくために、個を抑えることを求められてきた。ところがバブル経済が崩壊した四十代中盤になると、突然のように組織に頼ることなく自立した個人に成ることが大切だといわれるようになった。

こうした社会の変化に戸惑いを感じながら、いま団塊世代は定年を迎え、企業組織から解き放たれていく。

本書の冒頭部分に記されている「“怒れる青年”であった団塊の世代が“物言わぬ中年”になって久しいが、今後、いま一度覚醒して“怒れる老年”となるか否か」との問い掛けは、超高齢化社会日本の今後を見通す上で重要なだけではなく、すべての読者に一人の人間としての生き方を問うている気がする。（樋口美雄・慶応大教授）

（講談社・1700円）＝2008年6月19日⑤配信

混沌から秩序へ大きな一歩

「死生学1」(島薗進、竹内整一編)

死生観を踏まえた倫理的判断が常に問われる末期医療や先端医療の現場、自殺やいじめの課題からいのちの尊厳への取り組みが強く求められる教育の現場、健康不安を抱え医療依存に傾斜する心性と医療費増に怯(おび)える厚生行政の現場、看(み)取りの文化の喪失によって死への対応に困惑する家や福祉の現場、核家族化や他界観の変化に揺れる葬祭業者や宗教界の現場。死生学が求められる場は一九六〇年代以降、急速に拡大している。

シリーズ第一巻の本書では、研究者を中心に評論家や作家らが執筆している。第一部は、日本における死生学の形成過程と対象領域の広がりを論じた「死生学とは何か」(島薗進)から始まる。

さらに死生学と生命倫理を対比させ、それらが標榜(ひょうぼう)する「よい死」が結果的に生の質による選別、国による生死の管理に加担することへの危惧(きぐ)を説いた「死生学と生命倫理」(安藤泰至)、安楽死・尊厳死の語りの中に潜んでいるものをえぐり出した「生権力と死をめぐる言説」(大谷いづみ)、そして「アメリカの死生観教育」(カール・ベッカー)、「英国における死生学の展開」(グレニス・ハワース)と続く。

第二部は、死は無と言われる「死生観の空洞化」を克服する新たな世界観の必要性を説く「生と死の時間」(広井良典)、死に怯えるのは世界から自分だけが切り離されるという存在論的な孤独のためであるとする「なぜ人は死に怯えるのだろうか」(芹沢俊介)、たとえ晩年の生命においても生きる価値があることを認めさせようとしたロスの生き方を評価する「エリザベス・キューブラー・ロス」(田口ランディ)、超越した存在とのつながりの喪失が死への恐れを強めていると分析する「『自分の死』を死ぬとは」(大井玄)、生をまっとうすることが次の世界への眺望や期待を生むという「死の臨床と死生観」(竹内整一)。

そのいずれも今の生き方を振り返らせる力に満ちあふれている。死生学の学問的裏づけの作業は緒に就いたばかりだが、本書は混沌(こんとん)から秩序への大きな一歩である。(新村拓・北里大教授)

(東京大学出版会・2940円)=2008年6月19日⑥配信

寄り添うように描く他者

「止島(とめじま)」(小川国夫著)

今年四月に亡くなった小川国夫ほど、孤高という言葉が似合う作家はいないのでないか。自費出版した「アポロンの島」が一冊も売れず、出版後八年もたってから新聞紙上で島尾敏雄により激賞されにわかに脚光を浴びたという、神話といってもよいようなエピソードは、いかにもこの作家にふさわしい。

寡黙な人間が訥々(とつとつ)と語るような、短文を重ねた文体。作品は、唐突に始まり、あっけないとも言えるような形で終わる。読者の歓心を買うことにたけた昨今の文学に慣れた者には、小川国夫の小説はとっつきにくいと思われるかもしれない。

しかし、それは決して作家が冷淡だからではない。他者とのかかわりを拒むようでいて、実はそれを切実に求めるさまは、小川の代表作「悲しみの港」で余すことなく描かれている。寄り添うように他者を描く小川国夫の作品の特徴は、この「止島(とめじま)」でも如実に示されている。戦国時代末期の武田の雑兵を描いた「葦枯れて」、亀さんという老車夫とその孫娘の琴を中心に描いた連作「亀さんの夕焼け」「琴の想い出」「舞い立つ鳥」。どの作品でもそこに登場する人物を描く小川の筆致の丹念さは、対象への愛という言葉でしか呼べないようなものである。

なかでも、表題作の、幼いころの自身とその祖父母の姿を描いた「止島」は、印象深い。小川の祖母をモデルにしたおこうさんは肺炎にかかる。臨終の直前、お酒を所望し、医師の粋な計らいで少し飲酒した後、看護婦の前で寝たまま六方を踏む。淡々とした描写ながら、対象への作者の思いは、確実に読む者に伝わってくる。そうした小川の文学への姿勢、思いは、同時に出版された随想集「虹よ消えるな」を併せて読めば、より明瞭(めいりょう)にわかるだろう。

作品への、文学への愛は、決して読者におもねることではないのだ。小川国夫の、この遺作を通じ、そのことが今更ながら認識させられる。(千葉一幹・文芸評論家)

(講談社・1785円)=2008年6月26日①配信

銀行マンもつらいのだ 「オレたち花のバブル組」(池井戸潤著)

「オレたちバブル入行組」の続編だが、単独で楽しめる小説になっている。とはいえ、「オレたち花のバブル組」という浮かれ気味の書名とは異なり、実際は「バブル組はつらいよ」と題したほうがふさわしい内容だ。

東京中央銀行の半沢は、巨額損失を出した老舗ホテルの再建を担当させられる。この再建案は、金融庁による東京中央銀行の検査でも重要なポイントになっており、半沢は必死の綱渡りを行う。一方、心の変調で出世コースから外れた近藤は、銀行から出向した先の中堅同族企業でいびられていた。この会社には、どうも秘密があるらしい。

銀行をねちねちとオネエ言葉で責める金融庁の黒崎のキャラクターが強烈だ。それに対し、合併銀行内部の派閥争いに翻弄(ほんろう)されつつ、銀行マンとしての筋を通そうとする半沢はおとこ気を感じさせる。金融庁、ホテル、同族企業を代官や商人、バブル入行組を若侍と見立てれば、勧善懲悪型の時代劇に近い。そういった面白さは確かにある。

しかし、この図式にすんなり納得できない読者もいるだろう。作中ではバブル崩壊の後始末を押しつけられたバブル入行組が、その悪環境をつくった団塊世代の無責任さに憤る。だが、一九九〇年代以降の就職氷河期を過ごした世代からすれば、バブル組は恵まれた既得権益者に見えるだろう。

また、銀行にもさんざん不祥事があったのだから、金融庁頑張れと思う人もいるはず。本作では悪者である同族企業も、融資を受ける側に立てば「銀行はいつだって勝手だから」と、同情的に見ることができる。今の世の中で、銀行マンを正義のヒーローとして描くことはなかなか難しい。

これについて作者は、無自覚ではない。不正に立ち向かうバブル組にしても、銀行の裏事情を抱え込んだり、家族を思って妥協したりせざるをえない。生きるためにはやみくもに正義を貫くのではなく、ぎりぎりの着地点を探すしかない。バブル組も、しがらみの中でつらいのだ。この種のつらさは、多くの人が共有するものだろう。(円堂都司昭・文芸評論家)

(文芸春秋・1750円)=2008年6月26日②配信

細部縫い上げる手際さえる 「またの名をグレイス(上・下)」(マーガレット・アトウッド著、佐藤アヤ子訳)

独身紳士トマス・キニアの屋敷に雇われた十六歳の女中グレイス・マークスは、使用人ジェイムズ・マクダーモットと共謀して、雇い主キニアと女中頭のナンシー・モンゴメリーを惨殺したとされる。裁判の結果、マクダーモットは絞首刑になったが、グレイスは弁護のかいあって終身刑に減刑され、二十九年間服役の後、赦免された。十九世紀半ば、カナダで起きたこの有名な事件を小説化したのが、「またの名をグレイス」である。

獄中のグレイスは二十四歳。数奇な運命を経験したためだろう、生来の美ぼうに不可思議な魅力が加わっている。赦免運動を展開する医師が疑似恋愛感情にとらわれてしまうのは、彼女という存在の真ん中に謎めいた空白があるからだ。

グレイスには事件当時の記憶がない。失われた記憶を求めて、聞き取りが行われ、神経催眠と称する方法が試されるうちに心霊術へ横滑りしていく。心という未知の領域の解明をめざした十九世紀科学と、小説的たくらみがからみあう最大の読みどころである。

歴史に忠実な細部を小説的瞬間に縫い上げていくアトウッドの手際がさえる。読者はしばし少女の目線で植民地カナダを生きるだろう。アイルランドで生まれた彼女は棺桶船で大西洋を渡り、屋敷を渡り歩いて女中をつとめたあげく監獄へ放り込まれ、虐待や親切を受け、聞き手に応じて自分の物語を語り変え、語り残す。

小説の末尾で、グレイスは身中にひとつの兆しが宿ったことを知り、自分自身のために縫うキルトの図柄を語るが、それらが希望と絶望のどちらを意味するのかは、読者の解釈にゆだねられている。こうして真実を秘めたまま、小説のページが閉じられた後も彼女は生き延びていく。

かつてアトウッドは、カナダ文学に特徴的な概念は、「必死にしがみつきながら生存し続けること」(「サバィバル―現代カナダ文学入門」)と記した。「またの名をグレイス」はカナダ文学にまたひとつ「サバイバル」の物語をつけくわえたのだ。(栩木伸明・早稲田大教授)

(岩波書店・上下各2940円)=2008年6月26日③配信

名作の謎を追い求める　「『十五少年漂流記』への旅」（椎名誠著）

椎名誠さんはもっとも敬愛する作家のひとりである。強く親近感を覚える理由について、ずっと疑問に感じていたのだが、この本を読んで氷解した。

ぼくは小学校の高学年で「十五少年漂流記」を読み、いたく感動し、触発され、小学校六年のときに子どもたちが巨大ないかだで太平洋を渡る「七つの海の冒険旅行」という小説を四十五枚まで書いた。未完のまま放置されたこの作品は、三十二歳のとき、強靱（きょうじん）な男の意志が一万年かけて太平洋を横断する物語「楽園」となって結実し、作家デビューを果たすことができた。つまり、椎名さんとは、作家としての原点が同じなのだ。

「十五少年漂流記」の中、子どもたちを乗せた帆船は、ニュージーランドを離れ、二十日間に及ぶ漂流の末、ある無人島にたどり着く。この本が自分の原点であると認める椎名さんは、モデルの島がどこにあるのかと疑問を抱き、仲間たちを引き連れ、謎を追い求める旅に出た。

そもそも椎名さんの行動の原動力には強烈な好奇心がある。南米・パタゴニアの太平洋岸に位置するハノーバー島が舞台の島なのか、あるいはニュージーランドから八百キロほど東にあるチャタム島こそが目当ての島なのか。

旅の途中の描写には、実体験を通して得られた知識が山盛りである。笑わしてやろうという魂胆を表に出すことなく、そこはかとなく笑わせてくれる。特に、食べ物に関するエピソードは興味深く、ときに爆笑させられる。漂流記が大好きである理由を、椎名さんは「生き延びるためにどんな工夫と挑戦をしたかが気になるからだ」と書いている。

生き延びるためにまず直面するのが、飲み物と食べ物の確保であることは言うまでもない。ところが、椎名さんは、飢えて深刻であるはずの場面を、笑いのオブラートで巧みに包んでしまう。だからこそ、観察者の肉体や細胞を通過して入ってきた情報が、まさに「身体でわかる」という感覚で、読む者の胸に伝わるのだ。（鈴木光司・作家）

（新潮選書・1050円）＝2008年6月26日④配信

感情と結び付く嗅覚　「あなたはなぜあの人の『におい』に魅かれるのか」（レイチェル・ハーツ著、前田久仁子訳）

テレビでたまたま目にしたのだが、黒い色をつけた水に醬油（しょうゆ）の香料を入れただけのものを豆腐にかけて食べると、ちゃんと醬油の味を感じるのだという。その「にせ醬油」だけをなめてみるとしょっぱくないのがわかるが、他の食品と合わせると醬油味がする。においだけで人の味覚はあっさりと騙（だま）されてしまうらしい。

味覚のかなりの部分がにおいに依存していることは、鼻づまりの経験などから何となく想像できる。だが、においが味覚のみならず情動にも大きく影響し、においを感じることができなくなると、人生は生きるに値しなくなるという気持ちにすらさせると著者はいう。

脳の中で、においの情報を処理する部分と情動を司（つかさど）る扁桃（へんとう）体は密接な関係にあり、それゆえに、感情的な体験と嗅覚（きゅうかく）は結びつきやすい。においによって特定の記憶が呼び覚まされることもあれば、においを感じることができない無嗅覚症になるとうつの症状を引き起こすこともある。また逆に、うつ状態になると無嗅覚症となるケースも多いのだそうだ。喜怒哀楽とにおいは常に共にある、そんな事例がこの本には数多く書かれている。

さて、誰もが一番知りたいのは、邦題となっている話題についてのことだろう。だが、ここでネタばらしをしてはもったいないので、ほんの少しだけ触れておこう。

相手のにおいによって「この人がいい！」という判断を（主に女性に）させるのは、利己的な遺伝子のなせる技なのだそうだ。つまり、生存への適応がより高い子を残すための戦略である。ただあなたが、またはパートナーがピルを服用していたら、対処を考えたほうがよさそうだ（ピルを服用しているかしていないかで、においの感じかたが違うらしい）。

嗅覚の仕組みからにおいの文化、媚薬（びやく）開発やテロ対策の最新技術まで、においに関する話題が数多く展開されるので本としてはとても興味深く読んだ。ただ、なぜか（特に後半になるにしたがって）日本語として意味をなさない文章が散見されるのがおしい。（竹内薫・サイエンスライター）

（原書房・1890円）＝2008年6月26日⑤配信

細やかな観察眼の散歩日記　「谷中、花と墓地」(E・G・サイデンステッカー著)

エドワード・G・サイデンステッカー氏とお目もじしたのは一回だけだ。それは本書にも出てくる、氏がこよなく愛した上野の不忍池の地下に駐車場をつくることに反対する集会だった。「源氏物語」や川端や三島を訳し、元コロンビア大学教授の“エライ人”という感じではまるでなかった。

小柄で朗らかな血色のよいおじさま、みんなが長い名を略して「サイデン先生」「ステッカーさん」などと質問しても嫌な顔もせず、私には「サーちゃんとお呼び」とウインクしてくれた。

この遺著を読み、ひたすらなつかしい。「谷中、花と墓地」なるつつましい題名通り、これは権威とか富とは無縁の、文人の散歩日記である。知らなかったことだが、氏は米コロラド州生まれ、終戦直後にGHQの一員として来日、晩年はホノルルと東京湯島のアパートの“二地域居住”をしていらしたらしい。

なぜ春先に日本へ来るか。花が好きだから。三月は湯島天神の梅、四月は「左の方なら上野の桜の花、右の方なら山吹の花」、五月「藤は亀戸と決めている」、六月は堀切の花菖蒲(はなしょうぶ)と花暦を追っかけ、浅草の植木市や両国の花火を楽しむ。

その観察眼は日本人以上に細やかで不忍池でも周囲に紫陽花(あじさい)を植えたため「池の景色は遮断され、最も良い季節の、美しい景観を眺める楽しみが失われてしまう」という。「それとて、野球場になってしまうよりまだまし」とユーモア交えて続くのは、戦後、正力松太郎氏らが池を野球場にしようとしたことを皮肉っているのである。

好きなこと、花見、夏の冷たいビール、カラスウリ、都電、喫茶店。嫌いなこと、カラオケ、自動車、「文京区」という地名、パソコン、携帯電話。「くじに当たらない」ことも含め自分にそっくりだと親近感がわく。

「昔から金のたっぷりある界隈よりあまり裕福でない所の方が好き」にも共感する。業績のわりにはひっそりと逝かれたのも自ら好むところだろう。くり返し読むに足る、清々(すがすが)しい随筆だ。(森まゆみ・作家)

(みすず書房・2520円)＝2008年6月26日⑥配信

テンポ良い娯楽映画のよう　「大統領の料理人」(ウォルター・シャイブ著、田村明子訳)

おもしろかった。あっという間に読んでしまった。テンポの良い娯楽映画をみているような気分になった。

アメリカ大統領は地球上で一番大きな権力を持つ人物だ。その人が声明を発表したり外国を訪問したりする姿は、テレビニュースで一年に何度も見る。でもこれはホワイトハウスの厨房(ちゅうぼう)から見た大統領一家の本だ。

ある年の大統領夫人の誕生パーティーで、彼女は一九五〇年代に流行したプードルスカートを渡された。それを身につけて大広間に降りていくと、そこは五〇年代のアメリカになっていた。その晩、国賓を招いて正式晩餐会(ばんさんかい)が開かれるその場所で、招待客たちはロックンロールを楽しんだ。

また大統領はヘルシー志向の強い妻の目を盗んで、妻がいないとき夕食にあぶらっこい肉類と好物をこっそり食べた。

こんなエピソードが随所にちりばめられている。

著者のウォルター・シャイブは、九四年、クリントン政権の二年目に、ホワイトハウスの総料理長になった。それから十一年、クリントン政権の七年間とブッシュ政権の四年間、厨房を守った。

ヒラリー夫人はホワイトハウスの晩餐会を改革しようとしていた。にぎやかで社交好き、はなやかで都会的、そんなクリントン一家と著者は息があった。しかし、次にホワイトハウスの主人になったブッシュ夫妻はまったく対照的だった。夫妻は家庭的で華美なことは好まず、ローラ夫人は専業主婦だった。

この本にはファーストファミリーということばが何回もでてくる。アメリカ大統領選は、民主党と共和党の政権交代というだけではない。さまざまなバックグラウンドを持ち、違う生活様式や価値観を持つ人たちが、入れ代わり立ち代わりホワイトハウスの主人になる。大統領はそういうアメリカン・ウエイ・オブ・ライフの多様性を象徴しているのだなと、ふと思った。

あ、そうそう。料理のレシピが載っています。作ってみました。準備がものすごく大変でした。

(広岡守穂・中央大教授)

(KKベストセラーズ・1890円)＝2008年7月3日①配信

絶妙な問いと率直な答え

「ポスト消費社会のゆくえ」(辻井喬、上野千鶴子著)

作家・辻井喬と社会学者・上野千鶴子という異色カップリングの対談である。上野はかつて、公刊されたセゾングループの社史執筆に参加した。戦後消費社会の歩みを考える上で「希有な典型例」と考えたためだ。

上野の問いかけに答えながら、辻井は語る。堤清二(=辻井)が率いるセゾングループは、いかにして広告の時代に勝利をおさめ、バブル崩壊とともにいかに凋落(ちょうらく)したか。

辻井に迫る上野の言葉は、告発といたわりが絶妙にブレンドされ、名人の鍼灸(しんきゅう)師のような芸域に達している。辻井喬に堤清二を語らしめる、という工夫も効果的だ。どこか人ごとめいた語り口は、無責任さよりは率直さの印象をもたらす。

本書で上野は一九七九年について、「これは空前絶後の、二度と来ない広告の黄金時代だった」と回想する。同感である。売るべき内容=商品を欠いた広告というイメージ・キャンペーン。これが西武のブランドイメージを確立した。百貨店の存在意義そのものを懐疑するかのような広告には、糸井重里による「不思議、大好き。」、「おいしい生活。」といったアイロニーをはらんだコピーがよく似合った。

私にとって興味深かったのは、グループの凋落を決定的にした西洋環境開発などの不動産投資の失敗である。堤自身は不動産投資には慎重だったが、幹部が堤の思惑を勝手に解釈して投資を続けたのだという。これは幹部の責任だろうか。それだけではあるまい。辻井の欲望のわかりにくさも一因だったはずだ。

共産党を除名され、詩人にして作家の顔を決して捨てなかった辻井=堤の「分裂」は、ついに周囲には理解されなかったかにみえる。いや、はたして辻井自身も、みずからの欲望を理解していたのかどうか。

本書を読みながら私は、糸井重里のもう一つの名コピー「ほしいものが、ほしいわ。」を何度も思い出していた。(斎藤環・精神科医)

(文春新書・945円)=2008年7月3日②配信

占領地の加害の実態明かす

「沈黙を破る」(土井敏邦著)

「沈黙を破る」は、イスラエルの元将兵たちのグループの名前である。彼らは四年前、パレスチナ占領地で見聞きし、自らも行った残忍ですさまじい加害行為について写真展と手記で発表し、イスラエル国内に衝撃を与えた。占領地の「非人間的な」実態が知られないまま、多くの国民の支持の下で占領政策が続く中、これ以上沈黙するのをやめようと決意した若者たちである。

本書はこのグループの証言と、彼らへのインタビューで主に構成されている。なぜこうした無軌道な加害行為が戦場で起こるのか、そしてそれが隠され続けるのか。彼らの言葉を通して考える一方で、私たち日本人の問題として考えるために、旧日本兵の証言と比較分析した精神科医野田正彰の話も収録している。

私は二〇〇四年、このグループに会っている。そのとき見せられた一枚に衝撃を受けた。それは占領下の街の壁に「アラブ人をガス室に」と書かれている写真で、本書に収録されている。ナチスがユダヤ人をガス室で殺戮(さつりく)したことをもじった言葉であることは言うまでもない。それは核爆弾の被害者が、他国への核兵器使用を提案することと同じくらい、想像を超えた不気味なことである。

沈黙は次の沈黙を生み出す。私が今製作している延べ四十時間以上に及ぶDVD作品は、六十年前のイスラエル建国とパレスチナ難民発生(一九四八年)の証言記録だが、この戦争を経験したイスラエル兵は、当時見聞きしたことについて徹底的に沈黙していった。

パレスチナ人の村の破壊、追放、土地の没収などは、誰もが知っているが、口にしないことにされた。そして教科書や歴史書からも記述が消え、地図からも名が消えた。そしてパレスチナ問題の原点が隠されたまま、その後六十年にわたって、双方に大きな犠牲者を出すことになった。

問題は「沈黙を破る」ことでしか解決できないことを、この本は教え、そして記録し記憶することの大切さを思い知らせてくれる。(広河隆一・フォトジャーナリスト)

(岩波書店・2415円)=2008年7月3日③配信

アジアの今日的な思想課題

「『近代の超克』とは何か」（子安宣邦著）

戦中の一九四二年七月、「近代の超克」と題する座談会が開かれ、大きな話題となった。

西洋近代を超えるための課題や方法を模索する内容で、雑誌「文学界」に掲載されたこの議論には、小林秀雄や中村光夫ら「文学界」同人に混じって、京都学派の哲学者や日本浪曼（ろうまん）派の文学者が参加。同じ時期、雑誌「中央公論」でも「世界史の哲学」を唱える京都学派新鋭の学者たちが、やはり「近代」の再検討を目的に討論を重ねた。

これらの議論は、戦後、戦争肯定のイデオロギーとして厳しい批判にさらされた。しかし竹内好をはじめとする一部の思想家は、「近代の超克」は事件としては過去のものだが、思想としては過ぎ去っていないとして、その思想課題の発展的継承を訴えた。

本書では、この「近代の超克」論を軸に、戦前・戦中の「東亜協同体論」や「世界史の哲学」が批判的に論じられている。著者はこれらの議論が戦争という現実を後追い的に肯定するイデオロギーとして機能した点を強調し、一方で日本の中国に対する帝国主義的政策を批判的に論じた尾崎秀実や橘樸らを高く評価する。そして「近代の超克」論が、中国に対する日本の施策に全く触れることなく、日本が主導する世界新秩序のあり方を論じた欺瞞（ぎまん）性を追及する。

さらに、南原繁のようなリベラリストを含めた多くの日本人が、「大東亜戦争」の開戦に歓喜の声を上げた事実を掘りおこし、彼らが、対米英戦争によって日中戦争の正しさが証明されたと論じたことを批判的に検証する。そして、そのような思想家の一人である竹内好に焦点を絞り、彼が戦後に展開した思想の問題と課題を論じる。

このような作業は、単なる歴史の検証ではなく、極めて今日的な課題を含んでいる。著者が「あとがき」で述べるように、東アジア共同体の構想が現実的な課題となっている今日、「近代の超克」論こそ、アクチュアルな思想課題として検証しなければならない。

その意味で、本書は現代日本のアジア論に一石を投じる書物である。（中島岳志・北海道大准教授）

（青土社・2310円）＝2008年7月3日④配信

死にゆく者との記憶

「金色の野辺に唄う」（あさのあつこ著）

山陰の静かな山あいの町に暮らす松恵が九十二歳で息を引き取るまでの数日間を、松恵と四人の語り手の視点で描いた連作短編集。

まれな美ぼうに生まれついた次女の奈緒子。結婚を迷っていた、孫の嫁の美代子。罪を背負った花屋の史明。好きな絵を描く自信を失ったひ孫。それぞれの悩みや苦しみを受け止めてもらい、松恵と深い心の結びつきを持った者たちは、死にゆく者との記憶をたゆたわせながら、いつしか自身の生を語りはじめる。

この小説では、自身を語ることはすなわち他者を語ることであり、読者は地図を俯瞰（ふかん）するように、人と人との結び付きが知らぬ間にもたらしていた“救い”に気づかされる。

たとえば、少女時代、早世した姉と比較されつづけた美代子が、ついに母に聞けなかった「（お姉ちゃんじゃなくて）わたしでいいの？」という言葉に、夫である充が「美代子がいいんだ」と答える。つながる言葉が異なる場面をひきよせ、母と夫の顔がオーバーラップする。もう取り返せないものは、別の他人が運んでくれる。その小さな蓄積によって、人は少しずつ生きる力を得ているのではないかとさえ思える。

また、自分を生んだ直後に母が自殺した史明は、祖母から恨み言を執拗（しつよう）に突きつけられる。疎んでいるわけではないのに、人は簡単に人を傷つけてしまうのだから悲しい。それが発端となって史明はナイフをにぎるのだが、それらのいさかいはすべて、終盤の松恵の葬送とともに浄化されていくように見える。

「風になど負けはしない」。愛を請いつづける奈緒子がある場面で、現実を生きる人間の力を信じるように、そうつぶやく。美しすぎるほどの物語でもあるが、それでもその美しさに対して疑いを抱かないのは、奈緒子が信じる「現（うつつ）の力」といえるものがみなぎっているからだろう。

よく見れば金色の野辺を人々が一列に行く光景は、どこか人間の筋肉が隆起するさまに似て、私は「これが現の力か」と、感嘆してしまうのである。（杉本真維子・詩人）

（小学館・1470円）＝2008年7月3日⑤配信

大切な人との過ごし方問う　「命のカレンダー　小児固形がんと闘う」（松永正訓著）

著者は小児外科医。過去二十一年間にわたって千八百人の病気の子どもたちに外科療法による治癒をもたらすと同時に、治療が困難を極める小児固形がんの根治にも挑み続けてきた。治療によって「子どもの生」を見たいと願ってのことである。だが、その結果、著者は数多くの「子どもの死」を見ることになる。

死にゆく子どもの病室で、立ちつくすばかりだった研修医時代、「子どもの死は医療の側に立つ者には敗北であり、家族には痛みであり、子どもには恐怖である」との思いを抱いた著者は、闘病の現場に立ちあい続けた長い歳月を経て、その死へのイメージを変容させていく。

治療法が確立されていない病気の治療にあたっては、「何か一つを得るということは、何か一つを失うということ」であると著者はいう。少しでも長く命を長らえようと思えば、強力な抗がん剤の投与を受けて楽しい時間を失うということになる、と。

しかし、子どもにとっては、何が一番「得ること」になるのか。命の長さか、過ごす時間の質か。限られた時間に追いつめられながら、懸命に治療法を模索する医者も親たちも、絶え間ない選択を次々に迫られ続けることになる。何を選ぶか、それは、どう生きるかが問われることなのだ。

答えの出しようのない、受容しがたい現実の中で、闘病中の子どもに懸命に寄り添い続ける親たち。その深い情愛に包まれながら、短い人生を精いっぱい駆け抜けていった子どもたち。彼らとのかかわりの中で、著者は、子どもたちとの永遠の心の結びつきを見いだし、「死とはそれがすなわちすべて悲しみではなく、そこから何かが始まることもあるのだということを信じたい」という心情にまで至るようになる。

これは、健康な日常とかけ離れた闘病の現場を描いただけの本ではない。大切な人たちをどう愛していくか、どう過ごし、どうかかわることが生きるということなのか、それを考えるための一冊であると思う。（藤田千恵子・フリーライター）

（講談社・1680円）＝2008年7月3日⑥配信

現代史の闇に挑んだ問題作　「甘粕正彦　乱心の曠野」（佐野眞一著）

衝撃的な問題作といって大仰ではないだろう。元憲兵大尉、甘粕正彦といえば、関東大震災の混乱時にアナキストの大杉栄と伊藤野枝、それに大杉の幼いおいを殺した残虐な男として語られてきた。

ところが著者は、入念綿密な取材によって甘粕はこの事件の本当の犯人ではない、ましてや幼い子供は殺さなかったと推理してゆく。

では誰が犯人なのか。そこまでは特定できないが、明らかに陸軍がからんでいた。甘粕は自ら泥をかぶることで上部組織を守ったのではないか。

半信半疑で読み始めたが、著者の長い年月をかけた取材で明らかにされてゆく事実で、ひょっとして甘粕はシロかもしれないと思われてくる。

特に一九七六年に明らかになった、当時の陸軍の軍医が残していた殺された三人の「死因鑑定書」。甘粕は軍法会議で三人を絞殺したと証言したが、「鑑定書」は、大杉も伊藤も集団暴行を受けて死んだことを明らかにしている。

甘粕は事件のあと日本の女子大出身の才媛（さいえん）と結婚するが、この女性は結婚するに当たって本当に子供を殺したのかと聞いた。甘粕はそれに対し「子供は殺していない」と答えた。それで彼女は結婚を決意したという。

そうした証拠、状況証拠から著者は、甘粕シロ説を大胆に仮説として提出する。迫力がある。ただ、なぜ甘粕が泥をかぶったのかという謎は残る。

後に甘粕は満州に行き、謀略家、「夜の帝王」という別の顔を持つ。ここでも著者は、満映の理事長となった甘粕が右も左も能力があれば受け入れた懐の深い男だったと、その暗い魅力を語る。

満映の残党が戦後、映画会社の東映を作り、右も左も熱狂させた任侠（にんきょう）映画を作るという流れは、思わずひざを打つ。

著者にとって、「満州」はライフワーク。前作「阿片王」に続く現代史の闇に挑んだ壮大なノンフィクションで読み応え十分。（川本三郎・評論家）

（新潮社・1995円）＝2008年7月10日①配信

目利きで権力に立ち向かう　「千両花嫁」（山本兼一著）

山本兼一は、ストイックな職人を描くハードな技術系時代小説を得意としてきたが、初の連作集「千両花嫁」では作風が一変。幕末の京を舞台に、骨董（こっとう）商「とびきり屋」を営む真之介とゆず夫婦が活躍するソフトな人情話を作り上げている。

骨董は、高額な書画を買い求めるお大尽もいれば、他人には無価値な品物を大切にする人もいる、値段があってない世界。人と人のつながりで価値が決まる骨董の世界が、心あたたまる物語の舞台になると見抜いた著者の炯眼（けいがん）には驚かされる。

動乱の幕末らしく、「とびきり屋」には新選組の芹沢鴨や近藤勇、高杉晋作、坂本竜馬といった幕末の英雄が毎回のように顔をのぞかせる。真之介は得意の鑑定眼で英雄たちの人物像を見抜き、竜馬や晋作が巻き込まれたトラブルを解決することもあれば、横暴を働く芹沢には毅然（きぜん）として戦いを挑んでいく。

といっても町人の真之介に剣術は無理なので、勝負は骨董商らしく、目利きによって行われる。目利き対決は、見ただけで骨董や人間の価値を看破する一騎打ちで、アクションの要素はないが、下手なチャンバラなど足もとに及ばないほどスリリング。意外なトリックを使って敵をだますこともあるので、ミステリーとしても楽しめる。

アヤシイ茶道具を高値で売る方法、名器九十九茄子の来歴、名刀虎徹の真贋（しんがん）の見抜き方など、骨董業界の裏側も活写されているが、それらが単なるうんちくではなく、町人が権力者に立ち向かうための経験や知恵と位置付けられている。

横暴な武士を翻弄（ほんろう）する真之介は、弱いように見えて実はしたたかな庶民の象徴である。著者が京を舞台に選んだのも、将軍など意に介さない京都人の独立独歩の精神を通して、庶民の強さを表現するためだったのかもしれない。

自分の才覚を頼りに幕末を渡っていく真之介は、やはり混迷の時代を生きる現代人に、為政者の無策や横暴には声を上げることが重要であることを教えてくれるのである。（末國善己・文芸評論家）

（文芸春秋・1700円）＝2008年7月10日②配信

米国文化の本質を知る　「大リーグを超えた草野球」（佐山和夫著）

日本でも大リーグの人気が高くなった。でも、チーム成績や現役大リーガー（特に日本人大リーガー）の活躍だけに注目している人が圧倒的なようだ。これではチョットばかり寂しいし、あまりにもったいないような気がする。

野球を通して米国の歴史や文化の本質に迫ることができる。米国とは、そういう国だ。一国の歴史や文化にスポーツがこれほどの重みを持つ例は、ほかにはないかもしれない。で、せっかく大リーグに興味を持ったのなら、それを米国についても考える機会としてほしい。

では、具体的にはどうすればイイのか？　日本に素晴らしい指南役がいるので、その人の本を読むことから始めればイイ。この本の著者、佐山和夫氏。佐山氏は、野球を通して米国の歴史や文化を考えさせる本を書き続けている。

人種差別抜きに米国は語れないが、その本質を知るための格好のサンプルとなるのが野球だ。大リーグは長きにわたって黒人には門戸を開かなかった。黒人がプロ野球選手になるためには黒人だけの「ニグロ・リーグ」に入るしかなかった。そうした黒人プロ野球選手が白人と同じチームで戦うためには草野球やセミプロ野球に参加するしかなかった。

ところが皮肉なことに（ばかばかしい差別にはありがちなことだが）、野球史上最高の投手は、そうした黒人の中にいた。ベーブ・ルースも真っ青というすごい打者も、黒人の中にいた。シーズンオフに非公式に行われた大リーガー対黒人選手の試合では、黒人選手が勝っていた。

もしあなたが、サチェル・ペイジという黒人投手やジョシュ・ギブソンという黒人打者を知らないのであれば、ぜひともこの本を読んでほしい。米国の歴史や文化の本質に触れることができる。さらに、人間の根源的な悲しさと強さを知ることもできる。

黒人選手の中には、差別につぶされた人もいたし、天衣無縫に明るく生きた人もいたのだ。それが人間というものなのだろう、いつの時代も。（向井万起男・慶大医学部准教授）

（彩流社・2625円）＝2008年7月10日③配信

情熱の由来するところ

「アンのゆりかご」（村岡恵理著）

カナダのプリンスエドワード島を舞台とするモンゴメリの「赤毛のアン」の原作が出版されて今年で百年。全世界に愛読者を持つが、特に日本で人気がある。

日本における「アンブーム」の生みの親は、明治から昭和にかけて活躍した翻訳家の村岡花子さん。一九五二（昭和二十七）年に出版された「赤毛のアン」はたちまちベストセラーとなった。

「歓喜の白路」や「輝く湖水」など、独特の魅力ある表現にあふれる村岡さんの訳文を通してアンの世界に親しんだ読者は多い。実は、私もその一人である。

村岡花子さんが亡くなってから四十年。孫である村岡恵理さんによる評伝「アンのゆりかご」は、もはや「国民文学」の一角をなすと言ってもよい「赤毛のアン」シリーズ成立の舞台裏を明かすと同時に、思いもかけぬ人間ドラマをのぞかせる。

そこにあるのは、受難と情熱の物語。今も愛される翻訳文学を生み出した偶然と必然の不思議に、厳粛な気持ちになる。

ミッションスクールに入学して英文学に出会い、人間性を尊重する思想に出会った村岡さん。やがて、激しい恋に落ちて結ばれる。震災後の混乱の中、夫の会社は傾く。日本の国は戦時色が濃くなり、かけがえのない価値を教えてくれた宣教師も、本国であるカナダに帰る。

その時、託されたのが、「赤毛のアン」の原作。大切なメッセージを伝えなければならない。強い信念の下、戦火の中を逃げまどいながら訳し終えたのは、戦争が終結してすぐのことだった。

日本の多くの読者の心を動かした名作は、村岡花子さんの筋金入りの「志」から生まれた。人間にとって普遍的な価値があるからこそ、今でも熱心に読み継がれる。

縁者でなければ知り得ない事実を満載した本書は、資料的価値も高い。その一方で、けっして故人に近づき過ぎない距離感が、評伝としての品格を与えている。

訳者から孫へ、そして読者へと手渡される魂の炎。情熱の由来するところを知る者は強い。（茂木健一郎・脳科学者）

（マガジンハウス・1995円）＝2008年7月10日④配信

壮大な構想力と強靱な思想

「河（全三巻）」（小田実著）

昨年七月に亡くなった小田実は作家人生を通じ、野間宏が戦後いち早く提唱した「生理・心理・社会」に「世界」を加えた全体小説の実現を目指して、硬質なテーマを持った作品を書き続けた。

高度成長下における上流社会の堕落を描いた「現代史」（一九六八年）、「核」の問題に果敢に取り組んだ「HIROSHIMA」（八一年）、ベトナム戦争後の「正義」無き時代の混沌（こんとん）を描いた七千五百枚の大長編「ベトナムから遠く離れて」（九一年）…。川端康成文学賞受賞作「『アボジ』を踏む」（九六年）のような短編の名手でもありながら、小田実の多くの作品が長編であるのも、世界と人間の「全体」を描き出そうとした結果にほかならなかった。

遺作となった未完の本作品も、「すばる」誌に九九年三月号から昨年まで連載された六千枚を超す大長編（全三巻、既刊第一、第二巻）である。

関東大震災の起こった一九二三年から蔣介石や毛沢東が画策した「中国革命（第一次国共合作）」が一時的に頓挫する二七―二八年ごろまでを背景に、朝鮮人の父と日本人の母を持つ「重夫」少年が、「革命」の激動に巻き込まれた中国人、朝鮮人、ドイツ人、アメリカ人、ロシア人たちと交友することで、人間として「成長」する過程を描き出したものである。

その意味で、この大長編は紛れもなく小田実が考えてきた全体小説の一作である。関東大震災で「朝鮮人狩り」に遭い父親と別れることになった重夫少年は、母親とともに東京―神戸―朝鮮（平壌）を経て上海へ渡り、「中国革命」の現場を体験する。そして上海及び広州、重慶、香港などを舞台に、「歴史の目撃者」である重夫少年が朝鮮の独立・解放を目指す父と再会し、「歴史の当事者」へと変貌（へんぼう）するさまを描き出している。

残念ながら未完に終わり、この大長編が問うた「革命」の可能性について小田実がどのように考えていたのかは不明だが、壮大な構想力と豊富な知識、それに強靱（きょうじん）な思想によって最期まで書き継がれてきた大長編、ぜひ完成してほしかったと思う。（黒古一夫・文芸評論家）

（集英社・全三巻、各4200円）＝2008年7月10日⑤配信

ゆっくりと前向きに

「ラン」（森絵都著）

本書は、「風に舞いあがるビニールシート」で、第百三十五回直木賞を受賞した作者の受賞第一作だ。二〇〇六年の受賞以来、二年ぶりの新作である。

物語の主人公は夏目環、二十二歳。十三歳の時に交通事故で両親と弟をいっぺんに失い、親代わりの叔母にも二十歳の時に死に別れ、いわば天涯孤独の身である。

そんな生い立ちもあって、生者よりも死者の、この世よりもあの世のほうが、環にとってはリアルな世界であり、それ故に他者とのかかわりが苦手になっていた。だが、ひょんなことから親しくなった自転車屋さんの紺野さんから、息子の形見である「モナミ一号」をもらったことから、環の人生は大きく変化していく。ある日「モナミ一号」によって、環が"連れて行かれた"場は、あの世とこの世の境を越えた場所だったのだ。

両親と弟に出会えた環に、彼らは言う。「レーンを越えて」来たんだね、と。レーンとは、下界から冥界（めいかい）への連絡通路であり、本来なら生きている人間には感知できないのだが、環の場合、「モナミ一号」が"ガイド"になったらしい。

以来、「モナミ一号」とせっせとレーン越えに励んでいた環だったが、ある事情から、自力でレーン越えをしなければならなくなり、一人で黙々とランニングトレーニングを開始する。

いつものコースを走っていると、謎の「もみあげ男」から、突然、彼のランニングチームへとスカウトされる。一大決意のもと、そのチームに加わった環だったが…。

環の天敵とも思えるようなオバちゃん・真知栄子、かつては伝説のランナーだったという怪しげなもみあげ男ことドコロさん、決定的に方向音痴な大島君…。個性豊かなチームメートにもまれながら、環なりに走ること、生きることへゆっくりと前向きになっていく。その姿がいい。

それは、生きていくことにちょっぴり疲れた人たちへの、作者からのエールでもある。読後、無性に走りたくなる一冊でもある。（吉田伸子・書評家）

（理論社・1785円）＝2008年7月10日⑥配信

母語の外で生きる意味

「時が滲む朝」（楊逸著）

芥川賞に決まったばかりの本書。著者は中国人として初めてこの賞をつかんだ「時の人」だ。

物語の始まりは一九八八年の中国西北部。下放された元北京大学生の父と、貧農の娘である心優しい母のもとに育った梁浩遠は、厳しい競争をくぐり抜け、親友の謝志強とともに名門秦漢大学の入学切符を勝ち取る。

中央から流れてくる自由の香りに触れ、自然に学生運動に加わる二人。だが運動は天安門で悲惨な結末を迎え、その手前で日常生活に戻された浩遠たちは、むなしさを埋めようと出かけた酒場で暴力事件を起こし、大学を退学になってしまう。

後半は、中国残留孤児の娘と結婚した浩遠の日本での生活を描く。中国から日本、国家のエリート候補生から外国人労働者、子供から父親へと、激しい変化を体験した浩遠だが、その瞳に映る世界は以前と変わらず美しい。二十世紀末の政治経済の巨大なうねりと対比されながらユーモラスに語られる生活のささやかな場面。そこにみえる浩遠の内面は「天安門」などの特殊な背景にかかわらず、同世代の日本人である私のそれとほぼ同じに思える。

だが、読者が本の中にみるその生き生きとした心を、浩遠は実は中国語で語っている。これに対し、彼の日本語はいかにも外国人の片言なのだ。

現実には彼の内面は、日本人にはみえにくいものであるに違いない。政治の波によっては消えなかった心が、母語を離れることで周囲の目に映らなくなり、やがて失われていく。片言の外国語の中で、母語にはぐくまれた自分の感性、青春、一家の歴史が、徐々に消えていく。浩遠を通して見える、そんな予感に私は震える。

母語の外で自分であり続けることの意味と困難。国際化の進む現代において、この問題の傍観者ではなく、当事者となることを読者に要求する一冊だ。（田中弥生・文芸評論家）

（文芸春秋・1300円）＝2008年7月17日①配信

揺るがない男2人の友情　「チェ・ゲバラの記憶」（フィデル・カストロ著、柳原孝敦監訳）

二十世紀最後の巨人、キューバのフィデル・カストロ前国家評議会議長が、キューバ革命をともに戦った盟友チェ・ゲバラについて語ったり書いたりしたものをまとめた本であり、「序文」で革命の中心人物の一人ヘスス・モンタネが書いているように、「たぐいまれなふたりの男のあいだの、ほかに比肩しうるもののない情感あふれる友情がどのように生まれ、強まったかを、微に入り細をうがってあきらかにしている」本である。この本を読んだ者は誰も、ブレない男二人の友情に感動し、勇気づけられ、その微動だにしない絆（きずな）の深さに嫉妬（しっと）さえするだろう。

キューバを去る時に書いた手紙の中で、ゲバラはカストロにこう言い残している。

もし「異国の空の下で最期を迎えることになったら、ぼくの最後の思いはこの国の人びとに、とくに、きみにはせるでしょう。きみの教えてくれたことや示してくれた手本に感謝します。みずからの行動の最後の瞬間まで、その教えと手本に忠実であろうとするでしょう」

それから三十二年がたった一九九七年十月。骨になってキューバに戻ったゲバラに、カストロは次の言葉を投げかけた。

「私たちがここにやってきたのは、チェと彼の勇敢な同志たちに別れを告げるためではありません。私たちは彼らを出迎えにきたのです」

格好いい、実に。凡百の冒険小説やハードボイルドなど足元にも及ばない男たちがそこにいる。

二〇〇二年の十二月にカストロと会った時、私がオートバイであちこち旅をしていると聞いた巨人はこう言った。

「オートバイの旅か…いいね。チェも、若いころはオートバイで旅していた」

あの時のカストロの、彼方（かなた）に友を捜すような目が忘れられない。二人の間の揺るがない友情を確信した瞬間だった。ゲバラが生きていれば今年、八十歳。カストロが八十二歳。このどうしようもない世界の前に、二人の男が立ち開（はだか）る姿を見たかった。（戸井十月・作家）

（トランスワールドジャパン・1890円）＝2008年7月17日②配信

ポアンカレ予想と謎の博士　「100年の難問はなぜ解けたのか」（春日真人著）

数学には、「××予想」と名付けられた、明らかに真であると思われるが厳密に証明されていない命題が多くあり、有能な数学者が挑戦しては敗退していった歴史が山積している。「フェルマーの最終定理」も実は「フェルマー予想」であって、四百年近い歳月を経て二十世紀末にようやく証明されたのだった。

本書は、百年越しの難問であった「単連結な三次元閉多様体は三次元球面と同相である」という「ポアンカレ予想」の証明に至るまでの物語で、NHKスペシャルで放映された番組の取材記録をまとめたものである。

なぜ、テレビ番組にまでなったかと言えば、ポアンカレ予想が百年の間数多くの数学者を悩ませてきた難問であったとともに、それを解決したのが隠遁（いんとん）した謎の数学者で、数学のノーベル賞ともいうべきフィールズ賞を辞退したペレリマン博士であったからだ。

ポアンカレ予想とは、単純化して言えば「出発点に固定したロープを持って宇宙をぐるりと一周したとき、いつも自分の手元にロープがすべて回収できるなら宇宙は丸いと言える」というものだ。人を食ったような話だが、もし宇宙にドーナツのような穴ぼこがあって、そこを通ったならロープは回収できないことになる。ポアンカレらがつくりあげた空間の穴ぼこに関する幾何学の命題で、現代ではトポロジー（位相幾何学）と呼ぶ。

並みいる俊英がこれに挑んだのだが成功しなかった。五次元や六次元という多次元では証明できても、肝心の三次元で行き詰まってしまうのだ。それをロシアの四十歳の数学者ペレリマンが完ぺきに証明したのである。ところが、フィールズ賞を辞退し、クレイ数学研究所の百万ドルの懸賞金も受け取らないまま、勤務先の研究所を辞めて姿を消し音信不通となっている。貧しくてもひたすら数学に没頭できる道を選んだらしい。

本書は、ポアンカレ予想とペレリマンの人生という二つの謎をテレビ的手法で追い、わかりやすく書かれている。誰しも数学の世界が近しく感じられるに違いない。（池内了・総合研究大学院大学教授）

（NHK出版・1365円）＝2008年7月17日③配信

正統派理論の有効性と限界 「禁断の市場」（ベノワ・B・マンデルブロ、リチャード・L・ハドソン著、高安秀樹監訳）

本書の著者の一人であるマンデルブロは、フラクタル理論の創始者として知られている。

「フラクタル」というのは、図形の細かい部分の特徴が、全体にも拡大した形で反映されるような構造を指す。この概念はさまざまな分野で使われているが、本書は金融関連の応用を中心に述べている。

現代的なファイナンス理論は、二十世紀初めのバシェリエの先駆的研究から始まり、第二次大戦後のアメリカで大きな発展を遂げた。本書では、その過程がさまざまな逸話とともに説明されており、大変興味深い。これが、本書で「正統派のファイナンス理論」と呼ばれているものである。

正統派ファイナンス理論は、金融取引の可能性を大きく広げた。しかし、それですべての現象が説明できないことも、事実である。まず、「アノマリー」と呼ばれる市場の異常現象がある。さらに、バブルの生成や崩壊のメカニズムは、正統派の理論では説明できない。

昨年夏以降、世界の金融市場は大混乱に陥っている。それがバブルの崩壊だったことは、ほぼ間違いない。したがって、バブル現象を説明できる理論は、従来にもまして求められている。ただし、本書で著者も明言しているように、フラクタル理論がバブル崩壊を説明できるわけではない。

本書は、正統派理論が正規分布に依存していることを強調している。たしかに、オプション価格式である「ブラック＝ショールズ式」は、その仮定に依存している。しかし、すべての価格式がそれを仮定しているわけではない。

また、本書でしばしば言及されているマーコヴィッツの理論は、平均と分散という二つの指標で表現されてはいるものの、これらだけで金融資産を評価しているわけではない。正統派理論は、一般に思われているほど強い仮定に依存しているわけではないのだ。

正統派理論の限界を認識するのは重要だ。しかし、それを過小評価するのも危険なことだ。（野口悠紀雄・早大教授）

（東洋経済新報社・2520円）＝2008年7月17日④配信

時代の暴力に向き合う思考 「ミニマ・グラシア」（今福龍太著）

この世紀を生きる人間の心に、そこからどんなに離れていようとしても、影を落とす暴力のイメージ。本書は「9・11」以降、アフガニスタンやイラクを泥沼の状況に陥れた米国による「テロとの戦い」に正面から向き合い、根源的な希求を頼りにして書き続けてきた著者の最新批評集である。

即時性の強いメディアが、わたしたちに理解の時間を与えることなく、あらゆる出来事を忘却のふちへと押し流してゆく日常にあっても、彼のまなざしには寸分の揺るぎもない。密度の高く、強靱（きょうじん）な思考は、同じように時代の暴力にたいし想像力の限りを尽くして考え抜いた、ソロー、シモーヌ・ヴェイユ、ベンヤミンといった人々に連なるものである。「偽装」が日常化した日本において、ここに収められている文章がもつ迫力は、それ自体が読者にとって、言葉の力を信じる希望の証しである。

身近なことも、遠く離れた出来事についても、ある痛みをともなわないような一行はどこにもない。わたし自身は、「アブ・グレイブ刑務所」から流出した映像とそれに対するアーティストたちの抵抗を中心にした部分に大きな刺激を得た。

この事件に関しては世界中で多くの批判が巻き起こったが、それを「イーリアス」の古代ギリシャにまでさかのぼる戦争の歴史のなかに位置づけ、さらにキューバから沖縄まで多視点的なアプローチをとるという、時間的にも空間的にも最大限の深みをもって論じつくした例はない。二十世紀の写真批評に広範な影響を与えたスーザン・ソンタグを読み込み、それを深い共感と斬新な手法によって乗り越えてゆく、二十一世紀の本格的な写真論が書かれていると言っても過言ではない。

タイトルにもなった巻末の文章は、「恩寵（おんちょう）」（グラシア）をさまざまな言語のうちに訪ねてゆく、哲学的な探求である。時空を超えた引用を繰り返し読むうち、他者への通路が見えてくる。夜の時代をともに歩く人が、一瞬その創造の秘密を開示する詩の贈り物である。（港千尋・写真家）

（岩波書店・3675円）＝2008年7月17日⑤配信

熱い人間群像の建築論

「磯崎新の『都庁』」(平松剛著)

本書は、世界的に活躍する建築家、磯崎新が一九八五年に参加した東京・新宿の都庁舎の設計コンペをめぐるドキュメントである。半世紀にも及ぶ長いキャリアから考えると、彼にとってこれは必ずしも最重要作ではない。しかも、コンペには負け、幻の建築になっている。都側が超高層を求め、他の参加者が全員それに応えていたのに、彼だけが低層を提案したことで、専門家には有名なプロジェクトだが、一般にはあまり知られていないエピソードだろう。しかし、建築ノンフィクションとして本書は抜群に面白い出来なのだ。

なぜか。まず実現された都庁舎は、丹下健三が勝ち、設計したのだが、はからずもコンペが師弟対決になっていたこと。磯崎はかつて丹下研究室に在籍し、旧都庁舎(五七年築)の現場に顔を出したり、大阪万博の仕事も手伝っている。丹下は、東京オリンピックの競技場なども担当し、戦後日本の復興を象徴する国家的な建築家だった。一方、次世代のスター、磯崎は地方の仕事が多く、東京に代表作がない。著者の平松剛は、二人の背景を掘り下げることで、東京大学系列の建築家、研究者、政治家の人脈を浮かびあがらせる。つまり、都庁舎のコンペが糸口になり、戦後日本の建築と社会の関係も俯瞰(ふかん)できるのだ。

本書では、スタッフへの取材を通じて、二人の巨匠がいかにコンペの戦略をたて、どのように設計を進めたかを詳細に追跡しており、仕事術としても楽しめる。モニュメント性や左右対称の軸線を重視した丹下に対し、問題提起型の作品をぶつけながら、哲学とアートを展開した磯崎。一般に向けて建築をわかりやすく語るのに、都庁のコンペは実に巧みな設定だった。人間群像としての建築論である。バブル崩壊後の日本では、国家の輪郭が曖昧(あいまい)になり、スリリングなコンペが成立しづらいことを考えると、都庁は熱い昭和の最後を飾る建築イベントといえよう。(五十嵐太郎・建築評論家)

(文芸春秋・2300円)=2008年7月24日①配信

中国製品ボイコット苦闘記

「チャイナフリー」(サラ・ボンジョルニ著、雨宮寛、今井章子訳)

米国のクリスマスはすさまじい。家族や友人がそれぞれプレゼントを贈り合うため、クリスマス当日はツリーの下にプレゼントの山ができる。夫と子ども二人の一家四人で暮らす著者がプレゼントの数を数えたところ、三十九個もあった。

小さな子どもが一度に十個ものプレゼントを与えられ、包装紙を破ってはオモチャを取り出す「物まみれ」のさまは、想像するだけで卒倒しそうになるが、それだけではない。何と、プレゼント全体の三分の二にあたる二十五個が、中国製だったのだ。

中国製だらけの現実に不安を覚えた著者は、中国製品のボイコットを決意。二〇〇五年の元旦から大みそかまで、一家で中国製品を買わない暮らしに挑戦する。その一年間にわたる「苦闘」の記録をユーモアたっぷりにつづったのが、本書である。

市場原理主義がはびこる米国では、日本同様、圧倒的に安い中国製品が雪崩のように押し寄せている。とくにクリスマスや独立記念日など祝祭用の商品をはじめ、オモチャや電気製品などは中国製のオンパレードだ。

著者と夫は、サングラスや印刷用カートリッジ、靴やオモチャなどで、中国製以外の商品を探して悪戦苦闘を繰り返す。表示が他国製であっても、購入後に中国製の部品を使っていることが発覚した場合には返品した。

苦闘を終えて、中国製品を排除することはできない、というのが著者の結論だったが、それまで消極的だった夫が最後になって「排除を続けよう」と訴えるどんでん返しが面白い。ボイコットの結果、不要な買い物が減り、家がきれいになるという予想外の収穫があり、ふたりとも消費者として成長を遂げたのだ。

確かに、中国製品を排除することは不可能だろう。しかし、ボイコットを通して賢い消費者が増えれば、中国製品の野放図な流入に一定の歯止めがかかり、市場原理を錦の御旗に掲げたグローバリズムに一矢報いることができるのではないか。本書を読むと、そんな希望がわいてくるのである。
(瀧井宏臣・ルポライター)

(東洋経済新報社・1890円)=2008年7月24日②配信

現実のむごさが胸えぐる

「金色のゆりかご」（佐川光晴著）

本書を読みつつ、社会的関心を呼んだいくつかの「赤ちゃん事件」が頭をよぎった。ひとつは戦後まもなく頻発した「もらい子殺し」（八十人以上のもらい子を死亡させた「寿産院事件」がもっとも有名）。そして一九七三（昭和四十八）年、賛否両論を巻き起こした宮城県の菊田昇医師による「赤ちゃん斡旋（あっせん）事件」。さらにもう一例は、昨年、熊本市の慈恵病院に登場した「赤ちゃんポスト」のことである。これらのニュースは「だれがどのようにして生まれ出づる命を守るのか」あるいは「命をめぐる社会の役割」という深い問いを、私たちに投げ掛ける。

本書は、望まない妊娠により出産した十八歳の女子高生まりあと、ひょんなことから彼女と知りあった若き研修医島村啓介を中心に、まりあの赤ちゃんをめぐる理不尽で悲惨ともいえる騒動が描き出される。

妊娠をだれにも言えなかったまりあの心情、すでにヒトの形を持つ胎児を「中絶するか否か」と自問する苦悩などは、多くの女性の共感を呼ぶだろうが、驚かされたのは「望まない妊娠」で生まれた子どもの背後に、海外への養子斡旋業者が控え、一見善意に見える行為の裏側に巨額な金の動く「人身売買」の闇が潜んでいることだった。

まりあとその家族の受難は、養子縁組契約を済ませ、信頼できそうなクリニックに一時赤ちゃんを預けたときに始まる。その後、「養子縁組は白紙に戻し、家族で育てよう」と決意したものの、肝心の赤ちゃんは「消えていた」のだ。

赤ちゃんはどこに連れ去られたのか。本書は、そのてんまつを明らかにはしない。裁判を含め、行方を探るには長い時間がかかるだろうことが暗示されるだけだ。

著者は中絶胎児の医学的利用や養子斡旋制度における法律の不備、政府の対応の冷たさなど今日的な問題点にも触れているが、「産む女たち」の前に広がる現実のむごさが胸をえぐる。聖母と同じ名を持つ主人公と、消えた赤ちゃんの未来を考えずにはいられない衝撃的な作品だ。（稲葉真弓・作家）

（光文社・1890円）＝2008年7月24日④配信

荒涼とした心の景色

「窓の魚」（西加奈子著）

温泉宿に向かい、のどかな川沿いの道をいく二組の男女。おそらく、どこにでもいる若い恋人たちにしかみえないだろう。しかし、甘い予測はあっさりと裏切られ、次第にあらわになる彼らの荒涼とした心の景色に打ちのめされる。豪華だけれども陰鬱（いんうつ）な空気の漂う山奥の旅館で、一人一人の秘密が明かされていく一夜を、読者は息をつめて見守ることになる。

いつも眠たげなナツと彼女にゆがんだ愛をそそぐアキオ。不自然に陽気なハルナと何かに倦（う）み果てたようなトウヤマ。心の通わないうつろな交友にみえるが、彼らなりの切実な感情で結びついた関係なのだとやがてふに落ちる。生死の際のところで人をつなぎとめる、命綱のような関係性に言葉を失った。

アキオとトウヤマは子供のころに受けた傷にいまも苦しむ。過去をさかのぼる作者の筆は容赦ないが、なかでもハルナの章は圧巻だ。何かから逃げるように容姿や身なりを磨きたてるハルナの真実が少しずつ明らかになり、高校時代に履いていたという安物のローファーのペタペタという音と重なりあうように、圧倒的な質感で、彼女の痛みと悲しみが迫ってくる。

自分を愛することも許すこともできない。そのことが、どれほど人を苦しめるのか。そして自分という檻（おり）から解放されたとき、人はどれほど自由になれるのだろう。

トウヤマが寝ついた夜ふけ、ハルナが「祈るような気持ちで」かけた携帯電話から聞こえてきた声。その懐かしい声を耳にした時のハルナの姿に心が震えた。あたかも、よどんでいた命がせきを切ってあふれだしたような瞬間。生き続けていくための、ほのかに明るい、細い道筋が見えた気がした。

主要人物の一人称で語られる四つの章からなる長編小説。同宿の夫婦やおかみのひとり語りがこの四章の間に組み込まれ、物語をいっそうリアルで立体的なものにしている。閉じた場所に留まるにせよ、出ていくにせよ、人が生きなければならない、深い孤独を見つめた意欲作である。（宮脇真子・ライター）

（新潮社・1260円）＝2008年7月24日⑤配信

明朗な色調で貫かれた記録　「最後の授業」(ランディ・パウシュ、ジェフリー・ザスロー著、矢羽野薫訳)

死の宣告を受けたとき人はなにをすべきか—。だれもが一度くらいは考えたことがあるかもしれないが、実際にそのときが来たらどうだろう。私などは事実を潔く認められず、見苦しい事態を招いてしまうことだろう。

しかしランディ・パウシュは違った。

膵臓(すいぞう)がんで余命数カ月と宣告されたパウシュが考えたのは、米カーネギーメロン大のコンピューターサイエンスの教授として学生に何を残すべきか、夫としてそして父親として、妻と三人の子に何を残せるか、ということだった。

そして彼は二〇〇七年九月に四百人の聴衆の前で最後の授業をおこない、夢を持ち続けることの素晴らしさと生きる意味について話した(この授業の様子はDVDで見ることができる)。

そして自分の子どもと多くの若者たちのために、これまでの人生を振り返りながら、生きる上でのヒントや知恵を一種の遺言として残した。

それが本書である。もっとも本書は遺言という言葉からは想像できないほどのエネルギーと熱意と愛情にあふれている。

人生という庭を愛した著者は、そこで思う存分に遊び、手入れしだいでその庭がいかに美しくなるかを本書で示しているのである。学ぶ喜び、挫折や失敗から得るものの大きさ、家族の大切さ、チームワークの重要性、誠実であることなどが、シンプルな言葉で語られている。

特に第五章の「人生をどう生きるか」で取り上げられている事柄(「他人の考えを気にしすぎない」「謝るときは心から」「すべての瞬間を楽しむ」など)は、多くの教師や指導者にとっても耳を傾けるべき真実が含まれている。

米国の物理学者、故リチャード・ファインマンもそうだったが、パウシュも好奇心旺盛かつ楽天的で、人生のすべてを能動的に受けとめていく資質に恵まれている。本書が明朗な色調で貫かれているのは、そして多くの人生教訓本と一線を画しているのは、それ故なのかもしれない。(古屋美登里・翻訳家)

(ランダムハウス講談社・1575円、DVD付き版は2310円)

＝2008年7月28日配信

人が群れる楽しさ　「ぼくは落ち着きがない」(長嶋有著)

これまで日本の学生の部活を扱った小説は、圧倒的に運動部を対象としてきた。だが、このところ徐々に文化部の部活が取り上げられている気がする。桜庭一樹の「青年のための読書クラブ」や、米澤穂信の古典部シリーズなど。山崎ナオコーラの近作「長い終わりが始まる」では、大学のマンドリンサークルが取り上げられている。

長嶋有の新作も、高校の図書部の面々が主人公。文芸部とはちょっと違う。図書の貸し出しや購入を行い、定期刊行物を作ることがメーンの活動。ベニヤ板一枚で仕切られた図書館の一隅が部活の舞台。ダベったり、本を読んだり、イラストを描いたり。運動部ほどはっきりした目的はないかもしれない。だがここに集う人物たちは、精密にキャラクターづけされている。

長嶋有の特徴の一つは、彼の描く登場人物たちが精緻(せいち)に造形されていることだ。語り手の望美、大きな弁当箱の頼子、不思議な小説を書くナス先輩など、魅力的な人物が小説を盛り上げる。

派手な事件はない。だが小説にしか出来ない仕掛けが随所に光る。たとえば図書部の顧問だった金子先生は学校を辞めたのち、ある文芸誌で新人賞を受賞するのだが、金子先生が書く受賞第一作のタイトルが「ぼくは落ち着きがない」。つまり、この小説ということになる…。あとの仕掛けは読んでのお楽しみ。

とにかく、丹念に描きこまれた人物のキャラクターを堪能しよう。彼らの一挙手一投足に体温や息づかいを感じ取ることができるはずだ。そして読み終わったら、表紙をはがしてみよう。表紙裏には登場人物たちが高校卒業後どのような人生を送っているか、細かく報告されている。長嶋はそこまで細かくキャラを設定しているのだ。

たしかに「蟹工船」の激しいリアリズムも、ケータイ小説ばりのプロットもないかもしれない。だが、長嶋は主人公たちの目線に忠実に世界を構築している。人が群れる楽しさにあふれた、愛らしい小説だ。「文化系部室小説」、はやるかも。(陣野俊史・文芸評論家)

(光文社・1575円)＝2008年7月31日①配信

朝顔命のオタク同心

「一朝の夢」（梶よう子著）

江戸時代の文化期と幕末期に大きな朝顔ブームがあったという。これをモチーフに“朝顔同心”というユニークな主人公を創造して第十五回松本清張賞を受賞した長編。

作者はあるインタビューの中で、主人公像はアキバ系のオタク青年からヒントを得た、と語っていた。この着想に作品の成功があった、といっても過言ではない。

主人公の中根興三郎は北町奉行所同心。いわゆる“八丁堀の旦那（だんな）”ではあるが、お役目は所内でも閑職の筆頭に挙げられる両組御姓名掛りという名簿作成役。三十俵二人扶持（ぶち）の薄給で、三十路（みそじ）を迎え、妻子もなく、還暦間近の奉公人藤吉とのふたり暮らし。背丈ばかりひょろ長くて、剣術の才もない。朝顔栽培だけが生きがいで、“幻の一朝”とされる黄色の朝顔を咲かせることが唯一の夢、という変わり者だ。

そんな興三郎が、江戸朝顔界の重鎮である五千石の旗本・鍋島杏葉館（直孝）の屋敷で、茶人・宗観と呼ばれる壮年の武家と知り合い、朝顔を介した交流を始める。時は安政年間、欧米列強との条約調印や将軍継嗣問題をめぐる大老・井伊直弼と水戸徳川家の確執で情勢は大揺れに揺れている。安政の大獄に続いて、安政七年三月三日には桜田門外で井伊大老が暗殺されてしまう。興三郎も、こうした時代の激流が生み出した渦に心ならずも巻き込まれていく。

思いを寄せていた幼なじみの里恵、攘夷（じょうい）派の息子を斬殺（ざんさつ）して出奔した同僚の村上伝次郎、上州浪人という触れ込みの三好貫一郎、鍋島杏葉館に井伊大老など、脇を固める登場人物たちのキャラクターもストーリー展開とうまくからまり合っている。宗観と三好の正体を推測しながら読み進めていく楽しみもある。

また、井伊大老に「すでにあるものを批判し、壊すことは容易い。あらたなものを生み出すほうが難しい」などと語らせることで、その複雑な内面をえぐり出してもいる。一介の同心と大老とのかかわりという不自然さを感じさせない筆力は、今後の活躍を期待させる。（清原康正・文芸評論家）

（文芸春秋・1600円）＝2008年7月31日②配信

生き物にのめり込む「病」

「コケの謎」（盛口満著）

世の中には「生き物屋」という「病」にかかっている人が意外に多いらしい。生き物を愛し、生き物について知ることや、生き物を集めることに並々ならぬ情熱を傾けている人々のことである。どんな生き物に執着するかによって、「虫屋」や「鳥屋」「骨屋」「キノコ屋」など、いろいろ種類があり、感染性もあるらしい。

本書は、すでに骨屋でドングリ屋、しかも虫好き、というかなり重度の病を抱えたゲッチョ先生こと著者が、新たに「コケ屋」というはやり病に感染し、慢性化するまでの物語である。

著者は最初、コケの名前を知りたい一心で、どんなコケでもたちどころに名前が分かる偉大な「コケ師匠」に師事しながら、コケの世界にのめり込んでいく。

コケは日本だけで千六百種もいるというが、すごいのは種類の多さだけではなかった。食べるととてつもなくまずく、虫にほとんど食べられないこともコケ屋の「自慢？」らしい。においや味もいろいろで、マツタケの香りがするコケ、カビ臭いコケ、食べるとぴりりと辛いコケまであるそうだ。中には誰かが立ち小便した場所に好んで生えるコケもあり、絶滅危惧（きぐ）種になっているという。

こうしてコケの名前がわかり、それぞれの個性が理解できるようになると、病は次の段階に進行する。「なぜここにはこのコケが生え、あのコケが生えていないのか？」「この森にコケが少ないのはなぜか？」などと考え始めるのだ。

師匠など、どこに行っても、コケが必要とする「湿度だまり」が「見える」のだという。つまり、世界をコケの目線から眺めるようになるのである。しかも、これが実に楽しいらしい。

しかし考えてみると、こうした生き物屋の「異能」、つまりヒト以外の生物の目線から世界を眺める能力が、今ほど必要とされている時代はないかもしれない。環境問題の解決には他の生物の都合を理解することが不可欠だからである。

著者の手になる口絵や図も楽しい。そう言う私にも感染のきざしが…。（幸島司郎・生物学者）

（どうぶつ社・1575円）＝2008年7月31日③配信

世紀の住宅の謎を解く

「サヴォワ邸／ル・コルビュジエ」（中村研一著）

有名建築家に住宅の設計を依頼するということは、施主のイメージ通りの住まいを実現してくれる、ということではないらしい。施主がサヴォワ夫妻、建築家がル・コルビュジエの場合も例外ではなかったようだ。

サヴォワ邸というパリ近郊に建つ二十世紀を代表する住宅建築は、どのような設計のプロセスを経て生まれたのか。「ヘヴンリーハウス—20世紀名作住宅をめぐる旅」シリーズの第一巻である本書では、建築家でもある著者がその謎解きの案内をしてくれる。

コルビュジエが最初に施主に提案した計画案は、大幅な予算オーバー。そこで、コストダウンをはかるために多くの計画案が検討されている。その過程は、外見的にはいったん大きく変化して、最終的に当初案に回帰するかたちで落ち着いたようにみえる。

しかし、内部空間の構成は、回転運動という観点から着実に進化していったという。「常に視線が外周を囲む水平連続窓に沿って滑るように次の空間へ導かれるという不思議な経験」を誘うサヴォワ邸の特徴は、はじめからあったわけではなく、設計変更のプロセスの中で獲得されたのだ。

本書は、こうした計画案の変遷を、建築費を現在の円に換算したりしながら、模型と図面を多用して具体的に解き明かす。そして、こうした空間特性に、実はルネサンス期の画家ピエロ・デッラ・フランチェスカの遠近法が大きな影響を与えていると著者は推論する。

後半は、建築家ル・コルビュジエに、その生涯、仕事、交友関係、インスピレーションを与えた旅など、さまざまな角度から迫る。読書案内や年表などの資料もあり、撮り下ろし写真も美しい。

あまたあるコルビュジエ本が専門的なものが多いなか、住まいの物語としても楽しめる。建築の初学者のみならず、住まいづくりを考えている方にも是非お薦めしたい。

「近代建築の五原則を純粋に表現した住宅」という先入観を捨てて、二十年ぶりにサヴォワ邸を訪れてみたくなった。（松本真澄・首都大学東京助教）

（東京書籍・2520円）＝2008年7月31日④配信

ひとり芝居の台本のよう

「東京の俳優」（柄本明著、小田豊二・聞き書き）

結成三十余年、今や老舗劇団に類する東京乾電池を率い、舞台、映像と多方面で活躍する個性派俳優が著者である。生まれも育ちも東京だ。

本書では、少年時代から学生時代のこと、そして二年間のサラリーマン生活を経て演劇を始めてから今日にいたるまで、つまりは“柄本明”という一人の人間がどのようにして俳優になり、変化していったのかが語られている。

その軸になっているのは、柄本の演劇論だ。東京乾電池の誕生秘話やイヨネスコ作の芝居「授業」にふれながら、観客との関係や、せりふのとらえ方、演技や俳優に対する考えなどを展開している。

興味深いのは、観客を「敵」ととらえ、俳優は「愚かなもの」「馬鹿」で「どっかで好きじゃない」と語る柄本の本音。人に対してはもちろん、職業（俳優）など、さまざまなモノに対する独自の距離感が、言葉の端々から随所に感じ取ることができておもしろい。

この人って、学生に例えたら、教室の片隅で気の合う友達とともに周りの人を横目で見てククックッと笑っているタイプ。決して相手を信用しない雰囲気をまとっている。斜に構えた、皮肉屋さんで、あまのじゃく（なのではなかろうか）。それこそが、“くせ者俳優”とも呼ばれているゆえんでもある。通読してみれば、「東京で生まれ育った俳優・柄本明物語」という、ひとり芝居の台本のようである。

「（俳優は）何かをしなければいけないのだと思ってしまう。しかも、その何かをする行為を、見ている人に絶賛されたいと念じてしまう」「その欲望と一生付き合っていかなければならない」。プロローグのこの部分は、柄本のライフワークであるチェーホフ作のひとり芝居「煙草の害について」よろしく、柄本作の劇中劇「俳優という生業について」といったところだろう。自らの人生も、演劇論も、すべてを芝居にしてしまう、柄本ならではの“愛すべき”自虐的俳優人生本である。（立花恵子・演劇評論家）

（集英社・1785円）＝2008年7月31日⑤配信

人類への限りない福音

「言魂」（石牟礼道子、多田富雄著）

二年余りに亘（わた）るお二人の往復書簡を、一気に読んでしまうなんてなんと勿体（もったい）ないことだろう。凄（すさ）まじい現実のなかで綴（つづ）られた渾身（こんしん）の手紙は、まちがいなく「言魂」に満ちている。読み終えた今は、まるで暗い虚空に響く大鼓（おおかわ）の、音の合間にいるような気がする。

対話の折節に、お二人に共通する新作能の話、そして本格的な能楽論が挿入される。能の世界のように、対話も時空を超え、現世への怨（うら）みが語られ、そうして苦界のなかの浄土が希求される。

石牟礼氏のおっしゃるように、おそらく「苦界と浄土は対概念ではなく、片方がなければ片方もありえない不即不離の現世の実存」なのだろう。近代化の置き土産のごとき「水俣」の地獄を石牟礼氏が語れば、対する多田氏は今なお改められない厚労省によるリハビリ日数の制限初め、弱者を切り捨てる棄民政策に怨嗟（えんさ）の叫びをあげる。

人間がかくのごとき地獄をつくるのは、しかし本当に浄土を希求するがゆえなのだろうか。地獄があるなら浄土もあると、そう信じていいのだろうか。

多田氏は「忿怒佛（ふんぬぶつ）」になり、石牟礼氏は「スサノオ」になりつつ怒り、それでも祈る。

泥沼に蓮（はす）の花咲くように、はたして現世に浄土が出現するのかどうか、それは分からない。しかし間違いなく云（い）えるのは、お二人の交わす言葉の間に、慈悲が溢（あふ）れ、また浄土が仄（ほの）見えるということだ。言葉以前の沈黙がどんなに豊かで感受性に溢れていたとしても、我々はやはりこの魂の言葉たちの馥郁（ふくいく）と香る交わりをこそ喜ぶべきなのだ。

極限の「苦」を生きる人生にこのような達成があり得ることは、まさに人類への限りない福音ではないだろうか。「生きぬくことが平和につながる」という多田氏の切実な言葉に、私は思わず合掌してしまった。

この人生の稔（みの）りに頭を垂れない現在の算盤（そろばん）片手の政治は、どう見ても阿呆（あほう）というしかない。（玄侑宗久・作家）

（藤原書店・2310円）＝2008年7月31日⑥配信

業と因果に翻弄された一生

「当マイクロフォン」（三田完著）

どのページからも中西龍の声が響く。彼は、NHKラジオ「にっぽんのメロディー」の語りやテレビドラマ「鬼平犯科帳」のナレーションなどで多くのファンを魅了した。シルバーエージの読者なら、その名よりも、むしろ声を聴けばピンとくるだろう。

中西の生涯には女と酒が渦巻く。新人アナとして、初任地の熊本へ年増芸者を伴った逸話は彼ならではのものだ。そこに反骨心、詩情、アナウンスへの思いと誇りが加わる。幼くして死別した母への追慕や好色な血脈への畏（おそ）れも見過ごせない。

本書は、そんな中西の業と因果に翻弄（ほんろう）された一生を静かな筆致でつづっていく。妻子や生方恵一アナ、担当ディレクターなど脇役も実名なら、NHK内部の実情を描くリアリティーも捨て難い。

中西の青春は、厳格な父と冷淡な継母への反抗で塗りつぶされていた。NHK入局後は、放蕩（ほうとう）癖に上司との衝突もあって地方局への流転が続く。だが、彼は行く先々で漁色をやめず、遊郭や酒場の女はもちろん、素人娘にも手を伸ばす。しかも、彼女たちから骨の髄までほれられる。おまけに、彼のアナウンス技術は飛びぬけており、オリジナリティーが合わさって他の追随を許さない。

こう書けばまるでピカレスクロマンの風情だが、本書はそこへ踏み込まない。中西は情にもろく、厚意にすがり、やたらと涙をこぼす。見えっぱりでねたみも強い。あろうことか、妻に手をあげさえする。読み進めるうち、気骨ある無頼漢どころか、甘えん坊の弱虫だと舌打ちしてしまう。

だが、そんな感想こそ本書の術策にはまったというべきだ。やりたい放題に生きた男の弱さを否定も肯定もせず書くことで、中西の一生が人間くさく、濃厚に浮かび上がる。糟糠（そうこう）の妻が彼の葬儀を前に宝飾品を広げ、「撲（ぶ）たれるたびにひとつ、指輪を買ってたの」と漏らすのもつくづく怖い。

中西の来し方には、苦みや塩辛さ、えぐみはもちろん、奥歯のうずく甘さが混在している。しかし、骨太と対極の男が醸す滋味は捨て難い。読了後に浮かぶ微苦笑―これこそが本書の味わいだ。

（増田晶文・作家）

（角川書店・1785円）＝2008年8月7日①配信

最新の知見を手掛かりに　「イタリア海洋都市の精神」（陣内秀信著）

ベネツィアの街は、陸路より、海から訪れる方が格段に面白い。サンマルコなどの鐘楼がまず見えはじめ、美しい家並みを従えた総督宮殿が姿を現し、さらに運河の奥にはこまごました生活空間が広がる。この魅力ある景観はどのように造られたのか。海は、都市の構造にどんな影響を与えたのだろうか。

「海から都市を見る」を研究テーマにしてきた著者は、ベネツィア、アマルフィ、ピサ、ジェノバの四都市の過去と現在を考察する。海運、軍事が街をどう形作ったかを明らかにし、海洋都市としての歴史をさかのぼっていく。

著者が使う情報は主に三種類。一つは歴史学上の定説、二つ目は最新の研究結果、三つ目は自分で歩いて集めた一次情報だ。教科書的な定説の紹介を少なくし、後者二つに重きを置く本書は、都市の「今」を生き生きと伝えている。

例えば、英国人の建築史家による最近の研究や、昨年イタリアで開かれたばかりの展覧会を手掛かりに、ベネツィアとイスラム世界との不可分な関係が明らかにされる。

これまで漠然と眺めていた風景も、歴史的文脈を与えられると、がらりと変わって見える。例えば「イタリア文化の粋」とばかり思っていたベネツィアの運河沿いの建物が、実はイスラム世界に由来する商館（フォンダコ）だったとは…。

「迷宮」を愛し、長年のフィールドワークで集めた一次情報で、読者を、入り組んだ路地裏や、時には民家の中まで連れて行ってくれるのも楽しい。

もう一つ、本書を特徴づけるのは「観光」の視点だろう。それぞれの都市が歴史の盛衰を経て、今は観光の力で再興していることが、しばしば強調される。観光を重要視する著者は、観光客の友でもある。

ある街の空撮写真を見て調査を決めた著者は「凄（すご）い。実際に訪ねなければ、とその時、直観的に思った」という。調査でも観光でも、そこを訪れたいという動機に本質的な差はない。そのフットワークの軽さは、われわれを観光の旅へと鼓舞する。（宇野隆哉・前共同通信ローマ支局長）

（講談社・2415円）＝2008年8月7日②配信

偶然でない大芸術との邂逅「戦争特派員　ゲルニカ爆撃を伝えた男」（ニコラス・ランキン著、塩原通緒訳）

ピカソの「ゲルニカ」は戦争悪を告発した絵画として名高い。今日も、マドリードの美術館にある壁画の前に、多くの観光客が立っていることだろう。

スペイン内戦中の一九三七年、バスク地方の古都ゲルニカを突如襲ったナチ空軍大編隊による無差別爆撃。その空からのテロルへの怒りを、画家は、抽象化されたさまざまなイメージ—逃げる女、燃える雄牛、ギラギラ光る電球—に塗り込め、二十世紀戦争の惨禍を不滅のものとした。

しかし、当時パリにいたピカソのもとに「ゲルニカ爆撃される」の報をもたらし、創作へのインスピレーションを与えたのが、新聞特派員による一通の記事であった史実は、さほど知られてない。本書は「ゲルニカ爆撃を伝えた男」ジョージ・スティアの評伝である。

英紙「タイムズ」特派員のスティアが現地から送った第一報の書き出しは次のようであった。「ゲルニカは、昨日午後、反乱軍の空襲部隊によって完全に破壊された。この前線からはるか後方の丸腰の街を襲った爆撃は、きっかり三時間十五分にわたって続いた」

ここから「軍事史上、前例を見ない」歴史が始まり、それがまだ終わっていないだけに本書の価値は大きい。著者は、ゲルニカ爆撃後六十年のドキュメンタリー番組制作中にスティアの業績とめぐり会い、それまで埋もれていた人物の半生に光を当てる仕事に着手したという。

カミュはジャーナリストを「瞬間の記録作家」と評した。新聞は「歴史の秒針」ともいわれる。「瞬間と秒針」。つかのま歴史と交差することはあっても、大芸術の誕生と邂逅（かいこう）する機会などめったにない。まさに「希有（けう）の瞬間」だ。スティアとゲルニカの出会いが偶然でないことは、ムソリーニのエチオピア戦争から日本軍のインパール作戦まで続いた活動、その丹念な掘り起こしによってよくわかる。

イラク戦争でも繰りかえされる「空爆の思想」を、「ニンテンドー・ウォー」のように見ないジャーナリストのたしかなまなざしが、ここにはある。（前田哲男・軍事ジャーナリスト）

（中央公論新社・3360円）＝2008年8月7日③配信

夢を収集、唐の詩人に迫る

「夢の展翅」(草森紳一著)

著者・草森紳一は今年の三月に七十歳で亡くなった。中国文学者にして、漫画やファッション、デザイン、写真、絵画や文学など幅広いジャンルの書き手として知られた。本書は著者が生涯にわたって畏敬(いけい)し執着した中国中唐の詩人・李賀(李長吉)の作品について論じたもので、まさに遺著という名にふさわしいテーマである。

題名にある「展翅(てんし)」とは、標本にするために昆虫のはねを広げ、固定することだ。若いときから著者は、見た夢の記録を可能な限り取りつづけたというが、これがすなわち「夢の展翅」というわけだ。

まず本書がユニークなのは、著者がこの自分の膨大な夢の記録を媒介にして、李賀の夢にかかわる詩の深奥に迫ろうと試みている点である。夢の世界は脈絡もなくデタラメの連続であるかのように思えるけれど、しかしその運びや展開には夢ならではの自然なそれがあると、著者は言う。

つまり夢が夢として成立するには、夢見る人にある種の自然な法則のような力が働いているからなのであって、その点では李賀も著者も変わりはない。したがって、著者は自分の見た夢を具体的に提出することにより、李賀の残したそれと突き合わせ、詩人の真実に迫る方法をとった。一見何の関係もない二人の夢が、この方法のなかで徐々に関係づけられてゆく過程こそが本書の読みどころだ。

といって、著者はよくありがちな夢の分析と解釈を行っているわけではない。フロイト流の解釈は著者の最も嫌うところで、そんなのは人間の「解釈病」だと切り捨てている。著者にはあくまでも夢の構造自体が問題なのであり、中身の解釈などではない。

だから本書に、李賀の詩の解釈を求めても無駄である。ここにあるのははるかなる歴史の時間を越えて、李賀と著者の夢がどんなふうに寄り添うのかというスリリングな展開そのものなのだ。草森流の好奇心旺盛な寄り道的文章を含めて、三読の価値がある。(清水哲男・詩人)

(青土社・2730円)＝2008年8月7日④配信

著作権考える未曾有の労作

「〈盗作〉の文学史」(栗原裕一郎著)

ゲーテは文学の独創性についてこう述べた。「私が偉大な先輩や同時代人に恩恵を蒙(こうむ)っているものの名をひとつひとつあげれば、後に残るものはいくらもあるまい」

むろん、この世界的文豪が「オリジナルなどない」、「すべては引用のモザイク」というポストモダン思想を語ったわけではない。むしろ、独創性は希少だからこそ大切に保護されるべきだと考えられた。

活字メディアによる表現の市場化は、こうして著作権という近代的な思考を生み出した。だとすれば、「盗作」は近代文学の本質を逆照する現象だが、本格的な研究はほとんど存在しなかった。

本書は明治初年の仮名垣魯文の「盗用」問題からインターネットで告発された田口ランディ「無断引用」事件まで、文芸作品における盗作報道を可能な限り網羅した未曾有の労作である。

わが国の文壇に著作権意識が浸透するプロセスを概観した序章「盗作前史」に続いて、戦後の疑惑報道にスポットが当てられている。倉橋由美子「暗い旅」や庄司薫「赤頭巾ちゃん気をつけて」における海外作品の「模倣」疑惑、剽窃(ひょうせつ)発覚による新人賞取り消し事件は、著作権法の保護が「表現」に限られ、「アイデア」に及ばないことを端的に示している。

だが圧巻は「引用」か「盗用」で争われた、山崎豊子裁判、立松和平「光の雨」、井伏鱒二「黒い雨」、寺山修司「チェホフ祭」など「作品のオリジナリティー」をめぐる論争である。活字文化と不可分なオリジナリティーの概念は、マンガの「二次創作」やテレビでの「翻案」という多メディア状況の中で揺らぎ始める。NHK大河ドラマ「春の波涛」をめぐる裁判はその転機となった。

いまや「作家のモラル」糾弾の舞台は新聞からインターネットに移った。作家の「個性」がネットの「集合知」と対峙(たいじ)する時代が到来している。(佐藤卓己・京都大准教授)

(新曜社・3990円)＝2008年8月7日⑤配信

夫婦とは何かを考え尽くす

「妻と僕」(西部邁著)

西部邁という名前は、討論番組「朝まで生テレビ！」に出演していた保守派の論客として知られている。一九三九年北海道生まれ。東大経済学部在学時代は、六〇年安保の闘士だった。

肩で風切る颯爽(さっそう)としたイデオローグに連れ添った妻が、重症のガンに冒される。著者は四十数年連れ添った妻に「手遅れだそうだ」と告げた。

壮絶な闘病によりそいつつ、行く末来し方を見つめ、生と死の問題、そして、夫婦とは何かを考え尽くしたのがこの本だ。

ただし、この種の「ガン」本にありがちな、最後に「ありがとう」と結んで涙に濡(ぬ)れる愛妻ものとはまるで違う。妻・満智子を「M」とし、自分を「彼女との『関係』にたいする『しもべ』(僕)」という意味で「僕」と記すことで客体化し、徹底して言葉で「死」と向き合うのだ。

糖衣にくるまれた錠剤みたいなもので、甘いと思って口に入れると、その中心には苦い省察と思索が詰まっている。

大手術の一年後、ガンが腸の裏側に転移し、命が風前のともしびとなった時、著者はこう考える。

「身体の命運がぎりぎりまでくると、生き延び方といい死に方といい、自分で選びとるほかありません。人生は一回で、また人生は、死の瞬間まで、つまるところは自分のものだからです」

行き着くところ、著者は「自死」も視野に入れながら、「連れ合い関係は物語である」という認識のもと、二人の歴史を振り返る。その出逢(であ)いのシーン。

同じ高校の教室で、遅れて入ってきた彼女が、髪に積もった雪を振り払い、それが著者の顔にかかる。それが「人生の伴侶」を選択する瞬間だったと書く時、硬い理論武装のよろいの下にある、著者の柔らかい果肉に触れたような気持ちになった。

「Mに先立たれたら(中略)筆を手にすることは二度とあるまいと思います」と書く限り、多数の著作を持つ著者にとっても、総決算ともいうべき一冊ではないか。(岡崎武志・書評家)

(飛鳥新社・1785円)=2008年8月7日⑥配信

痛快この上ないエッセー集

「忘却の力」(外山滋比古著)

「老人」「鈍感」「悩む」に共通なのは？　答えは「力」だ。この三つの言葉の下にこの文字をつけると、だれもが知るベストセラー作となる。しかしこう何冊も続くと、読者もいささか食傷気味ではないか。

が、「忘却の力」ときいて、私は思わず膝(ひざ)を打った。最近の情報過多、情報依存の風潮に大きな疑問を感じていたからである。「忘却とは忘れ去ることなり」という古いフレーズがあったが、著者は忘れろ、覚えるな！　と、闇雲(やみくも)に無知をほめそやしているわけではない。

「何でも知っているバカがいる」という内田百閒の言葉をひいて、彼が主張するのは知的メタボリックに陥るなということ。知識、学問は堆積(たいせき)するほど、思考を妨げることもある。

クイズのチャンピオンや歩く百科事典のような人物が知的だと、もてはやされたりするが、そのような知識の蓄積に意味があるわけではない。

現代の情報社会では知識を自分の頭から切りはなして、外部のネットワークにストックすることができるようになった。知識偏重はけっきょく、検索テクニック、情報処理能力を競い合うだけの「知」の衰退を生んでいるような気がする。そうした時代にあって「忘却」をいい放つこの態度は痛快この上ない。

これはエッセー集だが、全編に既成の考え方や常識をくつがえす小気味いい言葉があふれている。

「子どもが詩人であるのは、ろくにことばを知らないからである」。なるほどその通り。

文章も長いより短いほうが難しいという。バーナード・ショーは「きょうは体力がないから、長い手紙を書くが」と前置きした。石川啄木が長い手紙ばかり書いたのは、もともと病弱だっただけでなく、短歌で体力、気力を使いつくしたからと著者は断言する。

長い本を数百字にまとめる書評が難しい理由が、いまになってようやく分かった。いや、遅きに失したか？(藤原智美・作家)

(みすず書房・2730円)=2008年8月14日①配信

音楽で解放される青春描く　「ミュージック・ブレス・ユー!!」（津村記久子著）

二〇〇五年に太宰治賞を受賞後、芥川賞の候補になるなど、津村記久子は同時代の文学シーンにおいて著しい活躍を見せている。津村にとって初の書き下ろし長編となる本書は、大阪に住む高校三年生の少女アザミの、初夏から卒業までに密着した青春小説である。

軽音楽部に所属し、バンドではベースを担当するアザミは、赤く染めた髪に黒フレームのメガネをかけ、派手な色のゴムで歯列矯正器をとめる長身の女の子。彼女の生活は大好きなパンクロックを中心に回っている。音楽プレーヤーを肌身離さず、ノートにCD評をまとめ、海外の洋楽通の女の子と慣れない英語でメールのやりとりをする。

数学がまったくできないアザミは補習に追われ、卒業後の進路も決められぬまま、十七歳の時を過ごしている。バンドの解散や失恋など憂き目に遭うアザミを励ますのが、「染めたような真っ黒いくせ毛に、服も持ちものもモノトーンで統一した背の低い」親友のチユキだ。あらゆる点において対照をなした二人だが、厚い友情によって結ばれている。

他校の気になる男子メイケと、彼女のアヤカ。同じ矯正歯科に通う野球部のモチヅキ。洋楽おたくのトノムラ。華道部に所属するナツメなど、友人となりうる人たちとの出会いがあるが、人との「距離」に敏感なアザミは、彼らと「それ以上」の関係を持とうとはしない。

「今のあたしはなんなんやろう」「なんであたしはこんなに自分のことがわからんのやろう」と自問を繰り返すアザミも、音楽について考えるとき、日常や学校生活の束縛から自由になり、輝きだす。音楽は、彼女をあらゆるしがらみから解放する人生のツールなのだ。

大学に進学した友人や同級生たちは、新しい生活を始めるためにアザミの前から去っていく。残されたアザミのその後を読んでみたい。そんな思いに駆られる作品だ。音楽小説、高校生小説、恋愛小説を合わせた青春作品として、多くの読者の共感を集めるだろう。（榎本正樹・文芸評論家）

（角川書店・1575円）＝2008年8月14日②配信

生のなまなましさを希求　「折り返し点　1997～2008」（宮崎駿著）

分厚い本書には「もののけ姫」以降のエッセーや対談などがごった煮的に詰まっており、宮崎駿作品をいっそう豊かな切り口で読み解く端緒となるだろう。しかし、これは今の社会を支える中年から若者の世代にあっては、面白いというよりもひりひりと痛みを感ずる書物であろう。

なぜなら、本書に収められた数々の文章には、非常にシンプルな通奏低音があって、それは端的にいえば高度成長期以降に生まれた世代（テレビっ子でありアニメファンでありオタクの始祖である世代）への危機感だ。

日本という国の豊かさが若者や子どもたちに切実な生とぶつかりあう経験を失わせ、魅惑的な仮想現実をどっさり送り出すテレビがその傾向を増長させてきた。これは多分に、かつて自らに師事した庵野秀明の周辺世代に向けての警鐘と批判であるように私には思われ、庵野とほぼ同年齢の私などには悔しいかな耳の痛いことばかりだった。

宮崎いわく、子どもたちは「ウルトラマン」で現実よりもテレビが魅力的だと思ってしまった。この病が、今日の子どもにまでつながっている。なぜ子どもがナイフで人を刺すようになったのかといえば、子どもに「生きる」手がかりがなく、「生きる」ことを始められないからである。つまり、自分を自分にしていく方法がないから、自分を破壊したり他人を攻撃したりするのだと。

これは、宮崎が自作で時おり過度な残酷や正邪に裂かれた複雑な人物像を描くことに、実はつながっている。つまり、アニメ作家としてそういう虚構の強烈な魅力を送り出す側でもある宮崎としては、せめて自作のアニメにはそういう口当たりのよくない「現実感」を盛り込もうとしているわけだ。

新作「崖の上のポニョ」は一見深刻なテーマもなくあっさりと見えるので賛否あるようだが、どうしてどうして、あのあまたのフナムシがザーッと逃げる岩場や押し寄せる波の描写、あの「なまなましさ」こそが「現実感」のない子どもたちへのかけがえのないメッセージではないか。（樋口尚文・映画評論家）

（岩波書店・2835円）＝2008年8月14日④配信

神聖な樹上の時間

「世界一高い木」（リチャード・プレストン著、渡会圭子訳）

地球上にこんな人類未踏の地が残されていたのかと胸躍った。そこは、不毛の砂漠でも、睫毛（まつげ）が凍る極寒の地でもない。「空中のサンゴ礁」のごとく豊かな生態系をもつ地上百メートルのセコイアの木の上だ。本書は、植物学者スティーヴ・シレットら若き森林探検家が二〇〇六年、カリフォルニアで世界一高い木を発見するまでを追ったノンフィクションである。

スティーヴの目的は、樹冠に生息する生物を明らかにすること。重なりあう枝に寄生するレースのような地衣植物。幹の穴に溜（た）まった水を泳ぐのはサンショウウオ。海の昆虫であるはずのカイアシもいる。樹齢数千年の木は想像を絶する生命世界を懐に頂いていた。

死と隣り合わせにある樹上の時間が神聖に見えるのは、木に青春を懸けた彼らの個々の事情が丁寧に描かれているからだろう。家庭を顧みないスティーヴの精神的危機と離婚、最良のパートナーとなるカブトゴケの研究者マリーとの出会い。クーポン配布員をしながら計測器を持って森を歩き回り、植物学史に残るアトラス・グローヴを発見するマイケル。皆とても魅力的だ。

木の名前も美しい。ゼウス、クロノス、イルヴァタールなど、ギリシャ神話やトールキンの物語に由来する。彼らが木を愛する証しだろう。息詰まるのは、スティーヴとマリーが地上百メートルで愛を交わし、前代未聞の樹上結婚式を挙げる場面だ。思いもよらぬ事実の連続に、ため息が止まらない。

著者も傍観者ではない。木登りの教室に通って練習を重ね、研究チームの一員として百メートル級の木に登ってしまう。ジャーナリスト魂という以前に、彼もまた木登りに魅せられた一人だったのだ。そして、ついに百十五メートル超の「ハイペリオン」を発見する。

植物界のルールにのっとり、樹木の正確な位置は記されない。人知れず発見された世界一高い木は、今も人知れずそこにあって多様な命を育（はぐく）んでいるのだろう。木の存在は私たちの希望―マリーの言葉が全身に染み入った。（最相葉月・ノンフィクションライター）

（日経BP社・2520円）＝2008年8月14日⑤配信

全身的な情熱で伝えた知性

「わたしの戦後出版史」（松本昌次著、聞き手・上野明雄、鷲尾賢也）

つい先ごろまで、大手出版社の編集幹部だった人たちがここで聞き書きをするのは、伝説的編集者、松本昌次。一九五〇年代から約三十年、当初はあまりの小出版社ゆえに「未払い社」とヤユされた未来社から、数々の名著をふくむ二千点にも及ぶ本づくりにかかわり、戦後出版史に名を残す。

なぜ伝説的か。木下順二の「夕鶴」をもって社を興した西谷能雄のもとで、花田清輝、埴谷雄高、丸山真男、野間宏、吉本隆明、井上光晴、広末保、藤田省三その他、戦後の思想・文芸界の逸材の仕事を他に先駆けて世に問うたからだ。

売れ行きなど度外視して彼らと伴走した関係は、なにによるのか、というわけである。

個々の著者を語る回想は、全身的かかわりともいえる、ひと目でほれこんだ相手の「いい文章」を出したいという情熱であり、官学偏重、権威主義に抗して別の道を開いてきたというに尽きる。夜間高校の教師から転じた、その若造の意欲にこたえた逸材たちは、「へだたりのない、好奇心あふれる人」ばかりで、同時代のいわば知的連帯の地図を次々に見せてくれたのである。

作家、批評家、思想家、演劇人たちはジャンルを問わず、互いに親交は深く、家族ともどもそこに加わる松本は、聞き手が「奇縁だらけ」とツッコミを入れるほど、その濃密な縁を長年だいじに生きてきた。活版印刷の時代、机、電話、自転車だけで走りまわり、印刷所、製本所の人びととの共同作業もいとわないから、藤田などは、彼らと対話集会を開くほど身を乗りだす。

出版とは時代の変革の運動と連携していくもの、という信念が松本にはあり、演劇活動にまでかかわるが、肩に力の入った時代だからとはいいきれない。

戦後の知性は、つねに歴史を問い直しつつ、いまの時代を考えていた。それが、熱く読み手にも伝わっていたのではないか。出版の環境は異なるにせよ、このしびれるような親和力は、今から見ても多くの示唆に富む事実だったのである。（中村輝子・ジャーナリスト）

（トランスビュー・2940円）＝2008年8月14日⑥配信

深い考察、丁寧な取材　「なぜ君は絶望と闘えたのか」（門田隆将著）

山口県光市の母子殺害事件後、被害者遺族の周辺で起きた出来事を、ジャーナリストが取材を元にして書き記したのが本書である。死刑論の考察のためには、加害者側の情報が不足している。そこを埋めようとした姿勢は称賛できる。丁寧に取材され、とりわけ、5W1Hを明確にした記述がされていることが素晴らしい。

これによって複眼的な読み方ができる。実際の事件は、多様な側面を持ち、事実を集めても多様な解釈が成り立つ。単線の解釈で描けば読みやすいが薄っぺらくなる。最悪は、その解釈に都合の悪い事実をカットしてしまうことである。本書は、その反対の姿勢を貫き、考える素材を提供するという役割を果たしている。そのため、深い考察をしたい読者にも一読の価値がある作品となっている。

ただし、単純に割り切りたい向きにも読めるように工夫しており、司法については多少乱暴な解釈もみられる。また誤りもある。無期刑者が七年で仮釈放になることは、法律上可能な下限規定にすぎず、ほぼ一生出所できないのが現実である。それに一般に仮釈放されても終生仮釈放中であり、保護司の指導を受け続けなければ収監され無期刑が復活する。つまり自由の身になることはない。

もう一点、少年法は、再犯防止に見事な成果を出していることについての言及がないのも残念である。しかし、少年法が被害者にとって壁に見えることがあることは重大問題である。司法は説明責任をより重視すべきであろう。

最後に、被害者支援制度の充実は、介護制度同様、家族、会社、地域に頼る旧来の仕組みから公的な支援へと制度化される変化と同一の趨勢（すうせい）にもみえる。制度をつくれば進歩したかのような感覚を持ちがちであるが、身近な人の温（ぬく）もりがあることは、それ以上に大切ではなかろうか。本書は、そんな思いを抱かせてくれる作品となっている。（河合幹雄・桐蔭横浜大教授）

（新潮社・1365円）＝2008年8月21日①配信

人生の復路で山を歩く　「草すべり　その他の短篇」（南木佳士著）

山登りを楽しむ中高年が増えているらしい。私の友人にも一人いる。学生時代はそんなタイプじゃなかったのに、なぜ？　と聞いてみたけど、よくわからなかった。だが本書の四つの短編を読みながら浅間山、妙義山、穂高山と言葉でめぐっていくと、長く生きてさまざまな記憶を堆積（たいせき）させた体が山に登るときの特別な感覚は、じわじわこの身にも染み入ってくる。

この連作の主人公は作者自身に近いようだ。医師として人の死をみとり続けるストレスからうつ病を患い、激務から外れることでかろうじて生き延び、五十代で彼は山に登り始める。「山歩きは人生の復路に入ってから始めたほうが、より多くの五感の刺激をからだに受け入れられる」とつぶやきながら、こわごわと、ゆっくりと、自分の体に出合い直すように登る。それは、「遠くない将来還ってゆく母なる大地を造った浅間山」をよく知っておくためでもある。

表題作では、約四十年ぶりに再会した高校の同級生と二人で浅間山に登る。あこがれと同時にコンプレックスを抱いて見つめていた聡明（そうめい）な少女は小柄なまま年をとり、今も自分の前を軽やかに歩く。幸せなことばかりではなかったはずの年月を、どちらも口にはしない。

ただ、登るにつれ同じように疲労していくから、「言葉を用いなくても成立してしまう、老いてゆくからだ同士のコミュニケーションがなんだかとても愉快」になる。そのとき心もまた言葉ではない何かで触れ合っているのではないか。山を歩く二つの体の内側で、それぞれの記憶も鮮やかに揺れ動いているのがわかる。「まだ、もうすこし歩いていたいよね」と、彼女が最後に言った言葉がしみじみと心に残る。

山は、生と死が交差する場所にそびえ立つものなのだろうか。登山者は体と向き合い、記憶をたどり、汗をかき、痛みを感じながら「たったいまここに、まぎれもなく自分があるという事実」を踏みしめているのかもしれない。山が亡き人たちの思い出を生き生きと呼び覚ます「旧盆」も、たいへん味わい深かった。（川口晴美・詩人）

（文芸春秋・1575円）＝2008年8月21日②配信

発見、開発のドラマ描く

「新薬誕生」（ロバート・L・シュック著、小林力訳）

最近の薬学生に薬学部を志した理由を問うと、多くが「薬剤師免許を取得すれば、一生食いっぱぐれないから」と即答した。「現実的で結構」と思う方もいようが、やはり「新薬を開発して人類に貢献したい」という言葉が出てこないのは寂しかった。だが、本書を読み、「案ずる必要もないか」と私は考え直した。

本書はビッグファーマ（巨大製薬企業）を取材し、七つの“奇跡の薬”の発見、開発、流通という今日までのドラマを描く。

アボット社のノービアとカレトラ（エイズ治療薬）、アストラゼネカ社のセロクエル（抗精神病薬）、イーライリリー社のヒューマログ（人工インスリン）、ファイザー社のリピトール（高コレステロール血症治療薬）などだが、世界規格には文化、習慣、宗教といった壁のクリアも必要だったことがわかる。

例えば、食事の際に注射するインスリン。その臨床試験はこれまで、国ごとにばらばらに行われていた。国によって食事の回数が異なったり、イスラム教徒にはラマダン（断食月）もあったりするなど、食習慣がさまざまだったためだ。ヒューマログは、販売予定の国々で同時期に行うという業界初の試みで礎を築いた。

新薬開発には金銭的、時間的、人員的に莫大（ばくだい）な先行投資を要する。FDA（米食品医薬品局）の承認を得る前に工場建設で数億ドルを投入するのも当然のこと。

ゼロに近い成功確率でも臨床、開発、営業などの強固な連携で挑むが、実際、薬が世界を駆け巡るのに重要な役割を果たすのが医薬品メーカーのMRだ、と本書は教えてもいる。

MRは新薬はじめ薬に関する医療情報を医師や薬剤師らに提供し、販促につなげる営業スタッフ。各ビッグファーマはMRの教育、チーム編成を重視してきた。

日本の薬学生の進路で多いのは、ビッグファーマ関連のMR。「MRの仕事は人類に貢献しているのだな」と読後、私は感じた。（小林照幸・ノンフィクション作家）

（ダイヤモンド社・2520円）＝2008年8月21日③配信

調味料としての身体加工

「美容整形と化粧の社会学」（谷本奈穂著）

社会学の領域で、これまで調査対象として取り上げられることの少なかった「美容整形」というテーマを、本書は「病理」としてではなく「広く普及した一般的現象」ととらえ、体験者インタビューなどを実施し、考察している。「美を目指した身体加工が、現代の身体意識を先鋭的な形で表していると考えられる」と著者は言う。

美容整形の動機をさぐる調査・分析から見えてきたのは、美しくあらねばならないといった強迫観念やコンプレックスよりも、「好奇心」や「自己満足」、「少しだけ自分をズラし」「自分の枠を越境できる経験を『味わう』ためのスパイス」という思いだった。美容整形は、手軽に私を自己表現する手段として、ますます日常化しつつある。

これまで人は、身体、生殖、遺伝子など操作できない領域を持っていた。しかし、技術と意識の変化によって、それらは操作可能な領域となった。そうした現代社会の「先鋭的な」意識を、顔や身体に投影する行為が美容整形だとしたら。

「スパイスは確かに量を間違えると中毒にもなるが、生活を豊かに彩る調味料である。『素の顔に味付けしたみたいな。』という美容整形実践者の声は、まさにスパイスとしての整形を指し示しているように思える」と、本書は締めくくられている。

上手に使えば生活を豊かに彩る「調味料」としての、外科手術―。

だが、美容整形が「スパイス」となった時、私たちの社会は、何か大切なものを喪失しないだろうか。これまで身体を自分の意志で加工できなかった長い歳月の中で、人はしぐさによって自分を美しく整え、相手に伝えようとしてきた。あるいは、自分を表現するための声色や表情やあいさつの仕方を練り上げ、複雑な意味を伝えてきた。そうしたやりとりの技術と文化があった。

だが今、美容整形という「調味料」によって、女の子たちは、伝えたい自分を、他人が行う身体加工術に委ねようとしている。本書は、そこに横たわる問題を問う社会学の幕開けを告げている。

（山下柚実・作家）

（新曜社・3045円）＝2008年8月21日④配信

何千年もの人間の記憶

「壁画洞窟の音」(土取利行著)

精神分析の創始者フロイトが晩年に唱えた「死の欲動」という学説がある。過酷であった第一次世界大戦を受け、人間について考え直したフロイトは、人間を含む有機物はもともと無機物であったから生命なき無機物へ還(かえ)って安定しようとする欲動がそなわっている、という驚くべき無意識を主張した。

無機物まで還らなくても人間の還る場所はほかにもある。現生人類がアフリカを出立して世界にひろまっていったこの十万年余り、その大半は狩猟採取の石器時代であった。ラスコーやアルタミラなどの洞窟(どうくつ)絵画がわれわれのあこがれをさそう。映画にもなったマイケル・オンダーチェの小説「イギリス人の患者」では、サハラ砂漠の洞窟にあった泳ぐ人のイメージがモチーフになっていた。

本書の著者は、洞窟が単に空間として存在しただけではなかったと主張する。洞窟は人間の生活に組み込まれた場であり、祈りや呪術(じゅじゅつ)、祝祭などが一体化したものであったろう。人間の生きたしぐさや音は、はるかな闇のなかに消え去り、洞窟に描かれた絵だけが残され、われわれは残されたものからそこで何がおきたのかを想像するしかない。

著者は想像をめぐらすだけではなく現場に立って、打つ人、吹く人、こする人になった。本書はその報告である。

描くことも踊ることもリズムをとることも一つの雲につつまれたようにからみあって沸きあがる。その生成する時間を再現するのは不可能だけれど、隔てられ、ひきさかれて、何か遠くに別々にあるようになった絵画や音楽の本来のあり方に光を当てようとする試み。

著者は現代の音楽家である。今どのように音楽がなりたつかを考えることが彼の洞窟への帰還を促している。

西日本において旧石器時代から石器に活用されたサヌカイトと呼ばれる"古代の石"の演奏でも知られる土取利行。その名前が徳島県の土取遺跡から発しているという「運命」に支えられながら何千年もの人間の記憶に錘鉛(すいえん)をおろすような試みの今後にも期待したい。(宇佐美圭司・洋画家)

(青土社・2310円)=2008年8月21日⑤配信

半生を重ねた切ない感慨

「さらばブルートレイン!」(芦原伸著)

ブルートレインとは車体を青く塗ったJRの寝台列車である。昭和三十三(一九五八)年登場の「あさかぜ」がその始まりだ。以後数多くのブルートレインが日本中を走り、人々に親しまれ、全盛を誇った。だが現在、伝統の列車は「富士」「はやぶさ」「日本海」「あけぼの」「北陸」のわずか五つ。寂しい状況である。

本書ではブルートレインのすべてを詳細に紹介、個人的な思い出とともに語っている。著者は戦後生まれの団塊世代。長く鉄道ジャーナリストとして活躍し、青春とブルートレインの全盛期が重なる。

ほぼ同世代の評者にとって、寝台車の思い出はブルートレイン登場以前のものだ。小学二年生のとき名古屋から九州まで家族とともに乗った。箏曲(そうきょく)「春の海」で知られる作曲家宮城道雄の転落死は、その唯一の夜行寝台体験直前のことであった。

宮城が乗っていたのは東京から大阪へ向かう寝台急行「銀河」。事故は愛知県刈谷市付近で起こっている。母親から、宮城が盲目であったこと、乗っていたのが寝台車だったことを車中で聞き、子供心にも強い印象を受けた。本書を読んで、そのいたましい事故のことが、よみがえった。

ここでは、ブルートレインが航空網の発達や安価な高速バスの登場で次第にその存在意義を薄められていく過程と、国内の社会状況の変化を重ね合わせ、そこに著者自身の半生を交わらせている。穏やかに語られる「時の流れ」が切なく哀(かな)しいのは、ブルートレインの退潮と同様に自らの人生がたそがれていく実感を得ているからであろう。

「ブルートレインはまさに高度成長時代を駆けめぐり、バブル経済崩壊、低経済成長時代とともに衰退を余儀なくされた列車である。(中略)思えば、よくぞ生き延びてきたな、という感慨がある。それは間もなく職場を去るわれわれの人生とも重なっている」

夜中に発車するブルートレインを待つ間を利用し、駅前でのんびり酒を飲むという場面が何度も出てくる。著者の寝台列車の旅は、ここから始まっていたのである。(馬場啓一・流通経済大教授)

(講談社・1890円)=2008年8月21日⑥配信

圧倒的な密度の食文化研究　「近代料理書の世界」（江原絢子・東四柳祥子著）

料理に関する本の出版が始まるのは、近世以降のことで、それまでは料理を司（つかさど）る家々に口授秘伝という形で伝えられた。

その出版は料理に関する知識や技術を、自由に購入できる点で画期的であった。そして、こうした料理書を体系的に分析することで、江戸の料理文化の研究が進んだ。その契機は、近世の料理本二百点（未刊行本を含む）などを紹介した「料理文献解題」（一九七八年、川上行蔵編著）の出版によってもたらされた。まさに本書は、その近代版といってもよいが、内容密度は圧倒的に高い。

対象とする時代を、明治以降から十五年戦争が始まる前年の三〇年までとしたのも卓見だろう。いわば近代日本が成熟を迎えながらも、戦争に直接のめり込む以前の時期までの料理文化の展開を、つぶさに知ることができるからである。

この間に、近世とは比較にならないほど多様で豊富な料理書が生まれた。著者たちの丹念な調査によれば、その数は八百点に上る。その目録を示すとともに、うち百点を厳選し、それぞれに付された丁寧な解説が本書の読みどころとなっている。

特に西洋料理の移入は近代の料理文化を彩るもので、翻訳を含めてさまざまな西洋料理書が刊行された。もちろん日本料理に関するものも出版されたが、注目すべきは折衷料理で、西洋料理と日本料理の合体も図られた。

近代料理書の最大の特徴は、それまでは裏方に徹した女性が著者となり、読者層も多くが女性だった点にある。また家庭料理だけではなく、料理人や科学者・文人・軍人までもが、さまざまな料理書を執筆し刊行した。

これらの解説を読み進めていくと、近代日本人が新たな料理文化の創出に、いかに精力的に取り組んできたのか、という苦闘の歴史が浮かび上がってくる。そして本書の刊行を機に、近代料理文化の研究が、長足の進歩を遂げるだろうことが予感される。（原田信男・国士舘大教授）

（ドメス出版・2940円）＝2008年8月28日①配信

逸脱者たちのしぶとい生　「アカペラ」（山本文緒著）

山本文緒の新作短編集。三つの作品にはすべて、世間から少しだけ逸脱した人物が登場する。

表題作の「アカペラ」は母親が家出の常習者という中学生の少女ゴンタマの物語。じっちゃんと二人暮らしを余儀なくされるゴンタマは担任教師カニータの心配をよそに中卒で働くことを決め、じっちゃんとの家出を決行する。孫を亡き妻と錯覚したままのじっちゃんとゴンタマの奇妙な逃避行。二人のありえないきずなの結び方に翻弄（ほんろう）されるカニータ。やがてゴンタマはじっちゃんと結んだはずのきずなのすれ違いに、ぼうぜんと立ち尽くす―。

この作品集に登場する人たちはみな「人生がきらきらしないように。明日に期待しないように」克己心というものからできるだけ遠ざかって、自分を波立たせないように生きている。それぞれに逸脱の自覚はあるが、その困難を必死に乗り越えようとしたり、現実をねじ曲げてまで前に進もうとはしない。そうして運命にこびず、あらがわず、流されるままたどり着いた場所で、彼らは彼らにしか奏でることのできない美しい音楽をつむぎだす。

古着屋で売る商品を淡々と製作するゴンタマ。元カノの娘にナシゴレンを作る駄目男。病弱な弟と二人で暮らす五十歳の姉は、節電の徹底された薄暗いリビングで、静かに温かいココアを飲む。途方に暮れているはずの彼らがみせる景色は、どれも不思議と心地よく、静かに「ひとり」だ。

そしてもうひとつ、物語の中で常に彼らに伴走するものがある。濃厚な「死」のにおいだ。老いた者、病人、納骨、体中につながれたチューブ…。通奏低音のように登場人物の生活に寄り添うこれらの景色は、けれどもなぜか、決して絶望にはつながらない。むしろ、一見生きることに淡泊そうな彼らのなかの強烈な生命力を照らし出し、生きることへの執着を際立たせてみせる。

「アカペラ」はとてもタフでしぶとい一冊だ。読み終えたあとしみじみと思った。人は意外と滅びない。深い孤独に立ち尽くしたとしても。（宮村優子・シナリオライター）

（新潮社・1470円）＝2008年8月28日②配信

虚構を生きる俳優の実存

「私のハリウッド交友録」（ピーター・ボグダノヴィッチ著、遠山純生訳）

華麗な映画スターたちの、スクリーンの裏側での「素顔」に著者の真意があるわけではない。

むろん、夜な夜な取り巻き連中を引き連れて飲み歩いたハンフリー・ボガート、己への煩悶（はんもん）を生涯語り続けたマーロン・ブランド、髪の分け目変更が成功のきっかけになったケーリー・グラント、家族とりわけ子どもたちに過剰なまでの献身をみせたオードリー・ヘプバーンなどなど、この大部の「交友録」にぎっしり詰まったエピソードの数々はわたしたち映画ファンの心をとりこにしてやまないものばかりだ。

ではあるのだが、自身が俳優でもあり脚本家・監督でもある著者ボグダノヴィッチが照らし出していくのは、製作現場での豊富な経験と広く深い人脈をもってしてはじめて迫りえた、百年を超えるアメリカ映画史がもつもっとも魅惑的な一面をめぐるドキュメント、である。

読者が目にするのは、スクリーンの外においても中においても映画ファンのあこがれの視線に自らの身体をさらけ出しつづけねばならなかったスターたちの、強靭（きょうじん）で、美しく、ときにもろくて悲しい、ペルソナ（人格）であるといってよい。

技量でもって虚構を演じる舞台俳優とは異なり、複製イメージのなかに己をさらしながら虚構を生きる映画俳優の、どこまでも狂おしい実存を語る著者の言葉には、透徹した美意識と倫理観さえ漂う。

著者がたびたび「二十世紀神話」と書きつけるのは、理由のないことではない。

本書は、映画への愛だけにおいてその生を生きたリリアン・ギッシュからはじまり、空前の成功をおさめつつも最後の最後まで苦悩し自己を崩壊させていったマリリン・モンローで幕を閉じる。そこから浮かび上がってくるのは、ハリウッド黄金期をきら星のように生きたスターの孤独と悲劇だ。アンソニー・パーキンスの夫人が巻き込まれたことを一例として、「9・11」が幾度となく言及されるのは、偶然ではない。（北野圭介・立命館大教授）

（エスクァイア マガジン ジャパン・4515円）＝2008年8月28日④配信

老後楽しむ極意の数々

「天然老人」（秋山祐徳太子著）

老いについて語るとなると、話がどうにも暗くなりがちだ。だけどこの人にかかると、これがもう明るいのである。

秋山祐徳太子、知る人ぞ知る、現代美術家。知らない人には、一九七〇年代の東京都知事選挙に出馬したポップなオジサン、と言えば思い当たろうか。戦後アートをひた走ってきた前衛も、当年、七十三歳。独身。

まず書名の由来から。いまや「世の中すべてが養殖」ばかり、「私はいままでどおり、天然を守り、楽しく明るい茶目っ気のある人生を送ることをめざしたい」と。ここに語られる、いかにもこの人らしい老後を楽しむ極意のかずかず、これがよろしいのだ。

第一章「友は最大の援軍」。その冒頭、「私は友人に恵まれている。それというのも、『親しき中にも礼儀あり』を実行しているから」とある。老いて友なき身はさびしい。この人は友を大切にし、また友は彼を大切にする。交友厚くして、礼儀正しかれ。歯応えのない養殖ものでない、いっぽん背中にシャッキとしたものが通っている、パワーあふれる軽やかさ。これがまず天然老人たる第一条件であること。

たとえばこんな天然ぶりはどうだ。一つ、アダルトビデオは「若返りの泉」だからと鑑賞する、いっぽうボランティアは「若さの貯金箱」になると実践する。一つ、おでんを「食材芸術」として究め、またクリニックは「ピクニック」気分でこれを楽しむ。などなど。

いやこの力の抜けかげん。「私も『後期高齢』まであと一年半。／いやいや、後期高齢どころか、そのあとを突き抜けた先には、『長期青春』期がやってくる。／世の中に青春をばらまく人に、私もぜひなりたい」と。じつになんとも軽やかに老いを楽しんでいるしだい。おまけは、巻末の元祖「老人力」赤瀬川原平との「R70指定」対談。これが抱腹絶倒である。

祐徳太子さんはおっしゃる。

「モテる男とは、お洒落、清潔、話がサッパリして面白い、偉ぶらない、可愛いお爺さん…」

肝に銘じます。勉強になりました。（正津勉・詩人）

（アスキー新書・790円）＝2008年8月28日⑤配信

人類知の退化にかみつく

「ウィキペディア革命」（ピエール・アスリーヌら著、佐々木勉訳）

二〇〇一年に誕生したインターネット上の参加型百科事典「ウィキペディア」は、その後、驚異的な発展を遂げ、現在までに二百五十以上の言語、一千万を超える項目を持つ世界最大の百科事典となった。毎日、世界中で膨大な数の人々がウェブ上でこの事典への書き込みに参加している。

ウィキペディア最大の特徴は、誰もが自由に、どんな項目でも他人の記述に上書きできることにある。知的権威は否定され、すべての人が集合知の構築に参加する。世界的権威も無名の高校生も、まったく同列なのだ。

世界が驚いたのは、そんな無数のアマチュアの集合体が勝手に書き重ねていく百科事典が、わずか数年でそれなりに有用な巨大知識基盤を生みだしてしまったことだ。

〇五年、権威ある科学誌「ネイチャー」は、ウィキペディアとブリタニカ百科事典の科学分野の項目を比較して、両者の信頼度の差が相対的なものだと結論づけた。

ネイチャー誌にお墨付きをもらわなくても、今では世界中の学生がリポートを書くときの共通の参考文献はウィキペディアだ。彼らはそれを当然と思い、図書館で原資料を探し回ることなど時間の無駄と感じている。

これは人類知の進化なのか、歯止めなき退化なのか。本書は、ウィキペディアが新しい集合知を開くと信じる人々に真っ向からかみついていく。

ネイチャー誌の調査は中立的な科学的事項についてだけで、論争的な歴史や哲学の事項は取り上げられていないし、調査方法も問題含みだった。

本書が問題視するのは、こうしたウィキペディアを人々があたかも自明の情報源として利用していくことで、原資料を調べ、知の体系を組み上げていく本来の知的能力が衰退してしまうことだ。

この問題意識には共感する。しかし、私たちはもうウィキペディア以前に戻れない。今後、人類はますますネット上の知識に依存していくだろう。それならば不完全さを攻撃するだけでなく、いかにその限界を超える集合知を構想するのか。本書自体、ややウィキペディアの上書き可能項目の感がある。（吉見俊哉・東大大学院情報学環教授）

（岩波書店・1785円）＝2008年8月28日⑥配信

随所に人と自然への慈しみ

「ふくろう女の美容室」（テス・ギャラガー著、橋本博美訳）

もう五年ほどつきあいのある全盲の友人がいて、さまざまな刺激を与えられる。健常者と盲人の交流が描かれた傑作小説というと、レイモンド・カーヴァーの「大聖堂」だ。隔たっていた両者の心がふと解け合う瞬間が見事にとらえられている。本書「ふくろう女の美容室」は、カーヴァーの晩年十年間を、人生のパートナーかつ文学的盟友として支え合ったテス・ギャラガーの短編集で、この「大聖堂」と同じ設定を持つ「キャンプファイヤーに降る雨」という作品が収められている。

一九八〇年、テスの古い友人の盲人男性が、妻を亡くして親せきを訪問した帰り道、夫妻の家に立ち寄ったことが、二つの小説の元になっている。題材は一緒でも、夫の視点で語られる「大聖堂」に対し、「キャンプ―」は妻の視点で、全く異なる発想で書かれる。

「星」や「星座」といったものを盲人に教えるにはどうしたらよいものかと話し合うくだりから、裸の妻が友人と二人、「星の迷路」に迷いこんでしまった、と全身で感じるに至るクライマックスは、せつなくてエロチックだ（彼女の裸は彼には見えない）。二人のたたずむ小さな庭が、空のかなた、宇宙までつながってゆくと、彼らの抱えているさびしさも喜びも、聞こえないはずの星の音が聞こえてくるみたいに、美しく瞬きだす。

「ウッドリフさんのネクタイ」に登場する、妻を亡くした「私」と、夫を亡くした隣人。作家だった隣人の夫（カーヴァーをほうふつとさせる）の思い出が現実と交錯する。自分用の銃を買おうか迷い続ける中年女性が主人公の「マイガン」は、揺れ動く心理描写がスリリングだ。

本書に収められたエッセー「聖なる場所」に、「子どもにとって、自分宛に手紙が届くということは玄関先に星が降ってくるようなもの」という一文がある。「手紙」を「星」と受けとめる詩的感覚から生み出された作品は、大切な人の死や現代米国の社会問題に向き合いながらも、決して、絶望へ流れていかない。随所に人間と自然に対する慈しみがきらめいている。（木村紅美・作家）

（新潮社・1995円）＝2008年9月4日①配信

文豪の内面に迫っていく

「森鷗外と日清·日露戦争」(末延芳晴著)

森鷗外は近代日本を代表する文豪であり、一流の知識人だった。そして同時に軍医でもあった。軍医は人命救護を職責とする医師でありながら、軍人でもあるという矛盾を、すでに抱える存在だったが、鷗外の場合はさらに、文学者という「個人」と、帯剣した官僚という「国家の人」である二重性も抱えていた。

鷗外は日清戦争と日露戦争という二度の対外戦争に内側からかかわった唯一の文学者だった。鷗外は戦場で何を見、何を書いたのか。あるいは何を「書けなかった」のか。著者は鷗外が書き残した文章や彼の行動、さらにはさまざまな状況証拠を積み上げて、その内面に迫ってゆく。そこからは鷗外ばかりでなく、近代日本のもうひとつの姿も見えてくる。

鷗外は日清戦争の最中に、日本兵が引き起こした虐殺事件を聞き知っていながら、書簡にも随筆にも、それを明記していない。ただし、その事実を意識しなければ文意が通り難いような書き方で書いていたことを、著者は明らかにする。それは鷗外の限界である一方、反骨の表れでもあったのだろう。また鷗外は、台湾で亡くなった北白川宮能久親王の伝記を書いているが、そこでは抗日運動の話などが巧妙に避けられているという。また日露戦争時には、白人による有色人種への差別感情を糾弾し、日本兵の勇姿をたたえる詩を数多く作っているが、厳密に読んでゆくと、その格調高い詩句の合間から、日本兵による暴行や厭戦(えんせん)の心情も伝わってくるという。著者の読み込みは精緻(せいち)で、考証も行き届いており、謎解きミステリの趣すらある。

本書の中で、著者は繰り返し「ペンは剣よりも強し」と書き、その視点から鷗外の戦争を見つめている。津和野藩の典医の家系に生まれ、軍医の最高位である軍医総監まで勤め上げた鷗外自身が、どこまでペンの優越を信じていたかは、私には分からない。ただ本書は、鷗外の無意識にはたしかにあった「非戦」「暴虐嫌悪」を掘り起こしたように思う。(長山靖生・評論家)

(平凡社・2730円)=2008年9月4日②配信

戦後の終わりを語ること

「人並みといふこと」(しりあがり寿著)

「人並み」という言葉の持つ倫理観を、我々は前世紀末あたりに突然失ってしまったようだ。

それは「個性」という価値観にとって変わられ、やがて単純な格差社会を生み出すに至る。

むしろ、「人並み」こそが、人それぞれの個別性を大事に抱えながら調整をすることであり、他人の他人らしさを尊重する術(すべ)であったように思う。

きっと「人並み」は、他人並みという意味ではなく、人間並みという基準を指していた言葉だろうと今はわかる。それを失ってしまった今は。

しりあがりさんはその決定的な喪失の始まりから終わりまでを、「人並みといふこと」で記録している。“しり先生”らしい逡巡(しゅんじゅん)とつぶやきは、絶望的状況を前にしてもやまず、小声だからこそ心にひっかかり続けるリアルなリポートと化す。

「人並み」は決して画一主義ではなかった。人としてやってはいけないことと、するべきことを截然(せつぜん)と分かちながら、日本人は戦後を生きてきた。

したがって、しりあがりさんは戦後の終わりを書き記したことになる。我々は長く引きずった戦後を、ついに功利主義にのみ明け渡してしまう。「人並み」というヒューマニズムが何者かによって巧妙に軽蔑(けいべつ)され、やがてあらゆる価値が経済的に計算可能となる。

こうして数量化された人間こそが、“格差を持った画一主義”に侵されている。そこに豊かな差異などない。我々はついに「数並み」になるだけだ。

しりあがりさんは“みんなが求める「人並み」は、もっとなんかあったかくて、近くて、ただの数字じゃなくて”と書く。

人が皆「数並み」になってしまった現在を、しりあがりさんは強く糾弾はしない。ただ、「人並み」の記憶を持つ者の最後の倫理として、在りし日の思い出をしつこく、ぼそぼそと語り続ける。

戦争を風化させないための語りと、それはどこかで似ている。肉声をもって他人の心に入り込むこと。あたかもそれが「人並み」ならではの語りであるかのように、著者は静かに語り続ける。(いとうせいこう・クリエーター)

(大和書房・1575円)=2008年9月4日④配信

和解失敗の背景分析　「日本人はなぜ謝りつづけるのか」（中尾知代著）

昨年、米下院が本会議で従軍慰安婦問題につき日本政府に公式謝罪を求める決議を行った。当時の安倍晋三首相は、慰安婦への同情と謝罪の必要を語り、事態の沈静化をはかったが、過去の発言との矛盾をつかれ失敗した。和解における政治家のことばの重要性を示す事件であった。

戦後和解の問題をあつかった本書がきわめてユニークなのは、関係者のことばや象徴的な行動を歴史の文脈の中に置きなおして、なぜ日本人は謝り続けなければならないかを鋭く分析していることである。

主題は捕虜問題であるが、オーラルヒストリーを研究する著者は、十五年にわたり英国を中心に元捕虜らのことばに耳を傾け、かれらの過酷な戦争体験とトラウマを記録してきた。本書の提出する情報量は豊かであり、取り上げた問題点も多岐にわたっている。またメディア分析に優れているのも本書の特徴のひとつといえよう。

一九九八年一月、天皇訪英を控えて訪英した橋本龍太郎首相がブレア首相に対し捕虜問題について「お詫（わ）び」を述べ、そのことばが英大衆紙「サン」に掲載された。ゴシップ記事が売りのタブロイド紙で、元捕虜が手にする機会もかぎられた通俗紙である。

なぜこのような新聞に首相が「寄稿」したのか。当時、日本の大使やメディアは、謝罪寄稿により英国の世論は好転したように論じたが、英各紙の反応は「日英の経済をスムーズにするための方策であり、天皇訪英に対してのタブロイド紙対策」ということに落ち着いたという。結局、首相の謝罪は無効であった。

著者によるその間の経緯の分析は、日本側の思慮不足への指摘から、英首相の画策、新聞王として有名なマードックの介在まで示唆して、スリリングにさえ思えた。

著者は民間和解外交の功罪についても批判的に分析している。その根底には、和解活動を行う日本人たちが、加害側に属する者としてあえて真実を究明し、被害者とともに真実に直面する勇気を持っていたかどうかの問いがあるように思われる。（荒井信一・駿河台大名誉教授）

（NHK生活人新書・777円）＝2008年9月4日⑤配信

少数派であることの苦しみ　「インターセックス」（帚木蓬生著）

まったく知らなかった世界が興味深い小説の形をとって動きだす。

人間は男と女に二分されるが、その間にインターセックスと呼ばれる存在があるという。しかも、それは、さらに三つに分けられる。性染色体はXYでありながら、性器の外見は女性である人、逆に性染色体はXXであっても女性器がなくて男性化している人、そして男性器と女性器の両方をもっている人にである。

この物語のテーマは「神がつくり出した少数派の人間」であるインターセックス。実は女性のローマ法王がいたという伝説なども織り込みながら、当事者たちの苦しみと主人公である泌尿婦人科医・翔子の悩み、それに不可解な変死事件が絡んで小説は展開していく。

かつては半陰陽とか両性具有とかいわれたインターセックスの子どもが生まれた父親は、翔子に「先生、これは病気でしょう」と尋ね、「正常ではありませんよね」と詰め寄る。

それに対して、早期に赤ん坊の性器にメスを入れることに反対の翔子は、「正常の定義次第です」と答える。

少数派であることがすなわち異常ではない、ということだろう。

性同一性障害と、このインターセックスは似ているようで違う。

精神という中身と、身体という容器が釣り合わないのが前者で、容器の方を替えたいのだが、戸籍や常識がそれを阻む。インターセックスは、容器そのものが男と女がまじりあっているか、一方に決め難い存在なのである。

テーマの説明が長くなったが、この作品に関しては、どうしてもそれが省けない。魅力的なヒロインが、なぜ、男とか女とかいう前に、人間としてつきあうことにこだわり続けるのかを含めて、謎を秘めながら、読者は一気にこの物語に引き込まれる。何よりも、悪役が堂々として彼女に拮抗（きっこう）しているのも、その迫力の原因だろう。余韻の残る一級の推理小説である。（佐高信・評論家）

（集英社・1995円）＝2008年9月4日⑥配信

伝説的名将の半生を追う

「サバイバー」（吉井妙子著）

反町ジャパンに星野ジャパン。北京五輪で期待を裏切った種目への風当たりは強いが、近年低迷が続く女子バレーのように、批判されないのもまたさびしい。その原因を著者は、伝説的な名監督を受け入れなかったからだと見ている。ロサンゼルス五輪で米国女子に銀メダル、バルセロナではオランダ男子に銀メダルをもたらし、卓越した理論と実績から世界の名将といわれるアリー・セリンジャーのことである。

一九九〇年代以降、セリンジャーは、Vリーグを四度制覇するものの、強烈な批判精神が災いしてか、ついに代表監督の声はかからず失意のまま二〇〇六年に帰国する。その際、自分は大戦前夜にポーランドで生まれたユダヤ人であり、ナチスのホロコースト政策の生き残り、「サバイバー」であることを告白し、日本での出版を希望する。

それはたしかに、悲惨な半生だった。四歳のころから言語を絶する光景を見せつけられ、八歳になって解放されたときには、母を除いて家族は行方知れずになっていたという。ただ、さまざまな小説や映画によって、ホロコーストの概略は一般に広く知られており、その意味では彼の悲惨さは、古典的であっても、とくに目新しいものがあるわけではない。

告白に接した著者が、「ホロコーストはやはり他人事でしかない」と感じたのも、そのためかもしれない。多くの文献をあさり、映像を見ても、思いは消えない。告白を実感するには、現地に足を運ぶしかないと考え、収容所をはじめ関係各地を訪れる。それはまた、スポーツライターの枠を乗り超えようとする試みでもあったろう。じつはセリンジャーの半生よりも、むしろこの試みこそが本書の読みどころではないかと、私などには思えてならないのである。

それにしても、なぜセリンジャーは、みずからの体験を日本で出版することを希望したのであろうか。その疑問は最後まで解けなかった。

（山本一生・近代史研究家）

（講談社・1890円）＝2008年9月11日①配信

いかに恐怖を克服するか

「ディスコ探偵水曜日（上・下）」（舞城王太郎著）

迷子捜し専門の白人探偵ディスコ・ウェンズデイは、過去の事件の被害者である六歳の少女「梢」と暮らしている。ある時から「梢」の体に、十七歳になった「未来の梢」や、島田桔梗と名乗る別の少女の意識が乗り移るようになり、「梢」がかつて性的虐待を受けていたことも明らかになる。

同じころ「パインハウス」という建物で推理作家の殺人事件が起こる。事件解決のため多くの名探偵が集まるが、推理に失敗し、次々に片目をつき刺されて命を落とす。「梢」に起きた異変と事件の関連を解き明かすため、「水星C」という相棒と現地に乗りこんだディスコは、二つの出来事が彼自身のアイデンティティーと深く結びついていることを知り、打ちのめされる。上下巻で千ページを超える大作のうち、ここまでを描いた上巻は、しかし長大なイントロダクションにすぎない。

下巻では、「パインハウス」事件が起きていた時点で世界が未来から過去に向けて折り返され、二つの世界がいまや同時に存在している、という「双子宇宙論」が示される。上巻で描かれたエピソードはすべてその視点から再検討され、「ミステリー」という枠組みが壊されるだけでなく、小説における時間や空間の描き方の制約をいっさい超えて、破天荒な物語が進行していく。

主人公でありながら、ディスコはつねに傍観者に留まる。相棒の「水星C」からは幾度も「考えろ」と促され、自身の内なる声からも「踊り出せよ」と突き動かされることで、ようやくディスコは自身のアイデンティティーの混乱を乗り越え、世界の真実に到達する。

悩める探偵、迷える探偵という主人公ディスコの造形はミステリーの形式を借りた「青春小説」の伝統であり、舞城王太郎はこの作品で、その方法論を徹底的に突き詰めている。根源的な悪が存在するとき、いかにしてその恐怖を克服できるか。デビュー作以来のテーマであるこの問題に対し、ディスコの思考と行動を通して、舞城王太郎はひとつの結論を与えている。（仲俣暁生・編集者、文筆家）

（新潮社・上2100円、下1785円）＝2008年9月11日②配信

夢見つづける努力家の記録　「冒険家　75歳エベレスト挑戦記」（三浦雄一郎著）

三十八歳で、エベレストの八、〇〇〇メートルから無鉄砲なスキー滑降したときから、かれは世界の大冒険家になった。その後、世界七大陸最高峰を滑降。五年前には七十歳でエベレスト最高年齢と親子同時登頂の記録をうちたてた。さらに心臓病を克服して七十五歳で再挑戦。五月再びエベレスト登頂に成功した。優秀なシェルパとベテランの登攀（とうはん）リーダー、屈強な息子豪太氏ら十数名のサポートがあったとはいえ、この悲願達成は尋常なことではない。限界状況にある人間がなにを考え、どう死力をつくすか。本書の魅力はそこにある。

入山前の周到な準備などについては省く。ローツェ氷壁で、わずか五十メートル登るのに一時間近く、もがき苦しむ。そのうえ四〇度をこす氷河上の灼熱（しゃくねつ）地獄にもだえる。太陽がかげると体感温度はマイナス数十度にもなる。

「登る苦しさに加えて、この暑さ、大汗と交互の寒さに耐えて、どうして私はこの歳でこんな苦しい目に遭わなきゃならんのか、と自業自得の我が苦行の数々」を嘆いている。八、〇〇〇メートル地点になると、「一歩登るたびに5回深呼吸、苦しくなると10回呼吸してやっと次の足を前に踏み出す」。この大事な八、二〇〇メートル地点で、命綱のような存在だった豪太氏が重い肺気腫、脳浮腫になり下降せざるを得なくなる。この症状は私もチベットの奥地で経験したが命にかかわる事態だ。父である著者は登頂の成功より豪太氏の命を助けてくれと祈っている。（豪太氏の奇跡的な生還の記録は巻末に収められている）

八、七〇〇メートル地点での百五十メートルほどの難所を三時間もかけて這（は）い上がったとき、かれは「もうダメ、ムリ」と嘆じながらも歯をくいしばって、ついに頂上に立った。「涙が出るほどつらかった。涙が出るほど嬉しかった。再び高く遠い夢の頂上に立つことができた…生きて還らなければ」。これが最後の言葉である。三浦雄一郎は超人じゃない。いつまでも夢を見つづける努力家、非凡な凡人であることがわかる。（色川大吉・歴史家、日本山岳会会員）

（実業之日本社・1680円）＝2008年9月11日③配信

物語づくりの貴重な方法論　「マンガの創り方」（山本おさむ著）

そのものズバリのベタなタイトルだが、内容は卓越している。出版不況が慢性化し、隆盛を誇ったマンガまでもが一時期の勢いを失いつつある現在に、一石を投ずる刺激的な一冊だ。映画化された「どんぐりの家」など数々の名作を送り出したマンガ家による、創作技法の極意を伝達した渾身（こんしん）のマンガ指南書なのだ。

マンガの描き方の本は数多い。最近では大学や専門学校でも技法を教えるところが増えている。しかし、ストーリーづくりをこれだけ懇切丁寧に解説した本は稀有（けう）である。というよりも、これまで存在しなかったといってもよい。それをなさしめたのは、著者の昨今のマンガ状況に対する危機感の反映でもあろう。

絵のうまい新人はたくさん登場してきているが、物語づくりで挫折し隘路（あいろ）にはまる。そこには、往年の編集者のようなマンガに対する熱意の不在も作用しているようだ。

かつてのマンガ編集者は文学青年や映画青年が多かったから、その蓄積がストーリーづくりに影響を及ぼしてきた。しかし、最近ではマンガで育ってきた人たちが多く、文学や映画の知識が希薄である。しかも編集者は、新人に高飛車に対応しがちだから、新人は萎縮（いしゅく）して伸び悩むという。編集者には耳の痛い話でもある。

本書は、マンガ志望者や新人にとって有益なだけではない。マンガばかりか、小説などの物語づくりにも通底する、貴重な方法論が披歴されている。「箱書き」と呼ばれるプロットづくりから、それをどう膨らませていくかが具体的な作品例を挙げながら詳細かつ緻密（ちみつ）に紹介され、それも本書の大きな魅力である。

そしてまた、黒澤明の映画やシナリオ作法を引用しながら、物語づくりのキモも伝授し、マンガをさらに面白く読む上での貴重な情報を提供してくれる。巻末特別付録として、高橋留美子の短編「Pの悲劇」と、自作の「UFOを見た日」を全ページ掲載しているのもうれしい。

画期的な指南書であり、一般読者にとっては、マンガ解読の手引としてもきわめて有用なのである。（野上暁・評論家）

（双葉社・3990円）＝2008年9月11日④配信

米国富裕層の実相に迫る 「ビリオネア生活白書」（ピーター・W・バーンスタイン、アナリン・スワン編、河辺俊彦、田淵健太訳）

本書の帯には贅沢（ぜいたく）な服装の家族のイラストに「真のカネ持ちの生態に迫る！」と大文字が躍る。何と覗（のぞ）きの悪趣味かと中身を読めば、これがアメリカの超大金持ちの徹底分析。経済誌フォーブスが二十五年にわたって毎年掲載している米国で最も裕福な「四百人」を、生まれ育ちから資産形成の過程、資産の中身に暮らしぶりと、データをあげ、具体的に、根掘り葉掘り追求した書だ。

四百七十五ページに情報がびっしりと盛り込まれていて、金持ちの暮らしを詮索（せんさく）するなど趣味に合わないと思いながらも、つい事実に引き込まれてしまう。

資産やその暮らしぶりが具体的に示されても、あまりにかけ離れた世界で実感は湧（わ）かない。時節柄、エネルギー長者が増えているかと言えば傾向はむしろ逆で、金融とテクノロジーが金持ちを作る傾向にあるという。

大金持ちになるのに教育程度との相関関係は薄いというのは想像できるが、ビル・ゲイツをはじめ四百人の頂点に立つ大金持ちには大学中退者が目立つと知って、ホリエモンの顔を思い浮かべた。

豪壮な邸宅、ヘリポートを備えた超豪華ヨット、派手な付き合い、女あさりと連想が湧くが、意外なことに大金持ちたちの離婚率は米国の平均よりもはるかに低いのだという。

金が有り余った家庭に向上心の旺盛なこどもが育つだろうか。彼らの悩みはこどもの教育で、教育にまつわる悲劇を知って金持ちでない身はほっとする。米国で金持ちが寄付をするのはキリスト教文化の影響と理解していたが、それが見当違いだというのも発見だ。

うんざりするほどの金に囲まれた人たちの話を読みながら、今年、日本エッセイスト・クラブ賞を受賞した堤未果さんの「ルポ貧困大国アメリカ」（岩波書店）に描かれた暮らしとのギャップに米国の深刻さを感じた。

大金持ちは幸せだろうか？　この問いに対する彼らのコメントが巻末に掲載されている。これを読めば大方の読者は納得し、幸せ感を味わえるだろう。（小林和男・ジャーナリスト）

（早川書房・2520円）＝2008年9月11日⑤配信

中年男たちの鬱屈と喜び 「罪びと」（高任和夫著）

商社マンというのは、四十代早々で出世競争への参加者がおおよそ選別され、五十歳の声を聞くときには最終段階をすぎているといわれる。

四十九歳になる本書の主人公の場合も、人事室長のポストを取り上げられ、部長補佐という中二階に棚上げされてから、自分の中で何かがゆっくりと、確実に崩れていくのを感じていた。

近い将来に待っているのは、関係会社への出向か早期退職か、せいぜいそんなものだろう。だが、会社のほうは使えるうちは何でも使えとばかり、無理難題を押しつけてくるのだった。彼の場合は特命事項担当、つまり誰もやりたがらない仕事である。その内容は、いわゆる問題社員—借金に追われ、会社も迷惑をこうむりそうな社員だとか、何かしらの事件を起こした社員の事情聴取をし、ことによっては引導を渡す役目であった。

しかしながら、いつも一方的に社員のほうが悪いわけではない。強引な成果主義の導入による社内格差の拡大や、社員のやる気をうせさせるような社内体制の問題も多々あったのだ。そんなとき、主人公はどうにもやるせない気持ちになる。

たとえば表題作の「罪びと」は、同期入社の経理部長代理が失踪（しっそう）、しかも経理部の本部勘定からさまざまな名目で金が引き出され、一億円が消えていた。その人物とは友人のつもりでいただけに、彼は大きなショックを受けるが、調べていくうちに失踪した男もまた組織と家庭と自分との間で、次第に居場所を見失っていたことがわかってくる。

ほかにも会社に見切りをつけ、家業を継いで成功した男の悩みを描く「社長の再生」、アフリカの支社に赴任中、事故で死んだ同期の男の無念さと、残された娘を思いやる「親友の娘」など全六編を収録。いずれも企業の中で真摯（しんし）に、必死に生きようとする中年男たちの鬱屈（うっくつ）と喜びが描かれている。

そろそろ人生の秋口に差しかかった男たちにとって、心の糧となるものは何がある？　本書はその答えの一端を教えているような気がする。（関口苑生・文芸評論家）

（光文社・1785円）＝2008年9月11日⑥配信

それぞれの思い胸に秘めて

「見知らぬ場所」（ジュンパ・ラヒリ著、小川高義訳）

ラヒリのデビュー短編集「停電の夜に」が米国で数々の賞を受賞し、日本でもベストセラーになったことは記憶に新しい。短編集として二冊目になる本書もまさしく粒ぞろいの充実した内容で、さらに書き手としての円熟味が加わった。この本が読めたことを、しみじみと感謝したくなる。

ラヒリは人間、特に家族の姿を描く名手だ。米国に移住したインド人家族をめぐる物語、と聞くと、けっして身近な話題ではないように思うのだが、読み進むうちにそれぞれの人物像が鮮やかに浮かび上がってきて、登場人物の一人一人がよく知った人であるように思えてくる。テーマとなるのは夫婦の愛憎、親子の対立、男女の出会い、期待と失望、病と死、結婚、出産など、とても普遍的なことがらだ。

普遍的で人間的だからこそ、共感できるし、想像をかき立てられる。移民一世と二世のあいだに厳然と生まれてしまう振る舞い方や考え方の違いなどは、たとえば東京に出てきた子供と地方にいる親の話に置き換えても十分成り立つだろう。

表題作「見知らぬ場所」は、父と娘の話。父と娘がそれぞれの視点から、交代に語り手を務めている。

やもめ暮らしで、旅行に明け暮れる父。インド系ではない夫との結婚生活で子育て真っ最中の娘。それぞれダイレクトには口に出せない思いを胸に秘めつつ、ある一週間を共に過ごす。娘が偶然知ってしまう父の秘密。このときに娘がとる行動からは、肉親の情だけでなく、冷静さと思いやりも伝わってきて、しみじみと「ああ、大人の物語だなあ」と思わされた。

ヘーマとカウシクという男女を主人公にした連作にも、深い感動を覚えた。一編ごとに、はっとするようなエピソードが用意されている。人間の弱さ、人生のはかなさに衝撃を受けながら、なおも残るもの、残らないものについて、考えずにはいられなかった。（松永美穂・ドイツ文学者）

（新潮社・2415円）＝2008年9月18日①配信

人の幸せって何?

「平等ゲーム」（桂望実著）

瀬戸内海に「鷹の島」なる人口約千六百の島があります。百年前に三組の夫婦が理想郷を求めて移住したのが始まりで、島民はすべて平等、何事も投票で決められます。

主人公・芦田耕太郎の仕事は勧誘で、抽選に当たった移住希望者と接触し、島の説明を行い、意思の確認を専らとします。島で生まれ育った彼は、いわば純粋培養された人間で、島のシステムをつゆほども疑いません。真っすぐで、熱心に島のよさを説く姿は、なるほどそこは理想郷だなと思わせる力があります。

平等であることは素晴らしい。だからこそ人にも勧める。しかしいざとなると移住希望者は抵抗を見せます。競争社会に疲れ、負け犬を自覚した人たちなのですが、それでも彼らは移住すべきか悩むのです。

少しずつ耕太郎の心理に変化が生じます。助長するのは絵です。スケッチは好きでしたが、ひょんなことから本格的に習うことになるのです。ズケズケと絵の指南をする大学講師の千鶴子、このキャラが光ります。私、好きですこのオバサン。

めきめき腕を上げ、その絵が人の役に立ちます。豪華客船に乗り込んだ折、カップルのプロポーズを助け、傷心の少女を救うのです。いいですよここ。グッときます。

その絵を描いてくれと頼み込んだクルーの柴田、本来この男は島への移住希望者で、だからこそ耕太郎は接触を図るべく乗船したのですが、それも忘れさせるほど人物造形が際立っています。慇懃（いんぎん）で相当ずうずうしく、それでいてちっとも嫌みではなく、この柴田が小説をグイグイ引っ張るのです。

一方で耕太郎の絵は千鶴子によって展覧会に出品されます。入選間違いなしと千鶴子は断言するもなぜか落選、このとき耕太郎の胸に生じたさざ波のような感情…。

島と本土を往復させながら、そして船旅をさせながら、著者は主人公に揺さぶりをかけます。人が平等であることはそんなにいいことなの、と。

読者は著者の巧みな設定を楽しみながら、やはり考えます。平等って何？　人の幸せって何？と。いや堪能しました。（立川談四楼・落語家）

（幻冬舎・1575円）＝2008年9月18日②配信

優しくおおらかなエッセー

「私」（畑中純著）

「まんだら屋の良太」といえば、九鬼谷という架空の温泉町を舞台に描かれた、人生の楽しさも悲しさも溶かし込んだような漫画だ。その著者の、約三十年にわたるキャリアを通じて発表された文章を集めた本である。期待しないではいられない。

では著者の漫画を知らない読者には面白くないかといえば、そうではない。長短さまざまな文章は、紀行文や身辺雑記、歌謡曲をめぐるもの、漫画や文学の書評など、多彩な話題を行き来する。「あとがき」で語られるように、そこかしこに著者の「私」が出ている。むしろ、このエッセーから漫画の世界に入るのも悪くない。一読して、不思議と背筋が伸びるような感がある。そういう品のある本だ。

とはいえ、堅苦しくはない。たとえば著者は繰り返しエルヴィス・プレスリーや桑田佳祐に言及する。著者にとってのエルヴィスは「俗悪の神」であり、「桑田佳祐が同時代に居ることを幸福に思っている」と書く。そして、仲間と歌うカラオケで、小林旭、桑田佳祐、宇崎竜童らを選ぶ自分に「エロス、バイオレンス、リリシズムとユーモアの融合を好む傾向」があると分析する。

このように、登場する固有名詞は、多くの人にとって親しみのあるもので、衒学（げんがく）趣味からは遠い。また、体温を感じさせる猥雑（わいざつ）や、雑然とした日常のにおいがある。著者が思い入れる宮沢賢治に関しても、いたずらに神秘化をするのではなく、自分の足で歩く道行きの延長で書かれる。

このあたり、漫画家を目指して上京した後、肉体労働者を経験したという経歴ともかかわってくるのだろう。武骨であると同時に、優しいおおらかさがある。もちろん含羞（がんしゅう）もある。だが、不必要に自分をおとしめる自嘲（じちょう）に落ちていないところがいい。

この「品」を支えているのは、簡潔な文体だろう。気さくに書かれたように見せつつ、その実さりげない洗練を感じさせる。そして「私」とともに、気恥ずかしげに叙情がにじむあたりが、また心地よいと思った。（伊藤剛・漫画評論家）

（文遊社・3150円）＝2008年9月18日③配信

従来の穴埋める貴重な記録

「ぼくらが子役だったとき」（中山千夏著）

テレビや舞台をはじめとして、子役の活躍を目にするのは日常茶飯事になっている。そのわりには子役とは何か、あるいは子役を取り巻く環境がどういうものか、こういうことがらに焦点を絞った論考や著作は、これまでなかったのではなかろうか。

その意味では子役経験者十四人に著者が試みたインタビューをまとめた本書は、従来の穴を埋める貴重なドキュメントだと言っていい。

知らない人のために、あらためて紹介しておきたいのは、著者自身が、舞台の名子役だったことである。すなわち、昭和三十四（一九五九）年十月に今はなき東京の芸術座という劇場で幕をあけた「がめつい奴（やつ）」（菊田一夫作・演出）の、タイトルロールである極め付きのけちんぼうな老婦人の“孫”が著者の役。

開演するや評判になって日延べに日延べを重ね、翌年の七月まで九カ月のロングランになった。新作戯曲でこれだけのロングランになったのは空前絶後だが、同時に中山千夏という子役が一躍、時の人になり、いろいろなメディアで超売れっ子になった。著者が本書をまとめたのは、この体験が下地になっている。

ところで、著者によれば、子役とは「幼少の職業的芸能者」で、幼少とはほぼ十六歳以下、職業的とは賃金を得ていることである。この線引きで選んだ結果、一般には子役とは言わない歌手や落語家も取り上げた半面、現役の子役は客観性を保持するために排除したという。納得できる。

こうして選ばれたのが松島トモ子、小林綾子、長門裕之、柳家花緑、小林幸子、水谷豊、風間杜夫、弘田三枝子、梅沢富美男ら十四人で、それぞれが率直に子役の体験を語っている。

わけても印象的なのは、子役のきっかけが母親の勧めによった人の多いことと、和泉雅子が学校に行きたくないために、子役になったと明かしていることである。ここから著者は特異な目で見られがちの子役と、普通の子供との共通項を指摘して、親子関係と学校問題に根底の課題があると言う。ユニークな切り口からの問題提起だと、受け取りたい。（大笹吉雄・演劇評論家）

（金曜日・1470円）＝2008年9月18日④配信

食から見た日本の外交

「歴史のかげにグルメあり」(黒岩比佐子著)

交渉、会議、外交。人間は、重大な目的をもって他者と会うとき、必ず飲食をともにする。それは何にもまして重要な接待であり、客人に何をふるまうかによって、その客の価値をどの程度と踏んでいるかがわかる。たとえば国賓を招いての宮中晩餐(ばんさん)会ならば、国内最高の食材と料理人がそろえられるに違いない。

日本の社会のしくみが大きく変動していった幕末から明治期にかけて、日本人はどのように海外からの賓客をもてなしたか。日本の外交を食の面から見たのが本書である。鎖国状態からいきなり多くの外国人を迎える状況になり、何を食べさせたら満足してもらえるのか、混乱と試行錯誤の連続だったに違いない。

対応は大きくふたつに分かれる。ひとつは、日本独特の食材や調理法になじめない相手を、食事を楽しめないままに帰すという失礼をおそれ、なるべく洋食に近いものを出すこと。もうひとつは、相手への敬意の表明として最高級の料理を出すために、あえて和食の本道を行くことである。

本書の登場人物でいえば、前者の代表は下関でアーネスト・サトウをもてなした伊藤博文や、当時としては非常に急進的な西欧風の鹿鳴館文化を主導した井上馨などであり、後者は希代の食通宰相、西園寺公望である。

黒船で日本に開国を迫ったペリーが幕府に感じた不満のひとつが「肉を食べさせてくれない」ことだったとは、外交における食事の重要さを改めて知る思いだ。

ペリーは船に生かしたままの牛、鶏、羊などを用意してきていた。日本側の供応への返礼として、ペリーの言葉によれば「二十倍」のごちそうを用意した午餐会を催している。日本側の参加者は大いに浮かれ、飲みかつ食らい、食べきれないぶんは包んで懐に押し込んだのだという。黒船側の豪華な接待は、自分たちの先進ぶりを誇示する手だてでもあったのだ。

接待の食事の出来不出来は、話し合いの成果をも左右する。近代日本人がそのことをつねに「ぶっつけ本番」で学んでいったことがうかがわれ、興味深い。(渡邊十絲子・詩人)

(文春新書・840円)=2008年9月18日⑤配信

歯に衣着せぬ都市論

「東京山の手物語」(長谷川徳之輔著)

都市計画や都市文化、あるいは都市政策。都市はさまざまなアングルから論じられる。本書の著者の専門分野は、土地問題である。そこから物語られる東京は、文字通り足元から見た都市である。

まず第一に、この著者、いかにも楽しそうに書く。ページが進むにつれて、歯に衣(きぬ)着せない口調に磨きがかかるので、読むほうも楽しくなる。

たとえば、東京駅はアムステルダム中央駅の「ミニチュア」という通説に断固反対。規模と壮大さでアムステルダム駅のほうこそ「ミニチュア」と断じる。痛快を遊んでいる風がある。

いまや都心の高層建築にとって守護神の感がある容積率についても、その根拠のあいまいさを指摘してやまない。

幼時を渋谷宮益坂上の「庶民住宅」で過ごしたという。戦後の東京は、土地が分断され、切り刻まれつづけた。その結果、懐かしい風景が奪われ、失われていった。

「故郷の変質は切ないものである」という認識のもとに、東京都心部からはじまり、西部・南部の郊外に至る地域(著者は山の手と呼ぶ)の変遷を、おそらくは苦い思いも抱きつつ、描き出している。

かつて建設官僚のひとりであった。東京郊外の市街地化を優先させて、自然の河川をなくしてしまう政策が堂々と実施された時期でもある。その非を記述するのを厭(いと)うことはない。

二十世紀の東京をしっかり記録し保存することが、この時代に生きた世代の責務だと信じる著者によって、この本は書かれているのである。

しかし、そこには悲壮感はない。高級住宅地こそふさわしいのが代々木なのに、同じ代々木に日本共産党本部があるのはそぐわない、と平気で主張したりする。そんな稚気にもあふれているのである。

このように、住み慣れた東京の街をいわば手玉にとることができれば、最高ではないか。次回は、下町を手玉に、痛快な姉妹編「東京下町物語」をお願いしたい気がするのだが。

(枝川公一・ノンフィクション作家)

(三省堂・1575円)=2008年9月18日⑥配信

波紋のように広がる復讐

「告白」（湊かなえ著）

全六章に分かれたこの小説は、三学期の終業式のホームルームから始まる。担任の女性教師が教え子である中学一年生に向かい、ある事情で婚約者と別れ未婚の母となった自分の過去や、教師と生徒の信頼関係など一見脈絡のない話を、淡々と語り始めるのだ。

やがて放課後に学校のプールで発見された幼い娘の死は事故ではなく、クラスの生徒二人による殺人だったという告発に至る。さらに二人の処罰を法の手に委ねる代わりに、犯した罪の重さをかみしめながら生きざるを得ない「復讐（ふくしゅう）」をすでに行使した、という爆弾発言へと続いていく。

いまにもほとばしりそうな恨みつらみの感情をぐっと抑えた、女性教師の冷静な語り口に圧倒される。まるで切れ味鋭い短編のような見事な冒頭部なのだが、それもそのはず、この第一章はもともと第二十九回小説推理新人賞を受賞した短編小説だったのだ。

第二章以降は、家族や友人、そして犯人など、事件の関係者による視点から物語が語られていく。一教師の私的な復讐が水面に広がる波紋のように、多くの関係者を巻き込み、同時に彼らの姿をも浮き彫りにしていくのだ。

自分の行動で犯人の少年を精神的に追いつめていることに気づきもしない新担任の熱血教師、現実を直視しようとしない学校クレーマーの母親、劣等感からリーダーに依存していく共犯の少年、そして己の幼稚さに気づかないまま、他人を見下すゆがんだ自我が肥大した主犯格の少年、といった具合に。

語り手が次々に変わっていく連鎖ミステリーの手法を用いた効果によって、殺人に至るまでの経緯や、告発後の影響など、事件の背景が多角的かつ重層的に描かれていく。一短編が、予測不能なほど意外な展開を見せる長編へと発展、変ぼうを遂げたのである。新人離れした文章力と構成力に支えられた出色のデビュー作となった。（西上心太・ミステリー評論家）

（双葉社・1470円）＝2008年9月25日①配信

よみがえるスパイ小説

「ジョーカー・ゲーム」（柳広司著）

スパイ小説が冬の時代を迎えて久しい。ベルリンの壁が崩壊し、冷戦の氷が溶けて、スパイたちの存立基盤が失われてしまったからだ。とはいえ、スパイ小説という形式自体が消滅したわけではない。それはやがて新しい「時代小説」としてよみがえることになるだろう。

本書は、その第二ステージの開幕を告げるにふさわしい清新な連作短編集である。

昭和十二年秋、大日本帝国陸軍の内部に「情報勤務要員養成所設立準備事務室」が開設された。このスパイ養成学校、別名「D機関」を率いるのは「魔王」と呼ばれる元諜報（ちょうほう）員、結城中佐。集められたのは一般の大学を出た頭脳明晰（めいせき）な学生たちである。

諜報は武士道にもとるという硬直した精神主義が支配する中で、結城は「死ぬな、殺すな、物事にとらわれるな」という冷徹なスパイの戒律を訓練生にたたき込む。そこでは天皇制の合法性さえ議論の対象となる。

こうして過酷な訓練を終えた卒業生たちは、「魔王」の命じるままに東京、横浜、上海、ロンドンなど国際諜報戦争の最前線に潜入し、敵だけでなく味方をも出し抜く痛烈にして鮮やかな頭脳ゲームを展開する。

収録五作品のイントロを兼ねる表題作では、参謀本部からD機関に派遣されたあとも軍人気質の抜けない陸軍中尉が、民間出身の訓練生たちにばかにされながら外国人スパイ容疑者の家宅捜索を指揮し、結果的には自分に命令を下した上官の不正を暴くことになる。

スパイ小説には、物語の背景となる時代状況や国際情勢の描写が欠かせない。そのためにどうしても重厚長大な作品になりがちだが、著者は背景説明を大胆に省略し、もっぱら登場人物の意識と行動に焦点を絞って話を進行させる。その結果、物語のぜい肉がとれて、さながら良質のハードボイルドのようにスタイリッシュで格調の高いスパイ小説に仕上がった。

連作短編というこの斬新な小説作法は、スパイ小説の新時代を予感させるに十分である。（郷原宏・文芸評論家）

（角川書店・1575円）＝2008年9月25日②配信

胸に刻まれる母親の切なさ

「声を聴かせて」(朝比奈あすか著)

作者は、現代に生きる女性の“生きづらさ”を描いた「憂鬱なハスビーン」で、第四十九回群像新人文学賞を受賞した。二年ぶりの新刊となる本書には、中編二編が収録されており、どちらの物語もテーマは「母親」である。

表題作「声を聴かせて」には、こんな場面が出てくる。出産後間もない自分の娘が、赤ん坊へ授乳している。乳の出が悪いにもかかわらず、何としてでも母乳を与えようとする娘。その時、出の悪い乳にいら立ったのか、赤ん坊が乳首をかんでしまう。その時、主人公の胸に沸き上がったものは、自分の娘を傷つけた孫に対する、一瞬の憎悪だった。

この場面がくっきりと立ち上がってくるのは、「母親」というものの本質を鮮やかに切り取っているからだ。母という存在にとって、たとえその子どもが親という立場になろうとも、子どもはいつまでも子どもであり、守るべきいとおしいものなのである。この後で語られる、母娘二人で生きてきた主人公と娘のドラマが、より強く胸に刻まれる伏線にもなっている。

同時収録されている「ちいさな甲羅」は、幼稚園の年長クラスに通う一人息子を持つ栄子が主人公。同じマンションに住む子どもたちがみな三年保育を選択したのに、早生まれを考慮して、一年遅れの二年保育にしたため、マンション内の幼稚園ママたちの中で、微妙に浮いている栄子。そのことを自覚しつつも、何とかママ同士の輪にしがみついていた栄子だが、あることをきっかけに、とうとうその輪からはみ出してしまう。

大人になれば、面倒くさい人間関係をやり過ごせていけると思っていたのに、そこに子どもが絡んでくると、その厄介な人間関係といやが応でも向かい合わなければいけなくなってしまう。そんな栄子の心のやり場のなさは、やがて彼女自身を緩やかに追い詰めていくのだが…。

読後、母親という存在の、切なさとかけがえのなさが、同時に胸に刻まれる一冊だ。(吉田伸子・書評家)

(光文社・1680円)＝2008年9月25日③配信

心地よさ基準に鋭く批評

「哲学者、怒りに炎上す。」(ミシェル・オンフレ著、嶋崎正樹訳)

フランスでいま生きのよい哲学者である著者のミシェル・オンフレは、カーンで市民大学の哲学講座を開設しているが、その録音がフランスのラジオ局フランス・キュルチュールで公開されていて、なかなか含蓄の深い近代哲学史の講義を楽しんだことがある。

日本でも何冊も翻訳のあるオンフレだが、今回は同時代のさまざまな出来事と人物に鋭い筆をふるって楽しませてくれる。

もちろん本書で「怒り」の対象となっているのは現代のフランスとヨーロッパの出来事が中心なのだが、総選挙、移民問題、人種差別問題、若者たちの格差問題など、ぼくたちにも身近な問題が中心となっていて、身につまされることも多い。ぼくたちの生きてきた時代には、もはや地球は一つとなっていて、海外の出来事が直接に響いてくるからだし、日本にもその縮図があるからだ。

そしてここで描きだされた人物像も、なじみの人物だったり、現代の日本にあてはめて考えることもできそうな親しみのある人物が多い。

若いころに覚せい剤のアンフェタミンをとりすぎて、「晩年の一〇年間は尿をもらし」ていたサルトルも、批判していたはずのデリダの本のタイトルを「猿マネ」した元教育大臣のリュック・フェリーも、生体認証システムに怒り狂って「証明書のたぐいをいっさい放棄すべきだ」と語ったアガンベンも、一九六〇年代後半には「思想のアジテーター」だったのに、書籍などを扱う大型店の社長になると「今日のランボー」の登場を「卵のうちに葬るシステム」を作りだした人物も、どこか親しみのある人々のように感じるのはぼくだけだろうか。

著者はエピクロスからスピノザ、ニーチェと連なる「ヘドニズム(快楽主義)」の系譜をうけつぐことを明言しているので、自分の身体的および精神的な心地よさを基準に批評する。そのためイデオロギー的な批判とは違って、読者にもわかりやすい視点から言葉が紡ぎ出されるのだ。最後の章で、ジャーナリズムで哲学を切り売りする自分の姿をしらふで描いているのも、さすがだ。(中山元・哲学者)

(河出書房新社・1575円)＝2008年9月25日④配信

江戸の国際関係を多面的に　「『鎖国』という外交」（ロナルド・トビ著）

「鎖国」とは、中国・オランダ以外の外国人の渡来・貿易と日本人の海外渡航を禁じた幕府の政策だとされる。しかし、この語の初出は十九世紀初頭。実施当時は「御禁制」などと呼ばれ、「鎖国」という語はなかった。

当然だろう。中国やオランダからは大量の生糸・絹織物や砂糖が輸入されたし、繰り返し朝鮮通信使や琉球使節が来訪し、盛んな外交が行われていたからだ。

さて、本書が主として扱う朝鮮通信使は、本来「『信（まこと）』すなわち信頼・誠実・誠心」を通わせる使者という意味だ。だが江戸幕府は、それを朝鮮の日本への朝貢として演出する「大君外交」の手段として利用した。

例えば、嫌がる通信使に京都、方広寺に間近い「耳塚」を見せようと工夫したなどは、その一例だ。それは秀吉が、朝鮮侵略の際にそぎ取らせ、持ち帰らせた朝鮮人の耳を埋めた場所なのだ。そこからは、ある種の活劇を見るかのような外交の面白さが伝わってくる。

ところで本書は多数の図像を、文献資料で裏付けつつ、きわめて緻密（ちみつ）に分析・紹介する。例えば「江戸図屏風（びょうぶ）」の中の通信使の登城風景、それを見ようと蝟集（いしゅう）する群衆、朝鮮国王からの贈与品…。これと同様の微細な分析が、全体を通すと二百点に及ぶ図像資料に施されているのだ。

その結果、「鎖国」のもとでも庶民が異国情緒に満ちた通信使の行列を、めったに出会えない珍しいイベントとして楽しむ一方、徐々に諸外国のイメージが形成されていった経緯が分かってくる。

そこで振り返ると、この時代の直前には秀吉の朝鮮侵略があり、直後の明治には征韓論が盛んになった。現代の「日韓・日朝関係」は、こうした歴史の強い影響を抜きにしては考えられまい。

という意味において、江戸時代の「鎖国」を「外交」の一形態と見て、日朝関係を多面的に描き出す本書は、非常に興味深い。同時に、まるで「米国の属国」のような「外交」をはじめ、現代日本の在り方を包括的に考え直す契機を秘めてもいる。

（高田公理・仏教大教授）

（小学館・2520円）＝2008年9月25日⑤配信

スパゲッティに愛を込めて　「ナポリへの道」（片岡義男著）

例えば、ポルチーニ茸（だけ）のクリームソースパスタを「スパゲッティ界の“最近できた彼女”」とするならば、わが国における「スパゲッティ界の“オカン”」はナポリタンだろう。あの赤い麺（めん）は多くの日本人にとって、昔なつかしの洋食の味であるはずだ。

一方で、母親の独身時代が意外とベールに包まれているように、ナポリタンがわが国の定番メニューとなるまでのいきさつも、あまり知られていない。そんな“マザー・オブ・パスタ”の誕生秘話について書かれているのが、片岡義男著「ナポリへの道」である。

「スパゲッティ・ナポリタンに日本がある！」と帯に書かれたコピーの通り、本書はナポリタンと日本の関係が、歴史的背景と個人的体験という二つの視点から書かれている。

ナポリタンが生まれたのは、第二次世界大戦での敗戦がきっかけだったと片岡は言う。日本の占領を始めた米軍は、兵士全員分という膨大な食料の確保に骨を折った。そんな状況でスパゲッティとケチャップは大変便利な食材だったのだ。

…なんて歴史もさることながら、それよりも強烈だったのは、片岡のナポリタンおよびその周辺への偏愛ぶりだ。

片岡は想像する。ある日、彼はポリ袋に入れたナポリタンのウインドーサンプル（新品）を、かばんに忍ばせて街に出る。そして喫茶店のショーケースに並ぶ古いウインドーサンプルを見つけては、新品との交換を交渉する。「積年の埃と汚れを一身に受けて」「涙が出るほどに素晴らしい」サンプルとの交換を—。

ナイス妄想。そんなことをされたらマスターは驚愕（きょうがく）だろう。あの片岡義男が、あの持って生まれた神妙かつ沈痛な面持ちで、袋に入ったサンプルをぶらーんと差し出したら。

そのほか、何にでもケチャップをかけた少年時代の思い出や、トマトへの飽くなきこだわりなど、「先生、そんなことすんの⁉」というつっこみどころ満載の本書。だが彼は本気だ。その理解しがたい情熱に、もはや感動。（宮田和美・ライター）

（東京書籍・1365円）＝2008年9月25日⑥配信

西欧の衛生への大胆な視点　「図説　不潔の歴史」（キャスリン・アシェンバーグ著、鎌田彷月訳）

純粋にこの書名にひかれて読み始めた人は一瞬戸惑うかもしれない。確かに古代ギリシャ・ローマの時代からの公衆衛生の歴史がたどられているのだが、ページを繰れども繰れども「不潔」というよりは「清潔」について、より具体的には人々の「入浴習慣」について延々と書かれているからだ。

だが、本書の読み方の秘訣（ひけつ）は「はじめに」にほのめかされている。二十世紀になるまで人はあまり体を洗わなかったという事実に対し、本書を執筆中に作者が知人から一番受けた質問は、「でも、その人たち、におったんじゃない？」だそうだが、それに対する答えは、「全員がくさいところでは、誰もにおわない」。

なるほど、こうした逆転の発想が随所にちりばめられていることで、本書は単なる通史的な事実紹介に留まらないにおいを放つことになる。

たとえば、キリスト自身が「浄（きよ）めの戒律」に無頓着だったことを弟子たちが「人間の不浄（ふじょう）は内側からくるもの」という教えととらえて「肉体をないがしろにし、魂にばかり傾注する」ようになったためにヨーロッパの人々が体を洗わなくなった、とするのもひとつの逆転の発想だ。

その後、ペストの流行期に、公衆浴場のみならず水自体が感染の媒体とされ、「手足の垢（あか）が層になり、体表の孔（あな）が汚れで詰まっている」のが一番の予防法だと考えられるようになったのも見事な逆転現象である。

十九世紀にはアメリカが「衛生先進国」となったが、それは「清潔」への意識が高かったからと言うよりは、単に新しく街づくりを行ったので上下水道を完備しやすかったのと、階級制度がないため身分の上下を「清潔さ」で計ったから、などと大胆な逆転的指摘があるのも小気味いい。

情報過多で「衛生過剰」になった現代に至るまで、「不潔」に対する人々のまじめな頓珍漢（とんちんかん）振りが感情を交えない淡々とした文体で描かれており、まさに目から垢、いや、鱗（うろこ）の連続である。数多く掲載された絵画や写真や広告記事はどれも興味深く楽しい。（小田島恒志・早稲田大教授）

（原書房・3360円）＝2008年10月2日①配信

正常と妄想の連続性　「心に狂いが生じるとき」（岩波明著）

ときどき、見知らぬひとから、宇宙と交信しているとか、執拗（しつよう）な尾行が続いている、などと訴える手紙をもらうことがある。話を聞いてもらいたいのだと思うのだが、返事を書いたことはない。よくわからないからだ。

過労死や過労自殺の取材を通じて、人間の精神はもろいものだ、ということは理解できるようになった。と同時に、自殺されるまで、家族は彼や彼女のいまの精神状況が自死を招く、ということを理解していなかった、ということもわかった。が、実際の場合、自分がどう判断できるかは、よくわからない。とにかく、精神障害について、わたしたちはあまりにも無知だ。

著者は「精神の『狂い』は、われわれが確固たるものとして信じている安定した日常的な世界の風景が、実は単なるフィクションに過ぎないことを示唆するようにも思える」と書いている。「正常と狂気の境い目は、ごく淡いものである」ともいう。わたしたちは、明日、その境界線を越えるかもしれないし、すでにいま越えたところにいるのかも知れない。

この本であつかわれているのは、拒食症、アルコール依存症、うつ病、家庭内暴力、殺人未遂、殺人など、今ではさほど遠いと思えなくなった世界や事件である。犯罪者の体験は異常なものに思えるが、それは病気で、「精神病質も病気である」「病気である以上、突然、青天の霹靂のようにある個人に出現するものなのである」ともある。

最終章の「アナンカスト（強迫性格者）」の症例は、はたしてどのように回復するのか、とハラハラしながら読み続けさせる。素人は、どうしたら治せるのか、に関心をもつが、谷崎潤一郎などのように、強迫神経症から生みだされた小説はめずらしくない。ここでわたしたちは、「正常」と「妄想」の連続性など、日常的に心に狂いを生じる可能性を知らされる。

著者は、安倍晋三元首相が辞任時に「うつ病」の症状を呈していたとみる。公人が自分の病気を公表することが、その治療の必要性に関する認知度を高める、との指摘には、そうあってほしい、と納得させられる。（鎌田慧・ルポライター）

（新潮社・1470円）＝2008年10月2日②配信

青春ひきずる世代の群像劇　「三月の招待状」（角田光代著）

「三月の招待状」とは、「離婚式」の招待状である。招待状の差出人は、大学の同級生同士で結婚した三十四歳の夫婦。招待状を受け取ったのは大学時代の友人たち。招待状が届く場面から物語は始まり、「離婚式」で久々に集まった元同級生たちの、その後の一年余りが、連作短編の形で進んでゆく。

「離婚式」を決行した正道と裕美子、ライターの充留（みつる）、専業主婦の麻美、フリーターの宇田男（うたお）という五人の同級生の関係の変化を軸に、視点を自在に変えて練り上げられていく世界は、三十四歳という、青年と中年の際にいる年齢ならではの、青春をひきずることのできる最後の世代の群像劇である。

一人一人の感覚や心情の変化、置かれた立場の違いからくる見解の相違などが細部までリアルに書き分けられ、どの人物にも圧倒的な説得力があるため、気持ちを寄り添わせてぐいぐい読みすすめられる。

学生時代からの仲間と会うということは、いや応なしに本当に若かったころの過去の思い出を引き出してくる。十五年も経ているのに、まるで昨日のことのように。正道の二十五歳の恋人遥香が、彼らの様子を冷ややかに観察して「わちゃわちゃとした関係」と心の中で思うところが的を射ているように思う。充留と同居中の重春も「体の一部そこ（学校）から出ていかないようなとこ、あんじゃん」と充留に述べている。

きまじめな麻美と、学生時代にカリスマ的存在になったのち刹那（せつな）的な生き方を続ける宇田男の交際、充留が宇田男に抱く特別な感情、離婚したのちも根底でつながっている裕美子と正道の感覚。

「やり残し症候群」という言葉が文中に出てくるが、皆なにかやらねば、という風に背中を押されているようである。裕美子の「この先の予測がつかないことがうれしいんです」という離婚式でのあいさつが象徴しているように、人それぞれの人生の屈託と喜びを、一年を通して濃密に味わわせてもらった気がする。（東直子・歌人）

（集英社・1470円）＝2008年10月2日③配信

不思議に満ちた生物進化　「ヒトのなかの魚、魚のなかのヒト」（ニール・シュービン著、垂水雄二訳）

“腕立て伏せのできる”太古の魚の化石を発見した、というところから話ははじまる。著者は世界各地のフィールドに出かけては、脊椎（せきつい）動物の進化の証拠を示す重要な化石の発見に情熱を傾けている古生物学者である。

最初の読みどころは、化石を発見する技術は一種の名人芸だという話だ。初めはただの石ころにしか見えなかったものが、慣れるに従って中に埋まっている化石が見えてくるという。科学も単なる論理や機械的な技術の産物ではなく、すぐれて人間的な芸や勘に支えられているのだ。

こう書き出せば、何やら化石フリークの物語りのように思われるかもしれないが、読み進めるうちにそうでないことがわかってくる。

すべての生物は三十八億年前に出現したバクテリアに起源すると考えられている。進化史の大半は単細胞生物の歴史で、多細胞生物はわずか六億年前に出現した。この二つの生物群の間には大きな形態上の断絶があるが、襟鞭毛虫（えりべんもうちゅう）という単細胞生物には、細胞同士が接着して多細胞生物を作るために必要な物質が、すでに存在しているという。

進化は一見、全く新しい形の発明のように見えるが、実はすでにある道具の使い方を少し変化させることによって起こることの方が普通のようだ。道具の中で最も重要なのは遺伝子である。魚の鰭（ひれ）とヒトの四肢は形としては似ても似つかないが、これらを作るのに働いている遺伝子は同じである。冒頭に記した腕立て伏せのできる魚の化石は、そのことを目に見える状態で示している。

あるいはすべての動物の眼（め）はパックス6という遺伝子の働きによって作られるが、ヒトではレンズ眼を作る遺伝子が昆虫では複眼を作る。多細胞生物の進化は新規遺伝子の発明よりも、むしろ同じ遺伝子を使い回すことによって起こる。

同じく内耳の形成にはパックス2という遺伝子が関与するが、最も原始的な多細胞生物であるクラゲでは、パックス6とパックス2がリンクして一つの遺伝子になっているという。形態と遺伝子の関係は不思議に満ちている。（池田清彦・早稲田大教授）

（早川書房・2100円）＝2008年10月2日④配信

元軍医と地域医療

「戦場の聴診器」（中田整一著）

本書を読み終わったあとに、「野に快男児ありだなあ」とつぶやいてしまった。九十歳の医師に対して、快男児とは必ずしも表現は適さないのだが、しかしこの医師は青年期から人生に志をもっていて、それが著者の筆によって正確に描きだされている。

九十歳の今、なお山口市にあって地域医療に献身している医師（三好正之）は、かつて軍医であった。最激戦のニューギニアで多くの兵士の死を見てきた。いうまでもなくこの地の戦闘は、いわゆる戦争というよりは飢えとマラリアとの戦いでもあった。

著者は、この軍医が体験した戦場を詳細に描写している。むろんアメリカ軍の攻撃の激しさもあるが、日本軍が補給も戦備もなく、兵士たちは栄養失調などで絶望し、自ら手りゅう弾で自決していくさまが語られる。加えてマラリアの高熱で苦しむ兵士が次々に死んでいく。著者は書いている。

「一瞬の戦闘で亡くなった人間の死よりも、絶望を前に、家族や来し方の人生を思いつつ果てる死のほうが残酷であった」

この軍医は、看取りを大切にし、そこに人間性をもちこむ。なによりも埋葬を重んじたし、今も逝く人との別れである葬儀を特別な意味をもって語っている。

三好医師の前半生での軍医の生き方が、後半生（といってもこちらのほうがはるかに長いが）での地域医療を支える信念を生んだのだ。著者はその信念を周囲にいる者の証言を通して浮かび上がらせる。「俺はいちど死んだ人間、患者のためには何でもやるんじゃ」という言が、実は日本の医療を土台で支えていることがよくわかってくる。

著者は、昭和の戦争を実証的に検証している作家である。三好医師を見つめることで、昭和史への自らの視点がどのように培われたかも語っている。その点も本書の魅力といっていい。（保阪正康・ノンフィクション作家）

（幻戯書房・1890円）＝2008年10月2日⑤配信

ビロードの唄声と戦後

「上海帰りのリル」（飯島哲夫著）

「上海帰りのリル」は昭和二十六年七月にキングレコードから発売された。戦後の荒廃と混乱がまださまりきらないころだった。

歌ったのは「ビロードの唄声（うたごえ）を持つ」といわれた津村謙。津村謙は、これによって一躍スターになったが、十年後の昭和三十六年に三十七歳で夭折（ようせつ）した。ガス中毒死だった。

上海から引き揚げてきたはずの女・リルを探すというこの歌は、戦争で大切な人と離れ離れになったり失ったりして、悲しみや苦しみを胸に生きる人々の心をさまざまに揺り動かした。

ある雑誌は、わざわざ津村謙の自宅を訪ねて来た女性が、津村が自分の探している人ではないことを知ってその場に泣き伏したというエピソードを伝えている。

昭和二十年代後半である。多くの人にとって、リルはただの絵空事ではなかった。

こうして歌は、小さな都市伝説をたくさん生み出した。リルは実在するだの、銀座のキャバレーで歌っているだのといったうわさである。やがてリルの名をつけた映画が何本も撮影された。

「上海帰りのリル」を書くなら、または津村謙を書くなら、書きようはいろいろあるだろうが、この本は他に類を見ない書き方をしている。「リル」と津村謙にまつわるエピソードを、これでもかこれでもかと実に丹念に拾い集め分類整理しているのだ。

関係者の聞き取りだけでない。当時の番組表や公演、レコード盤の記録なども集められている。新聞雑誌に掲載された記事も多く拾っているので、それが事実かといわれたらそうともいえないものも多い。芸能記事は、イメージづくりのために粉飾されているからだ。しかしこれだけ多くの記事を集めてみせられると、都市伝説がゆらゆらとたちあがってくる現場に迷い込んだような気がする。

五十歳代以上の人なら必ずなつかしい思い出がよみがえってくるだろう。不思議な不思議な味わいのある本である。（広岡守穂・中央大教授）

（ワイズ出版・2940円）＝2008年10月2日⑥配信

恐るべき新人作家登場

「地図男」（真藤順丈著）

第三回ダ・ヴィンチ文学賞大賞を受賞した本作を含め、三つの新人賞を同時期に受賞した恐るべき新人作家の登場である。天性のストーリーテラーなのであろう。本書でもその資質は惜しげなく発揮されている。

地図男とは、映画製作会社のフリー助監督である「俺」が偶然知りあった、いつも地図帖を持ち歩いているホームレス風の男のことである。ただの地図帖ではない。その関東地域大判地図帖には、いたるところに物語がびっしりと書き込まれているのだ。

その物語を紹介しながら本書は進んでいくのだが、一つ一つの話が奇想天外なホラ話のような、自由な軽みと言葉の勢いに満ちている。それを次々と読むだけでも十分楽しめるのだが、読者は次第に「俺」とともに、ある不気味な疑問を抱かずにはいられなくなる。すなわち「地図男」の書き込んでいる物語群は、いったい何者が誰に向かって語っているのか、それが気になってくるのである。

東京都西域の武蔵野とあきる野が多摩川を挟んでいる地図のページで登場するのは、やみくもな破壊衝動に取りつかれた少年「ムサシ」と、一刻も静止していられない少女「アキル」の悲しい恋の物語だ。

家庭にも学校にも順応できない二人がそれぞれさまよった末に、多摩川上流の鳩ノ巣渓谷にかかる雲仙橋の上で出会う。意気投合して暮らし始めた二人だが、おせっかいな大人たちに引き裂かれる。

この物語に至って、語り口に一種、神話的な荘厳さが漂い始める。同時に、語る声が複数に分裂してしまう。そのもつれ目から、本書の物語の発端、すなわち「地図男」の始原が浮かび上がってくるのである。

次々と繰り出す物語で楽しませながら、複雑な物語構造の深部へ読者を周到にいざなう作者の力量は、もはや達者なストーリーテラーを超えている。この才能が、今後どのような世界を築いて見せてくれるか、注目せずにいられない。（清水良典・文芸評論家）

（メディアファクトリー・1260円）＝2008年10月9日①配信

自分たちの世代は迷惑

「おまえが若者を語るな！」（後藤和智著）

秋葉原無差別殺人など、事件が起こるたびにメディアは、識者を動員し、原因探しに狂奔する。ケータイ、ゲーム、インターネット、サブカル。あるいはニート、プレカリアート（不安定な若年労働者層）…。異質な若者の出現という結論に安心を見いだしがちだ。

はたしてそうなのか。建築学専攻で、大学院在学中の著者は、現在、二十三歳。メディアに登場する多くの発言は、感想程度の話を「今の時代はこうなっているんだ！」と拡大しているだけであって、杜撰（ずさん）で、データ不足であるという。

具体的には、宮台真司、東浩紀、北田暁大、鈴木謙介など、売れっ子の論者の言説をつぶさに検証したのが本書である。

例えば、「解離」という精神医学用語を、「少年犯罪のみならず、若者の様々な問題に」「強引に適用」し、「解離」が増えている元凶としてのインターネットを「発見」した香山リカ。「批判対象にされる人たちを直接診断しているわけではない」にもかかわらず、すべてを「解離」によって説明するのでは、「印象論でしかない」という疑問がおきても当然だろう。

また最近の彼女は、理由もろくに提示せず、日本人すべてが「劣化」しているという。「生きるのに疲れた」とつぶやく若者を例にして、生物として耐性が低くなっていると決め付けるのは、精神科医として「矩（のり）を超え」た議論ではないだろうかという不審はもっともだ。

ベストセラーになった「下流社会」の著者三浦展。その調査の「お粗末」さも指摘されている。調査地点が東京など一都三県だけ、該当する回答者が五十人以下、場合によっては十人に満たないものすらあるそうだ。統計学的分析の形跡もない。しかも、その「分析」は「新しい著書が出る度に酷（ひど）く」なっているという。

「脱社会的存在」「動物化するポストモダン」など、新しい概念に私たちは弱い。そこにつけこむ若者論。迷惑するのは自分たち世代だという気持ちが伝わってくる一冊。（小高賢・歌人）

（角川書店・740円）＝2008年10月9日②配信

美しいあかり求めた軌跡

「新・陰翳礼讃」(石井幹子著)

照明デザイナーという職業は、果たしてどの程度知られているのだろうか。デザインというとたいていの人がプロダクトやファッション、グラフィックのことを連想する日本では、まだまだ広く知られているとは言い難いのが実情だろう。

著者の石井幹子は日本における照明デザイナーの草分け的存在であり、本書に述べられている半生は、まさに美しい「あかり」を求めての軌跡とも言えそうだ。まだデザインという日本語が定着していなかった学生時代に照明に強い興味を持った著者は、そのデザインを本格的に学ぶために単身ヨーロッパへと渡り、照明デザイナーとしての地歩を固めた後に帰国し、幾多の困難に直面しながらも道を切り開いていった。

華やかな未来の予見に満ちた大阪万博と、どん底に突き落とされた石油ショックとの対比など、著者が高度成長期と軌を一にして体験した激しい浮き沈みはそれ自体が光と闇のような対照を成しているし、また小さな店舗のデザインから始まって東京タワー、レインボーブリッジ、白川郷などさまざまなライトアップ・プロジェクトへと事業が拡散していく様子は、照明デザインというジャンルが日本社会に徐々に浸透していくプロセスに対応しているようでもある。

ところで、照明デザインに関しては立ち遅れが否めない日本だが、しかしその一方では、屋内の床の間、掛け軸、什器(じゅうき)備品、能や歌舞伎、女性のお歯黒など、日常の陰翳(いんえい)の中に無限の諧調(かいちょう)を見いだす独自の美意識の伝統を持ち、本書のタイトルの元ともなった谷崎潤一郎のエッセー「陰翳礼讃(いんえいらいさん)」にはそのエッセンスが凝集されている。

若いころに北欧で体験した白夜のトワイライトに衝撃を受け、ヨーロッパ流の明暗法に基づいた照明デザインを学んだ著者にとっても、無限の諧調の合間に位置するやわらかな「あかり」には抗し難い魅力があるようだ。平明な自叙伝であると同時に、独自の比較照明文化論としても読める一冊である。(暮沢剛巳・美術評論家)

(祥伝社・1680円)=2008年10月9日③配信

尊厳死の制度化を批判

「良い死」(立岩真也著)

重度の障害や難病とともに生きる人たちの傍らで、望ましい社会のあり方を粘り強く模索してきた社会学者による、「尊厳死」に対する透徹した批判の書である。

誰かがひどい苦痛にさいなまれながら生きているとき、周囲の人間がなすべきは、その人の苦痛をできるだけ軽減し、より健やかに生きられるよう助力することであるはずだ。それはむしろありふれた常識ではないか。

だが全く反対のベクトルをもつ主張、すなわち「不治かつ末期」の病者に速やかな死を与えようとする「尊厳死」の思想が勢力を広げつつある。それは「自己決定」や「自然」といった、聞こえのよい修辞に彩られ、また「無駄な延命措置」といった脅迫めいた文句にも後押しされて、少なからぬ人々、とりわけ「他人に迷惑をかけること」を何よりも忌避する心優しい人々に訴えかける。

そのように尊厳死がなし崩しに制度化されようとする現状に対して、立岩は全面的な抵抗を試みる。全面的とは、威勢はいいが一面的な対抗スローガン(「生命尊重」など)を掲げることでよしとせず、それにかかわるあらゆる問題をあらゆる角度から丹念に考え抜くことによって、という意味だ。その水際立った考察をかいま見せる論点を一つだけとりあげよう。

尊厳死は、他人に迷惑をかけたくないという利他的な心情に基づくという。だが、尊厳死が制度化され、価値のない生命といった考えが一般化すれば、重症ではあるがまだ生きられるし生きていたい人たちの存在は否定され、ますます不本意な死に追いやられる。尊厳死は他の誰かの死を招き寄せるのであり、ゆえに利他的どころではないのだ。だから「死ぬ方向に巻き添えをくう人の側に立って、死ねない人には我慢してもらうことにする」のだと立岩は言う。

生産性のない人間には生きる価値がないという暗い〈気分〉がはびこる現在の日本において、本書は尊厳死や終末期医療のみならず、人間をめぐる諸問題を真剣に考えようとするすべての人にとって必読の書である。(加藤秀一・明治学院大教授)

(筑摩書房・2940円)=2008年10月9日④配信

人生の織りなす綾と深み　「汐のなごり」（北重人著）

北重人のデビュー作「夏の椿」を読んだとき藤沢周平を思いだした。主人公の立原周乃介の性格設定（剣の達人で、もめごと仲裁が仕事など）が、藤沢の「よろずや平四郎活人剣」の神名平四郎を想起させたからである。藤沢文学の影響下にあるものの、生きることの華やぎとはかなさが混然となって、独特の叙情を生みだしていた。

その独特の叙情は、時代小説集「汐のなごり」にもある。小説の舞台は、北前船がつき、米相場が開かれていた水潟（みなかた）。この水潟は、山形・酒田のことであり、北の故郷である。そして酒田の隣の市が藤沢の故郷、鶴岡である。

収録されている作品に「歳月の舟」がある。三十年間、兄殺しの仇（あだ）討ちで放浪した男が絵師として故郷に戻り、藩の政権争いが絡む事件の真相を知る話であるが、長年の仇討ちの物語といえば、藤沢の初期の名作「又蔵の火」。しかし味わいはまったく異なる。

北はミステリー的な興味をもたせつつ、絵師の人生を静かにやさしくあぶりだす。人物たちの暗い情念を力強く塗り込むのが初期の藤沢なら、人物たちのはるけき思いを客観視して行間に流し込むのが北となるだろうか。生きることの寂しさがそくそくと伝わってきて、何ともやるせない。

デビューから四年、北はいちだんと文章に磨きをかけ、華やぎと艶（つや）やかさをましている。元遊女の女将（おかみ）がひとりの男を待ちつづける「海上神火」には、精神と肉体の感応が自然の移ろいを通してこまやかに、時に官能的にとらえられているし、亡き母親の姿を思いだす「海羽山」では、抑えられた思いが最後にあふれて、読むものの胸を激しくうつ。

そのほかに男児ばかり失う祖母の悲しみをすくいあげる「木洩陽の雪」、娘の浮気の解決に乗り出す母親をユーモラスにとらえる「塞道の神」、米相場の修羅を描く「合百の藤次」がある。いずれにも、北重人の美質、すなわち抑えられた風情と色気、人生の織りなす綾（あや）と深みがある。まさに粒選（よ）りの作品集である。（池上冬樹・文芸評論家）

（徳間書店・1785円）＝2008年10月9日⑤配信

細部から全体を考える視点「千年前の人類を襲った大温暖化」（ブライアン・フェイガン著、東郷えりか訳）

「中世の温暖期にヨーロッパは豊作に恵まれ、古代スカンディナヴィア人は北大西洋を自由に航海したかもしれないが、ユーラシアや西アフリカのサヘルと同様、アメリカの西部は大干ばつに苦しめられていた」

中世温暖期とは、西暦八〇〇年から一三〇〇年にかけての時代である。地球上のいたるところが、現代のように気温が高かったという。当然ながら北極周辺の海域には氷が少なく、スカンディナビアの人々は、アイスランドからグリーンランド、アメリカの北部へと小舟で渡っていった。

この部分だけ見れば、温暖化は人々の営みに大きな自由を与え、文明の促進に貢献さえしていたかのようである。しかし同じころ、カリフォルニア東部は前代未聞の大干ばつに襲われていた。何十万年も豊かな水をたたえていた湖は干上がり、やがては塩分をたっぷり含んだ、荒涼とした砂漠へと姿を変えた。

温暖化という単語から私たちが想像するのは、地球全体である。しかし実際には、同時代の地球上に起きていた変化は、あまりにも両極端だった。しかも、現代いわれている温暖化とは比較にならないほど、長期にわたるものだったという。

著者は、世界各地でフィールドワークを行いながら、この「千年前の大温暖化」を調査し続けてきた。そして、各地の状況を比較している。冒頭に引用した一節には、その状況のちがいが浮き彫りにされている。ヨーロッパの人々は、おそらくは気候変動など気づきもせず、一方でネーティブ・アメリカンの先祖たちは、豊かな土地を失ったにちがいない。

地球の気候変動が問題となって久しいが、私たちはまだ確たる視点を手にしていなかったようだ。自分の住む地域と自分が生きている時代と、そして茫漠（ぼうばく）とした地球全体しか視野になかった。千年前の細部を見てゆくことにより、全体が浮かび上がり、そこから現代の温暖化を考える視点が生まれてくるようである。（中野不二男・ノンフィクション作家）

（河出書房新社・2520円）＝2008年10月9日⑥配信

情報一元化への冷静な批評

「プラネット・グーグル」（ランダル・ストロス著、吉田晋治訳）

検索エンジン「グーグル」の目標は、世界中の情報を自社で一元化することだという。そのためにメール、ブログ、ワープロソフトなど多様な無料サービスを提供し、利用者を引きつける。本書によると、事業の根幹は広告で、収入は百六十五億ドル。創業からわずか十年で最もウェブで影響力のある企業に成長した。

本書はそんなグーグルの誕生から現在までの軌跡を、いくつかのテーマに沿って描いたものだ。テーマは会員制サイト（SNS）、著作権、動画サイト、そしてプライバシー問題など。著者は設立初期からの人脈もあり、ささいな記述にも豊富なエピソードが盛り込まれている。

ただし、本書はただの成功譚（たん）に終わっていない。著者の視点は冷静な批評眼を失わず、現実社会への影響までバランスよく目配りされている。

書籍検索では本を丸ごとスキャンしたことで出版社との訴訟になり、衛星画像サービスでは各国の軍事施設まで表示したことで波紋を広げた。

この夏、日本でも物議を醸したのはストリートビューというサービスだ。グーグルマップの道を指示すると、街の風景が前後左右映し出される。走行する車から無断で撮影したものだが、これが住民のプライバシー侵害という批判の声となった。

サイバーロー（デジタル関係法規）にも詳しい研究者である著者は、こうした現実社会の問題をグーグルの発展に合わせて淡々と浮き上がらせていく。サービスは無料かつ高機能。利用者としては同社の発展は歓迎すべきものだろう。また、著者も基本的にはグーグルが発展することに期待を抱いている。一方で、果たしてそれでよいのだろうか、という懸念も言外に示される。

「世界の情報の一元化」は俊英たちにとっては壮大な挑戦だろう。だが、彼らの活動はいまや私たち利用者全員の生活にも深くかかわっていることを本書から気付かされる。（森健・ジャーナリスト）

（NHK出版・2100円）＝2008年10月16日①配信

日常に潜む深い亀裂

「蟋蟀」（栗田有起著）

栗田有起の短編小説は、すっきりとした線で描かれたスケッチのようだ。余分なものや、ぼやけた線はそこにない。それなのに、必ずどこかに変てこなものが隠されている。変てこなものは、人の不可思議さであり、人生の真実である。

物語の立ち上がってくる力は最初の一行に表れる。「私のなかには馬がいる」「別れた夫とボートに乗った」「先生、これから連続側転するから見てててください」―。読者をいや応なしに引き込む文章が、迷いのない絵筆の動きを思わせる。

本書に収められた十編は、どれも何らかの動物と関係している。タイトルを見ると、「蟋蟀（こおろぎ）」「アリクイ」といった実在の動物のほか、空想上の動物「ユニコーン」も並ぶ。中には「蛇口」「鮫島夫人」など、一種だまし絵のように動物の名を織り込んだ仕掛けもあって楽しいが、どの作品にも日常に潜む深い亀裂のようなものが描かれている。

例えば「さるのこしかけ」は、ごく普通の三十歳の女性が主人公だ。ある日、恋人に婚約者がいたことが発覚する。主人公は自分が傷ついたことよりも見知らぬ女性を傷つけたことを悔やみ、自殺願望を抱く。淡々と自殺の方法を考える彼女のきまじめさには笑わされるが、物語は後半、思いがけない展開を見せる。現実と異世界とのはざまで、主人公がそれまで気づかなかった憤りと悲しみに突き動かされるラストシーンは圧巻である。

作者の描く主人公はみな誠実だ。大きな野望や確固たる信念を抱くことなく、とらえどころのない日常を生きている。そして突然「これであなたも山伏に！」と書かれた白装束のセットを買ってしまったり、頭の中が猫でいっぱいになってしまったり、自分でもわけの分からない状態に陥る。

このわけの分からなさに、作者はあえて形を与えない。物語は時に唐突な終わり方をするが、その何ともいえない余韻こそ作者の意図したものかもしれない。

シンプルな線画の世界は明るく、途方もなく深遠である。（松村由利子・歌人）

（筑摩書房・1575円）＝2008年10月16日②配信

秩序維持の既成概念に疑問

「監獄ビジネス」（アンジェラ・デイヴィス著、上杉忍訳）

「監獄がもはや主要なブレーキ装置としての役割を与えられていない社会」。これが著者の主張である。罪を犯した者は監獄に入る、秩序を保つために監獄が必要だ。こういった既成概念に著者は疑問を投げかける。

監獄とは、刑務所、留置所、少年院、移民収容施設を含めた施設。世界中のこれらの施設に約九百万人が収容され、なんと約四分の一を人口比率では5％に満たないアメリカ合衆国が抱えている。本書の統計を見て驚いた。一九八〇年代、レーガン大統領の時、刑務所が大量に建設され、そこから収容者数が激増。二〇〇七年六月時点で、二百三十万人に達している。

収容者は黒人やラティーノなど有色人種が多い。重罪犯の宣告を受けると投票権をはく奪されるアラバマ州やフロリダ州で、もし彼、彼女らが投票し得たら大統領はブッシュだったろうか、世界同時多発テロやアフガン攻撃、イラク戦争は起こっただろうか、と著者は問う。

本書によって、奴隷制の影響、レイプを含めた暴力が当たり前の実態などを知ると、監獄は犯罪を根本的に解決する制度ではなく、むしろその逆だという著者の主張にもうなずける。民営化の進んだ合衆国では「産獄複合体」となり、それで稼ぐ人に利用される。

それでは監獄に代わる制度とは何か。著者は「和解と回復による正義の実現」、刑法よりも補償法、復讐（ふくしゅう）ではなく賠償をと訴える。南アフリカで反白人の群集にまな娘を殺害されながら、犯人と和解したビール夫妻の例が印象的だった。

社会学者で、反人種差別主義、フェミニズムの運動家でもある著者も、無罪判決を受けるまで十六カ月、留置所に収容された経験を持つ。

聖域なき構造改革。日本でもすでに、構造改革特別区域で刑務所の民営化が始まった。裁判員制度もスタート間近。そんな今だから、市民が本書を読む価値がある。訳者解説で、著者の問題提起が、日本人であるわが身に引き寄せられた。（敷村良子・作家）

（岩波書店・2415円）＝2008年10月16日③配信

癖になる新世紀型私小説

「小銭をかぞえる」（西村賢太著）

西村賢太の小説は癖になる。初作品集「どうで死ぬ身の一踊り」以来、藤澤清造という不遇の作家の没後弟子を名乗り、その全集を刊行しようとしている「私」の清造狂いのありさまと、同棲（どうせい）している彼女とのいさかいの日々がつづられた、〈賢太と清造、ときどき彼女〉シリーズ（勝手に命名）につきあってきて飽きることがない。彼女の実家から全集刊行のために三百万円借金するものの、清造関係の古書や遺品と見れば買わずにいられない「私」の身勝手さによって、けんかが絶えない二人一という展開が毎度繰り広げられるにもかかわらず。

これまで賢太の小説を手に取ったことのない人でも、芥川賞候補に挙がった表題作と「焼却炉行き赤ん坊」の二編が収められた最新刊「小銭をかぞえる」から読みはじめて大丈夫です。サービス精神旺盛な賢太は、新作のたびに「私」と彼女のなれそめといった経緯をいちいち説明してくれるので。で、そうしたおなじみの主旋律に、毎回新バージョンのキレ方を追加。そんな、読者の「もっと露悪的に！」という要望にきちんと応える律義さが、賢太ワールドの中毒性のありかなのだ。

「どうで死ぬ身の一踊り」にはチキンライスとカツカレーに怒りをぶつける名場面があるのだが、「小銭をかぞえる」では出前の寿司（すし）とピザに爆笑の大団円を用意。「焼却炉行き赤ん坊」では、ぬいぐるみをめぐっての攻防が笑いと哀れを誘いと、「私」と彼女をめぐるいさかいの種やエピソードの無尽蔵さには、あきれかえるのを通り越して感動すら覚えるほどなんである。

しかし、この読んで面白い新世紀型私小説は、決して天然で書かれているのではなく、実は細かい心配りと工夫によって成立しているのだ。同じ熟語が彼女が発語するときはひらがなで、「私」の時には漢字で表記したり、近代文学然とした文章の中に、ふいに今風の言葉を紛れ込ませたりといった異化効果を狙うあたりが、賢太のニュータイプたるゆえんだ。

古くて新しい。まさに西村賢太は温故知新の全身小説家なのである。（豊崎由美・ライター）

（文芸春秋・1650円）＝2008年10月16日④配信

検察とOBの癒着構造描く

「ヤメ検」（森功著）

検察官ほど割のいい職業はめったにない。在職中の特別な身分・生活保障はもちろんのこと、退官してからもヤメ検（検察OBの弁護士）として企業などから多額の報酬を得ることができる。

そのヤメ検の活動範囲は政財界から芸能界、アングラ社会までとても広い。彼らは刑事弁護のプロとして、あるいは古巣にパイプを持つ大物としてもてはやされる。

しかし「巨悪」と対決してきた人間がなぜ、辞めた途端に「巨悪」を守る側に回ることができるのか。「司法界に棲（す）む謎の生態系」であるヤメ検たちの活動実態を著者はつぶさに追う。

朝鮮総連の不動産売却に絡んで逮捕された元公安調査庁長官。女性問題で検事総長のいすを棒に振った元東京高検検事長。そしてベストセラーの自伝「反転」を書いた後、詐欺容疑で再逮捕された元「特捜のエース」。さまざまなヤメ検の軌跡をたどっていくと、検察とそのOBたちが時に反発しながら、結局はもたれあう癒着の構造が次第に浮かび上がってくる。

なかでも驚かされるのは、大物ヤメ検三人が牛耳るという「関西検察」（大阪高検管轄内の検察）の実態だ。そこで六年前に検察の裏金問題が起きた。大阪高検の三井環公安部長が大阪地検検事正らの裏金問題を内部告発し始めたのである。

裏金問題は歴代検察幹部がかかわる重大事だった。そのとき暴力団員が大物ヤメ検に三井部長と自分たちの付き合いを記したメモを渡した。大物ヤメ検はそれを大阪高検に持ち込んだ。その結果、三井部長は逮捕され、裏金問題は封印された。これは検察とそのOBたちの連携による裏金隠ぺい工作と疑われても仕方がないだろう。

この本には裏金問題の後日談も記されている。三井部長から告発された大阪地検検事正は検事長にまで昇進してヤメ検になった。そして大阪府の裏金問題調査委員会のメンバーとして顧問弁護士に雇われたのだというからあぜんとした。

日本の司法のゆがみをまざまざと見せつけてくれる貴重なノンフィクションである。（魚住昭・ジャーナリスト）

（新潮社・1575円）＝2008年10月16日⑤配信

実況性が生んだヒーロー

「『月光仮面』を創った男たち」（樋口尚文著）

団塊の世代にとって「月光仮面」は、ノスタルジーを感じる対象の一つである。テレビ、映画を夢中になって見た記憶があるだろうし、お面やマフラーの月光仮面グッズを身につけて遊んだこともあるはずだ。本書は、国産テレビ初の物語ヒーロー「月光仮面」創出の舞台裏に迫っている。

当時のテレビ界の現状は、相当お粗末なものであったらしい。まず、満足なドラマを製作できるような金がない。映画会社の撮影所のような設備はなく、経験のあるスタッフもいない。テレビ局は野球や相撲、プロレスなどのスポーツ中継と米国製テレビ映画を番組編成の二本柱としていた。

こうした背景のなかで昭和三十三年二月、国産連続テレビ映画第一号として「月光仮面」が登場したのである。原作は川内康範、監督は船床定男、主演は東映の大部屋俳優・大瀬康一。月曜から土曜まで週六回、夕方六時から十分間の帯番組としてスタート、のち日曜夜七時の三十分番組になった。製作は広告代理店の宣弘社、一本の製作費十五万円。撮影は画質の悪い16ミリカメラだった。

主演大瀬のギャラは当初月七千円という安いものであった。昭和三十三年は東京タワーが開業、テレビ時代の幕開けを告げる年でもあった。同じ年に映画の観客数は約十一億二千七百四十五万人を記録したが、これを頂点に凋落（ちょうらく）が続く。

著者は「月光仮面」が大ヒットした理由を、わんぱく小僧たちが空き地で大暴れしたあと、今度はテレビの画面で空き地の戦いの延長戦としてドラマを観戦した、その「実況性」にあったと指摘する。大人たちが野球やプロレス中継に熱中するのと同じように、子供たちは悪漢どもをやっつける正義のヒーローの「実況」中継を見たわけである。うなずける指摘である。速報性、実況性は、映画にはないテレビの特性であった。

この「月光仮面」から五十年、現在は豊かになったはずのテレビ局だが、番組づくりのスタンスは変わったと言えるのだろうか。著者には、今度は戦後史の観点から、テレビというメディアをさらに検証してほしいものだ。（松本裕喜・編集者）

（平凡社新書・777円）＝2008年10月16日⑥配信

21世紀の太宰治風ユーモア

「おばさん未満」（酒井順子著）

「若者と中年のあいだ」—。今、この帯コピー通りの自意識をもつ女性（男性も）は、確かに膨大な群れをなしているに違いない。もう「若い女性」ではなく、まだ（望むべくは）「おばさん」でもないという、昔は存在しなかったどっちつかずの中間地帯だ。

その代表たる四十代初めの著者が「今、人は自分がいつおばさんになればいいのか、そのタイミングを掴みかねているのです。…『自分の年齢は自覚していますよ』ということを示しつつ、いわゆる『痛い』言動をしないようにもしつつ、さらには外見は老け込まないようにするという、難しいバランスを保つことが要求されています」（あとがきにかえて）というとき、周囲の目を基準とした「恥の文化」に生きる日本人の多くは胸を「痛く」突かれてしまう。

そう総論賛成しつつ、各論に細かく異議アリを発見するのも、この本の正しい楽しみ方だろう。

例えば「中年女の団体というのは、店自体を格好悪く見せてしまう客」という一文に、「これはバブル期を華やかに謳歌（おうか）した人の感覚だよなぁ。私（酒井さんより一歳上、ほぼ同世代ですね）、あのころ『まるビ』だったし…（悲）」としみじみ振り返ってみたり。

「世捨て男には哀愁が漂いますが、世捨て女に漂いがちなのは、悲しいかな腐臭」という強烈な自虐と厳しい視線に一瞬身を引いた後、「ああ、対句なんだ」と気づく。この屈折したユーモアは、二十一世紀の太宰治風でもある。

年齢意識のあいまい化は、「おばさん未満」の女性たちだけでなく、一種の社会問題として浮上しつつあるようにも思う。最近、某大企業のPR誌が「外から見たニッポンの年齢感覚」という特集を組み、取材を受けたことがある。グローバル化した競争の中、「個」の確立と自立が強く求められる一方で、「萌（も）え」にみるような幼児期への固着も市民権を得てきた今、望ましい「成熟」のイメージに向けて試行錯誤が続きそうだ。（大塚明子・文教大准教授）

（集英社・1365円）＝2008年10月23日①配信

同時代を映す龍と春樹

「MURAKAMI」（清水良典著）

村上龍と村上春樹。一九七〇年代以降、現在に至るまで小説界の第一線で活動を続けるこの二人の作家には、偶然に姓が同じということや同世代だということ以上に、深い共通点がある。本書は、社会の動向に照らし、年代別に二人の作品を追いかけた、柔軟かつ鋭い洞察に満ちた書だ。著者はこの二人を「同時代を映し出す二通りのレンズ」にたとえる。それをのぞき込むことで「私たちは自分がかつて生きてきた、そして現に生きている時代を、複眼的に見つめ直すことができるだろう」と。

米国の影響を受け入れ続けた戦後社会、バブル経済とその崩壊、セックス観の変化、オウム事件、少年犯罪や心の闇の問題。変化する世の中に、二人の作家はどのように反応し、何を書いて提示してきたのか。

たとえば八〇年に出た龍の「コインロッカー・ベイビーズ」が、社会機構全体を相手にした闘いという相貌（そうぼう）を見せた小説だったとすれば、その二年後に刊行された春樹の「羊をめぐる冒険」は、前者の刺激を受けたかのように出現した小説だと指摘する。性描写を通して関係性のすれ違いを描いた春樹の「ノルウェイの森」が八七年に出れば、翌年にはSM場面を含む龍の「トパーズ」。

松本サリン事件、阪神・淡路大震災、地下鉄サリン事件とつづいた九四、九五年には、崩壊の予兆をとらえたかのような春樹の「ねじまき鳥クロニクル」、そして龍の「五分後の世界」。少年犯罪や学校問題が浮上すると、龍は「希望の国のエクソダス」、春樹は「海辺のカフカ」を発表。その後、龍は経済システムへの関心を深め、春樹は心の深層の問題へ沈潜していく。人間と社会を取り巻く課題を正面から取り上げる龍と春樹に、著者は視線と批評を均等にふり分け、書き進める。

二人の作家は、時代を映し書くべきことを書いてきた点で通じ合う。著者の視点は終始そこに定められ、ぶれない。その先に、著者のものの見方を示す世界が形成されている。遠くまで見渡せる望遠鏡にも似た本だ。（蜂飼耳・詩人）

（幻冬舎新書・882円）＝2008年10月23日②配信

劇画から江戸の民衆を考察

「カムイ伝講義」(田中優子著)

私は長年、時代劇映画にしろ時代小説にしろ日本の大衆文化は侍ばかり扱って本当の大衆である農民のことはほとんど扱わないことに不満だったが、じつは劇画という別の分野では、例外的な存在ではあるが白土三平の「カムイ伝」という、農民や被差別民たちを主軸とした波瀾(はらん)万丈の巨大な作品がある。

この本は江戸時代の専門家である著者が、大学のゼミでこの大長編の劇画をとりあげて、そこに描かれている江戸時代とはどういうものであったかを論じた講義の集成である。描かれている村社会の社会構造から、産業経済、労働や政治のあり方、階級闘争や一揆、教育と教養、他地域との交通や交流、などなど、今日にも通じる諸問題を縦横に論じている。

だから原作では必ずしも正確には書かれていない部分はきちんと指摘して正し、くわしい説明を加え、そこから差別を超えて現れるヒーローたちの意義がいっそう鮮明に理解できる。これがめっぽう面白い。

たとえばまず、原作に出てくる便所の汲(く)み取りについて。江戸時代が農業技術の革新の時代であり、そこで糞尿(ふんにょう)がどう活用されたか。さらに綿花の栽培がひろがって干鰯(ほしか)が肥料として活用されるようになることで漁民の仕事がどう拡大されていったか。それが原作でどう描かれているか。

というぐあいに、当時の農業技術の水準の高さが説明され、農民が農業書を読めたことでそれが可能になったということから、寺子屋の普及の理由が説明される。原作にある、ちょっとしたエピソードや、大海原で展開される海の男たちの描写が、こういう農業、漁業、そして教育の普及の歴史で相互に関連づけられてゆくのである。あるいは村では会議はどう行われたかが。

近年、歴史学でも支配者たちの抗争のあとをたどるより、民衆の生活の実態を明らかにすることに力がこめられるようになっている。これでようやく江戸時代の社会の全体像が立体的に見えてくる。「カムイ伝」を読んでいない人も江戸時代の持つ活力に驚いて面白く読めるはずだ。(佐藤忠男・映画評論家)

(小学館・1575円)=2008年10月23日③配信

闘いながら生きる命の弾力

「ゾリ」(コラム・マッキャン著、栩木伸明訳)

ゾリとは、この物語の女主人公の名前である。彼女はロマ(ジプシー)の一員として生まれた。一九三〇年代のチェコスロバキア。六歳だったゾリは、親ナチスのフリンカ親衛隊に、家族を理不尽なやり方で殺されて、ジージ(祖父)と二人、偶然、生き残る。受難の人生の始まりである。

ロマについて、わたしはほとんど知識を持たない。持たないくせに「定住せず、物ごいや占い、音楽などで、わずかの金を稼ぐ者」という根拠不明のイメージだけは持っていた。この本には、そんなロマへの思い込みを、しなやかにそり返す不思議な弾力がある。それは、常にロマという出自と闘いながら生き抜くことになった、ゾリの命の弾力といっていいだろう。

インテリのジージに文字の読み書きを教わり、ロマの伝承歌を覚え、やがては詩を書くようになるゾリだが、そうした態度が、文字を持たないロマの行動規範に背き、「ケガレ」とされて終生追放されてしまう。

そこからの彼女の人生は壮絶なものとなる。施しを受け、盗みも働き、レイプされそうになれば、もっていたナイフで男の目をえぐる。虫歯で痛む歯は、靴ひもを輪にして、それをひっかけ自分で抜き取って進む。血だらけ、傷だらけ、常に空腹。地べたをはいまわる姿は、まさに孤独な獣である。

そんな彼女にも、二度のあたたかな結婚があり、幼なじみとのかすかな心の通い合いもあった。

だが最後、娘たちの世代から、皮肉にも、かつて追放されたところのロマという出自に光をあてられることになる。そのときほど、ゾリの孤独が際立つことはない。

しかしこの孤独につきあたったとき、わたしは真の意味でゾリに出会ったような気がした。そこに、わたし自身を見たからである。

本書が、ロマの暮らしに取材し、多くの研究書からヒントを得て書かれた「小説」であることには、あらためて驚かざるを得ない。ゾリという女のみずみずしい存在感。彼女の強い目の力に、この一冊は、刺し抜かれている。(小池昌代・詩人、作家)

(みすず書房・3360円)=2008年10月23日④配信

生きた思想捕らえた労作

「追跡・アメリカの思想家たち」（会田弘継著）

本書は、キリスト教右派やネオコンなど、日本メディアでもある程度目立ち始めたものも含めて、アメリカの各思潮を、それらを代表した思想家十数名に集約して分かりやすく解説した労作だ。

思想はそれを最初に唱えた人物と連結すれば体臭と込みで伝わるのだが、その人物と離れて時代を動かすうちに限りなく抽象化されてしまう。ネオコンはその典型で、著者によれば、「内政ネオコン」が教条主義化したリベラリズムに現実的柔軟性を回復しようとしたのに対して、次世代が受け継いだ「外交ネオコン」は逆に教条化してイラクへ侵攻したとする。侵攻以後、懸命にネオコンの源流へと回帰するF・フクヤマの努力（第十一章）は、その意味で思想というものの厄介さを開示する。

南北戦争で工業主義の北部に敗れた南部農本主義は、明治維新時点の佐幕派、太平洋戦争後の国粋主義右翼と生理が似ている。それぞれ倒幕派と脱亜入欧派、民主化派に押しまくられ、時代の動向を無視して抽象化した。

R・ウィーバーが、マルクス主義から南部農本主義へ百八十度の転換を遂げるのは、ウィーバー個人においては納得のいく「体臭」を感じさせる。「中世を覆っていたような詩的・宗教的人生観」に戻りたいという彼の願望は、佐幕派や国粋主義派の情念と同様、説得力を持ち得る。

ところが、彼の思想が南部農本主義の情念に火をつけると、大した曲折を経ずにキリスト教右派の大拡大をもたらしてしまう。「思想は必ず実を結ぶ」というウィーバーの真摯（しんし）な言葉は、ここで逆転、悪（あ）しき結実を示す皮肉な言葉に一変してしまう。

研究者がこの本を書いていたら、惨憺（さんたん）たる結果に終わっていただろう。研究者は、思想を殺して解剖する商売なのに対して、ジャーナリストである著者は思想家自身を訪ねて謦咳（けいがい）に接することで、思想を生き物として捕らえることに成功した。

巻末の著者によるアメリカ思潮地図は、D・H・フィッシャーの文化地図との対比で興味深い。（越智道雄・明治大名誉教授）

（新潮選書・1155円）＝2008年10月23日⑥配信

現代若者のサバイバル小説

「シューカツ！」（石田衣良著）

シューカツとは就職活動のこと。人気作家が挑んだ直球の就職小説だ。

東京・高田馬場にある鷲田大学の男女七人が三年生になった春、シューカツプロジェクトチームを結成する。元気と笑顔が取りえの千晴、帰国子女の恵理子、女性誌好きの伸子ほか、頭脳明晰（めいせき）クンやなごみ系クンなど四人の男子学生がチームのメンバーである。彼らは全員が新聞社や出版社、テレビ局などを志望。団塊世代の大量退職もあって、ここ数年の就職は売り手市場だが、人気のマスコミはそうはいかない。出版社とテレビ局、つごう六社の難関に挑む千晴の一年を通して七人の群像を描く。

テレビ局でのインターン体験、エントリーシートの書き方、マスコミ各社の試験問題、グループディスカッションや圧迫面接など、リアルな細部で臨場感たっぷりに読ませる。親世代にとっては、わが子の就職最前線を垣間見る疑似体験小説、超氷河期を経験した若い世代には痛くて懐かしい青春小説、現役組にとってはハウツーも授かるシミュレーション小説として楽しめるはずだ。

それにしても、現代の若者はなんと過酷な状況をサバイバルしていることか。生涯賃金、安定した身分、やりがい、夢。すべてをかなえようとすれば体がこわばる。肩の力を抜くようにすすめる著者の箴言（しんげん）が各所に埋め込まれているのに注目されたい。例えば“金のためだけに働けるほど、人間は強くない”など。

思えば風俗小説だろうが官能小説だろうが、著者の作品の根底にはいつも「若い世代へのエール」があった。その“兄貴精神”が惜しげもなく発揮された作。七人の進路をそっと見守るかのようなエピローグもいい。

丸一年を費やす就職活動。教育界には十五の春を泣かせるなという言葉があるが、大学三年の春はいいのか。だったら大学は三年制でいいのでは、などの疑問がわいてきたこともつけ加えておきたい。（温水ゆかり・フリーライター）

（文芸春秋・1500円）＝2008年10月30日①配信

人間を貪るユーモア

「血液と石鹼」(リン・ディン著、柴田元幸訳)

この小説は米国に住むベトナム系作家によって書かれている。「おいおい、また流行のマイノリティー文学かよ」とまゆをひそめているみなさん、ご安心ください。ここに収められた短編は、PC(政治的な正しさ)と何の関係もありません。

どこでもいいから適当に本書を開いてほしい。仕事や授業の合間に読むのにほどよい長さの短編ばかりだ。超楽読である。しかもそれらはみな、そのつかの間、不条理さ、ばかばかしさ、気味の悪さによって、開いたページのあいだから、えたいの知れない思念や行動に駆り立てられた人々が動き回る世界をかいま見せてくれるだろう。あなたは首を振り、ヘンなもの見ちゃったなあとまゆをひそめ、パタンと本を閉じ、日常に戻っていくことだろう。

だが読んでしまった以上、あなたはもはやさっきまでのあなたではない。「いかなる存在の状態も、人に染みをつけ、たまっていく」からだ。

作中にうかがえるこの独特の「蓄積」についての考え方、それと無関係ではない「食べる」ことへの偏執は、米国に移住し、母語ではない英語で書くことを余儀なくされた作者ならではのものだ。他者の世界で生きていく＝食っていくためには使える言葉をなるべく多く蓄えておかねばならない。言葉は食うための手段だが、倒錯したリン・ディンの世界では、手段は目的と化し、登場人物たちはどうせ使うのは同じところ＝「舌」なんだからと、言葉と食物をいっさい区別しない。

作中、料理の名を読むことがそれを味わうことだと信じる女が言う。「新しい料理を味見するとき、人は一個の文化をまるごと貪っているのよ」。言葉＝料理には文化そのものが詰まっている。だが作家の真骨頂はここからだ。「一本のスパゲティをするする口に入れるとき、あたしは四十世代のイタリア人を呑み込んでいるんだわ」。言葉だけの話ではない。文字通り、リン・ディンは人間を貪(むさぼ)りくらう。彼の文体は、ユーモアの色で黒ずんだ血の味がするにちがいない。(小野正嗣・作家)

(早川書房・1785円)＝2008年10月30日②配信

見えてくる戦後政治の問題

「輿論と世論」(佐藤卓己著)

佐藤卓己氏は意表をつく著作をたびたび発表する。八月十五日は終戦の日ではなかった。テレビは「一億総白痴化」の装置ではなかった。そして、今回は輿論(よろん)だ。

はて、この見慣れない輿論なるものはなんだろう。私たちになじみの世論(せろん)とはどう違うのだろう。

著者はさまざまな文献を引きながら、この語の意味の変遷を詳しく追っている。一例だけ挙げると住友陽文の「近代日本の政治社会の転回」ではおよそ次のようになっている。

輿論とは「政治にとって背いてはならないもの、喚起すべきもの、代表されるべきもの、賛成を促すべきもの」。これに対して世論とは「『騒然』としていて『喧しき』もの、時には『煽動』されたり、逆に『鎮静』されたりするべきもの」。

なるほど、小泉政治を支持したのは世論であって、輿論ではなかったのか。だから今日の日本はこうなってしまったのか。たしかに輿論と世論を区別すると、はっきりと見えてくるものがある。

面白いのは、著者の指摘にもあるように、その小泉氏さえも、首相時代には「世論の動向に左右されるのはいかがなものか」といっていることだ。

アメリカでは次のようなデータもある。一九八二年のギャラップ世論調査では、ロナルド・レーガン大統領の執務ぶりを支持する人々は約47％にとどまったのに対し、支持率そのものは約70％もあった。その差の約23ポイントの人々は、大統領の執務ぶりに反対しながらも彼を支持していたことになる。

世論調査を読むと、このような輿論と世論の違いに気づくことがときどきある。著者は、そのような例も多く紹介している。

本書において、著者は無理な議論や単純化はしていない。むしろ、細部と正確さにこだわり、それらを積み上げて、輿論と世論の区別が失われていった戦後政治の問題点に読者が気付くよう仕向ける。熟読を必要とするが、それに十分値する。

(有馬哲夫・早稲田大教授)

(新潮選書・1470円)＝2008年10月30日④配信

海越えた若者たちの意識

「文化移民」（藤田結子著）

ダンス、ポップアート、ヘアメーク、グラフィックアート、ファッション、演劇、建築といった分野で仕事をしたい、と願っている若者たちが、日本で得られない活躍の場を、ニューヨークや、ロンドンに求めて移住する。

このような現象を著者は「文化移民」と呼び、こうした「文化移民」は、先進国の中では日本の若者に特有なものであると述べる。

日本の若者に特有である理由は、この研究書からはわからない。著者の視点は、ニューヨークとロンドンに「文化移民」をした若者たち二十二人が、五年たった時点で示す変化に据えられている。

彼らと何度も会って、じかに話を聞くということを通して、「文化移民」の始まりと終わりで、彼らの暮らし、考え方がどのように変わったかを明らかにしようとしている。

彼らは出発前、現地での生活は東京でのそれとほぼ同じだろうと考えていた。彼らがニューヨークやロンドンに行くのは、東京と比べ、自分たちの文化活動にとってより適切な場であるとみなしていることによる。

だがこうした驚くほど楽天的な見通しは早晩、障害にぶつかる。活動の場や機会が思い描いていたものと違い、著しく制約されていることに気づくからだ。言葉の壁、人種の壁にさえぎられ、いつまでたっても文化の中心から遠ざけられたままである。

こうして希望は、落胆に、そして、挫折に変わる。

大半の若者は帰国するのだが、このような精神的危機に直面したときに、彼らのよりどころとなったのは、自分が「日本人」であることの意識であり、いわゆる「日本人らしさ」の再発見であった。国外での不遇が「日本」を再認識させ、それが帰国を促す力になっていったのである。

読み終えて切ない気持ちでいっぱいになった。こういう興味深い着想は、著者もまた学問における「文化移民」の一人であったという自覚から生まれたのであろうか。（芹沢俊介・評論家）

（新曜社・2520円）＝2008年10月30日⑤配信

研ぎすまされた目線

「空腹について」（雑賀恵子著）

飲食店での料理使い回しのニュースに、誰もが「食を供するモラルがなってない」と腹を立てた。客が食べない料理の正しい末路は、「捨てる」こと。が、家庭で料理が大量に残ったら、「もったいないから次に回そう」と思うはずだ。食物はTPOによって違う意味を持つ。それと同じく「空腹」も時代や人間の置かれた状況によって意味がまったく異なる、というのが本著のテーマ。

メタボやダイエットが挨拶（あいさつ）代わりの時代。人々の関心は「いかに食べないか」「栄養を脂肪にしないか」。著者の狙いは、まさに美食や肥満という地点でしか食とかかわれなくなった人々に、空腹という食の原点を再認識させることだ。豊かすぎて空腹を一度も感じたことがない若者たちの台頭を、著者は失感情症と似た失体感症に位置づける。それは本質的な身体性の欠如であり、心と身体が乖離（かいり）した状態なのだ、と。

「空腹」の感じ方を決めるのは、単に脳と胃袋の回線だけではない。本著では個人の食物への刷り込みや記憶が味覚をも左右すること、時代ごとの残飯のルートの変化、さらにグローバリズムが世界にもたらした格差が、食物消費に及ぼす影響などを、豊富な史実とエピソードを交えて語る。

中でも「日本で残飯として廃棄されている食料を換算すれば…飢餓線上にあると表現される約八億人のうち一億人が助かる」というこの国で、八十年前までは残飯を商品として売る仕事が存在していたことに驚かされる。

ほんの短い期間で、日本の食物と空腹の意味性は、それほど大きく変化したのだ。飢えが消えた安心感とともに、台頭してきた「食べ物を残飯にしてしまえる豊かさ」が、「数えきれないひとびとの空腹に支えられている」という関係性を正視する機会も消えた。

食物の分かち合いが共生の基本。食物が大量の残飯として「モノ」化していく光景の裏側に、栄養不良で死んでいく貧しい国々の子供を思えない、心の「空腹」を見いだす。そんな研ぎすまされた目線を与えてくれる力作である。（速水由紀子・ジャーナリスト）

（青土社・2310円）＝2008年11月6日①配信

「定説」の真相を暴く

「オオカミ少女はいなかった」(鈴木光太郎著)

書名にまず驚いた。筆者が親しんだ社会学や発達心理学の入門書にもオオカミに育てられた少女の話は登場する。発見後、一人はすぐに死んでしまったが、もう一人は九年生きた。だが、オオカミに育てられたために習性はオオカミそのもの。四本足で歩き、うなり声をあげる。言葉を教えても結局四十五語程度の語彙(ごい)を使えるようにしかならなかった…。

こうして人間として生きる能力を身につける「社会化」の機会を逸した例として教科書に頻出する「オオカミ少女」のエピソードは、実は捏造(ねつぞう)だったらしいのだ。

著者は二人の少女が一九二〇年にインド東部のオオカミの巣の中で発見された経緯や、自称「発見者」で、二人の養育に当たった牧師が提出した「証拠写真」と「報告」の内容、そして、それらを著名な学者たちがチェックもせずに「人間としての成長に何が必要か」を論じる格好の素材として利用するようになるプロセスなどを注意深く分析する。

その作業を通じて二人が重い自閉症児であり、言語能力を欠いていたために捨てられた可能性や、発見時にオオカミの近くに偶然いただけかもしれないことなどが示される。断定を避ける慎重な筆致ではあるが、その推測は、オオカミの乳で人間は育てられないなどの生物学的な知見も踏まえて説得力に富んでいる。

「オオカミ少女伝説」の背景には人間を「聖別」したい願望があったのだろう。教育という特有の文化が万物の霊長たる人間をはぐくむと私たちは信じて疑わない。「伝説」はそんな「信心」に奉仕すべく創作された。他にもサブリミナル広告の危険性などさまざまな「定説」が作られた真相を暴いてゆく論考に触れると、なるほど人間は特殊な種なのだとあらためて思う。

人間的成長=「社会化」とは自分の見栄(みえ)や、世間の期待におもねるために、ウソをつく能力を備えることでもあるらしい。こうした人間ならではのリアリティーを、意外な方向から隈(くま)取ってくれる一冊でもある。(武田徹・ジャーナリスト)

(新曜社・2730円)=2008年11月6日③配信

武士の娘の生きざま

「蝶々さん(上・下)」(市川森一著)

アメリカ軍人ピンカートンと日本人の蝶々さんは恋におち、子をなすが、その恋は破れ蝶々さんは命を絶つ。オペラ「蝶々夫人」を見たことはないが、確かこんなお話だったはず。あいまいな記憶を手繰りながら、モデルの女性を主人公にした小説だという本書を開いた。が、いつしか武士の娘・お蝶の生きざまに引き込まれていった。

ミッション系女学校で英語を学ぶ夢を見ていたお蝶は、母や祖母を亡くした後、妓楼(ぎろう)に養女として出される。やがて人買いへ身売りされそうになり、舞妓(まいこ)になって逃れる。女学校進学を断念したお蝶だが、アメリカへ行く夢を膨らませる。

印象的な場面がある。母が幼いお蝶に自害の作法を教える。お蝶は習ったとおり、火ばしを懐剣に見立て、震える手で剣をのど元にあてる。その緊張感に、息をのんだ。この時お蝶はいずれ訪れる自らの死を、先に見通してしまったのではないか。

成長したお蝶は出会ってすぐのアメリカ人と「結婚」する。聡明(そうめい)な彼女にしてはやや性急な行動にも見えるが、あまりに苦労の多い少女時代を振り返れば、人生を早回しして幸せにたどり着きたくなる気持ちもわかる。

お蝶は生き急いだ。

短い結婚生活はまるでままごと、甘美な夢だ。夫の帰りを待ちながら、愛児を育てる毎日。でも夢は、見ている本人には夢とはわからない。

彼女は死を覚悟していたからこそ、夢を見続けていられたのだろう。けれど夢からさめなければ、人は本当の意味で生きられない。夢の中にいては、現実の夢をかなえられないからだ。やがて夢からさめた時、お蝶は迷わず自害を選んだ。

両親から受け継いだ武士道の精神にのっとり、美しい羽根を散らせるように逝ったお蝶。

私はお蝶の生きざまに引き込まれたと書いたが、本当は死にざまを見たかったのかもしれない、読み終わってからそう思った。(中江有里・女優、脚本家)

(講談社・上下各1785円)=2008年11月6日④配信

明かされる驚愕の事実　「アメリカ人の半分はニューヨークの場所を知らない」（町山智浩著）

ええっ、そうだったのとすでに本の題名からして驚かされた本書だが、中をひもとけば次々と驚愕（きょうがく）の事実が明かされる。

たとえば。アメリカ人で新聞を読む人は三割に満たない、アメリカ人の45％は進化論やビッグバンによる進化の起源を信じていない、「ドライブスルー教会」では車から降りずに礼拝ができる…って、びっくりだ。

驚かされると同時に、暗澹（あんたん）たる気持ちとなる事実も続く。イラク・アフガニスタンに従軍した兵士の10―15％は心的外傷後ストレス障害（PTSD）、国民健康保険制度がないため年間約二万人が何の医療も受けられずに死んでいく、学費のインフレで学資ローンに頼るしかない学生は社会に出た時点で一千万円以上の借金を抱える、等々。

問題山積、棚に上げたくなるような事例の数々を軽快に読み進むことができるのは、書き手の体力も胆力も含んだ筆力ゆえだろう。著者はカリフォルニア州在住のコラムニスト。積年の映画ファンであれば「映画宝島」「映画秘宝」の編集者、映画評論家として知る人も多かろう町山智浩である。この人は、とにかく「読ませる」。アメリカの宗教、戦争、政治、経済、メディア、どのテーマにも絡む人間模様が鮮やかに視覚化されて引き込まれるのだ。

「ブッシュ大統領と同じテキサス生まれで恥ずかしいわ」。コンサートでこう口にしたばかりに右翼メディアに目をつけられ、壮絶なバッシングと闘うことになった歌姫ディクシー・チックス。

「わたしがお尋ねしたいのは、イラク攻撃の本当の理由です」、ブッシュ大統領を取り巻く記者たちが、一度も発することのなかった質問を口にした八十歳の女性記者。

人々の狂気、残酷、非道さに、凜（りん）として立ち向かう不屈の精神、誠実さと勇気。それもまたアメリカ人の持つ一面だ。

「ここに住むことは『世界』に住むことだ」と著者は言う。多国籍の人間が共に暮らす場所では、遠くのこともすなわち足元のこととなる。それは、かの大国だけではない、どの国であっても同様だろう。そう気づかされる一冊だ。（藤田千恵子・フリーライター）

（文芸春秋・1050円）＝2008年11月6日⑤配信

和服の流行の原点を解く　「江戸モードの誕生」（丸山伸彦著）

現代の日本で服飾の「モード」といえば当然、洋服のことと思われるだろうが、和服にも流行がある。時代を少しさかのぼれば、昭和初期には年ごとに、元禄風やアールヌーボー調などの異なる色、文様のキモノがもてはやされていた。では、キモノの流行はいつ始まったのだろうか。

著者は、その原点を江戸時代前・中期の「小袖」にみる。本書では小袖の文様をめぐる流行のありさまを「ファッション」や「モード」になぞらえ、菱川師宣らの絵師を「デザイナー」に見立てて物語をつむいでいく。

小袖は、現代のキモノの前身とされる衣服である。近世に武士や町人の常服となり、その装飾の文様は江戸時代に飛躍的な展開をとげた。この背景には、大坂や江戸の出版界を中心とした町人たちの活躍があったことを本書は解き明かす。

出版メディアの発達の下で、さまざまな文様を載せた「小袖雛（ひな）形本」が登場する。小袖の文様を木版で描いて売り出した本だが、これを著者は今の「ファッション・ブック」に擬制（ぎせい）し、流行の原動力ととらえる。雛形本を舞台に多くの絵師が競演し、江戸のファッションが形作られたとする。

そこで活躍した絵師を本書はデザイナーと位置付け、浮世絵の祖とされる菱川師宣と、友禅染の名の基となった宮崎友禅の重要性を説く。師宣が先駆的役割を果たしたとの指摘には説得力がある。だが友禅をスター・デザイナー扱いするのは、彼と呉服業界の関係の薄さが指摘されているのを思うと疑問が残った。

一つ気になったのは、小袖が「性差の表示」の役割を担ったがゆえに女性の小袖だけで文様が展開したと論じた点だ。当時、華やかな小袖を身につけられた人々は限られ、その階層では若い男性も華やかだった。性差より身分や地域などの差を重視すべきではないか。

本書には先行研究や参考文献がほとんど記されておらず、読者が理解を深める上では難がある。だが、江戸時代の都会を彩った小袖に、新しい美しさを価値とする今のモードに似た流行があったことを想像させてくれる楽しい本である。（森理恵・京都府立大准教授）

（角川選書・1575円）＝2008年11月6日⑥配信

光秀の実像に迫る快作

「覇王の番人(上·下)」(真保裕一著)

明智光秀といえば、主君の織田信長を不意打ちにしたひきょうな悪人というマイナスイメージがつきまとう。だが、三日天下に終わった敗者の人物像の多くは、後に勝者側の視点で捏造(ねつぞう)されたものが少なくないという。

本書の読みどころはまずそうした光秀の虚像を排し、知られざる実像に迫ってみせた点にある。

美濃の武将斎藤道三に仕えた後、流浪生活を送っていた光秀は、四十を前に越前の朝倉家に禄(ろく)を得る。そんな彼の前に京を追われた足利義秋(後の十五代将軍義昭)が現れる。朝倉には義秋のために挙兵する気はかけらもなかったが、光秀は幕臣細川藤孝と意気投合、今や有力大名にのし上がった織田信長をかつぎ出しついに上洛(じょうらく)を果たす。だが信長の暴君ぶりは想像を超えていた…。

著者はそこから信長と光秀の主従関係を丹念に追っていくが、それとは別に彼の配下の小平太という忍者の視点からも戦国武将の生きざまを浮き彫りにしてみせる。だましや裏切りも当たり前という下克上世界。敵対者に容赦ない信長や秀吉の冷酷な戦略を目の当たりにして、温厚な知将である光秀が謀反に傾くのも無理からぬこと。本能寺の変に至る過程にも十分説得力がある点はまさに歴史小説の妙味だろう。

むろん本能寺の変にまつわる謀略の構図も読みどころのひとつ。ミステリー的にも楽しめる。

周知のように、著者はこれまで冒険ハードボイルド系の活劇を主軸に活躍してきた。本書は初の歴史小説に当たるが、どうせ忍者を出すなら山田風太郎的な伝奇時代活劇にチャレンジしてほしかったという声もあるかもしれない。綿密な取材をモットーとする著者の創作スタイルは、だが、史実の面白さをも織り込んだ「歴史」小説系のほうが合っているともいえる。

戦国の世を終わらせるという光秀の知られざる功績に光を当てた本書はその第一作にふさわしい快作に仕上がっている。(香山二三郎・コラムニスト)

(講談社・上下各1785円)=2008年11月13日①配信

近代日本の原点にある受難

「華族夫人の忘れもの」(平岩弓枝著)

幕末期の複雑な人間模様を、懐かしい江戸情緒とからめて描いた「御宿かわせみ」は、平岩弓枝の代表作である。

大川の流れのように悠々と書き継がれた大長編シリーズは、ついに明治の文明開化を描く「新·御宿かわせみ」となった。本書「華族夫人の忘れもの」は、その第二弾。

旅籠(はたご)「かわせみ」の女主人で、江戸の凜(りん)とした生き方を体現した「るい」は、今も健在である。明治維新をまたいで持続した江戸の美しい文化が、確かにあったのだ。

だが快男児·東吾と、親友·源三郎の名コンビの姿がない。失われた文化的側面も、大きかった。舞台は、築地の外国人居留地と大川端を二つの中心として展開する。

「新·御宿かわせみ」では、喪失感をバネに新しい時代を創造すべく、若者たちが躍動する。東吾の実子·麻太郎は、西洋医学のホープだが、漢方医学にも理解を示す。彼は、この時代の「和洋折衷」の申し子である。

心が広く温かい麻太郎の周囲には、父の東吾がそうだったように、悲しい過去のある女たちが慕い寄ってきて、事件が次々と起こる。麻太郎は、親友の源太郎と協力し、難事件に立ち向かう。

時代が変わっても、永遠に変わらないのが、生きる苦しさだろう。「華族夫人の忘れもの」には、六編の短編が含まれるが、女として生きることの切なさが、どの作品にも立ちこめている。

下町娘から華族夫人になった女は、心の奥底に秘めた麻太郎へのあこがれを忘れられない。誇り高い職業婦人として生きようとする士族の娘の夢は、無残に踏みにじられる。また、ある女は、殺人犯の過去を消して富豪の婿になった夫の妾として、牛鍋屋の主人に収まっている。さらには、西洋人の妾となり、運命に復讐(ふくしゅう)しようとする女。

女たちの受難は、明治という時代の「新生の苦しみ」だろう。そこから目をそらさず、麻太郎たちが作り出す新しい人間模様は、近代日本が忘れてはならない「原点」を、読者にしっかりと思い出させてくれる。(島内景二·電気通信大教授)

(文芸春秋·1470円)=2008年11月13日②配信

ヒトの定義の再考促す　「類人猿を直立させた小さな骨」（アーロン・G・フィラー著、日向やよい訳）

ヒトはいつヒトになったのか？—人類の進化をめぐる最大の謎に、科学者たちはさまざまな方法で答えようとしてきた。

古生物学者は化石を探し、形態学者は体の構造を調べ、分子生物学者は遺伝子を解読する。数多くの論争を経てたどり着いたのが次のようなシナリオである。およそ二千万年前、類人猿に共通の祖先がアフリカに生まれ、数百万年ごとにオランウータン、ゴリラ、チンパンジーの祖先が分かれていき、四百万年前にまっすぐに立ち二本足で歩く（直立二足歩行）という特徴を持ったヒトの祖先が誕生した。

ところが本書の著者は、進化発生生物学という立場からこの通説に反論する。著者によれば、類人猿の共通祖先はすでに直立二足歩行をしていたというのである。

その根拠が、アフリカで見つかった二千百万年前の化石の背骨（椎骨（ついこつ））である。著者はこの椎骨がヒトの椎骨と似た形態学的特徴を持っており、これが直立二足歩行に極めて重要であるという。しかも、この特徴は発生過程で体の構造や器官の形成を調節しているある遺伝子の突然変異によって簡単に獲得することができるという。

ここから導きだされるのは、二千万年前に直立二足歩行の類人猿が誕生し、その後オランウータンやチンパンジーの祖先が二足歩行を捨てて四足で移動するようになったという仮説である。この仮説は、四足歩行から二足歩行という常識に異議を唱えるだけではなく、直立二足歩行イコール、ヒトという定義に根本から再考を促している。

おそらく専門的な立場からは、さまざまな反論が可能だろう。しかしそれでもこの仮説は魅力にあふれている。それは、ヒトは特別な存在であるはずだという私たちの固定観念を強く揺さぶってくるからだ。

前半には進化発生生物学から提起されるダーウィニズムの再検討が紹介されている。説明抜きの専門用語が多く読み通すのに骨が折れるが、文豪ゲーテが進化学に果たした役割なども紹介され、科学史としても楽しめる一冊だ。（大島寿美子・北星学園大准教授）

（東洋経済新報社・2520円）＝2008年11月13日④配信

胸を打たれる回想録　「図書館ねこ　デューイ」（ヴィッキー・マイロン著、羽田詩津子訳）

米アイオワ州スペンサーの図書館長である著者が、寒い冬の朝に返却ボックスに入れられた子猫を拾ったところからこの話は始まる。

デューイ十進分類法にちなんでデューイと名づけられた雄猫は、驚くほどしっくりと図書館に溶け込み、スタッフや利用者に愛され、やがてはアメリカ中の新聞、雑誌、ラジオやテレビで取り上げられ、ただの田舎町だったスペンサーは猫のいる図書館の町として有名になっていく。

NHKがわざわざ取材に行き、デューイをカメラにおさめたエピソードにも触れられていて、日本を代表するメディアの、好奇心が強く強引な様子を婉曲（えんきょく）的に描いているのはご愛嬌（あいきょう）である。

思いやりに満ちたデューイのおかげで、不況の中で活気を失っていた住人たちが、自分たちの町に誇りを抱くようになり、自信を取り戻していく姿は胸に迫るが、デューイが全員に歓迎されたわけではないことも、著者は公平に伝えている。

図書館に猫がいることに猛反対して脅しをかけてきたり、抗議を繰り返したりする人や、猫アレルギーの子たちへの対応に、著者は図書館の責任者として心を配っていく。それはデューイが人々の心にともした希望の灯火を消したくないという一心からだった。

そして図書館の猫にとって必要な資質を、著者は「冷静で、辛抱強く、威厳があって、頭がよく、なによりも外向的なこと。（略）人間を愛さなくてはならない」と述べ、デューイの聡明（そうめい）さとおおらかさ、ちゃめっ気ぶりがいきいきと伝わってくる描き方をしている。

本書は単に、人と猫との心温まる交流を綴（つづ）ったお涙頂戴（ちょうだい）のノンフィクションではなく、著者の自伝としても読める。両親との関係、兄弟の死、アルコール依存症の夫との離婚、出産時における子宮摘出、ひとり娘との葛藤（かっとう）、乳房の切除—さまざまな困難を乗り越えてひたむきに生きてきた女性にとって、デューイの存在がどれほど大事なものであったかが手に取るようにわかり、その愛情の深さに胸を打たれる回想録である。（古屋美登里・翻訳家）

（早川書房・1600円）＝2008年11月13日⑤配信

洋楽スターの人生たどる 「ビリー・ジョエル　素顔の、ストレンジャー」（マーク・ベゴ著、山本安見訳）

ビリー・ジョエルは日本において最も知名度の高い洋楽スターのひとり。その歩みを丹念にたどったストーリーブックである。

祖父母の代までさかのぼった出自の詳述に始まり、発表作品を追って活動歴と音楽変遷をつづり、バンドメンバーや家族「父母や妻と娘」らとのごく私的な内情をも掘り下げる。これらを巧みに織り込んだ構成は、ジョエルへの理解度を読者にそれほど問わない部分もあり、読みやすい。

アルバムやヒット曲に関して、時代背景などを加味して施された解説や感想からは、著者のジョエルへの好き嫌いを超えた評価と敬意が感じられ、説得力に結びついている。

一方で、栄光への道のりを共にしたバンドメンバーの貢献に明瞭（めいりょう）な理解を示しながら、大成功後に訪れた壮絶な確執を描く筆は客観性を保ちつつもかなり辛辣（しんらつ）で、アルコール依存との苦闘ぶりと並び、ジョエルのファンにとっては心に苦いはずだ。これらのくだりがやじ馬趣味的に映るかどうかは、読者の度量に委ねられるかもしれない。

三度繰り返した結婚に関してもしかり。その時々の伴侶の存在が、彼の生涯に及ぼした不可避の影響として作品に反映される。そんな、芸術家あるいは表現者の性（さが）が浮き彫りにされており、私にはジョエルの音楽をより深く理解するのに役立つ。

長らく新作から遠ざかっていながら、野球場でのライブを可能にする人気の秘密や、今後の彼の音楽家としての人生に対してなど、さまざまな思いを本書は読み手に投げ掛けてくる。

ジョエルのヒット曲とともに人生を過ごした世代にはもちろん、これから初期の楽曲をひもとく人々にも多角的に読まれるだろう。

巻末に添えられた、日本の担当ディレクターによる今年七月の熱いニューヨーク公演リポートとジョエルの訳詞、それに本書を手掛けた訳者のあとがきが読了感に特別な味わいを与えてくれる。

（矢口清治・ディスクジョッキー）

（東邦出版・1890円）＝2008年11月13日⑥配信

不良息子が優しく記す全貌 「死んだら何を書いてもいいわ」（萩原朔美著）

萩原葉子は、一九五九年「父・萩原朔太郎」を書いて文壇デビューし、日本エッセイストクラブ賞を受ける。それから半世紀、葉子の一子、長男の萩原朔美が本書を上梓（じょうし）した。母が「父」を、息子が「母」を書きつなぐ宿題の時間は遠かった。

葉子はともかく不器用な母親だった。文章を書くのにも最大限の努力を必要とした。人と付き合うのがへたな、引っ込み思案の人だった。それが一転、五十代からフラメンコダンスに挑みだし、まるで人が変わる。自宅を建て替えてダンススタジオを造る。六十二歳の時だった。その過激さは、デュエットダンスからアクロバットダンスへと増していく。息子はあきれながらも、八十代に入るそんな母を離れて見守っていた。

二〇〇一年に葉子と朔美は、往復エッセー「小綬鶏の家―親でもなく子でもなく」を書く。副題にもあるように、親でもなく子でもなくという立場こそ、この親子が無言のうちに了解し合っていた望むべき関係だったのだろう。

ところが葉子はダンスで足を悪くしてから体力が落ちる。日常の生活にも支障が出てくる。母を訪ねると、玄関に「七夕の葉竹のように、扉全体にヒラヒラと紙片が風になびいている」のを見ておどろく。来客を拒否する文字ばかりだ。そればかりではない、異変はすでに家中に起こっていた。朔美は五年、十年続くかもしれない介護の同居を決意する。

一人暮らしの母の家に、三人の同居人が増える。家にあふれた過剰な物を捨てる。歩けなくなった母に肩を貸し、近くを散歩する。距離を伸ばして駅前までいく。パンツを脱ごうとしない母を息子が風呂に入れる。そんな日々が百八十六日であっけなく終わってしまう。

ここから、萩原朔美の「母」の宿題が始まるのだが、苦渋する。結局、自分がいい子ではなく、不良息子だったという一点から書き直すことによって、この本を書き終えたという。しかしこの不良息子の帰還こそが結果、萩原葉子の全貌（ぜんぼう）を優しく記述することになる。（榎本了壱・クリエーティブディレクター）

（新潮社・1575円）＝2008年11月20日①配信

私たちが知るべきこと

「花はどこへいった」(坂田雅子著)

著者が監督したドキュメンタリー映画「花はどこへいった」をDVDで見終わった時、一人きりの部屋で赤ん坊みたいに泣いてしまったことを、今も覚えている。

今回この本を読み終わった時も、やっぱり泣いてしまった。

ベトナム戦争で戦わされた十九歳の少年兵グレッグ・デイビス。ベトコンとの戦いに身をさらし、見えない敵に向かって手りゅう弾を投げ、そして枯れ葉剤を浴びた。

アメリカに帰還した彼は、反戦派からも好戦派からも批判され、結局アメリカを捨てて、日本に住み、写真ジャーナリストとして生きることになった。そして著者と出会い、結ばれる。

この本では、映画には描かれなかったグレッグのジャーナリストとしての活動の詳細がつづられている。韓国、戦争後のベトナム、地雷とクーデターに苦しむカンボジア、謎の国北朝鮮、ミャンマーのアウン・サン・スー・チーさんとの出会い…。

さらに、混乱の火種のあふれている中央アジア、9・11以降のアフガニスタン…。自国のアメリカへの批判をこめて続けられる果敢な足取りからは、この時代の危うさの断面と、そこに生きる人々の現実が見える。

二〇〇三年にグレッグが肝臓がんで亡くなる。夫を失った後、著者はその喪失感を埋めるかのように、また夫の病気と枯れ葉剤の関係を知ろうと、初めて映画を撮ることを決意し、たった一人でベトナムに入り、枯れ葉剤を浴びた人々の現在を追い続けた。

正視するのも辛(つら)いほどの障害のある子供たち、そして、彼らをひたすら抱き、育てる家族たち…。これまで誰も伝えなかったこの衝撃のドキュメントが描いたのは、あまりにも勝手な大国の論理と、その暴力に翻弄(ほんろう)されながらも、必死で生きている小さなアジアの民の美しさだ。

立派な機材や専門の技術を持たない彼女だからこそ、この仕事ができたのかもしれない。

今、私たちが知っていかなければいけない大切なことが、この本の中にはある。(加藤登紀子・歌手)

(トランスビュー・1890円)=2008年11月20日②配信

ずっしり重いミステリー

「黒の狩人(上・下)」(大沢在昌著)

大沢在昌で新宿とくれば、誰もが人気シリーズ「新宿鮫」を、思い出すことだろう。だが、作者の描く新宿の刑事は、鮫島警部だけではない。「北の狩人」「砂の狩人」で、サブキャラクターとして登場した新宿署組対課の佐江警部補も、一読、忘れがたい印象を残す、プロフェッショナルな刑事であった。本書は、その佐江がメーンで活躍する「狩人」シリーズの第三弾だ。

脇の下に道教の聖地「五岳聖山」の入れ墨を入れた中国人が、立て続けに殺された。この事件を無理やり担当させられたのが、佐江警部補である。しかも警視庁公安部の肝いりで、中国人の宋忠民が捜査補助員としてつけられた。宋を中国のスパイと疑う公安は、これにより彼の正体をあぶり出そうとしていたのだ。

きな臭いものを感じながら、佐江は宋とコンビを組む。そこに外務省勤務で"情報オタク"の野瀬由紀が加わり、奇妙なトリオが結成された。だが、彼らの行く手には、とてつもない真相と、危険な敵が待ち構えているのだった。

警視庁公安部、中国国家安全部、日中の黒社会。連続中国人殺しに端を発した事件は、さまざまな権力と暴力装置を巻き込みながら、大きく膨れ上がっていく。複雑な謎を抱きながら、加速し、エスカレートしていく物語が、本書の読みどころであろう。意外な真相が明らかになる、終盤の展開も鮮やか。ずっしりとした重さをもつ、エンターテインメントミステリーなのである。

もちろん主人公の魅力も見逃せない。自分のことを"カス札"だといいながら、鋭い推理と、たぐいまれな行動力で事件にぶつかっていく佐江。天下国家のためには個人の命など価値がないと信じているエリートたちに啖呵(たんか)を切り、己の手の届く人々を守ろうとする、彼のアクションに心が高ぶる。日中の現実を踏まえながら、痛快なヒーロー像を立ち上げた、作者の豪腕に脱帽だ。

(細谷正充・文芸評論家)

(幻冬舎・上下各1785円)=2008年11月20日③配信

米社会風刺した謎の日本人

「ハシムラ東郷」（宇沢美子著）

日本人学僕・ハシムラ東郷。彼こそは二十世紀の前半の数十年、アメリカでいちばん有名な日本人だった。しかし、日本のどの人名事典にも、彼の名前は出てこない。それもそのはずで、ハシムラ東郷は、アメリカの作家ウォラス・アーウィンが一九〇七年に作り出した架空のキャラクターなのだ。

本書は多くのアメリカ人に愛され、また憎まれたハシムラ東郷を通して、アメリカ人の日本人イメージの深層にあるものを浮き彫りにする。ハシムラ東郷は、下手な日本人英語を駆使しては、滑稽（こっけい）な誤解と失敗を繰り返し、人々に笑いを与える。

むろんそれは、アメリカ人の日本人への差別から生まれる笑いである。しかし興味深いのは、このキャラクターが登場した当初は、その笑いのなかには、黄色人種に対する偏見や蔑視（べっし）よりも、むしろ当時の白人社会が抱える問題への風刺が濃厚だった点だ、と著者は指摘する。

アメリカではしばしば日本人排斥運動が起きたが、その背景には黄色人種が白人を脅かすのではないかという黄禍論があった。なかでもいちばん敏感だったのは、有色人種との境界線上に位置付けられたアイルランド系移民だったという。彼らにとって安価で勤勉に働く日本人の増加は脅威だった。人種混淆（こんこう）と日本人排斥の暴動を、どちらも「ごいっしょする（to mix）」と混同するハシムラ東郷のちぐはぐな言動には、深い社会批判の響きがあった。

また、白人家庭に住み込んで勉強をする学僕といいながら、実際には男のメイドとして働くのも笑いのネタだが、それは白人男性の家事労働軽視、ひいては女性蔑視を露（あら）わにする。差別的な笑いは、差別する側の不明を告発するのだ。しかし、悪意ではないにせよ、白人作家が描く日本人像には、やはり意図せざる差別も張り付いている。

差別テーマの扱いは難しく、ともすれば感情的な断罪の響きを帯びかねない。そこを著者は、豊富な資料を駆使して、当時のアメリカ人社会の心性のねじれを冷静に掘り下げ、味わい深い読み物に仕上げてみせた。（長山靖生・評論家）

（東京大学出版会・2940円）＝2008年11月20日④配信

生きる意味見失う現代人

「チェーン・ポイズン」（本多孝好著）

人が生きていくうえで社会とのつながりは不可欠なものだ。つまりは人間関係ということだが、世の中にはどうにもそれを苦手とする人もいる。ことに近年は現代社会特有の現象として、自分は誰からも愛されず、求められもせず、歯車以下の人間であると思い込んでしまう人が確実に増えているという。

本書の主人公である三十代半ばの独身OLもそんなひとりだった。彼女は自分のことを個性も魅力もない人間だと思い込んでいた。この年になるまで、恋人はもちろん友人すらおらず、会社でも彼女の存在に関心を向ける上司や同僚はほとんどいない。それでいて、次から次と雑用だけは押しつけられるのだ。そんな毎日に倦（う）みきった彼女は自分が生きている意味を見いだせなくなり、ある日ふと「もう死にたい」とつぶやくのだった。

自殺の原因は、健康問題と経済・生活問題が一、二位を占めるそうだが、その根底には絶望感がある。要するに未来への希望が持てないのだ。形は違えども彼女の場合も、まさにそれだった。

だが、そこにひとりの人物が現れ、自殺を決意した彼女にこう提案する。「本当に死ぬ気なら、一年待ちませんか？」

謎の人物は彼女に、一年後にご褒美をあげると告げて去っていったのだ。その言葉を信じ、彼女は死ぬまでにしばしの猶予を自分に与え、たまたま通りかかった児童養護施設のボランティアを始めるのだった…。

また物語は一方で、最近立て続けに起こっている、不可解な自殺事件を取材する週刊誌記者の姿を追っていく。著名なバイオリニスト、殺人事件被害者の遺族、名もしれぬOLと、一見何の関係もなさそうな自殺者に、奇妙な共通点があるというのだ。

作者はおそらく、この両者—自殺を願う女性と、その原因を探る男性の両者を交互に描いていくことで、現代社会の闇を浮き彫りにしようとしたのだと思う。その試みは、ほぼ成功している。ここには確かにいまの世の悲しみが描かれている。（関口苑生・文芸評論家）

（講談社・1680円）＝2008年11月20日⑤配信

TVマンが見た戦場

「キャパになれなかったカメラマン（上・下）」（平敷安常著）

戦場で一度に記者ら八人が行方不明になったとき、米テレビ局の本社から現地の取材班に電報が届く。「不必要なチャンスを狙うな。重要な、絶対に必要な取材以外はプノンペンで待機してくれ。どんなストーリーも命には値しない」

日本人カメラマンを含む同僚や仲間を失った米人記者は、本社からの電報を丸めて壁にたたきつけた。戦争、紛争を取材する記者たち、なかでもカメラマンたちは、前線の兵士に劣らず危険に身をさらす。戦場ではわずかな判断の違い、タイミングのずれ、運とツキが生死を分ける。

命に値するストーリーなどないと知りつつ、「絶対に必要な取材」を求めて前線に足を運ぶ。なぜそれほどまでにして、という問いには、それが自分の仕事と思うから、というのが多くの戦争特派員たちの、さしあたっての答えだろうか。

著者は一九七五年までのほぼ十年間、米ABC放送のカメラマンとしてベトナム戦争の報道にかかわった。

この間、数多くの放送記者、カメラマン、サウンドマンらと取材活動を共にした。本書は、生死紙一重の戦場で苦楽を共にした同僚、仲間たちとの交流を、個人の体験を基に描いたジャーナリスト群像である。

いろいろな性格の人間がいる。国籍も米国はじめ、カナダ、オーストラリア、韓国、シンガポール、そして日本など多岐にわたる。戦争についても仕事についても考え方は同じではない。著者は彼らをみな、温かいまなざしで包み込む。

ベトナム戦争の是非やメディアの役割が論じられているわけではない。しかしあの時代の戦争特派員たちが戦場で何を考えどのように仕事に取り組んだかを、著者は気負わぬ筆致でつづっている。

ただ、「なぜ戦場へ」との問いに対する答えは、読者一人一人が導き出す以外になさそうである。かつてエベレスト登山の理由を聞かれて「そこに山があるから」と答えた登山家がいた。戦場に向かう記者、カメラマンの気持ちも似たようなものかもしれない。（藤田博司・元上智大教授）

（講談社・上下各2520円）＝2008年11月20日⑥配信

恐るべき本の「百科全書」

「図書館　愛書家の楽園」（アルベルト・マングェル著、野中邦子訳）

ラテンアメリカ文学の巨匠、ボルヘスは晩年、目が悪く読み書きが不自由になっていた。そこで彼の目になって、本を読み続ける仕事をした若者がいた。それが著者、アルベルト・マングェル。

ボルヘスは「バベルの図書館」の中で、「この世のすべての本を集めた無限の図書館を思い描いた」と書いたが、いわば一冊の本でそれをやり遂げたのがマングェルだ。

「古今東西、現実と架空の図書館の歴史をたどり、書物と人の物語を縦横無尽に語る」と帯にあるが、公共の図書館に限らず、あらゆる文献を渉猟し、個人の書斎や書庫、それに本を読む行為そのものまで言及した、恐るべき「本」の百科全書なのである。

例えば英国の評論家トマス・カーライルは、どの町にも監獄と絞首台はあるのに図書館がないことを嘆いた。「血も涙もないといわれるほどの冷酷さで富を築いた」鉄鋼王カーネギーは、二千五百館を越える図書館を建てた。その恩恵を十代で受けた、アメリカ現代文学を代表するジョン・アップダイクは、そこで「好きなだけ本が読めた」ことを感謝し、こう書いた。

「あそこは、まさに楽園そのものだった」

本という知恵の果実が、「図書館」という場を通じて、聖火のバトンのように、受け継がれていることがよくわかる。だから、電子メディア誕生以降、蔵書を電子化し廃棄する風潮に異議を唱える。

「本のページをぱらぱらとめくったり、書棚のあいだを歩きまわったりすることは、読書という行為につきものの大事な一部」であり、電子メディアには代替されない、というのだ。このように、どのページにも、本への愛があふれている。

著者の師たるボルヘスが思い描いた「無限の図書館」を、著者は「存在する」と言う。つまり「それは、世界そのものなのだ」と。

人類が戦争もせず、鉄道も敷かず、政治も省みず、ただただ本だけを読んで来たら、きっと本書のような歴史になるに違いない。（岡崎武志・書評家）

（白水社・3570円）＝2008年11月27日②配信

SFで物理の世界に遊ぶ

「サイエンス・インポッシブル」(ミチオ・カク著、斉藤隆央訳)

題名に心引かれて本屋さんで手に取ってみた。映画「ミッション・インポッシブル」をもじったのかと思いきや、原著者が運営するインターネットのサイト名から採ったのだという。

原題は「不可能の物理学」であり、SFに登場するさまざまな科学技術の実現可能性を、学術的かつエンターテインメント的に分析してくれる。

たとえば、「スター・トレック」に登場するフェイザー(超強力な光線銃)や転送装置は可能なのだろうか？　いや、実は、著者によれば、(不)可能にも三つのレベルがあるのだという。

レベル1は、物理学的には十分可能だが、テクノロジーがそこまで進んでいないもの。百年以内に実用化される可能性もあるという。フェイザーや転送装置はこのレベルに属する。

レベル2は、理論的に不可能だと証明されてはいないものの、仮に実現するとしても数千年から数百万年先という強者だ。タイムマシンなどがレベル2に属する。最後にレベル3は、現在の物理法則にあからさまに反するもので、永久機関や予知能力などが含まれる。

それにしても、近い将来、転送装置が実用化されるなんて、にわかには信じがたいが、本書を読めば、それが「量子」というきわめて微小な物質に限られることが判明する。人間のような複雑で大きな物体を転送するのは、やはり現実的でないらしい。

透明人間は、意外に実用化が近いようだ。すでに、ナノテク(超微細加工技術)を駆使した新材料が世界中で開発されていて、波長は限られるものの、この新材料で光を迂回(うかい)させてやることにより、(迂回された)物体を見えなくすることが可能になりつつある。学校で教わる屈折の法則も書き換えなくてはいけなくなりそうだ。

ノーベル賞の日本人受賞ラッシュで、普段は人気がない物理学も、久しぶりに脚光を浴びている。もともと物理学はモノづくりの基礎であるし、日本のお家芸でもある。この機会に、SFを入り口に物理の世界に遊んでみてはいかがだろう？(竹内薫・サイエンスライター)

(NHK出版・2520円)＝2008年11月27日③配信

雪だるま式に膨らむ不安

「あなたの獣」(井上荒野著)

今夏、「切羽へ」で直木賞を受賞した著者による受賞第一作。

目次には、漢字一文字のタイトルが十ほど並ぶ。短編集かと思いきや、これらの一編一編は、ひとりの主人公をめぐってつながる作品だということがわかる。連作短編集というよりも、十章からなるひとつの物語であると言った方がよりふさわしい。櫻田哲生という男の生涯のうち、十の時間を選び取り、そのときどきにおける彼のすがたを、最後の一編をのぞくすべてにおいて、彼自身が自ら語る。

その意味で、本作は彼の自伝のような性格ももつ。一体、彼はどんな人物なのか。

冒頭におかれた一編「砂」は、眠れぬ夜に、傍らで眠る臨月の妻のおなかを眺めて過ごす彼の独白からはじまる。電気スタンドの灯を消して、暗闇にぼんやり浮かび上がる大きなおなかを「砂丘」のようだと考える彼の感覚に、どこか一抹の不安を抱きながら読み進めると、果たしてその不安を雪だるま式に大きくしていく要素が、随所に身をひそめている。

このあと妻は出産し、彼は父親となるが、次の「飴」では自身が五歳のときの記憶から語り起こし、十一歳のころに出会ったある女性教師にまつわる不穏な出来事を反芻(はんすう)する。続く「桜」では、結婚を目前に控えた当時の、別の女性との関係がつづられる。

こうして次々と披歴されるエピソードは、時系列を追うものではなく、記憶と時間が行きつ戻りつするがごとく、ばらばらに切りまぜられた順序で提示される。その入り乱れたじぐざぐな足取りは、彼が自らの人生をさまよう歩みにも重ねられる。

理解しようと思うほどに、彼はいよよ理解しがたい様相を呈して離れてゆく。関係する女性や子供たちとも、真に心を通わせ、思いを尽くしたという形跡は見いだしがたい。彼がどんな生き方をしたのか知ることはできても、それがすなわち彼を理解することにはつながらない。ここにもがく人物像が、自らの心にどう映るのか。試され問われる思いがする。(日和聡子・作家)

(角川書店・1470円)＝2008年11月27日④配信

オウム信者らが陥った錯誤

「宗教事件の内側」（藤田庄市著）

これまで宗教世界の魅力と危うさに迫ってきた著者による宗教事件・カルト被害に関する力作である。オウム真理教、統一教会、ライフスペース、本覚寺・明覚寺グループなどの教団のほか、信者、仲間を死に至らしめた祈禱（きとう）師や悪魔祓（ばら）いのメンバーたちの姿が、裁判傍聴、関係者取材をもとに、説得力ある筆致で描かれている。

まず本書の特徴は、かかる事件・被害の「宗教性」に注目した点にある。「宗教的信念が利己的個人的動機と結びつき」「信仰虐待ともいうべき精神呪縛」の中で事件が起きる。オウムの犯罪に深く関与した二人の信者が、神秘体験や救済の確信ゆえに陥った錯誤に多くの紙幅が割かれている。

次に本書は信教の自由を正面に見据えていく。信教の自由を振りかざせば教団は大手を振って歩けると宗教界も社会も考えがちである。筆者は統一教会の精神呪縛（じゅばく）の構造から、信教の自由の野放図な解釈がいかに被害者の人生を、精神を蝕（むしば）むかを追い、そこにもっと根本的な「精神の自由」を対置させる。

暗澹（あんたん）たる気持ちになる中、最後に世俗と信仰の両方に足場を定める二人の僧侶が紹介され希望につながる。筆者の言及は最小限に抑えられ、読者はこの二人の宗教性を通して、再度、本書前半の事件・被害をもたらした「宗教性」を問い直すであろう。これも長く宗教取材を重ねてきた著者ならではの筆の運びである。

評者が身を置く宗教研究では、実は筆者の立場はかなり特異である。例えば仲間を殺害した悪魔祓いを宗教か否かと問われれば、当事者の主観的世界を持ち出して括弧付きで「宗教的」とするか、世間の一般論に解消させて宗教ではないとするかといった相対主義から抜け出しえない。

その意味で宗教取材や自らの修行体験から繰り出される筆者の宗教的ともいえる信念からの問いや、個別的な事例の上に積み重ねられてきた見識に、宗教研究者のみならず、現代と宗教との関係に心寄せる読者は学ぶところが大きいと確信する。

（弓山達也・大正大教授）

（岩波書店・2940円）＝2008年11月27日⑤配信

独自の造形の誕生読み解く

「聖母像の到来」（若桑みどり著）

昨秋急逝した著者の遺著である。十六世紀、宗教改革で西欧キリスト教が動乱し、カトリックで神学の再解釈が図られた時期（対抗宗教改革期）に、キリスト教美術がどのように日本にもたらされ、受容と変容をみたのかが本書の主題である。殊に、聖母マリアを信仰した民衆へのあつい思いを基に論じている。

イエズス会図像を学ぶ評者の立場で言えば、本書の先見性は、「南蛮美術」という従来の枠組みをとらずに「キリスト教美術」の視点で西洋、南米、インド、日本、中国を俯瞰（ふかん）して聖母図像をとらえ直したことにある。

教会は当時、南米では土着文化を破壊する教化をしたが、イエズス会は日本では既存の文化を尊重した布教方針を取った。その背景にある神学論争の分析の妙味と筆力には圧倒されるものがある。

新村出博士の世代以降の先行研究と比較すると、本書はマリアを中心に聖人図像を綿密に類型分析することで「東アジア型聖母像」の特色を明らかにした点で傑出している。とりわけ、従来は隠れキリシタンによるカムフラージュとされていた「マリア観音」を、わが国の「子安観音」の伝統と融合したものととらえ直した点は本書の最大の読みどころといえる。それによって、日本や中国で土着的信仰と結びついた独自の造形作品が生まれたとの結論を導き出すことに成功している。

本書の基盤には、美術史家として、特にイタリア十六世紀美術をめぐる長年の研さんの成果がある。天正少年使節を論じた「クアトロ・ラガッツィ」と同じく、ローマの図書館収蔵の一次資料への周到な目配りと、対象地域の現地調査も高い実証性を支えている。線描芸術への繊細な理解に基づく、闊達（かったつ）な比較記述の描写も魅力と言える。

本書は博士論文として構想執筆されたが、脱稿直後に著者は突然、天国のマリアのもとに召された（千葉大が名誉博士号を追贈）。ライフワークのゴールを目指し高揚していた執筆当時の電話での歯切れよい言葉が、今も耳奥で鳴り響いている。思いの深い一人の恩師の遺著を読み、研究への長きにわたる励ましを反すうしている。（木村三郎・日大芸術学部教授）

（青土社・3570円）＝2008年11月27日⑥配信

暴走する金融街を批判

「強欲資本主義　ウォール街の自爆」（神谷秀樹著）

本書は金融ビジネスに通暁した著者が語る現代金融・経済批判の書だ。

ウォール街の大手投資銀行マン個人のあまりにもむき出しの強欲と、これにやすやすと利用される日本企業をはじめとする顧客の様子が活写されている。野村もみずほもカモだった。彼らの北米進出は雇われ賭博師にバランスシートを利用させただけだった。強欲資本主義にあっては、資本家も搾取の対象なのだ。

利益相反満載の投資銀行の手口と怖さが実例に基づいて書かれている。

ポールソン財務長官のような投資銀行マンが米政府高官の職に就くのは就任時の株式売却益が無税になるからだということも分かる。

米国経済をよく知る著者は、レーガノミックス以降の経済運営を「浪費に頼った成長政策」で「三流」と斬(き)って捨てる。過剰流動性と人間の強欲の結びつきは「最悪のコンビネーション」であり、今回はサブプライム問題を生むことになった。

人間の「欲をコントロールする術を金融機関そのものは持っていない」と著者は書く。日本独自の金融のあり方を確立すべきだとも主張するが、どうすればそれが可能になるのかは、読者が考えなければならない。

本書を読むと、ゴールドマン・サックスは個人が無限責任を負うパートナーシップから他人のお金である株主資本を利用する株式公開会社になった時に大きく変質したようで、この辺に鍵がありそうだ。損得に対する責任の非対称性と他人の資金によるレバレッジの拡大があまりに容易なことが金融経済を暴走させる。

個々の金融マンに対して、損得両方に相応な報酬とペナルティーの設計が重要だが、これを現在の政府（特に米国）や金融界自身に求めるのは、泥棒に法律を作らせるようなものだろう。

投資銀行の客はもっと賢く用心深くあらねばならないが、制度設計も考え所だ。そのための考えるヒントを与える好著だ。（山崎元・経済評論家）

（文春新書・746円）＝2008年12月4日①配信

奇抜さに満ちあふれた作品

「けちゃっぷ」（喜多ふあり著）

「けちゃっぷmaniaのHIROちゃんみたいにしようと思って全身をマルコマルカの服でキメて待ち合わせ」というラップ調の文章によって始まる本書は、あらゆる意味で奇抜さに満ちあふれた作品だ。

思いのすべてをブログに書きつづる自殺志願者の引きこもり少女「私」が、脳内彼氏と同じ名をもつヒロシとネットで出会い、AV監督高山の自主制作映画に出演するヒロシと彼の元カノまひろとともに、映画撮影に参加することになる。

この作品の魅力は、「物語内容」以上に、その「語り方」にある。主人公が体験するできごとの表層が、ハイテンションな饒舌（じょうぜつ）体によってなぞられていく。「私」は信用できない語り手であり、それゆえ「私」が語る物語内容も信用できない。現実に起こったできごとなのか、あるいは妄想なのか、その判断は「私」が語る物語内容とその語り方から、読者自身が判断するしかない。

さらに主人公が体験するシチュエーションが、「～と私はブログに書き込んだ」という言い切りによってまとめられることで、物語はさらに錯綜（さくそう）する。他人としゃべることが苦手な「私」は、常時ケータイでブログを更新し続けている。ブログに書かれた彼女の言葉をリアルタイムで読むヒロシたちが、目の前にいる彼女とコミュニケーションをとる。その記録が本書、という見方もできる。

なぜそのような複雑な情報伝達方法が導入されなければならなかったのだろうか。その理由こそ、ケチャップにたとえられた撮影用の血のりで赤く染まったまひろの純白のワンピースのシーンに集約される、生と死の問題にほかならない。撮影テープに収められたまひろは、微動だにせず、生きているのか死んでいるのかわからない。メディア環境は、あらゆる現実を、死さえも虚構化し、隠ぺいしてしまう。

メディアの内側に徹底的に入り込み、「語り」を武器にメディアの構造それ自体を暴くたくらみは、本書において成功しているように思われる。
（榎本正樹・文芸評論家）

（河出書房新社・1155円）＝2008年12月4日②配信

胸底を突かれるような思い

「ギンイロノウタ」(村田沙耶香著)

本書を読了後、じわりと込み上げてきたのは、「少女たちの未来の扉は、かつての甘やかで柔らかな夢想をはるか離れ、得体(えたい)のしれぬ暗がりとつながっているのかもしれない」という胸底を突かれるような思いだった。少女を描いた小説は山ほどあるが、この本はどの作品とも手触りが違う。活字という表層を突き破って差し出される傷だらけの心と体のリアルさに、震撼(しんかん)させられるのだ。

表題作の「ギンイロノウタ」は、窓のない子ども部屋で暮らした内気な少女が、外界への憎悪を制御できない「化け物」へと成長し、やがて「破壊者」の心理にとらわれていく様子が、鋭利なガラスの破片をちりばめたようなディテールによって描き出されていく。

物語の推進力になっているのは、テレビアニメの「魔法使いパールちゃん」の持つ真珠色のステッキ。このステッキに似た銀色の棒を「自分だけの異世界」への扉を開くための友として愛し、押し入れの中の暗闇で外界へのおびえを育てていく主人公の「私」は、高校生になっても他者との接点を見いだせない。そしてついに、自分だけの歌を歌うため殺人衝動へと突っ走っていく。

少女を慰める「押し入れの中にびっしりと張られた男の目玉」の不気味さに加え、銀色の棒で「自慰」を繰り返す「私」の孤独の凄絶(せいぜつ)さ…。

著者は主人公をさまよえる「化け物」として設定しているが、突如「オカアさん」から「アカオさん」へと裏返る母親や、内気な「私」を矯正しようとする中学の男性教師もまた巨大な「化け物」といえる。

本書には表題作のほか、"ピンク色の怪人"によって公園の公衆トイレに閉じこめられた小学生の女の子が、怪人の唱える呪文(じゅもん)に取りつかれ変調をきたすさまを描いた「ひかりのあしおと」も収められているが、呪文を口にしたときまぶたに差し込んだ光が、恐怖の「光人間」へと妄想化されて行く過程が怖い。いずれにしても「現代の少女モンスター小説」の傑作である。(稲葉真弓・作家)

(新潮社・1680円)=2008年12月4日③配信

説得力のある食文化論

「食べかた上手だった日本人」(魚柄仁之助著)

昭和十(一九三五)年前後の婦人雑誌やラジオの料理番組で使われた料理の作り方を検証し、そこから現在の食卓と食事情を考察し照射するという、実に手の込んだ食文化論。

図版も多くわかりやすい。しかも七十年前の料理をことごとく再現し、実際に作り食べたものがメーンになっているから、きわめて説得力がある。

明治、大正からこの時代、料理は一気に豊かになり、女性のなかに広がり始める。バターや調味料、洋食などが雑誌に取り上げられる。今やあたりまえになった雑誌での料理紹介やレシピの公開は、昭和初期に、そのほとんどの基礎ができていたことがわかる。

そして料理を広めた要因として、日清、日露戦争を経て海外から多くの食材、料理法がもたらされたことや、関東大震災以降、都市にガス設備が普及し調理がしやすくなったことを挙げている。戦争と災害が料理を広げたという観点はとても新鮮な印象をうけた。

なかでも真骨頂は、実際の料理を通しての現在の食生活の比較だろう。昭和十四(一九三九)年当時の食料自給率は86%もある。著者は現在のカロリーベース自給率40%とは単純に比較はできないと一応断りを入れているが、それでも料理を通しての著者の推論は、当時の食生活をなぞれば、現在でも自給できるのではないかというものだ。

というのも肉類や魚類が少なく、米を中心に野菜類を豊富に使っている。また当時冷蔵庫が普及していなかったことから、野菜や肉を干す、魚を塩蔵するなどを含め保存方法がさまざまに試みられ食され、食材を無駄なく食べきる工夫に満ちている。

さらに秀逸なのは、健康食の視点である。脂分が少なく米中心で野菜類の多い食生活は、肥満対策には最善ではないかと投げかける。現在、日本では食育基本法ができ、偏った食生活による生活習慣病の対策のために、行政が食のバランスガイドの普及につとめているのだが、それよりも昭和初期の食生活を再考してこそ理想の姿が見つかるのでは、と思わされた。(金丸弘美・食環境ジャーナリスト)

(岩波書店・1890円)=2008年12月4日④配信

共通する戦争の影響

「表象の戦後人物誌」（御厨貴著）

戦後体制の克服、戦後民主主義、戦後平和憲法等々、第二次世界大戦が終わって六十年余りたっても、日本語で書かれる文章世界では「戦後」と冠をつけた言葉が多出する。

明治、大正、昭和そして平成と続くはずなのに、昭和と平成の間に「戦後」という、元号で呼ばれない時代が生き延びているせいでか、平成という時代がその相貌（そうぼう）を現せないのが、いまという時代ではないのか。

皇室をめぐるさまざまなニュースも、政治の混乱も、社会生活の不安も、平成の時代精神が明確でないがゆえに起こっているはずだ。

それらは、すべて昭和と平成の間に「戦後」という名で総称される時代がたしかに存在し、その時代の意味内容の不明さがもたらした不安定状況が生み出したものだと考えられるのだ。

「戦後」ではなく、「敗戦後」となぜ、言わないのだろうか。それにしてもなぜ、「戦後」は「もはや戦後ではない」と五十年も前に言われながら終わらないのか。著者の関心もそこにあるようだ。

そこで著者は本書において、「戦後を生きる」「戦後に賭ける」「戦後を写す」「戦後を築く」と四章立てで、その表題に合う人物が残した戦中と戦後の文章を解読していく。

登場人物も天皇の側近に始まり、徳富蘇峰、笹川良一、渡辺恒雄、池田勇人と高度成長のブレーンたち、田中角栄、長く内閣官房副長官を務めた石原信雄等々、多彩である。

これらの登場人物すべてに共通しているのは、あの戦争が彼らに与えた影響がどのようなものであり、それをいかに教訓とし、それを乗り越えようとしているか、である。登場人物を分析するオーラルヒストリーという新境地を開いた著者の筆は冴（さ）えている。

しかし、最もおもしろいのは、ゼミの学生たちと読んだ庄司薫についての章である。今日では、文芸世界に顔を出すことのない庄司の沈黙の意味がよく分かるのだ。（石川好・作家）

（千倉書房・2520円）＝2008年12月4日⑤配信

独創に満ちた密教コード論

「空海の企て」（山折哲雄著）

まことに壮大にしてエキサイティングな論である。

まず著者はダン・ブラウンの「ダ・ヴィンチ・コード」から説き起こす。ダ・ヴィンチの傑作「最後の晩餐」には一人の女性が隠されていて、その女こそイエスと結婚していたマグダラのマリアだというのである。空海は「密教コード」により、国家統治のシステムをつくったとする。著者のその論がどのように運ばれるのか、緊張し期待して読み始めた。

聖武天皇の病気治療をおこなった玄昉（げんぼう）と、聖武の子・称徳女帝の病気治療をおこなった道鏡は、薬草学の知識もあったろうが、その方法は密教加持の威力によってであった。天皇一家の看病僧となった二人は、ともに天皇の寵（ちょう）を得て立身し、政治に深入りして身を滅ぼす。二人とも世に悪僧として名を残している。この二人の系譜に空海が連なっていると著者は指摘するのだ。この論がすでに新奇である。

「空海もまた、嵯峨天皇の実質的な看病僧として活躍し、そのことを通して、国家の中核部分に密教儀礼の猛毒を注入することに成功した人物だった」

宮中では前七日節会（ぜんしちにちせちえ）でおこなわれる大嘗祭（だいじょうさい）によって、天皇霊を継受する。これは「神道コード」である。空海が導入した真言院でなされる後七日御修法（ごしちにちみしほ）では、密教の加持祈禱（きとう）でもののけを退散させ、皇子を誕生させる。このことによって皇位は継承され国家は安泰となるのだが、この部分に秘匿されているのが「密教コード」である。ここから天皇との外戚（がいせき）関係にもとづく、藤原氏の摂関政治が生まれてくる。

短い紙幅ではまとめきれない論ではあるが、独創性に満ち、まことに迫力があった。空海のように評価が確立した人物を、まったく別の視点から予断なく論じるのは困難なのだが、歴史上の人物を神格化すると見えなくなることが多い。著者にとらわれはない。現代の象徴天皇制につながるシステムをつくり上げた人物として位置づけると、空海はますます大きな人物になってくる。（立松和平・作家）

（角川選書・1575円）＝2008年12月4日⑥配信

文章が結ぶ映像と記憶

「神様のいない日本シリーズ」（田中慎弥著）

二〇〇八年の日本シリーズは、ほとんど野球に関心を失っている私のような人間にも印象的な試合が多かった。巨人と西武というカードの面白さ以外に、日本シリーズには運命的な何かがある。過去の歴史がそれを証明している。「神様仏様稲尾様」の一九五八年。山本浩二が引退し清原がデビューした八六年。節目には必ず印象的な日本シリーズがあった。

この小説の語り手は父親で、野球を始めたばかりの小学生の息子に語りかける形で小説は展開する。息子は先輩にいじめられている。おまえの祖父は、ばくち打ちで、おまえには豚をなぐり殺した祖父の血が混じっている、と。出奔した語り手の父親は、大切にしていたバットで、大切に飼っていた豚の頭をたたき割り、川に流したのだった。

あるいは語り手自身が中学生のころ、のちに息子の母親となる女生徒と出会った話をする。文化祭でサミュエル・ベケットの「ゴドーを待ちながら」を上演した思い出話だ。

一見脈絡のない三代の親子の話をつないでいるのが日本シリーズであり、五八年と八六年、二十八年の間隔を刻みながら忘れがたい試合の数々が、名選手の名前とともに書き込まれる。

特に感心したのは、小説の終盤。中学生には難解すぎる「ゴドーを待ちながら」を演じるため、語り手たちは定期試験も無視して学校に通いつめ、練習にあけくれていた。季節は秋。西武の秋山が日本シリーズ第八戦でホームランを放ち、ホームベース上で宙返りする映像と、ベケットのせりふと、失踪（しっそう）した父親の記憶と、そうしたすべてが、小説の表面に呼び出され、見事な文章の力によっていっきに結びつけられる。

それまで幾分淡々とした印象のあった小説が、にわかに熱っぽく、加速していくさまは見事としかいいようがない。ある種のクラシック音楽のように、抑えた筆致の前半と、エネルギーの奔流するような後半が見事な対をなしている。職人技である。（陣野俊史・文芸評論家）

（文芸春秋・1250円）＝2008年12月11日①配信

瑞々しく鋭い随筆集

「日時計の影」（中井久夫著）

精神科医としても文化人としても名高い、中井センセイの新しいエッセイ集が出た。二〇〇五年以降に発表されたものを中心に集められており、臨床的なこと、知的な交友関係、歴史や社会や神戸の街についての観察、エリティスの詩の訳、プルーストやヴァレリーの作品分析など、その多面的な仕事に出会うことができる。

センセイのすごさは、「長年の経験からくる知恵」というより、ぎりぎりのところまで自分の身を、病を負う人・治療を受ける人の側に寄せ、そこでの徴候を丁寧にすくいとり、言語化して「少し前を懐中電灯で照らす」ところから来ている。それは、徹底したリアリズムでもある。

だからこそ例えば、薬の処方に迷ってしまうときも迷うところを大いに見せた方がいい、といった助言が、大家のセンセイから中途半端に熟した臨床医に、とても効果的に届く。

また、「老年期認知症への対応と生活支援」という一文は優れた介護支援論だが、それは、自らの老いや病の経験を生かしたセンセイの「当事者研究」でもあるからだろう。

一方、ヴァレリーの作品との半世紀を超えるかかわりの描写には、甲南高校の九鬼文庫に目を輝かせる少年の姿や、数々の危機を乗り越えようとする青年医師の緊張する姿が映し出され、ヴァレリーが書き残したノート「カイエ」の挿絵とも重なって、別の時期の「当事者研究」のようだ。

私は今、「センセイ」という表記を川上弘美の「センセイの鞄」的ニュアンスで使っており、少しツキコさんの気分になっている。年が離れたセンセイは、老いをあたりまえに受け入れながら同時に、昔の教え子のツキコさんから敬意（それだけなら敬遠につながる）だけでなく、親密感やドキドキ感、「同類」感まで引き出すような、初々しさや瑞々（みずみず）しさ、そして鋭さを放ち続けているのである。

そして、センセイに「神戸で余生を送る幸せ」と言われただけで、神戸出身の私はほおが緩み、街中を散歩したくなってしまうのである。（宮地尚子・一橋大教授）

（みすず書房・3150円）＝2008年12月11日②配信

循環する死と生

「女神記」(桐野夏生著)

古事記の創世神話では、女神イザナミと男神イザナキが互いに求愛し目合(まぐわい)して国土を産む。人間界の男女が、愛して求めて子を産むように。このように「夫婦」神が国土を産む日本型の神話は、世界でもまれだという。

桐野九年ぶりの書き下ろしである本書は、古事記におけるこの夫婦神の神話に、はるか南の小さな「海蛇の島」(イザイホーで有名な久高島か)を舞台にした人間の男女の愛憎を交錯させる。世界三十七カ国共同プロジェクト「新・世界の神話シリーズ」の日本代表作という意味では現代の神話といえるだろう。

古事記で、国土や自然界の神々を次々に産んでいったイザナミは、火の神の出産がもとで死んでしまう。

死を穢(けが)れとして拒否されたイザナミの愛は恨みとなり、「あなたの国の人間を、一日に千人縊(くび)り殺」すという言挙げになる。それに対しイザナキは、一日に千五百人の産屋を建てると返す。

桐野は、世界創造の第二部、人間の起源を語ったともいうべきこの部分に注目する。古事記神話を変身させながら島の物語に接合させる。

海蛇の島で二人の姉妹が生まれた。生にかかわる光の巫女(みこ)カミクゥと死にかかわる闇の巫女ナミマ。運命に逆らって十六歳で死んだナミマは、地下の神殿で黄泉(よみ)の女王イザナミと出会う。イザナミは夫イザナキによって穢れの国に閉じ込められていた。

カミクゥとナミマはイザナキとイザナミのアナロジーといえる。一方は死の支配者とされ、もう一方が性と生をつかさどる。

イザナミは恨みを抱えた行き場のない魂が集う黄泉の空間を支え、「怨んで憎んで殺し尽くす」「破壊者」として君臨する。女神の破壊が再生を産みだすのだ。それはまさに姉妹で生死を支配する海蛇島の構図と重なる。桐野は、死と生の循環をつかさどる女神を誕生させたのである。(与那覇恵子・東洋英和女学院大教授)

(角川書店・1470円)=2008年12月11日③配信

在日の日系人社会を書く

「移民環流」(杉山春著)

ブラジル人を中心とする在日日系人の社会は、知るほどに書きにくくなる。日本語で、日本人読者に何をどう伝えればいいのか、と。

バブル経済以降、外国人労働者というテーマは、日本人の排他的な国民性、「内なる国際化」を考える“鏡”として取り上げられてきた。実際、日系人たちも他の外国人と同程度には、この壁に苦しんできた。

しかし、在日日系社会には、それ以上に「彼ら固有の問題」が大きく影を落としている。交流や適応を妨げる「壁」も、彼ら自身がそれをつくっている面がある。そして、リーダーの不在、連帯意識の希薄さ…。

子弟の不就学と非行化は、ここ数年、在日ブラジル人社会最大の懸案事項だが、問題に取り組み、奔走しているのは、圧倒的に周囲の日本人ばかりだ。

本書に描かれた世界は基本的に、日本社会の底辺に組み込まれ、はい上がれずにいる人々の姿である。コミュニティー内で起きた殺人事件、非行、家庭崩壊、逃亡犯罪人…。

短期の「デカセギ」のつもりでやってきた日系人たち。だが、「故郷に錦を飾る」のは容易ではない。いつしか歳月は流れ、定住化はなし崩し的に進行する。

著者は「日本社会の支援の乏しさ」にも言及するが、責任をその一点に帰するような声高な批判はしない。客観的な取材者なら、おそらくそれはできないだろう。

では、出口はいったいどこにあるのか。著者はその答えをはっきりとは示していない。彼らの母語で、彼らに向けたメッセージを発するべきなのか。異文化の人生観やライフスタイルにまで手を突っ込むような干渉が、私たちに許されるのか。議論すべき課題は多い。

著者は不登校のわが子と、日系の子どもたちの境遇を重ね合わせる。そして、こんな祈りのような言葉で、終章を結ぶ。

「ニューカマーの子どもたちには、自分を語る言葉を身につけ、安心して、幸せに生きて欲しい」

課題は、私たち一人一人に、重い読後感として残される。(三山喬・ジャーナリスト)

(新潮社・1575円)=2008年12月11日④配信

世界認識の普遍モデル提示　「現代帝国論」（山下範久著）

今日の世界が、国民国家モデルから「帝国」モデルへと移行しているとして、その帝国はどうあるべきなのか。それを、清朝をはじめとする近世帝国にもとめよう、というのが本書の目的だ。

市場が社会からの自律性を獲得することによって、人間、自然、聖なるものとしての貨幣といった、もともと商品ではないものが商品として扱われることになる。そのことの反動として二十世紀前半には、共産主義、ファシズム、ケインズ主義といった「大転換」がおきた。経済人類学のカール・ポランニーによるこうした仮説を参照しつつ、今後こうした大転換が起きないのではないか、という不安を著者は「ポランニー的不安」となづける。

この不安とどう向き合っていくべきかが、現代における「帝国」の課題となるだろう。近世の帝国は、それ自身でひとつの「世界」を形成していた。帝国の外部は世界の外部だということになる。それと同時に、帝国の治者は、帝国の外部もまた世界である、という認識も得ていた。

清朝の皇帝は、漢民族に対峙（たいじ）する際には儒教の天子として、チベット仏教徒に向かう時には仏教の「転輪聖王」というように、複数のアイデンティティーを使い分けていた。つまり世界が複数あることを知ったうえで、その複数の世界に君臨していたことになる。

こうしたあり方を、著者はメタ普遍性とよんでいる。この普遍性は、なんらかの内容をともなった単一の価値観—「民主主義」のように—の押しつけによる普遍でもなければ、そうした価値がすべて空虚であると認識することによる普遍性でもない。メタ普遍性とは、名前のとおり、そもそも普遍的であることの条件は何なのか、というような問いによって形成される普遍のことである。

こうして提示された普遍モデルは、カントの道徳哲学に似ている。カントのそれもまた、普遍の内容ではなく普遍を可能にしている条件を問うものであるからだ。興味のある人は、カントの「永遠平和のために」などとあわせて読むと、さらに視野が広がるはずだ。（池田雄一・文芸評論家）

（NHK出版・1124円）＝2008年12月11日⑤配信

知的好奇心に満ちた性研究　「性欲の文化史（1・2）」（井上章一編）

かつては下品なものの象徴とされていた性風俗が、最近では学問の対象とされるようになり、性風俗の研究書も増えてきた。その世界を切り開いてきた学者がこの本の編者である。

本書は二冊合わせて十六の小論文を収めた学術的な読み物だが、この学者の手になるらしく、性に対する知的好奇心が存分に盛り込まれている。中でも評者は「日本女性は不淫不妬？」や「女装男娼のテクニックとセクシュアリティ」「『ギャル男』のいる光景」といった章をとくに面白く読んだ。

例えば「日本女性…」は中国の古代の書物に表れた日本女性のイメージを論じたもので、三世紀に成立した有名な「魏志倭人伝」に「（日本の）大人（身分の高い人）は皆四、五人の妻をもち、下戸（庶民）でも或る者は二、三人の妻をもっている。婦人は淫らでなく、嫉妬もしない」とあり、以後千年間、中国ではこのイメージが定着していたという。

なぜ「不淫不妬」とされたのか？　筆者（唐権氏）によると、「倭人伝」の記述がそのまま借用されたせいであり、借用された背景には、当時の中国では淫婦（いんぷ）、妬婦（とふ）が横行して男たちはへきえきしていた。その結果、「倭人伝」に描かれた日本女性が理想の女に感じられたのだ。

ただし千年たつと、その記述に疑問を抱く向きも現れ、日本の実見記が登場した。すると、日本の女性は立ち小便は平気でするし、きわめて淫乱であると、正反対の女性像が流布されたのである。

こういう歴史の考察に対して、「ギャル男…」は、ガングロと呼ばれた少女たちをゲットするために、全く同じファッションを取り入れた男たちの社会学的な観察である。かつて男女の恋は、内面の美しさという幻想をベースにして成立していたと思うが、今や異常なほどの外見的な同一性が基本をなしているという指摘が興味深かった。

評者にとって、本書は大変刺激的な性の総合研究であった。（下川耿史・風俗史家）

（講談社選書メチエ・1・2巻各1680円）＝2008年12月11日⑥配信

優しく美しい復讐の物語

「彼女について」(よしもとばなな著)

この小説は、一人の女性が「復讐(ふくしゅう)」する物語である。しかも彼女は魔女の血を引いている。

そう聞くと、なにやらみしりと重たく、おどろおどろしい展開を想像してしまいそうになるが、「そういう話はちょっと…」と少しでもひるんだ人がいたら、どうか安心してほしい。ここで描かれる「復讐」は穏やかな優しさに満ちた、とても美しいものなのだから。

かつて忌まわしい事件によって両親を失った主人公が、いとこととともに過去を探す旅に出る。彼らの母親は双子で、白魔女の娘だった。薄ぼんやりとした白い闇をぬうように、二人が過去と向き合い、失ったものを取り戻そうとする過程はまるで、出口の見えない森に迷いこんだようで、とても切ない。やがてその旅が終わりに近づくとき、私たちは隠された一つの悲しい真実を知ることになるが、あとに残されるのは絶望ではなく、人間の肌の確かなぬくもりである。

小説をいちいちジャンル分けする必要はまったくないと思うのだが、この小説はどこにも属していないような、不思議な印象を受けた。ファンタジーと読む人もいるだろうし、ラブストーリーの側面もある。主人公の背負う過去にいたっては、ほとんどホラーに近い。あらゆる要素をつめこんでしまえば、ともすると雑然としてしまいそうなところを、この作者特有の、透きとおるような美しい文章が、物語に一貫して涼やかな風を吹かせていて心地よい。

いとこは主人公に言う。「君の幸せだけが、君に起きたいろんなことに対する復讐なんだ」

過去を変えることはできないが、新しい思い出を重ねることで、記憶は形を変えていく。その積み重ねがあるからこそ、人はさまざまな苦しみを胸に秘めながらも、生きていくことができるのかもしれない。

久しぶりに小説で、説得力のあるせりふに出会った気がした。(生田紗代・作家)

(文芸春秋・1250円)=2008年12月18日①配信

心の奥にある異世界

「草祭」(恒川光太郎著)

日々の暮らしの中で唐突に、異世界への逃亡願望が生まれる瞬間がある。家族とうまくいかないとき、仲間に拒絶されたとき、自分に嫌気が差したとき。誰かを憎むとか声を上げて泣くほどの激しい感情ではないが、知らぬ間に積もっていた何かがひょっこりと頭をもたげ、あぁ自分はこの場所になじんでないなと意識する瞬間だ。

ちょっとした心のすき間に、するっと異物が入り込むような感覚。他に生きるべき居場所があるんじゃないだろうか。今見えている世界はほんの一部だけで、もっと違う奥深い世界が、闇が、幻想が、魔法や奇跡に満ちた「本物」の世界が、どこかに隠れているんじゃないだろうか…。

恒川光太郎の「草祭」に描かれる町・美奥とは、まさにそうした心のすき間を埋めるもう一つの世界である。

消えた同級生を探して謎の野原へとたどり着き、そこで徐々に人ではないものへと変化していく少年を見守る「けものはら」、美奥に古くから伝わる伝説の守り神に出会った女子高生を描く「屋根猩猩(しょうじょう)」、双子の少年たちに連れられて森の家を訪れた少女が、心に根をはった「苦」を取るという不思議なゲームに魅せられていく「天化の宿」。

五つの短編に登場する人物のほとんどは、何げない日常から自分でもそれと気付かぬうちに裏道へと入り込んだ美奥の住民たちである。どこにでもある平凡な田舎町。だがここでは常識では理解できない何かがうごめき、幾つもの秘密が息づいている。

何が彼らをこの特別な裏道へと呼び寄せたのか。一つ一つのエピソードをたどっていくうちに、そういえばかつては私もこの町の住民ではなかったかと、記憶の中を旅するような郷愁に襲われる。美奥が懐かしく感じられるのは、それを求める人間の心から生まれた町だからかもしれない。私の中には私の美奥が、きっと存在している。一時の幻のようでいて確かに心の奥底にあって、時々路地裏からこっそりと手招きされる、そんな印象の一冊である。(佐藤智加・作家)

(新潮社・1575円)=2008年12月18日②配信

水をめぐる新鮮な発見　「イギリスを泳ぎまくる」(ロジャー・ディーキン著、野田知佑監修、青木玲訳)

部屋にいながら裸身を包む水の温（ぬる）みに微笑（ほほえ）みが漏れる。突き刺す冷たさに身が縮む。だが、そのうち、水の匂（にお）いや味、さまざまな色彩までもが見事に立ち上がってくる。

一九九六年の夏、英国人の作者は自宅の裏庭にある堀に浸り、カエルの目線で泳ぎながら川、湖、沼、池、泉それにプール…国中を泳いで旅する決意を固めた。いささか突飛（とっぴ）な道行の始まりだが、ページを繰るたび、読者は水をめぐる新鮮な発見の喜びを、著者と共有することになる。

全編を貫くリリシズムが清冽（せいれつ）だ。ユーモアのスパイスも嫌みすぎず、心地よい。長編の水紀行ながら、短い叙情詩の趣（おもむ）きに満ちている。何より、五十歳を過ぎていた作者が、少年の心で感じ、見つめ、思索するのに魅了された。河川の管理人や沿岸警備隊たち“大人”も、彼の無邪気な冒険心を止められはしない。

英国の地理に疎い私にとってシリー諸島やジュラ島の海、ハンプシャーを流れるテスト川、北ウエールズのグロイウ湖等はなじみが薄い。だが、もうそこで泳いだような錯覚すら抱いている。

パーチ、ミズハタネズミ、ズグロムシクイ、ゴマノハグサといった動植物たち、引用される「泳ぐ人」「一九八四年」からガールスカウトの実践マニュアルまで数多くの書籍—本書は優れた博物誌であり、ブックガイドでもあることに気づく。

そればかりか、治水の歴史や遊泳場の存亡、河川開発と自然の変化を描く、英国の現代史という側面も見逃せない。作者は重金属や病原体で汚染された水にも入っていく。だが、決して声高に環境問題を叫びはしない。わが身の健康より、絶滅寸前だったカワウソに想（おも）いを馳（は）せる。そんな筆致がそこかしこに配され、自然の大切さ、かけがえのなさをじんわりと伝えてくれる。作者は記した。

「ナタンド・ウィルトゥス（泳ぐところに徳きたる）」

水に親しみ、学んだ彼は二〇〇六年の夏、六十三歳で亡くなった。死の七年前に書かれたこの“遺書”を手に、私たちは何をなすべきか。本書が訴えるものは、存外に深く大きい。（増田晶文・作家）

（亜紀書房・2625円）＝2008年12月18日③配信

ユニークで楽しめる主張　「街場の教育論」(内田樹著)

文句なしにおもしろい本だ。読みやすいし、わかりやすい。それに教育とは何かについて考えさせられる。

子どもの教育に思い悩んでいる人はもちろん、今日の教育を憂える人や産業界の立場から教育を考えている人にも読んでもらいたいし、なにより高校大学生や若い社会人に読んでもらいたい。ユニークな教育論である。

著者の主張をわたしが勝手にまとめてよければ、教育で一番大事なのは協力しあって生きていく力を身につけることだ。学力が一番ではない、ということだ。

そのことを、著者は学校、いじめ、教師、キャリア教育、宗教など、いろいろな観点から縦横無尽に語っている。その語り口がまことに痛快、内田節さく裂といえばいいか、とにかくおもしろい。たとえば…。

「ナバロンの要塞（ようさい）」や「スパイ大作戦」では、いろいろな特技を持つ「専門家」が協力して単独だったら絶対にできない大仕事を成し遂げる。そういう協力の大切さを生きる知恵として身につけさせるのが教育だ。

ところがいまの社会は知育偏重、競争一辺倒で、仲間と協力してものごとを成し遂げる能力よりも、自分ひとりでできることがあまりにも重視されている。

「二十四の瞳」の大石先生は、いまの尺度からみるととても無能な先生だ。なにかことが起こってもいつもおろおろするばかりだ。だけど大石先生はやはり素晴らしい先生だ。それは子どもとの関係をちゃんと作っているからだ。

どうですか？　多くの人がなるほどと思うのではないですか。

こういう主張の合間に、教育問題に簡単な解決方法など存在しないとか、教師はその時代の支配的な価値観に順応しない人のほうがいいとか、誰も彼もが自分らしく生きることと消費者としての自由とを混同しているといった刺激の強い議論が混ぜ合わされている。

楽しみながら教育がわかる学者の高等落語。これ、相当のほめことばです。（広岡守穂・中央大教授）

（ミシマ社・1680円）＝2008年12月18日④配信

翻訳成功の秘密を探る　「アーサー・ウェイリー『源氏物語』の翻訳者」（平川祐弘著）

翻訳は、異なる言語文化のあいだに橋をかける。アーサー・ウェイリーの名訳という橋があって初めて、「源氏物語」は“二十世紀英語文学”の傑作と認知され、世界文学の古典となった。著者は、その成功の秘密を探る。

西洋文芸の原理が模倣ならば、翻訳もまた、原典の擬態となるだろう。だがウェイリーは翻訳をお能の舞台に託す。複式夢幻能では、ワキの僧の誘いに乗って、シテ（主人公）が、霊界から現世へと亡霊の姿で渡ってくる。その越境の橋掛りにこそ、翻訳の役割があり、異界の亡霊を成仏させるのが翻訳者（僧）の功徳となる。

翻訳は降霊術なのだろうか。ウェイリー自身は不可知論者を標榜（ひょうぼう）したが、謡曲の「葵上」への感化が「源氏物語」への関心を目覚めさせたことは確かだろう。六条御息所の生霊が夕顔をのろい殺し、葵上にも憑依（ひょうい）する。ウェイリーはそれを深層心理学の「無意識」を借りて現代の読者の目によみがえらせる。

その妙技を解き明かす著者は、返す刀で、サイデンステッカー訳「源氏物語」を斬（き）って捨てる。空蝉（うつせみ）の光源氏との「夢」のような逢瀬（おうせ）に「悪夢」の訳語をあてたからだ。それゆえ北米では「源氏物語」レイプ説が発生した、と著者は断定する。

思えば「日本事物誌」の著者チェンバレンも、「怪談」の著者ハーンの日本生活に「悪夢」を見た。だが著者はこの「悪夢」説に異を唱える。「幽霊」好みと「悪夢」嫌いの表裏。そこに著者の無意識な通奏低音を想定できようか。

ロンドンの文芸界を主導したブルームズベリー・グループ。その周辺に位置したウェイリー自身、年上の「奇女」ベリルと、ニュージーランド出身の「夕顔」アリスンとに挟まれ、女性の嫉妬（しっと）に翻弄（ほんろう）された。著者はそこに平安朝の恋を重ね合わせ、ウェイリーに「学問世界のShining Prince（光源氏）」を見る。

和漢洋の詩魂が自在に往還し、辛口な批評精神が生動する。著者会心の実践的翻訳論大全である。

（稲賀繁美・国際日本文化研究センター教授）

（白水社・4200円）＝2008年12月18日⑤配信

一族の聡明さと知恵を学ぶ　「富の王国　ロスチャイルド」（池内紀著）

金融危機の時節にふさわしい本が出た。帯には「ロスチャイルド一族の歴史から学ぶ上手なお金の生かし方」とある。

ロスチャイルド家はヨーロッパが世界に君臨していたころのマーチャント・バンクである。単なる銀行家ではない。ハプスブルク家の金庫番であり、七つの海を支配した英王室と政府の財政コンサルタントだった。

「銀行のなかの銀行」と呼ばれ、国家が戦争をするもしないもロスチャイルド家のさじ加減次第といわれた。日露戦争（一九〇四―〇五年）のときに日本が戦費の調達で同家のお世話になったことは知られている。

歴史家ならば一度は書いてみたいと願うロスチャイルド家というテーマに、著者は十数年がかりで取り組んで書き上げたという。大富豪、大財閥はいつの時代にもいた。それらが戦乱と金融恐慌の波間に消えていったのに、この一族だけは不思議と生き残ってよみがえる。不死鳥のような知恵とエネルギーはどこからわいてくるのか。

著者の関心はここにあり、資料を読み尽くして、一族には富以上に蓄積と維持の難しいもの、つまりは聡明（そうめい）さと知恵があったのだと喝破している。本書の肝である。

誰しもが知りたいのは、世界を襲っている金融危機の中でロスチャイルド家はどうしているかということだろう。

英経済紙などによると、ロンドンのロスチャイルド家は二〇〇四年四月、金の価格を決める名誉ある地位から退き、同時に原油や穀物などの商品相場からも撤退すると宣言した。これらの商品が驚倒するほどの値動きをみせ始めるのはそれから間もなくで、ついには米国発の金融危機の形で大崩壊した。

もし、金や商品相場に常軌を逸した危うさの兆しをみて手を引いたのであれば、打撃は避けられないにしても生き延びることになる。ロスチャイルド家は大きな危機のときに不思議と幸運に恵まれるから、今度もその可能性はありそうである。伝統に裏打ちされた一族の本能のなせる業のようだが、そこには著者が見いだした聡明さと知恵が潜んでいるのだろう。混沌（こんとん）のときにこそ読む本である。（横山三四郎・国際ジャーナリスト）

（東洋経済新報社・1890円）＝2008年12月18日⑥配信

「深夜特急」の前後

「旅する力」（沢木耕太郎著）

香港からロンドンまで一九七〇年代前半に一年間、著者が一人で旅した様子を描いた「深夜特急」。

その旅の描写には特徴がある。現地や歴史的な経緯など外的なことにはあまり触れない代わりに、自身の内面の深くまで見つめ、心理を深く描写する。そうした内省的手法によって、読み手一人一人が著者の旅に自分の姿を投影させるとともに、旅先の様子を逆照射し、ビビッドに熱を持って伝えることに成功しているように思える。

このシリーズの持つ独特の熱にやられ、旅に出て行く若者が絶えない。これまでも、そしてこれからも読み継がれていく時代を超えた作品であるに違いない。

本書はその旅の後日談や旅立つまでの様子、執筆の実際などについて書かれた姉妹編といえる作品である。多くの熱狂的な読者を持つシリーズだけに旅の方法や舞台裏が著者によって語られることを望んでいた読者は多かったはずだ。

しかし著者にとってある意味、過酷なものであったのかもしれない。本書を出すことで著者は深夜特急の旅を総決算している。著者の中に生きていた「深夜特急」の旅に対する思いを死なせるのと引き替えに、この作品に命を吹き込んだはずだからだ。

深夜特急の「タネ明かし」にとどまらない。旅のタイプにはどういったものがあるのか、旅をすることでどういった効用があるのかなど、自らの視点によって旅というものの特徴とその魅力を透徹した文体で語り、そして読者を旅へと誘う。

「人が変わることができる機会というのが人生のうちにそう何度もあるわけではない。だからやはり、旅には出ていった方がいい」

格差や貧困という言葉が取り沙汰（ざた）され、不安を抱いている人が多い昨今だからこそ、深夜特急と併せ読まれるべきだ。できるだけ多くの人が「旅という病」におかされ、旅に出ることを評者は願っている。（西牟田靖・ノンフィクション作家）

（新潮社・1680円）＝2008年12月25日①配信

寄せては返す暴力の波

「光」（三浦しをん著）

波のような物語である。帯に書かれた「暴力はやってくるのではない。帰ってくるのだ。」というフレーズが、本書の核心を表している。寄せては返す波に似た暴力のありようが、この作品のテーマなのだ。

島に住んでいた中学生の信之は、家族や生活を津波で根こそぎ奪われてしまう。彼は、ともに生き残った恋人・美花の危難を救おうと暴力を振るう。二十年後、平凡に生活する信之に、島のもう一人の生き残り、輔が近づいてくる。そして、信之の家族が暴力にさらされ、やがて彼の過去が暴かれようとする。

この小説は章ごとに視点となる人物が交代する。彼らはみな、自分を客観視できず、相手が自分をどう考えているか理解できない。だが、彼らは理解しあえないにもかかわらず、互いに影響を及ぼしあう。波が海岸線を削り島の輪郭を変えるように、相手の生活に影響を与えていく。

この物語は、信之たちの住む島を津波が襲い、生活の輪郭が激変させられたのが出発点である。それはつらい出来事だったが、奇妙な歓喜をもたらすものでもあった。住民の大部分が死んだ島で、美花とともに助かった信之は、二人が創世神話のごとき新世界最初のペアになったと想像し興奮を覚えた。

暴力的な波にそれまでの生活を削りとられた結果、彼は新たな自分の輪郭、アイデンティティーを発見したと錯覚し、一度は喜んだのだ。だから、後に彼が南海子という名の女を妻に選び、故郷の花から娘を椿と名づけたのは、島を懐かしむという理由ばかりでなく、再びの津波襲来をどこか望んでいたためではないかと疑ってしまう。

本書では天災、性的暴力、親からの虐待という暴力が描かれる。だが、登場人物たちはそれらを忌避するだけではない。暴力が自分を輪郭づけてくれると逆に期待する部分がある。その感覚に迫真性があるし、このように誘う暴力とわれわれは無縁ではない。（円堂都司昭・文芸評論家）

（集英社・1575円）＝2008年12月25日②配信

秘め事の研究を愉快に紹介　「セックスと科学のイケない関係」（メアリー・ローチ著、池田真紀子訳）

ヒトも動物である。それも猿の一種にすぎない。頭ではわかっていてもなかなか受け入れがたいこの事実を、動物行動学者デズモンド・モリスは四十年前の著書「裸のサル」で突きつけた。

その内容は、女性の胸もお尻も、それどころか唇までもセックスアピールのために進化した特徴だと主張したり、ヒト独特の体位を強調したりと挑発的だった。セックスとヒトの進化を初めて真正面から取り上げてタブーを破ったのだ。

時代は移り、今やテレビでもベッドシーンが堂々と流れ、ウェブ上にはセックス情報があふれている。その一方で、生身の女性とのコミュニケーションを避ける若い男性が急増中でもある。

しかしセックスの話題は氾濫（はんらん）していても、医学的な情報は依然として秘されがちである。「正しい」知識を学校で教えることにも猛反発がある。

ただ、何が正しいかは難しい。倫理面は別にして、少なくとも科学面では未知な部分がまだまだ多い。セックスをめぐる科学は発展途上なのだ。

本書は、あまり公然と語られないセックス（性行為）の科学とその周辺を体当たりでリサーチした愉快な読み物である。

セックスの科学的研究が遅れているのは、科学研究費を正面きって申請しにくいからだ。研究室の奥にベッドを用意して被験者のカップルに事に及んでもらい、子細に観察測定する研究など、どうやって申請すればいいのか。

それでも一九五〇年代に先進的な調査をしたキンゼイなど、果敢な挑戦者はいた。本書では、そうした先人たちのエピソードも紹介されている。

先端的な研究では最新の磁気共鳴画像装置MRIも使われている。あの狭い装置の中に被験者二人が入り、あの瞬間、あそことあそこはどういう位置関係にあるのかを透視しようというのだ。おもしろいが、ちょっとイケない科学を紹介した愉快な本である。（渡辺政隆・サイエンスライター）

（NHK出版・2100円）＝2008年12月25日③配信

国家からサブカルまで議論　「歴史の〈はじまり〉」（大澤真幸、北田暁大著）

本書は、大澤真幸と北田暁大という、ひと回り離れた二人の社会学者による対談集である。両者はともに多方面で活躍する論客であり、本書の論点もまた、国家論から世代論、サブカル論まで多岐にわたっている。

とはいえ、本書は雑談集ではない。タイトルに冠されている「歴史」の問題、著者たちの言葉を借りれば、「選択不可能なものを選択しなおすことは可能か」という問いが、議論を貫く軸となっている。

どういうことか。たとえば著者たちは、台頭する若年層のナショナリズムについて、彼らは「選択可能なもの」にあまりに取り囲まれている、だからこそ「選択不可能なもの」の幻想＝国家に飛びつくのだと分析する。オウム真理教の心理やスピリチュアリズムの流行についても、同じ分析を行う。政治や歴史の中心にはつねに起源探しの欲望があるが、その素朴な実現が不可能になってしまったため、かえって夢想化し虚構化している—それが、二人に共通な時代認識だ。

論壇の大勢が政局や時事問題への対応で忙しいなか、このような抽象的議論は貴重である。大澤と北田の単独の仕事に及び腰だった読者にも、本書はよい導入編になるだろう。ぜひ手に取っていただきたい対談集だ。

しかしながら、ひとつささやかな注文も記しておこう。以上の前提のうえで記すが、二人は本書内で、もっと「衝突」し「議論」してもよかったのではないか。

たとえば大澤は、上記の時代認識のうえで、北朝鮮との関係や憲法改正問題について、とっぴとも思える提案をいくつかしている。北田はその提案をどう考えるのか。他方で北田は、原爆体験について率直な感想を漏らしているが、それはもしかしたら大澤の態度と擦れ違うのではないか。もしそのような議論が交わされたとしたら、本書の抽象的な議論はさらに血肉を帯びたものになったと思うのだが—いかがだろうか。（東浩紀・東工大特任教授）

（左右社・1995円）＝2008年12月25日④配信

生死を超えた世界

「四とそれ以上の国」（いしいしんじ著）

優れた作品とりわけ童話は、残酷だ。たとえば「フランダースの犬」、「星の王子さま」、そしていしいしんじの「ぶらんこ乗り」。これらの作品では主人公が一様に死を遂げる。いしいの「プラネタリウムのふたご」や「ポーの話」もそうだ。しかし単に残酷なだけではない。そこには人が生まれ、死んでいくことへのいとおしさ、なつかしさがあふれている。

四国を舞台にした五つの短編からなるいしいの新作も、人の世界を突き放したように見る感覚とそれへの愛惜に満ちている。たとえば巻頭を飾る「塩」やそれに続く「峠」でも人は実にあっけなく死ぬ。だが、その死は絶望的ではない。死を通じて生へのいとおしさがしみ出るように描かれているからだ。

ただ死を描くといっても、いわゆる「泣かせる」小説のたぐいではない。そこでは、現実の世界と夢想の世界の往還が幾重にも織り込まれ、さながらエッシャーの絵のようであるからだ。

「道」は、そうしたいしいの世界の特質を端的に示す作品だ。アイルランド民謡を基にした「ダニーボーイ」と島崎藤村作詞「椰子の実」とを絡めて四国八十八カ所巡りの旅を主題化したこの作品で、「巡礼はひとりでするのである」という「男」が、「犬」や「スギ」、「石」などとのつながりを感じるようになるラストからは、個体の死を超えた世界を垣間見ることができる。

こうした生死の彼岸ともいってよい世界を描いたものとしては、掉尾（とうび）を飾る藍（あい）染めの世界を象徴化した「藍」が圧巻だ。「藍」を追った藍師の五郎が宇和島の海で見たものは何であったか、この「藍」とは何かを含めて、読者に是非味わってもらいたい。

肩肘（ひじ）を張って生死を語るのではない。波間をただようように、いしいの語り口に身を任せることで、ふと生死を超えた世界を望見できる。そんな作品集である。（千葉一幹・文芸評論家）

（文芸春秋・1500円）＝2008年12月25日⑤配信

世界で格闘技を求め歩く

「ファイターズ・ハート」（サム・シェリダン著、伊達淳訳）

著者サムはスポーツジャーナリストであり、世界各地の格闘技を憑（つ）かれたように求め歩き、修業し参戦した体験記やインタビューをまとめた。商船隊員や南極での建設作業などを遍歴し、格闘技にたどりつく。本書の前半は、彼が格闘技にひかれた〝なぞ〟をめぐる見聞に費やされる。

〝なぞ〟が簡明なものだったら、サムもこのような大著に取り組まなかっただろう。自分探しのような旅の実録だが、旅そのものが人生目標のようであり、読者には迷路にも見えよう。「そこに山があるから」の名句があるが、サムの格闘技とその世界の男たちへの愛着、尊崇観にはそれに似た陶酔さえある。

だから〝なぜ〟は最後まで解けそうにない難解な代物なのである。男とは、おとこ気とは、といったことだけではないようだ。格闘技への不思議なナルシシズムがある。

評者はそこに、三島由紀夫が割腹に美を求めた自らへの愛着、自らを責め、投げ出す異相に通ずるものを見た。三島も肉体技のファイターであり、タフガイだった。

本書の「戦うことを学び、ハンターや戦士の美徳を具現化することは有益」の句に出合うと、サムは修道僧のようでもある。その核心は、「心からの好奇心、知りたいという欲望」とサムは述べる。

体験し、出版し、報酬を得る。それにしては挑む姿がストイックすぎる。なぜ？　初試合がタイで七大陸を六年めぐった。闘うハートと勇敢さで「敗北を恐れず」「己を向上させ」ることが、愛や協調の「気高さ」を生む。サムは殴られることに純粋な喜びを見いだし、格闘すると人生の徳が高まるという。

闘犬やブラジリアン柔術、太極拳。格闘技という地雷原へ足を踏み入れていく男たち…。血のスパーリングの恐怖と恥辱、テクニックの奥義、ウエルター級のリングなどの詳述部分は圧巻で、格闘技ファンにはたまらない。（石井清司・ノンフィクション作家）

（白水社・2940円）＝2008年12月25日⑥配信

2009

あこがれに没頭する幸福

「満身これ学究」（吉村克己著）

「信なくば立たず」とは孔子の言だが、古筆学の創始者小松茂美の生き方は、まさにこの言葉を体現している。

一九二五年生まれの小松は、中学卒業後、広島鉄道局に勤務する。二十歳のころ被爆し、病床につくが、ある日の新聞で厳島神社の秘宝平家納経の存在を知る。「一度見てみたい」。この瞬間のあこがれが小松を生涯突き動かしていく。

平家納経を見るために小松は占領軍司令部まで動かす。この強引さと粘りが小松の持ち味だ。平安王朝の美を目の当たりにして魂を奪われ、研究の道に入っていく。

幸福な人生とは？　答えは多様だが、仕事に没入できた人生は幸福だと言える。一度死を覚悟した小松は「生きた証」を残すため学問に没頭した。あこがれ→出会い→興奮→探究→表現。これが小松流仕事の見つけ方だ。

好きなことを仕事にしたい、という純粋（時に安易）な思いが世に広まり、若者たちをむしろ仕事から遠ざける皮肉が生まれている。この本を読むと、好きなことを仕事にし一流となるためには、執念とも言える職人魂が必要なのだと思い知らされる。

猛烈なスピードで大量の資料を調べ尽くすハイテンションな横断力。これはと思ったものにとことん食らいつくスッポン力。なにしろ小松の愛称はスッポンであった。私は日本の経済や文化の命運は、このスッポン力にあると考えている。

学歴のない小松は学者たちから差別され、出版妨害までされた。しかし、受難を情熱に変えるパッション力で乗り越えた。「学歴のない人間を職人としか見てくれないのなら、それでいい。仕事は残る」と覚悟を決めた。納経を作った無名の職人たちがあこがれの先行者として、使命感（ミッション）を支えてくれた。

一読後思わず「ミッション！　パッション！　ハイテンション!!」と腕に力が入り、心が加速した一書であった。（斎藤孝・明治大教授）

（文芸春秋・1950円）＝2009年1月8日①配信

母親たちの痛み、孤独

「森に眠る魚」（角田光代著）

同じ年ごろの子を持つ主婦五人それぞれの視点で一九九六年八月から二〇〇〇年三月までを描いたこの小説は、一九九九年に東京都文京区で二歳の女の子が母親の「ママ友」に殺害された事件をモチーフにしているという。

しかし小説は事件そのものよりも、そこに至るまでの主婦たちの心の変遷に重点がおかれている。「ママ友」として五人が出あい慕いあう過程がじっくり書き込まれている。専業主婦兼母親の生活は一つ地域にとどまり、子供と常にペアだ。その輪の内で同じ環境を背負ったママ友へ寄せる思いは、狭い教室内で気の合う女友達を見つけたうれしさにも似ている。

だが本書のママ友たちは、小学校受験を意識し始めたあたりから良好な関係を狂わせてゆく。母親という共通点だけで急速に結びついた友情の基盤は薄かった。家庭間の経済格差、告白しそびれた流産、ひそかに通い始めた幼児教室、互いの子の比較。そうしたひびに、嫉妬（しっと）や疑心や罪悪感や依存心が黒い水のように染み入り、広がった亀裂は憎悪へ変わる。

息をとめるようにして読み進めながら、彼女たちが母でも妻でもなかったころを思った。親や姉妹や友人らとの関係に悩み、また自分らの将来におびえてもいた、かつてただの「少女」に過ぎなかった彼女たちのことを。

それゆえ最終章の一部、主人公が「彼女」の呼び名で統一される個所に涙があふれた。母親たちが名前をなくし自分をなくし、霧深い森の中をさまよっている様が浮かんだ。

殺人が、それぞれの心のなかで起こってゆく。ママ友やその子らを憎むことで、自分の子供、そして自分自身をも傷つけてしまう、そのしんと冷えたような痛み。孤独。

それでも彼女たちは子供の手を握り、たどたどしく歩きながら、自分たちの出口を見つけてゆくのだ。途切れることなく続いてゆく、「母親」という尊い日常に向かって。（朝比奈あすか・作家）

（双葉社・1575円）＝2009年1月8日②配信

リアルな法廷ミステリー

「死刑基準」(加茂隆康著)

少年時代に飼っていた犬が保健所に殺された恨みを晴らすために、なんの関係もない元厚生事務次官夫妻を殺害するという奇怪な事件が起きた。

そのとき私は、もしそれが本当なら、今後ホワイダニット(動機探し)ミステリーは成立しないだろうと思った。どんな名探偵といえども、そんなバカげた動機は見つけられないし、たとえ見つけたとしても、それでは読者が納得しないだろうと思ったのである。

ところが、まさしくこの事件によく似た構図のミステリーが現れた。刊行時期から見て、書かれたのはおそらく事件発生より早い。しかも作者は現職の弁護士だという。

弁護士の妻が惨殺された。起訴された男には粗暴犯の前科があった。彼は奇妙な動機を自供した。自分の息子が殺されたとき、その弁護士の弁護のせいで、死刑になるべき犯人が無期懲役になった。遺族のくやしさを思い知らせるために、事件とは無関係な弁護士の妻に性的暴行を働いたというのである。だが、殺人については頑強に否認した。

この事件の裁判の経過が、その弁護士の年下の友人で後に被告側の弁護人を務める若い弁護士の視点からリアルに描き出される。法廷場面の描写には、さすがに本職ならではの臨場感がある。また、そのなかで現行の司法制度がかかえるさまざまな問題点が明らかにされる。

登場人物は、犯罪者のためには国選弁護料も含めて年間二百六十億円の国費が使われるが、被害者遺族に対する給付金はわずか四億八千万円にすぎないと指摘する。国民の圧倒的多数は死刑制度を支持しているが、実は死刑か無期懲役かの基準は揺れているのが現状だ。

五月からいよいよ裁判員制度がスタートする。もし自分が選ばれてこの事件を審理することになったらと考えただけで背筋が寒くなる。その意味で、本書はショッキングなだけでなく、きわめてタイムリーな法廷ミステリーだといえる。(郷原宏・文芸評論家)

(幻冬舎・1680円)=2009年1月8日③配信

ミュージカル映画の輝き

「'S Wonderful」(大山恭彦・根本隆一郎企画・編集)

戦後、アメリカのミュージカル映画が輝いていた時代があった。

「イースター・パレード」(一九四八年)「踊る大紐育」(四九年)「二人でお茶を」(五〇年)「アニーよ銃をとれ」(五〇年)「巴里のアメリカ人」(五一年)、その他たくさん。

明るく華やかなその世界は、終戦後の貧しい時代を生きる日本人にとっては大きなカルチャーショックだった。

本書で大林宣彦が回想しているように、ミュージカル映画(とそして西部劇)を通して、多くの日本人は、ついこのあいだまでの敵国アメリカが好きになってしまった。

本書は大山恭彦が長年集めてきたミュージカル映画のポスターを中心に編まれた、ポスターで見るミュージカル映画史。

その数約三百。実にカラフル。「未完成交響楽」(三三年)「たそがれの維納」(三四年)「天井桟敷の人々」(四四年)など往年のヨーロッパ映画の名作も入っている。

ミュージカル映画の黄金時代は一九四六年から五九年までという。

第二次大戦に勝利したアメリカの国力がもっとも充実していた時代。その自信が陽気なミュージカル映画を生んだ。

巻末にある九十八歳になる双葉十三郎と立川談志の対談がすごい。

双葉の元気な様子に驚くと同時に、談志がミュージカル映画に実に詳しいのに圧倒される。

ファンでもあまり知らない、ジェームズ・キャグニーとルビー・キーラーの「フットライト・パレード」(三三年)について語ったり、フレッド・アステアの振付師ハミーズ・パンに触れたり。評論家も負けてしまう。

ミュージカル映画を心底楽しんで見てきたことがよくわかる。

双葉は「マイ・フェア・レディ」(六四年)でオードリー・ヘプバーンが吹き替えを使ったことを批判する。確かにあのころからミュージカル映画は変質してしまった。アメリカの夢が終わってゆくのと同じように。(川本三郎・評論家)

(開発社・4830円)=2009年1月8日④配信

「おかしみ」の表現探る

「笑いの日本語事典」(中村明著)

新年会の席上、話題が去年の流行語「アラフォー」になった。私が「僕もそう」と言うと、間髪入れず向かいのマジシャンが「アラ、フォー(そう)ですか」。座は一瞬にして静まり、若手の落語家が「それ、オヤジギャグです」。オヤジギャグってなんだろう。そこへ、本書。見ずばなるまい。

著者は笑いには「直接」「間接」の二種があり、本書では後者の、特に「滑稽(こっけい)の笑い」を中心に、いかにして「おかしみ」が表現されるのかを探ったと冒頭に記す。おかしみは三部に大別され、さらに各部を十項目ずつ、都合三十ものおかしみを抽出し、一々に用例文を挙げている。

さて、「アラフォー」。これは「技」部の②「洒落(しゃれ)・もじり」とすぐに解(わか)った。項目の下に概観として「音の連想であらぬ方へ飛び火する」と書いてくれていたからだ。

該当ページには漫才やコントの用例文。次に夏目漱石の「坊っちゃん」の一文。「なんで?」

すると、「ハイ、待ってました」と、隣に解説…だが、よく見ると「講釈」と書いてある。

講釈師の私が言うのも妙だが、講釈とは独善的な、余計なお世話的ニュアンスを持つような気がする。ところが、本書の大半を占めているのが実は著者の講釈なのだ。用例文の説明もあるが、それ以外の古今東西、硬軟取り混ぜた数多(あまた)の用例を駆使し、時に話題は自著の宣伝に逸(そ)れたりしながら、いつしか読者を講釈に引き込んでしまう。

「アラフォー」は夏目漱石の「吾輩は猫である」のダジャレ名前と同じ用法であると、講釈によって講釈師の私は納得し、「じゃあ漱石もオヤジか」と笑ったりしながらいつしか次の講釈へと釣られていったのである。

一気に読了させられて気付いた。この本は事典という名の講釈本である。一番笑ってるのは著者かもしれぬと思ったら、つい私も笑ってしまった。心地よい笑いである。(旭堂南海・講談師)

(筑摩書房・2100円)=2009年1月8日⑤配信

3百年前のバブル騒動

「おどる民　だます国」(小林章夫著)

アメリカの経済危機をもろに被って日本経済は青息吐息である。金もうけに狂奔していたツケはいつの世もとても大きい。

十八世紀初頭のイギリスでは度重なる戦争で、国庫は危機に見舞われていた。当時年収が五百ポンドあれば金持ちだというのに、公債での赤字補てんは三千万ポンド。現在の日本円で換算すれば国の赤字は七千五百億円で、確実に国は崩壊する。

そんな中、政権を奪った首相ロバート・ハーリーが経済再建を図るが、政党間の対立や貴族と商人との軋轢(あつれき)でなかなかうまく進まない。南海会社の設立はそんな彼のアイデアのひとつであった。本書はその後始末までたどり考察していく。

もともと南海会社は南米大陸との交易のために作られた。スペインとの戦争が終結したばかりで交易などできるわけもない。そこで考えられたのが同社の株式を公債の債権者に受け取らせて会社を大きくし、株価を上昇させることだった。

赤字で苦しんでいたフランスもジョン・ローという男が考え出した同様のシステムで巨額の利益を上げていた。それをこの南海会社の株に当てはめて一山当てようと実業家と政治家が手を組んだのだ。そのカラクリは本書に詳しいが、いやはやずる賢いやつはいつの世もいるものだ。

このもくろみはまんまと当たった。一七二〇年の夏前、南海会社の株は高騰し始め一週間で60%値上がり、民衆ばかりでなく国王まで財産をつぎ込み金もうけに狂奔したが、たった三カ月後、風船が弾(はじ)けるかのように株価は下落。五分の一に大暴落した。経済の破たんをバブルと呼ぶ最初の出来事だった。

三百年前のロンドンと現在のニューヨークや東京があまりに似ていて驚く。南海会社騒動では、見事に後始末をした辣腕(らつわん)の政治家ロバート・ウォルポールが現れた。果たして未曾有の不景気の日本にそんな切れ者が登場するのだろうか。やはり不安いっぱいである。(東えりか・書評家)

(千倉書房・2730円)=2009年1月8日⑥配信

青春時代の苦悩リアルに

「ほうき星（上・下）」（山本一力著）

山本一力は、困難に直面しても目標に向かって突き進むヒロインを描くことが多かった。ところが、ほうき星が空を飾った天保六（一八三五）年に生まれたさちの青春を描く本書は、手探りで進むべき道を模索する少女の“自分探し”に焦点を当てている。

五歳の時に両親を亡くしたさちは、隠居後も珊瑚（さんご）を商う夢のために奔走している祖母に引き取られる。だが祖母も三年後に亡くなり、父の絵の師匠・岡崎俊城の家に奉公へ上がることになる。

さちは肉親との縁は薄かったが、天才絵師の父が財産を残し、江戸屈指のかつお節屋を営む母の実家の援助もあったので生活には困らなかった。飢えることがないからこそ、どのような仕事で食べていけばいいのかも、社会に貢献する方法も分からないまま悩むさちは、現代人の姿と重なる。

それだけに、絵師になるべきか、祖母の夢を継いで珊瑚商になるべきか、幼なじみと結婚すべきかに迷っていたさちが、自分の将来を決めるラストには誰もが共感を覚えるのではないだろうか。青春時代の苦悩がリアルに描かれているので、特にさちと同世代の中高生に一読をお勧めしたい。

もう一つ忘れてならないのは、さちの周囲に、金や名誉のために絵を描くことを戒めた岡崎俊城を筆頭に、自分の仕事に誇りを持ち、何よりもお客さまのことを第一に考える商人や職人を配していることである。俊城たちは、さちのよき教師であると同時に、真摯（しんし）な生きざまを通して、消費者よりも利益を優先するあまり、多くの偽装問題を引き起こした現代社会を批判しているのである。

さちは責任ある大人を見てまっとうに育つが、現代に胸を張って子供を導ける大人が何人いるのか。拝金主義に走って弱者を顧みない現代日本が、子供によい環境のはずがない。その意味で本書は、子供のためには、まず大人が襟を正す必要があるという現実を突き付けているのである。（末國善己・文芸評論家）

（角川書店・上下各1680円）＝2009年1月15日①配信

息子の視点で組み直す物語

「帰郷者」（ベルンハルト・シュリンク著、松永美穂訳）

ホチキスでとじた片面白紙の束を雑記帳に使っていた少年がいる。戦後のドイツの話だ。紙束は小説の見本刷りで、片面に印刷された活字を読み始めたら兵士が帰還する物語だった。だが結末が欠けていた。すでに破り捨ててしまっていたのだ。大人になって再び同じ見本刷りと出くわすが、今度も断片しか読めない。男はふと、この物語が「オデュッセイア」のさまざまな挿話に基づいて展開していることに気がつく。

結末が気になってしかたがない男は、小説の著者を求めて地道な調査を開始する。やがて、ライフワークのように著者捜しを続ける彼には、死んだと聞かされていた父の秘密が見えてくる。他方、読者は、すべての息子の人生は不在の父を捜す物語の変奏のひとつであり、息子とは割り振られた変奏を演じるうちにいつしか父になるものなのかもしれない、と気がつく。

父オデュッセウスの冒険は息子テレマコスの視点で組み直され、男たちを受け止め、解き放つオデュッセウスの妻ペーネロペイアの物語と絡み合う。英雄物語とは、結末がさまざまに変わりうる家族の物語だったのだ。

世界的なベストセラーとなった「朗読者」を書いたシュリンクが久々に世に問うた「帰郷者」は、前作と同じく、ドイツ現代史に刻印されたナチス時代の傷ついた重荷を背負っている。

この小説には、時に応じて名前を変え「戦前はナチスのために執筆し、戦後は共産主義のために書いた」経歴をもつ人物が登場する。その変節はもちろん糾弾されねばならないが、その人物が途方もなく知的に雄弁で、あらゆる問いを相対化してしまう理論を考案したとすればどうなるか。

終始淡々と物語るかにみえて、ときに激し、うなだれる「ぼく」は、半生を費やしてペーネロペイアのもとへ帰還する。人生は生きる価値のあるミステリーだという認識が、読者の胸にひらりと降り立つ。（栩木伸明・早大教授）

（新潮社・2310円）＝2009年1月15日②配信

作家の生活、浮き彫りに

「物語としてのアパート」（近藤祐著）

著者は一級建築士であり、しかも、タイトルからすると、近現代のアパートの成り立ち、変遷、意義といった歴史的考察を、新機軸でまとめたものかと思い、読んでみた。

しかし、これが大間違い。近現代の小説家をはじめとする詩人、漫画家らの、呆気（あっけ）にとられるほどの赤裸々な姿が、当時住んでいた「アパート」を語ることによって、いきいきと表現されているのだ。なかには、現代の常識では破天荒といえるほどの暮らしぶりもあり、興味深く読み進めることができる。

これまで、作家たちのプライベートな姿は、一部では公然のこととして知られていたこともあろう。しかしながら、本書では、作家たちの作品の引用はもちろん、知人にあてた本人の手紙や、作家仲間が本人について記述したものなど、著者がひとりで地道に調べた資料を展開し、丁寧な考察によって、作家の生活の実態が浮き彫りになり、さらにアパートを基軸とした時代背景も見えてくるのだ。

登場する作家は主だったところで、萩原朔太郎、中原中也、青山二郎、太宰治、坂口安吾、寺山修司、森茉莉。さらに、ご存じ「トキワ荘」の面々、柳美里、山田太一など、幅広い。

山田太一作の「異人たちとの夏」のくだりでは、作者とアパートとの関連については、とくに触れていない。しかし、物語の中で両親の古い木造賃貸アパートと、息子のマンションが対照的に描かれることにより、主人公の両親に対する郷愁が巧みに描かれているところなど、あらためて舞台設定としてのアパートの重要性がしみじみと分かるのであった。

著者はあとがきで、「日本のアパート誕生から現在にいたる系譜を書いてみたいと思い立った」とあるが、本書は実は、大正、昭和、平成を生きた作家たちの、「アパート」をテーマにしたコンピレーション（編集）本といえなくもない。（杉本薫・住宅ジャーナリスト）

（彩流社・3150円）＝2009年1月15日③配信

地球温暖化を叫ぶ前に

「チェンジング・ブルー」（大河内直彦著）

タイトルはまるでSF。深海にさす光をイメージした群青色の装丁にも引かれる。しかしその脇には「気候変動の謎に迫る」、帯には「第一線の研究者による、信頼すべき正確な解説書」。面白そうと手にしてはみるものの、読むのに覚悟がいりそうな体裁である。

やはり重たい科学本か、とたじろぎながらページをめくると、これが意外にも読みやすい。まず、言葉が平明。専門用語の説明も丁寧で、かつ嫌みがない。過去から現在まで気候がどのように変わってきたのか、科学者たちが気候の変化をどのように解き明かしてきたのかを、順序立ててゆっくりと説明してくれる。

本書が伝えているのは、歴史の重要性と科学の不確実性である。地球温暖化などの気候変動を理解し、未来の地球の状態を予測するには、何万年にもわたる気候の変化をいかに正確に知ることができるかが鍵となる。

これまで明らかになったのは、自転や公転によって地球が「氷期」と「間氷期」という二つの大きく異なる気候状態を数万年ごとに繰り返してきたこと。そして、気候状態の変化が一時的な要因で、数十年間という短い期間に急激に起こる可能性があることだった。

その一方で、急激な変化をもたらす具体的な要因とそのメカニズムについては、海洋の循環が関係していることまではわかってきたものの、多くが未解明である。大気中の二酸化炭素濃度の上昇が海洋の循環を滞らせ、気候に急激な変化をもたらす要因になりうるのか。地球温暖化に関するさまざまな議論は、未知数の多いこの問いへの答えをめぐる攻防である。

自説を強調することもなければ、危機感をあおるような誇張もない。深い海のように静かな調子で、気候変動というスケールの大きなテーマをわかりやすく説いてみせる。巻末には詳細な注と出典もつけられている。エコや地球温暖化を叫ぶ前に読む良質の教科書としておすすめしたい。（大島寿美子・北星学園大准教授）

（岩波書店・2940円）＝2009年1月15日⑤配信

保守主義者の美学と全体像

「自由と民主主義をもうやめる」（佐伯啓思著）

「自由」と「民主主義」は、政治思想にとって絶対の壁で、誰もこれらを批判して、その先に行くことができない。と、思っていたところ、この本は、あっさりと、タイトルでこれらを「もうやめる」と宣言している。

だが、この本は決して奇抜な主張を掲げた際物ではない。自由や民主主義への批判的なまなざしの原点には、誰もが納得できる普遍的な経験があるからだ。たとえば、民主主義のもとでは、きれいごとが必ず勝つ。多くの人が内心「それはおかしい、行き過ぎだ」と思っていても、そうした微妙な感情は人前で表現できないのだ。このように、民主主義は、いわば社会の無意識を抑圧する作用をもつ。

自由や民主主義に代えて、この本が唱えているのは保守主義である。保守主義とは、人間の理性には限界があるという醒（さ）めた認識に立ち、過去の経験や非合理的なものの中にある知恵を大切にして、急激な社会変化を避けようとする思想である。

なぜ、保守主義でなくてはならないのか。この本の主張によれば、進歩主義は、文明を必然的にニヒリズムへと導いてしまうからである。進歩主義は、個人の自由を制限するすべてを撤廃しようとするので、やがて、社会規範や確たる価値が失われたニヒリズムに至らざるをえない。実際、われわれが今日、その中におかれている、閉塞（へいそく）した、砂を噛（か）むような現実こそ、ニヒリズムの社会である。

保守主義者が、このニヒリズムに対置するのは、当然、日本的価値である。それは何か。おもしろいことに、それもまた一種のニヒリズムである。それは無の思想、滅びの美学だ。すべての出来事は究極的には無であることを見つめる悲哀…。実に美しく、思わず惹（ひ）かれてしまう。実は、私は著者佐伯啓思と大学の同僚である。滅びの美学が、間近に見る彼の態度や生き方と共振して、なおいっそう魅惑的だ。（大澤真幸・京大教授）

（幻冬舎新書・798円）＝2009年1月15日⑥配信

静謐なエロチシズム

「猫を抱いて象と泳ぐ」（小川洋子著）

祖父母に育てられた内気な少年が、心優しい不思議な大男、「マスター」と知り合いチェスを習い始めたことから物語は始まる。競技の美しさ、奥深さにすぐさま心を奪われ、マスターの指導と彼の飼い猫「ポーン」の助けのもと、日に日に腕を上げる少年。彼の才能を見たマスターはプレーヤーとして陽（ひ）の当たる道を行くよう勧めるが、少年は結局、秘密クラブの自動チェス人形「リトル・アリョーヒン」の使い手として、誰にも姿を見せず、盤の下に潜んでチェスを指す道を選ぶ。

彼はなぜそうしなければならなかったのか。そこで何を見たのか。「盤下の詩人」と呼ばれながら一切の名誉を避けたチェスプレーヤーの神秘的な生い立ちとその架空の伝記が、誰もいない空間に駒の音だけが響くような静謐（せいひつ）なエロチシズムでつづられていく。

チェス用語は出てくるが、キングはお父さん、クイーンはお母さん、といったマスターのわかりやすい説明が織り込まれるので、チェスを知らない読者もすんなり理解できる。ところでそこで読者があらためて知って驚くのは、盤上で再現されているのが非常に残酷な戦場だという事実だろう。キング以外の駒はクイーンであってもキングの犠牲になるためにあり、彼らがその役目から解放されるのは、死んで盤上を去る時だけなのだ。

けれど少年の周りでは、現実世界もそんなチェス盤に似た、小さな牢獄（ろうごく）の集合のような場所だ。彼が大好きな象「インディラ」は、デパートの屋上という小さな四角い空間から二度と地上に戻れなかったし、太り過ぎたマスターは住居にしていたバスの出入り口より大きくなって、とうとう降りられなくなる。

世界は人を、駒を、閉じこめる。だから彼は閉じこめられないよう、少年の姿のままで盤の下に潜り、泳ぎ続けたのだが…。

やがて訪れる結末は、少し悲しい。（田中弥生・文芸評論家）

（文芸春秋・1780円）＝2009年1月22日①配信

自他に対する真摯な問い　「在日の恋人」(高嶺格著)

京都市北部の山中に丹波マンガン記念館というミュージアムがある。惜しくも閉館が決まったが、プレハブの資料館や採掘現場に残るマンガン開発の痕跡は、強制連行によってその開発に従事させられた多くの在日韓国・朝鮮人たちの苛酷（かこく）な労働環境を今に伝える。

本書は、この記念館に魅せられた美術作家によるエッセー集だ。著者はそこに自分の美術作品を設置することを望むが、炭鉱で働いた経験のある館長は容易に胸襟を開かない。

著者にはしばらく前から交際していた在日韓国人の恋人がいて、「あなたのその、在日に対する嫌悪感は、なんやの？」と問い詰められていた。

著者にとって記念館に寝泊まりして作品を制作することは、恋人の問いに回答し、また在日の問題と正面から向き合うことだったのだ。その後、完成作が「在日の恋人」と名づけられて大きな反響を呼び、その翌年には彼が実在の「在日の恋人」と結婚したことにまで触れておけば、それはそのまま本書のタイトルの説明ともなるだろう。

著者はかつてパフォーマンス集団ダムタイプに所属し、伝統的な漆芸から先端テクノロジーにいたるさまざまなメディアを横断した作品で国際的に知られる作家である。

美術作品「在日の恋人」にしても、もともとは国際美術展に出品するために制作されたものだ。そうした表面上の華麗さとは裏腹に、本書に収録されている作品の制作過程を記したノートや恋人とのやりとりはずいぶんと泥くさいが、自分の名声など関係なしに生身の恋する身体をさらけ出している潔さは読んでいても小気味よい。

著者はあとがきで「在日は、もはや自分が『眺める』対象ではなく、血肉となった」と述べている。グローバリゼーションが喧伝（けんでん）される今、他者と出会うとはどういうことか、自らのアイデンティティーとは何かを突き詰めようとした問いかけは一層真摯（しんし）なものと思われてくる。（暮沢剛巳・美術評論家）

（河出書房新社・1575円）＝2009年1月22日②配信

文学と姦通の謎に挑む　「『源氏物語』と騎士道物語」(千種キムラ・スティーブン著)

光源氏は父帝に対し、まったく罪悪感を抱いていない。予言通りに藤壺の宮が懐妊するまで、二人は密会を続ける。王妃との愛、つまり姦通（かんつう）だ。トリスタンとイズーの物語、アーサー王伝説、ランスロット卿の物語も王妃への愛を描く。近代日本の夏目漱石は姦通を罪障意識のもとで捉（とら）えたが、それらヨーロッパ中世の物語や、「源氏物語」ではどうなのだろうか。

現代語訳した円地文子は、「これはおそろしい話」だと何度か述べたという。なぜ「おそろしい話」なのか。「賢木（さかき）」巻に、荊軻（けいか）が暴君を暗殺しようとして失敗する史記の説話が出てくる。天が感応して白い虹が日を貫いたという話で、この引用は光源氏に時期の到来したことを覚（さと）らせる。

統治者に問題があれば天変が起きる。つまり愚帝ならば倒してよろしい。光源氏の子が賢帝として帝位に就くというのは、中国の考え方に基づくことだ、と著者は論じる。紫式部は武力による政権交代でなく、姦通による政権交代としてこれを描こうとした。平安時代には武力によるそれがなかったから、姦通によって政権をひっくり返したというわけ。

その光源氏が、自分の妻＝女三宮の姦通によって、しっぺ返しを食らわされる。女三宮は光源氏という「王」の王妃だから、柏木という騎士が「王妃との愛」に命がけで挑戦する。柏木はランスロットのように破滅し、アーサーの王国もまたそれによって崩壊する。光源氏の「王国」もまた崩壊するか、それとも栄華をつづけるか。

ヨーロッパ中世の物語に見る、騎士たちの「雅びの愛」（＝本書のキーワード）がどこから生まれてきたのかも、大きな謎だ。「源氏物語」はいつ姦通が起きて不思議でない社会で、仏教だけが姦通を罪として人々に自覚させる。そんな古代や中世が、近世になって姦通を強く罰し、近代の姦通罪の制定に至るのはなぜか、大きな謎に属する。漱石研究者の著者がこれらの謎に挑戦した。（藤井貞和・立正大教授）

（世織書房・3150円）＝2009年1月22日③配信

反薩長史観で史実を整理

「幕末史」(半藤一利著)

本書の特徴は二点に絞られる。第一点は、著者がなんどか指摘しているように、薩長史観(皇国史観)ではなく、反薩長史観で幕末史を俯瞰(ふかん)していること。第二点は、ペリーの来航(嘉永六・一八五三年)から西南戦争後の明治十一(一八七八)年までの二十五年間の史実をわかりやすく整理していること。この二点をもとにして考えると、近代日本には根本的な矛盾が内包していたとの思いがしてくる。

著者の博識と歴史を見つめる目の鋭さは、幕末から明治への変革時に立ち会った人間の強さや弱さを暴いていく。文久二(一八六二)年ごろの京都での「連日連夜のようにものすごい攘夷のテロ」の様子はどのようなものであったか、その実態を語りつつ、著者は下級武士や浪人が攘夷をどのような理解をしていたか、に疑問を示す。

「時の勢い」でテロが行われ、それが「次の時代を強引につくっていく」として、理性や良識が失われることの怖さを指摘している。それゆえに、テロに脅(おび)えなかった勝海舟の人間的な深みが光ることにもなるという。

本書は講演をもとに編集されているのだが、その語り口は常に自省的であり、しかも、昭和前期にまでもちこされた幕末から明治の矛盾が丁寧に解説されている。たとえば、吉田松陰などが用いた「皇国」という語は、昭和で用いたのとは意味が異なっていたと分析する。

薩長史観は「天皇中心の皇国日本という考え方で国をつくりはじめた」といい、明治維新は「天皇の尊い意志を推戴(すいたい)して成しとげた大事業」とするが、そんなことはないと著者はつき放し、むしろ明治のスタート時には、多様な国家イメージがあってそれぞれが論争していたとも紹介している。

読み終えたあとに、私たちは幕末から明治への見方をもういちど問い直すべきとの思いにとらわれる。それほど刺激的な書である。(保阪正康・ノンフィクション作家)

(新潮社・1890円)=2009年1月22日④配信

著者の長い旅に伴走する

「パピヨン」(田口ランディ著)

日本において、「死」や「死生観」について学究的に考える人なら、一度はエリザベス・キューブラー・ロスの著作に触れたことがあるだろう。ロスは末期患者に広く聞き取り調査をし、「死の受容五段階」説を提唱して有名になった。

ロスは戦後間もなく、ポーランドにあるマイダネックのユダヤ人強制収容所に赴き、収容者の手によって建物内部の壁にたくさんの蝶(ちょう)が描かれているのを見た。

田口ランディはロスと蝶のエピソードに引かれて、はるばるポーランドまで旅をする。その思い入れの強さ。ところが現地で、収容所の壁にはどこにも蝶など描かれていないという事実に突き当たる。ロスは幻影を見たのか、はたまた創作か。がくぜんとしつつもロスを追い続けるうちに、父が倒れ、田口は同時進行で父の看護も担うことになる。

末期がんながら、アルコール依存症のためにまともな治療も受けられない父。もともと彼は暴力的で自分中心な男で、田口にとっては長年憎悪の対象だった。だが、他の家族は他界し、もはや彼を引き受けるのは自分しかいないのだ。

災難のように降りかかる運命に、田口は押しつぶされない。看護しながらも、過去の憎しみにとらわれて父と素直に向き合えない自分とも闘い続ける。悲惨な状態だが、そこにロスを追う行為が介在することによって、彼女は自らを省みて新しい思索のきっかけを得ていく。

父をみとったのち、田口は「蝶」が示していたものを自分なりに探り当てる。結局、ロスへの旅は父との関係を結びなおす旅であり、自分が本当に望んでいたものが何だったのかを発見する旅でもあった。

読者に与えられるのは、彼女の長い旅に伴走する役目である。そうするうちに、自分自身の「蝶」に出会えるかもしれない。(千葉望・ノンフィクションライター)

(角川学芸出版・1575円)=2009年1月22日⑤配信

腐敗を追及する信念と矜持　「警官の紋章」（佐々木譲著）

二〇〇二年七月、北海道警警部が覚せい剤取締法違反で逮捕された。さらに翌年秋に発覚した不正経理疑惑は組織ぐるみの裏金問題に発展、一連の不祥事は警察組織を大きくゆさぶった。

この実際にあったスキャンダルをふまえ、「法のまっすぐな執行官」たろうと、腐敗した警察組織に立ち向かう警官たちの活躍をえがいたのが、佐々木譲の「道警シリーズ」だ。

裏金問題を道議会で証言しようとして上層部から抹殺指令を出された津久井卓巡査部長を救うため、大通署の佐伯宏一警部補が、小島百合巡査、新宮昌樹巡査らと私的捜査隊を結成する「笑う警官」。その翌年、キャリア監察官と佐伯らが、暴力団と結託したノンキャリ警官の“悪の互助会”をあばく「警察庁から来た男」。そして新作「警官の紋章」は、前作からさらに十カ月、北海道洞爺湖サミットを三カ月後にひかえた道警が舞台である。

サミット警備結団式に出席する特命担当大臣に対するテロ予告があり、前後して二年前に自殺した警部の息子である若い警官が拳銃を携帯して失踪（しっそう）した。彼を追う津久井、大臣SPにかりだされた小島百合、未解決の盗難車密輸事件をひそかに追う佐伯―。

二年前の覚せい剤密輸事件が道警・検察・税関のトップが仕組んだおとり捜査とつきとめた佐伯の執念と、組織の犠牲となった父の思いを胸に抱いて失踪した警官の直情が交錯したとき、「真の悪」の姿があらわになる。不祥事が露見してもなお巨大組織に根を張る腐敗体質が、その悪を生み出すのだ。

結団式までの三日間に闇に葬られた恥ずべき事件の全容を凝縮してみせた作家の腕力のすごいこと。そして「国家の代紋背負った犯罪者」を追及してやまない佐伯たちの信念と矜持（きょうじ）こそ「警官の紋章」と、剛直にうたいあげて佐々木譲、みごとである。（井家上隆幸・文芸評論家）

（角川春樹事務所・1680円）＝2009年1月22日⑥配信

想像を超えるスケール　「ミレニアム1（上・下）」（スティーグ・ラーソン著、ヘレンハルメ美穂、岩沢雅利訳）

面白いという言葉を百回繰り返してもまだ足りないほど心を奪われた。これぞ最高のミステリーだ。胆力と知力を兼ね備え、悪をただす心を持ったジャーナリストのミカエル。超のつく記憶力の持ち主で最新の電子機器に通じる希代のハッカーでもある女性調査員リスベット。二人のコンビが織りなす物語は、練りに練られた緻密（ちみつ）なプロットで、爆発的な喜びと楽しさを読者にもたらす。

ミカエルは、経済界の大物ヴェンネルストレムの悪事をスクープしたはずが、逆に名誉棄損で訴えられ、禁固三カ月、損害賠償額十五万クローネの有罪宣告を受けた。

そこで彼は発行責任者として率いていた「ミレニアム」誌を退き、しばしジャーナリズムの世界から遠ざかることにしたが、ここに飛び込んできたのが、ヴェンネルストレムとはライバル関係にある往年の大実業家、ヘンリック・ヴァンゲルからの奇妙な依頼だった。

今なおヴァンゲル財閥の巨頭であるヘンリックは、約四十年前、一族の住むヘーデビー島からこつぜんと姿を消した、彼の兄の孫で当時十六歳の少女ハリエットの行方を突き止めてもらいたいと言うのだ。

謎を解けば、その代償としてヴェンネルストレムの息の根を止める秘密を明かすとのことだった。ここに登場するのが背中にドラゴンの入れ墨があり、調査にかけてはすご腕を持つ女性リスベット。二人のコンビによって次々と暴き出される、ヴァンゲル一族の真実の姿、過去の連続レイプ殺人事件、さらにはスウェーデン社会の抱える闇をも切り裂く物語は、想像をはるかに超えるスケールだ。

ポップグループ「アバ」以来のスウェーデン発のビッグウエーブだと評された本書は、作者ラーソンのデビュー作。五十歳で亡くなった彼を惜しむ声と称賛の嵐は今や世界を席巻しつつある。第二、第三部の出版が待ち遠しい。（児玉清・俳優）

（早川書房・上下各1700円）＝2009年1月29日①配信

眼前に広がる言語の海　「金魚生活」(楊逸著)

芥川賞受賞作「時が滲む朝」もすばらしかったが、その前の「ワンちゃん」も、日本と中国の違いを際立たせつつ、男運の悪い主人公の悪戦苦闘ぶりをユーモアたっぷりに描いた、好感の持てる小説だった。三冊目となる本書は、日本語作家としての楊逸の、ますますの技量の冴(さ)えを感じさせてくれる。

主人公は「ワンちゃん」と同じく中国人女性。夫に先立たれ、五十歳を過ぎた玉玲が、日本で働く一人娘の出産を手伝うために初めて来日する。娘夫婦の狭いアパートで出産を待ちつつ、近所のディスカウントストアや公園で時間をつぶす。朝食には、六枚切りで一斤百二十円の食パンを、一日一枚ずつ食べるつつましさ。

器量はいいのに運に恵まれない玉玲に、娘が日本での縁談を持ちかける。日本語がわからないまま、日本人男性とのお見合いを重ねる玉玲。実は中国にも、彼女の帰りを待つ男がいる。彼女はどのような決断を下すのか。結末の場面で振り絞るように話される玉玲の日本語は、わずかな単語で万感を伝えていて、とても印象的だ。

題名の金魚は、さまざまなものの隠喩(いんゆ)として、作品中で効果的に使われている。縁起担ぎに飼われる高価な金魚はまさに「金」の象徴であり、鮮やかな彩りが「色」、すなわちセックスをも暗示している。玉玲は鮮やかな金魚色のコートを着て日本に来るが、「一目で中国人だとわかっちゃうわよ」と、同郷人からも皮肉られる。

優雅に見えても、狭い水槽で飼われ、息苦しそうで傷つきやすい金魚。この小説では、女だけでなく男も、そんな金魚にたとえられている。

日本語ができない玉玲の耳に入る言葉は「＊＃＄」などの記号に置き換えられ、ちんぷんかんぷんの感覚がうまく表されている。会話に織り込まれる「は？」「ん」のような言葉も絶妙だ。時折中国語も挟まれ、豊かな言語の海が眼前に広がっていく。(松永美穂・ドイツ文学者)

(文芸春秋・1400円)＝2009年1月29日②配信

人種と性から徹底的に分析　「誰がオバマを大統領に選んだのか」(越智道雄著)

オバマ政権が、大きな盛り上がりを見せた就任式で発足した。オバマに敵対する保守派のコメンテーター達が「オバマは政治家であって救世主ではない。勘違いするな」と叫んでいたほどに、オバマに、ほとんど宗教的救済が期待されているかのような空気が米国にはある。これは何故か。

本書は、比較文化論、英語論の泰斗であり、米国社会論を数多く発表してきた著者が、その知見をもって、民主党予備選挙から、十一月の大統領選挙までの過程を追い、分析した、臨場感にあふれる報告である。「オバマは弥勒菩薩である？」という巻頭の一文が、オバマの担わされる役割を的確に言い当てており、また本書の独自の視点を象徴している。

一般に、オバマ勝利の背景は、金融危機が主要因として論じられ、また、初の黒人大統領としての意味は、公民権運動との繋(つな)がりで分析されている。本書の分析枠組みは、それらとは全く異なり、植民地時代以来の米国社会史、宗教史、文化史を太い縦軸とし、エリート論や都市社会論を活(い)き活きとした横軸として絡ませた、通常見られるオバマ論よりも、はるかに深い歴史的、文化的な見取り図である。

とりわけ圧巻であるのは、予備選挙の闘いで、オバマとクリントンが、それぞれの「人種カード」と「女性カード」を、どのように使い、また、それらがどのような障害となったのかを説いた部分である。米国政治において、人種や性の果たす機能を、これほど徹底的に解き明かした論は稀有(けう)であろう。

本書には、米国政治学や政治ジャーナリズムの通説とは異なる論点も見られるが、それらは、視座の複数性として建設的議論のために有益である。経済危機やブッシュ政権との対比によるオバマ政権論は数多(あまた)あるが、本書はそれらに独自の光を当て、読者の、より深い理解を可能とする一冊である。(佐藤学・沖縄国際大教授)

(NTT出版・1680円)＝2009年1月29日③配信

現場の目で壮大な地史描く　「地球46億年全史」(リチャード・フォーティ著、渡辺政隆、野中香方子訳)

「ウサギ追いしかの山、コブナ釣りしかの川」という歌にあるように、私たちの記憶は慣れ親しんだ山や川の風景と結びついている。そしてふと思う。この山や川は永遠なのだろうか、それともいつかの時点で土地が隆起し、水の道ができたのだろうか。人は、そんな疑問から出発して、地質を調べ、化石を掘り出し、地球史を探ってきた。

本書は、世界の地学上で重要な地域を歩き回りながら地球四十六億年の歴史を語ったものだ。かつての地球史研究者の苦闘と、現代に残された風景を重ね合わせて描いており、素晴らしい地球誌ともなっている。

始まりは地質学誕生の地ベスビオ山(イタリア)である。紀元七九年に噴火が起こって大プリニウスが殉職し、養子の小プリニウスが火山の様子を正確に記録した。時を経た一八二八年、同山に近いナポリを訪れた英国の学者ライエルは古代神殿の観察から、地球は短時間で激変したのではなく、気の遠くなるような長い時間をかけて徐々に姿を変えてきたという漸進説を唱えるに至った(その考え方はダーウィンに影響を与え、生物進化論として結実した)。

地球の歴史を読み解く科学がここに誕生したのである。以来、地球変動の数々の証拠が蓄積される中で、それらを引き起こした根源が何であるかを追究し、ついにプレートテクトニクス理論にたどりついたのであった。

本書の特色は、時系列で地球の歴史を平板に記述するのではなく、ハワイ諸島、欧州のアルプス、インド・デカン高原、カナダ・ニューファンドランドなど、著者が実際に訪れた土地の現在の営みを描きつつ、地球膨張説や大陸移動説などの論争を振り返り、科学的知見の下で現時点での結論を述べる、という手法を採っていることだ。これによって、現場に立っているような感覚を醸し出すのに成功している。

著者の地質学に関する卓抜な知識と人間の営みとしての文化史が見事に混交されて、実に読み応えがあった。(池内了・総合研究大学院大教授)

(草思社・2940円)＝2009年1月29日④配信

過剰なまでのまっとうさ　「見えない音、聴こえない絵」(大竹伸朗著)

本書には、生きるための燃料になるような言葉がぎっしりと詰まっている。アーティストである著者は、自らがかかわる芸術のことをひたすら考えながら、結果的にそれ以上の何かを次々に語り出してしまうのだ。

「今作り出されているもの、それを見たい、今日世界のどこかで生まれたバンドの音を今聴いてみたい」

「いつも割り切れない。小数点以下の『余り…』が心に残る。残ってはいけないのか？」

「人は『レア』で生を受け、『ウェルダン』でこの世から消えていく、そんなことをいつも火葬場で思う」

これらの言葉には、目にした者の心に火をつける力があると思う。根底にあるのは過剰なまでのまっとうさだ。この過剰なまっとうさは、普通のまっとうさと一体どこが違うのだろう。

例えば、我々は皆、次の瞬間に死ぬかもしれない存在だ。でもなんとなく今日は大丈夫だろう、二年や三年後くらいまではまあ生きてるだろう、と曖昧(あいまい)に信じて暮らしている。そうでないとばかばかしくて誰も会社や学校に行かなくなってしまう。本質的な死の可能性を直視していては、社会が回っていかないのだ。

同様にいくらアーティストでも、普通なら表現の本質に向かう一方で、ある程度は社会における芸術の位置づけや枠組みを意識せずにはいられない筈(はず)なのだ。

ところが、火葬場で人間の「ウェルダン」を思う著者の過剰なまっとうさは、このような社会の枠組み的な普通さの領域から、どんどんズレていってしまう。

「『目の前の手の上にあるこのトーストは実は絵画ではないのか？』。十代のある日、突然そう思ったことがある。(略)『食べられる絵画』という思いに体内の血液が逆流した」

おいおい、と思う。冗談のような、コントのような、子供のような、突き抜けたまっとうさだ。でも本人はあくまで真顔。ふふっと笑ってしまってから、「負けた」と思う。(穂村弘・歌人)

(新潮社・1890円)＝2009年1月29日⑤配信

脱北少女が出合う世界

「パリデギ」（黄晳暎著、青柳優子訳）

朝鮮半島には巫女（ムーダン）の伝統がある。巫女は行方不明の人の生死を見通したり、うせ物を探し出したりなどで、人々から頼りにされている。

北朝鮮の少女パリには、この巫女の能力があった。どうやら祖母ゆずりの能力であるらしい。けれども、唯物論をとる北朝鮮では、こうした伝統的な巫女の能力は隠さなければならないものだった。

女ばかり七人の姉妹の末っ子に生まれるというパリの誕生の逸話もなかなかおもしろい。世が世ならば偉大な巫女になるような霊力を備えている、パリにふさわしい誕生の物語である。が、国は困窮しており、やがてパリの家族は離散し、パリも豆満江を渡って中国東北部へと逃れる。

家族を失い一人になったパリは、フットマッサージの技術を覚える。人の足にふれると、その人の生きてきた過去が見えたり、身体の悪い所が分かったりする。大巫女になるはずのパリの霊力は、フットマッサージの技術者としての優秀さとして現れる。が、脱北者であるパリは長く中国東北部に安住するわけにはいかなかった。

中国公安当局の取り締まりが厳しくなったので、パリは密航をあっせんするスネーク団の手引きでロンドンへ渡る。ロンドンは、インドシナ半島からの労働者、南アフリカからの帰国者、パキスタンからの出稼ぎの人々、東ヨーロッパの破綻（はたん）した共産主義国家からの移住者まで、自分の国を離れなければならなかった人々が住む。パリはムスリムの青年アリと結婚するが、米国で発生した9・11テロ事件の後にアリは行方不明になってしまう。

ロンドンでパリの霊力には、祖母が持っていなかった広い世界観が加わる。この物語はパリの霊力を通して世界観の変化を描いているのである。死者の魂への呼びかけの歌が美しい。（中沢けい・作家）

（岩波書店・2415円）＝2009年1月29日⑥配信

切なく温かい家族の物語

「希望ケ丘の人びと」（重松清著）

二段組み、五百ページ以上の長編小説だが一気に読んだ。ひょうひょうとした筆致で描かれた「家族」にまつわる切なさと、どこかこっけいな温かさ。涙がわいてきて止まらなくなった。

舞台は一九七〇年代に開発された「希望ケ丘」という名のニュータウン。中流以上とおぼしき家族が住むこの町に、父子家庭の田島一家が越してきた。父親の「私」四十歳、中三の美嘉、小五の亮太の三人家族。亡くなった妻圭子が中学時代を暮らし、生前懐かしんでいた町で新生活を始めようと決めたのだ。「私」は子供との生活を優先するため会社を辞め、新たに選んだ仕事は進学塾の教室長だ。

モンスター・ペアレントの出現で「私」は早々に頭を抱える事態に。美嘉がいじめに遭っているのではないかとの心配も生まれてきた。規格化された町に息苦しさを感じているのは、彼らだけではなかった。

そんな時、一陣の風を巻き起こす意外な人物が現れる。まるで亡くなった圭子が助け舟を出してくれたかのように。これをきっかけに、希望ケ丘の人びとの人生は、前のほうへ前のほうへと転がりはじめる。

物語に登場するのは、田島家を軸に圭子の同級生夫婦など、それぞれの事情を抱える複数の家族。なかでも亮太が通う書道教室の頑固じいさんの存在が、物語に深い彩りを与えている。

この本の中には、人生と同じ分だけの悲しみとおかしみが詰まっている。日々の暮らしがどんなに苦しいものであっても、愛する人とどんなにつらい別れをしても、人は生きていくし、生きていかなければならない。読みながら、時折泣いたり笑ったりしながら、そんなことを思った。

冒頭で主人公の「私」が「美しすぎて、逆に嘘くさい」とつぶやいた「希望ケ丘」という名が、読み終わった後はたしかな温度をもって胸に残りつづける。その名前のとおり、これは生きる希望に満ちた物語である。（宮脇真子・ライター）

（小学館・1785円）＝2009年2月5日②配信

過酷な現実を〈読む〉意味

「アラブ、祈りとしての文学」（岡真理著）

現在の世界で、アラブ現代文学の研究者であるとはどういうことか？　パレスチナで、イラクで、日々殺りくが続き、国際社会の黙認に支えられた際限のない占領の下で、アラブ世界の多くの民衆が従属を強いられているとき、そのような同時代史を参照する物語の数々を〈読む〉営みは何を意味するのか？

私たちはまず、パレスチナのガザを舞台とするヨルダン在住のパレスチナ人作家ナスラッラーの小説「アーミナの縁結び」の衝撃を受ける。二〇〇二年、すでにイスラエル軍の再侵攻にさらされていたガザで、アーミナは隣人のランダに縁談を持ちかける。しかしそれは虐殺された親族同士の縁談であり、愛する者を次々に奪われ精神に変調をきたしたアーミナの妄想であることを、読者はやがて知ることになる。そしてある日、彼女も空爆によって殺される。

これほど救いのない物語をつづる作者、その読者、他の言語に翻訳し語り伝える研究者は、一体どんな精神のきずなで結ばれているのか？　この問いに導かれて著者が叙述するアラブ文学史は極めて斬新である。女性の表象の変遷、さらには女性文学の多元的な生成を丹念にたどりながら、著者は私たちを、アラブ世界に生きる同時代の人々の、歴史的な時間のひだの内側に導いてゆく。

とりわけモスタガーネミー（アルジェリア）の「肉体の記憶」、ホーリー（レバノン）の「太陽の門」は、解放闘争が個人の生に刻印した暗い陰影を描き出し、答えのない問いの前に私たちを立たせる。小説はこのように、宗教や革命など神聖な価値をすべて問いに付す世俗的な芸術である。

しかしそこには、同時に、ありうべき正義を呼び求めるひたむきな「祈り」が脈打っている。この「祈り」をこそ、作者、読者、研究者は、現代アラブの過酷な現実を生きる民衆と分有している。ここには疑いなく、私たちの時代のもっとも強靭（きょうじん）な文学の理念のひとつが暗示されている。（鵜飼哲・一橋大教授）

（みすず書房・2940円）＝2009年2月5日③配信

分裂を生きる歴史的宿命

「現な像」（杉本博司著）

歴史が終わる、時間が終わる、と口にする、若すぎる老人の蘊蓄（うんちく）話だけは延々と終わらない、一読そう思った人は著者とすれ違っただけである。

人と物とに幾重にも絡みつく「縁（えにし）」をひもとく博識は衒学（げんがく）趣味と紙一重、だから著者は明恵上人像にゴッホに聖フランチェスコ、本歌取りとデュシャンとジオラマの意外なつながりを示唆するとともに、古今東西大風呂敷をひろげて浅く深く読者を翻弄（ほんろう）するだろう、その諧謔（かいぎゃく）精神は、読点だけで連続する独特の文体にもうかがえる。

だがそこに本書の核心はない。杉本博司の「現（うつつ）な像」とは、人間のまなざしで汚されていない「あるがまま無垢（むく）な世界」であり、西欧文明に染まっていない「純粋な日本」である。

しかし人目に触れていないものを見られるのは写真のおかげ、「純粋な日本」を見いだしたのはまさしくそれを破壊した文明のまなざしだ。自分が信じ愛する対象への欲望と、それが完全に失われたという絶望のあいだの分裂を、その対象を破壊した側の論理で生きること、これが日本の国際的知識人の歴史的宿命なのだ、それは天平時代に生じ、明治時代に悲劇として、戦後日本では喜劇として反復されているではないか、こう本書は語りかけるようだ。

それはかつて三島由紀夫が見た喜劇でもある。「この庭には何もない。記憶もなければ何もないところへ、自分は来てしまったと本多は思った。庭は夏の日ざかりの日を浴びてしんとしている」（「天人五衰」一九七〇年）。三島は分裂に耐えられなかった。その年、杉本は渡米した。

天平文化、本地垂迹（すいじゃく）説、廃仏棄釈、日米戦争を論じる著者の言葉は、実は、陳腐な洋魂和才（？）に堕（お）ちた戦後日本へ常に向けられている。二重性の分裂を生きること、それは帰国モダニストの自虐ではない。著者の引くスーザン・ソンタグの感動的な言葉のように、同時代者として背筋をただしたくなる批評である。（清水穣・美術評論家）

（新潮社・2520円）＝2009年2月5日④配信

黒人大統領生み出した力「ヒップホップはアメリカを変えたか?」(S・クレイグ・ワトキンス著、菊池淳子訳)

一月二十日、アメリカ合衆国大統領オバマの就任式が首都ワシントンで行われた。今、新たな動きの中で、あらためてブラックカルチャーにもスポットが当てられている。中でも驚異的なエネルギーを持ち、政治的影響力を無視できないとされているのが、アメリカの地下室やストリートの片隅で始まった音楽、ヒップホップだ。

ヒップホップの起源は、歴史学者や文化評論家によれば、一九七〇年代にさかのぼる。人種差別や貧困が問題化した、社会情勢が不安定な時期に生き生きと芽を吹いた。九八年には、ヒップホップCDが売れ行きランキングの上位にひしめくまでになる。最近では、米ハーバード大学にはヒップホップ文書館が設立されたという。

本書ではアンダーグラウンドからメジャーへの道、ファッションだけでなく政治にまで影響を与えるほど大きな存在となっていく過程、そして商業化が進む中でのあつれきが詳細に描かれている。

ヒップホップは暴力的なイメージをもたらすことが多いが、そうではないと著者は異を唱える。世界中の若者に平和をもたらす大きな可能性を持ち、ヒップホップのエネルギーがなければ希望もチャンスも消えてしまうかもしれない若者が現に増え始めているのだという。

紹介されているヒップホップの代表的なアルバムの中から、数曲を聴いてみた。どれも底辺からはい上がるようなパワーにあふれている。社会的に排除された弱者の生きる力となり、人と人をつなげる媒体として必要となっていくのだろうと感じた。

ヒップホップの軌跡は、ある一つの音楽ジャンルという枠を超え、黒人大統領を生み出す力にもなった。今もなお変化し続ける、驚異的なパワーを持つ文化として興味深く、本書は、不況などで衰弱した現代社会を生きる私たちに大きなヒントを与えてくれる。(祝田民子・音楽プロデューサー)

(フィルムアート社・2310円)=2009年2月5日⑤配信

水をめぐる戦い「ウォーター・ビジネス」(モード・バーロウ著、佐久間智子訳)

水は果たして企業の資金源か、それとも公共財なのか。いや、水へのアクセスは「人権」だと本書は主張する。

一九九〇年、民間企業による水道サービスを受けていた人口は世界で五千万人だった。しかし今日、その数は世界人口の一割に相当する六億人にまで急増した。そして公営、民営問わず水道サービスを受けていない人は十五億人にのぼる。

水道サービスを受けている四十億人のうち15%が民間会社から給水を受けている。問題は企業論理である。高額な水道代を払えない人には水は供給されないのだ。

著者ら公正な水の分配を求める運動家らは水は利潤の対象とすべきではなく生存権の一部であり、貧困者たちに水を提供する手段として、民間企業方式はナンセンスだと主張する。批判の矛先は海水淡水化やボトル水、水源開発ビジネス、水ファンドなどにも及ぶ。

おそらく、企業側にも言い分や反論があるだろう。また、水問題に苦しむ開発途上地域では、さらなる人口増大と経済発展が予想される。現状のままでは水をめぐる戦いが今後激化することは目に見えている。

本書は技術的な手段は環境負荷の観点から間違っており、多国籍企業に水管理を任せることは問題ばかりだと批判する。だが、本書が主張するように公共管理で水源保全をしたとしても、根本的水不足問題が解決するとは考えにくい。水が限りある資源であることは間違いないからだ。

少なくとも現地のためにならない水源開発はおかしいし、水へのアクセスを人権として考えるべきだという主張には同意できる。だが根本的な解決策、どうすればいいのかは本書を読んでもよく分からない。

今やボトル水の世界市場規模は年間一千億ドルを超えているという。水の出所を考えずにボトル水を飲み干す日本の人々に本書の主張はどこまで届くのだろうか。(森山和道・サイエンスライター)

(作品社・2520円)=2009年2月5日⑥配信

最も整理された指導者論

「リーダー・パワー」(ジョセフ・S・ナイ著、北沢格訳)

本書の著者ジョセフ・ナイは、国際政治の用語として、軍事力というハード・パワーと並んで、外交や文化交流などによって他者を説得し引き寄せるソフト・パワーが重要であることを提唱し、さらにこの両者を使い分けるスマート・パワーという概念も導入したことで、日本でもすでによく知られ、また米国の民主党系の日本通と言われてきた。オバマ新政権の発足にあたり、ナイの駐日大使の起用が固まったと報ぜられ、彼がどのようにソフト・パワーを発揮するかが注目される。

本書は、国際政治論ではなく、リーダーシップ論であるが、ここでも中心となる概念はハード・パワー(威圧の力)とソフト・パワー(人を引き寄せる力)であり、著者が強調しているのは、効果的なリーダーシップには、ハードとソフトの両方のスキルが必要だということである。リーダーシップを論じた書物は何千冊も出版されているそうであるが、リーダーシップ研究にはあまりに多くの変数がつきまとって、いまだに「状況の科学」としてのリーダーシップ論は成立していないというのであれば、さしあたっては本書が最もよく整理された入門書ということになるだろう。

リーダーシップは、リーダー、フォロワー、そして両者を包む外部環境と達成を目指す目標を構成要素としている。状況や目標が変化すれば、それに応じたタイプのリーダーが求められる。従って、リーダーには状況把握の知性が欠かせない。これまでのリーダーシップ論が、いわばソフト・パワーのスキルの使い方に重点を置いているのに対し、本書においては、現代の民主主義社会においても、ハード・パワーは有能なリーダーには不可欠な道具であることが力説されている。

本書の内容があまりにも豊富で、リーダーは結局、天性で決まると読者が絶望する必要はない。本書の最後に、著者は「リーダーシップは学習可能だ」と励ましてくれている。(本間長世・東大名誉教授)

(日本経済新聞出版社・2100円)=2009年2月12日①配信

安住できない息苦しさ

「女の庭」(鹿島田真希著)

芥川賞候補となった表題作。子どものいない一人の専業主婦の意識の流れが、日常と妄想を行き来しながら静かに描かれていく。居心地の悪さを隠して子どものいる主婦たちの井戸端会議に参加し、面白いのかどうかわからない昼のドラマを見て、凝った夕食を作る日々。具体的な描写があっても、そこにはリアルな手触りがない。主人公の心が今いる場所に安住できていないことがわかって、読みながらその息苦しさがじわじわと伝わってくる文体だ。

OLのころは結婚して普通の主婦になることが喜びだったはずなのに、今は「普通の主婦に堕落」したと主人公は思っている。「なんの不満もないけれども、現実逃避したい感じ。私はなにから逃げているのだろう。わからない」。そのわからなさを突きつめることも、空っぽな自分を変えることもできず、漠然とした悲しみを抱えこむだけだった主人公の隣室に、ある日外国人の女ナオミが引っ越してくる。異国に身を置く女の孤独を、共感というよりは思い込みで想像しながら、主人公は自分自身と向きあうことになるのだった。

「ナオミは新しい国の人間になりすます。(略)平凡な人間を演じているうちに、ナオミは過去に、祖国で遭遇した小さな傷のことなど忘れてしまうのだ」。隣の女への妄想の語りが、そのまま、言葉にできない小さな過去の傷や、理由を語りえない違和感をないことにして「夫の領土」で生きようとした主人公自身の内面をあらわにしていく。文章はさりげなく、だがたくらみに満ちている。

物語の終わり近く、主人公は初めてナオミに妄想ではない他者への共感を抱き、救いを得る。やや性急ではあるが、「女」という存在の根源的な痛みがとらえられ、息苦しさは未来の時間へ向かって解き放たれていた。

併録の「嫁入り前」は、この作者らしい前衛的な作風。「女」への問題意識は通底している。(川口晴美・詩人)

(河出書房新社・1470円)=2009年2月12日②配信

殺人犯は変われるのか　「人を殺すとはどういうことか」(美達大和著)

二人を殺した罪で無期囚となった著者は、長期刑専門刑務所に現在も服役中だ。この本の前半は、著者が自らの性格や生い立ちの特異性をつづり、そして後半は、著者が刑務所内で交流した長期刑収容者たちの日常や性格を丹念に描写する。

テーマのひとつはタイトルが示す「人を殺すとはどういうことか」。そしてもうひとつは「人は変われるのか」という問題提起だ。

ただしひとつめのテーマについての解答はない。当たり前だ。人を殺すことは、殺す側からすれば現実であり行為でしかない。湿り気がない。直後においては概念化されていない。だから「どういうことか?」という命題が成立しない。でも殺された(もしくは遺族の)側からすれば、「殺されたということ」は現実であり、概念でもある。だから虚無を実感する。慟哭(どうこく)する。憎む。恨む。

加害者が人を殺すということを考えるためには、自らの行為を概念化しなければならない。悔悟や反省はそこから初めて生まれる。ふたつめのテーマである「人は変われるのか」という問いかけがやっと意味を持つ。

でも現状の長期刑専門刑務所の処遇は、犯罪者たちが自らの行為を概念化することを助成するシステムとして機能していない。それはまるで治療行為を放棄した隔離病棟のようだ。だから変われない。変われる可能性があっても変われない。

後半には多くの罪深き男たちが登場する。その多くは人を殺したということを概念化できない男たちだ。でも(当たり前だけど)その資質や性格はさまざまだ。殺した被害者や遺族への思いを持てないままにテレビの感動シーンで泣く無期囚。自責と悔悟の念を深く持つ元ヤクザの組長。

筆者は惑う。悩む。人は変われるのかと。人は善なる存在なのか、それとも悪なる存在なのかと。

終盤で読者は気づく。この筆者自身が大きく変わっていることを。そしてこの変化は、きっと普遍的であることを。(森達也・映像作家)

(新潮社・1470円)=2009年2月12日④配信

人間の本質めぐる長編　「ブロデックの報告書」(フィリップ・クローデル著、高橋啓訳)

読み始めてすぐ、かつて見学したザクセンハウゼンの匂(にお)いを思い出した。そこはナチスの強制収容所。戦後は旧東ドイツの政治犯の監獄として使われた。その資料館に、収容者の名前と経歴が所持品とともに展示され、彼らは民族という漠然とした存在ではなく、実体のある個人なのだと訴えていた。

この小説に登場する百人に及ぶ人々(動物にまで)に、名前が与えられたのは文化人類学者でもある作者の意図だ。人々はみな平凡な小市民、しかし単なる善人はいない。小心なエゴイスト、被害者であり加害者。そう、私たちと同じように。

主人公のブロデックですら例外ではない。四歳で戦争孤児になった彼は、異民族の女性に救われ、森に囲まれた人口四百人の山村に住みついた。ありふれたこの村に、戦後初の来訪者がやってくる。名乗りもせずアンデラー(他者)と呼ばれた男は言葉も服も食事も村人と違っていた。読者から見るとこの村の文化も異質なのだが、村人は他者の文化を受け入れられず、喜劇は悲劇に暗転する。

脅迫され「余所(よそ)者殺し」の報告書を書くブロデック。隣近所から監視されつつ、村の過去と向き合っていく。

「収容所がその心臓」の「非人間性の国」が村をのみこんでいた時代。複数の時空を行き来しつつ、物語はらせん状に核心へつき進む。人間は犬か、狐(きつね)か—。さまざまな登場人物の言葉やエピソードを借り、作者は今この瞬間を痛烈に批判する。

年をまたぎ、過去に民族浄化の犠牲となったユダヤ人は、再びパレスチナ人を一方的に攻撃し殺した。かたやアルゼンチン生まれのユダヤ人バレンボイムは、ヒトラーの生まれた国でウィーンフィルを指揮し「中東に平和と正義を」と訴えた。私たちは侵略国の兵士にも虐殺の犠牲者にもなりうる。

本書は人間の本質をめぐるミステリー。残念ながら、それは結果的にホラーでもある。(敷村良子・作家)

(みすず書房・2940円)=2009年2月12日⑤配信

衛星開発競争の群像劇　「レッドムーン・ショック」（マシュー・ブレジンスキー著、野中香方子訳）

ソビエト連邦による人類初の人工衛星スプートニク1号の打ち上げ成功は、アメリカ合衆国全体を揺るがす大事件となった。国力も科学力も世界一だと、思い込んでいた当時の米国にとって、まさに青天のへきれき。

それればかりか、第二次大戦後、冷戦関係にあった両国が互いの力関係を示すために心血を注いできたミサイル開発において、ソ連勝利を示したといっても過言ではなかったからだ。その結果、マスメディアは「アメリカの敗北」を報じ、全米に核攻撃による恐怖もはらんだパニック“スプートニク・ショック”が起こっていく…。

小さな人工衛星がいかにして生まれ、どんな影響を米国に与えたのか、本書はその様子を追ったノンフィクション。だが面白いのは、開発当時のエピソードを連ねた誕生秘話だけに物語がとどまらなかった点。

とにかく冒頭から驚くような展開が続く。第二次大戦時にナチスドイツが開発した攻撃用ロケット、V2のロンドン攻撃のシーンから始まるのだが、なんと飛んでいるロケットの視点で状況を伝えるのだ。

さらに当時の攻撃を体験し、生き延びた人の回想とともに語られていく。臨場感あふれる描写、そこに実在する人物が残した言葉が加わることで、史実がよりドラマチックに伝わってくる。

しかもそれは冒頭だけに限らない。V2ロケットをきっかけに始まる米ソによる弾道ミサイル開発競争、科学者たちの苦悩、彼らの前に立ちはだかる政府上層部の思惑といったドラマがつづられる。それをソ連最高指導者フルシチョフ、スプートニク開発者コロリョフ、米大統領アイゼンハワーと副大統領ニクソン、ドイツ人ロケット開発者のフォン・ブラウン、さらにはウォルト・ディズニーまで引っ張り出し、彼らの言葉とともに宇宙への第一歩の瞬間をぐいぐいと読ませていく。

見てきたような臨場感に群像劇的な面白さ。これこそ本書最大の魅力だ。（横森文・ライター）

（NHK出版・2625円）＝2009年2月12日⑥配信

遠くなっていく「あの日」　「ブラザー・サン　シスター・ムーン」（恩田陸著）

過ぎ去ってしまった「あのころ」や「あの日」に思いをはせるというのは、どうしてこんなにやるせないのだろう。

ここに、同じ高校、大学に通い「ザキザキトリオ」と呼ばれた三人（楡崎、戸崎、箱崎）が回想する青春の日々が語られる。一九八〇年代半ば、日本がバブルへと向かっていたあのころの思い出話。

大学時代、本ばかり読んでいた楡崎綾音は、小説家になりたいという夢を自覚するのに四年間も費やしてしまったと語り、バンド活動に明け暮れていた戸崎衛は「普通に就職するだろう」と思い、その通りになったと語る。また箱崎一は、映画を見るのは好きだったが、まさか映画監督になるなんて思ってなかったと、あのころをふり返る。

当時流行した文化や風俗、それぞれが夢中になった本や音楽や雑誌とともに青春が語られていく。三人の共通の思い出である映画「ブラザー・サン　シスター・ムーン」、そして蛇が空から落ちてきたあの日のこと—。

描かれているのは、なにが夢なのかもわからず不安と焦燥のなか自分を持て余している、いつの時代も変わらない普遍的な若者の姿であり、そんなあのころが遠ざかっていく、時間の流れである。

若き日を回想するのは懐かしいが、どこか重苦しくてやるせない。当時なにもわからなかったことが今になってわかるという苦々しさ、はっきりとわかったところでどうすることもできないという悲しみが、つきまとってくるからだ。

それぞれの思い出のシーンは、まるで望遠鏡を逆さにのぞいたときのような不思議な倒錯感のなかに、浮かんでは消える。それでも思い出さずにはいられない、生きている間に何度もそこに帰らずにはいられない。そんな「あの日」があることのささやかな喜びと、思い出すたびに遠くなっていくという悲哀が淡く交じり合う、せつない青春小説である。（白石公子・詩人）

（河出書房新社・1470円）＝2009年2月19日①配信

交錯する幻想と現実

「廃墟建築士」(三崎亜記著)

表題にギョッとするかもしれない。なにしろ「廃墟」を建築することを専門とする職業が設定されているのだ。廃墟と聞くと、人が住めなくなって荒れ果てた古城やバブルがはじけて未完成なまま放置されたビルを連想するが、なぜまたそんなものをわざわざ建てようとするのか?

しかしながら、この謎めいた仕事に関する説明は特になく、このナンセンスきわまりない肩書をもつ主人公が、廃墟本来のすがたを顕現させるため、建築作業に従事する姿が淡々と、もっともらしく描かれていく。その非常に実際的ななりゆきは、ついひきこまれてしまうほどの圧倒的なリアリティーにあふれており、読後は、当初の理不尽でファンタスティックな設定すら忘れてしまうほどだった。

幻想建築物を作るクリエーターの現実的な日常という、幻想性と現実感が微妙に交錯する展開に揺れ動くうち、やがて、建物という、われわれが普段あまり意識しない人工物そのものに案外思ってもいない盲点がたくさんあることを発見できそうな気分になってくる。

本書はこの表題作ほか、表題作以上に奇妙な幻想短編三編を収録している。ビルの七階だけを消し去ろうとする動きに対抗して展開される「七階闘争」、夜の図書館の驚くべき真相をドラマチックに描いた「図書館」、目的のために特化された建物の驚くべき生態を描き出した「蔵守」。

どれも建築をめぐる奇妙きてれつな設定で、謎におびきよせられるように読んでいくうちに、妙に腑(ふ)に落ちたり考えさせられたりする。卑近な日常生活が重ねあわされ身につまされるかと思えば、思いっきり抽象度の高い思想的命題に踏み込むようなニュアンスもあるといった具合。

ただし読後感は、建物というよりは奇妙な生き物と人類とのかかわりについての記録を読んだような印象だった。人工性過剰の都市が、数多くのエイリアン生命体を擁する夜の森であるかのように思えてきた。(小谷真理・文芸評論家)

(集英社・1365円)=2009年2月19日②配信

自家焙煎開拓した畸人たち

「コーヒーの鬼がゆく」(嶋中労著)

この本はコーヒーのうんちくを語ったものではなく、ガイドでもない。コーヒーを素材に、ひとつのものを追求し続けた人間を描いた記録だ。

コーヒーの鬼は標交紀(しめぎ・ゆきとし)(故人)。東京・吉祥寺にあった自家焙煎(ばいせん)コーヒー店「もか」主人で、その常連だった作家村松友視は「コーヒーへのかかわり方から鬼気迫るものを感じて、店内では声をかけるのもはばかられた」と追悼記事で述べた。確かに、本書には標が焙煎や生豆の選別に費やした驚異的とも言うべき情熱と努力が記してある。

三十年ほど前まで、コーヒーの味は抽出で決まると思われていた。演出効果もあるサイホン式でいれる喫茶店が流行した。しかし「もか」をはじめとする自家焙煎店が焙煎の重要性を示し、上質のコーヒーを提供したため、サイホン式は次第に廃れていったのである。そして現在では味を決めるのは生豆選びが八割、焙煎が二割といわれる。

自家焙煎の旗頭だった標はひたすら仕事に没頭した。睡眠を削って焙煎機に向かい、ある夜、妻がふと目を覚ましたら、標は「両の手を宙に泳がせ、右手をグルグル回している。夢の中でも『ただいま焙煎中!』」だったのである。

また、標だけでなく、同じようにコーヒーにつかれた男たちも登場する。彼らは皆「愛すべき畸人(きじん)」でありコーヒーを自分の子供と考えている。ある主人は客がコーヒーを飲み残したのを見て、「デッドボールを頭に受けたみたいな衝撃」を覚えたと告白している。

著者は論語、徒然草といった古典からの引用やコーヒーについての該博な知識を駆使し、読者がコーヒーに興味を持つように、巧みに文章を進めていく。事実、読んでいる途中、私も無性にコーヒーが飲みたくなった。

文中には上質なコーヒー店が幾つも出てくる。しかし、巻末に一覧はない。そんなふうに断じてガイドを拒むところから察すると、著者もまた愛すべき畸人の一人なのではないか。(野地秩嘉・ノンフィクション作家)

(中央公論新社・1680円)=2009年2月19日③配信

美しい詩に昇華する生　「秋月記」（葉室麟著）

人間には、危険に直面すると逃げだす本能がある。だが、命がけで守りたいものがあれば、どんなに恐ろしくても、逃げない生き方が貫ける。

葉室麟の小説「秋月記」のテーマは、「武士とは生き方において、詩を書く者のことだ」という人生観である。犬が怖くて妹の命を救えなかった臆病（おくびょう）な少年が、どこまで自分の人生を美しい詩に昇華できたのか。

舞台は江戸時代後期、九州の秋月藩。後に「秋月の乱」が起きた所だが、山々に囲まれた小さな城下町である。イギリスの医師、ジェンナーよりも早く種痘を行ったという緒方春朔や目鏡橋など、偉人や名物が数多く登場する。

中でも、原采蘋（はら・さいひん）という、男装の女性漢詩人が華やかだ。彼女から、谷間に咲いた蘭の花のようだと慕われたのが、間余楽斎。彼は、自分の心の奥を人に見せず、決して自分と社会の弱さから逃げなかった。

政界の黒幕と批判されながらも、毅然（きぜん）として故郷の自然と平和を守る男。そして、その男の生き方の美学を見抜く女。彼らの結ばれぬ恋心は、藤沢周平の「蟬しぐれ」の世界を思わせる。二人の心の香気は、葉室麟の文章の香気である。

私は本書を読んで、山本周五郎の「日本士道記」ですがすがしい涙を流した体験を思い出した。そして、悪人という汚名を恐れず、藩を存続させた「樅ノ木は残った」の原田甲斐のすさまじい覚悟を連想した。

作者もまた、自分の弱さから逃げない人ではないか。だから、弱さが強さに変化する人生の奇跡を、これほど感動的に描けたのだろう。

現代でも、会社や家庭から逃げない男や、逃げない男を信じて支える女や友が、きっとたくさんいるに違いない。

時代小説界に、さわやかな風が吹いた。その風は、停滞する現代日本の暗雲も吹き払う。雲から顔を出した秋の月の光は、見る者の心にしみ入ってくる。それが「秋月記」の世界である。（島内景二・電気通信大教授）

（角川書店・1785円）＝2009年2月19日④配信

人類に対する警句　「ハチはなぜ大量死したのか」（ローワン・ジェイコブセン著、中里京子訳）

北半球から四分の一のミツバチが消えた。数にして三百億匹にも及ぶ、ハチの集団大量死の原因は何なのか。本書は、アメリカの養蜂（ようほう）業界に急速に拡大しつつある謎の病気、「蜂群崩壊症候群」の原因を探る、スリリングで示唆に富む、読み応えある科学ノンフィクションである。

巣箱に残されたのは、女王バチと幼虫と大量のハチミツ。巣箱という巣箱を開けても、そこに働きバチもその死骸（しがい）も見当たらない。寄生ダニの影響か、謎のウイルスか。あるいは、農薬か、携帯電話の電磁波か。それとも温暖化がなせる技なのか。不可解な死、消えた死体、次々に浮かび上がる容疑者とアリバイ。その読後感は、超一級の探偵小説に通じるものがある。

しかし、ミツバチの生態、養蜂のノウハウ、業界の現実を畳み掛けるように知らされていくなかで、本書が優れた環境問題啓発のための、辛辣（しんらつ）な文明論のテキストであることに気づかされる。

神経毒としてハチに作用する、複合農薬汚染の問題。アーモンドをはじめとする果実の受粉を移動養蜂に頼る、米国農業の工業的なビジネスモデル。その過剰労働のために、花のみつではなく、栄養源が偏った大量のコーンシロップで育てられる糖尿病化したハチたち。

そして、ミツバチ用のタンパク質サプリメントまでが製品化され、ビジネスとなっている現実。高いストレスと栄養失調におかされたミツバチが、いかにして群としての記憶、行動、本能を失っていくのかが、克明に解き明かされていく。

自然の営みに根ざしたプロセスと農業、生命産業のあり方について、本書は数多くの論点とソリューションを示してくれる。文中の主語であるミツバチをヒトに変えて読み進める時、そのすべてのメッセージが、私たち人類に対する警句なのだ。（赤池学・ユニバーサルデザイン総合研究所所長）

（文芸春秋・2000円）＝2009年2月19日⑥配信

コンゲーム小説の王道

「煙霞」(黒川博行著)

先に急逝したアメリカのミステリー作家ドナルド・E・ウェストレイクは軽快なタッチで現代の犯罪劇を描き出す名匠であったが、日本で彼を髣髴(ほうふつ)させるといえば、この人、黒川博行である。

本書はその黒川が持ち前の軽重自在な演出力を遺憾なく発揮してみせた痛快なだましあい(コンゲーム)小説だ。

教育委員会から天下ってくる指導主事に職を奪われる⁉　大阪の私立晴峰女子高に勤める美術講師・熊谷は同僚の小山田にたきつけられ、音楽教師の正木菜穂子を加えた三人で、学園を私物化している酒井理事長に不正の証拠を突きつけて身分の保全を図ろうとする。彼らは愛人と旅行に出ようとしていた酒井をつかまえ、目的を果たしたかに見えたが…。

「悪果」でも主役の悪徳刑事が学校法人をゆする話が出てきたし、本書もてっきりその筋の犯罪譚(たん)なのかと思いきや、小山田には彼を操る黒幕が存在し、物語はいつしか理事長の莫大(ばくだい)な隠し財産の争奪戦へと転じていく。

熊谷と菜穂子、酒井と愛人のホステス朱実、そして小山田と彼を操る謎の黒幕。この著者らしいアクの強い面々が互いを出し抜こうと虚々実々の駆け引きを繰り広げる。その展開はまさにコンゲーム小説の王道を行く。

特に注目は女性陣のたくましさで、急場にも動じずクールに熊谷をリードする菜穂子といい、舌先三寸で悪党たちを手玉に取る朱実といい、脇役ながら男たちを食うほどの快演を見せてくれる。

本書のもうひとつの特徴はいったんコトが動きだすと止まらないこと。互いの探り合いから追跡戦へと、皆が皆、夜を日に継いで走り回る文字通りのノンストップ小説なのだ。むろん学校法人の闇をえぐり出す社会派の一面もそなえてはいるのだが、まずは黒川名物、大阪弁ののののしり合いから迫真のカーチェイスまで、あの手この手の活劇演出を堪能されたい。(香山二三郎・コラムニスト)

(文芸春秋・1750円)=2009年2月26日①配信

ほろ苦くも甘やかな余韻

「ぼくたちは大人になる」(佐川光晴著)

「思春期ってのは、誰にとっても、通り抜けたあとから考えると、よくも無事だったと涙ぐむほど危なっかしい時期だからね」

本書の主人公、宮本達大が、担任教師の清水から言われた言葉だ。思春期という“疾風怒濤(どとう)”の季節を、実に的確に言い表していると思う。

中二の時に両親が離婚し、雑誌編集者の母親と二人で暮らしている達大だが、母は離婚以前から付き合っていた、年下のイラストレーター兼デザイナーのもとへ“通い婚”をしている状態で、実質は一人で暮らす時間の方が長い。新聞記者だった父は父で、やはり離婚前からの相手と“できちゃった再婚”。「いくら生みの親とはいえ、こんなにも不埒で無責任な大人たちを自分の保護者として認められるわけがない」というのが達大の本音だ。

だからこそ、達大は早く自分一人の力で生きていこう、大人になりたい、と思っている。本書はその達大の高三の一学期から、医大に合格するまでを描いた青春小説だ。

サッカー部の活動と勉強を両立させながら、成績は学年トップ。はたから見れば絵に描いたような優等生の達大だが、内面では鬱屈(うっくつ)を抱えている。担任の清水から「きみは、なんだかんだ言って、他人に興味がないだろう」と指摘されてもいる。そう、達大は、早く大人になりたいと願うあまり、自分をとりまく人たちに、無意識のうちに殻を作ってしまっていたのだ。

そんな達大が、子どもっぽい感傷から、とある“事件”を引き起こしてしまう。結果的には大事に至らなかったその事件を通じ、達大は、事件の真相を打ち明けた担任の清水と、事件の当事者である同級生の三浦と土屋にだけは、少しずつ心を開いていくようになる。

物語は達大が“本当の大人”に一歩踏み出していくまでの成長小説でもある。ほろ苦くも甘やかで、静かな余韻を残す一冊だ。(吉田伸子・書評家)

(双葉社・1680円)=2009年2月26日②配信

含羞の政治家の知性と重み　「大平正芳」(福永文夫著)

大平正芳、一九七八年十二月から約一年半、内閣総理大臣。大蔵省出身、外相・蔵相・通産相・内閣官房長官などに加え、自民党幹事長、政調会長、さらには宏池会会長などを歴任。田中角栄の盟友として政権の座に就いたものの、「四十日抗争」で福田赳夫を推すグループと血で血を洗う党内抗争を繰り広げた揚げ句、現職の総理として在任中に衝撃的な死を遂げた人物。

大平が記者会見などで「アーウー」と言いよどんでいたことや、その外見から「鈍牛」とあだ名されていたことはよく知られている。しかし、上司である池田勇人が大蔵次官に就任する際に「貴方は主税局長としては立派だが、次官の器ではない。断った方がいい」と言い放ったことなど、外見からは想像できない骨太の面を持っていた。

著者の福永氏は、大平を戦後保守の中でのリベラル派の代表格の一人として、岸信介や福田、中曽根康弘などの伝統的、あるいは「国家主義的」な色彩のあるリーダーたちと対比し、政治の限界をわきまえた「含羞(がんしゅう)」の人として、その政治姿勢と哲学を高く評価している。

また、第一線の学者たちを組織してつくり上げた「田園都市国家構想」や「環太平洋連帯構想」などは、今でも十分に通用する先見性に富んだ政策提言だったとして、大平の知性や思索を評価している。

本書は、人物評伝のオーソドックスなスタイルを採りながら、戦後政治のさまざまな側面を実に豊かに考えさせてくれる好著である。同時に、自民党政治が混迷を極め、瓦解の淵(ふち)にあるかのように見える昨今の現状に照らしたとき、リーダーの重みというものにあらためて気づかされる。

大平が身命を賭してまで貫こうとしたものは何だったのか。死の直前、最後の街頭演説に立つ大平の写真を見つめつつ、政治とは何か、リーダーとは何かを、深く、深く考えさせてくれた一冊である。(野中尚人・学習院大教授)

(中公新書・882円)=2009年2月26日③配信

痛み分け合うような迫力　「フリーダ・カーロとディエゴ・リベラ」(堀尾真紀子著)

メキシコの女性画家フリーダ・カーロの名が、旋風のように日本にやってきたのは一九八八年ごろといっていいだろう。評伝、画集、展覧会、映画と矢継ぎ早にフリーダは私たちに近づき、その苦難に満ちた生涯は、不運な人を、ことに女性を慰めたり、励ましたりしたのだった。

しかしこうしたブームよりもずっと早く、地味な努力を重ね、フリーダについて研究していたのが、この本の著者堀尾真紀子さんである。彼女の数冊のカーロ関連書の中でも今回のものは、二〇〇七年フリーダ生誕百年記念にメキシコに渡り、初公開された資料を調査し丁寧に紹介、解説した貴重な一冊である。

五四年、四十七歳で他界したフリーダという画家がその短い生涯で背負っていた苦悩とはどんなものだったか。

十八歳のとき、バスの衝突事故のため手すり棒が子宮を貫通し、脊椎(せきつい)、骨盤に大けがを負う。このため生涯に受けた手術は三十数回。やがてメキシコの代表的画家リベラと結婚した。しかし彼の奔放な女性関係はしたたかに彼女を傷つける。ことに彼女の妹とまで関係をもつ夫によって、彼女も派手な異性関係をもつが、それで癒やされる日はなかった。

離婚、そして不思議なことに再び二人は結婚。どんな激しい葛藤(かっとう)が二人の愛憎のなかにあったのだろう。しかし、二人はやはり二人でなければならない何かによって結ばれていたのだ。

フリーダの絵はひたすら彼女の心を描いているのであって、生易しいものではない。体を貫通している棒、血のにおい。著者は孤独で痛みに耐え抜いたフリーダの絵を実に深く見据えている。そして画家の晩年を書いた終章は、画家とともにその痛みを分け合ってるかのような迫力がある。

この著書はフリーダとリベラの壮絶な愛の物語である。そしてなによりも堀尾さんのフリーダへの愛の書である。(小柳玲子・詩人)

(ランダムハウス講談社・2310円)=2009年2月26日④配信

眼についての多様な世界

「見る」(サイモン・イングス著、吉田利子訳)

スズメバチは、無視していれば刺しはしない。彼らは、私たちと同じようにはものが見えないからだ。ハチは飛びながら食べ物の位置をマッピングするだけで、彼らにとって世界は停止している。私たちがおびえて逃げたり手を振り回したりすると、彼らは混乱して襲いかかってくる。

私たちは誰もが（人間であろうと他の生物であろうと）同じように見ていると思いがちだ。しかし眼（め）および見ることには多様な世界がある。「見る」は、眼と見ることについてあらゆる角度から記述した本である。

眼という器官がどのように進化したかだけでなく、化学や光学についての記述もある。心理学や人類学、哲学についての話もある。眼の百科全書。著者はサイエンスライターであり、小説家でもある。書店や図書館はこの本をどのように見て分類するのだろうか。

第一章で全体を俯瞰（ふかん）し、第二章から五章で感覚の進化をたどる。第六章から九章までは視覚の理論の変遷。そして第十章が視覚の現在と未来。冒頭のスズメバチの話もそうだが、おもしろいエピソード満載である。ひところ日本でも流行（はや）った立体視画像（マジカルアイ）のしくみの話もある。

私たちの眼は一秒の三分の一という速さで常に動いている。高速眼球運動（サッカード）という。小鳥が小刻みに頭を動かすのも同じ。眼は動きを察知するが、完ぺきに静止してしまうと見えなくなってしまう。子どものころ先生や親にしょっちゅうしかられた。「じっとしていなさい」と。今だったら「ものをよく見ようとしているんだよ」と言い返せるんだけど。

私が気に入ったのは、人間の表情は普遍的だ、という話である。喜怒哀楽の表情は民族や言語や風習が違っていても同じなのだ。言葉が通じなくても表情で意思は伝わる。「他者への信頼は必要なばかりでなく、人生を生き易（やす）くする」とある研究者は語っている。（永江朗・フリーライター）

（早川書房・2730円）＝2009年2月26日⑤配信

作家の息づかいをつかむ旅

「小林多喜二」(ノーマ・フィールド著)

格差や貧困の深刻化を背景に、ブームとなった小説「蟹工船」。その作者の等身大の実像を探究した評伝である。著者はプロローグで「多喜二さんへ」と呼びかけ、いまの時代だからこそ「あなたの息づかいをつかんでみたい」と語って「多喜二探し」の旅に出る。

多喜二は、小説家として一見タイプが違う志賀直哉に傾倒し、「小僧の神様」などをむさぼるように読んだ。その志賀は多喜二の作品について「小説が主人持ちである点」を好まないと批判した。共産党員としての「運動意識」が作品を不純にしているのではないか、と指摘したのである。

しかし、多喜二が二十九歳で特高警察に虐殺された際は、弾圧の危険を冒して、多喜二の母親に丁重な手紙と香典を送った。後年には、主人持ちでも「人をうつ力」があればいいと述べている。

著者は「我々の芸術は飯の食えない人にとっての料理の本であってはならぬ」という多喜二の言葉を引きながら、「政治」と「芸術」を共に既成概念から解き放たなければならないと説く。だが、その道が十分示されたとは言えない。「主人持ちの文学」の問題からの解放はそれほど簡単なものではないからである。いま多喜二を読む若者もそれにぶつかるだろう。

ただ多喜二の作品には、さまざまな枠を突破しそうな勢い、迫力がある。新聞連載小説「安子」で、主人公にこう叫ばせているのがその象徴だろう。「われ〳〵は踏みつぶされた蛙のように生きてはならない―ッて！」

売春宿から身請けした恋人の田口タキに多喜二は「闇があるから光がある」と教える。「闇から出てきた人こそ、一番ほんとうに光の有難さが分るんだ。世の中は幸福ばかりで満ちているものではないんだ」と説く。

個人ではなく「集団（グループ）」が主人公の小説の「蟹工船」が読まれる現代は、幸せな時代ではない。厳しい状況下で弱者に寄り添い、人々を変革へ鼓舞した作家の足跡をたどりながら、著者は多喜二をいま読む意味を問うている。（佐高信・評論家）

（岩波新書・819円）＝2009年2月26日⑥配信

風土をエネルギーとした縁

「龍太語る」（飯田龍太著）

龍太とは飯田龍太。俳人飯田蛇笏の四男で、兄たちの早世により、俳誌「雲母」と家業の農業を継ぎ、父を超える影響力を俳壇に作り出す。

だが一九九二年、突如「雲母」を終刊。以後、一句も公にすることなく、二〇〇七年二月二十五日、この世を去った。

山梨日日新聞の記者中村誠は、「雲母」終刊後の龍太のもとに通いつめ、その人間としての魅力の根源に迫ろうとした。本書は、その結果の一冊である。中村の記した草稿には生前の龍太も目を通していたというが、最後は、長男秀実の監修による刊行ということになった。

本書で龍太が語っているのは、山梨の風土をエネルギーとする人間交流である。血縁、地縁はもとより、井伏鱒二、水原秋桜子、角川源義らとの交流が風土を背景に語られる。龍太は風土そのものとなり、地方での濃密な人間関係の中に人生の価値を見いだしていく。

龍太は、時代に逆行したのではない。近代を突き抜けたのである。都市型近代の幻想を捨て、日本の実相を見る側に付いた。「雲母」という結社を解体したことにもそれは現れている。龍太は、本物の自我を求めたのである。

本書は、龍太自身が書いたもの以上に、その体臭を伝えているかもしれない。それは、十五年という歳月を取材し続けた記者の熱意によるものである。もしこれが自身の著作であったなら、龍太はこれほど雄弁に自己を語らなかったであろう。聞き書きであるがゆえの率直さが、この本の魅力となっている。また、随所に配された写真が、さらに龍太を読者に近づける。

これこそ編集の力というものであろう。すぐれた本というものは、なべて書き手や語り手と編集者との共同作業によって作られているものだが、本書も例外ではない。

巻末には、龍太自筆の自選八十句が置かれ、本書は、龍太を知るに十分な一書となった。（秋尾敏・俳人）

（山梨日日新聞社・2800円）＝2009年3月5日①配信

世界観語るテーマ小説

「この胸に深々と突き刺さる矢を抜け（上・下）」（白石一文著）

小林多喜二の「蟹工船」がリバイバルヒットし、「格差社会」という言葉もすっかり定着した。この事態を招来した新自由主義への批判が高まるなか、格差を題材とする小説も増えてきた。白石一文による本作もそのひとつである。

大手出版社の週刊誌編集長である主人公の「僕」は、抗がん治療を受けつつ、与党の実力政治家Nのスキャンダルを追っている。幼くして亡くした息子の声がときどき聞こえ、自分と妻そっくりな人物に出会うなど、超常的とも思える現象にもしばしば見舞われる。こうした娯楽小説的なストーリーの合間に、格差問題にまつわる「教理問答」が差し挟まれるのが、本作の最大の特徴だ。

登場人物同士が議論を交わすだけではなく、語り手の「僕」も、さまざまな文献からなされた引用に対し、コメンテーターとしてふるまう。引用量は物語の進行を妨げかねないほど膨大である。そこでは新自由主義のイデオローグとされるミルトン・フリードマンの思想が根本から批判される。アポロ計画の宇宙飛行士シュワイカートとミッチェルが達した神学論的な世界認識が丹念に紹介されたのち、「僕」によって退けられる。かくして、上下巻にわたる長大な物語の大半は、「僕」が抱く特殊な世界観の弁術にあてられている。

表題にある「矢」の語は、「僕」が最終的に達する認識を象徴するキーワードだ。白石一文という作家にとって小説とは、芸術としての「文学」でもなければ娯楽に徹した「商品」でもなく、社会に対してメッセージを発信するための「メディア」なのだろう。

ソフィスティケートされた現代文学を読み慣れた読者には違和感があろうが、菊池寛が提唱した「テーマ小説」の現代版だと思えば、彼の小説が広く読まれても不思議はない。反時代的ともいえるスタイルで書き続ける白石一文は、現代文学において特異な存在である。（仲俣暁生・編集者、文筆家）

（講談社・上下各1680円）＝2009年3月5日②配信

宗教思想のドラマを解明

「不干斎ハビアン」（釈徹宗著）

秀吉の治世下、恵俊という名の十八歳ほどの禅僧がキリシタンになった。ハビアン（巴鼻庵などと表記した）とよばれ、不干斎の号ももつ切れ者のイエズス会イルマン（修道士）だ。仏教をはじめとする東アジアの諸宗教の知識を駆使して、キリスト教の優位を巧みに論じた「妙貞問答」を著したのは四十一歳の一六〇五年のこと。だが、その三年後ハビアンはキリスト教を捨て、一六二〇年にはキリシタン批判書「破提宇子（はだいうす）」を著し、その翌年世を去る。

ハビアンの生涯と思想の解明が進んだのは比較的近年のことだが、宗教間論争に熟達したこの人物の実像を捉（とら）えるのは容易でない。これまではキリスト教の立場からの論及が多く、日本や東アジアの宗教思想の系譜の中に位置づける研究は乏しかった。宗教学者であると同時に浄土真宗の僧侶でもある著者は、「諸宗教を比較しつつ生きるとはどういうことか」という野心的な問いを携え、斬新で刺激的なハビアン論を展開している。

道教的な無に影響された禅的な仏教理解をもち、儒仏道の「三教一致」を受けいれていたハビアンにとり、絶対的な創造神と霊魂不滅を掲げるキリスト教はまったく新たな体系として現れたはずだ。「妙貞問答」は異質な宗教の衝撃を証しているが、それは若きハビアンの宗教比較の体験でもあった。だが「破提宇子」では、一度わがものとしたキリスト教が一つの思考様式に過ぎないものとして相対化されている。

結局、ハビアンは競い合う諸宗教をすべて相対化したことになる。といって世俗主義者というわけでもない。その思考の地平とは何か。宗教比較自身が宗教体験となりうるのではないか。スピリチュアルを自称する現代人にどこか近い。だが、こだわり続け問い続ける彫りの深い生の形は今やまれだろう。現代的な問いに引き寄せ、キリシタン時代の日本人の思想のドラマを解き明かし、読者を重い問いへと引き込んでいく好著である。（島薗進・東大教授）

（新潮選書・1260円）＝2009年3月5日③配信

伝統的にして現代的な物語

「シェヘラザードの憂愁」（ナギーブ・マフフーズ著、塙治夫訳）

「アラビアン・ナイト」には誰でも心躍らせた覚えがあるだろう。アラジンと魔法のランプやアリババと四十人の盗賊、はたまたシンドバッドの七つの航海…それらはたんに子供心に訴えるのみならず、大人になったあとでもなお、わたしたちがなぜ「物語への意志」なくしては生きて行けないのかを考えさせる。

なにしろ宰相の娘シェヘラザードは、面白い物語を紡ぎ続けることによってのみ、残虐非道な王による処刑を免れるのだから。かくして米国のエドガー・アラン・ポーからジョン・バース、我が国の古川日出男に至るまで、「アラビアン・ナイト」へのオマージュを捧（ささ）げる物語作家たちは、ひきもきらない。

一九八八年にノーベル文学賞に輝いたエジプト出身の作家マフフーズもまた、八二年発表の本作品でこの古典に挑戦し「晩年の主要作」を確立した。

おなじみの人気キャラクター同様、シェヘラザードも再登場するが、本書での彼女はその物語能力を買われ王の妻となるも、無実の者を数多く惨殺してきた夫に対して、いまひとつ心を許せず、憂鬱（ゆううつ）を深めるばかり。ここで実質的な主人公を演じるのはむしろ、王と同じく血に飢えて無実の者たちを殺して来た警察長官ジャマサ・アルブルティーである。

本書の描く、人間たちが妖霊たちと摩訶（まか）不思議なかたちで共生する魔術的にして現実的なアラブ的日常において、まさに妖霊にそそのかされ王の代理たる総督を殺したジャマサは死刑となり、まったく別の人間として甦（よみがえ）っては現実世界へ干渉し、クライマックスでは退位した王とも再会して、人生の真理を分かち合う。

魔術的リアリズムの横溢（おういつ）する本書は、やがて古代から二十一世紀現在に至るまで、有罪と無実とを問わず大量虐殺に血道をあげてきたすべての独裁者とテロリスト自身の憂愁を、読者に印象づけるだろう。最も伝統的にして最も現在的な物語が、ここに達成されている。（巽孝之・慶応大教授）

（河出書房新社・2940円）＝2009年3月5日④配信

愛しい人たちとの食の記憶

「我、食に本気なり」（ねじめ正一著）

「中央線高円寺の乾物屋の倅（せがれ）として生まれたおかげで、鰹節（かつおぶし）とは兄弟みたいなものである」

自己紹介を兼ねた見事な書き出しで始まる「本枯節」を筆頭に、「なれ寿司」「水茄子」「わさび」「ホットドッグ」などなど、三十六種もの食べ物についてのエッセー集。詩人、俳人、小説家である著者の話芸ならぬ筆芸「ねじめ節」を三十六回分楽しめる趣向となっている。しかも一章につき確実に一笑、の保証付きだといってもいい。

たとえば、「牛乳」の章。「オクサンが美人で息子が体格がいいというのは、牛乳屋にとってすごい説得力なのだった」。そして「自信肉まん」では「私が死んだらお棺（かん）の中に中村屋の肉まんを入れて欲しい」。

さらに、読者を中華料理屋に走らせること必至の「チャーハン」では、「ちりれんげをちょっと触れただけではらはらと崩れるのだ。ご飯のひと粒ひと粒がちゃんと自立して、独立独歩の人生を歩んでいる感じだ」。

可笑（おか）しいなあ、うまいなあ。ところが、この手だれの著者が、愛（いと）しい人たちのことを語る時、思慕の念にかられる時には、いつもの芸風から離れ、その言葉が、ひたすらまっすぐな直球へと変わるのだ。その緩急にも胸打たれる。

「私にとって、詩の先生と呼べるのは鈴木志郎康さんただ一人である」。詩の教えを請うた師とのかかわりがつづられた「おしるこ」は、著者が詩人前夜の時期の思い出。ねじめ民芸店のライトバンで詩の教室へと通うひたむきな姿が思い浮かんで、味わい深い。

食の記憶は、つねに、著者をはぐくんだ家族、学友、商店街の面々とともにある。「新参者としては誠心誠意が唯一の武器」として乾物屋を営んでいた父親。手が黄色くなるまでみかんを食べ続けていた祖母。さまざまな食べ物とともに語られる家族の肖像を読み終えた時には、読者にとっても、高円寺の乾物屋一家が愛しい人たちになっている。（藤田千恵子・フリーライター）

（小学館・1680円）＝2009年3月5日⑤配信

漢詩への関心を満たす

「李白」（宇野直人、江原正士著）

この現代社会に、漢詩は静かなブームを続けている。同じ古典詩の短歌のように心情的なベタベタがなく、また俳句のように象徴に過ぎることがないからではないか。

漢詩を読むには、漢字や漢詩文の知識がないとよくわからないこともあり、教養が要求される。それは読めば読むほど身についていくわけで、自分の進歩を自覚することもできる。現代は努力を嫌う傾向があるが、人は日々考えたり感じたりして生きているのだから、蓄積に価値を置くことは大いにありうる。

本書は、そういう漢詩に対する関心を満たしてくれる書物である。入門書にもなれば、ある程度の蓄積をもっている人の欲求にも応える。

本書の進め方には特徴がある。「李白」という書名に示されているように、李白の漢詩を人生に添って取り上げ、読解、解説していく。だが、注釈書類とは違って、俳優の江原が現代人らしい質問や感想を述べ、学者である宇野が応じるスタイルで進行していく。そこに独特のリズムが生み出され、気軽に読んでいくことができる。漢字の多い黒々とした印象が薄れるわけだ。

といって、内容が薄いわけではない。「相思」という語は相手が自分を想（おも）うこと、月は恋愛の象徴であることなど、知識が豊富にちりばめられているとともに、一首の漢詩のもつ意味の読み取りと、そこから導かれる李白の想いや人柄、人生がほうふつと浮かべられる。漢詩についての書物がこんなに楽しく、わかりやすく読めるなんて考えもしなかった。

日本の文学は漢詩文に育てられた面が深い。その意味でも、漢詩を身近に取り戻す機会になりそうだ。

そのうえで一言だけ。全体的にあまりに李白個人に結びつけ過ぎている印象もないではない。すぐれた文学は作家を超える。作家はそれを自覚し、表現に身を預けることで作品が生まれる。うそも真実になることもある。（古橋信孝・武蔵大教授）

（平凡社・1995円）＝2009年3月5日⑥配信

戦争と日本人を探る会心作

「神器（上·下）」（奥泉光著）

昭和二十年初頭、横須賀を母港とする軽巡洋艦「橿原」に、若き上等水兵、石目鋭二が乗艦した。すぐに彼は艦にみなぎる不吉な「死の影」を感じる。すでに三人の不審死が艦内であったという。中学時代から探偵小説を書いていた石目には、この船の数々の奇怪さが見えてくる。とりわけ「5番倉庫」と呼ばれる閉ざされた部屋が、なぞの中心らしい。さらに不思議なゲストを乗せて「橿原」は出航する。

第二次世界大戦の末期、大日本帝国が絶望的な戦いを続けていた時期である。「5番倉庫」に運び込まれた秘密の積み荷は、実は「神器」だという。天皇陛下が乗り込んでいるといううわさまである。なぜ日本国の至上の宝物である神器がこの小型軍艦に積まれたのか。そして単独で太平洋をまっすぐ東へ向かう「橿原」の任務とは一体何なのか。

戦記小説とミステリーを兼ねたエンターテインメントかと思って読み始めた読者は、ほどなくこれが恐るべき想像力の飛躍と、とんでもない不穏さを潜めた小説だということを知るだろう。殺人事件や自殺が相次ぐのだが、通常の論理では解明されない。船の中には異次元空間のような通路があり、現世と魔界、過去と未来が目まぐるしく交わっている。艦底に巣くうネズミと、死に直面した兵士の世界が融合していく。

戦記小説にふさわしい叙事詩的な格調と、皮肉とパロディーの戯れが同居する文体の柔軟さは驚嘆に値する。そうして一億玉砕の特攻戦を支えた神国日本のナショナリズムの狂気が、あるいは歴史の記憶を忘れつつある現在の私たちの生活とのギャップが、この小説では極限まで拡張され問いただされるのだ。

これまで著者は戦場を舞台とした小説を何度も手がけ、またミステリー仕立ての複雑な構成を得意としてきた。そんな著者が、戦争と日本人をテーマに、集大成と呼べる探求を成しとげた会心作である。（清水良典・文芸評論家）

（新潮社・上下各1890円）＝2009年3月12日①配信

会社員であることの困難

「トイレのポツポツ」（原宏一著）

「オロオロする」「ハラハラ散る」などオノマトペ（擬音・擬態語）の宝庫たる日本。に、しても「トイレのポツポツ」ってナニ？

舞台はワンマン社長のもと、四百五十人（正社員は三分の一）が働く業界中堅の製麺（めん）工業。ある日、営業部長の怒声が部内に響く。「何だあのトイレのポツポツは！」

ポツポツとは、小便器の手前の床を汚している「しぶき」のこと。うら若き女性である派遣の白石さんは、男性社員に向けて器官名も端的にトイレのエチケットについての通達メールを送るはめに陥る。それがセクハラとの風評を呼び、自分が部長追い落とし劇の重要な駒に仕立てられてしまうとは—。

この表題作を幕開けに、物語はこの会社で働く人々の間を渡っていく。デザイン畑から生麺開発担当になり、前任者の悲願を受け継ぐ目加田さん、暴走族上がりの自分を拾ってくれた会社に恩義を感じている配送センターのダジャレマン亀岡課長、三十路（みそじ）半ば、「無駄に長く経理にいる」辛口オンナの竹之下さん…。背負ったものもそれぞれである全六話の主人公たちから見えてくるのは、この右肩下がりの時代、会社員であることの困難とでも言うべきものだろうか。

会社は株主のものだと学者は言う。だが利益優先のその考え方によって、個人は働く意欲や情熱、誇りを持ちにくくなった。ここでちょっと問うてみたい。企業を人とみなす法人格があるのなら、個人から働く喜びという基本的な権利を奪って、どこが人格なのよと。

近年の食品業界のトレンドや不祥事を巧みに取り入れた本書で、この会社の人々は不正に対して反旗を翻す。恋あり熱血あり寛容あり。特に脇役の大人の女、飯島多佳子さんにご注目を。実にいい味を出している。

会社とは本当は誰のもので、会社員であるとはどういうことか。本書はそんな根源的な問いに、希望の光差す答えを用意した痛快作だ。（温水ゆかり・フリーライター）

（集英社・1260円）＝2009年3月12日②配信

死を学び、死に向き合う

「お葬式」（新谷尚紀著）

死は必然だから、自分の死から眼（め）をそむけず、充実した人生を送った方がよい—。この理由を、民俗学の第一人者である筆者は「先祖がそういう教えを残しているから」と述べる。

本書の前半では、日本における死や葬送の歴史をやさしく解説する。現代的に思える散骨も、実は歴史は古く、八四〇年に亡くなった淳和天皇は散骨されたそうだ。また喪服のもともとの色は死に装束と同じ白で、黒になったのは明治から大正にかけてだという。

筆者は、「死者が呼ぶ」「カラスが鳴いたら人が死ぬ」などの迷信を否定しない。現代では無意味に思える習俗も、先人の経験知に基づいているのだという主張は、各地での地道な調査に裏づけされている。葬送にまつわるさまざまな習俗が写真つきで紹介されている点も興味深い。

歴史だけでなく、現代の葬送についても民俗学的な観点から考察している。かつての葬儀は、読経や焼香が中心だったが、昭和五十年代以降、死者の個性と記念を重んじる葬儀が主流になった。「供養」から「記憶」へという変化は、大切な人を喪失した自分が癒やされたいという個人化社会の現れだという。

本書の後半では、日露戦争や太平洋戦争での壮絶な戦死者が、なぜ「軍神」へと祀（まつ）りあげられたのかを分析する。筆者によれば、「追悼」は哀悼される死者全般に使われる語だが、「慰霊」は事故や戦死などの異常死を対象とする。英語のメモリアルを慰霊、祭祀（さいし）、供養などと翻訳するのはおかしいと指摘する。

死を発見し、恐怖した最初のホモ・サピエンスの時点に戻って、自らの人生を考えることが大切なのに、学校では、生きることと死ぬということを教えない。筆者は、そこが問題だと警鐘を鳴らす。死を学び、死といかに向き合うか。人生を見つめなおすうえでも、ぜひ一読をおすすめする。

（小谷みどり・第一生命経済研究所主任研究員）

（吉川弘文館・1575円）＝2009年3月12日③配信

問題は情報システムの管理

「ポスト・プライバシー」（阪本俊生著）

プライバシーの保護とか、プライバシーの侵害といったことばは、いまでもよく話題になる。

そのとき、保護の対象となるプライバシーとしては、個人個人の心の内や体の特徴や内輪の生活といった私的領域が思い浮かべられ、それを侵害するものとしてはマスコミや大小さまざまな公的権力が思い浮かべられるのが普通だろう。そして、マスコミや大小の公的権力による侵害から個人のプライバシーを守ることは、近代社会を生きる市民の重要な義務でもあり権利でもあると考えられてきた。

そういう近代社会の常識がそのままでは通用しないところにまで現代の情報社会は来てしまった。本書が、目配りのよくきいた冷静な分析によって示そうとするのはそのことだ。守られるべきプライバシーの中心は個人の私的領域ではなく、侵害する中心勢力もマスコミや大小の公的権力ではないというのだ。

情報社会とは、真偽不明の膨大な情報が行き交う社会のことだ。私的領域に属する事柄も、意識的に、また無意識のうちに情報の海に流しこまれる。中に生きていると、私的な事柄が情報化されることへの抵抗感がしだいに薄れ、気づいてみると、私的な事柄の多くが情報データとして情報システムに組みこまれ、そして、プライバシー保護の問題は、情報システムをどう管理するかというところに重心が移っている。

プライバシーの侵害も、匿名の個人や集団による情報の創出や操作、利用と強く結びついている。それが、近代的なプライバシーの後に来るポスト・プライバシーの問題の基本的な構図だと著者は言う。

鮮やかな分析だが、私的領域をめぐるプライバシーの問題と情報システムをめぐるプライバシーの問題のつながりが、本書ではいまひとつはっきりしない。変化し続ける時代の流れに寄りそった、著者のさらなる論究を期待したい。（長谷川宏・哲学者）

（青弓社・1680円）＝2009年3月12日④配信

ヘリめぐる楽しい読み物

「機械仕掛けの神」(ジェイムズ・R・チャイルズ著、伏見威蕃訳)

幼いころ、ブランコに座って上空を見上げ、「オコプター！」と叫んでいた覚えがある。単にヘリコプターという発音ができなかっただけだが、パタパタパタという音をたてて「トンボ」のように空を飛ぶ機械は、私のお気に入りだった。

本書は、身近なようで、ほとんど何も知らないヘリコプターのすべてを網羅している。しょっぱなからヘリコプターの細部のメカニズムを説明されて、ちょっと引いてしまうが、我慢して読み進めていくうちに、人間がトンボのように飛ぶことが、いかに大変だったかがわかり、徐々に感動の気持ちが湧(わ)き上がってくる。

ヘリコプターといえば、救難救助に活躍している姿や、ベトナム戦争の映像などがすぐ頭に思い浮かぶが、あの大きな主ローターと小さな尾部ローターという「基本形」は、イーゴリ・シコルスキーというロシア生まれの技術者が発明したものらしい。シコルスキー以前にもヘリコプターはあったが、たとえばハインリッヒ・フォッケがつくった「フォッケウルフFw61」は、プロペラ飛行機から両翼をもぎとり、替わりにローターを二つくっつけたような奇妙な格好をしていて驚かされる。

むかし、クリント・イーストウッド主演の映画「マンハッタン無宿」に、ニューヨークの(当時の)パンナムビルの屋上から近郊の空港まで飛ぶ旅客ヘリコプターが出てきたが、今ではそんなことはできないそうだ。世界中の大都市で、ヘリコプターの騒音が問題視されており、住民の反対運動が盛んだからである。(唯一の例外はブラジルのサンパウロだという)

本書の特長は、その詳細極まるヘリコプターの歴史、人物、メカニズム、事件の記述だが、随所にユーモアに富んだ表現があり、楽しい科学技術読み物になっている。機械好き、軍事技術好きにはたまらない一冊だ。(竹内薫・サイエンスライター)

(早川書房・2415円)=2009年3月12日⑤配信

文豪との切り結びのすごさ

「白夜に紡ぐ」(志村ふくみ著)

染める、織るという行為とともに言葉を紡ぎ続けている著者のエッセーのファンは多いだろう。私もその一人である。本書でも、色とはなにか、色はどこから来るのかという著者の問いは続いている。「ぽっと頬を染めた少女のような初々しい紅花のうすべに色、意を決して自らを高昇させる蘇芳(すおう)の真紅」。見つめ、考えるところから生まれるこのような表現に、あらためてその色を思い、現代社会からこの深みが消えていることに悲しさを覚えるのである。

本書には新しい驚きがある。理由(わけ)あって別れて暮らしていた兄上が重病になり、看病に行った著者は、少女小説を捨てて文学を読め、と言われる。「ドストイエフスキイの『カラマーゾフの兄弟』をとくに兄は読んでくれといい、粉雪のふりかかる窓辺で凍えながら夜明けまで読んだ」とある。兄上は二十九歳で亡くなる。終戦前後の話だ。

そして一九九七年、サンクトペテルブルクの街角で、ここがドストエフスキーが「悪霊」を書いた館という案内人の言葉に、突如ドストエフスキーがよみがえる。帰国後全集を求め、専らそれを読む。「虐げられし人々」「死の家の記録」「罪と罰」。題名を書いただけでズシンとくるこれらを文庫本で持ち歩き、旅の途中に、仕事の合間にくり返し読むのである。

「暮に仕事を終えると、少しの食料をもって山の小舎へむかった」「暮から新年にかけて『死の家の記録』を読むのが今私の唯一の願いだ」とある。これほど悲惨を容赦なく描き切った人がいるだろうかと感じながら、心をえぐられつつ憑(つ)かれたように読んだという。

八十歳でのドストエフスキーとの鋭い切り結びのすごさ。同書を仏典と思い、ここにある人間のすべてを受け入れようというのだ。私も若いときには読めたが、今、一人の部屋でこれを読み切る力はないとため息がでる。あの布の色の美しさは、筋の通ったこの生き方あってのものなのだ。(中村桂子・JT生命誌研究館館長)

(人文書院・2940円)=2009年3月12日⑥配信

悩み多き一人の男の生涯

「リンカン」(土田宏著)

アメリカの大統領選挙では、各候補者たちが歴代大統領のスピーチの一節や世に知られる言葉を借用するのが常であるが、オバマ氏ほど第十六代大統領リンカーンについて言及した新大統領はいないのではないか。就任式では、リンカーンが使った聖書を手にするほど、リンカーンを意識していたのだ。

奴隷解放宣言をしたリンカーンであるから、黒人の父を持つ彼はそうしたのだとも考えられるが、本書を読めば、なぜオバマ氏がリンカーンにこだわったのか、別の深い理由が見えてくる。

リンカーンは、アメリカが独立宣言し、民主主義の守護神国家としてスタートして以来、最も有名な政治家である。自由と民主主義をスローガンとするアメリカに奴隷が存在し、これを解放したからである。

と同時に「人民の、人民による、人民のための政治」という民主政治の理念を最も分かりやすい言葉で表現したからであった。

しかし、著者によれば、この言葉、南北戦争という国家分裂の危機を回避する目的でアメリカ国民に統合を呼びかけたスローガンとされる。ここでいう人民とは、その時、危機にあったアメリカ国民を意味していたというのである。

リンカーンは神にも等しい存在として後世に伝えられた。だが本書を読めば、アメリカ史上最大の戦争である南北戦争の引き金を引いたのは、リンカーンであったことが分かる。リンカーンの戦局に対する読み違いが悲劇を生み出したと、当時の歴史を読み直して著者は結論づける。

リンカーンという、民主主義の守護神としてあがめられる一人の悩み多き人間の生涯をたどりながら、アメリカ史の本質に迫る本書には、若き日にワシントンのリンカーン記念堂の大きな像を見て感じた疑問に答えを出そうとした著者の執念がうかがえる。日本人が著したリンカーン伝の最高傑作だと信じて、読者にすすめる。(石川好・評論家)

(彩流社・2625円)＝2009年3月19日①配信

懸命に生きることの楽しさ

「ディスカスの飼い方」(大崎善生著)

主人公はかつて五年間つきあっていた恋人がいた。だがその恋人は、ディスカスに夢中になっている主人公に焦燥と不安を抱き、別れた。

ディスカスというのは、アマゾン川などに生息する体長二十センチ前後の淡水魚。体形はディスク(円盤)型で、さまざまな種類のものがいるが、いずれも色彩や模様が鮮やかで、熱帯魚の王様と呼ばれている。

その魚に魅せられた主人公は、会社の早期退職制度に応募して勤めを辞める。人工繁殖をさせることが難しいディスカスのブリーダーになることを決心し、悪戦苦闘するのが本書の大筋だ。そこに別れた恋人のことや、懸命に物事に立ち向かう人々が登場する。その姿は美しく、軽い筆致の描き方だが若者向けの青春小説に仕上がっている。

たった一人の恋人やたった一人の友人を得るためにも、あるいは老いて懐かしい昔を思い出すためにも、わたしたちは懸命に生きていく必要があるし、そうしなければ見えてこないものもある。同じ一生なら、懸命に生き、心豊かに暮らしたほうが楽しい。

本書にはその生き方を示すものがある。夢や希望を持ち、それにまい進する姿ほど心を打つものはなく、時折、読んでいて熱い感情に包まれる。

別れた恋人はもはや主人公の元にはいないが、彼が追い詰められるたびに彼女の声が窮地を救う。言葉こそが人格をつくるのであり、その懐かしい言葉が耳に残っている間は、彼の中に恋人もいる。濃密で豊かな過去が、わたしたちの人生に潤いをもたらすのだ。

生かすことと生かされること。その対比がディスカスを育てることによって、徐々に浮かび上がってくる。生きることはしんどいしつらい。また悲しみも多い。その感情を和らげるには、夢や希望を持つほかに方法はない。そのことを本書はそっと教えてくれている。若い読者への一書と言えるだろう。(佐藤洋二郎・作家)

(幻冬舎・1575円)＝2009年3月19日②配信

失われた時間を掘り起こす

「遠い花火」(辻井喬著)

人は晩年に至り、過去を顧みて何を考え、何を思うのか。八十歳の実業家の人生を、一族の歴史と日本の近現代史に絡めて描いた「遠い花火」は、「宿命という呪縛(じゅばく)」にあらがい続けた一人の男の生の痕跡を丹念にたどる。

明治維新の功労者で船会社を立ちあげた祖父をもち、新たに保険会社を創設した父の跡を継いだ島内源三郎は、会長を経て、現在顧問の職にある。島内は、一回り年下の友人の医師である「僕」に、自書したノートやメモを元にした言行録の執筆を依頼し、恋人で画家の久藤幸子とともにヨーロッパへと旅立つ。「僕」は、若い学者たちの協力を得て、事実確認の作業を行っていく。

島内のメモには、交換船でイギリスから帰国した十六歳の時の心境に始まり、政界と経済界の橋渡し役としての活動の詳細や、島内財閥形成時の負の歴史への思いなど、さまざまな記録が書きつづられていた。

調査を進める中で「僕」が注目したのは、敗戦後、呉服店に養女として迎えられた久藤の存在であった。彼女を通して島内の内面に迫ろうとする「僕」であったが、久藤の出生をめぐる秘密は、思わぬ場所へと「僕」を連れて行くことになる。

明治維新後に成立した島内財閥は、日本の近現代史そのものを映しだす鏡である。「僕」は、源三郎の個人史を戦後日本史に重ねつつ、失われた時間を掘り起こす、そのような作業へと導かれていく。

本書は、実業家である作者の自伝的側面を含んだ作品といえるが、対象者である島内を、医師でありエッセイストでもある「僕」の視点から描くそのスタンスに、自己客観化の方策が見て取れる。

この作品の連載中に、作者は島内と同じ年齢に達している。作者自身の問題をこえて、老年期をどう生きるかというテーマは、重要な問題設定だと思われる。(榎本正樹・文芸評論家)

(岩波書店・1995円)＝2009年3月19日③配信

報道の王道的手法

「原発と地震」(新潟日報社特別取材班著)

二〇〇七年夏の新潟県中越沖地震で「想定を超える」揺れに襲われ、構内火災などを起こした東京電力柏崎刈羽原発。被災一カ月後から連載開始された地元紙の検証記事をまとめたのが本書だ。

東電の原発は行政区域をまたいで建設され、固定資産税や電源立地地域対策交付金を両方の市町村に配分する手法が採られている。確かにそうすれば片方の地域に不満が生じることは少なくなろう。だが市町村の境界周辺を活断層が器用に避けてくれるわけではもちろんない。

柏崎刈羽原発の場合も、柏崎市と刈羽村の有力者と東電が接触、両地区にまたがる不毛な砂丘を原発用地として東電が買収した直後に活断層存在の可能性を指摘する地質学者の報告が出た。だが国と東電はそれを認めず、反対派が起こした国の許可処分取り消しを求めた訴訟も、東京高裁で控訴が棄却されていた。

そうしたプロセスを丁寧に掘り起こしてゆく本書の取材・調査は、行政の境界を立地に選んだり、自治体に交付金を還流させて地域振興に弾みをつける電源三法制度を制定するなど、原発建設を実現させる手法にたけてゆく一方で、リスクときちんと向き合う姿勢を喪失していった日本原発史の実態を描き出す。

実は評者自身は直下型に近かった中越沖地震に見舞われても炉心溶解させずに原発を止め得たのは、高度の安全設計の賜物(たまもの)であり、耐震技術を進化させれば、活断層がたとえ至近にあっても安全は守れると考える。

だがこうした技術的対応は問題の本質的な解決には繋がらない。リスクを無視して暴走しがちな原発推進の国策や電力会社に対して、司法までもが歯止めにならないのでは、たとえ活断層問題を克服できても原発はいつかまた「想定外」の事故を起こすだろう。それが実は「想定外」ではなく、「想定」を怠った結果の人災の再発となる懸念を本書は事実を積み上げてゆく報道の王道的手法によって警告するのだ。(武田徹・ジャーナリスト)

(講談社・1575円)＝2009年3月19日④配信

冷静で理詰めの環境論争　「武田邦彦はウソをついているのか？」（武田邦彦ら編著）

「リサイクルは偽善」などの主張でベストセラーを連発し、議論を呼んでいる大学教授武田邦彦と、いやそうではないとする研究者や関連業者との、環境問題をめぐる大議論である。おそらくは多くの日本人の“内なる声”が代弁されている。

たとえば森に囲まれて暮らす私自身の立場でいえば、そば屋でマイ箸（はし）など大反対だ。間伐材を利用しないと日本の森林がダメになるから、割り箸を消費し、使い終わったらストーブのまきに、と考えていた。しかし現在は途上国からの輸入割り箸が大半だと聞くと、立ち止まってしまう。そのあたりの折り合いをつけられないまま、ごみを分別しレジ袋を控えてきた。正直なところ、何をすべきで、何をすべきでないかよくわからない。

武田が、ペットボトルは優れた容器だからすぐ捨てずに五、六回は使うべきだと言うのは納得できる。しかし廃棄後は焼却処分にする方がエネルギー消費は少ないとする主張には首をかしげる。

反対に日本のペットボトルごみを一トン五万円で中国へ売るという業者の話には、なるほどこれもリサイクルかと思う。半面、それを“ごみ輸出”と批判する武田に対し、中国が買うのは商品価値があるから、と業者が反論するのを読むと、再び首をかしげてしまう。ペットボトルのリサイクルとはすなわち商品価値のある製品の輸出なのか。

私たちは、ごみもリサイクルも、その定義の理解さえ定まらないうちに、「エコ」の御旗のもとにやすやすと免罪符を手にしてきたのかもしれない。大議論を読み進むと、その曖昧模糊（あいまいもこ）としていた問題点が、少しずつあぶり出される。

意見の違いもたくさんあるが、揚げ足取りの応酬にならない大人の議論だ。感覚的な議論に陥りやすい環境問題で、こういう冷静かつ理詰めの論争が展開されるのは、読んでいてうれしい。本書は、市民団体主催のシンポジウムが生んだ大収穫だ。政治家にも読ませたい。（中野不二男・ノンフィクション作家）

（PHP研究所・1000円）＝2009年3月19日⑤配信

小説だから描けた光と闇　「グローバリズム出づる処の殺人者より」（アラヴィンド・アディガ著、鈴木恵訳）

グローバル化が加速すると、国家はその領土を、均質な「面」として維持することが困難になる。むしろその領域は「点」である巨大都市を結ぶネットワークとして、国境を超えて形成される。地方と都市の格差の問題とは、じつのところこの「面」と「点」との二重性の問題なのである。

二〇〇八年度のブッカー賞を受賞したこの作品では、インドにおける「光」と「闇」の領域とが対比されている。主人公は「闇」の世界の出身だが、伝説の「白い虎」に喩（たと）えられ期待される。しかしその希望は、経済的な理由であっけなく潰（つぶ）される。檻（おり）に入れられた白虎。原題の「THE WHITE TIGER」は、それに由来している。小説は、主人公が中国の温家宝首相にあてた手紙、という形式で語られる。

物語にはふたつのタイプの資本家が登場する。ひとつは、古くからの地主階級である。もうひとつはその古い階級を出し抜こうとする新しいタイプの資本家である。村をでて、地主の運転手をつとめる主人公は、やがて主人を殺害し、彼の金をぬすみ、その金で起業し、あっけなく成功をおさめる。彼は新しい資本家の寓話（ぐうわ）として描かれている。その彼が、「起業家」として善悪を超えた地平から、中国の温家宝に語りかけるのだ。

何よりも考えさせられたのは、インドの現状を伝えるという目的のために著者が採用したのが「小説」だった、ということである。どうして著者は、ルポルタージュや自伝といった方法ではなく、あくまでフィクションにこだわったのか。

たとえばマルクスの「資本論」は、小説としても読めるが、それは彼がこの形式でなければ表現できないような「現実」と向き合っていたからである。この本の著者は、マルクスと同じ地平に立っている。自分がどうしてこの形式を選んだのか。それを絶えず問い続ける者のみが、二十一世紀の作家たりうるのだ。（池田雄一・文芸評論家）

（文芸春秋・1890円）＝2009年3月19日⑥配信

大阪は独立国家だった！

「プリンセス・トヨトミ」（万城目学著）

冒頭、五月末日の午後四時、「大阪全停止」と提示されます。商業施設も交通機関も…。しかもこのことは誰も知らないと。そしてその十日前から物語は始まるのです。

何のこっちゃというやつです。まったく先が見えません。一体読者をどこへ連れてゆこうとしているのかと、不安になるくらいです。しかしその十日間を読み進むうち、驚愕（きょうがく）の事実に突き当たり、舞台となった大阪と大阪人に腹を立てます。あなた方はそんな大事なことをなぜ今まで隠していたのかと。

もうすっかりのめり込み、著者の術中にハマっているのです。奇想天外なフィクションを、読者は（少なくとも私は）現実のものと受けとめたわけです。設定と登場人物にリアリティーあればこそで、著者の描写にはうならされ通しでした。

東京から男二人女一人という三人が大阪を訪れます。法人などが予算をちゃんと使っているかどうかチェックする、会計検査院の面々です。あまりなじみのないお役人の登場は新鮮で、しかも彼らがまたよく機能するのです。私のお気に入りは鳥居クンで、彼のユルいキャラは落語の中の登場人物そのものです。

一方の主役は、大阪は空堀商店街に住む男女の中学生です。いえ女子二人と言いましょう。なぜなら大輔クンは女の子になりたいと切に願っていて、セーラー服で学校に通う少年なのです。女子の茶子ちゃんは逆に活発で、二人はまさに名コンビなのですが、切実さとユーモアのあんばいが巧みで、性同一性障害を見事に描ききっています。

そんな東京の三人と、大阪の二人が物語のゴールに向かって疾走する話ですって、これじゃ説明になってませんね。でもそれを言っちゃあおしまいよという小説でもあるのです。「大阪は独立国家だった」。これで勘弁してください。

「次に大阪へ行ったらじっくり大阪城を調べてやろう」。私がそう決めているように、多くの読者もそう思うでしょう。（立川談四楼・落語家）

（文芸春秋・1650円）＝2009年3月26日①配信

国境や言語の境界越えて

「ボルドーの義兄」（多和田葉子著）

ドイツのハンブルクで大学に通う優奈は、夏の間、知人レネの義兄の家を借りてフランス語を学ぶため、ボルドーへと向かう。彼女が駅に到着したところからはじまるこの物語は、その後義兄のモーリスと出会い、家へ案内されたのちにも続いてゆく未知なる時空へと進みながら、そのなかで次々とよみがえってくる過去の記憶やエピソードのはざまで、自由に往来する優奈の意識の流れや想念の飛躍にまかせてつづられてゆく。

自分の身に起こったことのすべてを記録したいと思う彼女は、同時に起こる多くの出来事の一つ一つを、文章ではなく漢字一文字にして書きとめる。それらの一字一字を〈トキホグス〉と、一つの長いストーリーになると考えて。

こうして記されたそれぞれの漢字が、まるで開け放した窓辺につり下げられ、風にひるがえったような鏡文字となり、短い断章からなる本作の各章題として鎮座する。それらは日ごろ当たり前のように慣れ親しんだつもりの意味や読みをも、文字通り反転させたような見慣れぬ表情を示して、物事や言語とのかかわりを一から再考せよと、こちらに強く促す。

日本語を母国語とし、複数の他の言語の波間を飛び渡り、あるいは潜って横断しつつ、ときには幻想世界へも突入しながら、優奈は言語の壁や付随するしがらみを突き破ってゆく。彼女は、独仏間を列車で移動しながら、国境、時空、言語といった境界を越え、つねに未踏の地を踏んでいる。

そんな彼女をとりまく人物たちの、謎めいた人間性と、多様な人間関係も、絶妙なつながりを見せて、虚実の渦中でうごめき交わる。海や川、涙やプールといった〈水〉のモチーフと深くかかわりながらも、ありきたりな湿った情感とは一線を画す、著者独特の知的なユーモアに富んだ鋭いまなざしと筆致が、ひと通りでない感覚を描き出し、読む者の意識めがけて錨（いかり）を投げる。（日和聡子・詩人、作家）

（講談社・1785円）＝2009年3月26日②配信

韓国の若者たちの苦難

「88万ウォン世代」(禹晳熏、朴権一著、金友子ほか訳)

いま世界で同時多発的に若者が苦難に陥っている。国によって現れ方は異なっても、背景には、奔流(ほんりゅう)するマネーが人の暮らしをそぎ落としてきたという現実がある。

韓国ではアジア通貨危機のあと急速に雇用の非正規化が進んだ。八百万人にのぼる非正規職の多くは二十代で、その手取り月収は平均八十八万ウォン。本書の著者たちは、彼らを「88万ウォン世代」と名づけた(本書によれば、一ウォン=〇・一円が近年の平均値)。

不運にも雇用の非正規化が進むなかで大人になる時期を迎えた世代は、いまの社会の矛盾を一身に集める。限られた正規雇用の椅子(いす)を求めて教育は過熱し、ソウル市の公務員試験では押し寄せる受験者のため特別列車が増発される。競争が限界をこえて熾烈(しれつ)になれば、努力すれば報われるという話は通用しない。

大多数の若者はTOEFLなど英語試験の点数を上げても正規職につけず、彼らに待っているのは「蟻(あり)地獄ゲーム」だという。敗者復活戦ではなく、誰が一番先に食われるかを争う蟻地獄。

本書は若い世代に、自分たちの立ち位置を認識し、「争い合う代わりに協力して蟻地獄に立ち向かう」ことを呼びかける。そして年長の世代に対しては、これは「世代間搾取」の様相を見せていると指摘し、若者の苦難に気づくことを求める。

本書が韓国で刊行されてからマネー経済は破綻(はたん)して大不況が訪れ、二〇〇九年の年明け、日本のテレビ報道は「派遣切り・派遣村」一色だった。しかしそのテレビは同時に退職金を手に引退する団塊世代に向けて優雅なCMを流していた。団塊世代が自分の幸せだけに満足していれば、いずれ年金制度のお荷物として後続世代の憎悪を浴びるかもしれない。そうならないためには、社会全体が幸福になる方法を真剣に考えるしかない。

本書の記述は韓国の特殊な事情に立脚しているが、そこから立ち上がる訴えは、いまを生きる世界の人々に通じる。(島本慈子・ジャーナリスト)

(明石書店・2100円)=2009年3月26日③配信

心の働きの構造明らかに

「奇跡の脳」(ジル・ボルト・テイラー著、竹内薫訳)

この本は、三十七歳の若さで脳の左半球に出血性脳卒中を起こした女性の脳科学者が、八年に及ぶリハビリによって社会復帰を果たすまでに生じた心身の働きの変化を、脳科学の視点から記述した記録である。

特に、出血が徐々に進行して認知力と身体の異常が進んでいく過程についても冷静な洞察が述べられている点で、他に類を見ない貴重な資料といえる。

右利きで左半球損傷なので、当然、言語機能も失われるが、その結果、それまで経験したことのない内面の静けさの中での清明な心の安らぎを感じるようになり、著者はそれを「涅槃(ねはん)(ニルヴァーナ)」と呼び、健全に残った右半球が左半球による抑制から解放され、右脳マインドが表に出たためと解釈している。

リハビリの結果、病前に脳科学者としての活躍の主役を務めていた左脳マインドも復活し、右脳マインドと競合するようになるが、著者は左脳マインドは研究や教育など必要な場面だけに働くようにうまく制御し、右脳マインドの安らぎを維持できるようにしていく。

脳の損傷は心の働きを崩壊させる。その状態を研究することは、健常者についてだけの研究では見過ごしてしまう心の働きの構造を明らかにしてくれる。本書の内容はまさにその典型で、洞察力に優れた脳科学者が自身に生じた心の崩壊を自ら観察したことによって、右脳マインドと左脳マインドの違いが明らかになったのである。

さらに本書には、リハビリの過程で、できなくなったことではなくできることに注目してそれを増やしていく努力を続けたことと、睡眠を重視したこと、発症初期の周囲の人たちの著者に対する接し方で何がプラスになり何がマイナスになったかなどが、体験に基づいて記述されている。こうした内容はリハビリの世界では自明であるが、身近に脳卒中患者が出現する可能性が高い今日、誰もが読んで頭に入れておけば、いざという時に役に立つであろう。(河内十郎・東大名誉教授)

(新潮社・1785円)=2009年3月26日④配信

複雑怪奇な世界経済の構造　「放浪のデニム」(レイチェル・ルイーズ・スナイダー著、矢羽野薫訳)

Edun(イードゥン) という高級ファッションブランドがある。人気ロックバンドU2のボノがプロデュースしているだけでなく、ジーンズの素材にオーガニック(有機栽培) の綿を使う点でも注目を集めている。

綿の栽培面積は世界の農地全体の3%にすぎないが、そこでは世界で使われる殺虫剤の25%が使用されているという。だから、オーガニックには脱農薬の強烈なメッセージが込められているわけだ。

ニューヨークにオフィスがあるEdunは、アメリカやトルコだけでなく、レソトやチュニジアなどでも製品を製造し、まさにグローバル経済の申し子のようだ。

本書は、ジーンズの製造プロセスを追ったルポルタージュだ。ジャーナリストの著者は、Edunのデザイナーをはじめ、アゼルバイジャンの綿選別官、カンボジアの工場労働者らに密着取材することで、複雑怪奇なグローバル経済の構造を白日の下に曝(さら) している。

たとえば、衣料産業を復興の柱にしてきたカンボジアにはジーンズ工場が多くあるが、貿易の自由化によって壊滅の危機に瀕(ひん) している。工場は中国などコストが最も安い国に移転するからだ。労働者は劣悪な労働環境の下で働いているが、労働条件が改善するとコストが上昇し、工場が閉鎖されて仕事を失うというジレンマに苦しんでいる。

また、ジーンズには染色や風合いをつける処理などの製造過程で凄(すさ) まじい量の化学物質が使われ、労働者の人体と地球環境を著しく蝕(むしば) んでいる。

だから、綿だけオーガニックにしても無意味だという批判もあるが、これだけ構造化されたグローバル経済を一気に変えることは困難だ。Edunのように、企業自らが理念を掲げてひとつずつ難問をクリアしていくしか、解決の道はないのではないだろうか。そのために、私たち消費者が声を上げなければならないのはもちろんである。(瀧井宏臣・ルポライター)

(エクスナレッジ・2100円) = 2009年3月26日⑤配信

米国の時代は終わるのか?　「長い20世紀」(ジョヴァンニ・アリギ著、土佐弘之監訳)

「米国の時代」に至る資本主義世界の長い歴史を振り返り、さらにその未来まで予測する探究が大きな力業を要することは言うまでもない。本書はそんな大胆な挑戦であり、資本主義世界の中心が地中海に始まって、スペイン、オランダ、英国、米国にシフトし、今後さらに東アジアへ移ると予測する。日本や中国への評価が高すぎるきらいはあるが、「百年に一度」といわれる経済危機が進行する中、将来の百年を考える上で見逃せない歴史書だ。

著者は歴史家ブローデルにならって、資本主義を国家と一体となった経済システムととらえる。近代世界では、これまでヘゲモニー(覇権) を持つ国家が次々と生まれてきた。そうした国家が世界に対しコントロールとリーダーシップを保つことができたのは、資本主義世界の中心を担ったためだが、繁栄は永遠というわけにはいかなかった。

資本主義サイクルは商品拡大期と金融拡大期という二つの期間を経て、次の中心サイクルへ移っていくと著者は考える。フィレンツェ、ジェノバ、オランダにしても最初は交易や産業で発展し、その後、金融の中心地となった。英国は自由貿易と帝国主義の結合によって富を拡大したが、次第に形だけの金融帝国へと弱体化する。二十世紀になって世界の資本、労働、企業活動をブラックホールのように引きつけていったのが米国だった。

米国のヘゲモニーの特徴を著者は「自由世界主義」と名付けている。経済の原動力を担ったのは巨大な産業組織だが、その活動は次第に金融の投機・仲介へと移行し、超国家的となった金融市場をコントロールできなくなっている。今回の経済危機は米国サイクルの終わりを象徴しているかのようだ。

著者の予想は必ずしも楽観的ではない。アジアが米国を支えていく可能性もあるし、米中対決という最悪シナリオもあり得る。世界はまだ不安定な状態が続くということを考えさせられる。(木村剛久・翻訳家)

(作品社・5460円) = 2009年3月27日配信

記憶の不可思議さに幻惑

「エ／ン／ジ／ン」（中島京子著）

記憶というものは、けっして、持ち主の都合で、自由自在に残したり消したりできるものではない。忘れたくないことを忘れたり、覚えていなくてもいいことを覚えていたり、ときには、良い思い出と悪い思い出の両方が同時によみがえってきて、混乱したりする。

本作のヒロイン、ミライは、容ぼうにコンプレックスを抱く、ちょっと屈折した独身女性だ。早発性の認知症を患う母と二人で暮らしながら、記憶というものについて、そんなふうに感じている。

生まれる前に失踪（しっそう）した自分似の父は、ひどい人間嫌いな「厭人（えんじん）家」だったらしい。彼女は、ある衝動に駆られて、もう一人の主人公、隆一を道連れに父の行方を追い始める。隆一は、ミライとは全く別の理由から孤独な境遇に追い込まれていた。

隆一がミライから奇妙な招待状を受け取り動きだすこの物語は、語り口が一風変わっている。現在進行中のエピソードと、未来において「わたし」がすでに聞き終えたらしい「隆一」と「ミライ」のエピソードがミステリアスに交錯しながら、読者を一九七〇年代ワールドの奥深くへと誘い込む。

特撮ヒーロー番組「宇宙猿人ゴリ」。ウディ・アレンやスタンリー・キューブリックの映画、ベトナム戦争、学生運動…。さまざまなキーワードがちりばめられたそこは、どこか殺伐としていながらもノスタルジックな万華鏡のようだ。

父の行方を追う旅は、ミライにとって、自分の生まれてきた意味を探す旅だ。本当に、人間は、人間を嫌いなまま生きていけるものなのか。そんなおそろしく寂しい生き方は、果たして実現可能なのか。巡り合う人々の証言から浮かびあがってくる父のイメージを模索する旅でもある。

隆一もまた、自分の未来を模索し始める。溶け合う時空、記憶の不可思議さそのものの小説の手触りに、心地よく幻惑させられる。（木村紅美・作家）

（角川書店・1890円）＝2009年4月2日①配信

近代の不安を超えるには

「怯えの時代」（内山節著）

一九八九年のベルリンの壁崩壊から九一年のソ連崩壊に至る社会主義国家の失墜は私たちに一つの教訓を与えた。どんなに強固な武力も理念も金の力には敵（かな）わない。それは民主主義の勝利ではなかった。勝ったのは自由主義経済という金の力のリアリティーだった。

しかし、その時点ですでに、日本国内ではバブル経済の崩壊が始まっていた。そして九〇年代の慢性的な不況の傷痕（あと）を残したまま、昨年、アメリカ版バブルとも言えるサブプライムローン問題が日本にも波及、現在、派遣労働者を主に、大量の失業者を生み出す悲惨な事態となっている。

同じような失敗が繰り返されるこの社会は、何か根本的な欠陥を抱えているのではないか？

著者は現代を「怯（おび）えの時代」と呼ぶ。私たちは環境問題や資源問題に見られるような、量の拡大という「善」の追求がむしろ、「悪」をもたらすシステムを超えるビジョンを見いだせていない。そこに不安が生まれる。それは私たちが資本主義の原理自体に怯えているということだ。著者は現代社会のさまざまな問題を、近代批判という軸からコンパクトにまとめ、その打開策を新しい貨幣や新しい連帯などに見いだす。

とはいえ、アカデミズムではより精緻（せいち）な議論がすでに積み重ねられており、具体的な実践もある。むしろ注目すべきは、冒頭におかれた妻との死別というエピソードだろう。

著者は妻の死という現実を怯えることなく受け入れ「また会おうね」と言ったという。これは衒（てら）いでも感傷でもない。

著者の近代批判には愛する死者との再会が賭けられている。われわれの「怯え」の核心は、大切な存在を失うことへの恐怖にある。近代社会がその恐怖をひたすら遠ざけるべく進んできたならば、近代を超える原理は〝死者〟との連帯のなかにこそあるのではないか。この認識の転回が小心な現代人を睨（にら）み返している。（大澤信亮・批評家）

（新潮社・1050円）＝2009年4月2日②配信

孤独な若者の内面の記録

「遭難フリーター」（岩淵弘樹著）

著者は同名の記録映画を製作したドキュメンタリー作家である。三年前、工場派遣の大手「日研総業」のあっせんで、埼玉県本庄市にある「キヤノン」のプリンター組立工場で働いていた。山形の大学の映像科を卒業した二十三歳のフリーターだった。

与えられたのは「酢コンブみたいな小さいフタを何百個もハメ続け」る単純反復肉体労働である。それでも、三カ月もしないうちに、年上の新入りに指導する（時給は同じだが）古株になっている。

ただ、今現在とちがって、派遣労働者が引っ張りだこだったころの話である。流れ者のように派遣労働者が職場に漂着する。若者ばかりではない。三十代は当たり前、四十代もいる。それら「オッサン」労働者たちへの反発と交流に生々しいリアリティーがある。

時間給の派遣労働者は、連休や正月休みになると収入は途絶える。そこで日雇い派遣の大手「フルキャスト」にも登録して、事務所移転、ビル掃除、建設現場、製本所などと労働現場の底辺を漂流する。

この本はマンガ喫茶、マクドナルド、パチンコ、競艇、風俗産業などを舞台とした大都会の流民の物語であり、孤独な若者の内面の記録である。

「家族や友人との関係の中だけで、俺は俺として認知され、その関係性だけが俺を俺として記名させる（略）東京は俺を必要としていない。わずかな労働力として、小さな消費者としていればいい。それでいいのか。分からない。俺に何ができるのか」

評者はこの都会の漂流記を読みながら、同じ東北出身者であって、一九六八—六九年に連続殺人事件を起こした永山則夫元死刑囚や昨年六月、無差別殺傷者となった加藤智大被告を思い起こしていた。

著者は派遣生活を映画に撮ることで救われている。が、なんのバックアップもない若者たちはますます追い詰められ、その結末は未完である。（鎌田慧・ルポライター）

（太田出版・1050円）＝2009年4月2日③配信

激変の背景、密度濃く描く

「絵画の変」（並木誠士著）

玉石混交の新書ラッシュのなかで本書を勧める理由は、歴史の流れと絵画の変化を冷静に見つめる目があるからだ。

東洋史学者の内藤湖南は、古代・中世・近世・近代という欧州的な歴史観をちゃんちゃらおかしいと感じ、応仁の乱によって日本の古代が完全に滅びた、つまりは律令（りつりょう）国家が“近代”へと変容した、と論じた。

湖南の考えに従えば、本書の扱う十六世紀の絵画は日本の“近代”のとば口の芸術になる。まさしく本書の題目である“絵画の変”が、そのような激変期に集中するのは当然ともいえるだろう。

著者は当時を「日本の文化を考えるうえできわめて重要な時期」とみる。下克上に加え、和と漢、聖と俗、公と武などの多様な価値観が交流、融合し、新たな文化が生みだされたからだ。その中で絵画も、多彩な新しい傾向を示した。それを“絵画の変”と名付け、室町・桃山の時代区分を閑却して連続的に変化のありようを分析する。

絵画がなぜ変化したのか。著者はさまざまな絵画や文献を駆使して、多角的に背景を読み解く。床の間や会所といった「絵画鑑賞の場の成立」を起点に、狩野派という職業画家集団の登場、絵を売る店の誕生など、絵画の周辺の政治的、経済的な状況も考察している。

そして、土佐派や狩野派といった本道の作品ばかりでなく、扇面画と和歌を一枚の絵に描く「扇の草子」にも目を配る。和歌を絵画化した「扇の草子」の存在が、十七世紀の屏風（びょうぶ）絵の画題の淵源にあることを明快に実証している。新書という限られた紙面で、絵画をどれほど語れるかを試しているような、密度の濃い一冊となっている。

国史・国文がいつの間にか、日本史・日本文学と呼称されるようになり、日本文化の相対化によって、この国は壊れ始めた。綿密な検証で近世文化の豊かさを明らかにした本書は、同時にグローバルスタンダードなどという観念の陳腐さをも柔らかくあらわにしているのではないか。（狩野博幸・同志社大教授）

（中公新書・987円）＝2009年4月2日④配信

生を実感する短編小説　「佐保姫伝説」（阿刀田高著）

長編小説がメーン料理ならば、短編は前菜のようなものかもしれない。前菜は軽少で美味。すべてにおいて控えめな印象だが、かと言って決してメーンに引けをとらない。そんな前菜が私は好きだ。

本書には何度も味わいたくなる短編が十二編収められている。

表題作「佐保姫伝説」の主人公はまもなく還暦を迎える。彼には妻にも秘密にしている場所がある。子どものころ迷い込んだ山で桜の絶景に出合い、以来その美しさを忘れられず、折を見ては何度も訪れている。

しかし単に桜の時期が悪いのか、それとも眺める自分が変わってしまったからだろうか、初めて見た子ども時代のような感動はない。そんなある日、秘密の場所で春の女神「佐保姫」と出会う。その翌年、主人公は再び佐保姫に会うべく、これが今生の最後と覚悟して現地へ向かう。

追想は、ある年齢を過ぎた人の「特権」だと思う。自分にとって都合の悪い記憶は巧妙に切り取られ、残しておきたい美しい思い出と夢を混ぜて再構築する。こうして過去の表面の時間は完成し、時に訓示を垂れたりもできる。

一方で破れた恋、すれ違ってしまった人、そんな苦い思い出は、作られた記憶の底辺に誰にも知られることなくひっそりと息づいている。

ふとした瞬間に記憶は呼び戻される。それはおのずと血液のように体を巡り、脳裏に過ぎし日をありありと映し出す。戻せない時を悔やみ、胸を痛めながら、誰にも言えない過去の過ちを恥じ、そののち再び記憶の底に戻される。

人は長く生きればそれだけ死に近づき、後悔することも増える。でも回顧する事柄が多くなるほど、人は生きていると実感する。そして小説は回顧のため、生きるために必要なのだ、とも思う。

どの短編もほんの数行で小説の世界に引き込まれる。昔からこの人たちを知っていたような気がしてならないのだ。（中江有里・女優、脚本家）

（文芸春秋・1680円）＝2009年4月2日⑤配信

まるごと受け入れ、見守る　「街を浮遊する少女たちへ」（兼松左知子著）

性の低年齢化、性感染症のまん延、望まない妊娠…。少女たちの性の現状は、明るくはない。一夜の宿を得るだけのために、不特定多数の男性と関係を持つ子もいる。けれど、彼女たちに、なぜ簡単にセックスをしてはいけないのか、性を売ってはいけないのか、きちっと教えられるだろうか—。この本には、その答えがつまっている。

著者は、売春防止法施行時から五十年以上、東京・新宿で相談員として、五千人もの女性や少女と向き合ってきた。傍らに寄り添い、心を開いてくれるまで待ち、話を聴く。うざいと迷惑がられても、しつこくない程度に連絡を続け、悲喜こもごもを共有する。

悩みを抱えた少女たちの中には、援助交際やフーゾクに流れていく子も多い。小遣い稼ぎに自由意志で性を売っているように見えるが、親や彼氏、友人との確執、差別や虐待、思わぬ誘惑など、だれにも言えない理由がそれぞれにあるという。

ある少女は家族や周囲に無視され、自己否定され続けた結果、自分を取り戻したいと、援助交際に走る。ある少女は、失恋の痛手から立ち直れず、だれかに優しくしてほしいと、フーゾクに足を踏み入れる。

彼女たちにとって、セックスやウリ（売春）は、さびしさや不安を忘れさせてくれる、手っ取り早い逃げ場なのだと思う。だから、性の尊さだけをいくら説いても、心に届かない。自分自身すら大切だと感じられないのに、性が大切だなんて思えるはずはないのだ。

著者と少女たちとの交流の日々から見えてくるのは「話を聴いてほしい、自分を見つめてほしい」という、心からの叫びだ。「危うい状況におちいったとき、まるごと受けいれて見守られている安心感を与え、ともにからだを張って、本人にとって、もっともよい解決をしてくれる大人が存在してほしい」。著者の言葉は、ずっしりと胸に響く。（高崎真規子・フリーランスライター）

（岩波書店・1680円）＝2009年4月2日⑥配信

理由のない絶望と不幸

「幸せ最高ありがとうマジで！」（本谷有希子著）

発表する戯曲や小説が次々に文学賞候補となって、演劇・文学界をまたに掛け疾走する著者の、これは岸田国士戯曲賞受賞作。戯曲ゆえのとっつきにくさを超えて、せりふの切れとテンポで劇世界に引き込んでいく極上のシリアスコメディーである。

女の目的は無差別テロだ。通りがかりの新聞販売店に入り、店主の愛人を名乗るところから、平穏だった家族の日常がきしみ始める。

店主と愛人関係にある従業員。それを知りつつ無視する後妻。近親相姦（そうかん）めいた関係の兄妹。体裁となれあいの下に隠してきた家族の秘密と暗い情念を、女は喜々としてえぐり出してゆく。

黒い笑いにまぶしながら物語を駆動させる著者の真骨頂が、過剰な自意識を持てあます女のゆがんだ理屈だ。従業員のリストカット癖をちょっと前の「トレンド」と小ばかにし、ダサい、暗い、とさげすんで、自分は「最先端なの。（略）明るい人格障害なのよ」と胸を張る。

女が明るく壊れているのは「絶望に値する理由」が見つからないからだ。暗くて貧しく頭も悪い青年に「いいじゃない。それだけレベルの高い理由があるんだから」。美人でお金持ちで頭もいい自分には、絶望する理由が見当たらない。「ねえ、全能感がそのまま無能感に繋（つな）がる虚（むな）しさがどういうものか、キミに分かる？」

底なしの虚無といらだちから来る女の無差別テロは、最近相次ぐ通り魔殺人を思い起こさせる。「明るい人格障害」とはつまり、この病んだ世界そのものではないか。

破滅に向けて転げ落ちていく家族に女は毒づく。「不幸は無差別に起こるんだよ。私達が幸せになれないことに、特に理由なんてないんだよ」

「理由のない絶望と不幸」という“最先端”の生きづらさを描いた劇世界は、乾いた音をたてて、この時代と共振している。幕切れに用意された逆転劇が、せつなく、また空恐ろしい。（片岡義博・文筆業）

（講談社・1470円）＝2009年4月9日①配信

さらなる深化を夜露死苦！

「ヤンキー文化論序説」（五十嵐太郎編著）

キャバクラ嬢がメーン読者の雑誌「小悪魔ageha」のモデル嬢から、しゃがみ座りの暴走族、歌手浜崎あゆみ、ツッパリスタイルのキャラクター「なめ猫」、歌舞伎までヤンキー文化でくくり、総覧しようというやばい（すごい）本だ。

何しろ相手が相手だから、研究は未開拓、パンピー（一般の人々）からは忌避される。確かにボンタン（極太の変形学生ズボン）に庇（ひさし）リーゼント、ヤン車（ヤンキー仕様の改造車）の暴走族となれば、学校、権威、成熟、洗練と、何でも拒否。既存文化や社会の外れ者、というわけで、ヤバイ（危ない）と烙印（らくいん）を押され、忌避、排除されてきたのだ。

ヒトは本来持つ動物性を文化という枠組みに押し込め、統制し、秩序ある社会を維持してきた。だが必ず枠組みに納まりきれない外れ者が存在し、その居場所、生き方としてヤンキー文化が発生してしまう。だから忌避、排除は不可避なのだが、他方で、日本人にはヤンキー的感性が内在し、日本文化の底流にも不良的要素が流れているし、大衆受けにはヤンキー的要素が不可欠だという。

確かに、金閣寺、東照宮、歌舞伎からキティちゃんまで、日本人がゴージャスを追求すれば必ずヤンキー臭が漂ってくる。ヤンキーは内なる外れ者、というわけなのだ。

出雲阿国が河原でさえ歌舞伎踊りを禁じられたように、どんな時代でも新たな文化を創造し、ヒトや社会を活性化するのは、文化、社会の中心から排除され、周縁にいる外れ者。だから単に牙を抜いて枠組みの中に取り込んでしまってはだめということにもなる。

そんな貴重種ヤンキーも、今や絶滅危惧（きぐ）種。でも日本人のDNAに組み込まれているのだから、必ずや形を変えては現れ、受け継がれていくことだろう。何しろヒトは、いつの時代だって枠組みから抜け出て、弾ける時が必要なのだ。だから、閉塞（へいそく）感充満の今、このやばい序説のさらなる深化を、夜露死苦（よろしく）！（斗鬼正一・江戸川大教授）

（河出書房新社・1680円）＝2009年4月9日②配信

結びつく人類の歴史を活写　「グローバリゼーション(上・下)」(ナヤン・チャンダ著、友田錫・滝上広水訳)

グローバリゼーションの進展の結果、現代人が直面しているのは「超結合世界」だと著者は述べる。そしてその源を、五万年前の「出アフリカ」にまでさかのぼる。人類はより良い生活への欲望や衝動に駆られてアフリカから世界中に拡散していった。その後、その人類は経済や技術の進歩などで結びつき、一体化しているというのである。

本書の最大の特色は、このように結びつきを強めていく人類の歴史の進展を、具体的な事例を豊富に駆使して活写している点にある。特に交易、布教、冒険(知的好奇心)、帝国の征服の四分野を取り上げて、進展のプロセスを、数多く興味深いエピソードを交えながら説明する。

ともすれば陳腐で冗漫になりがちな歴史的事実を、著者自身が足を運び、考察を加えるので、歴史の実感が読者に伝わってくる。例えば、ポルトガルの商人が新世界から唐辛子の種を日本に持ち込み、豊臣秀吉の侵略によって唐辛子が朝鮮にもたらされた。それが民族的料理、キムチを生み出すきっかけとなったという。また近年、人間が植物を栽培した最初の例はイチジクの木であることが判明した。

グローバリゼーションという言葉の変遷をたどった第六章も示唆に富み、有益である。人類史としての性格が強い本書では、グローバリゼーションを急激に加速化させた現代テクノロジーとの本質的な関連性などについては言及されていない。ただし著者は、グローバル化の負の側面も見逃してはいない。二〇〇七年に原書が出版された時点で「超結合世界にあっては、危険もまた格段に大きい」と昨年来の世界的な大恐慌も予見している。

グローバル化の統合プロセスは誰にも止められない。しかしながら「政治の力」など、人類の英知を結集することで「この世界をもっと調和のとれたコースに向かわせることができる」という著者の言葉を切に信じたい。(江上能義・早稲田大教授)

(NTT出版・上2730円、下2520円)＝2009年4月9日③配信

「失われた世界」を描く　「墜ちてゆく男」(ドン・デリーロ著、上岡伸雄訳)

都市を襲ったテロと向き合う、という大変難しい仕事をした作家に村上春樹がいる。日本を代表する作家村上は、地下鉄サリン事件の被害者の恐怖や怒り、絶望をくみ取り、さらには加害者にまで取材をして「アンダーグラウンド」「約束された場所で」という貴重な記録を残した。

一方、アメリカを代表する作家でノーベル文学賞にいちばん近いと言われているドン・デリーロが、テロの後に人の内側に巣食(すく)う廃虚、現代社会に生きる恐怖をフィクションという形で残したのが本書だ。世界貿易センタービル崩壊後の混乱と動揺を、ある一家を中心に描き、ひいては人間の謎、都市の危機、アメリカの姿を浮かび上がらせた大作である。

主人公のキース・ニューデッカーは瓦礫(がれき)と化したビルから生き延び、一年半のあいだ別居していた妻子のもとに血まみれの姿で戻ってくる。テロという暴力を味わった彼は、その日を境に「自分が見知らぬ人間」のように思われ、日常へとうまく着地できない。同じ生還者と語らい、息子と遊び、かつての仲間と会っても、本当に生き延びた実感を得ることはできない。彼の心も瓦礫に埋もれているのだ。

一方、父親と同じ認知症になることを恐れて生きているキースの妻は、「自分たちが世界から転落しつつある」と感じている。安全なものなどないという事実の前で、音もなく沸騰する怒りを抱えている。

本書は家族の物語にとどまらない。今年七十三歳になるデリーロは、飛行機を乗っ取ってビルに突っ込んでいく男の内面にまで踏み込む。また、ビルから墜(お)ちてゆく男の真似(まね)をして壁や高架橋からぶら下がるパフォーマーを登場させ、日常に忍び寄るニヒリズムを表した。

「九・一一」後の、何かが決定的に失われた世界を描いた本書は、最終章で読み手を一挙に出口のない虚無の中に閉じこめる。(古屋美登里・翻訳家)

(新潮社・2520円)＝2009年4月9日④配信

現場重視した学者の熱い心 「高畠通敏集5　政治学のフィールド・ワーク」（高畠通敏著、栗原彬、五十嵐暁郎編）

政治の世界が劇場化したといわれる時代。だが政治の表舞台と生活者の現実には隔絶感が広がっている。いま政治学者の問題意識を問いたい、と思うときまず浮かぶ一人に、市民主体でつくっていく政治の道を探求した本書の著者がいる。

数年前、生を閉じた著者の半世紀にわたる活動は、先端的な計量政治学から政治意識、市民運動論まで広範だったが、とりわけ人々の生き方と思想の深い意味を読み解く「現場」を重視した学者としての責任感と熱い心に満ちたものだった。

その「高畠政治学」へ導く最初の巻となる本書は、大学時代から参加した「思想の科学研究会」、六〇年安保闘争以来の「声なき声の会」、「ベトナムに平和を！　市民連合」の立ち上げなど市民運動を続けながら、絶えず、独自の政治学を構築しようと考え抜いた論考からなり、興味深い個人史的意味をもつ。

もちろん回顧録ではない。その時、その場で、どのように学び、共感し、挫折し、思考したか、経験が内部で発酵してかたちとなってくる研究の道がたどれるような証言集なのである。

社会運動でもあらゆる党派的力から自由な人間同士のつながりを求めたように、権威あるアカデミズムにも肉体を欠いた抽象的な議論には批判的視点で切り込んでいた。政治学者は専門の中の「隠された神」ではない。普通の市民と同じ位置に立つ。そこから見えてくる、管理や指導の名による権力の構造を、市民とともに解体する組織をつくりあげていくのだ、と。個人が寄り集まって集団として自立するどんな方法と技術が必要か―。

著者によれば「凡人のオプティミズム」は欠かせない。目の前の限界の向こうを見すえ、現実を「可能性」という幅で切り広げていこうという市民政治学の構想は、いま貧困問題をかかえる私たちの日常を深く考える糸口ともなるだろう。（中村輝子・ジャーナリスト）

（岩波書店・4200円）＝2009年4月9日⑤配信

愛に翻弄される人間たち 「ストロベリー・フィールズ」（小池真理子著）

神奈川・葉山でクリニックを開く四十五歳の医師・月川夏子、出版社社長の夫の智之は世知にたけた五十五歳。鎌倉の家には通いの家政婦がいて、夫は運転手つきの車で会社に通う。絵に描いたようなセレブな家庭が舞台である。

しかし、この家族は外からは見えない傷を抱えている。夏子は十年前に亡くなった智之の先妻を折に触れて意識し、継子である娘のりえには、いつまでもなじめない距離感と遠慮を感じている。おまけに夫には愛人がいる。そんな夏子の前に二十代の孤独な若者・旬が現れ、少しずつ近づいてくる…となると、この家庭にどんな嵐が巻き起こるか、興味はいやまさるというものだろう。

あからさまでむき出しの暴力シーンや葛藤（かっとう）場面があるわけではない。むしろ本作は、夏子や智之、旬の微妙な感情の動き、関係に重きがおかれ、表向きは不気味なほど静かだ。夏子は精神的な孤児（書名はジョン・レノンが実在の孤児院「ストロベリー・フィールド」を素材にして作った曲から来ている）である旬の思いを受け止め、彼との逢瀬（おうせ）の中で結婚生活の渇きを埋めようとする。一方の旬は幼い自分を捨てた生母への“愛の欠落”を夏子に求め、身勝手で暗い情熱に身を呈する。

この年の離れた男女間に起きるすれ違いはこっけいで悲劇的だが、じつはそれぞれの思いの中にパスカルが「パンセ」の中で言ったような、天使のまねをしようと思うと獣になっていくという人間の姿がありありと描き出されるのだ。

夏子を家庭から自由にするために旬が巡らす策略の数々、それを危惧（きぐ）しつつも甘受する夏子の喜びと自己嫌悪。物語は老いの悲哀と若さのもつ傲慢（ごうまん）さを対比させつつ進むが、感情は一定のパルスを持ちこたえられず、ついに奇妙な破綻（はたん）と大団円がやってくる。甘やか、ときにシニカルな筆で描かれる関係のゆがみに息をのみつつ、愛に翻弄（ほんろう）される人間の奇怪さについ引き込まれてしまう一作だ。（稲葉真弓・作家）

（中央公論新社・1890円）＝2009年4月9日⑥配信

匂い立つ懊悩と硬骨漢ぶり

「城山三郎伝　筆に限りなし」(加藤仁著)

〈作家になろうと思えば、健康でなければいけない〉

直木賞を受賞したころ、城山三郎さんはこう言ったそうだ。まったく同じ言葉を、吉村昭さんから聞いたことがある。どちらも根っからの取材人であったからだろう。

しかし城山さんが文壇デビューした昭和三十年代、足で書く作家は軽蔑(けいべつ)をこめて「足軽作家」と呼ばれた。そのうえ、それまで文学が無視してきた企業社会が舞台とあって、作品は一段低く見られ、そのことでずいぶん悩んでいたという。

生前に会う機会がなかった加藤仁さんは、城山さんの生涯を描くにあたって、未発表の取材ノートやメモを含む段ボール三百箱分の資料を丹念にほぐし、仕分け、〈文筆業の軌跡と折々の内面の葛藤〉物語に紡ぎ直したという。行間から「経済小説作家」の懊悩(おうのう)と硬骨漢ぶりが存分に匂(にお)い立つ。

それにしても、なぜ経済小説だったのだろう。城山さんは、小説を書くのは〈組織への被虐意識をたしかめんためであった〉と書いている。海軍時代の〈手ひどい裏切り〉体験が原点になった。戦後、日本は軍事国家から経済国家へ衣装を替えたが、そこに同じニオイを嗅(か)ぎとったのだろう。それに異議を申し立てるには〈人間に経済をからめた小説〉でなくてはならない―と、本書の城山さんが語っているような気がする。

「落日燃ゆ」あたりから〈傑物たちの人間的魅力を前面に押しだす〉手法が中心となり、それまでの切れば血が噴き出すような作品は少なくなるが、巨大な組織や権力への不信は変わらなかったようで、叙勲を断ったとき、妻の容子さんに、〈おれには国家というものが、最後のところで信じられない〉とつぶやいたという。なんとすがすがしい生き方だろう。組織におもねらず、生涯一野人として〈倦まず、たゆまず、ひたむきに〉生きた城山さんの毅然(きぜん)とした姿がよみがえる。

(奥野修司・ノンフィクション作家)

(講談社・1890円)＝2009年4月16日①配信

闇に包まれた衝動

「何もかも憂鬱な夜に」(中村文則著)

主人公の「僕」は、施設で育った過去を持つ刑務官だ。十八歳で、なかば衝動的に何の関係もない夫婦を刺殺し、世論の激しい指弾にあった未決死刑囚の山井を担当している。一週間後に迫った控訴期限を前にしても、山井は頑として控訴しようとはしないのだった。

なぜなのか。「僕」はいらいらした気分を抑えきれない。彼は何かを隠している。

刑務官と死刑囚との関係を主軸に描かれたこの作品は、当然のことながら「命」の意味を考え、それを人為的に失わせる死刑制度への疑問とともに展開していく。といって作者は、命を尊いものだとか美しいものだとかという聞いたふうな概念で一元的にとらえようとはしていない。

「僕」は、控訴しろと強く山井に言う。

「事実を言ってから、死刑になれ。(略)殺したお前に全部責任はあるけど、そのお前の命には、責任はないと思ってるから。お前の命というのは、本当は、お前とは別のものだから」

ここだけを抜き出すと、単なる理屈としか映らないかもしれない。だが、「僕」がこう思うようになった経緯には、説得力がある。冒頭に出てくる、飼っていた赤い鳥が蛇に飲まれて死んだ話。幼少時にどことも知れぬ海岸で、死んだ大人の女をひざで支えていたというあり得ない記憶。それらが主調低音のように、最後まで読者をとらえて離さない筆力は見事だ。

しかも本書が胸に迫るのは、それが殺人であれ自殺であれ、その他の日常的なことであれ、人間を何らかの行為に駆り立てる衝動は、自分でも説明できないほどの大きな闇に包まれているという点だ。主人公が言うように、アメーバの時代から連綿として続いてきた命の存在は確かだとしても、その命をまかされた者の意識は死刑制度と同じくらいに曖昧(あいまい)である。

ならば、どんな根拠で人が人を裁いたり、死刑にしたりできるのか。途中から私は、サルトルやカミュの古くて新しい問題提起を思い出していた。

(清水哲男・詩人)

(集英社・1260円)＝2009年4月16日②配信

毅然と生きた明治の夫婦 「望郷の道(上・下)」(北方謙三著)

北方謙三にとって、どうしても書かねばならぬ物語だったのだろう。本書は作者の曾祖父母をモデルに、波乱に富んだ夫婦の人生を描いた大作だ。ちなみに作者の曾祖父は「バナナキャラメル」「新高ドロップ」で知られる、新高製菓の創業者・森平太郎である。

福岡で手広く商売をしている小添(おぞえ)家に生まれたのに、船頭のまね事をしながら暮らしている正太。女ながら佐賀にある三つの賭場を仕切る、藤家の瑠瑋(るい)。ふたりは出会い、互いに引かれ合う。藤家に婿入りした正太は独自の商才で賭場を改革し、藤家を繁栄させる。だが、同業者の卑劣なわなに怒りを爆発させ、九州を追放されてしまった。

ひとりになった正太は、日清戦争後の台湾に渡り、菓子屋で働き始める。味気ない日々。そこに子どもを連れた瑠瑋がやってくる。再び一緒になった夫婦は、菓子屋「七富士軒」を開業し、商いの世界に乗り出す。

かつての東映任侠(にんきょう)映画をほうふつさせる前半から、商道小説ともいうべき後半へと、物語は悠然たるペースで進行していく。そこから浮かび上がるのは、明治の時代相の中で、波瀾(はらん)万丈の道を歩みながら、毅然(きぜん)とした生き方を貫く夫婦の姿だ。

度胸と商才を兼ね備え、多くの人々を魅了する正太。大ざっぱな性格だが、人を見抜く確かな目を持つ瑠瑋。このふたりが、時にぶつかり合いながら、がっちりと手を携えて、数々の困難を乗り越えていく。任侠小説風の前半も面白いが、やはりメーンは台湾での商売だろう。望郷の念を胸に抱きながら、「七富士軒」を発展させていく過程が、痛快な読みどころになっている。

そして、なによりも気持ちいいのが、作者の曾祖父母に対する尊敬と、自身の血脈への矜持(きょうじ)が伝わってくることだ。これほどの作品のモデルにできる、曾祖父母を持った作者の誇りが、物語の中に、ぎっしりと詰め込まれているのである。(細谷正充・文芸評論家)

(幻冬舎・上下各1680円)＝2009年4月16日③配信

初心者も楽しく読める探検 「ジュール・ヴェルヌの世紀」(フィリップ・ド・ラ・コタルディエールほか監修、私市保彦監訳)

うらやましい―そんな言葉をもらしながらの三百ページ。パラパラと一気に読めてしまった。正直に言えば、フランスの科学・冒険小説家ジュール・ヴェルヌの作品を愛読してきたわけではない。「征服者ロビュール」「海底二万里」を随分昔に読んだだけだ。科学者らの手によるこの本は、そんな「ヴェルヌ初心者」でも…いや、もしかしたら初心者である方がより楽しく読める一つの探検だ。

まずヴェルヌという人間に迫る。恵まれた境遇、憎まれない人柄、少年的好奇心、そして彼を愛した人々。続く章では彼をはぐくんだ時代背景の詳細。光の新定理や熱力学、化学に生物学、地質学、海洋学、心理学などあらゆる分野で雪だるま式に膨れあがった当時の新しい知識と技術は、声高らかに「人間万歳!」と合唱する。まさに全面肯定の時代。

ヴェルヌの人となりと、時代という二つのレンズでできた「めがね」を手に入れ、次章へ進む。彼の目線で展開する興味は地球、地底、天空、未来など果てしなく続く。「僕は新しい形式の小説を書いた(…)これは、間違いなく、新しい鉱脈となるだろう」。実にうらやましい話だ。

しかし、読み続けるうちに「うらやましい」は変化する。果たしてヴェルヌの世界は、あの時代だからこその産物なのか。本書に掲載された三百点にも及ぶ図版が読者に語りかける。ヴェルヌは対岸にある科学者の専門知識を、こちら側で口を開けて待っている一般人の欲望に持ち込み、夢の探検をさせたのではないか。そんな懸け橋の役割を文学に見いだし、十九世紀の科学至上主義を人間の魅力として表現したのではないか。

とすれば、われわれも「うらやましい」などと言ってはいられない。確かに現代は人間肯定をする要素に恵まれてはいない。でも対岸に残した、時代を彩る飛び切りのネタ、題材が山積みになっている気がしてならない。作家のそんな使命を突き付ける一冊でもある。(中野順哉・作家)

(東洋書林・4725円)＝2009年4月16日④配信

本にはまっていく英国女王　「やんごとなき読者」（アラン・ベネット著、市川恵里訳）

以前ウェブ上で「読書相談員」を務めていた。読者から本に関するさまざまな質問をもらい、独断と偏見、自分の好みの本をお薦めしていた。みんな本を読みたいのに、何を読んでいいか分からないのだと思った覚えがある。

さて、ある老婦人が突然読書の喜びに目覚めたとしよう。寝ても覚めても、今読んでいる小説の続きが気になって仕事にも身が入らない。周りは心配するが、この喜び、一度経験したら止められるわけがない。問題は、この老婦人の仕事が、英国女王であることなのだ。

イギリスの人気劇作家、アラン・ベネットの著した本書の主人公は現女王エリザベス二世。ある日の愛犬のコーギーたちと散歩の折、宮廷の隅にとまっていた移動図書館に気がついた。何げなく手に取った一冊目は気に入らなかったが、二度目に借りたナンシー・ミットフォード「愛の追跡」を読んで、その面白さにどっぷりとつかってしまったのだ。

さてそれからが大変だ。なにしろ宮殿のなかには大きな図書室があるし、図書館からも借り放題。仮病を使って公務はサボるし、カンニングする学生のように机の下にはいつも本が置いてある。側近や閣僚には「今、何を読んでいるか」と聞きまくり、外国の大統領との話題も本や作家のことばかりで皆、面食らう。

側近はなんとか活字から遠ざけようと四苦八苦するも、女王の興味は尽きない。むさぼり読んだ書物から得た知識で、周りの人々や社会について新しい発見を得たがゆえ、女王の態度が今までと違い、最近は自己主張が強すぎるとまわりの評判は悪くなる一方だ。

長すぎる在位の果ての孤独を読書で癒やし、やがて「文学の領域に入り込むもの」を書きたいと熱望するようになる。

人はどのように活字中毒者になるのか、その過程は本好きならうんうんとうなずくことばかり。この話、本当のことならどんなに楽しいだろう。（東えりか・書評家）

（白水社・1995円）＝2009年4月16日⑤配信

長寿商品の秘密を明かす　「なぜ三ツ矢サイダーは生き残れたのか」（立石勝規著）

タイトルを見て、賭けをした。読んでから、三ツ矢サイダーを飲みたくなるかどうか。おもしろかったら、久しぶりに飲んでみようかと。

本書で初めて知ったのだが、三ツ矢サイダーはサイダー市場の後発組である。それが、なぜ炭酸飲料の年間売り上げ第二位（二〇〇八年、一位はコカ・コーラ、飲料総研調べ）という長寿人気商品となったのか。本書は、この秘密を解き明かそうとする。

「三ツ矢印平野水」。これが、三ツ矢サイダーの源泉である。兵庫県産の天然炭酸水を瓶につめた飲料水で、一八八四年に発売された。リンゴ風味の「三ツ矢印平野シャンペンサイダー」の発売は、一九〇七年。大正から昭和初期には、大手ビール会社によるM&Aに巻き込まれる中で、ナショナルブランドに成長していく。

戦後は、アメリカから上陸したコーラの攻勢、合成甘味料チクロの使用によるイメージダウンなどの荒波にさらされながらも、経営不振にあえぐアサヒビールを支える看板商品であり続けた。著者は「三ツ矢サイダーはスーパードライの生みの親」とまで、断言する。

現場の技術者が三ツ矢サイダーを愛し、安全・安心を最優先としたこと。著者が、三ツ矢サイダーが生き残れた理由としてあげるのは、ごくあたりまえだが、何よりも大切なことだ。

平野水を愛飲した夏目漱石、天ぷらそばとサイダーという組み合わせが好物だった宮沢賢治、酒保（しゅほ）にサイダーが常備されていた戦艦大和などのエピソードも満載で、ちょっと得した気分になる。

一読して、スーパーに走った。棚に並ぶ三ツ矢サイダーのラベルには「SINCE1884」「飲まれつづけて126年」の文字。

一瞬、あれ？　と思ったが、平野水の発売から数えてということなのだろう。久しぶりに飲む三ツ矢サイダーは、炭酸がのどに心地よかった。（鵜飼正樹・京都文教大准教授）

（講談社・1470円）＝2009年4月23日①配信

レジームシフトが漁獲左右

「イワシはどこへ消えたのか」（本田良一著）

かつて漁獲量でトップを独占していたイワシが近年急激に減少している。一九八八年の約四百五十万トンをピークに減り始め、二〇〇五年には二万八千トンと実に百六十分の一になってしまった。それはなぜか？　本書の著者は現役の新聞記者で、その原因が「レジームシフト」と呼ばれる環境の変化にあるとみて謎を明らかにしようと試みる。

レジームシフトとは、気候の変動が海洋に影響を与え、海の生態系の枠組み（レジーム）が不連続な変化（シフト）を起こすことを指す。日本の近海では、一九八八―八九年に一つのレジームシフトが生じた。北太平洋の低気圧の活動の低下によって日本近海の海水温が上昇したのである。その結果、冷たい海を好むイワシの稚魚が育たなくなり、急激な資源量の減少につながったという。

レジームシフト説は八〇年代に日本人研究者が提唱し、今では定説として国際的に受け入れられるようになった。イワシに限らずサンマ、サバなどについても、このレジームシフトの理論で説明ができるとみられている。

しかし、イワシが今日のように希少な魚になってしまったのには別の理由もある。著者によれば、九〇年代後半に新たなレジームシフトによって、資源が増える兆しがみられたにもかかわらず、そのときに乱獲によって回復につなげることができなかったというのだ。著者は多くの研究者への丹念な取材から、イワシ資源の壊滅的な状況は、漁業者や水産団体に配慮した水産行政の失敗によるものであることを明らかにしていく。

本書にはハタハタ、スケソウなどの資源管理についても詳述されている。ハタハタはレジームシフトが起きたときに漁業者が自主的に禁漁を決断し、資源回復に成功した。

大切なのは関係者の「利害」ではなく、「科学」に基づいた管理を行うこと。それが最終的には漁業者にも消費者にも利益をもたらし、海洋環境を守ることにもつながる。（大島寿美子・北星学園大准教授）

（中公新書・819円）＝2009年4月23日②配信

詩人が遺した言葉の重み

「シベリア抑留とは何だったのか」（畑谷史代著）

あの戦争から六十余年。戦争体験者の高齢化が進み、戦争の記憶の風化が加速している現在、その記憶を次世代がどう受け継ぎ、次へとつないでいくのか。いま、若い世代には大きな課題が突きつけられている。

そんな若い世代に戦争とは何かを問いかけるのがこの本であろう。

自らのシベリア抑留の体験をエッセーとして発表し続けた詩人・石原吉郎。本書は信濃毎日新聞社の記者である著者が、石原吉郎の生涯を、彼の作品と関係者への丹念な取材を通して追い続けた新聞連載をまとめたものである。

敗戦後八年間、シベリアのラーゲリ（強制収容所）での抑留生活を強いられた石原は、一九五三年にスターリンの死による特赦で帰国する。〈誰かが背負わされる順番になつていた「戦争の責任」を自分が背負つたのだ〉という自負で帰国した彼だが、〈「シベリヤ帰り」というただ一つの条件だけで〉就職の門戸を閉ざされてしまう。

戦後の時代の流れに取り残され、シベリアでの苦しみも、誰もが経験したことと平均化され、絶望のふちに立った石原は、「詩」という自らを表現する場所にたどりつく。

そして帰国から十六年もの年月を経た六九年、折しも時代は高度経済成長のさなか、誰もがひたすら前のみを見て突き進む時代に逆行するように、石原はシベリアでの体験を発表し始める。

なぜ今、石原吉郎なのか？　著者は「この文章は、いまを生きる私たちに、大切なことを投げかけている」「戦争と人間を見つめるうえで大切な手がかり」と記している。

「『人間』はつねに加害者のなかから生まれる」―。「人間の本質」を問うような石原の言葉は、時空を超えて心にずしんとのしかかってくる。矛盾の多い社会のはざまを生き抜かなければならない今こそ、石原の遺（のこ）した言葉の重みをかみしめつつ、「過去」と向き合う時なのかもしれない。

（城戸久枝・文筆家）

（岩波ジュニア新書・777円）＝2009年4月23日③配信

戦国の常識覆す時代小説

「空白の桶狭間」(加藤廣著)

永禄三(一五六〇)年五月十九日に起きた桶狭間の合戦は、二万五千の今川軍にわずかな兵力の織田軍が快勝して、信長が戦国の覇者としての基礎を固めたことで知られる。急な天候の変化に乗じて義元の本陣を突いた信長の勇猛な奇襲作戦が有名だが、今川方の資料が何一つ残っていなくて、その細部に関しては不明な点が多い合戦とされてきた。本書は、大胆な発想と仮説で織田軍の意外な奇襲のありように迫る時代小説だ。

永禄二年盛夏、今川勢の侵攻を目前にした織田家中で、足軽頭になったばかりの二十四歳の木下藤吉郎(秀吉)が今川義元に一世一代の謀略を仕掛ける。注目すべきは、藤吉郎の設定である。その出自を諸国を放浪する技術集団、異能集団である〈山の民〉の一員とすることで、これまで誰も書かなかった桶狭間の合戦を描くことに成功しているからだ。

藤吉郎が仕掛ける謀略戦の内実に続いて、後半部では義元の本陣に五十匹の黒犬が乱入する戦いの模様が描写される。兵と兵が激突する合戦はなかったという結論が導き出されていくのだが、ここでは藤吉郎が〈山の民〉のお家芸の犬遣いで自在に犬たちを操ったことだけを明かしておく。

本書での信長像は、既成のものとは異なる。その画期的な政策とされる兵農分離と楽市楽座は、繊維産業によって地域経済が発達していた尾張でなら誰でもが思いつくと分析している。女子労働への依存度が高い尾張で男子を兵として通年利用できた背景とともに、信長が鉄砲の導入を急いだ理由にも触れるなど、戦国時代に関する常識を覆してくれる。

作者の加藤廣は二〇〇五年に信長の死の謎に迫った「信長の棺」で作家デビューし、「謎手本忠臣蔵」など歴史の謎を解き明かす問題作を手がけて注目されてきた。本書でも、桶狭間の合戦の裏を読み取っていく独自の歴史解釈が随所に見られ、その剛腕ぶりに酔うことができる。(清原康正・文芸評論家)

(新潮社・1680円) = 2009年4月23日④配信

面白くないはずがない

「昨日のように遠い日」(柴田元幸編)

英米文学界一の小説メキキスト、柴田元幸の編んだアンソロジーにハズレなし。「夜の姉妹団」「むずかしい愛」「どこにもない国」などで、柴田さんに教えてもらった作家や作品は山ほどある。わたしの血の半分は、柴田セレクトの小説で出来上がっているといっても過言ではないのだ。

本書もまた、柴田さんの編者としての個性を十二分に伝える凝った選書ぶりが魅力の一冊。冒頭におかれた、子ども部屋の窓から見える裏庭に大きな大きな海を発見してしまう弟の物語、バリー・ユアグローの「大洋」から、釣り針にかかった魚のようにぐいっと気持ちを持っていかれること間違いなしなんである。

そこから、(わたしにとっては未知の作家)アルトゥーロ・ヴィヴァンテ「灯台」で、子ども時代の終わりにまつわる自分自身の思い出へと連れ去られ、ダニイル・ハルムス「トルボチュキン教授」におけるいたずらっ子の所業に爆笑し、同じくハルムス「おとぎ話」では「そんなこと、あたし知ってるもん」という、こましゃくれた女の子ならではの物言いが最後に効いてくる仕掛けに驚き、少年と夏という輝かしい主題に、少年と戦争という暗い主題を絶妙に重ね合わせるアレクサンダル・ヘモン「島」に胸打たれ、デ・ラ・メアの名作を柴田訳で読める歓(よろこ)びにひたり、特別付録の漫画、ウィンザー・マッケイの「眠りの国のリトル・ニモ」とフランク・キングの「ガソリン・アレー」を隅々までなめるように喜々と眺め回し—。

あっという間に数時間がたち、えっというほど深く十五編の子ども時代が心の奥深くに根づく。これはそんな吸引力の強い小説集なのだ。「少年少女」ではなく「少女少年」という表記にこだわる。そんな細やかな心配りも忘れない、超一流のメキキストが愛する素晴らしい小説ばかりを収めたこの本が、面白くないはずがない。鉄板のおすすめ本とはこのことだ。(豊崎由美・ライター)

(文芸春秋・2100円) = 2009年4月23日⑤配信

「婦人公論」の読者の軌跡

「〈進歩的主婦〉を生きる」（中尾香著）

タイトルの、かっこでくくられた「進歩的主婦」という言葉に思わず微苦笑。「進歩的」と「主婦」という二つの言葉が連れてきたそれである。

著者はむろん、それを十分に承知した上で、かっこにくくっている。微苦笑は同時に、当時の女性たちの多く（主婦であろうとなかろうと）が置かれた「立ち位置」に対する擦過傷の痛痒（つうよう）さをこめたものである。

サブタイトルにあるように、本書はまさにある時代の「婦人公論」のエスノグラフィー（民族誌）である。「主役」はしたがって「婦人公論」ではなく、「一九五〇年代から六〇年代」にかけて、この女性誌を「隅から隅まで」読んだ読者。さらに「その内容についてグループの例会で議論するという、インテンシヴな読み方をしていた」女性たちである。

五五年、石垣綾子による「主婦という第二職業論」をきっかけとした、いわゆる「主婦論争」を当時の「進歩的主婦」はどのように読んだか（男性文化人の「反応」もおかしい）。

とまれ、同時代の特集号のタイトルを並べただけでも、時代が見える。「貞操の男女平等は守られているか」（五一年）、「誰がために女は生きる」（五四年）、「オフィス・ガール哀史」（五五年）など。

特に興味深いのは、前掲の読者会の女性たちへのインタビューであり、彼女たちのコメントだ。ひとつの雑誌が、読者にどのような影響を与えたか。印刷された文字から、読者は何を捨て、何を自分のテーマとして引き寄せ、引き受けたか。その上に、あるいは並行して、どのように自分史を生きていったのか。「読む」ことと実際の行動との合致、ずれ、あるいは遊離が実に興味深く検証されている。

著者の言葉を借りるなら、読者の意識に、家庭からの「とりあえずの一歩」を贈ったこの雑誌。後書きにあるように、そこに記されたものは、過去ではなく、「今なおつづいているプロセス」である。（落合恵子・作家）

（作品社・2520円）＝2009年4月23日⑥配信

深く脆い人間の結び付き

「君が降る日」（島本理生著）

人と人との結び付きは、深くて脆（もろ）い。もちろんその逆でもあって、両者を等分したような微妙な位置で人間同士の関係は成立している。この作品集は、関係の中で生きるという私たち人間の本質を照らし出しながら、関係によって絶え間なく更新されていく「私」を発見する。その個性というくくりすら解かれた場所から、本当の愛とは何かを深く問いかける。

表題作「君が降る日」は、恋人の降一を交通事故で失った志保と、降一の親友五十嵐との複雑な関係を描く。車を運転していたのは五十嵐で、降一は助手席。だから、志保にしてみれば、五十嵐は悲しみや怒りのすべてを向けうる対象であるのだが、同時に、大切な人を失った痛みを共有できる唯一の相手でもある。

志保と五十嵐は降一の母の喫茶店を手伝い始める。降一の面影とつながっていたいと願う志保と、少しでも罪を償いたいと願う五十嵐。二人は少しずつ打ち解けあい、思いがけず恋愛のような関係へと倒れ込んでいく。

でもそれは、喪失を埋め合うだけの暗くさびしいつながりだ。五十嵐に抱かれながら、志保は「これは愛じゃない」と心の奥で叫ぶ。絶対に結び合うことはないとみえた男女の展開に、意外にも納得できたのは、愛が憎しみという影によって支えられ、補強されるものであるなら、彼らの関係には、その二つが皮肉にもそろっていたからだ。

互いの孤独への共感という愛情のようなものと憎しみ。条件さえそろえば、恋愛のようなものは簡単に成立するかもしれないという、人の心の危うさも指摘されている。

同時収録の短編では、主人公が自分の話をしたとき、同じ話でも相手が変われば反応も変わることに驚く場面がある。

さまざまな他者を映すように、角度によって異なる光を放つ「私」はプリズムみたいなものかもしれない。その光の中でふっと肩の荷を降ろし、未来へのまなざしを強くする瞬間が、生きる力としてちりばめられている点にも注目したい。（杉本真維子・詩人）

（幻冬舎・1365円）＝2009年4月30日①配信

短く充実した一生を凝縮　「アフガニスタンの大地とともに」（ペシャワール会編）

アフガニスタンで誘拐され、殺害された若きNGOスタッフの遺稿と追悼文を集めた一冊。

伊藤和也さんは、三十一歳で無念の死を遂げたのだが、中学生当時すでに「将来農業関係の仕事をしたい」と書いていた。その志を戦乱で疲弊したアフガニスタンの農業復興にかけた、短い、しかし充実した一生がこの本に凝縮されてある。

彼の死が報じられたあと、彼が撮ったアフガンの子どもたちの笑顔が新聞に掲載されていた。そのまっすぐな、信頼しきった眼差（まなざ）しをみて、わたしは彼の仕事が、アフガンの大地に根付いているのを感じさせられた。

それらの写真が、この本のカラーグラビアになっていて、伊藤さんが荒れ地に育てた、豊かな実りを確認できる。

「子どもたちが将来、食料のことで困ることのない環境に少しでも近づけることができるよう、力になれればと考えています」

この控えめな言葉は、彼がNGOペシャワール会に参加したときの志望動機だった。その中断させられた夢をささえるかのような、彼とともに働いたひとたちの悲しみと痛みのこもった文章がこころを打つ。

世界のあっちこっちで、自己犠牲的に働いている伊藤さんのような若いスタッフと、わたしは旅先で出会って、心強い思いをしてきた。そのなかでも彼がユニークなのは、農業という専門技術で、ひとつの国の復興に役立ってきたことである。

たとえば、収穫量の多い日本米の栽培を成功させ、その脱穀のために図面を見ながら「千歯こき」を試作し、現地の人たちの労力を軽減させた。作物を植え、育てるというたしかな営みが、彼の死後もアフガンの大地に残され、その遺志が子どもたちに受け継がれる。

息子の不慮の死を受け入れている両親の文章もいい。父親は「アフガニスタンを憎んでおりません。恨んでおりません」と書いている。（鎌田慧・ルポライター）

（石風社・1575円）＝2009年4月30日③配信

愛と共感、絶望の記録　「死の海を泳いで―スーザン・ソンタグ最期の日々」（デイヴィッド・リーフ著、上岡伸雄訳）

七十一歳の母親の闘病を支えた五十二歳の一人息子の回顧録。それ以上に作家と作家の生死をめぐる一騎打ち、人間と人間の愛と共感の記録。希望も絶望もまごうかたなき人間の経験として受け止める勇気の持ち主に薦めたい。母親スーザン・ソンタグはアメリカ有数の作家、批評家、行動する知識人で、急性骨髄性白血病のため二〇〇四年末に他界。著者である息子はノンフィクション作家であり、人権活動家。

母親は四十代から二度がんを克服し、生を貪欲（どんよく）にむさぼった。死後の世界や輪廻（りんね）といった思想は達観も諦念（ていねん）ももたらさず、少しでも生を永らえ仕事をしたいと願った彼女の九カ月の闘病は世界から切り離されることへのおびえの連続だった。

卓抜した理性と意志で希望を実現してきた母。息子が母親似だったことが、この九カ月をいっそう苦痛に満ちたものにした。この母にはいいかげんな慰めや偽りの希望は通じない。作家と作家である。死に行く者はあのソンタグである。

希望と真実の二者択一の中で、息子の言葉は希望に出口を求め、あいまいになり幻想の共犯者になっていく。何もしてやれない自分を悔やむ。献身的に尽くしても二人に慰めは訪れない。世界に傾注することをみずからの生と選び、書くことのために生きた個人。その人が世界から消滅することを他者が止められなくとも、せめて慰藉（いしゃ）に包み込むことができるか。

親子ではあっても、他者間の死と生、その冷厳な経験。「孤独な死」だったと作家である息子はあえて言う。だがソンタグだったら言うだろう。「それは無意味な死かしら？」

四十二歳、乳がん手術直後の日記に書いている。「絶望によって人は自由になる」。彼女が心身の煩悶（はんもん）から放たれたのは短い最期だけだったという。死の直前「私、死ぬんだわ」と口に出して言った。乳がんの化学療法中、ソンタグは書いた。「悲しみの谷では、翼を広げよう」（木幡和枝・東京芸大教授）

（岩波書店・1890円）＝2009年4月30日④配信

権力を力強く否定する思想　「新しいアナキズムの系譜学」（高祖岩三郎著）

解放の書である。現代社会においてなぜ私たちは生きにくいのか。何が私たちをしばっているのか。しかし解放を叫ぶだけで解決するのなら、はじめから束縛はない。そこで本書はその束縛についての分析から始まる。それが「『しがらみ』の肯定的認知」である。

そのうえで解放の運動に著者は寄り添う。なぜなら現代は思想先行ではなく運動先行の時代だから。その点において本書は統一性をもった哲学大系をうちたてる試みではない。作動中のさまざまな「反権威主義的世界変革運動」を称（たた）え、かつ活性化する願いから書かれている。

その個々の運動に横断的に存在する思想が「新しいアナキズム」と呼ばれている。したがってプルードンやバクーニンも登場はするが、主題となるのは現在進行形の有形無形の運動とその伴走者の思想である。

これらの運動が批判しているのは植民地主義を駆動輪とした世界資本主義であり、〈帝国〉を中心としたグローバリズムである。その意味においてポストコロニアリズムやアンチアメリカニズムといった思想の流れとも共鳴し、また異議申し立ての市民文化の深化や第三世界におけるクレオール文化の活性化を目的とする。そうした新しい運動が地球上のあらゆる場所で相互に獲得しつつある視座が丁寧に描写されている。

こうした理論や運動に対して、現実性や実効性はあるのかという批判が提起されるのは容易に想像できる。しかし「現実的」という言葉にのせられて、これまで私たちはどれくらい権力の意向を受容させられてきたか考える必要があるだろう。

政府（や最大野党）の政策だけが現実的だと言われてきたのではないか。現実的政策の作文など官僚や御用学者にまかせておけばいいのである。それらを力強く否定しようとする世界中のデモや抗議活動のなかから汲（く）み上げられた思想が本書のなかに息づいている。（越智敏夫・新潟国際情報大教授）

（河出書房新社・1680円）＝2009年4月30日⑤配信

多方面からの刺激的な考察　「なぜ年をとると時間の経つのが速くなるのか」（ダウエ・ドラーイスマ著、鈴木晶訳）

邦題の「なぜ年をとると時間の経つのが速くなるのか」は、本書の根幹をなす重要な要素だが、すべてではない。著者が語るのは、人がこの世に生を受けてからその人生を終えるまでの、時間と記憶を巡る大いなる旅路の物語なのだ。

ところで一番古い記憶とは何歳ごろのものだろう？　本書によれば、一歳よりも前の記憶を持つ人はほとんどいないそうだが、それはなぜか？

読み進むにつれ、次々と新たな疑問がわいてくる。年齢とともに記憶力が衰え「忘れてしまう」物事の数々は、アクセスできないだけで、脳のどこかに残っているのか、それとも完全に消えてしまうのか？

事故などで脳を損傷して以降、新しい出来事を記憶できなくなる症状を「前向性健忘症」という。例えば毎朝同じ部屋で同じ人と会っても、患者にとって、その人は常に初対面の人なのだそうだ。

本書で特に印象的だったのは、練習課題を与えられた患者が、記憶障害のない人と同じくらい、日々上達していくこと。どうやら、練習したこと自体は記憶として残らないのに、経験は蓄積されているらしい。

著者は「たとえ意識から見て、記憶が活動しなくなったように見えたとしても、それでも記憶は記録し続ける」と言う。

そして気になる最後の疑問。「なぜ年をとると時間の経つのが速くなるのか？」。著者は次のように例える。「人生の朝のうちは、人はまだその川よりも速く、川沿いを颯爽（さっそう）と走っている。正午ごろになると、スピードはいくらか落ちてきて、川と同じ速度を保つ。夜に近づくと彼は疲れ、川のほうが速く流れるので、彼は遅れていく」。うーん、私たちは、疲れてしまい、次第に時という名の川の流れに取り残されてゆく運命なのか。

どの疑問にも絶対的な結論は提示されていないが、多方面からの考察は刺激的で、なじみ深いはずの記憶の不思議さにあらためて気づかされた。（竹内薫・サイエンスライター）

（講談社・2520円）＝2009年4月30日⑥配信

農業への警鐘、希望、示唆　「それでも、世界一うまい米を作る」（奥野修司著）

「金融危機」の次には「食糧危機」が来るらしい。先日、近所の八十代の知人に、田舎にかぼちゃの作れる土地を買っておきなさい、と忠告された。「お国はあてになりませんよ。私たちは、食糧難の時代、道路までひっくり返して畑にしたんですから」と。

思わず笑った。けれど、本書を読んで実感した。彼女の言う「ニッポンの食糧危機の到来」は、確かにそう遠くはない。

目下、わが国の食料自給率は四割で、われわれが輸入食料に頼って生きていることは誰もが知っている。だが、経済成長の著しいあの大国中国が「飽食時代」に突入し、すでに食料輸入国に転じているとは…。

世界が食糧不足に陥れば、わが国への食料輸入は大きく減る。でも、政府は無為無策。農家を組織する農協は自己保身。販売農家は減少の一途。著者は、そんな崩壊し続ける日本の「農」の状況の中で「食の民間安保」を唱え、農業再生に果敢に挑むグループを長期にわたって取材した。福島県須賀川市の「ジェイラップ」「稲田アグリサービス」という組織を担う元農協職員の伊藤俊彦と彼を支える生産者たちの実践だ。

農業の共同化を目指し、無謀とも言える改革へと彼らを突き動かしているのは、まさに自らの手で「食糧危機」に備えようとする思いである。どの分野にも尋常ではないエネルギーを持ったリーダーが必要だ。志を持つそんな一人が核になれば、必ずまわりが動き、そこに想像し難い力が生まれていく。

表題になっている「それでも、世界一うまい米を作る」は、共同で「うまい米」を作る情熱と技術こそが、生産者の力量を高め、いざという時の日本の食糧増産への備えとなるという確信である。日本の農業への「警鐘」と「希望」と「示唆」が描かれた本書は、今、書かれ、今、読まれるべきノンフィクションだ。（久田恵・ノンフィクション作家）

（講談社・1890円）＝2009年5月7日①配信

すてきな公案へのいざない　「荒川修作の軌跡と奇跡」（塚原史著）

過激にユニークな美術家で知られる荒川修作と話していたとき、中学生のころ近しい人の葬儀で「ぼくは絶対にこうならないぞ」と思ったと述べていたことを思い出す。

荒川の近年の主題であり、本書が解読を試みている「天命反転」とは、芸術家が芸術の進展の果てに「人間が死なない建築」をつくると言い出したというより、「死なない」という決意こそがかれに芸術を選ばせ、そしてまた既成の芸術の外へ出ることを迫ったと考えるべきだろう。そう考えてはじめて、われわれは芸術とは、実はラスコー洞窟（どうくつ）以来ずっと、まさに「死なない」ための、しかし同時に、とても不完全な装置であったことに思い至るのではないか。

芸術を芸術家の「表現」というフレームで考えている限りは、ひとは荒川修作と出会わない。だが、もし作品が見る者の体験を創造する装置とすればどうか。途端に一九七〇年代に「意味のメカニズム」としてまとめられた荒川の仕事が「見る」ことの諸条件についての問いに貫かれていたことが理解できる。だが、それはまだ「見る意味」にとどまっていた。

そこから荒川は、途方もないジャンプをした。つまり芸術の体験は生活の一部ではなく、人間の生活自体の全く新しい創造とならなければならない。しかも人間の惨めさの最大最強の条件である「死」の運命をひっくり返さなければならない、と。驚くべき宣言だ。

常識家には狂気とも思われようが、ここで問われているのは、各人の芸術、人間そして生命の理解なのだ。荒川によれば、われわれの生命は芸術そのもの、しかし現にある芸術はまだ生命ではない。このすてきな「公案」を解こうと思えば、そこに参じて体験してみなければならない。

本書で、ダダとシュールの専門家がこの「公案」に挑んだ。荒川の軌跡を丹念にたどり、死を超える自由のレッスンの意味を考える。荒川本人との対談も収めている。入門へのいざないの書だ。（小林康夫・東大教授）

（NTT出版・2940円）＝2009年5月7日②配信

自由な創作貫いた名作曲家

「夏がくれば思い出す」（牛山剛著）

音楽の教科書で定番ともいえる「夏の思い出」や「めだかの学校」の作曲家、中田喜直の評伝である。

東京音楽学校ピアノ科を卒業してから作曲家になるまでの話がおもしろい。なかでも軍隊時代に書かれた「操縦手簿」が貴重で、陸軍の航空隊員としてフィリピンで死を覚悟したくだりや、敗戦時に書いた遺書は戦後の言動ともつながる。

運良く命をながらえた中田は、「無期懲役と死刑の差もこのように大きく、後に私は、死刑廃止論に強い反対の気持ちをもつようになった」という。禁煙、反核、地雷撤去などにも一家言を持ち、嫌煙権の主張やBGM（バック・グラウンド・ミュージック）公害論の展開は語り草となっている。

作曲でも自分の筋を通す信念の人だった。子供の歌を作るとき、どんな考えで作るかときかれ、子供のことを考えないで作ると答えたほどで、人にこびずとも、いい曲を作れば歌ってもらえると確信していたようだ。

復員後は放送用の音楽を書き始め、「夏の思い出」「ちいさい秋みつけた」といった愛唱歌を生んだ。これらの歌には日本古来の間が絶妙に生かされていた。それが西洋的な音の洪水にあきた人々に新鮮な驚きを与えたのだろう。

もちろん詩があってこその歌である。誰の詩に作曲したかがわかるように、巻末の主要作品に詩人名があればよかった。

さて、著者は「中田喜直は間違いなく天才だった」と主張するが、なぜか日本では愛唱されているわりに専門家の評価が高くない。口語自由詩をたたみかけるような朗読調で作曲したかと思うと、小さくシンプルな童謡を書いたりしたことが行き当たりばったりにみえたのかもしれない。

しかし、中田が作曲界の流行に左右されず自由に創作したことはむしろ評価されるべきだ。自作を立派にみせるために、詩の世界を誇張したりしない姿勢がすばらしい。（藍川由美・声楽家）

（新潮社・1785円）＝2009年5月7日③配信

明治の巨星が近しい存在に

「空飛ぶ五代目菊五郎」（矢内賢二著）

タイトルと装丁を一目見て、日本演劇史に名を残す名優が主人公の空想小説かと錯覚した。

だが、表紙の錦絵のように五代目尾上菊五郎は、明治二十四（一八九一）年に東京・歌舞伎座で気球と空を飛んでいる。当時話題の英国人の風船乗りを演じた芝居。事件や流行をすぐ劇化した“キワモノ歌舞伎”だ。五代目の足跡とともに、明治の歌舞伎の知られざる破天荒な面白さ、新旧和洋の文化が入り乱れた時代の空気感をつづったのが本書である。

当代の尾上菊五郎や中村勘三郎の曾祖父にあたり、狂言作者・河竹黙阿弥と組んで「弁天小僧」や舞踊劇「土蜘（つちぐも）」など今も残る人気作を次々生み出した五代目。

大物役者が主演しながら、時の流れに消え去ったキワモノ歌舞伎の数々を、国立劇場勤務の著者が、時代を俯瞰（ふかん）しつつ、歯切れよい文章で資料を基に再現していく。

先述の曲芸師に扮（ふん）した「風船乗評判高閣（ふうせんのりうわさのたかどの）」では、気球で上昇、パラシュートで降下する宙乗りを披露。英語の演説まで聞かせたらしい。

異装御法度（いそうごはっと）の法令で女性が逮捕されれば、書生に男装した美女が不可思議な魅力で周囲を翻弄（ほんろう）してしまう芝居を早速創（つく）り出す。彰義隊と新政府軍との上野戦争も舞台化。火事や雨、鉄砲の仕掛けに凝った迫真の戦闘場面は一度見てみたかった。

本物そっくりにこだわり、写真を見ても彰義隊隊長から曲馬団を率いるイタリア人まで、その人になっているのが見事。新しい話題に飛びつく好奇心の旺盛さ、凝りに凝った役作りで喜々としてキワモノ歌舞伎を創り続けるやんちゃさ。明治の巨星が生き生きした近しい存在に感じられる。

歌舞伎が伝統芸能でなく、現代演劇だったころ。散切（ざんぎ）り頭やハイカラな風俗など、まさに時代を切り取った舞台は、さぞ観客を沸かせただろう。

明治という時代に、歌舞伎という空を大胆に飛び回った五代目尾上菊五郎。彼の幸福で自由すぎる役者人生が痛快だ。（坂東亜矢子・演劇ジャーナリスト）

（白水社・2625円）＝2009年5月7日④配信

世界の巨人の生々しい内実

「トヨタ・ストラテジー」（佐藤正明著）

新聞人でありながら、自民・民主両党の大連立構想の仕掛け人と言われるほど政界に強い影響力を持つ渡辺恒雄はかつて「時間が距離を決定する」と語ったことがある。本書を読みながら、この言葉が幾度か脳裏をよぎった。

本書の終盤では「経営危機に陥ったマツダの救済先にトヨタを」と考える銀行トップの提案を、著者がトヨタの大番頭に伝えたり、あるいは、著者が間に入ってトヨタの首脳に米国のゼネラル・モーターズ（GM）のトップと親しい人物を引き合わせ、世界の自動車業界を驚かせたトヨタ・GMの巨大提携交渉の事実上のきっかけをつくったことが語られる。

それぞれの瞬間、著者は重要な場面の目撃者であっただけでなく、日本経済の歴史に刻まれるようなドラマが生みだされる舞台の上に自らも上がり、ストーリーを前に動かしていく重要な役割をになう登場人物のひとりとなっていたのである。

ジャーナリストは目撃者に徹すべしという議論もあるが、しかしまさに「時間が距離を決定する」の言葉通り、歳月をかけてトヨタの中枢に食いこんでいった著者の取材がなければ、いまや一企業を越え、そのありようしだいで世界経済の浮沈が左右される、世界のエンジンとも言うべきこの巨人の生々しい内実を私たちが垣間見ることができなかったはずである。

著者は本書で、トヨタの歴史が、企業の存亡にかかわるような危機とその克服の繰り返しであったことを数々のエピソードによって描き、本書を〈トヨタの歴史の半分を取材してきた私の集大成といってもいい作品〉としるしている。

ただ、トヨタをはじめ全世界の自動車会社を現在襲っている危機が、単に会社の危機にとどまらず、クルマというものの危機とすれば、本書は、むしろこの先に書かれるであろうもう一冊の危機克服の物語のプロローグというような気もする。それは読者としての期待をこめた予感である。（杉山隆男・作家）

（文芸春秋・1800円）＝2009年5月7日⑤配信

セレブな気分のミステリー

「鷺と雪」（北村薫著）

ポーの「モルグ街の殺人」の昔から、ミステリーの歴史は名探偵の歴史である。名作には必ず名探偵が登場し、名探偵の登場するところには必ず名作があった。私たちがミステリーを読むのは、実は魅力的な名探偵にめぐり合うためだといっても過言ではない。

北村薫は名探偵づくりの名手である。「空飛ぶ馬」で初登場した落語家の春桜亭円紫、「覆面作家は二人いる」の美ぼうの令嬢新妻千秋、「冬のオペラ」の巫（かんなぎ）弓彦など、いずれもホームズやポアロに負けない個性的な名探偵である。

もう一人忘れてならないのが「ベッキーさん」こと別宮（べっく）みつ子。学者の家に生まれ、アメリカの大学を卒業したが、帰国して花村家のお抱え運転手になった。「才色兼備という言葉が制服を着たような」女性で、文武両道の達人である。

花村家の当主は財閥系商事会社の社長。娘の英子はベッキーさんの運転するフォードで女子学習院とおぼしき学校に通うという絵に描いたような上流のお嬢様。物語は英子の一人称で進行する。

本書は「街の灯」「玻璃の天」に続くシリーズ第三集で、昭和十年前後の華族社会を背景にした三つのお話を収める。

多くの人でごった返す伯爵邸から弟の子爵がこつぜんと姿を消し、浅草でルンペンになっていた（「不在の父」）。中学受験を控えた和菓子屋の息子が深夜の上野公園で補導されたが、本人はその理由を明かそうとしなかった（「獅子と地下鉄」）。子爵令嬢が服部時計店でカメラを買って試し撮りしたところ、外国にいる許婚者の姿が写っていた（「鷺と雪」）。

日常的でしかも奥深い事件の謎が、ベッキーさんの推理によってあざやかに解明されていく過程のおもしろさもさることながら、背景となる上流社会の描写に精彩があって、こちらまでちょっとセレブな気分になれる。なんともぜいたくなミステリーである。（郷原宏・文芸評論家）

（文芸春秋・1470円）＝2009年5月7日⑥配信

人間くさい企業本に結実　「メイキング・オブ・ピクサー」（デイヴィッド・A・プライス著、櫻井祐子訳）

優れた組織にはユニークで心ひかれる人物がいる。本書の主人公は、「トイ・ストーリー」や「ファインディング・ニモ」など傑作CGアニメを連発するクリエーティブ企業ピクサーだ。著者は同社の三十年にわたる逆転と成功の軌跡を丹念に追う。その過程で脇役をつとめる関係者たちが見事に浮き上がってくる。

ピクサー創設者たちは、社会的な意味で敗残者だった。その好例は、アニメとコンピューター好きのオタク青年ジョン・ラセターだ。ジョンはCGによる長編アニメ映画制作の大望を抱くが、ディズニーからクビを宣告されている。そんな連中が集い、熱い夢を胸に秘め現実社会での居場所を探す。

最初のビッグチャンス、ピクサーとジョージ・ルーカスとの出会いは不運だった。大監督の興味はアニメでなくCG技術だった。ピクサーは見限られ、創造者集団ではなくコンピューターのハードメーカーとしてスティーブ・ジョブズに売却される。

中盤からは役者がそろい、本書のスピードも一気に増す。中でもジョブズのエキセントリックさがいい。彼はアップルを放逐されたばかりのくせに、めげはしない。ピクサーでマッキントッシュの栄光を再現しようとする。一方、ピクサーの面々は、激情家のオーナーの目を盗みアニメ制作に没頭していく。両者の駆け引きはスリリングでユーモラスだ。

ディズニーとの提携と蜜月時代、さらには破局までの経緯もビジネスをめぐる人間模様として味わい深い。作品ごとに章わけされた後半の構成は、アニメ制作秘話というばかりか、貴重な映画史やCG技術史でもある。

波瀾（はらん）万丈のピクサー社史は、大ヒット作品の根幹がCG技術はもとより、心躍らせる人物設定や脚本にあると教えてくれる。この鉄則は本書にも投影され、人間くさい企業本として見事に結実した。（増田晶文・作家）

（早川書房・2100円）＝2009年5月8日配信

子規への愛情浮き彫りに　「余は、交際を好む者なり」（復本一郎著）

本書は正岡子規の随筆集「筆まかせ」の中の「交際」と題された文中にある「余は、交際を好む者なり、又交際を嫌ふ者也（なり）。…余ハ偏屈なり。頑固なり。すきな人ハ無暗（むやみ）にすきにて、嫌ひな人ハ無暗にきらひなり」に興味を抱いた著者が「無暗にすき」な八人と「無暗にきらひ」な二人を子規の周辺から推測し、その根拠を記したものである。

すなわち前者として陸羯南（くがかつなん）、夏目漱石、河東碧梧桐（かわひがしへきごとう）、高浜虚子、古島古洲（こしゅう）、佐藤紅緑（こうろく）、中村不折（ふせつ）、寒川鼠骨（さむかわそこつ）。後者として撫松庵兎裘（ぶしょうあんときゅう）、三森松江（みもりしょうこう）。

前者のうち漱石、虚子らは子規門の俳人、文人として、また不折は子規が「写生」の用語を俳句に持ちこむ発想のもととなった画家として広く知られている存在。羯南、古洲は評論家や新聞記者としてのかかわりである。

これら八人と子規との接点が明解かつ綿密な論証で展開され、偏屈、狷介（けんかい）な一面と表裏一体の情愛深く人懐っこい子規の素顔が伝わってくる。

彼ら以上に興味を引くのは「無暗にきらひ」な方に挙げられた二人。

俳諧文法の解説書を出版し、読んだ子規の激怒を買い、揚げ句、子規が「月並調」という宗匠俳句批判の用語を生み出すきっかけとなった兎裘と、自らが編んだ「蕪村句文集」で子規グループの蕪村理解を批判し、子規をして「固（もと）より三文の価値を有せず。宜（よろ）しく抹殺すべし」とまで言わしめた松江。

宿痾（しゅくあ）の子規をなごませ、信頼を得、影響を与えた八人と同時に、子規を怒らせた二人もまた子規の比類のないエネルギーを引き出した存在であった。

著者はこの十人を俳句の武士、「俳士」と呼ぶ。十人の俳士の中心にいる子規もまた「士」であるという意図は言わずもがなのこと。

いわば「戦う子規」の核心がこの一巻から浮き彫りにされる。そしてそこには何よりも著者の子規に対する愛情が感じられるのである。（今井聖・俳人）

（岩波書店・3255円）＝2009年5月14日①配信

新しい若草物語

「るり姉」（椰月美智子著）

渋沢家は女ばかりの一家で、母親けい子は看護師、長女さつきは高校生、次女みやこは中学生、三女みのりは小学生。本のタイトルになっているるり姉は、けい子の妹―三人姉妹にとっては叔母である。

登場人物の関係は第一章で、さつきがなめらかな語り口で教えてくれている。さつきは、母親と同世代なのにいつも本気で遊んでくれるるり姉の魅力を、今の若者言葉で要領よく語る。

るり姉は、次女のみやこが中学入学と同時につやのある黒髪を腐った赤キャベツのような色に染めても、「ばかなことをする」と言いながら、そのまま受け入れる心の広さを持つ。そういったエピソードのいくつかを、さつきは巧みに使って話を進めるので、三人姉妹のるり姉に対する傾倒ぶりが読者も納得できる。

そんなるり姉が、検査入院する。姉妹はお見舞いに行ってゲームなどを一緒に楽しみ、安心して帰るのだが、るり姉の入院は長引く。またお見舞いに行くと、るり姉はやせ、以前ほど元気がない。姉妹の心配は募り、やがては悲劇を予感する。母と三人姉妹と叔母の、活気あふれる生活に徐々に不安の影がさしていくプロセスが実にうまく構成されている。

第二章はけい子の仕事と生活が描かれ、第三章はみやこの並外れた中学生ぶりが楽しい。第四章は、それまで脇役だったるり姉の連れ合いが主役で登場する。

その間、読者はるり姉の運命についてペンディング状態で、末っ子のみのりが高校生になる第五章まで待たされる。

この五人の女性たちは、大小の問題を次々繰り広げて読者をやきもきさせるのだが、彼女らが男など入り込む余地のない固い結び付きを作っていることがよくわかる。現代日本版の「若草物語」である。この「新しい若草物語」の女性の結束は天下無敵。病気など、はじきとばして、読者の心にあたたかな灯をともしてくれる。（神宮輝夫・青山学院大名誉教授）

（双葉社・1680円）＝2009年5月14日②配信

瓦礫の中の希望を孫たちに

「1945年のドイツ」（テオ・ゾンマー著、山木一之訳）

「孫たち」に向けて書き残しておこう。「1945年」は、もはや老人の記憶だから。そこからこの書物の全頁（ページ）をあのおぞましい一年間の、あきれ果てた人間の愚行の記録のみで埋め尽くしてみせたのは、一ドイツ人ジャーナリスト。あの年、彼は「十四歳」。「アドルフ・ヒトラー学校の生徒」であった。

その彼がつづるヨーロッパ戦線における祖国ドイツの、ヒトラーが創（つく）った帝国が「瓦礫（がれき）と恥辱という形で終焉（しゅうえん）」していく様はあまりに悲惨。「老人」であり「病人」とも見られた総統閣下が、妻とともに自死。その一瞬、ドイツからドイツ人もナチもいなくなった。「ドイツという国がなくなっていた」のである。

それでもこの元ドイツのあちこちで、ナチへの報復の的となった人々への凌辱（りょうじょく）が続く。ぼくらが知るナチの惨劇についてはほとんど語られぬが、戦後のソ連赤軍の「復讐（ふくしゅう）への欲望」による、男は「撲殺」、女は「強姦（ごうかん）」の様は延々と描写される。筆者がドイツ人であるからというより、これが「1945年」である。戦争は、「終戦」では終わらないのだ。

三カ月後、太平洋を舞台に同じ敵国と戦っていた日本は「広島と長崎に投下された原子爆弾」によって敗戦に追い込まれる。この二つの戦争は一つの渦の中にあり、この書物はその全体像を鳥瞰（ちょうかん）図にしてみせる。

二十世紀の科学文明の多くが兵器として開発され、経済もまた戦争によって栄えた。その恐ろしさと愚かさの極みが「1945年」。

なのにぼくらはその多くをあえて忘れようとし、子や孫へも十分に伝えようとはしなかった。

「1945年」は歴史上の「転換点の一つ」であり、戦争も冷戦を経て抑止の時代を迎えた。しかし抑止のために武器を持つという矛盾からはいまだ解放されてはいない。

今こそ「瓦礫の中の希望」を凝視するときではないか。人間を信じる力をこそ、孫たちに…。（大林宣彦・映画作家）

（中央公論新社・2940円）＝2009年5月14日③配信

生態系の持つ経済価値「魚のいない海」（フィリップ・キュリー、イヴ・ミズレー著、勝川俊雄監訳、林昌宏訳）

海は狭い。しかし、人類は長い間、それが無限であると錯覚し、「無尽蔵の食料源」として、勝手放題に魚をとり、なくなれば、未知の海に出かけ、再び魚をとりつくすという行為を繰り返してきた。

スペイン、フランス国境のバスク地方の漁師たちは、コロンブスがアメリカ大陸を発見する百年も前にクジラとタラを求めてカナダのニューファンドランド島沖に進出した。以来、タラの乱獲は今日まで尾を引く。ニシンをめぐる第一次英蘭戦争、アイスランドと英国の「タラ戦争」など、天然資源の争奪戦もたびたび起きた。

こうした歴史的な考察に加え、本書は、乱獲の背景の解説にページを割く。巻き網漁船の能力や技術の発展による争奪戦。漁師から居場所を認知されやすい魚の特性。漁業権を始めとする制度上の不備や、関係者間の意思疎通の不足による貧弱な管理体制、等々。

ここで強調されるのが、海洋生態系を大きなシステムととらえ、それぞれの生物が微妙なバランスと連続したつながりの上に成り立つことの重要性だ。

バランスのとれた海洋生態系が有する「サービスの経済価値」との視点を紹介する。ある研究結果から、生態系は食料の生産、栄養塩類の循環、水資源の再生、遺伝子の保護、レジャーや文化資本などとしての大切な価値があるという。この考えに乗り、単に漁獲物だけに着目するのは無に等しいと批判する。

導き出されるのは、漁業を海洋生態系の中にきちんと位置づけ、関係者全体が十分に情報を開示し、共通の認識に基づき行動すべきという提言。衰退する日本の漁業の大局的な再生策としても適切で、最近の金融システムの破綻（はたん）が示す、新しい資本主義のあり方とも共通するものを感じる。少し専門的であるが、海から地球と人類の未来を考えるにふさわしい良書である。（小松正之・政策研究大学院大学教授）

（NTT出版・2520円）＝2009年5月14日④配信

疫病にヤブ医者、ニセ薬「江戸の病」（氏家幹人著）

歴史をたぐり、お江戸の町に出ようと西の門を出ると、そこらの道端に普通に死体が転がっておりました。

今回、南の門から出ようとしますと、そこは病人真っ盛り一箇労痢（ころり）に労咳（ろうがい）、お染風（そめかぜ）。ハシカに瘡毒（そうどく）、天然痘。

「大江戸死体考」（平凡社新書）で、江戸の町を死体からひもといた歴史家の最新作は「江戸の病」。

有史以来どの大都市もそうであったように、世界有数の人口過密都市であった江戸は、たびたび大規模な疫病に見舞われる慢性的な「病気の都」でもありました。

対するお医者はヤブ医者ばかり。薬と言ったら宣伝だけで、効果の怪しいニセ薬…なにせ当時は医者になるのに、難しい勉強も免許も必要なく、薬事法もない。

そういうあやうい医療環境の中で生き抜くため、お江戸の人々は、赤ちゃんの母乳から、家伝の薬、時には高価な薬種まで、いつもやったりもらったり。作者の言葉を借りるなら「人情」を「健康のセーフティーネット」としても機能させていたわけです。

一八六二（文久二）年の「坂下門外の変」で死んだのは襲撃側の水戸浪士、わずか数名。襲われた当の安藤老中も、軽いケガをした程度でしたが、同じ年に流行したコレラとハシカでは、江戸だけでもなんと二十三万人もの人々が命を落としているとか。しかし、歴史年表に載るのは、政治上の事件ばかり。

江戸の町が、人々が、どのような「病気」に見舞われ、それらとどうかかわってきたかを知ることは、「もしかしたら」の世界も含めた、歴史の新しい視点を、また一つ与えてくれることでしょう。

ここ数年の新型肺炎（SARS）や新型インフルエンザの流行。いまだに根絶されていないばかりか、抗生物質への耐性までつけて、そろそろと復活しつつある肺結核一現代都市・東京にお住まいのみなさん…あながち「過去のこと」では済まされませんぞ。（星野孝司・翻訳家）

（講談社・1680円）＝2009年5月14日⑤配信

迷える日本人への劇薬　「レッドゾーン（上・下）」（真山仁著）

病気を早く治したくて薬を規定量以上に飲んでしまう人がいる。そんなことをすれば、現実では体に逆に危険を及ぼす。しかし、想像の世界ならば話は別。問題を解決するための極端な手段を想像して留飲を下げる。これもエンターテインメントの機能だろう。

真山仁の「ハゲタカ」シリーズは、そのようなものとしてヒットしている。投資ファンド社長鷲津政彦は、景気停滞で苦しむ日本企業を次々に買収する。そして、家族的経営、年功序列、終身雇用など旧来のあり方から脱皮しきれない日本企業に対し、斬新な再生プランをぶつける。既存の秩序を破壊しハゲタカと呼ばれる鷲津は、悪魔か救世主か—。

これがシリーズの大枠だが、「ハゲタカ」「ハゲタカII」（「バイアウト」改題）に続く「レッドゾーン」は、以前より構図が複雑になっている。日本最大の自動車メーカーを買収しようとする中国の国家ファンドに鷲津が対峙（たいじ）する展開なのだ。鷲津は、日本の味方になるのか敵になるのか。

シリーズの根幹にあるのは、鷲津の「日本を買いたたく」という発想だ。真山は、バブル崩壊後の「失われた十年」以後も内向きの発想を捨てきれない日本経済に活を入れる極論として、買いたたかれたらどうなるという状況を書く。かつて小松左京が、島国根性で内向きな日本人が国土を奪われたらどうなるかをシミュレーションしヒットした「日本沈没」に、どこか通じる発想だ。迷える日本人にとっての空想の劇薬が、昔は「日本沈没」であり、今は「ハゲタカ」シリーズなのだ。

「レッドゾーン」では、大手企業の買収の一方、町工場の再生が語られる。その上、買収の背後に潜む国際的図式は複雑で、記憶喪失の美女の話まで加わりやや詰め込みすぎの印象もある。だが、過剰なまでのサービス精神が、シリーズを経済の勉強ではなくエンターテインメントにしているのも事実。その熱気にたじろぐほどだ。（円堂都司昭・文芸評論家）

（講談社・上下各1785円）＝2009年5月21日①配信

示した理想像の意味大きい「少女の友　創刊100周年記念号」（実業之日本社編、遠藤寛子・内田静枝監修）

戦前の少女雑誌というと「良妻賢母像」一色に染まったものと思われるかもしれない。あるいは戦後の少女雑誌のように、幸せな結婚がラストに示されるシンデレラストーリーの雑誌が思い浮かぶかもしれない。しかしそうではないことが本書を読めばわかる。

本書は一九〇八年創刊の少女雑誌「少女の友」の傑作記事を集め、当時の執筆者・編集者・読者を、本人及び家族の回想によって紹介し、今日の少女文化の作り手による考察を掲載する。

この雑誌の黄金時代は一九三〇年代。内山基が主筆（今でいう編集長）を務め、中原淳一、松本かつぢが表紙絵を描き、吉屋信子、川端康成が少女小説を掲載していた。また宝塚少女歌劇の記事を盛り込み、読者投稿欄に力を入れていた。

同誌の繁栄を支えた読者は都市の新中間層。学歴によって職業を獲得し、モダンでハイカラな文化を享受した人たちだ。数としては少なかったが、彼／彼女らのライフスタイルはその後、わたしたちの「あたりまえ」となる。夫は電車で会社に通勤し、妻は郊外の家で家事と育児に専念する。とりわけ子どもの教育には熱心になる。とすると「少女の友」はわたしたちのルーツを教えてくれる雑誌だといえる。

わたしは「少女の友」を題材にして研究してきたが、そこで驚かされたのは、同誌が良妻賢母像とは異なる女性像を理想像としていたことである。それは芸術家だ。当時の少女小説のハッピーエンドは幸せな結婚ではなく、芸術家として成功することだった。頂点に君臨したのは吉屋信子だ。

本書にもかつての読者が掲載されているが、田辺聖子や神沢利子など、文芸の道に進んだ者のなんと多いことか。「少女の友」が作家として身を立てる道を教え、投稿する場を与え、川端康成などプロ作家に添削させたのである。良妻賢母像とは異なる女性像を提示した意味の大きさをあらためて感じさせてくれる書だ。（今田絵里香・京都大学助教）

（実業之日本社・3990円）＝2009年5月21日②配信

アジアの開発とリーダー

「国をつくるという仕事」（西水美恵子著）

本書は、世界銀行（世銀）で、南アジア諸国の融資業務の陣頭指揮をとった著者が、国の発展に決定的影響を与えるリーダーシップのあり方、外部者として国づくりを手伝う世銀の役割について、自らの経験をもとに語ったものである。

さまざまなリーダーが登場する。ブータンの雷龍王四世は実に清新な指導者で、小国ながら「国民総幸福量」という開発ビジョンをもち、その実践のために一人でも多くの民の心を聴こうと国中を回る。対照的に、私利私欲・汚職に走る某首相や、現地を知ろうとせず水没世帯の住民に配慮がないままダム建設を進める某州知事がいる。貧民街の女衆、村長・農民、非政府組織（NGO）活動家、社会起業家など、自助自立の精神で行動する、政治指導者以外のリーダーたちも生き生きと描かれている。よいリーダーは皆「ハートが頭と行動につながっている」というのが著者の持論だ。

本書が魂を揺さぶるのは、著者自身が「ハートが頭と行動につながっている」リーダーだからだろう。初訪問国では必ず小さな村にホームステイする。貧しい人々の生活を知らずによい仕事はできない、との信念からだ。草の根体験で生まれた疑問は、すぐ部下に分析させて問題を見極める。現場を知っているから相手の心に響く話ができる。国家指導者に怒りをぶつけて改革の必要性を説き、融資を拒否することもできるし、草の根のよい取り組みを広げていくよう説得もできる。

だからこそ、当時のウォルフェンソン総裁が始めた世銀を「現場主義」へ変える大改革で先導的役割をにない、南アジアで率先して、本部主導だった援助を現地の事務所長の采配（さいはい）に委ね、現地スタッフを責任あるポストにつけていった。

政治が政策現場に複雑に絡まる現実のなかで、国づくりを助ける外部者の役割は何か、と私は問い続けてきた。本書を読んで、その鍵がみえた気がした。（大野泉・政策研究大学院大学教授）

（英治出版・1890円）＝2009年5月21日③配信

豊かな孤独を描き出す

「海松」（稲葉真弓著）

昨年の川端康成文学賞を受賞した表題作をはじめ四編を収録。女たちの体の奥底にひそむ、豊かな孤独を描き出す作品群である。

「海松（みる）」の舞台は志摩半島の小さな湾を抱く山中の傾斜地。十一年前の小旅行の途中、すばらしく美しいオスの雉（きじ）に出会った「私」は、雉に導かれるようにその土地を手に入れ、つつましやかな別荘を建てる。

「雉の背後は、びっしりと生い茂った五月のシダと、斜面の北側に広がる広大な竹林。獰猛な緑が、樹木の下、目に入る空間のすべてを覆い尽くしていた」。そのときの印象を、いまも「私」は「まぎれもなく“光背を持つ”風景だった」と振り返る。

「私」は、東京で文章を書いて暮らす独り身の中年女だ。豊かではないのに山中の土地を買った、そのころ。「よくクチナシの花の夢を見た。（…）夢とわかりつつ、自分を包む甘いにおいが、瞬く間に腐臭に変わっていく予感がすぐかたわらにあった」

母や妹と過ごした別荘での家族の日々はやがて一人抜け、二人抜けて、現在は「私」が猫を連れて時折訪れるだけだ。フユイチゴを摘み、ジャムを煮ながら「私」は、かつてそこにあった家族の時間を懐かしむ。

人は、死に向かって生きている。過ぎゆく時間の残酷さ。さまざまなものを失い、別れ、衰え、やがて実体のない存在になる。それを思うときのいら立ちや恐怖感。

しかし、その老いや死が荒々しい自然を背景に描かれたとき、若さや生とはまったく別の次元での豊かさに気づかされる。ここに登場する自然の事物のなんと生々しく、鮮やかなことだろう。

半分にちぎれたヘビの抜け殻。フユイチゴの果肉に赤く染まった指先。ひしめきあう牡蠣（かき）。そして海底で暗い緑色に揺れる海藻の「海松」。「私」の存在も彼らのなかに混然と溶け込んでいく。放心するほど恍惚（こうこつ）とした読後感。濃密な小説集である。（宮脇真子・ライター）

（新潮社・1680円）＝2009年5月21日⑤配信

加害の戦争体験を検証する　「BC級戦犯　獄窓からの声」（大森淳郎・渡辺考著）

戦犯関連の書物は少なくない。しかし、戦後六十余年の今でもまだ単なる歴史とはなりきっていない。BC級戦犯の投げかける問題の「今」を、NHKテレビ「シリーズBC級戦犯」のディレクター二人が丹念な取材で浮き彫りにする。

東京裁判で裁かれた戦争指導者としてのA級戦犯二十八人とは別に、戦争の舞台となったアジア各国の法廷で裁かれたBC級戦犯はその数およそ五千七百人に上る。A級戦犯が「平和に対する罪」で裁かれたのに対して「通例の戦争犯罪」（B級）、「人道に対する罪」（C級）で裁かれた人たちで、九百人以上が死刑となった。

本書はニューギニアでゲリラを殺害した罪、泰緬鉄道の建設に動員した捕虜を虐待した罪それぞれに問われた日本兵と韓国人捕虜監視員の事例を中心にBC級戦犯が国に問いかけ、戦争に問いかけ、自らに問いかけたものを突き詰めていく。

戦略を考える中央の軍指導者たちは自らの手を汚すことはないが、命令を受けた現地の部隊はしばしば無理、無謀を強いられ、そのため現地住民や捕虜を過酷に扱い、時に生命を奪うことも余儀なくされる。

抗命が許されない組織の中で、命令されての行為を犯罪に問われるのは不条理であるが、行為そのものは被害者に対する加害にほかならない。その加害をいかなる形であれ、自分の中に再現することは当事者にはつらいに違いないが、死を免れた戦犯たちは獄窓の中でそれをあえて行い、考える。その行き着く先は釈放より何より、戦争の再発を防ぐことであったのだと、戦争を知らない世代の著者は了解する。

わけても本書の主役の一人、韓国出身の李鶴来（イ・ハンネ）氏の生きざまは法廷で「無罪！」と叫んだA級戦犯たちとは比べようもなく、戦争の過酷さを体現している。何の補償もなしに異国で獄舎と戦後社会の辛酸をなめた彼らに、特別給付金を支給する法案は国会で継続審議とされたままである。（田畑光永・ジャーナリスト）

（NHK出版・1575円）＝2009年5月21日⑥配信

報復の連鎖は断ち切れるか　「ムサシ」（井上ひさし著）

「やられたら、やり返す」。報復の連鎖は国際紛争であれ、テロをめぐる戦いであれ、その基本原理だ。

「報復の連鎖は断ち切れるのか」

9・11テロ以降、わたしたちの頭上には常にこの問いかけがある。

蜷川幸雄演出で藤原竜也、小栗旬という人気俳優が武蔵と小次郎として激突するぜいたくな舞台となった戯曲「ムサシ」は、この問いに真摯（しんし）に答えた。

国民文学となった吉川英治「宮本武蔵」の最後の場面、巌流島（船島）で小次郎を倒した武蔵は小次郎にまだ息があることを知り、手当てによっては助かるかもしれないと思う。

戯曲は「お手当てを…早くお手当てを！」と武蔵が呼びかけて去るところから始まる。息を吹き返した小次郎は六年後、鎌倉の禅寺でようやく武蔵にめぐりあい、再度の決闘を挑む。

一触即発の二人をなだめ、戦いをやめさせようと、あの手この手を考える柳生宗矩と沢庵。偶発的な切り合いを避けるため、武蔵と小次郎は宗矩らと足を麻縄で結ばれ、二人三脚、三人四脚から、果ては五人六脚にまでなる。

抱腹絶倒の喜劇は、そのまま現代の大きなテーマを浮かびあがらせていく。

武蔵と小次郎に出会った若い娘、筆屋乙女は、二人の助力で父のかたきを倒すが、とどめは刺さない。

「恨みから恨みへとつなぐこの鎖がこの世を雁字搦（がんじがら）めに縛り上げてしまう前に、たとえ、いまはどんなに口惜しくとも、わたくしはこの鎖を断ち切ります」と復讐（ふくしゅう）を断念して二人をぼうぜんとさせる。

剣の修行で人格を磨こうとする求道者武蔵と栄光を求める天才小次郎。剣によって生きてきた二人にとって、戦いや報復を捨て去ることは、実は自分の生きがいを捨てることでもある。

困難な選択だ。しかし、平和にはそれほどの価値がある、とこの戯曲は教えてくれる。（葉室麟・作家）

（集英社・1260円）＝2009年5月28日①配信

自立する女、草をはむ男

「三人姉妹」（大島真寿美著）

タイトルから、谷崎潤一郎の「細雪」の四人姉妹のような純文学風の物語かと手にとったが、いい意味で裏切られた。

映画館でアルバイトをする主人公の水絵（二十代前半）と、彼女を取り巻く二人の姉、母、友人、恋人らとの何げない日常を描いた現代ストーリー。水絵はカフェで友人とおしゃべりしたり、自宅でのんびりDVDを見るのが趣味。ただ未婚でフリーターという現状から、キャリアウーマンの真矢と玉の輿（こし）で専業主婦になった亜矢、二人の姉にどこかコンプレックスを感じている。この設定も、いかにも現代的だ。

細雪に似て、恋愛・結婚をめぐる微妙なやりとりはある。だが深刻になりすぎない。作者持ち前のリズムよい文章で、終始テンポよく展開。眼前で三人姉妹がにぎやかに話しているかのように、情景が浮かぶのも楽しい。

—やだー、美味（おい）しいー。ほんとだー、美味しい。たまんなーい、酔っぱらった後の甘い物ってけっこういけるかもー、と三人三様に喜びの声をあげつつ、ふかふかしたスポンジと甘い甘い生クリームと、酸っぱい苺（いちご）やブルーベリーのハーモニーに、身も心も捧（ささ）げてしまう—といった具合。

人の生死にかかわるような決定的な事件も起こらないが、水絵は家族の家出や進路の悩み、恋人の浮気疑惑など、ちょっとした出来事を通じて「大人」への階段を上る。

一方で、挫折を経ても変わらずぼんやりしているのが恋人の右京くん。私が拙著で描いた「草食系男子」そのものだ。メールはそっけない、デートもどこへ行くわけでもない、「好きだ」のひと言も言わない。そんな彼との仲について、水絵はもらす。「これって付き合ってるっていう？　いわないよね…」

同じ悩みを、現実に草食系と付き合う女性から何度聞かされたことか。もしあなたがそうなら、「あるある」とさらに共感しつつ読んでもらえること請け合いだ。（牛窪恵・マーケティングライター）

（新潮社・1575円）＝2009年5月28日②配信

失われた江戸人の姿を再現

「江戸の風格」（野口武彦著）

高度経済成長期やバブル時代を経て大きな変ぼうを遂げた東京だが、それでもまだ江戸の痕跡を見つけることができる。すでに消滅した痕跡ですら、文献によってたどることができる。

本書の冒頭を飾る「大久保のツツジ」は、御家人たちの内職として発展した。よく知られた話だが、明治になってできた躑躅（つつじ）園が、甲武鉄道の敷地となって廃園となり、ツツジが日比谷公園に売り払われたことは知らなかった。こうしたうんちくが本書の魅力である。

「江戸の風光をめぐる」と題された第一章では、江戸の随筆が縦横に引用され、明るい江戸の姿が活写される。しかし、第二章の「江戸の風姿をたずねる」に入ると「一番町の『地獄谷』」の文章に驚かされる。江戸の麹町六丁目から二番町へ行く谷には、行き倒れの死人や屋敷で成敗された死骸（しがい）が投げ捨てられたのだという。ほかにも「吉原の羅生門」「鮫（さめ）ケ橋の夜鷹（よたか）」など、荒涼とした江戸の風景が、東京の町に突然顔をのぞかせる。

第三章の「江戸の風趣をあじわう」は、お菓子を贈られたアメリカ総領事ハリスの反応がほほえましい。この方面ではすでにアメリカを凌駕（りょうが）している。復古神道を始めた平田篤胤が、マテオ・リッチが漢文で書いたキリスト教の書物を読んでいたという話には驚いた。

第四章は「江戸の風聞をたどる」。「死ぬときも眼鏡を」は頼山陽に対する森鷗外の、「紫雲伝説」は荻生徂徠に対する中井竹山の、つまるところ文学者や学者の嫉妬（しっと）の話である。こうした話は、歴史上の人物の人間らしさを感じさせる。

書店には、東京の町歩きの本が何種類も平台に積まれているが、失われた江戸や江戸人の姿をここまで再現した本はないだろう。町を素材にした江戸文学の質の良い解説書でもある。題名がなぜ「江戸の風格」なのかは最後までわからなかったが、野口氏の江戸文学への造詣の深さと端正な文章こそ、「風格」というにふさわしい。（山本博文・東大史料編纂所教授）

（日本経済新聞出版社・1575円）＝2009年5月28日③配信

発想力豊かに絵の謎解く

「秋田蘭画の近代」（今橋理子著）

ただうっとりと絵を鑑賞するのではなく、その後ろに何かが隠されてはいないか、こうした謎解きの作業に熱中する日本美術史研究者があらわれている。西洋美術史のイコノロジー（図像解釈学）、あるいは人文科学のセミオロジー（記号学）を取り入れた新しい方法である。

本書の著者今橋理子氏はそれを代表する一人で、今回は、江戸時代洋風画の先駆である秋田蘭画（らんが）の画家小田野直武の「不忍池図」をとりあげた。四半世紀にわたる氏の研究のまとめというだけに、豊富な関連資料を駆使して発想力豊かな議論を展開している。

図の前景には中国風の鉢に芍薬（しゃくやく）が大きく描かれ、謎めいた雰囲気を演出する。氏はこれに、中国の後宮で王の寵愛（ちょうあい）を失い嘆く美女の面影を重ねあわせる。そこにけし粒ほどのアリが見えるのは、当時流行の「遠眼鏡」の趣向にほかならない。

氏はまた、この図が不忍池の東南隅あたりから西北に池を眺めて描かれたものと推定し、このあたりに秋田藩所有の「町並（ちょうなみ）屋敷」が、さらには直武のアトリエがあったと推定する。

中国の文人趣味が浸透していた当時の、窓越しの風景をそのまま「框景（きょうけい）」として絵画に見立て楽しむ趣向、あるいは浮絵の趣向が、この図の制作意図にかかわってくる。

「不忍池図」は、ただの風景画ではなく、巨大な浮絵で、丸くくりぬいたフレーム越しにのぞく奇抜な「からくり絵」だ。これが氏の導き出した意外な結論である。

一枚の絵に三百五十ページも費やしてさまざまな角度から吟味する、こうしたやり方はかつては考えられなかった。冗舌ながら説得力に富んだ語りかけにひかれ読み進める傍ら、江戸の文化史にかかわる興味深い情報の数かずを知ることもできた。

果たしてその通りだったか、なおも半信半疑だが、読み終えて「不忍池図」がこれまでと違って見えるようになったのは不思議だ。（辻惟雄・東大名誉教授）

（東京大学出版会・6825円）＝2009年5月28日④配信

読み応えのある日本論

「ハーンと八雲」（宇野邦一著）

明治に時代がかわり、多くの西洋文化が流入して来たが、逆に、日本の文化を外国に紹介した先駆者が、本書に書かれたラフカディオ・ハーンだろう。そういう意味では、彼は日本を世界に紹介した大恩人である。

そのハーンは、英国の軍医であった父親と、ギリシャ人の母親との間に生まれている。二歳の時に母親と、父の生地アイルランドに渡るが、彼は父方の親類に預けられ、じきに母親はギリシャに戻り、昔の恋人と再婚してしまう。そして彼女は精神を患って亡くなり、父親もマラリアで命を落とす。

ハーンは幼くして両親を失い、財産家の大叔母に育てられるが、彼が十代の時に大叔母は破産し、その後、米国に渡り、路上生活者まがいの生活をしながら新聞記者になり、少しずつ名を成していく。

この孤独な生い立ちが、ハーンの精神構造の底流に流れていて、彼はマイノリティー（黒人、ユダヤ人、クレオール）文化に興味を示していく。実際に黒人と結婚している。また、自分の流転の人生が、エキゾチシズムへと向かわせるが、その延長上に日本があった。

日本に来たのは三十九歳の時で、松江の尋常中学校、熊本の第五高等中学校、東京帝国大学、やがては早稲田大学でも教壇に立つが、五十四歳で心臓発作によって亡くなる。

その間に、多くの日本関係の書物を書き残し、その文章は日本人の特性をよくつかみ、今日でもわたしたちに「日本人とは何か」ということを考えさせてくれる。少しも色あせていないのだ。また日本各地に残っていた伝説を、新たに文学作品として構築したことは有名である。

著者は、そのハーンが好きだった松江出身だが、豊富な知識と学識でハーンの人間像を深く描いている。重層で読み応えがあり、伝記論というだけではなく、日本論及び日本人論としても読める、複合的な力作である。（佐藤洋二郎・作家）

（角川春樹事務所・1890円）＝2009年5月28日⑤配信

狩猟で生活することの意味

「羆撃ち」（久保俊治著）

北海道・小樽生まれの著者は現在、道東部の標津町で牧場経営の傍ら猟をするが、二十代には猟のみで生活する時間を有した。本書はその記録である。

狩猟も含めアウトドアを趣味とする父の影響を受けた著者。子供のころから猟に同行し、大学在学中に猟の資格を得ると、卒業後、道内各地でテントを張りながらの猟生活に入る。猟犬を育てて同伴するまで、丸二年余りは単独行だった。

冬眠から目覚めたヒグマを撃つことは換金価値も高いハンターのひのき舞台だ。ヒグマ、エゾシカといった大物を追い、仕留める真剣勝負。苦痛を与えず一発で…と念頭に置くのは、手負いの苦痛は肉の味を落とし、商品価値に響くからだ。猟で生活することの意を読者は各記述から存分に学ぶ。

狩猟期は雪の季節と重なる。「雪をこいで走りながらボルトを操作し、近づく」との記述は雪が猟の障害になるとも読めるが、追跡は雪上の足跡が頼りで、ヒグマやシカの姿も白銀の世界だからこそ見つけやすい。

ヒグマを仕留めた後は雪上をひいてふもとに戻る。雪がなければ猟は困難を極め、雪こそが猟を支えている、と読む者は知る。

一頭のヒグマを二日、三日と追跡中、他のヒグマの足跡を雪上に見つけても、著者は浮気せず、最初のヒグマを追う。歩き方の癖、身を隠す場所の予想など自らの情報をゼロにせず、知恵比べの末に追いつき、相対峙（たいじ）するのはまさにヒグマ撃ちの矜持（きょうじ）だ。

だが、これらも今は昔、自然界で変化が著しいのがヒグマだ、と著者はいう。畑やサケ、マス漁の堰（せき）にヒグマが頻繁に現れるのは山野のエサが減ったことよりも、本来は警戒心の強いヒグマが人に慣れ、楽をしてエサをとる習性が広まったから、と分析する。野性を失ったヒグマに対して寂しさを感じるという著者の本音は重い。（小林照幸・ノンフィクション作家）

（小学館・1785円）＝2009年5月28日⑥配信

評議の充実が制度の課題

「てのひらのメモ」（夏樹静子著）

裁判員制度が始まった現在、時宜を得た長編小説である。一人で子育てするキャリアウーマンが大切な会議のため、ぜんそくの子どもを家に置いて出社。子どもは留守の間に発作で死亡し、母親は「保護責任者遺棄致死罪」で起訴される。この事件の裁判員となった女性の視点で法廷審理から判決までが描かれる。

裁判員制度開始後もその是非を問う議論は続いているが、実際に市民が裁判員として裁判に参加する際の具体的な状況については、まだそれほど議論されていないように思われる。本作は、法廷や評議室での状況を綿密な取材でリアルに書いているため、これから裁判員になる可能性のある私たちにとって、大きな情報となるだろう。

特に注目すべきは、評議の場面の描写である。裁判員制度では、裁判の進め方や内容に国民の視点、感覚が反映されることが期待されているが、国民の視点や感覚とは何なのか。

この6人の裁判員が国民を代表しているわけではない。作品の中で、裁判長は繰り返し「評議では乗り降り自由であり、意見を変えても構わない」と伝え、裁判員はそれぞれの価値観や経験に基づいて意見を述べるが、相当分かれている。また、評議当日に偶然自分の身に起きた出来事から意見を変える場面もある。

裁判員が変われば別の結論が出ることも十分考えられる。こうしたことは司法の公平性から見て問題ではないのか。作品中、評議室での議論は、意見を戦わせるというよりは、裁判官が裁判員の意見を聴き、とりまとめるという形で描かれている。公平性を担保するためにも証拠や証言の信用性、妥当性を一つずつ吟味していくような議論が、本来求められるのではないだろうか。

読者は、評議の結論に対して、さまざまな感想を抱くだろう。本作は、評議を充実したものにすることが制度の喫緊の課題であることを強く印象づけるものである。（森本郁代・関西学院大准教授）

（文芸春秋・1600円）＝2009年6月4日①配信

建築への祝祭願望を代弁

「ツバキ城築城記」（藤森照信著）

書評にならぬ、書評を書くぞ。だって盟友藤森照信が、伊豆大島に「ツバキ城」なるナマコ壁の建物を作った過程を自ら書いた本書で、あっけらかんと私イシヤマをコケにしているからである。

最近の藤森の活躍ぶりは実に目覚ましい。国民的作家に登りつめた安藤忠雄の背中に迫る勢いである。共に時代の趣向、風向きを本能的にかぎ取る才に恵まれ、藤森の場合はそれを良く建築物として表現し、同時に文章も書き残している。

なぜ、時代が彼らを支持するかといえば、実に簡単なことで、彼らは何しろ明るいのである。インテリゲンチアとも思えぬ明るさを持つ。これは近代の知識人像への背理そのものである。知識人というのは認識の深さ、広さを競い合う宿命を持つ。それに双方共に東大の先生であり、あった。知の殿堂の住人であるはずだ。特に藤森は歴史家でもあるから、誰もそれを疑いようがない。

ところが、この本がまさに典型なのだが、藤森はその常識の枠を平気の平左で踏みにじる。巨匠磯崎新にもその傾向はあるが、巨匠は近代の理を尽くして説こうとする。

対して藤森は時間軸をボッキリと脱臼させて、はるか縄文の古代からパンツをはいた猿のように出現して建築作家らしく振る舞い、話し続ける。それがあまりにも楽しそうで明るいので、誰も早くおりに隔離しろと言わない。

本当は藤森の考えは、普遍化モデルに収束していく近代的思考、つまりグローバリゼーションにとっては異物である。しかし排除の力は働こうとしない。なぜか。それは藤森の思考が、建築の祝祭性への民衆の願望を代弁しているからだ。この書物ではその点への言及が最大の収穫である。

それだけでも一読に値するが「カッカッカッ、ザマミロ、イシヤマ」とまで書かれた私だって黙っていないぞ。今年、出現する私の建築を見て、その論を読んだら、オマエ泣くぞ。悲嘆にくれる姿が目に見えるようだ。（石山修武・建築家）

（日経BP社・2100円）＝2009年6月4日②配信

立ち現れる中華幻想

「ザナドゥーへの道」（中野美代子著）

明国の大使としてバチカンに遣わされたミカエル・ボイム、敦煌探検のポール・ペリオ、モンゴル帝国のハーンの前で行われた多様な宗教の教義宗論を記録したギョーム・ド・ルブルク…。

本書は、中国史にその名を刻み、特異な役割を担った（かもしれない）西洋人を主人公に据えた物語集だ。いずれも歴史とファンタジーが溶け合ったような不思議な物語で、それが生彩（せいさい）豊かな筆遣いで描き出されている。エッセー風のところも含めて文人趣味の芳香高く、見事な中華幻想〈ザナドゥー〉の姿が目の前に立ち現れる。

われわれ日本人の心のなかには、神仙的な中華世界への憧（あこが）れと、西洋の幾何学的観念論に対する憧れが、二つながらに存在するが、本書はその両方を満たしてくれる。いや、ここにはさらに、イスラム文化圏や騎馬民族、さらには「月の世界」まで顔を出すという贅沢（ぜいたく）ぶり。

しかも、中国文学の第一人者である著者の手になるだけに、中国の政治史、社会史、文化史などを渾然（こんぜん）一体とする全体史にわたる博識を背景としていて、格別の味わいがある。

たとえば唐の時代、故国から遥（はる）かに隔たった土地で、政治に翻弄（ほんろう）されながら魂をすり減らして生きる景教僧アロペンが、彼には理解し難い不合理な情熱を生きる玄奘と視線を交える場面などは、なんとも切ない。

「中世の秋」で知られるホイジンガは「まじめな歴史家たちは自己の労作を芸術作品とみなされることを何よりも恐れている」との趣旨の発言をしているが、であればこそ優れた歴史家は、自己の中に蠢動（しゅんどう）する芸術的想像を、自覚的に「創作」の形で切り分ける必要があるのかもしれない。

もっとも昔の日本では、文学といえば漢文学、それも史書を中心とした修辞学的知識体系を指したのであり、史伝や幻想文学こそが文学の中心に位置していた。本書はあらゆる意味で、そうした伝統を引き継いだ作品と言えるだろう。（長山靖生・評論家）

（青土社・1995円）＝2009年6月4日③配信

シニカルな論客の思想凝縮

「日本の難点」(宮台真司著)

本書は、「ブルセラ社会学者」として一世を風靡(ふうび)した論客、宮台真司の初の新書である。タイトルどおり日本社会の困難を縦横無尽に論じた書物であるとともに、この10年間の宮台の思想が凝縮された一冊でもある。

宮台の思想を一言で表現すれば、「すべてをネタとして見ろ、そのうえで戦略的に動け」とのメッセージだということができる。本書でその立場がもっとも明確になるのは、国防や環境問題に触れるときである。宮台は憲法改正に賛成だが愛国や反米にこだわるのはくだらないと言う。また環境対策には積極的に乗り出すべきだがそれは地球温暖化の真の原因とは関係がないと言う。

そこで宮台が説くのは、在日米軍や排出権というカードを外交上いかに有効に使うか、その戦略「だけ」が重要だ、といういささかシニカルな態度である。その態度が揺るがないからこそ、彼は縦横無尽に話題を切り替えることができる。

さて、本書はすでにベストセラーであり、実際に内容は充実している。個別の主題で教えられることは多いので、ぜひ宮台の名になじみがない読者も手に取ってほしい。

しかしそのうえで、書評者が思ったのは、これが現代の論客の終着点なのだな、という一種独特の感慨だった。

前述のように、宮台はいかなる理念も信じていない。あらゆる理念は相対化されてしまった、したがってどうせなら自分たちの幸せのために理念を道具のように使いこなそう、宮台はそう考えており、この本自身がその哲学の実践でもある。その態度は確かに、保守革新、改憲護憲といった空虚なゲームに興じている凡百の論客よりはるかに誠実である。だからこそ彼は、この15年のあいだ若い世代に支持され続けてきた。

けれども、それは同時に論壇の本格的な死も意味している。論壇誌の休刊が話題のいま、本書が公刊されたことは時代の必然かもしれない。(東浩紀・東工大特任教授)

(幻冬舎新書・840円)=2009年6月4日④配信

切実でこっけいな女たち

「玩具の言い分」(朝倉かすみ著)

朝倉かすみの吉川英治文学新人賞受賞第1作である「玩具(おもちゃ)の言い分」。アラフォー女性たちが登場する本作は、彼女たちの不安定な「居場所」を描いた恋愛短編集だ。

ずっと自分が世話を焼いてきた「だめな子」が、年ごろになると自分より異性にモテていた(「誦文(ずもん)日和」)。43歳になっても独身で両親と暮らしていて、勤続25年の会社では若い男性社員と派遣の女子から陰で笑いものにされている(「小包どろぼう」)—。

登場する女性たちは決して不幸なわけじゃない。それなのに隣の芝生の青さが気になってしまう。どうしてあっちの芝生はあんなにも青々と茂って、花まで咲かせているのだろう。っていうかあの花、どうせ造花なんじゃないの?

そうやって卑屈になったり毒づいたりを繰り返す登場人物たちには、共通した思いがあるように感じられる。それは「どうして私は私なんだろう」という、自分自身へのいら立ちともあきらめとも違う、途方に暮れたような感覚。

物語の中で、しばしば過去を振り返る登場人物たち。ページをめくりながら、仲良しグループの中で笑い転げていた、学生時代の「彼女」を想像してみる。友人と同じ制服を着て、同じ授業を受けていた。おそろいのキーホルダーをぶら下げていたかもしれないし、トイレにも連れ立って行ったかもしれない。いくら仲良しだからって、尿意まで同じタイミングのはずがないのに。

そんな少女も大人になり、いつまでも仲良しごっこをしていられなくなる。不安定な「今」を肯定するために、皮肉まじりの冗談で攻撃し、あの子よりも自分の方が幸せだと証明しようとする。

彼女たちの中には、小さな小さな子どもがいるようだ。うずくまって、べそをかいて、あれがほしいと駄々をこねている女の子。そんな女たちの物語はあまりにも切実で、こっけいなほどにみみっちく、だから時に、生々しすぎてだいぶ痛い。(宮田和美・ライター)

(祥伝社・1500円)=2009年6月4日⑤配信

斬新で刺激的な仏教思想論

「仏典をよむ」(末木文美士著)

なかなかに野心的な仏教思想書である。

一つには、インドから中国へ、中国から日本へと移りゆく仏教思想の流れを、代表的な仏典に見てとれる思想内容の変化を通じて明らかにしようとする点が野心的だし、二つには、仏教の思索の中核に他者の問題と死者の問題がしっかりと位置を占めるという仏教のとらえかたが、野心的だ。論述の全体は、一般読者向けの雑誌での連載という事情もあってか、やや正統的・常識的なもの言いに傾いていて、野心的な構えが十分に活(い)かされているとは言いにくいのだが。

とはいえ、とくに日本の仏教を扱った後半の7章は、斬新なものの見かたが随所に示されて刺激的だ。たとえば、日本仏教の最初の章で「日本霊異記」が論じられる。論ずべき仏典の最初に平安初頭の仏教説話集をもってくることからして、すでに型破りだ。瓜(うり)を売り歩く男が、荷負いの馬を酷使して殺した報いとして、その両目が沸き立つ釜に抜け落ちて煮られてしまう、といった類の説話のうちに日本の仏教思想の一典型を見るというのだから。

「日本霊異記」の次に来るのが、最澄の「山家学生式」だ。南都六宗を離れて比叡山に独立戒壇を設けようとした最澄が、みずから修学僧教育の基本を記した文書だが、著者はそこに仏道修行の厳しさとともに、仏教の社会貢献への視点と、出家と在家の区別にこだわらぬ真俗一貫の思想性を読みとる。後代の仏教への幾筋もの道が予感されて、書中もっとも興味深い1章となっている。

残り5章で取り上げられるのは、空海「即身成仏義」、親鸞「教行信証」、道元「正法眼蔵」、日蓮「立正安国論」、ハビアン「妙貞問答」だ。キリスト教の立場から仏教を批判する最後の書を除けば、いずれ劣らぬ独創的な仏教思想書で、それをどういう視座のものにどうとらえるか、という点だけからしても、本書は一読の価値ありといえる。(長谷川宏・哲学者)

(新潮社・1890円)=2009年6月4日⑥配信

夢と欲望映す精神史を追跡

「伊勢神宮」(井上章一著)

伊勢神宮は不思議な建築である。古くから存在しながら、20年に1度建て替えを行うために、モノはいつも「現代」の建築だからだ。同じかたちを継続したとされるが、史料や遺構に欠け、当初の姿はよくわからない。それゆえ、伊勢神宮は多くの学者や建築家を魅了し、おのおのの夢と欲望を投影しながら、研究や仮説がつむぎだされた。

井上章一は最近、性や金シャチなどを論じて建築から遠ざかっていたが、久しぶりに本格的な日本建築論を書いた。かつて桂離宮や法隆寺でも試みたように、本書でも文献に基づく実証主義で、伊勢神宮をめぐる言説の変遷や分析を行い、その精神史を追跡していく。

最初に井上は、伊勢神宮の部材の形態がもつ意味に関して、合理主義的な解釈がすでに江戸時代から始まっていたことを指摘する。また1900年に伊東忠太が初めて骨格をつくったとされる神社建築史も、江戸期に用意された知の枠組みにのっていたとみなす。井上は、建築以外の文献を掘りおこし、新事実を突きつける。江戸の近代精神は同時に、伊勢神宮からは始原の小屋、つまり日本建築の原型にさかのぼれるという新しい幻想をもたらした。実は18世紀の欧州建築界でも同じ現象が起きており、大変に興味深い内容である。

明治を迎え、日本は西洋との交流から、伊勢神宮を芸術として評価する近代的なまなざしも獲得した。続いて、さまざまな対立項が描かれる。伊勢神宮は日本特有か、アジアの影響があるのか。対照的な考えをもつ東大と京大の建築史家たち。建築の起源は、黄河か、長江か。終盤は、近年の考古学が弥生時代の高床建築を神社以前の聖なる施設と考える傾向に触れ、「始原の小屋」幻想の復活だと批判する。

ちょっと意地悪な語り口は気になるが、建築界における最高級の知性といえる内容だ。ただし、今回は傍観者とならず、めずらしく井上自身の神宮像も提示したのは、伊勢神宮の魅惑ゆえかもしれない。(五十嵐太郎・建築評論家)

(講談社・2940円)=2009年6月11日①配信

息づまる現実、周到なわな

「龍神の雨」(道尾秀介著)

「だまされまいと心して読んでいるのに、またしてもだまされた」

今もっとも注目されている若手ミステリー作家、道尾秀介の作品を読んだファンの言葉である。

先ごろ「カラスの親指」で日本推理作家協会賞を受賞したばかりだが、授賞式では「常に前作以上の作品を書くつもりでいる」という趣意のスピーチをしていた。

その言葉にたがわず、作者は一作ごとに傾向も味わいも違う作品を書き続けながら、読者を跳び上がらせる大胆極まりない仕掛けを常に用意している。そう、道尾秀介はもっとも油断のならない作家でもあるのだ。

本書は肉親と死に別れた二組のきょうだいが登場する犯罪小説風のサスペンスである。

十九歳になる添木田蓮は、実母の急死後、暴力をふるう継父を疎ましく思いはじめる。その感情は、中学三年生の妹の楓に対し、継父が性的な劣情を向けていると思い込んだ瞬間から、殺意へと変わっていく。

一方、中学生の辰也と小学生の圭介の兄弟は、実母の死後に再婚した父親を病気で失い、継母と暮らしていた。辰也は継母の存在を認めず非行に走り、圭介は二年前に実母が死んだ原因が自分にあるとひそかに悩み続けていた。

台風による大雨の日、蓮は継父を事故死に見せかけて殺す仕掛けをして外出する。帰宅した蓮は、継父の死体を発見するが、妹の楓から自分が継父を殺したと告白される。二人は死体を遺棄しようとするが、殺人の証拠となるスカーフが、辰也の手に渡ってしまう。

物事も人間のありようも、一面からでは判断できない。二組のきょうだいの視点人物である蓮と圭介。彼らが“見た”、息づまるような現実を追っていくうち、読者は作者が仕掛けた周到なわなにからめ捕られていく。

苦い味わいの青春物語と、叙述トリックを超えた仕掛けが核融合のような大爆発を起こす、期待にたがわぬ作品である。(西上心太・ミステリー評論家)

(新潮社・1680円)＝2009年6月11日②配信

人類の脆弱さへの新視点

「麻薬の文化史」(D·C·A·ヒルマン著、森夏樹訳)

「大麻」の2文字をニュースで見ると、次に「逮捕」と続くのが日本の常識。でも、日本以外では違う文脈もある。オランダや米国の一部などでは、医療大麻を痛み止めなどの生薬療法として合法化しているからだ。

本著はギリシャ、ローマ時代から、大麻同様、神経系に変成作用を及ぼす植物が痛みの緩和剤や毒消し、向精神薬などに使われていたことを、さまざまな歴史的文献から考察している。文献には数学者ピタゴラス、医聖ヒポクラテスの名前も。執筆動機が大学の論文からこの部分の削除要求をされたことなので、論調にはやや持論の弁護的な部分もある。だが、私は現代への変遷に思いをはせ、人類の脆弱(ぜいじゃく)さへの新しい視点を得た。

文献によると、当時は疫病や天災に晒(さら)された人々の壮絶な苦痛を癒やすために、細心の調合で使われたという。だが、今はなぜ社会に敵対する害悪に変化したのか。物理的な生活は当時より楽になったのに、なぜ医療以外の供給ルートが消えないのか。古代からシステムとテクノロジーが進歩した分、精神的には衰退したのか。読者はそう考えざるを得ない。

一方、重い病による激痛を取り除き、患者に残された最後の尊厳を守る医療用モルヒネも麻薬の一種。適切に処方すれば依存性もない。私見だが、麻薬の医療性だけを利用できれば、人々を動機づける心理的記号としても変革できると思う。

それを阻むのは流通ルートの多層化、複雑化と、社会の構造的問題として台頭してきた心身の顕著な依存傾向だ。これまで取材した実感では、等身大の自分と自己万能感のギャップを埋めるために試す例も目立つ。人々が平面の日常から思考で飛翔(ひしょう)するツールを持ち、麻薬自体の表象が本来の医療のベクトルに移った時、初めてその記号に封印された人間の愚行から解放される。麻薬の史実を検証する意味は、そこにこそあるのだ。

(速水由紀子・ジャーナリスト)

(青土社・2730円)＝2009年6月11日③配信

江戸の先物市場に溢れる情

「一手千両」（岩井三四二著）

世界経済を深刻な危機に陥れた元凶は、複雑な金融派生商品に対する巨大なバブルが発生し、それが破裂したからだ。実体経済と遊離したマネーの暴走が、実体経済を滅茶苦茶（めちゃくちゃ）にしてしまったのだ。そう書くと、マネーゲームは米国の専売特許のようにも聞こえるかもしれないが、世界最初の先物取引市場は、江戸時代、大阪・堂島に作られた米の先物取引市場だった。

この小説の舞台は、その先物市場だ。主人公の仲買人仲間が、女郎と心中する。しかし、その死に不審を抱いた主人公が、事件を調べていくと、そこには強欲と不正がはびこっていたというのが基本的なストーリー。

ただ、私が一番心をひかれたのは、堂島の先物取引市場が、実に生き生きと描かれているところだ。レバレッジ、差金決済、ロスカット。基本的な先物取引の仕組みは、今と何も変わっていない。というよりも、江戸時代にここまで高度な金融取引が行われていたことの方が驚きだ。

一瞬の判断ミスが投資家を破産に追い詰めること、さらには大金を稼いだ者が女遊びに興じることも、現代と変わらない。人間の性（さが）というのは、なかなか変わらないものなのかもしれない。

ただ一つ、当時と現代では、決定的な差がある。それは、当時は金融市場といえども、人情があり、コミュニティーが存在していたということだ。例えば、仲買人の一人が破産すると、関係者が損失を代位弁済して市場に迷惑をかけないようにする。顧客も仲間が引き継いで、混乱を防ぐ。

それと比べると、この四半世紀、猛威をふるった金融資本主義は、ルールさえ守っていれば、人の足を引っ張ろうが、頭を踏みつけようが構わないとする非情さが貫いていた。この小説を読んで、心が乾いていかないのは、ドライな先物取引市場を舞台にしながらも、登場人物一人一人の心に優しさの潤いが溢（あふ）れているからだろう。

（森永卓郎・経済アナリスト）

（文芸春秋・1750円）＝2009年6月11日④配信

新しいビジネスの現実

「任天堂　“驚き”を生む方程式」（井上理著）

ビジネスの方程式は確実に変化している。任天堂を見ればそれがわかる。

本書は任天堂のビジネスの今を描き出す。任天堂は、カルタ、ゲーム機と、「役に立たないモノ」をつくってきた会社。不況になれば人々は財布のヒモを締める。ところが、日本を代表する自動車メーカーや電機メーカーが巨大赤字に沈む中、2009年3月期に任天堂は、過去最高の利益をあげた。世界不況の震源地の北米でも、売り上げを伸ばしている。役に立つ自動車ではなく、不要不急の遊び道具が売れる。これが「今」なのだ。

昨日と今日は何かが違う。だがここで「実用性が通じない時代」といった単純な論理に回収しないバランス感が、本書の真骨頂。たしかに、娯楽産業全般が活況を呈しているわけではないのだ。

任天堂社長の岩田聡は「役に立たないモノに人は我慢しない」と言う。だから、任天堂は、説明書を読まなくても、自然と使える製品をつくり出してきた。役に立たないからこそ、使い勝手がよい。こうした意外なつながりを、本書はていねいに描く。

任天堂に莫大（ばくだい）な利益をもたらした岩田は、データを駆使して緻密（ちみつ）に戦略論理を語る現代の企業経営者である。その一方で岩田は、ゲーマーの心を忘れない。感性と理性のバランスに優れ、見通しよく的確な経営判断を下してきた岩田は、次のように語る。「今日起こっているような現象を、『いやぁ、前からわかっていました』と言えたら格好いいんですけど…思っていませんでしたというのが正直なところです」

本書は、こうした一筋縄ではいかない現実を、一つの論理や主張の下にねじ伏せようとはしない。不可解だと騒ぎ立てることもない。単純な還元論を期待して読み始めると、肩すかしを食うかもしれない。だがこれが、新しいビジネスの現実なのだ。見えざる手は見えないのであって、安易に神を持ち出すべきではない。（栗木契・神戸大准教授）

（日本経済新聞出版社・1785円）＝2009年6月11日⑤配信

あいまいな画家像を一新

「ジョルジュ・ブラック」(ベルナール・ジュルシェ著、北山研二訳)

キュービスムが20世紀でも最も重要な美術運動のひとつであったことに大方の異論はないだろう。そのキュービスムについて、多くの事典や概説書には「画面に多視点を導入した画期的な抽象絵画の動向。ピカソとブラックのふたりによって創始された」といった説明が掲載されている。

しかし、このふたりの創始者の知名度には大きな隔たりがあり、ブラックは日本ではほとんど無名なばかりか、死去に際して国葬で送ったフランスにおいても文句なしに有名とはいえない。果たしてブラックは、ピカソの同伴者にすぎない、顧みるに値しない程度の画家なのだろうか。

断じてそんなことはない！　著者が本書の執筆を思い立ったのは、そう声を大にして言いたい一念だったのかもしれない。

室内装飾職人から身を起こして、フォービスムの運動に身を投じながら、セザンヌの強い影響を受け、さらにその方向性を究めようとした青年時代、ピカソとの蜜月の中でパピエ・コレ(切り紙絵)の考案などを主導したキュービスム時代、さらにはあらゆる美術運動と無縁の独自の制作活動を行いながら、その不定形な画面がアンフォルメルとの類似を連想させる晩年など、美術史家にしてギャラリストでもある著者が、多くの資料を駆使して描き出したブラックの創造の軌跡は実に多彩で魅力的だ。

ジャコメッティが「今日の芸術とそのあらゆる葛藤(かっとう)の最先端部に位置する」と適切に評したように、時代の先端にあって絶えず変化し続けたブラックの絵画は、ピカソの陰に隠れていたことに加え、その作風のとらえがたさもあって低い知名度に甘んじていた観が否めない。そのような曖昧模糊(あいまいもこ)とした従来のブラック像を一新しようとした著者のもくろみは、実り豊かな成果として結実した。本書に描かれているのは、独立独歩の画家ジョルジュ・ブラックの姿以外のなにものでもない。(暮沢剛巳・美術評論家)

(未知谷・4200円)＝2009年6月11日⑥配信

深く重い差別の実態

「差別と日本人」(野中広務、辛淑玉著)

「野中やらAやらBは部落の人間だ。だからあんなのが総理になってどうするんだい。ワッハッハ」—。2001年3月12日、自民党の派閥の会合で麻生太郎氏は、こんな発言をしたという。野中広務氏はこの話を聞き、同席した人物に確かめ、引退直前の自民党総務会で糾弾した。

このエピソードについて辛淑玉さんが聞く。「麻生さんというのは(略)そういう発言をする人なんですか」。野中氏は「実際そう思っているんでしょ」と答え、麻生氏の系列企業が戦前、朝鮮人や被差別部落出身者を差別した歴史を指摘する。

野中氏は、ハンセン病訴訟で原告団が勝ったとき、訴訟団を官邸に入れ話を聞く。そして控訴断念を働きかけ、国は断念した。だが、訴える側にいた辛さんは言う。「私、周りにいる弁護士とか運動関係者に『でもね、在日はどうなるの？　植民地だった国の人々はどうなるの？』って聞いたの」。野中氏は驚く。「あ、そう？　いや、それは僕ら知らなんだな。自分で解決したと考えていても大きく欠落しているものがあるんだね、恥ずかしい思いがする」…。

差別をなくしたはずの日本社会でまかり通っている差別の実態について、野中氏と政治的には立場が違う辛さんが語り合う。体験に基づくだけに、一つ一つが深く、重く、胸を打つ。

野中氏は娘婿に、自分との関係がマイナスにならないよう「おまえの姓を名乗れ」と言う。だが娘夫婦も「つめたーい目で見られる」のだという。辛さんは20歳のとき「これからは本名で生きる」と両親に宣言するが、母親は「おまえは日本の怖さを知らない」と言った。日本国籍を取った母は、役人に「娘さん、有名な人ですよね」と言われ、「知りません」と答える…。

差別とは、思想信条や政党政派の問題ではないのだろう。初めて知る話も多く、平和や友好や、人権を考えるすべての日本人に読んでほしい本だ。

(丸山重威・関東学院大教授)

(角川oneテーマ21・760円)＝2009年6月18日①配信

ジャンル横断の熱気

「『芸術』の予言!!」（フィルムアート社編）

1968年10月、映画を中心に幅広い文化を論ずる一つの雑誌が創刊された。「季刊フィルム」。といってもいまや手に取るのは難しく、「幻の雑誌」と言ってもいい。

その「季刊フィルム」（〜72年）と後続の「芸術倶楽部」（73〜74年、いずれもフィルムアート社刊）から、主立った論考や座談会をセレクトし、再録したのが本書だ。

68年といえば、パリで五月革命が起こり、各地で学生たちが体制に「ノン」を突きつけていた。高まるベトナム反戦運動の中で、米国は北爆停止を発表した。政治の季節であったと同時に、情報化時代と言われ、芸術はテクノロジーとの新たな関係構築を迫られていた。表現は近代という分厚い壁にぶつかり、行き場を失っていたのである。

その閉塞（へいそく）感の中で集結したのが7人の編集委員だった。映画監督の勅使河原宏、作曲家の武満徹、グラフィックデザイナーの粟津潔、美術評論家の中原佑介—。彼らは芸術ジャンルの境界破壊と、芸術による世界再生を掲げ、創刊号ではフランスの映画革新運動「ヌーベルバーグ」の旗手、ゴダールの特集を組んだ。

「千円札裁判」で有罪が確定した後の赤瀬川原平が複製芸術論を展開し、森山大道が写真を撮る根拠としての記憶を語る。実験映画の飯村隆彦は視覚と知覚の問題を提出。そして「天井桟敷」を主宰した演劇の寺山修司は「作者は世界の半分を創造する。あとの半分を補完するのが、受け手側の創造というものである」と観客論の重要性を指摘している。それらは今も現在的な主題だ。

ことに面白いのはそうした面々が集う座談会。ジャンル横断の熱気とともに時代の逡巡（しゅんじゅん）が伝わってくる。出会い、日常性、物語性の復権というキーワードが既にここで語られている。

「革命」「ラジカル」といった言葉が生きていた時代を懐かしむ人も多いだろう。しかし、これは回顧というより、現在に向けて発言する本である。

（井手和子・共同通信編集委員）

（フィルムアート社・2835円）＝2009年6月18日②配信

欲望のありようえぐる

「煉獄の使徒（上・下）」（馳星周著）

人間の欲望にはきりがない。たとえば安らぎを得たい、癒やされたい、救いが欲しい、といった人々の切なる願いも、広い意味では欲望だ。とはいえ、なんとなくそう言い切るのも躊躇（ちゅうちょ）を覚える。

けれども、それに加えてできれば人より大きな安らぎを、手早く、簡単に、という思いがよぎったとしたらどうだろう。その瞬間から、むくな願いは単なる欲と化してしまう。そうした心の綾につけ込んでくるのが、カルト宗教である。

こちらの目的の一つには、金がある。金額の多寡によって幾通りもの救いを用意し、ついには全財産を奪い取っていくのである。本書に登場する教団は、まさにこうしたカルトの典型であった。

金は必然的に力を生む。力はその性質ゆえに自己増殖を繰り返し、自らの役割を発揮できる場を求めてうごめく。その繰り返しが、際限のない欲望をあおり、もっと金を、さらなる力をと求め、かくして教団は恐るべき暴走を始めるのだった。

本書のベースとなっているのは地下鉄サリン事件を起こした教団、とすぐにわかる。著者はあの現実の重みと衝撃から一歩も引かず、圧倒的な筆致で、人間の妄執と欲望のありようをえぐり出していく。

これがおよそ尋常な描写、内容ではない。教団の中で金を望んだ者、権力を欲した者、理想を求めた者、そのすべてを手にしたかった者…と、それぞれの心理と行動が、これでもかというくらいに濃密に描かれるのだ。

彼らと対峙（たいじ）する形で描かれる悪徳公安刑事の存在は、なんとも異彩を放っている。とあることで教団の弱みを握った彼は、多額の金を得る。その金はやがて政治家の手に渡り…と、こちらも警察組織の腐敗が徹底的に暴かれていく。

信者と刑事—。彼らはいずれも周囲と同化できないと思い込んでいる人間だ。そんな人間の怒りと悲しみがここに凝縮されている。（関口苑生・文芸評論家）

（新潮社・上1890円、下2100円）＝2009年6月18日③配信

不合理な恐怖もたらすもの　「リスクにあなたは騙される」（ダン・ガードナー著、田淵健太訳）

車より飛行機に乗る方が、統計的にみてはるかに安全だ—。これはよく耳にする。だが実際には車で発進するときよりも、飛行機が離陸する瞬間の方がずっと緊張したりする。なぜだろうか。

人間の脳には合理的思考の部分と、感情的で直感的な部分とがある。前者は飛躍的な発達を遂げてきたが、著者によれば、後者は原始的なままである。そして、科学が発達した現代でも人びとのリスク判断は、まず後者からやってくる。これが私たちに不合理な恐怖心をもたらすことになる。

今日、世界はリスクに満ちていると私たちは感じるようになってきた。温暖化、テロ、放射能汚染、凶悪犯罪、パンデミックなど数え上げればきりがない。ところが合理的に考えれば、現代は高リスクどころか、むしろかつてないほど安全になりつつあると著者はいう。

ではなぜこれほどリスク認識が高まっているのか。リスクを作り出す動機ならいくらでもある。製品を売りたい企業、リスクを利用する政治家、社会活動家、研究者などさまざまである。マスメディアも、おぞましいことほど報道しやすいようにも思える。これらがメディアの成長に伴う情報洪水とあいまって、人びとの脳の直感的な側面に影響を与え、リスク認識の増大とバイアスをもたらしたのだ。

ただし、本書は批判そのものに重点を置かない。リスク認識の生産者たちもしばしば同じリスクを信じ、善意からそれを広めている。いささか乱暴な話にもみえるが、心理学の成果や多くの事例を基にした議論は説得力がありおもしろい。

リスクを考えなくてよいのではない。だが情報社会では、直感にまかせず、より思慮深く判断する必要がある。恐れるべきは、恐怖そのものだと著者はいう。その連鎖は、人びとを誤った行動へと導くこともあるからだ。では実際にどう対処すればいいのか。本書から多くを学ぶことができるだろう。（阪本俊生・南山大教授）

（早川書房・1890円）＝2009年6月18日④配信

謎掛けの見事さに魅力　「ポケットの中のレワニワ（上・下）」（伊井直行著）

伊井直行の小説には、なんとも説明のつかない不思議な魅力がある。それをいま謎掛けの見事さにみよう。

主人公は電機会社のコールセンターに勤める派遣社員のアガタ。彼は小学校の同級生でいまは上司となっているティアン（ベトナム人とのハーフ）をひそかに恋している。それがある日、二人が昔住んでいた団地でベトナム人の知人に会って以来、ティアンの態度がおかしくなり、仕事も休みがちになる。いったい彼女に何があったのか？

アガタの胸にふと思い出されたのは、小学生のころ、まことしやかにささやかれた「レワニワ」のことだ。

レワニワとは、生物教師でホラ吹きなアガタの父親が考えた、言葉を覚え、人の願いをかなえる力がある架空の生物である（ザシキワラシみたいな？）。なのにホラ話がホラ話を呼んで、いつしか東南アジア系の難民が多く住む団地内にうわさは広まり、そいつを見たという者まで現れるしまつ。それが突然アガタの前に現れる。しかしなぜレワニワなのか？

それは少年の日の夢の復活を訴える声であり、そこに「変化（チェンジ）」の一語がある。

変わらなければならない！　アガタは、身分は不安定でも、職制上の責任もない、派遣社員の暮らしを致し方ないものと受け入れている。いっぽう正社員であるティアンはまた別の問題を抱えている。それはハーフという避けて通ることができない生い立ちをめぐるものだ。

いましも二人ともに根本からの変化をこそ要請されている。ほんとうに変わらなければ…。

レワニワ。とはまた、なんという謎掛けの手腕だろう。物語は、この架空の生物の謎解きを隠れた主題にして、アガタとティアン、またその周囲に生きがたいアクのつよい人物を配して進行してゆく。ラブストーリーであり、ファンタジーノベルでもある、摩訶（まか）不思議な長編作品だ。（正津勉・詩人）

（講談社・上下各1680円）＝2009年6月18日⑤配信

日本文化の深さを再認識

「メディアの発生」（加藤秀俊著）

「『霊媒』のことを英語では『ミディアム』(medium）という。われわれがふつう『メディア』(media）といっているのはその複数形」

本書はここから始まる。「メディア」とは異界との仲立ちであるという視点から、日本の「メディア」とは何だったのかを探求してゆく。その視点の広さとユニークさは抜群だ。市の意義、イタコ、今様、踊り念仏、浄瑠璃、節談説教…。日本的メディアの実相が次から次へと解き明かされていく。

しかもその目線が魅力的だ。例えば「旅館に泊まると、そのあるじがおおむね『女将（おかみ）』とよばれる女性であることに気がつく」というとても平易な発見からの導入。次第に話の中にどっぷりと引き込まれていく。自国文化の深さ、そこに内在する「異界」の魅力を再認識することになる。

さらに本書には二つの面白さがある。一つは著者の行動力。気になったので現地に行ってみた、というくだりが各章にあるが、それが北陸であったり、東北であったり、四国であったり…。しかも体験談がリアルで、読者は旅に同行したかのような気にさせられる。

もう一つは著者の口癖（筆癖？）「余談にわたるが」「余談ながら」だ。この「余談」がもはや過去の日本を異国としてしか見ることのできないわれわれにとって貴重な手引きとなってゆく。気がつくと、「現代用語」に脳の隅々まで洗脳され、「結界」をはられた自分の姿を映し出す鏡となっていく。

本書は、結界から飛び立とうとする「旅」そのもの。登場する「芸能人」はすべて日本中を旅し、著者はその探求の旅に出て歩き、それを追体験するわれわれは、現代の常識という呪縛（じゅばく）から解き放たれる「旅」に出る。

「もう旅が終わってしまったのか」と読後に寂しさが残る。著者はこれを80代へ向けての卒業論文だと言うが、できることならば新たな旅に再びいざなってもらいたい。（中野順哉・作家）

（中央公論新社・3150円）＝2009年6月18日⑥配信

世界的学者の最後の11カ月

「がんと闘った科学者の記録」（戸塚洋二著、立花隆編）

「素粒子の研究が進めば人類はとてつもないエネルギー源を手にできる。それを使い宇宙の果てへ行き、こうだったと説明したいんです」

次のノーベル賞間違いなしと言われてきた物理学者の戸塚洋二さんは、かつて私にこんなことを口にした。この話の続きを聞くことができぬまま、昨年の7月、戸塚さんは他界された。本書はその戸塚さんのがんとの闘いの記録だ。

奥飛騨の旧神岡鉱山の奥深くに建造されたカミオカンデ、後継のスーパーカミオカンデは、未知の素粒子、ニュートリノの観測で大発見をなしとげた巨大観測装置だ。発案推進者である小柴昌俊さんはその功績で2002年にノーベル物理学賞を受賞。戸塚さんはこの観測装置の図面を自ら引いて完成させ、物理学を書き換えるほどの世紀の発見をなしとげてきたことで世界的に名高い。

2000年に大腸がんの最初の手術を受けて後、がんは、肺や骨、脳などに転移していく。そして逝去の11カ月前から匿名で書き始めたのがネットの上のブログ（日記形式のエッセー）だった。その内容は宗教、我（わ）が家の庭に咲く花、科学入門など多岐にわたるため、がんとの闘いの部分のみを読むのはかなりしんどいが、戸塚さんから深い信頼を得ていた立花隆さんが時間順に整理し、読みやすくまとめてくれたことに感謝したい。

CT写真がとらえた自らのがんをデジタル解析して数値化するなど、戸塚さんが生粋の科学者ならではの取り組みを続けたことには驚かされる。それは、いかなる未知の現象でも徹底した観察と記録から法則を導き出せるという戸塚さんの信念によるものだったはず。

末期がんでも延命の道を見いだそうと続けた、もがくような自らのがんの観察と記録には敬服するばかりだ。がん治療に対する科学者ならではの提言も多く、本書は医療現場の方々にもぜひ読んでほしいと思う。（山根一眞・ノンフィクション作家、獨協大学特任教授）

（文芸春秋・1750円）＝2009年6月25日①配信

100年の目で見つめる

「神去なあなあ日常」(三浦しをん著)

わかっているんだ。エコロジーはちょっとしたブームだし、消費だけの生活はもうゆき詰まっている。生活を変えたいし、いま、わたしたちは生活を変えなくちゃならない。それが大切なのは、十分に承知しているんだ。

でも、結局のところ、忙しくなったり不安になったりするとやっぱりうなって、ついつい目先のことに追われてしまう。そんな、わたしみたいな人たちに、どうかこの本を、お薦めしたい。

この本には、横浜から山深い神去村に突如送りこまれた18歳の少年が、文句をたれつつも、林業と人と森と暮らす日常が、スケッチのように軽やかにつづられている。季節はゆっくりと、たっぷりあふれる森のにおいやおいしそうな食べ物とともに移りかわってゆく。

村の人たちの口ぐせは「なあなあ」。ニュアンスは、「ゆっくり行こう」「まあ落ち着け」という具合。100年単位のサイクルの林業をやっている人たちの、言葉である。「あくせくしたって木は育たないし、よく寝てよく食べて、明日もなあなあで行こう」

「なあなあ」は、優しいだけじゃなく、時には残酷さをも含み持つ。そこを一歩引きつつもきちんと描き、しまいには「楽しく素っ頓狂」と包み込むおおらかさが、心地よい。

昨今、景気が悪い話ばかりで、あたりのムードも明るくないし、恐怖にはあおられるし、よりいっそう、わたしは目先のことばかりに、追われはじめた気がする。

そんな中で、本当にいま、わたしたちに必要なのは、「なあなあ」の心なのだ、とこの本を手に思う。

100年単位で物ごとを見つめることのできる、目を持つこと。それをもって、ひたすら日常を生きてゆくこと。すべてはそこに尽きる気がする。そんなことを、ひとり、ひしとかみしめる。

「なあなあな」(小林エリカ・漫画家、作家)

(徳間書店・1575円)=2009年6月25日②配信

ビジネス化で失われた魅力

「堕落する高級ブランド」(ダナ・トーマス著、実川元子訳)

H&Mからユニクロまで、ファストファッションの人気が高まっている。高級ブランドストリート、東京・銀座のにぎわいもひところのような輝きがない。あながちそれは世界不況のせいばかりではない。ブランドがかつてのような魅力を失ってしまったからだ—。この「堕落」の経緯をファッションジャーナリストが現場取材したルポが、本書である。

堕落の原因はブランドの企業化だと著者は言う。その〝主犯〟は、ルイ・ヴィトンやディオールを傘下におさめたLVMHを率いる実業家、アルノー。この資本家の出現とともに、高級ブランドは利益主導のグローバルビジネスになった。

ビジネスの原理はシンプルである。安く作って高く、多く売ること。多く売るには、一握りの特権階層だけを顧客にしていては始まらない。ブランドのビジネス化とはつまるところ「ラグジュアリー」の大衆化なのである。そうしてターゲットになった「大衆」が日本人だったのはもはや周知の事実だろう。

だが、その日本人の座を奪う新興ブランド好きが浮上している。中国人である。いまやどのブランドも上海と北京の征服が喫緊の課題なのだ。実は評者も昨夏パリに行った折、この現状をひしと実感した。シャンゼリゼのルイ・ヴィトン旗艦店をひやかしに行ったのだが、何と、1階のバッグ売り場に群がっていたのは中国人ばかり…。

1990年代まで、メード・イン・チャイナの部品が有名ブランドに使われていた事実も本書の指摘するところだが、今や中国はブランド消費大国への道を進みつつある。

一方、ブランドを「卒業」して、ありがたがらなくなった日本人は、それだけおしゃれになったのでは？　デザイナーのカール・ラガーフェルドも言うように、「高い」ことでなく、「テイスト」が大事なのだ。それに気付かせてくれたブランドの堕落は、よろこばしいことではないのだろうか。

(山田登世子・愛知淑徳大教授)

(講談社・1680円)=2009年6月25日③配信

さまざまな人が協力し合う

「脱『ひとり勝ち』文明論」(清水浩著)

脱ひとり勝ち文明?—タイトルだけ見ると「それなに?」と思うが、内容は石油をエネルギー源とする文明から技術革新によって脱出できる、その時はすぐそこまで来ていると主張する本だ。

そのキーワードは太陽電池と電気自動車。たしかに太陽エネルギーを使うなら地球環境を破壊することも、資源が枯渇することもなくなるはずだ。

この本はそれをさわやかに、情熱を込めて語っている。難しい科学技術の仕組みも実にわかりやすく説明してある。その語り口に引きこまれて、あっという間に読んでしまった。科学技術をちゃんと信頼してみようという、すがすがしい気持ちになった。それと同時に、やればできるのにという、著者の危機感と焦慮もなんとなく伝わってきた。応援しなきゃ、という気持ちもわいてくる。

著者は長年、電気自動車の開発にかかわってきた。著者によると、電気自動車は加速と乗り心地が良く、車内で立つことができるほど広いスペースが取れるらしい。車輪は八輪がベストということだから、電気自動車が普及したら自動車のイメージも大きく変わるだろう。20、30年もすれば八輪車が町中を駆け回っていると想像したら、楽しくなるではないか。

ところで、脱ひとり勝ち文明とは何かということだが、ひとつは太陽エネルギーは地球上にまんべんなく降りそそぐということ。もうひとつはいろいろな立場の人が協力しあうということだ。

ものづくりには大勢の人びとがかかわっている。本書の各所にチームの協力ということが出てきて、力を合わせるとはどういうことかを、著者は教えてくれる。詳しくは本を読んでほしい。

そういえば、この本がわかりやすいのもチームの力だ。著者の主張を応援しようという意気込みも伝わってくる。本の制作にかかわったチームの人びとみんなに、エールを送りたくなった。(広岡守穂・中央大教授)

(ミシマ社・1575円)=2009年6月25日④配信

居場所を与える作者の言葉

「薬屋のタバサ」(東直子著)

とかく薬は、人生の質を左右し、命のゆくえを支配するものだ。

薬を飲む誰もが、「今」とは違う、健やかで、より自分らしく生きることができる世界へ導かれるのを望んでいる。

「タバサ薬局店」に流れ着いた由実。薬局には、タバサという男の薬剤師がひとりで住んでいた。

なぜ由実がその場所にとどまることになったのか、自身にもよくわからないのだが、由実は本能的にこれを受け入れる。

乳鉢をすり、昔ながらの方法で町の人々に合った薬を調合するタバサの処方は、おのおのにあらたな居場所を与える行為ともとれる。

身内から逃げだし、居場所を失った由実が、タバサ薬局店で処方せんを得たことは、むしろ必然であったのだろう。

タバサや薬局に訪れる客たちが、発する言葉。鳥のさえずりのように降りそそぐタバサの母親の言葉。その多くが謎めき、真意を隠せば隠すほど、言葉に込められた魂が生々しい存在感を放つ。

やがて時間の波にのみこまれたような、不思議な結末に驚かされる。

由実はうちなる世界へと突き進んでいく。読み手として並走してきたわたしを置き去りにして。しかし、由実の変ぼうを追ううちに、妙な解放感に高揚する自分に気がつく。そして、由実の「今」をひもとこうとしたとき、物語の冒頭にでてくる、薬局の店先で客の女が口にした言葉が、頭をよぎる。

「せんないことですよ、そこにいればよろしいでしょう」

繰り返し出てくる言葉だ。しょうがない、そう、せんないこと。

「今」、わたしは読後の心地よさに満たされている。きっと、それでいいのだ。無条件でそこにいればよろしいと、諭されたことを知る。

由実が新たな世界を得たように、わたしにもいつのまにか居場所が与えられていたのだ。たくみに張り巡らされた作者の言葉が「薬」となって。(松井雪子・作家、漫画家)

(新潮社・1470円)=2009年6月25日⑤配信

批判精神で脳科学に新展望

「つながる脳」（藤井直敬著）

脳科学ブームである。しかし、とても科学的とは言えない飛躍した主張に満ちていると、まゆにつばして眺めている方も多いはずだ。そんな脳科学嫌いの読者にもぜひ薦めたいのが本書である。

本書は、社会性をテーマとしているが、そこには三つの特徴がある。

第一に、現状の脳科学の限界と問題点をはっきりと認め、それに向かい合っている点である。著者は、本書の四分の一を割いて、技術や測定の問題、不確かな仮説、社会の過剰な期待、倫理的課題など、脳科学に立ちはだかるさまざまな「壁」を指摘している。誠実な批判精神である。

二つ目は、著者が脳測定装置のエンジニアとして優れている点である。脳科学者の多くは、装置のエンドユーザーにすぎないが、著者は自ら新しい計測装置を開発することによって、広い範囲の神経活動の機能的な関連性を記録可能にした。

三つ目の最も重大な特徴は、これまでの脳科学が扱えなかった社会適応やコミュニケーションの「過程」を研究対象としている点である。人間心理の特徴は、対人関係の複雑なやりとりから生まれてくる。しかし、これまでの脳科学は、複数の個体が絡み合って進行する相互作用を、自然に行われている状態で追う方法がなかった。

著者は、自ら開発した装置手法によってこの問題点を克服し、サルがどのように上下関係を安定させていくかを調べた。サルは、関係性を保ち続けるために、あえて自ら弱い立場を選択する。ここから著者は、社会性の根源は、自己の欲求充足よりも関係性の維持を優先させる自己抑制にこそあるのだと結論する。

この社会性の定義に賛否はあろう。しかし、脳活動を環境への適応過程としてとらえようとする筆者のスタンスは、脳の機能地図を作るだけの従来の研究とは全く違った展望を示している。

文系の人間にも読みやすい平易な文章で書かれた、しかし、驚くべき最先端の成果である。（河野哲也・立教大教授）

（NTT出版・2310円）＝2009年6月25日⑥配信

世界をみずみずしく描く

「朝のこどもの玩具箱」（あさのあつこ著）

子どものまなざしは、びっくりするほど洞察力に富んでいる。若いから世界がなんでも新鮮に感じられ、恐れも知らないからまっすぐ見つめて、記憶も空き容量があるんだといわんばかりに、何でもまるごと飲み込む。

本書は、そうした子どもの心がいかに世界をみずみずしくとらえたかを描いた短編集。

亡父の後妻と高校生の少女の交流にスポットをあてた「謹賀新年」や、頑固なばあさんの戦前から戦後までの過酷な体験をつづる「がんじっこ」では、ごくごく身近で現実的な光景を描く。

そうかと思えば、「孫の恋愛」や「しっぽ」のように、キツネやサルといった動物世界と人間界が隣り合っているという世界観で書かれたファンタジーも。

さらに、遠い植民地惑星が危機を迎え地球へ帰還しなければならなくなった子どもたちの冒険譚（たん）「この大樹の傍らで」。社会的な巨悪に気づいた少年の旅立ちを描く「ぼくの神さま」のように、未来や異世界を舞台にしたSFまで、バラエティーに富んだ6編を収録。

SFやファンタジーはふつう、異世界の舞台設定がのみこめないと、なかなか入って行きにくいところのあるジャンルなのだが、本書にそうした違和感はまったくない。

子どもたちが日常を見つめる視線に重ね合わせるように、読者はその世界で目を開き、主人公の心の動きやまわりの大人たちの対応を追いかけるうちに、そこがどんな世界で、どんな事件が起きているのかが、実に明確にわかってくる。

子どもにとって深刻ないじめや巨悪といったシリアスすぎる問題が、ファンタジーの設定ではきわめて取り組みやすいものだということもよく実感できる作りだ。

人と世界の関係を問い直し、大人から子どもへ未来へのビジョンがどう託されているのかを美しく表現した好著。対話の温かさと切実さが心に染みる。（小谷真理・文芸評論家）

（文芸春秋・1260円）＝2009年7月2日①配信

美術界の謎解く7日間

「現代アートの舞台裏」(サラ・ソーントン著、鈴木泰雄訳)

現代アートに関心を抱くと、こんな疑問が膨らむ。数十億円で落札された作品の価値は、誰が決めたのか。アーティストと美術商、美術館の関係はいかに―。ロンドン在住の社会学者の著者は、その解明に向けてアート界の大立者ら250人以上にインタビューして本書を執筆。高い評価を得て数カ国で翻訳された。

原題は「アート界の7日間」。ニューヨークの現代美術オークションの激烈な価格競争、カリフォルニア芸大での思弁的な美術教育、富豪が購入を争うスイスのアートフェア、世界最大の美術の祭典ベネチア・ビエンナーレなど、現代アートを象徴する七つの現場を描く7章を、心躍る1週間のアート体験に例えた。

制作現場をテーマとした章の主人公は、日本の村上隆だ。サブカルチャーが専門の学者だけあり、村上への理解の深度に驚嘆した。村上とルイ・ヴィトンとの共同事業を、アートとぜいたく品、ハイカルチャーとポップ、東洋と西洋の垣根を取り払う、村上の「スーパーフラット」芸術に位置付ける話が興味深い。

繊細な目配りとユーモア、明晰(めいせき)な語り口で舞台裏に肉薄する。英国の著名コレクターのチャールズ・サーチの市場操作を手厳しく批判する一方で、真の美術愛好家が作品を手放すときのせつなさも活写する。登場人物の服装、飲食、態度などのビビッドな描写が、臨場感を醸し出している。

印象的な言葉も数多い。美術誌は市場に追随しても、影響を与えようとしてもいけない、との美術誌編集長の言をはじめ、シャープでユニークな名言がスポットライトのように現場を照らし、現代美術の本質を考えさせる。翻訳も的確で、初心者も楽しめるだろう。

著者が取材に駆け巡った2004年から07年は、世界の美術界はまさにバブルの時代。それがはじけた現在、彼女の丹念なリサーチと分析が、あの異常な熱狂の正体とアート界の実像を見極める重要な鍵を提供してくれている。(岡部あおみ・武蔵野美大教授)

(ランダムハウス講談社・2310円)＝2009年7月2日②配信

苦闘の足跡と陰の立役者

「河合隼雄　心理療法家の誕生」(大塚信一著)

本書は河合隼雄を知る人には必読だが、全く知らない人にも、こんな面白く真摯(しんし)な本はない。昭和中期に全く一人で日本を背負って世界に立ち向かった人がいたのだ。

河合氏は丹波篠山の小宇宙で、戦前なのに自由な雰囲気の家庭に生まれ育ち、京大理学部数学科を出て高校教師になった。氏が書いたものを忠実にたどりつつ、これを横糸に、著者が直接行ったインタビューを縦糸に、いかにしてその後、心理療法家に変容していくかの苦闘の足跡を、緻密(ちみつ)に織り成してゆく。河合氏がわが国随一の心理療法家となるまでの足跡を語って余すところがない。

圧巻はユング研究所での資格論文で、日本神話の古事記を英訳しつつ熟考する過程である。プリンストン大と東大から出る「KOJIKI」よりも数年も前のことなのだ。最終試験でのヤコービ氏との論戦も興味深い。

著者の大塚氏は知る人ぞ知る岩波書店前社長の名編集者だ。これで、大塚氏の書下し四部作(ほかに山口昌男、中村雄二郎など)が本書をもって完結した。

河合氏との出会いは、大塚氏が1971年に岩波新書「コンプレックス」を仕掛けるところから始まる。河合氏の最初の作品「ユング心理学入門」を読み、心のこもった熱くて冷静な本の書ける人とにらんだ大塚氏は、それとは違った新しい視点からユングと河合隼雄を浮き彫りにしようとする。「コンプレックス」というキー・タームをタイトルに選ぶ着想からして素晴らしい。

若い河合氏も「岩波新書というのは一流の学者が書くもので、自分のごとき駆けだしが書くなんて考えられへん」とこの企画を感激して受ける。かくして、これはその後、ロングセラーとなった。この書を皮切りに幾多の企画により、河合氏を押しも押されもせぬ心理臨床学界の第一人者にした陰の立役者が、大塚氏であったことが分かるのである。(山中康裕・京大名誉教授、浜松大学大学院教授)

(トランスビュー・2940円)＝2009年7月2日③配信

先駆者の論文の集大成

「食の文化を語る」(石毛直道著)

祭りの日に食べ過ぎたさばずしに心臓を圧迫されて友人が亡くなった。戦後10余年、いまだ食糧が逼迫(ひっぱく)していた時代の話である。

以来20年余り、1970年代には減量ダイエットへの関心が芽吹く。過剰栄養が問題になり、美味や珍味が耳目を集め始める。そんな73年、本書の著者による「世界の食事文化」が世に出た。それ以前にも農学、調理学や栄養学はあった。だが「食事の文化」は、お呼びでなかった。「文化」といえば哲学や芸術、文学や歴史など「高尚」に見える必要があった。

それが80年代、「食の文化」シンポジウムやフォーラムが始まって変化する。本書は、それを主導した著者が「食文化」全般に視野を広げて記した論文の集大成なのだ。

人は食べる。食べない人はいない。ただ、何をどう料理し、どう食べるかは著しく多様だ。ぼくら日本人は魚と野菜のおかずで米飯を食べる。しかし欧米では「パンと肉・乳がセット」になる。

背景には自然環境の違いがある。米作には夏の雨と高温が不可欠だ。他方、パン素材の麦は冬雨さえ降れば低温でも育つ。

人の好みも無視できない。東南アジアでは粘りの少ない米が好まれる。それが93年の「米不足」の際にタイから緊急輸入された。しかし日本人の口に合わず、廃棄されて国際的な摩擦を起こしかけた。また、間違ってもイスラム圏からの訪問客を豚カツでもてなしてはいけない。食文化は現代の現実に直結している。

それを本書は風土、歴史、思想との関連で分かりやすく説いてくれる。人間は料理し、「共食(きょうしょく)をする動物」だとも言う。ならば、あまり「料理」せず「個食」にふけりがちな現代日本人は「人間以外の動物」に変化し始めているのか。

かつて、フランスの美食家ブリア・サバランは「どんなものを食べているかでどんな人かが分かる」と言い放った。本書は「あなたがどんな人か」を、あらためて思い知らせてくれるかもしれない。(高田公理・仏教大教授)

(ドメス出版・3990円)=2009年7月2日④配信

古典の知られざる全体像

「徒然草をどう読むか」(島内裕子著)

今でもよく覚えているが、私が初めて古典を習ったのは、中学2年の時の国語の授業における「徒然草」の「高名の木登りの男」の話だった。高いところは自分で注意するからと黙っていて、地上に近くなってから気を付けろと注意するという話で、ばかばかしいと思った記憶がある。

この話はたぶん誰でも知っている。そのくらい「徒然草」はなじみの古典である。今だけではない。近世に印刷が行われるようになって、広く読まれるようになった。なぜかといえば、時代を超えて、誰にでも通じそうな生きる態度が書かれているからである。

しかし、この種の作品は短い章段の積み重ねでなっているため、学者でさえも全体的にとらえているとは思えない。それで、その「徒然草」を一作品として全体をどう読むかを考えようというのが本書の意図となる。指摘するところは、有名な話はほとんど前半で、後半がきちんと読まれていないこと、そして、章段はアトランダムに並べられているのではなく、互いに関連があることなどである。

それゆえ、本書は主に後半の章段を取り上げ、学者らしい智の蓄積を十分に示しながら、深く読み解いていく。

たとえば、蓄財ということが取り上げられたのは「徒然草」217段が初めてだという。仏教を基本とする社会だから、むしろ蓄財は執着とみなされ、話題として避けられそうなのに、兼行は積極的でないまでも、ある目的のためにすることを肯定しているという。実際の社会では商業も発達し、蓄財も行われていたわけだから、兼行は現実を見据える目をもっていたということである。

他にも、物事は両面を見ること、自己を相対化することなど、われわれの生活で直接身につけておいてよいことが語られている。評者の印象では、近代的な考え方や感じ方がよく示されている。文章もわかりやすく、通勤の行き帰りに読むのに最適な書物である。古典に親しめるのもいい。(古橋信孝・武蔵大教授)

(左右社・1600円)=2009年7月2日⑤配信

人と人とを結ぶ音楽

「夜想曲集」(カズオ・イシグロ著、土屋政雄訳)

カズオ・イシグロは長編で本領を発揮する作家だと思っていた。彼の作品ではいつも、語り手の「私」の言葉を追っているうちに、どうも変だ、この「私」は何か大切なことを隠しているのではないかという疑念と不安が大きくなっていく。率直で明快に見える言葉の向こうに真実を探すことの快楽と緊張が、イシグロを読むことにはあり、当然かき分ける言葉が多ければ多いほど得られるものは大きくなる。

そのイシグロがなんと短編集を書いたのだ！自らの十八番を封じてどのような技を見せてくれるのか。

本作では1編を除き、語り手やその他の登場人物の多くがミュージシャンである。彼らの誰一人として音楽の世界で成功しているとはいえない。いまひとつ「イケてない」彼らに共通するもの、それは音楽への深い愛情である。だからこそ、忘れ去られた老歌手も、売れないのは顔のせいだと整形手術を受けさせられるサックス奏者も、チェロを弾けないチェロ教師も、音楽は夜のように分けへだてなくやさしく包み込み、愛に応えてくれる。

これまでのイシグロ作品の主旋律ともいえる「私は何者なのか」という問いは、本作で表立っては現れない。むしろそれぞれの短編で、語り手は音楽をきっかけに他者と出会い、強くひきつけられ、その他者が何者なのかをストレートな言葉で語る。ふと耳にしたフレーズやメロディーのように他者の記憶がいつまでも忘れられずによみがえる。音楽は確実に、そして軽やかに人と人とを結びつけている。

この軽やかさこそ本作の真骨頂なのかもしれない。「夜想曲集」だけあって全体のトーンは哀切である。だが夜のとばりが不意に笑いで揺れることがある。とくに「降っても晴れても」「夜想曲」の2編で登場人物たちが繰り広げる言動は抱腹絶倒である。イシグロって本当に芸域が広いと脱帽し拍手喝采(かっさい)するばかりだ。(小野正嗣・作家)

(早川書房・1680円)=2009年7月3日配信

痛烈な近代国家批判

「激しく、速やかな死」(佐藤亜紀著)

人の世には平穏期と動乱期があって、平穏期なら畳やベッドの上で安らかに死ねたはずの人が、動乱期には「激しく、速やかな死」を迎えることがある。日本の戦国時代や幕末から維新にかけての時期、ヨーロッパならフランス革命や世界大戦の時代などに目を向ければ、そうした人生のサンプルをいくつも取り出すことができる。

ドラマチックな人生を歴史記述的に外側から三人称で語る例はいくらでもある。より興味深いのは、そうした人生を内側から語ることだろう。その人々が何を感じてどのように行動したのか、時代に押しつぶされたのか、それとも自ら時代の渦のなかに飛び込んでいったのか。

本短編集は、フランス革命の前後数十年間において歴史の当事者となった人々の「声」を、1編を除いてすべて一人称で、鮮やかにすくいとっている。できごとが順を追って語られるのではなく、いきなり声が聞こえ始める構成は、ドラマを見ているかのようだ。作者はあたかも死者に憑依(ひょうい)された降霊術師のように、「激しく、速やか」に彼らの人生の一こまを再現しようとするのである。

「そこらの有象無象が国家と自分を同一視して、危機に立つ祖国、なる煽り文句に反応するのを見ると驚かずにはいられない」と語る冷め切ったタレイランに対し、自分の国を苦しめているナポレオンを単身で暗殺しようとする素朴な青年フリードリヒ・S。あるいは、夫の情事にもまったく動じず淡々とできごとを報告するメッテルニヒ夫人。彼女に比べると、女遊びが過ぎて逃亡生活を送るサド侯爵などは世渡り下手でかわいらしく見えてしまう。

ナポレオンのモスクワ遠征について、クマが語り手となって登場する短編もある。「国民」として戦争に駆り立てられずにすんだクマだけが、森での余生をゆっくりと楽しめるというのは、なんとも痛烈な近代国家批判である。(松永美穂・ドイツ文学者)

(文芸春秋・1400円)=2009年7月9日①配信

えぐり出す人間の黒い心理

「贖罪」（湊かなえ著）

デビュー長編「告白」でミステリーの年間ベストテン第1位や本屋大賞を獲得するなど、もっか大活躍中の湊かなえであるが、実際に作品を読んでみたら予想以上に殺伐とした話で驚いたという人はいないだろうか。

本書はその湊の長編第3作に当たるが、今回もまた悲惨な事件を通して人間の黒い心理をえぐり出す連作形式のノワール小説に仕上がっている。

舞台は「日本一空気のきれいな場所」といわれる田舎町。小学校のグラウンドで4人の友達と遊んでいた小学4年の美少女が作業員とおぼしき男に連れ去られて殺される事件が起きる。被害者の母親は、犯人を目撃しながらもあやふやな記憶しか残っていないという4人の少女を糾弾、それがトラウマになった彼女たちは大人になってもそれを引きずることに…。

かくて各章ではその後の少女たちの軌跡と現状が「告白」と同様の告白体で描かれていく。語り口や語り手が章ごとに変わる構成も「告白」の延長上にあるが、事件の被害者／加害者の対立劇ではなく、一種の逆恨み的な復讐（ふくしゅう）状況を作り出すうまさ、そして各章ごとにヒロインを新たな事件に直面させる入れ子作りのうまさは、すでに手だれのものといっていい。

冒頭の1編「フランス人形」の紗英をはじめ、皆が皆、長きにわたってトラウマにさいなまれているところへもってきて、さらに身近な人間に裏切られることになる。彼女たちを踏んだりけったりの過酷な状況に陥れていく著者の筆さばきはいかにもサディスティックというか、意地の悪い仕打ちのようにも思われようが、むろん著者はそこから罪を贖（あがな）うことの本来の意味を問いかけているわけだ。

一見殺伐とした著者の作風がもてはやされるのもそうした人間の闇、病理の摘出が心の浄化に結びつくからだろう。それこそまさにノワール小説の本領というべきかもしれない。湊小説の快進撃はまだ当分続きそうだ。（香山二三郎・コラムニスト）

（東京創元社・1470円）＝2009年7月9日②配信

人々の「苦」取り除く場へ

「寺よ、変われ」（高橋卓志著）

現代日本社会を生きる人々の宗教意識や死生観の変容とともに、檀家（だんか）制度や葬儀や墓といった伝統仏教教団の基盤は崩れ続けている。そんな中、寺院や僧侶のありようを問い直す人たちが各地・各分野で登場してきた。著者高橋卓志氏は、その先駆者のひとりである。

本書には、著者自身の葛藤（かっとう）と模索の軌跡が克明に記述されている。ほかの僧侶たちのやゆや批判にさらされながら、著者が取り組んできた「寺院の公益性」や「他者の苦悩へ寄り添うこと」に関する試行錯誤のプロセスは必読である。

戦没者慰霊団に同行したニューギニアで、累々たる兵士の遺骨と遺族の号泣の中で「どうしても読経できなかった」という逸話を読み、この人は常に当事者の立場に立とうとしている、と実感した。だからこそ「寺院や僧侶の問題点を指摘すれば、即、自分自身が問われる」ところから逃げようとしないのである。

何が寺の変化を阻んでいるのか、何を実践すれば寺が変わるのか、高橋氏の視点は多岐にわたる。そして非常に具体的だ。途上国支援や介護などの活動、オーダーメードの葬儀、コミュニティー・ケア…、とても書き切れない。一人でこれほど多彩なモデルを提示できる僧侶はまれだろう。

高橋氏のモデルに共感できない僧侶は、別のモデルにコミットすればいい。必ず、その地域や自分に合った寺院の在り方があるはずだ。しかし、その場合でも高橋氏が本書で突きつけた問いに対して真摯（しんし）に向き合うことを避けては通れない。

著者のメッセージは、寺院関係者だけに向けられているのではない。「みなさん、お寺はコンビニより多く、日本中どこにでも身近にあります。どうぞ活用してください」という市民への呼びかけでもある。それはとりもなおさず、地域住民の生老病死の「苦」を取り除く場として、寺院がもつポテンシャルを高橋氏自身が信じているからにほかならない。タイトルの「寺よ、変われ」は著者の魂の叫びなのだ。（釈徹宗・兵庫大教授）

（岩波新書・819円）＝2009年7月9日③配信

途方もなく重い論点

「怪奇映画天国アジア」(四方田犬彦著)

「首が空中を飛ぶお化けは日本にもあるけど、わたしの国では、それに腸がぶら下がっているのよ」と、タイの友人から聞いたことがあった。すごいリアリティーのある映像だと思ったものだ。

香港をはじめとする東南アジアで「Jホラー」に人気があることや、映画「リング」の模倣作やパロディー作がたくさん流通していることも、大衆文化の研究者から聞いていた。アジアが、じつは「天国」であることを、うすうすは知っていた怪奇映画ファンも多いことだろう。

これは、アジアの怪奇映画を体系的に論じた、おそらく日本ではじめての本だ。それも、当代屈指の映画批評家が、7年かけて集めた資料を披露するとくれば、マニアならずとも読書欲をそそられる。

著者によると、アジアの幽霊は弱い女性で、雄の怪物が暴れ回るハリウッドの怪奇映画とは対照的である。彼女たちの多くは性暴力の被害者であり、産褥(さんじょく)で非業の死を遂げた者たちだ。そして幽霊となって加害者の男に復讐(ふくしゅう)し、あるいは自分に起きたことを現世の者に伝えようとする。

ストーリーには、「輪姦」がひんぱんに織り込まれている。映像をみていないので、何とも言えないのだけれど、製作、観客の双方に「男目線」の欲望を、ぼくなどは感じ取ってしまう。

だがそこには、幽霊にでもならなければパワーを持ち得ない、アジアの女性が置かれている現実が映し出されている、と著者はいう。「怪奇映画ごとき」にも、その社会が抱える構造的な問題が噴き出しているのだ。著者の論点は、途方もなく重い。日本の怪奇映画を、欧米ではなくアジアの側に置いていることも、心憎い。

またこの本には、著者が厳選した作品のあらすじが、たくさん紹介されている。そのすべてが読み応え十分で、映像をみたい欲求にかられる。アジア怪奇映画のガイドブックとしても、秀逸だ。

(山田奨治・国際日本文化研究センター准教授)

(白水社・3045円)=2009年7月9日④配信

不可視の物体への情熱

「心霊写真」(ジョン・ハーヴェイ著、松田和也訳)

友達同士で撮った修学旅行の写真を見て、背後の風景に見知らぬ顔が浮き上がっていてギャア!

これが私の「心霊写真」の認識であり、この調子で、1970年代にテレビや雑誌で特集が組まれるなど、「心霊写真」ブームが起こった。しかし、実態はほとんどが錯覚や捏造(ねつぞう)、二重露出、フィルム感光時のミスなどで、語るに値しない代物だった。昔から言うではないか。「幽霊の正体見たり枯れ尾花」と。

だから、まさかこのような学術的論考が1冊書かれるほどの実質を備えていようと、思ってもみなかったのである。本書は「霊は存在する—そして写真に写る。この二つの観念は、ある意味では相互に依存し合いながら、老若男女を問わぬ多くの人々の中に根強く存在してきた」という考えを立脚点に、19世紀末から現代に至る「心霊写真」というメディアを宗教、科学、芸術の分野から考察した研究書である。

そもそも宗教と結びついた霊の視覚化は、長らく絵画がその役目を担っていた。それが写真の発明とともに、19世紀末以降、何度か「心霊写真」の流行をもたらす。「写真は霞(かすみ)を捉(とら)え、像を具象化する。霊の視覚化においては好個の媒体である」と著者が書く通り、写真の本質と霊の存在が、もともと寄り添っていたのだ。著者が「心霊写真」を定義する時、それが写真論になっていることに気づくだろう。

19世紀中ごろに北アメリカで発祥した「心霊主義」がヨーロッパに伝播(でんぱ)するのだが、最初の心霊主義者の会合が行われたニューヨーク州ロチェスターは、イーストマン・コダックの本拠地でもあった、なんて聞くと、ちょっとゾクッとくる。

または、生涯約3千枚もの心霊写真を撮影した英国のウィリアム・ホープなる写真家の存在など、不可視の物体を可視化する情熱が、宗教と結びついて、人間の歴史の中に脈々と受け継がれていることを読者は知らされるはずだ。図像も多数収録され、こちらも少しゾクっと来ます。(岡崎武志・書評家)

(青土社・2520円)=2009年7月9日⑤配信

時代を善導すべく道を模索

「明仁天皇と裕仁天皇」(保阪正康著)

本書でも言及されているが、昭和天皇(裕仁天皇)から今上天皇(明仁天皇)への代替わりを実感したのは、国民を「皆さん」と呼んだ時だった。昭和天皇は「皆」と呼んでいた。それに災害被災地を訪問された際、正座したのには衝撃を覚えた。天皇が国民の前で正座したのは、史上初だったのではないだろうか。

ともすれば今上天皇は、長く在位した昭和天皇に比べるとカリスマ性に乏しい、柔和すぎる存在とみなされる傾向がある。だが本書は、今上天皇は十分に大胆で意欲的な行動をとっていることを明らかにし、その内面にまで肉薄しようとする。

明仁天皇は明治憲法下の昭和8年に、将来の国家元首たる皇太子として誕生した。その幼少期は、大陸での戦火拡大から太平洋戦争にかけての時期に重なっている。戦局がいよいよ逼迫(ひっぱく)した昭和20年、戦況を説明する参謀本部第二部長に、皇太子は「なぜ、日本は特攻隊戦法をとらなければならないの」と質問したという。東京の焼け跡に衝撃を覚え、戦後は皇室をめぐる状況が激変するなか、戦争の痛ましさと平和の価値をかみしめながら成長してゆくことになる。

昭和21年に東宮職参与となった小泉信三は〈何等の発言をなさらずとも、君主の人格その識見は自ら国の政治によくも悪るくも影響する〉と説いたという。また皇太子は、米国人教師について、英語と共にリベラルな思考法も学んだ。

昭和天皇は戦後社会を「君主制下の民主主義体制」と認識していたが、今上天皇ははじめに民主主義があり、その中に天皇が存在するという立場を取っている、と著者は指摘する。その今上天皇は、戦争被害者の慰霊と平和への祈りを、大切な使命としている。求められる天皇像は時代とともに変化する。それが時に各天皇の父子対立を招くが、時代を善導すべく自らの道を模索する真摯(しんし)な姿は共通している。(長山靖生・評論家)

(講談社・1785円)=2009年7月9日⑥配信

露出する暗い海峡の波濤

「夜来香海峡」(船戸与一著)

演歌「北帰行」みたいな話かと読み始めて、驚くなかれ。船戸節のサビがさえわたると、安手の叙情は引きはがされ、露出してくるのはニッポンの暗い海峡の波濤(はとう)である。ラストにべったりと流れる「夜来香」の唄。海峡に敷かれているはずの国境がゆらゆらと揺れ動いている。北の果てまで行き着かなくても、この国は崩れている。

主人公は、NPO法人として花嫁あっせん業に従事する男。中国東北部から日本の農村に世話してきた花嫁が失踪(しっそう)した。彼は信用問題にかかわると、全力をもって追跡行に乗り出す。

時代は2008年の後半、世界同時不況の近過去(現在ではなく、つい昨日)だ。この男の零細な業務も存立の危機に立たされる。それでなくても、日本やくざや中国黒社会に資金源として目をつけられた業務。非営利法人といっても「人買い」業者でしかない。

主人公は、この種の冒険ハードロマンのヒーローの持つ性格を小気味良いほど欠落させている。あえて精彩ない男を中心にすえた作者の意図は明らかだろう。主人公の監視役となるやくざ組織の男もまた追跡者としての能力に欠けた単細胞の人物だ。

追う者が優秀なら、この物語は演歌調の大活劇になったろう。しかし熱血のロマンはすでに過去のものとなり、日本の現状をリアルに映さない、と著者は提起する。

東洋に進出するロシアンマフィア、中国東北部から流れてきた虚無的な殺し屋、花嫁に身をやつして日本の土を踏んだ〝夜来香〟の女といった人物たちは、演歌の主要なメロディーを奏でながらも、物語の根幹からは外されている。追跡行の先ざきに転がされる惨死体と同じく、つねに後景に置かれているのだ。

読み終えて強く残るのは、月並みな言葉でいえば「地方の荒廃」だ。それは船戸の筆になると、いたるところに亀裂をあけた非情の「国境」さながらに迫ってくる。(野崎六助・文芸評論家)

(講談社・1890円)=2009年7月16日①配信

社会の闇を鋭く摘出

「アダマースの饗宴」（牧村一人著）

非常に力強い作品である。新人なのに文章もしっかりしているし、キャラクターも巧みに描き分けられている。物語も展開はやや地味であるが、読み応えがある。第16回の松本清張賞受賞も納得の作品だ。

物語は、元風俗嬢の笙子が、殺人を犯して8年の刑期を終えて出所する場面から始まる。刑務所の外で待っていたのは、風俗嬢の元締めでやくざの雨宮だった。出所後は静かに暮らすつもりでいたが、元恋人の加治が銃撃事件を起こし逃亡したという。加治がいなければ殺人事件は起きなかったが、笙子のなかではもはや過去の話だった。

だが、暴力団組長の村川から関与を疑われ、笙子はぬれぎぬを晴らすために雨宮の力をかりて、加治の行方を追う。

元殺人犯のヒロインというと強烈な印象を与えるが、笙子は殺人のときの記憶をなくしており、元殺人犯という属性が必ずしも深く追求されていない。本来なら罪と罰、もしくは冤罪（えんざい）や償いといったものに向かうのに、著者はそのようなテーマに関心がない。あるのは、やくざたちのシノギ（経済活動）で、元殺人犯のヒロインの視点からダークサイドをつまびらかにしていく。

同賞選考委員の大沢在昌が「ハードボイルドの大型新人と、誇大でなく推薦できる。嫌な商売敵となるだろう」と絶賛したのはこの闇の部分の鋭い摘出だろう。反社会的集団がいかに上場した企業に食い込んで莫大（ばくだい）な利益をあげているかを綿密にとらえているからだ。

とはいえ、事件を追及することが笙子にとって何の意味があるのかというテーマ把握、人物たちの陰影はあるものの固定した役割で終始する人物像、本筋を裏側から支える脇筋が少ないプロットなど、ノベルスの書き方にとどまっているのは問題。腰のすわった堂々たる書きっぷりで期待させるものの、大きく飛躍するかどうかはその課題の克服にあるだろう。（池上冬樹・文芸評論家）

（文芸春秋・1500円）＝2009年7月16日②配信

漂泊の記憶を鮮やかに復元

「賤民の異神と芸能」（谷川健一著）

折口信夫、柳田国男といった民俗学の泰斗には、少年時代、自分が居るべき場所は、果たしてここでいいのか、という漠とした漂泊願望があった。そしてこの体験は非定住者の足跡をたどる試みとして、その後、彼らの民俗学の一部を特徴付けることになった。かつてこの列島を行き来した漂泊の民の伝承と、少年期における彼らの鋭敏な感性との間にあった親和力をそこに読み取るべきだろう。

本書が取り組むのは、まさにその「漂泊の記憶」である。そこで掘り起こされるのは、常に旅の境涯に身を置き、世事に通じる一方で広く民間の悩みを受け止めた半俗の僧侶・優婆塞（うばそこ）の群像、生きた常世神を老人に化身させてこれを信仰した習俗など、埋もれていった事象でありながら、いずれも常にわれわれの卑近な場所にあった点で共通している。

そして雄略天皇の時代、政争によって父・市辺忍歯（いちのべのおしは）王を謀殺され、地方流浪を余儀なくされたその王子たちが雌伏の時を過ごし、やがて相次いで顕宗、仁賢として皇位についた事跡も、彼らが遍歴した地方の伝承・文献から読み解くとき、山人の系統を引く氏族集団・山部の庇護（ひご）を受けて過ごしたことが分かる。すなわち、かつては古代日本の王権そのものが、非定住者の世界と深くかかわっていた。

通読しておのずから伝わってくるのは、地名や民俗語彙（ごい）とは、あたかも隠された網目のようにわれわれの日常の中に張りめぐらされており、ひとたび強い動機が芽生えるとき、今に伝わる年中行事・民間習俗と重ね合わせることで、かつてそれらの言葉を担った人々の姿を復元する力を持っているということだ。

肝心なことは、それを支える問題把握、そして持続する根気である。著者はそれを漂泊に生きた人々の世界において、鮮やかに結実させた。地名・民俗語彙に通暁した著者の手さばきの妙とともに味読したい。（鶴見太郎・早稲田大准教授）

（河出書房新社・2940円）＝2009年7月16日③配信

イメージの変化追う意欲作

「作家は何を嗅いできたか」(三橋修著)

最近、気になるものに「加齢臭」という言葉がある。一定年齢を過ぎた人間の身体が発する匂(にお)いらしいのだが、社会的にはマイナスイメージとして使われている。

この言葉が発明される以前には、特定の年齢特有の匂いを気にする人はそう多くはいなかったように思う。言葉によって匂いの感覚が変化してきたということだ。

匂いの感じ方は、社会状況や時代によって変化していく。本書は、人々が匂いによって感じてきたイメージの変化を、それぞれの時代を敏感に描いた作家たちの記述によって明らかにしようとする意欲作である。

日本の近代化は、それ以前の身分制度を廃し、人々の行動や生き方の幅を広げたが、人は社会のなかに新たな格差を見いだした。その基準となったのが匂いである。すなわち悪臭のするところは非近代的、非科学的、非衛生であり、人格的に劣った存在である、という具合に。やがて、日本が国際化するなかで、人々は異なる匂いに異文化を発見することになった。

夏目漱石、田山花袋、川端康成…。作品に描かれた匂いの表現によって、作家の感性と時代が浮き上がってくるのが面白い。そして戦後、匂いイメージの矛先は自らの身体へと向かった。私たちは、自らの体臭を恐れる日常のなかにいる。著者は現代を「においを削除する今」と位置づける。

実は評者も、若者たちのいじめのなかで使われた「くさい!」という言葉をきっかけに、日本人の匂いイメージの変遷を歴史のなかに追った本をまとめたことがある。そのなかで、本書と同様に、現代を「無臭の時代」と位置づけた。

しかし、本当にそうなのかという疑問を抱いてきた。例えば、1990年代の「山姥(やまんば)ファッション」は、無臭化を強いる社会に対する、若者たちによる身体感覚の領域からの反乱ではなかったのか。人間の匂いは、まだまだ飼いならされてはいないぞと思えるのである。(八岩まどか・ノンフィクション作家)

(現代書館・1995円)=2009年7月16日④配信

デザインの歴史的証言

「シャルロット・ペリアン自伝」(シャルロット・ペリアン著、北代美和子訳)

フランスのインテリアデザイナー、ペリアンは、1920年〜30年代に近代建築の巨匠ル・コルビュジエの事務所に所属し、日本の建築家・前川国男や坂倉準三らとともに働いた女性である。装飾芸術学校でアンリ・ラパンに学び、ついでル・コルビュジエ、そしてジャン・プルーヴェの事務所に参加していった。

つまりアール・デコを出発点として、インターナショナルスタイルへ、さらに規格化組み立て住宅(プレハブ)を手がけていくという、まさに20世紀モダン建築の流れを体現しているからこそ、彼女自身の手による「伝記」は、収納家具など住宅設備を含めた近代デザイン史の歴史的証言として価値がある。

なかでも40年、坂倉の推薦によって商工省貿易局の「輸出工芸指導顧問」として招聘(しょうへい)され、陥落直前のパリを脱出し来日した経緯は、本書全体の強いアクセントになっている。

工芸と工業生産システムとの統合を目指していた日本各地の工芸指導所などを訪問し、欧米での生活様式とその使用方法をアドバイスした。ペリアンは、伝統的技術に拘泥せずに、また欧米のコピー製品でもない、生活に即した機能的な素材と技術によって、近代的精神を表現するデザイン実践の方向を伝えた。

指導を終え帰国する際、日本軍のアジア占領の急速な動きと重なり、フランス主権下にあったインドシナでの生活を余儀なくされ、帰国するのに数年かかった経緯を知ると、国家間戦争や民族問題という歴史的現実の場にはじめて職能としての「デザイナー」が登場した時代であったことが理解される。

ペリアンの活動は大戦後に充実期を迎えるが、フランス国内において、パリ陥落後のビシー政権とレジスタンス運動との関係が戦後のデザイン界にいかなる影響を与えたのか、など、著者の率直な語り口ゆえに、戦争が落とした深い影が読みとれる。(高島直之・美術評論家)

(みすず書房・5040円)=2009年7月16日⑤配信

運命としての無知

「学問」（山田詠美著）

舞台は高度成長時代の静岡。架空の町「美流間」に越してきた7歳の香坂仁美は、不思議な支配力を発揮する少年、後藤心太と出会い、異性として意識しながら、それより深くつながった仲間としてついていくことを誓う。児童文学を思わせる流麗な「ですます」文がつづる、美流間でののどかで輝かしい10年間。蓮華（れんげ）畑の光景に、遠い昔に読んだ友情物語の記憶を揺さぶられる読者も多いだろう。

一方、本書は、そうした児童文学の様式美を批判する細部を持つ、れっきとした小説でもある。たとえば2人とともに4人組を形成する同級生、無量と千穂。無量はおやつの袋を手放さない、千穂はどこでも眠ってしまう子どもだが、決して類型的な「くいしんぼう」や「おねぼうさん」ではない。寝食に対するその執着心や行動には時にリアルな深刻さがある。

同じことは仁美と心太の関係にも言える。桃太郎とお供のようなその関係は、もしこれがおとぎ話なら特に説明はいらないかもしれない。だが現実に同い年の異性である2人がそうなるには当然それなりの理由がある。性欲や独占欲も介在し続けるのだ。

支配欲、ねたみ、恥。誰も意識しないうち、著者によって児童文学の世界に垂らされていく細部の毒は、やがて子供たちの牧歌的な光景をほの暗いものにし、彼らの運命を変え、その死の詳細を決定していく。最後まで読んだ時、読者は彼らが運命から受け取る皮肉の、ただならぬ残酷さに衝撃を受けるだろう。

そこが本書の読みどころなのだが、同時に私は、そんな残酷さに出合える彼らをうらやましくも感じる。知らぬうちに飲まされていた甘い毒の正体を人生を懸けて探り、その全貌（ぜんぼう）を知った瞬間、死を迎える。山田詠美が描く彼らの運命としての無知。それは何でもすぐ名前が調べられる現代日本では、最もぜいたくで優雅な学習の形のようにも思えるのだ。（田中弥生・文芸評論家）

（新潮社・1575円）＝2009年7月16日⑥配信

人間らしい働き方を求めて

「大搾取！」（スティーブン・グリーンハウス著、曽田和子訳）

米国型資本主義の何が悪いのか？　本書を読んだ私は「1％の金持ちが何度死んでも使い切れない報酬を、私たちが毎日死ぬほど働いて稼いでやり、その格差が世襲化するからだ」と答えたい。

本書は、米国全土で頻発する、大企業の暴力的「搾取」の手口を告発し、併せて、人間らしい働き方を求めてたたかう人びとを描いた第一級のルポルタージュである。

「トイレ休憩なし」「店舗に閉じ込めて、夜間のサービス残業を強制」「働きぶりを一秒単位で監視し、ミス探し」…。

あなたは酷使の最前線にうろたえるか、自分の職場と大差ないと泰然とするか、どちらだろう？サービス残業、派遣の激増、組合つぶし、労組役員の腐敗…。むしろ私が感じたのは「日本の財界は、米国からすべてパクっていたのか！」という痛恨だった。

例えば、1980年代の米国では派遣労働者が貧困にあえいでいたし、不況時に不死鳥のように現れる経営哲学が「怯（おび）えた者こそ働く」という「法則」を発見していた。「脅し」の労務管理は一般化され、ソフトな語り口のハウツー本として日本に輸入されてなかったか？

私は労働相談を続けているが、最近の若者の心の折れ方は想像を絶する。私は一刻も早く人間と資本との関係を再構築する必要があると考えてきたから、全460ページにおよぶ本書が批判に終わらず、ジャーナリストらしく、労使の新展開に焦点をあてた後半部は、小さな希望を見た思いだ。

米国の労働組合が、予算の多くを非正規労働者のために使うことで蘇生（そせい）しつつある。賃下げも解雇も派遣の置き換えもせずに国際競争力を蓄える企業家は、独自の経営哲学をもっていた。とりわけ彼らが内部留保を惜しげもなく労働者の福利厚生に使う手法に、新しい時代の到来を感じた。

本書は、資本主義の改善点を明確にした政策提言の書でもある。解説は、派遣村村長の湯浅誠氏だ。（浅尾大輔・作家）

（文芸春秋・2200円）＝2009年7月23日①配信

孤高の作家、新たな地平に

「百と八つの流れ星（上・下）」（丸山健二著）

本当の「異色作」とは、このような作品のことをいうのだろう。単行本のページにしてぴったり6ページ、4千字ほどにまとめられた百八つの掌編（しょうへん）が、上下2巻に整然と収められている。丸山には、千の視点から千日間を描いた千ページからなる「千日の瑠璃（るり）」（1992年）があるが、卓抜した集中力と強靱（きょうじん）な意志は本書にも受け継がれている。

天地と一体化する1頭の牝馬の生命のみなぎりを描いた冒頭作品の「馬」から、現役を引退した漁師が自分の流儀で最期を迎えるべく夜の海へとこぎ出す最終作品の「海へ」まで、さまざまなバリエーションの物語が紡がれていく。

オチの付いたショートストーリーあり、幻想譚あり、生と死のドラマあり、自然の驚異を描いた作品あり。百八の物語の連なりは愛、喜悦、自由、神秘、運命、暴力、狂気など、あらゆる感情と思念をとらえる。

巻頭言には「いかに凡庸な、いかに愚劣な、いかに残酷な人生であろうとも、ときとして流れ星のように輝く瞬間がある」とある。

百八は人間の煩悩（ぼんのう）の数といわれる。傷痍（しょうい）軍人のいる敗戦後の風景から大型フル・ハイビジョンテレビの広告塔がある現代まで、日本の戦後的時間を縦断するように配置された状況も設定も異なる百八の物語は、人間の感情と営みのすべてを「流れ星」のような一瞬のビジョンとして提示する。

煩悩を背負った百八の「流れ星」によって、作者はこの世のすべてを記述しようと試みている。

本書は書き下ろし作品である。百八の掌編を一作一作書き続けることが、どれほどの艱苦（かんく）を伴う作業であるかは想像に難くない。言葉との格闘の痕跡が生々しい、極限まで彫琢（ちょうたく）された文章が織りなす一編一編は、未知の小説的感動を読者にもたらすだろう。孤高の作家、丸山健二が到達した新たな地平に、最大限の賛辞を贈りたいと思う。（榎本正樹・文芸評論家）

（岩波書店・上下各1890円）＝2009年7月23日②配信

“報復”への疑問投げかけ

「橋の上の『殺意』」（鎌田慧著）

本書は2006年、秋田県藤里町で起きた児童連続殺害事件をテーマとしたルポルタージュである。堅実な取材、飽きさせないストーリー展開。さすがにこの領域で長いキャリアを持つ著者ならではの労作である。

評者には、以前から三つの疑問があった。一つは、無期懲役が確定した畠山鈴香という女性が、なぜあれほど全国の「メディアの報じ手」たちを引きつけてやまなかったのか。

二つ目。あのわざとらしくて、奇態で、他人の神経を逆なでしがちな行動は、いったいなぜだったのか（本人は「裏目裏目に出てしまった」と言っていたという）。

三つ目。そもそもどうしてわが娘を手にかけなくてはならなかったのか。そこには本当に「殺意」があったのか。また、全く罪のない近所の男児まで殺害したこととどんな関連があるのか。

この疑問を本書に即して言えば、一番目は「30代のシングルマザー」という記号性。著者によれば、そこには同情より偏見、好奇が集中する。事件報道はいまだ日本では“男性名詞”そのものだということか。

二番目は彼女のパーソナリティー。いったん事故として処理されかけた娘の死を自身で「事件化」させ、結局逮捕されてしまう。この不可思議な人格の解明は、著者の最大の関心事でもあったはずだ。しかし検察官はもとより、弁護人も司法精神医学も決定的なことは明らかにできなかった。

三つ目。著者は彼女の破綻（はたん）の生活史を追いながら、北東北の風土、歴史、宗教にも周到に目配りしている。土地や風土は犯罪の性格を深部で規定する。ここに事件の最大の伏線があるのではないか、と感じた。彼女の抱いた殺意とは何だったのか。ぜひ本書で直接確かめていただきたい。

本書はまた、刑事法廷を犯人への報復の場とみなしがちな昨今の風潮に疑問を投げかけるノンフィクションでもある。裁判員制度開始のなか、論議の材料としても貴重である。（佐藤幹夫・フリージャーナリスト）

（平凡社・1890円）＝2009年7月23日③配信

近代小説の真の起源

「エドガー・アラン・ポーの世紀」(八木敏雄、巽孝之編)

ポー生誕200年と聞いて、目まいのような感慨を覚えた。日本が近代国家の体制を整えるはるか以前に、その遠因となったグローバリズム発祥の中心地アメリカに生まれ、わずか40歳でこの世を去ることになったたった一人の男によって、現在でも世界の出版市場に毎年膨大な数が生み落とされている小説の、ほとんどすべてのジャンルの起源にかかわる作品が書かれてしまったからである。

ポーとは、巽孝之が「編集後記」に記すように、「欧米主流文学史においてはもちろんのこと、ミステリやSFといった大衆文学からドビュッシーを代表とする古典音楽、さらにビアズリーらの世紀末芸術まで」、表現におけるメーンカルチャーとサブカルチャーという区分を軽々と無化し、20世紀に花開く芸術のさまざまな分野を先取りし、それらに最良の素材を提供し続けた、稀有（けう）な表現者だった。われわれはいまだに、八木敏雄が「巻頭言」に言う「ポーが遍在する世紀―つまりユビキタス・ポーの時代」を生きているのだ。

印刷技術の急激な発達によって可能となった雑誌の特性を最大限に活用し、表現のあらゆる雑種を生み落とし、またそれらの間を自由自在に横断した、近代小説の真の起源に位置する人エドガー・アラン・ポー。本書は、第一線の研究者たちが最新の資料を駆使して、ポーという作家の多面性、現時点におけるその表現のもつ可能性の中心を描き尽くした、決定版の研究論集である。

人文諸科学の危機が叫ばれ、文学の終焉（しゅうえん）、また書物というメディアの衰退がささやかれている今こそ、なによりもその始まりの時代を生きた特権的な対象を検証する必要があるだろう。

近代とはまさに「ポーの世紀」であった。そういった意味でも非常にタイムリーな1冊である。本書を通じて、来る次世代の表現者、情報時代を生きる新たなポーの誕生さえも夢想させられる。

（安藤礼二・文芸評論家）

（研究社・4200円）＝2009年7月23日④配信

江戸時代の庶民の風景

「日本文化の原型」(青木美智男著)

小説に登場する名探偵。その活躍に胸躍らせた経験は誰にでもあるだろう。凡庸な刑事が議論する中、名探偵だけは意外な疑問を抱く。そんな頭脳の中の散歩、それが本書の魅力だ。江戸時代の文化を論じる上で著者は疑問を抱く。「筆と硯（すずり）をどうやって手に入れた？」「何を食べていた？　おいしかったのか？」

まさに名探偵の登場だ。わくわくしながらページをめくる。展開されるのは江戸時代の庶民の風景。住まいや食生活や衣服の変化、教育のありよう、庶民の興味の移ろい…。等身大の「生活」が目の前に現れる。発信者ではなく、受け手の文化史。こんな魅力的な世界があったのかと感銘を覚える。

同時に自分がこれまで抱いていた江戸時代の文化像が、出どころ不明のイメージの集合体であったことを思い知らされる。現代風に言えば「ざっくり」分かっていた、いや、誤解していたのだと目からうろこが落ちる。

さらに読み続けると、徐々に筆者の本当の狙いが見えてくる。現代人が感じる「和」の感覚。現代日本人が日本人として共有するアイデンティティー。その「原型」が江戸時代に形成されたのだという実証だ。当時の生活風景を見せ、「同じ境遇にいれば、あなたもこう感じるでしょう」と問われたとすれば、是非も無くうなずいてしまう。

秀逸なのはエピローグに至ってさらりと触れる当時の環境問題。今われわれの抱える開発のゆがみ「洪水に襲われ、地震に怯（おび）え、大火災を招き…」ですら、その原型を江戸時代に見いだすことができるというのだ。

そこでふと考える。「春すぎて夏来てみれば米値段　次第にやすくあたまかく山」。これを読んでほくそ笑む大衆。百人一首くらい誰でも知っていた。それが日本人の教養の原風景だとしたら、現代人が「ざっくり誤解」などと笑っている場合ではないだろう。

名探偵はずばり、現代人のある種の知的レベルを「事件」として悩んでいるのかもしれない。（中野順哉・作家）

（小学館・2730円）＝2009年7月23日⑤配信

女の子たちの帝国の逆襲　「『かわいい』の帝国」（古賀令子著）

渋谷系、原宿系、ゴスロリ、姫ロリ、ブスかわいい、キモかわいい…。著者がガイドする、女の子たちの築いた「かわいいの帝国」は、オトナにはカオスの帝国だ。

でも今や「かわいいの帝国」主義は世界に侵出、クールジャパンブームを巻き起こし、足元の日本でも雑誌「CanCam」卒業のはずの押切もえちゃん世代が、「かわいいの帝国」の先兵となってオトナ帝国に雑誌「AneCan」植民地を樹立、オバサン世代さえも「かわいい服しか着たくない！」とマルキュー（渋谷109）に出没するようになったという。

思えばこれまでオトナたちは、天下国家から美の尺度まで、社会を動かす仕組みを作り上げ、女の子たちを、オトナ帝国の臣民という周縁的立場に押し込んで「ゴシュジンサマ」などと呼ばせて悦に入っていた。

ところが気づいてみると、女の子たちは帝都渋谷原宿に結集し、誰にでも何にでも無差別に、女の子目線で「かわいい！」「かわいくない！」と独自の宣旨を下し始めた。

既成の秩序も価値観もひっくり返されたオトナたちは、女の子の帝国の逆襲とはつゆ知らず、単なる語彙（ごい）力貧困なミーハーと嘲（あざけ）るばかり、というわけなのだ。

でもそんなオトナ帝国は、グローバル化やら世界不況やらで価値観喪失、五里霧中。革新力も消えうせて、もはや滅亡寸前。

そんな文化を革新し、社会を再活性化させるのは、いつの世でも既成秩序や権威など逸脱した周縁的な人々だ。

そう考えると、「かわいいの帝国」主義がオトナ帝国を侵略し、自ら権威になってしまうことも、逆にオトナ帝国が、女の子たちの「かわいいの帝国」に文化産業、文化大使などとお墨付きを与え、取り込んでしまうことも、実は著者の言うように危ういことなのだ。

やっぱりカオスはそのまんまが「かわいい！」、「国立かわいいの殿堂」なんて発想は「かわいくない！」のだ。（斗鬼正一・江戸川大教授）

（青土社・1995円）＝2009年7月23日⑥配信

背後にちらつく米国の影　「ナガサキ　消えたもう一つの『原爆ドーム』」（高瀬毅著）

訪れる人によって異なる歴史を想起させる場所がある。長崎の浦上天主堂がまさにそうした「記憶の場」だ。

原爆ドームに匹敵する象徴的な被爆遺構となったはずの天主堂廃墟。それが撤去されたのは、米政府の意図が介在したからだと著者は読み解く。

被爆から10年後、姉妹都市提携を持ちかけてきた米国に長崎市長が招かれる。天主堂廃墟の保存に前向きだった田川務市長が訪米後、撤去へと方針を変えた。他方、浦上司教区の山口愛次郎司教が市長訪米の約1年前、天主堂再建の資金を集めに渡米している。

「市長ルート」と「教会ルート」。背後に米国の影がちらつく。天主堂の残骸（ざんがい）は「同じキリスト教徒が原爆を落とした罪の象徴」になり得るため危険視されたというのだ。

資料的裏付けが弱い面もあるが、米政府が天主堂廃墟の存在を恐れた可能性は高いであろう。だが、廃墟の撤去は占領下でなく、原水爆禁止運動が世論の支持を集めていたころに決定された。著者は市民が保存を後押ししなかったと指摘して書を閉じているが、その点を掘り下げてほしかった。

「原爆は長崎でなく浦上に落ちた」と長崎市民に言わしめる、キリシタン迫害の歴史が浦上にはある。その弾圧の地で天主堂を再建することに、信者たちはこだわった。新しい天主堂は、被爆に至る幾多の試練にも屈しなかったカトリック教徒の象徴となるからだ。

原爆被害を雄弁に語る遺跡が失われたことを著者は嘆く。しかし、過去の痕跡を「ありのまま」残せたとしても、そこが喚起する歴史は一様ではない。「記憶の場」は常に歴史認識をめぐる闘争の場でもある。その闘いは同時に、違う未来への可能性をつくり出す。

原爆ドームは核兵器だけでなく、あらゆる国家暴力への抗議行動を促す。何を記憶し、その記憶をいかに現在に介在させるのか。記憶への意志は現在をつくりかえる力となり、「記憶の場」を未来へと開いていく。（直野章子・九州大准教授）

（平凡社・1680円）＝2009年7月30日①配信

現代文学への大胆な挑戦　「ロンバルディア遠景」（諏訪哲史著）

「アサッテの人」で芥川賞を受賞したこの作家は一作ごとに変ぼうし、本作でその筆力と圧倒的な構想力を開花させた。ここには小説というジャンルの持つあらゆる言葉の可能性があり、19世紀、20世紀と冒険を重ねてきた文学技法がコラージュされ、驚くべき大胆な現代文学への挑戦が漲（みなぎ）っている。

前作「りすん」が、作家の沈黙の行間の話法であるとするならば、若き詩人の数奇な「世界の果て」への旅の記録である本作は、文学の饒舌（じょうぜつ）とフェティシズムともいうべきものを遺憾なく発揮した作品となっている。

文学や哲学、そして映画などの著名なさまざまな先行作品が引用され、テクストの中に巧みに、時には強引に見えるまでに織り込まれているが、いわゆるポストモダン的なパスティシュ（混作）ではない。解釈と引用の織物のようでありながら、この作品世界を貫いているのは極めて強靱（きょうじん）な「小説」への信頼なのだ。それは埴谷雄高が言った「小説とは思考の容器である」という意味での、その「容器」の広さであり、強さであり、しなやかさにほかならない。

主人公の少年詩人と彼を発見した詩誌「エウロペ」の編集者との同性愛的な共鳴の中に、互いの言葉が火花のように交錯する。作品の後半には、単身イタリアへ向かった詩人が、異邦の地で出会った老神父に誘われて、怪しい娼館での性的狂宴を体験するシーンが繰り広げられる。

それはパゾリーニの映像世界のようでもあれば、国枝史郎の「神州纐纈（こうけつ）城」の伝奇ロマン風でもあり、エロティシズムの哲学者バタイユの小説を想起させもする。

むろん沼正三や中井英夫の名前を挙げてもよいが、この小説を一番読ませたいのは三島由紀夫である。三島がいれば、本書にいささかも眉（まゆ）をひそめることなく絶賛の言葉を連ねるだろう。評者もまったく同じである。小説の醍醐味（だいごみ）に満ちた久々の傑作である。（富岡幸一郎・文芸評論家）

（講談社・1785円）＝2009年7月30日②配信

「疫学の父」の地道な努力　「医学探偵ジョン・スノウ」（サンドラ・ヘンペル著、杉森裕樹、大神英一、山口勝正訳）

19世紀イギリスではコレラが周期的に流行していた。ジョン・スノウはその感染経路が水だと突き止めた医師だ。

コレラは空気感染だと考えられていた時代に、スノウは臨床経験と患者の分布パターンから、汚染された水からの経口感染を疑った。最初に発表した1849年には、無視された。だが再びコレラが流行しはじめた54年、スノウは感染患者が発生した地区の一つ「ブロードストリート」で自ら聞き込み調査を行い、統計資料を調べあげて地図上に記載した。家ごとに死亡者数の印をつけ、どの家がどの水道を使っているか調べたのだ。そして、一つの井戸が原因だと突き止めた。

当時、コレラ菌は未発見だ。だがスノウの「疾病地図」は複雑に絡み合った原因の構造を示し、病原体と感染経路の本質を暴き出したのである。

100ページを過ぎてもスノウ本人が登場しないなど、本文は淡々と進む。交易と感染症拡大の関連や都市文明論的な視点もあまりなく、そこは残念だ。しかしコレラとスノウのみに絞られているだけあって記述は詳細だ。公衆衛生インフラが未発達の状態で都市が成長し始めた時代の人々の生活は、どんなものであったのか。他の医師たちやナイチンゲールら同時代の人々の話題も興味深い。

スノウはブロードストリートのコレラ感染源と考えた井戸の取っ手を外させた。後に井戸は糞尿（ふんにょう）に汚染されていたと判明する。だが効果は魔法のごとく現れたわけではなく、彼の言葉は誰も信じなかった。学問的功績が認められたのは、1858年に45歳で亡くなる2年前のことだった。「疫学の父」と呼ばれているものの、彼がどんな人物であるかはイギリスでもあまり知られていないのが実情だという。

だが確実に、スノウのような先人たちの地道で、時として報われない努力の積み重ねによって、今日の医学や文明社会は成立しているのである。（森山和道・サイエンスライター）

（日本評論社・2940円）＝2009年7月30日③配信

実証でひっくり返す常識　「日本の殺人」（河合幹雄著）

青年による無差別殺人、中学生のイジメ殺人などの報道に接していると、この国は壊れているのではないかと思う。ところが本書は、日本の治安は確実によくなっていると主張する。いや、主張ではなく、実証である。

日本では年間約800件の殺人がある。だが、その半分以上は心中や親子間の事件で、社会治安とは関係がない。でも、バラバラ事件など、凶悪化も目立つと反論すれば、そんなのは殺す前に遺体処理の方法も考えない、遺体を運び出す力もない、悪知恵も体力もない人間のやること、と著者は一蹴（いっしゅう）する。常識をひっくり返す理屈が小気味よい。

本書前半は殺人の種々相の分析である。子殺し、誘拐殺人、猟奇殺人と、じつにさまざま。読み進めるうちに、他者や地域との関係を薄れさせてきた戦後日本の変貌（へんぼう）が浮かび上がってくる。

たとえば、戦後すぐには年に300件あった「嬰児（えいじ）殺」は、2004年には24件と激減している。経済事情が好転し「間引き」をしなくてもよくなったこともあろうが、それより著者は「不義」や「できちゃった婚」にも目くじら立てなくなった世相を重視する。また、人間関係が薄くなれば、かつては多かったケンカ殺人も減ってくる道理だ。

しかし、それは同時に、刑務所を出たあとの受刑者の更生をひっそり支援してきた保護司や雇用主や民間人ボランティアなど、地域の力の衰退にもつながっていく。以前は善かれあしかれ、地域ヤクザが身元引受人になったりしたが、そのヤクザも消滅寸前。伝統的手法にもはや頼れないことこそ、日本社会の本当の危機だ、と著者は言う。

後半に裁判員制度と死刑問題をめぐる、哲学的な問いかけがある。犯罪とも裁判とも無縁で暮らしてきた私たちが他者の人生を左右する立場に立つ。一人一人がこの実存的問いに向かい合うことから新しい社会が生まれる、という著者の考えに、私も賛同したい。（吉岡忍・ノンフィクション作家）

（ちくま新書・819円）＝2009年7月30日④配信

評価二分した建築のドラマ　「東照宮の近代」（内田祥士著）

「日光を見ずして結構と言うなかれ」「俗悪趣味の権化」―。日光東照宮ほど評価の割れる建築は珍しい。徳川家康を祭る霊廟（れいびょう）として1617年に完成。3代将軍家光が36年、大規模に造替（寛永造替）した社殿が現代に伝わる。陽明門など多くの建物が細密な彫刻と極彩色で埋め尽くされ豪華さは比類ない。

評価の二極化は、明治時代に始まる。批判的評価を決定的にしたのが、1933年来日のドイツ人建築家ブルーノ・タウト。桂離宮を高く評価する一方、東照宮を俗悪品とこき下ろした。厳しい評価は戦後も継承される。装飾豊かな東照宮が、20世紀モダニズムデザインの禁欲的な志向と、対極にあったためである。美の評価に絶対的な基準はなく、東照宮に対する低い評価は時代の産物であることが分かる。

文化財修理のあり方にも、本書は興味深い課題を提示する。長年の風雪に耐えた落ち着いた姿を維持するのか、完成時の華やかな姿をよみがえらせるのか。多くの文化財修理は前者を採用するが、東照宮は後者である。

かつて寛永造替は十数年をかけた大事業とみなされ、明治の大修理は当時の姿をよみがえらせることを目標とした。ところが大正年間、寛永造替はわずか一年余の工期でなされたことが研究で明らかになる。さらに、漆塗りと極彩色は、江戸時代を通じて繰り返された丁寧な補修によって品質が向上したことも、昭和の大修理で明らかになる。寛永当時は、今とは少し違う、粗っぽいが勢いのある姿であった。

本書には、江戸時代の建築技術の粋を集め東照宮を完成させた棟梁（とうりょう）甲良宗広に始まり、現代に続く保存修理の技術者、日本文化を高く評価する外国人、修学旅行の小学生ら、多様な人物が登場する。中でも、表情豊かな彫刻を作った職人技に圧倒されながらも評価をためらう、著者ら建築家や学者の姿が印象に残る。東照宮を舞台に繰り広げられた興味深い近代日本のドラマである。（波多野純・日本工業大教授）

（ぺりかん社・5040円）＝2009年7月30日⑤配信

共同体と死を描く問題作

「デンデラ」（佐藤友哉著）

佐藤友哉は共同体について書いてきた。家族や兄弟、あるいは学校といった共同体における、考えられるかぎり最も極端なタブーを小説に書いてきた。今度佐藤が選んだのは、共同体と死の問題。姥（うば）捨伝説が下敷きになっている。

主人公の斎藤カユは70歳になった。「お山」に参り、極楽浄土に行くことが「村」の決まりだ。冒頭、カユは雪の降り積もった「お山」で冷たくなっている。だが助け出され、「デンデラ」という老いた女たちばかりが暮らす共同体へと連れてこられる。待ちわびていた死を奪われたカユは怒るが、徐々にデンデラに溶け込んでいく。

デンデラには二つの派がある。自分たちを厄介払いした「村」への仕返しを目指す襲撃派。デンデラでの自給自足を願う穏健派。

そこへ突然巨大な「羆」があらわれる。50人の女たちは、羆と格闘し、次々に惨殺される。加えて、くさい血を吐いて倒れる疫病もはやりだす。疫病の正体は？　女たちは羆を倒せるのか？　そしてデンデラの未来は？

「デンデラ」にはじつの多くの小説の仕掛けが施されている。ミステリーやスプラッターの味つけもある一方、無視できないのは姥捨伝説だろう。連想するのは深沢七郎の「楢山節考」である。

考えてみれば、あの小説は、主人公おりんが雪の降りしきる岩陰で、念仏をとなえるところで終わっていた。おりんがもし生きていたら、どうか。そんな老人が多数いたら？　「デンデラ」がその答えだ。

共同体は老人を「お山」に捨てることで死を排除する。だが本当は死など排除できない。捨てられた老人はギリギリまで死と格闘し、生を延長するのだ。羆や疫病は死を象徴しているが、女たちは見事なまでの若々しさ（！）で、それらと闘う。超人的な体力の女たちの活躍に、感動すら覚える。圧巻のラストシーンまで一気に読ませる筆力はさすが。渾身（こんしん）の問題作。（陣野俊史・文芸評論家）

（新潮社・1785円）＝2009年7月30日⑥配信

原罪意識と天才児の負い目

「不逞老人」（鶴見俊輔著、聞き手・黒川創）

今年4月、NHK教育テレビで「鶴見俊輔―戦後日本　人民の記憶」という番組が放映された。鶴見俊輔へのロングインタビューである。約1時間半の番組だったが、実際に行われたインタビューは8時間に及んだ。その全体像を伝えるのが本書である。

今は87歳の哲学者が、自分の人生と戦後の日本を語る。記憶は細部まで鮮明で、起きたことひとつひとつに的確な論評を与えていく。

たとえば原爆について。戦後生まれの私たちは、当時の日本人が投下後すぐさま「原爆を落とされた」と思ったようについ考えてしまう。しかし鶴見は、敗戦当時の自分が、「原爆」の概念をもっていなかった、と振り返る。時間をかけて「原爆」の意味（ものとしてではなく、こととしての）を知り、原水爆反対運動にかかわっていく。

この長い回想で重要なのは、人間の思考と行動は自動販売機のように単純なものではなく、つねに紆余（うよ）曲折をへているということだ。何かが起きて、考え、そして行動する。その間、人が人に出会い、いくつもの偶然が重なる。ときには矛盾もあるし多少の欺瞞（ぎまん）もあるかもしれない。だがどんなときも鶴見俊輔は柔軟だ。固いものはもろく、しなやかなものは強い。

鶴見はいつも弱い者の立場に自分を置いて思考してきた。それは判官びいきからではない。おそらくは後藤新平の孫で鶴見祐輔の長男であるという政治家一家に生まれた“原罪意識”と、しかも天才児であることの負い目がそうさせたのだろう。サラブレッドの血筋とすぐれた知的能力がありながら、鶴見俊輔は金銭とは無縁の人生を歩んできた。

本書が成功したのは聞き手の力によるところも大きい。40歳近く年下の黒川創は、幼いときからのつきあいである。ときどき軽口をたたくようにしたり、やんわりと反論したり。そして鋭い質問をする。本書は歳の離れた親友が敬意をもって語り合う本でもある。（永江朗・早大教授）

（河出書房新社・1890円）＝2009年8月6日①配信

歌舞伎界の芸道ミステリー

「道絶えずば、また」(松井今朝子著)

江戸歌舞伎三座(中村座、市村座、森田座)は、大衆娯楽の殿堂であり、出し物を競って江戸市民の人気を集めた。人気役者は大スターであり、ことに女形には熱狂的ファンがついた。本書はその江戸歌舞伎の世界を舞台とした時代ミステリー。この著者のもっとも得意とする分野だ。

物語は、文化11(1814)年春、中村座の人気女形荻野沢之丞が事故死したところから始まる。70歳になってなお現役を続ける沢之丞が、最後の花道に選んだ「道成寺」の初日、なんと沢之丞が上演中に奈落に転落して死んだ。切穴の下に置かれてあるはずの台がなかったからである。

大道具方の責任者甚兵衛のミスか故意か。あるいは沢之丞が自ら仕組んだ自殺か、単なる事故か。もし殺人事件だとすると黒幕は誰か。中村座の太夫元である十一代目中村勘三郎は事件の真相究明と興行維持に苦慮することになる。

ほどなく、甚兵衛が首をくくった。自殺に見せかけた他殺であった。沢之丞の死について、最も重要な手掛かりを持つと思われた甚兵衛の死と前後して、大川に大工の死体が浮いた。八丁堀の同心薗部理市郎は、二つの事件を追うことになるが、皆目見当がつかない。

沢之丞の跡目をめぐって対立する長男の市之介と次男の宇源次、甚兵衛に代わって大道具方の責任者となった与次郎ほか、中村座をめぐる多くの人物が右往左往するものの真相はやぶの中である。

ところが、無関係と思われた水死体の大工と、疑惑の線上に上る人物たちが1本の線でつながった。すべて、谷中の名刹(めいさつ)感王寺と関係のある者たちであった。事件は意外な展開を見せ、大奥絡みの一大事へと発展していく。

なかなか手の込んだミステリーで楽しめるが、一方芸道ものにもなっているところがミソ。歌舞伎役者をめぐるうんちくは、この作者ならではである。(高橋千劔破・文芸評論家)

(集英社・1890円)＝2009年8月6日②配信

物語に没頭する喜び

「最も遠い銀河(上・下)」(白川道著)

男の厳しい生き方を描くことで知られる、白川道の最新刊は、新進気鋭の建築家の苛烈(かれつ)な人生をつづった、重厚な長編だ。さまざまな要素を持つ物語だが、その中心にあるのは、主人公の魅力である。

整った容姿と才能を武器に、非情な手段も辞さず、建築家の道を歩む桐生晴之。日陰に生まれ落ち、貧しい生活をおくった彼は、恵まれた人々へのルサンチマンと、恋人美里を死に追いやった男への復讐(ふくしゅう)を胸に抱いていた。そんな彼が大いなる宿命のドラマを繰り広げる。死んだ恋人の願いを胸に、己の力だけを頼りに敢然と前に進み続ける、孤高の男の肖像を、著者は深く深く掘り下げているのである。

そして本書は、恋愛小説でもある。美里への思いに殉じるように生きていた晴之だが、巨大企業「サンライズ実業」の社長令嬢で、美里そっくりの清家茜と出会い、激しく心を揺さぶられる。しかも茜の兄の淳介こそが、美里を死に追いやった人物だったのだ。複雑に絡み合った人間関係の中で晴之が、死者の思い出と生者への恋心のどちらを選ぶのか。ここも本書の読みどころとなっているのだ。

さらに、ミステリーとしての面白さも見逃せない。かつて小樽署の刑事だった渡誠一郎は、個人的な理由もあり、過去の死体遺棄事件にこだわり続ける。後輩の刑事や警視庁捜査1課に勤務する息子まで巻き込み、執念の捜査を続ける誠一郎は、桐生晴之という人間とその魂へと行き着くのだ。クモの糸のような手掛かりを手繰り、真実を追う過程は、まさに圧巻。現在人気の警察小説のテイストも、たっぷり楽しむことができるのである。

ハードカバー上下巻は、決して安い買い物ではない。また、読了するのに、10時間以上はかかるだろう。しかし本書には、それだけの金と時間を費やす価値はある。物語に没頭する喜びに満ちた、素晴らしい作品なのだ。(細谷正充・文芸評論家)

(幻冬舎・上下各1785円)＝2009年8月6日③配信

ユニークにして真摯な解答 「印象派はこうして世界を征服した」(フィリップ・フック著、中山ゆかり訳)

印象派の人気は極めて高い。代表画家であるモネ、マネ、ルノワールらの作品が市場に出るときはいつも破格の高値で取引されるし、美術館で彼らの展覧会が開催されるときには決まって長蛇の列ができる。

多くの美術愛好家に、印象派が大衆的で親しみやすい古典として認識されていることは間違いない。しかし印象派という言葉が、もともとは19世紀後半のフランスにおいて、当時の主流であった写実主義絵画への反発から登場した革新的な美術運動への蔑称(べっしょう)だった事実は、もっと知られていてもいいのではないか。

革新から古典へ。この百数十年余の間に、いかにして印象派の評価は反転したのだろうか。本書は、この素朴な疑問に対するユニークにして真摯(しんし)な解答である。

世界の美術市場では、18世紀以来、サザビーズとクリスティーズという二大オークションハウスがしのぎを削り、印象派の作品もその過程で評価を高めてきた。競売人としてこの両社に在籍経験のある著者は、当初は奇異な眼で見られていた印象派がその後いかにしてコレクターの歓心を買い、また大衆的な人気を獲得していったのかを巧みに分析してみせる。

発祥国のフランスをはじめ、欧米各国で印象派の受容の仕方にさまざまな違いが見られるとの指摘は著者の経験則を見るようで興味深いが、さすがにバブル期の日本における印象派あさりにまで筆が及んだときには、人ごととは思えない気恥ずかしさを覚えてしまう。

印象派については、その卓越した光や大気の描写などをめぐって、膨大な研究が積み重ねられてきた。無論その成果は貴重だが、それだけでは魅力の一端しか明らかにしたことにはなるまい。本書のような美術史研究とは異質な切り口の書物の存在意義もそこにある。本書を通読した多くの読者は、国境線を超えて世界に浸透していった印象派が、優れた美術作品であると同時に、グローバルな商品の先駆でもあったことに気づくはずだ。
(暮沢剛巳・美術評論家)

(白水社・2310円)=2009年8月6日④配信

脇役を主人公に壮大な実験 「新釈　罪と罰」(三田誠広著)

明治25(1892)年の内田魯庵訳以来、「罪と罰」は多くの翻訳と評論とその追随する作品を、わが国にもたらし続けているが(島崎藤村の「破戒」は「罪と罰」の影響下に書かれた)、その主人公はラスコーリニコフにきまっていた。

貧しい大学生の彼は、ナポレオン的な英雄主義に毒され、「非凡人」は世間一般の道徳やモラルに縛られない特権を持つという信念(観念)の下、強欲な金貸しの老婆を殺した。この貧乏学生の犯罪と回心とが、ドストエフスキーの「罪と罰」のテーマであることを疑う者はいなかった。

しかし、日本に「罪と罰」が紹介されてから117年後、ラスコーリニコフではなく、むしろ脇役のスヴィドリガイロフに焦点を当て、彼を一編の主人公とする「新釈　罪と罰」が登場した。三田誠広氏の、「スヴィドリガイロフの死」と副題にした本書がそれである。

そもそもこの作品は最初ドストエフスキー論、「罪と罰」論として構想された。しかし、単なる批評ではつまらない。「罪と罰」を別の視点、構想の下に書き直してみることは可能か。そんな壮大な実験に、ドストエフスキー作品を読むことによって、小説家を志した日本の作家は、取り組むことになった。

一種の犯罪小説、探偵小説の「罪と罰」には、探偵役のポルフィーリー(予審判事)がいる。その助手としてのワトソン役にザミョートフという警察の事務官がいるが、彼を狂言回しとして作品を編み直していったらどうか。そのアイデアは、ある意味では単純な犯罪者であるラスコーリニコフよりも、もっと現代的な意味で犯罪者の本質を体現するスヴィドリガイロフという、この“偉大な犯罪人”に作者の目を注がせることになった。

この実験は成功した。ドストエフスキーの時代には、正面の主題となりえなかった「原理主義」や都市的貧困の主題が浮かび上がってきた。「白痴」「悪霊」と新釈版は続くそうだ。刮目(かつもく)して待ちたい。(川村湊・文芸評論家)

(作品社・2520円)=2009年8月6日⑤配信

本音で設計し本音で書く

「建築のちから」（内藤廣著）

内藤廣は本音で建築を設計し、本音で思いを書く。こういえば簡単なようだが、本音を貫くことはいちばん難しい作業なのである。内藤の本音は厳しくも魅力的だ。

建築ではさまざまな矛盾する要望が一カ所に出合う。生半可な覚悟ではすぐ挫折する。理想を掲げながらも現実との妥協点を見いだす息の長い忍耐力が求められる。

「建築の力は弱い。しかし永続することによって強大な影響力をもつようになる」。そんな思いを頼りに、集中力を切らさず設計に取り組む様子を、本書は見事に伝える。文章の背後に、思想が潜んでいるからである。

建築家でありながら東大で土木を教えるようになって、内藤の思考の幅は広がり、精神はより強靱（きょうじん）になった。建築に比して土木工事は数倍の時間が必要である。土木の時間に耐える忍耐力が生かされたのが、JR日向市駅舎や高知駅舎の仕事であった。建築家としてだけかかわったのであれば、挫折していたとしても不思議でない。その経緯や途中での感情の動きなども、余すところなく書き記している。後を追う者には貴重な資料である。

また「造形と思考」イコール「手と頭」の微妙な関係について、何度も筆を及ばせている。図と言葉という表現手段の違いのために説明しきれぬもどかしさを、安易に解決しようとしない粘り強さも、建築家に必要な資質である。

景観問題は、理想を語るだけでも現実を嘆くだけでも解決するものではない。戦略として景観をうまく使うことにより、明日の社会を築く道筋を開くことを説いている。

内藤は建築界ではむしろ特異な存在である。流行を追わず、自分のデザインを掘り下げる。牧野富太郎記念館（高知市）などでの徹底した姿勢は、かえって高く評価され、数々の賞を得ている。

本音で設計し本音で書くことは、身を危険にさらす覚悟がなくてはできない。内藤は日々そうした活動を行っている。そのさまが凝縮されているのが読みどころである。（馬場璋造・建築評論家）

（王国社・1995円）＝2009年8月6日⑥配信

休職警官が追う事件のなぞ

「廃墟に乞う」（佐々木譲著）

著者は1979年のデビュー以来、青春小説、ホラー、サスペンス、国際冒険小説、時代小説と数年ごとに大きく作風の幅を広げてきた。

2004年の「うたう警官」（文庫版で「笑う警官」と改題）以降は、「制服捜査」「警察庁から来た男」「警官の血」「警官の紋章」と警察小説の力作を立て続けに刊行。近年のブームの中核を担う存在となっている。最新作の本書も、刑事を主人公とした短編6本からなる連作である。

北海道警察本部捜査1課の刑事・仙道孝司は、ある事件で受けた精神的ショックのため、休職を命じられている。だが、彼を知る関係者や元同僚たちは、その刑事としての能力を頼って相談を持ち込んでくるのだ。

オーストラリア人が数多く居住するニセコ地区の貸別荘で起きた殺人事件。警察は豪人の実業家に容疑をかけるが…。（「オージー好みの村」）。13年前の娼婦殺害事件と似た手口の事件が発生。刑期を終え出所していた犯人と彼の故郷の廃村で対峙（たいじ）した仙道が見たものは…。（表題作）

北海道の各地を飛び回る仙道は、その土地が抱える問題に直面せざるを得ない。休職中の仙道は刑事でありながら捜査権限を持たない一般人として、法の許す範囲で事件にかかわるしかないのだ。

結果として、本書は警察小説でありながら、ハードボイルドに接近した仕上がりとなっている。ニセコや夕張など、さまざまな土地の事情が事件の背後にある点は社会派の要素ともいえるし、作品によっては意外な犯人が用意された本格ミステリーの要素も含む。

北海道の大地にそれらを溶かし込んで、ドラマ性豊かな連作を紡ぎ上げるのが著者の狙いであり、その意図は高いレベルで達成されているといっていいだろう。

次作では、最終話「復帰する朝」で自らのトラウマを克服した仙道の、刑事としての活躍が描かれることを期待したい。（日下三蔵・ミステリー評論家）

（文芸春秋・1680円）＝2009年8月13日①配信

日系兵士の哀しみと誇り

「棄民たちの戦場」（橋本明著）

「USサムライ」という言葉にすべてが込められていると言っていい。

日系人部隊である米陸軍「第四四二歩兵連隊戦闘団」。彼らは第2次世界大戦下、対日感情が日増しに悪化していく米国でどんな米軍部隊よりも勇敢に戦った。移民としてこの地にわたり、辛酸をなめた父母の処遇が少しでも良くなるように、また、自分たちの米国への忠誠心が堅固たることを証明するために、「転住所」と呼ばれた日系人収容所から次々に名乗りをあげたのである。

勇敢でありながら、しかし規律正しく礼儀をわきまえている。著者はこれを、「米国人だが、てらいのない武士道精神」と表現している。「USサムライ」のゆえんである。

だが、国家がそれを素直に受け入れたわけではなかった。米国のみに従順であることを約束させ、その上で最も危険な戦線に投入した。フランスのボージュの森での「テキサス大隊救出作戦」。本書では、その戦いぶりが鮮やかに描かれていて息をのむ。

「あとに続け」と敵の機関銃座に突っ込み、その勇猛さが膠着（こうちゃく）していた戦線の突破口となる。そして兵士たちが次々に叫ぶ「バンザイ」の声—。彼らの雄姿は日本人かと見まがうほどだ。由緒あるテキサス大隊約200人をドイツ軍の包囲網から救い出すため、日系人800人が命を落とした。

彼らはまた、忠誠を誓った米国という国家に対しても闘わなければならなかった。敵性国民という不当なレッテルと人種差別。日系兵士たちは真正面からそれに立ち向かい、不屈の精神で乗り越えていったのだ。

彼らの存在をもって日米戦を「同族間戦争」と位置づけ、「真珠湾奇襲こそ米政府に非人間的な仕打ちを許した」とする著者の視点はいささか性急にも感じるが、「USサムライ」たちとルーツを同じくする私たち日本人こそ、彼らの哀（かな）しみと誇りとを心に留めておかなければならないだろう。（笹幸恵・ジャーナリスト）

（新潮社・1680円）＝2009年8月13日②配信

現代日本の虚ろさの真因

「虜囚の記憶」（野田正彰著）

戦争を国際政治や地政学の観点ではなく、そこで戦ったり、巻き込まれた人間の現実から見ること。そこに、ここ数十年間、世界的レベルで起きた戦争論の変遷がある。本書が立脚するのは、この変遷の先端である。

著者の野田正彰は、日中戦争時に日本軍によって強制連行され、炭鉱や港湾で強制的に働かされた中国の男たちや、家に押し入られ、また拉致・監禁され、強姦（ごうかん）され続けた中国と台湾の女たちを訪ね歩き、根気強い聞き取り調査を重ねてきた。

河北省の少年は畑仕事中に捕まり、トラックや貨車に押し込まれ、ぎゅう詰めの収容所に送られた。逃げないようにと裸にされ、水や食料もまともになく、しゃべると棒で殴られる。連行された先は福岡県の三井鉱山。空腹と疲労、病気とけがで次々死んでいく仲間たち。何よりそこは、落ちていたクズ野菜を食べたというだけで殴り殺される、暴力と死が支配する強制労働の現場だった…。

本書には、こうした過酷な体験を生き延びた人々の声が満ちている。なぜ日本人はこんな残酷なことができたのか、と問うている。

野田は作家であり、精神科医である。強制連行や従軍慰安婦という言葉だけでわかった気になってきた日本人の戦争理解を、生身の人間に襲いかかった出来事として描き、その浅薄さを揺さぶるだけでなく、彼や彼女の人生をどう変えてしまったのかについても、深く洞察している。

しかし、現代のわれわれはこれらの事実を忘れ、見ないようにしている。ときどき彼ら被害者への金銭的補償や遺骨返還や慰霊祭の話題がニュースになるが、祖父母や父母の世代に「あなたたちは何をしていたのか」と直接に問うていない。先行世代の行為や文化が、自分のなかに蓄積していると考えてもいない。

「自らに問いのない者は、外の問いを認知しない」。著者の指摘は現代日本の虚（うつ）ろさの真因に、まっすぐ届いている。（吉岡忍・ノンフィクション作家）

（みすず書房・3360円）＝2009年8月13日③配信

性差考慮した社会の提案 「なぜ女は昇進を拒むのか」(スーザン・ピンカー著、幾島幸子、古賀祥子訳)

男女の生物学的な違いは職業選択に影響を与えるのか。本書は、タブー視されてきたこの問題に正面から取り組んだ。

事の発端は、弁護士や理系大学教員の女性たちが、昇進を断り、給料の低い職種に転職したり、退職し子育てをしている例の報告だ。男女が同じならば、これらの職業に残るはずだが、現実は、女性は職業選択の自由が大きい先進国ほど男性と違う道を選んでいる。ここに著者が生物学的性差に注目した理由がある。

本書によると、彼女たちの決断には生物学的な性差と結びついた二つの理由がある。ひとつは、女性は他者に共感することを好むのに、これらの職種では人と共感しにくく、家族と過ごす時間も少ないという理由。共感能力は、女性が分泌する対人関係を促すホルモンに関係しているという。

もうひとつは、仕事だけに集中して常に競争しなければならない職場に疲れたという理由。競争を好むかどうかは男性ホルモンに関係しており、男性の脳は女性よりも一点集中型の傾向が強い。つまり社会的地位の高い高給な職業は、男性の生物学的特性を基準にした働き方を求めているというのだ。

本書のおもしろさは、有能な働き方の基準になっている男性が実は生物学的には弱い存在であることを明らかにしている点にある。男性には学習障害、注意欠陥障害、攻撃性、自閉症が女性より多く見られる、とする。これは男性ホルモンが右脳のシステム能力を高度に発達させた代わりに、言語能力や包括的理解にかかわる左脳に不具合が生じたためと考えられている。

男性を基準にしたシステムは、女性を働きにくくしているだけでなく、男性の生物学的な弱さへの支援も引き出しにくくしている。そこで著者は、性差を考慮した多様な働き方のできる社会の構築を提案する。全人的な職業選択を脳やホルモンに直結させることに違和感も残るが、考えさせる一冊である。(中村桃子・関東学院大教授)

(早川書房・2415円) = 2009年8月13日④配信

高額当せん軸に物語が展開 「身の上話」(佐藤正午著)

幼いころ母と死に別れたことを除けば何の変哲もなく過ごし、地方都市の商店街の書店に勤めている古川ミチルは、23歳。同じ商店街の宝石・時計店の一人息子で、2歳年上の上林久太郎と付き合っていることを、周囲はみな知っていた。

ところが、「男のまえでは『土手の柳は風まかせ』みたいなとこがあるからあぶなそう」と書店の同僚が言う通り、ミチルは東京の大手出版社の販売部員で、妻子持ちの豊増一樹ともいい仲に。同僚に頼まれて買った宝くじを持ったまま、帰京する一樹にくっついて飛行機に乗ってしまう。

もののはずみといおうか、風まかせといおうか、気分のままに動いたのをきっかけに、それからのミチルは、他人の金で買った宝くじに「1等2億円」の当たりが含まれている"幸運"に遭遇し、右往左往。久太郎、一樹、幼なじみ竹井輝夫の恋人が絡む中、1人2人と人が死んでいく。

宝くじの高額当せん者が銀行で手渡されるという「【その日】から読む本」からの引用が、普通の生活からの逸脱を語っていて、効果的だ。

事件が起きるとそのつど放心し脱力するけれど、すぐそれを自分のいいように解釈するミチルは2億円の預金通帳を入れたリュックを背に逃避行を続ける。著者は、ミチルを追い込んでいくまがまがしいものを、ミチルを「妻」と呼ぶ語り手の一人語りで緻密(ちみつ)に描く。

その語り手が誰かは、物語が終盤を迎えるまで分からない。ミチルの出奔から「私」の"最終解決"にいたるまで4年の歳月が流れ、語り手の「私」がその姿を現したとき、ミチルの「風まかせ」的フラフラ人生は一転してすごみを帯びてくる。

いたるところに巧妙に張り巡らされた伏線と、ミチルとその周辺の登場人物たちの、リアルでシリアスかつユーモラスな会話の妙に、読者は読み出したら止まらない快感を満喫するに違いない。

(井家上隆幸・文芸評論家)

(光文社・1680円) = 2009年8月13日⑤配信

美しすぎる犯罪者たち

「マン・オン・ワイヤー」(フィリップ・プティ著、畔柳和代訳)

1974年8月7日、ニューヨーク。フランスの若き大道芸人が、高さ411メートルのワールド・トレード・センター(WTC)で綱渡りをした。本書は、この「史上もっとも美しい犯罪」といわれた綱渡りを実行した本人、フィリップ・プティによる手記である。

「私はオレンジを三個見たら、ジャグリングをする。タワーを二棟見たら、綱渡りする!」。成功後、警察が許可した記者会見で、そう豪語したプティ。さぞかし奇怪な人物だろうと思いきや、その先入観は、ユーモア混じりの軽妙な文章と抑制が利いた思考の流れを追ううちに否定された。綱渡りのために、これほど緻密(ちみつ)に計画を練るのかと敬意さえ覚えた。

とはいえ、計画は違法だ。「これは自殺だ」と恐怖に震えるプティを「信じていないなら、なんでやるの?」と励ます恋人アニー。地上からは黒い点にしか見えない計画にあきれつつ、「お前は…何か…何か…美しいことをしたいんだろ!」と涙するサーカスの師匠パパ・ルディ。警備員を出しぬくため、協力者にはWTCで働く会社員もいた。脱落者が出る中、最後までプティを支えた友人、中でも空中を舞う彼を撮影したジャンルイは、計画に不可欠な慎重すぎる共犯者として生き生きと描かれている。

プティは本書を9・11後に書くことを思い立ち、臨場感あふれる現在進行形の文体を選んだ。綱渡りの場面では文字を追うだけで背筋が震えてくる。だがなぜ、今これを書いたのかと問うとき、「私は自分の夢の囚人だ」というプティの言葉が気になってならない。

死んでもいいと思うほどの夢を成し遂げる力は、「生き延びなくては」という意志に支えられる。本書は、「史上もっとも美しいテロリスト」から、この地で夢半ばにして命を奪われた人々への追悼の詩であり、夢を失いかけた人々を勇気づける「美しすぎるエール」なのかもしれない。(最相葉月・ノンフィクションライター)

(白揚社・2310円)=2009年8月13日⑥配信

人間の「心の生活」描く

「終の住処」(磯崎憲一郎著)

「翌朝、妻は彼と口を利かなかった」というくだりの後に「次に妻が彼と話したのは、それから十一年後だった」という1行がすらりと出てくる。1日や2日ではない。なんと11年間も口を利かなかったのだ。

本書の魅力を一言で言うならば、このような事態がちっとも異常ではないことを、著者とともに共有できる点だろう。なまなかな筆力では、この説得力は出せるものではない。

主人公は製薬会社勤務のサラリーマンで、30歳を過ぎてから結婚し一児をもうけ、小さな土地を買って家も建てた。いまどき、どこにでもいるようなサラリーマンの20年間に及ぶ生活を描いた作品だ。

そしてこの20年間には、事件らしい事件も起きない。何人かの女と浮気もするけれど、何の騒動も持ち上がらない。ただただ、はた目にはしごく平凡な生活が続いていくばかりなのである。

しかしどんなに平凡な生活を営もうとも、人間にはそれぞれの心の生活がある。こいつが厄介なのだ。ほとんど外部には露出しないが、そこには狂気もあれば幻想もある。たまさか主人公が遭遇する具体的で奇妙な現象がその一端だ。

だが、そのことにこだわりながらも、一方では忘れてしまいたいという彼の内面のありようが時間の経過と絡み合うときに、この小説のドラマが浮き上がってくる。

だから、このドラマは読者にひどい衝撃を与える種類のものではない。主人公の受動的な性格も関連はしているが、さざ波のように寄せては返す小さなドラマは、読み進むうちにボディーブローのように効いてくる。そしてこの効果は、最終ページの平凡なようであってそうではない具体的な現実像として実を結ぶのだ。

ここで多くの読者は打ちのめされるはずである。主人公がなんとおのれに似過ぎていることか、と。(清水哲男・詩人)

(新潮社・1260円)=2009年8月20日①配信

75歳が見つめる家族のこと

「静子の日常」(井上荒野著)

何かが始まりそうなので、目の離せない家族である。主人公の75歳の静子、息子の愛一郎、嫁の薫子、孫のるかが、かわりばんこに登場、章ごとに語り手が変わるのがユニークだ。静子と家族の目線がいろんなメガネのようになって私たちに手渡され、宇陀川家の日常を見つめさせてくれる。家族とは一つ屋根の下で同じ空気をこんなふうに共有しているものだ、と納得させられて面白い。

夫を亡くし、息子家族と同居しはじめてからの日々。淋(さみ)しさはあまり見せない。フィットネスクラブに通ったり、バスで出掛けたり。家族が行き先を聞くと、静子は「行ったことのないところに、行ってみてるのよ」。

小さなイヤガラセと闘おうとしたり、河原で若者と酒を酌み交わしたり、愛一郎に"浮気"現場でさりげなくくぎを刺したり…。天使か悪魔か老人か。活躍ぶりが楽しい。愛一郎は愛嬌(あいきょう)のある人物だが、いつも浮ついている。薫子は魅力ある活動的な女性。るかは年上の彼との恋を実らせようと懸命だ。そして静子は夫がいるときから慕っていた男性に会いに行く。

新しく事件が起こりそうで、しかしそうはならない。著者は、大きな波をわざと立てないで人間模様を細かく描き続けている。それが、淡々とした毎日へと私たちの心を戻して、足し引きのない生活へのまなざしをもたらしてくれるのだ。

老いて、残りの日々が少なくなった恋人が住む老人ホームでの逢瀬(おうせ)。「人は成長するし、いやおうなく変わっていく。でも、変わらない部分もある。本当に悲しいのはそのことなんだわ」と心の中でつぶやく静子のたたずまいが印象的だ。やがて彼との最後の別れがやって来る。「変わらない」から切ない涙…。

巣へと帰ろう。それぞれに想いを抱えて違う時間を過ごしているけれど茶の間では、羽を寄せ合って、共に呼吸をして生きている。家族とは、考えるほど不思議なチームなのかもしれない。高い木の上には、変わらないぬくもりがある。(和合亮一・詩人)

(中央公論新社・1470円)＝2009年8月20日②配信

戦後の対日政策のルーツ

「アレン・ダレス」(有馬哲夫著)

1950年代に米中央情報局(CIA)長官を務めたアレン・ダレス(1893〜1969年)の前半生をたどりながら、米国の戦後の対日政策のルーツを探る好著だ。

著者はこれまで著書「日本テレビとCIA」(2006年)などで戦後の日米裏面史を、機密文書を探って描いてきた。では、その向こうに何があったのか。それを知ろうと試みたのが本書だ。

後半で、第2次大戦末期のスイスでの日米の和平工作と、原爆投下・天皇制存廃をめぐる米政府内の確執が詳述される。ダレスの生涯と絡み合わせて、新しいスポットライトが照射される。そこが本書の醍醐味(だいごみ)だ。

ダレスは米国建国期以来の家系に生まれ、祖父と兄が国務長官という、米国のエリートだ。貴族のいないはずの国の"貴族"の一人だ。米国の金融資本とも密接に結びついていた。

彼とその周りの米国エリートたちが、第2次大戦中、常に警戒していたのは連合国側勝利の後の、戦後のソ連の伸長だった。それこそが、ダレスたちが原爆投下阻止・天皇制存置(「ソフト・ピース」と呼んだ)を追求した動機だ。彼らは、第2次大戦中から次に来る冷戦を戦い始めていた。

そのために日本のエリートと結ぶ。軍部という平等主義過激派を排除した後、天皇と側近の貴族自由主義者らと連携し、日本を反共の防波堤として築き上げる。それが米国エリートの早くからのシナリオだった。

彼らは、「田舎政治家」トルーマン大統領ら、別のシナリオで対ソけん制を図り原爆投下を強行するハード・ピース派に、いったん敗北する。本書はそこで終わる。だが、ダレスたちは占領政策を「逆コース」へ転換させ、日本の旧体制エリートと組んで、今日まで至る日本のかたちをつくりあげた。

それは日本の不幸か幸運か。冷戦とその後のこの国の歩みを振り返り、じっくり考えてみたい。(会田弘継・共同通信編集委員)

(講談社・1995円)＝2009年8月20日③配信

前向きに生き続ける姿　「余命ゼロを生きる」(佐藤由美著)

「人生のイベントのとき、美容師は必ずわきにいる」

こう語る著者の佐藤由美さんは、現在四つのがんを抱えている現役美容師である。

「自分の手で、その人の魅力を最大限引きだしたり、希望にできるだけ近づけて変身させたり、一瞬でイメージチェンジさせたりできる仕事だ。また、かかわった人の笑顔や喜びをその場でもらえる。一緒に幸せになれるのだ」

病を受け入れ、自分の手で他人が美しくなり、喜ぶ姿を見て幸せに思う―。これは誰もができることではないだろう。自分の人生に思いがけない出来事が生じた時、嘆き悲しみ、他人のことなど見えなくなってしまう。それが普通だと思う。

著者は1962年、山形県の小さな町、遊佐生まれ。高校卒業間近、映画「ローマの休日」の主役ヘプバーンの美しさに衝撃を受ける。その後、ヘア・アンド・メークの世界を夢見て上京。90年ニューヨークへと渡り帰国。2002年、故郷にサロンをオープンするが、その2年後、42歳でがんが発覚する。

一人の女性の47年間とともに、「生」というものを考えさせせられる。時に、永遠に続くかのように思ってしまう生も、必ず終わりが訪れる。明日の命は、誰もが保証されていない。限られた時を、どのように生きていくか…。

さまざまな葛藤(かっとう)、絶望もあったという著者の文章から見えるのは、前向きに生き続けるひた向きな姿。来店する顧客に、「大丈夫!」と笑顔で励ます彼女は、本の中でも気丈に、読む私たちを励ましてくれる。

著者の好きな言葉は、サロンの名前にもなっている「DEAR」。さまざまな経験の中で出会った、素晴らしい人々への「親愛の」気持ちが込められている。長いようで短い時の中で、自分がどんな状況であろうとも、出会う人々を愛し、大切に思うこと。それが「生」を美しく輝かせてくれるのかもしれない、と著者は伝えてくれている。(祝田民子・音楽プロデューサー)

(WAVE出版・1470円)=2009年8月20日⑤配信

解放で噴出したエネルギー　「チャイナ・ガールの1世紀」(陳恵芬、李子雲、成平編著、友常勉、葉柳青訳)

20世紀の中国社会が変化する中、女性たちの外観がどう変化してきたのかを数多くの写真資料とともに学者、評論家、作家の3人の中国女性が考察していく。学術的香りが高い本だが、驚きの発見が多かった。

例えば、香港映画でおなじみのチャイナドレスは清朝時代からの伝統服かと思いきや、伝統を取り入れてはいるものの、1920年代、上海で誕生した新しいファッションだったという。共産党政権樹立後、ソ連式労働服のレーニン服やソ連式ワンピース「ブラジ」なるものが女性たちに着られたのも知らなかった。

写真資料として登場するのは、中国初の彩色バラエティー雑誌として人気を博した「良友」などの雑誌や報道写真、映画のスチールに女優たちのブロマイド、そして個人所有の貴重な写真の数々。目を引くのは、やはり30年代上海の洗練されたファッションだ。

チャイナドレスのすその長さの流行が毎年変化し、ハイヒールは凝ったデザインが次々登場。世界でも指折りの国際都市に発展した上海では女性の社会進出も進み、華やかなファッションに身を包み、最先端の都市生活を貪欲(どんよく)に享受する女性たちが出現していたのだ。中華民国臨時政府が纏足(てんそく)禁止令を出してからわずか20年ほど。変化の激しさに驚嘆する。長い抑圧から解放され、女性たちのエネルギーが一気に噴出したかのようだ。

だがそのエネルギーは共産党政権樹立後、次第に抑圧され、女性たちは人民服という「制服」を着るようになる。中国では社会が女性のファッションに直接的に影響を及ぼし続けてきたのだ。

21世紀の今、上海や北京の街には海外高級ブランドで固めたキャリアウーマンや東京風の重ね着をした若い女性、ツンツンの短い茶髪にピアスのパンク少女など多様なファッションの女性たちが闊歩(かっぽ)している。再び「解放」された後、21世紀に入って進化を続けるチャイナガールを追いかけた続刊も読んでみたい。(原智子・ライター)

(三元社・2730円)=2009年8月20日⑥配信

なすすべのない現実の重み

「白い紙／サラム」（シリン・ネザマフィ著）

イラン・イラク戦争のただ中、医師である父親の都合で、ムスリムの戒律を厳しく守っている田舎に引っ越してきた少女は、高校で眉目（びもく）秀麗、頭脳明晰（めいせき）なハサンという少年と知り合う。しかし、男女は公の場で口をきくことが許されていない。病気の母親につきそって受診にきたハサンと話すようになった少女は、ハサンに「見つめられるたび、指先が感覚を失う」ような思いを抱き、モスクで遠くから見つめるだけの逢瀬（おうせ）を重ねる。

だが、戦争が悪化すると、医師になることを夢見る少年はある決断をくだす。

文学界新人賞を受賞した「白い紙」は、名前のない語り手の少女とハサンとの初恋を描いた一種のヤングアダルト小説である。ツルゲーネフを持ち出すまでもなく、世の多くの初恋物語は、現実の重みに屈する当事者の無力さをさらけだして終わる。しかし、この作品の少年少女が屈する現実には、戦争と死の重み、さらには宗教的禁忌まで含まれ、その過酷さに彼らにはなすすべもない。

本作には、〝白い紙〟が何度か登場する。高校の教師が「君たちの今は、白紙のように真っ白だ（略）これから君たちがその白紙にいろんなことを書いて（略）いろんな絵を描いていく」と訴える場面。国のため、神のために兵士を募る場面。そしていちばん大切な白い紙は物語の最後に現れ、ふたりの未来を分かつ役割を果たす。

著者はイラン出身。母語であるペルシャ語は、英語やフランス語などと違い、日本語の主語（S）・目的語（O）・動詞（V）の語順に近く、主語を省略することが多いと聞く。この作品が一人称を一切排した文章でつづられているのは、そのことと無関係ではないのかもしれない。ただ、日本語表現の精度がそれほど高くないのは、語り手を無垢（むく）の少女に設定したためだけではないと思われる。

本書には日本を舞台にした難民認定の話「サラム」も収録されている。（古屋美登里・翻訳家）

（文芸春秋・1300円）＝2009年8月27日①配信

リアルに描く警察捜査

「同期」（今野敏著）

警視庁刑事部捜査1課の新米刑事・宇田川亮太は、家宅捜索の現場近くで、同期の蘇我和彦を目撃した。蘇我の所属は公安部。刑事事件とは無縁のはずだ。不可解な出来事から3日後、蘇我が懲戒免職になったとの情報が伝わってきた。

消息を絶った蘇我を捜し始めた宇田川は、この一件を隠ぺいするために意外な部署が動いていることを知る。ゼロ、すなわち警察庁警備局に存在する公安警察の中枢機関だ。蘇我は何か危険な事件に巻き込まれたのではないか。不安にさいなまれながらも、宇田川は目先の事件に集中しようとするが…。

今野敏の新作「同期」は、警察捜査の実態をリアルに描いた迫真の作品だ。日本の警察組織は、刑事、組織暴力対策、公安といった部門間の対抗意識が激しく、協働が難しい体制になっている。その弱点に着目した作品なのである。主人公の宇田川は、捜査1課に配属されたばかり。彼の目を通して読者は、さまざまな問題に気付いていくだろう。

重要なのは、登場人物の中に悪人が存在しないことである。誰もがおのれの正義を貫こうとしている。部門が違うために、正義のありようが変わってしまうだけなのだ。立場の違いを乗り越えて、力を合わせることは本当にできないのか。新米刑事の働きが、硬直した組織に思いがけない動きをもたらすことになる。吉川英治文学新人賞に輝いた「隠蔽捜査」でブレークし、今や日本の警察小説の第一人者となった今野だからこそ書ける、柄の大きな物語をぜひ読んでもらいたい。

さりげない形で友情を描いた物語でもある。理屈ではなく、情でもなく、しがらみでもなく、ただ同じ時に同じ場所に立ったという運命だけでつながる関係、それが「同期」だ。誰もが心の中に同期として意識する相手を持っているに違いない。そうした人の面影を意識しながら読めば、味わい深い読書が楽しめるはずだ。（杉江松恋・書評家）

（講談社・1680円）＝2009年8月27日②配信

居心地が悪い議論の根源

「イスラームはなぜ敵とされたのか」（臼杵陽著）

9・11以降、中東研究者は甚だ居心地の悪い思いをしてきた。「イスラーム＝テロ＝欧米による懲罰の対象」という単純化された構造で世界が戦争に突き進むことに、あまりにも無力だっただけではない。短絡的議論を訂正しようとすると「護教的」と批判され、時に非国民のような扱いをされる（日本も「対テロ戦争」を行う側にいた）。

そもそも、問題をイスラームという宗教で論じなければならない環境自体が、いびつである。9・11にせよ独裁にせよ、宗教が原因ではないからだ。多くの中東研究者は、宗教研究者ではない。本書は、9・11以降の「対テロ戦争」「文明の衝突」が、当たり前のように横行することに批判的であり続けた第一線の中東研究者が、その居心地の悪さの根源を突き止め、分析した論文集である。

対テロ戦争、イラク戦争を生んだ米ブッシュ政権の問題、ネオコンとその背景にあるオリエンタリズム、さらには文明の衝突論に対する批判は、第Ⅱ部で縦横に展開される。日本で戦前・戦中にイスラーム研究が国策に加担した点にも触れ、イスラーム地域研究の目指す地平を提示する。

一方で第Ⅰ部では、著者の専門たるパレスチナ／イスラエル研究、ユダヤ問題研究に関する論文が収められているが、これは第Ⅱ部の問題意識と密接に関連する。イスラエルの建国の背景に西欧近代が生んだ反ユダヤ主義があることはいうまでもないが、著者は建国以前の、同じユダヤ教徒でも中東地域出身ないし早い時期にそこに居住していたユダヤ教徒が、西欧のユダヤ教徒によって「啓蒙（けいもう）」され「文明化」されるという、「万国イスラエル人同盟（アリアンス）」の学校ネットワークの活動に注目する。

地中海の対岸に対する西欧の蔑視（べっし）が今のパレスチナ／イスラエル問題の根源にあるように、「イスラームが敵とされた」理由は、イスラームの中に探すべきものではない。本書は西洋近代と近現代史を俯瞰（ふかん）する好著である。（酒井啓子・東京外国語大教授）

（青土社・2520円）＝2009年8月27日③配信

歩み続く「東京への道」

「ワシントンハイツ」（秋尾沙戸子著）

代々木公園。青少年総合センター。国立代々木競技場。NHK放送センター。

東京を多少とも知っている人なら、これらの施設の集まる区域の景色を、思い描くことが出来るはずだ。明治神宮の西側に、やや南へ位置をずらすように接している、東京では広大と言っていいこの区域に、かつてワシントンハイツという施設があった。

太平洋戦争に日本が敗北し、連合軍の進駐が始まり、東京のアメリカ大使館に星条旗がひるがえった1945年9月8日のうちに早くも、旧日本軍の代々木練兵場のあったところから、アメリカ軍の手によって、ワシントンハイツの建設はスタートした。

日本を占領して間接統治にたずさわったアメリカ軍の将校たちとその家族約800世帯のための、なにからなにまで完全にアメリカという、当時の日本とは天と地ほどもかけ離れた、およそ信じられない内容の別天地が、日本人からは基本的には厳しく隔離された居住区域として63年まで維持されたのち、日本へ返還された。

基地機能としてのアメリカは現在でも日本のなかに大きく存在している。基地ではないけれどもそれらと密接に関連した施設として、ワシントンハイツは空前絶後のものであったが、知る人は少ない。このワシントンハイツについて、戦中のアメリカ軍による東京空襲から書き起こし、占領、新憲法、アメリカによる日本の改革などを経由させて、スリルに満ちた記述を著者は展開させている。

戦時下のアメリカが南太平洋を日本へと攻めのぼった過程は、東京への道、と呼ばれていたが、戦争が終わってもなお、ワシントンハイツが好例であるとおり、東京への道はアメリカによって歩まれ続け、現在では、アメリカの都合によって日本の法制度を「構造改革」させるところまで到達している。（片岡義男・作家）

（新潮社・1995円）＝2009年8月27日④配信

学問に重要なのは冒険精神　「ヤシガラ椀の外へ」（ベネディクト・アンダーソン著、加藤剛訳）

すでに古典となっている「想像の共同体」（1983年）を著した政治学者の回想録である。イギリスのケンブリッジで教育を受けた中国生まれのアイルランド人がどのようにしてアメリカの大学教授になったのか。

その複雑な経歴に比べると著者の研究のありかたは簡明である。対象地域は東南アジア、主題はナショナリズム、方法はフィールドワーク、そして思考の根底に「比較」という観念がある。

そうした方法論によって著者は常に「何かが違う、何かが変だ」と感じつづける。目の前の社会構造や既存の価値観を当然のものとせず、それらが形成されてきた経緯、そこに内在する問題点を考える。このような批判的精神によって、井の中のかわずに近い東南アジアのことわざである、住みなれたヤシガラ椀（わん）に安住するカエルとなることを著者は避けることができたのである。

しかしこうした学術的な部分と異なるところで非常に印象深いのは、著者が自らのことを首尾一貫して幸運だと言いつづけている点である。幼くして父親を亡くし、研究の重要な局面でフィールドであるインドネシアのスハルト大統領から国外退去を命じられる。心から愛している東南アジアは戦乱とクーデターにまみれている。

普通なら不幸のひとつも嘆いていいはずだ。ところが愚痴をこぼすどころか、自分には偶然の幸運が訪れたと感謝し続けている。著者によれば不運の理由は説明できるが幸運の理由は説明できない。だからこそ人間にとって最も重要なのは冒険精神だと断言している。

本書はこのままの形では英文出版が予定されていない日本語版オリジナルである。当初、執筆をためらっていた著者がそれを承諾する気になったのは、日本の大学院生や若手研究者を励ますことができればという思いだという。しかしそれらの者だけに読ませておくのはもったいない。ヤシガラ椀から脱したいすべての人が読むべき本である。

（越智敏夫・新潟国際情報大教授）

（NTT出版・2310円）＝2009年8月27日⑤配信

戦後音楽史の労作に拍手　「シャープス＆フラッツ物語」（瀬川昌久監修、長門竜也著）

「イエーッ！」

最後の一行を読み終えたとき、私はまるでジャズのライブ会場にいるかのように歓声を上げ、拍手をしていた。

原信夫とシャープス＆フラッツといえば、年配の方なら、江利チエミらとの共演や紅白歌合戦の伴奏バンドとして、あるいは、やはりしばしば共演した美空ひばりの大ヒット曲「真っ赤な太陽」を生み出したことで記憶しているだろう。

私たちジャズファンにとっては、1967年に日本のバンドとしては初めてニューポート・ジャズフェスティバルのステージに立ち、本場のジャズファンをうならせるなど常に日本のジャズを牽引（けんいん）してきたボス的な存在である。

本書はその原信夫の半生を機軸に戦後日本のポピュラー音楽史を俯瞰（ふかん）した、大変な労作である。 戦前戦中は海軍軍楽隊で、終戦後は進駐軍の耳によって鍛えられた原は、オーソドックスなスイングジャズのみならず、ソウルやロックを取り入れた新しいサウンドも追求し、その両方で成功を収めた。さらに邦楽器との共演による日本ならではのジャズにも挑戦しつづけ、大きな成果をあげた。

英国の歌手シャーリー・バッシーら海外の一流アーティストの間でも信頼が厚く、来日公演の際は「日本にはシャープス＆フラッツがいるから、専属のバンドをつれていく必要がない」と定評があった。

また、前田憲男など多くの音楽家を見いだして育てた原のもとには、後に世界的なプロモーターとなる永島達司（キョードー東京）や鯉沼利成（鯉沼ミュージック）らがいた。こうして見ると、原はわが国エンターテインメント界の育ての親と言っても決して言い過ぎではない。

評伝は時として著者の思い入れが鼻につくことがあるが、本書は綿密なデータと深い愛情に満ちていて、読んでいて気持ちがよかった。この素晴らしい贈り物の著者長門竜也氏に感謝したい。（斎藤純・作家）

（小学館・2100円）＝2009年8月27日⑥配信

底流にある惻隠の情

「櫻川イワンの恋」（三田完著）

しばし涙し、しばし嘆息しつつ、この1巻を読了した己の心情を振り返ってみると、私に思いつくのは、文学が猛猛（たけだけ）しい時代を反映して、絶えて久しくなっていた惻隠（そくいん）の情が作品の底流にある、というまぎれもない一事であった。

ロシア革命、関東大震災といった歴史に翻弄（ほんろう）されつつ、精いっぱい生きたロシア人幇間（ほうかん）を描く表題作以下、作品はみな、戦前の浅草や外地を舞台にしている。ところが、経歴をみると作者の生まれたのは1956年である。とすれば、作品の舞台背景に関しては作者の教養イコール資料の踏査によっている、と言っていい。

しかしながら、その手の教養が出しゃばると、作品はいかにも調べて書きました、という味気ない代物になってしまう。

が、本書収録の5作にはそれがまったくない。著者はあたかもその時代に呼吸をしていましたとばかりに、私たちを拉致し去って、物語は過去と現在を自在に往還する。そしてその中で、喪（うしな）われてしまったもの―浅草十二階やひょうたん池、親父橋など―が、川田晴久以下、作中人物の心象を巧みに映し出す。

さらに、男関係に奔放だった日本初の女子アナ紺青菫子の慚愧（ざんき）を、愛宕神社は女坂の石段の数に重ね合わせる、この絶妙な手だれぶりはどうだ。

また、旧満州時代の甘粕正彦を、佐野学（社会主義運動家）門下を自負する東海林太郎と対比させた1編では、甘粕の分からなさをあえてそのまま放置、二人の思いを、はやり唄の中に解消させてゆくという離れ業が行われている。

著者はこのような魔法をどこで手に入れたのであろうか。そしてこの1巻を読了して読者が戻ってくるのは、表題作にある「人が人のために役に立つことをあたりまえと思っていた、そんな良い時代のお話でございますよ」という一言。また良い時代だからこそあった人々の痛みをきちんと描いている点が、好ましく感じられるのだ。（縄田一男・文芸評論家）

（文芸春秋・1680円）＝2009年9月3日①配信

誤読、曲解の仕組み解明

「本居宣長の大東亜戦争」（田中康二著）

敷島の大和心を人問はば朝日に匂（にほ）ふ山桜花―。よく知られた、本居宣長の歌である。「大和心」の象徴として「山桜」を詠んだ歌であったが、時期によりその扱いが変容し、特に幕末と「大東亜戦争」の時期には解釈と評価が大きく変化した。

著者は後者の時期に焦点を当て、この歌が誤読で「武士道」や「散る桜」と結びつけられ、「軍国主義のイデオロギー」として機能したことをいう。さらに、当時編まれた「愛国百人一首」に収められ、戦時期の小学校国語教科書に載せられ、また、神風特別攻撃隊の「敷島隊」「大和隊」などの名称にも用いられたことも指摘した。

「日本精神」論と結びつく、こうした「戦時中における宣長イメージ」は、宣長や国学に関する学術研究書やその「序文」をはじめ、紙芝居の中の宣長像に至るまで多く見られることを、著者は本書で明らかにしていく。1940年代の「空前の国学ブーム」の中で、「大和心」が「戦争賛美」へ直結される「単線的な」宣長評価が生み出されたとするのである。

このとき、宣長が「時局に利用され曲解されるシステム」「誤解が生じる仕組み」を解明しようというのが、著者の問題意識となる。すでに「本居宣長の思考法」を出版した著者による、宣長の受容―解釈史の批判的研究ということになろう。戦時の思想史の一端を、国学―宣長像を通じて解明しようとするユニークな一書である。

このとき、著者はあえて「大東亜戦争」という語を用いながら論を遂行する。「同時代の視線」で見ること、「大東亜戦争」の「大義名分」が国学理解を「歪曲（わいきょく）」したことの「顕在化」のためであるという。このことは、著者が戦時の宣長の解釈を「誤解」「曲解」とする姿勢とセットになっている。解釈が、絶えず状況の中での行為であることの表明であろう。だが、それにしても、タイトルや初出では、せめてかぎかっこを付してほしかったと思う。（成田龍一・日本女子大教授）

（ぺりかん社・5040円）＝2009年9月3日②配信

行き場のない世界の突破口　「カメレオン狂のための戦争学習帳」（丸岡大介著）

H市とのみ呼ばれる地方都市にある、独身男性教師のための〈寮〉で起きる一種の「戦争状態」を描いた、本年度の群像新人文学賞受賞作。

舞台設定からも受賞した賞からも、1990年代以後の小説に多大な影響力を与えた阿部和重の系譜にあたる新人と言えそうだ。ただし、圧倒的なしょぼさのなかでも、ある種の輝かしさが描かれる阿部作品に対し、この小説では世界の矮小（わいしょう）さが栄光に反転することもなく、そのまま描かれる。この「希望のなさ」に、90年代とゼロ年代の差があるのかもしれない。

入寮したばかりの私立高校の国語教師「田中」は、教育委員会の命をうけ、〈寮内〉の微妙な人間関係についての〈報告書〉を書き続けている。その報告書イコールこの小説だといっていいだろう。「田中」が報告するのは、世間一般がイメージする教師たちの世界と大差なく、それを極端に戯画化したものといえる。「戦争」と呼ぶにはあまりにつつましいコップの中の嵐のもとで、きちょうめんに報告にいそしむ主人公が自虐的に振る舞えば振る舞うほど、読む側も笑うに笑えなくなる。もちろん著者は意識してそのように書いている。

遠くから聞こえる爆音や、そのメンバーらしき人物からの挑発的な書簡といった間接的なかたちでのみ存在が示されることで、これまた戯画化された〈暴走族〉が、「戦争」の本当の主体として示唆される。ひたすら閉じたこの作品のなかで、時間が止まる一瞬があり、作品全体を覆う閉塞（へいそく）感に裂け目ができる。姿なき〈暴走族〉が、古代メソポタミアでの戦争のイメージと重ね合わされ、超歴史的な存在として神話化されていくのだ。

過剰に映画的であるために評価は分かれるだろうが、行き場のない世界からの突破口を「時間イコール歴史」に見いだそうとするこの場面の直観は、いまの時代に小説を書くことの困難を考えると、きわめて正しいように思う。（仲俣暁生・編集者、文筆家）

（講談社・1575円）＝2009年9月3日③配信

科学者たちの壮大な激突　「ブラックホールを見つけた男」（アーサー・I・ミラー著、阪本芳久訳）

ブラックホールは最も有名な天体であると同時に、最も不可解な天体だろう。現在では多くのブラックホールが発見されているが、最初は理論的に想像された代物だった。ブラックホールのような奇妙奇天烈（きてれつ）な考えが、どのように科学者の心に浮かび、あるいは拒絶され、そして受諾されたのだろうか？

本書は、ブラックホール研究への道を開いた天体物理学者チャンドラセカール（チャンドラ）の伝記だが、同時に、ブラックホール研究をめぐって多くの科学者たちが個性をぶつけ合った壮大な科学物語でもある。

1930年代に英国科学界に君臨した重鎮エディントン卿と植民地インドから渡英した若き天才チャンドラ。チャンドラの新理論が自分の基本理論を根底から覆すことに気づいて、エディントンはチャンドラをつぶしにかかる。一方、強い名誉欲と高いプライドをもったチャンドラは、押しつぶされまいと踏ん張り、最終的には勝利した。

チャンドラ側の資料に基づいて書かれているので、記述が一方的な面は否めないが、興味深い人間模様が描かれている。

科学の歴史ではしばしばあることだが、従来の学説を覆すような科学理論は、それが正しくても、確立するには時間がかかる。新学説に反対する重鎮がこの世を去ってから、ようやく認められることが多い。その典型例だと言えよう。この2人の確執は天文学史では有名な話だが、ミルンとエディントンの確執など他のエピソードが描かれ、重厚な話になっている。

原題は、星々の帝王。ブラックホールとともに、天体物理学者としてノーベル賞を受賞したチャンドラも指しているのだろう。チャンドラがブラックホールの理論を立てたわけではないので、訳題は言い過ぎかな。

しかし、彼らが、ブラックホール研究のみならず、現代天体物理学の発展に多大な貢献をしたことは間違いない。お互いに認めたくはないかもしれないが。（福江純・大阪教育大教授）

（草思社・2625円）＝2009年9月3日④配信

教条的な見方と一線画す　「それでも、日本人は『戦争』を選んだ」（加藤陽子著）

歴史学者が中高校生を相手に近代日本の戦争の実相を語った書である。実相とはいえ戦争に至る道筋、それぞれの時代の戦争に対する社会の反応をきわめて理知的に分析した点に特徴がある。

中高校生が相手といっても、歴史に関心をもつレベルの高い生徒たちで、一般向けの書として十分に通用する。著者は初めに、リンカーンの「人民の、人民による、人民のための政治」という南北戦争後のアメリカ建国の理念を語る。それが日本国憲法の前文に通じていると明かす。史実を組み合わせる「歴史的なものの見方」、つまり史観を提示するのである。

この史観は一言で言うなら、実証主義史観ともいえるわけだが、史実を丹念に検証しつつ、その背後には折々の時代のどういう哲学や理念が反映していたかを冷静に見ていくことになる。

文中にはたとえば、「日本が中国を侵略する、中国が日本に侵略されるという物語ではなく、日本と中国が競いあう物語として過去を見る」「満州事変の根っこのところに、日露戦争の記憶をめぐる日中間の戦いがあった」といった表現があるが、こうした歴史の見方は、実証主義的立場からの指摘であり、従来の教条的な見方とは一線を画していることがわかる。

もとより著者は、昨今はやりの「二度と謝らないための」式近現代史の読み物には批判的だ。この種の書には、「史料とその史料が含む潜在的な情報すべてに対する公平な解釈がなされていない」といい、「歴史とは、内気で控えめでちょうどよい」との史観は、今もっとも必要とされている。

近代日本が体験した日清、日露、第1次世界大戦、満州事変、日中戦争、太平洋戦争、その背景から浮かんでくる日本人の姿はまさに本書のタイトルどおりだ。それだけに著者が本書で紹介する内外の知識人（たとえば吉野作造やE・H・カーなど）たちの洞察力に今私たちは思いをはせなければならないだろう。（保阪正康・ノンフィクション作家）

（朝日出版社・1785円）＝2009年9月3日⑤配信

社会学者が闇を明らかに　「アメリカの地下経済」（スディール・アラディ・ヴェンカテッシュ著、桃井緑美子訳）

米国の大都市の多くには、ゲットーと呼ばれる貧民街がある。そこはギャングの銃撃戦や麻薬取引、殺人などが多発する危険地域だ。評者も以前、貧民街のギャングを取材したことがあるが、いつ撃ち合いが始まるかと内心ドキドキだった。

一般の米国人は貧民街に近づかないし、メディアも断片的にしか報じないので、住民の生活はあまり伝えられていない。ところが“異色の社会学者”として知られる著者は、シカゴのサウスサイド貧民街に潜入し、ギャングや麻薬売人、商店主、住民などにインタビューしながら、闇のビジネスの実態を明らかにしていく。商店主がギャングの資金洗浄に手を貸したり、牧師が非合法活動にかかわったり…衝撃の事実が次々に暴かれる。

主流社会は地下経済を非難するが、そもそも地下経済がはびこるのは政府や企業、一般の人々にも責任があることを、本書はあらためて考えさせてくれる。たとえば、大手金融機関は貧民街のマイノリティー事業者や低所得者などになかなか融資しようとしない。低所得者地域への一定の融資を義務づける地域再投資法が1977年に制定されたにもかかわらずだ。

また、都市貧困の深刻化は、60年代からの公教育や職場での積極的差別是正策に反発した白人中間層が郊外へ移り住み、都心部が空洞化したことと無関係ではない。

地下経済の推定規模は定かではないが、ある研究によれば米国政府は年間830億ドルから930億ドルの税収を失ったという。巨額の財政赤字をかかえる米国にとって、これは大きい。

米国の貧困問題は単純に自己責任では片づけられない、人種差別や社会経済的不公正など複雑な問題が背景にあることを本書は具体的に示す。ただ、救いなのは貧民街の住民に暗さや絶望感があまり見られないことだ。それは裏社会といえども、互いに助け合う熱い人間関係に支えられているからかもしれない。（矢部武・ジャーナリスト）

（日経BP社・2520円）＝2009年9月3日⑥配信

9・11の根源を探る　「倒壊する巨塔（上・下）」（ローレンス・ライト著、平賀秀明訳）

「狂信者」というレッテル張りで、私たちはあまりにも早く、事件への理解を放棄していたのではないか。ウサマ・ビンラディンやアルカイダ周辺の人々を等身大の人間として描き、あの「9・11」に至る経緯を克明に再現したこの大作を読み、あらためてそう感じた。

ニューヨーカー誌記者による2007年ピュリツァー賞作品。「物語」は61年前、一人のエジプト人が米国に渡航する場面から始まる。男の異文化体験はやがて、アルカイダなどのイスラム過激派を生む思想源流の一つとなる。

しかし、80年代のビンラディンたちはまだ「殉教」という“ロマン”を夢見るだけのひ弱な若者にすぎなかった。旧ソ連が侵攻するアフガニスタンを救おうと、サウジアラビアやエジプトから参集したものの、地元聖戦士が当てにしたのは、大富豪の御曹司ビンラディンの資金力だけ。戦力としては、まったく相手にされなかった。しびれを切らした義勇軍部隊の単独攻撃は、たった一人の敵兵士に撃退されてしまう始末だった。

青臭い独りよがりの急進主義は、日本の赤軍派やキューバ革命後のチェ・ゲバラらを想起させるが、それでも戦場体験の蓄積や無差別テロの実践はいつしか、夢想家の若者たちを本物のモンスターへと変えていく。

西洋対イスラム、アラブの大義、といった観念的枠組みより、現実には日常に飽き足らないイスラム青年の心の問題、ひいてはアラブ各国のいびつな政治・経済体制にこそ、問題の根源があるのではないか。本書の記述からはそう読み取れるが、かの地の「反逆する若者」がなぜ、荒唐無稽（むけい）な神権政治に心ひかれるのか、その最後の部分に関しては、異文化の読者には「壁」が立ちはだかる。

映画脚本も手がける著者だけに、構成は良質のスパイ小説のようにドラマチックだ。個性的なFBI捜査官の描写にも引きこまれる。（三山喬・ジャーナリスト）

（白水社・上下各2520円）＝2009年9月10日①配信

スカッとさせる見事な剣劇　「鳳凰の黙示録」（荒山徹著）

活劇、剣劇が見事で、血しぶきが舞い、首がゴロゴロと転がったりします。それでいて陰惨でなく、むしろスカッとさせるのは、それが女剣士集団“琴七剣”と異形の刺客集団“魔別抄”の戦いだからで、両者はさまざまな術を使うのです。

主な舞台は朝鮮半島、時は17世紀初頭、日本では関ケ原の戦い前後のことです。かの国においてもやはり覇権争いはあり、わずか9歳の王子をめぐって大騒動なのです。

第3章の「血戦！　白頭山」は手に汗握りますね。まさに血わき肉躍るという展開で、もうハラハラドキドキ、肩入れしている方が負けるのではないかとヒヤヒヤの連続なのです。

古来より日本と朝鮮半島の間には浅からぬ因縁がありました。そしてその先に広がる中国との間にも。物語はそれらが下地となり、いよいよ舞台を日本へと移します。

真田十勇士が出てきたので活躍を楽しみにすると、全員がアッという間に殺されてしまいます。新免武蔵こと宮本武蔵が登場し、今度こそはと思うと、いつの間にかフェードアウトします。著者はそんな肩すかしを見せながら、読者を大団円へと導きます。

何と最後の大舞台は大坂城ときました。大坂冬の陣、夏の陣を主戦場とするのです。信長が倒れ、秀吉も死に、今や家康の天下です。家康ににらまれた城主秀頼の命は風前のともしび、ほとんど幽閉の身の上です。

秀頼は国内においては動けない。作品はそこに着目しました。国外に脱出さえすれば…。あまり詳しくは書けませんが、秀頼の活躍ぶりもまた読みどころの一つなのです。

そして大坂城の地下に眠っているもの、それこそがタイトルの由来です。それをめぐっての攻防なのです。一つのロマンスが進行します。その恋は成就するのか。そしてしばし大坂城で暮らした利発な王子の運命やいかに。ケレンの好きな読者にこそお薦めの一冊です。（立川談四楼・落語家）

（集英社・1575円）＝2009年9月10日②配信

再読必至の周到なたくらみ

「プリズン・トリック」（遠藤武文著）

自分は絶対犯罪者にならない自信を持つ人でも、無縁でなくなる可能性があるのが交通刑務所だろう。本書の序章では三十ページにわたって、その監獄生活が語られる。凶悪犯は少ないから比較的ゆるやかな処遇とはいえ、未経験者には想像を絶する世界だ。これを読むと、運転前にビール一杯飲むのも厳禁せずにはいられない。

しかしこれは教訓の書ではなく、江戸川乱歩賞に応募され当選した推理小説なので、その囚人の一人が殺されて、別な囚人が消える。「乱歩賞史上最高のトリック」（東野圭吾選考委員）であるかどうかはともかく、歴代受賞作六十冊のなかでも最も不可能犯罪のハードルが高いのは確か。

単に内側から施錠された部屋に他殺死体があるのでなく、舞台の千葉県の市原刑務所が脱獄はもとより、劇薬の持ち込みも容易でない巨大な密室だからだ。しかも、遠からず出所する服役者を、なぜ困難な状況下で殺す必要があるのか。

この事件をめぐって、刑務官、警察官、飲酒事故被害者の遺族と加害者、保険会社員、新聞記者らがさまざまなドラマを織り成してゆく。あまりの目まぐるしさに、何度もページを繰る手を止めて後戻りしたほどだ。不可能を可能にするトリックは、正直それほど大したものではないのだが、著者が次々開いてみせるカードはいちいち意外性に富んでいて、片時も油断ならない。それでも一応すべてのナゾが解けて安心すると、最後の一行にまたびっくり。

「あなたは（本書を）必ず、二度読む」との宣伝文句どおり、読み終わるなり最初からまた読みなおしてしまった。一読後、序章と終章ぐらいは再読しないと本書の周到なたくらみは味わい尽くせないだろう。二度読んでも小さな疑問がいくつか残るのだが、これは読者各自が解決すべきお楽しみなのかもしれない。本年度有数の話題作であることだけは間違いない。（新保博久・ミステリー評論家）

（講談社・1680円）＝2009年9月10日③配信

若者の愛惜と別離、葛藤

「康子十九歳　戦渦の日記」（門田隆将著）

主人公は、太平洋戦争下に青春を送った19歳の粟屋康子。父は昭和史で名高い「ゴー・ストップ事件」の警察側当事者で、終戦前に原爆で亡くなった広島市長である。

門田隆将さんは、この物語を描くきっかけをこう書いている。「多くの若者が胸の内を語ることなく若い命を散らしていった（略）あの時代の若者の真実の姿を描きたい。それは、私の長年の夢だった」と。それを康子という女性に託したのだ。

昭和19年に勤労学徒として動員させられてから、父の死を聞いて駆けつけた広島で、瀕死（ひんし）の母を看病しながら二次被爆で亡くなるまでの約1年余を彼女が遺（のこ）した日記をもとに描いた物語である。康子の生き方に、当時の若者たちの愛惜、別離、生と死への葛藤（かっとう）が凝縮されていて、彼らの気高さ、切なさ、もどかしさが字間ににじんでいる。

ここには悪人は出てこない。陸軍造兵廠（しょう）の区隊長も、彼女をとりまく仲間もすべて善人だ。人間につきもののドロドロとした部分をぬぐい去ることで、彼らの誇りや希望を浮き立たせているのだろう。

島崎藤村作詞の「惜別の歌」は、彼女がいた造兵廠で生まれたという。「かなしむなかれ　わがあねよ」の「あね」を「とも」に詠み変え、「召集令状によって造兵廠から去っていく仲間への哀惜の情を詠った」と知ったとき、この歌の持つ重さが胸に迫る。

疎開した家族にあてた康子の手紙に、現在の日本人が忘れがちな思いやりや信念、そして毅然（きぜん）とした物の見方、家族への愛に満ちていることに気づいたとき、はたとひざを打った。そうだ、わずか60年ほど前には、こんな日本人がいたのだ。

本書はノンフィクションでありながら、フィクションとの境界が定かでない。だが、その分じつに読みやすい。現在、壁に直面しているといわれるノンフィクションだが、これくらいすそ野をひろげたら、もっと面白くなるにちがいない。（奥野修司・ノンフィクション作家）

（文芸春秋・1500円）＝2009年9月10日④配信

魅力的な都市戦略の構想

「創造するアジア都市」(橋爪紳也著)

かつて私が「モダン・シティふたたび 1920年代の大阪へ」(87年刊)を書いた時、モダン都市大阪はまだ見えていなかった。その細部を掘り出し、見えるようにしてくれたのが橋爪紳也さんのグループである。

一方この本では、巨視的なパースペクティブによりアジアの都市の文化状況が明快に語られている。巨視と微視の両極をバランスよく見ることのできる著者の、都市批評家としての力が発揮されている。上海や香港などこのところ驚異的な変化を遂げつつある都市のリポートなどとても参考になる。そして、本書によると、アジアの都市は日本の現代文化に大きな刺激を受けているらしい。

面白いのは、そうしたアジアの都市による日本文化の評価によって、やっと日本政府も、文化政策を意識するようになったという指摘だ。

「日本が国家として、文化産業に関する戦略を持ち出したのは近年のことだ」という。安倍晋三内閣による「日本文化産業戦略」などがきっかけらしい。日本のポップカルチャー、コミックやアニメなどが脚光を浴びる。麻生太郎内閣もアニメミュージアムを目玉にしていた。

しかしこれを書いている今、選挙によって政権交代してしまったので、以上の文化戦略はどうなってしまうのか、複雑な心境である。

それはともかくとして、日本文化に刺激を受けたアジアの都市の創造力をフィードバックして、日本の都市文化を復活しようとする著者の構想はとても魅力的だ。横浜、金沢、神戸などの例は、それぞれ私が好きな都市だけに興味深い。

そしてそれらの都市実験は、著者の本拠である「大阪」に向かって収斂(しゅうれん)していく。大阪は苦しんでおり、沈下している。だが実は豊かで可能性を秘めているのだ。アジアと大阪を結ぶきずなが、この本からちらりとのぞいている。私はまた、大阪を歩きたくなった。(海野弘・評論家)

(NTT出版・1785円)=2009年9月10日⑤配信

人間の変わらぬ業の物語

「下りの船」(佐藤哲也著)

〈想像力の文学〉と銘打たれた新シリーズの最新刊。SF、ファンタジー、現代文学といった既存のジャンル分けにうまく収まらない作家と作品に、ひのき舞台をしつらえようとする試みである。新奇なネーミングを凝らさずとも〈幻想文学〉で十分な気もするが、ともあれ本書の著者のような書き手にとっては、まことにおあつらえ向きの叢書(そうしょ)といえよう。

日本ファンタジーノベル大賞を受賞したデビュー長編「イラハイ」このかた、架空の世界や非在の日常を、ときに静謐(せいひつ)な叙情とともに、あるいは諧謔(かいぎゃく)を交えつつ、常に悠揚迫らぬ筆致で描き出してきた佐藤哲也の世界は、その魅力をジャンルに引きつけて形容しようとすると、とたんに言葉に詰まる体の、古今独歩の産物であるからだ。

ハイテクとローテクが微妙に混在する巨大な宇宙船によって、遠い銀河の彼方(かなた)の植民惑星へ、なかば強制的に移住させられる人々。温厚な老夫婦に拾われて育ったアヴ少年が暮らす平和な村にも、その日がやって来た。

アマゾンの熱帯雨林を彷彿(ほうふつ)させる新天地は、しかし安住の地とは程遠かった。新来の地球人は、既得権益を押さえる先住者によって過酷な労働を強いられ、犯罪が横行し内戦も頻発。再び孤児となったアヴは、過酷を極める鉱石採掘現場から地獄の戦場へと、運命の変転になすすべもなく流されてゆく…。

いつとも知れぬ未来、どことも知れぬ星の話ではあるのだが、著者が圧倒的な臨場感とともに描き出す人々の営みは、有史以来この世界の至る所で繰りかえされてきた、紛れもない現実と二重写しにされて読者の目に映じることだろう。

過剰な感傷とも政治性とも無縁の透徹した筆致で、著者は未来永劫(えいごう)変わることなき、人間という生物の業を浮き彫りにする。「ゆく河の流れは絶えずして」に始まる「方丈記」の一節を想起させるような秀作である。(東雅夫・文芸評論家)

(早川書房・1680円)=2009年9月10日⑥配信

患者と二人三脚の医療

「46年目の光」（ロバート・カーソン著、池村千秋訳）

つくづく米国とはいびつな国で、マイケル・ムーア監督の映画「シッコ」で描かれた、病院から道端に捨てられる患者もいれば、本書の主人公のように、妻の付き添いで行った病院で、頼んでもいない高度な視力回復手術を申し出てもらえる人もいる。民間主導の医療保険制度が生む格差だが、しかしそれがここではテーマでない。

3歳で事故により失明し、46歳で視力を取り戻した米国人男性マイク・メイの人生を追ったノンフィクション。雑誌記者の経歴を持つ著者が、2年にわたるメイへの取材を基に書いたものだ。

メイはいかにも米国人らしいポジティブ思考の持ち主で、どんなことにも道は必ず開けるとの信念を持ち、生きてきた。本書の冒頭ではそれに少々違和感を持ったが、綿密な取材に基づいた、メイの両親にまでさかのぼる話を読むにつれ、「この親にしてこの子あり」と納得。ハンディをものともせずに人生を切り開いていく姿に、なるほど身体的障害で人を決めつけられるものでは決してないことを、あらためて知らされた。

そんなメイが視力を得てからが本書のヤマ場。「見る」は、視力さえあれば無意識にできるとも思えるが、さにあらん。見ることは認識し、理解することで、長年視力を失っていたメイは、それをつかさどる脳の機能に問題があり、解像度の低いカメラのようにしか見えず、認識するのに長い時間と努力を要する。それは耐え難い苦痛を伴い、うつ状態にも陥ってしまう。

しかし彼は持ち前のチャレンジ精神を取り戻し、独自の方法を毎日積み重ね、やがて認識し、理解する脳の機能を回復する。奇跡を起こすのだ。

メイはあきらめなければ道は開ける、という信念を貫いたが、彼を支える医師や科学者がいてこそ。最初から「患者をけしかけて手術させる態度」がみじんもない主治医や、「見る」ことについてメイと二人三脚で探求する科学者がいなければ、奇跡はなかった。患者の求める情報を的確に提供する医療チームの存在をうらやましく思った。（和田静香・ライター）

（NTT出版・1995円）＝2009年9月17日①配信

周到な調査の収穫好ましく

「七十五度目の長崎行き」（吉村昭著）

吉村昭氏の小説を読んでいると、いつも取材や調査の労苦が、背後にどのくらい深く畳みこまれているのだろうかと、及ばずながら想像せずにいられなかった。

そんなことを考える最初のきっかけとなったのは、「破獄」である。四度だったか、方々の刑務所を脱獄した人物を主人公にして、スリルとサスペンスを盛りあげてゆく裏に、どれだけ綿密な準備が隠されているか、感嘆を久しくしたものであった。当事者の直話を聞く以外、特別な資料の乏しい難関を、作者の周到な聞きとりがみごとに破ったのだった。

「戦艦武蔵」はじめ造船に関するもの、漂流者の苦闘や僻地（へきち）開拓の苦労を扱った歴史小説等々、吉村作品の領域はまことに幅ひろい。だが、そのどれを取っても、細密をきわめた調査にもとづいて書かれているのに驚かされる。むろんそれが調査のための調査ではなく、それぞれの人物の内面に渦まくドラマを、小説に再生する作業へと結晶されてゆくのである。

この本は、そうした取材と調査の旅をめぐる思い出の記、あるいは感想の記録である。「戦艦武蔵」のほか、いくつかの歴史小説を書くため、数えきれぬほど足を運んだ長崎はじめ、北海道、陸中海岸、岩国等々、各地から持ち帰った収穫が、大事な土産話のように語られる。

いいかえれば、取材のための紀行文ということにもなるのだが、ここには、苦労話めいたものはいっさい顔を出さない。旅先で出会ったひとびとの好ましい印象、心に残った風光の美しさ、さらには未知の土地の酒食の味わいなどが、平明な筆遣いでつづられるだけ。

吉村昭さんは、抱負や野心を声高に語るひとではなかった。奥深い陰翳（いんえい）を秘めた作品をさりげなく提出するのを常とした。だが、折々につづったこうした随想に触れると、数々の作品の奥行きが、あらためて新鮮に見通せるように思われるのである。（菅野昭正・文芸評論家）

（河出書房新社・1680円）＝2009年9月17日②配信

切り取られて気づく日常

「ドリーマーズ」(柴崎友香著)

小説を読んでついもれる感嘆詞に、「あっ」と「あ」がある。文字にすると小さな「つ」ひとつの違いでしかないのだけれど、この違いは何なのだろう。

前者は純粋な驚きだ。あっ、やられた、というときに出る言葉である。

では、「あ」は何なのだろうと考えてみたら、日ごろ、自分もどこかで感じていながら言語化できていなかった感情を表現されたときに出る言葉だった。切り取られて初めて気づく日常と言ってもいい。デジタルカメラで適当に撮影した風景が思いのほか美しくて、びっくりしたときにもれるため息のようなものだろうか。

そう考えると、本作はまさに「あ」の小説だ。たとえば表題作「ドリーマーズ」。酔っぱらった主人公が、電車の中、進行方向と逆に歩いているところから始まる。人生で一番速く走れている気がするというのだが、この感覚は特殊だ。個人的な感覚としては(多分、物理学的にも)車両の進行方向に向かってさらに歩いたほうがより速いに違いない。しかし、小説内で語り手がそう感じたのだからどうしたって正しいのも事実。感覚というのは、それぐらい個人的なものである。

というわけで、なるほどそういう人もいるのかと思い読み進めていると、やがてはたと気づかされる。ここで本当の「あ」がくる。そうだ、主人公は、だらりと延びた日常を走っているのだった。彼女にとって日々というものは、前進していくためにあるのではなく、うしろにけり出していかないといけないものだ。ネズミを飼うときに使う、運動用のドラムみたいなものだった。

しかしこの怠惰な感じは、小学校時代の夏休みのようでもある。誰しも経験しただろう甘ったるいけだるさがあって、そこでつい、優しいため息が出てしまうわけだ。

そうした「あ」が、本作にはたくさんちりばめられていた。(伊藤たかみ・作家)

(講談社・1365円)＝2009年9月17日③配信

深い愛情で悲惨な現実描く

「ルポ　資源大陸アフリカ」(白戸圭一著)

貧困や紛争など、今日のアフリカ諸国が多くの問題を抱えていることはよく知られている。しかし、これほど対象に密着し、アフリカ人と同じ視線で問題をえぐり出した著作は珍しい。「暴力」に着目して4年間のアフリカ特派員生活を送ったジャーナリストの手による本書は、強烈な力で読み手に迫ってくる。

美人コンテストの名目で集めた少女を南アフリカの都会で売り飛ばす男、成田に麻薬を持ち込む運び屋の女、反政府武装勢力をひそかに支援するナイジェリアの寒村の村長、石油利権の弊害について誠実に語る石油企業幹部、コンゴ東部に潜伏するルワンダ人武装勢力の首謀者、排外主義を掲げるコンゴ大統領選の有力候補、両目をえぐられたダルフール紛争の犠牲者、外国人ジャーナリストにつきまとうスーダン政府の諜報員(ちょうほういん)、無政府国家ソマリアで検問に立つ若者…。筆者はこうした人々の懐に飛び込み、誠実に対話し、自らの感情を素直につづる。

これらは、紛れもなくアフリカの現実である。貧富の格差と腐敗した国家が犯罪や紛争を生み、人々の命の値段は軽く、普通に生きることさえ難しい。そうした世界がわれわれと同じ時代に存在すること、そしてこの現状をつくり出すカネ、武器、資源が、グローバル化した世界経済の中で循環し、われわれの日常とつながっていることを、本書は気づかせる。

描かれたアフリカの現実は疑いなく悲惨である。しかし、読後に感じるのは、決して単なる絶望ではない。読者は、アフリカ人と深く交わるなかでつづられる喜怒哀楽に共感するとともに、アフリカでまっとうに生きる人々に対する筆者の深い愛情に気づくだろう。ここには、良質のジャーナリズムが持つ力がふんだんに備わっている。アフリカの現実に関心を持つ人はもとより、今日われわれがどのような世界に生きているのか考えたい人に、広く読まれるべき本だ。(武内進一・JICA研究所上席研究員)

(東洋経済新報社・1995円)＝2009年9月17日④配信

ものづくりの起源を暗示

「建築する動物たち」（マイク・ハンセル著、長野敬、赤松眞紀訳）

住まいや道具をつくるのは、わたしたち人間ばかりではない。身近なところでも、ハチやクモも美しい住まいをつくっている。アフリカのシロアリにいたっては高さ6メートルを超す驚異的な超高層構造物をつくる。ビーバーがつくるのは巣だけではない。50メートルも超すダムを建設する。

動物たちには、人間と同じようにものを組み立てるための思考や計画があるのだろうか。もしないとすれば、どのようなプログラムがはたらいているのだろうか。これを探ること、そして動物がさまざまな材料をもとにして、構造物をつくりだしていく行動の仕組みを探ることが本書のテーマとなっている。

シロアリの塚は温度や湿度の調整、換気のシステムが組み込まれている。実に複雑かつ精緻（せいち）な構造物である。シロアリのような社会性昆虫は相互にコミュニケーションをとりながら協力してものをつくっていることは知られているとおりだ。しかし、社会性を持たない昆虫と脳の大きさはほとんど違わない。また、こうした集団にはリーダーシップが存在しないのだという。

構造物をつくりだしているのは、どうやら遺伝子であるらしい。そして素材物質との関係によって、ものづくりの仕方は進化してきたらしいのだ。さらにいえば、雄のニワシドリがつくる装飾的構造物は驚くことに人間の芸術活動に近いものがある。それは、雄が快適な気分を演出して雌を獲得するための表現である。とはいえ、環境や素材との関係によるものづくりの仕方の進化については、正確なところまではわからない。

生き物たちのこうしたものづくりのあり方に著者が着目するのは、それが人間のものづくりの仕方や美的感覚の獲得がいかになされたかを知るためのモデルを提供しているからにほかならない。人間のものづくりの起源があちこちに暗示され、スリリングな読み物となっている。（柏木博・デザイン評論家）

（青土社・2520円）＝2009年9月17日⑤配信

天才打者の宿命を描く

「あるキング」（伊坂幸太郎著）

天才的な打撃力を持つ若きプロ野球選手を主人公にした小説だといえば、最近はやりのスポーツ青春小説を思い浮かべる人もいるかもしれない。しかし、あの伊坂幸太郎が、ありきたりのスポーツ小説や青春小説を書くはずはない。

山田王求（おうく）は、東北の弱小球団「仙醍キングス」の熱狂的なファンである両親の間に生まれた。彼が生まれた日、仙醍キングス生え抜きの名監督南雲慎平太がファウルボールを避けようとしてベンチに頭を打ち付けて死んだ。

「王が求め、王に求められる」人間になれとの願いをこめて王求（横に字を並べれば「球」）と名づけられた少年は、3歳でバットを握り、12歳のときプロ野球の投手からホームランを打つ。リトルリーグの試合では、ほとんどの打席で敬遠された。

中学1年のとき不良の上級生に呼び出されてリンチを受け、それを知った父親が相手を殺した。5年後に事件が発覚、王求は「人殺しの息子」と呼ばれ、高校を中退せざるをえなくなる。

新人テストを受けて仙醍キングスに入団した王求は、1年目から驚異的な成績を残したが、新人王には選ばれなかった。王求の天才をねたんだ監督とコーチが彼の足を引っぱり、スポーツ紙の記者たちにも「人殺しの息子」に対する拒絶反応があった。

にもかかわらず、その後も記録を更新し続けた王求を、ある悲劇が襲う…。

やっぱりスポーツ小説じゃないかというなかれ。この小説は主人公を「おまえ」と呼ぶ二人称によって語られる。そして随所にシェークスピア劇の狂言回しを思わせる魔女や亡霊が登場して、主人公の運命を予告する。つまり、テーマはあくまで「王」になることを宿命づけられた天才の悲劇なのである。

こんな野球小説を書いた作家は、やっぱり天才としかいいようがない。（郷原宏・文芸評論家）

（徳間書店・1260円）＝2009年9月17日⑥配信

立ち上るミステリーの香気

「追想五断章」(米澤穂信著)

書物や小説そのものをめぐる物語は、ただそれだけで本好きな読書人の胸を騒がせるものだ。本書は小説内に埋め込まれたリドルストーリー(結末を伏せて読者の想像に委ねる物語)と、小説内の現実が微妙にからみ合っていく、凝った構成のミステリーである。

伯父の古書店でアルバイト中の菅生芳光は、客の北里可南子からある依頼を受ける。可南子の亡き父である北里参吾が、かつて叶黒白という名義で発表した5篇の小説を見つけてほしいという内容だった。芳光は可南子から得た情報を元に、同人誌などから参吾の作品を探し出す。だが調査の過程で芳光は、参吾が22年前に海外で起きた妻の死への関与が疑われ、大スキャンダルに見舞われた事実を知る…。

芳光の調査と、発見された掌篇小説が交互に配置されている。心に鬱屈(うっくつ)を抱える芳光のパートと、海外を舞台にした夫婦と親子をテーマにした寓話(ぐうわ)めいたリドルストーリー。二つのパートが進むにつれ、芳光の現況と参吾の過去が徐々に明かされていく。

バブル経済の破綻(はたん)が原因で起きた父の急死によって大学を休学し、希望のない毎日を送る芳光。スキャンダルに見舞われながら、奔放な日々を満喫したに違いない参吾夫婦。対照的な両者を参吾の掌篇小説がつないでいく。さらに可南子の元に残されていたリドルストーリーの結末が、過去に起きた死の謎を解き明かす重要な鍵となって浮上するのだ。

文学の豊かな味わいと、巧緻(こうち)を極めたミステリーの香気。本書にはこの二つの要素が絶妙にブレンドされている。

著者はすでに一風変わった一ひねくれたと言った方がいいかもしれない一青春ミステリーの書き手として一家を成している若手作家だ。本書は、これまであまり縁のなかったと思われる若者以外の読者にも目を向けた、新境地を切り開いた作品といえるだろう。(西上心太・ミステリー評論家)

(集英社・1365円)=2009年9月24日①配信

巨匠全作品の最強の指南書

「ヒッチコックに進路を取れ」(山田宏一、和田誠著)

「北北西に進路を取れ」や「裏窓」、「鳥」など、膨大な傑作群を生み出し、娯楽映画の基本文法を形成したといえる巨匠、アルフレッド・ヒッチコックの全作品を、日本を代表する「ヒッチコキアン」の両氏が語り尽くす。

対談は論評を超え、細部の具体的な演出論、俳優起用の裏話と系譜、大物プロデューサーとの確執へと話題は縦横無尽に広がり、興味は尽きない。やがて、映画史全体を俯瞰(ふかん)していく両氏の博識には感心するばかりである。

山田宏一氏は、かつて映画監督になるための教科書として私も先輩から勧められた名著「定本映画術　ヒッチコック/トリュフォー」の翻訳者の一人である。映画監督でもある和田誠氏のイラストも楽しく、彼の言葉からはヒッチコックを熟知した自信と愛が感じられる。

本書は各作品のあらすじ紹介をあえて省いている。私は読み進めながら、どうしても未見の映画が見たくなりDVDを買い集めた。初期イギリス時代の作品を見て、その古びない面白さ、先進的なテクニックとセンスに驚いた。両氏が言及するように、サスペンスの作り方、観客の情感を一気につかむ演出、小道具の生かし方、テンポとユーモアなど、挙げれば切りがない。

日本が真珠湾を攻撃した年に巨匠はナチの破壊工作を描いた「逃走迷路」を手掛け、1954年にはグレース・ケリーを使って3D映画に挑戦していたのだ。そして、彼の開発した映画術は今も模倣され続け、それを凌駕(りょうが)するものは出てこない。巨匠がやり尽くしたのか、あるいは説明過剰な映像群に慣らされたわれわれが退化したのか、映画人の一人として情けなくも思う。

ともあれ秋の夜長、ここは観客として、本書を傍らにヒッチコック映画を堪能しよう。偉大な先人の知識が楽しく深められる、最強の指南書である。(本木克英・映画監督)

(草思社・2625円)=2009年9月24日②配信

あきらめなければ間に合う　「フリーター、家を買う。」（有川浩著）

就職氷河期といわれて久しい今日。親のすね、いや、ひざまでかじっているフリーターの主人公が一念発起して家を買うという物語。「仕事」の意味を主人公の成長とともに考えさせてくれた。

主人公は就職した会社を3カ月で辞めた。「ここは俺の場所じゃない」。スタート位置を間違えた、と退社したが、新しい「俺の場所」は見つからない。とりあえず仮の職場を転々とすることに。

「まだまだ若い。まだまだ大丈夫」「本気になればきっとどうにかなる」と自分に暗示をかける一節は、自分を受け入れてくれない世間が悪いという自分本位な若者らしいぼやきだ。そんなある日、母が重度のうつ病にかかっていることが発覚する。

嫁いだ姉が実家に乗り込み、母の異変に気づかなかった父と弟を罵倒（ばとう）する場面は痛快。母の背負ったストレスの大きさを姉から知らされ、これまでの自分の能天気さを痛感する主人公。ようやく本気で動きだすが、世の中は甘くなかった。

自分の正しさや価値観、道理は再就職ではむしろ邪魔になることがある。かといって自分を押し殺し、何の考えもないままでは面接で見破られる。我慢のしどころ、主張のしどころで主人公も悩むが、答えは出ない。

就職活動とは基本的に相手に選ばれるものだろうが、働く主体はやはり自分だ。母の病気の発症を気づけなかった自分を責め、間に合わなかったけどできる限りのことをすると決めた主人公は、自分の過ちを認めたうえであきらめない覚悟と責任を持った。一度どん底に沈んだ人は強い。次は浮かびあがるしかないからだ。

衝突してばかりの父と同じ「社会人」として通じ合っていく過程も心温まる。履歴書や面接の作法を教わる場面では、面接する側の人材の選び方がわかって興味深い。

就職難の切実さを描きながらも、読後元気がわいてくる。そう、あきらめなければ間に合うのだ。

（中江有里・女優、脚本家）

（幻冬舎・1470円）＝2009年9月24日③配信

彼我の違い考えさせる　「私たちが死刑評決しました。」（フランク・スワートロー、リンドン・スタンブラーほか著、上田勢子訳）

2002年のクリスマスイブに失跡した妊娠8カ月の27歳の女性が無残な遺体で見つかり、夫が胎児を含め2人の殺人罪で起訴された「スコット・ピーターソン（夫の名前）事件」は、発生地のカリフォルニア州にとどまらず、全米や海外でも大きな話題になった。

この本は、市民から無作為に選ばれ、04年末まで半年あまりにわたって裁判の陪審員を務めた12人のうち7人からジャーナリストが取材し、陪審員が夫の有罪と死刑を評決するまでの経過を詳細に記録したものだ。

陪審員経験者に守秘義務はなく、7人はもちろん実名で登場し、表紙の写真に並んで収まっている。夫は無実を訴え、物証がなく殺害方法も分からない中で状況証拠から有罪と判断した根拠や遺体の写真に涙したこと、評議での対立、カトリック信徒の陪審員が死刑を一時ためらう様子などが描かれている。

また裁判終了後、遺体のフラッシュバックに苦しんだり、周囲から「物的証拠もないのに死刑にした」と批判されたり、さらには、息子が「おやじは人殺し」といじめられた人もいたという。

本書を読む限り有罪の認定や死刑の判断はもっと慎重にすべきだと感じるが、7人には、つらくても自分たちが暮らす社会の問題は自分たちで判断するという信念があり、実に腹が据わっている。これが「合衆国」の民主主義なのだろう。

翻って日本の裁判員も同様に市民から無作為に選ばれるが、裁判官と一緒に有罪か否か判断し、刑を決める。裁判員経験者は厳しい守秘義務を課され、裁判所職員が立ち会う判決後の記者会見では、紋切り型の感想を述べるしかない。米国のように、評議の様子や判断の根拠が社会に伝わることはなく、同じ市民が参加する裁判制度でも彼我の差はあまりに大きい。

本の帯には「これは裁判員制度の格好の参考書になる」とあるが、司法制度にとどまらず、民主主義や国の在り方の違いを考えさせる「参考書」だ。（竹田昌弘・共同通信編集委員）

（ランダムハウス講談社・1890円）＝2009年9月24日④配信

文化と科学から問いに迫る　「イルカ」（村山司著）

イルカが人間にとって特別の存在になったのはなぜか？　本書は、イルカと人間とのかかわりを歴史文化的に振り返るとともに、イルカの知能という科学的な視点からこの問いに迫る。

古代ギリシャではイルカは人間の化身や海神の忠臣として描かれ、イルカ殺しは宗教的な罪だった。一方、北方民族にとっては貴重な「食料」だった。ハワイでは、イルカもクジラも魚と区別されず、海の生き物として同等に扱われていた。

日本では縄文時代からイルカ漁が行われていたが、イルカとのつきあいには地域差があり、魚を追い込んでくれる生き物として信仰していた地域もあれば、イカを追い散らしてしまう厄介者として扱う地域もあった。

著者は、このような歴史的なイルカと人間とのかかわり方が、現在のイルカ観の違いにつながっていると述べている。ギリシャ・ローマで生まれた、擬人化されたイルカ神話や伝説が欧州におけるイルカ観の源流となっていると考えると、日本のイルカ漁に対する欧米の保護団体の極端な行動も理解しやすい。

さらに著者は、イルカの認知機能を長年研究してきた専門家として、イルカの知能研究を概観する。知能を科学的に探る試みは1960年代に米国で始まり、イルカが道具を使えること、鏡に映る自分を認識できること、文法を理解できること、などが明らかになった。イルカの認知機構は人間にも匹敵すると結論づけている。

こうした研究成果がイルカ保護活動家の論拠の一つとなっていることは確かである。しかし著者は、知能が高いからイルカを保護すべきとは主張しない。イルカセラピーについても一定の評価をしながら、根拠が不明であるとしている。

このような科学的で冷静な態度こそ、今後のイルカ研究に必要だろう。欧米より遅れて始まったが、擬人的なイルカ観がなかった日本こそが、客観的な研究の進展をもたらすことができるように思われる。（大島寿美子・北星学園大准教授）

（中公新書・777円）＝2009年9月24日⑤配信

孤独をゆっくりほぐす物語　「私の赤くて柔らかな部分」（平田俊子著）

物語は、主人公の「わたし」が、ひそかに敬愛していたかつてのアルバイト先の上司のお別れ会に列席するところから始まる。

参列してみたものの、何とはなしに居心地悪く感じられたその会を、「わたし」は、途中で抜け出してしまう。そしてそのまま、上司の供養のつもりで、と小さな旅に出ることを思いつき、何の当ても、支度もないまま、「わたし」は上野駅まで出て、そこから電車に乗る。

適当な電車に乗り、適当なところで引き返そう、そんな軽い気持ちで出た旅だったのだが…。

行く先さえ定かではない電車で終点まで行き、さらに電車を乗り継ぎ終点まで。電車に揺られる「わたし」に去来するものは、手ひどく振られた恋人・誘児に対する想いだ。自分を置き去りにして、新しい恋人とともに海外へ旅立ってしまった誘児。もう終わってしまった恋だと、頭では理解できるのに、心が納得しない。

ぐらぐらする心を抱えて、見知らぬ駅に降り立った「わたし」は、行きがかり上その街で1泊することになる。

軽い気持ちで旅に出て、軽い気持ちで1泊したはずのその街に、何故かずるずると滞在してしまう「わたし」。どこか懐かしくも不思議なその街になじんでいくにしたがって、街に住む人々、それぞれのドラマや抱えているものが見えてくる。

上司の死と恋人との別れ。二重の意味で傷心旅行であるその旅先での「わたし」の日々が、ひょうひょうとした文章で語られていく。いわゆる「失恋小説」と一線を画しているのは、詩人でもある著者の軽やかでどこかユーモラスな文章によるものだ。

「わたし」のひりひりとした孤独を、むずかる赤児をぽんぽんとあやすように、ゆっくりと解きほぐしていく。その手つきの軽やかさが読み手の「心の凝り」をもほぐしてくれる一冊だ。（吉田伸子・書評家）

（角川書店・1785円）＝2009年9月24日⑥配信

日常に喚起する負の感情

「元気でいてよ、R2—D2。」（北村薫著）

デビュー作「空飛ぶ馬」に代表される北村薫の初期作品の作風は、殺人のような非日常的な事件が起こらない本格ミステリーということで「日常の謎」という言葉で表されるようになり、ひとつの流派を形成するに至った。

直木賞受賞後第1作にあたる短編集「元気でいてよ、R2—D2。」を表す言葉は、さしずめ「日常の恐怖」といったところか。いや、「恐怖」と表現すると幅が狭くなってしまう。ここに描かれているのは、平穏な日々に不意に口を開けた陥穽（かんせい）が喚起する、さまざまな負の感情である。

収録作はいずれも女性を主人公にするという著者の得意技が発揮されており、彼女たちの日常を脅かす戦慄（せんりつ）や不安をテーマにしている。とはいえ、ことさらにおどろおどろしい雰囲気を盛り上げようとはせず、日常性を強調した淡々とした筆致を特色としている。表題作のように、戦慄や不安ではなく、取り返しのつかないことをしてしまった悲しみを描いた作品もある。

そして収録作の共通点は、作中に描かれた出来事そのものより、その後の展開を想像する方が恐ろしいということだ。例えば「腹中の恐怖」の加奈は、この後どのような家庭生活を送るのだろうか。「さりさりさり」の姉妹の関係は今後どうなるのか。

「三つ、惚れられ」では、最後の「振り返って、こちらを見た」という1行がとにかく怖い。互いの存在に気づいた二人は、それからどうしたのか。先に言葉を発するのは果たしてどちらか。いろいろ想像をかき立てられはするものの、明確な答えは作中に存在しない。

小説で描かれる恐怖とは基本的には夢と同じで、読み終えれば（醒（さ）めれば）そこで終わる。だが、悪夢から醒めたつもりが、まだ悪夢の中だった…という類の夢もある。本書が追求する恐怖とは、そういうタイプのものである。（千街晶之・文芸評論家）

（集英社・1365円）＝2009年10月1日①配信

大衆の心を動かした巨匠

「黒澤明という時代」（小林信彦著）

本書の最終章は「テクニックと〈言いたいこと〉」と題されている。黒澤明作品の良しあしをせんじつめると、絶対にここにたどりつくのだと本書を読んで再認識させられた。そしてまた、この黒澤の「テクニックと〈言いたいこと〉」をどう見るかについて、橋本忍著「複眼の映像」における野村芳太郎監督の発言が、私も全く同様に気になっていた。

すなわち、職人的技巧派の野村芳太郎は、黒澤ほどのテクニシャンならビリー・ワイルダーとウィリアム・ワイラーをいいとこ取りしたような娯楽の名匠になったであろうに、「羅生門」「生きる」のように過大な〈言いたいこと〉を自らに課して巨匠になってしまったことで作品は硬直し、つまらなくなったのだという指摘である。これには首肯する向きも多かろう。

だが、小林信彦氏はこの意見に刺激されつつも、しかし、黒澤はその〈言いたいこと〉を無理してさえ盛り込もうとしたがゆえに多くの大衆の心を動かしたのでは、という見解に至る。そして、その時代も「天国と地獄」をもって終わり、後の黒澤は工芸品のような美しさの方へ消えたのだと。私も野村芳太郎の見解に全面的に共鳴しつつ、小林氏が語るように、もし黒澤が無理せず上出来なものばかりをつくっていたら、終生かくもスリリングな期待と不安を呼び起こす作家にはなり得なかったのではとも思う。

それにしても、「自分の舌しか信用しない」というあとがき的文章で終わる本書は、実に黒澤が「乱」を撮った年齢を超えた小林氏が黒澤よろしく頑固ジジイぶりを発揮される内容なのかと思いきや、逆にそんなに気になさらずともと思うくらい過去の黒澤関連の著作を念入りに踏まえつつ記されているのが意外だった。この怜悧（れいり）な均衡感覚を不断に保つ構えなくしては、おおかたの黒澤論のように、批評が黒澤の人と作品の熱さに巻き込まれてしまうのだろう。（樋口尚文・映画評論家）

（文芸春秋・1750円）＝2009年10月1日②配信

真の対話の糸口を開く　「死刑のある国ニッポン」(森達也、藤井誠二著)

死刑についてまったく正反対の立場の二人が、あらゆる角度から語り合った本である。藤井誠二は、以前は死刑廃止論であったが、被害者家族の声を聴くうちに、死刑存置に考えを変えた。森達也は、生命についての哲学を考察する次元から、死刑に反対しようとする。

森は、死刑には犯罪抑止力がないことを指摘する。実際に死刑制度を撤廃した国を調査してみると、それによって犯罪が増加したというデータは見られないからである。また、死刑判決後に冤罪(えんざい)が発覚した例が後を絶たないという事実もある。これらを根拠として、森は藤井に死刑存置の理由を問い詰めていく。

日本では死刑存置こそが国民のマジョリティーの声である。80％が死刑制度に賛成をしている。森は明らかにマイノリティーの側に立っている。しかしながら、この対談においては、森が一方的に藤井を土俵際に追い詰める結果になっている。森の攻勢の前に、藤井はたじろぎ、耐え、逡巡(しゅんじゅん)する。藤井自身も「負け」を認める。この不思議な倒錯現象こそが、本書の読みどころであろう。

森は自分の心の中にも復讐(ふくしゅう)心や応報感情はあると述べる。それでもなお、生きた人間を国家が殺すことは許されないと主張する。そして藤井に、なぜ死刑が許されるのか教えてほしいと懇願する。藤井は苦渋ののちに、殺人者の命を国家が保障するということを倫理的に受け入れることができないし、殺人者の命と殺された被害者の命を同等と思うことができないからだと答える。

公平性のために明らかにしておきたいが、評者は死刑反対の意見を持っている。であるがゆえに、本書における藤井の感情吐露と逡巡から目を離せなかった。ここには双方の真の対話の糸口が開いているのではないか。対立だけをあおるジャーナリズムとは別種の可能性があると感じさせてくれる好著であった。(森岡正博・大阪府立大教授)

(金曜日・2100円)＝2009年10月1日③配信

出版常識覆した百科事典　「ウィキペディア・レボリューション」(アンドリュー・リー著、千葉敏生訳)

さまざまな書籍の中でも百科事典は、インターネットの出現により、そのあり方が大きく変化した代表的なものの一つである。

百科事典は出版社により企画され、多くの専門家がそれぞれの事項を執筆し、編集を経て出版されてきたが、このような仕組みと対極にあるのが、インターネット上の百科事典「ウィキペディア」と言える。

だれでもがフリー(無料でかつ自由)に閲覧できるだけでなく、執筆者になれ、書かれた記事の内容をチェックし、誤りがあれば訂正したり、補足したりできる。ウィキペディアは、インターネット上の情報資源のなかでも、ユニークな存在となっている。また、書いた記事の著作権も保持できることは、ブリタニカなど従来の百科事典の出版常識を大きく覆した。

スタートして10年もたっていないウィキペディアは、260以上の言語で書かれた1200万もの記事を掲載し、世界のトップテンに入るインターネットサイトとして毎日多くの利用者があることなどが、本書で紹介される。ジャーナリズムの研究者である著者は、ウィキペディアの編集に積極的に参加し、現在は管理者でもある。

内部の状況に詳しい著者がウィキペディア創始者のジミー・ウェールズら多くのプロジェクトにかかわった人物から綿密に取材することで、創成期からのエピソードを生き生きと描き出すことに成功している。

例えば、広告掲載を巡ってスペイン語版の脱退など分裂の危機に陥ったことや、物議を醸す攻撃的な記事を作成する「トロール」を防ぎ、適切な記事を維持するためのボランティア編集者や管理者の取り組み、なぜこれほどまでに多くの人を自発的な無報酬での記事執筆に駆り立てるのか、などである。

規模が拡大して新たな段階に差し掛かっているウィキペディアの今後を考える上でも、多くのヒントを与えてくれよう。(長塚隆・鶴見大教授)

(早川書房・1470円)＝2009年10月1日④配信

師友の姿、生き生きと

「明日への回想」(菅野昭正著)

フランス文学者にして現代を代表する文芸評論家の回想録。昭和5(1930)年生まれだから、明年80歳。だが文章は驚くほど若々しい。

満州事変いわゆる十五年戦争の始まった年から戦時中の中学時代、戦後の大学時代を語り、卒論提出の段階で筆を置く。文字通り、明日へと向かう青年時代の回想。暗い時代にもかかわらず、当時の初々しさが漂う。

石川淳、中村稔、渋沢龍彦、日野啓三、鈴木信太郎、平井啓之、橋本一明、中村真一郎、渡辺一夫、森有正、辻邦生そのほか、文学や思想の領域で一時代を創(つく)った師友の姿が若々しい目でとらえられ、生き生きと描かれている。後年の印象も巧みに織り交ぜられて、姿はみな立体的だ。

なかでも印象的な事件は二つ。ひとつは著者が社会学からフランス文学に専攻を変え、再受験を決意する経緯。文学は個人を扱うが、社会学はあくまでも全体を扱う。デュルケームの「自殺論」を読んで最終的に決意するが、たくまずして後年の著者の思想を語っている。全体を見る目はむろん不可欠だが、それ以上に個の生き方が重要だと若き著者は考えた。個と全体。民主党政権の誕生した21世紀の日本においてこそ深く考えられなければならない主題だ。

もうひとつ。菅野昭正が60年代にパリで書いて日本に送った西洋文明をめぐる文章について、ともにパリに在住していた森有正が批判したという事件。森の全集に掲載された「日記」まで引用し、そのまま紹介する。「肝要なことは、彼自身の自我を、彼自身の孤独を生きることである」と森は書く。菅野はそうではないというわけだ。その後にはただ人間味あふれる森の姿が描かれている。

著者は日本にはまれな古典主義者。それがここで明瞭(めいりょう)に裏づけられている。森は古典主義を目指したが、まるでロマン主義者のように目指したのだ。対比によって両者の姿が鮮明になる。本書には同じような挿話が満ちている。(三浦雅士・文芸評論家)

(筑摩書房・2310円)=2009年10月1日⑤配信

解き放たれた思考の随想

「正弦曲線」(堀江敏幸著)

それぞれが小さな謎かけのようなエッセーの集まりである。たとえば冒頭、いきなり三角関数の話が始まる。サイン、コサイン、タンジェント。遥(はる)か昔に教室で耳にした、おまじないのような言葉が甦(よみがえ)ってくる。先生はあのとき正弦曲線の説明もしてくれただろうか？　たぶんしたのだろうが、自分はちゃんと聞いていなかったに違いない。その後の何十年か、まったくこの曲線を意識することなく生きてきてしまった。

本書のなかで著者は、正弦曲線によって示される波のうねりを、一定の振幅のなかでくりかえされる日常生活にたとえている。破綻(はたん)なく静かに延びていくその曲線を人生に重ね合わせ、「なにをやっても一定の振幅で収まってしまうのをふがいなく思わず、むしろその窮屈さに可能性を見いだし、夢想をゆだねてみる」というのである。

なるほど。これを読んだ自分はこれからの折々、「いま、正弦曲線のどのあたりかな」と思いながら生きていくような気がする。三角関数とかけて、人生の日々と解く。これが第一の謎かけ。

そんなふうに、意外な出だしから、予想もしなかった方向へ、連想の鎖がつながっていく。エッセーのなかで話題になるグライダーや紙飛行機、はてはロケットのごとく、著者の思考も自在に時空を駆けめぐっていて、その意味では少しも一定の振幅に収まってなどいない。終生を同じ街で過ごし、同じ道を散歩し続けた哲学者カントのように、身体は一定の場所にあっても、解き放たれた思考は無限の広がりを持ちうるのだ。

そうした自由さの魅力と同時に、この本にはしばしば「少年堀江敏幸」が登場し、読む人を和ませる。石垣にボールをぶつけたり、友人の家で黒豆のジュースを出されてびっくりする少年の目線が、成熟した文学者のまなざしとつながって、新たな謎解きが行われる。静かで上品な佇(たたず)まいの一冊ながら、中身は濃い。(松永美穂・ドイツ文学者)

(中央公論新社・1890円)=2009年10月1日⑥配信

格差是正へ累進強化を提言　「税を直す」（立岩真也、村上慎司、橋口昌治著）

本書のメッセージは明快である。全編を通じて「金持ちから多く、貧しい人からは少なく」税を徴収すべきだとの理念を説き、具体的な手段として所得税の累進強化や相続税の増税、資産課税拡大などの可能性を示す。

1990年代以降わが国では富裕層を中心とした減税措置が継続された。その結果、現在では特に若年層に関し、税や社会保障制度を通じてかえって経済格差が拡大するという非常にゆがんだ再分配システムになってしまった。その是正のために税構造を累進強化へ戻そうという主張には、評者も全く同意である。

累進課税の強化は「働く意欲」をそぎ、労働供給を抑制する、さらには高い能力を持つ労働者の海外流出を引き起こすなどの問題点が指摘されることが多い。それに対する立岩真也氏の反論は、手法面で非常にユニークだ。経済学者や財政当局関係者の発言を丁寧に追い、それらの指摘は頑健な主張ではなく、統計的な根拠を示した上での批判でもないことを明らかにする。

仮説を直接検証するのではなく、いわば知識社会学的に根拠の薄弱性を突くという方法論は、経済学者にはできない、そして強力な検証法といってよいだろう。

第2部には村上慎司氏による累進課税のシミュレーションが示されており、所得税の累進性を87年の水準に戻すことで約7兆円の財源を確保可能であるという結果を得ている。この試算の詳細を知るためだけでも本書を手元に置く価値があるといえるだろう。

ただし、法人税についての議論にはやや混乱が感じられる。企業利潤の所有者である株主には貧富・老若さまざまな家系が混在する。そのため、法人税増税には著者の主張する富から貧への再分配を阻害する面もある点を忘れてはならない。また、国際比較のデータが少ない点も残念である。

とはいえ、現在の日本の財政を経済学とは別の切り口から、論理的に考える良書であることに疑いはない。（飯田泰之・駒沢大准教授）

（青土社・2310円）＝2009年10月8日①配信

50万人の巨大なキルト　「ウッドストックがやってくる」（エリオット・タイバー、トム・モンテ著、矢口誠訳）

1969年に開催された伝説のウッドストック・フェスティバルも今年で40周年を迎えた。本書はこのフェスを陰で支えたエリオット・タイバーの自伝である。当初のフェス開催予定地がキャンセルされ代替地を探す主催者側に対して「自分の町で」と名乗りを上げげたのが彼だった。閑散としたニューヨーク州の村、ベセルのリゾート地ホワイト・レイクが大イベントでにぎわいを見せるのは必至だろうからだ。

しかし当時、アメリカはいわゆるカウンターカルチャーの真っただ中。ベトナム反戦、ヒッピー、ドラッグ、フリーセックスの若者が押し寄せると聞き、反対派からは中止要求が出され、彼はその矢面に立たされる。それがあの成功に、どうたどり着けたのか。数々の難題にも常に冷静に手腕をふるう、フェス代表マイケル・ラングの様子も読み応え十分。映像化もされた、あの熱狂のライブの舞台裏がここで明かされ、興味津々で読める。

そもそもカウンターカルチャーとは50年代にエスカレートした消費・競争社会、政治がもたらす諸問題に対し、若い世代が反発して起きたもの。ウッドストックはある意味、それを備えた巨大音楽コミューンで（ラングによれば「ネーション」）、人間を解放する力があったことをこの書はあらためて教えてくれる。

あくまで自伝として書かれているのは、このフェスがタイバーをも解放してくれたからだろう。本書前半では、幼少からのユダヤ系でゲイゆえの差別、体形への劣等感、孤独、おまけに一家で経営するモーテルの負債と慢性的赤字などが語られる。だが、会場の農場に織りなす50万人の肌の色、人種、宗教、民族、性の異なる「巨大な人間のキルト」の影響が、彼のこれらの状況を一転させたためだ。

タイバーはこれまで日記風回想録の出版やそれを本人自らが語るコメディー調ビデオの製作などもしているが、本作品は今年の夏、アン・リー監督により映画化され、既に米国では公開されている。（君塚淳一・茨城大教授）

（河出書房新社・1680円）＝2009年10月8日②配信

異文化の価値への敬意

「ケンペル」(B・M・ボダルトベイリー著、中直一訳)

17世紀末、鎖国下の日本に、オランダ東インド会社の商館付き医師として来日して研究に従事し、帰国後、西欧で初の日本全体についての著作「日本誌」を執筆したドイツの博物学者、エンゲルベルト・ケンペルの生涯を描いた評伝である。

2度の江戸参府旅行で日本を実見して、日本の地理、歴史、動植物だけでなく、当時の日本の政治、文化を含めて、日本の全体像を描き出したこの著作は、今日にいたるまで、ヨーロッパ人の日本観に大きな歴史的影響を及ぼしている。

著者は、ドイツ出身のオーストラリア人女性研究者。「ケンペルと徳川綱吉」(中公新書)で、従来、犬将軍として評価の低い当時の将軍綱吉の治世を、ケンペルが、むしろ成功した啓蒙(けいもう)専制として高く評価しているという点を指摘して注目された。

本書は、このような日本評価にいたるケンペルの生の歩みを、出発から帰国まで11年におよぶ大旅行を中心に描き出している。ロシア、ペルシャ、インド、ジャワ、タイ、日本にいたる道程を著者は、ケンペルの日記や自筆のスケッチ、ケンペルが生前に公刊した唯一の著書「廻国奇観」からの引用と挿絵を縦横に駆使して記述しており、邦訳のない「廻国奇観」の詳細が紹介されていることも含めて、17世紀の世界を横断したケンペルの著作(未刊のものを含む)の魅力を、日本の読者に生き生きと伝えることに成功している。

著者はケンペルに一貫した姿勢を見る。異文化がそれぞれもつ独自な価値に敬意を払おうとする姿勢である。このことが著者の強調する将軍綱吉への礼賛へと結びついたが、それは当時の西欧の人々の受け入れられる範囲を超えており、彼の死後、「日本誌」刊行の際、再度の改変をもたらした。

異文化の独自な価値を受け入れることは今日でも容易ではないことを、本書は、ケンペルという傑出した例を通じて示しているように思う。(小宮彰・東京女子大教授)

(ミネルヴァ書房・3360円)＝2009年10月8日③配信

人生の一コマすっぱり描く

「キャンセルされた街の案内」(吉田修一著)

文芸雑誌とエンターテインメント系の雑誌に載ったものを収録したのが本書。10編の作品から成っており、さまざまな雑誌からの注文は、この作家がいい書き手だということを示している。

実際読んでみるとその通りで、現代的な若者の目で、人生の一コマを、すっぱりとした切り口で描いている。個人的には、多くの作品を書くには、自己の文体と人間や物事をしっかりと見る「目」が必要だと考えているが、著者はそのことを習得しているから、いくらでも書けるのだと感じた。それほど達者なのだ。

子持ちの女と暮らしている男のことを描いた「乳歯」、40歳近くになった同級生同士が大阪の街で飲み、少しずつ人生の哀歓をにじませる「大阪ほのか」、あるいは電車の中で同性に痴漢され、自嘲(じちょう)気味になる若者の心情を描いた「奴ら」、隣の男に襲われそうになり、はじめは声も出せないほど萎縮(いしゅく)していたが、やがて相手の動揺を知り、逆に恐怖心が解放されていく「深夜二時の男」などは、不気味な緊張感がある。それを難なく描き切っているように見える筆力は相当なものだ。

だが本書においては、主人公たちがみな若者だということを思えば、限定的な読者に支持されそうだ。それは悪いことではなく、それだけ彼らの心情をとらえているということになるが、わたしは先に述べた「乳歯」の男女の危うい関係と、おびえた者同士が対峙(たいじ)する「深夜二時の男」に好感を持った。

そして海底炭鉱の島「軍艦島」で、いんちきなガイドをやっていた主人公の話や、酒癖が悪くて、屋台の柱につながれても飲んでいる祖母のことを書いた表題作「キャンセルされた街の案内」は、どうなるかわからない人生を暗示しているようで、心にしみた。人間関係をよく見た、間口の広い作品集で、小説は人間を描くものだと、あらためて教えてくれる短編集でもあった。(佐藤洋二郎・作家)

(新潮社・1470円)＝2009年10月8日④配信

少年の再犯防げなかった?　「死刑でいいです」(池谷孝司、真下周著)

反省はしないが、死刑にしてくれていい—。

まるで他人事のような証言には程度の差こそあれ、われわれを含めた若い世代に通底するニュアンスが含まれている。あなたたちが勝手に作ったルールは知らないけれど、もし自分が破ったのなら、好きに処分すればいい。一見無抵抗だが、その実、引きこもりや未婚、年金未納に似た精いっぱい不作為の抵抗。

まだ記憶に新しい、16歳で母親を殺害した男が、少年院を出て再び犯した大阪の姉妹刺殺事件。少年の再犯を防ぐことはできなかったのか。そのヒントを見つけようと、2人の記者が関係者を徹底取材しまとめたルポが本書だ。タイトルは、犯人の山地悠紀夫が取り調べや公判でくり返した証言に由来する。

一切謝罪の言葉が出ないまま、本人の望み通り、判決確定からわずか2年で山地の死刑は執行される。事件が起きた背景には、仕事が長続きしない父親の酒乱とDV(ドメスティックバイオレンス)、その父親の死を見捨てた母親、学校でのいじめと不登校、進学と就職の失敗、浪費が止まらない母親による水道までも止められる貧困、そして「広汎性発達障害の疑い」など、複雑ながら、決して珍しくはない要因があったにもかかわらず、山地の理不尽で不気味な暴力と言動に世間の耳目は集まり、いわば人間社会に唐突に現れたモンスターとしてあっさり処分された。

果たして彼は脈絡なく生まれた突然変異だったのだろうか。もし自分が前述したタフな環境で生まれ育っていたら、山地より器用な人生を送れただろうか。むしろ彼と私たちを隔てているのは、結果としての行為という薄い膜だけではないのか。

極刑をもってもたぶん抑止力にならない以上、いわば社会から孤立した人々による"自爆テロ"は再び起こる。われわれは無関心という態度で彼らを追い詰める。本書のタイトルはまた、異なる者に対するわれわれの態度そのものなのだ。(熊山准・フリーライター)

(共同通信社・1470円)=2009年10月8日⑤配信

歴史に刻まれた記憶たどる　「東京骨灰紀行」(小沢信男著)

最近は、著名人のお墓を訪ねて巡るツアーが人気だ。確かに東京都内には有名作家や歴史的な政治家・軍人などのお墓が多く、また、公共の霊園は公園のように整備されていて、散歩コースとしても気持ちがよい。

本書は、墓地を中心に、東京の各所に刻まれた歴史の記憶をたどる旅の記録である。しかし、流行のお墓巡りではない。著者のまなざしは、著名人にではなく、無名の庶民が眠る"合葬"に向けられている。

例えば、江戸時代に小塚原と呼ばれ、処刑場があった南千住駅周辺。新線の敷設や線路の高架工事の際に、大量の人骨が、場所によっては頭蓋(ずがい)骨だけが掘り出されたそうである。また、すぐ近くにある寺の墓地には「新吉原総霊塔」と刻まれた墓標がある。吉原をはじめとした江戸の遊女たちが亡くなると、ここにあった総墓という大きな穴に投げ込まれたのだとか。

さらに歩を進めて観光客でにぎわう上野の西郷隆盛像の裏には、ひっそりと彰義隊士の墓があるなど、一般には知られていない史跡が数多く登場する。

日本人の墓は、「○○家」と刻まれたものが一般的だ。家を軸にして生命を継ぐという象徴なのだろうか。その下に眠る人々の由緒も、家を継ぐ人々によって伝えられてきた。合葬墓に葬られた人々は、処刑された罪人、捨てられた遊女、いき倒れや疫病、戦争下の空襲で亡くなった人など、相互にかかわりを持たず、名前も忘れられ、大量の骨が交じり合って誰のものかも分からない状態。まさに"骨灰"だけが、そこに人々が生きていたという証しである。

振り返ってみれば、現代に生きる私たちは、「三十階や二十五階の高層ビルたちも、その死屍(しし)累々をこそ礎石として、そびえたっている」ことを忘れて、自分たちが世界を支配している気分になっている。自らの驕(おご)りを省みるために"骨灰"の声を聞きに出かけてみようか。(八岩まどか・ノンフィクション作家)

(筑摩書房・2310円)=2009年10月8日⑥配信

グロテスクな笑劇

「独居45」（吉村萬壱著）

海辺の町の粗末な一戸建ての借家に独居する45歳の作家・坂下宙ぅ吉。人間の醜悪さに偏執的な関心を寄せるこの作家は、借家の屋根に裸体の女と見まがうマネキン人形や血まみれの大きな手と見えるハリボテを飾り、公民館の講演会に招かれては人間の本性の残虐性を告発して聴衆に詰め寄ったりする。ひどくいびつで攻撃的だ。

周辺の人物たちもかなりゆがんでいる。うつ病の主婦、新興宗教の信者でゲイの理髪店主人、鳥インフルエンザ恐怖症の会社員、宙ぅ吉を崇拝し宙ぅ吉の秘密をのぞこうとゴミ袋まであさる作家志望の青年など。彼らの生来のゆがみが、坂下宙ぅ吉という過激な触媒に刺激されて活性化し、歯止めを欠いて露呈しはじめる。

世界の一切にいらついているようなとげとげしい文体が、「目脂（めやに）」「痰（たん）」「汚物」「腐った内臓」「男根」といった卑俗で猥雑（わいざつ）で露悪（ろあく）的な語彙（ごい）を冒頭から並べる。文体はそのままこの著者の人間観であり世界観である。市民社会的公序良俗の薄皮を容赦なくめくって低劣醜悪な恥部を暴く。

それは、低劣醜悪なものにやむなく引かれてしまうという作家美学でもあろうし、低劣醜悪なものを隠ぺいする偽善を許しがたいという作家倫理でもあるだろう。その意味で、坂下宙ぅ吉は作者の戯画化された分身にほかなるまい。

宙ぅ吉は夜ごとの奇怪な儀式で自らの肉体を傷つけ、血を流す。それが人類の蛮行に対して人類を代表して行う贖罪（しょくざい）の儀式であるなら、彼はキリストを模倣しているのかもしれない。しかし、それが彼の性癖であるなら彼はただの誇大妄想のマゾヒストにすぎまい。彼の告発の裏にもひがみやねたみが透けて見える。

小説のドラマは崇高と卑小を二重写しにしたまま両者の中間領域で展開する。一読者として突き抜けた笑いを誘われるまでには至らなかったが、グロテスクな笑劇、と呼んでおきたい。（井口時男・文芸評論家）

（文芸春秋・1700円）＝2009年10月15日①配信

言語と非言語の世界結ぶ

「詩の本」（谷川俊太郎著）

詩を読む楽しさは、詩人の自由な想像力に驚いたり、共鳴したりしながら勝手知ったる世界さえまるで未知の世界に出合う経験をすることだ。音楽もそうだが、デジャビュ（既視感）ならぬ未視感、未聴感の世界へ人間を誘（いざな）うのが創造的な仕事の根にあると私は思っている。

谷川俊太郎は少年の好奇心、青年の自己を見定めるまなざし、そして老年の世界を見据える思慮を併せ持っている。その上言葉の力、言霊を心底信じている詩人と思わせていて、同時に常にそれを疑ったり、その外に出ていこうとしたりしている。言葉によりながら言葉の及ばぬ世界。言葉の背後にあるものというよりはむしろ、言葉が沈黙するときに浮き出て来る世界。

たとえば「魂に触れる」。初秋の午後、モーツァルト、クラリネット協奏曲第二楽章アダージョを背景に横たわる若い2人。

「クラリネットが子どものように駆け上がり駆け下りる／（略）／……ずっと後になってもう若くない女はその日のことを思い出す／あのひとの目の縁から涙がつうっと頬に伝わった／（略）／あの日わたしは見えない魂に触れた／あのひとのそしてわたしのそしてモーツァルトの魂／その記憶がいまも私を生かしてくれる　あのひとを失ったいまも」

モーツァルト、クラリネット協奏曲、緩徐楽章を通して触れ合う若い男女の魂、その時空の結ぼれが現実の時空の中から再び立ち現れてくる。これは谷川の詩ならでは、表現不可能の世界だ。谷川の魂の深部にあるモーツァルトがこうして彼の詩に浮かび上がってくる。言語のもつ世界と非言語的な音楽が表す世界、それらが結合した人間の感性、記憶、思念のそれぞれがこれほどに言語を通して伝達されることに私は感動し、谷川の詩心に共振したのだった。

ほかに、40代の女性たちに向けて書かれた「できたら」という詩のみずみずしい表現など、心やすまる詩集である。（湯浅譲二・作曲家）

（集英社・1785円）＝2009年10月15日②配信

強固さと神話の揺らぎ　「東京大学　エリート養成機関の盛衰」（橘木俊詔著）

「脱官僚政治」を掲げる民主党政権が誕生した今、まさしく時宜にかなったエリート研究の一冊である。東京大学は高級官僚を養成するための国策大学であり、今なお「天下り」官僚の多くは東大卒である。

だとすれば、「脱官僚政治」とは、現実的には「脱東大政治」を意味する可能性もあるだろう。この見方は一面において正しい。実際、今日の東大法学部卒業生に人気が高い就職先は外資系や大手銀行であり、労多くして実入りが少ない官公庁ではない。東大生の脱官僚化は静かに進行している。

それでも意外や意外、鳩山由紀夫内閣は主要閣僚から連立与党のトップまで、まさに「赤門」同窓会である。東大工学部卒の鳩山由紀夫は宮沢喜一から16年ぶりとなる東大出身の首相だが、国民新党の亀井静香も社民党の福島瑞穂も東大卒である。さらに、主要野党の代表もすべて東大卒なのだ。

こうした東大卒の政治家が同窓の高級官僚を批判する「東大卒のアンチ東大」という構図は、逆にこの学歴システムの強固さを浮き彫りにしているようにも見える。本書の読みどころの一つは、反体制派たるマルクス経済学者が牛耳った東大経済学部の発展史である。体制派にも反体制派にもエリートを供給し続けた教育機関の功罪を著者は「格差固定社会」の視点から鋭く分析している。中高一貫校による東大進学者寡占状況は、政治家の世襲同様、エリートの階級再生産を意味する。

だが一方で、政官界、経済界における東大神話が今日揺らいでいることも実証的データが示している。著者は東大生がこれから目指すべき有望な分野は法曹、教育、医学だと提言している。

いずれにせよ、今なお全国から秀才をひきつける東京大学が斜陽化することは、日本社会にとって不幸である。憎らしいほど強い横綱でなければ大相撲の見応えはない。「がんばれ、東大！」とエールを送りたい。（佐藤卓己・京大准教授）

（岩波書店・2730円）＝2009年10月15日③配信

貧困問題への処方せん提起　「中流社会を捨てた国」（ポリー・トインビー、デイヴィッド・ウォーカー著、青島淑子訳）

本書はポリー・トインビーの既刊「ハードワーク」の続編である（今回は共著）。前著では著者自身が底辺労働者の中に潜り込み、同じ体験を通して彼らの実情を生々しく伝えた。本書は、貧困を格差の視点から再び問うた告発の書である。

貧困には、社会が貧しいゆえの貧困と、社会の総額の富は大きいが、富が特定層に偏り、富裕層はいよいよ富み、貧困層はいよいよ貧しくなる格差社会の貧困とがある。

米国では1980年、最高経営責任者（CEO）の平均年収は肉体労働者の42倍だったが、2000年に531倍、07年には660倍になった。その米国に次ぎ、英国は不公平な国である。

06年、公共部門で2％の賃上げがやっとと言われた時、英国の代表的企業100社のCEOの報酬は前年比37％増え、00年から07年にかけては150％増えた。その上、富裕層と法人の税は法の抜け穴を通して回避されたという（07年で合計5兆5500億円）。日本でも小泉政権時代に同じ流れがあり、そのツケで社会の一体感と持続性が破壊された。

著者は言う。相対的な貧困は、社会から排除され、自分の人生を選びとれないという人間の尊厳にかかわるストレスをもたらす。そのため、病気の発生率と、死亡率が貧困層で数倍高い、と。

しかも賃金格差の正当な根拠がない。介護、清掃、運送、保育など社会に必需な労働が生活保護と同じかそれ以下の労賃で、国際金融グループのトップの人間の年収がなぜ120億円なのか。

貧困は子供を犠牲にする。子供の言語環境調査によれば、専門職家庭の子供は4歳までに5千万語の語彙（ごい）を親から聞くが、福祉家庭の子は1200万語にとどまる。語意も前者は肯定的な内容が否定的な内容の9倍に上り、後者は否定的な言葉のほうが多い。

累進課税の強化。税の透明化による所得の再分配。特に子供の育つ環境と教育への配慮が格差社会への処方せんとして主張されている。（暉峻淑子・埼玉大名誉教授）

（東洋経済新報社・2100円）＝2009年10月15日④配信

自分はこんな顔だったのか

「これが日本人だ！」（王志強著、小林さゆり訳）

「日本人の特徴は日本人論を好むことだ」というこのお話は「日本人の悪いくせは自分たちの悪いくせを気にし過ぎることだ」なる定説とともに、どうにも厄介だ。日本人向けに書かれた日本人論は、結局、自己言及の臭みを帯びる。と、自分のしっぽを追う猫が、自分を追いかけてくる猫の幻影から逃れられないように、日本人論を語る人間は、自分を客体化できない。オレオレ分裂。悲惨だ。

ところが抜け道があった。中国人による中国人のための日本人論。それの日本人による翻訳。しかも著者は知日派の中国人ビジネスマンで、翻訳者は中国在住の日本人。これ以上に理想的な組み合わせがあるだろうか。

内容はすこぶる刺激的だ。われわれのうちにある集団主義や、島国根性、武士道の精神、万世一系の虚構、いずれも誰かがどこかで言っていた話かもしれない。が、本書の美点は、著者が真正直に書いている姿勢それ自体のうちにある。日本人論には、あらかじめ賛美か非難のどちらかの狙いを持って書かれているものが多い。本書にはそうした「狙い」が皆無だ。

とはいえ、賛成できない論点もある。例えば著者は、日本の学校では、勉強のノルマは厳しくないと言う。私は、その見方には賛成できない。が、外国人の目にそう見えている事実は面白く思う。そう。うなずけない主張にも一定の説得力がある。そこが本書の魅力だ。

鏡ばかり見ている人間は自分の顔を知らない。というのも、鏡に映る顔は「鏡を見ている顔」だからだ。で、われわれは写真を見てびっくりする。オレってこんな顔だったのか？　と。そう。鏡を見るとき、われわれは自分が醜く見えない角度でそれを見ている。写真はしかし、見たままを写している。

この機会に、鏡を見る習慣を捨てて、代わりに、たとえば、このカリカチュアを見てみよう。強烈に面白い。その点は保証する。必ずしも美しくはないが。（小田嶋隆・コラムニスト）

（バジリコ・1575円）＝2009年10月15日⑤配信

人類と芸術の根源的な関係

「ピアノ・ノート」（チャールズ・ローゼン著、朝倉和子訳）

ピアニストがピアノを通して感じ、考えることをつづる…。舞台裏を見ているようでもあり、アーティストによる芸術試論であるようにも思える。本来、本書は専門家が議論するべき内容なのかもしれない。しかしこの著者はピアノを通して明確にかつ的確に「現代」をとらえている。そしてエレガントに叫んでいる。「創造の自由とは何であるのか」。強烈な魅力を感じる一冊だ。

構成はコンサートやそこでのパフォーマンス、ステージにおけるピアニスト、ピアノという楽器の特性、音楽学校とコンクールの持つ諸問題、レコーディングなど、ピアノを中心軸に据え、現代人がそこにかかわるであろう局面を簡潔にシミュレーションしている。

展開される私論を丹念に見てゆくと、「聴衆」が一人の演奏家に注目し、出会うまでの道程を逆探知することもできる。同時にそうやって導かれた「興味」の根拠が時に保守的であったり、曖昧（あいまい）であったりすることも分かる。換言すればそういった「興味」が導き出すものは、創造をはぐくむものではなく、何かの確認に帰結してしまう可能性が高いとも言えよう。

著者は言う。「商業的・知的プレッシャーでレパートリーを選ぶことは自己の敗北につながる」と。その上で彼は「だれのために弾くのか？」という問題提起をする。彼の答えは明快だ。「人は音楽のために演奏するのである」

日本の現状を見渡せば、芸術的根拠の希薄な知名度や「消耗品的」とも言えるステージによって演奏家が紹介されることは少なくない。「商業的な敗北」の好例は身近にあることを思い知らされる。最終章の背景にある「現代の聴衆に何を聞かせるべきなのか」という議論にも、現実との溝に背筋が寒くなる。

「音楽を、あるいは楽器を演奏したいという焼けつくような情熱があるかぎり、聴衆はついてくる」。この言葉で結ばれる本書。人類と芸術の根源的な関係を考えさせられる。（中野順哉・作家）

（みすず書房・3360円）＝2009年10月15日⑥配信

清らかなお声の持ち主

「しずかちゃんになる方法」（野村道子著）

源静香って、誰だか分かります？　ひょっとすると日本一清楚（せいそ）でカワイくて優しい、まじめでまっとうな優等生として昭和の家庭における憧（あこが）れの女の子と言っても決して過言ではない…と言えばそう！「ドラえもん」のしずかちゃん。特にハードコアなドラえもんファンならずとも、あのしずかちゃん独特のすがすがしい存在感にほっとしたことがあるに違いない。

そのしずかちゃんのキャラクターで評者がとりわけ好きだったのがその声。濁りも陰りもない、涼やかで心地よいその声は、いかにもしずかちゃん本人の声であり、まさか誰か生身の声優さんが演じているなんてこれっぽっちもイメージできないほど。

ところが、その同じ声優さんが「サザエさん」のワカメちゃんも演じてらしたとは！　ええっ…しずかちゃんもワカメちゃんも！　おそらく日本全国津々浦々を探しても、この2人に好感を持っていない人なんて見つからないのではなかろうか。まさに万人が愛さずにはいられない、清らかでありがた～いお声の持ち主こそ野村道子先生、である。

声優という仕事が誕生した時代から第一線で活躍され、新たな才能の育成とマネジメントに当たられているプロ中のプロとして、声優という仕事の面白さ、難しさ、必要とされる多様な資質とトレーニング、変化し続ける業界のニーズや問題点などについてどこまでも正直に、真心で教えてくださる。

実は評者も縁あって声の仕事に携わっているが、ホントにあれほどタフな心と身体と声帯を必要としながら、感じやすくカンも良くなくては務まらない、という難しい仕事もないのでは、と常々思っている。

それにしても、この本のタイトル。「しずかちゃんになる方法」ですけど。やっぱりしずかちゃんはワン・アンド・オンリー。あの声は、ほかの人がなかなか務まるものではないですよね。（Vie Vie・ラジオパーソナリティー）

（リブレ出版・1260円）＝2009年10月16日配信

カフカ的不条理と滑稽さ

「憂鬱たち」（金原ひとみ著）

人生は滑稽（こっけい）である。たいていの人はそのことをあまり認めたがらず、職場におけるポジションだとか家庭における役割といったものに、自身の存在する意味を求めたがる。ところが、著者はそんなちっぽけな思惑を、思いきり笑ってみせる。

本書には7編の短編が収められており、いずれも主人公は神田憂という若い女性である。そして、どの短編にも「カイズ」というやや年配の男と、「ウツイ」という若い男が登場する。

金原ひとみは意欲的な作家で、これまでも多様なスタイルに取り組んでいるが、今回の連作短編集ほど面白い試みもない。「カイズ」と「ウツイ」は、あるときはバーテンダー、あるときは電器店の販売員、と作品ごとに職業も違えば出会う状況も違う。男たちが記号化された存在であることは明らかなのだ。

主人公は2人の男と性的な関係を持ったり、奇妙な会話を交わしたりするが、それはごく表層的なところにとどまっている。そもそも、主人公は冒頭からうつに悩まされており、「今日こそは精神科に行こう」と決心して出かけては、毎回失敗して男たちとかかわりを持ってしまう。

読んでいると、主人公がたどり着くことのできない精神科が、カフカの「城」のように思えてくる。「城」の主人公「K」も、さまざまな出来事を体験するのだが、決して城へは到達できない。

神田憂のイニシャル「K」は、「城」の「K」をイメージさせ、特徴があるようでない「カイズ」と「ウツイ」は、「城」の作中で測量技師「K」にあてがわれる2人の助手を思わせる。本来の目的を果たせぬまま、偶然の出会いに翻弄（ほんろう）され続ける主人公の姿は、人間誰もが抱える滑稽さそのものである。

デビュー作「蛇にピアス」以来、金原はひりひりとした生の痛みを描き続けてきた。カフカ的不条理と滑稽さが加わったことで、物語世界にぐんと深みが増した。（松村由利子・歌人）

（文芸春秋・1200円）＝2009年10月22日①配信

明るさ満ちる女の共同生活

「三人暮らし」（群ようこ著）

不況でも女は強い。一人でも強いが、三人集まればもっと強い。そう感じさせてくれる一冊。さまざまな女の「三人暮らし」をつづる短編集である。

筆者は、女性のリアルな生態を描いた「無印」シリーズなどでも、ファンが多い。すでに50代半ばという年齢からか、アラフォー（アラウンド40）の私の著書同様、20代女性の今風の会話や描写には若干無理がある。が、中高年女性のそれとなると絶妙だ。

たとえば時世を反映した「リストラ姉妹」では、〝気弱で怠け者の夫〟と別れた妻（母）クニコが、会社のリストラで相次いで出戻ってきた娘二人と暮らし始める。そこで描かれるのは、昭和世代ならではの、クニコの貧乏性気質。

ほつれて穴が開いた台所の手拭き、鼻緒がゆるんだ庭履きの下駄（げた）、楕円形（だえんけい）に黄色く変色した敷布団のシーツ…。「もったいない」と言って捨てられないクニコに、しゃれっ気たっぷりの娘二人が「不潔っぽいからやめて」「女として失格だわ」などといちいちダメ出しする姿がほほえましい。

最も鮮烈だったのは、同い年のシニア女性三人が新築マンションを買い、ルームシェアを始める「三人で一人分」。58歳で三人暮らしを始めてから70代まで、ツル子、アサヨ、ソノエは互いに励まし合い、時に痛烈な言葉を浴びせつつ日常を送っている。

「あなたはもうちょっと、化粧をしたほうがいいわよ」「ちょっとソノエさん、姿勢が悪いわよ」「立場が違うんだから、懐具合が違うのも当たり前」といった具合。

ラストは「美容院に行って、旅行しましょ」の、ツル子のひと言で京都旅行に出掛けるシーン。おめかしした三人は玄関先で、こんなことを確認し合うのだ。「尿漏れパッド、持ちましたね」「やあねえ。ちゃんと持ちましたよん」。明るくこう言い合える彼女たちがまぶしい。やっぱり女は強い！（牛窪恵・マーケティングライター）

（角川書店・1470円）＝2009年10月22日②配信

再開発の新たなあり方追求

「20XXの建築原理へ」（伊東豊雄、藤本壮介、平田晃久、佐藤淳著）

東京都心の一等地、伊東豊雄の事務所の隣の病院が昨年、再開発のために壊された。築40年、老朽化したとはいえ、十分使用に耐える建物が無残に打ち砕かれ、がれきの山と化していく姿を見て、建築家の心は痛んだ。更地には、やがて、周辺と何の脈絡もない巨大ビルが林立するであろう。これでいいのか。本書は、世界的建築家のごく素朴な自問から始まる。

建築家は、同じ敷地に架空の再開発プロジェクトを立ち上げ、藤本壮介ら3人の新進気鋭の建築家を招集する。1年にわたる濃密な議論の末に提案がまとめられた。それを評価する討論には、日本を代表する2人の建築家を招いた。議論の全過程を記録したドキュメントが本書である。

小著だけれど、建築をめぐる最も知的で良質な議論がここにある。そして建築の原理と手法をめぐる真摯（しんし）な提案がある。

半世紀前、本書の若手と同じ年ごろの若い建築家たちが、先を争って次々に都市プロジェクト（「塔状都市」「垂直壁都市」…）を発表したのを思い出す。1960年代の日本は高度成長を続け、提案はさまざまに実現していった。その末に私たちが手にいれたのが高層ビルの林立する風景である。架空のプロジェクトが目指すのは全く異なった都市の風景である。

若い建築家たちの提案は一見、かたちをもてあそんでいるように見える。しかし、追求されるのは環境と建築との全く新たな関係である。あらかじめ拒否されているのは、全体を経済原理によって決定するシステムである。「巨樹」のような、「山」のような建築、自然と共生する生命体のような建築が共通に目指されているように思える。

身近な環境を見つめ直すことで、日本の建築のあり方が大きく転換していく、そんな予感が本書にはある。問題は、しかし、その先にある。若い建築家たちのこの思考実験が数多くに共有され、具体的なプロジェクトに実際に生かされていくことを期待したい。（布野修司・滋賀県立大教授）

（INAX出版・2205円）＝2009年10月22日④配信

よりよい生を紡ぐ森の哲人　「日本の記録　林業人列伝vol.2」（全国林業改良普及協会編）

森の中にはなんでもある。連鎖をなした生命も、命の根源たる水も、人が生きるための農もある。人が智恵をもってはたらきかければ、無限の富が生まれてくるのだ。

その智恵を充分にもって森でよりよい生を紡ぐ人たちの列伝である。読み進めると、智恵が次から次と泉のごとく湧（わ）き上がってくるのに驚く。

祖父の植えたスギがあと10年で主伐を迎えるという、青森の福士孝衛さんはいう。

「100年生の林分を半分伐採し、残木をまた50年残して、またその半分を残していってほしい。4代、同じ信念でつながっていくことが夢です。山はスパンが長いから、夢がある。山のある限り楽しみが続く」

こんな林業をやり続けるかぎり、時代がどうなろうと夢も、経済も失われることはないのだ。

「美林萬世之不滅（びりんばんせいこれをたやさず）」の精神が残る加子母は、裏木曽と呼ばれ、ヒノキの良材が産出する地域だ。

そこで林業を営む安江鋠臣さんはさらに上をいく。「100年生の良木を伐れば世話ないけど、我慢して200年生までもっていきたい」

空いた空間にはヒノキの苗を植え、枝打高は平均12メートルである。四方無節材がとれ、光が入るので多段林になる。伐倒時に枝払いの必要がないので造林が楽になる。これは小手先の技術ではなく、林家の生き方そのものの哲学である。山をどのように見て、どのように理解するか。現場に生きる林家の言葉は黄金の響きを持つ。

徳島の杉山宰さんは森の哲人らしくこう語る。「当初から針広複層林の造成を念頭におき、下刈り段階でソヨゴやゴンズイなどの実をつける広葉樹をできるだけ残してきました。ナツハゼには小鳥が来ますよ。蜘蛛の巣も大事にしてます。消毒せんのやから、小鳥などに造林木の害虫防除をお願いしてます」

何十年も実践してきた人の言葉を聞くのは、まことによいものである。（立松和平・作家）

（全国林業改良普及協会・2100円）＝2009年10月22日⑤配信

運命と向き合った音楽家「20世紀の巨人　シモン・ゴールドベルク」（ゴールドベルク山根美代子著）

傑出したひとりの音楽家が、不条理な運命とどのように対峙（たいじ）していったのか、そして、彼の音楽はどのように成熟していったのか―。ゴールドベルク山根美代子が夫について著した本書は、そうしたデリケートな問題をつまびらかにしてくれている。

あらためて指摘するまでもなく、ゴールドベルクは並はずれたヴァイオリンの名手である。わずか16歳でドイツの名門ドレスデン・フィルハーモニー管弦楽団のコンサートマスターに就任（これは今もって破られていない最年少記録であるという）。次いで19歳のときには、巨匠フルトヴェングラー率いるベルリン・フィルに請われ、やはり同ポストに就任し、大向うをうならせるような大活躍をした。

これだけでも驚くべき異能ぶりなのに、さらに彼は独奏者としても、親しい仲間らとの室内楽奏者としても、まさに比類ない足跡を残している。来日公演も戦前から行っており、ディスク類も出ているので、この間の事情に関してはご存じのファンも少なくないことだろう。

しかし、ユダヤ系であった彼はナチ禍から逃れなければならず、苦労して豪州、米国へと渡る。演奏旅行途上のジャワ島で日本軍の捕虜となり、3年間の拘留生活を強いられた。だが、そのことのため家族は大部分がナチ禍の犠牲になったにもかかわらず、彼はなんとか無事に生還。79歳のとき日本人のピアニスト山根美代子と再婚すると、その後は妻の母国で主に活動し、富山で亡くなり、今は東京の墓所に葬られている。

このようなゴールドベルクと彼の音楽に関し、本書では「その生涯」「箴言（しんげん）」「その教え」と大きく三つに分けて克明につづられている。つらい戦争のこと、難しい音楽のことを語るどのページからも、妻の夫に対する多大なる愛情、尊敬の念などがにじみ出ており、感慨深い。（吉井亜彦・音楽評論家）

（幻戯書房・4830円）＝2009年10月22日⑥配信

小説の地平への冒険

「圏外へ」(吉田篤弘著)

小説が目指すべき地平がもしあるとしたら、そこへ到達するにはおおまかに言って二つのルートがあるはずだ。一つは、文章表現としての斬新さと限界を常に見据えつつ歩む道。もう一つは、物語の深みとダイナミズムを追求する道。本書は、この二つが絡まりあって見事に昇華した、奇跡的な作品だ。

主人公は一応、小説を執筆中の作家(通称「カタリテ」)であるだろう。ところが物語が進むにつれ、加速度的に登場人物が増え、イメージがなだれを打ってあふれだす。現実は虚構に浸食され、異界が現実になり、ついにはカタリテすらも登場人物として物語に呑(の)み込まれてしまう。その迫力と美しさといったらどうだ。

生と死をめぐる時空を超えた冒険を描きつつ、物語の発生、生成、終着点について徹底的に考察しつくした物語論でもあるという離れ業。目配りの利いた目次を眺め、話の区切りごとについた長い章題をつなげ読むだけでも、作者の詩的で強靭(きょうじん)な言語感覚がうかがわれる。

たとえば、ラスト二章のタイトルはそれぞれ、「いつかどこかの国の哀れな予言者が」と「発射台に向けて波打ち際をゆっくり歩き始めた」だ。いったいどんな話が語られるのか、これだけで期待が高まる。

しかも、詩的なだけでなく全編にユーモアが漲(みなぎ)っており、たとえば登場人物の次の言。「オナラは家に帰ってトレパンに着替えてからだ。トレパンになったらもうこっちのもの。心ゆくまでするぞ。自由とはあのことだ」。万人がオナラに抱いているにちがいない切実さと解放感を、こんなに端的に言い表してくれるとは。

著者は小説の持つ可能性の極限に迫りながら、単なる方法論に堕することなく、読者の胸に迫る物語を築きあげた。小説を愛し、信じるひとの多くが、この作品に喝采(かっさい)を送り、この作品を踏まえて新たなる旅立ちを志すことになるだろう。(三浦しをん・作家)

(小学館・1995円)=2009年10月29日①配信

他者と共有する真の関係

「月食の日」(木村紅美著)

ジュンパ・ラヒリの「停電の夜に」は、ある夫婦が暗闇の中で語り合うことによって関係性を変化させていく物語だった。

一方、「月食の日」は幼いときから全盲の一青年をめぐる、周囲の人びとの変化を描く。もちろん、停電の時とは違って、周囲の人たちは見えている。しかし、隆というこの青年に接し、光を知らない彼の立場に自らを置いてみるとき、自分の中に少しだけ変化が生まれたのを自覚する。見えない人の感覚を想像することでむしろ今まで見えなかったものが見えてくる。それは思いやりと呼ばれるものにとても近い。

だから、いちばん出番の長い隆が必ずしも主人公という訳ではない。彼の苦しみが描かれるのではない。重要なのは、幾人もの人たちが彼に触れ、その距離のとりかたに応じてさまざまな変化を経験する、ということの方だ。

中でも詩織は、そもそも障碍(しょうがい)を抱える者になんら思いを致さないタイプの人間だった。そこに夫が昔の知り合いである隆を家に招き、しかも夫自身は急用とやらで家を空けてしまう。二人きりにされて仕方なく詩織は隆と差し向かいで語り合う。

色や形を見たことのない者が世界をどう捉(とら)えるのか、という、思いやりよりは興味本位で話をつなぐ詩織は、しかし次第に隆に対しての武装を解いていく。最後には、帰ってこない夫の代わりに隆を家の前まで送って行きさえする。その経過でなにかを共有できたような気が一瞬する。

はじめは好奇心からでも構わない。無関心よりよほどよい。相手の捉えかたを想像する、そこから真の関係がはじまる。詩織の「共有」の感覚は一瞬で終わってしまった。停電や月食は永遠の闇ではなく、あくまで一時的なものだ。しかし、他者と繋(つな)がるためのひとつのきっかけにはなる。詩織はすくなくとも月食を思う度に隆のこと、「見えなさ」ということに思いを致すことになるだろう。(伊藤氏貴・文芸評論家)

(文芸春秋・1450円)=2009年10月29日②配信

真実を語る勇気貫いた

「同じ時のなかで」(スーザン・ソンタグ著、木幡和枝訳)

今年2月、イスラエルでエルサレム賞授賞式に出席した村上春樹は、「高く堅固な壁とそれにぶつけられる卵の間では常に卵の側に立つ」という比喩(ひゆ)によって、イスラエル国家がガザなどのパレスチナ自治区で行使してきた暴力を批判した。

式をボイコットするより、出席して言うべきことを言うという決断を、私は支持する。だが、その比喩は十分に明確か。たとえば、ツインタワーとそれに飛行機ごと突っ込むテロリストはどちらが壁でどちらが卵か。

2001年5月、同じ賞を受けたスーザン・ソンタグの「言葉たちの良心」というスピーチに、あいまいな比喩はない。パレスチナ人の抵抗運動に対する懲罰としてのイスラエル国家の圧倒的暴力は正当化されえないこと、パレスチナ自治区にイスラエル人がつくっている居住区が撤去されないかぎり平和は実現しないことが、明確に語られる。

しかもソンタグは、自分が作家としての名声を利用して個人の政治的意見を広めようとしているのではないかと自問し、いや「個としての声をもつという企図」にほかならない文学の名誉の問題としてこのことを語っているのだ、と確認する。言葉で正確に真実を語ることに徹底してこだわった、まさに「言葉たちの良心」を体現する作家の妥協のない姿が、そこにはある。

同じ年に同時多発テロが起きた直後も、ソンタグは冷静に書くだろう。上空からテロリストのキャンプを攻撃するアメリカ軍に比べて、目標に体当たりしたテロリストたちは少なくとも臆病(おくびょう)者ではなかった、と。

著者が00年代の晩年に綴(つづ)った本書所収の文章は、すべて「あえて真実を語る勇気」に貫かれている。人をとりあえず安心させるあいまいな比喩と違って、それは読者をも試練にかける。たとえば、私は村上春樹を貶(おとし)めるために著者を称揚しているのではない。私の言葉はその点で正確か。それぞれの作家に対し十分フェアであるか。(浅田彰・京都造形芸術大大学院長)

(NTT出版・2730円)=2009年10月29日③配信

天の声の仕掛けと手抜かり

「知事抹殺」(佐藤栄佐久著)

著者とは、15年近くにわたって、全国知事会で席を同じくした。国の原子力政策を批判し、分権なき道州制のもくろみに、鋭く立ち向かっていた姿が思い出される。

本書にも、原発の核燃料税を、条例の改正によって引き上げることをてこに、原子力政策の透明化と、原発が立地する自治体の発言力の確保を、国に迫っていく過程が描かれている。

その闘う知事が、ダムの発注をめぐる汚職事件で逮捕され、係争中だ。国と激しく闘った結果、国にしっぺい返しを受けたというのが、著者の思いだ。

自らの経験から考えても、入札制度の改革と情報公開が進む中、あからさまな「天の声」で、落札業者が決まることは、通常起こり得ない。

ただ、業界内の談合で決まった落札予定者が確実に入札に参加できるよう、入札の条件を工夫する余地は、行政の側に残されている。そこに、業界の意を体した、「天の声」が介在し得るわけだが、本件でも、検察側の主張は、こうした組み立てになっている。

では、この業界は、なぜ談合の習慣から抜け切れないのか。それは、その方が、技術力やコスト削減の努力で競争するよりも楽だし、それが、多くの同業者が生き残るための、必要悪だと割り切っているからだ。そうなると、制度を改めるだけでは根は断てない。

だからこそ、首長は、周りの者が、「天の声」の仕掛けに組み込まれないように、いつも目を配っておく必要がある。著者の弟が、その役を担った形の本件では、そこに、首長としての手抜かりがあったことが読み取れる。

一連の記述は、公共事業の裏側や、取調室の緊迫感をかいま見る上でも、貴重な証言だ。だが、法律的には判断が難しい。著者も、この事件に、裁判員制度が適用されればどうなるかと投げかけているが、その意味では、自分が裁判員になったつもりで、本書を読んでみるのも面白い。(橋本大二郎・前高知県知事)

(平凡社・1680円)=2009年10月29日④配信

「父」の重力失った時代に　「星をつくった男」（重松清著）

挑発してくる。油断ならぬ本だ。阿久悠と彼が生きた時代、さらには阿久悠が残した膨大な昭和歌謡についての物語だ、となれば読者それぞれにわが青春の思いに浸るもよし。懐かしのノスタルジーも十分だ。だがページをめくるたびに、僕らはわが皮膚のギリギリまで、阿久悠が突き出してくる刃の鋭い切っ先を全身に感じて慄然（りつぜん）とする。

断念の世代である。負けたことのない日本が戦争に負けた。昨日まで神の如（ごと）く信じていた学校の教科書の日本語を、墨で塗り潰（つぶ）す。「富士は日本一の山」であることをもう誇ってはならないのだ。阿久悠は日本語をもぎ取られた敗戦国の8歳の少年であることを自覚するところから、自分自身を始めた。

殺されて当然と覚悟したのに、生まれて初めての甘いチョコレートやチューインガムとともに、アメリカさんがやって来る。そしてラジオだ、野球だ、映画だという虹色の夢の中に埋没していく。この「平和」の中で自分は自分のために何を行い表現して生きてゆくのか。この日本の戦後史の正体を、著者の重松清さんは“父”というキーワードで読み取ってゆく。

重松さんにとって阿久悠とは父の世代だ。その阿久悠は日本という父を失いかけた。自らを父とすることが日本と自身とを回復させる唯一の筋道である。で、阿久悠は「父の言葉」で歌を書いた。

軽薄短小、物と金と効率に狂乱したあの時代の中を、5千を数えるヒット曲とともに疾走した阿久悠の栄光と、内実の断念からくる孤独な焦燥とを、重松さんは「やせ我慢の美学」として腑（ふ）分けする。そのメスさばきはまた、阿久悠の「父」の重力を失い軽みの時代を生きる「息子」の世代の不安と戦（おのの）きを伝えて、緊張感にあふれる。故に阿久悠が去り、阿久悠の時代が終わったとされる今こそ、この書物の「正体」が僕らに切実に迫ってくる。

父と息子の真剣のコラボレーション。日本のこれからはどうなるか。息子たちよ、ご油断なく。（大林宣彦・映画作家）

（講談社・1785円）＝2009年10月29日⑤配信

公衆衛生の国際ルポ　「トイレの話をしよう」（ローズ・ジョージ著、大沢章子訳）

まことに中身の濃い本である。トイレ文化の話ではない。ずばり糞尿（ふんにょう　）処理の国際問題であり、経済の問題である。

過去10年間に、下痢で死亡した子どもの数は、第2次大戦以降の武力衝突による世界の死者数よりも多いという。こういう話を聞くとすぐに発展途上国を思い浮かべる。しかし大都会香港の水洗トイレから国際線によって世界に広がったSARS（新型肺炎）や今回の新型インフルエンザの問題に照らせば、特定地域の問題ではないことは明らかだ。

コレラや赤痢などの菌は、糞尿の飛沫（ひまつ）や飲料水への混入によって広がる。糞尿処理が、世界の国々ではどのように行われているのか。最下層の人々が、バケツに入った雇用者の排泄（はいせつ）物を洗い流すインド。地面に掘った深い便槽を素手でかき回し、別の穴に移すタンザニアのスラム。そしてロンドンやニューヨークの下水道など、著者はあらゆる処理現場を観察する。

この種のルポは、とかく「人々を救おう」になるのだが、そういう表現は一切ない。適切な衛生設備があれば疾病が減る。労働人口の減少や高額医療費の増加も回避でき、国の生産性は向上する。だから「公衆衛生は、国にとって最高の投資の一つである」という著者の主張が説得力を持つ。

トイレ設備が劣悪だった南アフリカでは、ユダヤ系の元情報局長（つまりトップ諜報（ちょうほう）員）が水資源の担当大臣だった2000年に、コレラが大流行した。かつて森林で活動するゲリラだった彼は、感染の原因は上水道の汚染にあると直感し、ハエの侵入を防ぐ安価な便槽の普及キャンペーンの先頭に立ち、改善したという。しかし、きれいな水の供給に熱心な人は多いが、適切な糞尿の処置に力を入れる彼のような政治家は少ない。ここでもまた、いかに政治が重要か見せつけられた。

糞尿まみれの話をどんどん読ませるのは、タイミングのいい比喩（ひゆ）とユーモラスで巧みな文章、それに訳の見事さだろう。（中野不二男・ノンフィクション作家）

（NHK出版・1890円）＝2009年10月29日⑥配信

現代日本の縮図と行く末

「無理」（奥田英朗著）

奥田英朗には「最悪」や「邪魔」など、漢字2文字の表題が付けられた作品がある。直接的な連作関係にはないが、登場人物が徐々に追いつめられ、彼らの日常が崩壊していく様子をミステリーの手続きによって表現している点において共通している。「人口十二万人の、合併して日の浅い、だだっ広い地方都市」、ゆめの市を舞台に繰り広げられる「無理」もまた、「追いつめられていく人々」の物語である。

物語は、複数の登場人物の視点を切り替えながら進行する群像劇の構造をとる。社会福祉事務所に勤務し、要注意人物の対応を行う相原友則。東京で女子大生になるため、塾通いをする高校2年の久保史恵。詐欺まがいの戸別訪問セールスを行う加藤裕也。スーパーの私服保安員として万引犯を捕捉する堀部妙子。ゆめの市議会議員で土地開発会社を経営する山本順一。この5人をメーンに、荒涼とした地方都市とそこに住む人々のリアルな姿が描かれていく。

友則は生活保護の手続きを拒否された男の逆恨みでストーキングされ、史恵は引きこもりのサイコパスに拉致監禁され、裕也は先輩の起こしたシリアスな事件に巻きこまれる。新興宗教の会員である妙子は、敵対する宗教団体との対立の矢面に立たされ、順一は産廃処理施設建設計画に絡んだ不正を暴こうとする市民団体の追及を受ける。

就職率の低下。犯罪発生率の上昇。外国人労働者の流入。既存コミュニティーの崩壊…。ゆめの市は現代日本の縮図でもある。経済的な「格差」が、日本が陥っている負のスパイラルの原因であることは明らかだが、状況がさらに悪化し、日本という国の底が抜けた時どのようなことが起きるか。エンターテインメントの形をとりながらも、本書は日本の行く末をシミュレーションしている。

あるアクシデントにより登場人物同士が束ねられる結末まで、読者を物語世界に引きずりこみ続ける話法と技法に、たぐいまれなる作者の手腕を感じとることができる。（榎本正樹・文芸評論家）

（文芸春秋・1995円）＝2009年11月5日①配信

お喋りの中に生きるヒント

「これでよろしくて？」（川上弘美著）

語り手は38歳の子供のいない専業主婦・菜月こと、わたし。この物語は、菜月が結婚前につきあっていた男の子の母である60代の土井母から「これでよろしくて？　同好会」に勧誘される場面から滑り出します。

他のメンバーは立木雛子（20代くらいのOL）、妹尾香子（おそらく40代の自称「結婚正社員」）、八戸みずほ（4回結婚し、父親の違う子供が5人いる50代の主婦）。この、20代から60代の女子が毎月1回、洋食屋に集まって何をするのかといえば、ずばりお喋（しゃべ）りです。

テーマは、切実なものから思わず噴き出してしまうバカバカしいお題までさまざま。しかもガールズトークですから、話はけっこう脱線しがち。でも、そのライブ感がいい。自分も同好会のメンバーになったような臨場感とともに読み進むことのできる小説なんです。

同好会でのお喋りの合間には、義母のママンが急に同居することになり、夫との関係性が変化していくといった、菜月の日常も活写。このママンと菜月の丁々発止のやりとりを、野球にたとえて描く10章の語り口はスリリングかつユーモラスかつ切実で、とても読みごたえがあります。

結婚、嫁姑問題、会社での人間関係、子育て、男の操縦術、加齢など、同好会5人のお喋りの中から浮かび上がってくる、女子が女子として生きていく過程で直面せざるを得ない数々の問題。菜月がお喋りから多くの〝知見〟を得るように、読者もまたこの読んで楽しい小説の中からたくさんの生きるヒントが得られる。そして、同好会に入ったことで、時や場所や人によって変わっていく自分を発見し、〈今ここにいるわたしは、今だけのわたし〉という清々（すがすが）しい認識へと至る菜月の、女子として妻として嫁として人間としての成長に目をみはる。

これはそんな共感度の高い小説なのです。とかくバカにされやすい井戸端会議の効用を描いて、世の男性に一泡吹かせる痛快な小説なのです。（豊崎由美・ライター）

（中央公論新社・1418円）＝2009年11月5日②配信

手つかずの自然という幻　「翳りゆく楽園」（アラン・バーディック著、伊藤和子訳）

「まわりには、手つかずの自然が広がっています」などという、リゾート開発のパンフレットを読むと、つい笑ってしまうけれど、本気になって世界中探しても、そんなものはいずこにもない。

「休暇でハワイに行った人たちは、自然を満喫した気分になります。飲み物を片手に、パラソルの下に寝そべって（略）『ああ、ここは楽園だ。熱帯の植物が生い茂り、鳥たちがさえずっている』とね。でも、まわりの生き物はすべて外来種なんです」

という言葉を引いて、著者は「『手つかずの自然』という幻」を指摘している。

大陸について考えると、そこで今見られる生き物がいわゆる在来種であるのか、それとも移入種なのか、どのくらい人の手が加わっているのかを見極めることは、極めて難しいが、例えば、ハワイのように、比較的新しい時代に海底火山の爆発で生まれた島についてなら、単純で、分かりやすいように思われるかもしれない。

しかしこれも、とうてい、一筋縄ではいかない問題なのである。生き物は風に乗って、流木に付着して、あるいは自力で飛んだり泳いだりして、島に到着する。やがて、人間がやってくるようになると、家畜やペットを連れ、種子を携えてくる。生き物は人の乗り物、持ち物にもついてくる。そうして島に着くと、お互いに競合し、影響しあう。

人間はまた、新しい土地にたどりつくと、故郷の景観に似せて気分を落ち着かせようとする。そのために農業目的以外の、故郷の樹木や鳥や小動物を持ち込むのである。

そうした人間による自然改造の現状とその意味を知るために、著者は、生態学者や自然保護運動家、狩猟家などにインタビューを重ね、また自然の現場で話を聞いて、自然は常に変化するという、まさにそのことを描き出している。素晴らしい翻訳。（奥本大三郎・フランス文学者）

（ランダムハウス講談社・2520円）＝2009年11月5日③配信

サイボーグ化される身体　「近代スポーツのミッションは終わったか」（稲垣正浩、今福龍太、西谷修著）

これはスポーツをそれ自体として真剣に考えるための出発台であり、批評のフリをした軽薄なジャーナリズムとも、かたくなな現場至上主義者の論とも違う。また、スポーツの見せ物化を批判しつつそれに依存して知的遊戯に興じる、いかにも学者めいた身ぶりとも違う、スポーツ思想の試みである。

「スポーツから見える〈世界〉」「オリンピックから見える〈世界〉」「21世紀の身体」「グローバリゼーションとスポーツ文化」をテーマにしたシンポジウムの記録に加え、スポーツ史、文化人類学、フランス思想を専門とする3人が寄せる短いエッセーからなる構成。スポーツする身体をめぐる問題を、それぞれの専門から説明するから、論点は必然的に多岐にわたる。

だが一貫して語られるのは、「競争原理」の過度な追求によるアスリートの「透明化する身体」、つまり「勝つ」ために加工され結果を出すまでサイボーグ化される身体を、どのように相対化できるのかということだ。

そのためにスポーツ史家はスポーツする身体の「純粋経験（西田幾多郎）」を、文化人類学者は「流体」としての身体（アルフォンソ・リンギス）を引き、フランス思想家はジャンリュック・ナンシーに依拠して、身体の一部が交換可能であるとする考え方を批判する。

厚い知識に裏打ちされた議論が展開されるが、そうして「透明化する身体」を相対化した後に、実際にスポーツする私たちには何ができるだろうか？　読者は、スポーツ「する」こととスポーツを「考える」ことの間にある、分かちあいがたい溝を読み取るだろう。

だからスポーツ思想の作業は、高名な人物たちによる権威―これは特定の知へと導く権力でもある―に抗（あらが）い、前へ飛び出すべきだ。近代スポーツのミッションとともに、近代原理の相対化に終始する思考もたそがれに来ている。これは否定や放棄ではない。学び捨てる（UNLEARN）こともまた、先達への紛れもないリスペクトなのだから。（小笠原博毅・神戸大准教授）

（平凡社・2520円）＝2009年11月5日④配信

“情の原型”を拾い上げる

「かけら」(青山七恵著)

幼いめいの発熱のため、家族5人で行くはずだったさくらんぼ狩りツアーに父と二人で参加するはめになった「わたしイコール桐子」。二人で出かけたことなどなく、父である以外、どういう人間かほとんど知らず、興味もない。かといって他人相手のような会話はできないし、する気もない。手持ちぶさたな桐子は持参したカメラ越しに、見知らぬ人々の間にいる父を黙って観察し始める。

息子のそれとまた違う娘と父の気まずさ。毎日姿を見ているのに時折いない人のような気がする父という存在のあいまいさ。見慣れた家族が発する神秘のかけらを、さくらんぼ園の光景にちりばめた表題作。この作品によって青山は、年間でもっとも優れた短編に贈られる川端康成文学賞を、今年、最年少で受賞した。

端正な場面と落ち着いた文章、父と娘の旅という題材からは、小津安二郎の映画「晩春」が連想されるが、桐子は原節子が演じる美しい娘からは遠い。父親に「写真撮るのか」と聞かれて「写真教室、通ってるもんで」とぞんざいに答え、出されたみそ汁を見て「変なきのこばっかり」と言う。そこにたとえばにじみ出る父への情愛といったものはまったく見えない。ただ表現されないためにとどこおる情の原型のようなものが、彼女の行動をいたずらにぎくしゃくさせるばかりだ。

明確に描き出される桐子のかたくなな不自由さに、覚えがない人間は多分いないだろう。本書にはこのほか、結婚前の青年がかつての恋人を思い出す「欅(けやき)の部屋」、少女の東京巡りに新婚夫婦が付き合う「山猫」が収録されているが、どちらにも、桐子同様、親しみを表現できない、動物のような若い女が描かれる。

野良猫の目で、じっと周りの人々を観察している不器用な女たち。その視線に埋まっている、決して表現されない情のかけらを青山は拾い上げる。それは心の深い部分でいつまでもそっと光る。(田中弥生・文芸評論家)

(新潮社・1260円)＝2009年11月5日⑤配信

歴史も日本人も見えてくる

「犬の帝国」(アーロン・スキャブランド著、本橋哲也訳)

なぜお父さんは犬なのか、携帯電話会社は教えてくれないけれど、なぜかシェパードといえばドイツ第三帝国、ブルドッグならイギリス人と、企業も国家も人々も、自他の弁別には人類最良の友＝犬が登場する。

これは、他者との差異強調でアイデンティティーを確認する人間にとって、身近で、飼い主に似る犬は格好のメタファーだから。だからこそ犬という視点から、いやハチ公の垂れ耳からだって、歴史も日本人も見えてくる、というのがこの本。

日本人の犬を見る目は猫の目で、文明開化では洋犬崇拝、土着犬迫害。自ら植民帝国めざすと一転し、日本人に似て、あるじに忠誠な「日本犬」なるカテゴリーを創造。秋田犬を天然記念物と称揚し、中国犬をおとしめる。

そしてついに戦争となれば、なぜか兵隊さんが犬という「のらくろ」が、子どもの軍隊への興味をかき立てたが、修身教科書にもデビューし、抜群の教育効果を利用されたのは、忠犬ハチ公だ。

忠誠の鏡ハチ公は、当然外国犬の血で汚されない「日本犬」でなければならないが、困ったことに、実物は垂れ耳、垂れ尾で「日本犬標準」規格外。だから上野の国立科学博物館のハチ公剝製(はくせい)は、耳をピンと立て、尾も巻いて整形された。揚げ句の果てには、渋谷のハチ公像も、お国のために徴用され、溶かされてしまったという。

平和が戻った戦後には、ハチ公は垂れ耳で再デビュー。渋谷ギャルにも大うけで、ついにはハリウッドにもデビューした。こうして今や、ハチ公から、チワワのくぅ〜ちゃん、お父さん犬まで、最良の友は徹底的に商業化、商品化されてしまっている。

それでも、整形されて、忍ヒ難キヲ忍ぶ「戦争の犬たち」にされてしまったハチ公より、「どうする？」とうるうる瞳で命の大切さを教えてくれるくぅ〜ちゃんのほうが、ずっとワンだふるなことは間違いないだろう。(斗鬼正一・江戸川大教授)

(岩波書店・3360円)＝2009年11月5日⑥配信

知的興奮あふれる一級品

「鉄の骨」(池井戸潤著)

本書には「日本で、建設業の関係者は就業者十二人に一人」というせりふがある。その意味で建設業界の談合を描いたこの本は、国民の多くにかかわる内容を持っている。また、日本は自由主義経済の国なのだから、本書のテーマと無関係な国民などいないともいえる。

中堅のゼネコンに入社した富島平太は、建設現場から業務課への異動を命じられた。そこは「談合課」と呼ばれる部署だった。経験が浅く能力もない自分が、なぜそのような難しい部署に入れられたのか。平太は理由がわからぬまま、やがて2千億円規模の地下鉄工事入札にかかわることになる。

彼は当初、談合は犯罪だと反発を覚えたが、業績の苦しい自社にとってそれは必要悪だとする先輩の意見に説得されるようになる。そんな平太の態度に対し、恋人で銀行員の野村萌は企業を外から、あるいは上から見る正論で反論し、二人の仲はぎくしゃくし始める。平太は業界の大物フィクサーとの出会い、母の急病などで激動の日々を迎えるが、一方で地検特捜部が動きだしていた。

談合は犯罪だ。しかし、亀井静香大臣の、中小企業が助け合う良い談合はあるという意見に公取委が「談合はだめ」と反論したことが記憶に新しいように、この問題は単純ではない。歯止めなきコスト競争に陥れば、関係者全員が利益を失い疲弊する。ゆえに談合は必要だとする主張は根強い。また、自由な経済競争を推進した小泉路線が格差を拡大したとする議論のように、自由競争の意義への懐疑もある。そのように国民の多くが無関係ではない問題で正解が見えぬままもがく主人公は読者の共感を呼ぶ。

また、本書は社会的テーマを打ち出しただけではない。入札をめぐる駆け引きや地検特捜部の捜査に関しては、ミステリー小説としての知的興奮にあふれている。エンターテインメントとしても一級品だ。広く読まれていい小説である。(円堂都司昭・文芸評論家)

(講談社・1890円)=2009年11月12日①配信

情感あるとりとめない世界

「まずいスープ」(戌井昭人著)

さっきから「リアル」とか「ディテールの描写」とか、嫌な言葉を書いてみては消しゴムで消しているのだが、戌井昭人の「まずいスープ」は本当に魅力がある。問題はどう説明したらいいかだ。

まず言葉がいいのだと思う。東京の言葉だ。東京の言葉は標準語のことか、さもなくば「てやんでい、べらぼうめ」だと連想されがちだけど、そんなことはないですね。街にある、生きた言葉で書かれていて、会話がホントにいい。

それから人の距離感がいい。これは戌井さんの世界観にも通じることだと思うけれど、相当でたらめな生き方をするでたらめな人を描いていても、関係性に節度やデリカシーが感じられたり、愛情があったりする。

本としての構成は中編が3編だ。それぞれ主人公も世界も異なるが、どこかで響き合っている。偶然かも知れないが、3編とも食べものの話が出てくる。それがすんなりと作品世界に溶け込み、結果として描かれる世界の境界線というか、ステージの大きさを規定してるようだ。

戌井さんが見ているのは、たぶん「とりとめのない世界」というようなものだ。東京は街もとりとめがないし、生きてる人もとりとめがない。それは東京だからでもあろうし、日本だからでもあろうし、もしかすると世界全体がそうなのだ。

皆、恋愛だとか成功だとか、一直線で描ける物語を夢想しているけれど、全然そんな風にはならない。やってくうちにどんどんとりとめがなくなったものが、勢いがついてるかしぼんでるかの人生だ。そのとりとめない人生が集積して、家族の記憶や街ができている。

父親が信じられぬほど「まずいスープ」を作った後、失踪(しっそう)する表題作は、家族の再生も生きることの肯定も大げさなことはなーんも取り扱われないかわりに情感にあふれている。僕はこの人の小説がもっと読みたい。(えのきどいちろう・コラムニスト)

(新潮社・1575円)=2009年11月12日②配信

まだ見ぬ沖縄を夢想する旅　「フォトネシア」（仲里効著）

相も変わらず沖縄をめぐるイメージが氾濫（はんらん）している。「沖縄らしさ」の記号をちりばめた「癒やしの島」言説が独り歩きするなかで、沖縄へ向けられる視線は島を透過し、島人のあずかり知らない地点で像を結ぶ。

表面的には沖縄に寄りそう「報道写真」もまた、予定調和的で紋切り型のイメージに当てはめることで現状を「沖縄問題」として矮小（わいしょう）化する。あたかも沖縄に限定される問題であるかのように報道することで隠されるものは何か。そのことに私たちはもっと注意深くあるべきだろう。

米軍基地をめぐる日米両国の思惑が表面化し、普天間や辺野古の行く末が注目を浴び始めた今、観光沖縄の言説や報道写真の眼差（まなざ）しを厳しく批判する本書の出版は時宜を得たものだ。

仲里は写真家に寄り添い、写真に語らせることで、なまなかな評論には到達できない地点にまで議論を推し進める。本書で取り上げられている写真家は、いずれも復帰前後の混乱した時代に沖縄を撮り始めていることに注意したい。

本書のライトモチーフは、復帰を再審にかけることだと言い切ってもいいだろう。比嘉康雄の「情民」や伊志嶺隆の「情人」という写真を、民俗学で日本人を指す「常民」という言葉と対照させ、そこに沖縄の「異化」の思想を読み解くあたり、仲里の筆致は鮮やかな冴（さ）えを見せる。

皮肉なことに、沖縄が注目されればされるほど出来合いのイメージが私たちの眼（め）を曇らせ、生活者の視点が置き去りにされる。本書に登場する写真家たちの眼が必要とされる理由はここにある。

写真はただ現実を映すだけではない。コロニアルな風景のなかに「不在」を感受する一群の写真は、こうであり得たかも知れない世界を予感させることによって、未来への道を切り拓（ひら）く。

本書が案内役を務める「写真への旅」は、まだ見ぬ沖縄を夢想するための旅でもある。（田仲康博・国際基督教大准教授）

（未来社・2730円）＝2009年11月12日③配信

日常への直感的な批判精神　「カワイイパラダイムデザイン研究」（真壁智治、チームカワイイ著）

日本発のモードとして近年、内外で注目される「カワイイ」。人々はなにゆえに「カワイイ」と感じるのか。本書は、建築系プロジェクトプランナーの著者が女子学生とともに「カワイイ」デザインとは何かを、商品分析や事例研究などを通じて考察した成果である。

よくある「かわいい論」とは異なり、いわゆるファンシー商品やキッチュな事物の話ではない。近現代の建築や製品のデザインを「カワイイ」という評価軸で再考し、その視点から日常のモノや環境をいかに変え得るかを探る領域に踏み込む。

水玉をどう配列すると「カワイイ」感覚を引き起こすかという研究、色彩の組み合わせがどんな“物語”的効果をもたらすかという分析など、深くうなずかされる説得力がある。最大のポイントは「カワイクナイ」は「カワイイ」から逆照射されるという指摘だろう。

感覚を共有することでコミュニケーションを図る傾向が強い現代にあって「カワイイ」は近年、男子も使うコトバになった。半面、あいまいな気分の稚拙な表現として軽侮されてきたことも事実である。だが本書は逆に、直感的であるがゆえの可能性を提起する。

著者らは「破壊的、権力的、威圧的、欺瞞（ぎまん）的、独善的」などを対義語に掲げ、「カワイイ」はそういう性質を持つデザインに「直ちに『ノン』と発する」感性だととらえ直す。膨大な情報量の中で暮らす現代人によるささやかな批評精神、とも言えるかもしれない。

本書で「カワイイ」と高く評価されたデザインは、時代が求める感情やメッセージを視覚化し、人々の間に感覚共有の関係性を生みだすことに成功している。それは「カワイイ」が好まれる時代のデザインの新たなパラダイムと評価できる。

昨今のものづくりには、時代の感性やコミュニケーションからずれたアプローチが目立つ。「カワイイデザインが私たちの『日常生活批判』への手引きになることを願う」との著者の言に同感である。（紫牟田伸子・デザインジャーナリスト）

（平凡社・2940円）＝2009年11月12日④配信

根底にあるのは「自由」

「『少年ジャンプ』資本主義」（三ツ谷誠著）

「少年ジャンプ」が創刊されて、今年で41年。本書で筆者は、650万部の発行部数を誇った、このモンスター誌の代表作を解説し、個々の作品を「資本主義」というキーワードで痛快に読み解いてゆく。

漫画が大人たちに忌み嫌われていた時代から熱狂的な読者だった僕としては、漫画作品そのものに夢中になりながら、それらの持つ社会的価値をも評価する本書の出現に喜びを隠せなかった。

はじめは、ジャンプ“創世期”の看板作品「男一匹ガキ大将」を取り上げている。大きな器と魅力で仲間の数を何万と増やしてしまう戸川万吉の物語だ。筆者はこの漫画を、ただの不良が全国制覇をするだけの物語としてとらえてほしくないと主張する。連載時期は高度経済成長期のピーク、地縁的な共同体に代わって都会の株式会社が人々の夢を引き受けていた時代。そして、他人の夢まで引き受ける男として描かれた主人公は、この時代に夢を与えてくれた株式会社の存在に重なる、とヒットの秘密を解く。

続いて「アストロ球団」。超人と呼ばれる選手たちが大リーグとの決戦を目標に戦う野球漫画。大げさな描写が人気だった作品だが、著者は、超人の、人の「和」を重視したせりふに注目。「アストロ球団」が連載されていた1972～76年は、外国資本から企業を守るために、日本独特の金融機関などによる株式の持ち合いシステムが完成した時期。企業はその「とりで」に守られ、従業員全員でいちずに目標に邁進（まいしん）した時代だ。だから「和が大切だ」というせりふが時代に響いたと指摘する。

「ドラゴンボール」の章では、リーマン・ショックなど現代資本主義の問題点にも触れることを忘れない。最後に現在連載中で人気の「ONE PIECE」。この最高傑作のキーワードは「自由」だと読み解く。

そして、ジャンプが伝え続けた「友情」「努力」「勝利」も「資本主義」も、その根底にあるのは「自由」だと結論づける。明日への勇気をくれる本だ。（タケカワユキヒデ・歌手、作曲家）

（NTT出版・1680円）＝2009年11月12日⑤配信

若者を包摂する手掛かり

「朝日平吾の鬱屈」（中島岳志著）

本書を貫くのは、現代青年が抱える不幸感を血なまぐさい殺人や暴力に転化させないために、われわれに何が出来るのかと問う真摯（しんし）である。

著者は野蛮にも、青年の鬱屈（うっくつ）は、昭和維新のさきがけと言われた無名のテロリスト・朝日平吾（あさひ・へいご）の心とつながっていると断じ、歴史のねじを巻き戻す。大正10年9月28日、安田財閥創始者を襲って自死した朝日の31年間の「生きづらさ」を追体験しながら、青年が求めているのは「承認」だったと、誰もが包摂される社会づくりこそが急務なのだと訴える。

なるほどテロが多発する大正末期から昭和初期は、不況と労働運動の高揚と、政治家や富豪への憎悪と…、驚くほど現代と似ている。そうして家族とそりが合わず、飽きっぽいくせに自尊心だけは人一倍つよく、天下国家を論じることにたけた青年が長崎から上京し、都会の社会運動にのめり込んでいった。運動の挫折を他人のせいにして、孤独を深める不器用な彼の姿は、誰の目にもそれなりに浮かぶだろう。

ただ不覚にも私は、テロの直前、彼に同伴し続けた奥野貫（おくの・かん）という青年に初めて注目することになった。奥野は、朝日の複雑な内面を丸ごと理解して叱責（しっせき）できる唯一の友人で、犯行3日前、朝日に金を貸さなかった。本書の多くが奥野の発禁本「嗚呼朝日平吾」によるが「東北人」、「下層労働者のための食堂」運営にかかわる男としか描かれていない奥野とはいったい何者か、と。

東京・秋葉原の無差別殺傷事件の犯人らを特殊化し、他方で社会にこそ責任があるとの安易な論が後を絶たないが、思うにそれは奥野のような人々がいなくなったからではないのか。

本書は、思想家・橋川文三が試みた青年テロリストの内在的批評を継承するものとして意義深いが、同時に彼を差別しなかった人間の存在を教えて、鬱屈し社会を憎む若者らを包摂する社会づくりの手掛かりをつかませてくれる。（浅尾大輔・作家）

（筑摩書房・1470円）＝2009年11月12日⑥配信

映画の名場面を見るような　「女優　岡田茉莉子」（岡田茉莉子著）

岡田茉莉子は、生まれたときから女優になるよう運命づけられ、それを真正面から引き受け生きてきた。その闘いの記録がこの自伝である。

運命は、高校2年のとき、具体的な形を取って現れる。映画館で見た古い映画について話したところ、母から初めて、その「滝の白糸」の俳優岡田時彦こそ、1歳のときに亡くなった父だと告げられるのである。そして高校を卒業後、母の口にした「宿命」の一語に背中を押され、最初は拒んだ女優の道に進む。

今のくだりも含め、全編、映画の名場面を見るように面白い。戦中戦後の厳しい母子家庭の模様も、1951年に始まり現在に至る女優人生の転変も、天性の記憶力で活写されるのである。

出演した映画の内容が簡潔に語られ、成瀬巳喜男、稲垣浩、渋谷実、木下恵介、小津安二郎などの監督や、池部良、佐田啓二、森雅之、山田五十鈴、原節子、杉村春子など俳優の肖像が、エピソードを交えて描き出される。その間、映画状況が50年代から60年代へ、どう苦しくなるかも浮かび上がる。

そんな本書はきっかり半分のあたりで最初のヤマ場を迎える。62年の「秋津温泉」、吉田喜重監督との出会い、結婚、そして新しい映画づくりへ。ドラマチックな展開とともに、吉田作品の魅力に即して主演女優としての心意を語り、さらに当時の映画状況を重ねてゆく筆致は、見事という以外ない。

70年代以降、舞台出演が多くなる。楽屋で化粧するとき、鏡には、背後で見守る母も映っている。元宝塚歌劇のスターの母も。何度も出てくるその場面が印象深い。

ひとつの主題が本書をつらぬく。戦前の人気スター岡田時彦の遺児という宿命との葛藤（かっとう）から始まり、つねに女優とは何かが問われるのである。

本書は優れた女優論であり、戦後映画史の現場報告でもあり、だから映画論として面白い。（山根貞男・映画評論家）

（文芸春秋・3000円）＝2009年11月19日①配信

迫力のミステリー・ホラー　「Another（アナザー）」（綾辻行人著）

綾辻行人の5年ぶりとなる長編は、地方都市にある中学校を舞台にしたホラー小説だ。ファンにとっては、まさに待望の一冊といえよう。

1998年。15歳になる榊原恒一は、家庭の都合で東京から夜見山市の中学校に転校する。しかし、新学期早々、病気で入院し、そこで謎めいた美少女と出会う。ゴールデンウイーク明けから学校に通い始めた恒一は、彼女が同じ3年3組の同級生・見崎鳴だと知った。だがクラスメートや先生の、彼女に対する態度がどうにもおかしい。さらにクラスメートとその家族の不審な死が相次ぐ。このクラスで何が起きているのか。恒一は、26年前の出来事に端を発する“3年3組の呪（のろ）い”に、巻き込まれていくのだった。

一連の「館」シリーズで本格ミステリーの書き手として知られる著者だけに、その手法はホラー小説でも健在だ。いきなり不可解な状況に巻き込まれた恒一が、3年3組の呪いにたどり着く前半から、クラスに居るはずの死者の正体が暴かれる後半まで、ミステリーの面白さで、グイグイ読者を引っ張っていくのだ。特に死者の正体の隠し方は鮮やか。思わず冒頭から読み返し、文章のチェックをしたくなってしまうほどだ。

もちろん、そこから浮かび上がる理不尽な呪いも、すさまじい迫力を持って読者に迫ってくる。ミステリーの手法を駆使して、恐怖を盛り上げた、この著者ならではの、ミステリー・ホラーになっているのだ。

さらに本書が、榊原恒一と見崎鳴の、ボーイ・ミーツ・ガール物語になっている点も見逃せない。それぞれの鬱屈（うっくつ）を抱えた恒一と鳴は、どちらも魅力的な若者だ。そんなふたりが、ある特殊な事情で身近になり、しだいにお互いを理解していく。周囲に血なまぐさい、死の嵐が吹き荒れているだけに、ふたりの強まっていく関係が一服の清涼剤になっているのである。ここも物語の、大きな読みどころといえよう。（細谷正充・文芸評論家）

（角川書店・1995円）＝2009年11月19日③配信

近未来の性愛に言及　「図説『愛』の歴史」（ジャック・アタリ、ステファニー・ボンヴィシニ著、大塚宏子訳）

著者のジャック・アタリは、ミッテラン政権の大統領補佐官、欧州復興開発銀行総裁を歴任し、サルコジ政権の「アタリ政策委員会」でも知られる。本書は、この著名な経済学者が、ジャーナリストのボンヴィシニとともに、いよいよ愛の領域に言及したと期待させるものである。

内容の多くは、一妻多夫、一夫多妻、一夫一婦といった婚姻制度の変遷である。記述もヨーロッパに偏っており、異性愛に限られている。それでも、アタリの著書「21世紀の歴史」で見られた、太古から現在までを写し取り近未来を描く姿勢は本書でも貫かれている。

そこで明らかになるのは、現代人にとって当たり前の一夫一婦制も歴史上数多く存在してきた制度の一つにすぎず、キリスト教会がその支配を確実にするために普及させてきた点だ。何が正しい男女関係かは、時の支配構造によって決められる。

さらに興味深いのは、それにもかかわらず、人は一貫して婚姻外の性愛を求めてきたという事実である。かなわぬ思いを賛美する宮廷風恋愛にはじまる数多くの芸術作品は、人間の性愛が生殖や安定を超えた側面を持っていることを示している。

そんなアタリが、一夫一婦制が価値を失い離婚が増加している現状から予測する近未来の性愛関係とは、同時に複数のパートナーと網状の関係を築く「ネットラビング」である。また、バイオテクノロジーの発達により女性は出産から解放され、子どもは複数の家族に属するようになるという。さらに遠い未来には、両性具有者による繁殖がはじまり、自分のクローンによって性行動を楽しむことすら可能になるという。

このような未来像を前にすると、一体何のために他者と性愛関係を築くのか考えざるを得ない。何でもアリという自由を手にした時、人はどのように愛を実現するのだろうか。掲載されている豊富な図版を見ながら、自問するのも悪くない。（中村桃子・関東学院大教授）

（原書房・3990円）＝2009年11月19日④配信

17年無言で米国横断した男　「プラネット　ウォーカー」（ジョン・フランシス著、尾澤和幸訳）

米国は広大な国である。都市と都市とを結ぶ荒野の空間を、自動車文明に育った者なら一度は愛車で横断してみたいと思うものだ。大陸横断は、米文学にしばしば現れるテーマでもある。

そのような米国には時として常識外の人が出現する。徹底した世捨て人、荒野に神の国を造らんと孤立して生きる人等々、米国変人列伝の多様性こそ、米国が多様性を尊ぶ国の証明でもある。

しかし、この広大な大陸を徒歩で、しかも無言で横断することを考え、17年かけて実行した男がいた。それが本書の著者である。

大陸を徒歩で、無言旅行する動機は、サンフランシスコ湾に発生した原油流出事故であった。それを現場で目撃した車好きの著者は、石油文明を拒否しようと車に乗らないことを誓う。

そればかりか、言い争いが嫌いだからと口も閉じ、石油が生み出した現代文明を批判するため米国横断の旅に出る。どんな旅だったのかは読んでのお楽しみ。

本書のおもしろいところは、無言徒歩旅行を続ける著者に出会った人間たちの反応である。とりわけ世間の常識から見れば変人に等しい著者が、たとえば旅の途中で大学入学を決意する。無言を決意した人間がどうして授業を受けられるのか。しかし彼の真意を知った大学は特別のクラスを用意する。

こんなことは日本の大学では有り得ない。それが可能となるのが米国でもある。

彼は無言で歩きながら、日に日に内省的になる。歩くことで彼は宗教人になっていく。そういえば古来、宗教をおこした人、道を説く人は、歩行の人であった。

初めに言葉があった。しかしその人間にとっての原初である言葉を捨てたとき、彼の内部に沈黙の言葉が醸成される。

著者は、そのことで言葉の重みを知るに至る。歩行者の内面が表出され、宗教の始原を知る手がかりになった書でもある。（石川好・作家）

（日経ナショナルジオグラフィック社・1890円）＝2009年11月19日⑤配信

主体性としなやかさ　「成功は一日で捨て去れ」（柳井正著）

「ユニクロのフリース1900円。」あの一大ブームからほぼ10年。ユニクロが再び元気である。本書は、ユニクロを率いる柳井正が、自らの事業の軌跡を振り返り、その「経営」を語った書。成功だけではなく、失敗や反省も率直に述べる、そんな姿勢が魅力だ。

「壁を取り払えば…世界が広がる」。柳井が語る経営の一つの原点である。アパレルは成熟産業であり、技術革新は生まれにくい。そのため、デザインやファッション、ライフスタイル提案がマーケティングの基軸となる。このような思い込みを、柳井とユニクロはしなやかに乗り越えてきた。

ユニクロがヒットさせてきたのは、フリース、ヒートテック、ブラトップ…。手ごろな価格でありながら、防寒性や保湿性、変色の克服など、機能的にも優れた製品である。その背後には、日本の繊維メーカーの高度な技術力がある。

ユニクロの役割は、こうした素材の革新を、顧客創造に結びつけること。例えば、ヒートテックについて言えば、ユニクロが手がける以前にも、同様の製品はあった。ゴルフなど、冬のスポーツの防寒対策着として、スポーツ用品店などで販売されていたのである。このごわごわして着心地に難がある肌着を改良し、発色性や保湿性を高め、シルエットをよくした上で、手ごろな値段のファッションウエアとして販売すれば、面白いことになる。この着想と、その後の粘り強い開発の取り組みが、ヒートテックを生んだ。

「ちょっとした考え方の違いが、商品の可能性を大きく広げる」。フリースやブラトップもそうだ。登山着の素材をタウンウエアに、インナーの工夫をアウターに…。「服を変え、常識を変え、世界を変えていく」歩みの原点は、こんなところにある。

もちろん思いつくだけでは駄目である。主体性としなやかさを兼ね備えた、実行力のある組織。その実現を追求した経営者の思索の記録である。
（栗木契・神戸大大学院准教授）

（新潮社・1470円）＝2009年11月19日⑥配信

指導者と兵士を見事に活写　「ザ・コールデスト・ウインター　朝鮮戦争（上・下）」（デイヴィッド・ハルバースタム著、山田耕介、山田侑平訳）

大部の著作ながら、一気に読ませる。朝鮮戦争を扱った書物は数多いが、ここまで読者を引きつけるものはまれだろう。理由は二つあると思う。

第一は、朝鮮戦争をめぐる各国の政治状況と国際関係のダイナミズムを、過不足なく包括的に描いている点である。関係国の指導者たちは何を考え、どう動いたのか。米国のトルーマン、ソ連のスターリン、中国の毛沢東、そして韓国の李承晩と北朝鮮の金日成といった本書に登場する指導者たちの思惑、決断、誤判、苦悩を、著者は最新の資料と研究を踏まえて見事に活写している。

朝鮮戦争が、民族相はむ戦乱を通じて半島分断の固定化をもたらしたのみならず、戦後の北東アジアの国際関係はもとより、世界政治の構造を形つくるうえで大きな影響を与え、とりわけ米国の対外関与が軍事化に向かう大きな契機となったことを、本書を通じて読者は十分に感得できるはずだ。

本書が読者を魅了するもう一つの点は、著者が朝鮮戦争に従軍した米兵士たちとの綿密なインタビューをもとに、その戦闘場面を立体的に描写し、その場で末端の兵士たちが何を感じ、いかなるいら立ちを持ち、かつどのような使命感を抱いていたかを丁寧に描いていることである。

推計で3万3千人にものぼる米国人死者をだした朝鮮戦争だが、米国では「忘れられた戦争」として位置づけられてきた。「平凡な一般人の崇高さに敬意を払う」ことを旨とする著者は、従軍した兵士たちの物語を紡ぐことによって、朝鮮戦争を鮮やかに「米国の歴史」のなかによみがえらせたと言ってよい。

いずれにせよ、本書は、あくまでも「米国」にとっての朝鮮戦争の意味を検討したものである。「韓国」「北朝鮮」そして「中国」にとっての朝鮮戦争は、また別の意味を持っている。それらも一緒に読んでみたいという気を起こさせることも、本書の魅力の一つだろう。（伊豆見元・静岡県立大学教授）

（文芸春秋・上下各1995円）＝2009年11月26日①配信

各々の正義で追う連続殺人　「後悔と真実の色」（貫井徳郎著）

ある夜、東京・神楽坂に程近い赤城下町の空き地で、若い女性の他殺死体が発見された。

被害者は刃物で顔といわず身体といわずめった刺しにされており、なぜか右手の人差し指が切断されていた。

赤城下町は新宿区といっても夜は人通りがほとんどなく、先日来、痴漢が出没していたというから、変質者の犯行かと思われた。

だが、同じく人差し指を切り取られた第二、第三の被害者が出て、「指蒐集（しゅうしゅう）家」と名乗る犯人が犯行の様子をインターネットで実況するにおよんで、事件は世間を震撼（しんかん）させる連続殺人へと発展していく―。

犯人の目的は、はたして何か？　一見、なんの接点もないように見える被害者の間に何らかのつながりはあるのか？

卓越した推理能力から揶揄（やゆ）と羨望（せんぼう）をこめて「名探偵」と呼ばれる捜査1課の西條刑事をはじめ、同じく捜査1課の三井、第一の被害者を発見したことから捜査本部に加わり西條とコンビを組むことになる大崎巡査、西條に異常ともいえる敵愾（てきがい）心を燃やす機動捜査隊の綿引警部補…。

さまざまな立場とキャリアを持つ警察官たちが、各々の信じる正義のために、それぞれのやり方で事件の捜査に挑むのだ。

本書は、サイコキラーを扱った重厚な警察小説としてスタートする。

堅実な捜査が続く序盤から、何者かの罠（わな）にかかった西條が絶体絶命の窮地に追い込まれる中盤まで、「指蒐集家」は容易に姿を現さないが、その正体を示す伏線は随所に張られているのでご注意あれ。

500ページの長編のラスト50ページに詰め込まれた意外な展開の連続には、誰もが度肝を抜かれること間違いなし。

抜群のストーリーテリングと構成力で、警察小説と本格ミステリーの融合に成功した新たな傑作の登場である。（日下三蔵・ミステリー評論家）

（幻冬舎・1890円）＝2009年11月26日②配信

高度な知による人間研究　「妖怪文化研究の最前線」（小松和彦編）

一般の人々にとっては、多くの注釈が必要なタイトルかもしれない。え？「妖怪」って「文化」なの？「研究」なんかできるの？　ましてや「最前線」なんてあるの？

妖怪を研究するとはどういうことか。それは決して、「妖怪はいるのかいないのか」とか、「ホンモノの妖怪はどこにいるのか」といった類（たぐい）のものではない。そもそも研究者は、妖怪の存在を信じてなどいないのである。

しかし、人間が妖怪という一種の共同幻想を必要としたのは事実であり、その意味で、妖怪は「文化」である。そして、「人間はなぜ妖怪という幻想を必要としたのか」を探求するのが、妖怪研究なのだ。だから、「妖怪研究は人間研究である」と、この本の編者である小松和彦は言う。

それゆえに、妖怪を理解するためには、人間を理解するための「知」が総動員される必要があるのだ。

この本には、民俗学、文化人類学、国文学、人文地理学、歴史学、情報科学といったさまざまな分野の研究者が、それぞれの立場からの妖怪研究を開陳している。

もっとも、研究者たちは自分の専門分野に固執することなく、自在に領域を横断し、柔軟な視点で妖怪に対峙（たいじ）しようとしている。

つまりこの本自体が総合的な「妖怪研究イコール人間研究」であるとともに、それぞれの個別研究もまた総合的な「妖怪研究イコール人間研究」となっているのだ。これこそが、妖怪という事象を研究しようとする際の最も理想的なあり方だといえるだろう。

妖怪研究というのは、一見通俗的に見えながら、実はさまざまな学問分野を踏まえた上での広い視野と柔軟な思考が要求される、きわめて高度な「知」の領域なのである。この本はまさに、そうした「知」の最前線を、妖怪という親しみやすい題材を通じて垣間（かいま）見せてくれるものとなっている。（香川雅信・兵庫県立歴史博物館学芸員）

（せりか書房・2940円）＝2009年11月26日③配信

10代の父の内面をドライに

「ガツン！」（ニック・ホーンビィ著、森田義信訳）

中学生のころ、「私は13歳」という本が話題になり、学校で回し読みされていた。13歳で妊娠、出産したイギリスの少女の手記で、「なぜママになってはいけないの？」という副題がついていた。なぜって、そりゃあ、早すぎるからだよと、当時も思っていたし、今も思う。しかし、ほんとうに妊娠してしまった13歳を目の前にしたときに、その心に届く言葉を自分が見つけられるかどうか、自信がない。

「ガツン！」は、15歳の少女が妊娠し、16歳で赤ちゃんを産む物語である。ただし主人公は少女ではなく、妊娠させてしまった少年の方。不良でもなく、優等生でもなく、スケートボードの好きな、自意識過剰気味の、それも含めてごく普通の15歳の少年である。著者が男性だから、ということもあるのだろうが、ティーンズ出産ものではないがしろにされがちな、男性側の心理が詳細かつ生々しく感じ取れる点は、この本の収穫だと思う。

彼女から妊娠を知らされた少年サムは、タイトル通り「ガツン！」ときて、おろおろとうろたえる。その揺れを、さまざまな仕掛けで深刻になりすぎないように描いている。サムが尊敬の念を抱いている、スケーターのトニー・ホークのポスターに語りかけさせたり、ふいに何年も先の未来へ時間を飛ばして客観的な状況把握をさせたり。考えすぎ、ともとれるような内面描写は、熱いながらもドライな面があり、ユーモラスである。

実は、サムも16歳の母親から生まれている。そのことが、この小説世界を貫く太い問いとなっているのである。「なぜママになってはいけないの？」は、世代を超える。

少々軽薄な面もあるが、憎めない性格のサムの成長と、社会の枠組みの中で新しい命を授かることの醍醐味（だいごみ）。きれいごとに着地しきれない、やるせない現実が苦い。巻き込まれてゆく、彼らの親の立場の人たちにも深く同情したのだった。（東直子・歌人）

（福音館書店・1890円）＝2009年11月26日④配信

同時代人に差し出す伝説

「ほびっと」（中川六平著）

1970年代文化の伝説の一つに、反戦喫茶「ほびっと」の存在があった。山口県・岩国の米軍基地のすぐ近くに、米兵に反戦を呼び掛けるコーヒーハウスが堂々と開かれたのだ。

ベトナム戦争たけなわのころ、岩国基地から次々に、米兵がベトナムに送り込まれていたころであった。

このコーヒーハウスは同志社大の学生だった20歳の六平クンが、学業をなげうって（？）、仲間たちと一緒に開いたもの。いま還暦に近づいた六平さんが、古い日記をめくりながら、伝説を物語イコール歴史として、同時代人、また現代の人々に差し出してくれた。

日記についての次の数行の言葉に、じーんとくるものがある。「青春が、ぼくにあったとするなら、日記のなかの姿そのものだった。ここから、ぼくは始まった。大げさではない」

基地の兵士たちのたまり場にして、彼らに反戦のビラを渡す、基地の秘密を聞き出す。あるいはタコを空にあげて戦闘機の出撃の邪魔をする。

こうした活動が警察の目を惹（ひ）かぬわけがない。警察のいやがらせ、脅し、手入れ、さらには「でっちあげ裁判」も経験する。米軍の司令官は「ほびっと」への立ち入り禁止の命令を出した。運動が成果を上げた何よりの証拠である。

いい話がたくさん盛り込まれている。手提げ袋から財布を出して200円カンパするおばあさん。やってきて泣きだしたり、わめきだしたりする米兵。みんな戦争にうんざりしていたのだ。

「生活か運動か」。若者たちの議論もなつかしい。コーヒー100円、コーラ80円、ヤキメシ150円で、1日の売り上げ1万円前後。数字がこまかく記されているので楽しめる。

公認の歴史にはなかなか記されないのだが、反戦運動は日本文化の誇るべき伝統ではないか、そんな気がする一冊だった。（海老坂武・フランス文学者）

（講談社・1890円）＝2009年11月26日⑤配信

下町のはずれの少年の目

「場末の子」(青木正美著)

ここで言われる場末とは、東京下町のはずれ。下水道がなく、水道はあるけれど、井戸からの汲(く)み上げが併存。トイレは汲み取り。小学校は軒並み木造。交通の便は、電車が1本きり。

その場末に、9人きょうだいの長男として生まれ育った著者の、幼い日を描いた自伝。描かれるのは、生まれ年の1933年から、中学を終える49年まで。日本にとっては、戦争から敗戦、戦後の混乱へとつづく、文字通りの激動の時代。しかし、著者も自負するように、この時代を少年の目で描いた作品は多くない。テーマとして興味深い。

ベーゴマ遊びの、生き生きとして細部にわたる描写。ベーゴマは、幼い著者が夢中になった遊びだけにその記述は詳細を極める。それだけではない。秘術を尽くして戦い抜く姿に場末の子らのタフネスが現れる。本書のハイライトにちがいない。

他方、少年の著者には、隠そうとして隠しきれない悩みがあった。本書の冒頭近くで、唐突に切り出す。「いつか私は、自分の醜い頭のことを知った。正面から見た私の頭蓋(ずがい)が、並の人のように相似形でないのがそれである。この責任は母だった」

生まれてきた著者に授乳する際に、どんな理由からか、母親は片方の乳だけを含ませたという。それで頭が「変形」したのだと。

この問題は、その後もたびたび登場する。いじめの場だったり、大人たちのうわさ話の輪だったり。通奏低音のように流れて、本書に独自の陰影を与えている。

なお、著者は70代になった今日まで、日記を書き続けている。書きはじめは中3のとき。すると、本書の記述の多くが「日記以前」という。それでも書けた？　じつは日記を書きながら、以前のことを思い出すと日記に書き加えていったのだと。なんという執着ぶりか。(枝川公一・ノンフィクション作家)

(日本古書通信社・1890円)＝2009年11月26日⑥配信

さわやか理性男の真骨頂

「岩盤を穿つ」(湯浅誠著)

日本の貧困問題を語るのに欠かせない存在となった湯浅誠さんの近著。今、何が問題で、何をしなければいけないのかを、分かりやすく書いた文章が集められている。

昨年末から今年にかけての「年越し派遣村」の村長として活躍して以来、湯浅さんをテレビで見る機会がグンと増えた。その話に説得力があるのは、彼が現場を知り尽くしているから、というだけでないような気がする。

彼の姿を見て、これまでの貧困や労働問題の活動家とは全く違った印象を受けた人は多いのではないだろうか。熱心なのに押しつけがましくなく、どこかさわやか。イデオロギーとか、組織の利害や支配欲などのにおいがせず、特定の勢力や権力とのしがらみやわだかまりもなさそう。なにより、涙や汗よりも言葉で物事の本質を語り、情より理性に訴える。その話しぶりに、思わず耳を傾けた人も少なくないだろう(私もその一人)。

この本には、そんな湯浅さんの真骨頂が詰まっている。たとえば—。

「貧困の問題は、道徳とかモラルの問題ではありません。かわいそうなあの人たちにやさしくしてあげましょうというような話ではない。もっと論理的に、理屈で、自分たちの利益に直結する問題なのだと考えて(略)取り組まなければいけないのです」「(それが)民間の責任であり、行政の責任でもあり、市民全体の責任だと私は思います」

セーフティーネットは、「どうしようもない人」を仕方なく面倒みてやるものではなく、むしろ社会の活力を維持し向上するために必要で、そもそもは富国強兵のための政策として取り入れられたのだという。

今日の生活にも事欠く人びとは、どんな条件でも黙って働く「NOと言えない労働者」となっていく。それが正規労働者の処遇低下につながっていく様を、湯浅さんは諄々(じゅんじゅん)と説いていく。

この社会に生きるあらゆる人たちに、貧困の問題に自分がどう向き合うべきかを考えさせてくれる一冊だ。(江川紹子・ジャーナリスト)

(文芸春秋・1260円)＝2009年12月3日①配信

実にうれしい美味の旅　「池波正太郎指南　食道楽の作法」（佐藤隆介著）

第1章が始まるとすぐ、その日最初の食事にビーフステーキを好んだ池波正太郎の健啖（けんたん）ぶりが紹介される。

そんな池波の書生をつとめた著者は続けて、レアに焼いた厚めのステーキ肉を「そぎ切りにして温飯にのせ、煮切り酒で割った濃口醤油をかけ回し、卸し山葵を天盛りにする」ステーキ丼レシピをさらりと開陳する。

著者好みの一品だが、このステーキ、牛脂と太白ごま油で薄切りにんにくをいためた土鍋で焼くという。ここまで読んだだけで、滴る肉汁が見え、にんにくが香る。

「人生は口福に在り」を信条とする書生に師はかつて、「明日が最後の一日でないという保証はない。（中略）そう思って飯を食え。そう思って酒を飲め」と教えた。

書生がそれをよく守ったことは、気取らず飾らないながら、たいそううまいであろう品々をつくっては酒に添え、飯に添える日常に表れている。しかし、師と書生の好みには違いもある。

例えばウナギ。師は蒲焼が出てくるまでは他の物は何も食べないというのが持論だが、書生はまず肝焼きや白焼きで一杯やるのを好む。

タケノコなら、師はモウソウチクに限るようだが、書生はネマガリダケのうまさを紹介する。えぐみの少ないこのタケノコはサバの水煮缶を使った鍋にする。詳細は本書で確認してほしいが、筆者などは、タケノコ鍋をさかなに飲む酒のうまさを思って、ネマガリダケが出る5月が、今から待ち遠しくなった。

実サンショウを取り寄せて自ら作るちりめんサンショウ（春）。アジの代わりに尾道の浜焼タイを用いる自家製冷汁（夏）。バスと電車を乗り継いで葉山まで食べに行くハゼの天ぷら（秋）。東北へ行くなら食べたい山形の板そば（冬）。これらは本書に出てくる四季折々の美味のほんのひとつまみだが、なめるようにして読み進めると不思議な感覚にとらわれる。

それは、美味を訪ねて著者とともに旅に出たり、自宅に招かれて酒と酒肴（しゅこう）を楽しんだりするという、実にうれしい錯覚である。（大竹聡・雑誌「酒とつまみ」編集長）

（新潮社・1575円）＝2009年12月3日②配信

家族のきずなめぐる戦い　「犬と鴉」（田中慎弥著）

表題作のほかに2編を収めた作品集であるが、何といっても表題作が圧倒的な迫力に満ちている。祖父と父そして「私」の三代の家系が体験する戦争がテーマになっているが、その「戦争」は正体不明の時空間のなかで展開される。「私」がそのなかに投げ出された破壊と廃墟（はいきょ）の光景は「祖父の頃の古い戦争」とはまったく違ったものだった。

ある日、羽根の生えた鯨のような飛行物体が来襲し、その胴体から腸のような管が地上へ向かって無数に伸びてくる。その管から放出された黒い玉がたちまち夥（おびただ）しい犬へと変身し、人間たちを次々に食い殺しはじめる。戦争が終わったと思って安心して外へ出てきた人々は、この怪物のような犬たちに追い回される。

「犬は玉から犬に変った時点でどれも成犬の大きさだった。逞しく詰った胴から生えた脚は、特別に長く伸びた毛の束がしなやかに動いているかのようだ。尖った耳は黒い炎の先端だった」

SF映画めいたこの怪獣の犬が走り回るなかで、古い戦争で焼け残った図書館が何か象徴めいた印として浮かびあがる。そこには戦争で生き残った「私」の父親が立てこもっている。特異な病気のために徴兵を免れ、その病気のためか犬たちの攻撃を受けないで生きのびた「私」は、この死と廃墟の中で父と対峙（たいじ）する。

作品を読み進めていくと、この奇妙な戦争小説は家族という絆（きずな）をめぐる「血」の〝戦い〟の寓話（ぐうわ）としての相をあきらかにしていく。図書館とは祖父や祖母そして父母の抱いた「悲しみ」の記憶の迷宮であり、主人公の「私」はその迷宮の扉を死の犬たちに追いかけられながらこじ開けていく。

血族と肉親というもののグロテスクな悲哀と情愛の世界。それが繰り返される「戦争」の正体なのだ。「人間はなんといったって、悲しむために戦争するんだ」という作中の祖母の言葉に、この謎めいた小説を解く鍵が隠されている。（富岡幸一郎・文芸評論家）

（講談社・1575円）＝2009年12月3日③配信

粗暴な奉公人に頼った威武

「大名行列を解剖する」(根岸茂夫著)

今日各地で催される大名行列のイベントからは、整然とした秩序と統制、さらには江戸時代における武士の権威というものを読みとる人も多いだろう。しかし当時の実態はそうしたイメージとはほど遠く、危険や喧噪(けんそう)に満ち満ちたものだった。数々の事例を挙げ、畳みかけるようにして本書はそう伝えている。

それは何より行列の真の主人公が、人宿(ひとやど)という仲介業者に雇用、派遣された多数の奉公人だったからである。たとえば御三家の一つ、紀伊徳川家が江戸城に登城する際の行列280人を見てみると、実に4分の3をこうした"派遣労働者"が占めていた。

リーダーの命令一下、気に入らない主人を駕籠(かご)ごとうち捨てることもあれば、預かった大事な道具を放り投げて渡す、あるいは国元から上ってきた奉公人には陰湿ないじめを繰り返すことも。幕府や大名はその「がさつ」な振る舞いにほとほと手を焼いていた。

しかしそうした行動を大名が責めることはできない。同輩より抜きんでることで自らを誇示しようと、行列を盛大に華美にしたがったのは、当の大名であり武士にほかならなかったからである。近世の武士が有していた独特な心性が、奉公人の無軌道な行動を助長していたことになる。

とはいえ自身の肉体以外、失うものなど何もない奉公人こそ、えてして刹那(せつな)的な行動に走りやすく、また仲間同士で一層強固な結合をなしていて、主人といえども容易に制御できるものではなかった。しかもそこは仲介業者やリーダーによる給金のピンはね、賭博による借金漬けも横行する、陰惨な場でもあった。

大名行列の背後に広がっていたこうした世界を知るにつけ、馴致(じゅんち)された今日のサラリーマンにはかれらのＤＮＡが受けつがれなかったのかと、あらためて疑問がわく。本書で取り上げられた奉公人たちの、近代に入っての行く末が気になるところである。(森下徹・山口大教授)

(吉川弘文館・1785円) = 2009年12月3日④配信

工業的な食物連鎖のツケ

「雑食動物のジレンマ(上・下)」(マイケル・ポーラン著、ラッセル秀子訳)

自然の生態系を無視し、工業的な食物連鎖を効率のみで作り出し、金もうけをしたツケは、必ず子孫が払わされることになる。上下2冊の大著は、アメリカの話だが、そっくり日本にも当てはまるコワーイ教訓だ。「トウモロコシで肉をつくる」というくだりが、身につまされる。

トウモロコシがとれすぎて、処分に困ったアメリカで知恵者が考えたのは、本来の生態系をねじ曲げ、トウモロコシで牛肉を作って帳尻を合わせることだった。

安価なトウモロコシが牛1億頭の食用肉づくりに回される。生みたての36キロほどの牛をわずか14―16カ月で500キロの成牛に仕立てあげる。それまでアメリカでは1930年代なら食用牛として市場に出荷したのは4歳か5歳。50年代でも2歳か3歳まで飼育した。それを即席やっつけ"栽培"で1年強で食用肉にしてしまう。

本来、牧草しか食べない牛の胃袋を品質改良し、トウモロコシを食べられる胃にしてしまった。その結果、大量の安価な牛肉が作られ、特別の日にしか食べられなかった牛肉が、1日3回食べられるようになった。

筆者は長年、食糧問題の取材を続けてきたが、本書が取りあげるアメリカの事例は、日本のクロマグロを含めた養殖に似てないか。自然の生態系を無視し、狭く不衛生ないけすの中にサカナを閉じこめ脂肪をつけることだけに専念したエセマグロ。そのうまくもない養殖物をおいしいと食べ続ける一部の人々。

こうした愚考の結果何が起きたか。牛の肥育場のまわりの水質汚濁、有害廃棄物の発生、致死的な新たな病原菌(O157など)の発生である。

さらに悲劇なのは、人工的に作られた牛を口にする人たちの健康被害である。「安くてうまい」はあり得ない。ホンモノは必ず手間暇がかかってコストに見合った値段になることを肝に銘ずべきだ。(軍司貞則・ノンフィクション作家)

(東洋経済新報社・上下各1890円) = 2009年12月3日⑤配信

極上の娯楽作、召し上がれ

「ダイナー」(平山夢明著)

舞台は会員制の食堂。ボンベロという名の天才シェフがこの空間を支配する。ハンバーガーを作らせたら世界一で、常連の客たちはその味を堪能するため一仕事を終えると足を運ぶ。最高の食事と酒を提供するシェルターのようなこの場所に、出入りできるのはプロの殺し屋だけだ。

ホラー小説界の鬼才、平山夢明9年ぶりの長編小説「ダイナー」は、この密室で物語が進んでいく。ほんの出来心から闇サイトのアルバイトに手を出し、拘束され拷問された揚げ句、使い捨てのウエートレスに売りとばされたオオバカナコは、生き延びるため全身全霊をかけて殺し屋たちに対峙(たいじ)していく。味方は一匹の犬だけだ。

さまざまなトラウマを抱えた客は、荒ぶる血を抑えるために思いもかけぬ姿でやってくる。整形手術を繰り返す者、知的障害を装う者、爆発物を体中に着込む者、二重スパイとなる者、産婦人科医だった者、絶世の美女。お互いの思惑は脇において、まずは食事を楽しむ。カナコの給仕は付かず離れず、静寂のときは過ぎていく。

崩壊は一瞬にして始まった。微妙に保たれていたバランスが、ある抗争から崩れ始める。信頼と友情と恋愛が、血や肉や骨とともに砕け散り、吹き飛ぶ。ひとつの言葉が運命を変えていく。

世界の最底辺でうごめく男たちの掃きだめのような場所を描きながら、そこにはいつも清冽(せいれつ)な光が存在している。希望とも祈りともつかない暖かな「何か」。平山夢明の小説は、いつもその「何か」に魅了されてしまうのだ。

この小説を面白いと言うのは人としてどうなのだろう、でも面白いものは仕方がない。万人に推薦できる心温まる作品ではない。この小説は読み手を選ぶ。香辛料の効いた物語がお好きな人にはたまらないだろう。少々胃にもたれるのは覚悟の上で、極上のエンターテインメントを召し上がれ。

(東えりか・書評家)

(ポプラ社・1575円)=2009年12月3日⑥配信

不世出野球人の述懐

「野球は人生そのものだ」(長嶋茂雄著)

人が歴史を創るのか？　歴史が人を産み出すのか？　それは、シーザー、ナポレオン、信長、秀吉、家康以来のテーマといえる。が、私は「人が歴史を創る」と断定できると思っている。とりわけスポーツの世界では…。

本書は、終戦以来、日本の野球界の歴史を半世紀にもわたってけん引してきたスーパースター長嶋茂雄の「自伝」である。

「自伝を書くとフィクション(創作)だと言われ、フィクション(小説)を書けば自伝と言われる」とは作家フィリップ・ロスの名言だが、ミスタープロ野球の自伝には「創作臭」などみじんもない。野球が大好きな人物が、ひたすら野球に打ち込む姿が染み出ている。

ただし書かれていない部分は多い。立教大から巨人入団時の事情、最初の監督解任時のあつれき、江川事件…。その折々でさまざまに錯綜(さくそう)した事件があったはずだが、“野球という人生”を生きた人物は、それらを割愛した。それは当然のことで、ユニホームを着てグラウンドを駆ける姿こそ美しかった人物には、プレー以外のことは重要ではないのだ。もっとも、今後の日本の野球人が同じ考えでは、日本野球の発展はあるまい。

おそらく日本で最初に「大リーグでプレーしたい」と思ったスーパースターが、今は「日米間で、自由に選手がピックアップされ、草刈り場になっていること」に「一抹の寂しさ」を感じている。それは一つの時代を創った人物の述懐であり、未来の日本野球は、そんな感傷を抜きにして新たな時代を築く以外ない。

自分は「アウトロー的」と書きつつ、グラウンド外では組織の壁を破れなかったようにも見えるミスタープロ野球は、何より「ファンの方に楽しんでもらわなくてはいけない」と考え、実践もしてきた。その姿勢は見事だが、そこには「ファン」でなく「サポーター」という発想はない。そんなことを考えつつ本書を読めば、前時代の不世出の野球人が、さらにいとしく思えてくる一冊である。

(玉木正之・スポーツライター)

(日本経済新聞出版社・1680円)=2009年12月10日①配信

少女たちの精神史を再話

「製鉄天使」(桜庭一樹著)

山陰地方の架空の村を舞台に、山人の血を受け継ぐ万葉以下、毛毬、瞳子と続く製鉄所一族の女三代記を描いた「赤朽葉(あかくちば)家の伝説」の外伝的作品。

「赤朽葉家一」の設定と微妙に似ているが、本作の舞台となるのは赤珠村。主人公の名は赤緑豆小豆である。物語の始まる1979年3月の時点で小豆は小学生。製鉄所の娘である彼女には、彫刻刀からバイクまで、鉄製の道具ならば意のままに操れる特殊な才能が備わっている。中学進学後、わずか4人の手勢で女子暴走族「製鉄天使」を結成した小豆は、地元の「エドワード族」を倒したのを皮切りに、山陰地方、ついで中国地方全土の制圧に成功する。

戦いのなかで一瞬の生を燃やすことが「少女」であることの誇りだ、といわんばかりに、小豆は刹那(せつな)を生きる。だが「製鉄天使」を脱退して進学校に進学した元盟友のスミレが少女売春の元締めとして検挙され、獄中で死を遂げたとき、小豆は自身の「少女の時間」が、ついに終わりつつあることに気づいてしまう。

こう書くとわかるとおり、登場人物の名こそ微妙に違え、「製鉄天使」のストーリーは「赤朽葉家の伝説」で描かれた毛毬の物語と同一である。それもそのはず、「製鉄天使」は「赤朽葉家一」の第2章「巨と虚の時代」で、少女マンガ家となった毛毬が描く作中作「あいあん天使(エンジェル)!」として構想されていた部分を、独立させた作品なのである。

「シャン」「てへっ」「イヤン!」等、マンガ的というより「死語」といったほうがふさわしい言葉を意識的に用いた「製鉄天使」は、ガルシア・マルケスの「百年の孤独」を思わせる超時間的な濃厚さをたたえた「赤朽葉家一」とは対照的だが、コミカルな言葉の合間にしばしばみられる寺山修司を思わせるフレーズからは、遠い昔に失われた少女たちの「精神史」を再話することへの、著者の強い意志を感じた。(仲俣暁生・編集者、文筆家)

(東京創元社・1785円)=2009年12月10日②配信

昔の人、昔のもの、昔の町

「神保町『二階世界』巡り」(坂崎重盛著)

この本の著者、坂崎翁とは、三昔、いや四昔近くも前に世界半周旅行をともにしている。少しだけ先輩なのに翁と呼ぶのはこの人、大分前に若くして隠居宣言をしたからである。

ついでにいえば、収集する"猿"でもある。隠居した理由を詳しくは知らないが、そう宣言してからは古書店巡りを日課とした(これは勝手な想像)。そして、この10年の成果のすべてがこの書にある(「二階世界」の理由も本書にある)。

先にいってしまえば、翁の興味は見事に昔の人、昔のこと、昔のもの、昔の町に向けられている。古い方への眼は、恐らく今が面白くないからで、誰かの言ではないが、"早く昔になればいい"の人なのだろう。本来は造園家のはずだったが、いつからか遊戯を文章化する人になり、面白くないことは書かないという点では、今の時代ではまれな人である。

まず、人物評が面白い、というより面白いと認めた人しか書かない。半村良、正岡容、吉田健一、安藤鶴夫、池波正太郎、山田風太郎、植草甚一、草森紳一、野田宇太郎、山口瞳、村松友視…。本当はもっと昔の人のことを書きたかったに違いないと想像するが。

次に書評が面白い。少し時を外した書評なぞは普通は関心の外のはずだが、翁の書評は時を問わない。書評は文字通り、本への評であり、(時に最新の)案内である。で、書評によってその本を手に取ったり、取らなかったり。ところが翁の書評は、書評が対象の本の内容を超えている? と思うほど面白い。実際そういう本もあった。

同じ伝で、町巡りも東京への想いも並んでいる(もし翁が東京人でなかったらどうしよう)。そして最後は巻末の「焚(た)き火系」の文芸と俳句。

恐らく翁としては新しい発見の面白さである「焚き火系」を、たちまちの内に収集(俳句だけでも200句)、解説してみせる。今日の東京に翁がいる意味。それを問う本である。(矢吹申彦・イラストレーター)

(平凡社・1995円)=2009年12月10日③配信

はかない真実のきずな

「ほかならぬ人へ」(白石一文著)

「この胸に深々と突き刺さる矢を抜け」で、山本周五郎賞を受けた著者の受賞後第1作である。

表題作の主人公、明生は、優秀な兄たちに劣等感を抱き、自分に自信が持てない青年で、キャバクラ勤めのなずなと結婚。だが妻は、昔の恋人真一の離婚を知って動揺し、変わっていく。

あるいはあなたも忘れられないかつての恋人がいて、復縁を夢想したことがあるかもしれない。

過去のなずなには、真一をめぐってほかの女との三角関係や自殺騒動もあったが、それでも真一を忘れられず家を出る。恋は執着であり、理性とは対極の妄執でもある。

本作にはほかにも、幸福に結ばれることのない人をひそかに思い続け、そのために自分が別の異性から愛されている幸福のかけがえのなさに気づかない愚者が登場する。

だがそうした人々にむける明生のまなざしは、諦念も交えつつ優しい。

なずなは、この先も真一とは修羅場があるだろうと予想しても彼と生きる道を選ぶ。そんな元妻を明生は許し、手放す。

だからこそ彼は、この人こそ「ほかならぬ人」だと、どうすればわかるのかを問い続けていく。

出会いの時も、その後も、異性として魅力は感じないものの、人間的な温かみと賢さに深い安らぎをおぼえ、歳月とともに互いにとって「ほかならぬ人」となり、真実のきずなが結ばれていく男女関係もたしかにある。だが明生がそれに気づいた時、愛する人の命はあまりにはかなかった…。

過去の恋に執着して、現実を生きようとしない人々の弱さといとしさを、スポーツ用シューズ業界の営業部を舞台にして多彩な人間模様のなかに描き切った傑作である。

もう1編の「かけがえのない人へ」は、結婚前の女性を主人公に、元上司との秘密の逢瀬(おうせ)、世間体を取り繕う偽善的な生き方、それでも心を許した相手には誠実な信頼を最後の望みのように求めずにはいられない人間の姿を、官能的かつ硬質な描写をまじえて描く白石作品らしい魅力に満ちた恋愛小説である。(松本侑子・作家、翻訳家)

(祥伝社・1680円)＝2009年12月10日④配信

ひとがじかに通いあう意味

「『出会う』ということ」(竹内敏晴著)

「ごっつんこ」から話ははじまる。身動きできず、人にもほとんど反応しない重複障害の子どもに、教員たちは音具を作り、ともに動いたり歌いかけたりするのだが、子どもは一度たりとも眼を合わせようとしない。ふとその子に竹内さんが近づくと、じっと眼を見返す。おでこを寄せてごっつんこするとさらに大きな眼で見つめるので、こんどは鼻の先で鼻を押す…。どうしてこういうことが起こったのだろう。

若いころ、失語に苦しみ、失語の長い時間からようやくことばが「劈(ひら)かれた」という重い経験をもつ竹内さんは、その後の半生を「ことばとからだのレッスン」に捧(ささ)げた。ひとが「じかに」ふれあうことの意味を問い、その回復に一人一人とじっくり取り組んだ。

ことばをひとはコミュニケーションの媒体だと考えている。自分を誇示するため、あるいはみずからが傷つかないよう「弾幕」を張るかのように、道具として使っている。が、ことばは、そして魂というものは、人間のからだ全部を含んでいる、と竹内さんはいう。声が出ないのは、声が届かないのは、ひとの存在が閉じているからだ、と。

竹内さんがレッスンのなかで眼を凝らしてさぐるのは、からだがどう歪(ゆが)んでいるか、偏っているか、固まっているかということだ。そのことをとおして、たがいの理解ではなく、理解の前提になっているようなふれあいの地平がどこにあるかを問いつづけてきた。ひとが「呼ばれた」と感じ、呼ぶひとに向かって自分の存在が開いてゆくというのがどういうことか、つまり、ひととひとが「じかに」ぶつかり、「じかに」通いあうとはどういうことか、と。

この本のなかでは、竹内さんとしてはめずらしく、自己の思想の拠(よ)って立つところを突きつめようとしているが、そのまなざしは最後まで、自己の奥底ではなく、出会いの奥底に注がれていた。そして「あとがき」を書いた二日後、ついに還(かえ)らぬひととなった。(鷲田清一・哲学者)

(藤原書店・2310円)＝2009年12月10日⑤配信

自由人・植草甚一を検証

「したくないことはしない」(津野海太郎著)

植草甚一(うえくさ・じんいち)。映画やミステリー、海外文学やジャズなどをテーマに健筆をふるい、主に70年代に若者の人気を博した。背景には、氏が日課のようにしていた散歩や買い物にみせる自由な生き方へのあこがれと共感があった。

本書は編集者として植草と交流をもった著者による回想録。植草に対する過剰な思い入れや礼賛はなく、一定の距離を置き、「編集者対著者」の関係が客観的に描かれている。あとがきで「編集者にはあんがい著者に冷淡な面があるから」としているが、その意味で本書は広く編集(志望)者に読まれるべき魅力をそなえている。

「わずか12年ほどのつきあい」だったというが、映画評論家時代から植草の文章に接し、「文章にひねくれたクセがあって、なんだかとっつきにくいオジサンだな、という印象をばくぜんと受けていた」。著者は、その植草がいかにして"自由人"に生まれ変わったかを個人的な体験を踏まえ検証していく。

また植草の文章について「話がかんじんな箇所にさしかかるとスルリと横にそれ、それ以上、やぼな説明をやめてしまう文体上のクセ(散歩文体)があるので、そこにあいた穴が単純になぞと感じられてしまうのだ」とし、植草が残した謎の解明にも挑む。

植草が当時の若者に支持されたのは、まさしく「かんじんな箇所にさしかかるとスルリと横にそれ」たから、つまりは本質的な部分にまで踏み込まなかったことによる。

植草の蒐集(しゅうしゅう)癖に関しては「下町そだちですからね、ぼくは安物買いの銭うしないなんです」という植草の言葉を受けて「ニセモノ嗜好(しこう)。(略)ただし植草さんがえらぶと、その安価なニセモノやゲテモノがいかにも楽しそうに見えてくる」と、本質をついている。

何事も窮屈に感じる世の中で、植草甚一のように生きるには困難をともない、著者のような編集者が少数派となった時代だからこそ、よりいとおしく感じることができた。(中山康樹・音楽評論家)

(新潮社・2310円)=2009年12月10日⑥配信

今日を生きて見える明日

「ニサッタ、ニサッタ」(乃南アサ著)

大学を卒業して最初に勤めた会社は、上司が気に入らなくて2カ月で辞めた。次に入った会社は5カ月後に倒産。その後はやむなく派遣会社に登録したものの、自分に合った仕事が見つからず、何度も職をかえることの繰り返し。

自分が悪いわけではない。運がなかったのと、やる気はあるのに周囲が理解してくれなかったにすぎない―。

だが、主人公がそう思う気持ちとは裏腹に、現実では信用を失い、働き口もなくなり、ついにはネットカフェでの暮らしが始まる。さらには消費者金融に手を出し、気がつくとあっという間に借金が膨らんでいた。

こんな男の生き方を、さて読者はどう思われるか。考えが甘い、世間をなめている、愚かなだけ…。もちろんすべてその通り。しかし一方で、こんなにも簡単に人生が転落していく現代社会の過酷さも見逃すわけにはいかない。ぜいたくをしたわけでもないのに、ほんのちょっと道を外すだけで、いつの間にか落ちていく仕組みが、今の世の中のどこかで機能しているのかもしれない、とそんな気にもさせるのだ。

主人公は、基本的にはまじめで正直な青年である。ただ自分の思いと現状の扱いに、わずかでもズレがあることに我慢がならないし、納得もできない。いわば、自分にとって理想的な居場所を探し求めるあまり、現在の場所にいるのだ。

その後主人公は、借金の肩代わりを条件に、住み込みの新聞販売店従業員となり、今度はひたすら従順に働き始める。そこはまた、さまざまな人生模様がうかがえる場所でもあったが、そんな職場に同じく住み込みで働く女性が現れる。男の気を引くタイプの女性ではなく、彼女がなぜ新聞販売店で働くことになったのかも、誰も知らない。しかし、彼女の存在は、主人公の人生にやがて大きな変化を与えていく。

今日を生きることで明日が見える。そんな当たり前のことをあらためて思い知らせてくれる一作だ。(関口苑生・文芸評論家)

(講談社・1785円)=2009年12月17日①配信

尽きることない生への関心　「ミレナ　記事と手紙」（ミレナ・イェセンスカー著、松下たえ子編訳）

作家フランツ・カフカが激しい恋文を送った相手として知られる女性、ミレナ・イェセンスカー。晩年には政治活動家としても活躍し、ナチスの強制収容所で生涯を終えた彼女が、20世紀前半のチェコを代表する女性ジャーナリストであったことはあまり知られていない。今回刊行されたのは、彼女のジャーナリストとしての側面に光をあてた画期的な書物だ。

プラハの良家に生まれたミレナは、ハプスブルク帝国初の女学校で学ぶなど、当時としては進取的な環境で思春期を過ごす。結婚してウィーンに移り住むも、夫との関係に思い悩む。そんなときに、友人に声をかけられて始めたのが、チェコの雑誌への寄稿だった。

本書はミレナが1919年から39年にかけて執筆した記事と友人らにあてた書簡から構成されている。前半の記事ではウィーンやプラハを舞台に、カフェのボーイや隣人など、身の周りにいる人々の姿を、ユーモアを交えながら、躍動感たっぷりに描いている。ナチス・ドイツの侵攻が影を落とす30年代末の記事は一転して文体が変わり、緊迫した社会状況をひしひしと伝えてくれる貴重な資料となっている。

書簡では、また別のミレナ像が浮かび上がる。例えば、強制収容所に送られる直前、娘にあててつづった手紙に映し出されるのは、あまりにも弱く、もろい母親としての姿だ。

多種多様な雑誌記事や書簡を読むと、まったく異なる書き手であるような印象を受けるかもしれない。だが、これらの文書には一貫した姿勢を感じ取ることができる。それは、どのような状況下でも周囲への関心を失うことのない、ミレナの強い意志だ。

弱い自分を意識しながらも、生に対して、人間に対して尽きることのない関心を抱いていたミレナ。母、ジャーナリスト、そして市井の人間であり続けたひとりの女性の姿が、本書には凝縮されている。（阿部賢一・武蔵大准教授）

（みすず書房・3360円）＝2009年12月17日②配信

命懸けの“利己主義”描く　「小太郎の左腕」（和田竜著）

2007年に「のぼうの城」でデビューした和田竜は、長編忍者小説「忍びの国」で歴史エンターテインメントのジャンルに新風を吹き込んだ。リアリティーと奇想天外という対極の要素を巧妙に組み合わせた圧倒的な力感は、本書にも散見できる。豪勇武者、スナイパー、忍者などが登場し、野外戦や籠城（ろうじょう）戦の模様が描写されていく。スピーディーでスリリングな展開で飽かせることがない。

物語の舞台は、戦国大名がまだ未成熟だった時代の西国領土。戸沢家と児玉家が勢力争いで緊張状態にあり、戸沢家の林半右衛門と児玉家の花房喜兵衛、2人の猛将がしのぎを削る戦いを繰り広げていた。この両雄の命運を、左構えの鉄砲で神技のような射撃術を見せる11歳の無垢（むく）な少年、小太郎の左腕が握ることになる。時代背景は、弘治2年（1556）秋からの1年間、鉄砲伝来から13年後のことである。

小太郎を陣営に引き込むためにうそをついたことが、半右衛門の懊悩（おうのう）の原因となった。小太郎の処遇で戸沢家に謀反（むほん）して新盟主となった半右衛門は、小太郎を敵の喜兵衛に預ける。翌年秋の児玉勢との戦いで、半右衛門は小太郎にあえて一騎打ちの形で突進していく。

この後の思わぬ展開も読ませどころだが、何より注目されるのは、小太郎や半右衛門の複雑な心情を描いた点である。半右衛門を通して、この時代の武者たちの利己主義のありようをとらえていく。現代の利己主義とは異なる命懸けのものであり、それが戦国の男たちに強烈な個性を生じさせた、と力説されている。

この利己主義は半右衛門の好敵手・喜兵衛にも見受けられ、戦国武将の生き方に興味を持つ昨今の“歴女”、歴史好きの女性たちにはたまらない魅力の人物像だろう。半右衛門が愛した一人の女をめぐる戸沢家の猶子（ゆうし）・図書との対立、葛藤（かっとう）を通して図書の内面にも触れ、単なる憎まれ役には終わらせてないところも見事である。（清原康正・文芸評論家）

（小学館・1575円）＝2009年12月17日④配信

戦争の記憶に聞く他者の声　「沖縄戦、米軍占領史を学びなおす」（屋嘉比収著）

戦争の記憶を喪失した社会は恐ろしい社会となることだろう。戦争を体験した世代が次々と世を去るなかで、私たちがいま直面しているのは、自分のものではない記憶をどうしたら記憶できるのかという難問である。

本書は沖縄戦と米軍占領を経験した人々が自分たちの記憶をどう語ってきたか、その軌跡をたどることでこの難問を解きほどく論考を集成した。

沖縄戦の記憶をめぐる各章では、米軍兵士を含む全戦没者の名を刻んだ「平和の礎」の理念をめぐる議論、映像による沖縄戦の証言記録がすくいとった「声」や「沈黙」の重さ、「集団自決」をめぐる教科書検定の意味などが論じられる。

また米軍占領史に関する各章でも、沖縄の離島に暮らす人々にとっての「国境」の意味、米軍側が喧伝（けんでん）した沖縄の近代化、高度成長、国際親善の大切さについての語りと沖縄の社会変容の現実など、スリリングな課題を扱った論考が続く。

米軍の暴力と米国文化の魅力との矛盾、そこからつかみ取られた抵抗の思想を論じた章では、日本の「戦後」から切り離された沖縄の経験が明瞭（めいりょう）になる。

全13章の論考に比類ない奥行きを与えているのは、「聞く」ことをめぐる重層的な考察である。人びとが「集団自決」へなだれ込もうとするまぎわ、そこに響いた「絶対死なない」という子供の泣き声を聞いて「我にかえ」った例が少なからずあったという。一つの論理に統括された集団のなかで、そこに亀裂を入れるように響く「他者の声」を聞くことができたか否かが、ただちに住民の生死を分けたのである。

本書に底流するのも、さまざまな「他者の声」に耳を傾けようとする姿勢だ。既存の歴史の表面に現れてこなかった声に耳を傾け、それを基点に歴史記述の枠組みを繰り返し問い直す。こうした作業を通して、非体験者もまた当事者性を獲得できるのではないか。本書はそう告げている。（佐藤泉・青山学院大教授）

（世織書房・3990円）＝2009年12月17日⑤配信

愉悦の海にこぎ出す書　「本は読めないものだから心配するな」（管啓次郎著）

本の海をわたる風が読者を旅に誘う。速度と強度に満ちた、航路のない旅。宮本常一、ジェームズ・ジョイス、よしもとばなな…。次々と現れる島影に魅入られるうち、気がつくと、どこにもない渚（なぎさ）にたたずんでいる。

たいていの読書論は退屈なものだ。たとえばそれが本の要約をしていたりしたら最悪。一義的な意味ほどつまらないものはない。カリブ海の青に息をのむとき、熱帯雨林の雨音を聞くとき、ブエノスアイレスのやさぐれ男の背中に見とれているとき、その意味を説く愚か者がどこにいるだろう。

ここに集められた本たちはどれもそんな意味から解放されて、著者の語りの風に舞う。だからそれらは私たちの無意識にはたらきかけて五感をゆさぶる。鼻腔（びくう）をつく熱帯の匂（にお）い、猫のように音なしの詩の歩行、イースター島の沈黙の声、アリゾナの干潟にきらめく水、メキシコの夜闇の重い肌触り、私はそれらをありありと味わう。

読書の実用論であるこの書は、「知識」をあたえるのではなく、文を「経験」させるのである。ル・クレジオ、ジル・ラプージュ、フリオ・コルタサル…。アイルランドから南米、ポリネシアまで、見知らぬ土地の作家たちの生きた言葉が私の足を濡（ぬ）らす。

ふと、無意識の海の深みから浮かびあがる本がある。歴史家ミシェル・ド・セルトーの「日常的実践のポイエティーク」。管啓次郎と同じく、セルトーもまた読書は記憶からこぼれおちるもの、反・蓄積の技だと言う。「そこでかれ（読者）は密猟をはたらき、もろともそこに身を移し、身体の発するノイズのように、複数の自分になる」

そのとおり、語りのリズムにのって、わたる島ごとに複数の私を味わい、いつしか密猟者になって愉悦の海にこぎ出す。そんな恩知らずな読書こそ、この本にふさわしい。（山田登世子・フランス文学者）

（左右社・1890円）＝2009年12月17日⑥配信

権力の刑罰戦略えぐる労作 「血塗られた慈悲、笞打つ帝国。」(ダニエル・V・ボツマン著、小林朋則訳)

近世(江戸時代)から近代へかけての日本の刑罰制度の変遷は、人足寄場などを根拠として、残酷な身体刑から、犯罪者の矯正をめざす懲役制度への転換としてとらえられることが多い。しかしそのような見方を自明視してしまうと、近世日本にすでに近代的なものの萌芽(ほうが)があり、それが明治維新以後に急速に整備された、という近代化の必然性と肯定の論理のなかに、刑罰の歴史も組み込まれてしまいやすい。

だが刑罰とは、「社会秩序を維持し権力を行使するための複雑な戦略の一環」なのだから、こうした分野の研究は、そうした権力の「戦略」に内在する論理を構造的にえぐりだすようなものでなければならない。これが本書に一貫する主張であり、分析視点である。

本書は、近世の刑罰をとりあげた前半と、明治期を対象に近代的刑罰制度への転換を論ずる後半とに分けられる。著者によれば、近世の刑罰は、権力の厳しく抑圧的な性格を威圧的に誇示するとともに、他面ではさまざまな赦免の道を設けて、権力の慈悲深さを「ひけらかす」ように表象しようとするものであった。

明治維新直後から急速に推進された刑罰制度の改革は、追放刑から懲役刑への転換という点では、欧米先進国の事例に倣ったものだった。だが、こうした改革が不平等条約改正という緊急の課題への対応として、とりわけ急速に、また徹底して遂行されたところに、日本のばあいの特徴があるのだとされる。

不平等条約改正との関係は特に強調されている視点で、そこからさらに本書は、台湾を中心として植民地帝国日本の刑罰制度の改変へ論を進める。きわめて見通しのよい世界史的な展望のなかに、近代日本の刑罰制度の歴史を位置づけている。

刑罰の対象となる犯罪についての立ち入った分析がないのはすこし残念だが、近世と近代の刑罰制度の変遷を、大きく見渡して明快・精緻(せいち)に論理化した、みごとな労作である。(安丸良夫・一橋大名誉教授)

(インターシフト・3150円)=2009年12月24日①配信

冷静な記録係と批判の眼 「箱型(ボックス)カメラ」(ギュンター・グラス著、藤川芳朗訳)

ノーベル賞作家ギュンター・グラスの自伝の続編である。前作「玉ねぎの皮をむきながら」がドイツで出た際、国を二分する騒ぎになった。第2次大戦末期、武装親衛隊に所属していたことを、初めて公にしたからである。

15歳で志願し、2年目。幼年兵は重傷を負って収容所に送られた。問題の章には「私はいかにして恐怖を学んだか」の章名がつけられている。

長編小説「ブリキの太鼓」でデビューしたのが32歳のとき。先の自伝はその時点で終わっていた。「箱型カメラ」が以後の同時代史を語っていく。このたびは語り口によって人々の度肝を抜いた。

「むかしむかしのこと、一人の父親がいた」。われながら年をとったなと思ったとき、息子や娘を呼び集めることにした。これが書き出し。おとぎばなしの話し方をなぞっている。父親の呼び掛けに4人、6人、総計で8人が集まった。

数が増えていくのは、2度の結婚と恋人との子どもと、妻の連れ子のせいである。その息子や娘たちがおりにつけそれぞれの家に集まって、自分たちの父親、たくましい「老人」と、おりおりの時代状況を語っていった。

背後でいつも「ボックス」と呼ばれる古風な箱型のカメラが見守っている。生涯の友人だった女性カメラマンであるとともに、おとぎばなしにおなじみの魔法の箱であって、過去を記録しつつ将来をそれとなく予知している。

なぜ自伝にこのような奇妙な語り方を採用したのだろう？　自分で自分の過去を述べようとすれば、無意識のうちにも自己欺瞞(ぎまん)と美化が入り込む。冷静な記録係と、いくつもの批判の眼(め)をはりめぐらして、事実以上に真実を保証するためである。

子供たちによる父親をめぐるシンポジウムが、「玉ねぎ」の皮をむく手続きになっている。まるでちがった続編だが、ぴったりあとを継いでいるのだ。(池内紀・ドイツ文学者)

(集英社・2100円)=2009年12月24日②配信

特別な人がいる幸福

「誰かと暮らすということ」(伊藤たかみ著)

タイトルを見た時、二つの意味が浮かんだ。ひとつは「この先、自分は誰かと暮らすのだろうか?」という不安と憧憬(しょうけい)。もうひとつは、もうすでに誰かと暮らした人の達観。答えは両方だった。

冒頭の「セージと虫」は西武新宿線下井草駅周辺に住む"セージ"こと安藤正次と"虫"こと虫壁知加子の物語。近所同士、同期入社の仲でつかず離れず、町でばったり会うくらいの間柄の二人が、やがて一緒に暮らすことを予感させる。本書は短編集ではあるけど、正次と知加子の恋の行方が一冊を通底している。

一方で「誰かと暮らすこと」をやめた人もいる。表題作の主人公は離婚したばかりの鏡子。偶然に選んだ下井草で一人暮らしを謳歌(おうか)するはずが、気がつくとインターネットのサービスを使って、つい先月まで住んでいたマンションを見ている。

画面中のベランダには、鏡子が置いていったアロエがのぞく。そのたび鏡子の胸のかさぶたは剝(は)がれるようなのにやめられない。途中で飽きてしまった海外ドラマを惰性で見てしまうのにも似ている。離婚はするものではない。「夫婦」をやめることであり、やめることは勇気がいるのだと鏡子は身をもって知る。

仕事が思うようにいかない夫、家を出て行ってしまった妻、スーツを着たホームレス風の男…。シリアスな状況が描かれながらもどことなく牧歌的なのは、町の風景のせいかもしれない。登場人物たちはみな同じレンタルビデオ店に集い、チェーンのカレー屋で席を並べる。そして当たり前の幸せを求めてあれこれと悩む。

好きな人との暮らしは楽しいが、自分のペースや世界を侵されることもあって時に煩わしい。

町で見かけた好みの洋服を「あなたが好きそうだ」と自分より先に指さす相手がいる。そういう相手への想像の積み重ねが、暮らす「家」を形作っていくのだろう。日常の中に特別な誰かがいる幸福を感じさせてくれた。(中江有里・女優、脚本家)

(角川書店・1575円)=2009年12月24日③配信

江戸の恋に癒やしと批評性

「麻布怪談」(小林恭二著)

怪談といえば四谷怪談ばりのおどろおどろしい怪異譚(たん)かと思いきや、妖狐(ようこ)とかつて大奥の中臈(ちゅうろう)であった幽霊に愛される江戸末期の男の話となるから、男のドンファン幻想を満たす一種のメルヘンといったところか。

しかし主人公の真原善四郎はドンファンどころか若くして妻を失った後は女に縁の薄い生活を送る不惑前の男。儒学者の家に生まれながら、国学にかぶれ、林家で儒学を勉学すると親にうそをつき江戸に出て賀茂真淵門下の加藤千蔭の国学塾に入門するといういいかげんぶり。そんな善四郎の元をゆずり葉と名乗る美人がある夜訪れ関係を持つ。さらに彼に一目ぼれしたという旗本の娘も家に通うようになる。いずれ劣らぬ美人に二股(ふたまた)をかけ、それがばれた後も両者の愛を失うどころか、二人は彼が後に学者として大成するよう支えるというのだから、男としてこんなうらやましい話はない。

フェミニストが聞けば激怒するような話なのだが、それが大甘な印象を与えないのは「カブキの日」「宇田川心中」「本朝聊斎志異」等で伝統的世界を舞台とした小説を書き、江戸的世界を自家薬籠(やくろう)中のものにした小林の手腕による。江戸落語に通じる良い意味での「脱力感」があるのだ。

善四郎が歌について語る「人が好むのはむしろ意匠の新しさだ。その新しい意匠に盛られたものが古き心であればなおいい」といった言葉は、「電話男」という前衛的作品でデビューした小林がなぜ歌舞伎といった伝統世界に近づいたのか、その理由の一端を語るようで、善四郎の恋の行方以外にも読ませる所が多数ある。

だが大人の男のメルヘンのようなこの小説は、リストラだ賃金カットだといった世知辛い話に心を痛めている世の中年男性の癒やしとなるのではないか。いや癒やしどころか、浮世離れした善四郎の姿こそ、潤いのない現代社会に対するこの小説の持つ批評性と言える。(千葉一幹・文芸評論家)

(文芸春秋・2000円)=2009年12月24日④配信

壮大な日本芸能史の深層　「河原者ノススメ」（篠田正浩著）

あの近松門左衛門ははみ出し者だ。なにしろ、「花は桜木、人は武士」の江戸の世に、武家の出でありながら、住処（すみか）も服も決められて、芝居町ごと強制移転、という境遇最下層に落ちたのだ。京の河原で歌舞伎創始の出雲阿国だって、流浪の遊女、歩き巫女（みこ）だったという。

これはいったいどうしたことか。篠田監督が「知らざあ言って聞かせやしょう」というのが、壮大な日本芸能史の深層だ。

人は混沌（こんとん）が支配するカオスの闇の中では生きられない。だから無秩序排除して、合理、条理、理性、知性のコスモスを作る。ところが人は、そうした秩序に倦（う）み窒息、活力失って、カオスにあこがれる。

そこに待ってましたと登場するのが、カオスの世界を媒介する芸能者。合理、理性はみ出した、荒唐無稽（むけい）の芸能で、異界、他界、神の言葉を物語る。そんな芸能に人は熱狂、世は活力取り戻すのだ。

「あゝそれなのに」、人の世・異界、コスモス・カオスのはざまにはみ出して、秩序揺るがす劇的パワーもたらす両義性ゆえ恐れられ、差別、弾圧、統制の運命背負わされる。

これじゃ「お上に怨（うら）みは数々ござる」となるのももっともだが、先人たちは芸能者を、神に連なる聖なる者と、畏怖（いふ）の目でも見てきたのだ。それはいつの世も、劇的パワーで閉塞（へいそく）打ち破り、革新、活力くれるのは、はみ出し者だからだ。

合理、功利、科学的と走り続けた日本も、今や混迷、閉塞、意気消沈。だからこそ荒唐無稽、非合理のはみ出しで、世を革新の自由人の出番なのだろう。何しろ人の世は、いや人間そのものが、合理・不合理、条理・不条理、「虚実皮膜」のはざまの存在なのだから。

そんなこんなも桜吹雪はお見通し、幕末閉塞天保の世に「散らせるもんなら散らしてみろぃ」と芸能弾圧に盾突いたはみ出し奉行遠山の金さんは、やっぱり名奉行だったのだ。（斗鬼正一・江戸川大教授）

（幻戯書房・3780円）＝2009年12月24日⑤配信

時代を分析しつつ慈しむ書　「あるオランダ人の『昭和ジャパン』論」（ハンス・ブリンクマン著、溝口広美訳）

著者はオランダ人で、1950年、18歳のときにオランダ系銀行の行員として来日した。それから74年まで日本に住んだが、その後もしばしば訪れて日本の文化、伝統、社会の空気を味わっている。いわば知日派ビジネスマンの経歴をもつが、自ら「同世代の日本人同様に、自分も昭和の人間」と実感しているという。

その視点で昭和という時代を客観的に分析しつつ、慈しんでいるのが本書だ。日本人論、あるいは昭和史論ともいえる。

著者が感性豊かなときに日本社会に身を置いたためか、昭和の姿が変化する様子が丹念にえがかれていて、興味のある記述が多い。たとえば日本人が求めるアイデンティティー（日本語でいえば居場所）について自らの四つの尺度を紹介しながら、日本人は社会的地位などを確かめることで安心すると指摘する。名刺の交換がそうだが、相手の地位などを確認したがるのは、実は自分が「日本という国に対して不確かな気持ち」をもっているからと見る。

特筆すべきことは、戦後日本がいちども戦争に巻きこまれなかったのは、「成功した外交政策」や「平和憲法のおかげ」というより、「武力を行使することが本当に嫌で嫌でたまらない日本人の努力の賜物（たまもの）」との分析。はっとさせられる。

昭和の戦後社会には日本人の性格のまじめさ、勤勉さ、さらには目標を設定すると一丸となって突き進む姿が集約されている。著者はそのような日本人に好意をもちながらも、その半面で欠陥も挙げる。「高圧的な権力者や悪辣（あくらつ）な指導者の搾取と画策に陥りやすいこと」、つまり外的圧力に無防備だというのだ。

このような具体的な忠告を与えながら、私たちにとって「昭和とは何だったか」をあらためて問うている。日本人にその問いかけが不足していることを嘆いているように思える。

昭和魂が失われ、今や日本人のほとんどが無気力なのでは、との記述は耳が痛い。（保阪正康・ノンフィクション作家）

（ランダムハウス講談社・1995円）＝2009年12月24日⑥配信

2010

異言語と戦う中国人留学生

「すき・やき」(楊逸著)

本書は、高級牛肉料理店にアルバイトとして勤めている中国からの女子留学生・梅虹智が、仕事先での上司や同僚、常連や一見(いちげん)の客、そして日本語学校の同級生たちなどの「人情世態」を眺めるといった趣の小説である。

キモノで接客するのだが、彼女には、この多くの紐(ひも)によって、ネギの束のように縛り上げられるような着付けになかなか慣れることができないし、たかだか牛肉を煮て食べるだけの行為に、これほど儀式ばった作法のある日本の食文化のありかたは理解しがたいだろう。日本語も難しい。「かしこまりました」というところを「かしこりました」といってしまう。「マ」が抜けてしまうのである。

しかし、21歳の中国人女性の眺める〝当世安愚楽鍋(あぐらなべ)〟の世界は、少しく生煮えの感がある。常連客のヒジリちゃんの正体は不明だし、ヒジリちゃんと店に来る横山さんや、藪中さんの家庭の事情もわからない。

同居する実姉の思智と正樹義兄さんとの夫婦関係の首尾も不明のままだ。そもそも、虹智と妻子持ちの日本人店長との店外デートの顛末(てんまつ)も描かれていない。ストーカーになりかねない韓国人留学生の柳賢哲との関係も未知数のままで、虹智についての〝教養小説〟や〝恋愛小説〟としても中途半端だ。

これは、母代わりの姉から〝恋愛〟することを禁じられた虹智が「コイワズライ」にまで至ろうとする成長小説といえるかもしれない。

虹智は美人であり、性格もよく、その日本語には愛嬌(あいきょう)がある。だが、恋愛に関してはとてもオクテだ。はたして、これから虹智と柳賢哲との、韓流ドラマのような国際恋愛が展開されるのか、それとも、日本人店長との不倫の恋が発生するのか。いずれにしても、そこから異言語(日本語、韓国語)と戦う、虹智の本当の物語が始まるように思える。(川村湊・文芸評論家)

(新潮社・1365円)=2010年1月7日①配信

「嘘を抱えた人間」の希望

「球体の蛇」(道尾秀介著)

両親が離婚したあと、隣家の橋塚家に居候してから4年。奥さんと長女のサヨは7年前、キャンプ場のテントで起きた火事が原因で亡くなって、主人の乙太郎さんと次女のナオとの3人暮らし。2歳上のサヨは、幼いころからあこがれの存在だったが、「私」は、サヨの死への深いかかわりを秘密にしてきた。

そして、高校3年、17歳になった「私」は、乙太郎さんの白蟻(あり)駆除業を手伝って、週末は無料点検員として床下に潜っている。そんなある日、白蟻駆除を引き受けた屋敷で出会った、死んだサヨによく似た女性智子に強く惹(ひ)かれた私は、深夜、その家の床下に潜り、彼女の情事を盗み聞きする。やがて思いがけない事件が起き—。

ナオと結婚し、乙太郎さんの死を迎えたいま、16年前を回想する「私」をいわば"道案内"として、道尾秀介は、人が大人になっていくために、失い、断念しなければならないものをえがきだす。

若さとは総じて「直線」である。誠実と偽善、真実と嘘(うそ)と対句的にならべるなら、誠実、真実と信ずることに一直線であり、それはしばしば残酷であることに気づかない。大人になるということは、何事にも表と裏、虚と実があることを知っていくことであり、時には残酷を思いやりにくるむすべを知ることでもある。道尾秀介は、直線的誠実がいかに嘘であり残酷であったかを「私」に回想させることで、喪失したものの大きさを浮かび上がらせている。

「球体の蛇」とは、サンテグジュペリ「星の王子さま」に出てくる「ゾウをこなしているウワバミ」のこと。「象を呑(の)み込んだ苦しみにじっと耐えている蛇」に、「嘘を抱えた人間」を見る「私」に、その先に「希望」はあるのだといわせるラストの1行にいたるまで間然するところがない力作である。(井家上隆幸・文芸評論家)

(角川書店・1680円)=2010年1月7日②配信

科学、文学と肩並べた音楽　「寺田寅彦　バイオリンを弾く物理学者」（末延芳晴著）

現代はなんの分野を見渡してもスペシャリストの時代である。科学技術がそれだけ急速度で発達し、人間一人の能力では特定の分野だけを相手とすることで手いっぱいになった。いきおい分野間の垣根は高くなり、となりでなにをどうしているのか、なにが問題になっているのかもよくわからない。

芸術、文芸の分野でも同じで小説家は小説を書き、詩人は詩を書き、歌人は短歌を作り、相互のジャンルを尊重するといえば聞こえはいいが、要するに他についてはまず無関心である。

むかしはこうではない。漱石、鷗は単なる小説家ではない。文芸の人というのも一側面である。総合的知のゼネラリストであって、そういう存在がたまたま傑出した文学作品を書いた。

寺田寅彦（てらだ・とらひこ）は漱石門下の最古参である。「吾輩は猫である」の寒月君、「三四郎」の野々宮さんのモデルとして知られる。東京帝大の教授として幾多の優れた業績を残し、また小説風随筆の名手であり、科学の啓蒙（けいもう）家、文筆家であった。文学と科学の両極を自在に往復した、ゼネラリスト的知を体現する近代の代表的日本人である。

本著はその寺田寅彦像にまた音楽愛好家というあたらしい視点を加味した。「バイオリン」への関心は熊本の五高時代からはじまり、生涯を通してごく親しいものであった。「科学する」寅彦、「文学する」寅彦にならんで「バイオリンを弾く」寅彦がいる。それは単なる趣味や息抜きの問題でなく、分裂・断絶する自己の全体性の回復として切実に希求されたものであった、というのが本著のモチーフだ。

調査は綿密で、筆致平明、読み物として十分におもしろい。寅彦の文章を引きつついかに聴覚に鋭敏なアンテナを有していたかを語るところは特に説得力がある。音響物理学とバイオリンと文学が、なんと人間らしく肩を並べていること。前半は伝記としても秀逸だ。（小池光・歌人）

（平凡社・2835円）＝2010年1月7日③配信

決して切れない深い間柄　「大腸菌」（カール・ジンマー著、矢野真千子訳）

大腸菌は私たちにとって、おそらく最も身近で、切りたくとも決して切れない深い間柄の「ばい菌」だろう。腸の中に大腸菌がいない人は、まずいない。時には人の命を奪うこともあるけれど、彼らはおおむね、私たちの健康を支えてくれている。そして科学の発展にとっても、なくてはならない存在だったのだ！

この本を読めば、分子生物学という学問が現在のように発展したのは、間違いなく大腸菌のおかげだと納得できる。例えば、かの有名なワトソンとクリックのDNAモデルの正しさも、大腸菌によって証明されたのだ。

大腸菌は、誰もが保菌者だから採取が楽。扱いやすく、増殖が非常に速い。そして驚くべきことに、大腸菌でなら、これまでの地球の歴史の中で起きていたはずの進化の過程を「目で見る」ことができるという。例えば飢餓状態や食料の偏りといった成育条件に置くと、大腸菌は実験室の中で変異する。自然淘汰（とうた）される。つまり進化するのだ。それもたった数年で。

幸か不幸か、大腸菌の中では病原性のO157H7が有名だ。10年ほど前に日本国内でも猛威をふるい、何人もの方が亡くなった。O157H7はウシなどの家畜動物の体内にうまく適応して生息しているが、ヒトの体内に入ると、毒素を出してヒトを苦しめる。しかしO157H7は、ヒトを殺してやろうと毒素を作り出しているわけではない。実際、O157H7が宿主を助けるために毒素を出している、という説も本書に出てくる。

「アイダホ大学は、O157H7に感染したヒツジがそうでないヒツジより、がんを引き起こすウイルスに強いという研究結果を発表した。どうやら、O157H7の毒がヒツジの免疫系を刺激するか、あるいはがんを引き起こすウイルスに感染した細胞に、その細胞ががん化する前に自殺を促しているらしい」

あくまで仮説だが、驚くべき話だ。生物学が好きな人なら誰でも楽しめる好著である。（竹内薫・サイエンスライター）

（NHK出版・2205円）＝2010年1月7日④配信

真正面から挑んだ評伝　「伊藤博文」（伊藤之雄著）

伊藤博文と言えば、初代の内閣総理大臣にして、大日本帝国憲法の立案に中心的にかかわった人物として知られている。日本の近代国家の成立期に、その大きなデザインをつくり仕上げたひとりで、最後は韓国統監府の統監となり、独立運動家の青年に暗殺された。本書は、こうした伊藤に真正面から挑んだ評伝である。

近代日本史上に欠かせない人物であるにもかかわらず、これまで伊藤その人に焦点を当てた考察は意外に少ない。その理由を、著者は膨大な史料と研究に目を通す必要があるためとしている。たしかに、伊藤の軌跡は多方面への目配りを要請しており、多大な労力が求められる。加えて、伊藤が大日本帝国の中心にいた人物であるがゆえに、その評価が難しいということもあろう。伊藤に対する著者の意気込みが、600ページを超える大著となった。

本書の特徴は3点指摘できる。第一は、著者が書簡など「一次史料」に丹念にあたり、確証をとりながら伊藤を描いている点である。手堅い叙述であるとともに、時折、著者は他の研究者に対し厳しい評を下し論争的な姿勢も見せる。

第二は、伊藤を「憲法政治の完成」を目指したと把握し、政局のなかに位置づける点で、伊藤がはたした足跡が政治史の展開のなかで描かれた。著者は、一つ一つの出来事に自らの見解を提示していく。

とともに、第三点として大久保利通ら、他の政治家たちとのあいだの「感情」を含む人間関係、さらに家族関係など人間・伊藤博文を描こうとも試みている。伊藤の公私にわたる総体に取り組んだが、これまで、日本近現代の政治史を精力的に考察してきた著者ならではの一冊である。

しかし、伊藤は最晩年に韓国統治にかかわっている。「韓国の近代化」を図ったと、この点も著者は好意的に解釈する。伝記というスタイルは、対象とした人物のすべてを肯定的に描くことが多いが、ここには一考の余地があるのではなかろうか。（成田龍一・日本女子大教授）

（講談社・2940円）＝2010年1月7日⑤配信

スリリングな思考の旅　「武満徹　自らを語る」（武満徹著）

1990年。東京のホテルの一室で交わされたあるインタビュー。その抑揚や空気までが再現されている珍しい本だ。会話には音があり話し方には癖がある。それを活字で表現することは至難の業だが、この本は見事にそれに成功している。

この年60歳の作曲家武満徹（たけみつ・とおる）と、長年彼とともに仕事をしてきた評論家安芸光男（あき・みつお）。感性の人と理知の人の若干かみ合わない自然な会話が面白い。

導入は武満徹の半生。戦中に出合ったシャンソンのレコード。音楽家になりたいと家を飛び出し、闇物資を流しながらピアノを勉強した日々。歌うこともできないのに学生に紛れて参加した「第九」。面識のない黛敏郎（まゆずみ・としろう）から贈られたアップライトピアノ。一個8円の納豆を夫婦で分けて食べた貧しい時代…。昔話を語りながら武満は独特の口調で徐々に「一九九〇年」を語り始める。

「ぼくはいま人類が、人間全体が最後のステージに来てるな、と」「いつかなんか知らない間に、ぼくらの意図というか意思を超えて、時間がなにか音楽を変えてる、という感じがしましたね」「ヨーロッパ人がなぜか自分たちの音楽に（略）自信を失っていると思いますよ」—次々と飛び出してくる彼の「肉声」が、何度も反すうしなければいけない多くのテーマを提示する。

考えれば考えるほどスリリングな「思考の旅」を読者に楽しませてくれる。そして彼は自身の芸術の核心をそっと見せる。「複合された響きを聴くと、なんか視覚的なイメージが出てくるんですね（略）変な構図の絵が見えたりとかね」

読者に納得を与えた瞬間またするりと手元から逃げ去ってゆく天才の感性。最後に安芸は彼に今何を作ろうとしているのかと問う。武満はただ「ただなんとなく」と答えてインタビューは終わる。「肉声」をたっぷり聞いたからかもしれないが、この天才がもうこの世にいないことを寂しく感じてしまう。読後感もユニークな一冊。（中野順哉・作家）

（青土社・1995円）＝2010年1月7日⑥配信

誰よりも演芸を愛す　「談志　最後の落語論」(立川談志著)

体調不良のため活動を休止している立川談志の新刊である。「談志最後の3部作」と銘打った第1弾だ。「落語とは、人間の業（ごう）の肯定である」と四半世紀前に喝破した彼が、ここ数年提唱している「イリュージョン落語」に至るまでの経緯を分かりやすく書いている。

文中最も印象的なのは、てらいのない落語賛美である。誰よりも演芸を心から愛し、子どものころからの筋金入りの演芸おたくであり、素晴らしいものは手放しでほめる。「談志の好きな落語」がどういうものかも分かる。落語を聴いて己の生活、性格等々と「がっちりと合う」フレーズと出会ったときの楽しさ、うれしさ、たまらないフレーズがキラ星のごとく詰まっているのが、あるべき落語の姿であると。そしてそれは「昔のまっとうな落語」に近しいゆえ正論だ。

だが現在ではそれは通用しない。談志が嫌悪する類（たぐい）の、テレビのお笑い番組のようにただ笑わせてくれればいいと思っているような落語ファンが、昨今の落語ブームを支えていることも事実であるからだ。そのすべてをのみこんでしまうのが落語の寛容さなのだが、談志はすべてをわかった上で悲しみ、あきらめ、嘆いている。

古今亭志ん生が初代柳家三語楼の影響を色濃く受けており、ひいては、今後注目すべきは三語楼ではないかという持論を展開する章はさながら極上のミステリーのようでもあった。また意外だったのは、三遊亭円朝の評価が低いことだ。新作落語についてはほとんど語られておらず、後に続く刊行で明らかになるかもしれない。

談志は若いころ、自身の「老い」について考えたことはあったのだろうか。昔、志ん生に「生きていてくれればいい」と談志が言っていた同じセリフを、今は中村勘三郎から言われているそうだ。自己嫌悪に駆られながら落語家人生をズルズルと送るのもいやだという、現在の談志の生々しい心の声がここにあり、それがまた芸になってしまっているのが談志らしい。（佐藤友美・雑誌「東京かわら版」編集人）

（梧桐書院・1890円）＝2010年1月14日①配信

迫害の内実を書き留める　「エレーヌ・ベールの日記」(エレーヌ・ベール著、飛幡祐規訳)

日記が書き始められた1942年から、エレーヌが強制収容所に移送されるまでの約2年、死が刻々と迫りくるリアルな時間が美しい筆致でつづられている。死とは何か、彼女は問う。「たとえばわたしのように、ざわめいて強烈な内面をもった生の精気を絶つことだ。それも、平然と。肉体と共に魂を殺すこと」

エレーヌは21歳、パリ生まれのユダヤ人だった。赤ん坊から80歳の病人まで、エレーヌの周囲で次々とユダヤ人だからという理由だけで逮捕され、強制収容所に送られていた。エレーヌが生き延びているのは偶然にしか過ぎない。その日は近づいてくるのに、級友のフランス人たちは事実をあまりにも知らない。

ユダヤ人を迫害するドイツ主義であろうとユダヤ人自身のシオニズムであろうとすべての排他的な集団の中で絶対、居心地良く感じることはないだろう、と彼女はつづる。「彼らは考えないのだ」「これが悪の基盤であり、この政体の力を支えているものだ」と。

1942年、ビシー仏政権は1万2千人余りのパリに住むユダヤ人を一斉に検挙し、強制収容所へ送った。占領下のフランスで日々どれだけの悲惨で過酷な迫害が行われたのか、それは強制収容所に比してあまりにも語られてこなかった。

その内実をエレーヌは正確に現在進行形で書き留めている。そこに盛り込まれた感情のみずみずしさにしばしばはっとする、彼女の息づかいがすぐそばにあるようだ。ドイツと戦うためにパリを去った恋人に読んでもらおうと日記はつづられた。

エレーヌは強烈な意識でこの日記を書いている。耐え難い過酷な現実を彼女は逃げずに見つめ続け記録しようと力を振り絞る。日記は残され、それゆえにエレーヌの魂もまた今に生き延び、私たちに問いかける、他者の苦しみにどれだけ共感できますか、と。（鎌仲ひとみ・映像作家）

（岩波書店・2940円）＝2010年1月14日②配信

現代へ通じる楽しい学究

「水洗トイレは古代にもあった」(黒崎直著)

すぱっと出してすっきりしたい。なのに出せずにもどかしい。全編に切なく漂う詰まり具合が、共感を誘う入門書だ。

「トイレ考古学」とは「人間の排泄(はいせつ)行為に関(かか)わる事項について、遺構や遺物という考古学的な資料に基づいて復元研究を行う」学問だが、この生活の基本部分の探求が、1990年代に確立された、若い研究分野だという事実に驚かされる。

理由としては、下ネタとして低く見られがちなこと、発掘現場で科学的な痕跡を特定するのが困難なこと、「ん、ここは臭(にお)うぞ」と直感しても、解釈の違いから断定に至らない事例が多いことなどが挙げられる。

それだけに、現場から「金隠し」が発見された事例の感激や、堆積(たいせき)土の分析から、寄生虫の卵や種実、魚の骨などが見つかり、排せつ場所と裏付けられた事例の興奮ぶりは楽しい。

表題の「水洗トイレ」も、著者が発掘に当たった藤原京で、道路の側溝から枝分かれし、宅地内に引き込まれて、また戻る弧状の溝から、寄生虫卵が検出されたのが決め手となる。古代人の体内に宿り、困らせもしただろう虫の存在が、後年、発掘者を狂喜乱舞させるのだから学問は愉快だ。

排便後に尻をぬぐう木片の研究、糞石(ふんせき)というウンチの化石の愛らしさ、出土した食物の残りかすや植物の分析から、当時の食習慣、さらには治療に使われた薬草の調査へと、トイレ考古学の成果は広がる。衛生・医学・環境という、現代社会へ通じる学究なのだ。

だが近年、この分野の研究は停滞気味らしい。本書には現場調査員の意識を鼓舞し、幅広い読者に興味を持ってもらうことで、再びトイレ学を盛り上げたいという祈りが込められている。切迫した自然の欲求に追われてトイレを探すとき、人は誰しも真剣だ。あの熱意が研究に生かされんことを。「受け身で待つ限り、トイレは決して発見できない」のだから。(片倉美登・文筆業)

(吉川弘文館・1995円)＝2010年1月14日③配信

デジタルコンテンツは水だ

「フリー」(クリス・アンダーソン著、高橋則明訳)

デジよりタダなものはない！　サンプラザ中野くんだー！「ロングテール」という概念を世に広めたクリス・アンダーソン氏の新著。今回は「デジタルコンテンツは無料化する」「しかし、その周辺で十分に稼ぐことが可能」と説く。

例えば、ネット上のグーグルドキュメントは、市販編集ソフトのMSオフィスとほぼ同等の機能を無料で提供してくれる。ちなみに俺(おれ)がたった今これを書くのに使っているのもそれだ。しかし、グーグルドキュメントはまだグーグル社に大金をもたらしてはいない。だがデジタルにかかる費用は年々減る。だから新しいデジタルサービスを考えたらすぐに始めよ。無料で。そうして顧客を取り込め。もうけはそれから考えればいいのだよ、と言う。

また音楽家など著作権保持者がデジタルコピーのはんらんで困っている、というわけではないと言う。困っているのはパッケージ(CDやDVD)を売ってきた会社。いわゆるレコード会社なのだ。言われてみれば、レコード会社は音楽を売る会社ではない。名前の通り塩化ビニールに溝を掘ってパッケージして輸送して小売店に卸していた会社なのである。つまり「塩ビ盤」会社は困っている。しかし音楽家にとっては「コピーの量＝人気の多寡」。ならば「CDの枚数×印税」で稼ぐことよりもコンサートで稼ぐことを本旨とすべし。シャツを売り、タオルを売れ。後は楽曲使用料で稼げ、と説く。あるいは「もうそう考えていくしかないのだよ」「戻れないんだよ」と説く。

俺(おれ)もそう考えていたところである。

デジタルコンテンツとは日本人にとっての「水」なのではないかと思う。蛇口をひねればタダのような値段で出てくる。しかし高額を出してミネラル水を買い求める人がいる。ガソリンよりも高いのにだ。そこに何らかの価値が付加されているから。普段は水道水を飲む人々も何かの折にはミネラル水を買う。その心の動きが「稼ぎ」となる。そんな“デジ社会”に突入しちゃったんだね、と。(サンプラザ中野くん・ミュージシャン)

(NHK出版・1890円)＝2010年1月14日④配信

人生考える主人公を軽快に

「結婚小説」(中島たい子著)

なんとも悩ましい結婚小説である。

なにしろ主人公の貴世は独身なのに、結婚の物語を書かなければならなくなった作家なのだ。そのリサーチのため、蕎麦(そば)合コンなるものに出かけたのだが、こともあろうに蕎麦アレルギーを起こして病院に運ばれてしまう。それがきっかけで運命の人に出会うのだ。

アラフォー、負け犬、婚活、結婚情報誌、合コン—今どきの結婚事情キーワードを織り込みながら、物語は軽快に展開していく。ユーモアと妄想たっぷり女友だちとのやりとりが面白い。

「結婚こそが幸せ」という世間の概念がもたらす婚活ブームに翻弄(ほんろう)されながら、どこか釈然としない女性たちの本音が見え隠れしているのだ。

それまで「指をくわえて人の結婚を見てきて二十年」だった貴世だが、いざ結婚が現実のものになり、身内を巻き込みながら話が進んでいくにつれて、明らかにトーンが変わっていく。

あれほど小説を書くことに喜々としていたはずなのに意欲がなくなり、結婚相手に依存しているかもしれない、と不安になる。結婚は幸せの象徴であるはずなのに、何が幸せなのかわからなくなっていくのだ。

彼女の胸の内にわいてくる疑問や不安は「マリッジ・ブルー」として、結婚を間近に控えている人なら誰もが体験することと片づけられたり、本人も無意識のうちに封じ込めてしまうものかもしれない。しかし貴世は、ひとくくりにしてやり過ごしたりしない。心の揺れひとつひとつを「私」個人の問題として受け止め考える。そして思ってもみなかった結婚のカタチを選択していく。

帯のコピーには「恋愛小説」と書かれてあるが、これは悩みながらも自分の意志で選択していく、という観点から描いたまっとうな「結婚小説」だ。結婚をきっかけに、自分の人生や将来についてとことん考え抜いているさまが清々(すがすが)しかった。(白石公子・詩人)

(集英社・1260円)=2010年1月14日⑤配信

薩長礼賛を見直す一冊

「幕末維新　消された歴史」(安藤優一郎著)

明治以降、洪水のように薩長礼賛の史書が編纂(へんさん)、発行された。戊辰(ぼしん)戦争の戦闘記録「復古記」はその最たるものであった。薩摩・長州の両藩に歯向かった旧幕府や、会津藩、長岡藩などの兵士たちは賊徒だった。

私は若い時代に福島県・会津若松で記者生活を送り、会津藩が虐げられた歴史に義憤を覚えた。今日、幕末維新史を見直す機運が高まり、いくつかの歴史書が発刊されている。本書もその一冊である。

著者はプロローグで、「正史では記述されることのない歴史の真実の数々を明らかにしていく。今までの歴史観が根底から覆されてしまうような幕末の実像に出会えるはずである」と書いた。

では幕末の実像とは何か。著者がまずあげたのは、京都守護職会津藩の苦悩である。「幕末会津藩往復文書」をふんだんに使って、会津藩がいかに京都で苦労したかや、京都に残ったが故に薩長の餌食にされてゆく過程を描いた。

私も自著「幕末の会津藩」で同じ史料を使って考察したが、会津藩は藩主松平容保が京都守護職を引き受けたことで兵は疲労し、国元は困窮した。しかし、将軍・慶喜に辞職を願い出ても受理されなかった。

従来、薩長寄りの史書では、こうした会津藩の苦悩は取り上げられず、新選組を率いて薩長の志士を弾圧したことが強調された。

著者はその後に起こった戊辰戦争の真相をこう語る。「戊辰戦争最大のテーマは、将軍のお膝元(ひざもと)江戸をめぐる攻防戦だったことは強調しておきたい」。この表現は新鮮である。

勝海舟以外に誰一人薩長に通じている幕臣はおらず、すべては勝と西郷の腹芸で決まったのが江戸城無血開城だった。

会津藩は帰国が早すぎたのではないか。江戸に残って反薩長勢力を結集し、西郷と交渉していたら、歴史は変わっていたかもしれない。(星亮一・歴史作家)

(日本経済新聞出版社・1890円)=2010年1月14日⑥配信

物語とは何かを問う

「ビッチマグネット」（舞城王太郎著）

東京都内の調布に住む広谷香緒里が、一人称の「私」で語る物語である。浮気性の父が家を出てからは、母とひとつ下の弟との三人の生活。表情の暗い母に直面したくない彼女は、弟の友徳とばかりくっついている。

中学になってもベッドに一緒に寝て空想話に興じていたほど仲が良い。小説をよく読んでいる姉は、想像力はたくましいし、人生の条理についてもしっかりした考えを持っている。両親のおかげで恋愛を嫌悪しているくせに、お人よしで恋愛下手な弟を黙って見ていられない。

弟は不幸な恋ばかり。というよりロクな女が近づいてこない性分だ。人間関係のドロドロに巻き込まれて恐喝されたり、暴力を受けたりする弟を、姉が救い出す。

途中までは、しっかり者の姉が情けない弟をサポートする物語として読めるのだが、じつはこの姉自身の人生が空虚なのだ。他人の物語には首を突っ込めるが、自分の物語を持てないのである。

マンガを描こうとしてもストーリーが浮かばない。「物語とは一体何か」「人はなぜ物語にとらわれるのか」、この物語の語り手である「私」が、物語そのものについての疑問のとりこになっていく。

時間はどんどん過ぎていく。人は変わっていく。弟にも、父にも、母にも、それぞれの人生が訪れる。「私」だけが自分の人生をつかみかねている。人生のリアルが「私」だけには遠いのだ。

姉弟を中心とした青春ドラマなのに、言いようのないモヤモヤが付きまとう。人生を物語で書くということに慣れきることのできない作家の、ある意味での全力の誠実さが、ここにはみなぎっているのだ。

「私」は最後に「小説」を書き上げるが、誰にも読ませないまま実家の納戸に葬る。それが「私」の「倫理」であり、この小説が読者に問いかけるモラルだ。価値観が錯綜（さくそう）する現代で、ライトノベルの装いで試みられた、徹底的なモラリストの小説である。（清水良典・文芸評論家）

（新潮社・1260円）＝2010年1月21日①配信

幸福なロールモデルを提示

「天地明察」（冲方丁著）

「どうして若い書き手が次々と時代小説に参入するようになったんでしょう？」と先日、養老孟司（ようろう・たけし）先生とお会いしたときに尋ねたことがある。先生はこともなげに「そこに書いてあることが嘘（うそ）だと誰にでもわかるからだよ」と即答された。なるほど。小説的に「よくできた嘘」というのは、「ほんとうみたいな話」のことではなくて、「嘘とわかっていて、楽しめる嘘」のことなのかもしれない。

「天地明察」は江戸時代に、世事に背を向けて、算術と暦術と囲碁に打ち込んだ渋川春海（しぶかわ・はるみ）と彼をめぐる人々の物語である。主人公の生きた世界には家庭崩壊も、雇用不安も、路上生活も、イジメも、DVも、鬱陶（うっとう）しいものは何もない。描かれるのは、才能あふれた闊達（かったつ）な名家の青年が、権力と見識をあわせもつ立派な年長者たちに見いだされてその才能をあやまたず評価され、順調に出世し、よきライバルに出会い、清潔な恋をして、ライフワークを成し遂げ、幸福な家庭生活を全うしましたという、たいへん気分のいいお話である。

たぶん、こんな幸福な青年は江戸時代にだって（どの時代にだって）そうそういたはずはない。けれども、そのような「幸福な青年」を、虚構を通じてであれ、一つのロールモデルとして提示することがなければ、当今の若い人たちはそのような「気分のいい生き方」があることを想像することも、願うことさえないかもしれないということは考えてみてもいい。

現在の純文学には「何か」が足りないと思っていたけれど、それは「こういう生き方って、いいよね」という素直で朗らかなロールモデルの提示だったということにこの本を読んで気づかされた。

このような作風を「批評性がない」「問題意識が欠けている」と難じる評論家もいるかもしれない。けれども、人間の「暗部」には一切触れまいとする作家の決然たる態度のうちに、私はつよい方法的自覚を感じるのである。（内田樹・神戸女学院大教授）

（角川書店・1890円）＝2010年1月21日②配信

哲学や人間性の詳細な記録

「オシムの伝言」（千田善著）

「通訳の私は意図的な誤訳をした」という衝撃的告白から始まる。著者は、2006年にイビツァ・オシム氏が日本代表監督に就任後、脳梗塞（こうそく）に倒れ日本を離れるまで通訳を務めた人物である。

延べ10年間の旧ユーゴスラビア生活を経て帰国。セルビア・クロアチア語が堪能であることから責務についた。もとよりサッカー好きで、ユーゴ滞在中にもたびたびスタジアムに足を運び、当時からオシム氏を敬愛していたという。著者はオシム氏にいちばん近い場所で、そのフットボール哲学や人間性に触れてきた。本書は、その923日間にわたる詳細な記録。

オシム氏が日本代表監督になったのは、06年のワールドカップ（W杯）ドイツ大会で日本代表が1次リーグ敗退した直後。時系列で日本サッカーの歩みに沿っているが、「魔法」「誇り」「リスク」「エスプリ」など、全29章のテーマで構成されている。

「リスクを冒さないサッカーは、塩とコショウの入っていないスープのようなものだ」「システムそのものより、チームとしてのインテリジェンスが問題だ」。誰よりも強く日本サッカーの日本化を提唱してきたオシム氏の珠玉の名言を、著者が独自の視点で解説する。

ユーゴ滞在中に民族対立から戦争へと突入する激動の時代を経験してきた著者だからこそ、単なる通訳にとどまらない相互理解があったのだろう。オシム氏の出自や国際情勢に対するスタンスの解説もわかりやすい。また、記者会見でオシム氏の言葉に涙をこぼす場面や、オシム流のシニカルなユーモアを日本語にする難しさと格闘する著者の姿にも心を動かされる。

「私が日本にいた痕跡を残したい」。本書から立ち上ってくるのは、オシム氏のサッカー思想だけでなく、人生への立ち向かい方や人となりだ。サッカーファンならずとも、得られるものは計り知れない。オシム氏の痕跡は、本書とともに、確実に日本人の心に残ることになるはずだ。（宮崎恵理・フリーライター）

（みすず書房・2520円）＝2010年1月21日③配信

いたずらな巨匠の遊び心

「藤田嗣治　手しごとの家」（林洋子著）

いまだ戦火のつめ跡が残されたうそ寒い風景の東京で、たまたま見た婦人雑誌のグラビアに、藤田嗣治（ふじた・つぐはる）邸の一隅が載っていた。暖炉のあたりが灰で汚れ、いすはいくらか人のぬくもりでくたびれてもいるが、世界のどこかには、このような安息の空間があるのか。

次のページをめくると、いきなりフジタの大きな顔が現れ、その部屋を腕に抱いている。なんだ、マケット（模型）だったのか。しかしそれは、異国への夢をいっぱいはらんでいた。

ビジュアル版の本書には、ページごとにフジタ手製のテーブル、絵皿などが並べられていて、故人の小さな博物館をのぞくような喜びに浸れる。作者の生涯の思い出が時代ごと、それぞれに染みついているわけだ。

フジタが洋の東西で転々と住み替えたことも大きい。異なる風物、違う習慣、それはこの鋭い触覚をもった画家にとって、おそろしく新鮮に映ったことだろう。

ぼくはフランスにしばらく住み、当地の画家たちから自分のジャンル以外の、舞台装置、陶芸、版画、いたずら描き、いろんな応用問題にのめり込む遊び心を教わった。

フジタの手がけたこれらの余技に、ぼくはどうも女性的な繊細さを感じる。こまごまとした手作業、小さく愛くるしいものへの執着。これを洗いざらい追跡した著者も女性だから、こんな愛らしい本ができた。

手を動かしながら、出来あがるまでの期待と、やがてその用途に従って使う楽しさもさることながら、フジタは観客の喝采（かっさい）をも予想して、わくわくしていたと思う。

晩年のフジタの車に、たまたま便乗したときのこと。車中、タバコを勧められ一本いただいた。なんと開いたタバコケースの裏っかわに細密な春画、おやと気付いたとき、カチャリと閉まっておしまい。それから何度ねだっても、もうタバコはくれなかった。おそろしく子供っぽい、いたずらなグラン・メートル（巨匠）なんだ。（野見山暁治・画家）

（集英社新書・1155円）＝2010年1月21日④配信

愛情と皮肉をこめた歴史書 「世界探検全史（上・下）」（フェリペ・フェルナンデスアルメスト著、関口篤訳）

「出アフリカ」をなし遂げたホモ・サピエンスの拡散にはじまり北極南極への踏査までの、まさに古今東西の探検者たちを丹念にしかも愛情と皮肉をこめて記した壮大な歴史書であり物語である。「躍動する」「跳躍する」「躍進する」といった魅力的で的を射た各章の表題だけでも、著者のすぐれた感性と該博な学識とのきらめくような交感を知ることができる。

これまでの探検史は、大航海時代の主役であるヨーロッパを中心に紹介されることが多かったが、本書では8世紀からのインド洋はイスラム教徒の湖のようなところであり、明の提督鄭和の7次にわたる中近東、アフリカ東海岸への大遠征についても詳しく記されている。彼らの活躍に比べれば、そのころまでのヨーロッパは探検に関して後進地域だったとさえ評する。

そんなヨーロッパがなぜ突然に1490年代、大変身して大航海時代を開始したのか、そのことについても1480年代という直前の10年間に、ポルトガルとカスティリア王国がマデイラ諸島とカナリア諸島で大もうけをしたからであるという明快な答えを用意している。

南太平洋、中央アジア、暗黒大陸アフリカの奥地、南北アメリカといった地球上の隅々にまでわけいった探検者たちを追跡するだけでなく、遠洋航海に必要な帆船の発達、地図や海図の進化、壊血病の克服過程などの背景にも目配りを忘れてはいない。日本に関しても8世紀の行基による国内の探検や「土佐日記」を紹介し、オランダがなぜ鎖国を突破できたかについても的確に記している。

探検を軸に記されたグローバル・ヒストリーの珍しい成功本である。ただし、アメリカ大陸や太平洋に進出した先史時代の探検の主役がモンゴロイドとするなら、大航海時代以降はコーカソイドが主役であり、奴隷売買という受け身でアメリカ大陸に進出したネグロイドという視点も考えられるのではないだろうか。（青柳正規・国立西洋美術館館長）

（青土社・上下各2520円）＝2010年1月21日⑤配信

時代を反映した近代の夢想 「日本SF精神史」（長山靖生著）

日本SFの通史が出版されるのは本書が初めてと聞くと驚く人がいるかもしれない。確かにあちこちで日本のSFの歴史が語られ、書かれてきてはいる。しかし、一冊の本として世に出るのはこれが初めてだ。

著者は幕末以降の日本人の精神について一特にその奇妙な部分にスポットを当てて紹介し、考察を加えた評論で知られる。その出発点は古典SFの研究なので、これは満を持しての作といっていいだろう。

ところで、日本でSFはいつから書かれているのか。多くの人は星新一（ほし・しんいち）や小松左京（こまつ・さきょう）などを思い浮かべ、戦後のことと思うのではないだろうか。しかし、本書が最初に取り上げるのは安政4（1857）年の「西征快心編」。

ペリー来航の4年後に書かれたこの作品では8千人の武士が「軍船十隻、火輪船（外輪型蒸気船）四隻」で欧州に乗り込む。目的は英国にアヘン戦争などの侵略行為を止（や）めさせること。そのために英国女王を捕らえ、英本土を4分割して帰国する。領土拡張を目指さず、世界秩序の回復を果たそうとする武士の行為を、著者は「儒者の聖戦」と見る。その意味で、この書は一種のユートピアSFと見なされるのである。

明治初期に書かれた政治小説にも、この種のユートピアSFは多い。理想社会を未来や別世界の形で描き、政治主張の正しさを訴えたのだ。明治10年代にはジュール・ヴェルヌの一大ブームもあり、日本の読者は決してSFと無縁ではなかった。押川春浪（おしかわ・しゅんろう）、江戸川乱歩（えどがわ・らんぽ）と続く人気作家の系譜を見ても、それはわかるだろう。戦後のSFも、海野十三（うんの・じゅうざ）を愛読した手塚治虫（てづか・おさむ）を介して、戦前につながると著者は見ている。

現実は大事だが、むしろ夢想にこそ時代の精神は反映される。古書に関する豊富な知識をもとに近代日本の夢想をたどる本書は、ともすれば未来を見失いがちな現代人にとって、またとない励ましの書といえるだろう。（森下一仁・SF作家）

（河出書房新社・1260円）＝2010年1月21日⑥配信

人と出会い、自分を潤す

「転生回遊女」（小池昌代著）

湿度の高い小説だと感じました。読み終わった時の体感は、植物園の温室の中。年中温かくて、湿度の高い空間です。

水分をたっぷり含んだ植物たちの方が、見に来る私たち人間より偉くて、足を踏み入れたとき畏怖（いふ）の念を抱くあの空間です。

主人公の名は「桂子」。桂の木は漢方で「桂皮」という名で、枝部分は体の外側、皮の部分は体の内側を温める作用で用いられるそうです。

桂子と対峙（たいじ）した人、そして桂子自身も、怖（おそ）れおののきながらも熱くなる自分が止められません。その怖れを体内に取り込むことにより、浄化され癒やされていくのだと思います。

桂子は植物的ではあるものの、私の頭の中に浮かんだのは「リトマス試験紙」です。あの水溶性のものを吸収する力、反応してすぐに色を変えるところが、そうイメージさせたのでしょうか。

桂子が選んだ女優という職業もそうです。常に何色でもない状態から驚くべき吸収力でさっと反応して色を変えるのです。1回使ったリトマス試験紙はもう使えません。そんなところも、桂子を連想させるのかもしれません。

桂子にとって関係を持つ男たちはマラソンでいう給水ポイントです。潤い自分の活力となったら振り返りません。

男と会うことが、ハプニングというより、そこのポイントで用意されているもの、必然的なことなのです。

男たちに出会う前の桂子は未使用のリトマス試験紙で、水を吸ってみたら、想像以上に吸うことができて自分でも驚いているのだと思います。

高校生で母を亡くし、一人、旅に出た桂子。最初の枯渇して危うい姿が、読み終えるころにはたっぷりと水分を含み、うそみたいに成長しています。

そして自分を潤す水分は、桂子が永遠に欲し続けるものなのです。（福井利佐・切り絵作家）

（小学館・1785円）＝2010年1月28日①配信

まさかのプラトニックラブ

「十四歳の遠距離恋愛」（嶽本野ばら著）

手持ちのワンピースの内側に新聞紙や梱包（こんぽう）用エアキャップを張り付ける。そんなお手製ロリータスタイルで町を練り歩く少女、仲葦さんと時代錯誤なバンカラ少年、藤森君の物語「十四歳の遠距離恋愛」は、現代っ子とは思えない、まさかのプラトニック・ラブストーリーである。

同じ中学校の、同じクラスで出会った二人。先述のロリータスタイルを級友に目撃され、嘲笑（ちょうしょう）の的になる少女。彼女を奇異なものとして見る級友に「好きな格好しとるだけで、みっともにゃあこと、あらすか！」とコテコテの名古屋弁で彼女を擁護する藤森君。二人はこの日を境に徐々に引かれあっていく、のだが…。

名古屋を舞台とするこの物語には、愛知県民おなじみのローカルネタがちりばめられている。名古屋の繁華街で育（はぐく）まれる彼らの恋。一方で、足りないお小遣いや厳しい門限という中学生ならではの障害に、二人の恋路は妨げられる。そして二人に訪れる突然の別離。

ロリータ少女とバンカラ少年という、いささかキャラクターが濃すぎるこの組み合わせ。しかし、読み進めるにつれ、二人はどこにでもいる「ロミオとジュリエット」的なカップルに見えてくる。

物語は、クラスメートから異端として見られていた少女を、ロリータスタイルとは程遠い世界にいる藤森君が受け入れるところから始まる。しかし、人は移りゆき、少年も、そして少女もまた心変わりをする。

よくある出会いと別れを描いたこの物語は、著者が抱く憧憬（しょうけい）と諦念（ていねん）、そして「永遠なんてない」と受け止めながら、それでも割り切れない悲しみが込められているように思える。

世界にはどうにもならないことがあると、死なずとも終末は来ると知った彼らの遠距離恋愛。14歳のとき、どんな自転車に乗っていたか、どこで花火を見たか、忘れてしまった人にこそ読んでほしい。（宮田和美・ライター）

（集英社・1365円）＝2010年1月28日②配信

登録の舞台裏を辛口で紹介

「『世界遺産』の真実」（佐滝剛弘著）

平泉が世界文化遺産候補として、小笠原諸島が世界自然遺産候補として推薦されると正式に決まった。国連教育科学文化機関（ユネスコ）から委嘱された専門家が今年中に現地調査をし、来年には登録が妥当かどうか世界遺産委員会で決まるはずだ。

平泉は2度目の申請である。前回、まさかの落選を喫したことは記憶に新しい。登録を果たした石見銀山と明暗を分けたのはなぜか。真相については本書をごらんあれ。世界遺産は何を基準に、どんなプロセスを経て登録されるのかなど、知られざる舞台裏をとくと案内してくれている。

ただし内容は少々、辛口だ。世界遺産条約制定から間もなく40年。押しも押されもせぬブランドになりはしたが、多くの見物客や観光業者、メディアを引き寄せた結果、かえって俗っぽい観光地に堕してしまった例も少なくない。遺産保有件数を競う風潮が生まれ、登録が激増した分、希少性が薄れた感も否めない。

世界遺産を見る側に、国際機関のお墨付きをほしがったりネームバリューに踊らされたりしないリテラシー（理解力）が必要だと説けば、返す刀で、そもそも世界遺産は曲がり角に来ている、当初の理念はそのままに、名称の変更や一から登録し直すことも含めて大胆に変わってほしいと提言する。そう語る言葉の端々に愛が感じられるのは、著者が世界遺産検定のマイスターを取得し、230余件を踏破するほど、世界遺産と深く長くつき合ってきたからだろう。

本業はテレビの番組制作ディレクターである。著書で指摘した世界遺産の矛盾や限界を映像で見せれば、インパクトのある番組になるのではと思うが、そんな企画は通りませんか？

世界遺産で視聴率を稼ぎ、読者を獲得してきたメディアは、今しばらくブランド力の延命を図ろうとしているのかもしれない。雑誌もテレビ番組も、相変わらず美しく幻想的な世界遺産の絵を提供し続けている。そんな中で本書をものしたテレビマンに敬意を表したい。（瀬川千秋・翻訳家）

（祥伝社新書・840円）＝2010年1月28日③配信

やってらんねー思いが爆発

「明治　大正　昭和　不良少女伝」（平山亜佐子著）

目の付け所が面白い。なんてったって、不良少女伝、だ。情夫を殺した阿部定のような「毒婦伝」は珍しくないが、ここに登場するのは、けんか、ゆすり、エロ仕掛けといった、言葉は悪いが「コツブな悪」で世間を賑（にぎ）わした不良娘たち。ザンギリ頭で男装した明治の女や、カフェで暴れる大正の女たちなど、歴史には残らない女たちの事件簿である。

著者の平山氏は、明治から昭和のゴシップ記事を丁寧にあらっていく。新聞・雑誌記事の多くは「不良少女」を嘲笑（ちょうしょう）する調子なのだが、そういった時代空気も含めて、「大人や男のいいなり」にならない少女たちの反骨の息吹が伝わる。

特に大正時代は「不良少女」の宝庫だ。女性解放運動など自由な機運が高まるなか、今までの女性と違う「不良少女」は社会問題でもあった。父や夫への絶対服従を強いられた時代の女というイメージからは全くかけはなれた女たちの武勇伝は時に小気味よい。

例えば、大正13年に世間を賑わしたという「ハート団」。元タイピストの女性が組織したグループで、彼女たちは東京・丸ビルに出入りする「青年を弄（もてあそ）び、金品その他を奪いとって」いたという（同年12月10日報知新聞）。

タイピストといえば花形職業だったが、男性公務員の初任給が75～100円だった時代に、彼女たちの給与は30円程度。しかも容姿で給与が違い、ガラス張りのオフィスで路上に面して仕事するなど、「客寄せ」的な側面もあった。そんな彼女たちの「やってらんねー」な気持ちが伝わってくるような「事件」じゃないか。

今、「不良」という言葉自体が死語。一見“悪く”みえるギャルだって、案外中身は「家族を大切に」し「他人に迷惑をかけないがモットー」なモラリストだったりする。

「やってらんねー！」な思いが、今の女にないとは思えない分だけ、大人を困らすような大正女のハチャメチャぶりがまぶしくみえた。（北原みのり・コラムニスト）

（河出書房新社・1995円）＝2010年1月28日④配信

謀略を追う記者の競争

「消えた警官」（坂上遼著）

サンフランシスコ講和条約が発効して、日本が国際社会に復帰した1952年。5月1日の皇居前のメーデー事件や、6月25日の大阪・吹田事件などの間を縫って、共産党の武装闘争方針に絡んだ謀略事件が起きた。6月2日、大分の山村の菅生村（現在は竹田市）で駐在所が爆破され、地元の共産党員が逮捕された「菅生事件」だ。

警察の動きをつかんだ毎日新聞の記者が張り込む中で事件が起き、大々的に報道される。警察のおとり捜査による「でっち上げ」を知った共産党関係者によって、事件発生とともに行方をくらました「市木春秋」と名乗る男がおり、戸高公徳という現職警官であることも分かった。

毎日新聞、地元の大分合同新聞、ラジオ九州、ラジオ大分などが競って報道する中で、共同通信社会部の記者が、新宿のアパートに隠れ住んでいた戸高を発見、事件を明るみに出した。朝日新聞は、爆発物が内部に仕掛けられていたとの鑑定をスクープした。

以前、弁護士による本が二、三出版されているが、マスコミ各社の記者たちの動きを追って書かれたドキュメントは初めてではないか。記者たちが競争しながら事件の真相に迫っていく状況は、息もつかせず、面白く読ませる。

事件から50年以上たって、著者は関係者を訪ね歩く。共産党は分裂状態で武装闘争を打ち出していた時代。当時の共産党の地区幹部の「（もう少し）警察が待っていれば（略）本物の菅生事件が起きていたと思う」という証言も興味深い。

メディアのスクープ競争は、隠された真実に迫るためであってこそ意義を持つ。最近も沖縄密約に迫った各社の動きはそれを感じさせたが、真実が闇に埋もれたままの事件も多いはずで、記者への期待もあらためて膨らむ。国家公安委員長が「おとり捜査」導入論を公然と語るいま、権力と歴史とジャーナリズムの役割を考えさせる好著だ。

（丸山重威・関東学院大教授）

（講談社・1785円）＝2010年1月28日⑤配信

アメリカの夢超えた理想

「スノーボール（上・下）」（アリス・シュローダー著、伏見威蕃訳）

ウォーレン・バフェットと聞いて、普通の日本人は何を思い浮かべるだろうか。やや詳しい人で著名投資家といった程度だろう。国際的な金融不況の最中、中にはサブプライム危機を連想してアレルギーを感じる人もいるかもしれない。

実際には、バフェットはサブプライムともリーマンとも無縁の人物だ。自分のわからないことには金を出さないという姿勢を貫き、金融工学で派手なばくちを打つウォール街には常に批判的だった。ITバブルにも住宅バブルにもほとんど無縁で、彼のことを時代遅れの老人だとやゆする意見もあったが、残ったのは彼だった。そのバフェットと家族の幼少時からの歩みをつづったのが本書である。

最初は、ガムを売って稼いだ数セントだった。ためたお金はわずかではあっても、複利で増やせれば雪だるまのようにどんどん大きくなるはずだ。それに気付いた時、スノーボールはゆっくりと転がり始めた。

酒は飲まず、好物はハンバーガーとフライドポテト。住居や身なりに無頓着な彼ではあるが、単なるけちんぼうというわけではない。彼の行動原理はいたってシンプルだ。

「人がどうふるまうかを大きく左右するのは、内なるスコアカードがあるか、それとも外のスコアカードがあるかということなんだ。内なるスコアカードで納得がいけば、それが拠（よ）り所になる」

自分が価値を認めたものにしか金を出さない。高級フレンチだろうが要人主催の夕食会だろうが、気に入らなければはしをつけないし、理解できない技術には投資しない。一方で、資産のほとんどを慈善事業に寄付することを既に決めている。そこに価値があると自分が信じているからだ。

上下巻で1千ページを超える大著にもかかわらず、本書は全米で大ベストセラーとなった。アメリカ人にとって、バフェットはアメリカンドリームを超えた一つの理想なのかもしれない。（城繁幸・人事コンサルタント）

（日本経済新聞出版社・上下各2625円）＝2010年1月28日⑥配信

短編小説のような味わい　「ダウンタウンに時は流れて」（多田富雄著）

科学者に詩人がいても不思議はないが、そのような詩人には、しかしめったにお目にかからない。世界的な免疫学者、多田富雄氏の文章の味わい深さは誰もが認めるところだが、本書の読後感をひと言で言えば、一編の上質の詩とでも言えそうなリリシズムであった。

本書の第1部は、著者がまだ駆け出しの免疫学者としてアメリカ、デンバーに留学した時の回想である。留学記といえばその通りだが、ここで語られる三つのエピソードは、どれもが短編小説そのものの味わいを持っている。

下宿の主人夫婦、ダウンタウンの「デンバー最悪のバー」に集う人々、チャイニーズレストランのウエイトレスをしていた戦争花嫁などとの、密度濃い交流が語られる。

ここには、「裕福な中産階級の退屈なアメリカでなく」「アメリカの都会の吹きだまりにある悲しみと喜び」を身をもって体験した若き日の著者があり、1960年代初頭の「古き良きアメリカ」がある。「回想の不思議な魔術」と著者自身が言うとおり、全編にもの悲しく、甘やかな青春の夕暮れが揺曳（ようえい）している。

なぜそれが甘やかな切なさに満ちているのかは、後半を読めば明らかだろう。脳梗塞（こうそく）で倒れた著者が、声を失ってしまったことはよく知られている。後半は、「車椅子（いす）に括（くく）りつけられている」著者の折に触れての随想である。中でも著者を支えて献身的な妻への、恋情にも似た切ない思いには、不覚にも涙を禁じえなかった。

多田氏の文筆活動を思うとき、私には正岡子規が思われてならない。子規もまた脊椎（せきつい）カリエスの痛みに耐えながら、ひたすら書いた。書くことによって己を支え続けた。

書かれたものは辛（つら）い描写に満ちているが、決して暗くはない。そこには精神の健康さが感じられるのである。本書にもまた、子規と同様の精神の健康さと強靱（きょうじん）さを、そして叙情のしなやかさと繊細さを強く感じたことだった。（永田和宏・歌人、京大教授）

（集英社・1260円）＝2010年2月4日①配信

ダム管理所職員の鬱屈　「だむかん」（柄澤昌幸著）

太宰治賞の受賞作である。

どこか作家の吉村昭に似たところがあるなというのが第一印象であった。センテンスが短く明確な文章、歯切れのいい感覚が、吉村さんを思い出したのかもしれない。著者の気質に吉村さんに通じる鬱屈（うっくつ）したものがあるのかもしれない。

作品は黒姫ダムを管理する仕事についている青年の単調で懈怠（けたい）な日々と、異常降水によるダムの水の放流により多数の人命が失われる事故が引き起こす悲劇的なクライマックスまでが事細かに描き込まれている。

主人公は都宮という青年で大学を卒業後、電力会社に入り、今は黒姫川工務所に勤務している。ダムは高さ150メートル、堤長350メートルの日本有数のアーチダムである。

都宮はこのダムの管理所勤務を命じられる。この巨大なダムがたった4人の人間により24時間保守されていることにまず驚いた。

台風や異常な降水の時、ダムを開門し水を流す。その何時訪れるかもしれない「時」にむかって職員たちは無為の日々の時間をつぶすのに苦労する。そういう場所で働く人間のエゴイズムや鬱屈や性的妄想などを精密に書ききった力量を賞賛すべきであろう。この無為により人々の生活が守られている。

外面からは見えないダムの内部の描写など圧巻であった。アウトドアを楽しむ人々の自然に対する意識と、水を放流しなければダムを維持管理できない現場の人々の自然への意識の差異など、専門知識を持つらしい著者の独壇場といえよう。

ダムが軋（きし）って「ガシャーンッ」といって鳴く場面など実に不気味な実感のある描写であった。

まだところどころに構成の不備や書き込み不足のところも見られるが、それは場数を踏むことによって自然に修正できる問題であろう。

どんどん書いてゆけば自己の世界を広げることができると思う。（川西政明・文芸評論家）

（筑摩書房・1470円）＝2010年2月4日②配信

作者の謙虚さと優しさ　「『千の風になって』紙袋に書かれた詩」（井上文勝著）

作者不詳のまま世界中で愛されつづけてきたこの詩は、多く死者を悼む場で朗読され、さらに共感の輪を広げたらしい。「私のお墓の前にたたずみ泣かないで」という書き起こしは、まさに死者からのメッセージとして哀（かな）しみに沈む人びとの心をとらえるのだろう。

元英皇太子妃、ダイアナさんの葬儀の席で姉に当たる婦人が詩を朗読したという報道の記憶がよみがえったが、なんとそのときに読まれたのも、この詩だったという。哀悼のために詩を朗読するという場になじみが薄い日本では、歌唱力抜群のテノールに歌われることで大評判となったが、めぐりの自然の一つ一つになって今なおあなたのそばにいるという語りかけに感じ入らなければ、美しい旋律も生まれようはずがなかった。

著者の井上文勝氏はパレスチナ在住の建築家。たまたま帰国滞在中に話題沸騰のこの詩に接し原作者探しを思い立った。実のところアメリカでは20年以上も前から自薦他薦渦巻くなかで作者が取りざたされていたという。井上氏も丹念にそれを追う。インディアンのマカ族の詩ではないかと目されながら、当のマカ族がこの詩の語っているところとは異なる思想背景を持つと回答したという経緯など、とても興味深い。

こうしたリサーチのそれぞれに物語が存在し、惹（ひ）きつける。そして一人の婦人にゆきつく。米国ボルティモアのマリー・E・フライがその人。1932年に一人のユダヤ人女性のために書きとめられた詩であった。

作者存命中もその名を離れてこの詩が世界中に広がったのはなぜか。なぜ、この詩は書かれたのか。本書の後半は1905年生まれのマリーの人生を静かにたどる。両親を知らないまま子供ながらに辛酸をなめた少女期にみずから育（はぐく）んだ謙虚さと限りない優しさ。それなくして、この詩が生まれることはなかったろう。その心に触れ、言葉が詩となった瞬間を祝福したい気持ちになった。（今野寿美・歌人）

（ポプラ社・1260円）＝2010年2月4日③配信

資源めぐる大競争下の矛盾　「アフリカを食い荒らす中国」（セルジュ・ミッシェル、ミッシェル・ブーレ著、中平信也訳）

日本で暮らしていると、世界が激変しているのに気がつかないことがある。中国とアフリカが急接近していることを、どれだけの人が知っているだろうか。

成長する中国は天然資源を必要とする。石油、希少金属、木材。中国企業はアフリカの資源をごっそり持ち去る。見返りに中国人労働者が現地に道路、パイプライン、港、高層住宅を次々と造っている。そして、中国産の安価な消費財がアフリカ市場を席巻している。

アフリカで暮らす中国人は、すでに100万人近くに達しているようだ。スーダンには中国野菜の農場まであるらしい。しかし、資源の輸出で豊かになるアフリカ人は、一握りの特権階級だけ。

フランス人とスイス人の著者たちは、アフリカ大陸を隅々まで歩き、現場で起きている驚くべき事態を次々と暴露する。荒廃する自然環境。ぶん殴られる黒人労働者の怒り。中国人労働者の極度の勤勉さ。そして、にわか成り金たちの優雅な生活。国際ジャーナリストの取材力が光る。

「アフリカを食い荒らす中国」という邦題は、一面的かもしれない。本書の視点はもう少し奥深いからだ。フランスなど欧米諸国のずる賢い振る舞いも、正直に描き込まれている。中国がアフリカに価値を見いだしたことで、アフリカを狙う大競争が始まった。大国の駆け引きが読み取れるのも、本書の魅力だ。

早くも15世紀、明の鄭和（ていわ）は大艦隊でインド洋に遠征し、アフリカと中国を結びつけた。しかし、ふたつの地域がこれだけ濃厚な関係を結ぶようになったのは、史上初めてだ。これからどうなるのだろう。アフリカは中国の植民地になるのか。アフリカが中国に「ノー」と言う日が来るのか。

1970年代、東南アジアで日本製品の不買運動が起きた。あの構図がとてつもないスケールで再現してくるのかもしれない。アジアの成長に巻き込まれ始めたアフリカの矛盾が、手に取るようにわかる一冊。（峯陽一・大阪大准教授）

（河出書房新社・2520円）＝2010年2月4日④配信

一人ひとりの多様性を証明

「老人の歴史」(パット・セイン編、木下康仁訳)

いまや日本は世界一の超高齢化国家と言われ、2055年には65歳以上が全人口の4割を超えると予想されている。ほぼ1人が1人の老人を支える格好で、マンガに描けば、若者が苦しそうに冷たく重い石を背負う図になるだろう。社会のお荷物、厄介者？　というイメージは加速、増幅されていく。

「老人の歴史」は、古代ギリシャ・ローマ時代から現代に至るまで、老人のイメージの変遷を、文学や演劇、絵画、彫刻などの資料をもとにたどった本である。約450ページという量にたじろぐが、さいわい、半分はよくぞ集めたと言える図像で占められているので、とりあえずこの絵や写真を眺めて全体像をつかむといい。現に私はそうした。

紀元前にさかのぼる、滔々(とうとう)たる「老人」という存在の流れを追うなかで、著者が強調するのはその「多様性」である。「一人ひとりの人生は特有のものであり、二つとして同じコースをたどることはない」と書かれる通り、電車で隣り合わせた同じ70歳がいても、2人はまったく別の人間なのだ。「老人」を語るとき、これは見逃せない必須の前提となる。

例えば、スコッチの銘柄にもなったオールド・パー(本名トマス)は、「享年百五十三歳といわれ、百五歳で不倫の罪を償ったことを誇った」と言われるが、近ごろの草食系男子に爪(つめ)のあかを煎(せん)じて飲ませてやりたい。

また、平均寿命の今昔の比較における誤解も本書は解いている。乳幼児死亡率の高さを計算に入れれば、それほど極端な違いはない。紀元1世紀のローマ帝国でも、6〜8％が60歳以上だったと聞かされると、高齢化の問題はいまに始まった話ではないとわかる。

古代から現代まで、人間はこんなに多くの老人を語り、彫り、描き、撮ってきた。膨大な図版がなにより老人の「多様性」を証明している。老人は冷たく重い石ではないのだ。(岡崎武志・書評家)

(東洋書林・5040円)＝2010年2月4日⑤配信

すぐそばに息づく作家の姿

「中勘助せんせ」(鈴木範久著)

「銀の匙」の作家、中勘助(なか・かんすけ)の人となりを知る上で格別な本で、ほんとうにすぐそばに「せんせ」が息づいている感じがする。中勘助とは作家と愛読者ながら、その枠を超えて篤(あつ)いつき合いのあった塩田章(しおた・あきら)の、勘助宅への訪問のメモや手紙を中心に構成されているからだろう。塩田章はキリスト教の伝道者で、「やまびこ」というミニコミ紙を出し、「やまびこ」の若い仲間たちも次々勘助宅を訪れた。

中勘助と塩田章の三十年近い交流の間には、日本の悪い季節も含まれる。塩田が軍に召集される前日、勘助は塩田の家へ、塩田は勘助の家へ出向き、行き違いになったりしている。家に戻った勘助は、奥さんから「自分が女なら何遍通つても先生のところへ嫁にくる」と塩田が語ったことを知らされるが、この恋情のような思いにはびっくりしてしまう。

著者は、中勘助の特徴として、生きものとともにあることや、死者たちとも共存する思想を持っていたと分析している。その勘助の「死者観」が、「戦地への出陣を前にした青年たちの不安に対し、静かな安らぎを与えたような気がしてならない」と。

本書中に随所に引用される塩田の訪問記録は、「せんせ」のことばつきや話題を写していて興味深いが、なによりもいつも予告なしに訪れる塩田らに一度も嫌な顔をせず、家に招き入れたことで、中勘助がどんな人柄かおのずと浮かび上がるようだ。ことばつきは謙虚で、少しも上から物をいうところがない。

塩田の走り書きは平仮名が多く、無邪気で飾り気のないその人間性を表すような文章だが「呼鈴を押せばうるんだ音色。雨後のせゐだらう」などといった表現も垣間見える。昭和の懐かしい風景そのもののような中勘助と塩田章の交流を読んでいると心地よく、温(ぬく)もってくる。私たちはこのような人間に対する礼節や素朴な心情を、いつ失ってしまったのだろう。(井坂洋子・詩人)

(岩波書店・2310円)＝2010年2月4日⑥配信

男の哀歓に女の業注ぐ

「駅路／最後の自画像」（松本清張、向田邦子著）

昨年は松本清張氏の生誕100年で、次々に映画やテレビドラマが制作された。一方、向田邦子さんは生誕80年、全集の刊行やドラマ、展示会とこちらも話題には事欠かなかった。

ご本人が亡くなられた後も本が売れ続ける作家は数少ない。本書はその筆頭、超人気者の二人の作品が一冊に収められた、まさに夢のような本である。表紙に名前が並んでいるのを見ただけで、だれもが胸を躍らせるにちがいない。

それにしても、意表を突かれた。えッ、どういう接点があったの？　片やミステリー界の巨匠、片やホームドラマの女王…異色の二人である。しかも本書は、近ごろ流行のアンソロジーのようにただひとつのくくりで作品を集めた安易な本とは発想からちがう。

本書には松本清張氏の短編、それをドラマ化した向田邦子さんの脚本、プロデューサーの証言と編集者の解説が収められている。つまり、ひとつの作品を四方から読むことによって立体的に再構築できる。これこそ「3Dの本」と言えよう。

証言の興味深いエピソードもさることながら、著者の心の深奥へ切り込んだ、見事な解説にも脱帽した。が、それについて書くのは控える。まずは無心に小説と脚本を読み比べていただきたい。ひとつだけ、私の感想を述べておく。松本清張氏の完成された硬質な作品に、向田邦子さんは色めきと華やぎ、どろどろとした情念とやるせなさ、愚かさを注ぎ込んだ。人生に疲れて駅路に下り立った男の哀歓に、もうひとつ、女の業の悲痛な叫びをつけ加えた。

そう、登場する三人の女が、三人とも、血の通った生身の女になった。これは向田邦子さんにしかできない芸当である。女たちの台詞（せりふ）に著者自身の人生（私のわずかな知識によるところの）を重ね合わせると、なおいっそう女の悲哀が鮮明になる。本を閉じても、私はしばらく身動きができなかった。（諸田玲子・作家）

（新潮社・1365円）＝2010年2月10日①配信

卓抜なロード・ノベル

「遥かなる水の音」（村山由佳著）

パリで、まだ27歳という若さで、ひとりの日本人青年が死んだ。「僕が死んだら、その灰をサハラにまいてくれないかな」と言い残して。その遺言をかなえるべく、近しかった者が集結する。彼の最期をともに過ごしたゲイの中年フランス人。パリでツアーコンダクターをしている10歳年上の青年の姉。そして高校時代の親友カップル。それぞれ故人とは秘めた記憶がある。だがそれ以外はおよそ接点のない面々がともに、一路サハラを目指すことに。

長く辛（つら）い旅だ。ジブラルタル海峡を渡り、アフリカ大陸モロッコの港町タンジェへ。そこでイスラム教徒の現地ガイドが加わり、いよいよ砂の海へと乗り出してゆく…。抱える悩みも、宗教も、人種も、世代も、何もかもが異なるばらばらな男と女が1台のワゴン車に揺られるのだ。5人の間にさまざまな問題が持ちあがる。

灼（や）ける砂、乾いた風、香り高いミントティー、高級ホテル、タジン料理、市場の喧噪（けんそう）と色彩の渦。タンジェからフェズを経てマラケシュへ。さきざきで摩擦あり葛藤（かっとう）ありの旅路がつづく。いつか青年をこの地へと誘った、作家の「誘惑と、その結果としての破壊、そして帰還の不能」（ポール・ボウルズ）という迷路めく道行き。

物語は、5人が順に青年への思いを吐露する形で進む。そこへ、一緒に旅している青年の魂の、天上からのつぶやきが添えられる。「澄みわたった冷たい空が茜（あかね）色に染まってゆく。サハラの砂もまた、空の色を映して輝き始めている」―

この語り手のバトンタッチの間合いが良い。通過してゆく景観とともに、それぞれの心の移ろいを語り継いでゆく“ロード・ノベル”の構成は卓抜で、文章は明晰（めいせき）だ。

やがて5人はマラケシュからカスバ街道をめぐり、目指すサハラはメルズーガへ。そして、遺灰が入った紅茶（「マリアージュ・フレール」の「エロス」）の缶が開けられる…。（正津勉・詩人）

（集英社・1575円）＝2010年2月10日②配信

心意気は湯気のように

「チンドン」（大場ひろみ、矢田等著）

本書の冒頭に早世した篠田昌已の名前を見つけた。1980年代半ば、この前衛サックス奏者が本気で（脱力して）ちんどん屋で吹いているのを聴いて、音楽観が一変した。音楽とは思われていないざわめき、演奏とは思っていない楽士に耳がとがった。「街角の空気のような音楽」という彼の言葉は決して忘れない。

ちんどん屋は昭和初頭と昭和30年代に人気の頂点を迎えた。その後は衰退し、昭和天皇崩御で息の根を止められた。だが平成には、著者を含め、ゆるい音楽や時代離れした街頭パフォーマンスに引かれた若者が参入し、新たに活気づいた。地元密着型の宣伝隊のなりわいをこれほど緻密（ちみつ）に調べ上げた著作はない。道具（楽器や衣装、のぼり）、隠語や人脈、営業形態、歴史、そして現在。

親方12人へのインタビューは圧巻。とんでもないくせ者の吹きだまりという感を強くする。いろいろあって行き着いた先がちんどん屋。芝居、楽隊、大工、職人など流れ者が多い半面、2代目が支えている社中もある。世相の荒波をもろに受ける弱い業界だが、そこに数十年踏みとどまってきたという心意気が湯気のようにたちこめている。

各自が得意技、創意工夫、ライバル意識、仕事の喜びと悩みをあけすけに語っている。自分たちの人生と仕事を埋もれさせたくないという熱意が、聞き手を動かした。後継ぎとして信頼しているのが行間から読み取れる。写真もどれも素晴らしい。こんなにいろいろな扮装（ふんそう）、形態があったのか。かいわいやコンクールの空気が伝わってくる。

私は楽士中心にちんどん屋を見てきたが、鳴り物と三味線のほうが肝心という指摘には、盲点を突かれた。東京のちんどん屋は墨東地区に集中している。「東京の発展の歴史は、じりじりと周縁へ排除され、外周へと後退する流民と町工場と廃棄物の歴史でもある」という視点は鋭い。「東京右半分」（都築響一著）の別の見方を教えてくれた。（細川周平・国際日本文化研究センター教授）

（バジリコ・2520円）＝2010年2月10日③配信

生へのエネルギーが憑依

「逝かない身体」（川口有美子著）

最後のページをゆっくり閉じて、まとまりきらない思いをしばらく胸中に漂わせなければ、落ちつかない本だった。

筋萎縮（いしゅく）性側索硬化症（ALS）という神経難病に見舞われた母親を12年間、最期まで介護した娘が書いた物語である。平凡な主婦の生活が、母の発病によって激変して介護に奔走する。何度も母の生の意味を問い直しながら、自分の人生が変化していく。母の病気を抜きにしてはあり得なかった人たちとの出会いが彼女を強くしていく。と要約すれば、ある難病患者と家族の闘病記という枠組みにとどまりそうだが、日常の細部にまで行き届いた記述は、型通りの物語には収まらない。

ALS患者を襲う困難は、身体の自由が徐々に奪われていき、意識や感覚は清明なまま、自分を他者に伝えられなくなっていく孤独にある。生存のために、ただ呼吸するためだけにも、必要な医療や福祉が圧倒的に不足している状況が、さらに事態を深刻にする。

苦難は本人にとどまらない。在宅介護を決意した家族にも、その人生を変えてしまうほどの負担が覆いかぶさってくる。病気の進行は必死の対処を次々と無効化し、新たな難問を出し続ける。

こうした状況を打ち破る力は、身体の声にケアで応え続けるという実践のうちではぐくむほかない。あれこれ考えるよりも、手を動かし、相手の肌に触れてみることで伝わる意思に集中する。

想像が追いつかない難病患者の苦しみに、一方的に哀れみをかけるのをやめ、一緒にいられることを尊び、その命を守り養い続けるために、できることから行動する。シンプルで、過激なほどに明るい著者の選択は、あくまでも生き続けようとする身体のエネルギーが憑依（ひょうい）した結果なのだ。勇気と希望は、共に生きる身体に息づいている。

本から離した手を、自分の胸にそっと合わせ、奥深くに響く鼓動に納得できた。身体に宿る命の不思議と奇跡があった。（西川勝・大阪大特任准教授）

（医学書院・2100円）＝2010年2月10日④配信

決断の背景に愛読書　「ヒトラーの秘密図書館」(ティモシー・ライバック著、赤根洋子訳)

ヒトラーは20世紀最大の謎である。誤解を招くかもしれないが、これほど興味深い存在はなかなか見当たらない。いわゆる「ヒトラーもの」が膨大に刊行されているのもそのせいであろう。

書棚を見られることは、裸体をさらすようなものだという。しかし、他人の書棚はのぞいてみたい。ましてヒトラーである。どんな本を所蔵していたのか、愛読書は…。

彼は一晩に1冊読むほどの読書家で、夜中に読むのが習慣だった。邪魔した愛人エヴァ・ブラウンが激しく叱責(しっせき)される場面も目撃されているそうだ。

ドイツ語訳版シェークスピア全集を所有し、「ハムレット」を熟読。しかし、一方で冒険小説が好きだった。つまりそれほど系統立ってはいない。哲学や学歴、教養へのコンプレックスがあったので、余計、読書に頼ったのかもしれない。

蜂起失敗後、監獄で書いたのが「わが闘争」である。そのとき読まれたギュンターの「ドイツ民族の人種的類型学」、ヘンリー・フォードの「国際ユダヤ人」(今でいえば「トンデモ本」)などの影響から、反ユダヤ思想が深まった。なかでも1925年に出版されたマディソン・グラント著「偉大な人種の消滅」ほど、ヒトラーの思想ひいては最終的な行動に影響を与えたものはないという。

優生学や人類の浄化、断種などへの関心はこの一冊から始まり、「私の聖書です」というグラントあての手紙まで残っている。それがナチス政権下では国策に変化する。

散逸を免れたヒトラーの蔵書1300冊を中心に、アンダーラインや余白の書き込みの分析、あるいは秘書や舞踏家リーフェンシュタールなどへのインタビュー、愛読書の解読…。驚くのは、政治的・軍事的決断に、その時々、読んだ書物が決定的な役割を果たしている事実だ。

オーストリア併合前後に熱中したオカルト本。生涯にわたって引用し続けたカーライルの「フリードリヒ大王」。ヒトラーの精神史も伝わるおもしろい一冊。(小高賢・歌人)

(文芸春秋・1995円)＝2010年2月10日⑤配信

批評家としてみる東京の姿　「荷風と明治の都市景観」(南明日香著)

最近、永井荷風に関する本の出版が目立つ。それも文学者としての荷風とは少し異なった視点からのものが多く、中にはライフスタイルにまで注目しているものもある。そうした中の一冊「永井荷風のニューヨーク・パリ・東京　造景の言葉」(翰林(かんりん)書房、2007年)で初めて著者の名前を知った。荷風の文学作品を通して、建築や都市に関する表現を丁寧に読み解いてゆく方法に新鮮な印象を受けた。

日本人画家が直接的な体験を経ることで、西洋画の表現技法を身につけたように、荷風は欧米の街や建物に触れることで、観察眼を磨き、人生の背景にある都市と建築の姿を文章化する表現技法を身につけたとする指摘は面白い。“造景の言葉”というタイトルの狙いでもある。

本書は前書の成果の上に、さらに都市や建築への批評や、景観へのまなざし等の分析を加えることで“都市・建築批評家”としての荷風と、荷風からみた明治の東京の姿を浮かび上がらせている。

荷風が立ち会ったのは市区改正前後の東京である。市区改正は、東京が近代都市へと大きく一歩を踏み出す契機となった事業であり、当時の建築界でもさまざまな議論を呼び起こした。日本人が都市景観に関心を寄せた最初の出来事といってよい。

さらに大震災の折には帝都復興事業が行われる中で東京市土木局内に都市美協会が設立され、千載一遇の機会として“都市美”を見直す機運が高まったこともある。戦前期の日本人は都市景観に強い関心を抱いていたのである。それが東京大空襲で焼け野原となって以来、人々はあきらめたかのように、都市の歴史性から目を背け、機能性と合理性、経済性のみを都市に求めるようになってしまった。

景観緑3法が制定され、あらためて文化的にも成熟した都市の姿が求められるようになってきた。本書は比較文学の成果にとどまらず、建築や都市景観の保存を考える上でも貴重なテキストとなるに違いない。(大川三雄・日大教授)

(三省堂・2940円)＝2010年2月10日⑥配信

人情の温かみ呼び起こす

「まねき通り十二景」（山本一力著）

本書によると、江戸・深川冬木町は天保年間（1830年ごろ）には、材木商が軒を連ねるにぎやかな町だったらしい。長年、作品のモデルの土地に住み、現在でもよくその界隈（かいわい）で飲んでいる者としては、大変に親近感のある小説だった。

その深川冬木町のまねき通りで、豆腐屋、履物屋、一膳（いちぜん）飯屋、駕籠（かご）宿などの生業をしている人々の日常を、味わいのある筆づかいで描いたのがこの小説だ。人情話と言っていいだろう。

江戸の時代でなくても、近年まで、ここに登場するようなやさしい人々は、案外と身近にいたものだが、今日ではすっかり人情もすたれてしまった。本書によって、あらためて人のことを顧みない人間が増えてしまったな、という感慨を持たされた。

人情とは他人へのおもいやりのことをさす。つまりは人に対する配慮の気持ちということになるのだが、今の世には、自分さえよければいい、という人間が増えた。また配慮とは気配りのことでもある。それが生きることの共同体の潤滑油になってもいたのだが、それもわたしたちの心から消えつつある。

裏返せば、ぎすぎすした人間関係が横行しているということだろう。人間だけが持つやさしさの感情を失うことは、助け合って生きなければならない人間が、一段と孤独のふちに追いやられるということにもなってくる。

本書は現代人が喪失しかけている人情を、しっかりととらえた小説だ。読後に、ほのかな人間の温かみを感じる。それは一瞬でも、幸福感を味わえるということでもある。「まねき通り―」という題名は、市井の人々のささやかな幸福を招きたいという願いだろう。

その幸福感は常にはかなくて、一瞬の流れ星のようなものだ。だからこそわたしたちは、その光に、次も見たいと希望の願いを込める。やさしさや人情こそが、人間を温かくしてくれる光なのだ。本書は現代人が忘れかけている感情を、再び呼び起こしてくれる短編集である。（佐藤洋二郎・作家）

（中央公論新社・1575円）＝2010年2月18日①配信

最強の女悪徳刑事との勝負

「兇弾」（逢坂剛著）

逢坂剛の悪徳刑事・禿富鷹秋を主人公とする、通称〝禿鷹（はげたか）〟シリーズは、主人公の死と共に終わったと思われていた。

しかし、禿鷹の意志は生きていた―というより、彼が残した署内の裏金づくりの帳簿のコピーをめぐって凄（すさ）まじい抗争が始まることになる。警察キャリアまでもが保身にはしる中、南米マフィアがこれに一枚加わり、誰が敵か味方か、物語は錯綜（さくそう）を極める。

その中で最も凄まじいキャラクターの持ち主は、前作「禿鷹狩り」で禿鷹を死に追いやった女悪徳刑事・岩動寿満子だ。

私は断言するが、かかる最強最悪、いや、邪悪なというべき女刑事は、日本のミステリー史上、皆無だったのではあるまいか。何しろ、死体の山を幾つ築いても眉（まゆ）ひとつ動かさず、ひたすら権力を求めて突っ走るのだから。

一方、コピーの存在を暴露すべく躍起になるのは、ノンキャリアの刑事にヤクザ、フリーライターに女新聞記者といった面々。ここで面白いのは、彼らが禿鷹は確かに悪人だったが自分なりのルールを持っていた、とその人柄をしのびはじめるあたりだろう。血の抗争を描きつつも、ユーモアを忘れないのは、さすがベテラン、逢坂剛の真骨頂だ。

そして物語に報道関係者が絡んでくることで、著者が愛読する往年のハードボイルド作家、ウィリアム・P・マッギヴァーンのブン屋もの「緊急深夜版」に一脈通じる味わいが出てくるのも読みどころの一つとなっている。

さらにベテランの強みをいまひとつ挙げれば、このクライマックスの盛り上がり方は尋常ではあるまい。ここで岩動寿満子と互角に勝負できる相手が誰だったのかが、はじめて明らかになる。そして、ラストの洒落（しゃれ）たオチまで、さぞあの世の禿鷹も大満足の一巻といえよう。（縄田一男・文芸評論家）

（文芸春秋・2000円）＝2010年2月18日②配信

健康美神話を支えたもの　「美女と機械」（原克著）

思いやりや勇気のような美徳は、時代が変わり場所が変わってもそうそう違うものではない。しかし美はそうではないらしい。

19世紀ヨーロッパの社交界では、感情豊かで繊細な女性がもてはやされた。彼女たちは色白で、コルセットで胴を締めつけ、ショックなことがあると気を失ったりした。運動なんかしなかった。

ところが20世紀アメリカでは、一転して豊かな胸と健康美が賛美された。そして健康な肉体を手に入れるために、女性たちはせっせと肉体の鍛錬、つまりフィットネスに励んだ。

なぜ肉体鍛錬か。魅力的なボディーを手に入れれば、優秀な男性と結婚できる。優秀な男性と結婚すれば、立派な子どもを産むことができる。それが女の幸せだ、というわけだ。つまりジェンダーと優生思想と大衆社会の結合が健康美神話を支えていたのである。

著者は第2次大戦前のアメリカの雑誌にみえる記事や広告や図版や写真を材料にして、健康美神話の誕生を丹念にあとづけている。1899年創刊の「身体鍛錬（フィジカル・カルチャー）」、92年創刊の「ヴォーグ」などエクササイズ専門誌と女性誌、それに一般科学雑誌などだ。

「（わたしの）痩（や）せた体型を見て、みんな笑っていたものだわ！」。ふんだんに収録されている記事や広告文を眺めると、軽い嫌悪感を催す。近親憎悪みたいな感情だ。私たち自身の姿を誇張して見せつけられているような気分になるからだ。当時の異様な健康器具の写真は、それがまた健康美神話の本性を浮かび上がらせているようでもある。

最初に美徳は変わらないと述べたが、よくよく考えてみるとそうともいえない。勤勉に働くことが美徳に数えられるようになったのは、大衆社会化が始まってからのことだった。勤勉と健康美、その両者には相通じるなにものかがあるように思われる。（広岡守穂・中央大教授）

（河出書房新社・2520円）＝2010年2月18日③配信

本当に効くのか核心に迫る　「代替医療のトリック」（サイモン・シン、エツァート・エルンスト著、青木薫訳）

街を歩くと、鍼（はり）をはじめ、ホメオパシー、カイロプラクティック、ハーブ療法などの看板を掲げる店や施療院が目につく。それらは代替医療、すなわち現代科学ではとらえきれないメカニズムで効果を表すものとみなされ、主流派の医師たちの大半が受け入れていない治療法として総括されるものである。

癒やしや美容の効果への期待、不満な病院医療の代わり、あるいは末期がんなどでわらにもすがる思いから利用する人もいる。それで求めるものが得られるならばいいが、時間と金、そして健康と命までも失うことになれば大変である。効くのか効かないのか、問題の核心に本書は迫る。

代替医療の有効性を判定するために行われた何千件もの検証結果を収集し、分析する。彼らが最も信頼を置くのは「ランダム化プラセボ対照二重盲検試験」のデータである。「科学的根拠にもとづく医療」のためにデザインされた検証法だ。

この手法は、代替医療を新たに受けるグループ（治療群）と、同様の症状で偽の治療を受けるグループ（対照群）に患者をランダムに割り振り、両群を同じ条件下で比較する。患者にも医師にも、その治療が本物か偽物かを知らせないようにして行う試験法である。

本書は、患者の受益と危険性（副作用）をてんびんにかけ、すべての代替医療についてほぼ否定的な結論を出した。プラセボ（偽薬）のように心理的な改善効果をもたらす事例は少なくないが、医師と患者の信頼を崩すものであるとして、その効用に疑問符をつけた。

代替医療は手軽なうえに自然志向で「昔から行われてきたものだから大丈夫だ」とする素朴な信頼に支えられてきた。施術者が一対一で患者の訴えを丁寧に聞き、心身一元論のもとで全身の調和を図ることに重きを置く療法として人気が高い。

科学的な検証抜きに期待が一人歩きする現状は問題だが、検証のためには莫大（ばくだい）な費用がかかる。どちらをとるのか、問題提起の好著である。（新村拓・北里大教授）

（新潮社・2520円）＝2010年2月18日④配信

金融世界の光と影を描く

「マネーの進化史」(ニーアル・ファーガソン著、仙名紀訳)

著者、ファーガソンは金融史を専門とする米ハーバード大の歴史学者である。経済学者が書く経済史とは一味違う金融世界の光と影を、476ページに及ぶ一大パノラマとして描いている。そのため、歴史的読み物としてもけっこう面白い。

ルネサンスの文化芸術の庇護(ひご)者であったメディチ家は、実は暴力団まがいの高利貸であった。また、英国の実業家ジョン・ローは脱獄後、オランダで金融を学び、フランスの王室の財政破綻(はたん)に付け入って、金融界に新しい試みと混乱を持ち込んだ…。

さらに、戦争を契機として多額の富を蓄積し、世界を動かすまでになった「金融界のナポレオン」、ロスチャイルドや米国の投資家ジョージ・ソロスのエピソードなども紹介していく。

しかし、本書は額に汗して稼ぐ生活者や中小企業に対する金融、そしてグローバルな巨大金融マネーが、年収数十億円の者と1日1ドルで暮らす人々を生む格差にも冷淡で、ひたすら企業と経営者にとっての金融進化の物語を追う。

カードや電子マネーに国内外の銀行間の送金、証券取引所の株価も、コンピューターによる数字がまたたいているだけ。ATMでのマネーの出入金、国境を超えた債券や株の投資、ローンの借り換えも自由自在な現在である。

しかし実物経済から離れたバーチャルなマネーは、バーチャルであるがゆえに、投資家の貪欲(どんよく)や群集心理と合流して、詐欺まがいのバブルにもなり、ある日突然の破綻にもなる。その合理的根拠は今もなお解明されていない。バブルと破綻の繰り返しが金融史の実態で、何も起こらないことのほうが、価値があるのだ。

金融を難しく思う読者は、サブプライムローンを扱った第5章と最終章から読み始めると、本書全体の主張がわかりやすいのではないかと思う。

(暉峻淑子・埼玉大名誉教授)

(早川書房・2835円)=2010年2月18日⑤配信

伝説のピアニストの人生

「失われた天才」(ケヴィン・バザーナ著、鈴木圭介訳)

20世紀初頭のハンガリーはおびただしい数の天才科学者や芸術家や思想家を生み出した。ルカーチ、バルトーク、ジョージ・ソロス、流体力学のカルマン、量子力学のノイマン。本書の主人公もまた、ブダペスト生まれの輝ける異星人の一人である。その名はエルヴィン・ニレジハージ。知る人ぞ知る伝説のピアニストである。

とはいえこれは、天才についての月並みなサクセスストーリーではない。少年時代から超ど級の神童として社交界の寵児(ちょうじ)になった彼だが、20代半ばで身を持ち崩してロサンゼルスの歓楽街に住み着き、酒とセックスにおぼれ、やがて世間から忘れられていく。

私が彼の名を初めて耳にしたのは1970年代半ばのこと。アメリカの音楽雑誌で「スラム街のピアニスト」(本当はスラムではなく歓楽街だそうだ)と大騒ぎされていることを知り、苦労してレコードを手に入れた。やがてニレジハージが再びスラム街へ戻っていったという記事をどこかで読み、また80年代に入って来日したというニュースも耳にはしたが、結局コンサートに行くことはなかった。彼がその数奇な人生を閉じたのは87年のことだったらしい。

本書を読んで思い知らされるのは、芸術家というものの「業」の深さである。ちやほやされる一時期が過ぎ去った後の悲惨。いつも自分を肯定してくれる人間がいないと癒やされない孤独。極端な自己評価の高さと絶え間ない不安。そして親とのゆがんだ関係。

ニレジハージはユダヤ系だったのだが、厳しいステージママだった母は結局ホロコーストで亡くなった。ところが後に彼は、平然と「ヒットラーは偉い奴(やつ)だ、俺(おれ)のお袋を殺してくれたからな」と口にしたという。ゆめゆめ自分の子供をスター芸術家にしようなどと思うなかれ。まことに天才とは呪(のろ)われた人の同義である。

(岡田暁生・京大准教授)

(春秋社・5040円)=2010年2月18日⑥配信

都会のオタクも結構やる

「太陽の村」（朱川湊人著）

だれもが一度はあこがれるサバイバルの魅力といえば、自分が持ち合わせる知恵と力と勇気だけでゼロからの出発をするところにあるだろう。典型的な例で言うとダニエル・デフォーの「ロビンソン・クルーソー」。南海の無人島に漂着し、ありったけの文明の知恵を使ってなんとか生き延びようとするあの物語を読んだあと、動物の生態学やキャンプ技術、ネーチャーライティングなどの本が妙に気になり、必要もないのに読みふけったものだ。将来、こんな運命がわが身に降ってこないとは限らないから、いわば、その準備として…。

本書の主人公・坂木龍馬が常日ごろからそういう準備に余念がない人物か、と言われれば、これは全くちがう。彼の基本はひきこもり系。世間との繋（つな）がりはコンビニエンスストアでの深夜バイト。唯一の生きがいは、インターネットのオンラインゲームなのだ。そんな彼が父親の退職記念旅行のため家族全員でハワイへでかけたところ、飛行機の事故で、とんでもない世界へ飛ばされ、人生最大のピンチを迎える。

その世界とは？　年貢にあえぐ農民や、金太郎や桃太郎といった名前の子ども、残酷な地頭がひしめき、まるで日本昔話を地でいく世界にタイムスリップしたかのよう。かくして、立派な体格の割にはまったく体力もない、いわゆる肥満体の彼は海坊主と呼ばれ、農作業に駆り出され、ファストフードとは無縁の地味な食生活を送ることに。

とはいえ、龍馬本人の基本は、くよくよしないお人よし。あるときはインターネットの掲示板「2ちゃんねる」用語で叫び、ブログのコメントのごとき突っ込みを入れながら、環境に適応するべく懸命に頑張る。通常なら脇キャラに徹するであろうやぼったさが、どこか脱力系の癒やし効果を醸しだし、ほのぼの感とともに、なんとも気持ちよく話が進む。都会のオタクも結構やるじゃない、なんて安心していたら、ラストにけっこうなどんでん返しがあり、度肝を抜かれた。（小谷真理・文芸評論家）

（小学館・1680円）＝2010年2月25日①配信

豊かな人間像発掘への期待

「進化考古学の大冒険」（松木武彦著）

ヒトはいつから人工物に美を求め始め、あるいは、民族意識を持つようになったのか。そういった心の働きに着目し、土器や石器、墓などの遺物・遺跡の認知科学的な解釈を通じて、人類の進化のメカニズムを心理面から追究するのが、著者のめざす進化考古学である。それは出土品を物理的な機能面から研究する従来の考古学とは、ひと味違う成果を生みだす。

例えば、文明社会の負の側面ともいえる戦争は、経済的発展がもたらした富の奪い合いなどが起源だと、これまでは説明されてきた。しかし本書は、狩猟社会から農耕社会に移行した後の戦争は「狩猟の心理的代替行為」でもあったとする。

狩猟と戦闘は道具も動作も似通う。力で相手を打ち倒し、命の危険も伴うスリルには「ヒトの心を引きつける認知的誘引性の強さ」があった。それが、戦争のもう一つの要因になったという。

では、巨大なモニュメントが先史時代から世界各地に営々と築かれたのはなぜか。著者は三段階に分け、進化の理由を解く。原始的な祭政一致の時代は、集団儀礼の場としてストーンサークルなどの「行為型」が造られ、社会や国が発達して王が誕生すると、ピラミッドや前方後円墳などの「仰視型」が現れた。

後者は権力の強大さを墳墓の大きさで示し、人々の帰属意識を高めた。そして統治機構が整備されると、権力者は世俗化し、モニュメントは人々が神仏と向き合う「対面型」（聖堂や寺院など）の場になったとする。

考古学の対象領域を仮に観念と経済に分けるなら、前者の研究はさほどすすんでいない。本書の思考の基盤となった認知考古学が近年、日本で紹介されてはいるが、ともすれば恣意（しい）的・主観的な解釈とみなされやすく、多くの考古学者が避けてきた。進化考古学にはそのような状況を打ち破る力がある。豊かな人間像を描く可能性に期待したい。（広瀬和雄・国立歴史民俗博物館教授）

（新潮社・1260円）＝2010年2月25日②配信

留飲下がる警世の文学　「炎帝　花山」（萩耿介著）

平安中期、藤原氏による摂関政治の全盛時代。花山帝は17歳で第65代天皇となったが、在位わずか2年足らず、出家退位した。摂関家一門の政略にはまった退位であり遁世（とんせい）であった。

朝臣は私利と策謀の泥まみれ。現今の国会議員のように、彼らは決して本心を口にしない。宮廷のその現実に反逆し絶望してゆく花山がまず描かれる。史的背景を叙述する筆致の妙を味わいながら読み進んだが、ありえない出来事が折々に発生、そのたびに小説なのだと気づき直した。ところが、それら出来事たるやいずれも、起こって当然と思えてくる。この新進作家、並の力量ではない。

仏の慈悲と救済を説き、花山の頭髪を剃（そ）りおろした僧は厳久。花山は精神を浄化させる過酷な荒行に挑むことをとおして、摂関家におもねる厳久の虚妄をあばこうとする。仏を疑い、仏界を疑い、それでいて誰よりも仏の境地に近づけると信じている厳久。両者の心理の葛藤（かっとう）が火花を散らす。

比叡山横川をあとに花山は熊野へ。那智の滝に打たれて、ついに日本の僧尼令では禁じられている究極の捨身（しゃしん）行、仏への焼身供養に挑む。しかし、果遂はできず、炎に焼けただれた容姿で都にもどる。

花山は都で路上生活者を組織。愚連（ぐれん）隊にあらず、「紅蓮（ぐれん）の衆」と名づけた。紅蓮は地獄の寒さに赤く腫れあがる身体をも意味する。深夜、内大臣の邸宅に忍び入る紅蓮の衆。己が魂の刷新のため、自他を問わず妄執の鬼でしかない人間精神を浄化するため、大臣の喉元（のどもと）に刀をかざすのは花山自身である。

現今の政治状況と照らし合わせるとき、パロディーとしてもこの小説を評価できる。国会議員が国民への捨身を忘れ、花山帝をいら立たせた朝臣たちと一つ穴のむじなであるかぎり、紅蓮の衆がそのうち議事堂の赤いじゅうたんを汚すのではないか。警世の文学。留飲がさがる。（松本章男・随筆家）

（日本経済新聞出版社・1995円）＝2010年2月25日③配信

もっと楽しく自由でいい　「いつだってボナペティ！」（ジュリア・チャイルド、アレックス・プルドーム著、野口深雪訳）

料理を作るのが好きな人と、料理を教えるのが好きな人とは、似ているようでどこか違うな。自分の職業をふり返る折、ぼんやりそんな風に思っていた。

私が心動かされたこの味を、たくさんの人たちに味わってもらいたい。うちの家族や友人たちに喜ばれたこのひと皿を、どうやったら初めて料理をする人にもこしらえてもらえるだろう。それにはどんな言い回しをしたらいいものか。つくづく、料理家というのはおせっかい焼きだなと思う。

けれど本書を読み進めば進むほど、米国の人気料理家だったジュリアさんに励まされているような気がしてきた。彼女のおせっかいの出どころは、もっともっと熱く頑丈で、懐がでっかい。そう、レシピは決まりきった堅苦しいものでなく、もっと楽しく自由でいいはずなのだ。

「独りよがりになるのだけはごめんだった。それよりも、私自身が知らずにいたことや、ほかにも様々なやり方があるということ、それに私が知っているのはごく一部だということを生徒に教えたい気持ちのほうが強かった」。1950年代のフランスで、私が生まれる前にこんなにも自由で頭の柔らかい、教えることを体ごとで楽しんでいる女性がいたなんて。

海辺の街マルセイユのアパルトマンで、レシピの流れをイラストで表すことを思いつき、夫のポールに写真撮影をしてもらっているところ。まさに料理本におけるプロセスカットが誕生したその瞬間まで読んで、もうたまらなくなった。この書評を書くために、慌ただしく読み進むのはここでやめにしよう。

本書は、家族とやりとりされた手紙の束や、膨大なスケジュール帳の出来事をたぐりよせながら、ほとばしるようによみがえったジュリアさんの記憶をもとに書かれているそうだ。くっきりと浮かぶにおいを持った街の情景、いきいきと伝わる味の描写。そのひとつひとつが鮮やかで、読み進むのがもったいないくらい。残りの文章は、寝る前に少しずつ読もう。この本が分厚く文字も小さいことが、私はとてもうれしい。（高山なおみ・料理家）

（中央公論新社・2415円）＝2010年2月25日④配信

日本の深奥に触れる旅

「『県境』の秘密」（秋山忠右、中原淳著）

共著者の2人は1987年夏の1カ月間、ベルリンの壁はじめ冷戦下の欧州東西国境を車で巡る旅を経験した。ベルリンの壁崩壊から20年が経過した2009年3月、秋山氏は八重山諸島、佐渡、稚内など日本の"国境"をテーマに、写真展を開く。

冷戦下の大陸と島国の国境では刺激に相違もあり、「日本の国境は観光地」と嘆じた秋山氏は中原氏に県境を巡る旅を提案する。道州制が論じられる今、県境の暮らしや文化から、どんな視座が得られるか。北は青森、南は熊本まで十数カ所を巡った成果が本書だ。

県境は多様な装いを持っていた。岡山・香川の県境には日本で唯一、県境が走る有人島がある。岐阜・滋賀の県境では食文化の東西の境界を確認する。県境は暮らし、文化の境界線でもあった。

鳥居前に「ここが県境」と案内がある栃木・茨城の県境の神社は、廃藩置県で1社が2社に分割された。初詣でやお祭りの時のさい銭は両神社で折半も、平常は栃木県側が維持管理費に当てる。電気や電話は各県のものを、水道水は栃木県側を使用というように県境の暮らしの相補性を教えられたが、県境線の真上から110番に掛けたらどちらの県警が来るかは未確認と話した。

人、歴史、食など出合いこそ県境を巡る旅の本懐。2人は埼玉県北川辺町、栃木県藤岡町、群馬県板倉町の3県境で暮らす人々の取材でそれを再認識する。藤岡町下宮地区を訪れるや、「3県境は田中正造（たなか・しょうぞう）と縁が深い公害運動の原点の地」と教えられ、びっくり。2人は郷土史家を訪ね、3県境の秘史に耳を傾けた。

富士山は山梨・静岡の両県にまたがるが、「山頂付近は住所なしの番外地で所属県も県境もない」という事実を伝えた章は最大の読み所だろう。

提案から刊行まで約10カ月の早さ。取材には「ETC搭載車　土日祝日1000円均一」が貢献した。2人にとって県境を巡る旅は日本の広さ、深奥に触れる刺激に満ち、新たな知見「秘密」を得るに十分な収穫があったと言えよう。（小林照幸・ノンフィクション作家）

（PHP研究所・1995円）＝2010年2月25日⑤配信

500年の謎を追い求める

「古書の来歴」（ジェラルディン・ブルックス著、森嶋マリ訳）

1996年のサラエボで、美しい絵の描かれたユダヤの書ハガダー（過越しの祭の正餐（せいさん）の席で使う本）が発見された。

ボスニア紛争のさなか、ひとりの勇気ある学芸員が命を賭けてハガダーを守ったのだ。そして、絵画表現を禁じられていた15世紀の貴重な「書」の修復を任されたのは、オーストラリア人のハンナだった。

詳細に調べていくうちに彼女は、古い羊皮紙のなかから昆虫の羽、ワインの染み、塩の結晶、白い毛を見つけだし、それを手がかりに書の来歴に思いをはせる。

ユダヤの民が迫害されてきた歴史のなかで、だれがなんのために描き、どのように保存され、伝えられてきたのか。家族の晩餐（ばんさん）の絵に登場する黒人女性は何者か。中世の異端審問、ナチス・ドイツの時代を生き延び、ボスニア紛争のなかでイスラム教徒によって救い出されたのはなぜか。また、ハンナに貴重な書の修復依頼がきたのはなぜなのか。

それとともに、父を知らず、優秀な脳外科医の母親との不和に苦しみ、母とはまったく違った生き方を選んだハンナの人生が、もうひとつの物語として語られ、しだいに出自の謎と母親の過去が明らかにされていくのも読みどころだ。

著者は実際に発見された「サラエボ・ハガダー」から、19世紀のウィーン、17世紀のベネチア、15世紀のスペイン、セビリアへ時代と土地をさかのぼり、500年にわたる謎を追い求め、人々の願いや意思、悲嘆をくみ取っていく。

人種、性別、時代、さらには宗教を超える人々の思いを再現したこの壮大な歴史小説を読むと、過酷な時代のなかで人が何を大切にしていたのかが、浮かび上がってくる。残された手がかりから過去の時代を描いた各章は圧巻である。

著者はジャーナリストでもあり、2作目の「マーチ」でピュリツァー賞を受賞した。本書は3作目にあたる。（古屋美登里・翻訳家）

（ランダムハウス講談社・2415円）＝2010年2月25日⑥配信

北国の清冽な色彩染め出す

「誰かがそれを」（佐伯一麦著）

かつて電気工として働いていた時代にアスベストを吸い、常に深刻な健康不安を抱える40代半ばの作家の夫と、夫より若いものの、出産という、違う意味での肉体のリミットを感じている草木染作家の妻。夫の故郷である東北の地方都市に居を移した二人は、自然に親しみながらそれぞれの作業にいそしむ生活を送っている…。

本書は八つの独立した物語を収めた短編集だが、それぞれの短編は、作者自身の生活を反映した一組の夫婦の出会いから現在までの歴史、生活、彼らが住む地方の姿などをさまざまな角度から映す変奏曲になっており、短編集であると同時に私小説的な作品として読める内容になっている。

とはいえ、そこには不思議なほど自己暴露のにおいがない。なぜならこの本の中で読者がのぞき見るのは、著者の私生活ではなく、自分たちを自然の一部として観察する、顕微鏡や望遠鏡にも似た、非日常的な透明さを持つ作家の視点自体だからである。

たとえば「むかご」という短編では、夫婦が住むマンションの管理人が登場し、夫婦の部屋の室外機にむかごが挟まっているのを見つける。部屋の「肺」である室外機に根を生やすむかごと、アスベストを種として肺に浸潤する「悪性中皮腫」との相似形。自らに潜む恐ろしい病の予感を、著者の目はむかごのユーモラスな形の中にあっさり見いだし、雪の結晶の形を示すようなさりげなさで示す。

日常の中でさまざまな兆候に接してはそれを記憶する動物としての人間たち。繊細な、何かの兆候がちりばめられた光景と「それに気づく」ものとしての人間の姿が、本書の中には無数に記録されている。夜の闇の中でかぐ妻の息のにおい、林の樹木から落ちた実。すべてのささいな変化、小さな粒は、常により大きなものの兆候であり、気づかれないようでも、誰かがそれを、感じている。人間と自然の神秘を北国の清冽（せいれつ）な色彩で染め出した一冊だ。（田中弥生・文芸評論家）

（講談社・1575円）＝2010年3月4日①配信

ふわふわとした幽霊たち

「私の家では何も起こらない」（恩田陸著）

あるお化け屋敷とそこに巣くう幽霊たちをめぐる連作集。といっても、怪談や日本が世界に誇る新感覚ホラーのようなおどろおどろしさはない。というのも恩田陸の常として、血の気のある書き込みがないため、包丁で刺し殺される痛さと指先を針でつつく程度の「痛い」とがまったく同じレベルの「痛い」の一言ですまされるし、幽霊たちの身の上話に出てくる「殺す」とか「死ぬ」といった行動もツルツルしていて、流血や苦悶（くもん）や悲鳴や断末魔やむせるような生臭さがまったく出てこないからだ。

だがそれは本書の場合、むしろいい方向に機能している。おかげで話全体が重たくならず、リアリティーのあまりない、ふわふわした雰囲気の連作になりおおせているからだ。幽霊たち自身も、殺したり自殺したりというかれらの行為も、この本にたくさん出てくる「アップルパイ」とか「ウサギの巣穴」とか「銀のナイフ」とか「お屋敷の旦那（だんな）様と女中」とか、ファンタジー小説などに頻出するアイテムと同じで、ある雰囲気をつくるための小道具でしかない。

本書はその雰囲気だけで成り立っている。全編、ほぼモノローグ（語り手はちがうが）で展開される本書には、そのお化け屋敷の具体的な描写も驚くほど少ない。ぼくはヒチコック映画「サイコ」のノーマン・ベイツ邸のような場所を漠然とイメージしながら読んでいたけれど、そのイメージも最後まで漠然としたまま。

そしてそのモノローグのはざまには、ケータイ小説に匹敵するほどの大量の余白がはさまれている。読者は自分のイメージで、そこを好きに埋めればいい。その埋め方次第で、手早くも読めるしゆっくりにも読める。そしてなんとなく、幽霊のようなものがこの世界のまわりにもいるような雰囲気のような余韻を残しつつ本書は幕を閉じる。幽霊の雰囲気と、一種の軽いファッションアイテムとして戯れたい人におすすめ。（山形浩生・翻訳家）

（メディアファクトリー・1365円）＝2010年3月4日②配信

読書の深奥に見いだす戦後

「高度成長期に愛された本たち」(藤井淑禎著)

戦後文学史とは、いまや乾物のようなものだ。受験のために暗記を迫られるような、標本化した知識である。だが乾物をそのままかじっても硬いばかり。湯や水で戻してやらねばならない。本書は、乾物と化した戦後文学史に湯をかけて戻してみようという企てである。

湯とは「読書」だ。

著者は「読書世論調査」などを読み解き、痕跡を拾い集めてゆく。どんな本がどんなふうに読まれてきたのか。さながら考古学者の手つきでもって、読書の戦後的様態の一面に挑む。時代は高度成長期。文庫本や文学全集が巷(ちまた)を席巻し、ベストセラー小説がどしどし映画化される。貸本屋が娯楽系読書の供給源として発達する(今日の漫画喫茶の先祖ともいえる)。他方で読書サークルが全国各地で草の根的に組織されてゆく。

ところで読書とは何か。本書中で明確に示されているわけではないが、書物が物質であり、テクストが表象であるとすれば、読書は経験である。経験はモノではないから、その総体をつかまえるのは存外容易ではない。

そこで興味深いのが映画教室だ。授業の一環として行われる映画鑑賞のことで、愛知県豊橋市にある著者の出身小学校の事例が詳しく復元されている。映像が読書をよび、読書が映像へつながるこうした回路の成立は、読書という経験の幅を広げるものだった。著者自身をさす「ボク」という表記が、これまた高度成長期の気分をよく表している。

ちなみに書評者の通学した小学校も愛知県内にあった。高度成長終焉(しゅうえん)後の1970年代である。映画教室は映画館ではなく校内で実施された。作品の記憶はまるでない。ただ体育館がふだんとまったく異質な空間におもわれた感触だけが残っている。

動機はどうあれ、いろんなひとたちがさまざまに読書を欲望していた。その沸騰の深奥に、著者は「戦後」の精神を見いだそうとする。乾物の滋味は、戻すことで引きだされる。(長谷川一・明治学院大准教授)

(岩波書店・2415円)=2010年3月4日③配信

言葉失う詳細な内部告発

「製薬業界の闇」(ピーター・ロスト著、斉尾武郎監訳)

「会社が違法行為を行っているのを知った社員には、三つの選択肢がある。会社を辞める、犯罪に加担する、犯罪を告発する」

著者は3番目を選んだ。2001年、製薬会社ワイスの北欧担当役員として業績を上げていた彼は、社内の脱税疑惑を耳にし、外部の弁護士や監査役、本社幹部に連絡する。まもなく彼は同業他社のファルマシアに引き抜かれ、米国勤務となる。引き抜いたのは、先に転職していたワイス時代の上司だった。

内分泌ケアの専門家の著者は、ある医薬品のマーケティングに手腕を発揮する。そしてファルマシアの業績も伸びてゆく。そんなとき同社の最高経営責任者(CEO)は、巨大製薬会社ファイザーによる買収を受け入れた。買収されれば、多くの社員は解雇される。役員だった著者は、部下に解雇を言い渡す側に回る。買収に疑問を感じた彼は、背景を部下の一人とともに調べはじめる。

見えてきたのは、世界的に行われていた販売量の水増しと粉飾決算。さらには彼が専門としていた医薬品の、適用外処方による販売促進だった。

内部告発、すなわち司法の場に訴えているさなかのファイザーによるファルマシアの買収。窓際に追いやられながらも調べてゆくと、製薬業界が自らを守ってゆくための、すさまじい舞台裏が浮かび上がってくる。

CEOによる裏取引や、信頼していた上司の裏切り、そして連邦議会をも巻き込んでゆく法廷闘争は、まるで映画のような展開である。それも前半は二重スパイを描いた映画で、やがて強大な壁が立ちふさがる後半は、ケネディ大統領暗殺をテーマにしたケビン・コスナー主演の法廷ドラマ「JFK」のようだ。

活字で見ることはあっても、その事実を詳細に知ることなどほとんどない「内部告発」。正直、これが内部告発というものかとため息が出る。しかも会社も個人もすべて実名ということに、言葉を失う。(中野不二男・ノンフィクション作家)

(東洋経済新報社・1890円)=2010年3月4日④配信

温暖化CO_2原因説に異論　「太陽の科学」（柴田一成著）

昨夏、列島をわかせた皆既日食の残像がまぶたに残るうちに、京都大付属天文台長の手になる太陽の本が出た。

ふだん私たちの目では直視できない太陽を、簡単なしかけで仰ぎ見ることができるのだから、46年ぶりの機会をだれもが待ち望んだのはいうまでもない。皆既日食の間に観察されたコロナやダイヤモンドリングは、太陽への関心をかきたてるにあまりある美しさだった。

そこで本書のページを繰ると、私たちは太陽のことをまだ何も知らないのだと、驚かされる。

「ガリレイ以降、現代までの天文学の世界では、『より遠くの星を見たい』『より正確に星について解明したい』という目標が主流」で、太陽に目が向けられるようになったのは最近という。灯台下暗しというべきか。

その灯台、すなわち太陽の素顔に科学の光をあてたのが、日本の人工衛星「ようこう」「ひので」などである。本書には、「ひので」がとらえた映像などとともに、最新の科学が明らかにした太陽の姿が紹介されている。

わかってきたのは、太陽は爆発をくりかえす暴れん坊の天体だということ。たとえば、フレア（太陽面爆発）が起こす磁気嵐により、人工衛星や航空機、さらには地上の通信や電力網にも被害がおよぶ。そのため、「宇宙天気予報」が重要になってきているとか。

フレアの原因は黒点である。したがって、フレアの被害という点では黒点が少ないほうがよいが、黒点が減ると太陽の明るさが0・1％減る。歴史上、黒点の少ない時期は寒冷化しており、100年に一度というほど黒点が少ない現在は寒冷化が心配だと、著者は説く。

データを手に「温暖化二酸化炭素原因説」に異を唱える天文学者の姿は、ガリレイやブルーノを彷彿（ほうふつ）とさせる。太陽を見る目のみならず、「未来を視る眼（め）」を養う科学書として、広い世代に読んでほしい。（東嶋和子・科学ジャーナリスト）

（NHK出版・1019円）＝2010年3月4日⑤配信

災害やテロが身近なものに　「生き残る判断　生き残れない行動」（アマンダ・リプリー著、岡真知子訳）

第一線の優れたジャーナリストが語ると、災害やテロもこのように皮膚感覚を通じた身近なものになる。

著者はタイム誌のベテラン記者。9・11テロやハリケーン・カトリーナ、インド洋大津波のような最近の災害やテロに関する報道にたずさわるだけではない。サバイバーである被災者へのインタビューと、科学的知見を総動員して災害に巻き込まれた人々の生理と心理の解明に向かう。

本書は緊急事態に直面した人間の意識とリスク回避のプロセスを、最初は「否認」、次を「思考」、最後の段階を「決定的な瞬間」と呼び、各段階の特徴と、サバイバルのためになすべきことを丁寧に示している。このサバイバルのノウハウは、読者の役に立つにちがいない。

20世紀初頭のカナダのハリファクス港での弾薬爆発事故、今を去る30年以上も昔の米ビバリーヒルズ・サパークラブの大火災、スペイン領カナリア諸島のテネリフェ空港での史上最悪の航空機事故まで、読者は、著者が時空を縦横に飛びまわり続ける災害探索の旅を、一大スペクタクルとして追体験することもできる。

災害の現場や関連文献の調査から生じた疑問を、著者は、貪欲（どんよく）にあらゆる分野の専門家にぶつけて解答を得ようとする。ジャーナリストの真骨頂を発揮していて、読者を飽きさせない。

自分自身が心的外傷後ストレス障害（PTSD）になりやすいかを知るために、専門家に依頼して磁気共鳴画像装置（MRI）で脳内の海馬の大きさを測ってもらったり、災害時の行動と心理を知るため消防の訓練施設で模擬火災を体験するなど、著者の面目躍如たるものがある。

専門家が見れば、本書には、やや食い足りないところやテーマが分散しすぎているようなところがあるかもしれない。しかし、災害やテロの全体像をつかみ、その時に何をなすべきかを知るうえで、ぜひ一読を勧めたいダイナミズムにあふれた本である。（広瀬弘忠・東京女子大教授）

（光文社・2310円）＝2010年3月4日⑥配信

強い孤独、潔さ、芳香

「真綿荘の住人たち」（島本理生著）

20年近く前、学生寮に住んでいた。夕食込みの家賃が月3万円ほど。下北沢も新宿も近く、これほどいい物件はなかったと今でも思うのだけれど、半年ほどで出た。入り組んだ人間関係が苦手で困る。友人と恋人は、足して3人ほどじゃないと疲れて仕方がない。

とはいえ最近は、あのころも楽しかったなと思い起こすようになった。いい記憶だけが煮詰められ、アパートものの小説をこの間まで連載していたほどだ。

本書「真綿荘の住人たち」でも、タイトルから推測がつくとおり、共同生活が描かれている。西武池袋線は江古田駅の真綿荘を舞台として、北海道出身の大和君、真綿荘の女主人にあたる綿貫さんや彼女の内縁の夫、その他もろもろの個性的な住人の小さくて愛（いと）おしい生活が繰り広げられる。

だが、本書の面白みはまた別の所にあるのではないか。そんな気がして今回、原稿のしまりが悪くなってしまった。悩んで、割の合わない仕事依頼を受けたものだと久しぶりに後悔した。いや、私の責任ですが。

ともかくこの作品、小さな営みは紙面上に繰り広げられるのだけれども、そこから連想される、やんわりとした読後感を期待すると、読者は間違いなく裏切られるだろう。いい意味で、もっと鋭く切実な小説だ。ナイフみたいな作品だから、間違えてはいけない。

ここには共同生活のうっとうしさがない代わりに、甘い幻想もない。住人が個の悩みを抱えたまま、他人とは決して交わらない。言ってみれば、毎日、同じ釜の飯を食ってもなお、彼らは心の問題までを直箸（じかばし）でつつき合うことはないだろう。しないのだ。いや、同じ釜の飯なんていう決まり文句自体、古くて締まりが悪く、だらしないのかも。

この小説が持っている孤独は強い。潔くて、すっと抜けた芳香がする。

皮肉なことに、昔の柑橘（かんきつ）類が持っている強さがあった。苦くて酸っぱくて甘かった。

（伊藤たかみ・作家）

（文芸春秋・1400円）＝2010年3月11日①配信

天安門事件主役の「遺言」

「趙紫陽　極秘回想録」（趙紫陽ほか著、河野純治訳）

1989年の天安門事件から満20年を期して、事件の主役ともいうべき趙紫陽元総書記の「極秘回想録」がようやく国外でのみ出版された。

2005年の死去まで四半世紀にわたり軟禁された趙紫陽の証言は、元新華社記者楊継縄著「中国改革年代的政治闘争」（04年）や、気功師を装って訪問を繰り返した老戦友宗鳳鳴が書いた「趙紫陽軟禁中的談話」（07年）などによって、輪郭は知られていた。

本書の英文版（「Prisoner of the State」）と中文（中国語）版（「改革歴程」）はいわば決定版である。英文版を底本とし中文版を参照したのは、前者が優れた編集なので妥当な判断だ。訳文も優れている。

趙紫陽宅をひそかに訪問し、録音機を提供し、ヒアリングに協力した杜導正（元国家新聞出版署署長）は「完ぺきさ」と「深さ」に優れ、とりわけ「本人も認めた正確さと権威性」でいかなる類書も匹敵できないと「中文版序言」で自賛。それはユーチューブなどで流布された趙紫陽の肉声録音によって裏付けられるし、ほかの事件関係資料群に照らしても疑いない。

本書はいわば「政治的遺言」である。趙紫陽は学生運動を利用した「政治動乱を支持」し、反党、反社会主義の過ちを犯したなどとして断罪された。が、彼自身は「学生運動の鎮圧に反対した」だけであり「動乱を支持した」という罪状は拒否した。歴史は公正な評価を下すであろう、と自己批判を拒否し死去した。

趙紫陽の失脚後、経済改革路線は一時危機にひんしたが、その後復活し、今年中に日本を抜き世界第二のGDP大国に成長する。だが政治改革は完全に封印され、政治権力の極度の腐敗は進行している。本書に接して「もし学生デモを流血なしに解決し、政治改革に一歩踏み出していたならば」という深い感慨を禁じ得ない。国内的には人権抑圧、対外的には軍事大国化の危うい道にのめり込む構造をビルトインさせたのは、天安門事件なのだ。（矢吹晋・横浜市立大名誉教授）

（光文社・2730円）＝2010年3月11日②配信

切り返しショット探す人生　「帰り道が消えた」（青山真治著）

妻とのセックスをビデオで撮影する。自分の母親を愛せず親友の母親を思慕する。そして、長い不倫関係の末に巻き起こる出来事…。

懸命に考え抜きもがけばもがくほど、はたから見れば滑稽（こっけい）でばかばかしくさえ見えるそんな行為に辿（たど）り着いてしまう男と女の姿が、この本の中で緩やかに繫（つな）がる三つの物語に描き出される。

「天国を待ちながら」「見返りキメラ」「帰り道が消えた」

貧乏でも、裕福でもなく、不幸でも、幸福でもなく、ただ淡々と続く人生に飽きてしまうことを恐れ、かといって死ぬこともできない、どんづまりの満たされすぎたダムの中でおぼれかけているような人たち。

そんなひとりひとりが、けれど、それでも、懸命に泳ぎ続けようと、そこから抜け出そうとする真剣な様は、スラップスティック（どたばた喜劇）のようでもありながら、純粋で、真摯（しんし）で、胸を打つ。

「天国を待ちながら」では、妻とのセックスを撮影したものの、死ぬにも死ねず、妻からも離婚を言いわたされた主人公の不二男が、最後にひとり、鏡を見つめながら、こう思うに至る。

「ただ誰でもいい、ひとときでいい、自分が視（み）つめた相手に視返される必要がどうしても、ある。ひとには誰しも自分に対する切り返しショットが必要なのだ。それは決して自分自身であってはならない。自分が視ている相手に視返されていること。」

私はジャンリュック・ゴダールの映画「アワーミュージック」の中で語られる、切り返しショットについてのくだりを思い出す。男と女は、ここよそは、人と人は、いったいどうしたら真の切り返しショットになりうるだろうか。

人生とは、もしかすると、真の切り返しショットを切望し、それを探し求めることに、ほかならないのかもしれない。

この本はそのことを、切実に、そして鋭利に、私の心に深く刻む。（小林エリカ・作家、漫画家）

（講談社・1785円）＝2010年3月11日③配信

米国の虚像、白日の下に　「クリント・イーストウッド」（マーク・エリオット著、笹森みわこ、早川麻百合訳）

過度な説明を一切省き、目の前の事実を淡々と映し出す優れたドキュメンタリー映画は、その日常のささいな風景の向こう側に私たちの心をざわめかせる大きな問いを準備している。本書を読んだ後、久しぶりにそんなドキュメンタリーを観（み）たような気がした。

著者が冷静なまなざしで客観的につなげていくクリント・イーストウッドの軌跡の果てに正義と悪、実像と虚像がらせん状に絡まるやっかいな国、アメリカが浮かび上がるのだ。

大恐慌時代の貧しい家庭に育った成績は悪いがハンサムな少年は、荒野の馬からピックアップトラック、ピンクキャデラックから高級リムジンへと次々と乗り物を替え、マグナム片手にアメリカの正義と暴力、そして復讐（ふくしゅう）心と孤独をスクリーンの中で体現した。と同時に、ガソリンスタンドのアルバイトからハリウッドの超一流スターにのし上がったイーストウッドは、アメリカンドリームそのものでもあったのだ。

しかし、そのスクリーンの裏側の素顔は女たらしのナルシシストで、ドメスティックバイオレンスを振るいながら、中年を過ぎたあたりからはいかがわしいアンチエイジング療法にどっぷりハマる淋（さび）しく弱い男だ。その姿に「正義」の戦争を繰り返しながら、リーマン・ショックでボロボロになっていくアメリカの虚像がオーバーラップする。

だが、イーストウッドは虚構と現実を往来することが許された映画監督であり、俳優だ。彼は自らのらせん状に絡まったやっかいな弾を映画という銃に込め、観客に突きつける。アメリカの虚像を白日の下に晒（さら）すのだ。

本書が一本のドキュメンタリー映画だとしたら、それを構成するシーンはイーストウッドが主演、監督した五十数本の作品である。すべて観るには膨大な時間を要するが、世界で一番やっかいな国、アメリカをとらえるにはそれでもやはり、足らないだろう。（土屋豊・映画監督）

（早川書房・2625円）＝2010年3月11日④配信

定量評価で安全問題を切る

「食のリスク学」(中西準子著)

水道水は塩素で消毒されているが、塩素処理の過程でトリハロメタンなどの発がん性物質が生じることがわかっている。このため、発がん性物質のリスクをゼロにしようと、ペルー政府が1990年代初頭、塩素消毒自体を中止したところ、コレラが流行し、7千人近くが死亡する大惨事が起きてしまった。あるリスクを無くそうとすると、別のリスクが出てくることを「リスクのトレードオフ」というが、まさにその典型だった。

環境問題を解決するためにリスクを定量的に評価するのが、著者が立ち上げた「環境リスク学」だが、その手法で食の安全問題に切り込んだのが本書である。

牛海綿状脳症（BSE）問題が起こった際、政府は国産牛の全頭検査を実施した。このケースについて、著者がリスクを評価したところ、牛肉を食べた人がクロイツフェルト・ヤコブ病で死亡するリスクは100年間に1人以下ときわめて小さく、全頭検査をする必要はなかったという。

日本ではこの10年ほど、BSE問題から中国製ギョーザによる中毒事件まで、食品の安全をめぐる種々の問題が生じてきたが、その多くについても実体的なリスクは無かったと著者は総括する。

また、あるかないかわからないリスクに大騒ぎするのに、実体のあるリスクについては風評被害を防ぐためという理由で行政やマスコミが口をつぐんでいる、と厳しく指弾している。だが批判される側のひとりとしては、手持ちの情報のなかでギリギリの判断をしてきた結果だと考えている。

定量的なリスク評価がなされ公表されれば、行政やマスコミも当然、その情報に基づいて判断し、動くことになる。そのためにも、まずは著者の手法や考え方が広く認知され、活用されるようになることが先決だ。

ペルー政府の過ちを繰り返さないためにも、きちんとしたリスク評価に基づく政策決定が望まれるのはもちろんだ。（瀧井宏臣・ルポライター）

（日本評論社・2100円）＝2010年3月11日⑤配信

合意議事録をまとめた男

「『沖縄核密約』を背負って」(後藤乾一著)

日米間の「密約」に関する外務省有識者委員会は3月9日、佐藤元首相の遺族が先に公表した、1969年11月19日の日付と佐藤首相、ニクソン米大統領の署名がある、有事の際の核再持ち込み極秘合意議事録について、「私蔵され、引き継がれた節がない」として必ずしも密約とはいえない—との判断を示した。

本書では、この奇妙な扱いをうけることになった極秘合意議事録をまとめた故若泉敬（わかいずみ・けい）氏（1930〜96年）の特異な、「思い込みが強い」とも批判された激しい生涯を、若泉氏に師事した著者が克明に、しかしどこまでもクールに追う。

若泉氏は東大卒、防衛研究所を経て、京都産業大教授に。留学時代に培った人脈を評価され、佐藤首相の「密使」としてジョンソン時代のロストウ、ニクソン時代のキッシンジャーと2代にわたり大統領側近と渡り合い、72年5月の「核抜き、本土並み」沖縄施政権返還の実現に向けて、この極秘合意議事録の作成などで一役買う。

その若泉氏は故郷・福井県の鯖江市で14年間の「黒子」生活を送った後の94年、著書「他策ナカリシヲ信ゼムト欲ス」ですべてを暴露する。国会喚問を期待し、全国民に沖縄基地問題を含めた日米関係の「再検討、再定義」を訴える決意を秘めての憂国の行動だったという。証言のリハーサルまで行っていた。

しかし、歴代の内閣は「合意議事録」の存在を否定、国会からも声は掛からなかった。佐藤首相日記も、そして「密約」に日本からの繊維輸出自主規制までからませることに成功したニクソンの回顧録も、若泉氏のこの実績には触れていない。以後若泉氏は、不治の病を抱えながら、沖縄返還実現のために「必要悪」として自らがドラフトした「密約」に対する贖罪（しょくざい）の旅を沖縄戦跡地で続ける。96年7月、著書の英訳版契約を見届けた後、毒をあおる。壮絶な最期であった。

沖縄がまた受難の時を迎えようとしている今、正面から「沖縄」と向き合った一人の日本人の記録として、一読をお勧めする。（松尾文夫・ジャーナリスト）

（岩波書店・3780円）＝2010年3月11日⑥配信

極限まで働かせた想像力

「ボート」(ナム・リー著、小川高義訳)

この作家は、どういう人間なのだろう。読み終えて、前よりもっとそのことが気になってきた。ひととおりの経歴は本のカバーに記されている。眉根を寄せた細身の青年の写真も載せられている。でももっと踏み込んで、この人の性格や仕事ぶりが知りたくなってきた。

英語圏におけるアジア系作家の活躍はいまに始まったことではない。カズオ・イシグロも、ジュンパ・ラヒリもいる。しかしナム・リーには、出身国と移住先の文化のあいだでジレンマに陥るエスニック作家の典型とはまた違った、強い個性を感じる。独特の癇(かん)の強さというか、繊細さと大胆さ、緻密(ちみつ)な表現力。と同時に、テンションの高さゆえの危うさのようなものも。それは、短編の主人公たちがみな、大きな緊張をはらみつつ生きていることからくるのかもしれない。

七つの短編のうち、最初と最後の一編は彼の出自にかかわっている。ベトナム戦争の話と、ボートピープルの話。もちろんフィクションとして読むべきだが、ベトナムをルーツとする作家がこうした作品を書けば、英語圏ではそれなりの重みと関心を持って受け取られるに違いない。

驚いたのは他の五編は、コロンビア、ニューヨーク、オーストラリア、広島、テヘランが舞台になっていることだ。主人公の年齢も性別もまちまちで、たとえば原爆投下直前の広島を舞台にした「ヒロシマ」など、疎開中の少女の気持ちに寄り添いつつ戦時の日常生活を描いている。題材の幅広さに、想像力を極限まで働かせようとする作家の挑戦を感じた。

広島の少女も、テヘランの若者も、コロンビアの貧しい人々も、土地に縛られ、さまざまな暴力とともに生きていかなければならない。生国を出て英語という武器を手に入れたこの作家が、ローカルな制約のなかで破滅の淵(ふち)にある人々にこれほどの関心を向けているのは、決して偶然ではないだろう。(松永美穂・ドイツ文学者)

(新潮社・2415円)＝2010年3月18日①配信

東西文明の本質突く

「山は市場原理主義と闘っている」(安田喜憲著)

恐ろしい本である。何が恐ろしいのかと言えば、東西文明の本質を突いて、その対比分析が掛け値なしで、かつ容赦ないところである。比較宗教学者としてあまねく世界の宗教を垣間見てきたと自負する私ですら、安田学のスケールの壮大さには、到底及び得ないという一種の諦観(ていかん)のようなものを抱いてしまう。

今回も読後に、同様な感慨を一層深めることになった。この人ほど熱く自分の学問的信念を語り得る人もまれである。

文科省の役人が喜びそうな「文理融合」や「学際的研究」といった言葉に、なぜか空疎な響きを感じてしまうアカデミズムの現状だが、環境考古学のパイオニアである著者は、それを蛮勇とも言える大胆さで見事に開花させている。自然科学者が、ここまで鋭く歴史と宗教を語り得ることに驚嘆せざるをえない。

畑作牧畜民の敵対的自然観を基盤とする近代文明を離脱し、稲作漁労民が営々と培ってきたアニミズム的世界観を基調とする生命文明への転換を叫ぶ安田の論調には、かなり激しいものを感じてしまう。だがグローバリズムという名の下、地球環境を刻々と食い尽くす市場原理主義を迎え撃つには、それぐらいの強烈な主張が不可欠なのだ。

本書全体に流れる語気の強さは、「山」に象徴される「いのち」の尊厳をこのまま無視し続けるのなら、人類は取り返しのつかない過ちを犯してしまうという危機感の表れでもある。それは、自然と人間双方に対する愛情表現でもあるのだろう。

安田をよく知る人は、その背景に梅原猛という巨匠の魂が存在することを忘れていないが、恐らく、この人は、師を乗り越える大仕事をやってしまうのではないか、という予感がする。本書には、現代アカデミズムの異人とも言える安田の思想が凝縮されている。人類社会の行く末と、そこで日本が果たすべき役割を真摯(しんし)に思惟(しい)する人には、ぜひ読んでほしい好著である。(町田宗鳳・広島大環境平和学プロジェクト研究センター所長)

(東洋経済新報社・2520円)＝2010年3月18日②配信

喜劇王の秘書の数奇な運命

「チャップリンの影」（**大野裕之著**）

本書は、喜劇王チャップリンの日本人秘書で知られる高野虎市（こうの・とらいち）氏の波瀾（はらん）万丈の物語である。この世に存在する天才、大物はみな、やんちゃな子供で、孤独を抱えているのが特徴的だ。高野氏が、この“可愛（かわい）い天才”の存在をいかに大きな愛で受け止め、またこの偉大な人物をどれほど敬愛し、守ってきたか、いかに行動で示して見せたか、などが前半で語られる。

ユダヤ人と誤解され、ナチスに敵視されながらも、思想を貫く芸術家チャップリンの志の高さを高野氏はひたすら崇拝した。チャップリンは各国の首相と面会することができる要人であり、そのようなポジションを常に保てるような環境を用意し、戦略を考え、危険から守りぬくのが、ボディーガード、高野氏の仕事だ。

しかし、この本の面白さは、世界的に有名なチャップリンの名を借りたエピソード本ではなく、その影となって動いた男の数奇な運命を中心に物語るところ。

経済的に恵まれた家庭で育った日本人が、自由を求め、アメリカに渡り、この国で大成功をおさめた喜劇王に18年間をささげた後、彼の元を離れるも、あろうことか、スパイ容疑をかけられ、長期間、収容所で過ごすはめになる。また彼の故郷の広島には、アメリカから原爆が落とされた。

チャップリン研究家の著者、大野氏は、高野氏に起こった皮肉な悲劇の半生をチャップリンの初期の短編「移民」に重ね、自由の女神の裏に隠された真実と日米関係の問題にまで展開させている。時代に翻弄（ほんろう）された男の社会派ドラマとして読ませる骨太の作品であり、その物語の運びは、まるで映画のシナリオのようにスリリングだ。

この話がドキュメンタリー形式で映像化されることが決定しているらしいが、むしろチャップリンと高野氏の“相棒もの”として、ひいては、日米文化の相違をテーマにドラマ化されたほうが、より物語の幅が広がるのではないかと私は思う。（木村奈保子・映画評論家）

（講談社・1995円）＝2010年3月18日③配信

良識と冷静さで危機回避

「核時計　零時1分前」（**マイケル・ドブズ著、布施由紀子訳**）

ある年齢以上の人なら、米国のケネディ元大統領のことを知っているはずだ。革新的な政策を掲げ、人気を集めたが、在職中に暗殺された。フルシチョフという、どこか憎めないツルツル頭のソ連首相（当時）や、軍服と帽子がトレードマークの「キューバ革命の英雄カストロ」のことも知っているだろう。

その3人が1962年、キューバへのソ連のミサイル配備に端を発した国際緊張に直面する。「キューバ危機　13日間のカウントダウン」が副題の本書は、書名通り、世界が核戦争に最も接近した13日間を新資料や証言で追ったドキュメント。一触即発の展開の中、ぎりぎりで戦争は回避されるが、それは「良識と冷静な判断力を持ちあわせた」ケネディ、フルシチョフ両氏が核戦争を望まなかったからだという。

その通りかもしれない。しかし、この物語の中心的存在は彼らではない。指導者たちを睥睨（へいげい）し、操っているのは核そのものだ。米ソは、相手による破壊の恐怖から逃れるため核武装を競ったが、逆に、核使用による滅亡の恐怖が戦争を抑止した。核が世界を演出し、指導者も“劇の出演者”にすぎなくなった。

「広島に投下された原爆二〇〇〇個分」「一発の核弾頭で一〇万人が死ぬってだけではすまないんだ。人類滅亡につながるかもしれないんだぞ」…。本書にはこうした表現が出てくる。しかし、それは核をマクロの数字で示しただけで、一人一人の被害の集積という現実感が抜け落ちている。原爆投下後65年たっても被爆者が病気に苦しむ状況は想像されていない。核は大量破壊兵器としては十分認識された半面、被害の実情は軽視されたことを痛感する。

危機から約40年の2003年、来日したカストロ・キューバ国家評議会議長は広島を視察。「人類はこのヒロシマの苦しんだ経験を繰り返してはならない」と述べた。彼の頭にキューバ危機のことが浮かんだのだろうか。オバマ米大統領の非核政策や日米核密約など、現在の問題とも関連。タイムリーな出版だ。（小池新・ジャーナリスト）

（NHK出版・3255円）＝2010年3月18日④配信

とても美しい言葉の織物　「カムイの言霊」（チカップ美恵子著）

とても美しい言葉の織物である。まるでアイヌ文様を刺繍（ししゅう）するように、言葉がひとつひとつくっきりと刻まれている。そこでは、アイヌ語をもって紡がれる物語たちが、アイヌ民族の精神世界をみごとに織りあげている。

カムイの、神々の言霊（ことだま）だという。言霊など、とうの昔に忘れられたはずなのに、ここにはたしかに生きている。それが信じられるほどに、そこに語りだされたアイヌ語は精妙で、強く、美しい。

チカップはアイヌ語で鳥を意味する。大空を羽ばたく鳥のように、国境という壁を作ることなく、アイヌ民族として生きたいという願いを託しながら、著者はみずからこの名前を選び取った。そして、鳥は語り部であった。伯父と母から学んだことを、未来へのメッセージとして語り継ぐことこそが、語り部としてのチカップの役割となる。

むろん、著者はアイヌ語を暮らしの中で使った世代ではない。母は娘にアイヌ語をはじめて教えようとしたとき、いきなり杓子（しゃくし）をもって「カスプ」と言った、という。そこにはきっと、母の大いなる覚悟と決断があったにちがいない。娘はそれから、アイヌ語を学んでゆく。それはどこまでも釧路アイヌの世界に踏みとどまる。そこに深い信頼を覚える。

アイヌ民族は文字を持たない。すべてが口から耳へと受け継がれてきた。母と伯父はたくさんの日記やノートを残した。その、いわば「言葉をもぎとられた民族の文字による表現への挑戦であり、記録」をもとにして、著者は本書を書き起こしたのである。そこにはたとえば、地名や、歌や踊りをめぐって、言葉と自然とが渾然（こんぜん）一体となって響きあう姿が見いだされる。アイヌの精神文化はそうして継承されてゆくことが、示唆されている。

この書が遺著になった。「私は母の中に、母は私の中に生きている」という。たくさんのチカップが、語り部たちが生まれてくる。これはやがて希望の種子となるだろう。（赤坂憲雄・東北芸術工科大学東北文化研究センター所長）

（現代書館・1890円）＝2010年3月18日⑤配信

心地よく浮かぶ人間の生　「マイルド生活スーパーライト」（丹下健太著）

人間の生が、「理由」や「未来」をなめらかにすり抜けて、心地よく浮かんでいる。たばこの煙や、川に浮かぶ葉っぱとしか形容しようのない、とらえどころの難しい軽さで。それを20代の契約社員上田のリアルな生として、自虐的でもなく、てらいもなく、描く本書は、存在とはどういうものなのかを問う。

上田がつるんでいるのは、同僚の契約社員鈴木、フリーターの有山、正社員の西岡の3人。上田同様、ちょっとさえないところが共通している。彼らは「未来が見えない」と言われて彼女にふられた上田を励まそうと躍起になる。そこで思いついたのは、川で葉っぱを拾うことで、上田の、そして自分たちの未来を検証することであった。

歯をくいしばって、夜の冷たい川に立つ4人の姿はとにかく可笑（おか）しい。同時に、携帯で連絡をとりあい「上田らしい葉っぱ」の行方をさがす彼らの声は、大切な手綱のように暗闇に浮かび、未来の方向を照らしている。

そのように、終始、声があざやかに際立つ作品である。例えば、元彼女の私物を部屋の一角にまとめた上田が思ったことを全部口に出して言うシーンがある。「風呂でも入るか」「頭から洗うか」―。声によって必死に孤独に応戦するが、布団に入った直後の「悲しいなー」は、すべてを剝（は）ぎとられた後のようなふるえを露呈させている。

上田のほかに、内面が濃く浮きたっているのは、漫画ドラえもんの「ジャイアン」のように強引な会社の先輩佐野である。上田は佐野に毎週パチンコに付き合わされ、お金をすりまくる。佐野のペースに自ら吸われていくことで本当に煙になるのか、次第に元彼女の顔も少しずつ薄れていく。

ついに元彼女の私物を捨てる上田だが、とくに決心して行った様子にも見えない。終盤では、上田がふられた理由と、佐野が会社を辞めて実家に帰る理由、という二つが、わからないままに溶けあい、「理由」そのものが空中で音もなく消滅する。その奇跡の瞬間さえ「自然」に感じられるほど、この作品全体の純度は驚くほど高い。（杉本真維子・詩人）

（河出書房新社・1365円）＝2010年3月18日⑥配信

作家林芙美子の生と愛

「ナニカアル」（桐野夏生著）

小説「放浪記」「浮雲」などで知られ、いまなお読み継がれている作家・林芙美子（はやし・ふみこ）は、昭和十七年に陸軍報道部の嘱託としてジャワやボルネオへ渡った。見聞したことを新聞などに書いて、戦時下の「日本国民」を励ますことが任務だった。後に「戦争協力」とみなされることにもなった当時の活動、戦後の仕事、四十七歳で訪れた突然の死。本書は、林芙美子の生と仕事について、限られた資料をもとに想像をあちらこちらへ走らせるようにして描かれた小説だ。

この迫真性はどこから来るのか。読み進めるあいだ、気をそらされる瞬間が少しもない。途中、これは桐野夏生による想像なのだ、ということすら忘れて読んだ。臨場感。ひとことで表すならば、この言葉を使いたい。林芙美子の作品を読んだことのない読者でも、引きこまれるだろう。あるいは、本書をきっかけとして林芙美子の本を手に取る人もいることだろう。

本書を通して、小説という方法の深さがあらためて身近なものにもなった。小説の世界では、実在の作家についてここまで想像をめぐらせて書いてしまうことが可能なのだと知ることは、驚きでもあり喜びでもある。

時代に飲みこまれていくように見える林芙美子。だが、作者は、この主人公にこうつぶやかせる。「私は子供の時分から、そうして漂泊して生きてきたではないか」と。七つ年下の新聞記者との恋愛、スパイ行為への嫌疑、防諜（ぼうちょう）をめぐる尋問と抵抗。林芙美子が戦争中の窮乏生活のなかで「貰（もら）い子」をして育てたことについても、作者は想像力を働かせる。

「放浪記」などからうかがえる林芙美子の雰囲気や語調が少しもそこなわれずに描かれている点にも、心を奪われる。林芙美子本人が本書を読んだら、実際にはまったくこんなふうではなかったのに、というかもしれない。それでも、本書はひとつの世界をくっきりとつくりあげている。小説を読む喜びがここにある。（蜂飼耳・詩人）

（新潮社・1785円）＝2010年3月25日①配信

“ただ一人”を知る重大さ

「杉浦康平のデザイン」（臼田捷治著）

西洋と日本とアジアのデザインを包括して再構成できたデザイナーは、いまもって杉浦康平（すぎうら・こうへい）しかいない。知覚生理と民族記憶と文字事情と音楽的想像力とを一緒にしたデザイナーも、いまもって杉浦康平しかいない。そこにはイメージとスコアとフィギュアとが何重にも重層され、展延され、折り返されている。

杉浦デザインは妙薬劇薬が詰まった万物照応の劇場であり、意味と意表と意匠が渦巻くエディトリアル・オーケストラなのである。

その杉浦康平の仕事と思想を新書で案内するとは、あれあれ臼田さん、どえらい課題に取り組んだなと思っていた。かくいうぼくも、同じ平凡社の新書に白川静の世界観を搦（から）め捕るにさんざん苦労した。だから内心いささか心配していたのだが、しかし出来上がったものを読んでみて、よくぞ新書にまとめてくれた、これでやっと世の中の“スギウラ知らず”の目が醒（さ）めるかもしれない、うんうん、これでいい、ありがとう、と思えた。臼田さんがメガネの奥の瞬（しばた）く目を、あの膨大で深遠な杉浦ワールドにぐっと近寄せて、デザイン作法や思考の図解力や厳格で大胆な意匠哲学に分け入ってくれたこと、とてもうれしかったのだ。

こうなったら、この本はうんと読まれなければいけない。今日の日本のデザインは総じてミニマルでフラットな思考に傾いているのだが、こんな衛生無害な状況のなかで、「ただ一人の杉浦康平」を感じられることがいかに重大な出来事になるかを知ってもらわなければいけない。

シャイで自己宣伝が大嫌いな杉浦さんを感じるには、やはりこういう一冊が必要なのである。けれども読んだ以上は、次には杉浦康平の仕事を実際に手にとってみるべきだ。ぼくも東京・丸の内の丸善の中に開設した「松丸本舗」に杉浦棚をつくっておいたので、そこにも訪れてほしい。驚愕（きょうがく）が八十連発くらい体に飛びこんでくる。（松岡正剛・編集工学研究所所長）

（平凡社新書・903円）＝2010年3月25日②配信

日露アイヌの雄大な関係史

「黒船前夜」（渡辺京二著）

黒船前夜と言っても、米国との話ではない。蝦夷（えぞ）地を主な舞台とした日本、アイヌ、ロシアの雄大な関係史で、1811年に国後島で捕縛されたロシア船艦長ゴローヴニンの2年後の釈放までが扱われている。

近世のアイヌ史はこれまで日本人の圧迫という観点から記述されてきたが、渡辺氏は、アイヌ民族の独立性、国家を持たない民の魅力を浮き彫りにする。幕吏たちは、アイヌに対する人道的な同情心を抱き、教化・救済しようとした。しかし、アイヌは未開ではなかったし放置される方が幸せで、松前藩のアイヌ不干渉政策はアイヌの自立した社会を温存した点で評価に値するという指摘など、従来の常識的な見解を次々と覆していく渡辺氏の文章は痛快である。

一方、ロシアの脅威を喧伝（けんでん）した当時の知識人たちは手厳しく批判される。工藤平助や林子平らは、長崎商館のオランダ人たちの言うことを真に受け、誤った情報をまき散らしていた。「当時の識者というのは情報を事実によって検証せず、次々に新知識として受け売りするのを常とした」という文章は、現代知識人への批判にもつながる。

本書全体を通して感じとれるのは、氏が名著「逝きし世の面影」で描いた、外国人に対する日本人の情愛深い態度であり、前著以上に明確に近代文明批判が展開されている。箱館（はこだて）奉行など幕府役人は裁量権を生かして懐深い対応をし、間宮林蔵とゴローヴニンはともに近代ナショナリストとして鋭く言い合うなど、身分や出自による態度や考え方の違いの指摘には教えられた。

歴史は、細部にこだわることによって逆に全体像が見えてくる。通詞の誤訳やその上達にまでこだわる渡辺氏の手法は、まさにそれである。ゴローヴニンの親友リコルドに捕らえられた北前船主高田屋嘉兵衛の英雄的な働き、それを目の当たりにしたリコルドの日本人観の劇的な変化などは感動的で、是非直接、本書を読んでいただきたい。（山本博文・東大大学院教授）

（洋泉社・3045円）＝2010年3月25日③配信

死者と生者の「対話」描く

「岸辺の旅」（湯本香樹実著）

微光の差す静かな小説である。1組の夫婦がここにいる。妻は小説の語り手、瑞希。夫のほうは優介といい、失踪（しっそう）してから3年になるらしい。小説は、その彼が家に戻ってくるところから始まる。

書き出しの1、2ページは見事である。何一つ書いてはいないのに、二人の間に、なにやら乗り越えられない温度差があることを、さりげなく読者に感じさせる。

違和感を持ちながら読み進めていくと、「俺（おれ）の体は、とうに海の底で蟹（かに）に喰（く）われてしまったんだよ」という優介の告白につきあたる。

二人はやがて、優介が死んだ地点まで、時を遡（さかのぼ）る旅に出る。途中、さまざまな生者や死者が立ち現れ、彼らを助けたり助けられたりしながら、そのやりとりのなかで、夫婦の過去も明かされていく。

名前の通り、優しい草食系かと思われていた優介が、生前、歯科医として、ずいぶんもてて、数人の恋人がいたなどということもわかってくるが、そこに生々しさのようなものはない。ここではすでに許されているか、諦（あきら）めたものとして、描かれている。読む私たちのなかにも、死者の眼差（まなざ）しが流れこんでくるせいで、生前だったら、追及したいようなことも、違う次元に運ばれていく。

不思議な小説だ。最初から最後まで、文章の底に、一筋の水が流れている。それはここに集う死者と生者の「対話」が作り出す流れかもしれない。読みながら私は、自分の心の深い部分が潤い、豊かに膨らんでいくような思いを持った。物言わぬ死者との交感を通して、生きる痛みが、いたわられているように感じたのだ。

瑞希の死んだ父は言う。「死者は断絶している、生者が断絶しているように。死者は繋（つな）がっている、生者と。生者が死者と繋がっているように」

胸を突かれる言葉である。あの世に行けば、死んだ人に会えるだなんて、それは甘い御伽噺（おとぎばなし）だ。この小説はもっと孤独。しかし終わりまで読めば、その孤独を抱き、しなやかに生き直す瑞希の姿に出会えるだろう。（小池昌代・詩人、作家）

（文芸春秋・1260円）＝2010年3月25日⑤配信

痛みの深さと果てしなさ　「傷を愛せるか」（宮地尚子著）

出版されて間もなく、多くの書籍は売れ行き次第で書店の棚から早々に消えていくという。売らんかなの本が増え続けるのは、本好きの私にとって何よりつらい現実だ。そんな私が何度も読み返したのが本書である。

軽いノリの文体が好まれる風潮に逆らうかのように、何度も推敲（すいこう）を重ね、研ぎ澄まされた言葉だけが文字となって結晶している…少々オーバーに思える形容だが、一度読んでみれば納得していただけるだろうと思う。

私が最も惹（ひ）きつけられるのは、性虐待やDV（家庭内暴力）被害者のケアにあたる精神科医として、痛ましいほどの現実に正面から向かい合った著者が、それを静謐（せいひつ）に、十二分に距離感をもって語るその姿勢である。

「心の傷」という言葉はトラウマという、テレビのトーク番組でも流される日常言語となった。心理学・精神医学の用語は、時としてわかりやすい流行語に変貌（へんぼう）し一人歩きをし始める。大衆化による弊害はいつの時代にも生まれるものだが、本書はエッセーという形式をとることで、かえって自由闊達（かったつ）に「傷」についての考察を深めることに成功している。

外国での経験を語りながら、過去の記憶を呼び起こしながら、著者によって「傷」は多様な角度から光を当てられる。皮膚の表面ではなく、内部にまで無数に伸びた根によって初めて「傷」は理解される。

トラウマは、こうしていったん、わかりやすさから解放されなければならない。臨床の場における痛みの深さと果てしなさは、ためらいと言い淀（よど）みを伴わずにはいられないからだ。

宮地ワールドと呼ばれることを著者はたぶん忌避するだろうが、いったんページを開くとたちまち引き込まれてしまう世界がそこにはある。

深い哀しみの溢（あふ）れた行間から、わずかの希望が紡ぎ出されるような世界に触れること。帯に記されたように、心は震えつづけるが、それでも背筋を伸ばして明日も仕事をしようという気になる。そうやって私は本書を繰り返し読んだ。（信田さよ子・原宿カウンセリングセンター所長）

（大月書店・2100円）＝2010年3月25日⑥配信

老いの四苦八苦さりげなく　「逆に14歳」（前田司郎著）

昔、「翁童論」という本を書いた。男女とか、あたりまえの関係性ではなく、子どもと老人を一対にしてとらえて、いくらか反響があった。あれから22年。本書を読みながら、この間の時の経過を考えた。そして思った。年をとったな。

この小説は「空想私小説」だという。なるほど、未来小説はみな老人小説になる。人は確実に年をとっていくから。世界に先駆けて超少子高齢化社会に突入した日本は、人類史上未踏の四苦（生老病死）を経験することになるだろう。

そんな未来の四苦八苦の日常がさりげなく描かれる。作者の未来像を想像させるお一人さんの老作家（前田司郎ならぬ丸田史郎）のところに、かつて仲間だった老俳優白田泰助が転がりこんでくる。ありえなさそうでもあり、ありえそうでもある、体の動きも頭の動きも鈍ってきた二人の老人の奇妙な同居生活。

そんな暮らしの中で二人は演劇をやってみようと思い立つが、応募者の多さにおじけづき、オーディション前日に熱海に逃亡。そこで「ロシアンスパイ」のストリップを見て、その演劇性に感動し、そしてその夜ついに…。四苦八苦があろうがなかろうが、それをもふきとばすほどの「人間の、逞（たくま）しさに、強さに」主人公は目覚めた（？）のであった…。

興味深かったのは、認知症気味の丸田が白田に言われて過去のことを思い出すくだり。「俺（おれ）の過去はまるで未知の世界だった。俺は過去が明るみに出るたびに新鮮に驚いた」、「白田の話を聞くと過去をより現実的に夢想することが出来るようになった」。

キモは、丸田にとって白田がいることだが、そんなヤジキタ道中のような老老関係が構築されうるかどうか。もう一つの作品「お買い物」のお爺（じい）さんとお婆（ばあ）さんの関係を含め、生きることが関係することだという当たり前のありがたさに気づかされるのであった。（鎌田東二・京都大こころの未来研究センター教授）

（新潮社・1785円）＝2010年4月1日①配信

西鶴や芭蕉しなやかに解読

「近世考」（日暮聖著）

さりげない題であるが、近世文学の見事な読み手によって、西鶴、近松、芭蕉、秋成の豊穣（ほうじょう）な世界に案内され、ぜいたくな時を過ごすことができる。どの章から読んでも面白いのだが、あとがきにあるように、最後の「精神史としての近世―『廣末保（ひろすえ・たもつ）著作集』完結によせて」が全体的見取図を示しているので、まずそれから読むのがいいかもしれない。

「日本の近代は、近世を視野の外においてきました。」ということばにはっとさせられる。これは芸術史でも同じで、江戸の美術の評価はひどくおくれていた。なぜかといえば、近代は近世を前近代として否定することで西欧化しようとしていたからである。

それだけに、廣末保などの近世評価は大きな衝撃であった。この本の著者もそれを受け継いで発展させているようだ。

著者は近世の特色を三つあげている。

「①印刷技術の発達により庶民が活字文化の洗礼を受けたこと、②貨幣経済の時代に突入したこと、③悪場所という一種独特な文化の発信地が誕生したこと、の三点です。」

この三つの特色を縦横に駆使しながら西鶴や近松を解読してゆく各章はとてもスリリングである。

三つ目の悪場所はもちろん、廣末保の「悪場所の発想」で提起されたものである。私などもこの本を夢中で読んだことを覚えている。パリやニューヨークの都市のアンダーワールドに魅せられていた私が、江戸の盛り場に関心を寄せたのも、この本のおかげであった。そんなこともあって、このしなやかで、したたかな近世文学論に親しみを感じつつ読むことができた。

また芭蕉の句をゆっくりとたどっていく「芭蕉の『わぶ』」などの章も、俳人の足どりとともに歩んでいくような味があって、快い。

あらためて、西鶴や芭蕉を読み返してみたいと思わせる本である。（海野弘・作家）

（影書房・2940円）＝2010年4月1日②配信

「最高の物語」の真意は?

「戦場からスクープ！」（マーティン・フレッチャー著、北代美和子訳）

40年前、“外国”と“特派員”に魅せられテレビジャーナリズムの世界に身を投じたひとりの若者がいた。若者は戦場や紛争地を取材し「戦争とは最高の物語があるところ」だという確信を抱くに至った。本書はいまではベテランになったそのジャーナリストであるマーティン・フレッチャーが自分の人生を振り返って書いた記録である。

ホロコーストを逃れて中欧からイギリスに亡命した両親を持つフレッチャーは独学で撮影の技術をものにし、映像通信社にジャーナリストとして採用される。BBCにも籍があったのだが、内勤のポストであることからこちらは退職する。あくまでも外国と特派員にこだわったのだ。

ベルギーのブリュッセル支局を振り出しに、イスラエルのテルアビブで2年、転勤したローデシアのソールズベリーで4年、がむしゃらに働いた若者は気がついたら30歳になっていた。そこにアメリカのNBCからスカウトの声がかかる。出世のはじまりだ。

NBCのパリ支局に転勤したのちも、フレッチャーは取材の現場を中東、アフリカそして冷戦崩壊後の混乱が続く旧ユーゴスラビアなど、民衆の血が流れる騒乱の地に求める。ソマリア、ルワンダ、コソボについて報告した章は読者を圧倒する。

組織の中での管理職としての出世を拒み、NBCの支局長としてイスラエルに戻ったフレッチャーは、普通の子供たちがベースボールのカードを集めるのとおなじように殉教者の絵がついたカードを集めるパレスチナの子供たちを取材する。そのことも含めて「戦争とは、最高の物語があるところだ」というのであれば、著者にその真意をただしてみたい。

「見出し」の大きさや視聴者が受ける衝撃の度合いを基準にして論じるならば、戦争の報道には“最高”の要素があるだろう。しかし、戦争とは人が死ぬことだ。人の死が最高の物語であることは決してない、とふつう人は考えるのだが。（平野次郎・学習院女子大特別専任教授）

（白水社・2730円）＝2010年4月1日③配信

急激な台頭の背景を概観

「『女の子写真』の時代」（飯沢耕太郎著）

1990年代後半から日本で女性写真家の台頭が著しい。本書はその基盤を、90年代半ばに一種のブームとなった「女の子写真」に求める。若い女性写真家が脚光を浴びる上で大きな役割を果たした公募展で設立時から審査員を務め、ブームの立役者とも目される著者は、彼女たちが登場してきた土壌とその後を幅広い視野でとらえ、その意味を問い直そうとする。

「女の子写真」を再評価する根拠として、著者は宮迫千鶴（みやさこ・ちづる）が著した「〈女性原理〉と『写真』」を援用し、受容性、非決定性、感覚的といった特徴のある女性原理が、はじめて明確に写真の中に形をとった表現のあり方が「女の子写真」だと主張する。そして、遊戯的、あるいは演劇的要素を強めた作品が急速に増えた90年代以降の写真表現は、女性原理と男性原理のダイナミックな交換運動を通じて生まれた両性具有原理を体現したものではないかという。

だが宮迫の論の細やかさに比して、著者の主張は皮相的に思われる。女性原理が性別に関係ないとしながら、例示は女性写真家ばかり。「女の子写真」を評価しながらも、その根拠となる女性原理は、論理性などの男性原理との融合によって、さらに成熟するという観点に立つ。著者の説く女性原理は、宮迫の分類で言えば「生活的視座に基づいた女性的視点」にとどまり、男性原理に対する批判的見解と戦略的な方法意識をもつ「女性原理」とは隔たりがある。

実際、「女の子写真」を写真家の「作品」に限定するなら、90年代半ばにはいまだ戦略的方法論は持ちえていなかったのではないか。だが、それを作品に限定せず、女子高生までも巻き込んだ写真の新たな使用法としてとらえ返すなら、そこには従来の写真の文法への批判性が認められる。

本書は「ハードウエアの進化」という章で、そうした現象にも言及している。女性写真家が急激に台頭してきた背景を概観する上では、格好の手引書といえるだろう。（楠本亜紀・写真批評家）

（NTT出版・2520円）＝2010年4月1日④配信

理念外しに鋭い問いかけ

「介護保険は老いを守るか」（沖藤典子著）

高齢者が老いに対して抱く恐怖は二つ。もし、食事が自分でできなくなったら誰が食べさせてくれるのか。もし、ふん尿を垂れ流しするようになったら誰が世話をしてくれるのか。これらを「介護の社会化」として社会保険サービスの対象としたのが10年前にスタートした介護保険の革命的な意義だと著者はいう。わが家で93歳の義母が介護保険の恩恵（要介護5〜3）を享受したのは巡回入浴サービスだった。

介護サービスはあくまでも利用者の老い（障害）の進度に添ってのもので、所得の多寡や家族内の介護者の有無や扶養関係に還元するものではなかった。これが介護の専門家による「高齢者の自立支援」であり、また家族を介護地獄から解放する「介護の社会化」という理念にかなったものだったのである。

介護保険制度はこの4月で11年目に入った。高齢者の生活支援の大きな柱として現在約400万人が介護認定を受け利用している。間もなく団塊の世代が高齢者となって、利用者はさらに増加する。十分に応えることができるのか。

社会保障審議会の委員としてこの制度を検証してきた著者は、財源論議を盾にした動きに改悪の兆候をみている。

一つは「介護保険サービスの適正化」の推進として、同居家族がいる場合に「生活援助（掃除や買い物）」というサービスを受けられなくしたこと。二つは介護報酬のマイナス改訂。これは職場に直接反映する。介護という仕事の意義や働きがいで勤めている人が、収入と将来性に落胆して辞めていくという現実が見える。三つには保障費の削減から導かれた介護認定の軽度傾斜化。つまり介護度の軽い人を介護保険から外す動きが見られることである。

これらは介護保険制度の維持のため、理念（高齢者の自立支援・介護の社会化）を外していないか。著者の鋭い問いかけである。（米沢慧・批評家）

（岩波新書・840円）＝2010年4月1日⑤配信

現代語訳でいい感じ

「もてない男訳　浮雲」（二葉亭四迷、小谷野敦著）

浮雲っていったら…「くたばってしめぇー」…ってね、ガキのころに叫んで遊んでいたな…。でも二葉亭四迷先輩の本、読んだことねーや。だってさ、ガキにはちんぷんかんぷんじゃんか…。

で、朝早く起きちゃったチャンスに「現代語訳」の「浮雲」を読んでみた。一気に読んだ、スラスラ読めた。なんだ「浮雲」っておもしろいじゃんか！　近代じゃん。文学じゃん。名作じゃん。って朝から気分が上がったのが、This 本！「もてない男訳　浮雲」。なんだかガラの悪い宣伝マンみたいだけど。読んでよかった。教えてもらって良かった…です。小谷野敦先輩！

This 本 is「右手に見えますのは、二重橋でございます。橋のらんかんに…」のバスガイドさんみたいな。

「レオナルド・ダ・ヴィンチの作品をひもといて行くと、モナリザの中に描かれた…」の、キュレーターさんもそう。

「BMでホワイトキックっす！ってのは、ばか丸出しでしらけるって…」の、コギャルさま。とかと一緒ですよね！　文学の世界でも必要ですよね！「超訳さん」

外国の人は「ニッポンジン、カンジ、スベテヨメール」と思っているでしょ。いえいえ、読めない漢字ありまーす。書けない漢字も沢山あーる。意味の分からない文章もいっぱいあーるよ。…でしょ。

だから昔の文学作品には「現代語訳」が必要で、あると楽しい。読みにくい漢字にはルビが必要だし。わかりにくい文章には時代背景や説明があるといい感じ。ありがとうございます、小谷野敦先輩。

あっ！　This本 is 装丁もグーよ！　紙のカバーをぺろっと外すと…このピンク♡

カワイイ的なカバーに、白でローマ字と漢字の明治風味。赤のスピン（しおりのひも）に、ちらっと金。

この書評にも「超訳さん」が必要ですね。チュッ！　部長（石澤彰一・押忍！　手芸部部長）

（河出書房新社・1575円）＝2010年4月1日⑥配信

聖母の悲しみが通底

「スターバト・マーテル」（篠田節子著）

ほんの1歩、日常から踏み出しただけで、人生が変わってしまう―。私たちは心のどこかでそんな物語を求めているのかもしれない。そして、そのひそやかな期待を決して裏切らないのが、篠田節子の小説である。この作品も、読者にこまやかな心理描写と骨太なストーリーを堪能させ、思いもかけない結末へと連れてゆく。

表題は「悲しみの聖母」の意。わが子イエスが十字架に掛かって死んだときの聖母の悲嘆をテーマにした聖歌である。多くの音楽家が作曲しているが、中でも18世紀イタリアの若き作曲家、ペルゴレージの作品が最高傑作とされる。

この中編は、乳がんと診断されて早期治療を受けた主人公、彩子が、死と向き合ってしまった疲労感のようなものを抱くところから始まる。明るく励ましてくれる友人もまじめな夫も、煩わしい存在でしかない。

そんなときに、彩子は偶然、かつてほのかな思いを寄せた光洋と再会する。何度か会ううちに光洋は、彩子と夫を自宅に招き、夫婦で二人をもてなす。彩子はそこで、衝撃的な事実を知る。

「スターバト・マーテル」の旋律は、物語の最初に重要な伏線として描かれている。聖母に象徴された悲しみは、通奏低音のように重くこの一編を覆っているのだが、それは子どもを持たない彩子の心境とも、微妙に響き合うようだ。

ここに至っても、まだ恋愛を扱っただけの作品かと思っていると、パニック小説の名手である著者は舞台を一気に広げ、ハイテク企業やイスラエル、ユダヤロビーなどを太く絡み合わせる。生を燃やし尽くそうとする主人公たちが、篠田ワールドとも言うべきカタストロフィーへなだれ込むラストは圧巻である。

収められている、もう一つの中編「エメラルドアイランド」は、登場人物たちがリゾート地で思わぬ災厄に遭って右往左往するストーリー。どこか憎めない人物たちを、軽めのタッチで描き出す巧みさはさすがである。（松村由利子・歌人）

（光文社・1680円）＝2010年4月8日①配信

前向きな響き失わないまま

「プレカリアートの詩」（フランコ・ベラルディ著、櫻田和也訳）

社会運動はこんな詩（うた）を生みだすこともある。事件でも思想でもなく、詩。何よりそれに驚くことから本書は受け取られはじめるべきではないだろうか。

イタリアのアウトノミア運動は、急進左翼の運動として出発し、「赤い旅団」のテロで終わるという、日本の全共闘を髣髴（ほうふつ）とさせる歴史をもっている。そして最近では、その代表的論客であったネグリの名前とともに、運動が思想的にはフランス現代思想、特にドゥルーズとガタリの2人から強い影響を受けていたことも知られている。

しかし、フランスの1968年が生み出したとも言える思想が、70年代になってイタリアの社会運動に溶け込み、暗殺に象徴される陰惨なテロとは正反対の特異に「ハッピー」な傾向を育てていた歴史はあまり知られていない。運動（モビメント）というイタリア語が当時の前向きな響きを失わないまま、日本以上に新自由主義的「改革」に翻弄（ほんろう）されてきた若者たちの間で今日復活してきている事実は、なおさらである。

ビフォの通称で知られる著者は、そんなもう一つのアウトノミアを体現する人物である。49年に生まれ、10代で共産党員になるも数年で除名。それからは「新左翼」一筋なのだが、日本のそのスジの人とはずいぶんとキャラクターが違う。

亡命生活も世界的流浪も経験しているのだが、メディアやテクノロジーに関する新し物好きで、ニューヨークのアンダーグラウンドな臭（にお）いもいつのまにか身につけている。そして思想的にはポストモダンの断固たる擁護者だ。モビメントの左翼主義を失わないまま。

これはいったい在野哲学者の本なのか、活動家による社会批評なのか、それとも文学的エッセーなのか。どうでもよいではないか、という主張を込めて詩だと言ってしまう。だからこそ届く場所がある、この自信を生み出してきたのがモビメントである。（市田良彦・神戸大教授）

（河出書房新社・2940円）＝2010年4月8日②配信

ユーモアと知性の傑作ルポ

「原子力都市」（矢部史郎著）

この本は現地取材によるルポルタージュとして書かれている。だが本書の功績は、むしろ目には見えないものを可視化させた点にある。著者のいう「原子力都市」とは、そのための仮説である。

自動車を組み立てている労働者に、いずれはその自動車が買えるような給与をあたえ、全体的な売れ行きを上げていく。こうした大量消費を前提とした大量生産は、やがて飽和する。現代が「脱工業化」の時代といわれるゆえんである。

本書では、こうした時代のモデルとして原子力を提示している。脱工業化のイメージは、一般に知的労働やサービスといった「第3次産業」として語られることが多い。それに対して、筆者は原子力をモデルとすることによって、時代の無意識を可視化していく。

自動車の生産においては、生産するのは労働者の身体であり、その身体がいかに規格化されても、あくまで主役は労働者であった。ゆえにストライキやサボタージュが意味をもつことができた。一方で原子力発電においては、労働者はいつ暴走するかわからない原子炉の管理におわれる。産業の主役として働く身体は消失し、労働者の抵抗そのものが不可能となる。

抵抗どころか、原子力においては、間違うことが許されない。失敗自身がスキャンダルとして語られる。しかしそうした状況をまねいたのは、原子力そのものなのだ。

こうした労働者とおなじく、子を持つ母親、教師、介助者、その他あらゆる人たちも、間違うことが許されない。失敗という出来事にたいして、人びとはますます不寛容になっていくだろう。

こうした認識は、人をうんざりさせるかもしれない。しかし冒険心あふれる著者の目線は、その先を見据えている。認識のシビアさは、未来にむけて歩を進めていくためにこそあるのだ。ユーモアと知性と青くささが遺憾なく発揮された、ルポルタージュの傑作である。（池田雄一・文芸評論家）

（以文社・1680円）＝2010年4月8日④配信

急逝の若者が残した文章

「個独のブログ」（伊藤康祐著）

21歳で急逝した大学生ブロガーがインターネット上に残した文章を、両親が出版社に持ち込み、本にまとめ上げた。短すぎた人生のディテールがちりばめられている。

著者は幼少期から本に親しんだ。クセノポンの「アナバシス」や辻邦生（つじ・くにお）「背教者ユリアヌス」…。両親は息子が興味を持ちそうな本を机の上に積んでいたそうで、彼はそれらを「暇なら勝手に読めばBooks」と呼んで書評を書くようになり、感受性をはぐくんだ。

名古屋大に進むと米国留学を考え、国際的な法律家を目指すようになる。以後、英語力のスキルアップに関する記述が増えていくが、これがすごい。ヘタな参考書より優れているのである。

語学能力は「負荷×効率×量」。それぞれをアップするには興味のあることを「英語で」勉強するのが一番と説く。とくにドラッカーなどのビジネス書の英文は読む訓練になるとのこと。なるほど、と勉強になった。

彼の年ごろは一般的には「ゆとり世代」と言われる。私が編集長を務めるネットマガジン「アクロス」では、東京・渋谷を中心に若者の定点観測を続けているが、この世代は「新人類ジュニア」だと考える。親の経済力や志向性によって価値観がバラバラなのが彼らの特徴なのだ。つまり、母親がギャルなら娘もギャル、父親がサブカル好きなら息子もサブカルどっぷり、といった具合だ。

彼も、同世代のバラバラ加減は十分意識していたようで「人々は『孤独』ではなくとも『個独』なのではないか」「『理解不能な他者に対する配慮』というものがあっていい」と書く。だが、客観性を意識して抑制された文章からは、心の叫びは見えるようで見えなかった。

今はブロガーは、その書き込みが商品の売れ筋を左右するほど影響力を持つ存在だ。しかし、この本の文章はそのような熱さとは無縁で、自らを客体化し、淡々としたトーンだ。ひょっとすると、そこにこそ「他者に分かってもらいたい」と願う「若さ」があったのかもしれない。（高野公三子・パルコ「アクロス」編集長）

（三五館・1575円）＝2010年4月8日⑤配信

「小説」を自在に操る

「ピストルズ」（阿部和重著）

東北地方の小集落〈神町（じんまち）〉を舞台に書き続けられてきた、この作家のライフワーク的連作の最新長編。伊藤整文学賞ほかを受賞した大作「シンセミア」から5年がたった後日談にあたる。

神町で匂（におい）いを用いた代替医療の診療所を営む菖蒲（あやめ）家は、広大な敷地の庭に奇妙な客人を招き入れ、音曲の宴を催したりすることから、町の人々から「魔術師の一家」と呼ばれている。事実、菖蒲家には人の記憶を消してしまう秘術「アヤメメソッド」が伝えられており、まだ中学生である四女みずきは、その後継者なのだ。

彼女はその秘術を使ってある「事件」の記憶を完全に封鎖することを試みる。それに対して「ヤングアダルト小説」の作家である四姉妹の次女あおばは、記憶の完全な喪失を避けるため、菖蒲家の秘密に関心を抱く書店主・石川の求めに応じ、一族と町の戦後史を語りはじめる。その彼女の語りが、原稿用紙1200枚に及ぶこの大長編の大半を占める。

「一子相伝の秘術」という荒唐無稽（むけい）な設定に、「細雪」や「若草物語」など、文学史上のさまざまな4姉妹もののモチーフが織り込まれている。そうかと思えば、書店主にいささかこっけいな「探偵」役として物語の進行役を演じさせ、半村良（はんむら・りょう）の伝奇小説「産霊山（むすびのやま）秘録」にあからさまなオマージュをささげるなど、この作品の端々で阿部和重は、意識的に純文学とジャンル小説のスタイルを混交させている。

のろわれた運命にあらがうかのように少女が死力をつくして戦う姿は、「小説」という表現形式を自在に操ることで、「文学」「物語」「歴史」といった魔物を組み伏せようとする、作家自身の孤独な苦闘をも思わせずにはいない。〈雌しべ〉を意味する表題をはじめ、反復される植物の隠喩（いんゆ）は、その戦いが一筋縄ではなく、今後も続くことを暗示している。（仲俣暁生・編集者、文筆家）

（講談社・1995円）＝2010年4月9日配信

切り口鋭い「孤高」の研究

「昭和」（ジョン・W・ダワー著、明田川融監訳）

ジョン・ダワーには「孤高の研究者」のイメージがある。マスコミに登場することも、学会に現れることも少ない。書斎に立てこもって大部の研究書を書き続けているようだ。「吉田茂とその時代」「容赦なき戦争」「敗北を抱きしめて」という一連の著作は、実証に基づき、透徹した推論に貫かれており、読む者を戦中・戦後日本の歴史の世界に引き込んでいく。

本書は、ダワーの論文集の翻訳である。その内容は、上記の研究書のテーマのほかに、戦時期の日本映画と風刺漫画、原爆の惨状を描いた絵画、日本の戦時原爆研究をめぐる戦後の米国でのセンセーショナルな議論、「一億一心」の掛け声とは裏腹に戦時期日本で飛び交った造言飛語や不穏な落書き、占領下の日本とアジアにおける冷戦の広がりとの関連などを分析し、論じている。

研究書と同様に、実証的に議論を展開しているが、より切り口鋭く対象に迫っているのは論文という形式だからである。

たとえば、サンフランシスコ講和条約に際して、日本政府と昭和天皇は日本本土の占領の早期終結と引き換えに積極的に沖縄の主権を米国に引き渡そうとしていた。これは「本土決戦」の時間かせぎに沖縄を犠牲にしたことに続いて、再度沖縄を生贄（いけにえ）にささげることを意味している。そして今日、米軍基地を沖縄に押し付けることは3度目になり、この国のあり方を疑わせる。

吉田茂はその軍事的「ただ乗り」と経済的成功を高く評価されるが、米国はその世界戦略に沿って政策を推進しただけであった。その結果、日本は「真の主権を完全に放棄するという高い心理的代償を払った。というのも、日本は太平洋の向こう側の偉大な白人国家の忠実な信奉者というはまり役をあたえられ、永遠の部下となったのだから」。

その歴史研究の射程は長く、今日の課題に直結している。（五十嵐暁郎・立教大教授）

（みすず書房・3990円）＝2010年4月15日①配信

希望と未来見いだす対話

「人は愛するに足り、真心は信ずるに足る」（中村哲、澤地久枝著）

登山と虫が好きだったという福岡の医師・中村哲は、パキスタン・アフガニスタンでの医療活動を皮切りに、その後は井戸掘り作業を展開、近年は用水路建設や農業支援へと拡大していく。その四半世紀の間の活動で何が変化して、何を彼は変えようとしなかったのか。そして、戦乱と干ばつのアフガンにどのような支援と、「してはいけないこと」があるのか…。

中村と非政府組織（NGO）「ペシャワール会」の努力がアフガンの水路と農地を一歩一歩切り開いてきたように、聞き手の作家・澤地久枝が一つひとつの言葉の小舟で、中村の過酷な人生の源泉をゆっくりとさかのぼっていく書である。

中村は、自衛隊派遣はもちろん、あらゆる軍事支援に対して断固とした否定を貫いているが、彼の国会での参考人質疑に対して、当時の与党国会議員らから発言の取り消し要求や嘲笑（ちょうしょう）まで受けているシーンが対談の合間で描写されている。

中村はそれらを、実態から離れたところで議論だけが遊離していく「理念の空中戦」と呼んだ。地元住民と長年ともにした活動から導き出された体験的理論と、現地の実態を知らない国会議員の政治的主張の間にある、それは埋まらない溝を挟んだ〝対話〟のようにも見える。

その一方、本書のあとがきで中村は澤地のインタビューを、「警察の取り調べもここまでは」と表現するほど、アフガンの出来事を十分に熟知しての取材だったと記す。中村の息子の10歳での病死、日本人スタッフ・伊藤和也（いとう・かずや）の殺害、そしてそれ以前に起きていた現地スタッフ5人の死にまで触れられているなど、それは中村の心情を深く理解して、彼の周囲で起きたことに迫ろうとする〝弁護人〟澤地の聞き取りに思える。

日本の若者たちとアフガンの大地を目の前にして語られているかのような、静かな希望と未来を見いだす対話だった。（綿井健陽・フリージャーナリスト）

（岩波書店・1995円）＝2010年4月15日②配信

読者の感覚痺れさす毒気

「ポルト・リガトの館」（横尾忠則著）

色彩の錬金術師、画家横尾忠則氏の第2小説集。3編いずれにも感得されるのは、世界を覆い尽くす濃密すぎる香気である。においが「匂」とも「臭」とも表記できるように、ここに漂う空気は、快不快の別を超越した、一種異様な、読者の感覚を痺（しび）れさす、剣呑（けんのん）な毒気を孕（はら）んでいる。

確認するまでもないが、小説とはその外部に立つ者しか書くことはできない。小説の内部に安住し、その様式に淫（いん）しながら書かれた代物とは、実のところ小説ではない。それは小説の死後の、惰性の産物である。作者とは、自らを閉じ込めようとする小説の牢獄（ろうごく）を脱しようと絶えずもがき、幾度も外に立ち直しながら生きる。これはすべての創作に言える真理だ。

とはいえ、横尾氏の小説が分野外の者の手になるがゆえに本質的だなどという安易な即断は禁物だ。また、これは横尾氏の天才が無作為に書かせた自動筆記だとする浅薄な批評も斥（しりぞ）けねばならない。横尾氏は、この作品群（とりわけ表題作に顕著）を、奔放な感覚を御する強い理性によって考え尽くし、選ばれた、既存の手法を用いて書いているのだ。

一読して誰もが想起するのは、横尾氏と同じ泉鏡花（いずみ・きょうか）賞のかつての受賞作、氏の交友上の先輩でもあった澁澤龍彦（しぶさわ・たつひこ）の傑作「唐草物語」である。横尾氏の表題作はこの先行作に知らず導かれているというよりは、確信的に仄（ほの）めかされているのであり、亡き澁澤へのオマージュとしての側面を堂々と表明している。「唐草物語」所収の「金色堂異聞」では、作者澁澤得意の随筆の手法で始まった客観的紀行文に、駅で拾ったタクシーの運転手が藤原清衡（ふじわらの・きよひら）当人だったという時空歪曲（わいきょく）が導入される。

スペインに旅した唯典が現在のポルト・リガトで故人ダリに謁見（えっけん）するという奇想の内には、実はこうした文学史への批評的な目配せが行き届いている。横尾氏は澁澤と同様、自らの拠（よ）って立つ場所から小説自身を批評し、その中心へ向け、一気に地続きの架空線を引いてみせた。その線と色の躊躇（ちゅうちょ）なき勢いには驚嘆を禁じ得ない。（諏訪哲史・作家）

（文芸春秋・2100円）＝2010年4月15日③配信

分かりやすく問題を提起

「『食べる』思想」（村瀬学著）

人間は食べる生き物である。ぼくたちは自分の身体に受け入れられないものを食べたと感じたときには、それを口から吐き出すものだ。何かを否定するということは、それを口から吐き出すことだと語ったのはフロイトである。食べるということは人間の生存にかかわる事柄であるために、味覚はもっとも根源的な感覚である。

ぼくたちが毎日食べているものは、ほとんどすべてかつて生きていた生物である。幼いころに母の田舎を訪れると、庭で飼っていた鶏をつぶしてごちそうになった記憶がある。ペットのように飼われていた鶏が、食事になってでてきたのだ。

著者が指摘するように、「食べる前は、動物は大事と言いながら、でも腹が空（す）くと他の生き物を食べる」のであり、「かわいそう」が「おいしい」に反転してしまう。「本当に悩ましい仕組み」であるが、それなしでは生きていられない。

そのためにさまざまな工夫がなされる。著者は「一口サイズ」がキーポイントだと指摘する。一口で食べられるようになったものは、それが豚だったのか、鳥だったのか、あるいはサケだったのか、分からないようになっている。一口にするのは、元の生物の身体を忘れさせる大切な工夫だ。

しかしそこには大きな落とし穴もある。現代の食品市場では、何もかもパックされて販売されているために、その食品が本当はどういう素材のものかが分かりにくくなっているのである。国産と表示されたものが中国産でも、ぼくたちには調べようもない。著者の言うように、同じ牛の脊髄（せきずい）や脳の粉末を食べさせられていた狂牛病の牛たちのように、ぼくたちも何を食べさせられているか、分かったものではない。

著者はこうした視点から、食をめぐる吉本隆明（よしもと・たかあき）や宮沢賢治（みやざわ・けんじ）の著作や、興味本位なカニバリズム論批判などへ論考を広げていく。母乳の甘美さは、母の身体を食べていることからくる、ぞくっとする「人食い」の感触なのではないかという指摘も興味深い。食べることのさまざまな問題を分かりやすく提起した書物である。（中山元・哲学者）

（洋泉社・2415円）＝2010年4月15日④配信

「隔たり」を埋めること 「コンドームの歴史」(アーニェ・コリア著、藤田真利子訳)

ミスター・チルドレンの名曲「隔たり」は、カップルがコンドームに感じる繊細な感情がテーマ。この小さな避妊具はエイズや性感染症の「最後の砦(とりで)」を兼ねるだけに、しばしば大切な関係を心理的に左右するキーとなる。だが、私たちは「隔たり」の本質的な意味を、居ずまいを正して考えていない。

きっかけとして読みたいのが、誕生からの軌跡を宗教や文化、政治の影響と絡めつつ紹介した本著だ。年中、発情可能なホモ・サピエンスが、性行為から生殖や感染症を除外するため知恵を絞った、創意工夫の足跡。紀元前のエジプトではゴム状の樹液。7世紀より前のインドでは金銀や皮でできたカバー。8世紀の日本では「神官」が作った折り紙! キテレツな着想は、架空博物館のように面白い。

が、最大の感慨は、コンドームが人間の果てなき欲望を、社会のフレームに回収する影のヒーローだったという事実。いつの時代も性行為の中で分裂する、ラジカル(自由な欲望)とモラル。ふたつを橋渡しする立役者の発明は、アポロの月面着陸以上に大きな転換点だ。

カトリックの生命倫理と対立したり、バースコントロールの普及と手を組みながら現在の形に近づき、希代のプレーボーイ、カサノバも感染症予防にコンドームを常用したという。

19世紀、ゴム業者が初めて「洗えば一生使える(!)」分厚いコンドームを開発。1950年代、大量生産と検査のおかげで品質も向上し、ようやく21世紀、「0・02ミリ」にたどり着く。

子供に腰のひけた性教育をするぐらいなら、コンドーム(避妊法全般)の存在理由を、こんなトリビアなエピソードとともに教えたほうが、よっぽど血肉になる。避妊の本質は、物理的な「隔たり」のメリットを享受する代わりに、心理的な関係性でそれを埋めることだ、という結論を導くためにも。(速水由紀子・ジャーナリスト)

(河出書房新社・3360円)=2010年4月15日⑤配信

体で覚える職人世界の言葉 「精神の哲学・肉体の哲学」(木田元、計見一雄著)

結局、人間が生きるとはどういうことか? 人間は、魂とか精神とか理性とか、少し抽象的な言葉を操れるようになった2500年くらい前から、生きることの意味を考えながら生きてきた。

哲学は古代ギリシャに始まったが、これはやっかいな学問である。考えることに疲れて、神様に人生の意味も価値も預けてしまった期間が1500年間くらいある。けっこう人間もずぼらなのだ。

それから500年前あたりからまた考え始めて、「われ思う、ゆえにわれ在り」(デカルト)と、生きる意味を問うこと自体が人間であることの証拠なのだ、というような人間の精神性を強調する近代哲学が隆盛した。ここまでが本書タイトルの前半、「精神の哲学」の流れである。

本書の核心は後半の「肉体の哲学」にある。精神ばかり相手にして、肉体を忘れちゃいませんか、という近代哲学への反抗はニーチェに始まり、20世紀前半から中盤にかけてのベルグソンやメルロ・ポンティによってはっきりと姿を現した。彼らは身体的機能と精神を、知覚を通じてつながるひとつの構造としてとらえようとした。

となると、その人間という構造と生きる場との関係(=アフォーダンス)が問題となる。

赤ん坊は母親が口にする言葉から単語を覚えるのか、それともそのしゃべりのリズムを知り、それに乗せるように単語を覚えていくのか。笑うという行為の前に、相好を崩すというようなどっちつかずの表情があり、それが笑いに形式化していくのではないか。サッカー選手のグラウンドを見る視線は次の行動とどうつながっているのか。いま流行(はや)りの脳科学は、再び肉体を従属的立場に追いやる危険性はないか…。

片や「反哲学」を掲げる西洋哲学者、片や「肉体」を重視する精神科医。エピソードが面白い。読みながら私は「体で覚える」という職人世界の言葉を思い出した。かくして哲学はやっと日本でも語れるものになった。(吉岡忍・ノンフィクション作家)

(講談社・1995円)=2010年4月15日⑥配信

混迷する世界への責任感

「1Q84　BOOK3」(村上春樹著)

見事な筋肉をそなえた女性スポーツ・インストラクター青豆が、女性を虐待した男たちを処刑する殺し屋として登場した「1Q84」は、著者としては珍しいアクション小説的な躍動感があふれていた。

女性の行動がこれだけ前面に出るのは、この作家としては珍しい。これから読まれる方のために内容を明かす紹介は避けたいが、少なくともBOOK 2の最後で自ら命を絶とうとした青豆は、まだ生きている。そしてBOOK 3で彼女は、女性としてさらに大きな任務を担うことになる。

青豆は、マンションの一室に身を潜めて、ベランダの下の公園に以前姿を現した天吾が再び来るのを待ちわびている。一方の天吾は、千葉県の施設で寝たきりになっている父を見舞いに出かけている。

動きの止まった二人に代わって本書で行動力を発揮するのは、BOOK 2に脇役で登場した牛河である。彼は新興宗教団体「さきがけ」に雇われて青豆の行方を探っている。彼の活躍で、青豆と天吾双方の人生が客観的な第三の視点から語りなおされることになる。いわばこの物語をおさらいするガイド役といえる。そんな有能な探偵の彼と、青豆の身を守るスゴ腕ボディーガードのタマルとの攻防は、本書のアクション小説的な側面の白眉(はくび)である。

「1Q84」の謎を象徴する「リトル・ピープル」や「空気さなぎ」についても、本書ではずいぶん噛み砕かれて分かりやすくなった。逆にその親切さが、今までのファンには春樹らしくないと感じられるかもしれない。

だがかつて作者は、短編集「神の子どもたちはみな踊る」の「蜂蜜(はちみつ)パイ」で、作中の小説家に「これまでとは違う小説を書こう」と言わせていた。この3冊の「1Q84」こそは、作者の新時代を告げる小説ではないだろうか。今や国際的な文学者である村上春樹の、混迷する世界への責任感がひしひしと感じられる円熟の巨編である。(清水良典・文芸評論家)

(新潮社・1995円)＝2010年4月22日①配信

関係性の認識の新しい混乱

「感応連鎖」(朝倉かすみ著)

北海道の名門私立女子高に通う3人の生徒、墨川節子、佐藤絵理香、島田由季子。個性の違う彼女たちが、それぞれの角度で語る高校生活。と、枠組みだけを書くと、さわやかな、あるいは甘酸っぱい青春小説が想起されるかもしれないが、全く違う。

表面的には、明るく、仲良く、楽しそうに日々を送っているように見える少女たちの、生き延びていくための必死なせめぎあいが描かれている。なめらかな筆致で念入りに切り込んでいく内面描写はスリリングで、こんなことまで考えているのかと驚くほど、ときにグロテスク。

痩身(そうしん)で勘が鋭く狡猾(こうかつ)な絵理香は、肥満体形の節子を部下のように支配し、完ぺきな美少女の由季子に対し、強い嫉妬(しっと)心を抱いている。絵理香を挟んで、由季子と節子は、互いに興味を持ちはじめる。

少女たちの独白による章立ての形を取っている小説だが、この学校の教師の妻である、40代の秋澤初美の章もある。初美の夫と息子が、彼女たちと重要なかかわりを持つためである。違う世代の感覚が入り込むことで、物語の奥行きが深まる。

生まれ落ちた家の生活環境と持って生まれた性格、容姿、才能、頭脳。さまざまな条件が、人物のキャラクターを形作っていく。しかしそれは、数式の答えのようにはっきりしたものではなく、あいまいである。他者の言動に反応し、感情という予測不可能なものに揺さぶられる。完成されていたはずのキャラクターがぶれる。焦る。彼女たちは、自分が一度固めたキャラクターを固持(こじ)しようと懸命になる。痛々しく、かつ、したたかに。

誰かのひそかな欲望によって運命がねじ曲げられることもある。支配・被支配の先にある本質的に優位な立場に立つことを、皆願う。しのぎを削る。ひりひりしてくる。ふと気付く。願いは繫がっている。羨望(せんぼう)と自己投影という、他者へ執着するチューブが、親子、友人、恋人等の関係を通して連鎖しているのだ。

関係性の認識の混乱が、とても新しい。(東直子・歌人)

(講談社・1575円)＝2010年4月22日②配信

労働と生活の真の両立促す

「働きすぎに斃れて」（熊沢誠著）

就職氷河期に大手医療機器メーカーに正規採用されたが、過労が原因とみられる病で退職に追い込まれ、転げ落ちるようにワーキングプア状態に立ち至った30代前半の女性の話を最近聞いた。

昼夜の別なく、休日もなく総合職として働いて、くも膜下出血寸前の状態となり、開頭手術を受けて1年に及ぶ療養生活を余儀なくされたという。その彼女が「みんなそうやって働いていた」とあっさり言ってのけるのを聞き、私は驚く自分が非常識で、それに彼女の常識を対置されたような気がして、戸惑った。

「サバイバー（生き延びた者）」。50件を超える過労死・過労自殺の丁寧な事例研究を積み重ねた本書を読みながら、家庭内暴力（DV）から命からがら逃げて生き延びた主に女性たちに使われるようになった、その呼称を思い浮かべた。過労死・過労自殺に追いやられた者たちのことではない。彼・彼女らはサバイブできなかった。そうではなく「ふつう」のサラリーマンたちがサバイバーに見えてきたのだ。

それくらい、本書に登場する過労死・過労自殺した者たちの「会社人間」としての働き方は「ありふれて」おり、幸いに悲劇に見舞われることなく働く者たちもまた、過労死・過労自殺のがけっぷちを生きている。

不安定雇用・低収入の若者が実家を出られず、専業主婦が暴力夫から逃れられないように、「安定した生活」を会社に押さえられている日本の労働者たちは仕事にしがみついて生きるほかない。しかも、単に「辞めたいけど辞められない」だけでなく、そこに生きがいを見いだしさえする。

著者はそれを「強制された自発性」と形容し、「『自分と家族の生活のため』と『会社の仕事のため』とを峻別（しゅんべつ）できる労働者像はいかに形成可能か」と問う。その提起は、財界が提唱する「ワーク・ライフ・バランス」とは対極の立場から、働くことと生きることの真の両立へと私たちを促している。（湯浅誠・NPO法人もやい事務局長）

（岩波書店・3360円）＝2010年4月22日③配信

心の時代に尊敬される企業

「ちっちゃいけど、世界一誇りにしたい会社」（坂本光司著）

世の中が物の時代から心の時代へと大きく変わるに従って、企業もまた変わらねばならない。本来企業の役割は、人の幸せに貢献するためにあるのだが、現実には必ずしもそうではない。とくにデフレ不況の今日は、企業存続のために利益優先でリストラも辞さない企業が結構多いのである。

心の時代に多くの人から評価され、尊敬される企業とはどのような企業だろうか。それは一言でいえば、「人を助け、幸せにし、人に喜ばれる仕事をしている」企業である。企業の規模や利益の多寡、有名であるか否かは大した問題ではない。

製品やサービス、さまざまな事業を通じて、困っている人たちを助け、社員や顧客を幸せにする企業が評価され、世間から尊敬されるのである。

本書は、そうした尊敬される8企業を取り上げて、それらの企業がなぜ評価されるのか。そこにはどんな企業の物語があるのかを分かりやすく紹介している。それらを読むと、人間の“心に響く経営”とはこのことかと、目からうろこが落ちるように気付かされる。

1坪で年商3億円超！　40年以上、早朝から行列が途切れないお店。450年以上続く老舗で、現代アートを取り入れてリピーター率が73％の旅館。心をこめてつくったワインを求め、県外から顧客が追いかけてくる酒屋。自らパーキンソン病になりながら高齢者に働く場と生きがいを提供する派遣会社…。

これらは業種も異なり、規模も小さいが、どれも「困っている人を助け、人の幸せに貢献する」企業であることは共通している。さらに注目されるのは、どの経営者も「会社は人を幸せにするためにある」との明快な志や使命感をもって経営に当たっていることだ。現実に、利益の誘惑や倒産の危機を乗り越えて、社会奉仕や貢献を優先する経営を行うことは並大抵のことではない。

これら企業はそれを実践しているところに真の値打ちがある。（野口恒・ジャーナリスト）

（ダイヤモンド社・1500円）＝2010年4月22日④配信

東北の暗闇との対話

「婆のいざない　地域学へ」（赤坂憲雄著）

「おれは河童（かっぱ）を見たことがある。若いころのことだ。夕方だったよ。裏の畑に、河童が立っていたんだ。河童はキュウリをくわえて、パンツ一丁だったな。うん、あれは、隣のアンチャだった」

東北にやってきた東京育ちの著者は、ガツンとそういう言葉にぶつかる。

そこから東北の暗闇との対話が始まる。それはロゴス（論理）とエートス（生活感）の渾然（こんぜん）一体とした対話でもあった。

本書は著者の肉声で行われた講演原稿に、著者自身が手を入れて成立している。つまり、身体を一度通過した論理である。

都会には真の意味での暗闇はない。つまり、人もその一部である自然、それに対する畏（おそ）れをあらかじめ排除するシステムしかないのだ。

私は一人の年老いた女性がいれば、そこに文化があるのだと強く思っている。

彼女には豊かな話し言葉があり、生活の知恵があり、昔語りがある。それが文化でなくて一体何だろう。

村に生まれて、そこに暮らし、一度も村から出ないで死に、市町村合併で村の斎場がなくなって、はじめて隣町へ行って焼かれた年老いた女性を知っている。

その女性は不幸だったのだろうか。私はそうは思わない。他者の多様性を認めることが人間の価値だからである。

そして、著者の東北へのまなざしもまた多様性への寛容に向けられる。「聞き書き」という著者のフィールドワークは、わからないものをそのままで理解しようという、近代科学が切り捨てた部分を補ってあまりある。

地域を都市の目線で解釈することをやめ、そのまま受け入れようとする時、はじめて東北は著者の前に豊かな姿を現す。

河童はいるのである。闇はあるのである。近代を否定する強度を東北は持つのである。

そして、東北学は「中心」と「周縁」という理路を越え、いくつもの「中心」へと向かい、新たな地域学の地平へと向き合おうとしている。（長谷川孝治・劇作家、演出家）

（柏書房・2625円）＝2010年4月22日⑤配信

日常の根本問題を考え抜く

「わかりやすいはわかりにくい？」（鷲田清一著）

生きることの意味について語り出しながら、意味を求めることそのものに疑問を差し向ける。開巻まもなく本書の道行きはねじまがり、読者を言葉の森の中で立ちすくませる。だがそのようにして、わかりやすい物語に飛びつく現代人の風潮を戒め、「問題が自分のなかで立体的に見えてくるまでいわば潜水しつづける」ような思考へと読者を誘うこと、それこそが著者の狙いなのだ。

たとえば、ひとの心は見えないという。ならば誰かの「胸の内」が伝わってきて自分の胸が痛む、あの切実な経験はどうなるのか。実は心は見えるのではないか―。あるいは、コミュニケーションとは何だろう。大切なのは情報の伝達、意見の共有ではない。誰かが「話そうとして話しきれないその疼（うず）きを聴く」姿勢にこそその本質があるのだ―。こんなふうに、さまざまなテーマをめぐって、著者は「これまでとは違う地点」からの考察を実践してみせる。

誰もが日常生活でぶつかる根本的な問題を、自らの言葉で考える方法を探る、そのような〈臨床哲学〉入門として、本書は万人に開かれている。だが、著者がラジオ講座向けに書いたテキスト「シニアのための哲学」を基にした本書の本来の名あて人はやはり、自らの老いの現実に戸惑いつつある年代の、あえて言えば男性であると思う。

定年後の夫と専業主婦の妻がすでに「すっかり別の時間のなかにいる」というやるせない事実を、それに気づかない夫にいら立つ妻の視点から写し取る筆致は的確だ。ただし男たちを切り捨てるのではなく、妻とのすれちがいへの想像力をもつべきだと諭すのである。

ではどうすればよいか、というマニュアル的処方せんは本書に書かれていない。そこで、やはり答えなどないのだという別のわかりやすい答えに飛びつくか、それとも著者の挑発に応じて、粘り強く考え続けるか。読者の次なる一歩をじっと見つめるかのような怖さを秘めた本である。（加藤秀一・明治学院大教授）

（ちくま新書・714円）＝2010年4月22日⑥配信

現代文明への冷静な異議

「地上の見知らぬ少年」（J・M・G・ル・クレジオ著、鈴木雅生訳）

あるときは海を前にして、あるときは樹木に囲まれて、またあるときは光のみなぎる空間のなかで、魂を喜びで震わせ、生命の充実を感じる「少年」がいる。

小さな鳥や昆虫、ありふれた岩や石をじっと見つめていても、彼は同じ状態につつまれる。なぜそんなことが可能になるのか。特別な秘術があるわけではない。ただただ、「少年」が世界と、あるいは自然のなかに現存する〝もの〟と、直接に、無心に、触れようとするからである。

長い散文詩とでも呼びたくなるようなこの本は、そういう「少年」の喜びと充実の経験を綴（つづ）ってゆく。そこには、透明で静かな緊張感がある。同じような記述が繰りかえされるにもかかわらず、反復とか停滞がまったく感じられないのは、詩的な散文の緊張感が持続するからである（それには明晰（めいせき）さを失わない訳文の効果も、大きく作用している）。

初期の作品を書いている頃（ころ）から、ル・クレジオは「物質的恍惚（こうこつ）」と名づけた考えかたを手放そうとしなかった。〝もの〟との触れあいから湧（わ）きあがる悦楽の感覚。「少年」の経験はそこにつながっているが、ずっとふかく研ぎすまされ、格段に大きくひろがっている。

だが、「物質的恍惚」が現代の都市文明の息苦しさから抜けだす出口であったという事実が、消えさってしまっているわけではない。その証拠に、「少年」は「自分が何から逃れているか」を知っている。「見たこともない高層ビルの群れ」から遠ざかること…。

大事なのは、文明に汚染される前に、この「少年」のような無垢（むく）な魂を育てることなのではないか。作者はそう訴えているように聞こえる。誰の心のなかにも潜んでいるはずのその無垢な魂をめざめさせない限り、現代の文明の巨大な風圧は防ぎようがないのだから、と。これはそういう形で現代文明にたいして、異議と批判を冷静に申し立てる書なのである。（菅野昭正・文芸評論家）

（河出書房新社・2940円）＝2010年4月28日①配信

新機軸の日本人論小説

「コロヨシ!!」（三崎亜記著）

新世紀を迎えてもなお、核による抑止力が世界平和を意味し続ける矛盾に満ちた世界。その根本を撃つのに、正攻法ではなくあえてゲリラ的戦法を採るのが、不条理や疑似イベント、ブラックユーモアを身上とするメタ小説（虚構の本質や約束事を問い直す小説すなわちメタフィクション）の伝統であり、三崎亜記はその最も若い正嫡（せいちゃく）である。

はたして彼の最新長編小説「コロヨシ‼」もまた、掃除をスポーツ競技とする明るく楽しい学園青春小説のいでたちで、主人公である「西州」の公立高校2年生・藤代樹が、「居留地」から来た1年生の謎の美少女・高倉偲とともに掃除の国技化を懸けた全国大会出場にこぎ着けるという一風変わった設定のうちに、現在日本への本質的批評を孕（はら）む。

本書における掃除は大陸の大国「西域」が起源で、交易地たる「居留地」を経て「この国」に伝播（でんぱ）し、「近世に三百年近く続いた閉鎖政策」によっていつしか「動きの美しさや技術を競う競技」と化した。しかし、「四十年前の戦争後の統治政策」つまり「戦後十年の間、この国を統治した暫定統治機構」の再構築により、徹底して統制されてきたという。

本書の掃除はあたかもオリンピックのフィギュアスケートのごとく華麗に描き出されるが、その背後には近現代日本の形成途上で天皇制がアメリカ的民主制に接ぎ木され、本書最大のテーマ「自由と不自由の逆説」を生き延びてきた歴史への洞察がある。

かつて米作家デイヴィッド・プリルは傑作ブラックユーモア小説「葬儀よ、永久につづけ」において、葬儀ビジネスを野球並みのスポーツ競技に見立て、アメリカ的高度資本主義を皮肉った。いっぽう、三崎亜記の新世紀の文学は掃除というスポーツを設定することで、現在日本が克服していかねばならない精神的矛盾に肉薄してみせた。怪作の風貌（ふうぼう）のうちにごく正統的な風刺精神を孕む、これはまったく新機軸の日本人論小説だ。（巽孝之・慶応大教授）

（角川書店・1680円）＝2010年4月28日②配信

多様さ伝える楽しげな労作

「ジャズ喫茶論」（マイク・モラスキー著）

自転車で高校へと通学する途中の国道沿いに、話によるとぼくの父の学生時分に開店した「車門（しゃもん）」という名のジャズ喫茶があった。朝はいつも、いかにも頑健そうなシャッターが下りているその店の入り口まで、放課後ひとりで何度か行ってみたことはあるのだけれど、結局一度も中には入らなかった。

アメリカ人が日本語で書いた初めての本格的な「日本のジャズ文化」論として大きな話題を呼んだ「戦後日本のジャズ文化」（青土社）の発表から5年。マイクのモラさんは、占領文学としてのジャズ小説からアングラ映画まで、戦後の日本のサブカルチャーにおけるジャズの影響を縦横に語ったこの本の中でも、恐らく最もコアなジャズファンを挑発したであろう彼の「ジャズ喫茶」論をさらに深めるために、日本各地のジャズ喫茶を1年以上旅して回り、ここにあらためて一冊の「ジャズ喫茶論」を上梓（じょうし）した。

日本にしか存在しない文化的空間である「ジャズ喫茶」について、著者はその成立を本場との（つまり、アメリカとの）「欠如・距離感・希少性」によって説明する。この本質論は当然指摘しておくべきものではあるだろうが、読後に感じるのはむしろ、豊富なフィールドワークから立ち上がってくるそれぞれに個性的な各地のジャズ喫茶のたたずまいの自由さであり、まだまだ日本にもこのように多様な「小さな公共空間」が存在しているということを知った歓（よろこ）びである。

楽しげな労作とでも言うべき本書を読みながらぼくが考えたのは、日本においては「ジャズ」だけではなく、おそらく「喫茶店」という空間そのものが特殊な文化的役割を果たしていた時代があったのだろう、ということだ。「日本の喫茶店文化」というさらに大きなくくりへの試行を、この本は促している。

著者の取材時にはもう存在していなかったのだろう、「車門」のエピソードはここには載っていなかった。ちょっと残念。（大谷能生・音楽家、批評家）

（筑摩書房・2730円）＝2010年4月28日④配信

打ち砕かれる思慕や建前

「ヤノマミ」（国分拓著）

ヤノマミ族は、アマゾン奥地の森で文明と一線を画して生きている。本書は、テレビディレクターの著者が、番組制作のために彼らと暮らした150日のルポだ。

深い森がさまざまな横顔を持つのと同じく、この本もページをめくるたびに表情を変えていく。当初の味わいは大人のメルヘンというべきか。「緑の悪魔」の異名を持つジャングルにはモルフォと呼ばれる美しいチョウが舞い、ジャガーがうごめく。直径60メートルという巨大なシャボノ（家）、半裸の男女、おおらかな性、狩猟と焼き畑、精霊と語るシャーマン、祭り…読者を夢世界へ誘うおぜん立ては整っている。

読者は、1万年も前から独自の文化と風習を守り続けるヤノマミの雄大な叙事詩に耳を傾け、大アマゾンに遊ぶ。彼らの自然への畏怖（いふ）、50以上もある雨の呼称、光と闇のおりなす複雑かつ鮮明な陰影などが、豊かなおもむきへと昇華していく。

彼らが直面する、現代人との接触で生じた文明への依存と憎悪の問題は、いくつかの面で環境問題と重なる。

だが、私たちが勝手に抱く甘美な思慕、あるいはエコロジカルな建前は、ほかならぬヤノマミによって打ち砕かれてしまう。何しろヤノマミとは「人」を意味するのに、著者は「ナプ」つまり「人間以下の者」でしかない。自然と共生する彼らにとって、文明人は異物なのだ。

本書の最も衝撃的なシーンは、両者の溝の深さを浮きぼりにする。ヤノマミの女は、出産直後にわが子を育てるか、精霊のもとへ帰すかを決める。後者を選んだ女は―。ここで突きつけられた生と死は、感傷や倫理を突き抜け荘厳ですらある。著者は足ばかりか精神の奥まで震わせ立ち尽くす。

ナプはヤノマミとの壁を乗り越えるべきなのか。読者も一緒に悩まざるをえないし、各人が著者の決断をどう受け止めるのか興味深い。その意味で、本書は人としての生き方を問う啓発書でもある。（増田晶文・作家）

（NHK出版・1785円）＝2010年4月28日⑤配信

這うように、したたかに

「団地の女学生」（伏見憲明著）

憎しみ、恨み、ねたみ、ひがみ、おもねり、強がり…およそ考えられるゆがんだ情念がページにのたうち回っている。

うう、醜い！　浅ましい！　でも心騒いで目が離せない。表題作と併録の「爪を噛む女」の世界に頭から引きずり込まれた。

かつて小劇団の女優として芸能界を目指しながら、今は訪問ヘルパーとして老人の世話をする主人公美弥の心はささくれ立っている。さえない女友達が歌手としてスターダムに駆け上る姿を、38歳の今日まで嫉妬（しっと）と羨望（せんぼう）に身もだえしながら眺め暮らしてきたのだ。

人気にかげりが出てきた幼なじみが突然コンタクトを求めてきた。スターを前にグロテスクな思いと打算が渦巻く。不公正な世をのろって美弥は誓う。人生に光明を得られなかった者の代弁者として、この女の転落するさまを見届けてやるー。

1990年代からゲイ解放運動の論客として弱者の痛みと心の飢えに向き合ってきた著者は、日陰に生きる者のねじれた自意識を残酷なほど鮮やかに描き出す。初の小説「魔女の息子」で文芸賞を受賞してから7年。舞台に選んだのは2作とも、首都圏にある解体前のマンモス団地だった。

ひび割れたコンクリの箱の中で過去の名声を抱いて生きる老人や、うば捨て状態でも恬淡（てんたん）と暮らす老婦人。どんな成功も挫折も、この団地のように時とともに朽ち果てて、やがては忘れ去られるのだと美弥は知る。

そして「すべてを受け入れる」という諦念（ていねん）を反転させて、「矛盾も理不尽も不公平も悪意もなにもかも」のみ込んで、「いつかそれを今生へのテロで爆発させてやる」とあがき続けるのだ。

人間ってやっぱり醜い、浅ましい。どんな毒を隠し持っているか分からない。でも、だから面白くていとおしい。私たちはそうして這（は）うように、この黄昏（たそがれ）の時代をしたたかに生き延びるしかないでしょ？　この世のすべての美弥に送る著者のエールが聞こえてきそうだ。（片岡義博・ライター）

（集英社・1260円）＝2010年4月28日⑥配信

自分の立ち位置を模索

「この世は二人組ではできあがらない」（山崎ナオコーラ著）

文芸賞受賞作「人のセックスを笑うな」でデビューしてから6年。恋愛小説を中心に描いて来た著者の新刊は、「素朴な社会派小説」だ。

主人公の栞は、働きながら小説家を目指している。小説を書くためには社会的な常識を身につけなくてはと、新卒で採用された会社の新人研修を受けてみたものの、どうしても気が乗らずに、入社を辞退してしまう。その後は書店のアルバイトを経て、現在は出版社の契約社員だ。

栞はサークルの先輩である紙川が暮らすたまプラーザのアパートでなし崩し的に同棲（どうせい）を始める。当初はそれなりに保たれていた二人の関係が、紙川がフリーターのような暮らしに見切りをつけ、公務員になろうと決心したあたりから、緩やかに変化していく。

と、こう書いてしまうと、栞と紙川の恋愛模様を描いた小説のように思われるかもしれないが、そうではない。二人の恋愛模様というよりも、二人の関係を通して、男と女の、ひいては自分という存在と社会との〝立ち位置〟のようなものを模索する栞の姿を描いたのが本書なのだ。

女が男と恋愛したり、一緒に暮らしたりすることは、「二人組」として括（くく）られてしまうことなのか。だとしたら、それは何故なのか。そんな問いかけを、栞は繰り返し繰り返し問い続ける。金銭的にも、精神的にも、自律した一人の人間であるのに、恋愛関係においては、どうして「個」ではなく「組」になってしまうのか。

生硬だがひたむきな栞の問いかけは、読み手の胸にひたひたと迫って来る。この世を「二人組」で満たして来た社会に対して、そのことを疑問に思わず受け入れて来たことに対して、著者が投げ入れた小石の波紋が、ざわざわと読み手の胸を波立たせるのだ。物語のラスト、「もっとゆるやかな線でたくさんの人と繫（つな）がりたい。」と願う栞の姿が、凛々（りり）しい。（吉田伸子・書評家）

（新潮社・1365円）＝2010年5月6日①配信

神話と文芸を素材に論考

「日本の文化構造」（中西進著）

熱海、南紀、宮崎…。かつて新婚旅行は「南」をめざした。だが失恋は、人を「北」に誘う。男と別れて「連絡船に乗」った女が眺めたのは「津軽海峡冬景色」だった。

このことは「国土」の特質を雄弁に物語る。中心を占める「都性と一体」の「南」は「派手・華やぎ、温暖」を、「北」は「貧弱・寒冷」に由来する「冷え・やせ・寂（さ）び」の特質を露（あら）わにしてきた。とくに16、17世紀、上方に対し北の資質をはらむ東国の成立以後、緊張を秘めた相互関係が列島の文化風土を形成する。

ただ、それ以前にも日本には特有の「様式」が兆していた。複数の人のやりとりによって成立する「連句の付合いの呼吸」、詩歌には頻出するが物語では姿を消す「私」、「『無』に質量を与える『もののあわれ』」、人文科学と自然科学の垣根をも容易に越えてしまいそうな「色即是空」の中の「即」のイメージ、などだ。

ついで議論は、より根源的な「自然」との関係に進む。そこから「自然によって薫育（くんいく）された古代人の全地球的に普遍的な心の風景」が見えてくる。北欧の叙事詩やエデンの園、中国の「山海経」などに登場する「世界樹」に比せられる伊勢神宮の「心の御柱」、蚕と馬の神様「おしら様」、都市の揺籃（ようらん）としての汽水域と干潟などだ。自然は「法律といっていいほど」の役割を果たしつつ強固な「文化システム」を創出するのだという。

その上で本書は、仏教と律令（りつりょう）の受容に伴う国家形成、上方と東国という二極構造の成立、明治維新と文明開化といった画期を超えて今日に至る「日本の文化構造」を論じる。それは「総合」でも「統合」でもない「水のようにしなやかな調和」の日本文化を、神話と文芸を実証の素材としながら考察する希有（けう）な歴史社会学となっている。

仕事が減って生きていくのが困難な現代都市の問題を克服するヒントが、そこには隠されているかもしれない。（高田公理・仏教大教授）

（岩波書店・3780円）＝2010年5月6日②配信

時宜にかなった労作

「裁判百年史ものがたり」（夏樹静子著）

1891年の「ロシア皇太子襲撃、大津事件」から、2008年にスタートした被害者参加制度を扱った「被害者の求刑」まで、12回にわたって雑誌連載された法廷ドラマを通読して感じ入るのは、大変な労作だということだ。

09年5月から裁判員制度が導入され、日本中が注目しているけれども、戦前に実施された陪審裁判については、統計が報じられるぐらいである。しかし、著者は資料の山に取り組み、第3回「昭和の陪審裁判」で、主婦の放火事件（東京・馬込）を紹介している。

12人の陪審員と2人の補充員の職業は、酒屋、絵具商、こんにゃく屋、乾物屋、そば屋、洋傘製造業、医療機器販売、会社員、農業、元軍人など。女性には資格がなく、一定以上の国税を納めた者から選ばれ、互選された退役大佐が陪審長を務め、「無罪」を答申したという。

第8回「八海（やかい）事件、三度の死刑判決」では、職業裁判官への怒りがふつふつと込み上げる。こんなことがまかり通り、怪しまれなかった。職業裁判官が事実認定にかかわらない陪審裁判こそ復活しなかったが、市民と裁判官が合議する裁判員制度の導入は「司法に国民の健全な社会常識を反映させる」という点で、歴史の必然なのである。

著者は「はじめに」で、裁判員制度のスタートを大改革と評価し、「それでふと、日本の裁判はこれまでどんなふうに行われてきたのだろうかと考えた」と明かしている。こうして12のケースに焦点を当てたのであり、第9回「悲しみの尊属殺人」、第11回「離婚裁判、運命の一日」は、女性ならではの視点だろう。

第7回「チャタレイ夫人の衝撃」は、冒頭の引用文を読んで胸が躍るけれども、「これがわいせつと断罪されたのか」と、苦笑せざるを得ない。

制度のスタートから1年、裁判員制度の行方を予測する資料も出回っているが、性急に論じるのはよろしくない。そんなことよりも、刑事裁判の歴史をじっくり振り返るべきで、まさに本書は、時宜にかなったものと言える。（佐木隆三・ノンフィクション作家）

（文芸春秋・1995円）＝2010年5月6日③配信

社会像を大きく変える世代　「ネオ・デジタルネイティブの誕生」(橋元良明ほか著)

ネオ・デジタルネイティブとは、ものごころついた時には、あたりまえのように携帯電話からインターネットにアクセスしていた世代のこと。その特性は、1986年ごろに生まれた世代から現れ始め、96年ごろに生まれた世代から顕在化しつつあるとされる。中核は現在のティーン世代にあたる。

この世代は、パソコンでインターネットを体験し始めた世代とも異なるという。パソコンよりも携帯電話は、はるかに「いつでもどこでも」使える装置だからだ。インターネットが身体化していると言っても過言ではない。

最も興味深い指摘は、この世代の社会一般への信頼の高さだ。日本の社会の特性は、会社などの小さな共同体の中に安住するあまり、ヨソ者に対してどこかよそよそしく冷淡なことだとされてきた。若い世代は、そういう小さな共同体への帰属意識が低い半面、社会一般を信頼する傾向が強い。「ほとんどの人は信頼できる」とする率は60代が30%強であるのに対し、10代では45%を超える。インターネットで見ず知らずの人とごく自然にコミュニケーションする経験がもたらした特性であることをうかがわせる。

インターネットがもたらす情報環境は世界共通のものだが、それが社会に与える影響は日本において特に顕著であることが考えられる。タコツボに例えられる日本の社会だけに、ネオ・デジタルネイティブの登場は、その社会像を大きく変化させる。われわれの体に染みついた了見の狭さを卒業できる日も、あるいは近いのかもしれない。

めまぐるしく変化していく若者文化を見ていると、その変化に目を奪われ、若者全体が一様な特性をもっているように考えがちだ。だが、当然のことながら若者は決して一様ではない。今回の試みは、通時的な構造(時系列的な変化)の分析だが、あわせて今後、共時的な構造(同一世代内の差異)の分析にも期待したい。(岩間夏樹・社会学者)

(ダイヤモンド社・1575円)=2010年5月6日④配信

「未知なるもの」の探求　「異邦の香り」(野崎歓著)

ジェラール・ド・ネルヴァルは、ユゴーやラマルチーヌら「大ロマン派」世代に続く「小ロマン派」のひとりとして活動した19世紀フランスの作家で、プルーストやブルトンから、象徴主義やシュルレアリスムの先駆者として称賛された。日本でも2度にわたって全集が出ている。

そんなネルヴァルの魅力を分析し、現代日本であらためてその価値を問い直すにあたって、著者は「東方紀行」を取り上げる。それは迷宮的な東方への旅、女性探求の幻想の記録であり、ある意味とても大胆な選択だ。

現代でもオリエンタリズムは帝国主義的な視点から非西洋を見下すものとして批判され、文学研究でもフェミニズムが盛んだからだ。著者は、ネルヴァルは差別的な視線からはあくまで自由であることを示す。しかもそれは、単なる事実への洞察を超えて、あらゆる事象の中に未知なるものを見いだす独創的な視線と思考によっている。

「東方紀行」は、ネルヴァル自身の行ったウィーン旅行とオリエント旅行に基づいているが、ヨーロッパの旅でも話者は既に幻想を語り、異邦への心象と想念を感じる。また「東方紀行」には話者自身の旅ばかりでなく、東方幻想に彩られたさまざまな旅の物語、書物や歴史や神話伝説への旅を作中に取り込み、重層的な「未知なるもの」の探求が形成される。

本書で著者は、ネルヴァルがオリエンタリズムの紋切り型に陥ることなく、東方探求をなし得た偉業に倣(なら)い、西洋幻想にとらわれることなく、フランス文学という異なる文化を横断し、差異を乗り越え、共感豊かな探求を描き出した。

その意味でネルヴァルと著者の精神はぴったりと重なっている。それは両者が共に、真の探求とは既知のイメージを確認するのではなく、真に未知なるものとしての自己探求にほかならないことを了解しているからだろう。(長山靖生・評論家)

(講談社・2940円)=2010年5月6日⑤配信

面白く読める巨大な伝記 「スターリン　赤い皇帝と廷臣たち（上・下）」（サイモン・セバーグ・モンテフィオーリ著、染谷徹訳）

異様な人物についての途方もない本だ。「異様」というのは、本書の主人公スターリンのこと。グルジアの寒村に、貧しい靴職人の息子として生まれた彼がやがてソ連という巨大な国の独裁的権力を握り、平然と何千万もの人々を恐怖政治の犠牲に追いやった。一般に流布しているのは、極悪非道のモンスターというものだろう。

「途方もない本」というのは、その人物に関する恐ろしく巨大な伝記であって、邦訳で詳しい出典注も含めると上下巻あわせて1300ページもあるというのに、まるで猟奇小説か探偵小説のようにすらすら面白く読めるからである。

スターリン伝としては、比較的最近書かれたものだけ見ても、ロシアの人気歴史小説家ラジンスキーによるものや、オックスフォード大学教授のサーヴィスによるものがあるし、わが国では亀山郁夫氏が、芸術家との複雑な関係に焦点を絞った「大審問官スターリン」という本を書いている。これ以上何を付け加えることがあるのだろうか？

ところが実際、手にとって読み始めれば、驚きの連続だ。スターリンと彼を取り巻くソ連の権力者たちの秘密の私生活と政治のただれた関係が―セックスや酒の乱れから、異様な精神構造にいたるまで（時に週刊誌のゴシップ記事のような克明さで）―まるで「見てきたように」描かれているからである。その背後には、未公開文書の周到な読解や多くの関係者への聞き取り調査がある。

ただし、これでもやはり20世紀ロシア史の最大の謎は解決されない。独裁者たちがこういう異様な人々であったとしても、どうして国全体が彼らに支配され、未曾有の悲劇を経験せざるを得なくなったのだろうか？

その疑問に答えようと努力するのが歴史学者の仕事だとすれば、本書の著者はむしろ歴史小説家なのだろう。その筆力には脱帽せざるを得ないが、これでソ連の複雑な歴史がわかったとも言えないのが、困ったところである。（沼野充義・東大教授）

（白水社・上4410円、下4830円）＝2010年5月6日⑥配信

失ってしまった人を想う 「Railway Stories」（大崎善生著）

札幌から小樽へと向かう列車は、右手の車窓に海を見ながら進む。私の記憶の中では、いつもどんよりと雲の垂れこめた空だ。線路近くまで海岸は近寄り、石や砂を洗って、波は車体のすぐ下まで打ち寄せる。銭函や朝里など、途中下車した、見知った駅が沿線にはいくつもあるのだ。

というように、個人的な感慨を記したくなるのも、この〝レールウェイ〟にまつわる短編小説集が、個人の心の底に沈んだ記憶や過去を、現在の時点で喚起するという、一貫した構造を持っているからだ。

小樽―札幌の鉄路の想（おも）い出は、「夏の雫」に登場する。学校で飼っているクラゲの水換えのため、小樽の海岸まで海水を汲（く）みにゆく中学生たち。〈僕〉は同じ生物部の女の子の頼みで、駅に水運びの手伝いにゆく。しかし、小樽の駅に彼女はいない。あわてて舞い戻った札幌の駅にも、もう彼女の姿はなかった。

誰でも、青春の日々に、こうした“すれ違い”のような、人と別れた駅の想い出があるはずだ。痛切で、哀切でありながら、どこか甘美な想い出は、車窓の風景と、規則的な車輪の音と、列車内の少し乾いた、さわやかな空気とともによみがえってくる。

ちょうど十編が収められたこの作品集は、人との出会いと別れとを描いているが、なかでも、自分の部屋でわずか数日間、ともに暮らしたスウィニーとの遭遇と別離は、大きな喪失感をもたらす（「さようなら、僕のスウィニー」）。だが、そうした喪失や絶望さえも、若い日々には甘美であり、列車に乗れば、旅愁の中でそれは癒やされ、慰められたものだった。

今年の冬、父を亡くした。葬儀を終え、琴似の駅で新千歳空港行きの列車を待った。いつか、この沿線の駅で、こんなふうに失ってしまった人を想っていたことがあったような気がした。汽車に乗り、雪原や疎林を両側の窓に見ても、私の心は少しも慰められなかった。（川村湊・文芸評論家）

（ポプラ社・1470円）＝2010年5月13日①配信

個人と東洋重んじた文学者

「漱石と朝鮮」(金正勲著)

漱石が高尚で無垢(むく)とされる文化のとりでから近代日本の現実の場に放たれたのはいつからのことだったか。漱石の深刻な文明批評はこれまで日本の知識人の大きな指標となってきたが、「日本植民地主義」という要素は、漱石に新たな相貌(そうぼう)を与えることになった。

むろんこの分析軸は「文化」というものにも「文明批評」というものにも根本的な見直しを求めることになったし、それとともに、論者の植民地主義への批判意識のレベルも明らかにせざるを得ない。これは植民地化を進めた国出身の論者だけが問われるわけではない。被植民地国出身の論者にとっても厳しい課題となって問われることになる。

金正勲著「漱石と朝鮮」は、このことに正面から向き合おうとした著作である。漱石の小説・評論・講演、とりわけ「私的な世界」がつづられる日記での叙述に着目しながら、日本の帝国主義的膨張と拮抗(きっこう)する表現を丹念に拾う。漱石を「個人の自由」と「東洋的価値」を重んじる文学者として描き、その人種差別的な言葉によってしばしば批判される「満韓ところどころ」における漱石の救済を試みる。

また、伊藤博文暗殺事件や大逆事件に対する漱石の関心のありどころを論じ、朝鮮への深い同情を特記する。一昨年見いだされた満州での講演記録「物の関係と三様の人間」の解説も有益である。最終章の「漱石は韓国でどう読まれているか」、付録の「韓国の漱石文献紹介」も興味深い。

ただ、明瞭(めいりょう)な植民地主義的言説と被植民地国人への共感とがなぜ共存し得るのかということへの問題化が必要ではなかったか。植民地主義的意識も反植民地主義的意識も明らかな言説の中だけにあるのではない。言説のずっと手前で働く無意識の慣習や感情のレベルの分析が植民地主義を論ずるには必要と思う。

「満韓ところどころ」に日本帝国主義の現実が風景としてでも描かれていないのは何故かという疑問もそこにつながるだろう。(林淑美・日本近代文学・思想研究者)

(中央大学出版部・1890円)＝2010年5月13日②配信

広大無辺な料理の物語

「火の賜物」(リチャード・ランガム著、依田卓巳訳)

われわれはいかにして人間となったのか?　この生物学的にも哲学的にも社会学的にも、いかようにも発せられる問いに対し、著者は自らの専門分野である生物人類学という立場からユニークな考察を導き出した。

それは、かのダーウィンの進化論が見逃した、ヒトの進化と火の関係である。この地球上で唯一、燃えさかる火を操ることができる霊長類は人間だけだが、その火を用いた料理が人間の身体機能から社会生活にいたるまで、有史以来いかに大きな影響を及ぼしてきたのか。料理が始まったあとは、火のまわりに集い、労働を共有するようになった。

「料理と体」「料理と結婚」「料理と旅」など縦横無尽に語られる全8章を読み進むにつれ、生物人類学という学問が受け持つフィールドワークの壮大さに驚かされる。

著者は、私たちの祖先である猿人類の歯や内臓についても、あるいはオーストラリアの先住民アボリジニの独身男性の悲哀についても、さらには狩猟と採集の違いに端を発したとも思われる男女の役割分担についても、火と調理という主題からは常に離れぬままに語ってみせるのである。

それは歴史を縦糸、地理を横糸として繰り広げられる、人類がいかに食べてきたか、つまりは、いかに生き抜いてきたかの広大無辺な物語だ。

料理を始める以前、私たちの祖先の自由時間は、今と比べるとはるかに少なかったと著者は語る。生で食べるしかない、消化効率の悪い食べ物を採集しながらさまよう日々の果てに、人類は火による料理法を手にいれ、それこそがヒトを解放し、共同体も結婚制度も生み出したのだという。

だが、人類を解放したはずの料理が、同時に女性たちの解放を阻むものにもなっているという「世界的な皮肉」を、むろん、著者は見逃してはいない。この矛盾がどう追われていくのかも、本書のひとつの読みどころである。(藤田千恵子・フリーライター)

(NTT出版・2520円)＝2010年5月13日③配信

「他者」と和し、抗う物語　「やすらい花」（古井由吉著）

古井由吉は、現今、最上の日本語の遣い手だ。きょうまでその筆の力のほどにふれて畏（おそ）れと歓（よろこ）びをおぼえてきた。

さて、このたびの一集は八つの短編からなる。まず最初の一編「やすみしほどを」だが、のっけから読者は常ならぬ事態に立ちあうのだ。作者とおぼしい病床にある「私」が、手持ちぶさた、ふっと連歌の独吟に手を染めだす。

はじめは次から次へと浮かぶ句を「妙な物」といぶかる。だがそのうち本腰を入れて独吟に励んでいるのだ。すると散文と韻文がその持ち分を生かして浸透し共鳴しあう。このような遊びから別の小説が生まれる機があるかもと。そこで思うのだ。そもそも独吟はいかに可能だったか。

「（古人は）われわれほどには個人でない。内に大勢の他者を、死者生者もひとつに、住まわせている」。だからそれら「他者」たちが座に連なれば可能となるはずだ。この示唆から「私」は「他者」たちと、ときに和し、ときに抗（あらがい）い、しつつ物語を紡ぐ方途とする。これはこの一編のみならず、それぞれに趣向をたがえる八編、ぜんたいに一貫するものだ。

「他者」は、多様だ。二作目の「生垣の女たち」。ここでは、ある男の四十数年前の同棲（どうせい）と、家主だった老人の死をめぐる回想だが、両人に絡む老若二人の女性。以下、「朝の虹」では、入水自殺した学生時代の友と、その死を報告した連れと。「涼風」では、突然死する老人と、若い謎の女と。さらには最後に収める表題作「やすらい花」。ここでは、田植歌、夜須禮（やすらい）歌を「唄（うた）い出して声が揚がると、女たちが皆、同じ顔になる」という幻の女人の群れ。

あたかも古代ギリシャ演劇のコロス（合唱歌）、さながら「私」と「他者」が騒ぎつのる、うちにまんまと読者は惑乱の断崖（だんがい）へ宙吊（ちゅうづ）りにされている。いやこの筆の力はどうだ！（正津勉・詩人）

（新潮社・1680円）＝2010年5月13日④配信

揺れ動く時代に浮かぶ情念　「オランダ宿の娘」（葉室麟著）

ドイツ人の医師・博物学者のシーボルトは、文政6（1823）年にオランダ商館医として長崎に着任し、鳴滝塾を開いて日本の洋学の発展に大きく貢献した。だが、5年後の帰国の際に日本地図など禁制品の持ち出しが発覚し、国外追放となった。このシーボルト事件で、門下生や関係者の多数が処罰された。

本書は、江戸と長崎を舞台にこの事件の謎を3部構成でたどった書き下ろし長編。オランダ宿とは、江戸参府のオランダ商館長一行が滞在した定宿のことである。

物語はシーボルト事件の6年前に始まる。江戸のオランダ宿・長崎屋の姉妹、15歳のるんと13歳の美鶴を軸に、間宮林蔵や遠山の金さんなど虚実とりまぜた人物たちがからんで展開されていく。

文政5年3月、長崎屋に滞在したカピタン一行の中に碧眼（へきがん）の少年武士・道富丈吉がいた。長崎屋には、父親が長崎のオランダ通詞だった沢駒次郎と京のオランダ宿の三男坊・沢之助がいた。この3人の若者たちに長崎屋の姉妹が、長崎唐人屋敷の頭目・鄭十官一味の密貿易組織・海蛇と石州浜田の回船問屋会津屋が仕組む抜け荷と南蛮渡来の秘薬をめぐる陰謀に巻き込まれ、シーボルト事件とかかわることとなる。

長崎に戻って鄭一味を探索していた丈吉は、何者かに殺されてしまう。一方、文政9年3月にオランダ商館長と江戸に参府したシーボルトは、蝦夷地探検の最上徳内や間宮林蔵、天文方の高橋景保らに日本に関する資料を求める。そんな中で一行の大通詞が殺され、幕府隠密であった間宮林蔵が、暗い陰を帯びて登場してくる。

不吉な事件を予知する美鶴の不思議な能力、駒次郎に恋したるんの微妙な女心と、主人公格の姉妹の存在が物語に彩りを添える。オランダ製の顕微鏡で雪の結晶を見たるんは、人間も「外から見ただけでは真の心を読み取ることはできない」と思う。

揺れ動く時代を生きた姉妹たちの熱い情念を浮かび上がらせた本作には、著者の熱いメッセージをうかがうことができる。（清原康正・文芸評論家）

（早川書房・1680円）＝2010年5月13日⑤配信

科学的知見の貢献示す 「『ジャパン』はなぜ負けるのか」（サイモン・クーパー、ステファン・シマンスキー著、森田浩之訳）

プロスポーツは実力の世界だ。選手やチームの力は冷酷なまでに数字に表れる。となれば、それはデータの宝庫であり、科学的研究の恰好（かっこう）の対象である。ファンが始めた野球の統計的研究「セイバーメトリクス」はメジャーに革命をもたらし、学界でもスポーツ経済学は成長分野となった。

サッカージャーナリストとスポーツ経済学者がものした本書は、経済学を中心とした科学的知見がスポーツそして文化としてのサッカーに貢献しうることを力強く示す。

日本にとって興味深いのは、「日本チームはワールドカップ（W杯）で勝てるのか？」だろう。著者たちの答えは極めて肯定的だ。実は、一国のサッカーの強さは、人口と国内総生産（GDP）、対外試合の経験によっておおむね決まってしまうというのだ。日本は1億人以上の人口を抱え、世界有数のGDPを誇る。加えて世界を舞台とした試合経験も着々と重ねているのだから、強くならないわけがない。

ただし著者たちによれば、目下の日本は「人口・所得・経験」という三大要因から予想されるほどの成績を上げてはいない。なぜか？ 「日本的サッカー文化」のせいではない。そんなものはその気になれば変えられる。そうではなく、日本的サッカー文化を変革して世界水準のサッカー戦術・戦略を導入する指導者の不在が鍵なのだという。

本書によれば、選手のグローバル市場はおおむね効率的だ。優秀選手は高い報酬を得るし、黒人差別も今はほとんどない。しかし、それに対して指導者の市場は極めて不透明、かつ非効率的だ。高いギャラを得る有名な指導者が必ずしも実績を上げてはいないし、何より黒人監督が少なすぎる。おそらく監督市場はまだまだコネと偏見の支配する世界で、日本もその例に漏れないのだ。

コネと偏見―何より「日本サッカーは特殊だ」という偏見！―から自由になること、これこそがW杯への王道なのである。（稲葉振一郎・明治学院大教授）

（NHK出版・2100円）＝2010年5月13日⑥配信

大胆なイメージで再構築 「カフカ」（西岡兄妹構成・作画、フランツ・カフカ原作、池内紀訳）

対象を分析し、隠された主題を発見し、その主題をもとに対象を再構成する。それは批評と呼ばれる作業であり、同時に複製技術時代における創作の重要な方法でもある。

西岡兄妹はカフカの諸作品を批評的に読み込み、漫画という表現技法を駆使して、自分たちの新たな作品として甦（よみがえ）らせた。単にカフカを原作とした漫画を描いたのではない。「決して主人公を描かないこと」というカフカ自身が残した言葉に従い、「変身」の主人公グレーゴル・ザムザの姿を一度として描くことなく、そこに「食べ物」の主題を発見し、カフカのもう一つ別の作品「断食芸人」へと通じていく道を切り拓（ひら）いたのだ。

「獣だからこそ、それで音楽がこんなに身にしみるのか？　ひそかに求めている未知の食べ物への道が示されたような気がした」という「変身」に記されたザムザの述懐が、「断食芸人」の主人公が最後に口にする一節、「つまり、わたしは、自分に合った食べ物を見つけることができなかった」につなげられる。「変身」の不在の主人公が、不動の断食芸人に転生し、あらためてゼロへと消滅し、「一匹の精悍（せいかん）な豹（ひょう）」として画面に甦る。

しかもこの書物は「変身」ではじめられ、「断食芸人」で終わるわけではないのだ。「変身」の前には「家父の気がかり」が、「断食芸人」の後には「流刑地にて」が置かれている。「家父の気がかり」に出現する無用のオブジェであるオドラデク、「流刑地にて」の処刑機械から次々と現れる無数の歯車。いずれも物語を発動させる「もの」であり、イメージである。それらは、あたかも表現者が探究すべき新たな「食べ物」として提示されているかのようだ。

さらには「バケツの騎士」「兄弟殺し」「禿鷹」など通常であれば何げなく読み過ごされてしまう掌編が大胆なイメージ＝ものの冒険として再構築されている。批評家にとっても創作者にとっても刺激的な一冊である。（安藤礼二・文芸評論家）

（ヴィレッジブックス・1365円）＝2010年5月20日①配信

愛や幸福を再構築する実話

「哲学者とオオカミ」（マーク・ローランズ著、今泉みね子訳）

100年ほど前、絶滅したと言われているニホンオオカミは、今でも黒い山犬のお札となって関東一円で信仰されている。日本ばかりでなく、世界中でオオカミは恐ろしい獣でありながら崇拝の対象になっている。

イギリスの哲学者マーク・ローランズは異例の若さで博士号を取得、24でアメリカに渡ってアラバマ大学で教鞭（きょうべん）を執った。そこで相棒に選んだのが雄のオオカミ「ブレニン」だった。

生後6週間の子オオカミの好奇心と体力はけた外れだ。家に連れて帰るなりカーテンを引きずりおろし、エアコンのパイプを破壊した。犬のように家に置いておくことをあきらめた飼い主は、仕方なくというよりは喜び勇んでブレニンを授業やパーティー、ラグビーの試合に連れていく。彼らはどこでもみんなの注目を浴び続けた。

哲学者には変人が多いと聞くが、まさにマークはそのとおりであった。アメリカを振り出しに、アイルランド、南フランスと移り住む。陽気な人嫌いといった哲学者はその土地、その土地で思索を重ね、執筆を続けていった。

傍らにはいつもブレニンがいて、彼の行動から新しい思索のヒントが浮かび上がる。それは、ヒトという名のサルとオオカミとの違いと同一性を明らかにし、かつ、根源的な愛や死や幸福というものの存在を再構築するものだった。

哲学者は悩み煩悶（はんもん）するが、オオカミは悩まない。飼い主のそばにいることで満足しているようだ。身近に守らなければならない者がいれば、人は強くなる。ブレニンががんで死ぬまでの10年以上にわたって与え続けてくれたもので、若き哲学者は大きな成長を遂げた。

本書を読めばオオカミに対する意識は大きく変わるだろう。きまじめで常識的でおちゃめ、何よりも美しい。少し難しい哲学が、オオカミの行動を通して身近なものに感じられる。ブレニン、幸せな一生だったと思う。（東えりか・書評家）

（白水社・2520円）＝2010年5月20日②配信

泥を嫌悪できる人たち

「土の文明史」（デイビッド・モントゴメリー著、片岡夏実訳）

地球の全陸地1億3千万平方キロメートルの約7分の1の土地で、降雨や風で浸食されたり、重金属などで汚染されるなど、土壌の劣化が進んでいるという。

私たちは、「土」は文明の基盤であって、非常に大事だと教えられてきた。だいたい皆そう考えていると思う。しかし、そう言いながら、靴や服についた「泥」はすぐに払い落とそうとするし、黄砂など土ぼこりは、わずかでも家の中には入れまいとする。都市部では、植木鉢で一握りの土を必死に手入れしているにもかかわらず。

本書の原題は「ダート　ジ・エロージョン・オブ・シビライゼーション」で、直訳すると「泥　削られゆく文明」とでもなろうか。文明の根幹にある「土」を、「泥」のように忌避してしまって、丁寧な保全をしなくなれば、つまり静かに進む土壌の喪失は、確実に現代文明の崩壊につながるというのが著者の思いである。

とくに目新しくはないが、地形学者である著者が、土壌学や地質学、歴史学、人類学などの知見を土の視点で総合して、文明の盛衰を丹念に説く語り口には、静かに耳を傾けざるをえない。ジャレド・ダイアモンドの「文明崩壊」など、近年話題の類書で示された文明崩壊の機構にも別の光を当てた。

人類が土に依存する農耕を始めて以来、同じ場所に住み続け、休まずに土を耕して、肥やし続けないといけないという「拘束」から逃れられなくなった。しかし一方で、土壌の劣化をも省みずに生産力を高めたことによって、土にへばりついて休まず耕すという、とてもきつい労働から一部の人が都市に逃げ出すことができるようになったのである。泥を嫌悪できる人たちの登場である。

現在の地球規模の環境問題を考えるとき、こうした人間と土との関係の根幹にまで立ち返らないと、土壌からの過大な収奪や、石油などから作り出される化学肥料によるその場しのぎの肥やしを改めて、土を保全する農業に仕立て直すことはできないのではないか。（渡辺紹裕・総合地球環境学研究所教授）

（築地書館・2940円）＝2010年5月20日③配信

代理出産めぐり揺れる家族
「マドンナ・ヴェルデ」(海堂尊著)

2006年に、国内で子の産めない娘のため実母が代理出産したことが明らかになった。産みの母が祖母でもあった事例は国内初だったため、話題になったものだ。閉経した母に女性ホルモンを投与したうえ、体外受精した娘夫婦の受精卵を彼女の子宮に移植し出産に至った。子を産めない人々の苦しみの解消を優先させるべきか、従来の家族概念を壊す反自然的行為だと否定すべきか、意見は分かれるだろう。

本作は、それと同様の状況を扱い、33年ぶりに妊娠した50代女性の戸惑いを描いている。彼女はおなかの子の父親で、海外赴任している娘の夫と文通を始める。これで母を気遣う娘の心情が切々と書かれるなら、泣ける物語になっただろう。だが、医療問題をとり上げた作品を多く書いてきた著者は、情緒的な方向には流れない。

本作のポイントは、実母・みどりに代理出産を頼む娘・理恵が産婦人科医であること。理恵は不妊治療を題材にした「ジーン・ワルツ」にも登場しており、通称は「冷徹な魔女」。そんな人物が代理出産を行うのだから、医師としての使命感が背景にある。だが、仕事第一の娘と家族が大切と考える母では、考えが違う。

さらに、一見軽薄そうな若い妊婦・ユミ、老いた院長・茉莉亜も加わり、世代の違う女性同士で親子とはなにかをめぐる綱引きが始まる。その激論風景は、ホームドラマ「渡る世間は鬼ばかり」のようでもあり、本作は昔ながらの家族という問題が、医療技術の発達でどう揺さぶられているかを描いたのだと理解できる。

結末には賛否が分かれるだろう。だが、本作は世間の意見が一致しない代理出産を扱っているのであり、どんな結末も全員を納得させることは不可能。結末に不満な人は、それではどんな解決が良いのかと逆に問われる小説であり、そう問うためにあえて強引な結末にしたと好意的に解釈したい。(円堂都司昭・文芸評論家)

(新潮社・1575円)=2010年5月20日④配信

沖縄に注ぐまなざしの変容
「風景の裂け目」(田仲康博著)

混迷する普天間飛行場移設問題は、本土に「沖縄の現実」を知らしめる機会となった。しかし展望は見えず、沖縄は今も「敗戦」と地続きであることを強いられる。

本書は、米軍による占領時代から「祖国復帰」、そして現在までの戦後沖縄の時間を、著者が生まれ育った本島中部の「風景」を起点に、日本と米国の「まなざし」、その変容を論考する。米軍基地に囲まれた地には、自身の記憶や父親の戦争体験が刻まれていて生々しい。

米軍は日本との分断統治を推進するため施策を講じた。富を見せつける米国製品があふれ、アメリカ文化に触れさせるための文化機関があった。そして琉球大学の開学、若い沖縄人の米国留学制度もこの施策のなかにあったと指摘する。また米軍が沖縄芸能の保護につとめたのも、文化政策の一環だったという。

著者が17年近くの米国滞在ののち沖縄に帰ったのは1995年。この年に米兵による少女暴行事件が起き、その後も米軍基地があるゆえの事件が後を絶たない。

さらに著者が戸惑ったのは「沖縄ブーム」だ。自らを「かつて同化教育を受けた者が、異化の進む沖縄に舞い戻った」と振り返る著者はそのブームを、近代沖縄を「楽園の島」と讃(たた)えた「南島論」の現代版だと危惧(きぐ)する。しかし「同化」政策も「異化」ブームも、沖縄が日本との「差異」を抱える点では同じだ。

現在の沖縄ブームの源流は、80年代末から沖縄の若い世代が自らの視線で語ろうとしたことにあると私は認識している。そして沖縄は多様な島々の連なりだ。豊かに息づく沖縄文化は、米軍の施策の結果でも「ブーム」によるものでもない。

沖縄は、地域や世代によって多彩な像を描く。「国家」に抗(あらが)う力は、この多様性のなかにあると希望を持ちたい。また沖縄は直接的なアメリカニズム体験をしたからこそ、米国の強大な論理構造を解析し、反駁(はんばく)する力を構築できるのかとも思うのだ。(与那原恵・ノンフィクションライター)

(せりか書房・2520円)=2010年5月20日⑤配信

“琳派”概念に果敢な異議

「俵屋宗達」(古田亮著)

日本美術史をかじった人には「琳派とは宗達・光琳・抱一と続く系譜である」という「常識」が染みついている。だが、本書の帯にはいきなり「宗達は琳派ではない！」というセンセーショナルなコピー。しかもうんと斜めに配された赤字で、かの「風神雷神図」にかぶさっている。まずはこの大胆な宣言に驚く。

いうまでもなく琳派の「琳」は尾形光琳(1658〜1716年)に由来する。そこから約100年さかのぼって俵屋宗達(生没年不詳)を琳派の祖と位置づけたのは基本的に近代以降、歴史化という営為の所産。近代美術史研究者の著者は、まずその問題点を突く。

大正時代のコレクターや画家が主導した「宗達ブーム」を検証し、戦後、実は1970年代からようやく定着した「琳派」という概念規定に対して、果敢に異を唱える。偏狭な「研究者的縄張り意識」から言えば、なんとも大胆な越境行為なのだが、本書を出版するに至る伏線があった。

2004年、東京国立近代美術館で開催された「琳派　RIMPA」展。著者は現在東京芸大の准教授だが、当時は同展の全責任を負う担当学芸員。「こんどの琳派は違う！」とうたい、アルファベットを併記した展覧会だった。会場冒頭には、なんとクリムトの作品があったことをご記憶の方もいるだろう。さらに、多くの観客が期待する琳派の「名品」とともに、ほとんど誰も期待していない現代美術作品が何点か並んでいたことも。

この問題提起型の展覧会を通じてさらに醸成された著者の「宗達は別格だという感じ」が、本書に結びついたわけである。展覧会後もさらに検証を深める篤実な姿勢は見習われるべきだ。だが、「光琳よりも宗達」という価値判断が、実はコンサバな美術史家や日本画家の暢気(のんき)な常套句(じょうとうく)であることも事実。宗達と光琳、腹の底からどちらが好きか、あらためて考えさせられた。ちなみに私は、どちらもそれほど好きではない。(山下裕二・明治学院大教授)

(平凡社新書・819円)＝2010年5月20日⑥配信

聖なる「真実」の探求描く

「闇の奥」(辻原登著)

小説とは「言葉」という情報を「物語」に組みこみ、一つのフィクショナルな世界を提示する様式である。作家は、文体や叙述や構成など、さまざまな意匠を凝らし、未知の物語を読者の元に送り届ける。「闇の奥」は、小説という表現様式の可能性を極限まで追究した野心的作品だ。

昭和20年6月、世界的な博物学者三上隆が、ネグリトと呼ばれる「古矮小民族」の住む村を探索中に、ボルネオ島の密林で消息を絶つ。元県議会議員の村上三六を団長とする探索隊は、密林を探索して最終的にたどり着いた村で、三上の痕跡を発見する。村上亡き後、息子で作家である主人公が、父の書斎の整理中にある手紙を発見する。そのことをきっかけに、彼は父の活動と三上探索のプロセスを小説として構想するに至る。

この作品は、作家である主人公が「報告書」と記す、六つの小説の断片から成っている。新聞記事やTVドキュメンタリー、文献の一節や、三上探索に深くかかわった男の現実とも妄想ともつかぬ物語が引用される。物語は何重にも錯綜(さくそう)し、複雑化していく。読者は密林をさまよう作中人物のように、過去と現在、現実と虚構が入り交じった小説という名の密林を彷徨(ほうこう)することになるのだ。

父の遺志を継ぐように、主人公は三上の所在を求めて、首狩りの風習が残るといわれるアボール族の土地に到達すべく、政情不安のチベットへ向けて出発する。

「闇の奥」は、イギリスの小説家ジョゼフ・コンラッドによって書かれ、のちにフランシス・フォード・コッポラによって「地獄の黙示録」というタイトルで映画化された小説のタイトルでもある。始原的な場所へとさかのぼる登場人物たちが向かうのは、「闇の中の真実」とでも表現されるべき聖なるトポス(場所)である。

探求と邂逅(かいこう)との果てに、彼らはどのような真実にたどり着くことになるのか。圧倒的なスケールで描かれる本作を通して、小説を読むことの愉楽をぜひ味わってほしい。(榎本正樹・文芸評論家)

(文芸春秋・1575円)＝2010年5月27日①配信

紋切り型の人間像を相対化

「マリー・キュリーの挑戦」（川島慶子著）

「キュリー夫人」伝なら子どものころに読んだという人は多いだろう。著者によれば、偉人伝の多くは没後4年目に刊行された次女エーヴによる伝記が原典だという。ロシア占領下のポーランド人という政治的背景や共同研究者の夫ピエールの事故死、2度目のノーベル賞受賞に至るまでの苦闘と死を描き、その勤勉さを印象づけた伝記だ。

ステレオタイプな良妻賢母像に異を唱えるように、ジャーナリストによる伝記も出版されている。夫の死後にその弟子と不倫の恋に落ちたことや、キュリー夫妻が放射能の危険性を認識していなかったことなど、もう一つの素顔が明かされた。

いわば書かれ尽くしたかと思える対象だが、著者の試みはユニークだ。複数の史料をジェンダーの視点から読み直して伝説の歪（ゆが）みを浮き彫りにし、マリー・キュリーを一人の人間として現代に解き放とうとするのである。伝記が発表された時代とフェミニズム運動の関係も重要な切り口だ。

よくある賛辞に、女・母・科学者としてすべてを手にした人という表現がある。著者はそこにジェンダーのわなを見いだし、2人の娘との母子関係の複雑さや科学アカデミーとの確執を描く。

表舞台に立たなかったアインシュタインの妻ミレヴァとの比較からは、女性の見かけにこだわる当時のジェンダーバイアスを。「ドイツのキュリー夫人」といわれながらノーベル賞を逃したリーゼ・マイトナーとの比較からは、自らの挫折をポーランドの挫折とみなすほどのマリーの祖国愛を描き出す。

弟子の山田延男や、マリーの長女夫婦の研究室で生涯独身のまま研究に勤（いそ）しんだ湯浅年子に関する記述も、マリーの人間像を相対化する上で有効な傍証となっている。

事実は変えられないが、事実をどうとらえるかは解釈で変わる。著者が描き直すマリー・キュリーは、より魅力的な存在として科学を目指す女性たちを勇気づけるだろう。（最相葉月・ノンフィクションライター）

（トランスビュー・1890円）＝2010年5月27日②配信

安全社会に潜む落とし穴

「危険不可視社会」（畑村洋太郎著）

危険が不可視な社会とは何だろう。あまりなじみのない言葉だ。

私たちは日常さまざまな工業製品を利用して便利な暮らしをしている。家電製品をはじめ、移動する際の車や電車、飛行機などはなくてはならないものだ。最初は人間が注意しながら使っていたが、今では技術の進歩でどんどん安全性が向上し、それほど注意を払わなくてもよくなった。

安全を絶対的なものとしすぎると、危険は「あってはいけないもの」「存在しないもの」になっていく。だが、どんなに排除しても危険を完全になくすことはできない。機械やシステムに依存して危険に注意を払わなくなった結果、ある日見えなくなった危険が顕在化し、事故や災害が起こる。それが著者が指摘する「危険不可視社会」だ。

本来あるべき「本質安全」ではなく、マイクロコンピューターの登場で、機械の安全を制御技術で確保する「制御安全」が中心になったことに潜む落とし穴。機械をつくる側と使う側のずれで起こる危険。人が凶器になる群衆雪崩のメカニズム。本書では回転ドア、エレベーター、車、航空機などの具体的な事例を示しながら、著者が手掛ける「危険学プロジェクト」の検証結果が、分かりやすく紹介されている。

一方で、公園の「危険な遊具」を撤去することで、子どもから危険を奪い「無菌状態」にする現状には疑問を投げ掛ける。危険を避ける能力を持たないまま育つことが、将来的に大事故へとつながるとの主張は力強い。

本書は最後に、個々人がそれぞれの「危険地図」をつくり、社会の危険への対応力を上げていくことを提案している。私も長年、消費者問題に取り組んできたが、行政や事業者を責めるだけでなく、消費者も「当事者」として参加していくことが、成熟した社会へとつながると考える。

「絶対安全社会」への過信の中で、思考停止に陥っている今の状況に強い警告を発した書だ。（日和佐信子・元全国消費者団体連絡会事務局長）

（講談社・1575円）＝2010年5月27日③配信

過剰なプラス思考への警告　「ポジティブ病の国、アメリカ」（バーバラ・エーレンライク著、中島由華訳）

アメリカ人の多くは明るく前向きに生きるために懸命に努力する。そうすれば問題を解決でき、欲しいものが手に入り、幸せになれると考えるからだ。彼らにとってポジティブであることは気分や状態というより、一種のイデオロギーなのだ。

しかし「（無理に楽しいふりをするのは）その気もないのにマスターベーションをするときと似たような感じ」との指摘もある。重病人などに「明るくなれ」というのは残酷でさえある。著者は10年前、がん患者としてインターネット掲示板にネガティブな投稿をしたら激しい非難が殺到したという。前向きになるのは悪いことではないが、過剰になると問題だ。

本書は、米国はポジティブ病に侵され思考停止に陥っているとし、政府指導者や企業経営者までも現実に即した対応ができなくなっていると警告する。イラク戦争は泥沼化する可能性があったのに、楽観主義に満ちたブッシュ政権が「一方的な勝利」を約束し、侵攻した。アメリカ人はずいぶん昔から「不安になるようなニュースを反射的に忘れる能力に磨きをかけていた」のだと言う。

極め付きは2008年の金融危機だ。著者はサブプライム問題とポジティブ病の関連を指摘する。ウォール街ではネガティブなことを言う社員は解雇され、政府機関でも同様のことが起きた。

企業は大量リストラを正当化するためにポジティブシンキングを利用する。講師に何万ドルも払ってセミナーを行い､「リストラは将来への期待感に満ちた歓迎するべき『変化』」「失業は自分を変えるチャンス」と社員を説得するのだ。また、ポジティブシンキングに関する書籍を大量に購入し社員に配布している。実は、日本でもベストセラーとなった「チーズはどこへ消えた？」も「リストラのプロパガンダ」に利用されたという。

日本でもプラス思考を勧める自己啓発本が書店にあふれているが、ポジティブシンキングの弊害について少し考えた方がよさそうだ。（矢部武・ジャーナリスト）

（河出書房新社・1890円）＝2010年5月27日④配信

ぶれることない冷徹な筆致　「ブラックチェンバー」（大沢在昌著）

物語がはじまって間もなく、主人公である警視庁の河合刑事がロシアマフィアに殺されそうになる。その時、間一髪、彼を救った謎の一団の一人、北平が、我々はブラックチェンバーだと名乗り、「古い言葉だから、あまり使う人間がいない。だから合言葉になる」という。ここでグッときた読者は、かなりのハードボイルド通といえるだろう。

何故なら、このブラックチェンバーという秘密機関は、日本ハードボイルドの驍将（ぎょうしょう）・生島治郎（いくしま・じろう）が創造し、連作「影が動く」等で活躍させたものだからだ。いま文壇では、かつてあったような師弟関係は、ほとんど見られない、といっていいだろう。が、大沢在昌は生島に私淑し、その感化を受けて作家の道に入った男である。

ストーリーは、刑事をやめた河合がブラックチェンバーにスカウトされ、苦しい理由の下、女ながらも祖国を裏切ってチェンバーに加わった殺しのプロ・チヒとコンビを組み、バンコクに飛ぶことで転がりはじめる。

犯罪組織の利益を収奪し、次に起こり得る犯罪を阻止する―すなわち作中でしばしば語られる「正義と強欲は両立するか」というテーマは、河合のアイデンティティーの揺らぎを示すばかりではない。

犯罪を行う側も潰（つぶ）す側も、生島が作品を書いていたころとは比べものにならないくらい複雑になっており、双方、紙一重の状況を如実に表している。その中で明らかになってくるのは、文字通り、人間として許し難い犯罪の進行であり、かつてのエコノミックアニマル・日本と次々に相対化される〝利権〟の二文字に何のモラルもなくなだれこんでいく海外諸国の思惑である。屍（しかばね）の山（仲間のものも含まれる）の果てに河合らは正義を見ることができたのか―。

作者はこの傷だらけの物語を紡ぐことによって、師への最大の恩返し、すなわち、先達生島の作品を超えるべく努力した。その冷徹な筆致はいささかもぶれることはない。（縄田一男・文芸評論家）

（角川書店・1890円）＝2010年5月27日⑤配信

「お互いさま感覚」の提案

「生き方の不平等」（白波瀬佐和子著）

生まれながらにして人口が多く、子供のころから受験戦争に巻き込まれ、かといって校内暴力に訴えるでもなく、大人の言う通り滑り込んだ大学を卒業するころには就職氷河期。我々ロストジェネレーションと呼ばれる団塊ジュニアほど、世の不条理を痛感している世代もないだろう。

ただそれも悪いことばかりではない。学校を出て、会社に就職し、結婚をして、子供を産み、定年まで働く「普通」が困難である以上、それ以外の生き方も許容されやすくなったからだ。

しかし世の中が変わり、自己責任のもと多様なライフスタイルが奨励されるわりに、実際に選べる「生き方」の自由度は低く、収入や性差、年齢によって極端な不平等が存在する、と本書は指摘する。生まれ落ちた家庭で決まる子どもの貧困。社会情勢の些細（ささい）な変化に大きく左右されるわりには、やり直しのきかない若者の選択肢。性差による労働環境の硬直化…。

確かに今の日本社会は、生まれ落ちてから老いるまで、人生の節目である通過儀礼を「たまたま」踏み外しただけで一気に貧困へと滑り落ち、固定される。本書ではこの実態と原因をさまざまなデータを用いて考察しながら、機会の不平等を解消させるための新たな枠組みを模索する。

鍵となるのが、今富める者も貧困同様「たまたま」であるという立場にたち、世代、性差、貧富の格差是正が、ひいては社会全体の住みやすさにつながるという「お互いさま感覚」の共有だという。しかし既得権益者が自ら富を切り崩してくれるほど甘くはないことを、団塊ジュニアはその妙にものわかりの良い頭で理解している。

いっそこのまま財政破綻（はたん）でもして、国民総貧困に落ちぶれた方が日本人になじむ「平等」がもたらされるのではないか。冗談はさておき、本書の提示する解決策は観念的なきらいがあるにせよ、厳然と存在する不平等の現実に触れ、考え、やがて行動するきっかけとなる一冊であることに違いはないだろう。（熊山准・フリーライター）

（岩波新書・840円）＝2010年5月27日⑥配信

見事な構成のミステリー

「ブギウギ」（坂東眞砂子著）

その日、宿の女将（おかみ）のいいつけで、箱根の山中に山菜採りに出かけた安西リツは、精進池で水死体を発見してしまう。被害者はドイツ人の海軍将校ネッツバントであった。

太平洋戦争の敗色も濃厚なこの時期、既に降伏していたドイツの軍人たちは、憲兵の監視の下、捕虜の扱いで箱根に集められていたのだ。

大学の心理学教室で助手を務める法城恭輔は、海軍から通訳を兼ねて調査を依頼され箱根に赴く。溺死（できし）したネッツバント艦長は、果たして自殺か、他殺か―？

さまざまな思惑を隠しているらしい軍人たち、ドイツ軍将校との情交に溺（おぼ）れるリツ、そしてリツが働く温泉宿・大黒屋の女将、事件にかかわった人物たちの運命は、日本の敗戦によって大きく変わることになる。

ネッツバントの死の裏に最新の軍事機密がかかわっていたことを突き止めた法城は、戦後の混乱の中で、彼の遺品に隠されているはずのマイクロフィルムの行方を追うのだが…。

土俗的な伝奇ホラーの書き手として知られる著者の最新作は、なんと濃密なサスペンスに彩られた極めて正統派のミステリだ。

多彩な登場人物を鮮やかに造形する描写力は当然としても、フィルムの行方をめぐって終盤までもつれにもつれるストーリーの構成は見事なもので、著者にこのような才能があったとは意外であった。

もちろん謎解きの面白さだけに頼った作品ではなく、時代の波に翻弄（ほんろう）されながらも、臨機応変にたくましく生きる女性たちの強さが、物語の通底音になっているのにも注目したい。

近代日本の歴史の中で最大の転換点であった昭和20年が事件の背景として選ばれているのは、その点を際立たせるための作者の周到な仕掛けにほかならない。

読み始めたら止められない一級品のミステリである。（日下三蔵・ミステリー評論家）

（角川書店・2205円）＝2010年6月3日①配信

人間主軸の希望の書　「限界集落」（曽根英二著）

久々に人肌に触れる思いのルポルタージュを読んだ。

高知大の大野晃（おおの・あきら）名誉教授によって提起された限界集落問題は、日本の過疎地域には7878の限界集落があり、その3分の1がいずれ消滅の危機にあるという国土交通省調査報告（2007年）によって、にわかに注目を集めさまざまな報道や議論を巻き起こした。

しかし、その多くは与えられたデータと分析をもとにした性急な対策論や危機をあおる言説ばかりで、長年東北の中山間地集落をたずね歩いてきた私などにとっては、現場を知らない外からの目線の、いわば他人事（ひとごと）としてのものが多いと感じていた。

当然ながら限界集落といえども、そこは人々が今日も生き暮らす生活の場である。高齢化率、廃屋、耕作放棄、祭りの喪失など負の言葉だけではとらえられない多様な営みがある。

著者は中国山地の限界集落に3年間、190日も通い詰め、そこに生きる人々の喜怒哀楽と無念に寄り添い対話を重ね、集落再生の道を探るべく本書を世に問うた。

雪深い12戸の村に踏みとどまり、「腹に据えかねる憤り」を抑えつつ、78歳の今も米を作り続ける全盲の農民作家夫婦の日常。江戸期来の純粋系統和牛を育種し続ける牛飼い人の孤立無援の闘いの日々。暗い厳しい現実だけがあるのではない。都会暮らしに見切りをつけ限界集落に移住し、ぶどう栽培に将来を託す新規就農家族の懸命の営み。それを暖かく見守る村人の笑顔。その明るい風景からは、限界集落の可能性さえほの見える。

たとえ限界集落と呼ばれようと「吾（わ）の村なれば」とあきらめず模索しながら働く人の姿がある。その一人一人の後ろ姿が問い掛けてくる。「ここはかつてのあなたのふるさとでしたよ」「政治家や行政は果たして現実を直視し、10年20年先のことを考えているのか」と。

本書は抽象観念論になりがちな限界集落論を、人間を主軸にすえ、越えていこうとする希望の書である。（結城登美雄・民俗研究家）

（日本経済新聞出版社・1995円）＝2010年6月3日②配信

自己犠牲を課した求道者　「戦禍のアフガニスタンを犬と歩く」（ローリー・スチュワート著、高月園子訳）

著者がイランからネパールまでの9600キロを歩いて旅することを決めたのは、故郷のスコットランドを散歩したとき「このまま歩き続けたらどうだろう」とふと考えたからだという。旅は入国を拒否されたアフガニスタンをのぞいて、16カ月で踏破する。そして2001年12月にタリバン崩壊のニュースに接した著者は、アフガニスタンにもどり、ヘラートからカブールへの旅に出発した。02年1月である。

土地の者でさえもあまりの危険に延期をすすめた。峠には3メートルの雪が積もり、氷点下40度にもなる。しかもオオカミが出たりタリバンの兵士に狙われる危険もあるからである。事実、そのすべての危険に直面しただけでなく、赤痢と疲労で体力を使い果たすことになる。

途方もない肉体と精神の苦痛があったにもかかわらず、そのことに紙数を割くことはない。究極の自己犠牲を旅によって自らに課した求道者のようでさえあるが、気負いはまったくない。その一方で、驚くほどたくましく、したたかで、賢く、しかも善良である。ソ連の侵攻以来24年にもなる戦争を経験してきたアフガニスタンでは、善意だけで命を守ることはできない。

著者の軍人として、外交官としての経験、それにペルシャ語が話せるということが旅をする上での武器だった。しかし、徒手空拳での危険な旅をそれだけで乗り越えることはできない。アフガニスタンに住む人々を愛し、イスラム教徒であるかれらが客人をもてなしてくれないはずはないという強い信念こそが旅を成就させたのである。

秩序だった文明社会とは異なる条件の地を辺境とするなら、まさにアフガニスタンは社会的、政治的、経済的、文化的に複合した辺境である。そのような辺境の旅行記はわが国の文化にもっともかけている点であり、その意味でわれわれに貴重な指針を示してくれている。（青柳正規・国立西洋美術館館長）

（白水社・2940円）＝2010年6月3日③配信

人と動物の心の連続性

「共感の時代へ」（フランス・ドゥ・ヴァール著、柴田裕之訳）

笑っている人を見ると楽しい気分になるし、悲しそうな人を見ると落ち込むことがある。

他者に共感する能力は人間の心の働きのなかでも高尚なものと考えられがちだ。だが本書は、共感は特別な能力ではないと説く。多くの動物の間で協調行動や感情の伝染は見られるし、そもそも、人間も頭で考えて他者に共感しているのではない。むしろ自己の身体感覚で、自動的かつ無条件に共感することが多い。

人間は高い共感能力を持つ一方、公正さについて非常に敏感だ。不公平なずるい行動には懲罰の感情を持つ。この感覚は子供の間にも見られるし、同じような行動は類人猿にもあるという。不公平を嫌悪する感情は協力行動の裏返しとして発達したのかもしれないと著者は考察している。

もちろん、人と動物の共感能力はイコールではない。だが両者の間には大きな隔たりがあるわけではなく、むしろ進化的な連続性、つながりがあるのだ。本書はそのことを多くの研究成果や動物観察のエピソードを紹介しながら、かなりしつこく述べている。類人猿やゾウなどの逸話は、博学の著者らしくバラエティーに富んでいて楽しい。

著者が、共感能力をはじめとした人と動物の心の働きの連続性を何度も何度も強調する理由は、欧米では人と動物との間を不連続なものだととらえている人が多いからかもしれない。これまでの研究の経緯もあるのだろう。だが一般の日本人には素直に納得できる読者が多いのではないか。人も動物の一種なのだから。

人と動物の認知能力には連続性があり、かつ、質的な違いがある。著者は最後に、人々のまとまりや相互信頼を生み出し、人生を価値あるものにする社会を実現するためにわれわれは共感能力を使うべきだと述べて本書をまとめている。人の心の能力を十分に発揮できる社会の仕組みをデザインするためにも、人の心をさらに深く知る必要があるだろう。（森山和道・サイエンスライター）

（紀伊国屋書店・2310円）＝2010年6月3日④配信

フランスへの憧れと祈り

「木苺の村」（西出真一郎著）

憧（あこが）れ。これこそ、「フランス文学迷子散歩」という副題を持つこの書の核心にあるものだ。それは、書物への憧れであり、フランス文学への、フランスという土地への、そして旅への憧れである。

書名にもなった序章。スペイン国境近くのラトゥール・ド・キャロルという村で著者はフランス人の子供たちと木苺（きいちご）摘みに出かける。その経験は、戦地で亡くなった著者の叔父の思い出と重ね合わせるように語られる。マラリアの高熱の中、叔父は冷たいものをしきりに欲しがったという。著者は、叔父が死の床で望んだ冷たいものとは、少年だった自身が叔父と摘みに行った木苺だったのではないかと推測する。

著者は幼いころからフランス文学への、そしてフランスという地への思いを募らせていったのだが、その思いはどこか叔父が最後に木苺を渇望したことにつながっているように思われる。本書の姉妹編とも言える、叙情性溢（あふ）れる「星明りの村」をすでに世に問うている著者のことだから、静謐（せいひつ）な文体で本書もつづられており、その第一印象は、渇望といった激しい調子とは無縁だ。

しかし、亡き叔父の話やロマン・ロラン記念館で出会った沖縄の親子の話から聞こえて来るのは、ランボーやサン＝テグジュペリといったフランス作家の生地、かつて訪れた地を巡る紀行文、文学案内という本書の体裁を超えたところから響く作者の祈りにも似た思いである。

それは、海外に行くどころか本を手に入れることさえ困難であり、また自由に好きな本を読むことすら許されなかった時代を生きた著者だからこそはぐくむことのできた、本への、文学への、そして遠い国フランスへの憧れであった。こうした思いは、物に溢れ海外へも気軽に行くことができる今日の日本においてむしろ抱くことが困難な感情なのだ。

本書に秘められた熱い憧れこそ、フランスの僻村（へきそん）のガイドという本書の特徴以上に、この書を貴重なものにしている。（千葉一幹・文芸評論家）

（作品社・1890円）＝2010年6月3日⑤配信

花火のように散る恋描く

「もう二度と食べたくないあまいもの」(井上荒野著)

心にさらりとはいってくる10の短編が収められている。読みながら昔の写真を眺める気分になった。集合写真の中に自分の姿をすぐ見つけ出せるように、本書の中に自分の面影を見てしまう。

「手紙」は大学生の千穂の恋物語。恋人宅で、昔の彼女からの手紙を見つけた千穂。それから間もなく、彼から別れを告げられる。食事のあとホテルへ行き、帰りのタクシー代まで用意された別れの儀式。千穂はその儀式に静粛に臨む。手紙を見つけた時から、もう別れは始まっていたのだ。

いつ終わるか、もう終わらせよう、とする恋はもはや形骸(けいがい)化している。だけど人は、その恋が終わるまで生を吹き込むことをやめられない。

「朗読会」はかつてのように夫を愛せなくなった美紗が主人公。いつも朗読会を口実に愛人と会う。夫は愛人の存在を感じながら送り出していると知っている美紗。夫も愛人もいるのに、どちらとも愛し合っていない。愛人との約束を破り、朗読会へ参加した後、夫のいる家に帰る美紗。でも自分はどこへ帰ろうとしているのか、と惑う。

淡々とした筆致に浮かび上がるのは表向き穏やかで平和に見えながら、中に渦巻くのは絶望に似た感情。愛し愛されることなしに日常を生きていく過酷さが染みてくる。

しかし愛されたいと思う自分が、真に誰かを愛する事が出来るのかはわからない。いつかは燃え尽きる花火のように、恋愛感情が火花を散らすのはほんの一時期だと主人公たちは知っている。

あんなに好きだった人を、これ以上ないくらいに嫌いになる。自分でも知らぬうちに変わってしまう心は、本当に自分の心なのだろうか。読書中、そんなどうしようもない自分を突きつけられた。

恋は手に入れた途端、ただの石になってしまう。それでも手放すには惜しい宝石なのだろう。

二度と食べたくないけど、あの恋が最後では寂しすぎる。大人にこそわかる「あまい」小説。決して味に飽きることのない、理想的なごちそうだ。(中江有里・女優、脚本家)

(祥伝社・1500円)＝2010年6月3日⑥配信

心の底見つめるミステリー

「死ねばいいのに」(京極夏彦著)

本書は全6作で構成された連作長編である。物語は、「ケンヤ」という若者が、3カ月前に殺された「鹿島亜佐美」という女性のことを知るために、彼女と関係のあった人々に話を聞いていくというスタイルを取っている。1人目は亜佐美の上司で、不倫相手だった部長。2人目は亜佐美の隣の部屋に住む派遣社員の女性。3人目は亜佐美を愛人にしていた、チンピラやくざ。4人目は亜佐美の母親…。

ケンヤが関係者を訪ねるごとに、亜佐美のたどった人生の軌跡があらわになり、ついには殺人犯の正体が明らかになる。この犯人が本当に意外で、ビックリしてしまった。ミステリーとしても、本書は一級品である。

しかし、この物語で何よりも注目すべきは、ケンヤの問いかけにより暴かれていく、亜佐美の関係者たちの心なのだ。自分のことを「頭悪い」といい、無礼な態度をとるケンヤは、たしかに愚かなのかもしれない。だが、愚かであるがゆえに、彼には本音しかないのだ。その本音をぶつけられることで、関係者の建前が崩れていく。

たとえば、1人目の会社員。上司や部下に恵まれず、家庭でもないがしろにされていると思っている彼は、亜佐美に「好きだ」「一緒にいたい」というメールを送っていた。でも、真実はどうか。ケンヤの質問により、自分が人生に不満を抱きながらも、責任を他者に転嫁し、能動的に動こうとしない人間だということを突き付けられるのだ。他の人々も、似たような存在である。そんな卑小な人間たちにとどめを刺すのが、ケンヤのいう“死ねばいいのに”なのだ。あまりにもストレートだが、それゆえに鋭い言葉が痛快極まりない。

ところが、ラストの6人目に至り、建前を崩された人々の心が違った意味を持って立ち上がってくる。亜佐美のことをしゃべっているつもりで、自分のことしか語っていなかった人々の姿が深い意味を持って浮かび上がってくる。この構成はお見事。テクニカルな小説技法を使いながら、人の心の奥底を見つめた、優れた作品なのである。(細谷正充・文芸評論家)

(講談社・1785円)＝2010年6月10日①配信

きらきらとした質感残る

「ぼくらのひみつ」(藤谷治著)

読了して起き上がり、思わず部屋の時計を確認した。テレビの前の卓上時計はずいぶん前から電池切れだ。針が少しも動いていないことを確認して、奇妙なデジャヴに襲われた。自分は確かにこの部屋で本書を読んだのに、止まった時計はその行為も感想も、一瞬未満の針先に閉じ込めている。

これは10月12日の午前11時31分に永遠に捕らえられてしまった若者の物語だ。彼は目覚めたらなぜか背中に湿った麻袋のような器官を背負っており、世界はその1分間をループしていた。テレビでは同じ料理番組が繰り返され、電話の時報は決して32分に繰り上がらず、喫茶店に行けば同じウェイトレスがいつも外国からの恋人を待ちながら給仕している。彼はノートに事の次第を書きつけては、誰かに読んでもらおうとバス停に置いてゆく。やがて彼は時間のループに囚（とら）われない女性と出会い同棲（どうせい）を始める。そして彼女の言葉に促されて旅に出るのだ。

よき時代の日本SFにも似たシチュエーションだが、はっとするような鮮やかな描写が随所に現れる。著者の小説を読むのは初めてだったので、すぐ他の本も手に取った。本書には音楽や哲学、世界文学など著者お気に入りのモチーフが込められている。だがこの語り口こそ人気作「船に乗れ!」をはじめとする著者ならではの魔法だった。

主人公の若者は過去を回想し己と対話しながら1冊ずつノートを書いてゆく。その積み重なりは時間のない世界で若者に見えない記憶を堆積（たいせき）させ、私たち読者の胸の奥にも想（おも）いを堆積させてゆく。いつか私たちが本書を忘れても、きらきらとした質感は残るのだ。

31分発の電車に乗るため駅七つ分の距離をふたりで歩いてゆくくだりがいい。旅から帰り、彼は背負った麻袋に浸食されてゆくが、おぞましさの果ての瑞々（みずみず）しい世界観は初期の坂口尚（さかぐち・ひさし）のマンガを連想させた。時間を超えて私たちは羽ばたく。（瀬名秀明・作家）

（早川書房・1680円）＝2010年6月10日②配信

凡人は知らない究極の時

「アンチ・ドロップアウト」(小宮良之著)

今でもこんな夢を見る。オフサイドトラップをかけラインを上げたところに、相手のボールが出てきた。「ヨシッ」と線審を見るのだが、オフサイドの旗は上がっておらず、慌てて追いかける…。

この夢は本書の登場人物とは関係ない。神奈川のサッカー強豪校に進学したものの、ドロップアウトした私個人の悲しい経験に基づいている。

サッカーという競技は才能（タレント）の集合体だと思っている。スピード、テクニック、パワー、高さ、イマジネーション力…いずれも生まれながらの抜き出た能力を持つ11人が集まり初めて、監督が目指す戦術やスタイルが完成する。オフサイドトラップの仕掛け一つでも、瞬発力の差で、一流選手には裏をかかれてしまうのだ。

本書には、10人が登場する。W杯の代表メンバー23人に選出された者は1人もいないが、それでも財前宣之（ざいぜん・のぶゆき）や石川直宏（いしかわ・なおひろ）、藤田俊哉（ふじた・としや）ら全員がどこかの時代で日の丸をつけた選手。それが今はタイ、パラグアイ、シンガポール、鳥取、長崎などで現役を続けている。

例えば藤田。名門清水商高からジュビロ磐田と同じ道を歩んだ後輩で、先に引退した名波浩（ななみ・ひろし）から「藤田と名波、『キャプテン翼』の翼と岬のようにセットで語られるのが好きだった。もちろん翼がトシヤ」と言われるほどの天才プレーヤーだが、彼はJ2熊本でプレーしている今季、39歳になるにもかかわらず「俺（おれ）のベストゲームは“次の試合になる”と信じている」と語っている。

読者の中には、彼らの全盛期とのギャップに、「そんなボロボロになるまでやることはないのでは」と懐疑的に感じる人もいるかもしれない（私はそれも著者の狙いのように感じた）。だが簡単にドロップアウトできないのは、彼らがタレントだから。凡人には経験できない究極の瞬間を知るからこそ、もう一度、と追い求めてしまうのだ。

逆に読みながら、なんて幸せなのかと感じたら、それもまた彼らがタレントだからではないか。サッカーが好きで好きでたまらないのも、持って生まれた才能である。（本城雅人・作家）

（集英社・920円）＝2010年6月10日③配信

威信示す様式誕生のドラマ

「建築家ムッソリーニ」（パオロ・ニコローゾ著、桑木野幸司訳）

歴史の評価は、時間の経過で大きく変わりうる。イタリアにおけるファシズムもその典型だ。私がイタリアに留学していた1970年代の中ごろ、この国の人々はファシズムを頭から否定し、ちょっと保守的な言い方をすると、「おまえはファシストか」と冷やかすのが常だった。この時代の建築は、権威を振りかざす非人間的なものとして嫌われていた。

本書は、そうした過去の呪縛（じゅばく）から完全に解かれ、独裁者ムッソリーニ率いるイタリア・ファシズム期の建築思想とその実践に正々堂々と切り込んだ野心的な著作である。

だいぶ前からファシズムの建築や都市を評価する兆しはあった。ムッソリーニ統治下で、各地に重要な公共建築や象徴的広場がつくられ、農地開墾や新都市建設などの公共事業が実現して、後進性を抱えたイタリアの社会基盤づくりに貢献した点が評価されてきた。

だが本書のすごさは、題名通り、主役たるムッソリーニを建築家に仕立て上げた斬新な設定にある。彼が建築を媒介に民衆の魂を都合よく鋳造し、国民が一体となるファシズム社会の統合を夢想したこと。そのために独裁者自ら計画・設計に細かく介入し、実現に深く関与した事実を詳細な資料から次々に描き出す。

批判的立場の有能な建築家を巧みに排除し、調整能力抜群で信頼にたる建築家ピアチェンティーニとともに、国家の威信を表す統一性のある建築様式を作り上げた一連のドラマを見事に語る。

そこにイタリアらしさの追求があった。当時の主流のスマートな合理主義建築を採らず、大衆の心に潜む古代建築の記憶とつながる古典主義的な形態が求められたのだ。

建築家シュペールを重用したことで知られるヒトラーとの対比も興味深い。国力任せに巨大スケールで威圧するナチスの建築に対し、ムッソリーニは古代の栄光を誇るイタリア文明の優位性を背景に芸術的質の高さで勝負したというのだ。イタリア近代の光と影を再考するにも格好の書だ。（陣内秀信・法政大教授）

（白水社・4830円）＝2010年6月10日④配信

長年の通説を覆す痛快さ

「思想史家が読む論語」（子安宣邦著）

近年、中国では、孔子や孟子の時代の文献が相次いで発見されている。

竹簡（竹の札）に記されたそれら古代文献の中には、「論語」のことばにきわめて類似した文章も見られる。

また、顔回、子張、冉雍（ぜんよう）など、孔子の弟子たちに関係することばを記した文献も含まれていた。

これらにより、「論語」の形成過程や「論語」本来の意味が解明されるのではないかと大いに期待される。

ところが、多くの学者は、これらの貴重な資料を前にしても、それを充分に活用することができていない。それは、これまでの「論語」解釈があまりに強固に積み上げられていて、せっかくの新資料に対して新鮮なまなざしを向けることができないからである。

こうした状況の中で、本書は、「論語」をいかに「開かれて」読むかを追求した。

検討対象とされるのは、日本思想史家の著者が慣れ親しんだ伊藤仁斎（いとう・じんさい）の「論語古義」をはじめ、朱子、荻生徂徠（おぎゅう・そらい）、渋沢栄一（しぶさわ・えいいち）、吉川幸次郎（よしかわ・こうじろう）など多数にのぼる。最も基盤とされるのは、仁斎であるが、その仁斎さえも時に厳しく批判され、著者独自の開かれた読みが次々と提示される。

構成は、学而篇（がくじへん）から順番に解説するのではなく、「学ぶこと」「仁について」「孝を問う」「弟子たちの『論語』」などのテーマに再編される。

そこで著者が行うのは、2千年の歳月をかけて堆積（たいせき）してきた解釈の層を丹念にはがしとり、「論語」という岩盤の最古層にたどりつこうとする作業である。

その結果、誰もが信じて疑わなかった通説が、いくつも覆されていくさまは、実に痛快というほかはない。

しかも、こうした著者の思索が、長年、大阪や東京で行われた市民講座の中から生まれてきたというのも驚きである。まさに、21世紀の開かれた学びの形を見事に提示していると言えよう。（湯浅邦弘・大阪大教授）

（岩波書店・3360円）＝2010年6月10日⑤配信

分かりやすさが最後に残る

「ルリボシカミキリの青」（福岡伸一著）

スッポンやフカヒレを食べると顔に脂がのって肌がつるつるする、と顔を何遍もなでて喜んでいる人がいる。私の知人にもいるから、夢を壊すとは思ったけれど「いや、そう直接的なもんじゃありませんよ。コラーゲンは、消化されてそれでおしまいなんです」と要らぬおせっかいをしてあげたことがある。

しかし、福岡ハカセはこう説明する。「（コラーゲンのような）外来のタンパク質が勝手に身体の中を行き来すれば重大なアレルギー反応や拒絶反応が起こる。そうならないよう私たちは、食べたタンパク質をまず消化管内で消化する」。…なるほど。

ハカセはまた、生物というシステムが持っている特徴をこう説明する。生物はタンパク質や脂質などの物質からできているが、それらミクロなパーツが組み合わさると、動き、代謝し、生殖し、思考までする。そして「パーツとパーツの間には、エネルギーと情報がやりとりされている。（中略）生命現象のすべてはエネルギーと情報が織り成すその効果の方にある」。…なるほど。

世の中には難しいことを、読めば読むほど分からなくなるような生硬な言葉をそのまま使ってさらに難しく言う人がいる。本人にも分かっているのかどうか、どうも怪しいようなところがあるけれど、そういう書きぶりが若い人に人気があったりするものである。

昔々の哲学の翻訳書などがそのいい例で、原書を読むとごく普通のことが、ことさらに難解に訳されてある。しかし、最後に残るのはやはり、分かりにくいことを平易な言葉で本当に分かりやすく説明したもので、こういう本を書くことは、誰にでもできることではない。

ルリボシカミキリの鮮やかな青色に息をのんだ瞬間が「私の原点」とハカセは言う。出発点にセンス・オブ・ワンダーを持つ人の書くものは読んでいて楽しい。本書がその好例である。（奥本大三郎・フランス文学者）

（文芸春秋・1260円）＝2010年6月10日⑥配信

円熟期、渾身の「遺作」

「組曲虐殺」（井上ひさし著）

「遺作」には、いつも、どこか哀（かな）しさがつきまとう。残された私たちは、そこからどうしても、何かのメッセージを読み取ろうとしてしまうから。

小林多喜二の半生を題材とした戯曲「組曲虐殺」は、故井上ひさし氏の最後の作品となった。井上氏は、肺がんと診断される前に、すでに次作の準備に入っていたというから、本人がこれを遺作と意識して書いたわけではない。それでも、残された者たちは、やはり氏の無念の想いを作品の中にかぎ取ってしまう。劇中、主題歌とも言える「信じて走れ」のなか、「あとにつづくものを　信じて走れ」という一節を聞いてしまえば、その気持ちはなおさら深まる。

だが、そのようなセンチメンタルな気持ちを抜きにしても、この作品は、井上氏の晩年の代表作となるのではないかと思う。

この十数年の井上戯曲は、大きく二つの傾向を持っていた。一つはそれ以前から続く「評伝劇」の系譜。かつて取り上げた樋口一葉、石川啄木などに続いて、この10年ほどでは、河上肇、吉野作造、そして今回の小林多喜二などが取り上げられた。

もう一つが、1994年に書かれた名作「父と暮せば」以降の、太平洋戦争前後の一連の昭和史を題材としたもの。今回の「組曲虐殺」は、この二つの流れの接点にある作品だ。その点では、林芙美子の戦前戦後の変遷を巧みに描いた「太鼓たたいて笛ふいて」に続く、井上戯曲の集大成とも言える作品となった。

貧困や弾圧の中、迷いながらも明るく生きていく人間を描くこと。井上文学の一貫したこのテーマと、戦争という大背景が見事に重なり合い、井上戯曲は、近年さらにその深みを増した。この円熟の時期にあって、やはり早すぎる死が惜しまれてならない。

井上氏は、20年にわたって、小林多喜二を題材にすることを考えてきたとも聞いた。その点でも、「遺作」にふさわしい渾身（こんしん）の力作となった。（平田オリザ・劇作家）

（集英社・1260円）＝2010年6月17日①配信

あふれる緊迫感とスリル　「キング&クイーン」(柳広司著)

かつて、海外ミステリーを専門的に刊行していたのが「ハヤカワ・ポケット・ミステリ」と「創元推理文庫」くらいしかなかったころは、今と違って長大なミステリーはそんなに多くなかった。

本作は、これまで歴史ミステリーや古典文学のパスティーシュ(模作)を得意としてきた著者にとって、現代日本を舞台にした初めての長編ミステリーにもかかわらず、そんな往年の良質な翻訳ミステリーをどこかほうふつとさせる小説だ。

ある出来事がきっかけで警察を退職し、今は六本木のバーで店員兼用心棒として働いている元SP・冬木安奈のもとに、天才チェスプレーヤー、アンディ・ウォーカーの警護の依頼が持ち込まれた。依頼人によると、彼は米国大統領から命を狙われているというのだが…。

書き方次第ではいくらでも波瀾(はらん)万丈の大長編に仕立て上げられそうな物語だけれども、著者は逆に、無駄な要素をストイックなまでにそぎ落としてみせた。

頭脳明晰(めいせき)でタフなヒロインの魅力、その彼女さえも翻弄(ほんろう)するアンディ・ウォーカーの一筋縄ではいかない変人ぶり…といったキャラクター造形は印象的だし、彼らが繰り広げる頭脳戦は、昨年「ジョーカー・ゲーム」で吉川英治文学新人賞と日本推理作家協会賞をダブル受賞した著者の作品ならではの、緊迫感と知的スリルにあふれている。

その頭脳戦の展開がチェスの試合と重ね合わせてある趣向も洒脱(しゃだつ)で、特に、タイトルの真の意味が明らかになる終盤のどんでん返しは鮮やかだ。

9・11テロ以後の世界情勢を織り込むなどの現代性もある作品だが、そこに必要以上に重きが置かれているわけではなく、すべてのエピソードがミステリーとしての骨格に有機的に結びついている。贅肉(ぜいにく)だらけの大作が増えた現代ミステリーとは異なる粋でスマートな作品世界は、ミステリーの面白さとはそもそもどこにあったのか…という本質的な問いを読者に突きつけてくるかのようだ。(千街晶之・文芸評論家)

(講談社・1680円)=2010年6月17日②配信

革命家と作家の親交の跡　「絆と権力」(アンヘル・エステバン、ステファニー・パニチェリ著、野谷文昭訳)

原題は「ガボとフィデル　ある友情の風景」。ガボは「百年の孤独」や「族長の秋」などで知られるコロンビアのノーベル賞作家ガルシア・マルケスの愛称。フィデルはキューバの最高権力者として君臨してきた革命家フィデル・カストロだ。

2人が長年親交を結んできたことは広く知られており、軍服姿の大柄なフィデルと、小柄だががっしりした体つきのマルケスが並んだ写真は幾度も世界中の新聞や雑誌に掲載されてきた。本書は、その篤(あつ)い友情の本質に迫ろうと、2人の発言やインタビューを引用し、1970年代半ばにはじまる親交の跡をたどる。

またマルケス周辺の人びとや友人たちにも精力的に取材し、マルケスと権力者たちが強力に引き合う不思議さを解明しようとも試みる。「ラテンアメリカの大統領はみんなあいつの友だちになりたがっている。けれどあいつもまた大統領たちの友だちになりたいと思っているのさ」とマルケスの友人の一人が語る。

いずれにせよ、2人の友情がつづいたこの30年あまりはキューバにとって波乱の時代で、自由や人権をめぐるさまざまな問題が生じ、そのつど多くの知識人や文化人がそれぞれの立場を表明し、あるときはカストロ政権を擁護し、多くの場合は激しく非難してきた。

本書ではそれらの「事件」を振り返りながら、マルケスの言動が検証されるが、沈黙を守ることの多かった彼は、バルガス・リョサから「カストロの太鼓持ち」と揶揄(やゆ)され、スーザン・ソンタグから「彼の偉大な作家としての義務は、論戦に加わることだと思います。彼が語らないのを、私は許すことができません」と糾弾されるのである。

革命家と作家の一途(いちず)な友情は、本書ではしだいにマルケスにとって分の悪い展開になっていくわけだが、「年老いた孤独なカリブの独裁者」への理解と憧(あこが)れが本来的に彼にあったからこそ、「百年の孤独」や「族長の秋」のような奥深い傑作が書けたのだともふと気づかされるのである。(杉山晃・清泉女子大教授)

(新潮社・2415円)=2010年6月17日③配信

面白主義雑誌の決定版社史

「『平凡』物語」(塩澤幸登著)

電子出版元年といわれる今年は大衆雑誌というメディアを回顧する好機に違いない。「平凡」元編集者の手になる本書は、戦後大衆文化に対する一つの総括となっている。

岩堀喜之助が1945年に創刊した「平凡」は、戦前の「キング」とともに文化史上の画期をなす「百万雑誌」である。「面白くて為(ため)になる」という「キング」の教化主義に対して、「平凡」は「面白いだけでいい」享楽文化の象徴と目されてきた。そこに労働・修養の戦前、消費・遊びの戦後という断絶も読み込まれてきた。だが、こうした通説は検証に堪えるものだろうか。

そもそも「平凡」は大政翼賛会宣伝部にいた岩堀が「陸軍画報」を改題した雑誌である。陸軍画報社は平凡社の系列会社であり、戦犯追及を恐れた下中弥三郎が自社の雑誌名を岩堀に与えたわけだ。その経緯を著者は詳細に記述している。平凡社と平凡出版(現・マガジンハウス)は別会社だが、その地下水脈は予想以上に太い。

岩堀は中国派遣の宣撫(せんぶ)官仲間を集め、大政翼賛会の同僚で編集経験のあった清水達夫を編集長に据えた。この娯楽雑誌は「凡人」を名乗る大衆宣伝のプロが手がけた作品である。歌謡と映画を売り物にする他の「カストリ雑誌」と同誌が決定的に異なっていたのは、「読者とともに」のスローガンを「平凡友の会」という大衆運動に具現化したことである。それは50年代には支部・グループ約700、会員10万人を超える青年読者の全国組織に発展していた。

もちろん高度経済成長にともなう娯楽の多様化の中で「友の会」は消滅したが、「平凡」は80年代まで「芸能アイドル雑誌」として輝きを失わなかった。驚くべきことに87年12月の休刊号も120万部発行されたという。廃刊さえも伝説的である。

創業期に焦点をあてた決定版「社史」となっているが、著者自身の体験談、編集部秘話も盛りだくさんで興味は尽きない。(佐藤卓己・京大准教授)

(河出書房新社・3150円)=2010年6月17日④配信

切れ味鋭い社会批評

「博士の奇妙な成熟」(斎藤環著)

精神医学系の論文集だが、表紙は半裸のエロチックな「非実在青少年」。しかし、見かけの奇妙さに反し、ラカン派精神分析と臨床経験に基づく王道の現代社会批評である。

精神医学、ラカン派といっても抽象的な議論ではない。本書のテーマは、ひきこもり、ニート、おたく、パラサイト・シングル、うつ病などであり、誰もが聞いたことがあるだろうし、少なからぬ若者が自分のこととしてとらえているだろう。

著者は、ひきこもり治療の第一人者として有名だ。しかし、これらの「問題」を抱えている人に対し「治れ」と押し付けることはない。逆に、そもそもそれは本当に「問題」なのかという価値中立的な視点から、「誰が」「どのように」それを問題としてきたのかを腑(ふ)分けする。このような言説分析は社会学の得意分野であったが、著者はさらにその奥へ、社会学が不得意とする「心の中で何が起こっているのか」の分析へと向かう。

これこそラカン派精神分析の切れ味の見せ所であり、著者の才能が最も生かされるところである。例えば、著者はひきこもりやニートについて「欲望そのものへの欲望(「欲望」を持ちたい!)」という心の状態であると喝破する。

さらに、虚構に性的対象を見いだせるおたくを、厳密にペドフィリア(幼児性愛)と区別し、「ひきこもり治療法」として「おたくになる」ことを薦める。これは、現在議論されている東京都青少年健全育成条例改正案への有効な批判となっている。

それでは心の病が「治る」とはどういうことなのだろうか? 治ることをひとつの「成熟」ととらえるならば、氏の成熟についての定義は感動的だ。いわく、「去勢によって自由になること」。一見奇妙な論理かもしれないが、現代思想の最先端と通じ合う「王道」であることは、確定的に明らかだ。(金田淳子・社会学者)

(日本評論社・1890円)=2010年6月17日⑤配信

美術史の先端部にある表現　「現代写真論」（シャーロット・コットン著、大橋悦子、大木美智子訳）

いま、写真ほど大きな歴史のダイナミズムにさらされているメディアもないだろう。感光フィルムを利用した機械式アナログ写真が需要・供給ともに急激な終焉（しゅうえん）を迎えつつある一方、デジタル写真はまるで燎原（りょうげん）の火のごとく野に広がり、とどまることがない。

それを素直に喜んでよいのか、にわかには断定もできないありさまだ。このことは、わたしたちが写真について知ろうとするとき、従来の教科書がもうそれほど有効ではなくなっていることを意味する。それが既成の美術史を参照して、似た記述のスタイルに写真の変遷を流し込むという流用の形式であったかぎり。

実際、本書を開けばすぐに理解できるように、いま写真によって可能な表現の振幅は旧来の絵画をはるかにしのいでいる。しのいでいるだけでなく、それは芸術の電子化という差し迫った、しかも避けられない近未来の課題にも完ぺきに順応している。善かれあしかれ数百年にわたって工夫を尽くし、ある種のマニエリスムに陥っている絵画に対して、写真による表現がいったいどこまで達してしまうのか、正直、想像がつかないほどだ。

ところが、写真は長く絵画に対して二次的な位置を余儀なくされてきた。逆に言えば、だからこそ美術史とは別に写真史が必要とされたのだ。

しかしいま、写真はあきらかに美術（アート）の一部となった。だから、美術史とは別のところに写真があるのではなく、美術史の先端部に写真による表現があると言った方が正確だろう。おそらく求められているのは、写真を使った表現が、すでに絵画のずっと先にあることを説得しうるような批評の存在なのだ。

が、理論よりも先に、デジタル化によって参入可能性が著しく高められた写真の世界は、誰も有無を言えぬ表現を遠からず生み出してしまうはずだ。本書に載る一概に写真とはくくりがたいイメージの群れを見ていると、そんな切迫とも期待ともつかぬ感情がふつふつと浮かび上がってくる。（椹木野衣・美術批評家）

（晶文社・2730円）＝2010年6月22日配信

生者と死者への想い交錯　「小暮写眞館」（宮部みゆき著）

花菱英一の両親が取得した念願のマイホームは、下町の寂れた商店街にある廃業した写真館だった。その佇（たたず）まいが気に入った父の秀夫は、店舗兼用の古家にそのまま住むことにした。

だがその家には以前の主の幽霊が出るという評判も。そんなおり、この写真館で現像したという写真が持ち込まれた。法事帰りらしい6人のスナップ写真の横に、涙を流しているように見える悲しげな女性の顔が浮かんでいたのだ…。

高校生の英一がこの不思議な写真の謎を追っていくのが第1話の「小暮写眞館」である。これを皮切りに、第2話「世界の縁側」では、笑顔と暗鬱（あんうつ）という対照的な表情が映り込んだ親子の写真が、第3話「カモメの名前」では子供たちの遊ぶ前を横切って飛ぶおもちゃのカモメの写真が登場し、心ならずも英一は「心霊写真バスター」の日々を送っていく。

非日常的な写真の謎を追うミステリー小説的な味わいに加え、ゴーストストーリーの気配も漂わせながら、英一の学校生活や家族とのかかわりなどおよそ2年にわたる日常生活が、自在の筆致で描かれていく。

明るくファンキーな両親と、聡明（そうめい）な弟に囲まれた仲のよい花菱一家。だが幼いときに病気で急逝した妹の存在が、家族のそれぞれに暗い影を投げかけていることが徐々にわかってくる。

「世の中にはいろいろな人がいるから、いろいろな出来事も起こる」という言葉のように、3枚の写真から、英一は人と人とのさまざまな繫（つな）がりを知ることになり、同時にこれまで避けてきた自分たち家族の問題にも、目を向け始める。生きている人間への想い、そして亡くなった人への想いが静かに交錯するには、古びた小暮写眞館という場が必要だったのだろう。

著者3年ぶりの現代を舞台にした小説は、けなげな青春小説、胸を打つ家族小説、ほろ苦い恋愛小説のすべてを包含した贅沢（ぜいたく）極まる作品となった。（西上心太・文芸評論家）

（講談社・1995円）＝2010年6月24日①配信

切実な課題から哲学を説く　「これからの『正義』の話をしよう」（マイケル·サンデル著、鬼澤忍訳）

米ハーバード大の政治哲学教授マイケル・サンデルの講義を基にした本である。千人以上の学生が押し寄せる人気で、同大史上初めて授業がテレビ公開された。日本でもこの4月からNHK教育テレビが12回にわたり放映。異例の反響で、刊行1カ月で既に15万部を超える売れ行きという。

サンデルはコミュニタリアン（共同体主義者）と呼ばれる思想グループの代表的論客。だが、いきなりその思想を説くのではない。ハリケーン被害で物不足になったフロリダでの強欲な便乗値上げの挿話から始め、市場と正義、功利主義、リバタリアニズム（自由至上主義）…と話を進める。

アフガニスタンの戦場での生死をかけた兵士の選択、産児に対する代理母の権利、少数民族優遇で大学入試に振り落とされた白人学生の不利益。現代米国が向き合う切実な課題の具体的事例を取り上げながら、アリストテレス、ロック、カント、ベンサムらの政治哲学の要点を説いていく。

現前する課題と哲学の間を行き来するサンデルの論の運びが見事だ。生死を分かつ戦場での選択など、日本人が問うことをやめてしまった問題を正面切って取り上げているのも、読者を引き付けている理由だろう。

終わりの2章で、サンデルの立場が鮮明になる。ハーバード大教授だったジョン・ロールズは1971年の「正義論」で平等主義的なリベラリズムの思想を打ち立て、米国における福祉の原理を築いた。それに対し、やはり同大教授のロバート・ノージックは個人の権利の原理に立ち戻り「最小国家論」を説いた。リバタリアンの思想だ。

サンデルのコミュニタリアニズムは、個人としての人間の自由の意味をめぐる2人の先達の「正義」論争を批判した上で、個人よりも家族・地域などの共同体を重視し、自由よりも共同体が共有する「善」から「正義」を説く。ハーバードという米国最高の知の殿堂で70年代から繰り広げられてきた大論争が垣間見える書でもある。（会田弘継・共同通信編集委員）

（早川書房・2415円）＝2010年6月24日②配信

妥協なき直線的な生き方　「樺美智子　聖少女伝説」（江刺昭子著）

「60年安保」から50年を迎える。全国各地で国民各層が「安保反対」「岸内閣打倒」を叫んだあの反対運動は歴史上ではどのように位置づけられるのだろうか。

その視点のひとつに、反対運動のピーク時、1960年6月15日の国会デモで亡くなった樺美智子の実像を確かめるという手法がある。本書はまさにその書というわけだが、樺の22歳までの人生を丹念にたどることで戦後民主主義下の葛藤（かっとう）のいきさつ、革命家をめざす思想的・心理的変遷、さらには近代日本が理想としてきた「典型的な近代家族の姿」などを検証することができる。

著者は樺より5歳下になるのだが、いわばあの60年安保世代といっていい。それだけに、記すべきポイントや表面上の動きの背景にある見えざる史実にも目配りが利いている。例えば樺が神戸高校時代に、大先輩で京大総長の滝川幸辰（昭和8年にその学説が自由主義的と弾圧された）が講演に来て、「女は良妻賢母がいい」と話したのを怒り、抗議に行こうとしたエピソードなどは、勝ち気で芯のある性格を端的に語っている。高校生にして、性差による差別を許さないということだ。

樺は戦後社会の価値観を知的に深めていくとどのようになるかを身をもって示している。まじめに事に対処し、社会的不公正を許さず、理論に忠実で、原則を譲らない生き方。学生運動の裏方で地道に働き、やがて自治会幹部として活動の前面に立つ。両親には学生運動へ深入りしていることを決して明かさない。本書が描く樺像は妥協のない直線的な姿である。

あの「6月15日」とは樺にとって何だったのか。デモの中での死は圧死説と絞殺説とに分かれるが、当局の発表の不自然さの中に、“彼女は狙われていた”との見方もできるように思う。

著者は「聖化された美智子の実像をよみがえらせたい」との思いから本書を書いたという。その思いが読者に十分伝わる書である。（保阪正康・ノンフィクション作家）

（文芸春秋・1850円）＝2010年6月24日③配信

南ア政治犯の感動的な戦い 「サッカーが勝ち取った自由」(チャック・コール、マービン・クローズ著、実川元子訳)

1960年代、南アフリカはケープタウン沖に浮かぶ孤島、ロベン島。ネルソン・マンデラをはじめとする、非白人の政治犯が収容される悪名高き監獄島だ。激しい虐待が日常の過酷な環境で、唯一、看守たちの目を逃れて息抜きできる娯楽が、サッカーだった。シャツを丸めたボールを室内で蹴(け)り合い、発覚しそうになったらシャツに戻すのだ。

すぐにサッカーは、受刑者たちの心のよりどころとなる。屋外でまともなゲームがしたいという熱望は膨れあがるばかり。本書は、そこから刑務官らと粘り強く交渉してサッカーをする権利を獲得し、さらには所内で「マカナサッカー協会」を発足、本格的なリーグ戦を組織していくさまが、ドラマチックに描かれる。それはやがて新しい国家を運営していく者たちにとって、理想を実現化するためのシミュレーションだった。

主役たちのキャラクターが際立っているため、まるで「大脱走」とか「七人の侍」のような映画を見ているようで、一気に読んでしまった(実際、本書は映画化されている)。

感動的なのは、かれらが勝ち取ったのが、単に「サッカーをする権利」ではなく、「サッカーするしないを決める自由」だったことだ。

刑務官たちが、今週は労働のノルマを果たしていない受刑者がいるから週末のサッカーは禁止、などと「お仕置き」に利用しようとしたとき、受刑者たちのとった行動は、「サッカーをしない」だった。サッカーについて自分たちで決める権利を許さないのだったら、そんな与えられたサッカーなどしない、という態度だ。「サッカー禁止」を罰則にしないという確約が得られるまで、サッカーストライキは続いた。囚人の人権と健康に配慮してるという体面を保ちたいアパルトヘイト政府は、結局、折れることになる。

「スポーツは人権の一つだった」という、元受刑者の言葉が重い。(星野智幸・作家)

(白水社・2100円)=2010年6月24日④配信

言説の根拠のなさを論証 「日本語は美しいか」(遠藤織枝、桜井隆編著)

日本語は美しい言語だと、なんとなくにせよ、思っている人は少なくないようだ。書店にも、日本語の美しさを強調した表題の本が並んでいる。

しかし、本当に日本語は美しいのだろうか。美しいとすれば、どこがどんなふうにか。本書は言語学を専攻する著者らが、この問題に正面から取り組んだ労作である。

日本語が美しい、優れた言語だと言いはじめたのは江戸期だが、以後現在に至るまで論拠はちがっても、この言説はくりかえし登場している。本書ではまずそうした言説を時代背景とともに紹介し、しかし言語学的に分析して考えれば、日本語それ自体が美しいとする妥当な根拠はないと断じている。

本書がとくに詳説しているのは、敬語の問題だ。日本語を美しいとする論者は、必ず敬語を持ち出しているからである。たしかに英語などと比較してみれば、日本語の敬語表現は豊かであるし、独特だろう。が、たとえば韓国・朝鮮語にも敬語はあるし、ジャワ語のそれにいたっては使い方に10のレベルもあるのだという。敬語があるから美しいと言うのであれば、ジャワ語が世界で最も美しい言葉だとみなしてもよいわけだ。

このようにして、本書は美しい日本語論者の言説をていねいに検証し、それらが結局は個々の恣意(しい)的な主観に基づくものでしかないことを明らかにしていく。

そしてさらに本書を興味深くしているのは、敬語をはじめとする問題をめぐって、若者たちの意見や感想を聞いている点だ。数カ国の若者の国語観も添えられている。

これを読むと外国よりも日本の若者に、自国語に対する否定的なイメージを抱くものが多いことがわかる。彼らが社会に出てからの敬語使用に、これほど不安を抱いているとは知らなかった。

となれば、いま論ずべきは、日本語の美しさよりも前に、日本語の危機についてではないのか。(清水哲男・詩人)

(三元社・2415円)=2010年6月24日⑤配信

「語る」政治の時代の到来

「選挙演説の言語学」（東照二著）

昨年の総選挙は、この国の政治構造を根本から覆した。本書を読み、あらためて、そう感じた。政治家に求められる「ことば」が一変したのである。

本書は、総選挙中の演説を数多く採録し、その巧拙を詳細に検討している。「人を惹（ひ）きつける演説」には「パーソナライズ」（自らの言葉で語る）、「ヒューマナイズ」（人間性にかかわる話をする）、「ドラマタイズ」（劇的に語る）の3点が重要で、堅苦しい政策中心の「リポート・トーク」でなく、情緒的な話「ラポート（共感）・トーク」こそが聴衆の心をつかむ、と主張する。

そして「上から目線」で語りがちな自民候補より、聴衆が共感しやすい演説をした民主候補に総じて軍配を上げている。

しかし、こうした与野党の「語り」は、自民党の常勝時代も同じだった気がする。自民候補の演説に実績の羅列は付き物。権力への近さこそ、強調すべき唯一のテーマだった。野党候補のことばに共感しても、実現は望み薄だった。

さらに言えば、「閉ざされた空間」で聴衆にへりくだって語る自民候補の例を、著者はネガティブにとらえているが、自民候補にとっての聴衆は支持を呼びかける浮動層でなく、票固めをしてもらう支持基盤の人々だった。腰を低くして地域の顔役らに動いてもらう。それが保守選挙の常道であった。組織力の弱い野党候補が「開かれた空間」で不特定多数に語るのとは意味が違った。

昨年の総選挙では、さまざまな状況から保守地盤そのものが崩壊した。だからこそ、与党候補でも、浮動層に「直接語らなければならない時代」が到来したのである。

民主候補は責められる立場に転じてもラポート・トークができるのか。権力の側にいることは今や、必ずしも武器ではない。その意味で、今回の参院選こそ、与野党候補が初めて、同じ土俵上で演説力を競い合う国政選挙となる。（三山喬・ジャーナリスト）

（ミネルヴァ書房・2520円）＝2010年6月24日⑥配信

胸打つ純情と成長の痛み

「火群のごとく」（あさのあつこ著）

時代小説は、現代が舞台では手がけにくい素材を描くことができるジャンルである。たとえば青春小説ならば、どこまでもまっすぐな心を持った若者を主人公にすることができる。いや、現代だって若者の心はまっすぐだろうが、てらいなくそれを描くことは難しい。触れることがためらわれるほどの純真さは、時代というフィルターを介在させることで、初めて描ききることができるものなのだ。

青春小説の名手、あさのあつこは時代小説の書き手でもあるが、ついに代表作というべき傑作をものにした。本作「火群（ほむら）のごとく」である。

物語の舞台は、小舞という小藩だ。主人公の新里林弥は数えで14歳、元服はまだ済ませていないが、いずれ新里家を背負って立つことになる。彼の兄、結之丞は剣豪とたたえられた人物だったが、謎の刺客に襲われて非業の死を遂げた。それ以来林弥は、家督を継げるような大人になるため、一心に剣の腕を磨いてきたのだ。

その彼が、同い年の少年・樫井透馬と出会ったことで運命が動き始める。透馬はかつて、結之丞から剣を教えられたことがあった。兄の弟子を前にしたことで、林弥の血がたぎるのである。

胸を打つ純情に満ちた作品だ。大人になることを願う林弥だが、過ぎゆく青春の日々を惜しむ未練の気持ちも同時に持っている。相反する心情の中で時に不安定になったとき、彼が没入するのは己の剣だ。剣法の修練を描いた小説でもあり、林弥の心は剣を通じてあらわにされる。同輩への嫉妬（しっと）などの醜い感情はもちろん、兄嫁への許されぬ恋慕だって描かれる。揺れ動く14歳の心情が見事に再現されている。

物語はさらに結之丞の死という謎を扱い、複雑さを増していく。林弥たちは、その事件に立ち向かうことで大人の世界を垣間見るのである。成長の痛みを描いた小説として、凜（りん）とした香気の漂う時代小説として、広く読まれてほしい作品だ。（杉江松恋・書評家）

（文芸春秋・1575円）＝2010年7月1日①配信

首相進退も握る権力の府

「参議院とは何か」（竹中治堅著）

民主党が衆院で圧倒的な議席を持ちながら、鳩山由紀夫前首相は8カ月余で政権を投げ出した。キーワードは参院である。参院過半数確保のために連立を組んでいた社民党が離脱。夏の選挙を戦えないという参院側の声で辞任に追い込まれた。

首相の進退まで左右する参院の権力。1947年の創設から現在に至る政治過程を詳細に検証し、その実態を明らかにしたのが本書だ。

参院は衆院で可決された法案を無修正で通す「カーボンコピー」と呼ばれたこともある。参院無用論につながる見方だ。だが著者は衆参両院の法案審議過程だけで判断すべきではないと指摘する。参院は、衆院での法案審議以前の段階である、首相指名、組閣、内閣の法案準備段階にまで影響を及ぼしている。

権力の根拠は、首相指名や予算・条約以外の法案審議で衆院とほぼ対等な立場にある憲法上の規定。さらに首相に参院の解散権がなく、任期6年が保障されているため首相の統制が効きにくいという制度上の理由だ。

著者は法案審議の具体的事例を挙げ、その権力を裏付ける。参院で重要法案の成立を拒まれたり、修正を余儀なくされた吉田茂首相。参院多数派確保のための連立時代に入ると、野党にパイプを持つ参院自民党の発言力が強まる。独断人事の小泉純一郎首相でさえ青木幹雄参院幹事長との協調関係を維持し、組閣では参院枠を尊重した。

与野党逆転の「ねじれ国会」に対応する難しさは福田康夫首相ら最近の政権で分かる通り。時代によって態様は違うが、参院は常に政権運営に大きな力を及ぼしてきた。

著者は選挙制度改正などの必要性を認めながらも、国家による権力発動を抑制し、国政に多角的な民意を反映させるため、参院の存在意義を積極的に評価する。

本書で参院の「力」を知ると、選挙の重みを一層実感する。今回の参院選の結果も、政治の行方に大きな影響を及ぼすのは間違いない。（川上高志・共同通信編集委員）

（中央公論新社・2310円）＝2010年7月1日②配信

零落の悲劇を見事に描写

「のけ者」（エマニュエル・ボーヴ著、渋谷豊訳）

暗く陰惨な話である。というと、何やら壮絶なドラマを想像してしまうのだが、この小説はその対極。むしろ、登場人物たちは、自らの悲劇に無自覚で、その描写は軽妙洒脱（しゃだつ）。あえて言えば、自らの運命についての無頓着さこそが、最大の悲劇なのだと考えさせられる。

主人公ニコラとその母ルイーズは、尾羽打ち枯らしてパリにやってくる。ルイーズは裕福な育ちながら、貧しい東欧移民と結婚し、実家とは疎遠になっていた。その夫も亡くし、実家の遺産も使い果たし、姉夫妻を頼ってきたのだが、もともと反りが合わなかった姉にはつらくあたられ、すぐに飛び出すことに。あとは、ホテルを転々とし、親せきや知人、果ては赤の他人にまで借金しては踏み倒し…を繰り返し、母子はひたすら転落していく。

最大の魅力は、落ちぶれていく人間の描写の「正確さ」であろう。かつての華やかな生活の記憶が、母子を苛（さいな）む。救いようのなさに苦しみながらも、何一つできない母子の無力さを描くさまは容赦なく、そして見事である。しかも、2人はどこか現実味がない。たとえば母は、お金がなくてもツケで一番高いモード誌を買い続けるし、ニコラは現実味のない夢物語を考えてばかり。いよいよ困り果てて工場で働くも、2週間で逃げ出す…といったありさまである。

借金を繰り返すうち、母子は周囲から孤立していく。社会で役立つ能力を欠く人間が、経済のみならず人間関係まで枯渇させていくさまを、鮮やかに描いている。貧困、ということの本質を描いているともいえる。

ところでこの小説は1928年に発刊されたというが、このころフランスでは人口減少が問題化し、移民労働者受け入れが社会的軋轢（あつれき）を生んでいた。若年層と移民が同じ働き口を奪い合う、現代のグローバル化された労働市場を先取りしたような作品でもある。低成長時代の日本の若者にも、決して他人事（たにんごと）ではない。（水無田気流・社会学者、詩人）

（白水社・2625円）＝2010年7月1日③配信

世界を震撼させた発明

「大気を変える錬金術」（トーマス・ヘイガー著、渡会圭子訳）

生物は呼吸によってエネルギーを得ている。ただし呼吸で利用する酸素が、空気中で占める割合は2割程度でしかない。残る8割の大半は窒素なのだが、一部の細菌を別にすれば、生物はそれを利用できない。

生物の体をつくるタンパク質の主要な構成元素は窒素なのだからこれは皮肉な話だ。動物体中の窒素の元をたどると植物に行き着く。植物体中の窒素は土中から養分として吸収したものだ。こんな遠回りをするのも、空気中の窒素を直接には利用できないからなのだ。

農業では、化学肥料が登場するまでは、堆肥（たいひ）などの有機肥料か鉱物資源であるチリ硝石を施すことで畑の窒素分を補っていた。窒素系化学肥料が登場したのは空気中の窒素からアンモニアを合成するハーバー・ボッシュ法が開発された第1次大戦前夜のことだ。

前置きが長くなったが、本書はこの合成法の発明に名を残す2人のドイツ人化学者をめぐる波瀾（はらん）万丈の物語である。

アンモニアの合成は、良くも悪くも世紀の発明だった。なぜなら、世界の食糧増産に多大な貢献をしたほか、火薬の原料となる硝酸合成も可能にしたからだ。そしてその発明のタイミングが世界を震撼（しんかん）させることになった。結果的に、2度の世界大戦を長引かせることになったからだ。最初は火薬の原料をドイツに供給したことで。次はアンモニア合成で養った技術で合成したガソリンをナチスに供給したことで。

ハーバーもボッシュも共に、最初から戦争協力を目指したわけではなかった。目的は窒素肥料の原料確保だった。だが戦時協力という名の下に、ハーバーは喜々として、ボッシュは不承不承、時代に翻弄（ほんろう）されていく。

科学者は所属するコミュニティーへの忠誠心を優先すべきなのか、それとも良心に従うべきなのか。本書は科学技術史上のエピソード紹介にとどまらず、科学者の社会的責任という問題を考えさせずにおかない好著である。（渡辺政隆・サイエンスライター）

（みすず書房・3570円）＝2010年7月1日④配信

家族が語る名優の本質

「人生はピンとキリだけ知ればいい」（森繁建・和久昭子著）

父・森繁久弥のことを次男建さんと長女和久昭子さんがかわるがわる語っている。戦後満州から引き揚げて、食うや食わずの下積み時代から、文化勲章を受章し96歳の長寿をたもって亡くなるまで、それこそ〈ピンからキリまで〉の一生を送った名優の、父親としての姿がよくわかる。特に引き揚げ時の一家の話は貴重なドキュメントだ。

たいていの俳優・芸能人の家庭秘話とは著しく異なっているところがある。家族や近しい人の話は、映画やテレビ、舞台で見る顔とはずいぶん違う顔を伝えるものだが、この本にはそんなところがひとつもない。読まれた方は自分たちが見て知っている森繁が演じた数々の人物像と同じ顔をここに見いだすはずだ。

なるほど大正のはじめに生まれた日本の男性は、いまとはだいぶ変わっている。ワンマンで父権主義者で、家長風を吹かすわりに子供っぽく、多情多恨で家庭をかえりみないところがあるのに、きわめて家族愛が深い。

しかしこれは、この時代のフツーの日本人男性に共通のものだ。例えば向田邦子さんの残した名作エッセーの数々に描かれている父親像（森繁さんの9歳上で、保険会社のサラリーマンだった）は、ほとんどそっくりである。

この本を読むと、森繁久弥の「芸」の本質がよくわかる。それは普通人森繁の延長線上に真っすぐにつながっている。だからその代表作はいずれも、その時期の日本人一般が持っていた課題そのものだった。「（おばはん）頼りにしてまっせ」を流行語にした「夫婦善哉」は女性の社会進出が確定的になった時代の産物だし、「屋根の上のヴァイオリン弾き」は家族の崩壊を、「恍惚（こうこつ）の人」は長寿社会の問題を描き出した。なにより「三等重役」から「社長シリーズ」までの大ヒットは日本の民主主義の（喜劇的な）象徴だ。

芸の上での顔と家族へ向ける顔が一致するのは、一種のアマチュアリズムだが、この人以外にそんな俳優はいなかった。（鴨下信一・演出家）

（新潮社・1365円）＝2010年7月1日⑤配信

支持獲得へのイメージ闘争

「六〇年安保」(大井浩一著)

役員から新入社員まで、一緒に腕を組んでデモに出掛けたという嘘(うそ)のような話を、先輩から酒の席で何度も聞いたことがある。いったいあの六〇年安保闘争とは何だったのか。1962年生まれの著者に大きな謎として存在するのは当然である。

その疑問を、新聞紙面に登場した知識人の発言と、メディア自身の発する報道、その交叉(こうさ)のなかで読み解こうとしたのが本書である。

経験、思い入れ、イデオロギー(政治思想)のつまった膨大な安保関係の文献がある。しかし、それらをカッコにいれ、少し醒(さ)めた目で眺めた場合、どんなことが見えてくるだろうか。

想像しにくいかもしれないが、進歩的知識人と保守系論客が、新聞を舞台に激しく論戦を交わしていた。論壇も機能していた。また、学生、労働者に限らず、作家、評論家、大学教授らも時代に対してみな真剣だった。

前後して闘われていた三池闘争。さらに韓国の四月革命。一方で、米ソの対立。日本は高度成長に突入していたし(神武景気・岩戸景気)、テレビを中心にした大衆社会化現象も広がっていた。

天覧試合での長嶋のサヨナラホームランや、皇太子ご成婚は前年の59年である。安保闘争に共通する祝祭的な気分があったことは否定しがたい。そこに岸信介に体現される戦争責任者への不信が深層心理として加わっていた。

多くの言説や事件を、丁寧に紹介しながら、結局、お互いの暴力を非難し合うことで、世論＝大衆の支持を取り付けようとする「イメージ闘争」であったと結論づける。安保条約の自然承認後、潮がひくように沈静化したのは、そのイメージ闘争が終了したからかもしれない。

安保条約をこれからどうするか。あらゆる政党も、またメディアもいまだ主題化できていない。六〇年安保を振り返ることは今後の進路に思いを馳(は)せることでもある。新しい世代の刺激的な一冊。(小高賢・歌人)

(勁草書房・3360円)＝2010年7月1日⑥配信

生命力に「共振」する身体

「旅に溺れる」(佐々木幹郎著)

聖山カイラスへの巡礼と、大河の源流調査を目的とするチベット旅行が、いつのまにか輪廻(りんね)転生の物語を追体験する旅になっていく。

人が死んだ後、その魂はどこへいくのか。チベットの「死者の書」は、死んでから再生するまでの状態を「バルドゥ(中有)」と説く。かつての登山で、そのバルドゥを体験したという著者の身体感覚は、繊細そのものといっていい。

「死者の書」で描かれた、再生へ向かうときの心理状態について著者は「標高五千メートル以上の酸素の薄い高山を歩くとき、とりわけその山から降りてくるときの、人間の意識の状態に限りなく近い」と書く。登るより、降りるときの心理状態が「解脱」に近く、それは酸素の量に左右されるという。バルドゥを精緻(せいち)に分析する身体性には、霊力さえ感じられた。

最も心に残ったのは、中国四川省の地震救援活動報告のため、北京に行ったときの記述だ。そこで会った中国の詩人たちは、学校の瓦礫(がれき)の底で夢みるような表情で死んでいる子供たちの写真を見て、涙が止まらなかったと話す。実際に写真を見ていない著者は「もし見たら、わたしも言葉なく、涙を流したかもしれない」とつづる。

そこにあるのは、想像力とも違う何かですべてを透視する力だ。その涙はどこから生まれてくるのかと自らに問いかけ、「自分が生きてきた経験を(つまり死ぬ理由を)ついに知ることなく死んでいく、存在のはかなさに、共振する」と結ぶ。

「共振」については、沖縄で急病に倒れた双子の実弟を描く章で、納得するものがあった。離れた土地にいる弟の痛みを感受する身体を、著者は生まれながら持っていたのである。

山形県鶴岡市の「黒川能」、新潟県阿賀町の「狐の嫁入り行列」、そしてチベット。一連の地に共通する生命力に、深く共振して生まれた旅行記なのだろう。読後に、何とも不思議なエネルギーが満ちてくるのである。(佐伯裕子・歌人)

(岩波書店・2100円)＝2010年7月8日①配信

心理学者の鋭い文明批評

「加速する肥満」（ディードリ・バレット著、小野木明恵訳）

表紙のイラストが、本の内容を的確に表していて面白い。類人猿が進化して現代人になるまでは誰でも知っている。しかし、その先があったのだ。見事に太った未来人がわれわれの子孫らしい。

人間の体の仕組みや健康の問題を考えるとき、大昔の状況と比べてみると、合点のいくことが多い。例えば私自身、「人間の体が必要とする塩分量は、どれくらいか」という疑問を抱き、文献などで調べたことがある。

分かったのは、人類は10万年もの時間をかけて遺伝子をはぐくみ、そのほとんどの年月、天然の動植物だけを食べてきたこと。そして食物に含まれる塩分量は1日3グラムくらいということだ。

だが現代の日本人は同平均12グラムもの塩分を取っており、食をめぐる環境が激変していると痛感した記憶がある。今回この本を読んで「人はなぜ太るのか。人類の歴史に重ねて考えればその答えが見えてくる」ことをあらためて教えられた。

著者は、米国の心理学者だ。この点も意表を突く。肥満やダイエットといえば、これまで栄養学や医療の専門家が論ずるのが相場だった。しかし「肥満は一種の中毒だ」とし、その心理を巧みに利用した食品ビジネスが背景にあるとの指摘など、心理学者の目線で語られる肥満への考察は、従来の肥満問題の書物によくあるカロリー計算の解説などとは全く異なり、新しい発見の連続だ。

人類の食と生活文化の歴史を、ときにジャーナリストのように鋭く考察する。例えば、狩猟民族と農耕民族の栄養摂取の違いに着目した分析などはユニークで興味深い。

運動の大切さを海洋生物のホヤで解説したりするのはご愛嬌（あいきょう）としても、統計データや実際に起こった事件などを次々に挙げながら、常識を覆していく手法は圧巻だ。読み終わった後、ある重大なキーワードが全編を貫いていたことに気づかされる。これはダイエット本でなく、鋭い文明批評だ。（岡田正彦・新潟大医学部教授）

（NTT出版・2310円）＝2010年7月8日②配信

血わき肉躍る生涯を探索

「謎の探検家　菅野力夫」（若林純著）

もじゃもじゃ鍾馗（しょうき）ヒゲのつるつる頭、5尺8寸（約176センチ）の探検家ルックの巨漢が、ドクロぶらさげ、はい、ポーズ。どう見たってフツーじゃないこの絵はがき（本書表紙）の男こそ、謎の世界探検家菅野力夫（すがの・りきお）だ。

片ひざ曲げて斜めに見上げる決めポーズがキザなこの鍾馗様、実は世界各地で自らを撮った写真の絵はがきで知られた探検の鬼…らしい。

生まれは明治20（1887）年。旧制中学中退ながら国家主義者頭山満の書生となり、同44年24歳の中国行きをきっかけに、好奇心と体力、胆力の赴くままに50代まで探検旅行十数回。「猛虎野ニ伏ス南洋島！！　炎熱燃ユル印度ノ沙漠（さばく）！！氷風骨刺ス　バイカル湖上！！」。猛獣、官憲向こうに回す大探検。東海道自転車走破はほんの足慣らし、というフツーじゃない肉食系探検の鬼…らしい。

帰れば帰るで、血わき肉躍る獅子吼（ししく）大講演年100回以上。聴衆感激、新聞興奮という講演の鬼…らしい。

こんな、亭主元気で留守がいいを地で行く探検人生ながら、私生活も花丸で、資産十分、愛妻に料亭買い与え、さすがに子どもはできないながら、養子を立派に養育。生涯浪人、組織に属さず、信念貫いて、足の向くまま、気の向くままに生き、老後は愛する故郷郡山（福島県）で温泉ざんまいだった…らしい。

らしい、らしい、というのは、この鍾馗様、日記も報告書も未発見。もしや頭山配下の軍事探偵、大陸進出加担者かもと、謎だらけの人生だからだが、そこは著者のさらなる探索に期待するとして、この日本に、世界雄飛の人生大満足快男児がいたことは間違いない。

ところがその日本、今や疫病神にとりつかれ、生き方も夢も無き草食系青年あふれる閉塞（へいそく）社会。

ならば元落第生にして厄よけの鬼神となった本家鍾馗様同様に、元中退生の肉食系鍾馗様にも、青年よ荒野をめざせ、世界をめざせと「感奮興起」せしめ、「精神振興」を獅子吼する厄よけの鬼となってもらおう。（斗鬼正一・江戸川大教授）

（青弓社・2100円）＝2010年7月8日③配信

終末期医療の難題を提起

「私がしたことは殺人ですか?」(須田セツ子著)

読んだ直後の率直な感想は「終末期医療における司法判断の限界」という素朴なものである。川崎市にある川崎協同病院の筋弛緩(しかん)剤投与事件で、昨年末に殺人罪が確定した著者の一貫した主張は「事実誤認と司法当局の医師不信を基礎にして、人為的に作られた殺人事件ではないのか」というもので、悲痛な心の叫びが本書の底流にあることを十分に読みとれる。

終末期医療では現在、各病院が第三者を含めた倫理委員会を設けて、患者の症状に対する適切な治療法、患者の希望、QOL(生命の質)、家族の意向、法制度との適合性、今後の治療の優先順位などを検討することが求められている。

しかし、著者が主張するようにこれはあくまで一般論である。病院に終末期医療の倫理指針や倫理委員会が存在しない場合、あるいは医師が1人しかいない地域医療の現場などでは、植物状態にある患者の治療停止についてどのように最終判断すればよいのか。本人や家族との十分な信頼関係を基盤にして、主治医1人で治療停止の判断をせざるを得ない場面が少なからず存在することは、容易に想像できる。

ただし、患者の苦悩へ共感する医療を実践していることを根拠に「延命治療の停止については、部外者と相談する内容だと思っていません」と言い切る著者の意見には残念ながら賛同することはできない。患者に同情するのではなく、真に共感するには、主治医の独善的判断を排除するための客観性が、何らかの形で担保されることが望ましいと考えるからである。

本書を読む限り、著者は長年にわたり、診療関係にあった患者に対して、植物状態に至る最期まで主治医として真剣に対応したと思われる。その医療行為がどうして刑罰の対象となる殺人事件となったのか。もし一般市民が参加する裁判員制度で審議されていた場合でも、今回の医療行為は殺人行為であるとの最終的な断定が果たしてなされたのであろうか。(藤野昭宏・産業医科大教授)

(青志社・1470円)=2010年7月8日④配信

結婚と人間の不可解さ描く

「フリン」(椰月美智子著)

不倫を「フリン」と表記するのはポップを装っているようでちょっと古い感じがするし、ずいぶん安直なタイトルだとも思う。本作の帯には「反道徳小説」と書かれているけど、そもそも小説のネタなんてほとんどが反道徳的ではないか。赤と黒の表紙のデザインは、男女の業の渦巻きを予感させるような不穏な配色…。この本を手にした時の第一印象は、「不倫」と言われて人がイメージするであろう枠を超えないものだった。

本作は、郊外のとあるマンションを舞台とする6編の短編集。同じマンションに住む女性と父親をラブホテルで目撃した女子高生。かつての恋人に隣人として再会し、ダブル不倫を続ける主婦。会社に出入りする女と恋に落ちた男。若かりし日のたった一度の関係が大きな波乱を呼び、34年の時を経てふたたび巡り合った管理人夫妻…。

登場人物たちには、情熱や狂気じみた愛憎に浮かされている者もいれば、自責の念に駆られる者もいる。妻の恋を知ってか知らずか、寛大な夫もいれば、30年近く連れ添った夫からのカミングアウトに「はずかしくて泣けてくる」と激怒し、涙をにじませる妻もいる。

しかしどの物語にも、ぬれ場や修羅場といった「これぞ不倫」という描写は少なく、登場人物たちを一歩引いた視点で描いているのが印象的だ。

結婚とは不可解な制度である。健やかなる時も病める時も、死が2人を分かつまで愛することを誓った者たち。本作のテーマは、不倫そのものよりも、不倫という契約違反によって変化する(あるいはしない)、家族の関係性なのではないか。

物語は、日常の地続きにあるものとして淡々と展開する。信頼と裏切り、正気と狂気の間に境界線もない。それが作品に一層リアリティーを与えている。人と人とが深くかかわることで生まれる情の温かさや恐ろしさを緻密(ちみつ)に描いた本作。結婚の不可解さとはつまり、人間の不可解さなのかもしれない。(宮田和美・ライター)

(角川書店・1575円)=2010年7月8日⑤配信

悲史の核心に迫る物語

「サラの鍵」(タチアナ・ド・ロネ著、高見浩訳)

物語は、小説の半ばまで、二つの時間軸に沿って交互につむがれてゆく。一方は、1942年7月16日の早朝のパリを襲った悲劇。他方は、その60周年を前に特集を組む雑誌とその女性記者。背景には、ナチス占領下で、フランス警察自身がユダヤ人に行った一斉検挙がある。彼らはいずれアウシュビッツに送られるのだが、多数の子供たちが含まれていた。

一方の主人公は、検挙されたユダヤ人少女のサラ。当日、弟を秘密の納戸にかくまい、鍵を閉める。そうして鉄条網のなかから逃れ、再びかつてのわが家に戻るが、そこには別の家族が住んでいた。

アメリカ系のパリの雑誌に勤める記者は、ついにはサラのことに行き着くものの、そこには物語的な必然ともいえる偶然が用意される。義理の祖母が老人ホームに移ったのを機に、そのアパルトマンを改装し、そこに移り住もうというのだが、その住居こそ、サラが住んでいた場所なのだ。

そしてそこで、二つの物語と二つの時間が一つにより合わされ、われわれは一気に読書の流れに引き込まれる。この重ね方に、作者の力量が発揮されている。歴史と物語の結合かもしれない。

鉄条網を脱したサラは親切な老夫婦に助けられる。パリのアパルトマンに戻ったときに出くわした一人の少年は、後に記者の義理の父になる人物。それぞれに抱え込んだ秘密が、結果として徐々にあぶりだされてゆく。

ちなみに、老夫婦の養女となったサラは、戦後、アメリカに渡り、結婚し、一子をもうけるが、交通事故と見せかけて自殺してしまう。女性記者の調査は、どこまで、事件の核心、いや歴史の核心に迫れるのだろうか。

そのさなか、当の記者には自らの妊娠が判明し、そこに運命を生きたサラの影が重なるように読めるのだが、それもこの物語の手柄といえるだろう。読了後、世界の見方が少し変わってくる。

(芳川泰久・早大教授)

(新潮社・2415円)=2010年7月8日⑥配信

家族サスペンスの深層

「夜行観覧車」(湊かなえ著)

一本の坂道がある。上がるのと下がるのとでは、絶対的な格差が生じる。上に立つか、下に押さえつけられるか。だが勝ち組の上級階層にも「地獄」は訪れる。

事件は、丘の上に建つそんな一軒で起こった。4人暮らしの家族で父親が殺され、次男が姿をくらます。母親は「自分が殴った」と供述。息子をかばって罪をかぶろうとしているのか。これがT家の場合。

むしろ、火種を抱えていたのは、隣家のほうだった。おとなしかった一人娘の反抗期がすさまじく、暴力にまでいたった。母親は途方に暮れ、父親は逃げ腰になっている。これがE家の場合。

ストーリーは、2家族を交互に語って進行していく。間奏として、地域の良識とモラルを代表する(と自任する)監視役K夫人による実況中継的語りがはさまれる。家族サスペンスの進行として危なげない。単純にみえる事件の深層には何があったのか。

ところで本書には、シオリひもが2本ついている。普通の単行本には1本だ。2本あるのはそれ相応の理由があるからだろう。どうしてか。本書の構成は、E家、T家、K夫人を1セットにして、その反復で4セットから成り立つ。E家とT家の章は家族単位で、視点は複数入れ替わるが、ほぼ時間進行に従っているから、読みにくさはない。けれどもシオリが2本。ここに作者の得意技が仕掛けられている。

つまり―。主要人物はT家の3人(事件を知って実家に帰ってくる長男、長女と次男)、E家の3人、そしてK夫人の計7人。彼らはたまたま、当事者と傍観者(あるいは、裁定人)になってしまったけれど、その差は紙一重にすぎない。人物の役割が入れ替わっても、つきつけられるドラマはおそらく同じなのだ。

何が彼らの途(みち)を分けたのか。紙一重の差こそ尽きない謎なのだ。シンプルでありながら深い小説の醍醐味(だいごみ)。それを、さかのぼって確かめるためには―2本のシオリが要る、というわけだ。(野崎六助・文芸評論家)

(双葉社・1575円)=2010年7月15日①配信

二つの世代の光と影映す

「おれのおばさん」（佐川光晴著）

母の期待と献身を一身に受け、エリート候補生としての人生を歩んでいた中学2年生の「おれ」、高見陽介は、初夏のある日、大手都市銀行勤務の父の横領が明らかになったことで、それまでの日常のすべてを失い、札幌で中学生専門の養護施設を運営する母親の姉、「おばさん」のもとに預けられることになる。

大きな打撃を受けながら、家族が元に戻る日を信じて北海道で気丈に勉強を続ける陽介。だが、元来の有能さと、自分を保つ意志の強さから、施設で出会った子供たちと自分の間に自然に壁を作ってしまう。

本書ではそんな陽介に対し、自由奔放に生きるおばさん＝後藤恵子がいささかエキセントリックな方法で接近し、その壁を崩していく様、それによって陽介が新しい仲間の中で生き始める様が描かれる。奄美への旅の風景なども織り込みつつ、少年たちの可能性とのびやかな心の成長を語る。夏休みに読むにふさわしい、さわやかな思春期小説であることは確かだ。

ただその青少年層向けの楽観主義が、それと異質な現実主義によって縁取られている点に、著者佐川光晴らしさがある。

医学部に進学しながら演劇に夢中になって中退、なぜか養護施設を運営しているおばさんや、犯罪を犯した陽介の父、それに気付かなかった母など、中学生の陽介の物語を語る著者の関心は、実はそれ以上に、彼を取り巻く、著者と同世代の大人たちの過酷な今を描くほうに向いている。

ある者は安全を追い求めて失敗し、ある者は永遠の夏休みを追い、そしてそのどちらもが、いくつもの取り返しのつかなさを抱えている。かつて優秀な少年少女だった彼らの現在の姿に、中学生たちの思春期に似た、もう一つの未熟で多感な季節が描き出される。

二つの世代が生きる一つの季節の光と影を、出来事の積み重ねを通して映し出す。小説でありながら、社会派ノンフィクションの味を感じさせる一冊だ。（田中弥生・文芸評論家）

（集英社・1260円）＝2010年7月15日②配信

深く深く古代を旅する

「縄文聖地巡礼」（坂本龍一、中沢新一著）

中沢新一氏は「鼻」の人である。人類が積み重ねてきた、歴史や文化という堆積（たいせき）物にもぐりこみ、かきわけて、その深層にひそみ、うごめき続ける不可視のミミズを探す「アースダイバー」。

坂本龍一氏は「耳」の人である。音楽という境界のない海で、遠く深くから聞こえてくる、何かの呼ぶ音を求め、旅に出ては回帰する、探求のイルカ。

「敵か味方か」「生か死か」という二項対立の構造で行き詰まった現代社会に、知覚のモグラとイルカは、そのどちらでもなく、どちらでもある「第3項」という、古代の人々が持っていた〝世界のひな型〟を探す旅に出た。

合言葉は、「縄文」。

世はパワースポットとやらがブームだとか。明治神宮の清正井戸には参詣客が引きも切らず、海外ツアーでもスポットめぐりのオプションが大うけだそうだ。

大地の力の噴き出すところ、天の息吹が降りたつ場所…そう言われるスポットにはかならず、古代の人々の信仰の痕跡がある。

諏訪へ行ってはヘビの神ミシャグチと出会い、若狭ではこの国をめぐる水の力を、青森では原発と三内丸山遺跡、紀伊田辺では彼らの先駆者・南方熊楠に思いをはせ、鹿児島では隼人（はやと）とその先に続く南方文化へと目を向け、はたまた日本という国の歴史の中で、時には対立し時には融和しながら、それでも一つになることなく、現代までくりかえされている「縄文―弥生」の関係を浮き彫りにしてゆく。

長州は「弥生」、薩摩は「縄文」…なるほど、そう考えると分かるところも多い。

「目」はあくまで写真家に託して。知覚の巨人2人が、古代人のスポットで皮膚感覚に感じたこと、その縄文的アンテナにひっかかってきた「何か」をつづった対談集。

さあ未来のために、いま一度、深く深く、古代を旅しよう。（星野孝司・翻訳家）

（木楽舎・1995円）＝2010年7月15日③配信

人を結び、解放する避難所　「シェイクスピア&カンパニー書店の優しき日々」（ジェレミー・マーサー著、市川恵里訳）

すぐ目の前にノートルダム大聖堂が見える、パリはセーヌ河左岸のシェイクスピア＆カンパニー書店。濃い緑色で塗られた窓枠が目をひくこの書店を訪れる観光客は多い。だがここは、貧しい作家や作家志望の者たちに、書店の仕事を手伝う代わりに寝食を提供する避難所でもあったのだ！

本書は、とある事情で母国カナダから逃げるようにパリにやって来た元新聞記者の著者が、文字通り転がり込んだこの書店で過ごした数カ月を回想したものだ。雰囲気だけは一流作家の陽気な米国人カート、英語かフランス語の文法書を片時も離さぬ勤勉なウイグル系中国人アブリミット、書店に5年近く居座る不遇の詩人サイモン、書店に集う人は、みな一癖も二癖もあるが、実に魅力的な人ばかりだ。

しかしなんと言っても圧巻は、80代後半ながらも、知力精神力ばかりか恋愛においても現役バリバリ、書店の住人たちを叱責（しっせき）し、その生きざまにおいて強烈に激励する伝説の店主ジョージ・ホイットマンであろう。娯楽は一切なし、汚れたビニール袋でも洗って再利用し、服は教会のバザーで買い、しかも手で洗うジョージの極度の節約生活には正直あぜんとする。だがそれもすべて、書店のわずかな売り上げで、人々に無料で食事と宿を提供するためなのだ。

利潤追求を拒む根っからの共産主義者で、本が万引されることより万引された本が読まれずに売られることを嘆くジョージだからこそ「少なくとも本を売っていれば、だれも傷つけずにすむ」というナイーブな言葉が重く響く。彼は本が人と人を結びつけ、人間精神を解放すると信じている。

ユゴーの小説「ノートルダム・ド・パリ」の有名な一節「コレ（活字本）がアレ（大聖堂）を殺す」をもじって言えば、対岸の大聖堂がそうであったように、救いを必要とする人々の避難所シェイクスピア＆カンパニー書店は今も「コレとアレが共に生きる」場所である。（小野正嗣・小説家）

（河出書房新社・2730円）＝2010年7月15日④配信

戦前期日本の矛盾を切開　「山本五十六」（田中宏巳著）

南太平洋上空に散った悲劇の提督。日本を敗戦に追いやった“悪玉陸軍”に抗し、非戦の策を求め続けたリベラルな“善玉海軍”の旗手。それが元帥山本五十六の現在に続くイメージか。いち早く航空戦力の有用性を説き、真珠湾奇襲で鮮やかに実証してみせた決断力と実行力。それゆえに、時代を超えて山本の崇拝者は今も少なくない。

だが、著者はそうした肯定イメージや礼賛の大合唱に流されず、鋭い批判を織り交ぜながら山本の実像に迫る。同時に本書は、矛盾に満ちた戦前期日本を山本の軌跡を通して切開して見せた時代史ともなっている。

海軍の伝統を全否定することもできず、一方で総力戦の時代にふさわしい戦略を追い求め続けた山本。日本国家の限界と矛盾を熟知しながら、総力戦を闘い抜こうとする山本の固い意志を著者は随所に紹介していく。だが、苦悩する山本を突き放すかのように、彼の限界をも的確に活写する。

著者は山本が現実との妥協を図ったことを決して見逃さない。すなわち、航空戦力整備に全力を尽くしたはずの山本が、艦隊決戦論を必ずしも否定せず、実際には革新的な立場の持ち主ではなかったと喝破する。そこに彼の限界を見いだす。

考えてみれば、それは日本国家の限界でもあろう。山本はその限界を熟知していたがゆえに、奇襲という古典的な戦法の採用に追い込まれたと言えまいか。欧米と比して資本と技術で劣った日本。それでも米国と渡り合うためには奇襲という戦法しかなかったとすれば、それは山本の判断というより、日本国家自体に残された唯一の選択であったかもしれない。そこからは、日本国家の本質が透けて見える。

当時の日本が抱えた限界や矛盾は、一人の英雄の決断力や実行力だけで克服できるものではなかった。制度や体制の抜本的な変革なくしては、事態は打開できないのだ。本書は、山本の行動を通して、そのことを深く考えさせる良書である。

（纐纈厚・山口大教授）

（吉川弘文館・2205円）＝2010年7月15日⑤配信

矛盾たたえた名レスラー

「ドンマイ　ドンマイッ！」（三沢光晴著）

読みながら何度も思う。この文章をつづっていた人は、もうこの世界にいないのだと。

そう思うと不思議だ。かつてこの世界にいて、笑ったり泣いたり怒ったりしていた人の、写真か動画を見ているかのような気分になる。

ただし携帯メールのように絵文字が所々に挿入された文章は、心細いほどに軽い。手を離したらふわふわとどこかに飛んでいってしまいそうだ。軽いからこそ余計に不安になる。

この文章を書きつづっていた三沢光晴は、日本のプロレス史に名を残すレスラーの一人だ。つまり「プロレスラーとしての三沢をどう定義するか」との命題は、「プロレスとはどんなジャンルなのか」という命題を考えることに重複する。

ところがこれが難しい。ジャンルとしての規定を、これほどに内側から拒絶するジャンルはほかにない。プロレスは興行でもあるしスポーツでもある。エンターテインメントでありながらガチンコでもあるしフェイクでもある。つまりストイックなほどにあいまいで、徹底して単純化を拒絶するジャンルなのだ。

その体現者である三沢は、2代目タイガーマスクを襲名し、師匠のジャイアント馬場の逝去後は新団体「ノア」を設立した。常に日の当たる道を歩いてきた。でも三沢のレスリング・スタイルは、徹底した受けのプロレスだった。彼の試合をテレビで見ながら、僕は何度「これはまずいよ」とつぶやいただろう。

相手の技を受け続ける名レスラー。闘いが前提のプロレスで、そもそもこれが矛盾なのだ。あいまいさと混濁を身の内にたたえながら、三沢は昨年6月、リング上で生涯を終えた。まさしく激しい技を受けて。

絵文字とともに、鼻骨骨折や頸椎（けいつい）ねんざなどのけがが語られる。これは切ない。つらい。でも文章は楽しい。軽い。

だからあらためて思う。この人はもういない。欠落を実感する。いないことによって世界を思う。
（森達也・映画監督）

（ミシマ社・1575円）＝2010年7月15日⑥配信

「近代」描いた未完の絶筆

「白い河―風聞・田中正造」（立松和平著）

今秋、国際ペンクラブの大会が東京で開催される。テーマは「環境と文学」である。

大会を記念して、日本ペンクラブ環境委員会は、明治以降の環境文学リストを作っている。

ところで、日本文壇でも、突出して環境問題の重要さを主張してきた実力作家が2人、この春に他界した。井上ひさし、立松和平の両氏である。不条理すぎる運命を、呪（のろ）わずにはいられない。

立松氏が倒れた時、鞄（かばん）の中には、誰も知らなかった原稿の束があった。まさに絶筆となった作品である。

「白い河」という題のこの小説は、足尾銅山の鉱毒事件を追及した田中正造を扱っている。立松氏には、すでに高い評価を得た「毒―風聞・田中正造」という作品がある。となれば、前作と異なる視点で、これを書いていたことになる。作品は未完であったが、関係者たちは、著者の思いを形にすべきと判断し、出版に至ったようだ。

物語は、田中正造と下野の農民・植木との交流を軸に展開する。渡良瀬川流域は、台風期には洪水に見舞われる。それだけでなく、上流の足尾銅山周辺に放置された有毒廃棄物が、土砂とともに流れ出る。土壌汚染が拡大し、流域は死の土地となる。農民の病死者も増加した。

植木は、汚染土を埋め、健全な土を掘り出そうと途方もない努力を続けた。その不屈の精神に感動した田中は、衆議院議員として、国会で何年にもわたり、改善要求の激烈な演説を重ねる。

しかし、事態は一向に好転しない。政官業の利益癒着だけでなく、来るべき日露戦争に備えて、銅の大量生産が必要だったからである。

本書の終盤は、植木の長男が徴兵され、旅順に向かう。この構成からすると、著者は環境問題と戦争は直結するという「近代」の骨格を、大河小説で描こうとしていたのではないか。すると、今回活字になったのは長い物語のほんの冒頭部分であったのだろうか。（中村敦夫・俳優、作家）

（東京書籍・1470円）＝2010年7月22日①配信

劇作家としての魅力浮かぶ　「池波正太郎が書いたもうひとつの『鬼平』『剣客』『梅安』」（池波正太郎著）

小説家が名を成す以前の経歴はさまざまだが、劇作家から転じた一群の人がいる。共通するのは「会話がうまい」ということだ。芝居は役者のせりふで成り立つのだから、しごく当然のことだ。

欠点として物語が都合よく展開し過ぎることを指摘する向きもある。限られた役者が狭い舞台の上で演技をするところに、理由があるのだろう。

小説が映画や舞台になるとき、原作を脚本家の手に渡してしまったら、「もう別の作品」と割り切る著者も多い。

池波正太郎は新国劇の「座付き作家」と言われるくらいに多くの芝居の脚本を書いていたが、師の長谷川伸から「芝居だけでは食っていけないよ」と言われて、小説家を志したのだ。

それだけに自作の舞台化やテレビ化には人一倍気を使った。本書は三大シリーズと言われる連作小説を、自らの筆で舞台化した3作の脚本が収められている。

演出まで手掛けたから、配役はもちろん舞台装置から大道具、小道具、衣装に気を配り、音楽も自分の好みを反映させた。「剣客商売」の音楽は、いずみたくだった。

「鬼平犯科帳」は130作あまり、「剣客商売」も90近い作品がある。原作を読んだことがない観客のためには、時代と登場人物の概略を説明しなくてはならない。

筋立ては原作にほぼ忠実でありながら、登場人物などに思い切った設定の変更や省略が施され、小説とはひと味違う舞台の魅力が生まれた。そこには独特の「ファンサービス」の精神が見て取れる。

小学生のころから芝居や映画を見続けていたから「映像化」は得意中の得意だった。その文章を読めば、登場人物の動きと背景が画像となって頭の中に鮮明に浮かぶはずだ。

本書を開くと池波正太郎のもうひとつの側面が見えてくる。殊に池波ファンにとっては、まさに「たまらない本」といえる。（重金敦之・文芸ジャーナリスト）

（武田ランダムハウスジャパン・1785円）＝2010年7月22日②配信

良識こそがわれわれの希望　「保守のヒント」（中島岳志著）

若手の保守論客として知られる著者の論考のエッセンスが詰まった本だ。保守というと、条件反射的に「古臭いもの」と思われがちだが、ここにあるのは紋切り型の愛国心強調や伝統の賛美ではない。また、競争原理を信奉し、「小さな政府」や「官から民へ」といったスローガンを掲げる新自由主義とも違う。

著者が考える保守主義の特徴は、何よりまず懐疑精神にある。そして保守と右翼とを峻別（しゅんべつ）する。著者によれば、左翼は理性や合理主義を信じ、それを追求することで理想社会を達成できると主張する思想であるのに対し、右翼は過去の純粋な民族共同体のなかに理想社会が成立していたと信じ、回帰や復古を唱える。

これら一見対立しているようだが、理想社会が可能だと信じている点では同類である。左翼も右翼もロマン主義であり、熱狂的であり、陶酔的だ。彼らは共に、現実そのものを嫌悪し、自己が信奉するイデオロギーに固執する。特に日本では「大和心」は、脱論理的な「心情」を重んじるものだとされたので、右翼はしばしば不合理な破壊活動へと向かっていった。

これに対して、いかなる時代でも不完全な人間が社会を営んでいる以上、理想は達成されないという諦念（ていねん）を抱きつつ、それでもシニシズム（冷笑主義）に陥らずに、漸進的な社会改良を目指す精神―それが著者の考える真の保守主義だ。

そうした立場に立つと、近代日本の歴史はかなり違って見えてくる。たとえば昭和初期のテロや青年将校の暴走は右翼ロマンの産物であり、健全な保守主義者は国家社会主義的政策に抵抗した。

レッテルを離れて思考内容を検討すると、現代の閉塞（へいそく）状況を緩和するための有益な示唆も見いだせるだろう。

保守は、劇的で完ぺきな答えがあるとは説かない。そうではなくて、妥当で実現可能な方策を探る良識こそが、われわれの希望なのだということを、この本は教えてくれる。（長山靖生・評論家）

（春風社・1890円）＝2010年7月22日③配信

明治の実質伝える交通史

「日本の鉄道創世記」(中西隆紀著)

日本の鉄道が明治5(1872)年、新橋～横浜間で始まったことは有名だが、近代を象徴する大がかりな交通システムをどんな手順で導入したか、細かいことを言えば線路の幅(軌間)をどうやって決めたのか、京浜間の経路をいかに決定したかなど、一般には意外に知られていないことが多い。

本書は鉄道史前夜の幕末(佐賀藩はさっそく蒸気機関車の模型を自作した!)から書き起こし、東京駅が完成する大正初期までの近代日本史を、鉄道を柱に描いている。

開通に先立つ明治2年、北海道・積丹半島の付け根にある茅沼炭鉱では「謎の英国人」が指導して、石炭を運ぶのに人馬が引くトロッコを導入しているというのだから、鉄道は突然降ってわいたように京浜間に舞い降りたわけではない。

全国にこの交通手段を広めるのが急務とわかっても明治新政府には財源がなく、後の高崎線・東北本線にあたる上野～高崎間、大宮～青森間などの建設は日本鉄道という「私鉄」が担うことになった。表向きはともかく、ルートの選定や技術全般に至るまで官営鉄道のメンバーが担っており、実体は今日的な「私鉄」ではない。しかも発起人には岩倉具視をはじめ伊達、蜂須賀などの旧藩主ほか多くの華族が名を連ねている。この会社の存在そのものが当時の明治の実質を伝える興味深いエピソードではないか。

その後は各地方に鉄道建設ブームが訪れるが、列強の鉄道投資は積極性を増し、ロシアはシベリア鉄道の建設を急いで極東地方の南をうかがう。やがて勃発(ぼっぱつ)する日露戦争では鉄道の兵員輸送能力の高さが認識され、そのことが幹線鉄道の国有化への動きを加速させてゆく。植民地経営における鉄道の重要性は、現代人が考えるよりはるかに大きかったのである。

英米独などの対日本外交も背景に描きつつ、鉄道にかかわった多くの人物エピソードを交えて浮き彫りにした労作である。(今尾恵介・エッセイスト)

(河出書房新社・2100円)=2010年7月22日⑤配信

達文でこだわりの足跡描く

「山で見た夢」(勝峰富雄著)

久しぶりに「山」を語る本に出合った。より高くより厳しい登山を追求してきたアルピニズムは衰退し、登山は大衆化の時代である。書店の山コーナーも、ガイドブックやノウハウ本ばかりが並び、スポーツとして楽しむ登山が全盛だ。そうした流れにあえて抗してみようというのだろうか。著者は山と人とのかかわりを熱く語りかけてくる。

序章でいきなり「さよなら山登り」と書きだす。刺激的で挑戦的な言いぶりにまずひきつけられる。「山登り」は「実は人と山との関係の一面しか表現し得ていない」という。頂を目指す登山は「『山』の一部にしかかかわれない」。それが「さよなら」の意味だ。

著者の「山歴」は高校から始まり、いまに続く。大学2年までに日本の主要な山は登ってしまったという。冬期の岩壁登攀(とうはん)も経験した。教育系出版社に職を得たが、30歳で山と渓谷社に転職。好きな山を仕事の対象にした。水を得た魚だっただろう。いまだ40代後半の若さだ。だが、山岳雑誌の編集を通して山と向き合ってきた時間は普通の山好きとは比較にならないほど長い。しかも濃密である。

その蓄積から出たひとつの答えは「『山』という場へ人間が『移動』し、身を置くことただそれだけでいいという姿勢」だ。キーワードを「登山」から「山」に切り替えたことで、関心を持つ領域は大きく広がった。その結果だろう。多彩な切り口の文章がつづられている。

ありきたりではないルートと山域の記録がある。得意とする渓流遡行(そこう)は常人では近づけない奥山の谷だ。誰も見たことがない秘境を訪ねる。仕事で山を歩く者ならばこその、こだわりの足跡が達意の文で描かれる。山で会った忘れられぬ人々の話、フィクション、離島への旅行記で筆は置かれる。どれも異なる魅力に満ちていて楽しい。

「山」になにを思うか。読む者に問い掛けてくるいい本である。(米倉久邦・ジャーナリスト)

(みすず書房・2730円)=2010年7月23日配信

現代へスリリングな問い

「悪貨」（島田雅彦著）

ある朝ホームレスの男が目覚めると、足元に100万円が置かれていた。男は有頂天になるが、それもつかの間、金はひったくられてしまう。横取りした若者たちは一晩豪遊するがすぐに逮捕される。容疑はしかし盗みではなく、偽札の使用であった。しかも真札と区別がつかないほどの精巧な偽札。それが突如、大量に出現したのだ。

作品は、ここから一挙に巨大なスケールの偽札をめぐる国際犯罪へと飛躍する。偽札のルート解明に必死になる警察当局と、貧者救済活動をして地域通貨を発行する宗教団体「彼岸コミューン」へ大金を寄付する中国在住の野々宮という謎の男との戦いが始まる。野々宮の正体をつかむために派遣される潜入捜査官のエリカは、いつしか彼との禁断の恋に陥る。

鑑定機でも識別できない偽札を見破ろうとする男。「彼岸コミューン」代表の元経済学者。大量の偽札を流通させることで国家をものみ込もうとする中国人の黒幕。さまざまな登場人物たちが、この前代未聞のグローバルな偽札事件にかかわり、そこで各人の欲望や野心が渦巻き、また愛と理想と正義が交錯する。

作者が意図しているのは、マネーをめぐるピカレスクロマン（悪漢小説）であるとともに、リーマン・ショック以降に顕著になった、世界経済危機の現実に対する鋭いクリティックである。

冒頭にホームレスの姿が描かれていることからもわかるように、21世紀に入って日本でも貧富の差が拡大していることも、作品の背景になっている。

偽札造りは重大な犯罪であるが、ギリシャ一国の経済を破綻（はたん）に追い込んだグローバルな投資銀行や金融機関の「犯罪」は問われずにいいのか。資本主義自体の断末魔の中で、国家とは何か、地域とは何か、そもそも人間の幸福とは何か。この作品はその内側に、現代世界への深いスリリングな問いの起爆剤をはらんでいる。（富岡幸一郎・文芸評論家）

（講談社・1680円）＝2010年7月29日①配信

妻亡くした哀しみ静かに

「いまも、君を想う」（川本三郎著）

ディック・フランシス「証拠」の冒頭で、妻に先立たれたワイン商のトニイは、「妻が亡くなって半年たち、周りの者すべての哀悼の念が消えて久しい場合」（菊池光訳）、人並みの容姿を備えた32歳の男は涙を見せてはならないことになっている、と己の哀（かな）しみを持て余している。

結婚を人生一度の選択とみなし、最高のパートナーに愛を捧（ささ）げ続けた者にとって、哀しみの度合いは、その外見や社会的地位とはまったく関係ない、といってしかるべきだろう。

本書の著者の場合はまさにそれに当てはまる。男としての自分をあらゆる場所において、立派な存在として演出してくれた妻、無駄話に付き合ってくれた妻、ファッション評論家としての立場から、専門家の自分に目からうろこが落ちるような映画の見方を教えてくれた妻、等々。著者の思いは、およそ果てることはないだろう。

が、その中で、評論家としての性（さが）であろうか。本書の文体は哀しみをたたきつけるでなく、また客観性を順守するでなく、自然に春の陽（ひ）だまりのようなそれが選ばれている。そしてそこから、著者の哀しみは普遍化され、もし自分がこのような立場になったらと、読者の心にさざ波を立たせずにはおかない。

私の場合、著者と同様、子どもがなく、双方の両親も他界しているので、もしこのような立場になったら―と考えると襲ってくるのは、もはや恐怖に近い。

世の中には、無残な愛の裏切りに遭う者が数多くおり、その点、逆説的に言えば、著者は幸せである。なぜならドイツの作家シュトルムの詩にある「愛の腕に抱かれたことのある人は／生涯うらぶれた思いをしないですむ」「死に瀕してもまだ、彼女はその人のものなのだから」（柴田斎訳）というモチーフを生き抜くことができるのだから―。このモチーフが、今度は著者の哀しみを力強く支えていくに違いない。私はそう信じたい。（縄田一男・文芸評論家）

（新潮社・1260円）＝2010年7月29日②配信

精緻に「世紀の発見」考証　「美しき姫君」（マーティン・ケンプ、パスカル・コット著、楡井浩一訳）

イタリア・ルネサンスの巨匠レオナルド・ダビンチの人気は極めて高い。「モナリザ」や「最後の晩餐（ばんさん）」については言わずもがなだし、数年前に「受胎告知」が公開されたときには多くの観客が長蛇の列をなしたことも記憶に新しい。

何しろダビンチが活躍したのは約500年も前の話で、現存する絵画はわずかに十数点。まさか今さら真作の発見などあり得るのか。そんな希少価値もまた、人気の理由の一つなのだろう。

ところが、そのまさかが起こってしまった。1998年、あるオークションに出品された「美しき姫君」という肖像画が実はダビンチの真作だったというのだから驚かずにはいられない。肖像画と同じタイトルの本書は、この「世紀の大発見」を美術史家マーティン・ケンプと科学鑑定家パスカル・コットがそれぞれの立場から検証した詳細なドキュメントである。

ダビンチが左利きだったことは、逆向きに書かれた鏡文字などによってよく知られている。ケンプもその事実に着目し、この肖像画の筆触もことごとく左手によって残されたことを明らかにする。加えて、モデルと目される女性とダビンチの関係を解明することにも抜かりはない。

一方でコットも、科学的な分析手法を駆使して、制作年代を特定し、肖像画に残された指紋がダビンチの絵画「聖ヒエロニムス」についた指紋と酷似していることも突き止める。またさまざまな修復作業を受ける以前の作品本来の姿を解明していく。2人の考証は精緻（せいち）を極め、肖像画がダビンチの真作であるとの結論には十分すぎるほどの説得力が与えられている。

何はともあれ、この発見は、長らく埋もれていた作品が何かの拍子で市場に出て、眼力のある専門家の目にとまった偶然の産物である。ほとんど天文学的な確率の出来事に違いないとわかっていても、このような僥倖（ぎょうこう）を知ると、いずれまた別の「世紀の大発見」がなされるのではと期待せずにはいられない。（暮沢剛巳・美術評論家）

（草思社・2310円）＝2010年7月29日③配信

時代超えた普遍性にうなる　「あんちゃん」（北原亞以子著）

読み始めてすぐ、ページをめくらないうちに、読者はもう江戸の世界の住人です。名手の技はえてしてそういうものですが、さあこれからどんな物語が始まるのだろうというドキドキ感は、まさに時代小説の醍醐味（だいごみ）です。

台所から聞こえる瀬戸物の割れる音。六つになるおさよ。そしておりょうが「寝床から出て袢纏（はんてん）を羽織り、継布（つぎ）の多い足袋を手早くはいた」とくれば、裏長屋に住む母娘のイメージがクッキリと浮かび上がってくるのです。

それが冒頭の「帰り花」で、本書は全7編の短編から成っています。1編だけ「楓日記（かえでにっき）」という異色作があり、これは現代に始まり、いつしか読者を、慶長年間に生きた一人の女性のドラマにいざなうという、凝った作りになっています。

タイトルとなった「あんちゃん」の切なさを、さあ何に例えましょう。下野、今の栃木県から江戸へ出た弟の捨松。切絵図（地図）を渡し、見送った兄の友二。

年月がたち、捨松は炭問屋の主となります。友二が訪ねてきて再会を喜び、二人の会話を通し、捨松がのし上がるまでの苦労と人との縁が描かれます。ハッピーエンドと思いきや、突如として友二が激高し、捨松を殴りつけます。なぜ二人に感情のすれ違いが生じたのか、そこが読みどころとなります。

一体何のために苦労してきたのかと、捨松の心に風が吹き、読者の胸は切なさでいっぱいになります。しかし小説は前途に光明を見せて終わるのですから、思わずうまいなあとうなってしまうのです。

あらためて時代小説のよさを味わいました。背景は江戸であっても、古典落語同様に決して古くならない普遍性が時代小説にはあります。

そしてそれは、一にも二にも著者の腕にかかっていて、短編なのにコクがあることで見事に証明されています。1970年から今年までの作品集ですが、著者は昔も今も名手なのです。（立川談四楼・落語家）

（文芸春秋・1500円）＝2010年7月29日④配信

共存共栄の新秩序目指す

「ユーラシア胎動」（堀江則雄著）

2008年秋のリーマン・ショック以降、米国が主導した一極主義は、劇的に終焉（しゅうえん）を迎えた。その上、ユーロの地盤沈下も止まらない。

そんな中、脚光を浴びているのがロシア、中国、インドなどのユーラシア地域だ。ユーラシアとは、欧州とアジア大陸の総称だが、著者は欧州を除いたエリアに限定した。

古くはシルクロードでつながり、モンゴル帝国が治めたこの巨大なエリアが、来るべき世界の成長センターとして"新しい極"となるというのだ。

本書では、その背景と可能性を裏付ける事実が、著者自らの現地取材を含めてつづられている。

ユーラシア地域という新しい極は、一国ごとのポテンシャルだけでなく、その連携もユニークだ。多極化社会を目指し、対立ではなく共生を求め、各国がウィン・ウィン（互恵）の関係になる戦略を重視している。

その最たる例が、7300キロにも及ぶ、中国北部国境の画定だった。長年紛争の種だったはずの国境を、ロシアや中央アジア諸国と中国は、双方が利益を共有することで、画定に成功させた。

そもそも国際交渉とは、サバイバルゲームである。自国が生き残るためには、時には武力行使が行われる。敵を倒してこそ安寧を得られるはずだ。国境の画定とは、その最たるもので、相手の利益を考えるなどあり得なかった。

ところが、ユーラシア諸国は、同床異夢の国家ビジョンを持ちながら、お互いの利害をくみ取る共存共栄という、新しい国際秩序をつくり上げようとしている。

それが達成できるのかどうかは、まだ未知数だ。しかし、欧米の動きばかりに気を取られて、知らない間に世界の中心軸が地殻変動を起こしているのを、見過ごすわけにはいかない。

激動の時代に真の日本の成長戦略とは何か。ユーラシアの胎動を見過ごして考えているようでは、日本に未来はない。（真山仁・作家）

（岩波新書・798円）＝2010年7月29日⑤配信

"厄介"に宿る本質

「HEAVEN」（都築響一著）

小島の安ホテル、ベッドサイドには非常用懐中電灯と並んで置かれた小ぶりの「聖書」―。本書を手にすると、そんなイメージが浮かぶ。人影のない漁港、鉛色の海と生臭い潮風…天国（ヘブン）は案外こんな所かもしれない。

本書は、著者の感性をもって、20年あまり追い続け捕らえた国内天国ダイジェスト編だ。

スナック、カラオケ、ラブホテル、着倒れヤングに秘宝館…。ページをめくるにつれ、人生街道は、表と裏で語れないメビウスの輪のようなものだと思い知る。北の岬のスナックでいつか呑（の）んだ水割りが幸と不幸に溶け始め、「正解」とは「ザレゴト」とも読めることに思い至る。

十数年前、彼が週刊誌に「珍日本紀行」を連載中、国内ローカル地20カ所あまりを断続的に同行した。目的やコンセプト、見返りも存在しない荒野に、ヌメッとドロッとポロッと在る、得体（えたい）の知れない日本景のカケラを探し求め、風光明媚（めいび）とは対極の「美の極北」を共に巡った。そんな道中の寂れた居酒屋で、目の前にドンッと置かれたパサパサでトホホなシシャモを見つめふと思った…「本質は厄介に宿る」。

この世には「厄介人」という人種がいる。彼らは、自身を厄介者だとはツユほどにも思わない。ありていに謙虚で不気味な風体だ。真の「厄介域」は因果律上にあり、都築響一はそこをピンポイントで感知し咀嚼（そしゃく）して、「業」という名の胃袋に放り込む。

厄介人の辞書に「徒労」の2文字はない。己がどんなゴミの山に埋まろうが、太陽系が口をつぐむ厄介ジジイになろうが、ただひたすらに我（わ）が道を暴走する。そこにこぼれる静かな笑みは次の創造物に連鎖していく。これって「真の幸福」ということだったのではないのか？

定義なきままフラフラとおぼろげに「厄介粒子」が浮遊するこの混沌（こんとん）宇宙、そんなヘブンがこの本の中でグルグルとドス黒く回転している。（大竹伸朗・画家）

（青幻舎・2625円）＝2010年7月29日⑥配信

「他者」の側に立つ難しさ

「乙女の密告」(赤染晶子著)

アンネ・フランク。20世紀の歴史のなかで、もっとも有名な少女といっていいだろう。わずか15歳で亡くなった。生きていたら、いま81歳。日本ならまだ女性の平均寿命にも達していない。ユダヤ人でなければ、孫に囲まれて幸せな晩年を過ごしていたかもしれない。

そんなアンネが残した日記を、京都の外語大で学ぶ「乙女」たちが、ドイツ語で暗唱している。先生は、指定した個所をまず、一晩で暗記してくるように命じる。さらに、よどみなく正しい発音で暗唱できるように、その後2か月間も特訓が続く。バイトよりも合コンよりも、この暗唱が「乙女」たちの生活の中心にある。これはまさに形を変えたスポ根ものだ。

だが、そんな日々のさなかに、一人の「乙女」の胸に疑問がわき起こる。アンネが隠れ家にいることを密告したのは、誰なのか？　そもそも自分たちは、アンネ・フランクを正しく記憶しているのだろうか？

現在形が多く、だだだっと駆け抜けるような勢いのある文章で読ませるが、戯画的に描かれた「乙女」たちの日常に、実は重い問いが突きつけられていく。

まるで聖書のように暗唱される「日記」。密告の犠牲者という点で、アンネはイエス・キリストと共通点を持つかもしれない。しかし、聖書では明らかにされる裏切り者の名を、日記の書き手はついに知ることはない。ただ、ナチ体制のなかで自分たちが究極の「他者」にされてしまったことを、15歳の少女は正確に理解している。アンネの自己理解にかかわる個所を暗唱する主人公は突然、あることを悟る…。

「乙女」とは「市民」の謂(い)いでもあって、われわれはいつでも密告者の側に立ちうるのではないか。ナチ時代に限った話ではない。現代社会も、異質な存在を排除しようとする動きに満ちている。そんな中で「他者」の側に立つことの厳しさが、忽然(こつぜん)と迫ってくる。背負い投げで一本決めるような、鮮やかな幕切れだ。(松永美穂・ドイツ文学者)

(新潮社・1260円)＝2010年8月5日①配信

知られざる戦争描いた大作

「終わらざる夏(上・下)」(浅田次郎著)

1945年8月15日、日本はポツダム宣言を受諾して無条件降伏し、第2次世界大戦はこの日をもって終結した―はずだった。ところが3日後の18日未明、千島列島北端の占守(シュムシュ)島に突如ソ連軍が上陸し、日本軍との間で激しい戦闘が行われた。65年後の今、この事実を知る人は少ないだろう。

本書は、この「知られざる戦争」を描いた戦記小説の大作である。ただし、戦闘場面は上下巻925ページのうちの20ページ足らずで、作者の筆はもっぱらこの戦争に巻き込まれ、翻弄(ほんろう)された人々の姿を描くことに費やされている。

戦争末期、赤紙一枚で召集された3人の男が行き先も告げられずに北へ向かう。万年筆より重いものを持ったことのない45歳の翻訳編集者、歴戦の英雄ではあるが右手の指を失った傷痍(しょうい)軍人、徴兵忌避の手助けをした医学生。どう見ても戦争の役には立ちそうにない男たちである。

同じ岩手県出身ながらまったく境遇の違うこの3人を軸に、終戦準備を進める高級参謀、赤紙を配る村役場職員、学童疎開中の教師と子供、缶詰工場に動員された女子挺身(ていしん)隊員、そして大祖国戦争を戦ってきたソ連の赤軍兵士の手紙まで織り込んで、物語は一筋に「その日」へと流れ込む。

3人の男が最果ての島にたどりつくと、そこにはなんと無傷の陸軍精鋭部隊が今や遅しと米軍との決戦の時を待ちかまえていた。だが、何事もなく終戦の日を迎え、彼らはそれぞれ夢にまで見た平和への第一歩を踏み出したのだが…。

結末の悲劇はわかっているはずなのに、それでもみんな生き延びてほしいと願わずにはいられない。そして先住民の千島アイヌにならって「カムイ・ウン・クレ(神、われらを造りたもう)」と唱えずにはいられない。

この圧倒的な迫力と感動は、トルストイの「戦争と平和」に匹敵するといっていい。(郷原宏・文芸評論家)

(集英社・上下各1785円)＝2010年8月5日②配信

人の遊びのあり方を追求

「ゲームの父・横井軍平伝」（牧野武文著）

任天堂に「横井軍平」という人物がいた。世間では意外と知名度が低いが、ゲーム業界では知らぬ人はいないし、彼の発した「枯れた技術の水平思考」という言葉は名言として常に口に上る。本書は、彼の言動をまとめ、1997年に発刊された「横井軍平ゲーム館」を底本に、現状を踏まえて全面的に改訂し、再構築したという一冊だ。

横井氏は、97年に交通事故で物故している。本書中の彼の言葉は13年以上前のものである。だが当時より現在の方が、横井氏の発想はより胸に響く。この13年間でわれわれは、技術的に先進性の高いゲーム機がすぐには評価されず、むしろ必ずしも先端技術を詰め込んだわけではないゲーム機「ニンテンドーDS」や「Wii（ウィー）」に消費者の支持が集まったという事実を体験しているからだ。

本書は横井氏を、ある種の「発明家」と位置付ける。ゲーム機隆盛以前から任天堂を支え、「光線銃」などユニークなハイテクおもちゃを生み出していくさまは、発想の勝負そのものだ。そして数々の製品が任天堂を変容させていった過程が生々しく描かれている。

任天堂の事業は80年代以降、画面の中で楽しむ「ファミコン」などのゲームが主流になるが「ゲーム開発」に関する横井氏の文言は、驚くほど本書に少ない。むしろその発想は画面の外にあり、人同士の関係や人と遊びのかかわり方に関するものがほとんどである。

彼が追求したのは「遊び方」であり、ゲームの画質や技術ではなかった。テレビゲーム機全盛期には「テレビの外」へ目を向け、携帯型のゲームボーイを生み出した発想力と技術的視点、すなわち、皆とは別の方向を見て、旧式の「枯れた技術」で作る発想こそが、氏に学ぶべき哲学なのだ。

そんな彼も失敗と無縁でない。筆者には成功例より失敗例こそ興味深い。「枯れた技術」とは一つの方向にあるのではなく、だからこそ見つけるのが難しいと思い知らされる。（西田宗千佳・家電ジャーナリスト）

（角川書店・1470円）＝2010年8月5日③配信

全力で走ってゆく言葉

「来来来来来」（本谷有希子著）

本谷有希子さんの「来来来来来」は、戯曲である。私は戯曲に馴染（なじ）みがなく、専門的なことも分からない。ただ、小説でいうところの地の文が無く、台詞（せりふ）の応酬であるということは分かるし、その台詞というものに何より作者のセンスが現れてしまうのだということも分かる。地の文のフォローがないから、感性むき出しの印象があるのだ。意地悪な観点で言えば、どれお手並み拝見、というふうに読んでしまいがちである。

だが、本谷さんの書く言葉には、こちらのねちこい批評眼を置いてきぼりにして、全力で走ってゆくような印象がある。もちろん、言葉にはとんでもないセンスがあって、作家たちにうう、と嫉妬（しっと）の種を植え付けるが、それ以上に読者に抗（あらが）いがたく「面白い！」と声をあげさせる力がある。

「来来来来来」は禍々（まがまが）しく、ページをめくるごとに猟奇性を帯びてゆくが、それが臨界点に達したとき、思いがけず晴れやかなものになる。晴れやかとは程遠い、えげつないという言葉では足りぬ状況であるのに、すこーんと、まっさらな、眩（まぶ）しい光が射（さ）すような気持ちになる。全力で走っているような印象は、それが理由なのだろう。「センス」の中から急に立ち現れる、まっすぐな感情に、私たちははっきりと胸を打たれるのだ。

物語としてカタルシスは必要だが、その操作以上に、自分の体重の乗った感情をぶつけずにはおれぬ作者の、キュートな必死。「来来来来来」に登場するすべての人物にその「キュートな必死」は共通している。だから猟奇的でも、禍々しくても、物語に寄り添わずにはおれないのだ。

感情移入させることだけが物語の役割ではない。感情によって読者を圧倒し、引きこんでしまうことの難しさ。そんな裸にでもならなければ到底出来ないことを、「来来来来来」はやってのけている。（西加奈子・作家）

（白水社・1785円）＝2010年8月5日④配信

探究をやめなかった生涯　「神父と頭蓋骨」（アミール・D・アクゼル著、林大訳）

神が自身の姿に似せて「最初の人間」アダムをつくったと、聖書にはある。創世の物語を言葉どおり受けとるのか、あるいは寓話（ぐうわ）と解釈し、チャールズ・ダーウィンの進化論にくみするのか。

教会と進化論との対立、信仰と科学をめぐる葛藤（かっとう）は、キリスト教世界では根深く、今なお繰り返される議論である。

1859年にダーウィンの「種の起源」が出版されたとき、「進化はおおかたの人にとって、ばかげた考えのように思われた」。教会にとっては、「進化論の主たる問題は、聖書の字義どおりの解釈と矛盾することだった」。しかし、その後、自然についての新たな発見が成し遂げられ、証拠が集まるにつれ、進化という概念が広く受け入れられるようになる。

進化論の証拠の一つとなる北京原人の化石を見つけ、信仰と科学を融合させる独自の理論を打ち立てた人物。それが、本書の主人公、ピエール・テイヤール・ド・シャルダン神父である。

恥ずかしながら、進化論を支持し、推し進めたイエズス会士がいたとは知らなかった。驚いたのは、フランスのシャトー（城館）に生まれ育った敬虔（けいけん）な神父が、自然界への好奇心断ちがたく、その生涯を通じて世界を旅する冒険家かつ思想家になったことである。

本書の圧巻は、教会との対立に悩みつつも、探究をやめなかった神父の生涯を描く第6～16章である。シトロエンの自動車で銃弾飛び交うゴビ砂漠を突っ切るなど、「一九二三年から一九四六年までの年月に、テイヤールが一カ所に連続一五日を超えてとどまったことはなかった」。この漂泊の日々から発見が生まれ、思索が醸されたのであろう。

後日談として、北京原人の頭蓋（ずがい）骨が戦時中に消えた話がある。面白くするためか、信ぴょう性の疑わしい記述が散見されるのは残念。手を広げず、むしろテイヤールの心情を掘り下げて読みたかった。（東嶋和子・科学ジャーナリスト）

（早川書房・2310円）＝2010年8月5日⑤配信

“思考万能”の風潮に一石　「なぜ直感のほうが上手くいくのか？」（ゲルト・ギーゲレンツァー著、小松淳子訳）

株に投資する時には聞いたことのある会社、お菓子を買う時には聞いたことのあるメーカーのもの、というように、物事を決める時にわれわれは直感に基づいた簡単な方法を多用する。このような直感に基づく判断は正しいのだろうか？

例えば、近年注目の行動経済学では、直感は間違いやバイアスを生むものという否定的側面が強い。だが著者をリーダーとする、ドイツのマックス・プランク研究所の研究グループは心理学などの観点から、直感はすばらしいものとたたえる。

では直感は、どんな場合にはうまく働き、どんな場合には間違いやすいのか。その特定が重要だろう。著者は、情報が多すぎる場合や時間がない場合などの状況では、直感は即決できるゆえにうまくいくと主張する。

本書は、直感的思考と意思決定の仕組みを科学的に分析した入門書と言えるが、読み物としても面白い。自画自賛が散見される点は少々鼻につくが、記述は平易で予備知識も不要である。原著の注や参考文献も掲載されており、さらに学びたい人にも便利だ。

人間の知性に根ざした熟慮は直感や感情に常に勝るという「思考万能論」が、長い間、世間や学界を支配してきた。その考えに一石を投じる意味でも本書は興味深い。

ただ「直感の方がうまくいく」というタイトルを見て「では何でも直感で決めよう」と早とちりしてはいけない。「お買い得」「限定品」などと言われて衝動買いをした経験は誰にでもあろう。直感がうまくいかない例である。本書も、一定の条件下での直感の優位性を説く内容である。

なお、翻訳で気になる点があった。「本書では直感、直観、勘という用語を使い分けている」とし、それぞれの定義として三つの性質を述べた個所だ。原著は「直感、直観、勘を同じ意味で使う」とし、その定義としてこの三つの性質を挙げている。大事なところだけに、訳の修正が望まれる。（友野典男・明治大教授）

（インターシフト・1890円）＝2010年8月5日⑥配信

怪紳士らの生々しい実像 「リーマン・ショック・コンフィデンシャル(上・下)」(アンドリュー・ロス・ソーキン著、加賀山卓朗訳)

日本経済に壊滅的な影響を与えた、2008年のリーマン・ショックからおよそ2年。いまだにその真相は明らかではない。いったい何が、どう間違って、未曾有の金融危機は発生したのか。

本書は、ニューヨーク・タイムズのトップ記者による、リーマン・ショックのドキュメンタリーである。当時のヘンリー・ポールソン財務長官やニューヨーク連邦準備銀行のティモシー・ガイトナー総裁のほか、リーマン・ブラザーズのリチャード・ファルド最高経営責任者(CEO)ら、ウォール街にうごめく金融機関のトップたちの動向が克明に描写されている。

文書記録のほか、メール、社内資料、発表資料、覚書に加え、情報源秘匿を条件にした当事者への徹底的なインタビューなどをもとに、臨場感あふれるドキュメントに仕立てている。リーマン・ショックの背景を解説した書や、金融資本主義を批判した書とは異なり、人間の欲望や感情など内面にまで踏み込んで描写しているのが特徴だ。

迫りくる大恐慌の危機を前にして、なお己の欲望を捨てられず、生き残りを目指して権謀術数を巡らし、駆け引きをするウォール街の紳士たち。

「私の目の黒いうちはこの会社は売らない」「もし私が死んだあとで売られたら、墓から手をのばして阻止してやる」と豪語した、強気一辺倒のリーマン・ブラザーズのファルドは、次第に追い詰められていく。

万策尽きて、リーマンは、ついに終末を迎える。「(ファルドは)もう何日も眠っていない。ネクタイはほどけ、シャツはしわだらけだった。彼はベッドに腰をおろした。『終わりだ』悲しい声で言った。『完全に終わった』」

ウォール街は、"強欲資本主義"の総本山といわれる。世界をどん底に陥れた超肉食系の金融ビジネスに携わる怪紳士たちの、生々しいまでの実像を知るには、本書はもってこいである。(片山修・経済ジャーナリスト)

(早川書房・上下各2100円)=2010年8月12日①配信

卑近な日常と異世界が交錯 「魔女と金魚」(中島桃果子著)

ハイ・ファンタジーとか異世界ファンタジーと呼ばれるジャンルが日本に広まったのは、1970年代の後半。トールキンの「指輪物語」が60年代後半に欧米で再評価され、異世界を舞台とする遍歴冒険物語がブームとなった影響による。

このジャンルの作品には、たいてい巻頭に、工夫が凝らされた異世界の地図が収められていて、これから始まる驚異の旅への期待を、いやおうなくかきたてたものだ。

さて、本書の巻頭にも「アニタコム・エッティラ=アルカナアルカモ島」の地図が掲げられている。「コウモリがぶらさがったような形」をしたこの島は、中央を流れる川によって東西に分断され、「選択の町」「戦車区」「吊るされ男の町」などと呼ばれる地区に分かたれている。

西洋の魔術やオカルティズムに関心のある方ならば、こうした名称を見ただけで、ピンとくるかもしれない。

そう、本書の異世界はタロット(イタリアが起源ともいわれる占いカード)の世界観にもとづいて構築されているのである。

とはいえ、タロットにおけるアルカナ(札)を、日本語の「あるかな?」に重ねて、島の名をしゃれのめしていることからも察せられるように、作者が軽妙な筆致で描き出す本書の異世界は見事に和洋混交で、現代日本の世相に通ずる描写が随所に認められる。

なにより、本書のヒロインで魔法を生業にしている若い女性・繭子(まゆこ)にとっての関心事は、世界の命運をにぎる秘密でも、光と闇の争闘でもなく、身近な人々の三角関係や自身の恋愛問題なのだ。

卑近な日常と異世界とが交錯する世界は、すでにアニメやライトノベルではおなじみであり、一般向けの小説にもついにこうした作品が現れたのか…などと思いながら読み進めていたら、終盤に一驚を喫する展開が待ち受けていた。一筋縄ではいかない、したたかな作品であり作者である。(東雅夫・文芸評論家)

(幻冬舎・1470円)=2010年8月12日②配信

歴史見直しを予感の一冊

「中世幻妖」（田中貴子著）

今、日本史が面白い。根本的に書き直さなければならない時期にきているからである。20世紀が過ぎて10年、やっと前世紀の中で考えられていた歴史の枠組みを見直せる視野が開けてきたようだ。この本もそんな、歴史の見直しを予感させるような一冊である。

私たちは古代、中世、近代という三つの時代区分をなんとなく自明のもののように受け入れてきた。中世と近代の間に近世を入れる考え方もある。そして中世文学とか中世の無常観などということばが使われている。「中世」とはどのような時代なのか。いつからいつまでを指しているのか。

ところが、大先生たちが「中世」を論じつくしているように見えるにもかかわらず、「中世」の意味はあいまいで、時代区分としてもはっきりしていないらしいのだ。

この本では学術的に定義され、共通の認識の場で使われていると思われている「中世」が近代知識人の幻想のようなものであることを、おびただしい中世論（小林秀雄、唐木順三からドナルド・キーン、白洲正子まで）をまな板にのせて、次々に明らかにしてゆく。学問的常識が根拠を失っていくプロセスが実に面白い。

知識人はなぜ「中世」が好きなのか。この本を読んでいると、「中世」とはお化けのようなものかもしれない、と思えてくる。気配はあるが、姿ははっきりしない。「ほんにおまえは屁のような」である。

感心するのは、中世論の系譜をたどることが、近代知識人の歴史になっていることだ。巻末の参考文献にあげられているおびただしい中世論のリストを見るだけで、日本近代について考えさせる。中世論批判は、日本近代批判でもあるのだ。

「中世」とはなにかは、「近代」とはなにかでもある。「中世」ブームが少女マンガなど大衆文化にまで及んでいることにも目配りをした、歴史の見直し、書き直しにヒントを与えてくれる文化論である。（海野弘・評論家）

（幻戯書房・3045円）＝2010年8月12日③配信

情を硬質の理にくるむ

「化石の愛」（池永陽著）

京都、大原の里。尼寺桂徳院の門前、杉林の中に濃い緑の苔（こけ）におおわれた地面から、石仏の首だけが3体、うち2体は縦に並んで密着し、1体は30センチほど離れて、顔をのぞかせている。

美大に学んでいた7年前、それを描こうとして、泣いているのか笑っているのかどうしても表情が読めないまま、恋人の今道圭介とわかれて東京の広告代理店に就職した佐合尚子は、新宿の画廊であの埋め仏に出会う。

密着した2体の顔は泣いているようにゆがみ、離れた1体は笑みを浮かべている。描いた井串吾郎は「あの石仏は世の中の縮図」「一生懸命何かをやっているものは泣き、そうでない傍観者は笑う」といい、「私の絵と一緒に暮らしてみませんか」といった。尚子は、親子ほども年の離れた彼のアトリエ住居で一緒に暮らす。

毎日のように抱かれて1年、生きていることは無意味、一緒に死んでみないかという井串と、心中をはかるが、尚子は睡眠薬が致死量に足りずに生き延び、ふたたび京都の土を踏む―。

今もなお心に生きている井串とのしがらみは何だったのか、答えを求める尚子に、伝統を誇る京菓子の老舗の跡取りで今も尚子を愛する圭介、尚子に恋して埋め仏を描かせる若い細谷直人、豆腐料理屋を営み、京都タワーは不倶戴天（ふぐたいてん）の敵と爆破計画を練る黒人ボビー。

そして、かつて井串と修羅を生きた庵主寿桂が、ときに2体の“主役”となり、ときに1体の“傍観者”となってからみあい、それぞれが胸に秘めた思いを生きるさまを、池永陽は、情を硬質の理にくるんで描く。

最後に、埋め仏を「怒り、苦しみ、悲しみの人間の根本的な感情を抱えながら、必死に笑っている。もがき苦しむ衆生の身代わり」と見抜き「人間は悲しくて淋しいもの。だから未来を求め、愛しい人を求めるのよ」という尚子。その思いは、作者の読者へのメッセージであろう。（井家上隆幸・文芸評論家）

（光文社・1785円）＝2010年8月12日④配信

異才たちの本質をえぐる

「劇的な人生こそ真実」（萩原朔美著）

1970年代に、萩原朔美という名前を何度か目にしたことがある。

詩人の萩原朔太郎の孫で、映像作家ということだった。雑誌のグラビアなどで美青年ぶりに驚いたが、実際何をやっていたのか知らなかった。

本書は、同世代の多くが抱いていたそんな疑問に答えてくれる本だ。実は、著者の萩原は、副題にあるように、〝昭和の異才たち〟と濃密に〝逢〟っていたのである。

その異才たちの顔触れがすごい。萩原は作家の萩原葉子の一人息子だが、母親の親友が森鷗外の長女の森茉莉。小学生のころから森の特異な才能（著者は「子供大人」と呼ぶ）と接してきた。

20歳からの約4年間は劇団・天井桟敷に役者兼演出家として在籍した。主宰した寺山修司と深くかかわり「毛皮のマリー」の主演俳優丸山（美輪）明宏や、後に東京キッドブラザースを率いる東由多加らと悪戦苦闘しながら舞台を作った。

次いで天井桟敷の演出体験を通して三島由紀夫と知り合い、謎の作家と言われた「家畜人ヤプー」の著者沼正三の出版イベントや、暗黒舞踏派の土方巽の百貨店イベントを手がける。どの人物も強烈な個性である。

そして70年代半ばから80年代の11年間は、パルコの創設者増田通二と組んで「月刊ビックリハウス」を発行、サブカルチャーの仕掛け人として活躍したのである。

現在、美術系大学の教授職にある著者は、自分は表現者としての才能がない、と長く思い込んできた。「芝居を捨て凡庸を選んだ者」「かたぎに堕した男」であり、才気ある人々と出会って魅了され、引きずられた体験があるだけだ、と。

しかし、「出会いの痕跡をそのまま書いた」本書は、驚異的観察力と批評力により、単なる回想記を超え、異才たちの本質をえぐり出している。

土方巽がいみじくも予見していたように、萩原朔美は天性の「文章を書くひと」だったのだ。（足立倫行・ノンフィクション作家）

（新潮社・1470円）＝2010年8月12日⑤配信

戦後美術の根幹へ誘う

「反アート入門」（椹木野衣著）

アートって何だろう？

オルセー美術館が所蔵する印象派がアートなら、北野武が描く絵もアート。日曜画家がたしなむ絵だって立派なアートだ。彫刻や映像に加えて、最近では地域振興のためのアートプロジェクトも盛んだから、アートという言葉の射程は今、かなり広い。

だが、美術史をひもといても、残念ながらこの謎を解明することはできない。ギリシャ・ローマ時代の芸術作品は細かく教えてくれるのに、戦後から現在にかけては驚くほど素っ気ない解説本の何と多いことか。いくつもの様式が展開してきた流れを大まかに理解することはできても、それらと現在との間に断絶があるのだ。

本書は従来の美術史書に満足できなかった人にとって絶好の入門書だ。著者の視点が現在に置かれ、そこから歴史を遡行（そこう）するという構成になっているから、アートの「今」をよりよく知りたい読者の必要を十分に満たしてくれる。米国や日本の戦後美術史を頻繁に取り上げる半面、それ以外の時代をすべて省いているのも、本書のねらいが美術史の全体像を描くことより、市場や批評、美術館といった現場で、現在のアートが抱える問題の根を正確に伝えることにあるからだ。

さらに、最初から最後まで口語体で記述されているため、著者の講義を聴いているかのような臨場感がある。ちょうど岡本太郎の著書「今日の芸術」がそうだったように、直線的というよりらせん状に進んで行く話芸を楽しんでいるうちに、いつのまにか芸術の根幹に誘い込まれているのだ。

ただし、難点がないわけではない。市民のための芸術として始められたはずの近代芸術が次第に市民からかけ離れていったという現状に対する著者の批判的提案は、抽象的で具体性に乏しい。私たちの身の丈に応じた「新しい芸術」が求められていることはまちがいないとしても、その内実は私たちの手で作り出す必要があるのではないか。

（福住廉・美術評論家）

（幻冬舎・1890円）＝2010年8月19日①配信

“善人”捨てて状況打開

「御不浄バトル」（羽田圭介著）

本書は、中編の表題作と短編の「荒野のサクセス」からなっている。

まずは表題作。一式百数十万円もする教材を、訪問販売で売りつける販売会社。そこに入社して1年半になる主人公は、自分たちがやっていることが「詐欺まがい」であることに気づいている。そこで働くためには、とりあえず本来の自分というものをカッコに入れて働かなくてはならない。

そんな彼が自分をとりもどすのが、お気に入りのトイレの個室に入って、用を足している時間である。自分らしさの瞬間とは、せいぜい個室で便を放りだす時くらいにしかない。この、惜しげもなく人間の卑小さを強調している点が、この中編の特色である。

やがて主人公は、そんな会社に嫌気がさし、なんとか「会社都合」での退職ができないかと考えはじめる。自己都合で退職すると再就職が難しくなるからだ。

仕事でヘマをして追い込まれた主人公がとった作戦は、画期的なものである。彼は、営業のリストにのっている番号に片っ端から電話を入れ、会社が彼にやらせようとしていることを、積極的にやってみせる。つまり、相手の都合も考えず、強引に契約をむすぼうと、どう喝まがいの口調で迫るのである。こうして、この会社は顧客からの苦情で消費者庁の立ち入り調査を受けることに…。

この物語の教訓は、行き詰まった状況を打開するには、時には自分が大切に抱えているものを投げ捨てることが必要だということである。ここでは、主人公は善人の身ぶりを捨てることにより、状況を切り開くことに成功している。この小説がもっている独自のすがすがしさは、ひとえにこの教訓によるものである。

一方で「荒野のサクセス」は、淡々とした語り口で、ファッション誌の編集者の日常と、少しいびつな職業倫理を語っている。この「少し」がうまく書けるのがこの作家の持ち味である。妙に記憶にのこる短編だ。（池田雄一・文芸評論家）

（集英社・1260円）＝2010年8月19日②配信

多彩な生への肯定広げる

「反撃カルチャー」（雨宮処凛著）

とても元気が出て、同時にじっくり考えさせる本である。

単に物質的な労働・生存を要求するのでなく、文化的な表現活動としての性格を色濃く持つプレカリアート運動の諸相を、本書は多彩な事例に即して描き出している。

その運動は、しばしばユーモアと快楽、爆発的な活力と冴（さ）えた知性を内包している。「言うこと聞くよな奴らじゃないぞ！」と叫びつつ路上を練り歩くサウンドデモ、前触れなく多数の人々が繁華街の雑踏でおのおのの好きな本を朗読し始めるフラッシュモブ、そして野外で音楽のうねりにまかせて大勢で「貧乏ゆすり（ダンス）」するレイヴ。こうしたさまざまな表現活動を通じて、現代の経済や権力のシステムからの要請にこわばり萎（な）えた心身は自由を取り戻す。

長く閉じこもっていた時期を経て、再び就労に向けて取り組んでいる若者が、あるとき私に「…でも何だか、はじけたいんです」と口ごもりつつ言った。彼のような人にこの本を勧めたい。

しかし本書には、これまでの活動への沈鬱（ちんうつ）な内省も織り込まれており、それが本書に奥行きを与えている。その沈鬱さがもっとも表れているのは、杉田俊介氏と著者の対話による第11章である。ふたりは、自分たちの言葉が「秋葉原のあの青年」に届かなかったことについて論じ合う。「サバイブか、あきらめか」、「自分か、セカイか」の二者択一にがんじがらめになって生きている大多数の若者に、社会を変えるという第三の選択肢を伝えてゆくために何ができるのかを、ふたりは語り合う。

実のところ、その答えは私にもわからない。それでも、あきらめることはできない。可能な限りのやり方と媒体を使って、圧（お）し寄せてくるものを圧し返し、今ある以外のすべを構想し提示し、人々の多彩な生が肯定される領域を広げてゆく営みを続けるしかない。何もかも、やがて臨界へと至る途上なのだから。（本田由紀・東大教授）

（角川学芸出版・1680円）＝2010年8月19日③配信

見事な話芸で驚きの生態 「飢えたピラニアと泳いでみた」(リチャード・コニフ著、長野敬、赤松眞紀訳)

書名を見ただけでは、向こう見ずな冒険野郎の血わき肉躍る物語のように思われるだろう。確かにそういうところがないわけではないが、全体的に見て、多種多様な動物たちとそれを調べている研究者たちの生態記録集といった印象が強い。

全部で23の項で取り上げられている動物にはポピュラーなものが多いが、その生態は驚くほど面白い。例えば「網の上の生活」と題する項がある。著者は、クモがいかに上手に網を張るか一通り記した後で、自らがクモになったつもりでロープを使ってクモの巣に似せたものを張ってみて、クモの賢さを再確認する。

だが、その後で、そんな賢いクモも、体内にいる寄生バチの幼虫に操られて、これから自分を食い殺すであろうその幼虫のためにひときわ丈夫な網を張るといった愚かなことをするという、どんでん返しのオチをつける。読者を引きつける話芸はなかなか見事だ。

筆者が一番興味深かったのは、「スニーキーなセックス」の項。一昔前まで流行していた、オスとメスをめぐる物語は、メスを手に入れられるのは大きくて強いオスだけで、小さくて弱いオスは子孫を残せないというものだった。著者はそんなステレオタイプの話が通用しない最近の研究成果を紹介している。

例えば、タマオシコガネ(フンコロガシ)では、マッチョな“ミスター・ビッグ”が貴重な食料のホエザルのふんを守っている間に、体の小さなオスがメスと密通しているようだし、ブルーギルでは弱いオスはメスのふりをして強いオスをだまして精子を卵にふりかけてくるという。最近、人間社会でも草食系男子の株が上がってきたが、無関係ではないかも。

ほかにも、すさまじい勢いで分布を広げたシロアリの生態など、面白い話がたくさん出てくるが、動物の生態と同様にそれらを研究している学者の生態も面白い。米国の大衆文化を知らない日本人には分かりにくい表現があるのが少し残念だ。(池田清彦・早稲田大教授)

(青土社・2520円)=2010年8月19日④配信

海の魅力再発見した近代 「海水浴と日本人」(畔柳昭雄著)

「ウミミズユアミ」という言葉を聞いて、何のことか分かるだろうか?

漢字で書けば「海水浴」となる。海につかったり、海水を温めて入浴することは、日本でも古代から行われてきた。それが、誰にとっても身近な夏のレジャー「カイスイヨク」になったのは明治時代のことだそうだ。

本書は、レジャーとしての「カイスイヨク」が日本でどのように普及していったのかを明らかにしている。海水浴の歴史を系統的に取り上げた、日本でも初めての試みといえるだろう。

著者は建築工学の教授で、建築物としての海の家を調査したのを契機に、海水浴を研究し始めた。歴史をひもといていくと、明治時代の海水浴は、現在とは全く違ったものだったことが分かる。

当時の女性の水着がすその長いワンピースだったり、客を補助して泳ぎの指導もしてくれる「爺(じい)や」がいたり、混浴はけしからんというので浜辺が男女別に分けられていたり。さらには、浜辺にブランコや遊動円木のような設備が作られたりと、今では考えられないことばかり。

意外だったのは、日本は海に囲まれた島国でありながら、漁師など海とかかわる職業を除けば、一般の日本人は江戸時代まで、海で泳ぐことは少なかったという事実である。江戸時代の鎖国政策の影響もあるだろうが、海が疎遠な存在だったことは驚きだ。日本人にとって明治という時代は、海の魅力を発見した時代でもあったのだ。

しかし最近の日本では、海水浴をする人が年々減少しているという。紫外線が肌を老化させるというので、女性たちが肌を焼かないように太陽の光を避けて暮らすようになったためだろうか。

本書によれば、海水浴は泳ぐ楽しみだけでなく、温泉同様に海水につかるだけで身体にさまざまな作用をもたらし、海風に吹かれることもストレス解消に良いらしい。もう一度、海の魅力を発見しに、出かけてみようか。(八岩まどか・ノンフィクション作家)

(中央公論新社・2310円)=2010年8月19日⑤配信

おぞましい現実と未来

「ロボット兵士の戦争」(P・W・シンガー著、小林由香利訳)

本書は技術革命で変ぼうする戦争の姿を描く。「プレデター」という米軍無人機がアフガニスタンやイラクの空を飛んでいる。24時間滞空でき、3千メートル上空から車のナンバーが読めるカメラとレーダーを備え、偵察・監視と攻撃を行う。米国ネバダ州の基地で、操作盤の前に座ったパイロットが遠隔操縦。無人機からの衛星画像を見て、現地の地上部隊と交信し、ミサイルを発射する。

「テレビゲーム感覚だ。ちょっと残虐になる場合もある。だが、とにかくすごい」とパイロットは語る。彼らは攻撃されるリスクもなく、基地に出勤して遠隔操縦をし、夕方帰宅して家族と食事する。日常との境目がないバーチャルな戦争だが、無人機は確実に流血と死をもたらしている。

米軍は9・11(米中枢同時テロ)以降、「テロとの戦い」を掲げ、味方の被害は最小限に、敵には効率よく打撃をと、「無人システム」すなわち軍用ロボットの大量配備を進めてきた。

走行ベルト付きの爆弾処理ロボットや武装ロボットに加え、昆虫型偵察ロボット、兵士の脳にコンピューターチップを埋め込むサイボーグ化などの開発も進んでいる。

米国の安全保障の専門家である著者は、軍用ロボットが戦争の在り方を大きく変えると指摘する。味方の犠牲者が少ないと見込めるほど、開戦は気安くなる。無人機の撮った戦闘映像がネットで公開され、戦争が見せ物化する。ロボットによる民間人殺傷といった戦争犯罪の責任は誰が負うのかなど、国際人道法の想定外だった被害の拡大にも警鐘を鳴らす。

だが、富める国は兵器を無人化できても、攻撃される側の多くは生身の人間であり、流血はやむことがない。一方で、軍と企業と科学者がロボット開発に走り、膨大な軍事費が注がれ、利潤が生まれる。私には、軍産学複合体による“戦争中毒国家”米国が作り出す、おぞましい現実と未来が、この本から浮かび上がってきた。(吉田敏浩・ジャーナリスト)

(NHK出版・3570円)=2010年8月19日⑥配信

年経た女性の華やかな強さ

「尼僧とキューピッドの弓」(多和田葉子著)

尼僧院長の恋、と聞いてかき立てられた好奇心が、読んでいる途中でいつのまにかすり替えられ、気がつくと、ありきたりの物語とは別の場所へと連れ去られている。感性をゆすぶる、不思議な小説である。

日本の女性作家である「わたし」は、ドイツのある尼僧修道院を訪れ、滞在する。空想はことごとく裏切られ、年老いた尼僧たちは幼児のような愛らしさによって華やぎ、いきいきと共同生活を送っていた。だがなぜか、「わたし」を招待した尼僧院長の姿がない。尼僧たちのうわさ話によると、情熱的な恋をして、弓道の先生とともに修道院を去ったのだという。

尼僧という言葉からは、「怪しげなぬくもりと甘さ」が香り立つ。禁じられた恋や性のイメージが、物語への想像力を刺激する。けれど彼女たちは、作られた幻想よりずっとたしかな手触りをもって、いくつもの人生を卒業した後の物語を生きている。だから修道院では、年を取った方が「勝ち」なのだ。

研究に打ち込んだり、改革を夢見たり、誰かを心から尊敬したり、批判しあったり。そんな彼女たちを「わたし」は、透明美さん、老桃さん、と名づけていく。存在感と直(じか)に結びついた、楽しい呼び名である。

小説の後半では、尼僧院長をやめた女性が語り手となって過去を語る。うわさ話の主人公が生きた、もう一つの物語の時間が流れ込み、尼僧院長の恋は、個人に選択の自由はあるのか、という問いに縛られた女性の、切実な人生の一コマへと姿を変えてゆく。

登場人物たちの生きる過去と未来が、小説の現在を充実させる。その間をつなぐように、「わたし」は歩き、自転車に乗り、旅に出る。移動する描写そのものが心地よい。描写された言葉に感性を預けて読んでみると、年を経た女性たちの獲得した華やかな強さが、物語の枠をするりと越えて、目の前を明るくしてくれるかのようだ。(内藤千珠子・大妻女子大専任講師)

(講談社・1680円)=2010年8月26日①配信

惨劇の全容、9年かけ調査　「コロンバイン銃乱射事件の真実」（デイヴ・カリン著、堀江里美訳）

最も安全な場所であるはずの学校。どうして生徒は銃を持ちこみ、先生や同級生を殺したのか。しかも卒業目前、プロム（学年末のダンスパーティー）の3日後に。「なぜ？」という思いがくすぶり続けていたのは私だけではないだろう。

コロンバイン銃乱射事件。1999年4月20日、米コロラド州の公立高校の中で2人の男子高校生が銃を撃ち、教師1人、生徒12人を殺害、多数に負傷させ、自殺した。

本著はその記録である。著者は事件発生当日の正午から取材に当たり、その後9年をかけて調査したジャーナリスト。数百件に及ぶ主要関係者へのインタビュー、2万5千ページを超える警察の証拠資料、加害者が残したビデオや日記、テープなど、公開されたあらゆる情報の集大成がこの一冊。加害者の両親の証言など非公開の資料もあり、完全とはいえないまでも、事件の全容がくっきりと浮かんでくる。

それは、事件でいやおうなく人生が変わった当事者―命を奪われた13人と遺族、重度の身体的障害と心的外傷から回復しつつある被害者と家族、教師たち、2人の加害者の家族や友人知人をも含めた人々の、事件そのもの、そして、その後の報道と大衆の反応、あるいは裁判過程での二次被害による苦しみ（まれには善意の他者からの癒やし）の記録でもある。

驚いたのは、社会的にも個人的にもはっきりとした事件の前触れがあったことだ。米国では2年前から学校内での銃乱射殺人事件が発生。本書では1人は精神病質、1人はうつ病と分析される加害者の生徒は犯行の数年前から社会への異常な憎悪を募らせ、非行に象徴される行動、あるいはホームページなどの形でゆがんだ価値観を積極的に公開、しかもそれは保安官事務所や検事局、裁判所まであがっていた。

にもかかわらず、なぜこの惨劇を止められなかったのか。それを読みとることが犠牲者の命に報い、著者と訳者の努力に報いることになる。（敷村良子・作家）

（河出書房新社・2730円）＝2010年8月26日②配信

たぐいなき力量の聞き手　「ことばを尋ねて」「ことばに出会う」（島森路子インタビュー集①、②）（島森路子著）

この2冊を読み、同時に、かつて島森路子のインタビューを受けた際にも感じた「聞き手」としてのたぐいのない力量と人として備わった彼女の美点が、わたしが追記するまでもなく、谷川俊太郎、橋本治、ふたりの「聞かれ手」によって、それぞれの巻末で的確に語られている。

谷川はこう書く。「細部の小さい意味とともに、全体に現れてくる、時代を文脈とした大きい意味、島森さんはそれをつかむ勘がすぐれている」

こうも書く。「島森さんが文字に起こした対談、あるいはインタビューにはほとんどの場合、拍子抜けするくらい赤を入れる必要がなかった。それは二時間の生の声が紙の上で半分の量になっていても、そのことに気づかないほど自然なもので、その生理的な快さは、島森さんの容姿端麗の快さと甲乙つけ難いといってもいいほどだ」

この2点は谷川だけでなく、インタビューを受けたすべての人間の意見と言ってもいいだろう。

橋本は記す。「島森路子というインタビュアーのすごさが見えにくいのは、彼女がインタビュアーとしての自分の姿を平気で抹消してしまうからである。彼女を相手にして喋って、それが原稿化された時、私の場合、それに対して合の手を入れた彼女は存在していない。だから、私が話すようにして書いた原稿とも見えるが、そのかなりの部分に『聞き手の島森路子』は存在している。私は『彼女の納得』を前提にして話している。そのような形で彼女は存在していて、存在していながらも見えない」

淀川長治、村上春樹、山田風太郎ら時代の風をまとった24人へのインタビューはどれも、いま現在の時間におさまることなく、明日に届く長い射程を備えたことばと精神にあふれている。

その24人が、島森路子という母のような、姉のような、妹のような、恋人のような他人に向かってことばを紡ぎ出している。（川崎徹・演出家、作家）

（天野祐吉作業室・①3045円、②3150円）＝2010年8月26日③配信

大コミュニティーの盛衰史

「上海に生きた日本人」（陳祖恩著、大里浩秋監訳）

現在、万博で賑（にぎ）わっている上海は、世界の都市のなかで在留日本人が多いことで知られている。しかし戦前の上海に最盛期には10万人の日本人が居住し、一大コミュニティーがあったことは一般にあまり知られていない。

著者の陳祖恩教授は、20年近く日中双方を行き来しながら、戦前の上海日本人居留民関係の文献・写真史料を数多く収集し、また関係者への聞き取り調査を行い、「上海日僑社会生活史」に代表される専門的研究を多数発表してきた。

ここにとり上げる本書は、最初は中国人の一般読者を対象にオールド上海における日本人の営みを紹介するために出版されたものである。近代日本人に対する中国人の最大の記憶は、日中戦争による日本の侵略であるが、しかし日中文化交流史の視角からすると上海の日本人居留民も「上海人」であった新たな記憶がよみがえる。むろん戦時中における日本人居留民の「帝国意識」の高揚と排外行動についても軽視されているわけではない。

本書には、上海を訪問・滞在した数多くの著名な人々—高杉晋作・岸田吟香・内山完造・横光利一・金子光晴・李香蘭などが登場するだけでなく、上海に生きた名もない庶民や女性に子供、そして大手商社・銀行のエリートにいたるまで多くの日本人が実に生き生きと描かれている。

また、「国際都市」上海における日本人の商業・経済・教育・建築・文化諸活動や日中間交流などの多様な側面がとり上げられているが、その柱は上海日本人コミュニティーの形成・発展、敗戦による終焉（しゅうえん）までの歴史である。

本書は当時を偲（しの）ばせる貴重な250枚の写真と図版によって「国際都市」上海における日本人コミュニティーの歴史がビジュアルに再構成されている。上海ブームに便乗した安易な「上海もの」が流布する中で、上海や中国に関心を持つ多くの日本人にぜひ読んでもらいたい本である。（高綱博文・日本大教授）

（大修館書店・2940円）＝2010年8月26日④配信

末期の戦線リアルに描く

「ふたつの枷」（古処誠二著）

第2次世界大戦の敗戦前後、南方戦線を舞台にした小説4編を収める。「ワンテムシンシン」の舞台はニューギニア。「帰着」はビルマ。「スコールに与えられた時間」はサイパン。「死者の生きる山」はフィリピン。いずれも、一人の兵隊の眼（め）と心理を通して末期の戦線の様相をリアルに描き出している。

4編とも民間人とのかかわりに焦点を当てているのが特色だ。「ワンテムシンシン」では、現地民部落が歌と踊りの宴を催して兵隊たちを招く。敗戦の前も後も変わらぬその誠意ある歓待に兵たちの気持ちもほぐれていく。一方、「帰着」の主人公は、自分を命の恩人と慕ってくれたビルマ少年の暮らす部落に食料調達に赴かねばならなくなる。調達は実際には略奪である。

現に調達で現地民を射殺した「死者の生きる山」の兵隊は、降伏交渉開始に際して罪の意識におびえている。日本の南進にフィリピン独立の夢を託した「ガナプ党」メンバーの、彼らを見捨てて投降しようとする日本軍への痛烈な批判の言葉も記されている。「スコールに与えられた時間」では、現地民は中心的な人物としては登場しないが、米軍の砲撃に追われて敗走する部隊と民間日本人との関係が最後に上官殺しを引き起こす。

著者はこの作品集を「ふたつの枷（かせ）」と題した。おそらく、非戦闘員たる民間人とのかかわりが、兵隊たちの手足を縛る重い枷の一つだろう。では、もう一つの枷は何か。それは兵隊であることそのものだとでもいうしかあるまい。全滅を覚悟しても、終戦の報に接しても、彼らはなお、軍紀と命令に縛られた兵隊でありつづけなければならないのである。

著者は1970年生まれだという。戦場という対象は「歴史小説」というジャンルに入れるにはいまだに生々しい。「フィクション」だから（多少の不自然は許される）、という弁明は著者が自分で自分に禁じている。著者の厳しい姿勢に感心した。（井口時男・文芸評論家）

（集英社・1575円）＝2010年8月26日⑤配信

向き合う父子関係を提案

「父親再生」（信田さよ子著）

児童虐待や育児放棄の事件では、父親不在の事例が多い。そのたび、厳しくも温かく、背中で物を言う昭和的な「あるべき父親像」への待望論が起こる。

家庭内暴力、ひきこもり、摂食障害など家族問題のカウンセリングの第一人者である著者は、そんな待望論に疑問を抱く。現代の社会環境にかんがみて、妻や子供から慕われ、好かれる「愛される父親」が理想像、嫌われない父親で十分、と本書で提言するのである。

重いタイトルからすれば結論は明快で、肩の荷が下りるお父さんもいよう。ただし、そこに到達するには、妻や子供が父親をどう見て、何を求めているのかを、本書で論が展開された多くの事例から考える必要がある。

近著で、母と娘の濃厚な関係性を論じた著者は、今回その対極にある父と息子の希薄な関係を描いた。なにより、引きこもりをはじめ息子に対する悩みは、母親が全面的に負っているのが実情だ。父親は「立派に給料を稼ぎ、不自由させていない」「教育は妻に任せてある」と大義名分を掲げ、息子の現実を認めたがらない。だが、日常生活のほとんどの時間を息子と過ごす母親に現実の否認は許されない。

夫は相談相手にならず、妻はカウンセリングを受ける。著者はカウンセリングの場に父親も引っ張り出し、「自分のDNAを持つ息子だからこそ、どう付き合ったらいいかわからない」など多くの父親の言い分の背景を考察し、解決に向けて伴走してきた。父親がどんな青春時代を送ってきたかを息子に語ることで理解が生まれ、向き合える親子への再生が、父親の再生にもつながるという提案が読みどころである。

カウンセリングは精神科の医療行為と異なり、保険の適用はなく、自費診療だ。経済的負担も小さくはない。悩みを持つ家庭すべてがカウンセリングを受けられるわけではないことを踏まえれば、本書の役割は大きいと言えよう。（小林照幸・ノンフィクション作家）

（NTT出版・1680円）＝2010年8月26日⑥配信

詩人の正体はまぶしい少年

「ぼくはこうやって詩を書いてきた」（谷川俊太郎、山田馨著）

はるかな国からやってきた、あの詩人、谷川俊太郎を、こともあろうにすっぽんぽんの裸にむいてしまった男がいる。山田馨、必殺の編集者だ。

実は谷川も共犯である。自らもこびるように裸にされることを願った証左がある。それほど山田の手はこまやかだった。現れたのは一人のうそのつけない少年。不器用とも無垢（むく）とも見える顔が、山田にはまぶしかった。

少年は山田に、幼い詩「模型飛行機」を憑（つ）かれたようにさし出した。10歳の時の散文で原稿用紙には「優」と朱筆が入っている。「やっと出来た模型飛行機／おどる心をおさへながら／ゴムをまく／（後略）」。詩だけではない。その模型飛行機を今しも飛ばそうとしている少年の白黒写真まで山田は手中にした。

16歳の時ノートに書かれた未公刊詩「青蛙」もさし出された。「どうしてお前はそんなに青いのか／やつでの中から生まれたのか／それとも緑青と化合でもしたのかい／くるる　けれれ　けりりくるる／（中略）／やつでの上の青蛙／蛇に気をつけろよ」。この2編が公になったというだけでも、山田の編集者としての手柄は後世に残るだろう。しかし、これは序の口だ。

山田は膨大な谷川詩の大河をさかのぼり、その源流の一滴に始まり2千編以上におよぶ詩群から見事に88の熟した果実を摘み取った。無垢な少年がどんなふうに人生を生きのび、どのように詩のことばを切り出してきたのかが、るる語られ、山田も驚く私生活の告白をも引き出している。

山田は掉尾（とうび）に置いた「生まれたよ　ぼく」の詩で止（とど）めを刺す。赤ちゃんからの遺言という奇想天外の発想から生まれた詩は、現代の猥雑（わいざつ）な大人の愚かさをはっしと打ち、世界のあるべき姿を指し示した。

谷川は「雨ニモマケズ」と並ぶ精神性の高い詩境に達し、この時代は「ぼくはこうやって詩を書いてきた」1巻を生んだ。（田中和雄・童話屋編集者）

（ナナロク社・2940円）＝2010年9月2日①配信

戦う一家、生き生きと描く 「ウィトゲンシュタイン家の人びと」(アレグザンダー・ウォー著、塩原通緒訳)

哲学者ウィトゲンシュタインの伝記は数多いが、この新たな一冊は、ルートウィヒではなく、兄のパウルを主人公とすることで、ウィトゲンシュタイン家の生きていたウィーンを描きだすと同時に、哲学者ルートウィヒのいきかたを裏側から照らしだす。あのような異例な哲学者が誕生するためには、20世紀前半のウィーンの独特な雰囲気と、彼をとりまく家族的な条件が必要だった。

ウィトゲンシュタイン家はウィーンの富豪だった。父親の一代で信じられないほどの巨万の富を築きあげた。父親は息子たちに自分の仕事を継ぐことを期待したが、息子たちは抑圧的な父親に反発し、例外的な才能を発揮して人々をあっと言わせるか、みずから命を絶つ羽目になる。長男は失踪(しっそう)し、次男は戦地で自殺し、三男はカフェで毒をあおって死んだ。

一方で四男のパウルは戦地で片腕を失ってから、著名な左手ピアニストになる。彼が片腕を失わなかったならば、凡庸なピアニストだったろうと評する意見があるほどだ。彼は巨万の富にまかせて、当代の著名な作曲家に左手のピアノ曲の作曲を依頼する。ラヴェル、ヒンデミット、プロコフィエフ、ブリテン…。当時、ウィトゲンシュタインと言えば、哲学者ではなくピアニストだった。

さらに五男のルートウィヒは、哲学の古典もほとんど読まず、特異な思索を孤独のうちに、あるいは戦地で練り上げて、前人未到の思想を構築した。英国に赴いたルートウィヒは、哲学者ラッセルにその才能を認められて、以後はユニークな思想と人柄で、人々を魅惑したのだった。

そして娘たち。財産をつけ狙うナチスときわどい交渉をして家族を救ったのは、実務能力に欠けた四男と五男を支えた姉たちだった。巨万の富は才能を生むと同時に、災厄の種もまいたからだ。著名な文学者イーヴリン・ウォーの孫の著者は、この書物をたんなる伝記ではなく、戦う一家の生き生きとした評伝とした。(中山元・哲学者)

(中央公論新社・3360円)=2010年9月2日②配信

ユーモアありペーソスあり 「活字と自活」(荻原魚雷著)

荻原魚雷、知る人ぞ知る、下降派で、脱力系の、雑文家だ。それも骨の髄までの。あらかじめ断っておこう。ガンバリ人間にこの本はまず無用なりです。ダメ人間御用達です。

魚雷サン、三重県から上京し、物価が安く、中古レコード屋と古本屋が多い高円寺に住む。「好きな時間に寝て起きて、好きなときに酒が飲めて本を読める生活以上の望みはない」と、大学在学中からライターの仕事をはじめる。だがなかなか生計を立てられなく、「あとは原稿料で生活するのみ。それがいちばんの難題なのだけど……」と、きょうまでバイトで食いつないできたらしい。

活字に溺(おぼ)れるから、自活が難しいのか。でなく逆なのか。「子供のころから、規則正しく生きることが苦手で、ずっとそんなことではだめだといわれ続けてきたが、結局この齢までどうにかなってきてしまった」と、不惑をすぎてなお、惑い多く、煩悶(はんもん)するありさま。

活字か、自活か？　ここではそんな悩ましい日々に出合った本についてつづる。なにしろ19歳のとき最初に買った全集物が「辻潤全集」というのだ。読みのセンスは悪いはずがない。

永島慎二を読み「約束と責任。そして秘密。／男の子はいろいろなものを背おい、抱えこむことで成長する」と振り返り、尾崎一雄を読み「堪え性の有無が、人生を大きく左右する」と深く頷(うなず)き、天野忠を読み「こういう詩の世界にずっとひたっていたい」と老いを思う。そして山田風太郎にきて「『やりたくないことはやらない』という以前に『なにもできない』ということがよくわかった」だって。いやなんとも、ユーモアありペーソスあり、よろしいのだ。

「昨年の秋、四十歳になった。／車の免許、クレジットカード、携帯電話をもっていない。／年金も払っていない」。なるほど、じつは評者も還暦をすぎてご同様の身上なりだ、なっとく。(正津勉・詩人)

(本の雑誌社・1680円)=2010年9月2日③配信

迷う日本の親、せつないね

「プラハのシュタイナー学校」(増田幸弘著)

とりあえず現代は選択の時代ということで、選択能力こそが現代人の力という具合です。なにしろ選ぶわけです。選ばねばいけないわけです。そこで体によいと言われている食品にしたり、地球環境にやさしいと言われているポイント還元付きの商品を求めたりと、大変なのです。で、それらがとりあえず妥当なのは、すべて本人のための選択だからであって、対象が他に及ぶと少し話がややこしくなります。その代表が「子どものための学校の選択」というやつです。これはかなり厄介です。

「よい学校」選びですが、「よい」の定義は健康食品よりも振れが大きい。つまり迷うわけです。この本の著者は、日本の教育に疑問を感じ、一家でプラハに移住。教科書もテストもない、独自の教育論をもつ「シュタイナー学校」を選び、自身の中学2年と小学6年の子どもを通わせます。

僕もだいぶ昔、それなりにその迷いというやつを経験した覚えがありますから、著者の気持ち、かなりよく分かります。加えて絵本描きという仕事柄、なぜか教育関係の話題が好む好まざるに関係なくつきまとい、このシュタイナーやらピアジェ(スイスの心理学者)やらのいろいろな理論を勉強させられました。それぞれ、ま、いい人たちですが、なにしろ違う歴史と風土に育った考え方です。

やや短絡的な結論として、それらを珍重する人が多いのは「日本人好みのブランド」だからです。で、時計やワインならいざ知らず、ことわが子の教育というやつにもブランド志向とはいかがなものか？「いや、それなりの意味はありました」という著者の心情に少しせつなくなりました。

迷いながら今もなお、欧米の学校や理念を求めざるを得ない、この国の教育の色気なさ。そこがもう問題外。この風土で子どもが学ぶ一番いい方法はなにか、そろそろじっくり考えてみてもいい時期だと思うのです。(五味太郎・絵本作家)

(白水社・1890円)＝2010年9月2日④配信

激しい生きざまのまばゆさ

「黄色い虫」(由井りょう子著)

本書は作家船山馨と妻、春子の壮絶な生涯を生き生きと描き、夫婦とは何かと問いかけたノンフィクションである。特に、春子の強烈な個性がまばゆい。

雑誌や新聞の連載を抱え、戦後の文壇で期待を集める作家の一人だった馨と、その子を身ごもり、押しかけ妻となった編集者の春子。2人の子にも恵まれ、順風満帆に見えた1948年、馨が入水自殺した太宰治のピンチヒッターとして新聞連載を引き受けたことから、悲劇の幕が開く。

準備期間もない新聞連載のプレッシャーで、馨は「ヒロポン」(覚せい剤の一種)におぼれ、愛する夫の苦しみを自らも体験しようと、春子もヒロポンを常用し始める。ともに中毒となり、劇薬指定された薬物を闇で入手するために、借金地獄へと転落していく。

馨の作家としての評判は落ち、執筆の依頼もなくなり、夫婦はヒロポンの幻覚症状で黄色いうじ虫が畳からはい出てくるのを見る。バケツで水をかけたり、壁を削ったり、家は廃屋同然となる。

それでも、春子は質屋や友人らの元に通いつめ、堂々と借金して歩く。夫の才能を信じながら、使用人からも借金するような天衣無縫な世渡りは、あっけらかんとしていて、悲愴(ひそう)感などみじんも感じさせない。

著者は、詳細な家計簿や日記などを基に、その破天荒な暮らしを浮かび上がらせながら、どこかいとおしさを感じさせる春子の姿を描ききった。夫婦のきずなが薄らぎつつある現代だからこそ、夫婦の激しい生きざまにスポットをあて、今によみがえらせた著者の創作意欲を評価したい。

やがて、夫婦は自らの意志でヒロポン中毒を脱出し、馨は長編小説「石狩平野」で再生する。夫を愛し、信じ続け、脳内出血で倒れた馨の看病疲れで、夫の逝った夜に「寄り添うように」亡くなった春子ほど、幸せな妻はいないだろう。読後、胸が熱くなる思いのした力作である。(鳥越碧・作家)

(小学館・1260円)＝2010年9月2日⑤配信

明治の義太夫アイドル描く

「星と輝き花と咲き」(松井今朝子著)

明治時代の中ごろ、早稲田や慶応などの学生たちが熱狂したアイドルがいた。男装して義太夫節を語った美少女、竹本綾之助である。

義太夫。大阪では浄瑠璃といった方が通りがいい。三味線の伴奏で、物語を独特の節回しで語る。江戸時代の中期から盛んになった芸能だが、女性の語り手も少なくなかった。女義太夫あるいは娘義太夫である。近代に至っても義太夫人気は衰えず、ことに娘義太夫は明治の中期から後期にかけて全盛を迎えた。その人気を支えた一人が竹本綾之助だ。

本書は、綾之助が彗星(すいせい)のごとく現れて一世を風靡(ふうび)し、突如引退するまでを描いた伝記小説である。

綾之助は明治8年の生まれという。父は大阪の錺(かざり)職人だが、父の妹すなわち叔母に育てられた。その義母お勝は、三味線が得意で、綾之助にも習わせようとした。だが、けいこの時間になると綾之助は、近くの新助老人の家に遊びに行ってしまう。新助は浄瑠璃の師匠である。綾之助はいつしか義太夫節を聞き覚え、新助やお勝をびっくりさせた。子どもとは思えない美声と、情感のこもった正確な節回しだったからだ。

天才少女ともてはやされた綾之助が、お勝と一緒に東京に出たのは、明治19年のこと。ここで彼女はプロデビューすることになるが、あれよあれよという間にスターへの道を駆け上っていった。

だが、約10年後の明治31年、綾之助は絶頂の最中、慶応義塾を出た石井健太と突然結婚し、引退する。その間の経緯を、本書はドラマチックに描く。

作者の松井今朝子は、直木賞作家で、歌舞伎をはじめ、江戸から明治にかけての芸道ものを描いて人気が高い。本書は、今ではほとんど忘れられた明治の義太夫の世界を描いており、これまでの作品とは、ひと味違う面白さがある。(高橋千劔破・文芸評論家)

(講談社・1575円)=2010年9月2日⑥配信

言葉の力で現実から飛翔

「野川」(長野まゆみ著)

長野まゆみは、デビュー作の「少年アリス」以来、ほぼ一貫して「少年」を描き続けている。ひりひりとした痛みを伴う特別な季節として、少年時代は存在する。

この作品も、「音和」という少年の成長をテーマにした物語だが、もう一つ、別のメッセージが隠されている。それは、「言葉の力を信じる」という、この作家のとても深いところから発せられているメッセージである。

両親が離婚して、父親と二人暮らしになった音和は、中学2年の2学期という「はんぱな季節」に転校を余儀なくされる。彼はこれまで知らなかった父親の一面を見たり、新しい友達と語り合ったりする中で、少しずつ前へ進み始める。

音和が出会う中で最も魅力的な人物は、型にはまらない国語教師、河井だろう。彼が折々に語る話の、何と鮮やかなことだろう。河井の口を通して語られる無数のホタルの明滅、黒々と広がる夜の湖面と空—。読者は、日常の風景よりもリアルに、語られた風景を思い浮かべることができる。

長野まゆみのこれまでの作品は、時代や場所をあえて特定しないファンタジックなものも多かった。けれども「野川」ではリアリズムに徹し、2009年の皆既日食の様子や、東京の中西部から東部にかけて広がる地形を克明に記す。多摩川水系にある実際の川の名をタイトルに選んだことも含め、現実から飛翔(ひしょう)させる言葉の力を伝えたかったからに違いない。

夕映えに染まる雲や徐々に濃くなる山の影を描きだす筆致は、実に見事である。美しい描写に陶然とする私たちの耳に、河井の声が響く。「その風景は、きみ自身が目にしたのでも体験したのでもないが、きみだけのものとしてそこにある。どうだ、すごいことじゃないか?」

少年たちの繊細な友情と、言葉によって構築された世界に遊ぶ喜びを、心ゆくまで味わえる一冊である。(松村由利子・歌人)

(河出書房新社・1365円)=2010年9月9日①配信

時流の中、葛藤する父娘　「リア家の人々」（橋本治著）

現代の寵児（ちょうじ）ともいうべき橋本治が書き上げた〝ファンタジー〟のような小説は、敗戦後の昭和の時代を真ん中にすえ、大正、明治までを取り込んで、時代とそこに生きる人とを生き生きと描いた。物語そのものは淡々としたモノクロームの世界だが、行間に漂う時代の空気感や人々の思いが、私にファンタジーという印象を与えた。

最近、小林秀雄を論じ、また言文一致についても論じた著者。今回、かつてないタイプの小説に挑んだのは、戦後生まれ、全共闘世代の著者が、自分が歩んできた戦後史を顧みて、時代を浮かび上がらせようとしてのことだろう。若くして妻をがんで失った文部官僚、文三を主人公に、妻亡き後、文三と3人の娘たちが、家族という関係性の中で葛藤（かっとう）する様子を、迫力ある筆致で書いた。

一度、公職追放の憂き目にさらされた文三はその後、ひたすら自己を取りまく状況を見つめ、娘たちや、受験のため地方から上京して同居することになったおいなど周りの若い人と、その言動を見守ることにする。何が起きても、何を言うでもなく沈黙する文三の姿は、同時代を生きた男のたたずまいに重なる。

著者は文三の目を通して1960年代の風俗にも触れた。例えば、若者に流行したミニスカート。末娘がはいているのをこの時ばかりは文三が見とがめると、おいに「時代に置いて行かれちゃうよ」と言われてしまう。ミニスカートも、デモに参加する若者のヘルメットも、当時、衣服は時代の記号として存在した。

本書には、政治的なクロニクルにもとづく記述があり、これも特徴の一つだ。まるで流れ行く時間、過ぎ行く時代そのものが主人公となり、小説を作っているかのようだ。そして、その時代の流れから押し出され、川岸に残されていくおびただしい数の人々の姿を、著者は文三に託した。

明治維新から、東大安田講堂事件まで。時代という〝ファンタジー〟が、小説という形でさんぜんとよみがえっている。（樋口覚・文芸評論家）

（新潮社・1680円）＝2010年9月9日②配信

生活空間超えた「居城」　「権力の館を歩く」（御厨貴著）

「黒門町」といえば昭和の落語界の名人八代目桂文楽。黒門町という響きに接すると今なお文楽師匠の風ぼうや高座でのしぐさまでが鮮やかによみがえる。落語界と同様、自民党政権全盛期には地名で呼ばれることが実力者の証しでもあった。

「目白は動くのか」

「代沢の打つ手は」

田中角栄、竹下登の両氏による激しい確執が続いた自民党旧田中派内で実際にあった会話である。「目白」と「代沢」。両氏それぞれの私邸の所在地であったが、その呼び方には生活空間をはるかに超えた「権力の館」として、いわば「居城」のような意味があった。

竹下登氏が住まいとしたのは佐藤栄作元首相邸。1987年の自民党総裁選を目前にして竹下氏は政治の師でもあった佐藤邸への引っ越しを敢行した。その引っ越しこそが「政権奪取」への強烈な意思表示だったのである。佐藤邸内の様子は本書に譲るが、部屋の配置、造作のすべてが政治権力の維持、拡大のためにあった。家族がくつろぐ空間はほんの付けたし程度と言ってもよかった。

しかし、2人の宰相が起居した「権力の館」は竹下氏の死とともに取り壊された。まさしく権力の興亡の果ての「落城」の趣がそこにあった。

本書は「建築がそこで営まれる政治を規定しているのではないか」という著者の問題意識に貫かれている。足で稼いだ膨大な資料を基にした歴史的考察、さらにさまざまなエピソードが織り成す論考は、日本政治論に新たなフィールドを提供した。オーラルヒストリーの第一人者で、テレビの政治番組の司会を務め、生の政治に最も近い場所に身を置く政治学者でしか踏み込めなかった領域かもしれない。

歴代首相の私邸、別邸、別荘のほか、国会、最高裁、検察庁、日本銀行、政党本部などあらゆる「権力」の棲家（すみか）をまな板に載せた。最後に取り上げた「館」は民主党の小沢一郎邸だった。それを「要塞（ようさい）」と断じた。納得である。

（後藤謙次・政治ジャーナリスト）

（毎日新聞社・2625円）＝2010年9月9日③配信

ツアー登山の危うさ検証　「トムラウシ山遭難はなぜ起きたのか」（羽根田治、飯田肇、金田正樹、山本正嘉著）

昨年7月に北海道・大雪山系でツアー登山者15人とガイド3人が遭難、8人が死亡した惨事について、この本は忠実に当事者の声を拾い、気象や医学、運動生理学の専門家が調査の上、ツアー登山の危うさを冷静に分析して書いている。私の知るかぎり、遭難をこれほど多角的、大局的に検証した本はないに等しい。

副題「低体温症と事故の教訓」や、帯の「登山史上最悪の遭難事故の真相に迫る」では表現し切れない深い内容に、読者はそれぞれの思いと知識の広がりを感じるだろう。少なくとも私は、以下のようなことを考えた。

まず、ツアー登山者は緊張に陥りがちだということ。他人に迷惑を掛けまい、弱みを見せまいという気持ちがあり、目的達成を強く願う日本人気質もある。しかし、医者だって病気の発見には患者さんの主訴が重要な判断基準となる。今回は、各人のけなげな遠慮意識が裏目に出たと感じる。

次に、積極的に物を食べ、正しい知識の下で防寒着を着てビバークする形で自発的に身を守った人たちに生還者が多かったこと。日本では生気象学（人体への気象の影響を研究）があまりに知られていないが、今回の場合、最大の落とし穴は「風」だった。後半の多角的なデータ検証で、風が遭難死の大きなファクターだったことが分かる。

登山時の雨や霧と風の関係は「雨に加えて風」ではなく、「雨掛ける風」と考えた方が良い。雨具や防寒具による寒さ対策に比べると、休憩や待ち時間の防風対策はなされていなかった。

最後に、集客後に各人の力量が判明するツアー登山の場合、例えば脚力の強弱別の2コース設定など、安全配慮を盛り込むべきだと思った。

何があっても参加者を生還させることはもちろんだが、一方でガイドは、単に目的地への誘導だけを目指すのではなく、歩く過程で自然の素晴らしさを伝え、喜びや満足感を与える演出が必要だ。本書を手に取った人はどう読むだろうか。（今井通子・登山家、医師）

（山と渓谷社・1680円）＝2010年9月9日④配信

思想を「断層」から解析　「大川周明　イスラームと天皇のはざまで」（臼杵陽著）

大川周明は、一般に東京裁判で東条英機の頭をたたいた奇行で記憶されている。しかし中国研究者の竹内好は、日本のイスラーム研究の先達として彼を高く評価した。事実、その遺産を継承して戦後日本の井筒俊彦の仕事が生まれたのである。

こうした複雑な性格をもつ大川は、日本通史、アジア論、欧州植民地研究、イスラーム論など多面的な領域で業績をあげた。本書の著者は、これらの仕事の間に潜む矛盾や「断層」を手がかりに、アジア主義者にして国家改造運動の指導者の思想と人生を解析した。

第一の断層は、宋学的世界観の性即理に「宗教と政治とに間一髪をいれぬ」イスラームの総合的な体系を重ねて見た点にある。第二は、イスラームの外面性と内面性をめぐる断層であった。第三の断層は、アジア的であるが東洋的ではないイスラームの特質にほかならない。そして第四の断層は、イスラームと天皇制の関係に潜んでいる。

著者によれば、大川の東京裁判での精神錯乱は、イデオロギー的な破綻（はたん）と同時に人格的な破綻として、裁判前後の「断絶」を象徴していたというのだ。この結語は容易に想像できるが、卓抜なのは、大川がその精神的危機を、預言者ムハンマドへの関心を狂気のなかで再発見することで克服し、それによってイスラームの内面性を体現するスーフィー（神秘主義）的な世界を回復したと考える点である。

白日夢で度々ムハンマドと「会見」し、この「理想的人格」への傾倒を通して内面的生活に向かい、精神的自伝「安楽の門」にたどり着いたという指摘は、アラブ・イスラーム研究者でないと出てこない視点であろう。

それだけに大川がいかなるアラビア語や欧米語の書物との格闘を通してイスラーム研究を深めたのか、それらの本のどこが大川の思想形成に影響を与えたのかなど、文献学的な考察も果たしてほしかった。しかし、これは次世代が果たすべき課題なのかもしれない。（山内昌之・東大教授）

（青土社・2520円）＝2010年9月9日⑤配信

歴史認識を基本から説く

「さようなら、ゴジラたち」(加藤典洋著)

加藤典洋氏が書くものには屈折や含みが多く、しばしば読みにくい。もっとストレートにいってしまえばいいのに。

いつもそう感じていたので、この新しい論集の率直さ、わかりやすさに驚かされた。なにゆえの変貌(へんぼう)か。1997年の著書「敗戦後論」をめぐる論議と、それをつうじての新しい読者との出会いが大きかったようだ。

その一つがアメリカ人研究者たちとの不幸な遭遇体験。日本での批判的言説を丸のみした人びとによって、知らないところ(英語世界)で「右翼」の扇動家にしたてあげられてしまったこと。

そしてもう一つ、こちらはそうと明記されてはいないが、さらに重大なのが日本の「若い人たち」の反応のとぼしさである。敗戦も戦争責任も「オレは関係ない」というかれらに、鶴見俊輔氏と吉本隆明氏の感化をうけた世代の思想家として、どう逃げずに対することができるか。

これらの外国人や若者を、論壇での内輪の了解がなりたたない場にあらわれた新しい読者と考える。この人びとをいないことにして書きつづけることは、もうできそうにないからだ。

そこで、手なれた「つむじ曲がり」文体、みずからいう「文学癖」を捨て、以前の放言めいた発言(「戦後は一度死んだほうがいい」とか)を、そこに見られる「歴史認識は世界にとってどういう意味をもちうるか」という基本の場所から、あらためて説きなおす。そうきめて、じっさいにやってみせた。それがこの論集である。

どの文章も読ませるが、書名となった「さようなら、『ゴジラ』たち」を「敗戦後論」の説きなおしとして、とくに興味ぶかく読んだ。ゴジラを原水爆のお化けではなく、戦後の日本で行き場を失い「不気味なもの」に変身した「戦争の死者」として論じる。アメリカの大学で発表したものの日本語版だという。なるほど。(津野海太郎・評論家)

(岩波書店・1995円)=2010年9月10日配信

小説と音楽の絶妙な競演

「シューマンの指」(奥泉光著)

この本を読んでいると無性にシューマンを聴きたくなる。名だたるピアニストの演奏を聴きながら読んだ。まるで極楽にいるような、楽しい読書!

少年時代から天才の名をほしいままにしてきたピアニスト、永嶺修人。語り手の「私」は音大を目指して勉強中の学生で、ふとしたことから彼と深くかかわってしまう。

2人は同じ高校に通っていたのだが、春休みのある夜、プールで女子生徒が殺される。当夜、校内にいた修人はその後、指に致命的な傷を負い、姿を消す…。

ミステリー仕立ての小説、ではない。最後のドンデン返しまで含めて、完全なミステリーだ。同時に完全な純文学であり、完全な音楽小説である。三つの完全なる要素が絶妙のバランスで緊張関係を保っている。素晴らしいと思う。

なかでも、音楽を語る言葉に感心した。奥泉は、クラシック音楽を論じる際に用いられる音楽評論の言語を意図的に導入している。シューマンをめぐる言説を調べあげ、生涯に通暁し、楽曲の謎を自分なりに解釈する。それが修人や「私」の演奏行為と響き合って、華麗な小説の前景を作り出している。

奥泉はこれまで複数のミステリー小説を書いてきた。ただ、とりわけ昨年話題になった「神器 軍艦『橿原』殺人事件」がそうだったが、戦後文学との連続性を強く意識するあまり、物語が進むにつれミステリーの要素が徐々に後退する傾向があった。私にはそれが面白かったけれど、ミステリーを楽しみたい読者にはやや不満が残ったのではないか。

そんな読者には、お待たせしました! と言っておこう。シューマン生誕200年の記念すべき年に、こつぜんと現れた、シューマンに取りつかれた小説である。小説の力と音楽の響きが正面からぶつかり合った、音楽ミステリーとして抜群の完成度を誇る作品に仕上がった。(陣野俊史・文芸評論家)

(講談社・1680円)=2010年9月16日①配信

未知なる身体への敬意

「音楽嗜好症」（オリヴァー・サックス著、大田直子訳）

リンゴを赤や緑だと認識する。誰でもおなじように、赤と緑だと信じている。でも、けっしてそうとは限らない。おなじように、音楽と人とのかかわりも一様ではない。

ドの音がすると特定の色がうかぶ。メロディーもハーモニーもなくただ騒音でしかない。寝ても覚めても執拗（しつよう）に反復され聞こえてくる音楽がある。それまで関心のなかった音楽にある日突如として目覚め、渇望し始める…。本書には、音楽をめぐるこうしたエピソードが満ちている。

脳神経科医として、「レナードの朝」の著者として知られるサックス博士は本書で、過去に博士が接し、あるいは得てきた音楽と人の不思議なありようを分類、提示する。

音楽、と人は言う。そして、感情を鼓舞する、喜びや悲しみを喚起する、癒やす、といった言いまわしを使う。だが、それらはどんな人、どんな場合にも通じるわけではない。この事実は、音楽は薬であり、毒であり、楽園であり、魔であることを教えてくれるだろう。安易に一般化して、音楽ってさ、などと軽く口にできないのではないかとさえ思わせる。

近年は研究が進み、たとえば脳科学者はこんなふうに脳がわかってきたと言う。他方、サックス博士はといえば、まだまだこんなに脳ってわからないものだとにおわせる。

ここにあるのは、誰にでもついているアタマ、脳が、まだまだ未知であること、コンピューターで人の脳の能力を部分的に代替し、拡大し、超えることができても、脳と人、神経でつながっている「全体」は未知であり驚きであること、そしてつまりは人の身体なるものへの敬意だ。この敬意はまた、音楽なるものを生み出し、享受する驚異とリンクする。

科学をとおして、人を、音楽を讃（たた）え、その怖さをも忘れていない美しい本である。（小沼純一・評論家・詩人）

（早川書房・2625円）＝2010年9月16日②配信

モチーフへの慈しみ凝縮

「階段を駆け上がる」（片岡義男著）

著者の名前を青春小説の代名詞として記憶しておられる方が多いだろう。だがその後、写真家として、また時には硬派の論者として活躍しながら、著者の書く小説は次第に、ある独自の透明感と完成度を備えた世界になってきた。ほとんどが書き下ろしで構成されたこの短編集は、その巧緻（こうち）を極めた片岡ワールドの逸品と言えるだろう。

階段を駆け上がる女性の後ろ姿と伸びた足の美しさ。その一瞬の美をモチーフに書かれた「階段を駆け上がっていった」が冒頭に置かれている。

ここでは写真家の夫が、作家である妻と偶然すれ違い、その後ろ姿をとっさに撮影するのだが、過去に撮影した2枚の写真にもその1枚と呼応するような作品があったことを発見する。

偶然の、しかし何かが深く隠れている一瞬を解読し、過去と未来につながるプロセスを創造する。本書はこれを主題とした7編のバリエーションから成り立っている。

高校野球の選手だった作家が、地方のトークショーで、かつての女子マネジャーと再会する「美少女のそれから」は、本書の白眉（はくび）といえる。彼は高校時代、彼女にキャッチボールの指南をしていたのだが、彼女はその後も投げ続けていた。そして彼は、18年ぶりに、積年の思いを込めた彼女の一球を受けとめる。静止画的な美にとどまらない、アクションの美がここにはある。

さらに、そのバリエーションというべき「積乱雲の直径」は、投手がチェンジアップを投球する刹那（せつな）のボールの握りの美しさを、背後の遊撃手が見ほれた一瞬から生まれた小説だ。ほかにもコーヒーやたい焼きなど、多彩な変奏主題が展開する。

大事に取っておいたモチーフを、慈しみながら手腕の限りを尽くして小説にする歓（よろこ）びが本書にはみなぎっている。それによって読者もまた、場面と時間を操る芸術である小説というものの底知れない魅力を、本書から受け取れるのだ。

（清水良典・文芸評論家）

（左右社・2310円）＝2010年9月16日③配信

すがすがしく神秘的な命　「蝶も蛾もうつくしい」（田川研著）

主語を僕でも私でもなく、「ケンさん」と記す著者の田川研さんは、幼少期から昆虫、殊にチョウやガに愛情を注ぎ、探求してきた。地元の広島県福山市で同好会を作り、「虫屋」を名乗る。

その語り口はユーモラスで軽妙ながら、ピリリと皮肉が効いている。著者にかかれば、かの司馬遼太郎でさえ虫を知らない朴念仁に映り、独特な視点ゆえの発見がある。

とにかくケンさんの世界の中心は虫！　虫で始まり、虫で終わる。テントウムシでさえ人間と同じだと言う。なぜならテントウムシも人間も、地球上にたまたま発生した生物の子孫だからと。なるほど、そのとおりだ。

とはいえ、虫は苦手という人も多い。虫がブ〜ンと飛んでくると、キャアと声をあげて30センチほど飛び上がる人もいる。しかしケンさんは言う。虫は人工物と違い、歴史が極端に深く、複雑な構造をして機能美にあふれ、斑紋は精緻（せいち）でうつくしく、生きて活動していると。そして虫に触れることは、人間とは違う存在が生きていることを実感することだとも。

それはまさに自分とは違う他者を理解し、思いやる、グローバル社会の今、もっとも大切な感覚だ。虫を知らずやみくもに恐れることは、他者を理解しようとせずに攻撃する、国家にも通じるのだという。

また虫をデザインしたエミール・ガレの作品を称賛するなら、飛んできた虫をも称賛せよとケンさんは怒る。バーチャルなものをめでて喜び、皮膚感覚を避けて情緒ばかりを追う現代社会を批判し、しっかり本質を見よ、というのだ。

虫屋ケンさんを通して知る虫世界は虚飾やウソがなく、なんとすがすがしいことか。命の神秘にあふれ、驚きに満ちている。虫世界を知ると視野が広がり、地球がグンと大きくなった気さえする。もっと虫のことを知りたい、そう思わされる。

ケンさんは虫世界との絶好の仲介者であり、虫言葉の卓越した翻訳者。虫を通して、大切なことを教えてくれる。（和田静香・ライター）

（青土社・1995円）＝2010年9月16日④配信

建築と世界、再定義したい　「ゼロから始める都市型狩猟採集生活」（坂口恭平著）

19世紀の思想家エンゲルスは、著書「住宅問題」の中で、住宅の私有を促進する政策は、資本家と労働者の対立をあいまいにする、問題の多い政策だと看破した。私有したところで、自分がそこに住まなければならないのなら、それは資本とはならない。住宅所有という夢をみてしまった労働者は、ローンの支払いに追われ、労働を強制されると警告した。

米国が経済浮揚策として住宅ローン制度を発明する半世紀も前に、そして戦後の日本がその政策に追従して驚異的な高度成長と国土開発を達成したはるか前に、すべてお見通しだったのである。

今日の状況は、エンゲルスの予想をもはるかに上回る。実体経済の沈滞・空洞化が進む中で、住宅私有欲望をいたずらに励起し、不動産バブルを起こす形でしか、経済成長（みかけだけの）を維持していけないという状況に各国が直面している（中国ですら！）。そしてもちろんのこと、この「住宅バブル」はこれまで以上の頻度ではじけざるをえない。

この悪夢、悪循環を断ち切るにはどうしたらいいか。著者である若き建築家坂口恭平（とはいっても、ほとんど建築を建てないと宣言した勇気ある建築家）は、「私有」の概念にこだわらず、都市の幸（彼は都市から出る廃棄物の類（たぐい）を「幸」とした）を集めて住まい、生きる！　という画期的な提言を行った。しかも驚くほど実践的に、あふれるような「幸」を提示したため、誰もがすぐ狩猟採集生活に戻れるような気分になる。しかも洗練もされていて、かつての茶道が都市の幸（ゴミ）の芸術化そのものだったとさえ思わせる。

確かにこの手があった、とヒザを打ちたくなった。しかし同時に考えた。ここまで「住宅の夢」を捨てられるなら、同時に「都市の夢」だって捨ててしまって、都市の幸ではなく「野の幸」を育てる野性生活だってありじゃないだろうか。そんなふうに建築と世界を再定義したくなる本であった。（隈研吾・建築家）

（太田出版・1260円）＝2010年9月16日⑤配信

人々の切実な願いと知恵

「箸の民俗誌」（斎藤たま著）

著者は、実に約40年間にわたって、古い暮らしをたずねて歩き、民俗誌を紡ぎ続けてきた人である。その著者が、箸（はし）はどうやら「物をはさみ、口に運ぶだけの道具ではなかった」と気づく。「あるひそかな指命を帯びて、日ごと食ごと、その任務を遂行すべく働き続けているようなのである」と。

箸の背負うその任務は何かというと、厄難をしりぞけるための「祓（はら）い」ということになるのだが、全国津々浦々、箸にまつわる習わしの何と多岐にわたることか。材料となる各種の樹木は、病のときには、新薬を持たぬ古（いにしえ）の人々が頼む薬となり、さらには魔ものから心身を守ってくれるお守りにも姿を変え、信仰面での人とのかかわりがきわめて深いものだった。

全国各地でさまざまに削られる箸の作り手から話を聞こうと、著者が出かけていった先は、北は北海道旭川市の近文コタンから南は沖縄・与那国島にまで及ぶ。

著者がその近文コタンのアイヌ家屋を1980年に訪ねた際、魔よけの箸と出合ったときの述懐は、単なる日用品ではない「箸」を語る上で象徴的だ。「彼等はまだ魔もの世界に隣り合って住んでいる」。箸は、魔ものから人々を守るもののひとつなのである。

命のはかなさに、今昔の変わりはないが、ほんの数十年前までの暮らしは、現代の都市生活をおくる私たちには思い及ばぬほど多くの命の脅威にさらされていた。私たちが「迷信」としかみなさないものは、当時の人々が身を守る必死の攻防だったのだ。

例えば、お産は「棺桶に片足つっこんでする」ほどの命がけのことであり、そうして生まれてきた子どもの命もまた危ういものだった。病、けが、飢えに打ち克（か）って健康に暮らすことは今よりもずっと困難で、切実なことだったのだ。

その切実さから生まれる数々の「魔よけ」としての箸の調査は、人々の願いと知恵とを知るフィールドワークである。（藤田千恵子・フリーライター）

（論創社・2415円）＝2010年9月16日⑥配信

異色にして珠玉の捕物帳

「トロイメライ」（池上永一著）

2年前にベストセラーになった池上永一の「テンペスト」といえば、ひとりの女性のジェットコースターのごとき人生に、末期琉球王朝の歴史を重ね合わせた、面白さ抜群のエンターテインメント・ノベルであった。その「テンペスト」と同時期の19世紀、那覇の街を駆けまわっていた若者がいた。三線の名手で、新米の筑佐事（ちくさじ）（おかっぴき）の武太だ。本書は、その武太が遭遇する六つの事件を描いた、異色にして珠玉の捕物帳である。

単純な正義感で突っ走る武太。しかし事件は、どれも一筋縄ではいかない。冒頭の「筑佐事の武太」では、墓の権利を勝手に売った女を捕まえたものの、その裏にある事情を知り、どうにもならない現実に憤慨する。

続く「黒マンサージ」では、複雑な琉球の政治状況から、殺人犯を見逃すことになり、自らの手で裁きをつけようとする。その他、定められた過酷な運命から逃げ出した子供たちを捕まえる「イベガマの祈り」など、どの話でも武太は“法”と“情”のはざまで苦悩する。でも、そこに彼の魅力がある。筑佐事（法）と三線（情）を一身に併存させた武太の成長が、大きな読みどころになっているのだ。

それを強く感じさせてくれるのが、ラストの「唄の浜」である。幼いころの武太が世話になった、オバァが死亡。奔走むなしく、墓でなくガマ（洞窟（どうくつ））に葬られることになる。しかし、その葬儀を見よ。法に従いながら、人の情けが開花した、麗しい光景ではないか。そこに流れる武太の三線と歌声は、どこまでも優しく美しいではないか。ままならぬ現実に悩み、傷つきながら成長した武太がいたからこそ生まれた、名場面なのである。

また、孫寧温・喜舎場朝薫・女官大勢頭部など、「テンペスト」で活躍したキャラクターが、次々と登場するのも、うれしい読者サービスになっている。ふたつの物語を読むことで、池上ワールドを、より豊かに楽しむことができるのだ。（細谷正充・文芸評論家）

（角川書店・1575円）＝2010年9月22日①配信

意表突く設定、意外な真相

「再会」(横関大著)

あるスーパーの店長が射殺死体で発見され、警察の捜査の結果、凶器として使われた拳銃は、23年前に紛失した殉職警官のものであることが判明する。

本年度の江戸川乱歩賞の受賞作、横関大の「再会」は、こういう意表を突く形で幕を開ける。

実はこの拳銃は、23年前に小学校の同級生の男女4人が、暗証番号式のダイヤル錠を付けて校庭にタイムカプセルとして埋めたものだった。一体だれが、いつ拳銃を取り出したのか。そして犯人は?

本書は、このように殺人という悲劇によって、長い歳月を経て同級生が意外な再会をする物語である。拳銃入りのタイムカプセルというのは小学生のものとしては少々異常だが、その間の事情は作者が丹念に書き込んでいるので、さらりと読める。

殺人事件そのものは単純なものだけに地味だし、容疑者も当然最初からある程度限られるため、こういう設定の作品は面白く書くのが難しい面がある。しかし、著者は丁寧に被害者や同級生のそれぞれの肖像をさまざまな視点から描いていて、動機などにも無理がない。

また、最後にもう一つひねりを利かせて別の過去の犯罪の意外な真相に迫るなど、読ませる工夫を凝らしている。文章も平明で読みやすく、後味もすっきりしている。

著者は8年前から乱歩賞に応募し、すでに何度も最終候補に残った実績のある人である。今後の活躍が大いに期待される。

この作品では、容疑者の行方が判明するプロセスや、名探偵的な役割を演じる「南良(なら)刑事」の係累などの設定などにやや偶然に頼り過ぎる印象を受けたが、この名探偵は、このままで終わらせるのは残念な気がする。今後、もう少し個性的な要素を加えて、活躍の場を与えるようなこともあっていいのではないかと思う。(権田萬治・評論家)

(講談社・1680円)=2010年9月22日②配信

学び合う日韓新時代提案

「『韓流』と『日流』」(クォン・ヨンソク著)

21世紀の日本に突然興奮の渦をつくった「韓流」。それは日本人に衝撃を与えただけではない。それまで韓国にさしたる関心を示さなかった日本人が、これほど熱狂的に韓国の文化を享受することに驚き、戸惑いつつも、心から喜んだたくさんの韓国人や在日がいた。

著者もその一人。8歳で初来日して以降、日本と韓国を行き来して育ったまさに「境界人」で、「日韓大衆文化の申し子」を自任する。これほど魅力的な文化を持つ両国なのに、どうしてそのことが互いに伝わらないのか。疑問を抱き続けた。双方の文化を分けへだてなく愛せる感性の持ち主だからこそ、韓流という突風に、心から感動し、興奮したのだろう。

本書はその感動と興奮が冷めやらぬ筆致で、しかし事実関係は冷静に、今の日韓で起こっている文化的現象を解析したもの。特筆すべきは、韓国における日本文化ブーム、つまり「日流」についても韓流と同程度の深度で分析していることだ。

韓国人が韓流を語ると、興奮のあまり自文化中心主義になってしまい、しかもそれに気づかないことが多々ある。しかし著者は違う。アニメや歌謡曲など、日本の大衆文化がある意味で最も豊かだった1970～80年代に日本で育ったため、それらが血肉化されているのだ。だからこそ、説得力がある。日本文学ブームに対する韓国側のナショナリスティックな批判にも明確に反論する。

「日韓新時代」には、相互に学び合い、価値観を共有し、新しい公共性を創造することが必要という。一人一人が「主体的市民」として好きなものを好きだといい、正しいと思うことを正しいと主張する。日韓友好はその結果であるべきで、理念やスローガンが重要なのではない、と語る。

すべての人が彼のような境界人になれるわけではない。しかしこの本を読むと、隣国との関係を大きく変化させ、世界で最も新しい実験をこの2国でやっていこう、という気持ちになる。(小倉紀蔵・韓国思想研究者)

(NHK出版・1155円)=2010年9月22日③配信

初の国民的ヒットの背景

「流行歌の誕生」（永嶺重敏著）

ヒット曲はどのように生まれるのか。私のように音楽業界で仕事をする者にとっては永遠のテーマであり、謎である。その秘密が分かれば、誰もが億万長者になれる。

本書は、日本初の流行歌とされる松井須磨子の「カチューシャの唄」がヒットに至った背景を、当時の新聞など膨大な文献から検証している。

「カチューシャの唄」は、演出家島村抱月が率いる芸術座が大正3年（1914年）に帝国劇場で上演した「復活」（トルストイ原作）の中で看板女優の須磨子が歌った劇中歌である。

今では耳にすることはあまりないが、昔は広く歌われていて、団塊世代の私でも小学生のときに知っていた。遠足のバスの中で歌って、先生にしかられた思い出がある。

誰から教わったかを覚えていないが、知らず知らずのうちに口ずさんでいた―。私が体験したこの事実が、本書の主題に深くかかわっている。

約100年前の当時は、映画（無声）とレコードが最新メディアとして大衆社会に浸透し始めた時代だ。この歌を波及させた原動力は、芸術座の地方巡業、学生ら流行に敏感な層の口コミ、街角や縁日で歌う演歌師の存在などの「人から人へのルート」だった。そこにレコード、映画で歌われたことが人気に拍車を掛け、最大の影響力を誇るメディアだった新聞でも歌の評判が伝えられた。

今で言うメディアミックスが、すでにこの時代に形成され、「誰彼となく歌う」現象に発展していたのである。各メディアに巧みに話題を提供した“火付け役”抱月の宣伝プロデューサーとしての手腕を著者は高く評価する。曲や歌手にほれた個人が「ほかの人にもそれを伝えたい」という気持ちと、人間の本能に基づいたリアルな口コミがヒットを生むのだろう。

インターネットで誰もが世界に発信できるのに、国民的なヒットはなかなか生まれない現代。各界でヒットを狙うクリエーターたちに読んでもらいたい一冊だ。（北澤孝・音楽プロデューサー）

（吉川弘文館・1785円）＝2010年9月22日④配信

日本発文化を子細に分析

「菊とポケモン」（アン・アリスン著、実川元子訳）

日本のマンガ・アニメ・ゲームや、そこから派生したキャラクター商品は、クール・ジャパンなどと呼ばれ、海外向け文化戦略として脚光を浴びている。マンガが俗悪文化の象徴のように言われた過去を考えると、まさに隔世の感がある。

原題が「千年紀の怪物たち」、副題を「日本の玩具とグローバルな想像力」とした本書は、戦前戦後の玩具産業の歴史にまでさかのぼり、日本が発信するソフトパワーに秘められた魅力の淵源（えんげん）を、詳細に解き明かしてみせる。

「千年紀の怪物たち」とは、前世紀末から21世紀にかけて世界を席巻した「ポケットモンスター」に象徴されるモンスター文化を意味するが、昨今のモンスター化する青少年の疎外感まで視野に収めた斬新な現代日本論でもある。だから著者は、ベネディクトの「菊と刀」をもじった日本版の書名には、いささか異論があったようだ。

マンガやゲームや玩具は、子どもたちに固有な文化領域で成熟してきた。そこに戦後日本の科学技術信仰と勤勉さや共同幻想が微妙に投影され、ファンタジー世界を自由に行き来する柔軟で携帯性を備えた独特のスタイルが構築されたのだ。

グローバル・ブランドともなった日本発の文化や娯楽製品の魅力は、さまざまな領域を混合し変形させて越境する「多様変容」のスタイルと、テクノロジーとアニミズム（聖霊信仰）を混交した「テクノ―アニミズム」の美学が合体したものと著者はみる。

1950年代の「鉄腕アトム」や「ゴジラ」誕生から説き起こし、「パワーレンジャー」「セーラームーン」「たまごっち」「ポケットモンスター」が、どのようにアメリカで受容され世界市場に広がっていったのかを、日本に固有な美意識を摘出して子細に分析してみせる。

上智大学で教鞭（きょうべん）をとったこともあるという気鋭の文化人類学者の、日米を往還した俯瞰（ふかん）的視点には説得力がある。（野上暁・評論家）

（新潮社・2415円）＝2010年9月22日⑤配信

“聖人”の隠れた恋探る　「宮澤賢治と幻の恋人」（澤村修治著）

宮澤賢治は気の毒だ。さまざまな聖人伝説に塗り固められ、みこしを担ぐ者の手により、天高く祭り上げられている。

そんな賢治を「聖人」から「人間」へ引きずり降ろす作業は、例えば、賢治は「ヘンな人」にすぎなかったと喝破した吉田司「宮澤賢治殺人事件」などで行われてきた。本書も、賢治の恋にだけ的を絞り、死せる詩人の体温を感じさせる論考になった。

賢治の短い生涯のうちに、幾度か恋があったことはこれまでにも知られている。第一の恋人・高橋ミネをはじめ、片思いだったり、プロポーズまで行ったり、相手が積極的なケースもあり、じつにさまざま。決して「女性を忌避」した人生ではなかった。

著者は、作品の再検討と友人や教え子たちの証言の記録などから、これまで姿の見えなかった恋人を発掘し、賢治の人生と作品を洗い張りして仕立てなおす。

賢治の初期自由詩作品に「冬のスケッチ」という「短唱群」がある。著者はこれに注目。恋を主題にして生々しい「謎めいた作品」に、隠された恋があったのでは、と考える。その相手が、農学校時代の賢治の教え子・利衛の姉で、日本赤十字社の看護婦を対象にしたナイチンゲール賞を後に受賞する澤田キヌだった。彼女こそ、「あいつはちやうどいまごろから／つめたい青銅（ブロンヅ）の病室で／透明薔薇（ばら）の火に燃される」と描かれた「幻の恋人」だと確信するのだ。

賢治は後年、「禁欲は、けっきょく何にもなりませんでしたよ」と知人に語ったという。「特定の女性への愛を拒んで万人への愛をめざし、恋愛感情や性欲を抑圧しようとした理想主義者」のいびつな悲しみを知ったとき、少なくとも私はほっとした。

丸いソフト帽に外套（がいとう）姿で、うつむいて農地に立つ賢治の肖像。われわれがよく知るあの姿は、肥料のことなんかより、成就することのない恋に悩んでいたのかもしれない。（岡崎武志・書評家）

（河出書房新社・2520円）＝2010年9月22日⑥配信

群を抜く異次元の面白さ　「マリアビートル」（伊坂幸太郎著）

伊坂幸太郎の「マリアビートル」は、おとぎ話だ。元殺し屋の木村は、息子に重傷を負わせた中学生「王子」に仕返しすると決意した。「蜜柑（みかん）」、「檸檬（れもん）」という殺し屋コンビは、人質になっていた若い男と身代金を奪還し、盛岡まで護送しようとする。もう1人の殺し屋、七尾は、その身代金を奪うのが役目。彼らは、東京発の東北新幹線の同じ列車に乗り込む。

この小説には、普通の善良な人間はあまり出てこない。作中ではいくつも死体が転がる。だが、内容とは裏腹にユーモラスな描写が多く、笑える場面も少なくない。どこかひょうひょうとした印象なのだ。それは、本書がリアリズムから遠い性格を持つからだろう。

相手を心理的に操る術を知っている「王子」は、「人を殺してはどうしていけないの」と聞いて大人をからかう。一方、七尾はツキのない男であり、彼の並ぶレジはいつも隣のレジより時間がかかるし、いざという時に限って転ぶ。また、「檸檬」は子ども向け番組「機関車トーマス」のマニアであり、先頭列車が顔になっているキャラクターたちの話ばかりをする。中学生の「王子」が大人以上の狡猾（こうかつ）さであるのとは逆に、危険な殺し屋稼業である七尾や「檸檬」のほうがおっちょこちょいで子どもっぽい。

そのように極端であべこべな要素の連続は、現実から自由なおとぎ話の世界に近い。本書の舞台も現実の東北新幹線というより、「機関車トーマス」のごとき異次元と考えたほうがいい。だから、残酷な内容でも素直に笑えてしまう。

互いの思惑を知らない殺し屋たちと少年がやがて接触し、状況がひたすらエスカレートする展開は、好調な伊坂作品のなかでも群を抜く面白さ。そして、誇張や極端さに彩られた物語のなかでも、子どもへの愛情や友情といったささやかな真実が、控えめながらしっかり書かれている。そうした点が、この作家の好感度の高さにつながっている。（円堂都司昭・文芸評論家）

（角川書店・1680円）＝2010年9月30日①配信

遠洋の波間を漂う不安

「島尾敏雄日記　『死の棘』までの日々」(島尾敏雄著)

島尾敏雄の日記はたえず揺れ動く。共に玉砕するはずだった魚雷艇「震洋」の揺れもさながらに。終戦から4カ月、師走の日記には、彼自身の「文体」の動揺が顕著に見られる。かな、文語、カタカナが日ごとに入れ替わり、読む者に奇妙な不安を抱かせるのだ。「(女が) みかんをお頂戴と云つてゐるので大きいのを一つ、いゝかい、ほらと抛つてやる」(12月9日)。「井戸川一は既に鬼籍に入りたるものゝ如し」(12月10日)。「朝十日ノ旅ヨリ帰リツク」(12月11日)。

文体の変転とは作家の人格の変転に等しい。そのせいか、僕は島尾の日記の不吉な内容（妻ミホとの齟齬（そご）など）より、その文体の定まらなさに彼の精神の危機を読んでしまう。島尾の多くの小説がこうした不可解な「揺れ」を内包している。彼の日記の読者もまた、不安な文体に身を揺すられ、何処（いずこ）とも知れぬ遠洋の波間を漂うだろう。

島尾は終生、ミホという理解不能な他者を愛した。その壮絶な愛は「死の棘」に詳しいが、僕自身は彼の日記等の周辺資料が「死の棘」へのみ向かって収斂（しゅうれん）されるという読み方には違和感を覚える。まるで島尾の生が「死の棘」一冊を書くためにあったとでもいわんばかりだ。確かに僕も、どうかすると、島尾敏雄という作家は実在せず、ミホがすべてを書いていたと錯覚しかけるほど、島尾にとってミホの存在は大きい。「ミホが僕の浮気心発生を感知した時のメロデイ。ラ―ラ、ラアラ。ラ―ラ、ラアラ。ラ―ラ、ララ、ラララ」(昭和25年1月8日)。

島尾は日本近代小説をいかに文学の「本土」から引き離し、寄る辺ない未知の海上を漂流させられるか、その挺身（ていしん）を文学に負わせられるかを試行し続けた作家だった。彼はそのために戦争や妻など、自らをたえず他者の前へ、おぼつかない波浪の上へ追いやった。その成果は「死の棘」より、「孤島夢」や「摩天楼」等の初期作品に多く表れているように見える。その同時期の貴重な日記がすなわち本著である。（諏訪哲史・作家）

(新潮社・2310円) ＝2010年9月30日②配信

随所に時代のエッセンス

「モリオ」(荻上直子著)

「かもめ食堂」「めがね」などの映画で知られる荻上直子による初の小説「モリオ」は、映画にも通じる、おかしくも切ない短編集です。

収録された「モリオ」「エウとシャチョウ」の2作とも、不器用な男性が主人公。例えば「エウとシャチョウ」のエウは、16回もアルバイトをクビになり、「猫のお相手」というペットシッター的な仕事に行きつき、つましく暮らしています。

「モリオ」の主人公モリオは、気の強い姉にいつもキツく当たられ、萎縮（いしゅく）しがちな理系男子。対人関係が苦手な彼は、プログラマーの組んだコードに不具合がないかチェックする仕事をしていて、「多くを望むとろくなことはない」と最初から諦念（ていねん）モードです。公園でひとり、野良猫と一緒に自作のお弁当を食べるのが憩いのひととき。

そんな彼にはひそかな趣味がありました。それは亡くなった母の遺（のこ）したミシンでスカートを作ること。子ども時代、ボーイッシュな姉は母手作りの花柄のスカートを嫌っていたけれど、モリオは花柄が好きで姉の脱ぎ捨てたスカートをこっそりはいたこともありました。今話題のスカート男子の先駆けです。

大人になってミシンを手に入れた彼は、ついに自分用の花柄スカートを作ろうと発起。モリオは、だめ男っぽく見えて「草食男子」「お弁当男子」「スカート男子」といった流行を押さえているので隅に置けません。さらに、常にまゆがハの字なって困り顔という彼は、旬の「困り顔」ブームにも便乗できます。

気弱なオーラを醸し出す彼に、同じアパートに住む“ツンデレ”女子小学生も心を許し、仲良くなる機会にも恵まれました。糸電話で会話したり、一緒にスカートをはいてデートする〝萌(も)え〟シーンも。

時代のエッセンスをちりばめた作品に、荻上監督のヒットの秘密が窺（うかが）い知れます。そして上昇志向でアグレッシブに生きなくても、幸運に恵まれるというメッセージに勇気付けられました。（辛酸なめ子・コラムニスト）

(光文社・1365円) ＝2010年9月30日③配信

女一人、エスキモーの村へ　「私の名はナルヴァルック」（廣川まさき著）

冒険記や旅行記が大好きで手当たり次第読んでいると、人によって引き寄せられる場所が違うことに気づく。旅人は北を目指す人と南にあこがれる人とに分かれるらしい。それは持って生まれた血が騒ぐからだろう。

著者は北に引き寄せられる旅人だ。2004年に開高健ノンフィクション賞受賞の「ウーマン　アローン」は女一人、米アラスカ・ユーコン川をカヌーで下っていくノンフィクション。流れに身を任せながら、出会った人から何かを学び、獲得していく。無謀で怖いなと理性では思わされる一面もあったが、その面白さは開高健も多分喜んだはずだ。

さて6年ぶりの新作は漂泊から一転、エスキモーの小さな村で定住し、季節の移り変わりや狩猟、日々の生活を観察した体験記。ベーリング海峡に臨む人口850人ほどの村に、彼女は伝統的な捕鯨を見たいと乗り込んだ。捕鯨頭領として生きてきた老夫婦の家に住み込み、アカ（おばあちゃん）アパ（おじいちゃん）にかわいがられ、ナルヴァルックという名前までもらってしまう。

しかし異常気象はアラスカの果てにも及んでいた。例年になく暖かく、氷が緩みすぎて猟に出られない。この土地の人々にとって鯨は特別な生き物である。捕鯨組が組織され、伝統的手法が残っている。海に出るのは男性だが女たちはそれを力強く支える。ある意味で日本社会の任侠（にんきょう）道のような世界が存在している。

この村の大きな問題は、青年たちの無気力であると訴える。日本の引きこもりに似た若者がたくさんいるのだ。経済的に遅れた地域で、学校の授業にも付いていけず、父親に習って猟に行くのもいやだ。アルコールと麻薬にふける姿は、文明社会と変わらない。

石油採掘、放射能汚染物質の投棄など、この地をめぐる問題は山積みだ。土地の人に愛され、その人々をいとしく思うこの作家は、この場所に呼ばれたのだ。どうか、この先もきちんと見届けてほしいと願う。（東えりか・書評家）

（集英社・1575円）＝2010年9月30日④配信

「自然な感情」をタブー視　「夫の死に救われる妻たち」（ジェニファー・エリソン、クリス・マゴニーグル著、木村博江訳）

フロイトが論文「悲哀とメランコリー」で、親しい者の死が引き起こす悲しみについて記したのは1917年。だが、死別の悲嘆についての研究（サナトロジー）が欧米で本格化したのは50年代以降、日本に至っては80年代半ばからであった。

とはいえ、残された家族が喪に服すことが当然とされたのは古代にまでさかのぼる。特に夫と死別した妻が「未亡人」と言われ、悲しみ、慎まねばならないとされたのは古くから世界的に多くみられた慣習であった。

米国では死別体験者の自助活動が盛んである。当事者にしか分からない死別の悲嘆を、死別者という共通の土俵にある者同士が、率直にその悲しみを述べ、聴く場がグリーフワーク（喪の作業）に有効といわれている。

しかし、同じ死別でも、病死、突然の事故や災害での死、子どもの死、自死では異なる。最近ではケースによりグループを分ける傾向にある。会に出席することで、悲嘆比べが行われ、より傷つく事例もあるからだ。

著者2人も自助の会で出会った。ジェニファーは夫婦生活が破綻（はたん）し、離婚を弁護士に相談すると告げた翌日に夫を交通事故でなくし、「心の底からの解放感を感じた」とカミングアウトした。

死は嘆くべきものだと当然視されるのに、死を悼まない例外的存在であったのは長患いの夫をなくしたクリスも同様だった。死別で解放感、幸福感等を感じた人は後ろめたい感情に責められる。

死別が悲嘆をもたらすかは生前の死者とそれぞれの人との関係による。感情は多様で個別、固有のものという当然のことがタブー視されている。

「人間らしさ」とは、その固有の自然な感情を自然だと認めること、というのが2人の主張。暴力をふるい続けた夫との死別など、40の実例が死と喪の多様性、固有性を雄弁に語る。本書が提起しているのは、極めて人間的で自然な感情であるグリーフが、類型的、感傷的に理解されると、抑圧になりかねないとの警告である。（碑文谷創・葬送ジャーナリスト）

（飛鳥新社・1680円）＝2010年9月30日⑤配信

全編を貫く「現場の哲学」

「その後の不自由」（上岡陽江、大嶋栄子著）

現場のただ中から、あくまで現場に誠実に書かれた本だ。

現場とは、アルコール依存や薬物依存、境界性パーソナリティー障害などの当事者が、回復を求める場のことだ。そのような当事者のひとりと、彼女とともに歩んだソーシャルワーカーが本書を著している。

拠点となった施設「ダルク女性ハウス」では、さまざまな経緯から人間関係を破壊され、薬物などの依存症に陥った当事者が、回復を求めて共同生活を送っている。リストカットや自殺未遂、大量服薬といった破滅的な行為は、そこでも容易になくなることはない。依存という、人間の深い傷から生まれた症状が、姿かたちを変え、どこまでも当事者につきまとうからだ。それでもなお、人間は回復することができるという希望が、本書では語られている。

とはいえ、ここでいう回復は「何かゴールが決まっている」ようなものではなく、「回復しつづけること」なのだと著者はいう。それは何年にも何十年にもわたる時間軸のなかで、「その後の不自由」を生きながら、あたりまえの日常を取りもどそうとする当事者の曲折に満ちた変化の積み重ねであり、彼女らを応援するものが覚悟をもってつきあうべき経過であることが淡々と、多彩に、意志をもって語られる。

医学書院の名作が連なるシリーズ「ケアをひらく」の最新刊となる本書は、依存症などの当事者と支援者に、実践的な知恵と、すぐにでも現場で使える技法の数々を提供している。

しかし本書の真骨頂はそうした技法以前の、現場の哲学だろう。

全編を通し、くり返し述べられる「生き延びよう」という呼びかけは、一方で、どのような過去であっても、過去を「なかったことにしないでほしい」という要請とともに、当事者をその全存在において受けいれようとしている。その潔さが、読むものの深い共感を誘う。（斉藤道雄・ジャーナリスト）

（医学書院・2100円）＝2010年9月30日⑥配信

日系建築家の栄光と苦悩

「9・11の標的をつくった男」（飯塚真紀子著）

2001年9月11日。ニューヨークで起きた同時多発テロの映像は、あまりに衝撃的なものだった。衝撃の大きさゆえに、「資本主義の象徴」として標的になった世界貿易センタービル（WTC）の設計者が、日系人のミノル・ヤマサキであった、という事実は、日本国内の報道でもほとんど素通りされてしまった。1960～70年代の建設当時「ピラミッド以来最大の建造物」といわれたビルをつくったヤマサキは、著者が指摘するように日米両国で過小評価されている。その足跡を丹念に掘り起こしたノンフィクションが本書である。

才能以上に努力と負けん気の人。同時代の巨匠たちと肩を並べる活躍をしたヤマサキの人生には、常に日系人差別という負荷があった。2億8千万ドルという巨大予算のWTCプロジェクトに抜てきされた理由も、「プロジェクトが終わるまで生きているような比較的若手で、尊大だったり頑固だったりしない、それほど有名ではないクリエイティブな建築家」だったから。つまり「御しやすい」と思われたのだ。しかしそれも強運のうちと、野心と劣等感を交差させながら、ヤマサキはアメリカ建築界をのし上がっていく。

日系人差別を意識してか、ヤマサキは自身の作品を語る時は、日本的な要素を否定していた。だが、彼の作品を追う著者はある時、崩れ落ちたWTCの現場に残った外壁用の網目状パネルを写真で目にし、それが「障子」だと直感する。

「あの繊細さ、あの正確さ、あの端麗さ、そして何より、あの凛とした気品は、疑いもなく日本の職人が生み出すそれである」

弱肉強食の社会で、満身創痍（そうい）でアメリカンドリームを体現したヤマサキを支えていたのは、日本人ならではの感性だった。彼の栄光と苦しみのルーツが解き明かされるにつれ、WTC倒壊の悲劇が、より複雑に胸に迫ってくる。（清野由美・ジャーナリスト）

（講談社・1995円）＝2010年10月7日①配信

時代超え、一大娯楽絵巻に

「琉璃玉の耳輪」(津原泰水著、尾崎翠原案)

大正から昭和初期にかけてのモダニズムの時代にわずかの作品を残したのみで、戦後は沈黙を守った作家・尾崎翠。映画好きでもあった彼女は映画評論も多く残したが、阪東妻三郎プロダクションの公募に応じて、映画脚本も書いていた。

その作品は結局、当時は映画化されることがなかったが、かつての親友・松下文子のもとで長く保管された後、「定本尾崎翠全集」に収録され、ようやく日の目をみた。

本書はホラー作家で少女小説も手掛けてきた津原泰水が、尾崎の残したこの脚本に大胆なアレンジを加え、一大娯楽絵巻に仕立てた作品である。当時の尾崎は、純文学作家としては発展途上だったが、若いころから少女小説を投稿していただけに、エンターテインメントのツボは心得ていた。津原がこの脚本のノベライズに名乗りを上げた理由も、尾崎という作家に対する強い共感ゆえだろう。

物語は中国人の血を引く3人姉妹をめぐって展開する。実の父母が相次いで姿を消した彼女らは離ればなれになっており、長女は浅草かいわいを根城とする女掏摸(すり)、次女は横浜南京町の売笑婦。三女のみが、姉妹の育ての親であり、性的倒錯者でもある男にいまだ囲われている。彼女らはいずれも、片耳に琉璃玉(るりだま)の耳輪をつけているという共通点がある。

匿名の貴婦人から、翌年春までに3人を見つけ出し、ある場所へつれてくるよう依頼を受けた若き女探偵・岡田明子は、「岡田明夫」という男性に扮(ふん)して調査を開始。やがて事件の意外な真相が明らかになる—。

見せ物小屋やアヘン窟(くつ)など、乱歩ばりの大時代な舞台仕立ては、津原にとってお手のものだ。トランスジェンダー(性別越境者)の探偵が、物語の狂言回し役を演じるという多面性も、津原・尾崎の二人羽織と相似形にみえる。起爆力のある原作が、時代を超えて最良の翻案者を得て、理想的なコラボレーションが達成された佳品。(仲俣暁生・編集者、文筆家)

(河出書房新社・1785円)=2010年10月7日②配信

ときに皮肉で滑稽な称号

「文化人とは何か?」(南後由和、加島卓編)

テレビ番組の出演料は「芸能人」と「文化人」で違う。そんな話を事情通から聞いたことがある。この場合、芸能人は俳優や歌手、お笑い芸人など。文化人は作家や評論家など。もっとも、放送局のプロデューサーにたずねても、はっきりした答えは得られない。どうやら秘密らしい。

本書は「文化人」というものについて、多方面から分析した論文集である。これまで「知識人論」はいろいろと書かれてきた。社会における知識人の役割について議論された時代もあった。だが「文化人論」は皆無に等しかった。知識人と文化人は、重なるところがあっても同じではない。

たんなる有名人というわけでもない。しかし、まったく無名の市井の研究者が、文化人と呼ばれることもないだろう。同じ職業でも文化人っぽい人と、そうではない人がいる。たとえば俳優でも、文化人っぽい俳優と、そうではない俳優がいる。しかし、そうではない俳優も、絵筆を握ったりするとたちまち文化人になったりする。本書にもあるように、かつて消しゴム版画家兼コラムニストのナンシー関は、文化人はとっくりセーターや、立ち襟のマオカラーシャツを着ると指摘したが、文化人っぽい装いや立ち居振る舞いというものもある。

と、このように、「文化人」をめぐる議論は、ときとして滑稽(こっけい)だったり、皮肉なものだったりする。専門分野で評価されない人が、大衆向けのメディアでもてはやされることもある。本書では、経済や科学(とりわけ脳科学)に関する文化人についての考察が、その構造を明らかにしている。

「文化人」はあくまで他者による呼称である。しかしひとたびこの称号を手に入れると、行政その他が主催・後援する講演会などに声がかかりやすくなり、講演料をいただけるようになる。その意味で「文化人」は、便利な呼称であるとともにひとつの利権なのである。欲しがる人が多いわけだ。(永江朗・フリーライター)

(東京書籍・1680円)=2010年10月7日③配信

独立した個人を模索する　「自由生活（上・下）」（ハ・ジン著、駒沢敏器訳）

中国の大学講師の武男（ウー・ナン）が、米国に公費留学生として派遣されたのは、政治学博士号を取得するためだった。しかしあの悲惨な1989年天安門事件が起き、「中国人民たちを常に苦しめ、あまりの頻発ぶりに感覚を麻痺させているほどの暴力」から幼い息子を守るため、彼に米国残留を決意させる。

こうしてボストンの大学院を中退しさまざまな雑役を体験、やがて南部のアトランタで妻と小さな中国料理屋を切り盛りしながら、真に独立した個人を模索し、英語による詩作を始めるが…。

彼の周囲では、反体制派の留学生仲間らが次々と転向して帰国し、米国社会を誹謗（ひぼう）する御用作家などになり、90年代の高度経済成長に伴って生じた利権を貪（むさぼ）り始める。米国にも経済力や人種による厳しい差別が存在し、保険に入れない武男は自分や家族の発病を恐れ続けねばならない。

著者の哈金（ハ・ジン）は米国の中国系作家で中国遼寧省に生まれ、85年に留学、天安門事件後に米国籍を取得し、英語作家として主に文化大革命期中国の不条理を描いて、全米図書賞などを受賞している。本書の主人公は著者の分身とも考えられ、中国と米国とのあいだで翻弄（ほんろう）されつつ主体的に生きようとする武男を通して、両国社会が比較されている—中国への嫌悪感がいささか過剰ではあるのだが。

ところで私は哈金作品を、香港や台湾で購入した英語原書と中国語訳の短編集「The Bridegroom（新郎）」、そして土屋京子氏らの名訳「待ち暮らし」「狂気」などで愛読してきた。これらの作品は毛沢東・鄧小平時代の不条理な日常生活を、乾き切った冷気のような文体で描き出している。米国の〝自由生活〟を描くとき、文体に微温と潤いとが加味されたように感じるのは、カタカナを多用する日本語訳のためだけであろうか。（藤井省三・東大教授）

（NHK出版・上下各2730円）＝2010年10月7日④配信

世界を食料危機から守る　「地球最後の日のための種子」（スーザン・ドウォーキン著、中里京子訳）

何をもって地球最後の日というのか、なぜその時に種子が必要なのか。思わせぶりなタイトルである。謎解きのキーワードは遺伝資源である。

遺伝資源と言えば、バビロフの名前が思い浮かぶ。世界各地で植物の種子などを収集し、革命後のソ連で食料生産増強を目指した。本書の主人公、ベント・スコウマンは世界中で収集した遺伝資源の保存に取り組んだ。この本は、バビロフと並ぶ実績を挙げた科学者の生涯を描いた作品だ。

著者は、米国農務省に勤務経験を持つ伝記作家で、食料生産における遺伝資源がもつ価値の大きさを、一人の科学者の目を通して描こうとした。スコウマンは小麦の病気を研究した。その彼が種子保存に向かった理由は、品種の減少、画一化によって農作物が病気で滅ぶ危険性が強まると実感するようになったからである。それが地球最後の日ということになる。

そして「遺伝資源こそ未来だ」という強い信念が、ノルウェーのスバルバル諸島の永久凍土下に「地球最後の日のための貯蔵庫」を作らせた。そこには250万という非常に多くの種類の種子が保存されており、世界の食料生産を危機から守っているというのである。

遺伝資源は、医薬品や工業製品を生み出す金の卵でもある。先進国の企業などが世界各地で資源を収集し、特許にして囲い込み、そこから利益を得てきた。しかし、資源を提供した途上国には還元されていないと問題視する側からは「略奪行為」だと批判されてきた。

スコウマンは、そういった声に聞く耳を持たなかった。エリート科学者のエゴといわれても仕方がないように思えた。著者もまた、遺伝子組み換え食品など、論争になっているテーマに踏み込む際、その書き方がやや一面的だと感じた。

とはいえ、華やかな表舞台ばかりが脚光を浴びる現代科学の世界で、地味な領域での日々の積み重ねの大切さをあらためて伝える優れた科学読み物である。（天笠啓祐・科学ジャーナリスト）

（文芸春秋・1550円）＝2010年10月7日⑤配信

したたかに乱世生き抜く

「名画で読む聖書の女たち」（秦剛平著）

ぞくっとする話は昔から画家たちの好みだったようだ。美術史家パノフスキーは男の生首をもつ美女がユディトかサロメか見分ける方法を書いている。一方は一族を守る勇士、他方は名高い悪女である。その書を読んだとき、ふと聖女と悪女は詰まるところ同じものではないかと思った。

さて本書だが、旧約聖書を中心に、恐ろしき美女たちを集めている。著者は聖書に登場する女性を数え、212人だという。彼女たちは男の欲望の餌食になった者や弱き犠牲者だけではない。むしろ乱世を生き抜くしたたかな生きざまが目につく。新約聖書が成立する過程で、女性像の理想としてつくりあげられた聖母マリアの純潔のイメージに私たちは惑わされてきたようだ。聖書を読み流しているだけでは見えてこない真実がここでは語られている。

著者は信頼に足る聖書学者であるが、品格よりも猥雑（わいざつ）を愛し、口調は強烈。創世記は「産めよ増やせよ」の書物だから、処女崇拝が登場するには早すぎるのだという。それは聖書で地球がまだ若く、人類の欲望が確実に生きているという肉の証しを求めた時代である。

大いなる精力をもった肉食系女子の姿がそこにある。90歳で男児を産み落とすサラ、男色の町ソドムを逃れ、種の保存のために父に迫り近親相姦（そうかん）をやってのけるロトの娘たち、男盛りの使用人に執拗（しつよう）に迫るポティファルの妻、王に見初められ夫を裏切ろうとするバト・シェバ、みんなそれぞれに精いっぱい生きている。著者がこれらの女たちの側にたっていることは確かで、男に対する怨念（おんねん）を晴らすかのように、この講義は続いてゆく。

はじめに絵ありきとする美術史とは立場を異にし、名画ともいいがたい作例も多いなか、レンブラントの人間観察の確かさは輝きを放っている。揺れる女心を描かせれば右に出る者はない名手である。レンブラントがらみでいえば、怪力の持ち主サムソンを裏切る異教の女性デリラは図版にほしかった。（神原正明・倉敷芸術科学大学教授）

（青土社・2520円）＝2010年10月7日⑥配信

絶望の先に見える希望

「竜が最後に帰る場所」（恒川光太郎著）

それまで自分が、こうだと迷うことなく認識していた現実の状況が、なんらかのきっかけによって大きく変化してしまうときがある、ということをまざまざと思い出した。そして、変化の要因は、実は現実の裏側にずっと張りついていたに違いないと、現実に対する認識を変えてしまう力を持つ小説だと思う。

五つの独立した短編からなり、どの作品もおだやかな滑り出しですんなりと読み進められるのだが、物語は予想可能な展開から常に横滑りをして、思いもよらない場所に導かれる。つんのめりそうになりながらも、その横滑りの展開に乗って小説の内部に入っていくのは、とても気持ちのいい体験だった。よくわかっていたはずの現実が、複雑で意味深長な支流へと流れこんでいくのである。物語の醍醐味（だいごみ）とはこういうことだ、と思う。

例えば、「迷走のオルネラ」という短編。父親と死別した少年が主人公で、母親の愛人による暴行の果てに、母親は殺され、自分はかろうじて生き残る、という悲惨なエピソードからの展開の鮮やかさに瞠目（どうもく）した。トラウマを抱えたまま大人にならなければいけない少年の成長期にかかわる人々の言葉は、少年への問いであると同時に、この世に生きる人々への問いにもなる。物語の横揺れを味わいつつ、読後は自分自身の問題をさまざまに考えてしまった。

「夜行（やぎょう）の冬」という短編の、神秘的な夜の空気感や、不思議な同行者の気配も心に消え残る。終わっていく物語が名残を惜しむとき、一瞬だけ物語の世界の中に自分も溶け込めたように思える。「鸚鵡（おうむ）幻想曲」で描かれた、身近にある物の驚くべき変化には鳥肌が立った。

「竜が最後に帰る場所」という本のタイトルは、ファンタジー要素の強い短編に由来するものだが、さまよえる魂がかけがえのないものを知る、という一点が一冊を貫いている。絶望の壁の先に、希望が透けて見える。（東直子・歌人）

（講談社・1575円）＝2010年10月14日①配信

不可知の領域への探求書

「奇跡の生還へ導く人」（ジョン・ガイガー著、伊豆原弓訳）

かの9・11事件の朝。ロン・ディフランチェスコは世界貿易センター84階のオフィスにいた。踊り場に逃げ出るが、煙が立ち込め、意識を失う人も出た。そのとき、男の「立ち上がれ！」という声が聞こえ、はっきりとした存在を感じた。声に支えられ、炎の中を階下へとたどり着く。最後の脱出者となった。あの男は誰だったのか―。

登山家、極地探検家、夜間飛行の冒険家、海の漂流者、捕虜収容所からの脱走者…。彼らが極限状況に陥ったとき、「第三の人（サードマン）」が出現し、生存へと導く案内人となったことはしばしば語られてきた。神か幽霊か幻想か。それにしては「守護天使」の像はあまりにリアルなものだった。

著者のジョン・ガイガーは、「第三の人」の解明を目指して、文献を渉猟し、生存者の証言をあたり、あるいは生理、神経、心理学の専門家の見解を求めていく。

寒さ、酸素欠乏、疲労困憊（こんぱい）、孤独感…などが脳に変調をもたらし、幻覚を生み出すことは容易に想像しうる。けれども、健康人でも、夜間、一人歩きをしている際、誰かがついて来ているような気配はよく知覚する。

「第三の人」が現れやすい要件として、著者は、肉体的な衰弱に加え、隔絶感、単調さ、喪失感などの心的要素、そして生存への強い意志などをあげている。終章近くでは、「脳機能の衰えによる副産物」ではなく、人が潜在的に宿す「進化的適応」という見方を取りあげている。

そうなのかもしれない。ただ、仮説をはみ出す事例もある。そもそも「慈悲深い幽霊」がなぜに知覚の周縁を歩き回るのか。謎は残る。

不可知の領域への、良質の探求書である。“神様のおかげ”では済ませず、また済まされないのが近代であり、不可知への探求が近代のエネルギーだった。解明がまた次の謎を生んでいく。その輪廻（りんね）のなか、「第三の人」もこの列に加わっていくテーマなのだろう。（後藤正治・ノンフィクション作家）

（新潮社・1890円）＝2010年10月14日③配信

群居する就職難の若者

「蟻族」（廉思編、関根謙監訳）

北京の中心部からやや離れた周縁部は、中国の首都圏内にありつつ広大な郊外農村地帯と接する。空き地や無秩序な集落が多く、従来大量の出稼ぎ労働者や前衛文化・宗教活動の担い手を吸収してきた特殊な場である。

その周縁部に近年、大学は出たものの希望の職に就けない低収入の若者の密集エリアがあるという。住むのは出稼ぎ労働者向けの粗末な下宿などで衛生状態や治安は悪い。本書は北京だけで10万人以上いる「群居村」の実態を現地調査に基づき報告している。賢くて集住していることから本書が命名した〝蟻族（イーズー）〟は1980年代生まれの若者、〝八〇後（バーリンホウ）〟の一面を示す流行語になった。

蟻族の誕生は就職難が背景にある。大学募集枠が大幅に拡大し、大量の私立大学ができ、大学間の強弱の二極化が進んでいることなどは日本にも通じるが、社会変化が著しい中国では群居村が想像以上に急激に拡大し、大きな社会問題になりうると本書は警告する。

群居村のように密集地を形成することは北京において珍しくはない。これまでも出稼ぎ労働者の集落、大学出の若者が集まる画家村などがあった。人間関係が希薄で、貧しい点など、群居村の特徴は従来の〝村〟と似ている。ただし、かつての〝村〟の若者は、貧乏画家であれ出稼ぎ労働者であれ、中国社会の不自由さからはみ出したくてこの生き方を選んだ。一方、今の蟻族は安定した職に挑戦するものの翻弄（ほんろう）され、意図せず社会からはじき出された者たちだ。

かつての〝村〟の青年で有名画家や経営者になった者は多い。既成の社会秩序をはみ出す生き方には周囲がうらやむ出口があり、時代がそれを支えた。だが本書に出てくる若者にとって、はみ出すこととは単に競争社会の敗者を意味するように思える。この変化は、中国で既存のものを乗り越える夢が困難になりつつあることを示すようで、今なお景気よく見える中国の時代の転換を予感させる一冊だった。（麻生晴一郎・ルポライター）

（勉誠出版・2520円）＝2010年10月14日④配信

時代という魔物と並走

「戦争と広告」（馬場マコト著）

本書を読んで「時代なんか、パッと変わる」という、四半世紀前の名コピーを思い出した。

あとから振り返れば、時代のチェンジの裏側には複雑な筋書きがあるはずだが、今という時代の中でしか生きられない僕たちには、あたかもそれが“パッ”と変わってしまったかのように思える瞬間がある。そして、その変化をいち早く“パッ”とキャッチできるかに、広告人たちはしのぎを削っている。今も昔も。

「戦争と広告」の主な舞台は昭和初期から終戦まで。資生堂広告の美の礎を築いた山名文夫、森永製菓のキャンペーンを次々と成功させた新井静一郎といった当時の花形広告クリエーターらが、激変する時代といかに向き合ったかが描かれる。

彼らを待ち受けていた次の時代、それが戦争だったところが運命的だ。戦局が泥沼化するにつれ、商品宣伝の仕事を失っていった2人は、優秀な若手制作者や学者たちからなる「報道技術研究会」を結成し、国家のプロパガンダ活動に飛び込んでいく。それが社会のためになるアクションだと信じて、戦争を“広告”することになるのだ。

なぜそんなことになってしまったのか？　著者は、広告に“思想”がないからではないかと指摘する。だからこそ広告は時代という魔物と並走できるのだとも。

が、もうひとつ大事なことがあるのでは、と私は思う。広告には“思想”はなくとも“批評”があるのではないのかと。戦時下に山名・新井と出会う花森安治（「暮しの手帖」創刊編集長）が、このことをもっとも理解していたように思う。

その本質として広告とは、時代に「抵抗」するのではなく「提案」する行為だ。だから戦後、山名や新井の仕事は再び一変する。“パッと変わる時代”に忠実な広告人の生きざまに迫るドラマとして面白い。読後感は“パッ”と晴れやかではないが、広告と時代のかかわり方を考えさせられる一冊だ。（河尻亨一・元「広告批評」編集長、東北芸術工科大客員教授）

（白水社・2520円）＝2010年10月14日⑤配信

人の愚かさ生き生きと

「世紀の空売り」（マイケル・ルイス著、東江一紀訳）

傲慢（ごうまん）、嫉妬（しっと）、憤怒、怠惰、強欲、暴食、色欲がキリスト教の七つの大罪だが、本書を読むと、もうひとつ第八の大罪として「知ったかぶり」を加えたくなる。

2年前、世界経済を恐慌寸前に追い込んだリーマン・ショックを分析した本なら、今や汗牛充棟だが、この本ほど人の愚かしさを生き生きと、かつ腹の底から笑えるノンフィクションに仕立てた傑作はない。

それもそのはず、著者自身、二十数年前は当時のウォール街の帝王ソロモン・ブラザーズの一員で、その内情を暴露した「ライアーズ・ポーカー」で一躍ベストセラー作家になった人だからだ。才筆は衰えるどころか、今回のサブプライムローン（低所得者層向け住宅ローン）をもとに合成した金融商品の正体を、余すところなく暴き出す。

驚くべきことに、それらの商品を売買した投資のプロたちは、大半がほぼ不見転（みずてん）でババ抜きゲームをしていた。つまり金融工学の複雑な数式をろくに理解もせず、格付け会社が乱発した最上級トリプルAを信じるだけで、米欧や日本の名だたる金融機関、機関投資家が、壮大な規模で「知ったかぶり」を演じていた。

だが、早くから「王様は裸」と見抜き、ひそかな空売りで万馬券をあてた少数者がいた。真剣に目論見書（金融商品の説明書）を読み、誰がローンを借りているのか、住宅地に足を運んで実地に調べた人々である。

「知ったかぶり」に背を向けた彼らは一様にヘソ曲がりで、この本のミソは、彼らの果敢な冒険心と探究心をとことん追跡し、資本主義のアニマル・スピリッツを影絵で描いたことだ。

彼らがいたからこそバブルははじけ、市場は正気を取り戻した。とはいえ、ある邦銀OBの本書の評は「勝った側もあんまり楽しそうじゃない」。胴元がスッテンテンになったのに「知ったかぶり」の当人たちは反省なしだからだ。作者は最後に暗示する。歴史は繰り返す、と。（阿部重夫・月刊FACTA発行人）

（文芸春秋・1890円）＝2010年10月14日⑥配信

日常の極限的時間つかむ

「妻の超然」（絲山秋子著）

絲山秋子は、人間のこまやかな感情をすくい取り、日常の中の極限的な時間を小説の言葉でつかみ取ることができる稀有（けう）な作家だ。2008年に刊行された「ばかもの」は映画化され、12月に劇場公開される。純文学作家としての資質にとどまらず、ストーリーテラーとしての絲山の才能にも注目が集まっている。

本書は、表題作を含む三つの中編を収録した連作集である。3作ともに「超然」という言葉がタイトルに付せられている。「超然3部作」とでも表現できそうな作品同士のつながりが、重要な構成をなしている。

「妻の超然」は、結婚10年目の48歳の妻の内面を丁寧につづる。ここで描かれるのは、冷えきった夫婦の家庭生活の実情であるが、「およそ妻たるものが超然としていなければ、世の中に超然なんて言葉は必要ないのだ」と威勢よく語りつつも、妻は将来の夫婦生活に不安を抱えている。「超然」という言葉を手がかりに、静かな和解を獲得していくラストには、この作家ならではの人生への深い洞察がある。

2作目の「下戸の超然」は、家電メーカーに勤務する30歳の男性が落ちる人生の陥穽（かんせい）を描く。つくば市在住の主人公は、同じ職場の女性と親しくなりつき合い始めるが、他人への善意と社会への悪意をむき出しにしたNPO活動に注力する彼女に疑問を感じ始める。下戸であることを単なる言い訳としか認めない彼女。いっぽう、恋人の気持ちを理解しない主人公。二人はすれ違いを重ね、ついに彼女は「そうやっていつまでも超然としてればいいよ」と告げて、立ち去る。恋人間の不可視の距離感を絶妙なバランスで描いた佳作だ。

作者自身をほうふつとさせる女性作家を主人公に据えた最終作「作家の超然」は、自己批評的なたくらみに満ちている。ここで「超然」は、作家自身の自戒の言葉として放たれる。各中編は、三人称、一人称、二人称の形式で語られる。実験的な叙述形式も、本書の読みのポイントだろう。（榎本正樹・文芸評論家）

（新潮社・1470円）＝2010年10月21日①配信

息のんで歩く緻密な世界

「夜よりも大きい」（小野正嗣著）

夜よりも大きいものとはいったい何なのか。

装丁画に描かれた、夜に白く浮かび上がるタイトルを見ながら考える。

力強い線で描かれた夜は、出口がなさそうな深い森、後戻りできないであろう人の列、魚影がゆれる不穏な木々、硬質なフェンスなどに形を変える。暗い色調で不気味な光景を描いているというのに、どこかやわらかであたたかく、この小説の世界を孕（はら）む母親の腹のように思える。

カバー裏と本体の表紙は、フランス語におおわれている。本書のなかにおさめられている10の短編のうちの1編を訳したものだ。その文章はじつは見せかけで、母親の子守歌、あるいは、むずかる赤子の泣き声であるような気がする。そう思わせるのは、子のためにふくらむ乳房の存在と、無垢（むく）な赤子の泣き声を、全編に感じるからだろうか。

地下室の木箱のなかで「出して」と泣き叫ぶ少女。養魚池で肉片を吸う男の子。一度渡ったら決して戻ってこれない一方通行の黒い海。腹のなかの子どもがときどきいなくなる妊婦。少女が顔を埋めるくさくて汚い毛むくじゃらの塊。

短編集でありながら、各編が響きあい、連鎖しているように感じるのは、登場人物の誰かが発する声が、また別の誰かの声でもあるからだろう。母子、性差、静物と動物の垣根まで越え、そのものから発せられる言葉は、声を発するものたちよりも、はるかに主体である。

各章のはじめに、タイトルは記されない。どんな物語なのか、心構えを与えるすきもなく、読む者の腕をひっぱって、物語に引きずり込む。頭で「読む」感覚より、緻密（ちみつ）に構成された世界を、息をのんで「歩く」体感に近い。

一度、物語のなかに足を踏み入れたら、目の前で繰り広げられる世界を見つめて、翻弄（ほんろう）されるしかない。そもそも「生まれる」とはこういうことかもしれない、と思わせる一冊に違いない。（松井雪子・作家、漫画家）

（リトルモア・1575円）＝2010年10月21日②配信

他者の悲劇を私の物語に　「『戦地』に生きる人々」（日本ビジュアル・ジャーナリスト協会編）

この本には、写真やビデオのジャーナリスト7人の文章が集められている。人権が蹂躙（じゅうりん）されるチベットへ、軍事政権が支配するビルマ（ミャンマー）へ、太平洋の核汚染地帯へ、被災地ハイチへ、民族浄化が続くチェチェンへ、そして民族紛争がやむことのないパレスチナへと出かけ、マスメディアが封印し続けてきた生身の人間の声をすくい上げる。

「雑草や服をちぎって食べていたが、ほとんどの仲間たちが餓死した」「白い砂や細かい塵（ちり）が降って、島中に積もった。私たちは、それが放射能を含んだ"死の灰"だなんて知らなかった」「俺たちは殺されてはいない。だが、生かされてもいない」

7人全員がフリーランスとして取材活動を続けており、何かあれば自己責任を問われる立場だ。時には銃弾や砲撃をくぐり抜け、被ばくの危険も顧みず、そのような場所へ彼らを駆り立てるものはいったい何なのか。

圧倒的な権力が私たちと同じ人間を暴力で破壊し続けている現実は、ジャーナリスト個人が人間として人間に出会い、温かい言葉を交わし、なけなしの食べ物を与えられ、心を通わせた経験を通してこそ、「商品」としての情報ではなく血と肉を伴って伝わってくる。

最も虐げられている人々が最悪の状況下で人間性を失うどころか、より豊かに人間性を取り戻そうとしていることに注目したい。彼らは自分たちの思いや声を真摯（しんし）に聴き、それを「世界」へ伝えてくれる存在を切望している。チェチェンの女性たちは自らが活動家となり、メディアをつくって命をかけて抵抗し続けている。その一人は「私には、伝える勇気がある」と語り、別の女性は怖くないのかと問われ「人間はこの世に一度生まれ、一度死ぬ」と答えた。

長年にわたってジャーナリストたちが見つめ、伝え続けてきた小さな人々の声は、見知らぬ人の悲劇を私たち自身の物語へと転換することを強く促す。（鎌仲ひとみ・映像作家）

（集英社新書・756円）＝2010年10月21日③配信

不遇はねのけた熱意と運　「絶筆」（梨元勝著）

今年夏に肺がんで亡くなった"元祖芸能リポーター"が、死の直前までつづった自伝本である。今後の抱負を語る最終章の弾んだ文体に、まだまだ現役でいたいという強い意志が読み取れるが、話題が二転三転することから、もうろうとする意識との闘いだった様子も目に浮かんでくる。

「新・珍・奇」な事象を追い求めたという彼は、実に単純明快な二つのポリシーを持って生きてきたように読める。一つは「人間好きなゆえに行動する」こと。目的はスキャンダルまみれの芸能界で事実を解明することであって、対象人物を決して憎まなかった。だからこそ、かつて彼に追いまくられた「まな板の上のコイ」だった著名人を含む千人もが、お別れの会で集まったのだろう。

そしてもう一つは「曲がったことが大嫌い」。大手芸能プロ絡みの話題を報道せずに、弱い立場の芸能人だけ取り上げる方針のテレビ局と対立し、番組を降板せざるを得なくなったこともあった。晩年は、全国ネットの番組出演を控え続けるほどのこだわりを見せた。

学生時代の彼は反体制運動への失望感から添乗員のバイトに没頭し、話し上手になった。漢字の知識不足ゆえ「原稿は書かないでしゃべってくれ」と言われ、後には芸能リポーターとしてのテレビ出演が増えた出版社記者時代。近年は、テレビに替わる情報発信の場をインターネットに求め、成功しつつあった。押し寄せる不遇をはねのけてきた熱意と幸運に感心する。家族との時間が十分取れないまま働き通した代償が天界への急行切符だったとすれば、必ずしも幸福だったとは言えないかもしれないが…。

読み終えると、芸能界の"ハエ"とまでののしられた彼のことが、日々を懸命に生きる一般の人々と変わらない、身近な存在に思えてくる。ゴシップ嫌いな私ですら、なぜか彼を憎めなかった理由が氷解した気がした。

不器用ながらも前を向き続ける人々が読めば、心に明かりがともるはずだ。（つのはず誠・音楽市場アナリスト）

（展望社・1500円）＝2010年10月21日④配信

19世紀西欧の華麗な絵巻

「ナポレオンの妹」(フローラ・フレイザー著、中山ゆかり訳)

家族心理学の上ではどう考えるのか知らないが、兄と妹というのは、兄弟や姉妹とはもちろん、姉弟とも異なる微妙な関係だという気がする。口ではとやかく言いながら、妹をかわいがる兄は多いし、妹の方は、兄を理想の男性タイプと見なす傾向があると思う。

本書はタイトルにあるとおり、あのナポレオンの妹ポーリーヌの、文字どおり波瀾(はらん)万丈の生涯をつづった伝記である。16歳のときに、兄の部下だった副将軍ルクレールと結婚。そのころからすでに、美ぼうと奇矯さという彼女の二面性は周囲のひとに知られていた。

やがて夫に伴ってカリブ海の島へ。当時はフランスの重要な植民地であり、現地住民の反乱を鎮圧するためであった。酷暑の地での生活は過酷だったが、ポーリーヌは女王のように振る舞っていたようだ。そんな妹にナポレオンは手紙を書き、軽率なまねをしてはいけない、思いやりをもって夫に接しなさい、と忠告する。立派な兄さんぶりではないか。

夫ルクレールが黄熱病で死ぬと、ポーリーヌは幼い息子を連れてフランスに戻り、数カ月後にはローマの貴族ボルゲーゼ大公と再婚する。もちろん、さまざまな思惑がからまった結婚だが、それは権力者の妹の宿命でもあっただろう。

多大な富を手に入れ、皇帝となった兄の威光を受けて彼女は社交界に君臨。多くの愛人を持ち(当時の貴族女性にはまれなことではない)、悪評も立てられた。しかし、兄ナポレオンの没落後は、ただひとりで彼をセントヘレナ島から救出しようとした、けなげな女性でもあった。

本書は、妹の人生というプリズムを通して映し出されたもう一つのナポレオン史である。同時代の回想録、手紙、史料を用いて、19世紀初頭の西欧上流社会の風俗を鮮やかに浮かび上がらせる。政治、軍事、外交はどうしても男たちの世界だが、その世界を女の側から見た華やかな歴史絵巻になっている。(小倉孝誠・慶応大教授)

(白水社・2730円)＝2010年10月21日⑤配信

アジア的アウトローの軌跡

「白狼伝」(宮崎学著)

1949年1月、中国共産党軍の北平(北京)無血入城以後、蔣介石の国民党政府は南京、武漢、広州、重慶を転々とした。ついに12月、台北に移る。

国民党政府の役人だった父母に従い6歳の陳啓禮、台湾の基隆に移住。翌50年、2歳の張安楽、日中戦争から内戦と国民党軍の従軍記者だった父に連れられ高雄に上陸—。

著者は、大陸から移った外省人学生が60年代、「義」によって結んだ組織「竹聯幇(パン)」と、その初代総堂主陳啓禮、後継の「白狼」こと張安楽の2代の人生を描き、アジア現代史の基層に迫る。

47年2月28日、国民党軍が、ヤミたばこ没収に端を発した民衆の暴動を武力鎮圧して以後、明末清初に移住した本省人を戒厳令下(87年解除まで38年にわたる)に抑え込んだ蔣介石一族と外省人が政治権力を支配した。外省人の支配階級の子弟だった陳啓禮と張安楽だが、一般社会での外省人の権力が弾圧的だった反動で、本省人子弟が圧倒的多数派だった学校社会では逆に抑圧された。

そこで本省人権力に対抗し、外省人の仲間を守るためにつくった自衛・相互扶助組織、それが竹聯幇なのだが、彼らはそれだけにとどまらず、中台の対立激化と台湾独立派の台頭を前に、蔣介石一族と中華民国政権との関係を深め、台湾現代史の深部に暗躍する。

その「アジア的アウトローの軌跡」だけでも波瀾(はらん)万丈なのに、台湾の未来と不可分な大陸の現状を、中枢権力は近代官僚とテクノクラートの帝国型権力で、基層社会には幇的な自由と自治という歴代王朝方式に戻ったと断じて「中華民族主義」を提起している。

幇はその社会的役割を発揮していく限り、国家と持ちつ持たれつの関係を維持できる、これぞ「中華民国主義」でも「人民共和国主義」でもなく張安楽の竹聯幇がポリシーとする「中華民族主義」の道—と。「中国を観る眼」の転換をわれわれに迫る著者の論理は、刺激的かつ魅力的である。(井家上隆幸・文芸評論家)

(毎日新聞社・1890円)＝2010年10月21日⑥配信

若い世代へ真摯な励まし

「アナーキー・イン・ザ・JP」(中森明夫著)

パンクかぶれの少年がシド・ヴィシャスの霊を呼び出そうとして、1923年に伊藤野枝、幼い甥(おい)とともに憲兵に連行の上殺害されたアナーキスト大杉栄の魂を降臨させてしまう。まさにアナーキーというべき設定から走りだす、中森明夫の「アナーキー・イン・ザ・JP」のテンションは高い。

大杉栄の目で洗い直される現在の日本並びに彼の死後に日本がたどった歩み。21世紀少年の目を通した約100年前の日本及び大杉の38年の生涯。アナーキストとパンク少年、ふたつの視点と声で大正と平成の世を往還する物語の中で、著者は昭和から現在にかけての日本を動かしてきたのはアナーキズムであるという驚くべき仮説を、祝祭的ににぎやかな語りで立証しようと試みているのだ。

仮説が正しいかどうかなんて、どうでもいい。大切なのは、一人の作家が言い訳を用意せず、真っ向勝負の気合で、読者に何かを伝えようとしているという、その姿勢の潔さなのである。

大杉栄に関する膨大な資料を読み込んだ中森さんは、かのアナーキストの思想は大事になぞりつつも、現在日本を描写・批評する際には、大杉の過激な目と声を借りて、自分自身の意見を極端な調子でアジっている。批判すべきはし、称賛すべきはそれを惜しまない。アイドルに群がるオタクも、自民党の老人議員も、石原慎太郎も、雇用不安定なプレカリアートの若者も、みーんなアナーキストと決めつけ、断定を恐れない。

一見ふざけた小説と見せかけて、ここで著者が投じている言葉のすべては本気なのだし、ふまじめな文体の奥には真摯(しんし)な表情が見える。アンバランスでアナーキーなこの小説は、閉塞(へいそく)した時代に暗中模索を余儀なくされている若い世代への励ましが満ちているのだ。〈NO FUTURE／NO CRY!／未来はないけど／泣いちゃダメだ!!〉。21世紀少年少女の皆さん、ここに信頼できる大人が一人います。(豊崎由美・ライター)

(新潮社・1680円)＝2010年10月28日①配信

パリス・ヒルトンも顔負け

「『ワル姫さま』の系譜学」(鹿島茂著)

「オギャー」と産声を上げた瞬間から結婚へのカウントダウンが始まる中世フランス宮廷の視点で見ると、日本でブームの「婚活」など、まったく手ぬるいものなのかもしれません。

本書には、「女の価値は、最高の男に何回ノンを繰り返したかによって決まる」とか、「男は貞淑そうな女には欲情するが、完全に貞淑な女は諦めてしまう」とか、まさに目からウロコの恋愛テクニックがギュッと凝縮されています。しかも、すべて実在の人物による成功事例。当時は、みんな駆け引き上手だったのですね…。中には、かなりワガママなお姫さまもいたようですが。

遠き昔の貴族たちは、〝下賤(げせん)な血〟が混じることを恐れたため、親類同士の結婚が一般的でした。必然的に王族の血が「濃く」なります。すると、とんでもない「ワル姫さま」や「バカ王子さま」が出てきてしまうのだとか。

夜ごと繰り広げられるぜいたくざんまいの祝宴は、現代パーティーセレブのパリス・ヒルトンやリンジー・ローハンをはるかにしのぐ乱行ぶり。国王の愛を受けたい一心で繰り広げられる女の戦いや陰謀の数々は、昼間のメロドラマよりも壮絶で、泣く子も黙る血みどろの泥沼バトルです。

美ぼうも名声もお金も十分に持ち合わせ、70歳を超えても多くの若い愛人に囲まれたという、今で言うところのマドンナ風スーパーウーマン、ニノン・ド・ランクロ。容姿に自信がなくとも、一生懸命才能を磨き、圧倒的な教養でルイ14世の心をわしづかみにしたマリー・マンシーニ。「ジラしのテクニック」で、アンリ4世の寵愛(ちょうあい)を勝ち取ったガブリエル・デストレ…。

はてさて、自分の生き方は、27人のワル姫さまたちの誰に近いのか、意中の人を落とすには、どの手を使うといいのか―。激動の欧州史を生きた人物をお手本に、今の私についてじっくり策を練る。秋の夜長に最高の恋愛バイブルです。(木村カンナ・セレブコメンテーター)

(講談社・2520円)＝2010年10月28日②配信

「おひとりさま」の先駆け　「大塚女子アパートメント物語　オールドミスの館にようこそ」（川口明子著）

「おひとりさま」専用のアパートが昭和初期に既にあった。1930年に同潤会が造った煉瓦（れんが）色タイル張りの5階建て。

本書は、この建物が2003年に取り壊されるまでの歴史を振り返り、そこに暮らした女性たちのドラマを、時代性に光を当てて活写した。

タイトルがいい。女性史という看板では近づきにくかったかもしれない人へ、間口を広げた。

お招きに従い、のぞいてみれば、住人はタイピスト、教師、編集者といった当時の花形職業。疲れて帰ってから夕飯の支度をしなくていい。地下に食堂と共同浴場もある。暗い夜道を銭湯へ行かずにすみ、洗濯まで頼むことができる。

外で仕事をする女性のニーズに、こんなに早くから目を向けられていたことに驚く。女性を家事と切り離した存在として、とらえている！

なぜ？　の疑問に著者は答える。震災と、続く恐慌で、従来は家で花嫁修業をしていた中産階級の女性の「職業婦人」が増加した。

いわゆるモダンガールが、女性解放運動の産物ではなく、個人が選んだ生き方とする分析を読み、共感をおぼえる。そうした女性を「社会人」として認める男性が、少数ながらも出てきたのが、このアパートの設立された時代だった。

しかしながら一般的には、働く独身女性に対する視線は厳しい。先駆的なこのアパートも「モダン女護ケ島」と揶揄（やゆ）されていたなんて。

遠い昔の話ではない。シングル女性が住宅購入のため公的融資を受けられるようになったのは、80年代に入ってからだったことにも、著者は言及する。血縁に依拠せぬライフスタイルの実現のため、シニアハウスを自ら造った女性も、このアパートを巣立っていった中にいた。

現代のおひとりさまが、過去からの流れの中にいることを実感させる。今はなきアパートを、見ているように描き出した、丹念な取材、構成、文章に敬服する。（岸本葉子・エッセイスト）

（教育史料出版会・1785円）＝2010年10月28日③配信

人という「変わった動物」　「ぼくの生物学講義」（日高敏隆著）

人間はどういう動物なのか。それがこの本のテーマであり、本のもとになった大学での講義のタイトルでもある。

人はもちろん動物だ。だが体毛を持たず、直立二足歩行する。言語を操り、人間以外は持ち得ない財産継承のために結婚のような社会制度を持つ、変わった動物である。

変わってはいるものの、やはり人は動物の一種である。人にも生物としての遺伝プログラムによる基盤がある。まっさらの状態から何でも学べるわけではないし、行動にも一定の傾向がある。オスとメスは異なる基本的戦略を持っている。それぞれが独自に自分と血のつながった子孫を残すためだ。そのような基盤が底にあって、動物も、そして人間も、社会や社会制度をつくり上げている。

この本では動物行動遺伝学と呼ばれる分野の話が分かりやすく解説されている。文系理系問わず生物学の基礎知識がなくても誰でも読める本だ。

この分野では子孫をどのくらい残せるかを「適応度」という概念で表す。特定個体が環境に適応しているかどうかではない。子孫を多く残せるかどうか、それが問題なのだ。未解明の謎も多いものの、適応度の概念を使うことで、動物、そして動物としてのヒトの行動の不思議もいろいろと読み解けるようになってきた。これが本書中盤の内容だ。

だが人間はやはり変わった動物でもある。たとえば想像力と創造力を持っている。では人間という動物集団に合った社会とはどんなものなのか。昨年没した著者の講義は最終的にここへつながっていく。

著者は、特に人間は「思い込み」が強い動物であり、対象を見るときにも、頭のなかを整理するときも「思い込み」を利用しているのではないかと述べている。思い込みがないとものは見えない。だが思い込みすぎてもものは見えない。そういうものであるらしい。（森山和道・サイエンスライター）

（昭和堂・1890円）＝2010年10月28日④配信

幕末の対日観の重要史料

「日本1852」(チャールズ・マックファーレン著、渡辺惣樹訳)

幕末の日本に開国を迫った米海軍のペリーは、1852年11月にミシシッピ号で日本に向けて出発した。本書はその4カ月前、この遠征の成否に人々の関心が高まる中、英国の歴史学者が刊行した、日本の総合ガイドブックの初邦訳である。

まず、16世紀のポルトガル人の日本接触から説き起こし、日本の対西洋関係を概観。続いて日本の地理や歴史、民族性などを紹介する。来日外国人の記録を多用して、宗教や政治形態、鉱物資源、芸術と多岐にわたり興味深い記述をしている。

特に、極東の交通の要衝にありながら交易に消極的な日本のことを、イソップ物語で牛(欧米)にわらを食べさせないように飼い葉おけに寝そべった犬になぞらえ、排除すべき対象と主張したところは、大いに欧米人の共感を呼んだであろう。

日本との外交交渉では、島や半島の軍事的占領が望ましいとさえ記している。ここからすると、徳川幕府の役人は厄介な欧米からの来訪者とよくぞ渡り合ったと思う。

「日本人は漢人(中国人)よりも強靭(きょうじん)で勇敢な民族である」とした記述もあるが、今日では逆ではないかと思ってしまう。ほかにも漆器や刀剣は世界最高といった表現が続く。まさに、当時の米英の対日観を知る上で実に重要な資料である。

ただ、英国人著者なのに、日本に来航した英艦プロビデンス号の記述があっさりしていて意外である。また、英国船が長崎で不法に騒動を起こしたフェートン号事件は、オランダと交戦状態にあったからだと、英国側からの弁護を忘れない。

細かな事実誤認も散見される。ロシアのレザノフの部下が蝦夷地を襲撃したことに関して「襲われた村では何人かが殺され」とあるが、ロシア人に住民が殺された事実はない。注意が必要だ。

とはいえ、それもまた、当時の欧米の日本認識の証左であることは疑いの無いところ。日本に来ることなく、これだけの著作をものする英国人の情報収集力には学ぶべきところが多い。(岩下哲典・明海大教授)

(草思社・2100円)=2010年10月28日⑤配信

人間の虚飾をはぎとる

「妖談」(車谷長吉著)

「掌編小説集」である本書では、ほとんどの作品が5ページ内外におさまっている。

表題に「妖談」とあるように、人間の底知れぬ妖(あや)しさをえぐり出した小説集だ。人間の虚栄心や自尊心、はたまた劣等感などのいわば虚飾をはぎとったとき、私たちは本質的にどのような存在であるのだろうか。本当の人間とは、いったいどんな姿をしているのか。作者はそこのところを、これでもかと言わんばかりに書きつづっていく。

たとえば、散歩をしていた主人公の手に赤ん坊をあずけたまま姿を消してしまう女の話とか、誰かが河豚(ふぐ)の毒にあたって死んだという新聞記事を読むたびになぜかうれしさを覚える河豚調理師の話とか、さらにはセックスを生活の中心に据えることでしか生きられない女の話とか…。

あるいはまた、有名な歌人であった西行をとらまえて、「荘園で百姓を扱(こ)き使い、その上がりの上(うえ)に鎮座して、世の無常を嘆いた人」と切り捨てたりもしている。次から次へと、こういう話が出てきて、人間とはなんと欲ばりで業の深い存在であるのかと、思わずため息が出て来てしまう。

と言うと、なんだか気分が落ち込んでしまう本のように思えるかもしれないが、読後の印象は案に相違して、むしろ安堵(あんど)感のようなほっとした感情すらわいてくるのだから不思議である。

それはおそらく、作者が登場人物の虚飾を削るようにはがしていく過程で、読者みずからも同時におのれのそれを半ば無意識に削り、はがしていくからだろう。読み進むうちに、読者は登場人物の誰かれに同化していき、彼らと自分が似ていることに気がつき、程度の差はあれ、同じ要素が自分にも抜きがたくあることを認識するのだ。

つまり、この本に書かれているのは他人の物語ではあるのだけれど、それらはまた読者自身の物語でもあるというわけだ。(清水哲男・詩人)

(文芸春秋・1575円)=2010年10月28日⑥配信

米国の現実を二重写しに　「ミッドナイト・ララバイ」（サラ・パレツキー著、山本やよい訳）

渋さ際立つ知性派美女のハードボイルド小説としておなじみ、シカゴで私立探偵を営むV・I・ウォーショースキー（愛称ヴィク）シリーズの最新刊。古くからのファンにとっては久々のお目見えで、50代に達した探偵の貌（かお）に感慨も深いが、もちろん初めての読者にも十二分に楽しめる。

本書では、約40年前に失踪（しっそう）した黒人男性の捜索を依頼されるところから始まる。なにぶん昔の失踪事件ゆえ、手がかりすらおぼつかない頼みなのだが、金のため、と割り切って動いてみると、失踪事件の裏側に、公民権運動に揺れる1960年代のシカゴで起きた、ある黒人女性殺人事件が深くかかわっていたことがわかってくる。しかも、犯罪を取り締まるはずの警察官が冤罪（えんざい）をでっちあげ、そうした不正がアメリカンドリームの実現につながっている、というのだから、面白いではないか。

法治国家において特権的な位置に立ち、聖職にあるはずの法の番人たちが抱え込んだ差別と不正と腐敗。それを暴きだすミステリーは昨今少なくない。だが本書では、腐敗の影がヴィク本人にも及ぶという衝撃の展開。誰よりも模範的警官と思われていた亡き父が、くだんの事件の担当だったというショッキングなかかわりが見えてくるからだ。

かくして、ヴィクは、肉体的な危機のみならず、精神的な危機とも直面せざるをえない。人種混交の新天地で親世代がサバイバルしてきた歴史を、酸いも甘いもかみ分けた中高年世代の娘の視点から見つめる、という展開が、心を打つ。そこに、愛国者法など市民的自由を脅かしかねない、9・11後の米国に起きている現実の問題が、二重写しになるからだ。

女性探偵が、生活感を漂わせながら、事件をプラクティカルに解決して行こうとする姿勢は、社会問題に対してクールに立ち向かうための生きる知恵に満ちあふれ、重厚な手応えと、知的な爽快（そうかい）感を与えてくれる。（小谷真理・文芸評論家）

（ハヤカワ・ミステリ文庫・1155円）＝2010年11月4日①配信

技術革新で女性は負担増　「お母さんは忙しくなるばかり」（ルース・シュウォーツ・コーワン著、高橋雄造訳）

電気掃除機や洗濯機、冷蔵庫など便利な家電が家庭に導入されることによって、家事労働は楽になり、家事時間も減少し、担い手である女性が社会に働きに出やすくなった、と誰もが考える。しかし実は逆で、こうしたテクノロジーの発達で、女性はますます忙しくなり、家庭に縛り付けられるようになったという。

この変化について、本書は主に19世紀から20世紀にかけての米国でのテクノロジーの発達と家庭内での労働の関係を、さまざまなデータから明らかにする。マクロ的なテクノロジーの発達は史料に残っているが、家庭内での家事の仕方は記録に残りにくい。それをいくつもの日記や手紙をたどるなど、緻密（ちみつ）で地道な作業の上に研究が成り立ったことに敬意を表する。

工業化以前は、石炭運びや水くみ、まき割り、ランプ掃除、敷物たたきなどは男の仕事であり、女だけでなく家族全員が家庭の仕事を分担していた。しかし、水道が引かれて水くみ労働が、電気が通じてランプ掃除が、クリーニング業者が現れてじゅうたんたたきが、家庭から消失した。これによって男性は家庭から解放され社会へ出て行ったが、煮炊きや細かな掃除、洗濯、裁縫などを担っていた女性はあいかわらず家庭に縛られた。

洗濯機や自動車が普及すると、それまで1週間に1度しか着替えなかった衣服を毎日着替えて洗濯するようになったり、馬車時代の運搬は男性の仕事だったが、自動車での運搬は女性の仕事になったりと、テクノロジーの近代化によって家事は女性に集中するようになり、女性（母親）はますます忙しくなったという。

戦後の日本の主婦のあこがれの的であった、電化され合理的な家事ができそうな米国のマイホームが、実は女性を家庭に縛る装置であったことは、驚きに値する。また、この傾向は、日本にも当てはまる点が多く、日本の家庭でも女性が忙しくなっていることが理解できる。（大竹美登利・東京学芸大副学長）

（法政大学出版局・3990円）＝2010年11月4日②配信

アイドルが慕った名編集者

「ガサコ伝説」（長田美穂著）

小学生のころ、近所の本屋で並んでいた2冊の芸能雑誌「明星」と「平凡」の表紙を見比べて、どっちを買うか悩んでいた自分。この本を読んでいたら、そんな記憶がよみがえった。

月刊誌「平凡」には、折笠光子、通称ガサコと呼ばれた伝説の女性編集者がいた。たたき上げの彼女のアイデアとガッツが、さまざまな名企画を生み出していく。山口百恵をはじめ、当時の人気アイドルはみな、ガサコを母や姉のように慕う。そんな人間関係を築きあげたからこそ「平凡」は他誌ではできないページを次々と作った。でも、ライバル「明星」とのスクープ合戦の中で、ガサコが大切にした芸能人との密接な関係は、次第に邪魔になってくる―。

僕は放送作家という仕事をしている。たくさんのテレビ番組を作らせてもらっている。そして日々、多くの芸人さんと仕事をし、プライベートでもお酒を飲んでいる。自分にしかない「関係」を築いていると思っている。だけど、時折、番組を作る上で、ある意味、その芸人さんを裏切るようなことさえしなきゃいけない時がある。そういうときには胸が痛むし、割り切って作ることができない。番組にとっては僕が築いた関係は〝邪魔〟だろう。

ガサコの生き方を読んでいると、自分も当時の平凡編集部にいるかのような気がしてくる。そして僕は二つの「選択」を頭に思い描く。自分のスタイルを貫いたら、仕事がうまくいかないのは分かっている。でも、本意に反してスタイルを壊すことで、失う何かがある。自分だったら、どうするのか？　どうすべきなのか？

本書はアイドル全盛時代の裏側を記した〝歴史書〟であり、当時の社会背景やビジネスを描いた本でもある。それと同時に、仕事への向き合い方を考えさせられる一冊でもある。あなたなら、どっちを選択しますか？

きっと自分なりの幸せの形は、考え抜いた答えの、その先にあると思うのです。（鈴木おさむ・放送作家）

（新潮社・1680円）＝2010年11月4日③配信

男社会の幻想を鋭く解析

「女ぎらい」（上野千鶴子著）

私はまだ幼いころ、たいそうな野菜嫌いであった。給食となれば葉物、根菜、当たるを幸いご遠慮申しあげていたから、教師の覚えもすこぶる悪かった。不思議なことに、味わいは毛ほども変わらぬのに、現在かなりな強敵でも難なくそしゃくへ持ち込めるまでになれたのは、味覚というのがつまりは脳内幻想だからだろう。幻想は再フォーマット可能なのだ。

本書は、女性嫌悪を意味する「ミソジニー」なるキーワードを用いて、活字文化、社会現象、あるいは差別の問題などなど、現代の日本に渦巻く多くのテーマを、ほとんどあからさまなまでに鋭く解析してみせる評論集である。なにより、あからさまの持つ「腹に一物なし」といった、五月の鯉の吹き流しばりの読み心地が乙というか、五臓六腑（ろっぷ）にキューッとくるのがたまらんですゾ。

たとえば男が己の男らしさを獲得するメカニズムは、男同士の集団の中で「おぬし、できるな」的視線を浴びるか否かを主軸とするのであり、それゆえ男集団は「女々しさ」的な空気をおびえにも似た完全さで排除しようとする。そればかりか「ヘン、女なんかに何が分かるかよ」じみた空気を共有することで女を他者化し、あるいは物化し、まんまとミソジニーを醸造し始める、と書く。

いやいや、ま、そうなんですけどね、と照れ隠しの受け身をとっているすきに、容赦なく上野の論は進んでいく。そうやって物化するゆえに男は女を家財のごとく「所有する」ことしかできないのであり、実は女好きこそは物である女に触れることでしか自己の主体性を充足できない怨嗟（えんさ）にしがみついた「ミソジニー＝女ぎらい」以外のなにものでもないのだ、と。

自分の拠（よ）って立つ幻想は自分の目には見えないものだ、荒くれた他者に指摘でもされない限り。見えてからなおその幻想に酔うかを選ぶのが本当の主体性であろう。食わず嫌いはいけない。（岡野宏文・フリーライター）

（紀伊国屋書店・1575円）＝2010年11月4日④配信

言葉の光で照らし出す世界

「襲いかかる聖書」（小川国夫著）

小川国夫の遺作「弱い神」が刊行されたのは、今年4月、作家の没後2年にあわせてであった。「襲いかかる聖書」は「弱い神」に続く小川国夫の没後の新刊となる。

雑誌「世界」の1985年1月号に発表された小説「明るい体」が収録されてはいるが、単に小説の新刊ではない。「序にかえて」として聖書をテーマにした2編のエッセーで始まり、埴谷雄高あての9通の書簡が併せて収録され、小川国夫と聖書のかかわりを多様な言語表現を通じて探ろうと試みた一冊だ。

「僕には聖書が突如襲いかかるんだ」

埴谷雄高との往復書簡に、本書の題名に通じるようなこんな言葉がある。小川国夫は書簡の中で、芥川竜之介とゴッホに対談をさせて、画家にそう語らせている。星と月が群青の夜空で渦巻くゴッホ晩年の傑作「星月夜」。極限まで感覚をとぎすまして、緊迫した精神がかいまみた崩壊の予兆にゆれる夜空のきらめき。ゴッホはそれを描いたとき、突如として、星が大風でゆり落とされるいちじくの実のように降るとされる、ヨハネ黙示録における最後の審判の夜にいたという。

芥川は「聖書は怖ろしい本ですね」と応じるが、もちろん架空の対談であり、「襲いかかる、怖ろしい聖書」というイメージは、小川国夫の心象の反映にほかならない。

19歳でカトリックの洗礼を受けた小川国夫がどのように信仰を生きたかは不明だが、彼が聖書というテキストに深く魅了され、とらわれていたのはまちがいない。自らの内面にわきあがってくる不安や、絶望、情熱も、孤独も、聖書の言葉の光で丹念に照らし出していたはずだ。子羊のようにかたわらに抱いて、受難の予感におびえながらも、聖書をインスピレーションとイマジネーションの源泉としたのだろう。

没後のこの新刊は単純な回顧の書ではない。小川国夫という稀有（けう）の作家の底知れぬ深さをあらためて感じる一冊となるはずだ。（青来有一・作家）

（岩波書店・2415円）＝2010年11月5日配信

すべて引き込む緊密世界

「オラクル・ナイト」（ポール・オースター著、柴田元幸訳）

映画「スモーク」の脚本などでも知られる現代アメリカを代表する作家、ポール・オースターの作品には入れ子が頻出する。物語の中に別の物語が登場するのだ。それだけではなく、その物語はときとしてオースターの手による別の作品とも名前やストーリーを共有し、書物の世界と現実の世界の境界を揺さぶってみせる。

病から回復しつつある主人公で作家のシドニーが、青いノートを手に入れてふたたび物語を紡ぎ出す。シドニーと妻グレース、そして先輩作家であるトラウズの3人の安定した関係は、グレースの妊娠とともに揺らぎ始め、シドニーは自分が気づかずにいた現実が隠されていた可能性にさらされる。

物語のなかの現実として提示されるこのストーリーの合間に、シドニーが青いノートに書き付ける小説のアイデア、そのなかで残された小説原稿、映画のシナリオとして構想した「タイムマシン」の改変物語など多くの別の物語が挟まれ、さらには冗長なほどに書き込まれた注釈が、中心的物語の外側の物語世界を構築する。

増殖する物語は次第に現実とシンクロし、物語の外の世界を変えていくかに思える。一方の現実は輪郭をあいまいにして虚構へと傾いていく。謎の中国人が現れ、あった場所がなくなり、いたはずの人間が見えない。

こうして現実と虚構が同じ地平上に描かれるとき、書物の外側にあるわれわれ読者の「現実」が書物の内側とはっきり隔たった場所だとはもはや確信が持てない。読者が連れて行かれるのはそういう場所である。

読み終わった読者の手元に残るのは、シドニーが書き付け、最後には破り捨てたのと同じ「青い表紙」の本書であり、ここでもまた読者はオースター世界に引き込まれていることに気づく。

すべてが内側へ引き込まれていくブラックホールのような小さな点、まるで握った拳のように緊密な世界が、ここにはある。（秋元孝文・甲南大教授）

（新潮社・1890円）＝2010年11月11日①配信

生と性たたえる音楽小説　「西方之魂(ウエストサイドソウル)」(花村萬月著)

宗教文学的な「王国記」、幕末から維新にかけての時代小説「私の庭」、自伝的大河小説「百万遍」などの連作をはじめ、任侠(にんきょう)小説「ワルツ」、ポップなファンタジー「GA・SHIN!　我・神」など、近年の花村萬月の文学は幅広く豊かである。

そんな花村の新作が青春音楽エンターテインメント。愛と暴力の作家といわれたこともあるが、もともとは音楽小説「ゴッド・ブレイス物語」でデビューした。「ブルース」「ジャンゴ」などの作品では、時に暴力にまみれることもあるけれど、音楽を求めてやまない人々の切なさを描いてきた。本書ではよりそれが純化されている。

火田光一(ピカイチ)は京都に住む17歳で、現在登校拒否中である。彼がある日、古本屋で同級生の日向淑子と出会ったことで転機が訪れる。性を覚え、ブルース音楽にめざめ、父親の料理に目をみはり、料理修業にうちこみ、同時にコンサートにむけて精力的な活動をはじめるのだ。

人生についてさまざま思索がめぐらされていくが、基本は淑子との関係であり、淑子の兄らと作りだされる音楽である。すべて音楽から発想され、例えられていく。

“生きることは、すべてがリズムに支配されている。鼓動も呼吸も歩みも”という言葉が出てくるが、これは花村萬月の小説のことでもある。萬月の小説はすべてリズムに支配されている。文体も人物も物語も。ましてやこれが音楽がテーマとなると、その刻むリズムはいちだんと強く、激しい。言葉の音楽にしびれ、体が熱くなるのだ。

ここでは生きることがふるいにかけられ、選別され、抽象化されても、そこから新たな感情が生まれる。つややかに輝き、音楽となって読者に押し寄せてくる。いやはや何という力強さ!　何という快感!　最後の演奏場面など会場にいて音楽を全身に浴びているような気持ちになる。言葉の喚起力にみちた、生と性をたたえる見事な音楽小説だ。(池上冬樹・文芸評論家)

(講談社・1785円)＝2010年11月11日②配信

服を肉体化した越境芸術　「ソニア・ドローネー」(朝倉三枝著)

1925年にパリで開かれた「アールデコ博覧会」の総合カタログを所有しているが、それをひもとくたびに感じるのは現代芸術はこのアールデコ博で進化の頂点に達し、戦後はその繰り返しではないかということだ。それほど、第1次大戦を挟む15年間に達成された芸術的進化は急激かつ根源的だったのである。

その特質は越境性と肉体の概念化、この2点に尽きる。芸術はジャンルの枠を取り払い、越境しながら肉体に対する自己言及を続け、行き着くところまで行ったのだ。

本書は、夫の画家ロベールとともにこの黄金時代を生きたロシア出身の画家にして服飾芸術家ソニア・ドローネーを追った評伝だが、ハイライトは、同時対比的に色彩を配置する「シミュルタネ」芸術を夫とともに追求していたソニアが、詩人のサンドラールと出会った時点にある。

ソニアが舞踏場に「ローブ・シミュルタネ」と称する、パッチワークを使ったカラフルな自作のドレスを着ていったところ、サンドラールはその感動を「ドレスの上に彼女は肉体をはおる」と歌いあげた。ソニアもこの詩句が、まさに自分の芸術の本質を言い当てたものと感じ、服飾分野に自己表現の道を見いだすようになる。

すなわち、大戦中のポルトガルやスペインの芸術家との交流から生まれたインテリアとモードの専門店、戦後のダダ詩人とのコラボレーションによる、詩句をデザインに取り入れた「ローブ・ポエム」、極め付きがアールデコ博に出展した自身のメゾン(店)の模擬店「ブティック・シミュルタネ」である。

ソニアは「女性はその誰もが個性に合った服を着るべきで、そうすると衣服は肉体の一部を成すものとなります」と述べたが、まさに彼女は肉体を服として概念化することにより「衣・体一体」を成し遂げたのである。現代芸術の特質をトランス・ジャンルの芸術家を通して把握しようと試みた意欲作。(鹿島茂・フランス文学者)

(ブリュッケ・3990円)＝2010年11月11日③配信

コンクリートも人も大事

「公共事業が日本を救う」（藤井聡著）

政権交代を実現した民主党には、二つのスローガンがあった。ひとつは「政治主導」。そしてもうひとつが「コンクリートから人へ」という大義の旗だ。民主党の政策はこの二つの理念に基づき、着実に実行されていくものと思われていた。

「コンクリートから人へ」というスローガンは、「公共事業イコール悪」という図式も含んでいた。本年度予算で、公共事業費が約2割も削減されたのはそのためだ。そして国民の多くは、「公共事業はムダだ、不要だ」と拍手喝采（かっさい）した。わずか1年数カ月前だ。

しかし、状況はすでに大きく変化している。政治主導という言葉はもはや消滅したに等しい。「コンクリートから人へ」という方針は、失われてこそいないものの、政権運営の弊害にすらなっている感は否めない。

かつて永田町にはびこった「族議員」たちが、自分の利権を最優先した結果、不要な道路やダム、橋などを全国に作っていたことは確かだ。だが、今や国民の多くは、公共事業の大幅削減が日本経済の救済策になるとは考えていないだろう。むしろ、官製不況が起きているととらえている人も少なくない。

そうした現実を踏まえた上で、本書は、行き過ぎた「公共事業悪玉論」が日本経済の活性化を妨げていると指摘する。公共事業とは、人々が生活しやすい街をつくるためのインフラ整備である、という。治水、利水のためのダム建設、海洋国家である日本の国益を守るための大型港。これらの事業は、地域経済を活性化させるという意味でも欠かすことができないと、データを駆使して説明する。また、老朽化した橋をメンテナンスすることは、それこそ「命」を守るための公共事業であると説く。

一見、極論のように聞こえるがそうではない。なぜなら、“コンクリートも人の命も大事”なのだから。民主党政権にはぜひとも参考にしてもらいたい内容だ。願わくば、参考程度で終わらないことを祈る。（横田由美子・ルポライター）

（文春新書・872円）＝2010年11月11日④配信

懲罰と贈物としての9条

「私の憲法体験」（日高六郎著）

日本国憲法が公布されたとき、著者は29歳の大学助手だった。この本は93歳になったいま、制定前後の状況から現在までを検証し、これからの改憲に反対する運動をも提案している手堅い著作である。長い時間をかけて考え抜かれているので、平明で読みやすく、証言もまた貴重である。

戦後、幣原喜重郎内閣の憲法問題調査委員会（松本烝治委員長）が考えた“自主憲法案”とは、明治憲法に「天皇ハ神聖ニシテ侵スヘカラス」とあったのを「天皇ハ至尊ニシテ侵スヘカラス」と書き換える程度でしかなかった。あまりにも旧弊な松本案は、連合国軍総司令部（GHQ）に却下され撤退した。

しかしこのときの「国体護持」と「排外主義」の考え方は、その後の政権にずっと引き継がれてきた。「半世紀以上ものあいだつづいた政権政党が、その国の基本法と相性が悪いということがありうるだろうか」と著者は慨嘆している。憲法改正が政権党の党是だったというほどに、自民党のGHQへの恨みは強い。

著者が憲法9条をはじめて読んだとき、かつての侵略戦争でアジアの民衆を苦しめた「懲罰」と受けとる自覚が必要、と考えた。それこそが、もう戦争をしなくてもいいという「贈物」を受ける大前提だった。9条とは国際的な謝罪であり、誓いでもあった。が、野党側ものこされた天皇制にこだわって、「憲法を根拠として日本政治を動かそう」とはしなかった。与党も野党も憲法を大事にしてこなかったのだ。

この本で9条とおなじように強調されているのが99条である。天皇もまた大臣、国会議員、公務員とおなじように、憲法を尊重し擁護する義務を負わせられている。それこそが主権在民の思想で、憲法に違反する言動をおこなった場合、政治家ばかりか天皇も公務員も罰せられるという「民主官従」の宣言である。

憲法をよく知り、憲法に基づいて行動せよ、と著者は訴えている。（鎌田慧・ルポライター）

（筑摩書房・2520円）＝2010年11月11日⑤配信

鋭い観察、独特の味わい

「不完全なレンズで」（ロベール・ドアノー著、堀江敏幸訳）

写真家ロベール・ドアノーの名は知らずとも、彼の代表作「パリ市庁舎前のキス」に見覚えのある者は少なくあるまい。60年前にパリの街中で若いカップルが熱いキスを交わす決定的瞬間をとらえた写真で、東京都写真美術館の外壁にも巨大な画像で飾られている。ずっと後になって、被写体となった女性がモデル代を請求し、あのあまりにも有名な場面が実は「演出」であったことが発覚したときにはさすがに誰もが絶句した。

この一件のほかにも、写真の出来栄えにこだわるあまり遅刻を繰り返してルノー社を首になったり、独立後は報道写真家の看板を掲げつつ、取材旅行に出るでもなくパリ周辺の散策を繰り返したりと、ドアノーは何かと毀誉褒貶（きよほうへん）の激しい人物だった。

本書はそんなドアノーの自伝とも呼ぶべき書物であり、それぞれ異なる話題をつづった31編のエッセーが、一筋縄ではいかない彼の人物像を介して、ある種の統一感を醸し出している。ブラック、レジェ、ピカソ、ブランクーシらとの親交の記録は資料としても貴重だし、アジェに敬意を表したかと思えば、カルティエ＝ブレッソンへの敵対心をあらわにするなど、ほかの写真家に対する独特の距離感も興味深い。

ドアノーを名文家だと思うかとの問いに対し、読者の答えは真っ二つに分かれるだろう。プレヴェールやサンドラールといった同時代の文学者から影響を受けた文体には独特の味わいがあるばかりか、偏っていながらも鋭い観察にはしばしばうならされる。その半面、省略の多い記述はパリになじみのない読者には不親切で、お世辞にも読みやすくはない。「不完全なレンズで」という本書のタイトルは実に言い得て妙である。

最後に、原著のとっつきにくい雰囲気を尊重しつつ、可能な限り読みやすい日本語へと移植した堀江敏幸氏の翻訳が、ドアノーへの深い理解と共感に支えられた素晴らしい仕事であることにも触れておきたい。（暮沢剛巳・美術評論家）

（月曜社・2310円）＝2010年11月11日⑥配信

売文でしのいだ冬の時代

「パンとペン」（黒岩比佐子著）

本書のなかにちらりと登場する斎藤緑雨は「筆は一本なり、箸は二本なり、衆寡敵せず」という言葉を残している。が、一本の筆で二本の箸（はし）を支えようとして支えきれずに傾き、転びがちなのが世の常である。まして、筆に、箸と剣（権力、弾圧、政治）が絡めばどうなるか。日本社会主義運動の父とも呼ばれる堺利彦（一八七一～一九三三年）はこの難題を、パンにペンが突き刺さり交差するというシンボルマークをかかげた「売文社」によって、なんとかしのごうとした。

「売文社」とは、一〇年から一九年まで、堺利彦を中心に営まれた、いわば編集プロダクションや翻訳エージェンシーのさきがけともいえる組織であった。私的な手紙から卒業論文その他もろもろの書類の代筆・代行、翻訳、キャッチコピーの考案まで、とにかく何でもこなし、「売文」によって社会主義者の「冬の時代」に雌伏したのである。

堺利彦は生涯五度にわたって政治犯として投獄され、しかも獄中にいたがために、一〇年の大逆事件や二三年の関東大震災時の思想家や芸術家におよぶ虐殺から逃れるという、歴史の皮肉を体験した。「楽天囚人」と自称し、しばしば「棄石埋草（すていしうめくさ）」と揮毫（きごう）したという。

どうしたら家族や仲間とともに生きて、食べて、闘い続けることができるのか。大逆事件当時の獄中で、「売文社」は構想される。大杉栄、尾崎士郎をはじめ、有名無名、堺利彦の思想を知る者も知らぬ者も、おびただしい人々が「売文社」に出入りした。個性あふれる人々の、汗と血と体臭と、飢えと渇きと痛みと、具体的な日常生活の細部や人間関係が、みっちりと書き込まれている。

最近、堺利彦が晩年にくみした全国労農大衆党の思想的水脈やその意義について、アカデミズムの側からの再検証の動きがあるとも聞く。時宜を得た一冊だ。

なお本書は11月17日に急逝した著者の遺作となった。畏友（いゆう）の冥福を心より祈りたい。（川崎賢子・文芸評論家）

（講談社・2520円）＝2010年11月18日①配信

残響に浮かび上がる「私」

「お別れの音」（青山七恵著）

すれ違っていった人たちの残響に囲まれ、生は豊かにふくらんでいくのか―。互いに忘れゆく人々と共有したささやかな時間を描く六つの短編は、「私」のテリトリーという固く不思議な「檻(おり)」を浮かび上がらせる。

その透明な「檻」の外にいるのは、二人きりで働いているのに会話をしない同僚や、いつかどこかで名刺交換をしたきり、連絡をとらない相手などさまざま。手を伸ばせば届くのに、なぜか絶対に手を伸ばさない存在は誰の隣にもいる。もしかしたら、彼らに接近することは、人生を一変させるほどの、おおごとなのかもしれない。

たとえば､靴の修理屋で働く男を､息をひそめて観察するOL万梨子(「お上手」)。そのきっかけは同僚からの「万梨子さん、ああいう人が好きでしょう」という意外な一言から始まる。そして、万梨子はある日、男が「同じ種類の人間ではないか」と「勝手に」思う。たとえば、喫茶店で自分以外がみな二人連れだと気づいたとき、ふっと気が遠くなるような感覚を、男も持っているのではないか、と。

とりわけ印象的なのは「男ははるか高いところにいた」という言葉とともに、万梨子が自分を唐突に恥じるシーンだ。同僚だった諸井と交際を始め、預けた靴を2カ月ぶりに取りに行ったとき、万梨子は初めて男と目が合う。瞬間、自分がそのひそかな感覚を手放してしまったことに気づく。

妄想とも現実ともいえない不確かな他者の前で、万梨子自身の中核にあるものが、確実にあらわにされていく。それは小さな奇跡としての、一つの邂逅（かいこう）と呼べるものだろう。

「お別れの音」とは、単にすれ違っていく他者との間で響く音ではないようだ。主人公たちはあきらめのように、元の「檻」の中へと帰っていくようにも見えるが、本当にお別れしている相手は、無難さの中で大切なものを見失う、自分なのかもしれない。（杉本真維子・詩人）

（文芸春秋・1300円）＝2010年11月18日②配信

思いがけないルーツ発掘

「『お笑い』日本語革命」（松本修著）

京都を中心とする日本語の広がりを、丹念な調査で解き明かした名著、「全国アホ・バカ分布考」の著者が、今度はいまを生きる日本人があたりまえに使っている四つのことばの発生と広がりに興味を抱き、芸人の〝楽屋言葉〟に肉薄する。

そのことばとは､「マジ」「みたいな。」「キレる」「おかん」。だからどうしたと言いたくなるほどおなじみのものなのだが、さにあらず。著者は、長年生息してきたテレビやラジオの世界を全力で駆け回り、花形芸人の使用語を分析。この時代はまだ現れない、ここではもう普通に使われているなどと、ボーダーラインを捜索し、ことばに命を与えた〝真犯人〟を追いつめようとする。

しょうもないことをトコトン追求していく粘りの調査は、お笑い界のスターが持つ影響力のすごさを知ることにもつながり、意外な奥行きを伴って読者に迫ってくる。思いがけない発生源へたどりつくころには､一つのことばを通したお笑い論､日本語論を読んだ気にもなってくる。

たとえば「みたいな。」編では、著者が中国を訪れた際のエピソードに始まり、とんねるずから放送作家へと経路をさかのぼって寅さんや映画関係者まで達してから、さらに現在へと鮮やかに筆が進む。手間と時間をかけた無駄な動きがあればこその爽快（そうかい）さとおかしさに、つい何度もふき出してしまった。

ルーツ探しの過程で飛び出す芸人たちの証言や発掘される文献の数々も、本書の読みどころとなっている。とくに関係者の証言が貴重だ。広めた本人さえ忘れている事実を、頼まれもしないのに掘り起こし、活字化することで、ことばがどんなふうに普及していくのかが見えてくる。

本書は何の役にも立たない。だが、役に立つとされる本の何倍もおもしろい。最後のページまでぐいぐい読み、ふと思った。本ってそれでいいんじゃないのか、と。（北尾トロ・フリーライター）

（新潮社・1470円）＝2010年11月18日③配信

患者にお仕着せの理想像

「あなたたちの天国」（李清俊著、姜信子訳）

本書の刊行は、韓国が朴正熙独裁政権下にあった1976年、著者は現代韓国を代表する作家李清俊。小説の舞台となったのは1960年代の国立小鹿島（ソロクト）病院である。韓国南西部の小鹿島に実在する同病院は、日本の統治時代にハンセン病患者を強制隔離した小鹿島更生園がその前身であり、日本統治当時の記憶は、この小説の中にしばしば登場している。

ストーリーは、軍服を着て拳銃を携えたチョ・ベクホンが院長となってこの島に赴任するところから始まり、以後、最後まで彼と保健課長イ・サンウク、院生（入所者）の長老ファン・ヒベク、取材に来た新聞記者イ・ジョンテらが、島のあるべき姿をめぐって、かみ合わない議論を展開していく。

チョ院長は、この島を「癩者の天国」とするべく奮闘し、院生にサッカーチームを作らせ、道内大会で優勝させる。さらに、小鹿島の近くの湾を埋め立てて農地とし、院生の生活の基盤としようという計画を立て、院生をそのための土木工事に動員する。

チョは、院生に病や差別に負けず、ともに「天国」を建設することを期待する。しかし、院生はチョの命令には服従するが、その一方で、反発や逃亡も後を絶たない。

なぜなのか？　と疑問にとらわれたチョに、ハンセン病患者の親を持つイ・サンウクは、チョが求めるものは「患者らしい患者にとってのみ天国たりうる天国、患者としての不幸をすすんで受け容れる諦念があってこそ初めて天国たりうる天国」であると言い放つ。

私たちは、ハンセン病療養所の人々に対し、かつては、隔離を受け入れ感謝して暮らせと説き、今は、人権意識を自覚せよ、療養所を社会に開放せよと説く。チョ院長はまさに、そうした私たちの姿でもある。そして著者は、軍事独裁によって韓国を発展させようと考えていた朴政権の姿をも、チョ院長に投影していたのではないか。（藤野豊・富山国際大准教授）

（みすず書房・3990円）＝2010年11月18日④配信

対テロ戦の根を描く力作

「盗賊のインド史」（竹中千春著）

女盗賊プーラン。10代半ばで誘拐されて盗賊団の首領となり、広く世間に名をはせた後に、政治家に転進。伝説にもなりそうな戦国時代の話かと思いきや、現代インドの話である。

没落農家に生まれ、親族にも冷遇されて差別、虐待にあえいできたプーランは、インド北部の渓谷で盗賊を率い続けた。20人以上の殺人を犯しながら、警察の追っ手を逃れて弱きを助け強きをくじく姿は、義賊としてばかりではなく、「女王」「女神」として民衆の喝采（かっさい）を浴びた。

投降後、社会党から国会議員に。虐げられた人々の味方として、地元の民の救済に奔走した。だがその5年後、彼女はかつて殺害した上層カーストの報復に遭って、暗殺される。

映画化もされた女盗賊を追った本書は、著者によるインタビューも併せ、彼女を取り巻く波瀾（はらん）万丈の世界をビビッドに描く。

だがこれは、単なる義賊の英雄譚（たん）ではない。インドの植民地化過程でいかに「移動する人々」が盗賊として犯罪視されたか。周縁社会に焦点を当てて、インド近代史をひもとく。

圧巻は、補論だ。ミルやベンサムなど、西欧自由主義の礎ともいえる英国の近代思想家たちが、「非文明社会」インドの「野蛮な現地人」の「慣習的」な自由の権利を否定し、西欧による矯正が必要との発想に立っていたことを指摘する。

かつて支配に対する抵抗に「黙認の余地」が与えられていた民衆は、英国が導入した「法と秩序」によって犯罪集団と見なされ、「盗賊」視されるようになったのだ。

歴史を語りつつも、国際政治学者たる著者の執筆動機は、現在進行中の出来事にある。非西洋の人々が支配者の基準で「テロリスト」「海賊」とされ成敗の対象となる。それはまさに「対テロ戦争」が行っていることではないか。インドの盗賊を通して現在の紛争の根をあぶり出す、力作である。（酒井啓子・東京外国語大教授）

（有志舎・2730円）＝2010年11月18日⑤配信

人種も時代も超えた力

「お茶の歴史」（ヴィクター・H・メア、アーリン・ホー著、忠平美幸訳）

米中間選挙でオバマ政権に打撃を与えた草の根保守派運動の名は「ティーパーティー」。お茶は、歴史や政治の節目にも顔を出す。

角山栄「茶の世界史」（中公新書）など、世界の茶についてはこれまでも多く論じられてきた。しかし、紅茶文化圏や中国の茶が中心であったり、中国と日本の茶の交流史という地域論の傾向が強かったりした。

一方で本書は茶の淵源（えんげん）から現代の喫茶風俗に至るまでの、長大かつ幅広い茶文化が論じられている。著者が指摘するように、喫茶の風俗は、植物学、医学、宗教、文化、経済、人類学、社会、政治などのさまざまな側面を持ちつつ、悠久の歴史を生きてきた。そのために綾織物のように複雑だ。

この糸を解きほぐす作業は、学者であるメアとジャーナリストのホーという2人の出会いが可能にした。本書は、世界規模で論じられた茶書といえるだろう。

著者は、ヒマラヤの山麓（さんろく）を原産とする茶が中国で熟成され、3本の主要な経路を通って世界の各地に広まったとする。第一の道は東の日本へ、第二は陸路を西に通ってチベット・中央アジア・イランなどへ、第三はイギリスやオランダの東インド会社を通じて海路で世界を回り、西ヨーロッパや北南米、インドネシア、インド、フィジー諸島や西アフリカまで。

広範なる茶の風俗が論じられている分、いささかでもわが国の茶道の歴史を学んだ人にとっては、入門書的な内容にすぎない物足りなさがあることは否めない。中国茶の歴史や英国の紅茶文化についても同様であろう。

しかしながら、世界中で嗜好（しこう）されてきたこの飲み物を知ることのできる書としての価値は変わらない。何より思いを致したのは、人種を超えて、人が体や精神に働き掛ける力を感じ取っているという事実だ。千玄室前家元が言うように、一杯のお茶はピースフルネスの原点なのだ。（筒井紘一・裏千家今日庵文庫長）

（河出書房新社・2940円）＝2010年11月18日⑥配信

時代と家族描く新境地長編

「ツリーハウス」（角田光代著）

本書は、時代の流れを俯瞰（ふかん）するという意味で、著者の新境地を示す長編だ。満州へ渡り、終戦後に帰国し、東京・西新宿に翡翠（ひすい）飯店をひらくヤエと泰造。その子どもたち、孫たち。それぞれの世代と社会の出来事を追いつつ、かたちを変えていく家族を描く。この家には根がないという空気を、たとえば孫の良嗣は感じる。大陸から引き揚げてきた祖父母が築いた場所だからか。親せきとの付き合いが薄いからか。知ろうともしなかった家族の来歴。

良嗣と叔父の太二郎は祖母のヤエを伴い、大連や長春を旅する。命からがら逃げた記憶が、ヤエの戦後には染みついている。ヤエには、逃げたことに対する後ろめたさがあるのだ。翡翠飯店の歴史は、それを受け入れ肯定しようとする歴史でもある。うまく逃げられず死ぬことを選ぶ者もいて、ふくらんだり縮んだりを繰り返す一家だ。

庭に放置されるバンや木の上に作られる秘密基地が、はみ出す家族の時間を受け止め、やがて消えていく。「簡易宿泊所のようだ」というたとえで表される翡翠飯店は、小さな飲食店であると同時に、確かに時代を映す鏡としても描かれている。学生運動や宗教の問題など、世間の動きがときに大きな波として押し寄せる。ばらばらのように見えて、それでも家族だ、という距離感を描くとき、著者の筆はさえる。

「今は平和で平坦で、それこそ先が見通せると錯覚しそうなほど平和で不気味に退屈で、でもそんな時代にのみこまれるな」と祖母は言おうとしたのだと、良嗣は思う。闘うことも逃げることもせずに時代にのみこまれるな、と。家族だからといって互いにすべてを知っているわけではない。だが、そこには枝のように静かに伸びるものがある。過去から途切れることなくつながる時間がある。時代が与えるものを受け入れ今日を生きるとは、どういうことか。時代のなかにある家族を、じっくりとらえる年代記だ。（蜂飼耳・詩人）

（文芸春秋・1700円）＝2010年11月25日①配信

言霊息づく言語的自叙伝

「我的日本語」（リービ英雄著）

リービ英雄にとって、日本語は母語でも母国語でもなく、国語でも外国語でもない。ただ、「我的日本語」であるだけだ。「我的」とは「ウォーダ」と発音し、中国語で「私の」という意味だ。この「の」という平仮名には揺らぎが感じられる。私の思考する言語、文学用語としての日本語。または、私流の、まさに“我的”なものとしての日本語。さらに、「私＝日本語」という意味さえ含んでいるのかもしれない。

アメリカ人である彼が、非母語としての日本語に出合い、それと格闘し、獲得して「日本語作家」として今日に至るまでの言語的自叙伝ともいえるのが、この「我的日本語」という書物なのである。

「しんじゅく」というアジア的な混沌（こんとん）の街で最初に出合った平仮名的な日本語の世界。優秀なジャパノロジスト（日本研究家）として、ひたすら万葉仮名で書かれた「万葉集」を英語に翻訳していた学究の日々。そして、「日本語作家」として日本の文壇で活躍しながら、彼の漢字仮名交じりの日本語は、今度は中国という広大な「漢字」の大陸と出合う。そうした言葉と言葉、文字と文字との衝突やきしみが、彼を「我的日本語」による創作へと促したのだ。

こういう日本語の世界を、私たち（日本人）は初めて実見するはずだ。憶良や人麻呂や芭蕉の日本語が、現代の在日アメリカ人によって“わたしのもの”として言挙げされる。それは仮の、偽の日本語ではなく、まさにそこに言霊が息づいているような日本語なのだ。

これを日本語の勝利と呼ぶべきだろうか。もちろん、そうである。中心言語としての英語が、政治や経済や情報の世界を制覇しようとも、周辺言語としての日本語は、文学や小説の言語として生き延びるはずだ。「万葉集」の言霊が、現代の日本語の文芸世界にまだ息づいているように。そのことを日本語の“マレビト”としてのリービ英雄が証明している。（川村湊・文芸評論家）

（筑摩選書・1575円）＝2010年11月25日②配信

生々しさをえぐり出す

「神的批評」（大澤信亮著）

弱き者のためにこの身をささげたり、生きるために生き物を殺して食べる。こうしたことについて考えることは、個人の手に余る問題であり、むしろ宗教というような領域が取り組むべき問題だとされている。

現代に生きる者は、これらの、解答があるのかどうかも分からないような問いかけをスルーして、日々の仕事や趣味に励むこととなる。しかし、そのように振る舞ったところで、これらの問題が消えてなくなるわけではないのだ。

著者にとって初の単著であるこの評論集で扱われているのは、宮沢賢治、柄谷行人、柳田国男、北大路魯山人といった思想家たちである。著者はこれらの人物の著述や人生を踏破することによって、例えば暴力と倫理といった、本来なら宗教が扱うような「重い」問題も、驚くべき粘り強さで踏破している。

その足取りは、決して直線的なラインを描いているわけではない。行きつ戻りつし、ときには立ち止まったまま動かない。そのような足取りに付き合うことによって、読者もまた著者の抱えている問題を追体験することになる。

例えば「柄谷行人論」では、交換という日常的にありふれた経済的活動から、命のやりとりのような生々しい政治的活動があぶりだされている。また北大路魯山人について論じた「批評と殺生」においては、魯山人の「人を食った」態度から、カニバリズム（人肉嗜食（ししょく））的な生々しさがえぐり出されている。

こうした問題意識にリアリティーがあるのは、宗教と芸術、あるいは国家と個人の関係が、組み替えられつつあるからだ。ときにフリーターと呼ばれる非正規雇用の労働者は、こうした組み替えのフロントラインにある。著者は労働運動に携わってもいる。彼の批評活動が、実践的な問題と結び付いているのはそのためである。その意味において、本書は明日を生きるための教則本でもあるのだ。（池田雄一・文芸評論家）

（新潮社・2100円）＝2010年11月25日③配信

なぜ闘うのか、思いをルポ　「殴る女たち」(佐々木亜希著)

「女の子は相手を殴ったりしてはいけないハズなのだ。殴られたりもしてはいけないはずだ。それなのに殴ったり殴られたりしているのだ。しかも人前で。うーん。おもちろいぞ！」。2001年に運送会社のOLだった著者が、初めて女子総合格闘技を見たときのメモ書きである。

総合格闘技とは、一言で言えば"何でもあり"の勝負。柔道やレスリング、ボクシングなど、使える技はすべて使う。ルールは無いに等しく、生身の体一つで相手を殴り、けり、ただ闘うことを目的にしている。

初めて見た「女たちの殴り合い」に魅せられた著者は、OLを辞めライターとして歩み始める。格闘技ライターとして一線に立ちながら、常に著者の心にあるのは「殴る女」に初めて出会った時の衝撃と、彼女たちに対する「違和感」だ。

なぜ、女の子なのに、顔を殴り合えるのか。なぜ、女の子なのに、殴るのか―。

柔道などのオリンピック競技と違い、ショーの要素が強い総合格闘技。女性は「二流ファイター」として際物扱いを受けることが多い。「女の闘い」を高みの見物的に面白がる視線もあるだろう。

そんな視線の中で、なぜ彼女たちは「殴る」のか。闘う女たちに対する世間の目を代表するように、著者は「殴る女」たちに生い立ちを尋ね、なぜあなたは、殴るのか、闘うのかを問うていく。

登場するのは、総合格闘技、シュートボクシング、キックボクシングを代表する10選手と、その闘いを間近で見続けるリングドクターの女性。

興味深かったのは、「殴る女」たちが決して、「女らしさ」の規範を軽々と飛び越えた自由でしなやかな存在というわけじゃないこと。むしろ、丁寧なルポで浮かび上がるのは、彼女たちの抱える鬱屈(うっくつ)の重さや、閉塞(へいそく)感だった。もちろん、だから殴るという単純な話じゃない。若い女たちが味わうこの世界の風が、生々しく漂う一冊だ。(北原みのり・コラムニスト)

(草思社・1575円)＝2010年11月25日④配信

天才の異稿めぐる謎解き　「ショパン　炎のバラード」(ロベルト・コトロネーオ著、河島英昭訳)

ショパンは謎めいている。今年、生誕200年が祝われたが、そもそも誕生年月日からして諸説ある。そして、かの天才は、生前から神秘的な存在だったに違いない。

故国を離れたショパンは、パリの社交界で華やかに生きた。しかし、親しい者にも内心を打ち明けず、ピアノの前でだけ生々しい心情を吐露した孤独な男だ。そんな彼にとって、音楽こそは優美なあこがれや憂愁の思索であり、激しく凄絶(せいぜつ)な情念の画布でもあり得た。

ショパンが作家ジョルジュ・サンドとひどい別れを迎えたのは、彼女に反抗するその娘ソランジュをかばったことが決定的な契機だった。ショパンの晩年にまつわるこの小説の主要人物は、ここまででそろっている。

しかし、ショパンの天才ぶりを語るには、もう一人孤高の音楽家が必要だ。それが語り手であるイタリアの天才ピアニストで、生年や経歴など、アルトゥーロ・ベネデッティ・ミケランジェリをほうふつとさせる(ショパン・コンクール優勝というのは過ぎた虚構だが)。死期を悟った巨匠がスイス山中で回想するのが、ショパンのバラード第4番をめぐるこの謎解きの物語である。

1843年に出版されたヘ短調のバラードには自筆譜が現存せず、断片が二つ残されているだけだ。物語は、結尾部の異なる未発表の手稿が作曲家最期の年に書かれ、ソランジュにささげられたという設定をとる。亡命ロシア人から託された異稿が真筆かどうかを、ピアニストが全霊をかけて推理していく。それを裏づけるのが、音楽家の心理と創造に迫る省察であるのが何より興味深い。

「プレスト・コン・フオーコ(情熱の炎をこめて速く)」と指示された異稿の結尾部、絶望と混乱に満ちた記譜を「不可能な愛の告白」、「官能の筆跡」だと老巨匠はみなす。そこに物語の全主要人物の情念と人生の憂愁が、見事な対位法のように絡まってくる。そう、ヘ短調の主音Fは「宿命」の頭文字でもある。(青澤隆明・音楽評論家)

(集英社・2940円)＝2010年11月25日⑤配信

他者に規定される怖さ

「指紋論」（橋本一径著）

指紋といえば、個人認証システムとか、外国人の指紋押なつとか、犯罪捜査など、とかく散文的なイメージがある。ところが本書は、まず「幽霊の指紋」という意外なところから話が始まる。

19世紀末から20世紀初頭にかけて、英米ではスピリチュアリズムが流行し、霊媒師を招いての交霊会がしきりに催された。出現した霊はラップ音を立てたり、テーブルを持ち上げたりしたが、なかでも人気だったのは、手形や指型を残す霊だった。ところが「霊の証拠」であるはずの指型の指紋から、トリック疑惑が浮上する。「幽霊の指紋」が、霊媒師の知人（生きている）の指紋と一致すると指摘されたのだ。

とはいえ、幽霊騒動の真偽は本書の論点ではない。問題は幽霊さえも指紋によって判定され得るという風潮であり認識だ。19世紀後半、指紋は死体の身元確認や黙秘する犯罪者の個体識別に利用されるようになった。沈黙し、嘘（うそ）をつく人間の正体を特定することは難しい。しかし再犯者に厳しい法制度を持っていたフランスでは、犯罪者の身元確認はきわめて重要だった。

フランスでは18世紀初頭から犯罪記録のアーカイヴ化が試みられていた。焼き印は1832年に全廃され、記録カードや写真、さらには人体測定法などを組み合わせた犯罪者特定法が工夫されたが、不完全だった。その点、指紋は正確だった。

では、指紋は個人の存在証明なのか。個人の特性は指紋に現れるのか。手相ほどではないが、指紋もまたいくつかの型に分類され、それが性格や人種特性に関連づけて論じられたこともあった。

本書は指紋を中心に、歯型や身体測定などの身体的特性把握の諸制度を論じている。そしてそれは、身体によって他者から自己を規定される人間の内面の問題をあぶりだす。指紋押なつへの恐怖は、自己を他者に把握されてしまうことへの恐怖なのかもしれない。（長山靖生・評論家）

（青土社・2730円）＝2010年11月25日⑥配信

家族3代の100年照射

「抱擁、あるいはライスには塩を」（江國香織著）

時間というものは流れてゆく。著者が書くように「おそろしい勢いで、絶対的に」。

これは大正期に建てられた洋館に住む柳島家3世代の物語であり、およそ100年という長大なものだ。けれど著者はそれを時間軸で、流れるように読ませる、という手法をとらない。家族それぞれの体験を時代もばらばらに描く。だから1982年の次の章が68年だったりする。

私は各自の体験を、ひとつひとつ読み進めていく。一人称で語られる「あのとき」は、その人の感受するそのままに描かれる。木々の匂い、雨の音。まるでその空気にじかにふれているかのように鮮やかな「あのとき」は、まさに今起きていることとしてそこにたたずんでいる。たとえ年号がどうあろうと。

だからこの小説を読んでいると現在点というものが消失する。すべての時間がなまのまま生きていて、すべてに包まれる。100年という時間にいっぺんに浸っているかのような不思議な感覚をおぼえるのだ。

断片である「誰かのあのとき」の寄せ集めが照射するのは、ひとつの家族の物語だ。すべての断片がつながり、重なっていくさまは圧巻だった。最後まで読んではじめて家族の物語の形が見えてくる。とりどりの色ガラスを組んだステンドグラスが床に映す模様のように、その姿が立ち現れてくるのだ。

でも私が心引かれたのはむしろその中にあるもの。そばにいる妹の肌の匂い、遠く見えた夏みかんの色、部屋ごしに聞こえるピアノの音、誰の記憶からもこぼれおちてしまうような、そこにある空気、小さな体験、そういうものの放つかけがえのない愛（いと）しさをこそ、1ページ1ページゆっくりと感じとっていたい。手でふれるように。

小説の中で生きる、時間の流れによって失われてしまうものたち。それらがいかに大切か。100年ぶんの温かい感触は今も手に残っている。（藤代泉・作家）

（集英社・1785円）＝2010年12月2日①配信

ちっぽけな物語に真骨頂

「タイニーストーリーズ」(山田詠美著)

21編の短編小説集である。

「ささやかなのに、ひとたび読者の心の濡れた部分に落とされれば、たちまち色が滲んであたりを染め上げてしまうような、そんな、不遜にして、ちっぽけな物語(タイニーストーリーズ)」と作者はあとがきに記す。

しかし、このストーリーズは驚くべき集中力と瞬発力によって書かれている。2編をのぞいて全てが本年、ひと月おきのペースで平均4本ずつ文芸誌に発表されている。しかも各編とも文体もテーマも違う。イメージの異なる作品が一人の小説家の筆からこのように生み出されるのは、ちょっとした魔術である。

冒頭の「マーヴィン・ゲイが死んだ日」は、50歳で他界した母親の遺品から偶然に見つかったメモ書きのメッセージが、残された家族に謎かけをし、悲しみの感情が思い出の時間の中に漂い始める。息子と父親と祖父、叔母といとこ、喪失感のうちに集った人々の表情が、読者ののぞく小さな万華鏡の中に映し出される。そして亡き母の青春の光が、その中心にぽっかり灯(とも)る。巧みな構成と会話の妙が見事である。

「GIと遊んだ話」というタイトルの短編が五つある。米兵と日本人の女の子との出会いや交際を描いているが、このシリーズの背景にはベトナム戦争から湾岸戦争へと至る歴史の時間がある。山田詠美は1985年に「ベッドタイムアイズ」で衝撃的なデビューを飾ったが、この5編は作家の真骨頂を示している。戦争・人種・差別・性といった大きなテーマが、「ちっぽけな物語」の底に深く埋めこまれている。登場人物たちの感覚や情熱が、その作品の底辺から静かに湧きあがってくるのだ。

近代小説が作品の長短に関わりなく、普遍的な「大きな物語」を目ざしていたとすれば、この短編集はそんな「近代(モダン)」の価値の瓦解(がかい)の中から、言葉をあらためて拾い集めストーリーを紡ぎ出す、真にポストモダン的な作風といっていいだろう。(富岡幸一郎・文芸評論家)

(文芸春秋・1400円)=2010年12月2日②配信

刺激的な出版文化論

「本は物である」(桂川潤著)

本の内実との懸け橋となる装いをほどこし、書店において読者に選択の手がかかりを最初に提供するのが装丁。本書は、思想書としては異例のヒットを記録している柄谷行人著「世界史の構造」などで熱い注目を浴びている気鋭の装丁家による初の単著である。

自作紹介に始まり、幾多の興趣尽きないテーマが論じられている。カバーなどの付物(つきもの)(本の外装部分)印刷や箔(はく)押しのような特殊加工の作業現場の報告、あるいは、在野の哲学者として多彩な活動を実践している長谷川宏氏と摂子さん夫妻ら、装丁を担当した著作者たちとの交流録などが書かれている。

なかでも印象深いのは著者の遍歴だ。東京芸術大を受験するも3度失敗。進んだ立教大のゼミでの韓国民主化運動との出合いから手を染めることになるイラストと装丁。ハングルで書かれた、その運動にかかわる書物の翻訳にも携わった。

そして、書物印刷では最高峰の技術を持つ精興社および端正な装丁に定評のあった小沢書店での修業。その過程での、実力派デザイナーである高麗隆彦氏と、独自の骨太な手書きによる題字・装画をあしらう装丁によって鮮やかな光芒(こうぼう)をしるした故田村義也氏から受けた薫陶…。青春期の人格形成をつづる「教養小説」の好編さながらの、起伏に富んだ劇的な半生を、節を守って歩んできたことが胸に響く。

さて、「本は物(モノ)である」という書名は本書の意図を見事に集約している。電子書籍化の大波に襲われ、自明の前提だった書物観がいま揺らいでいるからだ。しかし著者は安易な楽観論にも悲観論にもくみしない。「人間の目で、身体で確認でき、共有でき」る紙の本のかけがえのなさを踏まえ、「『物である本を残す』明確な意志」を掲げ続けようと、折りに触れて説いているのだ。気骨ある姿勢が潔い。

電子本との共存という新局面の装丁論、出版文化論として、確かな指標を示していて刺激的だ。(臼田捷治・デザインジャーナリスト)

(新曜社・2520円)=2010年12月2日③配信

日本の未来考える手記

「国家の命運」（薮中三十二著）

内容以前に出版そのものがニュースになった話題の本。著者がこの8月まで外交官トップの外務事務次官を務めていたからだ。事実上の現役外交官の手記といっていい。

尖閣諸島沖での中国漁船衝突事件、北朝鮮による韓国・延坪島（ヨンピョンド）砲撃事件など日本外交をめぐる国際ニュースが続発していることも本書の価値を高める。もちろん外務省関係者の間では賛否両論が渦巻く。ある大使経験者は口を極めた。

「けしからん話じゃないか。外交官の回顧録というものは時間が経過し、歴史の評価が定まるころに『実は…』と言って書くものだ」

一方で好意的な声も多い。肯定派は意外にも現役の外交官たちだ。

「実務の面で、最前線でやってきた〝生き証人〟。われわれに大きな指針を与えてくれる」

たしかに著者は実に多く外交交渉の現場を体験した稀有（けう）な外交官でもあった。日本の経済、社会全般にわたって大きな変革をもたらした日米構造協議では北米2課長。拉致問題など日本外交にとって最大の懸案でもある対北朝鮮外交ではアジア大洋州局長として小泉純一郎首相の訪朝に同行し、北朝鮮核問題をめぐる6カ国協議の日本首席代表も務めた。

それだけに北朝鮮の交渉術についての分析は深く鋭い。「過大な要求を掲げる」「容易に手の内を示さず、相手からの要求にはNOを繰り返す」「建前を非常に重視する」「まとめる必要がある、と判断すると一気に態度を変える」

過去20年近い日朝交渉の歴史を思い起こせば、その一つ一つに納得がいく。だが、日朝外交が一向に進展がないのも現実だ。それについても著者は正直に胸の内を明かす。「事態はより悪化している。それに関しては、私自身、当事者として歯がゆく、重い責任を感じている」

日本の未来を考える著作でもある。（後藤謙次・政治ジャーナリスト）

（新潮新書・714円）＝2010年12月2日⑤配信

閉ざされたふたを開く

「内なる他者のフォークロア」（赤坂憲雄著）

汗とおしっこと、それからうんこ…なぜか、体から出るもの、みんな嫌がる。でもそんなこと当たり前だと、臭いものにふたをして、みんな目も向けない。

差別だって、みんな怖くて、みんな嫌がる。民俗学の祖柳田国男だって、天皇と漂泊被差別民との秘められた関係を発見、戦慄（せんりつ）し、危ういものにふた。以来民俗学の主流はこの問題を避けてきた。

でもやはり、なぜか人の下に人をつくる、差別への絶えざる欲望。こんな人という動物の正体に迫る魅惑のテーマに挑戦し、閉ざされたふたを開け、新しい光を当てるのが、内なる他者の空間としての東北に光を当て「ひとつの日本」幻想を解体してきた赤坂憲雄だ。

本書でそうしたふたを開けてみれば、赤松啓介は、柳田が差別の存在を隠すために常民なる概念をつくり出したと批判し、宮田登はケガレやスジという差別の核心に挑み、折口信夫は遊女や河原者といった被差別民と、宮廷のヨケイモノとの関係を指摘するなど、民俗学の先人たちの蓄積からは多くの宝が輝きだした。明治期に北海道でアイヌと出会った英国女性イサベラ・バードという異質の光を当てれば、日本国内での内なる他者への差別など相対化されてしまうことも見えた。

巻末に赤坂が記す“公案”は他分野の光。「〈内なる他者〉とは排泄物である」。排泄（はいせつ）物は、自分の内と外の境界にある、内なる他者。臭い、汚いは、これを排除しようとつくり出された烙印（らくいん）にすぎず、絶対的に汚いものなど存在しないという文化人類学の光を当てるなら、差別だって、する側がつくり出した相対的関係概念の所産にすぎず、絶対的なものでも何でもない、と見えてくる。

こうして、人という動物の分泌する差別という排泄物を相対化し、解体する道筋を見据えた赤坂は、迫り来る多民族共生時代にも、私とあなたと、それから外国人、みんな違って、みんないい、そんなこと当たり前だと歌い上げるだろう。（斗鬼正一・江戸川大教授）

（岩波書店・2835円）＝2010年12月2日⑥配信

小説を新たな次元へ解放

「バウドリーノ（上・下）」（ウンベルト・エーコ著、堤康徳訳）

記号論の世界的な権威であり、「薔薇の名前」で広く知られる小説家でもあるウンベルト・エーコ。その10年前の長編がようやく邦訳された。

中世ヨーロッパを舞台にした歴史小説であり、密室殺人の謎を解き明かしてゆく推理小説であり、さまざまな怪物たちが跳梁（ちょうりょう）する「驚異の東洋」を経巡る冒険小説である。同時に、複雑奇怪な政治が論じられ、哲学が論じられ、神学が論じられ、宇宙の生滅が論じられる。ファルス（笑劇）であるとともに、無数の死体が無意味に積み重ねられてゆく、文字通りの悲劇でもある。

つまりエーコは、一冊の書物の中に、近代が可能にした小説というメディア（情報の乗り物）が持つに至ったあらゆるジャンルを取り入れ、あらためて一つに総合しようとしているのだ。ポーの営為が、ボルヘスの営為が今ここによみがえり、小説という枠組みは表現の新たな次元に解放されようとしている。

物語の中核に据えられるのは、「聖杯」の探究であり、「司祭ヨハネの手紙」に代表されるもう一つ別の世界、地上楽園の探究である。しかもそれらの主題は、いずれも書き直され、脱構築（解体して再構築）されてしまう。世界を活性化し更新する「聖杯」は、「誰もが手の届くところ」にあり、その価値は謎の「探索」にあって、「物自体」にあるわけではない。中世ヨーロッパに「東方の驚異」をもたらした「司祭ヨハネの手紙」は、先行する無数の聖なるテクストの断片をのりで貼り合わせること（コラージュ）によって作り上げられたものなのだ…。

主人公バウドリーノがつき続ける嘘（うそ）が片端から実現されていくように、虚構と現実、オリジナルとコピー、時間と空間といったあらゆる差異が無化されてしまう。言葉をゼロから学び、その言葉によって世界を再創造していくことが、読むことによって追体験される。小説という精緻な作り物を純粋に楽しむことができる。（安藤礼二・文芸評論家）

（岩波書店・上下各1995円）＝2010年12月9日①配信

色あせぬ詩の響き伝える

「清冽　詩人茨木のり子の肖像」（後藤正治著）

ああ、もう読み終わってしまう、と惜しみつつページを繰った本である。

どんな評伝でもそうであるが、描かれた人物の近似値ではあっても、多分に著者の色に染まっている。それを視点といってもいいが、本書は視点が比較的はっきりしていると思う。

けれど前半は抑えめで、茨木のり子という人間の息づかいや資質や生い立ちなどが、どうしたらもっともよく伝わるのか腐心している。過度のオマージュも読者の雑音となるので手控えていて、読んでいて心地よい。

茨木の代表詩は「わたしが一番きれいだったとき」だろう。「戦中世代」である彼女の思考や言動をたどることは、戦後の日本を浮かびあがらせることでもある。

女学校のころ、全校生を前に「裂帛（れっぱく）の気合」で号令をかけていた軍国少女の茨木は、敗戦後ほどなく民主主義にくらがえした。「自分があんまり軽薄だったのが許せない」―。インタビュー集「二十歳のころ」から、彼女の言葉を著者は拾っている。

それは茨木一人の問題ではなかっただろうが、以降彼女は「内省を強いる深い問い」を抱いた。「戦争は一人の詩人を生み落としたのである」と著者は述べている。今の日本を考える道筋をつける本でもある。

また、茨木は48歳のとき、理想的な伴侶だった夫を病で失い、以来30年ほど一人暮らしを通した。戦争にしてもそうだが、決して恵まれた運命のもとにあったとはいえない。それに耐えて、自分を律した、その意味で強靭（きょうじん）な人だったとの言い方には説得力がある。

この本で著者は、あえて詩史や詩壇に分け入らず、外からの目を貫き、茨木のり子の国民的詩人としての位置を、より確かなものとした。

ふんだんに引用されている彼女の詩と著者の文章はひとつに溶け合って、色あせることのないその詩の響きを、底から支えている。（井坂洋子・詩人）

（中央公論新社・1995円）＝2010年12月9日②配信

演歌の盛衰の過程を検証

「創られた『日本の心』神話」（輪島裕介著）

「数百年後の教科書には、『昭和という時代には歌謡曲という音楽がはやり、美空ひばりらが活躍した』となるよ」

私がプロデュースし、美空ひばりさんにとって最後のラジオ出演となった1989年3月の番組で、ゲストの小沢昭一さんが漏らした言葉だ。

本書は、「日本の心」とされる「演歌」の成立や発展、衰退の過程やその意味を数多くの資料や逸話から検証する。

演歌の歴史の始まりは70年前後のことで、成功を収めるのはわずか十数年間。それは「日本的・伝統的な大衆音楽」を作り出すための「語り方」であり「仕掛け」だったという。

だから、日本の大衆文化史上の偉大な発明ではあるが、「若者向けの自作自演風の音楽」が「Jポップ」と呼ばれて「ニューミュージック」という言葉が退場したように、別の語り口が現れて認知されれば演歌はその役割を終えるだろう、ともしている。

アスリートやアーティストは「記憶と記録の両方に残る成果をあげたい」とよく言う。時間の経過に伴い、その偉業は「記憶」から薄れ、「記録」が残っていく。

今の演歌は記憶と記録が混在する時期だ。著者が「演歌の成功期」とみなす約40年前を知る人々と、その時代を「歴史」ととらえる新世代に二分されるからだ。

体験派である前者は、美空ひばりや北島三郎、畠山みどり、藤圭子らとその歌を、自らの喜怒哀楽と強く結びつけ、「演歌はしみる」という。古くさく似通った歌が多いと言われようが、それが「日本の心」だと思う。だが、30代の著者のように、若い世代である後者には、音楽文化史上の一つの現象ととらえるのが自然なのだろう。

“昭和”を再思するヒントになる一冊だが、ここで紹介される歌には、色あせない魅力があるのも事実。後追い世代には、記録を認識するだけではなく、そこまで味わってほしい。（湯浅明・音楽ジャーナリスト）

（光文社新書・998円）＝2010年12月9日③配信

心をつかむ鮮烈な問題作

「感染宣告」（石井光太著）

もし愛情表現としての性行動が、大切な人の運命を暗転させるリスクを持っていたら。どんな病でもウイルス感染は周囲との接し方を再認識させる。が、エイズウイルス（HIV）感染の場合、関係に与える試練はあまりに衝撃的だ。

本著は再認識による軋轢（あつれき）が、7人の患者たちの性愛や家族関係に起こした激震の記録である。著者の視点は患者の恋人、夫や妻、両親にまで及び、悩み苦しんでたどり着いた運命の受容を語る言葉に、何度も涙がにじんだ。

今は理想的な多剤併用療法を受ければ、エイズ発病を数十年、抑えられる。が、感染による人間関係の葛藤に特効薬はない。特に性交感染の場合、家族や恋人には患者の過去と対峙（たいじ）する勇気も求められる。

長年連れ添った夫が発症し、初めて同性愛者だったと知った妻、容姿への劣等感から同性愛の乱交に走って感染した男性など、深く内面を掘り下げたインタビューと優れた考察がそれぞれの人間模様を浮き彫りにする。

感染発覚が関係に踏み絵的に働く、過酷なケースもある。妻の愛を試すためにすさまじいDVを振るった彫刻家の患者の自殺や、男性患者と女性との結婚をめぐる親同士の、子を思うがゆえの対立。光と影どちらに振れても、そこには安易な介入を許さない、裸のぎりぎりな人間関係がある。エイズが死の病だった時は悲恋の甘さを求めて群れ集まってきた女性たちが、治療法が確立された途端、姿を消していったという薬害エイズの患者の話には愕然（がくぜん）とした。

群像劇的な構成の行間からは、著者のアンサーも読みとれる。援助交際から立ち直って真摯（しんし）な結婚をし、妊娠時の検査で感染が発覚した女性のエピソードだ。夫を思いやる心が「関係への感染」を食い止め、2人で子供を育てていく。読後に静かな希望が残った。対象への迫り方に心臓をつかまれる鮮烈な問題作だ。（速水由紀子・ジャーナリスト）

（講談社・1575円）＝2010年12月9日④配信

文化観の根本的転換問う

「ホスピスが美術館になる日」(横川善正著)

本書が説くのは、終末期医療の場を美術作品で満たす環境整備でもないし、創作表現による芸術療法の推奨でもない。むしろ昨今の医療や介護の現場で展開されている一種、形骸(けいがい)化しがちな方法論に異を唱え、私たちを支配している近代社会の人生観、死生観、ひいては文化観の根本的な転換を問うている。

考えてみれば、文明とは人間が「明日」のイメージをもったことから始まった。それは人間の可能性を広げる一方で、宿命としての「死」への意識を突きつけた。避けられない「死」への不安と恐怖。それを乗り越えるために、人間は、精神世界や「生」の起源へと想像力を膨らませていく。

死をいかに受け入れるか。その模索が宗教を、その具現化が芸術を、それぞれ生んだと言える。芸術とは本来、死と向き合い、その不安を抱えて生きる意味を他者と共有する方法だったのだ。

本書で論じられるホスピスとは、まさに人間の宿命を完結させる「約束の地」だ。そこで求められる芸術も、文明の根源というべきもの、すなわち真の人間の存在意義を高め、はぐくむものでなければならない。そして著者は、生きる者すべてがあるがまま生き、死んでいく宿命を謳歌(おうか)すべきだと、譲れない価値観として主張するのだ。

今日の日本の医療や介護、そして教育の現場では、芸術的な方法を取り入れて自己解放や他者とのコミュニケーションを図る取り組みが行われている。しかし実際のところは、例えば介護施設で取り組まれている簡易な塗り絵のようにマニュアル化され、本来は個々の表現から心の機微を察するべきものが、効率的な管理手法の一つになっているようでもある。

個々の人間をありのまま受け止めるべき医療や教育は、本来は効率化できないものだが、現代の社会制度はその効率化を追求する。それを打ち砕くささやかな希望が、人間ならではの芸術的欲求の発露にあるというわけだ。(藤田一人・美術ジャーナリスト)

(ミネルヴァ書房・2310円)=2010年12月9日⑤配信

冤罪被害の復讐描く力作

「灰色の虹」(貫井徳郎著)

微塵(みじん)も疑わない検事、だらしない弁護士らに、よってたかって身に覚えのない殺人の罪を着せられ服役した江木雅史は、刑期を終えた後、彼らへの復讐(ふくしゅう)を誓う。やがて、江木の裁判の関係者たちが次々と変死した。警察は江木に疑いを向けるが、警戒の隙をつくように犯行は続く…。

貫井徳郎の新作「灰色の虹」は、冤罪(えんざい)というテーマを真正面から扱ったミステリーである。足利事件をはじめ、警察や司法への信頼を失墜させる不祥事が次々と明らかになっている昨今の日本においては、極めてタイムリーな小説と言える。

江木を冤罪に陥れた人々は、違法行為をしたわけではないし、意図的に悪事に手を染めたという意識もない。だが彼らは、職業的なプライドが異常に高すぎたり、逆に職業意識が乏しすぎるなどの欠点を持っており、そのため、ひとりの人間の一度きりの人生がどうなるかということには想像力が及ばない。そんな彼らが、自分の命をもってその罪を償わされることになる。

現実には、強引な捜査をした警察官や検事、誤った判決を下した裁判官などは、形ばかり謝罪することはあっても自分の人生で償いをすることはない。その意味で、本書の展開は「殺されて当然」といったカタルシスを読者に感じさせるかも知れない。

しかし、復讐のための殺人なら許されるのかという問いが、物語の結末に近づくにつれて重くのしかかってくるため、読み心地は痛快さからは程遠い。人間の罪と罰について真摯(しんし)な考察を重ねてきた著者ならではの力作と言えるだろう。

とはいえ、大阪地検特捜部による証拠改ざん隠蔽(いんぺい)事件からも明らかなように、現実の司法の闇は一般人の想像を超えて深い。その前では本書における司法の歪(ゆが)みの描写すら、まだ甘いように感じてしまうのも否めないのだ。(千街晶之・文芸評論家)

(新潮社・1995円)=2010年12月9日⑥配信

よみがえる勧善懲悪の物語

「伏　贋作・里見八犬伝」（桜庭一樹著）

江戸市中で頻発している凄惨（せいさん）な殺傷事件は、人間離れした素早さと人の心を持たないような残虐な若者の仕業だった。人にして犬。江戸の民は彼らを「伏（ふせ）」と呼び、恐れおののいた。

幕府の懸賞金につられた食いつめ者は伏退治に明け暮れ始める。その一人、貧乏長屋に住む浪人の道節は、助っ人として郷里から異母妹の浜路を呼び寄せる。浜路は14歳ながら祖父の下で猟師の修業を積んだ鉄砲の名手だった。2人は見物に訪れた吉原で花魁（おいらん）道中に遭遇する。だがその花魁・凍鶴も伏の仲間であった。滝沢冥土の筆による瓦版によって、吉原での伏との一戦の模様が記事となり、浜路は一躍名を売るが…。

曲亭馬琴の大長編小説「南総里見八犬伝」は後の世に多大な影響を与え、多くの芝居や文芸作品を生みだした。本書もまたその世界を下敷きにした歴史ファンタジーで、三つのパートを入れ子にした構成が特徴である。

「現代」である江戸のパートでは、浜路たちと伏との激しい闘いが視覚的に描かれる。

父の馬琴に隠れ、息子の冥土がひそかに書きつづっている贋作（がんさく）・八犬伝の内容が二つ目のパートである。時代を中世にさかのぼり、伏誕生の由来である安房里見家の伏姫と妖犬・八房との因縁がゴシック風味を加えて描かれる。ここは原作以上に濃厚だ。さらに、生を受けた森へ、伏たちが帰郷の旅をする最後のパートは、幻想風味たっぷりで味わい深い。

この三つのパートが混然となり、ロマンチシズムあふれる世界が見事に構築されている。時代小説特有の言い回しを用いず現代語を多用した文体と併せ、疎外されたマイノリティーの暴発という現代的なテーマが内包されていることも、作者の狙いであろう。

信義や忠孝をキーワードとした勧善懲悪の物語を、新たな形で現代によみがえらせた作者の手腕は喝采ものである。（西上心太・書評家）

（文芸春秋・1700円）＝2010年12月16日①配信

抑圧にあらがう作家の原点

「澱み」（ヘルタ・ミュラー著、山本浩司訳）

2009年のノーベル文学賞を与えられたヘルタ・ミュラーは、ルーマニア国内にあるドイツ系住民居住地区の出身であり、母語もドイツ語だ。冷戦時代に、チャウシェスク独裁体制のなかで秘密警察の監視下に置かれて苦しみ、1987年に西ドイツに身を逃れた。

このたび日本語訳が出た「澱（よど）み」は、ミュラーの82年に発表された第1作で、19の短編を収める。生まれ育ったドイツ人村。働いた都会。ミュラーの生きたルーマニアが描かれる。

ルーマニアに孤立して存在する閉鎖的ドイツ人社会、共産主義の独裁政権―。二重に抑圧されて、当時まだ20代だったミュラーが上げた声は、複雑に屈折して、詩的である。

あるインタビューによれば、ルーマニアのドイツ人社会は、この本によって言いくたされたと受け止め、彼女を村八分にした。訳者山本浩司のすぐれた解説によれば、この作の未検閲版が84年、西ドイツで評判を呼んだために、秘密警察はミュラーを抹殺するわけにいかなくなり、彼女は命永らえた。言いたいことをためにためて放った第1作、その力がはね返って、作者の人生を左右したのである。

山本はつとにミュラーに注目、97年に長編小説「狙われたキツネ」の翻訳を日本の読書界に送り出した。同じく山本訳で、長編小説「息のブランコ」の出版も予定されているという。

ミュラーの出自を扱った「澱み」。秘密警察との壮絶な闘いを描き、ノーベル文学賞選考委員の心も動かしたに違いない「狙われたキツネ」。在ルーマニア・ドイツ人のソ連による連行と強制労働を扱い、あらたな境地を開いた最近の作、「息のブランコ」。ミュラーの全体像をうかがうに足りるだけの邦訳がそろうことになる。

読者は、「澱み」とその解説を、ミュラー入門としつつ、他の作も読んではいかがか。付き合いがいのある作家であるし、翻訳者である。（縄田雄二・中央大教授）

（三修社・1995円）＝2010年12月16日②配信

ひたむきに理想を追う

「ヒマラヤのドン・キホーテ」（根深誠著）

70代の日本人が日本国籍を捨て、ネパール国籍を取得して政党を結成。選挙に打って出た。この話を聞いてどう思うだろう。「すごい」というより「一体、何のために」「なぜそんなばかげたことを」というのが正直な感想だ。本書はその「なぜ」に答えていく。

ネパールの政情は近年、特に不安定だ。2008年、武装闘争を続けてきたマオイスト（ネパール共産党毛沢東主義派）が選挙で第1党になり、約240年続いた王制が崩壊。しかし政治がよくなる気配はなく、社会は混乱を極めている。

40年以上前にヒマラヤ山中にホテル建設をするなど、ネパールで事業を手掛ける本書の主人公、宮原巍（たかし）氏は、社会をよくするには政治を変えるしかないと考え、政党を結成。08年の選挙で自身含めて54人の候補者を擁立したが全員が大差で落選した。

だが彼はあきらめない。「高邁な意見でも、たんに述べるだけだったら、絵に描いた餅」「社会に反映されること、そのために努力することに意味があるのではないか」。彼は無謀とも思える挑戦を今なお続けている。

彼の行動を無謀と笑う前に日本のことを考えてみるとどうだろうか。政治が悪いから社会が悪い、経済が悪いと、一億総評論家となって政治家を批判する。しかし自ら政治家に立候補し、政治を変えていこうと行動する人はほとんどいない。既成政党の中からA党がダメならB党に投票し、B党がダメならA党に投票する。その繰り返しだ。それでいいのだろうか。

立派な批評だけして投票以外の行動はしない国家に明るい未来は切り開けるのか。宮原氏の行動はばかげているかもしれない。でも行動しなければ、政治も社会も何も変わらない。

ひたむきに理想を追い求める宮原氏の生きざまから、百の言葉より一の行動の大切さを痛感させられる。今の日本人に最も欠けているものを本書はまざまざと見せつけてくれる。（かさこ・トラベルライター）

（中央公論新社・1890円）＝2010年12月16日③配信

圧巻の「単語収集」成果

「そして、僕はOEDを読んだ」（アモン・シェイ著、田村幸誠訳）

実益を兼ねた趣味は一般に歓迎されるものだが、趣味とは「大半は役に立たないもの」と言い切る著者シェイ氏の趣味は、「単語収集」だ。

一番手っ取り早く単語を集められるものといえば、もちろん辞書である。というわけで、著者は全20巻、総重量60キロ以上、2万1730ページに上る「オックスフォード英語辞典」、すなわちOEDの完読に挑戦する。

誰に頼まれたわけでもなければ、1ドルの足しにもならないし、変人のレッテルは貼られるわ（確かにその通りなのだが）、視力低下や運動不足に悩まされるわで、実益どころか、完全に損している。それでも趣味にまい進する著者の奮闘ぶりはまさに笑いあり、涙ありで、その結果収集されたおかしな単語の数々は圧巻だ。

すでに英語大辞典はもちろん、古語辞典、方言辞典に俗語辞典など数々の辞書を読んできた著者がOEDから収集した言葉は、どれも一筋縄ではいかないものばかり。ACNESTIS（動物の肩から腰にかけての部分）なんて、これまで名前などないと思っていたものを一言で簡潔に言い表す単語があったことに感動してしまうし、ADMURMURATION（ちょっとしたうなり声を出すこと）が、OEDに「一度も使われたことがない」と記されている言葉だと知ると、一体どうしてそんな単語が辞書に載ったのだろうと、想像を巡らせずにはいられない。PERISTERONIC（ハトを連想させる）とか、UNBEPISSED（尿がかけられていない）など、どんなときに使うのか見当もつかない単語もある。

本書で紹介されたそんな単語をAからZまで読めば、読者もちょっとしたOED通を気取れるだろう。名前をつけることによって、存在し始めるものがある。それまで意識もしていなかったものが、視界に入ってくるのだ。増えた語彙（ごい）の数だけ、世界は広がっていく。それだけでも、いや、それこそが立派な実益ではないだろうか。（三辺律子・翻訳家）

（三省堂・1890円）＝2010年12月16日④配信

オウムの本質に迫る執念

「A3」（森達也著）

オウム真理教事件の以前と以後で日本社会は変質した。まさにそのオウムの素顔を追ったドキュメンタリー映画「A」を撮った著者のかねてからの持論に、本書でつくづく共感させられた。

一連の惨劇は戦後50年目の節目に当たる1995年と、その前年に集中した。危機意識を高めた国民は強力な管理を求め、かくて言論・表現の統制、異端を許さぬ監視社会が構築されるに至ったというのである。

深刻にすぎる状況だ。街の隅々に張り巡らされたハイテク監視システムへの批判も展開する著者の真骨頂は、何よりもオウムの本質、つまり彼らを生んだ社会の構造に迫り続けようとする執念に他ならない。

麻原彰晃の死刑判決を起点に月刊誌で連載が開始された同時進行ノンフィクション。膨大な資料を読み込み、未決囚たちに面会を重ねては、著者は考え抜いていく。

麻原の精神状態は訴訟能力の欠落を疑わせた。法廷での意味不明の言動。弁護人や家族の前で繰り返される自慰行為等々。異常の数々は、それでも詐病と決めつけられ、彼と幹部信者らの死刑は確定した。

そもそも麻原が弟子たちに命じたテロだとする一般的な認識が正しいかどうかさえ不明なまま、この国の権力も民衆も、真相の解明を拒否しているとしか思えない。“異端は危険”のイメージ以外の一切を忘れたがっているようだ、とする指摘が光る。

「こうして歴史は上書きされ、改ざんされる。無自覚に。誰も気づかないままに」

プロの物書きならではの誠実さが、むしろ致命傷になりかねない時代。本書に、否、著者の人格に対する世間の猛攻撃を予感しつつ、彼はあえて刊行に踏み切った。

使命感ではない、耳を傾ければ誰にでも聞こえることを伝えただけだと言う。なぜかマスメディアはやりたがらない、けれども絶対に必要な仕事がここにある。（斎藤貴男・ジャーナリスト）

（集英社インターナショナル・1995円）＝2010年12月16日⑤配信

人間を守る居場所求めて

「認知症と長寿社会」（信濃毎日新聞取材班著）

認知症という言葉が、これほどテレビや新聞で語られる時代になったとはいえ、いざ直面した時の本人や家族の戸惑いは大きい。

丹念な取材によるエピソードの数々が、読む者の胸を打つ。とくに切ないのは、花好きの女性の話。認知症の深まりとともに他家の花までとって配り歩く。最初は喜んでいた近隣もやがて困惑し、花をとられた家からは非難が起こる。やがてグループホームに入るが、約20日後に沢で転落死した。介護職の人にも村人にもその記憶は苦い。

夜、外に出るのを防ごうと、古タイヤ3本を玄関の前に積むヘルパーの苦悩。介護施設で働く人々の試行錯誤。家族会を作ろうにも、病気を知られたくないとする旧来の意識が壁になる。支える人々の現実は厳しい。

本書は一貫して認知症の人の「人間」を守る居場所を求めている。入院や入所を断られ、あるいは退院・退所を迫られ、どれほど多くの家族が苦しんでいることか。認知症の患者はいまだ、社会に守られていない。

希望はあるのだろうか。さまざまな試みが行われ始めた。生活療法の提案、新薬の導入、認知症短期集中リハビリテーションなどなど。特に短期集中リハビリは非常に効果があるという。それなのに、国の制度的支援は3カ月まで。せっかくの効果も持続せず、家族の喜びはつかの間に終わる。有効なものには、長期的な給付システムを講じるなど、思い切った対策をしなければ、困難な現状は乗り越えられまい。

最後に、子どもや高齢者なども含めた地域の人々の取り組みが紹介される。お互いの理解と支え合い、高齢者を包み込む地域づくり。ここに未来への鍵がありそうだ。本書に流れる主旋律は、明日はわが身の認知症、笑顔のままで生きるには何が必要かという問題提起と解決への模索である。

「認知症対応社会」に向けた八つの提言が、本書の成果である。ここに希望を託したい。（沖藤典子・ノンフィクション作家）

（講談社現代新書・798円）＝2010年12月17日配信

時代的な気分の恐ろしさ

「戦時児童文学論」（山中恒著）

なんとタイムリーな時期に、本書は出版されたことかと思う。

12月15日、出版界の反対を押し切って、東京都青少年健全育成条例改正案が成立した。これに反対した日本ペンクラブの声明は言う。「戦前の日本の為政者たちが青少年の健全育成をタテに、まず漫画を始めとする子ども文化を規制し、たちまち一般の言論・表現の自由を踏みにじっていった歴史を思い起こさないわけにはいかない」

本書はまさに、この戦争中の児童文学統制がどのようにして起こり、小川未明・浜田広介・坪田譲治といった、名だたる児童文学者が、どのような形で戦争協力していったのか、各作家の年譜からは削除されているその過程と作品を、豊富な資料をもとに具体的にたどろうとしたものである。

読んでいくと、この統制の始まりとなった1938年の内務省通達「児童読物改善に関する指示要綱」をめぐる議論があまりにも現在の状況に似ていることに驚かされる。

ポイントを一つだけ挙げるならば、この時「漫画」や講談社の絵本が標的にされたのは、その商業主義的「大衆性」のゆえであった。つまり、売れるもの、子供がほしがるものを作ろうとする出版姿勢そのものが間違っているというのである。42年に小川未明は書く。「おもうにこれまでの弊害は、作家が個人主義的であり、作品が商品として制作されたからだ」

そして大政翼賛的な時流の中で、作家たちはよりよい国と児童をつくるために、戦争協力的な作品を書いていくことになる。まさに地獄への道は善意で敷きつめられているのだ。

では、この時代に児童文学者であったならば、自分はそのような作品を書かなかっただろうか？いや、たぶん書いただろう、と著者は言う。それが「時代的な気分」だったから。そして「時代的な気分」が再び私たちに覆いかぶさる事態が恐ろしいのだ、と。これが杞憂（きゆう）であることを祈る。（藤本由香里・明治大准教授）

（大月書店・2940円）＝2010年12月22日①配信

ワイン造りに人生かける

「ウスケボーイズ」（河合香織著）

いま、日本のワインがおもしろい。日本のワイナリーの紹介記事を見かけることも多くなった。そうしたはやりに乗って、ワインの醸造家を芸能人であるかのようにちやほや持ち上げる本かと予期しつつ、それでも好きな醸造家たちが書かれているとあって手に取った。

本の帯に写る主人公たちの笑顔は実に屈託がない。ワイン造りとは、そんなに楽しいことばかりでもあるまいとページをめくると、とんでもない思い違いであった。軽佻（けいちょう）なワイナリーの紹介本ではない。ちょっと気取って楽しむワインなどというおしゃれな世界とは、およそかけ離れた現実がつづられていた。

読み進むごとに見えてくるのは苦悩する主人公の姿。理想のワイン造りは生半可な覚悟でできるものではない。あるときは家族に助けられ、あるときは家族を犠牲にしてまで、ただひたすら己の求めるワイン造りに人生をかける。描かれているのは、ワインに魅入られた若者たちの苦行僧のように過酷な人生と、日本でのワイン造りの可能性を信じる確固たる志を持った人間である。

ここ十数年の間、日本ワインが確実においしくなっている。その根底に、日本を代表する醸造家であった故麻井宇介（うすけ）というひとりの男の存在がある。明治以来、日本の風土では高品質なワインを造ることは不可能であるという不文律が多くのワイン醸造家を呪縛してきた。その既成概念を打ち破ったのが麻井だった。この本は、彼の志を受け継いだ3人の若き醸造家たちの物語である。

だが、この物語は未完である。続きは、今年造られたワイン、来年造られるもの、また翌年の、というように未来に連なる。その後の展開は、ボトルを開けて毎年の成果を味わうことで知ることができるだろう。彼らが造ったワインの中にこそ、ウスケボーイズの物語があるからだ。（遠藤誠・日本ワインを愛する会事務局長）

（小学館・1680円）＝2010年12月22日②配信

連鎖する食物廃棄と飢餓　「世界の食料ムダ捨て事情」(トリストラム・スチュアート著、中村友訳)

英国在住のジャーナリストである著者は、学生時代からスーパーのゴミ箱をあさってきた。生活に困って、ではない。欧米で「フリーガニズム」と呼ばれる環境保護活動の実践者なのだ。「食物を楽に買える人間がなおも廃棄物で生活し得るなら、それは、間違いなく、制度に問題がある」。そんな思いに支えられ、彼のリサーチは始まる。

まだ食べられる食べ物が、どこで、どのような理由から、どれだけ捨てられているのか。各地のゴミ箱をのぞき、製造業者やスーパーを訪ね、畑や漁港で実情を見る。サンドイッチ工場で日々捨てられるパンの耳。溝に投げ捨てられた何万本もの「難あり」バナナ。トロール船上から廃棄される、もうけにならない魚。本書の写真を見るだけでも「ばかげた」無駄の一端がうかがえる。

けれど、それらをもったいない、と思うだけでは不十分だろう。本書で繰り返し提示されるのは、先進国の人々の食物消費と廃棄が、実は世界の飢餓やアマゾンの環境破壊などともつながっている、というグローバルな視点だ。

「食物を捨てるのは、誰かほかの人からそれを食べる機会を奪うことだ」と理解し、自分が食べるだけのものを買い、それを残さず食べる。簡単そうに思えることが、途方もなく大きな課題を解決する第一歩なのだ、と本書を読んであらためて感じた。

著者はヨーロッパから中央アジア、インドなどを回り、最後は韓国や日本にまで足を延ばす。貯蔵設備や輸送インフラ、知識などが不足しているために、何百万トンもの穀物や野菜などを腐らせてしまう、という途上国の現実は衝撃的だ。

日本に対する著者の評価はいくぶん甘めかもしれない。食物を豚の飼料に変えるのもよいが、まずは無駄をつくり出すのをやめること、そして人間が食べられるものは豚よりも人間の口に入るような仕組みを整えることに、日本はもっと力を注ぐべきだろう。(大原悦子・ジャーナリスト)

(NHK出版・1995円)＝2010年12月22日③配信

〝魔法の森〟を日常に拡大　「どんぐり姉妹」(よしもとばなな著)

姉はどん子、妹はぐり子。子どもの頃に両親を亡くした二つ違いの姉妹は、大人たちの思惑にふりまわされながら、互いを心の支えに生きてきた。

外向的な姉が世間と戦い、内省的な妹が内で支える。たぐいまれなチームワークで、孤児としての多難な人生を切り拓(ひら)く二人だが、祖父が亡くなり、資産と自由を手に入れた時、自分たちが分岐点に立っていることに気付く。

タイプの異なる姉妹がそれぞれの仕方で揺れ動きながら、今後について正しい答えが降りてくるのを待つ。物語はその待ち時間の様子を描くが、読者をまずとらえるのは、それを包む空気、「キッチン」以来のよしもと空間とでも言うべき「東京」の匂いだろう。

いつも半分夜のようで、メルヘンティックだが不幸。労働はあるが泥くささはない。その東京は、魔法の城の代わりに高層マンションがそびえる童話の森を思わせる。

前半語られる姉妹のこれまでは、そこで試練に遭いながら従順と知恵で魔法の宝を手に入れる二粒のどんぐりの物語、たとえば「ホレおばさん」などに似た、現代日本版グリム童話と言えるだろう。

ところで本書は姉妹の現在を通し、その童話のインターネット時代における新しい「つづき」を語る。メールサービス「どんぐり姉妹」を立ち上げた姉妹は、ネット上でのたわいない会話を通し、自分たちが手にした宝を人々に還元しようと試みる。童話が終われば日常に戻るしかなかった過去の主人公たちと異なり、彼女たちは、パソコンを使って魔法の森を日常に拡大できるのだ。

姉妹のもとに吹き寄せられた人々のつぶやきが、ネット空間を、1980年代にふくらんでやがて砕けたさまざまな夢と現在とが交錯する〝心の森〟に変えた時、何かが起きる。

すべての答えがどこかの葉に書かれている、どんぐり姉妹の不思議な森。テクノロジーをオカルティックな夢に変容させる一冊だ。(田中弥生・文芸評論家)

(新潮社・1365円)＝2010年12月22日④配信

目利きだけが語れる逸話

「作家の値段『新宝島』の夢」(出久根達郎著)

出久根達郎さんは、古書店主人にして直木賞作家。中学卒業後、古本屋の小僧として働くかたわら、作家修業にはげみ、今日にいたる。本書は、この経歴をいかし、著名な作家のデビュー作刊行時から後代の評価まで、古書の値段をダシに、その魅力を縦横に語る。話題になった前作につづく「作家の値段」シリーズの第2弾である。

俎上(そじょう)に上がるのは、藤沢周平、大佛次郎、谷崎潤一郎、芥川竜之介、開高健など24人。いったいぜんたい古書の値段はいかにきまるのか? 作品の評価と値段は直接に関係ない。出版当時の部数、装丁や造本の出来、現在の保存状態。つまるところ、掘り出し物、であることだ。ちょっとない、いわくつきの。

たとえば、谷崎である。代表作「春琴抄」、漆塗りに金文字の書名が入った表紙の初版本は、現在8万円。それが著者と刊行者用に3冊だけ作られた特装本となると、某古書店の目録で850万円の値を呼んだとか。ほかでは、箱付きで100万円になる北原白秋の「邪宗門」、パラフィン紙カバー付きで270万円の値が付く与謝野晶子の「小扇」。びっくり、古書市場で1千万円以上の札が入った萩原朔太郎の発売禁止「月に吠える」カバー付き極美の無削除本など。

これらはいわば稀覯(きこう)本のたぐいである。だがそれ以上に作家の初期作品が涙物で面白いのである。ここでは、大佛が、野尻草雄の名で出した「一高ロマンス」が、7万円。それから、開高の第1著書は、同人誌終刊記念別冊の「あかでみあ めらんこりあ」で、40万円から45万円。ついては、副題の手塚治虫の単行本デビュー作「新宝島」、であるが。いやなんと手塚マンガを最初に古書市に出品したのは著者なのだとか。いまその“驚値(おどろきね)”はいくら?

などなどエトセトラ。古書歴、半世紀。目利きでなければ語れない驚きのエピソードが満載。本好きにとっては興味つきないエッセーだ。(正津勉・詩人)

(講談社・1890円)=2010年12月22日⑤配信

圧倒的な教養の先駆者

「免疫学の巨人」(ゾルタン・オヴァリー著、多田富雄訳)

近代西洋史に関心がある人、美術史や音楽に詳しい人など、誰がページをめくっても、どこかで引き込まれてしまうだろう。そしてしばらく読み進むうち、ふと表紙の〝免疫学〟の文字に目をもどし、著者自身について知りたくなる。

私はといえば、ゾルタン・オヴァリーの名前は知らなかった。が、バルトークやピカソなど著名な芸術家のエピソードの合間にさりげなく出てくるアレルギー反応の実験の話を読みながら、驚かずにいられなかった。皮膚反応の実験を通じ、アレルギー反応の原因となる抗体の研究の基礎を築いたのはこの人なのか…。そして、現代では日常語となった「アレルギー」の先駆的研究者が、なぜこれほどまでに芸術に造詣が深いのか、興味津々になったのだった。

オヴァリーは、1907年にハンガリー王国のルーマニア国境の近くで生まれた。知的な家庭で、母オルガの主催するサロンには、文学者や音楽家、科学者たちが集うという環境だった。これだけで、彼の圧倒的ともいえる教養の背景が見えたように思われる。だが、7歳のころには第1次世界大戦が始まる。パリ大学医学部に入るときには、故郷はルーマニア領となり、国籍の変更を余儀なくされた上、兵役に招集された。そして今度は第2次世界大戦の勃発。もどった故郷は、再びハンガリー領に。終戦後、オヴァリーは難民となり、国籍を失う。

歴史に翻弄(ほんろう)される、という表現はよく耳にするが、これほどの時代を経験した人物は珍しいのではないか。にもかかわらず、彼は、体験の一部始終を実に素直に記している。大戦時の状況も、マルコ・ポーロの子孫との出会いやバルトークの思い出も、気負いもなく書く。自身の業績についても、さらりと触れるだけだ。

この素直さはどこから生まれるのだろう。芸術も科学も吸収してしまう能力の源泉は、彼の心のあり方にあるようだ。(中野不二男・ノンフィクション作家)

(集英社・2520円)=2010年12月22日⑥配信

2011

集団の暴走をリアルに

「砂の王国(上・下)」(荻原浩著)

最近は、新宗教をテーマにした小説がかなり増えている。かの「1Q84」もそうだった。特にオウム真理教をモデルにした作品が目につく。

本書は、大手の証券会社に勤務していた主人公が、ホームレスにまで落ちぶれ、公園で出会った2人の人物を仲間に引き入れて新宗教「大地の会」をつくり上げていく物語である。

新宗教をテーマとして扱うという場合には、往々にしてステレオタイプの見方がされ、そこに集まってくる信者が、没個性の、ときにはゾンビのような存在として描かれることが少なくない。漫画だが、「20世紀少年」がその典型だ。

その点で「大地の会」に集まってくる信者たちは、俗っぽい欲望を抱えている分、決して個性を失っていない。リアルだ。そうした集団が、主人公の思惑をはるかに超えて暴走していくプロセスも巧みに描かれている。

一つ注目されるのは、教祖の存在だ。主人公はホームレス生活のなかで、コンビニの店主などに不思議と好かれて残り物の弁当を恵んでもらえる仲村君と出会い、彼を教祖に仕立て上げていく。この仲村君は、ホームレスをするまでどういった生活をしていたのかまったく分からない。そのくせ大柄で、かなりのイケメンであったりする。

しかも仲村君は、「大城」と命名された教祖になってからも、主人公の作ったシナリオや人物像を超えた働きをする。だからこそ大地の会には信者が集まってくる。この仲村君の魅力がなければ、宗教をつくろうという主人公のアイデアは現実のものにはならなかったはずだ。

つまり、仲村君にはもともとカリスマ的能力があり、教祖としての道を歩んでいくべき素質があったことになる。主人公は、その手助けをしたにすぎないようにも見える。実はそれは多くの宗教において起こったことでもある。続編がありそうな終わり方だが、本当に興味深いのはこれからの物語なのかもしれない。(島田裕巳・宗教学者)

(講談社・上下各1785円)＝2011年1月6日②配信

釜ケ崎で教義の神髄知る

「聖書を発見する」(本田哲郎著)

著者はこの20年来、大阪の日雇い労働者の街・釜ケ崎(あいりん地区)でカトリックの神父をしている。神父であると名乗るよりは「釜ケ崎反失業連絡会」などでの社会活動に重点を置いている。

3代続くキリスト教徒の家に生まれ、生後2カ月で幼児洗礼を受けた著者は4代目となる。70年近い人生のほぼ全体をキリスト者として生きてきた。著者の述懐によれば、長いこと、聖書の翻訳文にしても神学者たちの聖書解釈にしても、伝統的なものを疑うことはなかった。

釜ケ崎にあるアパートの2畳間に居を移し、日雇い労働者と日々接するようになってから、キリスト者としての著者の確信は揺らいだ。そこは、仕事も住む家も持たず、路上生活を強いられる「小さくされている人たち」がおおぜいいる街だ。

あわれみや施しの感情を接点にして、食べ物や寒さしのぎの毛布を配布して、著者が満足感を覚えた時期はやがて終わる。難民というべき労働者が耐え忍んでいる受苦の本質とも、自立したいという彼らの熱望とも、自分の行為はかみ合っていない事実に気づいたからだ。

そこで、著者は労働者とともに聖書を読み直し、その神髄を「発見」する。その過程を行きつ戻りつたどったのが本書だ。信仰者ではない私でも知っているような聖書の中の有名な表現が、原語に基づく著者の再解釈によって読み直されていく。そこにこそ、本書の読みでがある。伝統的な訳業および解釈と、著者のそれとは、価値観において真っ向から対立する。

だからこそ、同じキリスト者の名において、一方では十字軍や米大陸の征服のような無慈悲な事業がなされ、現代にもブッシュのような好戦主義者もいれば、他方に解放の神学や著者のような理念と生き方も生まれる。

無神論者の私にも、その宗教的理念と生き方が大切だと思う宗教の開祖や信仰者は幾人かいる。著者は、私にとってそのような人となった。(太田昌国・編集者)

(岩波書店・2625円)＝2011年1月6日③配信

尽きぬ好奇心と向上心「風をつかまえた少年」（ウィリアム・カムクワンバ、ブライアン・ミーラー著、田口俊樹訳）

勢いよく回る風車と、誇らしげに見上げる主人公の少年の姿が目に浮かぶ。舞台は、アフリカの最貧国マラウイ共和国だ。大自然の下、少年は父の農作業を助け、痩せ犬を傍らに日々を過ごす。友人とラジオを分解し、腕を組む姿は"小さな科学者"そのもので、思わず読み手のほおも緩む。

前半はマラウイの生活が紹介される。電気はもとより水もままならぬ環境、身近な存在の呪術師と魔物、おかず代わりの羽アリ、とんでもない命名の習慣…。ページをめくるたびに未知の世界が広がるのは、読書の魅力にほかならない。

同時に、干ばつと政府の無策が重なった飢えの惨状は、飽食の国に住む私たちの意識を激しく揺さぶり、自覚を促す。

食糧難から学費が払えず、主人公は中等学校を中退せざるを得ない。しかし、初等学校の図書室で出合った理科の本が彼の人生を切り開くガイドブックとなってくれる。

後半になると主人公が独学で風力発電装置の手作りに挑んでいく。廃物置き場で材料をそろえ、工具も自作するが、苦難よりも、創意工夫の純粋な楽しさが伝わってくる。しかも彼は「個人」の興味から、家族や地域など「社会」への貢献に思いを膨らませた。そんな思考と精神の風向きの変化は、松下幸之助、本田宗一郎ら昭和の実業家たちの軌跡と不思議に重なる。

主人公は現在、米国ダートマス大で学んでいる。だが、彼は決して偏差値的なエリートではない。ただ、尽きぬ好奇心と向上心が彼を動かす。本書は、教育の本来のあり方をも問い直している。

また、彼をめぐる家族愛や友情の絆の強さはどうだ。全編を貫く木訥（ぼくとつ）で温かな印象は懐かしいばかりか、うらやましくもある。

主人公は「トライしてみることだ」と訴え続ける。文章に作為がない分、内容は重い。夢や希望、努力という言葉の輝きを見失ってしまったときにこそ、素直な心に立ちかえって読んでほしい。（増田晶文・作家）

（文芸春秋・1750円）＝2011年1月6日④配信

皆が関われる多様な役割「農を楽しくする人たち」（週刊ダイヤモンド、嶺竜一著）

農業にはビジネス、生物学、社会学など多種多様な側面があり、農村社会から、国際的な安全保障まで話題が及ぶ。

それゆえ、日本の農業についての議論はかみ合わない事態が散見される。これは、経験と立場によって各人が想定する「農業」の形と役割があまりにも異なり、議論に具体性を欠き、観念的になりがちだからである。

例えば、日本のお米の価格が海外と比べて高いといわれるが、年間に食べるお米の量や1杯何円なのかを知らない人は多いのでは。仮に1杯当たり500円なら大きな差だが、差が20円程度なら価格だけが決定的な要素とは言えないだろう。

著者の嶺氏自らが「盛りだくさん」という本書の特長は、読むことで農業に対するリテラシー（情報読解力）が高まる点にある。また、特筆すべきは「農業」から「業」を取って、「農」としたことである。

レジャー農業からビジネスとしての農業まで多様な「農」への関わりがあり、同じ農業でも大豆やお米、野菜などの作物ごとに、育て方や資金繰りにそれぞれの特徴があることをバランスよく知ることができる。成功事例紹介から体験農園リスト、ベランダ菜園のノウハウまで毛色の違う内容を一冊に掲載している狙いは、まさにこの点にあるのだろう。「農」にはどんな人でも関わる余地が用意されているのだ。

農業法人や組合についての成功事例も、結果だけではなく過程も紹介。特に貸農園運営サポート事業に取り組むマイファームの西辻一真社長が、起業後に全く農地を貸してもらえず途方にくれていたとき、意を決して農協のゴルフコンペに参加した際の様子などは、一つのドキュメントとして読んでも臨場感がある。

著者の考えは、ビジネスとしての農業は規制緩和と一定の農地集約が必要という立場のようだが、読者がその考えに賛成か反対かにかかわらず、農業についての客観的な理解を深めるのに有益な一冊と言えよう。（伊藤洋志・農業ライター）

（ダイヤモンド社・1680円）＝2011年1月6日⑤配信

真摯で粘り強い実践の軌跡

「芸術闘争論」(村上隆著)

村上隆は美少女フィギュアなど、オタク的な要素をモチーフにした作品などで1990年代後半以降、欧米の美術界で最も人気のある日本人アーティストの一人だ。

ルイ・ヴィトンとのコラボレーションや、オークションで作品が十数億円の高値で落札されたこと、昨年のベルサイユ宮殿での個展…。常に賛否両論を引き起こし話題に事欠かない。加えて、自身が経営する会社でアーティストのプロデュースや画廊経営などを行い、アートイベント「GEISAI」で継続的に若手アーティストの支援・発掘を手掛けるなど、その活動は一般的な日本人が抱く芸術家像をはるかに超えている。

村上は本書で、西欧式のアートとは何かを説き、その中のルールを熟知してこそ初めて世界のアートシーンで闘うことができるのだと語る。そして日本が世界のアート状況に対していかに無知で閉鎖的かを批判しつつ、日本人の抱いている芸術神話の解体を試みる。さらには現代美術の鑑賞方法を解説し、芸術家を目指す人に向け、自身の作品を例に挙げながらさまざまなアドバイスを行っている。

ここ10年余り、世界のアートシーンには中東や新興国の資金が流れ込み、マーケットが美術界への影響力を強めてきた。村上はその中で勝ち残ってきた一人だ。その著者が、体験し実践してきたことを惜しげもなく語る言葉には、リアリティーと強い説得力がある。特に、自作が完成していく過程を細かく解説したくだりは、現場の緊張感が伝わるものだ。

この本は村上自身のエネルギッシュな20年間を凝縮した闘争記であると同時に、著者が将来を見据えて今後取るであろう戦略が垣間見えるものでもある。芸術家を志す人たちが最も吸収すべき点は、本書に示されている「傾向と対策」ではなく、村上隆のアーティストとしての真摯(しんし)な闘いの姿勢と、粘り強い実践の軌跡なのかもしれない。(窪田研二・インディペンデントキュレーター)

(幻冬舎・1890円)＝2011年1月6日⑥配信

悪人であることの自由

「かくれ佛教」(鶴見俊輔著)

驚くべきは、著者が宗教体験の出発点、言い換えれば原点に、母親による虐待を据えていることだ。このような仏教書にいまだかつて出合ったことがない。

母親は私を、生まれたときから殴ったり、蹴ったり、柱に縛りつけたりした。「あなたは悪い子だ」と。その結果、一種のマゾヒズムが私の中に生じたと著者は述べる。母親との関係において、悪人であるという自覚すなわち痛みを強いられただけではなく、その悪人性(痛み)に進んで自分を同一化したというのである。このようなマゾヒズムが、後に「悪人こそが救われる」と説く、法然、親鸞の考え方に親しむ地となった、と著者は語るのである。

もう一つ大事なことが述べられる。それは、著者がそうした悪人の自覚を捨てたり、消し去ったりしない、という立場を貫いてきたことだ。必然的に名声欲や権力欲から遠ざかる。虚無を基底にした仏教的な生存感覚に近づく。

こうして悪人であることの自由が獲得されていくのだが、この悪人であることの自由が、仏教アナキズムと著者が呼ぶ、宗教の垣根を越えた仏教者―「かくれ佛教」の系譜を見いだすことになるのである。法然、親鸞、一遍、中国の禅僧・馬祖道一、良寛、宗教研究の前田利鎌、キリスト教に親しんだ作家・社会運動家の木下尚江、民芸運動の柳宗悦、ドイツ神秘主義の思想家エックハルト、日蓮正宗の牧口常三郎などが生き生きと現在によみがえってくる。

さて、「あとがき」で著者は88歳という年齢を自覚しつつ、この本は、私が書きたくて書いた、いわば終点にあたる、と述べている。この終点という言葉を使わせてもらえば、本書の終点は「涅槃(ねはん)経」にある言葉「寂滅為楽(じゃくめつい らく)」である。まもなく静かに滅びていく、それを楽しみとするという意味である。「かくれ佛教者」として現在の理想とすると語るのである。一読をお勧めしたい一冊。(芹沢俊介・評論家)

(ダイヤモンド社・1680円)＝2011年1月13日①配信

逃避行から芽生えた希望

「エルニーニョ」(中島京子著)

タイトルは一般的にはペルー沖の海水温上昇現象を指す。もともとはスペイン語で「神の子」。著者の直木賞受賞第1作となる本書は、このタイトルが示唆する意味を軽々と超えて、この世のどこにもなさそうでありそうな世界へと誘ってくれるようだ。

21歳の女子大生・小森瑛は暴力をふるう恋人から、7歳の少年ニノは灰色という人物から、それぞれ逃げ出してきた。

瑛は成人しているが学生の身で仕事もない。ニノの父は行方不明、フィリピン人の母は強制帰国させられた。両者ともに社会的弱者である。

そんな2人が出会い、瑛の乏しい資金を頼りに南国を逃避行する様子はカラリと明るく楽しげだ。

2人のロードノベルの間にするりと挟まれる小さな物語の数々が不思議議な味わいを醸し出す。瑛が逃げ出すきっかけを与えた童謡「森のくまさん」。森で出会ったくまさんは「わたし」になぜ「逃げろ」と言ったのか?

暴力に支配された現状や望まない場所へ追いやられることなど、2人を囲む現実は他者には見えにくい。法律、常識、世間体といった後付けのルールに支配され翻弄(ほんろう)される人間たちに、くまさんは「逃げろ」と背を押す。きっとこの本だってくまさんの仲間なのだ。

その他に足跡のように残るいくつもの挿話は、時に分派し、瑛とニノの物語と絡み合う。それは道筋にふと置かれた美しい石のようで、思わず見入ってしまう。作者が意図して置いた石の挿話に、次第に自分自身の物語を重ねているのに気づかされた。

瑛に「おれが守ってやる」と少年ニノはいう。その言葉は真に迫る。どんなに逃げても逃げきることはできないから、他でもないあなたに見つけてもらいたい。でなければ自分が見つける。瑛は以前の彼女とは違い、たくましく成長していた。

親子でも姉弟でもない2人が互いを支えあう。この世にはこんな救いがある。温かな希望を与えてくれる一冊だ。(中江有里・女優、脚本家)

(講談社・1470円)=2011年1月13日②配信

パイオニアの軌跡を回顧

「グッドバイ　バタフライ」(森英恵著)

日本人として初めて西欧のファッション界で影響力を持つにいたったデザイナー森英恵。本書は、そのパイオニアとしての軌跡を自身が振り返ったものだ。

森が服のデザインを開始したのは1951年。西欧文化が生み出した「洋服」が日本で本格的に着られるようになる時期である。ファッションの中心地パリからは、シンプルかつ構築的なシルエットの、高度に洗練されたスタイルが発信されていた。森は一流のモードを仰ぎ見つつ仕事を続けるうち、東洋や日本に向けられる西洋からの視線を強く意識するようになる。なかでも61年の初訪欧、初訪米の体験は、転機となる出来事だった。

徹底して西欧中心主義のファッション界で、東洋人のしかも女性である森は、二重の意味でアウトサイダーである。にもかかわらず、いち早く米国進出を成功させ、77年には東洋人として初めてパリのオートクチュール組合(伝統的な最高級仕立服店の組合)に加盟、長らく作品を発表し続けた。欧米での仕事を支えたのは、なによりも「東」の要素を西欧の服づくりに巧みにとりこむその卓越したセンスだろう。

森は東洋人の女性デザイナーという自らの立ち位置を常に冷静に捉えていた。米国進出後は、洋服を着る文化を現場で理解したうえで、大人の女性にエレガントで質の高い衣服を提案し続けた。このぶれのない姿勢が、顧客の信頼を勝ち得、長期にわたるデザイン活動を可能にしたのである。

森は現在、精緻な手仕事を引き継ぐ次世代デザイナーの育成に関心を寄せているという。世界を席巻するファストファッションとは対極にある「手でつくる」服だが、その「スロー」なありようが一定の人々を惹(ひ)き付けていることも事実である。熟練した職人仕事に支えられた究極の「スローファッション」であるオートクチュールが、今後のモードとどのようにかかわっていくのか、興味は尽きない。(南目美輝・島根県立石見美術館主任学芸員)

(文芸春秋・1890円)=2011年1月13日③配信

絢爛たる言葉の迷宮

「奇想の美術館」（アルベルト・マングェル著、野中邦子訳）

古今東西の図書館をめぐるエッセー集「図書館愛書家の楽園」で博覧強記ぶりを示した著者が、今度は美術品（絵画ばかりか写真や建築、記念碑まで）を取りあげた。豊富な引用と奔放な想像力を駆使して、読者を絢爛（けんらん）たる言葉の迷宮へいざなってくれる。

2段組み、300ページを超す大著だが、図版も多く、文章に衒学（げんがく）的なところがないので、読み心地は実に軽快。野中氏の翻訳も素晴らしい。

「一枚の絵を読み解くこと―それはタロットカードで運命を読みとったり、亀の甲羅を焼いて将来を占ったりする迷信と同種のものである」

そう言いつつも著者は、見る行為と考える行為を同じものととらえ、「驚くべき作品」に対して、まず「感謝の声をあげ」、次いで、あふれる言葉で「語る」のだ。

連想が連想を呼ぶ。

表紙にも使われている「トニーナの肖像」の章では、16世紀イタリアで多毛症により解剖学教室で観察対象にされた少女が、身体的特徴ばかり検査され、どんな態度をとったか、どう感じていたかには、関心が払われなかったことが指摘される。そして、彼女を描くよう依頼された女性画家フォンターナとの最初の出会いに思いはめぐらされてゆく。なぜなら当時、女性がプロの画家であることもまた一種のフリークス扱いだったからだ。はたして2人の間に魂の交感はあったのか…。

ほかにも、カラバッジョ作品を真に理解するため当時のイタリア下層民の生活が活写されるし、ピカソに描かれた肖像によって「泣く女」の烙印（らくいん）を押されたドラ・マールの、自己を取りもどす闘いが語られる。ベルリン・ホロコースト記念碑が「『芸術作品』の威光を表現」しているだけと手厳しく批判される一方、病気で手足の指を失いながら創造し続けたブラジルの彫刻家アレイジャディーニョの「怪物」的魅力が紹介される、といった具合だ。

刺激に満ち、ぜいたくな読書のよろこびを約束する一冊。（中野京子・ドイツ文学者）

（白水社・5040円）＝2011年1月13日④配信

世界への道開いた先駆者

「ば化粧師」（レイコ・クルック著）

「ば化粧師」は、パリを拠点に「メタモルフォーズ＝変身」術を駆使しながら、映画、演劇、オペラ、美術、ファッションといった横断的な表現領域で、文字通り国際的に活躍するレイコ・クルックが自らの半生をつづった書である。

1971年にフランスに渡り、映画、舞台の世界に手探りで関わりながら、特殊メーキャップの先駆者としてその道を切り開いていくさまが語られていく。ヴェルナー・ヘルツォーク、ルドルフ・ヌレエフ、ジョルジュ・ドン、ソフィア・ローレンら世界の巨匠やスターとの、舞台裏ならではのエピソードに興味は尽きないが、圧巻なのは、奇人として世界に知られた俳優クラウス・キンスキーとの出会いである。

「映画の愛、映画の裏切り、プロの姿勢」をキンスキーから指南されたとあるように、「ノスフェラトゥ」に代表される2人の共同作業は、奇跡的瞬間を数々の映画で生み出しているが、そこには表現をめぐる芸術家同士の激しいぶつかり合いがあったのである。

こうした「ショービジネス」の華麗かつ泥くさい現実のなかで奮闘する冒険譚（たん）が本書の中心であるのだが、それと同様に、あるいはそれ以上に重要なのが、生い立ちとパリへと至った50年代後半から60年代における日本での活動である。

長崎での戦争体験と戦後民主主義への違和感、黎明（れいめい）期のテレビ局での試行錯誤、大阪での演劇やATG（日本アート・シアター・ギルド）の上映運動、「具体グループ」ら前衛芸術家との交流などによって、「変身師＝ば化粧師」は既に形づくられていたのだ。パリでの寺山修司との再会、勅使河原宏との協働はこうした文脈で読まれなければならない。

海外における日本人の成功談としてではなく、60年代の日本とその後の世界とを芸術、文化史的につなぐために、自らの経験を語り、記述すること、それが本書に込められた思いなのだと言えよう。（平沢剛・映画研究者）

（リトルモア・2940円）＝2011年1月13日⑤配信

島風を感じ、旅するように

「つるかめ助産院」（小川糸著）

そもそも小川糸という名前からして気に入らない。リオやらティアラやらカノンやらといったヤンキーネームがはびこる21世紀に、糸って。ずるい。そのセンスがねたましく、彼女のことは以前よりこっそり疎んでいた。

彼女の新刊「つるかめ助産院」。帯には宮沢りえと福岡伸一が推薦文を寄せている。彼らが良いと言うならばと、権威にひれ伏し表紙を開いた。

失踪した夫を捜す妻まりあは、とある南の島を訪れた。そこで助産師、鶴田亀子と出会い、まりあは自身の妊娠を知る。不安と孤独で心を閉ざしていた彼女は、島の人々との交流を通じ、次第に自分自身を、そして新しい命を受け入れられるようになる。

小説は作り話だから、どんな展開だってアリだ。けれどあまりに予定調和が目立つと、読み手が冷める。「つるかめ先生、宝くじで1億円が当たった？　またまたァー」、「夢に長老登場？　で、島に来ちゃったの？　またまたァー」というように。ラストシーンだって、主人公のものわかり良すぎる言動に「そんなんじゃ都合のいい女に成り下がって、捨てられるのがオチだからね！」と説教したくなる。

しかしこの物語が退屈だったかというと、そうではない。「なんだよ、ご都合主義」とブツクサ言いつつ読み進める途中、たしかに島の風を感じたのだ。青臭い、あらゆる生き物の吐息をはらんだにおい。それを嗅いだとき、自分がまりあとその島に滞在しているような錯覚に陥った。ずっとここにいたいとさえ思い、物語がおしまいに近づくのが悲しくなった。

小説は作り話だけど、本当はストーリーなんてどうでもいいのかもしれない。読書は旅だとよく言われるが、「つるかめ助産院」を思い返すとき、学生時代の貧乏旅行のアルバムを開いたときのような、胸の締め付けられるような気持ちで満たされる。それだけで十分、この本に出会えてよかったと思う。やるな、糸。（宮田和美・ライター）

（集英社・1470円）＝2011年1月13日⑥配信

鮮やかな手際良さに酔う

「東慶寺花だより」（井上ひさし著）

そこへ駆け込めば夫との離婚が認められるという寺が、江戸時代にあった。鎌倉の東慶寺と上州の満徳寺の2寺である。

本書は、鎌倉の東慶寺に駆け込んだ女たちの物語である。昨年4月9日に急逝した井上ひさしが、小説誌に1998年から2008年にかけて断続的に書き続けていた全15話の連作短編集で、作者特有の凝った仕掛けが随所に施されている。

駆け込み女たちから事情を聴く役柄が、本編の主人公中村信次郎、23歳である。江戸蔵前の町医者西沢佳庵のもとで見習い医者をしていたが、東慶寺の御用宿柏屋の布団部屋で戯作（げさく）の執筆に苦吟している。滑稽本の小品を1作出しただけの新米戯作者の彼が、調書の手伝いをすることで、複雑に絡み合った夫婦の愛憎と絆に触れ、精神的にも成長していくこととなる。

この信次郎を取り巻く人物たちの多様性が何とも魅力である。柏屋の主人夫婦と一人娘のお美代、番頭夫婦、東慶寺院代の法秀尼、男子禁制の東慶寺の病人を受け持つ円覚寺の僧医の清拙和尚ら、それぞれの個性が信次郎に影響を与えていくさまを楽しむことができる。

8歳のおしゃまなお美代に信次郎が自作の滑稽譚（たん）を聞かせるなど、物語の中にいくつもの物語が挿入されている。他にも駆け込み女たちを通して江戸の庶民社会のさまざまな風俗も紹介される。

女たちの駆け込みの理由をめぐる謎というミステリアスな部分から、江戸期の女性のたおやかな面、したたかな面を浮かび上がらせる物語展開。そして、一つの短編の中にこうした二重三重の仕掛け、趣向を混在させて、意外な結末に向けて大団円へと導いていく作者の鮮やかな手際のよさに酔うことができる。

女たちの駆け込み理由のパターンに制約もあろうが、井上ひさしならアッと驚く意外性で楽しませてくれるシリーズ第2弾も可能であったろう。それがかなわなくなったことが残念でならない。（清原康正・文芸評論家）

（文芸春秋・1700円）＝2011年1月20日①配信

現代家族のもろさ浮かぶ

「陽だまり幻想曲」（楊逸著）

中国人の芥川賞作家として活躍している著者の最新作である。これまでは日本で暮らす中国人を描いた作品が多かった。ところが表題作には、そんな異国性は少しも見当たらない。夫と、3歳になる息子と郊外の貸家に引っ越しした平凡な主婦が、6人も子供がいる隣家の喧騒（けんそう）に接して、さまざまに心が乱れる話である。

夫は早朝に出かけ、遅くに帰宅してビールを飲んで夕食を食べたらすぐに寝てしまう毎日で、1日に数語しか言葉を口にしない。良き妻、良き母である彼女も、次第に生活のむなしさにむしばまれていく。

そんな彼女には地鳴りを立てるような隣家の騒がしさが、むしろ自然な生命力に満ちた懐かしいものに感じられる。読むうちに、彼女の微妙な心のバランスが、崩壊寸前の危ういものに思われてくる。不穏な予感をはらませながら、孤独な主婦の脳裏に浮かぶ迷いや妄想を、臨場感たっぷりに描いていく筆力は、もはや「中国人の書く日本語小説」という限定を感じさせない。

一方、併録された「ピラミッドの憂鬱」は、日本に暮らす中国人の幼なじみの2人の青年を描いている。中国で一人っ子政策が始まって約30年。甘やかされ、わがままに育った一人っ子は「小皇帝」とも呼ばれる。そんな彼らが日本で果たして自立できるかどうか。

ピラミッドとは、父母双方の両親から一人っ子へ続く4・2・1の家族構成を指すが、いずれひ弱な小皇帝に一族の未来は託されることになる。つまり逆ピラミッド。少子化対策が叫ばれる日本社会の現実と遠くない。

そう考えると本書の2編には、作風は対照的ながら、かつてのアジア的な大家族社会から遠く隔たった、少子家庭の孤独と憂鬱（ゆううつ）が共通して描かれていることに気付く。国境を越えて、今日の家族のもろさが浮かび上がってくる。芥川賞受賞から3年近く。著者の確かな成長が感じ取れる、充実した一冊である。（清水良典・文芸評論家）

（講談社・1575円）＝2011年1月20日②配信

科学への揺るぎない信頼

「生命の跳躍」（ニック・レーン著、斉藤隆央訳）

生化学者の著者が、生命の進化における最大級の「発明」を10個選び出し、それぞれを論じた本である。選ばれた10個は生命の誕生と死、そしてDNA、光合成、細胞、有性生殖、運動、視覚、温血性、意識だ。

本書によれば生命の素（もと）となる化学反応は、海底のアルカリ熱水噴出孔を形作る多孔質の岩石中で始まった。そこで自然に生じる水素イオンの濃度勾配が電気化学反応系を回し始め、それが今日の細胞内の仕組みの素となっている。そして「揺りかご」を離れた生命は世界を変え始めた。光合成は大気組成を変え、微細な細胞の運動の仕組みがやがて大きな筋肉を動かすようになり、視覚は捕食者と被捕食者の関係を加速させ、進化を推し進めた。

そして人類は、自身を生んだ進化の秘密をも解き明かせるようになった。手掛かりは化石、遺伝子、そして現生の生命活動を支える化学反応だ。本書で紹介される先行研究の情報量はとにかく膨大だ。どんな読者であっても必ず初耳の話があるだろう。

さらに膨大な情報に論評を加えて、もう一度一つのストーリーに束ね直していく著者の考察スタイルがすごい。進化の歴史は直線上を進んできたわけではない。解明された事柄にも限界があり証拠は断片的だ。それに筋を通していくには論理力と想像力とが必要だ。だが著者はどこか気楽な調子でこなしていく。ただし読者がついていくのは大変で、かなり疲れる本だ。しかし著者の思考の追体験は抜群に面白い。

もちろん、考察しても出せるのは仮説までだ。しかし著者は楽観的だ。科学は絶え間ない作業仮説の積み重ねであり、後に続く研究者たちがいるからだ。この本は後輩たちへのエールである。そして科学という手法・考え方への揺るぎない信頼を示す本だ。そして全てを生んだ進化への賛歌でもある。（森山和道・サイエンスライター）

（みすず書房・3990円）＝2011年1月20日③配信

軽やかで上質な短編評伝

「正岡子規」(坪内稔典著)

正岡子規晩年の門人である伊藤左千夫(あの「野菊の墓」で知られる左千夫)は、「行けば先(まず)苦しき話、痛い話、死の話等にて、それを同情もて聞居り候内に、だん〴〵興に乗じて文学談もしまひに出てくるのが常の事に候」と語っている。

そんな子規の生涯を、無類の子規好きで知られる著者が、一工夫も二工夫も凝らしながら、すこぶる読みやすい一書としてまとめたものが、本書である。

新書という限られたスペースの中で、その誕生から死に至るまでを、いかに生き生きと描き出すか。先行する汗牛充棟の伝記類を前に、さすがの著者も、かなり苦心したようである。陳腐になることは、他ならぬ子規が一番嫌ったことであったからである。

そこで想到したのが、各節の冒頭に、その折々に子規が記した子規の言葉を掲げることであったという。これによって、読者は著者が、その言葉をどのように読み解くかを楽しみながら読み進めることができる。

読み解き方は、必ずしも一様でない。がっぷりと四つに組んで格闘することがあるかと思えば、さらりと流してしまう場合もある。あるいは、その言葉をきっかけとして、明治という時代を明らかにして見せてくれたりもする。その手際は、実に鮮やか、かつ軽やかである。本書によって、著者に続く、第二、第三の子規好きが生まれるであろう予感がする。

もう一つの本書の特色は、一節、一節が短いことである。一節ほぼ4ページの分量。その集積の中で「書く楽しさを遊んでいる」子規の生涯を追い掛けて見せてくれている。各節は短いが、その中で、例えば「今もっとも好きなのは、子規の文章観の根っこにある鬱(う)さ晴らしという考えである」のごとく、子規へのオマージュ(賛辞)が、随所に吐露されていく。

上質な短編評伝書の登場をよろこびたい。(復本一郎・俳文学者)

(岩波新書・756円)=2011年1月20日④配信

死を見つめた心の軌跡

「妻と最期の十日間」(桃井和馬著)

人はだれでも、遅かれ早かれ家族との死別を経験する。別れは例外なく人の心に深い感情をかきたてる。が、人それぞれ、死者との関わり方が千差万別であるように、その思いも各人各様だろう。

朝、元気で仕事に出かけた妻がくも膜下出血で倒れ、緊急入院する。著者は病院に駆けつける途中、立ち寄ったコンビニで一時失神するほどの衝撃を受ける。それから10日間、最愛の妻は一度も意識を回復することもなく、家族に見守られて旅立った。本書は、その間の著者の心に去来したさまざまな思いを克明に書きつづった記録である。

結婚16年。二人が「『燻(いぶ)し銀』のような関係をつくり、深い喜びに結びつくのだと、やっと感じられるようになった矢先」の別れだった。著者にはそれまでの幸せだったさまざまな日常の出来事が、妻の日記や忘れ難い記憶とともによみがえる。

著者と幼い娘は両親や妹ら家族からあたたかく支えられた。その周囲には、彼らを気遣う友人たちもいた。病院側の対応も家族の支えになった。

そうしたエピソードに交えて、著者はジャーナリストとして20年以上にわたる海外の取材現場で向き合ったさまざまな形の「死」にも触れている。それはあたかも、人の死をいずれ避けがたい普遍的なものとして、妻の死を受け入れようと自らに言い聞かせた著者の心の軌跡とも読み取れる。

学生時代、目の前で幼なじみの事故死を経験する。それをきっかけにジャーナリストを志した著者にとって、取材現場で見た「死」も最愛の家族の死もどこかでつながっていたのかもしれない。

身近な日常には記録にも記憶にも残らない死が数知れずある。が、それぞれの死の背後にはその死と同じ数だけの物語があるに違いない。本書に描かれた、妻とその家族の濃密な記憶を読むにつけ、語られることのない、その他大勢の「死」の物語に思いをめぐらさずにはいられない。(藤田博司・元上智大教授)

(集英社新書・777円)=2011年1月20日⑤配信

思考力示した天才オウム

「アレックスと私」（アイリーン・M・ペパーバーグ著、佐柳信男訳）

バナナや木片、鍵など多くの物体を認識し、英単語で言える。ゼロを理解し、6まで数えられ、足し算もOK。意に沿わぬことにはノーと言う…。高い学習能力で世界に知られたオウムがいた。

名をアレックス。2007年9月まで30年間、著者が研究室で飼育、「天才」とメディアで多く取り上げられてきた。

本書は、クルミほどの大きさの脳しか持たない雄オウムが、人間の幼児と同等の思考能力を示した日々を顧みるものだ。

出会いは1977年6月、夫と訪れたシカゴのペットショップ。研究用に1羽を所望するも選びかね、店員がケージから取り出した。それがアレックスだった。家族の一員のペットとして飼育される可能性もあったが、研究の対象となり、100以上の英単語を駆使する語彙（ごい）力を誇ることになったのは運命だったと言えるのだろう。

当初、先例がない研究への評価は厳しく、研究費の獲得も苦しかった。とはいえ、彼が示した能力が大学の研究室の時空間で得られたのは、やはり興味深い。著者と研究生の会話などから彼は数々の言葉も覚え、「オチツイテ！」や「アイム・ソーリー」を絶妙に使いこなしていった。

哺乳類が高度な認知能力をもつのは、大脳皮質があるから。鳥類はじめ大脳皮質をほとんど持たない生物の脳では高度な認知能力は不可能とする学会の見解に対し、著者は「鳥にも思考力がある。意識や心、知性がある」と考え、大脳皮質以外の部分で思考するのでは、という理論の可能性を提唱する。それは「バード・ブレイン」（脳足りん、の意）という言葉を作った人間への問い掛けとしても注目された。

赤いリンゴを与えてアップルと何度教えても、アレックスはバネリーと言い続けた。「鳥の味覚ではリンゴとバナナは似ており、リンゴの赤色がチェリーと同じと考えての合成語か」という著者の考察はバード・ブレインの創造力を示唆する一例として印象的だ。（小林照幸・ノンフィクション作家）

（幻冬舎・1575円）＝2011年1月20日⑥配信

東洋の枯淡学んだ仏女性

「静かなる旅人」（ファビエンヌ・ヴェルディエ著、野口園子訳）

中国の風景画に魅せられたフランス人女性の画学生が、文化大革命後の1983年、外国人など一人もいなかった重慶市の美術大学に留学する。89年の天安門事件の直後、大学院を卒業してその地を去るまでの異文化体験と、中国の芸術家たちの運命が、歴史的な記録として描かれている。

が、この本に私が惹（ひ）かれたのは、驚異的な経済発展前夜、弾圧され尽くし、生き残った知識人たちの失意の境遇もさることながら、自然と一体化する東洋の異文化を受け入れようとする、著者の謙虚で求道的な姿勢と、そこから見えてくる新しい世界の姿である。

文化大革命によって教職の場を奪われ、世捨て人となっていた老書家・黄原（ホアン・ユアン）先生に著者は師事するようになる。それは絵の世界を切り開くための一つのプロセスのはずだった。だが、書道を学ぶ前にまず篆刻（てんこく）を学べ、と篆刻家を紹介される。

篆刻家の家に行ってみると、彼の左手は手首から先がなかった。伝統芸術は禁止され、切り落とされたのだ。文化大革命は残酷である。著者は老師の教えに従い篆刻を学び、何カ月にもわたって、「一」の字だけを書き続ける。

「雲は水蒸気でできていて、つねにうごめいている。そんな雲の息吹きを感じさせるような『一』を書いてごらん」

師はいつも一言だけしか教えない。それを反すうしながら、ひたすら書き続ける。「いかに物質に生命を与えるか―それが書道の極意でもあった」と弟子は書いている。

いま中国はまるで物欲へ突進する国のようにみられているが、侮るなかれ。隠者のような自然との一体感、孤高の精神に満ちた老子、荘子の「道家」思想がある。それを学んだ20代の若い女性が精神を鍛え、無欲、枯淡の世界に向かう姿は爽やかである。

その成果の一端が口絵の書画「円一修行」に表れている。「老師から伝授された思想が、私の血となり肉となるのに、二十年を要したのだ」。長い旅は今も続いている。（鎌田慧・ルポライター）

（静山社・2940円）＝2011年1月27日①配信

感情移入誘う疑似感覚

「祝福」（長嶋有著）

非日常的なことを疑似体験したくて小説を読むという人も多いと思われますが、「祝福」に収められた短編は、ドラマティックなできごとはそう起こりません。

「山根と六郎」の出だしは「コンビニでお湯を入れさせてもらったカップラーメンをコンビニの前で食べる」と、かなり生活感が漂っています。大学の友人と会って携帯の機種の話をしたり、猫をなでたり、そんな何げない日常。主語が少ないので、まるで自分のやっている動作のような疑似感覚が。

「食べ終わるとすることがなくて、しばらくは本を読んでいたのだが飽きて、台所の明かりを消しにいき、カーテンをしめる」（「ジャージの一人」）など、こんな漫然とした日常を送る主人公の暮らしに感情移入したくないと思いながら、自分の思考と地続きな文体に、気付いたら脳をのっとられてしまうのです。

銀行強盗に遭遇する「噛みながら」は唯一非日常的な設定ですが、身を伏せている間も、頭に浮かぶのは高校時代、友だちと食べたアイスのことなど、さまつなエピソード。主人公のテンションの一定ぶりには、日本人として共感しやすいものがあります。

「祝福」は、辞めた会社の同僚の結婚式に出席する主人公の心境をつづった作品。Sという女性の態度がぎこちなかったのが気になる、という心のつぶやきに始まり、それが伏線となって何か起こるのかと思ったら、未解決のまま終わってしまい消化不良感が残りますが、現実の人間関係のわだかまりのようなリアルさがあります。

この作品は、主人公の脳内一人語りの文章に加え、（やっぱりワイン飲もうか）などと、さらにカッコ内で深層心理がつづられています。読者は主人公の心の奥底の秘密を知ってしまったような感覚で、もう他人とは思えません。深い感情移入を誘う小説ですが、読んでいて興奮しすぎることもなく心拍数も上がらないので安心です。（辛酸なめ子・コラムニスト）

（河出書房新社・1575円）＝2011年1月27日②配信

“無縁”求めた歴史を対置

「人はひとりで死ぬ」（島田裕巳著）

子供のころ、長年にわたる祖父母の介護に疲れた母が、ときどき暗い表情で「孤独になりたい」とつぶやいていた。それが私には「一人で死にたい」と言っているようにも感じられ、何とも言えない不安を抱いたものだ。

本書を読み、まず思い出したのは母のその言葉だった。当時はそんなことを言わないでほしいと感じたけれど、今はおぼろげながら理解できる。愛する両親に深く寄り添いたいと思うと同時に、その関係から離れて自由になることも心から願う。徐々に弱っていく肉親を介護する日々とは、そうした矛盾する感情との闘いでもあったのだと。

NHKのドキュメンタリーの放送以後、「無縁社会」についての議論が盛んだ。孤独死や共同体の弱体化…。無縁社会という切り口は、社会の多くの問題を構造的にあぶり出す力を持っていた。

だが宗教学者である著者は、少し立ち止まって考えてほしいと本書で繰り返し主張する。そこには、無縁社会が単に寂しいだけのものとして描かれることは果たして正しいのだろうか、という根源的な問い掛けがある。

近代化以降、日本人はしがらみの多い「有縁社会」を飛び出し、都会に全く別の形の縁をつくり出そうとしてきた。だがそれは一方で無縁社会の萌芽（ほうが）でもあった。

著者はその歴史をひもときながら、いま問題となっている無縁社会の背後には、自由というもう一つの無縁を求めた日本人の願いが、実はべったりと付着していることを明らかにする。この原点を確認するとき、私は自らの内にも孤独と無縁を愛する一面があることを、あらためて自覚させられた気がした。

無縁社会の問題は、かつての「有縁社会」への郷愁によっては解決されない。現在の“望まれない無縁社会”に、過去の“望まれた無縁社会”の歴史を対峙（たいじ）させる。そこで初めて議論が深まるとする著者の論考は明快で、共感を覚える。（稲泉連・ノンフィクションライター）

（NHK出版新書・777円）＝2011年1月27日③配信

ローカルこそが生む価値

「スローネット」（西垣通著）

検索サイトのグーグルが世界を席巻し、iPad（アイパッド）などの普及により電子書籍時代到来といわれる昨今。「ネット社会はもっと、ゆっくりでもいいんです」という本書の帯のコピーに思わず安堵（あんど）するのは、次々と登場するIT製品に悩む私だけだろうか。

本来ITとは、機械的な単純作業をコンピューターに代行させることで人間に余暇や創造的な活動の時間を生み出し、文字通りの「スローライフ」を実現するものだったはずだ。ところが現実が、さらに過労を生む「ファスト（速い）ライフ」になったことは、著者ならずとも思い当たる。そこで、ネット社会にとどまりながらもスローな生活を実現する「スローネット・ライフ」の必要性を訴えるのが本書だ。

ヒントは、その土地の風土にあった伝統食や農業を大切にする「スローフード」運動にある。これは1980年代半ばのイタリアで、マクドナルドのローマ進出を機に、地元の食文化を守るために起きたといわれる。だが、それは単なるきっかけにすぎず、背景に“価値観の見直しを迫るまなざし”があったという。

米国主導で進められてきたグローバリゼーションの流れに異を唱え、「人間にとって本当に価値（意味）があるものはローカルな場でうまれる」と論じる著者。価値とは本来、主観的、多元的なもので、「身近な人々との直接的なコミュニケーションを通じてつくられる」と力説する。

ファストフードに対抗するスローフードを手本に、ファストライフ的でグローバルなネット社会と連動しつつ、ローカル性を重んじるスローライフという発想。そこにこそ、情報社会の未来を生きる手掛かりがあると思う。

札幌で小さな出版社を営む私は、「もっと郷土の文化を、郷土の言葉を、郷土の歴史遺産を大切にしなくてはならない」と確信に満ちて語る著者の言葉に、ますますスローであることが正しいと、わが意を強くした。（和田由美・「亜璃西（ありす）社」代表、エッセイスト）

（春秋社・1785円）＝2011年1月27日⑤配信

傑作救出の活躍を追跡

「ナチ略奪美術品を救え」（ロバート・M・エドゼル著、高儀進訳）

第2次大戦末期のヨーロッパでは、すでにドイツの敗色が濃くなっていた。そのころ、連合国軍に、「モニュメンツ・メン」と呼ばれる特別な任務を帯びたグループがつくられていた。それは、美術品を中心とする文化財を戦争の惨禍から救出する目的で組織されたものである。本書は、そのモニュメンツ・メンの活躍を描いたものである。

戦火から文化財を守るといってもさまざまな場合があり、本書でも多くの事例が報告されているが、中心になるのは、ナチスドイツによって略奪された「名宝」を、その隠し場所を突き止めて「救出」する作業である。

ナチス総統ヒトラーはオーストリアのリンツに「総統美術館」を創設し、そこに自分が集めた美術品を収蔵する計画を立てていた。戦況の悪化に伴い、それらの美術品はオーストリア中部にある岩塩坑やドイツ南部の有名なノイシュバンシュタイン城などにひそかに運び込まれていた。

ヒトラーは「ネロ命令」によって、すべてを破壊することを命じるが、その実行よりも先にモニュメンツ・メンは手を打たなくてはならない。連合国軍は、ドイツ軍の抵抗を排除しながら、ドイツ、オーストリアに進撃するが、それと並行してモニュメンツ・メンは作業を進める。いわば硝煙の向こう側にある美術作品を探索するという構図である。著者は、戦争の遂行と美術作品の保護という相反するふたつのテーマを巧みに重層化して描いている。

略奪されたミケランジェロ、レンブラント、フェルメールなどの傑作は、岩塩坑や古城に隠され、しかも破壊される危機にあった。著者はそれらの美術作品が、モニュメンツ・メンの働きによってどのように救われたかを、綿密に追跡した。そしてこの仕事にかかわったひとたちを生き生きと描いた。本書は西欧の美術に関心のあるひとにとって、きわめて興味のある一冊となるに違いない。
（宇波彰・明治学院大名誉教授）

（白水社・3360円）＝2011年1月27日⑥配信

世界を紡ぐ無限の可能性

「きことわ」（朝吹真理子著）

呪文のようなこのひらがなのタイトルは、ふたりの登場人物の名から採られている。「永遠子（とわこ）は夢をみる。／貴子（きこ）は夢をみない」。2行詩とも呼ぶべき冒頭が、永遠子からはじまっていることに注意しておきたい。

語順に従うなら「きことわ」ではなく、「とわきこ」になるはずだろう。しかし作者は、表題で読者の耳に刷り込ませた音をいきなり交差させることによって、「夢と現実」ではなく「夢と夢でないもの」のあいだを語り始めるのだ。

永遠子の母親は、貴子の両親が葉山に所有している別荘の管理人で、ふたりが最後に会ったのは、1984年の夏。貴子が8歳、永遠子は15歳だった。別荘の取り壊しを機に、かつての少女たちは、25年ぶりの再会を果たす。表に出てこない語り手は、「きこ」と「とわ」のあいだを行き来しながら、永遠子の夢を手がかりに、その夏の時間に入り込んでいく。

葉山周辺の地誌を説明する硬い地学の用語が、言葉の潮風のなかでしだいに砕けて、さらさらした砂になる。少女時代のふたりは姉妹のように、「どちらがおたがいのものかわからなくなって」しまうほどじゃれあっていたこともあるのだが、互いに互いの名前をその音だけで認識していて、文字と結びつけていなかったという事実が明らかになる。おまけに貴子は、永遠子が管理人の娘であることさえ、失念していたのだった。

記憶の穴は、ふさがらずに大きくなることもある。ふさがったと思っていた穴が、穴でないこともある。冒頭の2行のあとに置かれたアステリスクも、ひとつの穴だ。息を吐く前に少しだけ、誰にもわからないように腹式で息を吸い、おなじく誰にもわからないような仕方で止める。時空の両軸を操作するしなやかな呼吸の間に、新しい世界を紡ぐ限りない可能性が見える。（堀江敏幸・作家）

（新潮社・1260円）＝2011年2月3日①配信

知的たくらみ満ちた大作

「醜聞の作法」（佐藤亜紀著）

緻密な歴史考証の上に、壮大なフィクションを築きあげてみせる佐藤亜紀ならではの、知的なたくらみと小説的技巧に満ちた書き下ろし大作である。

時は1779年のパリ。さる侯爵が、自身の元で育った身寄りのない16歳の娘ジュリーを、裕福な好色漢の後妻として送りこもうとする。相思相愛の恋人がいるジュリーは、侯爵の申し出をかたくなに拒む。侯爵はジュリーを修道院に幽閉し、翻意を迫る。ジュリーを愛する侯爵夫人は、夫の輿（こし）入れ計画を失敗に追いこむために、ある計画を立てる。それは、今回の件についての誹謗（ひぼう）文を流通させ、醜聞によって夫の企てを破綻させるというものであった。

侯爵夫人の依頼を受けた「私」は、訴状の書き手として定評はあるがいまいちさえない弁護士ルフォンに、誹謗文の執筆を依頼する。かくして、地下出版として印刷されたパンフレットはパリ中に広まり、人口に膾炙（かいしゃ）するに至る。

物語は、「私」から侯爵夫人宛てに状況を報告する18通の手紙と、関係者の間でやりとりされた覚書からなる書簡小説として構成されている。世論を動かす公衆の力は、仕掛け人たちの想像を超えてスリリングな展開へと事態を導いていく。

本作が、フランス革命10年前のパリを舞台にしていることには意味がある。パンフレットという出版メディアの普及は、言説の公共化を促し、公衆の間に情報共有をもたらし、フランス革命の原動力の一つとなった。ここでは、ブログやツイッターなど誰もが情報発信可能な現代だからこそ、振りかえらなければならない歴史的な検証が行われている。

物語がどのような場所へと集約していくのか。それは本書最大の読みどころである。筆者はオペラ「フィガロの結婚」を想起したが、周到に仕組まれているはずの外部作品へのリンク探しも一興である。（榎本正樹・文芸評論家）

（講談社・1680円）＝2011年2月3日②配信

再生と回復の人間ドラマ

「災害ユートピア」（レベッカ・ソルニット著、高月園子訳）

著者が本書で説く災害ユートピアとは、災害後に被災者やボランティアが立ち上がり、周囲を巻き込んで自前で作り上げるコミュニティーのことである。

本書が対象とするのは北米大陸で発生した五つの災害などだ。1906年のサンフランシスコ地震、17年のカナダ・ハリファクス港の貨物船爆発事故、85年のメキシコ大地震、2001年のニューヨークの9・11事件、05年のニューオーリンズのハリケーン災害。そこでは、市民たちの自前の救援組織が立ち上がり、いずれにおいても、災害ユートピアともいうべきコミュニティーが被災者の日常への復帰を促す最大の力となったという。

9・11事件についてでさえ、ひとまず、アルカイダもテロリズムもジハードもすべて忘れてほしいと著者は述べる。そして、そこで起きた人間ドラマに耳を傾けてほしいというのだ。

著者のノンフィクション作家としての力量が発揮されるのは、ニューオーリンズの洪水体験者たちの聞き取りである。本書はそのために書かれたといってもよい。

このハリケーン災害では、ニューオーリンズの町の80％が冠水、48万人に避難勧告が出され、1600人以上が亡くなったという。6年を経過した現在もなお、戻ることができない被災者が多い。それはここがアフリカ系米国人から成る米国で最も貧しい地域のひとつであり、行政の軽視あるいは蔑視が地域再生の最大のネックになっていると指摘する。そして、権力の介入のない形で被災者たちの生活回復が図られた実例を示す。

私たちの国も、ボランティア元年といわれた阪神大震災を経験して以来、ボランティアはもはや当たり前の災害支援の一つになった。しかし、ニューオーリンズの町で展開されたユートピア・コミュニティーには、わが国のような融和的な官民一体の災害支援とは異なる、米国社会の寛容と非寛容が織りなす文化的強靱（きょうじん）さが感じられる。（北原糸子・災害史研究家）

（亜紀書房・2625円）＝2011年2月3日③配信

多面的人物の格闘を描く

「武智鉄二という藝術」（森彰英著）

武智鉄二についての初めての本格的な評伝である。日本文化、芸術にとって重要で大きな仕事をいくつも達成したにもかかわらず、現在、ほとんど忘却のふちに沈んでいる武智鉄二という存在に、新たな照明を当て、見つめ返す基盤になる待望の書である。

武智は、青年期から伝統演劇に親しみ、活発な評論活動を行って劇界に衝撃を与えた。そして戦中は、私財を投じて多くの古典芸能の名人たちの生活を援助し、また劇場封鎖令に抗してその芸の発表の場として「断絃会」を主催した。

戦後は歌舞伎の再検討を意図し、世にいう「武智歌舞伎」の演出、公演を行い、坂田藤十郎、中村富十郎、市川雷蔵などのスターを輩出し、さらには、能、狂言、オペラ、前衛美術との実験的な共同作業で斬新な成果をあげた。その後、映画の製作、監督にも取り組み、数々の問題作を発表、「黒い雪」ではわいせつ図画公然陳列罪で裁判に発展するが、無罪を勝ち取った。

これだけさまざまなジャンルを横断し、多面的な顔を持ち、またスキャンダラスで毀誉褒貶（きよほうへん）の激しい人物の生涯を描き切ることは至難の業であろう。「どの側面から見ても人間的興味がつきない。僕は武智鉄二という人間と時代をまるごととらえたいという気持ちがしだいに強まってきた」と語る著者は、武智の残した膨大な著作、資料を読み込み、関係者への取材を丹念に重ねることで、その格闘の跡を見事に定着し、浮き彫りにしている。

本書を読み、武智の、伝統演劇の本質構造を捉え返し、それを現代に開こうとした試みから、伝統と近代の二重構造への鋭い視座がうかがえる。そしてさらに、その生涯を貫く前衛性に注目することで、現在の日本社会、文化や芸術の閉塞（へいそく）状況を見つめ直す手掛かりも、そこに垣間見られる。本書を一つのきっかけに、武智の営為に関する専門的研究の、今後のさらなる進展、活性化が望まれる。（岡本章・演出家、明治学院大教授）

（水曜社・2940円）＝2011年2月3日④配信

スリリングに本質を考察

「『気』の日本人」(立川昭二著)

気心、気配、陽気、気合、心意気、気品、景気…。私たちの周囲には、何と多くの「気」が満ちていることだろう。

本書は、「気」のつく言葉の多様さや用法から、日本人の本質について考察した、非常にスリリングな内容だ。「気と心」「気と体」「気と社会」の3部に分けられ、「気」をキーワードに日本人の心性や対人関係、身体観、社会的な動向や史実が検証されてゆく。近現代の文学作品やニュースにおける「気」を見ていくことで、時代や世界の変化を明らかにする手並みは鮮やかである。

「気」は「無自覚に共有する意識あるいは感情」であり、日本人のメンタリティーの最大の特質だという論考を読み、昨年歌壇で話題になった一首を思い出した。

〈誰しもが「空気を読んだ」だけだろう沖縄戦の集団自決　松木秀〉

「空気を読めない」ということが、「KY」と略されて流行語にもなった。そのため、この歌に対して「そんな軽い言葉で沖縄戦の極限状態を表現するのは、無理がある」という批判もあった。しかし、私は「空気を読む」ことの根深さをひしひしと感じ、「空気」によって人々が殺された残酷さを、作者が皮肉たっぷりに表現した一首だと思った。

本書では、山本七平の「『空気』の研究」を紹介し、太平洋戦争末期に軍部の重要決定が、合理的な判断ではなく、その場の「空気」に左右された事実が述べられる。著者は、「空気」が人を呪縛する力の恐ろしさを指摘し、今こそ一人ひとりが人間的社会的な「空気」を見極め、「空気支配」の呪縛から解放される手だてを求めるべきときだと主張している。

それにしても「気」は不思議で面白い。「気が合う」ことを楽器のチューニングに例え、「気立てのいい娘」が見当たらなくなった昨今を嘆く著者に共感しつつ、日本語の豊かさを堪能できる一冊である。巻末の「気」のついた言葉一覧も楽しい。

(松村由利子・歌人)

(集英社・1365円)＝2011年2月3日⑤配信

豊かな学びの場をつくる

「子どもたちの放課後を救え!」(川上敬二郎著)

虐待、いじめ、学級崩壊―。近年、子育てや教育の話題は決まって暗い。

だが本書は明るい解決策を探る。子どもを取り巻くさまざまな問題の背景にある“放課後格差”に着目。放課後をどのように過ごすかが、「学力」や「生きる力」までを左右するというのだ。アメリカでの丹念な取材を経て、日本で「放課後改革」に挑む若者たちの奮闘が生き生きと描かれる。

アメリカでは、NPOを中心に、放課後に「市民先生」を招いて多様なプログラムを提供。自治体や企業のバックアップも厚く、子どもたちの授業出席率改善や退学率の低下、高校や大学への進学志向の向上などに効果をあげているという。

一方、日本は放課後への問題意識も低く、NPOも育ちにくい。しかし、2人の若者が子どもたちの豊かな居場所や楽しい学びの場をつくるために改革に乗り出す。会社員を続けながら「放課後NPOアフタースクール」を設立。その基本スタイルは市民先生を学校に招き、子どもたちが〝ホンモノ〟を見て、教わって、やってみること。

その象徴が「放課後の家づくり」プログラムである。小学校を舞台に、1級建築士の指導の下、子どもたちが自由な発想で家を設計し、棟梁(とうりょう)が現場監督となって、限りなくホンモノに近い家を建てるのである。好きなことをのびのびと思い切りやる中で、自信をつけていく姿がまぶしい。

日本の放課後改革に求められるのは、「教育福祉」の理念であろう。ヨーロッパなど先進国で広がる新たな概念だ。子どもが落ちこぼれないよう、教育にセーフティーネットとしての福祉的な意味合いを持たせて、放課後の環境づくりに取り組む。そうした政策からは、生き残るための学力をつけさせようという熱意が感じ取れる。

長年、記者として子どもや若者たちの問題を取材してきた著者の鋭い洞察力と情熱的な問題意識が、本書を魂のこもった気迫の一冊にしている。

(尾木直樹・教育評論家、法政大教授)

(文芸春秋・1600円)＝2011年2月3日⑥配信

孤独な人生の堂々巡り

「苦役列車」（西村賢太著）

無一文。無職。家族バラバラ。友人も彼女もナシ。日雇い人足の仕事で、やっと食いつないでいる貫多の毎日が淡々と描かれている。練り上げられてきた、味のある西村の文体が、行き場のない19歳のハツラツとしない、寂しい青春を簡潔にとらえていく。

人づきあいの不得手さと生来の狷介（けんかい）とから、これまでまともに友人をつくることができなかった彼だが、日下部という同い年の学生とのふとした交友から話は始まる。しかし恵まれない家庭で育った貫多と、幸せに生きてきた日下部との、どこか心の相いれなさからなのだろうか。わずかずつ、しかしだんだんと二人の間に亀裂が生じてゆく。そして、貫多が日下部の恋人の前で、ひどく酔って醜態をさらす場面が、とどめとなる。

求めてきてやっと手に入れた宝物を、自らの手で壊して、わざと踏みつけているかのようだ。この男の破滅的な性質もあるが、読み進めていくと日本の社会が抱える貧しい残酷な表情が、どこかで、一人の青年の心をそう仕向けさせているのかもしれないと、強く感じた。

評者には、いつも日下部に対して、江戸弁の混じる乱暴な言葉遣いをしながら、それでいて自分を「ぼく」と呼ぶ貫多の姿が面白かった。品の無さに少しのかわいらしさが混じっていて、変なのだ。相手との距離のとれなさが伝わってくるが、それはそのまま今を生きる誰しもが抱える苦悩を象徴する。

解決のない日常。孤独に肉体労働を続けるしかない。「この先の道行きを終点まで走ってゆくことを思えば、貫多はこの世がひどく味気なくって息苦しい、一個の苦役の従事にも等しく感じられてならなかった」。長く重たい鉄の〝道行き〟。巧みな私小説は、10代最後の自分を痛めつけるかのように、ジダンダ踏ませ、あきらめさせ、望ませ、絶望させる。はるかなる〝道〟の途上で、私が私を堂々巡りさせているのだ。（和合亮一・詩人）

（新潮社・1260円）＝2011年2月10日①配信

戦略なき日本に警鐘

「ユーラシアの東西」（杉山正明著）

21世紀の日本は地政学を踏まえた場合、グローバル化する世界でいかなる方向に進むべきなのか。著者はこれまで「遊牧民から見た世界史」など、目からうろこが落ちるような著作を世に問うてきた。モンゴル帝国史の碩学（せきがく）は本書で、戦略的見通しのない日本に警鐘を鳴らしている。

今、焦眉の急を告げる世界の諸問題はユーラシア大陸に集中している。パワーポリティクス（権力政治）の舞台になっている旧世界に視座を据えると、冷戦終焉（しゅうえん）後、唯一の超大国となった米国のみに依存する従来の日本の発想では将来に向けた展望が開けてこない。

そもそもモンゴルこそがユーラシアに真にグローバルな世界をつくり上げた最初の大帝国であった。米国は「対テロ戦争」の名目でアフガニスタンやイラクなどユーラシア大陸に関与したが、その米国を著者は〝空軍帝国〟として相対化する。イスラームを取り込んだモンゴル帝国の賢明なやり方に比べると、米国のやり方は武力だけに訴える粗野で稚拙なものだったからである。

欧米や日本のみならずイスラーム世界でもモンゴルは野蛮な帝国だと捉えられがちであるが、そのような偏見への論駁（ろんばく）を含め、歴史家として過去の事実を踏まえて現在を論じている。

本書には講演から対談までさまざまな機会に発表された論考が収められている。それが故に書き下ろしとも異なる緩急自在の呼吸を楽しむことができる。とりわけ講演記録はその内容もさることながら、歯に衣（きぬ）を着せぬ物言いに著者の息遣いを感じることができる。

隠岐島での講演記録「後醍醐天皇の謎―日本史と世界史の交点」は島国・日本を大陸の視点から位置づけ直している。著者は「異形の王権」と呼ばれた後醍醐天皇に日本史研究者とはまったく異なる評価を加える。

「日本発の新しい世界史」の提唱は、時空間を超えて気宇壮大で、その読後感は実に爽快である。

（臼杵陽・日本女子大教授）

（日本経済新聞出版社・1890円）＝2011年2月10日②配信

エンタメ文化開いた人々

「絵草紙屋　江戸の浮世絵ショップ」（鈴木俊幸著）

うかつだった。江戸時代に大いに繁盛した絵草紙屋は明治30年代にもまだ存在しており、日露戦争（1905年終結）後にようやく衰退してきたのだという。明治時代まで考えにいれていなかった。そこまで、江戸文化のもっとも面白いところが続いてきたとは。

著者は、二葉亭四迷や泉鏡花、森鷗外、長谷川時雨、鏑木清方が書いた絵草紙屋の風景を次々と挙げる。読んだはずなのに、読んでいなかった、と歯ぎしりする思いだ。鈴木俊幸は透明なまなざしで絵草紙屋そのものを追っている。だから、あらゆるものが見える。その著者の目を通して、ずらりと店頭につるされている浮世絵に見入る、江戸から明治の人々の好奇心にあふれた顔が、目の前に浮かんでくる。楽しい本である。

絵草紙屋は単なる小売店ではなく、出版社でもあった。浮世絵や絵入り本、今の漫画ともいうべき黄表紙などを扱う出版社である。いかに才能ある作者や浮世絵師、彫師、摺師（すりし）を抱えるかが勝負だった。

蔦屋重三郎が、絵草紙屋を代表する。そこからわかるように、絵草紙屋は江戸文化の最先端を切り開き、現代にその見事な痕跡を受け渡してくれた。浮世絵師を育て、吉原細見や黄表紙、洒落（しゃれ）本、さまざまな芝居の関連本を作った。おもちゃ絵やゲームも絵草紙屋の商品であり、パッケージ化されたエンターテインメント全般をとりしきっていた。近代文学も新聞も漫画も、西欧のみに由来する産物ではない。江戸の出版人たちの切り開いた絵や草紙類が多大な影響を与えたのである。

本書は明治の絵草紙屋から始まり、江戸時代のさまざまな本屋を1軒ずつのぞき、また明治に戻って、その終焉（しゅうえん）を見届ける。絵草紙屋は絵はがき屋になることで、終わりを迎えたという。江戸文化は近代にしみこみ、消えていったのだ。しかし単に消滅したのではない。絵草紙屋の作りだした遊びは、今も日本のさまざまなコンテンツ産業として展開している。（田中優子・法政大教授）

（平凡社・2940円）＝2011年2月10日③配信

切れ味鋭く王道の問い

「帝国日本の閾」（金杭著）

在日朝鮮人作家たちと同様に、韓国の知識人にも、迫力のある問いかけを日本語で発信してきた思索者たちの系譜がある。植民地支配が戦後に残した傷痕や軍事独裁政権下での民主化闘争など、そのつどの時代の闇の深さによって特別な緊張を強いられてきたからこそありえたことだろうが、そんな日韓のあいだの空間に、またひとり、しかも恐ろしく切れ味の鋭い新人が登場してきた。

著者金杭は、年が若いことはもちろんだが、その文体も論理も現代思想の最新の成果をさりげなく身につけているという点で、これまでの書き手と世代を画している。

もっとも、そんな新しさにもかかわらず、この本を貫く問題意識は政治思想の王道の問いである。国家はいかにして立ち上がり、「自明」で「自然化された」秩序として、国民とされる人々を包摂するのか。著者はそれをあえて「セキュリティ」の問題であると呼ぶ。日本人が日本人として安心して政治的に守られてあることは、どのような暴力を消去することで可能になっているのか、それが帝国日本においてどのようなダイナミクスで起こっているのか。

とくに美濃部達吉の天皇機関説論争を論じた箇所は印象深い。天皇や国体を絶対化してしまう穂積八束・上杉慎吉らに対して、美濃部が国体を国法学体系のなかでは余計な観念と見なしたことはよく知られている。

しかし著者は、それだからこそ美濃部が、国体を国家そのものとは区別して団体（日本国）存立の根本条件として自然化し、かえって国家の存立自体への問いを封印してしまったと転倒してみせる。この部分から、関東大震災での戒厳令の布告と朝鮮人虐殺を通じて、「例外状態」にこそ出現する、法秩序の規範の根本的な論理を描きだすくだりは、何か胃の腑（ふ）のあたりにズシリとくる思考であった。

畏敬の念とともに迎えたい、鮮やかな知性の本格デビューである。（岩崎稔・東京外大教授）

（岩波書店・3360円）＝2011年2月10日④配信

もの狂おしく濃密な恋情

「無垢の博物館（上・下）」（オルハン・パムク著、宮下遼訳）

語り手は輸出会社の若社長。美しく聡明（そうめい）なフィアンセとの結婚を間近に控えている。公私ともに前途は揺るぎないはずだった。貧しい遠縁の娘、フュスンと偶然に再会するそのときまでは。

男の人生を一変させる宿命の恋の物語である。そんなドラマが現代に成り立つのか、といぶかしく思う暇もないほど、読者は男と女の身の上に襲いかかる愛欲の大波に引き込まれて、夢中でページを繰ることとなる。

当初、2人を結ぶのは純粋にエロス的な関係である。互いの欲情を抑えきれなくなった男女は、道を踏み外すことに恐れを抱きながら「砂糖を貪（むさぼ）」るように抱擁を重ねる。

情事が真に異様な何ものかに変わっていくのは、男がフュスンとの関係を続けながら、フィアンセと予定どおり婚約式を挙げてからだ。その直後、フュスンはふっつりと消息を絶つ。探索の揚げ句見つけ出したとき、彼女はすでに結婚していた。主人公は一切を放擲（ほうてき）してひたすら、人妻に切ない思いをささげ続ける。

やがて「恋の病」は、肉体的要素を失い、奇妙に倒錯した性格を帯びる。裕福な親戚としてフュスン家の食卓に迎えられるごとに、男は口紅や、彼女の手の触れた塩入れなどをひそかに持ち帰る。それらは将来、フュスンへの愛にささげた博物館の陳列品となるのだ。

驚くべきは、いささかフェティッシュな恋情が、少しも弱まることなく猛威を保ち続けることだ。そのもの狂おしさが濃密に描き出される。

伝統と現代性、富と貧困の交差するイスタンブールを描いた都市小説としても興味深い。特権階級から離脱する男の軌跡を通して、街の複数の貌（かお）が浮き彫りになる。

最大の謎は再会後、無表情をつらぬくフュスンの心の内である。彼女は何を思い、何を求めていたのか。全編を読み終えたとき、読者の脳裏にはその答えが鮮やかに浮かび上がることだろう。

著者のノーベル文学賞受賞後第1作。圧倒的なまでの筆力の充実ぶりだ。（野崎歓・東大准教授）

（早川書房・上下各2310円）＝2011年2月10日⑤配信

熱気あふれる歌壇を活写

「新古今集　後鳥羽院と定家の時代」（田渕句美子著）

武士と朝廷が覇権を争う緊迫した時代に現れた、際立って能力高く革新的な帝王と、己の才への強い矜持（きょうじ）に生きた歌人。

後鳥羽上皇と藤原定家は、身分の圧倒的な差異を乗り越え対峙（たいじ）し、新古今集を生んだ。当時の和歌文化圏の質の高さと人間模様の生々しさを、和歌・日記・書状なども縦横に援用し、歯切れ良く描いたのが本著である。

後鳥羽上皇は身体能力に秀で、和歌管弦に精通した。身分を無化して官位の低い者たちと対等に競い合うのをいとわない。一方で王権をいささかでも損ねる者には容赦なく、貴族たちはそれを大いに畏れてもいた。

そんな上皇が新進歌人としてその歌才に着眼し、引き立てたのが定家だった。定家は狷介（けんかい）な性ではあったが、期待に応えるべく歌壇で活躍し、言語美の粋を極めようとする。新古今集が、上皇の求めによるたびたびの切り貼り（歌の加除）の後に成立したのは、当時の歌壇にあふれる異常なまでの熱気にあおられてのことだったといえる。

優雅に見える歌壇も、一皮めくれば人間関係の縮図だ。本著は歌壇からはじかれた鴨長明らにも光を当て、その心情のひだに踏み込んでみせる。

歌人として表現の個性を磨き、己を生きた女性歌人の動静も注目される。俊成女や宮内卿らは男性に互角に立ち交じり、名を上げる。身分の高さゆえに歌壇に直接関われなかった式子内親王は、定家を歌の師として自身の世界を鮮烈に描いた。

歌人たちのこうした内なるエネルギーの発露は、やはり後鳥羽上皇の生き方や価値観を反映したものだった。

12世紀末から13世紀にかけて起こったパラダイムシフト。その屈曲点をさらに突出させた後鳥羽上皇は、承久の乱によって失脚する。それに対し、上皇の逆鱗（げきりん）に触れていったんは憂き目をみた定家が浮上した。

著者は和歌文学者ならではの鋭い視点と、歴史学にも通じた時空の奥行きで、本著を人間ドラマの面白さにまで引き上げた。（松平盟子・歌人）

（角川選書・1890円）＝2011年2月10日⑥配信

科学が招く終末像を啓示　「オリクスとクレイク」（マーガレット・アトウッド著、畔柳和代訳）

原作者のマーガレット・アトウッドは、かつて筆者にこう語っている。「『オリクスとクレイク』はSF（サイエンス・フィクション）ではありません。近未来予測小説（スペキュラティブ・フィクション）。実際に起こり得ることが描かれています」

破壊された街、荒涼とした景色の中で小説は始まる。汚れたシーツをまとった男、スノーマンが木の上で目覚める。かつてはジミーという名前だった。彼は腹がすき、疲れ果てている。地球上で生き残ったたった一人の人間のようだ。他の生き物と言えば、人間への臓器提供が可能な豚、ジミーが子供の頃ペットとした、スカンクに似た「ラカンク」、どう猛な番犬「ウルボッグ」。みな遺伝子操作の産物だ。

それに「クレイクの子どもたち」と呼ばれる集団。遺伝子操作で誕生した、理想の〝人間動物〟だ。彼らには所有欲、闘争心、性衝動がない。それらは、人間の〝負の要素〟だと歴史的に証明されたものとして、取り除かれたのだ。

ジミーの幼友達で、この新人類を作り、天才科学者と呼ばれたクレイクこそ、科学の力が人間の果てなき欲望を満たし続けてきた世界を破壊に導いた人物でもある。オリクスという名の女性をめぐり、致命的なウイルスを世界中にばらまいたのである。「幸福増幅」をうたう新薬に混入して。

「オリクスとクレイク」がみせるディストピア（暗黒世界）は、一見荒唐無稽なSFの世界のようだが、そこには強い著者のメッセージが込められている。そのディストピアは、いつ現実になっても不思議ではない。

本書は、種の絶滅や遺伝子工学など、今、地球規模で起こっている問題について考える機会を与える。誤った方向に走ってしまったテクノロジーと遺伝子操作が招くこの世の終末を「オリクスとクレイク」で著者は啓示しているのだ。それもウイットに富んだ造語と抜群のストーリーテリングのうまさで。（佐藤アヤ子・明治学院大教授）

（早川書房・3150円）＝2011年2月17日①配信

静かに人間を見据える　「こちらあみ子」（今村夏子著）

切なくて、優しい小説だ。読み終えると、また初めの部分を読み直さずにはいられない。あみ子の来歴を知ってから読むと、冒頭で描かれたあみ子の現在が、まったく違った光を帯びてくる。

あみ子はもしかしたら、医学的な診断の下りうる、学習困難な子どもなのかもしれない。学校では普通学級にいるようだが、行ったり行かなかったりだし、母が「突然やる気をなくし」てからは、食事や入浴や着替えなどもめちゃくちゃになってしまう。

「不良」の兄、重要な場面で「ん？」としか言わない父。この家庭の大変さは、客観的にみてもいくらでも説明できそうだ。だが、語り手はあくまであみ子の視点に寄り添っている。あみ子が気づかないことは語り手も補足しない。あみ子にレッテルを貼ったり、状況を整理してしまったりもしない。

あみ子はあみ子のまま。他の人々とは違うが、他の人々のようになりたいという欲求も持っていない。クラスメートの名前も顔も覚えていないが、ただ一人名前のわかる「のり君」には、一途（いちず）な好意を寄せ続けている。

少女のあみ子の生活から、いろいろなものが欠けていく。「欠ける」ことが一つのキーワードと言っていいほどだ。家族も、あみ子の歯も、誕生日に2台もらったはずのトランシーバーも。片方のトランシーバーが行方不明になっていることは、家族の気持ちが互いに届かない状態を、いかにも象徴している。あみ子は1台だけのトランシーバーで、自分の思いを発信しようとする。「こちらあみ子。応答せよ」と。

太宰治賞を受賞したこの表題作と並んで収められた短編「ピクニック」も、ちょっと風変わりな女性が主人公だ。一人の変わり者を、周囲の人々はどこまで受け入れていけるのか。家族や学校、職場といった小さな共同体の懐の深さを問いかけるこれらの小説は、静かだけれど、しっかりと人間を見据えている。（松永美穂・ドイツ文学者）

（筑摩書房・1470円）＝2011年2月17日②配信

隠された戦争あぶりだす　「帝国の残影　兵士・小津安二郎の昭和史」（與那覇潤著）

小津映画ブームが起きたのは、そんなに昔の話ではない。まず1981年に東京国立近代美術館フィルムセンターで特集上映があり、83年に映画評論家蓮実重彦の「監督　小津安二郎」が出たことで決定的となった。

著者は79年生まれで、そんなブームを知らずに成長した「小津を知らない子どもたち」の一人だった。専攻は日本近現代史。とくに東アジア世界に視座を置く立場から、先行する文献を渉猟し、小津をたんねんに見なおすことで本書が書かれた。

先入観なく小津作品に触れた若き研究者は驚くほど斬新な視点を示した。兵士として中国戦線に赴いた小津は、戦後に復帰してから作品に戦争を直接描かなかった。しかし「家族」について語り続けたように見える「東京物語」を頂点とする諸作品に、著者は「戦争の影」を見いだすのだ。

さらに注目すべきは、一般に失敗作といわれる戦後の「風の中の牝鶏」「宗方姉妹」「東京暮色」などを重視していることだ。例えば「東京暮色」。若い女性（有馬稲子）が、本当の母親を知らず、恋人の子を妊娠中絶し、絶望の果てに自殺する。陰惨な本作は「若い女の子の無軌道ぶり」を描き損なった作として酷評された。

しかし著者はむしろ、「父・周吉（笠智衆）が戦前『京城の支店』に赴任中、その同僚と過ちを犯して出奔した母・喜久子（山田五十鈴）」と2人の娘の物語だと理解し、「日本内地でのみ成立する家族という虚構のシステムが、いかに植民地への拡張によってその限界を露呈し」たかを描いた映画だと見るのだ。熟知したつもりの小津を一皮むいたら、のぞいて見えたもう一つの顔だ。

それは、原節子がもっとも美しかった「東京物語」「晩春」「麦秋」に代表される小津作品に通底するイメージを崩す。その崩壊した地点から築き上げた「帝国の影」は、「日本的」と称された小津作品に隠された「日本」をあぶりだした見事な到達点だ。（岡崎武志・書評家）

（NTT出版・2415円）＝2011年2月17日③配信

聖域脱し、社会と向き合う　「職業としての科学」（佐藤文隆著）

日本人のノーベル賞受賞や「はやぶさ」帰還がもてはやされる一方で、事業仕分けでは科学研究に国民の厳しい視線が向けられる。国の威信や産業振興のために、巨額の予算が投入されてきたからである。社会は科学をどう支えていくべきなのか。財政難と競争力の低下に悩むいまの日本にとって重要な問いが、本書では提起されている。

著者はそのヒントを、科学が制度として成立するようになった歴史に見ようとする。例えば18世紀の英国では、科学は貴族などの知的な楽しみだった。その後、ロマン主義の影響を受け科学が大衆化し、科学的功績は名誉と結びつく。19世紀後半に政府が科学を支援して国際競争力を高めよという議論が起こり、その結果初めて科学を職業とする「サイエンティスト」（科学者）が世に公認される。やがて20世紀に入り、各国は科学者の養成と科学予算の増額に取り組んでいく。

つまり、今日のように国家が科学を支援する体制は、歴史的にみれば最近成立したものなのである。150年前には、政府が関わると科学の尊い精神が失われてしまうと考えられていたぐらいなのだ。

著者は、マッハ対プランク、ポパー対クーンなどの論争も紹介しながら、制度の中で巨大化した科学が再び社会と向き合い、科学者が「科学聖域論」から脱する必要性を訴える。その一方で、科学を国民の資産としてとらえようと提案し、さまざまな専門家が関わる「科学技術エンタープライズ」構想を披露する。

おそらくこれは具体案というより、新しい方向性を模索するたたき台ということだろう。問いへの答えはすぐにでそうにないが、制度科学を俯瞰（ふかん）的にながめ、甘美な科学者像から抜けだし、科学の社会的役割を議論すべきという提案は、科学者や政治家だけでなく、われわれ市民にとっても今後の科学を考える上で大きな示唆を与えてくれるに違いない。（大島寿美子・北星学園大准教授）

（岩波新書・798円）＝2011年2月17日④配信

意外性に満ちたドラマ　「日本の刺青と英国王室」（小山騰著）

明治初期、近代国家を目指す政府は刺青（いれずみ）を野蛮だとして禁止するが、その日本の刺青を文明国の王室関係者が競って求めたという意外性に満ちた異文化接触のドラマを描くノンフィクションである。

国立国会図書館や英国の図書館などで勤務してきた著者は、刺青に関する東西の文献資料を渉猟し、幕末・明治に日本を訪れた外国人の滞在記や旅行記からエピソードを拾い集め、このドラマに奥行きを与えている。

刺青は欧州にも古くからあったが、18世紀後半、太平洋諸島を航海したキャプテン・クックによってあらためて英国に紹介された後、船員を中心に急速に広まっていき、1870年代には王室・貴族界まで波及する。王室のブームに火を付けたのは、当時皇太子であったエドワード7世である。プレーボーイ、社交家として名をはせた彼が62年にエルサレムで刺青を彫ってから、欧州の王室に広がる。

エドワード自身は来日していないが、彼の弟と2人の子息らが日本を訪れ、刺青を彫った。日本の刺青が欧州の王室で流行する背景にある王室同士の錯綜（さくそう）した関係にも著者は目配りをしている。例えばロマノフ王朝最後の皇帝となったニコライ2世も、大津事件に遭遇する前に長崎で刺青を彫っているのだが、彼はエドワードと血縁関係にあった。

「刺青のシェークスピア」と評され、日本刺青ブームを海外で巻き起こしながら、日本ではほとんど知られていない彫師「彫千代」を海外の文献の中から見つけ出し、この謎の彫師の実像に迫っているのも興味深い。

この本を読み、幕末に日本の軽業や曲芸が欧米で旋風を巻き起こしたことを活写した三原文の「日本人登場」（松柏社）を開いたときの興奮を思い出した。軽業や曲芸、そして刺青が、西欧に衝撃を与えたことも、“もう一つのジャポニズム”として今後評価されるべきだろう。（大島幹雄・ノンフィクション作家）

（藤原書店・3780円）＝2011年2月17日⑤配信

巨大サイト築いたカリスマ　「フェイスブック」（デビッド・カークパトリック著、滑川海彦、高橋信夫訳）

今や世界に5億人を超える利用者がおり、エジプトで政権打倒の運動に使われるなど、社会への強い影響力を持つインターネット交流サイト「フェースブック」は、名門ハーバード大の学生寮の一室で誕生した。

現在26歳で、フェースブックCEO（最高経営責任者）のマーク・ザッカーバーグは、学生だった2004年、全学生を顔写真入りで紹介して交流促進を図る学内印刷物に着目、デジタル化を思い付いた。当初は同大関係者だけが登録でき、趣味や講義情報を共有する内輪のネットワーク的な意味合いが強かったが、口コミで話題となり一般社会へと広がった。

公開中の映画「ソーシャル・ネットワーク」は、友人への裏切りなど、ザッカーバーグの自己中心的な面を強調するが、本書では彼を魅力的なカリスマとして評価する。

印象深いのは、周囲のサポートに恵まれるザッカーバーグの強運と、戦略への彼の強い自信だ。彼は交流の場としての大学にこだわり、より多くの大学にフェースブックを浸透させることで、ライバルのサイトを圧倒。グーグルから移籍した敏腕女性幹部が、利用者が公開した個人情報とフェースブックでの行動履歴を広告に活用するシステムを成功させ、巨大企業へのし上がっていく。

飛躍の根本には「世界にもっと透明性が必要だ」「人々が自分たちで情報を入力して、その情報がシステムでどう扱われるかを自ら制御できるようにする必要がある」といったザッカーバーグの明確なビジョンがあったことを本書は描く。フェースブックを通じ、いくつもの社会活動が生まれ、「デジタル民主主義」という言葉も使われるようになった。彼の理想が、一つの実を結んだと言えるのかもしれない。

一方で著者は、一つの会社に情報が集中する危険性やプライバシー保護などの問題にも言及する。ネットという仮想空間で他人とつながりすぎることへの違和感を感じる一冊でもあった。（小西樹里・ライター）

（日経BP社・1890円）＝2011年2月17日⑥配信

信じあえる共同体の魅力　「純平、考え直せ」(奥田英朗著)

坂本純平、21歳。一回り年上の兄貴分、北島敬介の格好よさと気風(きっぷ)のよさに憧れて、組の盃(さかずき)をもらってまだ2年。

組が根城とする新宿歌舞伎町は、毎日が祝祭日のような町。分け隔てなく人を迎え入れてくれる町。生まれも、肌の色も、前歴も問わない公平な町。幼くして両親が離婚したので父親の顔も知らず、母はいつも違う男と暮らしていて、養護施設育ち。学校で、町で、けんかに明け暮れ、暴走族の親衛隊長になり、少年院にもいった。定時制高校に通って昼間は働いたが、住み込みで月5万。バカらしくて3カ月で学校もろとも辞めた。

歌舞伎町は、そんな純平がやっと見つけたホームタウン。単細胞でけんかもするが困っている者を放っておけない純平は、この町の人気者でもある。

そんな純平が、ある日、「おまえ、いっぺん男になってみねえか」という組長の一言で鉄砲玉(暗殺者)となる決断をした。決行までの3日間、「娑婆(しゃば)を味わって来い」と与えられた自由な時間に、純平が体験するさまざまな出会い。

ひそかに思いを寄せるダンサーのカオリ。身長190センチの大オカマ、キャサリン。アウトロー志望の元大学教授。コインランドリーで客を拾っているオカマのゴロー、兄弟の盃をかわしたテキヤの信也。ナンパした派遣社員の加奈—。

純平にとって、それは血のつながりというこれまでのそれとは違って、初めて体験する、人間と人間が信じあえる、新しい〈家族共同体〉ともいうべきもの。奥田英朗は、この共同体の魅力を、加奈が純平の動向を書き込んだケータイサイトの中で盛り上がる、もうろうとした情報の塊(〈孤絶〉〈無縁〉社会か)と絡ませ、「やるだけやってみろ」と、純平を激励する。

純平が体験する人と人のつながりこそが、われわれが今求めてやまぬものではないか、と読者に語りかける。それがこの一作のかけがえのない魅力である。(井家上隆幸・文芸評論家)

(光文社・1470円)＝2011年2月24日①配信

今日の切実な議論の原点　「一九七〇年転換期における『展望』を読む」(大澤真幸、斎藤美奈子、橋本努、原武史編)

1960年代末から70年代、この激動の転換期において月刊誌「展望」は論壇をリードした。「世界」や「中央公論」という代表的な月刊誌と比べて、「展望」は思想的な想像力を刺激する議論によって卓越していた。いま振り返れば「思想が現実だった」当時を象徴する月刊誌である。

「展望」の売り上げを伸ばしたのは、当時大学に入学した団塊世代であった。この世代は、想像力を最大限に広げながら「展望」の論文に取り組んだのである。

4人の編者は、この月刊誌を読み通し、それぞれの視点から代表的な論文を選択、編集した。それらの視点とは、戦後の「理想」が失われた後の社会の構想、中央線や西武線の沿線にそれぞれ居住していた思想家グループの特徴、筆者たちがそろってマルクスとウェーバーに傾倒した理由、政治と文学が接近していた時代状況、などである。

編者たちの道案内にしたがって、真木悠介、松下圭一、竹内芳郎、小田実らによる24編の本書所収の論文などを読むと、20、30年代生まれの筆者たちが戦争体験を根底に、戦後から高度経済成長期を経たこの時代に、かつて自分たちの理想であった戦後民主主義や社会主義の現状に失望していたことが分かる。また全共闘運動の鋭い批判や環境破壊の悲惨な現実に直面したこと、それらの課題に取り組み、展望を開こうとする苦闘のうめきが伝わってくる。

この時代が転換期であるということは、その延長上に今日の社会が存在し、「展望」で論じられた課題が今日の課題でもあるということである。日本人の戦争責任観、「公共性」のあり方、地方自治の理念と政策、人間疎外からの回復、社会批判の理論などは、今日の社会にとって切実な議論である。それらの議論の原点がここにある。

その意味では、「思想が現実だった頃」と過去の物語にするのは、あまりにさびしい。もう一度、思想の翼を広げなければならないときではないか。
(五十嵐暁郎・立教大教授)

(筑摩書房・2520円)＝2011年2月24日②配信

人生の妙味に迫る遺作

「矜持」(ディック・フランシス、フェリックス・フランシス著、北野寿美枝訳)

窮地に立ったとき、人はどう行動するか。立ち向かうのか、それとも…。これは恐らく冒険小説と呼ばれるジャンルに通じる永遠のテーマであるだろう。というより「人として生きる上での」と言っても良い。何せ、僕たちの人生は冒険の連続だし、良い冒険小説ほど、人生の妙味に迫るものもないのだから。

アフガン戦争で右足を失い、帰宅休暇を命じられたトマス・フォーサイス英陸軍大尉は、そんな人生の窮地にいきなり立たされた。スター調教師で男勝りの母の様子がどこかおかしい。聞くと、週2千ポンドもの金をゆすり取られているという。脅迫者は、母が脱税しているというのだ。

気弱な義父は頼みにならない。しかもキーとなる会計士は交通事故死。ゆすり犯の正体は？　足の不如意さと闘いながら、トマスの捜査が始まった。

ここで読者はトマスの行動に人生を見るだろう。なぜなら仲の悪い母、血のつながりのない父のために闘うことこそ、人生なのだから。

捜査を進めるうちに、あることが明らかになってきた。犯人はどうやら母の厩舎(きゅうしゃ)と関わりがあるらしい。カメラが写真にとらえたその人物とは―。

競馬シリーズの44作目、ディック・フランシス最後の小説は、このように戦争に傷つき私生活も問題だらけの英軍大尉が、窮地から母と義父を救い出そうとする、スリル満点の傑作だ。

何より良いのは、一大事に及んでの生きざまという、冒険小説の醍醐味(だいごみ)をじっくり物語に溶け込ませ、読者をトマスの人生に寄り添わせる、その手際。僕たちは、読み進むうちに知らず知らず、トマスの行動に不撓(ふとう)不屈の精神を見ることになる。

つまり彼の行動、その決断の一つひとつが、何とも言えずいとおしいのだ。

この小説が素晴らしいのは、そんな境地に達したフランシスの、人生の味に触れられるからに違いない。(安岡真・翻訳家)

(早川書房・2100円)＝2011年2月24日③配信

激動下を絵筆で生き抜く

「マリー・アントワネットの宮廷画家」(石井美樹子著)

肖像画家ルイーズ・ヴィジェ・ルブラン(1755〜1842年)の名は、日本ではほとんど知られていないだろう。だが、フランス王妃マリー・アントワネットを描いた画家といえば、思い当たる人もいるはず。

人は、自分が生きる時代を選べない。ヴィジェ・ルブランが生きたのは、フランス革命をはさむ激動の日々。本書は87年の人生を、時代という大きな力に流されながらも、自らの絵筆で生き抜いた女性の伝記である。

ヴィジェ・ルブランは、働く女性の先駆けだった。女性ながら画家の王道であるアカデミー会員となり、マリー・アントワネットお気に入りの肖像画家として人気をはせた。だが、それ故にギロチンの恐怖から逃れる亡命を余儀なくされる。彼女は幼い娘連れでローマ、サンクトペテルブルクなどへの流浪の旅を敢行する。馬車で、である。画家が生きた時間と空間のダイナミックさ、過酷さ。読んでいて、ふーとため息が出た。

その間にも描いたおびただしい数の肖像画を縦糸に、画家の前でポーズを取った多くの歴史的セレブを横糸として物語は進行。画家自身が残した「回想録」を中心に、資料から丹念に拾い上げられた人物たちが、激動の社会を色鮮やかに紡ぐ。

肖像画と肖像画家の意義は、写真が実用性を増した20世紀には急速に薄れた。だがかつて肖像画家の地位は高く、それも人気画家ともなれば、人々にもてはやされる華やかな存在。ヨーロッパ中の貴族女性がヴィジェ・ルブランに描かれたいと願った。彼女の筆は、女性の思い描く美しさを引き出し、流行が絹サテンの光沢から木綿モスリン(薄い平織り)の清楚(せいそ)さに移っても、ファッション性を的確に捉えている。

だが、ヴィジェ・ルブランは、「王妃の画家」だった。彼女が描いた王妃の肖像画は、さまざまな評価を超越して、マリー・アントワネットの真実の人間性を見せているが、本書からもそれが垣間見えてくる。(深井晃子・服飾研究家)

(河出書房新社・2520円)＝2011年2月24日④配信

伝説の女性の実像に迫る　「しづ子　娼婦と呼ばれた俳人を追って」（川村蘭太著）

「夏みかん酢つぱしいまさら純潔など」「黒人と踊る手さきやさくら散る」。このような句を、自らの句集「指環」（1952年）に残した鈴木しづ子は、確かに「娼婦と呼ばれた」伝説の俳人であった。

しづ子は、敗戦後、第1句集「春雷」（46年）と先に挙げた句集「指環」を出した。その作品には性的なことに触れた奔放さが目立った。しかも、「指環」を刊行した後は消息不明になり、いわゆる「伝説」が生じたのである。

この本の著者、川村蘭太はそのしづ子の実像を本書で探る。しづ子と関わった人々を探し出して話を聞く過程で、彼は、約7300句を書き留めたしづ子の句稿に出会う。既刊の句集と新たに出現した句稿、それを人々の話と照合しながら、著者はしづ子像を紡いでゆく。しづ子の家族や職場、俳句仲間の様子が次々と解明されるが、著者はまさに足でかせぐ優秀な探偵という趣だ。

著者がしづ子の追跡を始めたのは86年だというから年季が入っている。当初は映像化に意図があったようだが、本書における解明の目的は、しづ子が愛した俳句に潜む「魔性」だという。著者自身も俳句を作る人であり、そのことが俳句の魔性の解明に向かわせたのか。

もっとも、実際に解明されているのは、俳句を介した人間関係、たとえば師匠の松村巨湫との関係だ。あるいは家族の中におけるしづ子の存在。著者は実にたくさんの人に会っており、それらの人々を通して俳句に関わる濃密な人間関係が現れる。ここらあたりがこの本の見事な成果であろう。本書においてしづ子は、もはや伝説の俳人ではなくなった。

巻末には約7300句の新出句が収められている。字が小さくて読みにくいのが不満だが、著者にはこれらの句の解読を望みたい。しづ子の句の新しい魅力を示すこと、それが俳句の魔性の解明になるだろう。（坪内稔典・俳人）

（新潮社・2520円）＝2011年2月24日⑤配信

翻弄された民族の悲しみ　「ユートピアの崩壊」（リュック・フォリエ著、林昌宏訳）

「太平洋のナウルが消滅？」「海面上昇で水没したらしいぞ」「そんな国はどこにあったの？」。2003年2月、日本のネット掲示板でこんな会話が交わされた。発端は、英BBC放送が「通信が途絶え、ナウルが今どうなっているのか分からない」というニュースを流したからだ。

太平洋の島々の政治経済を研究してきた私は、外界とナウル政府をつなぐ電話回線が1本だけあるとの情報を得て、旧知の友に連絡を入れた。これが通じて、その年にナウルを訪問したが、そこで目にしたのは、最富裕から最貧困へと転落した島国の惨めな姿だった。

その2年後、映像ジャーナリストのフランス人青年が、この島で私と同じ光景を見た。そのリポートが本書である。

赤道直下に浮かぶ21平方キロメートルの島が、この国の全国土だ。島全体がリン鉱石で覆われ、その輸出収入で1968年の独立以来、莫大（ばくだい）な富を享受してきた。税金は無し、医療費や教育費もいらない。まさにこの世のユートピア。鉱石の採掘労働者は、近隣の島々からの出稼ぎ者たちで、働くナウル人は公務員だけ。

ところが20世紀末に資源が枯渇し、国家経済が破綻、もちろん国民生活も困窮した。原因は、金銭感覚がまひした国民や政治家の腐敗、南洋人の楽観主義にあった。

だが、著者は英国、オーストラリアなど大国の責任も見落とさない。押し付けがましい主張はないが、ナウルの歴史記述を通して、旧日本軍の占領時代を含め、先進諸国に翻弄（ほんろう）され続けてきた脆弱（ぜいじゃく）な民族の悲しみをしっかりと告発している。

「国家破綻はナウル人だけの責任か？　こんなナウルに誰がした？」。そんな思いで読み進めるうちに私は、ふとバブル経済に浮かれ、その後の不景気の中で混迷する、わが日本の現状が重なって、ドキリとした。

本書の原文はフランス語だが、全く違和感のない訳文だ。読み物としても大いに楽しめ、そして深く考えさせられる良書である。（小林泉・大阪学院大国際学部教授）

（新泉社・1890円）＝2011年2月24日⑥配信

情報が国家解体する光景　「ウィキリークス　アサンジの戦争」（「ガーディアン」特命取材チーム著、月沢李歌子、島田楓子訳）

米政府の極秘映像や外交公電を暴露したウィキリークス（WL）は、米国のイラクやアフガンでの戦争政策に変更を迫り、中近東の民主化の火付け役となり、北朝鮮をめぐる北東アジアの地殻変動も促しそうな勢いだ。

WLの実態はオーストラリア人の元ハッカー少年、ジュリアン・アサンジの個人プレーである。彼は英ガーディアン、米ニューヨーク・タイムズなど世界主要5紙誌と契約、米国外交公電の公開に踏み切った。本書はそのガーディアンの記者らが執筆し、アサンジの人物像と公開までの多難だった内情を描いている。

興味深いのは、次の4点である。第一は、アサンジが1960～70年代の対抗文化に漬かった両親から生まれたこと。子は親の願望を誇張して生きる、と言われる通り、彼は絶対的な自由を信念に、周囲がてこずるほどわがままに生きている。

第二に、WLはネット時代の新現象のように喧伝（けんでん）されるが、秘密情報の漏えいには内部の協力者が必要だったこと。のちに逮捕されたマニング米陸軍上等兵である。米外交や米軍の権威に不信感を抱いた彼がいなければ、この世紀のスクープはありえなかった。その意味では、これは古典的な内部告発の一つだった。

第三に、大量の情報を精査し、裏付けを取るプロのジャーナリストがいたこと。アサンジから25万通もの秘密公電を受け取った各紙の記者たちは互いに分担・連携し、何を、どう記事化するかを繰り返し検討している。これは、ネット社会における情報の信頼性を高めるための重要なモデルになりうるだろう。

第四に、何より私が重要と思うのは、権力と情報との関係である。しばしば権力は物語から生まれる、と言われる。どの民族、どんな国家も創世神話を持ち、権力や権威を彩っている。だが、その舞台裏が欲望と嫉妬、野心と陰謀と醜聞にまみれているのをWLは明かす。情報が国家という物語を解体する光景を、いま私たちは見ているのかもしれない。（吉岡忍・ノンフィクション作家）

（講談社・1890円）＝2011年3月3日①配信

染みる青春の痛みと諦観　「四畳半王国見聞録」（森見登美彦著）

本書は七つの作品で構成された短編集である。どのページを開いても、ありあまる自意識で自分自身を縛りあげたアホウな大学生が顔を出し、青春の貴重な時間を無駄にしていく。それぞれの作品は独立しているものの、登場人物やエピソードは作品をまたぎ、全体を通しての構成は一個の長編としての十分な強度を備えている。

作品の外見だけを見ればアホウな大学生がアホウなことを考えてアホウなことをやっているにすぎないが、その背景としてまず現れるのは「四畳半」という狭苦しい空間を舞台にした妄想上の王国であり、その広大さと多様さはおのれの非凡さを疑わない語り手によっていかにも誇らしげに報告される。しかしながら言うまでもなく、これはあまりかぐわしい世界ではない。

次に現れるのは地上のすべての四畳半に対して上位に位置するいわば四畳半のイデアであり、そこを住まいとする四畳半の神「阿呆神（あほうしん）」である。天上の四畳半へ妄念によってはしごをかけてよじ登っていくと、玉子丼を常食としている四畳半の神と会うことができる。

当然ながら地上にはこの神をあがめる者たちがいて、正体を隠しながら祭壇を作り、口に出したくないような四畳半的なもろもろをささげ、目につく四畳半を占拠しながら地上のすべてを四畳半化しようとたくらんでいる。アホウの上にアホウを重ねているだけだという気もしないでもないが、その滑稽さの先に予感される閉塞（へいそく）感は意外なまでの重たさを備え、青春の立ち往生の染み入るような痛みと諦観（ていかん）が伝わってくる。

四畳半をあがめるゆがんだ信仰が世界を浸し、そこから抜け出すためには奇跡を期待する以外に方法はなくなり、奇跡は同じく四畳半を起源とする妄想的な数学によって、やがて感動的な形でもたらされる。神秘的で魅力的な一冊である。すでに立派なタイトルがついているが、わたしは本書を「四畳半神学大全」と呼びたいと思う。（佐藤哲也・作家）

（新潮社・1470円）＝2011年3月3日②配信

「兄」たちの思惑読み解く

「『妹』の運命」（大塚英志著）

この本は、ただ現代のゲームやライトノベルで一大ジャンルとなっている「妹萌（も）え」の起源を近代文学の発祥時に求める、という趣旨の評論ではない。むしろそれは、著者も書いているとおり副次的なものである。

これは田山花袋の「蒲団」と柳田国男との関係や、柳田の松岡国男時代の新体詩などを分析し、「妹」という存在を作り上げてその上に君臨する覇者となった「兄」たちの思惑を読み解いていく作品である。

「兄」としての近代文学者たちは、妹に「言文一致体」という文体で自分を表現すること、表現をする内面を持つことを教え、自分たちが提供するテキストによって教養を深めるように啓蒙（けいもう）する。そうして自我に目覚めた「妹」は「兄」のものであり、彼女たちの行方は創造主の文学者である「兄」次第なのである。

だから「兄」は、自我を持った妹が主張し始め、自分の思惑とは別の方向にいこうとすると、「言文一致体」という文体を取り上げる。あるいは彼女たちが「自我」を持つはるか前の世界における「妹」の役割であるところの「巫女（みこ）」に押し戻そうとする。

「蒲団」で愚鈍な文学青年のモデルとされた作家永代静雄は、ルイス・キャロルの「不思議の国のアリス」の翻案「アリス物語」で原作の枠組みを外れるような冒険者として少女アリス＝妹を描いたが、結局はアリスを良妻賢母にしてしまう。森鷗外らの作品には「自我」に耐えきれず精神を崩壊してしまう「妹」たちも現れる。近代文学の「兄」たちによって与えられた「妹」の未来の選択肢は惨憺（さんたん）たるものだ。

しかしその「妹」は、「兄」の内部にある傷つきやすい自我が生み出した「脳内妹」にすぎない、という展開が面白い。「蒲団」のヒロインのモデルとなった永代美知代のように私小説を書いて「兄」と同じ構造で復讐（ふくしゅう）しようとするのではなく、現代の「妹」たちは別の道を探して自我を持った少女の未来を見つけていかなくてはならない。（山崎まどか・文筆家）

（思潮社・2310円）＝2011年3月3日③配信

ご都合主義を映す社会史

「銅像受難の近代」（平瀬礼太著）

かつて日本が銅像大国であったとは、初めて知った。列強に肩を並べんと西洋文化を貪欲に導入した明治時代に銅像建設フィーバーは始まったという。目下の鋳造術の稚拙さを指摘する批判もある中、日清・日露戦争にあおられるように歴史上の英雄や元勲、軍人の像が続々と建てられ、昭和の初期まで銅像が量産されたのである。純粋な芸術表現や偉業の顕彰といった目的はなおざりにされがちだった。

その後、おびただしい銅像が災厄に見舞われることとなる。国民に人気のなかった伊藤博文の像は民衆に引き倒され、市中引き回しの憂き目に遭った。太平洋戦争時、「応召」と称して二宮金次郎像や忠犬ハチ公像が回収され、鋳て溶かされたのはよく知られた話。

日露戦争で活躍した広瀬中佐の像に至っては、軍神とあがめられた十数年後には交通の妨げと邪魔者扱いされる。その後の戦争で返り咲くも、終戦後は民主国家にふさわしくないといち早く撤去され、野ざらしの末にスクラップとなった—。

本書は当時の官報、新聞、雑誌など広範な資料から識者や市井の声、逸話の数々を丹念に渉猟し、時代の変遷とともにどんな銅像が建てられ、いかに処遇されたかを克明に追っている。

銅像を通して見た近代美術史であり、社会史でもある。私は現代に続く精神史として、興味深く読んだ。銅像たちの想像を超える不幸ぶりに不謹慎にも笑ってしまう話が満載だが、その滑稽さには私たちの功利主義やご都合主義、忘れっぽさなどが如実に映し出されているのだ。

それにしても驚くのは、当時の日本人と銅像の濃密な関係だ。今日ではわざわざ足をとめて街角の銅像を見上げる人はまれだし、頭にハトの落とし物が乗っていても清掃される気配はない。けれども本書を読み終えた今、このくらいの距離感がちょうどいいんじゃないかという気がしている。

（瀬川千秋・翻訳家）

（吉川弘文館・4410円）＝2011年3月3日④配信

育児環境の質が成熟度

「この国で産むということ」（野田聖子、根津八紘著）

第三者の卵子提供を受けての野田聖子衆院議員の出産は、衝撃だった。つらい不妊治療の末、50歳で子どもを手にした意志の強さに圧倒される。

本著はその彼女と日本で代理出産を手がける産婦人科医の根津八紘氏との共著である。

両者の共通点は、子どもを産みたい、育てたい、と願う女性の立場にとことん立った法改正と施策こそが、この国の少子化の危機を救う基本だ、との立場だろうか。

私は子どもがいないことを不幸視する立場をとらない。また、少子化の危機が、高齢社会の支え手の減少といった数の問題として語られることには不快感がある。

そもそもが、「なによ、いまさら！」である。この国は、ずっと女と子どもに冷たく無関心だった。30年前、シングルマザーだった私は、この国で独りで子どもを育てる困難を身に染みて感じてきた。母子家庭の命綱の児童扶養手当を不当に減額してきた自民党の頑迷な保守性には、一切の期待を失わされた。日本の少子化は政治家の怠惰、無策が招いた問題なのだ。

そんな思いでいたから、本著での野田氏の発言にびっくりした。彼女がひたむきに少子化問題にこだわり、女、子どもをテーマにして取り組み続けてきたのは、自民党議員としての贖罪（しょくざい）感からだ、と言うのである。

彼女は、目下、問題の子ども手当にも一定の評価をしており、これまでなんにもしていないということは、逆に言えば、あらん限りのことがやれる余地があることと主張している。この率直さには、感動を覚える。

産みたい、育てたいと願う女性の支援ばかりではなく、すでに生まれてきている子どもをどれほど大切に育むことができるか、その質の高さがこの国の成熟度を測るバロメーターでもある。

政党を超えて野田氏のような考え方が広がれば、この国の在り方が変わるかもしれない、そんな思いを抱かせる一冊だ。（久田恵・ノンフィクション作家）

（ポプラ社・1575円）＝2011年3月3日⑤配信

驚くべき個性の本格評伝

「ジョゼフ・コーネル」（デボラ・ソロモン著、林寿美、太田泰人、近藤学訳）

今ほどアートのつくり手と受け手、つまり作家＝創造者＝プロと、観客＝受容者＝アマチュアとの垣根が低くなり、相互に刺激、越境している時代はないだろう。美術館では観客が鑑賞教育を楽しみ、「見ること」そのものが本来持っている創造性に気づいている。

すべての人がアートのリテラシーを身に付けるための、優れた方法論のひとつは、「オタク」になることである。身の回りの品を集めて自分なりに整理したりする、誰もがやっている初歩的な収集行為がその一例だ。

日用品的オブジェを箱に収めた作品で知られる美術家ジョゼフ・コーネルは、詩人で美術評論家の滝口修造ら熱狂的なファンをもち、ニューヨークに暮らした。その初の本格評伝の翻訳である本書は、「オタク」道の指南書として読み得る瞠目（どうもく）の好書。

繊細な魅力に欠ける大味なアメリカ文化の基層に根づく、「異能を生みだす土壌」がコーネル的個性を生んだ。

アカデミックな美術教育によらずに、独学で作品に挑んだコーネルはまた、アウトサイダーアーティストや元祖「オタク」ともみなされている。本書ではその個性の驚くべき創作実態、精神生活と日常のディテールが明かされている。

コーネルの憧れは際限がない。本書によると、行ったこともない国、天球の星座、ロマン派文学、オペラやバレエ、はては、ストーカー的に街のカフェのウエートレスにまでその興味を広げた。

さらには、思い入れ故の、独自のうんちくとメタフィジカルな思想の浄化、昇華をこじつけて、ジャンクな玩具や歴史的偶像の写真をごたまぜに箱に詰め込み、配置しながら、一大ミクロコスモスというべきか、自らの憧れを視覚化した大伽藍（がらん）を作品に仕立てあげてしまったという。

「受容」をそのまま、うんちくと思い入れによって、創造に転化する魔術こそ、今日の「クリエーティブ・リテラシー」の範なのである。（新見隆・武蔵野美術大教授）

（白水社・3990円）＝2011年3月4日配信

社会の毒虫の痛烈な一撃　「まことの人々」（大森兄弟著）

日本の小説界初の兄弟ユニット作家として、ややイロモノ的なデビューを果たしてしまった大森兄弟だが、オッケー、この「まことの人々」によって、そんな色眼鏡でキミたちを見た自称〝まともな人々〟に痛烈な一撃を加えることに成功しているよ。

この小説の語り手は大学生の「僕」。「僕」の彼女は演劇サークルに入っていて、中世ヨーロッパふうの二つの国を舞台にした芝居「まことの人々」でエドモン軍曹という役を演じることになっている。登場人物のほとんどが清らかな心の持ち主であるこの物語の中で、エドモン軍曹はただ一人醜悪さを撒（ま）き散らすキャラクター。

「殺し合いなんて、誰が望む？／まことの人々よ、目覚めよ。／まことの敵を見極めよ。社会の毒虫を見極めよ。／正しい明日はそこから始まるよ。」というテーマを奏でるストーリーにあって、自分が助かるためなら人肉食も辞さない「社会の毒虫」を体現する人物なのだ。

そんな悪役を演じる稽古にのめりこむうちに、やがて彼女は少しずつヘンになっていく。エドモン軍曹が具現化した、と思わせるほどイメージが似通っている「グリム」という名のパン屋の店主に異様な執着を見せ、現実における言動のはしばしにエドモン軍曹のそれが入りこむようになってしまい―。

「まこと」と「にせ」、「正義」と「悪」。さまざまな対立する概念が、エドモン軍曹化していく彼女と、そのことにおびえる「僕」の物語の中で混然となるさまを描いてスリリング。ユーモアのセンスにあふれながら、これみよがしに笑いを押しつけたりしない、さらりと巧みな文体が見事。「僕」と彼女をはじめとする登場人物の造形がかもす不穏な気配が独創的。終盤におかれた劇中劇における描写の迫力が圧巻。「まこと（に満足できる）の小説」としておすすめできる、これは、いい意味で「社会の毒虫」たりうる小説なのである。（豊崎由美・ライター）

（河出書房新社・1365円）＝2011年3月10日①配信

ソ連民主化の本質を描く　「レーニンの墓（上・下）」（デイヴィッド・レムニック著、三浦元博訳）

著者は米紙ワシントン・ポスト特派員として、4年間にわたってソ連の最期を取材した。その集大成が本書で、刊行の翌1994年にはピュリツァー賞を受賞している。国家指導者から兵士や一般市民に至るまで、収められた証言には質量ともに圧倒される。ソ連崩壊から20年を前にして読むと、すでに不朽の歴史書の風格すら漂う。

ソ連人は、個人史も国に〝占領〟された経験をもつ。誰もがスターリンの粛清の被害者や肉親を失った当事者だったが、国の公式の歴史を受け入れなければ生きてはいけなかった。「強いられた無知」とは本書の言だ。ゴルバチョフは改革で歴史の見直しに手を付けたが、無知と真実との抗争が巻き起こり、国の崩壊を引き起こすとは予想できなかった。

39年の独ソ不可侵条約の秘密議定書で、ソ連はバルト諸国を占領した。カティンの森ではポーランド将校を秘密裏に虐殺した。半世紀たってソ連当局はようやくそれらの事実を認めた。バルト諸国の独立運動は一気に加速し、連邦解体の引き金となった。ポーランドもソ連の影響下から脱した。「歴史は再び戻ってきたのだ」と著者は言う。この“歴史の占領”からの離脱と復興こそ、89～91年のソ連・東欧民主化の本質だった。

保守派はそれを戦車で食い止めようとし、91年夏にクーデターを起こしてみずからソ連の墓掘り人となった。だが、歴史を直視できなかったのは彼らだけではない。本書の最後に、旧体制を裁く憲法裁判所の様子が出てくるが、歴史は政争の具でしかなくなり、ロシア人は過去の犯罪追及劇に嫌気がさして、急速に関心を失った。新体制に再び無知の支配が戻ってきたかのようだ。

ソ連の創設者レーニンはミイラ姿の生き神のまま、埋葬されずにモスクワの赤の広場に横たわる。歴史の墓穴を掘るのは誰か？　そんな現在をも問う重厚な一書だ。（米田綱路・ジャーナリスト）

（白水社・上下各3360円）＝2011年3月10日②配信

戦後版の“坂の上の雲”

「TOKYOオリンピック物語」(野地秩嘉著)

1964年、東京オリンピック。敗戦から19年、高度経済成長時代の始まりを告げる国家的イベントだった。出場したアスリートたちの物語はいくつかあるが、本書は一味違う。それぞれの一芸をもって、このイベントを演出し、賄い、支え、記録した裏方たちの物語であることだ。

大会の公式ポスターに、短距離ランナーたちのスタート時を撮った美しい作品がある。制作者を亀倉雄策という。

神田の図案工房などで腕を磨き、戦後、独立してグラフィックデザイナーの草分けともなった人物である。「強盗が斧(おの)を持って窓から闖入(ちんにゅう)する」ごとき迫力あるポスターを作らんとした。日本社会においてグラフィックデザイナーという言葉はまだ市民権がなく、図案屋が一般的だった。

選手村の料理を指揮したのは帝国ホテル料理長の村上信夫。当時はシェフもグルメも耳にすることがない時代で、村上はこの仕事を成功させることで料理人の地位向上を狙った。コンピューターで記録を瞬時に本部へ送信するシステムを構築した日本IBMの竹下亨にしても、その作業はほとんど理解されず、警備を担当した日本警備保障(現セコム)は「民間警備？　それは何？」といぶかられた。

裏方たちもその職業も、まだ若かった。そんな彼らが、国力が右肩に駆け上がる時期、一大イベントの土台を担った。その意味で、本書は「戦後版坂の上の雲」である。

記録映画「東京オリンピック」は屈指の名作だが、腕利きカメラマンたちの合作であったことが分かる。彼らの一世一代の仕事となったが、その後急速にフィルムの記録映画は衰退していく。

登場人物の発言として「日本のために」「大和魂」「日本男児」といった言葉がしばしば登場する。このような言葉が“無邪気に”語られ、通用する最後の時代でもあったろう。東京五輪が、職業や産業の新旧の分かれ目で、日本人の内面においても分水嶺(れい)を成していたことをあらためて知るのである。(後藤正治・ノンフィクション作家)

(小学館・1890円)＝2011年3月10日③配信

現代日本の食文化の原点

「長崎奉行のお献立」(江後迪子著)

むかしの話で恐縮ですが。小さいころ見たテレビ時代劇に「長崎犯科帳」というのがありました。萬屋錦之介さん演じる主人公の長崎奉行は、昼あんどんのぐうたら役人ですが、夜になると白頭巾をかぶり、悪を斬りに出動する、という番組。

その影響でしょうか。この本を読んでいる今、わたしの頭の中では、和室で正座した萬屋錦之介さんが、お膳に向かってさまざまな料理を平らげております。

かすてら、丸ぼうろ、コンペイトウ。からすみもごま豆腐も、長崎から伝わってきたもの。鎖国政策がとられていた江戸時代、外国への唯一の窓口であった長崎には、オランダ、中国などの影響を受けた、江戸とは異なる食文化が花開いておりました。

「長崎犯科帳」のお奉行様も、事あるごと、商人や町年寄から袖の下をもらっていましたが、実際、役得による副収入の多い長崎奉行は、江戸時代、最も人気のある役職の一つだったそうです。江戸城の役人たちにとっても羨望(せんぼう)の的であった彼ら長崎奉行は、派遣されたその先で、日々どんなごちそうを口にしていたのでしょうか。長崎奉行所の献立記録からは、現代日本の食文化につながる、さまざまな食事情の原点が浮かび上がってきます。

長崎から伝わってきたのは料理だけではありません。たとえば映画やドラマでおなじみの、家族が一つの食卓を囲むだんらんの風景というものも、日本人は「卓袱(しっぽく)料理」を通じて、はじめて知ったのですから。

「食」を通じた長崎の影響というものが、実にどれほど大きいのかを、あらためて認識。そのほかにも幕末の長崎で、坂本竜馬の食べたかすてらがどんなものだったか、コーヒーを飲んだ日本人はどんなふうに思ったのかなど、興味深い逸話に満ちて、まさに「南蛮食べもの百科」な一書。(星野孝司・翻訳家)

(吉川弘文館・3150円)＝2011年3月10日④配信

名優の輝きを見事に描写　「あっぱれ!旅役者列伝」(橋本正樹著)

大人になるまで、歌舞伎には通っても大衆演劇は下に見て、あまり親しまなかった。それでも温泉宿などで旅役者が演ずる短い劇やドタバタ、歌謡ショーを見る機会はあった。東京ではいまや十条の篠原演芸場や浅草の木馬館くらいでしか見られない。今ごろになってその魅力に憑(つ)かれても。

著者の橋本さんは大学を出てシナリオライターを目指したが、病気でその夢が挫折。帰郷した兵庫県尼崎市で旅役者に出会い、引き込まれていった。わずか10人に満たない観客を前に汗みどろで熱演する旅役者に感動した。以来40年、旅役者を追っかけ、時に裏方をつとめ、寝食を共にし、舞台にも上がった。名優17人を紹介する本書は実に元手がかかっている。

旅役者にもスターがあり、上下があり、人情があり、子育ての苦労がある。「役者特有のビンツケ。あの匂いに酔って、俺は役者になった」(片岡長次郎)。「四つの子供が、眠い時間に芝居に出されるほどつらいことはない」と子役時代を振り返る沢竜二。

演劇論としては「力で押していったら、力ではねかえってくる。熱でやる場合は、(観客は)疲れない」と樋口次郎。「お客さんが笑ってくださると、たたみかけず、私はじっと待ちます。泣いてくださった場合は、早目に切ります」(筑紫美主子)。

出自もさまざま。芝居も殺陣も歌も踊りも、ときには照明や大道具もこなす大活躍。酒や賭け事色事もつきものながら、体を壊すのも早い。

それでも旅役者になって幸せだったといえる人生。私はかつて大阪・通天閣劇場で聞いた。「旦那が亡くなって30年、そんなおばあちゃんを座長は目で射て殺す」。生きる張り合い、心の潤いを旅役者に見つける観客は多い。その「きらきら」を著者は見事にすくいとった。

最後の章、無くなった東京・白山の中村座の名を見てウッとなった。学校の行き帰りに見た小さな芝居小屋。あののぼりは今も夢に見る。(森まゆみ・作家)

(現代書館・2310円) =2011年3月10日⑤配信

“革命的出版人”の生涯　「フェルトリネッリ」(カルロ・フェルトリネッリ著、麻生九美訳)

ジャンジャコモ・フェルトリネッリ。これがイタリアの人名らしいと想像のつく日本の読者は少なくないだろう。けれど、この名が20世紀後半のイタリアを語るに際して欠くことのできない、いまやイタリア大手の出版社名であり、その創業者の名であると説いたとしても、にわかには理解できないかもしれない。

ならば、こう言えば、ほんの少し身近に感じてもらえるだろうか。日本でもなじみのイタリア人作家、アントニオ・タブッキの中長編小説の版元でもあり、イタリアで根強い人気を保っているよしもとばななの翻訳を最初に手がけた版元でもある—。

さて本書は、1955年に出版社を興し、その2年後、世界に先駆けて、つまり旧ソ連では原著が未刊行の時点で、パステルナークの小説「ドクトル・ジバゴ」初版1万2千部を、イタリアの書店に並べたことで一躍名をはせた人物ジャンジャコモ、その文字どおり波乱に富んだ生涯を息子カルロがたどり直した伝記である。

1999年に刊行された原著の表題にはさりげなく、ジャンジャコモが愛した英国製シガーの銘柄が使われていたのだが、邦訳では副題として「イタリアの革命的出版社」と添えたうえで、タイトルには社名(=人名)が採用されている。

「革命的」—。たしかにこの言葉ほど、希代の出版人の足跡を端的にあらわす形容はないかもしれない。それは、彼の生涯を貫く政治的選択についても、またカストロとチェ・ゲバラという大西洋をはさんだ地の革命の証言者を皮切りに、後のラテンアメリカ文学ブームを欧米に導くことになった文化的選択についても、あるいは先鋭な人類学や言語学のいち早い紹介という学術的選択についても、迷わず形容できる。

鉄塔爆破を計画中に唐突な最期を迎えた父の生涯をつづる息子の抑制の効いた筆致の奥からは、戦後イタリアの熱気がたしかににじむ。(和田忠彦・東京外国語大副学長)

(晶文社・3570円) =2011年3月10日⑥配信

流布されたイメージ払拭

「フィデル・カストロ（上・下）」（イグナシオ・ラモネ著、伊高浩昭訳）

20世紀の政治的奇跡のひとつは、フロリダ半島から目と鼻の先にあるカリブ海の島国が、米国という強大な隣国から目の敵にされ、あらゆる圧力と工作にさらされながら、半世紀以上も存続してきたということだ。

その間にソ連崩壊も9・11もあった。それでもキューバは持ちこたえた。いま、アラブ世界がひっくり返っているが、社会主義キューバは揺るぎそうもない。

経済封鎖を受け、国際的にも孤立を強いられたこの国を指導してきたのがフィデル・カストロである。世界は彼を「独裁者」と言う。だがカストロにその風貌はない。

批判的分析で定評のある「ルモンド・ディプロマティック」紙の編集長を長く務めたイグナシオ・ラモネが、3年近くかけて一連のインタビューを行った。本書はそれをまとめたものだ。

ラモネは西側メディアが投げかけるカストロに批判的な疑問を引き受けて、次々に聞きにくい質問を浴びせる。それに対していささかも悪びれず、「いいか、君」と身を乗り出して相手の膝をたたきながら、「こういう事情なんだよ」と、教条主義とはかけはなれた忍耐と率直さで、ときに饒舌（じょうぜつ）に答える。

カストロは米国を否定しない。だが米国は、小国キューバが独自のやり方をするのを許さず、ことあるごとにつぶそうとする。だからカストロはキューバを守らなければならない。そんな状況でも、キューバは優れた医療体制を作り上げ、バイオ農法でも大きな成果をあげている。

このインタビューは流布されたイメージを払拭（ふっしょく）する。20世紀の傑出した政治家の生い立ちから引退間際までの働きが、キューバ革命の現在に至る歴史とともに語られる。今では誰もが認めるように、米国のやり方が「正義」なのではない。小国キューバのたどった不屈の冒険にこそ、グローバル化の荒波のなかでも「持続可能」な社会変革の指針が見いだせると言っても過言ではない。（西谷修・東京外語大教授）

（岩波書店・上下各3360円）＝2011年3月17日①配信

軽妙に科学者の執念描く

「うなドン」（青山潤著）

ウナギのかば焼きはおなじみだが、ウナギの生態は謎が多い。日本の川で5〜10年をかけて成長し、産卵のため、秋に海に下る。一方、ウナギの養殖に使われる稚魚、シラスウナギは、冬から春にかけて海から川に遡上（そじょう）する。

ところが、海に下った親ウナギが、広い海の中のどこで産卵しているのかは謎だった。その謎が解けたのは最近のこと。

東大の塚本勝巳教授を中心とする研究チームが、一昨年5月に、グアム島の西方370キロの洋上で、産卵後間もない卵の採集に成功したのだ。人工産卵ではなく、自然産卵の卵が採集されたのは史上初の快挙だった。

その海域で生まれた稚魚は、黒潮に乗り、半年以上をかけて日本沿岸にたどり着く。親ウナギも半年以上をかけて、日本沿岸からグアム島沖へと旅をしているわけだ。

ウナギはなぜ、そんな長旅をするのか。その謎に挑んだのが、塚本教授の弟子で自称「うなぎバカ」の著者である。

ウナギの仲間は、世界で亜種を含めて全部で19種類。その進化の筋道がわかれば、大移動の謎も解明できるかもしれない。そのためには世界の果てまで出かけ、すべての種類を捕獲して、DNAを調べる必要がある。

講談社エッセイ賞を受賞した前作は、アフリカを舞台にしたウナギ捕獲大作戦のいきさつだった。その余勢を駆ってまとめた本書の主な舞台はタヒチ。熱帯の楽園で、はたして目指すウナギは捕れるのか？

塚本先生も交えた一行は、とにかく川をさかのぼり、ウナギの影を探し回る。その珍道中ぶりは、ドン・キホーテもかくやあらん。まさに自他共に認めるウナギ研究界のドン・キホーテこと「うなドン」である。

しかし、この突貫精神あればこそ、大海の一滴を求めるような、ウナギの産卵場所探しにも成功したのだろう。

科学者の執念と愉快な一面を軽妙につづる語り口は、今回も絶好調！（渡辺政隆・サイエンスライター）

（講談社・1680円）＝2011年3月17日②配信

“愛苦しさ”あふれる物語

「雪の練習生」（多和田葉子著）

練習という言葉が好きだ。学校で強制される種類のそれは除いておくが、練習と名のつくものに心ひかれてしまう。自分でも練習帖と銘打った著作を出したことがある。

職業人としての著作家についになじめぬままの評者は、作家とか評論家とかの肩書が苦しく感じられる。だから、ヨミカキに従事する自らを〈テキストの練習生〉などと呼ぶこともある。

そんな評者にとって、本書は読むべくして読んだ作品というしかない。「人と動物との境を自在に行き来しつつ語られる、美しく逞しいホッキョクグマ三代の物語」—。帯に記されたその文言が目に入った時、脳裏をかすめたのは、カフカの一連の動物寓話（ぐうわ）だった。予想通りそれらは、ベルリン動物園で生まれたアイドル「クヌート」の祖母である“ペンを持った”シロクマの自伝（本書の1編）で言及される。

日本語とドイツ語両方で創作する作家多和田葉子の作品解説で、〈テキストの練習生〉を評者はこれまで幾度かやった経験をもつが、本書を読み終えて、「とうとうここまできたのか…」の感慨に打たれた。

「ここまで」のここ とはどんな場所なのか、は読んでのお楽しみだけれど、作中の言葉を一つだけ引いておくと、「わたしは足を踏み込んではいけない地帯に来てしまっていたのを感じていた。ここでは諸言語の文法が闇に包まれて色彩を失い、溶けあい、凍りついて海に浮かんでいる」

3編から成るうちの中間の1編「死の接吻」に出てくる右の言葉に接し、ドリトル先生の「古代貝語は難しい。だから私はとりあえず金魚語からはじめる」というセリフを思い出した。

評者も口まねして言う。「ホッキョクグマの言語は難しい」。だから読者は、その“キョクホク語”習得のために、「死の接吻」を繰り返し練習する必要があるだろう。

足を踏み込んではいけない地帯だけで触れることができる、通常の意ではない“愛苦しさ”にあふれた物語だ。（室井光広・作家、文芸評論家）

（新潮社・1785円）＝2011年3月17日③配信

描かれた空間の謎を解く

「探偵小説の室内」（柏木博著）

探偵小説は犯罪を扱う。犯罪現場に探偵なり警部なりがやってくる。それが室内の場合、まずあたりを見回すだろう。よく訓練されたプロの目が家具、調度、部屋の特色を慎重に見定めていく。

ちょうどそのように、デザイン史研究やデザイン評論で知られた人が探偵小説を検証した。ご存じシャーロック・ホームズはどんな部屋に住んでいたか？　相棒のワトソンと一緒に使っていた住まいがごく簡素な、つつましいものであることを確かめ、それが名探偵の「頭脳部屋」へとつながっていく。江戸川乱歩が好んだパノラマと「見せ物小屋」の室内空間との重なり具合。

「客間の家具はルイ十四世時代のもので、オービュソン織りの絨毯の上に、象眼細工の戸棚やテーブルが置かれている」

クロフツの「樽」では殺人現場のインテリアがくどいほど語られていく。やがて警部の目が「ひとつの棚の上に載った物体に釘づけ」になる。

柏木博もまた入念に見ていった。探偵小説に限らずオースター、マラマッド、つげ義春、橋本治、シュリンクの「朗読者」、水村美苗の「私小説」…。どこかミステリーの匂いのあるもの。室内が小説のプロットを支える役目にあるところ。モザイク上に配置されたインテリアの断片を集めていく。やがてその目が一点に釘（くぎ）づけになる。15の評論風エッセーが同時に15のスリリングな謎解きになっている。

かつてはタイプライターが部屋にお定まりの物品で、使うほどにタイプがすり減って特徴のある文字を残し、それが捜査の手掛かりになったが、現在のパソコンは文字が摩滅することがない。

「パソコンによるデジタル文章が推理小説、現実の犯罪捜査のテーマとなるはずだ」

今、インターネットでいかようにも犯罪的メッセージが送れるだろう。壁に囲まれた一室にいて、電子ネットというまるきり異質の広大な「室内空間」を闊歩（かっぽ）することもできるのだ。探偵小説の未来が鮮やかに示唆されている。（池内紀・ドイツ文学者、エッセイスト）

（白水社・2520円）＝2011年3月17日④配信

人の認知の危うさを示す　「錯覚の科学」（クリストファー・チャブリス、ダニエル・シモンズ著、木村博江訳）

「見えないゴリラ」として知られるそのビデオを初めて見たときは本当にびっくりした。ぼんやり見ていれば絶対に見逃さないはずのものを、別の何かに注目しているときにはあっさり見逃してしまう。そういう錯覚を鮮やかに示してみせる映像だった。僕は人間の認知なんてあてにならないと常々言っているし、実際そう思っている。それでも、これには驚かされる。

その映像を作ったふたりの心理学者が書いたのがこの本だ。錯覚というと、錯視を思い浮かべる人が多いと思う。だが、この本が扱っているのはそうではなく、見えているはずのものに気づかなかったり、実際に起きたことと記憶とが食い違ったりといったたぐいの認識の誤り、あるいはありもしない因果関係を見つけてしまったり、リスクを読み違えたりする「直観の裏切り」などだ。

とりあげられている錯覚はそれぞれにとんでもなく面白い。誰でもいくつかは思い当たる節があるはずだ。自分はそんな錯覚と無縁だ、なんて思っていると危ない。それこそが本書でいう「自信の錯覚」に違いない。

こういった錯覚の多くはたぶん人間の仕組みに含まれていて、それ自体はどうしようもないのだろう。ただ、直観が時としてとんでもない間違いにつながることは頭に入れておいたほうがいい。この手の誤りは単に間抜けな結果を招く場合もあれば、時には人をひどく傷つけたり、勝ち目のない戦争に向かわせたりもするのだから。

そう、人は誤るものだ。自分の目で見たものしか信じないなんていう態度がいかに危ういものか。あるいは、裁判員として裁判に臨まなくてはならなくなったとき、被告や証人の証言をどう捉えるかは、錯覚に対する心構えがあるとないとでは大きく違いそうだ。

多くの人に読んでもらいたい本。「見えないゴリラ」の映像もネットで見られるので、未体験の人はお試しあれ。（菊池誠・大阪大サイバーメディアセンター教授）

（文芸春秋・1650円）＝2011年3月17日⑤配信

安定なき時代に志で働く　「勤めないという生き方」（森健著）

若者の安定志向が語られるが、実際はそれと相反する現象も目立つ。大手企業への就職が好調な名門女子大の受験者は減少し、地方自治体では若い職員の退職が目立つ。

安定を志向したくても、安定などもうどこにもないと、みな気づいているのではないか。そういう時代にどう生きればいいのか、という問いへの〝回答例〟を示すのが本書である。

職人、農業、地域ビジネス、NPOなどで起業した13人を取り上げている。トヨタ自動車やワコールなどの大手企業を辞めて独立した人もいれば、はなから就職せずに起業した人も登場する。

本書の面白さは、著者も書くように「成功者」だけを取り上げてない点だ。ITベンチャーの代表者は本業に行き詰まると唐突にカフェを始めて失敗するし、北海道の農園主は町営施設でアルバイトもしている。

著者は「独立に対する思いよりも、行動した事実のほうに力点を置いた」と述べ、緻密なインタビューを基に彼らがどう行動し、どういう状態になっているかを描いた。

同時代を生きる人たちのルポルタージュとしても面白いが、なによりも「独立」「起業」を考えている人たちにとっては参考になる内容だ。

靴職人の野島孝介さんは、靴作りを学ぼうと靴メーカーを探して就職し、師匠になりうる職人をみつける。養豚農家の宮治勇輔さんは、若者の就農を支援するNPOを設立し、その活動を通して自社の「みやじ豚」のブランド力を高めていく。

大手企業の社員や公務員ですら安定的ではなくなってきた現在、独立して起業するのは夢想ではなく、もっと切実な選択肢となってきている。どうせ安定がないなら、自分らしく生きた方が賢いのではないか。

本書で描かれる「勤めないという生き方」は勤めること以上に厳しい。だからこそ、本書は新時代を生きるための参考書として優れているのだ。
（杉浦由美子・ノンフィクションライター）

（メディアファクトリー・1365円）＝2011年3月17日⑥配信

画期的な将棋ファンタジー

「ダークゾーン」(貴志祐介著)

貴志祐介作品にハズレなしとばかり、書評依頼を気安く引き受けてしまったことを、読み進めるにつれて私は、いたく後悔する羽目になった。

駄作や失敗作なのではない。それどころか、冒頭1行目から驚愕(きょうがく)のラストシーンまで、一瞬たりとも停滞することなく、ひたすら前へ前へ突き進むストーリーテリングは、まさに巻をおく間もない面白さ。

妖怪大戦争や幻魔大戦もかくやの異類異形たちがチームを組んで、「王将(キング)」が発する戦略・指令のもと、軍艦島さながらの廃市を舞台に、秘技と異能を尽くして果てしなき死闘を繰りひろげるのだから、最新の文芸エンターテインメントとして文句なしの一級品であることは間違いない。

では何が問題なのか?

これは別に明かしてしまってもネタバレの類いには抵触しないと思うのだが、右の紹介からもお察しのとおり、本書は異世界バトル・アクション風の外見の下に、本格将棋小説としての本性を隠し持つ作品なのだった。

そして…かく申す私は、囲碁将棋チェスといった盤上遊技には一向に関心を持てない、根っからのゲーム音痴なのであった。まあ、そんな私でも大いに興趣(きょうしゅ)深く読めたのだから、作者の手腕と配慮はたいしたものといってよかろう。

将棋小説というと、いわゆる棋士の生きざまを描くタイプの作品が主流だが、本書の場合、そうした一面もあるものの、あくまで主眼とされているのは、盤上で闘わされる駒たちの視点である。

その意味で本書は、ただの将棋小説ではなく、いっそ「本格将棋ファンタジー」とでも称すべき画期的試みなのだ。

かの「鏡の国のアリス」をはじめとして、チェスをモチーフとするファンタジー作品は欧米に先例が認められるものの、将棋の世界をここまで本格的なファンタジーに仕立て上げた作品は、過去になかったと思う。将棋愛好家は必読必携。(東雅夫・文芸評論家)

(祥伝社・1890円)＝2011年3月24日①配信

人道的外交官に新たな光

「諜報の天才　杉原千畝」(白石仁章著)

杉原千畝といえば、約6千人のユダヤ人を救った「人道主義的な外交官」として有名である。駐リトアニア領事代理としてホロコースト(大虐殺)の危機からの脱出を切望するユダヤ系難民のために、受け入れに消極的な日本外務省の命令に反し、日本を通過できる「命のビザ」を発給した。終戦後、その行為をとがめられて退職したが、近年その功績が再評価され、名誉が回復された。

本書は、杉原のソ連情報の専門家としての側面を際立たせている。満州事変後、ソ連管理下にあった北満鉄道(東清鉄道)の買収交渉を、巧みに入手した極秘情報をもとに優位に展開し、購入価格の大幅値下げに成功した。切れ者ぶりを見せつけられたソ連側は、あらゆる外交手段を用いて杉原のモスクワ赴任を妨害する。ソ連内で彼の能力を発揮させたい東京の本省と、それを拒否するソ連側との攻防は見どころが尽きない。

かのビザ発給も対ソ諜報(ちょうほう)活動のたまものだった。第2次大戦の直前に、杉原はソ連に接していたリトアニアに赴任し、諜報活動を開始。ドイツとソ連の双方から迫害されるユダヤ人をターゲットに絞って接近したとき、彼らの切なる脱出願望に目を止める。ヒューマニストの側面が頭をもたげ、本省の訓令に違反してまで多くのユダヤ人を救う。外交官の立場をかなぐり捨てて、人道を優先し、情報源を大切にするという諜報の原則を貫徹したのだ。

外務省外交史料館で膨大な「日本外交文書」の編さんに携わる著者は、当時の外交史料をくまなく読みこなし、インテリジェンス・オフィサー(情報担当官)としての杉原に新たな光を当てた。ビザ発給の裏でポーランド情報将校と密接な協力関係を築いてソ連情報を共有したことなど先行研究もしっかり踏まえている。アクセス可能な外国の資料を利用せず、日本側文書だけで評価している点が気にかかるものの、杉原ファン必読の書であることに違いない。(稲葉千晴・名城大教授)

(新潮選書・1155円)＝2011年3月24日②配信

被害者遺族に耳を傾ける

「アフター・ザ・クライム」（藤井誠二著）

テレビに映る犯罪被害者遺族は、大抵の場合、目に涙を浮かべ、怒りに震えている。そして、悲嘆に暮れた果ての最後の声を振り絞って、「極刑を望む」と語る。それを見たほとんどの視聴者は、「あなたの気持ちはよくわかる。こんな鬼畜は死刑にするしかない」と思う。一方で、私を含めた少数の死刑廃止を望む人々は、「あなたの気持ちは痛いほどわかる。だがしかし、国家による殺人を認めることは、どうしてもできない」と結論づける。

本当だろうか？　私たちは、本当に犯罪被害者遺族の気持ちをわかっているのだろうか？　本書は、どちらの側に立つ人間にもそのように問いかけてくる。

娘を強姦（ごうかん）、殺害した加害者に死刑が執行された日に「人間として最低の言葉かもしれないが、望んだ結果だった」と語った父親の、それまでの心の変遷。両親を惨殺された娘が加害者死刑の報を受け「まるで手の中の生きた虫を握りつぶしてしまった、ざらっとした嫌な気持ち」と語った、その真意。メディア報道からこぼれ落ちるこれらのディテールを著者は丹念に拾い集める。そこでは「被害者感情」という単純な一言では決して言い表せない複雑な思いが、出口を求めて絡み合い、ほどけなくなっていた。

読み進めるうちに、私は「赦（ゆる）す」という言葉を欲している自分に気づく。わかりやすい「悲しさ」や「怒り」、「憎しみ」を欲するマスメディアと同様に、私は、被害者遺族に加害者に対する「赦し」という結論を求め、思考停止したがっていたに違いない。

その当事者にならない限り、私たちは犯罪被害者遺族の気持ちを本当の意味ではわからないだろう。であれば、少なくとも、その声に耳を傾け続けるしかない。その過程を経ない結論など傲慢（ごうまん）としか言えない。死刑廃止、存置の結論はひとまずおいて、被害当事者を目の前にして、その表情やしぐさも含めた言葉にじっと聞き入るような気持ちで読んでほしい一冊だ。（土屋豊・映画監督）

（講談社・1785円）＝2011年3月24日③配信

感傷の可能性と限界描く

「女が国家を裏切るとき」（菅聡子著）

女性と国家の関係を「文学」を通して論じる本書が注目するのは、「文学的感傷」の力である。感傷は人と人を湿った感情で結びつけ、全てを曖昧にしてしまう。そのようにして感傷は暴力を隠蔽（いんぺい）し、さらには暴力を担いもする。また感傷がつくりだす共同性は、国家を支える力ともなる。

明治に立ち返って、とりあげられるのは、和歌というジャンルである。和歌は女性のたしなみとされ、皇后を「歌聖」とする文脈のなかで、女性を国民化する装置となったという。小説家として知られる樋口一葉だが、本書では歌人の側面に光をあて、国家に重なる様子と国家を裏切る瞬間が、裏表に見いだされている。和歌が帯びた女性性は、たとえば日清戦争の題詠において、一方で共同性をつくりだし、一方で求められた雄々しさを逸脱するのである。

また昭和の戦前戦中の問題として、女性読者の圧倒的な支持を得ていた吉屋信子がとりあげられている。吉屋の小説を読みふけった女性読者たちは、かれんな登場人物たちにわが身を重ねつつ、ともに涙をこぼしあった。感傷の力は体制にひそかに反逆する女性の共同体を生みだしたが、彼女の作品が「花物語」から「女の友情」、そして「女の教室」へと進むにつれて、皇国の欲望に回収されてゆく。

社会の周縁におかれた女性は、ときに国家と共謀し、ときに国家を裏切る。「文学的感傷」にもまた、可能性と限界の両面がある。本書はどちらかに片付けることのできないそのありようを、丁寧に浮かび上がらせる。

冒頭には現代の人気コミック「最終兵器彼女」の分析がある。「文学的感傷」が暴力と絡み合う不幸は、今なお継続中である。体制の外側への逃亡を夢見るのではなく、内側を生き抜きつつ暴力に抗して他者に向き合うには、感傷を組み替える何かを見いだすことが必要なのだろう。感傷と女性性を結び合わせてきた私たちの感性が問われている。（飯田祐子・神戸女学院大教授）

（岩波書店・2940円）＝2011年3月24日④配信

軽快、ダイナミックな秘史　「活劇　日本共産党」（朝倉喬司著）

朝倉喬司氏が亡くなったのは昨年暮れ。享年67歳、孤独死。この本が遺作になった。

私は40年近く前の「週刊現代」編集者時代、朝倉記者と知り合った。活動家歴あり、大学中退。痩身（そうしん）で常にハンチング帽をかぶり、どんな難しい取材相手にも「どうもどうも朝倉です」と言いながら懐へ入りこむテクニックは、匠（たくみ）の技だった。

その後フリーになり、大阪・釜ケ崎に暮らしたりしながら、事件はもとより、ヤクザや在日韓国人、山窩（さんか）など、日本社会の裏面に光を当てるノンフィクションを次々に発表してきた。

そんな彼が書く日本共産党は、「活劇」と付いているように、一味も二味も違う、朝倉節炸裂（さくれつ）である。日共草創期に活躍した南喜一、徳田球一、田中清玄を選んだことからも、著者の意図が見えてくるが、私は、南の章を面白く読んだ。

南は、関東大震災の混乱時に、社会運動をやっていた弟を軍に殺されたことに義憤を感じ、所有していた工場を売っ払い、非合法共産主義に身を投じる。この後に徳永直の小説「太陽のない街」で知られる共同印刷の大争議、兄弟分の同志渡辺政之輔の自害へと続く。

検挙後、共産党を抜けた南は、地元の東京・向島の玉の井で売春婦の解放運動を始め、テキヤの親分のバックもあって、置き屋たちに条件を認めさせることに成功する。だが、足抜けさせた娘の故郷へ戻り、感謝され、寝ついた床で耳にした、娘の身内の〝本音〟にむなしさを感じ、実業家に再び転身してしまう。

琉球人・徳田は国際政治にもみくちゃにされたあげく、中国で客死。田中は獄中で転向する（この章未完）。担当編集者によれば、このあと「スパイM」「山村工作隊」「在日朝鮮人祖国防衛隊」を書く予定だった。

日本共産党秘史を、彼がこよなく愛した河内音頭のように軽快でダイナミックに描こうという、前代未聞の試みが、一冊で終わってしまったのは、二重に残念である。（元木昌彦・編集者）

（毎日新聞社・3150円）＝2011年3月24日⑤配信

特異な画家の生涯を概観「バルテュス、自身を語る」（バルテュス、アラン・ヴィルコンドレ著、鳥取絹子訳）

画家バルテュスのよく知られている作品「夢見るテレーズ」や「暖炉の前の人物」を目の当たりにすると、多くの観客は、妄執を感じさせる特異な作風にあぜんとすると同時に、古典的ともいっていい写実画法に大いに驚くに違いない。

私自身、30年近く前に彼の作品を初めて見た時にそうした印象を抱いたひとりだった。それからほどなく、著名な作家・思想家にして、晩年には奇矯な絵画も描いていたピエール・クロソウスキーの弟が彼だと知り、強烈な妄執と古典的な雰囲気の混交に妙に納得がいったものだ。そんなバルテュスも92歳で亡くなって既に10年がたつ。本書を通じ、その生涯を概観する機会を得て、彼はやはり古典的な画家なのだとの思いを新たにした。

ポーランド貴族を父に持つ名門の出自ゆえのこととはいえ、学校に通うことなく、ルーブル美術館での模写によって美術を学んだ若年時代の記述や、ピエロ・デッラ・フランチェスカから強い影響を受け、モーツァルトの曲や小説「嵐が丘」を愛好する一方、シュールレアリスムとの距離感をはじめ、同時代の美術に対する冷淡な視線は、およそ20世紀を生きた画家のものとは思えない。

生前は気難しい性格の毒舌家としても畏怖されていたバルテュスだが、本書の語り口は終始穏やかだ。若いころにリルケ、ジッドといった文人に薫陶を受けたこと、兄への複雑な心情など、あまり知られていない話もふんだんに語られている。伝記作家として定評のある著者ヴィルコンドレの巧みなインタビュー術に負うところが大きいのだろう。

ちなみに、本書にもしばしば登場する節子夫人を伴侶にしたバルテュスは知日家としても知られていたが、日本での個展は2回ほどのようだ。画集などで見てもインパクトは十分だが、あの独特の魅力はやはり大画面のキャンバスで味わいたい。本書の出版が久々の個展開催のきっかけとなるようなら幸いである。（暮沢剛巳・美術評論家）

（河出書房新社・3990円）＝2011年3月24日⑥配信

繋がり求め、動き出す人々

「からまる」(千早茜著)

本書は、デビュー作「魚神」で2008年の第21回小説すばる新人賞を受賞した作者の新刊である。「魚神」は09年の第37回泉鏡花賞の受賞作にもなった。2作目の「おとぎのかけら」は「魚神」同様、妖しくも美しい、幻想的な世界だったのだが、この3作目で作者が描いたのは、7人の男女それぞれの、リアルな心のありさまである。

本書の真ん中にいるのは、公務員の青年だ。彼を主人公にした「まいまい」から始まり、ふとしたことから彼と関係を持つようになった女医を主人公にした「ひかりを」まで、7編が収録されている。年齢も性別もとりまく日常も、全て異なっている彼らに共通しているのは、自分は誰とも繋(つな)がりあえないのかもしれないというおそれと、そのおそれから身を守るための、緩やかなあきらめだ。

彼らのおそれが読み手に迫ってくるのは、濃淡の違いはあれ、現代に生きる者にとって、そのおそれが共通したものであるからだ。うわべは取り繕ってやり過ごせてはいるものの、どこか埋め尽くせない何かにふと気付いてしまうような、そんな経験があるからだ。

しかし、本書の登場人物たちは、自分の殻を破ることで、自分から行動を起こすことで、彼ら自身の寂しさやおそれと向き合う。ほんのちょっとしたきっかけや、ささやかな気付きから。そんな彼らのきっかけを作り出したのもまた、彼らの周りにいる人々だった、というところに、本書に込められた作者の想(おも)いがあるのだと思う。

人は誰もが寂しい。大人も子どもも。男も女も。そして、その寂しさには、慣れることができない。けれど、だからといって、自分を閉ざしてしまってはいけない。人と人とのかかわりをあきらめてはいけないのだ。自分が傷つくことをおそれるあまり、誰かを傷つけてはいけないのだ。

ひそやかで静かな、けれど芯の強さを秘めた物語、それが本書である。

(吉田伸子・書評家)

(角川書店・1575円)＝2011年3月31日①配信

“おごる平家”の変遷検証

「変貌する清盛」(樋口大祐著)

「平家物語」は、日本の物語文学史上、最高傑作の一つといわれる。そこから派生した文学、芸能作品は、中世以降、現代に至るまで膨大な数に上る。古代王朝政治が滅び、源平合戦の争乱期を経て中世の幕が開くまでの、この壮大な歴史ドラマを知らない人は、まずいない。

そこに描かれた平清盛のイメージも、多くの人が共有してきた。主人公の清盛は、成り上がった末の「おごれる人」であり、権力をほしいままにして、王法をないがしろにしたり、南都(奈良)を焼き打ちにするなどの「悪行」を重ね、天罰とも思える熱病にかかって死んだ、というものだ。やがて、あれほどの栄華を誇った平家も、源氏に滅ぼされる。

そうした「おごる平家」を象徴する「悪いやつ」としての清盛像は、どのようにして創られたのか。著者は、平家物語を軸に、清盛と同時代の日記や文学に記された清盛を探り、もう一つの清盛像を浮かび上がらせる。

例えば、「十訓抄」には、部下に対して思いやりと気配りを見せる清盛が記され、「愚管抄」には、寛大で包容力があり、双方の調和を取る清盛が描かれる。

また九条兼実の日記である「玉葉」は、平治の乱(1159年)以後の清盛を好意的に描く。しかし、清盛が79年にクーデターを成功させて権力を掌握した後、兼実の筆は、清盛に対して嫌悪に満ちたものになっていくという。

ついで著者は、「平家物語」の中の清盛を詳しく分析。さらに、中世後期の謡曲や幸若舞曲で平家物語が大衆化していき、清盛の「悪行」も変貌していくことを記す。また近世演劇(浄瑠璃・歌舞伎)で、清盛の人間的悪行ぶりが誇張されていったことを論証する。

それだけではない。近代以降、国定教科書や研究書、また吉川英治の「新平家物語」ほか小説の中で、清盛像がどう変貌してきたかを述べる。研究書ではあるが、読み物のごとく面白い。(高橋千劔破・文芸評論家)

(吉川弘文館・1785円)＝2011年3月31日②配信

少女の心の永遠の異邦人

「ジーン・セバーグ」（ギャリー・マッギー著、石崎一樹訳）

今ではさすがに知る人も減ってきているようだが、かつては「セシル・カット」と言えばベリーショートの代名詞で、ジーン・セバーグが演じた役名にちなむその髪形の呼称には、最先端の女性を想起させる響きがあった。

セバーグは、ハリウッド女優でありながらパリに住み、彼女を一躍有名にした1959年のゴダール映画「勝手にしやがれ」をはじめとして、若手監督の実験的な作品にも進んで出演する一方で、黒人やアメリカ先住民など、さまざまなマイノリティーに対して積極的な支援を惜しまなかった女性だったのである。

それにしても、この伝記を読むと、彼女の人生がなんとも波乱に満ちたものだったことにあらためて驚かされる。女優として華々しくデビューし、フランスのヌーベルバーグと出会ったかと思えば、後半生ではブラック・パンサーと関わり、それ故に米連邦捜査局（FBI）の介入を受け、不審な点の多い「自殺」を遂げる。これだけでもゆうに映画数本分のシナリオの材料となりそうだ。

関係者の証言を数多く収めた本書から浮かび上がってくるのは、「傷つきやすい、少女みたい」な女の肖像である。2番目の夫であり、外交官で作家のギャリは、彼女が知性と才能と美しさに加え、「子どものような純粋さ」を持っていたと語る。セバーグは濁りのない目で世界を見ようとしていたのだ。だがそれは社会への適合を困難にし、「どこにいても私はよそ者だという気がしていた」と彼女を嘆かせるに至る。

米国にもフランスにも帰属せずに仕事を続けた彼女は、精神的にも異邦人であり続けたのかもしれない。それが破滅の原因となるわけだが、しかし逆に、ジーン・セバーグという存在を最先端の女性として輝かせていた。20世紀後半の風俗史としても興味深い本書を読んでいると、あのブロンドのショートヘアにスクリーンで再会したいという気持ちがふつふつと湧いてくる。（谷昌親・早稲田大法学部教授）

（水声社・3675円）＝2011年3月31日③配信

西洋医学伝えた外国人医

「日本近代医学の黎明」（荒井保男著）

1887（明治20）年、日本政府は国是としてドイツ医学を採用したが、それ以前には米国系と英国系の医学が主流であった。幕末、横浜にやってきた宣教師の医師や軍医は、優れた医療技術や見識で日本医学の近代化に大きく貢献した。本書は、過渡期の外国人医師たちの活躍を、医学に長く関わってきた著者が詳細に跡づけている。

代表的なのが、ヘボン式ローマ字の創始者として知られる米国人ヘボン。攘夷（じょうい）思想が荒れ狂っていた時期に来日し、幕府の干渉に悩まされながら、庶民を対象とした施療活動をはじめた。当時は身分制度が厳しく、上下の分け隔てなく献身的に医療を行うことは、庶民には喜ばれたが、幕府の役人にはなかなか理解されなかったようだ。

当時の名優三世沢村田之助の壊疽（えそ）を治療するために、はじめてクロロホルムを用いて片足を切断したというエピソードもさることながら、日本初の本格的和英辞書である「和英語林集成」を編んだことにも驚かされる。語学の才も豊かだったことをうかがわせる。

ヘボンに勝るとも劣らない業績をのこしたのは、米国人医師シモンズであろう。その最大の功績は、横浜の劣悪な衛生環境を向上させるため、土地や住宅の改善をめざす「防恙（ぼうよう）法」（現在の感染症予防法）を建議したことだった。また日本人の体質に合った治療を行い、コレラや梅毒の予防にも力をつくした。

原因不明とされていた脚気（かっけ）についても、米飯の悪いことや、豆類や麦を米飯にまぜるのが有効であることを主張した。軍医だった森鷗外がこれに耳を貸さず、兵食に米飯を採用させた結果、多くの兵士を死亡させたことに対し、著者は医師としての立場から、厳しい批判を下している。

ほかにも多くの優れた医師が紹介されている。公衆便所の創設、せっけんや製氷事業などにも目が行き届き、とかく忘れがちな近代史の重要部分に光をあてた好著となっている。（紀田順一郎・作家）

（中央公論新社・1890円）＝2011年3月31日④配信

覚悟決めたすがすがしさ「最後の審判を生き延びて」（劉暁波著、廖天琪・劉霞編、丸川哲史・鈴木将久・及川淳子訳）

中国の著名な民主派作家・劉暁波氏の思想はこれまで「天安門事件から『08憲章』へ」（藤原書店）などの翻訳書があったものの、日本で十分に紹介されてきたとは言いがたい。しかし、昨年のノーベル平和賞受賞で知名度が一気に高まってきたようである。

本書は妻の劉霞氏が選んだ獄中詩など、劉暁波氏の多大な散文・詩の中から一部の作品を掲載している。民主化ばかりでなく、インターネット、北京オリンピック、オバマ大統領当選など話題は多岐に及ぶ。

拘束前も北京で常に監視状態に置かれていた劉氏だが、官憲の妨害を受けながらも若手・ベテランを問わず中国の知識人や文化人と積極的に交流を重ねていたこともあり、思いのほか視野が広いことに気付く。

逮捕後に獄中で書かれた「私の自己弁明」「私には敵はいない」の2編は現在の彼の心境を知る貴重な手がかりと言える。中国政府との対決姿勢はみじんも見せず、静かな語り口で罪の不当さを訴え続ける文章は、一般的イメージとしての闘う作家の姿とは大きくかけ離れている。

廖天琪氏の序文、徐友漁氏のあとがきとも、劉氏が1989年天安門事件の頃の激しさに比べて穏やかになった変化に触れている。確かに獄中での2編の文章では覚悟を決めたかのようなすがすがしさが際立っており、そんな彼が2020年までの長きにわたり牢獄（ろうごく）に縛られることは、余計に重く受けとめさせられる。

残念なのは、巻末の訳者解説だ。中国共産党の独裁が進み、個人の利益追求手段がもはや他になくなった結果と取るのがむしろ常識である〝党員の増加〟を、そうした注釈もなく劉氏の思想と対比したりしたことだ。

そうしたことを持ち出すのが、中国政府の弁護のように読めてしまったのは、ぼく一人ではあるまい。下からの民主化を模索し続ける劉氏の文章に触れた後だけに、大きな違和感を持ったことは指摘したい。（麻生晴一郎・ルポライター）

（岩波書店・3360円）＝2011年3月31日⑤配信

全編染める温かい人情「麒麟の翼」（東野圭吾著）

「麒麟の翼」という書名は、作中の被害者がたどり着いた場所を指している。建築部品メーカーの製造本部長である青柳武明は、胸にナイフを刺されたまま日本橋の欄干まで歩き、力尽きた。実在するこの欄干には翼の生えた麒麟（きりん）の像があり、その写真が本書の装丁にも使われている。

事件に関しては、現場近くで警官の姿を見て逃げ出し、トラックにはねられ昏睡（こんすい）状態に陥った八島冬樹が、有力な容疑者とみられた。派遣切りにあったというこの青年は、福島県出身だったが、恋人の中原香織とともにヒッチハイクで上京した過去があった。その時に目指した場所は、日本中の道路の起点とされた東京の日本橋だった。格差社会が生んだ事件としてマスコミ報道がされるなか、被害者の家族、容疑者の恋人はそれぞれ苦しむが、事態は素直には収束しなかった。

派遣社員の置かれた理不尽な就労環境が語られる前半は、この小説が格差社会という現代的な問題をテーマにしているかのように思わせる。しかし、さらに読み進めた時に感じるのは、現代性よりもノスタルジーである。東野圭吾の人気キャラクターである加賀恭一郎刑事は、シリーズ前作の「新参者」と同じく、本書において下町的な雰囲気の残る日本橋界隈（かいわい）の商店を聞き込みで歩き回る。やがて浮かび上がってくるのは、家族や恋人たちの絆だ。

昭和30年代の下町人情を描いた2007年の映画「ALWAYS　続・三丁目の夕日」には、頭上を高速道路に覆われる以前の日本橋周辺が登場した。一方、「麒麟の翼」はケータイやインターネットの存在する現代を舞台にしているが、ここに登場する日本橋の風情や人間たちの絆は、むしろ同映画にみられた昭和へのノスタルジーに近い雰囲気を持っている。過去にはあったはずだと多くの人が夢想する「温かい人情」の色で全体が染められているのだ。懐かしい印象の小説である。（円堂都司昭・文芸評論家）

（講談社・1680円）＝2011年4月7日①配信

波瀾万丈の人生を率直に 「死刑囚から大統領へ」「歴史を信じて」(金大中自伝Ⅰ・Ⅱ)(金大中著、波佐場清、康宗憲訳)

「父には二人の妻がいて、私の母は第二夫人だった」。第1章はこんな告白で始まる。韓国の大統領を2003年に退任し、09年に亡くなった金大中氏が生前には明かさなかった秘話だ。本書は訳書だが、原書は一周忌の昨年夏に韓国で出版された。約40回に及ぶオーラルヒストリーが基になっている。秘話はプライベートに限らない。

例えば、00年に平壌で開催された南北首脳会談をめぐる北朝鮮側とのやりとりは生々しい。02年には金正日総書記がソウル答礼訪問を渋り、ロシアのイルクーツクでの会談を提案してきたが、金大中氏はこれを拒否したという新事実も明かす。

日本にまつわるエピソードも多いだけに、「五度に及んだ死の危機、六年間の獄中生活、数十年間の監視と軟禁、亡命生活」という波瀾(はらん)万丈の人生と独自の哲学を、世襲議員だらけで苦労知らずの日本の政治家は知るべきだ。一方で、権力者としての自画自賛や韓国社会で失政と評されている出来事への弁解も随所にある。南北首脳会談の実現のため秘密資金が北側に渡ったが、これを「いい暮らしをしている兄が貧しい弟を訪ねていくのに、手ぶらで行くわけにはいかないではないか」と率直に正当化する。

全2巻で千ページに及ぶ本書の面白さは、この率直さにある。「『大学コンプレックス』があった」と振り返り、「あんなに華麗な花火は見たことがなかった」と日韓首脳会談後の熱海での思い出を記し、「任期末の政権はまったく無力だった」と回顧する。

韓国の歴代大統領への愛憎も興味深いが、米大統領評も率直だ。クリントン氏を「私は彼のことが大好きだった」とする一方で、「ブッシュ大統領のことを思い出すと心が重くなった。〇一年初めの首脳会談で、ブッシュ大統領は非常に無礼に振る舞った」と言う。

一部に事実誤認の「語り」もあるが、「金大中史観」で韓国現代史を読み解く貴重な記録である。

(小針進・静岡県立大教授)

(岩波書店・各4095円)＝2011年4月7日②配信

魔法の空間の重層的喜劇 「本日は大安なり」(辻村深月著)

少子化が深刻な社会問題になって久しいが、それと表裏一体の問題が結婚年齢の高齢化であり、結婚率の漸減傾向であろう。とはいえ数年前から「婚活」なる言葉がよく使われるようになるなど、時代による意識や形態の変化はあっても、結婚そのものに対する願望や憧れは厳として存在しているのではないだろうか。

そして婚活のゴールでもある結婚式と披露宴は、まさに人生における最大のハレのイベントといっても過言ではない。

県内有数のホテルに設置された高級結婚式場。晴天に恵まれた晩秋の大安の日曜日。最高の結婚式日和には4組の式と披露宴が予定されていた。

一方が花嫁となる双子姉妹は、双子ならではの確執を胸に今日の日を迎え、皆の意表を突いた趣向を計画する。

ホテルのスタッフであるウエディングプランナーの女性は、短慮でわがままな花嫁に振り回され通しだった。ところが花嫁本人の連絡ミスで、友人の着付けとヘアセットの予約を取っていないことが発覚。さらに急な変更まで頼まれて慌てるが…。

大好きな叔母が花嫁になる日を迎えた小学校2年の男の子は小さな胸を痛めていた。叔母に隠れて花婿が何かたくらんでいるらしいのだ。

夕方からの式の主役であるはずの男は、ある意図を秘めて式場に忍び込みトイレに身を隠す…。

特定の場所に集った人々に起きるさまざまな出来事を、同時進行的に描くタイプの作品を、映画の題名から採って「グランドホテル方式」と呼ぶ。本書もその手法にのっとった作品である。

徐々に明らかになる意外な人間関係や大胆な趣向には、作者がミステリー作品で培ってきたテクニックが生かされている。結婚式という「大っぴらに金を使える非日常の魔法の空間」にふさわしい事件と人間ドラマが織り込まれ、作者の充実ぶりがうかがえる楽しい作品に仕上がっている(西上心太・書評家)

(角川書店・1680円)＝2011年4月7日③配信

根幹になんちゃって精神

「括弧の意味論」(木村大治著)

京都学派とでも呼ぶべき人々がいる。「大東亜戦争」をイデオロギー的に支えた高坂正顕や西谷啓治といった京大の哲学者グループのことではない。立派な学問的業績を残しつつ、そこに飄々(ひょうひょう)とした味わいを維持した京大系の学者、文化史家の井上章一や先年亡くなった数学者の森毅といった人々のことである。本著を一読して、コンゴ(旧ザイール)やカメルーンをフィールドにした人類学者である著者の木村大治は、森や井上の系譜にある者だと思った。

扇情的な言説で部数を上げる「週刊新潮」の見出しや現代思想系の文献で頻用される括弧、さらには映画解説の淀長こと淀川長治の解説で多用される「あの」などに目をつけ、その括弧や「あの」などの使われ方を分析したのが本著である。

というと人類学者が余技として書いた際物と思われるかもしれない。もちろんそうではない。最新の言語理論や言語哲学、現象学等の知見をふんだんに活用して書かれたれっきとした学術書だ。

といって眉間にしわを寄せて読まねばならぬ思想書の類いではない。著者と同世代の私がはたと膝をたたいたのは、懐かしい「なんちゃっておじさん」に言及された箇所だ。「なんちゃっておじさん」とは何かは本書に譲るが、この「なんちゃって」をジャック・デリダの言語論と結びつけて論じたところは白眉だ。

どんなに真剣で深刻な話も、最後に「なんちゃって」を付けると笑い話のようなものになり、その真剣さ深刻さが相対化される。括弧の最も重要な意味の一つがこの相対化にあるのだ。何より、括弧の持つこの「なんちゃって」性こそ、括弧の意味論を分析した本著の根幹にあるものだ。そしてそれは森毅や井上章一といった「京都学派」の学者の精神の神髄にあるものだ。

誤解を恐れずに言えば、未曽有の震災を経験したわれわれに今求められるのは、この、括弧=「なんちゃって」の精神だと思う。(千葉一幹・文芸評論家、拓殖大教授)

(NTT出版・2415円)=2011年4月7日④配信

巨匠めぐる複雑な群像

「フルトヴェングラー」(奥波一秀著)

どんな人間でも政治や社会と無縁には生きていけない。特に人の上に立つ地位であればなおさらだ。ヴィルヘルム・フルトヴェングラー(1886〜1954年)は今もって史上最高ともいわれるドイツの名指揮者だが、彼も例外でなかった。

フルトヴェングラーの脂がのりきっていた時代は、ナチが台頭し、政権を獲得した時期だった。悪いことに、ヒトラーをはじめとするナチの高官たちは芸術、ことにクラシック音楽を非常に好んでいた。彼らは、ベートーヴェンやワーグナーなどのドイツ音楽を民族の優秀さを表す証拠と考え、こうした音楽を得意とする大指揮者を賛美し、利用しようとした。その一方で、芸術を堕落させるとしてユダヤ人音楽家や前衛作曲家を容赦なく弾圧した。

多くの音楽家が亡命したのに、フルトヴェングラーは国内にとどまった。ドイツ芸術を守るためというのが理由だったが、ナチの宣伝塔に見えたせいもあり、戦後はファシストと誤解された。

もっとも彼自身の中に、ナチ的な発想がまったくなかったわけではない。芸術は民族から生まれるものであり、中でもドイツ音楽こそが世界最高の芸術であると信じて疑わなかったのだ。

フルトヴェングラーはナチの犠牲者か同調者か。この問題はすでに半世紀以上論じられており、類書も少なくない。本書が特に印象的なのは疑問符の多さであり、意図的な歯切れの悪さだ。著者はさまざまな資料や解釈を紹介し、単純化を警戒しつつ、大指揮者をめぐる複雑な群像を描き出す。それが、ともすれば物語的な英雄伝になりがちな類書との大きな違いである。実際、真実は著者がつづるような複雑で微妙な相関関係の海に漂うものだったろう。

ただ、フルトヴェングラーは自民族至上主義という幻想に殉じたとは言えるはずだ。西欧では半世紀以上前に暴発したこの幻想は、それ以外の地域ではいまだに甘美な夢であり続けているが。(許光俊・音楽評論家)

(筑摩選書・1890円)=2011年4月7日⑤配信

希望の世界取り戻す救出劇　「チリ33人」(ジョナサン・フランクリン著、共同通信社国際情報編集部訳)

落盤やガス突出など、炭鉱で大事故があったとき、労働者の命はほとんどが絶望的となる。日本では救出された例はすくない。昨年8月のチリ・サンホセ銅鉱山で落盤事故が発生し、33人の労働者が消息を絶ったとき、その生還を信じたのは、家族のほかはごく少数だったはずだ。

17日目にして、地底700メートルでの奇跡的な生存が伝えられ、救援への期待が一気にたかまった。その救出にいたるまでの69日間のプロセスは、9・11テロルとアフガン・イラク侵攻に代表される、恐怖と報復の現代世界からの精神的な脱出でもあった。希望と信頼と友愛の世界を取りもどしたい、世界中のひとたちを巻き込んだドラマだった。

全員救助に成功するまでの感動は、すでにテレビで報じられている。それをもう一度活字で再現するのは、ライターには荷が重い作業である。著者は、貫通した直径70センチの竪坑(たてこう)を地底にむかう「フェニックス」と名付けられたカプセルが下降していくシーンに始まる、膨大な関係者に取材した記録を書きだした。

「レスキュー・パス」という特権的な通行証を入手した著者は、69日間の日付ごとに、地底の労働者と、地上の大統領をはじめとした政府関係者、家族・親戚、救援隊、技術者、心理学者、栄養学者、医師、ボランティア、さらに2千人にもおよぶ報道陣の行動と心理とを交互に描いている。

突如として砂漠の鉱山地区に出現した「エスペランサ」(希望)村で、南米特有というべきか、救出のドラマが次第に過熱し、歓喜と生命賛歌の祝祭のように盛り上がっていく。が、成功はけっして奇跡ではない。

世界的な技術支援とチリ政府の資金を惜しまなかった政治判断、なによりも真っ暗で湿度の高い悪環境で、希望を捨てなかったチームワークが、世界で初めて700メートルの地下生活を生き延びさせた。その教訓を伝えようとする著者の熱意が、よく伝わってくる。(鎌田慧・ルポライター)

(共同通信社・2520円)＝2011年4月7日⑥配信

緻密で圧倒的な物語世界　「雑司ケ谷R.I.P.」(樋口毅宏著)

樋口毅宏のデビュー作「さらば雑司ケ谷」の続編が登場した。それが「雑司ケ谷R.I.P.」だ。いきなり本書を手にしても問題ないが、前作を知っていた方が、よりストーリーや人物が理解できるようになっている。また、巻末には、映画「ゴッドファーザーPARTⅡ」をはじめ、膨大なオマージュの対象が並んでいる。作者の挙げた作品の幾つかを味わってから、この作品に取りかかってもいいだろう。

雑司ケ谷を本拠地とする巨大宗教団体「泰幸会」の教祖・大河内泰が102歳で死去した。中国から帰国した泰の孫(実は息子)の太郎は、2代目教祖の座をめぐる争いに、積極的にかかわる。並行して、何者かの手記により、泰の壮絶な人生が明らかになっていく。ふたつのストーリーは、しだいに絡まりながら、阿鼻(あび)叫喚のクライマックスへと向かうのだった。

本書の登場人物の死亡率は高い。しかも、ほとんどが殺人だ。大人も子供も関係ない。無慈悲に、無残に、たくさんの人々が死んでいく。過激きわまりない描写が多く、その意味では読者を選ぶ作品である。だが、これが作者のリアル。一度はまってしまえば抜け出せない、圧倒的な物語世界が広がっている。実にパワフルで、魅惑的な作品なのだ。

また、ストーリーも、自由奔放に見えて、本当は緻密に構築されている。泰に関する手記が現代に近づくにつれ、新たな事実が判明し、謎の部分がきれいに埋まっていく。上質な本格ミステリーと同等の驚きが、ここにあるのだ。

さらに付け加えるならば、前作に引き続き、シンガー・ソングライターのオザケンこと小沢健二の魅力が熱く語られている。いったい作者、どれだけオザケンが好きなんだよと、ついニヤニヤ。本筋と関係ない、さまざまな事柄についてのユニークな考察も、本書の大きな楽しみになっているのである。(細谷正充・文芸評論家)

(新潮社・1680円)＝2011年4月8日配信

自他の距離超越した世界

「赤の他人の瓜二つ」（磯崎憲一郎著）

時空を超えて不思議な白日夢のような物語が展開されていく。

語り手の「私」は、自分と血の繫（つな）がりはないがうり二つだという男と、その家族の生活を淡々と紹介し始める。舞台はチョコレート工場に隣接した社宅と、その周辺の世界。男は工場で働く労働者で、息子と娘がいるが、娘は小学校に上がる前なのに大人びた性格で、年長の男の子の面倒を見たりしている。

ある日、この兄妹が釣りに出掛けた貯水池で、兄が誤って池に落ちるが、妹の機転のきいた行動で命拾いする。水中に没しかけたとき、兄は自分の死を意識するが、その死は「多くの死のうちの、たった一つの死に過ぎない」ととっさに啓示のようなものがひらめく。

一つの個体が、唯一絶対の存在ではなく、常に揺らめく生命の連鎖のようにうつろっていく感覚。自己が他者と入れ替わり、こちらに立っている「私」と、向こう側にいる「彼」とがうり二つのように変幻する世界。作品が、流れるような語りの言葉で繰り広げてみせるのは、自己と他者の距離や、現在と過去と未来の区切りを超越した世界である。

話は途中から、人類の歴史の中でチョコレートがどのように誕生したかというエピソードに移る。食用カカオの起源が述べられ、コロンブスが新世界から持ち込んだこの秘薬がヨーロッパを席巻していく歴史。西洋近代が、いわばチョコを媒介にして一つの甘く秘められた魅惑の歴史として語り直される。そして、このえたいの知れない「飲み物」は日本にも入り、前半に登場した兄妹らの話へと回帰する。

物語は飛躍したり反復したりするが、語りの言葉はいささかも停滞しない。脇道にそれていくように見えながら、幾本もの言葉の支流は、また合流し渦巻きながら完結へ向かう。作者のエクリチュール（書き言葉）の潜在力が、この語りの冒険を可能にする。ロートレアモンの「マルドロールの歌」にも似た言葉の魔術がここにはある。（富岡幸一郎・文芸評論家）

（講談社・1470円）＝2011年4月14日①配信

凡庸な存在としての教団

「オウム真理教の精神史」（大田俊寛著）

これまでオウム真理教、および教団がおこした事件は、さまざまな論者によって語られてきた。そこでは、オウム教団は特殊な存在であり、同時代の者として、それをどのように評価するのか、といった視点から論じられることが多かった。

著者は、宗教学者という立場からこうした問題の立て方を批判している。オウム真理教という存在は、近代においてはむしろ凡庸であり、歴史を参照すればいくつかの思考パターンに分類することができるというのである。それはロマン主義、全体主義、原理主義、という三つの思想である。

近代において、宗教は政治と切り離されている。国家は現世における「暴力装置」の機能を引きうけ、宗教は個人の「心理」の問題、もしくは「死」のように不条理な問題を引きうけることになる。結果として宗教は、個人の生や死に意味をあたえるという役割に特化することとなる。

こうした前提のもと、著者はさきの三つの思想を歴史的に分析していく。ナチズムのように、国家の排除した精神性などの問題が国家に回帰してくる場合もあれば、宗教的な原理主義のように、排除されたものが国家とは別の共同体を形成する場合もある。

この本の功績は、広い視野にたって、宗教とは直接の関係のないものも分析の対象としている点にある。たとえば、ドラッグカルチャーやニューエイジ思想は、ロマン主義の現代版として説明されている。オウム教団においてもそれらの要素がみられたのだが、著者によれば、それは近代においてはむしろありふれたものだということになる。

くしくも3月におきた大震災により、多大な人々の死という、近代の合理的な世界観では対応しきれない出来事がおきた。そこから癒やされるために、人々はナショナリズムを求めるのか、既存の宗教を求めるのか、あるいは別の物語を求めるのか、注視していく必要がある。本書はその指針となるべきものだ。（池田雄一・文芸評論家）

（春秋社・2415円）＝2011年4月14日②配信

限界に挑んだ実験的小説

「オジいサン」(京極夏彦著)

「お爺さん」でも「オジイサン」でもない。「オジいサン」という不思議なアクセントで誰かに呼ばれたのは、一体いつのことだったか…。京極夏彦の新刊は、そんな疑問から一日一日の記憶をたどろうとする老人の物語である。

定年後の人生をつつましく過ごす益子徳一(72歳、独身)。物語はある朝、彼が目覚めるところから始まる。目を開けてから起き上がるまでにかかったページ数は、驚異の21ページ。21ページもの間、彼は目を開けたまま布団の中であれやこれやと考え事をしているのだ。

そして起き上がってからはカセットテープのごみ分別に頭を悩ませ、近所の電気屋の、商売下手な2代目の「(地デジ化でテレビは) 何もかも映らなくなるから買い替えろ」という脅迫めいた発言に憤慨し、近所に住む「ご婦人」の"絨毯(じゅうたん)爆撃"のようなおしゃべりに閉口している。

物語は益子老人の一人称で展開される。「時間だけは売る程ある」という彼の頭の中をすべて文字に起こしたような、日記のような、もっと言ってしまえば益子老人の心の声のダダ漏れ状態、といった描写が続くのだ。

正直に言おう。これほどまでに睡魔と闘った本はいまだかつて、ない。というか実際寝た。彼の思考は、まるで連想ゲームのようにあっちこっちに転がって行き、取っ散らかったまま、まとまることがなく展開される。意味わからん。眠くてたまらん。

しかしこの物語は、穏やかで平凡で、おかしくもどこか切ない益子老人を取り巻く日常と、彼の思考を緻密にトレースすることで「臨場感あふれる退屈さ」という、これまでにない感覚を読み手に与える。

本作は「することがない日常を描く」という、小説の限界に挑んだ実験的要素の強い作品である。京極の挑戦は「老人にだって主人公になる価値がある」というエールのようにも思える。(宮田和美・ライター)

(中央公論新社・1575円)=2011年4月14日③配信

謎に満ちた美術商の全容

「ハウス・オブ・ヤマナカ」(朽木ゆり子著)

本書は、戦前まで米英などに日本や中国の美術工芸品市場を開拓しながら、米国の敵国資産管理人局(APC局)によって解体された美術商「山中商会」の変遷を明らかにした力作である。

本書の価値は、同商会の米国における謎に満ちた活動の全容を、請求書や領収書などを精査して時系列的に復元した点にある。これまでは、小柄で精力的、進取の気性に富むため「太閤」に擬された経営者山中定次郎ばかりが注目されてきた。

人間の活動の中でも、経済などはボーダーレスなものといえるが、多くはそうではない。美術品も美術商が国境を越えて移動させることでボーダーレス化する。山中商会は、日本の美術品が品薄になると、清帝国崩壊と日本の侵攻を機に、中国美術品を買い取り、米欧に売り出す。その価値を普及させた歴史的役割も、APC局による解体で終止符が打たれる。

一方、美術鑑賞は、猛烈に蓄財に励む上流層が、自己浄化の必修カリキュラムとしてきた。例えば、大富豪で米外交界の大長老だった故アベレル・ハリマンは米CBSテレビのトップに、美術や上流層の作法、価値観を手ほどきした。

山中商会がニューヨークの5番街に借りていた店舗の家主はロックフェラー家で、夫は欧州美術の、夫人は東洋美術のそれぞれ収集家だった。夫が山中商会との価格折衝で商才を発揮したことが書面から分かり面白い。

同商会は上流WASP(白人でアングロサクソンのプロテスタント)の牙城ボストンはもとより、メーン州の小島にある避暑地バーハーバーにまで支店を持っていた。米上流層人脈への食い込みの深さを感じさせる。

APC局は、三菱商事、横浜正金銀行とともに山中商会を接収企業とした。それほど米上流層に重視されていたのだ。同局は接収した美術品を一気に売らず、何度も展示販売した。美術品への理解を示し、同商会社員にも敬意を表した。米上流層のカリキュラムが生きていたといえる。(越智道雄・明治大名誉教授)

(新潮社・2100円)=2011年4月14日④配信

ヘーゲルの目で解きほぐす

「初期マルクスを読む」(長谷川宏著)

著者はドイツの哲学者ヘーゲルの名翻訳者である。その手にかかると難解な哲学用語も、平易な日本語に変貌する。

また市井の学習塾で学問を語ることを貫き通した人物である。著者とマルクスとの関係は古い。これまで沈黙していた著者が、マルクスについて何を語るか、これほど興味深いことはない。

本書のポイントは、ヘーゲルを知り尽くした著者が、マルクスの〝ヘーゲル読み〟をどう評価するかという点である。かといってヘーゲルからマルクスを一方的に読むのではなく、落ち着いた老大家ヘーゲルの目で、やや乱暴な若きマルクスの読みを解きほぐし、生き生きとした躍動感を与えようというのだ。

若きマルクスの傑出した論点は、人間の社会性に対する洞察だと、著者はいう。私もそれに同感だ。一人で生きているのではない。みんなで生きているのだという意識。これだ。マルクスの「経済学・哲学草稿」の、あまり問題にされてこなかった一節を著者はさらりと引用する。

「死は特定の個人にたいする類の冷厳な勝利であり、個人と類との統一に矛盾するように見える。しかし、特定の個人は特定の類的存在にすぎないのであって、特定の存在であるからには死をまぬがれない」

確かにマルクスは個人の死に対して妙に落ち着いている。ハイデガーが、死を知りつつもぎりぎりのところで生きる人間の生の肯定的意味を捉えたのとまったく違う。20世紀の大量殺りくの嵐の後と前との違いだとしても、マルクスの死に対する考えには妙な落ち着きがある。

著者はこの文章が好きだという。そこには、ある意味、若さのもつ生への肯定力が見える。若さと老いとの戦いの現実である。個人としては死滅しても、社会は死を通じて若返る。古いものの死がなければ、新しい生は出現しない。(的場昭弘・神奈川大教授)

(岩波書店・2415円)=2011年4月14日⑤配信

わかりやすさを拒む光源

「秋葉原事件」(中島岳志著)

これまで、中島岳志が専門とするジャンルについては、日本とアジアの近現代史という印象を持っていた。その中島の最新作が秋葉原の通り魔殺人事件をモチーフにしていると聞いたとき、正直に書けば若干の違和感があった。成功しないのでは、との危惧もあった。

結論から書けば、この違和感や危惧は、大きな杞憂(きゆう)で勘違いだった。

もちろん、文献や書籍に徹底して当たりながら自らの考察を思想へと深化させてゆく中島のスタイルは、今回も一貫している。ただし今回中島が向き合ったのは、いわゆる活字資料だけでなく、事件の犯人である加藤智大(かとう・ともひろ)を知る人たちの声であり、日本各地を転々とした加藤が見たであろう風景だ。それらの声や風景を追体験しながら再検証される加藤の掲示板サイトの書き込みは、中島という光源によって、これまでとはまったく別の角度からの影を提示する。

明確な動機がないままに不特定多数の人を殺傷した加藤について、この社会は当然ながら激しく震撼(しんかん)し、数値を代入してその公式の解を得ようとした。でもわかりやすい解が前提にあるのなら、代入される数値は逆算で規定される。特に事件発生時は、職場でツナギ(作業着)が見つからなかったことが、次には非正規雇用という不安定な状況が、加藤を犯罪に走らせた理由とされた。

このわかりやすい構図を、中島は本書で何度も「弾と引き金」の関係になぞらえ、引き金ばかりを探そうとする姿勢を断固として拒絶する。

引き金(きっかけ)は単純だ。極論すれば、何だって引き金になりうる。重要なことは、どのような過程を経て加藤の弾倉に実弾が充填(じゅうてん)されたのか、その経緯の解明だ。

本書で浮き彫りになる加藤の内面は、情報化社会に生きながら他者との関わりを求める若者の縮図であり、叫びでもある。

だから読み終えて気づく。とても大事なこと。

彼は決して「彼岸の人」ではないのだと。(森達也・映画監督、作家)

(朝日新聞出版・1470円)=2011年4月14日⑥配信

殺りく続ける人類を批判

「ジェノサイド」（高野和明著）

著者のデビュー作は死刑制度の是非に迫った第47回江戸川乱歩賞受賞作「13階段」。以来この10年はホラー系サスペンスを軸に活躍してきたが、本書は従来の作風とは一変、SFベースの国際大活劇に仕上がっている。

冒頭、コンゴ（旧ザイール）で人類を絶滅の危機にさらす新種の生物が発見されたという報告がなされ、物語はそれを起点に、主にふたりの人物を通して描かれていく。

ひとりは重病の息子を持つアメリカ人傭兵（ようへい）ジョナサン・イエーガー。彼は高額の報酬で極秘任務につくが、それは新種のウイルスに冒されたコンゴのピグミー族の一集団をせん滅せよというものだった。一方、薬学専攻の大学院生・古賀研人は急逝したウイルス学者の父の遺言で、ある化合物を秘密裏に合成するよう命じられる。

一見何のつながりもないように見えるふたりだが、コンゴの新生物の正体が判明するとともに互いの仕事の真相も明かされ、一連の出来事の背後で謀略をめぐらす黒幕に命を狙われ始める。

注目は何といっても新生物の正体だが、ここで明かせるのはおなじみのSFテーマに沿ったものということだけ。そのテーマでは多くの先行作品があるけど、著者はさまざまな最新情報を駆使して説得力を持たせており、古くささは感じさせない。

読みどころは新生物もさることながら、国際謀略の渦中に投げ出されたイエーガーと研人が追っ手から逃れつつ自分たちの使命を遂行しようとするところ。特に凶暴な民兵組織がばっこする戦争地帯を突破していくイエーガーのアフリカ脱出行は冒険小説ファンならずとも必読だ。

震災後の今、表題だけ見るといささか不穏さを感じさせないでもないが、ポイントはいつまでも殺りくを止められない人類への批判にある。まさにわれわれの今後の行方を占う壮大なテーマと迫真の活劇演出満載の「超弩級（どきゅう）エンターテインメント」である。（香山二三郎・コラムニスト）

（角川書店・1890円）＝2011年4月21日①配信

多声の響き合う一大絵巻

「愛、ファンタジア」（アシア・ジェバール著、石川清子訳）

父親に手を引かれて初めてフランス学校に登校するアルジェリア人の少女の姿から始まるこの小説は、20歳でデビューした北アフリカのフランス語圏を代表する女性作家アシア・ジェバール（1936年生まれ）が85年に発表した自伝的4部作の第1話である。

自伝と言ってもスケールが桁違いに壮大だ。次章では一転して、1830年にアルジェを攻略するフランス軍の情景へと飛び、その後も時代と人物は目まぐるしく入れ替わるからだ。ジェバールは交差する視線によって、語る多声を反響させ、一つの声を別の声によって上書きすることで、植民地的状況では自伝が個人的な問題ではありえないことを作品化する。

かくして、130年の隔たりをもつ二つの戦争、フランスによるアルジェ征服とアルジェリア人の蜂起による独立戦争を枠組みに、侵略者と抵抗者、男たちと女たち、英雄と卑怯（ひきょう）者、恋人や家族、有名無名の人々の小さな物語が記憶と忘却のうちでコラージュされ、女性の視点から大きな歴史があぶり出しのごとくにじわじわ浮かび上がる。

本作はマグレブと呼ばれるこの地域の文学の特徴である「自伝性」「植民地問題」「文化受容」「2言語併用」などをすべて含むが、最も重要なテーマは、フランス語という外国語の習得によって、アラビア語では言えないことを語るようになり、近親や隣人たちとは別の世界に入っていく少女の体験である。バイリンガルの問題はグローバル的状況でしばしば話題となるが、ジェバールの小説は単なる文明の衝突だけでなく、その後の展望をうかがわせる点でポストコロニアル以降の世界を考えるための大きな示唆を与えてくれる。

「ファンタジア」とは、走る馬上からアラビア騎兵が一斉射撃を行う戦闘を模した騎馬芸。このスペクタクルに必ず女性たちの叫び声がかぶさるように、本書でもさまざまな戦いと女たちの叫びが絶妙に共鳴し、一幅の絵巻を作り上げている。（澤田直・立教大教授）

（みすず書房・4200円）＝2011年4月21日②配信

民主主義との和解を探る

「ポピュリズムを考える」（吉田徹著）

ポピュリズムといえば大衆迎合主義だとして、たんに唾棄（だき）すべき現象だとされている。だが民主主義の根幹が「民の声」にあるとするなら、そう簡単にポピュリズムを切って捨てることはできないはずだ。では両者の関係は？　この難題に真正面から挑むべく、その歴史的な起源から検討を加え、小泉純一郎元首相やサルコジ・フランス大統領、ベルルスコーニ・イタリア首相に代表される現代ポピュリズムのメカニズムを明らかにしたのが本書だ。

日本に限らず先進各国は、人々の不満をうまく処理できなくなっている。経済成長が鈍化したため利益の分配がままならないし、冷戦終焉（しゅうえん）の結果、イデオロギーによる同意も調達できなくなったからだ。かくして高まる人々の不満を背景に、空手形であっても改革を唱える政治家が人気を博す。これは先進国が抱え込んだ構造的な問題であり、私たちはポピュリズムから逃れることはできない。それを飼いならさねばならないのだ。

そもそもポピュリズムとは、人々が既存の体制に突きつける「否」の表現にほかならない。そして著者が説くように、体制へのこの挑戦と応答のやりとりが政治、とりわけ民主政治だ。問題は特に日本にあってはここ20年、人々の不満が悪者探しに動員されたことにある。不満はより善き社会の創造に結びつかないかぎり空転するばかりだ。

体制への「否」の情念は間違っていない。むしろ民主主義には不可欠である。従って、いま必要なのは、ポピュリズムを否定するのではなく昇華させ、民主主義と和解させることなのだ。

そのためには、私たちの欲望に明確なかたちを与える必要がある。こう問いかけねばならないのだ。「私たちはどのような社会に生きたいのか」と。そして、今次の大災害の後で私たちが引き受けるのに、これほど適した問いかけはないはずだ。本書が指し示す希望は、この方向にのみ宿っている。（芹沢一也・社会学者）

（NHKブックス・1050円）＝2011年4月21日③配信

共感と効率を壊すノイズ

「死んでも何も残さない」（中原昌也著）

中原昌也が自伝として刊行した本書は、現代における最も切実で最も貴重な表現原論になっている。中原は宣言する。「僕が抵抗したいのは、インターネットに象徴されるシステムである」と。高度に発達した情報産業社会、資本主義というシステムの先端では、なによりも〝共感〟と〝わかりやすさ（効率）〟が最優先される。現実はつねに万人に理解可能な「物語」として再構成され、捏造（ねつぞう）されている。

そこに「物語」を粉砕してしまうような混沌（こんとん）、生身の人間たちとの出会いから生起してくるような混乱を持ち込まなければならない。なぜなら、もうすでに世界は崩壊しているのだから。いたるところが戦時下にあるのだから。

それでは、あらゆるものが無意味となった世界、絶望的な孤独のただ中で、人は一体何を作り出していったらよいのか。中原が見いだしたのは、ノイズだ。「ノイズというジャンルには、曲に物語や感情を盛り込む必要がないという前衛特有の気楽さがある。思い入れたっぷりの演奏など格好悪い。音楽的情緒をもたらすものを絶対入れない、人間性のない作品に憧れていた」と。ノイズには「首を絞められながらも、外に向かわず中に行くようなどんどん内に行くような、妙な解放感がある」。

意味や構成や物語にあらがうノイズを、情報やイメージに収斂（しゅうれん）していくことのない、レコードジャケットや絵本のような「物」として提示すること。そのとき、〝実験〟の極から生み落とされたノイズは「子供の遊び」と同じようなものとなる。むき出しの暴力と表裏一体である、一瞬の無垢（むく）なる輝き。血腥（ちなまぐさ）い映像が平気で氾濫していた1970年代、80年代を生き抜いてきた者だからこそ、現状に否をたたきつけなければならない。

中原が言うノイズは音楽に限定されない。〝商品〟であること、健全であることが過度に求められる現代の文学にこそ、まさに必要とされるものだろう。（安藤礼二・文芸評論家）

（新潮社・1470円）＝2011年4月21日④配信

痛快な自由と滅びの美学

「中国侠客列伝」(井波律子著)

侠気と書いて「おとこぎ」と読む、そんな侠(きょう)の字から連想するのは「弱きを助け強きをくじく」「義を見てなさざるは勇無きなり」といった義侠の精神、あるいは股旅物や任侠映画のちょっとハードボイルドな世界だ。

男だけでなく、女にだって侠はある。おきゃんという言葉は漢字で書くと御侠だし、「天に替わって道を行う(替天行道)」ならぬ「月にかわっておしおきよ!」の決めゼリフもいさましく地球を危機から救ったのは、アニメのセーラー服の美少女戦士たちだった。ちなみに「替天行道」は「水滸伝」の有名なスローガンだ。

侠なる人々が表立ってあらわれるのは日本で江戸時代以降なのに対し、中国でははるか紀元前、春秋時代までさかのぼれるという。以来長きにわたる侠の変遷と諸相を、ノンフィクション(歴史)とフィクション(物語)の両面からたどり、爽快な筆致で読ませてくれるのが本書である。

前半は「史記」と「三国志」を中心に、後半では主に唐代伝奇、「水滸伝」、元・明・清代の戯曲から各人各様の侠の体現者が登場。始皇帝暗殺未遂で知られる荊軻(けいか)、義兄弟の誓いを立てた劉備・関羽・張飛といった歴史上の有名人もいれば、虎退治の武松、荒くれ和尚の魯智深をはじめとする梁山泊(りょうざんぱく)の英雄好漢、謎の尼僧に超人的な暗殺術を仕込まれた聶隠娘(じょういんじょう)のような、日本だったらアニメになりそうな人気キャラクターもいる。

並み居る侠者たちの生きざまは鮮烈で、しばしば胸に迫るほど壮絶だ。中国語映画ファンとしては「史記」の趙氏孤児や聶政、「聊斎志異(りょうさいしい)」の侠女ら、映画やドラマになった人物が多数紹介されているのも興味が尽きず、あらためて作品を見てみたくなった。

忠や仁も立派だけれど、侠にはもっと超法規的、反権力的なニュアンスがある。自由で果敢で痛快な半面、孤独や滅びの美学もはらんでいる。それ故いっそう私たちは侠なる者とその物語に魅了されずにいられない。(浦川留・映画ライター)

(講談社・1995円)=2011年4月21日⑤配信

新たな地殻変動を分析

「フラッシュモブズ」(伊藤昌亮著)

どこからともなく駅や公園に集まってきた人々が、時報を合図にいきなり動きを止め、困惑する通行人を前に、数分間彫刻のように凍りつく。

あるいは、「マトリックス」などの映画のキャラクターの格好をした一群が、急に街に現れ、列をなして闊歩(かっぽ)する…。

参加している人々は、お互いにもともと知り合いというわけではない。ネットを通じて呼びかけられ集まった人々だ。

この遊びともパフォーマンスともつかない奇妙な集団行動は、「フラッシュモブ(モブは群衆という意)」と呼ばれ、2000年代に入って特に若者たちを中心に世界中に広がった。

本書は、この「フラッシュモブ現象」を社会学的観点から包括的に分析したものである。日本ではほとんど紹介されていない海外のフラッシュモブの発展を論じた前半の章も読み応えがあるが、何より刺激的なのは著者が本書を通じて展開するその視点である。

一見するとこうした集団行動は、若者たちのおふざけにすぎず、背後に深い意味も目的も存在しないようにみえる。

けれども、その「無意味さ」や「無目的さ」の中に、インターネットという新しいメディアが生み出しつつある群衆の「意味」を見いだすのが本書の試みなのだ。

著者はフラッシュモブの広がりを、近年の反グローバリズムなどの「デモの文化」と宗教原理主義などの「テロの文化」という、両極的な同時代の政治運動と深層の次元でつながる地殻変動として捉える。それは日本ではネットの巨大掲示板「2ちゃんねる」の利用者が集う「オフ会」の文化にもうかがえるという。

くしくも本書刊行の少し前に、中東でツイッターをきっかけとした革命が始まった。

ネットを媒介とした一見意味も目的もない集団行動を政治と一つの線で結ぶ試み。新しいメディア社会における政治のあり方を理解したい人に、本書は絶好の手がかりを提供するだろう。(毛利嘉孝・東京芸大准教授)

(NTT出版・4515円)=2011年4月21日⑥配信

過去と記憶を手渡すこと

「人質の朗読会」（小川洋子著）

地球の裏側のある村で日本人のツアーが反政府ゲリラに襲われ、拉致される。3カ月後、8人の人質は全員死亡する。それから2年が過ぎて公開された盗聴テープには、人質たちの声が録音されていた。内容はそれぞれが語る自身の物語だ。「自分の中にしまわれている過去、未来がどうあろうと決して損なわれない過去」が語られる。

本書は、もはやこの世にいない人質たちの物語という設定を通して、語った人が消えてもなお手渡されることが可能な物語の力と役割とを伝える。一編ごとに読み進めていくあいだは、語り手がすでに死者だということをつい忘れてしまう。読み手が言葉を読んで受け取る瞬間、語り手はその現在を生き直すからだ。

整理整頓が何より好きなアパートの大家さんと、製菓会社に勤めビスケットの製造にたずさわる「私」との微妙な距離感を描く「やまびこビスケット」。アルファベットのかたちをした出来損ないのビスケットをもらって帰り、大家さんと食べる場面が心に残る。寂しさとユーモアのバランスに何度も胸を打たれる。

次の一編「B談話室」では、公民館の受付の女性にうながされ、その部屋へ足を踏み入れた「僕」は、会員にならないままそこで開かれる会にふらりと参加することを繰り返す。危機言語を救う友の会や運針倶楽部（くらぶ）定例会や事故で子供を亡くした親たちの会合などだ。

その経験によって「僕」はやがて作家になる。つまり、作品を書くことは世界中の「B談話室」へ潜り込むことと同じなのだ。「その他大勢の人々にとってはさほど重要でもない事柄が、B談話室ではひとときこの上もなく大事に扱われる」

けがをした鉄工所の工員のために枝を切って杖（つえ）を作る「杖」。突然台所を借りに来た隣人を描く「コンソメスープ名人」。語られる過去や記憶は時空を超えて共有される。そこに願いと希望を託す方法はたしかにある。なぜ人は物語るのか、本書はその答えをそっと示す。（蜂飼耳・詩人）

（中央公論新社・1470円）＝2011年4月28日①配信

人気作家の精神史を凝縮

「箱庭図書館」（乙一著）

若い世代に熱心に支持される「ライトノベル」と呼ばれる読み物と、ふつうの「小説」の間には、一体どんな違いがあるのか—。そんな疑問を抱いた人は、この本を読むといいかもしれない。10代半ばに「ライトノベル」の賞でデビューし、ホラーやミステリの世界でも多くの読者を獲得していった人気作家の、これまでの精神史を凝縮したような一冊だからだ。

物語の舞台は、「文善寺町」と名づけられた小さな町だ。市立図書館があるために、「物語を紡（つむ）ぐ町」とも呼ばれるここを舞台に、少しずつ味わいの異なる六つの物語が紡がれ、繊細なペーパークラフトのように、わずかな「のりしろ」によって貼り合わされていく。

作品同士をつなぐ「のりしろ」役を果たすのは、本好きでのちに図書館員となる「潮音」と、小説家になる「秀太」の姉弟だ。2人は小説における普通の登場人物ではなく、マンガやアニメと同様、独特にデフォルメされた「キャラクター」である。この姉弟をはじめ、若い男女の「キャラクター」たちによって演じられる掛け合いの面白さが中心の前半3作は、「ライトノベル」の約束に忠実にのっとった物語である。

対して後半3作は筆が伸びやかになり、ファンタジー色が強くなっていく。最も長い最終話「ホワイト・ステップ」では「文善寺町」という場所自体が主役に躍り出ることで、「キャラクター」と「登場人物」をともに包み込む、大きな世界を生み出すことに成功している。

この作品集の成り立ちについても、触れておく必要があるだろう。収録された6作はいずれも、インターネット上で読者から草稿を募集し、それを著者が小説へとリメイクする、「オツイチ小説再生工場」という企画から生まれたものだ。

草稿はネット上で公開されており、紙版と同時発売された電子書籍版でも読むことができるから、リメイク前後を比べてみるのも一興だろう。（仲俣暁生・文芸評論家）

（集英社・1365円）＝2011年4月28日②配信

死刑は正しかったのか

「裁かれた命」（堀川恵子著）

その強盗殺人事件は、1966年に東京都国分寺市で起きた。4日後、22歳の長谷川武が逮捕される。彼は容疑事実をすべて認め、裁判でもほとんど弁明せず、半年後に死刑判決を受けた。71年に刑は執行されている。

本書は、この事件を通して司法の問題点をあぶり出す重厚なノンフィクションである。取材の発端は、事件を忘れることができないと語る人物に出会ったことだ。テレビにもよく登場する土本武司・元最高検検事。彼の約30年の検事生活で1度だけ死刑を求刑したのが、この事件だった。にもかかわらず、土本のもとに長谷川から合計9通の手紙が届いていた。どれも恨み言はなく、お礼の言葉がつづられていることに驚いた。

判決は長谷川の「凶悪性、反社会性」を指摘、更生不可能と断じた。しかし手紙からは優しくまじめな人柄が浮かび上がる。彼はどんな人物だったのか。事件の背後にあるものを見極めていたのか。死刑求刑は正しかったのか。人が人を裁く意味とは何か。土本の苦悩を知った著者は、長谷川の人生をたどっていく。

彼の友人に会い、孤独な少年期を知る。また減刑を求めて奔走した弁護士を突きとめる。この弁護士にも長谷川からの手紙が多数届いていた。やがて彼が犯行にいたるまでの軌跡、独房で「償い」について考え抜いた時間があきらかになる。捜査や裁判の場で多くを語れなかった彼だが、死を待つ間に自らの「言葉」と語る相手を得たのだ。

さらに著者は長谷川の家族をひとりずつ追う。戦前戦後を通じて貧困に苦しんだ両親。不幸が重なり、一家は離散した。そして母親は、息子の死刑執行後にあまりに痛ましい最期を遂げている。

膨大な資料も駆使し、捜査や裁判での審理が十分に尽くされていたのか、と著者は問う。万全ではない法廷、警察や司法の組織のありかた、迅速性を求められる背景などを鋭く指摘する。裁判員裁判が行われている今、本書の問いかけは重い。

（与那原恵・ノンフィクションライター）

（講談社・1995円）＝2011年4月28日③配信

想像力刺激する戦争研究

「『終戦』の政治史」（鈴木多聞著）

戦争は始めることよりも終わらせることのほうが難しいのだそうだ。開戦当初こそ勢いがあったものの、ジリ貧に陥ってゆく太平洋戦争を、どのようにして終わらせるのか。天皇や重臣、陸軍と海軍、官僚や政治家たちは何を思い、どのように行動して、戦争終結までをすごしたのか。博士論文に加筆修正したものだという本書は、手堅い研究書でありながら、歴史ミステリーの醍醐味（だいごみ）を備えており、読み物としても魅力的だ。

1944年2月、首相・陸相を兼任していた東条英機は、さらに参謀総長まで兼任した。しかしその権力集中が、東条批判の口実を重臣や議会、国民に与えたという。軍部は統帥権の独立を乱用して、戦前の内閣・議会を揺さぶり、政治に介入してきたが、東条首相自身が統帥権の独立を破ったためだった。それが戦争終結への道を開いたと著者は指摘する。

だが反東条運動は、必ずしも和平運動ではなかった。妥協和平に持ち込むにしても、短期的な戦いで一定の勝利を得て、有利な状況で交渉しようとする戦局打開派も多かった。そもそも戦争指導者たちは、対外戦争以外の戦いを国内で繰り広げていたという。陸軍と海軍は互いにメンツをかけて争い、陸海両軍内部でも派閥戦争が繰り広げられていた。重臣や官僚や政治家も同様だ。

有利な和平という可能性への期待が戦争を長引かせる一方、本土決戦を辞さない戦争継続の主張が、かえって戦争終結の必要性を人々に思い知らせる―そのような逆説のドラマも興味深い。

さらに終戦後の45年8月27日に、関東軍から大本営に対して、「長崎の不発原子爆弾を速やかにソ連大使館に搬入してほしい」との趣旨の電報が打たれていたという奇妙な出来事も紹介する。陸軍の一部にソ連に原爆情報を提供しようという動きがあったらしい。政治史の戦争終結研究という枠組みを超えて、物語的想像力を刺激される。（長山靖生・評論家）

（東京大学出版会・3990円）＝2011年4月28日④配信

やんごとなき価値観の神髄　「明治宮殿のさんざめき」（米窪明美著）

いまや明治神宮の祭神になっている明治天皇は、存命中も一般人からかけ離れた雲の上の存在でした。写真があまり残っていないことも明治天皇の神秘性を高めています。でも本書には、ヒエラルキーと決まり事に縛られながらも、つかの間の息抜きを楽しんでいた明治天皇の人間らしい姿が描かれています。

例えば明治天皇は和歌がお好きで、暇さえあれば封筒を切り開いた紙などにつづっていたとか。和歌というと高尚なイメージがありますが、書類で机が片付かない、読書中にネズミが走る音がした、といった日常的な内容も多かったそうです。

また、明治天皇は側近にあだ名を付けるのがお好きで、小さな体を二つ折りにしてちょこちょこと歩く癖のある女官を「くくり猿」、色白で大柄だが気の弱い女官を「うど」と呼んでいたとか。ギャグのセンスもおありでした。地方長官会議（全国知事会）では知事たちに乗馬を命じ、あとで落馬の失敗談を聞くのを楽しみにしていたという、ブラックな一面も。

明治天皇のキャラクターに引き込まれる一方で、気になるのは女官の存在。典侍（てんじ）をトップに厳格な身分の区別があり、側室のように天皇と寝室を共にする「お后女官」と、寝室を共にせず天皇・皇后の身の回りの世話をする「お役女官」に二分されていました。神事の前に明治天皇の体を清める時は、上半身と下半身で身分の違う女官が担当していたそうです。

女嬬（にょじゅ）以下の女官は天皇の生活空間「御内儀」に入れないとか、生理中の女官は天皇の前には出てはいけないなど、厳格なしきたりがありました。女嬬以下といっても俗世では富裕層のお嬢さまです。そのあたりは浮世離れしているのですが、明治天皇が女官たちにプレゼントするのは服やたばこの入っていた空箱、という所帯じみたエピソードもあり、ギャップが激しいです。高貴だけれど質素という、やんごとなき価値観の神髄を見せられました。（辛酸なめ子・コラムニスト）

（文芸春秋・1575円）＝2011年4月28日⑤配信

勤勉な学者のような人生　「スコット・ラファロ」（ヘレン・ラファロ・フェルナンデス著、中山康樹、吉井誠一郎訳）

ジャズベースは、クラシック音楽で使うコントラバスと同じものだ。演奏の土台を支える極めて重要な楽器ながら、音程の低さのため、一般のオーディオ装置でその働きを十全に聴き取るのは少々難しい。従って、その音楽的重要性の割に、地味な存在といえる。

スコット・ラファロは早世の天才ジャズベーシストとしてファンに愛されてきたが、どこが優れているのかについては意外と知られていない。

著名なジャズピアニスト、ビル・エヴァンスの最高傑作とされたアルバム「ワルツ・フォー・デビー」に参加しているところから、エヴァンスのサイドマンとしての能力、貢献という理解がせいぜいのところだろう。

間違っているわけではないが、それはラファロの才能の一面しか伝えていない。かく言う私自身、ラファロがなぜジャズミュージシャンの間で尊敬されてきたのか、そのほんとうの理由を本書で知った。

ピアニストとベーシスト、そしてドラマーの三者が協調して音楽を形作る、今日のピアノトリオの原型を作ったのがビル・エヴァンスとされているが、この革新的スタイルは、ラファロがいなければ成立がはるかに遅れたことだろう。

それにしても、特異な人物だ。わずか7年ほどの短期間でジャズベースに革命をもたらし、それまで誰も試みようとしなかった驚異的奏法を確立させたのだ。

彼が書いた名曲「グロリアズ・ステップ」のモチーフとなった恋人のダンサー、グロリアの回想によれば「彼は朝食後まもなく、彼女が外出するときにはすでに練習を始めており、夜遅く彼女が帰宅するとまだ練習していた」のだとか。

実の妹が書いた本書には、ラファロの音楽性、人となりが膨大な関係者の証言によって克明に記録されている。想像されるような破天荒なジャズマン人生というより、むしろ勤勉な学者の実直な研究生活を思い起こさせるのが興味深い。（後藤雅洋・ジャズ評論家）

（国書刊行会・3570円）＝2011年4月28日⑥配信

口八丁で藩の危機を救う

「ちょちょら」（畠中恵著）

“ちょちょら”の意味が冒頭に書かれています。「弁舌の立つお調子者。いい加減なお世辞。調子の良い言葉」と。

なるほど、主人公はお調子者なのかと読み進めるのですが、すぐにはそういう展開にはなりません。むしろ前半は“ヘタレ”として描かれるのです。

播磨の国、多々良木藩の間野新之介は、突如として江戸留守居役を拝命します。兄の千太郎がその役をまっとうできず、自刃という形で亡くなってしまったからです。

新之介は兄の死をいぶかりつつも、懸命に留守居役を務めます。留守居役はいくつもの組合に属していて、そのつきあいの中で新之介は、賢兄愚弟の烙印（らくいん）を押されます。

その兄がなぜ死を、と疑念が募ります。そして兄の許嫁（いいなずけ）であった千穂が一家で藩を出てしまったのはなぜなのか…。

そんな新之介にさらなる災厄が降りかかります。幕府が印旛沼の一大工事を企図し、いくつかの藩にこれを割り振り、お手伝い普請として数万両を強いるとの情報が入ってくるのです。

一大事です。多々良木藩にそんなカネはありません。聞けば各藩も似たりよったり。ここで新之介は奇策を編み出し、各藩を救おうとします。その活躍ぶりがまさに“ちょちょら”なのです。

新参者にはすべてが足りません。大胆にも札差（ふださし）に借金を申し入れ、つてを強引に頼り、それらを口八丁で乗り切ろうとするのです。読者の誰もが思うはずです。「新之介、やるじゃん」と。

計画は半分成功します。脇役陣もいいですね。ピカ一は久居藩の留守居役、岩崎です。色男で腕が立ち、私は往年の市川雷蔵をイメージしました。そして岩崎は老中水野出羽守とつながり、新之介はお役御免になった後、水野の命によって他藩の留守居役になるのです。

小説はそこで終わりになりますが、新之介は他藩でも“ちょちょら”をやるはずで、その活躍も気になるところです。（立川談四楼・落語家）

（新潮社・1680円）＝2011年4月28日⑦配信

へんなおばさんになりたい

「おじさん・おばさん論」（海野弘著）

「おばさんになりたくない」という女性は多いし、最近では男性も「おじさんになること」を嫌うようになってきている。

しかし、おじさん・おばさんを嫌う世の中は生きにくいものだと、おばさんである私は思うのだ。そもそもこうやって自分のことをおばさんと言うだけで「そんなことないですよ」となぐさめられたり、「おばさんって言うと本当にそうなっちゃうわよ」と叱られたりするのだから、本当に面倒くさい世の中になってしまったものだ。

本書はそんなふうにおとしめられている「おじさん・おばさん」を再発見し、彼らこそ「親による直線の継承ではなく、斜めの関係から、子供に文化や知識を伝える存在」なのだと語る。

そして、ゴッホのおじさん、おじさんとしてのニュートン、フォースターの大伯母さんなどの実在の人物から、「トム・ソーヤーの冒険」のポリイ伯母さん、「怒りの葡萄」のジョン伯父さんなど、文学や映画に出てくる実にたくさんのおじさん・おばさんたちを「大人からは評判が悪いけれど、子供には家では許されない自由を与える存在」として、実に魅力的に描いている。この少しへんなおじさん・おばさんたちが、子供の人生に多くの影響を与えてきたことがわかる。

私が子供のころ、とびきり好きだった大人は、手品と冗談の上手なおじさんだった。結婚もしていないし仕事もできなさそうだったけれど、おじさんといるだけでとても楽しかったし、「こんな大人になってもいいんだな」とどこかで安心していたのだとも思う。子供にとって、こういう大人の存在は重要なのだ。

私に子供はいないが、「ちょっとへんなおばさん」として、周囲の子供たちに少し悪いことを教えたり、反面教師になったり、時には彼らの逃げ場になれるような存在になりたいものだと、本書を読みながらあらためて思ったのである。（深沢真紀・コラムニスト）

（幻戯書房・2940円）＝2011年4月28日⑧配信

99歳の軽やかな新境地

「遺言シナリオ集」（新藤兼人著）

シナリオ作家であり独立プロダクションも主宰してきた新藤兼人は、自分で監督するつもりでたくさんのシナリオを書いている。もともと自伝的な作品が多かった作家であるが、最近そのひとつの「一枚のハガキ」の映画化を達成し、これは日本映画の近来の収穫と言える傑作となった。いま99歳。監督作品はこれで最後にしよう、と本人が言った。

しかし手元にある未映画化の自作のシナリオのなかに、自伝的ないしは身内をモデルにした一連の作品がある。つまりはぜひ自分で監督したかったに違いないが、それは無理と判断した愛着の深い作品を6本、せめて活字で発表しようというのがこの本である。

苦境にあった若き日の自分を励ましてくれた2番目の姉をモデルにした「おねえさん」。以前「母」という映画化された新藤作品で、小学生時代の新藤兼人をこの姉がまるで母親のように見守る感動的な場面があったが、このシナリオに描かれたこの女性の生涯はさらに切ない。

「愛妻記」は亡くなった妻である女優の乙羽信子をモデルにした作品。愛妻家の面目躍如たるものだが、付記された「創作ノート」によれば、なんとか監督したいと思ったけれども「周囲の忠告をきいてやめた」とある。この本を私小説として読みたがる私のような立場からすれば、その「忠告」も知りたい。

「喜劇　お手伝いさん」は作者の現在の暮らしぶりに「愛妻記」の続編のような妄想を加えた冗談。乙羽信子へのつのる思いが痛いほど分かる。

「手帖」は少年時代の実際の経験を純愛アクション物語に拡大したような作品である。

老いて、自分を愛してくれた人々への思慕の念がますます率直に吐露できるようになると同時に、それが開けっぴろげなユーモアにもなっている。かつての重厚さに比べてずっと軽やかで、大まじめなのに笑いをさそう。新境地である。（佐藤忠男・映画評論家）

（岩波書店・2625円）＝2011年4月28日⑨配信

再生過程描く異例の社史

「筑摩書房　それからの四十年」（永江朗著）

ここ数年、出版社の倒産の話をよく聞く。昨年、理論社の事実上の倒産という報は衝撃的だった。本は子供のころから身近なものだけに、その版元の困難には胸が痛む。

そんな倒産劇の中で、多くの人の記憶に残るのは筑摩書房のケースではないだろうか。1978年7月12日、文学全集などの刊行で手堅いイメージだった老舗出版社が、なぜ倒産したのか。再建までの道のりはいかに厳しかったか。倒産から創立70周年の現在までの悪戦苦闘を本書は描く。取材・執筆を外部筆者に委ね、すがすがしいまでに腹の内をさらけ出し、いいことも悪いことも、醜聞でさえ隠さずに書かれた異例の社史である。

本書に先立って創立30周年を迎えた70年、作家和田芳恵がまとめた「筑摩書房の三十年」という非売品の好著があった。戦前、まだ30代半ばの古田晁（あきら）が臼井吉見と創業した筑摩は、戦争の荒波を越え、戦後の物資不足にも耐えて大きくなった。経営が多角化する中で、将来を期待する形で締めくくられている。

本書を執筆した永江朗は、倒産当時は大学生で、筑摩の月刊総合誌「展望」の愛読者としてショックだったと語る。だが出版界に通暁した書き手として、第三者の視点を崩さず、大局的に当時の出版事情を見据えながら冷静に筆を運んでいく。

どんぶり勘定さながらの経営体質、倒産を突然知らされた社員の当惑、後始末の奔走、「筑摩文化を守れ」という作家や書店の支援、再生の足がかりとなった「ちくま文庫」、「老人力」などのベストセラーの誕生、そして現在までを時代とともに鮮やかに切り取る。

倒産の原因は企画力の貧困にあったと当時の管財人は言う。倒産後は、企画に営業的視点を加え、いま読者は何を望んでいるのかという受け手の気持ちに寄り添う企画を立ち上げてきた。知的に洗練された大衆が手を伸ばしたくなるような「筑摩らしさ」に取り組んだ社員たちの生の声が聞こえてくるような本である。（東えりか・書評家）

（筑摩選書・1890円）＝2011年4月28日⑪配信

ビジネス革新の手法提案

「ホワイトスペース戦略」（マーク・ジョンソン著、池村千秋訳）

経営環境の変化が激しい現代は、企業の生き残りが非常に難しい。栄枯盛衰は世の習いだが、一方で、発展を続ける長寿企業もある。

そうした企業には、「勝者に共通する戦略」がある。著者はそれを「ホワイトスペース戦略」と呼ぶ。特色は、ビジネスモデルのイノベーション（変革）を成長の起爆剤にしていることだ。

企業にとってビジネス領域には3種類あるという。その社のビジネスの中核をなす「コアスペース」、本業に近い「隣接スペース」、そしてビジネスモデルの空白地帯と言うべき「ホワイトスペース」である。

どんな企業でも旧来のビジネスモデルだけに頼るのは難しい時代だ。まだ手つかずのホワイトスペースに進出し、新たなビジネスを打ち立てられるかどうかが、繁栄の最大の鍵である。

もちろん、未知の領域への挑戦は多くのリスクを伴う。思いつきや勘だけでは必ず失敗する。成功するには、「戦略と方法」が必要である。

そこで著者は変革に必要な「ビジネスモデルの四つの箱」とも呼ぶ考え方を提案。成功するビジネスでは、これら「利益方程式」などの4要素が一貫した形で相互補完的に作用しているという。

簡単に言えば、その企業のコアスペースのビジネスモデルを新ビジネス確立への手引とする手法だ。アップル社は、1990年代にパソコン市場のシェアで後退した。経営陣に復帰したスティーブ・ジョブズは、パソコン分野の落ち込み阻止を図る一方で、音楽プレーヤーのiPod（アイポッド）というホワイトスペースでのヒットを放ち、立て直しに成功した。

他にも、アマゾン・ドットコムやヒンドゥスタン・ユニリーバ社などの成功例について解説。論理的で分かりやすく、説得力がある。

実際のビジネスが理論通りに行くことはきわめてまれだが、本書が多くの企業に再生へのヒントを与えてくれることは間違いない。（野口恒・ジャーナリスト）

（阪急コミュニケーションズ・1995円）＝2011年4月28日⑫配信

黙示録的世界の人間描く

「眠れ、悪しき子よ（上・下）」（丸山健二著）

都会で営業職に就いていた男が55歳で早期退職し、日本海側とおぼしき故郷近くのひなびた村に移り住む。かつて結婚していたが子供をもたないまま離婚し、気ままなひとり暮らしである。

人がうらやむ悠々自適の生活がはじまりそうだが、現実には男は出世しないまま勤めていた会社が傾き、家庭生活にも失敗したので都会で居場所を失った。母の世話をする兄夫婦が住む故郷の町にそのまま帰ることもできず、鬱屈（うっくつ）した心を抱えて人の少ない、自然が豊かな村にひっそり入居したのである。

けれどもそれは、同時に男にとって「真の自分自身」を見いだす機会であり、これまで読めなかった本だけを携えたその生活は、だから男の一人称で希望に満ちたものとして語られていく。

実際、その「冥加岳」という雄大な山に抱かれた架空の「天野村」で、語り手の「私」が出会う自然はひたすら美しい。煩悶（はんもん）する心を抱えた主人公「時任謙作」を描く志賀直哉の「暗夜行路」なら、そのまま主人公が自己と自然を一致させ満ち足りた感覚を手に入れられそうな記述があちこちに見つかる。「私」の近所にはそうして満ち足りて生きているような老夫婦、自然と一体化した「真の自分自身」を見いだしているような若者も住んでいる。

だがその若者の年格好から、25年前に妻を堕胎させた記憶を甦（よみがえ）らせたことを入り口に、次第に「私」の周囲にその姿を現すのは、生に執着して化け物になりつつある母、死んでなお「私」の憎悪をかきたてる父、本当のことを言わない兄夫婦、死にかけた少年時代の親友らが生きる、裏切りと人殺しが常態化した黙示録的な世界である。

日本の近代文学史における頂点の一つ「暗夜行路」の世界を反転させたこの壮絶な作品は、人間はもう美しい自然などで浄化されないほど汚れているのではないかという、21世紀の日本できわめて切実な問いをわたしたちに投げかけている。（田中和生・文芸評論家）

（文芸春秋・上下各1890円）＝2011年5月12日①配信

読み応えある恋愛文化史

「愛の情景」（小倉孝誠著）

愛は何と愚かしく、胸を騒がせる情念だろう。本書はその恋愛の諸相を、ラシーヌからドストエフスキー、夏目漱石、村上春樹にいたるまで、古今東西の小説に探った目配り広い恋愛論である。

とりあげられる作品は時代も国もさまざまだが、ある定番的な情景（シーン）を含んでいる。すなわち、出会い、接近、再会、告白、誘惑、嫉妬、別れ、そして死―この情景がそのまま本書の章だてになっているので、どこから読んでもいい。

たとえば出会いのシーン。フロベールの「感情教育」の出会いは次のように始まる。「それは幻のようであった。彼女はベンチのまん中にたったひとり腰かけていた」。幻のような女の出現は、その後の恋のゆくえを予言している。半生を費やしながら、青年の恋はついに実らぬ幻に終わってしまうからだ。徒労の恋とでもいうべきか。出会いこそ運命の一撃なのである。

あるいは、告白の章。漱石の「それから」の告白シーンは忘れがたい残像をのこす。代助は、百合（ゆり）の香に満ちた室内で人妻の三千代に愛を告げる。媚（こ）びのない、簡潔な言葉で。「代助の言葉は官能を通り越して、すぐ三千代の心に達した」。著者の引用にはないが、その後のクライマックスシーンをひこう。そのあと二人は「恋愛の彫刻の如く」じっとしたまま、人生の時を濃密に味わう。彼らは「五十年を眼（ま）のあたりに縮めた程の精神の緊張を感じた。（中略）愛の刑と愛の賚（たまもの）とを同時に享（う）けて、同時に双方を切実に味わった」。

どのシーンも興味深いが、最もそそられるのが嫉妬の章である。シェークスピアやプルーストなどを紹介しつつ、男の嫉妬と女の嫉妬は本質的に異なると著者は言う。論拠に引かれた斎藤環「関係する女　所有する男」が実に説得的である。ほかにも、フロイトやルネ・ジラールなど、欲望論や身体論の知見に教えられるところ多々。読み応えのある「愛の文化史」である。（山田登世子・フランス文学者）

（中央公論新社・2730円）＝2011年5月12日②配信

マルケス文学を体験する

「百年の孤独を歩く」（田村さと子著）

ラテンアメリカを代表する作家ガルシア・マルケスの文学を生んだ土地をめぐる紀行文。「百年の孤独」の舞台となるマコンドのモデルは作家の生地とされている。が、著者は自分の目で確かめるべく、場所や人物のモデル探しをする。それがまず謎解きの面白さを味わわせてくれる。

だがそのうちに、マルケスが描く個々の作品世界が実は絡み合い、カリブ海沿岸世界というより大きな宇宙をつくっていることに気づく。重要なのは書物以上に体験でそれを知ったことだろう。

著者が何より恵まれているのは、マルケスの一族とつながりをもち、そのネットワークを通じて次々と新たな人や場所に出会えるところだ。個人よりも共同体、縁故や友人関係が力を持つ世界で、マルケス同様に人間関係が濃密な共同体を描いた作家中上健次と同郷の著者は、その強みを巧みに利用している。

それにしても、ゲリラが出没する危険を顧みず、辺ぴな村に入り込み、伝説の土地を訪れるバイタリティーには圧倒される。個人的には、母方のルーツがある先住民の土地や「ジャーナリズム作品集」で語られる「魔術的な」土地の伝承を追うあたりが最も興味深かった。疑うよりも信じることが魔術には必要だが、著者はまさに信じる人だ。それが語りに説得力を与えている。

土地の力は偉大である。頭では考えられない現実がそこにはある。先住民や黒人奴隷の文化が息づき、迷信や混淆（こんこう）宗教が活力をもち、性が生活の中心にあるような、人間くささに満ちた土地は、まさに幻想的である。だが、それを写実しただけでは小説にはならない。マルケスはそこから素材を選び取り、古典をはじめとする先行作品をブレンドし、的確な言葉を与え、作品に応じて巧みに配置していく。

そして西欧的な目で見れば遅れた世界を反転させ、魅力的な世界に変えてしまう。そのマルケスのテクニックが天才的なのだと、本書を読んでつくづく思った。（野谷文昭・東京大教授）

（河出書房新社・2520円）＝2011年5月12日③配信

秋田犬の血脈を守った男

「ドッグマン」（マーサ・シェリル著、高月園子訳）

「忠犬ハチ公」のイメージが強い秋田犬。著者によると、現在は世界82カ国で飼育されている。だが終戦の1945年、秋田犬は16頭と絶滅にひんしていたという。毛皮が将校の防寒着に利用されたからだが、そのころ秋田で2頭飼育していたのが本書の主人公・澤田石守衛（さわたいし・もりえ）という男だった。

守衛は秋田県生まれ。満州から戻った後、水力発電所の建設と電力普及の使命を負う三菱鉱業の技術者として、42年から岩手との県境をなす八幡平に妻子と移り住む。

44年、30歳のとき、秋田犬を衝動的に飼い始めた。子犬は月給の6倍の300円だった。

守衛は発電所の建設や交渉で各地の人々とふれあう中で、秋田犬が16頭しかいないと把握し、繁殖の必要性を感じた。46年に開催された犬の展覧会に、凜（りん）とした美しきわが愛犬が一席、と自信を持って臨むも、結果は二席。秋田犬は無骨で堂々とした重みが必要と知った。秋田犬は本来、マタギと狩猟をする犬。その雄姿を彷彿（ほうふつ）させねばならないのだ、と。

同じ血統間の交配でも、秋田犬は親と異なる気質が現れ、個性に富む。発電所所長の傍ら、守衛は数々の個性豊かな秋田犬に恵まれ、保存会の運営に尽力した。日本人の生活スタイルが均一化する高度経済成長の中、山野の自然を秋田犬と堪能できることを喜んだ。展覧会で一席の常連となり、「勇敢で気高く忠実な犬」という秋田犬の矜持（きょうじ）も示し得た。

秋田犬とともに70年近い星霜を重ねた守衛は、子犬を金銭で譲渡したことはない。相手の笑顔が最高の報酬だった。

最大の読みどころは、マタギの上杉との交流だ。守衛の愛犬も猟に付き添い、守衛は秋田犬の血脈を感じる。折々に紹介される、東京・麻布で生まれ育った妻・喜多子の内助の功も心を打つ。

本書は、秋田犬の血脈を守り抜いた「無名の日本人」を、米国人のライターが取材・執筆したものとして独自の重みを有している。（小林照幸・ノンフィクション作家）

（アメリカン・ブック&シネマ・2100円）＝2011年5月12日④配信

声による支配の怖さ考察

「サウンド・コントロール」（伊東乾著）

怖いもの、地震、津波、火事、被ばく。雷おやじは遠い昔。物理学科卒にして音楽家の著者が恐れるのは、声による“メディア被ばく”だ。

人間の脳と心を支配する「声」の正体に迫る本書では、足利義政の東山殿（書院造り）と、その庭園の「白州」に着目する。

書院造りは武断統治の世に広まり、白州は江戸の世にも登場。その一つ、長崎奉行所では遠山の金さんの父も裁きを下したが、東山殿も長崎奉行所も、板の間、しっくい壁という反射材を壁や廊下に張り巡らし、将軍様、お奉行様の声をとどろかせる。白州の砂はお沙汰・お裁きを待つ人々の声を奪う吸音材。彼らを力ずくで納得させる声の権力装置というわけだ。

宗教者蓮如は、識字率の低い庶民への手紙の朗読や猿楽で「歌の力」を活用、仏前能舞台という布教情報放射装置を創造して、一代で門徒を大拡張した。ローマ帝国のキリスト教国教化を成し遂げた聖アンブロジウスも、日常語だったラテン語で聖歌を作り、石造りの拡声装置つきの司教座を活用している。

こうした音声メディアによる被ばくは、スピーカーやラジオの登場で深刻化。識字率の高くないルワンダで大虐殺を煽（あお）ったのは音楽番組だし、日本人も大本営の「鬼畜米英」の大声に被ばくして、「欲シガリマセン勝ツマデハ」と破滅への道を歩まされた。

ルワンダ虐殺を裁くのも、非論理的な声が大きな役割を果たす法廷だが、実は元オウム真理教幹部の死刑囚と親友だという著者が恐れるのは裁判員裁判。音声、動画を多用するマルチメディア装置が「現代の司教座」となって裁判員を被ばくさせるという。

こうして世界に響く「歌の力」を熟知した著者お薦めの「防護服」は、理性のメディアである「文字」に立ち返ること。だが100年先にも届くとも形容される、歌の無限の力を考えれば、「これにて一件落着」とはいきそうにない。（斗鬼正一・江戸川大教授）

（角川学芸出版・2100円）＝2011年5月12日⑥配信

アクセル全開の一大長編

「アンダー・ザ・ドーム（上・下）」（スティーヴン・キング著、白石朗訳）

良くも悪くも過剰に物語るのが好きなキングである。2段組670ページで上下巻の大長編。「アクセル踏みっぱなしの長編を書く」と豪語したというが、大作「ザ・スタンド」「IT」よりも読みやすくぐいぐいと引っ張る。アドレナリン全開だ。

メイン州の小さな町チェスターズミル（人口およそ2千人）が突如、透明なドームに囲まれてしまう。空高く、また地中深くまで障壁が及び、かろうじて空気と水と電波を通すのみで、住民たちはパニックに陥り、すさまじい戦いが発生する。

やがて町は第二町政委員のビッグ・ジム・レニーによって支配され、恐怖政治が敷かれていく。その動きに元兵士のバービーと新聞記者のジュリアが対抗するが、隔絶されたドームのなかでは難しい。まもなく少年グループが山奥で、ドームの発生装置とおぼしき謎の機械を発見する…。

という紹介をするとドームの存在の解明と新たな戦闘を期待してしまうが、それは終盤あっさりと片づけられる。キングの眼目はあくまでも町を舞台にした群像劇にある。住民たちが持つ恐れ、憧れ、悔い、憎しみといったものが異常な状況下で顕在化し、エスカレートしていく恐怖をとことん描ききるのだ。疲れを知らぬキングがひたすらアクセルを踏み続け、数十人の人生模様をあざやかに交錯させていく。

とはいえ、ともすれば踏み方が一定で、乗り心地がよくて睡魔に襲われもする。同じくモダン・ホラーの旗手ディーン・クーンツなら急発進、急ブレーキ、急ターンのジェットコースターを体験させてくれるが、キングはあくまでも優しく劇的に進路をかえ、住民たちの人生と内面をクルージングする。クーンツは愛と希望を主人公に即して感情豊かにうたいあげるけれど、キングは感情を表白させつつも象徴の極みへとむかう。冗長だが、新たな代表作であることは間違いないだろう。（池上冬樹・文芸評論家）

（文芸春秋・上下各2900円）＝2011年5月19日①配信

俗世に降り立つ無垢な魂

「ヴォイド・シェイパ」（森博嗣著）

これは、一人の青年が山を下りるところから始まる物語である。

青年の名はゼン。幼いときに山へと連れてこられ、スズカ・カシュウによって養育された。その間、外界の文物を目にする機会はほとんどなかったし、里の人々とも限られた交流しかもたなかった。ある日カシュウは、山を下り、旅に出よ、との言葉をゼンに残して没した。遺言に従って歩き始めたゼンは、さまざまな人に出会い、他者とのしがらみというものを知るようになる。

一言で表すなら森博嗣「ヴォイド・シェイパ」は、無垢（むく）な魂を持つ人間が俗世と出合う小説である。外界から遮断されて育ってきたゼンは、文明社会に突如放り出された野性児のようなものだ。旅の途中で彼はだんだんと言葉を獲得していく。最初は、船や水車といった、平凡な物の名前さえ知らなかったのである。

海を見たことがない人は、その広大さを想像できない。言葉の知識を手に入れることは、思考の幅を広げることにつながるのだ。そうした形で成長していく主人公の姿が、徒歩行のような速度でゆるやかに描かれる。

作者はゼンに、剣の腕という能力を与えた。ゼンの語りに情報が欠けているために世界は曖昧にぼやけているが、おそらく描かれているのは近代よりも前の日本だろう。

中世以降の日本には、剣の技能を磨くことによって精神と肉体を統御する、独特の修練法が発達した。ゼンはその天才であるようなのだ。知識の獲得という普通の人としての成長過程と、剣士として心技一体の境地を目指す道のりとが、並行して描かれていく。

本書はシリーズ化される予定であり、主人公の成長がどのような形で描かれるかが物語の焦点となるはずである。俗世に降り立った天才は、果たして天才であることを貫けるのだろうか。そうした、才能を持つ者の孤高を描いた小説としても本書は読み解けるのだ。（杉江松恋・書評家）

（中央公論新社・1890円）＝2011年5月19日②配信

“国内唯一の肖像”を特定　「源頼朝の真像」（黒田日出男著）

本書の帯には「教科書の頼朝像が、これで変わる！」というコピーが。どういうことか。「教科書の頼朝像」とは、多くの人の脳裏にまずは浮かぶであろう、京都・神護寺所蔵の有名な国宝の画像。歴史に詳しい方なら、その像主（モデル）をめぐってさまざまな議論が巻き起こっていることをご存じかもしれない。

1995年、美術史家の米倉迪夫氏は、「源頼朝像　沈黙の肖像画」（平凡社）において、革命的な新説を提示した。かの頼朝像が、実は足利直義（尊氏の弟）の肖像であり、制作時期は鎌倉時代初期ではなく、150年近くも下る南北朝時代とする説。美術史の常識を覆すような新説の波紋は大きく、以後、賛否両論が戦わされてきたのだった。

著者・黒田日出男氏は、新説発表直後から一貫して米倉説を支持し（私も同様である）、すでにいくつかの論考を発表している。しかし、頑固な美術史家たちの間では、いまだに新説を認めない漠然とした空気もあり、いわば業を煮やした感のある著者は、本書で画像だけではなく彫像に言及して、「ではどれがほんとうの頼朝像なのか」という問題に決着をつけようとしたのだった。

結論からいえば、いくつかの頼朝像と伝えられるもののうち、甲斐善光寺所蔵のものだけが、胎内銘の解読などにより頼朝その人の彫像であることが判明する。東京国立博物館所蔵の彫像は頼朝ではなく北条時頼像とすべきだ、という美術史家の盲点を突く見解も示される。私は本書で示された著者の像主比定に全面的に賛同したい。

黒田氏と知己を得たのは、私が東大美術史研究室助手だった四半世紀ほど前のこと。当時、東大史料編纂所教授だった氏は、本格的な絵画史料論研究に着手されたころで、その熱い弁舌に何度か接した。本書を一気に通読して、その熱さがいささかも衰えていないのを再確認し、教科書がさらに書き換えられるだろうことを確信した。（山下裕二・明治学院大教授）

（角川選書・1890円）＝2011年5月19日③配信

科学的なトリビアが満載　「なぜ人はキスをするのか？」（シェリル・カーシェンバウム著、沼尻由起子訳）

刺激的なタイトルだが、本書は一般向けの科学読み物だ。著者は海洋生物学と海洋政策学を専攻した科学者であり、一般誌から科学専門誌まで、幅広く執筆する科学ジャーナリストでもある。

第1部では、チンパンジーなど動物同士のキスや、古代文献の中のキス、世界のキス文化の相違などを通じて、その起源に迫る。第2部に入ると、キスをしているときに身体内で起きるホルモン変化など、「キスの生理」が紹介される。例えば、ストレスと関係するコルチゾールというホルモンは、好きな人とキスをすると減少するのだ。

キスをしているとき、脳にどのような変化が起きるのかを調べた、著者自身の研究成果も報告される。1台数億円もするMEG（脳磁図）装置を使った、本格的な脳科学研究だ。「エロチック」「信頼関係」「友情」をそれぞれイメージしたキス写真を見せたら、被験者の脳は、どれに一番顕著な反応を示すのか？　実は、ほとんど差が見られなかったのである。ただし、異性同士と同性同士のキス写真では大きな差が出た。同性同士のキスを見ると、脳が敏感に反応することが分かった。どうも日常目にする頻度と関係するらしい。

著者はあらゆる科学文献にあたって、自らも実験し、キスを科学的に解明しようと試みる。だが、人間のキスという行為は、文化、伝統、習慣に影響される側面も強く、さらに、キスをめぐる生理学や脳科学もあまりに複雑で、さまざまな「仮説」の群雄割拠、というのが実情のようだ。

というわけで、少々、不遜な気もするが、この本は、あまり構えずに、キスの面白おかしいトリビア集として、気楽に読むのがいい。

「唾液には、ゲーム用サイコロ一個分の一ミリリットル当たり約一億ものバクテリアが含まれている」

こんな情報があれば、次回のキスの際、フレンチキスをすべきか否か、少しは科学的に判断できるようになるかもしれませんゾ。（竹内薫・サイエンスライター）

（河出書房新社・2100円）＝2011年5月19日④配信

維新を生きた幕臣の実像

「勝海舟と福沢諭吉」(安藤優一郎著)

著者は、勝海舟や福沢諭吉に対する従来の評価が、明治に入って刊行された勝の語録「氷川清話」や福沢の「福翁自伝」に拠(よ)り過ぎているという。幕末から明治にかけて歴史を連続して見ることで、福沢こそ小栗上野介ばりの徳川絶対の大統領制論者であり、雄藩連合体の妥協政治を目指す勝に反対した急進的な側面を浮かび上がらせる。

福沢の過激さは、長州藩征討へのこだわりにも表れている。長州藩との戦争を避けようとした勝よりも福沢をめぐる叙述のほうが断然面白い。

著者が分析する福沢の「長州再征に関する建白書」は、外国兵力を使って長州藩を討つだけでなく、将軍の大統領化によって藩を廃し郡県制度を導入する方策を提案している。しかも、外国から2千万両借りても、収入200万両の長州藩を改易すれば、元利を含めて20年で返せるというのだ。英国でさえ莫大(ばくだい)な国債で国家予算を賄っているのだから心配ないと論じるのは、いくら大風呂敷の福沢でも大胆すぎる。

2人は一緒に訪米した時から反りが合わなかったらしい。生粋の幕臣・勝と、藩士から幕臣に取り立てられた福沢との間には微妙な葛藤があった。五稜郭の戦いで幕臣最後の抵抗がついえた後で新政府に仕えた勝や榎本武揚を、福沢は「痩我慢(やせがまん)の説」で厳しく指弾し、顕職から離れて隠せいするよう求めたのである。恥を知れというわけだ。

榎本の返事は、多忙だからいずれ返事すると、にべもない。勝の返書は有名な「行蔵(こうぞう)は我に存す。毀誉(きよ)は他人の主張」。どうぞお好きにやりなさいと皮肉をきかせたのである。勝と福沢の違いは、片や政治家、片や評論家めいた学者だったとの著者の指摘は正しい。

福沢は、外国の干渉があるとすれば長州征伐の時であり、戊辰(ぼしん)戦争の時でなかったので、勝海舟ら幕臣は遠慮なく新政府軍と戦うべきだったとしつこいのだ。勝と福沢の作られたイメージを実像に戻そうとする書物として興味が尽きない。(山内昌之・東大教授)

(日本経済新聞出版社・1995円)＝2011年5月20日配信

娘による「父」の読み直し

「安部公房伝」(安部ねり著)

最近「世界文学」というゲーテ創案の言葉が文学論議の中でよく引き合いに出されるが、その定義からすると、現代日本文学において初めて世界文学作家となりえたのは、安部公房ではないか。

本書は、作家の一人娘による評伝である。伝記の部分と、主に言語論を下敷きにした作家・作品・文体論、公房を知る25人に対するインタビュー、そして豊富な写真資料から成る。著者の言葉は長い思考を経たものだろう、結晶のように硬質で、貴重なエピソードが淡々とつづられている。

満州からの引き揚げ、画家との結婚、趣味だった車やシンセサイザーのこと、石川淳、三島由紀夫とのつきあい…。インタビューでは、大江健三郎の口から、ガルシア・マルケスやル・クレジオが公房をどれだけ評価していたかが語られ、その一方、書き損じの原稿が丸められた後どうなったかといった日常的な逸話が、ドナルド・キーンによって明かされたりする。

ある時、公房は娘に尋ねたという。「ねり、手って何か特別な感じがしないか」「たとえば道に、手が落ちているとするだろう。そうしたら、とてもびっくりするじゃないか」。それなら足首が落ちていたってびっくりするし、と娘は「非科学的な」父の話にがっかりする。しかし公房が話を「脱線」させるのは、その表現活動とも本質的な関係があったのだと後に思い返す。

また、公房の創作の重要な礎の一つとして、クレオール言語論をあげ、「文学という実験室」で読者を言語の迷宮に案内した公房は、「意味から直接発生した言語」とされるクレオール語にむしろ希望を見いだしたのだろう、と思いめぐらす。

著者は「読者となって初めて父の声を聞く」と言い、「(公房の)作品自体が人間科学だった」と気づく。子による「父」なる存在の読み直しという行為は、時間と思索に濾(こ)され、一人の作家の再解釈へと読者を誘うのである。(鴻巣友季子・翻訳家)

(新潮社・3360円)＝2011年5月21日配信

幼い命が生み出す人の絆

「なずな」(堀江敏幸著)

読み始めて間もなく、往年のハリウッド映画「スミス都へ行く」を思い出した。善良な青年政治家が正義感の強さから、地元で起きた不正を一掃する、そんな映画だ。

本作の主人公である菱山は、40代半ばと青年とは言えないが、同様に善良な独身男性である。東京での暮らしを終え、地方紙の記者となって5年の月日が流れた。とある事情から、弟夫妻の娘で、生後2カ月になる姪(めい)なずなをあずかり、自宅で原稿を書きつつ子育てにいそしむ日々を送る。

普段から親しくする小児科の医師は、せり、はこべらといった七草の名を挙げながら、なずなは「仲間がいっぱいいる」名前だと言う。確かにこの幼い姪っ子といると、行動範囲は制限されるのに、菱山は今まで以上に人との関わりを持つ。小児科医の家族、スナックの女主人、地方紙の社主や同僚、さらに取材先の人々。なずなの存在に引き寄せられて語る人々に耳を傾け、それを菱山は記事にまとめていく。

そんなほのぼのした人間関係が築かれる一方、時代の波は彼らが住む地方都市にも押し寄せる。高速道路ができ、交通や人の流れを見込み、ショッピングモールが造られ、さらには風力発電所の建設もうわさされる。

「スミス都へ行く」のようなハリウッド映画なら、起伏の富んだ展開を狙い、巨悪の存在を持ち出すかもしれない。政財界の癒着による腐敗と、それに果敢に挑む地方紙記者という構図だ。

本作は対照的に、勧善懲悪のドラマを避ける。身近な変化はなずなの成長に絞り、背景にある社会と時代の大きな変化を浮きあがらせる。車での移動など利便性に立脚した日常で、世代差による孤立など、失われつつある絆に目を向けさせる。

けれど、絆は消え去ってはいない。精緻かつやわらかな言葉で描かれる、なずなに心を許し、彼女を通じて人々がふれあう風景を前に、われわれ読者は、息絶えていない希望への確かな手応えを感じるのである。(新元良一・作家)

(集英社・1890円)=2011年5月26日①配信

過剰な真剣さが誘う笑い

「母と息子の老いじたく」(ねじめ正一著)

軽妙なのだけど洒脱(しゃだつ)には向かわず、泥くさく、あくまで低い目線でとらえられた身辺雑記。どこにも偉そうなことばが出てこず、すいっと、風通しのいいねじめワールドに入っていける。

この軽み、力の抜け具合。読者をうならせようとか、ましてや感動させようなんて下心がない感じ。そのくせ、身近な題材に正面から向き合うその目は冷静で、一編たりとも真剣さに欠けるものがない。そして、過剰なまでの真剣さがおかしみにつながっていくところが読みどころだと思う。

作家のエッセー集にありがちな交友録もいくつか収められているが、メーンは家族、とりわけタイトルにもなっている母親とのやりとりである。80代の母と60になった息子。しかし、親子であるかぎり2人の関係は変わらない。息子・正一はせっせと実家に通って母の様子を気にしているが、長生きする気満々の母は、あまり世話になりたがらない。とはいえカラダは弱っているので、しばしば転倒してけがをし、油断禁物である。

介護の方法もよく分からぬ息子は、おろおろするばかりで、あんまり役には立たない。立たないけれどそばにいて、心配しつつも、母の様子を観察している。針に糸を通すのに1時間、トイレへ行くのに30〜40分かかる、ゆったりしたリズムに付き合っているうち、息子は老境の片りんを理解したりするのだ。そして、趣味で続けている俳句について「母を笑わすためだと決め」るに至る。

描きようによってはシリアスな読み物にも十分なるだろう。実際、ぼくもわが親を思い、何度かしみじみしかけた。だが、ねじめエッセーは読者の気持ちが湿り気を帯びそうになると、母の生への執着や他人の死に対する冷淡さをありのままに描写して、読者を現実に引き戻すのである。

含み笑い、発作的爆笑、苦笑い…。さまざまに感情を揺さぶられつつ、巻末にたどりついたら、久々に実家へ電話をかけたくなっていた。(北尾トロ・フリーライター)

(中央公論新社・1575円)=2011年5月26日②配信

記憶の扉を優しくノック

「並木印象」（石田千著）

秋の雨の中、紅葉した桜並木の下を歩いていた。上方から鳥の鳴き声が聞こえた。顔を上げると、枝に紺色の小さな鳥がとまっていた。羽はぬれてつやめいていた。しばらくじっと眺めた。枝から枝へと移りながらまた鳴いた。雫（しずく）に葉が揺らいでいた。傘を持つ手に雨粒が当たった。木も鳥も私も同じ雨に打たれていた。ふいにふわっと湧き上がる感情があった。うれしい、生きているんだな、うれしい。本書をめくりながら、その時のことを思い出した。

20種類の並木をめぐるエッセー集。さくら、けやき、すずかけ…。「町に住み、その道を歩くひとのさまざまな呼吸に耳をかたむけて、あずかってくれている」並木は、著者の記憶の扉を優しくノックする。

道で行き会った人、よく行く店の娘さん、友人、母親、祖母…。関係の濃淡にかかわらず、他者と自分の心を見つめる慎み深い視線に胸を打たれる。こまやかな感性で丁寧にすくい取られる人と人とのつながり、人と世界とのつながり。そこに内包されている喜びやかなしみはかけがえのないものだ。そぎ落とされた潔い文体と響き合うかのような、対象への絶妙な距離感に、あらゆるものに対する著者の敬意を感じる。

行きつ戻りつする心の動きに、いつしか読者はそれぞれ自分の奥の忘れかけていた、あるいはくっきりと息づいている過去へと案内される。著者は言う。「だれもが、ひとしくもどれない」。しかしそれは「健やかな安堵でもある」のだ。そして、失われたものをポケットの中のどんぐりに託し「ただ、あったという事実の手ざわりをいつくしみ、あってよかったとおさめる」。私たちはそっと未来へと背中を押される。

読み終え、外に出た。歩きながら木を見る。木を眺めるということは顔を上げることだと知った。日々の暮らしの中に、静かな希望があることを思い出させてくれる一冊。（浦歌無子・詩人）

（平凡社・1680円）＝2011年5月26日③配信

過去の世に問う心意気

「南木曽の木地屋の物語」（松本直子著）

「木地」とは、漆器の木地。漆を塗る前の、木でつくられた素地のことである。「木地屋」とは、その木地を作る職人のこと…。と、本の題名から説明しなければならないほど人に知られることの少ない仕事。そしてその仕事を生業とする人たちの、はるか来し方から今を生きる姿までをたどって書かれた本である。

前著に「崖っぷちの木地屋　村地忠太郎のしごと」を持つ著者は、自らも木工を学ぶために東京から木曽谷へと移り住んだ経験を持つ。縁もゆかりもない土地で暮らす自分を「旅の人」（よそもの、の意）と自覚しつつ、しかし、好奇心の赴くままに動き回る。そんな軽やかさが呼び込んだのが、師・村地の求めに応じたことで繫（つな）がったもう一人の木地屋、小椋栄一との出会いだった。

木を伐採する際にも「木を伐（き）る」という言葉は使わずに「木を寝かす」という。木を伐倒した直後には、その根元にササを立てて手を合わせる。半世紀以上を木とともに生きてきた小椋の信条は「先ず木に申し訳ないような物を造るな」。

木の声を聞き、木と語り合う仕事を続けてきた小椋の「みやましさ」。この木曽言葉が表す木地屋の美質の中身は本書を読んでいただくとして。小椋との縁（えにし）を糸口に、遠い昔より近江国（滋賀県）から、より良き木材を求めて諸国の深山幽谷を歩き続けた木地屋たちへと著者の想像の翼は飛ぶ。

列島を北へ南へと歩き続けた木地屋たちが、木曽の山間に定住するまで。その足跡のみならず、そこに宿る豊かな精神性までを深く知ろうとする著者の足取りは逞（たくま）しい。

生身の人間同士としてかかわりを持った木地屋への深い畏敬の念と愛情を持つがゆえの探求心は深く、時に切実なほどだ。自分の足で歩き、目と耳で確かめたからこそ、折口信夫、柳田国男といった大御所たちがのこした記録文書にも臆することなく持論を広げてみせる勇敢さ。今の世から、過去の世に問うてみる、その心意気が痛快だ。（藤田千恵子・フリーライター）

（未来社・1890円）＝2011年5月26日④配信

博物館の奇矯な逸話満載　「乾燥標本収蔵1号室」（リチャード・フォーティ著、渡辺政隆、野中香方子訳）

乾燥標本収蔵1号室は、ロンドンの大英自然史博物館旧館の地下にあり、マンボウの骨などの貴重で多彩な標本が雑然と置かれる。本書は、この神秘的な博物館の奇妙かつ学術的な逸話を紹介する。主役は、7千万点余りのコレクションと個性豊かなスタッフたち。そして、著者は元館員で三葉虫化石の大家リチャード・フォーティである。

1798年、カモノハシが初めて新種の哺乳類として西欧に報告されたとき、複数の動物をつないだ作り物の剝製と疑われた。その報告時の証拠が同館に今も保存されている。新種の証拠は「基準標本」と呼ばれ、分類学の基礎となる。自然史博物館には、この重要な基準標本が、昆虫だけでも約25万点ある。

その昆虫研究部門のM・ホールは1989年にリビアで、中米にしかいないはずのラセンウジバエの幼虫を発見した。生きた肉を消化酵素で溶かして食べる、畜牛の敵のハエだ。ホールは、この幼虫の目印である黒い呼吸孔を見逃さず、結果、迅速な駆除につながり、野生のヌーやアンテロープを含むアフリカのウシ科への壊滅的打撃を防いだ。地道な分類学が社会に役立った一例である。

発見といえば魚類研究部門の気難し屋、故P・ホワイトヘッドは所在不明だったモーツァルトの直筆楽譜をニシンの資料調査で偶然発見し、本職以外でも有名だった。他にも、才能と奇矯さを兼備した研究者たちの生態がたっぷり紹介される。

さて、地上には既知の約170万種の生物の何倍もの種が生きている。世界の自然史博物館は、今後も新種を命名・記載し、証拠標本を保存し続けるという重責を負う。

この営みを通じて、「人間とはどのような存在か」という最大にして永遠の問いを解く鍵を人類に提供する。自然史博物館とスタッフとは、すばらしい存在ではないか！

フォーティは、このことを伝えたいに違いない。著者の人となりと考え方に共感が自然と湧く好著である。（大野照文・京都大総合博物館長）

（NHK出版・2625円）＝2011年5月26日⑤配信

二つの人類の併存を提起　「旧石器時代人の歴史」（竹岡俊樹著）

日本列島に旧石器時代の遺跡は約1万カ所ある。酸性がつよい日本の土層では、のこっているのは石器だけである。そこで旧石器時代の研究者は、石器とその出土状態を徹底的に分析することで、具体的な生活と文化を解明しようと努力する。

著者は、石器を分析する眼力を日本とフランスの大学で鍛え、世紀の旧石器発掘捏造（ねつぞう）問題を発覚前に警告したことでも知られる考古学者である。一般向けの本書でも、捏造問題の背景に研究者の観察力不足があるとし、石器や石器製作の分析方法を詳述。石器の形状などの細密な分類だけによって、旧石器時代の歴史を描こうとする。

捏造事件後の考古学界では、日本列島に人類が現れたのは約4万年前で、それは新人（ホモサピエンス）であったとする考えがつよい。しかし著者は、山形県・富山遺跡や大分県・丹生遺跡など評価の分かれる例も挙げて、前期旧石器（原人）の文化を継ぐ旧人も列島に存在したと主張する。

そして、旧人の子孫の国府（こう）系文化と、新たに渡来した新人の子孫の茂呂（もろ）系文化が2万5千年前には併存していたとの仮説を提示する。これまでの学説が新人の石器文化の地方差とみてきた違いを、二つの人類による文化の差だとする新たな問題提起であって、今後の検証作業を期待しよう。

集落跡とみる説が有力な「環状ブロック群」についても著者は、旧石器時代人が環状に石器を分散したりすることで「石器による土地の呪的占有」を目的とした跡だとする。独特な解釈だが、フランスなどの保存良好な旧石器集落遺跡との比較で裏付けてほしかった。

著者は旧石器時代人を「不可解な存在」とし、発展や進化といった現代の歴史観では推し量れないとする。そして旧石器時代最後の数万年間の石器文化の変遷は、新人と旧人の間での文化の交代や模倣による変容であったとみる。新人もそういうものだったのか、考えさせられた。（春成秀爾・国立歴史民俗博物館名誉教授、考古学者）

（講談社選書メチエ・1575円）＝2011年5月26日⑥配信

希望紡ぐためのヒント　「復興の道なかばで」(中井久夫著)

あたりまえのことだが、どれほどつらく大変な出来事の後も、時は流れ、季節は移ろう。阪神大震災が起きたのは16年前の1月17日、真冬だった。当時神戸大医学部精神医学の教授だった著者は、季節が一巡するまでの経過を被災地内部からディテール豊かに記録した。本書は当時刊行された原著「昨日のごとく」を簡潔に再編したものだ。

2月、東京を訪れた際の、もし地震が神戸でなく東京で起きていたらという比較予測(実際に東京で東日本大震災を経験した者はその的確さに感嘆する)。5月、仮設住宅の鉄板屋根にやかましく降る雨。6月、被災地の人々に蓄積する疲労。

7月、休養は一気に気を抜かず、じわーっと抜いていった方がいいという指摘。9月、貧富の差が被災や復興の程度にもたらす「ハサミ状に拡大する較差」。被災中心部よりも共同体感情が発生しにくく、社会的注目も援助も手薄で、治安も悪い被災周辺部の状況。

10月、ビルや高速道路がなくなった町に広がる秋空と、孤独死やアルコール乱用の問題。12月、神戸から遠く離れた大阪りんくうタウンの仮設住宅を吹き抜ける海風と、窓を飾るさまざまなカーテン。そして「記念日現象」を伴う1月の再来。

東日本大震災後の1年をどう生きるのか。どんな問題が予想され、どんな希望が紡がれうるのか。私たちはそのヒントを得るために本書を読むはずであり、十分な手応えを得るだろう。

ただ、震災の影響は月日がたつにつれ多面化するし、今回は規模も大きく超えている。地震直後を知るには著者の観察(「災害がほんとうに襲った時」所収)だけでも十分すぎる迫力だったが、長期的変化を立体的に予測するには、原著の多声的、多地点的な報告の方が有用ではなかったか。

著者のもと、医局長として診療や避難所巡回を行った故・安克昌医師の「心の傷を癒すということ」の増補改訂版もこのほど刊行された。併読を強く勧めたい。(宮地尚子・一橋大大学院教授)

(みすず書房・1680円)＝2011年6月2日①配信

証言を紡ぎ全体像に迫る　「バターン　死の行進」(マイケル・ノーマン、エリザベス・M・ノーマン著、浅岡政子、中島由華訳)

アジア・太平洋戦争の初期、破竹の進撃を続けて東南アジア各地を占領した日本軍は、米領フィリピン(比)ではバターン半島に立てこもった米比軍を相手に苦戦した。

「バターン　死の行進」とは、1942年4月、万策尽きて降伏した米比軍将兵が、炎天下に徒歩で約100キロの苛酷な移動を強いられ、マラリアなどによる戦病死、日本兵による激しい捕虜虐待や集団処刑の犠牲になった悲劇のことである。

当時の司令官であった本間雅晴中将は戦後、マニラ軍事法廷で残虐行為の責任を問われて銃殺刑に処せられた。

日本軍関係者の間では、想定外に大量の米比軍投降者の扱いに苦慮したことは認める一方、残虐行為の告発には「誇張だ」という反発もある。「死の行進」の現場を生き延びた米比軍体験者たちとは認識が大きく隔たっている。戦争では、往々にして自分がいる現場だけが百パーセント真実であり、その経験が凄惨(せいさん)であればあるほど、他者と共有することは難しい。戦後65年を経てなお、和解の達成に困難が伴う一因がここにある。

だからこそ、10年の歳月をかけて米比日で400人以上にインタビュー取材し、全体を知るすべもなく現場を生き延びた兵士たちの証言を丹念に紡いで「死の行進」の全体像に迫った本書には大きな意味がある。

とりわけ捕虜集団処刑の事実を日本側の証言を交えて立証した第7章では、加担させられた日本兵たちの心の苦しみなど、加害の背後にある日本側の事情や心理に公正な視線を注ぐ。真実を通じての和解を求める著者たちの強い志を感じる。

本書は、「死の行進」と3年余りの捕虜生活から生還した兵士ベン・スティールの人生の物語として読むこともできる。カウボーイ出身で戦後は戦争体験を画家として描き続けたスティールの冷静な視点に寄り添うことで、読者は、狂気に満ちた「死の行進」の世界を読み進める勇気をもつことができるのである。(中野聡・一橋大教授)

(河出書房新社・3990円)＝2011年6月2日②配信

響き合う清らかな心

「たまゆら」(あさのあつこ著)

70歳を過ぎた老夫婦が「花粧山(かしょうざん)」という山の中腹に住んでいる。「花粧山」の本来の名は「迦葉(かしょう)山」で、彼らが住んでいるところは、「行く人を見送り、帰ってきた人を迎え、帰ってこない人を記憶する」場所、つまり、山と人の世との臨界地だ。

その昔、老女は没落旧家に嫁いだが、夫の同僚の男と一緒になるため、離婚する。それが災いして元夫は家族を皆殺しにしてしまう。今の老夫婦は懺悔(ざんげ)するようにそこで生きている。

その地に少女が少年を捜しにやってくる。少年もまた家族を殺害していた。老女は彼女の姿に若いころの自分を重ね、山に入った少年を救おうとする。無事に彼を見つけるが老夫婦は雪崩に遭って亡くなる。やがて大人になった2人が、今度は老夫婦と同じ営みを行うという作品は、一種の「輪廻譚(りんねたん)」だ。

だが著者はこんな粗筋のために書いたのではあるまい。この筋書きでは純愛小説や底の浅い観念小説に捉えられるだろう。一筋縄にいかない作品に仕上がっているのは、題名の「たまゆら」や「迦葉山」の含意ゆえである。

「たまゆら」は玉響と書くが、「玉」は最も尊い美しい石のことを指す。一般に翡翠(ひすい)などのことをいい、古代中国では身につけていると、魔よけや不老不死にもなると信じられていた。それを題名に当てたことによって、人間の生きる尊厳を問う作品になっているし、清らかな心を響き合わせられるのは人間だからこそだと問う形になっている。

そしてもう一つは「迦葉」である。この人物は釈迦(しゃか)の高弟で清貧に生きた人間だ。それらの地名や人生を伏線として用いたところに、著者のもくろみがありそうだ。そこには児童文学を多く書いてきた著者の、作品に対する深い意図と思惑をかんじ、果断に大人に読ませる小説に仕上げているといえる。著者の新たな進境を示す作品ではないか。(佐藤洋二郎・作家)

(新潮社・1575円)=2011年6月2日③配信

内外の作品を区別なく見る

「世界コミックスの想像力」(小野耕世著)

著者はおそらく日本で最も海外のコミックスについて知っている人物だ。そして最も多くの海外のコミックス作家にインタビューした経験を持つ日本人であることも間違いない。そんな著者が海外のコミックスについて書いたコラムをまとめたのが本書である。

各章で米国や欧州諸国などのコミックス1作品が取り上げられ、テーマ、粗筋、読みどころや、作品にまつわる数々のエピソードが披露される。

大衆文化全般にも造詣が深く、多くの作家と会ったことのある著者は、その知識と経験を背景にさまざまな考察を繰り広げる。例えば、生きた機械の世界を描くフランスのコミックスでは、手塚治虫の初期SF作品や米国のコミックス「ファンタスティック・フォー」、それに子供のころ読んだ科学雑誌を連想し、実際に作者から聞いた言葉を交えつつ、その魅力を論じてゆく。

著者の視点のユニークさは、海外のコミックスと日本のコミックスを同じ「コミックス」として、区別することなく見る、という点にある。

こう描くと当たり前に思われるかもしれないが、実は日本で海外のコミックスはコミックスとして扱われてこなかった。自国産のコミックスが娯楽として人気があり独自な発達を遂げたせいか、一部の例外を除いて海外のコミックスが注目されることはあまりなかった。

そもそも書店でも「コミックス」の棚ではなく、「アート」や「絵本」の棚に置かれることが多く、日本のコミックスとは別の種類で、あたかも関係が無いように扱われてきたのである。

しかし、本書を読むと、日本のコミックスと海外のコミックスは同じ地平上にあり、内外の豊かなコミックス文化について同じ言葉で語ることの重要性がよくわかる。最終章で取り上げられたのは日本のマンガ家の横山裕一氏。もちろん、日本も世界の一部なのだ。(椎名ゆかり・マンガ研究者)

(青土社・2730円)=2011年6月2日④配信

個性的な受刑者のドラマ 「刑務所図書館の人びと」（アヴィ・スタインバーグ著、金原瑞人、野沢佳織訳）

著者である「ぼく」はユダヤ系米国人。ハーバード大を卒業したが、進むべき道を失い、偶然求人広告で見つけたボストン市内の刑務所図書館で司書兼文章創作教室の講師として働くことに。そこで実際に起きた出来事を題材につづったのが、この「日記」である。

だが単なる司書ではいられない。なにしろ利用者は「銀行強盗」「ギャング」「詐欺師」などさまざまな“肩書”を持つ受刑者たちだ。単にたわいのないミステリーを借りに来るような場所…であるはずがないのだ。

図書館には毎日、受刑者たちがグループごとに約1時間単位でやってくるが、ここにいるわずかな間にいろいろなメモや手紙を本に忍ばせていく者もいる。驚くべきことに本が「郵便箱」代わりに使われているのだ。

こうした手紙は刑務所内の隠喩で「凧（カイト）」とも呼ばれている。書架を片っ端から点検し、「凧」を処分するのも司書の任務なのだが、「ぼく」は時々それらを盗み見て、入所者たちの人間模様に思いをはせる。

本に登場する受刑者たちはいずれも個性的だが、読んでいて一番心に残ったのはジェシカという女性だ。生き別れた息子が同じ刑務所に収監されていると知り、彼が中庭で運動するさまを窓から見たい一心で、文章創作教室に通ってくる。しかし彼女が別の刑務所に移送されることになり、「ぼく」は絵心のある入所者に頼んで描かせたジェシカの肖像画に彼女の手紙を添えて息子に渡すことを約束するが…。

この風変わりな図書館は、まるで大小の川になるいくつもの物語の水源がここにあるかのようである。だが、受刑者たちのドラマだけがこの本の魅力ではない。

「ぼく」は結局2年で退職する。現代の米国社会の暗部を凝縮したような図書館で働き続けるには、心が繊細すぎたのかもしれない。それでも司書として受刑者と真剣に向かい合おうとする姿に、読者はきっと共感を覚えることだろう。（吉田正彦・明治大文学部教授）

（柏書房・2625円）＝2011年6月2日⑤配信

版画家の謎の核心に肉薄 「君は隅田川に消えたのか」（駒村吉重著）

藤牧義夫という、1930年代前半の数年間だけその活動が記録されている版画家がいた。今年は生誕100年に当たる。つまり明治末の生まれ。そして、24歳の年、35年9月2日に突然行方不明となった。

しかし、この青年は、素晴らしい作品を残していたのだ。「赤陽」は、34年6月に発表された多色木版画である。その年の9月以後に制作が開始されたと思われる、細密描写の絵巻は全長60メートルに達する。この2点だけでも藤牧義夫の名前は歴史に刻まれる資格がある。

だが、この2点についてさえ、完成状態であるのかどうか、いまやだれにも分からないのだ。絵巻は生前発表されず、どのような意図に基づくものか、確認することができない。題名さえも判然としないのである。

本書はこの版画家の謎の核心に肉薄しようとする長編ノンフィクションである。

版画家の小野忠重に始まり、美術評論家の洲之内徹、ギャラリスト大谷芳久、そして多くの学芸員が、その謎に取りつかれてきた。探索が進むにつれ、謎は謎を呼び、複雑な迷路の中に藤牧はいまたたずんでいる。昨年出版された大谷の大著「藤牧義夫　真偽」は、それ自体が巨大な問いの書であり、なまなかのアプローチを寄せ付けない。

著者は、格好の道先案内人として、この謎へと読者を導いてくれる。小野の人物造形には不満が残るが、同じ文筆業に携わる洲之内に関しては、共感を秘めた洞察が光る。濃密な取材対象となった大谷は、口角泡を飛ばす様子がほうふつとするほどに活写されている。

謎は解明されたのか。結論を書いてしまっては興をそぐことになろう。

見方を変えるならば、本書は、大谷芳久というまれなギャラリストの肖像画でもある。藤牧義夫があたかも大谷との二重像のように浮かびあがる仕組みになっている。美術をめぐる謎解きに興奮を覚えながら、わたしたちは、絵を描くことの意味を自問することになる。（水沢勉・神奈川県立近代美術館館長）

（講談社・2415円）＝2011年6月3日配信

人と建築の関わりを問う

「タワーリング」（福田和代著）

2007年に航空サスペンスの傑作「ヴィズ・ゼロ」でデビューした福田和代は、ハイテク機器を駆使した高密度の冒険小説を、次々と発表してきた。

「TOKYO BLACKOUT」では大停電、「黒と赤の潮流」では海洋サスペンス、「オーディンの鴉」ではインターネットの闇、「ハイ・アラート」では爆弾テロ。多彩な題材に挑んできた著者の新作は、超高層ビルを舞台に繰り広げられる緊迫の犯罪小説である。

地上50階、地下5階の威容を誇る最新鋭の超高層ビル「ウインドシア六本木」。ワンマン社長の川村章吾が一代で築いたマーズコーポレーションが建築・管理するハイテクビルだ。

事件の発端は、そのエレベーターから異常音がするという利用者からの指摘であった。エレベーターに乗り合わせていたマーズ企画事業部の船津康介は、直ちに警備会社に連絡し、やがてメーカーから修理工が派遣されてくる。だが、その隙に乗じて1人の男がウインドシアの内部に潜入していたのだ…。

最上階に住む川村社長の身柄を拘束し、地下防災センターを占拠した犯人グループは、セキュリティーシステムを悪用してビル全体を封鎖し、外部と遮断してしまう。謎のビルジャック犯は次々と警察の先手を打ち、マーズコーポレーションに驚くべき要求を突き付けてきた。

彼らの正体は？　その真の目的は何か？　人質となった川村社長と封鎖されたビルの運命は？

スピーディーでスリリングな展開にページを繰る手が止まらないが、序盤から丁寧に伏線が張り巡らされているので、お見逃しのないように。ラストのどんでん返しの連続には、かなりのミステリー通でも驚かされること請け合いである。

人間と建築物、人間と町との関わり合い方を問う、出色のエンターテインメントだ。（日下三蔵・ミステリー評論家）

（新潮社・1575円）＝2011年6月9日①配信

人生の滋味を知る登山

「春を背負って」（笹本稜平著）

登山は内省的な要素が濃い。人は自分自身と向き合わざるをえない。山頂で満足感にひたりながらも、一方で人間の小ささを痛感するのではないか。しかし、山は私たちを穏やかな力で包みこみ、大きな安らぎと達観を与えてくれる。

本書が紡ぐ、奥秩父の小さな山小屋を舞台とした六つの物語からは、大自然の持つそんな魅力がじんわりとにじみ出す。

登場人物は還暦すぎの男からアラサーの女、そして7歳の少女まで、境遇や階層、年代もさまざま。彼らは全員が例外なく人生という厄介な荷を背負って小屋にたどり着く。

さらに殺人事件や自殺が絡み、各編で生と死が色濃く交錯する。とりわけ表題作の伏線の張り方や緊張感あふれる展開は、ミステリー作家としての著者の手腕が鮮やかだ。

だが、本書の魅力はスリリングな謎解きにとどまらない。むしろ、人の心の奥底をのぞくことで、人生の滋味を知るところにある。その味わいは山菜にも似てほろ苦い。同時に、「山」を書き続ける作者ならではのすがすがしい叙情性が漂う。

流行のダブルストックを用いた登山の功罪、中高年登山者に山ガールブーム、野草保護、山小屋経営の実態など、現場を熟知する著者ならではの記述も、貴重な証言であり警鐘といえよう。

何より、父の跡を継いで山小屋を営む主人公のひたむきさと素直さがいい。彼にほだされたかのように、屈折した男女が人生に再び挑む決意を固めていく。その中で、主人公の相棒ゴロさんの体験した苦節と、だからこその斜に構えた態度や諦観が際立つ。ゴロさんはこんなことを口にしてみせる。

「自分の足で歩いた距離だけが本物の宝になるんだよ」「勝った負けたの結果から得られるものなんて、束の間の幻にすぎないわけだ」

東日本大震災後に本作が世に出た意味は深い。派手な作品ではない分、生きる勇気と元気がじっくりとわいてくる。（増田晶文・作家）

（文芸春秋・1575円）＝2011年6月9日②配信

“定番”誕生の原点堪能　「最初の刑事」（ケイト・サマースケイル著、日暮雅通訳）

のどかで美しい英国の田園地帯にたたずむカントリーハウス。富裕層の富と権力の象徴であったこの田舎の大邸宅は、ジェイン・オースティンの「高慢と偏見」をはじめ、いくつもの古典文学の舞台として愛用され、多くの読者を魅了してきた。と同時に、シャーロック・ホームズやエルキュール・ポアロといった名探偵が鮮やかな推理を披露する場として、世界中のミステリ・ファンに親しまれてきた。

幸福な外見の裏に数多くの秘密を抱えた“善良”な一族、怪しげな使用人、一族に反感を抱く地元民、無能かつ尊大な田舎の警察官、そして奇矯な振る舞いとは裏腹に鋭い推理で意外な真相を見抜く名探偵。誰もが一度は触れたことがあるに違いない定番ともいえるこのスタイルは、いつごろ、どうして誕生したのか？　そんな素朴な疑問に答えてくれるのが、本書「最初の刑事」だ。

1860年初夏、イングランド南西部の閑静な村に立つ「ロード・ヒル・ハウス」で、3歳になる当主の息子が惨殺された。スコットランド・ヤードから派遣された刑事課のプリンス、ウィッチャー警部は、現場の状況から内部の者による犯行だと確信。だが、プライバシーと家庭生活を礼賛する「常識」の壁の向こうで、欺瞞（ぎまん）と隠蔽（いんぺい）が複雑に絡み合う中、捜査は暗礁に乗り上げる。当時普及し始めたメディアである新聞が事件を書き立て、ビクトリア朝時代の大英帝国に、他人の罪や受難をのぞき、詮索し、つつき回したいという“探偵熱”が巻き起こる。

ウィルキー・コリンズやコナン・ドイルといった大衆文学作家に多大な影響を与え、“英国探偵小説”の定番が誕生する礎となったこの事件を、作者は当時の一次資料を基に伝統的なミステリの手法を駆使して鮮やかかつスリリングに再構築した。事実のみが与え得る意外な真相に思わずため息が出るノンフィクションであると同時に、謎解きミステリとしても堪能できる傑作だ。（川出正樹・書評家）

（早川書房・2940円）＝2011年6月9日③配信

「神話」と格闘する姿描く「イーストウッドの男たち」（ドゥルシラ・コーネル著、吉良貴之、仲正昌樹監訳）

クリント・イーストウッドといえば、数々のアメリカンヒーローを演じ、強さや逞（たくま）しさ、正義や善の観念を体現する「男らしさのシンボル」としてハリウッドに君臨してきた俳優である。しかし「監督としての」イーストウッドが主題化するのは、マスキュリニティ（男性性）への憧れと良き、倫理的男性であれという要請の間のジレンマに苦しむ、ごく普通の男たちの過酷な現実である。

カウボーイやボクシング、警察ドラマや戦争など「アメリカン・ライフの偉大なシンボル」を扱いつつ、そのステレオタイプの意味を巧みにずらし揺るがすことによって、イーストウッドがアメリカの異性愛・白人男性の「男らしさの神話」といかに格闘してきたかを、コーネルは克明に描き出していく。そこにはマスキュリニティそのものを脱構築しようとする、きわめて原理的で倫理的な「意図」が浮き彫りにされている。

マスキュリニティの自明性が揺らぎ混乱する中でなお良き男性であろうと葛藤する男たちの姿は、イーストウッドの分身であり、こうした問題に真摯（しんし）に取り組む彼の勇気と誠実さにはストレートに胸を打たれる。無力さと脆（もろ）さに打ちひしがれ、倫理的な選択の前で慄（おのの）く男たちは、マスキュリニティの幻想にとらわれ他者を支配できると信じている男たちの傲慢（ごうまん）とは対照的に、他者を一人の自由な人間として思いやる謙虚さにおいて際立ち、より深い人間的な魅力を備えた「男」としてその輪郭をあらわにする。

コーネルの見事な分析によって、私たちはまるで新しい「男らしさ」の意味が生まれる瞬間に立ち会っているかのような感動さえ覚えることができる。いまここにあるジェンダーの現実とは違う、もう一つの世界の一慣習的な男らしさ・女らしさの意味や異性愛の制度に変容がもたらされるかもしれないという一可能性をかいま見せてくれる本書は、間違いなくフェミニズム批評の傑作である。（吉澤夏子・立教大教授）

（御茶の水書房・3360円）＝2011年6月9日④配信

荒涼の風景を描き出す

「少年殺人者考」(井口時男著)

いつの世にも人の心には荒涼が潜んでいる。そして、時代とともに人の心に潜む荒涼はその姿を変える。

本書は1958年に起きた小松川女子高校生殺人事件の李珍宇元死刑囚から2008年の秋葉原無差別殺傷事件の加藤智大被告に至るまでの少年の殺人者それぞれの表現を文学的な方法で考察を加えた評論である。

著者が言う文学的な方法とは、それぞれの表現を信じ、表現に寄り添う態度と言い換えることができる。社会学や心理学では、社会的病理の追究を急ぐあまりに、当事者の表現を性急に解釈しすぎたり、時には表現そのものを否定してしまうことも珍しくない。

文学的方法は社会的病理の追究を目的とはしない。人の心に現れた荒涼を、さながら一枚の絵を見るように子細を眺めるのである。それゆえに荒涼の風景が鮮やかに描き出される。

連続幼女誘拐殺人事件の宮崎勤元死刑囚の表現に現れた主体性の欠如に見るポストモダンの心性。神戸連続児童殺傷事件の酒鬼薔薇聖斗の思考には土俗的とでも呼ぶべき呪術性をサブカルチャーが生み出す。理性と感性が強調され悟性を求めない時代精神が、少年の心の中で激しい残忍さとなって結晶する様子が丹念に描かれる時、その洞察力には感嘆を覚える。

少年的な心性の持ち主という意味で、成人年齢に達している宮崎元死刑囚と秋葉原無差別殺傷事件の加藤被告が考察に加えられていることにもうなずかされる。

そして著者は加藤被告のネット書き込みをめぐり、「近代文学の正統の嫡子であった李珍宇の場所から、はるか遠い場所にいる」と嘆息する。が、加藤被告は一審で、本心と本音の違いに拘泥したと側聞する。著者の吐息に耳を傾けながら、社会の中で異邦人であった李元死刑囚の居た場所から、それほど遠くない場所にいるのではないかと、あらためての問いが浮かぶ、優れた評論である。(中沢けい・作家)

(講談社・2940円)=2011年6月9日⑤配信

3・11を考えるヒントに

「連続討論『国家』は、いま」(杉田敦編)

市場が地球上を覆いつくし、人も情報も容易に国境線を越えることができる現在、国家にどのような必然性があるのか。恣意(しい)的に区画された領土と国民と呼ばれる特定の人間の集合の上で、主権を行使する国家なる制度は時代遅れではないか。

しかし他方で、現在ほど国家が必要とされる時代もない。高齢化や病気、不況による失業、環境破壊、さらには戦争やテロ等のリスクに、個人はとうてい対抗できない。

今、国家がどのような意味で必要(不必要)なのかを、四つの主題に分けて討論した記録が本書である。政治学者の杉田敦氏が司会をし、石川健治、市野川容孝、萱野稔人、重田園江、新川敏光、住吉雅美、広田照幸、諸富徹各氏の一流の社会科学者たちが参加。杉田氏によれば、みな国家の二面性(自由を制約するが、生存と自由のために必要)をよく理解している学者である。

福祉国家における連帯、市場と国家の関係、教育の分権化と平等、暴力(軍事)と国家の結びつきと、各討論の主題が明確に特定され、具体性がある。討論の冒頭で、必ず誰かが明示的な問題提起を行い、討論後にはまとめも付いている。

だから議論は散漫な抽象論に流れない。例えば福祉国家を主題とする最初の討論では、社会的な保険(連帯)か私的な保険(自己責任)か、保険方式か税方式かといった問題が、理論の裏付けをもって現実に即して議論される。

注目すべきは、震災と原発事故の前の討論なのに、3・11の危機にそのまま応用できる点である。例えば原発事故に直面した日本人の多くは、原発は一私企業に任せることはできない、国家による管理が必要だと痛感しただろう。しかし、国家も信用できず、エネルギーは自由な分散型・双方向型のシステムで供給すべきだとの意見もある。

市場や暴力と国家の関連を主題にした本書の討論は、原発をめぐる問題を考えるためのヒントをたくさん含んでいる。(大澤真幸・社会学者)

(岩波書店・2205円)=2011年6月9日⑥配信

作者との一体感に包まれ

「詩の礫」（和合亮一著）

本書は、福島市在住の詩人が、東日本大震災直後からツイッターで発表した連詩を一冊にまとめたものである。〝詩の礫（つぶて）〟とは、連詩のタイトルはもとより、彼のツイッター上の詩的パフォーマンスそのものを指す。

一時的に家族を遠くへ避難させ、自宅に一人とどまって思いの丈を述べているが、それら断片の書き込みに一片も心を動かされない人などいないのではないか。私も次第に作者のエネルギーにまきこまれ、私自身が和合亮一を生きるといった一体感に包まれた。

詩が他の文芸より力をもつとしたら、この即興性や語り口の直接性、前提や説明を取り払って、すぐに深部へ降りられる流儀にあると思った。しかし、いくら心の叫びを書くとはいえ、詩の技術なしに人の心を捉えることはできない。あらためて和合亮一の詩人としての技量に圧倒された。

「ものみな全ての事象における意味などは、それらの事後に生ずるものなのでしょう。ならば『事後』そのものの意味とは、何か。そこに意味はあるのか」という呟（つぶや）きもあるが、これは、詩ならびに文学一般が、真理や本質を求めて「事後」に書かれることへの挑戦である。

私は昔、「書きあげられた詩より、書いた行為を詩と呼びたい」といったことばに感銘を受けたが、〝詩の礫〟はまさにそれであり、「書きあげられた」詩ならば批評もできようが、〝詩の礫〟を詩としてどうかなどと問うことはむなしい。書き込まれたことばが、即、多くの受け手へと浸透していき、励まし励まされる熱い交流が詩を介して成立した、そのことは第三者がとやかくいうべきことではない。

しかし、ことばとしてはありきたりの「美しい夜の、福島」や「大変でしたね」といったようなものすら、厚みをもち、生気が甦（よみがえ）る瞬間がある。大きな悲劇的な事実を背景としたときに、それが可能となるのだ。本書にも「機会詩の魔」といったものを感じる。（井坂洋子・詩人）

（徳間書店・1470円）＝2011年6月16日①配信

占領の闇に紛れた新事実

「昭和天皇とワシントンを結んだ男」（青木冨貴子著）

敗戦後の占領下の日本で、「毎日、二重橋の前で天皇に祈りを捧げている」英国人がいた。名前はコンプトン・パケナム。米誌ニューズウィークの東京支局長で、日本語は堪能、最後の妻は日本人だった。

その名前は私にはまったく初耳。読者の多くもそうだろう。カバー写真で見るかぎり、大きなおなかを背広に包み、柔和に笑う男。彼こそ、昭和天皇の側近・松平康昌と親しい関係にあり、マッカーサーや吉田茂を飛び越えて、天皇と米大統領特使ダレスを結びつける「非公式のチャンネル」を握る人物だった。

著者はパケナムの自筆日記を入手し、それを読み解き、裏を取るべく調査することで、占領下の闇に紛れた新事実を次々と明らかにしていく。私は、松本清張が生きていれば、飛びついて読んだだろうと思った。

たとえば、マッカーサー側が天皇にフリーメーソンへ入会するよう、強く働きかけたとの驚くべき記述がある。その際に動いたリビストという大佐は、闇物資の横流しが露見し、天皇との謁見（えっけん）が中止に。パケナム日記には、こんな逸話が満載だ。いかにも「日本の黒い霧」の作家好みの…。

また、パケナムはマッカーサーの民主化政策を批判する一連の記事で、彼から記者証の再発行を拒まれるほど嫌われた。柔和な表情の裏に、容易に屈しない気骨が見えるなど、魅力的だと感じるのは著者の筆の力ゆえだ。

日記をうのみにするのではなく、真実を知るため、著者はニューヨーク、ワシントン、ペンシルベニア、アイルランド、英国、そして日本国内を駆け巡る。その途上で、神秘的ともいえる偶然に導かれ、さらなる新事実が発見されたのは著者へのご褒美だろう。本書の最後では、パケナムの墓を多磨霊園に訪ねて「さまざまの幸運が重なったとはいえ、パケナムの手によってここまで誘導されてきたことは疑いようもなく思えた」と感慨を記す。私も霧が晴れる思いで本を閉じた。（岡崎武志・書評家）

（新潮社・1680円）＝2011年6月16日②配信

スリリングな論の運び

「正岡子規、従軍す」（末延芳晴著）

正岡子規が新聞記者として日清戦争に従軍したことはよく知られている。

とはいっても、子規が悲壮な覚悟でかの地に渡ったときには、既に和平交渉がはじまっており、戦火はおさまっていた。現地で子規が見たのは、廃屋や被災民などの戦争の傷痕と、何事もなかったように展開している自然のみであった。だから司馬遼太郎に言わせれば「子規の従軍は、結局はこどものあそびのようなものにおわった」ということになる。

子規の評伝は多いけれど、そういう事情もあって、従軍は挿話的に扱われる傾向があった。つまり従軍と子規の文学とは、さして本質的な関係はないという立場から書かれてきたのだ。本書がユニークなのは、逆にその子規の従軍を中心に据え、この従軍こそが子規文学の方向を決定づけるターニングポイントだったとしている点である。

では、子規を突き動かし従軍へと駆り立てたものはいったい何だったのか。従軍で何を体験し、どう書いたのか。戦争や国家とはどう向き合っていたのか。それがその後の短詩型文学の革新とどうつながり、あるいはつながらなかったのか。著者はこれらの疑問を子規のテキストを子細に読み込むことで、ていねいに解きほぐしていく。

結論は伏せておくが、そこに至る論の運びはとてもスリリングだ。それはおそらく、従来の子規論が看過してきた子規の恥の部分も遠慮なく摘出し、その上で子規文学への敬意を忘れていない筆遣いによるものだろう。さらには子規の詩歌の原点を「漢詩」に見いだし、常にそこに立ち戻る視点にも新鮮さがあり、説得力を持つ。少なくとも私は子規の漢詩には無関心に近かったので、それだけでも蒙（もう）を啓（ひら）かれた思いであった。

余談めくが、本書には女性がひとりも登場してこない。母にも妹にも特段の言及はない。せっかくの労作だから、このあたりにも話を広げてほしかったと思うのは、無い物ねだりだろうか。（清水哲男・詩人）

（平凡社・2730円）＝2011年6月16日③配信

運動の歴史的文脈を解明

「メタボリズム・ネクサス」（八束はじめ著）

戦後日本の建築運動で最も世界によく知られているのは、いまだに1960年代のメタボリズムである。これは新陳代謝を意味する生物学の用語に由来し、部分の取り換え可能な建築デザインを推奨するものだった。黒川紀章や菊竹清訓らはその代表的なメンバーであるが、実現されなかった都市スケールの巨大建築プロジェクトは、後にユートピア的な提案だとしばしば批判されている。

八束はじめは、以前にも関係者のインタビューを基にメタボリズムの研究書を刊行したが、今回の大著ではその社会的な背景や歴史的な文脈をさらに深く掘り下げ、こうしたデザインがただの夢物語ではなく、当時のリアリティーと密接に関連しながら構想されていたことを明らかにした。

本書は、ネクサス（連結）というタイトル通り、派手なデザインばかりに目が奪われがちなメタボリズムに対し、人や組織、モノや出来事など、さまざまな補助線を引く。例えば、戦後の復興計画、丹下健三研究室の活動、政治や実業家の動向である。最も興味深いのは、1930年代の中国大陸における都市計画や40年代前半のコンペや建築論にまで、出来事の系譜をさかのぼっていることだ。海外に新天地を求めた戦時下と、爆発的な人口増を受けて海や空中の人工大地を提案した戦後に、建築論上の断絶はない。つまり、メタボリズムは一時の突然変異ではなく、日本国家の歴史を背負って登場した。

これまで芸術的な建築家の作品とその思想という個人的な表現に対し、政治家や官僚の関わる都市計画・国土計画という社会的な観点からの十分な研究がなかった。しかし、本書は、メタボリズムを手掛かりに両者を融合し、大きな視野から20世紀中盤の日本建築史を新たに描きなおす。そして「日本」という主体のもう一つの自我として建築・都市デザインをみなし、メタボリズムの系譜が「近代の超克」を果たしたと位置付ける。（五十嵐太郎・建築評論家）

（オーム社・5040円）＝2011年6月16日④配信

寛容こそが世界制覇の礎

「最強国の条件」（エイミー・チュア著、徳川家広訳）

古代ペルシャ帝国から現代の米国まで、歴史上の「最強国」は、いかにして世界の覇権を手に入れ、また、なぜ衰退したのか。ポール・ケネディの「大国の興亡」を想起させるテーマであるが、本書が独自なのは、マイノリティーに対する「寛容」と「不寛容」という一つの明確な視点から最強国の世界史を論じきった点にある。

著者によれば、過去の最強国は世界的な覇権を手に入れる過程で、少数民族や異教徒などマイノリティーに「寛容」な態度を示し、彼らの優れた技術を取り入れることで成功した。反対に、最強国が衰退したのは、マイノリティーに対する「不寛容」さが現れ出るとともに統合が瓦解（がかい）していくことに起因した。

本書で取り上げられる過去の最強国は、中国の唐王朝、モンゴル帝国、スペイン、オランダ、英国、米国などであるが、その他、第2次世界大戦当時の日本やドイツの失敗例や、現在米国のライバルとして浮上しつつある中国、EU、インドまで論じている。

やや大風呂敷を広げた印象もあるが、よく言えばとにかくスケールの大きな議論である。この手の本は、著者と一緒に議論を楽しむために、「お手並み拝見」という気持ちで読むのが、読書家のたしなみである。

著者も述べているとおり、繁栄・衰退と「寛容」「不寛容」の因果関係が明確でない部分もあるが、アイデアは面白い。今後の日本復活の鍵も、外国からの人材や技術の活用のやり方にあると考えれば、ビジネスマンが読む歴史読み物としても興味深いだろう。

専門的な読者のために付言すると、本書は、スパルタ教育を受けて有名大学の教授となった中国系移民の女性が、マイノリティーに対して不寛容な米政治学者サミュエル・ハンチントンの議論や、独善的で一国主義的なネオコンの外交政策に対抗して書き上げたという面がある。そこにユニークな着想の由来をうかがうことができる。（西岡達裕・桜美林大教授）

（講談社・2940円）＝2011年6月16日⑤配信

情報機関めぐる論点提示

「インテリジェンス」（マーク・M・ローエンタール著、茂田宏監訳）

インテリジェンスと言えば、「スパイもの」か、または「難解な理論」か、と速断する二派に日本人は分かれるだろう。

帯に「インテリジェンスの教科書」と記した本書は、情報の理論的追究だけでなく、キューバ・ピッグズ湾事件などの挿話も多々紹介している。

米国で版を重ね、長く読まれたのは、その豊富な内容が支持されたからだ。今回翻訳されたのは第4版で、イラクの大量破壊兵器に関する政策当局と情報当局の間の議論に踏み込み、米国のインテリジェンス改革についても記録している。

特に、全部で16もある情報機関で形成する米国のインテリジェンスコミュニティーの役割に関する記述が、他に見られない優れた点である。

著者がこの特殊なコミュニティーで要職を歴任し、ユニークな経験をしたことが本書の内容に厚みを増した。著者は、米議会調査局上級外交専門家を皮切りに、国務省の情報機関である情報調査局（INR）、下院情報特別委員会スタッフ部長、さらに中央情報局（CIA）次官補、ホワイトハウスに提出する国家情報評価（NIE）などをまとめる国家情報会議（NIC）副議長と渡り歩いた、まれな人物だ。

さらに著名な大学でインテリジェンスを講義した経験があり、講義録を基に本書ができた。

インテリジェンスは情報収集と分析だけではない。CIAは、旧日本軍が行った特務工作に類する秘密工作にも従事してきた。その是非はともかく、本書は議論すべき問題点を指し示している。

底流にあるのは、米国のインテリジェンスは秘密主義（シークレシー）と民主主義（デモクラシー）の相克を抱えているという問題だ。「憲兵」と「特高」のトラウマを抱える日本でも、本書をきっかけにインテリジェンスの基本的問題を議論するのが望ましい。

索引を付けたのは便利で良い。ただ翻訳にいまひとつ工夫がなく、一部に誤訳があったのは残念である。（春名幹男・ジャーナリスト）

（慶応義塾大学出版会・4410円）＝2011年6月16日⑥配信

不思議な幸福感と解放感

「半島へ」（稲葉真弓著）

作家として仕事をしながら東京で暮らしていた主人公の女性は、十数年前、崖の風情にひかれて衝動的に志摩半島に土地を買い、ひとりで小さな家を建てた。以来、時折その隠れ家に滞在して体に風を通すように休暇を過ごしていたが、今回初めて期間を決めずに半島暮らしを始めたのだった。川端康成文学賞を受賞した「海松（みる）」に続き、詩的な文体が土地の自然と結びあう身体感覚を精緻に力強く描いていく。

森を歩き、海辺をたどる「私」の五感は、動植物だけでなく形のないものの気配もキャッチする。地中の菌類の生殖の官能的な香り、ホタルを楽しみに半島を訪れた老母の視線の先にある家族の記憶、西日の差す部屋で暑さにまどろみながら夢に見る死んだ友人や昔の恋人の顔。二十四節気の季節の移ろいに野生を呼び覚まされ「なにかが刻々と体のなかを動き回っているのがわかる」とつぶやく主人公は、60代にさしかかった身体の奥深くで自然のエネルギーにシンクロし、森に棲（す）むえたいの知れない生き物へと変容しつつあるかのようだ。

だが自然は決してユートピアではない。マンションのベランダで植物を育てるのと違って、繁茂する雑木を伐採するのは闘いであり、ヤブ蚊にさされれば皮膚は腫れ上がる。廃棄物が無断投下された森では白骨死体が発見される。半島とは、陸と海、人と獣、生と死の境界線が揺らぎ、危険な豊かさでせめぎあう空間なのかもしれない。

半島に移住した近隣の人々と主人公との交流が静かな厚みを感じさせる筆致でとらえられ、味わい深い。晩夏の竹林で開かれた酒宴では日常会話を交わす声が地の底からの音のように響き、いつのまにか人の輪郭はほどけ、生も死も陸も海も混じりあう。幻想的なシーンに不思議な幸福感と解放感が漂っていた。痛苦に満ちたそれぞれの人生を、それでも生きようとする私たちを励ましてくれる読後感である。（川口晴美・詩人）

（講談社・1680円）＝2011年6月23日①配信

引き裂かれたわたしたち

「ヒトラー『わが闘争』がたどった数奇な運命」（アントワーヌ・ヴィトキーヌ著、永田千奈訳）

ウカツに手を出してはいけないテーマがある。ナチスやヒトラーなどというのはその最たるものだ。すでにやり尽くされている。奇をてらうとトンデモ本に近づく。つい退屈な教訓を口走ってしまう。生半可な内容ではオタク氏に叱られる。

若いフランス人ジャーナリストが、それでもなお一つの戦略をもってこのテーマに挑んだ。まず、武骨なまでに啓蒙（けいもう）に徹する正攻法。そしてより重要なのは、主人公を、書名にある人物と彼の著書ではなく、わたしたち自身にしたことである。つまり、本書で描かれているのは、わたしたちが「わが闘争」をめぐって奇妙に引き裂かれている状況である。称賛と無視、恐れと興味、発禁とベストセラー。現在では、ナチズムを復活させる本と危険視する者もあれば、過去ときちんと向きあうために読むべき本と推奨する者もいる。

この混乱ぶりは悲劇よりも喜劇に似ている。それを本書の中で最も鮮やかに体現するのが、1934年に「わが闘争」のフランス語訳を出した出版社社主フェルナン・ソルロだ。ヒトラーは著作権侵害の訴訟を起こし、占領下のフランスでは禁書に指定した。フランス人に敵対的な内容を知られたくなかったからである。反対に、反ナチス側は抵抗運動の盛りあげのために本を流通させようとした。

そもそも翻訳出版時に、ソルロはユダヤ人排斥に抵抗する左派団体から資金援助を受けている。しかしソルロはヒトラーと同じくらい偏狭なユダヤ人嫌いで、同時に右翼国粋派としてドイツ人独裁者を憎んでいた。もう何が何だかわからん世界であるわけだが、それが、こう言ってよければ極めてスリリングなのだ。

最後に教訓を一つ。「わが闘争」が単なるおバカ本にしか見えなかったせいで、当初知識人たちは本気にしなかったという。それがのちの運命を決めたと著者は繰りかえす。ありふれているがギクリとさせる教訓である。（高田里恵子・桃山学院大教授）

（河出書房新社・2940円）＝2011年6月23日②配信

恋愛小説が誘う精神の旅　「月は怒らない」（垣根涼介著）

人間はどう生きるべきか。出会いとは、愛とは、人生の重荷とは。かつて若者はその答えを哲学書や純文学の中に探した。

現代では、エンターテインメント小説もその役割の一端を担うべきかもしれない。と、著者が考えたかどうか知らないが、四角関係というにぎやかな恋愛小説であるにもかかわらず、本書には内省小説とか哲学小説とでも呼びたくなるような思索の深度がある。

東京・吉祥寺の市役所の戸籍係、25歳の三谷恭子に3人の男がほれる。戸籍売買を闇商売の一つにする梶原、地元の大学生である弘樹、市役所前の交番に勤務する既婚の和田。恭子は一見地味だが、彼らはなぜか一目で恋に落ちた。梶原は彼女の瞳の陶磁器のような涼気に、弘樹は露を含んだような色気に射抜かれ、和田は自分の下心を見抜いた彼女の鋭い毒気に圧倒されたと言うべきか。

物語はこの男たちが恭子を語る三者三様の視点で進む。恭子は故郷や出自の話など一切しないから、必然、彼らの思考は自己に向かう。娼婦（しょうふ）の母に育てられ、孤独と寂しさを抱えた梶原。暴力衝動と性衝動がまだ優勢な若い"オス"の弘樹。梶原と同じ33歳ですでに妻と仕事に倦（う）んだ和田。彼らが自分をのぞき込むまなざしは、恋愛とは相手を鏡に"私はダアレ？"と問う精神の旅でもある、という古典的命題を思い出させる。古風な作りなのだ、本書は。

ホームレスの男の盗み聞きという形で描写される短期記憶障害の老人と恭子の問答シーンもそう。賢者と教え子の対話めいた2人のやりとりで、読者は倫理や道徳といった抽象思考の高みにまで連れていかれる。

恭子はどの男を選ぶのか、その選択と決断の指針は？　男たちの入り乱れるさまを息をのみながら読む時、本書が著者の女性論であり人生論でもあったことに気づかされる。

エンタメにもできること。真摯（しんし）な筆力でその可能性を広げた著者の巧緻に、拍手を送りたい。（温水ゆかり・ライター）

（集英社・1680円）＝2011年6月23日③配信

漱石文学誕生の触媒にも　「『うま味』を発見した男」（上山明博著）

第5の味覚「うま味（グルタミン酸）」を発見し、調味料「味の素」の開発に道を開いた化学者池田菊苗（きくなえ）は、110年前の1901（明治34）年、ロンドン郊外の下宿で孤独に留学生活を送る夏目漱石が、小説家として立つ方向で自身の進むべき道（「文学論」を書くこと）を見定めていく上で、「触媒」として重要な役割を果たしている。

東京帝大理科大学化学科助教授だった菊苗は1899年、ドイツのライプチヒ大に留学。1年半後、ロンドンの王立研究所で研究を続けるべく、漱石の隣の部屋に下宿する。菊苗は、英文学や中国文学、哲学、ひいては理想の美人像などをめぐって、何度か漱石と意見を戦わせ、洋の東西を貫く「知」の地平の広がりと思想の深さで漱石を感服させる。

本書は、限られた資料に小説的想像力を働かせ、虚と実を綯（な）い合わせ、菊苗の生の全容に迫ろうとした。維新後没落した父親の負債を背負って苦学しながら大学を卒業し、留学するまでの苦難の前半生、ドイツ留学中の逸話、ロンドンでの漱石との文学や哲学談義、さらに帰国後「うま味」を発見するまでの悪戦苦闘が明らかにされている。

とりわけ印象的なのは、東大を退官し自邸で研究生活を送る菊苗を、漱石門下の一人で、物理学者寺田寅彦が訪れ、自然界を貫く普遍現象としての「縞（しま）模様」や「波」の現象について教えを受ける最終章の「レイリー散乱の空」である。

その中で著者は、寅彦から「池田先生は、夏目先生にとって触媒だったのではないでしょうか」と問われた菊苗に「自分はとても文学者にはなれない、やはり化学が志すべき道なのだ」と語らせている。「自我と格闘し、日本の将来を憂慮しながら、新しい文学を追求する」漱石を見たというのが理由だ。そこからイメージとして浮かび上がってくる、文学と命がけで格闘する漱石の姿が、たとえフィクションとして書かれているにしても新鮮である。（末延芳晴・評論家）

（PHP研究所・1785円）＝2011年6月23日④配信

謎に満ちた体制に迫る

「中国共産党」(リチャード・マグレガー著、小谷まさ代訳)

胡錦濤政権の残り任期が2年を切り、中国専門家の間では、後継の中国共産党政治局常務委員人事に関する予測が流れ始めている。おそらく今流れている予測はことごとく外れるだろう。党最高指導部人事はブラックボックスの中で、ぎりぎりまで激しい攻防の末に決まるからだ。

わずか9人の最高幹部が、過程を明かさず、党の意思を決める。その指導のもとに、人口13億の大国・中国の経済、軍事、マスコミなどが動く。

本書はその謎に満ちた体制の内側を的確なキーマンへの取材と、彼らが語る印象的なキーワードから描き出し、中国が抱く、欧米モデルとは全く違う超大国への野望の輪郭を浮き彫りにしている。

「赤い機械」と呼ばれる〝中南海〟(最高指導部)直通の専用電話が国有大企業経営者の部屋にあるという事実、企業トップ人事を中央組織が掌握している実例が示すように、表向き自由主義経済に転換しつつあるように見えて、その本質に共産主義のレーニンシステムが生きている。

まさしく、目に見えなくともあらゆる場所に存在する神のような党。そこに、これほど多角的に迫ったジャーナリストをほかに知らない。本書は英国のエコノミスト誌とフィナンシャル・タイムズ(FT)紙の「ブック・オブ・ザ・イヤー2010」にも選ばれた。

著者は00年から08年までFT紙の中国特派員を務めたベテランのチャイナウオッチャー。ほぼ同時期に北京特派員として本書に出てくる何人かを取材した私は、その実力差を痛感しつつ読んだ。

ただ、政府が隠していた事実を暴露した元新華社記者の楊継縄が「衰退と同時に進化が進んでいる。最終的にどちらの面が表に出るかはわかりません」と言う中国の体制について、著者が「超大国として世界に君臨し、容赦なく思いのままに世界を動かしたいという願いは、叶うのではないか」と結論するのは早すぎる。まだ何枚かめくらねばならない秘密のベールがあるだろう。(福島香織・ジャーナリスト)

(草思社・2415円)=2011年6月23日⑤配信

戦後の米国体験を回想

「天皇とマッカーサーのどちらが偉い?」(室謙二著)

自分の誕生予定日から逆算したら、母の妊娠はいつだったか。妻の助けを借りて計算すると、1945年3月の東京大空襲の2、3週間あとだった。灯火管制下の東京のアパートの一室で宿った命。そこに始まる自らの半生を、著者は戦後史と重ねながら、軽みのある文章でつづっている。

50歳を超えて市民権をとった米国生活は、20年以上。国籍を変えることはたいした問題ではない、という。自在な人である。ベトナム反戦運動や雑誌「思想の科学」の編集に携わり、あるいは米国と関わる中で学んだ“カメラ・アイ”を引いたり近づけたりして、個人的体験をほどき、戦後の日本人にとっての米国の意味を思索していく。

背の大きな人と小さい人が並んだ写真、ラジオから流れるジャズ…。GHQ(連合国軍総司令部)占領下の体験に、「抑圧と解放が組み合わされた」複雑な影響を読み取る。そして「憲法第9条」と「脱走米兵」に多くのページを割いている。

映画「真昼の決闘」が話に出てくる。保安官が一人、荒くれ男たちから町を守る。秩序と正義のため闘う。歴代大統領に愛され、ホワイトハウスで最も多く上映された、米国らしい映画という。

この保安官の妻は非暴力主義だが、夫を守るため銃をとる。そこから著者は議論を軽やかに第9条へ展開する。暴力に対してどう非暴力で正義を実現するか。第9条はタテマエでは機能しない。非暴力の直接政治行動(デモなど)を伴うことで初めて機能する、と。

最後にベトナム戦争を振り返る。「べ平連」運動に加わった著者らの前に反戦米兵が現れた。人が平等に自由を求める権利を引き裂く米国は間違っている—。彼らの声に動かされ、スウェーデンへの脱走を支援。

初めて出会った米国は、米国の原点の民主主義思想を主張する脱走米兵だった。

本書の回想は、個人としての自分を描き、国家に自分との同一性を求めない。その生き方は、私たちの未来も照らす。(中川六平・ライター)

(岩波書店・2205円)=2011年6月27日配信

熟成発酵した装丁の創造

「本の魔法」（司修著）

便利さという点では電子書籍のような魔法のツールに及ぶべくもないものの、しかし、紙の本は書物という「物」であり、書かれている内容だけでなく、それ自体の手触りや重みまで含めて完成品となる。書名を聞いてもピンとこなかったのに、表紙を見ただけで内容がよみがえるということもある。ただそれには内容と装丁とがぴったり息を合わせていなければならないが。

装丁家は自らのぎらついた個性を押し出すだけの人間ではない。まず当の本を読み、そこからイメージを組み立ててゆく。まずは良き読者であることが求められる。

司修はその点、まったく抜かりがない。作品を読みこなすばかりでなく、作家に会い、その家族に会い、作家の他の作品も読む。その中で作家の人となりをつかむことから仕事をはじめる。

そうして出来上がった武田泰淳「富士」や「埴谷雄高全集」。司の中で完全に熟成発酵した像は、むしろ作品との直接的関係が薄くも見える。装丁家は、読者であるばかりでなく、自身が創造者でもあるからだ。「富士」という本の表紙に富士山を描いたりはしない。

たとえば、森敦「月山」の、帯を外すと意味の変わる絵。これも小さな「魔法」だが、「本の魔法」というタイトルにはもっと深い意味がある。

古井由吉「杳子・妻隠」の、根となった足で大地をしっかりとつかむ女性の表紙絵。作品中に樹木化した女など出てこないのだが、しかしこうして装丁家により昇華された像は、もはや内容と分かちがたく読者の心に棲（す）みつづける。もはやこの絵を抜きに作品だけを思い起こすことなどできない。これこそが「本の魔法」なのだ。

そして本書では、その魔法の種明かしがなされている。作家たちとの交遊の様子などから、一つ一つの本の装丁がどのようになされたのかを知ることができるばかりではない。著者自装のこの本自体が、電子書籍よりもずっと不思議な一つの魔法なのだ。（伊藤氏貴・文芸評論家）

（白水社・2100円）＝2011年6月30日①配信

最強で最凶の魅力的悪女

「引擎／ENGINE」（矢作俊彦著）

警察小説、犯罪小説、ハードボイルドをベースに、アクションと悪女ものの味を調合したカクテルのような小説—。と言ってみても、まだ何か肝心な点を見落としているような気がしてならない。これはそんな小説だ。

ひとつだけ確かなのは、ここに出てくる女が日本ミステリー史上最強にして最凶、しかもとびきり魅力的な悪女だということである。

主人公は東京・築地署の刑事、片瀬游二。銀座の駐車場で高級外車専門の窃盗団を張り込み中に、近くの宝石店へ車を乗りつけた女がショーウインドーに銃弾をぶち込んで安物のピアスを強奪した。無垢（むく）な少女の微笑と野獣の残忍さを併せ持つ東洋風の美女。その瞬間から、彼女は彼のファム・ファタール（運命の女）になった。

銃撃戦の末に女を取り逃がして持ち場に戻ると、同僚が喉を切り裂かれて絶命し、問題の外車は消えていた。そのため彼はマスコミ対策を名目に捜査本部から外され、謹慎を命じられる。

こうして名実ともにハグレ刑事となった彼は、謎の女を追って、中国系やロシア系のマフィアが支配する黒社会に乗り込んでいく。すると、その先々で人が殺され、車やビルが爆破される。彼女はどうやら「エンジン」と呼ばれる凄腕（すごうで）の殺し屋らしい。

そして彼はついに追跡中の車内で彼女に犯される。ミステリー界に悪女多しといえども、追われる女が刑事を“手込め”にしたのは、おそらくこれが初めてだろう。こうして男女の仲になったあとも、なお刑事として彼女を追いつめる彼の前に国際的な陰謀の影が浮かび上がる。そして舞台は新潟、沖縄へと移っていく。

かつて正統派ハードボイルドの旗手として鳴らした作者の反骨精神は健在で、チャンドラー張りの文体と切れのいい警句を楽しむことができる。矢作エンジン全開で、コクもあればキレもあるエンターテインメントの快作である。（郷原宏・文芸評論家）

（新潮社・1680円）＝2011年6月30日②配信

「叡知の哲学」求めた人

「井筒俊彦」（若松英輔著）

井筒俊彦（いづつ・としひこ）をどう形容すればいいだろうか。イスラム学者、神秘思想研究者、言語哲学者…。いずれも一面を言い当てたことにしかならない。井筒は30以上の言語を読みこなし、西洋哲学からユダヤ神秘主義、仏教や東洋思想まで研究した。サルトルやデリダ、エリアーデなど現代思想にも通じた。それは多分野を専門にしたからではない。先人や同時代の思想家との対話から、一つの哲学をつくるためだった。

著者は井筒の著作を読みこんで、精神の遍歴を跡づけた。世界的スケールの思索を「叡知の哲学」ととらえた。叡知とは、人間が超越的な存在（神）にふれることであり、哲学とはそれを明らかにすることである。

「詩魂を抱いた哲学者」とは著者の形容だが、ドイツの哲学者ハイデッガーを連想せずにはいられない。井筒もハイデッガーも、人間の理性的認識が肥大化し、超越的な存在とのつながりを失った20世紀思想の行き詰まりを超えようとした。

そして、思索と詩作とが不可分な、理性と感性、知性と信仰とが合一した哲学を求めた。ハイデッガーは西洋哲学の祖ソクラテス以前の詩人哲学者にまでさかのぼって思索し、井筒はコーランをはじめとする諸宗教の聖典に当たって、人類普遍の叡知を表すことばを読み解いた。

本書の特徴は、例えば天理教学を創始した諸井慶徳（もろい・よしのり）の宗教哲学を論じ、井筒の問題意識との近似を探っていることにある。神学とは信仰の営みであり、魂を救済する行動であると考える点で、2人は一致していた。

著者はまた、ロシア文学者の除村吉太郎（よけむら・よしたろう）と井筒との意外な接点にもふれる。無神論と革命のなかにも、全身全霊で魂の救済を求めるロシア精神が脈打っている。井筒はそのことを除村から学んで、後に名著「ロシア的人間」を書くことになる。

混迷の時代にこそ哲学の求道者・井筒の姿が見える。本書はそのことを示した最初の本である。

（米田綱路・ジャーナリスト）

（慶応義塾大学出版会・3570円）＝2011年6月30日③配信

負の連鎖を物語へと昇華

「菜食主義者」（ハン・ガン著、きむふな訳）

ブラジャーを嫌がるほかは特徴もなく、平凡な妻の役を無難にこなしてきたヨンヘが、ある日突然肉を食べなくなる。物語はここから始まる。彼女が菜食を始めた理由という〝夢〟は、殺人や肉食や血、そして人間の〝顔〟に満ちている。

連作3編のうち、表題作はサラリーマンの夫の視点から書かれる。姉が買った新しいマンションでの家族パーティーで、肉を食べないヨンヘに「家父長的な」父の暴力が炸裂（さくれつ）する。彼はベトナム戦争に従軍し、ベトコンを7人も殺したらしい。口に押し込まれた酢豚をうなり声とともに吐き出したヨンヘは、ナイフで自分の手首を切る。

次の「蒙古斑」は、姉の夫で芸術家肌のビデオアート作家が語り手である。ヨンヘの体に蒙古斑が残っていることを知ってから、彼は義妹に性的に執着するようになったのだ。身体中に描いた花や葉の絵によって植物に〝変身〟した2人が交わるまでの過程は、とても美しい。血や暴力の呪いが浄化されていくようだ。

最後、男たちは2人とも去り、姉がヨンヘを経済的に引き受ける。姉の、幼い息子への愛が、家族の別のあり方を暗示する。読み終わると、この小説に、家庭内暴力に起因する拒食症のテーマがこめられていることが分かる。その深層には社会的暴力、例えば戦争への従軍がある。暴力、家族、幼年期の傷、拒食症、死という負の連鎖は、このような構造を普遍的に持つのだろうか。著者はそれを、一筆一筆別の次元に昇華させていく。

個人的な感慨が許されるなら、私は読みながら、拒食症で18歳で死んだ妹のこと、木の絵を数多く描き、木になりたいとも言っていた姉のこと、妹を溺愛し、やがて放置した強い母と、彼女が平和主義を放棄してまで協力した戦争と植民地主義のこと、姉として決定的に駄目だった私自身のことなどを、まざまざと感じていた。

著者は韓国の代表的な女性作家。本作は新鋭イム・ウソン監督によって映画化もされた。（高良留美子・詩人）

（クオン・2310円）＝2011年6月30日④配信

画期的な「方法」明らかに

「事物のしるし」（ジョルジョ・アガンベン著、岡田温司・岡本源太訳）

人文学に携わる者を一番いら立たせる質問は「あなたの研究は、何の役に立つのですか」ではないだろうか。このいら立ちは、学問がますます工学的技術に切り詰められていく歴史や現実へのやりきれなさであり、同時にそれは、人文学の抵抗が十分に功を奏してこなかったことへのルサンチマン（憤り）でもある。

著者は、そこからの出口の可能性を示し続けてきた。その視線は、一貫して問いそのものにではなく「問われない」ことがらに向かう。そうやって、排除された人間をめぐる権力論を展開してきた著者が、今回ついに、その対象を浮かびあがらせる「方法」を自ら明らかにした。なんと画期的な出来事であるか。

著者は、フーコーら現代思想のきら星たちの位置を確認しているかのように見せ掛けて、そこから軽やかに逸脱していく。おそらく敵も多いだろう。でもその裏をかくトリックスター的な技こそが、もしかすると創造性の本質なのではないかとさえ思えてしまう。

本書で提示された三つのコンセプト—「パラダイム」「しるし」「考古学」。これらを新しい認識装置に変える秘訣（ひけつ）は、どうやら頭の良い人がするような理解の仕方をやめることにあるようだ。

「解（わか）る」価値を先取りせず、意味を固めず「宙づり」を保ったまま、そこに対象が「ある」ことを認める。そのために時間をせき止め、起源や系譜とは別の、何かが形づくられる瞬間をアルケー（歴史の中で働く力）として認識する—そうすることで考古学（アルケオロジー）は、現在に接近するメタ歴史学となる。

なんて明快なんだろう。いちいち腑（ふ）に落ちることばかりだ。それはわれわれがグローバル化の周縁、西洋的思考圏の辺境にいるからなのだろうか。それとも達意の訳文によるものなのだろうか。

いずれにしても人文学を取り巻く「もやもや」をすっきりさせる「方法」が確かにここにはある。

（水島久光・東海大教授）

（筑摩書房・2730円）＝2011年6月30日⑤配信

輝きを放った強烈な個性

「僕たちのヒーローはみんな在日だった」（朴一著）

日本の戦後のスポーツ界、芸能界に在日コリアンがたくさんいたのは周知の事実。「国民的英雄」「国民的歌手」と呼ばれたスターの中にも、実は在日コリアンがいたということも比較的よく知られている。

力道山、金田正一、張本勲、松田優作、都はるみ、松坂慶子、和田アキ子、つかこうへい…と固有名詞を並べてみると、彼ら彼女らが単に身体的能力にたけていたのではなく、一人一人が強烈な肉体的・精神的個性を輝き放っていたことが分かる。それは、外部からの何らかの「くくり」を拒むかのように奔放な「個」の自己主張である。

日本に完全に帰属するのでもない、かといって故国との絆を公に語れる自由は持っていない。そのはざまで苦しみもがいた果てに、先祖からもらった肉体と精神を日本社会にぶつけるように表現する。

本書で取り上げられている人物のうち、ことに痛々しいのは力道山、松田優作や新井将敬（政治家）である。彼らは成功のさなかにも、いや成功すればするほど、自らの出自を隠そうとし、そのことによって逆に日本社会との見えない亀裂が深まるようだ。それに比べると、在日女性のスターたちはもっと大胆に、もっと強くこの社会で生きてきたように読める。

興味深いのは、在日スターたちの生年である。新井将敬、都はるみ、つかこうへいは1948年、和田アキ子、松田優作は49年。すべて2世だ。「団塊の世代」といってしまえばそれまでだが、この世代が生まれ育った日本社会の混沌（こんとん）とエネルギーが、彼ら彼女らの才能を増幅したともいえる。とすれば、考えるべきは「昭和」という時代のえたいの知れないパワーであろう。

平成のいま、昭和の力道山のようにがむしゃらに全身全霊を込めて、この社会を変えてやろうという怪力の異才がもう一度、登場しなければならない。そしてよりよい日本社会をつくってゆくのだ。そのとき、その異才の出自や国籍はどこでもいいはずである。（小倉紀蔵・韓国思想研究者）

（講談社・1575円）＝2011年6月30日⑥配信

戦時下にあやなす人生

「草の花」（三田完著）

満州国は、満州事変を経て、翌1932（昭和7）年に建国された。清朝最後の皇帝溥儀を執政として中国から分離したが、明らかなる日本のかいらい国家であった。日中戦争、さらには太平洋戦争への火種をはらんだ、欺瞞（ぎまん）に満ちた国家であった。だが当時の多くの日本人にとって、地平線に向かって南満州鉄道（満鉄）が走る満州は、夢の大地であった。

35（同10）年の春、満州への玄関口である大連に向かう船に、一人の女医がいた。池内壽子、東京女子医専（後の東京女子医大）を出たばかりで、大連の病院へ赴任するためである。本作の物語はここから始まる。

壽子は船中で川島芳子を知り、さらに甘粕正彦と親しくなる。川島は東洋のマタ・ハリといわれた男装の麗人で、日中を股に掛けた諜報（ちょうほう）員。甘粕は関東大震災のとき、大杉栄、伊藤野枝夫妻を殺したとされる元憲兵大尉。今は満州国を陰で操る存在だ。壽子は、いや応なしに、歴史の荒波に翻弄（ほんろう）されることになる。

しかし本作は、決して彼女一人の物語ではない。東京・日暮里で俳人秋野暮愁が主宰する句会のメンバーである梓ちゑ、芸者の松太郎が、壽子と姉妹のごとく仲がいい。物語は、終戦後までの十数年間の激動の時代を背景に、満州と東京を舞台に、あやをなす彼女たちのそれぞれの人生を描く。

ちゑは、夫が新進の科学者だが女癖が悪く、夫から梅毒をうつされてしまう。松太郎は六代目尾上菊五郎の愛人となり、永井荷風らとも絡む。

やがて日本は敗戦の日を迎え、満州国も滅亡する。敗戦の混乱でバラバラになっていた3人は、戦争にもてあそばれたそれぞれの人生を背負いつつ再び句会にのぞむ。

本作のキーワードになっているのが季語。深刻なテーマを描きながら、どこかに救いがあり、読後感がさわやかなのは、物語の随所で彼女たちが詠む俳句のせいであろう。（高橋千劔破・文芸評論家）

（文芸春秋・1750円）＝2011年7月7日①配信

弱さ自覚した男性の愛

「別れの時まで」（蓮見圭一著）

自分の親でも子どもでない、ただの他人を大切に思い、愛することは奇跡だと思う。そして愛の本質は、奇跡の時間の過去と未来にまで及ぶ。相手の変えられない過去をも愛せるのか。どうしようもない運命を受け入れられるのか。「自分ならどうだろう」と読みながら何度も覚悟を問われた。

40歳になろうとする主人公で編集者の松永は、「家族」をテーマにした手記募集に応募してきた女性に興味を抱き、面接する。その女性、毛利伊都子はシングルマザーの舞台女優であった。

妻と死に別れ、中学生の娘と2人暮らしの松永は、同じような家庭環境の伊都子に共感し、伊都子もまた松永に引かれる。子ども同士も仲良くなり、2人には何の障害もないように見えたが、突然過去の「亡霊」があらわれ、未来に暗雲が垂れこめる。やがて伊都子の息子の父親の正体をめぐり、松永はある謎に引き込まれていく。

編集者と舞台女優の恋と言うと華やかに聞こえるが、互いの親子関係が綿密に描かれ、2人が堅実な生活者であることがわかる。普通の親で、普通の人間なのだ。その普通さとの落差で、後半にあらわれる謎がまるで別世界の話に思えてくる。地球の裏側で戦争が勃発したことを報道で知りながらも、とりあえず普通に暮らす私たちのように。

松永が、ある人物から「小市民」と揶揄（やゆ）される場面がある。再婚を考える老母を案じ、中学生の娘の母親にふさわしい女性を選んで付き合う。不純、打算と言われれば否定できないが、人は長く生きるほど、ひとつの愛のために何もかも捨て去ることは難しい。また伊都子の過去を受け入れられる自信も持てない。

小市民であることを認めた松永は、自分の弱さやずるさを自覚する。そのうえでひとりの男性として、すっくと立ちあがる姿に心打たれた。

成就するだけが恋愛ではない。最後の一行まで、一寸の隙もない小説だ。（中江有里・女優、脚本家）

（小学館・1575円）＝2011年7月7日②配信

自由守る戦いの生涯描く

「思想は裁けるか」(入江曜子著)

戦時下最大の言論弾圧事件「横浜事件」の弁護士海野普吉(うんの・しんきち)については、聞き書きや没後に出版された回想録、政治評論家松岡英夫の手になる評伝などによって、「人権の灯台」としての姿が明らかにされてきた。

戦前から現在に至る教育のありようを鋭く論じてきた著者は、これまでの法曹関係者とは異なるアプローチで海野の法廷闘争を丹念に追い、彼が自らの原点として「人間として護らなければならない自由とは、人権とは何か、それを護るためにどう生きるか」を問い続けた生涯を描き出した。

本書は二つの点でユニークだ。一つは、海野が弁護士活動を積み重ねる中で、次第に国家権力と対峙(たいじ)し、「誰のために、何に対して戦うのか」、その視座を確立していく過程を鮮明に描きだした点だ。治安維持法による初の大量検挙事件の裁判では、布施辰治らの自由法曹団が敢然と立ち向かったのと対照的に、「情状酌量を」と温情を請う方針で臨んだが、河合栄治郎事件や人民戦線事件などの法廷闘争を通じて「政治が思想を裁く」ことの犯罪性への自覚を強め、横浜事件の弁護を一手に引き受けるに至る。

それは戦後、新憲法の施行で満足せず、その「平和的生存権」確立のため、冤罪(えんざい)を問い、憲法9条の戦争否定・戦力保持禁止を訴え続けることにつながる。海野の「ノンポリシーの良心」は、彼の周りに厚い信頼の人垣を築いた。

もう一つは、革命闘士でも立身出世主義者でもない海野の人となりを、身内を含む多くの関係者への聞き取りを通して浮かびあがらせ、「人間の持つさまざまな矛盾も含んだコモンセンスの持ち主」という魅力を説得的に描き出したことである。花柳界に身を置く女性アサノとの出会いと結婚、それをめぐる母との確執、家庭における日常の姿の描写は興趣に富む。

全般的に海野自身の文章や回想証言がもっと前面に押しだされてもよかった。(荻野富士夫・小樽商科大教授)

(筑摩選書・1785円)=2011年7月7日③配信

新たな市民社会への希求

「利他学」(小田亮著)

美人に見られている男性は、より他者に対して気前よくふるまうという実験結果がある。一方、ケチな人は人の記憶に残るが、気前の良い人はそれほど残らないという。本書には、このような興味深い実験結果が随所に提示されている。しかし、本書は処世術の本ではない。それらは人間の利他行動を解明するために援用されているのだ。

利他とは、他者の利益になる行動だ。電車で席を譲る、人が物を落としたときに拾うなど、他者のために動いたことがない人は少ないだろう。東日本大震災では多くの人が被災地に義援金や物資を送り、救援に駆けつけた。なぜ人間はこのような行動をするのだろうか。

リバース・エンジニアリングという考え方がある。「機能」が何であるかが分かると、その「しくみ」の理解が進むという考えだ。本書では、人間行動進化学の専門家である著者が、「機能」と「しくみ」から利他のメカニズムを平易に説明している。

赤の他人への利他行動は互恵的利他で説明される。つまりはお互いさまだ。そして、その利他行動は、直接的なお返しがなくとも、評判が立つことで第三者によって報われるのではないか。人の利他性と周囲の社会的なサポートとの間に関連性が確認されたという。情けは人のためならずだ。

20世紀末からの研究は、利他性は社会生活によって学ぶことができるということを示している。本書でも制度や規範から、うば捨て山の話まで、社会との関係性が幅広く取り上げられている。利他行動を包括的に解明した本書の誕生は、従来のような行政主導のシステムに頼るのではない、利他性に富む市民社会が希求されていることの証左でもあろう。

本書の圧巻は、人間には、利他主義者とそうでない人をある程度見分ける能力があるという指摘だ。人は見た目ではないといぶかしがる人は、その実験手順も含めてご自身で本書を検討していただきたい。(稲場圭信・大阪大大学院准教授)

(新潮選書・1260円)=2011年7月7日④配信

背後にすさまじい現代史　「わたしが明日殺されたら」（フォージア・クーフィ著、福田素子訳）

殺されるかもしれない。でも、平和な国と子どもたちの未来をつくるために、お母さんは出掛けます―。アフガニスタンの女性政治家フォージア・クーフィが、2人の娘につづった手紙から、本書は始まる。

1975年、祖国の北部辺境で生まれた。7人の妻を持つ父の19番目の子ども。もう女の子はいらない。灼熱（しゃくねつ）の大地に放り出された赤ん坊が、大やけどしても生き残ったとき、彼女の苛酷な人生が始まった。

母を殴る父は、尊敬される政治家でもあったが、交渉しようとした反政府勢力のムジャヒディンに銃殺された。逃避行の中で著者を守り育てた母は、最愛の息子を殺され、悲しみの中で死んだ。タリバンに逮捕、迫害された夫は、結核で無念にも早世した。

だが、フォージアは負けない。女の子でも小学校に行くと頑張った。激戦地の首都で英語の授業に通った。恋愛を許さない世間にあらがい、愛する男性と結婚した。英語を教えユニセフで働いて家族を支えた。強い人だ。

対テロ戦争後の平和構築過程で2005年、下院議員選挙に当選し、副議長にも選出された。今や、初の女性大統領候補と期待されている。だが、彼女の華々しい経歴の裏に、すさまじいアフガン現代史がある。

彼女は娘たちに語る。「お父さんの逮捕が、お母さんが政治へ向かう道の第一歩」でした。「お母さんには教育があり、自分の考えがありました。だからお父さんを助けるのにそれを使おうと決めたのです」。それと同じように、「困っている人を助けたいという気持ちが、今政治にとり組んでいるお母さんを導いてくれているのよ」。

東日本大震災後、アフガニスタンからも支援が届いた。米軍撤退とタリバン復活が伝えられ、平和がさらに遠のくように見えるこの国で、人々は今日も苦闘している。心の中で応援のエールを送りながら、本書を読み終えた。（竹中千春・立教大教授）

（徳間書店・1785円）＝2011年7月7日⑤配信

人間の一貫性のなさ考察　「ぼくらはそれでも肉を食う」（ハロルド・ハーツォグ著、山形浩生・守岡桜・森本正史訳）

ともすると忘れてしまいがちなのだが、私たちも動物である。

動物が動物を食べる、ペットとして飼う、実験に用いる。よくよく考えてみるとそこには大きなねじれがある。

牛や鶏を食べるのが平気な人でも、同じく動物であるには違いない長年一緒に暮らしたペットのためなら、見知らぬ人の一人くらいは見殺しにだってするかもしれない。

いや、肉は食べないという人でも、魚の死骸は平気で食べていたりする。鯨やイルカの話となると、突然感情的になる人もある。

人それぞれ、と流してしまいそうなそんな話題を、本書はしつこく考え続ける。

誰かが何かの方針を決める。それはまあ良い。ちょっと待てと言いたい場合もあるのだが、ひとまず個人の選択である。本書が注目しているのは、ある一つの選択ではなく、それと関わる他の選択との兼ね合いである。

闘鶏は確かに野蛮であるかもしれない。しかしそれなら、品種改良の末、流れ作業で処理され続けている膨大な数のブロイラーはどうなるのか。

あれを選択するのなら、こちらの選択もこうなるのでは。著者がひたすら並べていくのはそうした例示だ。

どうも、動物に対する人間の態度は一貫したものではないらしい。

かといって著者は人間の独善性や、一貫性のなさを責めるのではない。考える時間は限られており、腹も減るし肉はおいしい。既にできあがっているシステムがあり、反対する運動がある。

まずはそんな事実が存在すると知るところから始めようということだ。

科学は一つの正しい答えを導き出すというのはうそである。どちらも正しそうなのに両立できない意見があり、未確定のデータがあり、個人の嗜好（しこう）が割り込んできて、意思決定は宙づりとなる。そこで生じる矛盾をまずできるだけ虚心に見つめようとする本書は、優れて科学的な解説書である。（円城塔・作家）

（柏書房・2520円）＝2011年7月7日⑥配信

武士の人間的苦悩描く　「白樫の樹の下で」（青山文平著）

今年の松本清張賞受賞作は、なかなかの異色作である。

舞台は天明年間―といえば、鬼平が活躍していた時代だ―の江戸。浅間山の大噴火の後遺症甚だしく、諸国に大飢饉（ききん）がおこり、田沼時代が終焉（しゅうえん）を迎えたころ、作者は一人の抜き差しならぬ立場の人物をつくりあげた。貧乏御家人の村上登である。「当世、剣は怪我をしてまで突き詰めるものではない」というものの、道場剣法ではかなりの腕前だ。

物語は、登を中心に、武士が武士としてのアイデンティティーを求めて苦悩するさまを、辻斬りの下手人〝大膾（おおなます）〟の探索と並行して描いていく。

自分は何故、武士なのか、いや武士である理由は何か―登がそうした思いを抱くきっかけとなったのは、ひょんなことから一振りの名刀を腰にたばさむことになったからだ。一竿子忠綱。世直し大明神、佐野政言が田沼意次の息子、意知に切りつけた刀である。同じ道場仲間で商人ながらなかなかの使い手、巳乃介が、登の腰にそれがあれば「刀が生きている様を心ゆくまで愛でることができる」と登に預けたものだ。

上昇志向の巳乃介は、武家の養子に迎えられ、小人目付に。貧乏で5年間、竹光を差していた登の鬱屈（うっくつ）は増すばかりだ。父が胸の病を苦に、切腹ではなく首つりをしたため、嘲笑を浴びながらも家計を支える昇平や、「辻斬りを叩き斬って役に就いてみせる」という兵輔等々。

己を一寸の虫と知りつつも、五分の魂を発揮できない彼らは、年収200万円時代ともいわれる今の世で、意に沿わぬ仕事に就きつつ、口を糊（のり）している私たちの姿ではないのか。

刀を抜かぬ登が、辻斬りによって次々と大事な人たちを失っていく中、果たして救いのある結末は訪れたといえるのか。

時代小説史上、これほど武士という名の人間の苦悩を書き上げた作品を私は知らない。力作だ。

（縄田一男・文芸評論家）

（文芸春秋・1450円）＝2011年7月14日①配信

ふと現れる変化の予感　「私のいない高校」（青木淳悟著）

神奈川の国際ローゼン学園の普通科2年菊組に、真の他国理解を理念とする国際交流団体の交換留学生ナタリー・サンバートンがやってきた。

ブラジル生まれで、両親とカナダのケベック州に移住したナタリーは、母語はポルトガル語。英語は苦手。もちろん日本語も片言以前。しかも日本語指導が必要な留学生受け入れははじめて。

なにかととまどいながら真面目に取り組む菊組担任藤村雄幸は、新学年直前の3月から10月の文化祭にかけての日々を、服装指導・席決め・時間割・授業・定期試験、そして修学旅行・文化祭と、留学生と同級生、教師や父母や先輩の交流を克明に記録する―。

「四十日と四十夜のメルヘン」（野間文芸新人賞）、「いい子は家で」「このあいだ東京でね」などの作品で、「小説らしくない小説」「わからないがおもしろい」とあまたの小説読みをひきつけた青木淳悟の新作「私のいない高校」は、末尾に「この作品は、『アンネの日記　海外留学生受け入れ日誌』（大原敏行著　東京新聞出版局／一九九九年）の内容に多くを負っています。同書を一部参照しつつ、全体をフィクションとして改変・創作したものです」とあるが、劇的な展開もなければ物語もない。

また、登場順にクラスメート・教師・架空の人物・歴史上の人物など120人以上を列挙しているが、記録者の藤村、留学生のナタリーをはじめ誰一人として、主人公といえる人物ではない。

にもかかわらず、読み進めていくうちに、一見は平凡な状況がねじれ、「ここに私はいる」と人物それぞれがふっと立ち上がってきて、スリリングな気分になる。なにかが変わっていくと予感させる。それは、「社会に対する興味しかない。面白いことを集めて小説の中にとりこみたい」という作家の姿勢への反射であり、そう感応すればうん、青木淳悟、決して“難解”ではない。（井家上隆幸・文芸評論家）

（講談社・1680円）＝2011年7月14日②配信

最期を体感させる遺歌集

「蟬声」(河野裕子著)

〈手をのべてあなたとあなたに触れたきに息が足りないこの世の息が〉

いつの間にか、にじみ出るように涙が流れていた。この本は、河野裕子という一歌人の最期の瞬間を体感するための遺歌集なのだと思う。先の一首は、亡くなる直前に夫で歌人の永田和宏さんが書きとめた。最期の一息で愛を伝えた、やさしい絶唱である。

〈わがことのやうにも思へず半裸となり看護師二人に清拭(せいしき)されゐる〉

〈一日中眠りてをれり目覚めれば蟬声(せんせい)も娘(こ)も影のやうなり〉

病に伏す感覚を率直に詠んだ。体当たり的な身体感覚を得意としてきた著者が、なすすべもなく状況を受け止めている体感が切ない。病床から写実の歌を詠んだ正岡子規を彷彿(ほうふつ)させるが、〈子規の時代にこんなケアがあつたなら子規をあはれにはるかに恃む〉という、子規に心を寄せた歌もある。

死が間近に迫った歌集後半は、鉛筆で手帳に書きつけられた歌を家族が解読したもの。最期は、口述筆記となった。

〈どこまでもあなたはやさしく赤卵(あかたま)の温泉卵が今朝もできました〉

飾り気のない素朴な言葉でつづられた日常の一瞬が輝き、互いのあたたかな心情がしみてくる。

〈子を産みしかのあかときに聞きし蟬いのち終る日にたちかへりこむ〉

そして死の際から、過去をふりかえる。肉体はなくなるが、生きてきた時間の事実は決して消えない。夏のひとときを激しく鳴いて死ぬ蟬(せみ)に自らを重ねながら、命をこの世に産んだこと、ともに生きてきた時間があったことを確かめている。

覚悟はしつつも愛する人を残して世を去らねばならない無念や悲しみが歌集を覆い、未整理のままの心が痛い。しかし残された歌は祈りになり、新しい時間を生きていく。苦しみの中から絞り出された言葉の声をかみしめつつ、一瞬一瞬を短歌に刻むこと、ひいては生きる意味をも突きつけられる一冊である。(東直子・歌人)

(青磁社・2800円)＝2011年7月14日③配信

時代を先取る柔軟な心

「おもちゃの昭和史」(佐藤安太著、牧野武文構成)

著者は1960年に大ブームとなった「ダッコちゃん」をはじめ、「リカちゃん」「人生ゲーム」「チョロQ」など、時代を彩る玩具を世に送り出した「タカラ」の創業者、佐藤安太氏。福島県出身で戦後、東京の下町で塩化ビニールの工場を始めた立志伝中の人だ。

私にとって本書の最大の読みどころは「ダッコちゃんの教訓」の章だった。単に私自身が少年時代にダッコちゃんを買ってもらったという懐かしさからではない。当時の社会情勢の中で、どのようにしてダッコちゃんが町工場から生まれたのか。創業者ならではの興味深い秘話が多く紹介されているからだった。

例えば、当時のヒット曲「黒い花びら」や松本清張の小説「日本の黒い霧」などに象徴される「黒いブーム」と、再燃していた「南洋ブーム」が発想のキーワードになったというから驚きだ。

240万個も売れたのに利益が残らなかったことも意外だった。利益率が低く、ブーム終了とともに仕事がまったくなくなったからだが、この失敗は「2歩下がって、10歩進むきっかけ」となる。「質の高い製品を作る」というだけでなく、経営を徹底的に学ぶ決意につながったのだ。

「リカちゃんの誕生」の章では、東京五輪後も好景気が続いていた66年、社名を「タカラ」にし、総合玩具メーカーにまで発展する様子を描く。そのとき誕生したのが、リカちゃんの人形だった。ダッコちゃんと異なる点は、テレビCMなどを多用して一過性ではないブームを起こしたこと。佐藤氏がリカちゃんに託したのは、「永遠に売れ続け、永遠に愛され続ける商品」であった。

本書は単なる創業者の苦労話にとどまらず、戦後のおもちゃの文化史、さらには、これからの時代におけるライフスタイルのあり方にまで及ぶ。昨年、86歳で博士号を取得したというバイタリティーにも脱帽。その少年のような心の柔らかさが時代を先取る原動力になったに違いない。(町田忍・庶民文化研究家)

(角川書店・1575円)＝2011年7月14日④配信

不当性訴えた「鎮魂の書」

「最後の戦犯死刑囚」(中田整一著)

1951年6月、赤道直下の現パプアニューギニアのマヌス島で、元近衛師団長の西村琢磨中将は、最後の戦犯死刑囚として絞首刑にされた。身に覚えのない罪状にもかかわらず、「一人でも多くの部下を救うべく」オーストラリアによるBC級戦犯裁判の判決を指揮官として受け入れた。

本書は、作家角田房子から託された教誨(きょうかい)師の手記を軸に「オーストラリアによる国内世論に配慮した政治的な報復裁判」の不当性を訴えた「鎮魂の書」だ。戦争中に起こった「違法行為」を裁く裁判は合法的に敗軍の将を処刑する。その異常さを真に知るのは、死刑宣告を受けた戦犯と、その最期を見届けた教誨師だけかもしれない。

戦争については、時代や社会の要請に従って、さまざまな立場から「正しい歴史」が語られる。敗戦国日本が復興に向けて自信をもつためには、戦争裁判の不当性を訴え、無実の罪で処刑された軍人の潔さを語ることが必要であったように。

NHKで制作に携わった番組や退局後に執筆した著作で数々の賞を受けた著者も、戦後の世論を率いたひとりといってもいい。本書では、講和を目前にして処刑が行われた背景に、戦後の関係国の思惑があったことを探り出している。しかし、それを踏まえてなお、戦犯容疑となった事件が東南アジアで起き、大きな傷を残したことは忘れてはならない。

当時日本が捕虜待遇に関する国際条約を批准していなかったとはいえ、日本軍が無抵抗の捕虜を組織的に殺害したことに対するオーストラリア人の怒りを受けとめることや、日本軍が東南アジアの華僑を敵性外国人とみなして大量虐殺したことを現地の人々がどう見ていたのかを理解することも、戦争を知らない世代が諸外国との友好関係を考える上で必要である。未来に向けて、日本人にしか通用しない戦争認識から脱却する時期にきている。(早瀬晋三・大阪市立大教授)

(平凡社新書・819円)=2011年7月14日⑤配信

現代語訳が今様を身近に

「梁塵秘抄」(後白河法皇編纂、川村湊訳)

東日本大震災の被災地の復興に励む人々へ歌手や芸人などが数多く慰問に訪れている。そのなかで1番人気だったのは演歌歌手のグループだった。津波で破壊されてしまったが港町には演歌が似合う。歌は確かに人々を勇気付けてくれるのだ。

800年前も変わらない。人は恋をし、夢を語り、子を思い、別れに涙する。それを歌に乗せ、心を癒やす。12世紀の京都を中心に、当時の流行歌「今様」をまとめたものが梁塵秘抄である。編纂(へんさん)した後白河法皇はあまりに熱心に歌の練習をしたため、声をからし、喉をつぶすこと二度、三度。世の中は民衆文化が花開き始め、鎌倉幕府が開かれる直前である。

梁塵秘抄は全20巻という膨大なものだが、現存しているのはごく一部である。この中から100首を選び出し、現代語に訳したのは川村湊氏。文芸評論家である。試みとして「今様」をまさに「今」にぴったりな日本語に当てはめてみた。するとなぜかムード歌謡や演歌のようになってしまったのだ。

「遊びをせんとや生まれけん　戯れせんとや生まれけん」。梁塵秘抄の中でもっとも有名な歌である。これを川村氏は「オトコのオモチャと生まれてきたわ　さわられ　なでられ　抱かれるために」と訳した。通常は子どもが無邪気に遊ぶさまを歌っていると解釈されるが、ひとつひねりを加えて八代亜紀さんの演歌のようにしてみたのだ。まるで女の業の深さを嘆いているように聞こえる。

どのように歌われていたのかを推測するのは難しいが、遊女が踊りながら、少女が遊びながら、母が子を思いながら口ずさんだであろう言葉は、どこか懐かしく日本人のDNAに響いてくるような気がする。

本書には「鳥獣戯画」「職人尽図巻」などの挿画がふんだんに使われ、その時代を想像する一役を担う。歌に託す心は今も昔も変わりはしない。千年前の人々が身近に思えてくる一冊である。(東えりか・書評家)

(光文社古典新訳文庫・820円)=2011年7月21日①配信

孤独な女優見守るまなざし 「マルチーズ犬マフとその友人マリリン・モンローの生活と意見」（アンドリュー・オヘイガン著、佐藤由樹子訳）

英国の新進作家アンドリュー・オヘイガンによるこの小説の語り部は、かわいらしいマルチーズ犬だ。

しかし、マリリン・モンローによって「マフィア」と名付けられた通称「マフ」は、ただの愛玩犬ではない。芸術家グループ、ブルームズベリーの中心人物であるヴァネッサ・ベルのもとで幼少期を過ごし、ナタリー・ウッドの母親に譲られて英国から米国にわたったマフは、教養のある哲学者的な犬なのである。彼はさまざまな思想や歴史、芸術について考え、偉大な人物たちに寄り添った犬の先達に思いをはせる。

この作品は、そんなマフの目から見た1960年代初めの米国文化のスケッチになっている。フランク・シナトラ経由でマリリン・モンローにプレゼントされたマフは、マリリンを取り巻くハリウッド人種やニューヨークの知識人たちをちょっと皮肉っぽい視線で見ている。カーソン・マッカラーズやリリアン・ヘルマン、リー・ストラスバーグといった実在の人物たちの姿が、もの言わぬ目撃者によって生き生きと描写されていて、それだけでも楽しめる。

人々の足の間を動き回り、彼らの会話の内容やそこに見えるエゴといったものを見聞きするマフの意見はいつも面白い。 人間たちは、マフを含む動物の考えを読むことはできず、マフも無理にそれを伝えようとはしない。彼は皮肉屋ではあるが、自分の主人を冷たく批判したりしない。常に献身的な愛といたわりを持ってマリリンを見守っている。そんなふうに親密に、無条件に受け入れられることはこの孤独な女優が最も望んだことにも思える。

オヘイガンは、成熟せずただ痛ましいまでに無垢（むく）を失い続ける60年代の米国の本質を、ナイーブな女優の姿に見ているようだ。そんな米国のイノセンスを語る触媒として、適切な距離感と無償の愛を知るマルチーズ犬はぴったりの選択だった。（山崎まどか・文筆家）

（早川書房・1890円）＝2011年7月21日②配信

明暗両極の歴史をたどる 「ブルーインパルス」（武田頼政著）

ブルーインパルスとは航空自衛隊の曲技チームの愛称である。1964年、東京オリンピックの開会式で、青空に煙で「五輪マーク」を描く妙技で、その存在感を強烈にアピールしてみせた。

しかし国産超音速練習機T—2を使った2代目ブルーインパルスが発足した82年、浜松基地航空祭で7万人の観衆の前で演技中の1機が墜落し、航空幕僚監部はスクランブル機を除く自衛隊機を全面飛行停止とした。この措置は、71年に全日空機と自衛隊機が衝突して犠牲者162人を出した雫石事故以来だった。ブルーインパルスの展示飛行も84年まで休止した。

本書は、五輪での晴れ姿と浜松での事故という明暗両極を軸に、ブルーインパルスの歴史をたどっている。著者は浜松市出身で、浜松での事故が起きた時には航空専門誌記者でもあったので、特にこの事故には思い入れが強く、関係者がすべて退職した26年後になって集中取材を行っている。技術的問題とは別に、精神的なつながりも重要なアクロバットチームにおいて、不適切な人事など組織上の問題が蓄積されて信頼感が失われつつある中で事故は起きた、との説明は説得力がある。

空軍の曲技飛行は、一国の軍事的抑止力や国力（経済力や技術力）を誇示することにある。他方で、現実の空中戦闘では行わない密集隊形などを演じる「命がけの虚構」の世界でもある。見せ物的なシンボルであるが故に、突き詰めればむなしさもつきまとう曲技飛行の世界に魅せられたパイロットたちに、著者は丁寧なインタビューを重ねている。さまざまな人生観と経歴をもつ幅広い世代のパイロットの心に入りこもうとした努力が本書に厚みを与えている。

また旧ソ連ミグ戦闘機を仮想敵とさだめて戦闘機部隊の技術を磨いた飛行教導隊（アグレッサー）という、空自でおよそ対極にあるといえる存在も描いたことで、一国の防衛の本質といった問題も深く考えさせられる一冊となった。（春名徹・ノンフィクション作家）

（文芸春秋・1800円）＝2011年7月21日③配信

実存主義的SF論が復活

「SFで自己を読む」(浅見克彦著)

この世紀転換期、ポストモダンの言説が隆盛を極めた後に、珍しくも貴重な実存主義的SF論が登場した。著者は「2001年宇宙の旅」や「ブレードランナー」など現代SF映画の達成を踏まえつつ、押井守の映像作品、とりわけ北米サイバーパンクSFの影響を受けた「攻殻機動隊」から「イノセンス」へ至る系譜が、人工知能ないし電脳的存在を扱いながらも、最終的には人間そのものの条件、すなわち自己や自我の根拠を問い直すところに注目する。

出発点は、マルクス主義理論家ダルコ・スービンの「SFは認識的異化作用の文学」とする定義だが、やがて著者は押井守の「スカイ・クロラ」を論じるのに実存主義思想家サルトルを援用し、同作品のうちに、いま現在がまさに不安であるからこそ未決の未来へ賭けることにより、逆説的に自己の自由を確保し、ひいては可能性を生きることができるというビジョンを見いだす。

この視角は疑いなく、かつて小松左京が未来学華やかなりし時代の名著「未来の思想」(1967年)において、フッサールからハイデッガー、サルトルへ及ぶ実存主義的系譜を意識しつつ、人類はなぜ未来を指向せざるを得ないのかという根本的問題をSF的に思弁した作業の延長線上に位置しよう。

それでは、かれこれ半世紀近い歳月を経て、いったいなぜ実存主義的SF論が復活したのか。理由は、必ずしも反動的なものではない。その真相は、半世紀前には実存主義をそしゃくすることで「明日の大文学」を目指したSFが、いまや現代文学の基礎となり、現在の芥川賞選考委員をみてもSFに手を染めた作家が少なくないという実情と関わるはずだ。

そう、21世紀のSFがとうに「今日の大文学」の一条件になりおおせたいま、著者にとって最大の文豪はもはやドストエフスキーでも夏目漱石でもなく、押井守なのである。この臆面もない視点こそ、本書の新しさを保証している。(巽孝之・慶応大教授)

(青弓社・1680円)=2011年7月21日④配信

情報統制社会の真実活写

「密閉国家に生きる」(バーバラ・デミック著、園部哲訳)

「ウリアボジ、わたしたちのお父さま、この世の中に、うらやましいことは何もない」

北朝鮮の子どもたちが学校で習い覚える歌の一節である。「お父さま」とは、言わずと知れた金日成であり、彼の死後は金正日である。原書の書名「NOTHING TO ENVY」は、ここから採られている。情報が完璧に統制され、徹底した監視と、奨励される密告、そして、何か事あれば3代連座の処罰が待ち受けている社会。そこでは、極限的な悲惨のさなかでさえ、「こんなに素晴らしい国に住む私たちは他の国をうらやむ必要はない」というある種の信仰がまん延する。

本書は、現在、ロサンゼルス・タイムズ北京支局長を務める女性ジャーナリストによるノンフィクションである。北朝鮮からの亡命者約100人へのインタビューに裏打ちされている。

北朝鮮第3の都市、清津が本書の舞台であり、6人の人物に光が当てられている。彼らは例えば、朝鮮戦争時の元韓国兵の父を持つ娘であり、日本から「帰国」してきた両親から生まれた青年である。北朝鮮社会では出世の困難な、不純(プルスン)な血を受け継ぐ「成分」に属する。しかし根っからの共産主義者だった者さえも、体制への忠誠にほころびが生じ、飢餓のただ中で、もはやここでは生きていけないと思い、国境を越えることを決意する。

私たちはしばらく前から、北朝鮮が人間の最低限の生存権さえ脅かされる社会になってしまっていることを示唆する、あれやこれやの情報を手にしてきた。

その中でも本書は、北朝鮮のありふれた人びとが日常的に体験してきた「密閉国家」の真実をアクチュアルに描ききっている。それはかつてユン・チアン著「ワイルド・スワン」が邦訳され、「中国の文化大革命って、やっぱりここまで抑圧的なものだったのだな」と得心がいったのと、同質の読後感を与えるものである。(福岡安則・埼玉大教授)

(中央公論新社・2310円)=2011年7月21日⑤配信

三島事件を解釈から解放

「不可能」（**松浦寿輝著**）

もし三島由紀夫が生き延び、つまりあの時（三島自決事件）に死なずに逮捕され、何年間かの刑に服し、監獄から出てきて、今、80代の老人として、老後を暮らしていたとしたら…という不可能な設定のもとに書き継がれた物語。それが松浦寿輝の新作「不可能」である。

小説「不可能」の中では、三島は平岡老人（三島の本名）として登場する。悠々自適の生活で、もう若い時ほど退屈するわけではないと思うが、しかしそれもつかの間、平岡は、世間をアッと言わせるような「何か」をやりたくなる。若い彫刻家の卵「S…君」を相棒役にして、三島事件を連想させるような血なまぐさい「首なし死体」事件を思いつく。

平岡老人本人が首を切断され、首なしの胴体とは別の場所で発見されるという猟奇事件である。「あの平岡が首なし死体で発見…」というわけで、何十年か前の「三島事件」を連想しつつ、テレビや新聞、週刊誌は大騒ぎを始める。しかし、全ては平岡とSが仕組んだ芝居である。平岡の身代わりとして殺された老人は大阪の場末の日雇い労働者。

マスコミのばか騒ぎをよそ目に見ながら、平岡とSは中米の某国へ逃亡する。日本で起きた猟奇事件とその後のマスコミ報道、最後に平岡と会話したという役回りの政治家の生々しいうそ証言などを酒のさかなに、2人は「馬鹿ですよね」と語りつつ、シャンパンのグラスを傾けている。

「いかなる『本当』もこの世にありえない」「首を斬ることにいかなる思想的な意味があったわけでもない。バタイユも『高貴なる死』ももちろんでまかせにすぎなかった」というわけである。ここに松浦寿輝の「三島解釈」があるように見える。

本書は三島事件を、フランス文学者や哲学者によるものを含めて、さまざまな「解釈」や「意味づけ」から解放し、現実そのものに立ち戻らせることを試みた作品だということができる。（山崎行太郎・文芸評論家）

（講談社・1890円）＝2011年7月21日⑥配信

人生を直視した先の風景

「週末」（**ベルンハルト・シュリンク著、松永美穂訳**）

ナチスの戦争犯罪をテーマにした小説「朗読者」で知られる著者の最新作である。20年以上服役した後に出所した有名なテロリストが、久しぶりに再会した友人たちと、週末の3日間を過ごす。

古い庭園のある田舎の別荘には、ドイツ赤軍派テロの中心人物だった男とその姉、青春時代を共にした旧友など、関係者が集まる。メランコリーが溶け込んだ風景の中で、過去の出来事と複雑な思いとが交錯した、特別な週末がゆっくりと進行していく。

テロリストとしての活躍や国家との壮大な闘争が、英雄を主人公にした華麗な物語や歴史性をイメージさせるものだとすると、むしろこの小説は、そんな物語の外側に光を当てたものだといえる。中心となる主人公はおらず、逆に、登場人物一人一人が、極めて魅力的な奥行きをもっている。おそらく主人公は、読者の読み方によっていかようにも変化するはずだ。

たとえば、腰の痛みのせいで足取りも体重も重ためではあるものの、軽やかに落ち着いた不思議なオーラを発するのは、一人でいることを愛するたたずまいが美しいマルガレーテ。自分の場所を、世界のルールからそれた「隅っこ」に見つけて生きる彼女は、テロリズムを「病気」にたとえ、共感はしない。しかし彼女は、世界の生きにくさと闘うテロリストに独自の理解を示すし、週末の別荘に招かれた一人と、予定外の恋をする。

その彼女が、別荘の敷地内に設置した、小川のほとりのベンチが印象的だ。この場所に腰をおろした登場人物たちは、それぞれにとって意想外の選択肢に出会う。小説を書くという人生の新しい目的、生まれてはじめて感じる種類の恋と愛着、許しがたいと思い定めた相手を受け入れる視点。世界に渦巻く不正への怒り、人生の孤独や絶望を直視したその先に、思いがけないやり方で他者とつながる風景が現れる。胸を打つ発見の感触が、間違いなく読者へと伝染するように思う。（内藤千珠子・大妻女子大准教授）

（新潮社・1995円）＝2011年7月28日①配信

現在の深層を鋭くうがつ

「水の透視画法」(辺見庸著)

大震災と壮絶な津波禍の残像とともに、底の見えない原発事故への不安が気分をめいらせる。大きな災厄の前には、何かしら予感のようなものがあると著者はいう。

脳出血で右半身がまひした作家は、歩行訓練を「自主トレ」と名付けて真昼間から千鳥足で歩く。歩くのは呼吸と同じように無意識だったが、倒れてからは「不具合のある躰が、意識の暴走を制動し、意識の傲岸(ごうがん)と虚飾にてきびしい掣肘(せいちゅう)をくわえるようになった」という文章には気迫がこもる。

散歩の途中で目に映る光景が奇妙にゆがみ、街の輪郭もたわんで空気が重く感じられる。ひょっとしたら世界はいま静かに滅びつつあるのではないか。鋭敏に感受した微細な兆しを内面化し、それを世界的な変化に重ね合わせ、ミクロとマクロを相互浸潤させ、独特な透視画法で紡ぎ出された言葉の重量感に、目を見開かされ、圧倒される。

本物以上に本物っぽいリアル・タッチ加工のクチナシに、真贋(しんがん)の境界があやふやになった感覚の鈍磨と倒錯を読み取り、小林多喜二の「蟹工船」をSFとして読む学生たちの会話に、多喜二の遺体の色を「墨とべにがら」と表した江口渙の一文を思い出す。そしてそれが治安維持法時代の過去のことではなく、ぼんやりと現代社会の底に沈潜しているだけではないかと透視する。

相次ぐ首相交代の茶番劇と政界の謀略、ファストフード化し頭脳が退化したメディアの加担。民主主義とは権力のレトリックとも述べ、オバマの眼(め)にときおり宿る、暗く冷たく不可解な影を見逃さない。「あの眼の翳りは理想主義と現実主義の自己断裂からくるのではないか」と。

作家の五感がしなやかにとらえた時代の陰鬱(いんうつ)と破局の予感、歴史の主体が人ではなくデジタル化した市場となりつつある中で、多数の常識に寄り添うことなく、絶望的な孤独と不安をよりどころに書きすすめたという文章のそれぞれが、混迷する現在の深層を鋭くうがち、刺激的だ。(野上暁・評論家)

(共同通信社・1680円)=2011年7月28日②配信

悲しみを越える祈りの力

「虹の岬の喫茶店」(森沢明夫著)

祈りと立ち位置、この二つさえ知れば、どんな悲しみも乗り越えていけるのではないか—。本書は、見る角度を変えることを生の救済にまでつなげた、稀有(けう)な物語だ。

無名の岬にたたずむ小さな喫茶店「岬カフェ」。営む初老の女性、悦子は、とびきりおいしいコーヒーと音楽、亡き夫が描いた1枚の虹の絵、そして何げない言葉で人々の心を包みこむ。そんな彼女には「祈り」があった。それは夫が自分に見せたかったという夕空にかかる虹を店の窓から見ることだ。そのためだけに店を建て、その日を何年も待ち続けている。

客は妻を亡くしたばかりの夫と幼い娘など、ほとんどが絶望によって祈りさえも砕かれた人たちだ。1章ずつ異なる客が語り手となり、店の看板の方向へと歩みだす人の視線と感情によって、岬カフェは角度を変えて現れる。「この店は、ほら、生きてるから」といたずらっぽく笑う悦子の言葉が響く。

実は、店の窓からは、その虹を見ることはできない。それに気づいた悦子のおいの浩司は、夢を壊さないように黙っている。けれどもついに寂しさに疲れ、店をたたもうかとこぼした悦子が、窓ではなく反対側のテラスに立ったとき、描かれた虹が、夕焼けではなく朝焼けの空にかかったものだと知る。「太陽と、にわか雨と、わたしの、位置関係」—。それは悦子と岬カフェが、共に命を吹き返す瞬間だった。

包丁研ぎの職を失い、妻子とも別れ、やむにやまれず岬カフェへ泥棒に入る男も登場する。その男に悦子は言う。「他人の未来を祈ればいいじゃない」。男が、一番いい研ぎ石を、と悦子に買い物を頼まれ、売り場で人目もはばからず泣きだす場面は忘れがたい。その研ぎ石は、男の再出発を祝った悦子のプレゼントだったと気付いたのだ。研師をやりたい…、男は自分の本当の声を聴く。

祈りの力とは何か。悦子はなぜこんなにも優しさにあふれているのか。涙の中で、自分の心が、輪郭を結ぶのを見た。(杉本真維子・詩人)

(幻冬舎・1575円)=2011年7月28日③配信

輸入大国の“常識”に異議

「『持たざる国』の資源論」（佐藤仁著）

食料自給率は約4割で、必要とするエネルギー資源の9割以上を輸入に頼る国。「日本は資源に乏しい」と当たり前のようにいわれるが、本当だろうか。そもそも「資源」や「資源問題」とは、何を指すのだろう。本書はそうした疑問に答える研究の集成である。

膨大な資料から著者はまず日本人の資源観を振り返る。「資源」という言葉を日本でいち早く使い始めたのは陸軍だったという。資源＝モノであり、不足しているモノは海外で確保しなければならない、と海外侵略が正当化された。「持たざる国」という形容も、対外膨張論に都合のよい、ある種のイデオロギーだったのだ。

戦後は「経済至上主義」政策がそうした資源観を引き継いでいく。かつて日本の多くの村では、風土に合わせた資源利用を持続させる知恵や工夫があった。しかし近代化で海や森は分断され、不足する原料は海外から調達することに力が注がれる。その結果、埼玉県の総面積を上回る耕作放棄地がうまれ、森林や石炭が放棄された。「それらを資源として生かそうとする人々と知の放置」でもある、と著者は憤る。原発への「慎重さ」が薄れ、原発に依存しなくてはならなくなった背景にも資源論はかかわっている。

資源＝モノという主流派の考え方に、異議を唱えた人々にも光を当てる。たとえば石橋湛山は「天然資源は与えらるるものではなくして、作るものである」「目を開いて見よ。何をもって、日本に原料なく、資源なしと説くか」と問うた。かつて政府の資源調査会で働いていた人々へのインタビューでは、多元的で豊かな資源論が語られる。

東日本大震災からの復興に際し、いまあらためて資源とは何か、が問われている。いかに暮らし、どのような社会を後世に残すのか。それを地球規模で考える必要に迫られている。新たな「資源論」を構築するヒントが詰まった一冊だ。（大原悦子・ジャーナリスト）

（東京大学出版会・2940円）＝2011年7月28日④配信

美名の下の排除システム

「男の絆」（前川直哉著）

「女の絆」という言葉はあまり聞かないが、「男の絆」はあたりまえのように存在を認められている。男性同士だからこそ、篤（あつ）き友情を結び、信頼しあえるのだそうだ。

しかし、それは本当なのか。「男の絆」の内実とは、どういうものなのか。明治以降の文献にあたり、「男の絆」の歴史的変遷を丁寧に解き明かした好著。

戦国武将の逸話の印象が強いのか、「日本ではかつて男色が盛んだった＝日本は同性愛に寛容だ」との言説があるが、実はまったくの誤りであり、明治時代には男色が法的に罪とされていたこと、「男の絆」という美名のもと（それはあくまで「男同士の友情」であり、性的な要素が含まれることを許さない）、そこからはみだしてしまう同性愛者や女性を社会の周縁へ追いやるシステムが形成されていることなどが、説得力をもって語られる。

恋愛は異性とするのが「ふつう」だ。恋愛を経て結婚に至るのが「多数派」だ。家事や育児は主に女の役目で、男はそれを「手伝う」ものだ。現在の日本で「常識」とされるこれらのことは、決して「伝統的」な恋愛観や家族観というわけではないのだと、著者は史料を駆使して明らかにしていく。

「常識」が人々を息苦しくさせ、だれかを排除し差別する構造を生みだしているのなら、いまを生きる私たちは、「常識」を変える努力をしなければならない。「常識を変えるなんて非常識だ」と畏れる必要はない。「常識」が時代とともに変容するものなのは、歴史が証明する事実だ。

相手が同性だったら友情を抱き、異性だったら恋愛感情を抱く。人間とはそんなに単純なものだろうか？　気持ちとはそんなにきっぱり二分できるものだろうか？　私はそうは思わない。

性別や性的指向を問わず、社会に息苦しさを覚え、しかし諦めずに希望の光を見いだしたいと願っているすべてのひとに、本書をお薦めする。（三浦しをん・作家）

（筑摩書房・1680円）＝2011年7月28日⑤配信

文革後の知的解放を追体験
「中国が読んだ現代思想」(王前著)

中国は建国以後、マルキシズムが公式のイデオロギーとされ、それ以外の思想の研究は難しい状況だった。その一種の極限状態が、1976年まで約10年間続いた文化大革命であり、この間には知識人全体が激しい敵意と迫害に遭遇した。

文革の終了から間もない中国では、広範な知識欲求の高まりがみられた。日本の敗戦直後にも比すべき破局状態を経験した後に訪れた精神的空白と、それを埋めるための知識欲の高まりである。

80年代から本格化していく経済改革と並行するように、思想の解放が進み、文革の悲劇を招いた中国自身への反省意識が高まった。こうした盛り上がりは、知識人の理想主義と、啓蒙(けいもう)への意志となって、「文化ブーム」と呼ばれる動きへと結実していった。その中心にあったのは雑誌「読書」、およびその発行元の三聯書店だった。

こうした独特な文脈の上で、それから現在までおよそ30年の間、中国の知識界は思想を貪欲に吸収してきた。本書は、中国の文脈を丁寧に説明しながら、多種多様な思想家たちの議論が受容される様子を、年代を追って紹介していく。取り上げられているのは、ウェーバー、サルトル、フーコー、レヴィ=ストロース、ハーバーマス、デリダ、ハイエクとロールズなど、多岐にわたる。

近代化論や啓蒙主義と、近代の見直しを求める議論が、ほぼ同時に流入してくる状態である。その中で、何人かの理論家は、大ブームと呼べるほどの大きな反応を中国でも呼んだという。

中国での反応や、翻訳・紹介した中国人学者の意見も豊富に紹介されている。訪中経験のある思想家も少なくなく、その際の中国の学者との討論は読み応えがある。

欲を言えば、思想の輸入が中国社会へ具体的に与えたインパクトについての記述が欲しかった。とはいえ、現地の知的興奮を追体験するような感覚を味わえる本である。(高原基彰・社会学者)

(講談社選書メチエ・1680円)=2011年7月28日⑥配信

霊長類に匹敵する知性
「イカの心を探る」(池田譲著)

人間以外の動物にもある程度の知性を持つものは多く、チンパンジーやイルカはもちろん、カラスなども相当賢いことはよく知られている。これらは皆、脊椎動物である。その一方で、無脊椎動物にも、霊長類に匹敵する知性を持つものがあるなんて話はあまり聞いたことがなかった。

本書を読んでびっくりした。イカの脳のサイズは相対的に見れば、魚類や爬虫(はちゅう)類よりも大きく、鳥類や哺乳類に肉薄しているらしい。賢いはずである。精密な観察と巧妙な実験によりイカの知性を明らかにしようとした挑戦の書である。

最初の話はイカ社会について。イカの群れには「順位制」が見られるという。つまりイカは群れの中での自分の序列がわかっているのだ。それは、相当レベルの高い認知能力がなければできないことだ。イカは学習能力が高く、短期記憶ばかりでなく長期記憶もある、という実験結果にもちょっと驚いた。

しかし、何といっても一番感心したのは、イカにも人間の成長過程に見られるのと同じ臨界期があることと、イカもまた自分を認識しているらしいという話だ。

ふ化したイカにアルテミアという動きの鈍い餌だけを与えて育てると、長じてコペポーダという動きの早い餌を捕れなくなるという。最初からコペポーダを与えておかないと、素早い動きに対応できる神経系が発達しないのだ。イカの行動もまたすべて遺伝子により、あらかじめ決定されているわけではなく、氏と育ちの両方によって決まるようだ。

本書で出色の出来なのは、イカが自己認識できているかどうかを、鏡を使った実験で検証しようとするくだりであろう。1匹だけ隔離飼育された孤独なイカが、鏡で自分の姿を見た次の日に死んでしまったなんていうショッキングな話もあって実に面白い。全体として話題をちょっと詰め込みすぎた感があるが、研究者の意気込みを感じさせる熱い本だ。(池田清彦・早稲田大教授)

(NHKブックス・1365円)=2011年8月4日①配信

チェルノブイリの教訓　「こうして原発被害は広がった」（ピアズ・ポール・リード著、高橋健次訳）

大型書店の震災コーナーに並べられた本を見渡すと、「原発」「放射能」の大きな文字が目に飛び込んでくる。それらの本の中には絶版や品切れだった本の復刊も数多い。「チェルノブイリ」を扱った本もそうである。3・11以前、チェルノブイリ原発事故は〝日本では起こらないこと〟として語られたが、3・11以後は「チェルノブイリと比べて…」と比較対象として語られる。

だが、チェルノブイリ原発事故の具体的な経緯と、当時どんな対応がされたのかの詳細を知る人は少ないだろう。本書は1994年邦訳の復刊だが、章を読み進めると、私たちがたどっている軌跡と、想像したくない将来が一つ一つ、まるで鏡のように現れてくる。

「たしか事故が起こる確率は一千万回に一回だ、と言ったじゃないか」「そうなんだ。どうやらこれがそれらしい」。チェルノブイリ原発4号機の爆発が起きたときの作業員らの会話から、「安全神話」なる原発システムの虚構が当時のソ連でも強固に浸透していたことがよく分かる。

その後、ヘリコプターで砂袋を原子炉の上に投下する光景は、福島第1原発の上空で同じように行われた海水投下を思い起こさせる。チェルノブイリに近いプリピャチの町での事故直後ののどかな光景からは、危険情報が隠されて何も知らされない住民たちの姿が恐ろしくも静かに伝わる。

チェルノブイリの事故から5年後にソ連は崩壊した。著者はそれを、ソ連が「メルトダウンした」と呼ぶ。私たちはいまや現実にチェルノブイリ以上の原発事故に直面している。本書に広がる光景に、私たちは自画像のように追随するのか、それとも未来を変えることができるのか。

放射能被害を広げることも防ぐことも、どちらの可能性もすべては私たちの今後の判断と行動に委ねられている。チェルノブイリの教訓を生かすのは、いまがかろうじて間に合う最初で最後の機会かもしれない。（綿井健陽・ジャーナリスト）

（文芸春秋・1600円）＝2011年8月4日②配信

アラサー世代の日常描く　「虹色と幸運」（柴崎友香著）

1999年のデビュー以来、芸術選奨文部科学大臣新人賞、織田作之助賞、野間文芸新人賞など、数々の賞を受賞し、着実にキャリアを積み上げてきた著者の新刊である。学生時代からの友人である3人の女性の日常を描いた物語は、心の深い部分にすうっとしみ込んでくる。

大学職員として働く本田かおり、フリーのイラストレーターである水島珠子、そして主婦の春日井夏美。かおりと夏美が高校の同級生で、かおりと珠子は大学で専攻が同じだった、という関係で、3人は10年来の付き合いだ。物語は、夏美が夫の実家の元事務所に開店した雑貨店へ、かおりと珠子がお祝いを届けに行く場面から幕を開ける。

かおり、珠子、夏美、それぞれの背景が、物語が進むにつれ、少しずつ明らかになっていく。大学職員として働くかおりは、何事も「ちゃんとする」のが好きなのに、恋愛に関しては、年下の役者志望の男と同棲（どうせい）中。小料理屋を営む母親と実家で二人暮らしの珠子は、幼いころから母親への違和感を抱えている。3人の子持ちの夏美は、母、妻、嫁という役割に、雑貨店オーナーが加わり、忙しさだけではなく、いろいろな気苦労も増えている。

うまいなぁ、と思うのは、3人の女たちの年齢設定だ。31歳、いわゆるアラサー世代。かおりや珠子のようなシングルキャリアもいれば、夏美のように家庭に入って子育てをしている者もいる。オバさんと言われるほどの年ではないけれど、若い、とは言われなくなりつつある。そんな世代の3人を主人公にしたことで、彼女たちが抱える“もやもやとしたもの”が、くっきりと浮かび上がってきているのだ。

性格も背景も異なる3人の心の揺らぎが静かに、丁寧に描かれていて、穏やかな物語なのに、何とも言えないコクがある。3人それぞれの“明日”に、柔らかな日差しが注ぐような余韻が残る。（吉田伸子・書評家）

（筑摩書房・1575円）＝2011年8月4日③配信

医学を支えた女性に光

「不死細胞ヒーラ」(レベッカ・スクルート著、中里京子訳)

ヒーラ細胞は、生物学や医学の研究者の間ではよく知られている。昔、ある米国人女性から採取された細胞で、世界中の研究室で実験に使われている。衰えることなく分裂を繰り返すヒーラ細胞の全量は、今では5千万トンにも上ると推定され、この細胞を使った研究の成果は、基礎研究から薬の開発まで計り知れない。あなたが何かの薬を飲んだら、その開発にもきっとヒーラ細胞が貢献していたことだろう。

ヒーラとは、細胞の持ち主だったヘンリエッタ・ラックスという女性の名前のHeとLaを組み合わせたものだ。大学の生物学、医学系の授業には必ず出てくるが、その由来を知る人は少ない。

本書は、ヘンリエッタ自身と残された家族について、10年以上もかけて取材した結果をまとめたものである。1951年に子宮頸(けい)がんで亡くなったこの黒人女性は、人種差別が色濃く残り、医療の説明と同意など想像もされなかった時代に生きた。細胞は彼女が提供に同意したのではなく、勝手に採取された。それが不死の細胞としてどれだけ多くの研究室に配られ、科学研究を支えているのか、彼女の家族はごく最近まで何も知らされていなかった。

細胞培養の研究の歴史や、細胞を使った研究から生み出された利益は誰のものか、などについても、本書は分かりやすく解説している。しかし、私が何よりも強く感じたのは、米国における貧困と格差、教育格差がもたらす不幸である。

ヘンリエッタの家族は教育も不十分で、麻薬や犯罪と隣り合わせの暮らしだ。母親の細胞をもとにした研究から巨万の富が築かれているのに、彼らは薬代も払えない。

娘のデボラは科学に対する無知と世間への不信を克服しようと努力する。著者はそこに寄り添い、一緒にヘンリエッタの生涯を明かしていく。著者と取材対象がこれほど心通わせながら紡ぎ出した書物も少ないのではないだろうか。(長谷川真理子・総合研究大学院大教授)

(講談社・2940円)＝2011年8月4日④配信

血と硝煙にまみれた人生

「エメラルド王」(早田英志、釣崎清隆著)

緑色に輝く宝石エメラルドをめぐる、男たちの熱い抗争を描いた作品である。

南米コロンビアも、最近ではすっかりコカインで有名になってしまったが、実はエメラルドの産地としてつとに名高い。質量ともに世界一、とされる。山奥から掘り出されたエメラルドの原石は集められ、研磨加工した後、世界中に出荷される。日本も、その得意先の一つ。

この宝石を扱うエメラルド屋をスペイン語で「エスメラルデロ」と呼ぶ。本書の主人公早田英志は、日本人でありながらコロンビア有数のエスメラルデロとして知られる人物。日本風に言えば、エメラルドを中心に輸出入を執り行う貿易商社の経営者だ。

早田が、いかにしてはるか辺境の土地南米コロンビアでエスメラルデロとしてのし上がっていったかを、熱く濃く追ったのが「エメラルド王」である。

丹念に早田の話を聴き、見事にまとめ上げたのは写真家で文筆家の釣崎清隆。写真家としては死体(!)を撮り続けていることで知られる。

その意味で本書は、二人の超個性的日本人が作り上げた、現代のおとぎ話として読める。しかもそれは実話なのだ。ここが、すごい。

血と汗と泥、そして硝煙にまみれた、エメラルドをめぐる抗争は果てしなく続く。最新鋭の軽機関銃や日本製の大型四輪駆動車を駆使しつつ、中国の古典「三国志」や「水滸伝」のような、血沸き肉躍る読み物となっている。

かつて一世を風靡(ふうび)したマカロニ・ウエスタンのザラザラした感覚と「ゴッドファーザー」3部作を思わせる、陰謀と裏切りの世界は、ぬるま湯的な日本の現実を遠く超え、一種のピカレスク・ロマン(悪漢小説)に昇華している。

早田は70歳の今も健在。自伝的映画「エメラルド・カウボーイ」を製作・監督・主演するなど、その意気は衰えていない。(馬場啓一・流通経済大教授)

(新潮社・1680円)＝2011年8月4日⑤配信

謎多きマンガ家の原点探る

「白土三平伝」(毛利甚八著)

戦後を代表するマンガ家といえば、まず手塚治虫と白土三平の二人となるだろう。手塚をはじめ、少年雑誌で戦後活躍したマンガ家の多くは、これまで自伝や回想記を著してきたが、「忍者武芸帳影丸伝」「サスケ」「カムイ伝」といった大長編を世に送った白土だけは、なぜか謎に包まれた存在だった。

近年ようやく、その片りんが見え始めたが、マンガ原作者である著者が若いころから白土と交流し、折に触れてその過去をインタビューを交えながら文章で伝えようとした結果である。

白土が、戦前のプロレタリア画家・岡本唐貴(おかもと・とうき)の長男であったことはつとに知られている。本書では、岡本が治安維持法などで逮捕され、拷問を受けたことや、白土の家族が「アカ」の烙印(らくいん)を押され、神戸や長野を転々とする生活が克明に明らかにされていく。

著者は、まだ少年であった白土が、そうした戦中の苦難から「反権力」の意志を受け継いだのではないかと推察する。また、山里である長野への疎開体験から自然に対する憧憬(しょうけい)が深まったのではないかとも説く。

敗戦後に中学を中退した白土は、数々の職歴を経て紙芝居作家となる。朝鮮戦争が起き、国内でも変革に向けて激しい行動が展開された時代だ。

二十歳の白土は1952年の「血のメーデー」事件に遭遇。皇居前で目撃した凄絶(せいぜつ)な様子を語り、「血のメーデーを見たのは『忍者武芸帳』や『カムイ伝』にとって役に立った」と回想する。

やがて紙芝居は凋落(ちょうらく)し、新婚早々の白土は貸本マンガへと転進する。「消え行く少女」「からすの子」といった社会派的な児童マンガを発表し、60年安保闘争のさなかに「忍者武芸帳影丸伝」の登場を見る。

本書は戦中戦後の激動の社会を背景に、白土が数々の体験を踏まえながら思考を深めていく様子や80年代の隠とん生活などを伝えようと努める。戦後マンガ史を振り返る上で、異彩を放つ評伝といっていいかもしれない。(権藤晋・漫画評論家)

(小学館・1575円)＝2011年8月4日⑥配信

現代における罪のかたち

「天の方舟」(服部真澄著)

日本が発展途上国に対する政府開発援助(ODA)大国であることはよく知られている。また、ODAが援助の美名のもと、さまざまな不正の温床となっていることも、知る人ぞ知る事実である。しかし、本書のようにその詳細な暗部にまで踏み込んだ小説は珍しいのではないだろうか。

本書は、開発コンサルタント業界で女性としては珍しい役員にまで昇進した黒谷七波が、日本に帰国した瞬間に逮捕されるシーンから幕を開ける。物語はそこからさかのぼって、逮捕に至るまでの彼女の人生を紹介してゆく。

七波が就職した「日本五本木コンサルタンツ」は一流の開発コンサルだが、海外援助の影で常態化している不正を知って良心的な社員は次々と辞めてゆく。だが、学生時代からこの世界の暗部の情報を集め、裏金を動かすことを狙っていた七波は、自分から積極的にその暗部へと飛び込んでゆく。異例の出世を遂げ、動かせる金額の大きさに酔いしれる七波。しかし、不正を取り締まる法律が厳しくなるにつれて、彼女の立場も安泰ではなくなる。

仮名で描かれているとはいえ、作中に登場する政治家などはいかにもモデルがいそうだし、2007年に日本の開発援助でベトナムに建設中の橋が落下して大勢の死者が出たというのも(固有名詞こそ変えてあるが)実際の出来事だ。舞台背景を限りなく現実に近づけることで、物語は虚実皮膜の危険な境界線で読者を幻惑する。

良心にふたをして金銭欲の赴くまま突っ走っていた七波だが、ある出来事を機に罪の意識にさいなまれはじめる。そこで物語はプロローグへとつながるのだけれども、ここからはトリッキーなサスペンス仕立てに変調するので驚かされる。

裁かれざる罪にけりをつけようとした七波の計画とは別次元で、彼女を皮肉な運命が待っている。現代におけるひとつの罪のかたちを描いた意欲作と言えよう。(千街晶之・文芸評論家)

(講談社・1995円)＝2011年8月11日①配信

ミステリーさながらの展開 「FBI美術捜査官」（ロバート・K・ウィットマン、ジョン・シフマン著、土屋晃、匝瑳玲子訳）

美術品泥棒は、奪い取った名画をどうやって金に換えるのだろうか。美術館に売り込むなどというのは、話にならない。レンブラントやフェルメールの名作なら、盗まれた作品だということは当然、誰でも知っている。しかるべき美術商を通すとか、売り立てに出すというのも同様に無理である。

だが、犯罪者の方も、いつまでも名作を手元に置いておくのは危険だから、早く手放したい。そこにつけ込んで盗品を安く買いたたき、高額で転売する裏社会の組織が登場する。そのようにして二転三転した末、ある日どこか遠い外国で突然、消えた絵が姿を現す。あるいは姿を現したという情報が入る。すると美術捜査官の出番となる。

本書は、長いこと米連邦捜査局（FBI）の「潜入捜査官」として多くの実績を挙げた著者による回想録である。潜入捜査というのは、盗品を買う悪徳美術商を装って相手に近づき、作品を取り戻すという、いわばおとり捜査だ。時には多額の札束を抱えて単身ギャングたちのたむろする取引現場に出掛けたり、ほんのわずかな言動からFBIと見破られそうになったり、危険が絶えない。

特に美術犯罪では、犯人の逮捕以上に貴重な作品を無事回収することが優先されるから、その苦労は倍加する。犯罪者は、いざとなれば平気で盗品を破棄して証拠隠滅を図るからである。

取り上げられているのは、美術品の盗難事件以外にも、米国建国にまつわる歴史的資料の紛失など多岐にわたる。犯罪者も自動小銃を構えて美術館に押し入る粗暴なものから、長年にわたって少しずつ博物館の収蔵品を持ち出していた収集マニアまでさまざまだが、いずれの場合も巧みな語り口で読む者を飽きさせない。捜査の手口をこれほどまで明かしてよいのかと思わせるほど詳細に描かれているのも、臨場感にあふれ、さながら良質のミステリーの趣と言ってよいだろう。（高階秀爾・大原美術館長）

（柏書房・2625円）＝2011年8月11日②配信

立憲君主の成長物語描く 「昭和天皇伝」（伊藤之雄著）

伝記を読むことは知的喜びの最たるものの一つではないか。ある個人の一生の事跡を追体験するなかで、その人物の思いや選択を共有し、生きた時代や環境を理解する。著者が述べるように、読者はまた自分の人生を見つめ直すことができる。本書は、昭和天皇の長き全生涯を、公的生活にとどまらず私生活にも踏み込んで考察した伝記研究である。

昭和天皇をめぐる最大の論争が、先の大戦は避け得たのではないか、もっと早く終えることができたのではないかという戦争責任論である。著者は戦前日本の立憲君主制、そして明治天皇の動向を検討することで単純な責任論争を批判する。

すなわち、天皇であることによって自明的に何かができるのではないという観点から、国際感覚や政治観はもとより権威や権力においても、昭和天皇が一立憲君主として成長していった物語として描く。

また、折々に語られる京都の情景も興味深い。関東大震災や東京大空襲を通じた東京との絆、病でついに果たせなかった沖縄を除く戦後の全国巡幸について語られることが多い昭和天皇だが、京都は伝統に根差したもう一つの特別な場所であった。

そして、戦前、政党内閣期の昭和天皇についての考察も印象的であった。これは戦争責任論にとどまらない近年の論点である。大胆さと慎重さがどこまでも裏目に出ていくように見えて胸が苦しくなる一方、昭和天皇がその個性を生き生きと発揮できたのは結局、政党政治下ではなかったかと考えさせられた。

著者は伝記について、指導者に後世に自分がどのように描かれるかを意識させる点で、政治の腐敗や弛緩（しかん）を抑制する効用もあげる。昭和天皇崩御から22年以上がたち、その間、私たちの生きる内外環境は大きく変化した。さらなる出発が求められる今日、時宜を得た一冊と言え、ぜひ一読を薦めたい。（村井良太・駒沢大准教授）

（文芸春秋・2300円）＝2011年8月11日③配信

芸術表現の核心探る対話

「映画もまた編集である」（マイケル・オンダーチェ著、吉田俊太郎訳）

「イングリッシュ・ペイシェント」という映画をご存じだろうか。本書は、その映画の原作「イギリス人の患者」の著者であるマイケル・オンダーチェが、映画「イングリッシュ・ペイシェント」の編集と再録音ミキシングを手掛けたウォルター・マーチとの5度にわたる対談をまとめたものである。

作家と映画編集者の対話というのは極めて珍しいと言っていい。しかもマーチは、映像の編集だけでなく音響のミキシングも手がける人物。フランシス・フォード・コッポラ監督の「ゴッドファーザー」3部作の音響編集や映像編集をはじめ、「スター・ウォーズ」シリーズで知られるジョージ・ルーカスの第1回監督作「THX—1138」の共同脚本、音響編集などを手掛けた。映画にある程度以上の関心を持つ人ならば、いや応なく読みたくなるだろう。いや、映画に限らない。これは、文章、映像、そして音による表現に関心を持つ向きには、ぜひ一読をお勧めしたい「対話」である。

オンダーチェは、マーチの仕事に触れることで、一つの「表現」が、映像や音響のつなぎ方や組み合わせ方によってまったく新しい「表現」を獲得する—ということを知る。深い驚きと尊敬を感じ、それが本書を生む契機となった。

マーチは、鬼才と呼ばれたオーソン・ウェルズが1958年に監督した「黒い罠（わな）」を98年に再編集したり、コッポラ監督の「地獄の黙示録　特別完全版」（2001年）の編集と再録音ミキシングを手掛けている。それは一度作られた作品を新しくよみがえらせる貴重な仕事といっていいだろう。

オンダーチェはマーチとの対話を通して、芸術表現というものの核心を探ろうとする。そのやりとりが何ともスリリングだ。読みながら、かつて黒澤明監督が「映画は編集だ。編集が一番楽しい」と、私に語ってくれたことを思い出した。（品田雄吉・映画評論家）

（みすず書房・4830円）＝2011年8月11日④配信

世界の音楽史に位置づけ

「上を向いて歩こう」（佐藤剛著）

東日本大震災後、耳にする機会が増えたように思われる「上を向いて歩こう」は、1963年に全米1位を獲得した楽曲でもあった。「日本の音楽を世界に」発信することを目指してきた音楽プロデューサーが著した本書は、同曲をめぐる人々とレコード、テレビ、映画といった娯楽産業の諸相を魅力的に描き出すものである。

作曲家・中村八大、歌手・坂本九、作詞家・永六輔の伝記的記述は周到で、関係者へのインタビューも貴重だ。坂本九の歌唱への従来の過小評価に反対し、その音楽的再評価を試みるなど意欲的な新知見が随所で現れている。

だが白眉は世界的ヒットに至る過程を描いた末尾3章だろう。各国の音楽産業の思惑や利害の検証を通じて、謎に包まれていた「奇跡」のベールがはがされてゆく。「日本の芸能史ではなく、世界の音楽史の中に」同曲を位置づけたかったと強調する著者の熱意の成果だろう。

反面、本書での「世界の音楽史」が、もっぱらプレスリー、ディラン、ビートルズといった大物を中心に想定されているように見えることに若干の違和感を覚えた。

そうした「米英白人男性ロックスター中心の世界音楽史」の枠組みでは、「上を向いて歩こう」は、珍しい外国曲ではあるが、数ある「一発屋」の一つにすぎない、ともいえるからだ。むしろ同曲の世界各地でのヒットを、英語圏ロック中心の大衆音楽史観を相対化し、別の仕方で「世界の音楽史」の可能性を展望するための重要な事例として位置づけることもできるのではないだろうか？

この問題は実は現今のポピュラー音楽研究の重要な関心事であり、こうした専門的な批評は、本書の一般書としての性格に鑑みて必ずしも正当ではないかもしれない。しかし、そうした問いを誘発すること自体、凡百の音楽書をはるかに超える射程を本書が有していることの証左にほかならない。（輪島裕介・大阪大准教授）

（岩波書店・2100円）＝2011年8月11日⑤配信

女性的感性でつづる不思議　「私のミトンさん」(東直子著)

ごく普通の生活を優しく楽しげに書いた、ふんわりとした小説というのは、人生にとって必要不可欠なものである。なぜなら日常とはたいてい退屈であることを前提としていて、単調さが長びくと恐ろしく殺伐としてくるからだ。そんな時にどうするか。

評者の場合、あえて身辺雑記風のエッセーや私小説や少女マンガを読む。すると、実は日常がいかに心躍るエピソードの集積であったかを思い出す。

本書には、そうした日常への感受性が豊かな女子目線から、若い女性、茜の日常が描かれている。ただし、彼女の生活には、一点とてつもなく奇妙なものが紛れ込んでいた。

それが、表題にもある「ミトンさん」の存在だ。叔父から預かった家の台所の地下に小さな物置があり、そこにミトンさんはいた。いったいミトンさんとは何者か？

床下の小人といえば、メアリー・ノートンのファンタジーめいてくるが、ミトンさんは人目を避けて暮らしているわけではない。魔法も使えず、人なつこい性格とも言えない。猫めいた生態だが、野生動物ではない。何を考えているのかよく分からない。強いて言えば、赤ちゃんとおばあちゃんを微妙にミックスしたような「キモかわいさ」が特徴か。

そんなものが台所の地下に潜んでいようものなら、悲鳴をあげて、ホラーな展開へと一直線になりそうだが、驚くべきことにそうはならなかった。

ちょっとしたケアを必要とする生き物がいただけで、なにか生活が色鮮やかで味わい深いものになる。面倒くささと裏腹のかわいいドラマ性にしみじみとさせられる一方、本書を貫く女性的な感受性こそ、もともと小さな不思議を優しく受け止めるものであったと気がついた。だからこそ、複雑な家族関係など、過酷だった主人公たちの境遇がこんなにも穏やかでファンタスティックなものとしてつづられているのである。(小谷真理・文芸評論家)

(毎日新聞社・1680円)＝2011年8月11日⑥配信

9・11全体像リアルに映す　「ものすごくうるさくて、ありえないほど近い」(ジョナサン・サフラン・フォア著、近藤隆文訳)

未曽有の惨事が起こったとき、人は言葉を使いその“意味”を問い、答えを探し出そうとする。9・11が起きた当時、政治、宗教、グローバル化した経済などが複雑に入り組んだ事件を、誰かに総括してもらおうと、その言葉を生業(なりわい)にする作家たちへの期待が高まった。

だが小説という虚構の次元において、作家の世界観だけでひとくくりにするには、現実はあまりにも巨大で混沌(こんとん)としている。9・11を題材にした秀逸な作品が、なかなか世に出ない理由もそこにある。

その意味において、本作は成功した数少ない例の一つと言える。成し遂げられた点は、作家ではなく、登場人物に「語らせた」ことだ。

テロで父親を亡くした9歳になる主人公の少年オスカーは、遺品の鍵を手に愛する父の面影を追い、ニューヨーク中をさまよう。そんな少年の祖母もまた、突然自分の息子、つまりオスカーの父親に先立たれ悲しみに暮れる一方で、息子がどのようにして生まれたのか、彼自身の父親がなぜ家族を置き去りにし出て行ったのか、誰にも明かせぬ過去を胸にしまう。

鍵とともに、父親が残した封筒に記されたブラックの名を頼りに、オスカーが邂逅(かいこう)する人たちもまた、それぞれに不幸を抱えていた。家に誰かの気配があるが、決して少年に教えようとしない中年女性、記者として世界中を飛び回ったが、妻を幸福にしてやれなかったのを悔いる老人…。

彼らに共通するのは、自分たちの声で語ることである。オスカーは家族を失い深く傷ついた心情を、舌足らずな言葉で。祖母の話は途切れ途切れに続き、言葉を失った祖父は手書きのメッセージ、そして父は事件当日、死が迫る中、何度かの留守電で。

個人的な声であるが故に、9・11の全体像をリアルに浮かび上がらせ、はかなくも尊い人間の生命への慈しみを、読者の胸の奥底まで響き渡らせるのだ。(新元良一・作家)

(NHK出版・2415円)＝2011年8月18日①配信

青春の甘美さと痛苦描く

「四龍海城」（乾ルカ著）

作家はだれしも己の固有のホームグラウンドを持っていて、そこに立ち戻ったとき、目覚ましい力を発揮する。乾ルカの新作「四龍海城」は、作者のデビュー短編「夏光」を強く想起させる。そして、そこからの進化と、主題の力強い拡張が快い。

「夏光」は、戦争末期、大空襲に見舞われる都会から海辺の村に疎開してきた孤独な少年に訪れる淡い友情の物語だった。原因不明の体調不良に悩まされてもいる彼は、顔に大きなあざを持つ同級生と心を通わす。ホラー仕立てを前面に出した作品であり、六十余年前、現実としてあった一地方を一種の異界として提示した。本書「四龍海城」の原型ともいえるものだ。

本書での異界は四龍海城と呼ばれる島（海上基地）だ。日本領土内にあるが、公的には存在していない場所。島には人の歌声があふれる。音楽と海の波とがつくるエネルギー波動が島を支えている。その秘密は、島の中核をなす波力発電設備にある（のかもしれない）。日本国の電力消費の何割かをまかなっているという一節はあるが、その真偽は読者に委ねられたままだ。

物語の基調は、そこに滞在する二人の少年のみずみずしい心の動きにある。風と海と思春期の美しき惑いと。四文字タイトルのかもす叙情的な切なさは「恋恋風塵」などの台湾映画にも通じると感じた。映像化を想像したいファンタジーだ。

小説のもう一つのキーは「城」だ。住人たちの一部はどうやら「拉致」されてきたらしい。脱出の話題が常に交わされるが、手段は見つからない。カフカの「城」では登場人物が不断に城から遠ざけられる。この小説では、城からどうやって出るかが根本的な問いだ。

出城料という謎が一貫してストーリーを引っ張る。代価を支払うことなしには出ていけない。それは、甘い青春の痛苦な通過儀式として、不思議な感動をもたらすだろう。（野崎六助・文芸評論家）

（新潮社・1680円）＝2011年8月18日②配信

自他をめぐる果敢な実験

「WANTED!!かい人21面相」（赤染晶子著）

赤染晶子は少女たち、作者の言葉を借りれば「乙女」たちを描き続けてきた。「乙女」たちは、それぞれ個性をもちながら、全体としては個性を失い、お互いに鏡像のような、あるいは分身のような存在となる。

芥川賞を受賞した「乙女の密告」は、学校という閉ざされた時空で、自己同一性を喪失してしまった少女たちが、時間的な差異も空間的な差異も乗り越えて、まったくの他者であるアンネ・フランクの日記を朗読することを通して、新たな「わたし」を獲得してゆく物語であった。

本書には、「乙女の密告」以前の2編と、以降の1編の計3作品が収録されている。3作品ともに共通する物語の基本的な構成は、本物と偽物という区別さえつかなくなってしまった2人の少女と、その2人のネガとして存在する作品世界の「虚」の中心とでもいうべき位置を占める1人の少女である。

「恋もみじ」のもみじ女工とうぐいす女工、白ゆり女工。「少女煙草」の綾小路夫人と偽物の綾小路夫人たる家政婦のいも子、鈴虫。「少女煙草」の登場人物たちはいずれも老年を迎えているが、少女とは通常の時間感覚を無視してしまえる存在であると、秀逸なそのタイトルが語っている。

表題作では「わたし」と楓と響子先輩となる。いずれの作品も、居心地の良さを保ちながらも、運命的な停滞に見舞われつつある閉鎖空間からの脱出が試みられる。赤染の作品世界の構造を確立したと称することも可能な「恋もみじ」と「少女煙草」では、その脱出はいまだ抽象的な、想像世界における「駆け落ち」であった。「乙女の密告」では他者たるアンネへの自己同一化となり、表題作では現実と虚構をつなぐ「かい人21面相」事件となる。

歴史的な過去から、未来と地続きの不確定な現在の事件へ。赤染は、果敢な実験を重ねながら、自身に固有の作品世界をリアルな世界に開こうとしている。（安藤礼二・文芸評論家）

（文芸春秋・1200円）＝2011年8月18日③配信

新たな脅威が生まれた深層

「『核の今』がわかる本」(太田昌克・共同通信核取材班著)

「『ノーモア・ヒバクシャ』を訴えてきた被爆国の私たちが、どうして再び放射線の恐怖におびえることになってしまったのでしょうか」

8月9日の平和宣言で長崎の田上市長はこう問いかけた。本書には、その問いを考える手がかりが詰まっている。

冷戦終結とともに核戦争の脅威は人々の意識から遠のいた。だが現実には核拡散が進み、テロや軍事転用につながりうる原子力の普及が新たな脅威となってきた。本書は現代を「第二次核時代」と呼び、世界約20カ国の取材を通じてその深層を生々しく描いている。

広島原爆ウラン製造に関わった施設やカザフスタンの旧ソ連核実験施設が、新たな役割をえて再生している。長崎原爆のプルトニウムを抽出したハンフォードの施設では、放射性廃液処理に1世紀を要し、除去作業員は健康被害に苦しんでいる。

取材班は、世界各地で放置されてきたヒバクシャたちを追っている。サハラ砂漠でのフランス核実験の被害者、チェルノブイリの労働者、劣化ウラン弾による被害を訴える米兵、旧ソ連の原潜爆発に遭遇した作業員、インドのウラン採掘場でがんに苦しむ村民たちだ。

米オバマ政権が「核のない世界」を掲げる中、日本はどうしているのか。本書が描くのは、崇高な理想を訴える被爆国ではない。パキスタンのカーン博士の「核の闇市場」に関わる日本企業。米国の「核の傘」を信奉し核に依存していく歴代の官僚。ロシアや南アフリカで防護の甘い核施設の戦慄(せんりつ)の実態が明らかになる中、核テロに鈍感な日本の当局者。核不拡散の原則を曲げてまで原発輸出に前のめりになる経産省などである。

過去2年にわたる取材記事は、いずれも福島の原発事故前のものだ。しかし本書から浮かび上がってくるのは、フクシマを経た今日、私たちが核とどう向き合うのかという課題である。巻末の用語集も充実しており、核時代の入門書としても最適だ。(川崎哲・ピースボート共同代表)

(講談社+α新書・880円)=2011年8月18日④配信

常軌を逸した「古本者」

「本棚探偵の生還」(喜国雅彦著)

とにかく面白い本だが、「本」に興味のない人に、その熱が伝わるか、いささか心配である。なにしろ、ロンドン、ウェールズ、台北、カリブ海、只見線と、著者はあちこち旅行へ出かけているが、目的はすべて「本」がらみ。名所旧跡や観光スポットの紹介はほとんど期待できないのだ。

漫画家にして「超」のつく古本マニアである著者が、とくにミステリーを中心とした古本世界を探求したのが「本棚探偵の生還」。「小説推理」に連載中のシリーズで、すでに「本棚探偵の冒険」「本棚探偵の回想」が書籍化されている。

いずれも、今や珍しい箱入りで、「冒険」には奥付に特製の検印紙まで貼ってあった。中身だけでなく、外身も凝るところに、著者の「紙の本」志向が強く表れている。今回は、「英国探訪と只見線乗車」編を別にして本編との2分冊にした。せちがらい出版界において、こういう遊びが許されるところが「本棚探偵」のすごいところだ。

もちろん中身もすごい。台湾では、最大の書店で日本ミステリーの充実した品ぞろえに狂喜し、カリブ海では、砂浜に「古本」と書いて波で消し、東京では、神保町からJR中央線に沿って三鷹までマラソンをしながら古書店巡りをするなど、酔狂し放題。

個人的には、蔵書家というより蔵書狂としてその名を知られる日下三蔵、東雅夫両宅の探訪記がうれしい。後者の「台所にも本棚が立ち、洗濯機の周りには、囲む様に本が積み上げられ」た光景を「美しい部屋」と評する感性は、まさに常軌を逸した「古本者(ふるほんもの)」ならでは。

筆者も同じ「古本者」ながら、著者とは宗旨が違う。だから本書に出てくる書目に対する反応は鈍い。だが、古本に血道を上げる所業を「生きるために必要じゃないこと」と言い切り、「必要じゃないことの方が面白いから、人生は面白い」と名言を吐く著者の思いにはまったく同感。読後さっそく古本屋へ行きたくなってきた。(岡崎武志・書評家)

(双葉社・2940円)=2011年8月18日⑤配信

公平に世界の麺文化を考察

「ヌードルの文化史」（クリストフ・ナイハード著、シドラ房子訳）

ぼくはかなり重度の「麺食い」だ。世界各国を旅してきたが、その国に麺料理があると必ず食べてきた。日本は麺の種類が非常に多い国だが、どんな麺が一番うまいか、北から南まで食べ歩き、「すすれ！　麺の甲子園」という、ややお笑いに近い、しかし麺への愛に満ちた本を書いた。それに関連してあらゆる麺にからむ本を読んできたのだが、この「ヌードルの文化史」には驚いた。

麺に関する本はおおむね、その著者の所属している国からの視点が中心になっており、地球レベルで麺の歴史からヌードル文化の伝播（でんぱ）ルートまで考察した本はなかった。イタリア系の人が書いた本はやはりパスタからの視点で世界の麺を見る。中国系の人が書いたものは中国こそ「麺文化中心大国」と叫んで、そこから世界の麺文化を見る。

ところがこの本は、麺は、料理としてのヒエラルキーは世界に共通して低いけれど、大衆食文化の流れの中心にある、と分析。世界中の食文化が互いに刺激し合って麺の歴史をつくり、料理技術を高め合ってきたという。そして麺文化の骨格をなしている主要な九つの「舞台」を紹介し、それらが大海の潮流のように世界をかけまわり、今日の興隆をみた、と結ぶ。

その視点は非常に公平で、深度のある考察と分析に貫かれている。麺を語る本は、大概自分の「ひいき」の麺の話になると熱を帯びてくる例がほとんどだが、こんなに冷静に世界の麺の文化史を解いた本は初めてだ。

著者がスイス生まれの国際ジャーナリストで、奥さんは中国人、一人娘は日本で生まれた、という家族環境が大きいのかもしれない。ぼくが「すすれ！　麺の甲子園」という本でドメスティックに騒いでいるあいだに、まさにはじめてのグローバルで公平な「麺のオリンピック本」が現れたといっていい。エスプリの効いた正確なイラストが博物誌としての風格をととのえ、しかもなお楽しい。さらにいえば「おいしさ」を添えている。（椎名誠・作家）

（柏書房・2940円）＝2011年8月18日⑥配信

成長物語で描く権力の闇

「コラプティオ」（真山仁著）

権力を得た人間がいかに変容していくのか。本書は東日本大震災後の日本という、現実に即した社会を背景に、理想に燃え総理大臣に就任した政治家が、なぜ、そしてどのようにヒトラーやプーチンに例えられるような独裁者になっていくのかを描いた作品である。

政治とは約束であり、言葉とは力である。そう語る新人衆議院議員のスピーチに心を揺さぶられた2人の大学生がいた。卒業後、白石望はスピーチの主である宮藤隼人の政策秘書を務め、神林裕太は新聞社に就職し記者となる。

東日本大震災の直後、いち早く現地入りして必要な対応を政府に迫った宮藤は大いに名を上げ、その後の政界再編に乗じて総理大臣に就任した。3年後のいまも宮藤は高い支持率を得て国民の期待を背負っていた。だが沈み続ける日本経済と産業復興のため、大胆なアイデアの実行を決断する。それは白石が震災前に提唱していた原子力産業を輸出の基幹産業に据えるという政策だった。宮藤はそのための布石を着々と打っていくが…。

原発事故が依然として収束しないいま、フィクションとはいえあえて火中のくりを拾うようなテーマを作品の中心に据えた作家としての覚悟と、絵空事と一線を画したリアルな物語を構築したことは称賛されるべきだろう。

とはいえ本書の魅力の第一は2人の若者の成長物語の部分にある。中学時代からのライバルで対照的な育ちかたをした2人。政治家の隠された闇を暴こうとする神林。宮藤を信奉しながらも、彼が権力の魔力に取りつかれたのではないかと恐れる白石。マスメディアと政権とのせめぎ合いを象徴する2人が成長していく様を通じて、政治家のロールモデルであった人物の変貌がクローズアップされてくる。

それぞれの後見役である首席秘書官の田坂、名物記者の東條という2人の老脇役も印象的。細部まで目配りの効いた問題提起の一冊である。（西上心太・書評家）

（文芸春秋・1800円）＝2011年8月25日①配信

失われた命への深い敬意

「東大夢教授」（遠藤秀紀著）

「遺体科学」とはあらゆる動物死体を解剖し、進化の謎に分け入ろうとする学問なのだそうだ。本書は、遺体科学者として日々を解剖と研究にささげる学者遠藤秀紀氏の、事実と虚構（夢）を織り交ぜた日常をつづる、スリリングで生命力に満ちあふれた一冊。

魅力は何といっても、どこまでが本当でどこからが読み物として"盛ってある"のか一読しただけでは測りかねる教授のキャラクターにある。動物の死骸があると聞けばどこへでも駆け付け、進化に触れる喜びにうち震えながら偽ハリネズミに、フタコブラクダに、火食鳥に、教授は握ったメス先を沈ませる。その様子は冒頭、巨大なインドサイの死骸を前に作業に奔走する姿からすでに圧巻だ。解剖を承諾する飼育現場の親方に深く頭を下げ、サイの皮膚を剝ぐ場面は美しい。

死骸を扱いながらなぜこれほど"生命"を感じさせるのだろう。読み進んでゆくうちにそれは、教授が常に（研究においても解剖においても）闘っているからなのだと気付いた。目の前に横たわる亡きがらから、進化の謎を、たった一つでもいい、見つけ出したいという意欲。著者は失われた命と向き合うことで、尽きることのない自分の中の知の欲望と闘っている。闘いが決して独善的に感じられないのは、解剖に携わる全ての職人や技術者への尽きない愛、生命に対する深い敬意が感じられるからだ。

ある時、マレー半島でスマトラサイを追っていた教授は、森林の田舎町で日本語を話す老マレー人と出会う。老人は長年、英国や日本に翻弄（ほんろう）されてきた土地の歴史と自らの苦しみや誇りを語り、その言葉に深く打たれた教授は、恩師の「フィールド調査とはただの調査ではない。見ず知らずの人に会って、そこで自分が成長することだ」という言葉をかみしめる。

血へどを吐くまで研究をまっとうしたいという覚悟は、謙虚さに裏打ちされている。その矜持（きょうじ）が強く静かに心に響いた。（宮村優子・シナリオライター）

（リトルモア・1995円）＝2011年8月25日②配信

人が人を生かす瞬間

「東京ロンダリング」（原田ひ香著）

人が自ら命を絶ったり、無残な殺人などの事件が起こった部屋、いわゆる事故物件に住むのが、主人公りさ子の仕事である。

一時的に誰かが住むことにより、不動産業者は次に入居する店子（たなこ）に以前その場所で起こった忌まわしい事実を説明せずにすむ。りさ子は依頼する不動産業者から、この仕事を浄化の意味をこめて、「ロンダリング」と呼ぶことを知らされる。

ふつうの精神状態で、なかなか引き受けられる仕事ではない。りさ子もまた、いわく付きの物件のごとく、訳あって婚家を追い出され居場所を失い、生きる気力をそがれ、幽霊のように漂う32歳である。

この物語を読み始めた誰もが、りさ子の人としての復活を願うことだろう。帯にも「東京再生、人生再生の物語」と書いてある。しかし単なる再生の物語ではない。

巧みに配置されているエピソードと、丁寧に描かれる細部の力で、りさ子が生命力を取り戻していく感覚が、ありありと伝わってくる。

独りになってから、義務的に食事をしていたりさ子が、定食屋でまっとうな味覚をとり戻す場面では、定食屋の息子とのやりとりが絶妙だ。彼は彼女の心の動きにまなざしを向ける。職業的な観察ではなく、女性に対する好奇の目でもない。人を思いやる根源的な感情を、作者はさりげなく提示する。りさ子は自らの存在を他人に肯定されたことで、感覚を取り戻すのだ。人が人を生かす瞬間が随所に織り込まれ、その結果、りさ子を軸とするコミュニティーができあがっていく。

暮らす、ということは、その場所に根をおろすことだ。寄る辺ない身のりさ子が、人とかかわりあうことを通して、現実の世界に根をおろしていくありようは、たくましさの回復というよりは、やわらかい水のなかに根をおろし、まるで光を帯びた花を天空に咲かせる睡蓮（すいれん）のような、気高さを感じさせる。（松井雪子・作家、漫画家）

（集英社・1365円）＝2011年8月25日③配信

時代を変える言葉の獲得

「セクハラの誕生」(原山擁平著)

今、この書評を書くためにパソコンのワープロソフトに「せくはら」と打ち込んでみる。すると、「セクハラ」と一発変換された。本書は、このようにセクシュアル・ハラスメントという言葉が社会に定着するまでの経緯を、時代の大状況と当事者たちの小さな個人史を丹念に追うことで描き出そうとしている。

主にセクハラという概念を世に知らしめた二つの裁判が取り上げられている。土井たか子が社会党委員長に就任し、「女性の時代」とうたわれた1986年に起こった「西船橋事件」と、当時の宇野宗佑首相の不倫問題などから、自民党が参院選で惨敗した89年に提訴された「福岡セクハラ裁判」だ。前者は、駅のホームで酔っぱらった男性に絡まれた女性が身を守るために突いたことで男性が線路に転落し、電車にひかれて死亡した事件で、後者は、出版社の男性編集長に性的関係などの私生活について悪評を流布され、会社から解雇された女性編集者が原告となった裁判である。

二つの裁判のセクハラ被害者の恐怖や怒り、絶望と葛藤が筆者によって丁寧につづられていく。そして、その想(おも)いを法的に、あるいは運動的に、セクハラという概念を使って定義づけようとする人々の姿が描かれる。この裁判に関わった弁護士や支援者たちも、その個人史において、性差別によるもやもやとした不快感を抱えていて、それに明確な形を与えてくれる言葉を欲していたのだ。

印象深いエピソードが書かれている。「福岡セクハラ裁判」に勝利した原告の女性が屋台で飲んでいると、50代のサラリーマンが「ねえちゃん、今晩どうすると?」と話しかけてきた。すると横にいた部下らしい30代のサラリーマンが「そういう発言ってセクハラですよ」とすぐにたしなめたという。小さな個人のセクハラ被害が時代の大状況を変えたのだ。ひとつの言葉の獲得が、時代を変えることもある。(土屋豊・映画監督)

(東京書籍・1680円)=2011年8月25日④配信

生きる喜びを支える大切さ

「人生最後の食事」(デルテ・シッパー著、川岸史訳)

ホスピスでは、さまざまな病状の人々が同じ時期を過ごしている。

一般病院では取りきれなかった、がんの痛みから解放されて、ホッとしている人。衰弱し、排せつなど基本的日常生活も自力ではままならず、これでは生きる意味がないと嘆いている人。死を目前にし、深い眠りの中にいる人。今後どうなるのかと不安に満ちた時間を過ごしている人。自分なりに人生の整理が終わり、悠然と来るべき時まで自分らしく生きようとする人などなど。共通しているのは、時期の違いはあれ、いずれ皆、死を迎えるということである。

ケアに当たるホスピスチームは、それら一人一人の喜び、悲しみ、苦悩に丁寧に向き合っていく。誰もがかけがえのない尊厳ある人間であることを知っているからだ。少なからぬ患者や、その家族は、ホスピスチームとの関係性の中で癒やされ、生きる意味を再発見し、今という時を生きることに集中する。

ドイツのハンブルクに、ロイヒトフォイヤー(灯台の光)という名のホスピスがある。本書は、その専属シェフと、そこで暮らす人々(患者・家族)との交流の物語だ。わが国では、専属のシェフを持ったホスピスは極めてまれであるが、ここでは食べることが生きることの基本であり、一人一人の患者の病状や好みに配慮した料理が提供される。たとえ一口であろうとも死の間近まで、患者の今を生きる喜びを支え、その姿を見守る家族を励ましていることがよく分かる。

また人にはその人生と深く結び付いた料理があり、その料理の再現は、その味やその料理を食べた時の記憶をよみがえらせ、それらの人々が確実に生きてきたことを肯定する証しにもなる。人生と食事の関係の深さをあらためて思い知る。

病院のお仕着せの食事や高カロリー飲料、点滴では、人生の最終章を生きる人々を癒やすことはできない。味わい深い本である。(山崎章郎・ケアタウン小平クリニック院長)

(シンコーミュージック・エンタテイメント・1260円)
=2011年8月25日⑤配信

コンピューター的な文学 「オデュッセイアの失われた書」(ザッカリー・メイスン著、矢倉尚子訳)

優れた古典を持つ民族は幸福である。それを基として確かな想像を培い新しい創造を見いだすことができるからだ。欧米人にとってホメロスの「イリアス」「オデュッセイア」は、その典型といってよいだろう。

本書はこの二つの叙事詩のうち「オデュッセイア」を中軸に「イリアス」のエピソードも交えながらユニークな作品に仕上げたものである。44の短編小説集と紹介されるように長短たくさんの作品を集めながら全体として遠い日の物語のバリエーションを現代の読者に提示している。

「オデュッセイア」の主人公オデュッセウス(ユリシーズともいう)は愛する妻を故郷のイタケに残してトロイ戦争に参加し(これが10年)その帰り道ではいくつもの奇怪な出来事に遭遇し(これも10年だ)帰ってみれば妻のまわりには、たくさんの狼藉(ろうぜき)者が跋扈(ばっこ)している。それを退治して王権を回復する。

このストーリーを換骨奪胎して本書は、いろいろな体験の中でオデュッセウスがなにを考えたか、彼のみならず叙事詩に登場するあまたの人物たちがなにを思ったか、一つ一つが新しいストーリーになっている、という構造だ。

英雄アキレウスが粘土細工であったり、トロイの女王カッサンドラがみずからの予知能力にどう対処したかをほのめかしたり、あるいはアレクサンドロス大王の東征がもう一つのトロイ戦争であり、大王自身もオデュッセウスと同じ望郷の夢を見て死んだ、とか、推測や幻想を駆使して多彩である。

二つの叙事詩について、それなりの知識を持たないと賞味しきれないうらみはあるし、また作者独自の解釈には首をかしげるところもあるが、フィクションを創(つく)る脳みそにとって、よい刺激となることは疑いない。作者はコンピューターの専門家とか。文学的なプログラムを設定し、コンピューターに「いろいろなストーリーを創ってみろ」と命じたような一書である。(阿刀田高・作家)

(白水社・2520円)=2011年8月25日⑥配信

テーマ型のつながりを提案 「日本を再生!ご近所の公共哲学」(小川仁志著)

著者の関心、もくろみは、「かかわり」のための公共哲学である。公共哲学とは何かを問うのではなく、公共哲学のかたちを借りて、時代に適した人と人のつながりかたを模索しようという点に重点が置かれている。

触発されたと思ったのが、地域コミュニティー再生の方途の一つとして著者が提案する「テーマ型コミュニティー」である。

著者が目指すのは、すでに崩れ去った地縁の再興ではない。個々が自分の問題として関心をもたざるを得ないようなテーマ、たとえば福祉や防災、環境、教育といったテーマごとに住民たちの主体的な集まりを組織し、その話し合いの場を軸に、地域に持続的なつながりを生み出してゆこうというものだ。それがテーマ型コミュニティーである。

それには前提として、お互いが対等にそれぞれの違いを尊重し、お互いを必要とすることにおいて相互に助け合うといった分かち合いの思想を必要とする。

ところで、著者がテーマ型コミュニティーと名づけたコミュニティー像は、著者たちが日頃、開催している「哲学カフェ」のあり方の応用である。毎月、隔週の水曜日に開く、テーマにそった、参加自由な、率直な話し合いの場だ。

そこには調整役がいて、お菓子や飲み物が用意されている。このような哲学カフェが、無縁社会と呼ばれるような、ばらばらな地域社会の現実を、新しい親密さで結ばれる「ゴエン社会」(ご縁社会)へとかじをきるための方法として、そのまま利用できるというわけだ。

ないものねだりを一つ記しておこう。十数年前に電車の中で化粧をする女性たちや路上やコンビニの前にぺったり座り込む若者たちがどっと出現した。私はその時に公共性という問題に直面したが、そうした公共性の問題に対する著者の見解を聞けなかったことは残念である。(芹沢俊介・評論家)

(技術評論社・1659円)=2011年9月1日①配信

癒やしになる恐ろしい物語

「よろずのことに気をつけよ」(川瀬七緒著)

「よろずのことに気をつけよ」とは、耳にしたら落ち着かなくなる言葉だろう。気をつけなかったらどうなるのか、どうも気になってしまう。その題名通り、今年の江戸川乱歩賞を玖村まゆみの「完盗オンサイト」と同時に受賞した川瀬七緒の「よろずのことに気をつけよ」は、ちょっと怖い作品である。

女子学生砂倉真由が、文化人類学者仲澤大輔の住むあばら家を訪れる。彼女の祖父は1カ月前に殺害され、現場には「不離怨願、あたご様、五郎子」と書かれた呪術符が残されていたのだった。呪術研究を専門とする仲澤は、最初は真由をうるさがっていたものの、結局、2人で事件の謎を探り始める。彼らが事件に関係する呪術の民俗学的な意味、背景を追ううち、書名となった言葉にも出会うことになる。

仲澤は学問的な興味から事件に近づいたのに対し、真由が知りたいのはもっと別のことだ。自分にとってはいいおじいさんだった老人が、呪われて殺されるほど怨(うら)まれていた理由はなにか。孫娘の知らない祖父の顔があったのではないかということである。真相に迫った仲澤と真由は、怨まれる直接の理由などないはずなのに危険な目に遭い逃げ場をなくしていく。ホラー的な展開は、なかなか読ませる。

物語後半では、暗く陰惨な事実がいろいろ浮かび上がる。しかし、後味は悪くない。仲澤と真由は、出会った当初は漫才のようなコミカルな会話ばかりしている。そのじゃれあいが、後半には互いの信頼へと変わる。

ひとは、まわりのこと全部に気をつけようとしても、自分にはわからない理由で反感を買うことがある。そんな現実とは異なり、呪術を題材にしたミステリーでは怨みの因果関係が説明される。理由がわかれば、本作のように一種の赦(ゆる)しが訪れることもある。だから、恐ろしいこの物語を読むことが、意外と癒やしになりもするのだ。

(円堂都司昭・文芸評論家)

(講談社・1575円)=2011年9月1日②配信

もうひとつの幕末物語

「ペリー」(佐藤賢一著)

太平の眠りを覚ます上喜撰たった四杯で夜も眠れず―。よく知られた狂歌である。4隻の蒸気船を率いた東インド艦隊司令官、マシュー・カルブレイス・ペリーの来訪によって鎖国は打ち破られ、日本は幕末の動乱時代へと突入する。

ペリーを描いたものは翻訳本を含めて少ないようだ。本書は、ペリーとその時代を、ペリーの側からたどる評伝的小説である。ペリーとは何者であり、日本は世界にどう映っていたのか。盲点をつかれたようで新鮮だった。

捕鯨船の補給基地として―。ペリー来襲はそう説明されるが、もとより理由の一部に過ぎない。東アジアは列強諸国による“中国争奪戦”の時代を迎えていた。それに乗り遅れ気味の新興国アメリカにとって、太平洋の対岸・日本にくさびを打ち込むことは国益にかなうことだった。

閉ざされた遠い国に乗り込むには蛮勇を要するが、意欲満々の男がいた。「熊親爺」というあだ名を持つペリーである。対英戦争での英雄だった兄の名声を超えたい。兄へのコンプレックスがエネルギーとなっていた。

ペリーは当初、蒸気船を2桁連ねて行くつもりが、思うにまかせない。対中国紛争、対海軍長官、対国務省文官との調整に消耗しつつ地球の裏側へと向かう。琉球、小笠原を経て浦賀沖に投錨(とうびょう)する。島国の小国。大砲をぶっ放せば腰を抜かすはずであったが、江戸幕府は意外としたたかだ。蒸気船の仕組みは知っており、世界情勢も掌握している。活力が伝わってくる国だった。

長旅の末、日米和親条約を結んで帰国したペリーを迎える母国の空気は冷ややかだった。南北戦争前夜の時代、ワシントンの政治は国内を向いていた。“凱旋(がいせん)提督”は持病のリウマチに苦しみつつ、老いの季節を迎えていく…。外側から見たもうひとつの幕末物語は、意外性に富んだ、人生のほろ苦さをかみしめる物語ともなっている。(後藤正治・ノンフィクション作家)

(角川書店・1785円)=2011年9月1日③配信

寄る辺ない文化財の姿 「奪われた古代の宝をめぐる争い」(シャロン・ワックスマン著、櫻井英里子訳)

「争い」の主は、かたや、近代の世界に帝国として君臨したフランスや英国、そして現代の帝国としての米国。もう一方は、これらの帝国によって奪われた「宝」を取り戻そうとするエジプト、トルコ、ギリシャ、イタリアなど、古代に文明の栄えた国々である。

奪われ方は二つある。権力ずくの略奪と盗掘だ。

盗掘品の買い手として、本書では米国のメトロポリタン美術館とゲッティ美術館の例が大きく取り上げられている。ここでの問題の焦点が、金にものをいわせる帝国の流儀であるのはいうまでもない。

奪われた側からの度重なる返還要求によって、近年の欧米の美術館では来歴のチェックが厳しくなり、古文化財市場は冷え切っている。だが、そのためかえって密輸が増加し、貴重な文化財が個人コレクターの手に落ちてゆくという皮肉な事態を生んでいる。

近代の諸帝国による略奪には、より複雑な問題が絡んでいる。略奪に大義などありえないが、文化の普遍性という近代的発想が、略奪品を展観するルーブル美術館や大英博物館などを介して、育まれたことも否定できないのだ。

古文化財の正統かつ正当な所有者として返還を求める国々に目を向けると、当の古代文化の真の後継者とはいいがたいケースが目立つ。古代には現在のような国境は存在せず、古文化財が帰せられるべき信仰も既にほとんど失われているからである。

西欧世界に分散した古文化財には帰るべき正統な場所もなく、また、いま在る場所にとどまる大義もない。つまりは、どっちもどっちなのだ。

本書が示す古文化財の寄る辺なさは、後期近代を生きるわれわれ自身のものでもあるだろう。数々のインタビューと調査に基づく本書は、是非のあいだを揺れながら、現代における文化財の在り方について切実な問題を提起している。(北澤憲昭・美術評論家)

(PHP研究所・3675円)=2011年9月2日①配信

今を生きる尊さ生々しく 「コンニャク屋漂流記」(星野博美著)

星野博美は現代有数の名エッセイストである。鋭いまなざしで現代の風景を見つめ、リアルな分析で読者をはっとさせ、同時に生きる勇気を与えてくれる。そんな彼女が、本書では〈歴史〉の旅に出る。波瀾(はらん)万丈、紆余(うよ)曲折、まさに漂流というにふさわしい道行きで、公式の記録とは異なる、血の通った歴史の面白さを存分に味わわせてくれる。

それにしても「コンニャク屋」とは奇妙な表題だ。星野の祖父は千葉の漁師の出身で、その屋号を指す。でも、なぜ「コンニャク屋」なのか? その解明も本書でしっかりとなされている。

発端は、この祖父が死の前に残したメモだった。小学生の星野は祖父がメモを書く姿を記憶していた。そして数年前、親戚の老人の死を契機に、星野はこのメモと向かいあう。それは祖父が忘却に抗して記したささやかな自分の〈歴史〉だった。そのメモを手に星野はルーツを探る旅に出る。

千葉の荒い海辺から始まった旅は、唐突に〈歴史〉の大海に出る。この意外さがたまらない! 時は1609年。外房・岩和田の浜にドン・ロドリゴ率いるスペインの難破船がたどり着いた。岩和田の漁師なら知らぬ者のない話だ。いきなり星野の旅は江戸初期の外房に飛び、この時代、自分の祖父の先祖たちがどんな生活をしていたか、徒手空拳で調べだす。

その結果、17世紀日本の漁業生活の驚くべきダイナミズムが明らかになり、星野の調査の旅は一転、紀州へと向かうことになる。もちろん、その経緯もとてつもなく面白く、鮮やかなルーツの謎解きが行われる。

だが、本当に感動的なのは、調査の結果ではない。その過程で、星野が発見する家族、親戚、赤の他人の喜怒哀楽であり、何ということのない風景の底に潜む〈歴史〉の人間的ないとおしさなのである。400年前の出来事を探りながら、そこに今を生きることの尊さを生々しく浮かびあがらせる。生きる勇気を与えられるゆえんである。(中条省平・文芸評論家)

(文芸春秋・2100円)=2011年9月2日②配信

いのちを守るリアリズム　「人間と国家　ある政治学徒の回想（上·下）」（坂本義和著）

本書は戦後日本を代表する国際政治学者が、自らの半生を振り返ったものである。その足取りは昭和の歴史とほぼ軌を一にし、言論人として時代と格闘してきた営みは、戦後日本の一つの肖像画を描き出している。とはいえ、本書は単に回想録に終わってはいない。過去の記述の末に結ばれるのは、「いのちに対する感性」の重要性を説く未来への熱い呼びかけだ。

リベラリストとして時代に処してきた著者の理念の輝きが、とりわけ際立つ箇所が本書にはふたつある。「東大紛争」と「現実主義」に言及した部分だ。

「東大解体」、つまりは「革命」を唱えた全共闘との対立。これについては、「では大学や研究者が具体的にどうすればいいのか」と著者は問う。ここにあるのは、いかに「改革」するのかという現実主義的な志向だ。たんなる現状否定では、何事も実らない。必要なのはオルタナティブな構想である。ここ20年の間に、私たちが痛感しているところだろう。

そして、国際関係を国益の対立だとする「現実主義者」との対立。こうした立場との対比において、冷戦・核時代に「中立日本の防衛構想」を唱えた著者は、夢想的な「理想主義者」とラベリングされた。これに対して、「理想主義」もまたリアリズムなのであって、国家の暴力がまかり通る「最悪事態」を想定する。けれどもそれを、生身の市民の視点からとらえるのだと著者は説く。

この差異の帰結は大きい。〈国家〉の側に立つ「現実主義」的なリアリズムが、戦争を国益の観点から肯定するのに対して、〈人間〉の側に立つ「理想主義」的なリアリズムは、いのちを守るために平和を追求する。

3・11以降の日本への著者のメッセージは明らかだろう。他者のいのち、あるいは人間の尊厳に対する感性を共有した連帯を追求せよ。私たちに託された希望はいまこそリアルであるはずだ。（芹沢一也・社会学者）

（岩波新書・上下各840円）＝2011年9月8日①配信

面白く価値ある本人の肉声　「マイルス·オン·マイルス」（ポール·メイハー&マイケル·ドーア編、中山康樹監修、中山啓子訳）

世界的であるかどうかは分からない。少なくとも、この列島において20世紀の音楽家で最も本になるのは、マイルス・デイビスとグレン・グールドだ。それだけに玉石混交、何を読むべきか迷いが出る。だが、本人の語りは他人のものよりはるかに面白いのは共通だ。

今年はマイルスの生誕85年、かつ没後20年。自叙伝は版を重ね広く読まれているが、本書は「もう一つの自叙伝」とも呼ぶべきものとして現れた。合衆国での刊行は2009年。マイルスの数あるインタビューから厳選した28本を収録。自叙伝のように語り下ろしではなく、その時々に異なった聞き手、異なったメディアで、だ。最初のものは1957年の30代、最後は89年、60代までの肉声だ。

57年「マイルス・アヘッド」、89年「アマンドラ」、そして91年に亡くなる直前の「ドゥー・バップ」。マイルス自身の音楽がどう変化しただろう。「ジャズ界には型通りのコード進行から抜け出そうとする動きがある」と語る58年から、86年に発される「過去は死んだ。ジャズは死んだのさ！背景が何もかも変わってしまった」との言葉。変化し続ける状況とその中に身を置く自らを冷徹に把握する目がここにある。

また、一つ一つのインタビュアーが明記されていることは大きい。掲載された媒体に応じて、書き方が異なってくる。ともすれば、一貫性がないように見えてしまうかもしれないが、逆に捉えると、これこそが各インタビューの違いを際立たせている。マイルスとインタビュアーとの問答もあれば、分離して記されているもの、地の文の中にマイルスの言葉が織り込まれているものがあり、マイルス自身がDJをするラジオ番組もある。

マイルスファンはもちろん、音楽をどう語るかといった興味、インタビュー記事のつくりに関心のある人にとっても、価値のある本に違いない。（小沼純一・評論家、詩人）

（宝島社・1980円）＝2011年9月8日②配信

ただ目撃する死という宿命

「アイドルワイルド!」(花村萬月著)

主人公、伊禮ジョーはあまりにも無慈悲だ。冷酷、冷徹、強烈な暴力性、そして類いまれな美貌をも持ち合わせている。

ジョーの父は黒人と白人のハーフ、母は「琉球人」である。沖縄の霊場で出会った耀子という文化人類学を学ぶ女性はジョーにシバ神を重ねる。白い肌の色の底に青黒いものを感じるからだと。二人は殺人を繰り返しながらセレナというワンボックスカーで沖縄から北海道まで旅をしていく。

物語の前半、私はジョーを好きになれなかった。無邪気に凶暴過ぎる。神に例えられる男。欠損が見えない。その自分の読み方を疑いながら読み進めた。感情移入しようとして読んではいないかと。感情移入し狭い自分の価値観にうまくあてはめても、他者と自分が合致した居心地の良さが残るだけだ。

もちろんこの一筋縄ではいかない著者は小さな虚栄心を満たす感情移入など完全に拒んでいる。私は目撃者になれと自分に言い聞かせながら読み進む。ただ起きた出来事を見つめる。そこにある即物的な美と醜と熱と冷と快と痛を、あらゆる体性感覚を働かせながら目撃すればいい。

やがてこの小説の前半のすさまじさ、伊禮ジョーの分からなさ、そしてこの小説が向かう先、すべてがスリリングに迫ってきた。

後半、私は完全に著者の術中にハマっていたことを認識した。私はあえてこの「認識」という言葉を使った。本文中で、知識は知り得た結果で、卑しさがあるが、「認識は自分の頭で知ることだ」と言及しているからだ。この小説のメッセージは、知識ではなく認識を迫る。

伊禮ジョーを分からないと言った私に、生きていくことにしがみつきながら皆死んでしまうという大前提を忘れた私たちに、この小説は強烈に向かってくる。愛や優しさ、情けとかいう甘い汚れた言葉を装ったこの国の人々に、本当の意味で人間になっていくことを認識させる力を持った恐ろしい小説だった。(大森立嗣・映画監督)

(祥伝社・1785円)=2011年9月8日③配信

芸術に懸ける意志と戦争

「パリとヒトラーと私」(アルノ・ブレーカー著、高橋洋一訳)

20世紀の波乱に満ちた展開を振り返るとき、忘れられない人物の一人がヒトラーであることはいうまでもない。この男の率いたナチス第三帝国が引き起こした大戦争と大虐殺は、非人間化の極限の消せない傷痕となっているからだ。

本書は、フランスの大彫刻家マイヨールに「ドイツのミケランジェロ」と激賞されたドイツの彫刻家ブレーカーがたどった数奇な人生の証言であり、ヒトラーとの出会いとナチ公認芸術家としての活動(第1部)から、コクトーらフランスの芸術家との交流、ナチ協力者としての糾弾と名誉回復(第2部)まで、知られざるエピソードが生々しく語られている。

著者はまず、1937年の大ドイツ展と退廃芸術展、カラヤン指揮のワーグナー・オペラ公演でのヒトラーとの遭遇などの場面を叙事詩的に描き出すが、他方、当時の芸術家たちが生活苦と注文の枯渇から「理解者の腕の中に飛び込んでいくことを余儀なく」されていたとも述懐する。そして著者の最大の理解者こそ、若き日に画家を志したヒトラーだったのだ。

第2次大戦が始まると、40年6月、著者はヒトラー本人に誘われて、建築家シュペーアとともに占領直後のパリを訪れる。このパリ訪問の記述は貴重な写真も挿入され、本書の圧巻である。

その後も著者はパリで前述のコクトーやル・コルビュジエらと交際の日々を過ごし、42年春、オランジュリー美術館で個展まで開催する。ナチ政権がユダヤ人絶滅政策を決定した直後だったが、著者はアウシュビッツの悲劇をどう捉えていたのだろうか。

戦後に戦犯扱いされて作品の多くを破壊された著者は、結局、コクトーの法廷証言で救われるのだが、本書を通じて実感されるのは、コクトーの「自らを焼き尽くす精神」(著者の言葉)を共有して悲惨な時代を生き抜いた著者の、芸術に懸ける意志の強さだ。まさに、困難に負けない稀有(けう)な人生の記録である。(塚原史・早稲田大教授)

(中央公論新社・2730円=2011年9月8日④配信

美術館との対話の記録

「空間感」(杉本博司著)

著者は現代美術作家。その展覧会はいつ見ても陶然とさせられる。「ジオラマ」「劇場」「海景」「建築」などの静謐(せいひつ)な写真作品は単体でも高い完成度を誇るが、それに加えて作品の魅力を最大限に引き出した展示は息をのむほど美しい。的確な配置や照明は、美術館の空間と対話を繰り返したたまものだろう。

その研究熱心さは、ついには自ら設計した「IZU PHOTO MUSEUM」(静岡県長泉町)の開館に至ってしまったほどだ。作家活動を始めて以来一貫して写真を活用してきた著者が、コンセプチュアリズムやインスタレーションといった現代美術の観点から高く評価されるゆえんもここにある。

そんな著者が、国内外の美術館との対話の記録をまとめたのが本書だ。著者によれば、美術館とは祝福されるべき作品と社会との「結婚の場」であると同時に、作品にとっては「墓場」でもある。作家はその墓場を目指して切磋琢磨(せっさたくま)する悲しくも楽しい職業だとも自嘲(じちょう)する。現代がポストモダンならぬ「ロストモダン」のただなかにあることを喝破したかと思えば、コケやさびへのフェティッシュなこだわりを示す。その想像力は自由自在でよどみがない。

本書に収録されているエッセーは17本。どれも独自の見方が披歴されていて刺激的だ。個人的には、長らくアンビルドの建築家として知られてきたダニエル・リベスキンドの過激な空間との悪戦苦闘ぶりを述べた冒頭の文章と、吉田五十八の新興数寄屋について述べた「数奇なる建築」が印象深かった。

特に後者は、モダニズムの和様化という問題を古美術や伝統建築にも造詣の深い現代美術作家の視点から論じていて、著者ならではの示唆に富む。なお巻末の「スターアーキテクト採点表」には、著者の「空間感」が明快に示されている。本書を手に取った読者も、自分なりの観点で美術館の空間を採点してみるのも一興かもしれない。(暮沢剛巳・美術評論家)

(マガジンハウス・2600円)=2011年9月8日⑤配信

ベテラン作家の新たな境地

「開かせていただき光栄です」(皆川博子著)

皆川博子といえば作家生活40年の大ベテランだが、その作品世界には、それまでに築いた作風に安住するような自己模倣は全く見られず、一作ごとに新鮮な境地を見せてくれる。新作「開かせていただき光栄です」がそうであるように。

時は18世紀のロンドン。私的に死体の解剖を行って人体の構造を研究している外科医ダニエルと弟子たちが巻き込まれた怪事件。次々と増える身元不明死体の謎の背後には、詩人志望の少年ネイサンがたどった悲しい運命があった。

耽美(たんび)、幻想…といったキーワードで語られることが多い著者の小説だが、これまでにもその作品世界からは、隠し味のようなユーモアのセンスが感じ取れることがあった。本書ではそれがついに前面化した感があり、治安判事の助手に踏み込まれて死体を隠そうとするダニエルと助手たちのドタバタ騒ぎは笑いを誘わずにおかない。

一方で、ネイサン少年の苛酷な運命、当時のロンドンの描写などは、著者の本領とも言うべき暗澹(あんたん)たる雰囲気を醸し出している。明と暗、美と醜、聖と俗…。あらゆる対立概念が存在を主張し合いながらも、奏でられるのは不協和音ではなく、不思議なほど調和の取れた旋律なのである。

物語の展開はまさに謎また謎の連続で、ある秘密が暴かれて事件の全景が見えたと思った次の瞬間には、また別の秘密が霧のように真実を覆ってしまう。そんな錯綜(さくそう)した謎に挑む盲目の敏腕治安判事ジョン・フィールディング(実在の人物)や、その彼すらも悩ませるような行動に出るダニエルの弟子のエドとナイジェルの複雑なキャラクター造形が、物語に深みを与えている。

随所にちりばめられた伏線もきれいに収束し、ミステリとして極めて高い完成度を示しているが、再読三読すると別の真相が立ち現れてきそうな、ちょっと得体(えたい)の知れない凄味(すごみ)もある作品だ。(千街晶之・文芸評論家)

(早川書房・1890円)=2011年9月8日⑥配信

脳の不思議な潜在能力探る 「ごく平凡な記憶力の私が1年で全米記憶力チャンピオンになれた理由」(ジョシュア・フォア著、梶浦真美訳)

ちまたにあふれる記憶術のハウツー本の類いかと思いきや、中身はバリバリの科学「潜入」記事で驚かされる。

著者はジャーナリストで、ひょんなことから記憶力に興味を持ち、記憶力の大会の「グランドマスター」たちに取材を敢行する。そして、その一人に弟子入りし、古代西洋の伝統を受け継ぐ記憶術を学び始める。気が付くと、前年に取材で訪れた全米記憶力大会の会場に、「選手」として乗り込み、テレビカメラの前でトロフィーを獲得することになる(この辺りは本の題名ですでにネタバレになっている)。

もちろん、この本は、「私はこうして全米記憶力チャンピオンになりました」で終わるわけではない。ジャーナリストらしく、大勢の心理学者に取材し、自らが被験者として実験に協力し、人間の脳の不思議な潜在能力を探ってゆく。

迷路のようなロンドンのタクシー運転手の脳は、記憶をつかさどる「海馬」が普通の人より肥大している。特定の分野で超人的な能力を示すサヴァン症候群の人々は異能と評されることがあるが、二つ以上の感覚(例えば視覚と嗅覚)が結び付く「共感覚」が、その才能と関わっているらしい。

著者の問題意識は、普通の人でも、訓練次第で、サヴァンの人々のような特殊能力(この場合は記憶力)を手にすることができるのではないか、というものだ。そのせいか、読んでいると、本の中で紹介される古代の記憶術を自分で試してみたくなる。

キーワードは「記憶の宮殿」だ。実際、私も著者が推奨する記憶術を試してみたが、自分が頭の中で構築した記憶の宮殿のあちこちに、覚えるべきモノが奇っ怪な格好でうごめいていて、ビックリ仰天した。これじゃ、忘れるはずがないじゃないか。

うーん、学校の試験勉強で、この記憶の宮殿とやらを使っていたら、もっと楽ができたかもしれないなぁ。そんな不遜な感想を抱いてしまいました。皆さんも、ぜひ、お試しあれ!(竹内薫・サイエンスライター)

(エクスナレッジ・1890円)=2011年9月15日①配信

宗教への警告と希望 「〈私〉だけの神」(ウルリッヒ・ベック著、鈴木直訳)

ウルリッヒ・ベックは世界的に著名なドイツの社会学者であるが、彼の名が広く知られるきっかけとなったのは1986年の「リスク社会」(邦題「危険社会」)であった。原発をはじめ、現代社会が抱えるさまざまなリスクに対し警告を発してきたベックが、新著で警告と希望という一見矛盾した視線を投げかけている対象は宗教である。

宗教が、暴力的なポテンシャルを抑制し、平和創造力を高めていくことの成否に、人類の未来が大きく左右される。宗教が問題の一部であると同時に、解決の一部にもなり得ること、いや、ならなければならないことを彼は語る。

こうした議論の前提になっているのは、近代化の進展とともに宗教の影響力は衰退していくという従来の世俗化論を裏切るような形で、宗教復興現象が世界の各地で見られ、また時として、それが宗教間の摩擦や紛争を生み出しているという現実である。世俗化論はヨーロッパをモデルとしていたが、非西洋世界では、近代化と世俗化の因果関係を適用できないどころか、トルコのように近代化し、民主化すればするほど、宗教的になっていくという例すら存在する。

いわゆる「ポスト世俗主義」の時代において、どのようにして、われわれは宗教によって引き起こされ得るリスクを認識し、相互の寛容をもたらすことができるのか、という問いに対し、著者は答えようとしている。

その答えの中心をなすのが、宗教の個人化(私だけの神)・コスモポリタン化であり、真理ではなく平和を目標とする寛容類型を作り出すことである。著者が宗教と呼んでいるものは、かなりの程度、キリスト教(一神教)を前提としているが、寛容のモデルの一つとして日本の宗教的習合があげられている。本書で提起されている文明論的な課題に対し、日本やアジアからどのような批判的応答ができるのかを考えながら読むのも、おもしろい。(小原克博・同志社大教授)

(岩波書店・3465円)=2011年9月15日②配信

作品の“怖さ”と向き合う

「向田邦子の陽射し」（太田光著）

ある時期まで、向田邦子の作品が苦手だった。決して嫌いなわけではないのに、敬して遠ざけていた。それが、どういうわけか、50歳を過ぎたあたりから、一つ一つの作品をじっくりと読み、奥深い人間洞察を堪能できるようになっていった。遅ればせながら大人になれたのだろうか。

最近、爆笑問題の太田光が上梓（じょうし）した「向田邦子の陽射し」を読んでいると、「恐ろしい」「怖い」という言葉が繰り返し登場してくる。彼が向田作品に畏怖に近い気持ちを抱いていることが痛いほど伝わってきた。と同時に、私が向田を避けてきたのは、この「怖さ」のせいだったのではないかとも思った。

この本の「ぼくはこんなふうに向田邦子を読んできた」という文章は素晴らしい。

どんな相手にも臆することのない太田だが、ここではたじろぎがちである。それでも、真っ向勝負を挑み、飾りのない言葉で語っていく。その姿がいさぎよい。

何と言っても書き出しのひと言、「向田さんの作品は、不道徳である」が鮮やかだ。続けて、「向田さんの言葉は、大人の本当の悪だ」とまで言う。まさに、向田作品の怖さの根源は、ここにある。「人の悪さ、醜さを、その鋭い刃で切るように向田さんは表現する」。私たちは、そのたびに、心臓をわしづかみされたような驚きを覚えるのだ。

向田は、その人間を大事に思うからこそ、醜い部分を見過ごすことができない。その上で、「どうしようもないだめな人間でも、向田さん自身が自分の生み出した登場人物を愛しているし、許している」。だから、どの作品も、読み終わり、見終わったあとに、ほんわりとしたぬくもりが、残り続けるのだ。

この本には、太田が選んだ向田作品ベスト10も掲載されている。その作品を読むと、やはりゾクッとし、ドキドキする。でも、その怖さを楽しんでいる自分がいることにも気がつくのだった。（松田哲夫・編集者）

（文芸春秋・1600円）＝2011年9月15日③配信

物語解体に果敢に取り組む

「『歴史』を動かす」（小島毅著）

「歴史」の真実は単純ではない。遠い過去の出来事を正確に知るのは難しい。ましてや「なぜそうだったのか」「その時、坂本竜馬や織田信長は何を考えていたのか」は誰にも分からない。当人が心情を記した史料があったとしても、それが事実を正確に書いたものかどうかは分からない。

しかも歴史上の人物像は、それ自体が歴史のなかでさまざまに粉飾され、演出されてきた。それらの「物語」は強固で、歴史学者が史料に基づいて事実を指摘しても、世間の認識は容易には改まらない。しかし著者は、近年の歴史研究を踏まえて果敢に、しかも分かりやすく物語解体に取り組んでいる。それは一般読者に、歴史の見方を考え直させようとする営為でもある。

例えば江戸期の公式学問は儒学（朱子学）で、文明を重んじていた。幕末明治に「西洋文明」が急速に摂取されたのは、それが「西洋」のものだったからではなく、「文明」だったからだ。

そして日韓併合に至る過程には、神話上の神功皇后の「三韓征伐」以来、朝鮮半島に対する日本人の優越感（これも歴史認識の産物）があり、また隣国にも「近代化」をもたらそうという好意の押し付けがあったのも事実だと指摘する。政治的配慮からすれば、なかなかに言い難いことだ。

また「正しい歴史」という概念自体が、時代によって変化してきた。前近代には歴史と道徳は不可分に結び付いており、「正しい歴史」は道徳的秩序を反映していなければならないと考えられていた。明治後期、国定教科書の記述に端を発し、南北朝のどちらが正統かという南北朝正閏（せいじゅん）論争が起きた。藩閥政府批判の材料にもされたが、「正しい歴史」はそこまで尾を引いていた。

英雄像にはロマンがつきもので、「歴史観」は政治問題化しやすい。それが魅力でもあるだけに、「歴史」を「物語」から解放するのはとても難しいが、だからこそ本書の姿勢は貴重だ。（長山靖生・評論家）

（亜紀書房・1890円）＝2011年9月15日④配信

大人への幻想と現実

「まともな家の子供はいない」（津村記久子著）

人は大人にならないのだな、ということに大人になって気づいた。自分が家庭を持つような年代になって、家というものが案外いいかげんにつくられていいかげんに営まれているものだとわかった。しっかりしていると思っていたものが、実ははりぼてだった。そう思った人は私だけではないはず。幻想が打ち砕かれていく過程を経て、ようやく大人になっていったように思う。

2作収録の本書。表題作の主人公セキコは14歳。幻想に亀裂が入りだしてはいるが、幻想自体はまだきちんと保持している年ごろでもある。セキコは常に怒っている。なぜ周りはこんなろくでもない人間ばかりなのか。ちゃんとした大人はいないのか。どこを見回してもまともな家がない。

セキコの怒る姿は私の中学時代と生き写しで、遠ざけた過去に引きずりこまれる感じがして「あぁ、もう私はそこに戻りたくないぞ」と必死で逃げるけれども、記憶に染み付いた地底をはうような感覚がよみがえる。

大人にまともであることを望むというよりは、大人がまともでないことへの不快感がどうしようもない。ある意味でそれは、まともさへの過度な意識が根底にあって「あるべき姿」を自分にも他人にもあてはめてしまう、この時期特有の一種の潔癖さだったりもする。

ただセキコはそれが私よりずっと強い。幻想と現実の差異を誰より緻密にはかっていく。目がいいことは、より気づいてしまうことである。働かずゲームばかりの父、父に迎合しているような母。大人のどうしようもなさが大量に押し寄せてきて圧迫されるセキコは、怒ることで自分を守る。でも何より彼女を苦しめるのは、自分の不快感を共有できる相手がいないことだ。なぜみんな平気なのかという、自分と周囲の落差が切実に迫る。

あるべき姿と比べたら現実は奈落のような場所だ。奈落であることがつらいのではない。ここが奈落だということを感じているのが、自分ひとりという孤絶感がつらいのだ。（藤代泉・作家）

（筑摩書房・1575円）＝2011年9月15日⑤配信

時代照らす潮流を俯瞰

「戦後日本デザイン史」（内田繁著）

現役のインテリア・デザイナーが書き下ろした、戦後の復興期から21世紀現代に至る日本のデザイン史をつづった書である。著者は1970年にデザイン事務所を構えて以来、ホテルやブティックなどの内装を手掛け、この業界でのリーダー的存在として活動してきた。その現場での実体験や、内外のデザイナーとの交流で得られた知見も多く盛り込んでいる。

本書の構成は10年区切りで叙述され、計6章で戦後の歴史がまとめられている。デザイン史と一口でいっても、建築、工業製品、グラフィック、ファッション、クラフトなど領域は幅広いが、著者が専門とする領域はこれらのジャンルをつないでいくものであり、デザイン全般を見渡すことができる立場にある。

しかし全領域の歴史を網羅することは不可能であり、それぞれ各時代を照らし出す歴史的ポイントを置いて、戦後のデザインの潮流を俯瞰（ふかん）するという方法を採っている。

50年代においては経済成長下のデザイナーたちの組織的運動に光を当て、60年代はメーカー主導の流通制度の確立によって消費の生活スタイルが作られたことを視軸にしている。

70年代は百貨店の文化戦略にみるように商品そのものの宣伝よりも文化現象を付加価値として加える役割をデザイナーが担ったこと、また80年代はファッション・デザイナーの世界進出や安価でデザインの良いものを販売するチェーン店の展開を中心に据える。

90年代から現在までにおいては、バブル経済崩壊後に地域に根ざしたスローライフが唱えられる一方で、規制緩和による再開発の活発化する動きを記し、終章で、人間にとってのデザインとは何かを問いただす。

戦後という時間スパンやジャンルの多様さからいって歴史的総合性にやや欠けるが、デザイン実践に携わる人々の熱意とその息吹が伝わってくる、著者ならではのデザイン史といえよう。（高島直之・武蔵野美術大教授）

（みすず書房・3570円）＝2011年9月15日⑥配信

壮大な歴史の叙事詩

「水が世界を支配する」（スティーブン・ソロモン著、矢野真千子訳）

われわれの生命を支える水は、雨や川の流れのような自然の「生」の形でも、原子力発電所内部で複雑に動く水のように極めて人為的に「操作」された形でも、生存だけでなく生活や生産の基盤に確実に据わり、実に細部にまで入り込んでいる。これは長い人類の歴史を通して、築き上げられてきたものである。

本書の英文の原題は「水〜富・権力・文明への叙事詩的苦闘」などと直訳できる。その言葉通り、水との関わりの技術革新が世界史のターニングポイントを形成してきたことについて、古代文明の盛衰から、蒸気機関による産業革命、巨大ダムが生み出す電力エネルギーといった近代の技術開発までを丁寧に振り返る。水の制御や利用から見た壮大な歴史の検証は、まさに「叙事詩」で、読み応えがある。

本書は、水と文明の歴史を踏まえて、食糧・エネルギー・気候変動などとも一体的に関わった現代の「水危機」への対応が、喫緊の人類的課題であることを訴える。この問題に対し、著者は政治や政府のリーダーシップを機能させつつも、市場原理を活用した水利用の効率化で解決を図る方向を提唱している。

ただ本書では、市場原理の活用方法についての具体的な論考はあまりなく、とにかく水インフラと管理組織の整備の重要性を説いているように思える。

今求められているのは、技術革新や制度の整備だけでなく、人と人とのつながりの中で「みんなで」支え合う仕組みを整え直すことである。それこそが「環境の世紀」といわれる現代の水問題解決の根幹といえるのではないだろうか。

本書には、日本を含むモンスーンアジアの水田かんがい地域における持続的な稲作社会についての記述はほとんどない。この世界有数の大量水利用地域の環境と文化をめぐる問題については、もし本書に続編があるならば、ぜひ著者の歴史的考察を読んでみたい。（渡辺紹裕・総合地球環境学研究所副所長）

（集英社・2100円）＝2011年9月20日配信

破局から希望紡ぐ想像力

「日本の大転換」（中沢新一著）

3・11以降、おびただしい量の言説が産出されてきたが、何かが足りない。3・11は、発電技術や防災対策には還元できない、精神の深みに達する何かを刺激している。本書が提起している「エネルゴロジー（エネルギーの存在論）」が、その「何か」を初めて言葉にしてくれた。

まず驚くべきは、原発は一神教だ、という洞察。原子力技術は、地球の生態圏の中にはない物理現象（原子核の融合・分裂）を、つまり「外部」を生態圏に持ち込む。同じことを思考の領域で実現したのが一神教である。一神教の神は、人間の環境世界を絶対的に超越した外部だからである。

ついで原発は資本主義と同型的だと指摘される。原発は、地球のエネルギーの源泉である太陽圏の反応を人工的に引き起こすことで、自律的な内閉性をもつ。同様に、資本主義的な市場は、社会（人格が交差する場）を包摂することで、自律性を獲得する。

こうした認識をふまえ、エネルギー革命が提案される。それは、原発の弁証法的否定でなくてはならない。「太陽」を持ち込むのではなく、太陽との対面からエネルギーを取り出す技術でなくてはならない。結局、それは植物光合成を模倣する技術、太陽光発電に帰着する。

これが大転換なのは、エネルギー革命が経済システムの革命を伴うからである。資本主義の特徴は内閉性だった。それに対して来るべきエネルギー革命は、（太陽からの）贈与性を基底にもつ、開かれた経済をもたらす。

さらに著者は、多神教的な日本、仏教や神道を通じて自然の具体性と結合したリムランド（周縁のクニ）文明で、こうした革命は起こるはずだ、と呼びかける。

あれほどの破局から希望を紡ぎだす著者の想像力に、われわれは感謝せねばなるまい。本書は間違いなく3・11以降の本の中で最も重要な著作である。（大澤真幸・社会学者）

（集英社新書・735円）＝2011年9月22日①配信

垣間見える巨星の素顔

「ジブリの哲学」（鈴木敏夫著）

「もののけ姫」「千と千尋の神隠し」など、数々の傑作アニメーション映画を世に送り出してきたスタジオジブリの名プロデューサーが著した本書は、さまざまな媒体への寄稿文や関係者宛てのメモ、日記などを再構成し、講演や対談の採録とともにまとめたドキュメントエッセーである。

それ故に内容は非常に多岐にわたり、ジブリの草創期からこれまでの歩みをはじめ、評論家の加藤周一氏や元日本テレビ会長の氏家斉一郎氏といった大物との親交なども描かれている。中でも興味深いのは、巨星・宮崎駿の意外な人柄とおちゃめな素顔が垣間見られるエピソードの数々だ。

ジブリにパソコンを導入するための苦肉の策には笑ってしまった。「仕事以外に興味をもつ奴は、いいアニメーターになれない」が持論で、大のパソコン嫌いの宮崎駿を将棋ソフトで釣り、マウスの使い方に慣れさせたという。その頑固さが良質な映画作りの根源となっているのは確かで、海外への外注（製作委託）やジブリ作品のゲーム化を許さないというのもうなずける。

驚いたのは、「ハウルの動く城」の奇抜かつ複雑なデザインに代表される宮崎の画法で、細部を描き終えた後に次の細部に移る〈建て増し〉方式の徹底ぶり。全体の作品作りも同様、極端に具体的な細部から始まる。作品の大筋も見えず、脚本がまだ完成していないうちから、主人公が着る洋服のデザインにこだわり、ヒロインの髪形にこだわり、彼らの住む世界観にこだわっている。

他にも「もののけ姫」のタイトル誕生秘話や、「ゲド戦記」と「コクリコ坂から」を監督した宮崎吾朗と父・駿との微妙な親子関係など、宮崎駿と二人三脚で歩んできた著者にしか語れないエピソードが満載。舌足らずな文章も散見するが、アニメスタジオとしてのジブリの在り方や経営方針など、著者の考えが率直に伝わってくる好著である。（吉家容子・映画ジャーナリスト）

（岩波書店・1890円）＝2011年9月22日②配信

同時的に描く希望と絶望

「ソーラー」（イアン・マキューアン著、村松潔訳）

次世代エネルギーへの転換による地球温暖化の解消は、人類にとって喫緊の課題である。ある物理学者の「公」と「私」に密着しながら、研究機関や電力業界の欺瞞（ぎまん）や矛盾を暴いた本書は、人類の未来の希望と絶望を同時的に描き出す。

ノーベル物理学賞を受賞したマイケル・ビアードは、長年の浮気性がたたり、5番目の妻から決別を告げられる。数々の講演をこなし、名誉職を引き受ける彼には、新しい研究に向かうモチベーションは消えうせていた。ある事故によって亡くなった研究所の部下が残したファイルの中に、太陽光線と水によって人工光合成を行うプランが記されていることに気づいたビアードは、計画の実現に向けて奔走する。

全3部から構成された本書は、2000年から09年まで、53歳から62歳までのビアードの10年間を描いている。ビアードは知性と権威のかたまりであるが、それにも増して強調されるのが彼の俗人ぶりだ。

女性に目がなく、食と酒に対する貪欲さは無尽蔵。結果、体はぶくぶくと太り続ける。真に女性を愛することができず、ゴシップに追いつめられ、欲望に復讐（ふくしゅう）されるビアードの姿に、初老男性の悲哀がにじみ出ている。欲望の権化たるビアードの人生に、時に反発を感じ、時に嫌悪を覚えつつ、しかし読み進めるにつれ、彼の不思議な魅力に引きつけられている自分自身を読者は発見することになるだろう。

専門用語を駆使して最先端技術の可能性を模索した科学小説として読み応えがある。業界小説としての面白みもある。恋愛小説や犯罪小説的な側面も指摘できるだろう。そして何より、再生可能なクリーンエネルギーの発明という本書最大のテーマが、3・11以降の日本の向かうべき道を示唆している。

ブッカー賞、エルサレム賞を受賞した英国でもっとも期待度の高い著者による、鋭い時代認識と物語的魅惑に満ちた長編小説である。（榎本正樹・文芸評論家）

（新潮社・2415円）＝2011年9月22日③配信

服従の恐怖描いた戦慄の書「死のテレビ実験」（クリストフ・ニック、ミシェル・エルチャニノフ著、高野優監訳）

テレビは「面白ければ何をしてもいい」風潮が加速している。バラエティー番組内の熱湯風呂やスカイダイビングの罰ゲームコーナー、大食い選手権などがそれだ。千葉県船橋市の小学生が、テレビをまねた早食い競争で給食パンを喉に詰まらせ窒息死した事件もあった。

欧米のテレビ先進国ではさらに過激で、無人島に住まわせた男女のサバイバル模様やロシアンルーレットを番組化したものまであったという。

このままだと殺人に手を貸すゲーム番組を作りかねない。

この書は、フランスのシミュレーション番組「危険地帯」（実際には未放送）で、スタジオのテレビカメラの前では一般参加者がいかにテレビの権威に弱く操られやすいかを、実験心理学に基づいて描いた戦慄（せんりつ）のドキュメントになっている。

クイズの出題者（公募で選ばれた一般人）は、不正解のたびにレバーを押して解答者（タレント）に電気ショックを与える。軽いショックからやや強い、かなり強い、激烈の段階を経て超激烈、そして死に至るかもしれない460ボルトのレバーを果たして押すだろうか。

出題者はもがき苦しむ解答者を見かねて「良心に反する命令」だとしつつも、はやし立てる会場と「番組のルールですから」と迫るテレビ局の権威（司会者）に「自発的な服従心」に駆られ、出題者の実に81パーセントが最後までレバーを押し続けるのである！

実際には電流は流れていない。だが「テレビは殺人を犯せる」という刺激的な実験に加担した人々の告白は息をのむ。ことは短絡的なテレビ悪批判に止まらない。残虐な個人的資質より普通の人々の「自発的な服従心」が動機だとナチスのホロコーストを分析し、それは祭壇のようなスタジオではやし立てるカルト的熱狂にも通底するのではないかという。

テレビをはじめ情報機器による間接的な統治システム社会の怖さを文明論的に展開する恐怖の書で一気に読ませる。（松尾羊一・放送評論家）

（河出書房新社・2100円）＝2011年9月22日④配信

孫の目から見た先駆者の姿「平塚らいてう」（奥村直史著）

今年は「青鞜」創刊100年。1911（明治44）年9月、東京の本郷区駒込林町で、日本で初めての「女性による女性のための雑誌」が創刊された。主宰者は平塚らいてう。会計検査院次長の娘で日本女子大を出ながら、禅に興味を持ち、なぜ自分は生きているのかを問い、男性と心中未遂事件を起こしてスキャンダルとなっていた。

そのマイナスをはね返して仲間と雑誌を作り、「元始、女性は太陽であった」と宣言、今に至るまで女性解放の先駆者としてたたえられている。

本書のユニークさはその神話化された偉人伝を孫の目から突き崩していくところ。かといって、らいてうをおとしめているのでもない。表舞台に登場するらいてうと、わが知るおばあちゃんとの違和感。ひとの先頭に立って、胸を張って、声高に演説するような闘士ではなかった。小柄、ひ弱、大きな声が出ない。はにかみ屋で、ひとが怖い。「ほとんどの時間は自分の部屋にこもって、何をしているのか私にはよく分からない人であった」

「若い燕（つばめ）」と呼ばれた年下の夫、奥村博史も画家ではあるが、著者が覚えているのはこたつに入って彫金をしている姿である。祖父母は理解し合いながらもそれぞれの暮らしの時間とスタイルを崩さず不干渉に見えた。

その割をくったのがらいてうの嫁に当たる綾子（著者の母）。自伝に「嫁の綾子に家のことはすっかり任せきり」と書いたらいてう。思想と現実は一致しなかったのだ。家父長制や女性の性役割分担を、若いときは激しく攻撃したひとなのだから。「時にげっそり疲れた母の表情が、子供心の私にも見えたのは事実である」。祖父母に収入は少なく、大家族の生活は大学教師の父一人の肩にかかり、苦しかった。

「青鞜」創刊前後に焦点が当たるらいてうのその後を見据えた貴重な本といえよう。心理療法士である著者がらいてうの内面とその変化を読み解くくだりも刺激的だ。（森まゆみ・作家）

（平凡社新書・882円）＝2011年9月22日⑤配信

著者に振り回される快感　「藁にもすがる獣たち」（曽根圭介著）

その人気が今や社会現象ともいうべき東野圭吾、直木賞の最新受賞者である池井戸潤ら、江戸川乱歩賞出身作家の活躍が目立つ昨今だが、4年前「沈底魚」で受賞の曽根圭介も、もっと注目されていい作家だろう。

乱歩賞と同年に日本ホラー小説大賞短編賞を、そして一昨年には日本推理作家協会賞を短編部門で受賞しているように、ジャンルも一様でなく長編にも短編にも秀でた存在だ。うまい短編とは、長編の短縮版ではない。ディテールにこだわってこそ短編ならではの切れ味が生まれる。

本書「藁（わら）にもすがる獣たち」は長編だが、派手なストーリー展開というよりは、主人公の男女3人の、どちらかというとケチくさい生活と心情をきめ細かく描いて退屈させない。短編作家としてのテクニックが発揮されているのだ。

といっても、還暦前でサウナの夜間受付の男が偶然手にしたバッグの中身は5千万円以上と、ケチくさくはない。このカネの出どころは？　そして、バッグをロッカーに入れっぱなしにした客はどこへ消えてしまったのか？

舞台は東京にも関西にもほどほどに近いらしいから中部地方の小都市、著者の出身地である静岡あたりだろう。地元署の悪徳刑事がヤクザから背負ってしまった借金2千万円も少ない額ではない。この刑事は同情に値しないが、夫からのDVに耐えつつ人妻売春に走る女はいくらか哀れを誘う。

この3人の運命はどこかで交差するにちがいないのだが、どうつながるかはなかなか明らかにされない。エンターテインメントの熱心な読者なら、奥田英朗の「最悪」を思い出すところだが、たくらみに満ちたミステリーを得意とする曽根圭介は、ああいう一種の予定調和を読者が期待することも織り込み済みのようだ。3人の物語の結びつきをぴたりと予想できる人はまずあるまい。著者に振り回される快感が味わえる一作だ。（新保博久・ミステリー評論家）

（講談社・1680円）＝2011年9月22日⑥配信

テロ巣窟と化すまでの歴史　「アフガン諜報戦争（上・下）」（スティーブ・コール著、木村一浩ら訳）

2001年9月11日の米中枢同時テロは、「二つの大洋に守られている」という米国の安全神話の崩壊であった。

それにしても、なぜこのテロ事件を回避できなかったのか。ピュリツァー賞受賞作の本書は、1979年の旧ソ連軍の侵攻から「9・11」前日に至るまでの米、パキスタン、サウジアラビアの各情報機関の奇々怪々な連携プレー、アフガン国内のイスラム戦士、タリバン、アルカイダ、反タリバン軍閥、宗教指導者の動きなどに焦点を当てつつ、20年余りに及ぶ阿鼻（あび）叫喚のアフガンの状況を明らかにしている。

旧ソ連軍のアフガンからの撤退とソ連の崩壊以降、独断専行する米国のアフガン政策は「無関心と倦怠、無分別と麻痺状態、商業的な欲で決まることが多かった」のであり、最優先事項ではなかったのだ。これではCIA（中央情報局）の方針が定まらないのも当然。しかも国際世論を配慮したクリントン政権は、CIAを信頼していなかった。

ブッシュ大統領も当初、ビンラディン追討を「ハエたたき」とけんもほろろ。ビンラディンの「捕縛作戦」から「殺害作戦」への変更、アルカイダの「殲滅（せんめつ）作戦」を打ち出したのは「9・11」直前になってからだった。

それから10年。今年5月のビンラディン銃殺事件である意味、決着を迎えた。オバマ大統領は「彼を仕留めた！」と叫び、市民も星条旗を掲げて狂喜乱舞していた。しかし、これで一件落着となったのだろうか。

いまここで銘記しなければならないのは、世界の最貧国の一つであるアフガンがグローバル・テロリズムの巣窟であり続けたという事実だ。つまり宗教的差別や人種差別、貧富の格差などから醸成された産物こそ、テロリズムなのである。

現在、世界中にますますテロがまん延し、その多くが「アルカイダ」を名乗っている事実。これこそ、米国型の武断的なテロ対策法では全く解決できないことの証左となるであろう。そのことを本書は伝えてくれる。（川成洋・法政大教授）

（白水社・上下各3360円）＝2011年9月29日①配信

立ち上がる妙な実在感

「俳優·亀岡拓次」（戌井昭人著）

俳優亀岡拓次は、たまにテレビドラマに出ます。すぐに殺されてしまったりするチョイ役で、世間からすれば「ああ、どこかで見たことがある」という程度の存在です。

しかし映画界の監督やプロデューサーは亀岡を評価し、バイプレーヤーとして仕事は途絶えることがありません。10歳は老けて見えるが実は37歳、髪は天然パーマで薄くなりかけ、筋肉質で色黒、目はいつも眠たそうだが、暴力的なシーンでは逆にその目が恐ろしく映る…。

著者はそんな亀岡の日常をこう描写します。「結婚もしていないし恋人もいない。入ってきたギャラはすべて自分の為に使ってしまい、貯金もない。趣味はオートバイでぶらぶらツーリングに行くこと、夜は居酒屋やスナックに繰り出し、酒を飲むのが楽しみで、生活は地味だった」と。

何だか頼りないオッサんのイメージですが、私生活はその通りで、ロケ先の飲み屋で知り合った女性や、共演した女優などとの恋は一つも実りません。

その一方で、映画の現場では評判は大いに上がります。二日酔いが幸いし、その不意の吐瀉（としゃ）が「迫真の演技だ」などと評価されるのです。

ここであえて言わなければならないのが、亀岡にハリウッド映画出演の経験があるということです。それはモロッコの砂漠でラクダを引くというワンシーンだったのですが、それを見た世界的な監督からまたも声がかかるのです。「あの薄ら禿のセクシーな東洋人はだれなのか？」と。

そんなバカなという展開に妙なリアリティーがあります。フィクションであるはずなのに、俳優亀岡拓次が実在する人物のごとく立ち上がってきます。そしていつしか読者は「亀岡、あまり売れないでくれ。そのまま、そのまま踏ん張ってくれ」と肩入れしているのです。

読後に邦画を見ましたが、いけません。スクリーンの中に亀岡を探してしまいました。（立川談四楼・落語家）

（フォイル・1470円）＝2011年9月29日②配信

SF界の真摯な自問自答

「3・11の未来」（笠井潔、巽孝之監修）

3・11以来、私たちは圧倒的な非日常を日常として生きている。そこでは社会や政治など現実の課題同様、フィクションの想像力もまた厳しい試練を突きつけられている。

科学を基盤に、現実に先んじてさまざまな災厄を描いてきたSFというジャンルはとりわけそうだ。実際この未曽有の事態には、どこか既視感がつきまとう。まるでSF小説や漫画、アニメ、映画を通して見慣れてきた破滅の情景が、ついに現実となったかのような。 ならば現実に追いつかれてしまったSFにこの先、一体何ができるのか。これまでSFは何を描き、そして何を描けなかったのか。そもそもSFとは、一体何なのか。

本書は、動揺し苦悩するSF界の真摯（しんし）な自問自答の論集である。震災に際して多くの人が想起しただろう「日本沈没」と作者・小松左京を取っかかりに、ある者は自身の無力や不明を恥じ、またある者はSFという物語が持つ力を信じようとする。そこから浮き彫りになるのは、SFが現実から距離を置くことで人間をも相対化する冷徹な視点を持った「無責任」で「血も涙もない」「文学の科学」だということ。

だが、その冷徹な無責任さの核にある強靭（きょうじん）な想像力を、科学者にして被災者である瀬名秀明は他の存在への「思いやりの心」に読み替える。そしてヒューマニズムや日本的なムラ社会を拒否しながら、そこに自分の根をも見いだす山田正紀は、科学信仰とムラ意識の間で引き裂かれる日本人の二重性を重ね合わせ、日本SFが人類全体や宇宙を通して、作家がそれぞれに自分自身のことを書いた「個と全体」についての文学ではなかったかと指摘する。

世界を相対化しながら、そこに生きる人間に思いを致す—。SFは虚構の方法論に徹することで現実と、その先にある何かを照射し得るのではないか。SFの持つ想像力は今、かつてないほど切実に求められているのだ。（笹川吉晴・文芸評論家）

（作品社・1890円）＝2011年9月29日③配信

ひたむきに日本で生きる姿　「島国チャイニーズ」（野村進著）

在日韓国朝鮮人の深層を描いた「コリアン世界の旅」などで知られるノンフィクションライターが在日中国人の素顔に迫った。芥川賞作家の楊逸（ヤン・イー）さん、劇団四季でトップクラスの人気の李濤（リ・タオ）さん、人工知能研究の第一人者の任福継（ニン・フジ）徳島大教授をはじめ、ユニークな留学生支援を打ち出す元留学生や池袋チャイナタウンの女性経営者など、登場する人は多岐にわたる。

千葉県の田園地帯の大学や山形県の農村など、日本のどこに行っても中国人が根を下ろしていることが幅広い取材範囲からうかがわれて、あらためて驚かされるが、その割に日ごろ日本人社会には彼らの肉声が伝わってこない。著者が言うように、いま中国と中国人に対する日本人のイメージは最悪であり、在日中国人による犯罪もイメージを悪化させている。

一方、日本に長期滞在・定住する中国人は増え続け、多くが日本での生活に満足し、日本に親しみを持つが、こうした事実は報じられない。

とかく悪いイメージが先行しがちな在日中国人像と、実際の彼らとの隔たり。本書はこの壁に踏み込んでいく。日本人の信頼に応えるべくひたむきに生きる人、日本人以上に日本人的な人、日本名を名乗って日本国籍を取得することをためらわないニューカマーなど、意外に感じる向きもあるに違いない。

著者は犯罪にもう少し触れるべきか迷ったと書いており、確かに本書で挙げたような善良な人たちが在日中国人の全体像でないことは言うまでもない。ただし、極端な例ばかりが取り上げられがちな日本人の中国人像を修正してくれる存在には違いない。ぼくの周囲でも中国人を悪く言う人は多いが、身近にいる具体的な中国人の一人一人とは親しかったりもする。

本書に出てくるような日本に溶け込みたい一心でひたむきに生きる姿はあまり書かれてこなかったが、むしろこちらこそが在日中国人の最大公約数的な素顔のようにも思う。（麻生晴一郎・ルポライター）

（講談社・1680円）＝2011年9月29日④配信

生者と死者の関係描き出す　「逢はなくもあやし」（坂東眞砂子著）

奥行きのある物語である。200ページ弱の短い作品だが、坂東真砂子らしい幻想性と象徴性に富む。

OLの香乃は奈良県の橿原にむかう。同棲（どうせい）相手の篤史が旅行に出たのだが、2カ月たっても音信不通だった。心配になって橿原にある篤史の実家を訪ねたのだが、篤史の母親の話を聞いて愕然（がくぜん）とする。息子は亡くなった、明後日が四十九日だというのだ。いったい篤史の身に何があったのか。

物語の中心は香乃が篤史の死の真相に迫っていく話だが、そこに二つの話が絡む。太平洋戦争中、一人の青年が愛する女性をずっと待ち続ける話と、亡くなった天武天皇の復活を待ち続けた女帝・持統天皇の話が織られていく。

一言でいうなら、恋人の死に直面した女性が人生の意味を見いだす話である。恋人の死をいかに受け止め、いかに立ち直っていくべきなのかを、愛する人を「待つ」ことの意味を通じて掘り下げていく。飛鳥、昭和、現在という三つの時代を並行させ、ラストで巧みに交錯させて、生者と死者との関係というテーマを強くせり出させる。

特に目をひくのは、現代と古代を比較することで、手あかにまみれた言葉（たとえば「魂」）が輝きだすことだ。情交をあらわす「まぐわい」（目合い）の本来の意味、つまり視線の交わりがもつ強さが解説され、想（おも）いの激しさが伝わってくる。でも、決して純愛には向かわない。女たちは制約や縛りから自らを解き放ち、新たな生へと一歩踏み出すのである。予定調和の物語を選ばない坂東真砂子らしい小説だ。

なお、この小説は、河瀬直美監督の新作映画「朱花（はねづ）の月」の原案だが、HPの物語紹介を読むと全く違う話になっている。ただ、現代と過去の物語が並行する舞台としての奈良、はるか大昔の万葉時代の思想が流れていることは察せられる。女性作家における万葉集の影響を探る上で、小説と映画を比べるのも一興かもしれない。（池上冬樹・文芸評論家）

（集英社文庫・450円）＝2011年9月29日⑤配信

芸術を志す魂に届く言葉　「アート・スピリット」（ロバート・ヘンライ著、野中邦子訳）

1913年にニューヨークの兵器倉庫で開催された「アーモリー・ショー」と呼ばれる国際美術展は、二人のアーティストに大きな異変をもたらすことになる。一人は言うまでもなく、このショーの主役となる作品「階段を降りる裸体」を描いたマルセル・デュシャン。そしてもう一人が、本書を生んだ画家ロバート・ヘンライである。

デュシャンに関しては、人類が滅ぶまで彼が美術史の王座を降りる気配もなく、語り継がれ議論し続けられるであろうことは想像に難くない。一方、ヘンライに関してはアートに関わる人間ですら、ほとんど見聞きすることがない。芸術教育の現場でも講義の大半が、ジャクソン・ポロック以後の米国の現代美術。具象絵画で後世に影響を与えた存在としてはエドワード・ホッパーが突出している。

平凡で記憶にも残らないヘンライが、なぜいまだに米国のアーティストたちに大きな影響を与えているのか。その謎への答えが、この赤い表紙の本に隠されている。

ヘンライの肉声があふれる本書には、芸術を志す全ての学生の魂に届く言葉が満ちているばかりではない。「感覚」や「自由」を誤用して学生を指導する言葉を生み出して来なかったわれわれ指導者に、誠に耳の痛い警句が次々と打ち出される。

彼は追い打ちをかけるように語る。「美術の勉強とは、物体の関係性に含まれた価値を学ぶことである。美術作品における関係性の価値を正しく理解できなければ、その作品を構成する要素もわからない。不安定な美術作品と同じく、正しい価値判断ができないときに不安定な政府が生まれる」。全ての人々に芸術を通じた研さんを求める彼の言葉は、厳父のような威厳に満ちつつも、異文化への人間的なまなざしも保っている。

本書が、芸術教育という狭い範囲で読まれるだけではなく、多くの教育現場に関わる人々に読み継がれることを願いたい。（椿昇・京都造形芸術大教授）

（国書刊行会・2625円）＝2011年9月29日⑥配信

不気味にゆらめく不安　「ボブ・ディラン・グレーテスト・ヒット第三集」（宮沢章夫著）

「遊園地再生事業団」を率いる劇作家・演出家であり、エッセイストとしても有名な著者による、久々の小説集である。表題作と「返却」の2編を収録する。

奇妙なタイトルの「ボブ・ディラン～」は、西新宿の中古レコード屋で働く青年が、歌舞伎町の風俗ビルであった陰惨な放火事件の犯人は店主ではないかと疑う話である。と書けばすぐに分かるように、これは実際に2001年9月1日に起きた事件をモデルにしている。この日から、あの「9月11日」までの11日間の出来事が、この小説では描かれてゆく。

宮沢章夫の演劇と同じく、日常と非日常が、現実と虚構が、本当とうそとが、妙に淡々としたリズムの中で、次第に絡み合いながら、いつしか区別がつけられなくなっていく。

店主が青年に探すことを命じるが、どういうわけかなかなか見つからず、その実在さえも怪しくなってゆくボブ・ディランのベスト盤第三集は、このようなあやふやさに満ちた世界観の象徴として機能している。そして読者はそこに「9・11」という、ひとつの紛れもないカタストロフィーの予兆を見るだろう。

実に巧緻（こうち）な作品である。と同時に、周到に張り巡らされた仕掛けを、それと感じさせないようなさりげなさを持ってもいる。読み終えてから、これはどういう物語だったのかと問い直してみることで、底知れない深みにはまってゆく。ある個人が内面に抱え持つ焦燥が、都市の、国家の、世界の、不気味にゆらめく不安へと拡大されてゆく。一見そうは思えないが、実は極めてスケールの大きな小説なのだ。

もうひとつの「返却」は、長らく図書館から借りっぱなしになっていた本を返しに行こうとする51歳の男の物語。長らくといっても、それは31年も昔のことなのだ。返却の道程は、記憶の中の過去への旅に、そして迷宮に変化してゆく。表題作同様、謎めいた味わいを持った作品である。（佐々木敦・批評家）

（新潮社・1575円）＝2011年10月6日①配信

壮大なロマン秘めた研究
「越境する書物」(和田敦彦著)

リテラシーという言葉が単なる「読み書き能力」という意味を超え、さまざまな分野での「読み解き」として問われる時代である。

読書環境が激変する中、書物が「そこ」にあること自体の不思議を捉えた本書は、時間軸や空間を超え、資料をつなぐ役割を担った人や組織を中心に追跡する。壮大なロマンを秘めた調査研究である。

まず「越境する書物」の背景、特に戦争を機として米国へ渡った蔵書のルートが示される。代表的なのは占領期に接収されたプランゲ・コレクションで、そこにある政治的、社会的な意図をくむことが必須である。

また国内では資料劣化を防ぐことが主眼だった「明治期刊行図書マイクロ版集成」が、米国の学術図書館にとってオリジナルよりも優れた「商品」になったなど、資料の変容は興味深い。

著者の目は、実際にフィルムを作成した末端の人々や過程までを緻密に追う。さらに著作を記した人ではなく、読書の場を与えた人々への言及がある。

図書館員の仕事は黒子的な役割だが、「彼／彼女たちは、書物を書き、読むという日々の私たちの行為そのものの一部として永遠に息づいている」という文は、元図書館員として感慨深い。一般的には見落とされる事象や人々への正確な目配りは、この書に通底する。

そして今や避けて通れないデジタルライブラリーの問題。著者は優れた可能性を見いだすと同時に、特定企業の占有に警鐘を鳴らす。

ここでも問われるのは、データベースのあり方などへの批判的な目を養成すること、つまりデジタル情報のリテラシーである。

「この本が、世界に存在することに」(角田光代著)のタイトルを借りよう。なぜこの書がここにあるのか、もう一度われわれが立つ「知の基盤」を見直す、リテラシー史という新分野の端緒となる書である。(大島真理・エッセイスト)

(新曜社・4515円)＝2011年10月6日②配信

暗闇の先の足元を照らす
「悲しみにある者」(ジョーン・ディディオン著、池田年穂訳)

若い頃は自分の死が怖かった。しかし年とともに自分の身近な人、愛する人の死を恐れるようになった。取り残されてしまう恐怖は耐え難い。本書は全米図書賞を受賞した大ベストセラーのノンフィクションである。

結婚したばかりの最愛の娘が集中治療室(ICU)で生死の境をさまよっていたある晩、作家である著者の目の前で長年連れ添った夫、ジョン・ダンが突然死んだ。心筋梗塞が原因であると後に知るが、混乱しながらも冷静であろうとする私をもうひとりの私が見つめている。

救急隊を呼んで部屋に入れ、病院に持っていかなければならないものを頭の中で整理し、救急車に乗って病院に行き男性のソーシャルワーカーと面談する。病院の受付に並び、これから後のことを考えているところへ夫の死が告げられる。「冷静な方」であると決め付けられ、物言わぬ夫と対面する。死んでしまったことは理解できた。しかし私はこのことを当の夫と議論しなくてはならない、と考えていた。

この衝撃的な出来事は2003年12月30日の晩に起こった。もともと心臓に問題があった夫の突然死。そのあとに起こったすべての出来事と家族の思い出、仕事や友人のことなど記憶のコマをすべて同時に示し自由に読者に読んでもらいたいと書き始めたのは、その日から9カ月と5日たってからだった。

その後、一気呵成(かせい)に書き上げた本書は、一人の女性が悲嘆にくれていることだけが書かれているのではない。あるときは冷静に科学書を引き、あるときは詩の一編に涙する。過去の出来事に夫の死の兆候を見つけ、入院する娘を元気付ける。時に思考は時空を飛び越える。心に伝わってくるのは果てしない喪失感だ。

今年は本当に多くの人が天変地異で突然に亡くなった。国や制度が違っても喪失感は変わらない。本書は暗闇の中でぼうぜんとしている人々の、少し先の足元を照らしてくれるだろう。(東えりか・書評家)

(慶応義塾大学出版会・1890円)＝2011年10月6日③配信

緻密取材で歴史ドラマ描く

「流転の子」（本岡典子著）

清朝最後の皇帝・宣統帝溥儀（ふぎ）の弟である愛新覚羅溥傑（あいしんかくら・ふけつ）と、公家の名門である嵯峨侯爵家の令嬢・浩（ひろ）が結婚したのは、1937年のことである。日本が傀儡（かいらい）国家である満州国の支配を強固にするための政略結婚だったが、二人は深く愛し合い、慧生（えいせい）と嫮生（こせい）という二人の女児を授かる。本書は次女嫮生へのインタビューを基に、日中のはざまで波瀾（はらん）の運命をたどった一家の軌跡を綿密な取材で描き出す。

満州国の瓦解（がかい）によって浩と嫮生は動乱の大陸で筆舌に尽くしがたい辛苦をなめ、ようやく帰国する。しかし中国で戦犯として収監された溥傑とは16年間会うことができなかった。

5歳の嫮生が引き揚げの途上で見たすさまじい歴史のドラマ。溥儀やその皇后、関東軍の将校などの姿が活写されるが、著者はひとつひとつのエピソードを、資料と証言によって裏付けを取りながら物語を紡いでいく。その誠実な姿勢と、それでいて物語を停滞させない筆力が素晴らしい。

溥傑と浩にはそれぞれ著書があり、映画「ラストエンペラー」にも登場する。また長女の慧生は学習院大在学中の57年、同級生とピストル心中を遂げ、「天城山心中」として有名になった。一家のドラマはすでに書き尽くされているかに思えたが、著者は単に悲劇の家族として彼らを描くのではなく、膨大な資料と日中両国で探し出した新たな証言者によって、現代史の中に跡付けていく。

何度も目を開かされる思いがしたが、中でも46年、中国と朝鮮との国境近くの通化で起きた日本人虐殺事件（通化事件）の悲劇と、「日中相闘うべからず」の信念を持ち、敗戦後も大陸にとどまって日本人送還の交渉役を務めた田中徹雄（たなか・てつお）元大尉の姿が忘れがたい印象を残す。溥傑一家を軸に、動乱の大陸に生きて死んだ数多くの人々の人生をよみがえらせ、その声を現代に響かせることに成功した良書である。（梯久美子・ノンフィクション作家）

（中央公論新社・2310円）＝2011年10月6日④配信

自然法則を手繰る楽しみ

「かたち」（フィリップ・ボール著、林大訳）

六角形が隙間なく並ぶ面に、五角形を12個だけ加えてやると、全体が湾曲するのだという。反射的に軒下のハチの巣が脳裏に浮かび、明日の朝が待ち遠しくなる。

雨上がりのガードレールにカタツムリを見ると、あの殻の渦巻きはどうやって作られるのだろうといつも思うが、素朴な疑問は歩き出すと同時に薄れてゆく。考え始めたら深みにはまってしまいそうな、ちょっと危うい予感とともに。この本には、そうした心理のツボを突かれてしまった。

ひところ注目された炭素原子60個でできた球状の分子フラーレンは、サッカーボールと同様に12個の五角形がある…。そう続けられると、いてもたってもいられない。たしか倉庫に、長男の古いサッカーボールがあったはずだ、と心がせく。

当然ながら話題は生物そのものに向かい、植物の葉や花の並びから「らせん」に及ぶ。らせんが、実は黄金比と関連しているのだという話に至ると、読者をそこまで引きずり込んだ著者の意図が明確に見えてくる。指紋へと話が展開し、やがては受精から胎児の成長へとつながってゆく。

六角形だけから成る面に12個の五角形を加えると「多面体が閉じる」のはオイラーの公式に、花びらの数や、らせん状の葉の付き方はフィボナッチ数にそれぞれ関連するなど専門的な説明もあるものの、たくさんの写真と図解に紛れ込むので、面倒くささも嫌みもない。そういう法則性があったのかと素直に納得して楽しめる。著者自身も、自然の法則を手繰りながら、楽しんで書いたように感じられるのだ。

本書は、一度は絶版になったものの評価が高かったため3部作に再構成して再版された。その第1部の初邦訳だ。おかげで私も楽しませていただいた。ところで、ページをめくりながら、こういう本をどこかで読んだというデジャビュ（既視感）がずっとあった。寺田寅彦の随筆「自然界の縞模様」である。面白いはずだ。（中野不二男・ノンフィクション作家）

（早川書房・2625円）＝2011年10月6日⑤配信

命懸けの探検を行う意味

「雪男は向こうからやって来た」（角幡唯介著）

著者は探検家である。ご自身のブログでそう宣言しているのだから疑う余地はない。実際、第8回開高健ノンフィクション賞などを受賞した著者の前作「空白の五マイル」では、チベットの奥地にあるツアンポー峡谷を命からがら探検している。峡谷とはいえ全長500キロ、最大深度が6千メートルもある巨大峡谷だ。

今回の探検はそのような人類未踏の地ではなくヒマラヤに雪男を探しにいく旅だ。ネパールの奥地、ダウラギリという高峰の裾野4、5千メートルの高地に赴いた。

もちろん、雪男の存在は著者一人の妄想ではない。女性として世界で初めてエベレスト登頂に成功した田部井淳子や、ヒマラヤの8千メートル峰6座に世界で初めて無酸素登頂した小西浩文も目撃したことがあるというのだ。

ヒマラヤに二足歩行の未確認動物がいるという報告は20世紀初頭から続いていた。32歳で新聞社を退職した著者はその存在を証明しようと山男たち6人と多数のシェルパやポーターたちと挑んだのである。

著者は、あるインタビューで探検の意味を聞かれて「みんなが避けたいものを、あえて避けないでやるという行為は、生きることを含めた象徴的な行為のような気がしているんですね」と答えている。探検が文字通り命懸けということを別にすれば、困難な状況に直面している日本の立て直しや、若者がベンチャー企業を起こすことに似ているかもしれない。社会や個人が困難なこと、新しいことに立ち向かう勇気を与えるために、探検家は身をもってその先頭を走っているともいえるのだ。

著者は、ある雪男探索の先人についても取材している。ルバング島で旧日本兵の小野田寛郎を発見したことで知られる探検家、鈴木紀夫が人知れず6回も挑戦していたのだ。鈴木は1986年の雪男探検中、雪崩に遭遇して死亡したが、このもう一人雪男に魅せられた男の物語を綾糸（あやいと）として密度高く織られた作品に仕上がっている。（成毛真・早稲田大客員教授）

（集英社・1680円）＝2011年10月6日⑥配信

恐怖描いた貴重な内部報告

「原発放浪記」（川上武志著）

原発で働く労働者、といっても、実際に危険な場所で働くのは、五次、六次下請けの日雇い労働者だが、その実態は知られていない。本書は約30年前に堀江邦夫の「原発ジプシー」が出版されて以来の、貴重な内部からの報告である。

原発は危険で、閉じ込めたはずの放射性物質が大量に環境に飛び出す。今回の福島の事故でようやく知れわたった恐怖だが、事故がなくても、働いているひとたちが日常的に被ばくしている事実は、もっと知られていい。

著者は一日数時間働くだけで、高い賃金をもらえる原発の仕事に魅力を感じていた。ヤクザ上がりだが人情味のある親方やその家族、そして気のいい仲間たち。気楽な楽しい社会だった。原発の定期検査があるたびに、あっちこっち移動して歩くのも、放浪好きな性格にぴったり。それで通算12年も原発で働いて、ガンの宣告を受けた。

「低レベル放射線は決して害ではなく、むしろ健康のためによいと言われている」。これが「管理区域」（放射線エリア）に入る、全国から来た日雇い労働者たちに対する安全教育だった。同じせりふをテレビで学者が言ったりするから、原発社会は大ざっぱだ。

新たに原発で働いたり辞めたりするときには、「ホールボディカウンター」の測定を受けなければならないのだが、途中で逃走する労働者がでるので、そのたびに身代わりが検査を受けて、書類をつくる。

福島でも問題になったが、被ばくしているはずなのに、消息不明になってしまったり、アラームメーター（線量計）を外して仕事をさせられたりして、本人でも被ばく量が分からない。原発労働者は日雇い派遣の中でも極端な使い捨てである。

著者は放射能地獄、焦熱地獄と書いているが、高放射線エリアに入った途端、頭が激しく締めつけられ、耳鳴りが激しくなった、という。被ばく者を大量に発生させて、平然としている原発への批判はまだ少なすぎる。（鎌田慧・ルポライター）

（宝島社・1365円）＝2011年10月13日①配信

いまを照らす作品の存在

「昭和の読書」(荒川洋治著)

いま「中高年」などと呼ばれる世代は覚えている。わが家の本棚に「日本文学全集」「現代文学大系」「昭和文学全集」などの何冊かが混じっていた。

戦後の貧しい時代にひと区切りがついて、暮らしに少し余裕ができたころ、大手の出版社から、全集物、その別巻の名作集が相次いで出た。それらが「昭和の本」「名作集の往還」「詞華集の風景」のタイトルで、この本の各章に、核のようにして入っている。

中高生のころ、なにやら急にオトナになった気持ちで、ぎっしり活字の詰まったのを開いた記憶があるだろう。荒川洋治はあらためてそれを取り上げた。「いま読まれないもののなかに、実はいまという時代を照らしだすものがある」からだ。

ひところの文学的大スターで、全集シリーズに欠かせなかった丹羽文雄。「名作集」にだけ名をとどめて、もはやほとんど読む手だてのない短編作家たち。「一九六八年に大学に入ったぼくは、『名作集』の最盛期に読書をはじめたことになり、『名作集』に接して過ごしていたことになる」

そこだけのその一つという奇妙な読み方だが、それだけなおのこと「集中度が高い」のだ。収録作の中から選び取ることで自分の何かを確かめていた。そしてより抜きの一つは、特有の文学の力を持っていた。

昭和が終わったあたりから、読書の風景が大きく変わった。情報が氾濫し、話題作は一定のイメージからだけ宣伝され、それもひたすら小説に片寄っている。言葉のはたらきや美しさは一切問われない。「昭和の読書」を通して「平成の読書」があぶり出される。

だが荒川洋治はしたり顔の批判だけにとどめない。ここには昭和に寄りそって、きちんと荒川版「平成の読書」が収めてある。明治の風俗小説が洗いたてのハンカチのように新しいし、19世紀末の異国の作品を今すぐにでも読みたくなる。本と読書をめぐる一冊だが、これはひとり荒川洋治にしか書けない本なのだ。(池内紀・ドイツ文学者、エッセイスト)

(幻戯書房・2520円)=2011年10月13日②配信

究極の悲観と楽観の対決

「ようこそ、自殺用品専門店へ」(ジャン・トゥーレ著、浜辺貴絵訳)

年間自殺者が3万人を超える事態が日常化している日本にかぎらず、「もう死んだほうがまし」というせりふを口にしたことのある人はさぞ多いことだろう。だが、その場で「では自殺しますか? さあこちらへ…」と声を掛けてくる店があったとしたら? 「ようこそ、自殺用品専門店へ」は、そうした発想から生まれた小説である。

近未来のフランス。毎日訪れる自殺希望者のために、あらゆる自殺グッズを取りそろえた専門店を経営するテュヴァッシュ一家の姿が描かれていく。当然ながら、一家はその生業にふさわしいペシミズムの権化であり、全員が著名な自殺者にちなんで名付けられているという徹底ぶりである。そのような一家に誕生した末息子のアランが、実は底抜けに明るい性格だったものだから、さあ大変。家族のそれぞれに降り掛かる、究極の悲観と楽観の対決の行方はどうなるのか…。黒い笑いとドタバタ劇を行き来しながら、物語はこうして小気味よく進んでいく。

小説の冒頭から感心させられるのは、死に至る手段の多彩さである。毒薬一つを取ってみても、世界には致死性の毒薬がかくも豊富にあることに目を見張る(中でも白眉は「砂漠の突風」というネーミングだろう)。さらに、未来の地球環境の悪化ぶりが少しずつ明かされることもあり、この世界で人が生きていること自体が不思議に思えてくる。

その絶望的な設定は逆に、それでもなお生きているだけでなく、恋や食といった喜びまで見いだしてしまう人間のしぶとさを際立たせる。そう、人は「もう死んだほうがまし」とつぶやいても、その数分後には腹を抱えて笑うこともできる。世界には死ぬ方法が無数にあるが、笑いの種もまた無数にある。アランがテュヴァッシュ一家に巻き起こす騒動は、そのささやかで平凡な事実の効用を教えてくれる…と思いきや、最後の最後でどんでん返しが待っているのだから油断できない。この小説、毒薬並みに取扱注意である。(藤井光・同志社大助教)

(武田ランダムハウスジャパン・1785円)=2011年10月13日③配信

批評交え通史たどる労作
「韓国近代美術の百年」(金英那著、神林恒道監訳)

ともすれば分断されがちな美術史の方法と美術批評の方法を総合しうる視野を有した研究者ならではの、韓国近代美術の通史である。ポップ・カルチャーに偏った韓国文化への理解を深める上でも啓発的な論考だが、日本の読者にとってとりわけ大きな意味をもつのは、本書の視点が不可避的にわが国における近代の問題を照射し、再考察を迫らずにはおかないからである。

前半のI部では、日本の植民地支配とのあつれきの中で、伝統と近代の問題が新たな位相を帯びて浮かび上がってくる。朝鮮総督府が1922年に創設した朝鮮美術展覧会においては民族衣装や農村風景を描く「郷土色」が奨励されたが、韓国の画家たちにとってそれは抵抗としての文化民族主義であると同時に、統治者の側から見た文化帝国主義的な韓国のイメージに迎合するものでもあった。郷土色とは「自己を他者化する」という、植民地主義と民族主義のはざまの不明瞭な領域を意味していたのである。

植民地からの解放後を展望する後半のII部においても、民族的アイデンティティーの問題は二重の様相を帯びたものとして捉えられている。70年代における支配的な動向であった朴栖甫(パク・ソボ)らのモノクローム・アートでは、米国のミニマル・アートのモノクロームとは異なった自然との一体化ともいうべき精神性が主張され、日本でも李朝の白磁の禁欲的な美を称揚した柳宗悦の言説の延長上にある“白派”として高く評価された。著者はそのような伝統に依拠したアイデンティティーの正当化も、西洋近代から自らを差別化するための文化戦略に他ならなかったと冷静に指摘してみせるのだ。

その他にも、ミレーの受容をめぐる日韓の対比、大正期のモボ、モガを思わせる1910年代の“新しい女”の出現についての考察など、比較文化論的にも注目すべき成果に満ちた労作というべきであろう。(建畠晢・京都市立芸術大学長)

(三元社・4200円)＝2011年10月13日④配信

敗戦直後の浅草の芸人社会
「笑い三年、泣き三月。」(木内昇著)

「笑い三年、泣き三月」というのは、芝居でも芸能でも、観客の「泣き」を取るのは三月ほどの修業でできるが、「笑い」は、三年かかってもまだ難しいということだ。

田舎まわりの万歳(まんざい)(漫才ではない!)芸人が、花の東京のエンコ(「公園」を逆さ読みした、浅草の隠語)を舞台に日本一のお笑い芸人になろうとする。

敗戦から5年、岡部善造は、緩く、ぬるいその芸風で、エノケンやロッパや渥美清やビートたけし(後の2人は、もちろん作中には出てこない)を輩出した浅草で、お笑い芸人として天下取りをできるだろうか。

脇を固めるのは戦災孤児の武雄、カツドウ屋(映画業界人)崩れでポナペからの復員兵の光秀、自称財閥の箱入り娘だったダンサーのふう子など、浅草の芸人社会の下層住民だ。

古さと新しさが混じり、華やかさがよみがえるなか、貧しさが残ったままの昭和20年代前半。高度経済成長の入り口で、門付(かどづけ)万歳、博多ニワカ、アホダラ経の芸が通じるはずもなく、額縁ショー、ストリップ・ショーが、やがて消えてしまうのも無理はないのである。

しかし、この作品世界がノスタルジックなトーンに包まれていないのは、こうした過渡期的な混沌(こんとん)、混乱、ハチャメチャさが、バブル崩壊以降(あるいは9・11、3・11以降)の日本社会の世相と奇妙にマッチしているからかもしれない。

2010年3月号〜11年5月号の「別冊文芸春秋」に連載されたこの作品が、3・11の大震災を予測できたはずがない。だが、単行本の出た9月までの数カ月が「泣き」の時代であり、それが「笑い」に転じるまでは、少なくとも「3年」以上はかかりそうだという予見を、この小説ははらんでいるように思われる。

「もっと笑いを!」。一見、不謹慎と思われるかもしれないこんなメッセージを現代の日本社会に送っていると、私には思われてならないのである。(川村湊・文芸評論家)

(文芸春秋・1680円)＝2011年10月14日①配信

知的山脈見渡すガイダンス

「梅棹忠夫」(藍野裕之著)

昨年7月に90歳で他界した梅棹忠夫に関する、初めての本格的な評伝が登場した。

筆者は雑誌の企画で梅棹と知遇を得て以来、フリーで梅棹の訪問を続けていたという。聞き取り内容は、「山と探検」に始まり、京都大人文科学研究所での共同研究や、国立民族学博物館の創設にまで広がっており、500ページにわたる大著に仕上がっている。

梅棹が20世紀に開拓した知的領域は、家庭から産業社会まで、日本から世界まで広大であり、その著作物は7千点に及ぶ。それらがいかに読みやすいとはいえ、容易には登攀(とうはん)しがたい知的山脈が横たわっている。頂上にたどりつき、全容を見渡すのはかなり難しい。とりあえず、ガイダンスが必要であろう。

そこで著者は、梅棹から直接話を聞いてガイダンスにしているのである。もはや本人と話すことのできない現在、きわめて貴重な書であることはまちがいない。

ただし、著者の関心がもともと「山と探検」に発していたことを反映して、もっぱら「行為」に焦点があてられている。

もちろん、行為は思想を反映し、行為を読み解くことは思想を読み解くことにほかならない。しかし、行為から切り離して思想は鍛えられていくものである。

本書では、未刊の著に終わった「人類の未来」に言及されることはなく、未来学、比較文明学、比較宗教学、情報産業論など多様な姿をみせつつ展開された梅棹の「思想」の解読は、未踏峰として残された。

山が一つでも無数の探検が可能で、多様な探検記がありうるように、今後も次々と異なる観点から新たな評伝が生まれていくことを祈念したい。

12月下旬から、東京・日本科学未来館で「ウメサオタダオ展―未来を探検する知の道具―」が開催される。評伝を読む楽しみとともに、残された資料に直接、触れることによってインスパイアされる妙味も、ぜひ多くの人にお楽しみいただきたい。(国立民族学博物館教授・小長谷有紀)

(山と渓谷社・3360円)=2011年10月14日②配信

異能による異能の文学

「塔の中の女」(間宮緑著)

異能は異能を知る。

たった一人の選考委員で決まる早稲田文学新人賞を、中原昌也によって授与された間宮緑の「塔の中の女」を読んで、そう思い知る。独特の言語感覚と思考で「物語」を破壊し、文学の廃虚を顕現させかけるも、断筆を宣言した中原。彼が選んだ間宮は、独特の言語感覚と思考によって「物語」の規則を無視し、読者ではなく自分の審美眼に堪える文学を作り上げようとしている。

物語の舞台は、全身がガラクタでできている貪婪(どんらん)な公爵が治める領地。主人公は、幼い頃の記憶を持たず、友人ピュラデスの家に居候している「僕」ことオレステス。自信家のピュラデスは少年たちのリーダーを気取っていて、そんな彼に嫌気がさした「僕」は家を出て、墓守のもとで仕事を手伝うようになる。

やがて墓守が死ぬと、読む本を求めて荒れ地の図書館に入った主人公は、司書のエレクトラと出会い、「あなたはわたしの弟よ」と宣言されることに。そればかりか「生き別れた弟がわたしのもとに帰ってきて、わたしをここに閉じこめた《城》に復讐してくれること」という望みをかなえるため、城の内部に入るべく、優秀な姉から官吏試験に合格するための英才教育を施されるのだが―。

登場人物名からギリシャ神話やアイスキュロスの戯曲を思い起こすかもしれないが、作者は先行作品の枠組みをそのまま使うことはしていない。だから、大胆かつ巧妙に、古典という物語の類型から逸脱していく悪戯(いたずら)を愉(たの)しみながらも、作者が作り出した独自の世界観と比喩に彩られた個性的な文章こそを堪能したい。

詩人の言葉を略奪するガラクタ公爵をはじめ、奇妙なキャラクターがうごめく、わたしたちの「今・此処(ここ)」とは異なるヘンテコだけど美しい世界。それを現前させるテクニカルな言葉さばき。異能がこの世に送り出した異能は、日本文学の水脈とは別ルートで現れた新しい湧き水というべきである。(豊崎由美・ライター)

(講談社・1785円)=2011年10月20日①配信

60年代の詩の熱気　「『現代詩手帖』編集長日録1965―1969」(八木忠栄著)

「現代詩手帖」とは創刊50年を超えていまも毎月刊行されている詩の雑誌だ。本書は、1965年から69年にかけて、20代半ばから後半という年齢で編集長をつとめた八木忠栄による、当時の日録だ。

あとがきに、本書を刊行することに「クリエイティブな意義があるのか、と問われれば返す言葉もない」とあるけれど、そんな懸念はまったく無用の面白さ。出版の現場の空気、意気込み、ものを作ろうとする熱気が、一行ごとによみがえる。

強く印象づけられることは、人と人がよく会っていたということだ。いまは顔を合わせずにメールでぽんと原稿を送るのが一般的な時代。編集者に直接渡す機会はない。「〜に会って〜をもらう」という記述がたびたび登場するが、それだけでも大事な記録なのだ。

「午後、渋谷東急ビルのフランセで寺山修司と会って、長編詩をようやくもらう」。「富岡多恵子宅へ直行して原稿をもらう」。「新宿のしみずで吉増剛造と会って、新人作品選評をもらう」など。もらいに行って手ぶらで戻ることもある。繰り返される手渡しの光景が対面の熱をいまに伝える。

鮎川信夫、田村隆一、北村太郎、吉岡実。生きている。谷川俊太郎、大岡信、白石かずこ、長谷川龍生。若い。池田満寿夫、武満徹、土方巽などさまざまなジャンルの人が出てくる。詩の世界は盛り上がっていた。

たとえば68年4月25日の記述。詩の朗読・講演討論会の会場に長蛇の列ができ、開場時間を繰り上げたとある。「入場希望者多数で入口は大混乱。消防法との闘い」と。大学紛争の時代。人が集まり、討論する。こんな時代があったのだなと驚き、とまどう。

60年代後半「詩のブーム」当時の貴重な記録。回顧でも回想でもない。なまの記録であるだけに、瞬間凍結したような鮮度が目の前で弾けて、どきどきする。ここにあるどんな日も新鮮なのだ。(蜂飼耳・詩人)

(思潮社・2940円)＝2011年10月20日②配信

強者支配の社会の闇を暴く「ショック・ドクトリン(上・下)」(ナオミ・クライン著、幾島幸子・村上由見子訳)

本書は、カナダのジャーナリストであるナオミ・クラインが著したベストセラーの邦訳である。副題に「惨事便乗型資本主義」とあるが、東日本大震災という惨事を被った日本にとって必読の書である。分厚い2巻本だが、非常に読みやすい。

新自由主義(市場原理主義)にのっとった政策―小さな政府、民営化、規制緩和、貿易自由化、緊縮財政など―に、戦争、経済危機、恐怖政治、そして自然災害といったショックが利用されるということが暴露される。「ショック・ドクトリン」とは、新自由主義のことなのである。

著者は、南米、アジア、ロシア、そして米国など豊富な事例と綿密な資料によって、惨事便乗型資本主義を明らかにする。それは一部の巨大企業や投資家に莫大(ばくだい)な利益をもたらす一方、格差を拡大し、多くの国民を悲惨な境遇に陥れるものだ。

わが国にも、このショック・ドクトリンが既に忍び寄っているのではないか。例えば、大震災からの復興が進んでいないにもかかわらず、環太平洋連携協定(TPP)への参加が進められようとしている。TPPは、関税の即時完全撤廃など、急進的な貿易自由化を目指すだけでなく、金融・投資、労働、衛生、政府調達など幅広い分野において規制や慣行の改変や撤廃を求める、典型的な新自由主義の理念に基づく協定だからだ。

TPP参加問題は、昨年10月に突如浮上したが、その前後には、やはり尖閣問題や北方領土問題のようなショックがあった。TPPもショック・ドクトリンなのだ。TPP推進論者は、ほぼ全員、新自由主義者である。

著者がジャーナリストで、かつ、この手の刺激的な内容だと、俗流陰謀論の本にすぎない場合が多いが、この本はまったく違う。綿密な調査に加え、数多くの学術的な議論も踏まえている。強者が支配する社会の闇を暴き、新自由主義を厳しく批判する第一級の思想書であり、社会参加の書でもある。(中野剛志・京都大准教授)

(岩波書店・上下各2625円)＝2011年10月20日③配信

心温まる多文化共生の精神

「海にはワニがいる」(ファビオ・ジェーダ著、飯田亮介訳)

スイスの映画で「ジャーニー・オブ・ホープ」という作品がある。トルコのクルド人家族が出稼ぎのため非合法にスイスを目指し、イタリアからアルプスを越える苛酷な旅をする物語である。トルコ国内で社会的経済的に長年劣位に置かれてきたクルド人の主人公は、トルコでは将来に希望が持てないと考えたからだ。

主人公は旅の途中、何度も間違った情報、周囲のいいかげんな対応に振り回されて、山越えで子供を失うことになる。映画は全編に悲愴(ひそう)感があふれ、1991年に米アカデミー賞外国語映画賞を受賞した。

本書「海にはワニがいる」も、同様のテーマを扱う。アフガニスタンで少数民族として差別されてきたハザラ人(他のアフガニスタンの諸民族と異なりシーア派)が、タリバン政権下の迫害を逃れて、まずは母子でパキスタンに逃れ、その後わずか10歳の子供がひとり置き去りにされる。

その後、5年間にわたる少年のイタリアまでの放浪の旅を、イタリア人作家が聞き書きの形でまとめたのが本書だ。

だがその印象は、映画とは全く違う。密入国の危険、不法労働者の苛酷な環境など、彼を取り巻く苦難は同じだが、周囲が温かい。国の制度が冷たくとも、誰かが必ず温かく迎えてくれる。

だが、決して「かわいそうな子供が周りの厚意でハッピーエンドに終わる」話ではない(イタリアでの美談は少しその傾向があるが)。むしろ主人公の、苛酷な運命をひょうひょうと乗り越えて前向きに生きていく姿が強調される。それが、本書をただの難民への同情物語以上の作品にしている。

とはいえ、現実の難民、不法滞在者は、この小説よりも冒頭の映画のような運命をたどることが多い。特に最近の西欧では、7月のノルウェーでの乱射事件に見られるように、イスラム系移民への反発が強まっている。

だからこそ、心温まる多文化共生の精神を、あらためて著者は伝えたかったのではないか。(酒井啓子・東京外国語大教授)

(早川書房・1470円)=2011年10月20日④配信

ブランド力の秘密を探る

「天皇はなぜ滅びないのか」(長山靖生著)

なぜ、天皇制は現在まで続いているのか。この問いに対しては、これまでさまざまな角度からアプローチがなされているが、天皇のブランド力に注目したのが本書である。武力や法的権限などの実力を持たず、信じる対象でもなく、ただ憧れをかき立てる存在だったからこそ、天皇制は存続したのではないかというのだ。

本書の冒頭で、敗戦後に皇太后が皇族の扱いについて昭和天皇に語ったとされる言葉が紹介されている。「維新の前に戻るだけのことでしょう」。天皇も同感だったというが、著者は現代の天皇制を考える上で最も参考になる言葉であるとする。

以下、主に江戸時代の天皇の在り方に焦点を当てることで、日本人が天皇に憧れる理由、いかにして天皇のブランド力が維持・発揮されたかが明らかにされる。

江戸時代には、武家・庶民問わず天皇をありがたがり敬う気持ちを共有していたが、皇祖神の天照大神を祭る伊勢神宮への参詣が与えたインパクトが指摘される。お伊勢参りは、生涯一度は誰もが参るべき行事にまで高められたが、天皇の存在を認識し敬う対象として感じさせる要素になっていたというのである。

開幕期や幕末期、幕府は天皇との政治的関係に苦しめられる。その点は本書でも詳細に論じられるが、天皇のブランド力が維持・発揮された秘密を知るには、第五章「家元都市・京都の魅力」のような切り口が大きな意味を持つのではないか。

江戸前期から中期にかけて、朝廷は文化面での覇権の確立をはかった。天皇のするべき職務は芸能・学問と幕府から規定されたことを逆手に取り、京都の公家は、今も伝わる日本の芸能文化の各家元となった。その頂点には天皇が位置していた。文化への憧れが天皇への憧れにつながる構造だ。目には見えないが確かに存在する天皇のブランド力を解明する上で、文化が果たす役割はもっと注目されてよいのではないだろうか。(安藤優一郎・歴史家)

(新潮選書・1260円)=2011年10月20日⑤配信

胸を打つ著者の達観

「流される」(小林信彦著)

「東京少年」「日本橋バビロン」と、著者が書き継いできた〈自伝的長編〉の締めくくりが本書である。

時期的には昭和10年代から昭和29年ごろまで。著者の小学生時代から大学を終えて社会に出ようとするところで終わる。母方の祖父の死の年と重なる。

本書の柱のひとつは、この母方の祖父との交流記である。祖父・高宮信三は、沖電気の創業者のひとりで技術者だった。

著者が記憶している信三は既に退職して隠居の身であり、東京は山の手の青山に住んでいた。著者は信三やその一族の動静を細かく描写していく。

例えば中学生の時、祖父に横浜へ同行したくだりは何の変哲もない食堂での様子を十数ページにわたって書いているが、とても全て記憶していたとは思えない。そのころから著者は記録魔だったことをうかがわせる。高校生のときには、将来、作家になるとひそかに心に決めていた。人間観察とその記録は、作家になるための修行だったのだろう。

大学時代、プルーストを読んだときの著者の感想はこんな風だ。「プルーストには(中略)人間観察の意地悪さがあり、その毒が私を刺戟(しげき)した」

こうした人間観察の一方で、少年・青年信彦は、己の好き嫌いの感性を磨いていく。

軍歌の裏返しのような「リンゴの唄」は嫌いだがアメリカン・ポップスは好き。埃(ほこり)っぽい下町(著者の生まれ育った所)は嫌いで山の手の青山や麻布には住みたい—。

昭和29年、小林家にまつわる膨大な日録をのこして祖父・信三は死ぬ。全てを見抜いて、他人とは合わなかった祖父は、無類の記録魔だったのだ。青年・信彦と祖父・信三はそのとき重なり合う。

その年、著者は就職活動に入る。

「その後の私の人生については、語るほどのことはない」と著者は書く。まもなく80歳を迎える著者の、達観というか、諦念(ていねん)というか、その衒(てら)いのない心境に、胸を打たれる。(今野勉・演出家)

(文芸春秋・1550円)＝2011年10月20日⑥配信

観客自体の不在を憂える

「ミニシアター巡礼」(代島治彦著)

1970年代後半、ユーロスペースの前身、欧日協会の「ドイツ映画祭」から80年代のミニシアター興隆期に熱い観客として青春を過ごした者としては、あの自分を次々に鼓舞してくれた作品の数々が、「見せる側」のかくも壮絶な決意と努力によってスクリーンに映し出されていたのかと思うと言葉を失うほかない。

私も映画評論だけに飽き足らず、ここ数年はある都心の名画座に請われて番組を作り、観客を呼び、見せることに足を突っ込んでみたのだが、そこで体感できたことは、多くの一般客が当たり前と思っている「映画館が観客の見たい映画をそろえ、見せ続ける」ことが実は至難の営みであるということだ。東京のど真ん中ですらそうなのだから、地方ともなればとんでもない事態である。

著名なミニシアターの経営者であった著者が、全国の同志や先輩を訪ね歩き、かゆいところに手の届く筆致でそんな「見せる側」の危機を明らかにしてゆく。明日は考えないで、とにかく今日の灯を絶やさないようにするのだ、という経営者の言葉が異口同音に漏れてくるのが印象的だが、それを支えるのは映画と劇場への無垢(むく)で深甚な愛情のみ。そしてその声をせめて本書に残そうと意欲をたぎらす著者とて、取材費ゼロの持ち出しの旅。全ては思いと忍従によってつなぎとめられているが、避けられない明日の問題として観客自体の不在が浮き彫りにされる。

自分も学生時分は西武リブロの「今泉棚」(書店員のお薦め)に触発されてはミニシアターで難解な作品に挑戦していたし、後には本書に登場する雪国の劇場に評論家として招かれてベンダースの旧作を見せ、満員の熱気の中で語ったこともあった。だが、そういう映画を文化として追いかけようという観客がもはや存在しない。本書がミニシアターの窮状の向こうに憂えるのは、ものを考え、自分を豊かに高めようと思う(特にこれからの世代の)知的ハングリーさの驚嘆すべき絶滅ぶりである。(樋口尚文・映画批評家)

(大月書店・2625円)＝2011年10月27日①配信

軽演劇場の全貌明らかに

「ムーラン・ルージュ新宿座」（中野正昭著）

この国の演劇史にあって、ムーラン・ルージュ新宿座は、軽演劇などと呼ばれた大衆演劇の大方がそうであるように、正当な扱いを受けたことがなかった。

私が中学から高校にかけて、放課後の制服姿のまま、「チャタレイ裁判」だの「不自由学校」だのという演目に引かれてのぞいたムーラン・ルージュには、なんとなく悪場所めいた風情があって、木戸の出入りがうしろめたかった。

マッカーサー解任にあわせて、「ムーランは死なず、ただ消え去るのみ！」と、看板俳優だった沢村い紀雄があいさつした解散公演の記憶とあわせて、この芝居小屋への思いは強い。

本書によって、そんなムーランの全貌がやっと姿を現した。ムーランに関する、これだけ精緻をきわめた調査と考察がなされたことはこれまでなかったし、今後これにつけ加えるものも、ほとんどないと思われる。

1971年という、ムーランが姿を消して20年後に生まれた著者をして、こうした大仕事にいどませたのは、ムーラン・ルージュ新宿座という小世界を成立させた時代に対する強い関心で、「軽演劇の昭和小史」という副題が、その意図を明色にしめしている。

文献資料と関係者からの取材によって、再構築されたムーラン・ルージュ新宿座とあらためてむきあって、携わった人たちのかたむけたメジャー志向と無縁のエネルギーに、圧倒される。

記述の対象が、作者、演出者、役者、スタッフ、製作者によって創造された舞台に限定されがちな、演劇史、劇場史の通弊から脱して、興行の裏面や金銭問題のトラブルなどがからんだ人間模様、さらに加えてそれを生み出した時代の世態、風俗にまで筆が及んでいるのが手柄と言える。

芝居や劇場は、ひとの営みをうつし出す縮図という単純な事実を、思い出させてくれたのだ。（矢野誠一・演劇評論家）

（森話社・3675円）＝2011年10月27日②配信

歴史ある秘伝を公開

「鷹匠の技とこころ」（大塚紀子著）

労作である。

日本の鷹狩（たかがり）の起源については、日本書紀に、355（仁徳43）年に仁徳天皇が行った記録が残っている。それ以来、1650年以上に及ぶ歴史がある。しかし、その歴史や鷹の調教方法、狩場での仕込みなど、全容をまとめた本はなかった。奥義は師匠から弟子へ口伝えされるためだ。本書はその秘伝をあえて公開している。

鷹は本来、人間に迎合する鳥ではないという。本能に忠実で純粋。人間にとって扱いにくい存在だった。その鷹を「人鷹（じんよう）一体」といわれるレベルにまで高めていったのは鷹匠（たかじょう）である。各流派がしのぎを削った鷹狩華やかなりしころ、流派の根幹を成す秘術を公開したら即破門になっただろう。時代は変わったのだ。そうした背景を考えながら本書を読むと、鷹匠文化に興味のある人にはたまらない一冊であろう。

著者は諏訪流で鷹匠の修業をする傍ら、大学院に進んで鷹狩文化を探究し、後世に伝え残すため何ができるか考え続けている。そんな著者が「現代は鷹匠にとって非常に生きづらい時代」と書く。生活のための仕事にはならず、鷹と里山を歩くにも遠出しなければならない。

伝統文化を伝えていくのに、時代の流れとともにより いっそうの努力が求められるようになるのは宿命なのだろうか。

著者はそのような現状を踏まえてなお、本書の最後で「現代の鷹匠たちも、『文化の伝承者』であるという気概をもって生きなくてはならない」とあらためて決意を述べている。数多くの苦難を乗り越えてきた名もなき先人たちの努力に対する敬意が伝わってくる。

本書は、学術論文のように、私的世界を排除して客観に徹している。それだけに、著者の鷹匠への思いも知りたい欲求に駆られる。筆者は、諏訪流第16代鷹師の花見薫氏（故人）の「天皇の鷹匠」を数年前に書評した。再読してみたが、本書と併読すると、鷹匠の世界への理解がより深まるだろう。（軍司貞則・ノンフィクション作家）

（白水社・2310円）＝2011年10月27日③配信

ブランド成功の陰に…「ジミーチュウ　ストーリー」(ローレン・ゴールドスタイン・クロウ、サグラ・マセイラ・デ・ローゼン著、川田志津訳)

エレガントで攻撃性を秘めたジミーチュウは女の勝負靴。本書は、マレーシアから英国にやってきた靴職人ジミー・チュウが小さな工房で手作りしていた靴が、世界30カ国以上で展開するラグジュアリーブランドに発展するまでをつづったストーリーです。

人気が出たのは、故ダイアナ妃御用達ブランドとして取り上げられてから。敏感なファッションピープルが工房に訪れるようになり、美大出身のめいのサンドラが手伝いに来て、本書の主人公タマラがビジネスパートナーとして加わります。カリスマ性とファッションセンスを持った彼女は、"元祖セレブ"のような存在。しかし、仕事に対する情熱は本物でした。タマラはジミーに資金を集めてブランドを立ち上げることを提案。タマラの父も加わって会社組織にし、タマラは代表取締役社長に就任します。

そんな中、タマラは米大手銀行のイケメン御曹司マシューと出会い、結婚。しかし彼は典型的な道楽息子で、度々行方をくらましてドラッグに溺れる日々。仕事運と家庭運は反比例するようです。ジミーチュウの靴は人気ドラマ「セックス・アンド・ザ・シティ」に取り上げられ、セレブたちがレッドカーペットで履くようになり、さらに売り上げアップ。一方で、タマラとジミーの関係は次第に悪化し、ジミーはブランドから離れることに。職人かたぎのジミーは、持ち株とか権利とか資本主義に振り回されるのが煩わしくなったのでしょう。

本の後半はほとんどが買収や契約にまつわる内容で、報告書でも読んでいるようですが、ビジネスマンにとっては興奮できる文面なのかもしれません。セレブが多数登場する前半は女性読者向け、業務拡大について淡々とつづった後半はどちらかというと男性読者向け…と、ちょうどメンズラインもできたジミーチュウなのでユニセックスに楽しめる本です。(辛酸なめ子・コラムニスト)

(マーブルトロン・2415円)＝2011年10月27日④配信

韓国の宮廷ミステリー　「景福宮の秘密コード(上・下)」(イ・ジョンミョン著、裵淵弘訳)

近代以降、ハングルと呼ばれている「訓民正音」が、朝鮮王朝第4代国王の世宗によって公布される15世紀半ばがこの作品の現在だ。当時、漢字は両班階層の子弟が経学を究めるための知的道具であり、天文学、算術などの実学は邪道とみなす風潮が強かった。

実際、学問研究をつかさどる集賢殿で守旧派の領袖(りょうしゅう)崔萬理は、漢字以外を使うのは中華思想をないがしろにすることになり、国の衰亡を招きかねない、という趣旨の上疏文(じょうそぶん)さえ書いている。

世宗は集賢殿の一部の学士にハングル創製の準備を命じていた。この秘密研究班の学士が1人また1人と変死を遂げ、宮殿の下級護衛隊員チェユンが事件の謎解きに挑むというのがプロットだ。

探偵小説の定型を踏まえたミステリーだが、本国である韓国の大手書店教保文庫では歴史小説に分類している。一方で、「『ダ・ヴィンチ・コード』をしのぐ作品」と宣伝するところなどは、いかにも名分を重んじる国柄を表していて面白い。

さて、内容やいかに。ストーリーは随所に見せ場があり、ミステリー愛読者を裏切らない。圧巻は下巻「香遠池」の章。中でも世宗が失語症の宮女に、顔の断面図を示しながら新文字の仕組みを講義する場面には、作者の気迫がこもっており、思わず引き込まれてしまう。訓民正音という表音文字創製の意図は、正音に基づく音韻体系を定めることなのだとあらためて知れる。この場面描写は独立した短編歴史小説としても読め、並々ならぬ作者の力量が窺(うかが)える。

かつて井上靖が自作の「蒼き狼」に触れ、「どの歴史書の説明でも説き得ない成吉思汗という人間の持っているある面を、小説化することに於いて解決したかった」と述べたくだりが、図らずも本書の執筆動機を言い当てているのではないか。

上下巻の長編だが、長さを感じさせない佳品。ただ、作中で数度目にする物の道理を究めるという意味の漢語「格物」は、日本ではなじみが薄いだけに、言い換えてほしかった。(祖田律男・翻訳家)

(河出書房新社・上下各1995円)＝2011年10月27日⑤配信

敗戦の汚点上回る光輝　「木村政彦はなぜ力道山を殺さなかったのか」(増田俊也著)

「木村の前に木村なく、木村の後に木村なし」。小説「姿三四郎」の作者である富田常雄が、柔道家、木村政彦をたたえたとされる言葉だ。大戦の前後を通じ、なんと15年間無敗。奇跡というべき強さだ。しかし木村は、講道館柔道の最高位である十段を与えられていない。これほどの人物が、なぜそうした扱いを受けるのだろうか。

すべての謎を解く鍵は1954年に行われたプロレスの試合にある。この日、木村は、日本一の座を懸けて力道山と闘った。結果、約束事を無視した暴走ともいわれる力道山の攻撃の前に敗北。以降は歴史の表舞台から姿を消してしまう。木村はこのとき37歳。75年の彼の生涯において、後半生は暗黒の時代だったのである。

本書の著者は、わずか1日で失墜せしめられた木村の名誉を回復するためにこの長大なノンフィクションを書いた。前半部、貧しい家庭に生まれ育った少年が柔道と出会って才能を開花させ、栄光の座へと駆け上っていくまでの努力は超人的なものである。そして戦後、家族を養うためにプロ格闘家の道を選んだ木村は南北アメリカ大陸へと遠征し、文字通り世界に名をとどろかせていく。

その強さもさることながら、戦争という混迷の時代を通り抜けてもなお、よどみを知らなかった木村の心の清明さが読者の胸を打つ。彼に挑戦して敗北した柔術家エリオ・グレイシーは、終生、木村をたたえてやむことがなかったという。

力道山戦は木村にとって致命的な恥辱である。柔道界が彼を冷遇したのも、この一戦があったからだ。増田はこの敗戦に対し、木村の全生涯をぶつけてきた。力道山戦という汚点を上回る光輝が彼の人生にあることを、膨大な記録をもって示したのである。いったん心に刻まれれば、木村政彦という男の記憶は永遠のものとなる。そうした形で、増田は木村の名誉回復を果たした。これは日本ノンフィクションの歴史に残る名著である。(杉江松恋・書評家)

(新潮社・2730円)＝2011年10月27日⑥配信

忠実に守り、矛盾を実証　「聖書男」(A・J・ジェイコブズ著、阪田由美子訳)

「混紡の服を着ない」「新月に角笛を吹く」…。聖書に書かれた戒律は十戒だけではない。こんな風に山ほどある。理由のわからない決まりも多いが、それらを1年間守り通した男がいる。現代のマンハッタンで。

著者は「驚異の百科事典男」という本でブリタニカ百科事典を読破して名を売ったライターで、次に挑戦したのは聖書の教えを忠実に守って、1年間暮らすこと。「神がいるかどうかわからない」という立場を取る不可知論者で、聖書を精読したのも初めてだという。

髪とひげをボウボウに伸ばし、古代イスラエルの服を着た著者が角笛を吹いている写真は実にバカバカしい。しかし、こういうことを大真面目にやる聖書原理主義者たちが実は大勢いる。生地に2種類以上の糸が混じっていないか顕微鏡で調べる職業の人までいる。

本書にキリストが登場するのは最後の4分の1だけで、その他はユダヤ教の経典でもある旧約聖書についてである。戒律の多くは旧約に集中している。なぜなら旧約聖書はユダヤの民と神との契約書だからだ。

新約はキリストの死とともに新たに結ばれた契約なので、旧約の戒律を否定する記述も多い。例えば旧約には「目には目を」とあるが、新約には「右の頬を打たれたら左の頬を差し出せ」とある。聖書の中で矛盾があるのだから、聖書どおりに行動することは不可能だ。原理主義を標榜(ひょうぼう)する者も自分の思想に引き寄せ勝手しているのだ。その欺瞞(ぎまん)を実証するのが「聖書男」の1年だった。

聖書の教えで大切なのは「ウソをつかず」「人を恨まず」「隣人を愛し」「富を人々に施す」ことであって、豚肉を食べないことよりもはるかに難しい。全630ページを一気に読んだが、毎日1日分ずつ読むべき本だと思う。1日一つ聖書の教えが勉強できるし、著者の1年間を疑似体験できるから、トイレに置くといい。聖書をそうやって読むのはさすがに気が引けるだろう。禁じられてないけどね。(町山智浩・コラムニスト)

(阪急コミュニケーションズ・2730円)＝2011年11月2日①配信

持ち場を全うする人間の姿　「河北新報のいちばん長い日」（河北新報社著）

東日本大震災で自ら被災しながらも新聞を出し続けた東北ブロック紙、河北新報（本社・仙台）。2011年度新聞協会賞を受賞した一連の震災報道の舞台裏を記した迫真のドキュメントである。

その日、交通網や電話回線はマヒし、紙面制作システムは破綻した。津波で支局が流され、販売店からは多数の犠牲者が出た。ガソリン、水、紙、食料。取材から紙面制作、配達までに要するすべてが足らない。

それでも当日の号外を出した。停電でテレビもインターネットも使えない避難所の被災者は差し出された新聞に殺到した。

全編を通じて心揺さぶられるのは、それぞれの持ち場で自分の仕事を全うしようとする人間の姿だ。

小学校の屋上で助けを求める人々を空撮した写真部員は、ただシャッターを押すだけの自分を責めた。津波にのまれかけた総局長は寒さに震える手で原稿を書いた。総務・営業部員らは社員のためにおにぎりを作り、販売所は新聞を読者に届けようと奔走した。

ギリギリの状況で最後まで手放さなかったのは、事実を記録し伝える使命、そして被災者に寄り添う精神だった。こんな場面がある。

県が推定した「万単位の死者」。見出しに被災者を突き刺す「死者」の2文字が使えるか。整理部員は迷いつつ「犠牲」に置き換えた。紙面作りは全国紙と一線を画した。

原発が爆発した福島から一度は社命で退避した現地記者は煩悶（はんもん）した。残った住民もいるのに「地元を見捨てたも同じだ」。福島帰還がかなった後も傷は消えていない。

現場の証言、手記、社員アンケート、企画記事、読者の声などを織り交ぜた本書は、震災史に刻んだ貴重な記録だ。同時に極限の困難に直面した地元紙が描き得た誇り高い自画像でもある。

情報のデジタル化が進む中で、地域に根付く地元紙の底力と可能性を示す一書だ。（片岡義博・ライター）

（文芸春秋・1400円）＝2011年11月2日②配信

言語から知性の源を探る　「薄墨色の文法」（今福龍太著）

近代言語に先行する「知性」の淵源（えんげん）を探ろうとする本書の舞台は広範で米大陸から欧州、石狩、奄美群島に及ぶが、時間を重ねたメキシコの先住民文化の領域がとりわけ興味深い。

アステカ王国を築いたメシーカ族の言語ナワトル語は現在もメキシコでは先住民言語としては最も多い約150万人の母語である。彼らは風をエカトルと呼ぶが、エの発音は無音に近い破裂音で、その中に風のすべての姿の形態が隠されており、先住民の言語はいわば反言語によって裏打ちされている、と指摘する。

ポポカテペトル火山の中腹の村に住む老呪医が診察するとき、いつも傍らに置いているトネリコの木のらせん状に変形した占い杖（つえ）。それは精神への浸透力を備えた杖で、そのまま治療に使うことはなかったが、激しくねじ曲がった取っ手にたまった力を呪医は必要としていた。

樹木がまっすぐ伸びようとする自然の垂直的な運動力と、それを遮りより複雑な物体の形へと導いていこうとする異質の力。この二つの生命力の統合を杖は示しており、彼は杖に触れながら正常と異常の均衡点、身体の調和の軸を求めている。これは正常と異常とを動的なシステムの統合としてみなす精緻な直感力が先住民には無意識の知恵として受け継がれていることを示しているのだ。

急逝した著者の盟友のチカーノ（メキシコ系米国人）の詩人アルテアーガを追悼した部分で、彼が15世紀のアステカ帝国の都市テスココの君主・詩人ネサワルコヨトルの具体を通じての抽象への思索法と、ナワトル語の特有の修辞法を用いた詩人である、と知った。

その修辞法とは二つの近接的あるいは換喩的な単語の組み合わせで事物や概念を表現する比喩の技法で、概念を流動化させ多元的な像の中に対象を浮かばせる先住民の世界把握法によっている。

ここに「薄墨色の文法」の世界への手がかりがあるのではないだろうか。（田村さと子・ラテンアメリカ文学者）

（岩波書店・2940円）＝2011年11月2日③配信

“もう一つの世界”描く

「黒蜜」（小池昌代著）

恐怖、怒り、諦め、喜び、哀しみ…子どもの感情に焦点を当てた14編の掌編小説集。

「九月の足音」で、菓子箱に蟬（せみ）の死骸を集める10歳の流星は、捕らえてすぐのまだ生きた蟬を机に置いた時、箱の中の蟬とどちらが生きている蟬か定かでなくなる。死は穏やかに生と隣り合い、「あらゆるところに変化は訪れる」というつぶやきに表されるように、彼はすでに生と死の深淵（しんえん）に触れている。

「馬足街」で、小学校3年生の峰は、雑巾を美しい動作で絞ることのできる寡黙なクラスメイト光次郎に、お好み焼きを食べに誘われ、赤い橋を渡って初めて向こう側の町へ足を踏み入れる。帰ってきた彼女は、もう昨日の峰とは違う。豊かで細やかな心を持った子どもは、一つの経験で一息に成長を遂げる。

全編を通して描かれる〈もう一つの世界〉。日常と地続きの向こう側の風景が、作品の中心に現れることで、個々の物語は不穏で艶のある色彩を放っている。ときには異界そのものがねじれ、一体どっちがこちら側か、何が現実かわからなくなる。読者は、時間も空間も超えた場所へ連れ去られるくらくらした喜びを、大いに享受するであろう。

子どものころ、学校が嫌いだった私は、学校での面倒な問題を、読書や空想や夜見る夢を現実と等しい大切な経験として味わうことで乗り越えた。そのうち、もう一つの世界に言葉で触れたいと願うようになり、その思いが私を詩作のスタートラインに立たせた。

「どよどよ」で、子どもが寝る前に創作話を語る母親の樹子は、著者自身の創作への立ち位置をかいま見せてくれる。「語り手も知らない未知の世界へ」「前へ前へ、進んでいく力」。本書の魅力も著者の思惑を超えた地点へ作品が開いていくところにあるのではないだろうか。

私たちは異界から来て異界へと帰る。もう一つの世界は、私たちの生を支える源であり、冒頭の「鈴」で示されるように優しい闇に満ちている。

（浦歌無子・詩人）

（筑摩書房・1995円）＝2011年11月2日④配信

賛辞も納得の大型新人

「消失グラデーション」（長沢樹著）

第31回横溝正史ミステリ大賞の大賞受賞作である本書の帯には、綾辻行人の「歴代受賞作の中でも三本の指に入る逸品！」、馳星周の「間違いなく、わたしが読んだ中で最高の傑作である」等、選考委員の賛辞が寄せられている。

まあ、この手の賛辞は新人賞作品には付きものなので、特に気にすることもなく読み始めたのだが、すぐに驚き、納得した。たしかにこれは“逸品”“最高傑作”と言いたくなる内容である。

私立藤野学院高校の2年生で、バスケ部員の椎名康は、奇妙な事件に遭遇する。誰もが認める才能がありながら、女子バスケット部で浮いていた網川緑が、校舎の屋上から転落したのだ。地面に横たわる緑を助けようとした康だが、何者かに襲われ気絶。緑は消えてしまった。

しかし学園は、昨年に起きた連続窃盗事件の対策により、防犯カメラで監視されている。なぜ緑は転落したのか。どうやって消失したのか。康は、独特の言動と雰囲気を持つ、クラスメートで放送部員の樋口真由と共に、事件の調査を始めるのだった。

康が女子学生とイチャついている場所に真由が現れ、思いもかけない事実を告げる冒頭から、ストーリーは読者の意表を突きながら進む。主人公を筆頭にした、少年少女のキャラクターの立て方も巧みであり、人間消失の謎も魅力的。ある人物の設定が、やや都合よすぎるように感じられたが、その人物視点の描写でフォローが入れられているので、許容範囲であろう。どこを取っても非常にレベルが高く、面白く読むことができた。

そしてなによりも、物語を創る作者の腕前が抜群である。今後、ミステリーに専念するのか、あるいは他のジャンルへと幅を広げていくのかは分からないが、デビュー作でこれだけの実力を見せつけた、作者の前途は洋々だ。今後が期待できる、大型新人の登場である。（細谷正充・文芸評論家）

（角川書店・1575円）＝2011年11月2日⑤配信

振幅激しい極端な個性　「スティーブ・ジョブズ（Ⅰ・Ⅱ）」（ウォルター・アイザックソン著、井口耕二訳）

「あなたと私は未来を作っているわけです」と熱くおだてたかと思えば、その人を「あなたは僕の助けにはならなかった」とみんなの前でののしって恥をかかす。辛辣（しんらつ）・冷酷で容赦ないが、直接会った人は、情熱やカリスマ性など彼の魅力に引かれずにはいられない。

そんな人物がマック、iPod（アイポッド）、iPhone（アイフォーン）、iPad（アイパッド）と「世界を変える」IT機器を生み出してきた。10月に他界した米アップルの前最高経営責任者（CEO）スティーブ・ジョブズだ。本書は彼自身が執筆をもちかけた公式評伝だ。

振幅の激しい人柄と同様、彼の人生もまた上下が激しかった。21歳でアップルを起業し、25歳で億万長者に。マックを発表して熱狂を巻き起こすも、翌年会社から追放される。新しい会社をつくるが、商業的には失敗。1996年、アップルに戻るとヒットを連発。不振だった業績を急反転させる。iPhoneなどの成功で今夏、株の時価総額が世界一にもなったが、直後にCEOを辞任し、帰らぬ人となった。

ジョブズが力を注いだ製品はつねに熱狂を生んできた。その要諦は彼の美学にあったことが本書からわかる。高度でありつつも、シンプルを目指す。それは前出の製品群にも示されているが、彼の美の追求は工房や製品の内部にまでも及んでいた。思想のルーツは禅にもあり、ある日本人僧侶に深く師事していた。

興味深いのは彼の交友の仕方だ。重要な話をするときは自宅近所などを散歩し、歩きながら話す。それは作戦ではなく好みだった。そんな気取らない振る舞いの中に彼の魅力の一端がのぞく。

経営や事業という観点からも本書は読めるが、一人の極端な個性の人生として対峙（たいじ）したほうがよほど深い。執筆を依頼したのは、自分の生きざまを子どもたちに伝えたかったからだという。強烈な個性は古い童話なら戒めで結ばれそうだが、この本は人生で大事にすべきことも教えている。（森健・ジャーナリスト）

（講談社・ⅠⅡ各1995円）＝2011年11月2日⑥配信

偉大なる灯台から応援歌　「女子学生、渡辺京二に会いに行く」（渡辺京二、津田塾大学・三砂ちづるゼミ著）

漱石も教壇に立った旧制五高（熊本）を卒業し、大学で学ぼうと上京したのは、多感な迷える羊「三四郎」。

漱石の小説は、異文化の地、明治の東京で人生を学び、世に出ぬ「偉大なる暗闇」広田先生と出会い、思想、学問の深さを教えられる青春応援歌だ。

それから1世紀、混迷の世の東京から熊本に向かったのは、津田塾大の9人の女子学生。現代の三四郎、いや津田梅子たちだ。卒論で人間や社会の不思議、不条理を探求して広大な知の海に迷い、就職、進学と、生き方に悩む。本書は、そんな迷える羊たちが、歴史家渡辺先生を訪ね、やりとりした記録だ。

自称老獪（ろうかい）へそ曲がり歴史家は、生きづらさ故に金子みすゞが自死した1930年生まれ。知の海を渉猟し尽くしている。現代の梅子たちにとっての強迫観念化した自己実現が、近代以前には存在せず、個人が安住してきた共同体から引きずり出された結果迫られるようになったものだと、広大無辺な人類史の視点から定位してみせる。

知性と老獪へそ曲がり精神で、人は皆何かしら障害がある、学校なんてもともと大したものじゃない、拒食症なんて飢える危険が無いから言ってるだけ、美人の基準も時代で変わる、デブの何が悪いと開き直れ！　と、羊たちの迷いを次々喝破。

誰もが才能を伸ばして社会に認められる存在にならねばならぬ、などという現代の誤ったイデオロギーに振り回されるな。自分を殺して出世して、そんなことの何が自己実現か。世に出なくてもいい。自然、人間、異性、子供という謎を楽しみ、自分を大切にせよ、そんな生き方こそが一番の幸せと説く。

時代は移れど「とかくに人の世は住みにくい」。迷える羊たちに、歴史という高みからの視線と、知性の光という座標軸を投げかけて「みんなちがって、みんないい」と教えたこの出会いは、現代の三四郎、梅子たちへの「偉大なる灯台」渡辺先生からの青春応援歌なのだ。（斗鬼正一・江戸川大教授）

（亜紀書房・1680円）＝2011年11月4日配信

青春への淡い回想

「それでも彼女は歩きつづける」（大島真寿美著）

本書は、現在、過去を問わず、柚木真喜子という映画監督と何らかの関わりのある（あった）6人の女性たちによって語られる、柚木をめぐる物語だ。誰もがみな、柚木とのエピソードとそこにまつわる想（おも）いとを、自問自答するかのように静かに語りはじめる。

ある者は柚木に怒りを覚え、ある者は柚木の存在を恐怖に思う。ある者にとって柚木は輝く青春の象徴でもあり、ある者には目の上のたんこぶであったりもする。彼女たちの語りを通して、本書の語り手としては登場しない柚木の輪郭が星座のようにくっきりと浮かび上がる。彼女たちが饒舌（じょうぜつ）に語る一方で、柚木の家族が、柚木のことを「あまりよく知らない」のも、そういうものだなぁとニヤニヤしてしまう。

特別な大きな事件も、大きな感情のぶつかりあいも、この物語には登場しない。そこにあるのは、淡い嫉妬や羨望（せんぼう）、おそらくは異性には気づかれにくいであろう程度の女のしたたかさ、そして母性のような慈しみだ。清濁すべての感情の発露のしかたが淡く、激しさを伴わない。だからこそものすごく生々しいし、いとおしい。

彼女たちの感情の淡さの正体は、きっと諦念にあるのだろう。語り手となるのは、30代以上の女性がほとんどだ。10代や20代のような激しさや白黒はっきりつけないと気が済まない潔癖さや頑固さからは少し離れた、そんな諦念。

誰もが柚木を通して過去の自分を思い出す。かつての紆余（うよ）曲折や激しい感情が、歳月を経て丸みを帯び、現在の穏やかな日常に合流する。みな、柚木を介して、自分たちの青春をプレイバックしているかのようだ。

関係者の取材によって構成された、一編のドキュメント映画のようだと思いながら読み進めると、ラストの章でまんまと著者の術中にはまったことを知らされる。「やられた！」と思いながらも、たまらない快感と爽快感が押し寄せた。（中川美津帆・ライター）

（小学館・1575円）＝2011年11月10日①配信

映画を考える楽しさ刺激

「甦る相米慎二」（木村建哉、中村秀之、藤井仁子編）

相米慎二は1980年代および90年代の日本映画を代表する映画監督で、今年は53歳で没して丸10年になる。そこで本書が編まれ、この映画監督についての論と証言が、新しく書かれ語られている。

相米作品は「セーラー服と機関銃」「台風クラブ」「お引越し」「風花」など13本あるが、どの作品も、公開されるたびに、賛否両論を含め、決まって多大な反響を巻き起こした。今では想像しにくいことだが、その渦が80年代90年代の日本映画を活気づけた。本書には、そうした渦の21世紀版の点火をめざす意思が張りつめている。

気鋭の論者たちが「ヒロインの声」「子どもの身体」「電話」「孤児と親子」「下半身」「四季」などをテーマに相米作品を論じる。13本を相手にいわばテキストの解読が遂行されるわけだが、13本なので、論じる対象は重複し、同一作品がまるで異なる姿を見せる。スリリングなその総体が相米作品なのである。

相米作品のスタッフたちの証言が、そこに加わる。プロデューサー、カメラマン、録音技師、照明技師、元助監督の現役監督などで、相米作品の撮影現場とその人となりを生々しく伝える。

とりわけ伊地智啓プロデューサーの回想は、相米慎二が当時の映画状況のなか、どんな立ち位置を持続し、どんな姿勢で映画づくりに向かったかを、ユーモアたっぷりの語り口で解き明かす。このインタビューだけでも必読といえよう。

また、相米慎二が自作を語った講演が収録されているのもいい。90年のものと古く、人柄にふさわしく控えめな口調ではあるが、日本映画の現状批判にもなっている。

編者の3氏が大学教師であるためか、先述のインタビューやエッセーを除くと、本書の中核をなす論考がどれも研究論文のようであるのは否めない。だが、映画について考えることの楽しさをしたたかに刺激する。

本書を読むと、相米作品を無性に見たくなる。（山根貞男・映画評論家）

（インスクリプト・3360円）＝2011年11月10日②配信

厄介な感情の歴史描く

「退屈」（ピーター・トゥーヒー著、篠儀直子訳）

退屈したことのない人間はいない。孤独、単調な生活、張り合いのない仕事などが人々を退屈させる。ちょっと退屈しているだけなら、いずれ解消されるが、それが慢性化すると鬱（うつ）やノイローゼになりかねないから、厄介な感情だ。本書はこの退屈をめぐって書かれた、じつに興味深いエッセーである。

人間だけでなく動物も、外部からの刺激がなくなると退屈して、反応や行動が鈍くなることは、動物行動学で証明されている。面白いのは、著者が「単純な退屈」と「実存的な退屈」を区別している点だ。前者は感情や気分の問題で、普遍的なものだが、時代と社会によってはあまり強く意識されずにすむ。

それに対し実存的な退屈は、哲学や歴史学でしばしば論じられてきたテーマである。一般には18世紀の啓蒙（けいもう）時代、個人主義が台頭し、伝統的な規範や宗教心が弱まったせいで退屈が発生した、とされる。

しかし著者は、歴史をもっとさかのぼり、ローマ人の退屈、古代キリスト教の隠者をとらえた精神的な危機（「真昼の悪魔」と呼ばれた）、ルネサンス期の身体症状であるメランコリア（デューラーの版画で名高い）、近代の学者や芸術家を襲った憂鬱（ゆううつ）、そしてサルトルの小説「嘔吐（おうと）」に描かれた、生の偶然性に対する吐き気などを、退屈を示す一連のかたちとしてみごとに跡づけてみせる。実存の退屈は、神や世界に絶望し、人生を無意味と感じる意識から生じる。

退屈をまぎらわすには、多様性と刺激が必要であり、音楽、エアロビクス、社交活動、目的のない余暇などがふさわしい、と著者は具体的なアドバイスを惜しまない。他方で、退屈には効用もある。既成の概念を疑い、自己自身を問いかけ、創造性をうながすことがあるのだから。もし今あなたが退屈していても、心配には及ばない。より良い人生へのステップなのだから。退屈と上手につき合えばいいのである。（小倉孝誠・慶応大教授）

（青土社・2310円）＝2011年11月10日③配信

戦後育ちが描いた父親像

「無冠の父」（阿久悠著）

阿久悠に没後発見された未発表の長編小説があり、1975（昭和50）年に逝った父君のことが書かれていることは知っていた。生涯を兵庫県・淡路島の派出所巡査として終始された人で、題名はそのことによっていよう。小説的潤色はきわめて少ないと思われる。

有名人である息子が、無名の父親のことを書くのは難しい。気恥ずかしいし、どう書いても、いい気になるなの評が耳元で聞こえそうである。そこで著者は一つの制約を課した。それは自分の記憶以外の知識・推測・文飾に頼らず父親像を描くということだった。

例えば体つきは五尺三寸十六貫だったと書く。ぼくと同世代の阿久悠の幼少時、大人の体格は尺貫法で表した。記憶の中の父はメートル法で書くわけにはいかないのだ。厳密さは普通ではなく、文中にメートル法に転換した数値の注すらない。

巡査というのは、戦時中は権力の象徴、戦後は一転してその対極に落ちる存在だが、そうした普遍的解説は極力排除されて「カチャカチャ（腰につるしたサーベルのたてる音）」で子どもが逃げるとか、得意の剣道の竹刀を燃やすといった直接見聞きしたことで描かれる。

しかし、われわれの持つ父親の記憶はいかに貧しく乏しいものか。外国旅行中に訃報を聞いて、父の顔は思い出すものの、声が思い出せないとオロオロする箇所があるが、そうしたものだろう。

一切の栄達を拒否し、55歳で退職してからは完全に何もせず、これだけはぜいたくをするぞと毎日刺し身を食ったこの「無冠の父」の美学と諦観（ていかん）はだんだんと心に染みてくる。が、それよりも結局、手さぐりのままつかみ切れない父の像を求めてウロウロする阿久悠の姿がひどく共感できるのだ。

文中にある葬儀にはぼくも列席した。寒さと正座する板の間の板が痛くて涙が出た。戦後育ちの生半可な理解を父君が拒否しているようだった。（鴨下信一・演出家）

（岩波書店・1890円）＝2011年11月10日④配信

偉大な想像力の源泉に迫る　「万里の長城は月から見えるの?」(武田雅哉著)

新聞・雑誌のイラストから、古地図、古写真、教科書の挿絵まで、ちまたにあふれるさまざまな図像から、中国世界の深部を読み解く「図像解釈学(イコノロジー)」の達人である著者。その新作のテーマは「万里の長城」であります。

2003年、中国初の有人宇宙飛行より帰還した宇宙飛行士に、アナウンサーが尋ねました。

「宇宙から、長城は見えましたか?」

楊飛行士答えていわく。「われわれの長城は見えませんでした」

このたった一言をきっかけに、中国国内で沸き起こった議論、争論、大論争。それはやがて教科書問題にまで大発展…どうしてまたそんなことに?

いつのころからか万里の長城は「月から見える唯一の建造物である」と、なかば常識のように言われ、本にも書かれてきました。しかし衛星軌道上からすら見えないものが、月面から見えるはずがありましょうか。いや、そもそもそんなこと、どこの誰が言い出したのか。米国の宇宙飛行士?天文学者?　いやいや18世紀の西洋人探検家?

ほころびてゆく「長城神話」の数々。そう「神話」なのです。この大騒動の原因、それは「万里の長城」という存在それ自体が、中国民衆にとって、ある種の聖別された崇拝の対象、「神話」を生みだす「聖なる存在(イコン)」だったからなのだ、と言えましょう。

なるほど、つながった。これぞまさしく、著者の出番、十八番(おはこ)であります。

繰り返したたえられ、描かれるうち、現実とかけ離れていった「万里の長城」とその歴史。

たとえ「実際には万里も続いてない」としても「月からは見えない」としても、それは中国が誇り得る人類の一大歴史遺産。なのに大騒ぎせずにいられないのは、国民性か。「長城問題」を通して、中国民衆の(ちょっと行き過ぎかもしれない)偉大なる想像力の源泉とその構造に迫る、痛快の一書。(星野孝司・翻訳家)

(講談社・1785円)=2011年11月10日⑤配信

新ボンドが21世紀の情報戦　「007　白紙委任状」(ジェフリー・ディーヴァー著、池田真紀子訳)

20世紀を疾走したスパイがよみがえった。イアン・フレミングの原作が大人気の映画シリーズとなったことで、その名を世界中に知らしめてきた007が、近年、新タイプのミステリー物で名をはせるジェフリー・ディーヴァーの手によって、われわれの下に届けられたのである。これまでにも幾度か新たな書き手によって創作されてきたが、今回はなかなかに痛快かつ爽快。生まれ変わったといっていい。

日曜日から金曜日までの6日間に、セルビアからロンドン、ドバイからケープタウンへと駆け巡り、国際的な陰謀の糸をときほぐしながら、次から次へと出てくる困難を鮮やかな機転とスピーディーな手さばきで処理していく007ジェームズ・ボンドは、往年のイメージを崩すことはない。

かつてのスパイ物は実のところ、国際的な策謀が横行した冷戦期の産物であるという指摘もあるが、昨今、不透明さを増した陰謀策謀が再びうごめいている。

上官Mをはじめ、なじみの顔ぶれも今世紀なりの体裁をまとって出てくるし、クルマや飛行機、情報機器、カクテルにいたるまで007ならではのアイテムの登場もファンをわくわくさせる案配である—それらはアップデートされているので、新旧比較も読書の楽しみになるかもしれない—が、なによりも目を引くのが、最先端のデジタル機器を駆使したボーダーレスな情報戦、つまりは、先読みの競い合い、化かし合いの連続である。

しかも、物語の中で、21世紀のボンドがいちばん頼りにしているのは、スティーブ・ジョブズが生んだiPhone(アイフォーン)だ。もちろん、それには情報機関がこしらえた夢のようなアプリケーションやら特別仕様のカメラレンズやらを装備しているのではあるが。

今日のヒーローは、やはり、コミュニケーションツールの類いまれなる使い手として、われわれの目の前に現れたのである。(北野圭介・立命館大教授)

(文芸春秋・2499円)=2011年11月10日⑥配信

優しく残酷な物語

「春から夏、やがて冬」（歌野晶午著）

大切なものを奪われ喪失感を抱えている平田誠。DVの恋人から逃れられず、半ば諦めている末永ますみ。スーパーの保安責任者と万引犯という立場で出会ったふたりはやがて交流を始める。

「ダウンの中の羽根って、どこから出てくるの？」。ますみが着ている薄汚れたダウンジャケットの肩に載った羽根を見た平田がかつて妻とかわした会話を思い出すシーンだ。生地が破れているわけでもなく、縫い目が粗いこともないのに、ときどき浮いて出ている白い羽根。平田とますみは、誰の気にも留められず、墜（お）ち行く先さえ分からず漂う、まさにそんなふたりだった。

平田にとってますみはトラブルメーカーだ。つらい過去を持つ平田はそんな彼女を見捨てず、手を差し伸べる。その思いを受け入れ、勇気を奮い生きようと決意するますみ。ほんのわずか明るい光が垣間見えたとき、もはや自らの生すら諦めている平田のためにますみが選んだ行動は哀切に満ちた結末を導くことになる……。

「葉桜の季節に君を想うということ」「密室殺人ゲーム」シリーズなどで、本格ミステリーファンを魅了し続けている歌野作品。物語のラストに近づくにつれ、胸の奥がちりちりと痛み始める。

眼前にばら色の未来が開けるエンディングが用意されてはいないだろうと覚悟していたが、着地点はやはりハッピーではなかった。

解き明かしてはいけない真実。ささやかな絆で結ばれたふたりがそれぞれに向けた思いは償いのためか、救済のためか。誰が救われ、誰が心の安寧を得たのか。問いが次々浮かぶ。だが、その一方で現実ってこんなものだと慄然（りつぜん）とさせられていることも確かだった。

それでもアンハッピーと言い切れない揺らぎが静かな余韻を残す。謎を解き、真相を暴くミステリーとは明らかに異なる。人の心がいかに深い階層を持っているかを突きつけられる優しく残酷な物語だ。（梶よう子・作家）

（文芸春秋・1575円）＝2011年11月17日①配信

歴史の最大の謎に挑む

「〈世界史〉の哲学（古代篇・中世篇）」（大澤真幸著）

本書の〈世界史〉とは、一言でいえば西洋化の歴史のことである。

西洋で生まれたものが長い歴史の中でグローバルスタンダードになった。時間的には、キリストの誕生に始まる西暦、空間的には、世界中に浸透した資本主義が典型的だ。

日本は明治維新以後、この西洋化を取り入れて近代化した。昭和期に入って、今度は手本にしたはずの欧米を相手に、戦争を始めた。例えば京都学派の哲学者は、「世界史の哲学」を掲げて戦争を正当化した。西洋化イコール近代化の〝普遍性〟に挑戦して、日本こそが西洋近代を超克できると主張した。

ここで、普遍性は特殊性と対立していない。むしろ、特殊性を突き詰めることによって、普遍性が生まれてくる。〈世界史〉のプロセスには、このメカニズムが隠されている。

ではなぜ、西洋という一地域に生まれたシステムや価値観が、世界にあまねく通用する普遍性を獲得できたのか。その力の秘密は何か？　著者が挑んだのは、この〈世界史〉最大の謎である。

マックス・ウェーバーは西洋由来の資本主義の根本に、プロテスタンティズムの倫理が働いていたことを明らかにした。けれども資本主義は、信仰を切り捨てて、システムだけで非西洋世界に〝侵攻〟した。つまり〈世界史〉とは、出自の特殊性を切り捨てていく歴史にほかならない。

著者は「古代篇」で、この出自の原点から説き起こす。なぜキリスト教はユダヤ教を媒介に生まれたのか。神は人間を介して顕現し、冤罪（えんざい）で殺害されるミステリアスな展開をたどるのか。「中世篇」では信と知の乖離（かいり）、宗教と哲学の亀裂、否定神学や十字軍に見られる、神と人間の関係の複雑化が鮮やかに説かれる。

こうして〈世界史〉は大航海時代に入り、近代へとテークオフする。本作は現在も雑誌連載中で、著者がどのように論を進めるのか、楽しみだ。（米田綱路・ジャーナリスト）

（講談社・各1890円）＝2011年11月17日②配信

忘れられた作曲家の復権

「デオダ・ド・セヴラック」(椎名亮輔著)

デオダ・ド・セヴラック。1872年、南フランス生まれの作曲家。貴族の家系だという。24歳のときパリの音楽学校に入り、ベルエポックと呼ばれた時代のパリの空気をたっぷり呼吸している。しかしまもなく首都を引き払って南仏ピレネー山脈の近くに住み着いた。土の匂いのする生活、羊飼いの歌の聞こえる生活に戻ったのだ。

このころ「アスファルトの匂いのする音楽なんて馬鹿げているよ」という言葉を残している。パリ中心の音楽界の在り方に嫌気がさしたこともあったようだ。

作品にはピアノ曲ありオペラ曲あり歌曲あり、多才で、生前には多くの作品が演奏されている。しかし1921年に没後、次第に忘れられていった。

著者の椎名氏はこの忘れられた天才の復権を志す。年代順というよりはテーマごとにその音楽的生涯を組み立てていく。

前半ではパリ時代の師について、友人との交流について多くのページが割かれている。ドビュッシーは彼について「良い香りのする音楽を作る」と言ったそうだ。

そう、「香り」そして「匂い」はこの本の鍵となる言葉だ。セヴラックの音楽には民俗的要素がある。これが「香り」ということなのだろうが、彼にとって民俗的要素とは正確には何なのか。素材なのか、雰囲気なのか、インスピレーションなのか。その答えを求めて著者は旅をする。

まず資料の中を、ついで南仏へ。この旅の物語が面白い。セヴラックの生家に足を踏み入れてすぐ独特の香りに気がつく。泊まったホテルでは教会の鐘の音が一晩中、時を告げることを知る。セヴラックの音楽について「失われた郷愁の音響」という言葉がおのずと著者のペンの先に生まれてくる。

本書は第21回吉田秀和賞を受賞。最後にソプラノ歌手奈良ゆみさんと椎名氏のピアノでセヴラックの歌曲集(ALM RECORDS)が出されたことも付け加えておこう。復権は見事に果たされたと言うべきか。(海老坂武・フランス文学者)

(アルテスパブリッシング・2520円)=2011年11月17日③配信

一風変わった戦記

「スエズ運河を消せ」(デヴィッド・フィッシャー著、金原瑞人・杉田七重訳)

今秋、40年以上の長きにわたってリビアに君臨したカダフィ大佐が壮絶な最期を遂げた。サハラ砂漠の興亡の歴史に新たな一ページが書き加えられたわけだが、約70年前にもこの地を舞台にした激しい攻防が繰り広げられたことが思い起こされる。

この時の主役はドイツ軍のロンメル元帥。「砂漠のキツネ」の異名を持ち、兵力に勝る英軍をたびたび敗走させ、チャーチル英首相をして「ナポレオン以来の戦術家」と言わしめた名将だ。

本書は、その名将ロンメルをきりきり舞いさせた男たちの一風変わった戦記である。中心人物はジャスパー・マスケリン。ロンドンで奇術師として人気を博したマスケリンは、愛国心に駆られて英工兵隊に入隊し、持ち前のトリックを駆使して勇猛果敢なロンメルの部隊に立ち向かう。ダミーの飛行機や戦車の投入、アレクサンドリア港の「移動」など、奇想天外なトリックはてきめんに効果を発揮し、勝機を逸したロンメルをエルアラメインでの大敗へと追い込むのにも一役買った。

もちろん、いくらすご腕の奇術師とはいえ、これだけのトリックをマスケリン1人で演出できたはずもない。彼の周囲には、動物の擬態が専門の大学教授、きまじめな大工、ひょうきん者のマンガ家ら、くせ者がそろい、それぞれの得意分野を生かしてマスケリンをサポートした。照明灯を効果的に活用して敵の目からスエズ運河を消して見せる壮大なイリュージョンも、彼ら「マジックギャング」の存在があって初めて可能だった。

500ページを超える大著だが、門外漢の筆者にも実に刺激的だった。さまざまなトリックがさながら戦場を舞台とするインスタレーション(設置美術)のようにも思えたからに違いない。加えて、効果的なトリックの演出には正確な情報の収集・分析が不可欠であるなど、正当な兵たん術としての側面があることも興味深かった。奇をてらうばかりでは成果を上げられないのは、戦争も美術も同じらしい。(暮沢剛巳・美術評論家)

(柏書房・2730円)=2011年11月17日④配信

書くことの根底問う

「これはペンです」(円城塔著)

円城塔は、2007年に「Self-Reference ENGINE」という、タイトルを聞いただけでも難しそうなSF的長編でデビューした気鋭の若手作家だが、このところ純文学系の文芸誌にも次々と意欲作を発表している。

「これはペンです」も、「新潮」誌に掲載された最新中編を二つ収めたもので、どちらも科学的な仕掛けに満ちた「理屈っぽい」作品でありながら、新たな小説の可能性を鮮やかに示す実験的小説としてとても面白い。

表題作は、アメリカに渡ってテキストの「自動生成」プログラムを開発し、疑似論文生成事業などを手がけて成功した「叔父」をめぐる物語である。叔父から送られてくる様々な奇妙なメッセージを「姪(めい)」が解読するという過程を通じて、そもそも論文や小説を書くという行為は何を意味するのか、という本質的な問題が問われていく。

もう一編の「良い夜を持っている」は、驚異的な「超記憶力」を持つ人間を主人公とした作品。自分の経験したことをどんな細部に至るまで決して忘れることのない「超記憶症候群」は非常に稀(まれ)とはいえ、実際に存在してきた。ただし円城氏はそれを医学的な症例として分析するわけではない。むしろ、他人の理解を絶する異様な内面世界を造形し、細密画を無限に重ねていくような形で作品に仕上げている。

物語は主人公の記憶の世界に分け入り、気が遠くなるほど込み入った現実と複数の夢の中をさまようので、読者はめまいを覚えるほどである。

こんな円城塔の作品からは、SFとか純文学の区別を超えた、何か新しいものという強烈な印象を受ける。それは書くことの根底と文学的想像力のしくみを問う、思弁的小説だといえるだろう。

この瞠目(どうもく)すべき才能は、ジャンル区分をやすやすとすり抜け、科学と文学や、現実とフィクションの境界をも超えて、まだ誰も見たことのないような新しい小説世界を切り開きつつある。(沼野充義・東大教授)

(新潮社・1470円)＝2011年11月18日①配信

ポスター芸術の軌跡たどる

「近代広告の誕生」(竹内幸絵著)

テレビのCMが宣伝だとは、子どもでも知っている。駅や街角で見かけるポスターも、道行く人々に商品の購入や行事への参加を呼び掛ける。広告が不特定多数の人々に対して、消費願望や行動意欲を呼び覚ます媒体、つまり「メディア」だということは、今日では常識と言ってよいだろう。

だが今から100年ほど前、日本でポスターと呼ばれるものが初めて登場してきた頃には、この常識は常識ではなかった。明治末から大正前期にかけてのポスターは、浮世絵の流れを引く「美人画ポスター」が主流で、店先にわずかに顔をのぞかせる以外広く社会に訴える場も持たず、専らその華やかな美しさが好まれるだけの存在だった。状況が大きく変わるのは、第1次大戦後、欧州の戦時ポスターが大量に紹介されてからである。

本書は、1920年代初頭の「大戦ポスター」の衝撃から説き起こし、以降十数年の間に表現も社会的在り方も劇的に変化したポスター芸術の歴史を、豊富な資料に基づいて捉え直した労作である。事実この時期「レイアウト」や「タイポグラフィー(活版印刷)」などの新しい概念が導入され、大胆なトリミングやモンタージュ写真も登場し、また、バウハウスの造形理論や米国の広告効果研究の成果にも目配りがなされた。

多くの研究者、アーティスト、技術者が熱っぽい議論を交わし、さまざまの試みを重ねながら広告表現の新しい地平を切り開いていった多彩な活動の軌跡は、さながらポスターをめぐる大河ドラマの趣と言ってよい。それと同時に、例えば写真広告について、もともと出自の異なる「欧州の芸術理論」と「米国由来の広告研究」が日本で矛盾なく結び付いたという指摘など、歴史を見る目の確かさを感じさせる。

その論述を支える多くの図版、特にこの時期に大きな役割を果たした雑誌「広告界」の表紙約200点をカラーで再現した思い切った図版構成も、本書の価値を高めている。(高階秀爾・大原美術館長)

(青土社・3570円)＝2011年11月18日②配信

スパイ作戦が映す人間模様

「ナチを欺いた死体」(ベン・マッキンタイアー著、小林朋則訳)

このところ、第2次世界大戦の時のスパイ・ノンフィクションが次々と出版されている。おそらく半世紀以上過ぎて、ようやく当時の機密情報が公開されつつあることを示しているのだろう。

この本は、連合軍のイタリア上陸作戦に際し、上陸目標がシチリアではなく別の地点であると、ドイツに思い込ませるために使われただましのトリックを探っている。

それは、航空機事故で溺死した上級将校に偽装した死体に、シチリア以外の上陸地点を示す偽情報をつけて、敵地に漂着させる「ミンスミート作戦」であった。ミンス(ミンチ)は、フルーツや肉を切り刻むことで、ちょっとぞっとする命名である。

ドイツ軍は、シチリア上陸はない、と判断したので、作戦は大成功した。そのいきさつが克明にたどられていく。

ところで、スパイ・ノンフィクションの魅力は、もちろん、だましのテクニックの面白さにあるが、もう一つ、それに関わる人間たちの不思議な人生も興味深い。

この本でも、ミンスミート作戦を指揮するユーエン・モンタギューは、英国の貴族であり、エリートである。そして、弟のアイヴァー・モンタギューは、1930年代のケンブリッジ大やオックスフォード大の学生たちによる社会主義グループの一員であり、ソ連への共感を示していた。

一つの小さな秘密作戦が、そのような、1930～40年代の社会情勢の中で語られていくのが、この本の特徴で、スパイ史が時代史ともなっている。

ミンスミート作戦は、ケンブリッジ大出身のスパイグループの1人、美術史家アンソニー・ブラントによってソ連に通報されていたという。美術についての著書が多い私が「スパイの世界史」を書いたのも、ブラント事件がきっかけであった。

こうした作戦の真相を追うことで、さまざまな人間模様も描き出している。(海野弘・評論家)

(中央公論新社・2625円)=2011年11月24日①配信

月夜の美しさと危うさ

「黒猫の遊歩あるいは美学講義」(森晶麿著)

米国19世紀を代表する作家エドガー・アラン・ポーの「黒猫」では、天邪鬼(あまのじゃく)の気質ゆえに愛猫を虐待し、妻を殺し壁にしっくいで埋めてしまう男の心の闇が語られる。

雑誌文化が花開く中で怪奇小説や空想科学小説など多岐にわたる短編小説を発表したポーは、探偵小説を確立した人物でもある。同時に、論理や構成の美を追求した批評家でもあった。ポーは批評家と探偵、美学と謎解きが近しい関係にあることを雄弁に物語る。

「黒猫」における天邪鬼的精神を、その名も「黒猫」とあだ名される学者探偵としてよみがえらせたミステリーが本書である。

本書に収録された6編の物語は、いずれもポーの短編を下敷きにしつつ、巧みに現代の日本へと舞台を移し替える。24歳にして大学教授である黒猫の衒学(げんがく)的な語り口は探偵デュパンをほうふつとさせる。あくまでも「美的推理」による美的な真相しか求めない黒猫は、遊歩という都市的行為を通じて、彼の日常に入り込む闇を見る。

黒猫は現実に対応しない地図、壁を越える狂気、香水の匂いを発する川、不在の恋と失踪者、双頭の芸術家、書庫に響く謎の音楽を、遊戯のごとく扱う。ポー作品のモチーフをメタファーとして抽象的思考へと高めたのち、謎を解くための具体的解釈をほどこす手際は鮮やかだ。

一話完結の連作短編集であるためか、それぞれの謎解きは幾分あっさりとしているように感じられるものの、黒猫によるポー作品の哲学的解釈など、読み応えのある部分も多い。黒猫の元同級生であり、ポーを研究する大学院生である語り手との微妙な距離感もいい。

本書は月に始まり月に終わる。その構成は「夜そのもののために夜を溺愛する」デュパンへのオマージュをささげるとともに、月の薄明かりが造り出す闇―それは心の闇でもあるのだが―の美しさと危うさをも示しているようだ。静かな夜に読みたい一冊。(大串尚代・慶応大准教授)

(早川書房・1575円)=2011年11月24日②配信

ブーム仕掛人は意外な存在

「伝説の『どりこの』」（宮島英紀著）

「どりこの」

聞き覚えのない、しかし妙に懐かしいような語感をもつこの飲料は、戦前に物心ついていた世代なら、誰もが知っているのだという。

別の取材中に、東京・田園調布にある「どりこの坂」でその存在を知った著者は、当の取材を投げ出して周囲への聞き込みを始めてしまう。もう、この時点で「どりこの」の謎に取り憑（つ）かれてしまっている感じだ。

ちょっと常軌を逸しているのでは、と思えるほどの熱心な取材によって浮かび上がってきたのは、昭和初期「高速度滋養料」と銘打たれ、さまざまな効能と美味で人々を夢中にさせた飲料の姿。

そしてもうひとつ、その販売とメディアミックス的な宣伝活動を行っていたのがあの講談社であり、陣頭で指揮を執っていたのは創業者の野間清治である、というちょっと意外な事実。

本書では、開発者の高橋孝太郎博士に関してよりも、ずっと多くのボリュームが講談社と野間に割かれている。必然だろう。なにせ、面白い。

いかなる経緯か、とにかく「どりこの」にほれ込んでいた野間は、元が取れるのか、と心配になるほどの大々的なキャンペーンを打ちまくる。「宣伝王」の異名をとった野間ならではの猪突（ちょとつ）ぶりは爽快ですらある。

同時に語られる、当時の講談社の社風も野間の個性を色濃く反映しているようで興味深い。

とくに感心したのは、野間が「中学に入らなくても偉くなれる」という言葉を掲げて採用した、「少年部」の存在。彼らは、野間を父のように慕い敬い、周囲と切磋琢磨（せっさたくま）しながら優秀な戦力として講談社を支える。

その姿には、「勤労を通じて社会に貢献する」ということの本質を教えられる。恥じ入りたくなってしまうほどだ。

著者はこのルポを軽いタッチでつづっているが、謎の解明に懸ける覚悟は相当なものだ。なにせ、数十年間保管され、黄金から茶褐色に変色した「どりこの」を飲んでしまうのだから。

さて、お味は？（荒井昭一・フリーライター）

（角川書店・1575円）＝2011年11月24日③配信

夢と希望あふれる出版社

「計画と無計画のあいだ」（三島邦弘著）

読書ばなれが進んでいるとか、出版は斜陽産業だとか言われるようになって久しい。でも出版には夢も希望もある、と私は思っている。

たとえばクルマや家電を、ごく一部の限られた人のためにつくるのはむずかしい。不可能ではないけれど、とても高額なものになるだろう。

でも本ならばできる。世界で3千人しか読まない本でも。いや、300人しか必要としない本だって。逆に3万人、30万人のための本も。

本づくりに夢と希望を抱いた青年が出版社をつくった。青年の名前は三島邦弘。本書は彼の自伝のような社史のようなエッセーである。

三島がつくったミシマ社は異例ずくめの出版社である。資金は手持ちの現金だけ。スポンサーなし、金融機関の融資なし。実家が金持ちというわけでもない。しかも事業計画もなければ、社長の三島はエクセルも使えない。まさにないないづくしだけど、本をつくりたいという思いだけは、たくさんある。

驚愕（きょうがく）するのは、ミシマ社が全国の書店と直接取引していることである。取次（問屋のようなもの）を介さずに、注文取りから集金まで。とんでもなく手間がかかることなのに。とかく閉鎖的だといわれがちな出版界だが、こんな手がある。

本書がいいのは、そしてミシマ社という出版社が素晴らしいのは、のんきで明るいところだ。鼻息は荒くないし、目も血走っていない。本書を読んでいると、「会社って楽しいかも」「仕事っておもしろいな」と思えてくる。出版論・起業論であるだけでなく、仕事論・生き方論としても秀逸。

副題にあるようにミシマ社のオフィスは都心ではなく、住宅街の古い木造一軒家。畳敷きで丸いちゃぶ台が置かれている。このちゃぶ台から「街場の教育論」や「遊牧夫婦」や「自由が丘3丁目白山米店のやさしいごはん」など名企画がたくさん生まれた。あなたの職場にもちゃぶ台を。（永江朗・早稲田大教授）

（河出書房新社・1575円）＝2011年11月24日④配信

町づくりへの重要なヒント

「釜ケ崎のススメ」(原口剛ら編著)

江戸時代から明治時代初期にかけ、大阪の紀州街道沿いには木賃宿街があった。その系譜につながる釜ケ崎は、近年まで日雇い労働者の町としてよく知られていた。

しかし、バブル崩壊後の不景気とともに町は様変わりし、高齢化した労働者は働く機会を失い、野宿とホームレスの町に大きく変貌する。そしていま、釜ケ崎は福祉の町、外国から安い宿を求めて訪れる観光客の町に、その様相を変えようとしている。

本書は、そうした「釜ケ崎」の歴史と現状とを明らかにしようと、若い研究者たちが情熱的に取り組んだ研究成果をまとめたものである。それは単に文献に基づくだけではなく、実際に多くの人々とともに現場と深くかかわりながら発見し、感じ取った事実に基づいている。それ故に十分な説得力を持っている。

「釜ケ崎」という地名は既に地図上になく、暴動などのイメージを払拭(ふっしょく)するため、行政によって「あいりん」と名付けられた。だが、かつての日本の繁栄を底辺で支えてきた人々が、不況と高齢化の中で命をつないでいるここは、いまも「釜ケ崎」と呼ばれている。そうした意味で「釜ケ崎」は、社会的・文化的状況を示す抽象的存在である。したがって、そうした状況に直面しながら町づくりにかかわる人にとっては、重要なヒントが数多く示されている。編著者たちが「釜ケ崎」をススメるゆえんであろう。

だが、いうまでもなく「釜ケ崎」の中心的存在は、それぞれの生きがいを求めて懸命に生きてきた、労働者やホームレスたちのはずである。そうした人々の心情や日常生活の実態をもっと知りたいと思うのは、評者だけであろうか。

いかなる本も、読者の手にわたると、執筆者の思惑を超えて独自に歩み始めるのが常である。そうした意味で「釜ケ崎」からどのような宝を発掘するかは、ひとえに読者の関心のありようにかかっている。(倉石忠彦・国学院大名誉教授)

(洛北出版・2520円)＝2011年11月24日⑤配信

飛行士の本音を紹介

「わたしを宇宙に連れてって」(メアリー・ローチ著、池田真紀子訳)

今、宇宙飛行を経験した日本人は私の女房を含め、合計9人。まだ大勢とは言えない。その一方で、日本では間違いなく大勢となった人たちがいる。宇宙飛行に興味をさほど抱かなくなった人たちだ。…宇宙飛行は地球で進化した人類の限界と知恵を知ることができる実に興味深い行為と思う私にとっては残念なことだけど。

そうした日本の現状を知っているわけではないだろうが、本書は序章に続く本文を日本の宇宙飛行士選考から始めている。応募者を閉鎖室に入れて折り紙をさせるというテストに注目した内容だ。さらに、後半では若田光一さんのことも出てくるが、その内容たるや、宇宙で28日間ずっと同じ下着を穿(は)き続けていたことについてときている。

これでおわかりと思うが、本書の著者は物事をユニークな視点で考え、ユーモア精神を発揮するすべを心得ている。で、本書には一気に読ませる面白さがある。かなり深遠な内容も扱っているのにだ。いや、それだからこそかもしれないけど。

さて、本書を読んだ私は、こうした本がとうとう出たかと感無量だ。これまでほとんど触れられなかった宇宙飛行士の本音を次から次へと紹介しているし、無重力環境で人間の心身機能は一体どうなるのかという考察を広範に徹底的にわかりやすくしてくれているのだ。著者自ら飛行機による無重力体験を行い、北極圏地域の研究センターにまで足を運ぶという突撃取材までして。

本書を通して、大勢の日本人が宇宙飛行の歴史・意義・将来、そして宇宙飛行士について興味を抱くようになってほしいと私は心から思う。

最後に、本書に出てくる宇宙飛行士の言葉の中で私が一番気に入ったものを。「宇宙を飛ぶのが仕事じゃないんだよ。僕らの仕事はミーティングにプランニング、準備に訓練だ。僕は宇宙飛行士になって六年になるが、そのうち宇宙で過ごしたのは八日にすぎない」。(向井万起男・慶応大医学部准教授)

(NHK出版・2100円)＝2011年12月1日①配信

切実に問う大震災の現実

「遺体」（石井光太著）

東日本大震災の死者・行方不明者は2万人にのぼった。すさまじい厄災である。新聞やテレビや雑誌の報道量も半端ではなかった。

しかし、ふと振り返ってみると、こうした膨大な記事や番組のなかで、われわれはついに一体の遺体も見なかったことに気づく。マスメディアが慎重に遺体の映像を排除し、読者や視聴者の目に触れないようにしてきたからである。

いったいこれで大震災の凄惨（せいさん）な現実を理解したことになるのか。被災者たちが失ったものの大きさと、彼らが味わった胸の張り裂けるような思いを察することができるのだろうか―本書には、このような切実な問いが込められている。

岩手県釜石市が舞台である。人口4万の街は海側の平地が壊滅し、千人を超す犠牲者を出したものの、山側に細長く延びる街の大半は無事だった。生き延びた人々はみずから家族や隣人たちの遺体を探し、学校などの安置所に運び、保管し、身元を確認し、火葬した。誰にとっても初めて直面する現実のなかで、民生委員、医師、消防団員、市長、市職員、葬儀社社員、僧侶などなどが夢中で働いた。

懐中電灯の明かりのもと、遺体の口内の砂を調べたり、注射器で心臓から血液採取する医師がいる。がれきに埋まった車から老人の遺体を運び出したり、トラックにいくつもの遺体を乗せ、他県の火葬場に向けて走る消防隊員もいる。遺体の体内からあふれ出す海水を拭き取りながら、歯型の特徴を調べる歯科医師がいる。民生委員はずらりと並んだ遺体のひとつひとつに声をかけて歩く。そうすれば、「人間としての尊厳を取りもどす」と思われるからだ。

インタビューから緊迫した現場を再現した文体にはぎこちなさも残るが、筆者が最後に死者にも生者にも向けて、「みなさん、釜石に生まれてよかったですね」と書き記す一行には、深い優しさがこもっている。（吉岡忍・ノンフィクション作家）

（新潮社・1575円）＝2011年12月1日②配信

表現者の糧となる肉声

「アイ・ウェイウェイは語る」（ハンス・ウルリッヒ・オブリスト著、尾方邦雄訳）

中国出身の美術家、アイ・ウェイウェイ（艾未未）の名は、日本では去る北京五輪の主会場「鳥の巣」のデザインに関わったことで比較的知られる。が、それも、彼が手掛けた表現のうち、ほんの一角にすぎない。従来の芸術の枠を著しく踏み越え、精力的に活動を続ける彼へのインタビュー、肉声をまとめたのが本書だ。

艾氏は、元は絵画や彫刻を手掛けたが、建築やデザインでも頭角を現し、ニューヨーク時代に吸収した最先端のアートの手法はもちろん、出版や詩作、展覧会や都市計画のキュレーションから果てはブログ、ツイッターに至るまで、彼の表現は実に多岐にわたる。しかも、そのどこにも中心を置いていない。全ては等価なのだ。

第二に、こういった活動のそれぞれが、膨大な量の成果で埋め尽くされている。展覧会だけでなく、西洋の建築家が生涯で手掛ける仕事量を10年足らずで済ませ、北京の全街路の映像を16日間にわたって撮影し尽くす。内モンゴルの開発計画には100人を超える建築家を招き、絶え間なく更新されるブログには一日に数十万人が訪れた。

なかには、四川大地震の公表されぬ被害実態への詳細な調査・発表や、中国で警察官を殺害し死罪となった受刑者の記録映画といった政治色の強いものも少なくない。事実、昨年秋には北京の自宅で軟禁状態となり、今年に入り空港で突然、身柄を拘束された。その後、釈放されたものの保釈条件を破り発言は続けられている。

彼の活動には、一切の自己抑制がない。命さえ危うい。が、彼は美術の根幹は創作ではなく態度表明にこそあると言う。作品はその結果で、目的ではない。巻頭の彼のポートレートには、きっと誰もが驚かされる。彼の笑顔そのものが、最高のアートになっている。

こんなことはめったにありはしない。全ての表現するものにとって、真の意味で未来の糧となる勇気の書だ。（椹木野衣・美術評論家）

（みすず書房・2625円）＝2011年12月1日③配信

司馬遼太郎の核心を解明

「『解説』する文学」（関川夏央著）

文庫本には解説がつきものだ。300ページほどの本の巻末に、5ページから8ページ程度の解説がつく。解説は参考になったりならなかったりさまざまだが、集めてみると意外に大きな成果を見せることがある。この本に関して言えば、特に司馬遼太郎についての立派な論を展開している。

代表作の一つ「竜馬がゆく」は、当初売れなかった。が、司馬の他の作品が浸透するに従って高い評価を受けるようになった。これを関川氏は「時代小説から歴史小説へ」の流れとして読み解く。司馬以前にも歴史小説は存在したのだが、そこに新しい何かがつけ加えられた、と捉えるのだ。

思想からではなく、現実から出発することによって時代を変える。簡単なことではないが、それを実現してしまったのが坂本竜馬だという風に「竜馬がゆく」は書かれた、というのが関川氏の見立てだ。

読者を無視して「私」を語る日本の近代文学の伝統を司馬はやすやすと乗り越えた。議論や論争によってではなく、歴史小説の実作を通して実現した。不思議な個性というしかないが、それこそが司馬の才能だった。その核心をこの本が解明している。

司馬以外のテーマについては、例えば1970年の三島事件に関する文化人のコメントのお粗末さを著者は検証しつつ紹介する。以後、文化人の言葉を大衆が信じなくなった、という指摘は、40年後の今を見れば、納得せざるをえない。

当代の人気作家宮部みゆきについて、近代文学の「自意識」から自由な作家と評価するのも、彼女が司馬遼太郎の切り開いた方向を無意識のうちに継承した作家であることを示す。「近代文学の終わり」が公言されるようになった現在、その数十年も前から、それを淡々と実践し続けてきた作家司馬遼太郎の持つ意味をあらためて考える機会を与えてくれる著作だ。（菊田均・文芸評論家）

（岩波書店・2520円）＝2011年12月1日④配信

手の中にある奇跡

「星やどりの声」（朝井リョウ著）

目の前には、お父さんとお母さん。手を伸ばしてコチョコチョくすぐってくる。やめてー！　と言いながら、コロコロ転がり必死で逃げる。もう限界！　怒るよ！　と涙を流して目を開くと、薄暗いひとりの部屋だった。重たいカーテンの向こうには、始まったばかりの青い朝。頬に笑顔を貼り付けたまま、喉がひくひくけいれんしだす。お父さん、お母さん、ううう。

……というのは、いつかの夢日記。いい年をした大人が見るには、いささか恥ずかしすぎるこの夢を、ふと思い出したのは「星やどりの声」を読み終えたときだった。

現役大学生である朝井リョウが、学生最後の年に書き上げた本作。舞台は海沿いの町、3男3女と母ひとりの早坂家は、この地で喫茶店「星やどり」を営んでいる。建築家だった父が改装したこの喫茶店には、星の形の天窓があり、メニューには父の好物だったビーフシチューが並んでいる。

亡き父の面影を追い続けてきた家族が、昨日に別れを告げ、新しい今日へと歩もうとする―。兄弟ひとりひとりに焦点を当て、オムニバス形式で展開される物語には、彼らが選んだ、それぞれの卒業が描かれている。

物語がたどり着くのは、父が遺（のこ）した小さな奇跡。それは、ずいぶんとロマンチックなサプライズだった。巧妙で、出来すぎと言えなくもないその結末はしかし、読む者の心にそっと着地する。父がいて、母がいて、家族は緩やかに、けれど確実に、見えない輪っかでつながっている。たとえお別れの日が来たとしても、だ。父が起こした奇跡は、ありふれていてかけがえのない絆へと、私たちを導いてくれる。

表紙の写真は青白い朝の空。この原稿を書き上げたら外に出て、コンビニでも行こう。そんでもって見上げた空に、でっかい輪を描くんだ。おーい、こっちは今日も晴れてるよ。この手の中にある奇跡をお守りにすれば、私は今日も頑張れる。そう気付かせてくれた一冊だ。（宮田和美・ライター）

（角川書店・1575円）＝2011年12月1日⑤配信

性と生の痛み抱え

「ハコブネ」(村田沙耶香著)

村田沙耶香は、群像新人文学賞を受賞した「授乳」で2003年にデビュー。09年には「ギンイロノウタ」で野間文芸新人賞を受賞、同作品は三島由紀夫賞の候補にもなった。そんな作者の新刊は、19歳の里帆と31歳の椿と知佳子という3人の女を描いた物語だ。

ファミレスでアルバイトをしているフリーターの里帆には、人知れず抱える悩みがあった。初体験の時から今に至るまで、セックスがつらくてしょうがないのだ。好きな相手となのに、その行為は里帆の心身にとって拷問のように感じられてしまうのだ。悩んだ揚げ句に、ネットで調べた「自習室」に通い、里帆は独学で自分の「性」と向き合い始める。

その「自習室」で里帆が出会うのがOLの椿と、彼女の幼なじみの知佳子だ。自分の「性」に対する違和感から目をそらすことなく、トライ&エラーを繰り返す里帆。その違和感を抱えて生きることが「女」なのだ、と里帆を諭す椿は、けれど彼女自身が「女」であることにとらわれすぎて、夜でも日焼け止めを欠かさない。

知佳子は知佳子で、自分が「人間」ではなく、大きな宇宙のなかの星の欠片(かけら)なのだ、ただの物体なのだ、と認識して生きているため、里帆や椿はもちろん、誰とも感情を共有できない。

里帆と椿の「性」に対する違和感、知佳子の「生」に対する違和感。そのどちらもが、ひりつくような痛みとともに、読み手の胸に迫って来る。

3人に共通しているのは、自分を取り巻く世界との相いれなさ、だ。そのことに真正面からぶつかっていく19歳の里帆と、柔らかく諦めつつ受け入れているアラサーの椿と知佳子。

物語の終盤、里帆と知佳子、それぞれが見いだした一条の光。その光が、彼女たちを乗せて漂う「ハコブネ」を静かに照らし出す。読後、ずしりと腹に響く一冊だ。(吉田伸子・書評家)

(集英社・1575円)=2011年12月1日⑥配信

地をはう取材の成果

「北の無人駅から」(渡辺一史著)

題からは、ロマンあふれる“北の大地”の紀行を連想してしまう。しかしこれはただの旅行記ではない。辺境の六つの無人駅を起点とし、そこから始まる迷宮のように交錯した物語の数々だ。

なかには、なぜこんなところにと意表をつく無人駅もあれば、有名な観光スポットだというのに、そこを一歩出れば人と自然保護のねじれにねじれた関係が噴出する駅もある。ニシン漁の栄華が夢まぼろしとなった地で、過酷な海を腕一本で渡る漁師のけれんみのない姿があり、高齢化率7割の極限の過疎集落で、それでも「住めば都」とうそぶく「爺(じじ)と婆(ばば)」のリアルな息づかいがある。

町村合併で消えた村の物語はとくに印象的だ。合併をめぐる奇妙な動きの裏には何があったのか、関係者の証言をたどるうちに、いったん解かれた謎が新たな謎をよび、どんでん返しが続くという展開は、まるで上質なミステリーのようだ。

本文773ページという大部の書は、実力派ライターの力作だけに、地をはうような取材の合間に、北海道とは、地方とは、そして開拓とは、戦後とは何だったのかという大きな物語がちりばめられ、秀逸な社会批評となっている。

けれど私は本書の一番の読みどころは、交錯する物語の数々というより、むしろ、どうして「こんなところ」に人は住むのかというシンプルな問いを、著者が10余年にわたり抱きつづけ、取材し、書ききったところにあると思う。

むろん、問いへの答えは本書の中にさまざまに書かれている。けれど、同じ問いは変わることなく著者に回帰している。なぜならそれは、結局のところ著者自身に向けられた問いだったからだ。問い続けること自体が答えであるような問いだったからだ。

そのようにして物語を紡ぐ過程そのものが重層する別の物語となり、本書はたんなる力作を超えたノンフィクションの秀作となっている。(斉藤道雄・ジャーナリスト)

(北海道新聞社・2625円)=2011年12月8日①配信

往復書簡に人生の滋味

「再会と別離」（四方田犬彦、石井睦美著）

その昔、著者と編集者として知り合った二人が、23年後、再会した。彼らは「往復書簡」の形を借り、自分たちの生きた半世紀の時間を静かにたぐりよせ思索する。多くの別れがあった。師や友人、恋人や夫、実の親とも。

手紙だから、各人、一人称で語っていく。しかし言葉には、相手が導き出したという気配がある。読者の存在が一瞬消え、真裸で無防備な心が現れる。子どもの頃の話をきかせてほしいと言う石井に、四方田が語る家族の記憶は痛ましい。

ある夜更け、母親に起こされた彼と弟は、アルバムの写真に映る父の顔を、マジックインクで塗りつぶすよう、命じられた。最後に父親が家を出ていく日の記憶、あるいはその後の離婚調停の法廷で、息子である自分が言い放った言葉も、淡々と冷静に書き付けられていくが、わたしは文字から、血が噴き出しているように感じた。

この手紙を受けて石井が語り始める自らの離婚。家族が静かに壊れていくさまが、抑制された筆力でこちらもまた淡々と語られていく。夫と別れてゆく過程で「ある事件」が起きたらしいのだが、それについて石井は「どうしても書くことができない」。

この本には、そうして塗り残されたままの幾つかの謎がある。

そしてそのことは、本書にむしろ、敬虔（けいけん）な印象を与えている。別れることになった対象の多くが、死者であることも関係しているだろう。

恋愛のあとにあるのは別離だが、緩やかに持続する友情の醸成こそ、再会というものにふさわしい。その先に「死」をも見据えながら、四方田が語る「友情論」。本書の二人には、実にすがすがしい距離が介在する。男と女。だが友情。

偶然によって最初に出会い、恩寵（おんちょう）によって二度目に出会う。人生の滋味が、脳髄にじわっと染み渡る本だ。（小池昌代・詩人、作家）

（新潮社・1365円）＝2011年12月8日②配信

サブカルチャーの源への旅

「Get back, SUB!」（北沢夏音著）

「ヒッピー・ラディカル・エレガンス」。古本屋で偶然出会った雑誌に記された三つの言葉が、すべてのはじまりだった。これは1970年代初頭に神戸で発行されていた伝説のインディペンデント雑誌、「季刊サブ」創刊号の特集に掲げられた言葉だ。

その編集長だった小島素治は、ビートルズに衝撃を受けた当時の若者の一人。ヒッピーとラディカルのあとに「エレガンス」の一語を添え、創刊号で〈花と革命〉という特集を組む彼に、著者は共振する。時代を超えて、自分とよく似た魂を発見してしまったのだ。優れたノンフィクション作品を成り立たせるのに必要な衝動を得て、途絶えたままの氏の消息を追う長い旅が始まる。

インターネット上の書き込みで、小島氏が京都の拘置所にいることが明らかになる。刑事裁判での有罪判決、がんの発症、入院という予想外の展開を経て、著者はようやく小島氏と対面を果たす。だがインタビュー取材の直後に、氏は急逝してしまう。ここまでは本書のイントロダクションにすぎない。

無名の若者がなぜ、独力であれほどソフィスティケートされた雑誌を生み出せたのか。当時はどんな時代の風が神戸の街に吹いていたのか。雑誌休刊後、彼はいったいどのような人生を歩んだのか―こうした問いに答えてくれる多くの証言者によって、小島素治の人物像は次第に鮮明になる。でもこの本の「旅」は、まだ終わらない。

いつの頃からか「サブカルチャー」と呼ばれるようになった文化やライフスタイルがある。本書の真のテーマは、70年代の時代精神とでもいうべき、サブカルチャーの淵源をさぐることだ。「季刊サブ」は、著者を行き着くべきところへたどり着かせた、導きの糸だった。「旅」の終わりに著者が行き着いた場所はどこか。それを知りたければ、あなたもぜひこの長い旅に出てみてほしい。（仲俣暁生・編集者、文筆家）

（本の雑誌社・2940円）＝2011年12月8日③配信

細部積み重ね描く戦争　「息のブランコ」(ヘルタ・ミュラー著、山本浩司訳)

ノーベル賞作家ヘルタ・ミュラーが描く収容所での過酷な生活―と書けば、ひどく陰惨な物語と思うかもしれない。そういう側面もある。だがこの小説には、戦争を経験していない人間が戦争を描くために不可欠な何かが示されている。

背景はこうだ。第2次世界大戦末期の1944年8月、ルーマニアはソ連の反攻を前に降伏する。軍事独裁政権が倒れ、ドイツとの軍事同盟も破棄、連合国側につく。だが45年1月、生産拠点復興のために、ソ連はルーマニアに住むドイツ人8万人ほどを連行、ウクライナの炭田などで強制労働に従事させる。5年間の抑留。1万人はかの地で死亡する。

ヘルタ・ミュラーは53年ルーマニア生まれ。完全な戦後世代だ。しかし少女時代、大人たちが右の歴史的事実を語りたがらないことを不審に思い、真実を知りたいとの思いを募らせていく。盟友の詩人オスカー・パスティオールは収容所体験者で、詳細な証言を提供してくれた。オスカーが亡くなり、ミュラーは膨大な資料を断片のまま再構成し、小説に仕上げた。

収容所の生活は端的には空腹との戦いだ。ミュラーはそれを「ひもじさ天使」と呼ぶ。決して消えない天使は「ひょいと僕の口のなかに潜り込み、垂れ下がった口蓋の帆にしがみついて離れなくなる」。ひもじさは生き物のようにつきまとう。

たまの休みには町に出ることも許される。その際にふと拾った紙幣で食べられるだけ食べて、食べ過ぎて、すべてを吐き出してしまうシーンに、読者は胸を衝(つ)かれる。

直接経験していない戦争を記述するには、おそらく無限に続く細部を丁寧に積み重ねていくしかない。ヘルタ・ミュラーが成し遂げたのはまさにそれだ。そして私たちの文学もまたそうした小説を旺盛に生み出しつつあることを付言しておく。古処誠二「ニンジアンエ」や帚木蓬生「蠅の帝国」はその代表例である。(陣野俊史・文芸評論家)

(三修社・2310円)＝2011年12月8日④配信

業績見極める努力の意義　「ノーベル賞はこうして決まる」(アーリング・ノルビ著、千葉喜久枝訳)

ノーベル賞の特徴は、研究の歴史をさかのぼり、研究の発展において本当に貢献したのは誰の何の研究だったのか、歴史的な視点で、きちんと突き詰める点にある。

本書は実際にノーベル賞の選定に関わったことがあるウイルス学者の著者が、公開された文書をひもとき、委員会の選考経緯を交えながら主として医学生理学賞、中でもウイルス関連の研究史を振り返った本である。

特に日本人にはポリオや黄熱病研究の話題がなじみ深いだろう。野口英世の国際的な評価について知らなかった読者は失望するかもしれない。著者が選考に関与した牛海綿状脳症(BSE)の原因として知られるプリオンの発見については受賞者たちの人となりが描かれている。

自然科学の「発見」は数多くの研究者たちが連綿と積み重ねたもので、しかも自然が対象である以上、どんな発見でも一時的な結果にすぎない。一方、ノーベル賞は一度の受賞者は3人までと決められており存命の人物にしか与えられない。誰の何の発見が受賞に値するのか。研究史において、最も重要な発見や概念の構築に貢献したのは誰のいつの論文だったのか。ノーベル賞ならびに委員会の妥当性についてはこれまでにも多くの議論があり、類書も多い。だが実際に選考に携わった経験者が、ノーベル文書館に収蔵された過去の文書を直接検証して考察した本は珍しい。

公開された文書といっても、昔の選考委員会のやりとりの全てが記されているわけではない。本書もどちらかというと淡々としている。しかし興奮を抑えつつ、書かれていないやりとりや当時の雰囲気を行間から読みとっていく著者の息遣いが感じられる一冊だ。

本としては研究書に近く、読みやすいとは言えない。だが本当に価値あるものを見いだして、広く光を当てるためにどんな努力が費やされているのか、その背景は多くの人が楽しめるはずだ。(森山和道・サイエンスライター)

(創元社・2520円)＝2011年12月8日⑤配信

現代にも通じる組織退廃　「日本海軍はなぜ過ったか」（澤地久枝、半藤一利、戸高一成著）

敗戦の年4月、当時の国民学校に入学したわたしでさえ、日本の戦史についてはほとんど無知だ。戦時下に少年時代を送ったにしても、漠然としか戦争を知らない人間がいるのだから、若い世代で無関心な人が多いのは不思議ではない。

2年前に放送された、NHKスペシャル「日本海軍　400時間の証言」は、戦後30年たってから、旧海軍士官らがひそかにおこなっていた「反省会」の録音テープを発見し、再現したもので、敗戦を導いた幹部らの肉声が、戦争のむなしさをよくあらわしていた。

いま日本海軍にもっとも詳しい作家と研究者が、その映像をみて、軍隊という集団が「軍人」をつくり、歴史を誤らせた経過を分析、若い世代に伝えるために語りあったのがこの記録である。

「おかしかったのは、『勝てると思ったんです、あはは』と笑っていること。そんなに簡単に言ってもらっては困る」（澤地久枝）。わたしの記憶にも残っている声だ。もし勝てたとしても、双方に多大な犠牲者がでる。人間が死ぬことになにも感じなくなった出世主義者たちが、ふたたび帰還できない特攻兵器を考案し、実戦に使った。

軍を監督するのが政府の役割だが、軍を恐れてなにもしない。海軍と陸軍は縦割りで、予算分捕り合戦で敵視しあい、その内部は上意下達で排除と迎合が当たり前。最近問題になった、検察庁、経産省、東京電力にも通じる組織の退廃である。

「失敗体験というものは、これは隠します。責任者が出るということを嫌うんですね」（半藤一利）。

波を蹴立ててすすむ連合艦隊は勇壮で、海軍の制服はスマートで、エリートが多い、との伝説は虚像だった。「おまえ行け、俺も行く」と特攻作戦にだした指揮官らが、自衛隊の土台を作った。

それが「戦後の歪（ゆが）みの原因」（戸高一成）である。もっとも非人間的なのが戦争だが、その遂行組織もまた非人間的だった。（鎌田慧・ルポライター）

（岩波書店・1680円）＝2011年12月8日⑥配信

テクニックと思考を総動員　「一分ノ一（上・下）」（井上ひさし著）

「今年の四月からは小説にも必死になる覚悟でいる」。著者が自筆年譜にこう記したのは1986（昭和61）年2月、51歳の時だ。本作を執筆し始めたのはちょうどそのころ（「吉里吉里人」出版の5年後、こまつ座旗揚げの2年後）で、第1回は同年6月号の「小説現代」に掲載された。

1992（平成4）年3月号まで足掛け7年、断続的に連載し、第41回で中断。本書はそれから19年の時、連載開始からは25年を経て、未完のまま発刊された、43番目の小説本である。

ところは終戦後ソ米英中の4カ国に分割されたニッポン。主人公のサブーシャこと遠藤三郎は、ソ連に管理されている北ニッポンに所属し、400万枚もの紙を費やして「一分ノ一・クレムリンと赤の広場地図」を作った、賞でたとえるならイグノーベル賞級の地理学者だ。彼は日本地図を一色で塗りつぶしたい一心で、日本統一の志士となり、北の山形からトウキョウへ亡命する。

このわずか3日間のスリリングな逃亡・革命運動物語には、チェーホフ、シベリア、天皇、憲法、裁判、国家、辞書作り、地図の描き方、精密なエロスといった筆者のうんちく、思考が満載され、小説内小説、小説内劇といったテクニックが総動員されている。そのうえ、CIA、KGB、奇術師、歌手、やくざ、野球監督、そして愛らしい主将犬が入り乱れての活劇を生む筆は、“必死”でありながら自在で実にうれしげだ。

著者がこれまでに刊行した小説本の原稿量は、概算で総枚数約3万5千枚、約1400万字。その量たるや「広辞苑」1冊分に相当する。本書は3番目に長いが愉快に読める作品で、「井上小説の中で傑作を3冊あげよ」と問われたら、必ずあがるに違いない名作。

読了後、「国を『一分ノ一』にするのは難しいことだ」とつぶやいていたら、本の背にそっと印（しる）された言葉に気が付いた。「やさしいことをふかく」「ふかいことをゆかいに」。（烏兎沼佳代・編集者）

（講談社・上下各1995円）＝2011年12月8日⑦配信

何層にも重なる精神の対話　「小澤征爾さんと、音楽について話をする」（小澤征爾、村上春樹著）

ジャンルを超えた二大巨匠の対話でありつつ、ごく普通の男2人の対話。ある時はレコードを聴きながら、ある時は移動する列車の中で。比較的「ラフ」な対話が合計6回。そこにとてつもない魅力が潜んでいる。

読み進めるうちにふと気付く。彼ら2人の横にもう一つ椅子が用意してあって、そこに自分が座っている…そんな「招き」があることに。読者にとっては「紙の上」で一緒に聴いているレコードも、この上もなくリアルに聞こえてくる。しかしこの「錯覚」は「魅力」のほんの導入にすぎない。この本の恐るべき力は、何層にも設けられた精神世界の存在だ。

時間の経緯、認識の変化、理解と誤解…それらが村上氏、小澤氏、そして読者のなかで何層にも重なってゆき、相互の精神世界に作用してゆく。次元の違う「部屋」が次々と生まれてゆくとでも言うべきか。

例えばマーラーの音楽の唐突な展開を「意味」としてとらえようとする村上氏に対し「あのね、あなたとこういうことを話していて、それでだんだんわかってきたんだけど、僕ってあまりそういう風にものを考えることがないんだね」という小澤氏。平易ではありながら相互の発見がありつつ、共感のように見えて異質な認識。そしてそこから双方の中で別々にまた生まれてゆくであろう精神世界。読者もそれを想像することで「部屋」の数は無数に膨れ上がってゆく。何とも「美しい」対話だ。

さらに「文章にもリズムが大事」という村上氏のこだわりも生きている。「始めに」からすでに村上氏の「音」が聞こえてくるようだ。ノンフィクションが始まると知っていながら「創作の世界が展開するのでは？」と胸の高鳴りを覚えてしまう。

また対話を通しつつ、小澤氏の中で徐々に心の壁が溶けてゆく内面の「動き」も醍醐味（だいごみ）だ。小澤氏自身はあとがきで「春樹さんありがとう」と締めくくるが、行間に見え隠れする巨匠の「心」に強烈なカタルシスを感じるのは私だけではあるまい。（中野順哉・作家）

（新潮社・1680円）＝2011年12月15日①配信

本質問い、心に届く語り　「こども東北学」（山内明美著）

くり返し何度もこの本を読んだ。読むたびに現場と現実に真剣に向かい合うことの大切さを思い知らされた。本書は東日本大震災以降に刊行されたさまざまな関連類書の中で、もっとも深く東北の本質を問い、復興への道筋を懸命に探ろうとする優れた一冊であると思う。

著者は壊滅的な津波被害を受けた宮城県南三陸町をふるさとにもつ若き学究の徒であるが、見るべきものはしっかりと見すえている。50戸ほどの寒村に生まれ、農にいそしむ祖父母と両親、そして村人の働く姿を見て育った。だが農の営みは漁業と同様、自然を相手のリスクの高い、しかし報われることの少ない労働である。

国民食糧を支えながら後退を余儀なくされる農林漁業の現場。1993年、著者が高校3年の時に経験した東北大凶作。米の実らぬ青立ちの田んぼに火を放って稲を焼く父の無念の後ろ姿。その姿を胸に刻み、なぜ時代は東北の父たちの努力に報いることができぬのかと問う。

しかし、これは序章にすぎなかった。今なお過酷さの中にさらされている東北の現場に未曽有の巨大津波が襲いかかり、多くの命と形あるものはすべて破壊された。そしてあらゆる努力を無にしてしまう原発事故。放射能汚染の広がり。果たして人々は再び立ち上がっていけるのか。その必死の思いが著者にこの本を書かせた。

〈それでもわたしは、どんなに長い時間がかかっても、安心して農業や漁業ができる「東北」の土と海を回復することが、なにより大切なことだと思っている〉とは著者のメッセージであるが、同じ東北を生きる者として大いに共感できる。

つらさと悲しみの中にある被災地のこどもたちに向けて書かれた本書の、やさしく語りかけるような文体は、大人たちの心にも届く強い説得力を持っている。（結城登美雄・民俗研究家）

（イースト・プレス・1260円）＝2011年12月15日②配信

周知めぐる異色の考察

「ロックとメディア社会」（サエキけんぞう著）

300ページを超える読み応え十分の力作だ。ここで言う“ロック”にはいわゆるロックンロールのみならず、ブルースやテクノ、ヒップホップから、J-POP、アニメソングなども含まれる。本書は20世紀以降の“大衆音楽”がさまざまなメディアの力を借りていかに「周知」されていったかを、時間軸（歴史性）と文化軸（地理性）の両面から考察する異色の社会論となっている。

たとえば、エルヴィス・プレスリーが1950年代のアメリカで一夜にして大スターとなったのは、「テレビ」の力と彼の激しいパフォーマンスの相乗効果によるものと著者は分析。ほかにも「映画」を重視したビートルズ、80年代のポップスシーンの隆盛は「MTV」の存在なくして語れないなど、音楽性や精神性で読み解かれることの多いロックの別の一面がニュートラルな視点で緻密に掘り起こされていく。

だが、著者自身が指摘しているように、インターネット時代のメディアは「見えにくくなっている」。それはロックが生きにくい時代でもある。ゆえに本書では「『音楽』などのメディア・ソフトを、もう一度見つめ直す」ことの重要性が幾度か説かれることになる。クールな筆致の向こうに垣間見える危機感。それが著者のロックへの愛なのだろう。

しかし、私はこうも思う。21世紀のいま、“メディア”の視点だけから文化を語ることができるのだろうか、と。つまり、現代は“ネットワーキング”の社会であり、それは従来の音楽産業を衰退させる一方で、また別の音楽の可能性を提示するかもしれない。ソーシャル・ネットワーキング・サービス（SNS）を駆使するレディー・ガガや「ボーカロイド」ブームなどに私はそれを見る。

その意味でロックとは20世紀のマスメディア型音楽だったのかもしれない。これはロック以外の社会・文化事象にも広く言えることだ。（河尻亨一・元「広告批評」編集長、東北芸術工科大客員教授）

（新泉社・2100円）＝2011年12月15日③配信

絵に入り込む小説

「モナ・リザの背中」（吉田篤弘著）

絵に見入る。絵の世界に入り込む。日本語がそう語るとき、そこには常に「入る」という要素がある。にもかかわらず日陰者に甘んじている「入る」という言葉を物語として語ってみせる作家がいるとすれば、吉田篤弘以外に適任者がいるはずもない。かくして登場した「モナ・リザの背中」という小説は、絵に入り込むという体験を、哲学的かつ喜劇的な言語感覚とユーモアを駆使して語ってみせる。

何かと鳥肌が立つ癖のある50歳の大学教師、通称「曇天先生」が、ダ・ヴィンチの「受胎告知」のなかに入り込んでしまったことから、一連の騒動は始まる。

その次は助手のアノウエ君の家にあるポスター、その次には風神雷神図、さらには銭湯の壁に描かれた富士山と、立て続けに絵の奥の世界に踏み込むなかで、曇天先生にとっての現実を構成する境界線が次々に崩れていく。

絵と現実、過去と現在、自己と他者…。こうして、思いもよらない絵画の旅は超現実的な色合いを帯びていくが、それでも物語は魅力ある人間味を失うことはない。「なんなん？」と歯切れよく語りかけてくる風神しかり、月見団子がいつの間にか月の絵になっていたというエピソードしかり。その軽妙なリズムに支えられた思弁的な雰囲気が、全編をまとめ上げている。

音楽に例えるなら、本書は即興演奏のようなものだと言えるかもしれない。「絵に入り込む」という主題が何度も変奏されながら、そのつど新たな風景や思考が展開するなかで、物語は一枚の絵が持つ豊穣（ほうじょう）さをあらわにしていく。それを一通り味わった後には、絵という静止しているはずの世界が一瞬動きだすような感覚が残る。

本書を読んだ後、普段は何げなく素通りしていた絵の前でふと足を止める人も出ることだろう。その絵に一歩近づいてみてほしい。いやもう一歩、ささ、もう少し入り込んで…。（藤井光・同志社大助教）

（中央公論新社・1890円）＝2011年12月15日④配信

味わい深い画家人生

「絵のある自伝」（安野光雅著）

久々に味わい深い本を手にした。どんな人にも長く生きれば、人の心を打つ折り目節目があるだろう。まして著者は、誰もが胸をしめつけられるような懐かしさを感じる絵を描く人であり、上質なユーモアと、ペーソスを持つ文章家である。

著者は森鷗外と同郷の津和野に1926（大正15）年に生まれた。昭和、平成の85年にわたる物語は全編、人をひきつけてやまない。

ぬかを煎（い）ってノミ取り粉と称して売った、寅さん顔負けの義兄善一。彼の刺青（いれずみ）は痛くて途中でやめたから「目のない金太郎」。そんな夫を持つ上のねえちゃんは鶴見祐輔著「母」をバイブルにして生きていたなど、家族の話が哀（かな）しくおかしい。

「ハナ、ハト、マメ」の教科書から「少年倶楽部」へ。「のらくろ」「冒険ダン吉」、そして「敵中横断三百里」。その挿絵の樺島勝一は著者にとって神様。何枚もまねて描いた。小学5年生の時、講談社に絵描きになるにはどうすればよいかと手紙を出したりした。

時局は戦争にのめり込んでいく。少年みっちゃんは勤労動員を経て九州の炭鉱に行き、兵役。四国で敗戦の報を受け、靴下片一方分の米を支給されて復員。そんな日々を、若さのエネルギーに満ちた筆致でつづった。

戦後、小学校の美術教員をしながら、持ち前の好奇心と空想を熟成させ、この世に二つとない絵本を創り上げていった。「ふしぎなえ」「ABCの本」…。ああ、こんな面白い本を私も子ども時代に目にしていたら…。

昔のアトリエを描いた表紙の袖に「ヒトリ／ダマリノミチ／ナガイ／フタリ／ハナシノミチ／ミジカイ」とある。これは戦後すぐ、あるバス停で朝鮮人のおばあさんが著者にかけた言葉で、「このように美しいことばを聞いたことがないし、これからも聞かないであろう」といい、本文の中で、この言葉をトラジ（キキョウ）の花とカケスの絵で飾っている。

私もまた、これほどの本に出会うのは、これからも難しいであろう。（船曳由美・フリー編集者）

（文芸春秋・1628円）＝2011年12月15日⑤配信

自然と魂の共存する場所へ

「金色の獣、彼方に向かう」（恒川光太郎著）

どんなに科学万能の世になろうと、人間が人知を越える“不思議”に引かれている間は、まだ何かを畏れ敬う謙虚さがある気がする。そんな“不思議”を日常と地続きで描くのが著者の世界観。意識の古層を、ひとなでされるかのような懐かしさがあるのも特徴だ。本書もそんな4編を収める。

狩人風の男が僧を相手に、「鼬（いたち）」を連れ歩く異国の女巫術師（ふじゅつし）と関わった数奇な半生を一夜語りする第1話「異神千夜」。離婚した中年男と重い過去をかかえる若い女が“現世脱出”をする第2話「風天孔（ふうてんこう）参り」。森に棲（す）む精霊が若い女性の体を借りて上京、鼬の面をつけた昔の知人と再会する第3話「森の神、夢に還る」。男が少年時代の夏にさかのぼり、どこからともなく現れた鼬と、その動物とともに姿を消した少女を、猫の墓を掘る老人の姿を交えて回想する第4話の表題作。

題名の金色の獣とはこの鼬のことで、元寇（げんこう）を題材にした歴史小説でもある第1話の鼬が、不老不死の力を得て、第4話の少女を救いに現れたようにも読める。が、もっと印象深いのは各編に満ちた緑のイメージだろう。

第1話の僧が清流近くにむすんだ草庵、第2話の竜巻を探す一行が見る黄緑色に輝く田んぼや樹海の紅葉。第3話では「私」と自分語りする精霊が夜の森で深々と息をし、第4話の少年が遊び場にする河原には夏草が生い茂る。

著者の作風を“草食系ホラー”と言いたくなるのはこのためで、著者はたとえ残酷な斬首や殺人は出しても、流血や怨念の生々しさなどは大いなる生命サイクルの中に溶かし込み、現代人が忘れてしまった自然と魂の共存する場所へと、優しい手つきで案内する。

デビュー作でいきなり直木賞候補になるなど、著者は今最も潜在能力の高い気鋭。竜巻を「風天孔」と名付けるなど、独特の詩情をもつ造語も、その日本語世界を深くしている。（温水ゆかり・ライター）

（双葉社・1470円）＝2011年12月15日⑥配信

原罪はらむ愛の姿

「ジェントルマン」（山田詠美著）

愛の美しさと残酷さ。その情熱と哀切を身体感覚としてひりひりと感じさせるほどに描く現代作家として、山田詠美は抜群の筆力を持つ。

そこには常に性の源泉から立ち上ってくる痛みのような感性があるが、女性作家で比べられるのは田村俊子の文学を数えるぐらいだろう。

美貌と優しさを兼ね備えた坂井漱太郎と高校生のときに出会った主人公の夢生は、その非の打ちどころのない青年に周囲の級友たちと同じように魅了されるが、ある嵐の日に華道部の女性の先生を強姦（ごうかん）しているところを目撃し、衝撃を受ける。しかし、それは正義の体現者たる青年の、残酷な本性を見たというよりも、夢生の中に秘められていた愛と性の渦が、その瞬間からとめどなくあふれ出した自覚によるものであった。同性愛者として生きることになった夢生にとって、かくて漱太郎は永遠の愛の対象と化す。

作品は夢生が漱太郎に語りかける文章と、三人称の文体での描写によって進行していく。

社会人となり家庭を持った漱太郎の悪の行為を、夢生はただ一人自分だけがその「告解」を聴くという特別な使命を帯びる。紳士の顔に隠された犯罪者、ジキルとハイドのような二面的な人間として、しかし漱太郎をとらえることはできない。この不思議な男にとって、善と悪という二元論はそもそも存在しないのであり、性の欲望という本性こそが純粋な自己そのものとなっている。

作中に2人の対話で、人間であるからこその愛の喜びが語られるが、夢生は同時に、「きみと二人、ちっぽけな虫たちとして生まれ、同じ日照りの中で涸れ果て、あるいは、同じどしゃぶりの雨に溺れ、共に呆気なく朽ちて行くのも、また幸せなのではないか」とも感じる。

有機的な自然から離脱してしまった人間の「愛」。それはそれ自体として究極的な甘美さと残酷さを、まさに原罪をはらむ。小説の鮮烈な結末はその愛の逆説を示してあまりある。（富岡幸一郎・文芸評論家）

（講談社・1470円）＝2011年12月22日①配信

引きつける熱い語り

「虚空の冠（上・下）」（楡周平著）

新聞、ラジオ、テレビ、そしてインターネットに電子書籍。戦後のメディア史を踏まえつつ、その移り変わりのなかを、しぶとく、かつおごそかに生き抜いてきた男の半生を、極めてダイナミックに描いた小説である。

終戦から約3年。新聞社の若手だった渋沢を乗せた連絡船が、米軍の軍艦と衝突して沈んだ。軍艦は救助活動もせずにその場を去り、連絡船の約50名の乗客乗員は、渋沢1人を除いて全員死亡した。渋沢は、この事実に口をつぐむ代わりに、政界とのパイプを手に入れ、トップ記者としてのし上がる。彼はその後、様々な浮沈を経験しながらも、さらに多くの事業を育てていく……。

渋沢やその好敵手が語るビジネスプランが実に熱い。例えば、ラジオという媒体をどう活性化させ、その先に何を狙い、どう実現させるのかを、彼らは語る。その熱気と着眼点の鋭さが読者を強烈に引きつける。

楡周平は1996年のデビュー以降、犯罪小説や経済小説などの多様な作品のなかで、ビジネスモデルを説得力たっぷりに語ってきた。そんな彼が、本書の登場人物たちに事業戦略を熱く語らせるのである。読者を魅了するのも当然といえよう。本書はさらに戦後から現代に至る長期的な視野で、様々な媒体を生かした事業の連鎖を語っており、その戦略の魅力は何倍にも増す。

電子書籍事業を題材にした点も評価したい。この事業は、勝者だけが利益を、それも巨額の利益を手にする事業であり、それ故に企業間の闘争は熾烈（しれつ）を極める。戦略と交渉力と実行力の全てを懸けた闘いは、この上なくスリリングだ。

そしてこの長大な物語の結び方が素晴らしい。「虚空の冠」という題名の重みを実感する終止符なのである。本書が、熱い語りと冷静な計算で作り上げられた巨篇であることを象徴する結末といえよう。（村上貴史・ミステリー書評家）

（新潮社・上下各1575円）＝2011年12月22日②配信

震災に抗して立ち上がる

「眼の海」（辺見庸著）

大津波からちょうど半年後、仙台と石巻を訪れた。小雨模様の暗い風景の中、どの海岸でも、点在する背の高い黄色い花の群落だけがわずかな彩りだった。帰宅して花の名を調べた。「オオハンゴンソウ（大反魂草）」。「反魂」とは死者の魂をこの世に還（かえ）すこと。私は調べ間違えたのかもしれない。だが、花の名は深く心に刻まれた。

本書は石巻出身の著者がうたう「反魂」の詩集である。「鎮魂」といいたくない。「反魂」といいたい。そう思わせる激しさが全編を貫く。貧血気味の現代詩からはるかに遠く、原初において叫びでもあり祈りでもあったに違いない詩というものの力が、沈黙の海の力に拮抗（きっこう）するように、うねり、渦巻いている。

たとえば「ハマエンドウ」「ハマダイコン」「ハマゴウ」「ハマボウ」等々、植物たちの多くの名前が呼ばれ、海藻たちの名前が、小さな生き物たちの名前が、呼ばれる。彼らの名前とともに、海辺の町の少年の日の自分自身が呼び出され、死者たちが呼び出される。

言葉なき死者たちにささげる「唖辞（コプラ）」なき切れ切れの言葉としての名前たち。ここでは、言葉もまた、破れ傷ついているのだ。言葉は、かつて「骨の唖者（あしゃ）になれ」という大海原の忠告を聴きながらも言葉を持ってしまった詩人の、そして人間の、業のようなものかもしれない。

「眼の海」とは、たんに眼に映る海ではない。「網膜のうら」にひそんでいた「ひとしずくの涙」が「いきなりわたしの眼からふきでて／こんなにも海となった」。涙から海へ、海からまた涙へ。そして、「骨から花へ／骨より花に」「骨から星へ／星から骨へ」。俗で猥雑（わいざつ）で愛すべき人間世界を包み込むこの痛苦に満ちた宇宙論。慟哭（どうこく）と悲憤の終末論。

震災は人間の命も奪ったが、言葉も奪った。この詩集には、震災後の、震災に抗して立ち上がった、最も緊迫した言葉たちの姿がある。（井口時男・文芸評論家）

（毎日新聞社・1785円）＝2011年12月22日③配信

展望なき時代に知の提言

「オリジンから考える」（鶴見俊輔、小田実著）

心を響かせあう人間がある限り、人は死なないのだろう。思想も文学も言葉によって生きのびる。言葉はそれを受けとめる人間によって生きつづけ、さらに、新しい人たちの受容によって蘇生するのである。

本書はそうした循環する思考の力を最も深い場所、起源のところから伝えている。

精緻に重層的に編まれたⅠ～Ⅳの章立てを持つ本は、亡き年下の友、作家小田実の作品と行動に息づく思想を解明しようとする、哲学者鶴見俊輔の強い意思を感じさせる。

小田の死により果たせなかった対談を、鶴見ひとりで作り上げた「小田実との架空対談」が、まさにファンタスティック。小田が生きていれば、おそらく会話はこうなだらかにはすすまなかったろう。小田の作品を通して鶴見が創作する架空の言葉は、当然ながら簡潔だが、寡黙な小田の少量の言葉のなかに小田実の本質が浮かび上がる。

小田のエネルギーが吐き出させる饒舌（じょうぜつ）が、本来はわかりやすい小田の思想を難解にしていたのは確かだ。その言葉の渦から生きた思想を取り出す鶴見の技は絶妙である。

大作「河」について語る「小田さんはどろどろと流動してやまない形の作品を書いた」という評言を超える文芸批評は他に見当たらない気がする。「どろどろと流動してやまない形」は小田文学の原質を衝（つ）いている。

小田の遺作である未完の童話「トラブゾンの猫」は心弾む作品。戦い疲れて逝った作家が残る力を振りしぼり、時空を超越して飛び交う“凄猫（すごねこ）”たちの童話を書いてやろう、と試みたことが素敵（すてき）だ。しかし、猫が人間の世界史を考える寓話（ぐうわ）において、トロイの老猫やクビライ・ハン猫や始皇帝猫たちがどのように暴れまわるのか、今はむなしく想像するしかない。

哲学者が作家の思想に見るプラグマティズムや批判的常識主義。哲学者の敗北力や受け身力。これらは2人の思想家が展望なき時代に示すリアルな知の提言といえるだろう。（宮田毬栄・エッセイスト）

（岩波書店・1995円）＝2011年12月22日④配信

天才琵琶奏者の数奇な人生

「さわり」（佐宮圭著）

本書は琵琶演奏家の鶴田錦史の一生をつづったノンフィクションだ。琵琶や鶴田錦史という名になじみがない人でも、作曲家武満徹は知っているかもしれない。鶴田は、武満が1967年に作曲した「ノヴェンバー・ステップス」でソリストを務め、世界的に有名になった。だが、その時すでに50代だった彼女の経歴は謎に包まれていた。しかも彼女はなぜか常に男装だった。本書は、それらの謎を緻密な調査によって見事に解き明かしている。

今でこそめったに聴く機会のない琵琶だが、戦前、特にラジオが家庭に普及するまでは、現代における歌謡曲のようにポピュラーな娯楽だった。鶴田は幼少の頃から「天才琵琶少女」として一家を支えるほどの活躍をする。しかし、ライバルの出現、太平洋戦争を挟んでの時代の変遷、愛する夫の裏切りなどを経て、琵琶を封印し実業家としての道を歩み、子どもも、そしてついには女性であることも捨ててしまう。武満との出会いは、そんな彼女が琵琶演奏家としての顔を取り戻し、残りの生涯を琵琶にささげるきっかけとなった。

著者は出版社の依頼をきっかけに鶴田のことを10年かけて調べたそうだが、それまで全く琵琶の知識がなかった人が書いたとはとても思えない。琵琶界の複雑な状況など、一般の人には専門的で分かりにくい部分もあるかもしれない。が、それを差し引いても、鶴田の波瀾（はらん）万丈の人生にぐいぐいと引き込まれ、あっという間に読み切ってしまうこと間違いなしだ。

彼女を突き動かした原動力は「コンプレックス」であったことが、ここで明かされている。しかしそれをパワーに変える強さが、常人とは一線を画したところだろう。

私は幸いにも、鶴田の最晩年の演奏を聴く機会を得たが、そのえもいわれぬ迫力と深みに圧倒された。それは彼女の人生経験に裏打ちされたものであることを本書で再認識した。2010年「小学館ノンフィクション大賞」優秀賞受賞作の単行本化。（岩下公子・雑誌「邦楽ジャーナル」編集者）

（小学館・1680円）＝2011年12月22日⑤配信

大女優4人の純粋さと潔さ

「永遠のヒロイン」（井上篤夫、NHK取材班著）

世界的に名を残した往年の大女優4人の映画愛と女の生きざまを、友人や知人、親類縁者に取材しながら検証するドキュメントエッセー。テレビ向けの取材を基に、著者は女優の愛と仕事にフォーカスしており、一般読者にも読みやすい女性論となっている。

本書で描かれているのは、生まれが1901年のマレーネ・ディートリッヒ（ドイツ）、07年のキャサリン・ヘプバーン（米国）、13年のヴィヴィアン・リー（英国）、15年のイングリッド・バーグマン（スウェーデン）。いずれも世紀のヒット作で評価を得た大女優ばかりだ。

彼女たちはそろって、家庭や子どもに対する思い入れが少なく、芸と恋愛には強く執着している。既婚男優や監督らにのめり込み、不倫や略奪愛へと発展した行動の中に、いったいどんな思いがあったのか？

私は評論家として、スターの私生活よりも、作品を生かす俳優の演技力そのものに引かれる方だ。監督に製作意図を聞くよりも、作品から見えたもので自ら判断する。メーキングやインタビューで語られる裏話は、あくまでプロモーションの一部にすぎず、作品の価値とは関係ない。これまで出会ったほとんどの映画人も、こういった見方を望んでいたように思えた。

しかし時を隔て、カリスマ女優の子孫や周辺の人々に、あらためて彼女たちへの“思い”を語らせるという取材手法は、残された人々の気持ちを整理し、心を癒やしたのではないか？

破天荒な女優たちは、悲劇のヒロインでもあった。

祖国ドイツを捨てざるをえなかったディートリッヒ。恋人の葬式にも出席できなかったヘプバーン。精神に異常をきたして離婚されたリー。最愛の監督との作品がすべて興行的に失敗したバーグマン。

ただ先人たちは、熱情に突き動かされるように行動し、リスクを受け入れた。その思いの純粋さと潔さに感服する。（木村奈保子・映画評論家）

（NHK出版・2100円）＝2011年12月22日⑥配信

化学物質が歴史をつくる 「スパイス、爆薬、医薬品」（ペニー・ルクーター、ジェイ・バーレサン著、小林力訳）

純然たる化学の本である。各ページには化学式がちりばめられベンゼン環、二重結合、還元などの専門用語が多用される。高校時代の嫌な記憶がよみがえるが、化学物質で世界史が一望できるという不思議な本でもある。

ロングセラーの「銃・病原菌・鉄」をもじったと思われる「スパイス、爆薬、医薬品」の原題は「ナポレオンのボタン」という。ナポレオン軍がロシア侵攻に失敗し壊滅した原因のひとつが錫（すず）のボタンにあったという説からだ。錫は温度が下がると変化し、もろい灰色の粉になってしまう。極寒のなか外套（がいとう）の前が留められなくなった軍隊の末路は容易に想像できる。

本書は全17章から成っている。1章「胡椒、ナツメグ、クローブ」から17章「マラリアVS人類」まで、本書のタイトルのとおり、食と戦争、そして健康に関した有機化学の成果と人の歴史がつづられる。特徴的な化学物質を例にとり、発見から構造の特徴までは専門的に解説していくが、その後その物質が人類にとってどのように貢献したかもわかりやすく記す。

大航海時代の壊血病を救ったアスコルビン酸、アメリカの奴隷制を引き起こしたグルコース、産業革命の立役者であったセルロース、そして爆薬と心臓病特効薬の関連性などのエピソードにどんどんページが進んでいく。

世界の転換期に絡んでいるのは経済変化や戦争、時には感染症や天災によることもある。その原因や解決に化学化合物が関係する。天然にしか存在しない貴重品が権力を生み出す場合もある。塩は世界中で専売化や課税の対象となり、為政者に収入をもたらした。

世界を揺るがす化合物が、今まさに合成されたところかもしれない。その物質が意外な効果をもたらすかもしれない。生活はそうして変化してきた。本書が教えてくれた真実である。わからないと決め付けず、化学との距離を縮めておくのも悪くない。（東えりか・書評家）

（中央公論新社・2730円）＝2011年12月28日①配信

大胆、刺激的な論を満載 「ゴッホ　契約の兄弟」（新関公子著）

刺激的なゴッホ論である。ゴッホのように広く知られ、研究者も数多く、文献も枚挙にいとまが無い、という作家を対象にして、斬新な論文を著すのは容易なことではないが、400ページを超えるこの大部の著書には目を見張る論点が満載である。

「契約の兄弟」という書名は、画商だったゴッホの弟テオが兄を支えたのは、単なる兄弟愛ではなく明確な契約の意識が両者の間にあったとする説に基づくが、兄弟の関係だけでなく、さまざまな新説が披歴される。

例えばゴッホのオランダ時代の代表作とされる「じゃがいもを食べる人たち」。貧しい農民への共感を描いたとされるこの作品の背後に、筆者は炭鉱労働者を主題にしたゾラの小説「ジェルミナール」を読み取る。ゴッホの絵画は制作の最初の段階からゾラの小説の影響下にあり、描かれた農民たちには小説の主人公たちの姿が重ねられている、と筆者は主張する。そもそも、じゃがいもとコーヒーだけの夕食という設定が、小説からの借用だというのである。

あるいは晩年のサン・レミ時代の謎めいた傑作「星月夜」について、研究者の議論が百出するこの絵の主題を、ドーデの短編小説集「風車小屋だより」の中の一編「星」を霊感源として描かれたことは間違いない、と断言する。

他にもハイデッガーが激賞したことで知られる「一足の靴」について、ゴッホ兄弟の性の告白をそこに読み取るという離れ業を演じたり、自画像の真贋（しんがん）問題について相当に踏み込んだ議論を展開したりと、まさに快刀乱麻を断つ勢いである。読み進むうちに筆者のゴッホへの深い愛情と該博な知識に圧倒される。

勇み足と感じられる部分もあるが、新たなゴッホ像を創造するための意識的な大胆さであり、議論を挑まれるのは覚悟の上であろう。読者を挑発し、驚かせ、考え込ませる。愉悦と興奮に満ちた画期的なゴッホ論である。（深谷克典・名古屋市美術館学芸課長）

（ブリュッケ・4830円）＝2011年12月28日②配信

古今東西の逸話を集成

「フクロウ」（デズモンド・モリス著、伊達淳訳）

西洋文化においてフクロウは知恵の象徴であり続けてきたと、この本を読むまで評者は思い込んでいた。

本書にも、フクロウは女神アテナ（ローマ神話ではミネルバ）の聖鳥であり、都市国家アテナイでは知恵と同義だったとある。しかしそこは多様な神話伝承の世界のこと、一筋縄ではいかない。フクロウを忌み嫌う民族や文化も多数あるという。

著者のデズモンド・モリスは、ヒトという生き物を動物行動学の視点からセンセーショナルに描いた「裸のサル」で1967年に鮮烈なデビューを飾り、その後も数々の話題作を送り出してきた動物学の奇才である。今回はいささか趣を異にして、古今東西のフクロウ談議を集成、フクロウの文化史をまとめている。

よくもこれだけの逸話を集めたものだが、残念なことに日本のフクロウ文化への言及は少ない。アイヌの神と長野オリンピックのマスコットのみだ。確かに日本でフクロウは、夜行性ゆえになじみが薄い。ヨーロッパで一般的なメンフクロウは「納屋のフクロウ」という英名を持つように人家付近にもよく出没する。ギリシャのコキンメフクロウは昼間も活動する。

それはともかく、フクロウの人気も忌避もあの顔に秘密があるのだろうと、本書を読んで見当が付いた。何しろ、鳥のくせにと言っては失礼だが、両目が正面に付いている。まさに人面。理由はある。獲物の位置と距離を正確に目測するために両眼視が欠かせないのだ。羽毛に隠れた耳は顔の側面にあり、しかも左右で上下にずれているおかげで、暗闇でも音だけで獲物の位置が分かる。おまけに「顔面」が集音器の役割を果たしている。

フクロウグッズのコレクターは洋の東西を問わず多い。アメリカにはフクロウが吐き出す未消化物（ペリット）を集めて販売する会社まであるらしい。その中身を調べれば食性がわかるため、理科の教材になるのだとか。フクロウ学の奥深さを教えてくれる佳作である。（渡辺政隆・サイエンスライター）

（白水社・2730円）＝2011年12月28日③配信

新たな本の読み方を提示

「－－－－－－（いちいちいちいちいち）」（福永信著）

あの日を境に「一」が並んだ日付を見ると、なぜか不安になってしまう…。そういうときこそ、2011年の11月11日に初版が刷られた本書を読むといい。これはユーモアに満ちた奇妙な小説だ。

物語は、道に迷っている旅人と年長者の会話からはじまる。

—そこの旅のお方。

「なんでしょうか」

—二の足を踏んでいるね、どう見ても、完全に。

「ええ」

—目の前で、道が二つに分かれているのを見て、途方に暮れているのではないか。

「そうですね」

と、まあこんなふうに、年長者は妄想たくましく旅人の状況を勝手に実況し、旅人のほうはなぜかそれを訂正するでもなく、延々と「ええ」「たしかに」と、一言だけの相づちを打ち続ける。なにかの序章かと思い読み進めるが、最終章までこの調子である。シチュエーションと人物は変われども、地の文はなく、描かれるのは必ず2人の会話のみで、片方は相づちしか打たない。かたくなにこのルールが貫かれている。

一行の文章がひたすらヨコ（つまり次のページ）に続いていくという形式の、デビュー作「アクロバット前夜」。登場人物たちの名前、舞台、物語、すべてを浮遊させたまま描かれる前作「星座から見た地球」。それら過去作に共通する実験的形式に加え、言葉同士が戯れているような、楽しげな文章はこの作品でも健在で、何が起きてるのかわからずとも、読んでいてひたすら楽しい。

本作は、自由度の高い読み方が可能である半面、ハリウッド的にわかりやすい、一方向の「物語」になれた読者は戸惑いを覚えるだろう。けれどそれは、新たな本の読み方を獲得するチャンスではないだろうか。

2011年が日本にとって転換の年だったように、本書で、これまでの読書方法を転換してみてはいかがだろう。（海猫沢めろん・作家）

（河出書房新社・1680円）＝2011年12月28日④配信

戦場での軍医の姿描く

「蛍の航跡」(帚木蓬生著)

昨年夏に刊行された「蠅の帝国」に続く〈軍医たちの黙示録〉の完結編であり、15編の作品が収められている。

作者は、あとがきにおいて「思えば、文字の力に打ち震えたのは、『きけわだつみのこえ』が最初だった」と書き、「大岡昇平『俘虜記』、梅崎春生『桜島』、島尾敏雄『出発は遂に訪れず』に感激した少年の日々が、小説の筆を知らず知らず、体験もしていない戦争の方に引き寄せたのだろう」と記している。ここで注目すべきは、戦没学生の手記をまとめた「きけわだつみの声」=無名者の記録を、文字の力と言い切っている点ではないか。

三つ子の魂百までもと言うが、その意味で言えば本書に記されているシベリア、ラバウル、あるいはニューギニアなどを舞台とした名もなき医師の物語は、作者にとっては原点回帰であり、かつ白血病という戦場から生還した現役医師である彼のアイデンティティーの証明であったような気もする。

しかし凄(すさ)まじい。戦場では無名の兵士の命はまさしく虫けらであり、その兵と命を共にする医師もまた然(しか)り。

作者はこれらの作品群を書きながら、みずからが嗚咽(おえつ)することを禁じたのではあるまいか。描写はあくまでも淡々として客観的—つまり、作者が先に泣いてしまっては読者が泣けなくなってしまうからである。

読みながら、こう考えた。作者に、戦場体験がないと言っても、1947(昭和22)年の生まれであり、その残滓(ざんし)はいたるところにあっただろう。だが、戦後の高度経済成長時代の恩恵を受けて、ぬくぬくと育った私のような世代は、泣くことすら不遜ではないのか、と…。

15編中、「名簿」「行軍」「蛍」が私のベスト3だが、作者の筆は、戦場体験のある作家たちの描いた"戦争"に見事に追いついている。命の軽重を問う、帚木蓬生の最高傑作と言えよう。(縄田一男・文芸評論家)

(新潮社・2100円)=2011年12月28日⑤配信

他者と生きる意味を再考

「一般意志2.0」(東浩紀著)

日本の政治は迷走している。そう感じているすべての人に、本書は、未来へのヒントを確実に与えてくれる。ルソーが「社会契約論」で言った「一般意志」を、情報技術によって「2・0」に更新すること。著者のメッセージは明確で、すがすがしい風のように現代を吹き抜けていくから、それにいったん乗ってみよう、それからじっくり考えようとお誘いしたい。

情報技術を使った新しい政治と言っても、本書の狙いは、案件ごとのネット投票のような、間接民主主義での「合意形成」の範囲拡大、つまり疑似的な直接民主主義のことではない。いわゆる「熟議」を通しての合意形成の傍らで、人々のさまざまに偏った「欲望」を「可視化」し考慮することが狙いなのである。

著者の人間観は、ドライだ。私たちはおのおの、偏った欲望で動いており、皆が一つの「公共性」の理念のもとに一致団結することはありえない。本書は、人間をそう見切ってしまう一つのリアリズムを突きつける。ゆえに、「ツイッター」などにおいて各人の勝手な意見が可視化されるようになった現代の状況に、新しい政治の条件を見るのである。

本書によれば、ルソーの考えていた民主主義の基本とは、各人がコミュニケーションをしないで、バラバラに欲望を表明することであるという。民主主義の基本は、口裏を合わせたりしていない、諸々(もろもろ)の欲望のむき出しの多様性であり、それが一般意志である。そして今日では、ネット社会で泡立つ「呟(つぶや)き」の「データベース」こそが「モノ」として実在する「一般意志2.0」なのである。その統計的な諸々の傾向を可視化して熟議への「ツッコミ」として機能させよ。本書はそう主張する。あらゆる審議を生放送し、視聴者の反応をグラフ化して議場に上映するといったアイデアも示される。

今日あらためて、政治の、いや、他者とともに生きることの意味を再考させる批判・批評の書である。(千葉雅也・批評家)

(講談社・1890円)=2011年12月28日⑥配信

2012

目に見えぬ敵との闘い描く　「ドキュメント　口蹄疫」（宮崎日日新聞社著）

大変重い内容ながら、熱く感動させられる本が出た。英国など海外では生物テロと同様に受け止められる家畜の伝染病・口蹄（こうてい）疫。目に見えないウイルスと手探りで闘った宮崎県の農家と県民、それに寄り添った宮崎日日新聞の日々を克明に記したのが本書である。「記憶の風化を許さない」と帯にあるのはこの体験を多くの国民に共有してほしい、との願いからだ。

2010年4月に宮崎県で発生した口蹄疫は約30万頭の牛豚を殺処分して、4カ月後に終息した。畜産史上前例がない惨状はなぜ起きたのか。当時現場で感じたことはメディアも含め想像力の欠如が問題だったと思う。

まず、国家防疫の先頭に立たなければならなかった赤松広隆農相。感染爆発のさなかに中米へ外遊に出掛けたが、民主党の実力者小沢一郎氏の地元、岩手で起きていたらどうしたか。家族同様手塩にかけ育て上げてきた牛豚を出荷もせずにあの世へ送り出す無念さ。体の大きな牛を何百頭も簡単に処分できるのか。庭先で家畜を飼っていた時代に制定された家畜伝染病予防法が大規模経営の現代に有効な訳がない。

本書を読むと、こうした問題点が次々と浮かび上がる。宮日の口蹄疫報道で印象に残ったのは2点。生まれたばかりの子豚の死骸が並んだ写真を1面に掲載したことと、「騒音で作業の指示がかき消される」としてヘリコプター撮影の写真を一切使用しなかった点だ。

ウイルスを拡散させてはいけないと現場取材を控えた記者のところへ養豚農家から届いた写真について、読者から「残酷すぎる」とクレームが付くことは予想されたが、深刻さを伝えるためには不可欠と判断した。

口蹄疫終息後も38回に及ぶ大型検証記事を連載し、再発防止に向けた提言を行ってきた。「県民とともに怒り、ともに涙を流し、地に足を着けた報道で問題を解決したい」姿勢からだが、横並び意識が強いメディアの中で、新しいローカルジャーナリズムが産声を上げたとの印象を受ける。（上野敏彦・共同通信編集委員）

（農山漁村文化協会・1995円）＝2012年1月12日①配信

失われた過去とつながる　「あの日、パナマホテルで」（ジェイミー・フォード著、前田一平訳）

1986年、妻に先立たれ失意の底にある中国系米国人ヘンリーは、シアトルの歴史的建造物、パナマホテルの前にいる。

彼は、かつて太平洋戦時下に、見たこともない祖国中国のために日系米国人の「生涯の恋人」少女ケイコと離れざるを得なかった。残されているかもしれない彼女との思い出の品を求め、ヘンリーはホテル地下室のドアを開ける。あまりにも遠く、失われた過去を彼は取り戻すことができるのだろうか。そしてそれは許されるのだろうか。

本書は、なすすべのない運命にあらがおうとした少年の、真剣であるからこそ淡く、悲しい恋と、その後の人生を描いてゆく物語である。本作品が長編第1作となったジェイミー・フォードの筆致は、情感豊かで、読む者の心を静かに、そして力強く引き寄せる。

ヘンリーの恋の行方は、分かり合えなかった父との葛藤に重ねて語られる。父とは、息子から見て不完全な過去を象徴する存在だ。自分は父とは違う、自ら運命を決めることができるのだと息子は信じる。父は大人になることの意味を、時に性急にのみ込ませようとする。「全ては息子のために」、そのような思いが理解されるのは、その存在が取り戻せない遠い過去になってからのことなのだろうか。

どのような運命に出合っても前を向いて生きる事の大切さと、そこから得られるであろう救いを、本書からは読み取ることができる。「祖国」と信じていた米国から「敵国人」と呼ばれ、強制収容所へ送られてなお、この国へ忠実たろうとする日系人たちの、穏やかで上品な態度は読者に強い印象を残し、その共感を誘うだろう。東日本大震災という苦難に見舞われた時、世界が驚嘆するほど冷静で穏やかであった現代日本人の心情とのつながりを感じずにはいられない。

訳文の読みやすさも最後に特筆しておきたい。前田一平氏の翻訳は、読者に静かな涙をあふれさせるこの物語の、重要な要素であるのだから。（久保拓也・金沢大准教授）

（集英社・900円）＝2012年1月12日②配信

芝居に生きた勝新の真実

「偶然完全」(田崎健太著)

著者は、週刊誌編集者時代、「人生相談」の連載担当として、勝新太郎に張り付き、濃密な月日を過ごした。

連日のように飲みに出かけ、やっと原稿がまとまったと思ったら、記事がどうしても気に入らないと勝から連絡が入り、印刷の輪転機を止める事態に。それでも芝居のために命を削るような生き方を続ける勝に引かれた著者は、女性問題やがんの病状など、プライバシーに踏み込んだ記事を要求する編集部との板ばさみに悩みながら、次第に出版社よりも勝の側に立つようになる。そして、自ら「最後の弟子」を名乗り、勝本人から「勝手に弟子になったのは…優作以来だな」と言葉をかけられる。優作とは、もちろん松田優作である。

勝が映画界入りして挫折を味わい、後に「座頭市」「兵隊やくざ」「悪名」などで大映の看板になっていく過程は、「勝新太郎入門編」という印象だが、黒澤明監督の「影武者」降板のいきさつあたりから、がぜん面白くなってくる。勝と黒澤、狂気を帯びる天才同士の出会いと別れは、こんなことだったのか。

一方、勝のプロダクションには、さまざまな怪しい人物が出入りする。純粋役者の勝を利用して金にしようとする連中だ。結果、勝プロは膨大な借金を背負い倒産。すごいのは、そこまで追い込まれた勝を支えようとする人間たちが、常に現れることである。勝を慕った俳優のひとり黒沢年雄は「かわいい人だった」と葬儀で涙した。この言葉こそ、勝の素顔なのだろう。

ルポや評伝では、事実があまりに大きかったり面白かったりすると、著者の描写が事実に負けそうになることはよくある。勝に関しては、麻薬問題や映画「座頭市」の事故死事件など重い事実とともに、愛嬌(あいきょう)たっぷりのエピソードがあふれるほどにあったはず。著者はそれらの事実と格闘しながら、読者に勝の真実を伝えるべく向き合っている。

世を去って15年。役者勝新太郎は、こうして語られながら、今も人を喜ばせる芝居を見せてくれているようである。(ペリー荻野・時代劇研究家)

(講談社・1995円)＝2012年1月12日③配信

苦難乗り越え、一流選手に

「竹下佳江　短所を武器とせよ」(吉井妙子著)

今、女子バレーが熱い。2010年の世界選手権銅メダル、11年ワールドカップ4位と、日本は強豪チームに復活した。華やかなスパイカーに目がいきがちだが、陰のMVPは「世界最小最強セッター」と呼ばれる竹下佳江である。彼女は身長159センチだが、相手チームに「日本で最も嫌いな選手」「彼女のトス回しは変幻自在。誰にもまねができない」と言わしめる。本書は彼女が小柄なハンディを克服して、世界の一流選手になるまでを克明に追ったドキュメントである。

竹下は相手選手の動作を読みながら、体を弓のようにしならせ完璧なバックトスを上げる。スパイクをダイビングでレシーブしながら、一方の手で次の攻撃のサインを出す。小憎らしいほどに陰に徹する姿は鬼気迫り、神業だ。

しかし、本書では、彼女は想像を絶する努力で技術を磨いた事実が明かされる。00年日本がシドニー五輪出場を逃した時、関係者は、彼女が小柄だったことを敗因として猛烈なバッシングを浴びせた。このとき彼女はバレーをやめ、他人の視線におびえながら家に閉じこもったという。ハローワークにも通った。だが心ある人たちの地道な説得で、バレー界に復活すると、不屈の闘志ではいあがる。

著者は、竹下の幼少時代まで踏み込み、苦難の生い立ちを知ることで、人間竹下の本質を描き出す。全日本の主将になると、右眉がはげるストレスに襲われながら、朝4時にコートに出て、1日500球のトス練習を行う。試合で勝てばスパイカーの手柄、負ければセッターの責任。その中で彼女は完全な黒子である。しかし彼女は言う。

「私のトス一本に私の人生、女子バレー界の未来、日本のプライドがかかっているんです」

全編に彼女の自負が漂ってくる。著者は、ときに胸をかきむしられる思いの主人公に肉薄しながらも、溺れることなく冷静な筆致でたどることで、竹下の多方面にわたる成功の要因をあぶり出してゆく。その淡々とした描写が快い。(澤宮優・ノンフィクション作家)

(新潮社・1365円)＝2012年1月12日④配信

解き放たれた言葉

「会えなかった人」(由井鮎彦著)

不思議なオブジェを扱う店を営み、空を飛ぶことを趣味とする真崎兼作と、マンションの12階に住みベランダで野菜を育て、絵を描く旗笙子。祭りの日、ベランダから一緒に花火を見、収穫した野菜を食べるために旗は真崎を自分の部屋に誘う。しかし、真崎はその部屋を訪れることはなかった…。

後に恋人同士だと判明する2人が花火の晩に至るまでに体験したそれぞれの時間と空間の齟齬(そご)が、様々な形で反復されてゆく。2人は、ある場合には「わたし」という一人称で心境を告白し、ある場合には「旗と真崎」という三人称で行動が示される。

旗の側には分身のように、真崎と過去の記憶を共有する園井さゆりが姿を現し、真崎の側には、決して姿を現すことのない鏑木隼人が真崎の動向を逐一監視する亡霊のように声だけで通信してくる。

男と女、天空と地上、一人称と三人称、過去と未来、現前と不在、可視の分身と不可視の亡霊といった二つの対立する項があいまいに崩れ去り、一つに融(と)け合う。旗は園井の「炎の海」に包まれた過去を反復し、背中に火傷(やけど)を負う。鏑木に「見られている」真崎は「見ている」鏑木を追跡し、同化しようとする。

何も存在しない夜の闇に花火がはじけるように、行き違う2人、旗と真崎の一人称と三人称の空隙(くうげき)、「空っぽの部屋」から言葉が紡ぎ出されてゆく。その言葉は時間と空間の限定を解き放たれて軽やかに宙に舞うと同時に、真崎が店で扱うオブジェのように、旗があらゆる構図で写真に収めたトチの実のように、具体的な物質として物語中に遍在する。

抽象的かつ原型的な表現の場を必要最小限の登場人物で構築し、純文学的な実験を極めていく作者の力量には並々ならぬものがある。しかし、技法の豊かさに反比例するように貧困化された物語には、文学の可能性ばかりでなく、その行き詰まりも重ね合わされているかのようだ。(安藤礼二・文芸評論家)

(筑摩書房・1575円)=2012年1月12日⑤配信

根源的な行為の歴史

「なぜ人は走るのか」(トル・ゴタス著、楡井浩一訳)

「走る」といえばレースや健康面に意識が向きがちだった。だが本書を読んで、人間の根源的な行為が織りなしてきた歴史を知ることができた。ランニングから、世界中の民族や文化がみえてくる。

人類は走ることで人間へと進化した。歩くだけなら、サルに近い体形のままだった―。本書はこう記してスタートを切る。インカやメソポタミアなど文明発祥の地では、走力を持つ者が伝令や先触れとして重用された。エジプトの王は、自らの健脚を誇示して権威を保った。古代ギリシャは走りの身体機能に競技という光を当てたが、ローマはそれを卑下した。

近世欧州では走者は貴族に召し抱えられ、立身と高収入の方便とした。レースは大道芸や賭博の対象ともなった。この足跡は、エンタメ的要素を肥大させた、現代の競技大会を戯画化しているかのようだ。

折り返し点から後半にかけてはトレーニングの変遷、さらに女性ランナーの興隆、アフリカ勢の台頭や大都市マラソン、ジョギングブームとスポーツビジネスへと及ぶ。選手や記録が称賛される一方で、国家や商人の思惑が見え隠れする。著者はそれらを、皮肉と批評のスパイスを効かせ小気味よくつづっている。

ただ、駅伝や瀬古利彦(せこ・としひこ)と師・中村清(なかむら・きよし)に関しては、少し引っかかりを覚えた。安易に禅や日本人論を持ち出すのはどうだろう。あるいは北欧人たる著者の、極東の走者に対する、無邪気な思い入れと受け止めればいいのか。

半面、自国ノルウエーや近隣国のランナーへの密着度や理解は高い。旅行家エルンストがランナーだった逸話には驚いた。ワイツ、クリスチャンセンらランニング史に名を刻む選手たちの息吹もすぐそばに聞こえてくる。

釣りに書斎で楽しむアームチェア・フィッシングがあるなら、ランニングもしかり。400ページの距離だが、息を切らすことなく、快調なペースでゴールまで読破できる。(増田晶文・作家)

(筑摩書房・2835円)=2012年1月12日⑥配信

小説巧者が挑む社会派推理

「星月夜」（伊集院静著）

伊集院静は「最後の無頼派」と呼ばれている。酒とギャンブルに惜しみなく人生の時間をささげてきた。だが、いかなる時も仕事にだけは手は抜かなかった。近著「続・大人の流儀」に「きちんとした仕事とは…大人の男が朝目覚めて、最初に考えるものである」という一節がある。「大人の男」とは、つまりは作者自身のことだと言っていい。

本書は、その伊集院静が初めて書いた推理小説である。「大人」の作家とはいえ、このジャンルでは新人だから、プロットに多少ぎこちないところがあるが、さすがは当代屈指の小説巧者。最後はきちんとした社会派推理小説に仕上げている。

最初に2組の家族の肖像が描かれる。岩手県下閉伊郡の農業佐藤康之は、息子夫婦を山津波で失ったあと、孫娘の可菜子と2人で暮らしていたが、可菜子は農業高校を卒業して上京したあと消息を絶った。物語は佐藤老人が浅草寺境内に設けられた警視庁の行方不明者相談所を訪れる場面から幕を開ける。

島根県の三刀屋の元鍛冶職人佐田木泰治は、孫娘の由紀子を出雲市の素封家に嫁がせたあと一人で暮らしていたが、ある日忽然（こつぜん）と姿を消した。久しく使わなかった鍛冶小屋に何かを作った形跡が残されていた。

やがて東京湾の埋め立て地で、老人と若い女性の他殺死体が発見される。湾岸署捜査本部の懸命の捜査にもかかわらず、身元はなかなか判明しない。このあたりはオーソドックスな警察小説の語り口で、刑事たちの「きちんとした仕事」ぶりが丹念に描き出される。そしてついに2人の身元が割れた時、事件はまた新たな様相を見せ始める。

「幸福のすぐ隣に哀しみがあると知れ。大人になるとは、そういうことだ」（前掲書）という作者の人生哲学が通奏低音のように全編に流れ、物語に陰影と奥ゆきを与えている。松本清張、水上勉の衣鉢を継ぐ強力な社会派推理作家が誕生した。（郷原宏・文芸評論家）

（文芸春秋・1785円）＝2012年1月19日①配信

“怪物”の不思議な磁力

「トラオ」（青木理著）

徳之島（鹿児島県）の風土と歴史がトクダトラオという“怪物”を生み出した。逆に言えば、その人生が徳之島を象徴しているのだ。

誕生地の秋徳（現亀徳）は約400年前、薩摩藩の侵略軍と激しく戦った故地である。私はこれを「秋徳戦争」と呼んでいる。薩摩藩の支配下となった後も、「黒糖地獄」と呼ばれるサトウキビの過酷な収奪に対し、この島では2度も百姓一揆が起きた。母間騒動と犬田布一揆だ。明治時代には三方法運動という自由民権運動があった。

徳田虎雄は、敗戦後1953年まで米軍に占領されていた徳之島で少年時代を過ごし、急病で弟を亡くした。成人して医師となった徳田は「生命は平等」という信念のもとに医療革命を実現した。徳洲会病院である。

しかし徳田が現代日本の“怪物”と目されるようになった象徴的な出来事は、「保徳戦争」という現金が飛び交う激しい選挙戦と、米軍普天間飛行場の徳之島移設案を唱えた鳩山由紀夫元首相に対するご託宣であろう。

本書の真骨頂は徳田関係者への数多くのインタビューであり、著者のジャーナリストとしての座標軸はぶれていない。かつて政敵だった元町長へは「現ナマも飛び交ったんでしょう」と切り込む。元町長は「島には楽しみがないからねぇ」と笑って答える。この問答から本書の面白さを想像していただきたい。

「筋萎縮性側索硬化症（ALS）」という難病にかかり、眼球しか動かせない徳田が「あまい　じようほうばかり　あがつて　いるのでは　ありませんか」と文字盤で示して突き放したときの元首相の顔さえ想像できるのである。こうして徳之島移設という虎の子の腹案はあえなく消え、まもなく鳩山政権は崩壊する。

徳田という巨人の医師、政治家、経営者としての多彩な能力を功罪含めて客観的に描こうとすればするほど著者はその磁力に引かれていく。読者もこの男が放つ不思議な魅力から目が離せなくなるだろう。（原口泉・志学館大教授）

（小学館・1575円）＝2012年1月19日②配信

折るべき筆を持たず

「新聞統合」(里見脩著)

かつての十五年戦争について、新聞が真実を伝えられなかったのは、外部からの規制のためだったのか。それは仕方なかったことなのか。

戦後、新聞を中心としたメディアが、結局戦争に協力してしまったことについて、一般的には、その最大の要因は、国家の苛烈(かれつ)な言論統制の結果だったと言われてきた。

本書の著者は、戦前からの流れの中で戦時中に行われた新聞を一県一紙にまとめるなどの「新聞統合」にスポットを当て、果たしてこの見方は当たっているのかどうか検証し、具体的な記録の積み重ねの中で確信する。

「『筆は折られた』のではなく、メディア自身が進んで『筆を折った』という事実である。メディアは戦争反対の意思や抑圧に抗する気概を有していなかった。極論すれば、メディアは折るべき筆を当初から有していなかった」「検閲など国家の苛烈な抑圧は存在したが、それに待つまでもなく、メディアは自ら進んで『聖戦』に協力した」「言論統制についても、統制の対象であるメディア自身が深くかかわった」

もちろん、これまでも日本が戦争にのめり込んでいく過程を通じて「言論・報道は被害者」という見方ばかりではなかっただろう。しかし、当時の新聞報道や論説がなぜずるずると翼賛体制に組み込まれていったのか、を考えるとき、その基礎となる構造、大きな枠組みを詳細に分析した著者の仕事は重要な意味を持っている。

いま、あまり意識しないまま「原発安全神話」を広げ、「日米安保」に組み込まれたまま、普天間問題や、環太平洋連携協定(TPP)でなし崩し的に体制を支持し「財政危機」キャンペーンの中であまり異議を唱えないまま、消費税増税も支持する大手メディアに批判が集まっている。

ジャーナリズムが権力から独立する、ということはどういうことか。いま、あらためてそれを考える上で、多くの示唆を与えてくれる労作である。

(丸山重威・関東学院大教授)

(勁草書房・7350円)=2012年1月19日③配信

季語が輝き放つとき

「暮らしの歳時記」(黒田杏子著)

著者は1938(昭和13)年東京本郷の生まれ。6歳の時栃木県黒羽に疎開。1年後に転居し、高校卒業までを同県の旧南那須村上川井で過ごしている。計12年間の栃木の地での暮らしを振り返りながら、四季折々の季語への思いを重ねた文章を県の広報誌「とちぎ」の中に〈とちぎ歳時記〉として10年余り連載したものが、本著の原型となっている。

章立ては新年・春・夏・秋・冬の5章。その季節ごとにいくつかの季語を文章題として立てていく構成にはなっているが、内容は単に季語の本意について歴史的に解説し注釈を加えた「歳時記」解題の書ではなく、一つ一つの季語への個人的な思いをてこにして著者の過去から現在までの時空を行き来する、自伝的エッセーの色合いが濃い。

著者は地元の高校を卒業後、東京女子大に入学し、そこで生涯の師山口青邨(やまぐち・せいそん)に出会う。その師との交わりや教え、その後の人生での旅や具体的な交友関係に触れながら、文章はおよそ自分の起点ともいうべき栃木の風土に戻っていく。

例えば夏の章「牡丹」では、旧黒羽町の芭蕉ゆかりの古刹(こさつ)大雄寺の「牡丹」をたたえる中で「まぶしい五月の日を返す大輪のその花々のかがやきの奥に、今は亡き父や母、兄とこの花の盛りにこの寺を訪れ、かつてこの町で暮らした短い疎開の日々のことなどを語り合った時間がいきいきと立ち返ってくる」と書く。

また冬の章「神の旅」の中では、上川井の小学校時代に暮らした母屋の裏に祭られていた「屋敷神」の記憶を枕にして「もしも戦時疎開ということがなく、東京本郷の生まれた家で成人していたら、ここに挙げたような句の世界をよく味わい親近感をもって鑑賞することが出来ただろうか。答えは『出来ない』となる気がする」と述懐する。

本著は俳人黒田杏子の原風景を映し出すとともに、季語というものが個人的な思いから発せられるときこそ詩語としての輝きを持つことをあらためて教えてくれる。(今井聖・俳人)

(岩波書店・2205円)=2012年1月19日④配信

常識覆すビジネスモデル 「グレイトフル・デッドにマーケティングを学ぶ」（ブライアン・ハリガン、デイヴィッド・ミーアマン・スコット著、渡辺由佳里訳）

メンバー全員が寝間着のままステージに出てきたように見えるバンド、グレイトフル・デッド。ツアー時には「デッドヘッズ」と呼ばれる熱烈なファンの車で民族大移動状態にもなるこのヒッピー・バンドの活動形態から「マーケティング」を学ぼう、というのがこの本の趣旨である。

レコードの売り上げよりもライブ重視。コンサートで何をどう演奏するかは毎回変える。チケットも自分たちで直接売る。ブランドイメージの展開はファンに任せ、ライブ会場での個人録音を禁止せず、むしろ積極的に奨励する…。グレイトフル・デッドは1960年代後半に爆発的に肥大化したロック産業の常識に逆らうようなスタイルで40年以上前から活動を続け、アメリカの音楽界で独自の地位を築いた。

著者2人はそんなバンドから「他人とは違うビジネスモデルをあみ出す」「口コミが広まる工夫をしよう」といった「レッスン」を引き出し、それぞれの参考となる「ケース」と、今それを実行するために必要な「アクション」を並べ、非常に現在的なビジネス書を書くことに成功している。

インターネットによって作り手と顧客が直接コンタクトを取り始めている現在、グレイトフル・デッドがファンと結んでいた信頼関係はまさに理想的なものに思えるが、そもそも監修の糸井重里が書いているように、コンピューターテクノロジーも彼らと同じく、アメリカ西海岸のドラッグカルチャーから生まれてきたものである。

糸井はその価値観を「へらへらすること」と言い換えているが、「へらへらとやわらかくいる」ことと、チケット発送のための地味な宛名書き作業を続けることは簡単には両立できない。グレイトフル・デッドも70年代中盤には経済的に苦境に立たされていたが、ドラッグカルチャーのマイナス面がちらっとでも書いてあれば、さらにこの本の説得力は増したのではないかと思う。（大谷能生・音楽家、批評家）

（日経BP社・1785円）＝2012年1月19日⑤配信

還元主義を徹底批判 「動的平衡2」（福岡伸一著）

本書は、雑誌や新聞に発表したエッセーを集めたアンソロジーである。表題通り、「動的平衡」というコンセプトを軸に展開している。収められたエッセーの主題はさまざまだが、決定論や因果律を認めず、還元主義に反対するという基本スタンスは一貫している。

美術評論家が書いたかと思わせる序章「美は、動的な平衡に宿る」の次に、ドーキンス流の遺伝子還元主義に対する徹底的な批判がある。「生物は遺伝子の乗り物だ」といった言説を真に受けていた読者は驚くかもしれない。この主題は第8章「遺伝は本当に遺伝子の仕業か？」に続き、発展著しい進化発生学の一般向け解説となっている。

第2章から第4章までは、著者お得意の「動的平衡」が生物の多様性と密接につながっていることをいくつかの例を挙げて説明している。

個人的に一番興味を引かれたのは、著者が若き日に昆虫少年で、捕らえた昆虫が新種ではないかと期待に胸躍らせて国立科学博物館を訪ねたくだりである。対応してくれたのは黒沢良彦。アマチュアに限りなく優しかった大先生である。評者もずいぶんお世話になった。とまれ、虫を見ていると世の中単純でないことがよく分かるのである。ダーウィンも熱心な昆虫少年だった。

第5章と第7章は分子同士のコミュニケーションの話で、生物はDNAを交換したり、フェロモンを通信手段に使ったりしながら、予測不能性の海を乗り越えていることが分かる。第6章は生命起源の謎で、宇宙からやって来たのではないかという説の根拠を上手に説明している。

第9章「木を見て森を見ず」では、単純な因果律に基づく、「ああすればこうなる」式の思考の限界を指摘している。「与えられたものを与えられたものとして、だましだまし付き合っていくしかない」という言葉は、現代社会が抱えるさまざまな問題を解決する糸口をも示唆しているようだ。（池田清彦・早稲田大教授）

（木楽舎・1600円）＝2012年1月19日⑥配信

風雲児の根源に迫る

「あんぽん」（佐野眞一著）

一言で言えば、怪物巡りの旅となろうか。正力松太郎（しょうりき・まつたろう）、中内功（なかうち・いさお）など数々の怪物を取材してきた著者が今回迫ったのは現代の怪物、孫正義（そん・まさよし）ソフトバンク社長。ただし、事業の話は年表程度しか触れていない。深掘りするのは専ら孫一族の人物だ。

佐賀県鳥栖市の朝鮮集落で生まれた孫氏は、かつて「安本」という通名だった（表題はあだ名）。彼の原風景の家は壮絶だ。密造酒を造り、ふん尿混じりの豚を飼うという「掘っ立て小屋」。小学生になると、孫の父は金貸しやパチンコ店を営み家は裕福になった。だが、そうなってからも一族ではいがみ合いが絶えない。一族の人となりは孫氏とは違った意味で怪物ばかり。その一族を著者は丹念に訪ね歩く。

著者の関心は孫氏がもつ「いかがわしさ」にある。時代によって事業を変えながら成長してきた孫氏だが、大言壮語を平気で口にし、毀誉褒貶（きよほうへん）も少なくない。そしていま再生エネルギーへと突っ走る。インフラの根幹たる国家的事業への挑戦。彼は本物なのか偽物なのか。その真偽と彼の根源を見極めるべく、著者は双方の祖父母の軌跡を朝鮮半島まで追う。

土地を日本軍に接収されて日本に渡り、小作農の仕事に従事した祖父。炭鉱の事故で命を落とした叔父。悪環境をものともせず、たくましい生命力で生活する祖母。知恵を働かせてのし上がる父。そこに一族の激烈な感情が交差する。「血はうらめしか」という父の言葉に凝縮されるように、親族が語る歴史は赤裸々で泥くささに満ちている。ただ、一族の人物には直情径行ならではの抜けた感覚もあり、その空気感が救いとなっている。彼らの歴史をひもとく中でいまの孫正義の立つ地盤が見えてくる。

「本当によく調べていますね」と孫氏自身が驚くほどの取材熱。そして、その熱に正面から向きあう孫氏の度量。原点を隠さず、引き受ける。その力強さが最後には伝わってくる。（森健・ジャーナリスト）

（小学館・1680円）＝2012年1月26日①配信

協力し合う人々の今

「東日本大震災と地域産業復興I」（関満博著）

東日本大震災を岩手県釜石市で体験した著者による、地域産業の復興にかかわるリアルタイムの現場報告である。

死者の多さをはじめとする被害の大きさ、積み重なる困難…言葉を失う被災状況である。しかしそうした惨状が記録されながらも、本書から立ちのぼってくるのは、協力し合う人々の力強さだ。

著者は岩手、宮城、福島、茨城と被災地をめぐり、漁業や製造業などの被害と、その復興のプロセスを通して、日本の地域と中小企業の「今」を伝えてくる。

例えば、岩手や宮城の漁港が水産加工、冷蔵・冷凍、造船とその修理、燃料業、船舶用品の供給業など、無数の関連業種による水産業コンプレックス（複合体）で成り立っていることを説明しながら、瓦礫（がれき）の撤去、地盤のかさあげ、施設の再建と、復興の手順とそれを担っている人々を克明に描く。

あるいは比較的海から離れ、高台にあった工場の場合。経営者同士のネットワークで、必要な技術者や機械設備が供給され、また部品や商品の供給責任を考えて遠くの工場での代替生産が行われるなど、大災害からの回復が急速であったことが記されている。

復興に欠かせないのは、当事者の意思、そして遠くや近くの同業種、異業種の全力を挙げた支援であるが、そのような中小企業同士の協力の輪は、勉強の場としての「塾」など、日常的な取り組みによっていることを本書は伝える。それは同時に、地域社会で生きる中小企業経営の今後のあり方の示唆とも言えるのである。

漁協の再建、中小企業の地域性、B級グルメや道の駅のことまでを含め、時間をかけて蓄積した著者のフィールドの広さと深さが素晴らしい。何百人という人たちの顔を思い浮かべながら書かれた、具体的なアナログの世界である。大丈夫、日本はなんとかなる、という思いを伝えてくる一冊だ。（中沢孝夫・福井県立大特任教授）

（新評論・2940円）＝2012年1月26日②配信

英国人ハンターの探索行　「紅茶スパイ」（サラ・ローズ著、築地誠子訳）

19世紀半ばになっても、茶の栽培や製法は、西洋人にとっては謎に包まれたままだった。緑茶と紅茶は別の茶の木であるといった誤解が普通に流布していたほどである。中国茶の消費国である英国は茶の製法を知ろうと努力を重ねたが、中国は「秘密」を明かそうとはしなかったし、生産現場を確かめる内陸への旅を認めはしなかった。

ベールに包まれた中国秘伝の茶の製法や茶の木そのものを「盗み出した」のが、英国人プラントハンターのロバート・フォーチュンである。中国緑茶の故郷・安徽省南部や、ウーロン茶の産地で知られる福建省の武夷山地域に入り、茶の種子や苗木の採集に成功する。

採集品は「ウォードの箱」と呼ばれる新発明の育苗ガラスケースでインドのヒマラヤ山麓（ダージリンなど）に運ばれて移植され、英国向け紅茶の大産地が誕生する。ぜいたくの象徴だった紅茶が英国に根付き、世界中で飲まれ、楽しまれるようになる発端を、本書はフォーチュンの「盗み」の物語として描き出す。

フォーチュンは幕末の日本にもやってきた。キク、ラン、ユリ、ツツジなど東洋の代表的な観賞植物を多数手に入れて英国に送り込み、熱狂的な東洋植物ブームをつくりだした人物でもある。英国の東インド会社の依頼に応え、中国からインドへ茶の木を大々的に移植したことはこれまでも知られていた。しかし弁髪に中国服をまとい、中国人通訳と従者を雇い、監視の目をくぐって内陸部に向かった旅が、これほど細かに描写されたことはなかった。

西洋人にとって不安に満ちた、まったく未知の地域への探索行の記述が本書の3分の2以上を占める。中国人のあいさつや食事作法など、何もかもが違和感を起こさせる異文化としてフォーチュンを悩ませるが、茶の木の探索は決しておろそかにしないハンターぶり、著者の言う「盗人」ぶりが印象的である。（白幡洋三郎・国際日本文化研究センター教授）

（原書房・2520円）＝2012年1月26日③配信

心の葛藤描く社会派小説　「花言葉をさがして」（ヴァネッサ・ディフェンバー著、金原瑞人・西田佳子訳）

読み進むにつれ、18歳のヴィクトリアの謎が少しずつ解けてゆく。なぜ火事の夢ばかり見るのか。なぜいつも不機嫌なのか。なぜ花と花言葉に執心するのか。けれども、完全には解けない。うざいんだ。わかったふりするな。そんな彼女の心の叫びが、行間から聞こえるからだ。

タイトルから甘いロマンスの物語を想像しそうだが、全く違う。社会派小説である。

舞台はサンフランシスコ。主人公ヴィクトリアは、生まれてすぐに親に捨てられ、施設を転々とし、いじめを受けながら育った。何人もの里親に引き取られるが、うまくいかない。心の開き方が分からないからだ。しかし、9歳の時に引き取られたブドウ園を経営する里親エリザベスとは、いい関係が築けそうだった。エリザベスもまた母親に愛された経験がなく、心の闇を抱えた女性で、「歓迎」が花言葉のハコベのブーケをくれたのを機に多くの花言葉を教えてくれた。

1年3カ月で終止符が打たれることになるその時の暮らしと、花屋で働き、花言葉にメッセージを込めるフラワーアレンジメント作りで人気を博し、恋人ができ…という18歳で施設を出た後の暮らしが交互に描かれているのだが、いずれも恐ろしく苦しい生の真っただ中だ。

登場する花言葉には、ダリア「尊厳」、ローズマリー「記憶」もあれば、ラベンダー「不信」、アザミ「人間嫌い」もある。ヴィクトリアがようやく近づいてきた幸せを簡単に信用しないのは、過去との折り合いがつかず、自分自身を愛することができないからか。

私はこの小説を読んで、遠い国の希少な話ではないと思った。「自分なんかどうなってもいいと思いながら、しあわせになりたいと思っていた」「友情も恋愛も、生まれてからずっと注意深く避けてきた」。ヴィクトリアの言葉は、自分探し期の子どもたち、いや大人たちが普遍的に抱える葛藤をも代弁しているのだ。（井上理津子・フリーライター）

（ポプラ社・1680円）＝2012年1月26日④配信

全生涯を明らかに

「人間　昭和天皇（上・下）」（高橋紘著）

在位50年を前にして「践祚（せんそ）の思い出」を尋ねられた昭和天皇は「戦争のことは、いまなお残念に思っております」と答えたという。昭和天皇にとって戦争は、生涯忘れられない苦い経験だった。

皇室記者として天皇に接したことのある著者は、膨大な史料や取材を駆使して、「人間　昭和天皇」の全生涯を明らかにしてゆく。そこに立ち現れるのは一人の人間が担うには重すぎる責務であり、彼をめぐる人間たちの思惑のドラマだった。

戦前、天皇は軍部の台頭を懸念。張作霖爆殺事件では、犯人を処分しない軍部に憤り、田中義一首相に「それでは話が違う、辞表を出せ」と迫った。天皇はおおむね平和主義的で、高い視点から的確な政治判断を下していた。政治家は自己の利益や宣伝のために動くが、天皇にはそれがなかった。

しかし西園寺公望らの進言もあって、政治から距離を置いた結果、かえって軍部の独走が進んだ。民選の政治家や官僚には軍部を抑える技量がなかった。戦争遂行派も講和派も、天皇を利用しようとする。結局、日本は、天皇の「聖断」なしには終戦を迎えられなかった。

戦後、天皇は退位も考えていた。だが国民の天皇崇敬の深さを認識した進駐軍も天皇を利用し、日米諸勢力の政治的意図が錯綜（さくそう）するなかで、天皇は国民への謝罪の機会を失った、と著者はみる。各証言や資料を突き合わせ、マスコミが「天皇の心境」を書くことで退位論に終止符を打ったとするなど、画期的でリアルな創見も見られる。

戦後も長らく、政治家や宮内庁職員は自己利益のために天皇を利用した。天皇もまた、「総覧者の意識」を失わず、政治家に助言を示そうとした。それはたとえば、防衛力増強はソ連を刺激してかえって不利益になるのではないか、といった鋭いもので、ダメな民主政治よりも、天皇親政のほうがいいのでは？　と思えてくるほどだ。本書は治世者の資質論でもある。（長山靖生・評論家）

（講談社・上下各2940円）＝2012年1月26日⑤配信

苦楽を共にした戦友の記

「女として、女優として」（小山明子著）

映画監督の大島渚夫人としても知られる女優・小山明子が、その生い立ちから現在までの人生を平易な文章で生き生きとつづった自叙伝。2010年に新聞連載したエッセーに、東日本大震災での体験などを加筆し、女優時代の貴重な写真も多数収録して出版した。

1935年生まれの彼女は、デザイナー志望の女学生時代に雑誌のカバーガールに起用され、それに目を留めた松竹にスカウトされて女優デビュー。そして助監督の大島渚と出会い、60年に結婚。フリーの女優となり、2人の子供にも恵まれるが、96年に大島監督が脳出血で倒れ、介護の日々が始まった。

まさに山あり谷ありの結婚生活なのだが、本書には、その「苦楽」が臆することなく率直に語られている。

松竹ヌーベルバーグの旗手だった大島監督が新婚早々に独立プロを設立したため、結婚を機に引退を考えていた小山は夫を支えるために女優業を続行。テレビ界に活路を見いだし、生放送の連続ドラマに臨月まで出演する。

68年の「絞死刑」では、遅刻した彼女の洋服を大島監督が引き裂き、離婚の危機に陥るが、この映画が南フランスの高級リゾート地で催されるカンヌ国際映画祭に招待され、初めて一緒に海外旅行をする。その後、大島監督はカンヌの常連となり、78年の「愛の亡霊」で監督賞に輝くのだが、この権威ある映画祭に関するエピソードの数々が興味深い。

中でも、大島監督がリハビリ生活の中で完成させた「御法度」が2000年に出品された時、介護疲れからうつ病となり、自殺願望を抱えていた小山が抗うつ剤の服用を止める決意をするくだりと、映画が無冠に終わった後にホテルで交わされた夫婦の会話は、当時、現地で痛々しくも気炎を吐く大島監督を取材した身として、実に感慨深かった。

しんの強さと温情で逆境に対処する小山の存在は、大島監督にとって、厳しい日々をともに闘い抜いた「戦友」に近いのだろう。（吉家容子・映画ジャーナリスト）

（清流出版・1890円）＝2012年1月26日⑥配信

神たる赤ん坊の成長物語

「チューブな形而上学」(アメリー・ノートン著、横田るみ子訳)

日本の商社に勤務した経験を基にした「畏れ慄いて」でこの国でもよく知られるベルギー人のアメリー・ノートンは、日本と縁が深い作家である。彼女は駐日ベルギー領事の娘として神戸で生まれ、5歳までそこで育っている。彼女が日本で過ごした0歳から3歳までの記憶をつづった一風変わった自伝的な小説がこの「チューブな形而上学」である。

「チューブ」とは自意識を持たなかった2歳までの彼女自身のことだ。ただ食べ物を飲み込み、それを排泄(はいせつ)するという行為を繰り返し、外部に何の興味も持たない赤ん坊にとって、外部の世界は存在しないのも同然である。ノートンは「チューブ」である自分を、言語も思想も持たない神のような存在として描いている。外部というものが存在しないのは、この時点で神はまだ世界を創造していないからなのである。世界は「わたし」の誕生とともに始まる。「チューブ」は、ベルギーから来た祖母が差し出したホワイト・チョコレートのスティックをかじることで「わたし」という意識を得る。彼女の世界は砂糖の官能から始まるのだ。

身体的な心地よさを頼りに「わたし」は世界を認識していくが、それを「認識」ではなく、あくまで自分による世界の「創造」として捉えているところが面白い。自分が知らなかったことを、それまでこの世になかったこととして見る子供の感性が、本人によって知的に分析されているところが、この小説のユニークな点だろう。

やがて神だった「わたし」は自分がコントロールできないことも創造してしまうことになる。子供時代の幸せはいつか奪われてしまうという苦い事実もそこには含まれている。その時、彼女はもう一度「チューブ」に戻ることを切望する。神であった赤ん坊が悲しみや喜びに翻弄(ほんろう)される人間の子供になるまでを克明に描いた、不思議な成長物語である。(山崎まどか・文筆家)

(作品社・1680円)=2012年2月2日①配信

自己と向き合う文学的宿命

「わが告白」(岡井隆著)

かつて寺山修司らとともに前衛歌人として知られていた岡井隆も、もうすでに84歳だそうだ。本書は、岡井が83歳になるまでの波瀾(はらん)万丈な人生遍歴を、つまり自らの離婚騒動や失踪騒動について、昔の私小説作家のように赤裸々に告白している本である。

帯によれば「二度の離婚、そして五年間の失踪。日本を代表する大歌人には語られざる過去があった」「八十三歳、歌会始選者・宮内庁御用掛の大胆なる『私小説』への挑戦」ということになる。

言うまでもなく、文学にとって「告白」という問題は重要である。自己に向き合い、うそ偽りなく、ありのままに、正直に、恥部とも言うべき過去を告白できるかどうかは、文学者の生命線と言っても過言ではない。告白するということは、自分自身に向き合うことである。言い換えれば、自己を偽るところには文学は成立しない。

作品が全てであって、文学者の実生活などは問題にすべきではないという意見もある。しかし、そういう作品至上主義が、最近の文学や文学者を甘やかし、ダメにしてきたと言うこともできる。

例えば、本書で岡井は「結婚、破婚、新しい同棲、そしてそれも破って第二の出奔、出奔した先でのCとの九州から豊橋へと移る二十年間の共棲生活と入籍。それを背景として、わたしの文学的な仕事は続けられた。そして結果としては、文学(短歌、詩)の業績だけが、残った」と書いている。つまり岡井の「文学(短歌、詩)の業績」は、その波瀾万丈の女性遍歴と無縁ではありえないということだ。

しかし、むろん、それを告白することもできれば、告白せずに隠蔽(いんぺい)し、秘密のままにしておくこともできる。少なくとも、岡井は「告白する」という道を選択した。自己と厳しく向き合うことを文学的宿命と感じている歌人・岡井隆らしい主張がそこに見られる。(山崎行太郎・文芸評論家)

(新潮社・1995円)=2012年2月2日②配信

受忍を強いる国の論理

「被ばくと補償」(直野章子著)

東京電力福島第1原発の事故発生から1年がたとうとしている。しかし放射性物質の放出は続き、故郷を追われた被災者への援護は進まない。国と企業の責任は曖昧にされたまま時日が過ぎてゆく。

本書は福島の放射線被害者への援護と補償を考えるために、広島・長崎の原爆被害者のたどった苦悩の歩みを振り返り、その調査や援護の歴史と問題点を検証している。

そもそも原爆の放射線を浴びた人間は、すべて被爆者といわなければならない。ところが、原爆投下から12年も過ぎてからできた原爆医療法(現・被爆者援護法)は、爆心からの距離や入市の日時などの要件によって、被害者を線引きして「被爆者」をつくり、原爆症の認定基準を定めた。

国はいつも「唯一の被爆国」を口にしてきたが、厳しい認定基準の緩和を求める被爆者の訴えを正面から受け止めてこなかった。それゆえ、被爆者は国の責任と補償を求めて数々の裁判を提起してきた。法廷では、被爆者の健康が放射線に起因するかどうかをめぐって争われたが、判断の根拠となった「科学的知見」には、核兵器開発や原子力産業の推進に障害となることは避けたいとする側の意図が色濃く反映していた。さらに戦争の被害は国民が等しく受忍すべきだという「受忍論」が、国家補償への道を閉ざした。

被爆者の求める国家補償を退ける国の論理は、福島でも繰り返され、原発被害者も受忍を強いられるのではないか、と著者は危惧する。その上で、安全な被ばく量は存在しない以上、法律論にとらわれずに被害と補償を考えることが重要であり、被害者保護を目的とした新しい制度をつくるべきだ、と提言している。

果てしなく広がる放射線被害と被災者の苦しみをよそに、政府は「収束宣言」を出し、原発再稼働や原発輸出をもくろんでいる。民のいのちを軽んずる国と産業界への、激しい怒りが伝わってくる一冊である。(平岡敬・元広島市長)

(平凡社新書・882円)＝2012年2月2日③配信

〈父〉なるものの影

「共喰い」(田中慎弥著)

話題の芥川賞受賞作である。暴力で女を支配する父と、自分がその父に似ていくことにおびえる少年の、欲望と憎悪でぎらぎらぬめっているような強烈なドラマだ。

海辺の町で、暗渠(あんきょ)になっている川がわずかに姿を見せている「川辺」という地域が舞台だが、土地の訛(なま)りだけでなく、人間以上に鰻(うなぎ)や赤犬や野良猫、熊蟬(くまぜみ)や船虫といった生き物の気配が濃厚に立ち込める。

母は彼を産んですぐに家を出ていき、近所で魚屋をしている。そのあと父が家につれてきた女と、少年は一緒に暮らしている。実母は右手の先に義手をつけていて、同居する女には、父から殴られた痣(あざ)が絶えない。

少年には一つ年上の恋人がいるのだが、いつか彼女を殴るという予感が日増しに募っていく。とうとう殴る代わりに、首を絞めてしまう。絶交状態をはさんで、丘の神社の祭りの日に再会する約束をするのだが、その当日、大雨で川が氾濫する。そして荒れ狂う水のなかで、おぞましい悲劇が起きる。

異様な父に振り回される物語だが、迫真のリアリズムがどこかこの世ならざる抽象感と同居している。女を殴らないとセックスできないという恐ろしい父親が、たんなる異常な個人ではなく、男の欲望、あるいは〈父〉の異形な寓意(ぐうい)のように思えるのだ。たとえばギリシア神話の好色なゼウスのような、神話的造形といってもいい。

あたかもこの作品とセットになるような「第三紀層の魚」が併録されている。そこでは釣り好きな10歳の少年の、96歳の曽祖父との交流が描かれている。父と祖父はすでになく、やがて曽祖父も死ぬ。祖母と母が少年と残るのだが、この作品からは明らかに〈父〉の系譜の消失という主題が浮かび上がる。暴力と戦争と、そして国家と結びついた〈父〉なるもの。その巨大な影と著者が格闘し続けていることが伝わる鮮烈な一冊だ。(清水良典・文芸評論家)

(集英社・1050円)＝2012年2月2日④配信

「もの」を失った果てに　「自己愛過剰社会」（ジーン・M・トウェンギ、W・キース・キャンベル著、桃井緑美子訳）

アメリカはナルシシズムに侵されて「自己愛過剰社会」になった、というのが本書の趣旨である。私たちからすれば、ナルシシストは自分にうっとりしているだけの甘ちゃんで、攻撃的なイメージはないから、言うとすれば、それはエゴイズムのことではないかと思った。だが現在のアメリカのナルシシズムはどうも事情が違うようだ。

「新天地」を求めてアメリカ大陸に渡った人たちは、地域社会をまったく持てないところから始めざるを得なかった。ずいぶんと孤独だったことだろう。人々をつなぎとめたのは、自身を律する清教徒としての信仰であり、建国の精神だった。「自由」と「平等」の下で、だれもが自分を重んじることを信条としたため、「個人の尊厳」は、それと紙一重の「自己愛」を内包した。

アメリカンドリームを支えたのは「もの」であり、消費財である。「もの」を手にすることによって人生は“豊か”になる。消費財を仲立ちとして、人と人がつながる。わかりやすい人間関係だ。ハリウッド映画にみられる単純化された情動を、私は幼すぎはしないかと思うことが多かったけれど、「もの」を前提に考えれば納得がいく。しかし富を媒介にした人間関係を保つためには、経済は成長を続けなくてはならない宿命を負う。

リーマン・ショックは、一金融機関の破綻をきっかけに、世界を引っ張ってきたアメリカ型の物質主義が終わったことを意味する。「もの」とつながることができなくなった果てに、自尊心の裏側に隠されていた自己愛がさまよい出した。信仰のありようも変質し、矜持（きょうじ）は失われた。

有名になりたくて無差別殺人を起こすなど、本書が病理を分析した事件は、日本でも似たケースがあった。だが同じではない。日米のどちらの社会でより絶望が深いのか、本書の多くの症例から読み解くことには意義があるかもしれない。（小栗康平・映画監督）

（河出書房新社・2940円）＝2012年2月2日⑤配信

近現代史の封印解く　「農村青年社事件」（保阪正康著）

24人の社会主義者やアナキストが死刑判決を受けた大逆事件から26年後の1937（昭和12）年、農村青年社事件が、号外とともに大きく報道された。

大逆事件の容疑は、明治天皇を暗殺する計画を企てたという大逆罪だ。ならば34人が起訴された農村青年社事件は、どのような犯罪だったのか。

号外紙面には「武装蜂起」や「暴動」、「都市焼却計画」や「黒色テロ」、「大陰謀」などの文字が躍るが、具体的な内容がよくわからない。まさしく日本中を震撼（しんかん）させた事件だったのだろうと推測はできるが、実態はどのような組織で、何を目的にしていたのか、その輪郭がよくわからない。

事件からおよそ40年後、著者の保阪正康はこの事件を調べ始める。この時期にはまだ、摘発された農村青年社の主導者の一人で服役を終えた宮崎晃や、唯一の女性として注目された八木秋子などは存命だった。

彼らのもとに通いながら、保阪は事件の輪郭を少しずつ理解する。

その運動の根底には、疲弊した農村の現状を救おうとの理想があった。アナキズムを基盤に社会を改革したいとの情熱があった。でも理想は高潔であればあるほど、脆弱（ぜいじゃく）で色に汚れやすい。挫折しかけた彼らの運動は、功名心に焦る治安権力に利用される。

その意味で農村青年社事件の構造は、ほぼ冤罪（えんざい）であることが明らかになった大逆事件に、極めて近いといえるだろう。

ところがなぜかこの事件は、日本の近現代史においては埋没している。ならばスクープだ。でも保阪は、最終的に自らの取材メモを封印する。そして37年ぶりに、本書でその封印を解く。

つまり本書は、物書きとして独立したばかりの若き保阪の、青春の彷徨（ほうこう）の記録でもある。

不安をあおるメディアと治安権力のフレームアップ。その構図は今も変わらない。より深刻になっているとの見方もできる。時代に選ばれた一冊だ。（森達也・映画監督、作家）

（筑摩選書・1785円）＝2012年2月2日⑥配信

精神の古層に迫る旅

「オオカミの護符」(小倉美惠子著)

川崎市の新興住宅街に点在する農家の間に今も残る「オオカミ信仰」の源を追いながら、日本人の精神の古層に迫っていくドキュメンタリーだ。著者自身、そうした農家の一つに生まれた。東京五輪前には50戸ほどの農家を数えるにすぎなかった多摩丘陵の生地は、今では7千世帯近くが住む瀟洒(しょうしゃ)な住宅地になった。

追跡の旅は、著者の幼いころから家の土蔵に張ってある「護符」から始まる。祖父母はそのお札に描かれる黒い獣を「オイヌさま」と呼んでいた。

1年の農事の始まる前の春先に、そのお札を奥多摩の御岳山の神社にもらいに行く「御嶽講(みたけこう)」を追って、明治期に日本列島から絶滅したニホンオオカミを守り神とする古代からの信仰を知る。

オオカミ信仰をたぐってさらに、奥多摩から秩父の山奥に分け入っていくと、オオカミのすみかであるだけでなく、関東平野を潤す川の水源として「命の根源」になっている山々への山岳信仰の世界にたどり着く。

こうして読者は著者に連れられ、関東一円から長野、山梨、静岡を含む一帯の近代以前の「常民」の精神世界を旅することになる。話は時に縄文時代までさかのぼる。

鹿の肩甲骨を焼き、そのひびから25種の作物の作況を占う太占(ふとまに)の秘儀が今も行われているのに驚く。作況占いからさらに1年の天候予想をする古老が、都心から遠くない調布市で営々と農業を続ける姿に感銘を受ける。

著者がこの記録の旅を始めたのは、死んでしまった祖父母にあやまりたかったからだという。子どものころ、新興住宅街の農家に生まれたことや農業を営む祖父母が恥ずかしくてしようがなかった。恥じて逃げているうちに、大切なものを失ってしまったと気付く。それは実は、近代日本人の多くが心の奥底にしまっている悲しみだろう。

追跡の物語はまずドキュメンタリー映画となって、文化庁の文化記録映画優秀賞(2008年度)を受けた。本という形をとり、また奥深さを加えた。

(会田弘継・共同通信編集委員)

(新潮社・1575円)=2012年2月9日①配信

物語貫く見えない論理

「失われた猫」(森博嗣作、佐久間真人画)

著者は元名古屋大学工学部助教授の工学博士であり、ミステリー作家として知られる。また、「スカイ・クロラ」シリーズのような寓意(ぐうい)に彩られた物語を描くかと思えば、自書の扉に詩を披露してみせたりもする。そんな、散文から韻文を自在に行き来する作家／科学者が書いた絵本が本書。

2002年に刊行された姉妹編「猫の建築家」同様、大人が本気で向き合いたい、奥行きのある作品だ。

建築家の白い猫は、美について考える。

革命家の斑(まだら)の猫は、未来について考える。

二匹の猫はそれぞれ、革命のときに現れるという「伝説の失われた猫」を探しにゆく。

ときに同じ場所を交錯しながら、猫たちは何かを感じ、思索をめぐらせる…。

簡潔な文章、それに正確に対応した英訳文。劇的な展開があるわけではない。物語なのか、詩なのかも判然としない。

にもかかわらず、この言葉の連なりの背後には整然とした論理が存在しているに違いない、そう思わせる雰囲気がある。痕跡もある。

たとえば、作中繰り返される「自然」という言葉。しかし、そこに添えられている絵は、いつも人工的な街の景観。

そう、猫にとって、みずから変えることのできない「街」は、人間にとっての「自然」と同義なのだ。

固定観念や誤った常識にノーを突きつけてくるのは著者のスタイル。あるいは、ノーを突きつけるために物語がある？

読者は毎回はっとさせられる。しかし、それこそが「森博嗣を読む」楽しさに他ならない。

無粋を承知でヒント。

絵を隅々まで見るべきだ。特に最初の絵。それから電灯の形に着目して読み進めてみてほしい。そして、猫の斑の形も。

時間軸に対してストレートに進行する物語ではないと気づくはずだ。

何度も読んでいるうちに、徐々にほぐれていく物語を楽しむ、というつき合いかたで、長く手元に置きたい。(荒井昭一・フリーライター)

(光文社・2100円)=2012年2月9日②配信

食べて作って知る体験記

「ステーキ！」（マーク・シャツカー著、野口深雪訳）

かつて私はNHKの番組「趣味悠々」で、キムチを素材にした「キムチへの旅―作って・食べて・知る」の制作に携わった。本書は、おいしいステーキ肉を探求する「食べて・作って・知る」旅の体験記である。旅と食をメーンに活躍するコラムニストの彼の食欲と好奇心には、とても私はかなわない。

食べる。まずは、テキサスで5日間ステーキだけを食べ続ける。どれもおいしいとは思えない。「世界中どこに行っても、ステーキは同じなんだろうか」。疑問を解消するために彼は各地を訪れ、テキサスとアルゼンチン以外では、その国原産の品種の牛肉を食べる。フランスではリムーザン。スコットランドではアンガスとハイランド。日本では黒毛和牛。イタリアではキアーナとポドリカ。カナダではカナディエンヌ。45キロ分のステーキに舌鼓を打つ。

作る。「牛の餌は」「肥育期間は」「肉の熟成は」。牧場主、三つ星シェフ、科学者などに取材して、あげくのはてに自分で牛を育ててしまう。とてもそこまではできない読者のために、おいしいステーキを焼く方法をガイドしてくれる。

知る。彼の旅は7カ国、約10万キロをめぐっただけでなく、人類の歴史をさかのぼった「時空を超える旅」でもあった。フランスのラスコー洞窟では壁画を前に、太古の人々に飼いならされ、乳を与えてくれた大型哺乳動物オーロックスに思いをはせる。牛の祖先である。そこで、他の動物と一線を画し、火を操るようになった人類が編み出した原初のステーキとも出合うのである。

韓国の文化人類学者の韓敬九教授が、学会誌に「ある食べ物は考えるによい―キムチと韓国民族性の精髄」という論文を書いたが、ステーキはまさに「考えるによい」食べ物である。本書を読み進めると、頭の“満腹指数”が一気にあがること請け合いである。（朝倉敏夫・国立民族学博物館教授）

（中央公論新社・2625円）＝2012年2月9日③配信

架空の機械が描く奇跡

「道化師の蝶」（円城塔著）

円城塔は人間ではない。この筆名は、彼の大学院時代の指導教官である金子邦彦（かねこ・くにひこ）の小説に登場する物語生成プログラム「円城塔李久」から取られている。つまり、円城塔は架空の機械である。だから彼の小説が奇妙だとしてもそれは仕方ないことなのだ。

「道化師の蝶」は世界中の悩める人々が求めてやまぬ「ひらめき」の発生を描いた作品だ。いや、「ひらめき」そのものを小説化したと言ってもいい。あらすじは説明しない。なぜならこれは、読者に読まれることで完成する小説だからだ……などと言うとなんだか高尚に聞こえるが、まったくそんなことはない。むしろこれはバカ話だ。

例えば一章に出てくる富豪、A・A・エイブラムス氏には「飛行機の中で読むに限る」「豪華客船で読むに限る」「通勤電車で読むに限る」「高校への坂道で読むに限る」揚げ句の果てに「バイクの上で読むに限る」といった「～で読むに限る」シリーズという著書がある。ちなみにベストセラーである。非常にバカバカしいが、書いている円城塔はおそらく真顔である。なぜなら機械だから。

本作はジャンルでいえばSFだが、サイエンス・フィクションというより、現代アメリカの幻想文学であるストレンジ・フィクションのスタイルに近い。そこでは、旧来のリアリズム小説は退屈だ、と言わんばかりに荒唐無稽なことが起きる。電話ボックスを遺産相続し、少年はテレビのキャラクターに伝言を残す。けれど、ただバカバカしいわけではなく、不思議な温かさや、切実な悲しみがある。

円城塔のSFには、奇妙だが、機械なりの温かさやユーモアが備わっている。そこには美しい奇跡がある。読後には言葉を超えた、複雑で美しい蝶の羽根のような、小説の「模様」が頭に焼き付くだろう。

高度に発達した機械は、誰よりも人間を感動させることができるのだ。（海猫沢めろん・作家）

（講談社・1365円）＝2012年2月9日④配信

不穏に完成する無痛の日常

「だれかの木琴」（井上荒野著）

親しかったものとの間に、なぜか生まれてしまった距離―。本書は「ストーカー」をモチーフに、心と希薄になっていく現実との隙間を緻密に描いていく。

主人公は主婦の小夜子。警備会社に勤める夫の光太郎は、新居にホームセキュリティーを設置した。しっかりと守られた家が、かえってぎこちない夫婦関係を際立たせる。光太郎は小夜子に欲情しなくなっている自分を隠し、2人は互いを恐れるような慎重さで会話する。13歳の一人娘のかんなだけが、そっけないながらも、生きた声を発している。

そんななか、小夜子は、若い美容師・海斗からの営業メールをきっかけに、自分でも理解できない行動へと突き動かされていく。火曜日は公休です、という海斗の言葉を、火曜日は自宅にいます（から来てください）と、ぼんやりと他人ごとのように解釈し、海斗の家の呼び鈴を鳴らす。さらに海斗の恋人・唯が勤めるブティックを探し回り、誰も着ないようなデザインの、高価なドレスを購入する。そのドレスを深夜、海斗の自宅の玄関につるしておくのだ。

常軌を逸した小夜子の行動は、それによって光太郎の愛情を確認したいという気持ちを含んでいる。けれども不穏なのは、その目が誰も見ておらず、理由さえもないように思えることだ。その不穏さは海斗にもあって、小夜子のような誰かを待っていたかのように、おびえつつも、その出現を吉兆と感じている。

自分の心の矛盾を掘り起こしてしまうシーンに、痛みが集中していることも特徴だ。例えば、光太郎は家族を守ろうと決意したとき、小夜子をその家族に含めていないことを自覚する。

それは「取り返しのつかないこと」が発露する瞬間のはずだが、光太郎が目をそらすことで、無痛の日常が完成してしまう。まるで何事もなかったかのように、次のターゲットへと手を伸ばす小夜子。その姿は誰の日常とも、寒々しく直結している。（杉本真維子・詩人）

（幻冬舎・1470円）＝2012年2月9日⑤配信

前進を感じさせる書

「サッカーと独裁者」（スティーヴ・ブルームフィールド著、実川元子訳）

著者は、2010年のサッカーワールドカップ（W杯）南アフリカ大会を前に、アフリカ大陸を縦断しながら取材して南アフリカにたどり着き、この本を書き上げた。

人間のルーツを探ろうとする著者の気持ちはよく分かる。人類発祥の地で、最も本能的なスポーツのW杯が開かれることには大きな意義があると私も考えた。アフリカから世界各地に広がった人類は環境に合わせて進化した。それぞれの土地にサッカーが生まれ、「球を蹴る」という単純な競技ゆえ身体的な個性、思想的な組織が形成され、それが長年月を経て母なる大地に集合したのだ。

「私たちは、こんなに自分らしくなったのだ」と、サッカーという共通表現を使って発表し合うのがW杯で、その様子を検証しようと行動を起こしたのが著者である。

「政情不安」を、進化を模索中と言い換えることもできる。「二十年間に及ぶ内乱をかいくぐって残った数少ないものの一つが、サッカー」と、ソマリアを取材した一文にある。それほどにサッカーはあって当たり前ともいえる。いかなる危険地域でもサッカーをやっている限りは破滅的状況ではなく、人間は前進していると感じられる。

著者も述べているが、1990年イタリア大会ではカメルーンがアフリカ旋風を起こした。立役者はロジェ・ミラ。この年、コロンビア戦を観戦した私は衝撃を受けて、アフリカが好きになってしまった。私も著者のように旅をしながら南アのW杯を迎えたかった。

4年間の取材は試合であっただろう。相手から強烈なタックルを受ける。武装した警護隊というディフェンダーに守られながら相手にフェイントをかけ、前線に攻撃を仕掛ける。そんな時はアドレナリンがわき、ゴールを挙げたミラのダンスのように小躍りしたいほど雄たけびを上げただろう。独裁者と戦う市民がいるアフリカというピッチを著者は走り切った。サッカー観戦しながらアフリカの政情が見えてくる一冊である。（日比野克彦・アーティスト）

（白水社・3150円）＝2012年2月9日⑥配信

芸術とは何かを問う　「マンガ／キッチュ」（石子順造著）

美術からマンガ、キッチュ、俗信と旺盛な批評活動を展開しながら1977年に48歳で死去した石子順造が、いまあらためて注目を浴びている。本書の刊行もそうだが、東京の府中市美術館で、石子の批評活動を多角的にビジュアル化した展覧会「石子順造的世界」が開かれたことも、その証左であろう。

批評家の展覧会が開かれること自体､珍しいが、いったい、石子の何が関心を呼ぶのだろうか？

マンガ批評やキッチュへの着目で先駆的であったのは、いうまでもない。だが、いまやわが世の春を謳歌（おうか）しているサブカルチャーを、時代に先駆けて批評したことをもって石子を評価するのは、彼が、その短い生涯を賭けて追求した課題をないがしろにすることになる。

初期の美術批評において、彼が問題にしたのは､「美術の近代とは何か」ということであった。いわば美術を価値づけている根拠、その歴史性を問うたのだ。そこから、美術と連続しながらも、「芸術」とは認められないマンガやキッチュに目を向け、近代以降の人々が、暗黙のうちに芸術と非芸術の間に境界線を引いてきた思考の前提となる「知覚の習い」を解明しようとしたのである。

特長的なのは、絵画であれマンガであれ、見ている自身の感覚的、身体的な反応から問い直す姿勢だ。通常は、目の邪魔になるものを指して「目障り」と言うのに対し、石子は美醜を問わず、目や耳に訴えかけてくるもの全てを「目ざわり」「耳ざわり」という独特の言葉で表した。そうすることで、慣習化し見えにくくなった「知覚の習い」を洗い出し、芸術の概念をより幅広いものとして提示したといえる。

石子順造のそうした姿勢は、本書の随所に表れているが、いま、とりわけ必要なのは､「マンガと情況への発言1968―1972」の項に見られる、個別の作品やメディアに対する、厳しい批判のまなざしであろう。（上野昂志・評論家）

（小学館クリエイティブ・2835円）＝2012年2月16日①配信

浮かび上がる作家の人間像「コナン･ドイル書簡集」（ダニエル･スタシャワー､ジョン･レレンバーグ､チャールズ･フォーリー編､日暮雅通訳）

主にシャーロック・ホームズの作者として知られるアーサー・コナン・ドイルが残した千通に及ぶ手紙（大英図書館所収）から約600通を選んだ書簡集。ドイルの書簡がこのようにまとまった形で公開されるのは初めてだ。

私信を少年期から晩年まで年代順に並べるだけでなく、その背景の解説や作者の諸作品と関連づけて紹介されているので、非常に分かりやすい。エピソードは豊かだが筋自体はごくシンプルな長編小説のような読み心地で、枕になりそうな厚さも苦にならない。

手紙の大半は母メアリにあてたもので、母親への思慕と崇拝の念がほとばしっている。確執が推測された父チャールズへも愛情を抱いていたことがしのばれるし、妹たちや弟への思いが伝わってきて、ドイルの人間像が鮮やかに浮かび上がる。

ドイルの生涯は冒険的だ。若いころには船医として捕鯨船に乗り、はやらない開業医時代にホームズの物語を書いて起死回生を果たし、流行作家となるもホームズ人気に不満を募らせつつ作風を広げる。愛国者として言論活動や政治活動にも熱心で、ボーア戦争に従軍したり郷里で選挙に出馬して落選したりしたかと思うと､義憤から冤罪（えんざい）事件の真相を追究し、心霊主義に走って晩節でつまずき…と忙しい。

本書を読むと、そんな冒険の日々の奥にあったものをドイルが打ち明けてくれる。いや、私信だから､彼は打ち明けるつもりなどなかったのだが。

それだけに、医師として独立する資金を母に求めるところで、人に雇われると「人格に有害な影響を与えます」と強い言葉を使うなど、自伝ではやわらげられるであろう表現が少なくない。まさに肉声だ。

人生の軌跡を克明にたどれるほど膨大な数の手紙を、もう私たちは（作家も）書かない。本書は書簡集の魅力に富むと同時に、偉大な作家からファンへの「最後の最後のあいさつ」とも言えそうだ。
（有栖川有栖・作家）

（東洋書林・6300円）＝2012年2月16日②配信

街に織り込まれた黒い糸　「ヒトラーのウィーン」(中島義道著)

父は息子を自分と同じ公務員にさせたいが、息子は美術系志望。中学校とはそりが合わず、父が急死した後は重しがとれたように学校を退学し、自室にひきこもっているのでなければ、おしゃれをして音楽に浸りに行き、同好の若者相手に熱弁をふるう。まさにオタクの行動様式だ。

そんな日常にも飽きたのか、幼い野心に突き動かされたのか、彼は首都の美術大学をめざす。その後を追ってきたオタク仲間をルームシェアさせてやるが、こちらは志望の音大にすんなり合格する。ところが、美大志望の彼は二度も受験に失敗し、それを子分格の友人に打ち明けられず、ある日失踪—。

今でもありそうな話だ。違うのは、音楽がロックではなくワーグナーの楽劇であることと、首都が東京ではなく、多くのユダヤ人が活躍して独特の文化を開花させ、圧倒的な貧を背景に富がきらびやかに突出した前世紀初頭のウィーンであることだ。そして特異なのは、この若者がアドルフ・ヒトラーだったことだ。

ウィーンという織物には、若きヒトラーの鬱勃(うつぼつ)とした5年3カ月という黒い糸が織りこまれている。しかし、歴史的人物ゆかりの建造物に掲げられたプレートは、彼に限っては見あたらない。著者は、第二の故郷とも言うべきこの街に、一時は野宿者にまで落ちた未来の独裁者の足跡をたどる。もしこの時彼が挫折しなければ、と渉猟に疲れたため息のように歴史の仮定が脳裏をよぎるたび、その筆致は悲しみに陰る。

各章のタイトルは「西駅」「国立歌劇場」など、ヒトラーが憧れた分野である建築物の名前からなる。それらは、「ヒトラーのウィーンに対する独特の憎悪、そしてそれに奇妙な具合につながるユダヤ人憎悪は、住宅問題と深く結びついている」という洞察と暗く響き合い、歴史の帰結を知っている私たちは、そっと戦慄(せんりつ)する。(池田香代子・翻訳家)

(新潮社・1575円) = 2012年2月16日③配信

性別による搾取と再生　「ウッドローズ」(ムリドゥラー・ガルグ著、肥塚美和子訳)

もしも、人間が性別をもたない生き物であったなら、どんなに楽だったろう。本書を読んであらためて思う。

4人の女性と1人の男性の独白からなる物語。インドで、米国で、登場する女性たちが経験した過去は「壮絶」という表現では言葉が足りない。親族に強姦(ごうかん)された者、貧しさゆえに学校に行けず、義兄との重婚を強いられた者。彼女たちは何度も苦境に立たされる。女であるがために。

言葉によって、力でもって、性的に—。さまざまなやりかたで、最初に暴力をふるうのは決まって男性だ。しかし皮肉なことに、のちのちその傷痕を無神経に踏みにじるのは、同性の女性であることも多い。

インド人女性作家、ムリドゥラー・ガルグは驚くべき公平さでもって、性別のもたらす理不尽さを描き出す。「男性＝加害者、女性＝被害者」というわかりやすい関係性を起点に、そこに加担する女性の存在、被害者である女性同士のあつれき、フェミニストの欺瞞(ぎまん)など、女性のどうしようもない不条理さをもあぶり出す。

にもかかわらず絶望のにおいが漂ってこないのは、それでも彼女たちが諦めるということをしないからだろう。長い時間をかけて、仲間と痛みを分かち合い、悲しみを養分にして強さを得る。そして、毅然(きぜん)と言い切る。「私たちは女として生きていたい」と。どの時代に、どの国に生まれようとも。

意外かもしれないが、ここには男性の悲しみについても描かれている。この物語は教えてくれる。人間に性別がある限り、これからも搾取される側の性が存在しつづけることを。そして、どのような状況に追い込まれようと、再生する力までをも奪うことはできないことを。

あらゆる時代と国において、この小説は普遍的な「私の物語」として読み手のもとに届くだろう。ノンフィクションではなく、小説というかたちで書かれたからこそ、成し得ることだと思う。(中川美津帆・ライター)

(現代企画室・3150円) = 2012年2月16日④配信

解毒の効用持つ暴力

「或るろくでなしの死」（平山夢明著）

平山夢明の作品は毒の塊である。そう思っている読者は少なくないだろう。確かに、彼の小説にはグロテスクな暴力シーンが頻繁に登場する。だが、そこをグッと耐えて、ラストまでたどり着くと、すっと胸のつかえがとれたような気分になるはずだ。平山小説は、現代人の精神を侵す毒を消し去る解毒剤としての効用を持っているからである。

昨年12月末に刊行された短編集である本作に収めた7本の作品で、平山は「善なるもの」が死にゆく光景を仮借なく描いた。思いやり、家族愛、責任感、社会との連帯。人が生きていく上で欠かせないはずのそれらが、次々と踏みにじられ、ついえていく。

震災以降、世間では「絆」という言葉がむやみに使われるようになった。いわゆる災害ユートピアを永続的な現象と思いたい人々がもてはやしているのだろう。

だが、平山は、こうした幻の楽園に安住しようとする人間の怠慢を許さない。世間がかぶる薄っぺらな善人面を徹底してはがしにかかることで、もう一段高いところにある真の人間性に迫ろうとしている。そう読んでも、決して穿（うが）ちすぎではないはずだ。

腐りきった精神はどのような臭気を放つのか―。「或るごくつぶしの死」を読めばわかるだろう。本当に救いを求める者の心の叫びはどんな形をしているのか―。表題作がそれを教えてくれる。

平山作品の特徴とされる残酷シーンは、甘さやうそ偽りを徹底的に排除するための手段であり、暴力や破壊を肯定するものではない。むしろ、背後には驚くほどまっとうな倫理観が見え隠れしている。それが、解毒剤の正体だ。

願わくば、全編を覆う血と汚穢（おわい）、そして照れ隠しのような饒舌（じょうぜつ）に惑わされず、じっくりと奥にある問いかけに向き合ってほしい。思わぬところに自分の相似形を見つけて、たじろぐことになるかもしれないが。（門賀美央子・書評家）

（角川書店・1575円）＝2012年2月16日⑤配信

男たちのための祈り

「きれいごと」（大道珠貴著）

主人公は44歳の女性作家、平尾美々（びび）。自宅で黙々と小説を書く彼女が、ある日逗子市池子町の山の中におかしな中古の家を買い、壁を自分で塗り始めたことから物語は始まる。

作家だけあって美々は少し変わっている。酒を飲みながら壁を塗る。家を買ったから次は子供かと、冗談とも本気ともつかないことを考える。性も普通から少し外れている。本人は男性が好きらしいが、なぜか女が寄ってくる。同じアパートの子持ち女性と肉体関係もある。女たちに対する受け身で二枚目的な美々の態度は、女なのに何となく沢田研二の「カサブランカ・ダンディ」を思わせるほどだ。

そういう作家が、壁を塗りながら自分の暮らしをひとり言のように語る。基本それだけだ。しかしそれを聞くうち、不思議な変化が起こる。まず彼女の語りが彼女がこねている土に思えてくる。そしてそれで塗られた壁を眺めるうち、読者は塗り込まれているのが現在だけでないことに気づく。

その土には、今に混じって、福岡で生まれ育った彼女の過去が、家族旅行の思い出の貝殻のように埋め込まれている。方言のやりとり、妹と過ごした部屋。そうして本書全体が美々の過去を重ねた地層となり、雨上がりの土のにおいで読者を包みこむ時、そこにひときわ輝くものがある。自衛官だった父親の思い出だ。

沖縄返還前後の日本で、自衛隊員の家族として美々が受けた差別的な仕打ちと、そのために一層やるせない魅力を放った父の姿。それを美々が語る時、本書は個人の物語を超えた広がりを感じさせるものになる。美々の語りは、父に似たある種の男たちのための祈りだったのではないか？

失われた男たちの記憶を、「まつりごと」ではなく「きれいごと」の記憶として祀（まつ）る。美々が池子に建てたのは、そのために作られた美の世界におけるもう一つの「靖国」なのかもしれない。（田中弥生・文芸評論家）

（文芸春秋・1523円）＝2012年2月17日配信

殺りくを正当化する心理　「ナチスの知識人部隊」（クリスティアン・アングラオ著、吉田春美訳）

ナチス親衛隊といえばアウシュビッツなど強制収容所におけるユダヤ人大量虐殺が想起されるが、それ以前に東部ヨーロッパで数十万もの人々を無差別に処刑した史実があった。しかもその先頭に立ったのは「美男で、輝かしく、知的で、教養があった」大学出の若きエリートたちだった。彼らを殺りくへと向かわせたものは何か。

気鋭のフランス人歴史研究者である著者は心理学、社会学、人類学などの手法を駆使した学際的アプローチでナチス親衛隊傘下の謎に満ちた保安情報機関内部に切り込み、約80人の幹部らの生い立ちから敗戦後に至る詳細な分析を行った。

子どものころ第1次大戦の敗北体験によりドイツ民族存続の危機を内在化し、強大なドイツ帝国建設の悲願を胸に成長した彼らは青年期にナチス思想に出合い、ユートピアの到来を信じた。

その重要な役割はナチス思想に学問的裏付けを与えることだったが、やがて東部戦線に赴き特別行動隊で大量虐殺を先導する。占領地域での恐怖感を背景とする防衛手段だった殺りくは、ゲルマン化に必要不可欠な条件として正当化されていく。

原題には「信じることと皆殺しにすること」という言葉が使われている。残虐行為は一斉射撃など「軍事行動」として秩序化され、ガス室での大量虐殺へとエスカレートしていくが、当事者はナチスのイデオロギーを信じて疑わなかった。

この時代のドイツ社会について、かつてエーリッヒ・フロムは「自由からの逃走」で個人主義から先鋭的な全体主義に傾斜した心理状況を説いてみせたが、本書があらためて照射した当事者の心理は現代の日本に無縁だと言えるだろうか。

グローバル経済の急速な進展で広がる格差や情報洪水のなか、思索を深めることなく救世主と見まがうトリックスターの「劇場型政治」に傾倒したり、カルト的な宗教世界に没入したりする風潮が脳裏をかすめる。（本岡典子・ノンフィクション作家）

（河出書房新社・3360円）＝2012年2月23日①配信

王妃の信頼得たモード商　「ローズ・ベルタン」（ミシェル・サポリ著、北浦春香訳）

本書の主人公が、池田理代子の「ベルサイユのばら」に登場する場面がある。ローズ・ベルタンの訪問が告げられると、王妃マリー・アントワネットは、「まあっ　ベルタン嬢が！？　きゃーっ！！　すぐわたしの部屋にとおして！」と、まるでスターを迎えるように興奮して叫ぶのだ。では、このベルタンとは何者か？

ベルタンはフランス国王がモード商組合の長として認めた最初の人物だ。モード商とそれ以前の仕立職人との違いは、建築家と石工の違いである。つまり、細分化された服飾業を総合芸術に高めたのだ。現在のオートクチュールの元祖である。

ベルタンの作りあげた服飾芸術の実物は一つも残っていない。だが、王妃マリー・アントワネットの肖像画を見ればいい。彼女はベルタンの服以外はほとんど身に着けなかったからだ。

王妃は「神なるベルタン」と呼ばれる彼女に全幅の信頼を寄せ、国家財政が傾くほど金を注ぎこんだ。王妃とベルタンはレズビアンだとささやく者もいれば、ベルタンを不当な暴利をむさぼる盗っ人だと非難する者もいた。だがベルタンは平然と、自身を高名な画家になぞらえて「絵にキャンバスと絵具の値段だけを払うわけではないでしょう」と言い返した。

ベルタンはフランス王妃だけでなく、全欧州の王侯貴族の人気を集め、その衣装に散財したロシアの皇太子妃と、女帝エカテリーナとの間に嫁しゅうとめの確執が生じた。また、スペインやポルトガルの王族への高額な服飾費の請求は外交問題にまで発展した。国際的ビジネスウーマンとして剛腕をふるった先駆的女性なのである。

しかし、革命が起こり、ベルタンの運命は一転する。王妃はギロチンの露と消えたが、ベルタンは生きのびる。だが、彼女がモードの王座にかえり咲くことは二度となかった。享年66…。

伝記としても、歴史書としても、モードの研究書としても十二分に楽しめる好著である。（中条省平・学習院大教授）

（白水社・2310円）＝2012年2月23日②配信

恐ろしく美しい恋愛小説

「曾根崎心中」（角田光代著、原作近松門左衛門）

息もつかせぬ、という言葉が思い浮かんだ。ひどく熱を帯びた読書体験となった。

本書「曾根崎心中」は、著者初の時代小説だ。タイトルからもわかるとおり、近松門左衛門の原作を下敷きとしている。

いつも角田光代さんの新作を読むときには、それが角田さんの小説であるということを、随所で確認するように味わっていくのだけれど、今回はそうではなかった。

作者が誰であるとか、原作が江戸時代のものであるとか、そうした背景はどこかに置き去りにしたまま、ただ目の前にある物語に魅了され、とりつかれたようにページを繰った。

だからといって、角田さんの小説としての意味が薄れているわけではないのが、やはりすごいところだ。流れるような文章も、繰り返されるフレーズのもたらす独特なリズムも、間違いなく彼女にしか書けないもので、読後に残る充足は、まぎれもなく、彼女の小説に触れたときの感覚だ。

ストーリーだけを取り出してみれば、シンプルすぎるとも思えるほどの恋愛小説である。遊女であるお初と、醬油（しょうゆ）問屋の手代である徳兵衛が恋に落ちる。結婚を誓い合っていたのだが、友人に裏切られたことで借金を抱え、行く先のなくなった徳兵衛に対し、ともに死ぬことを決意するお初。2人は曽根崎の森で心中することとなる。

それでもこのシンプルな物語には、まぎれもない生々しさと温度が存在している。実際の事件を下敷きにしているからといった単純な理由とは別だ。鳥の鳴き声も、女たちのたわいない会話も、まるで実際に自分がそこにいて聞いているかのように錯覚させられる。女たちの、くすくすという笑い声が頭の中で響く。

なにもかも圧倒的だ。生も死も悲しみもうれしさも、あらゆるものが渦巻いて、静かに遠ざかる。

恐ろしく美しい小説である。その恐ろしさも美しさも、恋そのものだ。（加藤千恵・作家）

（リトルモア・1470円）＝2012年2月23日③配信

転生を遂げた越境者

「皇軍兵士とインドネシア独立戦争」（林英一著）

1945年の太平洋戦争敗戦後、日本軍から離脱し、インドネシア独立戦争に身を投じた残留日本兵は約900人いた。その一人で、独立後もインドネシア社会で生き抜き、2007年に85歳で亡くなった藤山秀雄氏の生涯を、聞き書きと本人の備忘録などを元にたどったのが本書である。

藤山氏の残留にはさまざまな要因がある。敗戦直後、ジャカルタ中央の広場で独立集会を警備中、スカルノ大統領の演説に聞き入る何万人ものインドネシア人を目撃し、強烈な印象を受けたこと。連合軍に戦犯として摘発されるのではないかとの不安。焦土の日本に帰っても「しょうがない」との諦め。19歳で陸軍に志願し、「一度死んでもいい」という若きたかぶり。結局、本人にさえも定かならぬ衝動に駆られ、対オランダ独立戦争の渦中に飛び込んだ。

殺し、殺されのゲリラ戦の混沌（こんとん）が、血と泥で塗り込めるように読み手の胸を覆う。残留日本兵戦友の死も相次ぎ、藤山氏も傷を負う。住民に助けられ、独立闘争に参加していたインドネシア人女性とも結ばれ、割礼の儀式を経てイスラム教徒となる。独立達成後は、市井の人として家族の生活を背負い、魚取りやコプラ（ココヤシ加工品）買い付け、日系企業の現地雇用などで糊口（ここう）をしのぎ、インドネシア国籍を取得。皇軍兵士の殻を脱した旅路が、熱帯アジアの驟雨（しゅうう）後の赤土の道にしるされた、はだしの足跡のように浮かび上がる。

帝国日本の「大東亜共栄圏」の虚構があらわになった時、衝動的であったにせよ、国家の枠から飛び出し、個としてアジア独立のるつぼで、いわば転生を遂げた越境者となった一残留日本人の歩みから、他国の歴史形成に深々と関わり得た希有（けう）なる主体の存在感が、まるごと伝わってくる。その転生が、苦楽を共にした妻をはじめ、藤山氏ら残留日本兵を受け入れたインドネシア社会の懐の深さを苗床とする、相互信頼の結実ともいえる点が心に残った。（吉田敏浩・ジャーナリスト）

（吉川弘文館・2310円）＝2012年2月23日④配信

まっとうな青春に胸熱く

「『ぴあ』の時代」（掛尾良夫著）

初めて上京したのは1986年のこと。ぴあフィルムフェスティバルに応募した自主映画が入選し、その映画祭に招待されたからである。新幹線から降り立ち、会場となる池袋・文芸座までどう行っていいものやら、「ぴあ」を握り締めながら東京駅の構内をうろうろしていると、公衆電話で話すサラリーマンの声が飛び込んできた。

「それさ、○○しちゃってよ」「よろしくね」なんて、今にすれば何てことない東京弁のニュアンスに、九州出の田舎者の僕は「東京の人は冷たか」といじけた。

僕にとっての「ぴあ」は、そんなちょっと近寄りがたい東京のイメージそのものだったように思う。都会、若者、情熱、そして何より“自由”のにおい。フィルムフェスティバル自体が、それを濃厚に体現していた。文芸座での観客との熱い質疑応答。上映後は喫茶店で、同じ入選監督たちとレスカ一杯で何時間も映画について語り、夜は近所のぴあ関係者の家にみんなで雑魚寝。そんな埃（ほこり）っぽい数日間の何と楽しかったことか！

平凡だった人間が「自分にも個性というものがあるのだ」と思えた時の喜び。自分が世界に向かって大きく開かれていくあの感覚。それは、本書でも繰り返し触れられている“メジャーとマイナーという情報の差別・操作はしない。受け手が自由に情報を選ぶ”という「ぴあ」創刊時の理念そのままに、学生運動終息後の若者たちが映画、演劇、音楽を自由に選択し、自分という輪郭を色付けしながら新たな文化を築いていった、そのスタートラインの空気と同じではなかったろうか。

本書には、大きな時代のうねりの中で「ぴあ」を作った若者たちの青春が詰まっている。出版、興行という大人たちが作り上げた巨大なからくりに立ち向かい、ひょうひょうと、そして時に歯を食いしばりながら「ぴあ」本誌を発展させていくその過程は痛快そのもの。まっとう過ぎるくらいまっとうな青春の姿は、気恥ずかしくまぶしいが、やはり胸を熱くさせるのである。（橋口亮輔・映画監督）

（キネマ旬報社・1365円）＝2012年2月23日⑤配信

領域横断の「知」の宝庫

「にほんのかたちをよむ事典」（形の文化会編）

かたちと聞いて何をイメージするだろう。まずは円か三角か。何かするのにかたちから入るという言い方もある。いわゆる型である。型と聞いてすぐ思いつくのは武道、それから茶道などの作法手続きだろうか。

本書は自然と文化の両面にわたって形や型といって思いつくものを、よくもよくもとあきれるほど万般網羅した事典だ。標題にあるように、かたちの対象を「にほん」に限定したということでは画期的な百科企画であり、領域横断の新しいタイプの学会として注目を集めた「形の文化会」の20年にわたるユニークな活動の総決算といえよう。

「宇宙」「遠近法」「しめ縄」「おどる」―。何が項目立てされているか眺めるだけでもわくわくする点では、かつて話題だった「コミュニケーション事典」（平凡社）や「事典　哲学の木」（講談社）以来の感動ものだ。

かつて、かたちを扱う学問としてはモルフォロジー（形態学）というものがあって博物学の中核をなしていたが、俗信や妖怪の類まで入れる頭陀（ずだ）袋性を嫌われて消滅したと理解している。代わりにできた縦割りの学問の世界が、天災人災入り乱れる中、理系のうそっぱち、文系の無力ぶりに行きついた今、もう一度、ものを知るとは何かというところにまで戻ろうという気合を本書に感じる。

世界的デザイナー、杉浦康平（すぎうら・こうへい）氏によれば、「かたち」は「かた」と「ち」が結び付いたもので、「ち」の語源は「いのち」「ちから」にあるという。杉浦イズムの色濃い出版社から出た本書は、またひとつの「ち（知）」のパラダイムの終わりと新編成の始まりを意識しているように思える。

難解な論考もあるが、水木（みずき）しげる先生が自分に妖怪が憑（つ）いたと言い放つ「妖怪」の項には大笑いした。

寺田寅彦（てらだ・とらひこ）から福岡伸一（ふくおか・しんいち）にいたる理系文系融合型の「知」に興味がある読者にはこたえられないアイデアの宝庫だ。

日本文化の海外発信という時代のうたい文句にこれだけ本格的に答えた企画も例を見ない。（高山宏・明治大教授）

（工作舎・3990円）＝2012年2月23日⑥配信

「捨てられない」は病気か

「ホーダー」（ランディ・O・フロスト、ゲイル・スティケティー著、春日井晶子訳）

先日、ある町の私設博物館を訪れた。かつて自社の印刷工場だったスペースの壁にホーロー看板が貼り巡らされて、床も見えないくらい昭和の産物がごちゃまんと陳列、館主であるおじさんはその中央に立ち「価値なんてものは自分で決めるものなんや」と、子供のような笑顔で語り始めた。

どうやら終戦まもなくその収集癖は始まったらしく、自分がおもしろいと感じたものばかり集めてきたという。米兵の革ジャンからキャラクターボトルのシャンプー、ブリキのランドセルなどジャンルはバラバラだけど根底にはマイブームの精神が流れている。「金で何でも価値をつける、そんな世の中はつまらない」と館主は強調した。「増える一方ですね」と僕が言うと「ここのもんはほんの一部や。もう好きやから仕方ない」と、マイブーマーは答えた。

レトロブームで少しは価値が出てしまったのだろうが、世に言う骨董（こっとう）と比べりゃたいしたことはない。でも、そこがかえってグッとくる。「好きやから仕方ない」はもう誰にも止められない。

本書は、モノに支配された現代の病として「ホーダー」たちを登場させ、「捨てられないのは病気かも」と脅してくる。昨今“断捨離”なんて言葉が日本でも少し流行した。モノを捨てることでその執着心（ボンノウ）も断ち切れるという。

しかし、モノも人間関係も実は同じじゃないのか。その仕方ないつながりをいかに大切に残すかが優しさというものじゃないのか。自分の都合だけで捨てたり切ったりしていいものなのか。本書は整理整頓が苦手な人とホーダー（行きすぎた人）の境界線を探るが、きっとその答えは館主の言った「好きやから仕方ない」じゃないだろうか。

裏返せば、好きじゃないと何をやってもダメなんだ。そして、そこにはエンターテインメントも重要。モノに支配されるなら、好きじゃなきゃ！

（みうらじゅん・イラストレーター）

（日経ナショナルジオグラフィック社・1995円）＝2012年3月1日①配信

本当の姿を探して

「クレオパトラ」（ステイシー・シフ著、近藤二郎監修、仁木めぐみ訳）

古代エジプト最後の女王クレオパトラにはあまたの伝説がまとわりついている。著者はめまいがするほど多種多様な資料に当たり、女王の生涯と歴史を描くと同時に、どんな人々によってどんなふうに伝説がつくられたかをたどりもする。副題をつけるなら「本当のクレオパトラを探して」としたくなる。

クレオパトラが21歳の時、ユリウス・カエサル（ジュリアス・シーザー）に初対面を果たした状況も伝説の一つだ。弟プトレマイオス13世とその摂政たちにより王座を追われていた女王は、アレクサンドリアに進軍してきたカエサルにひそかに会うために奇策を練る。

本書には「麻か革製の大きな袋に潜り込」み「忠実なシチリア人の従者」に担がせて宮廷に潜入した、とある。おやっと思った。シェークスピアの戯曲「アントニーとクレオパトラ」では、袋ではなく「マットレス」なのだ。シェークスピアはトマス・ノース訳の「プルタルコス英雄伝」に材を採ったが、そこには「毛クズ入りマットレス」とある。

同じ「英雄伝」の英訳でも、17世紀英国の文人ジョン・ドライデンは「ベッドの上掛け」と訳した。ちくま文庫版（長谷川博隆訳）では「寝具袋」だし、ブノワメシャンの「クレオパトラ」（みすず書房）によれば「絨毯（じゅうたん）」にくるまって運ばれたとある。真相はいずれか。プルタルコスのラテン語の原文が訳されていくうちに伝言ゲームのように変化し、こんな小さな一点でもことほど左様に乱反射している。

その極め付きは、アントニウス（アントニー）との関係と対ローマ戦と2人の死だろう。本書でも一番読み応えのある箇所だ。後に初代ローマ皇帝となるオクタビアヌスやユダヤのヘロデ王といった歴史上の「有名人」との絡みも面白い。著者の言うとおり「クレオパトラと伝説の戦いはまだ勝負がついて」おらず、彼女の「本当の姿」は永遠に見えてきそうもないが、それだけに魅力は尽きない。（松岡和子・翻訳家、演劇評論家）

（早川書房・2730円）＝2012年3月1日②配信

携帯盗み見の果てに

「隠し事」(羽田圭介著)

もし目の前に恋人(伴侶)の携帯電話が放置され、突然着信したら…。そのサブディスプレーに、浮気相手かと疑われる人物の名が表示されていたら…。果たしてそれを無視できるだろうか。

ある調査では、恋人の携帯電話を「黙って見たことがある」20～30代女性が72%と、同年代男性より24%多いという結果が出たそうだ。本書で同棲(どうせい)相手・茉莉のケータイを盗み見るのは、20代後半の男性・鈴木だが、現実には女性のほうが「分かる分かる」とその衝動に共感しやすいだろう。

前半は、ベッドで寝息を立てる茉莉のすぐ横で、鈴木が葛藤するシーンが続く。彼女のケータイをそっと開きかけるも、漏れ出た光の明るさに臆したり、メール本文を開こうか開くまいか、夜な夜な頭を抱えたり。いかにもいまどきの若者だ。

著者はデビュー作「黒冷水」で、兄の机の中を盗み見る弟の心の機微を描いて話題になった。ただ、机ではなくケータイの盗み見は、青春ドラマにありがちなベタな設定でもあり、初めは物語に感情移入できなかった。

ところが、本書の半ば辺りから「アレ？」と思わせる事象が頻発する。たとえば、茉莉の“隠し事”を探る過程で、鈴木が自分の古いiPodを見つけるシーン。彼は、地方赴任中に知り合った女に曲を入れてもらった、甘い過去を思い出す。

—明らかに自分の彼氏の嗜好(しこう)とあわない曲ばかり入ったiPodに、茉莉は気づいたのだろうか。

—僕が掘り起こし隠し場所を変えたばかりに勘づかれた可能性もある。

わが身を振り返ったとき、パートナーに一切隠し事がない男女は極めてまれだろう。鈴木も自分の後ろ暗い過去が気になり始め、「茉莉に疑われないか」と送信メールを読み返したり、同僚女性に事細かに相談したりする。そしてある日、驚愕(きょうがく)の事実が発覚する…。あえてそこにはふれない。きっと背筋が寒くなるはずだ。(牛窪恵・マーケティングライター)

(河出書房新社・1365円)＝2012年3月1日③配信

義に生きる夫婦の姿

「無双の花」(葉室麟著)

著者の葉室麟は、つい先日(今年2月)、直木賞を受賞した。同賞の選考会が行われ、受賞作(「蜩ノ記」)が発表されたのは1月中旬のこと。 ちょうどそのとき、本書は葉室麟の最新作として書店に並んでいた。絶妙のタイミングで、急きょ「受賞第一作」の帯が巻かれることになった。本書は「第一作」の期待に違わぬ好編である。

主人公は、戦国から江戸初期にかけて活躍した九州の武将立花宗茂。筑後柳川藩立花家の初代である。だが、藩主となるまでの道のりは、決して平たんではなかった。

本書は宗茂の波乱の半生を描くが、単なる戦国ドラマではない。底流に夫人の誾千代との夫婦の機微が配され、うるおいある物語となっている。

誾千代は武道にも乗馬にも優れた女丈夫で、少女のときに立花城の主となった。宗茂はその婿である。

物語は関ケ原の戦いの直後、宗茂が別居中の誾千代のもとを訪れるところから始まる。宗茂は、秀吉の九州平定に従って島津氏と戦い秀吉に認められ、文禄慶長の役では朝鮮に渡って武名をあげた。恩義ある秀吉に報いようと生きる宗茂だったが、誾千代は朝鮮出兵を「不義の戦い」と断じ、宗茂と別居することになったのだった。

誾千代の気の強さ、それがしゃくに障る宗茂。いさかいの多い2人だが、戦いにおいても自身の行動においても決して裏切らないという「立花の義」を守り通す姿は相通じる。それは、婚礼の際に、若い2人が交わした約束でもあった。

激動の時代を著者ならではの確かな筆で描き出しつつ、後に病没する誾千代をはじめ、側室の八千子ら女性の登場人物の描写の細やかさが際立ち、それぞれがりんとした存在感を放っている。

宗茂は、関ケ原の戦いから20年後、ついに立花城主に復帰する。「無双の花」として、死してなお宗茂の心に生き続けた誾千代のもとに帰ったのであった。(高橋千劔破・作家、文芸評論家)

(文芸春秋・1470円)＝2012年3月1日④配信

日本思想史を再構築

「哲学の現場」（末木文美士著）

ドイツ語には「哲学する」という動詞がある。哲学とは、人生の根本を考える動態にほかならない。ところが、西洋哲学の輸入と解釈で成立してきた日本のアカデミズムは、きわめて静的である。切実な問いを抱えて哲学科の門をたたいても、カントやヘーゲルなどの原典研究と、哲学することとのギャップに苦しみ、挫折する人は数多い。

古代ギリシャ以来、「汝（なんじ）自身を知れ」は哲学の大命題だったはずだが、はたして日本で哲学することは可能なのか。仏教学の第一人者である著者は、あえてその可能性に挑んだ。ここ十数年続けてきた近代日本思想の再検討と、西洋哲学の知見などをふんだんに盛りこみ、哲学する現場を開示した。「本書のために僕はこれまで生かされてきた」という言葉に、著者の意気込みが伝わる。

人間とは、そもそも「人間（じんかん）」のことだった。自己と他者、主観と客観とが截然（せつぜん）と分かたれた、西洋近代の個人主義とは異なって、関係にこそ自己があるという考え方である。

著者は西田幾多郎の「純粋経験」の主客未分、和辻哲郎の「人の間」の倫理学などを参照しつつ、「関係は存在に先立つ」というテーゼを立てる。有限な人間どうしの関係を超えて、絶対無限の阿弥陀（あみだ）仏との関係を求めた、清沢満之の「精神主義」などから、他者との関係の哲学を導く。

ここで他者とは中世の仏教歴史家・慈円のいう「冥」であり、人間が了解可能な「顕」の世界と対比される冥界、すなわち死者の領域だった。神なき近代の合理主義では捉えられない「冥」と「顕」の関係から、著者は日本思想史を再構築し、その関係が織りなす生活世界の哲学を構想した。

「冥」は外界だけでなく、自己の内にもある。「自分」は「他者的な要素を大きく持つ」と著者はいう。個の確立と国家主義の隘路（あいろ）でつむがれた近代日本思想と、哲学することとの往還作業から、新たな“日本哲学”が誕生した。（米田綱路・ジャーナリスト）

（トランスビュー・2310円）＝2012年3月1日⑤配信

町の過去と現在を往還

「屋根裏プラハ」（田中長徳著）

東京とプラハを行き来する写真家―。

仕事か道楽か。

その境界が曖昧な優雅な生活をつづったエッセイである。

今何時かどこにいるのかわからない。異国にいるときのぼんやりとした不安定な浮遊感がそのまま文章にあらわれる。しだいに焦点が定まってきて、町の風景が鮮やかに切り取られてゆく。

「プラハでの一人暮らしは実にシステマチックだ。一人暮らしの快楽がここには存在する」

日本にいると、何らかのグループに属し、望む望まないにかかわらず、役を与えられる。気がつくと、自分を見失いそうになる。

10年以上前、「田中さんにとって、ライカとは何ですか」という質問に「単なる写真を撮るための機械ではなく、親友みたいなものですね」と答えているインタビューを読んだことがある。

カメラが縁で多くの人々と知り合う。心底好きなものが、何かひとつあれば、（たぶん）人生は豊かになる。

この本には“プラハのP”という写真家が重要な人物として登場する。1940年生まれのPは「つねに青年時代と変わらない写真への夢を語り続ける」モテ男である。

Pとチョートクさんの四半世紀にわたる大人の友情も読みどころのひとつだろう。

プラハのアトリエ、ヨセフ・スデク、ワインの選び方、ビロード革命、フクシマ…。

話は過去と現在を往還しながら、縦横無尽に脱線し、深い蘊蓄（うんちく）と鋭い含蓄をつづる。

「写真家には一万通りの専門分野がある」

バックパックの青年にそう語りかける。さりげないけど、気が遠くなるような元手のかかった言葉だ。

屋根裏から千年の古都プラハの「奇跡」を見る。

咀嚼（そしゃく）するのも要約するのも容易ではないが、これほど心地よく翻弄（ほんろう）される読書体験はなかなか味わえない。（荻原魚雷・文筆家）

（新潮社・2100円）＝2012年3月1日⑥配信

余技も全力、男の理想像

「小説家・逢坂剛」（逢坂剛著）

ある集いの席で、逢坂剛さんが弾くフラメンコギターを聴いたことがあります。ギターの技術についてはよくわかりませんが、それは聴く者の心をつかむ演奏でした。まるで、その場がスペインの風景と空気感に包まれたかのような。

ギター、スペイン、西部劇。逢坂さんはさまざまな趣味をお持ちです。小説家にとっては趣味ではないかもしれませんが、本を読むことや本の収集にもまた、尋常でない力を入れておられる。本書は、そんな「小説を書く」こと以外に関してのエッセーをまとめたもの。

ギターや西部劇は、逢坂さんにとって余技のはずです。そしてエッセーという分野も、小説家にとっては余技。

しかし、余技について余技で書く逢坂さんの筆致は、生き生きとしています。それは、たとえば試験勉強中に勉強以外のことをすると異常に楽しいのと似ているのかもしれません。

考えてみると逢坂さんは、この余技力とでもいうべきものをうまく利用される方なのです。逢坂さんは長年広告会社に勤務されていたわけですが、会社員であった頃、一種の余技として小説を書くことは、肉体的に大変であったでしょうが、楽しかったに違いない。会社を辞める前後についての事情もこの本には収められていますが、辞めた後はまた、余技としてのギターや西部劇の存在がひときわ輝くのです。

本書を読むと、逢坂さんは本業と余技との差別をしない人であることがわかります。どちらに対しても、大きな好奇心をもって全力でそして明るく取り組んでこられたその姿は、男性にとって一つの理想ではないか。

この本のタイトル、そしてカウボーイ姿の写真の表紙は、「余技も本業も、全て併せて小説家・逢坂剛」ということを示しています。片手にライフル、片手に酒瓶を持つ“剛爺（ゴージー）”の表情は、苦み走っているけれど、たまらなく幸せそうなのでした。（酒井順子・エッセイスト）

（東京堂出版・1680円）＝2012年3月8日①配信

何を着るかに葛藤した近代

「学校制服の文化史」（難波知子著）

セーラームーンからAKB48まで、日本のポップカルチャーを、女子高生の制服姿抜きに語ることはできない。制服産業の盛んな岡山で育った著者は、現在の女子高生が他校の制服をも取り入れるなどしてファッションを楽しむ「なんちゃって制服」に触発され、制服の歴史に真っ向から取り組んだ。膨大な資料を丹念に分析して、日本近代服装史の「単線的ストーリー」に一石を投じたのが本書である。

まだ和装が中心の明治期に、女学生の多くが既に洋装をしていたこと。漫画「はいからさんが通る」でおなじみの袴（はかま）スタイルが流行した陰で、古今東西の様式を取り入れた改良服が検討され、その後の太平洋戦争中に進む女性服見直しに先駆けた動きがあったこと…。

本書の功績の一つは、制服を着る当事者の思いに光を当てたことにある。当時の女学生も今の女子高生と変わらない、おしゃれに対する熱望を持っていたのだ。現在のように私服でおしゃれができる時代ではないから、通学服を着ることにことさら意味を求めたのかもしれない。進学率がまだ低く、選ばれた女子しか進学できなかった時代なので、自己顕示欲も今より強かったのだろうか。

学校側の一部にも、制服を封建制度の遺物と捉える意見や、制服は個性や自立心を奪い、美意識やセンスを育まないと考える健全な精神があった。

欧米から称賛される着物文化を有しながらも、機能的な“世界服”である洋服を受容することになった日本人は、制服をめぐって「何を着るか」について真剣に考え、葛藤していたのだ。

ところが今、女子高生の制服は「見られる対象」として、本来の意味を超えて消費されている。それだけではない。一部の学校では、TPO（時と所、場合）を無視してジャージーを通学服に（入学式にまで！）している。先人たちの葛藤はいったい何だったのか。著者にはぜひ、現在に至る制服文化を探求してほしい。（横田尚美・服飾史研究家）

（創元社・5040円）＝2012年3月8日②配信

変幻自在の生き物

「漢字の魔力」(佐々木睦著)

日頃漢字に慣れ親しんでいても、ときどき一文字が示す形や音(おん)に新鮮な発見をすることがある。あるいは李白や杜甫などの漢詩を和訳で読むことに慣れたわれわれが、それらを中国語で音読するのを聞いたとき不思議な感覚に捕らわれることがある。それは漢字に対する漠然とした畏怖のようなものかもしれない。本著を読んでその「畏怖」の感覚がどこから来るのかが解明されたように思った。

著者は、漢字というものが示すもの、つまりわれわれが漢字から導き得るものにあらゆる角度からアプローチしていく。表意、表音、表象からの考察のみならず、実際に中国で「福」などの漢字が180度逆さに表示されることの意味、さらには「拆字(たくじ)」といって、漢字の部分部分をばらばらにしてストーリーを作ったり絵解きをしたりする「文学」の例をあげる。

また表象から一歩進んで漢字が絵の中に溶け込むように「擬態」する例や、漢字が書かれた紙を使ってはいけないという「惜字(せきじ)」と名付けられた禁忌の例、支配者によって一門の改名を強制する漢字による「拷問」の事実など、話はしだいに魔術的な領域に入っていく。

圧巻は1920〜30年代の中国における「不思議の国のアリス」の漢字訳についての考察だ。もとの英文の中にすでにして造語や架空の動物がふんだんに登場する。それらをいかに漢字訳するかの工夫と想像力が漢字の機能を最大限引き出しているように思える。そこから国の歴史と文化の違いが透けてみえることも興味深い。

著者は老子の「有名は万物の母である」という言葉を引いて、名付けられた時に初めてそのものの存在が始まるという考え方を紹介する。つまり中国では「世界の始めに漢字ありき」と著者は言いたいのである。

読後に漢字をあらためてみると、一つの変幻自在の生き物の如(ごと)く思われるだろう。(今井聖・俳人)

(講談社・1680円)＝2012年3月8日③配信

しなやかに運命切りひらく

「〈通訳〉たちの幕末維新」(木村直樹著)

楽しい旅をさせてもらった。本書は鎖国下の江戸時代、異国との窓口であり続けた歴代オランダ通詞(つうじ)の生涯を、連綿とひもといた“物語”である。

戦国末、南蛮船の出現で日本はポルトガルと貿易を開始するが、鎖国によって相手はオランダに絞られた。このとき長崎の地役人で構成したのがオランダ通詞である。

通訳だけでなく、貿易事務や、国際情勢を記した「オランダ風説書(ふうせつがき)」の翻訳など、外交全般を担ったが、異国との必要以上の接触を生理的に嫌う幕府によって、書籍も十分に与えられなかった。立場上、いやおうなく政治にも巻き込まれ、寛政の改革やシーボルト事件では幾人もの処罰者を出している。

もともと少数の技能集団だったため、ときには正体の知れない外国船へ真っ先に乗り込まされ、「二五〇年も昔に使用したような古いオランダ語だ」と酷評されもした。時代の要請でロシア、フランス、英語まで課されたとは気の遠くなるような話だが、開国交渉も条約締結も、彼らが矢面に立たざるを得なかった。

海軍伝習が始まると砲術、造船といった軍事用語の通訳も任され、箱館など開港地へも派遣される。そこへ中国などアジア圏を相手にしてきた唐通事が、欧米人との交渉にも進出して競争が始まったというから、苦労のほどがしのばれる。

だが通詞たちは海外の息吹を知るぶん独特の柔軟性も持ち合わせていた。過酷な運命をしなやかに切りひらいていく姿を見ると、身分制度が強固な江戸時代にあって、ある程度の裁量を発揮できたことが分かる。

東京大史料編纂(へんさん)所に籍を置く著者は、膨大な史料を再構築し、通詞たちの人生を通して時代の空気までよみがえらせた。江戸時代にオランウータンを飼うなど、一風変わった特権階級でもあった通詞たちが、どのように幕末維新と対峙(たいじ)していったのか、従来なかった視点から歴史に光を当てている。(村木嵐・作家)

(吉川弘文館・2940円)＝2012年3月8日④配信

自分自身にだまされる　「超常現象の科学」（リチャード・ワイズマン著、木村博江訳）

占い師や霊能者は一般人と変わらない。だが6人に1人は図星を指されたと感じている。心霊写真は単なる失敗かイカサマだが、そう見ない人もいる。人は無意味なやりとりや不鮮明な影にも意味を見いだしてしまう。

この本は超能力や霊能力のエピソードを紹介しつつ、人間の脳と心の特性を探っていく一冊。

人は無関係なものに根拠のない関連性や、共通のパターンを見つける。たとえば夢とその後の出来事や、占い師の言葉と過去の体験とのあいだに強い関連があると本当に簡単に、自動的に思い込んでしまう。

モノには隠れた本質があると思うのも人間の特性だ。たとえば三角形と四角形と丸がぐるぐると動くだけのアニメを見ても、図形に心の存在を仮定し、心の動きまで想像する。

人間は誰でも周囲の出来事を過剰に意味づけて捉えがちなのだ。だから念力や占いを簡単に信じる。著者は私たちは「超常体験をするように進化した」と指摘する。物事と物事とを関係づけるほうが生存上は有利だったからだろう。物事にパターンを発見する性質は、世界の成り立ちを理解するためにも必要な、いわば人を人たらしめている性質でもある。

だが時にその性質は過剰に働く。だから何もないところに幽霊を感じるし、予知夢を見たと思い込んでしまうのだ。人間は一定の条件があれば誰でも、亡霊を見たり超常現象を信じたりしてしまう。

また、実在しないことと、本人が主観的に知覚体験することは別物だ。実在しないものであっても見たり感じたりすることはある。本書にはマインドコントロールの話も出てくる。そういう人と向き合うときにも単にあなたが信じているものは実在しないと告げたところで当人には無意味だ。

人は特に、自分自身の選択を正当化するときには自分自身をもだます。人間とはそういうものだと自覚しておこう。（森山和道・サイエンスライター）

（文芸春秋・1628円）＝2012年3月8日⑤配信

過剰なものの手ざわり　「ピース・オブ・ケーキとトゥワイス・トールド・テールズ」（金井美恵子著）

回想のコラージュでできた長編小説である。といっても、たとえば記憶の断片をふんだんにならべて組みあわせ、ひとつの物語をそこにみる、というようなことはできない。

幼いころ父が愛人のもとへ去り、母と伯母と祖母と暮らすことになった「私」が成長していくにつれ、などという筋をみることもできるが、それがなんだとばかりに挿話や断片が語られ、隙間をうめつくしてゆく。逸話や昔話、親から聞いた話や、語られる場の情景。本筋から横道にそれて、無秩序に増殖するような言葉たちは、質感に満ちた描写となってうねりだす。回想であることを忘れるほど生々しく細密に語られてゆくのだ。

この小説には古今東西の昔話、小説、映画、うわさ話やほら話、さまざまな物語が登場する。どこか似ていて類型的な物語たち（たとえば愛人との不義の恋、といったような）が何通りも繰り返され、「それが唯一の主題でもあるかのように」何度も何度も語り直されるのである。物語という類型的でありふれた、夢のように甘美な死の世界へ向かった父が置き去りにした「私」が生きるのは「過剰なもので手ざわりがブヨブヨしているのに空っぽな現在」だ。

人が物語にふれ、物語を生き、物語を語り直すこと、その甘美さと陳腐さ、一方にある空っぽな現実、それらのありかた、しくみ、そういったことを読むことはできる。でもやっぱりこの小説はそれがなんだとばかりに描写を重ねるのである。小説はただただ語り直しのしくみを続けながら「過剰なもの」たちの手ざわり（＝質感）を描写していく。そして私はそこにこそ、この小説の大きな魅力があるように思う。

あらゆる記憶や物語がとけまざるように現れては曖昧にぼやけて消えてゆく、その繰り返しのなかですべてがくずれていくのに質感だけは残っていく。この小説は、ものすごく本質的な経験をもたらすのだ。（藤代泉・作家）

（新潮社・1890円）＝2012年3月8日⑥配信

若者の感情の受け皿に　「ニューヨークの高校生、マンガを描く」（マイケル・ビッツ著、沼田知加訳）

本書は、ニューヨークの貧困層が通う高校で生徒に「マンガ」を描かせる課外クラブ活動の教育実践リポートである。

金属探知機を通らないと校舎に入ることができず、それでも血なまぐさい傷害事件が起きる。そんなマーチン・ルーサー・キング・Jr. 高校で、アフリカ系やヒスパニック系の生徒たちが日本の「マンガ」を愛読し、そのスタイルを自分たちの表現方法として選んだことが、いくぶんの驚きをもって紹介されている。

とはいえ、この活動はマンガ家を養成しようというコースではない。貧困層の生徒にアイデンティティーの安定をもたらし、基礎的な読み書き能力を育む教育なのだ。

本書の魅力は高校生たちが描いたマンガの抜粋を収録している点にある。瞳の大きな美少女など、なるほど日本のマンガふうの絵が並んでいる。指導者のひとりであった著者による詳細な解説がつけられ、描き手たちの姿や彼らが置かれたシリアスな環境が目に浮かぶようである。

なぜマンガが受け入れられたのか？　という問いにも、著者なりの考察が加えられている。マンガは、スーパーヒーローコミックスと違い、日常の生活を丁寧に描き、日々の感情の受け皿になってくれるのだ、という。この見解は、いささかステレオタイプに思えるが、実際にクラブの生徒たちの声をもとにしている。

もっとも、この実践が行われた2004年から09年は、北米での日本マンガブームの時期と一致する。そしてその後、07年をピークに北米市場における日本マンガのブームは急速に退潮しているという事情は知っておくべきだろう。本書を「クール・ジャパン」の根拠としてのみ見るのは、少々早計というものだ。

だが、本書に登場する「マンガは私の人生」とまで言った少女の姿が、少しだけ私たちを勇気づけてくれるのは間違いない。彼女はきっと、容易なことではマンガを手放さないだろう。（伊藤剛・東京工芸大マンガ学科准教授）

（岩波書店・2100円）＝2012年3月15日①配信

卑近な事件で際立つ真実　「罪悪」（フェルディナント・フォン・シーラッハ著、酒寄進一訳）

翻訳ミステリの世界にちょっとしたパラダイム・シフトが起きている。英米からの輸入がほとんどを占めるといった従来の状況が崩れて、北欧、中南米、さらにはアジアやアフリカといったこれまでなじみの薄かった国々のミステリが次々と紹介されているのだ。

そんな潮流の中で、一人の異才の登場により新たな沃野（よくや）としてがぜん注目を浴び始めているのがドイツだ。現役の刑事事件弁護士フェルディナント・フォン・シーラッハのデビュー作「犯罪」（東京創元社）は、ドイツでは英米とは異なる筆法でミステリが描かれ、まだ見ぬ傑作がいくつも控えているのでは、という予感を抱かせる不思議な魅力に満ちた作品だった。

現実に起きた事件からエッセンスを抽出して“リアル”に創り上げられた異様な11の物語を、作者の分身ともいえる“私”が語るこの作品集は、本国で数々の文学賞を受賞。日本でも2011年度の各種ミステリ・ベストテン企画で軒並み高位にランクインするという快挙を成し遂げた。

第2短編集である本書「罪悪」でも、罪科を犯すに至ったいきさつを極端に切りつめた文章でつづることで、とが人となってしまった人の人生を浮き彫りにするとともに罪とは何かという根源的な問題を摘出する手法は健在だ。しかも異形な人や犯罪という“飛び道具”を扱った作品が多かった前作と異なり、「人はだれでも犯罪者になれます。もしその人の一番痛いところを突かれたときには」と語るように、今回はほとんど全てが卑近で“リアル”な事件を核としており、その分“事実”を形式化して提示される“真実”がより際だっている。

読者に解釈を委ねる筆法は現代アートにも通じ、美術館を訪れて真っ白な壁に掲げられた大小さまざまな絵画を見ているかのような至福の一時を味わえた。一編ずつではなく一気に読み通してこそ真価が味わえる、苦くとも滋味豊かな短編集だ。（川出正樹・書評家）

（東京創元社・1890円）＝2012年3月15日②配信

在日選手の歴史伝える

「魂の相克」(大島裕史著、在日本大韓体育会監修)

おいしい焼き肉店の多さで知られる大阪・鶴橋に、関西の柔道家を数多く輩出する道場があった。

「金海道場である。歌手・和田アキ子の父親・金基淑(キム・ギスク)が開いた道場である」

本書にはあくまでもさらりと、そう書いてある。だが、知らない人は「えーっ!」と驚くだろう。

「和田アキ子の歌のうまさは、お父さん譲りだね」

著者は、ある在日の柔道家にそんなことも語らせている。しかし、本書の眼目はそこにはない。

たとえば、駅伝やマラソンの解説でおなじみの金哲彦という人がいる。彼は早大在学中、箱根駅伝の"山の神"として名をはせたが、朝鮮籍だったため、日本でも韓国でもオリンピックのマラソン代表にはなれなかった。

彼のことを死ぬまで気にかけていた人物が日韓に1人ずついる。瀬古利彦を育てた中村清と、ベルリン五輪マラソン金メダリストの孫基禎(ソン・ギジョン)である。中村はいまの韓国の生まれでソウルの中学に学び、一方の孫は死ぬ間際に「俺も箱根駅伝を走りたかった」とつぶやく。こんな事実は在日の取材をしてきた私ですら知らなかった。そのような人びとの思いを背負い、在日という立場ゆえの身を引き裂かれるような経験をしながら、金哲彦は走りつづけたのである。

柔道やマラソンだけでなく、野球、サッカー、バスケットボール、バレーボール、ゴルフ、ラグビーなどさまざまなスポーツで、在日韓国・朝鮮人がどれだけ日本と韓国の社会に貢献し、両国の橋渡し役をつとめ、にもかかわらずほとんど知られずに忘れさられようとしているか。そのことを著者は丁寧な取材で浮かびあがらせ、痛惜をこめて描きだす。これほどの努力と献身が、歴史の闇に埋もれてよいものかと、私たちに問いかけるかのように。

日韓スポーツ史の隙間を埋め、在日のなまの歴史を伝えたいという著者の使命感が、抑制された筆致から伝わってくる力作である。(野村進・ノンフィクションライター)

(講談社・1890円)=2012年3月15日③配信

豊かな美的感性の世界

「俵屋宗達」(玉蟲敏子著)

宗達の名前が美術史の上でクローズアップされるようになるのは、それほど昔のことではない。

19世紀の後半、日本の美術がヨーロッパに渡って芸術家や愛好者の熱い視線を浴びたいわゆる「ジャポニスム」の時代、北斎や広重と並んで光琳の名はよく知られていたが、宗達は海外ではまだ無名の存在であった。光琳の偉大な先達として宗達が浮かび上がってくるのは大正期になってからであり、新しい作品や資料の発掘によって、画家宗達の輪郭が次第に鮮明になるのは、第2次世界大戦以降のことである。

本書は、平家一門によって奉納された「平家納経」の慶長期補修(17世紀初め)に宗達の関与を認めた近代の宗達再発見の経緯から説き起こし、宗達の下絵に光悦の書という絶妙なコンビの競演による各種和歌巻をはじめ、扇面や色紙から金地大画面の屏風(びょうぶ)に至る宗達の多面的な活動を通じ、それらの美的営みを養い育てた伝統を、「かざり」をキーワードに、ジャンルを超え、歴史をさかのぼって詳細にたどった。重厚華麗な労作である。

そこに召喚されるのは、中世以前の屏風や絵巻などの絵画資料ばかりではない。平安時代の歌合(うたあわせ)の場に提示される豪華な州浜台(すはまだい)の「飾り物」や、後水尾院の回遊式庭園での遊宴などもあり、このような視野の広がりによって、絵画や工芸、文学というジャンルごとに縦割りの歴史では捉えきれない豊かな美的感性の世界が明らかにされる。

室町時代に登場する連歌の絵懐紙(えかいし)を飾る名所や動植物などの四季の景物がそれぞれの連歌の主題と密接に関連しているという卓抜な知見や、海浜や州浜の景には蓬莱(ほうらい)仙境のイメージがまとわりつき、それ故に州浜を描いた屏風が祭礼、祝賀の場の飾りに用いられたという指摘などは、その一例である。古い伝統を受け継ぎながら絶えず新しい展開を見せる日本美術の特性についての論考としても秀逸なものであろう。

(高階秀爾・大原美術館長)

(東京大学出版会・7770円)=2012年3月15日④配信

遊び心を体現した書

「日本遊戯史」（増川宏一著）

「遊びをせんとや生まれけむ」も、むべなるかな。本書によれば、日本人の歴史はまさに遊びの歴史。遊びの種は繰れども尽きず、双六（すごろく）、連歌に、文字合わせ。囲碁に将棋に、阿弥陀（あみだ）の光。富くじ、射的に、こま、かるたと、異文化取り入れ、優れた遊び文化を創り出してきた。

でも著者は、人は「遊びをせんと」生まれたはずが、他方で遊びを嫌悪するとも言う。なぜなら遊び、わけても賭け事は、人が生きるため作り上げた社会秩序を揺るがすからだが、双六、富くじ、こま、かるた、果ては柿の種の数当てまでも、風俗乱すと、権力者は何でもかんでもご禁制。新型凧（たこ）さえも「新規なる儀は何事によらず御法度」にされたという。

それでも江戸人は三大改革にもめげず、明治人は政府の伝統遊芸排除に屈せず、「愛国百人一首」を押し付けられた「汝（なんじ）ら臣民」の前には敗戦即「平和カルタ」が現れた。

そしてその実、「何事によらず常に替りたる儀は堅く致しまじく候」と、統制、秩序を志向する権力者だって、日本書紀には天皇が宮中双六賭博大会などと書いてあるし、院政しぶとく30余年の後白河院だって、双六と今様に狂い、遊女を師に当代一の歌唱力を身に付け、「遊びをせんとや」の「梁塵秘抄（りょうじんひしょう）」編さんというすごい遊びをしてしまったのだ。

狐狸（こり）もカタツムリも、生きるに不要な遊びなどには目もくれないが、嫌悪しつつも無駄な遊びがやめられない止まらないのが、人という変な動物。おまけに遊びは、時代や社会の映し鏡。だから、遊びからこそ人と社会の真の姿が見えてくる。

なのに、遊びはあまりに身近でさげすまれ、記録もされず、研究に値せずと無視された。そんな「面白くもない世の中」に、遊戯史学会会長約10年、滅びの危機の伝統遊戯研究に狂い、「日本遊戯史」編さんというすごい遊びをしてしまった著者こそは、まさに「遊びをせんとや生まれけむ」の体現者なのだろう。（斗鬼正一・江戸川大教授）

（平凡社・3360円）＝2012年3月15日⑤配信

初心忘れた司法の現実

「転落の記」（本間龍著）

本書は、著者である本間さんが、事件を起こしてから逮捕、勾留、受刑、出所するまでを率直に描いたものである。

事件を起こすまで、本間さんは、ごく普通のサラリーマンだった。その本間さんが、営業での損益を穴埋めしようとしてうそをつき、友人からお金をだまし取って未公開株詐欺事件を起こした。

一つのうそが次のうそを呼び、借金を膨らませ、闇金に手を出し最後に破たんした。はたから見ていると、どうしてもっと早く引き返せなかったのかと思ってしまう。しかし、天下の大阪地検特捜部も引き返せなかったように、見えや体面から抜き差しならなくなってしまうのが人間である。

当たり前のことだが、裁く側も裁かれる側と同じ人間である。ところが、刑事司法に関わる者の多くには犯罪者に対する偏見がある。それは日々の特殊な経験から生まれるものである。ほとんどの犯罪者は更生するが、刑事司法に関わる人は再犯者としか出会わないので更生を信じることが難しい。これを自覚できるかどうかで、その人の犯罪者に対する態度は異なる。

本書には、自覚している人としていない人の両方が出てくる。本間さんの話に耳を傾けようとする検察官、頭ごなしに「俺は絶対信じねえからな」とさげすむ検察官。人の話に耳を傾けると時間がかかる。検察内部で評価が高いのは後者であろう。しかし、本間さんに贖罪（しょくざい）の気持ちを持たせたのは前者の検察官だ。頭ごなしに非難されて、人は反省しない。本書には、間違いを犯した本間さんと、初心を忘れた法曹の姿が描かれている。

弁済の事実を知らずに審理を進める裁判官、890万円の過払い金を回収しながら5万円しか返金しようとしない某有名弁護士事務所。本間さんが描いたように刑務所には法曹が救うべき社会的弱者が多く拘禁されている。多くの人に知ってもらいたい司法の現実が本書には書かれている。（浜井浩一・龍谷大教授）

（飛鳥新社・1575円）＝2012年3月15日⑥配信

揺れ動く等身大の人間

「親鸞　激動篇（上·下）」（五木寛之著）

この作品で扱われているのは、全生涯中、中期の親鸞。地域で言えば越後、常陸時代。年齢で言えば、30〜50代まで。

描かれている親鸞は、悟り澄ましているわけではないが、苦悩にのたうちまわっているわけでもない。作者の親鸞を見つめる目線も、対象と一定の距離感を保った淡々たるものである。

そんな中からまず伝わってくるのは、「等身大の親鸞」だ。普通の人間としての親鸞であって、今日われわれがイメージする「偉大な親鸞」とはほど遠い。

親鸞の師である法然の教えの中心は、念仏第一。となれば、僧侶といえども、妻帯するかどうかは二次的な問題だ。あくまでも念仏がしやすい条件を追求することがポイント。とすれば、結婚することが信仰上都合がよいと考えるのならそうすべきだし、逆であれば結婚なぞしなくてもよい。

飲酒についても、酒を飲まぬにこしたことはないが、世の習いであれば、そこはそれぞれのやり方にまかせる、というのが法然の教えだった。現に親鸞には妻子もいるし、酒も飲む。

「等身大」の半面、親鸞の内省は深く強い。自虐的なまでにおのれを問いつめる。自分には「放埒（ほうらつ）」の血が流れているのではないか、というところまでそれは及ぶ。

凡人をよくよく理解はしているが、単なる凡人にとどまることはない。凡人と非凡人の間を揺れ動きつつ、より深いところへ到達しようとする親鸞の姿が印象的だ。

当然のことだが、突出した人間には周囲の抵抗がつきものだ。抵抗勢力は鎌倉幕府ばかりではない。一般大衆も他の宗教勢力も親鸞に激しく抵抗する。そのことは、越後でも常陸でも変わらない。

そうした周囲への、信仰と知恵と度胸のそれぞれにわたる親鸞の対し方がこの作品のもう一つの見どころだ。どことなく吉川英治の「宮本武蔵」を思わせるのはそのためだろう。（菊田均・文芸評論家）

（講談社・上下各1575円）＝2012年3月15日⑦配信

一匹おおかみの熱き連帯

「ホットスポット」（NHK·ETV特集取材班著）

本書は2011年度のテレビドキュメンタリー関連の賞を総なめにしたNHK・ETV特集「ネットワークでつくる放射能汚染地図」の制作過程をつづった報告集だ。

読み進むにつれ、たおやかな高揚感に包まれた。著者の一人、七沢潔が言うように、同番組は「（福島第1原発）事故後硬直していた社会の意識に風穴をあけ、市民が汚染を意識する流れを生み出す第一歩になった」。

確かにあの時、私たちは後に批判されたように、東京電力や原子力安全・保安院の発表、原子力の専門家と称する人々の「安全です」というコメントを垂れ流す「大本営発表」に陥っていた。七沢の言うように「そこには取材によって得られた『事実』がなかった」。

同番組の取材チームは他と違っていた。政府や東電が情報を出さないのなら、自分たちで調べればいいじゃないか、と。それこそ報道機関の基本だ。イナーシア（惰性）の壁を乗り越えながら集ったチームの顔ぶれがいい。まるで一匹おおかみたちの熱き連帯だ。

事故直後、「本省の指示に従い勝手に動いてはならぬ」と公的研究機関からどう喝され、辞表をたたきつけた放射線の研究者。1954年の第五福竜丸事件の調査以来、60年近くにわたり研究を続けてきた日本の放射線測定の第一人者。現場から採取された土壌などのサンプルを精力的に分析し続けた大学の「非主流」研究者たち。そして何よりも、東海村臨界事故の番組を作った後、制作現場から外されていたキーパーソンの七沢をはじめ、NHKという大組織で、大多数が取材の自主規制ルールに忠実に従う中、情報とは誰のためのものかを認識して本能的に動いたスタッフたち。

NHK内で上層部がどのような圧力をかけたかまでも克明に記録した本書は、私たちマスメディアに働く者のみならず、日本というシステムの中で、自由にものを考え、行動することを阻まれている人々に、勇気と希望を与えてくれる材料に満ちている。（金平茂紀・TBS系「報道特集」キャスター）

（講談社・1680円）＝2012年3月22日①配信

近代の強力な担い手

「世界鉄道史」(クリスティアン・ウォルマー著、安原和見・須川綾子訳)

南北アメリカ初の「大陸」横断鉄道は、パナマ地峡を横断するわずか76キロの鉄道だった。運河が開通する前の話だが、建設に従事した労働者は伝染病やワニや毒虫のためにバタバタと倒れ、底なしの湿地が行く手を阻む大変な工事だったらしい。

米国の広大な大陸を横断する鉄道の資材は、東海岸からフロンティアの西部へ、はるばるパナマの鉄道を経由して運ばれた。政府は鉄道会社に対し、線路1マイルにつき破格の1万6千ドルを支払い、先住民を無視して線路片側の幅10マイルの土地を与えたから、この手厚い補助に多くの資本家、投機家や悪人が群がり、何人もの鉄道王が出現した。

ある交通史家は、米国が「ひとつの国家」になった日を決めるとすれば、政治や戦争で何かが決着した時ではなく、東西からやって来た2両の機関車が出合った瞬間ではないか、と述べたという。それほど鉄道が大きな意味を持っていたとは、飛行機が飛び交う現代では想像しにくいが、1830年に英国で誕生したこの近代交通機関は短期間で世界中に広まった。

植民地の産物を港へ安定的に運び、反乱があれば鎮圧する兵士を迅速に現場へ急行させることができる。「鉄(鉄道)は国家なり」と見抜いたドイツのビスマルクは鉄道を国防の要と位置付け、私鉄の国有化を進めた。その後、日露戦争直後の日本が鉄道国有化を急いだのは決して偶然ではない。

「地域限定」だった人や物の動きは広がり、市場は拡大した。不便な内陸の産物だったイタリア・キャンティのワインが広い市場を得たのも鉄道があればこそ、である。「需要ある所に鉄道を通す」というより、鉄道が需要を喚起し、連鎖させていく。そんな世界のあり方こそが近代であり、鉄道はその強力な担い手となった。英国の熟練ジャーナリストならではの豊富なエピソードとユーモアで、鉄道史を楽しく概観させてくれる。(今尾恵介・地図研究家)

(河出書房新社・3675円)=2012年3月22日②配信

民衆史に残る未曽有の体験

「3・11慟哭の記録」(金菱清編)

東日本大震災は千年に一度という経験で、このとき庶民が何を考え、何を訴えたかを知ることは、私たち民衆史に携わるものにとって極めて重要な機会である。本書は巨大地震、大津波、原発事故に遭遇した71人の被災者が、直後に万感の思いをこめて記録したものだけに特別の価値をもつ。

「おじいさんは大好きな海に帰ったんだ」と祈るように記した宮城県石巻市の丹野さん、「祖母の手を放してしまった」と悔恨の情をつづった七ケ浜町の渡辺さん、「夢半ばで逝った息子を想う」とつづった名取市の小原さん、津波に流されながら生き延び、「供養碑の下の石を拾い集める日々」を書いた岩手県大船渡市の及川さんの記録などは、未曽有の体験だけにその価値は日本民衆史に残るものである。

また、いまだに解決のメドさえ立っていない福島原発の大事故について、19編の証言や訴え、告発などが胸を打つ。「果てなき流浪へ」(福島県浪江町の新田さん)、「真実は避難者には知らされない」(南相馬市の池田さん)、「政府も誰も信用できない」(福島市の鴫原さん)。なんという悲しい訴えであろうか。

この記録には仙台市での地震の経験も記されている。とくに高層マンションでの震度6の揺れの報告は、首都直下型大地震が近いとささやかれている今、それに備える人々には見過ごせないだろう。そうした事態に備える行政の準備は大丈夫だろうか。市民ひとりひとりの心構えも問われている。

大震災ではおびただしい帰宅難民が出た。また、起こる可能性の大きい住宅火災の広がりにたいする備えも必要であろう。私たちは日本という地震列島の上に住んでいるのである。そうであれば日常不断の覚悟を持つことが必要なのである。

記録という点から言えば、大地震と大津波で家を離れた20万人とも30万人ともいわれる避難民の人たちにも、この本に倣った被災の経験を書き残してほしいと思う。(色川大吉・歴史家)

(新曜社・2940円)=2012年3月22日③配信

精緻で説得力に富む分析

「『マルタの鷹』講義」(諏訪部浩一著)

米国の作家ダシール・ハメットは、ハードボイルド・ミステリーの創始者であり、長編「マルタの鷹(たか)」は代表作の一つとされる。この20章からなる古典的名作を取り上げ、章ごとに精緻に論じた優れた作品論である。

著者は、ハメットと同時代に活躍し、ハメットと一脈通じたフォークナー、ヘミングウェーらの純文学に詳しい気鋭の米国文学研究者である。英米の古典的な探偵小説にも、豊かな知識を持っている人だ。

本書は、序論で述べている「大衆文学とされる作品をそのまま純文学の地平で読むという地道な作業をしてみる時期が来ている」という問題意識で書かれているように思う。

「マルタの鷹」を探偵小説、恋愛小説、冒険小説の要素を持つ重層的な作品と捉えた著者は、「金髪の悪魔」とされる探偵のサム・スペードと3人の女性、さらには題名にもなっている黒い鳥の財宝をめぐる男たちにさまざまな角度から光を当て、その個性的な肖像を見事に浮き彫りにしてみせる。

恋愛小説と探偵小説の重要な要素である「ファム・ファタール」(男をとりこにする強烈な魅力を持ち、しばしば災厄をもたらす女)とスペードの関係に関する記述は、特に興味深い。分析は「名探偵と悪女」的な単純な図式にとどまらず、詳細を極める。

こうした綿密な検討の果てに、著者は、この作品を「『夢』を見ないと決めている人物が『夢』を見てしまい、その『夢』に裏切られ、空虚な『現実』へと戻っていく物語である」と結論づけている。

ハメットの研究評論は、内外を問わず、未訳のものも含めてかなり読んだつもりだが、本書のような綿密で説得力に富む「マルタの鷹」論は、私の記憶にない。ハメットファンの一人として、このような卓抜な作品論が書かれたことを心から喜びたい。(権田萬治・文芸評論家)

(研究社・2940円)=2012年3月22日④配信

文革への風刺に満ちた物語

「河・岸」(蘇童著、飯塚容訳)

文化大革命という現代中国の大変乱は、1966年5月、毛沢東の発動による紅衛兵の赤色テロで始まり、毛が死去する76年まで、10年間続いた。

亡命作家の鄭義によれば、人民大衆が真の造反に立ち上がったのは66年10月以後で、68年上半期には労働者組織鎮圧が始まり、8月には学生組織が解散させられており、「その後のあの長い八年間は、毛沢東の文革の、ブレーキのきかぬ慣性運動に過ぎない」という(「中国の地の底で」)。

小説「河・岸」は、臀部(でんぶ)の魚形の蒙古斑を証拠に女性革命烈士の遺児として認められ、共産党書記という町の最高権力者にのし上がっていたセクハラ常習犯とその息子の物語である。

庫文軒書記は文革勃発前後に血統を否定されて失脚、13歳の息子と共に河川輸送を担う向陽船団の一艘(いっそう)に隠退し、自らはさみで去勢して13年を過ごす。

この隠者のような父を観察する息子が一人称で状況を語り続けるのだが、わが町の「王丹鳳」(1941年上海でデビューした映画女優)と称された彼の母親が失踪するのに対し、母親が水死したらしい幼女慧仙が登場し、やがて革命京劇「紅灯記」のヒロイン李鉄梅の、物まねホステスとなって誘惑するのだ。

父が女性を口説く際の決まり文句「きみの体は革命的ロマン主義の息吹きに満ちている」が物語るように、本作は文革に対する深刻なまでの風刺に満ちている。

作者は、63年に大運河に臨み、隋代以来、水の都として栄えた蘇州の生まれで、蘇童という筆名は「蘇州の子供」という意味である。

文革中国には想像しがたい向陽船団という毛体制から自立した河の共同体をリアリスティックに描き出せるのも、“蘇・童”であればこそのことだろう。(藤井省三・東京大教授)

(白水社・2835円)=2012年3月22日⑤配信

被災地発、破片の物語

「希望の地図」（重松清著）

朝のニュース。今日もテレビの画面には「被災」。見るたび「震災・原発事故をひとごとにしてはいけない」と言い聞かせる。そう言い聞かせている時点で「ひとごと」だと、どこかで気がついている。そう、「ひとごと」だ。いつもとさして変わらぬ朝食を片付け、仕事に向かう。

報道やルポは、それが持つ性質として多くをとりこぼす。一人一人の変化し続ける感情。悲嘆、喜び。それらは破片のようにちらばって、やがて忘れられ消えてゆく。

「希望の地図」。まずタイトルに戸惑った。わたしは震災後、小説を読めなくなっていた。フィクションの構想力が、現実にかなわない。これほどの巨大な惨禍を、人は描くことができるのだろうか。

おそるおそる、ページをめくった。すぐにこの「物語」が、フィクションでもノンフィクションでもないことに気がついた。登場する人たちは、主人公の「少年」をのぞいて実在する。「写真救済プロジェクト」、「いいたてホーム」、「アクアマリンふくしま」…。支援する、支援される人々の、双方向のカオスな営み。東京からやってきた「少年」は、とまどいながら取材の旅をする。「希望の地図」は、著者がとぼとぼと地べたを歩いて集めた記録のつらなり、「破片の物語」なのだ。

被災地支援の現場で、なすすべなく立ち尽くしたのであろう、著者の背中がまぶたに浮かぶ。わたしは、本に向かって「重松さん」と叫びたくなった。無理はきかない年のくせに、火の中に飛び込もうとする父親を、呼び止めたいような気持ちにあふれた。小説として破綻するかもしれない危険をかえりみず、それでも書かずにはいられなかったのだろうと思った。作中の引用が胸に残る。

〈ぼくらは、世界に対して無力さを感じることに負けてはいけない〉

読み終わり、ページを閉じる。本は、言葉を紡ぐことしかできぬ。でも、何が起ころうとも。少なくとも、あきらめない。（大野更紗・作家）

（幻冬舎・1365円）＝2012年3月29日①配信

正義の印籠突き出す快感

「ルーズヴェルト・ゲーム」（池井戸潤著）

うわ出た、勧善懲悪。というのが直木賞受賞第1作である本作を読んだ第一印象だった。

舞台は弱小社会人野球部を持つ中堅メーカー、青島製作所（不況により絶賛右肩下がり中）。経営の立て直しに奔走する役員、廃部の危機に翻弄（ほんろう）されながらも野球を続ける部員、それぞれの闘いを描く物語だ。立ちはだかるライバルはどいつもこいつも性根最悪だが、青島製作所はそんなやからをラストで見事成敗する。よっ！　お決まり～。

……あのー、正直、勧善懲悪ってダサくない？これじゃ「水戸黄門」じゃん。ブンガクつーのは敵か味方かで分けられないグレーゾーンを描くもんなんじゃないすかね！　って頭の中の文学少女が異論反論オブジェクションを唱えております。

けれども、きっと池井戸にそんな雑念はない。なにが文学的か、どれだけ人間の深部を描けているかなんてことには拘泥していない。ただただ自分が描きたい物語を突き詰めている。その結果、痛快な展開と爽やかな大団円の物語が誕生しているんじゃなかろうか。

だから読み手は、絶対的な安心感をもって物語の世界に没頭できる。実際こんだけ文句を言ってたって、ページをめくる指は止まらなかった。こんなうまくいくわけないじゃん、そう斜に構えていても「正義は勝つって決まってる」という池井戸のメッセージはあまりにまぶしく、彼らのハッピーエンドを見届けたくなってしまう。

池井戸潤の「エンターテインメントを楽しんでほしい」という、青臭いっちゃあ青臭い、それでいて純度の高い情熱を感じる一冊。きっと彼はこの作風を変えないだろうし、「ダサい」だのなんだの言われようと、エンターテインメントの持つ力を信じ続けるんだろうな。

「正義は勝つに決まってんじゃん」。そう自信満々に印籠を突き出す爽快感を、これからも私たちに味わわせてほしい。（宮田和美・ライター）

（講談社・1680円）＝2012年3月29日②配信

豊穣な語りの森へ分け入る　「驚きの介護民俗学」（六車由実著）

失意の民俗学者が介護現場に赴いた。そこで出会う驚きの数々。出会いと発見を通じて、介護する側と介護される側とが共に蘇生していく過程が、短編小説のような味わいで描かれる。ついのめりこんで読まずにはいられない。

高齢者は生きた歴史だ。民俗学者の関心は、歴史のなかでもとりわけ習俗や慣習のように記録に残らない身体化された記憶に向かう。「問題行動」を起こす認知症高齢者のふとした言動に、著者は身体の記憶を感知する。ふと口をついて出る朝鮮半島のコトバ。野良で立ち小便した農家女性の記憶。そういうささやかなできごとのひとつひとつに著者は驚く。驚くだけのコード（解読装置）とセンス（感受性）を、彼女が備えているからだ。そこから彼女はお年寄りの過去の森へと分け入って行く。そこは豊穣（ほうじょう）なお話の森だ。

回想法も「傾聴」も実は情動や行動に焦点があり、言語コミュニケーションの軽視がある。たとえ認知症者であっても言語というのは世界を築くための強固なツールなのだ、という指摘は鋭い。

それに加えて、民俗学には驚きを生み出す過去への関心がある。そこでは聴き手のほうが学ぶ立場になる。民俗学者よ、介護現場へ…と著者はいうが、高齢者がただの情報提供者になってもらっては困る。介護が民俗学のツールになるのではなく、民俗学が介護のツールとして役に立つなら、介護職よ、民俗学を学べ…という招待の書として読む方がよいだろう。

実際には著者が実践しているのは民俗学以上のものだ。それは対象に深い関心を抱き、相手との関係に巻きこまれていくという、介護現場になくてはならない姿勢である。なぜなら介護とはまず何よりもコミュニケーションだからである。

この驚きの感受性をひたすら摩耗させていく介護現場のおそるべき過酷な勤務実態をも、本書は明らかにする。介護現場の希望と絶望、その両方が見えてくる。（上野千鶴子・東大名誉教授）

（医学書院・2100円）＝2012年3月29日③配信

文学のタガをはずす怪人　「怪奇・幻想・綺想文学集　種村季弘翻訳集成」（グスタフ・マイリンクほか著、種村季弘訳）

世紀をまたいでこちら、読む者の思考のタガを外してくれる文学がめっきり減った。読者が「それ以上」をもう求めなくなったのだ。「それ未満」の安全な読み物しか口にしなくなったのだ。

博覧強記も少なくなった。つまり、彼の紹介するものさえ読めば、そのまま世界の最奥を知ることになるといった希少な「読書の鬼」たちだ。ボルヘスやホッケやプラーツ、そして、日本では種村季弘がそうだった。

本書は種村が生前に遺（のこ）し、なぜかこれまで個人単著に収録されてこなかった訳業の最後の集成である。21世紀の僕らのヤワな「文学のタガ」を外すために地中深く眠り続け、いま忘却から呼び覚まされた、規格外の剣呑（けんのん）な「不発弾」だ。

訳者が好きだったホフマンとマイリンク。特に「砂男」と並ぶ前者の傑作「ファルンの鉱山」が読めるのはうれしい。種村著「怪物の解剖学」所収「鉱物の花嫁」の無機質世界に魅せられた者は必読。

また、かつて種村が情熱を傾注し全訳したパニッツァと、ハンス・ヘニー・ヤーンはいまだマイナー文学の先端に位置する謎の作家であり、余人の安易な解釈を許していない。訳者が僕らに遺した大きな問いといえるだろう。本書は両作家の重要な未収録短編を含む。

弱冠20歳の訳業、イラーセクの人形劇「ヤン様」の収録も貴重。他にローザイ「オイレンシュピーゲル　アメリカ」とヴァイス「郵便屋シュヴァルの大いなる夢」の2編は、まさに僕らの文学的常識のタガを外す世界レベルの実験小説だ。

すべての不発弾は火を待望する！　何らかの僥倖（ぎょうこう）で弾を手にした以上、真の読書家なら迷わず手中に点火し、あらかじめ充填（じゅうてん）された言葉の火薬量のありったけをその場に炸裂（さくれつ）させ、閃光（せんこう）を目撃するまでは気が済まない。不在の怪人、種村季弘の最後の訳書が気詰まりな現代文学を木っ端みじんにするさまは爽快だろう。（諏訪哲史・作家）

（国書刊行会・6510円）＝2012年3月29日④配信

面倒こそ思考力の供給源　「それでも、読書をやめない理由」（デヴィッド・L・ユーリン著、井上里訳）

原書の副題に“a Distacted Time”という言葉が使われている。訳せば、邪魔される時代、だ。

人間は勝手な生き物で、自分たちの生活が豊かになると思い文明を作ってきた。ITテクノロジーも然（しか）り。文明のほかの分野と同様、自らが作ったにもかかわらずそれに翻弄（ほんろう）され、生活自体が脅かされるに至ると、頭を抱えてしまう。

ネット上では、ありとあらゆる情報が錯綜（さくそう）する。中には有益なものもあるが、本書で記されるような誹謗（ひぼう）中傷のし合いなど、無益、有害と思えるものも少なくない。厄介なのは、そうだとわかっていても、瞬間的な刺激を求めるあまり、テクノロジーの即効性、利便性の力を借りて、つい手を出してしまうことだ。

副題にある“邪魔される”という言葉は、ネットと利用者との関係をうまく皮肉っている。人間が本来すべき、自分で考える行為が脇に置かれ、いつでも簡単に得られる情報という“邪魔”な快楽の環境をつくったのは、ほかでもないわれわれ人間だ。「思考や記憶をテクノロジーに肩代わり」してもらった人間は、自身が作ったものに甘え、能力が退化する原因を自ら誘発している。

一方で、瞬時に大量の情報が入手可能なテクノロジーと比較すると、読書は面倒で手間がかかる。たとえば、小説を味わいたければ、日々の事は忘れ、その世界に集中しなくてはならない。だが、この面倒こそ思考力の供給源である。

著者はネットに依存しがちだった自身の体験に基づいて、使い勝手の良い機器がそこら中にある生活に慣れたわれわれに、読書は本来的な時間の感覚を取り戻してくれる、と説く。

ネットの現況を「知識は幻想に取って替わられる。じつに魅力的な幻想に」とみる著者。その幻想の魅力に対抗するのは並大抵ではなく、成熟した判断と理性が要求される。現代人を甘やかすテクノロジーからの脱却を促す本書は、「大人になる」ための手引書と呼んでいい一冊だ。（新元良一・作家）

（柏書房・1680円）＝2012年3月29日⑤配信

二度とかえらぬ日々への旅　「開高健とオーパ!を歩く」（菊池治男著）

開高健（かいこう・たけし）ら「月刊PLAYBOY日本版」一行5人がアマゾンへ向かったのは、1977年8月だった。5メートル、200キロもあるという巨大魚ピラルクを釣り上げるつもりの開高健はそのとき46歳、写真の高橋曻（たかはし・のぼる）と入社4年目の編集者（菊池治男）は28歳だった。

65日間におよぶ旅で彼らは、虹以外に橋のかからぬアマゾンの偉大すぎる自然に、驚きの声（オーパ！）を上げつづけた。同時にピラニア、粉ダニ、砂ノミ、毒ヘビ、毒グモ、ワニ、寄生虫に恐怖し、熱気と湿度に疲れきった。

その旅ではピラルクとめぐりあえなかったものの、すぐれた写真群をともなった、冒険・紀行・哲学ノンフィクションの傑作「オーパ！」を生み出した。

最初の電話で「開高は舞台を選びます」とけんもほろろだったのは、年上のコワい妻だった。アマゾン取材が決まると彼女は、事故が起きたら全責任は編集部にあって開高と開高家にはないという念書を、参加者全員とその家族に要求した。

開高健が60年代初め以来、しきりに外国に出掛けたのは、たんに家にいたくなかったからではないか、とは私の観測である。

その後も続編の海外取材で若い編集者を成長させた開高健だが、89年、58歳の若さで亡くなった。高橋曻も2007年、作家と同年齢で死んだ。

菊池治男は51歳のとき転移ガンと診断された。だが幸運にも寛解して定年退職を迎え、アマゾンのかつての取材地を33年ぶりに訪ねた。その記録がこの本である。

それは開高健をしのび、日本の出版産業全盛期と、70年代的雑誌モダニズムのピーク「月刊PLAYBOY」を懐かしむ旅となった。

また著者が「自分を負担に感じなかった時間」を回想する旅でもあったが、それらはみな二度とはかえらないのである。（関川夏央・作家）

（河出書房新社・1890円）＝2012年3月29日⑥配信

匠の華麗な技を味わう　「ビリー・ワイルダーのロマンティック・コメディ」（瀬川裕司著）

映画をめぐる快楽のひとつは、同じ作品を観（み）た人と、とりとめもなくおしゃべりすることではないか。あれやこれやの深読み合戦ほど愉快なものはない。あえていうと、映画研究に首を突っ込んではや四半世紀になるが、映画を読み解き、言葉でその世界を広げ豊かにしていく日本の文化は、世界でもなかなかのものだと思っている。

この本も、そんな文化の伝統をあらためて実感させてくれるものである。ドイツ映画の研究者として映画好きにはたまらない著作を次々と刊行してきた著者による、ハリウッド映画の名匠ビリー・ワイルダーをめぐる一冊である。

ドイツから米国へと渡ってきたこの監督が往時の観客を魅了したロマンティック・コメディにフォーカスをあて、そこに施された、21世紀の観客をもうならせるであろう華麗な演出を著者は鮮やかに浮かび上がらせる。

映画は画面のあちこちで物語を駆動させる仕掛けを走らせる媒体である。であるので、伏線をはりめぐらしてその面白みを伝えようとするのは当然で、多くの作品があの手この手で工夫を凝らすものだ。だが、ワイルダーの演出と設定は、そうした分かりやすい類いの伏線にとどまるものではない、と著者はいう。注意深く目を凝らすことではじめて立ちあらわれる、繊細で計算し尽くされた演出設定こそがあまたの作品を彩っているものだというのである。

そこまで読み解くのかと映画研究者の書評子も脱帽ものの分析である。あの言葉が、あの鏡が、あの手袋が、のちのちどんな仕掛けとなって登場人物たちの人生にドラマをもたらしていくのか。そんな演出がふんだんに織り込まれた設定のなかで輝いた女優たちを扱った章も味わい深い。

春暖の候、映画とともに酔いしれてみるのもいいかも。さらにはまた、フィルムノワールなる犯罪映画も得意だったワイルダーの別の側面を考えあわせて読むこともオツかもしれない。（北野圭介・立命館大教授）

（平凡社・2520円）＝2012年4月5日①配信

子孫に残したい風景　「海岸線は語る」（松本健一著）

待望の書だ。東日本大震災で海岸線は最大約6メートル東へ移動した。著書「海岸線の歴史」で日本が世界で6番目に長い海岸線をもつ点に着目し、明治以降の港湾開発や防災、そして高度成長期に始まった原発建設がいかに海岸線を変え、そのため人々の意識がいかに海から遠ざかったかを考察した著者が、この震災に何を見たか、ぜひ続編を読みたかったのである。

本書の原型は首相官邸が原発事故の対応に追われていた震災直後、内閣官房参与だった著者が当時の菅直人首相に提出した復興ビジョン案である。ふるさと再生を理念とするその案は、しかし日の目を見ることなく、首相は学者を集めた復興構想会議をつくって議論を会議室に閉じ込めてしまう。人気映画の主人公のごとく「事件は会議室で起きてるんじゃない」と内心叫んだ著者は、たった一人で現場を歩いて海岸線を歴史的・文明的な視座から捉え直し、地域の風土と産業と文化に見合った復興のあり方を考え抜いた。

リアス式海岸から平野部まで、土地の数だけ被害に違いがある。ギネス級の防波堤が破壊された岩手県宮古市田老地区。地震で島が沈んだという伝説が語り継がれ、一人の犠牲もなかった宮城県七ケ浜町の花渕浜。歴史を知れば、特区で一律に大規模集約化して入江の小漁港の暮らしを切り捨てるような愚を冒してはならないことも明白だ。大水害に襲われた奈良県十津川村の人々が開拓した北海道新十津川村の苦難の歴史からは、得意な産業を生かした第二のふるさと作りの大切さを痛感させられる。

大震災は自然を支配・克服しようとする西洋近代合理主義の限界を見せつけた。山と海をナショナルトラストと捉えて海岸線を守る労働を公共事業で賄うという提案に心から賛同する。子孫にどんな風景を残すのか。「海やまのあひだ」に生きる日本人の暮らしを見つめてきた著者が発する問いを今、復興に携わるすべての人と共有したい。（最相葉月・ノンフィクションライター）

（ミシマ社・1680円）＝2012年4月5日②配信

命の深部にふれる

「共に在りて」（千葉望著）

岩手県陸前高田市を襲った津波は、1700人を超える死者と行方不明者をだした。高台にあって被災をまぬがれた浄土真宗正徳寺は、東京で仏教研究と文筆に没頭する著者の実家で、代々を千葉家の直系が継いできた。和服の似合う美貌の著者は昨春、テレビ出演でご一緒した際に「実家には150人もの人々が避難している」と言っていた。1年を経て、その“肉声”を聴くことを得た。

著者の弟である住職は、市職員としては高齢者福祉を担当し、津波警報と同時に大勢の人々を高所に誘導。しかし部下は、何百人もの人々とともに誘導先で津波にのまれた。魂をえぐる悲しみを背負いつつ、弟は遺体安置所や、身元不明の遺体を火葬する葬儀所を駆け巡り、経を誦（ず）す。東京と故郷を行き来し、救援にあたる著者に「筆ペン送れ」のメールが入る。戒名をしるす墨をする時間がないほど、多くの死者を抱え込んでいたのだ。

「寺に生まれた私には、読経もなく送られる死者がいたましくてならない」「海の中ではまだたくさんの人々が引き上げられるのを待っている」と著者は言う。「葬式仏教」が悪いのではない。日本の仏教は葬式仏教として力を尽くしきっていない。人々が逃げる際、真っ先に持ちだそうとしたものの中に、位牌（いはい）があったことを忘れてはならない。さらに著者は、地域社会における寺と僧のあり方を問う。

5カ月もの間、避難所として一寺を開放、大切なものを喪（うしな）った人々と「一緒に暮らして哀しみを受けとめ」た正徳寺の住職夫妻に頭が下がる。寺に帰らず救援を続ける住職に代わり、一切の任にあたったのは坊守（ぼうもり）である妻であった。寺族の生活は、一般家庭と変わることはない。在家の主婦がこれだけ大勢の他者を受け入れられるだろうか。

命の深部、愛別離苦の人間のありようにふれた挿話の数々をつづった本書は、被災地を故郷とする人の、切ない心情が滴らせた血の紐帯（ちゅうたい）のドキュメントである。（福島泰樹・歌人、僧侶）

（講談社・1470円）＝2012年4月5日③配信

多重言語使用者への道

「時は老いをいそぐ」（アントニオ・タブッキ著、和田忠彦訳）

雪崩を打つように起きた冷戦終結が確実にヨーロッパ統合を加速させた。そして、そこではヨーロッパ人の一人一人が「国語」に拘泥しない多重言語使用者への道を知らず知らずのうちに歩みだしている。

とりわけインテリの間に顕著な傾向で、小説はたいていヨーロッパ言語のどれか一つで書かれるわけだが、それも次第に「ヨーロッパ文学」としか名づけようのないものが主流となる。しかもそのヨーロッパは、中東や北アフリカ、アメリカ大陸とも地続きだ。

そもそもポルトガル文学に傾倒していたタブッキは、イタリア語で書く時にもイタリア人を書かなければならないというような考えとは無縁だった。リスボンを舞台とする小説をポルトガル語で書いたことまである。そして、冷戦終結後やユーゴ内戦後の現代ヨーロッパを扱ったこの短編集では、登場人物もいよいよ多国籍化している。

英語・ドイツ語・フランス語を第一言語とする人間ならまだしも、それ以外のヨーロッパ市民は、少し外に出れば「双方にとって外国語に当たる言葉」を使わないと対話が成り立たないこともしばしばだ。中には、冷戦期の「東欧」で警察国家・軍事国家を支える枢要な地位を占めた人間がいつしか老いて故国を離れるというようなケースも少なくない。

これがヨーロッパの円熟だ。一国家・一言語・一通貨体制など、もはや過去の遺物であり、老人たちは冷戦時代の過去を引きずりながらも、新しいヨーロッパに順応していかなければ、死んでいくことさえままならない。

近隣に北朝鮮のような閉鎖的な要塞（ようさい）国家が存在し、仮にヨーロッパ・モデルの統合を目標に据えたとしても、まだまだ道半ばにすぎない東アジア情勢からすると、ヨーロッパ人の老いをめぐる物語は、あたかもSFを読むかのようだ。このタブッキが3月25日、リスボンで亡くなった。その繊細な筆致を通して、その名は永遠に語り継がれるだろう。（西成彦・立命館大教授）

（河出書房新社・2310円）＝2012年4月5日④配信

“お色気”は使わなきゃ

「エロティック・キャピタル」（キャサリン・ハキム著、田口未和訳）

「オンナを使うのは反則」とは、多くの人が信じている「正論」である。つまり、女は“お色気”で勝負しちゃいけないってこと。仕事上はもちろん、恋愛の場ですら、お色気は計算高い女の裏技であり、まともな女は知性やら心の美やらを磨くべきなのである。

で、「オンナを使う女」に怒りを向けるのは、オジサンだったり生真面目なフェミニストだったりする。本来は敵同士のオジサンとフェミが、お色気に対しては結託する。いったい何故？　お色気はいけないことなの？

そんな疑問に正面から挑んだのが本書。女のお色気を明快に分析し、正当に評価する。性的魅力とはキャピタル（＝資産）である。それは才能と同じように、パワーを持つべきなのだ、と。

時にぎょっとするほど率直な論がとびだす。例えば「男性のセクシュアリティーは経費ゼロで供給過剰なため価値がない」。あはっ、言い切っちゃった。性的魅力がないのに性欲過剰な男たちが、恋人や妻に向けて主張する「欲求不満を（無償で）解消する権利」を著者は一刀両断し、プライベートな関係での男女平等の意味を突きつける。

米国的フェミニズムはお色気を封印してきた。日本でも化粧などに顔をしかめる信奉者は少なくない。一方、お色気を保存したまま、女性の権利を広げたのがフランスのフェミニズムだ。女の自由と欲望に忠実なのはどちらだろう。時に過大評価され、一方で不当におとしめられる女のお色気は、男女関係を見直すキーワードになりそうだ。

性的魅力のある女が、そのパワーを存分に利用してもとがめられない自由。読み進むうち、エロティック・キャピタルに寛容な社会とは、人間の自由と快楽を安全に保証する世界に思えてくる。

文句があるとすれば、副題の日本語訳。「すべてが手に入る自分磨き」なんて、そんなかわいらしい本じゃなく、革命的に怖い本だと思うけれど。

（北原みのり・コラムニスト）

（共同通信社・1500円）＝2012年4月5日⑤配信

正しく腹を立てる哲学

「怒りの作法」（小川仁志著）

ストレスやいらだちを抱えやすい時代と社会である。クレームや苦情処理を銘打った書籍も急増している。サービスの進歩は他国に比して加速化する一方、満足基準が急上昇し、少しのことで頭にくることも多い。

「目の前30センチにちらつく敵が憎い」が、その敵をやっつけても、次の敵が現れる。本当は「そいつを倒したら楽になるぞ」と陰から煽（あお）っている“背後霊”のような存在が根源なのだろうが、それがなかなか見えない。

本書は、日本人が怒らなくなったことを危ぶみつつ「正しい怒り方」、つまり感情を論理にまで引き上げ、冷静な対話と議論の中できちんと怒る意義を、幅広い哲学者たちの思考から学ぼうと試みる。いくつかキーワードを設定し、分かりやすく解き明かす。

正しい作法は、疑問のもち方、問題提起の仕方、意見の立て方、議論の進め方、まとめ方で整理されるが、怒り方のレッスンとして示されているものは、やや高尚だ。怒りをプロパガンダ的に使う橋下徹大阪市長への評価にも疑問がわく。

教育現場で問題化している「イチャモン（無理難題）」を研究する私には、怒りや苦情の背景を読み解き、いかに軟着陸させるかが課題だが、怒りの受け手ではなく、怒りを発する側のスタンスを整理しようとする著者の意図は理解したい。

ただ、心理学では以前から、攻撃的でも主張を抑えるのでもなく、自分も相手も大事にする「アサーティブ（assertive）」な表現法が注目を浴びている。自分の心にふたをしない感情表現としては、こちらの方が分かりやすい。

たぶん議論の方向が違うのだろう。著者は公共哲学の立場で語っている。日本人の下手な怒り方が主題というより、今の日本の時代状況では、（作法はあれど）もっともっと怒るべきであり、ためらってはいけないという警鐘の書と、私は受け取った。（小野田正利・大阪大大学院教授）

（大和書房・1575円）＝2012年4月5日⑥配信

ユーモア忘れず深い絆

「マンボウ最後の家族旅行」（北杜夫著）

北杜夫はこんなに家族を大事にしていたのか。大事にされていたのか。昨年10月に84歳で死去した北杜夫はいつも家族のなかにいる。家族と共にある。

家族のことなど顧みない無頼派や破滅型の作家とはまるで違う。名作「楡家の人びと」を書いたことで分かるように、あくまでも調和型である。

死の約1年前の日々が飄々（ひょうひょう）と語られる。

大腿（だいたい）骨骨折、肺炎と続けて入院するが家族の協力もあってなんとか元気になる。

するとお嬢さんが、待っていましたとばかり家族旅行に連れ出す。まずハワイ。帰ってきたら次は苗場にスキーへ。

さらに驚くほど家族旅行が繰り返される。熱海、箱根、上高地、軽井沢、父斎藤茂吉ゆかりの山形県上山、善光寺。近いところでは横浜の神奈川近代文学館で開かれた遠藤周作展へ。

実によく一家で旅に出かけている。旅は疲れる、つらい、と始めは文句を言うが、出かけてみると案外楽しいことが分かってくる。

お嬢さんが何度も旅に誘っているのはリハビリの意味もあるし、残り少なくなった「家族の時間」を大事にしたいからだろう。父親もそれが分かっているから文句を言いながらも旅に出る。

「パパ、起きて！」「早く起きて歩いて！」「パパ、アイウエオって言って！」とリハビリをせき立てるお嬢さん。

「もう痛い！」「痛いのがリハビリなんだから！」。親子の、日々のこんな会話がユーモラス。北杜夫は最後までユーモアを大事にした。

父茂吉が懐かしく思い出される。特に疎開先の山形県大石田での父の作歌の様子。神社の境内に米俵の蓋（ふた）を敷き、長い間瞑黙（めいもく）している。その姿に感銘を受けたという。

躁（そう）うつ病には悩まされた。夏は躁、冬はうつ。躁になると株で大損する。家族は大変だったろうが、夫人の「振り返ってみると面白い毎日でした」（談）にほっとする。（川本三郎・評論家）

（実業之日本社・1260円）＝2012年4月12日①配信

近代化めぐる静謐な対話

「なみだふるはな」（石牟礼道子、藤原新也著）

水俣を見つめ書き続けてきた作家と、世界を放浪し原発事故後に福島に足を運んだ写真家の静謐（せいひつ）な対話。国策で進められた事業、企業誘致で里の風景が工場に変わり、自然が壊され汚染され、土地の人々の生活や健康、生命さえ奪うことになった過程、水俣と福島はおそろしいくらい似ている。

本書は、そのことを明確に意識させる対話でありながら、思いのほか穏やかで、ときにユーモアが混じるのに驚く。なくなってしまった懐かしい風物への思いは美しい。

チッソという会社が漁村にやってきて、電気が通ったときの人々の熱狂ぶりを伝える「ワーッと町中の声が聞こえたような、声が光になったような一瞬」という話は、〈近代化〉にまつわるフォークロアのようでもあり、私たちは遠いところへきてしまったのだという感慨を呼び起こす。

と同時に、福島原発を歓迎した40年前の人々の思いにも、これに通底するものがあったのだろうと想像される。「こういう近代になってはいけないはずだった」という石牟礼の言葉は重く響く。

ショックだったのは、水俣病がいまだに新しい発症例を出しているという事実だ。時を経て蓄積された毒がもたらす被害は、ただちに影響はないかもしれないが、ただちに終息したりはしないのである。その長い苦しみと闘いを見てきた人の持つ諦観が、この対談集の底に流れる空気を支えていることに気づいた。世界中の死を目撃してきた写真家の思いもそれに呼応する。ただ穏やかなのではない。怒りと嘆きと驚きを何度もくぐってきたがゆえの穏やかさがそこにあるように思う。

藤原は「絶望と希望の間を揺れている」と言う。それでも「悲劇的なことがひとの心を蘇生させるような」力に唯一、希望を見ると。震災の後に詠まれた石牟礼の詩は、こう結ばれている。「ここにおいて／われらなお／地上にひらく一輪の花の力を念じて／合掌す」（中島京子・作家）

（河出書房新社・1995円）＝2012年4月12日②配信

情報源めぐる米中の攻防

「中国スパイ秘録」（デイヴィッド・ワイズ著、石川京子、早川麻百合訳）

冷たい戦争の時代、アメリカでソ連との情報戦を描いてきた練達のジャーナリストがいま、次々と対中国戦線に転じている。本書の著者もそのひとりだ。超大国アメリカの目に映る大国としての中国像が日ごとに大きくなっているからだろう。

これまで米中情報戦の実相が描かれることはまれだったが、本書が「パーラーメイド」事件の闇を照射してみせたことで、中国の諜報（ちょうほう）組織を率いる国家安全部がほんのわずかだが素顔をのぞかせた。

対敵諜報機関でもある連邦捜査局（FBI）は、「パーラーメイド」のコード名を持つアメリカ国籍の中国人女性カトリーナ・レオンの逮捕に踏み切った。あるFBI幹部がその朝、ワシントンDCで私の取材に対し、沈痛な面持ちで「わが組織が悲しみに満ちた日」と語ったことをいまも鮮やかに覚えている。2003年春の出来事だった。

レオンは1980年代からFBIが抱えていた最重要の情報提供者だった。中国共産党の中枢に食い込み、彼女がもたらす北京情報はアメリカ大統領への「情報報告日報」を派手に飾っていた。

レオンを担当していたFBI特別捜査官J・J・スミスは、レオン情報の威光のゆえに組織内で影響力を強めていった。後に、核兵器製造の拠点ローレンス・リバモア国立研究所で対敵諜報部長となるビル・クリーブランドも彼女に依拠していた。2人の捜査官は、レオンがある時期からアメリカを裏切って北京に情報を流していたのに気づくのだが、FBI上層部に真実を告げなかった。大物の情報源を失いたくなかったのだ。彼らはそろってレオンと肉体関係を持っていたからでもある。

「パーラーメイド」事件は、諜報組織のなかで情報源がどのように太っていくのか、そしていかに中国側に絡め取られるのかを生々しく物語っている。その軌跡はジョン・ル・カレのスパイ小説を読むようにスリリングだ。（手嶋龍一・外交ジャーナリスト、作家）

（原書房・2520円）＝2012年4月12日③配信

弱い母への愛と憎しみ

「昭　田中角栄と生きた女」（佐藤あつ子著）

私が「週刊文春」の記者時代の1982年1月中旬、編集部に電話がかかってきた。「佐藤昭さんのお嬢さんが、妻子あるジャーナリストとの恋に悩み苦しんでいて、本人が、告白してもいいと言っています」

「越山会の女王」とまで呼ばれた佐藤昭さんは、ベールに包まれていた。田中角栄の愛人であり、秘書であり、金庫番。これほど興味をそそる対象はいない。

私は、電話を切るや、あつ子さんの待っているという四谷の喫茶店に急いだ。

あつ子さんは恋の苦しみだけでなく、母親への愛についても切々と語った。

「わたし、母さんが、とっても好きなの。この世で、一番好き。その気持ち、わかってほしい。母さんは“越山会の女王”とか、いろいろとマスコミに書かれ、とても強い女のように思われてますが、外面だけなんです。娘のわたしの前では、別の顔を見せるんです。母さん、本当は、弱い人なんです。それを見ているのが、つらくって…」

3時間にもおよぶインタビューを終えると、彼女が私に一枚の写真を手渡した。

「母さん、本当はこんなにきれいな人なんです。なのに、ロッキード事件の直後に撮られた、にらみ返すように振り向いた写真ばかりがマスコミに出ています。この顔写真を、載せてください」

この本を読み、あつ子さんがかつて私に語った母親への愛だけでなく、憎しみのたうった面も知った。同時に、母と自分への冷徹な眼（め）のあることも感じた。

あつ子さんは、「母は、はたして幸せであったのか」と問いつづけている。人生の本当の出会いとは、一生を懸けてもみあうほどの相手に出会うことであろう。あつ子さんにとって、佐藤昭さんこそ、その出会いであったといえるのではないか。怪物田中角栄と二人三脚で歩んだ「越山会の女王」が、果たして幸せであったかどうかは、あつ子さんが生涯問いつづけるテーマであろう。（大下英治・作家）

（講談社・1680円）＝2012年4月12日④配信

言葉の重み伝える文面

「命をつないだ道」（稲泉連著）

国道45号線は、仙台市から青森市までをつなぐ「東北の大動脈」と呼ばれる道路である。

昨年3月11日の東日本大震災により通行不能に陥ったこの道路は、わずか1週間という驚異的な早さでほぼ復旧へとこぎ着け、その後の救助活動に大きな役割を果たすことになる。本書は、道路の復旧という目的に向けて、さまざまな立場から関わり、力を尽くした人たちの記録である。

まず胸を突かれるのは、不眠不休の復旧作業へと乗り出した人々の多くが自身も被災者であり、故郷の喪失を目の当たりにしているということだ。証言者一人一人の背景にそれぞれの個人史があり、生身の人間としての悲嘆がある。惨状を前にしての無力感や思考停止に襲われながら、当事者の多くが繰り返していたのは「やんなきゃなんねえ」という言葉だった。

津波によって押し寄せた大量のがれきや土砂にふさがれた「大動脈」を通行可能な状態に戻すには、同時に毛細血管のような被災各地の道も機能させる必要が生じる。

だが、そのために除去すべきがれきは単なるがれきではなく、生存者が中にいる可能性もある。ちゅうちょしつつ身体を硬くしながら重機を操縦した人。通常時のルールが通用しない状況下で、国や行政の指令を待つ間もなく、個人の決断を下し続けた人。立場や地域を超えて「やんなきゃなんねえ」ことをそれぞれの場で続けた人たちによりつながった道は「多くの命をつなげること」となった。

震災1カ月後から被災地各所でのインタビューを重ねた著者が「混乱した状況の中での体験や記憶を彼らが丁寧に、順を追って言葉に変えてくれなければ、本書が生まれることはなかった」と感謝の意を表した相手は62人。その言葉一つ一つの重みを、自身も丁寧に受け止め、誠実につづることに徹しきった静かな文面だからこそ、伝わってくるものは深い。（藤田千恵子・フリーライター）

（新潮社・1575円）＝2012年4月12日⑤配信

人間の欲望映し出す傑作

「粛清」（ソフィ・オクサネン著、上野元美訳）

愛憎や激情から人生が悲劇的な様相を帯びていく過程を描くのはロシア文学の得意とするところだが、そういう意味でオクサネンは、フィンランド生まれであっても、ロシア文学の正統な継承者と言えるかもしれない。

エストニアの貧しい村に暮らすアリーダは、1992年のある朝、庭に若い娘が倒れているのを目にし、最初はいぶかしく思いながらも、西側の上等な服を着たザラと名のる娘を家に入れて介抱する。

そして、暴力的な夫から逃れてきたという痣（あざ）だらけのロシア娘の話すエストニア語から「破滅のにおい」を嗅ぎ取ったアリーダは、忘れていた恐怖を思い出す。娘はアリーダの心の牢獄（ろうごく）の鍵を開けたのだ。

戦中戦後、そしてソビエト統治時代にかけて、アリーダには守らなければならない大きな秘密があった。そのために拷問に耐え、家族を裏切り、自分の人生すら犠牲にしてきた。ザラはその秘密を暴くために来たのか、それとも他の目的があるのか。

過去と現在を行きつ戻りつしながら語られる話は、一見ばらばらに配置されているように見えるが、最後に全体像が立ち現れたときオクサネンの手法の見事さに圧倒される。

ふたりの女の経てきた時代と生き方を、卓越した修辞と類いまれな筆力によって描き出したこの作品は、フィンランドをはじめとするヨーロッパの11の文学賞を受賞するという快挙を成し遂げた。2009年にノーベル文学賞を受賞したルーマニア人作家ヘルタ・ミュラーの「狙われたキツネ」と同じく、本書も東欧社会の過酷な現実と閉塞（へいそく）感、そこに生きる者たちの孤独と悲哀を活写している。

読後、粛清というタイトルの意味をあらためて問わないわけにはいかない。人間の深部に巣くう欲望の姿と、それが引き起こす悲劇の誕生と死とを鮮やかに映し出した傑作である。（古屋美登里・翻訳家）

（早川書房・2415円）＝2012年4月12日⑥配信

したたかに生活守る姿

「百姓たちの幕末維新」（渡辺尚志著）

本書は、一貫して江戸時代の農村を研究テーマとしている著者による幕末の農民史である。

戦争を行う武士とその被害者である農民という分け方で幕末史を語る見方が一般的だが、武士が戦争を行う時には後方支援の「陣夫」として農民を徴発する。しかし、それがなかなか困難で、ある指揮官は博徒の子分に30～40人ほどの農兵を連れてくるよう依頼するが、その時、支度金として200両ほども渡している。1人につき5両ほども渡さなければ農民を戦場に動員できなかったのである。

また実際の戦争になれば、戦闘員として農兵を取り立てることにもなる。彼らは最初は鉄砲の弾込めもできないような役に立たない者だったが、敵の陣地に侵入して農家に放火するなどの「軍功」を挙げる者も出た。敵を討ち取ったり、略奪に及んだりした者さえいたらしい。幕末は、農民の身分上昇のチャンスともなったのである。

本書で面白いのは、こうした幕末期の戦争の実態を書いたところだけではない。幕末期の農民の生活や村の慣行もふんだんに書き込まれている。長野県富士見町の裕福な農民の家計簿を分析し、本来禁止されているはずの絹織物や紬（つむぎ）を購入し、マグロ、サバなどの海産物を食べていたことを示している。

また、村の借金のエピソードも興味深い。年貢を納めるため村が主体となって借金をするのだが、担保の農地が質流れとなっても、農民たちは小作料を納めようとしない。年貢を納められないような土地だから、小作料など納められない、というのである。著者によると、これは村ぐるみの保身手段だったという。

どこまで一般化できる話なのかはわからないが、農民たちは、したたかに村を守り、生活を守ろうとしていたのである。幕末の変革は武士主体のものだったが、こうした農村や農民の実態を考慮しなければ、幕末変革の全体像は語れないことを認識させられた。（山本博文・東大大学院教授）

（草思社・1890円）＝2012年4月19日①配信

心に残る震えの記録

「津波の後の第一講」（今福龍太、鵜飼哲編）

新学期が始まった。最初の授業は、あらたな出会いの場であり、「する側」も「受ける側」も緊張するが、東日本大震災という大惨事が起こったあとの授業ならば、なおさらのことである。教員の側からしてみれば、最初にどう口を開くか、そして何をどのように伝えるのか、との緊張感に満たされる。

東日本大震災後の授業での出会いといったとき、震災という出来事にどのように向き合い、そのことを介し、あらたな関係をいかにつくっていくかという二重の内容を有している。「現実」と「教室」をどのように結びつけ、「教科」の知と「災害」の経験をどのように交流させるのか。本書は、その困難な試みに向き合った、12人の営みがつづられている。

ここでは、すべての語り手において思考が繰り返される。論ずる対象こそ多様だが、いずれも断定ではなく問いかけがなされ、ことばを発しながらそのことばを確かめ、自らの語りを絶対化せず、聞き手のなかで確かめようとしている。編者のひとりは「震えの記録」と記したが、ことばにするまでの葛藤と、ことばにしてからのあらたな煩悶（はんもん）とが、幾度も繰り返される。

さらに、教える／学ぶという複雑な相互性の場所を、どのようにつくっていくのかという根源的な問いもなされることとなった。「第一講」は、自らの構えやねらいを語る重要な時間であるが、津波の後の「第一講」でなければ表明しえないものが、こうして絞り出されていった。

初心に戻る、ということばがある。ここに披露されたすべてが、枠に収まった講義ではなく、問いかけを含めた営みであったことが強く心に残る。本書は、講義としてその大半が大学生・大学院生に向けられている。小学校や中学校、高校では、その最初の授業はどのようになされたかについても、思いがめぐる。（成田龍一・日本女子大教授）

（岩波書店・2835円）＝2012年4月19日②配信

一歩を踏み出す確信

「BACK 2 BACK」（いとうせいこう、佐々木中著）

「BACK 2 BACK」とはもともとは黒人の大衆音楽ヒップホップの用語で、「複数のDJが一曲ごとに、相手の出方を見ながら曲をかけて行く」ことだという。

この方法論で、TVタレント、作家、ラッパーとして八面六臂（ろっぴ）の活躍を続けるいとうせいこうと、哲学者の佐々木中が交互に書き継いでいった「即興小説」が本書である。東日本大震災へのチャリティーとしてインターネット上で自主的に行われ、単行本化にあたっておのおのの書き下ろしの章が追加されている。

いささか特殊な背景を持った作品だが、純粋に「BACK 2 BACK小説」として読んでみても、なかなか面白い。

佐々木の文体は擬古調というか、典雅な言葉遣いの内に奇妙な荒々しさを感じさせる。連作の冒頭は彼によるものだが、その時点ではまだ小説というよりも詩のように思える。対するいとうはというと、短い字数の中で次々と登場人物を造形し、架空の物語の種のようなものを鮮やかに撒（ま）いてみせる。するとそれに応じて佐々木の章も、次第にフィクションとして滑り出してゆくのである。

もちろん、こういう書かれ方であるから、わかりやすくまとまったストーリーが語られていくわけではない。むしろ2人とも、構築性や整合性よりも速度やテンションを大切にしているように思える。ある緊急の決意の下に始められた合作は、どこか定められた結末へと向かっていくわけでもない。だが、そのことがむしろ、2人の真剣さの左証となっている。

震災への募金を目的としているからといって、必ずしも明確なメッセージは述べられているわけではない。だがひとつ言えることは、ここには驚くほど迷いがない、ということだ。いとうも佐々木も、「今ここ」から新たな一歩を踏み出していこうとすることに強い確信を持っているように見える。

その力強さがどこから来ているのかはわからない。だがそれは不思議なほどさわやかなのだ。

（佐々木敦・批評家）

（河出書房新社・1470円）＝2012年4月19日③配信

人との関係がもたらす救い

「静かな夜」（佐川光晴著）

塾帰りの帰宅途中に交通事故に遭った小3の息子を亡くし、犯罪被害者の会での活動と裁判に没頭する夫をも過労死で亡くした37歳の主婦。主人公宮本ゆかりに遺（のこ）されたのは、2歳になる一人娘の穂乃香のみ。立て続けの不幸へと主人公を追いこんでいく作者の筆には、みじんの愛も感じられない。不条理の極みから、物語は静かに激しく動きだす。

娘を預ける保育園で出会ったのが、近所のアパートに住む姉弟。20代の母親は子育てを放棄し、自室へ男を連れこむ生活をしている。母子家庭同士の家族ぐるみの付き合いが始まるも、トンデモ母子の挙動に翻弄（ほんろう）される日々が続く。ゆかりを支えるのは、「この一家を見捨てるわけにはいかない」という義務感だ。しかしそんな関係も、ある事件を契機に破綻を迎える。

「相身互い」という言葉が出てくる。職を失い、急性アルコール中毒で入院した彼女が、医師から伝えられる言葉だ。

人は関係なくして生きていけない。関係とは相互補完的なものである。一方的に助けていたと思いこんでいたが、実は関係によって助けられていた。負のスパイラル的状況の中で、もがき苦しむ主人公が、それらを救いへと昇華させていく。そこでわたしたちは気づく。作者が愛をもって主人公を見つめ、描いていることを。

表題作のほか、「崖の上」「二月」「八月」の3編を収録する。元中学教師が、誤認逮捕された2年前の事件を回顧する形で進行する「崖の上」もまた、人と人のあいだで生じてしまう不可抗力のしがらみを描いた関係小説だ。

「二月」「八月」は、北海道大学恵迪寮の自治をめぐり大学当局と闘争を繰り広げた20歳の男子学生の精神の遍歴に密着した連作。作者自身の大学時代の生活が投影されていると思われる物語展開は、1980年代の青春群像を鮮やかに照らしだしている。（榎本正樹・文芸評論家）

（左右社・1680円）＝2012年4月19日④配信

祈りにも似た思索と論考

「救いとは何か」(森岡正博、山折哲雄著)

「救い」という言葉が、今ほど繊細で敏感な意味を帯びている時代もないだろう。東日本大震災の衝撃は、東京にいた私の心身にも消えようもなく刻印された。まして東北の被災地で、肉親や親友、恋人、恩人を失った絶望はいかばかりか。

地震と津波による喪失すら癒えぬのに、原発事故は終息の糸口もつかめず、新たな大地震発生の恐れも指摘されている。いつ何がどうなるのか、言い知れぬ不安とともにある人々にとって、救いは命綱にも等しい。

そうした切実な状況下で刊行された本書は、「宗教を前面に打ち出せない現代社会」における救いのあり方を問い直そうと試みた対談集だ。宗教用語を使わず「生命学」と呼ぶ独自の論考を精緻化しようとする哲学者に、神仏の存在を前提とする練達の思想家が対峙(たいじ)し、親鸞やデカルト、宮澤賢治から映画「ゴジラ」まで幅広い素材を俎上(そじょう)に上げ、縦横に論じる。

2009年の対談をまとめた4章までの議論は、「なぜ人を殺してはいけないのか」「鎮魂とは何か」「限りある命をどう生きるか」といった問題提起を経て、救いの根源に横たわる日本人の個人観、死生観へ。

震災後の緊急対談を再現した最終章で哲学者は、「言葉や哲学の無力さを痛感」した心情を吐露し、新たな境地に踏み込む。「死者に見守られている感覚」や「生まれ変わり」の概念に触れ、「すべての命は世界や宇宙に望まれ、必然として誕生する。どんなに苦しく悲惨に思える人生でも、生まれた時点で既に救われている」と言い切る。

死者と生者の絆の回復を重くみる宗教学者も「感無量」と共鳴、対談の大きな成果と評価した。祈りにも似た思索が、被災者を照らす光明になることを期待したい。

あの日から1年を越えても、被災地のうめき声は消えない。哲学や宗教学には、同時代の生々しい事象と正対し、身を切るような探求を続ける責務がある、と感じた。(坂口香津美・映画監督)

(筑摩書房・1575円)=2012年4月19日⑤配信

幸せの謎に迫る珍道中記

「未来国家ブータン」(高野秀行著)

国民の大半が「幸せだ」と感じ、GNH(国民総幸福量)を提唱する「幸福大国」、ブータン。昨年、若い国王夫妻が来日して東日本大震災の被災地を訪れた際、その謙虚な姿勢と人徳に感銘を受けた人も多いだろう。

本書は辺境に詳しい著者がブータンの謎に迫った珍道中記である。もっとも著者の目的は、生物資源の調査と、あわよくば雪男に出会いたいというもの。「幸せの種探し」といった抽象的な願望がない分、めちゃくちゃ真剣で貪欲だ。高山病や酒攻勢でもうろうとしながらも、どんな小さな違和感や疑問も見逃さない。軽い筆致の中にハッとする洞察がちりばめられ、読者はいつしかこの国の奥深さへ誘われてゆく。

「ブータンに謎の生物はいません。でも雪男ならいますよ」と平然と言う公務員。将来を決めるのは占いであり、迷いを救うシステムとして今も機能している。雪男を見るのは「運が落ちている状態」の人だけ。「毒人間」と恐れられ、差別される人々の存在…。

伝統に寄り添う「遠野物語」のような神話的世界かと思いきや、一方では徹底した英語教育が行われ、行政のきめ細かい指導、環境保全と生物多様性の保護といった、伝統文化と西欧文化を丹念にブレンドした離れ業をやってのける。幸せを考えに考え抜いて経営された、ディズニーランドのような「高度な人工的国家」という表現は見事の一言。

この国の謎を読み解くヒントはチベットにある、と著者は考える。先輩であるチベットは中国に占領され、伝統文化や環境は破壊され続けている。ブータンの独自路線は、理想を追い求めた結果ではなく、インドと中国に挟まれ、独自色をアピールしないと生き残れない小国の必死さの表れではないか、という指摘に目を見開かされた。

「ブータンって幸せそう！」と無邪気に考える人にこそ、一読を勧めたい。幸せって結構大変で、戦略的なものなのである。(星野博美・作家)

(集英社・1575円)=2012年4月19日⑥配信

未来を切り開くコトダマ

「ナミヤ雑貨店の奇蹟」(東野圭吾著)

理系ミステリーから刑事ものまで多彩な作風を持つ著者だが、その中でも、喜々として執筆していることが伝わってくる題材がある。本書のような心温まるタイムスリップものだ。

日本中がトイレットペーパーの買い占めに狂奔していたころ、東京近郊に浪矢雄治なる老人が営む「ナミヤ雑貨店」があった。その店は近所の子供たちに「ナヤミ雑貨店」として親しまれ、いつしか恋や進路に迷う若者たちまでもが人生相談を持ち込むようになる。その際の決まり事はふたつ。相談者は夜、下ろしたシャッターの投函(とうかん)口から手紙を入れること。返信は店の裏手の牛乳箱に入れておくので、各自で回収すること。

物語は浪矢老人が亡くなって33年目の真夜中、廃屋となっていた店に3人のチンピラたちが忍び込むシーンから始まる。

彼らのもとに過去から届く手紙、案外真面目な彼らが律義に送り出す返信。

卓袱(ちゃぶ)台、おやじのステテコ姿、ビートルズのアルバム、ホンダのシビックやソニーのウォークマンなど細部の物尽くしも楽しい5話を重ね、今となっては古風にすらみえる昭和の若者たちの姿を浮かび上がらせる。ラスト、各話をつなぐ糸が明らかになる絵柄もお見事だ。

このファンタジーの中で最も美しいのは、若き日の浪矢青年が未遂に終わった駆け落ち相手の女性に送った手紙だろう。相手の魂を鎮めるかのような思いやりと祈りの念に満ちたコトノハ。老人は相談者のその後が知りたいと、一夜だけ相談窓口を復活するよう遺言した。その際彼が確かめたかったのは、自分の影響力ではなく、経年劣化しない言葉の生命力ではなかったか。

題名の「奇蹟」に、キリスト教由来のそれではなく、東洋的なものを感じる。手紙はコトダマの最たるもの。誰かの胸に落ちたコトダマが未来を切り開く羅針盤になっているさまこそ、日本人が信仰すべき「奇蹟」かもしれない、と思い至る。(温水ゆかり・ライター)

(角川書店・1680円)=2012年4月26日①配信

想像力を研ぎ澄ませるか

「フクシマを歩いて」(徐京植著)

在日朝鮮人である徐京植は、ディアスポラ(離散の民)という出自をつねに意識するよう強いられて生きてきた。韓国で政治犯として投獄された兄たちを思いながらヨーロッパ美術を巡礼した紀行文や、アウシュビッツを生き延びた後、証言が伝わらないことに絶望して自殺した文学者、プリーモ・レーヴィの足跡をたどったエッセーなどが忘れがたい。

著者は長年、経験の相似形を探す旅をしてきた。絵画や文学にあらわれた受苦に、ディアスポラとしての自身の家族史を照らし合わせ、相通ずる現実にことばを与えたのがこれらの書物なのだ。

「フクシマを歩いて」の中心をなすのは、韓国の日刊新聞に連載されたコラムである。著者は、レーヴィが30年以上前に書いた詩句「地上の有力者たちよ、新たな毒の主人よ、/天からの災いだけでもうたくさんだ。/指を押す前に、立ち止まって考えるがいい」を再発見し、ホロコーストと原爆の犠牲者を悼み、核の脅威に警鐘を鳴らすこの詩に、フクシマをうたう声を聞き取る。

今回の原発災害は、ある種の人間が他の人間の「根」を破壊した事件である、と著者は語る。フクシマの人々が経験している「根こぎ」の背後では、アンネ・フランクやレーヴィや在日朝鮮人の受苦が相似形をなし、幾重にもエコーしている。

被災地から遠いところで暮らす人間には要するに何ができるのかとつぶやく読者に、本書はひとつの逆説を提示する。被災地のひとびとがあまりにもつらいために直視できない恐怖や不安を、遠くにいるからこそ自覚できるということもあるのではないか、と。

「悩みがいのある悩み」をさまざまなひとびとと共有しようとする著者が、明晰(めいせき)な文章で示すのは、他者への想像力をいかに研ぎ澄ますかということ。そこに遠慮はいらない。フクシマを絶望から救う想像力が今、ぼくたちひとりひとりに求められている。(栩木伸明・アイルランド文学者)

(毎日新聞社・2310円)=2012年4月26日②配信

1968年のジオラマ

「明治百年」(小野俊太郎著)

「物事は因果関係。前にアレがあって、後にコレが起きる。つながりが分かれば面白いんだ」。本書を読みながら、中学校でお世話になったトミタ先生の口癖を思い出した。クマみたいな体で身ぶり手ぶり、シーザーの凱旋(がいせん)とブルータスの背信を語っていたっけ…。

1968年といえば、あなたは反射的に何を思い浮かべるだろうか？

私の脳裏に刷り込まれているのは「東大安田講堂の攻防戦」だが、リアルタイムで見た記憶はない。当時は小学6年生。何をしていたのだろう。

「もうひとつの1968」と副題にあるように、「全共闘」に象徴されるこの年は、「明治百年」の節目でもあった。記念行事や多様なシステム変革があり、郵便番号制度が導入されたりした。

身近な話題だと、漫画「あしたのジョー」の連載開始と「巨人の星」がアニメ化。「巨人の星」派だった私は、起き抜けにレコードをかけちゃ「行け行け飛雄馬！」と口ずさんだもんだ。

「三百六十五歩のマーチ」が流れ、メキシコ五輪もあった。開幕を約9カ月後に控えた正月には、マラソンの円谷幸吉が自死した。「何で死んじゃったの？」と大人に聞き回った覚えがある。

意外なところではポケベルの誕生も。著者はこれらの"断片"から背景の世相や風俗、思想などを浮き彫りにし、1年をジオラマ化していく。

例えば、水谷豊が子役時代に主演したテレビドラマ「バンパイヤ」と日本初の心臓移植手術。並べてみると、加速する社会の変化を映した"変身願望"と、ムードに乗り切れない人々の"どん詰まり感"が浮上する。

腑(ふ)に落ちたことがある。「もう走れません」と遺書に書いた円谷。安田講堂の壁に残った「連帯を求めて孤立を恐れず」の落書。二つの岸辺の間を流れる精神のことだ。

"私"は"公"に尽くす。明治維新後の100年間、脈々と継がれ、今の私たちが所持していないものはこれか、と。(朝山実・ルポライター)

(青草書房・2625円)＝2012年4月26日③配信

現代病の実態に迫る

「免疫の反逆」(ドナ・ジャクソン・ナカザワ著、石山鈴子訳)

レイチェル・カーソンは、名著「沈黙の春」で、農薬など化学薬品が環境を汚染し、鳥や生き物たちのいのちを脅かしていると警告を発した。半世紀も前のことだ。

それからも化学物質や重金属は垂れ流され続けた。その結果、ヒトのいのちは、どうなったのか。この本は恐ろしい事実を突き付ける。

著者は、2001年に体がまひするギランバレー症候群という自己免疫疾患を発病。その闘病の日々の中から、米国医学の最前線や患者を丹念に取材し、その実態を本書で報告している。

自己免疫疾患とは、本来は自己のからだに侵入した有害なものを異物として認識し、排除する役割を持つ免疫組織が、自分の細胞を敵と見誤って攻撃する病気のことである。自己が自己を撃つ。いのちの根源的な危機だ。免疫力の低下よりも、たちが悪い。2005年の研究報告によると、米国の自己免疫疾患の患者は2350万人おり、米国民の12人に1人が発症する計算となっている。

いまも患者数が増え続けているこの病気を誘発させる原因の一つとして、著者はヒトの体などに蓄積した化学物質や重金属を挙げる。例えば、水銀は細胞に働き掛け、一部が重金属、一部がヒトの細胞組織となった「ハイブリッドタンパク質」を合成させる。どれが自分でどれが異物か、免疫組織は混乱してしまうのだ。

自己免疫疾患の患者は女性に多い。女性は母となり、子どもに受け継ぐ。新生児の臍帯血(さいたいけつ)中から、殺虫剤、ダイオキシン、難燃剤、フッ素樹脂の分離物質など、287種の工業用化学物質が見つかったという米国の調査結果には戦慄(せんりつ)を覚えた。

本書を読みながら、敵と自己が入り乱れたスクランブル交差点で、追い詰められた免疫組織がピストルを乱射する姿が浮かんできた。その原因をつくったのはヒトである。しかし免疫組織を救うことができるのも、やはりヒトしかいないのである。(里見喜久夫・絵本作家)

(ダイヤモンド社・2520円)＝2012年4月26日④配信

圧倒的スケールで描く文明　「氷山の南」（池澤夏樹著）

2016年、オーストラリアはフリーマントルの港。アイヌの血を引く日本人留学生の少年ジンが、夜陰にまぎれて出港前の船への密航をくわだてる。船の名はシンディバードで、逼迫（ひっぱく）する水不足の解決のために南極から氷山をえい航するという壮大なプロジェクトを担っている。

乗船を許された少年は、パン焼きと船内新聞の発行という役割を与えられる。この卓抜な設定によって、少年は船内の人間模様や"事件"の目撃者となるのだ。

船のオーナーは族長と呼ばれるアラブの大金持ち。船内には広く民族、宗教、国籍を異にする科学者やスタッフが乗り込んでいる。なかには反目も多く、不審な者もまじる。その航海の途上、プロジェクトの妨害をはかるアイシストなる信仰集団からの抗議に遭うも、やがて船は格好の氷山（名付けて「箱船」）を見つけ、えい航を始める。

かくして行くさきざきで、少年にふりかかるさまざまな災禍、真人間になるための通過儀礼。そこにアボリジニの絵描きの少年、中国系ハーフのアメリカ人女性学者がからむ。いましも強力なタグボートでひかれてゆく1億トンもの重さになる巨大な「箱船」の運命やいかに…。

ニッポンは四方が海の島国だ。だが、これまで良質な海洋冒険小説は指折るほどもない。そんな悔しさがこの一冊ですっかり消えた。まずその構想力のスケールが圧倒的であること、さらにそれを少年の驚きの目で語る文章のさわやかさ。ワクワクドキドキ。ほんと、面白いのだ。

そしてためにもなる。実はこの小説は東日本大震災前に新聞連載されている。だがここにはその予兆のように自然への畏怖にくわえて、フクシマに象徴される文明についての、いかにもこの著者らしい該博な知見が示されている。

ゲームもいい。オタクが悪いとは思わない。だけど、家に閉じこもりがちな若い人にこそこの本を読んでもらいたい。（正津勉・詩人）

（文芸春秋・2205円）＝2012年4月26日⑤配信

見る者の心に届ける天才　「アニメーション監督　出崎統の世界」（大山くまお、林信行編著）

出崎統（でざき・おさむ）の名を知らなくとも、手がけた作品名を聞けば、すぐに彼の持ち味を思い出せる人が多いのではなかろうか。

「あしたのジョー」「エースをねらえ！」「ベルサイユのばら」「ガンバの冒険」…そこには、たしかに、共通のテイストがあった。

そのテイストは、出崎流ともいわれる演出技法が醸し出している。

アニメーションでありながら、ここぞという場面を絵画調の静止画で描く。瞬間を切り取り、何度もプレイバックして強調する。自然光を画面に取り込み、深い陰影を作り出す…。

では、彼が生み出したさまざまな技法、それこそが彼がたたえられる理由なのか。

ちがう、ということが、彼の周囲を彩った人々の言葉で語られる。

技法を駆使し、それによって伝えたいもの—多くは登場人物の心情—を、よりストレートに、より深く、見る者の心に届けたことこそが彼を天才ならしめたのだ、と。

ねずみのガンバが見上げる船を描いた絵に、描写が細かすぎると注文を出すくだりが印象深い。「大きさが出ないから、大まかにゴン！　と描け」

つまり、その場面で伝えたいのは、ねずみが圧倒される船の「巨大さ」であり、船そのものではないのだ。

ただ精密に、写実に近づけていったのでは、アニメという手段そのものの意味が薄れていく。

アニメという手段を選び、アニメだからこそできる表現によって、アニメでしかできないリアリティー、「本質を抽出して見せる」ことを常に追求した人、それが出崎統という人だった。

この文章を書くにあたって、彼の手による映像をずいぶん見た。

劇場版「あしたのジョー2」のオープニング、誇張された巨大な夕日を背に、走り、シャドーボクシングをし、口笛を吹く矢吹丈。

出崎的演出手法があふれる画面の中で、ジョーは自由で、孤独で、そして生きていた。（荒井昭一・フリーライター）

（河出書房新社・2100円）＝2012年4月26日⑥配信

2世に見る音楽界の真実「もし僕のパパがロックスターだったら」(ゾーイ・ストリート・ハウ著、長澤あかね訳)

著名なロック・バンド「イエス」のスティーヴ・ハウを義父に持つ女性が、夫、つまりロックスターの息子の人間観察をきっかけに、有名人の子供であるとはどういう特別な人生なのかをつづったもので、一風変わった角度からのショービジネス・ガイダンス本であろうか。

ビートルズ、ビーチ・ボーイズ、デヴィッド・ボウイ、アリス・クーパー、もちろんイエスや、ザ・クラッシュ、オジー・オズボーン、ママス&パパス、ボブ・ゲルドフ…。

これら名の知られた面々の2世たちのありさまを通じて、音楽活動とは無縁の部分で、音楽界の真実の一端が明かされる。

その切り口はときに下世話ながら、卑近な好奇心を適度に満たしつつ、金やドラッグ、パーティー、マスコミ対応など、派手な世界ならではの突拍子もないエピソードの連発によって、既成のイメージをなぞり返している。やや似通った記述が多く少々飽きさせられるのも、実はセレブの世界そのものの認識と結びつく点で、著者の意図なのかもしれない。

個人的に印象が強かったのは、最も大きな重圧と生きてきたであろうジュリアン・レノン(もちろん、父はジョン)が、想像を絶するあつれきを乗り越えて、すばらしい人生を送り得ているのがうかがえたところ。私自身がインタビューで得たのと寸分たがわぬ人物像が読み取れて、感慨深かった。

特別な環境で異質の日々を送りながら成長した子供たちを題材としつつ、彼らを奇異の目で眺め、書き立て、ときにとんでもなさを捏造(ねつぞう)しそれをビジネスとするマスコミへの批判の書でもあり、同時にやっかみと羨望(せんぼう)がモンスターのような感情に結びつく大衆心理をそれとなく描いているところなど、とてもおもしろい。

(矢口清治・ディスクジョッキー)

(ヤマハミュージックメディア・2100円)=2012年5月1日①配信

微妙な距離にこそ本質　「愛について」(白岩玄著)

2004年、「野ブタ。をプロデュース」で第41回文芸賞を受賞しデビューした作者の、3作目である。「野ブタ」と呼ばれるいじめられっ子を、人気者にすべく同じクラスの男子がプロデュースする、という物語は当時ベストセラーとなり、テレビドラマ化もされた。ひねりを効かせたそのデビュー作とは違い、本書はタイトルそのまま、「愛」とは何かをストレートに問いかける短編集である。

女性に対するスタンスが対照的な2人、壮介と裕太、それぞれの彼女との関係を描いた表題作をはじめ、元カレに心を残していた主人公が、ようやく区切りをつけようとする「月と馴(な)れあう」、かつて付き合っていた2人が、別れた後もそれぞれに抱える心の葛藤を丁寧にすくいとった「終わらない夜に夢を見る」…。

収録されている6編に共通しているのは、人が人を愛する、その心の底にあるものを見定めようとする作者の視線だ。愛すれば愛するほど、求めれば求めるほど、微妙にズレていく男女の距離感。もしかしたら、その距離こそが、実は恋愛の本質なのではないか。行間の向こうから、作者はそんなふうに問いかけているように思える。

けれど、本書にあるのは、その距離に対する気だるい諦めではない。むしろ、分からないからこそ、人は人を求めるのだし、距離は距離でめいめいが了見すればいいのだということを、同時にささやきかけてくる。

「好きが先にあるわけじゃない。それは単なるベクトルで、本当は寂しいとか満たされないとか、そういうわがままな感情が先にあるのよ。誰かのことを好きなときはそれが見えにくくなるけどね、ほとんどの好きは自分の感情を正当化するための免罪符に過ぎないの。好きはあとづけ、寂しいが先」

本書に出て来る登場人物の一人が言うこの言葉が、読み終わってからも、静かに胸にしみる。(吉田伸子・書評家)

(河出書房新社・1470円)=2012年5月1日②配信

北極圏に温暖化メリットも

「2050年の世界地図」（ローレンス・C・スミス著、小林由香利訳）

地球の温暖化は事実か。"元凶"は二酸化炭素なのか──。地球温暖化の議論は常に懐疑的な問いが付きまとう。解を求め、環境雑誌の企画で温暖化対策の関係者と対談を続けたこともある。結論は「温暖化の真偽よりも、それを踏まえてグローバル経済が既に動きだしている点こそ最重要」という皮肉なものだった。

本書では、北極圏の温暖化の影響に詳しい地理学者が、フィールドワークを踏まえて未来の可能性を大胆に探り、われわれに覚悟を求めている。

恐怖をあおり、ビジネスチャンスを吹聴するのがこの手の書の常とう手段だが、そうではない点に感心した。局所的な気候変動や限られた学問の論に頼りすぎず、政治経済の視点も加味した上で、未来の輪郭を可能性として描く。それは、もどかしくもあるのだが、確かな説得力がある。

悲観的な私は、未来は絶望的で、人類史上最大の試練の時を迎えると考えていた。だが本書では、はるかに過酷な未来が提示される。いわく、2030年には石油の需要は現在の倍になるが、それに追いつく供給は見込めない。50年の世界人口は92億人。水、食糧の不足は深刻で、人口爆発と都市化の弊害がさらに顕在化する。温暖化が進み氷河は溶け続け、上海など沿岸都市が水没する──。

その一方で、温暖化のメリットに言及しているのも本書の特徴だろう。ニューノースと呼ぶ米国、ロシア、カナダなど8カ国の北極圏で、眠っているエネルギー資源の採掘が可能になるためだ。

だが、メリットを現実化するには、気の遠くなるような条件克服を要し、不確実性も高い。にもかかわらず、世界はニューノースを軸に動き始めている。過日、温家宝中国首相が北欧を歴訪したのも、同じ理由からだ。

未来の予測は難しいが、人類が生き残るためには避けて通れない。50年なんてまだ先と思うなかれ。明るい未来にするには、英知を結集し、いま動かなければ間に合わない。（真山仁・小説家）

（NHK出版・2940円）＝2012年5月1日④配信

団塊世代にストライク

「長嶋少年」（ねじめ正一著）

長嶋茂雄の出現によって野球に目覚め、長嶋茂雄の活躍とともに少年野球にのめり込んだ人は、団塊の世代を中心に相当数に上るはずです。

長嶋の巨人軍入りと小学校への入学が同年でしたから、当然私も長嶋少年の一人で、長ずるにつれ、4番、サードを主張するようになりました。気分は長嶋なのにライトで8番、つまり"ライパチ"という扱いを受け、子ども心に人生の悲哀を味わったものです。

本書はそんな世代にどストライク。読者を一気に昭和30年代に運んでくれることでしょう。

小学5年のノブオくんは筋金入りの長嶋少年で、生活や言動のすべての基準を長嶋に置いています。長嶋ならどう思うだろう、長嶋ならどう動くだろうという風に。

では幸せいっぱいのノブオくんかと言うと、そうでもありません。ノブオくんは人生を投げ出したかのごとくに寝てばかりいる母と暮らしているのですが、そこへ行方不明であった父の死の報がもたらされるのです。

母にも秘密がありそうです。心中の生き残りとのウワサがあり、自分の本当の父は、その時に死んだ男かもしれないのです。もうこれだけで少年の身には十分なダメージですが、それでもノブオくんはけなげに生きてゆきます。ますます野球に打ち込むのです。

ある日の社会科の授業で、先生が「佐倉惣五郎について知っている人？」と言った時、ノブオくんは決然として手を挙げ、とうとうと語ります。皆ビックリするのですが、ノブオくんは不満です。長嶋と言えば千葉県佐倉、佐倉と言えば佐倉惣五郎で、質問が出るとわかっていれば、もっと調べてきたのにと、どこまでいっても長嶋茂雄命なのです。

父だと思っていた人がときおり幽霊となって出てきて、ノブオくんを励ますのですが、その人が詩人であったという設定の妙が効き、一編の詩の鮮やかさとともに強く印象に残ります。（立川談四楼・落語家）

（文芸春秋・1733円）＝2012年5月2日①配信

隠された仕掛けを解析

「自己啓発の時代」(牧野智和著)

個人のスキルアップ術や経営者の成功哲学。さらには、○○力、○○万円稼ぐといった似通った題名の本が書店の自己啓発書の棚に並ぶ。ビジネス分野に限らず、恋愛や生き方指南といった女性向け啓発書も人気が高い。

さまざまなテーマを横断するこの分野だが、「自分」は書き換え可能であるということを前提に、読者に「自己変革」を迫るという共通点を持っている。

オカルトやスピリチュアルを土台としたこの分野を批判的に扱った書籍はこれまでもあった。だが、本書は違うアプローチをとる。本書が興味を示すのは、自己啓発メディアが規定しようとする「自己」の「様態」だ。

書店に並ぶ自己啓発書だけが対象ではない。例えば、就活学生の読む「就職用自己分析マニュアル」は、「本当の自分」を探し「自分の理想を最大限に描くこと」が就職に必須と説く。または女性向けライフスタイル誌の恋愛記事では、「あるがままの私」を知ることで「自分を好きになろう」と推奨される。どちらも、強く「自己」の「変革」を迫るものであり、しかも誰もが触れる機会のある、隠れた自己啓発メディアなのだ。

本書は、こうした「自己のヴァージョン」の更新を迫るさまざまなメディアの記述を詳細に捉え、それが意図する「自己の可能かつ望ましいあり方」を解析していく。

「自己」のあり方は、社会の変化によって変わる。

1990年代以降の就活学生のマニュアル、女性誌の恋愛記事、そしてビジネス啓発書。これらに「あなた自身の手で『自分の本質』を探り出せ」という、「自己」の問題へ陥れるためのメッセージが仕掛けられていることを著者は見いだす。

恋愛、就職、結婚、人生のあらゆる局面で「自己をめぐる問い」を突きつけられてしまうのが現代。本書はそれをえぐり出す。あなたが、自己啓発書の読者であるかないかは関係ない。(速水健朗・ライター)

(勁草書房・3045円)=2012年5月2日②配信

公人の意識貫く戦略家

「中国　キッシンジャー回想録(上・下)」(ヘンリー・A・キッシンジャー著、塚越敏彦ほか訳)

先日逝去された日本国際交流センターの山本正理事長のお誘いで、私は過去に3度キッシンジャー氏と昼食をご一緒したことがある。本書はそのキッシンジャー氏の中国論の集大成ともいえる大著である。相手の度量を見透かすような眼光、発する言葉の重みに毎回圧倒された。氏は1970年代から今日までの40年以上、中国問題に深く関わってきた。つまり本書は歴史史料としての側面もあわせ持っている。

本書の圧巻は何といっても70年代初頭の米中接近の記述である。従来は米国側が主導した面ばかりに焦点が当てられたが、ここでは対ソ戦略から中国側も早い段階で対米接近を考えていたことが強調されている。ご一緒した際に「あなたこそ中国を引き上げた戦略家だ」と私が言うと、「いやそれは中国自身が選択したのだ」と答えたのを覚えている。

公職を離れたあとも、レーガン政権発足の事前交渉、天安門事件後の関係改善のための鄧小平との交渉、90年代半ばの台湾海峡危機前後の協議など、結果から見て米中関係における氏の役割は相当に大きかった。

キッシンジャー氏は毛沢東、周恩来、鄧小平、江沢民などの最高指導者との個人的交流が多く、その人物描写も面白い。哲学者で王様の毛沢東、高級官僚の周恩来、国益第一のリアリスト鄧小平、驚くほどに開放的な江沢民といった具合である。そのなかでも周恩来に対する思慕の念は特に強い。74年12月の最後の面会のとき、病床の周はすでに政治的に孤立していたという。

米国では本書がやや中国側に好意的すぎるとの批判もある。ただ、本書には米国の立場に批判的な表現もほとんどない。そういえば、氏は「外では自国の利益に反することは言わない」と語っていた。公職を離れても、公人としての意識を忘れないのだろう。(国分良成・防衛大学校長)

(岩波書店・上下各2940円)=2012年5月10日①配信

戦い続ける米国の矛盾 「真珠湾からバグダッドへ」（ドナルド・ラムズフェルド著、江口泰子・月沢李歌子・島田楓子訳）

自由と安全を守るためにわれわれは攻撃的になる必要があった―。ジョージ・W・ブッシュ政権の国防長官として「テロとの戦い」を指揮した著者は、繰り返しこう述べている。下院議員だったベトナム戦争時代に始まり、冷戦時代を経て、9・11、アフガニスタンやイラクでの戦争に至るまで、公人としての全キャリアを通じて持ち続けた強い信念であり、この回想録の主題でもある。

「弱さは攻撃を誘うから」という理由は単純明快だ。国防長官退任に際しては「米国は長く困難な戦いをあくまで貫く意志と勇気を失ってはならない。意志を失えば、米国はどんな戦いにも勝ちはしない」と宣言した。この強硬的な信念を形成した原初的体験は、少年時代に遭遇した日本軍の真珠湾攻撃と父の志願出兵であり、レバノン特使として中東を駆け巡った1983年に、はっきり形となって表れる。

米国の統治機構がいまだベトナム戦争のトラウマから脱却できていなかった当時、国防総省が国際テロへの対処を怠っていたさなかにベイルートで米海兵隊兵舎が爆破され、241人が犠牲となった。事件を受けた米政府が在外大使館などの周りをコンクリート壁で囲むなどした結果、テロリストは壁越しに対戦車弾を撃ち込み、帰宅途中の欧米市民を“無防備な標的”として狙い始めた。

攻撃すべきときに防御に回ったために相手をつけあがらせてしまう失策を見た著者は、テロに対しては身を守るだけでなく、戦わなければならないと痛感した。

米国は世界最大の軍事力を持ったことで戦争を続けざるを得ない宿命に陥り、安全から最も遠い国になってしまった。その矛盾を生身の体にのみ込んで戦い続けたのが著者である。第2次世界大戦後、さまざまな矛盾を抱えてきた米国の苦悩を、本書は期せずして浮かび上がらせている。それは他人事ではなく、日本が奔流に巻き込まれている事実も忘れてはならない。（開米潤・ジャーナリスト）

（幻冬舎・2730円）＝2012年5月10日②配信

資本主義の無間地獄 「バイ貝」（町田康著）

日々の暮らしは売買の繰り返しである。資本家でもない限り、労働力を提供して稼いだ金でモノを買い、買ったモノの代金を支払うためにまた働く。現代人は生活必需品だけでなく、不要不急のモノでさえ買う。そうした消費行為を、フランスの社会学者ボードリヤールは「記号消費」と呼んだ。日本でもバブル経済期にこうした消費はもてはやされた。

長期デフレと不況が続いたこの20年の間に、日本人の消費スタイルはしみったれたものになった。だがそんな時代にも資本主義は人間の感情に収支決算を迫る。本書は「鬱（うつ）と銭のバランスシート」の帳尻合わせを日々迫られている、という強迫観念にとらわれた男が語り手となる物語である。

冒頭で主人公は言う。「ドストエフスキーは、貨幣は鋳造された自由である、と書いた」。だが「鋳造された自由」を得るための労働が、彼をさらに鬱にする。銭を稼ごうとすれば鬱がたまり、鬱を散ずるにはモノを買う銭がいる。

マイナスに傾いたバランスシートを改善しようと、彼はホームセンターへ出向きまず草刈り用の鎌を、ついで鉄のフライパンを購（あがな）う。後者は当初、好調に鬱散じに貢献する。だが資本主義はそれほど甘くない。結局のところ男のもくろみは外れ、バランスシートは悪化の一途をたどる。

この無間地獄から脱するには、純粋な楽しみとしての「趣味」を持てばいい、と男は思う。そのためにモノを買う必要はない。なんとなれば、彼はすでにコンパクトカメラを所有している。にもかかわらず、彼はいつしか、「小さくてメカ然としてやや価格が高い」新しいデジタルカメラが、必要であるような気がしてしまうのだ。

人を食ったような題名は「Buy＝買い」という言葉遊びだろう。文学もまた「商品」でしかありえない資本主義のもとでは、小説家はこんなナンセンスで一矢を報いるしかないのかもしれない。
（仲俣暁生・編集者、文筆家）

（双葉社・1260円）＝2012年5月10日③配信

女たちのささやかな歴史

「影の部分」（秦早穂子著）

「私たち女はみんな宙ぶらりん。だから、ふさわしい場所なのかしら」。踊り場に腰掛ける母桐子が発した言葉を、まだ子どもの舟子は聞き漏らさない。「ブラリンって、ブランコのこと？」

ひとりの少女「舟子」とひとりの女性「私」、戦中と戦後、子どもと大人、東京とパリ。それらの間を一章ごとゆるやかに行き来しながら、幾重にも折り重ねられるようにして自伝的小説「影の部分」は描かれる。

大人たちが口にしなかった、言葉にすることのできなかった何か、それは、消えてはまた立ちかえる影のように、物語の端々につきまとう。

舟子がはじめて見に行ったサーカスの空中ブランコで、男は女の手を離してしまい、女は落下する。その女が浮かべる悲しげな微笑。

「宙ぶらりん」の場所に置かれた女たち、大人たち、子どもたちを前に、ひとりの少女は胸に夢と怒りを秘め、歩み続ける。

主人公はパリへ渡り、ヌーヴェル・ヴァーグの旗手、映画監督ジャン＝リュック・ゴダールのデビュー作「A BOUT DE SOUFFLE（息切れ）」の日本公開へこぎつける。その時彼女がつけた日本語のタイトルは「勝手にしやがれ」だった。

祖母・母・そしてその娘。彼女たちのささやかで大胆な歴史をなぞるうち、それは、いまを生きる全ての女に、いまそのものにつながっていることに気づかされる。

コート・ダジュールの海からはるかかなたハワイが語られるようにして、過去と現在は紡がれる。ここよそ（ICIET AILLEURS）は決してばらばらではなくひとつながりになっている。

言葉にならない何かは一冊の本という形で光をあびて、影の中で影を増し、ぎゅっと私の胸を締めつける。装丁も美しく、繰り返し読みたい一冊。
（小林エリカ・作家、漫画家）

（リトルモア・1680円）＝2012年5月10日④配信

夜空から授かった英知

「星の文化史事典」（出雲晶子編著）

地球は自転しているので、太陽の光が当たっていない半球は暗く、遮る雲がなければ星が輝いて見える。と同時に、地球は太陽の周りを回っているため、見える星は季節ごとに変化する。

人は古来、住み慣れた場所から夜空を見上げ、周期性のある星の動きの中に、自分たちが制御できない自然の変遷を読み取ろうとした。手の届かない星の動きをより正確に知ろうとする熱意は、科学を発達させ、人類が生き延びるための英知をもたらした。それは天体観測の道具、星座の物語などの形で代々伝承され、社会を繁栄させる文化として今に至っている。

本書が挑んだのは、世界各地に断片的に存在するこうした営みを収集し、整理し、解説するという野望の達成だ。地球上の異なる場所で、互いの交流が少ない時代に誕生し、多様な発展を遂げた貴重な文化を、一冊にまとめ上げようという発想は敬服に値する。

約1700項目を五十音順に並べ、地域別、テーマ別の索引を付けた構成に、編者のこだわりを感じる。特に、観測用の小道具に関する内容は、写真も含め非常に深い。

ただ、北半球の夜空を眺めて育ち、南半球の星や星座にあこがれた元天文少年としては、地域ごとの「星の文化史」の共通点、相違点を比較考察する視点も欲しかった。

例えば、少年時代にギリシャ神話に触れた私は、太陽以外では全天で2番目に明るい恒星「りゅうこつ座のカノープス」が見たくて、南半球行きを切望した。この星は中国で「見ると長生きをする老人星」と言われ、インド名「アガスティヤ」は伝説の聖者の名でもある。同じ星に関する多様な文化が分かれば、さらに楽しいのではないか。

とはいえ、インターネット検索が威力を発揮する時代にあえてネットによる情報収集を封印し、膨大な文献を調べ上げた編者の意欲と努力は、並大抵でない。星をめぐる哲学や宇宙観も遠からず披露してくれるだろう。（毛利衛・宇宙飛行士）

（白水社・3990円）＝2012年5月10日⑤配信

背景に迫る市民科学の成果　「福島原発事故独立検証委員会　調査・検証報告書」（福島原発事故独立検証委員会著）

未曽有の被害をもたらした東京電力福島第1原発事故の原因や背景に、政府からは独立した立場で迫ることを目指した民間事故調査委員会の報告書である。

「隊列を組んでいた社員たちの表情は、死の危険にさらされて顔面蒼白（そうはく）で、言葉にはできないほど怖がっていた」―。こんな作業員の生々しい声を導入に、事故の経緯から政府や官僚の対応、事故の歴史的、構造的な背景へと迫ってゆく展開は、読み物としても、科学的な検証論文としても読み応えがある。

注目すべきは、原子力安全・保安院の人材不足や電気事業者との能力格差、「国策民営」と呼ばれる原子力事業の問題点、電力会社の隠蔽（いんぺい）体質など、事故の構造的背景に関する詳細な分析だ。

事故という見えるものの背後にある「見えないもの」を明らかにし、原発を国策として進めてきた政府の責任の所在を明らかにするという、委員会の目的は、十分達成されたと言える。

事故によって露呈した日本社会の問題点の一つは、政府や大企業の影響力から独立し、市民の側に立って研究と情報発信を行う「市民科学者」とそれを支える組織の不在だった。「市民科学」とは、官製の科学とは一線を画し、科学的な専門性を保ちつつ、市民の疑問に応えていく知の営為だ。

政官業と学が一体化した「原子力ムラ」の存在、政府の対応を後手に回らせた原子力の安全神話。事故の背景にあるこれらの事実に迫るには、市民科学者の力が必要であることをあらためて印象づけた。

詳細、かつ幅広い分析に通底しているものは「企業、自治体、政府、さらには戦後の日本人のモノの考え方に及ぶ『ガバナンス危機』だ」との視点である。

事故は、日本人にエネルギー政策や危機管理の在り方など、国の根本にかかわるものの再構築を迫った。これらの問題についての議論を進める上での重要な参考文献の一つとなる。（井田徹治・共同通信編集委員）

（ディスカヴァー・トゥエンティワン・1575円）＝2012年5月10日⑥配信

ネット社会への警告の書　「つながりすぎた世界」（ウィリアム・H・ダビドウ著、酒井泰介訳）

今、私たちはインターネットなしでは暮らせない。友人とメールをし、情報を検索し、本やチケットを買う。それは暮らしを飛躍的に快適にし、刺激的にした。良き進歩だと誰もが思っている。

ところがITの最前線で30年以上のキャリアを持つ著者は、この社会が多くの点でつながり過ぎたせいで、世界の秩序がひどく乱されているのではないかと疑問を覚え、人や社会をつなげてきた鉄道からインターネットに至るまでの歴史、その間に起きた事象を丹念に探求する。

そして彼は、インターネットが「過剰結合状態」を引き起こすと警告する。これは社会の変化が制御不能になることだ。例として、アイスランド経済が2008年のリーマン・ショックによって崩壊したことを挙げる。同国の銀行はインターネットを通じて世界中から100億ドル以上もの資金を集め、破綻し、世界経済に大きな損失を与えてしまった。もしインターネットがなければ被害はもっと少なかっただろうというのが彼の考えだ。

本書は私を絶望に誘う。それは私たちが過去から何も学ばず、同じ過ちを繰り返す可能性があるからだ。リーマン・ショック後の経済再建のために、日本もアメリカも低金利で極端な金融緩和を実施している。この資金は世界の高金利投資に回され、“第二のアイスランド”にも再投資されているはずだ。

こんなことはインターネットがなければ不可能だ。これが全てうまくいっている状態が続けばいい。しかし何かの拍子にいったん制御不能となれば、一金融機関の危機がインターネットを通じて燎原（りょうげん）の火のように燃え広がり、世界経済は再び焼き尽くされるだろう。

かつてある女性が「世界が進歩を遂げる前のほうがいい時代だったんじゃないかしら」と発言した話に著者は興味を持ち、過剰結合による悲劇への対策を提示する。本書は今を生きる私たちへの警告の書であり、予言の書だ。（江上剛・作家）

（ダイヤモンド社・1890円）＝2012年5月17日①配信

困難にあらがう女性たち　「灰色の季節をこえて」（ジェラルディン・ブルックス著、高山真由美訳）

舞台は17世紀の英国の寒村。疫病に襲われ村人がつぎつぎと命を落していく。

ペスト禍は珍しいテーマではないが、それを遠い時代の遠い出来事として描いていないところが本書のすばらしさだ。朝に元気に目覚めた人が夕方には虫の息になり、墓掘りの手が間にあわないほど死が日常化していく。そんな状況下で人々がどんな精神状態に追いやられていくかが、繊細かつ巧みな描写力でつづられる。

近隣に病気が流行するのを避けるために、牧師は村人にここにとどまり、一緒に乗りこえようと呼びかける。不安と恐怖にあおられ、弱さをあらわにする人がいる一方で、内に秘めていた能力を発揮し、困難に立ち向かっていく人もいる。

その代表が語り手のアンナだ。彼女は夫を鉱山の落盤で亡くし、若くして寡婦になった上に、息子2人を疫病に奪われた。アンナの知性に気づいた牧師の妻エリノアは彼女に読み方を教え、生き残った人々を助けるために協力を求める。2人が薬草を育て、煎じ薬や軟こう作りに奮闘するさまは勇ましく光に満ちている。薬草の専門家で、惜しくも魔女狩りの犠牲になったアナイスもアンナを感化した一人だった。

灰色の季節を通じて肝の座った女性になったアンナは、最後に思いがけない人生を選ぶ。その意味で本書はひとりの女性の成長譚（たん）としても読めるだろう。

医学と薬草学、宗教と呪術、富豪と貧民、都市と村落、禁欲と性、理性と感情…。

拮抗（きっこう）しあう立場や価値観は英国に限った事ではなく、私たちの先人たちも同じ道を通り、悩んできたのだった。

歴史小説と紹介されていたが、ここにあるのは物語を構成する舞台として過ぎた時代を利用するというのとは逆の発想だ。人間の歩いてきた道を知り、前を向くために書く、そんな著者の姿勢がすがすがしい。こういう本で読書会をしてみたい。

（大竹昭子・文筆家）

（武田ランダムハウスジャパン・2310円）＝2012年5月17日②配信

鬼才の素顔を惜しみなく　「澁澤龍彦との旅」（澁澤龍子著）

たくみな筆運びで、澁澤読みではない私でも、知らぬ間にドラコニア・ワールドに運ばれてゆく。

まず一つには、夫人だけの知る澁澤龍彦の素顔を惜しみなく披露しているからだろう。旅をするのに列車や宿の予約も支払いなどまったくダメ、おまけに超のつく方向音痴。あの博覧強記の知の鬼才と、生活者としての無能ぶりと、二つの落差がほほえましい。

もう一つの楽しみは、泊まった宿と食事をした場所を実名で記し、その印象を女性誌の旅行特集のような語り口で書きとめていることだ。行きつけの京都をはじめ、若狭、熊野、平泉、飛騨高山、どの地でも趣ふかい宿の思い出を読むうち、つい同じ旅をしてみたくなる。グルメな食の印象もあざやかで、「華やかな食物誌」のルーツに触れた気分になる。

こうして読者をのせながら、絶妙なタイミングで「人」から「知」へと、ハンドルが切り替わり、書物の引用がはさみこまれる。澁澤が旅した土地がいかにしてその作品に活（い）きたのか。読者は一転、旅から澁澤の書斎の中へ、彼の頭脳の部屋へと運ばれてゆく。よくできた澁澤入門書ではないだろうか。

それら数々の旅のなかでも、圧巻はやはり南フランスの旅、ラコストのサド公爵の城を訪ねるシーンだろう。廃虚と化した城のそびえる丘は原っぱになっていて、一面に野の花が咲き乱れている。「ネコジャラシ、ワレモコウ、アザミ、五芒星の草、黄色い草、ポッピー…」。草むらにうずくまって、咲き乱れる野の花を夢中になって摘む澁澤の姿は「永遠の少年」を想（おも）わせる。この玩物愛あればこそ、「フローラ逍遥」といわず、数々の博物誌と奇譚（きたん）が生まれてきたのだ。

ところでこのラコスト、私も数年前に訪れる機会があったが、なんと城の廃虚はピエール・カルダンの所有になって、野外劇場に使われていた。サドのブランド化である。知らずに逝った澁澤の幸運を思う。（山田登世子・フランス文学者）

（白水社・2100円）＝2012年5月17日③配信

女性の生理と社会の関係

「月経のはなし」（武谷雄二著）

初経から閉経までの間、多くの女性は毎月、不快感や疼痛（とうつう）などに悩まされる。症状には個人差があり、女性同士でも簡単に共有できるわけではない。そのため、月経に関する悩みを一人で抱え込む女性も多いだろう。毎月経験するにもかかわらず、女性が自身の経験以外に月経に関する知識を得る機会は少ない。

そんな月経のことを、生殖に関するホルモン研究の専門家で、長年、産婦人科医として多くの女性を治療してきた著者が、医学的観点だけでなく、歴史や社会との関わりなど多角的な視点で読み解いたのが本書である。

特に興味深いのは、歴史に触れた第1章だ。古来、月経は不吉なもの、不浄なもの、忌むべきものとされてきた。月経期を迎えた女性に接触すると動物は病気にかかり、植物は枯れてしまうという言い伝えが世界中にある。月経期、女性たちは隔離された。月経に関する間違った解釈から、中世では魔女狩りなどの悲劇が生まれた。驚くべきは、月経血が毒とされる説が20世紀前半まで続いていたことである。

月経は女性の社会進出も阻んできた。日本には「生理休暇」という先進的な制度があるにもかかわらず、全く生かせていないのが現実だ。著者は月経を理由に女性が偏見や差別を受けてきたことに言及する一方、男女では生物学的に差異があり、同じ条件での勤務の是非に議論があることを指摘している。

最近では生理用品のCMに男性俳優が出演するなど、タブー視されていた時代と比べれば、月経がオープンに語られるようになってきた。それでも、人々の月経に関する知識はまだまだ乏しい。

月経は、妊娠、出産につながる証しである。月経の歴史を深く知ることで、新しい付き合い方が見えてくるのではないか。月経に悩む女性や男性はもちろん、少々難しいかもしれないが、思春期を迎える子供たちにもぜひ、読んでほしい一冊だ。

（城戸久枝・ノンフィクションライター）

（中公新書・861円）＝2012年5月17日④配信

怪異を楽しむ心性

「妖怪手品の時代」（横山泰子著）

江戸の人々は「怪異」を楽しみとした。芝居では、大仕掛けの舞台装置で観客を驚かせる怪談話が流行、いっぽう市民も自分たちなりに怪異を楽しむ術を持っていた。時に宴席に妖怪を呼びだして、座興とすることもあったようだ。

たとえば天狗（てんぐ）を呼び出す術は、茶筅（ちゃせん）を鼻につけて高く見せ、編み笠を2個用いて翼とするといった具合だ。またちょうちんの蛇腹を幾つもつなぎあわせて、先に細い竹で支えた女面をつるせば、ろくろ首ができあがる。柔らかな明かりのもと、手づくりの妖怪たちを登場させて遊んだらしい。

宴会芸といえばそれまでだが、この種の術を指南する各種のネタ本が出版されていた点が面白い。

著者は「妖怪手品」を「幽霊出現などの怪異現象を、種や仕掛けによって人為的に作り出す娯楽」と定義、近代の魔術や海外の事例まで枠組みを拡（ひろ）げて紹介する。

最終章は、魔術や奇術の研究家でもあった江戸川乱歩の作品世界を読み解く。怪人二十面相をポストや蟹（カニ）にも変装させた事例を紹介、乱歩を希代の「妖怪手品師」だと指摘するなど、なかなかに愉快だ。

あとがきで著者は書名を解題しつつ、江戸時代ではなく現代こそ「妖怪手品の時代」だという見解を示し、「妖怪手品を探してみよう」と説く。確かに私たちは、最先端のCGや特殊映像を駆使した映画やテーマパークのアトラクションで、「怪異」を娯楽として楽しんでいる。背景に仕掛けがあることを知りつつ、わざと「怪異」を楽しむ心性は、過去も現在も変わることはないということだろう。

著者は、とりわけ西洋のハロウィーンが日本でも定着しつつあることを気にかけるが、私はアニメやゲームに登場する空想上のヒーローや魔物になりきるべく、手づくりの衣装でコスプレに精を出す「おたくたち」こそ、「妖怪手品師」の良き後継者だと考えるのだが、いかがだろうか。（橋爪紳也・大阪府立大特別教授）

（青弓社・2100円）＝2012年5月17日⑤配信

近代の男性裸体表現を考察

「股間若衆」（木下直之著）

昨秋、東京国立近代美術館で「脱ぐ絵画」と題する展覧会を見た。日本の近代美術史をヌードという視点から読み解く好企画だったが、多くの出品作が女性をモデルとした絵画で占められていたのには不満が残った。この意欲的な試みに、別の角度からスポットを当てた仕事はないものか。そうした私の期待は、本書をひもとくことですぐさま満たされた。

第1章では、近代彫刻における男性裸体表現の多様な展開がたどられている。各地の駅前や公園には、よく筋骨隆々とした裸体の男性彫刻が立っている。れっきとした芸術作品である以上、人目をはばかる必要などないはずなのに、しかしよく見ると、これらの股間の多くは布が巻きつけられていたり、木の葉が貼り付けられていたり、パンツと混然一体となっていたりする。

以前から裸体彫刻の股間に興味を持っていたという著者は、各地にある著名な彫刻家の作品を数多く取り上げ、その独特の表現が、近代彫刻史の中で時間をかけて洗練されてきたものであることを解き明かしていく。

主にヌード写真を論じた第2章以降も、著者の筆は依然として快調だ。従来は作家のナルシシズムの発露とばかり考えられてきた三島由紀夫のヌード写真集「薔薇刑」も、写真による裸体表現の歴史という文脈からは全く違った一面が見えてくるし、男性同性愛雑誌「薔薇族」のグラビア写真の分析もまた類例のない貴重なものである。

それにしても、何とも人を食ったタイトルだ。「股間若衆」が「古今和歌集」をもじったものであることは容易に想像がつくが、目次には他にも「和漢朗詠集」をもじった「股間漏洩集」や「古今巡礼」をもじった「股間巡礼」などの刺激的なタイトルが並び、また本文でも、裸体彫刻の股間表現を「曖昧模（も）っ糊（こ）り」と例えるなど、ユニークな表現の数々は抱腹絶倒請け合いだ。充実した内容はもちろん、著者ならではの言葉遊びの冴（さ）えもまた愉（たの）しい良著である。（暮沢剛巳・美術評論家）

（新潮社・1890円）＝2012年5月17日⑥配信

衣食住遊の豊かな人生

「VANから遠く離れて」（佐山一郎著）

ファッション・プロデューサーの石津謙介は、三度の「無一文」を経験している。

戦時の紙統制により、家業である岡山の紙問屋が行き詰まって中国・天津へ脱出し、敗戦後に体一つで引き揚げてくる。戦後創業したヴァンヂャケットが1978年に倒産したのが、三たび目の無一文である。それ以降は「人生四毛作」とばかりに、衣から暮らし全般へ関心を移した。

石津は「VAN王国」の総帥として、「TPO」や「トレーナー」といった造語や、東京五輪で日本選手団が着用した赤いジャケットを手掛けた。だが、VANやIVYといったトレンドに無縁だった者にとってもこの一代記が魅力的なのは、破竹の果てに「悠貧」を掲げて“衣食住遊”を全うした人物の豊かさが盛り込まれているゆえだ。

その石津を著者は「属性の一つでしかないVANから遠く離れたところに立つもう一人の退屈し、遊びに飢えた接近すべき生活芸術的な商人兼文人」とする。これが意表をつく書名の真意なのだ。

また本書の評伝としての白眉は90年の天津随行記だと思う。追憶の旅に寄り添う著者の筆がさえわたり、昭和史に一石を投じた感がある。

石津は2005年に93歳で死去した。著者が共感をこめて引用したのが「流行など全く無縁の一貫したスタイルを最後まで堅守せる奇才」「哀しみの全く感ぜぬ尊い死」との追悼文。執筆の主はダイエー元副社長にして大川美術館を開いた大川栄二である。

大川は群馬の桐生出身、石津は若き日に桐生近郊で滑空士養成教官の免許を取得していて縁が深かった。滑空士とはグライダー操縦士のことで、乗り物を好んだ石津青年のモダンさをよく象徴している。

本書の終わり近くに、雑誌の表紙を飾った石津夫妻のモノクロ写真がある。コピーは「ただいま。おかえり。」。石津謙介は幾度でも離陸着陸して、颯爽（さっそう）と戻ってくる。（森山明子・武蔵野美術大教授）

（岩波書店・3360円）＝2012年5月24日①配信

光るエピソードが満載　「水と人類の1万年史」（ブライアン・フェイガン著、東郷えりか訳）

古代のローマ水道は、現代の送電網にも似て、「安定供給の原則で動いており、水は決して貯水されることなく、たちまちのうちに消費されていた」。この文章を読んで思わず納得である。

水の安定供給のために貴族たちは水道の建設や維持管理という公共事業の整備を競い、清潔な水のある暮らしを市民たちは誇りにし、都市は繁栄してゆく。「水」を通して社会や文明を考えようとしたフェイガンの視点に再び納得である。

彼の著作は膨大な野外調査を基に書かれている。そのパワーに圧倒されて「今日はここまで」と本を閉じようとするのだが、そんなときに限ってキラッと光るエピソードを繰り出してくる。

「これだけ多くの水を運ぶこれだけ多数の欠くことのできない構造物と、無意味なピラミッドや、ギリシャ人のつくった有名とはいえ無駄なものを、お望みであれば比較してみたまえ！」。西暦97年、ローマの水道長官だったフロンティヌスの言葉だという。ドイツやフランス、ベルギーにまで送水管を建設していたローマ帝国がいかに水にこだわっていたかを象徴している。

一方、メコン川下流のデルタ地帯に位置するアンコールワットでは、ローマ水道とは逆に貯水池を巧妙に配置し、道路を兼ねる土手により、洪水発生の時期に川の流れや水位を調整していた。なるほど、世界遺産を取り巻く水には、そのような過去があったのか。

農地や家々よりも高所を流れている中国・黄河の流域では、水と人々との関係はまた異なるものだった。20世紀初頭まで、広大な土地で水の流れを制御し、農地を確保するのは、人海戦術と行政の力だったという。そのため水の管理者は、計画段階でも現場でも人々を扱うことにたけ、「目の前の作業に必要な材料を振り分けるための複雑な物流管理にも手腕を発揮しなければならなかった」。「水」をたどると、現代社会も見えるようだ。（中野不二男・ノンフィクション作家）

（河出書房新社・2940円）＝2012年5月24日②配信

人生最大の投資を支援　「夫婦仲の経済学」（ポーラ・シューマン、ジェニー・アンダーソン著、永井二菜訳）

独身のまま30代半ばに差しかかり、でも“ベターハーフ”との出会いはまだまだ諦めていない…。そんな私が「後学のために！」と鼻息も荒く読み始めたのが、この本。

著者は米紙ニューヨーク・タイムズ、ウォールストリート・ジャーナルで活躍する2人の既婚女性だ。経済ニュースの取材、編集の仕事と家事、子育ての両立に悩む中で「どう考えても、結婚生活は一大事業」と痛感。いわば“仕事道具”の経済学に解決法を求めた。

例えば、家事の分担で口論の絶えない夫婦には、それぞれの得意分野を生かして時間の無駄を省く「比較優位による分業」を指南し、キャリアか家庭か二者択一の悩みには、損得を冷静に計算する「トレードオフ」の考えを取り入れるようアドバイス。小言の洪水で対話不全に陥ったカップルには、要点を絞る「情報の最適化」を薦める。

結婚という名の「人生最大の投資」を支援しようと、著者たちは既婚者千人へのアンケートで実例を収集。文献と識者から学んだ多様な経済理論を応用し、夫婦のあつれきという「リスク」を最小に、「リターン」を最大にしようと提案する。

皿洗いから性生活まで、夫と妻の悩みをズバズバと解決する様子はとても爽快。親子や友人、職場など、いろんな人間関係に使えそうだ。

しかしまあ、バラエティー豊かなトラブルがずらり30例も並ぶと、「夫婦の好景気」を長続きさせるのも容易じゃなさそうだなぁ、と悲観してしまう。高額の買い物をめぐって険悪になったり、マイホームを都心にするか郊外にするかで激しく対立したり…。

「やっぱり好きなことが好きなようにできる独身が一番気楽でいいわぁ」なんてことを言ったら、聡明（そうめい）な彼女たちにビシッと言われてしまうかも。「それじゃ、ただの『損失回避』じゃないの！　費用対効果を分析して戦略的に投資しなきゃ！」って。（村山尚子・イラストレーター）

（阪急コミュニケーションズ・2100円）＝2012年5月24日③配信

震災めぐる人情捕物帳

「猫背の虎　動乱始末」（真保裕一著）

安政2(1855)年10月2日夜四ツ時（10時）ごろ巨大な地震が江戸を襲った。世にいう安政江戸地震だ。震央は東京湾北部、地震の規模は当時の被害記録などから、マグニチュード7〜7・2と推定されている。

南町奉行所に勤める若き同心、大田虎之助は身の丈6尺を越える大男。日頃から口やかましい母と出戻りの姉ふたりにやり込められ、いつのまにやら背が丸まり、奉行所内でも「猫背の虎」などとささやかれている。

未曽有の大災害に人手が足りない町奉行所はそんな虎之助に臨時の町廻り役を命じる。町廻りは花形のお役だ。虎之助の亡き父親は町衆に敬慕された名物町廻りだっただけにその身に受ける重圧も期待も半端じゃない。

虎之助はがれきと化した町をひた走る。いつの世も2世は大変なのだ。

暮らしを奪われ、親しい人を亡くし、生きる望みを失った人々が、力強く立ち上がっていく一方で、さまざまな事件が起きる。

人は誰しも鬱屈（うっくつ）を抱えながら、平穏な日々の中で折り合いをつけ、胸の奥底に重しを置いて押さえつけている。だが人智を超える大地の揺れは、我慢を重ね、耐えに耐えてきた人の心の重しをもはね上げる。そこに生まれる悲劇が切ない。

虎之助が個々の事件を解決に導くたび、ある秘密が少しずつ浮かび上がる。虎之助が出会う人々、ちりばめられた布石と謎は幾本もの紐（ひも）だ。章を追うごとに緻密に編みこまれ、やがて1本の鮮やかな組み紐になる。

真保裕一3作目の時代小説にして、初の人情捕物帳。震災をベースにした物語は書き手にとってもつらく厳しいものだったに違いない。けれど災いを乗り越えようとする人々の姿を活写することで過去は今とつながる。ある意味、時代小説だからこそ描けるのだと思う。

少々頼りないが情に厚い虎之助。いつの日か偉大な父を超える町廻りになったとき猫背はしゃんとするのか否か…とても気になる。（梶よう子・作家）

（集英社・1680円）＝2012年5月24日④配信

丁寧につづる心の機微

「パンとスープとネコ日和」（群ようこ著）

女性が男性と平等に働けるようになった世代が中年期を迎えた。仕事に真面目に取り組み、忙しくしているうちに、結婚したり、子供を産んだりすることもなくいつの間にか50歳となっていく。本書の主人公アキコも、そんな女性の一人で、その心の機微が丁寧に伝わる筆致が好ましい。

アキコは、食堂を営むシングルマザーの母親と、編集の仕事をしながらずっと2人で暮してきたが、その母が突然病気で亡くなる。酔客の集まる店の様子や、はしゃぐ母を嫌悪していたアキコだったが、一念発起して会社をやめ、母親の店を改装し、サンドイッチとスープだけの自分の食堂を、50歳を過ぎてから始める。

そんなとき、1匹のノラ猫を拾い、たろと名付け、アキコの唯一の家族となる。何事も自分の価値観で物事を判断する、しっかり者のアキコの心の一番弱い面をさらすのが、世界に対してもっとも小さな力しか持っていない猫のたろであるところが面白い。能力が高くて潔癖で脆（もろ）いところもあるが一人で生きていくアキコの人物像は、こういう人に出会ったことがある、と思わせるほどリアリティーがある。

こだわりがあるゆえのシンプルな内装にふさわしい、実直な従業員「しまちゃん」がいい味わいを出している。その他、アキコのことを子供のときからよく知っている母の食堂の常連客や、向かいにある喫茶店のおばちゃん、そしてアキコの店の新しい客などとの微妙な距離感や、探り合いの会話が絶妙でおかしくて、切ない。中でも最も読みごたえがあるのが、亡くなった母親との心の対話である。そういう会話が直接書かれているわけではなくて、仕事や出生に関わることへのアキコの模索すべてが、母につながるのだ。

平均寿命が90歳に近づいている今、50歳は天命ではなく折り返し地点である。アキコが丹精込めて作る身体に優しいスープは、道しるべの一つなのだろう。（東直子・歌人）

（角川春樹事務所・1470円）＝2012年5月24日⑤配信

あいまいな存在捉え直す　「会社員とは何者か?」(伊井直行著)

文学の世界ではもっぱら若者や、社会から孤立した孤独な人間が取り上げられてきた。それに比べて、なぜか冷遇されてきたのは会社員である。普通の会社のただの会社員など描いても、面白いはずがない、と考えられがちだからだ。その現状に対して「会社員小説」というサブジャンルを設定するところから本書は出発する。

そしてすぐさま「会社員」なるものの謎に突き当たる。そもそも定義があいまいなのだ。「サラリーマン」とどう違うのか。非正規社員は含まれるのかどうか。このような誰も正面から考えたことのない問題意識を携えた本書の執筆を、著者は文中で砂漠の上空の単独偵察飛行に例えている。

かつて源氏鶏太の「サラリーマン小説」が人気を博したこともある。また「経済小説」は現在も書かれている。しかし、著者はそれらに満足しない。仕事と私生活のバランスがいびつだし、人物像が紋切り型なのだ。こうして著者が考える会社員小説は、次第に厳しく「文学の限界」を問うものになっていく。

その中で若手の津村記久子の「アレグリアとは仕事はできない」や、絲山秋子の「沖で待つ」を、会社員小説として発見するプロセスは、なかなかスリリングだ。そして黒井千次と坂上弘の文学をあらためて検証したのちに、カフカの「変身」とメルヴィルの「バートルビー」を並べて、会社員小説として発掘する大詰めは、読者を驚嘆させるだろう。

定義のないものを定義し、求める理想を模索する。しかも著者は自ら小説を書き続けてきた実作者である。その意味で本書は、いわゆる文芸評論らしくない。著者の小説の語り口のままに、あてどない散策のように思考し、論理よりも直感に従いながら、しかし結果的に、どんな評論家も及ばない大胆な文学論をここに作り上げた。かくなる上は、理想の会社員小説を他ならぬ著者自身に書いてほしい。(清水良典・文芸評論家)

(講談社・2520円)=2012年5月24日⑥配信

闇のイメージ覆す語り　「大きな魚をつかまえよう」(デイヴィッド・リンチ著、草坂虹恵訳)

デイヴィッド・リンチが創作について語る。それだけで色めきたつ映画ファンも多いことだろう。「大きな魚をつかまえよう」と題された本書は、映画監督志望の若者たちが読むことを念頭に置きつつ、創作のアイデアという「大きな魚」を釣り上げるための心得について語っていく。

創作に従事するものにとって、いかにしてアイデアを得るのかは死活問題だと言っていい。リンチが見いだした方法とは、ビートルズのインド詣でによって一躍有名になった「超越瞑想(めいそう)」と呼ばれるテクニックであり、本書においてもその効能は折に触れて力説されている。

「ツイン・ピークス」などリンチの作品世界そのものは、「闇」と形容したくなるものだが、本書で映画製作について語る言葉は、意外なほど明るさに満ちている。積極的に周囲とアイデアを共有すること、その日の目標をはっきりさせること、チーム全体で前向きに取り組むこと…。若手に向けたアドバイスからは、孤高の芸術家といったイメージを覆すような、晴れ晴れと映画作りを楽しむ姿が浮かび上がる。

本書の内容は創作論だけにとどまらない。リンチが映画の道に入っていった経緯や、その他のトリビアも多く紹介されている。自作のキャスティングがどのように決まったか、あるいは、敬愛するフェデリコ・フェリーニが亡くなる直前にリンチが面会を果たした際の感動的な一幕など、映画ファン垂ぜんもののエピソードがさらりと紹介されているのも大きな魅力である。

とはいえ、若手へのアドバイスにうなずき、映画製作や監督の仕事をめぐる舞台裏を垣間見たとしても、それでリンチの映画がより理解しやすくなるかといえば、そうではない。むしろ、リンチがさっそうとした口調で創作活動について語れば語るほど、彼の映画はいっそう謎めいた、ある種ブラックホールのような姿を現すことになる。そうして、読者はまた、闇に満ちた彼の映画世界に吸い寄せられていくのである。(藤井光・同志社大助教)

(四月社・1890円)=2012年5月31日①配信

責任負わない科学問う

「日本の原爆」（保阪正康著）

第2次世界大戦中の日本で、原子爆弾製造の研究がひそかに行われていたことを知る人はあまり多くはないだろう。理化学研究所の仁科芳雄研究室は陸軍の要請で、京都帝大の荒勝文策研究室は海軍の要請で、それぞれ原爆の研究開発を進めていた。本書はその実態を当時の資料や関係者の証言により明らかにした意欲作だ。

日本の科学者たちは、誰一人として原爆製造の実現可能性を信じていなかった。一方、研究費を出した軍の側では戦局の悪化に伴い、一発逆転が狙える原爆の製造にわずかな望みをかけて、科学者に研究推進の圧力をかけるとともに、全くの徒労に終わるウラン鉱石採掘に多大な労力を費やしていた。当時、ちまたではマッチ箱1箱のウランで大都市を吹き飛ばす爆弾があるといううわさが流れ、国民もまた大量殺りく兵器を待望していたことが分かる。

米国もドイツもそんなに簡単には原爆を造れないだろうと考えていた科学者たちにとって、広島と長崎への原爆投下は驚天動地の出来事であった。原爆投下は第一義的には、米国の人道に対する罪であることはもちろんだが、日本側に投下を避けるすべがなかったかについても著者は論究している。しかし、それは本書の主題ではない。

あくまで主題は、科学者と政治、軍事との関わり合いを、史実を通して分析することにある。1951年の日本学術会議で科学者を対象に実施されたアンケートでは、「学問の自由が最も充実していたのはいつか」との質問に対し「太平洋戦争中」という回答が最も多かったという。

仁科研究室の研究員だった武谷三男は、原爆研究は研究費確保のためのプロジェクトだと断じたという。科学者は自由に研究させてくれさえすれば、研究結果がどう利用されようと責任を負わないという構図は、原発研究についても同じではないかと著者は問いかける。幸運にも原爆は造れなかったが、不幸にも原発は事故を起こした。（池田清彦・早稲田大教授）

（新潮社・1575円）＝2012年5月31日②配信

至高の恋が成就する日

「美しき一日の終わり」（有吉玉青著）

題名の「一日」は「いちじつ」と読む。「一日千秋」「十年一日」と同じく、とてつもなく長い日々が集約された「一日」。至高の恋が成就する「一日」を描いた小説。

物語は七十代になった美妙（びみょう）が、間もなく取り壊される生家で七つ下の弟・秋雨（しゅうう）と再会する現在と、二人の過去が交互に描かれる。

父が連れてきた腹違いの弟は、平和だった美妙の一家にひずみをもたらした。家の中でも日陰の身の弟を不憫（ふびん）に感じ、美妙は秋雨を守ろうとする。しかし成長するにしたがって、美妙は弟に向けた思いが、男性への愛情に変化しているのに気がつく。秋雨にはもちろん、両親にもこの気持ちを悟られてはいけない。美妙は、秋雨を避けようと見合い結婚し、子をなす。

老年期を迎えた二人の体は日に日に不自由になっていく。夫亡き後、娘夫婦と孫と同居する美妙と、姉の他に身内はいない秋雨。はたから見れば恵まれた老後を送っている美妙は、常に秋雨を慕う気持ちを隠し続けている。年を重ねるほどに募る思い。少々出来過ぎた人物に思える彼女が、心を見破られて動揺するところは印象的だ。普段は見せない「女」の激しい顔をのぞかせる。

対する秋雨は、美妙への思いを決して表さない。だが何を言わなくとも、二人の気持ちが通じ合っていることは伝わってくる。あらゆる苦しみをくぐり抜け、浄化した心と心が触れ合う恋。文章の端々に甘美さがあふれている。特に美妙の新しい着物のしつけ糸を秋雨が切る場面は秀逸だ。

昭和から平成における街や文化の変遷も興味深いが、注目するのは母娘の関係だ。秋雨につらく当たり続けた母、思いを秘めてきた美妙、自分で決めた人生を貫く娘、そして恋を知った孫娘。女の生き方を軸にして読むと、また違った味わいがある。美妙のラストの行動は「女」として人生を終えたい彼女の覚悟と感じた。（中江有里・女優、脚本家）

（講談社・1995円）＝2012年5月31日③配信

現れる時代のイデオロギー

「主題としての〈終り〉」(高橋修著)

小説の冒頭というのは印象に残るもので、特に名作ともなると、最初の一行から私たちを夢の世界へと連れて行ってくれる。例えば「七月初、坊津にいた。」と読み出すだけで、梅崎春生の「桜島」の世界が目の前に現れて、見事にそのあとの物語を予感させる。

一方、小説の終わり方も大切で、物語が閉じるところ、または広がるところで、全体を左右する場所といっていい。ちなみに「桜島」の最後はこうだ。「掌で顔をおおい、私はよろめきながら、坂道を一歩一歩下って行った。」

小説には始めと終わりがあって、その研究もいろいろと繰り広げられているが、本書は、その〈終り〉に注目し、さまざまな論考を紹介しながら、小説作品の〈終り〉を読み解いている。

取り上げられている作品は、二葉亭四迷の「浮雲」と「平凡」、ヴィクトル・ユゴー作、森田思軒訳の「探偵ユーベル」、徳冨蘆花「不如帰」、夏目漱石の「明暗」と「虞美人草」、キャサリン・グリーン作、坪内逍遥訳の「贋貨つかひ」、芥川龍之介「藪の中」、深沢七郎「楢山節考」、村上春樹「ノルウェイの森」。

本書の特徴としては、物語の終わりを、形態的な見方だけでなく、文化史的社会史的にも考えようとしているところにある。〈終り〉には、テクストの外部にある、その時代の空気や想像力が深く関わっているという考えである。〈終り〉のあり方にこそ同時代のイデオロギーや発想の枠組みが集中的に現れているのだと言われてみると、確かに興味深く、大きくうなずける。

著者が、このような視点から各作品の生まれた時代を調べ、あるいは関係する日記を引用し、またテクストに戻ってくるところなど、謎解きの興味も加わって、文学研究の醍醐味(だいごみ)を感じることができた。

本書を読み終えた今、〈終り〉のあり方を頭の隅におき、夏目漱石などを読み返したくなった。(山本善行・古書店店主)

(新曜社・2730円)=2012年5月31日④配信

現代の権力の構図投影

「英雄はそこにいる」(島田雅彦著)

夢の力で他人の心を読む霊能力探偵ナルヒコの活躍を描く、「カオスの娘」に続くシャーマン探偵シリーズの第2弾。ただし、今作でヒーローと呼ぶにふさわしいのは、ナルヒコではなく、父「デウス」が命ずる無謀な暗殺命令をやすやすと実行しながら、逆に父が属する権力を徐々に危機に陥れてゆく天才犯罪者サトウイチローである。

一見意図も目的もばらばらな複数の迷宮入り事件から割り出された、一人の犯人像。しかし、この犯人(イチロー)の本来の意図が明らかになるにつれ、ナルヒコら捜査陣に懐疑が生じる。真に罰すべき存在はイチローなのか、それとも警察を含めた既存の権力なのか。この問いはいつしか日本という国家の存在理由をも巻き込んでゆく。

作者はヘラクレス神話を下敷きにしてこの小説を構成している。しかし、作者がこの神話を選んだ理由は、英雄試練説話の荒唐無稽な愉(たの)しさでも、英雄の最期の悲劇性でもない気がする。

本作における英雄の条件は簡潔である。それは反抗だ。ナルヒコは言う、「彼(イチロー)は父にも神にも背くでしょう。それも英雄の条件だから」。英雄不在の日本の現代社会に作者があえてヘラクレスを召喚した意図は、この反抗への願望にあるだろう。

だが本作には、豪快な英雄物語の翻案というだけでは割り切れない要素がある。そもそも、なぜイチローの犯罪は、父の命令への裏切りという仕方でしか実現できないのか。作者はそこに、支配者であれ謀反人であれ、「面従腹背」の生き方を余儀なくされる現代の権力の構図を投影する。イチロー父子もこの点で、実は同類の人間なのだ。

描写を切り詰めプロットのスピーディーな展開を重んじた本作は、まるでサイコ系TVドラマのノベライズのようであるが、その軽さも作者の狙いである。だがその軽さの奥に、この作者に特有の死の欲望と殉教の主題が見え隠れする。(青木純一・文芸評論家)

(集英社・1680円)=2012年5月31日⑤配信

日本の格差にもヒント　「貧乏人の経済学」（アビジット・V・バナジー、エスター・デュフロ著、山形浩生訳）

途上国における貧困の問題に「正しい意味で」経済学的に切り込み、その解決策への道筋を模索する好著である。

標準的な経済学では、「実際に行われている行動には、それが得になる何らかの理由があるはずだ」と考える。本書で問題解決の鍵となるのもこの経済学的な人間観だ。

例えば祭祀（さいし）や嗜好（しこう）品への支出が多いなど、途上国の貧困層が、われわれから見ると非合理的に感じる消費行動をとることには、彼らにとっては十分に合理的な理由がある。彼らの行動を責めることでは何も解決しない。その解決のために必要なのは、彼らにとって、消費よりも貯蓄・投資が有利になるような状況をつくることである。

状況を変えるために何が必要か—本書が繰り返し強調するのは極めて技術的な要因だ。今期の消費を我慢することが来期にどれだけの所得増をもたらすかという関係、その関数の形状いかんで貧困からの自力脱出がとてつもなく困難なものとなる。これを「貧困の罠（わな）」という。経済学のツールが問題の整理と解決に大きな力をもつことを実感することができるだろう。

人々の支出をビジネスにむける手法として注目されてきたのがグラミン銀行に代表されるマイクロファイナンス（低所得者層への小規模金融サービス）だ。同銀行のノーベル平和賞受賞以来、神格化されて語られがちなマイクロファイナンスについても、その有効性と限界について十分なデータによる検証、関数の形状に注目しながら落ち着いた理論化が行われる。

貧困の無視、貧困への同情は問題を解決しない。「（生活・安全のために）貧乏な人はずっと多くの努力が必要だ…ちょっとした費用やつまらない障害、わずかな間違いが貧乏な人の人生では実に大きい（問題となる）」という視点から導かれる貧困の解決策の模索は、途上国にとどまらず、日本の格差と貧困を考える上でも重要なヒントを提供してくれるだろう。（飯田泰之・駒沢大准教授）

（みすず書房・3150円）＝2012年6月1日配信

時代の価値観と闘った同志　「『草枕』の那美と辛亥革命」（安住恭子著）

漱石の小説「草枕」のヒロインのモデル前田卓（つな）は、父は自由民権派の闘士、妹の夫は辛亥革命を支えた革命家、本人もバツ3という波乱の人生を生き抜いた女性でした。

「草枕」の那美は挑発的で気まぐれで、インテリ文化人が好きそうなタイプ。「毒矢の如く空を貫いて、会釈もなく余が眉間に落ちる」鋭い視線を放ち、「人を馬鹿にした様子の底に慎み深い分別がほのめいている」二面性を持つ。地震で主人公と顔が触れそうになるシーンもあり、発表当時はモデルの卓と漱石との関係もスキャンダラスに取り沙汰されました。

著者は2人の仲を「この画工と那美のような、淡い心の交流があったように私は思う」と慎重に分析。根拠は、ミカンの皮がバリバリに乾くくらい長時間話し込むほどウマが合ったことと、漱石が卓に似た新橋芸者のブロマイドを飾って目の保養にしていた事実と、卓の甥（おい）の妻が目撃した漱石と卓のツーショット写真の存在です。「一生のあいだ、ロクな男には出会わなかったが、夏目さんだけは大好きだったよ」と、卓が述懐した話も伝わっています。

その言葉通り、彼女は離婚を繰り返してきました。明治の男は男尊女卑で、女遊びをしたり酒癖が悪かったりしても妻は忍従の日々。耐えられず3度目の離婚をした卓は、平等をうたう革命運動に身を投じ「民報社」で住み込みで働くようになります。世話役にとどまらず、変装して亡命する人に随行したり、爆弾を運ぶのを手伝ったりと、危険なミッションをこなしました。革命家の若い男子に慕われ充実していた卓は、40歳ごろの写真を見ても若々しいです。

「草枕」の那美は自らの死をほのめかすなど薄幸なイメージでしたが、卓は実際の女性は強いと身をもって証明しました。時代の価値観と闘ってきた漱石と卓は同志のような関係だったのかもしれません。つい仲を邪推してしまった自分を反省しつつ、心洗われる読後感に浸りました。（辛酸なめ子・コラムニスト）

（白水社・2205円）＝2012年6月7日①配信

震災で露呈した依存社会

「3・11から考える『家族』」(真鍋弘樹著)

東日本大震災を機に、家族の絆が強まったという話をよく聞く。婚約指輪が売れ、婚活を始めた人も多いという。

しかし、問題はそう単純ではない。発生直後に被災地に入ったジャーナリストの著者は「(目に入る) 原稿のすべてに家族を失った人がいた」と当時を振り返る。津波に加え、東京電力福島第1原発事故に伴う避難のため、家族がバラバラに住むことを強いられた人も大勢いる。

私が被災地を訪れた際に感じたのは、以前と同様の家族生活を送り続けられる人と、そうでない人が、通り一つ隔てるだけで完全に断絶してしまった、という悲しい現実だった。さまざまな形で家族を「デジタルに切り分ける」震災の非情を指摘した著者に、残念だが共感せざるを得ない。

震災が見せつけた家族の危機は、実は震災前から忍び寄っていた、と著者は言う。地縁や血縁を失い孤独死する都会の高齢者はその表れであり、疑似家族である「社縁」にも期待できない「ロストジェネレーション」の若者が予備軍を形成する。そんな視点から、戦後の人々が作り上げた家族の正負を描いていく。

高度成長期に東京に集まった地方の若者たちは、米国の家族にあこがれ、物質的に豊かな家族生活を実現させた。一方で、豊かな家族の必需品である家電製品に電力を供給するため、発電所が建設された地方で過疎化が進み、「嫁不足」が家族を侵食する。一見すると豊かな都会でも、孤独死が増えていく。

戦後日本を「家族依存社会」と規定した著者は核心を突いている。震災とは、依存すべき家族が消滅してしまうリスクを、多くの人に自覚させる出来事だったのだ。そうした認識に立ち、新しい形の「家族」を模索する試みも紹介している。

家族を救うためには、家族依存から脱却する必要がある。そう強く意識させられる一冊である。
(山田昌弘・社会学者)

(岩波書店・1785円) = 2012年6月7日②配信

世界の差別、皮肉な実態

「異貌の人びと」(上原善広著)

著者は「日本の路地を旅する」で大宅賞を受賞したが、本書は、視点を海外に移し、各国で差別を受ける人々の肉声や生活を浮き彫りにしたルポである。スペインの被差別民であるカゴ、ネパールの売春カースト、イタリアのコルシカ島のマフィア、イスラエルのガザ地区のパレスチナ人、イラクの売春婦などの実態が紹介され、日本の路地 (同和地区) だけでなく、世界の各地でも為政者、宗教、歴史の都合から差別が生まれ、本質はどの国でも普遍的であると明らかにしてゆく。

サハリンには、ギリヤークという少数民族がいる。

彼らは旧日本軍の特務機関からソ連対策の諜報 (ちょうほう) 員にさせられた。戦後はシベリア抑留され、多くがそこで亡くなった。今も彼らは出自を隠し日本国内にも住んでいるという。スペインのカゴは、カトリックの信仰上から異端視され、結婚も自由にできず、現在でも彼らの話はタブーである。彼らも出自を隠して生き、異国へ移住する者もいる。

ネパールのバディと呼ばれる売春カーストと同様、コルシカのマフィアたちの背景にあるのは、貧困という現実だ。あるマフィアは「政府に見捨てられ、仕事がないからやっている」とこぼす。

著者は、パレスチナの銃撃戦をかいくぐり、目の前のホテルで自爆テロにも遭遇する。身の危険を冒して取材を試み、テーマを執拗 (しつよう) に追求してゆく。たどりついた下層の人々と出会い〈悲劇の中にこそ、人々の思いやりは映え、憎しみ合いの中にこそ、愛情はさらに映える。この事実は、なんという皮肉なのだろうか〉と実感する。

ルポの大半は現在30代後半の著者が20代で取材したものだ。この経験が、その後の作品に反映されており、著者の原点を知るのに格好の作品である。銃撃戦で逃げ惑う中、著者の携帯電話に、恋人から別れ話がかかってくるのが、何ともペーソスに満ち、深刻なテーマを融和させるのに一役買っている。(澤宮優・ノンフィクション作家)

(河出書房新社・1680円) = 2012年6月7日③配信

苦悩に満ちた女性の詩

「古鏡の沈黙」（ジャーレ著、中村菜穂・鈴木珠里訳）

イランに生まれ、ペルシア文学史上、女性の詩人として初めて自らの体験や苦悩を詩に書き表したジャーレ（1884〜1946年）の詩を収める。女性がものを書いて発表することが難しい社会に生きたこの作者の作品は、断片的にしか伝わっていない。恋愛をうたった詩などは、作者自身の手で破棄されたといわれる。

16歳のとき、両親が決めた40代の軍人に嫁ぐ。知識人の家系に生まれたおかげで、女性としては珍しく高い教育を受けることができたにもかかわらず、その後の人生は、望んだわけではない結婚によって、疑問に満ちたものとなった。

ジャーレの作品は、イランではいまだに広く紹介されるには至っていない。本国に先立つかたちで、日本で翻訳され、まとめられた。感情や思考から編み上げられたその詩は、率直であざやかだ。それだけに、暮らしの中でのさまざまな抑圧を伝えるものでもある。

「心の悩みを、鏡に打ち明けるのでないなら誰に言おう？／舌のある私は黙り、目の前の／舌を持たない鏡は雄弁に話してくれるかのよう」「私は幸福の降る日々を見ることはないだろう／しかし私と同等の者たちがそれを見るだろう」

疑念や悲嘆をうたうジャーレの詩に、喜びや光は少ない。だが、怒りや悲しみに根をはった力強さがあり、そこから生き生きとした印象が運ばれてくる。イスラム社会の慣習法に束縛された女性の立場にあって、このように精いっぱいの詩を記した書き手がいたことに驚かされる。

「私の悲しみの煙は何だったの？　私の喜びの炎は何だったの？／私のせいで一匹の蟻が苦しむことさえなかったのに／どうしてすべての蟻がいま私にとって蛇になるの？」

人は生まれる時代や場所を選べないが、もし作者が社会的により自由な場に生きたらどうだっただろう。作者の号であるジャーレは「露」を表す。その詩には駆け抜けた生が詰まっている。（蜂飼耳・詩人）

（未知谷・2310円）＝2012年6月7日④配信

不器用な人々がいる酒場

「黄金街」（三田完著）

この短編集のうち、表題作の主人公の渚（なぎさ）は、大手書店勤めから飲み屋のママへと転身したアラサー世代。勤めていた会社のつまらないルールや人間関係に辟易（へきえき）してのことである。彼女の店は新宿ゴールデン街にあり、今は夜ごとさまざまな人間模様をカウンターの中から眺めている。

ちなみに物語の舞台となっている新宿ゴールデン街はそのレトロな響きにふさわしく、酒場も街もまるで昭和のにおいに満ちた映画のセットのようなたたずまいである。こまごまと連なる小さな店やほの暗い路地の風情に誰もが懐かしさを覚えるに違いない。この小説は渚のまなざしを通しながら、実際に存在するこの一角の独特な空気感をしっかりと伝えてくれている。

さて、印象に残るのは何かといえば、渚をはじめとして生き方が不器用な登場人物が多いということ。酒場にやってくる彼らにとって、うまく生きられないのは“時代のせい”などと単純にいえるものではないのだろう。自分に重ねてそれが分かるから、渚はあらゆる感情を胸の内にとどめ、ママとして淡々と店に立つのだ。

〈その扉開けてアナタも深海魚〉（りえ）

実はこの川柳、以前新宿ゴールデン街で詠んだ拙句である。川柳好きのママさんがいるお店で、この街がもつ“酒場”と“人生の寄り道”といった私なりのイメージを重ね合わせて十七音にしてみた。人と関わることに疲れ、無理を続けることをあきらめた渚も、きっと深海魚のようにとらえどころのない表情をしているのではないだろうかと、小説を読みながらふと思った。

そんな彼女はある“死”と向き合うことになる。そして、かたくなな心に変化が訪れる。ラストの場面では、穏やかにその心模様を味わうことができ、思わずじんわりとした。

収録されている他の五編も、それぞれにホロリとやさしい風味が読み手を包んでくれる。（やすみりえ・川柳作家）

（講談社・1575円）＝2012年6月7日⑤配信

人生描ききった恋愛小説

「新月譚」（貫井徳郎著）

本書は、あらゆる意味で予想を裏切る作品だ。

手に取ってみて、まず驚かされるのがその厚さだ。560ページの分量は、原稿用紙ではゆうに千枚を超えるだろう。この重さからも、著者の覚悟や思いが伝わってくるようである。

物語は、美人作家・咲良怜花の一人称によって進行していく。8年前に絶筆した彼女が、復帰を持ちかけてきた若手編集者・渡部に対し、自らの身に起きた出来事を話していくのだ。

冒頭、怜花はまだ作家としてデビューしてはいない。さらに言うなら、志してさえいない。本名である後藤和子として、小さな貿易会社の事務員に雇われるところからスタートする。

一体なぜ彼女は小説を書きたいと思ったのか。どんな理由で書き続けるのか。その小説は一作ごとに、どういうふうに変化していくのか。

作家が主人公の物語というのはけして少なくないが、本書で特筆すべきは、ひとりの女性が作家に「なった結果」ではなく、「なっていく過程」が細かく描かれていることであろう。

丁寧な、寄り添うような心理描写によって、読み手は彼女の人生をともに歩んでいるかのような気持ちにさせられる。貿易会社の社長である木之内の恋人となる後藤和子の、そして後藤和子から咲良怜花となった彼女の人生を。

木之内と怜花の激しい熱を秘めた恋愛が、核となっていることは間違いないが、注目すべきはそこだけではない。この2人に、近づいては遠ざかる人たちもまた、個性に富んでいて、物語に奥行きをつくり出している。

冒頭に予想を裏切ると書いたとおり、鮮やかなトリックで読者を驚かせつづけてきた、これまでの著者の作品とは、また異なる味わいや魅力を含んでいる。力強い恋愛小説でありながら、恋愛だけにとどまらない、ひとつの人生を描ききっている。（加藤千恵・作家）

（文芸春秋・2205円）＝2012年6月7日⑥配信

思いを後世に伝える書

「ひさし伝」（笹沢信著）

静かで衒（てら）いのない文体の底に、つよい思いを沈ませた書である。

本書は著者笹沢信による井上ひさしへの共感と愛情にみたされているだけでなく、ひさしの「思い」を今と未来へ引き継ぐ意志につらぬかれている。

目次を開けば、こんな項目が並ぶ。「ストリップ界の東大に入学」「ひょっこりひょうたん島と日本人のへそ」「手鎖心中で直木賞受賞」「吉里吉里人とイーハトーボの劇列車」「こまつ座旗揚げ」「ヒロシマと日本国憲法」…。放送、演劇界から文壇、論壇まで、広い世界を歩いたひさしの生涯、作品を丹念にたどっていることが分かる。

作品の評価においては著者は自説を突出させず、あまねく渉猟した膨大な同時代評、後の批評を巧みに配して、作品をめぐる人々の関心の「ひろば」を出現させる。人々が語りあうそんな「ひろば」形成こそ、ひさしの念願であったはずだ。著者はここでも、ひさしの「思い」と「思い残し」を引き継ぐ。「ひさし伝」は、ひさしの「伝」記であり、かつ、ひさしの思いを多くの人々に「伝」える書でもある。

沈めたはずの著者自身の思いもときに噴出する。「吉里吉里人」に触れながら、東京電力福島第1原発の破局的事故に言及。「首都圏は、どこまで東北を食い物にしたら気が済むのか」と怒りをあらわにする。またひさしの著書「コメの話」を論じつつ、TPP（環太平洋連携協定）について、参加すれば「日本農業の崩壊」をもたらすと懸念する。ひさしが生きていれば必ず発したにちがいない怒りと懸念だ。

500ページ近い大著だが、「知の巨人」相手ゆえに書き残したことも多いと著者は最後に記す。わたしの関心でいえば、ひさしの「自筆年譜」の虚構性と高校時代の幻の作品「わが町」の関わり、改題されたラジオドラマ「吉里吉里独立す」などの詳細を、今後「拾遺」の形でぜひ発表していただきたい。（高橋敏夫・文芸評論家、早大教授）

（新潮社・3150円）＝2012年6月7日⑦配信

息づまる迫力と臨場感

「死命」（薬丸岳著）

「死命」には二つの意味がある。一つは「死ぬべきいのち」。もう一つは「死と生命、生きるか死ぬかの急所」。「死命を制する」といえば、他人の生死の急所をおさえ、その運命を自分の手に握ることだ。本書は二つの「死命」を重ね合わせに描いて生きることの意味を問う、サスペンスミステリーの力作である。

榊信一、33歳。デイトレーダー。株の売買で巨万の富を築き、東京湾岸の豪華マンションに独りで住む。澄乃というおさななじみの恋人がいるが、性欲が高じると、すべての女を殺したくなるという衝動を内に秘めている。末期がんで余命数カ月と診断された日から、自分の欲望に忠実に生きようと決意し、次々と殺人に手を染めていく。

蒼井凌、53歳。警視庁捜査一課刑事。2年前に妻を亡くし、ダンサーの娘、高校生の息子と3人で暮らす。組織捜査になじまない一匹狼（おおかみ）だが、独特の勘の持ち主で、事件となれば寝食を忘れる。胃がんの再発で余命数カ月と知った日から、連続女性殺害事件の捜査に最後の執念を燃やす。

事件は、この2人に澄乃を加えた三つの視点から交互に描かれる。物語の進展につれて、榊の殺人衝動のもとになった少年時代の事件が浮かび上がる。

だから読者は、異常心理による快楽殺人を扱った犯罪小説、はみだし刑事の執念の捜査を描いた警察小説、禁断の恋のゆくえを追う恋愛小説、連続殺人の動機をめぐる推理小説の四つを同時進行で味わうことができる。

しかし、この作品の最大の読みどころは、病魔に死命を制された2人の男が、残された生命をかけて文字通りの死闘を展開する、その息づまるサスペンスにある。世にミステリー多しといえども、これほどの迫力と臨場感をもって「死ぬべきいのち」の急所を描いた作品は珍しい。いささか気が早いが、今年のベストミステリー候補にあげておこう。（郷原宏・文芸評論家）

（文芸春秋・1733円）＝2012年6月14日①配信

残された遺体が映す世相

「特殊清掃」（特掃隊長著）

全世帯に占める単独世帯の割合は約3割。年々増加している。単独世帯が増加すれば単独死も増加する。それが「孤立死（孤独死）」かは、人により価値判断が入る。単独死が増えれば、日を置き、腐敗が進行した状態で発見される事例も増える。人は常に管理された状態にあるわけではないから当然のことなのだ。

病院死が8割を占め、死が管理される事例が多いため、こうしたごく当たり前のことに驚く。

発見が遅れるのは、血縁、地縁、社縁、友縁などから切り離された人の増加もある。だが、高温、多湿の環境であれば数日のうちに遺体は腐敗する。病院死でも近年は終末医療での過剰な栄養補給により、腐敗しやすい遺体が年々増加している。

腐乱遺体のあった場所は、そうした部屋の清掃などを仕事とする著者が示すように、「腐乱痕が広がり、ウジは這（は）い回りハエは飛び交っている」し、その臭いは「悪臭パンチに鼻を曲げられる」状態となる。

住居が賃貸の場合、修復費用に加え、賃貸価格の低下などを理由に貸主から遺族が高額な損害賠償金を請求され、紛争になる事例も年々増加。

一般に「遺品整理」と呼ばれる仕事は、難易度、専門度を増しているが、それが著者の言う「特殊清掃」と呼ぶべきか。また、遺体の取り扱いなども専門度を増しているが、依然として経験から対処法を学んでいく人が多い。

こうした仕事は、とかく遠ざけられ、隠されがちだから、報告を聞く者は驚く。遺体が放置されればどうなるかは、現代も古代、中世とそう変わらない。管理されない遺体は、ほとんど腐敗するし、その形状も臭いもすさまじい。著者の感覚はきわめて普通人のものだから、感じた状態の苛烈さやそこから見えた世相の観察も貴重である。

だが、遺体の変貌は、死のほんの一面である。人の死は、固有で、当人の生き方、周囲との関係性、心理的、宗教的観点など多様な側面からとらえられるべきものである。（碑文谷創・葬送ジャーナリスト）

（ディスカヴァー・トゥエンティワン・1680円）＝2012年6月14日③配信

悪循環断つための提言

「ルポ　子どもの貧困連鎖」（保坂渉、池谷孝司著）

登場するのは、子どもも親も教師も保育士も、全員人一倍努力している人たちだ…。とはいえ、本書はよくある成功物語ではない。むしろ悲惨な物語に満ちあふれている。それでも全員が人一倍努力していることに変わりはない。この子どもたち、この大人たちは表彰されていい。しかし、わたしたちの社会にはその制度がなく、この人たちはほめられるどころか、しばしば見下されさえする。報われる見込みが乏しい中での、泥沼のような努力…。それはいったい「誰」の問題、「誰」の責任なのか。本書が問うのは、このことだ。

トリプルワークをこなしながら公衆トイレで眠る高校生を、学童保育のおやつ代が支払えないからと、その時間に保健室に避難してきて「ガマンする」と言ってのける小学生を、家庭訪問をし、ケース会議を主宰するソーシャルワーカー顔負けの教師を、わたしたちの社会は正当に遇してこなかった。疲れ、病み、こじれ、たたかれるに任せてきてしまった。その結果、力尽きた人たちが社会にあふれ、社会そのものが病んだ。ところが、その帰結を受け止める覚悟のない社会は、責めを力尽きた人たちに帰してさらにたたいている。間違った処方が病をさらに重くする、この悪循環。

実態を正しく見据えることから始めたい。きちんと目を向ければ、そこには日本社会が探し求めている宝物がある。学校や保育園をソーシャルワークの拠点としてネットワークを構築する実践は、日本全国で求められているものだ。厳しい環境下であればこそ、生まれ出た知恵がある。そこに悪循環を転換させるヒントがある。

人ごとだと思っていたら、気づいたときには自分がただ中にいた—この20年間、多くの人がそれを経験してきた。もうその繰り返しから教訓を学び取る段階に入るべきだ。それが社会を豊かにする。本書を、その積極的な提言集と受け止めたい。（湯浅誠・反貧困ネットワーク事務局長）

（光文社・1680円）＝2012年6月14日④配信

本当のゆとり教育とは

「〈銀の匙〉の国語授業」（橋本武著）

著者は、中勘助の「銀の匙」一冊だけを中学の3年間をかけて読む授業を行い、その授業で育った子どもたちは、関西の一無名私立校を東大合格者数日本一に押し上げ、その後も各方面の第一線で活躍し続けている。その灘中学・高校での授業を、ことし百歳の橋本が自ら解説したのが本書である。

橋本の授業を取り上げた本はいくつかあるが、本書がほかと違うのは、国語を学ぶ意味や自分史などにも焦点が当てられるところだ。こうした側面から、スローリーディング授業が持っていた意味がよりはっきりと見えてくる。

スローリーディングは目的ではない。同じ理解が得られるなら、速く読める方がよいに決まっている。ただ、「速く、速く」を求める気持ちの裏側には短絡が潜みがちだ。橋本が最も訴えたかったのもそこで、「国語力の速成法」のようなものを求めて本書を手に取った者は肩透かしを食うだろう。

なぜ「国語」、なぜスローリーディングなのか。それは国語力が全ての「学び」の原点だからであり、人の一生に関わるからだ。じっくり読む中で、自分の興味のあることに出合ったらためらわず掘り下げてゆく。それがスローリーディングの極意だ。生徒から興味を引き出すことも重要だが、それに先立ってまず教師自身が興味を持っていなければならない。

例えば、「銀の匙」に出てくる駄菓子に橋本の知らないものもあった。興味を持った橋本は、実物を探して菓子屋をめぐり、買い求めたものを生徒にも配った。そのように「横道にそれる」授業用プリントには鬼気迫るほどの情熱を傾けたが、自分が面白いと思えばつらくはなかったようだ。

自分の興味のあることならば、どれほど詰め込んでも、そこには心のゆとりがある。それこそが真の「ゆとり教育」なのだと橋本は言う。学校現場にとどまらず、一生ゆとりをもって学ぶためのヒントを与えてくれる本である。（伊藤氏貴・文芸評論家）

（岩波ジュニア新書・861円）＝2012年6月14日⑤配信

未来夢見る永遠の少年 「ブラッドベリ、自作を語る」（レイ・ブラッドベリ、サム・ウェラー著、小川高義訳）

「火星年代記」「華氏451度」「何かが道をやってくる」「10月はたそがれの国」「たんぽぽのお酒」―と、好きな作品を挙げだしたらキリがない。SFの叙情詩人レイ・ブラッドベリは、現代アメリカ文学を代表する作家であり、世界的にも広く読まれている。本書は、先頃91歳で亡くなった大作家が、ジャーナリストのインタビューに応えた自伝である。

ノスタルジーを誘う叙情的な作風のブラッドベリには、内向的なイメージがあるが、売り込みに熱心というタフな一面もあった。若い作家に毎週1編、1年で52作の短編を書くよう勧めた彼は、自らそれを実践した人だった。小説だけでなく、映画やテレビの脚本からプラネタリウムの台本まで書いた。「僕は図書館で育った人間だ」という彼は、本書で、好きな作家、小説、映画について語り、個々の自作が生まれた背景も明かしている。

また実生活では、作家仲間はもちろんのこと、チャールトン・ヘストン、ジーン・ケリーなど、多くの俳優や監督、脚本家とも親しかった。ブラッドベリが彼らを引き合わせたことが、名作の生まれるきっかけになったりしており、その秘話だけでも一読の価値がある。

建築・設計やディスプレーにも関心があり、1964年のニューヨーク万博では、アメリカ館のコンセプト作りを任された。日本でも、小松左京が大阪万博のテーマ展示に参加したが、ＳＦは現代社会にとって、欠くことのできない着想の源泉となっているのである。

ブラッドベリは、200年後、「夜更かしの少年が、懐中電灯を用意して、ベッドにもぐり込んだまま、火星で『火星年代記』を読む」ことを想像する。また、宇宙探査は人類が生きるために必要で、100万年後、最初の月面着陸を「あれが始まりだった」と語られる未来を夢見ている。戦争で消耗しなければ、人類はきっとやれる。そう語るブラッドベリは、すてきな「永遠の少年」だ。（長山靖生・評論家）

（晶文社・1995円）＝2012年6月14日⑥配信

おもしろうて悲しき世界 「さよならクリストファー・ロビン」（高橋源一郎著）

高橋源一郎の世界をカタカナで形容すれば、「ポップ」とか「シュール」とか「ポストモダン」といった言葉が並ぶだろう。だが、古い言葉で「おもしろうてやがて悲しき」などもよく似合う。6編を収めたこの短編集もそうだ。

たとえば、表題作「さよならクリストファー・ロビン」は童話「クマのプーさん」の世界を借りて、しかし、世界が徐々に消滅してゆく不安を語る。「星降る夜に」では売れない小説家がアルバイトで、難病で死を待つ子供たちに童話の読み聞かせをする。そして「アトム」では、鉄腕アトムとその悪の分身「トビオ」とが、世界壊滅後の銀河鉄道の車内に乗り合わせたりするのである。

アニメの世界を借りたかつての短編集「ペンギン村に陽は落ちて」を思い出す読者もいるだろう。

「おもしろうて」は世界の作り方と語り口から生じ、「悲しき」は世界の根底に「空虚＝無」が潜んでいることから生じる。この「空虚＝無」は現代的な終末論でもあるが、伝統的な無常観にも通じている。しかもそれは、虚構世界を作りつづける作者の、いわば虚構世界の存在論とでもいったメタ・フィクション的意識とも重なるのである。虚構とは、つねに根底の「空虚＝無」におびえる世界なのだから。

軽快な語り口に運ばれて読めばすらすらと読める。しかし、ふと立ち止まったとたん、足元に恐ろしい深淵（しんえん）が口をあけているのに気がつく。そういう世界だ。

実際、プーさんが語る表題作から、神の不在、存在の不安、想像力の機能、遊戯の終わり、リアルの顕現、といった重たいテーマを抽出することもできるだろう。それは、本書中の「お伽草紙」の子供が次々発するあどけない「なぜ？」が、世界と存在の根源に関わる難問でもあるのに似ている。もちろん作者は、息子の問いにちょっと奇妙なたとえ話で答えてやる父親なのである。（井口時男・文芸評論家）

（新潮社・1470円）＝2012年6月21日①配信

涙のなかで問う幸せ

「きみはいい子」（中脇初枝著）

桜が丘という町を舞台にした五つの短編。虐待の酷（むご）さを切実に伝えつつ、心の傷と幸せを不可分な姿で提示する。個人の多様な生を浮き立てながら、涙のなかで、幸せとは何かを問いかける。

「うばすて山」という作品は、主人公のかよが、自分を虐待した母親を自宅で介護する3日間を描く。8年ぶりに再会した母親は認知症が進み、かよのことも、虐待したことも覚えていなかった。怒った顔しか見せなかったこと、首を絞められ殺されそうになったこと。母親は忘れても、かよは当然忘れはしない。

一度も手をつないでくれなかった母の手をつなぎ、妹みわの家に送り返す途中、かつて実家があった団地の公園を通る。揺れるブランコの前に母親が立ったとき、かよは幼いころに同じ背景で見た、母親の一瞬の笑顔を初めて思いだす。

かよは「この記憶だけは忘れないで、持っていこう」と誓い、母親の手を握りしめる。同時にみわの家に「おかあさん」を捨てに行こうと決意する。母の笑顔は、「おかあさん＝やさしい」というイメージを唯一裏切らないものだった。たたかれるたびに戸惑い、非を自分に向けていった彼女にとって。

おかあさんにやさしくしてもらう幸せ。それを希求する心が、全身をふるわせる。過去を振り返り「わたしにも、幸せな記憶があった」というかよの言葉は、私自身の言葉でもあった。人が求めてやまない幸せは無個性な姿をしているのかもしれない。それぞれの家にはそれぞれの事情があるという壁を越えて。

かよを登校班の列の後ろにそっと入れ、泣き顔を隠してくれた友達。出席点をにやっと笑ってごまかしてくれた先生。読んでいるともう会えない人を次々と思い出す。遠くへ引っ越していく友達の車を自転車で追いかけたこと—。でも大丈夫とこの小説は語りかける。幼年期の懐かしい風景のなかから、現在へと運ばれた幸せな時間をずっと記憶させてくれる作品だ。（杉本真維子・詩人）

（ポプラ社・1470円）＝2012年6月21日②配信

人体売買の実態暴く

「レッドマーケット」（スコット・カーニー著、二宮千寿子訳）

「それで私は幾らで売れるのだろうか？」

この本を読んだ誰もが最初にそう思うだろう。これは人体の“部品”が世界でどのように売買されるかを暴いた、驚きのリポートだ。著者はインドで民俗学と言語を学んだ、元教師の米国人男性。生徒をインドで亡くし、“遺体”の価値に気づかされた彼が自らの足で調べた。

その実態は、インドで150年以上も続く人骨売買から、スマトラ沖地震の津波によって被害を受けた村で、恒常的に行われる腎臓売買、それに伴う詐欺。米国の大手あっせん機関も関わる、養子縁組で起こる拉致。キプロスが世界の中心である卵子売買。日本からの顧客もいるという、インドの代理母ハウス。監禁されて血液を採られる血液売買。そして髪の毛。

およそ人間のあらゆる部位は、正規でも闇でも売買される。正規だと思っていてもどこかで闇とつながって健康を手に入れた富める者の陰で、健康を損ない、いくばくかの金銭を手にしてうなだれる貧者がいる。

時には吐き気を催しそうな詳細な描写に、これがトンデモ本ならいいのにと思ったが、現実は私たちの真後ろに迫っている。

米国では大手医療保険会社が、安価な海外での臓器移植を提唱し、実際にインドやパキスタンの病院と提携している。環太平洋連携協定（TPP）で日本へ米国の保険会社が参入してきたら、日本人もインドで移植手術を受けるのが当たり前になるかもしれない。ドナーの手には900ドルしか渡らず、絶望の宿った臓器を、だ。さらに貧困が問題になる今、逆に日本が臓器や血液提供の、大きな市場になることもありえる。

人が健康や幸福を求めると利害関係が生じる。それを知ることが大切だと著者は言う。臓器移植などの賛否を問うのではない。とにかく知ること。それが闇市場を縮小化すると説く。髪の毛が食品添加物になる、なんて事実もサラリと書いてあり、知ることは大事だ。（和田静香・ライター）

（講談社・1785円）＝2012年6月21日③配信

3・11後を問う倫理の書

「家族という意志」（芹沢俊介著）

私たちは、この世に生を受けて以来、実に多くのことを忘れてきた。母親の胎内で、魚類から哺乳類にいたる進化の過程を経てきたかもしれないのに、その間のことを何ひとつおぼえていない。

著者によれば、それは、私たちの生の原質が「よるべなさ」ということにあるからなのである。もし母親が受けとめてくれなければ、私たちの「いのち」は存続することができなかったかもしれない。それほどまでにはかない存在であることを、私たちは忘れることによって、ようやく、生をたもってきたのである。

このことをほんとうに知らしめたのが、3・11の大震災と原発事故なのではないかと著者は言う。膨大な数の死者、行方不明者のむこうに、「無数のよるべなき状態に置かれたいのちの姿がみえている」と。では、この「いのち」を受けとめるとはどういうことか。母親が、胎児や幼児であるわが子を受けとめてきたように、子が枯れていく親の「いのち」を受けとめてゆくことではないか。このような問いのもと、著者は、吉本隆明の対幻想という考えを参照しながら「家族の中の老い」に焦点を当ててゆく。

「いのち」を受けとめるとは、老いるいのちのかたわらに「いる」ことである。だが、私たちはいつのころからか「自己本位主義的志向性」からのがれがたくなっている。そのために起こるさまざまな家族の破綻をも避けることができないできた。それでもなお著者は、老いる「いのち」のかたわらに居続けることのほかにすべはないと語る。それは、「私」の意志ではなく、「家族」の意志、一人っきりではなく、「一緒の誰か」とともにありたいという願いのなかにあらわれる意志であるからと。

そうであるならば、この「意志」こそ、大震災と原発事故が私たちにもたらしたものなのではないか。本書を、家族論としてだけでなく、3・11以後を問うた倫理の書として挙げるゆえんである。

（神山睦美・文芸評論家）

（岩波新書・861円）＝2012年6月21日④配信

科学書の枠超えた面白さ

「冥王星を殺したのは私です」（マイク・ブラウン著、梶山あゆみ訳）

科学書としてはめっぽう面白く、一気に読んでしまえる本である。

2006年8月、冥王星が惑星ではなくなったというニュースが世界中を駆け抜けた。なぜ、冥王星は惑星ではなくなったのか？　その疑問は、この本を読むことで理解することができるだろう。

それ以前には、太陽系の惑星の順番を覚える語呂あわせ、「水金地火木土天海冥」は冥王星で終わっていた。その最後の冥王星の後ろに、まだ見つかっていない第10番目の惑星を探して、長い年月を費やし、それらしい候補を発見したのが、この本の著者である。

その努力は半端ではない。存在するかどうかもわからないものを、黙々と探し続けて、10年余り。とうとう冥王星の外側に冥王星よりも大きな天体を発見したのである。彼が発見した天体を、第10番の惑星と呼んでいいのか。それとも惑星とすべきではないのか。だとしたら惑星とは何なのか。彼の発見によって、人類は惑星について考えざるをえなくなった。

議論の末、こうして惑星の定義が定まり、冥王星は「軌道の近くに他の大きな天体がない」という条件を満たさないためリストから外された。筆者の発見した第10惑星候補が、冥王星を「殺す」ことになったのだ。科学の進歩によって、常識は常に変わってゆくのである。

本書の醍醐味（だいごみ）は、惑星探しのプロセスと、科学者である著者の苦悩が丁寧に書かれているところだ。いつライバルに先を越されてしまうかという恐れと絶えず戦っている。実際に、そのことで事件にも巻き込まれてゆく。その意味では、本書は科学書である以上に、著者を主人公にした小説のように書かれたノンフィクションといえるだろう。

ことし日本では金環日食、金星の太陽面通過という珍しい現象が立て続けに起こった。さらに8月には金星が月に隠される金星食も起こる。天体に注目が集まる今だからこそ、本書をお薦めしたい。（渡部好恵・サイエンスライター）

（飛鳥新社・1680円）＝2012年6月21日⑤配信

先駆者の精進と苦悩

「柔の恩人」（小倉孝保著）

全階級で金メダルの可能性がある―。ロンドン五輪での日本女子柔道には大きな期待が寄せられている。

それを耳にしても一般的には「日本発祥の競技だから当然」と思う人も少なくないかもしれない。しかし女子柔道の発展は、男子に比べて著しく遅れた。日本の女子は1977年まで、国内外で本格的な試合を禁じられていたのだ。

2006年に熊本で開催された世界女性スポーツ会議で本書に描かれたラスティ・カノコギ氏に会った。

笑顔も体も大きな方で、日本に比べて米国の柔道はのびやかに発展したように想像した。が、本書によって、それが大きな誤解だったと分かった。米国社会でマイノリティーであるユダヤ人、しかも女性である彼女が、一条の光を求めるように精進した「JUDO」が克明に明かされたからだ。

1959年、YMCA（キリスト教青年会）がニューヨーク州柔道選手権大会を開催した。その中で彼女もブルックリン・セントラル柔道クラブのメンバーとして戦った。女性選手はただ一人。

試合中は彼女を女性だと誰も気づかなかった。だが、チームが優勝すると、彼女のメダルだけが、剥奪された。大会規則に女子禁制と書かれていなかったのに…。

そのときのつらい思いが「女性がスポーツの場において性差を理由に罰を受けることがないように」という信念になった。

日本を代表する柔道家で、生前の彼女を知る山下泰裕氏が語る。

「ぶつかっても、ぶつかっても絶対にひるまない。これほど強い人を私は他に知らない」

さらに山下氏は「彼女の存在がなかったら、女子柔道の五輪参加は20年遅れた」と振り返った。

女性の強さ＝美とまで思われる現代において、先駆者の苦悩をあらためて感じさせる一冊だ。

ロンドン五輪で各国の女性選手の活躍が見られるだろう。そこには世界中に無名ながらもラスティのような存在があったことを思う…。（長田渚左・ノンフィクション作家）

（小学館・1680円）＝2012年6月21日⑥配信

タブーの真相、執念で迫る

「炎上」（中部博著）

レースファンでも忘れかけていた38年前の史上まれな大事故をテーマにしたドキュメント。日本の一流ドライバーとマシンが集結した人気レース「富士グランチャンピオン・シリーズ第2戦」で、2人のドライバーが死亡するという多重クラッシュが発生した。

最初に接触した1人のトップレーサーが業務上過失致死傷の疑いで書類送検されたことで、当時はさまざまな臆測やうわさが流れた。そして真の原因が究明されることなく、レース業界ではこの話題に触れることはタブーとなった。

ジャーナリストを経てノンフィクション作家になった中部博氏らしく、この事故を綿密にそして奥深く調べ上げ、分析している。事故当日のことだけでなく、その背景にも迫っている。

このレースに出場し現在生存している全ドライバーにインタビューを申し込み、その様子も詳しく描かれている。目の前で起こった事故をスチルカメラで撮影していた観客の話を聞き、こと細かに事実を確認する作業をしたことが手に取るように分かる。ビデオレコーダーがない当時、このレースを実況放映したテレビの画面を、偶然撮影したフィルムで見ることができるなど、中部氏のこの事故を調べ上げる執念さえも感じる。

レースファンや自動車好きでなくても理解しやすいように、言葉遣いは一般用語になっている。そのため専門家からみると正確性に欠ける言葉もあるが、ニュアンスとしては理解できる。なにより推理小説の感覚で読み進むことができるところが良い。

この本の全体を通じて中部氏は一貫してニュートラルな立場で事故を分析している。当時から事故のことを知っている人ほど偏った見方しかできないものだが、ひとつひとつの事実を積み重ね、違う方向からみた意見も取り入れ、それを分析するという科学者のリポートのように正確なドキュメントとして高い価値がある本だ。（菰田潔・モータージャーナリスト）

（文芸春秋・2100円）＝2012年6月21日⑦配信

生者の試練見守る死者

「ぼくが逝った日」（ミシェル・ロスタン著、田久保麻理訳）

死者が、生者と共にあることは、おそらく多くの人々によって認識されている。だが、その実感は容易に言葉にならない。死者は今も「生きている」、と言ったところで、誰も信じてくれまい、と発言する前に尻込みしてしまうからである。他者によって疑われた出来事は、いつしか当人によっても疑われはじめる。そうして近代は、いつの日か死者を忘れた。

この小説の主人公である「僕」はすでに亡くなっている。だが、彼は存在しないのではない。彼は、住む世界を別にしながら生者に寄り添う「生きている死者」である。

感染症で急死した青年が、親の悲しみや混乱を見守るという作品のモチーフは、音楽家の作者自身の体験に基づく。「この小説が、むこうからやってきてくれた」と、彼は執筆の動機を語る。死から散骨にいたる日々に涙と笑いを織り込み、フランスの権威ある文学新人賞を昨年受けている。

小説とは、言葉によって未知なる次元を発見する試みである。作者は死者と生者が再会する時空をよみがえらせようとする。彼は、身の上に起こったことを信じてもらうことを願ったのではない。読者にもまた、親しき死者の訪れがあることを伝えようとしている。

作者は「謝辞」の冒頭に、息子を失った夜、友人が電話で語った言葉を記している。「何年か前、わたしもきみと同じ、おそろしい思いを味わったんだ。完璧な絶望ってやつだよ。わたしがきみに言いたいのは、人はそれとともに生きられるということだ」。「それ」とは、一見「絶望」に映るが、示されているのはむしろ、試練を通じて現れる死者である。

生きていれば試練を避けることはできない。これからも苦しみ、悲しむことがある。だが、そのときも私たちは決して孤独にはなり得ない。なぜなら、そこにはいつも死者が寄り添うからである。生者の守護は、死者に託された務めである、作者はそう静かに語り掛ける。（若松英輔・批評家）

（白水社・2100円）＝2012年6月21日⑧配信

心身の痛みは永遠の謎?

「『腹の虫』の研究」（長谷川雅雄ほか著）

自分って何？　これこそは人類最大の謎だ。何しろ自分の心や体といっても、勝手に痛み、うずき、病む。だから、心身とは何か、自分は何にどう動かされているのか、こんな謎を、ご先祖様は探究し続けてきた。その足跡を、医学、国文学、文化人類学という「複眼」で追ったのが本書だ。

心身が操られるのは何かの侵入によると考えたご先祖様が、最初に「見た」正体は鬼、悪霊。心身不調はもののけがとりつくためと「理解」したご先祖様にとって、調伏こそが治療法。これが平安以来の「霊因観」だ。

ところが室町、戦国、江戸の各時代のご先祖様には、体に巣くう奇虫の姿が見えてきた。腹や胸が痛む身体症状から、壁土を食べる異食症、ふさぎ、つかえ、喜怒哀楽まで、操るのは、心身をつかさどる「五臓」に飛び入る「身中の虫」だとする「虫因観」だ。

腹の中から「物いう声」が聞こえ、自分の声と言い争うという奇病も、江戸の名医は「応声虫」の侵入と診断。虫という病因が見えたのだから、治療法は当然オジャマ虫の駆除で、応声虫には「雷丸」なる妙薬が、「胸虫」ならば童子の大便パウダー入りしょうが汁「胸虫薬」が処方された。

こうした江戸医学は、侵入したウイルスが病因だからワクチンで駆除するという現代医学と実は同類で、それなりに合理的な「説明」なのだが、幕末、明治期に、欧米から侵入した近代医学によって非科学的と駆除されてしまった。

こうして現在は、「疳（かん）の虫」も自律神経失調症による神経異常興奮などと説明されているが、探究はご先祖様から子孫に引き継がれ、いずれ、どんな心身不調も完璧に科学的に説明されるだろう。

だが、いくら科学的に「理解」したところで、なぜ自分がそんな不幸な目に遭うのか「納得」はできない。勝手に腹が立ち、胸が痛むわが心身は、やはり永遠に人類最大の謎なのだろう。（斗鬼正一・江戸川大教授）

（名古屋大学出版会・6930円）＝2012年6月21日⑨配信

若き族長の壮絶な戦い　「史上最強のインディアン（上・下）」（S・C・グウィン著、森夏樹訳）

1875年、米史上最強のインディアン、コマンチ族の最後の長、クアナ・パーカーは白人に投降した。本書はそれまで壮絶な戦いを繰り広げた彼の生涯を追いかけた評伝である。広大な土地でバファローを狩って暮らしていた高潔な民族が、踏みにじられ圧倒されていく姿を読むのは胸が痛い。

1836年5月19日、現代のダラス近郊に入植していた白人のパーカー一族はコマンチ族に襲撃された。男たちはやりで刺され息のあるうちに戦利品として頭の皮をはぎ取られる。女たちは乱暴され2人の女性と3人の子どもが人質となった。連れ去られた子供の1人が9歳のシンシア・アンである。後に彼女はクアナ・パーカーを産む。

南米やメキシコを制圧し北上を続けるスペイン人は、破壊力のある銃を使ってインディアンの部族も滅ぼしていった。

しかし強烈な抵抗を見せるコマンチ族が現れた。17世紀まで、彼らは典型的な狩猟採集民族で定住地を持たず、石で作った武器を使い原始的な方法でバファローを狩る種族であった。スペイン人が大陸にもたらした馬が彼らを変えた。独自の馬術を編み出し卓抜した軍事力を手に入れたのだ。

北上するスペイン人を追い返し、東部からの白人開拓者を激しく攻撃した。白人たちは開拓者を守り闘うためのテキサス・レンジャーズを組織し、戦いは40年に及んだ。その様子はジョン・ウェインの西部劇そのままである。

戦いの中で若くしてカリスマ性を見いだされ族長となったクアナが、最後に降伏を選択したのは武力の差だけではなかった。彼らの生活の基盤であったバファローがわずか数年のうちに、白人によって乱獲され滅亡してしまったからだ。クアナは一族を引き連れ投降する。

しかし彼は絶望しなかった。同胞たちの待遇改善を求め議会に陳情し、白人相手に商いも始め名声を得た。最後の族長は死ぬまで最強であった。
（東えりか・書評家）

（青土社・上下各2520円）＝2012年6月21日⑩配信

世界的共通語の変遷たどる　「日本の『かわいい』図鑑」（中村圭子編）

若い女性を中心に、あらゆるものに対するほめ言葉として「かわいい」が使われ、やがて50～60代の女性も「かわいい」を使い、さらにはこの数年、男性まで使うようになってきた。この傾向は、「かわいい」ことを何よりも肯定する現在の文化的な状況を示しているのではないかと思える。

広辞苑によると、もともとは保護してあげたくなる「不憫（ふびん）」なこと、あるいは「小さく美しいこと」などを意味した「かわいい」という言葉が、現在のように意味が拡大し始めたのは、いったいつごろで、それはどのように変遷したのか。本書は、副題にもあるように、「ファンシー・グッズ」を対象にして、それをたどる。英語のファンシー・グッズは「風変わりな特選品」といった意味だ。日本でのそれとは意味が異なっており、独特な領域を生み出したと著者は位置づけている。

ファンシーという言葉を使ってはいないが、ファンシー・ショップ的なものを最初に開店したのは、大正期の竹久夢二の「港屋絵草紙店」で、若い女性向けの千代紙や雑貨を扱ったショップだったという。それは昭和初期から戦後にかけての中原淳一の「ひまわり」、松本かつぢ、そして内藤ルネや水森亜土のイラストによるグッズ、そして1970年代にハローキティで「かわいいキャラクター」を生み出したサンリオへとつながる。

さまざまな世代の女性へのインタビューによる証言からは、その受容は都市と地方の格差、貧富の差、戦争、経済成長などがその背景にあることが語られている。「かわいい」文化は、「消費社会」の成立によって出現し、展開されてきたことがわかる。

かわいく幼いことは、無垢（むく）ゆえに誰からも攻撃されない。それを願望し評価する社会。イギリスのある研究者は、欧米での受容を天使の無垢さに結びつけて解釈する。いまや世界的な共通語になってしまった「かわいい」を具体的事例から歴史的に見る好著だ。（柏木博・デザイン評論家）

（河出書房新社・1680円）＝2012年6月22日①配信

言葉発する作家の苦闘

「ドッグマザー」（古川日出男著）

震災に対し、直截（ちょくせつ）に、そして正面からぶつかろうとする姿勢において、古川は実に真摯（しんし）な作家である。震災に、言葉や物語の力でどう応答できるのか。それが、古川が宿命的に背負い、本作で果敢に挑んだ課題である。

今作「ドッグマザー」（DOG MOTHER）は過去作「ゴッドスター」（GOD STAR＝天皇）と対になっている。「DOG」や「母」は、イメージとして、大地や地面、地下世界を示す。そこから大地、母、自然、そして「震災」のイメージが現れる。

本作は第2部と第3部の間に断絶がある。東日本大震災が起こり、続きを書くことが一時的にできなくなったのだ。そこで古川は福島に赴き、「馬たちよ、それでも光は無垢で」という作品を書いた。そこには、現場で見た事実と、言葉にできなさ自体への嘆息が、見事に言葉になっていた。

その作品の中で、古川は、津波でさらわれた神社を見て、厳島神社のような光景を想像していた自分を発見し、「唾棄すべき俺の想像力」と叫ぶ。「瓦礫（がれき）」という言葉は、本物の瓦礫の持つ何百何千という要素を現していないという敗北を知る。その上で、それでも、想像力や物語に懸けようとして、本作を書く。

性交のたびに若返っていく女院主や、超能力を持つその子供たちが中心となり、救済のために巨大な美術作品を作ろうとする本作の第3部は、ほとんど通俗スレスレである。ここには、隠喩や換喩により言葉のイメージのネットワークを巧みに扱う古川の文学的魅力が、単なるオカルトに堕しかける危険ギリギリのスリルがある。そしてそれは、震災によって変化してしまった言葉の布陣を古川が身体的に生きているがゆえに生じている。

本作はいろいろな歪（ひず）みや危険性を持ってはいる。それを含め、震災という、言葉を拒絶するような出来事を生きながら、なんとか言葉を発しようとする作家的苦闘を、読み手も共に生きさせられてしまう。（藤田直哉・文芸評論家）

（新潮社・1785円）＝2012年6月22日②配信

強制と内発の「集団自決」

「非業の生者たち」（下嶋哲朗著）

沖縄の読谷村にあるチビチリガマと呼ばれる自然洞窟は、沖縄戦の際に「集団自決」で80人以上の死者を出したことで知られる。この事実は、戦後長らく地元ではタブーであったが、1983年、村民に呼びかけて調査を実施し、そこで起こったことを何冊かの著作を通して広く世に知らしめたのが著者であった。

それ以後、この問題は著者のライフワークとなる。沖縄だけではなく、サイパン、グアム、テニアン、フィリピン、満州などへと調査の範囲を広げ、「集団自決」を生き延びた人々への聞き取りを続けてきた。その集大成が本書である。

「集団自決」には、日本軍に強制されて肉親を手にかけたケースもあれば、民間人が自発的に死を選んだように見える例もあったが、その本質は、軍の強制の有無という二者択一的な理解の仕方にはない。重要なのは、「強制」と「内発」という両義性を見据えることにあると、著者は説く。

体験者との対話を繰り返す中で著者は、「強いられた自発性」に問題の核心を見いだした。ある体験者は「わしらは命じられれば自決する、命じられなくても自決する。そういう教育を受けとった」と語る。明治以来の皇民化教育を通して「強制が内発化されていた」ことの証左といえよう。国家政策や教育の蓄積の上に、「鬼畜米英」に対する煽（あお）り立てられた恐怖が重なり、人々は「一億玉砕」のスローガンを実行に移したのである。

本書は「非業の生者」の戦後の生活にも分け入り、生還者（サバイバー）の戦後史としても希少である。彼らの多くがアルコール依存に苦しんでおり、今なお〈内面の戦争〉が終わっていないことに暗たんとする。「非業の生者たち」は、国家総動員体制下で見捨てられただけでなく、戦後社会からも見放されてきたと言わざるを得ない。そのような重荷を背負わせた国家の責任こそ、問い続ける必要がある。（北村毅・文化人類学者）

（岩波書店・2940円）＝2012年7月5日②配信

日本人の成熟拒否を探究

「幼少の帝国」（阿部和重著）

執筆半ばで東日本大震災がおきる。著者は現地に赴き惨状を目の当たりにする。それを境にこの著作の表情ががらりと変わる。偶発的かもしれないが、作家が歴史的「事件」と対峙（たいじ）した瞬間をとらえたリアルな証言だと言えよう。その意味でも興味深い一冊だ。

この本における著者のミッションは「日本人の成熟拒否傾向を考察せよ」だ。ロールプレーイングゲーム的であるのは、著者自身このテーマの探究に対してさほど積極的ではないにもかかわらず、ミッションとしてこなそうとしている点だ。この不安定な「立ち位置」がまずは強烈な問題提起を打ち出す。日本の成熟拒否の原点は天皇とマッカーサーが並んだ写真であると。

さらに「成熟拒否」という概念自体を巧みにスライドさせ意外な対象への取材を実行。皮膚の抗老化研究、精密機器産業における小型化技術、美容整形。取材を通して日本の「成熟拒否」とは小型化に生きる道を見いだした国策的処世術の反映であり、その「ストーリーに沿って世界一を達成することが肝心だという答えを得る。巨大化を目指したスカイツリーは戦艦大和を思わせる悲劇的なミスだとも。

ここで東日本大震災がおきる。シニカルな筆致は突如として真摯（しんし）な真理の探究にかわる。「日本は『少年』などではなく、むしろとっくに『老年』を迎えていたのかもしれない」。彼はあらためて自身の少年期をかえりみることに。「デコトラ」「自転車」「変形学生服」「仮面ライダー」…「この国の文化をつくっているのは終わりなき青春への志向」であるとしつつも、震災を知った彼は「（同時に）青壮年期にふさわしい熟練者の振る舞い」を示せという警鐘を鳴らす。

この姿勢は次の「日本のエネルギー政策」において先鋭化。対話の中で「電力会社には、ユーザーがバカで幼稚だという決め付けがある」という言質を得る。最後は再び被災地へ。簡素な言葉の中に「幼少帝国」からの脱皮を求める著者の声が聞こえる。（中野順哉・作家）

（新潮社・1470円）＝2012年7月5日③配信

骨太硬派の快作

「夜の国のクーパー」（伊坂幸太郎著）

舞台は、鉄国（大国らしい）との戦争に敗れた小さな町。進駐するといきなり住民の指導者・冠人を撃ち殺した片目の兵長とその部下は、銃の力で町を支配する。

冠人の家系は、100年このかた町を治めてきたが、冠人の子・酸人は占領軍にゴマをするだけの鼻つまみ者だ。だが住民は「指示待ち」「他人頼み」の気性がすりこまれていて、哲学者カントのいう「未成年の状態」にある。

戦争に負け、進駐してきた占領軍の最高司令官に「精神年齢は12歳」といわれた歴史の一こまを思い出させる光景を物語るのは、トムという名の猫。聞き手は仙台在住の公務員「私」、40歳。

「私」は、妻の浮気に気付いて家に居づらくなり、海釣りに出て嵐に遭遇する。気がつくと体をつるで縛られ、猫の口から奇妙な国の奇妙な物語を聞かされている。「私」は、読むわれわれと現実を共有しながら、異世界にまぎれこんだ男だ。

伊坂幸太郎の10作目の書き下ろし長編小説「夜の国のクーパー」が描くのは、「自分の足で歩くのを妨げる足枷（あしかせ）」（カント）を投げ捨てて自由に歩こうとする人間の営み。歩く杉の樹（らしき）クーパーなる正体不明の“生き物”まで登場させてのファンタジーとみせて、カントの哲学書までも読ませんとする、骨太硬派の快作である。

心地よい緊張と脱力が交錯する展開と、目くらましの超絶技巧で翻弄（ほんろう）する活劇。中でも実に魅力的なのは、町を出たまま行方不明だった兵士たちを連れ帰る「複眼隊長」だ。

伊坂は、大江健三郎の「同時代ゲーム」を、「振り落とされないためにしがみつくようにして、必死に読み進めた」という。自由で理性あり、状況を見すえてあっという手をうつ複眼隊長は、その伊坂だからこそ生み出せた存在で、わたしは思わず小松左京の快作「日本アパッチ族」の魅力的なリーダー、二毛次郎を想起したのだった。（井家上隆幸・文芸評論家）

（東京創元社・1680円）＝2012年7月5日④配信

異形の情念による犯罪描く

「ラバー・ソウル」(井上夢人著)

井上夢人は、一作ごとに趣向を変え、ジャンルを超えた高水準のエンターテインメントを発表し続けている。その新作「ラバー・ソウル」は、ある異形の情念と、そこから生じた犯罪を描いたサスペンス小説だ。

周囲の人間から常に忌避されて生きてきた鈴木誠は、ずっとひきこもり状態で暮らしているが、唯一、洋楽専門誌にビートルズに関する評論を寄稿することだけが社会との接点だった。

ある日、雑誌の撮影に立ち会っていた誠は凄惨(せいさん)な事故に遭遇し、その場にいたモデルの美縞絵里を家まで送り届けることになる。絵里のほうは誠のことを覚えてもいなかったくらいの、ほんの短い邂逅(かいこう)。だが誠はその時から、絵里に常軌を逸した想(おも)いをささげるようになる。

SF的(あるいはホラー的)なアイデアを取り入れていたり、コミカルな会話で読ませたり…といった小説が多い著者としてはやや異色の作品だが、読みやすさは相変わらずである。警察の事情聴取に対する関係者たちの供述が並ぶ中、主要人物の独白が挟み込まれているという構成だが、めりはりのある複数の語りが連鎖するため、かなりの大作であるにもかかわらずリズミカルに読めるのだ。

中でも、絵里に一方的な愛情をささげるあまり犯罪も辞さなくなった誠の独白が圧巻で、自己中心的な論理で自分の行為を正当化する粘着質ぶりに背筋が凍る。「ストーカーもの」の先例を幾つか想起する読者もいるに違いないが、こんなポピュラーなテーマに著者がわざわざ挑むからには、何らかの成算があると気づかねばならない。

物語が進むにつれて、起こった事件の空白が少しずつ埋められてゆくのだが、最後に浮かび上がった全体の図柄は、果たして予想通りだろうか。誠という主人公に、読者はどのような感想を抱くのか。これほど、読んだ者同士で感想を語り合いたくなる小説も珍しい。(千街晶之・文芸評論家)

(講談社・1995円)=2012年7月5日⑤配信

宴から国際情勢読み解く

「饗宴外交」(西川恵著)

1994年7月の先進国首脳会議(ナポリ・サミット)。日本からは就任間もない村山富市首相が出席した。同行記者として現地入りした私は、とんでもない出来事に遭遇した。最初の公式行事である首脳ワーキングディナーで村山氏は気分が悪くなり、市内の病院に担ぎ込まれたのである。記者会見をした園田博之官房副長官(当時)は「食中(あた)り」と発表した。不謹慎ながら村山氏は当時既に70歳。あらゆる事態を想定した。

村山氏は帰国後、冗談交じりに「オリーブオイルが体に合わんかった」と話したが、今もって「食中り」の正体は不明のまま。幸い村山氏は翌日、退院して首脳会合に戻り事なきを得たが、仮に入院が長期化していたなら外交史上に大きな“汚点”を残しただろう。

サミットをはじめ首脳同士の食事は単なる会食ではない。著者の表現を借りれば「饗宴はすぐれて政治である」。歴代首相の中で本書のタイトルでもある「饗宴外交」の意味を最も理解し、その準備に全力を注いだ首相は小渕恵三氏を置いて右に出る者はいない。自ら決断した沖縄サミットの歓迎晩さん会に懸けた意気込みは傍(はた)から見ていても尋常ではなかった。記者に「いずれ君らと一緒に食べよう」と言っていた小渕氏。だが、開幕を待つことなく卒然と世を去った。本書を読んで初めてその舞台裏を知り、小渕恵三という政治家の凄(すご)みを再確認させられた。

本書には「ワインと料理で世界はまわる」との副題がつく通り、宮中晩さん会から日中の首脳交流までさまざまな饗宴のメニューが紹介されている。見たこともない高価なワインもあれば、意外にポピュラーなワインが出されているのにも驚く。ただし、本書はグルメ本ではない。饗宴を通じながら国際情勢を分かりやすく読み解いた一級の外交書である。「隠し味」を利かせた著者の「筆さばき」を味わうのも楽しい。(後藤謙次・政治ジャーナリスト)

(世界文化社・1785円)=2012年7月5日⑥配信

行動あっての創造力　「未来を発明するためにいまできること」（ティナ・シーリグ著、高遠裕子訳）

本書は、ベストセラーとなった前著「20歳のときに知っておきたかったこと」に続く作品。著者が教壇に立つスタンフォード大学での集中講義をまとめたものである。

タイトルの「発明」という言葉にいささか違和感があったが、一読した後は納得がいった。すなわち、いかに優れた創造力を持ち合わせ、日々の生活の中でモチベーションを高揚させて磨き上げても、その創造力を行動に移さねば、それは単なる「発見」である。

著者は、東日本大震災の前後に日本を2回訪れ、その被害の大きさに心を痛めたが、厳しい環境の中での日本人が復興に懸ける行動力に強く感動したという。さて人は生まれた時から創造力が備わり、両親や家族らがその子を取り巻く環境を整え、より豊かな創造力を育て上げるが、社会人になるとその力は衰えていく傾向がある。

本書は具体例を挙げながら、創造力を逆に積み上げる各種のイノベーションを紹介している。創造力、アイデアはコストが全くかからないというのにも同感した。例えば、ゴミ箱の中からゴミの価値をも生み出すといった学生グループでの討議は、環境問題に悩む世界中の人が参考にすべき、創造力発揮の場であろう。

いま日本は政治的にも経済的にも日常的にも閉塞（へいそく）感が漂い、希望を失っているかにみえる。こうした時こそ、未来へチャレンジする創造力、そしてそれを実際に行動に移すことが不可欠であろう。

本書にはそのヒントが満載されている。単なる学生やビジネスマン向けの自己啓発書ではなく、広く日本の各界のリーダーにも読んでもらいたい。若い時のみずみずしい感性、豊かな創造力、そしてこれまで積み上げたキャリアを自分たちのためでなく、日本の未来のため行動に移し「発明」してもらいたいものだ。

人生をより明るく確かなものにするためにも、幅広い人たちにぜひ一読を薦めたい。その行動からあなた自身の未来に「発明」があり、希望が広がるといえよう。（荒和雄・経済評論家、作家）

（阪急コミュニケーションズ・1470円）＝2012年7月12日①配信

導きだされた精神主義　「未完のファシズム」（片山杜秀著）

玉砕という言葉にみられるような、第2次世界大戦における日本軍の精神主義は、当時の日本がもつ不条理を象徴するものとして語られてきた。そうではなく、戦時における過剰な精神主義は、合理的な判断の結果なのだ、というのが本書の主張するところである。

著者は、まず第1次世界大戦での、青島におけるドイツ軍の要塞（ようさい）の攻略に着目する。そこで試されたのは「物量」による戦闘であった。すなわち、兵士による突撃などではなく、最新鋭の「擲弾（てきだん）銃」や「高射砲」などが初めて戦争に投入されたのである。日本軍はこの戦闘に圧勝する。

ところがこの勝利が、逆に軍の関係者を凍りつかせた。物量による戦争の勝利は、資源をもたない日本がいずれ敗北することを予言するものであったからである。このような現実的な認識の帰結するところは、戦争を回避するか、もしくは極端な精神主義による戦争を、という2択になる。そのうち精神主義がひとり歩きするようになったのが、第1次大戦以降の日本軍の思想史であった。

それを象徴するのが、日本陸軍に浸透していった「タンネンベルク会戦」の神話である。これは第1次大戦のとき、ヒンデンブルクひきいるドイツ軍13万人が、ロシア軍50万人を「敵側面からの奇襲戦法を最大限に活用しての包囲殲滅（せんめつ）戦」によって制圧した闘いである。この戦闘に、物資の乏しい国が奇襲と精神主義で一発逆転を狙えるという物語を、当時の陸軍はみいだしたのだ。

こうした不合理な主義主張が、合理的な判断から導きだされたという指摘は、今日の国家を語るうえでも重要である。「憲法」や「非核三原則」といった、国家の行動に制限をくわえる原則が必要とされる理由はここにある。それらの原則が現実的ではないと主張する者は、本当の現実が分かっていないのである。そのことを知るためにも本書はおすすめである。（池田雄一・文芸評論家）

（新潮選書・1575円）＝2012年7月12日②配信

旧弊と対決する武将描く

「叛鬼」（伊東潤著）

「非理法権天」ということばがある。

下剋上（げこくじょう）の行為が宇宙の主宰者である天道によって容認される、という意識を表し、楠木正成が旗印に用いたという説がある。

さて、いまいちばん脂が乗った歴史・時代作家・伊東潤が、最新作の主人公に選んだのは、その下剋上の鬼・長尾景春。

主君だった関東管領・上杉顕定の軍勢を破った後、かつて兄とも慕った太田道灌と対決する。その道灌は「われら武家は序を重んじ、序のために死んできた。たとえ未熟な主君であろうと、序を乱すことをすれば、われら武家の支配は崩壊する」と旧弊な考え方を説く。しかしある意味、合理的な思考の持ち主である景春は「民と国衆の意を汲んだ政道を行う者こそ、人の上に立つべきであり、そうでない者を斃（たお）すことは、天道に反することではありませぬ」と喝破する。

このあたり、現代の私たちが見知っている政治や組織運営への痛烈な批判ともなっていよう。

作者は重量級の戦国ものの書き手として登場した。それが次第に単なる“豪腕作家”にとどまらず、読みやすさを得、作中人物の心のひだに分け入る小説作法に長じ、長足の進歩を遂げてきた。本作で描かれているのは、そんな作者自身にも重なる、まったくブレることのない景春の姿である。

が、景春の不敵な面構えの奥はどうであったか。ときとしてその仮面の下で人知れず、泣きぬれていたり、苦悩していたりしたことはなかったか―。

冒頭の「非理法権天」ということばを読めば分かるように、まず、非道なことは道理には勝てない。理論として正しくても、法には勝てない。そして、いくら法で勝っていても権力には勝てない。その権力といえども、最後には天には勝てない。

では天はこの叛鬼（はんき）をどう見ていたのか。読了して、極めて自然にそんな感慨が浮かんでくる一巻といえよう。（縄田一男・文芸評論家）

（講談社・1680円）＝2012年7月12日③配信

無頼も不可能な時代の物語

「金貸しから物書きまで」（広小路尚祈著）

作者はこれまでも家族愛の小説を書いてきた。本作の主題も同じだ。語り手がよりどころとする家族愛とは、厳密にいえば、妻と息子への愛、そのたった2人への愛だ。

2人を幸福にしたい、そのために、働きたくないのを我慢して働いている。しかし、語り手「おれ」は「馬鹿は死んでも治らない」と自嘲するダメな大人で、生来の怠け癖と短気な性格が相まって職を転々とし、今は消費者金融の貸し付け・取り立てを生業としている。成績はよく、支店で手腕を発揮する仕事ぶりが小説前半、微に入り細をうがって記述される。

10万円しか要らない客に限度額の50万円満額を貸し付ける話術の妙。回収では、一家で夕食を囲んでいる客に電話し、家族に借金を知られたくないことに付け込んで、今夜ATMへ入金できないなら今からお宅へ集金に伺う、と迫る。返済できず店に謝りに来た客にも情けなどかけず、「いいですか、誠意とはお金のことですよ。現金。万札」と突き放す。

こうしてなんとかやっていたものの、彼は支店長の態度が癇（かん）に障って胸ぐらをつかみ、翌朝、それを気に病んで、またも「バックれる」ことになる。

語り手のような男は現実の世に大勢いる。彼らは世間を恨み、自分をおとしめる者をねたみ、そねむ。そして諦めると、自分のだらしなさ、ふがいなさを呪う。それだけは他人に負けないはずのだらしなさやばかさ加減においてさえ徹底できず、中途半端である現状に忸怩（じくじ）たる感情を抱く。

例えば本書の語り手は葛西善蔵や織田作之助の私小説的な落魄（らくはく）に憧れるが、己を顧みて、落ちることにおいても落ちきれない、その不徹底ぶりを嘆く。傑物の頂点にも愚者の最底辺にも至れないぬるま湯。おせっかいな社会のセーフティーネットが、偽悪的な堕落の極みさえ個人から奪う時代、無頼の美学も不可能な、煮え切らぬ時代の物語なのである。（諏訪哲史・作家）

（中央公論新社・1680円）＝2012年7月12日⑤配信

文学者の興味引く美術家

「恩地孝四郎」（池内紀著）

恩地孝四郎の初の評伝である。恩地は詩もよく書いた。美術家としては少し変わった存在なので、文学者の興味を引いたのだろう。

恩地の若いころの画家、特に版画家は文学的であったように思う。ポーとルドンがコンビの石版画集は、その代表的なもので、駒井哲郎の銅版画集「マルドロールの歌」や、埴谷雄高の本の装幀（そうてい）も、版画家と文学の関係が密であることを物語っている。

恩地は木版画家であるが、装幀論も書いていて「装幀家」としても通用する。

若い恩地と竹久夢二との接近は興味深い。夢二の版画集販売という、それまでになかった方法に興味を持ちながら、夢二の甘いセンチメンタルな絵に、恩地は批判の手紙を書いた。夢二は正直な批判に喜び、恩地を呼び寄せた。恩地は夢二の家へ遊びに行くようになり、画集など見つつ、夢二の生き方の影響を受けたようである。

恩地孝四郎は田中恭吉らと版画と詩歌の雑誌「月映（つくはえ）」を作り、売り歩くこともしたが、理想が高くて売れなかった。しかし「月映」を見た萩原朔太郎は、初の詩集「月に吠える」の装幀装画を、恩地、田中に依頼した。

「月に吠える」の刊行は文学界に衝撃を与えた。その後、恩地孝四郎のモダンで美しい装幀本が次々と世に出されていくことになった。

本書は、恩地孝四郎を取り巻く当時の美術事情も随所に挟んでいて興味がつきない。ヨーロッパの中で独特な位置をしめたドイツ美術についてなどである。

ドイツ文学者の著者は、ルーカス・クラナッハが持つ印刷屋で、ルターのドイツ語訳聖書が印刷されたこと、デューラーが、銅版画や木版画、ルターのパンフレットを旅行鞄（かばん）に入れてネーデルラントへ向かったことなど、思い浮かべながら書いたのであろう。ドイツ語訳聖書の印刷と製本、木版画の普及は、恩地孝四郎に流れ着いたものだ。（司修・画家、作家）

（幻戯書房・6090円）＝2012年7月12日⑥配信

東京以後の作家像に迫る

「荷風と市川」（秋山征夫著）

荷風と東京の街。抜き差しならない両者の間柄をつづった名著に川本三郎「荷風と東京」がある。その精神を引き継ぎ「東京以後の荷風」に迫るのが本書だ。

空襲で麻布を焼けだされた荷風は1946年1月、千葉県市川市菅野に越してくる。66歳。以来13年余り、死に至るまで市川に住み続けた。東京へ戻る機会がなかったわけではない。なぜ市川だったのか。

鍵を握るのが新発見の「荷風先生言行録・メモ帖」だ。執筆者はフランス文学者小西茂也。市川時代初期に荷風に部屋を提供し、2年近くも同居することになった人物だ。小西メモを「断腸亭日乗」以下の既往文献と丹念に照合する。荷風の生活の実相を再構成し、その内奥を浮かび上がらせてゆく。

小西にとってこの同居生活は、文人荷風への敬意が後退し、人間永井壮吉を直視せざるを得なくなってゆく過程でもあった。晩年の荷風は自分以外の人間を愛さなかった。周囲との摩擦は絶えず、支援者も大半は離れ、やがて独り死への覚悟を定めてゆく。その寂寞（せきばく）たるさまは壮絶で、とことん人間らしくもある。

荷風が最後まで愛したのは街であった。消えゆく江戸を戦前の東京に見ようとした荷風は、失われたかつての東京を市川に見いだしていた。現実の街は観念の街の代理でしかないともいえるが、それを包容するだけの度量が市川にはあった。墨東よりもさらに東、江戸川を渡って都県境を越えてすぐ。緑の丘があり、黒松の林に静かな住宅が並び、人々の生活が息づいている。

荷風の街への愛着は、生まれ育った街の市川に抱く著者の愛情と響きあい、本書の通奏低音となっている。やはり市川に住む評者もまた、あらためて多くを教えられた。

同時期に刊行された橋本敏男「荷風晩年と市川」（崙書房出版）は、晩年の荷風を受け入れ見守った市川の側に立ち、市民から見た荷風を描いている。併せて読むといっそう興味深い。（長谷川一・明治学院大教授）

（慶応義塾大学出版会・2520円）＝2012年7月19日①配信

片付かない人生の宿題

「すみれ」（青山七恵著）

全国の小中学生に告ぐ。ずーっと続くわけねえだろ、夏休み。万事すべからく流転するって昔の偉い人も言ってんだよ。ま、知らんぷりすれば延長できると思ってる大人も、いるっちゃあいるんだけどね。

その名はレミちゃん、37歳。藍子の両親の大学時代からの友達で、かつては才能の塊だった。誰もが小説家になると思ってたけど、今は死んだような目でタバコばっかり吸っている。レミちゃんは夏休みが終わった秋の日、中学3年の藍子の家で居候ライフを始めた。

なんだろ、この不安な感じ。受験生の藍子が抱く焦燥感に、生きた心地がしないから？　レミちゃんに対してつとめて穏やかであろうとする藍子の両親の、本音がはみ出ている気がするから？　どこか懐かしくもあるその感覚が気になって、つい読み進めてしまう。

けれど、懐かしさに導かれるようにたどり着くのは、ハッピーエンドではない。感情を、理性で静かに、そうとは感じさせないように爆発させた結末は、誰も悪くない分、余計に悲しい。

藍子はごくごく普通の子供。「毎日が夏休み」なレミちゃんと、いつまでもヒラメのパイ包みなんて作っていられない。レミちゃんからの課題図書を読むよりも、受験勉強をしなくちゃいけない。覚めない夢なんて当然ない。だけど…。

レミちゃんと出会って、周囲の人とつながりきれず、手を離してしまう自分に気付いた藍子。大人になった彼女は、小説を書くことで世界とつながろうとする。

手、離したってことは、そこまで大事じゃなかったんじゃね？　って思わなくもないけど、藍子にとってレミちゃんは、とっくに終わった夏休みの、いまだ片付いていない宿題なのだろう。だから藍子は、レミちゃんへ届くようにと小説を書き続ける。その祈りにも似た行為は、著者の書くことへの切実さに通じるように思えた。

さて、みんなも宿題、やらなきゃね。（宮田和美・ライター）

（文芸春秋・1260円）＝2012年7月19日②配信

おのれを呪う悲劇の武将

「信長死すべし」（山本兼一著）

武田氏を滅ぼして天下統一の道を邁進（まいしん）していた織田信長は、家臣・明智光秀の謀反であっけない最期を遂げてしまう。天正10（1582）年6月2日未明に起こった本能寺の変である。光秀の主君弑逆（しいぎゃく）に関しては、これまでにさまざまな説が取り沙汰されてきたが、事件の背後に朝廷の陰謀を見いだす説が近年では有力となっている。

本書は、この朝廷陰謀説を物語の中心軸に据えて、本能寺の変に至る過程と直後の情勢を俯瞰（ふかん）してみせた歴史長編。

天下のすべてを従わせる野心を抱く信長は、朝廷にも改元や譲位の強要などを押しつけ、大坂遷都まで迫る。朝廷の意向を無視する信長に危機感をつのらせた正親町帝（おおぎまちのみかど）は、太政大臣の近衛前久（このえ・さきひさ）に信長粛清の密勅を下す。前久は信長の命を狙えるだけの心胆と戦略のある者として光秀を選び出す。

光秀は信長の非凡な発想力と国づくりの構想を評価しつつも、天下のことは帝に従わねばならないと考え、信長を討つことは謀反ではなく、義のための戦いである、と挙兵を決意する。光秀が選ばれるまでと光秀が決意するまでの描写が、本書の読みどころでもある。

このあと、中国戦線にいた羽柴秀吉が驚異のスピードで畿内に進軍して、6月13日朝に山崎の合戦が起こり、光秀は敗れる。光秀は信長を討てば内裏からすぐさま天下に詔勅が発せられると信じていたが、正親町帝は信長の首級が見つかるまで密勅のことは伏せるように前久に命じていた。結局のところ、密勅は下されなかったということになってしまう。

織田側と朝廷側のそれぞれの思惑と動きを描き分け、それらが微妙に連環して本能寺の変につながっていく。その過程で、朝廷側のしたたかさを浮かび上がらせている。人と人との醜い思惑にからめ捕られたおのれの愚かさを呪う光秀の思いが、悲劇の武将としての痛ましさをかき立てるものとなっている。（清原康正・文芸評論家）

（角川書店・1890円）＝2012年7月19日③配信

アジアの欠けた記憶補う　「台湾海峡一九四九」（龍應台著、天野健太郎訳）

1949年。日本はいまだ米国の占領下にあった。敗戦にうちひしがれた日本人は、外界への関心を失い、中国、香港、台湾で何が起きたのか、記憶が薄い。

本書は膨大な取材を基に、中国本土で共産党に敗れた国民党が台湾で政権を樹立した49年を中心に、人生を翻弄（ほんろう）された人々の悲劇を描いた歴史ノンフィクションである。

著者の龍應台は、女性のベストセラー作家、評論家にして文化省の現役閣僚。中国出身の両親を持つ台湾生まれの「外省人2世」である。

著者の母親がどのように故郷を失い、台湾にたどり着いたかを、著者自らたどる旅から始まる。同じく流浪を経験したあまたの人々の物語がそれを継いで重層的に展開していく。

共産党軍の追っ手が迫る中、南北へ行き先を分ける決断をする兄弟。終着地までに5千人が300人に減ってしまった疎開児童たち。国民党から共産党へ所属が変わった揚げ句、朝鮮戦争まで戦い、50年間故郷に戻れなかった台湾の先住民。

日本兵として捕虜虐待に加担し、有罪判決を受けた台湾人志願兵。国民党政権が台湾人の抵抗運動を武力弾圧した2・28事件で公開処刑された恩人の亡きがらに線香を手向ける8歳の子供…。

日本、ソ連、国民党、そして共産党の手によって、何十万、何百万の人間が、尊厳もなく簡単に死に続け、人生を根本から狂わされてゆく。

この妙に既視感のある悲劇は国境を越え、49年以前から存在し、その後も続いている。しかし49年は単なる通過点ではない。現在の中華世界を理解する上で非常に重要な鍵となっている。

中国本土では禁書となったが、日本人は本書を堂々と読むことができる。それは欠けたアジアの記憶を補う巡礼であり、欧米中心の現代史観に修正を迫る挑戦でもある。

著者の「『敗北者』の子供として生まれて、私は誇りに思う」の一言が肺腑（はいふ）に染みる。翻訳も秀逸。読み始めたらやめられない一冊だった。（松田康博・東京大教授）

（白水社・2940円）＝2012年7月19日④配信

言語から真偽読み解く　「アングラ演劇論」（梅山いつき著）

著者は1981年生まれ。本書で論じている60～70年代のアングラ演劇を同時代に観劇していない。ほぼテキストのみで論考したわけである。けれどもその才能は、斬新で、刺激的な本を生んだ。

論じているのは、唐十郎（から・じゅうろう）の連作「ジョン・シルバー」、鈴木忠志（すずき・ただし）「劇的なるものをめぐって・Ⅱ」、別役実（べつやく・みのる）「正午の伝説」、そして作家ではなく、集団としての演劇センター68／71「翼を燃やす天使たちの舞踏」が中心である。

これらのアングラ演劇の一部は、フランスの劇作家サミュエル・ベケットの「ゴドーを待ちながら」に少なからぬ影響を受けている。だが著者は、「ゴドー」は救世主がいつまで待っても来ない物語であるのに対し、アングラ演劇は救世主に会おうとし、実際に遭遇するが、その人物が偽物で、「複製」であることが多いことに注目する。

なぜ偽物が登場するのか？　著者は同じ60年代に美術家の赤瀬川原平（あかせがわ・げんぺい）が作品として千円を印刷所で「複製」したことから起きた「千円札裁判」を例に挙げながら、このことを論じている。「偽物は本物との差異を持つことで、本物の真性を保証し、同時に偽物というポジションを獲得する」

赤瀬川の「千円札」は、複製（本物の千円札も複製）の複製であるわけで、資本主義の偽物性を暴露しようとした。その赤瀬川とアングラ演劇との共通性を見いだす作業は実にスリリングだ。

別役実作品では、別役脚本の映画「戒厳令」の北一輝を紹介し、近代日本における天皇制についても言及。救世主の偽物・本物の議論はここに到達するためだったのか？　との思いに至る。

唐十郎が演劇論「特権的肉体論」で展開した、戯曲や演出よりも役者が重要という宣言によりかかることなく、アングラ演劇はむしろ「言語の演劇」とする著者の視座は、この分野の研究に新たな光を当てた。と同時に一級の思想書として成立しているといえるだろう。（高取英・劇作家）

（作品社・2310円）＝2012年7月19日⑤配信

最新研究で誤解正す　「犬はあなたをこう見ている」（ジョン・ブラッドショー著、西田美緒子訳）

犬は階層社会に生きる動物で、常に相手を支配しようとしている―。そんなことを耳にしたのは今から15年ほど前、犬のしつけの重要性が日本でも注目され始めたころのことだ。取材した数人のドッグトレーナーはいずれも、「犬の祖先であるオオカミの行動を分析した結果で、欧米では広く知られたものだ」と説明した。犬のしつけと科学を結びつけた話を聞いたのは初めてで、私はその内容にひきこまれた。

しかし、ふに落ちないものも感じた。わが身を振り返れば、愛犬に支配欲を刺激することばかりしていた。飼い主より先に食事を与え、催促されて散歩に出かけ、ベッドやソファは乗り放題。それでも私が感じる限り、主導権は人間側にあり、その関係は愛犬が17歳で没するまで続いた。これは、飼い犬の支配欲がたまたま薄かったということだったのか？　そんな長年の疑問が、この本を読んでようやく解消した。

犬の世界に序列などない、という著者は25年にわたり犬の行動を研究してきた人間動物関係学者。間違った情報が、今も多くの犬と飼い主を傷つけていると指摘する。最新調査では、自然界で暮らすオオカミは仲むつまじい家族の集まりだということがわかっている。その関係を人間と犬にあてはめると、飼い主を犬の親のように呼ぶ比喩も、あながち間違いではなかったことに気づく。

犬は身近な動物だが、詳細がわかってきたのはここ10年ほどのことだ。本書では、多くの誤解を正しながら、最新の研究成果を基にリアルな犬の世界を多角的に紹介している。犬誕生の歴史をたどり、犬の知力や感情の謎、嗅覚から多くの情報を得る犬ならではの世界にダイナミックに迫る。ユニークな実験によるエピソードの数々は、犬好きならずとも知的好奇心を刺激されるだろう。

犬が家族の一員として楽しく暮らすことを願う著者による、愛情あふれる科学ノンフィクションである。（片野ゆか・ノンフィクション作家）

（河出書房新社・2310円）＝2012年7月19日⑥配信

感傷排し描いたスポーツ人　「心の聖地」（共同通信社編）

本書には45人の「スポーツ人」（スポーツと関わった人々）の人生が凝縮されている。その「スポーツ人生」も見事だが、それを記述した簡潔な表現にもうならされた。

五輪聖火の最終走者に選ばれながら選手としては成功できなかったランナーも、甲子園で大人気のヒーローになりながら、その後全く活躍できなかった野球選手も、父親の強烈なスパルタ教育から独立しようとあがいたゴルファーも…。45通りのさまざまな人生が過不足のない鮮やかな文章で紹介され、描かれているのだ。

スポーツ・ノンフィクションと呼ばれる読み物は、書き手の作家が一人称で登場し、スポーツマンの行動を見つめ、インタビューするなかで、「僕は…と思った」といった表現で、スポーツマンの人生が劇的に描かれる場合が多い。作家の目―作家というフィルターを通して、「スポーツマンの人生ドラマ」が描かれる。

が、本書は通信社の記者が書いた地方紙への配信原稿で、そんな悠長な表現は許されない。わずか2千字足らずの文字で表現された人生は、書き手の感傷など一切排除した、いわばスポーツのエッセンス（精髄）のみとなる。

政治に翻弄（ほんろう）されたオリンピック体操金メダリストも、陸上競技の五輪メダリストが手にする砲丸を作り続ける職人も、男性との戦いに挑む女流棋士も、芸能界のアイドルからオートレーサーに転身した若者も…彼らの語る「人生」には、スポーツという素晴らしい人間の行為へのオマージュが常に含まれている。

人生とは生きる目的を見いだしにくいもの。そこにスポーツがあれば救われる？　あるいは、苦労が倍増する？

それはわからないが、生きている実感だけは確固として存在する。そんな確信を教えてくれる一冊でもある。

おそらくスポーツは人生の中にあるのではなく、スポーツの中に人生があるのだ。（玉木正之・スポーツ評論家）

（岩波書店・1890円）＝2012年7月26日①配信

ヤンキーの母性性を論じる

「世界が土曜の夜の夢なら」（斎藤環著）

待望のヤンキー文化論である。オタク文化論は珍しいものではなくなったが、むしろ多くの日本人が共有するヤンキー的な感性の分析は少なく、2009年前後、私の編著「ヤンキー文化論序説」など幾つかの本が刊行されたものの、後に続く研究書がなかった。

オタクは当事者も研究者体質であるのに対し、ヤンキーは批評と相性が悪い。だがヤンキー的なものは日本文化を理解する上で重要な概念である。私自身、ツッパリでも不良でもなかったが、中学生のころ「横浜銀蝿」を好んで聴いていた。

著者は、早くからヤンキーを論じていたが、今回ついに一冊の本にまとまった。取り上げる対象は多岐にわたる。浜崎あゆみ、ギャル、氣志團、相田みつを、ジャニヲタ、白洲次郎、金八、特攻服、ヤンキー漫画。あらゆる領域にヤンキー的なものが浸透していることに気づく。いや、そうした貪欲（どんよく）な雑食性やどんな形式にも広がっていくことこそがヤンキー的なものの核心だという。

著者によれば、その中核に「本質」と呼べるものがないからだ。そしてヤンキー文化は、対象の本質に注目する隠喩（例えば「猫のように気まぐれ」）ではなく、対象との隣接性に注目する換喩的表現だと指摘する（例えば「兵士」を「銃」で示す）。つまり本質があるとしても内面にではなく、デフォルメされたリーゼントなど表層的なキャラに特徴が際立つ。

本書で最も印象的な議論は、意外に思われるかもしれないが、ヤンキーの母性性である。ヤンキー文化は、人との濃い関係性の原理＝女性性に基づくからだ。著者は最後に、日本人のヤンキー好きの感性を体現している橋下徹を論じる。しかしヤンキーの弱点は反知性主義であり、気合を語れても、具体的な理念をつくれないことだという。その一方で著者は、もし橋下が新しい理念を実現したとき、ヤンキー性の限界を突破する鍵になると予告する。今後の政治がどうなるか興味深い。（五十嵐太郎・建築評論家）

（角川書店・1785円）＝2012年7月26日②配信

覚醒と自立、未踏の場所へ

「『辺境』からはじまる」（赤坂憲雄、小熊英二編著）

東北に生まれ、あるいは東北をフィールドとして研究してきた新進の社会学者や歴史学者ら8人による、すぐれて問題提起的な論集である。

3・11の災禍が顕在化させた東北の困難を、中央と地方を結ぶ近代日本の社会構造への批判的分析のなかで問い、その構造を本質的に乗り越えることが探られる。山下祐介の指摘は、東京が東北でなにをしてきたのかを忘れているという事実だ。東京が東北で振り回してきた人・モノ・情報・権力にかかわる強大な力、すなわち「東京のやり口」のうそとごまかしが、まず徹底的に暴かれる。

この関係性の構造において、原発は一つの象徴でしかない。中央から地方へ持ち込まれたあらゆる開発計画は、富の分け前とともに、資本への従属と公害、地域産業の空洞化と財政悪化をもたらした。農政・防災・福祉・教育・環境政策などもその意味で「疑似原発」にほかならない。挑発的な言い方で、山下は地方における東京の遍在の問題にメスを入れてゆく。

土地土地の暮らしが保たれていた、村の極小空間における人間的・文化的な精神基盤に新たな目が注がれる。隙間や無駄のように見えて、柔軟な〈溜（た）め〉をつくり出し、住民の潜在能力を高める社会空間。仁平典宏は、それが国家政策によってすっかり収縮させられた事実をあげ、〈間（あわい）〉や〈襞（ひだ）〉を社会にふたたび埋め込む必要性を主張する。

東京からはじめるのではなく、辺境からはじまる思想と行動。それは、地方自治という行政的標語からは離れた、私たち一人一人の思考の刷新のことだ。思考のはたらきを決定してきた無意識の中心軸を放擲（ほうてき）し、ないがしろにされてきた未使用の思考の辺境を呼び出し、そこから行動をはじめること。依存していたものを振り切るときの歴史的な痛みを内面化したうえでの、私たちの生の真の覚醒と自立。これこそ、読者が本書を通じて誘われてゆく未踏の場所にほかならない。（今福龍太・文化人類学者）

（明石書店・1890円）＝2012年7月26日③配信

暴力を受け止めた先に

「迷宮」（中村文則著）

中村文則の文学は、犯罪と暴力を描きながら、そこから癒える道を問う。世界への根源的な違和、世界否定の暴力を通って、それでもなお肯定できるもの以外は偽物だと言わんばかりに。中村の最新11作目となる「迷宮」も例外ではない。

「デビューした頃の原点を意識しながら、かつ新しいことをしようと」したという「迷宮」は、確かに初期の「銃」や「土の中の子供」（芥川賞）が持つ暴力性の感触がある。と同時に、震災後の日常、性的倒錯、トラウマの記憶といった主題を、特に「掏摸（スリ）」（大江健三郎賞）以降に顕著になったサスペンス仕立ての物語に新たに取り込んでいる。

ある日、「折鶴事件」と呼ばれる一家殺害事件の遺児である紗奈江に会った僕は、彼女を通じてその未解決事件に取りつかれ、元刑事、弁護士、失踪中の男などに次々と遭遇していく。しかも、紗奈江は「思い出せないほど影の薄い」僕の中学時代の同級生。そして、事件に深入りすればするほど、かつて僕の中にいたはずのもう一人の僕（無意識の人格R）が呼びさまされ、僕の中の破壊衝動が頭をもたげる。

次第に社会への適応意欲を失い、勤めていた法律事務所を辞め、死の影を引きずる紗奈江に溺れていく僕。そして、ついに事件の「真相」は紗奈江本人の口から語られることになるのだが…。

人間の「内面」をも善意に回収し、明るく清潔であろうとする日本社会の中で、社会化しえ得ぬ個の疼（うず）き、無意識のうめきは「暴力」となって噴出する。中村が描くのはこの「暴力」の姿だ。しかし同時に、事件を「迷宮」として描く中村は、事件の「真相」を問わず、内なる「暴力」を宙づりにしたまま、それでも僕と紗奈江が、最後に二人の生活を受け入れる姿をも描き出そうとする。

「真相」に意味はない。ただ、人間が暴力から癒える道は、その暴力を深く受け止めきった先にしかない、とでも言うように。（浜崎洋介・文芸批評家）

（新潮社・1365円）＝2012年7月26日④配信

奥深い新機軸の警察小説

「ナンバー」（相場英雄著）

警察小説の花ざかりは、ヒーローを多極化・多様化させた。ひたすら靴底をすり減らして証拠固めに歩く執念の刑事の活躍は一昔前のこと。今では、暴力団担当、公安、外事、内部監察、特殊警備、派出所巡査、総務部など、ほとんどの部署が小説をにぎわしている。そこに、捜査2課を描く本書の登場である。

2課は、横領・詐欺・贈収賄といった経済知能犯を専門に取り締まる。ここでの彼らの別名は「ナンバー」。著者には「震える牛」に頂点をつくったストレートの剛速球もあるが、本書は技巧をこらした変化球勝負となる。

所轄署から転属となった32歳の警部補を中心に、一癖も二癖もある脇役を配する短編が4編。だましだまされの知能犯罪の諸相が小粋に語られる。経済犯相手といっても、求められるのは文武両道だ。帳簿や書類のウラを読むばかりでなく、尾行もすれば情報屋との接触も欠かせない。

いわく。「ナンバーはインチキ連中の上前をはねてメシを食う」

素人にはわかりにくい情報ジャングルをナビゲートし、データてんこもりの重量級経済サスペンスを発信する印象の強い著者だが、本書では知能犯にスポットを当てる器用さをみせてくれる。

ナンバーの所属員は敵を欺き、それ以上の周到さで同僚をも欺く。味方をだませない「正直者」には務まらない世界だ。合言葉は「保秘」。秘密を保てなければ任務はまっとうできない。2課にもいくつかのセクションがあって、互いの対抗意識と縄張り意識はすさまじい。組織が一丸となって犯罪摘発に全力をあげるというのは、あくまで建前。同僚の「上前をはねる」根性と頭脳のキレをたよりにメシを食う。そこで、やっと一人前に生き残ることができるのだ。

裏のウラは裏。どこまでいってもオモテ返らない。手軽に読めるが、奥深い味わいの新機軸警察小説だ。（野崎六助・作家、文芸評論家）

（双葉社・1260円）＝2012年7月26日⑤配信

豪州が語り継ぐ対日戦争

「ブラディ・ダーウィン」（ピーター・グロース著、伊藤真訳）

多くの日本人にとって太平洋戦争は米国との戦いを意味するが、オーストラリア人の記憶では対日戦争そのものである。認識は大きく違う。

1942年2月、日本軍がオーストラリア北端部のダーウィンに行った空襲は「豪史上最悪の惨事」とされる。約10週間前に米真珠湾を奇襲した部隊による損害は、真珠湾以上ともいわれる。

本書は、日本でよく知られていない空襲の詳細を臨場感たっぷりに描く。防衛に身を挺し、負傷者を救援した兵士や市民の姿が印象的だ。他方、行政府や軍幹部の無策に対する非難は容赦ない。

隊を率いた淵田美津雄（ふちだ・みつお）中佐の著書などを基に、日本側のストーリーを織り込んでいるのも興味深い。戦争といえば痛ましい物語を連想しがちな日本人には、緒戦における日本軍の勝利や、日本軍パイロットの勇気と技量に対する賛辞に、違和感を覚えるかもしれない。

オーストラリアでは、戦争体験が国民のアイデンティティー形成に大きな役割を果たしてきた。勇敢で自己犠牲を厭（いと）わない兵士の英雄的な活躍に、政府やリーダーへの辛辣（しんらつ）な批判を組み合わせた本書は、かの国の戦争文学の伝統を踏まえ、読者の期待に応えたものといえる。

一方で、歴史学者はこの種の作品群を「大衆向けの歴史（ポピュラー・ヒストリー）」と呼び、しばしば史実の誤認を指摘してきた。ダーウィン空襲の意義を過大視しているとの批判もあり、「国民が共有すべき戦争」と「史実としての戦争」の断層が存在する。

日本のオーストラリア侵略計画の存在を否定する歴史学の定説に、本書が背を向けるのはなぜか。アジア系住民が多かったダーウィンで、資産を失った中国系、強制収容された日系人、移住を強いられた先住民はそれぞれ違う体験をしたはずだが、その多様性に触れない筆者の意図は何か。

戦争をいかに継承すべきかを考える上でも、示唆に富む一冊だ。（鎌田真弓・名古屋商科大教授）

（大隅書店・2940円）＝2012年7月26日⑥配信

土の豊かさは感性の母

「荒凡夫　一茶」（金子兜太著）

〈我と来て遊べや親のない雀〉〈やせ蛙まけるな一茶これにあり〉などの句で知られた江戸時代の俳諧師、小林一茶。ちまたにはさまざまな詩歌の評論書が出回っているけれど、古来、実作者が実作者を語るほど、迫力のあるものはないと私は思っている。

本書は9月で93歳になる現代俳句の巨匠、金子兜太が小林一茶への思いをつづっている本だ。あとがきで金子は語っている、「どうして金子は芭蕉に対してこんなに冷たい眼を向け、蕪村を相手にせず、一茶のことばかり語るのか」と。芭蕉や蕪村ではなく、一茶なのだと言いきる金子の物言いがとても痛快だ。

放浪を好み世間を捨て去る表現者も少なくない中、金子によれば一茶は「世間で生きなければいけない、とがんばった」表現者なのだという。3歳で生母を失った一茶は、10代で江戸に出た後、苦労に苦労を重ねて俳句の道をまい進した人だった。

本書のタイトルともなった「荒凡夫」は、一茶が60歳の正月に詠んだ句の添え書きの言葉だ。金子はその意味を「平凡で自由な人間のこと」だと解釈している。

著者の金子は「土」を大事にする俳人だ。

産土（うぶすな）である秩父の山や自然の恩恵があってはじめて自分がここにいることができている。郷土の土こそが自身の感性の母であり、俳句の栄養となって人生を潤してくれているのだ。

そんな金子にとって、一茶こそ、実は「土」を大事にしてきた尊い先輩の一人なのだった。時代を超えて、今日も多くのいのちを育んでくれている「土」。詩歌の世界のみならず、今の時代、産土の豊かさの再認識は、日本全体の必修課題なのかもしれない。

豊かな表現者たちは皆、優れた詩歌は天地（あめつち）の産物であることを知っている。17文字の鍬（くわ）で心も大地も耕してきた2人の俳人の生きざま。詩歌に関心のない人たちにも知ってほしいキーワードが満載の本だ。（田中章義・作家、歌人）

（白水社・2100円）＝2012年8月2日①配信

夫婦を包む病という恩寵

「冥土めぐり」(鹿島田真希著)

第147回芥川賞の受賞作品だ。

主人公の奈津子は夫の太一と2人で暮らしている。8年前に太一が脳の病を発症してからは、奈津子のパート収入だけが家計を支える。

ある日、奈津子は「二月、平日限り、区の保養所の宿泊割引一泊五千円」の張り紙を目にする。保養所は、かつての高級リゾートホテル。奈津子が幼いころ、家族で出かけた場所だった。奈津子の母親は、そのころの豊かな暮らしの思い出にしがみつき、弟は無収入にもかかわらず浪費癖が抜けずに借金まみれ。母親はマンションを売り払う羽目になる。

奈津子は母と弟との暮らしを捨て、太一との暮らしを選んだ。そして、つえを突いて歩く夫とともにホテルを訪れる―。

鹿島田真希は、さまざまな作風を持つ作家だ。デビュー作の「二匹」は悪ノリする男子高校生の日常を、独特の諧謔(かいぎゃく)を交えて描いた。三島賞を受賞した「六〇〇〇度の愛」は、匿名の男女が長崎で出会う物語で、マルグリット・デュラスばりの落ち着いた語りが印象的だった。

そうした鹿島田のこれまでの小説史から考えても、本作は大きく踏み出した一作、といえる。正直、ちょっと驚いた。芥川賞受賞後の記者会見でも作者自身が、自分の身の回りのことから書き始めたという趣旨のことを話していた。つまり、鹿島田の個人的な要素がちりばめられている。

こうした書法を、鹿島田は初めて選択したのである。本書にある主人公と親族との確執など、どこまでが作者自身の体験なのか、私にはわからない。ただはっきり言えることがあるとすれば、ホテルへの小旅行という小さな出来事から書き起こし、失われたかつての家族の姿を鮮やかに浮かび上がらせた手腕の見事さだ。そして夫の病が一種の恩寵(おんちょう)のように、新しい家族である夫婦2人を包み込んでいる。新しい鹿島田真希のスタートである。(陣野俊史・文芸評論家)

(河出書房新社・1470円)＝2012年8月2日②配信

人間くさい声で歴史再現

「清須会議」(三谷幸喜著)

信長亡きあと家臣たちが清須城に集まり、誰が跡目にふさわしいかを話し合った清須会議。暴力が支配する世にあって「日本史上、初めて会議で歴史が動いた」のだ。その5日間を、三谷幸喜がコミカルに描いていく。

本書の最大の特徴は「現代語訳」で書かれていること。「リアルうつけ」「お市様・信孝様・権六のスリーショット」といった言葉遣いだけでなく、会社の朝礼ふう、実録ドキュメンタリーモード、“ヤンキー口調”などで、話は進む。

あらたまった場では「侍言葉」を使っただろうけれど、気のおけない仲間とのやりとりや、考えごとをするときは、当時の流行語も使ったはず。生き生きした言葉なくして生き生きした「あの日」の再現なし―そんな三谷さんの、気合や覚悟がうかがえる。

三谷版現代語訳は好き放題に見えて、非常に抑制が利いている。演出家であり脚本家でもある著者の、人物や言葉の整理整頓能力のたまものであろう。

三谷さんはまた、舞台裏を描くのが好きな人だ。表舞台に出てくるのが主人公の利口さや悪党のずるさなら、舞台裏では「小」が付く「小利口」「小ずるさ」のイメージ。生意気ではなく「小生意気」、うるさいというより「小うるさい」。人の心をぴくぴく逆なでするこれらは、役の区別なく発揮される。あの英雄だって、裏で小理屈を並べたり、小芝居を打ったりしているのだ。

「小」が付くこれらの気質は、どうしようもない人間味のもとでもある。武将たちの小ざかしい小競り合いを見せられても、誰のことも嫌いになれない。あきれながらも、うなずける。

著者が持ち込んだのは「現代語」だけではなく、いつの世も変わらない「人間くさい声」なのだ。読者は登場人物たちの肉声に自分たちの“あるある”を重ね、笑う。

小説でありながら、ライブ中継を見ているような臨場感はみごとだ。(間室道子・代官山蔦屋書店コンシェルジュ)

(幻冬舎・1470円)＝2012年8月2日③配信

冷酷で優しい影の総理

「聞き書　野中広務回顧録」（御厨貴、牧原出編）

野中広務氏は謎に満ちた政治家だ。親譲りの資産も学歴もなく、会社員なら定年間近の57歳で衆院議員になりながら、驚異的な速さで政界の頂点に駆け上り「影の総理」と異名をとった。

なぜ、そんなことができたのか。その謎を解こうと、私はかつて時間と労力を費やして取材を行い、彼のことは全部知っていると思っていた。しかし、本書を読んで自分の浅はかさを痛感した。

新事実が次々と出てくる。どれも20世紀末からの政治の舞台裏を明かす話だ。よくもここまで本音を引き出せたものだ。

野中氏の力の源は情報だ。政敵の弱みを握ってどう喝したり、味方に取り込んだりする異能を持っていた。非自民連立の細川内閣ができ自民党が下野した際、反攻の武器に使ったのは同党の元国対委員長から引き継いだメモだったと振り返る。

メモには野党時代の社会党議員への金の流れが詳細に記録されていた。野中氏が「それが出て来たら、あんたのところに怪我人が出る」と言うと、社会党側の対応がコロッと変わったという。

もっと興味深いのは義父名義のNTT株購入問題で細川首相を辞職に追い込んだ話だ。野中氏はその重大情報を当時の与党だった公明党議員から仕入れたと告白する。

与党議員がなぜ首相の足を引っ張ったか。その訳は不明だが、公明党が巡らした情報網を野中氏が存分に利用したのは間違いない。永田町は魑魅魍魎（ちみもうりょう）がうごめく世界だ。

しかし、といって野中氏は権力亡者ではない。ハンセン病訴訟原告団へのこまやかな気配りの例が示すように、彼は常に弱者に寄り添い「泥草から民意を汲（く）んで」きた。

政敵をたたきつぶす冷酷さと、弱者への限りなく優しいまなざし。二つを併せ持つ人間の不思議さを本書は浮き彫りにした。読者はそれに魅入られるに違いない。野中氏の評伝を著した者として、口惜しい気が私にないではないが、それでも優れた作品には心からの敬意を評したい。（魚住昭・ジャーナリスト）

（岩波書店・2940円）＝2012年8月2日④配信

名誉回復に尽力した事情

「徳川慶喜と渋沢栄一」（安藤優一郎著）

渋沢栄一は日本を近代国家へ導くための経済面での変革のほとんどを一人でやり抜いた。武州血洗島村（現在の埼玉県深谷市）の豪農の息子、栄一が幕末、攘夷（じょうい）志士として横浜居留地を焼き打ちしようとする寸前、京都で政変が起こり、尊攘派七卿と長州藩が京都から追放された。このため栄一は方針を一転して一橋慶喜の家来になる。慶喜はやがて将軍になった。

抜群の経済感覚を慶喜に認められた栄一は1867（慶応3）年、28歳の時、慶喜の弟、昭武を代表とする使節団がパリ万国博覧会に参列する際、会計係として随行することになった。

本書は、栄一の転変し続ける運命と、慶喜との不思議な縁をつづってゆく。決断力に欠ける慶喜は、公家を味方につけた西南雄藩の大名たちとの政争がこじれ、長州征伐に失敗。大政奉還を決行したが、薩長らの謀略で鳥羽伏見の戦いに持ちこまれ、緒戦に敗北すると途端に軍艦で江戸へ帰り、恭順の姿勢を取る。

結局、昭武一行がヨーロッパにいたのは20カ月ほどで、その間に栄一は株式会社、銀行、証券取引所、病院、学校、製鉄所、水道、汽車、製紙、織機、軍艦・大砲建造を実地に見て、構造のあらましを理解した。栄一の才能は新政府に用いられ、大きな功績を残すことになる。

明治になって後、栄一が慶喜の名誉を回復するために努力を続けた事情が詳しく述べられてゆく。幕末にもし幕府が内戦をしていたら日本は外国の侵略を受けていたかもしれないと栄一は主張した。慶喜が大政奉還を決断したことが日本を救ったのに、世間が認めていないというのである。勝海舟に対しては、自らの功業の陰に、慶喜を無視していると批判的だったという。

慶喜が1888（明治21）年に従一位、1902年に公爵を受爵し、元将軍にふさわしい待遇を受けるまで、栄一が尽力を続けたことがつづられている。明治史の裏面を見せてくれる点が目新しい。（津本陽・作家）

（日本経済新聞出版社・1995円）＝2012年8月2日⑤配信

ケアの現場が目指す地平

「差異と平等」（立岩真也、堀田義太郎著）

疲弊する福祉現場とよく言われる。職員は、人手不足の中、過酷な労働を強いられる。ケアが必要な人が利用できる制度も限られている。

評者もそうしたケア労働の現場に身を置くものだが、そんな現場の改善を求める声は実のところ非常につつましやかだ。

利用者から言えば、普通の人と同程度に街で生活したい、食事をとりたい、排せつしたい、お風呂に入りたい。働く人から言えば、もうちょっと給料がほしい、利用者とゆっくりすごせる時間がほしい、過重な負担をなくしてほしい。

とりたててぜいたくをしたいわけじゃない。人並みに暮らし、働くこと。そんな単純なことを私たちは望むのだけど、それがなかなかできない。

本書で目指されているのは、そんな単純な地平なのだと思う。しかし、障害の有無やケアの必要度、そして稼得能力が人により大きく異なる以上、そうした地平に至ろうとするにも多くの言葉が必要だ。

本書で主に展開されるのは、一つには、人並みに生きるために他人の手を借りる必要がある場合、どのくらいのケアが供給されたらよいのか、差異はどの程度補われたらよいのかといった議論。もう一つは、そのケアは自発的に担われるべきか、義務として人に課されるべきか、あるいは無償がよいのか有償がよいのか、有償の場合、費用はだれが担うのか、といったケア労働の負担のあり方をめぐる議論である。

本書の答えはシンプルである。ケアの必要度の判定は、ケアを必要とする人自身の訴えに応じてでよい。そして、ケア労働には労苦に応じた支払いがなされるべきで、ケアにたずさわらない人は税というかたちで費用負担をすればよい。

もちろん議論はこれだけでは終わらない。お金だけですまない話もある。けれども原則は本書で十分確認できる。

みなが平等に生きる社会を考える人のために、本書を薦めたい。（渡邉琢・介助者の会「かりん燈」代表）

（青土社・2520円）＝2012年8月2日⑥配信

将来に語り継ぐべき記憶

「八月の光」（朽木祥著）

今年は67回目の原爆忌でした。あの出来事を当事者として語る人々の年齢も上がってきています。この本は戦後生まれの作者が1945年8月6日の広島を語り継ぐことを引き受けて書いた小さな三つの物語で構成されています。

女学校に行く途中に強烈な光とともに吹き飛ばされた昭子。銀行の石段に黒く焼き付けられた母の影を見つけた光子。助けを求めている女学生を見捨てた罪悪感から記憶を失ってしまった「僕」。それぞれに登場する主人公たちは10代半ばですから、もし平穏な時代であれば、大人社会の庇護（ひご）の下、屈託なく笑い、大人に反発し、友達関係に悩む、つまりは大人になるための猶予を与えられた時期の子どもです。

ところが原爆は一瞬でその猶予を奪い、人類が今まで見たことも経験したこともない惨状の中に彼らを置き去りにします。

本書では原爆投下前のとりとめもない日常（戦時下ではありますが）がつづられ、次に一変した風景が描かれます。しかし物語る言葉は、投下以前と以後で変わるわけではなく、とても静かです。語り尽くすよりむしろ、語り残すかのようです。

それは作者が子どもの物語の書き手であり、物語を手渡そうとしている相手が、主人公たちと同じ年齢層だからでしょう。

なぜこんなことが起こってしまったのか？　こんな悲惨な事態が起こるのに、なぜ今でもその脅威は去っていないのか？　その答えは、大人である自分にも簡単に出せないからこそ、一緒に考えてほしいと、子どもたちに正直に伝え、記憶を共有しようとしているのです。

私たち戦後世代の大人が子どもや孫の世代に、この記憶をどう語り伝えていくか、彼らとどうつながっていくかを考える上で大切な一冊です。忘れてしまいたい「ヒロシマ」の苦しく重い記憶を語り続けてくれている人々と、将来の子どもたちの懸け橋となるために。（ひこ・田中・児童文学作家）

（偕成社・1050円）＝2012年8月9日①配信

原爆と原発の連結に焦点　「核エネルギー言説の戦後史1945―1960」（山本昭宏著）

3・11の後に著された本書が、広島に触れた大江健三郎の言葉への懐疑から書き起こされていることは、いかにも示唆的である。広島、長崎の被爆体験を起点に、福島の原発事故後の核政策を問い直すという知の作法は、戦後史の流れの中では必ずしも自明ではない。

原子力はこれまで軍事利用としての原爆、平和利用としての原発に分けて論じられてきたが、3・11以後はそうした区分自体が揺らいでいるようだ。両者を一体として捉えるために著者は、核エネルギーという言葉を選んでいる。

「被爆の記憶」と「原子力の夢」に引き裂かれ、宙づりにされてきた戦後史の空白が、丹念に埋められてゆく。1945年の敗戦から米軍の占領を経て60年に至る時期に、科学者や知識人、マスメディアなどが核エネルギーをめぐって発した言葉やメッセージが掘り起こされる。複雑によじれ、交錯し、変転する言説の群れが、見事に整理される。

例えば被爆の記憶がありながら、いや、あるがゆえに、軍事利用に留保、反対を表明しつつ平和利用を前のめりに肯定し、原子力の夢を託そうとする。そして、専門家が牧歌的な夢をまき散らす。いわく、人間は太陽を手に入れた。これを使えば運河をうがち、山を崩し、荒野を沃土（よくど）に変えられる。電力危機は解消され、労働も家事は大幅に省力化されるだろう―。

やがて夢はしぼむ。大衆の関心は薄れ、専門知がブラックボックス化し、原発開発が静かに進む。そうして広島・長崎の被爆と福島の被ばくを連結するラインが引かれ、その延長線上で「脱原発」の声が高まっている。

だが、ここで著者は警鐘を鳴らす。スリーマイルアイランドやチェルノブイリの時と同様に、今回も「盛り上がっては忘れ去るサイクル」の一環に過ぎないのではないか。議論もないまま気分だけが醸成される、お決まりのパターンでないと言い切れる者がいるのか、と。（赤坂憲雄・学習院大教授）

（人文書院・2520円）＝2012年8月9日②配信

社会を縛る序列化の思想　「朱子学化する日本近代」（小倉紀蔵著）

徳川時代は儒教社会であり、日本の近代化とは儒教社会からの脱皮だった、と思っている人は多いと思う。ところが、それは間違いだと著者は断言する。たしかに日本の近代化は儒教社会からの脱皮だった。ただしそれは「徳川的な儒教」だ。近代化には「社会のさらなる儒教化＝朱子学化」による新しい「国民」の創造という側面もあったのだと著者はいう。

本書は「教育勅語」の起草に関与した儒学者元田永孚（もとだ・ながざね）をはじめ、福沢諭吉、丸山真男、司馬遼太郎、三島由紀夫らの思想を批判的に検討しながら、近代日本がいかに朱子学化したかを立証する。

キーワードは「朱子学的思惟（しい）」。朱子学は南宋のころ確立した思想体系で、その後の中華文化圏の基本的な考え方になる。例えば科挙をみると、この難しい試験に合格した官僚が世を治めるのだが、（現代日本と違って）官僚は頭がいいだけでなく人徳にすぐれていると信じられた。しかも科挙は誰でも受けられた。

機会平等的なシステムに見える。少なくとも武士や公家のような家に生まれない限り政治にタッチできなかった徳川時代に比べれば。ところがこの「朱子学的思惟」が巧妙にできていて、社会の構成員はすべて「理」（理性や知性と考えてもいい）を持つとされるが、でも人々は横並びでなく、どれだけ理想に近いかという距離によって序列化される。縦並びだ。

潜在能力は同じだが、努力によって序列ができますよ、という考え方だ。人は上を目指して頑張る。しかも何を理想とするかは自分で考えるのでなく、外から与えられる。これでは自由だと思わせられているだけで、ちっとも自由じゃない。

いまだ日本社会は「朱子学的思惟」に縛られている、そこから解放されなければこの息苦しさはなくならない、と著者はいう。そうか、この社会の息苦しさの根は朱子学にあったのか―。常識がひっくり返されるような知的興奮を味わえる一冊と言えるだろう。（永江朗・早大教授）

（藤原書店・5775円）＝2012年8月9日④配信

潔い筆致、あふれる反骨

「文学賞の光と影」（小谷野敦著）

小谷野敦は断定と反骨の人だ。高校1年生のころから、リポート用紙に各種文学賞の受賞者・受賞作一覧を作っていたという文学賞オタクぶりを十全に発揮した「文学賞の光と影」にも、小気味いいくらいの断言と反骨精神があふれている。

ノーベル文学賞と芥川賞の、〈誰だこれは、なぜこの人がとっていないんだ、という比率は、だいたい同じくらいである〉と決めつけ、全米図書賞受賞作のタイトルを挙げる中〈「ガープの世界」「カラーパープル」は通俗〉と腐（くさ）し、文学賞が〈情実、つまり選考委員が手下に分配する〉例を具体的に挙げ、手厳しく糾弾し、その流れで文壇のドンである丸谷才一とその一派を批判し、候補作を発表しない文学賞に対しては〈ただでさえ密室で決められる文学賞が、なお隠蔽（いんぺい）された気がする〉と苦言を呈する。

自分が賞に恵まれないから苦労人タイプの作家に肩入れする気持ちを隠さず、左翼文学者が国家的褒賞を受けるのはおかしいと断じておきながら、しかし自分がもらえることになった時〈断乎（だんこ）として辞退できるか、というと、自信がない〉と正直に明かし、高学歴&美人の作家に対する憧れを無邪気に露呈する。すべての意見にうなずきはしないが、小谷野の権力者を恐れない断定の筆致は潔い。

芥川賞・直木賞をはじめとする国内の文学賞と、海外の代表的なそれを取り上げ、歴史を紹介し、評定し、トリビアなネタを盛り込み、スキャンダルにも斬り込む本書は、文学賞に関する決定版といっていい学術的な価値があるのはもちろん、自分のこともさらけだす私小説的な筆致によって、人間・小谷野敦の“光と影”もあらわになるという意味では、読み物としても面白い一冊だ。〈なんで、あいつが貰（もら）ってこの俺が〉という恨み節を読むのが好きなわたしは、申し訳ないと思いつつも、小谷野敦の未来永劫（えいごう）にわたる不遇を祈らずにはいられないのである。（豊崎由美・ライター）

（青土社・1890円）＝2012年8月9日⑤配信

伝承訪ね、正体に迫る

「イエティ」（根深誠著）

ヒマラヤ山中に棲（す）むという雪男。シェルパ族が「イエティ」と呼ぶ謎の動物は実在するのか。ヒマラヤ好きの登山家たちにとって、イエティ探索行は神々しい高峰への憧憬（しょうけい）と重なるロマンだった。

だが、本著はこの流れに与（くみ）するものではない。外国人がつくった虚実とは一線を画す。昔からヒマラヤの各地には、得体（えたい）の知れない恐ろしい生き物の伝説がある。チベット仏教の寺院には、雪男の頭骨や頭皮と称するものが祭礼に登場し、霊力があると信じられている。

「雪男の存在は、人、暮らし、ひいては文化と無関係ではありえない」。キングコングのような想像図を勝手に捏造（ねつぞう）し、雪山を探し回ってもなにも得られるはずはない。ヒマラヤ奥地の村々に伝承を訪ねることが、イエティの真実に迫る唯一の方法だという確信が出発点だ。

著者のヒマラヤ通いは40年にも及ぶ。ヒマラヤに憑（つ）かれた男である。深い谷と標高5千メートルを超える幾つもの峠に阻まれて、広大な高地には少数民族が点在している。イエティを探す旅は足かけ十数年。どこも常人の想像を超える難路である。だが、イエティを追うヒマラヤ彷徨（ほうこう）の道中記は悠然としてむしろ楽しい。

朝から酔っぱらっている馬方、夜ごとに女性を求めて徘徊（はいかい）するシェルパ。そんなお供にあきれながら、見る目は優しい。天衣無縫で素朴なヒマラヤの人々が好きでたまらないのだ。泊めてくれた家での精いっぱいのもてなし、僧侶との対話、巡礼に向かう家族とのやりとり、過酷極まる自然に寄り添って生きる人たちの暮らしや息遣いが活写される。併せて、近代化と観光化の波に翻弄（ほんろう）される姿にも筆は向かう。

外国人がつくった雪男伝説は虚構である。だが、ヒマラヤには信仰の賜物（たまもの）として、イエティが間違いなく存在する。辺境に言い伝えを訪ね、目撃証言を確かめ、著者はその正体についにたどり着いた。その答えが本書である。（米倉久邦・ジャーナリスト）

（山と渓谷社・2100円）＝2012年8月9日⑥配信

意外な人間性の共通点

「寅さんとイエス」(米田彰男著)

表題にあるとおり、映画「男はつらいよ」の車寅次郎(くるま・とらじろう)と、イエス・キリストとを比較考証する著作である。カトリックの司祭で大学教授の著者には、ある明確なイエス像がある。それはまるで寅さんそのものだという。寅さんが現代日本人に愛され、また必要とされるなら、イエスもまたそうであるはずだ、と著者は力強く述べる。

これだけを聞けば、荒唐無稽な本だと予断をもたれる向きもあろうが、さにあらず。本書の映画分析と聖書学の手法はじつに手堅い。読者は、安心して著者の語りにつき合い、その豊かな教養と温かい篤信に触れることができよう。

導きの糸となるのは、全48本の映画、演者・スタッフ・観客らの証言など、分析のための資料も豊富な、寅さんの姿である。「人間の色気」「フーテン(風天)」「つらさ」「ユーモア」というのが、著者が慎重に設定したキーワードだ。ここには寅のあの人間的な魅力が、過不足なく表されているのが分かろう。

さて本書の神髄はここからである。これらの性質をよく共有する一人の男として、イエスの像を結ぼうというのである。その際、著者は、聖書学の知見を駆使しながら、新約聖書の四福音書の短い記述をねばり強く検証していく。

資料は十分ではないから、確定的なことばかりが言えるわけではない。しかし、著者の語りは十分説得的である。切なく朗らかな色気を解し、風天の運命を身にまとい、渡世のつらさに深く共感し、硬化した秩序を揺さぶるユーモアと笑いにあふれた、寅さんのごときイエス。そのような存在として受肉した聖書の神。「人間性」と著者がよぶ気質のあいだを吹きわたる精霊。

私たちのキリスト教理解は、無理解のまま紋切り型に流れてしまいがちである。本書は、その信仰のひとつのあり方を、国民的連作「男はつらいよ」の魅力を確認しながら、垣間見ることのできる良書である。(近藤光博・日本女子大准教授)

(筑摩選書・1785円)＝2012年8月16日①配信

陰影ある明治の大スター

「天一一代」(藤山新太郎著)

日本奇術中興の祖・松旭斎天一の生涯とその芸について、尊敬の念と親愛の情をこめて書き上げた評伝が、没後100年を記念して出版された。

寄席の手品から大掛かりなイリュージョンまで、奇術は幅広く多様だ。芸能研究の対象として手ごわすぎるためか、テクニック本は無数にあっても、歴史や文化的背景に言及した本は少ない。

現役マジシャンで、奇術研究のパイオニアと目される著者の初めての長編評伝は、激動の明治を駆け抜けた希代の奇術師を鮮やかによみがえらせると同時に、初代帰天斎正一や中村一登久はじめ大勢の手妻師・奇術師の活躍を紹介し、マジックが明治時代を代表するエンターテインメントだったことを再確認させる。

松旭斎天一こと服部松旭は、1869(明治2)年ごろ、一家離散の末に流れついた高知で10代半ばにして刃渡りの太夫となる。ほどなく大阪へ移り、のちに天一の代名詞となる水芸など日本古来の手妻を習得した上、流行の兆しがあった西洋奇術を学んだ。35歳で東京進出を果たし、「五十年先までも通じるような奇術のスタイルを作り上げ」、トップスターとして不動の地位を確立した。

波乱に富むサクセスストーリーの面白さに加えて、「今日、天一を海外から大道具を仕入れて、そのままコピーして演じていた人だと思っている人がいる。だが、それは違う」「天一の本当の偉大さは水芸の筋立てを根本的に改めて、水芸を一箇の芸術に作り変えたことだ。それゆえ天一は歴史に残る奇術師なのだ」と、天一伝説の誤解や間違いを丁寧に解きほぐす。

また、同業者だから理解できる葛藤や苦悩を見逃さず、仕掛けを教えてくれた師匠や先輩の名前を自分の経歴から抹殺してしまう「多くの奇術師の持つ心の闇」や「奇術師の業」など、天一の知られざる横顔にも光をあてる。陰影のある大スターの人生を浮き彫りにして見事だ。(古川綾子・大阪府立上方演芸資料館学芸員)

(NTT出版・2415円)＝2012年8月16日②配信

密林の神を媒介に日本描く

「夢の栓」(青来有一著)

中学時代に受けたいじめが原因で12年間家に引きこもり、昼夜逆転の生活をしているシゲル。彼が深夜の散歩を終えて丘の上の広大な敷地に建つ家(門から玄関までエスカレーターで昇る)にもどると、門の前で異国のひとらしき男が待っていた。「オムカエニ、マイリマシタ」と。

荒唐無稽な物語が始まりそうな出だしだが、精確に描きこまれた細部が登場人物に微妙な陰影や繊細な動きを与え、読む者を南の島へ、湿った密林へと誘う。作家の円熟度とはこんなところで示されるものなのだ。

漁村に生まれながら船酔いで役立たずだった曽祖父のシゲゾウは召集され、戦争は恐ろしか、と涙をこぼして出征した。そんな父の姿が子供心にも情けなかった、とシゲルは祖父に聞かされた。

その曽祖父は南方の戦地で生き残り、ツタを編んだ樹上の寝床で眠るブラナ部族に迎えられ、眠りの夢を分け与えるために赤ん坊のかたちの木像を抱いて寝る役を任される。やがて、彼はこの木像(ブラナの神)を、敗戦で夢を見る力をなくした母国に持ち帰る。

あとがきによれば、この長編小説は連作として文芸誌に掲載され、1章の「夢の栓」が最初に、最終5章の「一万年のパートナー」が次に書かれた。この2作を読みかえした作者は全体のおさまりのわるさを感じ、2章「3という数字」、4章「夜の息子、眠りの兄弟」、3章「ブーゲンビリア号の船長」を順に発表していったという。

シゲルへのいじめの背景や、5歳の息子を病で失った夫婦の信仰の問題、劇団員たちの狭い人間関係のなかで生じる狂気、嫁しゅうとめのいさかい—。夢で満たされたはずのこの国のいまが、ブラナの神を媒介にしてリアルに、奥深く描かれ、読みやすく読み応えのある長編にまとまった。

みずからの作品世界と誠実に向き合う作家にしか仕上げられない、貴重で品のよい一冊だ。(南木佳士・作家、医師)

(幻戯書房・2940円)=2012年8月16日③配信

疎開児童たちの秘話描く

「鉛筆部隊と特攻隊」(きむらけん著)

夏になると本屋さんの店頭に戦記ものが氾濫して、秋とともにいつしか消えていくのは例年のことであるが、面白そうなタイトルの本もあるものだと注目した。

「鉛筆部隊」とは聞き慣れない名前だ。本書によると、1944年8月、東京・世田谷の代沢国民学校の児童約450人が長野・浅間温泉に集団疎開した。「千代の湯」という旅館に滞在した引率教師が教え子らをそう名付け、兵隊への慰問の手紙などを多く書くことを奨励していたという。つまり子どもは鉛筆で戦うという意味である。

著者は世田谷の地域史に関心があり、自身のブログに寄せられた情報をたどるうちに疎開先の温泉で鉛筆部隊と特攻隊員が交流を深めていたことを知り、元鉛筆部隊の人たちを訪ね歩く。

日本軍は戦争末期、不利な戦況を打開するために最後の手段として乗機もろとも敵艦に体当たりする特攻作戦を取った。 満州で編成された飛行隊2隊も45年2月、長野・松本飛行場で特攻機の改装をすることになった。その時「武剋隊」の隊員6人が一月ほど鉛筆部隊の児童らと同宿し、仲良く一緒に風呂に入ったり、手をつないで散歩したりする日々を過ごした。

特攻隊員は敵艦に体当たりすると神様になると児童らは当時教えられていたが、なぜ死ななければならないかは聞かされていなかった。いよいよ出撃となり児童らは特攻隊員を見送った。数日後に戦死の報をラジオで知ることになる。

特攻隊出撃の地である鹿児島・知覧基地での隊員と女学生らとの交流は広く知られている。信州の温泉地でのこの劇的な出会いはほとんど知られていないが、さまざまなドラマが埋もれていた。

戦争体験者が少なくなる中、著者はまさにパズルを解くように時間をかけ、人と人、残された記憶の糸をたどった。気の遠くなるような努力によってよみがえった疎開児童と特攻隊員の心の触れ合いは読む者の胸を打つとともに、戦争の愚かさも浮き彫りにする。(林えいだい・ルポライター)

(彩流社・2100円)=2012年8月16日④配信

奇跡的な時間の共有　「父と息子のフィルム・クラブ」(デヴィッド・ギルモア著、高見浩訳)

カナダの映画ジャーナリストによる実体験ノンフィクション。15歳の息子に「学校に行きたくない」と訴えられた著者は、戸惑いつつも一計を案じ、週に3本の映画を一緒に見て、感想を話し合うことを第1条件として、ドロップアウトを認める。

かくして父親ご推薦の映画を自宅の居間で見る鑑賞会が始まった。最初は「大人は判ってくれない」、次は「氷の微笑」。そして3年間で名画から駄作まで120本近くの映画を鑑賞する。

著者と同業の身としては、父親が息子に一体どんな映画を見せたのか、当然気になるところ。だが、それよりも、現代社会において10代半ばの子供と親が正面から向き合い、これほどの時間を共有できたことの方に驚いたし、感心もした。父親の仕事がフリーランスで、自分の土俵に息子をのせられたことが幸いしたのだが、それも息子が率直なればこそ。彼のように恋人との関係や問題をちゃんと父親に相談できる男子なんて今どきざらにはいない。

まるで映画のマジカルな力を借りたセッションセラピーのようで、少しずつ親密さと絆を深めていく親子の姿が生き生きとつづられた本書は、奇跡とも思える珍しい体験談であり、悩める少年の成長物語としても読み応えがある。

さて、肝心の鑑賞会だが、まずは作品の製作秘話や鑑賞ポイントなどを父親がひとくさり講釈するのだが、絶賛するビートルズ映画「ハード・デイズ・ナイト」を見せた時の息子の冷めた反応には笑ってしまった。また、「リチャード・ギアは、人が彼の意見に耳を傾けるのは彼が知識人ではなく映画スターだから、ということがまだわかっていない、典型的な疑似インテリ俳優」など、過去にインタビューした相手に対する辛辣(しんらつ)な人物評にもニヤリ。

多少の偏りはあるが、ハリウッドの娯楽大作からフランスのヌーベルバーグ作品、邦画の「乱」「鬼婆」までを俎上(そじょう)にのせた映画ガイド本(巻末に映画リスト付き)としても楽しめる。(吉家容子・映画ジャーナリスト)

(新潮社・1995円)=2012年8月16日⑤配信

細部の事実に引き込まれる　「気象を操作したいと願った人間の歴史」(ジェイムズ・ロジャー・フレミング著、鬼澤忍訳)

第2次世界大戦中の英国空軍が開発した、基地の滑走路の霧を消散させる装置「ファイドー」の話は、耳にしたことがあった。霧や雲を消すことは、「気象を操作する」ことだ。本書は、人類によるその「操作」の歴史について、冷めた視点で考察したものだ。いささか皮肉っぽい筆致だが、初めて知る細部の事実には引き込まれてしまう。

1923年2月に米オハイオ州デイトンで、帯電させた砂を飛行機から放出することで霧を消し、降雨を誘発する実験が行われた。ちょうど20年前に人類初の動力飛行に成功したライト兄弟の弟オービル・ライトは実験を見たが、ニューヨーク・タイムズ紙に電報で「雨は降らなかった」と伝えた。しかし、雲に切れ目が生じたことを目撃した海軍司令官は、飛行条件を改善すれば雲に隠れて敵地を爆撃する技術になりうると考えたという。

気象を操作する試みは、科学的、技術的に疑わしいケースが多かったものの、全てが失敗ではなかったようだ。しかし、わずかな可能性にかけて投資するのは、やはり軍部だった。チャーチルの命令で推進された「ファイドー」も例外ではない。爆撃機が英空軍基地への着陸時に消費する燃料は10〜20ガロン。一方、燃焼の熱により滑走路周辺の霧を消散させるファイドーは、1機の着陸を支援するのに6千ガロンのガソリンを消費したという。

行き過ぎた手段を取らずに、広い視点に立った研究と政策から「中道」を行くべきだと主張する著者は「このような支出が許されるのは、国家の存亡がかかっているときだけだ」という。北京五輪に際し、開催期間中を晴天にしようと、事前の降雨を促すためにヨウ化銀を小型ロケットで雲中に打ち込んだのも、国家の存亡ゆえだったのか。

局地的な人工降雨は、渇水対策や砂漠化防止のためにも必要な技術であることは確かだろう。雲中に液体炭酸を散布する日本の実験が「中道」の技術に近づいていることを期待したい。(中野不二男・ノンフィクション作家)

(紀伊国屋書店・3360円)=2012年8月16日⑥配信

病気が人生の復元力に

「途中下車」（北村森著）

若くして雑誌編集長に抜てきされた著者。プレッシャーに追われ、休日も睡眠も削り、家族を顧みる余裕すら失っていく。

そんな彼を、まるでたしなめるように突然襲った「パニック障害」。

飛行機に乗れない。地下鉄にも新幹線にも乗れない。はては会議室も、取材時に部屋の照明が落とされることすらも身体は拒み始める—。

症状の進行は、まるで著者を仕事から遠ざけようとするかのようだ。

著者は自虐気味に「壊れた」と言う。しかし、おそらくは逆なのだ。

人間本来のあり方から大きく逸脱していこうとする彼を、本当に壊れてしまう前に止めるために、リミッターが「正常に」機能し、緊急ブレーキが作動した、と見るべきなのだ。

ブレーキは申し分ない効き目を示し、著者は退職という名の途中下車を余儀なくさせられる。

その彼が選んだのは、自分自身を、そして家族との絆を取り戻すため、息子と旅を始めるという方法だった。妻を拝み倒して得た100万円で。

子育てをなかば放棄した状態からのスタートはぎこちない。当然だ。

それでも旅を続けるうち、幼い息子との絆は徐々によみがえる。あるいは、新たに形づくられたと言うべきか。

同時に、乗り物への恐怖もコントロールできるようになっていく。

絆の再生と症状の改善、これは別々の出来事が並行して起こったのでは、おそらくない。

家族との絆の回復によって、より人間として自然な状態に戻ったがゆえに、強く踏みつけられていたブレーキがおそるおそる緩められたのだ。

途中下車した著者にかわって一家を支えた、妻の存在が印象深い。

プライドやら焦りやらで右往左往しがちな著者をぴしりと制し、本質を見誤らない。大黒柱の風格がある。

妻の視点から描かれた物語も読んでみたい、そんなふうに思った。（荒井昭一・フリーライター）

（河出書房新社・1575円）＝2012年8月23日①配信

清水幾太郎の野心に共感

「メディアと知識人」（竹内洋著）

清水幾太郎（しみず・いくたろう）は戦後長く論壇に君臨しながら、今ではほとんど忘れ去られた思想家だ。生涯に著書・訳書・監修などで計217冊もの本を出し、ある時期は毎月のように「世界」や「中央公論」、後には「諸君！」などの論壇誌に登場していた。

本書は没落士族の家に生まれた清水の生い立ちから、知識人としての登場・盛衰の軌跡をたどり、昭和の知識社会を、左右両翼を行き来した「転向」知識人の立ち位置から照射する。

清水と言えば、まず「60年安保」だろう。論壇の寵児（ちょうじ）として徹底的に全学連の「ラジカリズム」を支持。土壇場で「民主主義擁護」を持ち出し政府との対決をすり抜けた丸山真男（まるやま・まさお）ら、進歩派の文化人と決別する。

そこからは「マッハ的速さ」で右旋回し、1980年には論文「核の選択—日本よ　国家たれ」で、日本核武装論を主張するに至る。

そうした軌跡を著者は、丸山のような「正系知識人」ではない清水が「差異化」という「転覆戦略」を使って「傍系」からのし上がり、メディア知識人世界を制覇し、最後は芸の鈍った「芸人」のように失笑される物語として描く。社会学者としての著者の分析は、目からうろこの面白さだ。

しかし、冷徹な分析だけで終わらないところに本書の醍醐味（だいごみ）はある。関東大震災で丸裸になった「場末」で育ち、庶民の自覚とインテリへの憧憬（しょうけい）・反発、旧士族の自負が混在する清水の野心的生涯を描く筆に熱い共感があり、評伝として質の高さを感じさせる。

同時に描き出されるのは、大戦を挟んだ30年代から80年代にかけての日本の知識社会の姿だ。

戦後は、山の手生まれ、東大法学部卒の丸山らを頂点に、反体制の文化人が中核をなす、いかにも日本的な階層社会が形成される。そこに底辺から挑みかかり、ついに覇権を握り、しかし、最後は悲しい幕切れを迎える男の生きざまは、どこかスタンダールの「赤と黒」を思わせる。（会田弘継・共同通信論説委員）

（中央公論新社・2415円）＝2012年8月23日②配信

対米従属外交の原点分析

「戦後史の正体」(孫崎享著)

久々に読み応えのある本を読んだ。感動したといってもいいくらいだが、それは感情を揺さぶられたという一般的な次元の話ではなく、よくぞここまで書いてくれたという著者の勇断への感謝に近い気持ちだ。

著者は外務省で駐イラン大使や国際情報局長を経て、防衛大学校教授を務めた外交・防衛の専門家。いわば、体制の側にいた人物といってもいい。その著者が、日本の戦後体制のタブーともいえる「米国からの圧力」というテーマに正面から挑んでくれたからだ。

日本の無条件降伏からマッカーサー元帥による占領期を経て、吉田茂内閣によるサンフランシスコ講和条約締結(1951年)までのプロセスが詳述されており、今日でも変わらない対米従属一辺倒の日本外交の原点が占領期にあったことが確認できる明晰(めいせき)な歴史分析だ。

2度にわたる原爆投下で完膚なきまでに日本を敗北させた後の米国の対日工作は、世界最強の軍事力を背景にしていたとはいえ、赤子の手をひねるようなものだった。

講和条約締結時には、米国は日本から「われわれが望むだけの軍隊を、望む場所に、望む期間だけ駐留させる権利」を勝ち取ったのである。外交的に言えば、吉田茂に代表される米国追従の流れがこの時に形づくられ、重光葵や芦田均などの対米自主派が切り捨てられていく。その最後の首相が政権交代を成し遂げた鳩山由紀夫氏である。

「東アジア共同体」「普天間飛行場の県外・国外移設」を主張した鳩山政権が徹底的につぶされ、米国追従派の菅直人、野田佳彦首相へとバトンタッチされた経緯に米国の強い意向が働いていたことが、「高校生にもわかる」です・ます調文体で明快に解き明かされている。

それこそ、歴史の正体を暴いた新しい「日本戦後史」の教科書であり、同時に消費税増税、原発再稼働、オスプレイ配備、環太平洋連携協定(TPP)に至るすべての謎が解ける絶好の文献といえる一冊である。(岡留安則・ジャーナリスト)

(創元社・1575円)=2012年8月23日③配信

本当に怖い怪異の連鎖

「残穢」(小野不由美著)

小野不由美の9年ぶりとなる書き下ろし長編は、作者自身とおぼしき作家が、怪異の底なし沼をのぞき込むホラー作品だ。「屍鬼」や「ゴーストハント」シリーズ等のホラー小説で知られる作者だけに、その怖さは半端ない。

ホラー小説も執筆する作家の「私」は、怪談好きのライターの久保さんと知り合う。首都近郊にある賃貸マンションに引っ越した久保さんは、部屋で聞こえる奇妙な音に悩まされていた。怪異の原因を求めて、マンションを調べ始めるふたり。やがて調査はマンションの周囲一帯に広がり、時代も過去へとさかのぼっていく。次々と明らかになる事件と怪異。その果てにふたりは、何を見ることになるのだろうか。

自分をモデルにした「私」を語り手にすることで、本書は実話怪談のスタイルを踏襲している。これが抜群に効果的。作家の実生活に興味を引かれていると、いつの間にか時間と空間を超えて広がっていく怪異と向き合うことになるのだ。

関係者に話を聞き、古い地図で土地の履歴を確認する。主人公たちの調査方法が常識的なものだけに、そこから明らかになっていく怪異の不気味さが際立っている。また調査が進むにつれ、第三者の立場であったはずの「私」にまで、怪異が忍び寄ってくる様子が恐ろしい。

さらに物語の途中で、主人公たちが追う怪異が、連鎖の構図になっていることが判明する。これが怖い。本当に怖い。なぜなら怪異の連鎖に、私たちも巻き込まれる可能性があるからだ。読者として物語の外側にいることに安心していたら、いきなり自分も怪異と無関係ではないという事実を突きつけられる。作者の創り上げた恐怖は強烈であり、それゆえに長く心に残るのだ。

なお、本書とほぼ同時に刊行されたホラー掌編集「鬼談百景」には、この物語とリンクする作品が幾つか収録されている。併せて読むと、より興趣が増すであろう。(細谷正充・文芸評論家)

(新潮社・1680円)=2012年8月23日④配信

包摂が排除を生む逆説

「反転する福祉国家」（水島治郎著）

日本では社会保障改革が迷走気味だ。「社会保障と税の一体改革」は、負担先行の印象が強く批判も広がっている。

これに対してオランダという国は、ワークシェアリングの試みなどで知られ、社会保障改革に新しいモデルを提供する国という印象が強かった。オランダ政治研究の第一人者による本書は、同国における社会保障改革の「光」と「影」の交錯を描き出し実に刺激的だ。そこから浮かび上がるのは、実は今日の日本とも重なる社会保障改革の「逆説」である。

本書はまず、オランダが1982年の政労使合意（ワセナール協定）以来、人々の就労につなげる社会保障改革を実現してきた経緯を詳細にたどる。パートタイムの賃金水準や社会保障の権利をフルタイムと同じにして女性の就労を促し、多様な働き方を可能にした。「一体改革」で短時間労働者の社会保険加入を事実上また先送りにした日本にとって耳の痛い話である。

だが本書の核心はこの先だ。社会的な包摂を掲げ就労を促す社会保障改革は、他方において、知識・技能やコミュニケーション能力において就労にハンディを伴う移民を厳しい立場に追い込み、排除をすすめたという。

移民排除の中心となった勢力として本書が注目するのは、フォルタイン党や自由党など、強烈な個性をもったリーダーに率いられポピュリズム的手法を駆使する新興政党である。彼らは主要政党の談合政治を批判し、タブー視されていた移民批判に踏み込んで政治のキャスチングボートを握っていく。

移民問題の重さの違いはあるが、日本でも現役世代の雇用を支援する改革が掲げられる一方で、生活保護バッシングも広がる。包摂が排除を生む「逆説」を乗り越え、ポピュリズムを回避するためには、より徹底した包摂を構想するしかない。だがそれはどこまで可能なのか。本書の投げかける問いは重い。（宮本太郎・北海道大大学院教授）

（岩波書店・3360円）＝2012年8月23日⑤配信

石油と国家めぐる一代記

「海賊とよばれた男（上・下）」（百田尚樹著）

石油業界で特異な足跡を残した国岡鐵造の生涯を追跡した小説。モデルは出光興産創始者、出光佐三であろう。一部虚構は含まれるが、大筋は史実に即している。

国岡は「海賊」と呼ばれた。競合する他社が既得権益を守るため、陸上での石油販売を国岡に許さなかったので、彼は船を出し、海上で石油を販売した。それが「海賊」という呼び名の由来だ。

石油を含むエネルギー問題は、戦争の原因ともなりうる。「石油の一滴は血の一滴」という言葉がある。石油を扱うことは、国家との関係抜きにありえない。

国岡は独創の塊とも言うべき人物であり、改革派に属する。となれば保守派からの反発は避けられない。彼らとの戦いが国岡の生涯そのものだったと言えるほどだ。

その戦いも、「国や官僚による統制から自由な競争へ」という正攻法であって、奇策を弄（ろう）したり、アンフェアな手を使うことは全くない。知恵と度胸が彼の身上だ。

しかし、創業50年を迎えて国岡は「楽しい五十年ではなかった」と語る。めったなことでは弱音を吐かない彼が、心の底では苦しい思いでいたことを周辺の男たちははじめて知るのだが、国やメジャーや国内の同業他社との戦いは、心底しんどいものだったのだろう。

国岡の生涯最大のヤマ場は、1953（昭和28）年の「日章丸事件」だ。イギリスとイランが対立する中、ペルシャ湾へ直行してイランからの石油輸入を強行し成功を収めたこの事件は、歴史的事件として語り継がれている。

強者であるイギリスとの戦いも、国岡にとってはこれまでの既得権益者たちとの戦いと同じ流れだったのだろう。現実感覚を駆使して成功を収めてしまう彼の実力のほどが示されている。

「士魂商才」と呼ばれる一代の傑物がモデルであるだけに参考文献は数多いが、それらを消化した上で著者の見方を提示していることがこの作品から読み取れる。（菊田均・文芸評論家）

（講談社・上下各1680円）＝2012年8月23日⑥配信

深い悲しみを生きる力に　「おもかげ復元師」（笹原留似子著）

すでに、両親はおろか、同世代の友人数人も鬼籍に入った。「鬼籍」と書いたが、これの本来の意味は閻魔（えんま）大王の持つえんま帳に記載され、あの世での居住地が定まることを指すから、見送った側の気持ちが落ち着いた感覚を含んでいると思う。そんな感覚を持てるまで、長い時間を要す場合があるとも思う。

「復元納棺師」を名乗る著者は、遺体を生前の面影に復元する仕事をしてきた。東日本大震災後は、ボランティアで300人以上を復元した。数多くの遺体と遺族に向き合ったエピソードをつづった本書は、大切な人を亡くした遺族の「死の受容」がテーマだ。

遺体は、死臭や死斑が出るなど腐敗が進むため、近寄りづらくなりがちだ。だが、安らかな顔に復元すると、遺族が近寄り、「最後のお別れ」ができる。そのお別れの時間が、死の受容につながると、読める。

例えば、連れて行った海で、小学生の孫が落雷死した祖父は、自責の念から死に顔を見ることができなかったが、著者が復元した後、対面。泣きながら抱きしめることができた。母親を亡くし、淡々としていた3人の小学生は、復元した顔を見るや否や、母親に触れ、泣き崩れた。

被災地での模様は壮絶である。大切な人の遺体をやっと見つけた遺族は、なきがらの状態が悪いほど、ショックが大きい。

復元の技術は詳述されていないが、ウジ虫を退治し、砂や汚れを取り除くことに始まり、顔をゆっくりマッサージし、損傷部分にはパテを塗り、形を整えていく。妻と生後10日の赤ちゃんを津波で亡くした男性が、復元の後、「やっと泣けた」とおえつしたくだりが、読後頭から離れない。

帯に「なきがらに笑顔を戻し、遺族の深い悲しみを、生きていく力に変える」とある。震災後、睡眠時間を極限まで削り、めまいや失語に襲われながらも復元を続けた著者が、グリーフ（悲嘆）ケアという言葉に寄りかからず書いた本だけに、説得力がある。（井上理津子・フリーライター）

（ポプラ社・1260円）＝2012年8月30日①配信

継承されたマーリーの祈り　「RASTA TIME」（キャシー・アーリン・ソコル著、一瀬恵美子ほか訳）

一世を風靡（ふうび）したレゲエの王様ボブ・マーリー。36歳で早世して30年の昨年、カリスマ的文化英雄とその「チャント」のような音楽に魅了された著者は、深遠な「ラスタタイム」に生きる神秘を探る旅に出た。

1979年来日公演時にボブをインタビューしていた著者は、妻リタ、子ども11人のうち異母息子3人、孫娘、自然食（アイタル）専属料理人や音楽仲間をあらためて取材。78年にジャマイカで行われた、かの有名なワンラブ平和コンサートの壇上で、ボブに促され、当時首相だった政敵と握手したシアガ元首相にも話を聞いた。

彼らの証言に多数の写真、歌詞を盛り込み、ボブの使命や遺産、その神髄を成すラスタ（ファリ）とは何かに迫る。

彼特有のパトワ語インタビューやパフォーマンスは、今やネット上で視聴できる。本書は、彼が世代を超えて計り知れない影響を個人の生きざまに与え、慈善活動やコーヒーのフェアトレードなど音楽以外の諸事業として発展継承されていることも教えてくれる。

ボブの真価を玩味するには、音楽（家）を生み発展させた社会文化、歴史の理解も必要だ。彼が急速に偶像化された70年代ジャマイカは政治イデオロギーに分断され、血みどろの争い渦巻くカオスにあった。キングストンの喧噪（けんそう）の一部でもあったレゲエは被抑圧者の声なき声を代弁し、国境を越えて熱狂された。

ボブは悪徳や腐敗に満ちた「システム」の偽善や横暴を告発し、レゲエは解毒剤になった。ラスタ的世界観を映した歌詞には、人々に抵抗やサバイバルを促す英知に満ちたメッセージのほか、彼が愛読した聖書の例えや引用もちりばめられている。ポジティブに受け取った人々に確実に継承され、「人生のバイブル」とも言われている。

「この世の中、問題ばかり」（ボブ）。大震災後の私たちにも通じる祈り―愛と平和、団結、寛大な心。創造主を尊重し、「新しい意識」で「起き上がれ、立ち上がれ」。傾聴し実践したい。（柴田佳子・神戸大教授）

（A-Works・1680円）＝2012年8月30日②配信

本にささげた魂の奮戦記

「復興の書店」（稲泉連著）

本書は東日本大震災で被災した書店が、地域の復興を願い、本にささげた魂の奮戦記である。

福島県飯舘村の「ほんの森いいたて」は1995年、「本に親しめる場所が欲しい」という村民6千人の意志で、日本唯一の村営書店として誕生した。「村に本屋ができるなんて、なんと素晴らしいことだろう」と思ったのが、当時、飯舘中学3年だった副店長の高橋みほりさんだ。彼女は高校卒業後、臨時職員として同書店に採用され、その後10年以上にわたって続けた書店の仕事を「天職」だと感じていた。

高橋さんは震災後2週間以上が過ぎた3月29日に、流通の復活に伴って書店の営業を再開させた。しかし翌30日に国際原子力機関（IAEA）が、飯舘村で独自基準値を上回る放射性物質を検出したと発表。原発事故の避難区域となった書店は今も、休業を余儀なくされている。悔しいのは高橋さんだけでなく、村民も出版界も同じである。

大手チェーン店のジュンク堂書店は、東北地方での営業を早期に再開した。一日も早く開店することが読者にむくいること…阪神・淡路大震災で書店の役割を痛感した同社の工藤恭孝会長が、仙台市でその経験を生かした。

岩手県大槌町は津波の後に大規模な火災が発生し、2軒あった書店も被災した。しかし、地元に書店の灯をなくしたくないと、化学薬品メーカーを辞めた木村薫さんが妻の里美さんとともに設立したのが「一頁堂書店」だ。夫婦を含め、書店スタッフ全員が、書店員経験のない「素人集団」である。成功を祈らずにはいられない。

震災では本の重みが問われた。行列は食料品店だけでなく書店にも及び、本によって癒やされる人がいかに多いかが証明された。書店を再開してほしい、再開したい、この両者の涙と血のドキュメントに心を打たれた。被災地に足を運べなくても、この本を読むことで、彼らの奮戦を心で応援してほしい。（能勢仁・書店コンサルタント）

（小学館・1470円）＝2012年8月30日③配信

断罪される少女の心象

「ひらいて」（綿矢りさ著）

愛。それがこの小説の主人公の名前である。

高3の愛は、1年のころから気になっていた同じクラスの男子、西村たとえに恋をする。しかし彼は中学のころから、愛の元クラスメートでもある美雪と付き合っていた。それを知っても愛の恋心は止まらない。手当たり次第、あらゆる方法でたとえと、たとえの特別な存在である美雪に近づこうと試みる。その手段が明らかに常軌を逸し始めていると自分で分かっていても。

本作は「かわいそうだね？」で大江健三郎賞に輝いた綿矢りさの、受賞後第一作である。綿矢は多彩な比喩をちりばめた表現手法でもって、自らの熱量を持て余すひとりぼっちの少女の心象を的確に描き出す。駆使されている比喩表現は詩情を持ちながらもひたすらに物語に奉仕しており、展開はどんどん加速していく。

愛が、自分でも理解できないほどのエキセントリックな手段を使ってまで得たいと渇望しているものとは一体何なのか。それは西村たとえという人間そのひと、とはまた違うように思う。愛が渇望しているものとは恐らく彼女自身が決して持ちえない何かであり、それが自分でも分からないのだ。

愛と名付けられながらも、まだ彼女は自分にとっての「愛」というものを見極められてはいない。そしてその焦燥は暴力的なまでの恋情と化し、愛はたとえと美雪の間にすでに確立されている澄んだ世界を攻撃しようと必死になる。

自分には閉じられたその世界を断罪する。その一方で、彼らの関係を破壊しようとする自分が彼らに断罪されることも愛の心のひだを強く震わせるのだ。

愛は引き裂かれながらもひたすら突き進んでゆく。そこには不思議と悲壮感はなく、痛快なほどの疾走感がある。身も心もさらけ出して自分以外の者にぶつかっていこうとする姿は鮮やかだ。たとえ、欲望が愛を燃やし尽くそうとしようとも。

（馬場めぐみ・歌人）

（新潮社・1260円）＝2012年8月30日④配信

古典に挑む本格ミステリー

「カラマーゾフの妹」(高野史緒著)

カラマーゾフ家の長兄ドミートリーは、父親殺害容疑で逮捕され有罪判決を受ける。だが実際は次兄イワンに使嗾(しそう)された、異母弟スメルジャコフが手を下したのではないか。ロシア文学の高峰「カラマーゾフの兄弟」はそのような含みを持たせて終わる。

「～兄弟」はあくまで物語の第1部にすぎず、ドストエフスキーは13年後を描く第2部によってこの大作の完結をもくろんでいた。だが作者の死により願いはかなわなくなった、というのが文学史上の"常識"である。

第58回江戸川乱歩賞を受賞した本作は、「前任者」(ドストエフスキー)の後を継ぎ、13年後の物語を「創作」するとともに、父フョードル殺しの真の解決を図るという、世界文学の古典に挑んだ大胆かつ意欲的なミステリーだ。

有罪判決によりシベリアに送られたドミートリーは、4年前に事故ですでに死亡。内務省の特別捜査官となったイワンは、兄の汚名をそそぐため故郷に戻り、父の殺人事件の再捜査を開始する。かの地には修道士から還俗(げんぞく)後に結婚して教師となった三男アリョーシャが暮らしていた。

ところが、新たな事件が起き、それをよそにアリョーシャは出奔する。

第2部を前提にしていた「～兄弟」には、理解しにくいエピソードや矛盾点が随所にちりばめられていた。作者は難解さの原因ともなっていたそれらを忠実にすくい上げ、伏線として回収し、合理的な推理の後に驚くべき真相を導き出すのだ。

また探偵役であるイワンの13年前の奇矯な言動の原因も明らかにされ、それが真相の根幹に関わっていたことも明らかにされる。

犯人捜しがからんだ本格ミステリーとしての面白さだけでなく、スチームパンクSFへと飛躍する中盤以降の奇想に満ちた展開も読みごたえたっぷり。まさにファンタジー作家である著者の資質が生かされているのだ。話題性に富んだ大収穫の一冊といえるだろう。(西上心太・書評家)

(講談社・1575円)＝2012年8月30日⑤配信

プロ野球の未来を暗示

「球界消滅」(本城雅人著)

「メジャーリーグ(MLB)が本拠を置く米国とカナダ、そして日本、韓国、台湾を中心とした野球版ワールドカップ(W杯)の構想を持っている」。ドジャースの元会長であるピーター・オマリーがそんな私案を披露したのは、野茂英雄が海を渡る前だから、今から18年も前のことだ。

その構想は不完全ながらもWBCというかたちで実現した。「日本の王者と米国の王者が戦う"リアルワールドシリーズ"はどうか？」とオマリーに畳み掛けると、空を見上げながら「ロサンゼルスと東京が5時間で結ばれるようになれば可能かもね」と冗談とも本気ともつかぬ口調で言った。

タイトルこそ「球界消滅」だが、ここには日本はもとより米国や中国まで含めたプロ野球の新しいかたちが示されている。現行の12球団を4球団に縮小再編し、中国、韓国、台湾のチームまで巻き込んでMLBの極東地区を形成するというストーリーは"机上の空論"としては可能だが、これを実際論として動かそうとすれば、説得力のあるデータと魅力的な登場人物が不可欠だ。本書はこのいずれにも成功しており、500ページを超える大作ながら、ページをめくる手が止まらない。

映画のカット割りのような構成も絶妙だ。巨大なうねりに翻弄(ほんろう)される人々の姿が同時進行で描かれ、肩入れしたくなる者もいれば、つまみ出したくなる者もいる。彼らの水面下での相克には既視感がある。2004年夏、プロ野球は再編問題に揺れた。そこを起点として、この物語は立ち上がっているとも言える。

果たしてMLB傘下に入った日本の球団はどうなるのか。人口約13億人の中国にマーケットは生まれるのか。人口約12億人のインドはどうか。米国の覇権は続くのか。早くも続編が読みたい。

ちなみに東京―ロサンゼルス間を約2時間で結ぶロケット旅客機が運航を開始するのは2050年ごろという。(二宮清純・スポーツジャーナリスト)

(文芸春秋・1943円)＝2012年9月6日①配信

弱さ輝かせる山田太一論

「敗者たちの想像力」（長谷正人著）

勝ち組か、負け組か、常に問われているような毎日。たるの中でひしめくウナギのように他人を押しのけ、はい上がらなければ窒息しそうな日々。この漠とした不安を抱えて生きる私たちに著者は、ある根源的な問いを投げかける。

「敗者」は「強者」に成り上がらなければならない…。そんな「勝者」の視点の呪縛から自らを解き放ち、敗者が敗者のままで生きようと深呼吸したときに、見えてくる情景は何か。そこで感受できる生きる誇りや喜びはどんなものか―。

脚本家、山田太一のテレビドラマに、著者は答えを探る。軸となる1970～80年代の作品群は、今を生きる私たちが忘れかけていた“古層の記憶”に触れ、ほんの少し不思議な世界へ誘い、普通の人々の内に揺れ動くつつましやかな生活感情を、時にユーモラスに追体験させてくれる。

「ふぞろいの林檎（りんご）たち」「男たちの旅路」「岸辺のアルバム」…。四流大学生や特攻隊の生き残り、家庭の主婦らが織りなすドラマの魅力は「どこか『敗者』を感じさせる」点にこそあると著者は言う。そこで示されるのは、弱者が弱者であることを肯定する思想を鍛え上げる何かであり、自分もまた弱さを抱えた敗者の一人だと受け入れることが、輝かしい幸福につながり得るのではないか、という予感のようなものである。

著者が描く「敗者の想像力」とは、弱さを恐れ、排除し、幻にすぎない強さを絶望的に信じざるを得ない今日の風潮の中で、強さも弱さも丸ごと自分なのだと受容できるような、自分の弱さをいとおしめるような、もう一つの社会に向けた“微（かす）かな兆し”を感受する繊細な営みなのだろう。

敗者とは「失いし者（loser）」である。本書は、著者と山田太一ドラマとの出合い直しのプロセスを通して、私たちが失ってしまった何かと、いま芽生えつつある社会への息吹を、たおやかに想像させてくれる。（庄井良信・北海道教育大大学院教授）

（岩波書店・2205円）＝2012年9月6日②配信

現実の手前にある寓話

「その日東京駅五時二十五分発」（西川美和著）

映画監督でもある西川美和の新作小説は、自身の伯父の戦争体験がベースになっている。

「ぼく」は同じ部隊にいた益岡とともに、敗戦した「その日東京駅五時二十五分発」の東海道線下り始発列車に乗り、故郷の広島へと向かう。

その2カ月前から、2人は敵の無線情報を傍受し、暗号を解読する部隊に配属されていた。訓練施設で朝から晩まで電鍵を握り、時には近所の農家から「ゆでた芋や枝豆」をもらう日々。「ほおばりながら武蔵野の広い空を眺め、ほんまにこれが戦争じゃろか、と思った」という牧歌的なせりふに、血なまぐさい戦争の影は見いだせない。

それどころか「ぼくは結局戦争のことはよくわかっていないと思う。飛行機が好きだ」「B―29の翼もまた美しいと思う」と、かつて少年飛行兵に憧れた思いを吐露する。

そこに“国家”は介在しない。現代に生きる私たちと同じ“個”が提示される。そして、「ぼく」は敗戦前日に上官より解散を命じられる。つまり日本は負けたのだと…。作者は、この実話を知ったとき「ふわふわとしたファンタジーのように感じ」たという。たしかに、本作はどこか寓話（ぐうわ）的なのだ。

象徴的なのは「玉音放送」の扱いだろう。当時の日本人は天皇の肉声を聞いて、初めて敗戦を知り、打ちひしがれた。しかし「ぼく」は上官によって知らされ、玉音放送すら、列車内という隔絶された空間にいたため、体験していない。

何をもって、厳しい現実を認識できるのか。作者は、執筆中に東日本大震災が起こり、本書の文体が変わったという。終盤、焼け野原と化した広島に戻った「ぼく」は、故郷へと向かうも家族の安否は提示されずに終わる。その空白こそ、寓話性を踏み越えた先にある現実にほかならない。

作者はその一歩手前で立ち止まる。それは震災後の現実を前にいったん立ち止まり、思索する私たちの姿でもあるのだ。（中村高寛・映画監督）

（新潮社・1260円）＝2012年9月6日③配信

新時代の学問への一歩

「野生の科学」（中沢新一著）

本書は2008年以降の中沢新一の論考を収録している。数学、人類学、原発…本書の多彩な話題を貫くのは、3・11以後の世界で新しい学問をどう構想すべきかという鋭い問題意識に他ならない。中沢は原発事故の後、政治団体まで創設して積極的に活動してきた。本書から分かるのは、その活動を支える思想が事故の後に突然現れたものではないという事実だ。

中沢は「新構造主義」という学問を構想している。基礎となるのは現代数学である。以前から中沢は、別の階層にある意味を結びつける「喩（ゆ）」の機能にこそ現生人類の言語の特徴があると主張してきた。現代数学はこの「喩」の機能に接近する分野を生み出しつつあるという。たとえば、14と5は、どちらも3で割ると余りが2になるという意味では「同じもの」だと考えるコホモロジーの分野がそれである。「数」の学がいま、人類の言語の奥深くにある構造に近づきつつあるのだ。

異なる階層間をつなぐこの働きは、ホフスタッター著「ゲーデル、エッシャー、バッハ」より借りた「不思議な環（わ）」という言葉で説明されている。言語においてこの働きはありふれており、そもそも自然は「不思議な環」に満ちている。

ところが近代社会や近代の学問はこの「不思議な環」を抑圧することで成立してきた。たとえば「贈与」という行為では、物が移動するだけでなく、礼儀や慣習などの複雑な価値がそれと結びつく。しかし市場モデルで成り立つ社会はそれを単なる「交換」に還元してしまう。近代経済学は「交換」だけが正常な経済行為と考え、人間の行為の「贈与」的側面は無視する。

原発事故は近代文明の矛盾を知らしめた。だが「反対」を言うだけでは物事は進まない。新しい時代には新しい学問が必要である。本書が描くのはそのイメージにすぎない。だがここには着実な一歩がある。（國分功一郎・哲学者）

（講談社・2310円）＝2012年9月6日④配信

毒ガス患者らの証言集

「一人ひとりの大久野島」（行武正刀編著）

かつて地図から消された島があった。瀬戸内海に浮かぶ広島県・大久野島。地図に載らなかったのは、島がまるごと毒ガス工場だったためだ。イペリット、ルイサイト、青酸…。ガスに触れれば皮膚や呼吸器で激しい炎症を起こし、命をも奪う。陸軍に率いられた同島では終戦まで、毒ガス6600トンが製造された。島の対岸地域の住民ら6800人が従事したが、その多くが毒ガス傷害に遭った。

その人たちを40年にわたって診てきた医師がいる。島の対岸にある病院に勤務していた故行武正刀医師だ。本書は彼が記録してきた毒ガス島の患者の証言集である。

「島には三〇あまりの毒物倉庫の他、発煙筒、赤筒の倉庫などがあり、咳（せき）、痰（たん）、喉の痛みをいつも感じるようになりました。パッキン交換のときには両手に毒液が付き水泡ができました」

これは1914（大正3）年生まれの男性。04（明治37）年生まれの男性は、島に駐在した憲兵の怖さをこう語る。

「防毒面をかぶっていてもガスにやられ、顔が黒くなり、目も喉もひどくやられました。休んでいると憲兵が家に呼び出しに来ました。毎朝泣きながら自転車を漕いで毒ガス工場に通いました」

戦争末期の学徒動員以前から、従事させられた少年少女もいた。28（昭和3）年生まれで、当時15歳前後の女性の証言。

「何事も秘密を守るように、家に帰っても親兄弟に何もしゃべるなと言われていました」

かん口令のため、同島の被害はなかなか表に出なかった。当時も死傷者は少なくなかったが、戦後呼吸器の悪性腫瘍が多発した。行武医師は「三分診療」を重ねる中で彼らの言葉を拾っていった。277人の証言は、この島の異常さを立体的に映し出す。これは戦争犯罪ではないのか—。読みながら疑問、憤り、苦渋が胸に重く宿る。

現在島は国民休暇村となり、往時の痕跡は多くない。だが、語り継ぐべき事実がここにある。（森健・ジャーナリスト）

（ドメス出版・2625円）＝2012年9月6日⑤配信

どこまでも魅惑的な挑発　「バースト！」(アルバート＝ラズロ・バラバシ著、青木薫監訳、塩原通緒訳)

未来を予測する。その誘惑に人類は翻弄（ほんろう）されてきた。合理的に考えれば、そんなことは不可能であるにしても。

個人の行動パターンはどうだろう。通勤通学では、ほぼ定時に家を出て同じ場所に向かう。長距離通勤・通学者は、電車の乗降口、座る席、ぶら下がる吊（つ）り革まで決まっていたりする。

それでもちょっとした偶然が作用することで、定型パターンは乱れる。ならば偶然が重なれば、人の行動はランダムな状態へと移行するのか。

そこで著者の登場となる。結論から言うと、人に限らず、動物の行動も歴史上の出来事も、決してランダムではない。

著者は、人と人をつなぐネットワークを数学的に解析し、複雑極まりなく錯綜（さくそう）していそうなネットワークでも、実際には少数のハブを起点としていることに気づいた。早い話、少数の社交的な人を起点にした交友関係が多数を占めているのだ。

そして、この世の中、相手がどんな有名人でも、4人ないし5人を介せばつながってしまう。そんな驚きの事実を教えてくれたのが、前著「新ネットワーク思考」だった。

前著から10年という雌伏の時を経て世に問うたのが本書。人の行動パターンは決してランダムではなく、集中的に事が進む短い時期と、長い雌伏期の繰り返しだという。何かが集中的に起こる現象を、著者は「バースト」と名づけた。

歴史的な事件も同じだと、著者は言う。ルーマニアのトランシルバニア地方で生まれた彼は、その地で16世紀に起きたハンガリー史上空前の農民反乱「ドージャの乱」が、歴史的偶然ではなく、まさにバースト現象だったことを巧みに紹介する。

現代と16世紀の出来事を1章ごとに交互に書き進め、その語り口は読む者を飽きさせない。この世の出来事がランダムではないとしたら、規則性はあるのか、予測はできるのか。そう問いかける著者の挑発はどこまでも魅惑的である。（渡辺政隆・筑波大教授）

（NHK出版・2940円）＝2012年9月6日⑥配信

暴力の連鎖を変える道標　「ライファーズ」(坂上香著)

人は変わることができる。サンクチュアリ（安全な場所）と、話を聞いてくれる仲間がいれば、暴力の連鎖は回復の連鎖に変わり得る。米国の刑務所や社会復帰施設で、犯罪者の更生プログラムを行ってきた民間団体アミティ。17年間の取材をとおして得た著者の結論は明快で説得的である。

アミティは再犯予防に大きな成果をもち、日本でも官民共同型の刑務所でプログラムが始動している。著者が2004年に製作した本書と同名のドキュメンタリー映画がきっかけである。ライファーズとは無期刑、終身刑受刑者のことだ。

アミティは創設者をはじめスタッフの多くが元受刑者や元薬物依存者の、TC（治療共同体）である。そこでは徹底した語り合いが重視される。生易しくはない。「傷をなめあう」どころか、「墓場にまで持っていくつもりのことを話せなければ、本音を話したことにはならない」と、被害も加害も体験を詳細に、感情を伴って何度も語ることが求められる。

暴力に曝（さら）されて育ち、家庭からも安心を得られず、壮絶な生活史をもつ人が多い。恥。恐怖。欠乏感。不信感。憤り。孤独。当事者同士でないと越えにくい壁がある。暴力以外に人とつながる方法を知らず、闇の中に立ちすくむ受刑者たち。先ゆく者が道標となって、後からくる者を導く。

読んでいて、著者の真摯（しんし）な関わりが彼らの回復や活動のエネルギー源になっていることに気づく。変容のプロセスを目撃し、証人として記録し、日本への使者となる人間の存在が、彼らをどれほど勇気づけたことだろう。

著者の前著「癒しと和解への旅　犯罪被害者と死刑囚の家族たち」を読んだ時の心の震えを今も覚えている。被害と加害と社会の関係が本書でさらに深く問われている。受刑者の子どもたちも視野に入れ、「成長」という軸が世代を超えてしっかり見つめられている。

今度は読者が証人となり、使者となる番だ。（宮地尚子・一橋大教授）

（みすず書房・2730円）＝2012年9月13日①配信

同級生たちの記憶語り継ぐ　「アンネ、わたしたちは老人になるまで生き延びられた。」(テオ・コステル著、桜田直美訳)

つらい記憶を振り返り続けることには、どんな意味があるのだろうか。著者のテオ・コステルは、オランダ・アムステルダムのユダヤ人中学校で、あのアンネ・フランクの同級生だった。戦後、イスラエルに移り住んだ彼は、これまで多くの学校に子どもたちを訪ね、自らの戦争体験を語ってきた。

本書は、老年を迎え自らの体験を映画に残すことを決めた著者がその取材の中で、生き残った他の同級生たちから聞いた数々の逸話を、彼らのアンネの思い出とともにつづったものである。あの戦火の中を生きた子どもたちの、忘れられてはならない大切な物語―自分たちの「アンネの日記」―を、より多くの人々に伝えるために。

「アンネはどんな子だった？」という著者の問いに彼らは答える。「胡椒(こしょう)みたいな女の子」「正直で、一風変わった女の子」「どこにでもいる普通の女の子」。彼らが語るのは、アンネへのさまざまな思いを通して回想する自分たちの人生だ。彼らのうち、ある人々は収容所へ送られ、またある人々は身を隠し潜伏生活に入った。アンネを含めた誰もがみな、この戦争は長くない、と、自分たちは必ず生き残れる、と信じていた。

ここで自らの苦難を語る同級生たちは、生き残った「幸運な」人々だ。私たちは、ほんの少しの運の差があまりに大きな違いをもたらすことがあると知っている。だが、アンネの15年という短い生涯を見つめる彼らの視線はまた、「なぜ自分たちは生き残ったのか」という悲痛な問いを見つめ続けてきた。

幼少期の心にあまりに大きな傷を負った彼らにとって、戦争を語ることは想像を絶するつらい行為だろう。それでも残された時間が長くないことを知り、語りはじめた彼らの言葉をどのように受け止めたらよいだろうか。私たちにできることは歴史から学び続けること、そして学び得たものを語り継いでゆくことなのだ、と本書はあらためて教えてくれる。(久保拓也・金沢大准教授)

(清流出版・1680円)＝2012年9月13日②配信

戦後処理が苦手な米国　「終戦論」(ギデオン・ローズ著、千々和泰明監訳、佐藤友紀訳)

米国人は「戦争＝戦闘」と考えがちである。戦争とは「大規模な街頭の喧嘩(けんか)のようなもので、悪い奴(やつ)らをいかに叩(たた)きのめすか」が戦略の重要課題だと思い込んできた。第1次大戦からアフガニスタン戦争まで、米国による七つの戦争を分析した著者はそう指摘する。

確かに米国には、日本との戦争のように「悪の軍勢」と見なす相手に後味の悪い譲歩をしないと自負し、ことさらに力を誇示する傾向がある。そして、戦争の「建設的な面」ともいえる政治的処理において、しばしば過ちを犯してきた。本書はそれを丁寧に論証する。

失敗の理由は、軍人と政治家が役割を明確に分担して事に当たる手法に、限界があるからだと著者は言う。事態が進むにつれて政治は戦争のあらゆる部分に入り込み、無視できなくなった問題が最終局面で一挙に表面化する。イラク戦争で米国は、地上戦の早期終結を成し遂げたものの、新たな秩序形成のビジョンを持ち合わせなかったがゆえの“戦後の闘い”に打撃を受けた、と説く。

第1次大戦の際にウィルソン大統領が掲げた14カ条の講和原則についての記述も、示唆に富む。国際連盟の創設や無併合・無賠償の理念は理想に満ちていたが、その実現には、貪欲な英仏など連合国の仲間の説得が不可欠だった。ドイツ宰相ビスマルクばりの謀略の駆使も求められたが、ウィルソンにその意思も能力もなく、過酷な現実の前で理想は崩壊した。

「純真で愚直」な彼の失敗は、現実に即した戦争目的の選択、目的達成に向けた現実的な戦略の立案、戦争の最終局面での戦略の実行という3点が、戦後処理を成功に導くことを教えてくれる。

戦場の形勢を左右するのは職業軍人の勇気や才能である。他方、政治的な戦果の獲得は国家指導者の責任事項といえるだろう。そのことに米国の指導者が必ずしも成功していないという著者の指摘は、最近のアフガニスタン情勢にも当てはまりそうである。(山内昌之・東大名誉教授)

(原書房・2940円)＝2012年9月13日③配信

渾身の筆が描く闘病と愛

「歌に私は泣くだらう」（永田和宏著）

〈手をのべてあなたとあなたに触れたきに息が足りないこの世の息が〉

歌人の河野裕子が死の間際に残したこの歌は、現代におけるもっとも美しい相聞歌として私の胸に焼き付いている。本書は、細胞生物学者で歌人の夫、永田和宏によるエッセー集。10年にわたる河野裕子のがん闘病の記録と、2人の愛の軌跡が描き尽くされている。

河野裕子の壮絶な「晩年」は2000年9月、乳がんの宣告を受けたときから始まる。あと何年の命なのか。残された日々を、不安とおびえを抱えて過ごす彼女の心情が歌を通して透けてくる。

なかでも胸を打つのは、自分だけが取り残されていくような孤独感にさいなまれ、河野の精神が病んでいくあたりだろう。本書は、夫婦の濃密な愛と絆を軸に凜（りん）としたたたずまいを持つが、同時に病によってゆがんでいく地獄のような日々も鮮烈に記録されている。

同量の愛と憎しみが振幅する様はすさまじい。

この地獄の時期をはさみ、再発後の河野の精神は、「澄みきった高み」へと到達していく。間近に待ちかまえている死。その認識の上に断念があり、やがて「自分らしい最期」への覚悟が生まれる。その過程を、夫である永田は唯一の目撃者、伴走者として渾身（こんしん）の筆で書き記す。

片方に愛する夫や子をこの世に残していく妻の悲しみがあり、もう一方にこの世に残されてもがく夫の自分がいる。一対だったものの悲しみと無念が歌の数々から絶体絶命の緊迫感を伴ってほとばしる。

〈死なないでとわが膝に来てきみは泣くきみがその頸子供のやうに〉

〈わが知らぬさびしさの日々を生きゆかむ君を思へどなぐさめがたし〉

ページを開けば歌の中に、何度も河野裕子はよみがえる。彼女を絶対に死なせない。永遠のものにしてみせる。それが永田の思いでもあった気がする。そう、この本を開けば死なない河野裕子がいる。歌という言霊となった河野裕子が。（稲葉真弓・作家）

（新潮社・1365円）＝2012年9月13日④配信

思想家の魂が向かう場所

「吉本隆明の帰郷」（石関善治郎著）

3月16日、詩人で、わが国の生んだ世界的な思想家である吉本隆明が亡くなった。それから半年。お盆がすぎ、秋風が立ち始めたこのごろ、吉本さんは、いまどこにいるのだろうか、などということをしきりに考えていた。そんなときこの有り難い一冊は、届けられた。

著者は、吉本の魂の向かう場所について、数年前から既に二つの方向への綿密な踏査を開始していたのだ。一つは吉本の父祖の地天草。そして、知に深く魅せられた吉本の魂が、その対極にあるものとして希求した大衆という魂のありかである。

吉本の類をみない独自性は、大衆という視点を自らの知の営みを相対化する上で、思想の半身として繰り込んだ点にある。吉本は大衆とは何かを考えるときの個的な原像として、3人の近しかった人物を挙げている。父と私塾の教師と編集者岩淵五郎である。3人が3人、無名であるということと、放棄・犠牲・献身という態度をその日々の生のあり方において体現していた存在であった。

著者が踏査の対象としたのはこの中の岩淵五郎である。岩淵は1966年の全日空機事故133人の犠牲者の一人であり、春秋社という出版社の編集者であった。吉本は岩淵の突然の死に衝撃を受け、読む者の胸に迫る追悼文「ひとつの死」を書いたのだった。

「吉本隆明の東京」を書いた著者が、天草について踏査するであろうことは予測できた。けれど、帰郷の地としての岩淵五郎というモチーフにはまるで気づかずにきた。こうして書かれてみれば、当たり前のようにも思えるが、著者の慧眼（けいがん）と吉本に対する並々ならぬ愛情を抜きに、この成果は考えられないのである。

本書を通して、そうか、吉本さんは天草に帰ったんだという感慨と、岩淵五郎さんの隣に座っているのかという思いがこもごもやってきて、心慰められたのだった。

やがて書かれることになるに違いない本格的な評伝の重要な礎となる労作でもある。（芹沢俊介・評論家）

（思潮社・2310円）＝2012年9月13日⑤配信

耽読という悦楽の世界

「プルーストの浜辺」(海野弘著)

本書は、大人の読み方を教えてくれます。再読して得られる新たな感動こそ読書の醍醐味(だいごみ)に違いありません。若いころには、完読だけを目標に、膨大な数のページを繰っていたプルーストの長編小説「失われた時を求めて」。その本が、本書の手引きにより、何と余裕を持って楽しめることでしょう。そう思うだけでうれしくなり、深夜、誰もいない部屋で一人にんまりしてしまいます。

言葉をかえれば、再読に値する書物との出会いが、私たちを耽読(たんどく)という悦楽の世界に誘ってくれるわけです。本書についていえば、プルーストとの出会いといった方がいいかもしれません。国元のフランスでさえ難解で知られる作家の小説が、海野弘氏のこなれた文章とさまざまな切り口による分析を介して、雄弁に語りかけてきます。

著者が約20年前に出版した「プルーストの部屋」の舞台はロワール地方のイリエ・コンブレーで、プルーストが幼少期にたびたび訪れた、父方の叔母の家があった地。一方、本書の舞台はノルマンディー。プルーストが生まれ育った都会のパリから最も近い海岸です。

本書を読み進めていくうち、この海岸を、プルーストや「失われた時を求めて」に登場するアルベルチーヌと並んで一緒に歩いている気がしてくるから不思議です。時として印象派絵画を眺めてでもいるかのように鮮やかな色彩を帯びて想像力を刺激してきます。

19世紀のフランスでは台頭するブルジョアジーが海岸リゾートに注目し始め、さらに鉄道開通により、海水浴が人々にとって身近な存在になりました。当時の女性たちの水着や風俗をふんだんに絡めて、海野調で聞かせるプルースト論はとどまるところを知りません。海が取り持つノルマンディー文学の系譜として、フロベールの「ボヴァリー夫人」とモーパッサンの「女の一生」、モーリス・ルブランの「怪盗ルパン」も紹介。ドビュッシーの曲「海」を聴きたくなるような、癒やされる一冊です。(吉村葉子・エッセイスト)

(柏書房・2940円)=2012年9月13日⑥配信

言論守る傷だらけの闘い

「生涯編集者」(篠田博之著)

「暴力はいけない。言論の自由を守れ！」と言うのは簡単だ。誰もが言う。自分は安全圏にいて口先だけで。しかし、それで守られた自由が果たしてあったのか。そんな腰の引けた、守りに入ったマスコミ人に言いたい。この人を見よ！　と。

この本は月刊「創」編集長、篠田博之さんの奮戦記だ。そして事件簿だ。満身創痍(そうい)の闘いだ。「言論の自由」を守るとは、こういうことだ。そんな叫びや熱い思いが伝わってくる。

「創」は画一的な大手マスコミ報道を批判し、社会通念を疑う。外部から眺めた論評はせず、渦中に飛び込み取材する。また「異論」を尊重する。だから僕のような異端にも言論の場をくれる。

書くことは闘うことだ。中国人監督の映画「靖国　YASUKUNI」(2008年)や日本のイルカ漁を告発した「ザ・コーヴ」(10年)が「反日的だ」と右翼やネット右翼に抗議され、上映を取りやめる映画館が続出した際も、まずは見て、そのうえで議論すべきだと僕は思い、抗議する人たちと現場で闘った。

篠田さんは鋭く、こう指摘する。「マスコミの自主規制こそが問題だ」と。確かにそうだ。マスコミは何でも言えばいい。抗議されたら堂々と議論すればいい。それがマスコミの使命のはずだ。

ところが、それをしない。「危ないテーマだから取り上げるのはやめよう」「抗議が来たら面倒だ」と自主規制する。見えない柵を作って、その中の自由を守ろうとする。しかし囲われた所に、もはや「自由」はない。

「創」にタブーはない。安全圏もない。目次を見たらいい。「皇室タブーと右翼の攻撃」「麻原元教祖三女の入学拒否事件」「宮崎勤死刑囚の突然の刑執行」「三浦和義さんの謎の死」…。こんな闘いの連続だ。

よくここまでやるものだと思う。もはや蛮勇だ。捨て身だ。ここまで徹底した覚悟は僕にはない。でも恐る恐る付いて行きたい。この本を読んだ人は皆、そう思うだろう。(鈴木邦男・評論家)

(創出版・1470円)=2012年9月18日配信

装う楽しさ伝えるために

「原由美子の仕事　1970→」（原由美子著）

「原由美子の仕事」はスタイリストである。帯の表現を借りれば「装いの提案」をする職業だ。

「1970」は、雑誌「アンアン」創刊の年。型紙は載せず、既製服のコーディネート提案と、それを行うスタイリストを世に送り出す。その時、そこに著者はいた。

膨大な写真と註（ちゅう）をともなうこの回想録は、ファッションと雑誌ビジネスの盛衰の背後に、その時代の諸相をにじませる。

彼女は終戦の年に生まれ、手づくりの服の良さを知って育つ。父は服飾評論家。大学卒業後まもなく、伝説のアートディレクター堀内誠一と出会う。手探りで、既製服ファッションの時代の新しい仕事を切り開く。日本経済の成長期に、恵まれた環境でキャリアを重ねた。憧れのシャネル社からコレクションの招待を受け、政府の知的財産戦略本部の委員に抜擢（ばってき）されるまでになる。まさにシンデレラストーリーだ。

本書には、世界に名立たるファッションデザイナー高田賢三や三宅一生、川久保玲らに加え、五島昇のような経済人から老舗呉服屋まで登場する。また航空会社の制服から映画衣装のデザインまで、仕事の幅広いこと。

この成功譚（たん）が、もちろん単なる幸運と偶然の産物ではないこともわかる。再掲されたエッセーで、向田邦子が「目立たない紺のスーツ姿で」「お行儀のよい好み」があると評する著者が、動いて動いて、誠実な仕事をしてきた結果なのだ。

「いかにして普通っぽくみせようか」、「どこかに夢と余裕を感じさせつつ表現できたら」などとコーディネートや記事を工夫する過程や心情もつづられ、興味深い。

「たかがファッションではなく、されどファッション」を目指してきた原。ファッションの楽しさを伝えるため生涯現役を宣言し、「着る」という単語に「ファッション」とルビを振る。おしゃれのヒントも満載だが、ファッションなんか…という方も手に取ってほしい。着ない人間など存在しないのだから。（横田尚美・服飾史研究家）

（ブックマン社・3800円）＝2012年9月20日①配信

技術をこえた役者の感性

「舞台に生きる」（浜畑賢吉著）

浜畑賢吉の役名に初めてふれたのは、彼が劇団四季の一員だったころで、以来「40余年の現役生活」というのに、劇場・映画館・居間などでひとりの観客として、ほどよくつきあってきたことになる。その仕事ぶりから受ける印象は、ただただ「真摯（しんし）」のひと言につきている。

「舞台に生きる」はサブタイトルに「誰にでもわかる演劇・ミュージカルの話」とあるように、体験にもとづいた一種の舞台藝術（げいじゅつ）入門書だが、自身は「遺書」のつもりで書いたと言っている。

俳優を志す次代の人たちへ伝えたい思いのこめられたこの書の基調は、肉体訓練による人間改造法だが、こと俳優藝術の枠にとどまらず、世界観をふまえた人間の生き方そのものに及んで、この人の仕事ぶりを象徴する真摯さのよってきたるところも明らかにしてくれている。そのことでも、演劇界に限らず、広い範囲の読者に供したいという著者の願いはかなえられるだろう。

半世紀を優にこす時間、芝居を見つづけてきた擦れっからしの観客としてこの本にふれて、観客側と演じる側という立場のちがいがあってなお、同感するところが少なくない。なかでも、昨今のミュージカルやライブハウスの演奏に、「どうしてあんな音量が必要なのでしょうか。私にはまるで拷問です」と指摘したくだりには、思わず膝をたたいた。ダンディーな評論家だった野口久光さんが、終演後の劇場ロビーで、しばしば関係者に苦言を呈していたのを思い出した。

いままでこれだけ実践的に俳優の演技術を解明してみせた書は、なかったと言っていい。ただ役者の仕事が厄介なのは、欠陥の皆無な演技が必ずしも最高ではないことだ。うまくても魅力のない役者がいるし、その逆もある。

役者にとっていちばん必要なのは、技術をこえた感性だというのが、この本全編を通じての主題と受け取ったが、あてはまるのは役者ばかりではない。（矢野誠一・演劇評論家）

（作品社・1680円）＝2012年9月20日②配信

定評ある伝記を初邦訳

「コナン・ドイル」(ヘスキス・ピアソン著、植村昌夫訳)

「シャーロック・ホームズの代理人」と副題の付いた本書は、英国で1943年に刊行された原著を初めて翻訳、紹介したものである。世界で最も有名な名探偵を生んだ作家の没後、最も早い段階で書かれた伝記のひとつであり、母国では高い評価が定着している。

それにもかかわらず、日本での刊行が大幅に遅れた理由は、ドイルが晩年に取りつかれた心霊主義について、本書が厳しい見方を示している点にドイルの三男エイドリアンが強い不満を抱き、内容に反論したり、版元に圧力を加えたりしたことにあるとされる。

日本では、本格探偵小説の巨匠ディクスン・カーがその後、遺族の全面協力を受けて書いた「コナン・ドイル」(49年刊行)が62年に邦訳され、最も優れた伝記として受け入れられてきた。

確かに豊富な資料を駆使して、多面的にドイルの生涯に光を当てた点は評価すべきだろう。だが、見方を変えると、総花的に過ぎ、共著者として名を連ねているエイドリアンら関係者への気遣いからか、筆が抑えられている印象を受ける。

これに対し、優れた伝記作家として知られるピアソンは、伸び伸びした歯切れの良い文体を用い、ドイルの個性豊かな肖像に見事な濃淡を付け、魅力的に浮き彫りにしている。とにかく読みやすく面白いのである。

ジュリアン・シモンズ、ロナルド・ピアソール、ダニエル・スタシャワーら、その後、日本で翻訳刊行されたドイル伝の著者たちも、それぞれに新しい人物像を提示しているが、それでもなお、本書の基本文献としての歴史的な価値はゆるがないと思う。

また、巻末の訳者の解説は、2006年以降に書かれた未訳の伝記類にも言及し、それまで不明確だった事実が明らかにされていることや、本書の原資料にもなったドイル家の所蔵文書の行方にも触れていて興味深い。(権田萬治・文芸評論家)

(平凡社・2520円)=2012年9月20日③配信

平成の世を見つめ直す

「解」(堂場瞬一著)

今春刊行された堂場瞬一の「衆」は、学生運動に身を投じた過去を持つ団塊世代の政治学者を主人公に、過ぎ去りし「昭和」という時代を照射した意欲作であった。

人々が集い、力を合わせれば、今日よりも明日は幸せになれるのだと、「衆」の力がこの国を変えていくと信じることができたあのころ。けれど今、私たちの周囲に漂う時代の空気は、当時とは確実に違う。一体、いつから、何を機に変わってしまったのか。本書「解」は、「衆」ではなく「個」の時代を生きるふたりの男たちを軸に、揺れ動く「平成」の世を見つめ直す長編作である。

幕開けは1989(平成元)年。序章となる第0章で、新聞社に内定した鷹西仁と、大蔵省入省が決まった大江波流は、大学卒業を間近にそれぞれの志を確かめあう。バブル景気の渦中、希望した職に就くことはかなったが、ふたりにはさらにその先の夢があった。

鷹西は小説家に、大江は政治家になり「日本を変えていく」こと。2011年へと時間が飛ぶ続く第1章では、作家として独立した鷹西と、内閣官房長官として多忙を極める大江の姿が早くも描かれるが、そこから、彼らが走り続けてきた二十余年の歳月が時間を巻き戻しつづられていく。

バブル崩壊、阪神大震災、オウム真理教事件、ウィンドウズ95の発売から加速したIT革命。時代の波にもまれながらも懸命にあがき続けるふたりの姿に、読者もまた自分の歩み来しこの時代を振り返ることになる。

やがて固い絆で結ばれていた彼らの間に、ある殺人事件の記憶が浮かび上がり、最終章で鷹西と大江は対峙(たいじ)するのだが、明確な結末は用意されず物語の「解」は読者に委ねられる。理想と現実、罪と罰。声高に「絆」と叫ばなければ確信できない人と人とのつながりを、私たちはいかにして結び直していくのか—。「平成」とは名ばかりの今、明日を生きる覚悟を問う"時代小説"である。(藤田香織・書評家)

(集英社・1785円)=2012年9月20日④配信

外交官通して描いた昭和史

「調印の階段」（植松三十里著）

昭和という時代が遠くなりつつある。戦前戦後などといういい方も、日常の用語としては、もはや使われない。しかし今後何百年たとうとも、昭和という時代とその戦前戦後が、日本人の記憶から消えることは決してない。未来にわたる歴史の中で、日本史上の画期の一つとして、位置を占めることはまちがいない。

本書は、戦前戦後を生きた、昭和史上忘れてはならない1人の外交官の物語である。彼、重光葵は昭和20（1945）年9月2日、米艦ミズーリの艦上で、ポツダム宣言受諾の文書に、日本政府を代表して調印した。8月15日に連合国に対して白旗を上げた日本は、この日、正式に無条件降伏したのであった。その降伏文書への署名は、最も不名誉な、しかし誰かがやらなければならなかった役である。作者は、その役を演じることができるのは、重光以外にはいなかったとする。

物語は、駐華日本公使重光葵が、上海北駅で狙撃されるところから始まる。このときは難をまぬがれた重光が、翌昭和7年4月、上海で行われた天長節祝賀会で、朝鮮独立運動家に爆弾を投げられ、九死に一生を得たものの片足を失った。

しかし重光は、不屈の精神で外交官への復帰を果たす。日本の、中国への介入によりアジア情勢は緊迫しており、欧州でもドイツが台頭して戦争への火種がくすぶり続けていた。そうした国際情勢下で重光は、駐ソ、駐英、駐華の全権大使を歴任していく。

その間重光は、戦争を回避する道を模索し続けた。それは天皇の意思でもあった。だが軍部が主導して日本は戦争への道を突き進んでいく―。

作者は、重光の思想と行動を通して、戦争への道と、敗戦から極東軍事裁判を経て国際社会への復帰に至る昭和の戦前戦後史を、感動的な物語とすることに成功した。戦争を知らない世代にも、ぜひすすめたい一書である。（高橋千劔破・作家、文芸評論家）

（PHP研究所・1995円）＝2012年9月20日⑤配信

スマホ使い過ぎで心の病？

「毒になるテクノロジー」（ラリー・D・ローゼンほか著、児島修訳）

スマートフォン使い過ぎ、ツイッターなどSNSと呼ばれる交流サイトをチェックし過ぎ、と思いつつ、どこがどう問題なのかも分からない…。

そんな現代人に、テクノロジーと心理の研究では第一人者である著者ローゼン氏はズバリ「それはビョーキ（本書では『iDisorder』）だ」と言う。ここでビョーキとあえてカタカナにしたのは、その中にはオンラインの世界だけの病的振る舞いもあれば、現実の自分にも影響を及ぼすものもあるからだ。

しかしいずれにしても、バーチャルコミュニティー（仮想共同体）での人々の振る舞いは、これまでの精神医学の教科書にあるさまざまな疾患、自己愛性パーソナリティー障害、強迫性障害、そううつ病、注意欠陥多動性障害などにそっくり。ユーザーはそれに無自覚なまま、「これが新しいマナー、常識」と思い込んで、「私が私が」と自己愛的な発言を繰り返したり、誰かの発言に気持ちの浮き沈みを繰り返したりしているのだ。

さらに、オンラインでのビョーキがリアルな自分にも影響を与える。例えば鬱（うつ）傾向にある人がSNSを使用すると、他者のネガティブな言葉により「感情伝染」が起きて、実際の症状もさらに深刻化する場合もあるというから恐ろしい。

では、テクノロジーが人をビョーキにするのか、それとももともと心に病的な傾向を持つ人がテクノロジーに向かうのか。その問いに関しては、科学者である著者は安易な断定は避け、いくつかの仮説を紹介するにとどめている。またそれぞれのビョーキには処方箋も記されているが、「適度な距離を置く」「必要なら治療も」と誠実ではあるが画期的なものはない。おそらくテクノロジー好きを自任する著者としては、「つけるクスリはない」と思っているのかもしれない。

なお、評者ならこのビョーキラインアップに「オンライン多重人格」を入れたい、ということを付け加えておこう。（香山リカ・精神科医）

（東洋経済新報社・2520円）＝2012年9月20日⑥配信

活路求める編集者の志

「出版と政治の戦後史」（アンドレ・シフリン著、高村幸治訳）

「志」の代わりに数字が、編集者の頭を占めるようになってしまい、結果、「出版の危機」はとめどないほどに世界中で広がってしまった。とりわけ衰退の激しい米国の状況を証言した前著「理想なき出版」（柏書房）の衝撃は記憶に新しい。

本書は、そのシフリンの自伝である。父はアンドレ・ジードやマルタン・デュガールと親交のあった編集者ジャック・シフリン。ユダヤ系の一家は、ナチを逃れフランスから渡米。貧困、赤狩りのなかで青年期を送る。

FBIやCIAがうごめき、共産主義者はもとより、社会主義者もリベラル派も消されてゆく日々。知的刺激のない大学。そのなかで隘路（あいろ）をくぐりぬけるように、英国ケンブリッジへの留学。こういった精神の冒険がいきいきと回顧されていて、読み応えがある。

1962年、かつて父が働いていた米出版社「パンセオン」で編集者となる。精神科医R・D・レイン、哲学者ミシェル・フーコー、言語学者ノーム・チョムスキー、国際政治学者ジョージ・ケナン…。彼が関わってきた著者の一部である。

しかし、本書は、単なる成功物語ではない。パンセオンはランダムハウス、RCAなどの大手メディアや大企業に次々と買収され、その内情の悲惨さも率直に記されている。吸収合併の目標は利益の最大化のみ。

それにともない編集の自由度は制限され、損益計算書が編集者ごとに作成されるようになる。シフリンが「ニュープレス」を立ち上げた背景である。歴史学者ジョン・ダワー著「敗北を抱きしめて」などで、日本でもよく知られた独立系出版社だ。

巨大資本にメディアが支配される事態。そのときどんなことが起きるか。ひとごとではない。しかし、シフリンは絶望しない。そのなかでも活路はかならずあるという。

出版人だけでなく、「本」に関心のある人はぜひ手にとってほしい。読みやすい訳文とともに、熱のこもった訳者あとがきも一読の価値がある。（鷲尾賢也・評論家）

（トランスビュー・2940円）＝2012年9月27日①配信

歴史も物語も生者のために

「光圀伝」（冲方丁著）

文句なしに面白い。

はっきりとそう言い切れる本に出会えるのは、年に一度あるかないかだ。本を読み始めたころならいざ知らず、何十年も読書生活をしていれば、なかなか本気で人に薦めたい作品には出会えない。だが、この「光圀伝」は文句なしに面白い。ドラマの影響もあり、水戸光圀というキャラクターは日本ではかなり知名度が高い。しかし、本作には「この紋所が目に入らぬか！」でおなじみ、助さん格さんを従えた好々爺（や）の姿は見あたらない。

物語は晩年の光圀がひとりの男をあやめる血なまぐさいシーンから始まり、殺されたのは誰か？　なぜ殺したのか？　という謎を宙づりにして展開していく。史実にもとづき、複雑な幼少期から波乱の青年期、日本史編さんに心血を注ぐ晩年までを壮大に描く3部構成。750ページ以上の物語を一気に読ませる。

作者の冲方丁は現在30代半ば。いわゆるゲーム、アニメ、マンガ、ライトノベル、そうしたエンターテインメントを貪欲に消費してきた世代にあたる。

デビュー作「黒い季節」はライトノベルレーベルから発売されたが、当時この作品を読んだとき、ぼくはものすごい異物感を覚えた。いい意味でも悪い意味でも、同時代感覚といったものがほとんど感じられなかったのだ。両親の仕事の関係で、アジアを転々としていたという経歴が関係しているのかもしれない。

単に読者だったときには無責任に読めたが、書くことを仕事にしてからは、その作品に触れるたび悔しさと、尊敬という、複雑な感情が渦巻いた。しかし、今回の作品を読み、光圀がまるで自分と同じ葛藤を生きたような錯覚を覚えた瞬間、その感情は不思議と薄らいでいった。

小説を読むことは人生を何度もやり直すことに似ている。優れた小説を読むとき、人は他人の人生を生き、死ぬ。歴史だけではなく、物語もまた生者のためにある。死ぬまで精進したい。（海猫沢めろん・作家）

（角川書店・1995円）＝2012年9月27日②配信

価値観の違い表面化?

「震災離婚」(三浦天紗子著)

東日本大震災は、命、住まい、仕事、自然、ふるさとなど多くのものを奪っていった。夫婦の関係が奪われた場合もある。

震災直後は、生き残った人たちや、遠くから応援する人たちの絆が言われ、震災を契機に結婚に踏み切るカップルも多いなどと報道された。その陰で、震災が促した離婚も少なくなかったという。

津波で子どもを失ったことや、原発事故にともなう被ばくの危険度についての意見の違いなどから、まさに震災ゆえの離婚に至った夫婦がいる。

ただし、被災地でも遠隔地でも、もともとあった夫婦のズレが、震災を契機に表面化したり、震災が背中を押して離婚が早まったりした事例が多い。その意味では、震災離婚の原因や様態は、平常時の離婚と比べ、とくに特殊なわけではない。

被災それ自体や避難生活のストレスの中で、夫の家庭内暴力(DV)がひどくなり、見切りをつけた妻もいる。

大震災は私たちの価値観を揺さぶった。夫と妻それぞれが何を大切と考えるかが如実にあらわれる中で、相手に求めるものとの距離の遠さに失望した人も多い。それは、今の家族と自分の親、そして仕事の優先順位であったり、生き方そのものであったりもする。

価値観の違いゆえに離婚を考えたり決意したりしたのは、どちらからともなくという夫婦もあるが、多いのは妻の側だ。夫から取材した事例、妻からの事例、双方や関係者からという事例もあるが、妻に切り出された夫、夫を見限ろうという妻が多い。

日常生活の場の維持を期待する夫に対し、価値観の一致に関するハードルは妻のほうが高いようだ。平常であれば割り切れていた違和感が、非常事態で表面化し、それを許せない妻たちが行動を起こした結果が震災離婚なのかもしれない。

著者の予測のように震災離婚が今後増える可能性は、女性の経済力と、価値観の一致を求める傾向の強さの関数だろう。(村松泰子・東京学芸大学長)

(イースト・プレス・1365円)=2012年9月27日③配信

若い女性が相棒の警察小説

「確証」(今野敏著)

人気ドラマのみならず、通常2人一組で事件を追う刑事ものには「相棒」がつきもの。だが、もし相棒が若い女性だったら…中年の男性刑事はさぞやりにくいに違いない。

警視庁捜査3課に所属する主人公・萩尾も、初めは相棒の女性・秋穂によい印象をもっていない。自分は所轄の刑事時代から、窃盗事件などをコツコツ追ってきた「盗犯係」。でも秋穂は、華やかな捜査1課に憧れている。そもそもそれが気に入らないのだ。

捜査の過程でも、日々やりにくさを感じる。秋穂を怒鳴りつけてよいものか、あるいはどこまで踏み込んだ捜査をさせてよいか、これを言えばセクハラか。ときには、こんな思いも頭をよぎる。

—女の相棒というのは何かと面倒くさい—。

だが東京・渋谷周辺で強盗、窃盗事件が連続して起こると、秋穂は目を輝かせて捜査にあたる。ときには笑顔や困惑顔といった「女の武器」を使い、非協力的な人物にも果敢にアプローチ。萩尾が心配になって声をかけると、彼女は言い切る。

「捜査のために使えるものは何でも使いますよ」

相前後して、萩尾の態度も変わり始める。たとえば、捜査1課のエリートが「出しゃばるなよ」と秋穂に吐き捨てるように言うと、「俺の相棒だぞ。あんた、何様だ?」と食ってかかるといった具合。

男と女、上司と部下、エリートとたたき上げ、といった人間関係も本書の見どころだ。おのおののせりふや行動が彼らの立場や性格を表しており、その光景が鮮明に目に浮かぶ。

終盤には、秋穂も萩尾の口癖をまねるようになるから面白い。「私たち盗犯係には、確証と同じくらいに大切なものがあるんです」「(それは) 盗人の気持ちです」

事件解決にヒントをもたらすのは、秋穂の"女性ならでは"の感性だ。その背景にも男と女、富裕と貧困といった構図が隠れている。社会問題も含め、いろいろと考えさせられた。(牛窪恵・マーケティングライター)

(双葉社・1575円)=2012年9月27日④配信

脱原発社会へ進むヒント　「市民がつくった電力会社」（田口理穂著）

ソーシャルデザインとは「社会的な課題の解決と同時に、新しい価値を創出する画期的な仕組みを、自分たちの手でつくること」である。何より大事なのは“自分たちの手で”というところだ。

「政府や電力会社は何もしてくれない。このままでは原子力のない社会は望めない」。福島の原発事故を経験した今、この言葉に共感する方も少なくないだろう。本書「市民がつくった電力会社　ドイツ・シェーナウの草の根エネルギー革命」からの抜粋である。

1986年のチェルノブイリ原発事故後、ドイツの小さな美しい町シェーナウで起こった「自分たちの手でエネルギー供給を！」という試みは、独占企業の圧力にさらされながらも、約10年の時を経て市民参加型のシェーナウ電力会社の設立として結実。今や13万の顧客を抱えるまで成長し、誰もが無謀と思った世紀のソーシャルデザインは大きな希望を提供した。

子どもの未来を心配した親たちが立ち上がったシェーナウの物語は、単なる“反◯◯”活動ではない。そこには再生可能エネルギーという代替案を、実際にカタチにしていくための具体的なヒントが詰まっている。エネルギーという社会の要ともいえる公共サービスに自ら責任を持って取り組むために、無関心な層を楽しく巻き込み、住民投票などあらゆる権利を行使していく、いわば民主主義をめぐるノンフィクションドラマなのだ。

「電力供給を自分たちの手に取り戻すことは、外部への依存や脅威から解放されること、生き方を自分で決めることです」と同社のスラーデクさんは言い切る。

市民の出資でプロジェクトを進める“クラウドファンド”、エンジニアやクリエーターのスキルをいかしたボランティア“プロボノ”といった注目のキーワードの萌芽（ほうが）も含まれるこの本は、脱原発に関心のある方だけでなく、これからの社会を担うすべての人にとって必読書といえるだろう。（兼松佳宏・ウェブ雑誌「グリーンズ」編集長）

（大月書店・1785円）＝2012年10月4日②配信

太古の人間の創造性に興奮　「洞窟のなかの心」（デヴィッド・ルイス＝ウィリアムズ著、港千尋訳）

今年公開されたベルナー・ヘルツォーク監督の映画「世界最古の洞窟壁画3D　忘れられた夢の記憶」は衝撃的だった。南フランスのショーベ洞窟に奥深く潜入したカメラの3D映像は、狭く湾曲した洞窟の壁に3万年以上も前に描かれた牛馬やサイの躍動感あふれる姿を鮮やかに映し出していた。

太古の人間の豊かな創造性には目を見張る思いがしたが、本書を手に取った時もそれと同様の興奮を味わった。500ページを超える本書には、世界各地の多くの洞窟壁画が、豊富な図版とさまざまな研究成果と併せて紹介されている。しかも、その記述は平板な概説書のそれとは明らかに一線を画している。

本書の独自性が最も発揮されているのは、「イメージがどのように作られたのか」をはじめとする第9章冒頭の問題提起だろう。著者はこの問題意識を先史学者マックス・ラファエルから継承したという。他方、ブルイユ神父からルロワグーランに至るフランスの先史芸術論の「主流派」に対しては、彼らがラファエルを過小評価してきたとの思いもあってか、著者は随分と辛口である。

第5・6章へと目を転じれば、著者の専門でもある南部アフリカのサン族の岩絵や北米のロックアートが詳細に論じられている。これらのケース・スタディーは、知名度においてはショーベ洞窟やラスコー洞窟の壁画には及ばない他の壁画にも、優れた創造性を持ったものが少なくないことを明らかにしている。

美術史や美術批評は、作品のスタイルを分析すべく、さまざまな解釈を洗練させてきた。だがそれらはすべて近代以降に成立した「作者」という特権的な存在があって初めて可能なものだ。そうした解釈を受けつけない先史時代の壁画に対して、著者は先史人の「心」を通じて迫ろうとする。さしずめ本書は、先史人の「心」のなかに果てしなく広がる「未知の大陸（テラ・インコグニタ）」を踏破せんとする試みといえそうだ。（暮沢剛巳・美術評論家）

（講談社・3675円）＝2012年10月4日③配信

魔術的に描く帝銀事件

「占領都市」(デイヴィッド・ピース著、酒井武志訳)

デイヴィッド・ピースは魔の山の頂に登りつめた―。約5年ぶりの彼の新作小説を読み終え、そんな感想を抱いた。

この日本在住の英国人作家は、1999年に「1974ジョーカー」でデビュー。焦燥に満ちた短いフレーズ、狂気と妄執にまみれた散文詩のような文体で、陰鬱(いんうつ)で危険な英国都市を描いた。

2007年には、終戦後の東京が舞台の3部作構想を掲げ、第1作「TOKYO YEAR ZERO」を発表。焦土に出没した殺人鬼をモチーフに敗戦国の絶望と恐怖を浮き上がらせ、魔術的なスタイルを確立した。

第2作の本書で軸となるのは、戦後最大の謎とも言われる「帝銀事件」だ。容疑者として逮捕され、極刑を言い渡された平沢貞通・元死刑囚の獄死後も、冤罪(えんざい)説が根強く残る実在の事件。推理小説の巨人・松本清張は、化学戦を研究した旧日本軍の部隊の関与を示唆している。

事件の悲劇性に圧倒されたという著者は、本作を娯楽小説として書くことを選ばなかった。12の物語と同じ数のろうそくを用意し、ひとつ語り終えるたびに火が吹き消される。古来の「怪談会」の形式をとり、墓ですすり泣く被害者たちの無念の告白から始める。

刑事や記者、事件の生存者、調査団の米国人医師、平沢元死刑囚、そして"真犯人"…。刑事の一人称で語られた前作とは異なる形で、戦後東京の腐臭と妖気をとらえた。

作者はデビュー当時から、抑圧的な社会と残虐な凶悪事件によって、精神をむしばまれ、破滅していく男たちを描き続けた。非道な人体実験や、冷徹な政治的駆け引きが見え隠れする帝銀事件が、作者の目に留まるのは必然だったのだろう。

怪談という日本的伝統を取り入れた本書には、和洋の文化が混在した"ピース文学"と呼ぶべき独特の世界がある。死者の声に鳥肌が立ち、事件に関与した人間の邪悪さに慄(おのの)きながらも、野心的なこの大作に興奮させられたのだった。(深町秋生・小説家)

(文芸春秋・2100円)=2012年10月4日④配信

今こそ有意義な丸山再読

「〈日本の思想〉講義」(仲正昌樹著)

本書は、3・11を挟んで行われた連続講座の記録である。敗戦を前後して「日本の思想」の問題点をえぐり出し、「民主主義の永久革命者」として戦後日本社会に関わってきた丸山真男を、「ポストモダン」世代の研究者が、3・11前後に熟読するという、それだけで評者のような団塊前後世代には興味をひかれた。

読んでみると、丸山の思想史研究に「ポストモダン」の方法と同質のものを発見した、というような言わずもがなの部分もないではないが、全体的に極めてまっとうな読み方をしていることが印象的であった。

思想の進化主義、無限責任の論理、無責任の体系、抑圧移譲の法則、制度信仰、理論信仰と実感信仰など、かつて丸山が日本近代の病理として指摘した問題が、戦後67年を経た今日に至ってなお克服されず、3・11以後かえって高進しているかに見える現状が、丸山を真剣に再読させる契機となったのではないか。

著者は、丸山が指摘した問題を丸山によって発見したわけではない。現在の日本政治や経済の状況を観察し、大学や学界、ネット社会やマスコミの現状に関わっていく中で著者自身が発見した。だからこそ、そうした問題を生み出す根源を、丸山を導きの糸として探求しようとしているのであろう。読み方の真剣さはそこからきている。

現在のネット社会の欠陥は、著者も指摘しているように何よりも「新しさ」と「分かりやすさ」を求めるところにある。だから、思想は漂い流れ、古い慣れ親しんだ発想が無意識のうちに忍び込む。

今、思想を語る者に必要なのは、ラジカル(根源的)であること以外にはない。そして、そうあらんと欲するならば、目の前の現実をしっかりと見つめると同時に歴史と古典に徹底的に向き合うことが第一歩となる。その意味で丸山再読は重要な意義を持つ。読者の多からんことを著者と共に期待したい。(橘川俊忠・神奈川大教授)

(作品社・1890円)=2012年10月4日⑤配信

建築家たちの活動記録

「3・11／After」（五十嵐太郎監修）

東日本大震災の惨状を見て、誰もが何かをしなければと思った。建築家ができることは建築や町づくりであり、建築家たちはその専門家として動き発言し、提案した。その活動の一部がまとめられている。

私が東日本大震災後の建築家たちの行動を見て感じたことは、阪神大震災後の16年間に建築家たちは何をしていたのかということだった。阪神の経験をその後の活動に生かした建築家としては、坂茂と安藤忠雄の名前しか思い浮かばない。坂は世界各地の被災地でボランティア活動を行い、紙管による仮設住宅の質を高めていった。今回も素早く動いた。安藤は木を植え始め、東日本大震災の復興構想会議のメンバーに入るまでになった。

阪神大震災の時、東京の建築家たちは傍観者だった。今回は彼らも動いている。本書に収録されている全50のプロジェクトと提案は「3・11—東日本大震災の直後、建築家はどう対応したか」展（今年3月開催）で展示されたもの。「緊急対応」「仮設住宅」「復興計画」「海外からの提案」に分類されている。

テキストは対談や講演の収録が多く、感想や印象、知識や実績などが中心。震災直後の4月と今年2月に収録された牧紀男と青井哲人の対談には、考え続け発表し続けることが大切なのだと気付かされる。宮城県石巻市の「復興のケーススタディ」からは、今の時代に合った緩やかな町づくりが垣間見える。町づくりとは少しずつ良くしていくことなのだ。

本書の厚さは約24ミリだ。数年後にその後の活動をまとめると厚さは何ミリになるのか。ここに収録されている建築家たちの活動が、被災地の復興が実現するまで継続されることを望みたい。もうひとつ、坂や安藤の方法とは異なる形で、東日本大震災の体験を今後の活動に生かしていく若手建築家が出てくることを期待したい。（中崎隆司・建築ジャーナリスト）

（LIXIL出版・2625円）＝2012年10月11日①配信

鋭角で楽しい現代史

「ギャルと不思議ちゃん論」（松谷創一郎著）

1990年代はじめにコギャルが登場した時、女子大生だった私は彼女たちに嫉妬したものだ。“女の子らしくない”破壊力と“処女っぽくない”性的パワーを武器に、街を闊歩（かっぽ）するコギャルたち。団塊ジュニア世代から漂う時代の勢いが、うらやましかった。「時代の真ん中」にいる実感を味わってみたいように思ったのだ。

コギャル以前の80年代から、きゃりーぱみゅぱみゅブレークまでの「女の子30年史」をつづる本書を読み、久しぶりにそんなことを思い出した。

「援助交際」が社会問題化した90年代後半、評論家は競うように女子高生を分析した。そうした過去を踏まえて著者は、「コギャル時代」に「不思議ちゃん文化」の視座を持ち込み、軽やかに「女の子論」を展開する。

90年代の不思議ちゃんと言えば、篠原ともえ。コギャルが自分の性的価値を存分に意識していたのに対し、不思議ちゃんは性的対象であることに無自覚な（に振る舞う）存在といえる。対照的な両者は、互いを意識しつつ同じ時期に全盛を迎えた、と著者は指摘する。

本書の新しさは、74年生まれの男性である著者が、“となり”に感じ続けていたのだろう女の子文化を、その時代の反映として描いている点にある。分析というより、丁寧な観察力が圧巻。膨大な資料から読み解く鋭い論に、自身の経験に基づくエッセーを交えた、楽しい社会学書だ。

時代を席巻していたコギャルたちは今、30代になった。彼女たちが“大人”になっていく過程は、膨張しきったバブルがはじけ、日本経済が長い停滞へ向かっていく流れとも重なる。

女の子のファッションや音楽が集う街は、時代の空気を鮮やかに映し出す。女の子の歴史は現代史そのものであり、今を語る最もポップで鋭角な視座を備えている。そのことにあらためて気づかされた。大変な力作だ。（北原みのり・コラムニスト）

（原書房・2310円）＝2012年10月11日②配信

世界をしぶとく生きる 「幻滅と別れ話だけで終わらないライフストーリーの紡ぎ方」(きたやまおさむ、よしもとばなな著)

傑出した作詞家でミュージシャンでもありながら、日本の精神分析学を引っ張り続けるきたやまおさむ氏と、イタリアをはじめ世界中に広く読者層を持つ作家よしもとばななさんの対談集。きたやま氏の精神分析に関する三つの講演録を基に、2人が実にざっくばらんに、時にはらはらするほどノーガードで打ち合ってくれる。

学問、文化、芸術と多彩な造詣から理路整然と言葉を操るきたやま氏の胸元に向け、直観的で純真で、いきなり的の真ん中を射抜くような、ばななさんの矢が放たれる。「え、言葉って色で見えないんですか？」

「それはね、ばななさん」と何でも答えられるきたやま氏もきたやま氏だが、それを上回るばななさんの疑問の深みは計り知れない。

「表裏を持てない苦しみ」「人類の病とは？」。それは時に痛々しく、人間という生き物が他者と出会い真摯（しんし）に生きようとすれば、必ずや突き当たる苦しみでもあるが、同様の苦しみにあえぐ思春期の患者さんと、日々膝を突き合わせる私にも切実に響く。そんな苦悶（くもん）と向き合い、破壊されず生きるためのすべを、きたやま氏が神話の読み解きや精神分析の英知を背に、優しく包み込むように言葉にしてくれる。

「楽屋裏を持つこと」「多面的に生きること」。それは日本人に特徴的なこころの裏表「二重性」を良い意味で受け入れ、退路を保ちつつ、けがれや裏切りをものみ込み、いろんな顔を持つ神話の怪物「鵺（ぬえ）」のように、世界をしぶとく生き延びるための提案であり、昨年来の理不尽な喪失にさらされた日本に生きる私たちにとってこそ、不可欠なサバイバルツールとなるに違いない。

そしてばななさんの突っ込みに、思わず暴かれるきたやま氏の本音も痛快。年の差こそあれ、身を呈してこの世を生き抜く2人のサバイバー、表現者の声に耳を澄ませば、何を信じるかさえ手探りのままのポスト震災の羅針盤が見えてくる。（熊谷一朗・精神科医）

（朝日出版社・1575円）＝2012年10月11日③配信

奴隷制の残酷さ訴える 「アフリカ人、イクイアーノの生涯の興味深い物語」(オラウダ・イクイアーノ著、久野陽一訳)

オラウダ・イクイアーノは18世紀半ば、西アフリカのイボ族の村に生まれた。11歳のときに誘拐されて奴隷として売られる。奴隷船に積み込まれ、多くの同郷人とともに大西洋を渡った少年は、西インド諸島、英国、米国を行き来しつつ、持ち前の聡明（そうめい）さと勤勉さによって読み書きを覚え、財をなし、自由を獲得する。後にはキリスト教に改宗し、英国の奴隷貿易廃止運動に関わった。

本書はその運動の一環として1789年に出版された、彼の自叙伝である。奴隷船で運ばれるアフリカ人たちの悲惨な待遇。カリブ海地域の農園での過酷な労働と虐待。自由民となった黒人に対する差別と迫害。イクイアーノの最大の偉業は、波乱に満ちた生涯の物語を自ら英語で書き、奴隷制の残酷さを英国人に直接訴えかけたことにある。

本書で語られる事実はかならずしもすべてがイクイアーノの実体験ではないようだ。彼自身は奴隷としては恵まれた立場にあり、プランテーションでの労働も経験しなかった。出版当初から出自に関する疑惑もあり、近年では米国生まれとする学説がある。

だからといって、本書の価値が損なわれるわけではない。本書はたんなる個人の体験の記述ではなく、同時代を生きた黒人たちの集合的な物語として読まれるべきなのだ。

1789年といえば、フランス革命が起きた年である。革命の思想はカリブ海地域にも波及し、2年後にはフランス領サン・ドマングでの奴隷の反乱、すなわちハイチ革命が始まった。

西洋近代の経済システムを底辺で支えていたのが奴隷制だとすれば、本書はハイチ革命の歴史と同様、近代を裏側から語り、自由と平等という近代思想の普遍性を問い直している。この「もう一つの近代」の物語を日本語でも共有できることになったのは、非常に意義深い。（中井亜佐子・一橋大大学院教授）

（研究社・3570円）＝2012年10月11日④配信

説明できない心のありよう

「幸福な日々があります」（朝倉かすみ著）

この小説を読むうちにアルベルト・モラヴィアの長編小説「軽蔑」を思い出した。「軽蔑」は突然心変わりした妻との関係を夫の視点で描いた長編小説だ。愛情がなくなった理由を夫は妻に問うけれど、納得できる答えは得られない。

朝倉さんのこの小説は、結婚1年目とその10年後のことが妻の森子の視点で交互に語られている。大学教授の夫は優しいし、経済的にも安定している。森子は夫のことが親友としては好きだけれど、夫としては好きではなくなった。だから結婚10年目に突如家を出た。このとき森子46歳、夫は49歳。夫にしてみたらまったく理不尽な話で、妻が自宅に戻ってくることを夫は切に望んでいる。

夫の家族との関係も良好だし、森子は結婚生活には何の不満もなさそうだ。でも幸せそうな森子の笑顔の後ろに切ない表情がちらちら見える。森子は少しずつ無理をした。2人が楽しくいられるために、無理や譲歩を日々重ねた。もちろん人と暮らすにはそういうことは必要だけど、疲れがたまっていくのも事実だ。無理を続ける自分から逃れるために、森子は家を出たのかもしれない。

アパートを借りて仕事を探し、独り暮らしを始めてからの森子のほうが、夫と暮らしていたころよりいきいきとして見える。不安を抱えながらも自分の足で歩き出した森子が爽快で、エールを送りたくもなる。わたしが森子と同性だからそんなふうに思うのかもしれない。家を出ていったのが仮に夫だったら、こちらの反応も違ったものになったかもしれない。

もちろんこの小説は、専業主婦だった女性が自立することで輝いたなどというありふれたものではない。理不尽だけれどどうしようもないこと。理屈では説明できない人の心のありよう。そういうものを作者は見つめ、いとおしむように言葉に置き換える。どちらも悪くなくても別れを迎えることはあるのだ。（平田俊子・詩人）

（集英社・1470円）＝2012年10月11日⑤配信

復興に何が必要か問う

「光降る丘」（熊谷達也著）

3・11の東日本大震災以来、大地震や津波、原発事故などが、小説や評論・研究などの題材になることが多い。東日本大震災が、政治的、経済的な衝撃だけではなく、それだけ大きな精神的、思想的な衝撃をも、われわれ日本国民に与えたということだろう。

本書もまた、東日本大震災ではないが、同じように、東北地方を襲った大震災とそれからの復興をメーンテーマにしている。特に、この小説の特徴は復興という側面を重視しているところだろう。

宮城、岩手、秋田の3県にまたがる栗駒山の中腹に、満州開拓団からの引き揚げ者たちが作り上げた「開拓村」がある。この「開拓村」を、2008年6月14日、大地震が襲う。「地球そのものが痙攣（けいれん）を起こしているように大地がうねり」「膝と手をついている地面が、四方八方から蹴り飛ばされているように滅茶苦茶に揺さぶられ、どこかにしがみつこうとしても、フライパンのなかの炒（い）り豆になったみたいに身体が弄（もてあそ）ばれる」。電燈もともり、ようやく人並みの生活が出来るようになった開拓村だったが、大地震で壊滅的な大打撃を受ける。しかも、この小説の主人公・大友智志の祖父で、「開拓一世」の耕一が行方不明となる。

地震の爪痕は思っていた以上に大きかったが、しかし「祖父の代で切り拓（ひら）き、親父たちの代で根付かせた開拓地を、自分たちの代で終わらせるわけにはいかない」「絶対に山に帰る」と、主人公を含む開拓三世たちは誓い合う。そこから、復興へ向けての活動が始まる。「イチゴ栽培」「花の栽培」などで開拓村は復興と再生へ向かう。

祖父から孫へと三代にわたって築き上げてきた「開拓村」の歴史と記憶、そして自然…。それを捨てることは、自分たちの存在の根拠を否定することだからだ。ただ災害を嘆き悲しむだけではなく、大震災からの復興には何が必要なのかを問う、この小説の存在意義は大きい。（山崎行太郎・文芸評論家）

（角川書店・1890円）＝2012年10月11日⑥配信

成長物語が示す未来の課題　「幸せの条件」（誉田哲也著）

アゼヌリ、シロカキ、ハシュ。さて何のこと？社命で農家に出向した「二十四歳女子」の悪戦苦闘を描く本作。農クイズ的な楽しさも味わう。

そもそもの社命はこうだった。片山製作所に入社して2年目、さえない日々を送る瀬野梢恵はある日社長に呼ばれる。いわく、米からバイオエタノールを作る機器を試作した。ついては契約してくれる米農家を探せ。狙い目は減反政策で田んぼを遊ばせている農家だ。

尻を蹴飛ばされるかたちで長野県飯山に向かうが、案の定孤立無援。途方に暮れる梢恵に、農を積極的なビジネスに変えようと精力的に活動する安岡が声をかける。一夏うちで身をもって農業を学べ。その上でなら相談にのる。片山社長に伝えると、あっさり「面白えじゃん」。しかし梢恵にしてみれば、出向という名の究極の島流しだ。その動揺のさなか東日本大震災の激震が走る。

昨今の小説で人気の言葉は「ブレない」と「立ち位置」。前者は本書でも使われ、後者は「居場所」という言葉で登場するが、伝票整理に明け暮れ、恋人にフラれかけている梢恵は、まさしく居場所なし、ブレっぱなしの不安定女。片山社長に「おまえの代わりなんていくらでもいるんだよ」と一喝される場面では、思わずこちらの身もすくむ。

冒頭のクイズを解題すると、順に「畦塗り」「代掻き」「播種」。温かな安岡一家に寄宿して修業を始めた梢恵が、農業の知恵と工夫に目を瞠（みは）るまはそのまま読者のもので、お天道様と相談の農業が、実はそれ以前の緻密な段取りで成り立っていることにあらためて感動する。

3・11に応答する作が相次ぐ中、普遍的な成長譚（たん）に、代替エネルギー問題と農の未来という両輪を付けて走らせた点が本書の手柄。一皮むけた梢恵に片山社長が投げる「謹んでクビになりやがれ」は、小説史に刻むべき名せりふだろう。居場所探しに悩むすべての若者に本書を贈りたい。（温水ゆかり・ライター）

（中央公論新社・1680円）＝2012年10月12日配信

河川ムラの実態告発　「崩壊マニフェスト」（中島政希著）

「陳情に来る患者と会わないからこそ、自分たちの存在価値が高まる」—。厚生（労働）省を取材していた二十数年前、「厚生ムラ」の役人から聞かされ、驚いたせりふだ。東京電力福島原発事故で「原子力ムラ」の内情が明るみに出たが、群馬県の八ツ場ダムをめぐり国土交通省の「河川ムラ」の暗部を地元選出の衆院議員が暴露したのが本書である。

自民党から民主党への政権交代時の象徴として注目された八ツ場ダムは、治水、利水の両面で必要性に疑問がもたれたため、民主党はマニフェストで「時代に合わない国の大型直轄事業は見直す」と約束した。

前原誠司国交相が就任早々中止を言明しながら、なぜ大臣決定は覆されたのか。「河川ムラ」の猛反発に驚いた民主党幹部が、ダムの効用を再検証する委員会を推進派の河川官僚に丸投げする愚を犯したからだ。自信過剰と状況認識の甘さから官僚に丸裸で立ち向かい、返り討ちに遭った姿が本書から読み取れる。

自由主義者石橋湛山の孫弟子を任ずる著者は2009年に民主党衆院議員になるまで、市長選などの落選を重ねながら八ツ場ダムに一貫して反対してきた。軍部官僚による既成事実の積み上げを許し、戦争への道を突っ走った戦前の苦い過去を繰り返してはならないと考えたからだという。

足尾銅山の鉱毒問題と闘った田中正造をほうふつさせるが、昨年9月の野田佳彦内閣誕生で、国交省河川局出身の大臣が就任するや八ツ場ダム建設続行の流れは明確に。著者は「ダムに頼らぬ新しい治水思想を確立する必要があったのに、民主党は官僚と戦わずして敗れた」として暮れに離党した。

本書には当事者でなければ知り得ないエピソードが随所に盛り込まれ、どこから読んでも面白いが、全体を一人称で記述する以上、ダムにこだわる自身の生い立ちなどについても触れてほしかった。政治史を考える上で必読の一冊だろう。（上野敏彦・共同通信編集委員）

（平凡社・1785円）＝2012年10月18日①配信

批評含んだ本歌取り

「やっぱり、ただの歌詩じゃねえか、こんなもん」(桑田佳祐著)

本書は、1984年に刊行されたサザンオールスターズの歌詞集「ただの歌詩じゃねえか、こんなもん」(90年に続編刊行)に続き、桑田佳祐のソロ作品の歌詞に、自身の解題エッセーを付した著作である。

とはいえ、「歌詩に対する気持ち・思い入れが、明らかに変わったことをお伝えするため、敢えて」この題名を選んだと述べており、批評的意識を含んだ「本歌取り」といえる。

前著の時点では歌詞は、デタラメな英語で作曲した曲に彩りを添える「サウンド全体の"受け皿"」にすぎなかったが、「今は曲を作る作業とは別に、詩を書くという神聖な作業があることを喜びに感じている」という。

この変化を、桑田自身が「ロック」から「ポップス」への関心の移行と関連付けていることが興味深い。両者の差異は本書の中でも断片的に言及されるが、評者の解釈では、「作者の自己表現のための音楽」と「聴衆の楽しみのための音楽」の区別(それはつまり19世紀に確立した「クラシック」と「ポピュラー」の区分である)と重ねられるだろう。

カリスマ的芸術家の真面目で深刻な自我への没入を称賛する前者に対して、後者では、聴衆を喜ばせるための皮肉、諧謔(かいぎゃく)、韜晦(とうかい)、艶笑が、時として透徹した自己批評、社会批評となる契機を持つ。

本書所収の歌詞は、もともと破れかぶれの語呂合わせとシモネタ満載の「ただの歌詩」が、いかに魅力的な現代日本(語)の言語表現(それはあくまでも歌われることによって成立する表現であるが)になり得たか、そしてそれがいかに後続に影響を与えながら、しかし他の誰にもまねできないものになっているかをはっきり示し、エッセーは、そのことに桑田自身が自覚的であることをうかがわせる。

正直に言えば、常に彼の作曲よりも歌唱と作詞に魅力を感じてきた評者にとって、何かと"ふに落ちる"一冊だった。(輪島裕介・大阪大准教授)

(新潮社・1680円)=2012年10月18日②配信

無力でも生きる素晴らしさ

「ある男」(木内昇著)

明治維新後の日本には、湖面に石を投じたようにたくさんのさざ波が立っていた。新法公布や藩閥専制、自由民権運動など、新しい時代の熱にあぶられた「男」たちが、いやおうなく近代と向かい合っていく姿が、この短編小説集にある。

ある男の「ふくらはぎは、足を踏み込むたび大蛇のごとくうねったし、首は切り株を思わせる太さ」で、別の男の心は「もう一押しで世が変わる。なんとしても変えねばならぬ」と急(せ)いていた。「男」たちは一人として名を持たないが、著者の硬質で透徹した筆づかいから、その人となりは明確である。

収録の「道理」では、かつて京都見廻組(みまわりぐみ)に属し、勤王家たちを斬ってきた男が、葛藤の末に苦渋を味わう。「一両札」の老職人は、人生をまっとうする寸前、ささいな言葉からにせ札作りに加担してしまう。それぞれの男の半生にある悲哀がじわじわと身にしみる。

「お光の切る羊羹は、切り口が見事な角になっていた。包丁に力を込めすぎて角が丸まってしまう瀬喜の支度するものより、同じ羊羹でもずっと上品で美味に感じられる」。息子の嫁と妻をこう対比する地役人は、新県知事と農民の板挟みの末に怒りを爆発させる。そのさまは切なく滑稽で、どこまでも人間くさい。

事件がそこで起こった必然に肌があわだつ「喰違坂」、言葉の意味が明かされたとき、その状況に入れ込んでしまう「フレーヘードル」など、物語はこちらの予想を爽快に飛びこえていく。

著者はたった七つの短編でくっきりと時代の全像を切り取って今と重ねてみせるが、それにとどまらない。新時代に掲げられた遠大な思想や大義が、それにあらがい、殉じる人間の迫力をかえって際立たせている。

男に冷徹な目をむける女や、華を競うように芝居を打つ全ての登場人物もまた主人公である。無力だろうと生きていくことの素晴らしさをあらためて教えられた。(村木嵐・作家)

(文芸春秋・1680円)=2012年10月18日③配信

多彩かつトリッキーな傑作　「ならずものがやってくる」（ジェニファー・イーガン著、谷崎由依訳）

崩壊しかけた古城と、そこを舞台にした物語を書き継ぐ男が収監されている刑務所。ふたつの世界を交互に描くことで、虚構と現実の境が溶けていくさまを伝える新手のゴースト・ストーリー「古城ホテル」の訳出により、日本でも知られるようになったジェニファー・イーガン。最新作「ならずものがやってくる」もまた、構成と語り口がトリッキーな逸品だ。

大勢の人物のエピソードをロンド形式でつなげ、時が人にのこす深浅さまざまな爪痕を描き、苦かったり、おかしかったり、胸が痛くなったりといった多様な読み心地をもたらす構成。二人称だったり、週刊誌の記事風だったり、パワーポイントを使ったりと、視点人物が切り替わるたびに変化するポリフォニック（多声的）な語り口。読者を飽きさせない工夫がこらされているのだ。

盗癖のあるサーシャ、サーシャの上司である音楽プロデューサーのベニー、ベニーが高校生のころに組んでいたバンドのボーカルだったが、さえない中年男と化してしまったスコッティなど、主要登場人物は20人をくだらない。

1から6章までをA、7から13章までをBに分けた、レコードのような構成になっていて、各章が独立した物語として完成しているのに、すべてがつながっている。短編と長編の醍醐味（だいごみ）が共に味わえるこの本の中に流れている時間は、1970年代から2020年代へと至るほぼ半世紀だ。

アメリカ社会の変容を背景に、作者は時という〈ならずもの〉に翻弄（ほんろう）され、打ちのめされる人々の姿を描きながらも、絶望には着地させない。ミュージシャンになる夢に破れ、社会の敗残者となったスコッティの復活を描く最終章によって、読者は〈確かに、すべては終わりつつある。だけど、まだ終わりきっちゃいない〉という前向きな心境へと導かれるのだ。

ピュリツァー賞、全米批評家協会賞をダブル受賞したのもむべなるかなの傑作。（豊崎由美・ライター）

（早川書房・2520円）＝2012年10月18日④配信

挫折越え命の重みを情熱に　「山中伸弥先生に、人生とiPS細胞について聞いてみた」（山中伸弥、緑慎也著）

「世紀の大発見」が、ノーベル医学生理学賞に決まった山中伸弥氏の偉業で良かった—。そんな思いで胸がいっぱいになる一冊だ。

2部構成で、第1部はiPS細胞ができるまでの道のりを振り返る。父との思い出、柔道に燃えた日々、臨床医のさえない時代、アメリカでの自由な研究、帰国してからの閉塞（へいそく）感…。本のうたい文句にもあるように「中学生から読める」軽妙な筆致に心が躍る。

ところが第1部を読み終わって疑問にぶつかる。山中氏は一言も「iPS細胞を発見したのは自分だ」とは言っていない。助手の活躍の素晴らしさについては冗舌に語っているのだが…。読み直すと、山中氏の優しさと周囲への深い思いやりに気付かされる。

手術が下手だと言われたが、本当は「人間が相手だと、緊張して思い通りにできなかった」と回想。その一方で「神業のような手術テクニックを持っている医師にも治せない病気や怪我があることを目の当たりに」する。その優しさゆえに多く傷を負い、挫折を繰り返しながらも、出会った患者の命の重みを研究への情熱に変えてゆく。

やがて基礎医学の世界へと導かれ、たどり着いたのがiPS細胞だった。学術誌にその論文が掲載された際、僅差で競争に敗れたトムソン教授はこんなメールを彼に送る。「シンヤ、競争に負けたのは残念だ。しかし負けた相手がシンヤでよかった」。この言葉が偉大な研究者の全てを物語っているように思えてならない。

第2部はインタビュー。「ぼくたちはもともとES細胞の倫理的問題を解決するためにiPS細胞を作りました」「足を向けて寝られない人がたくさんいるんです。いろんな人に支えられてできたiPS細胞です」。山中氏の生の言葉から、さまざまな背景を感じとれる。聞き手の科学ライター緑慎也氏も人間・山中伸弥に魅せられたのではないだろうか。そんな思いがにじみ出ている見事な“共著”だと言えよう。（中野順哉・作家）

（講談社・1260円）＝2012年10月19日①配信

借り物でない自前の言葉

「本島等の思想」（平野伸人編・監修）

領土問題をはじめ東アジアがキナ臭い。しかしそれはわれわれの社会が、歴史との対峙（たいじ）を避け、戦争責任ならぬ戦後責任を十分に果たしてこなかった結果でもあろう。

本島等（もとしま・ひとし）という人は、何かとお騒がせな人である。しばしば評価も大きく分かれる。しかし、その存在と発言は、つねにわれわれの戦後の病理を暴いてきた。そんな希有（けう）な人物であることは間違いない。長崎市長時代には、昭和天皇の戦争責任に言及して右翼団体幹部に銃撃された。広島市の原爆ドームの世界遺産登録に異議を唱えた論文「広島よ、おごるなかれ」は、被爆地広島で議論を巻き起こした。

本書には、そうした彼の代表的な論文や講演、発言録36本が収録されている。平和と暴力、加害と被害、責任と謝罪、信仰の問題など、扱うテーマは多岐にわたる。

一貫しているのは、こうした問いを、徹底して自分のアタマで考え抜き、借り物ではない自前の言葉で表現しようとする姿勢であろう。この点において、本書が本島等の「思想」と銘打つのは、まったくもって正しい。

とりわけ近年の本島はさまざまな対立を乗り越え、人と人、国と国とが共存するために、「赦（ゆる）し」が必要だと説く。けれど、「赦し」は、巨大な権力に都合よく働く場合はないのだろうか。不条理な暴力に対しては、古い言葉だが「義憤」とでもいうべき、まっとうな「怒り」を持ち続けることも大切ではなかろうか。

本書を読了して、そうしたことを考えないわけではない。だが、それも間違いなく本島等の「思想」の強度に導かれてのことである。何より学ぶべきは、「対話が通じない相手でも対話を信じるしかないではないか」という「対話」の思想であろう。「対話」の難しさを、身をもって知りながら、それでも「対話」の可能性に賭けようとする姿勢。不寛容に満ちたいまの時代、「希望」があるとすれば、そこにしかあるまい。（川口隆行・広島大准教授）

（長崎新聞社・1890円）＝2012年10月19日②配信

絶望からよみがえる力

「パライソ・トラベル」（ホルヘ・フランコ著、田村さと子訳）

今、コロンビアが熱い。麻薬戦争のある危険な地域というイメージは、もはや過去のもの。陰惨な戦いで社会を破壊してきたゲリラ組織「コロンビア革命軍（FARC）」と政府が、10月に和平交渉を開始したのだ。安定を取り戻した社会は、急速にそのポテンシャルを見せている。

本書は麻薬戦争が最悪だった10年ほど前を舞台としている。血で血を洗う戦闘にいつ巻き込まれるか、身代金目的でいつ誘拐されるか。よしんば生き残っても、貧困からはい上がるチャンスはない。そんな八方塞（ふさ）がりを突破しようと、まだ高校を出たばかりのレイナは、彼氏のマーロンを強引に引っ張って、米国への決死の逃避行に及ぶ。しかし、ニューヨークに着いたとたん、些細（ささい）な行き違いから、2人は離ればなれになってしまう。

物語は、逃避行、引き裂かれてからのニューヨーク生活、レイナと再会できるかもしれない現在、と三つに分かれ、マーロンの視点から同時並行で語られていく。

脱出劇は未来への希望に満ちたスリリングな冒険譚（たん）であり、逆境にある若い恋人たちの甘美なラブストーリーでもある。しかし、言葉もできない見知らぬ土地で1人となってからは、マーロンは生ける屍（しかばね）となる。レイナとは、マーロンにとってコロンビアそのものなのだ。コロンビアでは生きられないのに、コロンビアから離れても生きられない。その矛盾と苦しみが切ないほどに濃く描かれる。だからこそ、レイナとの再会へ向かう現在に胸が締めつけられる。

コロンビアから脱出した者の中には、日本へやって来た人もいる。彼らはレイナやマーロンと同じく、いわば難民でありながら不法滞在者であった。この10年、日本の入管はそんな彼らを、非情に追い出し続けている。

彼らがどんな気持ちで異国を生きてきたか、本書はつぶさに教えてくれる。そして、そんな絶望からよみがえるコロンビアの力に、私は驚嘆しつつ学びたいと思う。（星野智幸・作家）

（河出書房新社・2310円）＝2012年10月19日③配信

患者と支え合う精神科医

「星降る震災の夜に」（岡崎伸郎著）

東日本大震災の夜、仙台は満天の星空であった。惨劇の日に、何という皮肉であろう。著者の手記でその事実を初めて知った。本書は仙台市の総合病院に勤務する精神科医が、震災前後の7カ月をつづった日誌と、震災を体験しての提言やエッセーから成っている。

大震災のとき精神医療には何が求められるか。著著は、派手な話題になりがちな心的外傷後ストレス障害（PTDS）より、市井の目立たぬ中で暮らす人たちの精神生活の健康を保つことがより重要であると痛切に訴える。統合失調症など慢性疾患を抱えた患者に、いかに震災前と同じように医療を維持してゆくかという点である。安定していた患者が震災のため診療も投薬も受けられず、変調をきたすことは多い。そんな被災地の精神医療の現実が明かされる。

著者の自宅は半壊し、かつて勤務した病院は無人地帯になった。救いは彼の患者たちだ。震災から半月余りで、外来に予約していた患者の7割が受診に来た。音信不通の80歳近い女性は5カ月後、元気な姿でやって来た。彼女は「センセイよくご無事だったごど～」と表情を崩して泣き、著者と手を握り合った。そこに古代から苦難の歴史を歩んでも、相互に助け合って明るく生きる東北人の特質が見えてくる。

著者は科学者としての視点も忘れない。震災後、データのみを伝える研究者に対して、「避難した方がいいのか」「人体に危険なのか」が、一般の人には分からないと批判する。細分化した研究者が、全体像を洞察する力を失ったありように驚かされる場面である。

末尾に紹介される寺田寅彦の一文が胸を刺す。「だれにも咎（とが）を負わさせないように、実際の事故の原因を…不可抗力によったかのように付会してしまって、そうしてその問題を打ち切りにしてしまうようなことが…諸方面にありはしないか…」。著者の科学への誠実な姿勢が浮き彫りになり、震災の真相が明白になってくる。（澤宮優・ノンフィクション作家）

（批評社・1785円）＝2012年10月25日①配信

よみがえる名作の興奮

「機龍警察　暗黒市場」（月村了衛著）

あるシーンで、熱い涙があふれた。希望も誇りも踏みにじられ、裏切りと謀略の泥沼でいよいよ最期を覚悟した男の目に映った、あり得ない景色。以降、壮絶無比なクライマックスから最終ページに至るまで、私のぬれた頬が乾くことはなかった。まったく、驚くしかない。いま日本に警察小説は数あれど、海外冒険小説やスパイ小説の名作に比肩するほど胸を打つ大傑作が現れようとは！

舞台は〈機甲兵装〉なる二足歩行型有人兵器が台頭した世界。増加するテロや凶悪犯罪に対応すべく「特捜部」を新設した警視庁は、新型機〈龍機兵（ドラグーン）〉を導入するとともに、搭乗員として3人の“傭兵（ようへい）”と契約を結ぶ。本作は、そんな“至近未来”警察小説シリーズの第3弾である。

傭兵のひとり、ユーリ・オズノフ警部にスポットを当て、特捜部が進める武器密売のブラックマーケット壊滅作戦と、ユーリの少年時代からの因縁およびモスクワ民警時代の過去を描いていく。開巻早々、警視庁から契約解除されたユーリを、ロシアンマフィアと手を組ませてシリーズ読者の度肝を抜く手際は、ジョン・ル・カレを彷彿（ほうふつ）とさせる。

のちにロシアの裏社会で〈影（ティエーニ）〉の異名で畏れられる幼なじみとのエピソード。汚職と賄賂が蔓延（まんえん）するモスクワ民警で“最も痩せた犬達”と呼ばれる誇り高き刑事班に所属するも、裏切りによって警察を追放されてしまう悲痛な展開。そこで披露されるのは、トム・ロブ・スミス「チャイルド44」にも匹敵する冷徹かつ堂々たる筆致だ。

さらに警察官の矜持（きょうじ）を示しつつ、アリステア・マクリーンやジャック・ヒギンズといった名作冒険小説の興奮と涙がよみがえるラスト百ページは圧巻。ユーリが若き日の記憶と教訓を胸に挑む死闘が、物語を白熱させる。日本の警察小説史上、屈指といっても過言ではないエンターテインメント作品である。（宇田川拓也・ときわ書房本店文芸書担当）

（早川書房・1995円）＝2012年10月25日②配信

想定された神話に警告

「ホロコーストの音楽」(シルリ・ギルバート著、二階宗人訳)

第2次世界大戦時における音楽というテーマは多様で、たとえばドイツ第三帝国においてどのような音楽が称揚され逆に何が禁止されたかであるとか、ユダヤ人音楽家の迫害であるとか、あるいは日本でどうであったかといったことが研究されてきた。

そうしたなかホロコーストと音楽となると、「精神的抵抗のシンボル」と想定され、そうでないありようはないかのように考えられてきた。本書は、しかし、この見方に疑問符を書きつける。個別の例をみてゆくことで、「神話」に警告を促す。

取り上げられるのはポーランドとリトアニアのユダヤ人ゲットー、ザクセンハウゼンとアウシュヴィッツの収容所の事例だ。それぞれには異なった条件があった。個々のメンバーのありようも違う。囲われたなかでも差別があり妬(ねた)みがあり、優遇や特権もあった。さらに、音楽がつねに楽しさや励まし、慰めになるわけではない。状況に応じてはしばしば嫌悪され憎悪されるものとなる。それがおなじひとつの場所で起こっている。

著者はまた、ゲットーや収容所で歌われた曲やオーケストラの演目を丹念に検討するだけでなく、なぜそうした歌が作られたのかまでさかのぼって、歌の意味を探ってゆく。音楽はけっして無色なものでもないし、中性的にあるだけではない。「音楽をそのおかれた状況のなかで考察するとき、固定観念をつくりあげるために利用されてきた対象としての音楽、活動としての音楽が、まさにその固定観念に積極的に反駁(はんばく)する」と強調する。現実は、わたしたちが生きているのをふりかえればわかるとおり、はるかに複雑だ。

なお訳者によるあとがきは、著者の述べようとすることを簡潔に、それでいて歴史を扱う方法論や、背景と意識されている近現代における思想のありようを紹介しつつ述べて、示唆してくれることが多いこともつけ加えておきたい。(小沼純一・評論家、詩人)

(みすず書房・4725円)=2012年10月25日③配信

小宇宙の壮大なドラマ

「猫ダンジョン荒神」(笙野頼子著)

天災ないし人災が頻発する時代には、土地から土地へ移ることが推奨される。そもそも聖書の出エジプト記は、まさに民族規模の引っ越しの正当化であった。しかし、そうした合理的根拠では計り知れない目に見えぬ次元で、何があろうと故郷に留(とど)まり続ける意志もまた、わたしたちの現実なのである。

笙野頼子が「S倉」の一軒家を離れることなく、断じて猫を手放すことなく、自己の小宇宙を守り続けるのも、じつはその内部でしかありえない壮大なドラマが起こっているからだ。

表題作と、「あとがき小説」たる「言語にとって核とは何か」で構成する本書は、東日本大震災を挟んで書かれたこれら2編の起爆力がもたらす“笙野版マジックリアリズム”の真骨頂である。

当時、作家は猫の介護問題において前代未聞の危機を迎えていた。しかしマイナーな負け戦の神・荒神の指示に従うことで、時間がゆっくり流れ、1日が1年に相当する洞窟「猫ダンジョン」を構築し、ようやく幸福を手に入れる。

だが、やがて作家自身の相続問題から、すべてがウソで塗り固められていた家族史が発覚。それに伴い、笙野頼子自身の驚くべき「出生の秘密」が明かされ、物語を逆流させる展開へとなだれ込む。この大仕掛けに気づいたときには、読者はもう、生と死や現実と幻想、神と被造物の区分が不分明な魔術的現実のさなかへと、引きずり込まれているだろう。

猫の危機と家族の危機を、しかし笙野は必ずしも単純に国家の危機には直結させない。それよりも2003年の長編「水晶内制度」をアップデートする視点で、言語における核、すなわち「世の中の中心にある、汚しがたいものを汚し理不尽をおしつけ、あった事をない事にする」力を暴き出す。

「文学の核」と「核の文学」を同時に露呈させるという驚くべき力業を達成した本書は、まぎれもなく21世紀笙野文学の傑作である。(巽孝之・慶応大教授)

(講談社・1890円)=2012年10月25日④配信

生と死を多角的に考察　「いのちの倫理」（大庭健著）

10年以上前から、若者を中心とした自傷行為や自殺の問題を取材してきた。彼らの多くは「人に迷惑をかけずに消えたい」と異口同音に言う。命について多角的に考察した本書を読み、あらためて考えさせられた。

彼らの言葉を読み解く手がかりとして本書は「いまや生きる主体は、生き続けるか否かについても選択できる主体となる」といった考え方に検討を加えている。

論理的に考えれば正しいように思える。しかし、「主体的な死」は心情的に受け入れがたい。自殺願望を抱く若者たちは、心底から「消えたい」と願っているわけではないからだ。それを字義通りに受け止め、「死の自己決定を認めてほしいなら、勝手にすればよい」などと周囲の人間が軽薄な発言をすれば、彼らは本当に居場所を失う。

大切なのは、著者が指摘するところの「苦悩への同情・共感」であり、「『共苦』とでも呼ぶべき実践」である。言い換えれば、相手の苦しみに寄り添うこと。隣人が自殺願望を告げたとき、ただ非審判的に話に耳を傾ける姿勢からしか、真の寄り添いは生まれない。

生死をめぐる考え方は人それぞれで正答は存在しない。ゆえに苦しみが過重だと言葉は役に立たず、人は言葉以外の方法で心の痛みを表現しようとする。その一つがリストカットなどの自傷だ。

複雑な成熟社会で死に魅入られた人に「命は大事である」と率直に告げても響かない。「あなたの命は、ほかの命によって支えられている」ことを淡々と、辛抱強く、表現を変えながら伝え続けることが、自殺防止には欠かせない。人の考えや価値観は、他者とのかかわりの中で年月とともに変容する。死にたいほどの苦悩も例外ではない。

「命は誰のものか？」という問い掛けに、本書は直接には答えていない。だが、示された論考は示唆に富む。自分や他者の命について、多くの人々が考える端緒となるのは間違いない。（ロブ＠大月・フリーライター）

（ナカニシヤ出版・2310円）＝2012年10月25日⑤配信

悲しみたたえた筆跡　「マリリン・モンロー　魂のかけら」（スタンリー・バックサル、ベルナール・コマーン編、井上篤夫訳）

かつて、アメリカが輝いて見えた時代があった。同時に、その輝かしさは、決して振り払えない闇も抱えていた。世界に対してまばゆい姿を見せつけながらも、アメリカは結局、おのれが何なのかが分からないまま、「アメリカとは何か」という問いを発し続けてきたのだから。その光と闇をあまりに見事に体現してしまったスターとして、マリリン・モンローは記憶されている。

モンローが遺（のこ）した自筆のメモや詩、手紙などが、死後50年を経て年代順に整理され、「マリリン・モンロー　魂のかけら」という本にまとめられた。彼女自身の手による草稿とその翻訳が併置されたレイアウトにより、読者は彼女の悩みや迷い、自身を鼓舞する言葉をじかに目にすることができる。時にはみずからを冷徹に見つめ、時には感情を生々しく吐露する、そんなモンローの筆跡は、ゴシップ感覚をはるかに越えた厳粛な思いをもたらす。

本名であるノーマ・ジーンという「本来の自分」と、スターであるマリリン・モンローという虚像の間でのジレンマに苦しんだ女性、という筋書きは、これまでにも語られてきた。しかし、本書が次第に明らかにするのは、彼女は自分が誰なのか分からないまま生きていたという、ブラックホールのような深淵（しんえん）かもしれない。私は誰なのか、という問いに向かって、次第に速度を増して疾走していく言葉が、ここにはある。それは、アメリカそのものの迷える姿と、あまりにぴったりと重なり合う。

それを読み進む私たちは、モンローの人生の結末をすでに知っている。彼女の生はあまりに早く砕け散り、あとにはかけらとしての言葉だけが遺された。その一つ一つには、悲しみをたたえた光が残っている。アメリカの抱えた光と闇をそのまま生きさせられた彼女の言葉は、アメリカそのものが書いた詩だとも言えるのかもしれない。（藤井光・同志社大助教）

（青幻舎・2310円）＝2012年10月25日⑥配信

グレーゾーンに立つ資質

「フクシマの正義」（開沼博著）

「『フクシマ』論」で一躍、脚光を浴びた著者が、3・11以降、一般向け媒体に発表した文章を集めた本書は、開沼博という一風変わったアカデミシャンの資質を知るのに打ってつけだ。

原発・放射線、福島からの避難、瓦礫（がれき）受け入れ、風評被害といった噴出する諸問題。それを取り巻く知識人たちや社会運動。あるいは、背後に横たわる「東京と地方」という構造。本書で扱われるテーマは、いずれも一筋縄ではいかないものばかりである。

おのおのが信じる正義と正義とが、あたかも神々の闘いのごとく相争う混沌（こんとん）とした状況。それでは「フクシマの正義」は、現下の争いを加速させるような、また別種の正義を掲げようとするものなのか？　ここでは一見、縁遠く見える「研究なんかで食えると思うな」という章に触れてみよう。

いまや大学院を出ても、大学教員となれるのはまれな時代。かつてライターで生計を立てていた開沼は、このような時代に必要なのは、「いかに『研究だけではないんだ』というリスクヘッジをかけるのか」なのだとうそぶいてみせる。「研究者たるもの脇目もふらず、ただ一つの道に精進すべき」などというお題目が、いったい何の役に立つのかと。

これだけだと、たんにシニカルな振る舞いでしかないだろう。だが、開沼は同時にこうもいうのだ。自分は「学問には絶対的な信頼を置いている」と。リスクヘッジしなければ生きていけない卑近な現実と、学問への絶対的な信頼。それは無批判に学問を奉り、その正しさを迫る態度とは対極にある。

開沼の正義は、卑近な現実への認識に常に開かれつつ、絶対的な何かを希求するところにある。3・11をめぐる諸問題を前にしても、それはまったく変わらない。人間の営みのグレーゾーンにとどまれるという稀有（けう）な資質を、ルポライターでありかつアカデミシャンである著者は備えているのだ。（芹沢一也・社会学者）

（幻冬舎・1890円）＝2012年11月1日①配信

平和への道開いた女性たち

「祈りよ力となれ」（リーマ・ボウイーほか著、東方雅美訳）

プロローグから私は、涙なしで読むことはできなかった。そして最後は、すがすがしい涙と勇気で、この本を閉じた。

昨年のノーベル平和賞受賞者のリーマ・ボウイーは、おしゃれで勉強好きな一人のリベリア女性だった。ところが、大学1年のある夏の月曜日、反政府軍によって平穏な生活に終止符が打たれる。町は死体と薬きょうであふれ、食料もお金もないリーマは、言い寄って来た男に身を委ねてしまった。妊娠し結婚するが、浮気夫は、リーマを手やベルトで殴ってセックスをしては、妊娠させる。4回繰り返されて、ついにリーマは身一つで子供と逃げ、離婚した。

リベリアでは、多くの女性が戦争で夫を失い、おびえていた。目の前で、わが子が人を殺したり殺されたりする。兵士に母親も娘もレイプされる。大切なもの全てを奪われ、種だけが体に残される。堕胎手術はできず、産んで育てるしかない。リーマも八方ふさがりの闇の中でもがく、リベリア女性の一人だった。

ところがボランティアをきっかけに、リーマは立ち上がった。人生をかけて、女性たちを導き救い、平和を求めたい。リーマの闘いが始まった。

下を向いて生きる癖のついた女性一人一人に、リーマは、「私たちの未来は暴力に『ノー』と言い、平和に『イエス』と言うなかにある」と訴え続けた。そうした女性たちの必死の活動が、ついに政治や人の心をも動かしたのだ。

平和を願う女性たちは、夫から殴られても座り込みに来る。リベリア女性が一心に望み祈り、行動しなければ、平和は近づいて来なかった。

この自伝は、希望と力を与えてくれる。正しい道を見つめたら、いつか必ず道は開ける。一人一人は弱いけれど、皆で手を取り合えば、大きな力と化す。勇気と慈悲の心を持って一歩前に踏み出すと、あなたなりの生き方に出合えると教えてくれる。人との関係が薄れがちな現代に問いかける情熱の一冊である。（家田荘子・作家、僧侶）

（英治出版・2310円）＝2012年11月1日②配信

絶望と悲哀が心を打つ　「六条御息所　源氏がたり　三、空の章」（林真理子著）

不自然な設定と、納得のゆかぬストーリー。その不完全さが、源氏物語の魅力である。この物語を愛する文学者ほど、この物語を憎んだ。彼らの源氏物語を改作・改良したいという戦いが、日本文化を作ったといえる。

林真理子の「六条御息所　源氏がたり」もまた、紫式部への挑戦状である。「ものがたり」の語源は、「霊＝もの」の語りだとする説がある。林は、死後も成仏できない御息所の霊に、光源氏の一生を語らせた。

光源氏を深く愛したゆえに、彼を激しく憎んだ御息所は、源氏物語への愛憎に身を焼く林真理子の分身である。物語る側の女の絶望が、物語られる側の女たちの心を悲哀の色に染め上げる。それが、読者の心にも及び始める恐怖感と恍惚（こうこつ）感。これが、林の源氏物語だ。

光の章、華の章、空の章という3巻の構成だが、終幕である空の章は、まことに読み終えるのが惜しい。これは、林の手で改作された源氏物語が、読者の心を激しく打つからだろう。

夕顔を取り殺した霊の正体など、あっと驚く新解釈が随所にちりばめられており、一級のミステリーの趣きすら漂う。

光源氏の人生を彩った女性たちにも、現代的な光が当てられる。中でも、「幸福な女」の代名詞である明石の君の晩年の不幸を、鋭い心理分析でえぐりだす手腕は出色。

思えば、光源氏という男には、何と奇妙なリアリティーがあることか。永遠の美を、生身の女体のかなたに透かし見ようとした光源氏。その無謀な情念が、女たちを不幸にした。その不幸の、何という重たさ。

絶望と悲哀は、はてしがない。林真理子は、いつか宇治十帖（じゅうじょう）の浮舟を語るだろう。六条御息所は、光源氏の死後も彼の子孫たちの愚かしい愛欲を見続けるのか。

林の大胆な挑戦に勇気を得て、読者も自分なりの改作を試み始める。そこから、読者は本当の人生を生き始めるのだ。（島内景二・電気通信大教授）

（小学館・1890円）＝2012年11月1日③配信

孤独味わい、いとおしむ　「犬とハモニカ」（江國香織著）

ひとは孤独である。

恋愛にセックス、食べることに旅すること、スポーツに美術に音楽、そのほかにもたくさん、もともとは生きてゆくために必要だった営みを、人類は何万年もかけて洗練させてきた。それらに夢中になることで孤独をまぎらわし、人生はすばらしいとすら思い、わたしたちは生きている。

けれども、満たされた瞬間を狙いすまし、孤独はすべりこんでくる。その瞬間を、手つきが見えないほど繊細に、そしてためらいなく大胆にとらえるのが江國香織の短編小説だ。

主人公たちはくっきりとした輪郭に、肌のぬくもりと息づかいを感じさせ、彼や彼女のつぶやきは、読むわたしからこぼれ落ちたもののようだ。

不倫相手から別れを告げられたばかりの男性も、ひとりの男に溺れ性交をくりかえす女性も、公園の芝生のうえで一見むつまじくピクニックをする新婚夫婦も、それぞれ声にならない孤独を抱えている。旅先で、ゲイの「僕」はこう思う。

「おなじものを見るというのは大事なことだ。べつべつの思考がべつべつの肉体に閉じ込められている二人のべつべつな人間が、それでもおなじ時におなじ場所にいて、おなじものを見るということは」

江國香織の短編小説も、「おなじ場所にいて、おなじものを見る」ことに似ていないだろうか。言葉ではなく、ただ光景のなかにこそ真実が宿るということにおいて。

男との情事にどこか倦（う）んだ主人公が晩夏の夕暮れ、ひとり買い物に出る。路上にたたずむ女の子とすれ違う瞬間、女の子にかつての自分を見いだし、世界のなかで自分が変わらず一人だと悟る。胸のつまるほど美しいこの光景を見ているのは、主人公なのか、わたしなのか。小説を読むことの不思議、よろこびとはこのことだ。

小説は、孤独をまぎらわす気ばらしではない。孤独を味わいいとおしむものとして、江國香織の短編小説はある。（作家・松家仁之）

（新潮社・1470円）＝2012年11月1日④配信

歴史の謎を追う北極探検

「アグルーカの行方」(角幡唯介著)

19世紀に「北西航路」発見に挑んだ英国探検隊の「全滅」の真相に迫ろうと、隊と同じ行路を選択し、酷寒の北極圏を歩いた2人の日本人青年の記録である。「アグルーカ」とはイヌイット語で「大股で歩く男」を意味し、探検隊で唯一の生き残りと伝えられる伝説の人物を指す。

旅程は驚きとあぜんの連続だ。気温が氷点下20度を上回れば「暖かい」と記しての遅々とした前進。ホッキョクグマとの接近戦。唇のヘルペスが化膿(かのう)し、出血が氷柱となって痛みに泣き言を並べつつも、中止をみじんも考えないのは常人の理解を超えている。

一方、失踪した探検隊についての過去の調査記録も興味深い。放置された船に未開封の缶詰が残っていたこと、数体の遺骨からカニバリズムの痕跡が見受けられることなど、ミステリー的な要素が折々に挿入される。

感動的だったのは、ジャコウウシの群れとの遭遇。飢えた2人は1頭を仕留め解体にかかるが、追い払えどもメーメーと離れない子牛に手を焼く。そして、巨大な野牛を倒せたのは、生んで間もない子を連れた母牛だったからだと理解する。

肉をさばき終えたころ、子牛が突然「ビェーッ、ビェーッ!」と叫んで突進してきた。その勢いにたじろぎ、しかし、群れに置いていかれては生きられまいと、2人は銃口を向ける。その間の感情と行動を克明につづっている。

この場面だけでも本書を読む価値はある。ただし、ここだけ読んだのでは意味はない。なぜか。著者は終章で次のように語る。探検の動機を名誉や名声にみるのは「探検をしない人たちが考え出した分かりやすい理屈に過ぎない」。極限での苦悩や葛藤にこそ、「圧倒的な現在という瞬間の連続の中に生きる」探検の本質はあるのだ、と。

子牛の雄たけびが脳裏に鮮明に刻まれるのは、まさに葛藤や後悔と、肉を食らい尽くす欲望との矛盾に、生の臨場感があるからなのだろう。(朝山実・ルポライター)

(集英社・1890円)=2012年11月1日⑥配信

最重要課題に不可欠の書

「文明は暴力を超えられるか」(山内進著)

暴力を「考える」ことは難しい。なぜなら私たちは暴力を前にすると、すぐにそれを「善い・悪い」で判断しようとするからだ。暴力を道徳的に判断することはもちろん大事である。だが、それは決して暴力を考えることではない。暴力を思考するためには、道徳的判断をいったん括弧に入れること、つまり脇に置くことが必要である。

しかし、暴力をめぐる道徳的判断をどうしたら括弧に入れることができるだろうか。それは歴史を見ることによってである。歴史を見ることで、暴力についての私たちの道徳意識は相対化される。本書が示唆するのは何よりもこうしたことである。

たとえば中世のヨーロッパは現代の私たちが想像する以上に暴力的な社会だった。そこでは自力救済が原則とされ、他者から危害を受けたときに暴力によって私的復讐(ふくしゅう)をすることは不当でも不法でもなかった。むしろそれは権利であり、義務でさえあった。道徳的にもそれが美徳とされた。暴力による私的略奪も決して不法ではなかった。暴力はよくないことだと考える私たちの道徳意識とは正反対である。

したがって歴史的にいえば、なぜ私たちは暴力をふるうのか、と問うことは妥当ではない。逆に、私たちはなぜ暴力をここまで行使しなくなったのか、と問わなくてはならないのだ。こうした問いこそが暴力を「考える」ことに道を開く。

なぜ暴力を「考える」ことが重要なのか。なぜなら暴力は社会を突き動かす最大の要因であるからだ。事実、ヨーロッパの哲学、政治思想、法理論などはすべて暴力を主要なテーマにすえてきた。戦争などの国家の暴力から個人の犯罪まで、暴力をどう正当化し、あるいは違法化し、そして制御するか。こうした問いへの取り組みは今でもなお最重要の課題でありつづける。本書はその課題にとって不可欠の書である。(萱野稔人・津田塾大准教授)

(筑摩書房・3360円)=2012年11月8日①配信

激動の昭和歩んだ3兄弟

「孫文の机」（司修著）

「孫文」とは、あの「中国革命の父」孫文である。しかし、本書に孫文そのものは出てこない。ただ、彼が使っていたとされる机が、著者の兄貴分ともいえる画家大野五郎のもとにあった。カバー写真は、その机と若き日の大野の姿。大野は、兄の和田日出吉より、これを譲り受けた。机をめぐる話はこれだけ。むしろ、下の兄で詩人の逸見猶吉を加えた3兄弟の姿を、激動の昭和を背景に追っていくのが本書「孫文の机」だ。

3兄弟の姓は「大野」で、祖父孫右衛門は、足尾銅山鉱毒事件にかかわる谷中村村長であり事業家だった。父東一とその子どもたちは、祖父の財産で自由に育つが、その金が「国家ぐるみの谷中村滅亡」によるものだと知った逸見は、遺産を使い果たし、北を目指す。

一方、和田日出吉は、慶応大を卒業後、米国へ留学。帰国し、中外商業新報記者となる。そして、二・二六事件に一番乗りしてこれを報じた。その一部始終を写した緊迫したリポートは、本書の読みどころの一つだ。大野姓が和田になったのは、女優木暮三千代（本名和田つま）の入り婿だったから。しかも坂口安吾をも迷わせた作家矢田津世子という愛人がいた。何とも派手な生涯だ。

三者三様、まったく違う人生を歩んだ兄弟。その背後に、足尾鉱毒事件、二・二六事件、先の大戦と、「歴史の恥部」が、彼らを運命的に巻き込んでいく。著者は資料を駆使しつつ、「記者」「詩人」「画家」の歩みにより、それを浮き彫りにさせた。

3人のうち、著者が直接知るのは大野五郎だけ。若き日に、彼と旅した日々を描く「画家」の章は独立した短編としても読める。心に染み入るいい文章だ。ここで著者の「青春」が顔をのぞかせる。「おれなんか偶然の産物」と司修。「後悔するより先に進もう」とうながす大野。昭和という時代のうねりのなかで、二つの魂がもつれながら、静かに幕が落とされる。（岡崎武志・書評家）

（白水社・2310円）＝2012年11月8日②配信

終戦の裏面史に迫る

「消えたヤルタ密約緊急電」（岡部伸著）

忘れがたい光景がある。あれは、10年ほど前、外交史および国際政治史の泰斗7人による研究会で、テーマは満州事変から終戦までを振り返ることであった。議論は百出し、評者を含めオブザーバーたちは、知的好奇心を刺激され続けた。

ところが、終戦問題に話題が及ぶと、戦時下の経験を持つ先生方の表情はこわばり、一転して重苦しい沈黙が生まれた。長老格の先生の「ドイツ降伏のときこそ、戦争を止める好機だったかもしれませんね」とのつぶやきに対し、一同ため息交じりにうなずくのみであった。

ドイツの降伏こそ、日本にとって恐怖のカウントダウンの開始であった。1945年2月にヤルタで開催された米英ソ3国首脳による会議において、ドイツ降伏の3カ月後に、ソ連が対日参戦することを申し合わせていたのだ。

このヤルタ会議における対日条項の内容を知るすべもなく、日本はソ連の仲介による終戦を模索し、揚げ句の果てに原爆投下とソ連の参戦によって降伏を決意したというのが従来の定説であった。

この定説を覆したのが本書である。在スウェーデン公使館付陸軍武官小野寺信少将は、ヤルタ合意の内容を入手し、本国に電報を送った。しかし、この重要情報が届いていたことを裏付ける確証がないとされ続けてきたのだ。著者は電報の行方を粘り強く捜し続け、ついに当時の元参謀本部ロシア課長が同電報を読んだことを証言した事実を突き止めた。無事届いていた電報は、陸軍参謀本部の一部で握りつぶされていたのだ。

「歴史にイフは禁物」だが、もしこの情報が有効に生かされていたならば、多くの悲劇が回避されたかもしれない。それは、泰斗たちの沈痛な表情が雄弁に物語っていた。

本書は、第2次世界大戦の裏面史を明らかにした好著であり、日々「情報」という名の魔物を相手とした戦いをしいられる現代人に多くの示唆を与えてくれる。（白石仁章・現代史研究者）

（新潮社・1890円）＝2012年11月8日③配信

刺激的な未来図示す

「MAKERS」(クリス・アンダーソン著、関美和訳)

前世紀末以来、無数の起業家を誕生させてきたデジタル技術の革命は、もっぱらソフトウエアの世界に限られていた。が、今後は、そのデジタル産業革命が製造業を含む全産業に波及する。本書の主張は要約すると、こうなる。本当だろうか。著者は「ワイアード」誌US版の編集長にして、「ロングテール」「フリー」という両ベストセラーの著者でもある。彼は本書の執筆に先立ち、無人飛行機の製造キットと部品を販売する企業を立ちあげ、これを数億ドル企業に成長させている。

この会社の特徴は、ウェブ上でアイデアを公開し、世界中のコミュニティーの助けを借りて商品を作り、それをまたウェブで販売することにある。つまり、本書の言う「デジタル技術による製造業の変革」は、著者本人によって、すでに開始されているのである。

革命のキーのひとつは、「ロボット」だ。1990年代までは、まだ単一の作業に特化することで製造ラインにぶら下がっていた産業ロボットは、世紀をまたいだ現在、プログラミング次第であらゆる部品を自製できる高度なインテリジェンスを獲得するに至っている。結果、ロボット化された工場は、固定的な製造ラインと、長く複雑なサプライチェーンの呪縛から解放される。

本書の中で実例として紹介されているベンチャー企業テスラの電気自動車の工場は、まさに工場全体がひとつのCNC(コンピューター数値制御)マシンと呼ぶにふさわしい陣容をほこっている。圧倒される。

著者は、3Dプリンタや3Dスキャナーの登場を紹介しつつ、製造業の近未来像を鮮やかに描写していく。これまで圧倒的な資本と経験がないと起業がかなわなかった「作り手(メイカーズ)」の分野が、万人のためのチャレンジの舞台になるという。

刺激的な未来図だ。ぜひ閉塞(へいそく)感に悩む若者に読んでほしい。君たちの未来は、就活より起業の先にあるかもしれないぞ。(小田嶋隆・コラムニスト)

(NHK出版・1995円)=2012年11月8日④配信

老いてなお愛すること

「マリーエンバートの悲歌」(マルティン・ヴァルザー著、八木輝明訳)

ゲーテは74歳の時、19歳の娘に恋をして求婚し、体よく断られ、傷心の中で名作「マリーエンバートの悲歌」を書いた—。ドイツ文学史に残る有名な逸話である。ドイツ戦後文学の大御所がそれを小説にした。発表した時、作者は81歳だった。

奇妙な愛の舞台となった保養地マリーエンバートをはじめ、歴史的素材が正確になぞってある。老眼が進んでいたにもかかわらず眼鏡が大嫌いだったというデータも踏まえている。求婚の使者を務めたワイマール国王が結婚の支度金の一つとして、先々のことを考えて寡婦年金として1万ターラーの贈与を申し出た事実にも触れてある。ではこれは文豪にまつわる、多少とも風変わりな逸話を再現しただけなのか。

いや、れっきとした小説である。若々しいテーマを追求し、書き出しにはっきりモチーフを打ち出している。「見る前に、彼女は見つめていた。視線がとどいたとき、とっくに彼女の目は彼に向けられていた」。「彼女」を「彼」にかえてもいい。魔の一瞬が始まりだ。それを境に何でもなかった人が特別の人になる。愛する男、愛する女に。それは齢(よわい)とかかわりがない。人はいつまで恋愛できるのか。55年の年齢の開きのある男女が愛し合ったら、それは異様な事態なのか。

小説ではゲーテは繰り返し鏡を見る。「前歯の一本抜け落ちた口もと」。ゲーテ自身が小説の中で、前歯の抜けた齢で若い女に言い寄るなど「品位のないこと」と書いていた。ゲーテは鏡に自分の裸を映してみる。たるんだ腰の間の男根。たとえ若々しい老人であれ、その裸体の隣に若い女の「しなやかな肢体」を熱望するのは、やはりグロテスクなことなのか。

このゲーテは作者ヴァルザーでもある。老いてなお、いや応なく「愛する男」になることの崇高と悲惨、皮肉と悲しみと滑稽を、鮮やかに物語った。締めくくりに切ない驚きを用意するなど、いかにも才人作家らしいのだ。(池内紀・ドイツ文学者)

(慶應義塾大学出版会・3360円)=2012年11月8日⑤配信

紡ぎ合わせる喜怒哀楽の糸

「夜蜘蛛」（田中慎弥著）

アガサ・クリスティの「蜘蛛（くも）の巣」や芥川龍之介の「蜘蛛の糸」など、国内外のさまざまな文芸作品に登場してきた蜘蛛。日本では万葉集にも詠まれ、「拾遺集」では曽禰好忠（そねのよしただ）が「秋風は吹きなやぶりそ我が宿のあばら隠せる蜘蛛の巣がきを」という一首を残している。

本書は、ある作家のもとに届いた手紙が構成の大部分を占めている。作家がある新聞に寄せた自殺に関するエッセーを読んだ「七十を越えているかどうか」の男性（A氏）から届いた手紙。そこには、戦争を体験し、昭和という時代を生き抜いた父親のことがつづられていたのだった。

本書には、「私にとりまして戦争は、しょせん暗がりの中の蜘蛛でございます」という一文がある。最終盤には、「蜘蛛とは、A氏自身であったとは言えまいか」という記述もある。

題材が題材だけに決して読み心地のいい小説ではない。父と同様の選択をA氏がすべきだったのかという疑問を抱く読者も少なくないだろう。

けれどもこの小説で、私は思いがけず、田中慎弥という作家のあたたかさ、心優しさのようなものにも触れた気がした。

曽禰好忠の歌の本歌取りをすれば、「秋風は吹きなやぶりそ我が心のあばら隠せる蜘蛛の巣がきを」とでも詠みたくなるような、「蜘蛛の巣がき」と、作者は真摯（しんし）に向き合おうとしているのだ。年老いた父親が脱糞（だっぷん）してしまう場面、戦時中に兵士が死んだふりをした描写など、印象的なシーンの数々が、「蜘蛛の巣がき」を想起させるのだ。

払われても払われても、天地の至る所で蜘蛛が糸を張り巡らそうとするように、喜怒哀楽の糸を紡ぎ合わせながら、作者はこれからも作品づくりをしていくのだろう。芥川賞受賞第一作の本書は、これからさらに張り巡らされていく田中慎弥のさまざまな“巣がき”の一つなのだと思う。願わくば今後も唯一無二の巣がきを。

天地（あまつち）に輝く巣がきを、と願う。（田中章義・歌人、作家）

（文芸春秋・1260円）＝2012年11月8日⑥配信

出発点へ踏み出す旅

「拉致と決断」（蓮池薫著）

蓮池薫さんら生還した拉致被害者は、かつて救出を訴える市民運動家たちから「もっといろんな情報を知っているはずなのに、なぜしゃべらないのだ」と責められたことがある。それに対し彼は「下手にしゃべって北朝鮮で生きている被害者が殺されたらどうするのだ」と私に言ったものだ。

生還から10年を経て著された彼の体験した事実や思いは、今なら話していいと明確な線引きができるようなものではない。この10年間、絶えず北朝鮮関連の情報に耳を澄ませ、それらを分析し、さらに自分の記憶と照らし合わせて「この話は、ここまで書こう、いやだめだ」というアクセルとブレーキを研ぎ澄まされた感性で使い分けながら書きつづったものだ。

人民のほとんどが食うや食わずの暮らしをしている北朝鮮で、蓮池さんの場合は、餓死の恐怖は免れた。しかし、最も信頼し合うべきわが子に「私たち夫婦は日本から渡ってきた朝鮮人だ」と存在の根幹部分でうそをつき、家を一歩出たら片時も気を緩めることができなかったと述べている。

「話せるのはあくまでも心の表層部分であって、深層にある本音は間違っても漏らしてはならない」。正直であることが生命の危険に直結するという、平和な日本では考えられない苦悩がそこにある。

蓮池さんと2人で話をしていたあるとき、「俺をこんな目に遭わせた国とは一体何なのかをとことん知りたい」と強く言ったことがある。弱冠二十歳にして日本から連れ去られねじ曲げられた人生について、「自分なりの総括が必要なのだ、そのためには拉致した者の実体を突き止めねばならないのだ」との思いが伝わった。

大人としての彼の出発点（ルーツ）は拉致にあり、全容を知らなければ前へ進めない。拉致と自分について考え、社会に向かって発信する作業は、彼のアイデンティティー探しの旅なのであり、本書は強く厳しく踏み出したさらなる一歩なのだ。

（石高健次・ジャーナリスト）

（新潮社・1365円）＝2012年11月15日①配信

不思議な感情つかむ試み

「永遠者」（辻仁成著）

1899年、若手外交官としてパリに駐在する主人公は、キャバレーで美しく個性的な踊り子と出会った。日本には親が決めた幼い許嫁（いいなずけ）がいるが、踊り子とは引かれ合い恋仲になった。だが踊り子は永遠に年をとらない女性だった。

2人は彼女たちの世界の「儀式」で結婚して将来を誓い合い、彼もまた27歳の肉体を持ったまま人生を送る運命となる。ほどなくして彼は外務省の実力者である父の根回しによって東京に戻され、許嫁と結婚するが、心は別れた踊り子に奪われたままだ。やがて時代はすぎて妻は老い、娘も老いてしまうが、彼だけはいっこうに老けない。

本書は、年をとらない2人が時空を超えて「永遠」を生きるさまを書きつづった物語であり、滑稽譚（たん）や怪奇小説に陥る危険もあるのだが、豊かな文章力によってその危険を回避している。「私小説」から離れた場所には、感性や想像力を駆使して、人間だけが持つ不条理な感情をとらえようとする文学があり、本書はそうした文学に挑戦している。

著者の作品を比較的読んでいる者としては、この挑戦を歓迎したい。なぜなら創作の「創」という文字は、「つくる」という意味のほかに「はじめる」と「傷」の意味を持つからだ。著者は自分の感性によって、試みが失敗して傷を負うことを恐れず、他者が書きそうにもない初めてのことに立ち向かって、人間の不思議な感情をつかもうとしている。

老いない悲しみ、死ねない苦しみは、同時に生きる苦悩を浮かび上がらせる。19世紀末以降の日本の栄光や衰退を時代背景として、現代に至る歴史的事実と物語を緻密に連動させているので違和感はない。しかし主人公たちの存在が現実的ではないと、はなから敬遠する読者もいるかもしれない。個人的には著者の小説を書く上での真摯（しんし）な姿勢がうかがえ、好感を持って読めた。（佐藤洋二郎・作家）

（文芸春秋・1680円）＝2012年11月15日②配信

生き残った者の役目問う

「等伯（上・下）」（安部龍太郎著）

2010年に開かれた長谷川等伯の没後400年記念展覧会の記憶はいまだ鮮やかだ。本書を読みながら、国宝「松林図屛風（びょうぶ）」の前に立った時の感動を思い出した。混雑しているはずの会場は静まりかえり、墨で描かれた数本の松の荘厳な立ち姿に吸いこまれていった。この大部の小説はあの作品に向かって書かれていると言っても過言ではない。

等伯の絵には高い精神性とともに技巧をはみ出す人間くささがある。安部はそんな作品一枚一枚を思い出させつつ、求道的でありながら実に人間的でもある天才絵師を描いてゆく。

激しい政争に巻き込まれ、もまれながら、独自の画境を目指した田舎絵師。能登・七尾から上洛（じょうらく）した等伯は狩野永徳との抗争を経て当代一の絵師に上り詰めてゆく。永徳との真剣勝負には互いの弱さもにじみ、両者の人間味に引き込まれる。

安部の描く等伯は実にアクティブで魅力的な文武両道の丈夫だ。酒と女に弱く、家族思い。大立ち回りあり、危うい金策あり、ほのかな恋ありで、信長、秀吉のみならず世界の動きにも密接に関わる。切れ味の良い文体は等伯の汗臭さまで感じさせつつ、安土桃山時代という時代の空気を描き出している。

あとがきによれば、この物語が書き始められて間もなく3・11の震災が起きたという。家族思いでありながら養父母や2人の妻、実の兄、そして息子までを失う等伯。その孤独には家族を失った被災者への思いが重ねられていよう。

人はなぜ生き続けるのか。あるいは亡くなった者のみならず自らの鎮魂のためだろうか。2番目の妻、清子に「すみません。業が深くて」と語らせる安部は、絵師の業に重ねつつ生き残った者の役目を問いかけている。

小説を読み終え、あらためて開く画集の「松林図屛風」。松の一本一本が、この物語を温めていった等伯の大切な人々の立ち姿に思えてくる。（川野里子・歌人）

（日本経済新聞出版社・上下各1680円）＝2012年11月15日③配信

中国のネット社会を解明

「『網民』の反乱」（古畑康雄著）

近年の中国の社会変動にはインターネットが大きく関わっている。急速に普及したミニブログは転載という形で全国に広まり、世論を大きく動かしている。ネットは一党独裁の国で庶民に発言力を与える一方、政府も民心を得るために積極的に活用する。しかし、日本ではその重要性のわりにネットの力を過小評価してきたきらいがある。

本書は中国におけるネット社会、特に政治意見を表明する民間人の台頭や、ネット社会でも優位に立ちたい政府の動き、そしてネットが引き起こす社会事件を解き明かしている。中国のネット用語を数多く解説しているのが特徴。例えば、本来「やじ馬」の意味の「圍観」は「事件を見守ることで積極的な意見表明をすること」に転じた。

ネット用語は現実の社会変動や個人の生き方を反映している。当局の賃金統計の改ざんは「被小康」（格差が少ないこと、にされた）と政府を風刺する響きで呼ばれた。こんな言葉を用いる若者の閉塞（へいそく）感が浮かぶ。

地方役人が視察写真を合成・捏造（ねつぞう）したことに対し、写真加工ソフト名が由来の「PS」の言葉が飛び交った。当初は非難された役人だが、ユーモアを交えて非を認めると逆に称賛された。民意の獲得に苦労する地方政府の姿がこんな話から見えてくる。

仮想現実とも言われるネット世界であるが、政府の宣伝機関に位置づけられる電波・紙媒体が民意を反映していない環境下において、ネットの現実こそが現実、という面が中国にはある。

著者が早くからネット用語に注目したのは、早急な民主化にこだわらない草の根レベルでのゆるやかで大きな変化を感知し、中国の人々にとってのネットが持つ重みを痛感したからであろう。

中国で市民活動の現場を歩いていても大きな社会変化を感じるが、そのうねりを本書はよくとらえている。（麻生晴一郎・ルポライター）

（勉誠出版・1575円）＝2012年11月15日④配信

軍事踏まえグローバルに

「武器・十字架と戦国日本」（高橋裕史著）

戦国日本は世界史の中でどのように位置づけられるのか、もっといえば、戦国日本は世界史をどう変えたのかを考えさせる本である。

これまでも、イエズス会宣教師の活躍の様子やキリスト教が信長・秀吉・家康ら天下人とどうかかわりをもってきたかについては論じられてきた。そうした中で、「信長暗殺の黒幕はイエズス会」といった説も出てきたわけであるが、著者は、「対日武力征服計画」なるものの真相を究明することによってそれを明確に否定する。

本書で私が注目したのは、大航海時代といわれる15世紀から17世紀にかけてのヨーロッパにおける軍需産業の実態を明らかにした点である。日本とポルトガル、スペインが一体となって歴史をつくりあげていくダイナミズムが、イエズス会を通じての戦国武器外交という視点を入れることで、より鮮明に浮かびあがったといえる。

イエズス会をただポルトガルなどの世界制覇の先兵として規定するのではなく、軍事力との関係性についても言及。イエズス会のいう「正戦」、すなわち非キリスト教圏をキリスト教化する「正当戦争」理論はあくまでもカトリック教会に流れる思潮に基づいたものであり、国による武力征服計画の一環として解釈すべきではないという論証は読んでいて納得させられる。

なお、本書はイエズス会だけを取り上げているわけではなく、オランダや英国などの兵器生産とその普及にも論及している。これまで、日本からあまりに遠く離れていることで、戦国日本との関連性がほとんど語られることがなかったテーマだが、考えてみれば、家康もオランダからの武器で関ケ原の戦い、大坂の陣を有利に戦ったわけで、グローバルに戦国日本をとらえるよい視座を与えられたとの印象がある。

武器をキーワードとした、日本史・世界史という枠組みを超えた新しい戦国史の登場といえようか。（小和田哲男・静岡大名誉教授）

（洋泉社・2415円）＝2012年11月15日⑤配信

複雑で面白い思考プロセス　「あなたはなぜ『嫌悪感』をいだくのか」(レイチェル・ハーツ著、綾部早穂監修、安納令奈訳)

本書は、嫌悪という誰もが持っているが、あまりえたいの定かならぬ感情が何に起因するかを探ろうという野心的な試みである。

多くの動物は、恐怖は抱くが、嫌悪を抱くことはないようだ。恐怖は、差し迫った死に直面した際に生ずる本能的で即物的な反応だが、嫌悪は、将来生ずるであろう危険を回避する分析的な思考から生まれる感情だ、と著者は言う。多くの動物は、嫌悪を抱くには脳が小さすぎる。

人間も熊に遭えば恐怖を抱くが、嫌悪感は起きない。他人の排せつ物を目の当たりにしても恐怖は抱かないが、嫌悪感は大きい。これは感染症のリスクを回避しようとする理知的な思考から生じた感情なのだ、との仮説を著者はまず立てる。

われわれの多くは尿や痰(たん)、血液、膿(うみ)などの他人の排せつ物、動物の死骸や腐敗した有機物に嫌悪を抱く。確かにこれらは感染症の原因となるリスクをはらむので、著者の仮説はもっともだ。しかし一方で、命を脅かさないものにも嫌悪を抱く。ある人はゴキブリが嫌いだし、ある人はホモセクシュアルの人を嫌悪する。これはなぜか。

著者は嫌悪の中枢がどこにあるか調べた。遺伝性疾患であるハンチントン病の人は嫌悪の感情が薄いが、大脳皮質の「島皮質」と呼ばれる部位に異常があることが分かった。嫌悪に最も深く関与している中枢は島皮質らしい。ところが島皮質は嫌悪感と反対の感情である共感の中枢でもあるようだ。嫌いな男のにおいを嗅いで嫌悪を感じる中枢は同時に、好きな男のにおいを嗅いでうっとりする中枢でもあるのだ。

そこで話はややこしくなる。嫌悪は本能的な反応ではなく、学習の効果が反映されているため、育った環境や個人的な経験の影響が強いようだ。嫌悪感と共感とは「自分」自身のことなのだ、というのが著者の結論だ。月並みな結論だが、そこに至る思考のプロセスは複雑で面白い。(池田清彦・早稲田大教授)

(原書房・2520円)＝2012年11月17日配信

美しく詩的な語り口　「コケの自然誌」(ロビン・ウォール・キマラー著、三木直子訳)

われわれは「コケ」について一体何をどれくらい知っているだろうか。

世の中のほとんどの人にとって、コケは「じめじめした日陰に育つ緑色のカーペットのような小さな植物」以上の存在ではないだろう。キノコと違って普通は食用にせず、植物の中でもとりわけ地味な存在だ。深山幽谷の森の中から、大都会の道路の割れ目まで、身の回りの至る所にあるにもかかわらず、まず気づかれることもなく、ひっそりとたたずんでいる。

この本は、そんなコケに、ドラマチックな物語と知られざる重要な役割があることを教えてくれる希少な書物である。われわれが今、生きているのは、ある意味でコケのおかげでもあるらしい。

著者は、ネーティブアメリカンのポタワトミ族出身の女性で、ニューヨーク州立大環境森林学部の准教授を務めている。学生時代にコケの小宇宙に魅了され、その生態を科学的に究明し、彼らの物語に耳を傾け続けるうちに、ついにはコケ色の眼鏡を通して世界を見るようになったという。

とはいっても本書は、その書名から想像されるような単なるコケに関する解説書ではない。雌の葉の間に小さな雄が潜むシッポゴケ、自らを死に追いやるヨツバゴケ、ヘラジカの糞(ふん)にだけ生えるオオツボゴケの驚くべき生態など、コケに魅せられた著者による、科学的「コケ情報」には、確かに、それだけでも十分に価値がある。

しかし本書の神髄は、著者の出自や人生、世界が、コケから学び考えたことと交差しながら、ごく自然に語られていることにある。その語り口は美しく、詩的でさえある。一つの文学なのだ。

本書は、自然に関する優れた哲学的考察を含むノンフィクション文学の「ネーチャーライティング」に贈られるジョン・バロウズ賞を受賞している。今ほど、このような人間以外の生き物の視点が必要とされている時代はないと気づかせてくれる貴重な一冊である。(幸島司郎・京大野生動物研究センター教授)

(築地書館・2520円)＝2012年11月22日②配信

戦後に連なる大正の前衛　「美術家たちの証言」（東京国立近代美術館編集）

この本には「東京国立近代美術館ニュース『現代の眼』選集」と副題が付いている。ことし開館60周年を迎え、その記念事業の一環として出されたものだが、一読してみて、わたしはさすがに「東近美」だなという思いをあらたにした。

この種の美術館の定期刊行物は、全国各地の美術館でそれぞれに出されているけれども、600号を数えるというのは半端ではない。ある意味で時代の変貌をものがたり、日本の近現代美術史をふりかえる場としての東近美の役割の大きさを示しているといってもさしつかえない。

収録されている「証言」の内容は、作家の自作を語ったもの、制作の段取り（こころがけ）、また「作家訪問」や「私の好きな1点」あるいは「名作のモデル」などいろいろある。アレッと思うような意外な作家の一面にも出会う。

しかし、この本の魅力は何といっても「大正期の新興美術運動」にじかにかかわった作家の「証言」にあるといっていい。というのは、「現代美術の転換期」として、1960年代に活躍した作家の「証言」に、いささか似たところがあるのに気付かされるからである。

従来、この「大正期の新興美術運動」は戦争中の政治的な弾圧（文化ファシズム）によって息の根を止められたとされ、戦後に誕生した「前衛美術運動」との関連性を強調されることはなかった。ところが、近年の実証的な調査・研究によって明らかになったのは、半世紀も前の大正期の運動が、造形の実験性やその思想において戦後美術に通底し、現代美術の祖型ともいえるということである。

わたし個人としては、抽象彫刻の神髄を語った高村光太郎、ピカソより大雅堂（江戸時代の画家、池大雅）の方が上ですね、と語った棟方志功などの談話に引かれたし、また岡倉天心と日本画壇のことを淡々と語る鏑木清方と安田靫彦の2人の対談には一種、美術談議がもつおもしろさを味わった。

（酒井忠康・世田谷美術館館長）

（美術出版社・2500円）＝2012年11月22日③配信

いとおしく、おそるべし　「株式会社家族　私も父さんに認めてもらいたい篇」（山田かおり著）

2年半ぶり、待望の続編もやっぱり味わい深かった。美味でした。

著者は兵庫県尼崎市出身。愛称「あまぉ」で知られるこの町は芸人や作家など、特級のエンターテイナーを多数輩出、関西育ちの私にとっては近くて濃くて不思議な魅惑の土地です。いや著名人でなくてもこの一帯には面白い人がごろごろいるのです。ほんとだよ。普通のおっちゃんおばちゃんが地元の名物として（名士ではない）活躍していることが多い。

関西という地、人なつっこい言語、おもろい人の中で育つ子どもは目や心が養われる。それは観察眼とサービス心。客観性と表現力ですね。中島らも、松本人志が出た町の、著者は新しい生えぬきなのです。

〈「父さん最近は東京の仕事させてもろてます」と父は言ったけれど、公園の壊れた時計を修理するための部品を東京から取り寄せているだけのことだった。妹にそれを教えると、いいなあと言って先に情報を入手した私をうらやましがる〉

こんなふうに父、妹から始まってゆく、ゆるくも厳しい人間観察ルポ（妹も一癖二癖ある）。母、伯母（ジェームス・ブラウン似）、伯父（元プロ野球選手）となめ回してゆく怪しの断章たちは、いずれ妙（たえ）なるハーモニーを奏でるのです。

彼、彼女らの言動はすべて真実。だから全編血が通った温かさがある、輝きがある。人間が立ち上がります。豊かでとっぴで拍子ぬけのエピソードたちが、努めて淡々とつづられているこのタッチは山田かおりの芸。著者はエッセイストではなく、ファッションデザイナーなのだそうで、ちょっとびっくりです。

しょっちゅう実家に電話をかけたり、電気屋のテレビで見たレディー・ガガの「お父さんに認めてもらいたい」の言葉に「私も父さんに認めてもらいたいねん一緒やな」と涙を流したりするエピソードが、かわいらしくいとおしい。そしておそるべし、とも。（本上まなみ・女優）

（リトルモア・1575円）＝2012年11月22日④配信

生と死の実相を組み替える

「サンカーラ」（田口ランディ著）

作中の「私」は作家であり家庭の主婦でもあるが、92歳の義母の死に立ち会い、人間の生と死という根源的な問題をあらためて考えずにはいられない。それは2011年の3月11日の大震災と原発事故という未曽有の出来事が与えた深い心の動揺のなかで、さまざまな問いの形となって渦巻く。親しい身内の死と、多くの人々を理不尽に死の世界に連れ去った災害。それは比較を拒むようでありながら、「死は死である」という平等性において同じであるともいえる。

「私」はこの死の苛烈な力の正体をさぐるために、震災の被災地に足を運ぶ。またこの10年の間に訪れた、カンボジアの地雷原やアウシュビッツ、広島と長崎、チェルノブイリ、ニューヨークのグラウンド・ゼロなどの場所を追想する。

死と暴力は、この世界をなぜかくも不条理に覆い尽くしているのか。それは、しかし決して「私」という個の外側にある大問題などではなく、酒乱の父親の暴力や兄の無残な孤独死を体験してきた、自身の問題と重なり合う。

タイトルのサンカーラとは「再構成」を意味する仏教用語であり、仏典では諸行無常の諸行を表すという。震災後に「私」はブッダについて書いてみたいと思うが、「無常」という言葉を受け入れがたいと感じていた。「無常」という一言で、全ては“解決”されてしまうのか。

いや、日常のなかで繰り返される平凡な死と、戦争や災害や異常な事態が引き起こす大量死の、その背後にあるものを見つめようとすれば、ひとつひとつの現実と歴史の断片を拾い集め、たぐり寄せて、自身の意識と経験によって再構成してみるほかはない。

ノンフィクションではなく、そのとき小説という表現が必要となる。なぜなら、それは現実をただ直視し写すだけではなく、生と死の実相を言葉によって組み替えることが求められるからだ。（富岡幸一郎・文芸評論家）

（新潮社・1680円）＝2012年11月22日⑤配信

前向いて進むことの喜び

「生きるぼくら」（原田マハ著）

子供のころ、願えばかなうってお母さんが言ってたのはこのことかしら。原田マハの新刊を読んで思った。魔法のように望んだとおりの展開をみせるのだ。あ、再会するな。あそこにいるな。和解するな。ハイ改心する。ハイ正体はあいつ～！

いじめを受けひきこもり生活を送っていた麻生人生は、母親に「捨てられ」、4年ぶりに自室を出て祖母の住む長野県の蓼科（たてしな）を訪れる。ひとりで暮らしているはずの「マーサばあちゃん」は、つぼみという少女と暮らしていた。マーサばあちゃんが大切にしてきた田んぼで、人生とつぼみは米づくりを始める。それを機に人生の、止まっていた人生が少しずつ動き始めた…。

予定調和な展開が目につくっちゃあつくけれど、それよりも人生たちの人生を見届けたくなる気持ちが勝ち、ページをめくる指は止まらない。この道がハッピーエンドに続くのはわかっているのに、気づけば応援している自分がいた。

わたしたちの日々は、おおむねルーティンだ。となると給料日とか風邪をひいたとか初デートとか、そんな日だけが特別なように思える。でも実は、クソ陳腐だけど今日という日は今日しかなく、日々は繰り返しのようでそうじゃない。

4年間のひきこもりライフを卒業し、蓼科で祖母と少女と暮らす。田植えをし、草を取り、収穫する。自分がつくった米を口にする。人生の毎日は感動にあふれている。

「今日は、あなたの『最初』の日」。まだ幼い人生に、マーサばあちゃんが優しく語りかけるシーンがあった。初めて鎌を持ち、稲を刈った日のことだ。そう、わたしたちの日々は365日すべてが記念日となりえる。

前を向くこと、挑戦すること、進むこと。苦しいけど、でもすっごくうれしい。生きることは本来、そんなみずみずしい喜びに包まれている、それを思い出させてくれる米づくり青春小説だ。（宮田和美・ライター）

（徳間書店・1680円）＝2012年11月22日⑥配信

維新準備した平等な討論　「江戸の読書会」（前田勉著）

江戸時代の学問とは儒学の経書を読むことで、それには素読、講釈、会読という三つの学習方法があった。いまや忘れられたという会読の歴史を検証した本書は、教育論、日本人論としても新鮮で、面白い。

会読は多くて10人ほどの生徒で行われる。指定されたテキストを読み、講者になった者が該当箇所を講義し、その後で他の者が疑問点や問題点を出し、積極的な討論が行われる。その間先生は黙っていて、意見が対立したり、疑問が解決しなかったりすると判定を下す。求められるのは生徒同士の切磋琢磨（せっさたくま）で、それが全国各地の藩校や私塾で広く行われていた。

これまで「討論」とは明治初期、西欧から移入され、自由民権運動などで盛んになったと理解されてきたという。だが、「一種のディベートといえる形式」の討論会の原点は会読にあると、著者は言う。

いくつかの特徴が説明されるが、中でも驚かされたのは、会読は封建社会においても、参加者なら身分に関係なしとの平等性があったということ。「諸君」という尊称が使われたのも、そのためだ。だからこそ、門閥制度を憎んだ下級武士の福沢諭吉は、会読で上士に勝ったと喜ぶ。あるいは会読で藩主と意見が対立しても、家臣は平気だったという。

徒党を組むのが禁じられた江戸時代でも、会読の結社性は生き続けた。そうした流れがタテ割り社会にヨコの人間関係を作り、明治維新を準備し近代化につながってゆくといった本書後半の展開には、説得力がある。長州の吉田松陰が松下村塾生に車座で討論させたのも、特別なことではなく会読のひとつなのだ。

しかし明治政府は学校から政治的討論の可能性を摘み取り、立身出世のための試験勉強を奨励。こうして会読は終わりを迎える。なるほど！　自分で考えるのが苦手な日本人は、こうして大量生産されるようになったのかと、妙に納得してしまった。（一坂太郎・萩博物館特別学芸員）

（平凡社選書・3360円）＝2012年11月29日①配信

独裁に抗した精神伝える　「蝶たちの時代」（フリア・アルバレス著、青柳伸子訳）

カリブ海のドミニカ共和国といえば、メジャーリーガー産出国といった印象が強い。だが50年ほど前までは、国家元首トルヒーリョによって人権無視の恐怖政治が敷かれた独裁国家だった。

本書は、このトルヒーリョ独裁に対する抵抗のシンボルとなった実在のミラバル四姉妹の物語である。姉妹のうち、反体制組織「六月十四日運動」で中心的な役割を果たし、「蝶（ちょう）」と呼ばれた長女パトリア、三女ミネルバ、四女マリア・テレサは、独裁者によって1960年11月25日に殺りくされる。

トルヒーリョの弾圧を逃れて亡命した両親のもと、アメリカで生まれ成長した著者のアルバレスは、ドミニカの恐怖政治を経験していないし、生前のミラバル姉妹を直接知っていたわけでもない。にもかかわらず、本書は、「蝶たちの時代」の息詰まる緊迫した空気を、羽を傷つけかねない強風のなか「蝶たち」が高く飛翔（ひしょう）していく姿を、きわめてリアルに伝えることに成功している。

なぜか？　これが小説だからである。優しいパトリアが、失った息子を思わせる少年が殺害されるのを目の当たりにして反体制運動家に生まれ変わる場面。ミネルバが好色な独裁者に平手打ちを食らわす場面。幼いころから日記に内心を書きつづってきた内気なマリア・テレサが、刑務所での恐ろしい体験を語る言葉。

確かに本書では、心に焼きつく忘れがたい記述の随所に脚色が施されている。だが逆説的にも、そのおかげで読者は独裁の苛酷さを想像し、ミラバル姉妹の「精神」に触れることができる。

歴史学と違い、小説は登場人物たちの「声」で語り、その心の震えを、喜びや怒り、苦悩や絶望を内側から描き出せる。読者はそこに自らの心を「同期」させ、他者の体験を生き直す。本書は、小説が「人間の心を伝える方法」、それも「最良の」方法であることを見事に証明している。（小野正嗣・作家）

（作品社・3360円）＝2012年11月29日②配信

少女たちを追い込んだもの

「七緒のために」（島本理生著）

神奈川県の私立女子校から東京の公立中学に転校した雪子は、新しいクラスで少し変わった少女、七緒と出会い、急速に親しくなる。だがある日、雪子は七緒が同級生からうそつきと見なされ、疎まれていることに気付く。疑う雪子と、かわす七緒。ぎくしゃくした仲のままスキー旅行に参加した2人だったが…。

七緒に魅了されていた雪子が、ささいなきっかけで相手の言葉を信じなくなる。少女の心の不安定さを繊細に描く本作は、一見、ノスタルジックな少女小説に見える。しかしそれだけではない社会的な性質が、この作品にはある。

作中、「その年の夏」に雪子たちと「同世代の少年」が「事件」を起こしたとあり、その影響で2人の中学にもカウンセラーが派遣されてくる。

この「事件」は、おそらく神戸の連続児童殺傷事件だろう。私も覚えているが、当時、日本社会は14歳の少年の不可解な内面に対するパニックに近い恐怖で覆われた。その空気が子ども同士の関係にも影響したことを、筆者は本作でさりげなく指摘しているのである。

子どもの内面から異質なものをあぶりだし、排除しようとする大人たちの魔女狩り的な言説が学校に押し寄せたとき、それに順応しようとする子どもと反発する子どもの間に溝ができる。雪子と七緒の間にできた溝が、たとえばその後に発生した小学生女児の同級生刺殺事件をも連想させるような危険な事態に発展していくさまを、島本は当時子どもだった世代の立場から活写している。

感覚的な少女たちの会話は曖昧で、部外者が一度読んだだけでは、何を語っているのかよく分からない。しかし繰り返し読んだとき、読者は語られているものの背後に、彼女たちを追い込んだものの姿が浮かび上がるのを見るだろう。

スノードームの中のような、粉雪にけぶる少女たちの美しい光景が、社会と時代の闇に囲まれている。その闇は今も私たちの上にあるのかもしれない。（田中弥生・文芸評論家）

（講談社・1365円）＝2012年11月29日③配信

町の声聞く通飲の流儀

「呑めば、都」（マイク・モラスキー著）

マイク・モラスキーの名前をはじめて知ったのは、東京・JR中央線沿線のある古本屋だった。

「日本のジャズ喫茶のことをものすごく丹念に調べているアメリカ人がいるんだよ」

知り合いの店主はそういった。それからしばらくして「戦後日本のジャズ文化」という本が刊行され、サントリー学芸賞を受賞した。

彼は日本に長く暮らしているうちに「赤提灯（ちょうちん）国粋主義者」を自称するくらい居酒屋にほれ込んでしまう。

「世界のどこに行っても、ニッポンの赤提灯にまさる呑（の）み屋文化はあるまい！　いやー、帰ってきてよかった、よかったー」

何といっても驚いたのは、行動範囲の広さとフットワークの軽さ。溝口、府中、大森、平和島、大井町、洲崎、木場、立川、赤羽、十条、王子、お花茶屋、立石、西荻窪、吉祥寺、国立など、都内各所を「通勤」ならぬ「通飲」しまくる。

事前調査はせず、「その町独自の〈日常〉」を求めて、のれんをくぐるのが「通飲」の流儀―。

もちろん単なる飲み歩きのルポではない。「町の声」に耳を傾け、その土地の記憶を掘り下げながら、東京のローカルな魅力を次々と〈発見〉していく。まさに千鳥足で歩いた居酒屋考現学である。

日本の、いや、「わが町」の居酒屋文化の繁栄をひたすら願い、おしゃれな店や大手のチェーン店への敵意を隠そうとしない。そのあたりは「居酒屋ナショナリスト」の本領といえよう。

昔ながらの大衆酒場はバブル期の地上げや再開発にたいし、静かな抵抗を続けてきた。そこには店主と常連の無言の連帯（人情）もあった。地元の愛すべき酒場を飲み支える者なくして、赤提灯の存続はない。

それにしても1日8軒ハシゴはいくら何でもちょっと飲みすぎでしょ。まあ、からだにはくれぐれも気をつけて。ヒックゥイ。（荻原魚雷・文筆家）

（筑摩書房・2205円）＝2012年11月29日④配信

鋭い観察眼と豊かな表現

「岡崎京子論」（杉本章吾著）

「流行は20年でひと回りする」と言われている。行動や嗜好（しこう）の個人化・細分化が進み、流行というもの自体のありかたが昔とは違うとはいえ、この20年周期説にはそれなりの説得力があるように思われる。若い世代が成長するにつれ、自分が生まれたころの文化を発見し、感応する。残された作品は時を経ることで新たな意味を獲得し、歴史が紡がれてゆくのだ。

さて、2012年現在から20年前を振り返ったとき、あのころの「時代の顔」としてまっさきに思い出されるのが、岡崎京子というマンガ家だ。日本がバブル景気に沸いた1980年代後半に頭角を現し、96年、交通事故により休筆を余儀なくされるまで、マンガ雑誌に限らない多種多様な媒体で数えきれないほどの作品を発表した彼女。今年、代表作のひとつ「ヘルタースケルター」が蜷川実花（にながわ・みか）監督、沢尻（さわじり）エリカ主演で映画化されたこともあり、再評価の機運が高まっているようだ。

本書では、79年生まれの研究者が、マンガ作品の内側と外側、すなわち誌面に刻まれた絵と言葉と、当時の読者や時代状況との両方に目を配りながら、岡崎作品を論じている。また、独自の立ち位置で仕事をしてきた岡崎を取りあげるにあたって、これまで少女マンガはいかに論じられてきたのかを整理し、さらに少女マンガとは何か、何が少女マンガとされてきたのかが探られる。

高度資本主義の都市に生きる少女たちが、いかに夢や憧れや欲望を培い、折り合いをつけようとするかを描き続けてきた岡崎。その作品はときにアンニュイでありながら、ポップカルチャーの楽しさを肯定する浮ついた気分をたたえていたが、休筆直前になると、誰もグローバル資本主義の暴力的な側面から自由ではいられないことを示唆する陰鬱（いんうつ）な色が濃くなっていた。その鋭い観察眼と、マンガだからできる表現の豊かさを、いまあらためて吟味したい。（野中モモ・ライター）

（新曜社・3570円）＝2012年11月29日⑤配信

都会の渇いた香り

「ニューヨーク1980」（大竹昭子著）

1960年代の後半、私もマンハッタンの事務所に通っていた。だが倉庫はウエストサイドの埠頭（ふとう）近くの気味の悪いビルにあったし、たまに何かの用でアップタウンやローワータウンに行かなければならないこともあったが、その風景は鋼鉄の鈍い黒光りと赤さびと落書きのグラフィティの混合だった。今振り返って見ればダイナミックに変わってゆくこの都会の、懐かしい景色だった。

著者は1年間ヨーロッパ各地を旅した後ニューヨークに渡り、イーストヴィレッジの古いアパートに落ち着く。そのかいわいは20世紀初めに建てられた、今で言えばスラムのような地域である。

秋の斜めの陽（ひ）が当たるようになって、突然ニコンのFEを買い、歩きながら景色や人物、そして犬たちとファインダーを通して向き合う。さびれた建物や大型車を撮った一枚一枚からこの時代のニューヨーク下町の空気が漂ってくる。もしかすると一昔前のストリートフォトのような渇いた香りかも知れない。

だがこの本のたのしさは、長くもなく短すぎもしないエッセーにある。自らの人生を見詰め直しながら、カメラを身体の一部のようにしてこの街を歩き、帰って現像してネガを選ぶ。その醍醐味（だいごみ）は20世紀のものであったし、こうしてその頃にはまだ存在していた古い建物や社会の断片が画像として残されたのだ。

最後の章でイーストヴィレッジのグラフィティライターたちの集まりを訪ねた著者は、その中で一人黙々と奇妙な赤ん坊の絵を描いているキース・ヘリングに出会うことになる。地下鉄構内の壁にチョークで不気味な赤ん坊を描き続けていた彼は、後にストリートシーンの作家として一躍陽の当たる場所に出てきたのであった。

あの頃が良かった、とも思えない。私だってミュージカルがはねて、ビルの谷間の駐車場までの暗い道を歩く時は、前後左右に気を配っていた。エッセーの中からもそれがひしひしと感じられるのだ。（福原義春・東京都写真美術館館長）

（赤々舎・2415円）＝2012年11月29日⑥配信

物語貫く深い人間愛　「カジュアル・ベイカンシー（Ⅰ・Ⅱ）」（J・K・ローリング著、亀井よし子訳）

「ハリー・ポッター」シリーズで、世界中の子どもたちをとりこにしたJ・K・ローリングさんが、初めての大人向けの小説「カジュアル・ベイカンシー」を出版した。

渾身（こんしん）の一冊。「この小説を書く必要があった」とまで作者は言う。期待が高まるのは当然だろう。

舞台は英国の田園地帯。ひとりの中年男性の死によって生じた、議会の「突然の空席」。それを補う選挙が、住人たちの間に波紋を呼ぶ。亡くなった議員は、裕福な地域と貧しい地域をつなごうと奔走していた。その不在は、町に潜んでいたあつれきを表面化させる。

平穏に見える人々の生活も、さまざまな問題を抱える。人間の暗い側面をも赤裸々に描き出す作者の筆は、「ハリー・ポッター」の残像を追う人には意外かもしれない。

しかし、二つの物語は通底している。それぞれの困難のうちに、友と結び合って成長していく若者たちの姿は、ハリーとその仲間たちを思い起こさせる。彼らは、魔法の国から現実の世界へと下りて来たのだ。

突然の空席をめぐる選挙は、コミュニティーの中にある差別意識や、家族間の亀裂を明るみに出す。右往左往する大人たち。そんな中、若者たちは意外なかたちで、ある重要な役割を果たす。渦巻く陰謀と策略。これぞ小説の醍醐味（だいごみ）。ページを繰る手が止まらない。

作品を貫くのは、深く大きな人間愛。人権団体で働いた経験を持ち、シングルマザーとして苦労する中「ハリー・ポッター」を書き上げたローリングさんは、恵まれない境遇にある子どもたちに関心を寄せてきた。

苦しい中がんばって生きる少女の、一瞬の晴れ舞台。それをもたらしたのが、亡くなった議員の熱意だったことに思い至った時、深い感動が胸にこみ上げる。

これは決して、楽観的な小説ではない。だからこそ、希望の大切さを教えてくれる。私たちを魅了した魔法の正体は、「人間愛」だったのだ。（茂木健一郎・脳科学者）

（講談社・ⅠⅡ各1575円）＝2012年12月6日①配信

多様な生活史掘り起こす　「差別の境界をゆく」（岸衛、桜井厚著）

被差別部落の出身だが、結婚後に地区外に移り住んだ男性一家の話。中学生の娘が友人にクリスマスプレゼントを渡す際、こう口にしたという。「いつも、友だちでいてくれて、ありがとう。私、部落でごめんね」。そのことを知った親は悩む。いつまで「部落」はついてまわるのか。気にするな、と言い続けることが正しいのか—。

都市化によって被差別部落の形態が変容している。住民の転入と転出が繰り返されるなか、差別の“根拠”も曖昧になる。他方で、不条理で不当な差別も、そして「部落民」の内にある自己否定的なアイデンティティーも消えてなくならない。

本書は20年にわたって滋賀県内の被差別部落に通い続けた2人の研究者によるエスノグラフィー（民族誌）の力作だ。冒頭に記したエピソードをはじめ、時代の変動期を生きる「部落民」のリアルな息遣いが描かれる。

被差別部落に住み続ける人、グローバリゼーションに押されつつ皮革加工など伝統的な「部落産業」を守り続ける人、地区外で暮らす人、結婚を機に「部落」へ移り住んだ人などの「生活史」が丹念に、時間をかけて掘り起こされる。語り手の言葉はトランスクリプト（忠実な聞き書き）でまとめられ、素朴な口調が理念や理想だけでは済まない現実を見せつける。

貧困と差別を生き抜いた「解放の物語」だけではない。

屠場（とじょう）の職人は仕事の誇りを語り、女子高生は「差別はいけない」といった大人の言説に「どうせタテマエ」と反発する。失われつつある共同体意識のなかで戸惑い、苦悩し、あきらめ、時にあっけらかんと被差別経験を語る人々から浮かび上がってくるのは、アイデンティティーの分散だ。私には、それが多様化、定住化の進む外国人労働者や在日コリアンの姿とも重なった。

だが、人間の差異に決定的な価値づけを行う「差別する側のまなざし」だけが変わらぬことに、なんともやるせない気持ちにもなるのだ。（安田浩一・ジャーナリスト）

（せりか書房・2415円）＝2012年12月6日②配信

一人と一匹の愛の物語

「旅猫リポート」(有川浩著)

「7」の形の尻尾を持つ野良猫が、事故でケガしたのをきっかけにサトルという青年の家猫になった。オスなのに「ナナ」と名付けられて5年後、「よんどころない事情」でいっしょにいられなくなったサトルとナナは、新しい飼い主を探し求める旅を始める。多くの人気シリーズを持つストーリーテラーが描くロードノベルは、どこか懐かしく切ないけれども幸福な風景を、読む側の心に刻みつけていく。

飼い主候補はサトルの古い友人たちだ。小学校のときの家出騒動、中学の修学旅行での事件、高校時代の淡い恋模様。古い写真館のある小さな街や田園を背景に、サトルが生きてきた決して平穏とはいえない日々が浮かびあがる。同時に、30代になった幼なじみがそれぞれに困難を抱えながら暮らす日常を、ナナの視点でくっきりとらえているのも面白い。

いわゆるツンデレなナナは人間の言葉を解していて、読者には愛嬌(あいきょう)たっぷりに語りかけてくれる。猫から見れば、なるほど世界はそのように映るのかもと新鮮な発見があり、夏目漱石「吾輩は猫である」やハインライン「夏への扉」など、猫モノ小説を連想させる描写には、ニヤリとさせられた。

サトルの運転する銀色のワゴンの車窓を海や富士山が過ぎていく。やがて北海道へ渡った「一人と一匹」の前に広がる風景は、別れの予感を包み込みながら読者の胸に鮮やかに迫ってくる。

これはまぎれもなく愛の物語だ。男女の恋愛ではなく、血のつながった家族の情愛でもなく、同じ種の生き物でさえないけれど、深く強く結ばれて寄り添いあう二つの魂。それに比べたら、サトルの周りにいる親子や夫婦の関係はなんと不器用であやういことか。

だが、不器用で不完全な人と人との関係の中で揺れ動き、育まれる思いもまたいとおしい。理想の「一人と一匹」を描きながら、そのことに気づかせてくれる小説である。(川口晴美・詩人)

(文芸春秋・1470円)=2012年12月6日④配信

共に存在することの哲学

「フクシマの後で」(ジャン=リュック・ナンシー著、渡名喜庸哲訳)

フランス現代哲学の長老であるナンシーは、東日本大震災と福島の原発事故に対し、文明論的な視野で応答している。ナンシーによれば、3・11によって再検討を強いられるのは、「すべてを等価にし、交換可能にする」という「貨幣」の威力である。一般的等価性。マルクスによると、何にでも交換可能なモノである「貨幣」は、一般的等価性の具現である。

電気エネルギーの問題は、複雑に相互依存する現代社会の全活動に及んでいる。3・11の衝撃は、日本のあらゆるところに、世界のあらゆるところに及ぶ。そこでナンシーは問う。3・11は、すべてを等価にし、交換可能にしていくことの「破局」を示しているのではないか。この問いは、資本主義の全面化への批判に他ならない。

そこでナンシーは、ものごとの個々に異なる「特異性」を無化し、ひとしなみに扱うことの根本的な暴力性、存在論的なレベルでの暴力性を批判する。逆に、本書でナンシーは、存在するものごとの間の「差異を尊重する」ことを、あらためて提案するのである。

グローバルビジネスをもっともっと効率的に回せという勢いに身を任せていると、人々それぞれの、ものごとそれぞれの事情を軽んじることになってしまう。それではまずいのだ。とはいえ、ナンシーにしても、資本主義を止めることはできないと見ている。が、そうだとしても、一般的等価性の暴走は、多角的に批判し続けなければならない。資本主義の行方を、多様な者たちの「民主主義」と共立させるためには、個々の特異性、事情の違いへと目を凝らすための批判が、いつでも欠かせないのである。

ナンシーのこれまでの仕事も、一貫して「共に存在する」ことをめぐる哲学であった。その難しさと希望を考えさせる一書である。非常に明快な訳文で、親切な訳注も付いている。(千葉雅也・批評家、立命館大大学院准教授)

(以文社・2520円)=2012年12月6日⑤配信

余韻残す人生への賛歌

「ミラノの太陽、シチリアの月」(内田洋子著)

外国暮らしが長くなると、現地のひとたちとつながりが生じ、それが人生に新たな歓(よろこ)びや、未知の波紋を引き起こす。異国で仕事をしながら暮らす場合、その歓びや波紋の振幅は、学生や旅行者とは比較にならないほど大きいだろう。

本書は、ミラノに在住する著者の実体験にもとづく随筆とも、創作された短編小説集とも読める、全10章からなる味わい深い一冊である。「私」がイタリアで出会った人々との交流、そこから生じる多彩なドラマが、透明感あふれる文章でつづられている。

第1話で、ミラノに家を買って定住するようになった経緯が語られた後、舞台は北イタリア、リグリア、ナポリ、シチリアとイタリア各地に移る。各地方の風土と情景を的確に描きわけてみせるページが、とても印象的だ。著者は、土地と人間の強い絆を浮き彫りにする。

海辺に面した小さな駅舎に住み、何十年も鉄道員として働いた男が最後に事故で片手を失う。すると鉄道会社は、その駅舎を一生守るべしという特別業務を命じ、男は感涙にむせぶ(「鉄道員オズワルド」)。元ダンサーだった男が、恩人であるかつてのロシア皇女を前に、温室の満開のバラを撒(ま)き散らしながらバレエを踊る(「ロシア皇女とバレエダンサー」)。

最後に、シチリアの田舎町でおこなわれた結婚式では、花嫁の母親と花婿の父親が月光に包まれながら華麗に踊り、やがてその輪が広がっていく(「シチリアの月と花嫁」)。その光景は、ヴィスコンティの映画の一シーンのように美しい! 少しきざなイタリア男たちだが、そのきざさが彼らによく似合う。

この作品が随筆かフィクションか、と問う必要はない。大事なのは、ここで描かれているさまざまな人生、時には劇的で、また時にはつつましい人生が、読者に静かな感動と深い余韻を残すことである。本書は人間への応援歌、人生への賛歌にほかならない。(小倉孝誠・慶応大教授)

(小学館・1680円)＝2012年12月6日⑥配信

親子で築いた闘争の場

「夢みる美術館計画」(和多利志津子、恵津子、浩一著)

美術館とは単に美術作品を展示する場所ではない。人間を幸福へと導く、夢を開示する場所のことをいう。

1990年、東京都渋谷区の神宮前に開館した「ワタリウム美術館」。けして大きくはないが、スイスの建築家マリオ・ボッタの設計による、人間の体温をたたえる愛の家として、館長である和多利志津子、キュレーターであるその娘恵津子と息子の浩一が、まさに手作りで築き上げてきた現代美術館である。本書はいまや世界的な美術館のひとつとして知られる、その美術館の、開館から20年に及ぶ歴史をまとめたものである。

展覧会開催時に母志津子氏がカタログや招待状などにつづった文章を再録し、恵津子氏と浩一氏が書き下ろした展覧会の詳細が、それを温かく包み込むという構成になっている。それはそのまま従来の硬直化したわが国の展覧会を覚醒させるキュレーションの歴史であり、岡倉天心や南方熊楠、バックミンスター・フラーにダライ・ラマ14世といった、天才たちに焦点を当てた展覧会など、現代美術だけでなく、美の根拠に触れる直感で、しなやかにジャンルを越境し、美術館の可能性を広く社会に問うてきた、闘争の記録といえる。

夢をひとつひとつ実現するその道のりは、壮絶な体験であったにちがいない。しかし、つねに創立時の原点に立ち返り、その壮絶ささえも信仰にも近い祝福として受け止めてきた、この親子の生きざまこそ、実はこの美術館から私たちが受け止めるべき、最も感動的な作品ではないか。

キュレーターとして数々の先鋭的な展覧会を企画してきた娘と息子が、美術館に命をささげてきた母に贈る、愛の一冊ともいえるだろう。なぜこの親子が世界的なアーティストやキュレーターに愛され、信用されてきたか。その理由が見えてくる。(南嶌宏・女子美術大教授)

(日東書院本社・2100円)＝2012年12月7日配信

力強くも軽やかな実感

「路」（吉田修一著）

人生は、ときどき鉄道になぞらえられる。

人間は生きて、死ぬ。時間というものは、勝手にどんどん過ぎていく。たしかに、定まったレールの上を走る車両に乗せられて、目的地に向かって一直線に運ばれているようにも思われる。

「路（ルウ）」は、「台湾市場最大の公共建設事業といわれる高速鉄道建設工事」にかかわる人々の物語である。その車両に日本の新幹線の技術が採用されてから実際に開通するまでの7年間が、そしてこの7年間に至るまで、日本と台湾が築いてきたきずなの歴史が、450ページ近い本書にぎっしりと詰まっている。

登場人物は多い。中心となるのは、入社4年目で台湾出向メンバーに大抜てきされた大手商社の社員・春香の視点だが、ほかにも何人もの登場人物が彼女と同等の厚みと共感をもって、丁寧に扱われる。そのなかには、日本人ばかりではなく、台湾人も含まれている。

国民性の違い、慣習の違いが明言されているにもかかわらず、本書に出てくる台湾人は他者とはいえない。日本人と台湾人は見つめ合い、隣り合いながら、食事をし、仕事をし、恋をする。つまり、人生を共にする。

本書は分厚いけれど､読み進むのはかんたんだ。みずみずしく描き出される台湾の光景はにおいたつようで、その熱に浮かされてページをめくるうちに、どんどん少なくなっていく。高速鉄道に乗せられているみたいに。

けれど、本を閉じたあとに残るものは、時間や人生は知らぬまに過ぎ、進んでいく、といった物寂しい感覚とはまったく異なる。なぜならこの物語が映し出しているのは、実際の高速鉄道建設がそうであるように、人生もまた、共に生きる人々とレールを敷き、手を携えてつくりあげた車両を駆ってここまで来たのだし、これからも進むのだという実感だからだ。

この力強くも軽やかな実感は､「路」という名前で長く読者の胸を占めることだろう。（藤野可織・作家）

（文芸春秋・1733円）＝2012年12月13日①配信

不確定な生の営み

「火口のふたり」（白石一文著）

本来、生とは不確定なものだ。今生きている者が明日生きている保証など常にない。それでも明日も自らの生が続いていることを仮定して、人は生活を営み計画を立てている。その仮定があくまで仮定に過ぎないことを今この国に住む人々へ強烈に、日々を営むためのバランスを失わせるほどの威力で思い知らせた出来事が東日本大震災ではなかったか。

舞台は東日本大震災から3年後の日本。起業した会社が震災のあおりを受けて倒産寸前という状況下、40歳余りにして「落ち目」にいる賢治は、いとこである直子の結婚式出席のために東京から地元九州へと戻ってくる。15年前情欲に溺（おぼ）れる関係にあった2人は、直子の婚約者が出張から戻ってくる来週の金曜日までの数日間というリミットを決めて再び執拗（しつよう）なまでに性行為におよぶ。

時に非常にアブノーマルな状況下で行われる情事の克明な描写は紛れもなく本作の特徴だが、そこから浮かび上がるものは激情というよりむしろ、賢治の内面を常に覆うぼんやりとした混乱である。

もはや過去にも未来にもさしたる価値を感じずにひたすら今このときの快楽に身を任せているようでありながら、いざ自分たちの関係が外に知られた可能性を考え出すと妄執的な思考回路に陥る賢治。その姿を見ていると、震災後の自分たちを取り巻く現状を諦念してはいるが、その実覚悟などはできていない自分自身の内面をのぞかされるような思いに捕らわれる。

また、肉体的に特別な結びつきを果たしている2人の感受している世界はひとつひとつ異なり、印象深い。方言を使うときの心、生殖という行為への考え方、自分たちの血のつながりに対する思いが2人は全て違う。その差異が2人の関係においてて是か非かさえももはやわからない。おそらく生きることに正しい道などなく、生者は混沌（こんとん）の荒れ地を進むのみなのだ。（馬場めぐみ・歌人）

（河出書房新社・1470円）＝2012年12月13日②配信

悲しみの底で声上げる遺族　「あのとき、大川小学校で何が起きたのか」(池上正樹、加藤順子著)

「私たちは何があったのか、真実が知りたいだけなのです」「子供たちの犠牲を無駄にしたくないんです」

東日本大震災の大津波で、わが子の命を奪われた宮城県石巻市立大川小学校の遺族の願いである。大川小では、全校児童108名のうち74名の死亡・行方不明者を出すという大惨事となった。

強い既視感を覚える。私が遺族代理人として関わってきた信楽高原鉄道事故や兵庫県明石市の花火大会の事故、尼崎JR脱線事故でも、遺族からこれまで何度、同じ言葉を聞いてきたか…。

震災直後は、大津波ゆえにやむを得ない犠牲だったという見方もあった。しかし事実は違った。大川小に大津波が到来するまで51分の余裕があり、的確な避難行動が取られていれば犠牲は出なかったかもしれない。「空白の51分」である。児童たちは「山さ逃げよう」と教師たちに訴えたが聞き届けられず、避難は津波到来の1分前まで行われなかったという。

不信感は学校だけでなく、教育委員会にも向けられる。生存した児童や教諭からの聞き取りのメモは廃棄され、録音も取られていない。著者の執拗な取材と情報開示請求により、事実と遺族に対する説明との矛盾が明らかとなり、さらに疑問は深まっていく。

一体何が真実なのか。なぜ子どもたちは犠牲になったのか。家族を奪われた遺族にとって、その原因についてありのままの事実を知りたいと願うことは、あまりにも当然のことである。一般的にも、遺族には十分な説明がなされていると思われているだろう。

しかし現実は違う。遺族は悲しみのどん底から声をあげ、闘い続けなければ事実を知ることすらかなわない。遺族の前には、組織の自己防衛や司法手続きの限界といった壁が立ちふさがる。それでも遺族は、真実を知りたいのである。亡くなった多くの子どもたちのためにも。今後立ち上げられる検証委員会で、少しでも事実が究明されることを強く期待したい。(佐藤健宗・弁護士)

(青志社・1575円)=2012年12月13日③配信

演目の深層を読み解く　「落語の国の精神分析」(藤山直樹著)

落語ファンは「志ん朝の居残り佐平次はいい」というような言い方をする。しかし、これをさかさまにして「居残り佐平次の志ん朝を聴きたい」というような表現をしない。それはなぜだろうか。

「落語家とは、落語を上手に語れる人のことではないし、落語の根多(ねた)を覚えている人のことでもない。それは落語家というものを具現し、落語家の人生を『生きて』いる人のことだ」と著者は規定する。そして、日本に数十人しか存在しない現役の精神分析家である彼は、落語家と自らの仕事に共通点を見いだす。すなわち「職業人として活動している時間以外に、つまり、パーソナルな人生を生きるという過程が仕事もしくは実践そのものに深みと奥行きをもたらす」ところがよく似ている、と。

私たちは無意識のうちに、そのことを知っている。寄席の観客は落語のレパートリーを通じ、語り手が「生きて」いる、いま現在を味わうのだ。

だから、落語の演目は演者の私的な部分と深いところでつながっている必要がある。アナウンサーや声優が台本のせりふを技術的に読むことと、似ているようで決定的に違う。落語家という生き方と共鳴する数百の演目だけが、ふるいに掛けられ、今日に伝えられた。

本書は、精神分析家として生きる著者が「らくだ」「芝浜」など、よく知られた作品の構造を丁寧に分析した一冊である。

例えば「明烏(あけがらす)」のカップルに、「浦里」「時次郎」という、落語以前によく知られた情話の人物名を充てているのはなぜか。滑稽噺(ばなし)に見える「明烏」が本質的には、人の「心的な変容」を描いた人情噺の構造を備えているという著者の指摘によって、私は初めてその理由が腑(ふ)に落ちた。

巻末には立川談春との対談がある。実演者は噺(はなし)に接近するのか、引き寄せるのか?「父性」という鍵を使って立川談志を分析するくだりが、ことにスリリングである。(松本尚久・放送作家)

(みすず書房・2730円)=2012年12月13日④配信

その暗さすらが明るい　「日高六郎・95歳のポルトレ―対話をとおして」（黒川創著）

1969年、東大闘争での機動隊導入に抗議して退官したただ一人の東大教授。その後、パリ郊外に家を購入して滞在、留守中、日本赤軍に会議場所を提供したとの嫌疑で一時、夫人がパリ警察に拘束（数日後嫌疑が晴れて釈放）。そのことが理由とされて7年後、オーストラリア政府に客員教授としての入国を拒否される。

社会学者、日高六郎。95歳。大柄で背筋のすっと伸びた人が、すこし背をかがめて歩いている。頭脳明晰（めいせき）にして、のんびり屋。

茫洋（ぼうよう）としつつ真率かぎりない正義漢を生んだ家族的背景が、人物素描と聞き書きによるのびやかな評伝（ポルトレ）からたちのぼってくるさまは、一種感動的、戦慄（せんりつ）的ですらある。

生まれたのは17年、中国、青島にて。父は北京の日本公使館の官僚勤めに嫌気がさし、抜群の語学力と中国人からの深い信望を基礎に「店を構えない」一人商いの貿易商となる。ドイツの作り上げた風光明媚（めいび）な国際都市青島が気に入り、住む。一族の出自は海賊まがい（？）の荒々しさをもつ壱岐城代家老。

一方学歴はないが「偉い人物だった」と語られる母は、聡明（そうめい）で華美なことをいとい、生涯、化粧水を使わない。紅もひかない。「珍しいと思わない？」と日高。現地の中国人と心を通わせた。

聞き手黒川創は18歳のときから、30余年来、彼いわく「日高先生」、日高夫妻とつきあってきた。小説家で自ら出版も批評も行う。編書に「〈外地〉の日本語文学選」全3巻があり、その聞き書き、編集の手腕は国内で屈指である。

長谷川如是閑のような大評論家で大知識人こそ、いま必要。「僕は学者じゃないんだ、うふふ」と、丸山真男をおだやかに批判し、東大法学部の革新派学者らを実名で切り捨てる。最後に黒川は、この人の奥底に流れる「無垢なもの」に気づく。95歳の朝。そこでは暗さすらが明るい。これは近来まれに見る名著であると思う。（加藤典洋・文芸評論家）

（新宿書房・2310円）＝2012年12月13日⑤配信

最悪の紛争被害者を代弁　「私は、走ろうと決めた。」（リサ・J・シャノン著、松本裕訳）

慈善活動家のオプラ・ウィンフリーが司会する米国の人気テレビ番組を見て、すぐに行動を起こす視聴者はどれくらいいるのだろう。コンゴ民主共和国（旧ザイール）と無縁の生活をしていた著者は、コンゴで進む“大虐殺”やおびただしいレイプ被害を番組で知り、人生を一変させた。

まず、寄付金集めのために走ることを決める。そして、第2次大戦の後、世界で最も多い犠牲者を出したコンゴ東部の紛争地に飛んだ。レイプが横行し「女性にとって地上最悪の場所」と呼ばれているにもかかわらず、だ。その行動力に驚く。

著者は現地で、長年にわたって続く民族対立、貧困、少数民族への差別、土地侵奪の現実に直面する。隣国ルワンダによる天然資源の略奪が紛争の主因であり、それが西欧諸国の人々の暮らしと関連していることを知る。そして、被害者やサバイバー、民兵組織、子ども兵、国際機関スタッフらと出会う中で、人の優しさ、たくましさ、美しさと、権力に貪欲な醜さの両面に触れ、彼女自身が人間として大きく成長していく。

コンゴ東部の情勢は今年に入り、急激に悪化している。新たな武装勢力が展開し、一般市民への暴行も頻発している。本書に登場したパンジー病院で、レイプ被害者の治療に取り組んでいた院長も10月に暗殺未遂に遭い、翌日、国外に亡命した。現地に残された大勢の被害者は、十分な治療を受けられないまま、これからどうするのだろう。

残念ながら、個人の善意では虐殺もレイプも止まらない。武装勢力の背後で大国や周辺国の権力者が利権に群がり、現状維持を決め込んでいる限り―。そんな著者のむなしさは、国連難民高等弁務官事務所の職員として現地にいた私もよく分かる。

それでも著者のように犠牲者を代弁することで、世界を少し変えることはできる。コンゴや世界の弱者のために、もっと頑張らなければ。本書を読んで勇気とパワーをもらった。（米川正子・立教大特任准教授）

（英治出版・1995円）＝2012年12月14日配信

心に残る異様なイメージ

「虫樹音楽集」(奥泉光著)

カフカの小説「変身」では主人公ザムザが人間大の虫に変身してしまう。その「変身」について、「イモナベ」と通称されるテナーサックス奏者が「私」にこんなことを言ったという。

あれはほんとうは生物学用語で「変態」と訳すべき言葉だ、ザムザは「変態」を経て成虫として完成したのだ、人間はみんな虫であり、「変態」によって生物として完成すべき存在なのだ、と。

「イモナベ」はその後、「孵化」「幼虫」と題した奇矯なコンサートを開きはじめ、やがて消息不明になる。「イモナベ」はどうなったのか。彼の「変態」は完成したのか。「私」がその疑問を追うのが小説の縦糸である。

一方、横糸には「変身」モチーフを変奏した奇想が並ぶ。そこでは、地球上に存在したはずのない大型節足動物の化石が発見されたり、スカイツリーに這(は)いのぼる巨大な虫が目撃されたり、ザムザという名のアメリカのミュージシャンが宇宙と交信する「虫樹」の伝説を語ったり、幹や枝にびっしりと文字や記号を彫り込んだ「虫樹」が各地に作られたりする。こちらは荒唐無稽なSFめいて、不可解な謎を重層させ、増幅させるのだ。

縦糸と横糸が見事に交錯して、奇妙で、鮮烈で、仕掛けに満ちた作品が織り上がった。

虫としての人間、無数の文字を刻まれる身体、迷宮としての都市、等々、カフカ的なモチーフが次々と増殖し、変形していく。終末論的な気配も漂う。異様なイメージが意味不明なまま読後の心に残るのは、それこそカフカ的な読書体験だ。

虫たちは人類以前から存在したし人類滅亡後も生き延びるだろう。だが、「変態」は存在の完成なのか。「イモナベ」の演奏がジャズの進化の袋小路なら、完成は行き止まりではないのか。そこには虫のザムザが窓から眺めたのと同じ荒涼たる風景が広がっているだけではないのか。そんな文明論的な疑問さえ触発される。(井口時男・文芸評論家)

(集英社・1575円)=2012年12月20日①配信

徹底して薄情な世界

「盗まれた顔」(羽田圭介著)

小説などのフィクションにおける捜査員は、張り込みや聞き込みといった手段によって犯人を発見するというイメージで語られてきた。

そうした捜査のイメージは、いまでは古くさく感じられるかもしれない。若い世代では、捜査は監視カメラ網などのハイテクを駆使したものだという印象の方がつよいだろう。本作の主人公である「見当たり捜査員」とは、このハイテク機材であるような目を持った人間のことである。

この見当たり捜査員は、聞き込みや張り込みといった古典的手段をとらない。ひたすら犯人の顔を記憶して、都会の雑踏にくりだすだけである。記憶している顔は、数百人にものぼるという。つまり、可能なかぎり顔を覚えて、あとはその顔にでくわす可能性に賭けるのである。

こうした捜査は、泥臭くもあるが、むしろ匿名の個人がいきかう都会ならではの、デジタルな手法でもある。捜査員にとって「顔」とは、匿名なのか固有なのか、判別がつかない存在なのだ。

主人公である「白戸」は、こうした寒い世界の住人である。彼は、500人の顔写真を記憶し、街にくりだす。恋人と同居しているが、彼女とは「出会い系サイト」で知り合ったのである。ここでも「匿名の顔」という主題が反復されている。

物語としては、サスペンス的な展開もみることができるが、まずは、この徹底して薄情な世界観をみてもらいたい。こうした冷徹な世界観は、17歳でデビューして以来、著者の得意とするところでもある。

たとえば、作中では、交番勤めの警察官の平均寿命が「六二歳」だと記されている。こうした屈託のある認識を、作品のいたるところにみることができる。ひとの顔を冷徹な視線でみる白戸、それを語る作者の視点もまた冷徹である。気安い共感を拒絶する、この視線の強さこそが、著者の抱えている倫理なのだ。(池田雄一・文芸評論家)

(幻冬舎・1575円)=2012年12月20日②配信

開かれた農村と出合う

「ミャンマーの国と民」（高橋昭雄著）

著者は、過去30年におよぶミャンマー農村研究において、いくつもの画期的な成果を出してきた研究者である。これまでの業績は学術書や論文であったが、今回はあえて専門の経済学的な分析枠組みを封印し、自身の見聞と経験に基づいてミャンマー農村の生活世界を描き出している。

著者が今この本を出したのは、新政権下で「アジア最後のフロンティア」として注目を集めるミャンマーに関する情報が政治、国際関係、投資環境などに偏っており、人口の4分の3が住み、GDPの約4割を生む農村がブラックボックスになっていることに懸念を抱いたためである。農村を語らずに、ミャンマーを語ることはできない。

本書が描き出すミャンマーの村と村人は、軍事政権の圧政の下で自由を奪われ、貧しく、抑圧された地域と人々という、日本人が想像しがちな像とはかけ離れている。意外なことに、ミャンマーの村は外に開かれており、村人は自由で自立している。これは日本の農村と大きく異なる。

著者はこの違いの理由を、日本の農村が構成員の生殺与奪の権利を握る「生産の共同体」の側面があるのに対し、ミャンマーのそれが出入り自由な「生活の共同体」である点に求める。そして個人を強く拘束してしまう日本の農村の「共同体の失敗」を克服するモデルが、ミャンマー型の農村コミュニティーにあるのではないかと指摘する。

著者は過去に200以上の農村を訪れ、私もそのいくつかに同行したことがある。村人と話すときの著者の楽しそうな姿が印象に残っている。房総半島の農家の長男として生まれ、いや応なく与えられる共同体の規律の中で、もしかすると若干の生きにくさを感じていたかも知れない著者が、ミャンマー農村と出合ってその自由としなやかさに魅了されたというのは評者の勝手な想像であろうか。発展途上国研究の醍醐味（だいごみ）を味わえる一冊である。（工藤年博・アジア経済研究所主任調査研究員）

（明石書店・1785円）＝2012年12月20日③配信

キャラ全盛の生きづらさ

「ロスジェネ心理学」（熊代亨著）

「飽食の時代」に生まれ育ちながらも、大人になってみればバブルは崩壊、幸せな人生を保証していたはずの価値が崩壊していく。そんな「失われた10年」の心象風景を共有する今どきの30代が、ロスト・ジェネレーションと呼ばれて久しい。

自らもロスジェネの精神科医が同世代に向け、「何をやれば少しでもマシな未来を迎えられそうなのか」を考えたのが本書。中でもコミュニケーションのあり方に多くの紙幅を充てている。

投稿サイトやソーシャルメディアが発達し、誰もがスマートフォンやパソコンを駆使して自己PRできる時代。女性なら「かわいい」、男性だと「ネタが豊富」などの定評を獲得できるかどうか、つまりキャラづくりの成否が鍵を握るコミュニケーションの主役もロスジェネと言っていい。

私は、自分より少し年下の彼らの「生きづらさ」を長年取材してきた。豊かな家庭から進学校に通った「よい子」が訴える苦しみとは何か。彼らの多くが口にしたのが「演じるつらさ」だった。

自分のキャラが「素」に近ければいいが、「いじられキャラ」のように自分を押し殺し、親や教師、友人が望むキャラを演じ続けるストレスは耐えがたい。こうした「キャラとキャラがコミュニケーションする時代」が全盛を迎えた最大の要因は、「子ども時代の対人関係の接点が少なく単純化してしまった」ことにある、と著者は説く。

確かに「生きづらさ系」の若者は、郊外の住宅地や私立校で育った人が多い。文化風土や価値観、付き合う人が似たり寄ったりの集団で摩擦を避け、はじき出されないように立ち回るツールとして「よい子キャラ」も生まれたのかもしれない。

コミュニケーション能力（コミュカ）の向上といった掛け声にしても、キャラを扱うスキルだけを上げたところで意味はない。大切なのは、たとえキャラが分からない相手とでも、信頼関係を築いていけるかどうか。そのための具体的な方策も、本書は提示している。（渋井哲也・ライター）

（花伝社・1575円）＝2012年12月20日④配信

震災後に詩人が紡いだ言葉

「瓦礫の下から唄が聴こえる」（佐々木幹郎著）

本書の中で、著者は3・11の震災以後、「本能的に」詩を書いたと記している。読みながら、このことの意味が、私にもじわじわと了解された。この詩人は、文字以前の見えない「行動」を、実に豊かに積み重ね、そこから粘り強く思考を続けてきた。本書はその足跡ともいえるエッセー集だが、彼にとっては詩を書くこともまた、「行動」なのだと思い知らされる。

30年にもわたって、週末を過ごすようになったという、浅間山麓にある山小屋。気づくと著者は、そこに集う人々と、「血のつながらない新しい家族の形態を、ゆっくり実践し、模索し続けてきた」。

他者と共生し支えあうこと。それは震災という危機をくぐり抜けた今、私たちにいよいよ突き刺さったテーマである。

読者は、うなずいたり、そうだろうかと問い返してみたり、著者と対話を交わしながら本書を読んでいくことになる。解答などない、考え続けるしかない。迷っていい、だが最後の最後、自分の命は自分で守れ。人間の生存の原点に迫るような、そんな声が本書の内から聞こえてくる。

死者の魂を招き鎮めるために、著者は津軽三味線の新しい語り物を作りたいと、2代目高橋竹山とともに、詩の朗読をしながら東北の被災地をめぐり、被災した人たちの物語に耳を傾けてきた。

中でも岩手県大船渡市で聴いたという主婦の体験談は忘れがたいものだったという。

瓦礫（がれき）の下から聴こえてくる無数の助けを求める声に応えられずに泣きながら道を急ぐと、あるつぶれた家の下から、民謡を歌う男の声が聴こえてきた―。本書の題名はここに由来する。読者の耳の底にも、思い出すたび、地響きのような唄が沸くことだろう。

震災を境として世界は大きく変わった。しかしこの本は、悲しみを書きとめながらも、その表情が突き抜けて明るい。著者の身を抜け出た言葉らが、未来のほうから私たちの現在を、照らし出していると感じられる。（小池昌代・詩人）

（みすず書房・2730円）＝2012年12月20日⑤配信

遅い死と早すぎた死

「最後の思想　三島由紀夫と吉本隆明」（富岡幸一郎著）

今年3月、吉本隆明が亡くなった。87歳。ほぼ同年生まれの三島由紀夫が自死したのは1970年、45歳だった。吉本は、三島の全生涯にほぼ等しい時間をその後生きたことになる。

この本は、ともに大正時代末期に生まれ、青年時に大戦を迎え、戦後期に活動した2人を、その死に着目しながら対比的に論じたものだ。

著者は吉本を思想家ととらえている。徹底性が思想の命だ。思想と信仰は一見似ているが、吉本からすれば全くの別物だ。判断を放棄しなければ、信仰は成立しない。吉本が「反核」運動や「反原発」運動に厳しく反発したのは、そこに信仰特有の欺瞞（ぎまん）を見たからだ。

加えて彼には、思想が思想であるためには大衆から遊離してはならない、という課題が存在する。それが「大衆の原像」だ。

が、ここ二、三十年、進行する大衆社会は、吉本の思想をものみ込んでしまったように見える。思想家が存在することが不可能、不必要な時代になった。彼はそのことを十分認識していただろうが、自身の思想に精彩がなくなった中での死であることは確かだ。

2カ月年少の三島にとって晩年は、早くも60年代後半に訪れた。40歳代だ。三島にとって戦後は、自分が生きている実感を持つことのできない時代だった。そんな中、時代との不協和音をエネルギー源としながら、「金閣寺」をはじめとする傑作を発表した。そのせめぎ合いのギリギリの時点が70年、45歳という年齢だった。

今から42年前、「豊饒の海」の最終回原稿を編集者に渡したその日に、世を騒然とさせた自殺を敢行した。老いることへの強い抵抗があったことも彼は告白していた。

突き放した言い方をすれば、吉本にとって死は遅かったと思われるし、三島にとっては早すぎた。どう遅かったのか、早かったのか、2人の著作に対する著者の周到な読みがその点を解明している。

（菊田均・文芸評論家）

（アーツアンドクラフツ・2310円）＝2012年12月20日⑥配信

愉快痛快、爽快な物語

「噂の女」(奥田英朗著)

実に「おしゃべりな小説」である。

10章からなる物語の登場人物たちは、あるひとりの女の噂(うわさ)話を、陰で日なたで交わし合う。「あの女、やりまくっとるぞ」「会社社長に囲われとるって」「水商売が好きなんやないの。見るからに客あしらいがうまそうやし」。女の名は糸井美幸。地元の商業高校を卒業するまでは地味で目立たない存在だったが、短大時代に派手で男好きのするタイプへと変貌を遂げたといわれている。

舞台となるのは、とある地方都市だ。美幸はそこで、次々に職と居場所を移していく。国道沿いの中古車ディーラーの事務員からマージャン荘のアルバイトへ。料理教室に通い、40以上も年上の不動産会社社長の後妻となったかと思えば、妊娠中はパチンコざんまい。出産後は繁華街に高級クラブを開き、町の有力者たる男たちを次々と手玉にとっていく。そしてさらなる黒い噂が—。

となれば、美幸がなぜ変わり、いかにして男を転がし、大金をつかんだのか。さらには黒い噂の真偽が気になるが、そうした謎解きが本人ではなく、周囲の「噂」として明かされるのが本書の肝である。

都会と違って地方の社会は狭い。目立たず騒がず身の丈に合った暮らしを営む人間にとって、美幸のような存在は極めて異色だ。本書はそんな美幸と関わった人々の視点から連作形式で描かれていくのだが、赤裸々すぎるほど本音が飛び交う彼らの日常描写が抜群に面白い。

得をしたい、金が欲しい、良い目にあいたい。でも、難しいことや厄介事には巻き込まれたくない。コネと利権も持ちつ持たれつ、小さな世界で共存共栄を望む人々は美幸と異なり「主役」にはなれないタイプである。けれどその何げない、取るに足らない日々を、作者である奥田英朗はドラマチックに魅せるのだ。

愉快痛快そして爽快。エンターテインメント小説の神髄を究めた物語だ。(藤田香織・書評家)

(新潮社・1575円)=2012年12月27日①配信

賢い消費者になる方法

「なぜ、それを買わずにはいられないのか」(マーティン・リンストローム著、木村博江訳)

インターネットで商品を購入する。そのサイトを次に訪れると、「あなたへのおすすめの商品」が、自動的にページのトップに表示される。好みの商品を探す手間が省けて有難く思う半面、心の中を見透かされているようでちょっと怖い。そんな複雑な気持ちに一度でもなったことがある人なら、本書は一読の価値がある。

著者はマーケティングコンサルタントとして数々の実績を重ねてきた人物。その口から企業のブランド(そこには高級品から日用品、芸能人やセレブまであらゆるものが含まれる)売り込み戦略をつまびらかにしたのが本書である。その徹底ぶりには驚くほかない。おなかの中の赤ちゃんを未来の顧客にすることを狙って妊娠中の母親に新製品の食べ物を売り込む食品メーカーや、わざと黒板に値段を書き、使い古しの段ボール風の箱に果物を詰めて「新鮮さ」を演出するスーパーマーケットなど、その例には枚挙にいとまがない。著者の語りは内情を知る者ならではの説得力にあふれ、時に軽妙なその筆致はさえ渡っている。

だが本書の価値は、そこにとどまらない。実は消費者の側に立って書かれている。「はじめに」が面白い。それは、1年間ブランド品を一切買わないという著者自身による「ブランド脱出作戦」の決行とその挫折の体験記である。ブランドにとらわれるなと言っても、現代社会においてブランドから逃れることなど至難の業だ。だから著者は言う。選択できる賢い消費者になるには、企業のやり方を知り、そのたくらみを見抜く力を身に付けることだ、そのために本書を書いたのだ、と。

フェイスブックやツイッターなどが日本でも普及し、消費者が発信力を獲得した今、企業や商品に対する消費者の影響力は格段に強くなっている。しかしその一方で、企業の戦略はより巧みになっている。本書は、そうした私たちの消費生活を考えるための格好のガイドである。(太田省一・社会学者)

(文芸春秋・1995円)=2012年12月27日②配信

山と向き合う心根を描く

「神去なあなあ夜話」（三浦しをん著）

前作「神去（かむさり）なあなあ日常」は、横浜育ちの平野勇気18歳が母親と教師によって三重県の山奥へ送り込まれ、驚愕（きょうがく）と混乱の中で「林業っておもしれぇ」と目覚めるまでの1年を描いた快作だった。続く本作「夜話」は、20歳を迎えた勇気によってつづられる、これまた生命力あふれる一冊だ。

ここでは神隠しも神おろし（霧深い山中で勇気はこの世のものではないなにかとすれ違う）も「有り」で、こうした山の不思議が彼の人生初の花粉症の苦悶（くもん）と同等、同次元で「なあなあ」とゆるやかに語られていく。

さらに今回は「日常」で語られた躍動感に富んだ記録だけではない。村が抱える、あるいは村が抱えてきたトラウマや裏側についても触れられる。勇気がひとめぼれして以来、果敢にアタックを続ける小学校教師の直紀さんとの仲にも進展はあるが、やっぱり白眉（はくび）は森、というより「山」と向き合う勇気の心根にあるんだろう。

「山はあの世とこの世の境目なんや」と語る村人たちに囲まれて、勇気は、普段着のことばで、村の裏側に潜む物語をたどってゆく。裏側、すなわち「夜」とは、生と死だ。生とは性だ。あけすけなエロスと、ある死によってもたらされた村の深い悲しみ。全編に流れる詩情が味わいを深く濃くさせて、読む人を山奥の神去村へといざなう。

やがて村と山の中へとさらに一歩踏みこんだ勇気は、周りのひとびとに対し「ずっと一緒に歩いていくために、なにかを分け持ちたいなんて、そんな気持ちに」ごく自然になっていく。

村の長老、繁ばあちゃんがとってもチャーミングだ。体験に基づいたじいさんとの「ほんまの官能」を語り、デイケアセンターで覚えたパソコンスキルで勇気の手記に勝手に割りこむ。

読み終えて強く思った。里のありようというのは人数の多少ではない、濃厚な生に満ちた「ひとの森」に酔うことなんだと。（宮村優子・シナリオライター）

（徳間書店・1575円）＝2012年12月27日③配信

物語に宿る現代の創造性

「デザインするテクノロジー」（池田純一著）

タイトルから想起するイメージとは異なり、いわゆる“デザイン”や“デジタル技術”そのものをテーマにした書籍ではない。むしろ、現代の「物語＝コンテンツ（小説や映画、ドラマ等）」に内在する「ウェブ的無意識」を考察するテキストといった色彩が強い。

前半では主に、映画「ジュラシック・パーク」や小説「ダ・ヴィンチ・コード」、連続ドラマ「LOST」といった世界的ヒットを生んだ3人の作家にスポットが当てられる。それぞれ世代や作風は違うが、3者に共通するのはその時代の先端科学への意識が高く、そこにインスパイアされる形で前述の作品群（いずれもスリラーやミステリー）が誕生していることだ。

つまり、技術が進化するに伴い「物語」も進化する。著者はその視点で各作品を“探偵”のように鋭く読み解いていく。例えば、1990年代の「ジュラシック・パーク」の中に、ウェブ特有の「プログラミング的思考」が既にあることを見いだし、物語に宿る現代的創造性を浮き彫りにしてみせる。まさに「メディア技術が特定の想像力を触発し具現化させる」のであり、著者の推理ではそのメカニズムこそ「マジック」なのだ。

後半では2010年代（著者の言葉では「ソーシャル的転回以後」）のコンテンツも論じているが、「舞台化・劇場化」のキーワードは腑（ふ）に落ちた。それは私の専門である広告の領域でもトレンド化している。言い換えれば「参加・体験を誘う場の設計」のことだ。

本書が扱うのは主に米国の作品だが、ここで語られているのは海外だけの話でもない。例えばAKB48（ソーシャルメディアも活用する“会いに行けるアイドル”）に同種の想像力を見いだすこともできよう。「物語」のルールは変わった。メディア思想の見地から、いまという時代の種明かしに挑む“推理本”としてスリリングに読ませる。（河尻亨一・元「広告批評」編集長、東北芸術工科大客員教授）

（青土社・2730円）＝2012年12月27日④配信

近代的前衛思想の終焉説く

「反覆する岡本太郎」（北澤憲昭著）

晩年の岡本太郎の仕事は、マンネリズムの最たるものだった。しかし、近年のブームで「天才」「巨匠」なる言葉があふれ、そうした指摘は影を潜めがちだ。そんな中、本書は岡本太郎の限界にも真正面から迫る。

著者が第一に掲げるのが、岡本絵画のマンネリ化について。戦前のパリ時代から戦後の1950年代前半までの作品は、持論の「対極主義」にのっとり、二極に引き裂かれた現代人、現代社会の危機感を象徴するものと評価する。だがそれ以降は自身の模倣を繰り返したにすぎないとする。

その理由として、彼の画家としての資質の欠如とその自覚を挙げる。つまり画家岡本太郎は天才でも一流でもないということだ。そして、彼が「岡本太郎」を模倣し続けねばならなかった必然性まで論点を掘り下げる。

それは結局、近代的前衛思想の宿命に行き着く。前衛とは、絶えず最前線で敵を打ち砕く、いわばテロリズム。そこには破壊はあっても構築はない。故に、前衛的革命は永続しない。あえてそれを求めれば、革命なる行為が目的化し、不毛に陥らざるを得ない。それは政治も美術も同様だ。

70年の万博以降、マスメディアで道化と化していく岡本太郎はまさに自身の掲げた「前衛」のイメージを演じ続け、自己を空虚化させていった。ただそれは岡本太郎だけの問題ではない。戦後日本さらに20世紀の進歩的価値観の帰着でもある。

そして著者は、近代的進歩主義の限界と終焉（しゅうえん）を、先の3・11と福島第1原発事故にみる。原子力の平和利用という科学的進歩主義とヒューマニズムに培われた神話はもろくも崩れ去った。岡本太郎の芸術と思想もそれに少なからず関わっていた。科学的合理性に批判的でありつつ、楽観的に受け入れもした。それが「対極主義」の限界なのだろう。

今日問われるべきは、破壊と構築を繰り返す成長志向からの脱却にある。そのために「岡本太郎」は乗り越えるべき課題でもあるのだ。（藤田一人・美術ジャーナリスト）

（水声社・2625円）＝2012年12月27日⑤配信

極限下で役目果たした人々

「死の淵を見た男」（門田隆将著）

東京電力福島第1原発事故。

あの時何が起き、人々はどう動いていたのか。すべての電源を失い、暴走する原発。原子炉が爆発して放射性物質が飛散すれば、日本が終わってしまいかねない。しかし、現場は高放射線にさらされている―その極限の状況で、危険を顧みず行動した人々の姿を描いたのが本書だ。

「原発の是非論には踏み込まない」との言葉どおり、著者は主観を排し事実だけを再構成しようとする。結果、本書にはリアリティーと説得力が備わった。第1原発に踏みとどまった、あるいは駆け付けた人々。まぎれもなくヒーローだと思うのだが、彼ら自身には過剰な悲壮感はない。ヒロイズムもない。インタビューに、多くが「当然だと思っていた」と語る。

垣間見えるのはプロフェッショナルとしての誇りだ。「適任は自分だ」「役目を果たすために来た」「投げ出すわけにはいかない」。そう言って、彼らは危険な現場に踏み込む。

一方、時間との闘いでもある作業を、あろうことか東電本店と官邸が阻む形となる。責任を負わされることを恐れる本店幹部、情報把握のおぼつかない東電に疑心暗鬼を募らせる首相の菅直人。それは不要な介入というかたちで現場の対応に遅れを生じさせ、時に士気をも低下させる。

そんな中、最悪の事態を回避したのは、第1原発所長だった吉田昌郎の機転で行われた官邸の指示に背いての海水注入だった。それは本当に際どい、間一髪のタイミングだった。

菅に対しても、著者はフェアな態度を崩さない。インタビューで得た言葉と、周囲の人間が実際に見ていた行動を記すだけだ。しかし、そこにあらわれた対比は残酷だ。

吉田と菅。リーダーとして備えていてほしい資質は？

総選挙を見ながら、皮肉な感慨が浮かばなかったと言ったらうそになる。（荒井昭一・ライター）

（PHP研究所・1785円）＝2012年12月27日⑥配信

2013

人類の想像かき立てる星

「月」（ベアント・ブルンナー著、山川純子訳）

超絶美女かぐや姫、正義の味方の月光仮面のふるさとといえば「誰もがみんな知っている」あのお月様だ。何しろ近くて大きく、占星術、太陰暦から、月餅、月曜日まで、月に関わるものも数多い。ヒバリは月を見て渡り、フンコロガシでさえ大事なお弁当を転がす向きを月光で感知する。

それなのに、取ってくれろと子に泣かれても、手は届かず、出自さえも地球分裂説やらさまざまで、「どこの誰かは知らないけれど」の謎の星なのだ。

本書は、そんなお月様がどんなに人類の想像力をかき立ててくれたかを教えてくれる。病や嫉妬、争い無縁のユートピア、ダイヤのように輝く目の月人美女―。

おまけにこのお月様、お顔の半面しか拝ませず、満月でほほ笑むかと思えば、新月には姿を隠し、月食でみまかりながら復活するという思わせぶり。さらにその青白い光は病を癒やすとされ、恋人たちの気分を高め、人を狂わすすごいパワーというわけで、人類の心はすっかり惑わされてしまったのだ。

ところが、こんな謎の美女、17世紀発明の望遠鏡で、あっさり、どアップにされ、素顔が見えてしまった。しかも見えたのはクレーター、岩石だらけのあばた顔、季節もなければ風も吹かない、荒涼たる世界だった。

それでも人類は、そのあばた顔に月世界旅行という新たな想像力をかき立てられて、とうとうアポロ11号はあばた美女のお顔にタッチ。日本時間、1969年7月21日の月曜日「一人の人間にとっては小さな一歩」がとどめとなって、超絶美女どころか生命の存在さえも全否定してしまったのだ。

こうして超絶美女もユートピアも消え去りながら、それでもなお人類はエネルギー供給基地などと夢想を新たにかき立てられていると著者はいうのだが、そういえば、58年2月24日、月光仮面テレビ初登場の日もなぜか月曜日だったのだ。（斗鬼正一・江戸川大教授）

（白水社・2625円）＝2013年1月10日①配信

娘がたどる父の愛と死

「沈黙のひと」（小池真理子著）

生きるということは、死に向かって一歩ずつ近づくことに他ならない。生と死の意味を問うことは、文学の永遠のテーマだ。生死の間に百人百様の人生が展開され、それぞれの人生は死によって凝縮される。

本書は、三國泰造が2009年、85歳で亡くなった直後から始まる。物語は、50代後半の私・三國衿子の一人称でつづられる。衿子は、泰造と前妻との間の一人娘だ。

泰造は後妻との間にも2人の娘をもうけ、昭和から平成の時代を奔放に生きたように見えるが、じつは現在の家族からは愛されていない。最後はパーキンソン病にかかり、歩くことも文字を書くことも、話すことも不自由になって、介護付き有料老人ホームで生涯を終えた。晩年、かろうじて心を通わせていたのが、衿子であった。

病に言葉を奪われた泰造だが、わずかに動く手で、ワープロに言葉をのこしていた。また手紙類やアルバムも見つかった。そこに何が記されていたのか―。衿子は、自分の知らなかった父の、そして母の精神世界へと分け入っていく。

父の遺品の中から見つかったポルノビデオや性具に、衿子は生への執着を垣間見る。いっぽう、歌人の女性との格調高い文章と和歌のやりとりに感動し、遠くに離れてはいるが、父が生涯愛し続けたらしい別の女性の存在に興味を抱く。そしてあらためて母の、父への愛憎を思う。父のホームへの入所と前後して、母は認知症となるが、若いころ父から贈られた指輪を、かたくなに外そうとはしなかった。

この作品が、リアリティーをもって読者の胸に迫るのは、家族の愛憎、老いと死という普遍的なテーマに加えて、今日的な介護や医療の問題を描いた点もあろうが、衿子と作者が等身大であり、三國泰造に作者の父小池清泰が色濃く投影されているからだ。生前の泰造すなわち小池清泰が詠んだ歌が、胸を打つ。（高橋千劔破・作家、文芸評論家）

（文芸春秋・1785円）＝2013年1月10日②配信

ルネサンスの引き金の書　「一四一七年、その一冊がすべてを変えた」（スティーヴン・グリーンブラット著、河野純治訳）

時は15世紀のイタリア。先のローマ法王に秘書官として仕えていたポッジョ・ブラッチョリーニは、ヨーロッパ各地を巡って、失われた古代本を探すブックハンターになった。当時、古代ローマやギリシャ時代に書かれた本の再発見がブームになっていたのだが、有名な図書館などは渉猟し尽くされ、地方の小さな修道院の奥深くに眠っている本を探していたのである。

1417年、ドイツの修道院でポッジョによって見つけられた本は、紀元前1世紀に生を受けた詩人、ルクレティウスが著した「物の本質について」という7400行にわたる長編詩の写本である。本書の内容は、他の人の作品で触れられていたが、存在が確認されたのはなんと千年ぶりのことであった。

「宇宙は神々の助けなどなしに動いている」「人間を含む万物はたえず動き回る極小の粒子でできている」「人間を他のあらゆる動物から区別する理由もない」と美しい言葉で説くこの本は、当時のキリスト教教条主義からすれば許されざる内容である。

しかし救世主が生まれる以前に書かれた本を多神教時代の文書の中で偶然見つけたというだけなら問題はない。そう自分に言い聞かせたであろうポッジョは、写本を親友のニッコロ・ニッコリに送る。新しい考え方に飢えていた知識人たちは、写本を繰り返し、やがてこれがルネサンスの大きなうねりとなっていく。

著者は、米ハーバード大のシェークスピアの研究者である。学生時代に「物の本質について」を初めて読み、内容に驚嘆し魅せられた著者は、シェークスピアを含むルネサンス期の芸術と「物の本質について」の再発見の逸話を物語ることにしたという。

本書は2012年ピュリツァー賞ノンフィクション部門の受賞作である。2千年前の知識が600年前に見いだされ、そして現代まで続く壮大な物語に酔いしれてほしい。（東えりか・書評家）

（柏書房・2310円）＝2013年1月10日③配信

異界との交信の記録　「横尾劇場」（横尾忠則著、南嶌宏・文）

アートの世界の中心にいる大いなる異端。横尾忠則が常にスリリングであるのは、私たちの時代の最もメジャーなアーティストであるにもかかわらず、彼のイメージが異界との交信の記録ともいうべき不思議な感触をはらんでいるからに違いない。横尾の作品はすぐれて同時代的でありながらも、“ここではないどこか”“今ではないいつか”と神秘的にシンクロしているといってもよい。

そのことは暗黒の宇宙や地上と天空をつなぐ光の柱などが頻出する1970年代以降のポスターに明らかだが、しかし本書を繰れば、横尾がアングラ文化の旗手として華々しく登場した時期、たとえば唐十郎の「腰巻お仙」のポスター（66年）にも、すでに鮮明に示されていたように思われる。ポップアート的なドライさと日本の風土に宿る情念的なキッチュ感覚とを野合させたこのポスターは、彼の代表作として伝説化されているのだが、あらためて見直せば列をなして頭上に飛来するヌードの天使（？）たちや、不吉な黒枠で囲われた澁澤龍彦の一文などはいかにも異界とのパサージュをなしているようなのだ。

また本書でもう一つ興味深いのは文字を主に構成されたポスターが散見されることである。彼の18歳の時の作品である「演劇発表会」（55年）は黄土色の地に黒一色で刷られたポスターだが、イラストの要素を一切用いず、どこかアールデコ風でもある手書きの創作文字のバリエーションだけで訴求力のある空間を構築しえているところにも、彼の卓越した資質を見て取ることができよう。

本書のタイトルである横尾劇場とは、彼の劇場ポスターの集成であると同時に、ポスター自体が謎に満ちた劇場でもあるということであろう。横尾の異界交信の解読者である南嶌宏による芝居の前口上というべきエッセーも、本書の内容にふさわしいエキセントリックなものである。（建畠晢・京都市立芸術大学長）

（財団法人DNP文化振興財団・2415円）＝2013年1月10日④配信

独特な世界観の源流へ

「中夏文明の誕生」（NHK「中国文明の謎」取材班著）

書名の「中夏」を見て「中華」の間違いだと感じる人もいるだろう。そうではない。「夏」は紀元前2000年ごろ成立したとされる中国初の王朝のこと。中夏、中華、そして中国は、同じような意味で使われている。

本書は、現代でもしばしば物議を醸す中国の自国中心主義の背後にある中華という思想、世界観の成立過程を解き明かそうとしたものである。文明論や思想論といった難解な議論ではない。テレビ番組制作のための一種の活動記録である。

中国が精力的に進めている古代遺跡の調査結果、考古学上の新発見を文明論と結びつけ、紹介した点にその特徴はある。海外の研究者やメディアが容易に立ち入れない発掘現場を粘り強い交渉の末に取材し、出土文物に関する最新情報を提供しているのも興味深い。夏から殷（商）、周と進み、春秋戦国時代をはさみ秦へ続く中国文明の揺籃（ようらん）期に、中華の本質が段階的に形成されたというのが内容の骨格である。

中でも目を引くのは、従来は「史記」など文献でしか存在を確認できなかった“幻の王朝”夏の実在を確認した、とする中国考古学界の2000年の発表を現地で検証した部分だ。中華の輝きを今も「華夏（かか）」と表現するように、脈々と続く文明の象徴とされる夏王朝。その時代の本質を本書は、支配・服従の権威的支配としての「宮廷儀礼」に見いだしている。

続く殷王朝は漢字の源流である甲骨文字の出土で知られるが、表意文字としての漢字の普遍性が、広大な大陸の多様な民族を「ひとつの中国」にまとめる文化的土壌となったとする主張には、説得力がある。さらに何百年もの時を経て全土を統一した秦の始皇帝によって、支配原理として中華の世界観が確立し、後の王朝の正統性を担保する思想になったと説く。

4人の大学教授によるコラム解説も分かりやすい。悠久の歴史と現代理解をつなぐ一冊といえるだろう。（横山宏章・北九州市立大大学院教授）

（講談社・1890円）＝2013年1月10日⑤配信

犬が自問する私とは何か

「狛犬ジョンの軌跡」（垣根涼介著）

人間と話すのと同じテンションで犬と話す人がいるが、アレは考えてみると非常に不可解である。相手は犬。言葉が通じてないのに、なぜ平然と話ができるのだ？　いやまてよ、もしかしたら本当はテレパシーか何かで会話できるのかもしれない…そうなると犬たちは一体どういう目でわれわれを見ているのだろう？　服を着て二足歩行するわれわれを笑っているのだろうか？　それとも…。

このような空想は一見くだらないことに思えるが、実は非常に重要であり、近代小説において「他者の視点」の獲得が重要視されたことと無関係ではない。「他者の視点」というのはひとつの「私」とたくさんの「私」の発見であり、それは必然的にひとつの「私」の特権を揺るがせた。そのことを猫の視点を借りて語ったのが夏目漱石の「吾輩は猫である」だった。

しかし、本書の冒頭で“私とは、いったい何者だろう”と、自問自答するのは、猫ではなく犬である（ちなみに名前はまだない）。

ある夜、フリーの建築士である主人公が瀕死（ひんし）の重傷を負った犬を助け、ジョンと名付けるところから物語は始まる。実はジョンは神社の境内に祭られていた狛犬（こまいぬ）なのだ。一体何が起きたのか？　それを調査する主人公と、彼を人間という動物として冷静に観察するジョン。言葉を交わすことはないが、次第に雄同士の信頼が育まれていく。

全体的にエンタメ的要素はあるものの、日常描写や現代人の考え方を通じて、あくまで「私」とは何か、という問いかけを貫く。読後、思い出したのはかつての古き良き中間小説たちだった。

中間小説とは、戦後に書かれた、純文学と大衆文学の中間に位置する作品群のことを言うが、簡単に言い尽くせない複雑な内容の作品も多い。それらと同じく、本書もまた、簡単にジャンル分けができない不思議な作品である。（海猫沢めろん・作家）

（光文社・1470円）＝2013年1月17日①配信

波瀾万丈な女性の一生　「傾国子女」（島田雅彦著）

本書を読み、女体は領土だ、とまず思った。主人公は少女時代から男たちに身も心も奪われ続けた美女・千春。「俺がこいつの所有者だ！」という群がりぶりは、古代から海上に小島の隆起を見つけては乗り込み、旗をおっ立ててきた男たちの姿をほうふつとさせる。

そんな彼女の物語がどこかあっけらかんとしているのは、冒頭わずか10行目で死んでしまうからである。遠目に見ると35歳くらいの「枯れ美女」が車にはねられて死ぬ。それが千春。だから読者は彼女がこの先始まる回顧でどんな目にあっても「今は楽になっている」と安心できるのだ。

そうでなければ、読み進むには波瀾（はらん）万丈すぎるその運命。性描写が多いけれど官能小説並みの大興奮とならないのも、「すでに亡き者のいとなみ」だからだろう。どこかひっそりしているのだ。

養父、教師、ヤクザなど「AV男優か！」と突っ込みたくなる十数名が、千春の心と体を通過していく。たとえ愛してくれても共に歩んでくれる男はいない。領土とはいえ誰も大海原の小島に住もうと思わないように。

千春は利用され、子供と金を取られ、捨てられる。あまりに見事な不幸と転落ぶりには、一種異様な爽快さすら感じる。

一方の男たちは、社会や時代を牛耳っても矜持（きょうじ）のない恥知らずばかり。権力者となった男の悪行を、黙認しない道義はこの国の人々にはあるか。破滅の女神・千春の浄化と淘汰（とうた）やいかに？

それはあんまりだと怒る女性読者もいるだろう。でも千春の具体的な容姿が一切書かれていないことにご注目。千春は国を傾けるほどの女だが、読後に残るのは男たちのドタバタぶりと滑稽さ。千春という女はのっぺらぼうのままなのだ。

男の愚かさに対抗する女の賢さを書いた本はたくさんあるが、ここに描かれているのは、男には知恵をもっても愚行をもっても太刀打ちできない「女という謎」である。（間室道子・代官山蔦屋書店コンシェルジュ）

（文芸春秋・1680円）＝2013年1月17日②配信

大衆文化の継承による創造　「甦る『ゴンドラの唄』」（相沢直樹著）

日本の歌謡曲ならびにポピュラー音楽の原点といえば、1914（大正3）年に中山晋平が作曲者として初めて世に出した「カチューシャの唄」と、翌年の「ゴンドラの唄」である。

いずれも島村抱月率いる芸術座の舞台公演で、主演女優の松井須磨子が歌う劇中歌として作られた。それが評判を呼んでレコード化される一方、口伝えの流行歌として演歌師などを通じてちまたに広まっていった。

明治新政府が西洋音楽を導入して、国民教育を目的に軍歌や唱歌を普及させたのに対して、娯楽を求める大衆側に応じるかのように、大正時代になって登場してきたのが流行歌と創作童謡だった。

やがて昭和に入ると、レコード技術の発達とラジオ放送開始という新メディアとの結びつきにより、歌を創作するレコード歌謡の時代を迎える。それまでの口伝えによる歌の広がりとは桁違いの影響力を持ったことで、商業的なレコード歌謡は今日の音楽産業の基礎を作ることになった。

本書では、史実を丹念に調べながら、「いのち短し、恋せよ、少女（おとめ）」の歌詞で知られる「ゴンドラの唄」の誕生の経緯がひもとかれる。そして発表から30年以上の歳月を経て、黒沢明の映画「生きる」に使われたことによって、忘れられていた歌が復活して生き返った事実を検証する。さらには歌が映画に採用されるに至った経緯を掘り下げ、映画史に残る名作誕生の秘密にまで迫っていく。

映画「生きる」のおかげで永遠の歌、すなわちスタンダードナンバーとしての命を与えられた「ゴンドラの唄」が、誕生からもうすぐ100年を迎える現在もなお、若者向けのコミックや小説、テレビドラマなど、さまざまな形で継承されている状況にも触れている。

「ゴンドラの唄」が生まれた背景から今日までを丁寧に論じることで、継承による創造という、大衆文化の持つ未来への可能性を見いだす点には、特に共感を抱いた。（佐藤剛・作家、音楽プロデューサー）

（新曜社・3360円）＝2013年1月17日③配信

自決に至る行動主義者の姿

「三島由紀夫、左手に映画」（山内由紀人著）

三島由紀夫は独自の高踏的な美学を持ち、それを自らの文学に色濃く投影した。本書は、映画についての三島のエッセーや発言から、その美学を跡付けたものである。

12歳の時に見たジャック・フェデーの「女だけの都」で映画に目覚め、ジャン・コクトーのもろもろの映画に耽溺（たんでき）し、自決する直前に見たルキノ・ビスコンティの「地獄に堕（お）ちた勇者ども」で見納めるまで、彼の映画への傾倒は一貫していた。それは、骨格が正しく、主題が明確で論理的な映画への偏愛である。

自作の小説の映画化に関する記述は、三島文学の観念的な世界と彫琢（ちょうたく）された文体に、映画独自の構成と映像でどのように拮抗（きっこう）し得るかが評価の分岐点となる。そこにも三島の古典美学が頭をもたげてくる。だが自作の「憂国」（1966年）を映画化するころから、70年の自決に至る行動主義者・三島由紀夫が姿を現わしてくるあたりが、本書の最もスリリングな記述になっている。

その過程で重要なのは三島の「やくざ映画論」、とりわけ山下耕作監督の「博奕（ばくち）打ち　総長賭博」への高い評価。三島の発見により、この作品の評価は一気に上昇する。これは彼の批評眼の確かさを裏付けると同時に、1年後の自決に至る行動を指し示すものでもあった。三島は自らの美学に殉じるのではなく、行動主義者としての面が勝っていったという結論に著者は達するのである。

俳優鶴田浩二への言及がこれを側面から補強する。ほぼ同世代の戦中派の2人は意気投合し、肝胆相照らす仲となった。自己を限界まで抑えながらクライマックスで我慢を爆発させる鶴田の演技に、70年を迎える日本人の心情と男の生き方を見いだしたのだ。それは三島の自死の本質と表裏一体を成すものであろう。

タイトルになった「左手に映画」は、「ボクが右手で小説を書き、左手で映画を作った」という三島の言葉からとられていることを付記しておく。

（西堂行人・演劇評論家、近畿大教授）

（河出書房新社・2520円）＝2013年1月17日④配信

染織家とリルケの語らい

「薔薇のことぶれ」（志村ふくみ著）

染織の人間国宝によるリルケ論である。いや、論といってしまっては堅苦しい。著者は自分が出会ったリルケを読者に紹介しようとしている。「会った」とは単なる比喩ではない。読むとは、時空を超えてそれを書いた人物との語らいである。「リルケ随聞記」と呼ぶ方が本書の内実に近い。

19世紀オーストリアに生まれ、漂泊の生涯を送った文学者リルケは、小説「マルテの手記」や詩「ドゥイノの悲歌」で知られる。だが、この本で著者は、作品ではなく書簡を読む。詩と小説の読み解きを通じてリルケに肉薄した昨年夏の前著「晩禱（ばんとう）」の続編である。

この書物を手にする者は、言葉が無力であるなどとは決して思わないだろう。リルケが手紙に書き送った言葉、それに導かれて著者が刻んだ文字は、私たちの心に深く染み込み、その奥底にふれる。言葉があたかも触手となって、傷ついた心を癒やそうとする。

言葉にふれられることによって読者は、自分でも忘れていた、意識の奥の場所を思い出す。その秘められた部屋には、私たちの生涯すべての歴史が生きていて、そこで人は、真実の自己やすでに彼岸へと逝った人々にまみえることができる。

リルケはしばしば天使を描き、死者を語った。彼らは常に人に寄り添い、人を守護している。現代、ことに震災以後の日本において、リルケこそ読み返されなければならなかった。だが、この詩人を再び語ろうとした人は、著者のほかにほとんどいなかったのである。

「芸術とは人をなぐさめ、よろこばせることは言うまでもないが、実は人を蘇生させる程の力をもっている」と著者は書いている。文学の言葉を文学者からのみ聞く時代は終わった。だが、文学は生き続けている。文学者とは、単なる職業名ではなく、真に文学の伝統に用いられた者に付される呼び名であることを、また誰の心にも詩人の魂があることを、この本は教えてくれている。（若松英輔・批評家）

（人文書院・2940円）＝2013年1月17日⑤配信

CIAがはまったわな

「三重スパイ」（ジョビー・ウォリック著、黒原敏行訳）

本国を遠く離れたアフガニスタン東部。警戒厳重な「ホースト基地」で、アメリカ中央情報局（CIA）の局員たちは、ヨルダン人情報提供者フマムの到着を待ち続けていた。アルカイダの内部に深く潜入することに成功したこの「二重スパイ」は、米国がどうしても所在をつかめずにいた人物たちとの接触に成功し、彼らに関する重要な情報を持って同基地を訪れる予定だった。

しかし、この訪問に至るまでの奇妙さは、誰の胸にもいくばくかの不安をかき立てていた。フマムがなぜ危険な任務を簡単に引き受けたのか、そして、極めて短期間に驚くほどの成果を上げることができたのはなぜなのか、誰にも分からなかった。そもそもフマムが誰なのか、彼を待っていた人々のほとんどは彼の顔すら知らなかったのだ。

本書は1996年にピュリツァー賞を受賞した米国人記者が、アフガニスタン、ヨルダン、トルコ、米国で行われた200回以上にわたる関係者へのインタビューをもとに著した。2009年12月に発生し「CIA局員7人を含む9人の死者を出した自爆テロ」の詳細が濃密な筆致で記されている。

内気で柔和な青年医師だったフマムが、なぜ、そしてどのような過程を経て自爆テロを行う「三重スパイ」へと変貌していったのか。なぜCIAはフマムをそこまで信じたのか。「あの男はすごすぎる」―関係者は当初から、疑念と不安を隠さなかった。だが、この危険の代償として得られるはずの利益の大きさを前に、フマムに寄せた熱狂はCIAから視界を奪い、アルカイダのわなを疑う可能性を覆い隠した。

正義や義務感、焦りや迷いなど、戦場に限らず人間を突き動かす思惑の交差がこの惨劇を引き起こしたのか。関係者一人一人の心の葛藤と欲望を探っていく著者の手法は、小説の読後感に似たものを与える。だがこれはわれわれが生きる現実世界に起きたことなのだ。（久保拓也・金沢大准教授）

（太田出版・2415円）＝2013年1月17日⑥配信

よみがえる豊饒な記憶

「abさんご」（黒田夏子著）

登場人物だけでなく、さまざまな「もの」に付された固有名を使わず、人称代名詞、片仮名表記をすべて排してしまったとき、それでも物語を語ることができるのか。しかもその物語は、縦書きではなく横書きでなければならなかった。黒田夏子が採用したスタイルは決して奇をてらったものではない。

黒田は本書に先立ち、自らが残す唯一の書物になるかもしれないという決意のもと、「累成体明寂」（審美社）という著作を刊行していた。

黒田はその中で、身の回りに残された過去の「もの」から失われた記憶をよみがえらせ、70冊の「ちょうめん」に記された半世紀以上に及ぶ自身の日記を読み直しながら注釈した。さらに、これまでに読んできたさまざまな書物から人類の表現史を再構築しようと試みる。「源氏物語」のような巨大な物語を紡ぐことを夢見ながら、その実現を縦書きではなく横書きで果たそうとした。

日本語の正方形の活字は、右からも左からも組むことができる。縦ではなく横から組んだとき、日本語のみならず他の諸言語や、記号や数式や楽譜までもそこに取り込むことができる。あらゆるジャンルを超え、時間と空間の制約を超えた日本語の表現が可能になる。

その狙いにおいて通底する「abさんご」の原型が完成したのは1993年ごろという。長大だったであろう物語は刈り込まれ、抽象度を増し、結晶のような一つの小宇宙を形成した。幼いころに母を失った娘と父が過ごす黄金の時間。やがて娘とそれほど年が離れていない女性がその関係性の中に入り込み、娘は家を出る。

黒田はおそらくきわめて個人的な体験を、どこでもない場所で、誰でもない人物たちによって演じられる言葉の祝祭として組織した。すべての「もの」が消尽されていく寂寥（せきりょう）の中で、未聞の表現言語に担われた豊饒（ほうじょう）な記憶がよみがえる。稀有（けう）な作品世界である。

（安藤礼二・文芸評論家）

（文芸春秋・1260円）＝2013年1月24日①配信

開発と東北の関係問う

「幻の野蒜築港」（西脇千瀬著）

かつての野蒜（のびる）村—現在の宮城県東松島市の野蒜地区は、仙台市と石巻市に挟まれ、鳴瀬川河口に位置している。

この地に、明治初年、築港計画が持ち上がり、1878年に着工され、難航しながらも第1期工事は竣工（しゅんこう）する。しかし、台風で被害を受け事業は中断され、結局は中止される。三国港（福井県）、三角港（熊本県）とならぶ明治初年の「三大築港」とされながら、野蒜築港は、ついに幻に終わってしまう。著者は、この近代港湾の建設の過程と頓挫のようすをたどっていく。

本書の特徴は、当時の東北の様相を膨大な新聞史料に当たり再現しようとしたことにあり、そこから築港への期待と不安、貧困にあえぐ東北の人びと、世相や風俗にいたるまでを描き出す。コレラの流行や人足たちの動向、士族たちの困窮など、興味深い出来事がつづられていく。また、「開発の記憶」として、小説や聞き取りを通じて、野蒜築港の記憶に分け入ろうともする。

こうした作業を通じて、著者が明らかにしようとするのは、「開発」がもたらした、地域への「作用」である。この築港計画の失敗後、近代日本の展開のなかで、東北は（発信地ではなく）「供給地」の位置に置かれ、「後進的な場所であるというイメージ」を持たされたのではないか、との思いを著者は有している。

近代日本の開発の歴史と東北とは、いかなる関係にあるのか。この問いは、歴史的な重みを有するとともに、東日本大震災により、一層のリアリティーを加味することにもなった。著者は、この点に自覚的で、そのことが本書に精彩を与える。

惜しむらくは、新聞史料が「現代的」な表現に改められていることである。確かに明治期の新聞の文体は、なじみが薄く読みにくい。しかし、新聞史料を用いた当時の世相と社会を実感しようとするとき、その文体が重みをもつことは疑いない。

（成田龍一・日本女子大教授）

（藤原書店・2940円）＝2013年1月24日②配信

不遇の文学者の生涯に光

「人間山岸外史」（池内規行著）

山岸外史（やまぎし・がいし）って誰？　そんな声が聞こえてきそうだ。太宰治（だざい・おさむ）の親友で、のち疎遠になり、太宰ビイキのファンや批評家や研究家には毛嫌い（あるいは無視、忘却）されている人物。こんなところが公約数的なところか。

しかし、世の中には奇特な人がいる。そんな山岸の作品と人柄にほれ込み、緻密で懇切な評伝を書きあげたのが、この本の著者、池内規行である。彼の方法はきわめて正道的だ。残された著作・評論をあまねく読むことと、家族・友人・知人から話を聞き出すことである。これ以外に、故人となった文学者を知る方法はない。本書が第一部「評伝」、第二部「山岸外史をめぐる人びと」の2部構成となっているゆえんである。

著者は、周囲の人たちから丹念に伝記的事実や作品の成り立ちを聞き、「人と作品」について評伝（第一部）を書きあげた。第二部はいわばそれを成り立たせる著者の取材記録ノートのような趣きもあって、奇矯で無頓着な行動を取りながら、愛される酔っぱらいとして周囲の人に慕われた文学者の本当の姿を描こうとした。

もちろん、「日本浪曼派」と共産党との両翼に所属したこの文学者の矛盾した、怪奇・複雑な性格が、簡単に描き切れるわけはない。ロマンチストにしてリアリスト。そして、その振れ幅が大きかった分だけ、文学者として不遇であったといってもよい山岸。その周辺にいた人々も、それに近い運命をたどっていったことが、たんたんとした筆致の裏から読み取れるのである。

作中で示される彗星（すいせい）の比喩が巧みである。太宰と山岸は、二つの彗星がたまたま同じ軌道上を通過した。その接近と交差と隔たり。しかし、二つとも長く輝く尾を引いた、美しい流星群にほかならない。（佐藤春夫と弟子たちのような惑星と衛星の関係ではなく）一方が不当に忘れられている、その公憤が、この本を端正ながら、熱気のある書物としている。（川村湊・文芸評論家）

（水声社・4200円）＝2013年1月24日③配信

カトリーヌの新たな肖像

「黒王妃」（佐藤賢一著）

カトリーヌ・ドゥ・メディシスといえば、16世紀フランスの宗教戦争のさなか、3人の国王の母として君臨し、聖バルテルミーの大虐殺を操った残酷な人物として名高い。

2度映画化された大デュマの歴史小説「王妃マルゴ」でも、カトリーヌの冷酷な性格は誇張され、怪物のような支配欲の権化とされている。

夫である国王アンリ2世の死後、生涯を喪服の黒衣で過ごしたという事実も、カトリーヌの不気味さを増幅した。本作の「黒王妃」という題名もその故事に由来する。

だが、佐藤賢一の見せるカトリーヌの姿は人間離れした怪物ではない。むしろ、人間的な弱みや家族への情愛を抱えながら、歴史の歯車のなかで、一見、悪魔的に見えるような一生を送らなければならなかった生身の女性として描かれている。

イタリアの名家の出身だがフランスでは王族の血筋でないと軽侮され、しかも夫アンリ2世には美女の誉れ高い公然の寵姫（ちょうき）ディアーヌがいた。カトリーヌの前半生は、夫の愛人との確執の日々だったのである。

夫の死後、次々に息子たちを王座に送りこみながら、彼女は国を二つに割るカトリックとプロテスタントの殺りく合戦のなかで、国家の分裂を避けつつ、自分と10人の子供たちの安泰を図らねばならなかった。聖バルテルミーの虐殺も、けっして彼女の残酷な性癖がひき起こした事件ではなく、歴史の荒波のなかで自分と家族を守るためのやむにやまれぬ手段だった。

こうしたカトリーヌ像に説得力を持たせるため、佐藤賢一は本書の記述を2本立てにする。客観的な歴史小説と、カトリーヌの独白である。前者で聖バルテルミーに向かう現在の出来事を描く一方、その歴史の流れの原動力たるカトリーヌの人格を形成した過去を一人称で語らせるのだ。

この仕掛けが見事に功を奏して、新たなカトリーヌ・ドゥ・メディシスの肖像が生まれたといえよう。（中条省平・学習院大教授）

（講談社・1995円）＝2013年1月24日④配信

自己責任論の前提を検証

「〈選択〉の神話」（ケント・グリーンフィールド著、高橋洋訳）

「自己責任」という言葉は頻繁に語られるけれども、前提となるはずの「自由な選択」の方はまっとうに行われているのだろうか。われわれは投票ひとつ取ってみても、「このなかからは選べない」という感覚にさいなまれているのではないか。ましてや貧困などという複雑な「人生の結果」が、自らの選択などと簡単に決めつけられているのはなぜなのだろうか。

本書では法学者である著者がその専門知識を生かしながら、いかにわれわれの選択がゆがめられているかを、脳、文化、権力、自由市場という四つの側面から検証する。

著者によれば、そもそも人の脳はいつも理性的な判断をしているわけではなく、想像以上に惑わされやすい。また文化的な規範や先入観は、自分自身でも気づかないうちに選択の自由を奪っている。イスラム教徒の女性が身に着ける衣服などはその好例だ。

そして人は一般的に権威からの命令に従いやすく、それに逆らうような選択は、実際には相当の勇気を必要とする。人々が自由意志にもとづく合理的な判断を下しているとされる自由市場においても、企業はわれわれの潜在意識に訴えかけ、習慣や衝動を利用して商品選択を操っているのだ。

さらに著者は、自らが暮らす自己責任の国、米国で盛んに利用される、選択と責任のレトリックにも疑問を投げかける。

本来、単に自ら選んだからといって、全責任を負わねばならないわけではない。分別を持って選んだかどうかが問題なのだ。自己責任論は「責任の共有を回避するための隠れ簑（みの）として利用される場合が多々ある」のだ、と。日本に自己責任論があふれ返ったのもそのせいなのではないか。

われわれは選択の自由を制限され、個人の責任ばかりを押しつけられる時代に生きている。今後は著者が提唱する、よりよい選択能力を育むことに加えて、誰が責任逃れをしているのかを問うことが、ますます重要になってくるはずだ。（鶴見済・フリーライター）

（紀伊国屋書店・1995円）＝2013年1月24日⑤配信

試される美術の力

「地域を変えるソフトパワー」（藤浩志、AAFネットワーク著）

冷戦下の余得のなか高度経済成長を謳歌（おうか）した日本は、都市化、グローバル化に対処できずにいた。農漁業の第1次産業は顧みられず、地域力は減退し、地域のお年寄りは三重の絶望のなかにいるかに見える。

「お年寄りこそ人生の達人であり、爺（じい）ちゃま婆（ばあ）ちゃまが幸せでない場所は、人間の土地ではない」。そう直感したアーティストは地域に入った。美術もまた、美術施設の瞬間的流行化、標準化、管理化に耐え難くなって街へ、地域へと入り込もうとした。これが20世紀末の傾向だった。

デパートが撤退した市街地の元スナックの空き店舗でダンサーが踊ったり（青森県八戸市）、「就労支援カフェ」をやる詩人が現れたり（大阪府釜ケ崎）。台風で壊れた家の改修から人のつながりをつくったり（淡路島）…。こんなことが今、全国で起きている。

本書で紹介されるこれらの例には「人っていろいろだなあ」「こんな工夫があるのだ」と驚かされ、かつ地域で何かやろうとする人にとって参考になる。北海道から沖縄までの誠意と情熱あふれるプロジェクトをつないできたのが、アサヒ・アート・フェスティバル（AAF）というメセナ活動でありそのネットワーク。プロジェクトに関わりアドバイザーも務める藤浩志はそれらのソフトパワー（創造力）を喚起させるアーティストだ。

非営利で宮城県南三陸町に関わる吉川由実の言葉は切実だ。地域をつないだプロジェクトを3・11の震災後も生かそうとするが、「この1年に起きたことでさえ、地元の人々の記憶からものすごい勢いで忘れられ、建物も全部壊されたので、記憶のよすがとなるものがほとんどなくなった。このままだと、良かったことまで忘れてしまう」。震災は不可避だ。またこの国の政治の動きになすすべはない。このなかで美術の持つソフトパワーが試されている。

最後に苦言を。各報告事例の後に付けられた「ここがポイント」というひと言は蛇足ではないか。

（北川フラム・アートディレクター）

（青幻舎・1890円）＝2013年1月24日⑥配信

知恵によって生き残る

「モサド・ファイル」（マイケル・バー＝ゾウハー、ニシム・ミシャル著、上野元美訳）

アルジェリアの天然ガス関連施設で起きた人質事件で日本人の犠牲者が出た。テロとの戦いで、日本にも対外インテリジェンス（諜報（ちょうほう））機関を設立する必要があるという声が出始めている。イスラエルはインテリジェンス分野では大国だ。本書は対外特務機関モサドの歴史と現在について、スパイ小説で知られるイスラエルのマイケル・バー＝ゾウハーと、ジャーナリストのニシム・ミシャルの丹念な取材をまとめたノンフィクションだ。

2007年7月にロンドンのホテルでモサドの工作員がシリア政府高官のコンピューターに“仕掛け”をする。「スイッチを入れて、〈トロイの木馬〉の高性能版ソフトウェアをインストールした。そのプログラムで、コンピューターのメモリに保存されているファイルを、遠隔操作で監視し、コピーすることができる。二人は作業を終えて、だれにも気づかれずにホテルをあとにした」。工作員の活躍が小説のように描かれる。

テルアビブのモサド本部でこのファイルを調べると、シリアが北朝鮮の技術支援で核開発を行っている動かざる証拠が出てきた。この情報をもとに同年9月6日未明、イスラエル空軍機がユーフラテス川付近のデイル・アル・ズールに建設中だった原子炉を爆破した。フィクションのような出来事が実際にあるのだ。

ホロコーストを指揮し逃亡中だったナチス戦犯のアイヒマンの拉致や、エチオピアのユダヤ人救出など、数々の作戦を成功させたモサドの強さは、職員の質が高いことだ。情報収集や謀略工作の能力が優れているのは、敵に囲まれた状況で知恵によってしか生き残ることができないという自覚をモサド職員が共有しているからだ。

モサド内部でも激しい権力闘争が起きることがある。しかし、イスラエルの国益を毀損（きそん）する事態は避けようとする愛国心によって歯止めがかかる。真の愛国心について考えるためにも本書は示唆に富む。（佐藤優・作家、元外務省主任分析官）

（早川書房・2625円）＝2013年1月31日①配信

身体から描く生と性の根源

「うつぶし」(隼見果奈著)

人の頭髪に似た羽毛をもつ「オグシチャボ」の養鶏場を営む父親と、その仕事を手伝う娘。第28回太宰治賞を受賞した「うつぶし」は、幼児から鶏と同じ環境で育てられた25歳の雛子(ひなこ)の中に存在しつづける、生＝性の根源たる暴力衝動を、女性の身体性に密着した精緻な文体によって描きあげた短編小説である。

オグシチャボの品評会の最優秀賞常連である父娘の前に、妻に逃げられたことで不安定になり、想像妊娠に陥った中年男性の山岸が現れる。山岸の出現は、平穏だった養鶏場に混乱をもたらす。雛子は生活のバランスを崩し、鶏たちはストレスによって攻撃性を増幅させていく。

物語の冒頭22行のインパクトに接するだけでも、この作品を読む価値がある。雛子の生理は、28日周期の午前10時に寸分たがわずやってくる。この作品における「性」の導入には必然性がある。

雛子が小学5年生の時に起こした暴行事件は、雄鶏(おんどり)が雌鶏(めんどり)を服従させるようなやり方での性欲の発露であった。雛子はそれ以後、他者と関わることをやめ、友達も恋人も持たない人生を送る。父の仕事を継ぎ、男とも交わらず、外の世界を知らないまま死んでいく自分の人生を、雛子は木の枝先の空洞になった瘤(こぶ)、うつぶしに重ねあわせる。

共同体の中で「厄介なケダモノ」として記憶され続ける雛子の救いのなさに、「何故、人間は人間を救えないのだろうか」という彼女の言葉が重くかさなる。

同時収録作の「海とも夜とも違う青」もまた、人間関係の軋轢(あつれき)から生じる暴力を描く。不登校の詩朗の家庭教師をする大学生早耶子のサークルの先輩との禁断の恋と、詩朗の抱えた病理が、反転するように相互接続していく構成が見事だ。青い体毛が特徴的な、「ツヴェルギン」と名づけられた詳細不明の獣の存在が、作品に独特な詩情を与えている。(榎本正樹・文芸評論家)

(筑摩書房・1470円)＝2013年1月31日②配信

共生を構想する社会変革論

「99%のための経済学【教養編】」(佐野誠著)

かつて共生ブームがあった。共生とさえつけばすべてが正当化できるように錯覚し、「原発との共生」という不気味な表現まで生まれた。本書の「共生経済学」はそうした軽薄さの対極にある。

その構想は99%の人々のためにある。もちろん米国ウォール街占拠運動のスローガン「1%対99%」の99%のことだ。著者によれば、規制緩和と「小さな政府」を両輪とする「新自由主義サイクル」によって、1%の富裕層のために99%が犠牲となるシステムが作りあげられた。

日本でも新自由主義のサイクルは加速し、米作家ナオミ・クライン氏のいう「惨事便乗型資本主義」が出現した。その結果、週40時間働いて「健康で文化的な最低限度の生活」を送るという人類がやっと手にした条件さえ、今ではぜいたくだと批判される。地獄である。

こうした事態への対抗策として、本書は経済評論家の内橋克人氏の「共生経済」や米生物学者のリン・マーギュリス氏の「共生説」などに依拠しつつ、市民革命を通じた共生経済社会への移行を構想している。現行の社会経済システムを当然だと考えるのではなく、競争より協働、生産より消費、市場より社会を重視するシステムを新たに作りあげるべきだと主張する。つまりこれはトータルな社会変革論なのだ。

「競争が社会を活性化させる」といいつつ弱者切り捨てを正当化する経済学者が横行するなか、こうした「怒り」は貴重である。自民党政権の復活とともに著者の危機感は強まる一方だろう。

専門領域であるラテン・アメリカ社会への言及を含めて、環太平洋連携協定(TPP)から原発再稼働、橋下現象など多くの事例をもとに考察が展開する。解決策の提示において楽観的だと感じられる部分もあるものの、一般市民にとってあまりに苛酷で不安定な社会状況を考えれば、こうした姿勢も必要だろう。続刊予定の「理論編」にも大いに期待したい。(越智敏夫・新潟国際情報大教授)

(新評論・1890円)＝2013年1月31日③配信

重層的で落ち着いた思索

「死者のいた場所」（松井計著）

副題に「餓死・孤独死・介護」とある。いずれも重たいテーマだが、筆致は極めて落ち着いており、読み進めるうちに穏やかな内省を促される。おそらくテーマごとの死の現場（死者のいた場所）を歩きながら考えを重ねていく著者の思索のプロセスが丁寧に叙述され、熟成した人柄が伝わってくるからだろう。

餓死・孤独死・介護の果ての死という三つの現場（死者のいた場所）をたどる中で、著者は「死を知ることは、生を知ることと同義だ。死の現場を巡ることもまた、よりよく生きるための手段だ」と気づく。亡くなったときに、それが部屋の中で誰もいなかったから孤独死で悲惨、病院に担ぎ込まれて医者にみとられたから幸せ、ということにはならない。大変な介護が家族に張り合いをもたらすこともある。

「孤独死○件」というデータは、死の外形からその人の生を規定してしまいかねないが、当然ながら問題は、その人の、生前の、日常生活が孤立していたかどうかだ。その「あたりまえ」のことを、著者と共に死者の足跡をたどりながら、読者もまたしみじみと共有していく。

著者は、自身がホームレス状態を経験した特異な作家だ。餓死や孤独死に近接した経験をもつがゆえの洞察がちりばめられていることもまた、本書の醍醐味（だいごみ）の一つと言えるだろう。餓死しかけた経験のある男性が、「喰（く）うものがなくて飢えているときには、誰かに飯を喰わせてくれ、なんてことはなかなか言えませんでした」と述懐したところから始まる一連の洞察もそうだ。

余裕のあるときの方が気楽におごってもらえるのは、近々返す見込みがあるからかと自問自答して、著者は「どうしてもそれだけだとは言い切れない」と考えを進める。〈無縁社会〉は〈不安社会〉で〈保身社会〉という、一見結びつきにくい命題に至る思考のプロセスも同様だ。

淡々として、それでいて重層的な一冊だ。（湯浅誠・社会運動家）

（扶桑社・1365円）＝2013年1月31日④配信

意表を突く手だれの技

「残り全部バケーション」（伊坂幸太郎著）

若い読者に人気の伊坂幸太郎が、いよいよ世代間の垣根を越える手だれになってきた。読後、気分がよくなる。不倫や離婚、虐待、いじめなど、この世はお気楽な場所ではないが、それでも捨てたものじゃない、と。

しょぼい犯罪下請け業者の溝口は50代。粗暴だがどこか憎めない落語的な粗忽（そこつ）者で、彼と3代にわたる若い相棒たちとの凸凹コンビぶりを描く。

妙に礼儀正しい1代目の相棒岡田が、人の喜ぶ仕事がしたいと足抜けを願い出て、ひょんなことから家族解散する一家とドライブすることになる表題作。コンビ時代の溝口と岡田が、わが子を虐待している男を懲らしめるべく奇想天外な仕掛けを施す「タキオン作戦」。第3章「検問」では、ジャンクフード好きの2代目太田と溝口の珍妙なコンビぶりを若い女の目から描いて別な犯罪も浮かび上がらせ、第4章「小さな兵隊」では、映画監督になった男が小学校の風変わりな問題児、岡田君と共に巻き込まれた事件を回想する。

各章は1話完結の犯罪小咄（こばなし）として読んでも十分楽しい。が、本書の小気味よさはここで終わらない。第5章「飛べても8分」にきて、読者は雷に打たれるはずだ。

章題は3代目相棒で怜悧（れいり）な高田が、溝口から「とんでもハップン」という古いギャグを聞かされ、うんざりする世代間ギャップから取られているが、話の展開は意表を突く。著者の作風は異質なもの同士の出会いに妙があり、この章でも武闘派の出入りに花言葉やケーキの食べ歩きブログといった小道具が絡む。この章が導く大団円を“袖すり合うも多生の縁”と書いたら、高田はまた古いと笑うだろうか。

気の利いたセリフをワイズクラックと言う。昔の若者は「優しくなくては生きていく資格がない」など、翻訳書から盗んだ。いまの日本人は幸福だ。伊坂幸太郎がいる。本書の名言は溝口が言っている。「どうせいつかは死ぬけどな、生き方は大事なんだよ」。（温水ゆかり・ライター）

（集英社・1470円）＝2013年1月31日⑤配信

チベット文学の先駆者「ここにも激しく躍動する生きた心臓がある」（トンドゥプジャ著、チベット文学研究会編訳）

この20年ほどの間に、日本人が書いたチベットを題材にしたルポルタージュや旅行記は驚くほど増えた。かく言う私も何冊か書いているが、書きながらいつも思う。「自分たちの言葉で自分たちの暮らしを、チベット人にこそ書いてほしい」と。

また他の人が書いた本を読むたびに私は、「チベット人が読んだらどう思うだろう」と考える。私を含め、書き手がどんなにチベットを理解したつもりでいても、それは日本人の視点から見たチベットだと思うからだ。彼らは日々何を考え、どんな会話を交わしているのだろう。その心中が知りたいと思う。

そんな時、待ち望んでいた本が出た。チベットを深く愛し、よく知る人たちが翻訳した中短編小説と詩で、チベット人がチベット語で書いた初めての現代文学だ。

中国の文革が終わった後の1980年代は、少数民族の言語や文化を尊重する政策がとられ、外国人もチベットに入れるようになった「雪解けの時代」だった。収録作はいずれもその時期の作品で、チベットの未来への希望をつづった標題の詩から、悲恋物語までバラエティーに富んでいる。

もちろんそれ以前にもチベット語の文学はあったが、どれも伝統的に重んじられてきた修辞法にのっとっており、その素養がなければ読み取ることができなかった。彼によって初めて、庶民の生活が口語のチベット語で書かれるようになった。チベット現代文学は彼によって幕が開いたと言えるだろう。彼の影響で、創作活動を志すようになったチベット人も多いという。

彼は85年に32歳の若さで自殺。その後、90年代に中国の政策は再び硬直し、現在はまた文革時代に戻った感さえある。そのわずかな時期に“夜空を流星のごとく駆け抜けて消えた”作者が残した作品によって、この時代のチベット庶民の暮らしがうかがえる。巻末の解説、付録を読み解きながら、政治的な事情を鑑み、注意深く読みたい本だ。（渡辺一枝・作家）

（勉誠出版・3780円）＝2013年1月31日⑥配信

リアルな関係をあぶり出す　「教室内カースト」（鈴木翔著）

「たかが先生に何もウチら（生徒が）コントロールされることはないですからね。面倒だから、コントロールされたふりをしてあげることはありますけど」「『上』の生徒と仲良くなって権利の一部を分けていただく。そういうことで多少先生にも教室での権限が与えられることはあります」

本書に収められたインタビュー語録のなかで、もっとも衝撃を受けた箇所である。現在の教室において、教師はもはや権力者などではない。生徒と完全にフラットな関係になっている。少なくとも生徒たちはそう感じている。近年、心の病から休職に追い込まれる教師も多いと聞くが、とくに50代で増えている背景には、このような意識の変化についていけない部分もあるのだろう。

では、教師と生徒の関係がフラットになっているのに、なぜ生徒間にはカースト（身分別の階層集団）が形成されるのか。教室内のカースト自体が衝撃的なため、大人たちの目はカースト間の人間関係に向きやすい。本書にもそのきらいはある。しかし、本書が活写する人間模様から浮かび上がってくるのは、じつはカースト内での人間関係のフラットさである。

日々の関係をフラットに保つためにこそ、タテの関係に陥りそうな生徒は付き合いの対象から相互に排除され、教室内が分断化されていく。じっさい、著者らの調査によれば、教師がカーストを能力差の観点から把握しているのに対し、当の生徒はそれを権力差と捉えている。だから、そこでは勉強の出来・不出来も関係がない。むしろ社交力こそが重視される。

本書を読むと、旧態依然の学級制度を再考すべきだと実感する。しかし、そのためには従来の制度が時代遅れになった社会背景を考慮して再設計を試みる必要がある。教室内のリアルな人間関係を繊細にあぶり出した見事な手さばきで、今後さらに分析の射程が広げられることを期待したい。
（土井隆義・筑波大教授）

（光文社新書・882円）＝2013年2月1日配信

情動によらない神話的物語　「墓頭」（真藤順丈著）

一卵性双生児の一方が死に、その死体を頭のこぶの中に入れたまま生まれたため「墓頭（ボズ）」と呼ばれた男の数奇な生涯を語る物語。当時の医療では死体を取り出すことができず、彼はその異様な容姿のまま世界をわたり歩く。だがきわだった細工能力を持ち、またなぜか彼の周囲には常に死がつきまとい、ただ異形なだけでない、何かしら選ばれた者のニュアンスが強まる。

孫にあたる語り手が超人的な祖父について聞くかたちの始まりはフォークナーの「アブサロム、アブサロム！」を思わせるが、途中から南米作家による渾沌（こんとん）とした遍歴譚（たん）に近くなる。なかなか先の読めない展開はアジアほぼ全域を舞台とし、1970年代から現代までの裏の歴史を語る。

かつてボズと同じ施設で学び、ヒョウゴと呼ばれる知的万能の極悪人が登場するが、そうした場合にしばしば予想されるような、正義のボズが悪のヒョウゴと対決、という図式は見えてこない。ボズは仲間を惨殺したヒョウゴとときに行動をともにし、ときに距離を保ち、するとその様子がなんとなく、ある学園ものの壮大な後日談のようにも見えてくる。

もうひとつ特徴的なのが、全体としては手堅く唯物的に書かれているにもかかわらず、ボズの頭の中の死体にかかわるところになると奇妙に唯心論的・想像的な記述が出、それが登場人物をも支配してゆくところだ。これにより物語は神話的なものに変容する。

その過程は陰惨な暴力にあふれているのに、不思議と静かな印象がある。ボズに旧来的な自己主張が薄いからだろう。激しい憎しみや恨み、疎外感といった分かりやすい情動によらず物語を進めようとする志向は「物語とはしょせんこんなもの」という見くびった態度を感じさせず、いくつも予見を裏切ってゆくところが素晴らしい。このあたりにおそらく、「これからの物語」が始まっている。（高原英理・作家）

（角川書店・1995円）＝2013年2月7日①配信

変革のための新たな地平　「コモンウェルス（上・下）」（アントニオ・ネグリ、マイケル・ハート著、水嶋一憲監訳）

2000年に世界的なベストセラーとなった「〈帝国〉」と続編の「マルチチュード」に続く3部作の締めである。

「〈帝国〉」がグローバル化した世界の権力形態の変容を批判的に描き出したとすれば、「マルチチュード」はこの秩序を民主主義的構成へと向かわせる運動の担い手としての多種多様な主体のあり様を提示するものだった。そして最新作は、近年各所で再評価されるようになったコモンズを再解釈しながら、変革のための戦略的地平として見直そうとするものだ。

コモンズとは、私有とも公有（国有）とも違う伝統的な共有財のことを言うが、著者たちは森や自然ばかりでなく言語や知識やその媒体としての情報ネットワークなどを、人間の生産活動が切り開いた〈共（ザ・コモン）〉の領域であり、そこが現代資本主義の主要な展開の場だとみなす。

ところが、近代の共和政体はフランス革命以来私的所有権を基幹としており、そのため今ではあらゆる資源が水や空気まで、そして遺伝子や知識にいたるまで所有権を設定され、〈共〉であるべき領域はすべて企業によって私物化（日本語ではこれを「民営化」と訳している）され資本の管理に組み込まれている。

本書のタイトルは、通常はリパブリックと同義で共和政体を指すが、著者たちはこの政体の変奏に〈共〉をめぐる抗争の賭け金をみる。資本主義と社会主義は〈私有〉か〈公有〉かを争ったが、後者の挫折の後に今度は〈共〉の産出を通じて新たな〈共〉産主義の地平を見いだすということでもある。そしてその制度的組織化のビジョンを探り〈帝国〉の支配的秩序を覆す展望を描き出そうとする。

金融危機以後のニューヨークのオキュパイ運動なども視野に入れた実践的配慮にも貫かれているが、「貧」と「愛」とがキータームになるのは、著者たちのキリスト教的刷り込みの思わぬ露呈であろうか。（西谷修・東京外語大教授）

（NHKブックス・上下各1470円）＝2013年2月7日②配信

双方の主張を丹念に再検討　「竹島問題とは何か」（池内敏著）

日韓両国が領有権を主張する竹島をめぐって、三つの論点があると著者は冒頭で言う。それは①歴史的権原（領有の根拠）②日本による編入の効力・国際法上の領土取得要件③第2次世界大戦後の連合国の措置―に関する主張である。

本書は、三つの論点をめぐる諸言説に対して「実証的に再検討を試みる」歴史学者による学術書だ。学問的に成り立つ主張かどうかだけが著者の言う「再検討」の意味であり、民族主義的な史観や国益うんぬんの政治的な基準が感じられないのが本書の良さだ。

したがって、韓国側だけでなく、日本側で出ている諸言説にもおびえることなく次々と疑問をぶつける。史料と向き合った結果、たとえば、17世紀段階では徳川幕府・朝鮮政府いずれもが竹島に対する関心を有していなかったと主張する。自国の「固有の領土」であるとする日韓双方の物言いを批判しつつ、「一九〇五年一月時点で、今日の竹島が韓国領であったことを積極的に証明することができていない以上、無主地先占を論拠とする日本領編入は有効」との一定の結論を導き出す。

歴史学者ではない評者のような門外漢には、丹念に史料を突き合わせる著者の作業に感嘆する。ただ、著者の主張を正しくないと感じた両国の研究者からはおそらく反論があろう。本書の言葉を借りれば、「批判すべき点は、難詰するのではなく史実にもとづいて厳正に糺（ただ）す」という姿勢で、学問的な論争を繰り広げてもらいたい。

本書は政策提言の本ではないが、次のように最後で書く。「絶交する事態がありえないことを前提としての争いは、不本意ながらも譲歩しあうことが解決への常道である。そして日本と韓国とが絶交するという選択肢は、明らかに皆無である。それはこれまで積み上げてきた交流の量と質からいってもそうである」。勇ましい声が出がちな両国の政界で耳を傾けられてもいい言葉だ。（小針進・静岡県立大教授）

（名古屋大学出版会・4830円）＝2013年2月7日③配信

理解と思索が深まる対談　「脳はこんなに悩ましい」（池谷裕二、中村うさぎ著）

脳研究者の池谷裕二と作家の中村うさぎの対談形式で進んでいく本書は、中村の言葉で紹介すれば「脳という宇宙を縦横無尽に駆けめぐる旅」。長らくの「私探し」に駆り立てられてきたという作家は、この旅で「あちらの惑星では『嘘（うそ）ーっ！』と目を剝（む）くような発見があり、こちらの惑星では『なるほどーっ！』と膝を打つような了解を得」たという。

「手を動かさなきゃ脳は働かない」「身体に脳が追随する」「脳は『外部からの入力』と『外部への出力』によって活（い）かされる」など、脳科学の専門家である池谷の講義には、確かに、目からうろこの意外性に満ちたもの、「なるほど」と深い納得がもたらされるものが満載だ。脳についての知識を得ることは、むろん、人間についての知識を得ることになり、興味は尽きない。

ただし、専門家による最新の知見は、一方的に教示されていくわけではない。役割としては生徒のはずの中村の人間観察が鋭く深い。また打てば響いて飛翔（ひしょう）し、話が広がる面白さがある。

例えば池谷が「恋愛中の脳活動は、刹那的快感系。現在重視系の快感」と説けば、中村が「恋愛って、いかに人間の認知が歪（ゆが）むかという証明になっているよね」と受ける。「閉経（HK）B48」というユニットを結成した中村に、池谷が「野生では『老化』した動物に出会うことは滅多（めった）にないんですよ。（中略）老化は忌むべき対象ではなく、積極的なプログラムだ」と応じれば、さらに中村は「生きていることに何らかのメリットがあるから、人間の寿命が延びているのだろう」と返す。

中村ならではの見事な切り返しによって、教師の立場の池谷もまた大いに触発されているのが伝わってくる。お互いを尊重し合う者同士が会話を重ねることで、さらに双方の理解と思索が深まる。その過程を読者も共にたどることができるのは、対談本ならではの醍醐味（だいごみ）だ。（藤田千恵子・フリーライター）

（新潮社・1365円）＝2013年2月7日④配信

人は何を思い、戦ったか

「死んでも負けない」（古処誠二著）

重厚な戦争小説で知られる著者が挑んだ家族小説――。その触れ込み通り、軽妙なタッチで書かれ、口当たりはやさしい。しかし喉元をすぎると、ずっしりと重たいテーマを突きつけられる。

本作の主人公、高校生の哲也は、ビルマ戦線の帰還兵である祖父の“武勇伝”を聞いて育った。例えば、携帯用のスコップをインド兵のうなじに突き刺した、など。どの逸話も映画の一場面のように生々しく、それを喜々として語る祖父には、戦争で人を殺した罪悪感などないようだ。

それどころか、家に雨漏りが生じればモンスーンの厳しさを語るなど、祖父は日常生活と戦時を結びつけ、耳を傾けないと、軍隊さながらの鉄拳制裁が待ち受ける。そんな祖父が、日射病で倒れ入院、うわ言で「申し訳ありません」とつぶやいた。その意味を探るべく、物語は動き始める。

戦後、戦争は「被害者」の立場から語られることも多かった。毎年夏になると、メディアでは敗戦ではなく、“終戦”特集が組まれ、悪いのは一部の軍人、政治家、善良な市民は巻き込まれたのだと、命の尊さ、戦争の悲惨さを伝えてきた。

それに対して、祖父はドンキホーテのように戦時の記憶を当事者として語り続ける。戦争を肯定し、美化するのではなく、人は何を思い、戦ってきたのかを自問自答するかのように。

私たちの「先祖」は、戦争や災害でどんなに打ちのめされても、再び立ち上がり、次の世代へとバトンを渡してきた。2度目の入院中、祖父が口にした思わぬ言葉。そこには戦後、分断されてしまった日本人の精神性への慚愧（ざんき）の念がにじむ。

終盤、祖父は哲也の彼女と対面すると、それまでの態度を一変させる。戦時の逸話を興味深く聞いてくれる彼女に対し、それまでの威厳が消えうせ、好々爺（や）と化す…。大和なでしこ然とした女性像はもはや幻想でしかないことを知らない祖父の姿は、こっけいであると同時にどこか切ない。（中村高寛・映画監督）

（双葉社・1470円）＝2013年2月8日①配信

複雑に絡み合う加害と被害

「戦時下のベルリン」（ロジャー・ムーアハウス著、高儀進訳）

最近、「アドロンホテル」というドイツのテレビドラマを見た。ブランデンブルク門の旧東ベルリン側に立つ有名ホテルが革命と敗戦、共和国と第三帝国、地上戦と占領、分断と再統一を体験するさまは、ベルリンが20世紀の歴史博物館であることをあらためて実感させてくれた。

本書もまた題名が示すように、この特異な首都そのものを第1の主人公とした、いわば大河ドラマである。第2の主人公はナチス・ドイツの首都で暮らす普通の市民たち。回想録や日記、今や数少なくなった体験者たちのインタビューによって描かれる個々の実話が、こういう言い方をしては語弊があるのだが（というのは、やはり悲惨な話なので）ドラマ以上に面白い。

著者は、ナチス時代の市民生活についての本はほとんどないと言っているが、これには最初、ハテサテと首をかしげてしまった。ドイツでは映像でも本でもそう珍しくないテーマではないかと。しかしその疑問とともに本書の優れた啓蒙（けいもう）書としての性格が見えてきた。

これはまずは、かつての「敵国」イギリスの一般読者に向けて、戦後生まれのイギリス人が書いた本なのである。「英国空軍」の爆撃を恐れる市民、「敵のラジオ」BBCをこっそり聴く一家、「イギリスに対する憎しみ」という講演を聞かされて困惑する学生。その様子は、イギリス人読者には日本人が読む場合とはまた違うように映るはずだ。

ここで語られるユダヤ人の悲劇も、大きな犠牲を伴ったベルリン攻防戦に駆り出されたソ連兵たちの蛮行も「われわれ」には無関係だなどとは、イギリスは言えまい。あの時のベルリン市民も「われわれ」とそう違わないと著者は強調する。

こうして第3の隠れた主人公としてヨーロッパが浮かび上がってくる。加害と被害が複雑に絡み合うヨーロッパの歴史と苦悩、そして未来に向かっての協力の可能性を伝える一冊だ。（高田里恵子・桃山学院大教授）

（白水社・4200円）＝2013年2月8日②配信

今ここにある生を楽しむ

「『死ぬのが怖い』とはどういうことか」(前野隆司著)

これは私の場合だが、年を取るとあまり先々のことを考えないようになってきた。今から英語を勉強しても仕方がない。なぜなら、自分はどうせ死んでしまうのだから。

本書は慶応大の前野隆司教授が、その誰にでも等しく訪れる「死」について、真っ向から取り上げた本だ。

死とはなにか。どうすれば死の怖さから解放され、生をエンジョイすることができるのか。宗教はその答えをくれる。しかしそれでは納得できない人も少なくないだろう。一方、ただ科学的データを並べられても、人の心には響かないはずだ。

生と死とは人間のすべてである。これを理解するためには、手や足だけ分析しても人間の全体はわからないのと同じように、各学問をバラバラに研究しても足りない。芸術や思想まで含めて、医学、心理学、工学、諸分野の研究を総合し、動員して、人を理解していく。それが前野教授の手法であり、教授が進めるシステムデザイン・マネジメントの考え方だ。

その前野教授が提起する人間の生と死は、ある意味、とても衝撃的だ。なぜなら、あなたが感じているこの唯一無二の生の感覚が「実は錯覚に過ぎない」というのだから。しかしこのあまりに実感に反する説が、最新の科学によって次々と裏打ちされていて、しかも人間の心の謎をうまく説明してしまう。さらには東西の哲学、思想にもつながっていくのだ。

教授はこの「生とは実は錯覚だ」という出発点から、次々と死を乗り越える道を提案していく。それは決して生を軽視するシニカルな意見ではない。私たちの人生から無用な重荷を取り去り、同時に死からも不必要な恐怖をはぎとっていく。そして「今ここにある生を、生き生きと楽しんでいこう」と提案する道だ。

そうした人生の達人にすぐなれはしないのかもしれない。だが入り口には立っている。そんな理解へと導かれる本である。(堀田純司・作家)

(講談社・1575円)＝2013年2月14日①配信

連結される人間的な世界

「インターネットを探して」(アンドリュー・ブルーム著、金子浩訳)

きっかけは、ニューヨークの自宅のインターネットが不通になったことだった。原因を知り、著者はがくぜんとする。裏庭のケーブルが、リスにかじられていたのだ。

「人類史上もっとも強力な情報ネットワーク」であるはずのインターネットも、結局はモノではないか！　では、ケーブルをたどればどこにつながり、何が見えてくるのだろう。興味をもった彼は約2年かけて、インターネットに関わる施設や現場を訪ねて行く。

インターネットのインフラ地図を製作する会社をはじめ､大小さまざまのデータセンター､ネットワーク同士を相互接続する拠点などを訪れ、ネットワークエンジニアが集う会議場、光ファイバーが通りの下に埋められる工事現場ものぞく。ポルトガルの浜辺では、アフリカ沿岸をたどってきた海底ケーブルの陸揚げに立ち会い、大陸同士が接続する瞬間を目撃する。

訳者のあとがきにあるように、これは「大人の社会科見学」だ。けれど、いかんせん、行き先はたいてい地味である。「チューブ」(本書の原題)やケージの列、ケーブルの束、それに「機械があってランプが光ってるだけ」の空間が多い。誰もが知っている大手企業のデータセンターでは、ランチルームしか見せてもらえない。IT業界や用語に疎い(私のような)読者が旅を楽しむには、想像力と多少の忍耐が必要だろう。

とはいえ、今まで見えなかった、いや、あえて見ようとしなかった世界を知る意義はある。インターネットが決して「仮想現実」などではなく､人脈や人の手によってひとつずつ連結されてきた、極めて人間的な世界であることも思い知る。

そして、本書を読み終えると少しだけイメージできるようになる。「クラウド(雲)」を吹き払えば、建物や人が見えてくること。「送信」とクリックすると、この拙稿のデータが、ケーブルを通って編集者に届くことも。(大原悦子・ジャーナリスト)

(早川書房・1890円)＝2013年2月14日②配信

野心的な言葉で語る　「相対性コム　デ　ギャルソン論」（西谷真理子編）

「コムデギャルソン」（CDG）は世界に知られた服飾ブランドだが、デザイナーの川久保玲（かわくぼ・れい）はあまりメディアには登場しない。以前、知人の編集者がインタビューを申し込んだ時は、「経営に忙しいから、時間を割けない」という理由で、先方から断られたと聞いた。

本書も企画段階で、「ファッションは、好きか嫌いか、カッコいいかカッコ悪いか、それだけでいいと思います」と、CDG側から言外のお断りをもらったという。確かに、語れば語るほどヤボになるのが、ファッションの世界であろう。

それでも編者である西谷真理子があきらめなかったのは、CDGが「建築だけでなく、アート、哲学、デザインなどさまざまなアプローチで語られるだけの重層性を持ったブランド」だから。その言葉の通り、この本では建築、アート、社会学など、ファッション業界の「外野」にいる人たちが、論考あり、エッセーあり、インタビューありの総花状態の中で、存分にCDGを語り、分析している。目次に並ぶのは、「デザインと構造分析からコム　デ　ギャルソンを解体する試み」や「装飾の排除から、過剰な装飾へ」など、難解かつ野心的な言葉たちだ。

「貧乏人ルック」や「こぶドレス」で話題を呼んだように、CDGの服は「既存の美」を疑う強烈なメッセージを発信し続けてきた。そのメッセージは、400ページにも届くという、この論集で掘り下げられ、拡散されていく。

それらを読みこなすことは「外野」のさらに「外野」である一般人には難しい。が、百の難解な言説は、街でCDGを着こなす人を撮ったスナップ写真に救われる。こぶのついた異形の服を軽やかに身にまとい、カメラ目線でにっこりと笑う若い女性。その存在感にこそ、川久保玲が貫いてきたアバンギャルド精神の浸透があり、同時に彼女がインタビューを嫌う理由も、分かる気がするのである。（清野由美・ジャーナリスト）

（フィルムアート社・2730円）＝2013年2月14日③配信

根底に秘めた漆黒の想像力　「題未定」（安部公房著）

今年はノーベル文学賞の常連候補であった安部公房の没後20年、実存主義文学の旗手として安部とも因縁浅からぬアルベール・カミュの生誕100周年。没後は国内外で再評価が進み、1997年から2009年まで、12年の歳月をかけて刊行された新潮社の安部公房全集全30巻も完結したが、にもかかわらず昨年末には、さらなる未発表草稿「天使」の発見という衝撃のニュースが飛び込んだ。

はたして1946年、作家のデビューに2年先立つ22歳の時に執筆された「天使」は、神秘思想家スウェーデンボルグをパロディー化するかのごとく、伝統的な天使像をブラックユーモアたっぷりに再造形した、のちの安部文学の雛（ひな）型であった。

今回届けられたのは、この「天使」を中核に据え、戦時中の43年からデビュー翌年49年までのあいだに書かれた全11編を収める作品集である。長年の安部ファンとしては恐る恐るページを繰ったが、しかし一読、不安は心地よく裏切られた。

まず表題作からして、孤児の青年パー公が曲馬団を離脱し、自身の家を求めて地主の家に霊媒としてもぐりこもうとするという異様な設定に、度肝を抜かれる。

とある精巧な仮面がきっかけで〈裏返しになった顔の世界〉へ入り込み、のちの傑作「他人の顔」を予期する「第一の手紙～第四の手紙」。さらには、魔王のように内部から照り輝く沼のほとりでカラスたちが人間たちを責めさいなむ「鴉沼」。

そして第25回芥川賞受賞作「壁―S・カルマ氏の犯罪」の原型をなす「キンドル氏とねこ」にいたるまで、ここにはのちに硬質で砂漠的でポストヒューマンな想像力で知られる安部文学が根底に秘めていた漆黒のゴシック・ロマンス的想像力があふれかえっている。この文脈に置かれた「天使」は、まぎれもなく21世紀独自の新たな安部公房像を構築するだろう。（巽孝之・慶応大教授）

（新潮社・1680円）＝2013年2月14日④配信

老いの事情を描き出す　「陽子の一日」（南木佳士著）

当たり前のことだが、人はみな固有の「事情」を抱えて生きている。他人には言えない事情もあれば、知られて差し支えないものもある。しかしそうした個々人の事情などには無関心なのが、この世の、それこそ事情というものだろう。

主人公の江原陽子は、信州の総合病院に勤める還暦を迎えた医師だ。最先端の病棟勤務からは退き、外来と人間ドックの診療に携わっている。あと五年で定年を迎える。

そんなある日、桑原という青年から、かつての同僚の黒田に関する「病歴要約」なるファイルが送られてくる。桑原は、この病院を退職し、過疎の村で診療所を開設した黒田に研修を受けた縁で、このファイルを書いたのだった。そこには、黒田の幼いころからの生活環境や病歴が細かく書きとめられていた。読むともなく読みはじめた陽子は、だんだん、この黒田を黒田たらしめた人生上の「事情」に引き込まれていき、ひるがえって自身の過去の「事情」に思いをいたすようになっていく。

題名のとおり、この小説は陽子のはた目からは平凡にしか見えない一日を書いたものであり、とりたてて特別な出来事も起こらない。起こっているのは、彼女の胸中に去来する過去の事情との遭遇だけである。

老いは身体機能を劣化させていく。そのことには、たとえば陽子の排尿シーンなど随所でさりげなく触れられている。だが人が老いを自覚するのは、そうした身体の劣化意識からだけではない。それ以上に、自分の身にまとわりついてきた諸事情が、もはや抜き差しならぬ「歴史」になっていることに気づくのが、老いの哀（かな）しさだろう。若いころの事情ならば歴史になる前に、なんとかなるかもしれない。だが、老いた人間の歴史化された事情は、もうどうすることもできないのだ。

そんな老いの事情を淡々と描き出すことで、作家は人生の正体をさらそうとしている。（清水哲男・詩人）

（文芸春秋・1365円）＝2013年2月14日⑤配信

持続可能な社会への挑戦　「僕たちは島で、未来を見ることにした」（株式会社巡の環（阿部裕志、信岡良亮）著）

風合いのいい白い紙に、淡いブルーの長いタイトル。表紙の雰囲気から、「ロハス系の、こじゃれたお話？」と思ったのは大間違いで、読み進むにつれ、けおされていった。2人の若者が、出身地でもない島根県・隠岐島に移住し、2008年に起業した。いわく「人生実験」の5年間がつづられた本だ。

1人は名古屋在住でトヨタの技術職、もう1人は、東京のベンチャー企業に勤めるウェブデザイナーだった。都会生活から逃げたかったのではない。ただし、モヤモヤ感はあった。人口約2300人、4割が65歳以上という海士町に移住したのは、人口減少、少子高齢化、財政難など「日本がこれから経験する『未来の姿』」をこの町に見たからというのに、まず驚かされる。「（この町で）持続可能な社会モデルをつくることができたら、社会を変えるきっかけになる」と冒頭で読み、「そううまくいきますかね」と、つい斜に構えて読み始めたが…。

彼らは、NPOではなく、50万円を出資し株式会社巡（めぐり）の環（わ）を設立した。ちゃんと稼ぐためだ。町に、ある程度「よそ者」を受け入れる土壌があったのも幸いし、地元の人たちに家庭料理を持ち寄ってもらう文化祭を開いた上で、特産品のウェブ販売に臨む。訪問者と地元の人が交流する多くの機会を設け、地元の人たちを講師に、企業研修のプログラムまでつくってしまった。共に働いた後、宮城や沖縄で、志同じく新事業を始めた者もいる。あっぱれである。

カキを京都の料理人に売り込んだ時、「あなたたちの利益にならんでしょう」と、“値上げ交渉”された話も印象的だ。適正価格でモノが流通してこそ、生産者、消費者ともに「持続可能」なのだ、と虚を突かれた。本書は、彼らの体験談をなぞるだけの本ではない。行間に、日本中の人、いや世界中の人への提案が詰まっている。一気に読んだ後、海士町の取り組みを学べる彼らの「学校」に行きたくなった。（井上理津子・フリーライター）

（木楽舎・1890円）＝2013年2月18日配信

思想がもたらす恐怖描く　「火葬人」(ラジスラフ・フクス著、阿部賢一訳)

何やら不吉なタイトルがついたこの本は、チェコの作家ラジスラフ・フクスが書いた、一筋縄ではいかない小説だ。といっても、とくに難解というわけではない。むしろ小説としてはわかりやすく、わかりやすいがゆえに、その深みがいかに測りがたいものなのかを読者に強く意識させてしまう、そんな作品なのだとひとまずいっておこう。舞台となっているのは、ナチス・ドイツの脅威が日増しに強まっていく、1930年代終わりのプラハ。火葬場に勤めるコップフルキングル氏は、模範的な父親としてしあわせな生活を送っていた。ところが、ある日、旧友ヴィリの訪問を受けたときから、彼のなかで何かが徐々にかわっていく。ヴィリはナチスの高官だった。いつしかコップフルキングル氏はその思想にどっぷりと浸り、そればかりか、ユダヤ人の血が流れる妻と息子を「まもなく訪れるはずの苦しみから救う」ために殺してしまう―。

この作品は、何よりもまずコップフルキングル氏の内部で進行していくこのような狂気をたどる、じつによくできたサイコパス小説として読むことができる。グロテスクな心理描写はときにユーモラスでさえあるために、その恐怖がよりいっそう際立ってくる。これは同時に人間の無批判な信奉から生まれる恐怖でもあるし、現実と妄想の境界があいまいになる存在論的恐怖でもある。

小説の舞台に引きつけるなら、これはいうまでもなくナチス・ドイツとその思想がもたらす恐怖でもある。とすれば、本書はその時代のプラハで、さらにはチェコスロバキアで人びとが生きざるをえなかった歴史的状況を、小説にしかできない仕方で捉え、表現したものであるともいえるだろう。

60年代のチェコスロバキアではすぐれた小説が数多く生まれた。67年刊行の「火葬人」はまちがいなくその質の高さ、その凄(すご)みを伝えてくれる一冊でもある。(赤塚若樹・首都大学東京准教授)

(松籟社・1785円)＝2013年2月21日①配信

現在も続く戦争の淵源　「アフガン侵攻1979―89」(ロドリク・ブレースウェート著、河野純治訳)

現在の世界が直面している主要な問題の出発点は「1979年」であり、ベルリンの壁が崩壊した89年よりも、むしろこの年の方が重要だという指摘がある。

79年には四つの重要事件が起きた。英国では新自由主義経済政策を打ち出すサッチャーが首相に就任、また鄧小平が米国を訪問した。イランではイスラム革命が起き、12月には旧ソ連がアフガニスタンに侵攻した。

新自由主義経済は、その後のインターネットによる情報革命とともに、リーマン・ショックに端を発する世界不況へとつながった。鄧小平の訪米は中国経済の改革開放路線への転換を示唆するものであったし、イランでのイスラム革命は「文明の衝突」という時代への転換を示す序曲であった。そして、ソ連のアフガン侵攻は、現在も米国がアフガンで戦争を続けている淵源(えんげん)となっている。

さて、本書は、この79年に起きたソ連のアフガン侵攻の分析から89年の撤退までを中心に、この戦争を描いた労作である。本書の特色は、まずクレムリンの政策決定過程に深く切り込んでいる点である。ロシア語の回想録や膨大な研究書の分析から、ソ連側の政策決定者の思考に深く接近している点が興味深い。

また、この戦争に投入されたソ連軍第40軍の将校や兵士らの証言をもとに、彼らがイスラム戦士らと戦っていく描写も迫力があり、一挙に読ませる。アフガンで撤退しようとしても撤退できないソ連軍将校らのジレンマや戦闘に参加する兵士らの姿は、米国が戦った泥沼のベトナム戦争と二重写しになる。

帰還した兵士らがロシア社会から疎まれている現状、そして、ソ連軍撤退後にアフガンでタリバン政権が成立し、その後、9・11の米中枢同時テロ事件へといたる過程を描いた終章により、この戦争と現代とのつながりをも浮かび上がらせている。現在を生きるわれわれに戦争のむなしさとともに歴史の教訓を示す好著である。(金成浩・琉球大教授)

(白水社・4200円)＝2013年2月21日②配信

3·11後の責任と有限性

「ふたつの講演」(加藤典洋著)

3・11にまっすぐと向かい合って考え抜かれた、加藤典洋の2冊目の著作である。冒頭に、前著に対する若い批評家Iの批判を記している。3・11後の言論は、授業参観日に優等生たちがこぞって「ハイッ」と挙手している光景を連想させる、とIは言う。

加藤は、この批判は平常心のレベルから加藤の「腰高」な部分(肩肘張って正義をふりかざす感じ)を突くもので、優れていると評価する。その上で、平常心が腰高から自立するためにも理念が必要だ、と切り返す。なんと誠実な対応だろう!

長い序文を別にすると、本書は表題とおり、二つの長い講演を収録している。最初の講演は、われわれが受け継ぐべき戦後思想を、ポストコロニアルなものとして性格づける。つまり戦後思想は「周辺国、後進国の上昇志向の知識人」の貧しさへの抵抗だ、と。

3・11に直接応答しているのは、第二の講演である。ここで大事な論点が二つ提起される。第一に、ウルリヒ・ベックが言う「リスク近代」においては、責任の概念が内破してしまう。原発事故のようなリスクには、弁済可能性がないからだ。

第二に、このことは、産業資本主義システムの内部に資源・環境・人口などの「有限性」の問題を浮上させる。見田宗介に従いつつこう主張される。2500年前の「軸の時代」(ヤスパース)に生まれた大思想、大宗教が世界の無限性への対応であったとするならば、現在必要なのは、有限性を肯定する思想だ、と。

責任と有限性をめぐる加藤の思索は実に深い。あえて疑問を提起するならば、二つの講演の間のつながりである。

有限性の思考は、現在の地球的困難に対応する普遍理論でなくてはならない。そこに達するためにこそ、われわれは、自分たちに固有の出発点から歩み始めなくてはならない。ここまでは、完全に加藤に賛成だ。だが、その出発点はポストコロニアルな「抵抗」なのだろうか。(大澤真幸・社会学者)

(岩波書店・1785円)=2013年2月21日③配信

来し方振り返るころ

「山あり愛あり」(佐川光晴著)

主人公の大鉢周三は20年勤めた銀行を辞めた。懸命に働いてきたが、このまま銀行で一生を終えたくはなかったし、また山に登りたいと思ったからだ。再就職先も見つかり、家族とも話し合っての決断だった。だが、念願の第二の人生は、周三が思っていたのとは違う方向へと動き始める。

仕事に追われ、毎日を送っているうちに人生はあっという間に過ぎていく。老いの兆しを感じ始めたころ、ふと立ち止まり、自分の来し方を振り返る。このままここで生きていくのか、別の人生を歩くのか。誰もが一度は考えることかもしれない。

周三は子どものころから山に親しみ、学生時代はヒマラヤ遠征にも参加した。だが、銀行への就職と同時に封印。つまり20年登っていないのだ。周三には義絶した母がおり、こちらももうずっと会ってはいない。けれど、不惑の年を超えても、母を忘れることはできない。若いころに置き去りにした荷物は結局そのままそこにあり、消えてなくなることはない。そしていつか向き合うことになるのかもしれない。

父親を知らずに育った周三、世話になった榊原弁護士、人気歌手だった枝川允彦(のぶひこ)、そして彼らと関わる女たち、いくつもの人生が絡み合うようにして、母子家庭を支援するNPOバンクが立ち上がる。人と関わる中で、周三が迷いつつも次の人生を見つけていく様に、言いようのない感動がこみあげる。

周三と枝川の出会いを決定的にするのは歌である。枝川に求められ、周三は一番好きな曲を歌うことになるのだ。先輩がよく歌っていたその歌は「チューリップ」の前身「ザ・フォーシンガーズ」が歌っていたテンポだと枝川に教えられる。

気になってインターネットで検索してみたら彼らの歌を聞くことができた。歌だけでなく、同時代を生きてきた読者なら、周三と共に自分の生きてきた時代を振り返ることにもなるだろう。(いずみ凜・脚本家)

(双葉社・1575円)=2013年2月21日④配信

偉業の向こうに潜む真情　「吉本隆明が最後に遺した三十万字（上・下）」（吉本隆明著）

この本の魅力は、聞き手が音楽評論家、渋谷陽一という点にある。ロックミュージックの普及に尽力し、今も音楽番組のDJを務める渋谷は、吉本隆明の「追っかけ」を自認する。渋谷との一問一答は随所に「はははは」「うんうん」と入り、まるで友達同士のよう。吉本が心を許しているのが伝わってくる。

渋谷の質問に答えて、吉本は世相を語り自著を振り返る。20〜60代の著書を80代になった吉本が語る。回想のこの距離が、重層的な面白さを生んでいく。

驚きの発言は随所にあるが、最も衝撃的なのは、代表的著書「言語にとって美とはなにか」「共同幻想論」、論考「心的現象論」について。書き終えた後には「荒涼とした思い」が残り、今、振り返っても「たいした答えを出せていない」という。戦後のゼロの地平から独力で築いた世界的理論に関する、信じられない発言だ。むろん次の道を模索しつつの発言なのだが、その深い真情は聞き逃せない。

吉本は詩を書くことから出発して評論の道を歩んだ。詩に殉じた中原中也の一生、幸福な小林秀雄の詩と批評の融和。2人を言語理論で超えながらも、文芸の表現者として「自分を納得させること」ができていないという。この「詩の挫折感」から生来の宗教心の導きまで、偉業の向こうに潜む思いを渋谷は丹念に聞いていく。

ところで吉本の晩年の発言となれば、読者の興味は老いのありようにも向くだろう。話題が、病苦を負って自死した評論家、江藤淳に及ぶ。吉本は自らの闘病に触れ、自分にも「こんなんで生きているっていう意味はないんじゃないか？」と「自問自答」した日があると明かす。それでも自死を考えなかったのは、江藤と違って自分が「いい加減だから」と笑って答える。

吉本には「最後の親鸞」という究極の宗教論がある。死生観を究めたその場所で「いい加減だから」と言い得るのが〈吉本隆明〉なのだ。（石関善治郎・フリー編集者）

（ロッキング・オン・上下各2625円）＝2013年2月21日⑤配信

欧州の巨大な精神史的系譜　「冥府の建築家」（田中純著）

ジルベール・クラヴェルの名を知る者は多くはないだろう。作家とはいえ、生前に発表した作品が自費出版の「自殺協会」1冊のみだったのだから無理もない。ナポリ近郊の景勝地ポジターノに後半生を費やして築いた洞窟住居「ポジターノの建築群」も建築の門外漢が建てた自邸である。

本書を手に取った当初、著者はなぜこのような人物の評伝を書いたのかといぶかしく思ったことは否定しない。だが読み進めるうちに、その疑問は消えうせた。というのも、この無名作家の44年の短い生涯が実は欧州の巨大な精神史的系譜に連なっていることが明らかにされているからだ。

ポジターノではベンヤミン、ブロッホ、アドルノ、クラカウアーといったそうそうたる顔触れの思想家や芸術家が一種のコミュニティーを形成していたという。そこを後半生の拠点としたクラヴェルは、エジプト旅行を機に募らせた古代エジプトへの憧憬（しょうけい）を、ディアギレフ主宰のバレエ・リュスや未来派の経験と融合させて特有の妄想を育んだ。本書では、その妄想を洞窟住居によって展開しようとしたことが詳細に語られている。「冥府（めいふ）の建築家」というタイトルも実に的確である。

著者は百科全書的な博引旁証（ぼうしょう）に定評のある表象論の論客だが、本書の執筆に当たってはスイスとイタリアを周遊し、未公刊の日記や書簡をくまなく調査した。成果は、謎めいた女性との恋愛の記述をまとめた「アーシア断章」に集約されている。その労力に敬服すると同時に、無名な人物のアーカイブが各地に点在する欧州の精神的風土にも驚きを禁じ得ない。

そもそも著者がクラヴェルに関心を持ったのは、世界的キュレーターのハラルト・ゼーマンが編んだある展覧会カタログがクラヴェルに強い妄執を向けていたのを知ったことがきっかけであったそうだ。「妄執は憑依（ひょうい）する。そして、ひとからひとへと伝染する」という冒頭の文は、けだし至言である。（暮沢剛巳・美術評論家）

（みすず書房・5250円）＝2013年2月21日⑥配信

受け継がれる記憶

「災害復興の日本史」(安田政彦著)

被災地に足を運ぶたび、復興とひとくくりに語っても地域や町ごとに生活再建の形や道筋は違うと思い知らされる。原発事故の影響を受ける地域と津波にさらわれた三陸沿岸が同じように復興するわけはないのだから。

本書では「日本書紀」や「方丈記」をはじめ、さまざまな人物の日記などの資料をもとに、古代から阪神大震災まで日本各地で起こった百を超える自然災害の被害と復興を取り上げている。

例えば「日本三代実録」は、869年の陸奥国大地震について「海から数十百里は水没して海のようになった。原野も道路も水没して、船に乗る暇もなく、山に登ることも出来ず、溺れ死ぬ者は千人ばかりにおよんだ」と記録。古代の人々もわれわれが3・11で直面した風景を目の当たりにしたのだと気付かされる。

古代、中世の被災者は自力で生活再建するしかなかった。近世になると、幕府や藩により被災実態が把握され、現代の避難所ともいえる「御救(おすくい)小屋」が設置された。富裕層が被災者に振る舞った「施粥(せがゆ)」は炊き出しにあたるだろうか。明治以降は、日本赤十字社や宗教団体が組織的にボランティアを行い、軍がライフラインの復旧などを担った。3・11直後の被災地を思い出すと、古代から積み重ねられた災害と復興の記憶が、いまも受け継がれていると実感する。

何よりも考えさせられるのは復興とは何か、だ。1783年の浅間山噴火の火砕流にのみ込まれ、597人の村民のうち466人が死んだ群馬県の村では、身分を越えた夫婦や養子の縁組など家族の再編から復興が取り組まれた。1611年の会津地震では、川の水がせき止められて生じた湖の底に集落が沈み、住民は他の土地に逃れるしかなかった。復興できなかった地域もあったのだ。

自然災害の巣と呼ばれる日本列島で生きたわれわれの祖先は、土地を奪われても、家族を変えてでも、生きてきたのだ。

復興とは何か。本書を手にあらためて考えたい。(山川徹・ライター)

(吉川弘文館・1785円)=2013年2月28日①配信

新鮮でけなげな人間模様

「狭小邸宅」(新庄耕著)

地価の高い東京23区内などで、20坪前後の狭い土地に建てられた一戸建てを狭小住宅という。延べ面積を確保するために3階建てが多く、形状からペンシルハウスとも呼ばれる。しかし購入者にとっては人生を賭けた買い物。狭小とはいえ、まぎれもない邸宅である。

主人公・松尾は戸建てを販売する不動産会社に就職したばかりだ。職場の空気は厳しい。売り上げの悪い営業マンは管理職から罵詈(ばり)雑言を浴びせられ、暴力をふるわれることも日常茶飯。このパワハラ職場では、客から成約を取りつけることを、なんと「ぶっ殺す」という。

売り上げゼロの松尾は、別の営業所に異動を命じられる。つまり、お払い箱だ。新たな職場でもあいかわらずセールスはうまくいかないが、豊川課長という卓越した営業手腕を持つ上司と出会う。豊川は他の上司のように部下を怒鳴りつけることはない。だが、つねに「ゴルゴ13」のように冷徹な視線を松尾に向け、ダメ営業マンを成長させていく。

そう、この豊川課長のキャラクターこそが、この物語に深い味わいを添えている。さらに、客に狭小物件を売りつけるために豊川の指揮で松尾がたくらむ作戦と行動は、「ミッション・インポッシブル」に相通じる面白さで読者を引き込む。

作者が描くパワハラとはかりごとに満ちた世界―そこで成功を収めることは、ある意味で覇道のように思われる。しかし、商売のためにおのれを消して卑屈にも残酷にもなり、他人を蹴落とす努力を重ねて金を得る快楽は、資本主義の鉄則であることもまた事実だ。人間関係に煩わされずにネット上で巨万の富を築く人も多い昨今だからこそ、不動産セールスをめぐる人間模様が新鮮でけなげに感じられる。

願わくば姉妹編として、本書と対照的に調子よく世渡りをする"スーダラ社員"を主人公にした企業小説も作者に書いてもらいたい―読了後、そんなことを私は夢想した。(三田完・作家)

(集英社・1260円)=2013年2月28日②配信

更新される人間理解

「キミトピア」(舞城王太郎著)

「キミとボク」なる言葉がある。サブカルチャーの世界に見られた、キミとボクの閉じた2者関係を描き、社会を描かない作品群を揶揄(やゆ)する言葉である。それは「セカイ系」とも呼ばれた。

「キミトピア」なるタイトルは、セカイ系作家に分類されることも多かった舞城が、「ユートピア」を「YOUとピア」に掛けた造語である。このタイトルは、新境地を見事に表している。

ロマン主義的な恋愛と、世界の終わりなどの悲愴(ひそう)感を組み合わせたセカイ系作品と比べ、「キミトピア」所収の七つの短編は、ロマンではなく、生活していくことを中心的に描いた作品群である。末尾を飾る「美味しいシャワーヘッド」は芥川賞候補に選ばれた。

セカイ系とその周辺の作品では、人格障害、精神障害的なキャラクター造形が目立った。「キミトピア」に描かれるのは、そのような人物たちと、実際に生活していこうとする物語である(認知行動療法という言葉が多発する)。

「キミトピア」は、人間のおかしな行動や思考の原因をトラウマに求める人物たちを滑稽に描く。たとえば冒頭の「やさしナリン」。夫とその妹が「可哀想な人に弱い」ゆえに、同情しすぎて、自己破壊し、家族も壊してしまう。だが、言葉での説得は、「優しくして何が悪いのか」と反発され、功を奏さない。妻は、脳が勝手に「やさしナリン」を分泌してしまっていると考えて納得しようとする。

トラウマや物語などの心理学的な理由ではなく、どんなおかしなことをする相手や話が通じない相手でも「そうなものはそう」でしかない。それを自明と受け入れる。理由はない。その人間理解、人間関係の描き方には、人情のような情緒性は希薄である。だがそれは、非情ではなく、愛や配慮があるからこそなのだ。それを伝えるために、本作は人間理解、描写を更新する、野心作である。(藤田直哉・文芸評論家)

(新潮社・1785円)＝2013年2月28日③配信

明日の中国に光はあるか

「毛沢東が神棚から下りる日」(堀江義人著)

本書を手にし、そのタイトルから連想した内容は、さまざまな証言者によって毛沢東時代が明らかにされ、これまで神格化されてきた毛沢東の負の実像が描かれた歴史書ではないかということであった。

もちろんそうした内容も十分に織り込まれている。本書は3部構成からなるが、とくに第2部「政治体制」では、毛沢東とともに革命運動・国家建設に参加し今なお存命の老幹部や、歴史家たちへのインタビューを中心に、そうした現代史の実態が描かれている。

毛沢東の身近にいて、やがて1959年の彭徳懐失脚事件に連座し8年の獄中生活を強いられた元秘書・李鋭は、毛の役割・行動を振り返りながら、「革命に功あり、建設に誤りあり、文革に罪あり」と率直で厳しい評価を下している。

しかし本書の最大の特徴は、第1部「一党独裁のいま」に描かれた、躍進する中国が内部に抱えてしまった「影」の部分にある。差別や腐敗、不正に満ちた深刻な非人間的世界を膨大な資料から、あるいは現場取材、当事者へのインタビューにより実にリアルに描き出した。その上そうした事実をバラバラな話題としてではなく、中国の全体像を理解する上での不可欠の部分として組み込むことに成功している。

現役記者時代に鋭い問題意識を持ち、さまざまな社会問題を探し求めて中国各地を取材して回り、質の高い記事やルポルタージュを読者に送り続けてきた著者の本領がいかんなく発揮された、集大成とでもいうべき作品となっている。

そして第3部「それでも民主化の芽が」では、「強い国家、弱い社会」と評される中国の中で、「ドン・キホーテ」とやゆされながら立ち上がる地方選挙での独立候補者、人権活動家、環境保護団体などの奮闘を描いている。彼らの中に一党独裁という巨大な壁に向かいながらも、「点滴、石を穿(うが)つ」明日の中国の「光」を見ているのか。

(天児慧・早稲田大教授)

(平凡社・1890円)＝2013年2月28日④配信

戦死者追悼の在り方探る

「兵士はどこへ行った」（原田敬一著）

副題にある「軍用墓地」とは耳慣れない言葉だが、戦死者たちを葬り、追悼するために軍などが公式に作った墓地を指す。本書は日本や米、英、独、韓、台湾などの軍用墓地への綿密なフィールドワークに基づき、各国が戦死者たちをいかに追悼してきたのか、国際比較を試みた労作である。

私たちは近代日本の戦死者慰霊・追悼といえば靖国神社を思い浮かべるが、戦死者たちの戦友や上官、部下、そして家族たちは遺体や遺骨を葬る墓地を切望していた。これに答えるかのように陸海軍は全国各地に軍用墓地を建設していった。その数は本書によれば実に93カ所にのぼっている。近代の日本人が戦死者をいかに追悼してきたかという問題は、靖国神社だけでは語れない。本書はこのことをあらためて教えてくれる。

その軍用墓地は1945年の敗戦とともに陸海軍の管理下を離れ、地元の人々によって維持されてきたが、多くの人はそれを知らずに今日まで過ごしてきた。「一将功成りて万骨枯る」という言葉があるが、私たちは墓地に立つことで近代日本が「万骨」の悲哀のうえに成り立っていることをあらためて体感できるだろう。

軍用墓地に民主化運動の死者も埋葬されている韓国の事例などに基づき、著者は今度の大震災などで亡くなった人たちの死を「社会死」と位置づける。そして、社会全体で追悼していく必要があるのではないか、だとすればそれはいかに行われるべきか、という問題提起をしている。憲法改正、自衛隊の「国防軍」化が叫ばれている今日、軍用墓地の問題はすぐれて現在的な問いを投げかけている。

著者は「追悼の歴史学」という壮大な研究課題を提唱している。その射程には、戦争の問題に限っても、私的な墓や各種の記念碑、戦争博物館などが入ってくるだろう。本書はその第一歩であり、私たちが自他の生と死を問い直すための多くのヒントに満ちている。（一ノ瀬俊也・埼玉大准教授）

（有志舎・2730円）＝2013年2月28日⑤配信

教団脱会めぐる魂のドラマ

「ドアの向こうのカルト」（佐藤典雅著）

本書は、9歳から35歳まで「エホバの証人」の世界で暮らした著者が普通の暮らしに帰還するまでを描いたものである。

著者は1980年ごろからエホバの証人の世界に入るが、95年に教団が行ったハルマゲドン預言の教義変更に疑問を持つようになり、以後、小さな疑問が積み重なっていく。

インターネットで外部から見た教団の情報が入ってくるようになると、疑問はいっそう募っていった。そしてある日、次のような事件がおきる。

「私はロスの自宅でうたた寝をしていた。半分意識があるけれど、寝ている状態だ。突然自分の脳みそがよじれるかのような感覚を持った。（中略）あの不思議な感覚はなんだったんだ？　その時である。突如頭の中にメッセージが現れた。『オマエハ　シュウキョウノ　センノウカラ　トカレタ』」

この日以来、彼には教団の信者たちが洗脳をかけられているように見えるようになる。そして徹底的に教団を調査し、矛盾点を洗い出して、自分だけでなく家族とともに脱会したのである。

人間の体が自然の産物であるように、人の心もまた自然が生み出したものである。僕が感嘆したのはその自然な力の強さであり、それに身を任すことの重要さであった。科学的で実証的だという教団の教義は、いわば外部からの心に対する規制であった。それに対して、ある程度の情報を得た心は、その内側から来る力で偽りの外部の規制を壊し、自らの自然な働きを取り戻そうと働いたのである。著者が描き出したのは、この二つの力が拮抗（きっこう）しながら心が解放されていくまでの、すさまじい魂のドラマだった。

また、著者の父親は、母親に付き合うために信じてもいないのに会衆の長老まで務めていた。そこから、いかに日本が母性社会であるかを導き出すなど、現代日本社会と宗教について考えるための材料がたくさん詰まっている良書である。（大泉実成・ノンフィクションライター）

（河出書房新社・1890円）＝2013年2月28日⑥配信

タフに生き抜く世界観

「ストイックという思想」（岡野守也著）

3・11を機に「気持ちよさ優先」の文明を変えなければ、人類は滅亡してしまう。個人的にそう心配する一方で、宇宙全体から見れば、人類が滅びたとしても宇宙が新たな展開をするだけのことで何の問題もない、と切り返す。この二段構えの語り口に、自分の主張をゴリ押ししない、著者のしなやかなバランス感覚が見て取れます。

この「宇宙全体から見れば」という発想を中心に本書は、古代ローマ皇帝マルクス・アウレーリウスの哲学的日記「自省録」を読み解いていく。

ゲルマン民族の侵入に悩む斜陽の大国のリーダーとして、彼は何度も辺境に出陣し、軍務と政務を同時に務め、戦場で病死したという。う、うーん、過酷。そんな境遇ゆえに、部下の裏切りや死の恐怖に心乱されないよう、ストア派的＝ストイックな哲学を実践する必要があったのでしょう。

ええ、誰の人生も結構、嫌なことの連続です。しかし、彼は日記に「何が起こっても、それに腹を立てるのは自然からの離反である」と書きつける。すべては自然＝宇宙の必然性があって起きるのだから、自分の都合に合わなくても喜んで受け入れよう…。それができずに腹を立てそうになる逆境の言葉と考えると、身に迫るものがあります。

自分に言い聞かせるような、こんな言葉もあります。「死んだものは宇宙の外へ落ちたりしない。（中略）またここで変化し、分解して諸元素に還（かえ）るということだ。それは宇宙の元素だし、また君の元素でもある」。科学的ともいえる視点から自分を宇宙の一部と見なし、死をも自然現象として受け入れようとする。

そう、死に限らず私たちが「嫌だ」「耐えられない」と主観的に思うことたちも、徹底してロジカルに考えれば「今はまだ耐えられている」「これも宇宙の自然現象だ」と受け止めるタフさが心に育つ。起きることは全部OKだ、と、この世知辛い世界で耐えてゆく胆力を、本書は引き出してくれる。（小池龍之介・僧侶）

（青土社・2310円）＝2013年3月7日①配信

リアルに描き出す呪縛

「ハピネス」（桐野夏生著）

物語の舞台は、東京湾に面してそびえ立つベイタワーマンションだ。タワーは西棟（BWT）と東棟（BET）に分かれており、西棟のほうが東棟よりも立地的に良いため、同じタワーマンションとはいえ、格上だとされている。

この舞台設定が何とも絶妙だ。湾岸のタワーマンションという、いわば「勝ち組」を象徴するかのような住まいにさえ、その内部では住まう棟や階数によって暗黙の格差─西棟の高層階に住んでいる者が最高ランク、東棟の低層階に住んでいるものが最低ランク、という格差─が生じているのである。

ヒロインの有紗は、東棟の中層階に、一人娘の花奈と暮らしている。夫はアメリカに単身赴任中だ。タワーマンション内にいる3人のママ友と、外部マンションに暮らすママ友、計5人でグループを作っているのだが、有紗と外部マンションに暮らす洋子は、グループ内では「公園要員」でしかない。

自分がそんな地位に甘んじていることへのいら立ちはあるのだが、かといって、同い年の娘を持つママどうしのグループから抜け出す勇気もない。有紗が唯一本音を言えるのは、洋子だけだ。やがて、洋子がある秘密を打ち明けたことをきっかけに、有紗も他のママ友には決して言えない秘密を明かす…。

ママ友というのは、ある種特殊な人間関係だ。子どもを介することで、時にねじれたり、時に歪（ゆが）んだりするのだが、そこに親どうしの「住まい」の格差が持ち込まれると、さらにその関係は複雑なものになる。作者は、ママ友という「呪縛」を、新たな視点から捉えることで、鮮やかに、そしてリアルに描き出す。

有紗が抱える「秘密」もまた読ませる。ママ友とのつき合い同様に、流されるまま、現実と向き合おうとしてこなかった有紗が、少しずつ変わっていく様がいい。読み応えたっぷりの一冊だ。（吉田伸子・書評家）

（光文社・1575円）＝2013年3月7日②配信

夫婦という困難な形式

「それを愛とまちがえるから」(井上荒野著)

かつて愛し合った甘い記憶を、どんな手段を使ってでも現在へと引き延ばすこと—。それが夫婦であり続けるために必要な努力かもしれない。本書はセックスレスをテーマに、夫婦のかたちが変わっていく苦悩を、切実かつコミカルに描く。

主人公は40代の主婦・伽耶と夫の匡。伽耶には大学時代の元彼・誠一郎、匡には20代の鍼灸(しんきゅう)師・朱音という恋人がいる。その事実を互いにさらりと告白する前からセックスレスに悩んでいた伽耶と匡は、現状を静観する以外にすべがない。そんなある日、伽耶は自分でも説明のつかない提案をする。それは匡、朱音、誠一郎の4人でキャンプへ行くことだった。

人は傷を隠そうとするほどに、何の意地かわからないものに突き動かされるようだ。ネガティブな態度を見せたほうが負け、という4人の共通意識が、提案を受け入れ、場は奇妙な陽気さで盛り上がる。その夜、意外にもセックスへと流れる伽耶と匡。体の芯に甘いうずきを得て、2人は酔いしれるように思う—まだ愛していると。

印象的なのは、その一夜を匡が、間違った、と後悔するきっかけだ。匡と伽耶、朱音が同乗する車から、朱音が降りた瞬間、昨夜の伽耶との甘い余韻が煙のように消えるのを自覚する。

利用されない関係なんて、ないよ—朱音の言葉が重く響く。匡は夫婦間で失われたかつての愛情の幻影を、朱音から調達しているのかもしれない。伽耶は夫婦関係を続けるために、誠一郎を必要としている。利己的な取引で完成したパズルのように、4人は一つの共同体にすら見える。

それでも愛は存在する。そう思う一方で、型にはめようとしたとたんに雲隠れする愛というものの不可解さについて考えさせられる。夫婦とはなんとも困難な形式だ。それにしても、表題の指示語の曖昧さは生の本質に見事に触れている。わかりそうでわからない。私たち人間もまた、愛のように不可解なものなのだ。(杉本真維子・詩人)

(中央公論新社・1575円)＝2013年3月7日③配信

明治の精神史のドラマ

「妖怪学の祖　井上圓了」(菊地章太著)

井上圓了(えんりょう)の名前は、テレビの歴史番組や水木しげるの漫画にも描かれ、ちまたでも知られるようになった。そう、明治時代に「妖怪博士」の異名をとった奇才だ。だがそもそもなぜ彼が妖怪なんかの研究をすることに至ったのか、彼が生きた明治という時代との関わりなど、その生涯は謎が多い。

圓了は明治の文明開化の世になっても、妖怪という“迷信”がはびこることを打破せんと、研究を始めたという。近代的な科学主義、合理主義批判のなかで妖怪に注目が集まったポストモダンの現在から見れば、迷信打破という圓了の姿勢は、なんだか古くさいようにも感じられる。

だが本書の魅力は、「妖怪撲滅」を唱えた圓了の生涯と思想を、明治という時代のただ中に位置づけてくれたことにある。なにせ福沢諭吉や勝海舟をはじめ、井上哲次郎、西周、アーネスト・フェノロサ、西田幾多郎、柳田国男、ラフカディオ・ハーン、出口王仁三郎、田中智学、河口慧海などの有名人が、次から次へと登場し、圓了と深い関係を築いたり、反発・離反したりするドラマが、息もつかせぬほどの面白さで展開していく。

とりわけ圓了が私学「哲学館」(現東洋大)を創設し、「妖怪学」を立ち上げていくとき、あの勝海舟が精神的、経済的なバックアップをしたなんていうエピソードなど、まさに「へえ〜」の連発だ。じつは圓了は、戊辰戦争のときに「賊軍」にされた越後長岡藩の出身。「幕臣」勝海舟とは、明治政府に敗れた者同士の連帯があったのだ。

また浄土真宗の僧侶出身であった圓了の妖怪学とは、当時の仏教改革運動＝仏教の近代化を目指す運動の一環だったのだ。だがそれが、明治政府の国民統合のイデオロギーたる「教育勅語」と結びつく「どんでん返し」に至るとは、なんという歴史の皮肉か。

本書は妖怪博士をめぐる、明治の思想史、精神史のドラマといってよい。必読の一冊である。(斎藤英喜・仏教大教授)

(角川選書・1785円)＝2013年3月7日④配信

知は万人のための武器　「歴史が後ずさりするとき」（ウンベルト・エーコ著、リッカルド・アマデイ訳）

2000年からの6年間にエーコが執筆したコラムや小論文などをまとめた本書を私は、少しのタイムラグを経て届いた「先生」からの「手紙」の束を読むように読んだ。といっても、実際に彼の生徒だったことはない。学生時代に古典的名著「論文作法」を読み、大いに刺激を受けたというだけだ。

日本では小説家としてポピュラーなエーコだが、本業は大学の教官、記号論の専門家だ。熱心な教師である彼が学生指導のために書いた「論文作法」は、よくできた書物がときに、生身の人間に接するのと変わらない体験を与えてくれる好例で、だからこそ彼は、面識のない私にとっても忘れがたい「先生」なのだ。

「手紙」の内容は多岐にわたる。副題にある「熱い戦争」は「冷たい戦争」つまり「冷戦」の対語で、流血を伴う旧来型の戦争のこと。グローバル化が進み情報が氾濫する中で、戦争と平和はどう変容してゆくのか。原理主義や人種差別主義が台頭し、テロが多発し、疑似科学の流行が再燃する今、知識人は何をなすべきか—。

通底しているのは、知と言葉に関する強い信念だ。現代が「暗い時代」なのは、幾多の悲惨な事件ゆえでなく、事件を理解するのに必要な「きめ細かい」考察が欠如し、短絡的で性急な思考が横行しているせいだ、とエーコは言う。混同しがちな概念を厳密に区別した上で議論しなければならない。言葉をぞんざいに扱ってはならない、と。

歴史や文化を学ぶ重要性も繰り返し強調する。歴史上で同じ過ちが繰り返されるのは、過去をないがしろにした結果である。資料収集の大切さは論文を書く時だけでなく世界を読み解く際も変わらない。そして、知は学者の玩具ではない。流血を避けるのに最も有力な、万人のための武器なのだ…。

数十年来、変わらぬ熱意で、学び考えることの強さを信じ、教え続けている。どこまでも筋金入りの教師なんだな、と健在をうれしく思った。（工藤妙子・翻訳家）

（岩波書店・3045円）＝2013年3月7日⑤配信

文化への強い信念　「ルーヴル美術館の闘い」（ジャック・ラング著、塩谷敬訳）

今日ルーヴル美術館を訪れる人は、中央広場にそびえ立つガラスのピラミッドの前に長い行列を作る観光客や、周囲の噴水の縁に腰を下ろして談笑する若者、あたりを走り回る子供たちの姿をほほ笑ましく眺めるだろう。

しかし今から30年ほど前、ルーヴル宮大改修計画（グラン・ルーヴル）が発表された時は、特に新設のガラスのピラミッドに対して、美術界やマスメディアで激しい反対運動が展開された。本書は、ミッテラン大統領のもとで2度にわたって文化大臣を務め、多くの反対や困難を乗り越えてこの計画を達成した著者による回想記である。

1981年の大統領選挙に勝利して社会党政権を発足させたミッテランは、当初から前任者の決定した重要事業は、撤回や「仕分け」をすることなく、すべて受け継ぐという態度を明確に示していた。それは何よりも文化政策を重視するという態度の表れであった。

事実、政権交代後最初の記者会見において、ミッテランは、次年度から文化省予算を倍増すること（これは直ちに実行された）と、すでに進行中のオルセー美術館建設をはじめ、パリ近郊の地区デファンス整備計画などを明言し、さらに「ルーヴル宮をその使命に戻す」と決意を表明した。

その「使命」とは、具体的には美術館としての活動に必要な施設を充実させるため、地下空間を開発整備して展示場、講堂、食堂、ショップなどにあてるという大がかりなもので、その上さらに、ルーヴルの一翼を占める大蔵省の移転を求めるという難問まで含んでいた。

ラングの回想は、省庁間の駆け引き、マスメディアとの攻防、興味深いエピソードなどを交えながら、この計画達成の経緯を詳細にたどっている。きわめて平明な語り口ながら、その奥に、文化こそ人々の生活に活力を与え、国の栄光を保証するものだという強い信念を読み取ることができるであろう。（高階秀爾・大原美術館館長）

（未来社・2625円）＝2013年3月7日⑥配信

違いを認めて変わる世界

「ローカル線で行こう！」（真保裕一著）

女性ファンや女性社員が増えたとはいえ、“男の園”であることに変わりはない、鉄道界。だからこそ今、鉄道界で女をどう活用するかは、大きなポイントです。

この物語の舞台である東北地方の第三セクター「もり鉄」は、廃線もうわさされる赤字路線。その体質から脱却すべく起用されたのは、若い女性社長でした。怖いもの知らずの女がダメ男の世界を変えていく、というのは映画「がんばれ！　ベアーズ」以来、心はずむストーリーです。

その新社長とは、新幹線のカリスマ車内販売員であった、亜佐美。彼女が社長に就任すると、社内や沿線の雰囲気が次第に盛り上がってきて、そのさまはテンポの良い音楽を聴いているかのよう。

しかし「鉄道再生ミステリー」であるこの物語は、単なるサクセスストーリーではありません。亜佐美の社長就任以来、次々に起こる謎の出来事。果たしてなぜ、そんなことが…？

今、地方でローカル線に乗っているのは、お年寄りか高校生ばかり。とても、のどかな乗り物なのです。一方で鉄道は、地元の政治とも強く結びつくシステムであり、走らせるにしても止めるにしても、ドロリとした世界が、かかわってくる。

男の論理と、女の論理。のどかな乗客と、ドロリとしたしがらみ。地方と、都会。一本のローカル線を通じて見えてくるのは、さまざまなギャップです。

しかし亜佐美とその仲間たちは、鉄道と地元への愛、そして愛に基づくド根性とによって、ギャップを乗り越えようとします。ほのぼのと走るもり鉄の背後で高まる緊張感。息詰まるラスト。もり鉄は走り続けることができるのか…？

この物語を通じて、ローカル線の周囲にある多くの問題を知った私。同時に、男と女、地方と都会、それぞれの違いを認めつつ生かすことで変わっていく世界は、もり鉄ばかりではないようにも思ったのでした。（酒井順子・エッセイスト）

（講談社・1575円）＝2013年3月14日②配信

手に汗握る知的興奮

「バウルを探して」（川内有緒著）

専門家でもない限り、とっつきにくい本かもしれない。あまりなじみのないバングラデシュという国に伝わる、ほとんど知られていないバウルと呼ばれる人たちの歌を探りにいく話だからだ。

ところが著者は、超難関を突破して手にした国連職員の地位を30代半ばでなげうち、バウル追跡の旅を始める。全世界の人々がリスペクトする職業と引き換えに、何を求めようというのか。冒頭からただごとではない雰囲気が漂う。

だが、これは読者の関心をかきたてる仕掛け。物語の焦点は彼女の内面にはない。ページを繰るうちに、わたしはバウルの世界にどっぷり漬かり、彼らの口頭伝承についてもっと知りたいと思うようになった。読み終えるころにはバングラデシュに思いをはせ、空をあおぐ自分がいた。

バウルとは何者なのか。著者は何度も自問するが、わずか12日間の旅で明確な答えを手にできたわけではない。

バウルはカースト制度の底辺にいる貧民とされ、出現したかと思うと、こつぜんと姿を消す。彼らが口ずさむ歌は国民的に人気のある曲も多いが、隠喩化された歌詞には人生哲学や宗教思想、あるいはバングラデシュが歩んだ歴史的苦悩さえにじんでいるという。実に悠久、深遠にして曖昧な存在なのだ。

しかし読者は答えよりも、謎解きの試行錯誤にはまっていく。著者の人生の歩みをちらりと聞かされながらも、本書の本質は、手に汗握る追跡のプロセスの共有にこそあると知るのだ。

追跡を楽しみつつ、わたしも推理した。ふと思いついたのは、バウルと日本の琵琶法師の類似点。平安時代に登場し、芸能民であると同時に路傍の宗教者でもあった彼らは、バウルとも重なる。琵琶法師のルーツは大陸にあるというから、両者はどこかでつながっているのではないかー。

知的興奮を誘うノンフィクションだ。（髙橋大輔・探検家）

（幻冬舎・1575円）＝2013年3月14日③配信

路傍の言葉があける風穴　「ヒップホップの詩人たち」（都築響一著）

「シリアスなラップはシリアスな詩であるだけでなく、今日のアメリカの詩に起きているもっとも重要なことがらではないか」（マーク・コステロ、デイヴィッド・フォスター・ウォーレス著「ラップという現象」）

ヒップホップ発祥の地アメリカで、ラッパーが現代の詩人として評価されるようになって既に久しい。だが日本では、ラッパーの言葉がヒップホップの外部で詩人に匹敵する評価を受けているとは、どうひいき目に見ても言えないだろう。

老舗ながら冒険を恐れない文芸誌「新潮」での連載「夜露死苦現代詩2・0」を書籍化した本書は、硬直しきったジャーナリズムに風穴をあける600ページの爆弾だ。登場するラッパー15人のうち東京出身は4人。多くは生まれ育った地方都市に根を下ろして活動している。著者は言う。「東京に相手にされないのではなく、東京を相手にしないこと。東京にしか目を向けない既存のメディアには、それが見えていない」

彼らにとって創作とは、芸術表現である前にサバイバルに直結する手段である。異国で6年間の獄中生活を送った男は、ジャーナリストが戦場をリポートするようにリリックをカセットテープに吹き込み、電話越しにラップすることで生き延びる。少年院で言葉の力に目覚め、星新一に伏線の張り方を学びストーリーテリングを身につけた少年は、出所後、父と一緒に働きつつファーストアルバムを自主制作する。小学3年生で登校拒否した引きこもり男子は、ヒップホップという「ひとりでできる」音楽に希望を見いだし、DJさえ伴わない究極にミニマルな活動スタイルを確立する。

「学校から、家庭から、社会から落ちこぼれた子供たちが身にまとう、路傍の現代詩」を集めた本書は、珠玉のアンソロジーであると同時に、取材・執筆・撮影・編集をひとりで行う著者が15人の半生に寄り添いながら疾駆する、ルポルタージュの傑作である。（北沢夏音・ライター）

（新潮社・3780円）＝2013年3月14日④配信

テクノロジー失業の危機　「機械との競争」（エリック・ブリニョルフソン、アンドリュー・マカフィー著、村井章子訳）

超ベストセラーを連発する謎の作家が現れた。ミステリー、SF、恋愛などなんでもござれ。それも世界各国の言語で同時発売だ。おかげで世界の作家は失業してしまった。当然、私も失業した。謎の作家はコンピューターだった。機械なので疲れも知らずどんどん書き続ける。私は世界の作家たちと謀ってコンピューターを打ち壊すことにしたが…。

そこで目が覚めた。うなされていた。額を拭うとべっとりとした汗で手が汚れた。嫌な汗だ。私は枕元にあった「機械との競争」という本を手に取った。こんな本を読んだから悪夢を見たのだ。

本書はテクノロジー失業の問題について提言をしている。聞き慣れない言葉だ。速過ぎるコンピューターの発達が、人から雇用を奪うことを意味する。その結果、景気が回復してもそれが雇用増に反映せず、失業者が増大しているというのだ。

テクノロジーの発達は人を幸せにすると信じられている。それは18世紀の産業革命以来の真実であり、信仰のようなものだ。ところがコンピューターの発達は、その幸せな信仰をものすごい勢いで破壊している。今までと全く違う世界に私たちは突入しているのだ。人間しかできないと思われていた自動車の運転さえ、コンピューターはできてしまう時代になった。

このままでは人間が不要になってしまう。これは資本家や企業家にも恐ろしい事態だ。コンピューターの発達で効率的に物が製造できても、失業し、収入が無い人々はそれを買うことができない。さらに失業者の増大で社会が不安定になってしまう。

本書は、こうしたテクノロジー失業の危機（これは私の危機であり、あなたの危機でもある）について、説得力ある論旨を展開する。

安倍首相はアベノミクスで成長戦略を掲げているが、それは雇用拡大、人々の収入増につながるのか、本書を読んでいま一度、熟考した方がいい。（江上剛・作家）

（日経BP社・1680円）＝2013年3月14日⑤配信

逃げ場失う状況にめまい　「障害者介助の現場から考える生活と労働」（杉田俊介、瀬山紀子、渡邉琢編著）

私は生まれつきの身体障害者であり、電動車いすを使って生活をしている。入浴、トイレ、身支度など、日常生活のあらゆる場面で人の手を借りなければ暮らしていけないので、介助者に支えられながら生活を回している。

一人暮らしを始めて18年になるが、介助が本格的なサービス産業として市場に参入し始めた2003年ころから、介助者との関係性が変わってきたように感じる。介助は格段に調達しやすくなった一方で、顔が見えなくなったのだ。毎週私の背中を洗いに来る彼は、いったいどんな人生を歩んできたのか。今どんな思いで背中を洗っているのか。そのリストカットの痕はどうしたのか。でも、風呂から出てなんとなくメール書きなどをしている間に、ルーティンはつつがなく遂行され、じっくり話すタイミングもつかめずに終わる。

本書は、そんな介助者の幾人かによって書かれたものだ。今この時代のなかで、ケアの社会化を担う者として、みずからの生き方や介助・介護・ケア・支援へのかかわりを振り返り、時代や社会の状況も見ながら、その経験を慎重に語った稀有（けう）な記録といえる。

過酷な勤務形態、障害者運動を深く理解しているがゆえの葛藤、国政の風向きに翻弄（ほんろう）される生活、そして未来の読めなさ―。私はこの本を読んであらためて、介助者が心身ともに追いつめられていく現場の状況の深刻さにめまいを覚えた。

消費者主義と雇用の流動化という趨勢（すうせい）に乗ったのは、需要不足に悩む財界だけではない。ニーズ中心の介助を追求した障害者運動もまた、明らかにそれを追い風にした。介助者は、労働市場からも障害者運動からも流動化の圧力を加えられ、逃げ場を失っている。

介助者が生きていけない社会は、障害者が生きていけない社会でもある。私たち障害者には、この本への応答責任がある。（熊谷晋一郎・東大先端科学技術研究センター特任講師、小児科医）

（明石書店・2625円）＝2013年3月15日配信

そっと描く人と猫との関係　「九死一生」（小手鞠るい著）

猫を飼ったことがある人、飼っていた猫と別れたことがある人は、本書に出てくる猫と人間との関係に、何度もうなずきながらページをめくることになるだろう。

絵を描く仕事をしながら生き方を模索する冴子と、建築技師の夫、悠紀夫。その姉である穂波とパートナーの新一郎。登場人物たちはそれぞれ猫好きで、人生のさまざまな時間に、猫との出会いや別れを経験していく。

ふらりと出会う猫。部屋から突然いなくなる猫。老いて死を迎える猫。姉の猫、恋人の猫。思い出を呼び出す猫。日々の人間関係から生じる傷や疲れを、猫との微妙な距離感が、少しだけ忘れさせてくれるのだ。この小説の始めから終わりまで、一貫して、その感じがよく捉えられている。

悠紀夫がシルヴィアと名付けようとした猫は、結局プリンと呼ばれることになる。冴子は悠紀夫の書棚に「シルヴィア・プラス詩集」を見つけ、夫はこういう本も読むのかと首をかしげる。

シルヴィアという名は、自ら命を絶ったこの詩人の名であるだけではない。日本からニューヨークに来てまもないころの、若かった悠紀夫の秘められた思い出に深くかかわるものでもあるのだ。ダリヤと名乗ったその女性の本当の名前は、シルヴィア。「猫ってね、九つの人生を生きるのよ。九回死ぬんだけど、九回生まれ変わるの」。そんなことを悠紀夫に語った人。冴子はその人を知らない。

どんなに近い関係でも、互いに知らないことはいくつもあるものだ。それぞれの孤独のあいだを、猫がすり抜けていく。どの猫も人間関係のすきまを通っていく。そのしなやかな身のこなし、やわらかな佇（たたず）まいまでも、この小説はそっと描く。

語られる時間は、行ったり来たりして層を成していく。過ぎた時代の空気をさりげなく呼びこむ方法にも、猫の気配が宿る。寄り添う、とはどんなことか、立ち止まって考えさせられる小説だ。（蜂飼耳・詩人）

（小学館・1680円）＝2013年3月21日①配信

震災で問われる行動と心　「兵士は起つ」(杉山隆男著)

東日本大震災の惨劇をテレビの前でしか見ていなかった私にとって、この本の与える情報はあまりにも衝撃的である。「怒濤(どとう)の勢いで迫りくる『壁』」であり、「意思を持った生きもの」である津波はヘドロと油の塊。それにのみ込まれる4人の自衛隊員の体験から記述が始まる。水の冷たさ、にごり、臭み。はい上がると猛烈な寒さが全身を襲う。恐怖が五感に伝わる筆致に息をのむ。

最悪の状況下で隊員たちは人命救助を行うが、72時間が過ぎるとミッションは遺体収容へと移行。まだ10代の隊員は木にぶら下がった遺体や、逃げ遅れた親子の亡きがらに硬直してしまう。「持てば軽いんです」。幼子にブルーシートをかけ抱き上げる彼らの目にはとめどなく涙があふれる。

しかし、直面するのは死の光景ばかりではない。迷彩服を見ると「食べ物は？　水は？」と畳み掛けてくる群衆。人命救助に来た彼らに余分な食料がないことを知ると露骨に失望する。「身の危険」さえ感じることも。白昼堂々、コンビニからは食料が盗まれ、自動販売機は荒らされる。無秩序の生の姿を見せつけられる隊員たち。心理的には限界だ。

それでも彼らを支えたのは「自衛官である」という思いだったという。終章では原発対処に挑む隊員の姿が描かれる。今度は目に見えない「敵」だ。個性を尊重してきた教育の現場で他者を傷つける「いじめ」が横行する現代において、国民という巨大な他者に命をささげる隊員の姿に「人とはなにか」という疑問が生まれてくる。

「お水ちょうだい」—。飢えに人々が殺気立つなかで幼い子にそう言われた隊員は、人目のないところに呼んでベルトから水筒を外した。幼い心にうつった姿を想像すると胸が熱くなる。精緻なドキュメントであり、同時に人の心と行動のあり方を再考させる貴重な「証言」と言える。(中野順哉・作家)

(新潮社・1680円)＝2013年3月21日②配信

人類史初のグローバル化　「古代ローマ帝国1万5000キロの旅」(アルベルト・アンジェラ著、関口英子・佐瀬奈緒美訳)

離婚の増加に出生率の低下、膨らむ裁判件数に豪勢な別荘建設による景観破壊。いかにも現代的な事象だろう。だが、これは1900年前に起きていたことでもあった。

イタリア人ジャーナリストによる本書は、全盛期の古代ローマを読書で実感できる本だ。時は最も広大な領土を誇ったトラヤヌス帝の117年ごろ。近年の研究成果や史実に基づき、読者は領土内各地を見て歩く。道先案内となるのは1枚の銅貨。この銅貨が多様な人の手に渡ることで、当時のロンドン、ローマ、アレクサンドリア(エジプト)などを訪れていく。

肩に牛の肉をかついだ肉屋や髪をそった奴隷が行きかうローマの下層地区を歩くこともあれば、上質な絹のショールをまとった高い身分の女性が歩くミラノを散策もする。海のすえたにおいの中、アフリカの町で赤紫の染料をとるべく大量の貝が割られる風景を目にしたかと思えば、丘の向こうに「蛮族」の大軍が陣取るマインツ(現在のドイツ西部の町)でローマ軍の戦いを目にもする。

当時の風俗や文明、社会制度について掘り下げてもいる。戦場では機関銃のようなやりの投てきが行われ、ローマ市内では遠方から引かれた水道が使われる。医師の中には脳外科手術に挑戦した人もいたようだ。

一方、悪弊や犯罪も多かった。女性は一部富裕層を除き、家父長の言いなりで自由ではなく、奴隷市場へ売るための誘拐も多発していた。笑みが漏れる部分もある。古代ローマの子どもは現代っ子のように筆記の宿題が習慣で、大人は男女の色ごとが盛んだった。

都市的な事象が多く起きたのは古代ローマは人類史最初の「グローバル化」だったからだと著者は言う。たしかに周辺都市から小麦や税を取り立て、一部富裕層だけ潤う様子は現代社会を映し出しているようでもある。

銅貨の旅路は長いが、一度踏み出せば、世界最初の広大な帝国の様子をにおいや潮風まで感じることができるだろう。(森健・ジャーナリスト)

(河出書房新社・3360円)＝2013年3月21日③配信

分断と抑圧の現代照射

「鉄条網の歴史」(石弘之、石紀美子著)

鮮やかな歴史の切り取り。「なるほど、そうだったのか」と読み手の感興を満喫させる本だ。日常生活とは異次元でも、目をこらせばどこにもある鉄条網＝有刺鉄線の来歴を、平易かつ説得的に語る。新聞記者出身の学者と元国連機関職員の父娘が、それぞれの現場を歩いて抱いた「なぜ？」が執筆の土台になった。

豊富な写真とイラストも想像力を刺激する。舞台は米国のフロンティア期から現代までの約140年間。映画「幌馬車(ほろばしゃ)隊西へ！」の時代から、福島の原発周辺を取り巻くフェンスが象徴する「日本のいま」にわたる。

米西部の開拓がトゲ付き鉄線を生み、戦争が鉄条網を世界に広げた。そして、いまも分断と抑圧の地、隔離が必要な施設に、拘禁と排除のための荊棘(けいきょく)線、通称バラ線が存在する。本書のメッセージはこう要約できる。

そういえば、映画「シェーン」に、主演のアラン・ラッドが鉄条網を手入れするシーンがあった。あれが始まりだったのだ。開拓地を囲い込むための道具は、やがて戦場に不可欠の兵器となる。

日露戦争では、鉄条網で防御したロシア軍の機関銃座からの斉射により、おびただしい死者が出た。日本軍は異例の「鉄条網破壊隊」で対抗し、上海事変時に「敵前つひに九メートル、爆薬筒を抱きしめ、鉄条網へ躍り込み、身をもて開く突撃路」と歌われた「肉弾(爆弾)三勇士」の逸話を生む。読み進みながら、老人の連想は尽きない。

「鉄条網の時代」は、まだ終わっていない。著者が注意喚起したいのは、むしろ若い読者だろう。「鉄条網が可能にした強制収容所」「国境を主張する鉄条網」と説明される事実と光景は、「日本のいま」も照射する。

沖縄の米軍嘉手納基地にそびえるフェンス、普天間飛行場の移設で揺れる辺野古の浜を仕切る金網、さらには、鉄条網の未来形とも電子バリアーともいえる監視カメラ網…。副題にある「自然・人間・戦争を変貌させた負の大発明」は依然、進化中なのである。(前田哲男・ジャーナリスト)

(洋泉社・2520円)＝2013年3月21日④配信

文学へ回帰する作家の姿

「猫はときどき旅に出る」(高橋三千綱著)

40年ぐらい前に、高橋三千綱という新鋭作家がいた。1974年、「退屈しのぎ」という作品で群像新人文学賞を受賞し、4年後には「九月の空」で芥川賞を手にする。まだ20代のアメリカ帰りの若者だった。間違いなく、彼の前には、順風満帆の作家生活が待ち構えているはずだった。

時代もそういう新人作家の登場を待ち望んでいた。中上健次(なかがみ・けんじ)や村上龍(むらかみ・りゅう)、三田誠広(みた・まさひろ)ら、戦後生まれの新人作家たちが相次いで芥川賞を受賞し、文壇に新時代が到来しつつあった。その中の一人が高橋三千綱、経歴といいルックスといい、申し分のない注目の新鋭作家だった。しかし、他の作家たちが華々しい活躍をみせるにもかかわらず、高橋三千綱の名前は文壇や文芸誌から次第に遠ざかっていった。

その後、映画監督の話や劇画原作者になったとかいうような話を聞いたが、なぜ文学から離れたのか、真相は謎だった。

この小説「猫はときどき旅に出る」は、高橋三千綱という作家が、なぜ文学や文壇と決別して、映画製作や劇画原作者、剣豪小説家など、他のジャンルへ転進していったかを描こうとしているようにみえる。

売れない作家だった父親との対立、高校を卒業するとカリフォルニアへ。アメリカ留学とは言いながら、アルバイトで学費も生活費も稼ぐ苦学生時代。帰国し、スポーツ新聞社に就職、そして小説を書き始めると、たちまち新人賞を受賞。やがて芥川賞。しかし、彼はそれに満足できなかった。ゴルフに熱中し、酒や女に溺れ、出版社から前借りをした金で映画製作に乗り出す…。

劇画原作者として3千万を超える現金を手に入れたこともあるが、やがて身を持ち崩すように、文学から遠ざかる。やや自虐的に描いているが、ほぼ事実だろう。

作家は長い道のりを経て、再び文学の世界へ回帰しようとしているかのようにみえる。(山崎行太郎・文芸評論家)

(集英社・1785円)＝2013年3月21日⑤配信

党派超えた友情の絆　「プレジデント・クラブ」(ナンシー・ギブス、マイケル・ダフィー著、横山啓明訳)

父ブッシュは、再選をかけた大統領選でアーカンソー州から来た男に敗北を喫しゴルフで無聊(ぶりょう)を慰めていた。われわれホワイトハウス詰めの記者たちにこう嘆いたことがあった。「君たちには現職を離れた大統領の心境など分からないだろうな。辞めた途端にゴルフのパートナーは誰もオーケー・パットを申し出てはくれない」

イェール大入学を前に海軍のパイロットに志願した父ブッシュと、ベトナム戦争の徴兵逃れの疑惑が付きまとったクリントン。2人はあらゆる点で対照的な存在だった。にもかかわらず、後に実の親子かと見まがうばかりに親密な間柄となった。有力誌「タイム」の記者としてホワイトハウスの人間ドラマを目撃してきた著者は、新旧の大統領が互いに魅(ひ)かれあっていく過程を鮮やかな筆さばきで描きだしている。

フーヴァーはアメリカを大恐慌の奈落にたたき込んだ大統領として、父ブッシュよりはるかに惨めな引退生活を送らなければならなかった。共和党から応援演説を頼まれず、民主党はフーヴァーの名を集票マシンとして重宝した。アメリカの疫病神だった彼を再び陽(ひ)のあたる舞台に連れ戻したのは、ルーズベルト政権のさえない副大統領からホワイトハウス入りしたトルーマンであった。

第2次大戦で疲弊した欧州を飢饉(ききん)から救う役割をフーヴァーに託し、戦後は大統領が真に指導力を発揮できるよう連邦政府の改革を委ねたのだった。これらの仕事を通じ、フーヴァーは民主党政権の弱点を握っていたのだが、党派争いに利用しようとしなかった。本書は互いの信頼が深まっていったさまを活写している。

国家の命運を担って苛烈な責任に耐えた者だけが知る大統領職の重み。それゆえ、彼らは揺るぎない友情の絆で結ばれている。「プレジデント・クラブ」は、大統領職にあった者たちの隠された素顔に光をあて、アメリカ現代史に新たな一章を書き加えている。(手嶋龍一・外交ジャーナリスト、作家)

(柏書房・2940円)＝2013年3月22日配信

暗闇のなかで声をあげる　「想像ラジオ」(いとうせいこう著)

たとえば私たちが暗闇のなかに立っているとしよう。何も見えず、どこにいるのか、どんな危険が待ち構えているのかもわからない。手探りで進まないと、深い谷へと転落してしまうだろう。

このようなときに必要なのは「おーい、俺はここにいるぞ」と声をあげることだ。おそらく著者は、まっさきに声をあげるタイプだろう。

この小説の主題は「死者からの呼びかけ」である。津波で死んだはずの人物が、ラジオのDJとしてリスナーに語りかける。その語りが、小説の主軸をなしている。

つまり、このラジオは、死者からのメッセージを媒介するものなのである。DJは、ときには死者からの、ときには生きている者からのメッセージを読みあげる。それらのメッセージは、どこか懐かしさを感じさせるものであり、さながら「同窓会」のようでもある。

そして、自分が死んだことに、このDJは気がついていない。リスナーからの投稿を通じて、彼は自分の身に何がおきたのかを徐々に思いだすのだった。

この「想像ラジオ」は、名前のとおり、リスナーが想像力を駆使して、耳を澄ませないと聞こえない、というものである。死んだ者たちが何を望んでいたのか。それを知るには、もはや彼らのことを想像してみるしかないだろう。では、それはどのような種類の想像力なのだろうか。

考えてみれば、ラジオは不思議なメディアである。電波にのって、どこかにいる人の声が、ノイズも混ざって聞こえてくる。それによって、人の想像力は大きく変わる。それは、たとえば暗闇の影を「幽霊」だと瞬時に誤認するときの想像力に似ている。

この小説に説得力があるのは、このようなラジオの特徴を最大限に生かしているからである。死者を弔うには恐怖をくぐり抜けなければならない。著者が投げかけているのは、こうした問題なのだ。(池田雄一・文芸評論家)

(河出書房新社・1470円)＝2013年3月28日①配信

農業問題を考えさせる力作

「黙示」（真山仁著）

真山仁というと、ドラマ化された「ハゲタカ」をはじめ、詳細なリサーチを武器にした虚実皮膜の構想で、現代社会の危機を描く作風で知られる作家である。その最新作「黙示」は、日本の農業問題に斬り込んだ意欲作だ。…と書くと、時節柄「テーマはTPP（環太平洋連携協定）か」という早とちりを招きかねないが、TPPは本書で扱われた数多い事柄の中では、ほんの一部にすぎない。著者はもっと広い視座から農業問題を俯瞰（ふかん）している。

農薬散布用の無線操縦ヘリが、小学生の集団に「ピンポイント」という農薬を浴びせる事故が起きた。農薬メーカーに勤め、ピンポイントを開発した平井宣顕は、息子がその事故で重体になったと知ってがくぜんとする。事故の現場に居合わせた元戦場カメラマンの養蜂家・代田悠介は、テレビに出演して意見を聞かれた際に「農薬の恐怖は、放射能以上」と口走ってしまい、波紋を広げる。一方、農林水産省のキャリア官僚・秋田一恵は、TPP批准後の農業のあり方をめぐるプロジェクトチームを任される。

立場も考え方も異にする3人の主人公は、やがて農薬の是非、そして農業の未来をめぐって意見を交えることになる。だが彼らの志の前には、問題を単純化してあおりたてるマスコミ、自己中心的な政治家、旧態依然とした体質の農水省、それぞれの思惑を秘めた米国企業や中国政府などが立ちはだかるのだ。

その複雑極まりない絡み合いから浮かび上がってくる、日本の農業の運命を握る鍵のひとつは、GMO、つまり遺伝子組み換え作物だ。やがて訪れるであろう世界規模の食糧危機。それは日本にとっても決してひとごとではない。目前に迫った危機に対し、GMO受け入れはどのような可能性と危険性を持つのか。日本の農業を待ち受けているのは絶望か、それとも希望か。読者にもこの問題について真摯（しんし）に考える気を起こさせる力作だ。（千街晶之・文芸評論家）

（新潮社・1785円）＝2013年3月28日②配信

美しい生活を実現する装置

「琳派のデザイン学」（三井秀樹著）

琳派とデザイン。二つの言葉の結びつきに違和感を覚える人はいまではほとんどいないだろう。生活を美しくするのがデザインであり、琳派は、生活の中で美を楽しむことに主眼を置いた日本美術の典型として、近年その大胆かつ斬新なデザイン性があらためて注目されている。

それにしても、なぜいま琳派なのか。本書は、デザイン史を念頭に置きつつ、その問いに答えようとするものである。

なぜいま琳派かという理由は、その独特な抽象性という形で現れた「精神性」とそこに通底している「自然観」にある。西洋芸術は「芸術のための芸術」という純粋美術を至上目標とした。それに対し、琳派に極限される日本美術は「住空間を愉しむための」応用美術と位置づけられてきた。琳派の精神性とは、そうした二項対立による理解、「純粋」を上位、「応用」を二次的なものと位置づけてきた理解に抗するため、美術史家の滝精一が唱えたものである。

本書の筆者もそれにならっているわけだが、興味深いのは、それを「デザイン的」であることと言いかえている点だ。洋の東西、芸術の位置づけの対立を超えて近代が獲得したのは、「マシンエージ」という新しいフェーズの中で、美しく豊かな生活を実現するデザインという装置であった。

デザインの社会的台頭に琳派が果たした貢献については本書でも繰り返し述べられているが、忘れてならないのは、それが破調とか非対称といった表現上の問題に尽きるものではないということ。琳派表現の精神性すなわちデザイン性を支えているのは、「暈（ぼか）しの美」に見られるような透徹した自然認識にある。

琳派は表現スキルとしてデザインの台頭に寄与しただけでなく、機械の時代に失われた自然と生活との接点を回復する装置としてのデザインの役割を私たちに問うものでもあるのだ。（鞍田崇・総合地球環境学研究所特任准教授）

（NHKブックス・1260円）＝2013年3月28日③配信

失敗しながら生き延びる 「レジリエンス　復活力」（アンドリュー・ゾッリ、アン・マリー・ヒーリー著、須川綾子訳）

私たちの周りの自然環境、社会は絶えず変化している。私たちの細胞や記憶も刻々と入れ替わり、変化している。その一方で、これらはすべて、入れ替わりながらも秩序、規則性やアイデンティティーを保持している。

そのようなシステムに外部から衝撃があった時の反応や展開を、本書は表題の「レジリエンス」をキーワードに読み解いていく。

題材はまさに縦横無尽であり、サンゴ礁などの生態系、インターネットや金融、都市といったインフラ、テロ集団や地域社会の組織論、あるいは強制収容所での個人的体験についても述べている。スピード感あふれる文体は「フラット化する世界」のフリードマンを想起させる。

拙著「地域のレジリアンス」でも触れたが、レジリエンスはもともと数理生態学者が定義した概念だ。日本では主に心理学の領域で使われ、3・11以降、地域社会、経済、インフラ整備などの分野に広がった。政策としての評判は芳しくない国土「強靱（きょうじん）」化も、原語はレジリエンスである。

誤解されがちだが、単なる「復旧＝元に戻すこと」を指す言葉ではなく、防波堤を高くするような「頑強性の強化」を意味するのでもない。むしろ、レジリエントな組織は不完全で非効率的で、失敗やトラブルを伴い、それでも生き延びる、と本書は説く。そう、防災の専門家が巨大な防波堤で津波に備えたとしても、今度は、天敵がいなくなり異常繁殖したネズミが施設に侵入し、停電を引き起こすかもしれない。

専門性の尊重という「ムラのおきて」を破る本書は、科学者や行政マンにある種の居心地の悪さを突きつける。専門家の想定・計画にも、軌道修正や失敗の可能性は常にある。ならば、専門家でない人が変化に向き合い、データを活用し、リーダーを育て、ネットワークを広げればいい。そんなメッセージを感じる。

事例ごとの粗さはあるが、ポスト3・11の変化を考える好著だ。（香坂玲・金沢大准教授）

（ダイヤモンド社・2520円）＝2013年3月28日④配信

美しい花火のような生涯 「完全なるチェス」（フランク・ブレイディー著、佐藤耕士訳）

まるで美しい花火を見ているかのような読み心地だった。花火は燃えている間には神々しく光と熱を発するが、輝きが失われた後には信じられないほどにくすんだものへと変わる。そのグロテスクな変化が、1人の男の生涯を通して表現されているのだ。

本書は、チェスの世界チャンピオンの座に君臨した人物が送った数奇な人生を描くノンフィクションである。

1943年シカゴ生まれのボビー・フィッシャーは6歳で初めてチェス盤に触れた。エキシビションの場ではあるが、本物のチェスマスターとも7歳で対戦し、まったくかなわなかったといって悔し涙を流した。さらに12歳で公式戦のキューバ・ツアーに参加、13歳であえてクイーンを取らせて勝つという「世紀の一局」を達成した。そして早くも14歳で全米オープン選手権を制している。

しかし、華やかな経歴の陰でボビーは、人間関係上の弱点を露呈し始めていた。そのことを著者は冷徹な筆致で記している。彼は人間としては気まぐれな王さながらであり、気に食わないことがあれば「首を切れ」と言わんばかりに他人を責めたてたという。

72年に世界選手権のタイトルを奪取してからの変転ぶりは目を疑うほどである。彼は絶頂期に突如、選手権試合を拒否して隠遁（いんとん）生活に入る。自分以外の誰もが許せず、絶望的な人種差別主義者でもあった。チェスの世界では天才としてもてはやされたが、私生活ではひたすら孤独であり、アメリカ合衆国の対ユーゴスラビア経済制裁を無視して試合を行ったことが原因で祖国にも帰れなくなってしまった。彼は母親の葬式にも参列できていない。

チェスしかなかった生涯、という言い方もできるだろう。だが彼の人生に他ではありえない輝きを放った瞬間があったことは確かなのだ。その事実を前にして、私はぼうぜんと立ち尽くすような気持ちを味わった。（杉江松恋・書評家）

（文芸春秋・2625円）＝2013年3月28日⑤配信

拾い集めた風景のかけら

「路上と観察をめぐる表現史」(広島市現代美術館監修)

私たちが街を歩く時、見慣れている看板や建物は、すでに風景の一部になっている。しかし、それらを「見る」のではなく「読む」と、当たり前の風景が豊かな表現をはらんだ現象として立ち上がってくる。本書は、目からこぼれ落ちた風景のかけらを丁寧に拾い集め、愛とユーモアを込めて表現した人たちの軌跡である。

副題にある考現学とは、「考古学に対立したい」という意識から作られた造語で、今和次郎が関東大震災後の東京の町を歩き、バラックをスケッチしたことから始まった。そこからさまざまな学問が生まれ、1986年には「路上観察学会」なるものが誕生する。呼び掛け人のひとりである藤森照信氏は発会の辞で述べる。

「この地球上には、図書館や美術館や店やテニスコートよりももっと素晴しい路上という場があることをまだ誰も気づいてはいませんでした。これは、目玉にとって、新大陸の発見であります」

路上観察者たちは、その目玉で発見し、命名し、記録していく。例えば、純粋な昇降運動を強制し目的地をもたない「純粋階段(四谷階段)」など、本書に数多く収められている写真がお宝のように見えるのは、観察の名手たちにより、そこにあるものが磨かれ輝き出すからではないだろうか。

日本の奇妙な風景を取材した「ROADSIDE JAPAN　珍日本紀行」などで知られ、本書にも登場する都築響一氏と対談した時に、彼が言った言葉が忘れられない。

「変なモノや人ばっかり取り上げてるって言われるけど、そういうものって僕らの街に普通に存在するんですよ。おしゃれ雑誌で取り上げられてるようなバカ高い椅子に誰が座ってるの?」

路上には「つくり手知らず」の傑作があふれている。観察の視点を持つことで、それらが輝き出すことを本書は教えてくれる。(金益見・神戸学院大専任講師)

(フィルムアート社・2310円)=2013年4月1日配信

価値観揺るがす剛直な視線

「ロスト・ケア」(葉真中顕著)

2011年12月、X地裁法廷。〈彼〉は、43件の殺人と1件の傷害致死の罪で死刑を宣告された。

長く伸びた総白髪、くぼんだ目、そげた頰と深く刻まれたしわ。口元に薄い笑みをたたえた、どこか神々しい聖者のような〈彼〉。母を殺された羽田洋子は、他の被害者遺族に聞いてみたい衝動に駆られる。ねえ、〈彼〉に救われたと思ったことはない?

たしかに救われた、と斯波宗典は、死刑宣告を聞きながら思う。白髪の男に殺されて父も斯波もたしかに救われた。この裁きは、善悪のレッテルではなく、人々が事実を受け入れ前進するために、必要なのだ、と。

佐久間功一郎は、そこにいないし、何も知らないが、〈彼〉の殺人が白日の下にさらされるきっかけをつくった。

〈彼〉の真の目的に気づいた東京地検の検事、大友秀樹は、ふざけるな!　悔い改めろ!　と呻(うめ)く—。

わずか7ページの序章に、主題を提出して葉真中顕は、5年前にさかのぼって、〈彼〉、斯波、佐久間、羽田、大友たちの複数の視点から事の真相にせまる。

〈彼〉の被害者はみな要介護状態の老人たち。殺人を"処置"と呼び、自然死に見せかけて巧妙に殺害していく〈彼〉。

その正体と、〈彼〉がどのようにして捕らえられるかのミステリーとしての構成は見事だが、いまや大問題である介護問題を直視する、葉真中顕の視線の剛直なこと。

介護の現場のスタッフ、認知症の親の介護に神経をすりへらす子、そこでビジネスチャンスを狙う者など、立場の異なる人間の思想を、葉真中顕は読み手に投げかける。

そうした現実に検事として、性善説をぶつけるが、高級介護施設に父を入居させる大友には、現実はぼやけている。葉真中顕は、そのぼんやりとしたものを読者に直視させ、価値観を揺るがせてくる。最近出色の社会派ミステリーであった。(井家上隆幸・文芸評論家)

(光文社・1575円)=2013年4月4日①配信

人とつながれず生まれた闇

「永山則夫　封印された鑑定記録」(堀川恵子著)

1968年に4人の命を奪って人々を震えあがらせた"連続射殺魔"永山則夫像が、本書によって大きく塗り替えられそうだ。とはいえ、事実を覆すような発見があったわけではなく、失われたパズルのピースをはめてみたら、事件の背景にまったく違った像が出現したのである。

そのピースを持っていたのが永山の精神鑑定をした石川義博氏である。永山事件は、一審で死刑、二審で無期懲役、最高裁で事実上の死刑判決が下された。その違いは「石川鑑定」の評価にあったという。その基になった永山の録音テープの存在はこれまで表に出たことがなく、本書によって初めて明らかにされた。

長い間、永山事件は無知と貧困が生んだといわれてきたが、約8カ月間にわたって永山とその家族から聞き取りをしたその鑑定書は、そう指摘しなかった。筆舌に尽くしがたい永山家の貧困は事実だが、それ以上に永山の人格に影響を与えたのは、かすみのように希薄な家族の絆だった。

母には幼い永山の記憶はなく、抱っこしたこともなかったという。逮捕後、永山はそんな母に、「おふくろは俺を三回捨てた」と吐き捨てるように言った。実際、母は永山を捨てたが、その母も実の母から捨てられたという壮絶な家族史を背負っていたのだ。さらに兄からリンチを受け、妹たちから避けられ、無口が手伝って友達もできなかった。19年の人生で何ひとつ満たされず、愛された記憶もなく、永山は憎悪の炎を、縁もゆかりもない市井の4人に向けるのである。

永山事件は、人間の闇が生み出したものだ。人は人とつながることで人になるが、つながれなかったゆえに生まれた闇である。今、その闇が、親子関係が薄くゲームに熱中する子供たちに広がりつつあることを知れば、決して過去の事件ではないことがわかるだろう。

本書は、これまで永山則夫を追ってきた著者の執念の結実にちがいない。(奥野修司・ジャーナリスト)

(岩波書店・2205円) = 2013年4月4日②配信

想起して語り継ぐ

「弔い論」(川村邦光著)

死者は多くの場合、不意打ちのようにわれわれの前にあらわれ、予測不可能なさまざまな影響をもたらす。それゆえ、死者をどのように弔うのか、つまり「他界」と呼ばれるこの世ならざる場所にどうやって送り届けるのかは、生き残った者たちにとって大きな問題であり続けてきた。

本書はその「弔いの場」の意味を、あらためて問い直そうとする労作である。幼子の死を悼む親の手記、養嗣子の春洋の戦死に対する折口信夫の対応、亡霊として出現する戦死者たち、故人の遺影写真—。幅広い題材が取りあげられ、「能動的な主体となる弔問者、受動的な客体となる死者(死霊)、この主体と客体/自己と他者の関係性を取り持つ死者の代理」の3者がダイナミックに関わりあいつつ「弔いの場」が形成されていくさまが描き出されていく。

そこでは、「客体」であったはずの死者が、あたかも「主体」として弔問者を迎え、歓待する(あるいは糾弾する)ように見えることもある。また多様な出自、固有の名前を持った戦死者たちが、ひとくくりに「軍神」として合祀(ごうし)された靖国神社のように、「弔いの場」が強い政治性を帯びることもあり得る。単純に葬儀や法要のような形式的な作法で終わらせてしまうのではなく、ずっと長く「想起して語り継ぐこと—それが死者への手向けとなり、弔いともなった」という著者の指摘は、傾聴に値するのではないだろうか。

いうまでもなく「弔いの場」の創出は、東日本大震災以後、新たな局面を迎えつつある。震災とその後の大津波によっておびただしい数の死者たちが出現したからだ。残念なことに、津波で流出した家族の写真やアルバムを拾い集めるといったニュースへの言及はあるが、大震災の死者たちの記憶をどのように語り継ぐべきかについては、今後の課題として残されている。次作では、ぜひそのテーマを中心に取りあげていただきたいものだ。

(飯沢耕太郎・写真評論家)

(青弓社・3150円) = 2013年4月4日③配信

神話的想像力が描く希望　「双頭の船」（池澤夏樹著）

東日本大震災から2年、作家の想像力が、軽快で、しかもスケールの大きな物語を紡ぎ出した。

ふわふわと日々を過ごす若者が登場する。判断に迷うたびに「フリーズ」して、誰かの指示がないと動けないタイプの若者だ。恩師からの電話の指示で乗り込んだフェリーでの彼の仕事は、停泊地で積み込まれる中古自転車を修理すること。自転車の「真空地帯」となった土地に届けるために。瀬戸内から乗員7人で出発した船は、途中で大量の自転車と200人のボランティアを乗せて、大津波に破壊された三陸の港に到着する。

野生の臭いに感応する行動的な女性や、100匹の犬を連れた獣医師、津波に呑（の）まれて生還した寡黙な若者、鬱屈（うっくつ）した情熱を抱えた中年男など、ユニークな人物たちがやって来る。船名も「さくら丸」と改称した船上には500戸近い仮設住宅が建ち、2千人近くが暮らす町ができる。住民の中には死者たちの姿も交じる。

小さなフェリーは、今や、大洪水の後に癒やしと希望の種子を運ぶ巨大な「方舟（はこぶね）」めいてくる。被災地支援という現実のモチーフが神話的想像力へと展開するのだ。

あらゆる神話は、荒唐無稽なイメージや物語の中に、人間世界の悲惨と希望に関わる洞察を含んでいる。現代の小説「双頭の船」も、文明と自然に関わる作者の認識をさまざまなエピソードに託して、いわば、被災の現実から出航して宇宙論的なビジョンへと航海するのである。

末尾、船は二つに分かれ、半身は自由な大航海へと船出し、残る半身は船であることをやめて「さくら半島」になることを選ぶ。港を津波の脅威から保護するかのように。「ボランティア」という行為を考え抜いた作者の思想の表現だろう。

そして、自転車修理をつづけた若者は、自分にも「歴史」ができた、と思う。これは、空っぽだった若者が、支援活動を通じて、ついに自分の「歴史」を持つに至る物語なのでもあった。（井口時男・文芸評論家）

（新潮社・1575円）＝2013年4月4日④配信

保守派論客の痛快な本音　「階級『断絶』社会アメリカ」（チャールズ・マレー著、橘明美訳）

誰だって顔の前に鏡を突き付けられ、あれこれ自分を分析されたら、いい気持ちはしない。1960年から50年間の白人社会の変化を数字で読み解き、米国社会全体の崩壊を憂えた本書は、全米で大論争を引き起こした。

「今、わたしたちを分かつのは人種・民族ではなく、階級である」「アメリカ社会は階級の継ぎ目からほころびつつあり、その現象は白人だけに限ったものではない」と説く本書は、中産階級が分裂し、社会に無関心な「新上流階級」が生まれ、無気力な「新下層階級」が急増している、と警鐘を鳴らす。

著者は「建国の父たちが唱えた『小さい政府』の考えに戻らなければ」と原点回帰を唱える「リバタリアン（自由至上主義者）」。個人の自由を最大限尊重し、自発的な相互扶助や社会参加を訴える主張は、政治的には少数派に属する。

米国での刊行時、本書について「不平等社会の犠牲者を責めている」「本年、最も重要な本」と相反する記事がニューヨーク・タイムズに掲載されるなど、評価は両極に分かれた。その背景には、反格差の社会運動「ウォール街を占拠せよ」の影響と、大統領選を前に二分した世論があった。

しかし、ニューヨークに四半世紀住む私には、米国社会のタブーである階級問題を公に語った点が何よりも痛快だ。「不誠実な、見かけ倒しのエリートが、新下層階級とは別の意味で機能不全に陥っているのではないか」との著者の懸念は、象牙の塔の保守派エリートが「庶民の言葉」で語った、うそ偽りない本音に聞こえる。

宣伝のためにテレビ出演した際も痛烈だった。「新上流階級の上層にいて、この国を文化的、政治的、経済的に動かしているエリートは、世襲で2代目、3代目となり、外界を知らず、無知だ」

本書が描くのは、太平洋の対岸の火事ではない。読了後、米国の歴史家ヘレン・ミアーズが終戦直後に書いた「アメリカの鏡・日本」に手が伸びた。（鈴木ひとみ・ジャーナリスト）

（草思社・3360円）＝2013年4月4日⑤配信

推理小説以上の面白さ　「美術品はなぜ盗まれるのか」（サンディ・ネアン著、中山ゆかり訳）

ルネサンス美術を生んだイタリア、ロココ美術や印象派を生んだフランス。では英国はというと、おそらく多くのイギリス人がターナーの名をあげるだろう。それほどに重要な、真に国民的な画家なのである。そのターナーの、印象派を予言するような作品が2点盗まれてしまった。

1994年7月28日、フランクフルトのシルン美術館で開催中の「ゲーテと美術」展会場からである。両作品とも画家が「ターナーの遺産」として国にのこしたコレクションの一部であり、所蔵するテート・ギャラリーとしてはあってはならないことだった。もちろん作品を借りた美術館では2400万ポンド（約37億円）にのぼる保険金をかけてはいたが。

本書は、史上最大規模の美術品盗難事件とその奪還の物語である。著者自身がこの奪還作戦の責任者をつとめたテートの学芸員であることから、さまざまな情報に翻弄（ほんろう）されながらロンドン警視庁美術特捜班やドイツ警察、保険会社の損害査定人と協力して犯人たちとの交渉を進める経緯は緊迫感に満ち、推理小説以上の面白さをもっている。

8年半にわたるそのいきさつが第1部を構成しており、第2部は、学芸員に望まれる倫理観と美術館をとりまく現実問題との摩擦や、これまでの美術品盗難の事例紹介とその論考からなる。

国際刑事警察機構などの発達によって、高額な美術品を闇の世界で売却することは難しくなっている。にもかかわらず、麻薬取引、マネーロンダリング、非合法な武器販売に次いで大きな国際市場を盗難美術品がしめている。

なぜなら盗まれた美術品は新聞やテレビで評価額とともに報道されるので、闇の世界では表の世界の評価額で価格保証されたきわめて優れた「商品」として流通するからだ。

美術館に勤めるものとして身につまされる内容である。（青柳正規・国立西洋美術館館長）

（白水社・2730円）＝2013年4月4日⑥配信

大胆に紡ぐ大きな物語　「使者と果実」（梶村啓二著）

バブル経済の崩壊で仕事と恋人を失い、故国を離れて南米ブエノスアイレスでワインの輸出代理業者として再起を図る平悠一は、現地で不思議な日本人の老人に出会う。ヤマダタダシと名乗るその男は、かつて「ナチスドイツ政府のチェロを盗んだことがある」と自らの過去を明かし、そのまま亡くなってしまう。

満州国国務院で現地での日本酒増産計画に携わっていたという老人は、チェロ奏者でもあった。増産計画のパートナーだった酒造会社の社長夫人はピアニストで、2人は同じカルテットで演奏をするうちに恋におちる。

老人が「盗んだ」チェロの来歴は、満州国国務院の官吏であったマゴエという男の回想としても語られる。第2次世界大戦直前の欧州と、日本が泥沼の対中戦争にのめり込んでいた中国大陸。戦乱の気配が漂うユーラシアの東西では諜報（ちょうほう）活動がさかんに行われており、2人の恋もその荒波にのみ込まれていく。

ベネチアの工房で作られたチェロの名品ドメニコ・モンタニャーナを同盟国ドイツへ搬送する大任をマゴエがタダシに担わせたのは、この泥沼から2人を救い出すためだった。

本作は日経小説大賞を受賞した「野いばら」でデビューした作者にとり第2作にあたる。軍事や国際諜報（ちょうほう）といった「官」の世界に生きる男が、魅力的な女性との出会いにより、そこからはみ出す道を選んでしまう。その心理的葛藤を癒やすように、音楽や植物のモチーフによって柔らかい裏地があてられる―こうした手法が前作とも共通している。

本作では、一人称の語り手が増えて多視点となったことで、重層性がさらに増した。場所も時代も超えた普遍的な物語をいかにして紡ぐか。単なる歴史小説でも現代小説でもなく、両者を大胆に縦糸と横糸として紡ぐことで、より大きな物語の絵柄を示そうとする作者の野心に、心からエールを送りたい。（仲俣暁生・編集者、文筆家）

（日本経済新聞出版社・1680円）＝2013年4月11日①配信

恐怖政治動かした素顔

「人はなぜ人を殺したのか」（舟越美夏著）

ずっと疑問に思ってきた。カンボジアでの大虐殺は、なぜ忘れ去られたようになっているのか。

1970年代末、約200万人もの国民が、処刑や飢餓で亡くなった。それも、自国の政権の手によって。にもかかわらず、どうしてこんなに注目度が低いのか。わずか30年ほど前の出来事なのに。

私自身、現地で何度か取材した経験がある。生き残った人々にも話を聞いた。なぜあんなことが？答えは「わからない」。人々は、あたかもイナゴの大群が押し寄せて飢饉（ききん）でも起きたかのような口ぶりで、首を横にふるのだった。

なぜあんなことが？　当時のポル・ポト政権中枢にいた人物たちに、この質問を著者ほど繰り返したジャーナリストは他にいない。しかも、彼らの重い口をこじあけた。このことだけでも著者の仕事は高く評価されよう。

世界的なスクープもある。政権ナンバー2だったヌオン・チアへの単独インタビューである。イエン・サリやキュー・サムファンらの元“大物”たちも引っぱり出した。

「虐殺者」と糾弾された彼らの素顔は、意外なものばかりだ。みな質素な家に、ほとんど護衛もつけず、ひっそりと暮らしている。いずれも高齢だが、長時間の取材をいとわない。たびたびの再訪すら拒まない。カンボジア人らしく、遠来の客を受け入れるのである。だが、容易に心のうちは見せず、謝罪どころか、正当化や責任転嫁に終始する。開き直る者もいる。

著者は非難も断罪もしない。ひたむきに、誠実に、かつての恐怖政治の老指導者たちと向き合う。むろん結論は出ないのだが、闇にうずくまっていた彼らの実像を初めて見た気がした。会話よりも、むしろ著者が切り取った一場面や、カンボジア人通訳の思いがけない反応によって、まるで閃光（せんこう）に照らし出されたかのごとく、実像が目に焼きついたのだ。翻訳され、海外でもぜひ読まれてほしい一冊である。（野村進・ノンフィクション作家）

（毎日新聞社・2310円）＝2013年4月11日②配信

沈黙の末つづった回想録

「ミセス・ケネディ」（クリント・ヒルほか著、白須清美訳）

ダラスのあの日から、今年でちょうど50年。1963年11月22日、ジョン・F・ケネディが遊説先で凶弾に倒れた、20世紀の大事件でした。東京オリンピックの前年で、日本中どこの家庭の茶の間にもテレビが普及していました。映画やテレビドラマではなく、ほぼリアルタイムで大統領暗殺の場面を見た時の衝撃がよみがえります。

もしもケネディが暗殺されなかったら…。ベトナム戦争が泥沼化することもなかったかもしれませんし、果ては9・11もなかったかも。その意味でもダラスのあの日で、世界史が大きく塗り変わったと思うのは、うがちすぎでしょうか。

沿道を埋めた人々の間を縫うように、ゆっくり進んでいたリンカーンの後部座席で突如崩れ落ちるケネディ大統領。その横でそれまで笑顔で手を振っていたファーストレディーは、たった6秒間ののちに夫を暗殺された悲劇のヒロインに。あたりに飛び散った夫の頭の一部に手を伸ばす夫人の勇気ある動作の一部始終が、著者の拭えない記憶になります。

本書はケネディ大統領の就任から暗殺後までの数年間、ジャクリーンに24時間体制で張りついていた警護官クリント・ヒルが半世紀の沈黙の末につづった回想録。あの日、彼女のすぐ後ろで、共に地獄を見た人間にしか語れないひとこまが随所に読み取れます。夕食会できらびやかに着飾った時よりも、素顔で馬に乗るファーストレディーがすてきだったと、ありし日の彼女をしのびます。

ホワイトハウスを去って久しいヒル氏は、当時現職のクリントン大統領から接見の依頼を受け、米国民にとって大きな意味を持つミセス・ケネディが深刻な病にかかっていることや、数々のエピソードを語り合います。ところが、大統領が使ったミセス・オナシスという彼女の再婚後の呼称に、ヒル氏は敏感に反応。自分の中の彼女は、永遠にミセス・ケネディである

と主張する硬派なロマンチストぶりに好感が持てます。（吉村葉子・エッセイスト）

（原書房・2520円）＝2013年4月11日③配信

鋭敏な感性で捉えた現実

「比喩表現の世界」（中村明著）

「店頭に点けられた幾つもの電燈が驟雨（しゅうう）のように浴せかける絢爛（けんらん）」（梶井基次郎「檸檬」）、「灰になりかけた石炭のような、味気ない淋しさ」（葉山嘉樹「海に生くる人々」）—。

比喩とは、あるものを、他のあるものに喩（たと）えることによって、よりわかりやすく印象的に表現しようとする技法である。が、喩えられるものと喩えるものは、単に似ているものの対比・例示ではない。「両者の類似はこの世にあらかじめ存在していたのではなく、作者が発見し、あるいは創作することによって、この世に生まれ出た」ものだ、と著者は言う。

「夜そのものに蒔絵（まきえ）をしたような綾（あや）を織り出す」（谷崎潤一郎「陰翳礼讃」）、「柔和な、たとえばかすれ勝ちの墨の筆跡のような、郷愁的なまでの発音」（三島由紀夫「花ざかりの森」）、「断水した蛇口から空気がもれるみたいな、人を狼狽（ろうばい）させる泣きかた」（安部公房「他人の顔」）、「山裾の川は杉の梢（こずえ）から流れ出るように見えた」（川端康成「雪国」）。

夜と蒔絵、筆跡と発音、蛇口と泣きかた、川と杉の梢—。そもそも比喩表現とは、（陳腐なものは別として）ある対象を「別のカテゴリーで捉えようとする試み」でもあって、それ自体が新鮮な「世界解釈の手段」であり、「新しいものの見方の開拓」だ、ということである。

むろんそれは、アリストテレスを引くまでもなく、日本語にかぎったことではない。が、とりわけ、ながらく文字を持たない話し言葉であったやまと言葉をもとにできてきた、それゆえ、鋭敏な感性で目前の現実を捉え伝えようとしてきた日本語においては、いや応ない、また際立った方法上の特長でもある。

そうした日本語のすぐれた遣い手でもある近現代作家、217人、618作品から選ばれた比喩表現の、それこそ「驟雨のように浴びせかける絢爛」を味わうだけでも快感である。（竹内整一・鎌倉女子大教授）

（筑摩選書・1785円）＝2013年4月11日④配信

降り積もる不信と鬱屈

「赤と白」（櫛木理宇著）

ホラー大賞読者賞作家の小説と聞き、コワガリの評者はわずかに 躊躇（ちゅうちょ）した。だが恐る恐る読み進めても、猟奇殺人やゾンビといった血なまぐさい場面はほとんどない。出てくるのは、積もり続ける雪と女子高校生とその親たちくらいだ。

冒頭で、舞台となる新潟県のとある町で起こった、火事のニュースが紹介される。母と娘が暮らしていた民家が全焼し、母の遺体は確認されたが、もうひとりの亡きがらの身元は不明のまま。娘と推測されたが、その後国道沿いを歩く「様子がおかしい」当人が保護された。では、焼死体はいったい誰なのか、そこから物語が動く。

出火した家の娘である 小柚子（こゆず）は地元高校へ通い、元バスケ部の弥子という親友がいる。小柚子の母は生活態度がだらしなく、交際中の男性も年ごろの小柚子に下心のある態度を見せる。それに気づいた小柚子が憎悪の念さえ抱くのも、幼いころ母の当時の恋人から性的虐待を受けたからだ。

一方の弥子も、家庭内に問題を抱えていた。同じ家の離れに長年ひきこもったままの、奇人である叔父の老後の面倒を見るようにと家族から告げられ、責任感の強い彼女自身もこれを受け入れている。

小柚子の秘密を知る幼なじみの双子の妹が登場し、恋愛のもつれや嫉妬など、めりはりの利いた物語が展開する。けれど、何よりも読者の心をえぐるのが、親たちの言動だ。自殺すると脅されてわがままな娘の下僕になり、わが子に厄介者の身内の世話を押しつけ、辱めを受けた娘に恋人を寝取るなと嫌みを口にする。そんな親に対する子どもたちの不信や 鬱屈（うっくつ）が降りやまない雪のように積もり、彼女たちの元へ孤独と絶望を運ぶ。

われわれ大人は、これほど身勝手で怠惰、無責任な生き物なのか。そう思うと、むなしくなるのを超え、背筋さえ寒くなってくる。その恐怖たるや、猟奇殺人やゾンビの比ではないのである。（新元良一・作家）

（集英社・1365円）＝2013年4月11日⑥配信

新たな方向性への挑戦　「色彩を持たない多崎つくると、彼の巡礼の年」(村上春樹著)

村上春樹の3年ぶりとなる新作が、ようやく刊行された。意味ありげなタイトルそのままの、主人公の巡礼のような精神の彷徨(ほうこう)を描いた書き下ろし長編小説である。

鉄道会社に勤務する36歳の多崎(たざき)つくるは、その名の通り、駅を「作る」仕事を生業としている。彼には高校時代、4人の仲間がいた。4人の名前には色が含まれていたが、つくるは色とは無縁であった。カラフルで個性的な4人に対して、つくるは隔たりを感じる。

5人は「乱れなく調和する共同体」であったが、1人だけ東京の大学に進学したつくるは、突然、4人から絶縁宣言を突きつけられる。自死を考えたあのときから16年、2歳年上のガールフレンド沙羅(さら)の助言に従い、意を決したつくるは、元仲間との再会の旅に出る。

4人はなぜつくるを切り捨てたのかを最大の謎として、物語は進む。前作「1Q84」がそうであったように、村上作品は、自作からの再引用とモチーフの反復によって織り紡がれる傾向にある。本作にも、「村上春樹の世界」を構成してきた諸要素がちりばめられている。内側に閉じた完璧な共同体が抱え込んだ負の状況を、「ノルウェイの森」の主人公たちの関係性の病理に結びつけることもできる。

既作とのリンクポイントの探し出しは村上作品を読む醍醐味(だいごみ)の一つであるが、いま村上は様式化された自身の物語をいかに継承し、飛翔(ひしょう)するかという大きな課題に直面しているように思える。巡礼の旅の果てにある和解と救済のビジョン、そして沙羅との関係の行く末の示し方に新たな方向性への挑戦がうかがえる。

つくるが愛好する鉄道駅とは、それ自体が目的地ではない移動の結節点であり通過点である。つくるは駅のような存在だ。自分を向かうべき場所も帰るべき場所も持たない「空っぽの容器」と考えるつくるがたどり着くべき場所、その落着点の模索が、ラブストーリーとしての本作の魅力を際立たせている。(榎本正樹・文芸評論家)

(文芸春秋・1785円)＝2013年4月12日配信

純化された命の触れ合い　「天翔る」(村山由佳著)

大人であっても子どもであっても、生きていれば大切なものを失ってしまったり、心ない他人の言動に深く傷つけられたりすることは起こり得る。それでも何とか立ち上がって自分の人生を歩き続けるために、人は何ができるのだろう。

北海道を舞台に、さまざまな傷を負った登場人物たちの魂の再生を描くこの物語は、望み通りにならないことばかりのこの世にも、小さな希望が光り輝く瞬間があると信じさせてくれる。

小学5年生のまりもはかけがえのない人を突然失い、イジメにもあって学校へ行けなくなっていた。偶然知り合った看護師の貴子に誘われ、出かけた牧場で出会ったのは、ひとくせある牧場主の志渡と美しい馬たち。まりもは、汚れたわらを替えるなどきつい作業もいとわずこなしつつ馬に乗る喜びを覚え、やがてエンデュランスという長距離耐久乗馬競技の世界を知る。

定期的に獣医師検査を受けながら人馬一体となって自然の山中を160キロも走破する過酷な競技は、日本ではあまり知られていないが、今まさに目の前で見ているかのような描写で臨場感たっぷり。成長した少女は愛馬とともに困難を乗り越えることができるのか。大人たちは少女を支えることで自分自身を救うことができるのか。生き生きとした躍動感とともに緊張が伝わってくる。

どんな傷も簡単には修復されないし、都合よく癒やされもしない。だからこそ物語は焦ることなく登場人物たちの心に寄り添い、北海道の豊かな季節の移り変わりを描くようにそれぞれの変化をたどる。恋愛小説の名手といわれ、近作では濃密な大人の関係を描いてきた作者が、純化された命の触れあいに迫った本作はすがすがしく、力強い。

痛みや苦しみに彩られた日々の果てには思いがけない喜びが訪れて、それは未来へとつながっていく。その奇跡のような一瞬を、少女とともに読者もまたラストシーンで味わうことだろう。(川口晴美・詩人)

(講談社・1680円)＝2013年4月18日①配信

読破した後で筋トレ再開

「健康男」（A・J・ジェイコブズ著、本間徳子訳）

ひゃっ、こういう事をするアメリカ人の男を他にも知っている、というのが、本書を読む前の反応だった。モーガン・スパーロック監督がその人。「スーパーサイズ・ミー」（2004年）という作品は、監督自身が30日間、朝昼晩3食すべてをマクドナルドで食べるという人体実験（？）的なドキュメンタリーだ。一体、監督の健康はどうなるのか?! 映画進行とともにハラハラドキドキしたことを覚えている。

本書はその書籍版といえるが、対極にある「健康に良いこと」を2年間行い、記録した。しかも最新健康法の「オイシイ」ところだけ体験するという、何だか初めに企画ありきのミエミエ感丸出しだなあ。著者が編集・ライターをしている男性雑誌「エスクァイア」が考えそうなことかも。

まず、著者自身が読みづらいフォントを使って健康リストを作成するエピソードが出てくる。読みづらいフォントは、記憶力が高まると書きながら…。ふーん、かなり極端な方法で健康になることにトライするのね。

しかし、本人の横向きの出っ張ったおなかの写真がボーンと出てきた時に私は、皮肉な目でこの本を読むのをやめようと思った。自分をさらけ出せる人は尊敬に値する。

しかも読み進んでいくと、その筆力（＝名翻訳！）にグングン引き込まれる。単なる健康本のハウツーものに終わっていないところが素晴らしい。著者を取り巻く人間模様、特に家族の役割が見えてきて、ニヤリとしながら、時に感動し、深く考えさせてくれる。

例えば、妻のジュリーは常識人。モラルサポートをしてくれる祖父。読者を和ませてくれる息子たち。エキセントリックな健康オタクのおば。教授やらトレーナーも出演、いや、登場し、健康になるには、健康とは、と議論し、飽きさせない。

結果は…。いやそれは、ぜひ読んでいただきたい。470ページを読破した後、私に筋力トレーニングと有酸素運動を再開させた力がある本でした。

（関口祐加・映画監督）

（日経BP社・1890円）＝2013年4月18日②配信

大切なもの問う基礎資料

「震災・原発文学論」（川村湊著）

大地震、大津波、そして原発事故から2年余が過ぎた。実に多くの本が出版され、時間がたつほどに書く人の立場が鮮明になってきた。福島が政治の無策の下にあるとき、命の安全保障が皆無の原発を肯定するのか否か。曖昧な言葉を許さない人々の視線がある。

その中でこの本は資料としての価値がある。半分のページを割いた「『原子力／核』恐怖映画フィルモグラフィー」は、1951年以降の263本を紹介する。「ゴジラ」も黒沢明の「生きものの記録」、米国の「渚にて」、英国の「風が吹くとき」もあり、映像によって「原子力／核」の危険性が、繰り返し訴え続けられたことが分かる。

井伏鱒二にも反原発の文章がある。戦友の息子である松本信勝は北陸電力に勤め、日本原子力発電に出向、原発技術者として放射線管理の仕事につく。やがて舌がんとなり、老父母と20代の妻、3歳の息子を残して死ぬ。31歳だった。北陸電力は職務との因果関係を否認、70年代には、国の原子力行政の根本に関わる被ばく者の存在否認がまかり通ったのである。

ヒロシマ、ナガサキ、ビキニ。原子力による生命破壊を身近に体験しながら、54基もの原発を抱えていたこの国と人々。それでもなお災厄を過小評価し、原発必要論に加担する人たちの存在も、あぶり出されている。

ナガサキで被爆した作家の林京子は震災後、「命であがなわれるものは何もない」「過去の体験が何も生かされていなかったという絶望感」「何も学習されていなかったという国に対する空（むな）しさ」と書いている。原子力ムラの一握りの人たちが情報を隠し、歪曲（わいきょく）して伝えてきた。それを許した40年の歳月。

人口約500人の山口県祝島の反原発運動は、毎週月曜のデモを30年続け、上関原発建設は福島の事故を受け中断した。金や経済的繁栄、文化の発展という近代的な幻想に対する「民俗的な精神の勝利」といえるだろうか、と著者は問うている。

（澤地久枝・作家）

（インパクト出版会・1995円）＝2013年4月18日③配信

浮かび上がる戦後音楽史

「めぐりあうものたちの群像」（青木深著）

600ページに及ぶこの膨大な著作は、戦後1945年から58年までの間、日本各地の米軍基地内外にあったクラブや劇場、飲食店など、音楽や芸能と関係が深かった施設で出会った日本人と米軍将兵とのさまざまな交流を、時空を超えて克明に記録した書である。

終戦とともに、40万余の米軍が日本に駐留し、朝鮮戦争を挟んで日本に出入りした将兵は数百万人に上ったという。著者は北海道から九州まで各基地跡を訪ね、かつてそこに働いていたバンドメンやダンサー、職員らから体験を聞いた。また施設を利用した側の米軍将兵の軌跡をたどって米国まで出張し、生存している人々と面談した。その取材結果をまとめて、総計108項目もの独立した物語を仕上げた。

東京・八重洲の連合国軍将校専用クラブや横浜の黒人兵向けクラブなどを渡り歩いた日本人ピアニストは、当時のライブ会場の熱気を証言。宝塚歌劇団を「ティーラザーキ」という発音で記憶する元米軍将兵らは「音楽もダンスも素晴らしかった」と回想する。

著者はこうした音楽や人のめぐりあいの「瞬間性」に真正面から取り組むことによって、一見無関係に思える個々別々の事象の関連性を見いだそうとする。その時に極めて役に立つのは、本書が文中の登場人物をはじめ、地名・事項についての詳細な索引を付けていることだ。読む者の興味の分野によって、いかようにも活用できる。

私が専門とするポピュラー音楽史についても、戦後初期10年間の動向は従来資料不足のため不明であったが、各施設に所属したバンドやジャズメンのインタビューなどによって、相互の関連性が明らかになった。光が当たることがなかった人々のエピソード（フレーズ）がつながり合い、「戦後音楽史」という旋律が浮かび上がってきたかのような読後感であった。

往時の米軍新聞まで克明に読破し、多数の貴重な写真を収録した著者の労をたたえたい。（瀬川昌久・音楽評論家）

（大月書店・5460円）＝2013年4月18日④配信

奇跡の薬めぐるドラマ

「サルファ剤、忘れられた奇跡」（トーマス・ヘイガー著、小林力訳）

1930年代初頭、サルファ剤という抗生物質が登場したことで、人類は外傷感染や産褥熱（さんじょくねつ）、丹毒、肺炎などの猛威から救われた。この薬の開発を手掛けたのが、ドイツ人医師のゲルハルト・ドーマクだ。

若き日の彼は第1次世界大戦に従軍した。敵味方の多くの兵が外傷による細菌感染によって死ぬのを目の当たりにし、抗菌剤をつくる決意を固める。

だが、夢の薬をめぐる物語は安穏な展開を許さない。ドーマクを雇ったドイツの巨大な製薬会社は、彼の成果をビジネスへ転化させようと策を弄（ろう）する。そこへ英仏の研究者も割って入り、せめぎ合う。一方、ドーマクの同僚は、称賛が彼に集中するのをよしとしない。

サルファ剤は悲劇も巻き起こした。米国では、この薬がルーズベルト大統領の愛息の命を救い、大ブームとなる。しかし、新薬の大半は動物実験や臨床試験を経ずに出回り、深刻な薬禍の爪痕を残す。

本書は、奇跡とまでいわれた薬剤の誕生から衰退を追いながら、決して薬事ドキュメントで終わっていない。医師と企業、国家や時代を軸に据えたことで、極めて人間臭いドラマに仕上がった。ドーマクは一徹な医学者ながら、こよなく家族を愛する男でもあった。読み進めるうち、このドイツ人への敬意はもちろん、親近感が増していく。

彼が、ナチス政権下で傷心の日々を送ったことも特記したい。ヒトラーからはノーベル賞の受賞拒否を強要され、秘密警察による取り調べが、癒えぬトラウマを残した。そんなドーマクが、敗戦後にあらためてノーベル賞を授与されるくだりは、本書の中の清涼剤といえよう。

巻末で作者は、サルファ剤の功罪、すなわち「科学の奇跡」について総括する。理想主義と商業主義、効果と副作用…。これらの懸案は、現代のiPS細胞や鳥インフルエンザにも通じるはずだ。読了後、居住まいを正さずにはおられなかった。（増田晶文・作家）

（中央公論新社・2730円）＝2013年4月18日⑤配信

揺らぐ近代的博物館思想

「ナショナル・ポートレート・ギャラリー」（横山佐紀著）

国を統治するとは、国民と国土とそこに培われてきた文化を守護、継承していくことだろう。特に近代以降、文化の重要性が増した。国民国家におけるナショナリズムの形成に大きな役割を果たすからだ。その主要機関として各国で「国立」と銘打たれた博物館が有効に機能してきた。

本書はそんな近代国家における博物館の意義と展開そして今日的課題を、米国ワシントンのナショナル・ポートレート・ギャラリー（NPG）を通して具体的に論じる。

NPGは、19世紀半ば英国に誕生した同名施設を模範に、歴史上の重要人物の肖像を収集、展示することで国家的歴史観を提起する歴史博物館として、1968年に開館。ヨーロッパの啓蒙（けいもう）思想を継承しつつ、米国ならではの国家観や歴史観が色濃く反映されてきた。そんな中、著者が特に注目するのが、文化における公と私の関係。米国では公共的文化活動に民間資本が積極的に投じられ、その方向性を左右しつつあるという。

その事例として挙げられるのが、2001年まで英国の貴族が所有し、NPGに寄託されていた初代大統領ワシントンの肖像「ランズダウン」をめぐる出来事。所有者が競売に掛けると示唆し、NPGは購入資金提供者を募り、一民間財団が応じて事なきを得た。しかし、時まさに9・11後のナショナリズムの台頭と重なり、民間資金で守られた一肖像画が、国民の愛国的象徴として、国宝級名品へと高められた。著者はそこに、特定の私的な思惑が公共的価値観を歪曲（わいきょく）しかねない恐れを指摘する。

もちろん、民主社会において、公共的価値観とはさまざまな私の思いが積み重なったものといえるだろう。だが、そうした草の根民主主義の理想は、経済のグローバル化と格差社会が進行し、従来人々を結び付けてきた文化的風土や地域基盤の崩壊とともに揺らいでいる。そしてそれは、近代的博物館思想の揺らぎでもあるというわけだ。（藤田一人・美術ジャーナリスト）

（三元社・5985円）＝2013年4月25日①配信

放射能汚染の過去と未来

「核の難民」（佐々木英基著）

東京電力福島第1原発事故で放出された放射性セシウム137の量は、広島型原爆に換算すると168発分以上。この本の舞台、マーシャル諸島での原水爆実験は67回。しかし、同諸島のビキニ環礁で実験された水爆1発の威力は、広島型原爆の千発分に相当する。

1954年に行われたこの水爆実験で最も被害を受けた風下の島、ロンゲラップの人々がいったいどんな苦難を強いられることになったのか、本書は今、この時点から見つめ直している。すると東電福島原発によってもたらされた放射能汚染の影響が過去と未来、両方向に展望され、すでに起きてしまった二つの惨禍が重なってくる。

この本の優れたところは、その悲劇を受けた最も弱い人々に視点の軸をおき続けていることに尽きる。ロンゲラップの人々は一体、何を失ったのか。これは予測ではなく、掘り起こされた歴史的事実だ。

実験から3年後の「安全宣言」による「帰島」―「病気が多発」―「再度避難」。そして44年後にようやく除染を行った米国は、再び「安全宣言」を出し、帰島を促している。その背後には何があるのか。

翻弄（ほんろう）された島民たちはもう二度とだまされたくない、子供たちを危険にさらしたくない、と思っているが、同時に望郷の念もまた強い。故郷を失ったばかりではなく、島民たちは米軍のモルモットにされたと感じている。

客観的事実を並べるだけでもそこに途方もない、人権蹂躙（じゅうりん）があぶり出されてくる。さまざまな健康障害、異常出産。研究目的で被害を放置し、島民を犠牲にした米国は一切、謝罪しない。皮肉なことに救済を求める相手もまた、米国しかない。

一つ一つの事実が、東電福島原発事故を想起させる。遠い南の島で起きた事は、実はその水面下で今回の原発事故ともつながっている。その水脈を私たち日本人は知るべきだ。（鎌仲ひとみ・映像作家）

（NHK出版・1680円）＝2013年4月25日②配信

無限の闇を照らすもの

「少年十字軍」（皆川博子著）

舞台は13世紀初めのフランス。第4次十字軍の遠征が失敗した後、天啓を受けた羊飼いの少年エティエンヌの元に子どもたちが集い、十字軍を作ってエルサレムを目指したという史実を基に物語は紡がれている。

端正な筆致で描かれた冒険譚（たん）としてぐんぐんと読み進めることができるが、そこから見えてくるものは決して明るい光景ではない。

少年十字軍の一員としてエルサレムを目指すのは、親なしの少年や農奴の娘など帰るあてのない子どもたちだ。彼らはエルサレムがどこにあるか、どうしたらたどり着けるかも分からずに、修道士をはじめとする大人に導かれながらひたすら歩み続ける。大人たちに利用されているのではないかと疑念を抱いてもなすすべなど持たないのだ。

修道士に案内され泊まった僧院での出来事により、エティエンヌは奇跡の子であるといううわさが熱病のように広まる。さまざまな立場の者が共に旅をするようになりエティエンヌは多様な捉え方をされていく。

ある者は彼が奇跡を起こす少年だと信じ、また別の者は「聖なる狂人」であると哀れむ。一方で、過大な期待の中で人々を救おうと必死に祈る彼を痛ましく感じながらも見守る旅当初からの仲間。誰が正常で誰が異常なのか、何が真実なのかは混迷し、物語の中で価値観はひとつに定まることなく神への信仰と神の不在への諦念（ていねん）さえ混在していく。

確かなことは、エルサレムを目指す前も目指した後も苦しみは繰り返し逃れようのない事実として少年たちを襲うということだ。果たして神は存在しないのか、存在はするが弱い者の味方ではないのか。どちらであれば幸いだと言えるだろう。どちらも無限の闇だ。

それでも子どもたちは自身に宿る力を信じ、必死で死の側にいる者を生の側へたぐり寄せる。果てのない暗闇の中でも自らの命の意味を信じきることこそが光となり、行く手を照らすのだろう。（馬場めぐみ・歌人）

（ポプラ社・1785円）＝2013年4月25日③配信

不在の父親を乗り越える

「真昼の視線」（李承雨著、金順姫訳）

「生の裏面」「植物たちの私生活」に次ぐ著者3冊目の邦訳。一人の韓国作家の作品が毎年、日本の読者に届けられていることが、まず驚きだ。

29歳の大学院生「僕」は、肺結核のため一人ソウル近郊で療養することになる。母子家庭に育った「僕」は、母の献身的な愛と経済的な支援を受け、父の不在を認識することはなかった。

しかし、療養中に出会った老心理学者との対話から、無意識に父親を強く意識し、その不在に悩まされていたことに気づく。そんな「僕」の父親探しの物語が、意識の流れに沿ってつづられる。

デビューから30余年、著者は宗教と人間内面の罪意識、現代社会を生きる不安や不幸な家族史などをテーマにした作品を発表してきた。中でも「父親」は彼の重要なテーマとなっている。

いつの時代も大きな文学的テーマである「父親」だが、韓国では封建的で家父長的な社会や朝鮮戦争と南北の分断、乗り越えなければならないイデオロギーの象徴として描かれることが多かった。急速な産業化や価値観の変化に伴い、最近の若い作家の作品では、想像の中の存在や動物に代替されるほど大きく変貌しているが、著者が描く父親は、そんな韓国文壇でも異彩を放つ。

「僕」は自分を拒絶し、手段が欲望のために動員される父親の世界に幻滅し、絶望し、幻想の中で父親を殺すことで、その呪縛から解き放たれる。著者が描く父親は、肉親であり、夢で出会った光輝く裸の男、つまり超越者の神であり、あるいは形而上的な探索の対象など、さまざまに解釈できる。

宗教的な想像力に基づく彼の作品は、韓国の小説に欠けていた観念的な部分を補うとともに、欧州で盛んに翻訳され高い評価と共感を得ている。

著者独特の静かで思慮深い文章とエピソードは、読む者を立ち止まらせ、ふり向かせ、深い思考の世界へと誘う。130ページほどの作品でありながら、どっしりとした読後感が残る。（きむふな・翻訳家）

（岩波書店・1995円）＝2013年4月25日④配信

人と自然の関係を問う　「職漁師伝」（戸門秀雄著）

この本を読みながら、ふと思い起こしたのは、そういえば少年のころ、私の郷里、青森県弘前市の川にも職漁師がいた、ということだった。海から遡上（そじょう）するアカハラ（ウグイ）を投網で採捕し、それを食べさせる料理屋を川岸で営んでいた。たしか「雑魚茶屋」と呼んでいたと思う。それは初夏の風なごむ季節の風物詩にもなっていた。

いま、その茶屋もなければ職漁師もいない。川は改修され、風景は変質した。かつての川の情景は、失われつつある「佳（よ）き時代」の生業と位置付けられないこともない。この場合、「佳き時代」とは何を意味するのだろうか。郷愁には違いない。しかし、その深層には、自然との照応で得られる、ほのぼのとした生の充溢（じゅういつ）が潜んでいる。

この本は、“死に川”が多くなった近年、地方によってはいまなお、自然のサイクルの中で川の豊かな恵みと共存しながら生きる職漁師の姿を追っている。各地に伝承される毛針やビク、仕掛け、箱メガネ、背負い箱などの他、「焼き干し」についても解説がなされ、人と自然の関係のなんたるかを掘り下げている。

釣法釣技や釣り具にしても、その一つ一つが人と自然の交感から紡ぎ出された文化の結晶である。それぞれの土地にそれぞれの川が流れ、川の恵みが豊かである限り文化が育まれ、その担い手としての職漁師がいる。職漁師と川の自然はいのちの連環でつながっている。

翻って、いまほど口とは裏腹に、人と自然の関係が疎んじられている時代もない。川の伝承的文化が途絶し衰滅しつつある、という現実が、そのことを如実に示している。

エコや共存の掛け声を頻繁に聞くわりには、現実がそうならないのは「畳水練」に似て、実践が伴わないからだろう。実践することで現実に向き合えばこそ見えてくる世界がある。それは人の心のあり方である。

川に生きる職漁師を介して、この本は人と自然の関係が抱える普遍的な問題を突き付けてくる。

（根深誠・登山家）

（農山漁村文化協会・2940円）＝2013年4月25日⑤配信

真の自由求める成長物語　「ある奴隷少女に起こった出来事」（ハリエット・アン・ジェイコブズ著、堀越ゆき訳）

数奇な運命をたどった本だ。150年前に米国で出版された奴隷少女の自伝である。白人著者による作り話と受け止められ、いったんは忘れ去られたが、歴史学者の研究により、近年に至り復活。古典名作のベストセラーとなっているという。

南部で奴隷として生まれた著者は、性的関係を強いる所有者を拒み、屋根裏に潜伏した後、奴隷制のない北部へ命がけで脱出する。保母となって自活の道を切り開き、雇い主の家の夫人と友情を育むが、そこへも逃亡奴隷狩りの手が伸びる。

奴隷制の残酷さも衝撃的だが、次の場面が印象に残る。迫害を終結させるため、南部の追っ手から著者を買い取りたいという夫人に、礼を述べつつ異を唱える。所有者から所有者に売られるのでは、奴隷制と変わりないと。真の自由とは何かを問い、あくまでもそれを求める人間に、少女は成長していたのだ。

後世の私たちが奴隷制の非道を指摘するのは、たやすい。が、もしも自分がその中にいたら、著者のような決然たる態度を貫くことはできただろうか。奴隷であれば、自分の待遇を少しでもよくしようと、潜伏中の仲間のことを雇い主に通報するかもしれない。所有者ならたとえふだん奴隷に優しくできたとしても、生活に窮したらお金に換えてしまうだろう。生きている時代生きている社会で合法とされた制度、認められた価値観にあらがい続けるのは、たいへんな意志と勇気を要する。

奴隷制を遠く離れた今の日本で、この本が伝え得るものは何か。訳者あとがきの示唆するところは大きい。奴隷制ならぬグローバルな資本主義に巻き込まれ、稚拙な情報に翻弄（ほんろう）されて、無防備な少女たちはある日突然「現実というものに殴られ」る。外資系コンサルティング会社に勤務し、企業買収や売却の裏側まで知る訳者だけに、説得力がある。

過酷な環境の中で、自分を尊重するとはどういうことか。19世紀の少女に学ぶことは多い。（岸本葉子・エッセイスト）

（大和書房・1785円）＝2013年4月25日⑥配信

異界のそばにある喜怒哀楽

「工場」(小山田浩子著)

僕たちの日常は、無数の「異界」を抱え込んでいるのかもしれない。本書に収められた、小山田浩子による三つの物語からは、そんな世界観がおぼろげに浮上してくる。工場、水槽の熱帯魚、職場にある鉢植え。どこにでもありそうな風景が異様さをあらわにし、僕たちの生活の色合いを反転させる瞬間が、この本には満ちている。

表題作である「工場」に、この作家の特性は凝縮されているといえるだろう。ある工場に勤め始めた3人の従業員の視点から、工場とその周辺の世界が少しずつ明らかになっていく。

住宅からスーパー、ボウリング場までがそろい、生活のほぼすべてをその内部で成立させてしまう工場は、巨大化したヌートリアや固有種のウ、洗濯機で一生を終えるトカゲまで、独自の生態系までも発達させている。しかし、そもそも工場は何を作っているのか…？　登場人物たちが工場について語れば語るほど、その謎はますます深まっていく。

ただし、「工場」所収の3編の最も大きな魅力は、異界の正体をめぐる謎そのものよりも、そこに巻き込まれた人々の心理を切り取ってみせる語りの鮮やかさにある。

性格も立場も違う登場人物たちに、それぞれから見た世界を語らせることで、彼らの間にある微妙な「ずれ」を浮かび上がらせるそのユーモア感覚は、背景にある不気味さとは対照的なぬくもりを生み出す。登場人物たちの声が生き生きと響き合う場であることが、圧迫感にとどまらない輝きを小説群に与えている。

今日も仕事に行き、いつもの人たちと言葉を交わし、それが終われば家に戻ってひとときを過ごす。一日が終わる。そんな日常を生きる現代の会社員たちが、ふと、日常に増殖しつつあるブラックホールに目を留める。不条理な異界と隣り合わせの、すぐそばにある喜怒哀楽—その絶妙な遠近感が、本書にはある。(藤井光・同志社大准教授)

(新潮社・1890円) = 2013年4月25日⑦配信

柔らかな感性の旅

「旅立つ理由」(旦敬介著)

柔らかな感性が中南米やアフリカ、欧州で人々と出会い、共生した長い旅をめぐる自伝的短編集である。

異国文化の扉を押すときの緊張感やときめきを息子に経験させたくて。あるいは家族のぬくもりを確かめあうようなスペインのクリスマスに疎外感を抱き、そこから逃れるため。さまざまな「旅立つ理由」をつづる。

インド洋近辺のイスラム文化圏の物資が集まるザンジバルで、「生まれ育った世界の反転像のようなところ」の痕跡を眺めながら歩く旧市街。詩人王ディニスが13世紀に建造した城塞(じょうさい)都市「逃れの町」を追いかけて、荒涼とした山岳地帯で深い歴史の時間に溺れるポルトガル。

見知らぬ土地に立っても身構えず、人間への信頼感に裏打ちされた自然体が素晴らしい。素朴画風の挿絵がそのぬくもりを倍増している。

食通の著者らしく、食べ物の話もふんだんに出てくる。ケニアのウガリ、ウガンダのマトーケ、エチオピアのインジェラなどの主食。ブラジルのフェイジョアーダの料理手順はとても参考になった。

圧巻なのは、かつてアフリカで生活を共にした元妻のウガンダ女性が頻繁に作っていたサラダの一種「カチュンバーリ」をめぐる考察だ。

彼女と離婚して日本に戻り、数年後のある夕暮れの台所。インド西部の調理法「カチュンバル」が19世紀末、鉄道建設のためウガンダに移住したインド人によって持ち込まれ、スワヒリ語風に語尾が変化したのだ、と気づく。また元妻の姓「デスーザ」は、ポルトガルがインドに長く維持した植民地ゴアに由来することにも。

彼女の人生と切り離せないこの料理の長い旅は、バスコ・ダ・ガマの時代から全地球規模で続く暴虐の歴史の展開と一体なのだ。「ポスト・コロニアル」と呼ばれる世界の構成を突きつけられた主人公は、茫然(ぼうぜん)と立ちつくす。(田村さと子・ラテンアメリカ文学者)

(岩波書店・2415円) = 2013年4月25日⑧配信

自分をめぐる思考の冒険

「〈ひと〉の現象学」（鷲田清一著）

自分のことは自分が一番よく知っている。私たちはしばしばこのように言う。たとえば誰かが助言してくれたときに、そして、その助言が余計なおせっかいのように感じられたときに。いささかのいらだちとともに。

だが、私たちは自分のことを知らない。たとえば自分の顔を見たことがない。見られるのは鏡に映った顔や写真や映像の中の顔。いまこの瞬間の自分の顔をじかに見ることはできない。

あるいは死。私たちは自分の死を経験できない。経験するときは、もう自分はいない。そういえば誕生の瞬間も。いや、そのときは経験していたのだろうが、覚えていない。まれに出生の記憶や胎内の記憶があるという人もいるそうだが、その記憶がほんとうのものなのか確かめるすべはない。

著者は「ひらがな」で考え、語る、哲学者である。ひらがなで、というのは、哲学の研究者たちのあいだだけで通用する専門用語をできるだけ使わず、門外漢にもわかる言葉で考えていくということ。「臨床哲学」を提唱し、哲学を大学の教室や研究者の書斎から解き放った彼ならではのスタイルだ。哲学は特殊な人のためのものではない。

本書で著者は、「顔」にはじまり、「こころ」や「親しみ」を経て、「自由」や「市民」、「多様性」、「人間的」といったことがらについて考えていく。そして最後は「死」について。つまり見えない自分からはじまって、見ることのできない自分の終わりまで。「ひと」は「人」であり「ヒト」であり「他人」でもある。

ハッとするような言葉、グサリと心に突き刺さるような文章があちこちに出てくる。だが、結論は出ない。それどころか、読めば読むほど、そして繰り返し読むほど、「ひと」と「わたし」についての疑問や謎は増えていく。この本を閉じたところから、私の「ひと」と「わたし」をめぐる思考の冒険が始まる。（永江朗・フリーライター）

（筑摩書房・1995円）＝2013年4月25日⑨配信

友情が生んだベストセラー

「鉞子」（内田義雄著）

1925年、日本人女性、杉本鉞子（えつこ）の自伝が米国で出版され、ベストセラーとなった。英語で書かれたその「武士の娘」の評価は太平洋戦争を経ても変わることなく、米国人に日本人の心のありようを伝え続けた。本書は、日本が今よりも理解されていなかった、現在よりもはるかに遠かった米国で、彼女がなぜ人々の心をとらえることができたのかという問いに取り組む。

米国はいわば「自伝の国」である。数々の米国人は自らの物語を後世に伝え、彼らの「新興国」の国民像を形成するのに寄与してきた。だがどのような文章も、事実の全てをあるがままには再現できないように、「自伝」もまた不完全な記録となる。また、作者が「触れられない」とした部分が書かれていなくても責められるものではない。

本書は「武士の娘」で、鉞子が「空白」のままにした事実や人物に焦点を当ててゆく。その試みは朝敵となった長岡藩の再興に奔走したものの功績を黙殺された父の悲運を、鉞子が米国の日本人実業家へと嫁ぐきっかけを与えた兄の姿を、そしてなによりも、彼女が米国で恵まれた、フローレンス・ウィルソンとの類いまれな友情を描き出す。鉞子が自伝を書くに至る道をたどることで、その書がなぜ米国民の心に響いたのかを浮かび上がらせる。

鉞子とフローレンスのまさに「運命的」な出会いには特に心を引かれる。真の意味で献身的に鉞子を支え、鉞子の英文を磨き上げ、米国民の心の奥にも届くよう、一層の輝きを与えたのは彼女であった。運命を恨まず、またいたずらにあらがいもせず、受け入れてたくましく生き抜こうとする鉞子に、自らにも共通するひたむきさと強さ、そして優しさを見いだしたのだろう。

無私の心と誠実さに貫かれ、いささかも揺れ動くことがなかったフローレンスの物語は、「触れられなかった」からこそ一層、読むものの興味を誘う。（久保拓也・金沢大准教授）

（講談社・1680円）＝2013年4月25日⑩配信

海の男の誇り伝える

「漁業と震災」（濱田武士著）

東日本大震災からの復興策の目玉として宮城県の村井嘉浩知事が提起した水産特区構想。企業にも漁業権を開放して、民間資本を呼び込み新しい漁業を目指すという試みは結局、石巻市のカキ養殖漁民と水産会社がつくった合同会社1社に適用されるにとどまった。

「千年に一度の災禍」という事態に遭遇しながら、なぜ広がりを持たなかったのか。本書のテーマである「漁業の主役は漁民」がなおざりにされた感があるからだ。

日本の水産業は震災前から衰退が指摘されていた。そこで「元に戻すのではなく、創造的復興を」という上からの改革論が先行し、そうした本も相次いで出版された。評者も賛同する記事を書いた一人だが、被災地に詳しい著者は「真に復興を願うなら議論には『道理』『人道』または『品格』が必要」と反論する。

本書は「漁港と漁村」「地域漁業のゆくえ」など全11章、約300ページから構成される。東京海洋大で漁業経済学を教える著者の原点は、学生時代に厳冬の日本海ではえ縄漁船に乗り、過酷な自然の中で働くことの尊さを知った体験にあるという。漁業権はそうした海に生きる男たちの誇りの象徴といえよう。

大津波に襲われた岩手県の重茂地区で組合長が先頭に立って全国から船を集め、2カ月後に漁を再開させた話が印象的だ。岩手県はこうした現場の意見をくみ取る形で復興を進めたが、宮城県は県外有識者に頼り「机上の理論」で乗り切ろうとしたのが、特区構想の限界と著者は分析する。

漁民の乱獲を問題視する声も各地で聞くが、本書は仙台湾で禁漁の末、カレイを復活させた話や茨城県の川尻漁協がアワビファームを造成した事例などを紹介している。

全編を読み通して、次の言葉が胸に残る。「復興には都市部で暮らす人々の理解が欠かせない」。日本漁業の真の危機とは、周囲を海に囲まれた島国に暮らす幸せを都会人が感じなくなっている点にあるのかもしれない。（上野敏彦・共同通信編集委員）

（みすず書房・3150円）＝2013年4月25日⑪配信

時流に抗し続けた自由の人

「竹山道雄と昭和の時代」（平川祐弘著）

本文だけで500ページに近い大冊である。だが、いちど読みだすと面白くて、まさに巻おくあたわざるさまとなる。私自身、1948（昭和23）年入学の最後の旧制一高生徒として、竹山道雄先生にはじめてドイツ語を学び、以後、その談論と文章のゆたかさにもっとも親しく接しえた者の一人であった。

本書をとおして、そのありし日の先生の姿と声が眼前に彷彿（ほうふつ）としてくる。彷彿などという以上に鮮明に、80年の生涯のあらゆる細部が、昭和の日本を大きな背景として、浮かび上がってくる。著者が竹山の眼鏡にかなって、その一人娘を妻とした比較文化史家なるゆえの大手柄とも評すべきだろう。

84年に死去した竹山は敗戦直後に書かれた名作「ビルマの竪琴」によって、広く内外に知られている。ゲーテやニーチェ、シュバイツァーなどの多くの訳書を出したドイツ文学者として記憶している人も多いだろう。人間観察と美の評価において実にゆたかな教養と表現の力をもつ文人であった。だがそれにもまして「見て、感じて、考える」精神の働きの自由を、戦前から一貫して、「時流に抗して」でも守りつづけた希有（けう）な大知識人であった。著者は、その知的自由の来歴と発動のありさまを多くの引用によってつぶさに語る。

昭和10年代、竹山は一高教授の身でありながら、日本軍部を批判し、ナチスドイツの野蛮をあばく論文を発表した。戦後は左翼迎合の時流のなかで、敢然としてソ連、中国の共産主義体制の危険を論じ、「昭和の精神史」などで東京裁判の偏向を批判した。しかもその間に国の内外に長い旅をして、典雅で辛辣（しんらつ）なエッセーをいくつも書いた。

いま平成の日本では教養教育の再興が論じられ、世界に通じる知的エリート養成の必要がしきりに説かれている。それらの声に最良の示唆を与えるのも、この高貴にして強靱（きょうじん）な自由の人であった竹山道雄の評伝であろう。（芳賀徹・静岡県立美術館館長）

（藤原書店・5880円）＝2013年4月25日⑫配信

自由自在の読書が見える

「立花隆の書棚」（立花隆著、薈田純一写真）

地上3階地下2階のビルが全館本ばかり。ざっと10万冊はあるかという。その書棚のひとつひとつをすべて写真に撮って、本の持ち主が語ったという本だ。

そんなものおもしろいか、が第一印象。しかし有名なジャーナリストである。その本棚はどんなかと、のぞき見でもするような気分で読みはじめた。どうしてどうして、これが抜群におもしろいのである。軽妙な語り口なのですらすら読める。

「あ、そのコーナーにある本は」といって語りだす所有者の語りがとにかくすごい。たとえば本書の真ん中辺りに石油の話が出てくる。それがイスラエルと中東の話になり、共産党の話から中核派の話へ、そして赤軍の話へと取材で手に入れた本やエピソードを中心に自然に流れていく。

イスラエルへ取材に行ったときにエルサレムの歴史地図をもっていったこととか、イスラエルとの国境が見えるレバノンの村へ取材に行き、殺されたかもしれなかったこと。実にわかりやすいパレスチナ史にもなっている。

本を書くときは執筆に必要なデータを盛り込んだ年表をつくるとか、フロイトはフィクションとして読むとか、本を自由自在に読みこなしている様子が語られている。

どんな危険な場所にもさっと飛んでいって、会えそうにない人に会って話を聞いてしまう。知は行動力だと、つくづく思わされた。

本の最後近くに出てくるのが絵の話だ。19世紀のラファエル前派が大好きで、わざわざ欧米の美術館まで何度も足を運んだという。サザビーズのオークションに参加しようとしたことなど、楽しい気分が伝わってくる。

言い忘れたが、自然科学の解説がじつにわかりやすい。聞いてもわからないような自然科学者の話もわかりやすく説明してある。

本が主題の本だけれども、行きついた感想は、読書は読む者の力量次第ということだった。脱帽、である。（広岡守穂・中央大教授）

（中央公論新社・3150円）＝2013年5月9日①配信

読んで、感じて、見る

「ジヴェルニーの食卓」（原田マハ著）

絵画を見て感動したことがない。

若いころにそう言うと、多くの人が「考えるのではなく見たまま受け取って、感じればいいのだ」と教えてくれた。だが、絵画とは本当にそんなふうに「感じる」ものなのだろうか？　だとしたら何も感じられない人間には一生理解できないことになる。

悩んでいたある日、美術評論家である坂崎乙郎の「絵とは何か」という本を読んで、そこにこんな一文を見つけた。

〈絵が、「見て」、「感じて」、「読む」というプロセスをたどっているとすると、小説はその逆をたどるにすぎないのではないか〉

小説読みのぼくは、この言葉で、絵の見方がわかったような気がした。

絵画を見るというのは、鑑賞者としての自分が何を感じているのかを観察することでもあり、絵画を見て湧き上がる疑問を探ることでもある。感動は、絵画ではなく、想像力を持った鑑賞者が紡ぎ出すものなのだ。

本書は、まさにそんな気づきを具現化したような短編集である。

年老いた女性が語るマティスとピカソの友情。ドガと同時代を生きた女性が見た、彼の闘争。手紙によって明かされるセザンヌやゴッホを支えた画商の人生。晩年の家族たちに囲まれたモネの姿。

収録されている4編はどれも教科書で見たことがある名画と画家にまつわる物語だ。しかし、主役は画家や名画ではない。あくまで、それを見つめる周りの人々なのだ。

絵画のように、巨匠たちもまた、熱いまなざしを持った人々によって育まれてきた。そのまなざしは、ただ優しいだけではない苦さや深い味わいがある。本書を読み終えたとき、読者はこれまでより豊穣（ほうじょう）な想像力が自分に備わっていることに気づくだろう。

坂崎乙郎が言ったように、この作品は、「読んで」、「感じて」、「見る」小説という表現の王道である。（海猫沢めろん・作家）

（集英社・1470円）＝2013年5月9日②配信

日本漫画の美学の源流

「ミッキーの書式」(大塚英志著)

日本漫画の草創期に大きな影響を与えたのは、ミッキーマウスに代表されるディズニーのキャラクター造形と、映像の文法というべきモンタージュ理論を映画に持ち込んだエイゼンシュテインの演出である。そう結論づけた評論である。

副題は「戦後まんがの戦時下起源」。今ではほとんど見ることのできない戦前、戦中の作品である「正チャンの冒険」(樺島勝一)、「愉快な鉄工所」(大城のぼる)、そして「のらくろ」(田河水泡)などを例に挙げ、漫画原作者で評論家でもある著者が、やや斜に構えた独特の観点から持論を展開する。

「構成主義」など時に難解な言葉も使用され、今の若い人には少々分かりづらいかもしれない。だが、読み進むうちにだんだん著者の論旨に感化され、しまいには「なるほど」と納得してしまった。ちと悔しい…。

ディズニーがミッキーを創ったのは1928年。数年を経て日本に流入後、当時の漫画家にどう影響したのか、実際のところはよく分からない。

私が知る限りでは、「漫画の神様」こと手塚治虫先生の初期漫画には、明らかにディズニーの影響が見て取れる。手塚先生の描かれた「漫画教室」などの中に、ミッキーのようにいろいろな丸を組み合わせ、それに肉付けしていくキャラクターの描き方が紹介されていたのを思い出す。

著者は、子ども向けの読み物に対する軍事統制が強まっていった戦前の経緯や、戦争を描く「軍国調」漫画の是非をめぐる漫画家の言い分なども紹介しており興味深い。「『文化映画』としての『桃太郎　海の神兵』」「戦時下のアニメーション、まんがとの対比で」といった章もあり、往時の漫画・アニメ事情を知るには格好といえる。

今でこそ「クールジャパン」の代表のように言われる日本の漫画やアニメだが、その「美学」の源流や屈折した歴史に迫った貴重な一冊といえるだろう。(鈴木伸一・杉並アニメーションミュージアム館長)

(角川学芸出版・3675円)＝2013年5月9日③配信

公共性が最後の手がかり

「調査報道」(土田修著)

ジャーナリズムといえば、かつては新聞とテレビが担い手だった。しかしインターネットの登場以来、新しいメディアに押されて、新聞もテレビも衰えが目立っている。

特に米国の新聞の衰退が著しい。米国の調査センター資料によれば、日刊紙の数はこの20年ほどで約200紙が休・廃刊に追い込まれ2011年には1382紙にまで減少した。総発行部数も同じ期間に約6千万部から4千万部へと3分の2に落ち込んだ。読者も広告もインターネットに奪われ、経営も青息吐息だ。

貧すれば鈍する。報道の質も劣化が指摘される。ジャーナリズム本来の、公共の利益に資する役割が十分に果たせなくなりつつある。そこに危機感をもち「公共のためのジャーナリズム」を取り戻そうとする動きが現れた。1990年代に注目された「パブリック・ジャーナリズム」の試みもその一つ。財団や個人からの寄付金を基に調査報道を展開し、その成果を旧来型のメディアに配信するNPOの活動も、今世紀に入って関心を集めている。

本書はそうした「公共のためのジャーナリズム」をめぐる米国内の事情を要領よくまとめたものだ。著者は米国の状況を日本の現状に重ねながら、今後のありようとして「市民の視点に立った」ジャーナリズムへの転換を促している。

日本の新聞は米国の場合ほど急激な衰退に追い込まれてはいない。が、新聞の「公共性」が高く評価された時代は終わった。「公共性」は新聞が読者の信頼をつなぎとめる最後の手がかりだ。それを取り戻すには、記者クラブを足場にした「政、官、財」中心の取材体制を見直し、旧来のニュース判断の視点を「民」寄りに大きく転換しなければなるまい。さてそれが可能かどうか。

インターネットの活用でメディアがさらに多様化すれば、いずれ「米国型のNPOメディアによって調査報道が実践される時代がやって来るに違いない」と著者はいうのだが。(藤田博司・ジャーナリスト)

(緑風出版・2310円)＝2013年5月9日④配信

ひとくくりにされる焦燥感

「わたしは妊婦」（大森兄弟著）

主人公は前川ゆり子。29歳。文房具メーカーで販売を担当。初めて妊娠した。夫は喜び、会社の同僚も祝福してくれた。小説は、妊婦の心理の内側を詳細に描く。

とにかく男たちがまったくダメだ。上司は「おめでとう。お母さんですね」と声をかけ、夫は子ども2人（すでに！）の4人家族を夢見て、脳内がお花畑状態。かかりつけの医者はゆり子のほうから「順調ですか？」と尋ねると「はいですよっ」と意味不明のリアクションをする頼りなさ…。

一方で、大学時代の同級生で妊婦となった「あの子」と文通をする。あの子は、理想的な妊婦としてリッチな暮らしを楽しんでいる（らしい）。いやはや、不安定な心理を抱えた主人公には越えがたいハードルが次々と待ち受けている。

たとえば、ダメ男とダメ女を描かせたら当代随一の小説家は綿矢りさだと思うが、綿矢の描くダメ人間たちはどこか戯画化されている。だが大森兄弟の描くダメな人間たちは、それが極度にパターン化されているからこそのダメぶりなのだ。「君だけの体じゃないんだから」と声をかける優しい夫は、優しい夫のスタンス＝パターンに満足しているにすぎない。

そしてこの小説の肝は、前川ゆり子という固有名詞が「妊婦」という一般名詞に回収されていくことへの焦燥感ではないか。自分が何者かに乗っ取られること、というより、妊娠した女性を「妊婦さん」とひとくくりにする、抗しがたい力の不思議さを小説は余すところなく描く。考えてみれば「妊婦さん」だけではなく「妊婦さんの夫」「妊婦さんの母」として、私たちはみなひとくくりにされているのだけれども…。

そして、最後に一言。

男たちよ、線を引きながらこの小説を読もう。そして紋切り型の、妊婦を傷つける言葉をチェックしよう。妊婦をいら立たせるだけの、凡庸で無神経な言葉は、そっと飲み込もう。（陣野俊史・文芸評論家）

（河出書房新社・1470円）＝2013年5月9日⑤配信

自己表象としての場

「わたしの家」（柏木博著）

小学生の時、住宅雑誌に載っていた白黒写真を見て大いに驚いたことをよく覚えている。わずか3畳一間の極小空間に、あるじである若い版画家の仕事道具や生活用具が的確に収まっている様子が写っていたからだ。そして、あるじの「生活は苦しいが、この部屋でも仕事はできる」というコメントが紹介されていた。本書を興味深く通読した私が真っ先に思い出したのは、30年以上も昔のささやかな記憶であった。

3部構成から成る本書には、①「室内と痕跡」②「作家たちの家」③「室内と安全」という三つの観点から住宅に関するさまざまな知見がちりばめられている。例えば、①では、ル・コルビュジエの家具が適切に身体を補足していたことを、②では、林芙美子や柳宗悦の自宅が彼らの思考や美意識の痕跡を強くとどめていたことを、③では、IPアドレスがインターネット時代の「自宅」に他ならないことを、といった具合だ。

物珍しい住宅を紹介した類書はあまたあるが、本書の冒頭で提起されている観相学という切り口はまず見られない。デザイン評論家である著者ならではの視点が生かされている。

紹介されている住宅の多くは、著名人をあるじとするか、もしくは著名な建築家が設計したものであり、その意味では、マンションや建売住宅の居住者が大多数を占める一般人とは無縁の道楽だという意見もあるだろう。しかし3畳一間の例が示すように、ありふれた既製の空間であっても、あるじの意思を隅々にまで行き渡らせて独自のものへと作り替えていくことも決して不可能ではないのだ。

あるじの趣味や嗜好（しこう）が強く反映された作家の家や、創造の痕跡を色濃く残した美術家のアトリエは確かに風変わりだが、生活の場であると同時に自己表象でもあるという一点においては、われわれが思い思いに暮らしている住宅と本質的な違いはないのかもしれない。（暮沢剛巳・美術評論家）

（亜紀書房・2100円）＝2013年5月9日⑥配信

深みのある本格推理

「夢幻花」(東野圭吾著)

本格推理からSFミステリー、お笑いからノワールまで幅広い作風をもつ作家だが、不思議に時代小説は一冊もない。十余年前、まだ直木賞受賞以前だが、歴史雑誌に長編連載を打診された時も、「私に歴史ものは無理です」といったん断ったという。「何かちょっとでも歴史に関係する部分があればいい」との懇請に結局、現代の植物学では存在を否定されているのに、江戸時代には実在していた証拠が残っている「黄色いアサガオ」をテーマに選んだ。

時代ものの読者の多くは、あまり複雑でなく、先行きの展開に予想がつく物語を好む。と著者が判断したのかどうか、連載は黄色いアサガオを咲かせるよう、怪しげな研究所に雇われた主人公が何者かに追われるサスペンス小説となったが、東野圭吾は徹底的に手を入れたいと、出版を凍結させた。「黄色いアサガオ」というテーマを扱うにはサスペンス小説よりも、謎を追究する形式の本格推理のほうがふさわしかったと、直観的に見抜いたからではないか。

刊行された本書は、連載版とはほとんど同題異作である。カギを握る女性・伊庭孝美、市井のアサガオ専門家である歯科医を除いて、登場人物もまったく入れ替えられた。

原型の主人公と下の名前が同じ人物はすぐ死体となる。被害者の孫娘・梨乃は、ある事情で水泳のスター選手の座を去った。彼女が偶然出会ったのは、福島の原発事故以来、進路に悲観的になっている原子力工学の大学院生で、ともに事件を追う成り行きに。また担当の一刑事は、かつて被害者に救われた自分の息子からの信頼を回復したくて、単独捜査に励む。

複雑な謎解きに加え、それぞれに夢破れた3人が真相の追究を通じて、希望を取り戻してゆく過程が有機的に絡んで、深みのある物語となった。人物のつながりに偶然が重なる都合の良さには目をつぶろう。(新保博久・ミステリー評論家)

(PHP研究所・1680円)=2013年5月16日①配信

遍歴の果てにある真実

「惜日のアリス」(坂上秋成著)

これは、小説家という天職に目覚めたひとりの女性の半生を描いた小説だ。主人公は名画座のアルバイトをしながらつたない小説を書く女子大生で、詩人を志す男と同棲(どうせい)している。互いの作品を無邪気に批評し合う楽しい日々は、しかし長くは続かない。生活の苦しさに気持ちが次第に離れてゆき、やがて恋人は主人公を捨てて海外に去ることになる。

15年後、塾教師の傍らネットで小説を発表し、それなりの手応えを感じるようになった彼女の前に、男は体に大きな傷を負った姿で再び現れる。しかし、同性を愛するようになり、若く美しいパートナーと愛らしい娘の3人で暮らす彼女は、その幸せを脅かされることを恐れ、昔のように彼女と文学を語り合いたいと願う男を冷たい言葉で退けようとする。

歳月はあらゆるものを変えた。ネットを通じて誰もが作品を世界に向けて発信できる状況は、小説の創造と消費のありようを変え、ジェンダーについての意識の深まりと社会の変質は、家族のかたちを変えようとしている。そうした変化に身を置く主人公には、昔と変わらないかつての恋人は、もはや縁のない過去に自分を引き戻そうとする亡霊に見えたのだ。

だが、男を拒否することで彼女は逆に今ある全てを失ってしまう。なぜなら過去を否定することは現在を否定することに他ならないからだ。呆然(ぼうぜん)と彷徨(ほうこう)する彼女は、過去の自分を思わせる作家志望の娘と出会い、その素朴な創作への衝動をまぶしく感じる。物語の最後に至って主人公は、最初から持ってはいるが、遍歴の果てでなければ見えない真実、「青い鳥」のようなそれに到達したのだ。

最後に彼女が口にする「私が過去の私の意志を愛することで、彼女をこの場所から祝福しているのだと信じることができる」ということばは、過去を悔い、未来を恐れる私たちの心強い支えとなるに違いない。(神山修一・脚本家、文芸評論家)

(河出書房新社・1575円)=2013年5月16日②配信

イスラムのゆとろぎ伝える

「旅だちの記」(片倉もとこ著)

本書は、「アラビア・ノート」などの著者で、女性イスラム研究者の草分けである片倉もとこの半生記である。がんを宣告され「こころもからだもさらけだして、わたしの生きようをしるしておこうかと思います」という決意で執筆に臨んだ。女性の留学が珍しかった時代にカイロ大学で学び、イスラム文明に目覚めて一人者として認められたが、がんの痛みに襲われる。2012年の夏だった。

だが彼女は闘病生活でも、自己をフィールドワークの対象と捉えた。死の前の講演ではこう語る。「人はどうやって死んでいくのか。必死で追いかけています。自分が死ぬっていうのも、おもしろいもんですね」

本来のイスラム文化は、学ぶ、寝る、詩を作る、歌う、家族や友人とともにいる、ぼんやりする、祈るなど、静かな文化である。彼女はその根幹である「ゆとり」と「くつろぎ」を合わせて、「ゆとろぎ」と命名した。

がんの苦しみの中でユーモアを忘れず、モルヒネに「うさぎちゃん」とあだ名をつける。これもゆとろぎの実践である。本書を記すと、あの世で人生最後のフィールドワークを行うために旅立った。

彼女は、赤ん坊が生まれるときの泣き声を、しまった、うっかりと生まれてしまったという意味だと言う。国、貧富など、人は生まれてくる境遇を選べない。それはつらい現実だ。しかしいつもほほ笑んでいれば、それも喜劇に変わる。彼女はそう信じ、女性が研究者として自立するのが困難だった時代を生きた。辞世の句がその人生観を表している。根底に流れるのはゆとろぎの精神だ。

〈泣いて生まれ　微笑んで逝く　花のした〉

今、彼女は天国でどんなフィールドワークを行っているか、現世の私たちは知ることはできない。だが本書を読めば、成果一辺倒に焦りがちな私たちを「ゆったりと生きなさいよ」と諭す彼女の声が、天から聞こえてくる。(澤宮優・ノンフィクション作家)

(中央公論新社・1680円)＝2013年5月16日③配信

日本との関わりに迫る

「アマン伝説」(山口由美著)

「アマンリゾーツ」といえば、世界のセレブが訪れるアジアンリゾートを代表するホテルグループ。2014年には東京・大手町の高層ビル上層階に「アマン東京」がオープンすることでも話題となっている。日本で第1号店となる。

しかし本書は、アマンリゾートの魅力を紹介するガイドブックではない。アマンリゾーツの創業者であり、世界のリゾートホテルの在り方を変えたエイドリアン・ゼッカに肉薄するノンフィクションである。リゾートホテルの変遷を通じてアジアの戦後史を捉え直してもいる。

著者は水俣を撮り続けた写真家ユージン・スミスの評伝で小学館ノンフィクション大賞を受賞した気鋭の作家。5年の歳月をかけて取材執筆した。

エイドリアンはインドネシア生まれ。インタビューも、写真を撮られることも嫌いで、マスコミにもめったに登場しないが、著者は直接インタビューをしている。それだけでも十分に読み応えがあるが、さらに興味深いのが、アマンリゾートと日本をつなぐ線を探っていることにある。

アマンリゾートの熱烈なファンである日本人の「アマンジャンキー」の間で、「アマンのルーツは日本にある」という、うわさがささやかれていた。本書では、エイドリアンやアマンリゾーツのホテル設計者と日本との関わりを追うことで、うわさの真相へと迫っていく。その謎解きについては、本書を読んでもらうとして、気になるのは、アマンリゾーツに影響を与えた本家である日本の現状である。

一部の人気旅館・ホテルは別にして、大多数の宿泊施設は、不況が続く中、宿泊客数が減少し、限りあるパイをめぐる料金の値下げ競争も激化し、明日の方向を見失っている状況にある。

来年の「アマン東京」の開業が、日本の現状に一石を投じることになるのだろうか?(八岩まどか・ノンフィクションライター)

(文芸春秋・2048円)＝2013年5月16日④配信

核めぐる米大衆文化史　「ドラゴン・テール」（ロバート・A・ジェイコブズ著、高橋博子監訳、新田準訳）

米国の大衆文化には、核実験によって生物が巨大化したり、放射線を浴びることで超現実的能力を身につけたりする物語が多い。フィクションの中で、なんらかの超常現象が起こっても、そこに核や放射線の要素を付け加えておけば、説明は終わったものとされる。

SF的な物語にとって、核は格好の舞台装置を提供してきた。本書は、このような「魔術的」「錬金術的」な核の表象に注目し、映画、コミック、テレビ番組、原子力委員会の広報映像・パンフレットなどを広く調査している。特に興味深いのは、敵の核攻撃を生き抜くためのマニュアルや、核シェルターについての考察である。核兵器の保有を国民の多くが前提としている米国では、当然ながら核戦争への危機感も高かった。

しかし、マニュアルや核シェルターによって核戦争を生き残ることができるという発想自体は、極めてグロテスクであると言わざるを得ない。そこでは核兵器が最終兵器だという認識は薄い。むしろ使用可能な兵器として捉えられている。また、核シェルターを持っている人間だけが生き残る資格を有しているということにもなるだろう。

その一方で、米国内で行われる核実験がテレビ中継される際には、実験は安全であるという印象操作がなされていた。悪い敵の核攻撃は準備と訓練で対応可能だから、過剰に怖がることはない。自分たちの核兵器は善いものであり、核実験は統御可能だから安全である。このような二面的な認識が育まれ、定着する過程で、大衆文化は大きな役割を果たしたのだ。

では、ひるがえって、多くの国民が核兵器の拒否感を共有してきたはずの日本の大衆文化は、核実験や放射能を、さらには原子力発電所を、どのように描いてきたのだろうか。それを私たちはどのように受け止めてきたのだろうか。福島の原発事故を経験したいま、本書の試みに呼応するような著作を読んでみたいと思った。（山本昭宏・神戸市外国語大講師）

（凱風社・2520円）＝2013年5月16日⑤配信

日本人のルーツに迫る　「脊梁山脈」（乙川優三郎著）

今現在を指して「戦後」ということは、ほぼなくなった。だが1960年ごろまでは、まぎれもなく戦後であった。

本書は、46年に上海から23歳で復員した矢田部信幸の、戦後15年間の軌跡を描く。佐世保から東京まで引き揚げる列車の中で、信幸は同世代の小椋康造と知り合い、急病となった窮地を救われた。戦争を強く否定する小椋は、山中深くに身をひそめて暮らすことを告げ、豊橋で下車した。

わずか2日間の車中での付き合いであったが、信幸の脳裏に、小椋は深く刻まれた。彼は木地師に違いない。そう信じた信幸は、小椋の消息を訪ねて、各地の山奥へ足を運び続けることになる。そして、15年の歳月を経てついに、信幸は小椋と邂逅（かいこう）する―。

作者の乙川優三郎は、時代小説の名手として知られる。主に江戸時代を舞台に、しみじみとした人情の機微を描いた作品が多い。本作はその乙川による初の現代小説だ。

信幸の母は、信幸の弟修がフィリピンで戦死したという通知を受け入れようとせず、ひたすら修の帰還を待ち続ける。

信幸が復員途中に上野で知り合った佳江は、東京大空襲で父を失っていたが、いち早くカストリバーを開いて新時代をたくましく生き、画家として立つ夢を追っている。

宮城の木地師の娘である多希子は、芸者として鳴子温泉につとめ、信幸の訪れを待つ日々を送るが、体をこわして箱根の温泉にひっそりと移る。

信幸と深く関わる彼女たちの生き方が、この物語の軸となって読者を引っ張っていく。

だがじつは、この作品にはもう一つのテーマが横たわる。日本人と天皇家のルーツに迫るという壮大なテーマだ。信幸の旅を通して語られる漂泊の民、木地師についての考察が、読者を民俗学の世界へと誘う。さらに作者は「記紀によって改竄（かいざん）された古代天皇家の謎」に迫っていくのだ。

新たなる乙川ワールドの開幕を思わせる作品である。（高橋千劔破・作家、文芸評論家）

（新潮社・1785円）＝2013年5月23日①配信

希望に満ちた父親研究　「『育メン』現象の社会学」（石井クンツ昌子著）

世紀末の1999年。「育児をしない男を、父とは呼ばない」という旧厚生省のキャッチコピーが、自分の役割は稼ぐことだと信じてやまなかった日本中の父親たちに衝撃を与えた。

あれから十数年。今や「育メン」、すなわち楽しみながら育児をするカッコいい男がもてはやされる時代である。街でベビーカーを押す父親たちの表情は、明るく誇らしげにさえ見える。父親向けの「育メングッズ」や「育メン雑誌」の売れ行きも好調だという。

その一方で、日本の父親の育児参加は諸外国に比べると極めて少ない。育メン世代の父親たちも、もっと育児に携わりたい気持ちと、仕事が忙しくてそれがかなわない現実とのはざまで悩んでいる。

このブームは一体、何なのだろう。母親がすれば当たり前の育児を父親がしただけで、なぜこんなにもてはやされるのか。ただでさえ仕事が忙しい父親が、これ以上育児に参加できるのか。そもそも誰のために、何のために父親の育児参加が求められているのか。

これらの素朴な疑問に対して、父親研究の第一人者である著者は、国内外の豊富な父親研究の成果をわかりやすく解説しながら、丁寧に答えてくれる。さらに、社会学の学術研究を世の中に還元する「ソーシャル・エンジニア」の立場から、父親が育メンであることが当たり前の社会にするための道筋も示してくれる。

特に印象的なのは「専業主父」、未婚の父、離婚した父、継父、ゲイの父など、さまざまな境遇の育メンの実態にも迫っている点だ。ブーム以前の育メンの奮闘や、海外の父親事情についての詳しい情報もありがたい。

「元祖育メン」の父親に育てられたという著者の前向きな語り口は、日々の育児に追われる母親や、育児に携わりたくてもできない父親に向けた応援歌にも聞こえる。若い人たちにも、将来の子育てに夢と希望を抱かせてくれる一冊だ。（多賀太・関西大教授）

（ミネルヴァ書房・3150円）＝2013年5月23日②配信

知らぬ間に失われる英知「亡びゆく言語を話す最後の人々」（K·デイヴィッド·ハリソン著、川島満重子訳）

「知らずにいることが多すぎる。思わずそうつぶやきたくなる」と訳者はあとがきに書いている。世界で今何が起きているのか、「言語の消滅」が意味することとは何か、われわれは今何をしなければならないのか、その答えがこの本の中にある。

失われようとしている言語の「最後の話し手」との出会いを求めて、著者はシベリアや南米、インド、オーストラリアなどの奥地へとでかけてゆく。厳しい自然環境のもと、狩猟や牧畜などの生業で暮らしてきた古老たちの話には、その土地で生き抜いていくための知恵が詰まっている。創世神話をはじめとする物語には、われわれが親しんでいるものとは異なった世界観や価値観がある。

著者は訓練を積んだ言語研究者である。それは文字を持たない少数言語そのものに向き合って、通訳などによらずその言語で示される英知を把握できるような人を意味する。

著者はしかし、学問の世界に閉じこもることをよしとしなかった。テクノロジーの発達とグローバル化の中にある現代社会を見据えながら、現在の人類にとって最も重要な問題を一般の人々に知ってもらおうとした。

「結局私たちは愛するものしか守らず、理解できるものしか愛さないだろう。そして私たちには教えられたものしか理解できないだろう」という言葉が本書には引かれている。パンダやトキなどの野生動物の危機、遺跡の破壊などへの関心は高い。それらが目に見えやすいものだからである。

しかし言語や文化の消滅に関しては驚くほど知られていない。日本でも各地の方言が失われつつあることを思い起こしていただきたい。世界各地で起きているのは日本語がまるごと消滅するような事態なのである。現在7千ほどあるとされる言語のうち、半数近くが今世紀中に消滅するともいわれている。

一人でも多くの方が本書の投げかける問題に目を向けることを願う次第である。（風間伸次郎・東京外国語大教授）

（原書房・2940円）＝2013年5月23日③配信

危機の時代への対応模索

「〈共同体〉をめぐる政治学」(伊藤洋典著)

近年、「共同体」が注目されている。もちろん、「共同体」が思想の対象として重要な位置にあるのは今に始まったことではないが、「シェア」とか「コミュニティデザイン」といった概念が一般的な用語としてひろがり、「共同体を軸にした社会形成の方法」が議論され始めているのだ。

本書では、そのような「やわらかな共同体論」こそ出てきはしないが、現代社会と共同体の結びつきが捉え直されていく。

その第1の特徴は、思想を参照する「手数」だと言ってよい。

アレント、アガンベン、ロールズ、サンデル、ウォルツァー、マッキンタイア、ギデンズ、松下圭一、高畠通敏、谷川雁、和辻哲郎、吉原直樹…。書ききれないほどの思想家たち。既に知られるそれぞれの議論を整理しつつ、各章で設定したテーマに向けて共通点と要点が指摘され、読み進める都度、新たな発見がある。

第2の特徴は、現代における「共同体」の位置がさまざまな角度から描かれていることだ。

例えば、石牟礼道子や丸田一らの議論からは、人々の移動を特徴とする現代社会において、かつて自明のものとしてあった固定的な風景や場所が失われる中、それらを補完する感覚や言葉が必要とされることが議論される。全体として一つの「解」に向かう論考とは言いがたいが、読み手が「この思想はこう位置づけられるのか」と思考を組み替えるのに役立つ。

現在、一方には、復古主義と結びつきがちな「共同体主義」が否定的にみられたり、「共同体の崩壊」から「個人の自立」への移行が歴史の必然とされ、肯定的に捉えられたりする前提が根強く残る。

だが他方では、共同体の喪失が個人を生身のままに社会に放り出し、今まで見られなかった危機を引き起こす可能性が露呈している。過去の思想を参照しつつ新たな「共同体」を模索する本書のような試みも必要だろう。(開沼博・社会学者)

(ナカニシヤ出版・2520円)＝2013年5月23日④配信

失政を真っ向から批判

「天堂狂想歌」(莫言著、吉田富夫訳)

中国山東省の蒼山県で1987年、大規模な農民暴動が起きた。名産であるニンニクの芽が増産政策によって大豊作となるが、生産過剰で買い上げが停止され、県政府の横暴無能な対応に農民が怒ったのだ。事件を取材した莫言がその翌年、架空の「天堂県」を舞台に書いた小説が本作である。

莫言が実際の事件を手がかりに創作するケースは少なくない。一方で、農民を取り巻く貧困や飢餓、暴力を描けば共産党批判とみなされかねないため、「あくまで人間性を描いている」と弁解を重ねていた。

だが本作は、県政府の失政を真っ向から批判した例外的な小説である。スタインベックの「怒りの葡萄」にならったのか、93年に「怒りのニンニクの芽」と改題して中国で再刊された。その序文で莫言は「私は一貫して小説は政治から距離を取るべきだと考えてきたが、ときには小説が自分で政治に近づいていくこともある」と、確信犯的に執筆したのを明かした。

さらに昨年12月、ノーベル文学賞受賞記念講演「物語る人」でも本作に言及。小説家は「人間的立場に拠って立つべき」で、だからこそ「文学は事件に始まって事件を超え、政治よりも大きなものとなれる」などと論じた。言論の自由に対する自覚にとぼしい、と莫言を批判する人に、ぜひ本作を読んでほしい。

虐げられた中国農民に、限りない共感を寄せる政治的姿勢。心理と状況の描写が混然一体となって「意識の流れ」を作りだし、フラッシュバックも使う手法。中国魔術的リアリズムによる本作は紛れもなく、莫言文学の原点である。

当時はまだ残っていた因習を背景に、80年代の男女の恋愛を正面から描いていることにも注目したい。若者同士の会話を、訳者は「おれはあの女子を好きじゃなかったんじゃ」と方言風に訳すが、原文は基本的に標準中国語である。都会での恋愛に置き換えても成り立つ普遍性が、原作に輝きを与えている。(藤井省三・東京大文学部教授)

(中央公論新社・2730円)＝2013年5月23日⑤配信

違和感に迫る批評家魂

「村上春樹とイギリス」(吉岡栄一著)

村上春樹は米国文化を好んで紹介してきた。だからアメリカ的と見られがちだが、彼の小説は、着想の点でも物語構造からも実はイギリスの作家の影響が色濃い。本書はそれを解き明かし、春樹の「闇」を検証する「知られざるハルキ」論だ。

「闇」とはむろん村上作品の鍵である「異界」のこと。その底辺にはコンラッド、そしてオーウェル的な邪悪な世界が横たわるというのが本書のポイントだ。例えば「1Q84」とオーウェルの代表作「1984」。

書名ばかりではない。オーウェルが描く独裁者による管理社会は、村上作では無思考のロボットを作り出すユートピア的農業コミューンに置き換えられる。そして監視者ビッグ・ブラザーをもじったリトル・ピープル。「邪悪の象徴」の存在はその物語世界がかのイギリス人作家と無縁でないことを示している。

そのオーウェルがコンラッドの影響下にあったのは本書に詳しい。そして、村上も(著者によると)デビュー直後からコンラッド熱に侵されていた。コンラッドの「闇の奥」は聖杯探求譚(たん)としてあまたの物語の源となったが、写真を手がかりに羊を探す「羊をめぐる冒険」は「宝探し」の物語構造をこの「闇の奥」に負っているという。

こうしてつながるコンラッド、オーウェル、村上の線。村上の「かなりの愛読者」を自負する著者だが、本書のモチーフには村上を読むとき感じる「不安」「違和感」を解き明かしたいという批評家魂があるようだ。

なるほど近作「色彩を持たない多崎つくると、彼の巡礼の年」を読むと、人間の「闇」を彫りこむ細密な描写、悲劇へと高まる語り口、そして旧友のウソを暴くためのフィンランド行きなど、異界に囚(とら)われた弱者というイギリス人先行者たちの作風が流れこんでいることが分かる。

従来アメリカの文脈で語られるばかりだった村上像。そこに一撃を加える、真摯(しんし)な批評精神が、ここにある。(安岡真・翻訳家)

(彩流社・1890円)=2013年5月23日⑥配信

曇りなき少女のまなざし

「ゆうじょこう」(村田喜代子著)

明治後期の遊郭の話なのに、読んでいて心地よい潮風が吹いてくるような気持ちになるのは、主人公の少女、青井イチの魅力によるのだろう。

イチは薩摩硫黄島の貧しい家に生まれた。父は漁師、母は海女である。15歳になって、熊本の遊郭に売られた。娼妓(しょうぎ)見習いとして、遊女のための学校「女紅場(じょこうば)」へ通って作文や習字などを習う。

さまざまな土地から連れてこられた娘たちの方言を隠すため、遊郭では「ありんすことば」と呼ばれる独特の言葉が使われた。けれども、イチの作文は一貫して島言葉で書かれる。「おかっさあやおとっさあ(お母さんやお父さん)」「ごっそが　どっさい(ごちそうがどっさり)」など、促音の多い言葉にはうそがなく、思いが真っすぐに伝わってくる。まるで詩のような響きと力だ。

イチの心には、どこまでも青く広がる海がある。ぽっかりと浮く島のような雲や、悠然と泳ぐ巨大な亀、海女たちの引き締まった裸身がある。その明るく伸びやかな光景と、苦界で起こる痛ましい出来事との対照が、何とも切ない。女紅場のお師匠さんも、囲われている女たちも、自分ではどうしようもない境涯を生きるしかないのだ。

そんな中、廃娼運動やストライキといった新しい時代のうねりが、イチの足元にもひたひたと押し寄せてくる。時代の変化と彼女の心の成長が重なり合うラストは見事である。

イチが買われた「東雲楼」は、実際に熊本にあった遊郭の店で、2009年夏まで建物の一部が残っていた。著者は、それが取り壊される際、見に行ったという。東雲楼で起こった娼妓のストライキも史実である。

社会構造はもとより、女性の身体感覚や性意識さえ、イチの時代とは随分変化した。著者が最も書きたかったのは、いつの時代も変わらぬ、少女の曇りないまなざしと成長し続ける姿だったのかもしれない。(松村由利子・歌人)

(新潮社・1890円)=2013年5月30日①配信

寄り添う死者と生きる

「黒い海の記憶」（山形孝夫著）

本書は、練達の宗教人類学者である著者のさまざまな発言―講演、対談、そして論考―を収めている。一貫する主題は死者論である。ここでいう死者とは遺体となった人々のことではない。「生きている死者」である。

生者は誰も死を知らない。知っているのは他者の死だけである。しかし死者はどうだろう。大切な人を喪（うしな）った経験のある人は、あえて言葉にせずとも、近くに死者を感じたことはないだろうか。

死者論は、著者の哲学の根幹を成している。これまでも彼は、「死者と生者のラスト・サパー」などの著書を通じ、幼少の彼を襲った実母の自殺という経験を起点に死者の問題を論じてきた。

本書が生まれる契機になったのは東日本大震災である。宮城県が本拠地の彼もまた被災者だった。

あれほどの死者が「生まれた」にもかかわらず、発言者の多くはそれに言及することがなかった、ように私には映った。しかし、本書を読むと山形は、発言しなかったのではなく活字にならなかっただけで、ひたすらに被災地に言葉を届けようとしていたことが分かる。

だが、著者が語るのもやはり、死者についての宗教者の沈黙なのである。

宗教は死を語るが、死者を語らない。彼はこう書いている。「宗教言語は不要。宗教者にとって、これまでにない模索と試練の時が始まった」。さらに、生者と死者の交わりは「哭（な）く」ことのうちに実現される。生者が死者に抱く悲しみは、喪失の感情ではなく、むしろ、新しき出会いの深い悦（よころ）びの表れだと説く。

死者は生きている。そればかりか死者は、その人物が生者であった時よりも、私たちの近くに寄り添っている。著者はわが身をもって、その証しとしようとしている。

読者はどこから読み始めても構わない。キリスト教や聖書の話を軸に展開する部分もあるが、読者に予備知識は求められていない。優れた書物はいつも、未知の読者に開かれている。（若松英輔・批評家）

（岩波書店・2100円）＝2013年5月30日②配信

ひとごとではない最低さ

「棺に跨がる」（西村賢太著）

最低です。最高に最低です。その最低っぷりは例えるならば「クイズ100人に聞きました、『男ってヤーネ！』と感じる瞬間」の正解を一緒くたにして、鍋で煮詰めた濃縮エキス。西村賢太の新刊はそのエキスを言語化したダメ男の物語だ。

主人公は芥川賞受賞作「苦役列車」でおなじみ北町貫多。本作でも貫多は、恋人を殴るわ蹴るわ肋骨（ろっこつ）折るわのフルボッコにする。やれポルノだの暴力だの、表現規制が日に日に厳しくなっている昨今、こんな無法地帯があったとは。そう言いたくなるほどに、自らの卑小さをさらけ出している。にしても原因、カツカレーって…。

DV表現の秘密の花園よろしく、重ねられる身勝手な暴力は時に読み手をドン引きさせるほどだ。しかし思う。貫多のDVは、つまり恋人よりも優位に立ちたい気持ちの表れだろう…ってそれ、誰にでもあるんじゃね？

イケメンすぎると緊張する、甘える彼が超かわいい、エトセトラ。世の女たちが口にしがちなこれらの発言は結局、相手を見くびりたいという気持ちの表れのように思える。恋人同士の「かわいい」は、つまるところ自分が優位に立っている時に出る言葉だ。「イケメン苦手」もしかり。自分の劣勢を感じているからこその言葉である。そしてそれはつまり、至極フツーの征服欲だろう。

貫多の凶暴性を、自分とは関係のない物語として読むのは自由だ。けれど自分に、そして隣に座る「かわいいアイツ」にないものとして片付けてしまうと、その瞬間見失うものもある。

たしかに、わたしたちの征服欲なんてささいなものだ。それに比べて貫多の理性のなさは、男としても人としてもほぼ0点。留年確定。しかし、だ。彼の0点は、百点満点を軽く凌駕（りょうが）する、破壊力満点の0点であることを忘れてはいけない。

そしてそれは、安心安全の温室の中で、何も失わず片手間に得られるものでは決してないのだ。（宮田和美・ライター）

（文芸春秋・1365円）＝2013年5月30日③配信

料理人の哲学引き出す

「英国一家、日本を食べる」（マイケル・ブース著、寺西のぶ子訳）

英国のトラベル・フードジャーナリストが家族4人で、東京を起点に札幌、京都、福岡、沖縄など日本の北から南まで3カ月間食べ回ったエネルギッシュなルポルタージュである。

著者は、はじめに宣言する。「日本ならではの食材を味わい、日本料理の哲学、技術、そして（略）健康上の恩恵について学習する」

こうした取材を決行するベースには、「SUSHI」のグローバルな普及や、「ミシュラン」などで世界的に評価される日本料理の人気があるのは間違いない。ところが、本書に「SUSHI」はほとんど登場しない。

てんぷらは食べても、著者の関心は、大豆、しょうゆといった食材・食品、油脂を使わずに昆布とかつお節で作る「だし」に向けられる。

4歳と6歳の子どもを連れての食べ歩きだから、そうそう高級な日本料理店へ出掛けるわけにはゆかない。その代わり、たとえば相撲部屋で稽古を見学する。子どもは把瑠都の肩に乗せてもらい、一緒に相撲を取った。その後、皆でちゃんこ鍋を囲むのだ。

著者は旺盛な好奇心で日本人が忘れがちな質問をぶつけ、冷蔵庫までのぞいて意外にも健康的な力士の食の秘密を探す。ジャーナリストならではの皮肉を交えながらも、ユーモアを忘れないルポが魅力的である。

著者が「日本を食べまくろう」と思い立ったきっかけは、1冊の日本料理の本だった。それが、1980年に出版された、辻静雄の「Japanese Cooking : A Simple Art」。本を読んだ著者は、日本の料理、食材、食品について何も知らなかったことにがくぜんとし、その深遠さに敬意を抱く。和食や清酒の底に流れる食文化を探ろうと、料理人や生産者たちの哲学を引き出した。

英国人読者にその秘密の一部を明かしてくれたわけだが、本書で初めて自らの料理にある哲学を知る日本人も多いのではないだろうか。（山本益博・料理評論家）

（亜紀書房・1995円）＝2013年5月30日④配信

近未来として60年代発見

「虚像の時代」（東野芳明著、松井茂・伊村靖子編）

東野芳明は戦後の日本を代表する美術批評家であり、1950年代の後半から欧米の現代美術をいち早く日本に紹介しながら、アカデミズムとは対極の場所を疾走し続けたオルガナイザーでもあった。

本書はその東野の代表的な美術批評をまとめたものであるが、批評活動のすべてを網羅する通常の選集とは決定的に質感を異とする。それは何よりも、編者の明快な意識によって、「現代美術」という言葉も定着していなかった60年代という不穏な時代の批評に、焦点が絞り込まれているからである。

その理由は、実際の東野を知らない松井茂、伊村靖子という若い世代の研究者が、彼の60年代の批評に「ハマッタ」という純粋性に起因している。従って本書の醍醐味（だいごみ）は、東野が語った60年代の解読にあると同時に、編者である彼らがなぜ東野の60年代にハマッたのかを探る、二重の批評性の経験にあるというべきだろう。

60年代とは、戦争の闇を引きずりながら、東京五輪を経て、大阪万博という祭典までの時空間であり、表面的にはある種の硬度とにぎわいを装いながら、中身は異臭を帯びたぬかるみのままという、不気味な時代であったといえるだろう。

東野は現代美術をそうした時代の表象として受け止め、欧米と日本がそれぞれ有する「虚像の文化」の間の決定的な断絶をつなぎとめようと、口語的な速度をもった言語で武装し、批評を試み続けた。不思議なことに、その速度によって放たれる言語は、どこか今日のブログやツイッターに似た粒子的な光やその拡散をほうふつとさせ、言語活動においても停滞を嫌悪した、東野の本質を浮かび上がらせている。

過去ではなく近未来としての60年代の再発見に向けて、時代を超え、東野芳明と2人の編者によって生まれた言語的アクティビズムの成果と評したい。（南嶌宏・女子美術大教授）

（河出書房新社・3675円）＝2013年5月30日⑤配信

文体と物語解釈の挑戦

「遠野物語remix」（京極夏彦・柳田國男著）

名著「遠野物語」を京極夏彦が現代語に書き改め、今日的価値を問う。

「遠野物語」は1910（明治43）年に柳田國男によって記された物語集。遠野の青年、佐々木鏡石（喜善）から聞いた怪異な話を柳田が「一字一句をも加減せず感じたるまま」（「遠野物語」序）を記した。それをさらに京極が現代語で「時に補い時に意訳し、順序を違へて」（「遠野物語remix」序）書き改めた。名文家で知られる柳田に京極が仕掛けた文体対決であり、物語の解釈をめぐる挑戦である。

民俗学の父と呼ばれる柳田は「これ目前の出来事なり」と序に記すように、話の真実らしさを追求した。余分な叙述が省かれた文語はストイックで暗示に富む。それに対して京極は、登場人物の背景や気持ちの流れを丁寧に書き込む小説の手法によって物語らしさを前面に出した。

例えば柳田が「顔の色きはめて白し」と記した部分には「白粉（おしろい）を塗ったような白さではない。肌そのものが抜けるように白い」を加えるというように。また、構成を大幅に変えることにより、物語どうしのあらたなつながりを浮かび上がらせる。この大胆な再構成はそれ自体、柳田の物語解釈への異議申し立てであり、賛否を呼びそうだ。

「遠野物語」は現代のわれわれにとってどんな書物なのか。書き改めのきっかけにはこの問いがある。遠野という土地を描き直すため、京極は大幅な書き加えを行う。「すぐ目の前にあるというのに辿（たど）り着けない、見えているというのに手が届かない」場であると。

帰ることのかなわない郷愁の場として遠野を思い直すとき、河童（かっぱ）や、座敷童衆（わらし）、サムトの婆（ばば）など怪異なものたちは逆に現代の光のなかで鮮やかな輪郭を現し始める。

どんな怪異な物語もすぐに飽きられる今、「遠野物語」が「遠野物語remix」となってあらたに息づくのは、私たち自身が抱える郷愁のせいかもしれない。（川野里子・歌人）

（角川学芸出版・1470円）＝2013年6月1日配信

零れ落ちた個人の声

「忘れられたワルツ」（絲山秋子著）

「ふつう」や「みんな」に合わせることの安心感。それを幸せとすり替えることの虚（むな）しさ—。東日本大震災後を描く7編が、あの日を境にはがれ落ち、露呈したものを際立たせる。

登場人物たちの心でざわめくのは「ふつう」から零（こぼ）れ落ちた感覚だ。フェイスブックで披露される他人の食事に興味が持てないこと。痒（かゆ）みはどんなにつらくても同情されず、笑いの対象にすらなること。疎外感が強いる沈黙のなかで彼らの心は問う。「ふつう」とは何か。実体のないマジョリティーの呼称ではないのか—。

この感覚を主人公の思想として凝縮させたのが、第4話「ニイタカヤマノボレ」だろう。おまえはアスペルガーなんだよ、と恋人から指摘された無口な「わたし」は、本書のなかで唯一、匿名の主人公だ。性格と障害。正常と正常ではないもの。その境域は読者自身の「わたし」の多義性のなかで曖昧になっていく。

空に音符を投げる謎の女が、戦争を予言する場面がある。それを聞いた主人公は、まるで自らを暗号化することが最終手段であるかのように、戦争開始の暗号を叫び続ける。「世界」から抹殺されることを覚悟で。

抹殺されて当然だ。そう言い捨てるマジョリティーは、自らが正義の側にいると確信している。だからこそ、あらゆる戦争は正義の名の下に今も行われている。ただ、もはや正義か悪かを問うことにすら意味はない。大切なのは、個人のほんとうの声に耳を傾けているかどうかだろう。

小説を俯瞰（ふかん）する「神」の目までもマジョリティーから疎外されている。それによって、社会の基盤は根底から問い直される。第2話「強震モニタ走馬燈」では、パソコンの前でほとんど感情を動かさず、地震計のデータを見つめ続ける「ふつう」ではない女が描かれる。それは「毎日が震災前」といえる危機的な現在に対し、身動きのとれない私たちの姿かもしれない。（杉本真維子・詩人）

（新潮社・1365円）＝2013年6月6日①配信

夫婦の根源にある悲劇 「暮れていく愛」(鹿島田真希著)

ほころび、亀裂、溝など、夫婦の危機を表す言葉はいくつかある。表題作の夫婦の場合は「透明なずれ」というべき不穏さだ。結婚10年目の夫婦が交互に告白し、物語は進行する。

妻は夫の雰囲気から浮気を疑う。自分の愛が足りないせいだと思い、いっそう尽くす。プレゼントも外食も旅行もいらない。ただ2人でいたい。本当は夫に会社に行ってほしくないほどだ。

夫は尽くす女がタイプだったが、無意識に手を伸ばせば欲しいものが差し出される最近の生活が怖い。妻はなぜ、こんなに俺の心がわかるのか。すべてが理想通りなのに、息苦しさを感じる。

ここに描かれているのは「こうならないようにしようという教訓」ではない。結婚の、夫婦の、愛の根源にある悲劇だ。

やがて2人は回想を始める。夫は昔の恋人に妻と似た部分を思いだし、妻の思い出にも現在の夫と重なる鈍感さが浮かび、読み手は目くらましに遭った気持ちになる。反すうされるのは、明るさゆえの無理解や、異様な興奮、顔が青ざめる様子など、愛にまつわる理不尽さや苦しみの記憶だ。

そうやってさかのぼった過去のずれが響きあい、今の夫婦のありようが立ち現れる。量も方向もずれているのに、愛としかいいようのないものがここにある。物語に求道や殉教めいた雰囲気が漂うのは、そのためだ。

併録作には若者たちの会話のずれが書かれている。パーティーに向かう女子大生と友人たちがしゃべっている会話は、すれ違うばかりにもかかわらず、決定的な破綻がないので、終わりがない。

夫婦の愛と女子大生のおしゃべり。一方には夕暮れに似た哀愁といつくしみが、もう一方には生気に満ちた滑稽さと若さがある。

始まりはどこなのか、終わりに何があるのかわからないまま、ずれをものみ込んで続く人生。作者はたった2編で、そのみなもとに迫っている。

(間室道子・代官山蔦屋書店コンシェルジュ)

(文芸春秋・1575円)=2013年6月6日②配信

想像絶する体験を言葉に 「隣人が殺人者に変わる時」(ジャン・ハッツフェルド著、ルワンダの学校を支援する会訳)

アフリカ中央部の小国ルワンダで、少数派民族のツチを標的としたジェノサイドが起こったのは1994年。ツチを中核とするゲリラと多数派民族フツ中心の政府との内戦の中で、フツの大統領が暗殺された事件を契機に、膨大な数の「普通の人々」がツチ殺りくに動員された。その結果、わずか100日のうちに、当事国内にいたツチの4分の3が虐殺された。

本書は、ルワンダ虐殺を生き残った人々(ジェノサイド・サバイバー)の証言集である。サバイバーの過酷な経験は、安易な要約を許さない。殺人者をやりすごすために来る日も来る日もパピルスの生い茂る湿地の泥に隠れる時、民兵に見つかって体中を切り刻まれた母親が泥の中で亡くなるのを見送る時、父の遺体の上で殺人者が歌い踊るのを隠れながらじっと見つめる時、人は何を思うのか。本書が教えてくれるのは、それを実際に経験した人々がおり、そしてわれわれと同時代を生きていることである。

読者は少々戸惑うかもしれない。人々の語りは必ずしも首尾一貫していないし、論理や説明に矛盾を感じることもある。しかも、彼ら自身がその点を認めている。

しかし、それこそがサバイバーの証言なのだ。彼らは、経験を言葉にする作業を通じて、自分たちの身に起こった出来事を何とか理解しようとしている。その経験が想像を絶したものであるだけに、それを言葉にして他者に伝える作業は恐ろしく困難なものとなる。

彼らの語りは、文字通りの事実ではないのかもしれない。それでもこの証言集は、彼らが経験した苦難とそれを乗り越えて生きる尊厳とを余すところなく伝えている。

フランス人ジャーナリストが丁寧なインタビューを通じてとりまとめ、世界的に高い評価を得た本書の邦訳は、非常に有意義である。訳者グループは、同じ著者が集めた加害者側の証言集の翻訳も準備中とのことで、大いに期待したい。(武内進一・JETROアジア経済研究所主任研究員)

(かもがわ出版・1995円)=2013年6月6日③配信

人類の進歩と調和への道　「文化の『肖像』」(吉田憲司著)

「ヒトという謎」をフィールドワークで探究してきた文化人類学の知を展示するのが、「人類の進歩と調和」を目指した日本万国博覧会の跡地に立つ国立民族学博物館(民博、大阪府)だ。

著者は民博で、博物館展示の在り方や展示物を通じ、西洋とアフリカ、オセアニア、日本が互いをどう捉えてきたのかを探る特別展「異文化へのまなざし」や、国際共同巡回展「Self and Other アジアとヨーロッパの肖像」を企画してきた。本書は、その苦闘の記録で、著者にとってはフィールドワークそのものだった。

早い話が、肖像といっても地域によって千差万別。西洋ならば横顔でも立派に成立する。顔が本人と似ているか否かは重要ではなく、着衣や持ち物で像の主を表す文化もある。さらには肖像自体が存在せず、人物を短剣で象徴したり、美麗な文字で記してたたえたりする文化にまで出合う。

肖像は描いた側のまなざしを映し出す自画像でもあるわけで、これは博物館展示も同様だ。かつてパリの人類博物館でアフリカ女性の遺体標本が展示されたことや、伝統文化ばかりのアフリカ展示も、西洋は進歩した「文明」、アフリカは劣位の「未開」とみるまなざしの反映そのものだ。

さらに展示は、人々のまなざしを規定する。実際、日本人も自らを文明の側に置き、アフリカといえば「野生の王国」、ハワイなら「南海の楽園」といった、西洋の一員であるかのごときまなざしにとらわれている。

客観的な異文化の表象や理解などあり得ないというわけだ。知も多様な価値観の相互作用で構築されていく今、著者は、博物館もネットワーク化で偏狭なナショナリズムを回避し、展示される側の人々も集うフォーラムの場として「多声的」な展示を目指さなければならないと説く。これはまさに、一方でグローバル化、他方で民族対立に翻弄(ほんろう)される人類の真の「進歩と調和」を目指す道でもあるのだろう。(斗鬼正一・江戸川大教授)

(岩波書店・2730円)＝2013年6月6日④配信

現代的で上質な"新作"　「シャーロック・ホームズ　絹の家」(アンソニー・ホロヴィッツ著、駒月雅子訳)

帯に「コナン・ドイル財団が初めて公式認定した、80年ぶりのホームズ新作！」とあるから、ドイルの未発表作が発見されたと思うかもしれない。かつて、彼の遺品から「指名手配の男」と題した原稿が見つかったと大騒ぎになり、結局他人の作だと判明した事件もあった。本書は残念ながら未発表作ではなく、財団の依頼で著者が書き下ろした2次創作である。

この財団はドイルの子孫らが運営する著作権の管理団体だ。日本では既に著作権が切れたが、米国では一部作品とキャラクターの権利が今も認められており、原作を風刺した「パロディー」や、名探偵の新たな活躍を求める声に応えた「パスティーシュ」を出版し、映画化する際は使用料を払う必要がある。

最近は、オンデマンド出版や電子書籍が盛んな米国を中心に玉石混交のパロディーやパスティーシュが相次ぎ、どれを選べばいいか分からなくなってきた。そこで財団は優れた作家に依頼し、上質な"新作"を提供しようとしたのではないか。この手法で公式続編が出ている例では「ジェームズ・ボンド」が有名だ。

本書の読み始めは、ドイルの文体や筋の運びとの違いに違和感があるかもしれない。「新作」にこだわりすぎると戸惑うだろう。文体模写だけならもっと優れた作品もある。

しかし著者は腕利きの推理小説作家で、日本でも放送されたテレビドラマ「名探偵ポワロ」の脚本家でもある。読者を楽しませるテクニックは十二分に心得ている。

米国での列車強盗に始まり、謎の男の惨殺、「ベーカー街別働隊」の少年の失踪、国家権力の威圧、ホームズにかけられる殺人の嫌疑と、息つく暇もないほど謎が畳み掛けられる。現代のエンターテインメント小説として、途中で本を置くのがもったいないほどだ。

恐らく財団は続編も計画しているだろう。次はどんな作品を読ませてくれるのか、今から楽しみである。(平山雄一・探偵小説研究家、翻訳家)

(角川書店・1995円)＝2013年6月6日⑤配信

死の恐怖と対峙した作家

「素顔の新美南吉」(斎藤卓志著)

30歳を目前に喉頭結核で世を去った童話作家、新美南吉。生誕100年である今年、再評価の機運が高まっている。

南吉生誕の地はいまの愛知県半田市だ。故郷の風物を背景にした「ごん狐」はあまりにも有名であるし、生家や養家をはじめ、新美南吉記念館も整備されている。しかし、南吉が文学的に最も充実した日々を過ごしたのは、同県内の安城高等女学校(現安城高校)に教員として赴任したおよそ5年の間だろう。

本書は南吉や関係者の資料を丹念に解読し、「久助君の話」「うた時計」などを次々にものした安城時代に重点を置く評伝である。ちなみに半田市は尾張、安城市は三河に属し、さほど遠隔ではないが、風景も言葉も風俗も、外部の人が想像する以上に異なっている。

本書は、南吉が東京外国語学校(現東京外大)の学生時代から結核を発病し、死の恐怖と対峙(たいじ)し続けてきたことにも注目。「女学校に勤めて生活が安定し、などとノンキな戯言(ざれごと)は言っていられなくなる」という表現は、ユニークかつ的を射た指摘といえるだろう。

著者は安城市歴史博物館の学芸員を務めた人物。文学や国語教育の研究が専門ではないが、むしろそれゆえに従来の評伝類にはない独自の視点が見られる。

例えば、南吉が持ち上がりで入学から卒業まで担任を務めた19回生の入学記念写真や南吉の日記などを詳細に検討し、教え子に恋愛をした事実を含め、そのすべてをタブー視せずに解き明かしていく。こうした手法は著者の真骨頂といえる。

ただ安城時代の南吉を理解するカギにもなるはずの入学記念写真が、本書中に掲載されていないのは惜しい。少部数発行の「赤い鳥」を、はるかに大部数の「少年倶楽部」と並ぶ「児童雑誌の雄」と書くなど、児童文学史の常識との隔たりも散見された。だが今後、本書の研究成果が南吉の作品論のさらなる深化に生かされることを期待したい。

(上田信道・岡崎女子大教授)

(風媒社・2310円)＝2013年6月6日⑥配信

途方もない熱量の韓国文学

「設計者」(キム・オンス著、オ・スンヨン訳)

あの「冬のソナタ」が最初に日本で放送されてから、はや10年。ドラマや映画のみならず、音楽業界でも韓流ブームが起きたことは記憶に新しい。しかし「韓流小説」となると、どうだろう。ほとんど知られていないのが現状ではないだろうか。

本書は、そうした状況を打破すべくクオン社が一昨年立ち上げた「新しい韓国の文学」シリーズの第6弾。途方もない熱量で読者を物語世界に引き込み、それでいて切実な人生の悲哀を見せる実にしたたかな作品だ。

主人公のレセンはゴミ箱から「生まれた」。女子修道院の孤児院で4歳まで育った彼は、闇社会に生きる「狸(たぬき)おやじ」の養子となり、暗殺者になった。物語は、レセンがまさに仕事を実行せんとする場面で幕を開け、32歳となった現在までの情景を織り交ぜながら、その日常を描いていく。

暗殺者であるレセンに仕事の選択権はない。いつ、誰を、どんな方法で消すのか。決めるのは顔も知らない「設計者」と呼ばれる者たちだ。事件性のない死として処理されるべく、設計者が綿密に立てた計画を狸おやじが受け、その命令に従って人を消すことで、レセンは生き延びてきた。

ところが。軍事政権後の新時代は、確実に動き始めた。闇社会での狸おやじの地位は揺らぎ、身内だったハンザが台頭。仲間を失い、レセンは初めて「意思」を持ち、ある闘いに挑む。

17歳で初めて人を殺すまで暮らしていた、90年間暗殺集団の本拠地だった図書館の存在。学校にも行けず、独学で文字を覚えた幼い日のエピソード。人は、いや、自分は何のために生きるのかという普遍的な問いを裏打ちするディテールが、たまらなく効いている。

「来生(レセン)」と書く名前の由来を狸おやじに尋ねる場面などは、込み上げてくる熱い思いが抑えきれなくなるほど。韓国小説「だから」でも「なのに」でもなく、純粋に面白い、と断言しよう。

(藤田香織・書評家)

(クオン・2310円)＝2013年6月13日①配信

くもり空を楽しむ心意気　「バージンパンケーキ国分寺」（雪舟えま著）

キャラメル・ベリー・UFO。レインボー・エナジー・ソース。パッション・キャット。プライベート・プラネット。こんな魅惑的な名前のパンケーキがある「バージンパンケーキ国分寺」は、「修道女のスカート色をした、くもり空の日のみ営業」する。偶然入ってたちまちファンになった人たちは、くもり空を待ちわびるのである。

クラスの親友と、幼なじみの男友達が付き合うことになって、ふたり同時に会えなくなった寂しさを感じている女子高生のみほもそのひとり。まだ人生にたくさんの時間と未経験を抱えた少女の一夏の時間が、店を通じて関わる人々の純粋でさりげない愛情や数奇なエピソードとともに、やさしく切なく健やかに描かれる。摩訶（まか）不思議なパンケーキに彩られつつ。

まぶしい晴れでもなく、つめたい雨でもないくもり空は、人々の気分を反映してもいるのだろう。とりたてて不幸でもなければ、絶好調というわけでもない。ささやかな楽しみを最大限に楽しもうとする心意気が波動のようにまわりに伝わり、心の景色を変化させる。

まぶ、陽炎子（かげろうこ）、明日太郎、わるつ先生、といった登場人物の名に心躍り、「昆布だしのような声」「地蔵っぽい（黒ごまプリン）」「魚の口から真珠がこぼれたよう」といった比喩表現にときめく。

こんな詩的なことを口にするのは、大切ななにかを一度どこかで失った、あるいは失おうとしている人たちである。歌人でもある著者が新鮮な言語感覚でつづるこの小説は、人が生きていく上で遭遇する喪失体験と、それを受け入れるための言葉のよりどころを分け与えてくれる叙情詩でもあると思う。

「からだひとつでおいで」という友達からのメールの一文を、「いい表現だな」とみほが思う場面がある。その言葉の意味するものが、あたたかな物語の底を流れる悲しみと共に、じわじわとしみてくる。（東直子・歌人）

（早川書房・1365円）＝2013年6月13日②配信

反骨脚本家の痛快な横顔　「『ローマの休日』を仕掛けた男」（ピーター・ハンソン著、松枝愛訳）

1970年代に若者だった映画ファンなら、ダルトン・トランボ脚本のヒット作「パピヨン」や「ダラスの熱い日」、唯一の監督作「ジョニーは戦場へ行った」のことは知っているだろう。しかしトランボの死後、その生涯からは「事実は“映画”より奇なり」と言うほかない、秘められし足跡が明らかになる。

戦前戦中に意欲作を次々と発表し、30代半ばにしてハリウッドの脚本家の旗手となっていたトランボは、戦後の激しい共産主義者排斥運動、赤狩りの標的となる。言論の自由を主張して見せしめとされた監督ら映画関係者10人（ハリウッド・テン）に名を連ね、映画界から追放される。収監され、メキシコに移住して貧窮した生活を余儀なくされるも、やがて60年、スタンリー・キューブリックが監督を務めた「スパルタカス」などで本格的に復帰を遂げる。

しかし実は、表舞台を追われた彼は、偽名で数々の作品を手がけていた。そのうちの一作が、友人の名を借りて原案をつくった「ローマの休日」だったことが後に判明して騒然となる。

まさか世界的にヒットして親しまれ、アカデミー脚本賞さえ受賞しているこの作品が、赤狩りで追われて水面下に潜伏していた男の手になるものだったとは！

この痛快なる不屈の精神は、一方でB級映画の至宝といわれる「拳銃魔」という作品も生み出した。私もいったい幾度見たかわからないほど好きな作品だが、銀行強盗を繰り返す破滅的なアウトローの男女を描きながらすがすがしいのは、人物が「自分自身に忠実であるという点では名誉に値する」からだと本書は語る。

そして、そのトランボの毅然（きぜん）たる「個人の名誉」の追求に磨きをかけたのが赤狩りの「ブラックリスト時代」であったとすると、作家を真にかきたて、輝かせるものは、彼への抑圧と不幸なのだという何ともいえないパラドックスにつきあたるのだ。（樋口尚文・映画評論家、監督）

（中央公論新社・3360円）＝2013年6月13日③配信

「理想の自分」問いかける

「美容整形と〈普通のわたし〉」(川添裕子著)

人にとって、「身体」とは、「外見」とはいったい何なのだろうか。

日本では韓国に比べ、美容整形をすることはまだ「隠すべきこと」という意識が強い。本書ではそうした「整形」に対する感覚の違いや、時代や文化により「理想の身体」が規定されてきた歴史、身体加工を行う慣習のある地域での取材をもとに、社会や個人にとっての外見とは何かを考察してゆく。

整形は、二重まぶたにしたり、鼻を高くしたりと、グローバルスタンダード化した白人美を求めるものだといえるのに、日本では、例えば韓国のように「美しくなりたい」という理由ではなく、「普通になりたい」という日本独自の感覚での整形が主流なのではないか、と著者は指摘する。

実際に整形を経験した人のコメントが出てくる中盤以降がやはりすごい。「普通の鼻だったら普通にできていた」とこれまでその鼻のせいでどれほど嫌な思いをしてきたか打ち明ける女性や、「身体のコンプレックスはそれを前面に出してやっていける人には問題ないでしょうけれど、精神的に乗り越えられない人には美容整形が有効」、「胸がないっていう気持ちは誰にもわからない」などと語る経験者の言葉からは、日本で「自分の見た目は人より劣っており、普通じゃない」と感じることが、どれほどの苦痛を味わうことなのか切実に伝わってくる。

整形というと、「過剰に美貌を求める虚栄心の強い人」というイメージで見られることが多いと個人的には感じていたが、「普通の身体」「理想の身体」を求めるそれぞれの理由や心理を読み解いていくにつれ、イメージとはまったく違う、個々の複雑な事情が浮かび上がってくる。

整形とは何かを考えることは、社会からどのように見られたいのか、「理想の自分」とは何なのか、という内面的な問いにつながっていかざるを得ない。過剰な感情移入を排し、誠実な手つきで「整形」を扱った本だと感じた。(雨宮まみ・ライター)

(青弓社・1680円)=2013年6月13日④配信

思想で斬るユートピア論

「ネットが社会を破壊する」(高田明典著)

普段から周囲の「スマホ中毒者」や「会議中にフェイスブックを熱心に見る人」を苦々しく思う人が留飲を下げるような書名で、「どんだけヤツらをたたいてくれるのかな、ガハハ」と期待するかもしれない。だが、そう安易には読めない。

ネット・コミュニケーションや人々のネットの使い方を扱いながら、主題はあくまでもネットがない時代の思想家(マクルーハンら)の論がいかにネット社会でも通用するか、にある。

「賢い者はより賢く、馬鹿者はより馬鹿に」「『絆の予感』による高揚感に酔いしれたあとに起こるのは、ぶりかえしによる極度の孤独感」など、ネットに懐疑的な文言が並ぶ。ネットの可能性に興奮し、明るい未来を説く前向きなものが多い中、そうした論をバッサバッサと斬り捨て、特にタラ・ハントの著書「ツイッターノミクス」への評価には怨念すら感じる。

いや、そうではないだろう。

ハントは、ツイッターなどを通じて得られる「社会的な信頼」の単位として「ウッフィー」なる値を提唱し、これをいかに経済的利得につなげるかを解説した。ネットを使えば誰もが幸せになれる、とする典型的なユートピア論である。

この論がいかにのんきで取るに足らぬものか—。著者は明確に「勝てる戦い」を仕掛けている。市場のパイはゼロサムで、もうかる者があれば損する者が出るという当然の原理を示し、ハントを「爆笑」するのである。

こうして書評を書く私も前半は苦痛だった。恥ずかしながら、登場する数々の思想家のことを何一つ知らなかったからだ。著者は知識をひけらかし、私のような愚民に「おまえはこの本を読む資格がない」と言いたいのかと思ったほどである。

ただし、そうした苦痛を乗り越えた先の最終章は、ジャスミン革命がイランやガザ地区で起きなかった理由や「アップル=監獄」論など、「馬鹿」でも分かる話で救われた。(中川淳一郎・ネットニュース編集者)

(リーダーズノート出版・1470円)=2013年6月13日⑤配信

米国のどこを学ぶか　「工学部ヒラノ教授のアメリカ武者修行」（今野浩著）

米国で最も優れた産業は大学だ、と言われるほど米国の有力大学は素晴らしいそうだ。日本の大学とは比較にならないほどの自己資金を持ち、寄付金も豊富で、教員の流動性も極めて高い。だから素晴らしい大学はどんどん素晴らしくなる。

だが一方、そうでもない大学はずっとそのままだ。米国では大学にも大きな格差が存在する。

本書は、米国の大学のビジネススクールに客員准教授として招かれた著者が、当時の実体験をベースに、米国の大学教授や学生たちの文化や考え方を紹介したものだ。

筆致は軽妙で、笑いながら読める。お人よしの日本人として学会の会長にだまし討ちにされ、驚きの手段で単位を要求してくる学生たちと講義で決闘し、米国社会のさまざまなオキテが支配するパーティーで日本社会の良さを逆に実感するといった具合である。

もちろん、論文を量産する優れた研究者のノウハウや、人種差別の話もある。30年以上前の話だが、今も基本的にはあまり変わってないという。

著者は、格差が広がった今日の米国社会のありようはレーガン大統領時代の社会的な決断に由来すると述べている。全員を豊かにすることはできない。従って、上位10％を優遇し、残りは引っ張ってもらえばいいと彼らは考えた。しかしながら上位の人たちのモラルは必ずしも高いとはいえず、結果的に世界一の格差社会が生まれてしまった。

そして、このような考え方は滞米当時の「二流」ビジネススクールにも既に見られたという。例えば、自社のコストさえ少なければ結果的に少数が満足しなくても無視すればいいといった考え方だ。そんな文化の下で学んだ学生たちが会社で決定権を持ってしまい、“合理的”だと見なす決定を下す。それが今日の少なからぬ数の企業の文化となっているのである。

米国のどこを学ぶのか。それは一流か二流か。本当に正しいのか。見極める目が必要だと感じる一冊である。（森山和道・サイエンスライター）

（新潮社・1575円）＝2013年6月13日⑥配信

3・11以降の書物の刻印　「ヤマネコ・ドーム」（津島佑子著）

「ヤマネコ・ドーム」の登場人物の多くは、終戦後、米兵と日本人女性のあいだに生まれた混血の孤児たちだ。

緑色に光る瞳のミッチ、褐色の肌のカズ。長い時が過ぎて2人はそれぞれの人生を歩むが、彼らの養母の親戚で、おさななじみでもあるヨン子との交流は続けていた。

2011年3月11日の津波と原発事故のあと、海外で暮らしていたミッチが帰国する。カズは10年前に亡くなっていて、ヨン子とだけ再会するが、感傷にひたる余裕などはない。ミッチはヨン子に東京から逃げようというのだ。

木に群がるコガネムシのイメージと、放射性物質におびえるヨン子のモノローグが印象深い。小説全体をつらぬくのはその切迫感だ。

遠い日の、オレンジ色のスカートをはいた少女の謎の死が、彼らの記憶にたびたび浮かぶ。物語は、息子のター坊を失った「老いた母」の語りに移り、幼いター坊が事件にかかわり、長い年月が過ぎてから自死を遂げたことがあきらかになる。

混血の孤児たちも少女の死に無関係ではないらしい。戦後、オレンジ色の服を着た女性が何人も殺害されていたことがあかされ、読者はその犯人捜しへの興味もかきたてられる。

現実の人間同士の会話も内面のつぶやきも、地の文にとけこむ。死んだカズが、木から落ちて死ぬときのことを語るモノローグもさりげなく織りこまれる。生者と死者、現在と過去、内なる世界と現実が大木の根のように混然とからまりあって、「ヤマネコ・ドーム」という小説の魅惑の宇宙をかたちづくっていく。

全329ページの長編だが、一気に読んでしまった。ひとたびページをめくったら、作者が感じたであろう、現実が崩壊していく危機感、切迫感が文章からひしひしと伝わってきて、この小説から離れがたくなるのだ。

3・11以降の書物の刻印というべきものが「ヤマネコ・ドーム」にはくっきりと刻まれている。（青来有一・作家）

（講談社・2100円）＝2013年6月20日①配信

21世紀文学の文体革命

「ヨハネスブルグの天使たち」（宮内悠介著）

2001年9月11日、ニューヨークを襲った9・11同時多発テロとともに、世界貿易センタービルの先端にそびえ圧倒的な威力を誇っていた放送アンテナも破壊されたが、その機能はなおもほかの設備に受け継がれ、全地球的な報道はついに途切れなかった。おそらく地球文明壊滅後も、人類の手になるテクノロジーの産物は、たゆまず人類の歴史を語り続けることだろう。

そんな時代に、期待の新鋭によるこの連作短編集を読む者はまず、表題作前半において、空から少女たちが降ってくるという強烈な場面に魅了されるはずだ。

少女たちは日本製の安価な歌う少女型ホビーロボットDX9。本書収録の5作品が物語る近未来では、彼女たちが南アフリカからアメリカ、中東まで地球上至るところに蔓延（まんえん）し、限りない耐久テストを耐え忍ぶ。

歌を歌うのだから初音ミクにも似た一種の大衆娯楽用楽器なのかといえば必ずしもそうとは限らず、じっさいには1960年代のヒッピー運動の象徴たるドラッグであるLSDをも一素材に製造された、空気感染する大量破壊兵器の担い手すら演じるのだ。そればかりか、DX9には人間の人格をそっくりそのまま転写することができる。表題作結末において、長く紛争の種であった民族が放棄され、DX9を介した「新しい人（ニュー・マン）」への道が切り開かれるゆえんだ。

本書最大の焦点は、近未来、9・11同時多発テロの再現をはじめとする自爆テロにDX9が介在した場合、人間がいかに超越概念たる神に接近できるのかをめぐって展開される、あまりにも深い思索である。

とりわけ人造歌姫たちが人々の人格を次々に吸い取り、主体と客体の区別がわからなくなるほど相互に混濁させ、電脳論的崇高へ立ち至る瞬間のリアルな描写は圧巻。

これはまぎれもなく、21世紀文学だからこそ実現した文体の革命である。（巽孝之・慶応大教授）

（早川書房・1575円）＝2013年6月20日②配信

静かに放つ怒りと祈り

「光の山」（玄侑宗久著）

東日本大震災と東京電力福島第1原発の事故から2年余り。この間、福島に住む著者は、しばしば被災者の代弁者として行政やメディアを相手に果敢に発言してきた。しかし作家としても、積もる思いを小説で表現せずにいられない。そうしてこの短編集が出現した。

被災直後に執筆したと思われる冒頭の「あなたの影をひきずりながら」は、森進一の「港町ブルース」に歌われた「宮古　釜石　気仙沼」が津波に襲われた惨状とともに、東電社員の青年と被災者の恋人との引き裂かれた関係を、簡潔な断章で描く。茫然（ぼうぜん）自失のまま記されたドキュメントのような生々しさだ。

寺ごと津波に流された僧侶父子の凄絶（せいぜつ）な体験を描いた「蟋蟀（こおろぎ）」は、読みながら何度も涙がこみ上げた。テレビやニュースが決して伝えない悲惨さが眼前にひろがる。3歳の男児が父の遺体捜索のためにDNA採取を受ける姿を描いた「小太郎の義憤」は、とりわけ感動的だ。これらの悲劇を、いつの間にか過ぎた出来事として記憶の奥にしまいつつある自分を打ち据えられる気がする。

しかし本書はただ悲しみを記録する作品集ではない。放射能に故郷を汚され、意見が分裂した学者や遅々として救済が進まぬ行政に翻弄（ほんろう）され、平安の場を奪われた者たちの、怒りに貫かれている。放射能から逃れるために遠方に引っ越した親友が盆踊りに帰省し、般若の面をかぶって踊る「アメンボ」には直截（ちょくせつ）に表れているが、その怒りは次第に深く内攻していく。

未来の福島を舞台にした表題作「光の山」は、それを象徴した異様な作品だ。「汚染」されて行き場のない土や木、石を自分の土地に積み上げ、巨大な山にしてしまった父のことを、老人が語る。夜には妖しく光を放つ山に、低線量の放射線が体に良いと信じる見物客がやってくる。

何という強烈な皮肉に満ちた物語だろうか。本書そのものが怒りと祈りの光を静かに放っているようだ。（清水良典・文芸評論家）

（新潮社・1470円）＝2013年6月20日③配信

惹きつけられる生きざま 「ヒトラーが寵愛した銀幕の女王」（アントニー・ビーヴァー著、山崎博康訳）

ロシア革命とそれに続く内戦の後、多くのロシア人が故国を離れたが、1920年代前半に彼らの拠点となったのはベルリンだった。亡命者たちはここで絵画、音楽などさまざまな分野で活躍したが、当時のロシアブームに乗って、映画でもロシア人たちは重用され、数多いベルリンの映画スタジオでは毎日ロシア語が飛び交っていたという。そして、まだ無声映画だったこの時代、幾多のロシア人俳優たちが華々しく銀幕を飾っていた。

しかし、20年代も終わってトーキーの時代が来ると、外国語の話せないロシア人俳優たちはその座を追われていくが、その中で唯一輝きを失わなかった女優が、ドイツ語に堪能な本書の主人公オリガ・チェーホワだった。著名な作家アントン・チェーホフのおいミハイル・チェーホフを夫に選び、自らも作家チェーホフの夫人オリガ・クニッペルのめいに当たる彼女は、ヒトラーが政権に就いた後も政権中枢に愛され、銀幕の女王の名をほしいままにしたため、諜報（ちょうほう）活動への関与もうわさされたが、本書は残された日記や手紙などを駆使して、その秘密の正体に切り込んでいる。

クニッペルというドイツ人の家系に生まれたオリガと、作曲家でソ連のスパイだった弟レフなど、彼女を取り巻く人々が、ドイツとソ連が大戦に向けて後戻りできない道を進んでいく時、どのように自分たちの道を切り開いていったのかを描きだす著者のテンポの良い筆致は、読者をぐんぐん時代の渦の中に引きずり込んでいく。

著者は言う。オリガは夫ミハイルとの「結婚が破綻して以来、必要とあればいかなる妥協も辞さない気構えを持ち、一貫して毅然（きぜん）と生き抜く女性だったのである」と。

時代にのみ込まれそうになりながらも、自らを失わず、場合によっては自己アピールのためのうそもいとわなかった「したたかな現実主義者」オリガの生きざまは、今日の読者をも惹（ひ）きつける不思議な力を持っている。（諫早勇一・同志社大教授）

（白水社・3360円）＝2013年6月20日④配信

人間らしく生きる闘い 「天国の国境を越える」（李学俊著、澤田克己訳）

テレビドキュメンタリー制作者でもある韓国大手紙・朝鮮日報の記者が、4年半にわたって15カ国を行き来しながら300人の脱北者たちを追ったルポルタージュだ。中国や韓国はもちろん、ロシアや東南アジア、欧州へと命がけで国境を越える北朝鮮の人々の姿が映像のように浮かぶ。

脱北という密出入国のプロセスを追う取材クルーも脱北者たちと一緒に不法に国境を越え、公安や警察の監視をくぐり抜けながらカメラを回し、インタビューを続ける。

人身売買や麻薬取引、強制送還、拷問、家族の離散など、表へ出にくい脱北者たちのストーリーにすさまじい執念で光を当てる。まるで人間が経験しうるあらゆる不幸をかき集めたかのようだ。

人を救うのが使命だと明言する韓国人牧師たちが支援するのは、韓国で新しい人生を生きようとする脱北者だけではない。捕まっても脱北を繰り返す人、残した家族を脱北させるため危険を冒す人、韓国に失望し欧米に移る人をも支えるために、命を懸ける。

人間らしく生きようとする同胞と共に、終わりなき闘いに挑む姿。国家権力の前で無力なはずの個人の、果てしなく大きな勇気に頭を殴られるような衝撃を受けた。

数年前、北朝鮮で暮らしている兄たちを訪問した時に彼らに投げてみた質問がよみがえった。「脱北とか、考える？」。勇気を振り絞って聞く妹の私に、兄たちは笑顔を見せるだけで話題を変えた。兄たちの本心を今も私は考え続けている。

植民地支配からの解放後、同じ民族が3年間も殺し合った後の休戦状態。私自身のルーツがある半島で今も続く悲劇を前に、言葉を失った。知らなかったでは済まされない。この時代を生きる者としての責任がある。

支援団体によると、200人以上の脱北者が既に日本で生活を始めている。彼らを「脱北者」というカテゴリーではなく、一人一人の名前で呼び合いながら向き合いたいと心から思った。（ヤンヨンヒ・映画監督）

（東洋経済新報社・2310円）＝2013年6月20日⑤配信

支える厚みが育む文化　「モネ、ゴッホ、ピカソも治療した絵のお医者さん」（岩井希久子著）

日本でもやっとフリーランスの修復家が活躍するようになった。しかも女性である。一読してまず、そう思った。

欧米の美術館などには必ずと言ってよいほど修復担当部門が置かれ、専門家が重責を担う。それほど作品維持にとって修復は大切と考えられているのだ。

美術作品というものは、たとえ倉庫に保管されていたとしても微細なちりや空気中の酸素の影響を受けて汚れ、劣化する。作品に使われた材料、例えば絵の具、カンバス、ベニアなどもそれ自体が経年で損なわれる。

それに美術館の大きな使命である展示や他館への貸し出し（時には海を渡って）などの移動もあって、ダメージを受けやすい。ましてや保存設備のない個人蔵や、オークションなどの流通を経ると、作品は何かと劣化の危険にさらされる。

日本では、日本画については高い修復技術があるが、西洋絵画については、次々と作品が描かれ流入しても、本格的な技術が伴ってこなかった。

画家志望だった著者は、結婚を機に修復家を目指すことを決意し、渡英。ロンドンで修復技術を学びながら美術館で働く機会を得て、専門家の道を歩み出す。

出産して子育てをしながら、フリーランスで次々と大きな修復の仕事に挑戦する。展覧会で国内外から受け入れた作品の状態をチェックしたり、独自の技法を編み出したりと、並大抵な努力ではなかっただろう。NHKが、プロとして生きる一人の女性として特集番組を作ったほどだ。

人生の軌跡を淡々と語りながら、修復とは何かを教えてくれる。そればかりか美術館で作品を眺めるだけの私たちにも、裏方の努力があってこそ鑑賞の楽しみが成り立つことを教えてくれる。

日本の美術館は数少ない学芸員すら減らそうとしている。しかし文化というものは、「支える厚み」があってこそ育まれると伝えてくれる良書である。（福原義春・東京都写真美術館館長）

（美術出版社・2310円）＝2013年6月20日⑥配信

時代の本質を黙示する　「青い花」（辺見庸著）

楽観は身の養生に必須だが、これではものごとの本質には迫れぬと知る齢（よわい）まで生きてみたら、新作が待たれる作家は辺見庸だけになっていた。

大震災にみまわれ、戦災にも巻き込まれた「国内無登録避難民」の男が線路をあるいている。

この小説は実際に起こった出来事と、近未来に起こるかもしれない事態のつながりがあいまいなまま進行する。そして、「真理をおびてはじまるものはみな、結局のところ、不可解なものとして終わらなくてはならない」というカフカの短編の一節に導かれるかのように、思いがけぬ結末に至る。

「わたしはあるいている。わたしがこうしてあるいていることだけが、いまはわたしにとってたしかなことだ。と、おもいつつあるく」

東日本大震災で故郷の自然やひとびとをうしなった作家のいまの心象風景をつづり、戦後のこの国の成り立ちのうそくささを指弾しつつ、吐き気も便意も尿意も覚えずに、線路をあるきつづけることの大事さに触れる。

高校の陸上部で800メートルの選手だった男の回想の部分は、小説全体のなかでもひときわ色彩豊かに描かれている。

患者の半数がヒロポン中毒だった聖カエルム病院、庭に咲く青いコスモス、入院患者だった「きょうこ」の歌う外山節。それに、やはり患者だった叔父の脚本・演出で患者、医師、看護師たちによって演じられた創作劇「暗視ホルモンの夜」。猛烈な読書家で文学青年だった叔父が、この劇に潜ませた痛烈な風刺の意味。

読みすすめると、言葉に信を置いてきたはずの、誠実な作家のたどりついた逆説的ないまが、切ないほどありありと浮かびあがってくる。

「言葉にしようとして、ついに言葉にならないものにしか、いまかたられるべき真実はない」

この作家の新作は常に時代の本質を黙示する。（南木佳士・作家、医師）

（角川書店・1680円）＝2013年6月27日①配信

滅びへの壮絶な覚悟

「聖痕」(筒井康隆著)

性に関する官能も欲望も生じる前に性器を切り落とされ、性衝動を抱くこともなく、性に由来するさまざまな感情・思考を実感としては理解できない主人公が、生まれ、育ち、人間として成熟していく過程を描く。

「性」なき人間の生を作家の思索のなかで「実験」することにより、性への欲望や煩悶(はんもん)とその昇華物である芸術、制度、学問、思想に囲まれたこの世界に生きているわれわれ自身を裏側から照らし出してしまおうとする意欲作である。

唯一強い喜びを感じるのは美食だけなので、味覚を発達させ、芸術の域にまで料理を高めていく主人公を描く文体は、過度に古語を用いて古めかしく、格調高い。現代の小説や新聞はおろか論文などでもほとんど目にしない言葉が、珍味や珍しいスパイスのようにふんだんに使われている。かと言って、古くさいだけではない。「合懇(ごうこん)」「松千代(マッチョ)」「鳥舞(トリップ)」などの言葉遊びにも余念がない。

この文体は、「滅び」を受け入れるという本書のテーマと大きく関わっている。作品では、資本主義や科学は限界を迎えているので、美味を楽しむように感性を豊かにし、静かに滅びを受け入れられるようにすることが提案されている。

さらに、子孫を残す気もなく、闘争とも無縁である主人公が、料理人としての力を生かし、今後の食糧問題に対処しながら静かに滅ぶための新興宗教をつくり、教祖になることすら示唆されるのだ。美食という主題と、芳醇(ほうじゅん)な言葉を味わう文体の楽しみが二重写しになっている。

作家は戦争、滅亡、そして自身の死すら「小説」によって肯定的なものに変えようとする。その覚悟は壮絶である。人間は生きて死に、その痕跡だけが「聖なるもの」として遺(のこ)る。東日本大震災の死者たちに滂沱(ぼうだ)の涙を流す率直な場面のある本作は、その現実と死者に文字だけで向き合おうとする、凛(りん)とした作品である。

(藤田直哉・文芸評論家)

(新潮社・1470円)=2013年6月27日②配信

言葉の人のアンチテーゼ

「服を作る」(山本耀司著、聞き手・宮智泉)

日本のファッションデザイナーの中でも、山本耀司は際立って、言葉の人である。

特に1980年代から90年代にかけては、インタビューなどで伝わる独特のひねりのある発言が、彼の服作りに潜む複雑な精神を明らかにしていったし、その言葉を通してファッションに興味を持ち、ヨウジヤマモトやY's(ワイズ)の熱烈なファンになった人も少なくない。

しかし90年代後半、軸足をパリに置くようになると、言葉による日本人への発信は減っていく。一方で服の造形を研ぎすまし、西欧と対峙(たいじ)することにエネルギーを費やすようになった。そのため西欧での高い評価と反比例して、日本におけるヨウジ熱は減速した気がする。

2009年にヨウジヤマモト社が民事再生法を適用された後も、英国のビクトリア&アルバート美術館などで大々的なヨウジヤマモト展が開催され、フランス政府は最高位の芸術文化勲章コマンドゥールを山本に授与した。この温度差はなんだろう。

本書は、そんな母国に向けて書かれたささやかなアンチテーゼであり、格好の山本耀司入門書だ。

あけっぴろげに描かれた少年時代や青年時代のエピソードも楽しいが、時折語られる言葉の連なりに、往年の「言葉の人」は姿を現す。

「服作りは限りなくインモラルに近い」「立ち去ろうとする女性の後ろ姿は、僕にとってショックなものであり、そして、それほど美しいものはない。追いかけても、どうにもならない」「僕の服には間(ま)がある。『行間を読む』というような意味での『間』です」

ファッションとは、半年ごとに新しさを求めて更新する運動だが、山本は前に進むことを拒んでいるように見える。しかし、移ろい行く「モード」ではなく「服」を作る—俺の居場所はここだよ、という彼の表明は、ファッションが忘れ去ろうとしているものを照射している。(西谷真理子・京都精華大特任教授)

(中央公論新社・1575円)=2013年6月27日③配信

情報の世界見る羅針盤に 「ビッグデータの正体」（ビクター・マイヤー＝ショーンベルガー、ケネス・クキエ著、斎藤栄一郎訳）

世界とは情報である。

初夏の匂いも、柔らかい風も、陽光のきらめきも。

たとえばセックスだって情報伝達である。雄というデバイスから雌というデバイスへ、物理インターフェースを伝送路として遺伝情報を送信している。すべては情報だ。

でも、情報処理機器たるコンピューターはこれらの膨大な情報を処理してこなかった。なぜか。

一つには、情報が処理可能なデジタルデータになっていなかったからだ。二つには、あまりに情報量が多く、記録も処理も現実的でなかったからだ。特別な目的と価値を持つ場合にのみ、情報から標本を抽出してデジタル化し、処理していた。

ところが機器の高速化や大容量化、低価格化によって、この状況ががらりと変わる。今や大量のセンサーがあらゆる情報をデジタル化し、それを永遠に記録にとどめる。コンピューターはもはや標本ではなく、すべてのデータを分析して相関関係をつきとめる力を持つ。こうした事象を総称してビッグデータと呼ぶ。

ビッグデータに少しでも興味を持ったなら、本書はページを繰る手を抑えられない最良の徹夜の友となるだろう。世界の第一人者が、感冒、八百長試合、犯罪捜査と、豊富な事例でたたみ掛け、ビッグデータがひらくあらゆる可能性をのぞかせてくれる。一方で、ビッグデータによる監視社会への警鐘も忘れない。

本書を特筆すべきものにしている最大の要素は、因果と相関の問題への言及である。ビッグデータは多くの事実や予測を示すが、それはあくまでも黙示なのである。相関関係を基にそうなることは暴けても、なぜそうなるかの因果は分からない。この点をきちんと分かりやすく書いている書籍はほんとうに少ない。本書を羅針盤とすれば、ビッグデータの本質を見誤ることはないだろう。

ところで、本書はビッグデータが駆逐したものとして書評家をあげている。きっと、これが私の最後の書評になるだろう。（岡嶋裕史・関東学院大准教授）

（講談社・1890円）＝2013年6月27日④配信

足元から考える国際問題 「日本と出会った難民たち」（根本かおる著）

難民受け入れの問題は、日本では得てして「未知の脅威」と受け止められがちだ。その一方で、グローバル化が重要だとあらゆる場面で叫ばれる昨今。グローバル化の真の意味は、単に日本人が海外で学びや機会を得ることではなく、個人と社会がその内面に多様性を受け入れる素地を持つことである。

本書は国連職員としてアフリカ、アジア、バルカン地域の難民支援に携わった著者が、日本が目指すべき将来像について多くのヒントを提供するドキュメンタリーだ。世界共通の課題である「難民」を切り口に、この国の閉鎖性や国際問題と向き合う姿勢に疑問を投げかける。

難民というと、海外の「キャンプ」で食糧や医療支援を受ける様子を思い浮かべる人が多いかもしれない。だが難民問題の最終解決は、彼らが本国や第三国で落ち着いた生活を取り戻すこと。日本人が当たり前に享受している自由、民主主義、平和を切望し、日本にやってくる難民は多い。日本も難民支援の現場なのである。

同じように難民条約を批准していながら、米国の難民認定率53％に対し、日本の昨年の認定率は0·2％、人数は18人にすぎない。難民認定制度の課題に加え、収容施設で強制送還を待つ難民申請者の現状や、認定を受けた人々の波乱のエピソードなど、一人一人の人生に丁寧に光を当てているのも本書の特徴だ。

難民になりながら人生を切り開こうとする人々。支援する市民団体や弁護士、医療関係者、企業による独自の取り組み。さらには、生き方に迷いを感じつつ難民と関わり、生きる原点と自らの社会的役割を再確認していく日本の人たちの姿も描かれている。

世界情勢に関心の高い学生や社会人だけでなく、「国際化」など自分とは無縁の言葉だと思っている人々にも、自分と日本の進む道を考えるきっかけになる一冊。（瀬谷ルミ子・日本紛争予防センター理事長）

（英治出版・1680円）＝2013年6月27日⑤配信

精妙さ生んだ謎に迫る

「羽」（ソーア・ハンソン著、黒沢令子訳）

日本語の「鳥」の語源が「飛ぶ」にあるという説の真偽はともかく、鳥と聞いて真っ先に思い浮かぶのは翼だろう。地上に縛りつけられていた動物は、翼によって大空という新たな世界に踏みだすことができた。翼をつくっているのは羽だが、羽は単なる部品というには、あまりにもよくできている。

その美しさは、雌鳥を誘いよせるだけでなく、古来、人間の美意識を魅了し続けた。その構造は、翼としても一枚の羽としても航空力学が手本とすべきものだ。酷寒の地で生きることを可能にする驚異的な断熱性は、「ダウン」ジャケットとなって私たちを寒さから守ってくれる。灼熱（しゃくねつ）の環境に耐える冷却機能も備えている。

いったいこれほど精妙なものがどうしてできたのか？　その探究は進化を問うことにほかならない。羽にまつわるあらゆる謎の答えを求めて、自ら研究するだけでなく、世界のフィールドをかけめぐり、さまざまな人にインタビューしてまわった成果が本書で、話題は多岐にわたり、いわば羽の百科全書である。

この内容の幅広さはたぶん賛否の分かれるところで、もっと鳥類学として掘り下げてほしいと思う人もあれば、この博覧こそ魅力だと言う人もいるだろう。私自身は後者だが、鳥の生物学に関心のある人には、恐竜から鳥類への移行段階を示す証拠として始祖鳥が世に知られることになる経緯と、近年中国遼寧省の義県（イーシェン）で続々と報告されつつある、羽をもつ獣脚類化石群の発見にまつわる物語、そして飛翔（ひしょう）の起源に関する論争を読むだけで十分な価値があると思う。

専門的な鳥類学の議論にさほど興味のない人も、帽子の羽飾りや羽ペンをめぐる文化史に好奇心は満たされるだろう。

すぐれたナチュラリストには文章家が多いが、著者ハンソンもその例に漏れない。翻訳もいいので、読みやすく、自然とともに生きる著者の人柄がよく伝わってくる。（垂水雄二・翻訳家、科学ジャーナリスト）

（白揚社・2730円）＝2013年6月27日⑥配信

根源を見極める意志

「銀河鉄道の彼方に」（高橋源一郎著）

2005年から震災直前の11年2月まで6年間にわたって連載され、さらに2年以上の年月をかけて加筆、修正を施された563ページに及ぶ本書は、まさに今年の日本文学を代表する超ド級の作品である。

タイトルからも推察されるように、宮沢賢治の「銀河鉄道の夜」を踏まえて書かれた作品である。高橋の小説には「小説とは何か」という自己言及的な問いが常にあるが、本作もまた、言葉と世界と宇宙の成り立ちに迫る思弁小説として構成されている。

深宇宙探査プロジェクトのメンバーとして旅立ったジョバンニの父親が、「あまのがわのまっくろなあな」という不可解な言葉を残して失踪する。そのいきさつを、カムパネルラの父親がジョバンニに語る。父親を探しに、宇宙の真実に迫るために、ジョバンニは銀河鉄道に乗って旅に出る。

宇宙の果てに向けて自動航行する船に乗った「宇宙でいちばん孤独な男」の話。3歳児のランちゃんが、突然いなくなった弟を探しにジョバンニと旅をする話。予測不可能な出来事が日常を侵食し、現実世界が大きな深淵（しんえん）へとのみこまれていく「大流動」の話。その他たくさんのエピソードが、銀河鉄道の連結された車両のようにつながり、時に入れ子状に絡みあいながら、ジョバンニの夢とも想像とも体験ともつかない認識に束ねられていく。

ここにあるのは、言葉や記憶や存在に対する壮大な問いかけであり、この世を成り立たせているものの根源を見極めようとする意志である。ジョバンニは、「少年期にいる人間だけが持つ特別な叡知」によって「ほんとうのこと」にたどり着こうとする。少年こそ、世界の神秘と実在性を明らかにする体現者なのである。

宮沢賢治の文学と響きあうリリシズムが随所に織りこまれた本書は、すぐれた宮沢賢治論としても読める。現代文学の一つの到達点たる作品である。（榎本正樹・文芸評論家）

（集英社・2310円）＝2013年7月4日①配信

直球勝負で転換期を写す

「家族写真」（荻原浩著）

男性の生涯未婚率が2割、女性は1割を超えるご時世からか、家族を描く物語には、どうしても斜に構えた辛辣（しんらつ）なものが多いようだ。そんな中、この短編集は、どこまでも直球勝負で、果敢に家族像を切り取っていく。

「結婚しようよ」は、“団塊乗り遅れ世代”の主人公が、一人娘の結婚と亡き妻との思い出を吉田拓郎の名曲に重ねる、まさにスタンダードナンバーのような一編だ。「磯野波平を探して」では、サザエさんの父波平が54歳と知り、自分が間もなくその年齢を迎える男が、あれよあれよという間に初老の危機に陥る。

主人公の多くは“オヤジ”だ。彼らは軽妙にセルフ突っ込みを入れながら、自らを語る。薄くなった頭髪を、ベルトにのるぜい肉を。擬音でいえば「トホホ」が似合う、一人称のオヤジたちはだれもがチャーミングだ。

彼らは物語を通し、けしてカッコ良くはない自分や、完璧とはほど遠い家族を肯定するに至る。彼らにとって家族は当たり前の存在だが、それが実はかけがえのないものだと教えてくれるのが、異彩を放つ短編「プラスチック・ファミリー」。「結婚するやつは馬鹿だ」と独り身で生きてきた51歳の男が、マネキンと疑似家族を築く風変わりな物語だ。

自暴自棄だった独り暮らしが、「彼女」の存在によって愛情あふれた生活に変貌するさまは、結婚とは何かという問いへのある種の回答になっている。涙腺が決壊しそうな感動作である。

この国の主人公はずっとオヤジだったということを証明するかのように、20年に及ぶ不況を受け、どの主人公も随分くたびれているように見える。

しかし時代はまわる。

ラストを飾る表題作で、頑固だった父は病に倒れ、一家の重責はその子供たちが担うことになる。三本の矢のごとく3人の子供たちが力を合わせ、物語と家族、そして社会の主人公のバトンをそっと受け継いでいくのだ。

まさに今という時代の転換期を生きる家族の肖像が写されている。（山内マリコ・作家）

（講談社・1470円）＝2013年7月4日②配信

意識と言葉が消える幸せ

「庭師　小川治兵衛とその時代」（鈴木博之著）

さまざまな造形表現のなかで、庭は、絵画や彫刻や建築などとは違う性格を持っている。他の表現が見る人の意識を喚起させるのに対し、庭は意識を吸収し、意識から派生する言葉も吸い取ってしまう。

意識と言葉を消すような領分を、言葉を唯一の道具とする知識人や研究者が扱うのは難しく、これまで日本の庭についてちゃんと評した本はほとんど書かれなかった。あるのは個々の庭の紹介ばかり。

研究者の鈴木博之が庭のはらむ難所を突破できたのは、明治以後の日本庭園に限定し、意識と言葉を消す領分だからこそ庭に魅せられた人物たち、たとえば山県有朋、西園寺公望、岩崎小弥太、近衛文麿らを通して彼らの好んだ庭にアプローチしたからだ。

いずれの人物も、明治以後の日本の西洋化、近代化を推進したことで知られるが、彼らの心のうちには大きな空洞があった。西洋化、近代化は必要不可欠だが、しかし、私人としての自分の心はそれでは安らぐことができない。その時、彼らが見いだしたのが庭だった。「日本の近代化を推し進める権力者たちが自己を投影できる、はじめての表現だったのである」

彼らの心の空洞を埋める庭を、小川治兵衛という京都のたった一人の庭師が造ったことにまず驚く。江戸時代の庭を基本としながら、名木、名石は外し、立つ石は寝かし、コケは芝に張り替え、激しく落ちる水は緩やかに流し、といった改変を加え、今日まで続く日本の庭を造った。

「このような性格は、和風庭園から和洋折衷庭園への変化というより、むしろ茶庭や禅寺の象徴主義的庭園から、自然主義的庭園への移行と思われてくるのである」

治兵衛が手掛けた代表的な庭は今も見ることができるから、この一冊を携えて出かけてほしい。そして、意識と言葉が吸収されて消える、その幸せを味わってほしい。（藤森照信・建築史家、建築家）

（東京大学出版会・2940円）＝2013年7月4日③配信

魅了の歴史を大胆に分析　「『少女小説』の生成」（久米依子著）

近代日本における「少女小説」の歴史は100年に及ぶ。文壇で周縁的な存在であったことは確かであるが、その長い歩みの中に、さまざまな雑誌が生まれ、大勢の書き手がいて、生み出される作品を膨大な数の読者たちが心待ちにし、消費し、影響を受けた。

本書は19世紀末から21世紀初頭にかけての長い射程の中で「少女小説」が、読者である「少女たち」を良妻賢母予備軍として道徳的に馴致（じゅんち）するばかりではなく、異性愛には回収されない女性同士の官能性をはらんだ世界に誘い、時に読者として想定されていなかった男性をも魅惑したことを、資料による詳細な跡付けと大胆な作品分析によって明らかにしている。

「少女小説」といえば、吉屋信子を挙げる人も多いであろう。女性同士の友愛を描いた「花物語」で知られるが、彼女は大正末の「失楽の人々」という作品では、一生を学究にささげたいと願うヒロインに、女性全部が団結して結婚を退けて男性に服従することをやめたら「それだけで日本はつぶれてしまふ」といった心情を語らせる。

本書はロマンやファンタジーの糖衣に包まれる「少女小説」が、世の中の仕組みそのものに疑義を呈する劇薬を根幹に潜ませていることを示唆している。それは、尾崎翠の大人向けの小説「第七官界彷徨」よりも、彼女の「少女小説」にこそ、恋愛強迫観念症から解き放たれ、現実と非現実が融合する感覚的世界を垣間見ることができるという指摘にも表れている。

副題に用いられている「ジェンダー・ポリティクス」（性の政治学）は、本書が、近代においていかに「少女」が表象化され、また消費されたかを示す試みであると同時に、「少女小説」というジャンルが、近代日本において、強制的異性愛主義を撃つ数少ない拠点であったことを教えてくれている。そのジャンル自体がライトノベルに包摂されたかに見える今、この命脈を継ぐのはどこか、あらためて考えさせられる。（金井景子・早稲田大教授）

（青弓社・3150円）＝2013年7月4日④配信

哲学的な奥行きの短編集「天使エスメラルダ」（ドン・デリーロ著、柴田元幸、上岡伸雄、都甲幸治、高吉一郎訳）

ドン・デリーロはノーベル文学賞候補にも名前の挙がる現代米文学の長老であり、米国が抱える社会的、文化的問題を多面的に取り上げ、ドキュメンタリーとフィクションをないまぜにしたポストモダニズム特有の複雑な構成と緻密な文体によって描き出してきた。

彼の主要作といえば、「ホワイト・ノイズ」や「アンダーワールド」などすべて長編で、唯一の短編集が「天使エスメラルダ」だ。1979年から2011年まで、「ニューヨーカー」など有名雑誌に掲載された9編の作品が収められている。

どの作品も異様な人物や奇妙な事件を扱っているが、哲学的な奥行きの深さを感じさせる。

表題作の「天使エスメラルダ」は、ニューヨークのスラム街で殺された女の子の顔が巨大な広告掲示板に電車の光で浮かぶようになり、"奇跡"として騒動が起きる物語だ。「バーダー＝マインホフ」では、ドイツのテロリストの死を描いた絵に十字架を見た男女がテロに対する許しを感じる。どちらの作品にも宗教的希求のようなものが感じられる。

「天地創造」はカリブ海旅行に行ったが迎えの飛行機が来ないので島から出られない男女の話。「第三次世界大戦における人間的瞬間」は、地上の戦争を観察中の宇宙飛行士が昔のラジオ番組を耳にして、一瞬、人間らしさを取り戻す話。

「ランナー」は公園で男の子が誘拐されるのを目撃したという女性の説明を、若者が受け入れながらも内心では疑問を持ち続ける。「象牙のアクロバット」はギリシャで体験した大地震の恐怖と不安を語っている。

「ドストエフスキーの深夜」はある老人の過去を創作し合う大学生たちの話。「槌と鎌」は刑務所で暮らし、資本主義社会の欲望から解放された囚人たちの物語。「痩骨（そうこつ）の人」は離婚後も同居を続ける男と女の対照的な生活ぶりを描いている。

人間と複雑な現代社会についての示唆に富む好著であり、広く読まれることを期待したい。（井上謙治・米文学者）

（新潮社・2520円）＝2013年7月4日⑤配信

流動化する社会の入門書「私たちが、すすんで監視し、監視される、この世界について」(ジグムント・バウマン、デイヴィッド・ライアン著、伊藤茂訳)

長い邦題だが、原題はあっさりと「リキッド・サーベイランス　ある会話」。いかにも2人の共著らしいタイトルだ。

ポーランドで生まれ、迫害を受け英国に渡ったバウマンは、「ソリッド（固定的）」と思われたものが流動化してきたと主張、「リキッド（流動的）」を冠する多数の著作がある。片やスコットランド出身のライアンは現在はカナダの大学教授で、監視（サーベイランス）社会論の第一人者。本書ではライアンが年長のバウマンを立てて、自身は多く聞き役に回っている。

リキッドな社会の監視を象徴するのが「ドローン」である。米軍の無人機で、人が気づかないうちに情報を取得し、攻撃能力も備えており、小鳥や昆虫の大きさにまで縮小されつつあるという。

「道徳的中立化」の議論も外せない。道徳が人間の手を離れて機械やシステムへと委ねられ、人間が責任逃れをすることを指す。

セキュリティーへの不安から機械的な監視装置が増殖し、当局の監視がエスカレートしていく。さらに、便利なサービスを提供するアマゾンやフェイスブックなどのネット企業に、人々は進んで個人情報を渡してしまう。バウマンもライアンも、こうした傾向への危機感を随所で表明している。

2人の発言を全て正しい「教典」のように奉る必要はない。年配の人になじみの言い方をすれば「時事放談」のようなもの。各種の実証データと照らし合わせながら読むべきだ。匿名ブログの多さなど、日本のネット環境と欧米のそれとの多少の差異も念頭に置いておくべきだろう。

では、本書の価値が低いのかと言えば、そうではない。電子メールのやりとりを基にしているだけに、バウマンやライアンの他の本よりもとっつきやすく、事例も新しい。監視社会を自らの問題として考え始めるのに、本書ほど好適な入門書はないだろう。（田畑暁生・神戸大准教授）

（青土社・2310円）＝2013年7月4日⑥配信

多様な人生をのぞき込む　「世界を回せ（上・下）」（コラム・マッキャン著、小山太一、宮本朋子訳）

ニューヨークの空を背景に、ツインタワーの屋上と屋上を結ぶワイヤの上で、ちっぽけな人影が躍る。1974年8月のその朝、空中散歩を試みる男を見上げて、息をのんだ市民は多い。だがもっと多くの人々が事件を見逃したまま、新しい一日をはじめていた。

本書は、超望遠レンズで都市の奥へ分け入るかのように、多種多様な人生をのぞき込む。爆弾テロが頻発するダブリンを逃れ、弟を訪ねてブロンクスへやってきた男。弟のコリガンはすさんだアパートに住み、売春婦や老人のために奉仕活動をしている修道士である。

マンハッタンの高級アパートには、ベトナム戦争で息子を亡くし、心の安定を失ったクレアが暮らす。同じ悲しみを持つグロリアは、高学歴を生かしきれない人生を送る黒人女性。かつて注目を浴びた芸術家のカップルは、ドラッグと手を切れずに転落の一途をたどる。

ニクソン大統領の辞任が秒読みだった74年の夏。接点などあるはずもない十数人の人生が、コリガンの事故死をきっかけに、絆の網の目をこしらえていく。

それぞれの異なった声が、各章を満たす。悲しみには慰めが、罪には償いが、喪失には回復が、最も意外な形でもたらされる。ツインタワーを暗示する2巻本の小説は、後半へ向かってスピンを加速し、生者と死者を巻き込みつつ、2006年にいたる。

時代をつかむ、微視的かつ巨視的な視線が心憎い。小説の中ほど、カリフォルニアのハッカーが、ツインタワー近くの公衆電話に回線をつなぎ、綱渡りを見上げる市民の声を聞く。「9・11」や「3・11」の映像がリアルタイムで世界中の人の目に飛び込むのを可能にした、技術革新の萌芽（ほうが）がうかがえる。

今はもはや、事件を見逃すことなど不可能なくらい、情報過多な時代である。読者は、あの崩落の映像を心の内で何度も見ることだろう。だが読後には希望が待っている。（栩木伸明・アイルランド文学者）

（河出書房新社・上下各1995円）＝2013年7月11日①配信

俗から聖に変容する奇跡

「周五郎伝」(齋藤愼爾著)

山本周五郎は膨大な数の小説を書いた。作家生活は戦前戦中戦後に及び、登場人物も多彩を極めた。戦中を代表する短編集「日本婦道記」が、私の少年期最初の周五郎体験でもある。しなやかで自立した女性の意思の強さが際立っていた。

「日本婦道記」は1943年の直木賞に選ばれるが周五郎は辞退する。以来、一切の栄誉を受け付けることなく「樅ノ木は残った」に到達し、孤高の反権力作家、無名の民衆の味方という美名を一身に集めていく。

だが齋藤愼爾が書き下ろした本書は異形である。同時代の作家、文芸評論家らの発言や記録を網羅して、彼を育てた風土、生活、世相の重なる地層のうねりやゆがみを凝視する。「日本婦道記」が書かれた戦時下についても、文学者が日本文学報国会に所属して戦争に協力した言動の数々を取り上げ、周五郎も同類であったことを暴露する。

周五郎の直木賞辞退にも容易に賛同しない。わざわざ文芸春秋に発表した辞退の弁の中に、一層盛名があがると打算した「魂の濁り」を感じる。受賞が嫌なら拒絶して沈黙すべきだったと。

しかし彼の小説を読んだ者は、自分の胸の内にしまっておけない衝動を体験する。黒沢明が映画「赤ひげ」「椿三十郎」「どですかでん」を周五郎に触発されて作ったように、齋藤もまた、周五郎の俗人性に当惑しながらもこの衝動に突き動かされた気配がある。

時勢に面従腹背し、吝嗇(りんしょく)と好色の汚辱と俗塵(ぞくじん)にまみれた周五郎の想像力から生まれた膨大な作品群の中の幾つかに、俗人が聖人に変容する奇跡のような文学の「不思議」を味わったと齋藤は告白する。その例として「その木戸を通って」をあげる。私もまったく同感である。これを読まないで人生を終わる人は不幸だ。

周五郎の筆名が、13歳の年に徒弟奉公した山本周五郎商店に由来することも私は本書で知った。齋藤のいう「虚空巡礼」はこの質屋の店先から始まったのかもしれない。(篠田正浩・映画監督)

(白水社・3570円)＝2013年7月11日②配信

新版画を生んだ夢と志

「最後の版元」(高木凛著)

新版画という世界がある。私自身は、新版画一般というよりは、風景画家川瀬巴水の木版画に心酔し、その版元として渡邊庄三郎という人がいたことは承知していたが、庄三郎自身については、じつはほとんど知るところがなかった。いまこの高木凛さんの労作「最後の版元」が世に出て、初めて庄三郎の詳密な行跡と、志の高さと、そうして新版画の歴史的な事実が、きちんと跡付けられたと言うべきであろう。

当代の画家が絵を描き、それを伝統の浮世絵技法によって木版画に作るという新版画の試みは、渡邊庄三郎の創案であり、広く外国に受容され称賛されるようになった。が、もし彼が、神田の質店淡路屋に奉公して、その主人稲垣常三郎が英語塾に通わせてくれなかったら、また後に美術品輸出業の小林文七商店横浜支店に奉公して、そこで米国帰りの支店長足立良弼に浮世絵についての知識眼識を鍛えられることがなかったら、新版画の芸術世界は生まれ得なかったのだから、世の中は不思議である。

しかし、関東大震災、第2次大戦と、両度の苦難に際会して、彼は店舗や版木や下絵の焼失の憂き目を見、また孫の真佐男や娘の初江に先立たれる不幸にも遭わなくてはならなかった。

そういう苦悩との応戦の日々は、本書によって縦横に物語られる。硬骨の士庄三郎以(もっ)て瞑(めい)すべし。

私自身は、新版画がまだ全く再評価されていなかった昭和40年代から巴水に着目して、当時は私でも買えたその作品を一つまた一つと蒐集(しゅうしゅう)し、ついには「夕暮れ巴水」という詩画集まで出してしまうほどの巴水好きとなったが、その巴水の木版画の背後に、じつはこういうもう一つの揺るぎない意思と人生が在ったことを知って、また一段と巴水愛惜の念を強くした。されば、本書を読んだ人が、進んで新版画作品の圧倒的な美に触れられんことを願う。そして以て新版画が真に正当な評価を受けるよう、心から希望するものである。(林望・作家)

(講談社・2310円)＝2013年7月11日③配信

内省という名の闘い

「新世紀神曲」（大澤信亮著）

小学生のころの僕は、文章の書き方を全く知らなかった。読書感想文などは作中の文章をただ書き写し、ここが面白かったと書くのみだった。しかし人生経験を積む中で、対象の文章に自分の経験を対峙（たいじ）させ、そこで浮上した問題意識から文章を生むことを覚えた。

内面に向かう姿勢が強ければ強いほど、より強度を持った文章が世界に生まれる。新旧を問わず多様な哲学、文学、思想を批評した本書で著者は、圧倒的な想像力を「内省」として自らに突きつけ、暴力の連鎖で成り立つ「この世界という殺人事件」に立ち向かう。その姿勢は痛々しいまでにストレートだ。

僕は大澤から、内省という闘いで負ったまがまがしい傷を、これでもかこれでもかと見せつけられているような気分に陥り、幾度となく本を閉じた。それでも読み進めなければ、という内からの圧力が、何とかページをめくる指を動かした。

今の世の中は、内省などせずに、全てを他人に押し付ける方が正しいのだという風潮に満ちている。内省は自虐という言葉に取って代わられて久しいし、自らの正義を声高に叫び、他者を口汚く糾弾することこそが、人間的な強さや偽らざる本心の体現であるかのように言いはやされる。

批評もまた、自らを顧みることなく、個人の利益や、論理や倫理、そして科学的正しさによってのみつづられることが多い。大澤の痛々しいいらだちは、そうした社会の空気に向けられている。かく言う僕も、大澤をいらだたせる論者の一人に違いない。自分の利益のために既得権益層の瓦解（がかい）を望み、戦争を欲してさえいる。

自分の立場を優先して社会を論じることを、間違いでしたなどと譲る気は、僕にはない。しかし、それだけではいつまでたっても社会そのものの本質的な変革を成し遂げることはできない。文筆家だけでなく、この社会に暮らす全ての人間が向き合うべき宿題を、本書は提示している。（赤木智弘・フリーライター）

（新潮社・2100円）＝2013年7月11日④配信

小説とルポを貫く世界観

「アムステルダムの笛吹き」（藤野眞功著）

事実は小説よりも奇なり、という言葉がある。もともとはロマン派の詩人バイロンによるものである。ギリシャ独立戦争に志願するなど、波乱に満ちた彼の生涯は、まさにそれを体現していた。

この言葉は、ときにはフィクションに対する制約として使われる。つまり、作家たるもの、あまり突飛（とっぴ）なことを書いてはいけないよ、という助言である。著者が本書によって挑戦しているのは、まさしくこうした制約に対してなのだ。

本書の構成は特徴的である。全体をとおして、「小説」と呼ばれているものが6編、「ルポルタージュ」と呼ばれているものが6編、折り重なるように収録されている。

小説の舞台も、ルポの対象もさまざまである。しかしこのような構成によって、むしろ本書は、一貫したメッセージを読者に投げつけている。それを知るためには、著者の経歴を確認する必要があるだろう。

たとえば著者は、フィリピンの刑務所の実態を描いたルポを出版している。そこでは、非合法の集団がネットワークをつくり、刑務所内を実質的に支配している。この話の一端は、本書において垣間見ることができる。まるでひとつの都市が、刑務所内につくられているようである。

他にも本書には、「フランス外国人部隊」に入隊していた日本人、麻薬取締官、「反共義士」と呼ばれている中国大陸からの亡命者などが登場する。彼らは、一般的な価値観が通用しない地点に立っている。特筆すべきは、こうした「突飛な」ルポが、短編小説とまるで地続きであるかのように、ひとつの世界観をなしていることである。

その世界観とは、つまりルポライターの視線で見れば、人とは道徳や理性とは無関係に生きていくものであって、それを道徳や理性で判断するのは傲慢（ごうまん）だ、というものである。その意味で本書はきわめて誠実であると言える。著者のヒューマニズムが行間からにじみ出ているのは、読めばわかるはずだ。（池田雄一・文芸評論家）

（中央公論新社・1785円）＝2013年7月11日⑤配信

民俗学の根源的問い直し

「『新しい野の学問』の時代へ」（菅豊著）

2004年10月23日、マグニチュード6・8の地震が新潟県を襲った。新潟県中越地震である。小千谷市や長岡市、魚沼市の信濃川東岸の山間部、牛の角突きとニシキゴイで知られる二十村郷（にじゅうむらごう）地区も被害に遭った。

民俗学者の著者は1999年、たまたま二十村郷の国指定重要無形民俗文化財「牛の角突きの習俗」の関係者と知り合う。2001年、二十村郷の一部をなす小千谷市東山地区を訪れ、03年から牛の角突きの調査を始める。人と動物とが関わる闘牛に、民俗学者として興味を持ったのだろう。

翌年、中越地震で東山の闘牛の関係者や施設、そして牛が被災し、角突きの存続は危機にひんした。その年も5月から毎月の角突きに通っていた著者は、震災翌月、小千谷に赴き、被災の深刻なさま、同時に角突き復活の希望を知る。

それまでは先生として角突きを調査・観察の対象としていたが、05年6月、復活した角突きの会場設営を手伝う。もちろん現地調査必携の録音機やカメラ、ノートはかばんに収めた。そして06年6月場所、牛を闘わせる勢子（せこ）の経験をして、角突きの一員として後戻りできない立場となる。角突きに身を浸しつつ実践研究する決断だ。ついに07年春、牛持ちとなる。彼の牛、天神は、12年、闘牛会の年間最優秀牛に選ばれたという。

著者は、観察・調査する外部者から、民俗行事の一員として地域の人々の中に身を置き、震災復興にも側面から立ち会うことになった。その立場から、現在において地域と人々を研究し社会の将来像を描く、民俗学や社会学など諸学問分野の知識生産の在り方を問い直す。学問は、地域や人々、環境の持続的発展、復興の社会実践にいかに関わり得るのかと。

角突き経験談に始まり、「野（の）の学問」としての民俗学の新しい在り方の提起に至るまで、深く重い思いが語られる。己の存在根拠としての民俗学への根源的問い直しの書だ。（石上英一・東大名誉教授）

（岩波書店・3360円）＝2013年7月11日⑥配信

えげつない選別のドラマ

「教場」（長岡弘樹著）

舞台は、とある県の警察学校。初任科第98期短期課程に属する約40名はすでに巡査の身分をもつ社会人であり、年齢や志望動機もそれぞれだ。

だが、半年間にわたる過酷な訓練と、事あれば「連帯責任」を問われる理不尽さのなかで、体力的人格的に適性のない者は容赦なく退校を求められる。

「警察学校とは、必要な人材を育てる前に、不要な人材をはじきだすための篩（ふるい）」。教官に毎日「お前はいつ辞めるんだ」と迫られるなか、訓練をつむことで、厳しい公務に耐えられる心技体を身につける―といえば“きれいごと”にすぎる。現実はもっとギスギスして、えげつない。

2008年、「傍聞（かたえぎ）き」で日本推理作家協会賞短編部門を受賞した、長岡弘樹の新作「教場」は、「教場」すなわち「クラス」でのサバイバルゲームを勝ち抜こうとする学生のさまざまな企てや思惑を、白髪隻眼の教官、風間公親が次々と砕き、退学させる者と見込みのある者を選別していくという6編の連作短編集。

職務質問、検問、運転、水難救助などの実習で学生が問われるのは、まだ犯罪が起きていない日常のなかに、犯罪の予兆を嗅ぎ取る力。風間の、人の心理をつく頭脳戦に度肝を抜かれながら、学生たちがここを先途（せんど）と張り合う人間ドラマが面白い。

警官は犯罪が起きて捜査にあたる。いま流行の警察小説はみなそうで、警官は「守るべきは社会の正義」と、それを押し立てて、時に刑法が引いた境界線を踏み越える。よしんばそれを越えても帰ってくるものはよし。越えられないものはダメ。風間の“教育”は、それをひとりひとりの体に滲（し）みとおらせることに尽きるといえようか。

そのあたりを「職質実習」はうかがわせて妙。警察学校小説は、そう何作も書けるというものではあるまいが、もう何作かは読みたいものである。（井家上隆幸・文芸評論家）

（小学館・1575円）＝2013年7月18日①配信

共感寄せ“元祖”読み解く　「『青鞜』の冒険」（森まゆみ著）

1911年、平塚らいてうを中心に5人の若き女によって創刊された月刊誌「青鞜（せいとう）」。その73年後、同じ東京・千駄木の地で地域雑誌「谷中・根津・千駄木」（通称「谷根千（やねせん）」）が3人の女によって始まった。その1人である著者が自身の来し方を重ね合わせながら「青鞜」を一号一号、丹念にたどった力作だ。

内面を探究するのが第一で、細かい編集作業を嫌った平塚らいてう。らいてうに熱をあげ、あけすけな編集後記を書きまくった尾竹紅吉。編集を強引に譲り受けておきながら、途中で投げ出した伊藤野枝。彼女らは慣れない編集作業に疲弊し、世間からのバッシングに憤り、編集後記で弱音を吐く。

読んでいくうちに、これまで抱いてきた“時代を切り開いた女たち”という勇ましいイメージが崩されていった。女たちはやがて恋愛から結婚、出産を迎え、女としての人生が人間関係や雑誌作りに変化を与えていく。

丁寧な人物描写もさることながら、本書が特異なのは印刷や広告、運営体制など、雑誌の地味な仕事にも光を当てているところだ。読者とのやりとりに「あるある」とうなずきながらも、誤植に対しては「お粗末」と言い放ち、販売業務や広告集めを放棄した彼女たちに、それこそが雑誌発行の醍醐味（だいごみ）だと批判する。それは「青鞜」を単なる過去の遺物としてみているのではなく、同じ雑誌作りに携わる女として歯がゆく思うからだろう。

著者が発行していた「谷根千」は、惜しまれながら2009年に終刊。創刊時の奮闘ぶりを描いた著書「『谷根千』の冒険」があるが、本書の題名とかぶっているのは意図してのことに違いない。著者は「オンナを励ますもの、オンナに力をくれるものはやはりオンナでしかない」と言う。

元祖女性同人誌を現代の女が共感を寄せて読み解く。女を取り巻く環境で何が変わり何が変わらなかったのか。100年前と今の雑誌作りを通じて、それが浮かびあがってくる。（澁川祐子・ライター）

（平凡社・1995円）＝2013年7月18日②配信

「創る」ことの本質描く　「世界の技術を支配する　ベル研究所の興亡」（ジョン・ガートナー著、土方奈美訳）

本書は、米国のベル研究所を舞台に、「創る」ことの本質を描いたノンフィクションである。

1910年の米国は、「私はいつでも数学者を雇うことができるが、数学者が私を雇うことはできない」という発明家エジソンの言葉に象徴されるように、機械を発明する人材を重要視していた。科学分野が急速に発展した欧州の国々がノーベル物理学賞をほぼ独占していた時代だった。

そうした中、電話会社AT&Tは、企業の進歩を数十年単位で考える戦略に移行し、25年に研究部門としてベル研究所を設立する。「人間のコミュニケーションにわずかでも関係のあることなら何でも研究する」目標の下、基礎研究と応用研究に集められた人材は、ほとんどが科学者だった。

ベル研の歴史は大ざっぱには知っていたが、こうして時系列で読むと、徹底した科学へのこだわりに圧倒される。「油滴実験」で知られる米国の物理学者ミリカンの教え子ら、研究者を次々と引っ張り込んでゆく。その中から、接合型トランジスタを発明したショックレー、デジタル信号の理論を生んだ数学者シャノンら、現代社会の基盤となる発見やノーベル賞などの受賞者が相次いだ。

彼らの研究成果は兵器開発にも投入されてゆくが、研究所のリーダーだった物理学者のマービン・ケリーは、ノルマンディー上陸作戦の約1年半前、戦後10年間に起こるだろう産業構造の変化とその対応について、綿密な計画を立てている。新しい理論や物質の発見から技術を生み出して産業を創出するという、これほど壮大なシナリオが実際にあったことに、ただ驚くばかりである。

「博士号なんか持っているヤツは使いにくい」という言葉は日本の開発系企業で今も耳にする。世界のトップであろうとする米国の組織文化と、量産でモノを「作る」ことに依存し続けて新たな技術を「創る」意味が明確に理解されていない日本の企業文化との違いだろうか。（中野不二男・ノンフィクション作家）

（文芸春秋・2520円）＝2013年7月18日③配信

藤無染との出会いが原点　「折口信夫の青春」（富岡多恵子、安藤礼二著）

折口信夫には、民俗学者、歌人、小説家という三つの顔がある。彼にはなぜ、多面的な活躍が可能だったのか。

折口の原点は、藤無染（ふじむぜん）という青年と出会った青春期にある。そう考える富岡多恵子と安藤礼二が、これまでの探索成果を存分に語り合う。

折口に関する俗説が、次々に剝ぎ取られてゆくのは、爽快の一言。

例えば、「折口の学問は閉鎖的なので、一般性や普遍性に乏しい」と批判される場合がある。

だが安藤によれば、折口の原点は、国際的な視野に基づいた「比較言語学＝比較神話学」だったという。折口の学問と芸術は、世界の文化的潮流と連動し、世界に向けて開かれていた。

富岡と安藤は、折口の芸術と学問が秘めていた「文化を変える力」に着目しているのだ。この破壊力と創造力を、現代小説と現代評論に活用できないものか。

われわれは、ずっと折口信夫を読み誤ってきたのではないか。宝の持ち腐れではなかったのか。

折口信夫の原点である比較神話学に着目すれば、日本民俗学の2人の巨人である柳田国男と折口との共通点と相違点も、はっきり見えてくる。

さて、本書の最大の眼目は、青年の折口に比較神話学を教えた人物を特定したことである。それが、藤無染だ。

この特定で、青年期以後の折口信夫の多面性が証明できる。いや、日本近代の学問と芸術の原点が解明できるのだ。

藤無染に迫る富岡と安藤の情熱に触れて、私はふと、源氏物語に「輝く日の宮」という失われた巻を想定する学説を思い出した。光源氏の原点は、この失われた巻で語られた藤壺との密通にある、とする立場だ。

折口信夫は、源氏物語を愛したことで知られる。富岡と安藤は「近代の光源氏」である折口の、失われた青春を復元しようと試みた。藤無染こそ、折口にとっての「輝く日の宮＝藤壺」だったのであろうか。（島内景二・電気通信大教授）

（ぷねうま舎・2835円）＝2013年7月18日④配信

切なくも豊潤な自分語り　「アルビノを生きる」（川名紀美著）

「世界に一人、自分だけだと思い込んでいた」。自身の疾患をインターネットで公開中の男性はこう語る。本書は、1万～2万人に1人という症例の人たちに寄り添った長編ルポルタージュだ。

手塚治虫の漫画「ジャングル大帝」の主人公レオのように、生まれつき皮膚や体毛が白い動物を「アルビノ」と呼ぶ。遺伝的に色素が足りない疾患の一種で、人間の場合は「白皮症」「色素欠乏症」などと診断される。

多くが弱視を伴い、紫外線にあたるとやけどする肌の弱さも特徴だが、それを知らずに、よかれと海水浴に連れ出した親たちの話がせつない。外でみんなと遊ぶためにどんな工夫をしたか。ジロジロと見られることにどう向き合ってきたか。

聞き手を得て言葉になった「自分語り」は、安易なテレビドラマの何倍も豊潤だ。大河小説の読後感と等しいのは、縦に横に、幾人もの人生模様を紡いでいるからだろう。

彼らは、黒く髪を染めれば目立ちはしない。掲示板の字が見えづらいと大学に訴えても、「平等」をタテに門前払いされる。一方で、落胆続きの就活の末に、パソコンの活字が拡大してある職場とめぐりあいもする。世の中は、冷たい。されど捨てたものでもない。

悲しいことだが、偏見ゆえに家に閉じこもって一生を終えた人、婚家で母親がつらくあたられた例も多い。根拠なく「短命」とされてきた彼らに、南極旅行を果たした仲間の報告がどれほど希望となったか。パラリンピックに挑む女性と、支える企業のいい話もある。

いちばん胸に刺さるのは、冒頭の男性の逸話だ。生後間もなく祖父母らが「つぶそうか」と相談したという、やるせない事実。次兄に「いないもの」と扱われた体験も生々しい。恨んでも無理はない。だが、現在の家族関係は良好という。

人も人生も、単色ではない。変えられる。変わり得る。昔を語る次兄への聴き取りが、本書に厚みを与えている。（朝山実・ルポライター）

（河出書房新社・2310円）＝2013年7月18日⑤配信

世界の貧富を分けるのは「国家はなぜ衰退するのか（上・下）」（ダロン・アセモグル、ジェイムズ・A・ロビンソン著、鬼澤忍訳）

なぜ世界には富裕な国々と貧しい国々が存在しているのか。従来、それを説明するために持ち出されたのは、例えば地理的な違い、文化の違い、無知などの要因だったが、著者たちはこのどれも退けている。そうではなく、政治制度と経済制度がどれだけ「包括的」か「収奪的」か、その組み合わせによるのだと。

ここで、包括的な政治制度とは、十分に中央集権化された多元的な政治制度のことであり、その条件がそろわなければ、収奪的な政治制度となる。他方、包括的な経済制度とは、安全な私有財産、公平な法体系、公共サービスの提供などに支えられた制度のことであり、収奪的な経済制度とは、反対に特定の政党が法体制を決め、多くの人々を差別するような制度のことである。

著者たちは、包括的な政治制度と包括的な経済制度の組み合わせをもった国が最も富裕な国の仲間入りをしており、反対に、収奪的な政治制度と収奪的な経済制度の組み合わせが国を貧しくしているということを、古今の歴史やデータをもとに論証しようとしている。一方の極に北米や西欧、日本などの豊かな国が、他方の極にサハラ以南のアフリカや北朝鮮などの貧しい国がある。

もちろん、最近の中国のように、収奪的な政治制度の下でも目覚ましい経済発展を遂げた国もあるが、いまだ経済制度は十分に包括的とは言えないので、著者たちはその持続性には疑問を投げかけている。

「制度」を重視する考え方は、かつて制度学派の経済学者ミュルダールが発展途上国問題を扱うときにも採用していたが、本書がそれと違うのは、大胆にも世界全体に適用できるような一般化された命題をつくろうとしていることである。ただし、テーマが大きいだけに一部の国の歴史記述には誤解もみられるようだ。それを割り引いても、意欲的な試みにひかれる読者もいるに違いない。（根井雅弘・京都大教授）

（早川書房・上下各2520円）＝2013年7月18日⑥配信

世界のミニチュアを造形「爪と目」（藤野可織著）

本書収録の表題作は、第149回芥川賞に決まった。父の不倫相手であり、やがて継母となるであろう「あなた」と、実の母を事故死によって失ってしまった幼女である「わたし」の、「まるでずっと一緒に生きてきた家族か、公共の場に居合わせただけのまったくの他人のよう」な、奇妙で凄絶（せいぜつ）な共生を描いた作品である。

父も「あなた」も実は他者にほとんど関心をもたない、移り気で自己中心的な俗物だ。ふたりを見つめる「わたし」には、作者の鋭く透徹した批評眼が仮託されている。

父と「あなた」は眼科で出会った。極度の近視である「あなた」は、コンタクトレンズを長時間装用しすぎて自らの眼球を傷つけ続けている。もしかしたら実の母をベランダに閉じ込めて死に至らしめたのかもしれないという無意識の自責の念にさいなまれる「わたし」は、自らの爪をかみ続けている。

「あなた」の目の物語と「わたし」の爪の物語は劇的に交錯する。突如として訪れてきた愛人の古本屋と対話するため、「わたし」を“禁じられたベランダ”に追い出したことへの復讐（ふくしゅう）として、「わたし」の爪は「あなた」の目を破壊する。

緊密に練り上げられた秀作である。しかしながら作者の本領は、物語を構築するというよりは、世界のミニチュア模型を文章で造形する点にあると思われる。

日常生活に無頓着だった「あなた」は母が残した「部屋」と、その部屋に残された「生活を整え、統治し、律していた」インテリアに取りつかれる。孤独の中で、母をはじめ無名の女性たちがブログに残した記録をめぐる「快楽」におぼれ、ありきたりな無数の想念に形を与えようとする。「あなた」が相手にしているのは、仮想現実の中に存在する亡霊なのだ。

亡霊たちが跋扈（ばっこ）する世界の「箱庭」化は、併録された「ちびっこ広場」とも通じ合う。藤野可織という作家の独創性は、そこにある。（安藤礼二・文芸評論家）

（新潮社・1260円）＝2013年7月25日①配信

魔都の夢幻に誘う　「月下上海」（山口恵以子著）

読書の楽しみは多岐にわたり、出会った作品に対する評価も人それぞれである。中で、もっともわかりやすく、誰をも納得させる評価基準は、おもしろいかどうかだろう。

そういう観点からすれば「月下上海」はほぼ満点に近い。舞台は太平洋戦争さなかの上海。主人公は大富豪の娘にして美貌の画家。彼女に関わる混血の華族やニヒルなワルの憲兵、中国人富豪。

これら登場人物の書き分けが見事で、それぞれが行間からくっきりと立ち上がり、読者があたかも映画を見ているような存在感をもって動き回る。舞台となる上海の街並みや風俗、日常の時間の流れの描写も精緻をきわめている。

この裏付けとなっているのが、徹底した資料の渉猟だ。その目配りは、たとえば戦前から戦中にかけての上海の歓楽街の興亡にまで及んでいる。

戦前の上海をエキゾチシズムあふれる魔都たらしめたのは、欧米列強に占拠されて租界と呼ばれた治外法権区域の存在である。その租界の様子が一変したのは、太平洋戦争の勃発であった。開戦直前の1941年11月26日、米英などが管理する共同租界から、米海兵隊が撤退。前後して上海三大財閥ビクター・サッスーン、ジャーディン・マセソン、バターフィルド・スワイヤが上海を後にした。

この影響は甚大で、彼らを相手に繁栄を謳歌（おうか）していたファーレンス、デディーズ、アリゾナなどという有名クラブに代表される歓楽街の輝きも一挙に色あせた。唯一生き残ったのがユダヤ系ロシア人ボリス・カプラメン経営のアルゼンチナ。

ある意味で復讐（ふくしゅう）劇といえなくもない本書の構成と描写は、こうした上海市街の興亡を背景に、読者をあの時代の夢幻に誘っていく。

描写が精緻な分、当時の政治機構についての小さな齟齬（そご）なども散見されるが、これなどはご愛嬌（あいきょう）の範疇（はんちゅう）。第一級のエンターテインメントとしておすすめできる。（西木正明・作家）

（文芸春秋・1365円）＝2013年7月25日②配信

終わらない戦争に迫る　「日本兵を殺した父」（デール・マハリッジ著、藤井留美訳）

本書は米ピュリツァー賞作家の著者が、沖縄戦に従軍した元海兵隊員で心身の後遺症に生涯悩まされた父の死を機に、その戦争体験の核心に迫ろうとした自伝的ノンフィクションである。

著者は、父が残した断片的な言葉や遺品を手がかりに、30人近い戦友を探し出して話を聞き、証言や文献資料を基に所属部隊の痕跡をたどり、グアムや沖縄の戦場で起きた出来事を再構成した。

戦友への取材を重ねる中で著者は、父と同じく多くの帰還兵が外傷性脳損傷や心的外傷後ストレス障害（PTSD）などの後遺症を抱えてきたことを知る。帰還兵たちは悪夢、フラッシュバック、パニック障害、アルコール依存症などに苦悩してきた。怒りや暴力の衝動を抑制できず、家族とのコミュニケーションが崩壊した者も少なくない。

帰還兵の一人は、自分の中に「殺しても死なないモンスターがいる」と語る。家族もまたその「モンスター」の黒い影におびえつづけてきたのである。それはまさに、著者が自らの成育環境を振り返って言うように「戦争の二次被害」であった。

2000年代以降、米国では、沖縄戦帰還兵の子ども世代によって書かれた手記の刊行が相次ぐが、その背景には、家族が背負わされてきた「戦争の二次被害」という切実な動機がある。父の戦争体験を知り、その怒りや暴力の根源を探り当てることは、家族の傷を縫合するために必要な作業なのであろう。

「戦争の二次被害」は、米兵とその家族に限った問題ではない。沖縄戦を体験した元日本兵から聞き取りをつづけてきた私は、その精神的後遺症が本人や家族の戦後の生活に暗い影を落としてきたことを実感している。

日本では、帰還兵が戦場から持ち帰った怒りや暴力は、個人や家庭内の問題として扱われてきた。帰還兵とその家族が孤軍奮闘してきた「終わらない戦争」を認識するためにも、本書が広く読まれることを望む。（北村毅・早稲田大客員准教授）

（原書房・2625円）＝2013年7月25日③配信

「自分語り」の動機を探究

「『AV女優』の社会学」(鈴木涼美著)

某美人AV女優の撮影現場を見学したことがある。線の細い病弱な体でハードな演技をこなす光景に、つい「なぜセレブ妻とかCMモデルでなくAVを選んだのか?」と考えてしまった。

偏見はないが、体力がないと厳しい仕事なのは確かだし、さらに本著でも言及される「名誉回復の困難さ」、つまり元の生活に戻れない敷居の高さがある。健康に不安があるのにAV女優を続ける理由は何なのか。聞きそびれ、欲しかった答えが本書にあった。

1990年末ごろ、沈黙していたAV女優たちが一斉に「自分語り」を始めた。彼女たちを「男社会の被害者」「セックスワーカー」「性の自己決定の行使者」といった既成の言語で語ることに違和感を覚えていた著者は、「なぜ自分語りするのか」を切り口に、徹底して女優の側から「性の商品化」の具体的な仕事内容を取材・分析。過剰な感傷や偏見をはぎ取っていき、その裏に彼女たちの実像を見いだす。

誰もが「なぜAV女優に?」と聞く。お金という単純な答えの陰にある無数の心理的なきっかけを、彼女たちは最初はキャラに応じて面白おかしく話し、やがてそこに喜びや自己承認感を見いだして内省的に語るようになる。「エンタメ命」のプロ意識が、度重なる監督面接やメディア取材での「語り」を通して、産業構造的に形成されていく経緯は興味深い。

女優を息長く生かそうとする業界の姿勢や、自ら限界を広げていこうとするAV女優たちの努力ぶりには不思議な感動すら覚える。著者は彼女たちのリアルな声を集約して、AVには名誉回復の困難さを凌駕(りょうが)する誇りときらめきがあり、だからこそ声高な自分語りで自らの動機を求め獲得していく、と結論を導くのだ。

「性の商品化」で得られる自己承認に魅惑されるさまを「私たちと地続きである」と言い切った著者の率直さが、全く新しい「AV女優論」を生んだ。(速水由紀子・ジャーナリスト)

(青土社・1995円)=2013年7月25日④配信

子どもの命と未来守る提言

「柔道事故」(内田良著)

本書は、学校における柔道事故を個別・偶発的な出来事としてではなく、「『柔道事故』という一つの集合体からとらえようという試み」のもとに著されたものである。

「学校柔道において29年間(1983~2011年度)で118名の子どもが命を落としている。柔道の部活動における死亡率は、他の部活動と比べて突出して高い」という。だが「個々の事故事例はただ『仕方のないこと』『不慮の事故』として闇のなかに葬り去られ、事故防止策が検討されることもなかった」。

本書は、膨大なデータに基づき、柔道事故の発生が高校の部活動や男子に多く、頭部外傷など柔道固有の動作に起因する死亡事故が大多数を占める事実を明らかにしている。それだけに、柔道専門家や指導者が読み、新しい知識を得る参考書にしてほしいと思う。

12年春に中学校の保健体育の授業で始まった武道必修化についても、著者は"落とし穴"があると指摘する。柔道初心者の中学教師の指導力への不安ばかりに話題が集中し、逆に柔道経験者が指導する部活動で事故が多発している事実が見えにくくなっていることだ。

武道必修化によって従来の事故の背景が軽んじられてはならない。例えば文部科学省は外部の柔道経験者、特に退職警察官の運用を提唱しているが、今起こっている事故の中には、指導者の暴力や、頭を強打しなくても脳が損傷する「加速損傷」などを知らない"医学的無知"から生じたものも多い。「単に経験があるだけで『指導者』と呼ぶべきではない」という言葉は正鵠(せいこく)を射ている。

本書の唯一の目的は「柔道による重大事故を可能な限り減らし、子どもの命や未来を守ること」と言う。そのため著者は全日本柔道連盟と文科省に対し、柔道事故の危険を放置し、長きにわたって暴力的文化を容認してきた責任に厳しい批判の目を向ける。と同時に、より多くの人がこの問題に関心を持つことを願っている。(木村秀和・柔道ジャーナリスト)

(河出書房新社・1575円)=2013年7月25日⑤配信

人物論を超えた問題提起

「気骨」（山岡淳一郎著）

「メザシの土光さん」と呼ばれた土光敏夫氏が再び脚光を浴びる。今や積み上がった政府の債務残高は1千兆円。戦後を代表した経済人だった土光氏はこうした財政危機を早くから見抜き、第2次臨時行政調査会（臨調）を率いて警鐘を鳴らし続けた。

約30年前、その臨調担当記者として土光氏を取材した経験がある。発言はいつもシンプルだった。「増税なき財政再建」と「総理にやる気はあるのか」。これだけを繰り返した。愚直とも言えた土光氏の訴えは行財政改革を国民運動にまで高め、政府を超える権威を臨調に与えた。清貧な生活とブレない言動に担当記者たちは例外なく土光ファンになった。

著者は行革に全身全霊を注いだ土光氏に大きな影響を与えた母親の言葉を記す。「国が滅びるのは悪ではなくて、国民の愚によるのです」

土光氏は4度の受験失敗にくじけることなくひたすら刻苦勉励を重ねて名を成すことになるが、生涯にわたって母親の影響を強く受けていたことが多くのエピソードによって浮かび上がる。

ただし、本書は単なる立志伝では終わらない。東京石川島造船所にエンジニアとして入社して以来、石川島播磨重工業（現IHI）、東芝の経営者として辣腕（らつわん）を振るった土光氏の人生行路を描きながら、戦中から戦後の高度成長に至る日本経済を支えたエネルギー革命に土光氏が深く関わっていたことを解き明かす。とりわけ土光氏が東芝の社長として日本の原子力発電のパイオニアの一人だったことを本書で初めて知った。

「土光は、原子力事業を『憧れ』と『怖れ』の二つの感情を抱きながら、推進した」。しかし、その「怖れ」は東京電力福島第1原発事故によって現実のものとなった。

「土光の誤算は、人と組織の限界を見抜けなかった点にあった」と著者は指摘する。丹念な取材に基づくノンフィクションは人物論を超えた問題提起の書でもある。（後藤謙次・政治ジャーナリスト）

（平凡社・1890円）＝2013年7月25日⑥配信

図抜けた映像喚起力

「世界地図の下書き」（朝井リョウ著）

これは、映像をともなってはじめて完成する作品なのかもしれない―そう思ったのは、直木賞受賞第1作である本作の映像喚起力が図抜けているからだ。

主人公は、同じ養護施設に暮らす小学生から高校生までの5人の子供たち。両親を事故で亡くし、親戚の家で虐待にあって「青葉おひさまの家」で暮らすことになった太輔。太輔と同い年の小柄な淳也と、その妹の麻利。いつか母と暮らすことを夢見る美保子。そして、お姉さんのように世話をやいてくれる高校生の佐緒里。高校を卒業して施設を出ていく佐緒里のために、子供たちはある「作戦」をたてる…。

施設の子供たちは、肉親の愛情に恵まれておらず、学校ではいじめられる。マンガやアニメではかなりよくある設定だ。子供たちの行動はときに身勝手で、乱暴ですらある。首をかしげたくなるような行動も多い。

だがあちこちに、はっとする一行が差しはさまれる。たとえば、こういった描写。「麻利は強くなっている。だからもう、人の嘘だって見抜けるし、自分で嘘だってつける」

あるいは淳也の、いじめてくるクラスメートに対するこういう一言。「（あいつらは）後ろから、人のことじろじろ見て、笑うんや」。淳也の観察力の的確さと繊細さ。

こうした描写が積み重ねられていった上で、後半、教室で麻利がクラスメートに真っ向から対峙（たいじ）する場面では、思わず「いけ、麻利」と心から声援を送っている自分に気づく。そしてクライマックス。

そこで伝えられるメッセージは、「逃げてもいい」ということ。逃げた先にも道はある。絶望もあるが、同じくらいの希望もある。道は狭くなんかならない。

その言葉を彩るのは、子供たちの手で、空に向かって放たれていく無数のランタン。

「あなたは逃げることだってできる」。その可能性を認識することで救われる命は確かにあるのだ。（藤本由香里・明治大准教授）

（集英社・1470円）＝2013年8月1日①配信

幻惑する怪しい語り手

「神様が殺してくれる」（森博嗣著）

理系ミステリーなど複数のシリーズ物で人気の著者。分身に近い「水柿君」の心境を綴（つづ）った"エッセー小説"では、彼にこう言わせている。一生かかっても使い切れないほどの印税がある、作家業からは自然に引退したい、と。本音なのか煙幕なのか。

書き手が自分を"演じる"小説は一概に信用できないのだが、この構造はミステリーと大変相性がよく、シリーズでない本書もそんな一冊である。

語り手の「僕」は、インターポールに勤務するレナルド・アンペール。彼は刑事から思いがけないことを告げられる。パリで大女優が殺害された事件で、男娼リオン・シャレットが「神様が女の首を絞めた」と証言、その上で神の名前はアンペールだと述べた、と。

リオンは大学寮でルームメートだった4学年下の男。この世ならざる美貌の持ち主で、見た者は一瞬魂を抜かれる。しかし、実際はろくに話もしなかった関係だ。それなのになぜ僕の名を？　これと前後して次々と殺人事件が起こる。ベルギー、フランス、イタリア、ドイツ、東京。事件の顚末（てんまつ）を事後にまとめた手記仕立てで、物語は進む。

怪しい、この語り手は。そんな疑惑をもって読み進めたが、最大の驚きは事件解決の時点で、本書が別種の読み物へと変貌したことである。

表紙にご注目を。日本語の題名とフランス語の題名が、十字架になるよう組まれている。後者を直訳すれば「神はリオンを愛す」。特別な才能を愛（め）でる時に使われる言い回しだ。祭壇に捧（ささ）げられた美という供物。一神教の神は供物を愛し、くすねる者には怒りの罰を下す。では、現代の神とは？　読者はジェンダー、性、科学、愛、独占欲などについて、しばし思いをめぐらすことになる。

本書はいわば書き手（アンペール）が放置した空白に、思考を植えるようにと読者を促す企（たくら）みだろう。こんなミステリー、前代未聞。内在するテーマの妖しさに幻惑される。（温水ゆかり・ライター）

（幻冬舎・1785円）＝2013年8月1日②配信

スリリングな逆転劇

「『リベラル保守』宣言」（中島岳志著）

自民党と社会党・共産党を両極とする55年体制の時代は、保守と革新の対立といわれた。ところが保守の自民党は日本列島改造論のような「改革」政党で、革新の社共は、憲法改悪反対などの現状「保守」勢力めいていた。保守と革新がアベコベではないかとおもうような時代だった。

社会党がなくなり民主党が誕生すると、対立軸は保守とリベラルになった。しかし、すっきりしたわけではない。保守系とされる日本維新の会は「グレートリセット」という大革新を唱えている。対立軸のネーミングと実態がそぐわない状況がつづいている。

本書は、エドマンド・バークなどにさかのぼって保守とは何かを描く。保守の神髄は人間の「道徳的不完全性」と「知的不完全性」を基にした思想である。だからこそ、左派の設計主義による急進的な改革や革命を不完全な理性による暴挙とし、共同体に蓄積されてきた集合的経験知に基づく漸進的改良の方に行為の指針をおくのだとする。この保守原論自体は、アンソニー・クイントンの「不完全性の政治学」を知っている者には特段の新鮮味は感じられない。

しかし、本書がにわかに異彩を放つのは、この保守の思想とリベラルの思想とが結びつく可能性に説き及びはじめるところからである。

保守といえば、原発賛成、徴兵制賛成、「大東亜戦争」肯定論などと紋切り型になる中で、著者は保守だからこそ原発反対、徴兵制反対で、「大東亜戦争」を疑問とする。この手並みはスリリングで、あたかも北一輝が「天皇の国民」を「国民の天皇」と逆転したようなところがある。

単に解釈の才気をみせたのではない。この逆転こそ、著者がいう「リベラル保守」の在りどころを示したものである。読者は、本書を読んだ後にこう感じざるを得なくなろう。戦後日本は保守政党の覇権の時代だったが、はたして保守思想に伴われていたのか、と。（竹内洋・関西大東京センター長）

（新潮社・1470円）＝2013年8月1日③配信

秘密の内幕を克明に描く 「ザ・ナイン　アメリカ連邦最高裁の素顔」(ジェフリー・トゥービン著、増子久美、鈴木淑美訳)

米国の連邦最高裁は「憲法を解釈し、そこからアメリカ国民の権利と義務を定義するという厳かな仕事」に携わり、重要な判決を通して米国社会を変えてきた歴史がある。

最高裁判事は大統領に指名され、任期は終身。大統領にとって最高裁判事指名は最も重要な職務の一つである。自らの政策、思想、信条に最も近い判事を指名しようとするため、議会での承認は常に政治問題となる。議会では判事候補はイデオロギーが審査され、人格性が厳しく問われる。

本書は、原著の副題にあるように「最高裁の秘密世界の内幕」を暴き出したものである。最高裁内部でどのような議論が行われ、どのような判決が下されているのかを克明に描き出している。

だが、崇高な議論が行われているというのは幻想のようだ。著者は2000年の大統領選挙の際に最高裁の判決でブッシュ候補の勝利が確定した訴訟(ブッシュ対ゴア裁判)を取り上げ、「わずか三週間のあいだに判事たちは、虚栄心、自信過剰、忍耐力の欠如、傲慢(ごうまん)、単純な党員根性といった悪しき性癖を残らずさらけ出した」と指摘する。判事のイデオロギーと強烈な自我、虚栄心が絡み合いながら審議が進んでいくさまは、下手な裁判小説よりも面白い。

1960～70年代に最高裁は女性の中絶権承認など多くのリベラルな判決を下してきた。これに対して80年代以降、共和党の大統領は保守派の判事を任命し、リベラルな判例を覆そうと「あらゆる手段を講じて最高裁に闘いを挑んできた」。著者はこれを保守派による"反革命運動"とみる。これが本書のもう一つのテーマである。著者は、ブッシュ大統領が指名した判事たちによって反革命は着実に実を結んだと結論付けている。

ただ、原著はオバマ大統領誕生直前に出版されたものだ。その後に指名された2人の女性判事が最高裁の権力構造にどのような影響を与えたのかも知りたいと思った。(中岡望・東洋英和女学院大教授)

(河出書房新社・3360円) = 2013年8月1日④配信

新たな社会へ導く存在 「笑いの日本文化」(樋口和憲著)

日本各地には「大笑い」することで豊漁や豊作を願う祭りや神事が多く残っている。考えてみれば「古事記」にあるアマテラスの天の岩戸神話も「笑い」が問題解決の鍵を握っていた。きまじめなイメージがある日本人だが、本来は「笑い」と密接な関わりがある民族だった。

日本の現代社会にも「笑い」があふれているが、時間を埋めるお手軽で軽薄な「商品」に過ぎず、人の関わりの中で生まれる温かな笑いではない—。そう現状を憂える著者が、柳田国男の笑いの文化論を援用しながら、日本の文化や歴史の中に深く分け入り、自由な本物の「笑い」を探求しようとしたのが本書である。

著者や柳田によれば、そもそも「笑い」は神にささげるものであり、古くは「烏滸(おこ)の者」という特別な存在が、人ではなく神を笑わせ平安をもたらす役割を果たしてきた。「笑い」はあの世とこの世を結ぶコミュニケーションの一種でもあり、神に犠牲をささげたお返しとしての、神の笑い(恵み)を祈願した。

この烏滸の者には、目に見えぬ神の訪れの音を聞き分け、非好戦的で無防備な女性的気質と、犠牲や公共性の上に成立する道化の力をもち、取り違えや価値の逆転の力で多様な価値を創造するという四つの特徴がある。

しかし、「お金」や「有用性」を優先する近代化、都市化が進展し、さらに一元的な価値観が席巻した。そして闘争、紛争、不自由、格差や差別を拡大する世の中のグローバル化の流れに「笑い」や「烏滸の者」は深く埋没してしまっている。

だが新たな社会の夢と希望をつくり出すのに必要なものも、やはり本来の「笑い」と「烏滸の者」の末裔(まつえい)であると著者は説く。

「笑い」を真剣に論じるあまり、本書自体に「遊び」の要素は多くはないが、大胆な仮説の数々はきっと、さまざまな問題を抱える現代人に知的刺激と、生きるヒントを与えてくれるだろう。(飯島吉晴・天理大教授)

(東海教育研究所・2100円) = 2013年8月1日⑤配信

日本を映す鏡をのぞく「若者問題の社会学」（ロジャー・グッドマン、トゥーッカ・トイボネン編著、井本由紀編著・監訳、西川美樹訳）

社会学者の本はおもしろい。「なるほど！」とうならされたり、「へえ！」と驚かされたりする。この本もそうだ。

児童虐待、帰国子女、援助交際、体罰、ひきこもり、ニート。新しい言葉の登場によって、それまで問題とされにくかったことが社会問題となる。その過程をみると、それがまた日本社会のありさまに光を当てることになる。この本はそんなしかけの本だ。

たとえば児童虐待。徳田秋声の「あらくれ」は、戦前の小説だから児童虐待という言葉は使われていないが、主人公が親に疎まれて育つさまはあきらかに児童虐待だ。

1990年代になって頻繁に言われるようになったが、昔から児童虐待は相当にあった。言葉がなかっただけだ。しかし本書が問題にするのは、虐待があったかどうかではない。事実を社会が虐待という問題としてみるかどうか、そしてどう対処するかだ。

厚生労働省が児童虐待を公式に定義し統計を取り始めたのは90年だった。小児科医、保健師、法律家、研究者など少数の人々の動きにより、対策が始まったのだ。

帰国子女。80年代の中ごろ、帰国子女はかわいそうな子どもたちであり、彼らがうまく日本社会に適応できるように対策をたてる必要があるといわれた。

しかし今は、帰国子女は問題だという議論はかげをひそめた。企業は国際化を先取りした貴重な戦力として彼らを積極的に採用している。いまや帰国子女は新しいエリートである。

本書の著者は、帰国子女対策が行われたのは、声を上げた人たちが社会的影響力のある人たちだったからだという。帰国子女とは、大企業に勤めている海外勤務の長いサラリーマンらの子女のことだったというのだ。

なるほど、そうか。入試に帰国子女枠を設けたわたしたち大学教員も、そんな流れの中にいたのだ。自分を映す鏡をのぞくみたいな気分である。

（広岡守穂・中央大教授）

（明石書店・2730円）＝2013年8月1日⑥配信

沖縄の美を取り戻した人　「首里城への坂道」（与那原恵著）

こんな人がいたのか、こんな人生があったのか。何度も、そうつぶやいた。

この人がいなければ、沖縄の首里城はいまのようには復元できなかった。沖縄の“美”の象徴ともいえる染め物の紅型（びんがた）も、いまのようには豊潤さをとりもどせなかった。なにしろあの戦争が、街を砂漠に変えたといわれるほど何もかも破壊しつくしてしまったのだから。

この人、香川県出身の鎌倉芳太郎の人生は、不思議な軌跡をたどる。まるで民俗学者の宮本常一が沖縄にあらわれたかのように、本島から離島のすみずみまでを歩きつつ、文物を精密なガラス乾板写真におさめ、膨大なノートをとった。これが大正末期から昭和初期にかけてのこと、鎌倉20～30代の青年期の仕事なのである。

ところが、さまざまな事情ゆえ、沖縄との直接の行き来は途絶える。戦争が、溝をさらに広げた。一方で、鎌倉は紅型から独自の染色をあみだし、なんと“人間国宝”にも選ばれているのだ。こうして彼が沖縄の地に戻るのは、35年後、実に70代の高齢になってからなのである。

だが、それ以降の活躍がめざましい。彼の青年期の写真やノートが、かつて沖縄にあった事物の数々を再現するための、ほとんど唯一無二の手本となったからだ。並行して、質量ともに驚異的な記録が相次いで展示・出版された。いわば人生のスタートダッシュとラストスパートの2回、彼はあらんかぎりの力を沖縄に注ぎ込んだのである。

沖縄出身の両親を持つ著者は、早くに亡くした2人への思いを秘めながら、粘り強い取材と執筆で、鎌倉と彼を支えた有名無名の人々を、いとおしむかのようによみがえらせた。題名にある「坂道」のごとく、章を追うにつれ感動は高まり、涙を禁じえない終盤が待っている。沖縄の芸術とその歴史を知るうえでも、本書は貴重な一冊となるにちがいない。（野村進・ノンフィクションライター）

（筑摩書房・3045円）＝2013年8月8日①配信

リンカンの苦闘を活写

「業火の試練」（エリック・フォーナー著、森本奈理訳）

著者は、南北戦争とその後の再建期に関する数多くの名著で知られる米国歴史学界の代表的指導者である。本書では、膨大な1次史料を渉猟して旧来のリンカン神話を解体し、リンカンを当時の歴史的文脈に置き直し、彼の奴隷制政策の進化を臨場感あふれる筆致で描きだす。

リンカンは、必要な妥協を重ねて巧みに多数派を形成しながら、政策の変更を繰り返し「成長し続けた」大統領だった。

彼は早くから、建国の父たちが奴隷制に本来反対だったと解釈し、その理念に基づき奴隷制は廃止されるべきだと主張していた。だが、その実現構想は、カリブ海英領などの植民地で始まっていた「段階的、補償付」の奴隷解放実験をなぞる曖昧なものだった。また米国は白人の国であり、黒人は共存できないとも考え、解放された黒人の海外植民に積極的だった。

ところが、奴隷制の維持・発展が見込めないことに危機感を募らせた南部諸州の奴隷主たちが、合衆国からの離脱を求めて武装蜂起し、状況が変わる。米国史上最大の戦乱となったこの南北戦争はやがて、名実ともに奴隷制の存廃に焦点が絞られていく。リンカンは、大統領として反乱の鎮圧を非妥協的に進めつつ、従来の立場から一歩ずつ踏みだし、奴隷の「即時、無償」解放への道を歩んでいった。

著者は、リンカンが戦場での黒人たちの「男らしく勇敢な」戦いぶりを知り、黒人指導者たちと数多く会談したことを通じて黒人観を改め、奴隷制の徹底的打破へ方向転換を図ったと強調している。兵士として戦った黒人を米国人と認めずに、海外に「移送」する彼の植民政策は、放棄されざるを得なかったと説く。

リンカンは、黒人をはじめとする民意の動向を注意深く見守り、歴史の底流を慎重に探って政策スタンスを修正した。試行錯誤が続く彼の苦闘に、難題続きのオバマ現大統領を重ねる読者もいるだろう。そんな知的好奇心をかき立てる、これもまた名著である。（上杉忍・北海学園大教授）

（白水社・5040円）＝2013年8月8日②配信

あらゆる孤独を克服する愛

「ママン愛人（ラマン）」（佐藤亜有子著）

本書に収録された「死の花嫁」で自殺した夫の痕跡を妻がたどるように、今年1月に急性薬物中毒で急逝した著者の生前の思いを、この作品集から読み取りたい気持ちに駆られる。三つの作品に確かに共通するのは、愛する人と死別した者が抱える悲しみだ。

収録中最も長い表題作には、その悲しみが母と息子という親子関係を超えた愛情としてつづられる。大学教員である主人公の京子は4年前、息子の隆弘を失う。16歳の若すぎる死を自分で選んだ隆弘は、母に向けた遺書に「天国で待っている」と書き残した。

母を異性として愛したがために隆弘が苦しみ、そのために死に至ったことを知り、京子は暗澹（あんたん）たる思いになる。その彼女の前に亡き息子と酷似する男子学生が現れる。隆弘の面影を重ね合わせる京子は彼にひかれていき、やがて男女の関係に発展する。

隆弘の面影は、京子の夢の世界にもついてくる。息子の腕に抱かれる夢を見続け、官能と幸福を得るにつれ、現実はますます居づらい場所となる。愛息の早世に悲嘆に暮れながら鬱（うつ）の症状で心身ともに疲弊する妻に代わり、家事を切り盛りする夫のいたわりも、隆弘への恋慕を高めていく彼女には苦痛でしかない。

片時も離れたくない恋人同士であっても、夢までは共有できない。だが眠りの中で隆弘といつでも会える京子は、それを可能にした。妊娠から誕生の瞬間、さらに16年間をともに過ごし、夢で互いの思いを確かめる2人に克服すべきは、もはや「死後の世界での孤独」しかない。

果たして母は、息子が待つ世界に自らの選択で旅立てるのか。京子と隆弘の深い愛は、生と死の間にある途方もない距離を埋め、彼らの切なる願いを成就させるのか。そんなスリルを呼び込む読書体験が、いつしか著者の死という悲しい現実を忘れさせる。（新元良一・作家）

（河出書房新社・1575円）＝2013年8月8日③配信

美術と社会への鋭い批評　「ラッセンとは何だったのか?」(原田裕規編著)

マリンブルーを基調に、海中のイルカやクジラをスーパーリアルに描いた絵―。クリスチャン・リース・ラッセン(1956年〜)の作品イメージは、日本においてかなり広く浸透している。80年代後半から、ラッセンの日本でのエージェントが、強引な手法の宣伝、販売活動を行ったからだ。97年から2002年にかけては、なんと全国約150都市を巡回するラッセン展が開催された。

だが、美術関係者の間では、ラッセンについて、あるいはよく似た手法で知名度を高めていったヒロ・ヤマガタについて語ることは、長らくタブーとされてきた。つまり、あまりにも通俗的、商業主義的なものとして、その存在に言及することさえはばかられる、というムードがあったのである。本書は、そんなラッセンを、編著者をはじめとする主に若い評者たちが、大まじめに論じた本である。

冒頭の鼎談(ていだん)の中で、美術家の中ザワヒデキは「岡本太郎は一時期タブーになっていましたよね」「それと同じ自粛のようなことを、我々の世代はヒロ・ヤマガタやラッセンに対して行った」と発言している。そう、70年万博を機に日本国民全員が知る存在となり、テレビにも出まくった岡本太郎の存在を、美術関係者は長らく黙殺していたのだ。

凝り固まった価値観に縛られている一部の美術関係者、表現の本質に感応することなく知名度を価値と思い込んでしまうのんきな購買者―その双方は、実は似たようなものではないか。そんなことをあらためて考えさせられる。

ただ、評者の北沢憲昭が「さりとて、ラッセンが大好きと臆面もなく公言する人物の肩をもつ気にもなれない」というように、私自身もさめた見方をしている。本書は、現代美術批評の不毛にいらだつ若い評者たちが、ラッセンという格好の素材を得て、美術と社会の関係について鋭い批評眼を提示した一冊と言えよう。(山下裕二・明治学院大学教授)

(フィルムアート社・2310円)=2013年8月8日④配信

日系移民の苦難をたどる　「ストロベリー・デイズ」(デヴィッド・A・ナイワート著、ラッセル秀子訳)

米国は移民による多民族国家である。多民族の磁場に、見知らぬ人々が異なる価値観や言語の中で集うわけだから、個人的にも民族的にもフラストレーションが高くなりやすく、常に軋轢(あつれき)が生じる宿命を持っている。

従って、ある面で米国史とはフラストレーションの下での各民族や個人の勝ち抜き合戦史ともいえる。そうなれば、必ず敗者が出る。敗者は、次に後発移民としてやってくる民族を激しく攻め立て、社会や経済のより上層への進出を企てる。

プロテスタントが建国した米国は、当初東部においてイタリアやアイルランドといったカトリック系移民が標的にされた。WASP(白人のアングロサクソンのプロテスタント)が米国の勝ち組であった時代である。

本書は、20世紀前半にシアトル郊外の小さな町ベルビューに住みついた日系移民がたどった苦難を、米国人ジャーナリストが長年にわたる多くの関係者へのインタビューでまとめ上げた労作だ。そのオーラルヒストリーを通して、荒れ地を開墾してイチゴ栽培を中心に新天地での生活を築いていた日系人のコミュニティーが、崩壊させられる道筋が明らかになる。

原因は、第2次大戦期の米国の内政で最大の汚点ともいわれる日系人の強制収容である。12万人もの日系移民が、真珠湾攻撃を機に正当な根拠もなく収監された。本書では触れていないが、中国人や日本人を攻撃した少なからぬ層は、東部で敗れて西部に移ったイタリア系やアイルランド系であった。

日米開戦後の米国で、民族的な偏見が日系人に対する恐怖心をあおり、政治と社会を過剰反応へ動かしていく。その排斥の歴史は、米国における人種差別問題の実像を教えてくれると同時に、昨今、日本で起きている在日韓国・朝鮮人や中国人に対するヘイトスピーチ(憎悪発言)などが、やがて何をもたらすのかをも暗示する。

終戦68年の今も、深い問題を提起してくる一冊だ。(石川好・作家)

(みすず書房・4200円)=2013年8月8日⑤配信

合わせ技生きた深い作品　「これからお祈りにいきます」（津村記久子著）

小説とはこういうものだったのだとシミジミ読みました。ページをめくる手が止まらないも褒め言葉ですが、ページをめくるのが惜しいという思いを久々にしました。

2編が収められていますが、ここではいくぶん長い「サイガサマのウィッカーマン」について触れます。主人公シゲルは高校2年生、中学2年生の弟ミツルは不登校。母と弟は仲がよく、シゲルはそんな母と弟に批判的で、父とは口もききません。ときどき帰ってくる父は不倫中なのです。

壊れかかっています。そこをシゲルはどう乗り越えてゆくのかということになります。家族から逃れるようにアルバイトを始めますが、顔の吹き出物からくる引け目があり、結局シゲルは公民館の清掃という地味な職を得ます。

ここから物語は始まり、「サイガサマ」という奇祭に向けて展開します。サイガは地名で雑賀と書きます。大阪の架空の町ですが、冬至の日に行われるこの奇祭を、そこに住む人々はごくあたりまえに受け入れ、読者もまた受け入れます。

それは地の文章の上手（うま）さとカギカッコの部分、つまりセリフの大阪弁のやわらかさからきます。著者の出自とリンクするのは明らかで、合わせ技の妙、読者は奇祭を容易に受け入れるのです。

サイガサマがどんな奇祭かは言わぬが花ですが、シゲルが関わる登場人物も魅力的です。一見ごく普通なのですが、やはり変わっているのです。女友達セキヅカの父は7年間眠り続け、隣家の主婦はある日突然老人のようになり、教師の高江垣はこれまたある日を境にツルピカの頭になります。そして奇祭の準備をした役所のヤシロさんは、突然左手薬指を失います。これらの事象とサイガサマは何らかの関連があるのか…。

移動車中の読書には向きません。静かな部屋でジックリと、コーヒーかお茶とともに味わっていただきたい深い作品です。（立川談四楼・落語家）

（角川書店・1470円）＝2013年8月8日⑥配信

翻弄され続ける日本企業　「アップル帝国の正体」（後藤直義、森川潤著）

iPhone（アイフォーン）やiPad（アイパッド）など革新的な製品でIT界に君臨する米アップル。その成功譚（たん）は今も世界の憧れの的だ。だが本書を読むと、その成功の陰で日本企業が活躍し、また翻弄（ほんろう）されてきた様子がうかがえる。

シャープはアップルと液晶パネルの独占供給契約を結び、アイフォーンの急伸で相当の売り上げを確保した。だが発注が減っても、契約上、その工場では他に何も製造できないジレンマに陥った。

新潟の中小企業、小林研業にはiPod（アイポッド）の背面の鏡面加工で白羽の矢が立った。だが生産台数が急増すると、なぜか3日間のビデオ撮影が行われた。より安く大量生産できる中国企業への技術移転に使われたと著者は指摘する。

ソニーは虎の子であるデジタルカメラのイメージセンサーをアイフォーンに供給し、パーツの売り上げは伸びた。だが、アイフォーンが普及するごとにデジカメの市場は縮小することになった。

家電量販店は利益率を抑えることを求められ、音楽をダウンロード販売するアップルに音楽業界も逆らえなくなった。

取材から見えるのはアップルの「すごみ」だ。常に最高の品質と高い利益率を求め、徹底的に勝つ緻密な戦略を練り、遂行する。そのためには尋常ならざる調査、冷徹な打ち切りもいとわない。

同社の製品開発はスティーブ・ジョブズという異端経営者の価値観に強く影響されていたとされるが、それが末端の現場レベルでも徹底されていた様子がわかる。

一方、同社の動きは日本企業の弱みも浮かび上がらせる。自社事業との競合を恐れる慎重さ、遅い意思決定、ネット時代を理解できなかった思考。読後には、戦中戦後の米国と日本における政治・外交戦略にも通ずるような感慨も残る。

アップルを冷徹と突き放すのはたやすい。だが、よい技術をもちながらもグローバル時代に敗れ続けている原因は何か。考えるべき材料がある。（森健・ジャーナリスト）

（文芸春秋・1365円）＝2013年8月15日①配信

孤独感に覆われた世界

「かつて描かれたことのない境地」（残雪著、近藤直子ら訳）

残雪の小説を読むには相当の集中力を要する。作品世界では不思議なことばかり起こる上、語られ方も特異で、なぜあの叙述の直後にこの叙述が続くのか、脈絡がつかめない場合が多い。

小説の原則はもちろん、散文の原則に反逆する、あるいはそれ以上に、伝達手段としての言語の機能を失調させるラジカルなスタイルである。これは小説家が自らの喉元に刃（やいば）を突きつけるような営為だ。が、恐れぬ残雪は、丹念にことばを積み重ねイメージを形成し、危ういところで作品を小説として成り立たせる。

一語一語にかじりつくようにして味わう残雪の世界は、孤立したスタイルからして当然ともいえるが、おおむね残酷で孤独感に覆われている。本作品集も例外ではない。

故郷は人を温かく迎え入れるものではなく、水害で滅びた故郷の人々が亡霊めいた姿で現れて、主人公に帰属意識を持つよう強要したりする。

血縁であれ友人同士であれ、登場人物たちは、おのおの自分だけの話法で好き勝手にしゃべり、かみ合わない会話が繰り返される。

「大伯母」では、家族縁者のいっさいを失った男に、父から伝え聞いた眠気を誘う花園のイメージだけが残される。その花園の描写はたいへん美しいのだが、そこに差す孤独の影は、やりきれなく濃い。

本作品集では、人語を話せなくなる人物、自分だけに通じる言語をノートに書く人物、提出する予定の上申書をえんえんと推敲（すいこう）し続ける人物などが出てくるのが気にかかる。書くという営みの構造に触れて興味深い表題作では、人々の話を聞き書きしたノートが捨てられる。書くことの不自由さを知り抜いた作家の痛みを読むべきか。

さしあたっては、主人公の少年が「空の虹よりも、海の珊瑚よりももっと何倍も美しい色」の綿あめを作り出したいと願う「綿あめ」の異色の明るさに、安堵（あんど）の息をつく。（松浦理英子・作家）

（平凡社・2730円）＝2013年8月15日②配信

目から鱗のメディア戦略

「『紙上の教会』と日本近代」（赤江達也著）

「目から鱗（うろこ）が落ちる」。そんな読後感だった。

そもそも「目から鱗」が新約聖書使徒言行録の一節に由来するが、隠れたベストセラーである聖書はことほどさように、信仰とは別に日本人の知的生活にさまざまな影響を与えてきた。特に無教会キリスト者の貢献は無視できない。無教会キリスト者とは内村鑑三の影響下でクリスチャンになった人のことである。

無教会キリスト教は「信仰の内面性」と「組織や制度の不在」という特徴で高く評価されるか、イエス（Jesus）と日本（Japan）を意味する「二つのJ」をナショナリスト的に強調する「日本的キリスト教」と捉えられるかしてきた。しかし、そのため無教会をめぐる議論がしばしば「個人と国家」という両極に分裂してしまったと著者はいう。評者もそのような理解だった。

ところが、本書はその両極の橋渡しをすべく無教会を宗教運動として捉えてその社会性に注目し、無教会派拡大の装置は「聖書之研究」という雑誌だったと指摘した。それを内村の表現にしたがって「紙上の教会」と呼んだ。雑誌という新しいメディアを通じて形成されたネットワーク上に「教会」が誕生したのだ。この点が目から鱗だった。なるほど、雑誌による宣教は大正期の教養主義の時代にあっては画期的なメディア戦略であった。

岩波書店創業者の岩波茂雄も内村の弟子の一人で、文庫や新書という版型を日本に導入して出版メディアに新風を吹き込んだ。内村は弟子に元東大総長の南原繁や矢内原忠雄といった著名な知識人を輩出し、戦後の復興と改革に多大な精神的影響を与えた。こんな「紙上の教会」には正統も異端もない。だから広がりも多様である。「キリストの幕屋」のような霊性運動の潮流も生じた。

テレビ宣教師の活躍を経てネット時代の新たな宗教のあり方が取り沙汰される今日、メディアと信仰の関係を考えさせられる意欲的かつ刺激的な著作である。（臼杵陽・日本女子大教授）

（岩波書店・2940円）＝2013年8月15日③配信

軍事行動の"合理性"解明

「北朝鮮　瀬戸際外交の歴史」（道下徳成著）

北朝鮮研究は、日本統治下の朝鮮研究および共産圏研究の蓄積を土台として、わが国がリードしてきた。しかし1990年代、とりわけ金大中政権による北朝鮮文献の閲覧制限解除に伴い、韓国で膨大な量の研究が出された。その結果、日本の北朝鮮研究は後れをとったかのようにも見えたが、ここにきて再び高水準の研究が目につく。本書も特筆すべき一冊となる。

著者は、防衛省防衛研究所、内閣官房などを経て政策研究大学院大で准教授を務める気鋭の研究者であり、既に英文での単著を持ち、発信力について定評がある。

北朝鮮の軍事行動について包括的な研究が不十分であったとの問題意識のもと、北朝鮮の瀬戸際外交の歴史を時期区分し、とりわけ重要性の高い事例について詳細な分析が加えられている。

北朝鮮が米情報収集艦を拿捕（だほ）したプエブロ号事件（68年）、黄海で軍事危機を招いた西海事件（73～76年）、米兵2人を殺害した板門店ポプラ事件（76年）と、現在に至る「核・ミサイル外交」を、一つの文脈で捉え直すことに成功している。

北朝鮮の政策目的は時代とともに、野心的かつ攻撃的なものから、限定的で防衛的なものへと変化してきたことが実証される。また北朝鮮の指導者たちは、その政策目的を達成する合理的手段として軍事力を用いてきたことが明らかにされる。

一方、その軍事行動は局地的な軍事バランスなど構造的要因で促進ないし制約された。最近の研究動向でもあるが、多様な資料で北朝鮮なりの論理を解明する試みである。

明確な評価基準の設定と論理構成が著者の強みだろう。そのため、重厚な研究書ながらも全体を通して読みやすい。巻末のインタビューリストも圧巻である。資料的制限の多い研究分野では、文献のみならず関係者への聴取能力も問われる。

わが国における北朝鮮研究の一つの到達点として高く評価され、後進としてはハードルを上げられた印象だ。（礒崎敦仁・慶応大専任講師）

（ミネルヴァ書房・5040円）＝2013年8月15日④配信

ともに泣き、怒り、祈る

「わたしをみつけて」（中脇初枝著）

小説の舞台は、児童虐待をテーマにした前作「きみはいい子」と同じ新興住宅地。田畑が消えて急速に人口が増え、希薄な人間関係がただよう、どこにでもありそうなありふれた町だ。

生後まもなく、産婦人科医院に捨てられた准看護師の弥生は、産婦人科がない病院を求めて、その町に流れつく。施設で育ち、小学1年生の時に里親に引き取られたが、愛され方がわからず反発をくり返し、ふたたび施設に戻された。

社会に出て、はじめて得た生きていくための職場と、気がねなく過ごせる自分の部屋。ようやくつかんだ平穏な暮らしを失わないために、弥生は本音を胸にしまい込み、いつも借り物の笑みを顔にはりつけている。誰からもいい子だと思われたい。そつなくふるまいながら、ときおり仮面の下で毒づく。その生々しさに胸がつまる。

親に捨てられた子どもが、健気（けなげ）に生きる童話に出てくるようなきれいごとは、ここにはない。良質な物語であるのに、ノンフィクションを読んでいるようなリアルさを感じるのは、書き手のまなざしが、心に傷を負った子どもの真実に対して、どこまでも誠実だからだろう。ともに泣き、怒り、あかるい明日がくることを祈っている。

私たちは、絶妙に他人と巡り合っている。弥生もそうだ。自分の信念をつらぬく新任の看護師長。虐待されている子どもを見守るおじさん。明日があることに気がつかせてくれた友だち。そしてまた彼らも誰かと巡り合っている。

はるか昔の人たちは、夜空にきらめく星と星をつなげ、星座をつくった。やがてそれらは神話となって語りつがれた。

生まれも育ちも関係ない人々が出会い、そこから生まれる物語は、どこか星座の成り立ちに似たものを感じる。

この小説を読み終えたときに、満天の星空が脳裏にひろがった。それぞれが居場所を教えるように、美しく輝いていた。（松井雪子・作家、漫画家）

（ポプラ社・1470円）＝2013年8月15日⑤配信

星空愛する人への優しさ　「スターゲイザー」（ティモシー・フェリス著、桃井緑美子訳、渡部潤一監修）

雨が多く曇天に見舞われがちな日本であるにもかかわらず、アマチュアの天文観測家の数は世界トップクラスである。星空に出合える機会が少ないが故に、かえって星の世界に憧れを感じる人が多いのだろうか。

本書は、米国の有名無名を問わず、著者が付き合った在野のアマチュア天文観測家たちの営みや願いや思いを書きつづったもので、星を見つめる人々への共感と敬愛の心にあふれており、宇宙を探索することの素晴らしさをしみじみと感じさせてくれる。

大望遠鏡がいくつも建設されてプロの観測家が縦横に活躍する時代だから、アマチュアの役割はなくなったと思われそうだが、そうではない。大望遠鏡は同じ天体ばかりをずっと見続けるわけではなく、プログラムに沿って観測時間の割り当てが決まっていて臨機応変に使うというわけにもいかないのだ。

それに対しアマチュアの望遠鏡は小さいが、一つの天体を執拗（しつよう）に追うことができるし、突発的に出現した天体に即時に望遠鏡を向けることもできる。世界にネットワークを組んで24時間同じ星を監視することだってできる。

アマチュアにも一流の研究をする余地は残されているのである。

他方、さまざまな観測技法や撮影法を工夫して誰も知らない宇宙の光景をひそかに写し撮ることを楽しむ人がいれば、星と対話して生きる勇気をもらう人も、空と音楽とを本能で感じ取る喜びを持ちたいために夜空に向かう人もいる。そんな人々と著者が交わした短い対話が私の心にも懐かしく響いてくるのは、星空を愛する人々への著者の優しさが感じられるためだろうか。

それだけでなく、天文に関わる歴史的エピソードが多く書かれているし、天文学の泰斗であるトンボーとの短い出会いも披露されている。夜空を見上げながら、ゆっくり楽しんでほしい本である。テレビの科学番組を収めた付録DVDも素晴らしい。（池内了・総合研究大学院大学教授）

（みすず書房・3990円）＝2013年8月15日⑥配信

墨と純白のコントラスト　「無垢の領域」（桜木紫乃著）

本書は「ホテルローヤル」で第149回直木賞を受賞した作者の、受賞第1作である。物語は、書道家の秋津龍生が、市立釧路図書館で開いた個展会場で幕を開ける。金で買える賞など要らない、と旧態依然とした書道界に背を向けながらも、誰よりも賞や名声を渇望している男、それが秋津だ。

初日だというのに、会場に足を運ぶ者は数えるほど。秋津が苦い思いをかみしめていると、一人の女がやって来る。芳名帳に見事な楷書文字で名前を記したその女は、秋津が「今年の一幅」に選んだ書を一心に見つめていた。芳名帳へ記入した文字といい、興味を引かれた秋津から、書の感想を求められた彼女は、こう言い放つ。「怖がって書いてる。紙のことも、墨のことも」と。

女は、林原純香。民間企業から図書館再建のために派遣された図書館館長、林原信輝の妹だった。信輝と純香の祖母も母も書道家で、祖母が亡くなるまで、純香は札幌で祖母の書道教室の手伝いをしていた。純香の言葉は秋津を打ちのめすが、同時に純香という才能を「見つけた」ことに、深い喜びを覚える。

秋津と純香が出会ったことで、信輝、秋津、公立高校の養護教諭をして家計を一手に引き受けている秋津の妻伶子、半身麻痺（まひ）のため自宅で介護を受けているほぼ寝たきりの秋津の母、5人がそれぞれに、危ういながらも保っていた心の均衡が、ゆっくりと崩れはじめていく。

秋津、信輝、伶子、3人の視点で交互に語られていく物語は、彼らの鬱屈（うっくつ）と、「無垢（むく）」の化身のような純香の在りようが、墨痕の黒と純白の紙がコントラストをなす一幅の書のようでもある。その対比の鮮やかさが、きりきりと切なく読み手の胸を締めつける。

作中で引用される、ボウルズの「シェルタリング・スカイ」の一節が、読み終えた後、本書の読み応えとともに、ずしりと腹に響いてくる。（吉田伸子・書評家）

（新潮社・1575円）＝2013年8月22日①配信

鮮烈な「終わらない風景」

「共震」(相場英雄著)

大地震にひきつづく災厄は終わっていない。いまだに余震の恐怖に震える人も少なくないだろう。だが多くの人びとの記憶から、恐怖は確実に色あせていきつつある。

本書は、東北の被災地を行き来し「共に震える」ことを自分に課した、作者の熱いメッセージだ。

—復興に献身した県職員が仮設住宅で毒殺された。捜査の進展につれ、被害者が調査していたらしい復興事業の不正が明らかになる。やがて人の善意を食い物にし、義援金を詐取する「悪」の存在がすがたを現す—。ストーリーの柱は、社会派ミステリーの枠組みにそっている。

あとがきにも述べられているが、本書は、作者の人気シリーズ「みちのく麺食い記者」シリーズの番外編でもある。東北6県を舞台に、ラーメンなどの蘊蓄(うんちく)と事件記者の活躍を組み合わせた、ライトな読み物だ。一転して、本書は、大災害を機に肥え太っていく「悪」の告発、という重いテーマに正面から挑んだ。

後半に配された毒殺トリックの解明など、ミステリー的な興趣にも一定の工夫がなされている。しかし、力点は、小説のフィクションとしての外枠にあるというより、生のドキュメントのパーツにある。そう読んでも、本書の社会派ミステリーとしての価値を低めることにはならないだろう。

語られる現在は、震災の2年後。主要人物の2人(記者と警察官)の想念は、現在にありながら、たえず2年前の惨事の光景に引きずられている。そこから逃れることができない。そして、本書で最も強く印象に残るのは、ストーリーのはざまに埋めこまれたこれらの光景の鮮烈さなのだ。

本書は問う。—復興は何も終わっていない。被災地とそれ以外の地域では、別々の時計が動いている、と。数ある「震災後小説」のうち、本書が点景として切り取った「終わらない風景」の衝撃は抜きんでている。

共に震えよ!(野崎六助・作家、文芸評論家)

(小学館・1575円)=2013年8月22日②配信

大河ドラマ級の読み応え

「レイモンド・カーヴァー」(キャロル・スクレナカ著、星野真理訳)

レイモンド・カーヴァーは日本では村上春樹の名訳で知られている。わたしも村上訳でカーヴァーを知った。

カーヴァーは何よりも文章がいい。これは村上訳の文章がいいのかもしれないが、村上春樹のオリジナルの小説よりもいい文章で書かれているので、もとのカーヴァーの切り詰めた文体と村上さんのやや甘い文章とのコラボレーションなのだと考えられる。

わたしは大学で小説の書き方を教えているのだが、村上訳のカーヴァー短編集を学生たちが最初に出会うテキストに指定している。

カーヴァーは中流よりも少し下に位置する労働者の生活を描くことが多い。徹底したリアリズムで人間の悲しみと、ささやかな喜びが語られる。

今回紹介するこの大著は、カーヴァーの伝記だが、カーヴァーが描く世界とそのままつながっていて、長大な大河ドラマを読むようなおもむきがある。

一人の作家の伝記というだけでなく、ここには現代アメリカの庶民の歴史が描かれているのだ。

アメリカは日本に先んじて経済成長を遂げ、労働者の中流化が起こった。しかし誰もが中流になれるわけではない。

流れに乗り遅れてはいけないというプレッシャーから、父親はアルコール依存症になり、母親はヒステリーになる。

カーヴァーの作品ではおなじみの設定だが、カーヴァー自身がまさにそのような家庭で育ったことがわかる。

そしてカーヴァー自身も父親と同じ道をたどることになる。その過程が何とも切なくて、読んでいて胸が痛くなった。伝記作家の冷静な筆づかいもカーヴァー譲りだ。

カーヴァーは短編しか書かなかったのだが、この本を読んでいるとカーヴァー自作の幻の長編小説を読むような気分になってくる。

カーヴァーのファンでなくても楽しめる一冊だといっていいだろう。(三田誠広・作家、武蔵野大教授)

(中央公論新社・3675円)=2013年8月22日③配信

誰もが持ついびつさ

「自分を好きになる方法」（本谷有希子著）

リンデという女性の人生を、それぞれ16歳、28歳、34歳、47歳、3歳、63歳の、ある1日を描くという手法で表現した長編小説である。

前作「嵐のピクニック」で見せた、矢継ぎ早に発想と言葉が飛んでくるようなドライブ感あふれる作風とは対照的に、とても抑制された文体でもってリンデの人生に起こる一見些細（ささい）な出来事がこまやかに描写されている。その行間から、リンデというひとりの女性の姿が、そして彼女のいびつさと孤独が濃密に浮かび上がってくる。

自分にとってものすごく気にかかることが、他のひとには取るに足らないものとして処理をされるのはなぜか。そして自分にとってはどうだっていいことにどうして他者は気を揉（も）み、あまつさえ傷ついていくのか。

リンデは何歳の時も同じその問題にぶつかる。そして、その答えを半ばわかっているようにも思える。それはリンデ自身やリンデの周囲を含む誰もがそれぞれ違ったいびつさを持ちながら生きているからだ、と。

彼女がいつも会いたいと願い続けている「心から一緒にいたいと思える相手」とは、リンデの持ついびつさと寸分たがわずかみ合ういびつさを持つ相手のことではないだろうか。

大概のひとは、自分のいびつさにも他者のいびつさにも真正面から向かい合おうとはしない。その代わり、相手と自分の細かな差異に触れないように苦心したり、相手を自分の思い通りに動かそうとしたり、周りの空気に合わせて笑ったりする。

リンデはそのどれもしようとはしない。常にいつわりなく自分であろうとする彼女はいつもかすかな違和感に苛（さいな）まれる。それでも、ありのままの自分がぴったりと寄り添える他者が世界のどこかに存在するのではないかという願いを手放さない。そんなリンデの在り方には、息苦しいほどの痛々しさと感服するほどの強さが共存している。（馬場めぐみ・歌人）

（講談社・1365円）＝2013年8月22日④配信

時代の女性像めぐる力学

「その『民衆』とは誰なのか」（中谷いずみ著）

首相官邸前の反原発デモが延べ10万人を超えたころ、ここには政治色のない、組織化されない市民の本当の声があるといういい方がマスコミにあったという。私も見聞きした記憶がある。しかし、そのような発言には、すでに政治に関わり組織に属する人々は「本当の市民」ではないという遠近法が潜んでいるのではないかと著者はいう。

その結果、都合の悪い組織は排除され、いま社会の中心を「領有」しているジェンダーや階級の身勝手な世界観や価値観が保守されてしまう、と。

タイトルに少々古風な「民衆」という言葉を使っているのは、論述の主な対象が1930年代と50年代のせいだろう。時間を置かないと見えてこない力学があるという見識かもしれない。

題材は多岐にわたっていて、それぞれ情念も力もこもっている。

少女の作文のプリミティブな魅力で人々をとらえたのが豊田正子の「綴方（つづりかた）教室」だが、その彼女が女になり文学を志向するようになるのを「未成」のままに「滞留させようとする」当時の文壇のわがまま、一種の意地悪を指摘するのも著者らしい着眼である。

19歳の女性が送ってきた日記を大半使って書いた「女生徒」という作品を、自分の創作として恥じない太宰治の「たかくくり」もさることながら、元の日記をどのように改変したかの丁寧な比較から浮かんでくる、男が求める愛玩向きの少女像は、男の一人である私にも刃（やいば）を向けてくる。

木下恵介の映画「二十四の瞳」にも触れている。あの大石先生の反戦は、戦争の時代を徹底して無力で受け身に生きたからこその「悪事をしないですんだ」女性の反戦ではないかという指摘である。その通りだが、あの時代にそれ以上のなにが、先生にできただろう。

官邸前の反原発デモという政治運動が、その政治性を否定することで支持を集めているとしたら、組織を信じられない「民衆」は、その先に何を求めたらいいのだろう。（山田太一・脚本家）

（青弓社・3150円）＝2013年8月22日⑤配信

おおらかに築かれた文化

「混浴と日本史」（下川耿史著）

「日本における入浴の方法の変化を俯瞰してみると、混浴は有史以前から現代にまで続く原型といってよい」。本書の後書きにあるように、日本人は古くから、老いも若きも男も女も和やかに風呂を共にしてきました。

特に江戸時代の銭湯や湯治場（温泉地）がどれほどおおらかで、淫靡（いんび）で、心を交わす裸の付き合いが行われてきたか。それこそが日本人が築いてきた入浴文化史です。

評者の私も日本の混浴風呂を訪ねて、かれこれ16年になります。混浴での出会いが“幸せの一期一会”だったことで「よし、次は世界中の人と混浴しよう！」と思い立ち、今まで29カ国の温泉で外国の方と風呂を共にしてきました。人と共に入浴する楽しさや、豊かさを体験してきました。

本書は、720年ごろ成立した「常陸風土記」や733年完成の「出雲風土記」に登場する混浴描写に始まり、奈良時代の大寺院が庶民に提供した湯屋「功徳湯」、天皇や公家の入浴時に女性が仕えた平安時代の「湯殿」、武士の時代に銭湯とともに広まったサービスガール「湯女（ゆな）」といった歴史をたどります。

すると日本の浴場の歴史において、混浴こそが基本スタイルなのではないかと思い至ります。

残念ながら、1853年に来航したペリー提督の一行が「嫌悪すべき不道徳な習慣」と非難するなどし、明治政府は混浴を禁止。強引に取り締まり、今の男女別の風呂が当たり前となりました。

学術的に混浴の歴史をひもとく本書ですが、写真や絵図が豊富で、とても読み進めやすく、ぱらぱらとページをめくるだけで、顔がほころんできます。男女の別なく、当たり前のように一緒に入浴し、恥じらいもなさそう。日本特有の混浴風呂のぬくもりが、そこはかとなく感じられます。

読了すればきっと、今も残る混浴風呂の所在を調べ、一度足を運んでみたくなるに違いありません。どうぞ混浴へいらしてください！（山崎まゆみ・温泉エッセイスト）

（筑摩書房・1995円）＝2013年8月22日⑥配信

胸を突く女性の生命力

「大地のゲーム」（綿矢りさ著）

先行き不安な時代に英雄が出現して快刀乱麻を断つ。これこそ誰にもわかりやすい物語設定である。だからこそ、自らのイメージを英雄的に語りたいカリスマ予備軍は、それが政治家であれ、カルト信仰の教祖であれ、つねに危機感を演出してやまない。

しかし平穏な時代における英雄は存在自体が難しい。多くの人生がからまりあったシステムを、たったひとつの方向性へ収束させるほど、社会は単純ではないからだ。

SFにおけるヒーローが、危機が収束するや否や、アッという間に消え去るのには、訳があるのである。

さて、本書が描く21世紀終盤には、強烈な群発地震を背景に、ひとりの英雄が登場する。

東日本大震災の体験も生々しい現在なら、この大いなる不安の時代に英雄待望論が吟味されるのは当然だ。

巨大地震の到来が予知される中で、首都の大学にカリスマ的人物（リーダー）が現れ、学生を魅了する。

一昔前の思弁小説だったら、さぞかしこの英雄の内面と存在意義を探究したことだろう。

けれども本書では、リーダーに憧れをいだく語り手のヒロインや、リーダーと肉体関係を持つ女子、リーダーに羨望（せんぼう）と嫉妬を抱きながら結局は危機にひんしてリーダーに助けられてしまう男といった、ごくごく日常的な若者たちの動向が怜悧（れいり）に捉えられている。

震災という未曽有の危機を体験した現代日本人は、いまだ強いリーダーシップに多大なる期待をかけているのか。それともリーダー像をめぐる文脈自体が、いまや大きく変貌せざるを得なくなったのか。本書は、その問題を鋭く問うていく。

本書の示唆する未来はヒロイズムやロマンチシズムの消極的肯定ではない。その展開にはむしろ、しぶとく艶（あで）やかな女性的生命力がうかがわれ、わたしはそこに胸を突かれた。（小谷真理・文芸評論家）

（新潮社・1365円）＝2013年8月29日①配信

安定感抜群のエンタメ作品

「増山超能力師事務所」(誉田哲也著)

なにこのクールな彼氏を困らせたくてうずうずする感じ。サービス精神にあふれたエンターテインメント小説だが、作者の自意識が一切感じられないのだ。ねえ、何考えてるの？　あたしのこと好き？　どこが好きどれくらい好き世界で何番目に好き？　つって彼氏を困らせる女の気持ちが、今ならよくわかる。

舞台は超能力による事業が認定されるようになった日本。一級超能力師の増山は超能力師事務所を開設する。在籍するのは5人の超能力師らと1人の事務員。家出人捜索に企業の採用面接の補助、さらには心霊現象の検証まで…所員は案件の調査、解決に奔走する。本書は彼らの日々を描いた連作短編集だ。

第1話の主人公は、新米超能力師の高原篤志。彼の記念すべき初仕事、西条照美からの依頼である、服飾デザイン会社を営む夫の浮気調査に焦点を絞る。

超能力…怪しすぎる。唾塗りすぎて眉、カッピカピになるっつーの。と訝(いぶか)しく思っていたが、読み始めてすぐそんな思いは消えた。とにかく設定が緻密なのだ。登場人物の生い立ちや事務所の立地、間取りはもちろん、超能力の原理や歴史、社会的認知度、超能力者たちが抱える生きづらさまで。細部に説得力があり、あれよあれよと私たちを物語世界へと導く。

綿密な物語には、作者の私情は一切込められていない。その「生産者の顔の見えなさ」は、おそらく著者のポリシーなのだろう。感情や衝動で書くことをせず、起承転結をきっちりと組み立て、描く。その姿勢は、誤解を恐れずに言えば、芸術家ではない。物語職人という言葉がよく似合う。

安定感抜群のエンターテインメントを提供し続ける作家、誉田哲也。クールなそぶりは彼のキャラってことで、私たちはただ、この凸凹超能力師たちの人間ドラマを、思う存分満喫すればいい。彼は私たちを傷つけるような物語は書かない。そんな気がするからだ。(宮田和美・ライター)

(文芸春秋・1575円)＝2013年8月29日②配信

舞台裏も見えるライブ感

「日本建築集中講義」(藤森照信、山口晃著)

建築史家の藤森照信と画家の山口晃が、13回にわたって日本の古建築を訪れ、そこで行った対談を収録した本である。

山口は、日本画風のスタイルで、日本の昔と今の風景を融合させた世界を緻密に描くことで知られ、絵を見ると、建築への関心の高さがよくわかる。もっとも近代建築史が専門の藤森は、相当の知識を持っているとはいえ、古建築のエキスパートではない。これはヘンな日本建築史である。

通常の日本建築史は、古代から順番に各時代の様式を説明するが、本書は法隆寺から始まるものの、中世の建築はほとんどなく、そもそも時代順ではない。藤森は自らも「歴史観が自由すぎるといわれる」と述べているように、必ずしも王道の選択をせず、角屋(すみや)(京都市下京区)や旧閑谷(しずたに)学校(岡山県備前市)など、見たい建物を訪れている。

傾向を挙げると、神社や寺院などの宗教建築よりも生活系の建築が多い。藤森の分類に従えば、前者は理想を求める「こうあるべきだ」の世界で、後者は習慣が作り上げる「そういうもんだ」の世界だ。ゆえにセンセイの立場は、一方的に教えるわけではなく、むしろ現場に身を置き、新しい発見をしたり、時には寝転んで空間の体験を満喫したりしている。つまり、あらかじめ学んだ知識を披露するというよりも、藤森がどのように見学し、そこで歴史的に考察するかを楽しむ本だ。

山口は絶妙な聞き手となり、また彼が描いたイラストが本書に彩りを添える。2人は飾るところがなく、舞台裏まで見えるライブ感が心地よい。

建築家としての側面も持つ藤森と画家の山口は、ともにクリエーターの視点から古建築を読み解き、そこから新作の構想にも膨らんでいく。法隆寺であっても、建築史で重要な軒下の組み物の形式に関する話題はなく、全体的なデザインを論じている。一つ大きな特徴があるとすれば、2人の素材へのこだわりだろう。本書は、素材やテクスチャーから考える建築史でもある。(五十嵐太郎・建築評論家)

(淡交社・1995円)＝2013年8月29日③配信

苦難乗り越える夫婦の魂　「のさり―水俣漁師、杉本家の記憶より」（藤崎童士著）

「のさり」とは、天からの授かりものを意味する熊本の漁師言葉だ。「水俣病は〈のさり〉と思え」。不知火海の漁師で水俣病患者の杉本雄（すぎもと・たけし）、栄子（えいこ）夫妻がこの言葉を受け入れるまでにどれほどの苦難を経ただろう。

杉本家が漁を再開した1990年代、評者は何度も話を伺い、「証言　水俣病」（栗原彬編、岩波新書）にもまとめたが、病苦・差別苦・生活苦のさまは常人の想像力をはるかに超える。

本書でその様子が忠実に再現される。原因企業チッソの操業開始から第1次訴訟判決までの出来事と並行して、以前の豊かな人間関係で結ばれた漁村の様子、その村全体が差別の構造にのみこまれるさまなど、著者の幅広い取材に驚かされる。

差別のターゲットにされた杉本家は、その苦難をどう乗り越えたのか。

支えの一つは、網元として多くの網子をまとめあげた栄子さんの父の教えだ。「のさり」に加え「人は恨むな」「人を好きになれ」などで、決して差別した人たちにやり返すことはしなかった。

そしてもう一つは、海に対する思いである。本書で描かれる杉本家の漁の様子は秀逸だ。

「おわりに」を読めば、すぎもと水産の無添加のいりこを食べたくなるにちがいない。秘中の秘である塩加減、ゆで加減…。事実その絶妙の味は一度食べると忘れられない。長年変わらない味にも漁師魂が宿っている。

評者の経験では、水俣病の語り部だった栄子さんの話を文字で伝えるのは難しい。聴く人を包む感動が、音楽を文章にするかのように抜けてしまうからだ。本書はその胸の内も見事に伝える。

誰もがこれほどの苦難を乗り越えられるものではないだろう。人や自然とのつながりを何よりも大切にする杉本家だったからこそである。杉本家が受け入れた「のさり」を私たちが少しでも共有できたとき、現代が抱える深刻な問題も乗り越えられると確信できる、そんな勇気をこの本は与えてくれる。（石黒康・水俣フォーラム会員）

（新日本出版社・1995円）＝2013年8月29日④配信

イエスの死の謎に挑む　「最後の晩餐の真実」（コリン・J・ハンフリーズ著、黒川由美訳）

世界史で最大の謎の一つに挙げられるのが、イエス・キリストの生涯だ。実在の人物とされてはいるが、生年も没年もはっきりしない。

わたしはイエスの誕生日とされるクリスマスの起源を探し求め、世界各地を訪ね歩いたことがある。日本では12月25日とされるクリスマスだが、ロシアなどでは1月7日だという。グレゴリオ暦を採用しているわれわれに対し、彼らがユリウス暦を基にしているためだ。

暦の違いは頭の痛い問題だ。地域ごとの相違だけでなく、過去に使われていた暦をないがしろにしては、歴史を正しく理解できない。暦が変更となったためにわからなくなったことも多い。例えば日本では、太陽暦を採用した明治以後、旧暦の「小正月」行事の意味が曖昧になってしまった。

ちなみに12月25日や1月7日は、キリスト教が広まる以前は冬至祭だった。それをイエスの誕生日として祝うクリスマスは、異教徒を取り込むための教会の布教戦略でもあったのだ。

本書の著者は、イエスの死をめぐる謎解きに挑戦する。十二使徒と「最後の晩餐」をとった後、十字架にかけられたとされるイエスの最期については、マタイ、マルコ、ルカ、ヨハネの福音書に記録が残る。ところが、それぞれの内容に食い違いがあり、最後の晩餐の意味や日時さえ明確ではないのだという。

著者は文献を読み込むと同時に最新の天文学を駆使して、イエスが死んだ年月日ばかりか、曜日や時間までつきとめてしまう。古代暦を次々と検証し、イエスが用いた暦を比定することにも成功する。そして突然、難問が氷解する。なぜイエスは死の直前に使徒たちと夕食を囲んだのかー。追跡劇の最後に驚くべき答えが待っている。

失われた古代暦により歴史秘話を探り当てる。自分もそんな謎解きを体験してみたい、と久しぶりに精神をかきたてられた。まさに興奮と羨望（せんぼう）の歴史追跡ドキュメントだ。（髙橋大輔・探検家）

（太田出版・2940円）＝2013年8月29日⑤配信

映画顔負けの人生ドラマ

「サリンジャー」（ケネス・スラウェンスキー著、田中啓史訳）

どこで生まれたとか、どんな子ども時代を送ったとか、自分についての話はあくびが出るばかりだからする気になれやしない―。600ページを超える本書を読み圧倒されるのは、代表作「キャッチャー・イン・ザ・ライ」冒頭で主人公ホールデン少年にこうひねくれ気味に語らせた作家の人生の、映画顔負けのドラマチックさだ。

ユダヤ系、俳優ばりの美男で、女たちに愛された。20代初めにつきあった女優志願の恋人は、彼と別れたあと、喜劇王チャプリン（彼女の36歳上！）と結婚、最後の妻となったウーナ・オニール。防諜（ぼうちょう）部員として赴いた第2次世界大戦で、ノルマンディー上陸作戦に参加。所属する連隊の約6分の1しか生き残らなかった。ドイツではナチの強制収容所の解放にも加わった。18歳のころにオーストリアで同居したユダヤ人一家はおそらく、全員、収容所で亡くなった。初恋相手の少女も。

生きのびるだけで精いっぱいなはずの戦場においても、小説を書き続けた。間近で砲弾が炸裂（さくれつ）しても、机の下に隠れタイプを打っていたという同僚の証言が残っている。

静かに執筆に専念したいという理想は、「キャッチャー」の大成功により、妨げられる結果を招いた。鋭敏すぎるがゆえの批評家たちへの反発は、極度のマスコミ不信へつながる。

宗教色を深める内容をめぐる編集者たちとの軋轢（あつれき）。自作を愛読していたジョン・レノン暗殺犯から受けた衝撃。重苦しい従軍体験を抱えながら、いわゆる戦争小説を、戦後、周囲に望まれつつも書かない決意を貫いた点に注目したい。本書の後半は、伝説となった長い隠遁（いんとん）生活の実態を明かしてゆく。

迫力や技術や知性といったものより、何より「輝かしい未完の魅力」を大事にしたと思える作家が、自らの小説観に裏打ちされたこの固い決意に追い詰められ、紙の上に生み出した孤独なホールデンに振り回されて、やがて同化してゆくようでもある。（木村紅美・作家）

（晶文社・4830円）＝2013年9月5①日配信

美術品の滋味とだまし合い

「離れ折紙」（黒川博行著）

黒川博行は関西を舞台に軽妙でちょっと毒のある大阪弁を駆使した警察小説や犯罪小説の第一人者として知られる。

しかしもともと大学での専攻は美術で、作家になる前は美術教師を務めていた。それは、古美術を扱った連作集「文福茶釜」や画壇の黒い内幕をえぐり出した長編「蒼煌」にも生かされている。

本書は「文福茶釜」系の新たな連作短編集で、6編を収録。冒頭の「唐獅子硝子」では京都・嵐山の洛鷹美術館で非常勤のキュレーターを務める澤井が、著名な建築家の夫を亡くした老婦人から遺品の選別と鑑定を引き受ける。その中に三つに割れたアールヌーヴォーのガラスのレリーフを見つけた彼は、あるアイデアを思いつく…。

この澤井が主要キャラクターだが登場しない話もある。シリーズとしては、“洛鷹美術館シリーズ”と覚えておきたい。

実は澤井はゲイで、館長の河嶋とデキていて同居もしているという設定からして刺激的だが、読みどころはもちろん、登場する美術関係者、愛好家たちが繰り広げる欲深い駆け引きであり、だまし合い（コンゲーム）の妙である。

表題作は、刀剣コレクターの医師伊地知が知り合いのパチンコ店経営者から、借金の担保に古美術商に預けてある刀を取り戻すべく、協力を依頼される。伊地知は杉孝相の名刀に目がくらみ、実物を確かめ、鑑定証（折紙）も確認したのち、経営者の借金を肩代わりするのだが…。

浮世絵や日本画、骨董（こっとう）品等、他の作品にもさまざまな美術品、業界人が登場。著者はコンゲームを堪能させるいっぽうで美術品本来の滋味、面白みも蘊蓄（うんちく）を傾けつつ、存分に味わわせてくれる。

筆者のように、テレビ番組「開運！　なんでも鑑定団」を楽しむ程度の美術の素人でも十分楽しめる。警察小説やノワールな犯罪小説の作家としてしか著者を知らない人は、ぜひご一読を。（香山二三郎・コラムニスト）

（文芸春秋・1733円）＝2013年9月5日②配信

知られざる芸能史を探究　「明治のサーカス芸人はなぜロシアに消えたのか」（大島幹雄著）

芸能史に限らないが、英語圏のことはかなり詳しく知ることができるが、ロシア語の世界には知らないことが多い。

本書の著者である大島幹雄さんは、サーカスのプロモーターで研究家でもある。特にロシア語圏のサーカスや道化師を日本に数多く招き、著作活動でも、ロシア語圏での仕事に生涯を懸けた人を探究したものが多い。

今回、大島さんは今までほとんどの芸能史で深く探究されていなかった、日露戦争後にロシアで活躍したサーカス芸人「イシヤマ」「タカシマ」「シマダ」の足跡をたどるうちに、ロシアで最も有名な日本人の一座「ヤマダサーカス」を調べることになる。

ヤマダサーカスを有名にしたのは「ハラキリショー」である。「ハラキリ」については1900年にパリ万博に出演した川上音二郎一座の貞奴（さだやっこ）の「ハラキリ」が大評判となり、そのまねをしたハラキリショーで欧州を長く巡業した花子の生涯を追った研究はあるが、「ハラキリ」がどのような演出でショーとして成立していたかという記述はなかった。私が抱いていた、この長年の謎を大島さんはロシアにあった本の中からあっさりと見つけ出し、本書で紹介している。

さらに「ヤマダサーカス」の足跡を追い、大阪の千日前を一大興行地に仕立てた希代の興行師奥田弁次郎と長男の2代目が残した十数冊の帳面を調べ、ロシアや、木下サーカスとのつながりも発見する。弁次郎の記録は12年の大火や戦時中の空襲で一切失われたと思っていただけにこれも驚きだった。

ロシア革命後のスターリン時代にスパイ容疑で処刑された「ヤマサキ・キヨシ」らサーカス芸人の生涯も、大島さんは細い線をたどっていく。芸を頼りに異国の地に渡りながら、戦争や革命、粛清の波に翻弄（ほんろう）された日本人たち。「なぜロシアに消えたのか」というタイトルにこめた著者の無念の思いはきっと読者に届くだろう。（沢田隆治・メディアプロデューサー）

（祥伝社・1680円）＝2013年9月5日③配信

主体の呪縛からの解放　「砂漠ダンス」（山下澄人著）

軽いめまいが引き起こされる読書体験をお望みなら、本書をどうぞ。「わたしの住んでいる部屋は」と書き出される、一見ノーマルな一人称小説のページの先には、不思議なゆらぎが待っている。

物語は、北国に暮らすそう若くない男の「わたし」が、砂漠のある国へ出かけるところから始まる。空港で見知らぬ男にライターをとられ、古ぼけた宿に泊まる。そのまま旅の模様が続くかと思いきや、時間は行きつ戻りつし、数日前にハンバーガー店で聞いた男たちの話や、旅に誘い損ねた女との会話や、後日談や、砂漠の情景が、なんの留保もなくシームレスに接続していくのだ。

丁寧にページを追わなければ読者は「いま」がいつかを見失う。その不安定さはさらに、「わたし」が、砂漠を駆けるコヨーテや、食堂で自分を見る見知らぬ男の視点をも獲得するに至って、より強くなる。横ずらしにずらされる、「わたし」の位相。

「わたしは男の目に入るわたしをもう一度見た。やっぱりわたしだった」。このロードノベルは一体どこへ向かうのか？

つまり、多くの読者が思いこんでいる「小説のルール」を、本書は軽々と打ち破ってしまう。読むにつれ、現在時は浮遊し、記憶が本来の持ち主の専有物から共有物となり、一人称は複数に開かれていく。しかしこの不安定さは、まったき自由さも意味している。

本書のなかで私たちは、（大げさにいえば）近代ヨーロッパ的な意味での「主体の一回性」という呪縛から解かれ、無数の誰でもない者となれる可能性を見つけるのだ。

文字だけで書かれる小説だからこそのこうした試みを、劇団主宰者であり俳優でもある山下澄人は、デビュー作「緑のさる」以来深め続けている。本書には、死にゆき生まれくる者の交代劇を遠く中空から眺めるがごとき短編「果樹園」も併録。荒っぽくも奔放に小説の枠組みを揺さぶる手腕には、中毒性がある。（江南亜美子・書評家）

（河出書房新社・1365円）＝2013年9月5日④配信

想像力刺激する日韓関係史

「ハモの旅、メンタイの夢」（竹国友康著）

日本とも縁が深い韓国人画家イ・ジュンソップの表紙絵が印象的な本書は、ハモやメンタイ（スケトウダラ）などの魚を通した日韓交流史である。著者は長年、漁の現場や市場を歩き、関係者に話を聞き、文献、資料を渉猟してきた。臨場感あふれる記述に緻密な実証を巧みに織りこんでいく。

現場に立ち、そこから発想する著者は、本書を釜山港など水産物の取引現場の描写から始める。日本ではあまりなじみのない魚コムジャンオ（ヌタウナギ）を焼いた釜山名物料理の起源をたどった章では、植民地時代から朝鮮戦争にかけての生活難や食糧難の中でコムジャンオが地元民に食材として見いだされた歴史を“発掘”。その食糧難で苦しんだ朝鮮戦争の避難民の生活誌にも光を当てた。

そしてスケトウダラとその干物「プゴ」といった朝鮮在来の水産業の過去と現在を描いた後、「植民地と学問」の章では、朝鮮総督府の水産研究の業績を紹介する一方で、緻密で詳細な研究に内在する「植民地性」を見逃さない。

著者の視点が際立つのが、「日本の植民地統治は何をもたらしたのか」という章だ。1920年代後半、日本人漁業者が新しい漁法をもってスケトウダラ漁に大挙して参入。「大量に生産し大量に消費する」資本主義のイデオロギーが、日本の統治を介して朝鮮に持ち込まれたと指摘している。これは今日の「日本統治は開発を進めたのか、収奪だったのか」という日韓の議論の中で特に重要な論点である。

「人間や自然を『資源』化して占有」する国家と資本主義の原理の是非について、「ひとつの海」を囲んでお互いに問い直そうと呼びかける、著者の歴史を見る目の確かさが随所に光る。

漁業から植民地支配、開発の問題へと論が展開し、読む者の想像力を刺激する優れた日韓関係史である。一読を勧めたい。（内海愛子・大阪経済法科大アジア太平洋研究センター所長）

（岩波書店・2730円）＝2013年9月5日⑤配信

胸躍る夢かなえた記録

「HIGH LINE」（ジョシュア・デイヴィッド、ロバート・ハモンド著、和田美樹訳）

ニューヨークのウエストサイドでは、19世紀後半から物流の増大に伴い路面に鉄道が走っていたが、列車と自動車の事故が多発し危険との理由で、ついに1934年、高架鉄道「ハイライン」が開通した。当時最大の公共整備事業だった。しかし高速道路網を利用したトラックでの貨物輸送が主流になり、80年に廃止となる。

本書は、無用の長物となったハイライン跡を、ごく普通の2人の青年、ジョシュアとロバートが中心になって、市民に愛される公園にするという、アメリカンドリームを現実化した記録である。

その2人が交互に語る10年の物語は胸躍るものだ。ニューヨーク市が高架撤去の方針を示すなか、解体の危機から救おうと、2人はアーティストやセレブを巻き込んでの寄付金集めやパーティーなどで市民の関心を引く。加えて、保存運動、地域の合意形成、デザインや植栽、行政との連携、公園の運営という、膨大な作業を、それぞれの専門家の助けを借りて進めた。アートを通じて町づくりに関わる私としては、初心の大切さが身にしみることしきりなのだ。

しかし注目したいのは、実は、彼らが活動を始めた時に、ハイライン跡の再利用の可能性について調査したコンサルタントが、緑道化し公園にすることを推奨し、ハイラインの所有会社もそれを理解していたことである。こんな立派な会社とコンサルがあったのだ。

2人が初めて出会った地区住民説明会では、この調査が発表されたが、出席者には解体意見が強かった。だからジョシュアは、唯一保存に興味ありそうな、隣に座っていたロバートに「ぼくはちょっと忙しいんだが、君が何か始めるなら手伝うよ」などと言った。すると彼も「ぼくもすごく忙しいんだよ。だから君がやったらどうかな」と答えた。

これが、長さ約1・6キロの長大な高架鉄道跡が世界に例を見ない公園になった、夢のような話の出発だった。まさに映画のよう。（北川フラム・アートディレクター）

（アメリカン・ブック&シネマ・3150円）＝2013年9月6日配信

謎多き英雄の素顔に肉薄　「ガガーリン」(ジェイミー・ドーラン、ピアーズ・ビゾニー著、日暮雅通訳)

2007年、ロシアで取材した時のことだ。ガガーリンが「人類初の宇宙飛行」で用いた宇宙船の実物が博物館にあった。内部を見ると操作スイッチがほとんどない！　宇宙関連メーカーの老齢の技術者が、その理由を教えてくれた。「宇宙でガガーリンがどうなるか、誰にもわからなかった。たとえ気絶しても帰還できるよう、操縦はすべて自動化されたのです」

彼は宇宙船の脱出椅子の設計に携わったと明かした。当時の宇宙船はソフトに着陸できず、ガガーリンは着陸前に椅子ごと脱出しパラシュートで地上に降りたという。これらも自動化できるよう作られたはずだが、帰還方法も含めて、公にすることは許されなかった。

ガガーリンの偉業の裏には、このように表に出ない事実が山積みだ。本書は、旧ソ連当局の未公開資料や同僚らへの取材を通じ、新事実を次々と浮き彫りにする。例えば、宇宙飛行に人体がどこまで耐えられるかを調べるために実験台となった約1200人もの“テスター”の存在を明らかにし、いまだに謎の多いガガーリンの事故死の原因にも迫る。

何より胸を打たれるのは、人間ガガーリンについての記述だ。彼は再び飛ぼうとした。歴史的な飛行の後、一時は過剰な飲酒に走ることもあったが、師である設計技師長コロリョフの死後、その灰を月に持っていこうとまい進する。

しかし、1967年、203もの欠陥を抱えながら、新宇宙船ソユーズ1号の打ち上げが政治圧力により強行され、友人コマロフが命を落とすと状況は一変する。世界の英雄を死なせてはならないと、彼の飛行予定はキャンセルされ、その夢は絶たれてしまう。

この決定にガガーリンは落胆し、人格を次第に破綻させていく。彼にとっては、「飛ぶことが人生」だったのだ。

栄光を手にしたが故に苦悩し、それでも飛ぼうと格闘しながら34歳でこの世を去った英雄の素顔に肉薄した良書である。(林公代・宇宙ライター)

(河出書房新社・2520円)＝2013年9月12日①配信

奇ッ怪で面妖、豊穣な書物　「ヘイ　龍(ドラゴン)　カム・ヒアといふ声がする(まつ暗だぜつていふ声が添ふ)」(岡井隆著)

さても奇ッ怪な書物である。詩集であり、歌集であり、散文集であり、はたまた対談集でもあるのだから。本書の長いタイトルは、1991年刊行の著者の歌集「宮殿」の一首を少し変更したものだが、短歌まるまる一首を書名にするのはかなり珍しいことではないだろうか。

著者の盟友だった歌人・塚本邦雄は、著者の名前を音読みにして「Ryuよ」と呼びかける手紙をよこしたという。本書を編集した昨年は辰(たつ)年であり、また「かういふ奇妙な複合的な産物には似合ひさうにも思へ」て、この歌を書名にしたと著者はあとがきで記す。「ヒア」とはどこか、呼びかけているのは誰か、なぜ英語の呼びかけなのか、謎はいくつも残る。20年以上も昔の作品を書名にした本当の理由が別にあるような気もする。

本書は(一部を除き)2009年から12年にかけて著者が書いたり話したりしたものの集成だ。詩は詩集、短歌は歌集としてまとめるのが一般的だが、著者はそういうジャンル分けを軽々と飛び越えてこの複合体を誕生させた。

本書の始まりに置かれたのは詩集だ。西脇順三郎や萩原朔太郎らの言葉を取り込みながら、誰にも似ることのない詩的世界を著者は築いた。本業ともいうべき歌集では、詩歌の源泉に届けとばかりに言葉の根っこをはるばると伸ばす。対談では、歌人・穂村弘との親密にして容赦のないやりとりが痛快だ。著者はあたたかな話し言葉を用い、時に笑い声を立てる。詩や短歌とは質の異なる言葉がそこにある。

さまざまな言葉や思考や想像の総合実験室のような趣が本書にはある。450ページをこえる堂々とした書物だが、なぜか沈鬱(ちんうつ)な表情を浮かべているように私には感じられる。まがまがしさを含んだタイトルのせいだろうか。登場する死者たちの息遣いのせいだろうか。さてもさても奇ッ怪で面妖(めんよう)で豊穣(ほうじょう)な傑作であることよ。(平田俊子・詩人)

(思潮社・3990円)＝2013年9月12日②配信

問い直される平穏な人生「こうしてお前は彼女にフラれる」(ジュノ・ディアス著、都甲幸治、久保尚美訳)

配偶者の留守に愛人を連れ込んだとか、不倫を責められ「文化や芸術が生まれることも」と釈明したとか、時代も地域も問わず、男女の浮気心をめぐる話題には事欠かない。本作の主人公、ドミニカ系アメリカ人のユニオールもそのひとりだ。

プラトニックな愛情の対象だった同級生、心底愛した恋人、唯一無二の婚約者、そのいずれをも(むろん、もっと関係の薄いガールフレンドたちも多々)裏切って、彼は次々と違う相手と関係を持つ。メールボックスを盗み見た婚約者が見つけた浮気相手は6年間に50人。もはや「お疲れさま」と言いたくなる。

一体なぜそんな作品を書くかについて、あとがきで訳者は著者に問いかける(本書の主人公が、作家で大学教授の著者とどこか重なる以上、それは「なぜあなたは浮気を繰り返すか」と聞くのと同義に思えもする)。著者は答える。「浮気とは親密さを避ける」手段だからと。

他者との近さの根源的な恐怖が望まぬ裏切りに彼を走らせる…といま書きながら僕は、学生時代に教わった文学者たちの浮気心について文学的に語る姿が、彼らの女好きの口実めいて聞こえたことを思い出す。

けれど哲学や文学の役目の一つが、常識や決まりごとと世で思われ硬直していることへの原理的な問い直しである以上、勇気(と下心)ある者ほど自身の平穏な人生をも問い直さずにはいられぬのかもしれぬ。そう考えて本書を読めば、浮気と破局を繰り返す主人公の背負う身勝手な、しかし宿痾(しゅくあ)のごとき哀(かな)しみに心打たれもするのだし、ピュリツァー賞受賞の前作「オスカー・ワオの短く凄まじい人生」の主人公の純で一途(いちず)な愛と比べ読めば、浮気者たちの抱える苦悩と不幸がより際立つのだった。

芭蕉なら「おもしろうて　やがてかなしき　浮気かな」と短く詠んだかもしれぬところを、実力派作家が短編連作で描ききっている。(市川真人・批評家)

(新潮社・1995円)＝2013年9月12日③配信

「共感」を共有する実践　「アール・ブリュット　アート　日本」(保坂健二朗監修)

「普遍」という言葉は、往々にして、その背後に西欧的な価値観を忍ばせている。つまり、普遍は普遍的であるとは限らない。にもかかわらず、普遍性を素朴に信じるアーティストは後を絶たない。

かつて画家のジャン・デュビュッフェは、こうした芸術家の姿勢を批判して、その対極に「アール・ブリュット」なるものを想定した。「生(き)の芸術」というほどの意味をもつフランス語だ。

時流に乗じることなく、作者自身の根底から自発的に生まれてくる造形作品を、デュビュッフェはこう呼んだのだが、現在ではこれを踏まえて、専門的な美術教育を受けていない人たちの、作家意識に縛られない造形を指して広く用いられる。この語の英訳「アウトサイダー・アート」が使われることも多い。

生であるとは、普遍性へ向けて精錬されていないということだ。自己の根底が、そのままアートの根底を成す造形といってもよい。アートとアートならざるものの境界、つまりアートの発生源こそ、アール・ブリュットが成り立つ場なのである。

監修者の保坂健二朗は、美術館学芸員の経験を踏まえて、理知的な評価や競争に基づく従来の美術展や美術館の在り方に対して、「共感」に基づく新たな発想を提案している。3・11を契機に、これまでのアートの在り方が大きく揺さぶられ、発想の転換が切実に求められているというのである。そして、保坂は、転換を実践に移す切り札としてアール・ブリュットを提示するのだ。

多数の作品図版を巻頭に掲げる本書は、こうした発想のもと、保坂をはじめ、中沢新一、斎藤環らの論客に、アール・ブリュットが生まれる現場に立ち会ってきた人々を加えた11人の発言によって構成されている。いずれの発言も興味深いが、それ以上に重要なのは、この本自体が、アール・ブリュットへの共感を共有するための実践であるという点だろう。(北澤憲昭・美術評論家)

(平凡社・2100円)＝2013年9月12日④配信

役者たちの興亡のドラマ

「歌舞伎　家と血と藝」（中川右介著）

「実は兄弟だった」とか「実は親子だった」「実は高貴な家の嫡男だった」など、歌舞伎の演目には「実ハ」という設定が実に多い。それに倣ってというわけではないだろうが、演じる役者の家にも「実ハ」という親戚関係が多いことが、本書を読めばよくわかる。

家は別だが血統上は実の兄弟だったり、血統はバラバラなのに家系図上では同じ家であったりといった具合。親子関係にも実子と養子があり、それに婚姻関係も加わり、縦だけではなく、横にも斜めにもつながって、複雑極まりない巨大ファミリーを形成している。

親戚同士でも当然、各家には盛衰の歴史がある。歌舞伎界で天下を取るということは「歌舞伎座の舞台で主役を演じること」である。そのためには、役者個人の「芸」や「人気」もさることながら、それぞれの「家」の歴史や格式といった要素が大きく左右する。

著者は「芸」について書いたのではない。明治から今日まで続く歌舞伎界の世襲と門閥を「戦国武将たちの興亡のドラマ」に置き換えて読み解いている。既存の案内書とは違った角度から歌舞伎を知ることができる。

歌舞伎役者が良い役を得るためには、ライバルを蹴落として地位を不動のものにする「力＝政治力」も必要なのだといったこともよくわかる。

本書には、現在主役を務める七つの家が取り上げられているが、中でも興味をそそるのが中村歌右衛門である。その政治力を駆使し頂点に立った五代目、そして五代目を凌駕（りょうが）し立女形で歌舞伎界に長らく「帝政を築き上げた」六代目の手腕や恐るべし。その見事な成功例は、歌舞伎を政治力学的に読み解いた本書ならではの面白さである。

本来ならば新装なった5代目歌舞伎座の主軸になるはずだった十八代目中村勘三郎と十二代目市川団十郎が相次ぎ急逝し、「家」と「血」と「芸」のドラマは新章に突入した。今後の勢力図を占う意味でも歌舞伎ファンに一読をお勧めする。（立花恵子・演劇評論家）

（講談社現代新書・1260円）＝2013年9月12日⑤配信

生活実感と知見が融合

「戦後日本の『独立』」（半藤一利、竹内修司、保阪正康、松本健一著）

本書に登場する各氏は「日本近代史の語り部」として膨大な仕事を残してきた。この面々が一堂に会して、敗戦から独立回復までの時期を主題に、内外の政治から文化・思想・風俗に至るまで、さまざまな領域をめぐって語り尽くす。

松本氏を除く3氏は1930年代生まれということもあり、当時の生活実感と歴史研究で得られた知見とが融合した形で語り出され、記述に厚みと魅力をもたらしている。

座談が寛（くつろ）いだ雰囲気で行われつつも、緊張感が失われることがないのは、書名にあるように、戦後日本とは本当に「独立国」と呼ぶに値する存在なのかという、今日、前景化している問いが、論者たちの念頭に終始置かれているからである。

孫崎享（まごさき・うける）氏のベストセラー「戦後史の正体」や、手前みそをはばからずに言えば拙著「永続敗戦論」といった戦後日本論は、この国が到底独立国と呼ぶに値せず、さらに悪いことには、その傀儡（かいらい）性が隠蔽（いんぺい）され続けてきたことを強く指摘している。

こうした「戦後への糾弾」に昭和史の大家はどう応えるのか。保阪氏は言う。「いまだに占領体制が続いているのですからね」「僕らの世代は、それを諒として生きてきたわけだけれど、百年、二百年という単位で考えれば、後世の日本人からわれわれは、『節操のない奴らだったなあ』と言われるでしょうね。戦争に負けて頭を下げただけでなくひれ伏した。そして戦後もずっといいようにやられてきたと」

なぜそうなったのか。半藤氏は、敗戦とは何であるのか日本人は理解していなかったのではないかと述べる。「歴史上他民族に負けたことのない国民ですから、負けるということがどういうことかわかっていなかったのかも知れません」と。

筆者（77年生まれ）の世代は、今やこってりと「どういうことかわか」らされつつある。大御所たちには、この理解のための資料を今後も精力的に提供してくれることを期待してやまない。（白井聡・文化学園大助教）

（筑摩書房・2520円）＝2013年9月13日配信

“甘い毒”めぐる思考実験

「Sの継承」（堂場瞬一著）

60年安保闘争の終焉（しゅうえん）を見届けた実業家の国重は、自力での〈革命〉を決意し、彼を慕う化学専攻の大学生の松島を計画に引き込み、革命の武器となる毒ガスの製造に成功する。そして、東京オリンピックを翌年に控えた1963年に、先鋭化した松島は、時期尚早を唱える国重を押し切り、アジトのある前橋市で毒ガス散布に踏み切ろうとする。

50年後の現代。国会議員の総辞職を要求した1人の青年が、国会議事堂前の路上で毒ガスを積んだ車に立てこもる。

政治不信が高まるのは現代だけではない。陸軍の将校時代に多くの部下を死なせたことに自責の念を持ち続けている国重には、アメリカに従属する戦後の日本社会は我慢がならないものだった。

だが「国が決めることが、大衆の運動でひっくり返るわけがない」という諦念も有している国重に残された手段は、革命だけだった。彼が理想としたのが「議会制民主主義の呪縛を脱し、官僚主導、国民総参加型の、これまでに例のない直接民主主義」の実現だった。

第1部では戦争の陰を引きずる壮年の国重と、政治の時代の熱気に煽（あお）られる若者との間に流れる共感と齟齬（そご）が、時代色豊かに描かれる。

続く第2部はタイムリミット型のサスペンスへと一変し、進行中のテロとそれに対抗する警察側の行動がスリリングに描かれる。

この異質な二つのパートをつなぐのが国重が唱える革命である。誰もがそれを夢想と思いながら、どこかで共感してしまうことを否定できない、甘い毒が含まれた革命の思想。その毒が容易に広まるネット社会において、それがどのような影響を及ぼすのか。ネットがなければ不可能だったジャスミン革命のようなことが日本でも起きるのか。

本書はオリンピックを控えた二つの時代を描きながら、そんな壮大な思考実験も含んだ、類いまれなエンターテインメントである。（西上心太・書評家）

（中央公論新社・1995円）＝2013年9月19日①配信

静かな怒りを映し出す

「夕凪（ゆーどぅりぃ）の島」（大田静男著）

沖縄と言っても、石垣島を中心とした八重山諸島は、沖縄本島周辺とはだいぶ事情が違う。本土から見ると一連の琉球弧であり沖縄県だが、八重山は生活圏としては台湾にも近く、歴史的には長い間、琉球王国の支配下にあった。

この地域ほど、人びとの生活の成り立ちと国家の統治がきしみを立てているところもない。尖閣諸島は行政的には石垣市に属す。だからここはいま「領土問題」の現場であり、中国との対立の最前線に立たされている。

だが、もともと日本国家は明治初期には八重山を分離して清に委ねようとしたし、戦後は沖縄とともに米国統治に委ねていた。その間、人びとは国家の恣意（しい）に翻弄（ほんろう）されながらも、独自の生活を紡いできたのである。

本書はその島の現在を生きる者の視点から、島人たちの伝承や経験のトピックを、史書や民俗誌を踏査し、記憶や見聞をたどって、独自の立ち位置から描き出している。

ヤドカリから生まれたという人間発生譚（たん）、3・11に重なる18世紀の大津波の記憶、北朝鮮の拉致事件に重ねてみる人頭税時代や日本統合期の労苦、それを癒やした情歌トゥバラーマの伝統、先島諸島の神々と仏教との関係、それにキリシタンの話、あるいは島の音楽家と戦時下の文化工作の過去、そして沖縄本島とも違う戦争経験。

八重山の日常をいろどる気候や風土をなにげなく書き込みながら、調べ上げた具体的な出来事をたどり、それを生きた人びとの労苦や悲哀の輪郭をていねいに洗い出して、その心情にもふれる。

著者は石垣に在住するジャーナリスト・郷土史家で、八重山の芸能や戦争についての著書はすでに定評がある。その著者が、近海に波立ち騒ぐ昨今の世情を背景に、島の古層から現代の生活までを書きつづる。夕凪（ゆうなぎ）の海のおもてに静かな怒りを映し出す、国家に取り込まれない生活圏の自立の主張でもある。（西谷修・東京外語大教授）

（みすず書房・3780円）＝2013年9月19日②配信

他者を裁く資格はあるか

「出訴期限」（スコット・トゥロー著、二宮磬訳）

スコット・トゥローの「推定無罪」が、法廷ミステリーの衝撃作として登場したのはいまも記憶に新しい。首席検事補を主人公に据え、ミステリーという枠を超えて人間の〈原罪〉を深く描いた故であったろう。以降、コンスタントに作品が刊行されてきたが、本書「出訴期限」は最新の翻訳本である。

主人公は上訴裁判所の判事、ジョージ・メイソン。法曹界の名士であり、温厚なる紳士である。妻はがん治療に苦しんでいるが、公私ともにまずは穏やかな初老の日々を送っている。その彼に、悩ましい問題が持ち上がる。

ひとつは、審理中の、未成年の少女に対する集団レイプ事件をめぐるもの。事件にはレイプを撮ったビデオが存在している。犯罪行為において疑いの余地はないが、法の定める出訴期限に抵触する余地があり、判事たちの意見も分かれる。

もうひとつは、メイソンのもとに届く脅迫メールで、次第にエスカレートしていく。過去の判決にかかわるものなのか、あるいはギャング組織の仕業なのか…。

裁判と脅迫事件が並行して進行していくが、トゥローの作品である。単純な謎解き物語ではない。メイソンは学生時代、乱痴気（らんちき）騒ぎの果てに、自身レイプにかかわっていた。痛みの伴う遠い記憶がよみがえり、こう自問せざるを得ないのだ。

「人を裁くわれわれは何者なんです？」

判事の職務は「決定」を下すことである。人は果たして、いつも明瞭に他者を裁く資格を持つものなのか。その問いが、本書に流れる通奏低音となっている。

トゥローの作品群は、「推定無罪」がそうであったように、物語の展開において、また人物描写において、油絵の具を塗りたくったような濃い色調を持ち味とする。比較して、本書はやや淡泊にも感じるが、〈原罪〉を問うモチーフにおいてやはりトゥロー的なのだと思う。（後藤正治・ノンフィクション作家）

（文芸春秋・1890円）＝2013年9月19日③配信

人物評伝としても第一級

「匠たちの名旅館」（稲葉なおと著）

戦前から戦後にかけて活躍した3人の名匠が残した代表的な旅館を訪れて、その建築的特質や大胆な発想、卓越した技巧を的確に分析し、詳述した建築探訪記である。しかしただの探訪記ではない。

選ばれた名匠とは、日本建築学会賞をはじめ多くの受賞の栄に輝き、住宅建築の分野で大きな足跡を残す一方、皇居の新宮殿造営計画を委託された時には、実施設計の段階で宮内庁造営部が変更を加えたことに激しく抗議し、それでは建築家としての責任が果たせないと最終的に辞退して「建築の鬼」として評判を高めた吉村順三（よしむら・じゅんぞう）。国の重要文化財の指定も受けている広島・世界平和記念聖堂をはじめ、宗教建築、商業施設、公共建築など多方面で活躍し、特にホテル建築の分野で多彩華麗な成果を残した村野藤吾（むらの・とうご）。それに建築史で取り上げられることはあまりないが、多くの名高い茶室、数寄屋建築の造営、改築を手掛け、自ら設計も試みながら徹底した職人魂を保ち続け、同時にその破天荒な生涯の故に映画のモデルにまでなった「大工の棟梁（とうりょう）」平田雅哉（ひらた・まさや）。この3人である。

特に旅館に焦点を絞ったのは、実際にそこに滞在して、利用者の目線で建築を見るためだが、それだけにとどまらず、資料の調査や関係者へのインタビューに基づいて、3人の経歴、業績、特色を紹介し、さらに多くの魅力的エピソードを交えてそれぞれの強烈な個性を浮き彫りにしている点では、人物評伝としても第一級の読み物である。

最後に、倉敷の町に倉敷国際ホテルや大原美術館分館などの優れた作品を残し、落ち着いた風格を湛（たた）えた旅館くらしきの誕生にもかかわった浦辺鎮太郎（うらべ・しずたろう）の業績を辿（たど）り、その浦辺を当初から支え、支援したパトロンとしての大原家の役割の重要性を強調した「一期一会の宿」も、読み応え十分である。添えられた写真の端正な表現も素晴らしい。（高階秀爾・大原美術館館長）

（集英社インターナショナル・2310円）＝2013年9月19日④配信

忌憚なく公平に誤り指摘

「忘却のしかた、記憶のしかた」（ジョン・W・ダワー著、外岡秀俊訳）

日米戦争に関して正反対の見方がある。

アジアを侵略し、植民地化して搾取する西欧諸国の最先端の米国が、アジア民族のなかで唯一、西欧に抵抗する誇り高い日本をおとしめようとして、ことごとく日本の正義の企てを妨害し、日本を侮辱し、経済封鎖をし、日本は追い詰められて、ついに堪忍袋の緒が切れて、傲岸（ごうがん）不遜な米国を討ち、アジアを西欧の植民地主義から解放し、恒久の東洋平和を確立するために立ち上がったという見方が一つある。

もう一方は、アジアを侵略し、支配しようとする傲岸不遜な日本は、あまつさえひきょうにも真珠湾を奇襲し、太平洋に支配を広げ、米国に挑戦してきたので、米国は普遍的正義である自由と民主主義を守り、人民を弾圧する独裁主義から世界を解放するために立ち上がったという見方だ。

日本が前者を、米国が後者を信じる限り、日米関係は成り立たない。

2001年に「敗北を抱きしめて」が翻訳出版され、日米戦争に関してどちらにも偏らない公平な見方を提示しようとしたジョン・ダワーは、本書においても、さらにその論を進め、日本の一方的で身勝手な見方にも、米国のそれにも、それなりの理由がないではないことを示し、かつ、それぞれの身勝手な見方はどこが間違っているかを明快に解き明かしている。

たとえば、東京裁判で弾劾された大日本帝国の犯罪は、米国をはじめとする西欧諸国が犯してきた犯罪と同じであることを認めている。原爆投下を正当化して恥じない米国人がいることも確かであるが、この著者のように、米国の過誤を忌憚（きたん）なく公平に指摘する米国人がいることは米国が誇りにしていいことである。

日本には、自国のアジア侵略を正当化する日本人がいる一方で、逆の極端に走って、事実の裏づけもせず、大日本帝国をののしりさえすれば正義だと思っている日本人もいて、日本は善悪を公平に見る批判を欠き、分裂しているようである。（岸田秀・心理学者）

（岩波書店・3150円）＝2013年9月19日⑤配信

驚異的な歴史の逆説

「一神教の起源」（山我哲雄著）

一神教の起源、つまりユダヤ教（旧約聖書）の神の起源を問うことほど、歴史学にとって野心的な主題はない。一神教の信者は地球人口の半分を超えている。文化と制度の世界標準となった「西洋」のアイデンティティーの核にあるのも一神教（キリスト教）だ。一神教は影響力の大きさからみて、人類史上最大の観念的発明の一つである。

この難題に旧約聖書学の大家が挑んだ。一般向けに平易に書いているが、最新の研究成果を紹介した上で自説を展開した本格的な研究書といえる。

実は「一神教」と一口に言っても、さまざまなタイプがある。「特定の一神を絶対とし、他の神々の存在を否定する」強い意味の一神教、つまり「唯一神教」はまれな発明物で、ほとんどユダヤ、キリスト、イスラムの三大宗教に尽きる。それに対し「自分たちは特定の一神を崇拝対象とするが、他の神々、たとえば他の民族の神の存在を容認する」緩い一神教、「拝一神教」は、仏教の浄土教など広く見られる。

ユダヤ教のヤハウェも最初は拝一神だった。これが5段階の「革命」を経て唯一神へ転換するまでの過程を本書は追跡する。最後の決定的な飛躍の立役者として著者が重視するのは「第二イザヤ」という匿名の預言者だ。

この飛躍はまさに歴史の驚異である。第二イザヤが活動したのは、ユダヤ人の王国がヤハウェ信仰を強化する改革を実施したのに、バビロニアに滅ぼされ、生存者が拉致された「バビロン捕囚」の時期だからである。

ヤハウェを信じていたのに戦争に敗れ、敵国で虐げられた。普通なら人々は、そんな神は見捨てるはずだ。ところが、まさに消滅してしかるべきそのときに、世界に唯一の絶対神という着想が生まれたというのだ！　これぞ歴史の逆説である。

本書の探究は、一つの倫理的な問いとともにある。唯一神教は不寛容で攻撃的か？　本書が示唆する答えは「否」だ。この問いは、さらに読者に開かれている。（大澤真幸・社会学者）

（筑摩選書・1890円）＝2013年9月19日⑥配信

斬新な解釈で初の歴史小説

「光秀の定理(レンマ)」(垣根涼介著)

織田家中で最強の軍団を作り出し、織田信長の天下布武に貢献した智将(ちしょう)・明智光秀は、なぜ、天正10(1582)年に本能寺の変で主(あるじ)殺しをやってしまったのか?

本書は、2000年に「午前三時のルースター」でサントリーミステリー大賞と読者賞をダブル受賞してデビューした著者による初の歴史長編。謀反に至るまでの光秀の苦悩を、2人の友との友情をからめた斬新な解釈で描き出して、既成作とはひと味異なる趣の光秀像を打ち出している。

永禄3(1560)年の春宵、京の街角で3人の男が出会う。剣の達人ながら食い詰めている兵法者の玉縄新九郎、伏せた四つの椀(わん)のどれに石が入っているかを当てさせる辻博打(つじばくち)を生業(なりわい)にしている「なまぐさ坊主」の愚息、美濃源氏・明智一族の総領として四散した一族の再興を自らの責務とする光秀の3人である。

下克上の戦国期を背景にこの3人それぞれの思いを描きつつ、光秀の人間性を、著者は「他人の評価を気にしすぎ、行動に果断さが欠ける」と指摘する。一族再興のために組織の中での出世を目指す光秀は、やがて信長に破格の待遇で召し抱えられて頭角を現していくが、信長の苛烈極まりない戦略に空恐ろしいものを感じるようになる。

愚息の「四つの椀」の賭けの勝率にからむ定理を、光秀は永禄11(1568)年の織田軍による六角氏攻めの際、長光寺城を攻略したときに応用する。著者は、光秀が滅びる歴史の必然性を何かの定理で描き出せないかと考え、こうした賭けの定理をエンターテインメントとして成り立たせるための仕掛けとして採り入れたという。

本書のもう一つの特色は、地の文の中でフロムの「自由からの逃走」や西田幾多郎の哲学に言及している点である。3人の男たちの言動にからめて奔放自在な論理を展開しており、垣根節ともいうべき独特の歴史小説に仕上げている。(清原康正・文芸評論家)

(角川書店・1680円)=2013年9月26日①配信

米国の理念体現する超人

「スーパーマン」(ラリー・タイ著、久美薫訳)

スーパーマンとは何者か? 彼は崩壊寸前の異星から地球へ送りこまれてきた宇宙難民だった。その原作者コンビは、ともに貧乏なユダヤ系移民の子で、いじめを受けたりしたこともあった。そんな2人が高校の時に考案したスーパーマンの物語には、自分たちの出自やあこがれが色濃く反映されていた。

1938年、その著作権を2人がニューヨークのコミック出版社にわずか130ドルで売り渡した時、米国にスーパーヒーロー・コミックスという出版分野が生まれ、一気に拡大していった。

第2次世界大戦当時には、戦場で暴れまわって人気を得るマンガのヒーローが続出したが、あまりに強すぎて戦争を終わらせてしまいそうなスーパーマンは国内にとどまった。そのため戦後に失速した他の超人たちと違って人気を保ち、米国の理念を体現する正義の超人として75年後の今も活躍を続けている。

元新聞記者の著者は、原作者や出版社主、編集者、ラジオ・テレビ番組の出演者、映画監督といった膨大な関係者の証言を、直接取材や文献の中から収集。スーパーマンの世界と、それにまつわるビジネスの詳細極まる成長記を書き上げた。

この英雄神話がどう始まり、時代に合わせて内容にどんな設定変更がなされてきたか、興味深いエピソード(スーパーマンが空を飛んだのはラジオ番組が最初だったなど)を積み重ねており、すぐに内容に引きこまれる。

一方で、巨大な収益を上げてきたスーパーマン・ビジネスが、すでに故人となった生みの親たちの権利回復要求にどう対峙(たいじ)してきたか、スーパーマン成功物語の裏面もじっくり示している。

100万部を発行したこともある雑誌「スーパーマン」も一時は4万部台まで低迷。印刷マンガは米国でも曲がり角にあるが、近年はアニメや大作映画が続々登場し、人気を博している。ヒーローがいつまでも色あせない秘密が分かる一冊だ。(小野耕世・漫画評論家)

(現代書館・4200円)=2013年9月26日②配信

書くことへの強い必然性　「さようなら、オレンジ」（岩城けい著）

いま読んでいるこの小説はどんな人によって書かれたのか。全く気にならないという読者は少ないだろう。巻末の著者紹介に目を通すし、あとがきがあればまっ先に読んでしまう。ありがちだ。作者名でインターネット検索することだってある。多少後ろめたくはあるが、悪いことじゃない。

しかし、作家の性別や国籍、年齢、容姿（！）など各種属性は作品評価に本来関係ない―はずだ。それでも、私たちは頭の片隅にメモする。作者にまつわる情報の束を。

本書の著者欄には「大阪生まれ」「単身渡豪」「業務翻訳業経験」「在豪二十年」とある。読者はなるほどと納得するだろう。まさに"異言語"や"異国での生活"をめぐる小説だからである。

物語は主人公サリマの日常を中心に展開する。難民の黒人女性だ。アフリカの内戦状態にある国からオーストラリア（らしき国）の田舎町へと逃れてきた。地域のコミュニティーにうまく溶け込めずにいる。言語の壁は大きい。早々に夫は失踪。生鮮食品加工の仕事で2人の息子を養っている。

学校にも通う。英語を習得するためだ。教室にはさまざまな背景と条件を抱えた生徒が共在する。職場と学校と家庭という三つの空間。それに言語と職能という二つの変数。そのレベルアップはサリマの内面と各所での人間関係に微妙な変化をもたらす。関係性の再編が彼女を前に進める。

人物描写が本作の最大の読みどころだ。どの登場人物にも少しずつ作者自身の体験や見聞が流し込まれていよう。それゆえ、読者は説得力を感じつつも、こんな違和感を抱くかもしれない。なぜ日本人がアフリカ人の話を書かねばならないのか、と。それも日本語で。ときに読者は書く資格や必然性を性急に求める。

そうした態度に応答するように、本作には構成上のトリックが一つ施されている。素朴な文体に比してその方法は大胆だ。危うくもある。成否は個々の目で判断してほしい。（大澤聡・批評家）

（筑摩書房・1365円）＝2013年9月26日③配信

文学性貫いた画家の伝記　「シャガール　愛と追放」（ジャッキー・ヴォルシュレガー著、安達まみ訳）

マルク・シャガールは、20世紀の美術家のなかで、最も人気の高い画家である。この意味において、彼はマチスもピカソも凌駕（りょうが）しているといってよい。

その理由は、はっきりしている。シャガールの絵画が、20世紀の美術が失ってしまった、というよりも意識的に拒否してしまった言葉との関連性、文学的な要素をかたくなに守り続けていたからである。現代人たる私たちにとっても、言語による表現力こそが最も強く、普遍的なのだ。

しかし、この普遍性は通俗に落ちる危険を抱える。シャガール自身、その危うさをよく承知しながらも、さまざまな受難に耐え、そこから創造的表現へと飛躍したことは、真に偉大であると私は思う。

彼の芸術の根底をなした文学性は、35歳にして記した早すぎる自伝「わが人生」において強く自覚されるや、一生持続することとなった。この、言葉を失わなかった生き方を考えれば、シャガールの生涯について記される「伝記」は、とりわけ重要性を増すのだ。

本書は、近年、研究が進んだロシア時代についてのロシア語の文献や母語であるイディッシュ語の書簡、また、パリのシャガール家所蔵の未刊行書簡を多く収録したことによって、ユニークな「伝記」となっている。ロシア語もイディッシュ語も、これまでの「伝記」著者にとっては扱いにくい言葉であった。

書名にあるように、ロシアやナチス占領下パリからの度重なる追放の苦難が、愛妻ベラ、娘イダとの間で培われた愛によって克服される様子が記されているところも新しい。それゆえこの「伝記」は、ぜひとも女性に読んでいただきたいと思う。

「存在を脅かされる人間のドラマにあっては、信仰が悲劇に意味を付与するという、慰めを与えるメッセージを共有する」。シャガールの宗教画の大作を評した著者のこの言葉は、彼が殉じた「愛の信仰」を意味しているのであろう。（木島俊介・美術史家）

（白水社・7140円）＝2013年9月26日④配信

証言が示す過酷な実態

「避難弱者」（相川祐里奈著）

「弱者が淘汰（とうた）されていくのかと思うほど簡単に亡くなっていく」。本書は、東京電力福島第1原発事故直後に周辺の老人ホームで生じていたその凄惨（せいさん）な現実を、関係者の証言からとらえたものだ。

全編で16施設、計20人以上の声が直接読者に語りかけてくる。著者はお年寄りの慟哭（どうこく）にも遭遇したはずだが、ここでは介護職員らの声だけが淡々と拾われ、施設管理の側面から、その現実と課題を克明に記している。

著者は国会事故調査委員会の元事務局調査員。原発避難の最も過酷な現場の一つであった高齢者福祉施設の実態について、事故調終了後、独自の調査を続けてまとめたものという。脚注で原発や官邸の動きも重ねられ、臨場感ある記述が展開される。「早く逃げてくれ」というもどかしさとともに、この事故が見せつけた人間存在の弱さをまざまざと実感させられる。

施設関係者が利用者をとるか、自らの家族をとるか、究極の選択を余儀なくされるという、あってはならない事態に関する証言も重要だ。原発避難が通常の災害とは異なる複雑かつ厳しい過程であることが、声を通じて如実に表現されている。

とはいえ一国会事故調に感じた違和感もまた依然として本書にはある。著者はこの経験から、次の事故に生かすべき課題を整理する。たしかにそれは施設関係者には必読の章だ。だが、事故の教訓という意味では、「福島の悲劇を繰り返さない」（施設長による寄稿）、これが根幹たるべきものではないか。あってはならない原発事故。その責任をどう考え、どう償い、そしてどう反省していくべきなのか。議論されない不満は残る。

だが要するに、このことを考えるためにも、事故の真相は拾いつくされていないということなのだろう。本書はそのことをあらためて示した良書である。そして著者の執筆意図もまた、これまでの事故調のそんな不十分さに対してではなかったかと評者は推察している。（山下祐介・首都大学東京准教授）

（東洋経済新報社・1890円）＝2013年9月26日⑤配信

知りすぎて、心配になる

「真珠の世界史」（山田篤美著）

読み進めるうちに、心ひそかにしまったと思い始めていた。こんなに深く詳しく知ってしまって、今までどおり真珠を身につけられるか、心配になってきたからだ。

私にとって真珠は、母から譲られた祖母のミキモトの指輪で出会い、あのココ・シャネルが好み、魅力を伝えたもの。特に彼女が天然真珠だけでなく、模造真珠もコスチュームジュエリーとして流行させてしまったことに尊敬の念すら抱いていた。

ダイヤに比べれば、気軽に日常的に使える宝石と捉えていたし、日本人になじみやすく無理なく身につけることができるものとして、親近感をもっていたのだ。日本では真珠といえば海女を連想した時代もあり、神秘的であるけれど、どこか牧歌的な雰囲気を感じていた。

だが本書は、卑弥呼（ひみこ）の時代にまで歴史をさかのぼり、真珠がいかに貴重で高価で、人々に好まれていたのかを明らかにする。古代ギリシャやローマに始まり、ヨーロッパにおける真珠のもてはやされ方の尋常でなかったことも、記されている。

大航海時代にヨーロッパ人が手に入れた真珠は、奴隷や潜水士の命とひきかえだった。身体に重しをつけて強制的に海底に潜らされて、採ってくる。知ってしまうと、真珠好きといわれたエリザベス1世の肖像画も、のんびり眺めてはいられなくなってくる。だからこそ富と権力の象徴であり、その美しさに魅せられる気持ちも特別であったのだろう。

加えて私が真珠を比較的身近に感じていたのは、日本での養殖技術の成功による量産と無関係ではないということも察することができた。

成り立ちと歴史をこれだけ知ってしまったからといって、好きな宝石として真珠をつける気持ちは変わらない。今もそう信じているのだが、喪服のとき、真珠なら許されるからと、なんとなく首飾りをするのをやめようと思い始めている。（原由美子・ファッションディレクター）

（中公新書・987円）＝2013年9月27日配信

孤独の果てにある光の景色

「初夏の色」（橋本治著）

「初夏（はつなつ）の色」は日本のさまざまな土地で、震災後を生きるひとびとの日常とその折々の心のありようを、繊細に描き出した、美しい短編集だ。

実際に被災地の名が登場する作品はその中のいくつかにすぎない。けれども物語の中で、ひとびとはみな、あのときわたしたちが味わった―あらゆる方角と自分の立ち位置を一瞬見失ったかのような―無の感覚、無の時間を、なんども「あれはなんだったのか」と振り返っており、そういう意味でやはりこの作品集は、震災後の日本とそこで生きるわたしたちについて語られたものといえるだろう。

被災地を取材した男がその場所には「音がない」と恐怖に身をすくませる一編「助けて」。抜かれていく庭の雑草に、過ぎてきた実人生を重ね、ほんとうに「なにか」はあったのかと自問する主婦の物語「渦巻」。被災地の海に暮らしの断片を見つけて得体（えたい）のしれない怖さに襲われる「海と陸（おか）」…。

彼らは、それぞれが味わった、名づけようのない感覚を「とくべつな感情ではない」とひたすら静かに、わたしたちに語りつづける。

考えてみるとわたしたちは、人生の岐路で、いつもたやすくなにかを失う。だからこの短編集は、震災、被災にかかわらず、すべてのひとに普遍的に流れる喪失感、すなわち「ひとの孤独」について語られた物語群であるともいえる。

孤独は、それ自体を打ち消すことはできないが、それでもその先に希望を見いだすことはできる。草食系男子とレッテル貼りされた学生が、目の前の同級生にふと性欲をおぼえる「枝豆」が面白かった。その動物的衝動に、ひとがどうしようもなく生きてゆこうとする力と、そうであるがゆえのユーモアを感じた。

それぞれが抱える孤独の果てに一家が食卓を囲む「団欒（だんらん）」にも打たれた。彼ら自身がともす光の景色は、日常にひるまず非常に揺るがず、断固として、そこにある。（宮村優子・シナリオライター）

（新潮社・1470円）＝2013年10月3日①配信

逸脱の学究の骨太な実像

「宮本常一」（岩田重則著）

本書は宮本常一（みやもと・つねいち）の実像を描き出すことに成功した本格的な評伝である。サブタイトルに「逸脱の民俗学者」とある。いったい宮本は何から逸脱したというのか―。

調査項目に縛られた「民俗誌」ではなく、自らの生活体験の延長線上にある「生活誌」を宮本は重視した。地域社会から民俗学的事象だけを切り取って整理する流れに対して承服しなかった。ここに柳田国男（やなぎた・くにお）の民俗学からの逸脱があると本書はみる。また、民具を生活の場から抽出し、社会的・生活的要素との有機的関連を切り離して資料化した渋沢敬三（しぶさわ・けいぞう）系の民具学からの逸脱も指摘する。

戦前の小学校教員時代から戦中・戦後の活動や言説を客観的に分析しているのも本書の特徴である。戦後、全国離島振興協議会事務局長、林業金融調査会理事を務める中で現実社会重視をさらに深め、社会経済史の視点から、島々の“離島化”要因をえぐった。さらに「日本の離島　第2集」では、島々を生き返らせるための提言を重ねた。山の村も歩き、展望のない山村の停滞状況・低生産性を指摘している。これらもまた、いわゆる民俗学の領域を超えている。

逸脱を重ねた宮本の軌跡はいかなるもので、どこに到達したのか。著者は宮本を、聞き書きや文献調査の業績にとどまらず、社会経済史や土地制度史なども踏まえた「総合社会史学」を完成させた「創造的人文科学者」と見定めている。

宮本は、長く、深い旅を続けた。そこからさまざまな伝承や人物像が流布している。対して、著者は骨太な学究としての実像を浮き彫りにした。

それができた背景には、著者の粘り強い探求と、ぶれない軸で、関連文献はもとより、宮本の書き残した文章を細大漏らさず徹底的に分析したことがある。そして著者自身の近現代史研究・民俗学研究の蓄積が底に流れている。生活者のまなざしを大切にした宮本の思考こそ、混迷を深めるこの国の現況に必要だと考えさせる一冊だ。（野本寛一・近畿大名誉教授）

（河出書房新社・2520円）＝2013年10月3日②配信

織り込まれた確かな史眼

「夢も定かに」（澤田瞳子著）

デビュー作にして、第17回中山義秀文学賞を受賞した「孤鷹の天」以来、骨太の歴史小説を書き続けている澤田瞳子が、またやってくれた。奈良時代の平城京で采女（うねめ）をしている、3人の若き女性を主人公にした本書は、連作短編集でありながら、実に読みごたえがあるのだ。

妹に代わって、流されるままに平城京にやってきた若子。勝ち気な性格の笠女。権力者の藤原麻呂との間に息子をもうけながら、恋多き女を演じる春世。下級女官の采女として平城京で働く3人は、やはり下級女官の氏女（うじめ）たちとけんかもしながら、それぞれの生き方をしていた。

だが、藤原氏と皇族の、権力をめぐる争いの影響が、彼女たちにまで及ぶ。いくつかの騒動を体験した3人は、いつしか巨大な時代の渦に、巻き込まれていくのだった。

若子たち3人は、まだ10代だ。女性ならではの喧噪（けんそう）に満ちた日常は、若々しい輝きを放っている。しかし権力者たちの恣意（しい）に、彼女たちは翻弄（ほんろう）される。何度も傷つきながら、たくましく成長していく3人。そして若子は、平凡な女のまま時代に立ち向かおうという意気地を示す。ここに本書のテーマが、託されている。

また、各話の騒動を通じて、しだいに浮かび上がってくる権力抗争も、見逃せないポイントだ。藤原氏と皇族の長屋王の確執が、表立って書かれることはほとんどない。でも事態は、確実に進行している。本書のラストが、神亀4（727）年の10月であることに、注目してもらいたい。その1年4カ月後に、藤原氏の陰謀によるといわれる長屋王の変が起こり、長屋王は自害に追い込まれるのである。

つまり本書は、長屋王の変の前日譚（たん）になっているのだ。確かな史眼が、物語の背後に織り込まれている。それがあるからこそ本書は、骨太の歴史小説として、大いに楽しめるのである。

（細谷正充・文芸評論家）

（中央公論新社・1575円）＝2013年10月3日③配信

自然の転変に寄り添う

「日本美を哲学する」（田中久文著）

日本の伝統的な美意識や芸術観は単なる「美」の枠に収まらない。もっと広く豊かな概念、つまり、「哲学」と捉えようと本書は提言する。

明治の思想家、中江兆民が「日本には昔から哲学はなかった」と述べたのに対して、倫理学と思想史が専門の著者は、「あはれ」「幽玄」「さび」「いき」をめぐる思索はいずれも人生観、世界観に関わるもので、紛れもなく哲学だ、と述べ、これを学問の俎上（そじょう）に載せた。その意義は大きい。

「あはれ」「幽玄」「さび」には、たとえば与謝蕪村が「さびしさのうれしくもあり秋の暮」と詠んだように、ネガティブな価値をポジティブに捉え直そうとする感覚が通底している。「いき」も著者によると、寂しさを抱えた人間が、その寂しさすらも自在に楽しもうとする美意識だとしているので、やはりネガティブに発している。

西洋にも「ゴシック」「グロテスク」「デカダンス」など、マイナスから転じた美意識の例はある。「ゴシック」の語源は、異民族に対してイタリア人が用いた蔑称だが、そこから派生した建築などの崇高さを良しとした。「グロテスク」は奇怪、奇妙を良しとし、「デカダンス」は退廃、虚無を良しとした。ただし、これらの様式や美学は「中心に人間がいる」のが特徴である。

一方、日本では「花鳥風月」としばしば語られるように、基本的に「自然に寄り添う」ことで美意識が生まれた、と著者は言う。これは、季節が巡り、常に転変するところから発した無常観、さらには、人生の本質が生老病死にあり「悲しみ」こそ人間にとって普遍である、とする世界観が関わっているという。

そういえば、世界でも認められつつある「かわいい」も、とるに足らない小さなもの、未熟な幼いものから生じた美意識である。これもまた、ネガティブな面をポジティブに捉える日本の伝統の延長上にある、といえるのかもしれない。（松田行正・グラフィックデザイナー）

（青土社・2310円）＝2013年10月3日④配信

青年の寂しさ探り当てる　「島田清次郎　誰にも愛されなかった男」（風野春樹著）

島田清次郎はメディアによって若くして世の寵児（ちょうじ）に祭り上げられた後、破廉恥漢のレッテルを貼られた、大正期の小説家だ。20歳で「地上」というベストセラー長編を刊行し若者のカリスマとなるが、暴言や奇行を連発、女性スキャンダルでバッシングされ人気が急落した。25歳で精神科に収容され、31歳で結核により死亡。杉森久英が彼を描き、直木賞を受賞した「天才と狂人の間」のおかげで、その伝説が記憶される。

一方本書は関係者の証言を博捜し、島田の人生を実証的に、また生き生きと記述した。著者は精神科医であり、島田の激越な言動について現在の精神医学の観点からコメントする。海軍少将令嬢を誘拐したとして起訴された事件についてもできるだけ公平を期している。

自称天才の肥大した自己愛と傲岸不遜（ごうがんふそん）な言動（俗にいう「中二病」）を、抑制の効いた文章で記述し、奇行や女性への暴力の背後にある島田青年の痛ましさ、貧しい出自への呪詛（じゅそ）、支配しようとするばかりで人を「愛する」ことを知らない寂しさを探り当てた。

「地上」で主人公を慕う女性が、著者の言う通り島田がかつて思いを寄せたがかなわなかった女性をモデルにしたものなら、「地上」は悲しい願望充足物語だ。ダンテの「神曲」のようである。

私も「地上」「改元」シリーズ6部作は読んだ。大袈裟（おおげさ）な壮士調の演説文体で破綻も目につく。大正文壇からキワモノ視されただけはある。物語後半に主人公が世界を股に掛け、妄想的な革命思想と宇宙論を説くのは、連載スタート時に生活感満載だった漫画「リングにかけろ」「ガラスの仮面」が後にスピリチュアル化したのに似ている。

それでも、主人公が貧苦と闘う前半は読者をぐいぐい引っ張る力があるのだ。島田は倉田百三や大杉栄や中里介山同様、大正の自我拡張精神を体現している。「地上」シリーズの読みどころをフェアに評価した点でも、快著と呼びたい。（千野帽子・エッセイスト）

（本の雑誌社・2625円）＝2013年10月3日⑤配信

壮絶な闘いの治療史描く　「病の皇帝『がん』に挑む（上・下）」（シッダールタ・ムカジー著、田中文訳）

がんは残酷な病気だ。働き盛りの人の命もあっけなく奪い去る。

しかし、ほんの数百年前までは必ずしもそうではなかった。なぜなら、今でいう働き盛りにあたる年齢まで生きる人はそう多くはなかったからだ。

「がん」と人類の格闘記である本書にも、「がんは老化に関係した病気であり、（中略）古代社会の多くでは、人々はがんになるほど長生きしなかった」という一節がある。

ぼくが中学・高校生だった1970年代前半、生物の教師から、がんの治療法を見つけたらノーベル賞間違いなしという話をよく聞かされた。

しかし、がんの正体探求はさほど単純ではなかった。そのことは、上下2巻、全800ページ近い本書を読めば実感できるだろう。がんとは、突然変異を起こした細胞の暴走であることはわかってきた。しかし、突然変異の中身と暴走のしかたは、がんの種類ごと、あるいは病気の進行具合ごとに異なっている。がんは、体の中のエイリアンであり、医師や研究者の追及の手を巧みにすり抜ける。

がんをめぐる研究史にはこれまでも良書が多い。しかしそれらの大半は、「がん遺伝子」の探求史だった。ぼく自身も、その観点からの紹介を含む分子生物学史を出版したことがある。

そうした類書と本書との最大の違いは、がん治療の歴史に力点を置いていることである。新しい治療法の開発は、患者にとっても医師にとっても壮絶な闘いである。やり直しがきく医師とは違い、がんを相手にする患者は常に待ったなしだ。

本書で、がん患者と病気との闘いがリアルに語られていることには理由がある。著者自身ががんの研究者であると同時に白血病を専門とする腫瘍内科医なのである。

本書について唯一難を言えば、ほぼ米国の事例一辺倒なことだろう。がん研究には多くの日本人の貢献がある。しかしそれについては、日本人作家が書くべきテーマなのだろう。（渡辺政隆・筑波大教授）

（早川書房・上下各2205円）＝2013年10月3日⑥配信

法とは、悪とは何か

「検察側の罪人」(雫井脩介著)

犯罪の追及で揺さぶられるのは容疑者だけではない。捜査する側も法律の神に試される。それも、人として壊れるほど。本書は、法という枠に苦悩する生身の人間を描いたミステリーである。

最上は東京地検のベテラン検事だ。凶悪事件の捜査に初期から関わり、確実に有罪にできる証拠を集めるよう、警察にアドバイスする。

ある日起きた老夫婦殺害事件の参考人リストを見て、最上は愕然(がくぜん)とする。学生時代世話になった寮の管理人夫婦の娘が無残に殺された23年前、犯人と目されながらも逮捕を免れた男の名前があったのだ。事件は時効が成立していた。

この男が老夫婦殺しの犯人なら、少女の事件と併せて罪に問わねば。最上の中でいつしか「犯人なら」というプロ意識より「今度こそ」という感情が先行してゆく。最上の暴走は取り調べを担当した若手検事・沖野の運命を狂わせ、最上自身も禁断の行動に出る—。

弁護士や政治家、記者となった最上の学生時代の仲間たちも、良心や理想を通せない人生の中でもがいている。同時代を生き、悲しみを共有した者同士が、心の奥底で手を取り合っているのだ。

他にも「物は売っても人は売らない」闇社会のブローカーや、最上に改心を迫る最高検の男などが物語に厚みを与える。

読後、冒頭の場面に立ち返ろう。新人研修で最上が沖野たちに講義している。法律とは、悪とは。結末を知った後ではむなしい、ということではない。法の精神を説く講義はここで初めて読者に向けられたものとなり、私たちを揺さぶる。

法と人、どちらかを優先させなければならなくなったとき、極めて人間的な義憤に自分はからめ捕られないと言いきれるのか。人として修羅の道を選ぶこともまた「覚悟」ではないのか。

登場人物の惑いや苦しみが深い読後感を残すこの物語は、静かに私たちの答えを待っている。(間室道子・代官山蔦屋書店コンシェルジュ)

(文芸春秋・1890円)=2013年10月10日①配信

政治とは何かに向き合う

「丸山眞男への道案内」(都築勉著)

戦後日本最大の知識人のひとりである丸山眞男(まるやま・まさお)について、生涯、著作、現代的意義という3方向から検討している本書は、類書のなかでは最良のものに属する。

丸山の基本的な政治観と方法論が適切にまとめられているために、多岐にわたる彼の論点が相互に関連づけられて理解しやすい。さらに丸山のふたつの情念、つまり社会変革への希望と、学問をする喜びが繰り返し提示され、その人間像もはっきりとしたものになっている。

しかし本書には紹介本の範疇(はんちゅう)を超えるふたつの特徴がある。まず丸山のこれまであまり論じられてこなかった点について言及していること。

たとえばその膨大な著述量に比べ、自ら編んで刊行した著作は5冊しかなく、それぞれ異なる出版社から1冊ずつ刊行し、そのすべてが書き下ろしではない。さらに生涯を通じて、大正デモクラシーへの積極的な評価はもとより言及さえほとんどない。あれほどまでに熱心に福沢諭吉を論じる丸山は、なぜ吉野作造を無視するのか。また東京大を定年前に辞職するとき、自分のことを「学問以外能のない男」と称している。学問以外にいったい何を能と呼ぶのか。

これらの諸点を著者は指摘し、その意味について考えている。そしてその過程において本書第二の重要な特徴へと至る。それは丸山を評価するには、政治とは何か、政治学とは何か、という根本的な問いからどうしても離れられないということだ。

著者はその問いから逃げず、丸山と同様に、あるいはそれ以上にラジカルに向き合いながら、丸山の意義を論じる。これも政治学の実践ではないだろうか。その意味で本書は「政治学への道案内」としても機能するように書かれている。ふだんの生活では政治について語ることが避けられがちなのを考えれば、多くの方に読まれるべき書籍である。(越智敏夫・新潟国際情報大教授)

(吉田書店・2625円)=2013年10月10日②配信

隠された人間心理に迫る　「微笑みのたくらみ」(マリアン・ラフランス著、中村真訳)

女性の買い物客が、紳士にワインの試飲を勧められた。「そうね、いただくわ」と、その気になって飲み始めたが、直後に彼女が目撃したのは、なんと紳士がツバをペペッとはきながら、ワイングラスを拭く姿。驚愕（きょうがく）の展開に彼女はどうしたか。笑ったのである。

テレビを見ていたら、こんな「ドッキリ」映像が流れてきた。困惑や怒りの場面に遭遇したとき、どういうわけか笑いが出るのは、誰にも覚えのあることだろう。笑顔というものは、喜びや愛情と結び付く一方で、ごまかしや悪意とも関係していて、なかなか解き明かしがたい表情なのだ。

その複雑な成り立ちを、大統領から俳優、販売員、赤ちゃん、犯罪者にいたるまで幅広い事例をもとに、「これでもか」と論考を重ねたのが本書だ。著者は、米エール大で心理学やジェンダー、セクシュアリティーを研究する女性教授。人間の身体の中で唯一、他者の感情に影響を与える筋肉である表情筋に着目し、その筋肉の動き＝笑顔を作り出す人間の心理に迫った。著者は記す。「笑顔は単なる陽気な表情ではない。結果を伴う社会的行為なのである」

米国の社会事情を背景とした論考は、日本の私たちには理解しづらいところもある。ただし、笑顔とその結果に関して、彼女が専門とするジェンダーからアプローチした章は、身近でうなずくところが多い。

女性は本物の笑顔の一方で、いやな場面、不快な場面でも笑顔を見せることが多い。理由は明らかで、そうしないと損をするからだ。しかし男性は「自分勝手な都合」で、そんな女性の「社会的笑顔」を本物の笑顔と間違える。

折しもテレビは「女子アナ」同士が、にこやかに「女子トーク」を繰り広げる場面を映しだした。スタジオの背後から聞こえる無邪気な笑い声（男性）に反して、私は彼女たちの笑みに隠された抑圧と野心に気づき、ゾゾッと身をすくめたのであった。（清野由美・ジャーナリスト）

（化学同人・2730円）＝2013年10月10日③配信

倫理的ビジネスの実情ルポ　「フェアトレードのおかしな真実」(コナー・ウッドマン著、松本裕訳)

タイトルにあるようなフェアトレード批判だけの書ではない。英国のジャーナリスト、テレビキャスターである著者が、豊かな「北」の市場に食料や製品を供給する、貧しい「南」の生産現場を訪ねた秀逸なルポルタージュだ。その現場から、貧困や環境破壊に配慮しているとされるフェアトレードなどの「倫理的」ビジネス全般の有効性を検証している。

米国向けのロブスター漁が行われるニカラグア、電子機器の製造を支えるコンゴのスズ鉱山と中国の工場、麻薬の原料となるケシからサフランへと作物転換を試みるアフガニスタン。ラオスのゴム、タンザニアのコーヒー、コートジボワールの綿…。貧しい村々や紛争地に赴き、ブラックマーケットにも果敢に乗り込む取材力は見事だ。

ただしそこから著者が導くのは、グローバル資本主義が貧者を搾取している、という結論ではない。むしろ「資本主義は人々を貧困から救うもっとも有効な手段」と説き、既存の「倫理的」認証に頼らずに独自の倫理的ビジネスを開拓する起業家たちに希望を見いだす。

なぜならこれらの現場では、「倫理的」ビジネスが必ずしも貧者の助けになっているとは言えないからだ。危険に身をさらしても、武装集団の資金源になろうとも、より実入りのいい仕事を選ぶほかない人々がいる。こうした事実は「倫理的」ビジネスの支持者も真摯（しんし）に受け止めねばならない。

また「倫理的」認証というラベルを利用したグローバル企業のイメージ戦略や、それを取り扱うフェアトレード財団などへの批判も手厳しい。

ただこうした批判が、今の日本に適用できるかどうかは別の問題だ。フェアトレードも認証ラベルもそれほど普及していない日本では、まずは「非倫理的」ビジネスが「南」で行っている搾取の実態が知られるべきだろう。本書はそのためのテキストとしても絶好だ。われわれの社会はまだその段階にとどまっているのではないか。（鶴見済・フリーライター）

（英治出版・1890円）＝2013年10月10日④配信

美学と政治の交錯する人

「映画人・菊池寛」（志村三代子著）

菊池寛（1888〜1948年）といえば雑誌「文芸春秋」の創刊者にして芥川賞、直木賞の創設者で、「恩讐の彼方に」「忠直卿行状記」「藤十郎の恋」などの小説の作者であるということぐらいまではあまねく知られている。だが、このユニークな着眼の労作でふれられるのは、これまで本格的に語られたためしのない、大映という映画会社の社長も務めた映画人としての菊池寛である。

今や小説を映画化し、それをさまざまな媒体で宣伝したり、情報を告知したりということは日常茶飯事である。しかし、映画という媒体が勃興した戦前の当時は、小説が映画化されるということ自体が「メディアミックス」の始まりであった。そして菊池寛や彼にゆかりの深い川口松太郎といった才人たちは、そんな時代の潮流のなかで、芸術的観点から映画を小説の下位に置くのではなく、むしろ異なる表現領域としてのそれぞれの可能性と限界を踏まえ、小説と映画を横断的に試みの場としていた。

そんな菊池寛の立ち位置を具体的な作品に即して解明しようとする本書は、当時の恋愛映画のイデオロギーや女優のゴシップをめぐる経緯など興味津々のテーマを逍遥（しょうよう）しながら、文学作品とその映画化作品の間に横たわるうろんな生成過程をつぶさに再確認してゆく。

すなわち、映画作品というものは、作家という個が純粋化してゆくことが可能な文学作品とは異なって、作家的意図からビジネスとしての計算から女優のゴシップに至るまで、さまざまな要素と事情が絡むところにきわどく成立するものだ。

そして小説家にして実業家の菊池寛は、まさに美学と政治の交錯する知見とセンスをもって映画を御していた。本書は、そんな美学と政治の出会う猥雑（わいざつ）で豊かな、そして危うい地点にリアルに目を凝らしている点で稀有（けう）な論考であり、過去を骨董（こっとう）のように扱いがちな研究者の論文とは鮮やかに一線を画すものである。（樋口尚文・映画評論家、監督）

（藤原書店・2940円）＝2013年10月10日⑤配信

恋愛小説の奥深さを証明

「恋しくて」（村上春樹編訳）

翻訳家としても多くの仕事をこなす村上春樹の編集による、翻訳アンソロジーである。テーマは「恋愛小説」。英語圏以外の作品からの重訳を含む、九つの短編が翻訳されている。

10代の恋愛を描いたストレートな作品もあれば、大人向けのビターな物語もある。恋愛小説と呼ぶのにふさわしいのか考えさせられる作品もある。村上によれば「かぎ括弧つきの『恋愛小説』」を集めたということだが、多種多様な恋愛へのアプローチが、恋愛小説というジャンルの奥行きの深さを証明している。

マイリー・メロイの「愛し合う二人に代わって」は、お互いを意識しつつ結ばれないふたりが迎えるハッピーエンドを描き、ペーター・シュタムの「甘い夢を」は、ある同居カップルの日常の微差をすくいとる。

トバイアス・ウルフの「二人の少年と、一人の少女」は三角関係を、今年のノーベル文学賞に決まったアリス・マンローの「ジャック・ランダ・ホテル」は、若い女と駆け落ちをした恋人と、別人になりすまして文通を重ねる女の心のねじれを描く。男女の別れの風景を劇的に描いたリチャード・フォードの「モントリオールの恋人」は、大人の物語だ。

9編の中でも印象に残るのが、ローレン・グロフの「L・デバードとアリエット—愛の物語」である。第1次世界大戦後のニューヨークの歴史や世相に、年が離れたカップルの愛の歴史と半生が重ねあわされる。

そして、10作目の短編として、カフカの「変身」のその後を描いた、村上の書き下ろし短編「恋するザムザ」が加えられる。グレゴール・ザムザに変身した「彼」が、人間として世界を体験する中で、突然現れた錠前屋の娘に特別な感情を抱く。村上ならではの寓意（ぐうい）と趣向に満ちた好短編である。

同作を含む収録作の多くが、個人の営みである恋愛を描きつつ、歴史を描いている。恋愛は個人と世界をつなぐ認識の回路なのかもしれない。（榎本正樹・文芸評論家）

（中央公論新社・1890円）＝2013年10月10日⑥配信

真情こめ、作家の生涯描く

「藤沢周平伝」（笹沢信著）

小説家の人生は本人の作品によく似ている。作品の中に作家の人生がこめられているから当然なのだとも思えるが、本書を一読して感じるのは、このことだ。

藤沢周平さんは「東京に住んでいながら顔はいつも山形のほうを向いています」と口にしていたという。作家が山形出身であることはファンなら知らないひとはいないだろう。北国の風土の詩情にふれてこそ藤沢文学の味わいは深まる。

本書では地元の山形新聞で文化欄担当の記者として作家藤沢周平に親しみと尊敬の念を抱いてきた著者が、真情をこめて藤沢さんの人生と作品世界を伝えている。

作家は山形県に生まれ教職についたが、肺結核のため療養生活に入って、教師の道を断念し、その後、上京して業界紙の記者になった。不慣れな仕事で懸命に努力し、若くして妻を失うという悲運にあい、人生の苦汁をなめつつも、やがて小説家として花開いていく。

やや陰影を帯びつつも、生真面目でひとに恥じぬ道を歩む作家の後ろ姿は藤沢作品の主人公を思わせる。

著者は地元記者ならではの情熱であらゆる資料を渉猟して「藤沢周平の世界」を隅々まで照らし出している。

その中で、藤沢さんの若き日の淡い恋愛についての研究者の指摘にもふれている。

結核で入院治療しなければならなくなった作家には、結婚の約束をしながらも断念したひとがいたらしい。

藤沢さんは、療養所時代に作句をしていた。あきらめざるを得なかったひとが療養所に見舞いに訪れた際の思いをこめたとみられる俳句がある。

〈汝を帰す胸に木枯鳴りとよむ〉

後に娘の展子さんに「人生は思い通りにならないこともあるんだよ」と、この恋愛について話したという。まるで小説の一場面のようだ。

故郷からのまなざしが温かい評伝である。（葉室麟・作家）

（白水社・3150円）＝2013年10月17日①配信

わからないままの生の輝き

「昭和の犬」（姫野カオルコ著）

昭和33年生まれの主人公イクの生を、現在を基点に「遠近法」で映しだした長編小説。人間が、動物が、ただそこに在る、ということの輝き。解釈や結論を超えた、まるごとの生の手触りがいつまでも残る。

2段ベッド、カラーテレビ。高度成長期の「産物」に、心躍らせる「鍵っ子」のイク。けれども、家のなかでは、いつも父母におびえている。「女は非論理的だ」となじる戦地帰りの父、鼎（かなえ）。彼の咆哮（ほうこう）のような、もう言葉とはいえないような、突然の赫怒（かくど）。結婚に絶望していた母、優子は、イクの容姿を執拗（しつよう）にからかい、中学生になってもブラジャーを固く禁止する。

戦時下で何かあったのだ―。そう結論づけてしまいたい。わからないものはこわい。でも、どんな凶暴な犬も、一瞬で手なずけてしまう父の魔法の力まで、戦争という文脈にのみ込まれるのは抵抗がある。父と犬の光景は、イクの心を慰めるものでもあった。

実家を離れ、夫に先立たれた60代の初音清香の家を間借りするイク。彼女との会話が教えるのは“あのとき、どうすればよかったのかわからないこと”の不変性である。

心のなかの、理解も解釈も届かない不思議な場所。その場所を象徴するのは、昭和時代の、鎖につながれない犬たちだ。外飼いが当たり前。誰の管理下にもいないという「放任」が、わからないままの生と重ねられ、物語は動いていく。「犬」というフィルターを通して、イクは自らの生の充足に気づく。

中年になったイクが、かつて通った名画座の元館長と再会する場面がある。それをきっかけに、ロシア語で「南」とは、ユークと発音するのだと知る。「ユーク、行（ゆ）く、イク」。昔、家で飼っていた犬と猫の名は、ペー（北）、トン（東）、シャア（西）であった。「あの家には、東南西北、そろっていたのか」とほほ笑むイク。少しの受け止め方の変化で、生はまぶしく輝く。（杉本真維子・詩人）

（幻冬舎・1680円）＝2013年10月17日②配信

世界の手触りを感じさせる　「蚊がいる」(穂村弘著)

蚊取り線香の箱を思わせる横尾忠則の装丁がとびきりユニークかつゴージャスで、手に取るだけでうれしくなる本だ。中には、現代短歌を代表する人気歌人のエッセーがぎっしり70編。日常に潜むちょっとした戸惑いや違和感、過ぎてしまえばすぐに忘れそうな引っかかりを、絶妙なやわらかさを持つ言葉でとらえ、くすりと笑わせながら読者に世界の手触りを感じさせてくれる。

自分では覚えていないエピソードによって友人に記憶されている、自分というものの奇妙な不確かさ(「カニミソの人」)。コミュニケーションに対する考えがズレた結果として内気になってしまうこと(「内気だけが罪」)。

いつも現実の場に張り巡らされたルールがわからず(「穴係」)、自意識は物事のタイミングを狂わせる(「咄嗟のタイミング」)。この世界でうまくやっていけないということが、軽やかな自虐風味で描かれていて面白く、共感せずにはいられなくなる。

戦争や災害ではなく、ただの寝不足や体調が悪い日に仕事をする〈普通の大変さ〉を、テレビや雑誌は伝えない。蚊がいることはドラマでは描かれない。確かに存在しているのに、ないことになる。そして〈ないことにされると見えなくく〉なり、〈見えないと言葉にもしなくなる〉のだが、著者はあえてそこを見つめ、言語化していく。

「ほむほむ」と愛称で呼ばれることも多い著者は、現実をはっきり見きわめて決断したり実行したりできないダメなキャラクターとして自らを描く。だが、それは曖昧な部分も捨てずに現実をまるごと見ようとする、ねばり強い姿勢でもある。「ほむほむ」の言葉はやわらかいけれどしぶとく、読者の感覚を揺り動かす力を持っている。

巻末に収録された又吉直樹との対談では、世界と自分の間にあるズレをめぐって互いの体験が語られ、お笑いや詩歌の仕事の中でとらえ直されているのが新鮮だ。(川口晴美・詩人)

(メディアファクトリー・1575円)=2013年10月17日③配信

勝敗を分けた重要な役割　「鉄道と戦争の世界史」(クリスティアン・ウォルマー著、平岡緑訳)

英国産業革命の技術の粋を集めて誕生した鉄道は、市場を拡大し産業を発展させ、人々の生活を豊かにしてきたと、一般的には考えられている。それに対し本書は、鉄道と戦争との関係に注目したものである。

鉄道の軍事的意義ということであれば、これまでにも多くの書物で言及されている。だが、本書はクリミア戦争、南北戦争、普仏戦争、ボーア戦争、日露戦争、第1次世界大戦、第2次世界大戦、朝鮮戦争、ベトナム戦争など、1850年代から1960年代にかけてのほぼ1世紀の間に起こった世界の主要な戦争で、具体的な戦闘行為に鉄道がはたした役割を詳細に叙述しているという点で異彩をはなっている。

輸送の大量性と迅速性において、軍馬などそれまでの輸送手段を圧倒する鉄道は、戦時には軍隊、武器、弾薬、食糧などを大量に広い範囲にわたって、しかも素早く輸送することが期待された。鉄道の戦時利用が始まると、多くの兵士が動員され、戦闘の範囲が拡大し戦争自体も長期化するようになった。

また、鉄道の優劣が戦争の勝敗を分ける重要な要素ともなった。本書によれば、日露戦争で日本が勝利できたのは、ロシアがシベリア横断鉄道を開通させたとはいえ、粗雑な建設で戦時の補給がうまくできなかったのに対し、日本は朝鮮半島内の鉄道を予定よりも早く新設し、新たに占領したロシア敷設の鉄道のレール幅も日本仕様に改めるなどして、迅速な補給に成功したからであった。

しかし普仏戦争では、プロイセンよりも優れた鉄道網を誇っていたフランスが敗れるという結果におわった。鉄道自体は優れていたものの、鉄道を軍事戦略として利用するという点ではプロイセン軍の方が長じていたからであった。

なお、鉄道の歴史的な意義を一層深く理解するためには、著者の前著「世界鉄道史　血と鉄と金の世界変革」もあわせて読まれたい。(老川慶喜・立教大教授)

(中央公論新社・3990円)=2013年10月17日④配信

新しい社会体制への希望

「カリブ―世界論」（中村隆之著）

2009年1月20日、リゾート地となっているカリブ海のフランス領でゼネストが起こった。LKPという労働組合連合が呼びかけたものだ。彼らの要求の具体的な内容は、労働者の最低賃金の引き上げ、生活と深くかかわる価格（食品、水道、電気）の引き下げなど、要するに物価高に対する不満の爆発だが、予想外にひと月以上も長引き、政府の介入でようやくおさまった。

単なるストライキであれば、どこの国でもある現象だが、著者は、このストライキ中に発表された「高度必需品宣言」という声明の意味を踏まえ、フランス語圏カリブ海が置かれた歴史的位相を読み解こうとしている。

「高度必需品」という言葉は、もちろん「最低必需品」とは全く違う。資本主義の下では、私たちの生活は生産と消費の中に組み込まれてしまうが、著者によれば、「高度必需」という言葉の中に資本主義でも国民国家でもない、新しい社会体制への希望が込められていた。かいつまんでいえば、それは輸入に頼るエネルギーと食糧に規定された現在の経済システムへの異議申し立てであり、労働や生活を「金銭に従属する矮小（わいしょう）化された価値」から解き放とうとした試みであったという。

著者はこのような視点から、ゼネストに至るまでのフランス語圏カリブ海の歴史・文化・社会を詳細に追うことで、ふだんはあまり注目されたことのないその地の置かれた位相を浮き彫りにし、資本主義に代わるひとつの「ユートピア」を再構築しようとしている。

もちろん、資本主義からの脱却は決して簡単ではない。だが、ゼネストによって物資が途絶え、人々が不便な生活を強いられたにもかかわらず、なぜそれがひと月以上も続き得たのか。著者はこの事実を重く受け止め、カリブ海でのひとつの事件から歴史の大きな流れを読み解こうとしている。文章の流れにはもう一工夫ほしいが、地域研究の優れた見本の一つとして高く評価したい。（根井雅弘・京都大教授）

（人文書院・4200円）＝2013年10月17日⑤配信

すがすがしく新鮮な評伝

「木琴デイズ」（通崎睦美著）

すてきな人と出会ったときのすがすがしさを覚える一冊。主人公の木琴奏者・平岡養一はもちろん、マリンバのソリストである著者の独創的な観察眼にも感銘を覚える。

まずは平岡の生い立ちから渡米、そして日米開戦・帰国までの足跡が描かれる。戦前の日本や平岡家、そして運命の楽器との出合い。口蓋裂で発音が不自由だった少年時代、「いまに、他の人にはできないことで、優れた人間になるのだから」と母親に勇気づけられる。そんな家族の温かさが、彼の中に独特の優しさを育み、「平岡節」ともいえる木琴の音を生み出す。

米国人はそれを愛し、親身に仕事の面倒を見る。優れた伴奏者と出会い、平岡は大きく成長してゆく。開戦前夜にもかかわらず、彼の演奏する「日本民謡集」のレコードも発売される。開戦後、敵国人の身となった彼にニューヨーク市長までもがラジオを通して擁護する。その人間力のたまものと言えよう。

続いて戦時下と終戦後の日本を経験する平岡が、「様式」から「心」へと、その美意識を変化させてゆく様子が描かれる。考察の基礎に著者の演奏家としての能力を使い、録音の分析を行っているところが興味深い。そのためか、彼の内面がよく見える。空襲に見舞われながらも愛嬌（あいきょう）いっぱいに「敵国製ですが」と前置きして演奏する姿には、強烈に共感する。

ここで意外な章が登場。木琴の歴史やマリンバとの違いの話だ。違和感を覚えつつ読み進めると、1962年というキーワードにぶつかる。平岡が再渡米したこの年が、楽器にも転換点だったという視点もユニークだ。

最も印象的なのはライバル朝吹英一との比較。著者は元来朝吹に近い立場であったはずだが、平岡を追いながら自身が平岡化してゆく。著者の演奏会に行けば「また平岡に会えるのではないか」という気になる。その演奏活動の将来に進化した「平岡」がいるのだろう。そんな楽しみすら覚える、新鮮な切り口の評伝だ。（中野順哉・作家）

（講談社・1995円）＝2013年10月17日⑥配信

世界を終わらせないために

「未明の闘争」（保坂和志著）

人が過去を振り返るのはどうしてなのか。思い出が、いとおしいのはなぜなのか。その問いに答えるため、著者はすべてを注ぎ込む。彼の作品におなじみの猫たちも総動員される。人間より多いくらいだ。いや、人も負けていない。お姉ちゃんのいる店や不倫旅行など、著者がこれまで書かなかったような場所にまで読者を連れて行く。死んだ人間も、自然に横切る。

人が生きていくということは、記憶と共に生きていくということである。多くの思い出をまといつかせながら、人は現在を生きている。死んだ元同僚の篠島が家を訪ねて来て呼び鈴を鳴らした。そう思っているのは50歳すぎの「私」。葬儀にも参列したのだから死んだのは確かな事実だ。葬儀の日のことを「私」は思い出す。そこからこの小説には、過去の時間が遠慮なく入り込んでくる。

この本では思い出は、現在とあくまで平等だ。猫たちは、ピン留めされた思い出の写真ではなく、目の前でイキイキとまとわりついてくる。友達の父親も、犬も、おばあちゃんも、篠島も、生きている登場人物たちと同じ資格で読者の前に現れる。過去の時間が現在へとあふれ出し、現在を覆い尽くして、未来へ流れていくようですらある。

「私」は主人公のくせに作中で眠り込む。その間も友達は会話を続ける。「私」はときどき姿をくらますこともある。しかし、世界は進行している。終わらない。そう、この本は、世界を終わらせないのだ。だから過去を死んだものにしない。

本は読み終わるけれど、「読んだ」という経験が過去になったとき、頭に多くのセリフが残っていることに気づくだろう。それらは読者自身の過去の思い出とまざりあい、まるで自分の過去の時間そのもののように、感じられるだろう。そのとき読者は「人はなぜ過去を振り返るのか」という著者の問いかけへの答えを、自分で手にしていることを知るだろう。（福永信・作家）

（講談社・1995円）＝2013年10月24日①配信

恋愛と大戦の裏面史を描く

「水色の娼婦」（西木正明著）

1989年11月、ベルリンの壁が壊され、ヨーロッパにとっての長い「戦後」が終わった。熱気と興奮に包まれたベルリンの模様は、世界中のテレビに映し出された。ほぼ四半世紀を経た今日も、その記憶は多くの人々にあざやかだ。

その興奮がさめやらぬ90年3月はじめ、ベルリンを訪れた「わたし」は、取材の過程で予期せず、ある女性とめぐり合う。彼女の名はエヴァ・ミツ・ロドリゲス。80代半ばの老婦人だが、かつては美貌のタンゴダンサーであり、高級娼婦でもあった。

物語は「わたし」が取材ノートをひもとくところから始まり、過去（エヴァの人生の軌跡）と現在（90年のベルリン）が、交差しつつ進行していく。

ブエノスアイレスで生まれたエヴァには父母の記憶がほとんどないものの、トミエという日本人女性の愛につつまれ、何不自由なく育った。だが17歳の時、出生の秘密を知る。

母はヤエという日本人で、父はアルゼンチンの海軍大臣ロドリゲスであるという。ヤエが来日したロドリゲスと結ばれ、海を渡ることになった背景には、日露戦争における日本とアルゼンチンの秘話が横たわる。

やがてトミエが亡くなり、独り身となったエヴァは、パリを経由してベルリンに移り住むことになる。たぐいまれなる美貌と華麗なるダンスが、彼女の武器であった。

エヴァが、日本陸軍の大尉、吉川公夫と出会ったのはパリだった。吉川は商社マンに身を転じた後も欧米各国の情報収集に携わり、日本の軍部とつながっていた。吉川に心を奪われたエヴァは、スパイ活動を助ける。

数奇なエヴァの人生と、情報戦に身を投じた吉川の人生。二つの旋律が織りなす恋愛小説の下には、第2次世界大戦の裏面史を追う骨太な物語がある。恋と情報をめぐる緊迫した駆け引きをぜひ、本書でお読みいただきたい。（高橋千劔破・作家、文芸評論家）

（文芸春秋・1785円）＝2013年10月24日②配信

代表作誕生の貴重な記録

「初日への手紙」（**井上ひさし著**）

類いのない著書と言っていいだろう。劇作家が戯曲執筆中に担当プロデューサー宛てにファクスで送った資料や手紙などをひとまとめにして、作品のそもそもの発想から完成までの手の内を、惜しげもなくさらけ出したのが本作である。

劇作家は井上ひさし、プロデューサーは新国立劇場の演劇担当だった古川恒一。古川が受け取って保管していたものを、井上夫人の了解を得て編集している。

まず驚くのは「遅筆堂」と名乗り、脱稿の遅れから初日を延ばしたり、公演そのものを中止せざるを得ないこともあった井上ひさしが、新作の執筆と同時並行的に、毎日のようにプロデューサーに送った内容の濃いファクスの膨大な分量である。とともに、それらを時系列に保管していた編者の熱意も、ただものではない。いわば古川プロデューサーのこだわりが、「東京裁判3部作」と総称される井上ひさしの代表的な戯曲の誕生をめぐる貴重なドキュメントとして結実した。

新国立劇場の3代目の芸術監督だった栗山民也が井上ひさしに2001年5月上演の新作を依頼したのがはじまりで、これが「夢の裂け目」と題された戯曲になる。この舞台の好評から、03年10月に開幕した「夢の泪（なみだ）」、06年6月の「夢の痂（かさぶた）」とつづく。

この3本の戯曲の執筆過程を三幕物に見立ててまとめているが、第1作の脱稿が初日の11日前、第2作が5日前、第3作が3日前と、まさにひやひやの綱渡りだったことをあらためて知った。この間に戯曲完成の遅れに加えて、唄入りの音楽劇という当初の想定外のスタイルになったために俳優に過重の負担がかかり、降板とピンチヒッターの起用という危機的な事態を招いたり、作者の縁者が2人も他界したり、病気が判明したりする。

一読後、作者と編者の信頼関係の強さに感銘を受ける。その意味では、これは一期一会の魂の記録でもある。（大笹吉雄・演劇評論家）

（白水社・2940円）＝2013年10月24日③配信

最新の歴史学で今を検証

「日本の起源」（**東島誠、與那覇潤著**）

周知のように「日本論」に関する著述は、汗牛充棟ただならぬものがある。「日本論」を論ずる著作すら少なからずという状態である。しかし、その多くが明確な通史的展望と高い実証性を兼ね備えているとは言い難く、その意味で恣意（しい）性を完全に免れているとは思われないのも事実である。2人の気鋭の歴史学者による本書は、そうした欠陥を免れている数少ない著書の一つとしてよい。

古代と中世、近世と近代にそれぞれ軸足を置く両者が、専門領域の最新の研究成果を踏まえ、各自の通史的展望に立って率直に意見を交わす様子は十分一読に値する。対談後1年かけ推敲（すいこう）を重ねただけあって、対談物の陥りがちな雑ぱくさもなく、専門に立てこもる視野の狭さも感じさせない。

ところで本書の狙いは「いつから私たちは『こんな国、こんな社会』に生きているのだろう」という疑問を歴史学の立場から論じることにある。「こんな」という形容詞が付けられているように、無責任が横行し、反省の意識も希薄で、恣意的な日本イメージに安易に寄り掛かり、真の主体性を欠落させた日本…という否定的な現状認識が共有されている。

そして、その淵源（えんげん）を探るキーワードは「『空虚な中心』にバラバラにぶらさがる構造」「国家のアカウンタビリティーを必要としない日本」「バッファー（緩衝帯）の多すぎる国」等ということになろうか。それぞれに興味深い事例があげられ、刺激的な議論が展開される。

何よりも共感したのは「『昔から』と思われていることも、『新しい』と思われていることも、研究の現段階から見ると、相当アヤシイ」という認識であり、「そろそろソフトウェアを入れ替えたほうがよい」という提言である。

著者たちが準備している「新しいソフト」がどんなものか、それがどんな未来を切り開くことになるのか、もっと詳しく知りたいと思うのは評者ばかりではあるまい。（橘川俊忠・政治学者）

（太田出版・1890円）＝2013年10月24日④配信

生物界との関係をつかむ　「自然を名づける」（キャロル・キサク・ヨーン著、三中信宏、野中香方子訳）

世の中には、園芸家と呼ばれる人たちがいて、バラやキクなどに凝る。またバードウオッチャーと呼ばれる人たちは珍しい鳥を見るためならどこにでも行く。釣り人はどの魚を釣るかにうるさく、種類を区別する。

これらは全て、私たちを取り巻く自然界の中でも生き物の世界に関する趣味だ。本来、人間は誰でも生物に興味があり、無生物と区別し、名前を付けて分類する。分類学はそれを科学的に行おうとする生物学の一分野だ。

分類学の世界で近年、ちょっとした事件が起きている。それは、DNAやタンパク質の分析を基に分類する分子分類学の発展や、どの種とどの種が系統的に近い関係にあるかを明らかにする分岐分類学の興隆だ。それはそれで十分に合理的だと思えるのだが、分岐分類学派の提案に沿った分類に従えば、何と「魚」というカテゴリーはなくなってしまう！

水中にいて、うろこがあって、冷血でぬめぬめした、あの「魚」を単一の分類群とみなすためには、遺伝子解析に基づけば、そこに全ての哺乳類が含まれなければならないという。直感に反し、科学的に言えば「魚」というカテゴリーは実在しないのである。それは私たちの幻想なのだ。

さあ、どうしよう？　本書はこの危機を軸に、生物の分類がどのように行われているかを、科学としての分類学の発展をたどるとともに、人間誰もが脳の中に備えている生物界への認識方法を明らかにすることで多面的に描いている。著者の主張は、科学的分析はともかく、私たちヒト生来の認識方法（本書では「環世界センス」と命名されている）を大事にしようということだ。

生き物の認識と分類は、それだけにとどまらず、私たちと世界との関係を把握する基本なのだ。

語り口は軽妙で、生き物好きは言うまでもなく、生き物にあまり興味がないと思っている人でも、本書を読めば、きっと新しい世界が開けるはずだ。（長谷川眞理子・総合研究大学院大教授）

（NTT出版・3360円）＝2013年10月24日⑤配信

苔むすことを恐れぬ旅人　「ボブ・ディランという男」（デイヴィッド・ドールトン著、菅野ヘッケル訳）

この「ボブ・ディランという男」という本について考えていたら、いつのまにかボブ・ディランそのものについて考えていた。それだけディランが浮き彫りにされている。著者のドールトンは、逃げるディランの運転する車に自分の車を横付けし、そのままハンドルを離してディランの車の中に窓から飛び込んでいく。

これはただのたとえですが、前半の彼の文章はカーチェイスのようなスピード感があり、とてもスリリングだ。

だが、1966年のディランのオートバイ事故あたりから少し様子が変わってくる。ドールトンの頭の中は疑問符でいっぱいになる。そしてついに満杯の疑問符が爆発したのが70年の「セルフ・ポートレイト」だった。ドールトンによれば「ほとんどの人に理解されることがなく嫌われた」アルバムだった。ぼくにもこの作品を当時聞いたときの、著者の置いてきぼりをくったような感情がよくわかる（でも実際には多くの人に受け入れられてとてもよく売れた）。

今までに世界中で150種類以上ものディランに関する本が書かれているという。なぜそんなにも多くの評論家がディランを語りたくなるのか。ディランを外側から語ることはできない。ディランの裏口から中に入り、屋根裏にあるディランの脳にまでたどり着く道が、書かれた本の数だけあったということだ。

著者は最近のディランの「終わりなきツアー」や3年近く続いたラジオ番組をヒントに、ディランの意外な側面にたどり着く。それは60年代に「時代は変わる」と歌った男の、変わらないものを大切にする姿勢だった。転がる石は苔（こけ）むさない、というが、ディランは苔むすことを恐れない旅人だった。

それでも、ぼくにはディランは根っからの変革者に思える。人には「今」という一番新しい時間がある。その時間を生きることがディランにとっては歌うことなのだろう。（友部正人・シンガー・ソングライター）

（シンコーミュージック・エンタテイメント・3150円）＝2013年10月24日⑥配信

胚胎される未来への希望

「晩年様式集（イン・レイト・スタイル）」（大江健三郎著）

「晩年様式」とは、白血病と闘いながら早過ぎる「晩年」を迎えた、大江健三郎の友人で米国の文学批評家エドワード・サイードが最後に取り組んだ主題である。

巻末に付された大江の詩「形見の歌」から表現を借りれば、「晩年様式」とは、ある種の芸術家が死を前に選び取る表現と生き方の様式（スタイル）を指す。しかもその様式は穏やかな円熟に至ることなく伝統を拒み社会との調和を拒み、ただ一人で否定性つまりはカタストロフィー（破局）の中に立つことによって身につけられるものである。

自分を導いてくれた「兄」たちを相次いで失い、2011年3月11日以降は個人的のみならず社会的なカタストロフィーを生きることを強いられた作家が「晩年」に選び取ろうとしたものは一体何だったのか。まずはフィクションを「私」が語るという手法を「壊す」ことである。

本作で「私」として語るのは、誰もが現実の作家とほぼ等しい存在と考える、虚構の作家たる長江古義人だけではない。古義人の妹、妻、娘という「三人の女たち」も、古義人とは異なった「私」として、それぞれの家族の物語を語っていく。

複数の「私」が混在する中で明らかになっていくのは、これまでの著作に何度も登場した作家の年長の友人、「分身」のような存在でもあったギー兄さんの死の謎である。作家は死者たちが生きる「懐かしい年」に安住することを許されない。死者たちの記憶を、これから生まれてくる者たちへの贈り物へと転換しなければならない。

80歳を目前に控えた作家は、知的障害を抱えながら50歳となった息子とともに一つの歌曲を創り上げようとする。その歌曲は「生まれてくること自体の暴力を乗り超えた、小さなもの」の誕生から始まり、「私は生き直すことができない」しかし「私らは生き直すことができる」という言葉で終わる「形見の歌」を創造的に反復するものだった。未来への希望も、そこに胚胎される。（安藤礼二・文芸評論家）

（講談社・1890円）＝2013年10月31日①配信

この上ない読書の愉悦

「ブラックライダー」（東山彰良著）

万人に「お薦め」だと断言できる話ではない。

不快感から眉をひそめる読者もいるだろう。が、腰を据えて読み進めるうちに、その世界に引きこまれ、打ちのめされる。すさまじい威力を持つ一冊だ。

舞台となるのは「六・一六」と呼ばれる大災害により壊滅的な被害を受けてから、再び文明を取り戻しつつある近未来世界。食糧が尽き、残された人間たちは、互いに殺し合い、その肉を食らって生き延びた。だがアメリカ東部の科学者が新たな食糧の繁殖に成功し、ようやく人肉食を禁じる法律も施行された。

3部構成の物語の第1部では、そんな時代を背景に、連邦保安官バード・ケイジが列車から馬40頭を強奪した犯人一味を追っていく。

56歳と若くはない体にむちを打ち、相棒のクオーターホースにまたがり、行く手を阻む敵には容赦なく拳銃をぶっ放すバード。伝説の悪党と化した兄を持ち、強奪した馬を金に換えるべく画策するレイン兄弟と、その仲間に加わったクロウ。追いつ追われつ、開拓時代の西部劇さながらの展開を見せるが、続く第2部では「新たな食糧」として生み出された若者が主人公となる。

一度は絶滅した牛と、人間の遺伝子をかけあわせた「ユダの牛」。半分は人間でありながら食用家畜として生まれたマルコは、まれな知性を持っていたことから人として生きる道を与えられ、やがて人間たちの新たな脅威となった「蟲（グサーノ）」と呼ばれる寄生虫に挑むことを使命としていく。

今、この世を生きる私たちとは価値観も倫理観も異なる世界の物語である。目を背けたくなるほどの狂気と絶望の果てに、登場人物たちが対峙（たいじ）する第3部は壮絶極まりない。

しかし、それでいて読後には深い感慨が胸に残る。誰もが涙し、感動に打ち震える“優等生小説”とは対極にありながら、この上ない読書の愉悦を体感できる、間違いなく本年度最大の衝撃作だ。（藤田香織・書評家）

（新潮社・2730円）＝2013年10月31日②配信

スポーツの理想求めた人

「大島鎌吉の東京オリンピック」(岡邦行著)

2020年の五輪開催地に再び東京が選ばれた。平和の祭典と呼ばれるが、原発事故の対応や、震災からの復興も十分ではない中での開催決定に賛否両論があるのも事実だ。それだけに今、五輪の意義をもう一度考える時期に来ている。その問いに大きな示唆を与えてくれるのがこの評伝である。

主人公の大島鎌吉(おおしま・けんきち)はかつて、1964年の東京五輪を「つくった男」と呼ばれた。だが今は鬼籍に入り、忘れられた存在となっている。

32年のロサンゼルス五輪では陸上男子三段跳び競技で銅メダルに輝いたが、大島の心を捉えたのはメダルではなく、近代五輪の創始者クーベルタンが広めたオリンピック精神の言葉だった。

「重要なことは勝つことではなく、参加することです。人生において重要なことは、大成功することではなく、努力することです」。平和と、過酷な競技という両者の矛盾を解決する言葉がそこにあった。

戦前のベルリン五輪では、朝鮮人選手と一緒に行進するのを嫌う日本の軍人選手に「同じ人間じゃないか。不満なら立ち去れ!」と一喝した。大島の平和主義と反骨精神が随所に表れ、読み手に爽快感を与えてくれる。

戦後の東京五輪招致では、日本とは疎遠な東欧に一人旅立ち、約1カ月かけて関係者を説得し、投票での勝利を決めた。選手強化対策本部長や選手団団長も務め、大会の成功に尽力した。

同時に「スポーツは職業選手をつくるのではなく、余暇を利用して楽しむもの」と、国民がスポーツの裾野を広げて健康な生活をする重要性を一貫して説いた。82年、「オリンピック平和賞」を受賞したが、五輪の輪の一つ、アフリカで開催されないことを憂いていたという。

大島の思いとは裏腹にスポーツ界は現代も勝利至上主義がはびこり、その根は深い。スポーツはどうあるべきか、彼の波乱の人生から望ましいあり方を見いだすことができるだろう。(澤宮優・ノンフィクション作家)

(東海教育研究所・1890円)=2013年10月31日③配信

他者へと拓く「私」の経験

「夢、ゆきかひて」(フィリップ・フォレスト著、澤田直、小黒昌文訳)

「私」の経験は何にも還元できない孤独なものである。例えばわが子の死。4歳のまな娘を小児がんで失った批評家フォレストが、その語りえない経験を書いて小説家として第一歩を踏み出したのは、一種の虚構化と寓話(ぐうわ)によって個人の経験を物語る大江健三郎の作品を発見したからだった。

本書はそのフランス人作家による、日本の文学や芸術に関する評論集である。大江健三郎から紀貫之、さらには写真家畠山直哉まで、扱う対象は多岐にわたる。

日本語を解さない著者は、翻訳を通して日本文学に接するしかないが、言語間にうがたれたその距離を逆手に取る。テクストの正確な理解という義務を宙づりにし、読書本来の驚きに満ちた快楽に身を委ねるのだ。「取り違え」をはらんだその個人的解釈によって、予期せぬ作家同士が思いもよらない景色の中で結びつき、日本文学の新鮮な見取り図が開かれる。

だが本書の射程は日本にとどまらない。「日本文学の特殊性」という紋切り型に一貫して背を向ける著者の論からは、一つの通奏低音が響いてくる。それは文学が持つ力に対する、愚直なまでにまっすぐな確信だ。

著者にとって文学とは単なる娯楽でもなければ、客観的意味を精緻に分析すべき対象でもない。虚構という迂回路(うかいろ)を経ることによって、個人的経験を他者との共通の地平へと拓(ひら)く試みである。各人の差異と同時に、他者との同一性を啓示してくれるものである。

そこにはもはや日本文学と西欧文学の違いはない。言語や時代、場所がどうであれ、文学が伝えるのは、同じように喜びや悲しみ、希望や苦悩を抱えた人間の姿なのだ。

孤独に閉ざされることも集団に埋没することもなく、独自であると同時に普遍であり、普遍であると同時に独自であることを目指す営みとしての文学。紀貫之の「ひとのこころはひとつ」という言葉に導かれた著者の繊細な読みは、文学の可能性をあらためて気づかせてくれる。(鈴木雅生・学習院大准教授)

(白水社・2520円)=2013年10月31日④配信

俊英が語る西洋の衰退

「劣化国家」（ニーアル・ファーガソン著、櫻井祐子訳）

同じ文化や地理をもちながら、北朝鮮と韓国や、旧東ドイツと旧西ドイツの間でこれほどまでに経済格差が広がったのはなぜか。興味深い問いかけである。本書はその問いに対して一つの読み筋を提示する。著者が着眼したのは「制度」である。元の英語は「institution」だろう。つまりは法、慣習、規範といったものだ。

著者は英国で高く評価され、米国の有力誌「タイム」が「世界で最も影響力のある100人」に選んだ当代の俊英であるという。英米の大学で経済史や金融史の教壇に立つ気鋭の学者が、西洋衰退の理由を語ること自体、興味をそそられる。

その理由を制度の劣化に求める視点に異存はない。裏を返せば特段の独創も感じないが、福島の原発事故を経験した後に説明を聞くと、わが方の法の適用のずさんを指摘されているようで、なるほど制度の劣化は国家衰退の要因だと納得させられる。株式会社研究の泰斗である奥村宏は原発事故について、東京電力の経営陣の刑事責任を問わない司法の在り方を痛烈に批判していた。

さて、西洋衰退の理由は、そのまま近年の新興国の繁栄の理由でもあるとファーガソンは言う。国家盛衰の因子として歴史学の鉱脈から取り出したのは、五つの「キラーアプリケーション」、すなわち経済競争、科学革命、現代医学、消費者社会、労働倫理である。中国やインドはこれらのアプリをダウンロードして発展の途上にあり、西洋ではアプリが有効に機能しなくなっていると説く。

問題は何が機能不全を引き起こすかだ。

著者は、大きな政府と既得権益者にその責を負わせている。そして機能不全に対抗するには、より良い社会をめざす自由で遂行的な市民社会が必要だと訴える。わたしは、この結論の市場原理主義的な前半部分には失望し、後半部分には同意する。いろいろな読み筋のある書物である。（平川克美・リナックスカフェ社長）

（東洋経済新報社・1680円）＝2013年10月31日⑤配信

理解と対話のための実践

「戦争記憶の政治学」（伊藤正子著）

戦争の記憶をめぐっては、しばしば深刻な対立が生じ、ときには政治問題や外交問題にまで発展するが、本書で著者が取り上げたのは、ベトナム戦争での韓国軍による村民虐殺の記憶である。

1999年、1人の韓国人学生がベトナムで調査を行い、週刊誌「ハンギョレ21」に虐殺の記事を書いたことを発端とする問題を扱う。まず韓国で激しい論争がおき、発行元の新聞社は元従軍兵士たちの襲撃を受けた。

他方、ベトナムでは国家が「公定記憶（歴史認識）」を主導し、他国とのあつれきを避けており、虐殺問題に消極的な姿勢を見せた。そのためベトナムでは国家と地域の人々、特に現地の人々との記憶の差異が浮き彫りになる。

韓国にとっては「加害の記憶」、ベトナムにとっては「過去にフタをして未来へ向かおう」という国是に抵触しかねない記憶であり、両国の国家関係も含め、問題は複雑に交錯する。戦争の記憶はまずは国境をつくり、それぞれの民族的記憶をつくりだすが、同時に国境を超えた問題となっていくことを本書は示す。

このとき、著者はそれぞれに内在する問題点を整理し、あらためて記憶の戦争―戦争記憶の政治学として論点を抽出した。二つのことが浮上する。第一は、戦争の記憶は、依然として対抗とあつれきを生むのだが、それをあらたに理解と対話の場所とせねばならないこと。本書を貫くのは、その姿勢である。

第二には、アジアの戦争記憶を語るとき、日本という立場性が問われること。アジア太平洋戦争と植民地化以降の日本の立場を抜きには、議論をなしえない。著者も日本のことにふれるが、その箇所で「ピタリと筆が止まってしまった」ほど、厳しい問いである。

著者は、日本人としての自らの位置を「第三者」というが、本書は韓国とベトナムの戦争記憶をめぐる対抗への「介入」の実践である。戦争記憶の複雑さとともに、考えるべき論点を本書は提示し、見逃せない一書となった。（成田龍一・日本女子大教授）

（平凡社・2940円）＝2013年10月31日⑥配信

あらためて証明した力量

「沈むフランシス」(松家仁之著)

編集者から小説家に転じ、デビュー作の長編「火山のふもとで」で読売文学賞を受賞した著者の2作目。

東京での生活と、13年間つとめた仕事に区切りをつけた桂子という女性が、中学時代を過ごした北海道東部地方に戻ってくる。かつて住んだ町にほどちかい、人口800人ほどの村で、非正規雇用の郵便配達員の職を見つけたのだ。

村の暮らしにも慣れたころ、桂子は配達先の一人の男と知り合う。男は自然音や生活音を収集し、高音質の機器で再生するという趣味をもっていた。男からの性的な誘いを桂子はあっさりと受け入れ、二人は定期的に会うようになる。青年期を過ぎ、北国で新たな人生を模索する彼女は、まだ得体(えたい)のしれないところのある男に心ひかれていくが、噂(うわさ)はすぐに広まり、やがて桂子は男の不実を知らされる。

男は「フランシス」と名づけた水車のある小屋の近くで暮らしている。村の電力は水車がうみだすエネルギーによってまかなわれており、「フランシス」は男の暮らしだけでなく、この村全体の運命とも深く結びついている。この作品を深いところで駆動させているのは、この「フランシス」のもつ象徴性だ。

郵便配達員である桂子は、人びとのプライバシーを知りうると同時に、自らのプライバシーにも制約があるという、両義的な立場にいる。だが村のコミュニティーは桂子を断罪するどころか、その再生を静かに見守る。なかでも視力を失った老婦人は、まるで神話に登場する人物のように、啓示的な言葉により桂子の導き手となる。

北海道の架空の村を舞台にした、「大人のためのファンタジー」ともいえる本作は、長編というより中編というべき作品。端正ななかにも不気味さとエロティシズムを湛(たた)えた筆致で、力量をあらためて証明したこの作家の、次の本格的な長編にも期待したい。(仲俣暁生・編集者、文筆家)

(新潮社・1470円)＝2013年11月7日①配信

資本主義の病理映し出す

「マッキンゼー」(ダフ・マクドナルド著、日暮雅通訳)

「経営コンサルタント」の不思議さを理解していただくために実例を挙げてみよう。小泉純一郎政権の下で実現された郵政事業の民営化。このとき、そのシナリオを作成した主要メンバーにマッキンゼー・アンド・カンパニーのコンサルタントだった宇田左近氏がいた。大阪市長の橋下徹氏が推進する「大阪都構想」。その理論的支柱といわれる上山信一氏もマッキンゼーの出身だ。

読者の中で、宇田氏や上山氏の名前をご存じの方は何人いるだろうか。コンサルタントの不思議さはここにある。大きな影響力を振るっているのに、表にはほとんど姿を現さないのだ。

本書は、コンサルタント業界の名門マッキンゼーの90年近くに及ぶ来歴をたどりながら、影武者たちに容赦なくスポットライトを浴びせる。マッキンゼーは生誕地米国に今も本拠を構えているが、コンサルタントたちは転職後も結び付きが強く、「マッキンゼー・マフィア」と呼ばれるネットワークを世界中に張り巡らしている。

「(マッキンゼーは)アメリカという国ときわめて似通っている」。ニューヨークを活動拠点とするカナダ人ジャーナリストの著者は言う。そのコンサルティング活動は結局、米国資本主義の信条を世界に広める運動でもあった。

ソ連崩壊で冷戦が終焉(しゅうえん)し、米国資本主義は確かに世界を制覇した。それはマッキンゼーの大いなる勝利でもあった。しかし同時に、米国資本主義はマネー資本主義という宿痾(しゅくあ)を世界にもたらす。

本書の最後で著者は、金融界の覇者ゴールドマン・サックスの経営にも携わったマッキンゼーの元代表が、インサイダー取引で有罪判決を受けるまでを克明に描いている。巨大コンサルタント企業の歴史がそのまま、爛熟(らんじゅく)に至った資本主義の病理を映し出す不思議。「経営コンサルタントとは何者か」—。陳腐にもみえた本書の主題が読了後、壮大な謎かけとして迫ってくる。(佐々木実・ジャーナリスト)

(ダイヤモンド社・2520円)＝2013年11月7日②配信

異文化としての震災記

「フクシマ・ノート」(ミカエル・フェリエ著、義江真木子訳)

3・11以後、震災にかかわる本や雑誌には、可能なかぎり目を通してきた。しかし、日本に在住のフランス人によるこの著書は、そのどれにも似ていない。地震や津波についての、このような語り口や文体そのものが、未知に属している。大江健三郎の「ヒロシマ・ノート」にならって名づけられたという邦題が、示唆的である。見えない線分が、2冊の本をやわらかくつないでいる。

著者にとって地震や津波は他者であるが、われわれにとっては自己のなかに棲(す)んでいる内なる他者であるのかもしれない。少なくともわたし自身は、こんなふうに震災の体験について子細に観察し、記録にとどめることはありえない。著者はあえて震災の渦中に踏みとどまり、それを他者として、異文化として味わい尽くそうと決意していたかに見える。この人が言葉の力を信じている文化圏からの訪れ人であることも、忘れてはならない。

そうして、この希少にして精妙なる記録文学は誕生した。言葉はウイルスにやられてしまった。世界はもはや数字と記号と罠(わな)でできている。それなのに、災禍のなかに音楽がこだましていた。朝の静寂のなかから聴こえてくる、老人の口ずさむ歌のように。笑いのように。それが混沌(こんとん)のなかに、生の息吹を感じさせる。

しかし、現実はやはり、はるかに深刻であったか。3・11以降、いつの間にか広まった言葉。たとえば「半減期(ハーフライフ)」。むろん、放射性物質が、その危険の半分を失うために必要とされる時間である。それは暗喩的に「ハーフライフ(半減の生)」へとズラされる。

放射能のもとで、あらかじめ半ば減じられ、それゆえ神経を抜かれて感覚を失った生。あるいは、光沢のない、平板で、固有の名前をもたない長い、長い半減の生。本書は終わりになって、そうしたハーフライフこそが、われわれ自身の生存の条件、いや常態となったことを、静かに、残酷に告げている。(赤坂憲雄・学習院大教授)

(新評論・1995円)=2013年11月7日③配信

常に少し痛みのあること

「スナックちどり」(よしもとばなな著)

生きていると、どうしようもなく悲しいことや傷つくこともたまにはある。身構えているつもりでも、いざ何かが起これば、立ち止まってしまうのもやむをえない。

よしもとばななさんの新作小説「スナックちどり」は、そんなときに寄り添ってくれるような、そっと温めてくれるような、静かで優しい本だ。

おもな登場人物はふたりの女性だ。さっちゃんこと、10年の結婚生活にピリオドを打ったばかりの「私」と、「私」のいとこで、親代わりの祖父母を亡くしたちどり。

ふたりは、英国のコーンワル地方のはじっこにほど近い、ペンザンスという、風の吹くうらさびしい町で、数日間を過ごす。

とりたてて特別なことをするわけではない。町を歩き回ったり、ごはんを食べたり、お酒を飲んだりしながら、言葉を交わしていく。思い出話をし、互いの知らない部分について尋ね、自分の考えていることを伝える。

旅行という言葉からイメージする華やかさやエネルギッシュなものとは遠い、日常から少しだけ浮かび上がっているような時間を重ねていくふたりの姿に、読み手であるこちらも、そんな時間の中へといつのまにか引き込まれている。

読み進め、次の一文に出合ったとき、思わず息をのんだ。

「人にほんとうになにかをしてあげることは、常に少し痛みのあることなのだと思う」

本当にそのとおりだ。なんてシンプルで、真理なのだろう。

違う出来事で傷ついている場合はもちろん、同じ出来事で傷ついている場合だって、傷はひとりひとり異なる。全員違うのだから当たり前だ。

けれど、だからこそ、誰かを小さく助けたり、誰かの光になったりできるのかもしれない。別の存在だからこそ。

この小説は、傷ついたことのある人に読んでほしい。すなわち、日々を送るすべての人だ。(加藤千恵・作家、歌人)

(文芸春秋・1260円)=2013年11月7日④配信

裏方にとどまらない存在

「カビ・キノコが語る地球の歴史」(小川真著)

近年、キノコの本がたくさん世に出るようになり、キノコやカビといった菌類への関心が高まっているが、地球誕生から現代までの歴史を詳しくたどれる本はなかった。その意味で、菌類に関心がある人々にとって待望の書といえる。

著者は約50年間、植物と菌との関係について研究を続けてきた。研究室だけでなく、野山での観察や、菌類で松林を再生させる活動などに取り組んでいる。その著者が30年近く構想を練り、約3年間かけて執筆した。

本書は愛好家だけのものにするのは惜しいくらい、多彩な話題が盛り込まれている。例えば、原生代に水の中で誕生した菌類が、古生代に植物との攻防の中で共生関係を築き、地上の環境に適応していった経緯。あるいは、石炭の生成と菌類との関係など、興味深い逸話が続く。

菌類の大繁殖が恐竜の絶滅に関わっていたとする、米国の伝染病研究者による驚きの仮説も。さらに、現在の循環型生態系が始まったのは、キノコが広範囲で森林を支える体制が出来上がった結果ではないかという推察にまで論は及ぶ。

このように、菌類は自然の裏方にとどまる存在ではなく、生き残りをかけて、植物や動物と積極的に関わりあい、進化してきたのだということがよく分かる。

「子嚢(しのう)菌」「ハルティヒネット」などの専門用語や耳慣れないキノコやカビの名前がたくさん出てくるが、大意をつかむことは可能だと思う。それらの個々の生態を詳しく知りたくなったら、著者が一般読者向けに書いた「キノコの教え」(岩波新書)などが参考になるだろう。

菌類から地球を見ることで、生物の多様性や互いのつながりを知ることができる。現在進んでいる温暖化や生態系の変化だけでなく、将来の環境問題を考える上でも、菌類からの視線が重要なものであることを教えてくれる一冊だ。(堀博美・きのこライター)

(築地書館・2940円)=2013年11月7日⑤配信

男たちの人生の中間決算

「夏を赦す」(長谷川晶一著)

このノンフィクションの緊張感を維持している要素は二つある。一つは物語の中心人物、プロ野球・日本ハムの元投手で現在は解説者として活躍する岩本勉の父親をめぐる物語。もう一つは大阪・阪南大高時代の岩本の後輩であるKの存在だ。

岩本がいつかつぶやいた。「僕らが三年生のときに後輩が不祥事を起こして出場辞退をしたんで、夏の大会に出られなかったんです。その後の僕らにはいろいろなドラマがあるんですよ」。著者はこの言葉に「義務感に似た思い」を感じ、取材を始める決意をする。

高校最後の夏、岩本はKが起こした暴力事件によって何もできずに終わった。その後、岩本だけがプロで野球を続け、同級生は野球から離れた。

「いまだにあの夏を消化できていないヤツもおるかもしれへん」と話す岩本に、著者は同級生全員に会うことを約束。そして、まるで岩本の「後ろめたさ」を振り払うかのように取材行脚を続ける。

この本のもう一つの側面。それは岩本の同級生、不惑を過ぎたばかりの無名の男たちの人生の中間決算だ。大工になった者、消防士になった者、保険事務所を立ち上げた者。同世代の著者は、彼らの物語を丁寧に紡ぎ、何かを断念した者が持つ優しさと強さを見事に浮かび上がらせている。

同時に、在日韓国人2世として生まれ何度も差別の辛酸をなめ、「売られた喧嘩は買ってた」とやんちゃだった、岩本の父の知られざる過去も、直球の問いで引き出す。

著者は当初、迷惑はかけまいとKとは会わないつもりだったようだ。だが取材を進めるうちに、あの夏から彼らに起きたことを「もっと知りたい」という衝動を抑え切れなくなり、Kと会うことを決断する。本書の後半はKに会えるのか、会えないのか、その振幅で一気に引っ張る。

結末は賛否両論あるだろうが、著者がノンフィクションの書き手としてどう生きていくのかという覚悟が示されていて興味深い。(中村計・ノンフィクションライター)

(広済堂出版・1680円)=2013年11月8日配信

語り部が挑む叙事詩

「金色機械」(恒川光太郎著)

記憶の古層の語り部である著者はいつも詩的な題名を付ける。それが今回、この金属的なタイトル。どんな話が飛び出してくるのか、ページをくる手が止まらない。

時は江戸中期、藩公認の遊郭を営む大旦那熊悟朗のもとに、若く器量のいい娘遥香がやってくる。身売りに来たのではない、身の上話を聞いてほしいと言う。熊悟朗は相手のたくらみや秘密、殺意などが火花となって見える「心眼」の持ち主。遥香の周りでピシリと火花が飛ぶ。この娘は腹に一物持っている。興味をそそられた熊悟朗が行燈(あんどん)に油を足させると、遥香は自分にも尋常ならざる力が備わっていると打ち明け始める。

冒頭のこのシーンに物語が再び接続するのは本書も3分の2を過ぎた辺り。著者は異なる時代と場所にいた人々を同時に活写し、200年の因縁をゆったりひもといていく。

手を触れただけで命を奪う能力を持った遥香。彼女は倒れ込んだ寺のお堂に座していた「金色様」の力を借りて、実の親の仇(あだ)討ちを謀る。一方親に殺されそうになった熊悟朗は山賊に拾われ、その根城である「鬼御殿」で育つ。そこはかつて金色様の座していた所だ。

金色様の素性は？　またなにゆえ放浪の身に？隠れ里の跡目争い、若い武士の思い上がり、秘密を抱えてほれ合う男女など、因果の降り積もる運命の糸車は、「律」を守って生きていた一族の過去までさかのぼる。

本書では、著者の思わぬ稚気を発見する。金色様が出すピコリやコピッというオノマトペが意外に楽しく、ヒト型ロボットのような愛らしさなのだ。金色様はUFOでやってきたかぐや姫のICチップ入り高性能侍従なのだろうか。ムーンとつぶやいて遥香を戸惑わせたりもする。

しかしラスト、カメラをロングで引いてあらゆる事象を歴史の一こまに還元する手法は、やはり恒川流。語り部の資質はそのままに、叙事詩の大河に挑んだ意欲作だ。(温水ゆかり・ライター)

(文芸春秋・1680円)＝2013年11月14日①配信

精神の回復力を信じる

「〈正常〉を救え」(アレン・フランセス著、大野裕監修、青木創訳)

「正常」とは何か。難しい問いである。特に、客観的な検査データに依拠できない、精神医学の臨床においては。

そこでわれわれ精神科医は「精神疾患の診断と統計マニュアル(DSM)」を用い、精神疾患を「正常」から選別し、診断、加療するわけだが、1994年に発表されたDSM第4版(今年、第5版に改訂)の作成委員長を務めた著者は、世界に影響を及ぼすDSMが改訂のたびに恣意(しい)的に解釈され、「正常」な人にまで病のレッテルを貼る道具に堕していると説く。

大手製薬会社が誘導する高額の薬物治療が横行し、現代資本主義社会に都合よく消費、乱用されているとする、いわゆる「薬漬け社会」にも警鐘を鳴らす。ごく自然な「悲嘆反応」あるいは「個性」「属性」と捉えられていた特質が、「疾病」「障害」「症状」にされて過剰な薬物が処方される一方、本当に治療が必要な人々に医療が届かないなど「診断のインフレ」の弊害が語られていく。

では、どうすれば「正常」を救えるのか。

彼は言う。「人間の差異は、精神科の診断マニュアルに単純化されてよいはずがない。社会にはあらゆる種類の人間が必要だし、充実した生を送るには、あらゆる感情が必要である」と。

私は現在、出身地の福島で診療に従事している。故郷の山も海も、家も職も、ときには近親者の生命さえも失い、帰る場所なく絶望する方々の回復は、もちろん容易ではない。しかし、時間をかけて少しずつでも、生命力を、あるいは自らの誇りを取り戻してゆく人々の姿には、日々こころを動かされる。悲しみを越えてゆく過程には、比類なき凄(すご)み、深まりがある。

こうした「正常」なる力、生来の回復力を、人はもっと信じてよいのだ。苦難や悲哀に満ちた数十万年を生き抜いてきた、人という種族への揺るぎない信頼にあふれた本書の灯は、本当に望まれる精神医療、ひいては人の営みの道標を、くっきりと照らし出している。(熊谷一朗・精神科医)

(講談社・2100円)＝2013年11月14日②配信

真実求めた執念の監察医　「ハリウッド検視ファイル」（山田敏弘著）

1962年8月、世界を魅了した女優マリリン・モンローが自宅で謎の死を遂げた。死因究明のためロサンゼルス地区検視局に運ばれた遺体を解剖したのが、この評伝の主人公のトーマス野口。日本から海を渡って同検視局に入り、やがて米国の法医学界の頂点に上り詰めた人物だ。

実際にお会いすると、品のよい老科学者のたたずまいだが、こと法医学の解剖事例の話になると眼光を鋭くされ、内心に強い意志と情熱を秘めた人だと感じさせる。

本書では、野口がこれまで検視を手掛けた有名人の名前が数多く登場する。モンローの死をめぐっては、あまりに多くの臆測が世間に流布されていることに辟易（へきえき）していた野口は当初、もうこの件を語ろうとしなかった。だが著者の根気強い取材に対し、解剖により解明された"真実"を明らかにしている。

私が法医学的に感銘を受けたのは、暗殺されたロバート・ケネディ上院議員の解剖だった。「解剖はなるべく早く終わらせてほしい」と遺族側から要望を受けても意に介さず、遺体にスーツを着せ直し、撃たれた状況を確認するなど、徹底した検視を実施。人間の皮膚に近い、豚の耳を貼り付けた頭部の模型で射撃実験まで行っている。真実を知りたいという法医学者の執念である。

だが本書の醍醐味（だいごみ）は、こうした解剖事例よりも、野口の波乱に満ちた人生の物語にある。少年期のある事件をきっかけに法医学に興味を抱いた野口は敗戦後の51年、日本医科大を卒業し、「世界の舞台で戦いたい」と翌年に単身渡米。その15年後にロサンゼルス地区検視局の局長に就き、評価を得る一方で、人種差別や偏見、スターの不名誉な死因の発表を好まないハリウッド業界の反発にも果敢に立ち向かった。

自分の実力を信じて海外で道を切り開き、86歳のいまも講演活動・国際学会を精力的にこなしている。そんな日本人がいることを現代の若者たちにぜひ知ってもらいたいのである。（大野曜吉・日本医科大大学院教授）

（新潮社・1575円）＝2013年11月14日③配信

なくしたものが導く奇跡　「ジ、エクストリーム、スキヤキ」（前田司郎著）

海外には「エクストリームスポーツ」と呼ばれるものがいくつかある。なかでも奇妙なのが「エクストリームアイロニング」だ。切り立った崖や、とんでもない山の上、極限の場所で服にアイロンをあてる。え？　それ一体なんの意味があるの？だれもがそう思い、理解不能だと言う。

しかし、だれにでも覚えがあるはずだ。日常的で素朴な行為がエクストリームな領域に拡大される瞬間に。例えば、学校の机に彫刻刀で穴を開けてみたり、給食の納豆を限界までかき混ぜたり。あるいは不良たちの改造制服。すべてエクストリームな感性の代物である。そう、エクストリームとは青春と言い換えてもいい。

本書「ジ、エクストリーム、スキヤキ」は、直訳すると「ものすごく過激なスキヤキ」ということになろうか。タイトルを口にしただけで胸焼けしそうであるが、内容は淡々としている。

大学時代を共に過ごした大川、洞口、京子はある日、「スキヤキをやろう」という洞口の提案で何げなく再会する。しかし、あくまで普通ではない「凄いスキヤキ」にこだわる洞口。京子の会社の後輩楓を加え、あてどなくさまよいつつ、彼らは死んだ友人のこと、別れた恋人のことなど、かつての青春の残滓（ざんし）に思いを巡らせる。

人は年齢とともにエクストリームさをなくしてしまう。それに気づいたとき、焦燥に駆られて、本作のように2万8千500円のスキヤキ鍋を買ってスキヤキを超えたスキヤキがやりたいと切実に望むことは、まったく不自然ではない。

しかし…「凄いスキヤキ」とは一体なんなのだろう。本作の登場人物たちは、そのフレーズに導かれ、最後に奇跡をみる。それは、「凄いスキヤキ」がちっともすごく見えないのと同じように、まったく奇跡のようには見えない。

だけど、それは奇跡だ。大人になるというのは、なにが奇跡なのかを自分で決めていいということなのだから。（海猫沢めろん・作家）

（集英社・1575円）＝2013年11月14日④配信

脈々と続く鶴見学の系譜

「かつお節と日本人」（宮内泰介、藤林泰著）

今年の夏、インドネシア・スラウェシ島北端の都市マナドを訪問し、旧知の大学教授の案内でマナド西部にあるかつお節工場を見学した。

ここで生産されたかつお節は、日本に輸出され、最終的に国内企業がけずって袋詰めにするという。輸入元は日本有数のかつお節産地だったが、なぜ、インドネシアからの輸入なのか。

本書は、その時私が感じた疑問を一挙に拭いさってくれた。1969年、けずり節のフレッシュパックの登場が国内のかつお節消費の大ブレークにつながり、花がつおに適したカツオがとれるインドネシアなど南洋地域に産地が広がった経緯を丁寧に説明している。

著者を中心とする「カツオ・かつお節研究会」の仲間は、日本、東南アジア、ミクロネシアの漁港や島々を歩くなかで、カツオをめぐる歴史や文化を追い続けてきた。本書はその総集編であり、日本人とのかかわりをめぐる社会経済史として注目すべき一冊となった。

特徴的なのは、カツオ漁やかつお節に携わった人々の証言と記憶をもとに、どのような人的ネットワークが構築されてきたのかに最大の関心をはらっていることだ。戦前の南洋でのかつお節産業で沖縄県出身者が果たした役割は大きく、研究の領域を超えた人間物語が随所に展開されている。

「カツ研」のメンバーが薫陶を受けた鶴見良行、村井吉敬は、バナナ、ナマコ、エビをテーマにアジアから日本を視（み）る領域を開拓し、強烈な知的インパクトをわれわれにあたえてきた。本書はかつお節を通じて、日本の資本主義の発展や戦争のなかで犠牲になった、あるいは時代に抗してたくましく生きた人々の足跡もたどりながら、現代日本とアジア・太平洋の関係性を浮かび上がらせることに成功している。

鶴見学は脈々と息づいている。このことに安堵（あんど）の念をもったのは私だけではあるまい。かつお節の次は何が日本を読み解く鍵となるのか。そうした思いで読み進むことができたのは爽快であった。（秋道智彌・人類学者）

（岩波書店・798円）＝2013年11月14日⑤配信

鬼才監督の人生のむきだし

「悪魔のDNA―園子温」（速水由紀子著）

穏やかならぬ書名も、これが園子温監督の評伝と聞くと納得がいく。「愛のむきだし」「冷たい熱帯魚」「恋の罪」「地獄でなぜ悪い」と、悪魔的な刺激のある映画を連発する人だから。

そして著者が速水由紀子と知ると、なお納得がいく。若者、夫婦、家族の問題に、常にエッジの効いた視線を向け鋭く切り込むライターで「不純異性交遊マニュアル」（宮台真司と共著）なんていう本もある人だ。

彼女は園を「悪魔」に見立て、早熟で露悪的だった少年時代からこれまでの半生を容赦なく暴く。相手が一般人なら名誉毀損（きそん）の訴えを起こされそうな事柄までに及ぶルポが、この監督の一貫して揺るがない過激な実人生と映画人生をむきだしにする。「ガガガガガガガ　君も僕も人畜有害。猛毒歯ぎしりレッツゴー」。園子温一味の街頭パフォーマンスをふまえて著者が園につけたキャッチコピーが、鬼才の行動様式を象徴していよう。

この本は、園の人生そのものが「園子温物語」、いやそんな穏当な題名ではないだろうな、「園子温でなぜ悪い」とでもいった壮大な映画のようなものだと規定している。

たしかに波瀾（はらん）万丈、寺山修司、大島渚などのビッグネームが彩り、女優・神楽坂恵が妻として登場する華やかさもある。と同時に、70年代アングラ文化最後の時代の輝きが強調されるのに始まり、文化不毛のバブル期や90年代半ばの「渋谷系」若者文化が敵役扱いされる中、現在までの30年にわたる若者文化史が浮かび上がる。

一方で、両親との確執や恋愛遍歴といったホームドラマや恋愛劇の要素からは、園作品のもうひとつの系譜である父子物語「ちゃんと伝える」などの端正な情感の部分をものぞかせる。この園子温という「映画」めっぽう面白い。

で、それを語るこの本自体の叙述が映画的手法だ。伏線が張られ、回想やカットバックが効果的だ。この本もまた一本の「映画」なのである。（寺脇研・京都造形芸術大教授）

（祥伝社・1470円）＝2013年11月15日配信

回天の時代に失ったもの

「黒書院の六兵衛（上・下）」（浅田次郎著）

浅田次郎さんの小説が面白いのは今更いうまでもないが、あの超名作「一路」とシンクロする本書からは、著者が魂で大切にしているものがよりいっそう強く伝わってくる。

勝海舟と西郷隆盛の談判により、無血開城が決まった江戸城。上野寛永寺には前将軍慶喜と彰義隊、品川沖の軍艦には榎本武揚、そして奥州諸家は徹底抗戦の構えのさなか、謎の旗本・六兵衛が西の丸の宿直（とのい）部屋に座り込む。

官軍は江戸に迫り、城を明け渡さなければ戦になりかねないが、帝（みかど）を迎える江戸城で血のけがれは許されない。勝の説得さえはねのけた六兵衛をどうにかしろと命じられたのは、城内に入ったこともない尾張藩士、加倉井だった。

シェークスピアを愛読するあまり悲劇的な結末しか予想できない福地源一郎を相方に、実直な加倉井が真相を追う道すじは笑いに満ちている。一方、文武ともに鑑（かがみ）たる六兵衛は無言をつらぬき、所作ひとつで千年の武士の礼を体現しつつ、じわじわと将軍家御座所・黒書院へ近づいていく。

ついに六兵衛の正体は奇想天外にもA（書くとネタバレ）かと思われたが、次々あらわれる名脇役にくつがえされ、はてはBでもCでもなかった。だが加倉井が訪ねる六兵衛の「借り物の親」や子らの輝きが、また出自や労苦の跡を想像させる挿話が、六兵衛とは何者かを雄弁に物語る。

江戸から明治への回天の時代、真剣に生きた人々は誰も断罪されるべきではない。ではあの時代に立ち会った人々が真に失ったものは何だったのか。この国はそれを乗り越え、どこへ向かったのか。

一つの時代が幕を下ろすとき、私たちはそれを「なしくずし」に受け入れてはならない。過ぎ去るものに心からこうべを垂れてはじめて、時も人も次へ進むことができるのだ。

著者が渾身（こんしん）の力で投げた球を、読者も全力で受けなければならなくなる本だ。（村木嵐・作家）

（日本経済新聞出版社・上下各1575円）＝2013年11月21日①配信

芸術での地域再生を提案

「新しい広場をつくる」（平田オリザ著）

芸術文化による地域づくりが各地で盛んだ。美術が中心の事例は知っていたが、演劇中心のものがこれほど着実に成果を挙げているとは、本書を読んでの驚きだった。

著者は近年、文化芸術振興基本法と劇場・音楽堂活性化法の制定で活躍した人物。自らも劇団・劇場を主宰し、大阪大でも教える。八面六臂（ろっぴ）、これだけ実践的な人はめったにいるものではない。

その人の約10年ぶりの「芸術立国論」が本書だ。それは宮沢賢治が約90年も前に書いた「農民芸術概論綱要」を受けた「市民芸術概論綱要」（副題）で、地域の自立性を回復するため今こそ「誰人もみな芸術家たる感受をなせ」と呼びかける。

口ぶりは穏やかだが、怒りの書である。日本の文化予算は先進国の3分の1以下といわれるが、そんな中で橋下徹大阪市長が文楽の補助金を凍結した問題に怒る。権力者が恣意（しい）的に芸術へ圧力をかけてきたとき、これを打ち破る力を持つことを市民一人一人に要請する。また、グローバル化による市場原理の負の影響が地方の文化に破壊的に現れているのに、それに気づかない人々に怒る。

本書は、私が関わる「越後妻有アートトリエンナーレ」「瀬戸内国際芸術祭」などを、「国際的にも通用する高い芸術性」と「地域に開かれ、地域住民に参加の機会が保証された直接性」により「地域に誇りをもたらせた」と指摘してくれたが、これは著者が大切だという「文化による社会包摂」そのものだ。ここで芸術は、それ自体に生産力はないが人と人をつなげる、いわば赤ちゃんのような働きをしている。

「ベタベタとした地縁・血縁型の社会は息苦しい。しかし一方、企業は個人を守ってはくれない」。そこにこそ芸術で新しい広場、共同体をつくるのだと著者は言う。この熱い本は奥底で、考え方や感じ方が同じ人が集って社会を変えていく「感覚の党派性」ともいうべきものを称揚しているように読める。だから信頼できる。（北川フラム・アートディレクター）

（岩波書店・1995円）＝2013年11月21日②配信

意思決定の過程を克明に

「ミツバチの会議」（トーマス・シーリー著、片岡夏実訳）

ミツバチはどうしてこんなに賢い生き物なのだろう。春の終わりから初夏にかけ、繁殖のために巣分かれしたミツバチが、木の洞などの新たな営巣場所を決めるために開く「会議」が本書のテーマである。虫が会議だなんて、と思う人も、読後には、ミツバチ型会議なら何でもすんなり、真に民主的に決められると納得すること請け合いだ。

著者のトーマス・シーリー教授は、ミツバチ行動学の世界的権威。研究には厳格だが、ミツバチへの愛情にあふれ、学生や共同研究者への思いやりも篤（あつ）い。本書は、ミツバチに魅せられた若き日々から今までを、性格そのままの穏やかな文章で描く自伝でもある。

科学的アプローチとは、仮説の検証を徹底的に積み重ねることだと嫌でも意識させられる中盤では、ダンスを使っていくつかの営巣場所候補の中から一つを選ぶ、ミツバチの意思決定の過程が、少しずつ丁寧に解き明かされていく。臨場感もたっぷりで、ミツバチの羽音はもちろん、観察者の息遣いまで聞こえそうだ。

最終章には、コーネル大神経生物学・行動学科長に就任したシーリー教授が登場。私は2002年から1年間師事し、就任直前は共著論文の作成のため、頻繁にメールを交わしていた。人事について「輪番制だから仕方ないが、研究のための時間が減るのは残念」と書いていた教授。ところがどっこい、「ミツバチの会議」が学科の教授会でも通用するか実験して、ミツバチから得た五つの教訓としてちゃっかり1章にまとめている。

例えば「リーダーが集団の考えに及ぼす影響をできるだけ小さくする」といった具合だ。

シーリー教授の著作には、主に研究者やその卵に向けた2冊の学術書があるが、本書は全体が一人称でつづられ、明らかにもっと広い読者層を想定している。3年前に原著が出た時、自分が訳すのかと勝手に畏怖したが、片岡夏実氏が実にこなれた翻訳で大変よい仕事をしてくれ、ホッとした。

（中村純・玉川大教授）

（築地書館・2940円）＝2013年11月21日③配信

己を信じ闘った人々

「日本推理小説論争史」（郷原宏著）

江戸川乱歩、松本清張、都筑道夫、笠井潔、黒岩涙香。たかが推理小説に、本気になって論争をした人々である。その論争は、結果として、時代がはらんでいたさまざまな課題を反映してしまった。

たとえば、推理小説はそもそも小説なのか。芸術になるべきであるのか否か。名探偵を用いるべきなのか、そうではないのか。体制に加担するブルジョア文学なのか、反体制の産物なのか。それとも政治とは無関係の知的遊戯であってもよいのか。

多種多様な期待がかけられ、夢が見られ、警戒の目すら推理小説に注がれていたことが分かる。現代からすれば少々分かりにくい数々の論争を、文脈や時代背景を丁寧に説明してくれる書き方は、親切である。

当事者たちの、情熱的でどこか滑稽なところもある文章を、郷原は「文体」や「芸」に注目しながら、読み解く。論点に対し小気味よいジャッジを下しながらも、論争を行う「人間」そのものや、その書き方に表れている直接には言語化されない思想をも浮かび上がらせている。

論争の常として、結論が出ていない不満足感や、不毛感はある。しかし、それぞれが推理小説観、芸術観、そして政治思想まで懸けて本気で「論争」しながらもそれを芸にしようとする姿は、堂々としていて、りりしい。

現在という特権的な立場から見れば、それぞれの立論の欠陥は見えてしまう。だが、彼らは、答えのない時代に、己を信じ、論で闘った。そして未来を信じ、その時点で必死に書いた。たとえ論に賛同できなくても、そのような闘い自体が勇気を与えてくれる。

「論争は私にとってまたとない文学の教科書であり、物を書く上で必要なことはみんなこの教科書から学んだといっても過言ではない」と書く作者が、推理小説論争そのものの面白さや読み方を教えてくれる、教科書的な一冊である。（藤田直哉・文芸評論家）

（双葉社・2625円）＝2013年11月21日④配信

海と歴史をめぐるロマン

「遺産」(笹本稜平著)

およそ400年前、スペイン船アンヘル・デ・アレグリアが日本近海の北太平洋で沈没した。筆頭航海士は、興田正五郎、肥前平戸生まれの船乗りだった。生粋の海の男だった正五郎は、乗組員を退避させたのち、自らは船を捨てず、現在の価値で10億ドル以上の財貨とともに海中深く沈んでいったのだ。

時を経て、現代。興田真佐人は、正五郎の子孫で、水中考古学を専攻する。ただし、学界には属さず、フリーランスとして正五郎の船のありかを探求してきた。

そしてついに、真佐人らは古い資料の山を解析し、沈没船の位置を把握する。だがトレジャーハンターという、財宝だけが目当ての、墓盗人のような集団が立ちはだかる。彼らの手に落ちれば、全貌をとどめている船体も破壊されてしまう―。

この小説が面白いのは、まず、海と歴史の双方をめぐるロマンが重ねられている点。沈みゆく船と運命を共にした先祖の英雄と、その血を確実に受け継ぐ青年という個人の歴史があり、フィリピンとメキシコを往復したスペイン船の財宝を発見する冒険がある。

さらに、水中考古学というあまり知られていない学問の専門家と、財宝の経済的価値しか考えない、海賊もどきの国際企業との駆け引きがある。

つまり、どちらが勝利を手にしてもおかしくない、拮抗(きっこう)した二つの力が、最後まで手に汗握る物語の迫力を支えているのだ。

子どものころ、海洋小説を読むのが好きだった。ジュール・ベルヌ「海底二万里」やメルビル「白鯨」などがそうだ。海を描いた小説には、独特のワクワク感がある。昨今のダイオウイカのブームにも同様のロマンを感じる。

この本を開いて読み始めると、あの、ワクワクする感じがよみがえる。海中のアンヘル・デ・アレグリアが無事、地上に姿を見せてくれますように、と祈りながら、最後のページまで一気に駆け抜けた。知的興奮に満ちた小説だ。(陣野俊史・文芸評論家)

(小学館・1995円)=2013年11月21日⑤配信

他者を思いやる想像力

「たからもの」(北原亞以子著)

今年3月に急逝した北原亜以子の人気シリーズ「深川澪通り木戸番小屋」の第6集にして最終巻である。もう一つの人気シリーズ「慶次郎縁側日記」の方は、あと単行本2冊分の作品が残っているが、こちらは本当のおしまい。私たちが木戸番小屋のお捨・笑兵衛夫婦の物語と出会えるのもこれが最後になってしまった。

一編一編、慈しむがごとくにページを繰ると、何やら切なさでいっぱいになってしまう。巻頭に置かれた第1話「如月(きさらぎ)の夢」のラスト2行を読むと、この話のヒロインおつぎが求めていたものが何とささやかな幸せなのだろうか、と落涙を禁じ得ない。

人は困り果てたとき、思わず“藁(わら)をもつかむ”というが、このシリーズを貫くテーマを一言でいえば、人は人にとってどれだけ藁たりうるか、に他ならない。その“藁”であるお捨・笑兵衛夫婦も、実は尋常一様でない過去を乗り越えて現在の安息を獲得した人たちであり、想像力のたくましさにおいては人後に落ちない。

ここでいう想像力とは、何もとっぴな話を考えたり奇想をもてあそんだりすることではない。想像力の基本にあるのは“他者のことを思いやる”こと―これに尽きる。つまり作者は、江戸=お捨・笑兵衛夫婦を通して、人々の心が荒涼とし、他者を顧みることがなくなった現代に、人間らしさ、あるいは人間らしい生き方というものを還元しているのだ、といえよう。

表題作の「たからもの」とはズバリ子供のことだが、最終話「暗鬼」が、何やらこの1編と平仄(ひょうそく)を合わせているようで、最後まで律義だった作者の面影がしのばれる。

現在、北原亜以子のような切れ味の良い短編を書ける作家は極端に少なくなった。また、病身を顧みず、近年の時代小説の考証の乱れなどを懸念して「時代小説研究会」を主宰するなど、その功績は高く評価しなければならないだろう。本当の宝は消えてしまった。(縄田一男・文芸評論家)

(講談社・1680円)=2013年11月28日①配信

史上最速を競った2女性 「ヴェルヌの『八十日間世界一周』に挑む」（マシュー・グッドマン著、金原瑞人、井上里訳）

1889年秋、2人の米国人女性が米東海岸から世界一周に旅立った。新聞社ワールドに勤務するネリー・ブライは大西洋を渡り、英仏伊各国を経由して、スエズ運河を南下、南シナ海を経て、横浜から太平洋を越え、さらに汽車で米国横断する東回りのコース。月刊誌「コスモポリタン」の記者エリザベス・ビズランドはその逆の西回りコースをとった。

小説家ヴェルヌが「八十日間世界一周」を刊行してから16年後に、蒸気船、鉄道を使って4万5千キロを、75日で旅しようというのである。2人とも20代。世界一周の出張命令から出発までわずかな準備期間しかなかったにもかかわらず「史上最速」の旅に挑もうという、思い切りのいいアメリカンガールであった。

机上のプラン通りにいかないのが旅の醍醐味（だいごみ）である。天候によって船も汽車も予定通り動かなかったり、乗り継ぎに失敗したりと、さまざまなアクシデントが待ち構えていた。これを北部出身、潜入取材で名を上げた行動派のネリーと、南部出身で文学愛好家エリザベスという、まったく対照的な2人が、競い合うのである。面白くないわけがない。

これだけでも十分読みごたえのあるノンフィクションなのだが、この旅を陰で演出していたメディアの資本の論理と、レースの行方を賭けの対象として熱狂的に迎え入れた民衆の欲望まで視座に入れることによって、大国を目指して突進を始めた「アメリカ」をあぶり出すことにもなった。

その意味で、ワールド紙の社主ピュリツァーの経営手法や、19世紀当時に世界の覇者だった英国に対する2人の女性の相反する目線などをじっくり書き込んでいたのは効果的であった。

レースは72日と6時間余りで世界一周を果たした側の勝利で終わり、彼女の名前だけが人々の記憶に残った。だが2人の女性記者がたどる、その後の人生もまた運命的であり、興味深いものだった。（大島幹雄・ノンフィクション作家）

（柏書房・2940円）＝2013年11月28日②配信

社会と自己との波打ち際 「なぎさ」（山本文緒著）

さざ波を足に感じていたはずが、気が付いたときには首すじまで水が迫っているような感覚。読み進めていく間、そんなひやりとする瞬間を何度も味わった。

著者15年ぶりの長編小説である本作の舞台は神奈川県の久里浜。海のない土地で生まれ育った主婦の冬乃は、故郷を離れ、同窓生の夫の佐々井とこの海辺の町で暮らしている。ある日長らく連絡を取っていなかった元漫画家の妹、菫（すみれ）が2人のマンションに転がり込み、冬乃を誘ってカフェを開こうとするところから物語は動きだす。

冬乃、佐々井の部下の川崎、菫の男友達でありカフェ経営に関わっているモリという3人の視点から、登場人物が置かれた複雑な状況が多面的に描かれる。

佐々井と川崎が勤める会社の劣悪な実態やそれぞれの家族との関係といった、細やかなひとつひとつのエピソードが、絡み合うようにいつしか大きなうねりとなって彼らを、そして読み手を追い詰めてくる。

作品全体を覆うテーマとして浮かび上がってくるのは今の社会の「生きづらさ」である。なぜ生きづらいのか？　それはどこまでが個人で頑張れる範囲なのかという境目が、非常に見えにくいからではないか。

社会人として働くにあたって、どこまでが耐えるべき責務でどこからが不当な搾取とされるのか。他者と関わって生きていく上で、どこまでが助け合いでどこからは奪われたということになるのか。家族を支えることと家族にしがみつかれることの違いは何か。社会で生きていくことと社会に殺されることの境目はどこか―。

それらの境界は明確ではなく、引いては寄せる波のように曖昧だ。

それでも海という外界から目を背けずに、社会と自己との波打ち際で戸惑いながらも、社会との関わり方、自分の在り方を模索する人々の姿が、本作には愛情深く刻まれている。（馬場めぐみ・歌人）

（角川書店・1680円）＝2013年11月28日③配信

孤高の表現者との対話

「池田晶子　不滅の哲学」（若松英輔著）

同じ時代を生きながら、会ったことも見かけたことすらもなかった。だが言葉は彼方（かなた）からやってきた。そう著者は言う。哲学者、池田晶子（いけだ・あきこ）の言葉のことである。

それは単なる言語を超えたコトバとして訪れ、生ける者のように著者の魂を揺り動かし、限りなく共振した。本書は、そこから生まれた対話と思索の克明な記録である。

第1章「孤独な思索者」から第11章「言葉はそれ自体が価値である」まで、それぞれが独立した章でありながら、この世の常識を突き破り、自己愛の厚い壁を突き崩す律動がやむことはない。読者は池田との自由な対話に静かに、強く誘われる。そこに著者の独自な語りの手法がある。池田を語り、彼女のコトバを終わりのない魂の物語として解読し、自身の経験を重ね合わせている、といえるかもしれない。

筆者の少なすぎる知識においても、池田晶子は不思議な書き手であった。46年の短すぎる生涯を流れ星のように駆け抜け、2007年に没した彼女は、ヒット作の「14歳からの哲学」「14歳の君へ」など三十数冊の哲学的・求道的エッセーを遺（のこ）した。現在もひろい層に読み継がれ、一部は国語教科書に採用されている。

つまり、池田晶子はある時期、たしかに社会現象であり、そしてそれは現在も続いているのだ。この生きにくい絶望の国で、彼女の読者たちはどこで、どのように生きているのか。彼女はなぜ、今も不滅なのか。

対話から見えてくるのは、肉体は滅びようとも、魂の純化を求め、考えることを通してひたむきに生きようとした、孤高の表現者の厳しくも美しい不思議な素顔である。

著者は書いている。池田の言葉を読みながら、これまで一度ならず彼女の声を聴いた、コトバは今も生きている、と。

その意味で、本書は池田晶子という、ひたすら考えるために、そしてただ書くためにだけ生きた希有（けう）な存在への鎮魂の書といえるだろう。

（山形孝夫・宗教人類学者）

（トランスビュー・1890円）＝2013年11月28日④配信

連想弾むアニメの表現史

「ミッキーはなぜ口笛を吹くのか」（細馬宏通著）

本の題名自体が、著者の着眼を示している。「なぜ」に始まり、そこからアニメーションが生まれた当時の技術や世相が語られる。

大学の授業で、ウォルト・ディズニーによる最初のフィルム録音式トーキー・アニメ「蒸気船ウィリー」（1928年）を見た学生の反応に「ミッキーはなぜ口笛を吹くのか」というのがあった。「吹いてるんだからしょうがないじゃないか」と著者が答えたら、この本は生まれなかった。切り捨てなかったのが「なぜ」の人たるゆえん。

さらに、同じころ封切られたバスター・キートン主演の「キートンの蒸気船」に「ウクレレが失われる」という共通の描写があるとの着眼に、ひざを乗り出す。よくぞ教えてくれました。

耳のいい人だな、と痛感するのは、例えば往年の黒人歌手キャブ・キャロウェイが、声の出演だけでなく、ムーンウオーク風の踊りを見せる「ミニー・ザ・ムーチャー（ベティの家出）」（32年）を詳述するくだり。そこにも興味津々の「なぜ」が続出する。目と耳を働かさないと、当時の実態が分からない。「わからないくらいつまらないものはない」。八代目桂文楽が言う通りである。

無声映画の時代、フライシャー兄弟はスクリーンに映し出された歌詞の上をボールが弾んで指し示す「バウンシング・ボール」を開発。著者は、ボールが示す歌詞に合わせ観客が合唱した当時の劇場の様子を紹介する。これは、音と動きを画面で一致させるアニメの技術につながる表現だ。

実はこのボール、評者が戦時中に見た、中国で作られた長編アニメ「西遊記・鉄扇公主の巻」（41年）でも弾んでいた。M・リット監督の西部劇「ハッド」（63年）で、祖父が孫と出かけた映画館に映し出された「いとしのクレメンタイン」の歌詞の上をボールが弾み、観客が合唱する場面も忘れがたい…。などと連想は止めどもない。かように本書は読者を“弾ませ”続けるのである。（森卓也・映画評論家）

（新潮選書・1680円）＝2013年11月28日⑤配信

国越えた芸術のメッセージ　「私の愛、ナムジュン・パイク」（久保田成子・南禎鎬著、高晟埈訳）

本書は、ビデオアートの創始者であり、2006年に亡くなったナムジュン・パイクについて、彼の妻である久保田成子へのインタビューをもとに構成した、「愛の自叙伝」とでもいうべき物語である。

インタビューを行ったのは南禎鎬（ナム・ジョンホ）。韓国紙・中央日報の特派員として米ニューヨークに滞在中、パイクの葬儀を取材して久保田成子に出会い、それから数年にわたって彼女にインタビューを重ねて書き上げた。その結果、本書は全編を通して成子の回想の形式で書かれている。

パイクは1932年にソウルで生まれた。18歳で来日し、東大を優秀な成績で卒業。ドイツ留学を経て、ニューヨークに移住した。彼はビデオがまだ一般的ではなかった時代にいち早くその芸術媒体としての可能性を見抜き、63年ドイツ滞在中に、史上初めてビデオアートの作品を発表した天才的芸術家である。

一方、ともにビデオアーティストとして制作を続けた久保田成子は、日本で公演したパイクに恋し、紆余（うよ）曲折を経て結婚する。成子は時にはパイクの制作活動を支え、また時には芸術家として評価され、パイクをうらやましがらせもした。

芸術家としての2人の間には、確執や国籍の違いなど、さまざまな困難があったであろうことが垣間見えるが、献身的な協働作業と愛の軌跡も十全に伝わってくる。

途中、シュトックハウゼン、ヨーゼフ・ボイス、オノ・ヨーコら多数の現代アーティストがきら星のごとく登場し、60年代ニューヨークのアートの熱気が伝わってくる点も興味深い。

人工衛星を使った壮大なテレビ放送企画「バイバイ・キップリング」（86年）では制作に日韓米のテレビ局が協力し、東西文化の融合と芸術の協働の価値を描いてみせた。

今日の国際状況の中にあっては、国境を越え、愛をもって未来に向かう彼らの芸術のメッセージを、殊更に真摯（しんし）に受け止めるべきではなかろうか。（南條史生・森美術館館長）

（平凡社・2940円）＝2013年11月28日⑥配信

胸に刻むべき歴史の記憶　「少国民戦争文化史」（山中恒著）

まさに「少国民」の一人として戦中を生きた著者が、子どもをめぐる「戦争文化」の様相をありありと描き出す。と同時に、現代を代表する児童読物作家（と氏はあえて名乗る）の目で、少国民教化のために書かれた作品を分析してみせる。ベースにあるのは、驚くほど鮮やかな「記憶」と収集された膨大な資料だ。

優れた分析の数々を取り上げるには字数が到底足りないが、一例を挙げれば火野葦平の「麦と兵隊」とその児童向けリライトの比較がある。原作では兵士の人間的な心情も巧みに描きこまれて検閲もくぐり抜けた。心ある読者の胸には届いたであろう部分はしかし、児童向けでは見事に削除されて当局に都合のいい美談に仕上げられてしまった。こうした事実を指摘し比較検証するとき、著者の筆は冴（さ）えわたる。

明るみに出されたのは多くの児童文学作家が時流におもねった物語の数々を書き、子どもたちの「少国民」化に協力していたという事実だ。恥ずべきことだと言わざるを得ないが、決して他人事ではない。ひとたび社会が全体主義に毒されてしまえば、自分だけは時流に巻きこまれないと誰が言い切れるだろうか。

著者が本書を今、世に問うた意味はまさにそこにある。500ページを超える労作が教えてくれるのは、繰り返してはならぬ歴史的事実だけではない。まだ声を上げられるうちに声を上げるべきだということなのだ。なにより恐ろしいのは、あらかじめ情報が選別された社会では、選別された主義思想に基づく教育だけがなされるという結末である。

「たかだか三～四年が流行病のように児童文化全体を強烈に戦時色に染め上げた」と著者は書く。その「流行病」の正体がいかに恐るべきものだったかを我々は知っていたはずだった。もし忘れてしまっているなら、本書は胸に刻むべき記憶をよみがえらせ、進むべき方向を確認するためのまたとない指標となるはずだ。（朽木祥・児童文学作家）

（発行・辺境社、発売・勁草書房・3570円）＝2013年12月5日①配信

清らかに響く音楽小説

「世界でいちばん美しい」（藤谷治著）

さまざまな芸術の中でも文章化が一番難しいのは音楽ではないかと思う。藤谷治はその困難に果敢に挑戦しつづけ、今もっとも豊かに音楽の世界を表現できる小説家だと思う。本書はその集大成のような作品である。

主人公の島崎は音楽一家に生まれ、当然のように幼少時から音楽教育を受け、チェロ奏者になる夢を抱いていたが挫折し、のちに作家になる。作者と重なる点が多く、人生経験が色濃く投影されているのだろう。せった君と呼ばれる島崎の親友との音楽にまつわるエピソードの一つ一つが、リアルに迫ってくる。

せった君は学校の勉強は極端に苦手だが、一度聞いた曲を即座に再現できるなど、音楽に関しては天才的な素養を見せる。そのままピュアな天才ピアニストとして頭角を現し、世間に認められていくサクセスストーリーになる、かと思いきや、そんなおきまりなコースをたどることなく、人生の複雑な迷路に周りの人間も含めてのみ込まれていく。

ちょっとした齟齬（そご）から、引き返せない深い闇へと落ち込んでしまう人間の業を、時に自在に視点を変えながらつきつけてくる。藤谷の小説は常に一筋縄ではいかない、ということを思い出した。

主な舞台は、せった君が生涯暮らす鎌倉。おだやかな波音とともにあるこの街で、2人の少年が青年となり、30歳を迎えるまでの青春の日々が、こまやかに描かれていく。

「島崎君音楽やめてないもんね？」というせった君の言葉に、音楽に挫折しかけていた島崎が思わず泣いてしまう場面がある。涙のかわかない島崎と夜の小学校に忍び込んで校舎を見ながらせった君の言った「きれいな夜だなあ」というセリフが印象的だった。

心に浮かんだ言葉をなんのてらいもなく口にできるせった君の作る曲がどんなに美しいか、具体的なメロディーは浮かばなくても、感覚としてどこまでも美しく清らかに響いてくるのだ。（東直子・歌人）

（小学館・1575円）＝2013年12月5日②配信

与えあう介護の可能性

「福祉と贈与」（深田耕一郎著）

「福祉はドラマティックでなければならない」

重度の脳性まひだが、障害者運動のリーダーとして、日本の福祉制度の進展に大きく貢献した新田勲氏。その彼が終生問い続けたのはこのテーマだったと著者は書く。

もちろん、ここでいうドラマとは、美化・聖化されたキレイゴトのドラマではない。障害者と介護者が、「互いに与えあう（相互贈与）」ことによって、感動や成長が生まれる半面、どちらかが深い傷を負うこともありうる、そんな火花散るような「ぶつかりあいの人間ドラマ」である。

著者は、大学院で社会学を専攻しながら、2013年1月に新田氏が亡くなるまで約7年半、新田氏を介護し続けた人。「新田と出会ってからの私はアタマもココロもカラダもすっかり変わってしまった」と書く一方で、ときに新田氏が「お山の大将」に思え、暴君となりうる側面も詳細に記録する。

ところで、介護の社会化が進展しつつある今日の福祉制度においては、介護をドラマではなく、「サービス」と捉えることによって、障害者と介護者の関係性も「割り切った」合理的な関係の形成が可能となった。

これは一見、いいことのように思えるが、その半面、福祉から「互いに与えあう」契機を失わせ、障害者が社会の側に「与え返す」機会を奪っているともとれる。「システム化された福祉は誰も傷つかない代わりに、ドラマもない。ドラマのないところに人間の尊厳も生まれない」との指摘にはなるほどと思った。

では、「互いに与えあう」ような関係性とは、いったい何を意味し、それはどんな条件の下に成立するのだろうか。本書は、これまで理論化や普遍化が困難であると思われた贈与の可能性と限界について、とことん考え抜いた労作であるとともに、「福祉の“この部分”をこそ問いたかった！」と多くの人がヒザをたたくであろう、貴重な問題提起の書である。（渡辺一史・フリーライター）

（生活書院・2940円）＝2013年12月5日③配信

女性による新しい野球小説　「ヒーローインタビュー」（坂井希久子著）

女性による野球小説はまれだが、男が書くのとはちがった新鮮な魅力を楽しむことができる。

主人公は阪神タイガースに10年間在籍した外野手。兵庫・尼崎の強豪高校で周囲と段ちがいの資質を見せつけたが、ある事件で甲子園へ出場できず、無名のままプロ入りした。彼は長嶋茂雄や掛布雅之系の、本能で打つ選手だったが、プロの世界はデータ野球が全盛。2軍では強打者ぶりを発揮するが1軍では不振のまま年を重ね、なんとかクビを免れていた。

1軍でダメなのは過度の緊張と気負いのせいだが、彼はデータ野球に適応できないからだと思い込んだ。懸命に努力するが実を結ばない。そんな彼と縁のあった5人の男女がこもごもに語るかたちで物語は進行する。

男の作家なら自身のそれなりの野球体験をもとにして書く。読者にも似たような野球体験がある。そこに合意は成立するが飛躍はゆるされない。結果、実際の野球よりも面白い野球小説がなかなか生まれにくくなる。

多くの女性の作家にはナマの野球体験がなく、情報としての野球体験がある。そこが男女のちがいなのだ。

入団10年目の9月、主人公は突然打撃に開眼し代打に起用されて殊勲打を連発する。好きな女性が夫と別れていることを知ったのと、中日ドラゴンズの老練サウスポーから短い忠告を得たのが契機になった。

男の作家なら「そんなことで開眼するわけがない」と思うところだが、作者は無頓着である。現実と物語のギャップをひらりと跳び越えてクライマックスにもってゆく。最後の章は行きすぎ気味だが話のつくりは巧妙である。登場するスター選手のモデルが現実のスター選手であることも、情報野球経験の功徳だろう。

物語の舞台はタイガース王国の尼崎。大阪弁が地の文にも多用されて阪神ファンが活写される。野性的すぎるのが大阪弁の難点だが、適度の標準語化によって品格は保たれている。（阿部牧郎・作家）

（角川春樹事務所・1680円）＝2013年12月5日④配信

機密に覆われ、ゆがんだ国　「トップシークレット・アメリカ」（デイナ・プリースト、ウィリアム・アーキン著、玉置悟訳）

本書は、米国家安全保障局（NSA）の「トップシークレット」文書を大量に漏えいした中央情報局（CIA）元職員エドワード・スノーデン容疑者の事件とは、全く関係がない。しかし内容を読めば、事件が起きた背景がよく理解できる。米国は国民の知らない間に「最高機密に覆われる国家」と化した。

ワシントン・ポスト紙が計20人以上の記者らを動員し、米政府の情報工作をめぐる調査プロジェクトを2年がかりで展開。最初の記事を掲載したのは2010年7月19日だった。スノーデン事件はその3年後に表面化した。スノーデン容疑者の動機はまさに、行き過ぎた米政府の情報活動を告発することだった。

スノーデン容疑者が国民から秘匿したトップシークレットの政府文書を違法に漏えいしたのに対して、本書は公開情報によってトップシークレットに迫った点が意義深い。

対テロ工作などの最高機密を扱う政府機関は1074、請負企業は約2千社、最高機密取り扱い資格（セキュリティークリアランス）保持者は85万人（その後140万人に膨張）にも上る。本書はそうした驚くべき現実を多々暴露している。

そんなゆがんだ米政府秘密機構の実態を暴いただけでなく、米空軍が無人機を使って行うテロ容疑者殺害指令の現場なども取材した。

1989年に鹿児島・沖永良部島沖で空母タイコンデロガから水爆を搭載した艦載機が転落事故を起こした事実を記した秘密文書を発見するなど、文書発掘の「鬼才」といわれた元米陸軍分析官アーキン氏。ピュリツァー賞2度受賞に輝く記者プリースト氏。本書は2人だからこそ成し得た業績だ。ただ不適切な訳語、地名・人名表記が散見されたのは惜しい。

米情報システムは2001年の米中枢同時テロ後に暴走を始めた。文書管理や情報公開が進んだ米国で起きた想定外の現実を、特定秘密保護法が議論となっている日本は他山の石とできるであろうか。（春名幹男・早稲田大大学院客員教授）

（草思社・2730円）＝2013年12月7日①配信

虚飾社会を底辺から照射

「福島第一原発収束作業日記」（ハッピー著）

東京電力福島第1原発事故に遭遇した、下請け労働者による現場記録である。ペンネームだが、その後の収束作業に従事しながら、原発内から短文投稿サイト「ツイッター」で発信し続けてきた。その内容をまとめた。

これまでも事故後「潜入」したライターの記録や労働者の聞き書きはあったが、原発の保守点検に20年近くも従事してきた蓄積に基づく、重層的な視点が説得的だ。

スケジュールにあわせて、安かろう、悪かろうの拙速で「収束」させようとする政府と東電が痛烈に批判されている。労働者の被ばくを防ごうとしない会社の人命無視は、おのずから人手不足を招き、素人をかり集める悪循環に陥る。

放射線防護対策で重装備となる作業は、暑い夏には作業量が落ちる。工程維持にはもっと多くの人員が必要だが、確保できない。かくして熱中症の被害者が多発する。

政府と電力会社は再稼働の機会を狙っている。「全国の原発が国の暴挙強制でこのまま順次再稼働していけば、原発作業員はそちらで働き、1F(イチエフ)（福島第1原発）には間違いなくまず来なくなると思う」。ほかの原発で仕事がふえれば、放射能まみれの福島事故原発の危険な職場から、労働者が逃げ出す。矛盾である。つまり福島の解決を放棄しての再稼働となる。

9・11のあと、原発の警備がきびしくなり、いま「原発作業従事者確認制度」が検討されているという。国際テロ関係者の侵入を防ぐ名目だが、原発労働者の身元確認など厳密にやっていたら、原発は動かない、という矛盾は無視されている。

「現場の最先端で働いて汗を流してる人で（触れられたくない）過去持ちはいる」。その人たちが日本経済を縁の下で支えてきた。原発の警備計画も対象になるという「特定秘密保護法」も労働者にかかわる。

この本によって、きれいごとばかりの原発社会の虚飾が、強い説得力をもって、底辺の労働現場から照射されている。（鎌田慧・ルポライター）

（河出書房新社・1680円）＝2013年12月7日②配信

豊穣なる物語に浸る喜び

「ひとりの体で（上・下）」（ジョン・アーヴィング著、小竹由美子訳）

死屍累々（ししるいるい）の物語に、なぜ人はこれほど勇気づけられるのだろう。1960年代から活躍し、今なお現代アメリカ文学をけん引するアーヴィングの最新邦訳作を読めば、そんな疑問がわいてくる。

物語は、ビリーという70歳になろうとする小説家が、人生を回想するスタイルで描かれる。15歳で図書館の美しき司書に夢中になる一方、同じ男子校に通うレスリング選手にも惹（ひ）かれていることに気づいた彼は、悩ましい思春期を過ごしながら、やがてバイセクシュアルである自らの性的指向を受け入れていくのだった。

かたわらにはいつもディケンズをはじめとする文学作品があり、幼なじみや同級生たちとの名づけようのない関係が結ばれては、ほどけていく。と同時に、アマチュア劇団で女役を得意とする祖父や、姿をくらましたモテ男の実父といった家族には、なにやら隠された秘密があり、ビリーは成長過程でそれらとも向き合うことになる。

こうした謎の仕掛け方や、読者を惹きつけ引っぱっていくストーリーテリングの技は、さすが、の一言だ。不器用な10代を経て、男女両方の恋人をつくった20代、エイズで多くの友を亡くす30代以降……。回想は、時間を自由に行きつ戻りつし進むが、ビリーが真実に打ちのめされたり、いくつもの喪失を経験したりするたびに、読者はビリーを好きにならずにいられないだろう。そして印象的な結末に、胸のつまる思いをするはずだ。

人は、与えられたひとつの体でしか生きることができない。他人の生と性を生きることは（文学作品を読んで追体験する他に）できない。人生とは自分らしさの獲得の連続であり、闘いの集成なのだと、この物語は私たちに教えてくれる。

政治的なテーマも、アーヴィング節というべきユーモアと泣かせる人情にくるまれる。豊穣（ほうじょう）なる物語に心ゆくまで浸る喜びが、ここにある。（江南亜美子・書評家）

（新潮社・上下各2100円）＝2013年12月12日①配信

息苦しい社交地獄

「世界泥棒」(桜井晴也著)

舞台は架空の国。主人公の少女あやは、同級生の真山から、男子生徒が教室で日常的に「決闘」していることを聞かされる。この話をきっかけに、読者とあやは、彼らが住む凄惨(せいさん)な世界の、さらに奇妙な裏側に入り込んでいく。

文字で描かれた近未来地獄絵巻、もしくは黙示録といえるだろう。アニメ風にも思える、猫や子供の死体があふれる異世界の描写には辟易(へきえき)する読者も多そうだ。私もその一人だが、それと別のところに、作者が見ている真の地獄が感じられる点が興味深い。

本書では、メールを含めた少年少女の会話が、地の文との区別を示すカッコや改行がないまま、状況描写に匹敵する量で記される。結果的に、奇妙な世界で使われる会話体の用例集のようなものになっているのだが、その会話に明らかな特徴がある。気遣い過剰なのだ。

たとえば友人が死んだと伝えるための会話で、それを伝える以上に、悪く思わないでほしいが、といった念押しに言葉を費やす。まるで誰かが死んだことより、それを伝えることで自分がどう思われるかが重要なようなのである。

冒頭に書いた「決闘」の原因も実はここにある。本書の世界では、人がどう思うか顧慮せず無造作に自分の意見を言うことは、他人に対する最悪の非礼と見なされる。このため彼らは、たとえ同級生でも、それをした相手とは決闘するべきだと考えるのだ。

言葉で人を傷つけることを最大の罪とし、そのことによって実際の暴力や殺戮(さつりく)を肯定し、あおる。信じ込んだ価値観を相対化できない未熟な人間がつくり出す、倒錯した悪の世界がここにある。

かつて「このままじゃ『生きジゴク』になっちゃうよ」と遺書に記した中学生がいたが、その生きジゴクはこういうものかもしれないと、本書を読んでふと思った。若い時代の生の輝きを盗み取る、理念なき社交地獄。その息苦しさが文から立ちのぼるような一冊だ。(田中弥生・文芸評論家)

(河出書房新社・1470円)＝2013年12月12日②配信

「安住の地」の変化と継承

「紅白歌合戦と日本人」(太田省一著)

歳末に放送される「NHK紅白歌合戦」は国民的な番組といわれて久しい。視聴率が80%を超えたこともある1960年代と違い、現在は半分の40%程度だが、それでも人気番組に変わりはない。

音楽ファンの間には、出演者に偏りがあるとか、音楽をもっとじっくり聞かせたらどうかとか、批判の声もある。しかし、もし「紅白」が純然たる音楽番組だったら、これほど注目され続けることはなかっただろう。

「紅白」は確かに音楽番組だが、その年の話題の人物を審査や応援に起用したり、地方からの中継を織り込んだり、宴会芸的なコントを入れたりといった、音楽以外の要素がかなりの比重を占めている。

「歌は世につれ」といわれるが、中継は切り取られた世相そのもの、宴会芸も世間の縮図といっていい。視聴者もその年を回顧させてくれる演出を楽しんでいるのだ。

この本は、そんな「紅白」の歩みや変化を、ラジオの時代から順にたどっていく。歩みといっても、ただ曲や歌手を紹介するのではない。「歌われ、語られたこと、衣装やパフォーマンス、演出など、細部に目を凝らし、耳を傾けること」で、番組全体が表象するものに光を当てている。

著者は「紅白」の人気を支えてきたのは「安住の地(ホーム)」を求める日本人の心だと言う。そして「安住の地」の変化と継承を、「家族」「故郷」「郊外」「コミュニティ」などさまざまな切り口から論じている。その意味でこの本には「紅白」を通して見る一種の社会史的な面もある。

テレビの時代に入り「紅白」が一種のメディアイベントへと変化していったこと、その中で85年の森昌子出演時のように結婚や引退の話題を取り込むワイドショー化が起こったり、ドキュメンタリーの要素が加わったりしたこと、男女対抗という番組の枠組みを超えて、キャラクター性の強い歌手が番組を活性化していることなど、示唆に富む分析の多い本だ。(北中正和・音楽評論家)

(筑摩選書・1785円)＝2013年12月12日③配信

街並みへの深い洞察　「銀座にはなぜ超高層ビルがないのか」（竹沢えり子著）

日本を代表する街で、誰もが憧れる都会のイメージの象徴である東京・銀座も、超高層ビルが次々と乱立する無謀な時代の荒波にのみ込まれようとしていたのか、と誰もが思うに違いない。

2003年夏、ほぼ31メートルの高さでそろった銀座の目抜き通りにある老舗百貨店の松坂屋が突如、高さ約200メートルの超高層ビルへの建て替え計画を発表した。背景にあるのは、都市の国際競争力を高めるとの基本方針を掲げ、小泉純一郎内閣時代の02年に制定された都市再生特別措置法の存在だ。

この法律によって、既存の建築規制を大幅に緩和した再開発が可能となり、その対象の一つとして、あろうことか、銀座が選ばれたのである。

本書は、それまでの街並みとはおよそ不釣り合いな、しかし合法的なこの計画に端を発し、地元で設立された「銀座街づくり会議」が、「銀座らしさ」とは何かを問い続けた10年間の貴重な活動の記録である。

最終的には、地道な議論と行政への粘り強い働きかけが実を結ぶ。地元の人々の手で作成された「銀座ルール」と呼ばれる地区計画の改正が06年8月、東京都中央区の都市計画審議会で承認され、超高層ビル計画は白紙に戻された。そして、銀座ルールに基づいた56メートル以下の高さで再開発することで決着し、現在、設計が進行中だ。

著者は銀座に子供のころから慣れ親しみ、1990年代以降は都市研究の分野で関わってきた立場から、この活動の中心を担った一人だという。だからなのだろう。明治、大正、昭和と大火、地震、空襲で3度も焦土と化し、そのたびに復興を遂げながら成熟してきた銀座の街並みへの洞察は深く、そのまなざしは愛情にも満ちている。

専門家とのやりとりや、賛否を超えて議論を積み重ねていくプロセスも丁寧に描かれている。いま日本の都市で何が起きているのかを共有し、そのより良い未来を考える手がかりを与えてくれる好著だと思う。（松隈洋・京都工芸繊維大教授）

（平凡社新書・840円）＝2013年12月12日④配信

真相めぐる確執を詳細に　「ケネディ暗殺　ウォーレン委員会50年目の証言（上・下）」（フィリップ・シノン著、村上和久訳）

本書はケネディ暗殺50周年の今般出た膨大な新刊書の一冊。著者は9・11委員会の調査の内実を掘り下げた人物である。

暗殺事件後すぐジョンソン新大統領の要請で結成されたウォーレン委員会はオズワルド単独犯と結論付けたが、暗殺の12年後、米上院チャーチ委員会でCIAによるキューバのカストロ氏の暗殺謀議が暴かれた。ケネディ政権下で実弟ロバートが司法長官としてそれを知っていた事実が単独犯との結論を揺るがせ、陰謀論に拍車をかけた。

本書はあくまで時系列に従い、委員や調査員の確執を詳細に伝え、飽きさせない。後に上院議員となるアーレン・スペクター調査員が突き止める「一発の銃弾説」は出色。後部座席の大統領の頸部（けいぶ）を貫通した銃弾が、前のコナリー・テキサス州知事の右胸と右手首を貫き、左大腿（だいたい）に食い込んで止まったというのだ。

ウォーレン委員会の単独犯説は、翌年の大統領選前に事件を片づける必要ゆえだった。その結論はCIAやフーバー旗下のFBIには、捜査・情報活動の遅延や失態を秘匿できる利点があった。

冷戦当時のメキシコ市は、ソ連とキューバ、米国の情報機関が入り乱れるスパイ合戦の戦場で、オズワルドは事件前にソ連とキューバの外交機関と接触した形跡があり、陰謀説の根拠とされた。オズワルドはソ連に2年半滞在し、ロシア女性と共に帰国していた。従って本書も、メキシコ市には相当な執着を示す。

ケネディ夫人やロバートは公式には委員会答申に異議を唱えなかったが、キューバ側の報復を信じていたらしい。ロバートは兄の死で長期の虚脱状態に陥った。暗殺50周年を前にダラスでロバートの次男は父が陰謀を信じていた事実を披露した。

2017年期限で全ての暗殺関連文書が開示されることになっているが、CIAは最終的に機密の解除を拒否できる。暗殺50周年で陰謀論は過熱しても、対照的に犯跡はさらに冷え込みを続けるのだ。
（越智道雄・明治大名誉教授）

（文芸春秋・上下各1680円）＝2013年12月12日⑤配信

熱狂する人々の心性描く

「戦争という見世物」（木下直之著）

1894年夏に日清戦争が始まると、日本軍は平壌を陥落させ、清国内部に侵攻、11月には旅順を落とした。

その報に国中が沸いていた12月9日、東京・上野公園を会場に「東京市祝捷（しゅくしょう）大会」が開かれた。数万の人々が押し寄せ、便所不足も問題化したほどのにぎわいだった。

本書は、「見世物文化史」を熟知する著者が、この祝勝大会に「タイムスリップ」し、詳細に「実況」したものである。

催しでは、敵兵の首に擬した軽焼き煎餅や「分捕石鹸」が大いに売れ、清国皇帝を思わせる竜の切り首の山車も出た。

会場では、平壌入城を記念した玄武門のほぼ実物大の模型が展示され、仮装日清戦争演劇も盛り上がった。クライマックスは、模擬敵艦の焼き打ちであった。不忍池に戦艦定遠・致遠の大型模型が浮かべられ、黄海海戦ならぬ「不忍池海戦」を展開。炎をあげて撃沈されるや、人々は歓喜の声をあげた。

これらは日中戦争下の「支那事変聖戦博覧会」や南京陥落の提灯（ちょうちん）行列を思い起こさせる。いや、考えてみれば、それは現代日本の姿でもある。「分捕石鹸」は形を変えた「ヘイトスピーチ」にほかならない。捨てられた弁当に群がる貧困層は、戦勝気分の背後の「格差社会」を映し出す。

本書には、先の便所問題に関して、以下のような記述がある。「泉の如きわれらの小便はいったん上野の山に吸い込まれたのち、地下水となって潜伏、不忍池をじわり小便池へと変えてしまいそうだ」。著者は、当時の足尾銅山の鉱毒事件とともに、昨今の原発汚染水問題を暗示している。

今日の目には、東京市祝捷大会は、何ともグロテスクに見える。だが、本書はその場の息遣いとともに、熱狂する人々の心性を丁寧に描いている。そして、その姿は不思議にも、タイムスリップしたものに見えない。著者の筆の巧みさとともに、120年後の現代にあまりに似通っているからなのかもしれない。（福間良明・立命館大教授）

（ミネルヴァ書房・2940円）＝2013年12月12日⑥配信

ペンで極限まで自己表現

「花森安治伝」（津野海太郎著）

「花森安治の職業は？」と聞かれたら、すぐに「編集者」と答えが返ってくるだろう。花森は、編集長だった「暮しの手帖」の校正のために死の間際まで赤ペンを握っていた。「生涯一編集者」という言葉がこれほど似合う人物もなかなかいない。だが、本書を読み進めると、この前提自体が揺らいでくる。

まず、花森は著名ではあっても、絶対に典型的な編集者ではなかった。今、希代の名編集者の顔が幾人かぱっと浮かんできたけれども、例外なくどこかの出版社に帰属する雇われ人であった。

中には、そこから飛び出て独自の気を吐く編集者もいたけれども、花森は、最盛期には100万部を超える雑誌を30年にわたって絶対的な権力の下で出し続けた。一切の広告を取らず、企画・編集はもちろん、記事の執筆からキャッチコピーの発案、ページごとのレイアウトからイラスト、写真撮影に電車のつり広告、さらには雑誌の顔となる表紙まで描いていた。

つまり花森は、空前絶後と言ってよいほど例外的な編集者でもあったのだ。そもそも編集者であったのか？　とさえ問いたくなる。

では、花森を典型的な編集者像からはみ出させた真の資質とは何か。それは、芸術を希求してやまない強い衝動と才覚ではなかったか。それこそが生涯にわたり、潜伏しながら彼を支配し続けたように思う。

幼いころから絵が好きで、母の死に顔さえスケッチに残し、思春期には前衛芸術に強く感化されていた花森のことを、著者は「もしそのまま神戸にとどまるか東京に直行するかしていたら、そちらの世界で大いに活躍していた可能性もないではない」と書いている。

花森とは、編集という手法を武器に、絵筆をペンに持ち替えて自己を極限まで表現した、芸術家の一大変種だったのではあるまいか。そう思うと、長髪にしたりスカートをはいたりした「異様」な風貌も、おのずとつじつまが合ってくる。（椹木野衣・美術評論家）

（新潮社・1995円）＝2013年12月19日①配信

驚き、あきれる愛情と執念　「本を愛しすぎた男」（アリソン・フーヴァー・バートレット著、築地誠子訳）

年がら年中、書店や古書店に入り浸り、毎日のように本を買う。いや、買わざるを得ない男が私である。そんな男にすれば、「本泥棒と古書店探偵と愛書狂」（副題）について書かれた本が面白くないわけがない。

女性ライターの著者は、それまで古書に特別の興味はなかった。400年前の稀覯（きこう）書を、ある事情から預かったことで、うっそうたる古書の森へ足を踏み入れていく。

著者が追うのはジョン・ギルキー。取材当時30代。1999年末からわずか3年余で、アメリカ中の古書店から高価な古書のみ10万ドル分を盗み出した「本泥棒」だ。何度か服役しつつ、仮釈放されると、さっさと「本泥棒」に戻り悪びれない男。

ギルキーのことを教えてくれたのが、ソルトレークシティーで古書店を営むケン・サンダース。彼はアメリカ古書籍商組合で防犯対策室長を務める、つまり「古書店探偵」だ。クレジットカード詐欺の手口で、くり返し、文芸書の初版本をまんまと盗み出すギルキー退治に執念を燃やす。

この2人を取材しつつ、著者はそれまで知らなかった古書の世界、「愛書家」を通り越して「愛書狂」となった人々のことを学ぶ。

ギルキーが名を隠し、身を隠し、本を盗み出す巧妙な手口が、本人の口から明かされるシーンは、ノンフィクションながらまるでスパイ小説を読む味わい。そして、著者から語られるさまざまな愛書狂たちのエピソードには驚かされるだろう。

自宅はため過ぎた本に占領され、台所の簡易ベッドで寝るアメリカの学者…なんてのは、ほんの一例。あるコレクターの吐いた「愛書狂がとくに手強い理由は、一年中、そして人間が存在する限り、猛威をふるうからだ」など、本好きをうならせる名言も随所にあり。

読者は感心するにせよ、あきれるにせよ、電子書籍ではありえない、「紙の本」の歴史が積みあげてきた愛情と執念を理解するだろう。本は中身の外にもう一つ物語を持っている。（岡崎武志・古本ライター）

（原書房・2520円）＝2013年12月19日②配信

震災が喚起した“69年”　「いつの日も泉は湧いている」（盛田隆二著）

今からは、想像もつかないだろうが、かつて大学生や市民、労働者にまざって、高校生までもが、政府や学校に対して異議申し立てをし、集会やデモに積極的に参加した時代があった。安保闘争や反戦運動、全共闘運動などで、日本全体がデモや暴動で燃えていた時代である。

それが、この小説の舞台になる「1969年」である。主人公の「ぼく」は、高校入学後、仲間の高校生たちとともに、ベ平連などに象徴される反戦運動に参加する。高校の教師たちと激しく対立し、集会やデモでは警官や機動隊とも衝突する。逮捕され、高校を中退する者までいた。そのかたわら、吉本隆明や島尾敏雄を読み、「自衛隊に入ろう」や「ウィ・シャル・オーバーカム」などの反戦フォークを歌う。

「ぼく」はそういう高校時代を経て、今は作家として活躍している。もう一人の主人公は、1学年上の女子高校生、冨士真生子。反戦運動のデモ仲間であり、その後、アメリカを拠点にカメラマンをしている。「ぼく」がひそかに思いを寄せる女性で、その後も交流は続いている。

物語は、「反原発デモ」の場面から始まる。そして、冨士真生子が帰国し、震災現場を写真撮影する場面へと続き、現在と高校時代を行き来しながら、彼女の突然の病死で終わる。

この小説は、東日本大震災の体験、つまり「3・11」なしにはありえない。「3・11」の体験が、「1969年」の高校時代の体験を思い起こさせ、今は小説家になっている「ぼく」に「小説に書くこと」を促したというわけだ。大震災や反原発デモを、高校生時代のデモ体験と結び付ける視点は、極めて大胆、かつ新鮮だ。

「1969年」という時代のことを、大学生時代の思い出や体験として描く小説は少なくない。しかし、高校生の視点から、高校生たちの学生運動を描いたものは少ない。その意味でもこの小説は貴重な作品である。（山崎行太郎・文芸評論家）

（日本経済新聞出版社・1680円）＝2013年12月19日③配信

すれ違う女性たちの自意識　「ブラックムスク」(LiLy著)

女性の「自意識」を軸に展開される連作短編集。年齢も職業も異なる6人の主人公が、水曜午後の東京・表参道ですれ違う。

モデルとしてのピークが過ぎたことに焦りを感じ「かなりブラック」な男に恋する29歳の結花。「特別な道が、目の前に開ける瞬間を狙ってる」26歳ブロガー兼読者モデルの愛。女性の部下に複雑な思いを抱きつつ、大きな選択を前に逡巡(しゅんじゅん)する39歳アパレルブランドPR(広報)の美千子…。

他人の評価や"自己実現"というのろいにかけられ、容易に幸福になることを許されていない彼女たちは、ままならない人生に向き合い、何とか今を生き抜こうと孤独な闘いを続けている。

著者の冷静な観察眼に支えられた緻密な描写は、現代的様相を鮮やかに提示しつつ、一人一人に固有の苦しみや喜びにしっかりと寄り添う。また、彼女たちが抱える、決して人には悟られたくない欲望や嫉妬、コンプレックスや不安を容赦なく暴きながら、自意識がふっとゆるまり、やわらかいものに変わる瞬間も丁寧に描きだす。

愛の「いつか。いつか私も、もっと優しく、なれますように」という願い。23歳美容師アシスタントの香波と、83歳の客、野島さんとのぎこちないやりとり。34歳の専業主婦リカ子の、4歳の息子への「いつか、どうか無事に私から逃げ出して」という思いもまた、痛切に胸に響く。

私たちは皆等しく哀(かな)しい。心の奥底に暗くうごめくものを抱えている。だからこそ、人との関係が絶望を乗り越えるための光となる。著者は彼女たちのどんな感情にも目をそらさず、まるごと受け入れ、一緒に明日を切り開いていこうとする。読者は、その勇気に励まされ、救われる。

6人をつなぐキーアイテムの香水「ブラックムスク」の香りの濃度は、各章の主人公の自意識と呼応しているらしい。奇数ページの左下に描かれたびんの中の香水が少しずつ減っていくというしかけも、女心をくすぐる。(浦歌無子・詩人)

(小学館・1260円)＝2013年12月19日④配信

原発避難の複雑さを知る　「人間なき復興」(山下祐介、市村高志、佐藤彰彦著)

本書は東京電力福島第1原発事故により福島・富岡町から避難した市村高志と、研究者2人との議論を基に構成される。

「先生。私たち被災者は、これからいったいどうしたらいいと思いますか？」と市村。「いや、分かんないです。難しすぎて」と答えたのは山下祐介だ。「分かんない」と即答する研究者に初めて出会った市村は、それ故に山下を信頼し、共に考え始めたという。

本書は極めて「分かりにくい」。その複雑さに耐え切れず、全体を理解する前に「実は福島から避難している人って…」と語りだす者もいるかもしれない。書かれていることの断片をもって「分かったこと」にする。そのような態度こそが著者らの議論の俎上(そじょう)にある。

「避難している人はもともと原発の恩恵を受けていた人で、今も補償金で豊かに暮らしている」「彼らは原発事故の被害者だから、われわれの脱原発イデオロギーに共感するに違いない」「かわいそうな被災者のために」。読み進むにつれて読者は、福島をめぐる問題がいかに、そういった「知ったかぶり」に惑わされ続けてきたのか、実感するだろう。

本書の根底に横たわる「そういう話じゃないんだけど…」というメッセージは、政府やメディア、学識者にも、それらを批判する側にも向けられている。この問題提起さえも都合よく解釈し、「こんなにひどいことが起きている。今こそ脱原発・被ばく回避の反体制運動を盛り上げよう！」と単純な議論に回収しようとする者はいるだろう。だが、それで問題が解決するはずもない。もちろん、体制におもねったところで状況は同じだ。

時間の経過とともに、復興に必要な「文脈」の共有はより困難になっている。生活に根ざした事例を一つ一つ丁寧に論じ、小さな「なるほど」を積み上げることで本書は、避難の現実を生きる人々の感覚に少しずつ読者を近づけてくれる。いまだに進まぬ「理解の復興」の内実を知ることから、全ては始まる。(開沼博・社会学者)

(明石書店・2310円)＝2013年12月19日⑤配信

もの言えぬ社会の恐怖「わたしはマララ」（マララ・ユスフザイ、クリスティーナ・ラム著、金原瑞人、西田佳子訳）

あの朝が自宅を見た最後になるのだろうか。パキスタン北部山岳地帯の町、マララはまだ両親に起こしてもらう、15歳の女の子だった。弟とおしゃべりしながら朝食をとっていたら時間がなくなり、目玉焼きを半分残して学校へ出かけた。帰りのスクールバスで、イスラム武装勢力「パキスタンのタリバン運動（TTP）」に頭を撃たれ、生死の境をさまよった末、英国に運ばれる。2012年10月のこと。

本書は、女子が学校に通う権利を訴えて、タリバンに銃撃された少女の自伝だ。この地域に詳しい英国の国際ジャーナリストとの共著である。マララは回復後も主張を変えず、13年にニューヨークの国連本部で演説、ノーベル平和賞の候補にも名が挙がった。

イスラムの経典が女子の教育を明確に禁じているわけではない。町を支配したTTPが独自の解釈で弾圧をはじめた。ものを言えない社会になっていく恐怖に、読みながら胸を締めつけられる。市民を守る力のない政府のもとで暮らす絶望も。

国際社会から忘れ去られた辺境のできごとではない。9・11以降、世界の耳目を集めてきた地帯だ。そもそもここが紛争地域となったのは、旧ソ連や米国のアフガニスタン侵攻など、大国の軍事干渉にも起因している。

それらの背景を忘れて、少女の勇気をたたえるだけでは無邪気すぎる。事件に至るまでの長い記述は、少女を支持する側の国や人々の中にひそむ自己欺瞞（ぎまん）をも、告発するようだ。

マララの父の愛する詩が心に残る。ナチス時代のドイツの神学者の言葉だ。まず××が狙われた。わたしは黙っていた。わたしは××ではないから。××には思想信条、民族などが次々入り、最後に「わたしが狙われた。わたしのために声をあげてくれる人は、ひとりも残っていなかった」。

この本のメッセージは、教育の権利だけではない。口を閉ざしていることの罪深さ、おそろしさを伝えている。（岸本葉子・エッセイスト）

（学研パブリッシング・1680円）＝2013年12月19日⑥配信

心をそっと成長させる「骨を彩る」（彩瀬まる著）

足りないものや欠けているものを持ち寄れば、人は生きやすくなるのだろうか。そうかもしれない。彩瀬まるの書き下ろし小説「骨を彩る」が浮かび上がらせるのは、欠落を抱えて生きる人間の弱さと強さ、冷たさと温かさだ。自然な角度で掘り下げられる観察が、心の深いところへ届く。

連作短編のかたちをとるこの作品の中心となるのは、埼玉県・西武線沿線のある町に暮らす津村成久と中学生の娘、小春。父子家庭だ。小春の母は娘がまだ幼いときに病気で他界している。不動産関係の仕事に従事する成久が一時心を寄せることになる光恵、光恵の学生時代の同級生の女性たちのいまも描かれる。

その中の一人で、周りからは取りこぼしのないしっかり者と見られていた玲子の、家庭と育児、内面に堆積する思い。偶然のような出会いを重ねていくあいだに、人はいつのまにか励まされる。それを本書はこんなふうに表現する。

糸が切れてビーズがばらばらになっても「跳ねて跳ねて、その先でまったく想定していなかったものと出会う」。「かちんと音を立て、一瞬触れあって、離れる」と。生をそんなふうに捉え、欠落を受け入れる勇気にじっくりと寄り添う。それでいて甘い筆致は極力さけられている。だから硬質な魅力が漂う。

最終話「やわらかい骨」は、小春と転校生の葵（あおい）の関係を描く。食前にお祈りをする習慣がある葵は、同級生たちから奇異の目で見られ、避けられがちになる。小春と同じバスケ部に入り、生じた接点。踏みこめなくても、互いを思う気持ちを差し出しあえる。二人が知るのは、そんな心だ。それぞれが過去と未来を抱えている。

季節も人も移ろう。作者はその隙間にあるものを忍耐強く見つめる。人の優しさという側面を描きながら、一貫して冷徹さを失わない文章。鋭くあぶり出される人間の距離感。読む者の心をそっと成長させるあざやかさがある作品だ。（蜂飼耳・詩人）

（幻冬舎・1470円）＝2013年12月26日①配信

死者にたいする鎮魂の力　「三陸の海」(津村節子著)

文学というものに、親しかった故人や、見も知らぬおびただしい死者にたいする鎮魂の力があるとすれば、津村節子氏の「三陸の海」は、まさしくその力をもつだろう。

きっと津村氏は、文字を刻みながら幾度も涙しただろう。慟哭(どうこく)に近く。

東日本大震災の翌年、息子や孫とともに、大津波に引きさらわれた三陸沿岸の岩手県田野畑村へ向かう。夫であった作家吉村昭の文学的出発地であり、毎夏のように夫婦で過ごした村である。

「三陸海岸大津波」で、あれほどくり返し巨大津波の来襲を警告していた夫は、しかし東日本大震災を知らずに他界した。田野畑を夫同様愛する妻は、彼の霊魂を引き連れて、被災地を精力的に歩きまわる。

壮大な断崖にかかる364段の急峻(きゅうしゅん)な階段を、息も切らさず往復する強靱(きょうじん)な足腰。仮設住宅に暮らす人々の、意外にも明るく健康な表情。大津波記録執筆の契機を夫に与えた改革者であった元村長は、久しぶりに会ってみればすっかり病み衰えて、働き盛りの人々を死なせてしまった悔恨に沈みきっていた。

夫が生きてこの震災を見たらどう考えただろう。そうした思いを津村氏はつねに胸に抱き事物を見ようとするが、訪ねまわるうちに、何者からも自由な見地を獲得するに至る。これが本書のミソだ。

巡礼に似た旅のなかで、彼女の魂は老いてなお磨かれていく。夫の事績すら己の経験として血肉化していき、災害列島なればこそ、諸行無常、もののあはれの文化が、日本人の心にむしろ豊かさをもたらしてきた事実にあらためて思い至る。

いつかまた大津波に襲われる。わかっていながら、三陸鉄道を復興させようと誰もが希望に燃えている。それでいいのか。思い悩む津村氏が行き着いた考えは、つぎの一節に集約されている。

〈災害から身を守るために自分の美しさを諦める、それは生き方として間違っているのではないか?〉

美しい仕事である。(髙山文彦・作家)

(講談社・1260円) = 2013年12月26日②配信

若者の自立、誰が支えるか　「親元暮らしという戦略」(キャサリン・S・ニューマン著、萩原久美子、桑島薫訳)

本書のテーマである「アコーディオン・ファミリー」とは、成人した子どもを、親が必要に応じてアコーディオンのように蛇腹を伸ばして受け入れる多世代同居世帯を意味している。先進諸国で広く観察されるようになっているこの現象について、日米欧6カ国で親世代・子世代双方の丹念な聞き取りによる比較研究を行った結果が、本書では手際よくまとめられている。

アコーディオン・ファミリー増加の背景には、全世界的な競争圧力増大の波が先進諸国の労働市場をも巻き込み、特に若者が経済的に自立することが、かつてよりはるかに困難になっているという事態がある。

だが、その表れ方は一様ではなく、調査対象の6カ国の中で、日本・イタリア・スペインではアコーディオン・ファミリー化が顕著であり、スウェーデンとデンマークでは皆無に等しく、米国は中間に位置する。こうした違いは、政府が若者の自立への投資をどこまで手厚く担っているかを反映している。最初の3カ国では、公的ではなく私的なセーフティーネットとしての家族に、若者がすがらざるを得ないのだ。

しかし、この3カ国の間にも違いがある。イタリアやスペインでは、時に戸惑いを含みながらも、基本的に親子は同居生活を肯定的に捉えているのに対し、日本では状況を否定的に見て子どもや自分を責める語りが多く聞かれたことが報告されている。

さらに、一つの国の中でも、親元で過ごす間により高い学歴や経験を身に付けることができる豊かな層と、貧困であるが故に乏しい収入を持ち寄って暮らさざるを得ない層とでは、状況は大きく異なる。

いずれであっても、若者が自分自身の人生を力強く築いてゆける状況をどうつくり出すか、という課題を、アコーディオン・ファミリー現象は突き付けている。破れかけたアコーディオンの蛇腹からは、どんな音色が響くのだろうか?(本田由紀・東京大教授)

(岩波書店・3780円) = 2013年12月26日③配信

熱気満ちた転変の現場史　「あかんやつら　東映京都撮影所血風録」（春日太一著）

京都・太秦の東映京都撮影所は、1947年に東横映画撮影所として出発し、60年以上の歳月を歩んできた。本書はその有為転変を関係者への取材と資料でつづる。

怒濤（どとう）のような流れの中心になるのは2人のプロデューサー、マキノ光雄と岡田茂で、強烈な個性で豪腕を発揮する姿が生き生きと描かれる。

まずマキノが50年代、東映京都を時代劇の一大王国として隆盛に導く。次に岡田が、60年代の時代劇の凋落（ちょうらく）後、任俠（にんきょう）路線から実録路線へ至るやくざ映画で勢いを盛り返す。だが80年代、映画産業は坂道を転げ落ちる。東映京都は太秦映画村やテレビドラマで息を継ぐが、90年代以降、逆風の中にある。

以上のような流れはよく分かる。マキノが敗戦後の混乱期、仲間との協働と熱意で苦難を乗り越えてゆくさまは、テレビ番組「プロジェクトX」のように面白い。やくざ映画とエロ映画を組み合わせた岡田の発想の特異さ、撮影現場のドタバタも活写される。

だが、肝心な部分で納得がいかない。例えば隆盛を誇った時代劇が、なぜ凋落したか。スター主義や大量生産によると記されるが、当初それこそが人気を集めたのではないか。やくざ映画衰退についても同様である。そのあたりは、時代劇も任俠映画も、十把ひとからげでそう呼ばれ、多彩な映画の顔が個別に見えないことと関連している。

本書の帯に〈大衆の欲望とともに駆け抜けた「東映京都」の66年〉という一節があるが、時代劇を凋落させ、任俠映画を衰退させたのは、観客の欲望の変化にほかならない。娯楽映画の流れを捉えるには、社会の動向の転変に目を向けることが不可欠であろう。

本書は、逆風の今も現場には汗をかき続けるスタッフがいると閉じられる。そのことを疑うわけはないが、東映京都撮影所は66年間、常に熱気にあふれ、その果てに逆風が吹いているのである。

（山根貞男・映画評論家）

（文芸春秋・1943円）＝2013年12月26日④配信

時代の寵児、性科学で再考　「オスカー・ワイルド」（宮﨑かすみ著）

あらためて、19世紀末とはなんと面白い時代だったろうと思う。21世紀に入ってその魅力はますます増してくる。オスカー・ワイルドはその主役の一人であった。

この本はパリのペール・ラシェーズ墓地にあるワイルドの墓の話からはじまる。赤やオレンジ色のキスマークにおおわれているという。昔はそんなことはなかった。ワイルドは今の女性の人気を集めているらしい。

ワイルドは美青年を愛したのだから、キスマークは場違いな気がする、と著者はいっているが、現代の女性はホモセクシュアルな男たちにひかれるのではないだろうか。

そしてこの本は、英文学ではあまり触れられなかった「同性愛」の問題を真正面からとりあげて、ワイルドのスキャンダラスな生涯を描いた快著なのである。

オスカー・ワイルドは世紀末ロンドンの寵児（ちょうじ）となった。ヒマワリの花を胸にさすといったファッションで人目をひき、当時はタブーであった「同性愛」を見せびらかした。そのことからビクトリア朝の道徳的な人を怒らせ、風紀を乱す、わいせつな犯罪者として裁判にかけられ、有罪となり、2年間投獄された。

著者は、19世紀後半に誕生したともいえるハヴロック・エリスからフロイトにいたる性科学という大きなコンテクストの中でワイルドをとらえようとしている。その視点は好感が持てる。

1895年、ワイルドは同性愛問題で逮捕された。そのとばっちりを受けたのは、彼の戯曲「サロメ」の挿絵を描いたオーブリー・ビアズリーである。ビアズリーは文芸誌「イエローブック」に描いていたが、ワイルドが逮捕された時、彼の絵も削除された。偶然にも、私はビアズリーについて書いているところだったので、この本を興味深く読んだ。

そして今、「秘密」という語が横行する時代に入ろうとしている。ワイルド裁判は、時代が隠そうとする「秘密」について考えさせる。（海野弘・評論家）

（中公新書・945円）＝2013年12月26日⑤配信

2014

深く染みこむような余韻

「ディア・ライフ」(アリス・マンロー著、小竹由美子訳)

2013年にノーベル文学賞を、カナダ人として初めて受賞したアリス・マンローは今年83歳。本書を自分の「最後の作品」と称し、受賞後のインタビューでは読者に一番に薦めたいと語っている。それが早くも日本語で読めるのは喜ばしい。

授賞理由にあるとおり、マンローは「現代短編小説の大家」であり、長らく「短編小説の女王」とも呼ばれてきた。でもそんな称賛の大げさな響きとは裏腹に、本作のどの短編も静かに展開し、深く染みこむような余韻を残す。

主な舞台は、カナダ・オンタリオ州を思わせる田舎町。多くの物語には第2次世界大戦の影がさしている。登場人物は病気の妻をかかえる夜勤巡査や、結核病院の子どもたちを受け持つ若き教師、「頭がちょっと衰えた」高齢のご婦人など、ごくありふれた生活を送る市井の人々だ。

そんな人々が経験するのは、不倫、家族の死、男女や親子の微妙なすれ違い—つまり大事件ではないものの、町のうわさくらいにはなりそうな、スキャンダルめいた出来事ばかり。それが、各編数十ページのうちに淡々と、でも驚くほど艶っぽく濃縮されている。

その乾いたエロス、とでも呼ぶべきありようを支えるのは、マンローの「そぎ落とし」の巧みさだろう。たとえば彼女の文章にはよけいな“フリル”がない。紋切り型のレトリックや仰々しい形容ともほとんど無縁。時間さえ大胆にそぎ落とされ、2行のあいだに10年が過ぎ去ったりする。ただし不親切に読者を突き放すのではなく、欠落や飛翔(ひしょう)がかえってリアルな生を想像させる。そのさじ加減がちょうどいい。

全14編のうち最後の4編は半自伝的な内容となっている。遠く離れたカナダの空気が間違いなく伝わってくるのに、登場人物は時間や空間を超越し、まるですぐそばのご近所さんのように生々しく感じられる。そんな地域性と普遍性の見事な融合を、短編小説の底力とともに堪能できる一作。

(栩木玲子・法政大教授)

(新潮社・2415円)＝2014年1月9日①配信

心動かされる人間ドラマ

「しんがり」(清武英利著)

1997年11月、四大証券の一つ、山一証券が自主廃業した。原因は突如発表された2600億円という巨額の簿外債務。本書は同社の終焉(しゅうえん)に際し、簿外債務の真相究明に取り組んだ十数人の動きを描いたものだ。

物語は同年4月、大蔵省(当時)証券取引等監視委員会が同社に乗り込むところから動きだす。訪れたのは通常の検査とは異なる特別調査課という部隊。受けたのは社内の不正行為の調査を行う業務監理本部。硬骨漢で傍流の常務が就任した直後のことだった。異常な事態に常務ら業務監理本部の数人は不審を抱き、上層部に尋ねる。だが、何も情報が出てこない。手をこまぬく間に会社は破綻に追い詰められていく。いったい山一に何が起きているのか—。

本書の骨格は経済事件だが、読み物としてそれ以上の面白さがある。前半は破綻に至るまで、後半は破綻後に簿外債務の謎に迫っていく。個々の人物造形も無駄なく記され、読者は映画を見るように臨場感を味わえる。

特に簿外債務が蓄積されてきた謎を追う過程では、思わぬキーマンの協力などで、何重にも覆い隠されていた真相にたどり着く。そのスリルは本格推理小説のようでもある。ただし、明らかになった内情のずさんさには、同社の破綻を同時代で目にしてきた人でも少なからぬ驚きがあるはずだ。

かつて「人の山一」と異名をとった同社だが、社を腐らせたのは経営陣や花形部署で、最後の真相究明で意地を見せたのは地味で武骨な支店筋の人間だった。外形的事実は既知の話かもしれないが、内部で起きていたドラマの細部には心を動かされるだろう。

そもそも著者の関心は「破綻後の真相究明」という一文にもならない作業に、なぜ一部の社員が従事したのかという動機にあった。著者は長年所属した新聞社の主筆に反旗を翻した経験をもつ。取材の過程は、著者自身への問いかけではなかったかとみると、別の味わいも出てくる。(森健・ジャーナリスト)

(講談社・1890円)＝2014年1月9日②配信

純然たる小説の機能

「問いのない答え」（長嶋有著）

精緻な観察眼と、選び抜かれた言葉によって、人間関係の距離感を正確に描いてみせる長嶋有の新作は、氏の得意領域の一つである電子メディアを材にとっている。ツイッターやフェイスブックのようなSNS（ソーシャル・ネットワーキング・サービス）が生みだす人間関係と新しい言葉の流通を、斬新な手法によって明らかにする。

40歳の小説家ネムオは、「震災」の3日後に、仲間たちとツイッターを使って、「それはなんでしょう」という言葉遊びを始める。質問文の一部しか明らかにされない状況で回答し、後に明かされる全文との落差を楽しむゲームだ。全文公開後、メンバーは回答をさかのぼり、感想を述べあい、盛りあがる。

ネムオが主催する言葉遊びに参加するのは、人気ロックバンドのリーダー、ゲームおたくの男性、フリーの編集者、専門学校で教える新人小説家、女性植木職人、石巻在住の女子高生、漫画家アシスタントなどさまざまだ。

彼ら一人一人の日常が、ツイッターによる言葉の送受信にリンクする形ですくいとられていく。全体は9章から成っているが、章タイトルはページ上には記されず、各章のつなぎ目には「●」の記号が置かれる。人物から人物へと、突然場面転換していくリンク構成による群像劇の趣向も独特だ。

小説とは情報の流れであるが、小説上でSNSのタイムラインが流れていく感覚はツイッター的といえる。インターネットの成熟は、オンとオフを同時的に生きるライフスタイルをもたらした。この10年間のメディア環境と人間関係の変容を、本書は明らかにする。

多重的な仕掛けに満ちた言葉の構築体としての本書を読むとは、最終章のタイトルに絡めれば「点と点と点」をつなぎ、意味化することである。この作品は、そうした純然たる小説の機能こそを主張している。（榎本正樹・文芸評論家）

（文芸春秋・1523円）＝2014年1月9日③配信

虐待の子に希望生む場を

「誕生日を知らない女の子」（黒川祥子著）

感情のスイッチを切ってブレーカーを落とさない限り耐えられないほどの虐待。それが繰り広げられる舞台が家庭という密室であるからこそ、そこに生きる者の声は壁の中に閉ざされる。経験が長引くほど、私的空間は「恐怖の館」「拷問のような家」へと化していく。過酷な子ども期を振り返った女性は「自分は生き地獄に生まれてきたと思っている」と言葉にする。

本書は、虐待にさらされた子どもがいかに生き延びてきたか、5人の経験を暮らしの中から丹念に描いたノンフィクションである。増加し続ける児童虐待は、事件となり報道されることで可視化される。だが、まもなく風化し、繰り返される。これ以上、悲劇を起こさないために何ができるのか。子ども、そして彼らを支える人々の生の声が、このことを問いかける。

実の親からの遺棄や性的虐待、継親（ままおや）による暴力や育児放棄、見知らぬ人からのレイプ――これは、一人の少女が実際に直面した人間の世界だ。しかし、閉ざされた空間では、虐待を通じて形成された養育者との「絆」が、どんな形でも愛着が必要な子どもには「馴染みの世界」となる。後遺症の影響が持続すれば、対人関係や自尊感情も侵襲され、社会への扉も閉ざされてしまう。「不利の雪だるま」になる前に、支えが必要だ。

虐待された子どもの治療に当たる愛知県の病院では、診察室を訪れる親の多くが元被虐待児で、とりわけ性的虐待による後遺症が深刻だという。ここで描かれる子どもの現実は、親の幼少期の映し鏡ともなっている。

だが著者は、同時に希望も語る。「本来の家庭」のように被虐待児を受け入れる「ファミリーホーム」で彼らは本来の笑顔を取り戻す。ある里親は、根を張れる場所があるかが希望への分かれ道だ、と言う。そのような場をどう創造していけるのか。血縁という枠を超えて、子育てを担う人々を支える基盤整備が緊急の課題である。（湯沢直美・立教大教授）

（集英社・1680円）＝2014年1月9日④配信

「新しい女」象徴した飛行

「お嬢さん、空を飛ぶ」(松村由利子著)

タイトルをみると、空を飛ぶ飛行機に憧れを抱いたお嬢さんの物語かと思われるが、それほど簡単な内容ではない。歌人で科学ジャーリスト賞も受賞した著者の取材の出発点は、与謝野晶子が雑誌「女学世界」(1917年1月号)に寄稿した「ス嬢の自由飛行を観て」と題する文章だった。

「ス嬢」とは誰か。調べると、本名はキャサリン・スティンソン、米国でも当時珍しかった女性パイロットで、16年に来日し、大空を飛んで人々を魅了していた。しかし、この事実を確かめたのは端緒にすぎない。

当時の日本は、女性パイロットはおろか、女性が社会的に活躍できる職業に就ける分野は看護婦や新聞記者などごく限られていた。そのような国にわずか19歳(実は25歳だった)の「ス嬢」が突如現れ、「新しい女」を象徴するような航空飛行をみせたのだから、影響は大きかった。

同年代の女性が彼女にたくさんのファンレターを送ったのもうなずける。同時代の女性記者がみずからも空を飛んでみたいと好奇心に駆られたとしても不思議ではない。

新聞各社が飛行機に注目したのは、大きな事件や自然災害などの取材で必須の武器になると確信したからだが、当時はまだ危険を伴った飛行機に乗った「勇ましい」女性の先駆けが新聞記者であったことは驚きである。もちろん、当時は女性としての限界もあった(2等飛行機操縦士の免許までしかとれないなど)。

そして32年、海の向こうでは、多くの限界を乗り越え、アメリア・イアハートのように、大西洋の単独横断飛行を成し遂げた女性も現れた。本書を読むと、その時代から現代の女性宇宙飛行士への道のりが連続しているように思えてくるから不思議である。「ス嬢」から始まった著者の探検が、古巣の新聞社に回帰していく展開も興味深い。

単なる女性パイロット物語ではなく、ジャーナリズムと女性史とが交差する物語に仕上がっているのが秀逸である。(根井雅弘・京都大教授)

(NTT出版・2520円)=2014年1月9日⑤配信

精神分析の批評的使命

「露出せよ、と現代文明は言う」(立木康介著)

心は「抑圧」によって形作られる。人は何かを抑え込み、抱え込むことができなければ、外部からの刺激に翻弄(ほんろう)され、内側からの衝動に駆り立てられるだけの、思慮を欠いた行動主体にしかなりえない。人が思考する存在として生きるときには必ず抑圧が働いている。著者はそう説き起こす。

しかし、抑え込まれたものは、表に出ないものとして在り続ける。だから、心は常に「闇」を伴う。そこに封じ込められたものは、隠然として意識やふるまいに力を及ぼし、ときに不可解な行動や言葉となってその人の生活の表層に回帰してくる。精神分析はその領域を「無意識」と呼び、多様な「症状」をこれに結びつけ読み解いてきた。私たちが心をもつ存在であるとは、「意識の外へ押し出されたもの」との力動的な関係を生きていくということなのである。

ところが、いま私たちは人が「心の闇」を抱えているということに耐えられなくなっている。すべてが包み隠さずに語られ、さらけ出されることが当たり前のように要求されている。人々の私生活は「スペクタクル」として公の空間に提示され、消費される。抑圧されたものとの関わりにおいて、ひそかな精神のドラマを生きる人間は望まれず、許容されない。著者は問う。それは「無意識」という概念が時代遅れになり、精神分析が歴史的使命を終えたということなのだろうかと。

いや、いまはまだそのときではない、と著者はみずから答える。現代の精神医学や心理学、科学テクノロジーや資本主義がどれほど心を露出させようとしても、「自(おの)ずとその影響の及ばない領域がある」だろう。そして人々は、可視化しきれないものとの関わりを「症状」として生きていく。

精神分析は「自分の人生を切り開くために、症状を創造的に使う」ための技として、人の心を抹消しようとする現代文明に抗(あらが)い続ける。本書は、その批評的な姿勢の持続を力強く宣言している。(鈴木智之・法政大教授)

(河出書房新社・2520円)=2014年1月9日⑥配信

文学史を潤す一滴の露

「香夜」（高樹のぶ子著）

ローマ神話に登場する月の女神を「ルナ」という。月そのもののこともルナと呼ぶ。この小説の主人公が流奈（るな）だということも偶然ではないだろう。満ち引きを繰り返させ、何かを奏で、織りなすように太古から廻（めぐ）り続けている月。日本最古の物語として知られ、「物語の祖（おや）」とも語られる「竹取物語」をはじめ、月はいにしえより多くの日本人文学者の魂を鼓舞し続けてきた。

「香夜（かぐや）」と題されたこの物語は、4編からなる。小説ではなく、物語と呼ぶのがふさわしい。描くのは主人公が死ぬ前に会いたかった人々との再会だ。若き日に一度は愛した男、姉、行方不明となっていた息子。ダリの絵や「雪茸（ゆきだけ）」といった象徴的なものを登場させつつ、最後には主人公すらこの世のものなのか、と思わせる。

本書は単に現代小説という枠ではなく、千数百年の文学史を潤す桑染色（くわぞめいろ）の一滴の露としてとらえるべきではないだろうか。

天降（あも）り給（たま）う雨が土脈を潤し、草木を萌（きざ）し動かしたあと、再び巡り廻って宙（そら）へと還（かえ）っていくように、万物は果てしない故郷への希求を続ける旅人なのだ。

「帰る」と「還る」の違いを知っている作家の眼（め）は、時空を超えてたゆたう天道虫（てんとうむし）のように異次元を豊かに舞い飛んでゆく。決して優雅ではない、羽根も翅（はね）もばたつかせながらの旅だからこそ、他の誰とも違う己ならではの紋様が刻まれていく。

後半の登場人物「車持（くらもち）」が、「竹取物語」に登場する5人の貴公子の1人の名であるように、本書は千数百年の日本文学や物語に対する、著者なりの返歌とも呼べるものではないか。物語の力とつばさを信じ、その滋味にあふれた穣（ゆたか）さ、尊さを識（し）る者ならではの大いなる実験。それが本書だ。

芥川賞から30年をへてなおチャレンジを続ける作家の意欲作。空だけが宇宙でなく、人の心や物語にこそ宇宙があるということをあらためて思い起こさせてくれる一冊だ。（田中章義・歌人）

（集英社・1575円）＝2014年1月16日②配信

早急さ選んだ自覚と信念

「震災後文学論」（木村朗子著）

東日本大震災から半年後、僕はカメラマンの友人に同行して車で東北へ向かった。

倒壊した建物、瓦礫（がれき）の山、壊れた道路、あたりに充満した生臭いにおい。警察に、泣きながら故郷を返せと訴える、酔っぱらいの中年男性。震災関連の書物を読むときに思い出すのはあのときの風景だ。一体、なにが起きているのかわからなかった。今もわからない。

地震、津波、原発、復興、エネルギー、あまりに多くの要因が重なりあい、誰も全体を見渡すことなどできない。ほとんどの人が、その途方のなさの前に言葉を失った。

本書は、その失語症的状況のなかで果敢に言葉をつむいだ文学者たちを評価し、「震災後文学」として新しい日本文学の萌芽（ほうが）を見る。取り上げられるのは文学と映画である。いち早く文芸誌に作品を発表した川上弘美、高橋源一郎など、震災を描く作家たちの倫理問題から始まり、原発のイメージが投影された映画「ゴジラ」「太陽を盗んだ男」にさかのぼる。

さらに現代に戻り、震災についての海外の反応、未来の震災文学の可能性へと続く。構成は粗削りながら、その語り口は非常に落ち着いている。ちょうど同時期に読んだ、東浩紀編「福島第一原発観光地化計画」、佐々木敦「シチュエーションズ『以後』をめぐって」、福嶋亮大「復興文化論　日本的創造の系譜」もまた、震災後の表現について考える優れた著書だったが、本書と併せて読むことでより広い視点が得られた。

著者は本書を、“日本文学の研究者として、なにかをしなければならない”という使命感によって書いたという。むろん、早急であることは、自覚しているだろう。それでも震災を語るという選択をしたのは著者自身が、ここに描かれた文学者と同じ信念を持っているからに他ならない。

あれから3年がたとうとしているが、まだなにも終わっていない。僕らは、あの日からずっと揺れ続けている。（海猫沢めろん・作家）

（青土社・1995円）＝2014年1月16日③配信

数字に隠れていた物語　「誰も知らないわたしたちのこと」(シモーナ・スパラコ著、泉典子訳)

昨年4月、妊婦の血液で胎児の染色体異常の可能性を調べる新しい出生前検査が日本で始まった。開始から半年間で、検査を受けたのは約3500人。陽性となったのは67人。うち羊水検査をして確定診断がついた53人が中絶した。マスコミは「53」という数字をこぞって見出しに取り上げた。しかし女性一人一人の物語は、統計上の数字の中に埋没した。

本書は、報じられにくいその部分を、ローマ生まれの女性作家が、自身の体験に基づいて描いた小説である。主人公ルーチェは35歳のジャーナリスト。パートナーのピエトロと暮らして5年。子どもを諦めかけたころ、妊娠する。羊水検査は「すべてが正常」。ロレンツォと名付けて誕生を待つが、妊娠29週の超音波検査で「憂慮するべき成長の遅れ」を示唆される。

終始ルーチェの一人語りで進行するこの物語は、彼女が検査の後、理性と感情と身体の折り合いを必死につけようとする過程にいや応なく読者を巻き込んでいく。

胎児の障害を説明する医師は、寿命については断言せず、冷静に「かもしれないこと」を繰り返す。ルーチェは絶望も楽観もできないまま悩む。「生きるには弱すぎて死ぬには強すぎる」息子。自分だけに感じる胎動。

生まれてからの子どもの苦痛を推し量り、彼女は英国での中絶を決意することになる。イタリアで中絶が認められる法的期限は過ぎている、と医師に言われたからだ。「選択」の証しである同意書にサインするとき、その目には「同意する…理解した…言われた」という文字しか入ってこない。後戻りも保留も許されず、選択不能なことを選択しなければならないリアルがここにある。

作者は、当事者たちが決して雄弁には語らないこと、検査や中絶が、数字ではなく実存の問題であることを知っている。極めて個人的でありながら社会的な問題。分かち難く存在する、命と自由意思。人間の深い真実に迫る作品である。(斎藤有紀子・北里大准教授)

(紀伊国屋書店・1890円)＝2014年1月16日④配信

執念の探索の劇的な成果　「マヤコフスキー事件」(小笠原豊樹著)

マヤコフスキーという名前を聞いて、いま胸を躍らせる読者はどれほどいるだろうか。彼はロシア未来派を代表するアバンギャルド詩人として颯爽(さっそう)と登場し、ロシア革命後は「芸術左翼戦線」を率いて芸術の革命を推し進め、名声の頂点に立ちながら、1930年に「自殺」してしまった。死後、ソ連最大の詩人として公認されたが、20世紀末になると社会主義崩壊とともにその栄光を覆っていた神話をはがすように、実像に迫る試みが出てくるようになった。

こういった変遷を追うだけでも20世紀のロシア史の激動を凝縮した形で見ることができそうだが、いまだに決着がついていないのは、彼の「自殺」をめぐる謎である。通説によれば、彼はプロレタリア派の非難と不幸な恋愛事件が重なって自殺したということになっていたのだが、実は当局による謀殺ではなかったか、という推論が特にソ連崩壊後、しばしば聞かれるようになった。

若き学生時代から半世紀以上、マヤコフスキーの詩を読みこみ、翻訳も手がけてきた著者は、詩人が死に至った経緯を解明することに情熱を燃やし続ける。そして、彼の「自殺」をめぐる資料を渉猟し、恋人であった女優ポロンスカヤの回想を軸にして、まるでジグソーパズルのピースを組み合わせるかのように、あっと驚くような図柄を現出させることに成功した。

そして、さまざまな勢力が複雑に入り組んだソ連史の闇を照らし、詩と政治の衝突を劇的に浮かび上がらせ、過酷な革命と粛清の時代を生きた人々の愛憎を鮮やかに解きほぐす。執念の探索の成果というほかはない。

うれしいのは、本書が長年の研究の総決算であると同時に、推理小説以上にスリリングな謎解きの物語になっていることだ。一度この世界に引きこまれたら、最後まで読み進めるしかない。小笠原豊樹とは詩人、岩田宏の本名だが、これはまさに研究者の情熱と詩人の魂があいまって初めて可能になった傑作である。(沼野充義・東大教授)

(河出書房新社・2940円)＝2014年1月16日⑤配信

国境超す大富豪サークル　「グローバル・スーパーリッチ」（クリスティア・フリーランド著、中島由華訳）

この本のテーマはグローバル化と格差拡大。世界の富の多くを占める現代の大富豪の横顔を描き、それを生み出す背景に迫っている。そうなのか、と驚くことが多く、とても面白い本だ。しかし、実直に働いているサラリーマン読者の不安をかきたてもするだろう。

現代の経済は、ごく一握りの成功者を生み出すかわりに、大多数を占める新中間層の仕事の価値を大幅に低め、所得を低下させているというのだ。コンピューター化が仕事を奪う。格差拡大だ。

年収1千万ドルを超すような現代のスーパーリッチは猛烈な働き者だ。自分の能力によって大金を稼ぐ人たちで、世界を股にかけて仕事をし、そのために自家用ジェット機を所有したりしている。こういう人びとは先進国にも発展途上国にも存在する。そして国境を超えた独特のサークルを形成している。グローバル化だ。

経営学修士（MBA）を取得した知識階級が大金と権力を手にする時代になった、と著者は主張する。ビジネスアイデアが一流大学の寮で生まれ、ビジネススクールの学生は、大企業に就職するより起業したいと考えるようになっている、と。

いまのスーパーリッチは、高学歴の元同級生を妻にする。ニューヨークでおこなわれた、ある結婚式では、家族や友人の祝福スピーチはなし。かわりに新郎新婦を応援するために討論会が行われた。テーマは神経科学、環境、医療など！　とはいえ妻たちは結婚後、たいてい仕事から離れる。

この本にはロシアや中国やインドの記述は多いが、残念なことに日本に関する記述がほとんどない。かろうじて数行の記述が2、3カ所にみえるだけだ。それも日本企業はグローバル化しなかったために立ち遅れただの、過去に優れた業績をあげたものは、それにこだわるゆえにしくじる、だのという記述である。

というわけで日本人読者としては、ちょっと憂鬱（ゆううつ）になるわけである。（広岡守穂・中央大教授）

（早川書房・2100円）＝2014年1月16日⑥配信

受苦と歓喜の物語　「めぐり糸」（青山七恵著）

「わたしたちの運命というものは生まれたときからただ一通りに定められているものなのでしょうか」。作中のこの言葉が全編にこだまのように反響し、人間の出会い、男女の邂逅（かいこう）の不思議と悲哀が読者の胸に迫る。

終戦の年に生まれ東京・九段の花街で育った「わたし」は、芸者置き屋の三味線の音や料亭のにぎわいに包まれて成長していく。小学2年生のとき、近くの置き屋に住む哲治という同級生と出会う。その瞬間から「わたし」の女としての人生は、ある運命の糸に操られるかのように数奇な物語を紡ぎ始める。

初めて行った夏の海で溺れそうになった「わたし」に哲治は、一度波にさらわれたら「一生海のなかで生きることになるんだよ」と謎のような言葉をかける。おかみである母のもとで、自分も花柳界の女になることに疑問を抱くことなく育てられた「わたし」は、この初恋の少年に魂を奪われる。

しかしその初恋を押し流すように突如として現れた男と「わたし」は結婚し、高度成長期の世相を背景に幸せな夫婦生活を送るが、その現実は夫の会社の経営悪化でもろくも崩れ去る。その亀裂から哲治の面影が、「わたし」の分身のように出現する。

あの夏の日に、「人が海のなかで生きられるわけない」と哲治に応えた言葉は、恐怖と甘美さをはらんだ現実となって今、主人公を呪縛する。自由に生き、幸せを求めようともがけばもがくほど、哲治という運命の人が、深く死と破滅へと誘っていく。その海に身をまかせる他に、自分の人生も愛の成就もないかのように。

長い語りで構成された圧倒的な言葉のうねりに、息つく間もなく引き込まれる。戦後の時代や風俗もていねいに描かれる。主人公は上野、向島、鳥取、下関と移り、時をも旅しながら、自身の内なる絶対的なものを次第に受け入れ、忠実に生きようとする。これはその受苦と歓喜に満ちた愛の物語である。（富岡幸一郎・文芸評論家）

（集英社・1995円）＝2014年1月23日①配信

終わらぬ戦後、鮮やかに　「日ロ現場史」(本田良一著)

2011年秋から2年間続いた北海道新聞の連載記事284回分をまとめた本書は、「境界」の海での漁業と日ロ領土交渉という二つの現場を追いながら、北方領土問題の入り組んだ構造を歴史的に見渡した力作だ。

根室、ハバロフスク、モスクワなどに赴任経験を持つ著者は、当事者の生の声を丹念に拾い上げる。12年末には元ロシア外務次官へのインタビューから、20年前にロシア側が領土問題解決に向け行った秘密提案の内容を初めて明らかにした。

このスクープは日本外務省の元高官の主張と食い違ったことでも話題になったが、本書の妙味は、やはり北方の海で繰り広げられる合法・非合法の漁の実態を赤裸々につづった部分にあるだろう。連載は「苦悩する現地の実情を浮き彫りにした」として、13年度の新聞協会賞を受賞している。

戦後、ソ連の実効支配下に入った根室近海では、生活に窮した漁民が越境操業してはソ連当局に拿捕(だほ)され、情報提供の見返りに操業を見逃してもらう「レポ船」、強力な船外機で日ロの警備艇をかわす「特攻船」、不法なロシア船と結託した水揚げなどが広まり、北洋漁業でも割当量超過の違反操業が常態化した。

本能のように貪欲に魚を捕り続ける無法者の話のようだが、読み進むうちに、実は彼らの操業形態が冷戦期の国際関係や日ロ領土交渉と正確に連動していることが分かる。そればかりか、国家の作為と不作為、外交政策の変化に振り回されながらも、必死に抵抗する漁民の姿も浮かび上がってくる。

日ロ外交と辺境の海という対極的な二つの現場が、北方領土問題を軸に像を結び、終わらぬ戦後が鮮やかに描き出される構成は、まるで老練な作家の戯曲を読んでいるかのようだ。

島数や面積にこだわる皮相な領土論争が繰り返される今般、本書は現場記者から打ち込まれた渾身(こんしん)の一撃だ。これをどう受け止めるべきか、投げられた問いは重い。(黒岩幸子・岩手県立大教授)

(北海道新聞社・2205円)＝2014年1月23日②配信

心地よい関係、なぜ成立?　「あなたの犬は『天才』だ」(ブライアン・ヘア、ヴァネッサ・ウッズ著、古草秀子訳)

科学ノンフィクションとしては、ずいぶんと大胆なタイトルだと思った。犬が賢い動物だということは広く認められているとはいえ、この犬好きの妄想の香り漂う断言には、犬好きの一人として疑念を抱かずにはいられなかった。

だがページをめくるうち、その思いはきれいに吹き飛んでしまった。間違いない、確かに犬は「天才」だ。ただそれは、人間とコミュニケーションを取る能力という分野に限定されるのだが。

犬の認知能力を研究する2人の著者は、大の犬好き。この科学的発見は、実家のガレージで愛犬と一緒に始めた行動実験がきっかけだった。犬が「天才」である理由。それは人間のジェスチャーを自発的に理解する能力、新たな言葉を覚えるときの推理力、他の犬や人の動きをまねて問題を解決する力が、突出して優れているためだという。

これらはいずれも人間との円滑なコミュニケーションに役立つものばかり。高度な社会性を持ち、人間に近いといわれるチンパンジーも、この点では遠く及ばないというから驚く。

この事実を科学的に証明するために著者は、さまざまな種類や年齢、飼育環境で暮らす犬、オオカミ、ニューギニア・シンギングドッグ、ロシアの無名科学者の命を懸けた実験によって家畜化したギンギツネ、アフリカのコンゴ(旧ザイール)奥地で暮らすボノボなどの元を訪ね、そこで実施したいくつもの調査の結果やデータを紹介する。

魅力的な実験エピソードの数々に思わずほほ笑んでしまう一方で、犬が「天才」であることをパズルのピースがピタリとそろうかのごとく証明されていく展開には、たとえ犬好きでなくても知的好奇心を刺激させられるだろう。

愛犬と一緒に過ごす時間に、心癒やされている人は多い。この心地よい関係が成立するのはなぜなのか?　犬を愛する飼い主にとっての長年の謎に答えてくれる。(片野ゆか・ノンフィクション作家)

(早川書房・2310円)＝2014年1月23日③配信

精神の透明性に触れる

「チューリング」（B・ジャック・コープランド著、服部桂訳）

老若男女がこぞってスマートフォンやタブレット端末に親しむ時代となった。これら現代のコンピューターはことごとく、英国人数学者アラン・チューリングが1930年代につくった理論モデル「万能チューリング・マシン」をベースにしている。だからチューリングの功績は本当に大きい。にもかかわらず、その業績が一般にはあまり知られていないのはなぜだろうか。

という次第で、生誕100年に合わせて書き下ろされたのが本書である。実はこの天才数学者は、同性愛を意味する「著しいわいせつ罪」で有罪となり、41歳の若さで自殺か事故死か分からない謎の死を遂げた。本書刊行の狙いとしては、その名誉回復という面もあったのだろう。

確かに、万能チューリング・マシンのほかにも、数学者としての仕事はたいそう輝かしいものだ。理論面では、ゲーデルの不完全性定理に匹敵する数学基礎論の議論、そして後の人工生命研究につながる生物の形態形成モデルの研究が興味をそそる。また応用面では特に、第2次世界大戦中に難攻不落といわれたナチスドイツの暗号を解読したというエピソードが光っている。

しかし、多分その中で最も興味深いのは「いったい機械は人間のように思考できるのか」という巨大な問題と生涯格闘し続けたことだろう。これは人工知能研究者の永遠のテーマで、まだ答えは得られていない。

ここで大切なのは問題の答えそのものではない。チューリングという人物が、この格闘を通じて希有（けう）の純度にまで精神の透明性を高めていったことなのだ。

著者は論理学を専攻する哲学者である。チューリングのファンでもあるらしく、業績だけでなく人となりも含めて上手にまとめている。この不世出の人物の精神的純度を深く味わうには掘り下げ不足の感は否めないが、手始めにその魅力にふれるには格好の書物と言ってよいだろう。（西垣通・東京経済大教授）

（NTT出版・3045円）＝2014年1月23日④配信

ヨソモノが歩いた福島

「馬喰」（松林要樹著）

東京電力福島第1原発の事故で、立ち入りを制限された区域に残された馬や飼い主たちを追ったノンフィクションだ。ドキュメンタリー監督としての松林の映像は寡黙だが、本書では“物言わぬ馬の魂”が憑依（ひょうい）したかのように熱気をもって語っている。

後ろ盾のないフリーランスゆえのぼやきが読ませる。福島は、馬肉生産で熊本に次ぐ都道府県第2位。馬たちは食用に肥育されるとともに、平将門に由来する神事「相馬野馬追」に欠かせない特殊な存在でもある。津波を生き延びた馬たちは祭事のため殺処分を免れたものの、「汚染」を理由に移動を許されずにいる。馬の「受難」は人の将来を濃密に暗示していた。

松林の最新作「祭の馬」（全国順次公開中）では意外にも、馬たちのハレである祭事の映像がわずかしか登場しない。

理由は簡単だ。何ら利益をもたらさないヨソモノに、伝統を守るムラの男衆は冷淡だった。結果、松林にわき上がったのは、教室の隅に追いやられたガキにも似た反骨心。報道記者たちが寄り集まる輪から自然と離れ、物悲しい眼（め）の馬そのものにひかれたからだ。

なおかつヨソモノの本領は、事故以前からある産業廃棄物処分場の誘致をめぐる利権問題に足を踏み入れ、執拗（しつよう）に車のタイヤをパンクさせられもする。いきおいサスペンスの異臭すら漂うが、それは余談。感動をもたらすのは馬との結びつきだ。

馬は臆病な動物だ。人を見分け、試す。へっぴり腰の松林。カメラを置き、馬小屋の糞（ふん）すくいを手伝いに日参する。個性に気づき、なつく馬も出てくる。そこで知りたいと思うのだ。食肉にするために愛情をもって育てるとはどういうことか。

そこで九州の屠畜（とちく）の現場へ…。次第にロードムービー化し、見えなくなっていく先行き。周辺の細部をとらえ、現場の声を拾うことで見えてくる事情。地球の裏側まで飛んでいくフットワーク。鋳型にはまらない面白さがこの本にはある。（朝山実・ルポライター）

（河出書房新社・1680円）＝2014年1月23日⑤配信

まっすぐに生きる気高さ

「爛」（瀬戸内寂聴著）

恋することと生きることは絡まりあいせめぎあい、ときに人を底深い暗闇に引き込みながらも爛漫（らんまん）と輝かせる。そう痛感させられる物語だ。91歳の作家が描く奔放な女の人生には、読者の心身を根源から揺さぶり目覚めさせてくれる、濃密でみずみずしい息遣いがある。

83歳になる人形作家・上原眸のもとに、友人の大江茜が亡くなったという知らせが届く。出会って以来40年もの間、4歳年下の美しい女友達から折にふれ打ち明けられた恋の歓（よろこ）びと苦しみを眸は思い返し、そのときどきの茜の甘い声や艶やかな表情をよみがえらせる。それは眸自身の人生と恋の記憶をたどり直すことにもつながっていった。

茜の娘や孫から送られてきた手紙。遺品の中にあった茜の古い手紙とノート。パズルのピースのようにさまざまな過去の場面があらわれ、巧みに書き分けられた何種類もの語りの言葉が、ひとりの女の姿を多面的に浮かびあがらせる。

ペルーで過ごした少女期に大人の世界をかいま見、苦悩に満ちた結婚生活を経て、解き放たれた茜は自分の美意識だけをよりどころにして恋に生きた。そのことで他人の人生を狂わせ、いっとき打ちひしがれてもまた恋をする。そんなどうしようもなさを眸だけがわかってくれると思い、いつしかありのままに話すようになったのだった。

眸と茜のやりとりには舞台劇めいた緊張感が漂い、「女の性って、いくつまで保つんでしょうね」などというなまなましい内容の会話さえ、どこか典雅に響く。たとえ社会の道徳や常識から外れても、彼女たちが心と体に正直に、罪も恥も背負ってまっすぐ生き抜いているゆえの気高さがそこに宿っているからだろう。

恋する女たちのほとばしる生命力を受けとめているのは、相手の男たちではなく、眸が作る人形の存在ではないかと思えるのが面白い。制作過程の繊細な描写は静かなエロスを感じさせ、印象的だ。（川口晴美・詩人）

（新潮社・1575円）＝2014年1月23日⑥配信

政治にまみれた出自

「こうしてテレビは始まった」（有馬哲夫著）

最近の若者はテレビをあまり見なくなったといわれるが、それでも人気ドラマや紅白歌合戦の話題は大きく広がる。このように、まだまだ強い影響力を有するテレビはいかにして日本へ導入されたのか。本書はその過程を明らかにする内容だ。

著者は一次資料に徹底的にあたる調査方法で定評がある。機密解除された米中央情報局（CIA）の文書を駆使した「原発・正力・CIA」（新潮新書）では、日本の原子力平和利用の道を開いた元読売新聞社社主・正力松太郎が、実はCIAと関わっていたという衝撃的事実を明らかにした。

本書でも各種資料を網羅する調査方法が継承され、日本側当事者のうぬぼれと捏造（ねつぞう）に満ちた自伝を根拠に「正史」が書かれていたテレビ黎明（れいめい）期について、従来とは次元を異にする精度の高い分析が展開される。

日本のテレビ市場を独占しようとした技術者、アジアの共産化に対する防波堤としてテレビ放送網をつくろうとした反共産主義者、テレビ中継用のマイクロ波通信設備をアジアでの軍事的展開に利用しようとした政治家、軍関係者など米国側の動向が資料を示しつつ描き出される。

こうした米側の思惑を受け止める場所に位置していたのがやはり正力だった。日本へのテレビ導入を進めたがる米国の力をてこに、政界の頂点を目指す自身の権力欲を実現させるべく正力はテレビを利用しようとした。

戦後メディア史の実情を描き出した本書の刊行後、日本のテレビ関係者はあらためて襟をただすべきではないか。というのもテレビは娯楽だけでなく影響力の大きな報道も担う。政治的独立性なしには権力監視という報道の役割は果たせない。

3・11以後、マスメディアはいずれも「御用メディア」呼ばわりに苦しんでいる。ことテレビに関してはイデオロギーと政治にまみれた出自をきちんと清算し、その証しを立ててゆく作業から始める必要もありそうだ。（武田徹・ジャーナリスト）

（ミネルヴァ書房・2940円）＝2014年1月30日①配信

社会矛盾を隠す作法

「『心いじり』の時代」（大森与利子著）

1990年代から2000年代前半にかけて、当時の若者たちの間で流行した言葉がある。「アダルトチルドレン」だ。「機能不全家族の中で育ち、トラウマ（心的外傷）を抱えた私」という物語は、自らを苦しめる「生きづらさ」の原因を、鮮やかに解き明かしてくれるものだった。

「原因」がわかったことで救われた人も知っている。しかし、その一方で親を責め家族を責め、壮絶なバトルを繰り返した果てに命を絶った人も、少なからず知っている。

振り返れば90年代後半から00年代にかけて、この国は「底が抜ける」ような大転換の中にあった。

グローバリズムによる雇用不安、徹底した市場原理の台頭の中で、共同体や家族の関係も流動化し、同時に「自己責任」を内面化する言説が力を持ち始めた時期。就職できず、社会に居場所を得ることができず、自立生活も営めず、しかしそれらすべてが「おまえのせいだ」と言われ続けた若者たちの一部は、追いつめられた果てに、苦しみの原因を「アダルトチルドレン」という物語に求めたのだ。

あれから約10年。気がつけば世の中には、依存症やPTSD（心的外傷後ストレス障害）、社会不安障害といった言葉があふれている。その間にスピリチュアルブームがあり、東日本大震災以降はさらに人々の「不安」が強まっている。そんな需要に応えるように「こころ産業」「セラピー産業」は隆盛の一途をたどる。

心理学の臨床経験が長い著者は、そんな現状に警鐘を鳴らす。それらの作法は時代や社会の構造的矛盾を覆い隠す、「視点ずらし」の「目くらまし」装置ではないのか、と。いくら「心いじり」をしたところで、私たちを生きづらくさせている社会構造が変わらない限り、問題は「個人の心」に押し込められる。

厚生労働省が指定する四大疾病に「精神疾患」が加えられて五大疾病となった今、あらためて「心」と「社会」を問う一冊だ。（雨宮処凛・作家）

（雲母書房・2310円）＝2014年1月30日②配信

不世出スターの素顔に迫る

「サムライ　評伝三船敏郎」（松田美智子著）

三船敏郎は、生涯に150本ほどの映画に出演した。うち黒沢明監督と組んだ作品は16作あり、「七人の侍」「用心棒」などで豪胆なサムライのイメージを定着させた。半面、素顔の彼はスター気取りを嫌い、心遣いあふれる人だった。

本書は、緻密な取材に基づく優れたノンフィクションだ。特に、共演者だった香川京子、司葉子、脚本家の橋本忍らの証言は迫力がある。彼らのコメントで共通していたのは、三船への愛情と感謝の気持ちだった。

三船はせりふや所作を事前に覚えて、台本無しで撮影に臨んだ。「椿三十郎」の撮影中、切られ役が寒さを我慢して地面に横たわっていたのを知りながら若侍役の俳優が出前のラーメンを食べていたことに怒り、彼らを本気で殴ったという。

このようにおとこ気にあふれていたが、私生活では女性関係と酒癖の悪さで周囲を悩ませる。幸子夫人との離婚裁判と別居、愛人との内縁生活。酒の度が過ぎると、時に暴力沙汰を起こした。

「蜘蛛巣城」の撮影の際には本物の矢を射かけられ恐怖にふるえた。そのため酒の勢いにまかせて刀を手に、怒鳴りながら黒沢監督の宿舎の周りを車で走り回ったとか。同監督とのコンビは65年の「赤ひげ」を最後に解消するが、この時期を境に両者の背離が進んだと関係者は証言する。

晩年は愛人との関係を断ち、一人暮らしを始めた。長男・史郎夫妻と過ごす時間が多くなり、認知症の症状が出たころに幸子夫人と再会。心の安らぎを取り戻すくだりに胸を締め付けられる。

不世出のスターが見せた豪快さと繊細な気配り。著者はその原点を、上官として少年兵を特攻で死地に送った軍隊時代の体験に求める。三船プロの社長室には武者小路実篤の書〈この道より　我を生かす道なし　この道を歩く〉の額があった。剛直さを貫いた三船の人生に、現代では見失われた男の心意気をうかがうことができる。（高沢瑛一・映画評論家）

（文芸春秋・1575円）＝2014年1月30日④配信

メディアめぐる覇権争い　「アップルvs.グーグル」（フレッド・ボーゲルスタイン著、依田卓巳訳）

最近の日本人のライフスタイルを調べていて驚いたのは、若年層、とくに20代前半女性のスマートフォン依存だ。昨年の調査では1日平均の利用時間は200分を超えている。睡眠時間を除けば1日の5分の1近くはスマホに触れている。

本書は、そのスマホの代名詞であるiPhone（アイフォーン）を売るアップルと、他のほとんどのスマホを動かす基本ソフト「アンドロイド」の提供元グーグルとの確執を描いた記録だ。

いまから10年ほど前、アップルもグーグルもスマホの可能性に注目してプロジェクトを開始する。当時、両社の共通の敵はマイクロソフトで、グーグルはアンドロイド計画があったにもかかわらず、iPhoneの開発に全面協力する。

アップルは、ハードウエア（製品本体）とソフトウエア（基本ソフト）を同時に開発するので調和のとれた商品を作れるとしばしばいわれる。ところが本書を読むと、アップル社内のハードウエアとソフトウエアの部門の間には確執があり、両方に精通した人物はいなかったことが分かる。

2007年にiPhoneは米国で発売され、歴史的な成功を収めたが、翌08年にグーグルのアンドロイド搭載のスマホが発売されると、アップルのスティーブ・ジョブズは激怒し、グーグル陣営と敵対することになる。

なぜそんなことになったのか当時のニュースで不思議に思えた対立の背景が、本書の登場人物たちの証言を追うと見えてくる。世界を変えた製品は、いささか常軌を逸した、血みどろともいえる葛藤と執念と技術のルツボの中から生まれてきたのだった。

いまやスマホやタブレット端末は、テレビを超える「時代のメディア」の装置になりつつあり、アップルやグーグルなどの覇権争いはさらに激しくなっている。一方で、少数の天才だけで作ったのではないと知ると、日本にもまだチャンスがないわけではないと感じさせてくれる本でもある。

（遠藤諭・角川アスキー総合研究所主席研究員）

（新潮社・1680円）＝2014年1月30日⑤配信

迫力ある警告リポート　「滅亡へのカウントダウン（上・下）」（アラン・ワイズマン著、鬼澤忍訳）

かつてこの惑星を「宇宙船地球号」と呼び、限りある資源をうまく活用しないと自滅するぞと警告した賢人がいた。その警句もいつの間にか忘れられ、今またわれわれは、破滅へと突き進みつつあるのだろうか。

気候変動、砂漠化、化石燃料や水資源の枯渇、中国の大気汚染、人口爆発、宗教・民族対立など、懸念材料だらけだ。

本書は、その元凶を人口爆発と特定して世界21カ国を取材した迫力あるリポートである。現在の世界人口は70億超だ。「もしも人類がこのまま軌道修正しなければ、二一〇〇年の世界人口は一〇〇億以上になるだろう」と著者は警告する。

かつて経済学者や為政者たちは、経済発展、富国強兵には人口増しかないと信じ、そのための政策をとった。だがそれは、乳幼児死亡率が高いうちのこと。人口が増える一方で食糧生産、経済発展が追いつかなければ、増えた人口を支えられなくなる。高収量作物の開発は一時的には有効だが、結局はさらなる人口増をもたらす。それがパキスタンやインド、アフリカ諸国の窮状の構図だ。

あふれた若者は職に就けず不満のかたまりとなる。労働力不足に悩む先進国に移住しても、景気が後退すれば深刻な問題が起きる。

ではどうする。強制的な産児制限は禁じ手である。インドのインディラ・ガンジー政権は、強制的な断種手術を強行後、瓦解（がかい）に至った。

だが発展途上国の女性が自分の意思で避妊できるようになれば人口増にブレーキがかかる。そのために必要なのは、女性の教育と安価で安全な避妊手段の提供だという。

著者は、日本は人口が減り始めた初の先進国だと言う。しかも大震災を経て多くの日本人が物欲に懐疑を抱いたとみる。もしかしたら今の日本こそ、宇宙船地球号の乗員の中で範を示せる立場にあるのかもしれない。目先の人気取りの政策に踊らされることなく、未来を見据えた正しい選択をすることで。希望はまだ残されていると信じたい。

（渡辺政隆・筑波大教授）

（早川書房・上下各2100円）＝2014年1月30日⑥配信

魔術的リアリズムの快作

「穴」(小山田浩子著)

非正規社員として働いていた「私」が、夫の転勤をきっかけに仕事を辞める。おなじ県内での引っ越しだったが、夫の実家の隣にある一軒家に家賃なしで住めることになったのである。

正社員の欠勤が多かったため残業つづきだった職場で、非正規社員の友人にそのことを報告すると、専業主婦になれるなんて夢のようだと言われる。その年上の友人は、同棲(どうせい)している恋人の給料が安く、いつか子供も産みたいと思いながら、産休も育休もとれない立場で、結婚にも踏み切れない状態である。

そうした現代日本の疲弊した労働環境から自由になった「私」に、ばら色の主婦生活が訪れるかといえばそうではない。お金が余っているわけではなく、どうしてもしたい仕事があるわけでもなく、30歳になるが世話をする子供もない「私」は、たった1日でそのなにもすることのない生活に退屈する。提出すべき宿題もないまま、永遠に終わらない夏休みに放り込まれたような気分だ。

友人が多く、携帯電話を手放さない夫。正社員として働きつづけている義母。仕事と趣味に忙しく、ほとんど家を空けている義父。いつ見ても庭に水をまいている義祖父。することのない「私」だけが異邦人のようだが、そのせいか近所に不思議な獣がうろついていることに気づき、その獣に導かれて実家の敷地で無為に過ごす男に出会う。

現実がそのまま夢の世界になり、そこで起きる夢のような出来事が現実以上に生々しい。ゴーゴリ的ともカフカ的ともいえるが、現代日本の女性が社会から仕事と出産の両方を強いられ、無意識のうちにはまり込む「穴」を魔術的なリアリズムで描いた快作だ。

その表題作のほか、第1作品集「工場」に収められた短編「ディスカス忌」の後日譚(ごじつたん)である「いたちなく」「ゆきの宿」も、民話のように若い夫婦を描いていて味わい深い。実力派の登場を告げる、読みごたえのある第2作品集である。

(田中和生・文芸評論家)

(新潮社・1260円)=2014年2月6日①配信

少女の心に分け入る

「雪月花黙示録」(恩田陸著)

本を開いてすぐに、これは“映画”だと気づく。花と蝶(ちょう)の模様の緞帳(どんちょう)が上がり、見開きいっぱいにタイトルが出て、作者の名前が暗闇に浮かびあがり、お話が始まる、というわけである。

七つの物語の舞台は近未来の日本。伝統回帰主義を取る「ミヤコ」は、企業の利益と個人の快楽を追求する「帝国主義エリア」に対して鎖国状態で臨み、対立している。

ミヤコの最高学府は独立した共同体で、やんちゃな少女剣士や名家の御曹司である生徒会長が登場し、彼らに謎の第3勢力「伝道者」がからむ。

SF、ファンタジー、アクションなどの要素を持つ本書の奥底には、本筋とは別に、かすかな感情が一筋流れている。

たとえば少女剣士は、異様な玩具が帝国主義エリアからミヤコに持ち込まれたことを仲間に言えない。玩具を目にしたとき、一緒にいた男にねだって金魚を買ってもらったことも話さなければならない気がしたためだ。

共同体の危機より男との秘密を優先したのは、恥やプライドからではない。男に甘える行動を取ったことを、自分で認めるのが怖いのだ。

別の少女は、軟禁された豪華ホテルから脱出する際、アメニティーグッズを持ち帰ろうと考える。展開が大胆でバトルが派手なほど、こういう小さなシーンが心に残る。本書は、女の子の感情に屈辱や愚かさといったありふれたラベルを貼ることなく、心のひだに分け入って、丁寧に気持ちをすくいあげた少女小説でもあるのだ。

中盤、ある危機を回避した後で、少女剣士は仲間の前で同じ男にまた金魚をねだる。このやりとりで、もう心が揺れることはない。愛すべき初(うぶ)さの解消は、ちょっとさびしい気もする。

再び映画をほうふつとさせて本書は終わるが、花と蝶の色が変わり、天地がひっくり返っている。少女たちは変容を繰り返し、いつしか大人になる。そんな暗示が読み取れるエンターテインメント。(間室道子・代官山蔦屋書店コンシェルジュ)

(角川書店・1680円)=2014年2月6日②配信

先人の試行錯誤の痕跡

「キッチンの歴史」(ビー・ウィルソン著、真田由美子訳)

包丁や鍋、箸にスプーン。食べることに道具はつきものだ。だが、普段使っている料理器具がどのように生まれ、改良されてきたかを知る人は恐らくまれだろう。

本書は、これまであまり顧みられてこなかった料理道具の歴史を「計量する」「冷やす」などの八つの切り口でひもといていく。数十万年前のあぶり焼きから、最先端の真空調理法まで、フードライターである著者の視野は驚くほど広い。古今東西の時空を行き来しながら、料理のテクノロジーがいかに人々の食習慣や食文化を変えてきたかを軽妙につづっている。

例えば刃物の使い方一つを取っても、フランス料理では作業ごとにナイフを使い分けるが、中国料理では中華包丁1本で何でも細かく切って調理する。そのため中国では、食事の際に箸だけで事が足り、ナイフは必要ない。つまり、調理法の違いが食べ方の違いにもつながっているのだ。

あるいは統一した計量法がなかった中世、バターの量を木の実や卵の大きさで表現していた。また、オーブン温度計がなかった19世紀には、キッチンペーパーの焦げた色味で内部の熱の高低を判断していたという。温度や時間、分量をはかる道具が登場して初めて、人々は正確なレシピを手に入れたのである。

印象的なのは、1990年に誕生した縦型の皮むき器についてのくだりだ。著者は、この人間工学に基づいた新しい道具を、手になじみやすいという理由で、産業革命以前に人々が自分の手に合わせて自作していた物と重ね合わせる。そのことは、ハイテクであろうがなかろうが、道具に求められるものは本質的に変わらないということを示している。

キッチンの引き出しに収まっている物に残された、さまざまな時代の痕跡。使われ続けてきた物と、消えていく物との違いは、どこにあるのか。先人たちの試行錯誤を通じて、食とテクノロジーの未来を考えさせてくれる一冊だ。(澁川祐子・ライター)

(河出書房新社・2940円)=2014年2月6日③配信

正しく問うことの難しさ

「モンティ・ホール問題」(ジェイソン・ローゼンハウス著、松浦俊輔訳)

この本、まず章立てからして、すごい。

1章「代々のモンティ」、2章「標準的モンティ」…7章「哲学的モンティ」、8章「最後のモンティ」。目次はひたすらモンティ、モンティ、モンティ…。

読者の多くは、この時点で「モンティってナニ?」と目が点だろうが、著者はそんなことお構いなし。とにかく「モンティ」について語りたいことが、あふれんばかりにあるのである。

モンティ・ホール。かつてアメリカで人気を博したテレビ番組の司会者の名だ。番組の中のゲームを題材にして、全米で確率の計算の絡んだ激しい論争がわき起こった。

それは3枚ある扉のどの裏に車が隠れているかを当てる、たわいないゲーム。ところが、どう扉を選ぶのが最適かを考えだすと、一流の数学者でさえつまずいた。

とはいえ、いまや問題は完全に解かれて、往年の熱狂も静まった。その正解を解説するだけなら、数ページで十分だろう。

ところがこの本は、まるごと一冊モンティなのだ。いったい何をいまさら、と初めは僕もいぶかしく思った。

が、読み進めていくうちに次第にわかってきた。これは問題の「解き方」の本ではなく、「問い方」の本なのだ。

数学は確かに計算と論証の学問である。しかし、その計算と論証に先立って「何を計算し、何を論証するか」を決めなければならない。そして、ここでこそ、数学者の創造性が問われる。

数学の問題の難しさの本質は、それを「正しく問う」ことの難しさにある。「モンティ」を通して、著者はそれを鮮やかに描いてみせる。

正しい問いに正しく答えるのが計算であり、論証だとすれば、それはコンピューターの得意とするところだ。一方、その問いを発し、解ける形に造形する過程に、人間ならではの創造が宿る。

本書はこうして、確率の素朴なクイズにはじまり、数学的創造の本質にまで迫る。いやはや、モンティは侮れない。(森田真生・独立研究者)

(青土社・2730円)=2014年2月6日④配信

射程の長い連続的な研究　「日本の戦争と宗教　1899―1945」(小川原正道著)

本書は、19世紀末から太平洋戦争終戦までという特定の期間における日本の戦争と宗教の関係について論じている。しかし読者は、本書の射程が、その前後に長く延びていることに気づかされるだろう。

太平洋戦争期における軍、外務省、文部省と宗教の緊密な関係については膨大な先行研究があり、よく知られているが、著者はその時代を特異な時期として孤立させることなく、むしろ本書全体を「時代連続的な研究」として叙述している。

著者は本書の前編ともいえる「近代日本の戦争と宗教」(2010年)を著している。それを「前奏曲」、本書を「交響曲」と見なしているように、戦争と宗教をつなぐ論理は、すでに明治期に胚胎(はいたい)し、それが昭和期に向かって、より緻密になっていく。ただし、当初、対立的な関係にあった仏教とキリスト教が20世紀に入ってから、国家の宗教政策のもと協力関係を持つようになるなど、見逃せない変化もある。

満州事変以降、神道、仏教、キリスト教が海外で布教の範囲を拡大しつつ、支配地域での宣撫(せんぶ)工作に従事していたという事実を知るとき、日本がアジア諸国をどのように見ていたかだけでなく、アジア諸国からどのように見られていたかを想像することになるだろう。本書は、この点を今後の課題としているが、読者にもその未完の問いは投げかけられている。

西洋列強に対抗できる近代国家の建設を目指して日本は邁進(まいしん)し、宗教もその一翼を占めてきた。では、戦後社会ではそうした過去の歴史の反省を踏まえ、国家と宗教は「相互依存」関係を持たなくなったのだろうか。

憲法改正、小中学校での道徳の教科化、高校での日本史の必修化という議論を今後に控えた状況において、それらを単に安倍政権成立以降の短い時間軸で捉えるだけでなく、むしろ「時代連続的な視座」をもって考えていくことを、本書は促してくれているようである。(小原克博・同志社大教授)

(講談社選書メチエ・1785円)＝2014年2月6日⑤配信

話し言葉の学びやすさ　「驚くべき日本語」(ロジャー・パルバース著、早川敦子訳)

新年度が近づいてきた。新年度といえば外国語を学び始める季節。大学時代はロシア語を第二外国語として学んだが、語形変化の複雑さについていけず、20年後にボリショイサーカスを観(み)たとき、観客を見送る団員に「オーチン・ハラショー!(最高!)」と言えたのが唯一役立った場面だ。

ひるがえって外国人にとっての日本語はどうか。われわれ日本人は、外国人が日本語の深い意味や曖昧さを理解するのは困難だと考えがちだが、アメリカ英語を母語とする著者は、話し言葉としての日本語はむしろ学びやすい言語だと言う。

日本語を含む3カ国語を著者が短期間に習得できたのは、外国語を母語に置き換えて覚えるのではなく、一度自分の頭を白紙状態にして言葉と物事を直接結びつけたこと、その言語を話す人々や文化に旺盛な好奇心を持ったことによると言う。

特に日本語が学びやすかったのは文法構造の単純さにあるらしい。文の要である動詞に注目すると、語形変化はそれほど多くなく、動詞に別の要素を付けるだけでさまざまな表現が作れる。本書の書名は、日本語のこうした驚くべき簡便さと柔軟性にも基づいている。

日本語は曖昧だといわれるが、日本語自体が曖昧なのではなく、自己主張よりも集団の和を優先する日本人の表現方法が表面的に曖昧なのだと著者は言う。言語と言語使用を区別して論じている点が説得的である。

本書後半では、日本語の響きの美しさを述べる。非母語話者でもここまで感じられるのかと驚きつつ読んだが、日本人がそれに気づくことが、本書の目的の一つかもしれない。オノマトペ(擬音・擬態語)もそうした美しさを持つ言葉だが、それを自在に操った宮沢賢治の巧みさも紹介する。

これから外国語を学ぶときの秘訣(ひけつ)が得られるとともに、日本語や日本文学を研究する際の導入ともなろう。訳者は翻訳論を専門とする親友で、よどみなく最後まで読める。(尾崎喜光・ノートルダム清心女子大教授)

(集英社インターナショナル・1050円)＝2014年2月6日⑥配信

喜劇の顔をした怖い小説　「帰ってきたヒトラー（上・下）」（ティムール・ヴェルメシュ著、森内薫訳）

現代のベルリンによみがえったヒトラーが、そっくりさん芸人としてテレビ界の人気者になっていく―。彼と周囲の人々の、ボタンの掛け違いから生じるスラップスティック（どたばた喜劇）の体裁をとった、けれども内実は恐ろしい小説だ。

ドイツは法律で、ナチスのスローガンやシンボルの利用を禁じている。いかにそのへんをすり抜けて説得力ある物語を展開するか、作者のお手並み拝見という興味もそそる。

たとえば、テレビ局側の言い分にヒトラー氏が同意して、「〈ユダヤ人〉は冗談のネタにはしない」と番組で触れないことにする。そう、ヒトラー氏にはまさに冗談ではない重大問題なのだ。こうしたすれ違いが苦笑や爆笑を巻き起こす。

ナチス風の服装や敬礼は、創作の中ではお目こぼしのようだ。この作品がドイツでベストセラーになったことから、この架空の設定が好意的に受け入れられたことが知れる。領土問題や政党批判、道徳的退廃の糾弾では、ヒトラー氏はかつてと同じ主張をぶちあげる。人々はそれを、すれすれのところで現実と食い違いをきたさない過激な意見、時には大胆不敵な批判として楽しむのだ。

ヒトラー氏は、インターネットを駆使する。動画投稿サイトに出たことがきっかけで、ブレークした。自身のウェブサイトも運営する。そういえば、プロパガンダによる大衆操作は、ナチス時代に完成されたのだった。よみがえったヒトラー氏は、手段をラジオと映画からテレビとインターネットへと変えただけだ。

柔軟な判断力と不屈の意志を持った、良識的な人物として造形されたヒトラー氏とつきあううちに、歴史上の彼を怪物として決着をつけたつもりでいいのか、過去と現在は地続きなのではないかとの疑念が高じ、意外なラストに「冗談じゃない」と震え上がるのだ。

翻訳者が、歴史的事実や現代ドイツの社会風俗を注釈をつけずに読みやすく訳し切った。（池田香代子・作家、翻訳家）

（河出書房新社・上下各1680円）＝2014年2月13日①配信

歴史の地層と見事な対照　「渡良瀬」（佐伯一麦著）

東京での暮らしに見切りをつけ、幼い子供3人を抱えた若い夫婦が、北関東の古河（こが）という町に引っ越してくる。長女は会話がいっさいできなくなる緘黙（かんもく）症に苦しんでおり、長男も川崎病と診断されている。

主人公である父親の拓は、長く続けた電気工の仕事で体を弱めている。電気工の仕事のかたわら、家族の陥った困難な状況を題材にして小説を書く作家志望の夫に、妻は不満を募らせている。古河への転居には、そんな家族の立て直しへの期待も掛けられていた。

昭和天皇の危篤が報じられる慌ただしい世相のなか、拓は工業団地での電源切替盤の製造という職を得る。職人肌のベテラン工員がもつ配線の美学を知り、拓はこのあらたな仕事に、次第にやりがいを感じていく。

この小説の背後には、渡良瀬川がゆったりと流れている。万葉集に「許我」として歌われ、室町・戦国時代にかけては古河公方（くぼう）が在所したこの地は、近代には足尾銅山鉱毒事件の舞台となった。渡良瀬川にのぞむ土地が抱える幾重もの歴史の地層は、人体における血管の比喩としても捉えられそうな電気回路というミクロコスモスと、見事な対照をなしている。

佐伯一麦は、デビュー時から実体験を文学作品に刻み込んできた「私小説」の作家である。作家自身にとっても、古河で過ごした時代は大きな過渡期だったようだ。

佐伯は初期の掌編「古河」で、この地を一度描いている。そのときは粗いスケッチにとどまっていたモチーフを、こまやかな筆致で長編として描き直したのが本作である。1993年から96年まで文芸誌「海燕」に連載され、その休刊にともない未完のまま残されていたが、約20年の時を経て完結したのはよろこばしい。

期せずして四半世紀近くを経たことで、この小説は、その間に流れた平成という時代の意味を起源から問い直す作品になった。（仲俣暁生・編集者、文筆家）

（岩波書店・2310円）＝2014年2月13日②配信

刺激的な逆転の心理学

「嫌われる勇気」（岸見一郎、古賀史健著）

なかなか刺激的だが、読み終わると、なるほどとうなずけるタイトルである。確かに昨今の傾向としては、あまりにまわりと同じであろうとし、自分は自分でいい、と思い切るのが難しい若者が多い。

しかし、まわりがどうであっても、いかに幸せになりにくい社会であっても、自分を幸せにできるのは結局、自分である。自分を幸福にするにはまず、他者に合わせ他者の承認を求めるのをやめて、時に嫌われることも恐れない勇気が必要である。

心の病や不幸の原因を過去に求める心理学が多い中で、本書が扱うアドラーの心理学はトラウマ（心的外傷）を否定する。

過去がどうであろうと、いま不幸なのは自分が不幸なままでいることを選択し続けているからだ。自分を不幸にしている自分の考え方や生き方―アドラーの用語では「ライフスタイル」―は、変えようと思えば自分で変えることができる。人間には、過去や他者を変えることではなく、いま自分を変えることによって幸せになる自由と力がある、というのだ。

しかし、自由とは独善的になることではない。むしろ、人生の問題のすべては対人関係だ、とアドラーは言う。自由になるとは、対人関係のカードを、相手から自分に取り戻すことである。

いったん対人関係への執着から自由になることで、かえってより大きな人間の共同体に貢献できるようになり、他者を仲間だと見なし、世界には自分の居場所があると感じられるようになること、つまり「共同体感覚」が満たされることこそ真の幸福なのだという。

他者に貢献することで自分を幸福にするという逆転の発想が、哲人と青年の対話という形式で語られており、岸見氏の論旨明快な原案と古賀氏の文章力が相まって興味深く一気に読みとおせた。

評者と意見が異なる部分もあるが、一つの明快なアドラー解釈が示されていて、刺激的な読書体験だった。（岡野守也・仏教心理学者）

（ダイヤモンド社・1575円）＝2014年2月13日③配信

冷戦に翻弄された帰還

「シベリア抑留者たちの戦後」（富田武著）

日本人にとって、日本兵のシベリア抑留は、加害者責任と被害者感情が入り交じった、不条理ともいえる深刻な体験だった。その悲劇は、哀調を帯びた「異国の丘」が流行歌となって映画化もされたほか、体験記や小説、絵画などの秀作によって悲惨な歴史としてよく伝えられている。

中国奥地などへ侵略した日本兵らは、ソ連軍による武装解除後、捕虜としてシベリアに送られ、長きは11年にもわたって拘束され、飢えと寒さと重労働を耐え忍んだ。その数は六十数万人、故郷を踏めなかった死者6万人以上ともいわれている。

この本のテーマは、極限状況下の人間ドラマや人間の尊厳と崇高さ、精神力の証明などの文学的、哲学的な分析ではない。世界史上の米ソ冷戦が、抑留者に与えた影響である。いわば国際政治の力学に翻弄（ほんろう）された、人間集団の研究ともいえる。

ソ連が満州や樺太、カムチャツカから、捕虜をシベリアなどへ移送したのは、主には極寒の地を開発する囚人労働のためである。が、この抑圧された集団の中で、旧軍隊の階級制度の残存と特権を批判する「反軍闘争」がはじまった。

それはソ連側の政治教育と共鳴してイデオロギー的な「民主運動」となり、6万人以上の将兵が連署するスターリンへの感謝状さえあらわれる。帰還後に日本共産党に入党する者も多かった。

本書は冷戦のあおりで帰還事業が遅れた経緯をソ連側資料にもあたり、共産主義者と保守派との対立や国家間の駆け引きを描いた労作である。だが、六十数万人におよぶ、長期抑留者と囚人労働という負の体験が、戦後の日本にどんな影響を与えたのか、この本でもなお解明しきれていない。

シベリア抑留とはなんだったのか。敗戦から70年近くなるのに、ここでも「戦後」がまだ終わっていない現実を突き付けられる。巻末に紹介されている、捕虜体験の記録集発刊に尽力した、元抑留者の高橋大造の生涯は痛切である。（鎌田慧・ルポライター）

（人文書院・3150円）＝2014年2月13日④配信

正義に命懸ける儒教精神　「中華人民共和国史十五講」（王丹著、加藤敬事訳）

臨場感、臨場感、臨場感！　天安門事件の学生リーダーだった人物として著名な王丹が中華人民共和国史を台湾の大学で講義した内容だから、その熱気とライブ感覚が際立っているのは当然だ。

韓国でも、1980年代の民主化を主導した勢力が2000年代に盛んに「新しい大韓民国史」を大学で講じ、書籍を出版した。その臨場感はものすごいパワーを持ち、読者を興奮させ、政治や社会をつくっていく主体としての自己を一人一人に確認させた。

王丹のこの本では、大躍進運動や文化大革命に関する叙述も舌鋒（ぜっぽう）鋭い批判でぞくぞくするが、やはり89年の天安門事件を語るところでは、映画の脚本を読むような感覚が起こる。ところどころ、「4月18日朝、王丹は何々をした」といった形で自分の行動に言及しているのも一興だ。王丹が89年に天安門でした行動について、後に彼自身が大学で講義しているわけだ。

王丹と同世代である中国の40代くらいの知識人たちと酒を飲むと、「あのとき、なぜ部隊は長安街で武力鎮圧する必要があったのか」ということで彼ら同士の延々たる議論が始まる。実際は、主な虐殺が起きたのは天安門ではなく長安街だったのだ。武力行使の正当性の問題と、もう一つは、「天安門のヒーローたちのその後の人生における道徳性」を、彼らは口角泡を飛ばして議論する。

これは、80年代の民主化運動を闘った韓国の学生たちと全く同じだ。彼らの関心はひたすら、道徳性、道徳性、道徳性なのだ。そしてこの道徳性は、生命を持っている。不正に対して沈黙すれば、この道徳的生命は死ぬと認識されている。これはまさに正義に命を懸ける儒教的精神だ。

エリートには、社会の道徳的生命を生き生きとさせる責務がある。これが東アジアの政治的エネルギーの一つである。中国でこのエネルギーは、いつの日か再び噴出するだろう。儒教的エリートは死なない。その声を聞こう。（小倉紀蔵・東アジア哲学研究者）

（ちくま学芸文庫・2100円）＝2014年2月13日⑤配信

千年後への批評的な考察　「ベッドサイド・マーダーケース」（佐藤友哉著）

表題通り、血塗られた場面から始まる。寝室で妻が殺されている。そして、まだ年若い夫が呆然（ぼうぜん）としている。じつに凄惨（せいさん）な光景…。

大事件が起こっているのにもかかわらず、そっけないほど淡々とした、ストレートな文体でつづられているのが、印象的だ。その結果、独特の違和感が醸し出される。長きにわたって行われてきた連続妊婦殺人事件の一端だった、という衝撃的な状況であるにもかかわらず、どこか遠い世界の出来事であるかのようにも、思えてくる。

やがて事件が迷宮入りになりかけたため、夫たる語り手は、独自に調査を開始する。そのプロセスの、何と奇妙なことか！

まるで、喪（うしな）われたリアリティーを取り戻そうとするかのような案配なのだが、不可解な事件にふさわしく、物語はクセのある登場人物とともに、予測を根本から裏切る方角へ進んでいく。

一番驚いたのは、なんとこの世界自体が、放射能汚染による人類滅亡の危機を乗り越えた千年後の話だったということだ。

ミステリーだと思っていたらSFだったとは！　いささか突飛（とっぴ）すぎるだろうか？　しかし、だからこそ、事件の謎も、事件を生み出さざるをえなかった世界の秘密も、文明批評的に考察されることになったのである。

はたして千年後の世界観と殺人事件は、どう関わっているのか。

それは読んでのお楽しみとして、さて、千年後の世界といえども、相変わらず現状維持型の保守派思考と変革型思考とがゆるやかな闘争を続けているのは、甚だ興味深かった。そのなかで、繰り返される「ワスレルナ」というキーワードの重要性にも目を開かれた。

汚染と妊婦の関わりが、子殺しと父性との関係性とどう絡み合っていくのか。福島の原発事故後の視点から父や家族を再考する、何ともユニークなSFミステリーだ。（小谷真理・文芸評論家）

（新潮社・1575円）＝2014年2月13日⑥配信

外の世界へレールをつなぐ

「ターミナルタウン」（三崎亜記著）

「我田引鉄」という言葉をご存じだろうか。政治と密接な関わりをもつ鉄道敷設事業で、政治家が票田である地域を潤そうと、自らの選挙区に新路線を誘致することを揶揄（やゆ）した造語である。本書を読んでいる間中ずっと、この言葉が頭にあった。

本書の舞台「静原町」はターミナルタウンとして発展した。ターミナルタウンとは、複数の路線が発着する分岐点にあり、鉄道産業に特化した町のことである。しかし、いまや通過駅と成り下がったこの町に、かつてのにぎわいはない。駅の衰退とともに町は荒廃の一途をたどっている。

そんな政治に翻弄（ほんろう）され、ただ懐古的に暮らす人々の日常が、著者の持ち味ともいえる静謐（せいひつ）かつ、不思議な世界観で紡がれてゆく。

広大なニュータウンにたった独り暮らす「影を失った男」。駅前にある「存在しないタワー」の補償金で暮らす商店街の人々。生けるトンネルを育てる「隧道（ずいどう）士」という職人集団。生活を守ることに手いっぱいの彼らは、いつのころからか駅の西側と東側に別れて、それぞれに暮らす。その確執の背景には、過去に起きた悲しい列車事故と、歴代の町長が受け継ぐある秘密があった—。

読めば誰しも、この町の置かれた状況に同情しつつも、こう思うだろう。他人が引いたレールの上を走るだけでは得られるものは何もないと。

レールとは統一規格の象徴である。物流の要であると同時に、つながれた場所と場所とを均一化させるものであるともいえる。町の外から引かれるのを待つのではなく、自発的に、能動的に外の世界へとつなげてゆくべきものではないかと、この物語は私たちに問いを投げかける。

真の意味での町の魅力とは、そこに根づき日々を暮らす住人同士が、その町の空気を吸いながら、ともに育んでゆくものだ。自分の住む町に暮らす人々の顔を思い浮かべながら、大きくひとつ息を吸い込んだ。（松本大介・さわや書店フェザン店次長）

（文芸春秋・1785円）＝2014年2月20日①配信

気詰まりな場面の味わい

「月日の残像」（山田太一著）

本書は、「ふぞろいの林檎たち」「男たちの旅路」などのテレビドラマで知られる名脚本家、山田太一氏が2004年から昨年まで季刊誌「考える人」に連載したエッセーを集めたものである。

書名が示すように、ここで描かれるのは、いま山田氏の周囲で起きているなまなましい出来事というよりも、過去に起きたさまざまな出来事の記憶＝「残像」である。

1934年生まれの山田氏が、幼少期の戦中から戦後にかけて母や兄を病気で次々と失った思い出や、松竹に入社して新米助監督として働きだしたころの経験、さらには、木下恵介や市川森一ら亡くなった知人をめぐる逸話や、若いころに自分で作っていた本の抜き書き集を利用した回想など、いずれも自分の過去の記憶へと沈潜していくことを通して、現在の時間の流れとずれた異世界を読者の前に現出させるような味わいを持っている。

その不思議な味わいの核心にあるのは、「気詰まりな場面」とでも呼ぶべき山田氏独特の状況描写だと思う。

例えば、師匠・木下恵介の誕生日（いつもなら自宅で盛大な誕生日会を催す）を忘れていた山田氏が、その日、一人でレストランに呼び出されてそう告げられたときの激しいうろたえぶりや、中学のころ数年間同居していた義母に十数年たって電車の中で出会った際、相手が自分に気づいたのに顔をそむけたまま何駅も過ぎていく光景など。

こうした気詰まりな場面は、実は誰もが日常の中で遭遇していながら、恥ずかしさのあまりなかったことにしているような出来事だろう。山田氏は、そうやって私たちが心の底に眠らせている負の記憶と感情を、自らの負の思い出を語ることを通して揺さぶってくる。

それが本書の魅力だとすれば、山田氏の数々の名作ドラマもまた、数々の気詰まりな場面によって私たちを魅惑していた事実を思い起こさせる。そう読めば本書はより味わい深いものになるだろう。（長谷正人・早稲田大教授）

（新潮社・1680円）＝2014年2月20日②配信

人生の停滞期に光ともす

「彼女の家計簿」（原田ひ香著）

人生には先の見えない時期がある。仕事、結婚、育児に介護。とりあえずの今日をどうにかやり過ごすことに精いっぱいで、いつまで、どこまで、頑張ればいいのかとため息をついた経験は、おそらく誰にでもあるだろう。

本書はそんな人生の停滞期に光をともす、優しくもしたたかな長編作だ。

語り手のひとり、32歳の里里は、2歳半になる娘をもつシングルマザー。両親は離婚しており、母の朋子は幼いころから里里に冷淡で、実家には頼れない。里里は仕事と育児に追われながら、せわしない日々を懸命に生きていた。そんなある日、朋子から1通の封書が転送されてきたことから物語は動きだしていく。

差出人の三浦晴美という名前に見覚えはない。添えられた朋子の手紙には「私には必要のないものですので、あなたに送ります」とある。同封されていたのは、五十鈴加寿という女性が記した昭和17年から始まる数冊の家計簿だった。

里里は中学生のころ、母のいとこから、祖母ははるか昔に外に男をつくって心中した、と聞かされていた。しかし、家計簿の送り主である晴美によると、五十鈴加寿なる女性は定食屋を営み、平成の世まで生きていたという。加寿が自分の祖母だとしたら、そこにはどんな事情があったのか。里里は自分のルーツを知るべく、日記代わりにも使われていた家計簿を読み進めていく。

祖母と母。母と娘。もつれた糸を解く鍵となる、波乱に富んだ加寿の記録が、「今」を生きる里里の支えとなっていく過程が読ませる。と同時に、家計簿を通じて里里と出会う、独身のまま仕事にまい進する晴美の視点からも語られる構成がいい。

それぞれに、過去にとらわれ、重い現実を抱えた里里と晴美は、それでも前を向き自分の足で歩きだす。人は何のために生きるのか。時代を超え、立場を変え、女性の自立を描く本書は、読者の明日の力となるはずだ。（藤田香織・書評家）

（光文社・1575円）＝2014年2月20日③配信

芸術の自立性求めた時代

「戦争俳句と俳人たち」（樽見博著）

戦争俳句といえば「戦争が廊下の奥に立つてゐた」（渡辺白泉）、「やがてランプに戦場のふかい闇がくるぞ」（富沢赤黄男）。ともに最高水準の文学的達成と思う。銃後俳句と前線俳句の例である。

本書は山口誓子、日野草城、中村草田男、加藤楸邨の4人を取り上げ、戦前・戦中の句作と言動を検証する試み。後半では、当時刊行された俳句入門書などから戦争俳句が生まれる背景が探られる。とはいえ、やがて戦後70年。戦争責任を追及するものではない。ただ時代の重圧が表現者たちに与えた影響を測定したいだけだ、とある。その思いを強めたのが、3・11後の被害報道の類型化されたイメージだったという。誰もが「本当の言葉をもっているか」を自問すべき時だ、と。

俳句は最短の言語芸術の表現。脆（もろ）くもあり、勁（つよ）くもある。言論統制、戦意発揚の心身への圧迫は、俳句から、その生命ともいえる自由を奪う。戦争という現実は、表現者たちの無意識までも支配した。その中で、俳句の自立性をもとめて俳人たちが芸術、または芸術意識に拘泥したのも当然のことと思われる。鋭角的な「問い」の時代だった。いま振り返れば、不毛な論争が繰り返されたというほかないが、俳句が生活実感を尊重するものであるなら、銃後も前線も、結局は私小説的要素を含むものが名句とされる。だが俳句であれば、象徴性と、より迫真力のある言葉が要求されるだろう。

「火の奥に牡丹崩るるさまを見つ」（楸邨）は、昭和20年5月23日の罹災（りさい）体験句。この句について著者は「焦熱地獄を連想する」として「小さな実景が期せずして、戦争がもたらす悲劇を象徴的に描き出している」と記す。

加藤楸邨が戦後、現代俳句の指導的立場にあって、詩人たちにも信頼された理由についても得心がいった。また、ニューギニアで戦死した片山桃史の句に触れ得たのも、私には喜びであった。（長谷川郁夫・大阪芸術大教授）

（トランスビュー・3360円）＝2014年2月20日④配信

貧困のどん底で感じる希望

「いつまでも美しく」(キャサリン・ブー著、石垣賀子訳)

いまどき美容整形やアンチエイジングの本でも、こんなタイトルはつけない。「いつまでも美しく」というのは、インド・ムンバイの空港そばのスラムに暮らす人々が始終目にしている、イタリア風・床タイルの壁広告の文句なのだ。

むろん皮肉である。この本のおもな登場人物はみな貧困のどん底にあり、外見が「美しく」ないために社会から切り捨てられようとしている。「いつまでも」どころか、死は日常と背中合わせで、何人かは過酷な現実に追い詰められ、一見あっけなく死んでしまう。ゴミ拾いの少年は変死体で見つかり、結婚間近の少女は服毒自殺を遂げ、足の不自由な主婦は灯油をかぶって炎に包まれる。

まるでスラムの群像を描いた小説のようだ。それほど登場人物たちの切羽詰まった内面までが活写されている。ところが、これは3年半の密着取材に基づくノンフィクションなのである。

私自身、学生時代にフィリピン・マニラの半ばスラムのような下町で、2年近く暮らしたからよくわかる。住民たちの言動を外側から見聞したルポなら、書けないわけではない。しかし、ニュージャーナリズムの手法によってひとりひとりを三人称で書き分けるのは、まさに至難の業だ、と。

その前の段階でも、難関がいくつもあったにちがいない。著者は、インド人の夫を持つとはいえ、アメリカ出身の白人女性である。通訳がいても、スラムの住民たちの胸襟を開かせ、十分な教育を受けられなかった人々から言葉を引き出して物語にまとめあげる労力たるや、考えてみただけでもため息が出るほどだ。

にもかかわらず、著者はゴミ拾いの少年たちに「彼ら特有の深い知性」を感じるまでに入り込む。そうして言語化された世界は、私たちの足もとに忍び寄る格差や貧困の現実と、意外なくらいに響き合う。読後、絶望よりも希望を感じたのは、その普遍性から来る共感ゆえであろう。(野村進・ノンフィクションライター)

(早川書房・2415円)＝2014年2月20日⑤配信

政治的、だけどキュート

「パンダが来た道」(ヘンリー・ニコルズ著、遠藤秀紀監修、池村千秋訳)

以前勤めていた動物園で最初に飼育を担当したのはカバであった。

1970年代は、上野動物園に初来日したジャイアントパンダが人気を集めていたが、へそ曲がりの私は「パンダがなんだ！　カバこそが世界一すてきな動物だ」と広言していた。動物学者のジョージ・シャラーが中国でパンダの調査を開始するという話を耳にした時も、動物園のカバで新発見をしてやろうと若気の至りで対抗心を燃やした。

パンダを嫌った理由は、本書も詳細に語るとおり政治的動物だったからだ。冷戦下の東西融和のためや、中国共産党の文化外交のために野生動物が利用されるのは許し難かった。しかし、81年に開催された神戸ポートアイランド博覧会にパンダが貸し出されることになり、あろうことか私が飼育責任者に任命されたのだ。飼育研修のためしばしば中国の天津動物園へ行き、嫌いなパンダと間近に対面した途端、キュートなその姿に心を奪われてしまった。クマ科に分類された経緯は本書にも書かれているが、とてもクマには見えなかった。

1869年にフランス人宣教師のアルマン・ダヴィドがパンダ標本をパリの国立自然史博物館へ送って以降、多くの人々がこの動物に魅了されたのは当然だ。科学ジャーナリストである著者もその一人であろう。一生物種としてのパンダ、この魅惑的な動物と人間たちが織りなす関係史。すなわちパンダで一獲千金を夢見た人たち、繁殖研究を発展させてきた人たち、保護活動を宣伝した人たち、その他もろもろの理由で関係を結んだ人たちとの150年にわたる歴史を、クールな視線で分析している。

300ページ余ものボリュームある本なのに一気に読み終えてしまったのは、優れた訳文のおかげでもあろう。本書巻末にある監修者の遠藤秀紀東大教授の解説は、これだけで一冊になりそうな面白くてへそ曲がりな内容である。パンダ好きのみならず、以前の私のようなパンダ嫌いにもぜひ一読をお勧めしたい。(村田浩一・日本大教授)

(白水社・2520円)＝2014年2月20日⑥配信

魂を浄化していく旅路

「ホーム」(トニ・モリスン著、大社淑子訳)

作者は1993年にアフリカ系米国人女性作家として初めてノーベル文学賞を受賞したトニ・モリスン。60年代のアメリカを舞台に、「ホーム」への旅路を通して少しずつ魂を浄化していく兄妹の姿を描く。

主人公は朝鮮戦争によって精神を病んだ退役軍人のフランク。その妹シーことイシドラは、幼いころ、義理の祖母に心無い言葉を浴びせられつづけ、自分を教養がなく無価値な人間と思い込んでいる。両親は労働の疲れから子どもに愛情を注ぐことができず、シーを愛し守れるのは4歳年上のフランクだけであった。

フランクが入隊し、ジョージア州ロータスを出て行った後、シーは心細さから不誠実な男と結婚し、捨てられてしまう。生計を立てるため、白人の医師の家に住み込みで働くシーは、そこでサラという親友を得る。そんなある日、シーについての手紙がフランクの元へ舞い込んだ。「急いで来てください。遅れたら、彼女は死んでますよ」

シーに降りかかる人種差別という果てしない暴力。それを断ち切り、自由へと導くのは周囲の主体性ある女たちだ。みずみずしいメロンを「女」に見立てた知的でしゃれたサラとの会話。ロータスのミス・エセルの家でシーを交代で看病する信仰篤(あつ)き女たち。その小さな共同体は、自分の価値を他人に決めさせてはならないことをシーに教える。

作中には、フランクが作者自身に話しかける章がいくつか挟まれている。そこには人間を一方的に語られるだけの存在にはしない、という作者の意志がうかがえる。物語を抜け出して意見を述べるフランクの声は、小さくも確かな輪郭を持つ。

シーを守るフランク自身の傷はどう癒やされるのか。物語を通りぬける実体不明のズート・スーツの男は何か。多様なエッセンスを結実させ、静謐(せいひつ)な筆致で照らしだす「ホーム」の意味が、心に深く染み込んでいく。(杉本真維子・詩人)

(早川書房・2520円)=2014年2月27日①配信

自由散策の気分を味わう

「庭園のコスモロジー」(小林頼子著)

古来ひとは庭園に憧れを抱いてきた。ユートピア、アルカディア、シャングリラ、涅槃(ねはん)、極楽浄土など、洋の東西を問わず理想郷を意味する言葉はいずれも庭園のモチーフと強く結びついているし、その対義語である失楽園やディストピアもまた荒廃した庭園を連想させずにはおかない。シニア誌が最近行った「好きな美術館」のアンケートでも、美しい日本庭園を持つ足立美術館(島根県安来市)が第1位だった。

ひとはなぜ、囲いが巡らされた人工空間に魅せられるのか、本書をひもといて、その理由の一端がわかった気がした。

本書は、西洋美術のさまざまな作品に登場する庭園を取り上げ、その意味のレイヤー(積み重なり)を掘り起こしていく試みである。「門」「囲うこと」「水と泉」「迷宮」「洞窟」「庭師」「花・樹木・果実」といった各章のタイトルは庭園の構成要素に対応しているが、内容的にはそれぞれ独立していて、読者は自らの関心の赴くまま自由にページをめくり、豊富な図版を参照しながら庭園を散策している気分を味わうことができる。

著者は定評のあるフェルメール研究者。多様な美術史的知見がちりばめられた文章はよくこなれていて読みやすい。オランダの庭園への言及が多いのは、留学時の実体験を反映してのことだろう。現存するフェルメール作品に庭園をモチーフとしたものは一点もないが、本書を通読した後では、彼の作品もまた庭園を重要な着想源としていたのではないかと考えさせられてしまう。

ところで、残念ながら引用する余裕はないが、序章の冒頭で述べられている庭園の定義は、風景の定義にも流用できるところがありそうだ。そもそも風景に対応する英語「landscape」はオランダ語に由来する言葉であるし、本書でも参照されているフェルメールには「デルフトの眺望」という風景画の傑作もある。著者の次回作として風景論を期待したいと思うのは、おそらく私だけではないはずだ。(暮沢剛巳・美術評論家)

(青土社・3045円)=2014年2月27日②配信

近代とは何かを問う

「葭の渚」（石牟礼道子著）

石牟礼道子さんは自伝「葭（よし）の渚（なぎさ）」で、家族や小学校の同級生との交流など、前半生の体験を描いている。底に流れるのは「近代とは何か」という問いである。

石牟礼さんに物心がついたのは、熊本・水俣の栄町。花売りをはじめ、さまざまな商いの声や音が響く、豊かな営みがあった。小川で捕まえた川エビの「ぴちぴちとした手応え」には生命そのものを感じ取り、干潟では生き物たちのつぶやく声や動く気配を受け取った。だがそれらは「近代化」によって失われた。

少女時代の友達の兄が、詩人の谷川雁さんだった。病気療養のため水俣に帰省していた谷川さんから「遊びに来ませんか」とはがきを受け取ったのは1956年のころ。この出会いから雑誌「サークル村」の結成に参加し、ここに発表した「奇病」が後に代表作「苦海浄土」の源となる。

一主婦として短歌を詠んでいた石牟礼さんは、サークル村での体験を「もう一人のわたしとの、激突のようなものだった」と書き、「心の地殻変動に連なっている」とつづっている。

石牟礼さんが描くのは、目に見えないものを見て、耳に聞こえない音を聴く、前近代的な営為である。現代人の思考、思想の尺度では推し量れない部分もある。

八幡製鉄（現新日鉄住金）に勤める労働者だった私は、石牟礼さんよりもだいぶ遅れて谷川さんと出会い、しかし強烈な影響を受けた。小説を書いていた私は、谷川さんから「ルンペンプロレタリアート（最下層労働者）としての自覚が足りない」と注意を受け、その自覚によって、文学への幻想から解放された。

私は15年前、東京での生活を切り上げて北九州に戻った。まだ中途半端な「自覚」について、何か発見できるのではないかと考えたからだ。石牟礼さんと私との違いは何か、近代とは何なのかを、今こそ考えなければならないと思う。（佐木隆三・作家）

（藤原書店・2310円）＝2014年2月27日③配信

身震いする死刑の真実

「教誨師」（堀川惠子著）

教誨師（きょうかいし）とは刑務所や拘置所で受刑者や被告人に宗教や学問を教える人で、とくに宗教家が多い。私は若いときに東京拘置所の法務技官として精神科医の仕事をしたことがあるので、大勢の教誨師と付き合ったことがある。なかで多かったのが、浄土真宗とカトリック神父だった記憶がある。

本書の主人公、渡辺普相は浄土真宗の僧侶で、28歳のとき、東京拘置所の教誨師になり、多くの死刑囚と話し合ったり説教してあげたりする。今まで知らなかった死刑囚の世界には、思いもしなかった人生経験を経ている人々や奇妙な性格の人物がいた。彼らは、渡辺がそれまで檀家（だんか）の人々と付き合って知った人たちとは極端に違うので、まごつき驚きあきれ果てながら、死刑囚の世界を知るようになる。

彼は、広島の被爆者で、あの惨禍のさなかに顔などを大やけどし、水を求める人々を見殺しにした罪の心があった。今、死刑囚たちの陥っている悲惨な状況を見捨てるわけにはいかないという反省と慈悲心で、彼は教誨師の仕事にだんだんと深入りしていく。

農薬での殺人犯、女性を殺す快感のために罪を重ねる性的暴行殺人犯、新聞に自分の写真を載せてもらいたくて殺人をした少年など、変わった人々に驚かされ、しかし、律義に熱心に教誨の仕事にはげむ渡辺の姿が活写されている。

本書の圧巻の記述は、渡辺が死刑の執行に立ち会う場面が詳細に書かれているページである。死刑囚を縛りあげ、目隠しをして、首にロープをかけて床板を開くと、死刑囚は落ちていく。私も聴いたことがあるが、鉄板がコンクリートに衝突して物凄（すご）い音をたてる。死刑囚は数分は心臓が鼓動しているが、やがて息絶える。国家が合法的におこなう殺人である。世界の多くの国で死刑は廃止されているのに、先進国では日本と米国だけが死刑執行を続けている。

読み終わって、私は身震いした。よくぞ真実を描いてくれたという感動とともに。（加賀乙彦・作家、精神科医）

（講談社・1785円）＝2014年2月27日④配信

浮かび上がる天才の素顔　「チャールズ・ディケンズ伝」（クレア・トマリン著、高儀進訳）

英国の小説家チャールズ・ディケンズ（1812～70年）の伝記類は総数にして90点ほどあるらしい。なかでも、ときどき話題にのぼるものはみな長い。

ジョン・フォースター著「チャールズ・ディケンズの生涯」しかり、エドガー・ジョンソンの名著やマイケル・スレイターの近著もしかり。ピーター・アクロイドの「ディケンズ」ともなると、「この大著に欠点ありとすれば、ベッドに入って読むのに重たすぎる」と評する人さえある。

クレア・トマリンの「チャールズ・ディケンズ伝」も、やはり長い。主人公の誕生および両親の出自から筆をおこし、主人公が成長していく過程をたどる。それから大人になって仕事につき、家庭をもち、さまざまな悩みや試練にさらされ、とうとう死ぬまでをつづるという、いわゆる伝記の王道をまもっている。

すこし踏みこんでいえば、父親が債務者監獄に入れられ、少年は靴墨工場で働き、学校もろくに出ないまま一介のジャーナリストになり、銀行家の娘に失恋する、などなど、どの伝記にも書かれている叙述がつづく。ただしトマリンの筆は精細をきわめ、手紙や記録、文献のかずかずを駆使して、どこまでも事実に忠実であろうとする。とりわけ本書前半にそのスタイルが目立つ。

だが著者の本領は、ディケンズの晩年の記述にこそ発揮されていよう。愛人隠し、苦悩や渇望、そして死にいたる壮絶な末路を描いたくだりがもっとも光る。ディケンズの秘密の女にふれた1990年のベストセラー「見えない女」の著者トマリンが、ここでふたたび顔を出しているかのようだ。女優あがりの若い女にのぼせた文豪は、欺瞞（ぎまん）偽善に身をかためて世間をだまし、家族を不幸にみちびき、狂乱の私生活へと突入した。

トマリンはそこに何を見たか。モザイク状に配列されたその言葉のつらなりから浮かび上がるのは、聖人の顔よりも、一人の天才の素顔ではないだろうか。（梅宮創造・早稲田大教授）

（白水社・4830円）＝2014年2月27日⑤配信

神話を壊す極上の入門書　「『農民画家』ミレーの真実」（井出洋一郎著）

ミレーの名前は誰でも知っている。「落ち穂拾い」や「晩鐘」は超有名作品と言っていいだろう。その知名度や作品の人気に加えて、特に日本では、明治期から「偉人」として描かれた伝記が紹介されていたこともあって、いつしか、深い信仰心と家族愛にあふれ、生涯清貧を貫いた農民画家というイメージが出来上がってしまった。

だが果たして本当にそうだろうか。第一、ミレーはフランス・ノルマンディー地方の農家に生まれたが、家の手伝いをしたのは少年時代のみで、画家修業のためにパリに出てからは「農民」の仕事は何もしていない。残された油彩画ほぼ400点のうち「農民画」は100点にも満たない。あとは肖像画、風景画、それに「多くの女の裸体画」などである。

宗教画になるともっと少なく、わずか数点にとどまる。宗教的雰囲気を色濃く漂わす「晩鐘」にしても、プロテスタントの熱心な信者である注文主の米国人の意向を反映したもので、ミレー自身の信仰心によるとは言い難い（この「晩鐘」をめぐる分析は秀逸）。

最初の妻が世を去るといったん故郷に帰るが、1年とたたないうちに地元の娘と仲良くなって、駆け落ち同然でパリで同棲（どうせい）生活。以後10年以上、祖母が亡くなり、母が亡くなっても故郷には戻らず、葬式にも出ていない。

バルビゾンでは、子ども9人の大所帯にメード付きの生活で、借金をしてパンを毎日食べていた。当時貧しい人々の主食はじゃがいもだったから、いわば「贅沢（ぜいたく）貧乏」である。そして、絵が売れれば骨董（こっとう）品や浮世絵などを買い込んでいた。

このような調子で、本書は「ミレー神話」を片端から打ち壊していく。しかし、それはいたずらにミレーをおとしめるのではなく、等身大の人間に引き戻すためである。その間、ミレーの画業を丹念にたどり、その優れた特質を明快に解き明かす。読み易く信頼できる極上の入門書。（高階秀爾・美術評論家）

（NHK出版新書・861円）＝2014年2月27日⑥配信

原爆で消えた初恋描く　「八月の青い蝶」（周防柳著）

広島に原爆が投下されたのは、1945年8月6日の朝8時15分であった。一瞬にして広島の街は廃虚と化し、その年末までだけで、約14万人もの人が命を奪われた。

その日その時を背景にした文学作品は数多い。くめども尽きることのないテーマであり、これからも多くの作品が書かれていくに違いない。

本書も、広島の「その日」を背景とした物語である。少年の初恋の思い出が、青い蝶（ちょう）に象徴されて読者の心にしみる。同時に、原爆についてあらためて考えさせる好編となっている。

2010年8月初め、熊谷亮輔は、78年近い生涯を閉じようとしていた。最期を自宅で迎えるために退院した亮輔の胸に去来するのは、65年前の8月初めの、淡い恋の思い出であった。

亮輔が大切にしていた古い仏壇の奥から、小箱に収められた1匹の小さな蝶の標本を見つけたのは、妻の多江子であった。右前翅（ぜんし）の端が焼け焦げたその青い蝶は何なのか。

読者は思わず、蝶に吸い寄せられるように、物語に引き込まれていく。やがてその秘密が明かされ、読み終えた読者の脳裏には、青い蝶が色鮮やかに羽ばたくことになる。そのくだりをここで述べるのはやめよう。ぜひ本書をお読みいただきたい。

物語は、2010年8月の「今」と、1945年8月の「過去」が交錯しつつ交互に描かれる形で進行する。亮輔が恋したのは、軍人として出征中の父の、若い愛人であった。決して実ることのない恋ではあるが、8月6日の朝、2人の仲に突然終止符が打たれた。被爆したものの亮輔は生き残り、彼女は跡形もなく消え去る—。

この作品は第26回小説すばる新人賞の受賞作。作者の父は被爆者であったが、「その日」を語ることはほとんどなかったという。その父への思いが作品の底を流れる。力強い新人女性作家であり、次作が楽しみである。（高橋千劔破・作家、文芸評論家）

（集英社・1470円）＝2014年3月6日①配信

アマゾン20年の歴史凝縮　「ジェフ・ベゾス　果てなき野望」（ブラッド・ストーン著、井口耕二訳）

米アマゾン・コムをインターネット通販の雄に育てたカリスマ経営者の下で働くのはさぞ大変だろうと思っていたら、案の定だった。広く知られるベゾスの高笑いは外づらにすぎず、部下に見せる顔はずいぶん厳しい。

ベゾスの求めるのは「『アスリートな』人材、つまり、どのような課題を与えられてもさっと動いて大きなことをやり遂げられる人物」だという。

意に沿わないとどうなるのか。クラウド事業幹部の発言がベゾスの気に障った時、会議の席でこう罵倒している。「オレの人生を無駄使いするとはどういう了見だ？」

週末に休みがないのは当たり前で、しかもベゾスは賢明かつ猛烈に長時間働くことを求めた。採用面接では「ワークライフバランスを重視する」と口を滑らせただけで、落ちる。2年と続かずに辞めていく人が後を絶たない…。日本なら“ブラック企業”といわれかねない苛烈な労働環境だ。

私は10年ほど前に約半年、アマゾンで働いた。シアトルの本社から遠く離れた千葉県市川市の物流センターで働き、「潜入ルポ　アマゾン・ドット・コム」を書いた。

時給900円のアルバイトを待ち受けていたのは、1分間で3冊の本を探してくるノルマだった。

ベゾスの側近とは異なり、各国の物流センターで働く労働者に求められるのは、低賃金で黙々と働く資質のようだ。本国の物流センターで組合をつくろうとする動きがあればつぶしにかかり、昨年、ドイツの物流センターで組合がストライキを打った際、アマゾンは団体交渉を拒否している。

本書が取り上げるのはベゾスの生い立ちやキンドル誕生の秘話、グーグルやアップルとの競争など多岐にわたる。

ただ、こうした労働環境を含めたマイナスの情報が出ることは十分予測できながらも、著者に社内外を幅広く取材することを許可したベゾスの度量の深さは大いに評価したい。アマゾンの20年の峻烈（しゅんれつ）な歴史が凝縮された好著といえる。（横田増生・ジャーナリスト）

（日経BP社・1890円）＝2014年3月6日②配信

夢を実現した傑作時計　「スーパー・コンプリケーション」（ステイシー・パーマン著、武藤陽生・黒木章人訳）

米国が大繁栄期を迎えていた20世紀初頭。それは鉄道事業や石炭企業を成功させた人物、金融で財を成した人物など、アメリカンドリームの体現者が次々と生まれた時代なのだった。

富豪となった者たちは豪壮な邸宅を建て、わが世の春を満喫し、また大西洋航路の豪華客船に乗り、欧州への旅を楽しみ、旅先の町で絵画やアンティークを手に入れたものだ。

そんな富豪の中には、本書に描かれたように、世界一複雑な時計を、とスイスの名門時計会社に競い合って注文した2人の男がいた。オハイオ州に生まれ電球製造で成功した後、新しい時代の富のシンボルとなりつつあった自動車産業に乗り出し、大成功を収めたジェームズ・ウォード・パッカードと、金融の世界での巨万の富を父から継いだ謎のニューヨーカー、ヘンリー・グレーブス2世である。

「超複雑時計＝スーパー・コンプリケーション」とは、うるう年にも調整する必要がなく暦を刻む永久カレンダーや、月の満ち欠け、クロノグラフというストップウオッチ機能に加え、一定間隔の時間を音によって知らせるリピーター機能、日の出と日の入りの時刻表示、気圧計、高度計などの機能を持つ時計だ。

注文主の暮らす町の夜空に浮かぶ、星座の動きまでを見ることができるそれらの時計は、まさに人類の英知と手の技が生んだ大傑作なのだ。

2人が競争して作らせた懐中時計のうちの一つは、1999年のオークションにおいて、時計としては史上最も高価な、1100万ドル（当時約11億円）＝という金額で落札された。

超複雑時計コレクションをめぐる、静かでありながらも苛烈極まる戦いを描いた2人の物語は、時計に興味を持つ人のみならず、20世紀初頭の米国がいかに繁栄の時代を築き、それぞれの夢を実現した人々が生まれたかを知ることができる、楽しい読み物でもある。（松山猛・作家）

（太田出版・3465円）＝2014年3月6日③配信

法治国家成立の起点考究　「鑑の近代」（古賀勝次郎著）

「法の支配」こそ、市民の自由と権利を守るため近代国家に欠かせない制度だ。政治権力の行使は法の制約を受ける。この制約がなければ、民主主義は成り立たない。

中国に「法の支配」はない。司法は共産党の方針に従い、法は政治に支配される。市民の自由や権利は保障されていない。

19世紀半ばに相次ぎ西洋文明の衝撃を受けて近代化に乗り出した日中両国は、どのように「法の支配」の確立に取り組んだか。一方が法治国家となり、他方がそうならなかったのはなぜか。

本書は両国の近代以前の社会思想にさかのぼって、それを跡付ける。日本での「管子（かんし）」の再発見が論点の中核だ。

儒家（じゅか）に対抗する中国思想の一大潮流、法家（ほうか）。その起点となる管子の思想には西欧の「法の支配」に似通うところがあった。しかし、続く韓非子（かんぴし）らの法家思想は法を政治の道具とする過酷な統治を促し、儒家の「徳治」に対抗する。儒法の中間的な管子は脇に置かれた。

ところが日本の江戸期は優れた漢学者を次々と生む。なかでも江戸末期の学者、安井息軒（やすい・そっけん）の管子再評価が日本近代に大きな意味を持った。安井登場の地ならしをしたのは荻生徂徠（おぎゅう・そらい）の古文辞学だ。

安井の門下生や周辺の多くが明治期の近代法制度確立にかかわった。明治憲法起草の中心にいた井上毅（いのうえ・こわし）もその一人だ。

清朝末期の中国でも梁啓超（りょう・けいちょう）による管子再評価などで「法の支配」確立に向けた動きが進む。挫折を繰り返しながらも中華民国樹立まで行くが、「法の支配」を主導した宋教仁（そう・きょうじん）が軍閥袁世凱（えん・せいがい）に暗殺され、それを境に混迷の道に入る。

中国の挫折の遠因は激しい「儒法闘争」にあったと著者は言う。

日本も順調だったわけではない。法治の根拠は実定法をすべてとする法実証主義となり、専制的官僚主義国家に向かった。実定法を超える普遍的規範である自然法の概念が根付かなかったためだ。

今日の改憲論議を考えるうえでも重要な意味を持つ好著だ。（会田弘継・共同通信特別編集委員）

（春秋社・3150円）＝2014年3月6日④配信

主題もつながる驚異の連作

「首折り男のための協奏曲」（伊坂幸太郎著）

ミステリー短編集を読みながら、こう考えた。智ばかり働かされると気が抜けない。情に棹（さお）さす話は、結局自分の好みに流される。全編同じパターンを通されるのも窮屈だ。とかくに娯楽短編集は難しい。

では伊坂幸太郎はどうしたか。読者の頭脳を刺激し、人物の面白さでうならせ、作家の誇りにかけて同じ趣向は使わない。と、著者が宣言したかどうかは明らかではないが、そのように仕上げたとしか思えないのがこの驚くべき連作集である。

気弱な小笠原青年が顔の酷似した大藪の代役を務めたことで、地獄の借金取りから解放され、強い心も手に入れる第1話「首折り男の周辺」、この編に登場する老夫婦の妻に頼まれ、伊坂作品ではおなじみの黒澤が若き日の彼女の銀座の恋について調べる第3話「僕の舟」、狡猾（こうかつ）なテレビマンにつきまとわれた本業は空き巣の黒澤が、チャップリンの映画からヒントをもらう第5話「月曜日から逃げろ」など、雑学の薬味も効いた7編。

各話はキャラクターでリンクするだけではない。相手の首を折るという非合法活動を請け負う大藪が、息子を亡くした哀れな父親の話に耳を傾ける第2話では、今後父親が背負う債務の肩代わりをしようと、“人生の分岐点”の話を持ち出す。そんな遠い過去の岐路を、昭和のレトロな恋愛の中に探すのが第3話で、文学的主題でもつながっていくのだ。

レーモン・クノーの「文体練習」に触発されたという最終話「合コンの話」が傑作だ。初対面の男女6人が互いを探り合う舞台劇のような状況下、コント仕立てのシーンで笑わせ、遠景にいる大藪の存在感も印象づける。蛇足ながら、文体とは視点の取り方のことで、本稿冒頭のような「草枕」のお粗末な模倣のことではなく…。

会話のセンス、筋運びのユーモア（悲劇のさなかでも）、技巧のキレ。気が早いが、今年のベスト級の短編集だと思う。（温水ゆかり・ライター）

（新潮社・1575円）＝2014年3月6日⑤配信

小説に感じる歴史の息吹

「革命と反動の図像学」（小倉孝誠著）

近代社会の基盤ができた19世紀の歴史の面白さは、私たちの時代の文化や感性が生まれた場に立ち会えることだ。二つの時代は遠いようでも地続きなのである。

本書は19世紀フランスの大衆新聞と文学の結びつき、風景や音をめぐる近代的な感性の誕生、という広いテーマを扱う論考と、革命と文学の関係を掘り下げた個別研究からなっている。いずれも著者は、同時代の資料や最新の研究書を広く読み込んだうえで、明快な遠近法のなかに問題を位置づけている。

豊富な話題から際立った点を挙げておこう。19世紀には現代と同じような一般大衆紙が生まれるが、そこに連載小説が掲載されるとたちまち多くの読者は熱狂する。現代日本なら朝の連続テレビ小説といったところだ。

面白いことに、新聞小説の著者には読者からのファンレターが殺到した。当時は貧困などの社会問題を取り上げる作家の姿勢に共感や称賛をする手紙が多かったという。連ドラの視聴者の感想とは違うのだろうか。

そして当時の人々はどのように大都市を眺め、音を聴いたのか。たとえば産業革命が起きて近代化が進む街には人工の音があふれるようになる。しかし、現在なら不快としか思えない工場の騒音や列車の轟音（ごうおん）に、進歩の響きや活気ある力強さを感じとる作家たちがいた。日本でも人々が建設のつち音に酔ったのは遠い昔の話ではない。

また19世紀の転換点となる1848年の二月革命に、文学がどのように関わったかを論じる章はもっとも歯ごたえのある部分だ。「感情教育」で世代の精神史を描いたと自負するフロベールは、革命で台頭してきた社会主義をどう扱ったのか。小倉氏は、綿密な資料収集を行った作家の読書ノートと彼が読んだ社会主義理論書を比較することで、小説の背後にどのような意図と思想が潜んでいるのかを明らかにした。

本書を読んだあと19世紀の小説をもう一度手にして、歴史の息吹を肌で感じてみたくなった。（野村正人・学習院大教授）

（白水社・2520円）＝2014年3月13日①配信

奇跡的に在った静謐世界

「パウル・ツェランと石原吉郎」（冨岡悦子著）

パウル・ツェランと石原吉郎―たがいに見知らぬまま、とびきり印象深い詩を書いたふたり。

ツェランはいまや戦後ヨーロッパでもっとも重要な詩人として膨大な研究が積み重ねられている。他方、石原吉郎は、1977年の死去後、この日本においてさえも、むしろ忘却にゆだねられているかのようだ。

ツェランは、ルーマニア領下にユダヤ人の両親のもとに生まれ、ナチス支配下で両親を殺され、戦後はパリで暮らしながら、ドイツ語で詩を書きつづけた。石原は、日本で生まれ、日本語で詩を書きつづけたとはいえ、シベリア抑留という決定的な体験が、彼にも介在している。

ふたりとも、トラウマ（心的外傷）とも呼ぶべき重い体験を背負って、戦後の時代を生きていた。ツェランが故郷を追われたディアスポラ（離散）の詩人であることは言うまでもないが、「シベリア帰り」の石原にとって、戦後日本もまた、ディアスポラの地と呼ぶにふさわしかった。

ふたりの残した詩はともに「難解」である。しかし、たんに読み手を拒絶する晦渋（かいじゅう）さではなく、ますます謎の奥へと誘いこむような魅力に満ちている。光のあてかたひとつで、限りない多面体のように、言葉のひとつひとつが思わぬ相貌を浮かび上がらせる。

書かざるをえない必然に導かれてふたりがたどっていった生涯の小道を、著者は研究者としての緻密さと、読者としての濃（こま）やかな愛情で、光の粒を拾うように、丹念にたどってゆく。

ともに早すぎる晩年を、加速度的に作品の量を増しながら、一方はユダヤ教へ、他方はキリスト教へ、独特の関心を深めつつ、やがては死へと傾斜していったふたり。

ふたりにとって、「戦後」はあまりに騒々しい時代であったとあらためて思う。著者が引用し、丁寧に解釈を添えてゆく詩の行間からは、奇跡的に静謐（せいひつ）な世界がそこにだけ存在していたことが、よく分かる。（細見和之・詩人、大阪府立大教授）

（みすず書房・3780円）＝2014年3月13日②配信

先祖伝来の呪物を信仰

「カクレキリシタンの実像」（宮崎賢太郎著）

幕末の開国によってカトリックの再宣教が始まり、禁教下で信仰を守ってきた潜伏キリシタンの多くはカトリック教会に復帰した。だが一部の者は明治政府がキリシタン禁令の高札を除去した後も、教会に戻らなかった。

彼らは「隠れキリシタン」とも「離れキリシタン」とも差別的に呼称されてきた。彼らは自らを「隠れ」と呼んだわけではない。「隠れ」について、表意文字でない音のみを示す「カクレキリシタン」の表記法を提唱してきた著者は、30年にわたる現地調査を踏まえ、彼らの信仰の実像をやさしい語り口で読み解く。

著者は、カクレキリシタンは明治以後、隠れてきたのでもキリスト教徒でもなく「祖先崇拝教徒」であり、その信仰は「キリスト教的雰囲気を醸し出す衣をまとった典型的な日本の民俗宗教の一つ」であるとする。

その出発点は確かにキリスト教の信仰ではあったが、禁教、弾圧の二百数十年間に教義面は忘れ去られ、わずかにオラショ（祈り）や十字を額や胸に切る姿にキリシタンらしさが残るにすぎず、オラショの言葉も意味は理解せず呪文の世界に変容した。

カクレの本質は何か、それは「徹底して不思議な力を持った呪物を通して霊威を感じる呪物信仰」そのものである。彼らが信じているものは、先祖が大切にしてきた「知覚できる物的存在としての神」、すなわち御前様（ごぜんさま）、サンジュワン様（御水（おみず））、オテンペシャ、オマブリ、御札様（おふださま）である。これらを霊が宿ったご神体として、仏様や神道の神様と一緒に拝んできた。彼らはタタリを恐れ、自分の代で終わらせまいとして先祖の伝えてきたカクレの神様を守ってきたが、今は後継者もなく燃え尽きようとしている。

著者はカクレの宗教の実像をあぶり出しながら、日本におけるカトリック教会の非寛容性と正統キリスト教偏重主義を憂慮し、また日本人の舶来物に対する姿勢をも問うている。一読、一考に値する書である。（五野井隆史・東大名誉教授）

（吉川弘文館・2415円）＝2014年3月13日③配信

否定する“小説らしさ”　「英子の森」（松田青子著）

爆弾が埋めこまれたような、危険な短編集だ。読み終われば、何げなく日常的に使用する言葉がふと色あせて見えるかもしれない。

6編の収録作のうち表題作では、高崎夫人と呼ばれる寡婦とその娘の英子（えいこ）の暮らしが描かれる。娘は「英語が使える仕事」を求めて東京駅直結のビルへ出勤する。しかし内実は会議の受付係で、必要な英語力は、お名前は、良い一日を、トイレはあちら、など5フレーズほど。やりがいや専門性もなければ、時給面の優遇もほぼない。

母親は支配欲で、娘をしばる。英語スキルこそ夢への扉と信じこみ、英子に2人の未来を託すのだった。〈あの人のようにはなっちゃ駄目〉と。

ある意味、悲哀に満ちた、母娘の共依存関係と高学歴ワーキングプアの実情をリアルに描き出しながら、半面、彼女たちが住むのは、鳥がうたいリスがたわむれる森のなかの家なのだ。安全なように見えて、壁の小花柄がばらばらと落ちてもいくこの寓話（ぐうわ）的な場所は、英子に夢の終焉（しゅうえん）を教えもする。英子が、森と現実に対峙（たいじ）し、母親から自立できるか、読者はそっと見守ることになる。

表題作では「グローバル」という語の“もっともらしさ”に疑義が呈されるが、他の収録作ではその批評性がより鮮明になる。〈出会いに感謝〉など、思考停止気味に発せられるフレーズにあらがう「博士と助手」の他、〈青い空はイメージです。白い雲はイメージです〉と、世間に流布する定型文がリズムよく連呼される「＊写真はイメージです」など、ユーモアと、すこしの毒気を帯びた短編が並ぶ。

小説という形式の、“小説らしさ”をも否定する表現を構築することで、新鮮でポップな印象を読者に与える松田青子という著者の姿勢は、前作「スタッキング可能」からいささかも揺らがない。この隘路（あいろ）かもしれぬ道を勇ましく進む著者に、今後もついていきたい。（江南亜美子・書評家）

（河出書房新社・1575円）＝2014年3月13日④配信

失われた「リアル」求めて　「もう一度」（トム・マッカーシー著、栩木玲子訳）

空から落ちてきた何かに直撃されて大方の記憶を失った人が、手がかりを偶然つかんだら、その回復を図ろうとするのは不思議ではない。記憶がなければ自分が何者であるか定かではないのだから。しかも、その人物が莫大（ばくだい）な示談金を手に入れたら、その企ては度を越したものになるだろう。

実際、語り手である主人公は、記憶している場面を回復するために、共同住宅を丸ごと買い、人や猫までも手配し、その場面を構成する景色も音もにおいもかぎりなく忠実に「再演」しようとする。ただし、それが事故の謎の解明につながるという月並みかもしれないストーリーを期待してはいけない。

語り手に言わせれば、それは失われた（のかもしれない）「リアル」を求める企てである。いくぶんかのんきを装ったユーモアを漂わせる語りに埋め込まれた特徴的な細部描写は、企てがいかに真剣なものであるかを反映している。それは「リアル」を定着させようとする、「ゾクゾク感」を伴った必死の試みなのである。

しかしまた、綿密に役割を設定して行われる「再演」は、語り手の希求する「ほんもの」を裏切るものであることも自明の理だろう。そうした根本的な矛盾を抱えた語り手の営みはどのような帰結を導くか。相当に型破りなものだとだけ、ここでは言っておこう。

この快作は小説を書くことのアレゴリー（寓意（ぐうい））、あるいは芸術家のリアリティー追求の物語として読める。「形式」とモノを希薄化する「変質」に執着すればするほど、現実の人間の生は固有の「物質」を介さずには成立しないという認識との間の齟齬（そご）が大きくなる。

それを解くのは難題だが、語り手がバスルームのひび割れを契機に過去を「再演」したことがいかに危険であったか、そして、あらかじめ用意した意匠に無理やり現実を従わせようとすると、いかに「リアル」な偶然に妨害されるか、という興味深い問題には、本書が答えを導いてくれる。（高橋和久・東京大教授）

（新潮社・2205円）＝2014年3月13日⑤配信

安全保障と自由のはざまで

「FBI秘録（上・下）」（ティム・ワイナー著、山田侑平訳）

米連邦捜査局（FBI）といえば、約半世紀前に「アンタッチャブル」という米国ドラマが日本で放映されていた。禁酒法時代に、巨悪に敢然と立ち向かうエリオット・ネスの姿に夢中になった人も多かったはずだ。

だが本書によると、この時代のFBIは、「国家の敵」とも戦っていた。具体的には共産主義者らの陰謀を粉砕するとして、盗聴や私信の開封を行い、被疑者を根こそぎ逮捕していたのである。こうした「市民的自由」を侵害する違法捜査は、1917年のスパイ法成立を機に急速に拡大していった。

本書は、08年の前身の組織誕生から、ほぼ1世紀にわたるFBIの秘諜報（ちょうほう）の歴史を、最近機密解除された7万ページ以上の文書、捜査官らの200件以上の証言記録で再構築している。

FBIの歴史を通観する場合、やはり外せないのは、24年から約半世紀もの間、FBIを統括してきた初代長官のフーバーの存在だ。大統領も含む最有力者への盗聴などで得た秘密の暴露をにおわすことで、権力の中枢に居続けた。

本書も彼が手がけた裏工作の数々に多くのページを割いているが、最も訴えたいテーマは民主主義社会における秘密諜報のあり方だ。フーバーの死後、市民に対する盗聴などの違法捜査は影を潜めるが、2001年9月に米中枢同時テロが発生し、事態が一変する。

当時のブッシュ大統領はテロ後、違法な盗聴活動の復活をはかった。だが第6代長官だったモラーはその命令に抵抗し、対立する要素である「国家の安全保障」と「市民的自由」の2本柱を両立させようとした。そしてFBIの抜本的改革に取り組む気概を見せた。

この改革が今後も続くかどうかは分からない。ただモラーの不退転の決意には、米国人のみならず、昨年末に成立した特定秘密保護法のために「市民的自由」の危機を感じている日本人も共鳴することだろう。（川成洋・法政大名誉教授）

（文芸春秋・上下各1890円）＝2014年3月13日⑥配信

東アジアの政治学の夜明け

「頼山陽の思想」（濱野靖一郎著）

近年、日本の思想家の再評価、再検討が盛んである。3・11以後では田中正造や二宮尊徳など。最たる試みは聖徳太子非実在論だろうか。本書も同様に、江戸時代後期の頼山陽に対する従来の解釈を百八十度転換する。

従来とは、たとえば次のごとき解釈だ（加藤周一「日本文学史序説」）。英雄主義と尊王主義という山陽の単純な歴史観は、複雑な政治的変化を説明するのに適さない。しかし彼の政治学的無能は、人物を躍動させる詩才ともなった。代表作「日本外史」は壮大、華麗、ときに安手な名調子で尊王の志士に訴えた—。

著者によれば、山陽は尊王主義者ではない。誤解は、山陽思想の本領である統治理論書「通議」などが読まれなかったために生じた。これらの書は、何よりも現体制の統治指針を目的としている。その内容は怜悧（れいり）な政治力学の理論であり、山陽は扇動家、革命論者ではない。むしろ、東アジアにおける政治学の夜明けを告げた人物といえる。

政治の核心は何か。いわく統治者の「判断」。選択肢を比較考量し、当面する状況に、より良い決断を下すことだ。先験的な真理に従うのではない。その意味で「理」を前提とする儒学（朱子学）は政治学とはいえない。

当面する状況を形成する変化の力動を「勢」と呼ぶ。「勢」を無視した革命は、国家の崩壊を招き、多くの人民を死に至らしめる。一方、「勢」に追随するだけでも、いつか破綻する。「勢」を分析し、主体的に制御していくために、君主は「権」（決定権）を把持する。こうしたマキャベリ的「君主論」は、あくまで「民」の生活の利便・安寧を守る手段であり、国家間政治の力学を考慮に入れるものであった。

新たな山陽論として、本書の説得力はかなり高い。山陽の政治理論の現代的魅力や中国や朝鮮との対話可能性を見いだす鍵が、この本にはある。たとえば、ハンナ・アーレントの「責任」や「判断」理解と突き合わせても面白い。（片岡龍・東北大准教授）

（東京大学出版会・7140円）＝2014年3月20日①配信

ヘイトの根源に植民地問題

「日本型排外主義」（樋口直人著）

ネット媒体を中心に会員数を増やしている「在日特権を許さない市民の会（在特会）」などが、在日外国人に対しヘイトスピーチ（憎悪表現）を行う様子を目にする機会が増えた。東京・新大久保などでの活動には機動隊が出動し、反対するグループも現れるなど、異様な盛り上がりを見せている。

彼らの憎悪の標的は在日コリアンだ。耳を覆いたくなるような、差別的な言葉を浴びせる行為に強烈なインパクトがあるが、参加者の姿はなかなか見えてこない。

これまで刊行された書籍などでは、この運動の発動要因は、参加者の社会に対する不安や不満と定義づけられることが多かった。著者はそれに疑問を呈し、過去の欧州の極右や移民の研究を起点に、排外主義運動参加者らからの聞き取りを重ね、実像に迫っている。

34人の活動家に運動参加へ至るライフヒストリーを聞き取り、その中からポイントと思われる点を取り上げる手法で調査を行った。活動との出会いやかかわり方など内容は多岐にわたる。「弱者が不満ゆえに」というステレオタイプの像とは異なる姿を示すことで、排外主義運動の根幹を探っていく。

彼らはなぜ執念深く在日コリアンを攻撃するのか。著者は、日本の排外主義運動が、東アジアの地政学的構造と深く結びついていると考える。日本型排外主義の根底には、植民地支配の清算を冷戦下にうやむやにし、責任を曖昧にしてきた日本と、近隣諸国との歴史的関係があると結論づける。

本書が、漠然としていた日本型排外主義の全貌をしっかり捉え、憎悪の根源を示した意義は大きい。では、日本社会の中で蓄積されてきた日本型排外主義からどう抜け出すべきなのか。解決の糸口は、課題の多い過去と相対し、近隣諸国との新たな関係を模索するなかで、おのずと見つかるに違いない。（城戸久枝・ノンフィクションライター）

（名古屋大学出版会・4410円）＝2014年3月20日②配信

実現可能な回避策を提案

「首都崩壊」（高嶋哲夫著）

昨年12月、政府の中央防災会議は首都直下地震についての検討結果を発表した。首都圏でマグニチュード（M）7級の大地震が、今後30年間で発生する確率は70％とされるが、この発表によると、都心南部直下が震源のM7・3の地震の場合、最悪だと死者は2万3千人。経済的な損失は95兆円と見積もられている。この想定では、震度は広範囲で6弱以上になる。

いっぽう、東京都の名目GDP（総生産）は90兆円あまり。一都市ながら、国別で世界15位の韓国に次ぐ規模である。東京直下の大地震による経済的な影響は、朝鮮半島の南半分が震度6以上の地震に襲われるのに匹敵する。

もし、そのような事態が発生すると日本だけの大災害ですまないことは明らかだ。世界経済も壊滅的な影響を受ける可能性が高い。世界が日本発の恐慌に襲われた場合、国際金融がまひするため、途上国に想像を絶する飢餓や絶望をもたらすことは間違いない。先進国でも多くの人が財産を失い、国同士の争いにまで発展するかもしれない。

本書はまさにこの近未来に起こりうる地球規模の災厄を想定した小説だ。

作中ではM8の大地震により、112兆円の損失が発生すると予測されており、現実の政府の予想とほとんど差はない。本書がSF小説ではなく、シミュレーション小説といわれるゆえんだ。

またSF小説のように超技術で地震を止めるというような荒唐無稽なストーリーではない。地震が起こることを前提として、日本経済の壊滅と世界恐慌を回避するための実現可能な計画を提案しているのだ。

その計画とは、いますぐ政治家が決断すれば実行可能な現実性のあるものだ。著者の高嶋哲夫はわれわれ日本人に、そのような覚悟のある政治家を選ぶ勇気があるかどうかを問うている。

本書は著者の都市論、首都論、日本論でもある。災厄を回避するための国家的な政策とはなにか。本書を読んでのお楽しみだ。（成毛真・早稲田大客員教授）

（幻冬舎・1785円）＝2014年3月20日③配信

鏡像としてのインドと中国

「〈世界史〉の哲学　東洋篇」（大澤真幸著）

西洋以外の選択肢はあるのか―。この問いがいまほど切実に問われている時代もない。中東圏の急進的な民主化を目指して混迷に突入したアラブの春、その逆に独自路線に固執しながら停滞感の漂う中国・北朝鮮、さらには隣国ウクライナの西欧への接近を実力で阻もうとするロシア。世界はおそらく西洋に同一化はしないが、しかし「西洋化」を超える理想をわれわれが持ちえないこともはっきりしてきたのが、昨今の情勢であろう。

「東洋篇」と題された本書もまた、実際にはむしろ東洋（中国とインド）を鏡として、西洋、端的にはキリスト教の特異性を浮かび上がらせることの方が主題となっている。その際に著者が鍵とするのは、共同体形成のメカニズムとして人類史を貫いてきた贈与の哲学だ。返礼を期待したらそれは既に贈与ではないが、しかしだからこそ相手に最大の負債の感覚を与える贈与とは、ひとつのパラドックスであり、贈与の与え手が受け手を支配する権力とも結びつく。

中国はすべての秩序を皇帝の下賜品と考えることによって、インドは逆に微細なカースト制度を通じて贈与の連鎖を抑制することによって、それぞれ極度に集権的／分権的な文明を築いた。これらに対し、イエス自身が磔刑（たっけい）の場で神への疑念を口にするという、いわば「パラドックスを無化するのでなく内包する論理」を組み込んだキリスト教＝西洋のみが近代社会を生み出しえた、というのが、著者の見取り図のようだ。逆説をやり過ごすのではなく、むしろそれに耐えることで絶えざる創造性を生み出す機構として「近代」を捉える、社会学特有のセンスに沿って再構成された世界史論ともいえるだろう。

もはやナイーブに西洋を肯定もできないが、それでもなお擁護せざるをえない。かような同時代の逆説を投影して、イエス＝西洋が歩いたか細い道の外部に広がるユーラシア東部の荒野を、われわれ非西洋人にとっての受難劇として描いた巨編である。（與那覇潤・愛知県立大准教授）

（講談社・3360円）＝2014年3月20日④配信

協働による創造の現場

「アニメの魂」（イアン・コンドリー著、島内哲朗訳）

「日本のアニメ」が世界中で愛好されるようになったといわれて久しい。実際、日本で放映された作品を時差なく楽しんでいる海外ファンが多くいることを知っている人もいるだろう。だが、作品を制作、受容している人たちの関係性をより深く考えてみたことはあるだろうか？

本書は、米国の文化人類学者が「日本のアニメ」をめぐる人々（クリエーターやファン）と環境（制作や流通の現場）について調査した結果をまとめたものである。

「日本のアニメ」は歴史的にも様式的にも、徹底して越境的なスタイルで発展してきたと著者はみている。日本アニメは創成期に海外のさまざまな作品から多くの影響を受けて成立した。また現在、ネットでは世界中の匿名のファンが無償でそれぞれの母語の字幕を付け、作品の流通を促している側面もある。クリエーターだけでなくファンも作品の普及と波及に一役買っているのであり、対話と交流の空間を開くプラットホームとしてアニメは位置付けられる。

特に重要なのは、アニメを作る過程を芸術活動としてだけでなく、「労働」として捉えようとする試みだろう。著者は、精力的で熱心で才能豊かなアニメ制作者たちの多くが、低賃金の労働者でもあるという厳然たる事実を指摘する。アニメの現場は、常に作品への情熱と劣悪な労働条件との間に存在しているのだ。また、アニメはクリエーターとファンとビジネスを結び付ける接続点にもなっている。こうした現象全てを包摂するのが、「協働による創造」という本書のキーワードだ。

これまでアニメ分析や評論といえば、作品がどのようなメッセージやイデオロギーを伝えているかを問う表象分析が多かった。しかし、本書は、「日本のアニメ」の生成過程や受容過程がグローバルに開かれた現場であるという点を示すことで、従来の分析の視野と領域を広げることに貢献しているといえるだろう。（田中東子・十文字学園女子大准教授）

（NTT出版・2940円）＝2014年3月20日⑤配信

奇妙で美しい旅の本

「逃亡派」(オルガ・トカルチュク著、小椋彩訳)

本書は旅の本である。

飛行機や船、列車、地下鉄、車などを使って移動する身体と意識にまつわる話と、旅先で考えたことや出会った人々の話が収められている。

だが、単なる紀行文ではない。一人称の内省的なエッセーと、三人称で語られる多彩な物語が複雑に絡み合った116の断章で構成されている。

物語の中には、ショパンの心臓を故郷に戻すために旅をする姉の話や、30年も音沙汰のなかった初恋の相手の望みをかなえるために故郷に戻る研究者の話など、深い洞察に満ちた作品もあれば、妻子の失踪によって自己認識の危機を迎える男や、突然家を出て都市を放浪する母親の話など、人間の深部を照らす作品もある。その大半の人々は、故郷や肉親、過去、自然、身体の一部から切り離されていて、一種のノスタルジーを抱えて地上をさまよっている。

そして、もっとも力が注がれているのが、解剖と標本にまつわる物語群だ。身体の保存への情熱、筋肉と腱(けん)、内臓と血管の造形美、さらには人体や奇形なものを展示する「驚異の部屋(ヴンダーカンマー)」や標本の制作についての詳細にして圧倒的な描写が続き、標本にされた父親の体を取り戻そうとする娘や、アキレス腱を発見した学者、「幻肢痛」のありかを探って、切断された自分の脚をばらばらにする研究者、完璧な臓器保存溶液を作ることを夢見る博士など、奇妙で美しい話が次々に現れてきて読者を魅了する。

著者はポーランドの作家で、本書は2008年に、本国でいちばん権威のある文学賞「ニケ賞」を受賞した。タイトルは、ロシア正教の一セクト「逃亡派」から取られていて、「動け、動き続けろ」という鮮烈なメッセージが、作品の背景に常に流れている。

時空を縦横無尽に駆け抜けながら、重層的な世界を構築した本書は、これまで経験したことのない新しい旅に読む者を連れていってくれる。(古屋美登里・翻訳家)

(白水社・3150円)=2014年3月20日⑥配信

女性管理職の苦闘を描く

「スコールの夜」(芦崎笙著)

主人公吉沢環は、東大法学部を卒業し、1989年に女性総合職第1期生として都市銀行トップの帝都銀行に入行した。順調にキャリアを積み重ね、保守的といわれる銀行内で総合企画部関連事業室長というエリートポストに抜擢(ばってき)された。

彼女に与えられた頭取命令は、直系子会社の清算と従業員のリストラという任務。ところがこの子会社には銀行の数々の不祥事が封じ込められており、それに関わった男たちが役員を務めていた。頭取命令に忠実な環の妥協なき会社清算への取り組みは、やがて頭取派と最高顧問派の派閥争いに発展していく。初めて経験する男たちの醜い派閥争いに翻弄(ほんろう)される環の運命はいかに…。

私は、銀行の人事部に勤務していたころ、環と同じような大卒女性総合職から仕事の悩みを頻繁に聞かされた。担当先企業の社長から女だからとばかにされる、独身女性は海外勤務させてもらえないのか、営業を経験させないでできないと決めつけるのはおかしい等々。当時の銀行では彼女たちの処遇を持てあましていた。その結果、残念なことに彼女たちの多くが途中で転職、退職していった。

日本は世界的にも女性管理職が少ない。そのため現在、国を挙げて女性の活用が図られようとしている。なぜ女性の管理職登用が進まなかったのか。それは女性を補助労働力としか捉えず、会社という男社会の仲間として認めなかったからだ。

本書は環の言葉通り「綺麗事(きれいごと)ばかりで組織が成り立っているわけでない」男社会に、女性管理職が突然、放り込まれて悪戦苦闘するシミュレーション小説として読める。その意味で時宜を得たテーマを作者は選んだ。

しかし環の悩みは男女を問わず中間管理職に共通している。それはきっと財務省キャリアである作者の悩みでもあるのだろう。結末の「もう一度自分の属する組織において死に物狂いで働いてみよう」という環の決意は作者の決意に違いない。(江上剛・作家)

(日本経済新聞出版社・1575円)=2014年3月27日①配信

時代に君臨する先端技術　「第五の権力」（エリック・シュミット、ジャレッド・コーエン著、櫻井祐子訳）

情報通信技術の革新が世界を変える、といった論調には、目新しさはないだろう。あまりに自明だからである。しかし本書は、二つの点で、類書を寄せ付けないダイナミズムを持っている。

第一は、情報通信技術の加速度的な進展が、世界の政治状況、特に紛争地域の状況や、テロリズムの行方に与える影響を論じきっている点である。第二は、著者が米グーグル会長と、国務省勤務経験も持つグーグルシンクタンクの創設者であることから、情報通信産業の最先端の知見とともに、世界各地の情勢が的確に取り入れられている点である。

原題である「新しいデジタル時代」とは、インターネットや携帯電話機の画期的な技術革新と世界的普及で、「コネクティビティ」（ネットワークへの接続性）が飛躍的に高まった時代のことを指す。それによって、政府の治安・軍事関係者、テロリスト、発展途上国の貧困層、破綻国家の反政府勢力など、世界の多くの人々の行動様式が、劇的に変わっていく。

新しい時代を見据えながら、著者たちはセンセーショナルな警鐘を鳴らすわけでも、新しい地球市民の時代なるものを歓迎するわけでもない。「現実世界」と「仮想世界」がかつて想像もできなかった形で錯綜（さくそう）しあう新しい時代は、不可避的に到来してきている。われわれには、それに適応するしか選択肢がない。

インターネットは、情報入手・発信の手段だと考えられてきたが、今や、国家機構に対する大規模サイバー攻撃や、戦場を変える無人攻撃機、武装解除された元兵士への社会復帰の鍵となるツールも生み出す。

人類の歴史において技術革新は、決定的な変化を社会にもたらしてきた。本書を読むと、現代世界で進行中の新しい技術革新が、さらに世界中でさまざまな社会に革命をもたらしていることをひしひしと感じることができる。最先端の技術を使いこなす者だけが、新しい時代に君臨する。（篠田英朗・東京外大教授）

（ダイヤモンド社・1890円）＝2014年3月27日②配信

原爆勧めた政治家の苦悩　「ヘンリー・スティムソンと『アメリカの世紀』」（中沢志保著）

日本への原爆の投下をトルーマン米大統領に勧告した人物、ヘンリー・スティムソンとは何者か。被爆国日本の読者は、意外な印象を受けるかもしれないが、彼は、米国では高潔な「賢人」として一目置かれる老練な政治家であった。

本書は、20世紀の前半に、陸軍長官、国務長官、ニカラグア特使、フィリピン総督などを歴任し、「アメリカの世紀」を築くことに貢献した政治家スティムソンの評伝である。それが日本の読者の関心をも引きつけると思われるのは、戦前・戦中の日本の歴史に、彼が深いかかわりを持つためである。

国務長官だったスティムソンは、満州事変に対するスティムソン・ドクトリン（不承認外交）で日本の軍国主義と対抗し、太平洋戦争では陸軍長官として日本を降伏に追い込んだ。ただし、その陰で彼は、京都を原爆投下の目標候補地から外すように指示したり、外交による戦争の終結を模索するよう大統領に進言したりもしていた。

スティムソンは、戦時においてもおおむね理知的な判断力を失わず、ファシズムに対する毅然（きぜん）たる態度と敵の国民に対する復讐（ふくしゅう）心とを区別した。当時、彼ほど倫理と信頼を重んじた政治家は珍しい。ただし彼は、優先的な目標を追求する上で、時に現実主義的な冷酷さを示すこともあった。

彼は、米国人にありがちな独善的な態度を戒めたが、評者が思うに、彼自身も原爆投下の勧告に際しては、愛国的なアメリカ例外主義に由来する独善的傾向から免れていなかったのではないか。

それでも、「アメリカの世紀」を築くための彼の献身と努力は、日本の読者にとっても、批判のまなざしだけでなく、同情の念をもって眺めるに値する。そのような視点をもって彼の評伝を読むとき、読者は、20世紀の歴史とその陰に潜んだ苦悩を追体験し、国際政治と倫理の問題をあらためて深く考えさせられるのである。（西岡達裕・桜美林大教授）

（国書刊行会・2940円）＝2014年3月27日③配信

野生への深い畏敬の念

「象にささやく男」(ローレンス・アンソニーほか著、中嶋寛訳)

著者は、南アフリカ・ヨハネスブルク生まれの環境保護活動家。戦下のバグダッドで、動物園の動物たちを救出したことでも知られる人物だ。

その彼が南アフリカのズールーランドに私財を投じてつくった2千ヘクタールの動物保護区。そこに「厄介者」呼ばわりされている野生の象の群れを引き取ったことから、肉体的にも精神的にも大変な「面倒と冒険」と豊かな世界を味わうことになる。本書はその経緯をつづったノンフィクションだ。

到着した象の群れは、予定より2頭少ない7頭で、リーダーと子象は既に銃殺されていた。銃で追われ、目の前で仲間を撃ち殺された象たちは、暴力にさらされ続けたトラウマと根深い人間不信を抱える破壊的で危険な群れになっていた。

著者いわく「優しくて思いやりがあってとても頭がいい」象は、高い知性と情報伝達能力を持ち、野生動物の中でも極めて聡明(そうめい)である。その象から敵とみなされたときにはどれほどの殺意を向けられるものか。怒りと憎悪でいきり立った象が人間に襲いかかる描写はすさまじい。文字どおり、命がけの攻防を繰り返しながら、象が著者に心を許し、自宅を訪問するまでになるいきさつは、本書でたっぷり楽しんでいただこう。

保護区のやぶに潜んでいるのは動物だけではない。目的のためには殺人も犯す密猟者や、アパルトヘイト(人種隔離)政策により先祖代々の土地を奪われた先住民。そうした、あつれきが生じざるを得ない相手と向き合い続ける著者のタフネス、そしてそれを支える知性とユーモアに感服させられる。愛犬や周囲の人間模様も魅力的だ。

著者は、象というまったくもって異質な他者との交流と受容に全身全霊で取り組み、最後には、その希少な交流を手放して彼らを野生に返した。「野生」への深い畏敬の念に胸を打たれる。彼の心身を育んだアフリカの大自然の重厚さ、破壊と再生の両面性の描写も素晴らしい。(藤田千恵子・フリーライター)

(築地書館・2730円)=2014年3月27日④配信

震災後に描く記憶の不在

「鐘の渡り」(古井由吉著)

古井の小説は、記憶を見据えるようにして書かれている。まるで、澄んだ水をたたえる古い井戸に目を凝らすかのようだ。「私」という一人称をほとんど使わず、どこまでも記憶をめぐる語りが進んでいく(本書とほぼ同時に上梓(じょうし)された「半自叙伝」にも、「私」という人称なしにどこまでも進めることに自分でも驚いた、という一節があって興味深い)。

だが、私たちの記憶もそうだが、現在とのかかわりでしか記憶は蘇(よみがえ)らないのではないか。いま起こっていることに刺激されて、記憶は呼び起こされる。すべての記憶がそうだというわけではないが、古井の描く記憶の断片はそんな性質を持つ。

本書に収められた小説は、2012年から13年にわたって発表されている。東日本大震災以後、ということになる。あの震災の揺れの記憶は、古井がよく描く東京大空襲の情景と連なっていく。記憶が連鎖する。

ただ、ここまでならば従来の古井作品の趣向と大きな差異はない。

ある記憶が別の記憶を呼び寄せる筆致に、わずかだが変化の兆しがある。「八ッ山」と「机の四隅」と題された、終わりの2編に、記憶の空白が書かれていて特徴的だ。

「八ッ山」では、「空襲ではぐれた浮浪児たちの中には」「それ以前の記憶をすっかり失ってしまう子がいたと聞いた」とあり、古井は直後、こう書く。「自分はそんな悲惨な運命にはなかった。まずは人並みに還暦過ぎまで来たと思っている。それなのに五十を過ぎてからときおり、自分にはあの春の、八ッ山橋を渡って行った、それ以前の記憶が欠けているような気のすることがあるようになった」

単なる忘却ではない。自分はいったい誰なのか、というところまでまっすぐにつながる記憶の不在。恐ろしい小説だと思った。背後には、3年前の大震災が控えているように読んだ。古井の小説を「現代文学の最高峰」とする評価は、誇張ではない。(陣野俊史・文芸評論家)

(新潮社・1680円)=2014年3月27日⑤配信

旅程に八雲の生涯をみる

「へるん先生の汽車旅行」（芦原伸著）

「へるん先生」とは、ラフカディオ・ハーン、すなわち「怪談」などの怪奇文学で知られる小泉八雲のことである。ハーンは1890年に来日した。このころ明治政府は西欧列強と肩を並べられる力を得ようと、近代化と富国強兵政策を進めていた。多くの外国人が招かれ、「お雇い外国人」として日本各地で西欧化に寄与していた時代であった。

ハーンもまた、政府に招かれた「お雇い外国人」の一人であると思っていた人も多いだろう。しかし彼は意外にも米国での路上生活の経験を経て、食い詰めて日本にやってきたというのが実態だった。ギリシャの離島に生まれたハーンは、アイルランド、米国、西インド諸島、そして日本へと旅をした。著者は、ハーンの旅程を自らの足で実際にたどりながら、その生涯を見つめている。

ラフカディオ・ハーンについては、これまでも数多くの評伝が書かれているが、そのほとんどにおいて、彼は繊細で傷つきやすい心を持った人物として描かれている。しかし本書を通して浮かび上がるハーン像はもっとしたたかで挑戦的なイメージをまとっている。

幼いころに父母に捨てられ、育ててくれた裕福な大叔母も破産の憂き目に遭い、ほとんど無一文で渡った米国でも成功せず…。欧米への嫌悪にこりかたまって日本に活路を見いだそうとした不運な男の物語なのだ。

明治期に来日した欧米人の大半が、日本の伝統文化や古来の風習を理解せず、未開・野蛮なものとしてさげすんできた。なぜ、ハーンはそんなにも日本の伝統文化に深く共感し、日本国籍を取得するまでにいたったのだろうか？　著者の旅は、その謎を解き明かそうとする試みでもある。

本書を読み進めていくうちに、道祖神の招きにあったように、なにやらお尻のあたりがムズムズとしてきた。「私もこんな旅をしたい」と思わせてくれる本に久しぶりに出会うことができた。（八岩まどか・ノンフィクションライター）

（集英社インターナショナル・1785円）＝2014年3月27日⑥配信

追補

客としての義務とマナー

「ザ・ホテル」(ジェフリー・ロビンソン著、春日倫子訳)

世界のホテル、レストランのランクづけに「ミシュラン」があるように、クルーズ船のランクづけに有名なダグラス・ワードの客船ランクがある。彼の採点は実にきびしく世界的に大きな権威をもつ。一昨年の日本郵船「飛鳥」の世界一周クルーズに私も乗せてもらったが、ワードはマルセイユから乗ってきた。きわめて物静かなまじめな紳士である。しかし、さりげなく、船の表と裏へ鋭い目を光らせていた。

本書の著者J・ロビンソンはロンドンの超高級ホテル「クラリッジ」のミシュランであり、ワードである。しかも五カ月にもわたる滞在で徹底的に「クラリッジ」を分析した。総支配人トゥザーンの目を借りて、ホテルの内情を描き出した。

われわれ宿泊客はロビーや室内やレストランなどの「表街道」しか知らない。しかしホテルの機能は「裏街道」によって支えられていることを本書で知ることができる。

世の中どこにも「困った」人がいる。ホテルの客も例外ではない。しかしホテルにとって「客は神様」であるから表ざたにもできず、客のプライドを傷つけることもできない。

ルームサービスの不満、水もれ事故、病気、ポリッジ(オートミール)にハチミツがついていないという文句、コレステロールを気にする客のための代用卵の用意、国賓を迎える苦労話、ダイアナ妃の食事、女王陛下のメニュー。

はては部屋の備えつけ物品を何でも持っていく「こそ泥」への対応、「ニューヨーク・タイムズ」を発行日によこせという無理な注文(コンシェルジェはコンコルドを使って見事に約束を果たした)などなど、限りないエピソードにわれわれは酔うことができる。

私は本書を読んで、客としての義務とマナーをあらためて心に刻んだ。この本であなたは真のよきホテルのゲストになることができる。ホテルの「エンサイクロペディア」として、ホテルを愛する人におすすめする。(斎藤茂太・日本旅行作家協会会長)

(三田出版会・1800円)＝1998年4月9日②配信

世紀の名探偵の人間的魅力

「名探偵ポワロの華麗なる生涯」(アン・ハート著、深町眞理子訳)

かの有名な「小さな灰色の脳細胞」の持ち主といえば、ベルギー生まれの名探偵、エルキュール・ポワロである。ミステリを読みはじめたころに最初に出会った名探偵ということもあり、シカ撃ち帽とパイプがトレードマークのシャーロック・ホームズより、卵形の頭をし、口ひげがぴんとはねたこの小男のほうに、いまでも愛着をおぼえる。

アガサ・クリスティーの生んだこのポワロは、同じ作者の手になるミス・マープル、コナン・ドイルのホームズとともに、ミステリ史上もっとも有名な探偵だろう。それを如実に示しているのが、ポワロ最後の事件「カーテン」が出版されたさいの騒ぎで、「名探偵死す!」のニュースが世界中を駆けめぐった。

本書の前に「ミス・マープルの愛すべき生涯」を紹介しているアン・ハートは、ここでは、ポワロの文字どおり華麗な生涯と、その人間的魅力とを、あますことなく描き出している。前半部ではポワロの手がけた数々の難事件を年代順に追い、彼が亡命先のイギリスでいかにして成功をおさめたかを解き明かす。

だがファンにとってこれ以上にうれしいのが、後半部で傾けられる、ポワロに関するうんちくだろう。引っ越し魔であるポワロの、住居内部のようす、その好みや探偵術、彼を取り巻く多彩な顔ぶれ。

そして、なにより圧巻なのは、第十三章における、ポワロとふたりの女性をめぐるくだりである。かつて犯罪にくみしていたこともあるロサコフ伯爵夫人は、ポワロが思いを寄せつづけた相手だ。かたや、クリスティー自身を思わせる推理作家のアリアドニ・オリヴァー夫人は、彼の生涯を通じてのよき友人だった。

クリスティーの翻訳者でもある深町さんの手で本書の訳出が進められているということは、ファンのあいだでは周知の事実だった。ここにようやく刊行の運びとなったわけだが、待たされただけのかいはあった。本書を手にして、ポワロの活躍談を読み返してみようという気になるひとも少なくないことだろう。(森英俊・ミステリ評論家)

(晶文社・3200円)＝1998年5月21日②配信

偽史にひそむ政治性を検証

「人はなぜ歴史を偽造するのか」（**長山靖生著**）

ジンギスカンの正体は源義経だったとか、日本には超古代文明が栄えていて世界の文明の発祥地であったとか、日本人はムー大陸人の子孫だったとかという話は、今でも読み物として流布している。娯楽として楽しまれているのみならず、それが真実であったと信じている人もいるようだ。

実は戦前の日本にも、そんな人が大勢いて、しかも政治にまで影響を与えていたという。

本書は「歴史を偽造すること」の系譜を、徳川家康の偽系図や水戸学派の歴史観からたどり、近代の妄想めいた偽史の発生・流通についての詳細な検証を通じて、そのような物語をつくったり信じたりした人々の心性に踏み込むとともに、その政治性を明らかにしてみせる。ムー大陸の存在を信じることにも、政治社会学的な文脈があったのだ。

南朝神話の形成、明治四十四年の「南北朝正閏（せいじゅん）論争」など、より緊張感の高い出来事をめぐっては、ルサンチマンが形成したファンタジーが政治的な力となって国家を動かしてゆく経緯がいっそう明りょうにされている。読者はそこに、大衆社会の欲望と政治との、なんだかものがなしい関係を見ることになるだろう。

この「偽史」史のつづられた動機の一つには、昨今の「自虐史観」をめぐる歴史教科書論争への違和感があるようだ。歴史を“美しい物語”にしようとする動機には、偽史運動に似たものがある。

われわれが自信を回復したいなら、国家の歴史に栄光を求めるのでなく、国家の主権者としての自らの行動によるべきではないのか。それは広い意味での「本当の私探し」のはびこっている今日の社会に対する、著者の異議申し立てでもある。

本書の恐ろしいところは超古代文明やら熊沢天皇やらの話を聞かされているうちに、いつのまにか、われわれが今なお明治以来の「御上（おかみ）」意識を前提とした体制を生きているという現実を突き付けられることである。批評性こそ歴史を面白くする。（田中聡・フリーライター）

（新潮社・1500円）＝1998年7月9日④配信

リアルなまでの業界描写

「コスメティック」（**林真理子著**）

鼻孔をくすぐられる小説である。ページをめくるたびに、香りが立ちのぼってくる。もちろんページに香水がしみ込ませてある、なんてことはなく、林真理子さんの筆のマジック。私には、強すぎる香り。でも、二十代、三十代の「アタシはできる」と自負しているキャリア女性にとっては、心地いいに違いない。

主人公は三十代前半の化粧品会社のPR担当の女性。それも広告代理店のAE（アカウント・エグゼクティブ）からの転職組である。旅行先のパリ（！）で、ヘッドハンティングされたのだ。バブルが終わっても、その欲望、向上心はなえることがない。欲望についた筋肉たるや、もうマッチョそのもの。そのへんの男では太刀打ちできまい。

「私が仕事をするのは、生きていくのと同じぐらい当然のことなのよ。私があなたに一度でも、結婚後も仕事をして構わない、なんて言ったことがあるかしら」、彼女が恋人に言い放った言葉だ。しかし恋人は「女性は仕事で百パーセント幸福になろうと思うと、絶対に無理が来るよ。結婚して子どもを産んで、トータルで百パーセントになればいいじゃないか」が、持論。彼女は、この恋人を捨てる。

キャリアアップをするたびに、男の好みも変わっていくように見えるが、ラストは―。階段は上るためだけに存在するのではない、ということだろうか。「自分はこうして仕事の成功とはひき替えに何かを失っていくだろう。それを後悔する日もくるかもしれないが、まだまだ先のことだ」。林真理子さんの小説というのは、表層的なところのお楽しみだけでなく、背筋が寒くなるような真理が、隠し味として加えられている。

今回の「コスメティック」のお楽しみは、そのリアルなまでの、化粧品業界の描写、雑誌編集者、芸能人との駆け引きの描写であろう。しかし真理はそこにはない。仕事派でも結婚派でも、とにかく幸福になりたいと思う女性には必須（ひっす）の一冊だ。（麻生圭子・エッセイスト）

（小学館・1600円）＝1999年4月8日⑥配信

世界経済のドラマを描く　「バブルの歴史」（エドワード・チャンセラー著、山岡洋一訳）

日本経済はようやく回復の兆しを見せているが、「第二の敗戦」「失われた十年」と表現されるほど、バブル破裂によってトコトン傷んだ。今、米国の株価がバブルと言われる。そして、バブルには十分懲りたはずの日本でもまたもや、ネット・バブルと呼ばれる事態が生じている。

本書は、十七世紀オランダのチューリップ・バブル、十八世紀初頭英国のサウス・シー・バブルなど歴史上名高いバブル事件から現在の米国バブルまで、世界のバブルの歴史を克明にたどっている。一九八〇年代の日本のバブルについても、これが米国人によって書かれたのかと思うほど詳細である。また、日本では詳しく報じられなかったが、九八年秋の米国のヘッジファンド、LTCM破たんのいきさつは、米国の金融・証券市場を理解する上で興味深い。

バブルに焦点を当てることで、本書は、あたかもドラマのように世界経済の歴史を語るのに成功した。従来の経済書が無味乾燥でつまらないのは、制度や政策論に終始して、主役である人間を忘れているからである。もともと経済はきわめて人間的なものなのだ。

本書によると、投機とそれに伴うバブルはローマ時代からあったそうである。とすると、投機もバブルも人間の本性に深く根ざしたものなのかもしれない。投機もバブルも経済のアダ花のように見えていて、実は経済活動の本質にかかわっており、だからこそ、人類は何度でもバブルとバブルの破裂を繰り返すのだろう。

米国株価がかなり軟調であるにもかかわらず、米国は六度目の利上げを敢行した。ナスダック銘柄は既に大きく下げ、米国国民は二百兆円の富を失っている。しかし、米国の政策当局は「株価下落は上げ過ぎの調整だから心配ない。米国の実体経済は強すぎるほど強い」と繰り返している。これは、バブル破裂当時の日本の政策当局が言っていたこととあまりに似ている。日本の轍（てつ）は踏まないとしてきた米国だが、何とも気がかりではある。（紺谷典子・エコノミスト）

（日経BP社・2400円）＝2000年5月18日③配信

長いスパンでアジア描く　「海の帝国」（白石隆著）

歴史の大河小説を読んでいるような、ダイナミックでロマンに富んだ東南アジア史の力作である。著者の白石氏は、政治学者である前にまず歴史学者だったのだということを、あらためて印象づけた本でもある。

本書は、過去約二百年のタイムスパンで、東南アジアという地域を「海がつなぐ」広大なネットワークによって支えられてきた、一つの地域秩序として解き明かしている。

V 議論の中心となるのは、東西交渉の中で出現した三つのプロジェクトである。

この地域を、自らの影響圏（インフォーマルな帝国）に組み込み、自らが主宰する地域秩序を最初に建設しようとしたのは、まず英国であった。シンガポールを建設したラッフルズが、十九世紀の初めに描いた「自由貿易帝国」のプロジェクトによって、アジアは初めて近代国際システムに編入された。ただし、彼の当初の思惑とは反対に、そこではアヘン専売という特権ゆえに華僑ネットワークが強化されていったのである。

次いで構築されたアジアの秩序は、二十世紀初頭の「文明化」のプロジェクトであった。産業資本主義が存在しない段階では、このころ編成された近代国家（リバイアサン）が、これらの二つのプロジェクトの担い手となった。

第二次大戦後には、米国による「自由アジア」のプロジェクトが構築された。そこにおいて日本は、米国、東南アジアと結んで三角貿易体制を構築し、米国に次ぐナンバー2として、この地域にかかわった。そして雁行（がんこう）型経済発展を先導することによって、この地域における資本主義の本格的形成をもたらしたのである。

この「プロジェクト」という新しい概念や、個々の事実関係、あるいはその解釈にかんしては異論もあるだろうが、切り口は鮮やかだ。さらに今後、一つひとつの歴史史料の厳密な検討の上に立って、本格的な実証研究へと発展させることができれば、素晴らしいと思う。（倉沢愛子・慶応大学教授）

（中公新書・680円）＝2000年10月26日③配信

債務管理型国家を提言

「財政崩壊を食い止める」(神野直彦、金子勝著)

国の巨額の債務は一刻も早く小さくすべきだというのが、多くの国民の一致した考えと思われるが、期限を定めて財政再建を行おうというのは大マチガイだと著者は言う。なんとなれば、あまりに巨額で「返済不可能」だからである。では、そごうやゼネコンのように国も債権放棄を求めるのかと言えば、そうではない。

国の債務は「返済」よりもまず、国が保有する金融資産をあわせて「管理」する、と発想を変えるべきと言う。金利の低い時に国債を借り換えて金利負担を小さくし、株価の高い時にNTTやJRの株を売る。もっとも有利な時期を選んでゆっくり赤字を減らせばよい。無理をすればかえって歪(ゆが)みを大きくするだけだ。「債務管理型国家」の提言である。

確かにその通りだ。財政を企業になぞらえて「とっくに倒産していてもおかしくない」との議論をよく耳にするが、国は企業にたとえるべきではない。外国から借りているならいざ知らず、日本政府の借金は国民から借りているだけである。国民にとってもっとも負担の少ない方法を選べば良いだけなのである。

財政は家計にたとえるべきなのだ。奥さん(政府)のやりくりが下手で家計費は赤字だが、奥さんは家族(国民)から借りているだけ。だとしたら、今どうするのが家族にとって一番幸せかをじっくり考えれば良いだけだ。

しかも、債務の管理を行うためには、国のバランスシートをしっかり把握する必要がある。それは、国の会計処理の透明化にもつながる。財政破たんは、当事者である国民を無視した不透明な行政のせいでもある。

消費税の増税が既定の事実であるかのように語られるが、「必要なのはむしろ累進的な所得税」というような"常識"に反する提言が、明るいビジョンにつながっている。政策批判をする学者は多いが、代案を示すわけでなく単なる批判で終わっている。経済学者への信頼を回復させてくれる本である。(紺谷典子・エコノミスト)

(岩波書店・1600円)=2001年1月25日⑥配信

怨霊の物語として見直す

「太平記」(松尾剛次著)

怪談の中でも幽霊談には、生者(現在)の死者(過去)に対する態度を問い直す物語がある。封印された過去が、現在の正当性を揺さぶる。それが怨霊(おんりょう)である。

本書は「太平記」を「怨霊の物語」として、つまり死者の観点から見直すという試みだ。従来、儒教的な第一部、仏教的な第二部、非条理な第三部からなり、構成に一貫性がないとされてきた「太平記」だが、著者は第三部の怨霊に着目して、敗者への慰霊と鎮魂という思想で一貫していることを明らかにした。

とはいえ、堅苦しい話ではない。問題の第三部は、"異形の天皇"後醍醐や楠木正成の怨霊が跳梁(ちょうりょう)する幻想味豊かな世界であり、本書には主な登場人物の紹介もされているので、難なく南北朝動乱のドラマに誘い込まれながら、「太平記」の陰の編纂(さん)者とその意図に迫る著者の手並みに歴史学の面白さを堪能できた。

もっとも本書は、歴史のなぞ解きだけでは終わらない。著者によれば「太平記」は、負け組南朝方に対する慰霊と鎮魂の書だった。

この戦死者の鎮魂というテーマに著者の故郷、長崎の原爆による膨大な死者への哀悼の思いが重ねられている。本書自体が慰霊と鎮魂の書であり、かつ、第二次世界大戦をどう総括するかという問いかけの書でもある。著者は戦後の総括のためにも「『太平記』のような鎮魂のための壮大な国民的叙事詩」、「第二次世界大戦物語」を持つべきではないかと問いかけている。

ところで『太平記』に倣って、怨霊の物語としての「第二次世界大戦物語」を編むとしたら、それは案外、「国民的叙事詩」とはならないのではないかと思う。なぜなら第二次世界大戦の犠牲者、すなわち怨霊の候補者は国境・国籍を超えて存在するからだ。

国民という枠組みで鎮魂の物語を語ることは、非国民のらく印を押されて死んだ者たちの幽霊や、アジア各地で日本軍に殺された者たちの怨霊が赦(ゆる)してはくれまいと思うのだが、どうだろうか。(広坂朋信・怪談研究)

(中公新書・680円)=2001年12月6日⑤配信

分からなさ見据える営為「人を殺してみたかった　愛知県豊川市主婦殺人事件」(藤井誠二著、写真・山田茂)

赤の他人の家に押し入り女性を殺した十七歳は、「人を殺してみたかった」と語った。そして問われるまま重ねる言葉たちは、それ以上の像をどうしても結ばない。真の「わかりにくさ」が、この事件を、ショッキングだが人気のないものにしていた。

この事件に比べると、酒鬼薔薇聖斗のなんとわかりやすかったか。全存在をかけてメッセージ行為をした彼が。その証拠にナオヒデ(犯人の仮名)は知識人にショックを与えたが、同世代の支持を得なかった。酒鬼薔薇聖斗が「崇拝」されるのと対照的に。

しかし、どちらが怖いかとあえて言うなら、ナオヒデの事件だ。それはとりもなおさず、圧倒的な「わかりにくさ」による。行為の猟奇性は、ある程度対象化して見られる。意味を読み解く探偵気取りの面白ささえ、くれるだろう。

しかし、当たり前の言葉が全部ばらばらにされていくような供述は、受け取るわれわれ自身の自明性を奪う。人は結局、そういうものを嫌う。「わかりにくさ(やすさ)」というキーワードでみると、他の有名な事件、たとえば宮崎勤のケースと比べても面白いことが浮かぶ。

宮崎勤の「多重人格鑑定書」がうやむやにやみに葬られたのに対して、ナオヒデの「アスペルガー症候群」鑑定は、なぜ、あっさり採用されたのか?　しかもどちらも、密室の討議で。

私は鑑定の真偽のことを言っているのではない。鑑定と本人の間にあってそれを採択する人々や、何かをすぐわかりたいと欲する情報消費者やメディアの心性のことを言いたいのだ。

アスペルガー症候群は言語障害を伴わない自閉症で、脳の器質障害とされる。「人格」という哲学的な問題は敬遠され「器質的障害」というわかりやすさは好まれる。理解不能なものは理解不能なまま事実を見すえようとする粘り強い営為こそが、同様の犯罪の真の防波堤になるのではないか。その意味で、「わからなさ」を真摯(しんし)につきつめた本書の意義は大きい。(赤坂真理・作家)

(双葉社・1600円)＝2002年1月17日⑥配信

はみだし者の創作者　「だれでもない庭」(ロマン・ホッケ編、田村都志夫訳)

前著「エンデのメモ箱」以上に故人の創作工房を垣間見ることができる一冊が出た。大半が未完に終わった長編の断片や、個人的な書簡の抜粋、短詩、考察、箴言(しんげん)などである。

かねて疑問に思っていたことだけれど、編者のロマン・ホッケは、有名な「マニエリスム」の著者ルネ・ホッケと、何らかのゆかりのあるひとなのだろうか。

ルネ・ホッケの名著の水先案内のおかげで、われわれは、いわゆるメジャーではない、西欧文化の裏街道ともいうべきものに親しむようになってきた。かくいうわたし自身そうだった。幸か不幸か、まさしくエンデの同時代人として、十代の半ばに敗戦の混乱を味わい(前著の終戦体験を見てもわかる通り)、二十世紀の事件をひとつひとつ、同世代として経験しながらも、はみだしてきた。

この本でみるかぎり、エンデはけっして老賢者ではない。彼は生涯、大人ではなかった。永遠の子供というより案外子供っぽいひとかもしれない。

ホッケにこだわるわけではないが、ともかくエンデはたしかにメジャーではなく、裏街道に属する人間だ。エンデをはぐくんだ環境は、シュルレアリストの画家の家という特殊環境だ。だいたいこのひとは子孫さえ残していない。

時代を先取りしていたとはいうまい。二十一世紀になってこれだけ価値観の多様化してきた現在、次世代はミヒャエル・エンデの名にまったく別の意味を見いだすのではないか。論より証拠。彼自身くり返し言っている通りだ。はみだし者の創作者エンデを信じよう。

「芸術やポエジーの偉大な作品は、なにかを正しいとも、あやまちとも証明あるいは反証するものではありません。それらはなにかとしてそこに存在します。(中略)しかし、芸術やポエジーが、芸術やポエジーを越える教えを垂れなければならないと考えるあやまりは、この現代社会ではとても一般的に広まっています。」(「E・Cさんへ」)　そう、断じて「教え」であってなるものか。(矢川澄子・作家)

(岩波書店・2600円)＝2002年5月30日③配信

数学は「実在」するか　「天空のパイ」(J・D・バロー著、林大訳)

「すべての整数は素数の積で書かれる」。この事実は机やいすのように、われわれの心とは無関係に存在するものだろうか。それともわれわれの心の中にあるに過ぎないのか。すなわち人間の脳の創作物なのか。整数とか素数などという概念は数学者が勝手にこしらえたものか、ということである。

もし数学が現実に存在するものなら、一億光年かなたの星に住む高等生物も、同じ数学を知っているはずである。人間のこしらえたものなら、その高等生物は、われわれのものとはまったく異なる数学をつくり上げているはずである。

数学者のほとんどは、数学とは実在するものであり、そのベールをはぐのが発見と思っている。異星人の数学はわれわれのものと異なった表現をとっているだろうが、互いに翻訳可能と思っている。これに反し、脳神経生理学者の多くは、脳の創作物と思っているようだ。

本書はこの古典的大問題に取り組んだ力作である。著者は宇宙論の専門家である。

物理学のすべての知見は数学で書かれている。数学が未知の物理現象を予言することもある。最近の素粒子論などでは、「この理論は数学的に美しいから、事実を正しく記述しているはずだ」などと研究者が語ることさえある。

半世紀も前に量子物理学の泰斗ウィグナーは、「数学の不当な有効性」と言った。本書の著者も、この世の現象が何から何まで数学で説明されることに感銘、そして恐らく少々の反発を覚え、数学とは一体何か、という疑問に取り組んだのである。

本書は古今東西の多様な記数法から始まり、プラトン主義(数学実在説)をめぐるさまざまな立場をていねいに説明する。途中、当然のことながら脳や発達心理学、宗教や神秘思想にも触れる。

無論、本書はこの歴史的大問題に終止符を打つものではない。読者を雑然たる世俗を離れる魅惑の知的世界へと誘うものである。(藤原正彦・数学者)

(みすず書房・5200円)＝2003年2月27日③配信

変化する歴史と精神の苦悩　「ゴヤ　最後のカーニヴァル」(V・ストイキツァ、A・コデルク著・森雅彦、松井美智子訳)

本書の中で著者たちが試みようとしたのはゴヤの芸術が産出される社会の研究ではなく、芸術そのものの解釈である。しかしその際、著者たちが引用しているデリダのテクストの定義では、テクストを一見した時、その秘密を隠していないかぎりテクストではないといっているのだ。つまり彼らの課題はゴヤの作品に隠された想像力の次元を解明することであった。

フランス革命後に出版された版画集「ロス・カプリチョス」をはじめとする作品の分析のために、多くの異分野にわけ入って方法を見いださねばならなかったのは、一筋縄ではいかないこの画家の謎を解きあかすためなのである。

著者たちのおおきな枠組みはバフチンの示唆した文化のダイナミズムとしてのカーニバル論にある。バフチン的なカーニバルはこんとんとした民衆の活力と喜びに満ちていた。しかしこの本の最大のユニークさはバフチンでは不十分であった、この種のカーニバルの歴史的変質に際し、そこになにが起こっていたかに着目していることにある。

実質的にはカーニバル的な逆転は現実の暴力に化するなどして終わりつつ、その時代は、それまでにはなかった精神的世界の異様なリアリティーを生み出していた。

著者たちが多くのページをサドの倒錯に費やさざるをえなかったように、その時代に理性と狂気の境目が消えてなくなる現象が生じていた。ゴヤの想像力は、そのようにねじれた次元を見いだしていた。カーニバル的なものといわれてきた逸脱や逆転や過剰などを巧みに仕掛け、奇想的表象を次々に演出していった。

端的にいって歴史的カーニバルの終わろうとする時、精神はカーニバル的に生きようとする苦悩を抱いていたのである。その表象をグロテスクといおうと、風刺といおうとかまわない。これこそ著者たちが副題とした「最後のカーニヴァル」を生きたゴヤの姿であった。

本書は、必ずしも美術の研究者でない者にとっても、芸術分析から現れてくる精神の歴史にほかならない。(多木浩二・哲学者)

(白水社・5600円)＝2003年3月13日⑥配信

「白衣の天使」の苦闘　「ナイチンゲール　神話と真実」（ヒュー・スモール著、田中京子訳）

ナイチンゲールといえば「白衣の天使」とたたえられ、種々の偉人伝で知られている。活躍は、十九世紀半ばのクリミア戦争時。死屍（しし）累々の野戦病院で傷病兵の看護に一身をていする姿が感動を呼び、献身・犠牲の象徴としてあがめられるようになった。

だが戦後、栄光を唾棄（だき）するかのように彼女が自室にこもりきりとなった経緯はあまり知られていない。「謎の十年」と呼ばれるこの時期の「検証」を、筆者は膨大な資料を駆使して試みる。謎解きの鍵は、二通の手紙に置かれる。

一通目。戦地の病院に「ひん死」「手遅れ」で運ばれた兵士の死亡率を自らが改善した実績に触れている。食料も医療品もなく「蛆（うじ）にたかられて」死んでいく兵士のために、まさに孤軍奮闘で看護し、物資調達に奔走。結果、死亡率が減ったとの認識だった。

だが二通目は、一転して苦悩に満ちる。彼女の病院が、前線でも「群を抜く」死亡率だったことに気付いたからだ。衛生環境の悪さゆえに感染症のるつぼと化していたのである。

戦時中に「地獄」のような野戦病院で、彼女は「ランプを持った貴婦人」とたたえられていた。英国政府は戦後、責任を回避するため、高死亡率を招いた原因の隠ぺいに懸命だった。その中での彼女の苦悩と苦闘の激しさこそが私の印象に残った。

公衆衛生への無知ゆえに兵士たちを殺したことを自らの罪として背負う。その一方で、罪を社会の課題とすべく、改革を求めて千ページもの報告書を自室にこもって執筆、公開を求めた。しかし、その報告書は隠ぺいされ、王立委員会による報告書が終止符を打った。

近代化への移行期の英国で、女王も巻き込んだ権力闘争のるつぼに身を投じたナイチンゲール。その執拗（しつよう）なたたかいの詳細な記録は、看護や女性といった枠や時代を超えて、壮大な政治劇の読み応えがある。

川島みどり氏（看護学）の解説も分かりやすく秀逸。（向井承子・ノンフィクション作家）

（みすず書房・3000円）＝2003年7月24日⑤配信

特異な画家の本質に肉薄　「オディロン・ルドン」（本江邦夫著）

何か美しいものを見て感動する。その一瞬の体験が人生を支配することもありうる。オディロン・ルドン（一八四〇—一九一六）というのは、何か美しいものを想起させ私たちを夢想に誘う画家である。にもかかわらず、彼の名は表立ってはあまり人の口に上らない。なぜなら、彼はルノワールでもセザンヌでもピカソでもないからだ。

現在の美術史が近代絵画の主流と認めているこうした巨匠たちとルドンとの違いは何か。まず第一に、印象派やキュビスムなどの特定のグループまたは運動にこの画家は帰属したことがない。しいて言うなら、十九世紀末のフランスを中心として起こった象徴主義の一員とすることはできるだろう。しかし、これすらも厳密に言えば、画家よりはるかに若い世代が企てた実証主義に対する反逆に何となく巻き込まれてしまった、というのがルドンの実際のありようだったろう。

安易にレッテルを張り付けることができない芸術家に対して、人というのはどことなく及び腰になるものだ。とはいえ、ルドンがではマイナーであるかというと決してそうではない。現に日本でも一九五〇年代後半のフランスにおけるルドン再評価の気運をうけて、六〇年代には雑誌等でさかんに取り上げられている。

この時期のルドン評価は孤独な生い立ちの画家が孤高の芸術を築き上げるというもので、ひらたく言えば画家神話を作り上げることが目的であった。しかし、それからおよそ半世紀を経た現在、美術史の方法論はドラスチックな変ぼうを遂げている。修正主義が現れ、作家像の脱神話化が試みられてきた。

本書は、修正主義を含むこうした作家評価のあり方の変遷を踏まえた上で、あらためてこの芸術家の本質に迫ろうとする。著者は文字通り半生を通じてこのフランスの特異な画家とつきあってきた。膨大な資料を駆使しながら、ルドンという主流ではないが傍流でもない、実にレッテルを付けにくい画家にあくまでも誠実に対峙（たいじ）している姿が印象的である。（山本敦子・美術史家）

（みすず書房・5200円）＝2003年9月4日①配信

祝福された親子の物語 「盲目の信念」(デニス・ラヴ&ステイシー・ブラウン著、丸山聡美訳)

「アメリカの歴史上もっとも貧しい時代に、もっとも貧しい州の、もっとも貧しい地域のかたすみで産声を上げた」ルラ・ハーダウェイ。彼女は後に、グラミー賞受賞の壇上に息子と立つこととなる。その息子とは、盲目の天才アーティスト、スティーヴィー・ワンダーである。

ルラは生後まもなく母に捨てられた。望まぬ妊娠に数度の結婚、そして、夫からの暴力…。本書は、そんな逆境の中、六人の子供を守り、力強く生きた「母の物語」だ。それと同時に、息子スティーヴィー・ワンダーの成長と音楽の原点も克明に描かれている。

ある日、ルラは目の見えない息子の将来を案じ、激しく落ち込んでいた。それを見た、六歳のスティーヴィーが言った。「悲しまないで、ママ。ぼくは悲しくないよ」

スティーヴィーには生まれたときから、輝く「何か」があった。足音だけで誰かを見抜く卓越した耳。長じては、ハーモニカ、ピアノ、ドラムと手にする楽器を見事に弾きこなすようになる。

人種、国境の壁を越えて、スティーヴィー・ワンダーの楽曲が感動を与えるのは、ルラの生涯と無縁ではない。

ルラが逃げ込むように移り住んだデトロイトには、ブラックミュージックを代表するレコード会社「モータウン」があった。この偶然がなければ、わずか十歳のスティーヴィーが見いだされることはなかっただろう。

また、スティーヴィーが十代のころ、黒人公民権運動が拡大し、デトロイトではキング牧師が参加する大規模なデモが行われた。こうした経験から、グラミー賞に輝く「迷信」が生まれた。「ひどく迷信くさい」という歌詞で始まるこの曲は、人種差別も含めて、世の矛盾を聴く者に問う。

ただし、スティーヴィーからのメッセージは、急進的で白人排他の「ブラックパワー」の思想とは異なる。彼は自分のことを「愛と融和を広めるために、神から選ばれた人間」だと考えていた。この背景には南部出身で信仰にあついルラの存在があった。本書は、神から祝福された「親子の物語」でもあるのだ。(東海左由留・ライター)

(東京書籍・2000円)=2003年10月2日④配信

見事な挿絵でムード伝える 「シネマ今昔問答」(和田誠著)

映画について豊富な経験を持つ著者が、若い編集者の質問に答える形で話が進む。構成はやや散漫だが、読みやすい文章で映画の面白さを教えてくれる。著者が描いた個性的な挿絵も楽しい。

この問答で取り上げられている映画のリストが巻末にある。一九一六年のサイレント映画「イントレランス」から二〇〇三年の「ラスト・サムライ」まで、日本映画三十八本を含め、全部で八百三十五本。

話は作品の粗筋や裏話から、映画の歴史的変化へと広がる。字幕と吹き替えの功罪、再映画化や特撮の実態など「へぇ」と思う話も多い。

マカロニ・ウェスタンは英語では「スパゲッティ・ウェスタン」。踊りの名優フレッド・アステアは、芸をきちんと見せるため「カットを割らずに」全身を撮るよう注文した。最近は「割らずに撮って芸を見せられる人がいない」。

二十二枚の挿絵のテーマは、大部分が六〇年以前の映画だが、作品と出演俳優のムードを見事に伝えている。

著者は同じような手法でジャズのプレーヤーやシンガーの肖像画を描いたことがある。音が聞こえるような絵だった。村上春樹氏の文章と組み合わせて「ポートレイト・イン・ジャズ」というエッセー集になっている。

こうした豊かな知識と感性に裏付けられた絵には、文字とは別の多彩な情報発信力がある。読者は自分の経験や感性に基づいて見るから、それぞれ違う情報を受け取ることになる。

アカデミー賞について著者は「運が左右する。ゲームみたいなもの」と言う。当事者は大喜びだが「われわれはそれに左右される必要はない」。

映画やジャズの鑑賞には、理屈や権威はいらない。自分の好みで見たり聴いたりするのがいちばん楽しい。作品にまつわる事実関係を知っていると、楽しみが深まる。この本は、そういうデータを、押し付けがましくなく提供してくれる。

細かい目次のほか、巻末の作品リストは関連ページが付記されて索引にもなっている。それを手掛かりに、関心のある部分を読むのも面白い。(斎田一路・評論家)

(新書館・1800円)=2004年3月11日②配信

脳死論議めぐる貴重な記録　「脳死と臓器移植の医療人類学」（マーガレット・ロック著、坂川雅子訳）

十数年もの長い論争を経て、臓器移植法が成立したのは一九九七年。それ以後、同法に基づく脳死者からの臓器提供は、今年七月の時点で三十例に過ぎない。

脳死移植は、早くから受容した米国ではすでに日常医療である。日本人のためらいは単なる「遅れ」だと、関係者からは指摘されてきた。だが、日本の医学水準は低いものではない。教育水準、先端技術の日常的な受容…。どれひとつとっても、欧米先進国と遜色（そんしょく）はない。

ではなぜ、日本人は脳死移植をためらい続けるのか。文化人類学者として日本と北米の比較文化研究に取り組んできた著者は、十年ほど前の日本滞在中に、広範囲の国民を巻き込む激しい脳死論争に遭遇。死生観の異なる両地域での、「新しい死」への向き合い方の違いに強い関心を抱く。

欧米では、脳死を人間の死とみなすことが「このように注目されたこと」はなかった。メディアは臓器不足のみを問題視。脳死論議も「ごくわずかな法律家や知識人だけ」で論じられた。そして「生命の贈り物」のような「魅惑的な言葉」が生み出され、「臓器はどこから得られるのか」という現実に人びとは「目を向けないようにしてきた」。

米国人は日本人の葛藤（かっとう）を「文化的特殊性」ととらえがちである。だが著者は、それが「偏見」だったと悟る。日本人の論争は、死生観の相違よりも、「新しい死」がつきつける多様な社会的・倫理的課題の表れだったのである。

本書は、文化人類学の手法で日米両国の比較考察を試みる。十年余をかけて採集された膨大な日本人の言葉の記録が、編さん方法も含めて興味深い。かつての論争の熱気が風化しつつあるいま、本書は日本社会にとって貴重な記録と言えよう。

ただ、日本人の死生観の根底にすむ古来からの自然観を国粋主義と関連づけた点など、違和感を覚えるところもある。このテーマで小松美彦、森岡正博らが書いた近著との併読も勧めたい。（向井承子・ノンフィクション作家）

（みすず書房・5250円）＝2004年8月19日①配信

第一級の現代史研究成果　「毒ガス戦と日本軍」（吉見義明著）

一九八四年、私と本書の著者の吉見氏が、それぞれ独自に、隠ぺいされてきた日中戦争における日本軍の毒ガス戦（化学戦）を証明する重要資料を発掘、発表して注目を集めた。

第一次大戦では大々的に毒ガスが使用されたが、第二次大戦では使われなかったというのがそれまでの軍事史の通説であった。この通説は覆り、戦間期と第二次大戦中に中国戦線各地で、本格的に日本軍による毒ガス戦が展開されていたことが解明されたのである。

その後、研究者やジャーナリストによって、日本軍の毒ガス戦が各方面から究明された。著者はその先頭に立っていたのであり、本書には二十年間の研究成果がコンパクトに集大成されている。現代史研究の第一級の水準を示すものだ。

本書の最大の意図は、日本軍の毒ガス戦の全体像を包括的に明らかにすることにあるが、その狙いは十分に果たされている。

旧軍資料を中心に、第一次大戦以降の人体実験を伴う毒ガス兵器の開発、三〇年の霧社事件から四五年の敗戦に至るまでの毒ガス戦の展開、戦後の東京裁判での免責、さらに毒ガス兵器の遺棄、廃棄の問題が解明されている。

また大戦末期の米国の大規模な対日毒ガス作戦計画がとりあげられているが、日本の降伏が遅れれば、これが実行されたかと思うと慄然（りつぜん）とする。

東京裁判で日本の毒ガス作戦が結局、免責されたのだが、その理由はこれまで不明だった。この真相は、大戦後の戦争での化学戦の実施も想定していた米陸軍が、訴追の中止を求めてそれが実現したことにあった、と著者は指摘している。

日本軍の毒ガス戦は、過去の問題ではない。今でも内外で、日本軍が敗戦の際、遺棄した毒ガス兵器によって死傷者が出ている。また化学兵器禁止条約によって、日本は中国で遺棄した毒ガス兵器の処理が義務付けられている。さらに同条約未加盟国への拡散問題もある。本書は今日の課題として化学兵器を考える上でも優れた基本書となるだろう。（粟屋憲太郎・立教大教授）

（岩波書店・2940円）＝2004年8月19日③配信

法治なく進む戦争民営化　「戦争請負会社」（P·W·シンガー著、山崎淳訳）

著者は、一九九七年にプリンストン大学を卒業した新進気鋭の米ブルッキングズ研究所上級研究員である。専門は外交政策。米国防総省勤務時代、バルカン紛争対策を担当したときの知見がきっかけとなり、本書は執筆された。

二〇〇三年年九月十五日付の米誌「ビジネスウィーク」が、「戦争の外注」という特集を組んで本書を高く評価したことから世界的な注目を浴び、昨年、米政治学会から〇三年度の最優秀著作に選ばれた。同氏は今年に入って米国で「戦争に従事する子供たち」を出版している。貧困国で生きるために戦士になる子供の激増を描いたこれも、衝撃的な作品である。

本書の原題は「戦争に参加する企業」であり、副題は「民営化された軍事産業の台頭」である。民営化はここまできた。戦争まで民営化されるようになったのである。

超大国同士が巨大軍隊組織を配置して対峙（たいじ）する状況は、冷戦体制終結後なくなった。それとともに、超大国の政治的必要性から、その保護下で辛うじて政治的体裁を取り繕っていた多数の弱小国家が、政治的にも経済的にも破綻（はたん）した。

その混乱の中、アフリカなどで、軍閥的な武装集団が利権を求めて内戦状態を生み出した。それらの国の政府や武装集団が、より強力な軍事力をもつ民間戦争請負会社（PMF）と契約し、覇を競うようになった。大国もまた、権益保持などのための非公然活動に、闇組織として使いやすいPMFに依存している。

現代の世界は、米国を典型として「安全を確保された囲まれた内側」（ゲーテッド・コミュニティー）と「危険な囲まれていない外側」に二分されるようになった。その境界線にPMFが配置されている。

PMFは、「公」の軍事や警備が軍縮や行革などの中で後退し、「安全確保」が最高のビジネスになった現代社会の必然的な所産である。拙著「民営化される戦争」でも指摘したが、社会的に大きな存在となったPMFが法的な規制の想定外となっている現状は極めて危険であり、時宜を得た警世の書と言える。（本山美彦・京大教授）

（NHK出版・2625円）＝2005年2月3日②配信

大衆排除の文化形成を検証　「ハイブラウ／ロウブラウ」（ローレンス·W·レヴィーン著、常山菜穂子訳）

一九九〇年代以降の文化研究に新平面を開いた新歴史主義の成果を表す好著である。すべての文化カテゴリーは構築されたものというフーコーの主張が、米文化史におけるハイとローの差別化の過程を検証するなかで再確認される。その洞察は、現代日本文化の考察にも深い示唆を与える。

かつて米国の全階層の娯楽だったシェークスピア劇は、十九世紀後半を境に「文化の保有者」としての専門家や「上品な階級」の占有物となり、大衆の排除と同時に教化のための装置へと変貌（へんぼう）した。その背景には、移民の流入や都市労働者の増加がもたらす文化の多様化を恐れた白人支配階級の意思があった。結果的に、二十世紀の米国から共有文化が失われ、映画などの複製芸術は「まじめな文化」（ハイ・カルチャー）の領域から締め出された。

こうした米文化の制度化の歴史は、日本文化の近代化にもあてはまる。日本でも、「高等文化」は長らく専門家の特権的領域であり、しばしば、外来文化の同義語でもあった。一方で、日本人が独自につくり出した表現は、イラストやマンガやアニメのなかで特異な発展を果たした。

そうした発展の文化的意義を近年、「制度」の側が認めた結果のひとつが、ニューヨークで開催中の美術家村上隆企画の「リトルボーイ」展の成功や、模型原型制作の元祖海洋堂の軌跡をたどる展覧会の国内巡回だろう。そのさまは、美術評論家クレメント・グリーンバーグがかつて「キッチュ」として退けたものが内包する独創性と、文化本来の流動的な性格の再発見を促すようだ。

著者レヴィーンは「大衆文化」が「劣ったもの」として扱われた理由として、安価な流通の方法や「誰もが共感できる」内容によって多くの人々に愛される表現への、専門家の恐れを指摘する。その恐れを超えて、古典とともに大衆文化の創造性をも受け入れるところに真の文化的教養があり、歴史の呪縛（じゅばく）からの自由と、新しい表現が生まれる。この本の主張の日本における実践は、始まったばかりだと思わされる。（松井みどり・美術評論家）

（慶応義塾大学出版会・3360円）＝2005年5月19日③配信

スタイルを確立する精神　「白洲次郎　占領を背負った男」（北康利著）

オイリーボーイの代名詞。それが白洲次郎のイメージだった。オイリーボーイとは、クルマいじりが好きな自動車熱狂者を指す。

自動車だけでなく、英国仕込みの嗜好（しこう）や華麗な経歴など、その洗練されたスタイルが、今でも人々の関心をひきつける理由だと思っていた。白洲正子の夫であるという事実も含めて。恥ずかしながら、吉田茂の側近としてどんな仕事をしたのか、詳しく知らなかった。

だから、この本を読んで、ただただ驚いた。白洲次郎について書かれたものだが、ほとんど近代日本史を読んでいるようなのだ。白洲氏の生涯のハイライトは、愛車ブガッティでも愛飲したマッカランでも軽井沢ゴルフ倶楽部でもなく、日本国憲法である。白洲氏は、日本国憲法成立にあたって、弱腰の政治家たちの代わりにGHQとの折衝役を引き受けた。

GHQでは、〝従順ならざる唯一の日本人〟といわれていたという。最も印象的なエピソードは、昭和天皇からのクリスマスプレゼントを、マッカーサーに渡しにいった時のことだろう。マッカーサーが絨毯（じゅうたん）を指さし、その辺りに置いてくれ、というと、白洲氏は激怒した。「いやしくもかつて日本の統治者であった者からの贈り物を、その辺に置けとは何事ですかっ！」と、プレゼントを持ち帰ろうとした。

結局、スタイルとは、物質の寄せ集めでは確立されないのだ。この本を読んで、強く実感した。白洲氏のように確固たる精神、いや、大仰を覚悟でいってしまえば、自分なりの思想を抱えていないと、何を身につけても何を所有しても洗練は生まれない。

白洲氏はゴルフの腕前も相当なもので、六十歳になるまでシングルをキープした。ところが、ハンディが10を超えると（わずか10だ！）、きっぱりとゴルフをやめた。こうした潔さも白洲氏の個性だと思う。

物質とその情報だけがあふれかえる洗練なき現代の日本で、白洲氏の存在が今なお魅力的に映るのは、当然のことかもしれない。（甘糟りり子・作家）

（講談社・1890円）＝2005年8月18日②配信

未来への教訓を学ぶ　「証言　戦後日本経済」（宮崎勇著）

本書は村山内閣で経済企画庁長官を務めた宮崎勇氏が、インタビューに対して語る「オーラルヒストリー」である。著者宮崎勇氏は第二次大戦後に経済安定本部に入って以来、官庁エコノミストとして、さらには民間エコノミストとして戦後の重要な経済政策形成にはすべて携わってきたといってよい。まさに本書は、政策形成の現場からの戦後日本経済に対する貴重な証言の記録なのである。

しかし、本書は現場からの証言の記録というよりも、未来の構想に不可欠な過去からの教訓を織り込んだ艶（あで）やかな戦後経済史の錦となっている。というのも、著者が携わってきた経済政策を相対化し、宮崎理論ともいうべき経済政策理論から見事に分析しているからである。

宮崎理論では政治と経済、経済構造と経済過程が立体的に組み立てられていて、単に「小さな政府」を目指す構造改革の危うさも、経済政策への深い洞察に裏付けられて指摘されている。私が宇沢弘文東大名誉教授からよく拝聴するMITのヘーゲン教授に、米国留学時に著者が指導を受けていたことを本書で初めて知った。社会制度の発展過程に注目する制度学派をも取り込んだ筆者の博覧強記が、宮崎経済政策理論を器の大きな理論に仕上げているといえる。

しかし、本書の錦の艶やかさは、経済学者としての宮崎理論を緯糸（よこいと）としながら、著者の人間としての「点」を経糸（たていと）にして織り上げられていることにもとづいている。人間には長さも幅もなく、位置だけを示す「点」のようなものがある。本書のページを開くと、著者の冷徹な理論とともに、温かい著者の人間としての「点」が溢（あふ）れている。

その点の一つは平和主義である。著者の著作に「軍縮の経済学」のあることを見いだせば、それは容易に首肯できよう。もう一つは人間主義である。というよりも、平和主義と人間主義は相互補完の関係にあるということができるかもしれない。

本書は、戦後経済史から未来への教訓を学ぶとともに「経世済民」の志を貫いた偉人の壮大なドラマを観劇し、自己の人生をも省察することができる出色の書である。（神野直彦・東大教授）

（岩波書店・3990円）＝2005年11月10日⑥配信

辛口のアウトロー考現学

「産廃ビジネスの経営学」（石渡正佳著）

書名の印象では産廃ビジネスでもうける方法のハウツー本とみられそうだが、さにあらず。産廃の蜜（みつ）に群がる悪徳政治家、暴力団、右翼など、アウトローについての〝産廃アウトロー考現学〟ともいうべき、辛口の内容である。

著者は〝産廃銀座〟の房総半島で、産廃の不法投棄や違法な処分場の取り締まりにあたってきた産廃Gメンの千葉県職員。産廃の現場や実態を知っていることでは、おそらく全国でも右に出る公務員はいないだろう。そうした著者だけに、言うことに説得力がある。

産廃アウトローたち、つまり、金力、暴力、権力による〝闇の産廃トライアングル〟と対峙（たいじ）してきた評者にとっては、思い当たる節ばかりである。読んでいて思わず「同感」と膝（ひざ）を打ちたくなるほどである。

最近、全国各地で産廃の不法投棄が大きな問題になっているが、業者や政治家、行政はその原因を「住民の反対運動で産廃最終処分場ができないから」と言いたてる向きがある。これが迷信で、ためにする論であることは、この本を読めばわかる。

「最終処分場の需要の減少につれて不法投棄は減っている」と著者は前著で指摘している。不法投棄が増えているのではなく、過去の不法投棄が社会の目が厳しくなって発覚するケースが増えているのだ。

産廃問題に限らず、アウトロー論としても面白い。「アウトローには、社会の敗北者に復活や復讐のチャンスを与えるリベンジ機能すらある」というのは、評者がこの十年の経験で知り得たことでもある。

「ヤクザの美学とはカタギに迷惑をかけないことである。しかしこれはウソであって、真実はヤクザが存在しないかのようにカタギにふるまってほしいのである」とは、見て見ぬふりばかりしている公務員の存在こそが、行政対象暴力の温床になっていることを突いている。

情報公開がアウトローを封じ込める、という指摘もうなずける。

やたら正義をふりかざさない筆致がさわやかである。（柳川喜郎・岐阜県御嵩町長）

（ちくま新書・714円）＝2005年11月17日④配信

命捨てた「強い」近衛の姿

「われ巣鴨に出頭せず」（工藤美代子著）

とっぴに聞こえるかもしれないが、考古学と現代史（昭和史）には共通点がある。新史料の発掘・発見で歴史が書き換えられたり、従来の説が裏付けられたりする。

また両分野ともロマンがあり、謎解きの面白さがある。だから歴史の女神クリオは、ほほ笑むのである。

本書は、藤原鎌足を遠祖とする五摂家筆頭の家柄である公爵近衛文麿の生涯を縦糸に、横糸には昭和天皇から東条英機、ゾルゲ事件の尾崎秀実まで、幅広い近衛人脈の葛藤（かっとう）・相克や戦前の複雑な国内情勢を大部に織り込んでいる。

敗戦後、近衛は連合国軍総司令部（GHQ）から戦犯指定され、「われ巣鴨に出頭せず」として自殺した。その誘因は、日本生まれでカナダ人外交官のハーバート・ノーマンが、GHQに提出した覚書にあった。

彼と戦前ハーバード大学に留学し、今年二月に亡くなった経済学者都留重人氏は親友だった。ノーマンは、彼の協力で近衛断罪文を書いたのである。

都留氏の妻は、天皇の政治顧問でA級戦犯・木戸幸一のめいであり、木戸からの情報もあったろう。木戸についての報告書も書かれたが、近衛と比べて、木戸には寛大だった。著者は「ノーマンと都留が合作した作文が近衛を貶（おとし）めた」のだという。

未公開だった米国戦略爆撃調査団の近衛の尋問調書には、昭和天皇の戦犯訴追回避を図る近衛の発言がある。天皇が対米交渉を強調したこと、聖断がなければまだ戦っていたこと、天皇や首相より実権は軍部が握っていたこと一などを供述し、天皇の無罪を強調した。

厳しい尋問を終えた近衛は、戦犯を覚悟した。彼の自殺を聞き、昭和天皇は「近衛は弱いね」と言ったというが、調書は「天皇を護る覚悟」をした「強い近衛」の記録である。

「ノーマンと都留は何をたくらんでいたのだろうか」と、筆者は問いかける。都留氏のようなコラボ（協力者）は占領中、各分野にいた。その人名も活動内容も、まだ謎である。未知の史料は、今後とも出よう。だから現代史ファンは減らないのだ。（高橋紘・静岡福祉大教授）

（日本経済新聞社・2310円）＝2006年8月17日⑤配信

時代のリトマス試験紙　「トリックスターから、空へ」（太田光著）

今や、芸人としてだけでなく、古臭い権力に立ち向かうリーダーとしてもてはやされている爆笑問題・太田光のコラム集。憲法第九条はもちろん、イラクの人質事件から荒れる成人式、カポーティにチャップリン、ボクシングの亀田親子まで、とにかく多岐にわたったテーマが、独特の視点でくし刺しにされている。

テーマはさまざまだが、一冊を通じて私が強く感じたのは、集団は個人のためにあり、集団のために個人があるのではない、という、たったひとつのシンプルな事実だった。集団を国家、個人を国民といいかえてもらってもかまわない。この本を語るとき、思想とか価値観といった大仰な言葉を用いるべきかもしれない。けれど、あえてそれらを使わせないはぐらかしや軽やかさがある。それこそが芸人・太田光の芸ではないかと思う。

太田光は、今回のイラク戦争に関して、こんなことを述べている。これまでの戦争は、国対国の陣地取り合戦だった。けれど、今の戦争は、価値観対価値観、ひいては国家対人々の戦争ではないのか、と。私は、なるほどと感心すると同時に、そんな戦争が終焉（しゅうえん）することは不可能に近いのではないかとがくぜんとした。

都会で浮かれた生活を送る私でさえ、今の日本は大きな取り返しのつかない曲がり角を曲がったような気がしてならない。自衛隊が実質は軍隊となり、ひいては米国の戦争を肯定してしまった。

そんな世の中に居合わせている不安を感じつつ、太田光が時代に向かって吠（ほ）えまくり、こんな本を刊行することは、これからも日本で生き続けなければならない同世代の私たちに一握りの希望を与えてくれる。

そう、太田光はリトマス試験紙なのだ。もしこれから先、太田光がバッシングを受けたり、テレビ画面から消えてしまったとしたら、日本はもう大日本帝国の時代に逆戻りするのではないかと私は思っている。（甘糟りり子・作家）

（ダイヤモンド社・1470円）＝2007年1月18日①配信

グローバル化を適切に分析　「世界に格差をバラ撒いたグローバリズムを正す」（ジョセフ・E・スティグリッツ著、楡井浩一訳）

危機（クライシス）とは分かれ路（みち）を意味する。いずれの方向にハンドルを切るべきかを決断しなければならない危機の時代に、車を降りてでも熟読し、進むべき道を確認しなければならない名著が存在するとすれば、本書だといってよい。

日本ではグローバル化のもとでの国際競争に勝利するために、企業減税が叫ばれる一方で、不平等の急速な拡大による「格差社会」の出現が、深刻な社会問題として認識され始めている。こうした歴史の転換点で、手に取るべき最良の「導き星」だと評価できるのは、本書が「グローバル化」を適切に分析しているからだといってよい。もっとも、それ故に本書の著者スティグリッツは、ノーベル経済学賞の栄誉に輝いたのである。

市場原理主義を批判する序章「不平等を軽視して経済効率を重視する人々」から始まる本書を貫くのは、経済を繁栄させるには、政府と市場とのバランスを保たなければならないという思想である。それは市場と民主主義とのバランスを保つことであり、効率と公正のバランスを保つことだといいかえられる。

世界のあらゆる国のあらゆる人々に恩恵をもたらすはずのグローバル化が、格差をもたらすのも、経済のグローバル化が政治のグローバル化に先行し、民主性や公正が欠如しているからである。そこで本書は三つの選択肢を提示する。

一つは、経済学では否定されているにもかかわらず、日本では信仰されているトリクルダウン（おこぼれ効果）を信じ、不公平を受け入れる選択である。もう一つは、公正なグローバル化を阻止することである。最後の一つは、グローバル化と正面から向き合い、軌道を修正することである。

もちろん、著者は最後の選択肢を主張する。そこから提唱される政策は、人的能力の向上とともに、安全のネットを強化し、所得税の累進性を高めることである。

グローバル化でうるおった層の負担を高めるという本書の主張は現在の政策と正反対である。真理の言葉に傾聴する時である。（神野直彦・東大教授）

（徳間書店・1890円）＝2007年1月18日④配信

圧巻の大作映画のように

「聖餐城」(皆川博子著)

皆川博子の小説は、平日に読んではいけない。通勤電車の中で開いてちょっとずつ読んで、適当なところでしおりを挟んで、ではまた翌日、などとできるものではない。おなかをすかせて質も量もたっぷりの贅沢(ぜいたく)なディナーを食しに行くように、できれば週末。日曜に予定を入れずに、午後いっぱいかけてじっくりと読むのがいちばんいい。

時代小説「恋紅」で直木賞を、ドイツを舞台にした「死の泉」で吉川英治文学賞を受賞した皆川作品の魅力は、いろいろあって言い切れないのでほんの一部を挙げてみるが、スケールの大きな歴史の波を、誰にもまねのできない滴るような退廃美で描くこと。歴史に翻弄(ほんろう)される少年少女の姿が、紙の上に描かれた人々とは思えないほどの息遣いで迫ってくること。江戸時代の日本を描いても、中世のヨーロッパを描いても、皆川世界は揺らぐことのない美しい城のように、本を開けばくっきりと妖艶(ようえん)に立ちのぼる。

「聖餐城」はそんな皆川作品の最新作で、ドイツ三十年戦争を生きた二人の少年の運命を描いた約七百四十ページの大作である。死んだ馬の腹に埋めこまれ、黒い涙を流すように顔がアリにたかられていた捨て子のアディと、美しい顔とねじれた体を持つユダヤ人金融家の息子イシュア。二人は戦場で出会い、少年たちだけで旅をすることになる。家族との確執、戦場での野心、恋と挫折。二人は多くの壁にぶつかりながら、いや応なく大人になっていく。

大国ドイツが、まるで一人の人間、病を得た巨人の最期のように、変化の時を迎えてあらがい、暴れながらやがて朽ちていく歴史を縦軸に、アディとイシュアをはじめとする人間たちの息遣い、そして錬金術、占星術、人造人間、秘文字など中世ヨーロッパのきらびやかなガジェット(小道具)に彩られた、極上の皆川作品。大きなスクリーンで圧巻の大作映画を見終わった後のような、心地いい疲労と万能感に包まれる。贅沢な日曜日。まるで数時間のうちにはるか遠くに旅をしたような気分で、わたしは呆然(ぼうぜん)と読み終わった。

(桜庭一樹・作家)

(光文社・2940円)＝2007年6月7日④配信

新たな歴史軸のアジア史

「『海洋国家』日本の戦後史」(宮城大蔵著)

バンドン会議からスハルトの開発政策初期までの日本とインドネシアの関係を論じ、戦後アジア史のなかで日本とは何だったのかを問う雄大な歴史書である。

著者は戦後のアジア史は「冷戦」というイデオロギー的な視点のみでは描けず「脱植民地化から開発へ」という新しい歴史軸で分析すべきだと主張し、「反共最大の大物」として反共陣営から期待されていた日本像とは異なるイメージを提示している。

たとえば、岸信介が首相就任後初の外遊先として東南アジアを選び、スカルノとの一対一の話し合いの結果、長年の懸案であった対インドネシア賠償問題を即座に解決したことは、元宗主国オランダからの経済的独立を求めていたこの国の脱植民地化にとって大きな意味を持っていたという。

この「脱植民地化」という根本的なエネルギーこそが、日本の「アジア復帰」を南方へと引き寄せる誘引となったという解釈は、アジア主義的な要因を過大評価しすぎている感もあるが、著者のいわんとするところは、脱植民地化の過程で日本が果たした役割は、その後のアジアの国造りと、アジアの非政治化にむけての経済的な貢献であったということであろう。

一九六五年のクーデター未遂事件でスカルノが失脚したのち、インドネシアは脱植民地化の時代に終止符を打ち、スハルトによる「開発」の時代を迎える。つまり、アジアの潮流は、政治の時代から経済の時代へと大きく変化し、そこにおいて日本は重要な経済的役割を果たすようになる。

そして著者は最後に、戦後の日本外交を貫く柱は「経済志向」と「非政治化」であったという評価に行きついているが、この結論は定番でやや期待はずれの感を免れない。

地方反乱に際して、米国とは反対に日本がスカルノ政権を支えたことなど考えると、「アジア回帰」のためにそれまでに日本が果たしてきた役割の中には、純粋に経済的な契機とは別に、アジアのリーダーとしての役割を模索するある種のアジア主義的、政治的色彩を帯びたものもあったのではないだろうか。(倉沢愛子・慶応大教授)

(ちくま新書・756円)＝2008年7月24日③配信

合理性の兵士の思考回路　「ランド　世界を支配した研究所」(アレックス・アベラ著、牧野洋訳)

米国は、軍事力だけでなく、思考回路によっても世界を支配することに成功した。人間は合理的に行動するものであるというのがその回路である。合理的とは、経済的利益を得ることである。利益の分配を数値的・合理的に行うことを社会編成の原理にしなければならない。

その意味で、社会を集団=階級を基本として編成させようとする共産主義は間違っている。人間は集団によって規定されるのではなく、あくまでも個人の主体性によって自己を確立するものである。

こうした合理的人間像を理論的に生み出し、世界に発信し続け、巨大な成功を収めたのが米国のシンクタンクの「ランド」である。

ランドとは、「研究・開発」(R AND D)の頭文字(RAND)から取られた名前である。それは、戦時に世界の俊秀を集めて大きな成果を収めたマンハッタン計画のようなものを平時にも作ろうと、新しく陸海軍から分離された空軍によって企画され、具体的な軍事戦略ではなく、共産主義を否定できる人間の基本的な思考回路を形成するという使命を託されたものである。戦略ミサイル・核開発という特権を付与された空軍や国防総省から豊富な研究費を支給されたランドは、共産主義に対決できる目覚ましいイデオロギー開発に成功した。

社会科学を支配することになる「オペレーショナル・リサーチ」(OR)は東京大空襲の経験からランドで発展させられた思考回路である。ORから「システム分析」の手法が開発された。それは、政策の選択肢を見極め、為政者をして合理的・客観的に採用させる基準を提供する思考回路である。核開発の手続きと配備の方法にシステム分析は大きく貢献した。

「ゲームの理論」もランドで開発されたものである。「合理性の兵士」であるランドの研究員たちの思考回路を本書は見事に描き切っている。(本山美彦・大阪産業大教授)

(文芸春秋・2200円)=2008年11月27日①配信

大統領の苦闘を証言　「評伝　バラク・オバマ」(渡辺将人著)

「『越境』する大統領」という副題を持つ本書は、異質な領域を苦しみながらも通過して自己確立をはたしたオバマ大統領の軌跡を描いている。オバマの軌跡を関係者たちに語らせて、外国人はもとよりアメリカ人ですら気づかなかった、多様で、したたかな、エスニック社会の素晴らしさを理解しようとする著者の試みは成功している。

「『越境』する大統領」とは、時間的・空間的・文化的に異なる次元の社会の縁(ふち)を歩み、そうした異次元を行き来することができた、「六地蔵」のようなオバマの苦闘を指す。

ケニア人の父親のことを知らず、少年時代をジャカルタで、中高生時代を東洋人が圧倒的に多いホノルルですごしたオバマは、黒人のハーフというよりも、「マルチレイシャル」(多様な文化が混ざる人種)なアイデンティティーを持とうとあがいていた。しかし、アメリカ本土では、自らを「黒人」と「名乗った」。血の一滴で帰属すべき人種を「名指しされる」アメリカの閉鎖的文化に挑戦したのである。そうすることによって彼は、エスニックの壁を乗り越えた。

また、アメリカでは、キリスト教の支持なしには大統領選挙戦を戦えない。オバマは教会が主催するコミュニティー・オーガナイズの組織をフルに活用した。各地のオバマ・キャンプでオーガナイザーを選挙キャンペーンのリーダーとして育て、彼らを全国に放ち、人海戦術を成功させた。

さらに、オバマは、外国のことをほとんど知らないアメリカ人に、他国のこと、とくにアジアのことを知らしめた。それは、多様な世界に向き合おうとしないアメリカのエリートたちへの警告でもある。オバマが目指すのは謙虚で包容力のあるアメリカである。

本書は、単純なオバマ賛歌ではない。オバマ自身に対しても、出自の原点を忘れるなという、メッセージを込めている。(本山美彦・大阪産業大教授)

(集英社・2200円)=2009年12月17日③配信

安易な答えのない水問題

「ミネラルウォーター・ショック」（エリザベス・ロイト著、矢羽野薫訳）

米メーン州。人口3千人の小さな町で「水戦争」が起きている。グローバル企業ネスレが、公共水道の水源でもあるわき水で「ポーランド・スプリング」というミネラルウオーターを製造しているのだ。

町民は、この1兆ドル規模の企業による大量の水のくみ上げと、タンクローリーの頻繁な往来に困惑している。水源は保全できるのか、生態系へのダメージはないのか。そして、将来は水道水さえネスレが支配するようになるのではないか、と。

今、世界各地で、ペットボトルの水の生産と消費に対する批判が高まっている。インドネシアでは、ネスレによる取水が農民同士の争いの元となり、米国では主要都市や有名レストランがペットボトルの水の購入をやめ、水道水の飲用を勧めている。

著者は、水道水を水筒で持ち歩く、健康と環境に関心の高いジャーナリスト。ペットボトルの水と水道水のどちらが飲用に優れているか、という観点から取材を進めるが、健康、環境、倫理など、あらゆる面を考慮した結果、答えに行き詰まる。どちらも深刻な問題を抱えているのだ。

水の枯渇と汚染。自然の持つ浄水能力の劣化。すべて人間の活動がもたらしたものだ。その結果、水道水の浄化費用は高くなり、ボトルの水を信奉する人が増えている。

今や、水道水を飲用可能なレベルにまで浄化する必要はない、との主張さえ存在するという。だがそうなれば、水道水の千倍以上もするボトルの水を買えない人々は取り残され、買える人々は、節水や汚染防止など水道水源の保全にますます関心を持たなくなる。飲用水の民間独占は、際限ない値上げをもたらすかもしれない。

「あなたは何を飲みますか」という著者の問いに、安易な答えはない。命の源である水をめぐる諸問題は、自分たちの飲む水の背景に関心を持つ人が増えない限り、何一つ解決できないのだ。（佐久間智子・アジア太平洋資料センター理事）

（河出書房新社・1680円）＝2010年8月12日⑥配信

極限の愛を噛み締める

「白いしるし」（西加奈子著）

初期代表作「さくら」がそうだ。「きりこについて」もそうだった。西加奈子という小説家は、極限の愛を書き継いできた人だ。そのことを、最新長編「白いしるし」を読んで気付かされた。

小説は「私」という女性の一人称でつづられる。東京の三鷹市に暮らす彼女は画家志望で、金にならない絵を描きながら、バーでアルバイトをして生計を立てている。若い頃は奔放だったが、2年前に大失恋をして以来、恋を恐れている。ある日、異性の親友に誘われ、間島昭史という若手画家の展覧会に顔を出す。そして、彼が描いた、白い絵に一目惚（ぼ）れをする。

表現者同士は引かれ合う。互いの創作物を鑑賞し合い、表現についての言葉を交わし合うことを通して。だが、好きな人には、好きな人がいる。それは、彼にとって運命の人である。だからといって、「私」は恋する気持ちをゼロにすることはできない。こうして、極限が完成する。西文学ならではの笑いの感触は手放されていないが、小説全体はすがすがしいまでの悲しみや残酷さで満ちている。

文体が特徴的だ。会話文ではなく、地の文章の中で、カギカッコが時おり顔を出す。例えば、恋する相手の名前を、『間島昭史』と二重カギカッコで表現する。その時、彼自身の固有性は薄れ、不可能性や不条理性の象徴として、間島昭史という言葉に新たな意味が付与される。そのことを、読者は直感的に理解する。他にも、「運命」「恋人」「ひとり」「自分」「社会」「せかいのはじまり」…。カギカッコは、「私」が言葉の意味を嚙（か）み締めている合図だ。

「私」は感性の人でありながら、理詰めの人なのだ。本能の人でありながら、頭で考えてしまう人。だからこそ、最後で彼女が下した選択に、必然性が宿る。もっとバカになればいいのに…そう感じる人もいるだろう。あなた自身はどうか？　彼女の極限を活字で追体験しながら、己の価値観を探ってみてほしい。（吉田大助・ライター）

（新潮社・1365円）＝2011年1月27日④配信

隠された情報あぶり出す

「地図で読む戦争の時代」(今尾恵介著)

以前、「地図が読めない女」というフレーズが表題に入った本がベストセラーになった。だが、「地図を読む」ことを、眼光紙背に徹して地図に隠された情報をあぶり出していく作業、と定義するなら、男女を問わず、それができる人間は限られてくる。

本書の著者は、そうした「地図を読む」第一人者で、膨大なコレクションを縦横に駆使して語る独自の世界観には根強い人気がある。

そんな著者が、最新作の本書で、昭和の戦争を中心とした「戦争の時代」にフォーカスを合わせた。

戦争が地図に及ぼした影響として、誰もが思い浮かべるのは、軍事施設や軍需工場、発電所などの位置情報が敵側に漏れることを防ぐため、その部分を空白にしたり、あるいは、意図的に事実と異なる表示をしたりするケースであろう。

「軍事極秘」扱いの地図で描かれている広島県の大久野島が、毒ガス工場の所在地であるがゆえに、一般向けの地図では空白にされているのは、その典型である。なお、軍事極秘の地図を写した本書表紙カバーを外すと、本体表紙に、大久野島が省略された一般向けの地図が出てくる装丁の仕掛けも楽しい。

その逆で、事実をありのままに地図上に記録した結果、戦争のなまなましい痕跡が地図上にとどめられるケースもある。

金属類回収令によりレールが供出された神奈川・逗子駅周辺や建物疎開が行われた東京・蒲田などの地図に現れた「空白」地帯、空襲で焼失した名古屋城のあった場所に記載された「名古屋城趾」の文字、さらに、原爆投下後の広島市街に広がる戦災地域などは、いずれも、雄弁な時代の証言者となっている。

ウェブの連載をまとめた短編集なので、どこからでも手軽に読める体裁となっているが、情報の量が多く、見かけよりもはるかに読み応えがある重量級の一書に仕上がっている。(内藤陽介・郵便学者)

(白水社・1890円)=2011年5月12日⑤配信

人の心の奥あぶり出す

「どん底」(高山文彦著)

本書は被差別部落問題の根幹を描く優れたノンフィクションであるのと同時に、うそと差別にまみれてもなお、群れで生きるしかない人間の心の奥底をあぶり出す普遍的な文学作品でもある。

「部落のあなたが子どもを指導してくれますと子どもたちに部落が伝(わ)ります」

福岡県の立花町(現・八女市)で2003年から5年間にわたり44通の差別ハガキが町の嘱託職員山岡一郎(仮名)に送られてくるという事件が起きた。彼は悲劇のヒーローとして涙を流し事件解決を訴え回ったが、のちに自作自演であったことが明らかになる。

その理由を、山岡は1年ごとの更新である職を失うのを恐れたゆえだと説明する。しかし、著者は父に対する復讐(ふくしゅう)心と、山岡の部落に対する差別と嫌悪が犯行に及ばせたのではないかと読み解く。山岡の父は仕事をもらうために被差別部落出身であることを隠し通して生き、息子の就職の道を絶って自分の仕事を手伝うことを強制し、身分問題に絡んで勝手に婚約を破談にもした。若かった山岡はどれほど人生の底を見てきたのだろうか。

だが、本当のどん底は山岡の不遇な環境ではない。一見、気弱な善人に見えるこの男が、信じて手を差し伸べてくれた人たちだけではなく、自らの10代の息子さえもやすやすと裏切り、最後までうそを吐き続けた。人の心情をおもんぱかることのできない凍えるような無反省さと、己のことしか考えられない怪物ぶりこそが人間の真の底だと思い知らされる。

だが、そこで終わらないところが本書を格調高いものにした。ひどい差別を受け続けても、そして山岡にだまされてもなお、彼の気持ちをおもんぱかり、くみ取ろうとする人たちの姿が抱きしめるようにつづられる。

人の価値を決めるのはその境遇ではない。獣にもなれるが、崇高にもなれる人間というものの、苦悩と幸福に対する著者の確かな視点が、どん底からはい出す希望の道標を示してくれる。(河合香織・ノンフィクション作家)

(小学館・1995円)=2012年5月1日③配信

時間の底に残されたもの

「LAヴァイス」（トマス・ピンチョン著、栩木玲子・佐藤良明訳）

いま見えているものは、現実のほんとうの姿なのか。皮一枚はがせばそこにあるのは、まったくべつの世界であり、秘密結社が暗躍し、陰謀が動いているのではないか。だから目を凝らして注意して、そのサインを読み取るべし—。

ピンチョンを読んでいると、しばしばそんな気分になる。一見能天気な「LAヴァイス」もやっぱり例外ではない。だけどこの小説の探求するものは、それだけではないようだ。

1970年のロサンゼルス。ヒッピー崩れの私立探偵ドックは、かつての恋人シャスタから、とある計画を阻止してほしいという依頼を受ける。マリファナ片手に街を駆けまわるうち、罠（わな）にはめられ殺人容疑をかけられたりする。やがて〈黄金の牙〉なる謎の言葉があちこち目に付いて、意外な事実が明らかになってゆく。

確かに探偵小説だが、この軽さとお約束の感じはむしろ、探偵小説のパロディーみたいだ。ドックが、ひいては作者が探っているのは、LAに渦巻く陰謀というより、失われゆくLAなのかもしれない。

そのころにはヒッピー文化も最盛期をすぎ、グルーヴィとか何とか言ってビーチでキメていればピースフル、って時代でもなくなりつつあったらしい。いつかシャスタと大麻を求めて行った先にあった、工事現場の巨大な穴。その場所をあらためて訪ねると、秘密組織のビルが建っている。内的なものがよりおおきなものの鍵となる、このつながりが好きだ。

手掛かりから手掛かりへと渡り歩くドックが、その都度見いだしているのは、記憶や、LAの住人たちの、ちょっと愚かで憎めない人生そのものだったりする。

時間の底に取り残されていくものを、すくい取ろうとすること。この本を読むことは、そんな作業を作者と一緒に行うことなのかもしれない。70代のピンチョンの、愛すべき新作である。（谷崎由依・作家）

（新潮社・3780円）＝2012年6月14日②配信

スプーン曲げにも似た魅力

「オカルト」（森達也著）

書くことはわかることだ。わからなければ書けない。取材とは「わからない自分」が「わかる自分」になるために必要不可欠な作業である。

取材によって全貌を見通した作者は、かつて自分が迷い歩いた道をもう一度たどる。今度は読者とともに、読者のガイドとなって。

曖昧さと論理の飛躍を注意深く避けつつ、読者を自分がたどり着いた理解の最高到達点へと安全かつ確実に導く。これがノンフィクションライターの仕事である。

ところが森達也のやり方はまるで異なる。

森は読者の前で平然と迷う。論理の筋道や合理的な推論など不要だ、俺が見たそのままを書けば読むに値する、と言わんばかりだ。その自信と腕力が心からうらやましい。

新作「オカルト」は、超能力やUFO、臨死体験などを扱う。普通のジャーナリストならば決して手を出さない領域に、例によって躊躇（ちゅうちょ）なく入り込む。

読者は森を通じて、普段は決して触れ得ないものに触れる。

恐山のイタコ、夢の可能性もある臨死体験、毎日同じ時間に開く自動ドア、靖国神社で遭遇したかもしれない軍人の霊たち。ほとんどはインチキか錯覚にすぎないが、ゴミの山の中に、本物の宝石が潜んでいる可能性はないのか？　そのような期待を共有できる人間が、森の読者となる。

「オカルト」は、かつて「超能力少年」と呼ばれた清田益章のエピソードで始まり、終わる。

清田のスプーン曲げは評者も見たことがある。25年以上前のことだ。当時勤めていた出版社に現れた清田は、評者が食堂から拝借した業務用の硬いスプーンを、手も触れずに飴（あめ）のようにゆっくりとねじってみせた。一部始終を見て息をのんだ。超能力でもマジックでも構わない。もう一度、ねじれるスプーンを見てみたい。

森達也の本は、清田のスプーン曲げにも似た不思議な魅力を持つ。（柳澤健・ノンフィクションライター）

（角川書店・1575円）＝2012年7月5日①配信

苦難に立ち向かう女性描く 「包囲」(ヘレン・ダンモア著、小泉博一訳)

1941年9月、ナチス・ドイツ軍が旧ソ連のレニングラードを包囲した。片や、ソ連国内はスターリンの独裁統治下にあり、しかも極寒の冬がそこまで迫っている。こうして、レニングラード市民は三重の苦しみを背負うことになる。本書は、その年の6月から始まり翌年の5月に至るまでの1年間を、若い女性主人公アンナの苦闘を中心に描いた小説である。

23歳のアンナは絵を描くことが唯一の趣味。父で作家のミハイールと、まだ5歳の弟コーリャとレニングラードで暮らしていた。母のヴェラは研究者だったが、コーリャを高齢出産で産んだときに亡くなっているので、家庭を支えるのはアンナだ。やがて、食料も暖房もままならない状況におちいる中、父のかつての恋人マリーナが同居するようになり、アンナは複雑な思いにかられる。だが、父の負傷にともなって現れた医学生アンドレイと恋仲になり、希望の光が射(さ)しはじめる。

物語には多様な人物が行きかい、レニングラードの苦境を生々しく浮き彫りにする。薪にする木を得られずにアンナは父の本をストーブにくべる。飢えや病気、砲撃などで多くの市民が死んでいき、地面が「鉄のように」硬く凍ったために墓地の門外に屍(しかばね)がうずたかく積まれる。想像を絶するこんな光景が書き連ねられるのだ。

それでも、アンナはたくましく生き続け、冬を乗り越え、父とマリーナ亡きあと、ついにアンドレイとコーリャとともに春を迎える。次々に襲う苦難にも、逃げることなく立ち向かうアンナの姿は感動的だ。

著者は英国の女性作家だが、多くの資料を基にこの7作目の小説をつづり、まるでその場にいたかのような臨場感を出すとともに、きわめて繊細な感覚性で全ページをみたしている。プーシキンの詩などロシア文学が物語の中で効果的にちりばめられている点も見逃せない。(飯野友幸・上智大教授)

(国書刊行会・2520円)＝2013年3月14日①配信

諜報面から史実に迫る 「知られざる日露の二百年」(アレクセイ・A・キリチェンコ著、川村秀編、名越陽子訳)

著者は、ペレストロイカ期の1990年に来日し、シベリア抑留の「非はソ連にあり」と初めて公言した人物である。

旧ソ連時代には国家保安委員会(KGB)防諜(ぼうちょう)局日本担当の責任者だったが、日本将兵シベリア抑留の経緯などについて疑問を抱くようになり、上層部と意見が対立。KGB退職後はロシア科学アカデミー東洋学研究所などに勤め、日露関係史をテーマとし、特に諜報面からのアプローチでは第一人者だ。

日露交流の歴史を振り返った本書でも、モスクワの諸公文書館の保存資料などに基づき、両国間の軍事・諜報史に多くのページを割いている。

例えば「田中上奏文(メモランダム)」(27年に田中義一首相兼外相が昭和天皇に提出したとされる大陸侵略の計画書)が偽書であるのは常識だが、ロシアでは今日でもナショナリスト歴史家によって本物扱いされている。著者は極東国際軍事裁判のソ連側検事の文書を挙げて、ソ連側も偽書と判断していたことを示している。

著者が事実を重視し、ナショナリスト的偏見を排していることは、45年4月にソ連が日ソ中立条約破棄を通告し、1年間は有効であるにもかかわらず8月に参戦したのが国際法違反であること、同年8月23日に国家防衛委員会決定によって日本軍将兵をソ連に連行、抑留したのはポツダム宣言及びジュネーブ条約に反しているとの指摘からも明らかである。

従来知られていなかった事実としては、ソ連が満州占領後に膨大な産業設備を「戦利品」として搬出したことを具体的データで示したこと、原爆投下直後の広島、長崎をソ連大使館員が視察し、うち一人は放射線被ばくでまもなく死亡したことなどを明らかにしている。

ただ惜しまれるのは、著者が80年に分裂した日本の抑留者団体の一方を非難する記述をしていること、訳者が少なからぬ、それも小さくない誤訳をしている点である。それでも、本書の日ソ関係史研究への貢献は損なわれない。(富田武・成蹊大教授)

(現代思潮新社・2940円)＝2013年4月11日⑤配信

違和感の叫びをあげろ　「アズミ・ハルコは行方不明」（山内マリコ著）

デビュー短編集「ここは退屈迎えに来て」で、地方都市に住む女の子のリアルを描く、“地方女子小説”というジャンルを開拓した山内マリコ。初長編となる本書は、その路線を受け継ぎながら、カラフルな想像力を爆発させている。

第1部のヒロイン・木南愛菜は実家暮らしの21歳、フリーターだ。この街には、ここに居続けたいと思える、特別なものが何もない。だからこそ、人とのつながりが大切だ。その思いが過剰に高まり、お手軽かつ確実につながるために、男友達ともセックスしてしまう。

そんな愛菜が、同級生の富樫ユキオ、三橋学と再会し、つるむようになる。3人でアートユニットを結成し、街を落書きで埋め尽くす。絵のモチーフは、この街で行方不明になった 安曇春子（アズミ・ハルコ）の肖像だ。

彼女はなぜ消えたのか？　第2部のヒロインは、安曇春子その人だ。彼女は怒りや違和感を表に出さず、言いたい言葉をのみ込んで生きてきた。そうするうちに、自分が消えてなくなる感覚に陥ってしまったのだ。

最終第3部では、町おこしのアートフェス関係者や、夜になると男を無差別に襲う「少女ギャング団」らが大挙出現する群像劇が展開する。そして、人間関係に苦悩し、孤独に震える2人のヒロインの魂を救い、彼女らにシンクロしていた読者の魂をも救う、快感必至の大団円が訪れる。

自分にはこの世界しかない、今手にしている人間関係しか得られない…なんてことは、ない。デビュー作で「ここ」を受け入れる女子たちの選択を描いた作家は、この第2作では「ここ」を疑い、違和感の叫びをあげろとメッセージしている。

この二つは正反対なものなのか？　いや、疑うというプロセスを経た後でなければ、本当の意味で、受け入れることはできないのだ。

こちらを先に読んでから前作を読むのも面白い。若手最重要作家の、これは第二のデビュー作だ。（吉田大助・ライター）

（幻冬舎・1575円）＝2014年1月16日①配信

本書未収録書評リスト

98/04/30① 医療へ過剰な期待は不健全 「医師はなぜ治せないのか」(バーナード・ラウン著、小泉直子訳) 築地書館・2000円

98/05/28④ W杯サッカーは甘くはない 「誇り」(木村元彦著) 東京新聞出版局・1500円

98/06/04③ 癒しを取り入れてきた知恵 「昔話はこころの診察室」(矢吹省司著) 平凡社・1200円

98/06/04④ 活字本と電子本は共存する 「新・本とつきあう法」(津野海太郎著) 中公新書・660円

98/06/11① 西欧植民の成功解き明かす 「ヨーロッパ帝国主義の謎」(アルフレッド・W・クロスビー著、佐々木昭夫訳) 岩波書店・3800円

98/06/11⑥ 未成熟な密室的関係の怖さ 「人形になる」(矢口敦子著) 中央公論社・1400円

98/06/18⑤ 女の時代は繰り返しあった 「日本史を読む」(丸谷才一・山崎正和著) 中央公論社・1800円

98/06/25④ 内面のドラマと時代を読む 「宮柊二とその時代」(小高賢著) 五柳書院・2200円

98/07/02① 人間との距離教えてくれる 「デイヴ・バリーの笑えるコンピュータ」(デイヴ・バリー著、東江一紀訳) 草思社・1900円

98/07/02② 自分たちはどこへ行くのか 「旅の終わりの音楽」(エリック・フォスネス・ハンセン著、村松潔訳) 新潮社・2700円

98/08/27③ 対応ミスで国家基盤危うく 「暗号戦争」(吉田一彦著) 小学館・1600円

98/10/01③ 並外れた愛がひしひしと 「文庫本雑学ノート」(岡崎武志著) ダイヤモンド社・1600円

98/10/22① 豊かな日本語による芳香 「悪の花」(シャルル・ボードレール著、杉本秀太郎訳) 弥生書房・2200円

98/11/05① 慌てぬよう心構えをガイド 「死にゆく人の17の権利」(デヴィッド・ケスラー著、椎野淳訳) 集英社・2500円

98/11/05② 身ぶりだけで信頼関係築く 「馬と話す男」(モンティ・ロバーツ著、東江一紀訳) 徳間書店・1800円

98/11/26③ 臨床現場の医師からの告発 「日本の医療を問いなおす」(鈴木厚著) ちくま新書・660円

98/12/03① 不思議な形の償いと許し 「閉ざされた庭」(レジーヌ・ドゥタンベル著、有働薫訳) 東京創元社・1800円

98/12/03④ 光る資質を見いだす功労者 「スカウト」(後藤正治著) 講談社・1800円

98/12/24① 情報革命と同調した怪物伝 「マードック」(ウィリアム・ショークロス著、仙名紀訳) 文芸春秋・2667円

99/01/07④ 身近な材料で生活科の授業 「人生の教科書【よのなか】」(藤原和博・宮台真司著) 筑摩書房・1500円

99/01/14① ジャンル超える真理の言葉 「車椅子のヒーロー」(クリストファー・リーブ著、布施由紀子訳) 徳間書店・1800円

99/02/18② 「マイクロソフト帝国 裁かれる闇(上・下)」(ウェンディ・ゴールドマン・ローム著、倉骨彰訳) 草思社・各1700円

99/03/04③ 被害、加害両家族の交流 「癒しと和解への旅」(坂上香著) 岩波書店・1900円

99/05/13③ 好意的な好奇心に観察の妙 「カラスは街の王様だ」(大田眞也著) 葦書房・1800円

99/05/27⑤　土着の尊厳からの出発　「琉球弧の精神世界」（安里英子著）　御茶の水書房・2400円
99/06/03③　退廃的時代の傑人を描く　「ネヴァーランドの女王」（ケイト・サマースケイル著、金子宣子訳）　新潮社・2200円
99/07/01②　価値観異なる世代間の闘争　「分解の世代」（徳丸壮也著）　扶桑社・1905円
99/07/22⑤　多面的な一生を克明に描く　「ルイス・キャロル伝（上・下）」（モートン・N・コーエン著、高橋康也監訳）　河出書房新社・各4800円
99/09/09⑥　欲望に距離を置く賢さ　「恋の休日」（藤野千夜著）　講談社・1500円
99/09/16①　自然との共生を鮮烈に描く　「内なる島」（リチャード・ネルソン著、星川淳訳、星野道夫・写真）　めるくまーる・2600円
99/09/16⑥　老いをたのしむ境地　「八十路から眺めれば」（マルコム・カウリー著、小笠原豊樹訳）　草思社・1600円
99/10/07③　軽やかな哲学者像描く　「ニーチェ」（須藤訓任著）　講談社・1600円
99/10/14③　釣れない釣り人の笑い話　「神戸釣り倶楽部」（木村榮一著）　平凡社・1400円
99/10/28④　脱工業化の危機逆転を説く　「『第四次経済』の時代」（ロジェ・シュー著、山本一郎訳）　新評論・2500円
99/12/02②　貴公子のイメージを覆す　「だれも知らなかったアイルトン・セナ」（クリストファー・ヒルトン著、野口眞弓訳）　ソニー・マガジンズ・2200円
99/12/16②　歴史としての現在問う必要　「『戦争と知識人』を読む」（加藤周一、凡人会著）　青木書店・1900円
00/01/13④　登山家の死の真相に迫る　「そして謎は残った」（ヨッヘン・ヘムレブほか著、海津正彦ほか訳）　文芸春秋・1762円
00/01/27①　変化していった漱石観　「漱石とその時代　第五部」（江藤淳著）　新潮社・1600円
00/01/27③　女性４代の日本近代史描く　「瀬戸内を泳ぐ魚のように（上・下）」（雲井瑠璃著）　草思社・各1600円
00/02/10②　隠されてきた双子の自伝　「マーシャとダーシャ」（マーシャ、ダーシャ著、ジュリエット・バトラー編、武者圭子訳）　講談社・1600円
00/02/24⑤　戸惑いあがく結婚の現実　「ベター・ハーフ」（唯川恵著）　集英社・1700円
00/03/02④　草の根からの米国賛歌　「ロケットボーイズ（上・下）」（ホーマー・ヒッカム・ジュニア著、武者圭子訳）　草思社・各1800円
00/03/23③　現代の技術崇拝を分析　「鯨と原子炉」（ラングドン・ウィナー著、吉岡斉・若松征男訳）　紀伊国屋書店・2600円
00/03/23④　南方留学生の波乱の人生　「淡淡有情」（平野久美子著）　小学館・1500円
00/05/02③　全く新しい恋愛マニュアル　「インターネットの恋」（エステル・グイネル著、宮家あゆみ訳）　インプレス・1400円
00/05/02⑥　必要な広告への対応能力　「現代広告の読み方」（佐野山寛太著）　文春新書・690円
00/05/25⑤　人と自然との共存はかる　「メダカが消える日」（小沢祥司著）　岩波書店・1600円
00/06/03　ネット株乱高下の背景探る　「インターネット・バブル」（アンソニー・B・パーキンス、マイケル・C・パーキンス著、斎藤精一郎監訳、吉川明希訳）　日本経済新聞社・1800円
00/06/15①　郷愁誘う豊かな読後感　「神祭」（坂東眞砂子著）　岩波書店・1500円
00/06/29④　死を密室劇にしない発想　「ホスピス宣言」（山崎章郎、米沢慧著）　春秋社・1700円
00/07/06④　科学者たちの探求のドラマ　「宇宙はこうして始まり　こう終わりを告げる」（デニ

ス・オーヴァバイ著、鳥居祥二ほか訳） 白揚社・4500円
00/07/13② 偉大なデザイナーの軌跡 「イヴ・サンローラン」（アリス・ローソーン著、深井晃子監訳） 日之出出版・3500円
00/07/19⑤ 情けなくてかっこいい 「ラブ&フリーク」（北島行徳著） 文芸春秋・1619円
00/07/19⑥ 20人に1人が被害者 「殴られる妻たち」（安宅左知子著） 洋泉社・780円
00/08/31① 今を生きる34人 「希人（まれびと）よ」（共同通信社会部著） 四谷ラウンド・1700円
00/09/07④ 食文化の型破りな進化 「回転スシ世界一周」（玉村豊男著） 世界文化社・1500円
00/10/12③ 絡み合うメンツや嫉妬 「光源」（桐野夏生著） 文芸春秋・1619円
00/11/09⑥ 演劇的なわい雑さが充満 「蛇行」（唐十郎著） 新潮社・1600円
00/11/16② 近代を生きる人間の運命 「人間はなぜ非人間的になれるのか」（塚原史著） ちくま新書・680円
00/11/30③ クローンであることの苦悩 「ブループリント」（シャルロッテ・ケルナー著、鈴木仁子訳） 講談社・1600円
00/11/30④ いかに生きるか問い直す 「善い社会」（R・N・ベラーほか著、中村圭志訳） みすず書房・5800円
00/12/21② 金と醜聞仮借なく 「だれがクラシックをだめにしたか」（ノーマン・レブレヒト著、喜多尾道冬ほか訳） 音楽之友社・2900円
00/12/27② 明治の怪奇事件簿 「岡山女」（岩井志麻子著） 角川書店・1300円
01/01/11④ チェーホフ的な喜劇 「恐怖」（筒井康隆著） 文芸春秋・1048円
01/01/25② 通説覆し根源へ向かう 「貨幣・欲望・資本主義」（佐伯啓思著） 新書館・2600円
01/02/01⑥ 「死と魅惑」の共有描く 「メイド イン ジャパン」（黒田晶著） 河出書房新社・1200円
01/02/08④ 奇想に富んだ小説 「塔」（末弘喜久著） 集英社・1300円
01/02/08⑤ 生きる力をつける教育 「たかがスリッパ」（菊地澄子著） 学習研究社・1600円
01/03/01③ 貨幣とは何か問いかける 「富本銭と謎の銀銭」（今村啓爾著） 小学館・1600円
01/05/02④ 米国文化の裏面に光 「アメリカン・ソドム」（巽孝之著） 研究社出版・3800円
01/05/10⑤ 作品の中心に音楽の魅力 「鳥類学者のファンタジア」（奥泉光著） 集英社・2300円
01/05/17④ ネットの中の自由と反抗 「ギークス」（ジョン・カッツ著、松田和也訳） 飛鳥新社・1800円
01/06/07③ 微温な時代に問いの刃 漫画「ザ・ワールド・イズ・マイン（全14巻）」（新井英樹著） 小学館・各505円
01/06/14① 科学的観察の醍醐味 「花と昆虫、不思議なだましあい発見記」（田中肇著、正者章子・絵） 講談社・1600円
01/06/28③ 夢は鉄腕アトム 「ロボサピエンス」（ピーター・メンゼルほか著、桃井緑美子訳） 河出書房新社・3800円
01/07/19③ 地下生活からの帰還 「ティーナ16歳、トンネルの中の青春」（ティーナ・S、ジェイミー・パスター・ボルニック著、高橋啓訳） 飛鳥新社・1600円
01/07/19④ 生きた言葉で熱く語る 「竹宮恵子のマンガ教室」（竹宮恵子著） 筑摩書房・1500円
01/07/26① ゴジラ生んだ監督の実像 「特撮の神様と呼ばれた男」（鈴木和幸著） アートン・1500円

01/08/09③　ユーモラスにつづる　「KGBの世界都市ガイド」（小川政邦訳）　晶文社・2840円
01/09/27①　20世紀ドイツの申し子　「美の魔力」（瀬川裕司著）　パンドラ・3500円
01/11/08⑤　飛鳥巡りがより楽しく　「飛鳥―水の王朝」（千田稔著）　中公新書・780円
01/11/15⑤　逸話満載で奥深い　「ウンコに学べ！」（有田正光、石村多門著）　ちくま新書・680円
01/12/13②　驚愕の連続　「サンダカンまで」（山崎朋子著）　朝日新聞社・1700円
01/12/20①　戦後文学史のなぞ解き　「江藤淳と少女フェミニズム的戦後」（大塚英志著）　筑摩書房・1600円
01/12/20⑤　日本の家の新しい流れ作る　「西村伊作の楽しき住家」（田中修司著）　はる書房・1900円
02/01/10③　現代の消費社会を描出　「ディズニーとは何か」（有馬哲夫著）　NTT出版・2200円
02/02/28①　古書業者波瀾万丈の半生　「本の国の王様」（リチャード・ブース著、東眞理子訳）　創元社・2000円
02/04/25⑤　近代誕生の歴史絵巻　「明治・破獄協奏曲」（朝倉喬司著）　毎日新聞社・2381円
02/05/02①　一念発起でOLから転身　「古今東西　陶磁器の修理うけおいます」（甲斐美都里著）　中央公論新社・1600円
02/05/09⑥　サッカーの真理を言葉に　「悪魔のパス　天使のゴール」（村上龍著）　幻冬舎・1600円
02/06/06②　地割れ起こした情念の叫び　「思いっきり味わいつくす伴大納言絵巻」（黒田泰三著）　小学館・1900円
02/06/06⑤　愛すべき劣等感描く短編集　「がふいしんぢゆう―合意情死」（岩井志麻子著）　角川書店・1300円
02/06/13①　生け花と向き合う日本人　「華術師の伝説」（海野弘著）　アーツアンドクラフツ・2200円
02/07/11④　プラス面含め論議の口火　「人口減少社会の設計」（松谷明彦、藤正巌著）　中公新書・760円
02/07/18④　情報戦の舞台裏を追う　「戦争広告代理店」（高木徹著）　講談社・1800円
02/08/01④　「カリスマ」の肉声　「風の帰る場所」（宮崎駿著）　ロッキング・オン・1600円
02/08/15④　大聖堂に挑む不世出の才能　「天才建築家ブルネレスキ」（ロス・キング著、田辺希久子訳）　東京書籍・2800円
02/08/29③　図像と風俗から読み解く　「江戸の春画」（白倉敬彦著）　洋泉社新書y・780円
02/09/19⑤　崩御から撃つ日本社会　「平成」（青山繁晴著）　文芸春秋・1286円
02/09/26④　92歳の詩人が語るいのち　「すべての時間（とき）を花束にして」（まど・みちお、柏原怜子著）　佼成出版社・1600円
02/10/10⑤　米国が脅かす国際秩序　「デモクラシーの帝国」（藤原帰一著）　岩波新書・740円
02/10/17③　食を通して見る作家と文学　「文人暴食」（嵐山光三郎著）　マガジンハウス・1800円
02/10/31⑤　伝統との連動性解き明かす　「中華思想と現代中国」（横山宏章著）　集英社新書・660円
02/11/07②　3代にわたる母性の営み　「海猫」（谷村志穂著）　新潮社・2000円
02/11/14⑥　冤罪を生み出すもの　「裁判官はなぜ誤るのか」（秋山賢三著）　岩波新書・700円
02/12/05①　工業技術の聖地をめぐる　「町工場巡礼の旅」（小関智弘著）　現代書館・2000円

02/12/19② 無残でけなげな夫婦の性 「花狂い」(広谷鏡子著) 角川春樹事務所・1600円
02/12/19④ ゴジラから読む近代日本 「怪獣はなぜ日本を襲うのか?」(長山靖生著) 筑摩書房・1900円
02/12/26① 思い悩む男、現実直視の女 「リスク」(井上尚登著) 世界文化社・1300円
03/01/09⑥ 末期症状の法人資本主義 「エンロンの衝撃」(奥村宏著) NTT出版・1600円
03/02/13⑤ 創造的読書の結実 「プルーストを読む」(鈴木道彦著) 集英社新書・740円
03/03/06① 21世紀の企業と働き方再考 「会社はこれからどうなるのか」(岩井克人著) 平凡社・1600円
03/04/03① 17時間からにじむ奥深さ 「源氏物語を読み解く」(秋山虔・三田村雅子著) 小学館・1600円
03/04/10⑥ 食文化と時代のかかわり 「じゃがいもが世界を救った」(ラリー・ザッカーマン著、関口篤訳) 青土社・2600円
03/05/01④ 江戸の技術水準を検証 「平賀源内を歩く」(奥村正二著) 岩波書店・2500円
03/05/15② 厳しく生を問い続ける 「さらば、哀しみの青春」(水谷修著) 高文研・1300円
03/06/12② かろやかで深遠な教え 「ヘタな人生論より徒然草」(荻野文子著) 河出書房新社・1500円
03/07/03① 小説に漂う深い思惟 「フラナリー・オコナー全短篇(上・下)」(フラナリー・オコナー著、横山貞子訳) 筑摩書房・各3600円
03/07/03④ 人への戒めと木への畏敬 「木とつきあう智恵」(エルヴィン・トーマ著、宮下智恵子訳) 地湧社・2500円
03/07/17⑤ 問いをリレーする哲学 「ソクラテス・カフェにようこそ」(クリストファー・フィリップス著、森丘道訳) 光文社・1700円
03/07/31⑤ テレビ制作者の遠近法 「映像とは何だろうか」(吉田直哉著) 岩波新書・740円
03/09/25② 差別と排除のメカニズム 「ホワイト・ネイション」(ガッサン・ハージ著、保苅実・塩原良和訳) 平凡社・3800円
03/10/02③ 「主体性」の神話を脱構築 「『不自由』論」(仲正昌樹著) ちくま新書・700円
03/10/30② 正論への違和感を解体 「子どもは判ってくれない」(内田樹著) 洋泉社・1500円
03/11/13① 断絶埋めるラブレター 「『酒鬼薔薇聖斗』への手紙」(今一生編) 宝島社・1400円
03/11/13④ 酒場で超現実を幻視する 「“せんべろ”探偵が行く」(中島らも・小堀純著) 文芸春秋・1381円
03/11/20③ クライアントの立場で読む 「デザインのデザイン」(原研哉著) 岩波書店・1900円
03/11/20⑤ 技術の粋を極めるとは 「めざすはライカ!」(神尾健三著) 草思社・1800円
04/02/26④ そうやったんや!の書 「関西弁講義」(山下好孝著) 講談社選書メチエ・1500円
04/03/04④ 倒幕に動いたアウトロー 「博徒の幕末維新」(高橋敏著) ちくま新書・740円
04/03/18⑤ 忘れ去ることなどできない 「ぼくたちは何だかすべて忘れてしまうね」(岡崎京子著) 平凡社・1200円
04/04/01① かかわること自体への志向 「痴呆老人が創造する世界」(阿保順子著) 岩波書店・1785円
04/04/08① 千年前を「今」に変換 「枕草子REMIX」(酒井順子著) 新潮社・1470円
04/05/06⑥ ブランドが売る“幻想” 「ブランドビジネス」(三田村蕗子著) 平凡社新書・798円
04/06/03③ 自滅する十字軍の悲惨 「モンゴルvs.西欧vs.イスラム」(伊藤敏樹著) 講談社選書メ

チエ・1680円
04/06/10⑥　「運命」に向かい合う誠実　「絶望論」（清田友則著）　晶文社・2520円
04/07/15③　前向きで弾力ある時間写す　「ぼくは悪党になりたい」（笹生陽子著）　角川書店・1365円
04/07/22⑥　危うさとエロスを感じて　「感光生活」（小池昌代著）　筑摩書房・1470円
04/07/29①　家族に替わる関係を模索　「結婚帝国　女の岐れ道」（上野千鶴子・信田さよ子著）　講談社・1785円
04/07/29④　9億農民の窮状訴える　「中国農村崩壊」（李昌平著、吉田富夫監訳、北村稔・周俊訳）　NHK出版・2310円
04/09/02①　実に軽やかな青春小説　「雨にもまけず粗茶一服」（松村栄子著）　マガジンハウス・1995円
04/11/11③　メディアの本質に切り込む　「テレビの嘘を見破る」（今野勉著）　新潮新書・735円
04/12/02⑥　詩人の直感とイメージ描く　「コクトー、1936年の日本を歩く」（西川正也著）　中央公論新社・1995円
04/12/16①　濃厚な禁断の愛の世界　「藤壺」（瀬戸内寂聴著）　講談社・1000円
05/01/20②　絵にできない面白さを追求　「キョウコのキョウは恐怖の恐」（諸星大二郎著）　講談社・1680円
05/01/20④　「生」の輝きを謎解く　「アメリカでいちばん美しい人」（亀井俊介著）　岩波書店・2730円
05/01/27⑤　〝聖戦〟PRの戦略解明　「大仏破壊」（高木徹著）　文芸春秋・1650円
05/02/24③　移住前提の地域紹介　「人口減少時代の豊かな暮らしと仕事の場」（山村雅康著）　批評社・1890円
05/02/24④　創作の“根幹”解き明かす　「野田秀樹論」（長谷部浩著）　河出書房新社・2310円
05/03/03③　驚異的な広がりと大きさ　「塩の博物誌」（ピエール・ラズロ著、神田順子訳）　東京書籍・2520円
05/03/10②　ヌーベルバーグの文法で　「香港映画の街角」（野崎歓著）　青土社・2730円
05/04/07③　看板に偽りなしの評論　「大落語（上・下）」（平岡正明著）　法政大学出版局・各2415円
05/04/21②　われわれの中の犯罪の芽　「若者の犯罪　凶悪化は幻想か」（間庭充幸著）　世界思想社・1680円
05/04/28⑥　議論への重要な材料提供　「靖国問題」（高橋哲哉著）　ちくま新書・756円
05/07/07④　廃棄物処理の背後の闇　「狙われた自治体」（下野新聞「鹿沼事件」取材班著）　岩波書店・1785円
05/08/04①　被爆死した少女運転士たち　「チンチン電車と女学生」（堀川惠子、小笠原信之著）　日本評論社・1470円
05/08/04②　ダイナミックな美の文化史　「美と礼節の絆」（池上英子著）　NTT出版・4410円
05/08/25③　ネット上で強まる市民の声　「韓国のデジタル・デモクラシー」（玄武岩著）　集英社新書・735円
05/09/01③　豊穣のただなかにある喪失　「無のグローバル化」（ジョージ・リッツア著、正岡寛司監訳、山本徹夫・山本光子訳）　明石書店・4725円
05/09/15③　知られざる漫画の世界　「本屋にはないマンガ」（北原尚彦著）　長崎出版・1890円

05/09/22⑥　愛情深く幅広い文化取材　「アジア南回廊を行く」（宇佐波雄策著）　弦書房・2100円
05/12/15③　日本の弱者ゆえの気楽さ　「街場のアメリカ論」（内田樹著）　NTT出版・1680円
05/12/15⑤　悲惨な生活実態を告発　「中国農民調査」（陳桂棣・春桃著、納村公子・椙田雅美訳）　文芸春秋・2900円
05/12/22①　等身大の思いあふれる作品　「平成マシンガンズ」（三並夏著）　河出書房新社・1050円
06/02/09⑥　漫画に〈人生〉を与えた男　「実録！　少年マガジン名作漫画編集奮闘記」（宮原照夫著）　講談社・3150円
06/02/16⑥　沖縄戦から国を問う小説　「遮断」（古処誠二著）　新潮社・1470円
06/02/23⑥　異文化理解への試行錯誤　「KULA　クラ」（市岡康子著）　コモンズ・2520円
06/03/02⑥　あらゆる概念を壊す狂気　「数奇の革命」（児島孝著）　思文閣出版・2100円
06/03/30④　闘って生きぬいた手応え　「文盲」（アゴタ・クリストフ著、堀茂樹訳）　白水社・1470円
06/04/06①　輝けるジャズ思想の地平線　「相倉久人の超ジャズ論集成」（相倉久人著、山下洋輔編）　音楽出版社・2940円
06/04/20⑤　自律的な教育が自由支える　「チョムスキーの『教育論』」（ノーム・チョムスキー著、寺島隆吉・寺島美紀子訳）　明石書店・3990円
06/05/02③　伝統食を外国で売る奮闘記　「豆腐バカ　世界に挑む」（雲田康夫著）　光文社・1000円
06/06/01④　先行研究なぎ倒す迫力　「鏡花と怪異」（田中貴子著）　平凡社・2310円
06/06/08③　ドンピシャリの考証　「悪党芭蕉」（嵐山光三郎著）　新潮社・1575円
06/07/20③　理想の音楽とは何か　「音を投げる」（近藤譲著）　春秋社・2310円
06/08/10③　禁制品を探し求める旅　「悪魔のピクニック」（タラス・グレスコー著、仁木めぐみ訳）　早川書房・2100円
06/08/10④　英傑の野望と草原のロマン　「チンギス・ハン」（ジョン・マン著、宇丹貴代実訳）　東京書籍・3675円
06/08/24③　人身売買の黙認と闘う　「幼い娼婦だった私へ」（ソマリー・マム著、高梨ゆうり訳）　文芸春秋・1600円
06/08/31②　ただ挑戦あるのみなのか　「岡本太郎」（岡本敏子著、聞き手・篠藤ゆり）　アートン・1050円
06/09/07②　資本主義問う刺激的な書　「資本主義から市民主義へ」（岩井克人著、聞き手・三浦雅士）　新書館・1575円
06/09/14②　批判意識を保持するために　「カントの哲学」（池田雄一著）　河出書房新社・1575円
06/12/14②　多面的で劇的な半生描く　「オノ・ヨーコという生き方　WOMAN」（アラン・クレイソンほか著、上原直子訳）　ブルース・インターアクションズ・1995円
07/01/25④　変容象徴する史料に目配り　「史料で読むアメリカ文化史5」（古矢旬編）　東京大学出版会・4725円
07/02/01④　世界に広がるカレーの歴史　「インドカレー伝」（リジー・コリンガム著、東郷えりか訳）　河出書房新社・2520円
07/06/21③　食を語り食を超える　「東西食卓異聞」（高橋哲雄著）　ミネルヴァ書房・1890円
07/07/05⑤　不思議な魅力、詳細に　「木暮実千代」（黒川鍾信著）　NHK出版・1995円

07/07/19④　時代の証言、格闘の記録　「瞳さんと」（山口治子著、中島茂信・聞き書き）　小学館・1680円
07/07/26③　現場に踏み込み長期取材　「中国に生きる　興竜の実像」（共同通信取材班著）　共同通信社・1470円
07/08/30④　人生を編み直す試み　「ノルゲ」（佐伯一麦著）　講談社・2205円
07/09/27①　日本の“モト”を描く試み　「果ての花火」（松井今朝子著）　新潮社・1575円
07/09/27⑤　突きつけられた閉塞感　「不器用な赤」（ヒキタクニオ著）　光文社・1890円
07/10/04④　飾ることなく祖父を語る　「白洲次郎の青春」（白洲信哉著）　幻冬舎・1995円
07/10/25⑥　時流に合わせ変化する礼儀　「黒いマナー」（酒井順子著）　文芸春秋・1500円）
07/11/29⑥　時代つくった仕掛け人　「アイビーは、永遠に眠らない」（花房孝典著）　三五館・1575円
07/12/06⑤　田舎暮らしの成功条件とは　「過疎地で快適に暮らす。」（鷲田小彌太著）　MG BOOKS・1575円
07/12/20①　炎の中で身悶える姿に圧倒　「エレクトラ　中上健次の生涯」（高山文彦著）　文芸春秋・2500円
07/12/27②　人間同士の微妙な関係　「カツラ美容室別室」（山崎ナオコーラ著）　河出書房新社・1260円
08/01/10⑤　世界経済の理解に必読の書　「テロマネーを封鎖せよ」（ジョン・B・テイラー著、中谷和男訳）　日経BP社・2310円
08/01/17③　事実と虚構の二元論の限　「テレビだョ！全員集合　自作自演の1970年代」（長谷正人、太田省一編著）　青弓社・2520円
08/03/06①　最小限の言葉とぬくもりと　「静かな爆弾」（吉田修一著）　中央公論新社・1365円
08/04/03④　横からの視点で独自の分析　「笑いの現場」（ラサール石井著）　角川SSC新書・798円
08/05/15⑥　大衆遠ざける装置への批判　「メディアとプロパガンダ」（ノーム・チョムスキー著、本橋哲也訳）　青土社・2310円
08/06/05④　野放図なまでの表現力に光　「訓読みのはなし」（笹原宏之著）　光文社新書・861円
08/07/17⑥　よみがえる伝説のドラマ　「傷だらけの天使」（矢作俊彦著）　講談社・1785円
08/08/14③　自伝では語り得ない像刻む　「寂聴伝」（斎藤慎爾著）　白水社・2940円
08/08/28③　「自分殺し」の物語　「子守唄しか聞こえない」（松尾依子著）　講談社・1500円
08/09/04③　行商の娘たちの原郷への旅　「越後毒消し売りの女たち」（桑野淳一著）　彩流社・1890円
08/10/23⑤　人間を動かす妖しい力　「世界一高いワイン『ジェファーソン・ボトル』の酔えない事情」（ベンジャミン・ウォレス著、佐藤桂訳）　早川書房・2310円
08/10/30③　他連隊の戦記を読む面白さ　「おかしな時代」（津野海太郎著）　本の雑誌社・2940円
08/10/30⑥　生々しく美術界の暗部描く　「贋作王ダリ」（スタン・ラウリセンス著、楡井浩一訳）　アスペクト・1995円
08/11/06②　駄目な男の真摯な姿を描く　「ばかもの」（絲山秋子著）　新潮社・1365円
08/11/13③　現代史の記念碑的労作　「ワイマール期ベルリンの日本人」（加藤哲郎著）　岩波書店・5250円
09/01/15④　パレスチナの苦悩を報告　「占領ノート」（エリック・アザン著、益岡賢訳）　現代企画室・1575円

09/02/05① 淡いかなしみと滑稽さと 「ポトスライムの舟」(津村記久子著) 講談社・1365円
09/02/12③ 本物の迫力を味わえる 「画商の『眼』力」(長谷川徳七著) 講談社・1680円
09/02/19⑤ 若者たちの食のあやうさ 「自己実現シンドローム」(梶原公子著) 長崎出版・1890円
09/04/16⑥ 一票の格差放置に義憤 「世襲政治家がなぜ生まれるのか?」(福田博著) 日経BP社・1680円
09/04/30② 日本の生活文化の柱を説く 「茶の湯といけばなの歴史」(熊倉功夫著) 左右社・1800円
09/05/21④ 潮騒とかすかな希望が響く 「ミサキラヂオ」(瀬川深著) 早川書房・1890円
09/08/20④ 浮かぶもう一つの韓国像 「私の韓国現代物語」(池楨官著) クレイン・1785円
09/10/22③ 被害意識や恨みを超える道 「通訳ダニエル・シュタイン (上・下)」(リュドミラ・ウリツカヤ著、前田和泉訳) 新潮社・上2100円、下2310円
09/11/19② 文化への危機を超えて 「昨日と明日の間」(小尾俊人著) 幻戯書房・3780円
10/03/25④ 力強く響く「生」の多重奏 「ソキョートーキョー」(大竹昭子著) ポプラ社・1680円
10/04/08③ 言霊と音楽合わせた才能 「唄の旅人 中山晋平」(和田登著) 岩波書店・2625円
10/04/28③ ご先祖さんがくるような 「祭りの季節」(池内紀著) みすず書房・3360円
10/07/22④ 庶民が見た虚像と実像 「満洲国のビジュアル・メディア」(貴志俊彦著) 吉川弘文館・2940円
10/10/14② 飽きのこない本物の小説 「漂砂のうたう」(木内昇著) 集英社・1785円
10/11/18⑦ 深い取材で俗説を否定 「ブギの女王・笠置シヅ子」(砂古口早苗著) 現代書館・2100円
10/12/02④ 知財制度を根本から問う 「〈反〉知的独占」(ミケーレ・ボルドリン、デヴィッド・K・レヴァイン著、山形浩生、守岡桜訳) NTT出版・2940円
11/01/06① 名づけえぬ感情の響き 「かたちだけの愛」(平野啓一郎著) 中央公論新社・1785円
11/04/28⑩ ユーモラスで味わい深く 「シロターノフの帰郷」(池内紀著) 青土社・1470円
11/07/14⑥ パフォーマンスの独裁者 「ムッソリーニ (上・下)」(ニコラス・ファレル著、柴野均訳) 白水社・各3990円
12/03/31 答えは対話の中に 「子どもの声を社会へ」(桜井智恵子著) 岩波新書・756円
12/07/12④ ハクティビズムの原点活写 「アンダーグラウンド」(スーレット・ドレイファス&ジュリアン・アサンジュ著、三木直子訳) 春秋社・3360円
12/08/09③ かなたから伝わる力 「武曲」(藤沢周著) 文芸春秋・2100円
12/10/04① 近代日本人の原型に迫る 「浄瑠璃を読もう」(橋本治著) 新潮社・2100円
12/11/01⑤ 息をのむ実験の数々 「これが物理学だ!」(ウォルター・ルーウィン著、東江一紀訳) 文芸春秋・1890円
12/11/22① 隣国の壮絶な断面伝える 「北朝鮮 14号管理所からの脱出」(ブレイン・ハーデン著、園部哲訳) 白水社・1995円
12/12/06③ 忘却された成果を継承 「世界の中の柳田国男」(R・A・モース、赤坂憲雄編) 藤原書店・4830円
13/05/16⑥ 純粋に官能的な体験 「なぜ人間は泳ぐのか?」(リン・シェール著、高月園子訳) 太田出版・2520円

13/08/30　体験なき記憶のむなしさ　「誰も戦争を教えてくれなかった」（古市憲寿著）　講談社・1890円
13/12/05⑤　聖にして俗なる死の旅路　「それでも私にできること。」（スーザン・スペンサー＝ウェンデル、ブレット・ウィッター著、吉田利子訳）　講談社・2415円
13/12/27　絵画をスリリングに解明　「豊国祭礼図を読む」（黒田日出男著）　角川選書・2100円
14/01/30③　使途追って見えたゆがみ　「国家のシロアリ　復興予算流用の真相」（福場ひとみ著）　小学館・1365円
14/03/06⑥　編さん者決別の謎に挑む　「辞書になった男」（佐々木健一著）　文芸春秋・1890円

索引

◆本索引は各項目を書評配信年・月・日・番号で示した。なお、オールドスタイル（［例］98/04/25①）は「追補」のページにあることを示す。

書名索引

【う】

【え】

【く】

【さ】

【そ】

【ち】

【は】

【ふ】

【ま】

【わ】

著者・編者索引

■五十音順

＊外国人名の姓名の順は配信データにあわせた。

【お】

【さ】

【ち】

【つ】

【な】

【に】

【ひ】

【ま】

【み】

【わ】

■アルファベット順

訳者・監訳者索引

写真家ほか索引

評者索引

【か】

【さ】

【す】

【せ】

【ち】

【つ】

【て】

【と】

【は】

【ひ】

【ふ】

出版社索引

【あ】

【い】

【う】

【え】

【お】

【か】

【こ】

【さ】

【し】

【つ】

【て】

【と】

キーワード索引

【う】

【こ】

【は】

【わ】

＊本書収録の期間に在籍した学芸班の歴代記者、デスクは以下の通り。池本春樹、石山俊彦、井手和子、井上康太郎、岩川洋成、上野敦、宇野隆哉、榎並秀嗣、片岡義博、加藤義久、金子直史、神谷純、北嶋孝、木部一成、黒沢恒雄、小池真一、後藤充、斉藤泰行、左方倫陽、佐竹慎一、清水富美男、清水正夫、白坂美季、杉本新、鈴木賢、瀬川成子、関口康雄、瀬木広哉、関矢充人、瀬野木作、田澤穂高、多比良孝司、田村文、東海亮樹、中井陽、中村彰、西出勇志、平本邦雄、細田正和、前山千尋、松本正、松本泰樹、三好典子、森原龍介、山下修、山下憲一

編集協力：用松美穂、山田紗弥子
本文組版：エディット

書評大全

2015年4月15日第1刷発行

編　者：共同通信文化部
発行者：株式会社 三省堂　代表者　北口克彦
印刷者：三省堂印刷株式会社
発行所：株式会社 三省堂
〒101-8371
東京都千代田区三崎町二丁目22番14号
電話　編集　(03) 3230-9411　営業　(03) 3230-9412
振替口座　00160-5-54300
http://www.sanseido.co.jp/

落丁本・乱丁本はお取り替えいたします

Printed in Japan
ISBN978-4-385-15110-6
〈書評大全・2560pp.〉